trasoír VI ⟨3q⟩ falsch hören, sich verhören

Angabe des Konjugationsschemas beim spanischen Verb
Referencia al paradigma de conjugación de los verbos españoles

totoroto ADJ *fam* blöd, dumm
'Bäuerin F ⟨~; ~nen⟩ campesina *f*; *(Landwirtin)* agricultora *f*; *kleinere*: labradora *f*; *(Landbewohnerin) a.* paisana *f*

Erklärende Hinweise und Stilebenenangaben in Kursivschrift
En letra cursiva, indicaciones explicativas e información sobre el registro

er'greifen VT ⟨*irr; ohne* ge-⟩ 1 *(packen) Gegenstand* coger, asir, *Am* tomar, *Arg* agarrar

Länderspezifische Verwendung
Información sobre uso regional

'Bärin F ⟨~; ~nen⟩ ZOOL osa *f*
'Bariton M ⟨~s; ~e⟩ MUS barítono *m*
'Barium N ⟨~s⟩ CHEM bario *m*
Bar'kasse F ⟨~; ~n⟩ SCHIFF barcaza *f*; lancha *f*

Sachgebiete in Großbuchstaben
Dominio de uso en versalitas

comedero A ADJ essbar B M 1 *para animales*: Futtertrog *m*, -krippe *f*; *para pájaros*: Vogelnapf *m* 2 *fam hum para personas*: Esszimmer *n*

Buchstaben zur Unterscheidung von Wortarten
Diferenciación de categorías gramaticales mediante letras

manteca F 1 *(grasa)* Fett *n*; **~ de cacahuete** Erdnussbutter *f*; **~ de cerdo** Schweineschmalz *n*; **~ de palma** Palmbutter *f*; **~ en rama** Flomen *m*; Flaum *m* 2 *Arg, Par, Ur (mantequilla)* Butter *f*; **~ de cacao** Kakaobutter *f* 3 *fam (pelas)* Zaster *m fam*, Moneten *pl fam*

Arabische Ziffern zur Bedeutungsdifferenzierung
Diferenciación de significados mediante números arábigos

saber
⟨2n⟩

A verbo transitivo y intransitivo **B** verbo intransitivo
C verbo reflexivo **D** masculino

— **A** verbo transitivo y intransitivo —
1 *(tener conocimiento)* wissen, kennen, können; *(comprender)* verstehen; erfahren; **~ alemán/inglés** *etc* Deutsch/Englisch *etc* können; **~**

Gliederungsübersicht am Kopf langer Einträge
Cuadro esquemático al inicio de entradas largas

A B C D E F G H I J K L M N Ñ O P Q R S T U V W X Y Z

Langenscheidt Handwörterbuch Spanisch

Langenscheidt
Diccionario Grande
Alemán

Español – Alemán
Alemán – Español

Langenscheidt

Langenscheidt Handwörterbuch

Spanisch

Spanisch – Deutsch
Deutsch – Spanisch

Langenscheidt

Neubearbeitung / Nueva Edición 2010
Aktualisierung / Actualización:
Natalie Thomas, Dr. Charlotte Frei, Ulrich Florian
Projektleitung / Dirección: Anette Müller
Originalfassung / Versión Original

Spanisch-Deutsch / Español-Alemán:
Prof. Dr. Günther Haensch, Dr. Heinz Müller
Deutsch-Spanisch / Alemán-Español: Gisela Haberkamp de Antón,
Prof. Enrique Alvarez-Prada
Ausgabe / Edición 2006:
Lexikografische Arbeiten / Trabajos Lexicográficos
Extern, Werkstatt München: Martin Waller, Beatriz Alfonso,
Álvaro Cruz-Saco, Gladys Janicha, Harda Kuwer, Melanie Michaelis,
Dipl. Psych. M.A. Päd. Elisa Neumann, Dipl.-Ing. Federico Neumann,
Peter Gillhofer, Celestino Sánchez, Kornelia Stuckenberger
Projektleitung / Dirección: Martin Waller

1. Auflage 2010 (1,02 - 2019)

www.langenscheidt.com

Typografisches Konzept nach:
KOCHAN & PARTNER GmbH, München
Satz: Hagedorn medien[design]
Druck und Bindung: CPI – Clausen & Bosse, Leck
Printed in Germany

ISBN 978-3-12-514073-8

Inhalt | Índice

Vorwort

Neubearbeitung

Der Langenscheidt Verlag präsentiert mit dem neuen **Handwörterbuch Spanisch** eine Neubearbeitung seines Standardwerks, die der jüngsten Sprachentwicklung und den aktuellen Bedürfnissen der Benutzer Rechnung trägt. Hier ihre wichtigsten Merkmale:

Neue Wörterbuchgestaltung

Diese Ausgabe des **Handwörterbuchs Spanisch** unterscheidet sich typografisch vollkommen von ihrer Vorgängerversion. Die Inhalte präsentieren sich in der für Langenscheidt völlig neu entwickelten Wörterbuchgestaltung, die für optimale Lesbarkeit sorgt und ein besonders schnelles Nachschlagen in zweisprachigen Wörterbüchern ermöglicht.

Aktualität und Breite des Wortschatzes

Neben dem allgemein- und umgangssprachlichen Wortschatz, der die moderne spanische und deutsche Sprache in ihrer ganzen Vielfalt widerspiegelt, enthält das **Handwörterbuch Spanisch** Tausende Begriffe aus allen wesentlichen Fachgebieten. Insgesamt bietet es die beträchtliche Menge von rund 250.000 Stichwörtern und Wendungen mit über 425.000 Übersetzungen.

Aktiv anwendbar in beiden Sprachen

Das **Langenscheidt Handwörterbuch Spanisch** ist bidirektional angelegt, d. h. es wird den Bedürfnissen sowohl von deutsch- als auch von spanischsprachigen Benutzern gerecht. Erklärende Zusätze zu Stichwörtern, Wendungen und Übersetzungen werden in der jeweiligen Ausgangssprache angegeben. Dies ermöglicht die Darstellung der Stichwörter in ihren typischen sprachlichen Zusammenhängen und hilft, Fehler bei der aktiven Sprachproduktion zu vermeiden.

Professioneller Einsatz

Mit seinem aktuellen Inhalt, dem völlig neuen Erscheinungsbild und der besonders übersichtlichen Struktur bietet das neu bearbeitete **Handwörterbuch Spanisch** echte Langenscheidt-Qualität für alle Übersetzungen, sei es im Studium oder im Beruf.

LANGENSCHEIDT VERLAG

Prefacio

Nueva edición
La editorial Langenscheidt presenta con este **Diccionario Grande Alemán** una nueva edición de su obra que tiene muy en cuenta las últimas tendencias del idioma y las necesidades actuales de los usuarios. He aquí sus características más importantes:

Nuevo diseño
Esta edición del **Diccionario Grande Alemán** cuenta con una tipografía completamente distinta a la de la versión anterior. Los contenidos se muestran en un nuevo diseño desarrollado exclusivamente para los diccionarios Langenscheidt, que optimiza la lectura fácil y agiliza la búsqueda de palabras.

Actualidad y amplitud del vocabulario
Junto con el vocabulario general y coloquial, que refleja la actualidad de las lenguas alemana y española en toda su diversidad, el **Diccionario Grande Alemán** contiene miles de términos procedentes de todos los campos especializados básicos. En total, incluye un número aproximado de 250.000 entradas y locuciones con más de 425.000 traducciones.

Utilización activa en ambas lenguas
El **Diccionario Grande Alemán** tiene una orientación bidireccional, es decir, toma en cuenta las necesidades tanto del usuario de habla española, como del usuario de habla alemana. Se dan aclaraciones adicionales relativas a las palabras, locuciones y traducciones en la lengua de partida. Esto facilita la presentación de las palabras en su contexto típico de utilización y ayuda a evitar errores a la hora de usar activamente la lengua.

Uso profesional
Con su contenido actual, su presentación novedosa y su estructura especialmente abarcable, esta nueva edición del **Diccionario Grande Alemán** ofrece en todas las traducciones la auténtica calidad de Langenscheidt, cuya idoneidad es indiscutible para los estudios o para la profesión.

EDITORIAL LANGENSCHEIDT

Hinweise für die Benutzer

1 Die alphabetische Reihenfolge

ist überall streng eingehalten (mit Ausnahme der eingeklammerten Endungen). Die deutschen Umlaute *ä, ö, ü* sind hierbei den Buchstaben *a, o, u* gleichgestellt, das deutsche *ß* entsprechend dem *ss*.

An alphabetischer Stelle stehen auch orthografische Varianten, Länder- und Eigennamen, Abkürzungen sowie die wichtigsten unregelmäßigen Verbformen.

Gleichberechtigte **Varianten** eines Worts werden entweder mit Komma verbunden oder es wird der weglassbare Teil in Klammern gesetzt:

penalti, penalty M *espec Esp* DEP Strafstoß
'Abnutzung, Abnützung F ⟨~⟩ desgaste
pos(t)venta COM **servicio** *m* ~ Kundendienst
'jede(r, -s) INDEF PR **A** ADJ **1** cada

Alle regelmäßig gebildeten spanischen und deutschen **Femininformen** werden ausgeschrieben dargestellt. Bei spanischen Substantiven, deren männliche Form in der Endung einen Akzent hat, wird die weibliche Form verkürzt dargestellt. In den Übersetzungen sind alle deutschen und spanischen Femininformen in abgekürzter Form angegeben:

presentador M, **presentadora** F **1** TV Moderator *m*, -in *f*
Konstruk'teur [-st-] M ⟨~s; ~e⟩, **Konstrukteurin** F ⟨~; ~nen⟩ constructor *m*, -a *f*

Bei den **spanischen Adjektiven** ist in der Regel nur die männliche Form verzeichnet, da sich die weibliche leicht bilden lässt:

seco ADJ **1** trocken; *(sin humedad)* getrocknet
'deftig ADJ robusto; sólido; *Essen* fuerte

Wendungen sind im Normalfall unter ihrem ersten bedeutungstragenden Element aufgenommen, das in der Regel ein Substantiv oder Verb ist. Wendungen, die mehrere Substantive enthalten, sind meist unter dem ersten Substantiv verzeichnet:

padre **A** M **1** Vater *m*; **~ adoptivo** Adoptivvater *m*; **~ de familia** Familienvater *m*; *tb* Familienoberhaupt *n*; *fig* **~ político** Schwiegervater
Haar N ⟨~(e)s; ~e⟩ **1** ANAT pelo *m* (*a.* ZOOL, BOT, *e-s Pinsels*); *(Haupthaar) a.* cabello *m*; cabellera *f*; *(Körperhaar)* vello *m*; **blonde ~e** *od* **blondes ~ haben** tener el pelo rubio; **falsche ~e** pelo *m* postizo; **die ~e kurz/lang tragen** llevar el pelo corto/largo; **sich** *(dat)* **die ~e schneiden lassen** cortarse el pelo; **sich** *(dat)* **(vor Verzweiflung) die ~e raufen** tirarse de los pelos

Verkleinerungs- und Vergrößerungsformen (*casita, casón, Häuschen, Häuslein* usw.) sowie Wortformen mit abwertender Bedeutung (z. B. Wörter mit den Endungen *-aco, -astro, -ucho*) sind nur dann im Wörterbuch berücksichtigt, wenn sie sehr gebräuchlich sind oder sich ihre Bedeutung nicht direkt erschließen lässt, z. B.:

casilla F **1** *(casita)* Hütte *f*, Häuschen *n*; *fam fig* **sacar a alg de sus ~s** j-n aus dem Häuschen bringen, j-n verrückt machen *fam*; *tb (alterarle a alg el modo de vida)* j-n aus seinen festen Gewohnheiten reißen; **salirse de sus ~s** aus der Haut fahren *fam*, aus dem Häuschen geraten **2** TEC *(cabina)* Kanzel *f*, Kabine *f* **3** *sobre papel cuadriculado:* Kästchen *n*, Karo *n*; *en tablas:* Spalte *f* **4** *en armarios, etc:* Fach *n*; Ablagefach *n* **5** *tablero de ajedrez, etc:* Feld *n* **6** *Chile, Bol, Perú, RPl* **~ postal** Post(schließ)fach *n* **7** *Cuba trampa para pájaros:* Vogelfalle *f* **8** *Ec (retrete)* Toilette *f*

2 Rechtschreibung

Die Schreibung der deutschen Wörter richtet sich nach den gültigen amtlichen Regeln und DUDEN-Empfehlungen der neuen deutschen Rechtschreibung, gültig seit dem 1. 8. 2006. Bei Schreibvarianten wird in der Regel von der Nebenvariante auf die DUDEN-Empfehlung verwiesen (**Paragraph → Paragraf**). Wortverbindungen wie **Rad fahren, schwer machen**, die weiterhin als Einheit empfunden werden, werden wie Stichwörter behandelt.

Die Schreibung der spanischen Wörter folgt den Regeln der Real Academia Española.
In diesem Wörterbuch wird der Bindestrich am Zeilenanfang wiederholt, wenn mit Bindestrich geschriebene Wörter getrennt werden:

cheque-
-regalo

3 Grammatische Hinweise

Nach Stichwörtern ist immer deren **Wortart** (z. B. ADJ, ADV, PRON) bzw. **Genus** (F, M, N) angegeben. Das Genus der Substantive steht auch nach den Übersetzungen (*f*, *m*, *n*).
Bei **Verben** wird zwischen dem transitiven (mit direktem Objekt), intransitiven (ohne direktes Objekt), reflexiven (rückbezüglichen) Gebrauch unterschieden. Diese Hinweise (V/T, V/I, V/R) stehen jeweils nach dem Stichwort.
Weitere grammatische Hinweise, z. B. zur **Konjugation** der spanischen Verben oder zur **Deklination** der deutschen Substantive, stehen in spitzen Klammern: ⟨ ⟩
Zahl und Buchstabe bei den spanischen Verben verweisen auf die Konjugationstabellen im Anhang. Die regelmäßigen Konjugationen (1a, 2a, 3a) sind im Wörterbuchteil nicht angegeben:

sugerir [suxe'rir] V/T ⟨3i⟩ nahelegen
resolver [rresɔl'βɛr] V/T ⟨2h; *pp* **resuelto**⟩

Unregelmäßige Verben sind mit ⟨*irr*⟩ bezeichnet:

schlagen ⟨*irr*⟩ A V/T

Bei deutschen Substantiven werden Genitiv Singular und Nominativ Plural angegeben. Bildet das Substantiv keinen Plural, steht nur der Genitiv Singular:

Buch N ⟨~(e)s; ⸚er⟩ 1 libro

⟨→ *A*⟩ bedeutet, dass das Substantiv wie ein Adjektiv dekliniert wird (vgl. Anhang).
Präpositionen werden immer dann angegeben, wenn sich beide Sprachen hierin unterscheiden:

Ge'spräch N ⟨~(e)s; ~e⟩ 1 (*Unterhaltung*) conversación *f*; (*Plauderei*) charla *f*; **ein ~ mit j-m führen** tener una conversación con alg (**über** *acus* sobre)

Im Deutschen wird der **Kasus** angegeben,
a) wenn er sich nicht direkt aus der Wendung erschließen lässt,
b) wenn ein deutsches Verb mit einem Dativ- oder Genitivobjekt verbunden wird,
c) im Teil Spanisch-Deutsch bei allen Präpositionen,
d) im Teil Deutsch-Spanisch bei Präpositionen, denen verschiedene Kasus folgen können, z. B. **an, auf, zwischen**:

Ge'wicht N **einer Sache ~** (*dat*) **beimessen** atribuir importancia a a/c
hábil ADJ 1 (*capaz*) fähig, geschickt; (*apto*) tauglich, geeignet (**para** für *acus*)

4 Erläuternde Hinweise und Sachgebiete

Erläuternde Hinweise in kursiver Schrift und Sachgebiete erleichtern die Wahl der richtigen Übersetzung.
Zur Bedeutungsdifferenzierung dienen **Synonyme**, die in Klammern stehen, oder sog. **Kollokatoren**, also Wörter, die häufig mit dem Stichwort kombiniert werden. Sie erscheinen ohne Klammern:

habitación F 1 (*vivienda*) Wohnung *f*; (*espacio habitable*) Wohnraum *m*, Zimmer *n*; (*dormitorio*) Schlafzimmer *n*
'schwindelnd ADJ *Höhe etc* vertiginoso; *fig* **~e Höhen erreichen** *Preise* andar por las nubes

Nach **Oberbegriffen** oder allgemeinen Erklärungen steht ein Doppelpunkt:

Sechs F ⟨~; ~en⟩ 1 *Zahl*: seis *m* 2 *Schulnote*: ≈ suspenso

Sachgebiete werden meist abgekürzt in verkleinerten Großbuchstaben angegeben:

pampirolada F 1 GASTR *Art Knoblauchbrühe mit Brot und Wasser* 2 *fam fig* (*necedad*) Dummheit *f*; Quatsch *m*

Bezeichnungen der sprachlichen oder **stilistischen Ebene** stehen bei Ausdrücken, die von der Standardsprache abweichen: *geh* für gehobenen Sprachgebrauch und Schriftsprache, *umg* für umgangssprachlichen Gebrauch, *sl* für saloppe Umgangssprache und *vulg* für vulgär.

5 Lexikografische Zeichen

~ Die **Tilde** (das Wiederholungszeichen) vertritt das Stichwort innerhalb des Artikels:

saco [...] **~ de harina** (= saco de harina)
Recht [...] **im ~ sein** (= im Recht sein)

~̈ Die **zwei Punkte über der Tilde** zeigen den Umlaut an:

Buch N ⟨~(e)s; ~̈er⟩ (= Buches; Bücher)

- Der **Bindestrich** steht für Teile von deutschen und spanischen Wörtern:

hospedero A M, **-a** F Wirt *m*, -in *f*

1, 2 **Hochzahlen** unterscheiden Wörter gleicher Schreibung aber verschiedener Abstammung und unterschiedlicher Bedeutung:

Bank[1] F ⟨~; ~̈e⟩ (*Sitzbank*) ...
Bank[2] F ⟨~; ~en⟩ 1 (*Geldinstitut*)...

A B C Großbuchstaben in dunkelgrauen Kästchen unterteilen verschiedene Wortarten (z. B. Substantiv, Adjektiv, Adverb).

1 2 3 Arabische Zahlen in hellgrauen Kästchen gliedern Übersetzungen mit stark unterschiedlicher Bedeutung.

; Der **Strichpunkt** trennt Übersetzungen, die sich in der Bedeutung unterscheiden:

lieber ADV preferiblemente; (*eher*) más bien ...

, Das **Komma** verbindet gleichwertige Übersetzungen, oft auch regionale Varianten:

glucken VI *Wasser* borbot(e)ar, gorgotear

/ Der Schrägstrich zeigt Alternativen in einer Wendung:

Laune F ... **gute/schlechte ~ haben** estar de buen/mal humor

≈ Die Wellenlinie steht vor einer Synonymangabe in Schrägschrift bzw. gibt an, dass die Übersetzung nur eine ungefähre Entsprechung des Stichworts ist.

→ Der **Pfeil** bedeutet *siehe* und verweist auf einen anderen Worteintrag:

fue → ir, ser

Indicaciones de uso

1 El orden alfabético

se respeta rigurosamente (a excepción de ciertas formas femeninas tratadas con la voz masculina). En alemán, *ä, ö, ü* han sido tratadas como si fueran las vocales simples *a, o, u*, el *ß* alemán como si fuera *ss*.

Las variantes ortográficas, los nombres geográficos y los propios, así como las formas irregulares más importantes de los verbos están ordenadas también alfabéticamente.

Las variantes de una palabra que son equivalentes aparecen separadas por comas o bien la parte facultativa se halla entre paréntesis:

penalti, penalty M *espec Esp* DEP Strafstoß
'Abnutzung, Abnützung F ⟨~⟩ desgaste
pos(t)venta COM **servicio** *m* ~ Kundendienst
'jede(r, -s) INDEF PR **A** ADJ **1** cada

Las **formas femeninas** regulares tanto en español como en alemán aparecen escritas por completo. En el caso de los sustantivos masculinos españoles cuya terminación lleva acento, la forma femenina aparece representada de forma abreviada. En las traducciones en ambas lenguas las formas femeninas aparecen representadas de forma abreviada:

presentador M, **presentadora** F **1** TV Moderator *m*, -in *f*
Konstruk'teur [-st-] M ⟨~s; ~e⟩, **Konstrukteurin** F ⟨~; ~nen⟩ constructor *m*, -a *f*

Por lo general sólo aparece la forma masculina de los **adjetivos españoles**, pudiéndose derivar de ella sin dificultad la femenina:

seco ADJ **1** trocken; (*sin humedad*) getrocknet
'deftig ADJ robusto; sólido; *Essen* fuerte

Las **locuciones y compuestos** se encuentran generalmente bajo el primer elemento de significado, normalmente un sustantivo o un verbo. Locuciones con varios sustantivos se tratan por lo general bajo el primer sustantivo:

padre **A** M **1** Vater *m*; **~ adoptivo** Adoptivvater *m*; **~ de familia** Familienvater *m*; *tb* Familienoberhaupt *n*; *fig* **~ político** Schwiegervater
Haar N ⟨~(e)s; ~e⟩ **1** ANAT pelo *m* (*a.* ZOOL, BOT, *e-s Pinsels*); (*Haupthaar*) *a.* cabello *m*; cabellera *f*; (*Körperhaar*) vello *m*; **blonde ~e** *od* **blondes ~ haben** tener el pelo rubio; **falsche ~e** pelo *m* postizo; **die ~e kurz/lang tragen** llevar el pelo corto/largo; **sich** (*dat*) **die ~e schneiden lassen** cortarse el pelo; **sich** (*dat*) **(vor Verzweiflung) die ~e raufen** tirarse de los pelos

Los diminutivos y los aumentativos (*casita, casón, Häuschen, Häuslein*, etc.), así como las voces de sentido peyorativo (p. ej. las palabras con los sufijos *-aco, -astro, -ucho*) sólo han sido considerados en el diccionario si son muy frecuentes o si tienen un sentido propio difícil de deducir del sentido original, p. ej.:

casilla F **1** (*casita*) Hütte *f*, Häuschen *n*; *fam fig* **sacar a alg de sus ~s** j-n aus dem Häuschen bringen, j-n verrückt machen *fam*; *tb* (*alterarle a alg el modo de vida*) j-n aus seinen festen Gewohnheiten reißen; **salirse de sus ~s** aus der Haut fahren *fam*, aus dem Häuschen geraten **2** TEC (*cabina*) Kanzel *f*, Kabine *f* **3** *sobre papel cuadriculado*: Kästchen *n*, Karo *n*; *en tablas*: Spalte *f* **4** *en armarios, etc*: Fach *n*; Ablagefach *n* **5** *tablero de ajedrez, etc*: Feld *n* **6** *Chile, Bol, Perú, RPl* **~ postal** Post(schließ)fach *n* **7** *Cuba trampa para pájaros*: Vogelfalle *f* **8** *Ec* (*retrete*) Toilette *f*

2 Ortografía

Para las voces españolas han servido de base las normas ortográficas de la Real Academia Española; para las voces alemanas, las recomendaciónes del DUDEN que se basa en la nueva ortografía, vigente desde el primero de agosto de dos mil seis. En el caso de variaciones ortográficas, se remitirá, por lo general, de la variante secundaria a la recomendada por DUDEN (**Paragraph** → **Paragraf**). Compuestos como **Rad fahren, schwer machen**, que son considerados unidades lexicales, se tratan como entradas. En este diccionario, las palabras compuestas con guión han sido tratadas de la siguiente manera:

cheque-
-regalo

3 Indicaciones gramaticales

El género de los sustantivos (F, M, N) y otras indicaciones gramaticales (ADJ, ADV, PRP, etc.) aparecen de forma abreviada tras la entrada. El género de los sustantivos se señala también en las traducciones (*f, m, n*).

En los verbos se diferencia entre el uso transitivo (con objeto directo), intransitivo (sin objeto directo) y reflexivo. Estas indicaciones (V/T, V/I, V/R) aparecen igualmente tras la entrada correspondiente.

Otras indicaciones gramaticales, p. ej. sobre la conjugación de los verbos españoles o la declinación de los sustantivos alemanes, se presentan entre paréntesis agudos: ⟨ ⟩.

El número y la letra que van detrás de cada verbo español remiten a los paradigmas de conjugación en el anexo:

sugerir [suxe'rir] V/T ⟨3i⟩ nahelegen
resolver [rrɛsɔl'βɛr] V/T ⟨2h; *pp* **resuelto**⟩

Por norma general, se indica el genitivo singular y el nominativo plural de los sustantivos alemanes. Si el sustantivo no tiene plural, se indica solamente el genitivo singular:

Buch N ⟨~(e)s; ~̈er⟩ **1** libro

⟨→ *A*⟩ significa que el sustantivo se declina como un adjetivo (v. también en el anexo).

Los verbos alemanes irregulares se indican con *irr* (= irregular):

schlagen ⟨*irr*⟩ **A** V/T

El uso de las **preposiciones** se indica siempre que haya diferencias entre las dos lenguas.

Ge'spräch N ⟨~(e)s; ~e⟩ **1** (*Unterhaltung*) conversación *f*; (*Plauderei*) charla *f*; **ein ~ mit j-m führen** tener una conversación con alg (**über** *acus* sobre)

El **uso del caso** en alemán se indica

a) cuando no se puede deducir directamente de una locucion,
b) cuando un verbo alemán rige dativo o genitivo,
c) con todas las preposiciones en la parte Español-Alemán,
d) con una preposición cuando ésta puede regir varios casos, como p. ej. **an, auf, neben, zwischen:**

Ge'wicht N **einer Sache ~** (*dat*) **beimessen** atribuir importancia a a/c
hábil ADJ **1** (*capaz*) fähig, geschickt; (*apto*) tauglich, geeignet (**para** für *acus*)

4 Notas explicativas y especialidades / campos de aplicación

Las notas explicativas en letra cursiva facilitan la selección de la traducción más adecuada. Entre ellas están las palabras que pueden combinarse con la voz en una frase:

habitación F **1** (*vivienda*) Wohnung *f*; (*espacio habitable*) Wohnraum *m*, Zimmer *n*; (*dormitorio*) Schlafzimmer *n*
'schwindelnd ADJ *Höhe etc* vertiginoso; *fig* **~e Höhen erreichen** *Preise* andar por las nubes

Después de los términos genéricos o las explicaciones generales siguen dos puntos, los sinónimos están siempre entre paréntesis:

Sechs F ⟨~; ~en⟩ **1** *Zahl*: seis *m* **2** *Schulnote*: ≈ suspenso

Las especialidades y los campos de aplicación se indican con abreviaturas en versalitas:

pampirolada F **1** GASTR *Art Knoblauchbrühe mit Brot und Wasser* **2** *fam fig* (*necedad*) Dummheit *f*; Quatsch *m*

5 Signos lexicográficos

~ La **tilde** sustituye la voz que precede:

saco […] **~ de harina** (= saco de harina)
Recht […] **im ~ sein** (= im Recht sein)

~̈ La **tilde con dos puntos** indica el cambio vocálico en alemán (a > ä, o > ö, u > ü) en una forma declinada o conjugada:

Glas ... N ⟨~es; ¨er⟩ (= Glases; Gläser)

\- El **guión** representa partes de palabras españolas y alemanas:

hospedero [A] M, **-a** F Wirt *m*, -in *f*

1,2 Los **exponentes** marcan las voces con la misma ortografía, pero de etimología diferente y las pertenecientes a distintas categorías gramaticales:

Acht[1] F ⟨~; ~en⟩ *Zahl*: ocho *m*
Acht[2] F ⟨~⟩ *hist* proscripción *f*

[A] [B] [C] Las letras mayúsculas en recuadro gris oscuro separan distintas categorías gramaticales (p. ej. sustantivo, adjetivo, adverbio).

[1] [2] [3] Los números arábigos en recuadro gris claro clasifican traducciones con significados muy diferentes.

; El **punto y coma** separa traducciones con distinto significado:

Aufbau ... construcción *f*; TECH montaje *m*

, La **coma**, en cambio, significa que las traducciones pueden ser utilizadas como sinónimos:

'gluckern VI *Wasser* borbot(e)ar, gorgotear

/ La barra señala posibles alternativas de un giro:

Laune F ... **gute/schlechte ~ haben** estar de buen/mal humor

≈ Las líneas onduladas preceden a sinónimos en letra bastardilla o indican que la traducción es sólo una equivalencia aproximada del término.

→ La **flecha** significa *véase*:

fue → ir, ser

Die Aussprache des Spanischen

Die Lautschrift orientiert sich an den Vorgaben der Association Phonétique Internationale. Sie wird nur dort angegeben, wo sich die Aussprache nicht anhand der einheitlichen spanischen Regeln erschließen lässt. Dies betrifft vor allem Fremdwörter aus dem Englischen und Französischen, bei denen sich das Schriftbild noch nicht an die spanische Aussprache angepasst hat. Bei zwei- und mehrsilbigen Wörtern steht jeweils vor der betonten Silbe ein Betonungsstrich.

after sun ['aftɛr san] Aftersun-Lotion
beige [bei̯s] beige
juke-box ['juke-bɔɣs] Jukebox
ketchup ['ketʃup] Ketschup
mousse [mus] Mousse
scanner [eska'nɛr] Scanner

1 Vokale

Die spanischen Vokale werden weder extrem offen noch extrem geschlossen, weder sehr lang noch sehr kurz gesprochen. Sie sind von mittlerer Dauer, also **halblang** zu sprechen. Unbetonte Vokale haben dieselbe Klangfarbe wie die betonten, nur ist die Tonstärke geringer; das *e* in tonlosen Endsilben darf also nicht dumpf gesprochen werden wie das deutsche *e* in *bitten, badet.*

Zeichen	*Aussprache*	*Beispiele*
[a]	kurzes helles **a** wie in **Abend**	mano ['mano] *Hand*
[ɛ]	kurzes offenes **e** wie in **ändern**	llover [ʎo'βɛr] *regnen*
[e]	kurzes halb offenes **e** wie in **Reform**	pelo ['pelo] *Haar*
[i]	reines geschlossenes **i** wie in **hier**	mina ['mina] *Bergwerk*
[i̯] 1, 17)	unbetonter Teil der Doppellaute [ai̯], [ɛi̯], [ɔi̯], [i̯e], [i̯a], [i̯o], [i̯u] usw. wie in **Saite, hebräisch, heute**	baile ['bai̯le] *Tanz* rey [rrɛi̯] *König* boina ['bɔi̯na] *Baskenmütze* cielo ['θi̯elo] *Himmel* emergencia [emɛr'xenθi̯a] *Notfall* rubio ['rruβi̯o] *blond* ciudad [θi̯u'ða(ð)] *Himmel*
[ɔ]	kurzes offenes **o** wie in **Wolle**	ojo ['ɔxo] *Auge*
[o]	kurzes halb offenes **o** wie in **kokett**	oficina [ofi'θina] *Büro*
[u]	reines geschlossenes **u** wie in **Huhn**	pluma ['pluma] *Feder*
[ŭ] 1)	unbetonter Teil der Doppellaute [eŭ], [ŭe], [aŭ], [aŭ], [ŭa], [ŭi], [ŭo] wie in **Jubiläum**	deuda ['deŭða] *Schuld* bueno ['bŭeno] *gut* aula ['aŭla] *Hörsaal, Klassenzimmer* Ourense [oŭ'rense] *spanische Stadt, Provinz* cuatro ['kŭatro] *vier* cuidado [kŭi'ðaᵟo] *Vorsicht* monstruo ['mɔnstrŭo] *Monster*

2 Konsonanten

Zeichen	*Aussprache*	*Beispiele*
[b] [2)]	deutsches **b** wie in **Bad**, sehr weich	basta ['basta] *genügt* cumbre ['kumbre] *Gipfel*
[β] [2)]	stimmhafter, mit beiden Lippen gebildeter Reibelaut	escribir [eskri'βir] *schreiben*
[d] [3)]	deutsches **d** wie in **dann**, sehr weich	donde ['dɔnde] *wo*
[ð] [3)]	stimmhafter Reibelaut, ähnlich dem englischen stimmhaften **th** in **other**	nada ['naða] *nichts*
[^{ð}] [3)]	hochgestellt: derselbe Laut, jedoch sehr schwach bzw.	tostado [tɔs'ta^{ð}o] *geröstet*
[$^{(ð)}$] [3)]	in der Umgangssprache verstummt	ciudad [θĭu'ða$^{(ð)}$] *Stadt*
[f]	deutsches **f** wie in **Fall**	favor [fa'βɔr] *Gunst*
[g] [4)]	deutsches **g** wie in **Golf**, sehr weich	gusto ['gusto] *Geschmack*
[ɣ] [4)]	stimmhafter Reibelaut, weiter hinten gesprochen als deutsches **g**	agua ['aɣŭa] *Wasser*
[x] [8)]	wie **ch** in **Dach, Macht**	giro ['xiro] *Wendung* jefe ['xefe] *Chef*
[j]	deutsches **j** wie in **jeder**, sehr weich	yema ['jema] *Eigelb*
[k] [5, 12)]	deutsches **k** wie in **kalt**	casa ['kasa] *Haus* queso ['keso] *Käse*
[l]	deutsches **l** wie in **Lampe**	leche ['letʃe] *Milch*
[ʎ] [9)]	mouilliertes **l** ähnlich wie in **Familie**	capilla [ka'piʎa] *Kapelle*
[m]	deutsches **m** wie in **Magen**	miel [mĭɛl] *Honig*
[n] [10)]	deutsches **n** wie in **nie**	naranja [na'raŋxa] *Orange*
[ɲ] [11)]	wie **gn** in **Champagner**	España [es'paɲa] *Spanien*
[ŋ] [10)]	wie deutsches **n** vor **g** oder **k** in **Menge** bzw. **Anker**	tengo ['teŋgo] *ich habe* junco ['xuŋko] *Binse*
[p]	deutsches **p** wie in **Puppe**	papel [pa'pɛl] *Papier*
[r] [13)]	Zungen-r	señor [se'ɲɔr] *Herr*
[rr] [13)]	stark gerolltes Zungen-r	roto ['rrɔto] *kaputt* jarra ['xarra] *Krug*
[s] [14)]	scharfes **s** wie in **Messer**	casa ['kasa] *Haus*
[z] [14)]	weiches **s** wie in **Sonne**	mismo ['mizmo] *selbst*

Zeichen	*Aussprache*	*Beispiele*
[ʒ]	stimmhafter sch-Laut wie in **Garage**	gadget ['gaðʒɛt]
[t]	deutsches **t** wie in **Tor**	nata ['nata] *Sahne*
[θ] [5, 18]	stimmloser Lispellaut wie **th** in Englisch **thing**	cinco ['θiŋko] *fünf* zapato [θa'pato] *Schuh*
[tʃ]	**t** mit deutschem **sch** wie in **Pritsche**	mucho ['mutʃo] *viel*
[w]	wie **w** in **Software**	software ['sɔfwɛr] *Software*

Hinweise:

[1] Bei den vokalischen Doppellauten (Diphthongen) **ai, ay, au, ei, ey, oi, oy** und **ou** behält jeder Vokal seinen vollen Lautwert. Sie werden wie getrennte Vokale, aber nicht abgehackt gesprochen. Der Diphthong in spanisch **deuda** wird also wie in „Museum" und nicht wie in „heute" oder „be--urlauben" ausgesprochen.

Das **i** bzw. **y** und das **u** bilden stets den unbetonten Teil des Doppellauts, die Betonung liegt auf den Vokalen **a**, **e** und **o**: b**ai**le *Tanz*, h**ay** *es gibt*, c**au**sa *Ursache*, p**ei**ne *Kamm*, l**ey** *Gesetz*, d**eu**da *Schuld*, b**oi**na *Baskenmütze*, s**oy** *ich bin*, x**ou**bas *Sardinenart*.

Bei den Diphthongen **ia**, **ie**, **io**, **ua**, **ue** und **uo** liegt der Ton ebenfalls auf den Vokalen **a**, **e** und **o**, während **i** und **u** unbetont bleiben: camb**ia**r *wechseln*, p**ie**za *Stück*, p**io**jo *Laus*, c**ua**dro *Bild*, c**ue**nca *Becken*, c**uo**ta *Quote*.

Bei den Diphthongen **iu**, **ui** und **uy** wird immer der zweite Vokal betont: v**iu**da *Witwe*, r**ui**do *Lärm*, m**uy** *sehr*.

Ist der normalerweise unbetonte Vokal eines Doppellauts betont, muss ein Akzent gesetzt werden: d**ía** *Tag*, ba**úl** *Truhe*, **oí**do *Ohr*. Diese Doppellaute gelten nicht als Diphthonge.

[2] Die Buchstaben **b** und **v** werden als stimmhafter, mit beiden Lippen gebildeter Reibelaut [β] gesprochen, wenn sie sich im Satz- und im Wortinnern befinden, was in der Regel der Fall ist. Sie werden aber am Satzanfang und nach *m* und *n* wie ein deutsches **b** gesprochen:

barrio = ['barrĭo], aber: **el barrio** = [el 'βarrĭo];
vivienda = [bi'βĭenda], aber: **las viviendas** = [las βiβiendas]
vaso = ['baso], und ebenso: **un vaso** = [um 'baso]

[3] Das Gleiche gilt für **d** und **g**:
d wird im Satz- und im Wortinneren als stimmhafter Reibelaut [ð] gesprochen, was in der Regel der Fall ist. Nur am Satzanfang und nach *l* und *n* wird es wie ein deutsches **d** gesprochen.

destino = [des'tino], aber: **el destino** = [el ðes'tino]
dedo = ['deðo], aber: **los dedos** = [los 'ðeðos], jedoch auch **un dedo** = [un 'deðo]

Am Wortende ist [ð] kaum hörbar oder ganz verstummt: **usted** = [us'te[(ð)]]

4) **g** wird im Satz- und im Wortinneren als stimmhafter Reibelaut [ɣ] gesprochen, wenn *a, o, u* oder ein Konsonant folgt. Nur am Satzanfang und nach *n* wird es wie ein deutsches **g** gesprochen. Achtung: Vor *e* und *i* wird es immer wie **ch** in deutsch *ach* gesprochen.

gusto = ['gusto], aber: **con mucho gusto** = [kɔn 'mutʃo 'ɣusto]
ángulo = ['aŋgulo], **tango** = ['taŋgo], aber: **giro** = ['xiro], **margen** = ['marxen]

5) **c** wird vor den dunklen Vokalen **a, o, u** sowie vor **Konsonanten** wie deutsches **k** in „Käfig" (jedoch ohne Behauchung!) gesprochen: **c**asa *Haus*, **c**ola *Schwanz*, **c**uña *Keil*, **c**lavo *Nagel*, **c**ruz *Kreuz*, la**c**a *Lack*, la**c**re *Siegellack*, o**c**tubre *Oktober*. Vor den hellen Vokalen **e** und **i** wird **c** als stimmloser Lispellaut etwa wie englisches stimmloses **th** in „thing" gesprochen: **c**entro *Mitte*, **c**ielo *Himmel*, **c**inco *fünf*. In Lateinamerika und in Teilen Südspaniens wird **c** vor **e** und **i** wie scharfes **s** in „Messer" gesprochen.

6) **ch** wird wie **tsch** in „Pritsche" gesprochen: **ch**ico *Junge*, mu**ch**o *viel*.

7) **h** ist immer **stumm**.

8) **j** wird vor den hellen Vokalen **e** und **i** gesprochen, also wie **ch** in „Dach": **j**abón *Seife*, **j**efe *Chef*, Mé**j**ico, Don Qui**j**ote, **j**unta *Versammlung*.

9) **ll** wird, in sehr gepflegter Aussprache, wie eine Verschmelzung von **l + j** zu einem Einheitslaut gesprochen, wie **-lie** in „Fami**lie**". In der gesprochenen Sprache Spaniens und Lateinamerikas wird **ll** wie **j** in „Koje" artikuliert: ma**ll**a *Masche*, ca**ll**e *Straße*, Ma**ll**orca, Sevi**ll**a. In einigen Gegenden vor allem Lateinamerikas wird **ll** wie das stimmhafte **j** in „Journalist" gesprochen: mi**ll**ón [mi'ʒɔn] *Million*.

10) **n** wird meist wie deutsches **n** gesprochen (**n**adie *niemand*, ma**n**o *Hand*), vor den Lippenlauten **b, p, f, v** aber wie **m**: u**n** balón *ein Ball*, u**n** pie *ein Fuß*, e**n**fermo *krank*, tra**n**vía *Straßenbahn*. Vor **g, c** (außer **ci** und **ce**) und **j** wird **n** ungefähr wie deutsches **n** in „Anker, Ring" gesprochen: te**n**go *ich habe*, ba**n**co *Bank*, je**n**gibre *Ingwer*, mo**n**ja *Nonne*; aber: a**n**ciano [an'θĭano].

11) **ñ** wird wie die französische Konsonantenverbindung **gn** in „Champagner" gesprochen: Espa**ñ**a, ni**ñ**o *Kind*, **ñ**oquis *Gnocchi*.

12) **qu** kommt nur vor den hellen Vokalen **e** und **i** vor und wird wie deutsches **k** in „Makel" (ohne Behauchung!) gesprochen: **qu**edar *bleiben*, **qu**inta *Landhaus*.

13) **r** ist im Anlaut sowie nach **l, n** und **s** ein **stark gerolltes Zungenspitzen-r** (**r**ascar *kratzen*, al**r**ededor *ringsherum*, hon**r**a *Ehre*, is**r**aeli *Israeli*); ebenso **rr** (pe**rr**o *Hund*). In allen übrigen Fällen ist **r** ein **einmalig gerolltes Zungenspitzen-r**: seño**r** *Herr*, t**r**es *drei*, cuat**r**o *vier*.

14) **s** wird in der Regel, vor allem zwischen Vokalen und am Wortanfang **scharf** (stimmlos) wie in „Messer" gesprochen: ca**s**a *Haus*, **s**ol *Sonne*, a**s**í *so*. Vor den stimmhaften Konsonanten **b, d, g, l, m, n, r** und **v** dagegen wird **s weich** (stimmhaft) wie in „Hase" gesprochen: Li**s**boa *Lissabon*, de**s**de *seit*, mi**s**mo *selbst*.

15) **v** wird wie **b** ausgesprochen: siehe 2)

16) **x** wird vor Vokalen meist wie **gs** gesprochen (éxito *Erfolg*, examen *Prüfung*), vor Konsonanten meist als **stimmloses s**, in sehr gehobener Aussprache als **ks**: expresar *ausdrücken*, extremo *äußerst*. **x** in México, **x**alapeños, **x**oubas wird wie j gesprochen.

17) **y** wird am Wortende wie **i** gesprochen (ha**y** *es gibt*, re**y** *König*), in allen übrigen Fällen als Konsonant wie **j**: a**y**er *gestern*, **y**ugo *Joch*. In einigen Gebieten Spaniens und Lateinamerikas wird das **y** zwischen Vokalen ähnlich wie **j** in „Journal" ausgesprochen: a**y**er [a'ʒɛr] *gestern*.

18) **z** wird vor stimmhaften Konsonanten ähnlich dem englischen stimmhaften **th** in „other" gesprochen: ju**z**gado *Gerichtshof*. In allen anderen Fällen wird **z** als stimmloser Lispellaut wie englisches stimmloses **th** in „thing" gesprochen: **Z**arago**z**a, Aranjue**z**, cora**z**ón *Herz*. In Teilen Südspaniens und in Lateinamerika wird **z** wie **s** in „Messer" gesprochen.

3 Betonung

1. Mehrsilbige Wörter, die auf einen **Vokal, n** oder **s** enden, werden auf der **vorletzten** Silbe betont (c**a**sa *Haus*, p**o**rque *weil*, j**o**ven *jung*, C**a**rmen, naci**o**nes *Völker*, C**a**rlos).
2. Mehrsilbige Wörter, die auf einen **Konsonanten** (außer n oder s) oder auf **y** enden, werden auf der **letzten** Silbe betont (españ**o**l *spanisch*, ciud**a**d *Stadt*, señ**o**r *Herr*, avidez *Gier*, est**o**y *ich bin*).
3. Ausnahmen von diesen beiden Regeln (somit auch alle auf der **drittletzten** Silbe betonten Wörter) werden durch einen **Akzent** (´) gekennzeichnet (est**á** *er ist*, naci**ó**n *Volk*, franc**é**s *französisch*, d**ú**plex *Maisonette*, f**á**brica *Fabrik*, **é**poca *Zeit*, M**á**laga, C**ó**rdoba).
4. Eine Anzahl einsilbiger Wörter wird mit Akzent geschrieben, um sie von gleichlautenden Wörtern mit anderer Bedeutung zu unterscheiden (tú *du* – tu *dein*, él *er* – el *der*, sí *ja* – si *wenn*).
5. Frage- und Ausrufewörter werden mit Akzent geschrieben (¿cómo? *wie?*, ¿cuándo? *wann?*, ¿dónde? *wo?*, ¿quién? *wer?*, ¡qué bien! *wie gut!*, ¡cuánto me alegro! *wie ich mich freue!*).
6. „Unechte" Diphthonge, die auf **i** oder **u** betont werden, tragen ebenfalls einen Akzent: día *Tag*, oído *Gehör*, engreído *eingebildet*.

4 Das spanische Alphabet

A a	B b	C c	Ch ch	D d	E e	F f	G g	H h	I i	J j
[a]	[be]	[θe] *Am* [se]	[tʃe] *Am* [se'atʃe]	[de]	[e]	['efe]	[xe]	['atʃe]	[i]	['xota]

K k	L l	Ll ll	M m	N n	Ñ ñ	O o	P p	Q q	R r
[ka]	['ele]	['eʎe]	['eme]	['ene]	['eɲe]	[o]	[pe]	[ku]	['ere] *od* ['erre]

S s	T t	U u	V v	W w	X x	Y y	Z z
['ese]	[te]	[u]	['uβe]	['uβe 'ðoβle] *Am* [ðoβle'βe] *od* [βe'ðoβle]	['ekis]	[i'ɣrieɣa]	['θeða] *od* ['θeta] *Am* ['seta]

Beim Nachschlagen im spanisch-deutschen Wörterbuchteil ist darauf zu achten, dass im spanischen Alphabet **ñ** als eigener Buchstabe auf n folgt.
Hingegen gelten seit 1994 **ch** und **ll** nicht mehr als eigene Buchstaben und sind hier dementsprechend wie im Deutschen in c und l eingeordnet.

La Pronunciación del alemán

La mayoría de las palabras alemanas obedece a reglas estrictas de pronunciación. Por eso indicamos la pronunciación en el Diccionario Grande Alemán sólo con palabras que tienen ambigüedades en la pronunciación o contienen sonidos difíciles de pronunciar por ej. con anglicismos u otras palabras de origen extranjero.
Se han utilizado los símbolos de la Asociación Fonética Internacional.
Entre corchetes figuran o la pronunciación entera o los sonidos difíciles de la palabras:

Acces'soires [aksɛ'soa:rs] accesorios
'Action ['ɛkʃən] acción
Bai'ser [be'ze:] merengue
'Barkeeper [-ki:pər] barman
'Baseball ['be:sbɔl] béisbol
Fri'seur [-'zø:r] peluquero
Vam'pir [v-] vampiro
'wachsen [-ks-] crecer

Otra ayuda para la pronunciación correcta de las palabras alemanas es la indicación del acento tónico con una tilde (') delante de la sílaba tónica de cada voz alemana que se encuentra al principio de una voz-guía del diccionario. Las entradas dentro de un artículo que carecen de tilde se acentúan en la misma sílaba de la voz-guía del mismo.

Stichwort folgt später, folgt später, folgt später, folgt später

Si se produce un cambio en la sílaba acentuada, ésta se indica con una tilde.

Stichwort folgt später, folgt später, folgt später, folgt später

Los sonidos del alemán y los signos fonéticos correspondientes

1 Vocales

Signo	*Pronunciación*	*Ejemplos*
[i:]	más larga que la **i** en **salida**	Dieb, ihnen, mir
[i] [1)]	parecida a la **i** española	Diplom, Antiquität
[ɪ]	más breve y abierta que la **i** en **circo**	Kinn, List, binden
[e:]	más cerrada y larga que la **é** en **José**	Lehm, See, regnen
[e] [1)]	cerrada y breve como la **e** en **debido**	elegant, Reflex
[ə]	parecida a la **e** francesa en **autre**	Stille, Bezirk, rosten
[ɛ:]	abierta y larga como la **è** francesa en **mère**	Mähne, Bär, quälen
[ɛ]	abierta y breve como la **e** en **perro**	messen, Kern, fällen
[a:]	más larga que la **a** en **madre**	Zahl, Paar, haben
[a]	más breve que la **a** en **barco**	zappeln, Ast, Dach
[o:]	más cerrada y larga que la **o** en **cola**	hohl, Moor, toben
[o] [1)]	cerrada y breve como la **o** en **costa**	monoton, Oase
[ɔ]	abierta y breve como la **o** en **gorda**	voll, Stock, Post
[ɔ:]	larga, entre **a** y **o**	Talkmaster, Komfort

Signo	Pronunciación	Ejemplos
[øː]	más cerrada y larga que la **eu** francesa en **queue**	hören, Öfen, Goethe
[ø] [1]	parecida a la **eu** francesa en **meuble**	möblieren, ökonomisch
[œ]	abierta y breve como la **eu** francesa en **neuf**	können, Götter, löschen
[uː]	más larga que la **u** en **nube**	Huhn, gut, du
[u] [1]	parecida a la **u** en **nube**	Musik, Ruine
[ʊ]	breve como la **u** en **suspiro**	Mutter, Busch, Hund
[yː]	más larga que la **u** francesa en **cure**	rühmen, müde, Wüste
[y] [1]	parecida a la **u** francesa en **sud**	amüsieren, Büro
[ʏ]	más breve y abierta que la **u** francesa	füllen, Hütte, Büchse

2 Diptongos

[aɪ]	como **ai** en **baile**	Mai, Eisen
[au]	como **au** en **aula**	Aufbau, Baum
[ɔʏ]	como **oi** en **boina**	euch, läuten

3 Semivocal

[j]	como la **y** en **ayuda** o la **i** en **pierna**	Junge, jagen, Boje

4 Consonantes

[p] [2]	como la **p** en **padre, mapa**	Panne, Sumpf, Lob[1]
[t] [2]	como la **t** en **tía, pata**	Tinte, Platz, Geld[1]
[k] [2]	como la **k** en **kilo** o la **c** en **coco**	Kino, Ochse, Weg[1]
[b] [3]	como la **b** en **embargo**	Bach, blau, beben
[d] [3]	como la **d** en **aldea**	Dame, Handy, Felder
[g] [3]	como la **g** en **¡gracias!**	Gans, Sorge, gleich
[f]	como la **f** en **falta**	Fach, Harfe, Vogel
[v]	como la **v** en **uva**	was, Löwe, Vase
[s]	como la **s** sorda en **santo**	aus, lassen, Maß
[z]	como la **s** sonora en **Lisboa**	Saal, sausen, Felsen
[ʃ]	como la **sh** inglesa en **ship**	Busch, Stadt, spielen
[ʒ] [4]	como la **g** francesa en **génie**	Genie, Garage, Giro
[l]	como la **l** en **leche**	Land, Welt, füllen
[r] [5]	como la **r** francesa	Rabe, rühren, Schrank
[m]	como la **m** en **madre**	mit, Lampe, kommen
[n]	como la **n** en **noche**	Naht, Binse, Tanne
[ŋ]	como la **n** en **blanco, hongo**	bringen, Zeitung, Anker
[h] [6]	aspiración, más suave que la **j** española	Hals, Uhu, aha
[ç]	sonido palatal y sordo que corresponde al sonido sonoro de la **y** en **yerro**	ich, mancher, wenig [7]
[x]	como la **j** en **bajo**	Nacht, hoch, Rauch

5 Otros Signos

[ʔ] indica la recursiva alemana («Knacklaut») como p. ej. en **Be'amter, Ko'operation**

['] marca el acento prosódico y precede la sílaba acentuada

[ː] alarga la vocal precedente

[~] [8] indica la nasalisación (en palabras procedentes del francés como p. ej. **Bassin, Chanson**)

Notas:

[1] Las vocales breves y cerradas se utilizan sobre todo en las palabras provenientes del latín, del griego, o de otras lenguas extranjeras.

[2] Las oclusivas **p, t, k** se pronuncian con una ligera aspiración [pʰ], [tʰ], [kʰ] en los casos siguientes:
a) al principio de una palabara y precedentes a una vocal o *l, r, n,* y *v* (en **qu**): **Pech** [pʰeç], **Plage** ['pʰlagə], **Kreis** [kʰraɪs], **Knoten** ['kʰnoːtən], **Quelle** ['kʰvɛlə], **Tank** [tʰaŋk], **Trotz** [tʰrɔts]
b) en el interior de una palabra en una sílaba tónica: **betragen** [bə'tʰraːgən], **vital** [vi'tʰal], **Rakete** [ra'kʰete]
c) al final de una palabra: **Mark** [markʰ], **Mopp** [mɔpʰ], **Gerüst** [gə'rʏstʰ].

[3] Las oclusivas **b, d, g** se transforman en sordas al final de una palabra y al final de una sílaba cuando se trata de una palabra compuesta. Se pronuncian respectivamente como [p], [t], [k]. Esto vale también para los grupos de consonantes del tipo **-bt-**, **-gd-**, **-gt-**:
ab [ap], **und** [ʊnt], **Tag** [taːk], **Jagd** [jaːkt], **bleibt** [blaɪpt].

[4] Sobre todo en palabras procedentes del francés. La pronunciación popular es [ʃ].

[5] Generalmente la **r** alemana se pronuncia de tres maneras diferentes que son:
a) una **r** uvular al principio de una sílaba o inmediatamente después de una consonante. Se produce por la úvula: **rollen** ['rɔlən], **Ware** ['vaːrə], **schreiben** ['ʃraɪbən]
b) una **r** uvular casi sin vibraciones al final de una palabra y delante de un consonante: **für** [fyːr], **stark** [ʃtark], **hergeben** ['heːrgebən]
c) una **r** casi vocalizada en el sufijo -er: **Lehrer** ['leːrəʳ], **näher** ['nɛːəʳ].

[6] La **h** se pronuncia en alemán:
a) al principio de una palabra: **hinein** [hi'naɪn], **Hals** [hals], **Hobel** ['hoːbəl]
b) delante de las vocales acentuadas o al principio de un radical: **Gehalt** [gə'halt], **anheben** [an-'hebən], **rundheraus** [rʊnthe'raʊs]
c) entre las vocales de ciertas palabras extranjeras y en algunas palabras particulares, por ej. en interjecciones: **Alkohol** ['alkohoːl], **Sahara** [za'haːra], **aha** [a'haː].

En todos los demás casos, la **h** es muda: **Ehe** ['eːə], **gehen** ['geːən], **Reihe** ['raɪə] , **kahl** [kaːl], **Vieh** [fiː].

[7] El sufijo **-ig** se pronuncia [-ɪç]; sigue igual delante de una consonante: **wenigste** ['veːniçstə]; pero se pronuncia [-ig-] delante de una vocal: **weniger** ['veːnigər].

[8] **Se oye tambien la pronunciación** [aŋ], [ɛŋ], [oŋ]: **Chance** ['ʃaŋsə], **Balkon** [bal'kɔŋ], **Satin** [za'tɛŋ].

6 El alfabeto alemán

A a	B b	C c	D d	E e	F f	G g	H h	I i	J j	K k
[aː]	[beː]	[tseː]	[deː]	[eː]	[ɛf]	[geː]	[haː]	[iː]	[jɔt]	[kaː]
L l	**M m**	**N n**	**O o**	**P p**	**Q q**	**R r**	**S s**	**(ß)**	**T t**	**U u**
[ɛl]	[ɛm]	[ɛn]	[oː]	[peː]	[kuː]	[ɛr]	[ɛs]	[ɛs-'tsɛt]	[teː]	[uː]
V v	**W w**	**X x**	**Y y**	**Z z**						
[faʊ]	[veː]	[iks]	['ypsilɔn]	[tsɛt]						

Spanisch – Deutsch

A

A[1], **a** F A, a *n*; **a por a y be por be** der Reihe nach, eins nach dem andern

a[1] PREP **1** *dirección:* nach, an *(acus)*, in *(acus)*, zu; **~ la izquierda/derecha** nach links/rechts; **al este** nach Osten; **~ Correos** auf die Post®; *con verbos:* **dar al oeste** nach Westen gehen; **ir ~ España** nach Spanien fahren; **caer al suelo** zu Boden fallen; **sentarse ~ la mesa** sich an den Tisch setzen; **ir(se) ~ la cama** ins *(o* zu) Bett gehen **2** *lugar:* an *(dat)*, in *(dat)*, zu; **~ la mesa** am Tisch; **~ la puerta** an der Tür; **al sol** in der Sonne; **~ la izquierda/derecha** zur Linken/Rechten, links/rechts; *distancia:* **~ 20 km de Madrid** 20 km von Madrid (entfernt), 20 km vor Madrid **3** *con complemento indirecto:* *corresponde al dativo alemán;* **dalo ~ tu hermano** gib es deinem Bruder; **le mandé el libro ~ Laura** ich habe das Buch Laura geschickt; **dio una patada ~ la puerta** er/sie gab der Tür einen Tritt **4** *con complemento directo (designando una persona o cosa considerada como tal):* *corresponde al acusativo alemán;* **he visto ~ su marido** ich habe Ihren Mann gesehen; **¿conoces ~ Carmen?** kennst du Carmen?; **vencieron ~ los enemigos** sie besiegten die Feinde; **mató al toro** er tötete den Stier **5** *temporal, fecha:* an *(dat)*; *hora:* um; **~ siete de junio** am 7. Juni; **¿~ qué hora?** wann?; **~ las dos** um zwei (Uhr); **~ los treinta años** *(a la edad de 30 años)* mit dreißig Jahren; *(después de 30 años)* nach dreißig Jahren; **al día siguiente** am folgenden Tag; **~ tres días de la boda** drei Tage vor der Hochzeit; **~ la muerte** beim Tode; *duración:* **de seis ~ ocho** von sechs bis acht; *simultaneidad:* **al llegar los amigos** bei Ankunft der Freunde; **al firmar la carta** als er den Brief unterschrieb **6** *finalidad:* **¿ ~ qué?** wozu? **7** *manera o forma:* **~ la española** auf spanische Art; **gambas** *fpl* **al ajillo** Garnelen *fpl* in Knoblauchöl; **~ modo de** nach Art *(gen)* (*o* von *dat)*; **~ ciegas** *o* **~ tientas** blindlings; **~ toda prisa** in aller Eile; **paso ~ paso** allmählich, Schritt für Schritt **8** *medio o instrumento:* **~ fuego** mithilfe des Feuers; **~ mano** mit der Hand; **~ pie** zu Fuß; **avión** *m* **~ reacción** Düsenflugzeug *n* **9** *precio:* **~ 20 pesos el kilo** 20 Pesos das Kilo; **¿~ cómo (está)?** *o* **¿~ cuánto (está)?** wie teuer ist das? **10** *causa, razón:* **~ causa del frío** wegen der Kälte; **~ ruegos de su padre** auf Bitten seines Vaters **11** *detrás de ciertos verbos:* **aprender ~ leer** lesen lernen; **empezar ~** *(inf)* anfangen zu *(inf)*; **empezó ~ llover** es fing an zu regnen; **ir ~** *(inf)* gleich *(inf)*; **voy ~ abrir** ich will (*o* werde gleich) öffnen; **venía ~ preguntar** ich möchte (*o* wollte) fragen **12** *detrás de ciertos sustantivos y adjetivos:* **amenaza** *f* **~ la paz** Bedrohung *f* des Friedens; **derecho** *m* **al trabajo** Recht *n* auf Arbeit; **ajeno al tema** nicht zum Thema gehörig; **jugar al tenis** Tennis spielen; **oler ~ quemado** verbrannt riechen; **saber ~ miel** nach Honig schmecken **13** *con valor condicional:* **~ decir verdad** um die Wahrheit zu sagen; **~ no ser así** andernfalls, sonst; **~ no decirlo usted, lo dudaría** wenn Sie es nicht sagten, würde ich daran zweifeln; *frec elíptico:* **~ que no lo sabes** wetten, dass du es nicht weißt **14** **¡~ su salud!** Prost!, auf Ihre Gesundheit!; **¡~ ver!** mal sehen!; zeig mal (her)!; **~ ver lo que pasa** ich bin gespannt, was passiert; *orden:* **¡~ callar!** still!, Ruhe! **15** *con grado comparativo en* **-ior: precios** *mpl* **superiores ~ cien euros** Preise *mpl* über hundert Euro

a[2] *abr* (área) Ar *n/m*

a... PREF *bes in der lateinamerikanischen Umgangssprache oft bei Verben und Substantiven gebraucht, die standardsprachlich kein „a" haben, z. B. „afusilar" statt „fusilar", „asacar" statt „sacar" etc*

A[2] *abr* (Alteza) Hoheit *f*

(a) *abr* (alias) alias

AA *abr* (Altezas) Hoheiten *fpl*

A.A. MPL *abr* (Alcohólicos Anónimos) AA (Anonyme Alkoholiker *mpl*)

AAA F *abr* (Alianza Anticomunista Argentina) HIST *antikommunistische Geheimorganisation in Argentinien*

AA.EE. MPL *abr* (Asuntos Exteriores) Auswärtige Angelegenheiten *fpl*

AA.RR. FPL ABR (Altezas Reales) Königliche Hoheiten *fpl*

AA.VV. FPL *abr* (Asociaciones de Vecinos) Bürgervereinigungen *fpl*

ababol M **1** *espec Am, reg Esp* BOT Klatschmohn *m* **2** *fig (tonto)* Dummkopf *m*

abacá M Manilahanf *m*

abacería F *espec Am* Lebensmittelgeschäft *n*; **abacero** M, **abacera** F *espec Am* Lebensmittelhändler *m*, -in *f*

abacial ADJ REL äbtlich, Abt(s)...; Abtei...; **iglesia** *f* **~** Abteikirche *f*

ábaco M **1** Abakus *m*, Rechenbrett *n* **2** ARQUIT Kapitellplatte *f*

abacorar V/T *Antillas, Ven* hetzen, angreifen

abad M Abt *m*; *reg tb* Pfarrer *m*

abadejo M **1** *pez:* Kabeljau *m* **2** ORN Zaunkönig *m* **3** *insecto:* Spanische Fliege *f*

abadengo ADJ Abt(s)...; **abadesa** F **1** REL Äbtissin *f* **2** *Chile fam (patrona de burdel)* Puffmutter *f fam*; **abadía** F Abtei *f*; *reg* Pfarrhaus *n*

abajadero M Abhang *m*; **abajeño** M, **abajeña** F *Méx* Tieflandbewohner *m*, -in *f*; **abajera** F *RPl* Satteldecke *f*; **abajino** ADJ *Chile* aus Nordchile

abajo ADV **1** *dirección:* herunter, hinunter, hinab; **¡~ los traidores!** nieder mit den Verrätern! **2** *local:* unten; **(hacia) ~** nach unten, abwärts; **véase más ~** siehe weiter unten; **de arriba ~** von oben nach (*o* bis) unten; vollständig; **el ~ firmante** der Unterzeichnete; **cuesta ~** bergab; **de diez para ~** unter zehn; *fig* **ir para ~** herunterkommen; verkommen, zugrunde gehen; **volver lo de ~ arriba** das Unterste zuoberst kehren

abalanzar ⟨1f⟩ **A** V/T *(lanzar)* stoßen, schleudern **B** V/R **abalanzarse 1** *(arrojarse)* sich stürzen; **~ sobre alg** sich auf j-n stürzen, über j-n herfallen; **~ a la ventana** zum Fenster stürzen **2** *RPl caballo* sich bäumen, bocken

abalaustrado ADJ ARQUEOL **columna** *f* **-a** Balustersäule *f*

abalear V/T *Am (balear)* beschießen *(acus)*, schießen auf *(acus)*; **abaleo** M **1** *Am (tiroteo)* Schießerei *f* **2** BOT Besenginster *m*

abalizar ⟨1f⟩ **A** V/T MAR *(señalar con balizas)* betonnen, bebaken; DEP *circuito, pista de esquí* abstecken **B** V/R **abalizarse** MAR peilen

aballestar V/T MAR *cable* spannen, anziehen

abalón M ZOOL *Am reg* Seeohr *n*, Ohrschnecke *f*

abalorio M Glasperle(n) *f(pl)*

abanderado M, **-a** F **1** *que lleva la bandera:* Fahnenträger *m*, -in *f* **2** *fig (portavoz, representante)* Vorkämpfer *m*, -in *f* **3** *Méx fútbol:* Schiedsrichterassistent *m*, Linienrichter *m*, -in *f*; **abanderamiento** M Registrierung eines fremden Schiffes unter heimischer Flagge

abanderar V/T **1** *(decorar con banderas)* mit Fahnen schmücken **2** *(matricular un barco)* ein fremdes Schiff unter heimischer Flagge registrieren **3** *fig grupo, movimiento* anführen; **abanderizar** ⟨1f⟩ **A** V/T in (feindliche) Gruppen spalten **B** V/R **abanderizarse** sich einer Gruppe anschließen

abandonado ADJ **1** *(estar) (desamparado)* verlassen, einsam; **niño** *m* **~** Findelkind *n* **2** *(ser) (descuidado)* nachlässig; schlampig; **tener ~ a/c** etw vernachlässigen

abandonar **A** V/T verlassen, im Stich lassen; *planes, esperanzas, etc* aufgeben; *animal, niño* aussetzen **B** V/I DEP aufgeben **C** V/R **abandonarse** sich gehen lassen; **~ a** sich hingeben *(dat)*, sich überlassen *(dat)*; **~ a las drogas** dem Rauschgift verfallen; **~ a la desesperación** sich der Verzweiflung überlassen

abandonismo M Hang *m* (*o* Neigung *f*) zum Aufgeben; POL Verzichtpolitik *f*; **abandonista** ADJ **política** *f* **~** Verzichtspolitik *f*

abandono M **1** *(cese)* Aufgabe *f*, *(renuncia)* Verzicht *m*; JUR *tb (declaración de renuncia)* Verzichterklärung *f*; **~ escolar** Schulabbruch *m*; **~ de la energía nuclear** Ausstieg *m* aus der Atomenergie; AGR **~ de superficies de cultivo** Stilllegung *f* von Anbauflächen **2** *(acción de abandonar)* Verlassen *n* (*tb* JUR); **~ culpable** schuldhaftes (*o* böswilliges) Verlassen *n*; **~ del campo** Landflucht *f*; JUR **~ del domicilio conyugal** Verlassen *n* der ehelichen Wohnung; **~ de(l) servicio (sin excusa** *o* **injustificado)** (unentschuldigtes) Fernbleiben *n* von der Arbeit; **~ de la víctima (por parte del conductor)** Fahrerflucht *f* **3** *(desaliño)* Verwahrlosung *f*; *(negligencia)* Schlamperei *f*; **~ de la casa** Vernachlässigung *f* des Haushalts **4** *fig (entrega total)* Hingabe *f*

abanicar V/T & V/I ⟨1g⟩ fächeln; **abanicazo** M Schlag *m* mit dem Fächer

abanico M **1** *instrumento:* Fächer *m*; *Col, Méx* **~ eléctrico** Ventilator *m*; **en ~** fächerförmig; **abrir el ~** *pavo real* ein Rad schlagen; *espec* MIL **abrirse en ~** ausschwärmen **2** *fig (espectro)* Spektrum *n*, Skala *f*, Fächer *m*; **un ~ de ofertas** eine Fülle von Angeboten **3** MAR *(cabria)* Gillung *f*, Hebezeug *n* **4** *fam (sable)* Säbel *m*

abaniqueo M Fächeln *n*; **abaniquería** F Fächergeschäft *n*; **abaniquero** M, **abaniquera** F *fabricante:* Fächermacher *m*, -in *f*; *vendedor(a):* Fächerverkäufer *m*, -in *f*

abanto **A** ADJ *toro* schreckhaft; *persona* ungeschickt, fahrig **B** M ORN Schmutzgeier *m*

abaratamiento M Verbilligung *f*; **abaratar** **A** V/T verbilligen, billig(er) verkaufen **B** V/I *y* V/R **~se** billiger werden

abarbetar V/T MAR anlaschen, bändseln

abarca F Bundschuh *m*; grobe Sandale *f*

abarcable ADJ *(controlable)* überschaubar; *(comprensible)* begreifbar; *(que es posible ceñir)* umfassbar

abarcar V/T ⟨1g⟩ **1** *(ceñir, rodear)* umfassen, umschließen; *(contener)* enthalten; **~ con la vista** überblicken; *prov* **quien mucho abarca, poco aprieta** wer viel beginnt, zu nichts es bringt 2 CAZA umstellen 3 *Méx (acumular)* horten, *(acaparar)* hamstern

abaritonado ADJ **voz -a** baritonartige Stimme *f*

abarloar V/T MAR längsseit(s) legen; festmachen

abarquillarse V/R *hojas, pergamino* schrumpfen; *madera* sich werfen

abarraganarse V/R → amancebar B

abarrajado ADJ 1 *Chile, Perú* ausschweifend, *(desenfrenado)* zügellos 2 *Chile (camorrista)* zänkisch

abarrajar A V/T überrennen, -fahren B V/R **abarrajarse** *Perú* verlottern, verkommen

abarrancadero M → atascadero; **abarrancamiento** M GEOL Rillenerosion *f*

abarrancar ⟨1g⟩ A V/T 1 GEOL Schluchten bilden in *(dat)*; *lluvia* auswaschen 2 *fig persona* in eine schwierige Lage bringen B V/I *y* V/R **~se** 1 MAR auflaufen, stranden; *vehículo* stecken bleiben 2 *fig (meterse en dificultades)* in Schwierigkeiten kommen

abarrotar V/T 1 *(cargar)* verstauen, füllen 2 *(atestar)* voll stopfen (**de** mit *dat*) *(tb fig)*; **el tranvía está abarrotado de gente** die Bahn ist gestopft voll 3 *Am mercancía* hamstern

abarrote M 1 MAR (kleines) Staugut *n* 2 *Am* **tienda** *f* **de ~s** (Lebensmittel)Geschäft *n*; **abarrotería** F *Am* (Lebensmittel)Geschäft *n*; **abarrotero** M, **abarrotera** F *Am* (Lebensmittel)Händler *m*, -in *f*

abasia F MED Unfähigkeit *f* zu gehen; *t/t* Abasie *f*

abastar V/T → abastecer; **abastardar** V/I → bastardear

abastecedor A ADJ Lieferungs...; Liefer...; Versorgungs... B M, **abastecedora** F Lieferant *m*, -in *f*

abastecer ⟨2d⟩ A V/T beliefern, versorgen (**con, de** mit *dat*) B V/R **abastecerse** sich eindecken (**de** mit *dat*); **abastecimiento** M Versorgung *f*, (Be)Lieferung *f*

abastero M *Chile* Viehhändler *m*

abasto M 1 *(provisión)* Versorgung *f*; **plaza** *f* o **mercado** *m* **de ~s** Markt(platz) *m* 2 *(abundancia)* Fülle *f*; **dar ~** Genüge tun; **no doy ~** ich schaffe es nicht; ich werde nicht fertig (**a, con** mit *dat*) 3 *Am reg* Lebensmittelgeschäft *n*

abatanado A ADJ *fig (diestro)* erfahren; *(inteligente)* gescheit B M TEX Walken *n*; **abatanar** V/T 1 TEX *tela* walken 2 *fig (batir)* durchwalken, *(golpear)* verprügeln

abate M Abbé *m*, Weltgeistlicher *m*

abatí M *RPl* 1 *grano*: Mais *m* 2 *(aguardiente de maíz)* Maisschnaps *m*

abatible ADJ (herunter)klappbar, Klapp-; kippbar, Kipp...; AUTO **asiento** *m* **~** Liegesitz *m*; **abatidero** M Abwasserabfluss *m*; **abatido** ADJ 1 *(deprimido)* niedergeschlagen, deprimiert, mutlos 2 *(despreciable)* verächtlich; *mercancía* minderwertig; **abatimiento** M 1 Niederschlagen *n*, -reißen *n* 2 *de ánimo*: Niedergeschlagenheit *f*; *físico*: Hinfälligkeit *f* 3 MAR Abdrift *f*, Abtrift *f*

abatir A V/T 1 *(derribar)* niederreißen, -werfen, -schlagen; CAZA *aves de caza* schießen; AVIA abschießen; **~ a alg** *tb* j-n erschießen; **~ a tiros** *persona* niederschießen; *árbol* fällen; **~ vela** (o **las velas**) die Segel streichen 2 *(desanimar)* entmutigen B V/I MAR vom Kurs abfallen C V/R **abatirse** 1 *fig* mutlos werden; deprimiert sein 2 **~ (sobre)** *ave de rapiña* (herab)stoßen (auf *acus*) 3 *(aflojar)* nachgeben 4 AVIA *(caer a tierra)* abstürzen 5 *desgracia* **~ sobre** hereinbrechen über *(acus)*

abazón M ZOOL Backentasche *f (der Affen und mancher Nagetiere)*

abdicación F 1 *(dimisión)* Abdankung *f*; *tb documento*: Abdankungsurkunde *f* 2 *gener (renuncia)* Verzicht *m*, Aufgabe *f*

abdicar V/T & V/I ⟨1g⟩ 1 *rey* abdanken (**en** zugunsten von *dat*); **el rey abdicó (la corona) en su hijo** der König dankte zugunsten seines Sohnes ab 2 *(renunciar)* **~ (de) a/c** etw aufgeben, auf etw *(acus)* verzichten; **~ de un derecho** ein Recht aufgeben

abdomen M 1 ANAT *(vientre)* Bauch *m*, Unterleib *m* 2 *de un insecto*: Hinterleib *m*; **abdominal** ADJ Bauch..., Unterleibs...; **cavidad** *f* **~** Bauchhöhle *f*; **aleta** *f* **~** Bauchflosse *f*

abdominales MPL 1 ANAT Bauchmuskeln *mpl* 2 DEP Übungen *fpl* für die Bauchmuskeln; **hacer ~** die Bauchmuskeln trainieren; **abdominoplastia** F MED Bauchdeckenstraffung *f*, Abdominoplastik *f*

abducción F 1 FISIOL Abziehen *n* 2 *(alejamiento)* Wegbewegung *f*; MIL Abschwenken *n*; **~ por extraterrestres** Entführung *f* durch Außerirdische; **abductor** ADJ ANAT **músculo** *m* **~** Abduktor *m*

ABE F *abr* (Asociación de la Banca Especializada) *argentinische Bankenvereinigung*

abecé M 1 *(alfabeto)* Abc *n (tb fig)*, Alphabet *n* 2 *fig (rudimentos)* Anfangsgründe *mpl*; **no saber el ~** keine Ahnung (o keinen blassen Schimmer *fam*) haben; **abecedario** M 1 *(alfabeto)* Alphabet *n* **~ manual** Gebärdensprache *f* 2 *(libro)* Fibel *f*

abedul M BOT Birke *f*; *madera*: Birkenholz *n*

abeja F *insecto*: Biene *f*; **~ doméstica** o **melífera** Honigbiene *f*; **~ reina** Bienenkönigin *f*, Weisel *m*; **~ obrera** Arbeitsbiene *f*; *fig* **estar como ~ en flor** sich sehr wohl fühlen; sich wie ein Fisch im Wasser fühlen

abejar M Bienenstock *m*, -korb *m*; **abejarrón** M *insecto*: Hummel *f*; **abejaruco** M ORN Bienenfresser *m*; **abejera** F 1 *(colmenar)* Bienenstock *m* 2 BOT Melisse *f* 3 *mujer*: Imkerin *f*; **abejero** M 1 *hombre*: Imker *m* 2 → abejaruco; **abejón** M Drohne *f*; **abejorreo** M 1 *(zumbido de abejas)* Bienensummen *n* 2 *fig (confusión de voces)* Stimmengewirr *n*; **abejorro** M 1 *(abejarrón)* Hummel *f* 2 *escarabajo*: Maikäfer *m* 3 *fam (torpe)* schwerfälliger Mensch *m*, Tölpel *m*

abellacado ADJ gaunerhaft; → *tb* bellaco; **abellotado** ADJ eichelförmig

abelmosco M BOT Moschusstrauch *m*

abemolar V/T MÚS um einen halben Ton erniedrigen 2 *fig voz* dämpfen

aberenjenado ADJ 1 *color*: dunkelviolett 2 *forma*: auberginеförmig

aberración F 1 *(desviación)* Abweichung *f*; *(error)* Verirrung *f*; **~ mental** Sinnesstörung *f* 2 ÓPT Abweichung *f*; **~ cromática** Farbabweichung *f* 3 ASTRON Aberration *f*

aberrante ADJ (völlig) abwegig; unsinnig; **aberrar** V/I sich (ver)irren; umherirren

Aberri Eguna M Tag *m* des baskischen Vaterlands *(baskischer Name)*

abertal ADJ **terreno** *m* **~** Gelände, das in der Trockenzeit rissig wird; **campo** *m* **~** offenes Feld *n*

abertura F 1 Öffnung *f*; *(hendidura)* Riss *m*, Spalt *m*; FOT **~ del diafragma** Blendenöffnung *f*; TEC **~ de inspección** Guckloch *n*, Beobachtungsfenster *n*; **~ de manga** Ärmelloch *n*; MIL **~ visual** Sehschlitz *m* 2 *(valle angosto)* (enges) Tal *n*; *(bahía)* Bucht *f* 3 *fig (franqueza)* Offenherzigkeit *f*; **~ a** Aufgeschlossenheit *f* für *(acus)*

abertzale A ADJ baskisch-nationalistisch B M/F baskischer Nationalist *m*, baskische Nationalistin *f (baskisches Wort)*

abetal M Tannenwald *m*; **abetinote** M Tannenharz *n*; **abeto** M BOT Tanne *f*; **~ rojo** o **falso** Fichte *f*; **~ blanco** Silbertanne *f*

abicharse V/R *espec Am fruta* wurmstichig werden; *animal* Würmer bekommen

abichón M *pez*: Ährenfisch *m*

abiertamente ADV *fig (francamente)* offen, freimütig; *(claramente)* deutlich

abierto A PP → abrir; ADJ 1 *(descubierto)* offen *(tb* MIL, *terreno y fig)*, geöffnet; *(libre)* frei; FON *vocal* offen; *libro* aufgeschlagen; FIN **cuenta** *f* **-a** offenes Konto; **cheque** *m* **~** Barscheck *m*; **(man)tener ~** aufhalten, offen halten; **~ a mediodía** *tienda* durchgehend geöffnet 2 *fig (franco)* ehrlich, offenherzig; **~ a a/c** aufgeschlossen für etw *(acus)* B M 1 DEP **~ de golf** Golf Open *n*; **~ de tenis** Tennis Open *n* 2 *Col* SILV *(calvero)* Lichtung *f*

abietáceas FPL BOT Nadelhölzer *npl*

abigarrado ADJ bunt(scheckig); *fig tb* heterogen; **abigarramiento** M Buntheit *f*; *fig* Durcheinander *n*

abigeato M *Am reg* JUR Viehdiebstahl *m*; **abigeo** M Viehdieb *m*

abintestato ADJ JUR ohne Testament; *heredero* gesetzlich

abiótico ADJ abiotisch, leblos

abisal ADJ Tiefsee...; *fig* abgrundtief; **fauna** *f* **~** Tiefseefauna *f*

Abisinia F HIST Abessinien *n*

abisinio ADJ abessinisch

abismado ADJ 1 *fig (ensimismado)* versunken (**en** in *acus*); **~ en sus pensamientos** gedankenverloren 2 *Am (asombrado)* erstaunt

abismar A V/T in einen Abgrund stürzen; *fig* verwirren B V/R **abismarse** 1 **~ en** *fig (reconcentrarse)* versinken (o sich versenken) in *(dat)*; **~ en el dolor** sich ganz dem Schmerz hingeben; **~ en la lectura** sich in die Lektüre vertiefen 2 *Am (estar asombrado)* erstaunt sein

abismo M Abgrund *m*, Kluft *f (tb fig)*; *fig* Hölle *f*; **hay un ~ entre nosotros** uns trennen Welten

abitar V/T MAR mit der Ankerbeting festmachen; **abitón** M MAR Poller *m*

Abjasia F Abchasien *n*

abjasio A ADJ abchasisch B M, **-a** F Abchasier *m*, -in *f*

Abjazia → Abjasia

abjuración F Widerruf *m*; Abschwören *n*; **abjurar** A V/T & V/I **~ (de)** widerrufen *(acus)*, abschwören *(dat)*

ablación F 1 MED *(extirpación)* (operative) Entfernung *f*, Ablation *f* 2 GEOL Abtragung *f*; *de un glaciar*: Abschmelzung *f*

ablandabrevas M/F ⟨*pl inv*⟩ *fam* Dummkopf *m*, Niete *f fam*, Flasche *f fam*; **ablandador** M *de agua*: Enthärter *m*; *de plásticos*: Weichmacher *m*; **ablandahígos** → ablandabrevas; **ablandamiento** M Aufweichen *n*, Weichwerden *n (tb fig)*; *de agua*: Enthärtung *f*; *fig* Erweichen *n*

ablandar A V/T 1 *(emblandecer, suavizar)* aufweichen, weich machen; mildern 2 *fig (mitigar)* besänftigen, beschwichtigen, erweichen 3 MED **~ el vientre** *(laxar)* abführend wirken B V/I *y* V/R **~se** weich werden *(tb fig)*; *viento, frío, etc* nachlassen, schwächer werden

ablande M *Arg* AUTO Einfahren *n*; **estar en ~** eingefahren werden

ablativo M GRAM Ablativ *m*

ablución F *espec* REL (Ab)Waschung *f*; *judaísmo, islamismo*: rituelle Waschungen *fpl*; CAT Ablution *f*; **-ones** *fpl* Wasser und Wein für die Ablution

ablusado ADJ *vestimenta* blusig

abnegación F Entsagung *f*, Selbstlosigkeit *f*, Selbstverleugnung *f*, Opferwilligkeit *f*; **abnegado** ADJ opferbereit; selbstlos

abnegar ⟨1h *y* 1k⟩ A V/R **~se por** o **en favor de** sich aufopfern für *(acus)* B V/T **~ a/c** einer

Sache *(dat)* entsagen, auf etw *(acus)* verzichten
abobado ADJ dumm, verblödet; **abobamiento** M 1 Verdummung *f* 2 *(embeleso)* Entzücken *n*; **abobar** VT 1 verdummen, dumm machen 2 *(embelesar)* entzücken, begeistern
abocado ADJ 1 *vino* süffig 2 **verse ~ a a/c** sich vor etwas gestellt sehen; **verse ~ a un peligro** vor einer Gefahr stehen; **~ al fracaso** zum Scheitern verurteilt
abocar ⟨1g⟩ A VT 1 *hombre* mit dem Mund nehmen; *animal* mit dem Maul packen 2 *(verter de un recipiente a otro)* umfüllen, umgießen 3 *(llevar a)* gelangen (**a** zu *dat*); führen (**a** zu *dat*); **~ (a) una calle** in eine Straße einbiegen; MAR **~ (en) un puerto** in einen Hafen einlaufen 4 MIL *pieza de artillería* richten B VR **abocarse** 1 *(acercarse)* sich nähern; *(doblarse)* sich beugen (**a, sobre** über *acus*); *Am fig* **~ a a/c** sich gänzlich einer Sache *(dat)* widmen 2 **~ con alg** *(negociar con alg)* sich mit j-m besprechen, mit j-m verhandeln
abocetar VT skizzieren
abochornado ADJ 1 *(avergonzado)* beschämt 2 *raro (de calor sofocante)* schwül; **abochornante** ADJ beschämend; **abochornar** A VT 1 *(calentar)* erhitzen 2 *fig (avergonzar)* beschämen B VR **abochornarse** 1 **~ de a/c/por alg** sich einer Sache *(gen)*/für j-n schämen 2 *raro: tiempo* schwül werden
abocinado ADJ 1 *(forma de bocina)* trompetenförmig; ausgeweitet 2 *equitación:* **caballo** *m* **~** Kopfhänger *m*
abofetear VT ohrfeigen
abogacía F 1 *profesión:* Anwaltsberuf *m*, -laufbahn *f* 2 *(conjunto de abogados)* Anwaltschaft *f*; *Esp* **Consejo General de la Abogacía** *spanische Anwaltskammer*; *corresp. a:* Bundesanwaltskammer *f*
abogada F Rechtsanwältin *f*; *fig* Fürsprecherin *f*; **~ criminalista/de oficio** Straf-/Pflichtverteidigerin *f*; **~ divorcista** Scheidungsanwältin *f*; → *tb* abogado
abogaderas FPL *Am* Spitzfindigkeiten *fpl*, Kniffe *mpl*; **abogadillo** M *desp* Winkeladvokat *m*; **abogadismo** M *desp* Advokatenübereifer *m*
abogado M (Rechts)Anwalt *m*; *fig* Fürsprecher *m*; **~ criminalista** Strafverteidiger *m*; **~ del diablo** Advocatus Diaboli *m*; **~ divorcista** Scheidungsanwalt *m*; *Esp* **~ del Estado** Rechtsvertreter *m* des Staates; **~ laboralista/tributarista** Fachanwalt *m* für Arbeitsrecht/Steuerrecht; **~ de oficio** Pflichtverteidiger *m*; **~ de pobres** Armenanwalt *m*; **~ de secano** Winkeladvokat *m*; *fig* j-d, der von Dingen redet, von denen er nichts versteht
abogar VI ⟨1h⟩ 1 JUR *(defender en juicio)* eine Partei vor Gericht vertreten 2 *fig (interceder)* eintreten, sich einsetzen, plädieren (**por, en pro de** für *acus*); **~ por** *razones* sprechen für *(acus)*
abolengo M 1 *(ascendencia)* Abstammung *f*; **de rancio ~** von altem Adel 2 *(patrimonio familiar)* Familienbesitz *m*
abolición F Abschaffung *f*, Aufhebung *f*
abolicionismo M HIST Bewegung *f* zur Abschaffung der Sklaverei; **abolicionista** M/F 1 HIST Abolitionist *m*, -in *f*, Gegner *m*, -in *f* der Sklaverei 2 *(contrario a leyes en vigencia)* Gegner *m*, -in *f* bestehender Gesetze *etc*
abolir VT abschaffen
abollado ADJ zer-, verbeult; *fig* mutlos; **abolladura** F 1 Beule *f*, Delle *f*, Ausbeulung *f* 2 TEC getriebene Arbeit *f*; **abollar** VT 1 verbeulen 2 → abollonar; **abollonar** VT *metal* treiben
abolsarse VR sich bauschen, sich (auf)wölben
abomaso M ZOOL Labmagen *m*
abombado ADJ 1 *(de figura convexa)* gewölbt 2 *fam (aturdido)* benommen; *Am (ebrio)* beschwipst 3 *Am comestibles* verdorben, ungenießbar; **abombar** A VT 1 *(encorvar)* wölben, ausbauchen 2 *fam fig (aturdir)* betäuben B VR **abombarse** 1 sich wölben 2 *Am comestibles* verderben 3 *fam (achisparse)* sich beschwipsen *fam*
abominable ADJ abscheulich, gräulich, scheußlich; **el ~ hombre de las nieves** der Schneemensch, der Yeti
abominación F 1 *(repulsión)* Abscheu *m*, Verabscheuung *f* 2 *(horror)* Gräuel *m*, Abscheulichkeit *f* 3 *(maldición)* Verfluchung *f*
abominar VT & VI **~ (de)** *(aborrecer)* verabscheuen; *(maldecir)* verwünschen, verfluchen
abonable ADJ COM zahlbar; *letra de cambio* fällig; **día** *m* **~** bezahlter freier Tag *m*
abonado A ADJ 1 *(fiable)* glaub-, vertrauenswürdig 2 *diario, revista* abonniert; TEAT **estar ~ (a)** ein Abonnement haben (für); **estar ~ a un diario** eine Zeitung beziehen 3 AGR *campo* gedüngt 4 *fig* **campo** *m* **o terreno** *m* **~** günstiger Boden *m*, gefundenes Fressen *n fam* B M, **-a** F 1 Abonnent *m*, -in *f*; **~ (al teatro)** Theaterabonnent *m*, -in *f* 2 *(participante)* TEL Teilnehmer *m*, -in *f*; *de electricidad, gas, etc:* Abnehmer *m*, -in *f*; AUTO Dauerparker *m*, -in *f*; **lista** *f* **de ~s** Bezieherliste *f*; Teilnehmerverzeichnis *n* C M 1 FERR **~ semanal** Wochenkarte *f* 2 AGR Düngung *f* 3 FIN Gutschrift *f*
abonador M, **abonadora** F Bürge *m*, Bürgin *f*
abonanzar VI ⟨1f⟩ *tiempo* sich aufheitern; *tormenta* sich beruhigen *(tb fig)*
abonar A VT 1 COM *(pagar)* (be)zahlen, begleichen; *(ingresar una suma)* einzahlen; *(remunerar)* vergüten; **~ en cuenta** gutschreiben 2 *fig (aprobar)* billigen, gutheißen; *(confirmar)* bestätigen; *(salir de fiador de alg)* bürgen für *(acus)* 3 *(mejorar)* verbessern; AGR düngen 4 **~ a alg a una revista** für j-n eine Zeitschrift abonnieren; j-n für den Bezug einer Zeitschrift werben B VR **~se a un periódico** eine Zeitung abonnieren (*o* bestellen); **~se al teatro/a la temporada de conciertos** ein Theaterabonnement/Konzertabonnement nehmen
abonaré M Schuldschein *m*
abono M 1 COM *(pago)* Vergütung *f*, (Be)Zahlung *f*; **~ (en cuenta)** Gutschrift *f*; *Méx* **pagar en ~s** in Raten zahlen 2 TEAT *palco, revista, etc:* Abonnement *n*; *transporte:* **(tarjeta** *f* **de) ~** Zeitkarte *f*; **~ semanal/mensual** Wochen-/Monatskarte *f*; TEL **~ al teléfono** Fernsprechanschluss *m* 3 AGR *acción:* Düngen *n*; *sustancia:* Dünger *m*; **~ líquido** Gülle *f*, Jauche *f*; **~ químico** Kunstdünger *m*; **~ verde** Gründünger *m*
aboquillar VT 1 mit einem Mundstück versehen, *cigarrillos* mit Filter versehen 2 TEC mit einer keilförmigen Öffnung versehen 3 ARQUIT ausschweifen
abordable ADJ 1 MAR zum Anlegen geeignet 2 *fig (accesible)* zugänglich; *problema* diskussionswürdig; *precio* erschwinglich, bezahlbar; **no ~** tabu; **a un precio ~** zu einem bezahlbaren *o* erschwinglichen Preis
abordaje M MAR 1 *acción:* Entern *n*; **entrar** *o* **saltar** *o* **tomar al ~** entern 2 *(colisión)* Zusammenstoß *m*
abordar A VT 1 MAR *(tomar una embarcación)* entern; *(embestir un barco)* rammen; MIL *(tomar al asalto)* (er)stürmen 2 *(subir a un barco, avión, etc)* einsteigen 3 *fig* **~ a alg** j-n ansprechen 4 *fig tema, pregunta* anschneiden, zur Sprache bringen; *asunto* in Angriff nehmen; **~ un problema,** *etc* ein Problem *etc* angehen B VI MAR anlegen; einlaufen
abordo M → abordaje
aborigen A ADJ einheimisch, eingeboren B M/F Ureinwohner *m*, -in *f*
aborrascado ADJ *tiempo* stürmisch; **aborrascarse** VR ⟨1g⟩ *(ponerse tormentoso)* stürmisch werden
aborrecer VT ⟨2d⟩ 1 *(tener aversión)* verabscheuen, hassen 2 ORN *nido* verlassen 3 *fam fig (fastidiar)* auf die Nerven gehen *fam (dat)*; **aborrecible** ADJ abscheulich, verabscheuenswert; **aborrecimiento** M Abscheu *m*; Abneigung *f*
aborregamiento M *fam* Verdummung *f*, Verblödung *f fam*; **aborregarse** VR ⟨1h⟩ 1 METEO *cielo* sich mit Schäfchenwolken überziehen 2 *fig persona* ein Herdenmensch werden; verdummen; **aborricarse** VR ⟨1g⟩ verdummen
abortar A VT 1 MED abtreiben 2 *fig (llevar al fracaso)* zum Scheitern bringen, vereiteln B VI 1 MED eine Fehlgeburt haben, abortieren; *animales* verwerfen; *enfermedad* verkürzt verlaufen 2 *fig (malograr)* misslingen, scheitern;
abortero M, **-a** F HIST *Person, die illegal Abtreibungen vornimmt*, Engelmacher *m*, -in *f fam*; **abortista** M/F Abtreibungsbefürworter *m*, -in *f*
abortivo A ADJ 1 MED Abtreibungs..., abtreibend; **clinica** *f* **-a** Abtreibungsklinik *f*; **píldora** *f* **-a** Abtreibungspille *f* 2 *niño* zu früh geboren B M FARM Abtreibungsmittel *n*
aborto M 1 MED Fehlgeburt *f*, Abort *m*; *de animales:* Verwerfen *n*; **~ provocado** Schwangerschaftsabbruch *m*; Abtreibung *f* 2 *fig (engendro)* Ausgeburt *f*; *fam fig* **es un ~ del diablo** er (*o* sie) ist hässlich wie die Nacht 3 *fam desp obra de arte:* Schinken *m*
abortón M 1 zu früh geborenes Tier *n* 2 *piel:* Breitschwanz *m (Lammfell)*
abota(r)gado *rostro* aufgedunsen; **abota(r)gamiento** M Anschwellen *n*; Geschwulst *f*; **abota(r)garse** VR ⟨1h⟩ *cuerpo, cara* anschwellen; *fig (atontarse)* stumpf werden, abstumpfen
abotonador M *instrumento:* Knöpfer *m*; **abotonar** A VT (zu)knöpfen B VI BOT knospen, Knospen treiben
abovedar VT ARQUIT (über)wölben
aboyar VT MAR aufbojen
abozalar VT einen Maulkorb anlegen *(dat)*
abra F 1 *(bahía)* Bucht *f* 2 *(estrecho)* Engpass *m*; *(abertura entre montañas)* Schlucht *f* 3 *(grieta)* Erdspalte *f* 4 *Col, Méx, RPl (calvero)* Lichtung *f* 5 MAR *arboladura:* Mastenabstand *m* 6 *Col (hoja de puerta o ventana)* Tür-, Fensterflügel *m*
abracadabra M Abrakadabra *n (tb fig)*; **abracadabrante** ADJ *fam* toll *fam*; verwirrend, verblüffend; **escena** *f* **~** rätselhaftes Geschehen *n*
Abraham, Abrahán N PR M Abraham *m*
abrasador ADJ *calor* brennend, sengend; *fig pasión* verzehrend, glühend; **abrasamiento** M Brennen *n*; Brand *m*
abrasar A VT 1 *(quemar)* verbrennen; ausdörren, versengen; *fig (consumir)* verzehren 2 *fig (derrochar)* vergeuden 3 *(avergonzar)* beschämen B VI *sol* brennen, stechen; *comida picante* brennen C VR **abrasarse** verbrennen, völlig niederbrennen; *fig* **~ de sed** vor Durst vergehen
abrasión F Abschürfung *f*; GEOL Abrasion *f*; MED Ausschabung *f*; TEC Abrieb *m*, Verschleiß *m*; **abrasivo** A ADJ (ab)schleifend B M TEC Schleifmittel *n*; **~ líquido** Scheuermilch *f*
abrazadera F 1 TEC *(grapa)* Klammer *f*, Zwinge *f*; *de tubo:* Rohrschelle *f*, Muffe *f* 2 *(sierra)* Kreissäge *f* 3 TIPO *(corchete)* eckige Klammer

f; **abrazamiento** M Umarmung *f*
abrazar ⟨1f⟩ A VT umarmen; umfassen (*tb fig*); *profesión* ergreifen; **~ el estado religioso** in ein Kloster eintreten, ins Kloster gehen; **~ un partido** sich einer Partei (*dat*) anschließen; **~ la religión católica** katholisch werden B VR **abrazarse** sich umarmen; **~ a alg/a/c** sich an j-n/etw klammern (*tb fig*)
abrazo M Umarmung *f*; **dar un ~ a alg** j-n umarmen; *fórmula final en cartas*: **un (fuerte) ~** *corresp. a*: herzlichst, mit herzlichen Grüßen
abrebotellas M ⟨*pl inv*⟩ Flaschenöffner *m*; **abrecartas** M ⟨*pl inv*⟩ Brieföffner *m*; **abrecoches** M ⟨*pl inv*⟩ *Bediensteter, der die Türen vorfahrender Wagen öffnet*
ábrego M Süd(west)wind *m*
abrelatas M ⟨*pl inv*⟩ Büchsenöffner *m*; **abreostras** M ⟨*pl inv*⟩ Austernmesser *n*
abrevadero, abrevador M Tränke *f*; Wasserloch *n*; **abrevar** VT 1 *ganado* tränken 2 *pieles* einweichen
abreviación F 1 (*acortamiento*) Kürzung *f* 2 *de un texto*: Kurzfassung *f*; *de un manual*: Kompendium *n*; **abreviadamente** ADV kurz gefasst; **abreviado** ADJ LING **forma** *f* **-a** Kurzform *f*; **abreviador** ADJ zusammenfassend
abreviar ⟨1b⟩ A VT 1 (*acortar*) (ab-, ver)kürzen, zusammenfassen 2 (*acelerar*) beschleunigen, (*apresurar*) zur Eile drängen B VR **abreviarse** *Am Centr* sich beeilen; **abreviatura** F Abkürzung *f*
abridero A ADJ *frutas* leicht zu öffnen(d) B M BOT Frühpfirsich *m*; **abridor** M 1 *de botellas*: (Flaschen)Öffner *m*; *de latas*: (Dosen-, Büchsen)Öffner *m*; TEC **~ de lana** Reißwolf *m* 2 AGR (*navaja de injertar*) Pfropfmesser *n* 3 → abridero B
abrigadero M windgeschützte Stelle *f*; *fig* Zufluchtsstätte *f*; **abrigado** A ADJ 1 (*viento en calma*) windstill 2 *vestimenta* warm; *persona* warm angezogen B M MAR geschützter Ankerplatz *m*; **abrigador** A ADJ *vestido* warm B M *Am* Hehler *m*
abrigar ⟨1h⟩ A VT 1 (*proteger*) schützen (*bes vor Wind, Kälte*) (**de** vor *dat*); (*tapar*) zudecken; (*mantener caliente*) warm halten 2 *fig* (*proteger*) beschützen 3 *fig esperanzas, etc* hegen; *planes* schmieden B VR **abrigarse** (*taparse*) sich zudecken; (*protegerse*) sich schützen; *con vestimenta*: sich warm anziehen
abrigo M 1 (*prenda de vestir*) Mantel *m*; **~ (de invierno)** Wintermantel *m*; **~ de entretiempo** Übergangsmantel *m*; **~ de pieles** Pelzmantel *m* 2 (*albergue*) Obdach *n*; (*protección*) Schutz *m* (*tb fig*); **al ~ de** (*protegido por*) geschützt durch (*acus*), im (o in den) Schutz (*gen* o von *dat*); *tb* (*protegido contra*) geschützt gegen (*acus*) (o vor *dat*); **ropa** *f* **de ~** warme Kleidung *f*, Wetter(schutz)kleidung *f* 3 MIL (*cubrimiento*) Deckung *f*; (*refugio*) Unterstand *m* 4 *fam* **ser de ~** (*ser de cuidado*) mit Vorsicht zu genießen sein; *fam fig* **este tío es de ~** bei dem Kerl ist Vorsicht am Platz 5 MAR (*sitio para anclar*) geschützter Ankerplatz *m*
abril M 1 April *m*; **en (el mes de) ~** im (Monat) April; **el 3 de ~** am 3. April 2 *fig* **~es** *mpl* Jugend(jahre *npl*) *f*; *poét* **de diecisiete ~es** von siebzehn Lenzen
abrileño ADJ April...
abrillantador M 1 *persona*: Diamantenschleifer *m* 2 (*producto para pulir*) Poliermittel *n* 3 (*detergente*) Klarspülmittel *n*; **abrillantadora** F Diamantenschleiferin *f*; **abrillantamiento** M Polieren *n*; **abrillantar** VT polieren, auf Hochglanz bringen (*tb fig*); *piedras preciosas* schleifen
abrimiento M → abertura
abrir ⟨*pp* abierto⟩ A VT 1 öffnen, aufmachen; *libro* aufschlagen; *grifo* aufdrehen; **~ los brazos a alg** j-n herzlich aufnehmen; *fig* **~ la mano** die Hand aufhalten; bestechlich sein; *fam fig* **~le la cabeza a alg** j-m den Schädel einschlagen *fam*; **~ los ojos** die Augen öffnen; (*asombrarse*) staunen, große Augen machen *fam*; *fig tb* (*ver la realidad*) sehend werden, seine Augen der Wirklichkeit öffnen; *fig* **~le a alg los ojos** j-m die Augen öffnen; **~ súbitamente** aufreißen; **~ cortando** aufschneiden; **~ a golpes** auf-, einschlagen 2 *camino* bahnen; anlegen; *túnel, canal* bauen; **~ brecha** (*tb fig*) eine Bresche schlagen; **~ camino** einen Weg bahnen; *fig* **~ camino a a/c** etw anbahnen; **~ paso** o **calle** o *Am* **cancha** Platz machen; **~ al tráfico** *calle* für den Verkehr freigeben 3 *fig* (*dar principio*) beginnen, anfangen; *cuenta bancaria, sesión, negocio, etc* eröffnen; *investigación* einleiten; **~ la lista** an der Spitze des Verzeichnisses stehen; **~ un certamen** einen Wettbewerb ausschreiben 4 **~ el apetito** den Appetit anregen 5 ECON **~ nuevos mercados** neue Märkte erschließen 6 MIN **~ pozos** (ab)teufen B VI 1 öffnen, aufgehen; *tienda, etc* aufhaben, aufmachen; **~ mal** *puerta* schlecht aufgehen; **la puerta no abre bien** *tb* die Tür schließt nicht gut; **las ventanas abren al patio** die Fenster gehen zum Hof; **a medio ~** halb geöffnet 2 *día* aufklaren; **abre el día** es wird Tag C VR **abrirse** 1 *puerta, etc* sich öffnen, aufgehen; *flor* aufblühen, aufgehen; **¡ábrete, sésamo!** Sesam, öffne dich! 2 **~ paso** o **salida** o **calle** o *Am* **cancha** sich durchdrängen, sich (*dat*) freie Bahn schaffen; *fig* die Ellbogen gebrauchen 3 *fig* **~ a** o **con alg** (*desahogarse*) sich j-m eröffnen, sich j-m anvertrauen 4 **~ la cabeza** sich (*dat*) den Kopf aufschlagen 5 CAZA **~ en mano, ~ en abanico** ausschwärmen 6 *fam fig* (*esfumarse*) abhauen *fam*, verduften *fam* D M **en un ~ y cerrar de ojos** im Nu
abrochador M *instrumento*: Knöpfer *m*; **abrochadora** F *Arg* Heftmaschine *f*; **abrochadura** F, **abrochamiento** M Zuknöpfen *n*
abrochar A VT 1 (*abotonar*) zuknöpfen, -haken, -schnallen 2 *Am* (*sujetar*) packen, festnehmen B VR AVIA, AUTO **~se el cinturón (de seguridad)** sich anschnallen, sich (*dat*) den Sicherheitsgurt anlegen
abrogación F JUR Aufhebung *f*; **abrogar** VT ⟨1h⟩ JUR aufheben, abschaffen, außer Kraft setzen; **abrogativo, abrogatorio** ADJ aufhebend, Aufhebungs...
abrojal M Distelfeld *n*; **abrojo** M 1 BOT Sterndistel *f*; **~ acuático** Stachelnuss *f* 2 MIL *pieza de hierro*: Fußangel *f* 3 *fig de los penitentes*: Geißelstachel *m der Büßer* 4 **~s** *mpl* MAR *escollos*: blinde Klippen *fpl*; *fam* (*penas, dolores*) Kummer *m*, Schmerzen *mpl*
abroma M BOT *tropische* Malvenart *f*
abromarse VR MAR *barco* vom Seewurm befallen werden
abroncar VT ⟨1g⟩ *fam* 1 (*avergonzar*) peinlich sein (*dat*); (*asquear*) anwidern 2 (*reprender*) anpfeifen *fam* 3 (*manifestar desagrado*) auspfeifen
abroquelado ADJ *espec* BOT schildförmig; **abroquelarse** VR sich mit einem Schild decken; *fig* sich verschanzen (**con, en, tras** hinter *dat*)
abrótano M BOT Eberraute *f*
abrumado ADJ 1 *tiempo* dunstig, diesig 2 *fig* (*agobiado*) mit Arbeit überhäuft; (*deprimido*) niedergedrückt; **abrumador** ADJ schwer, drückend (*tb fig*); *fig* überwältigend; **abrumar** A VT 1 (*deprimir*) bedrücken, (*cargar*) belasten (*tb fig*) 2 *fig* (*colmar, sobrecargar*) überhäufen, -schütten (**con, de** mit *dat*) B VR **abrumarse** *tiempo* diesig werden
abrupto ADJ 1 *terreno* steil, *precipicio* jäh 2 *carácter* heftig, brüsk
abrutado ADJ roh, verroht, brutal
ABS M *abr* (sistema antibloqueo de frenos) AUTO, TEC ABS *n* (Antiblockiersystem)
absceso M MED Abszess *m*; **abscisa** F MAT Abszisse *f*; **abscisión** F MED Ab-, Herauslösung *f*
absentismo M Abwesenheit *f*; *de un propietario de sus tierras*: Absentismus *m*; **~ laboral** Fehlen *n* bei der Arbeit; **~ escolar** Fernbleiben *n* vom Unterricht, Schuleschwänzen *n*
absentista M/F *enseñanza*: Schulschwänzer(in) *m(f)*; *trabajo*: jemand, der häufig fehlt
ábside M/F ARQUIT Apsis *f*
absidiola F ARQUIT Apsiskapelle *f*
absintio M Absinth *m*
absolución F REL Lossprechung *f*, Absolution *f*; JUR Freispruch *m*; **~ general** REL Generalabsolution *f*; *fig* volle Los-, Freisprechung *f*; JUR **~ por falta de pruebas** Freispruch aus Mangel an Beweisen; REL **dar la ~ a alg** jemandem die Absolution erteilen
absoluta F 1 (*aserción*) kategorische Behauptung *f* 2 MIL (*retiro*) **tomar la (licencia) ~** seinen Abschied nehmen; **absolutamente** ADV absolut, durchaus; *fam tb* keineswegs, gar nicht; **~ nada** gar nichts; **es ~ necesario** es ist unbedingt nötig
absolutismo M HIST, POL Absolutismus *m*; **absolutista** HIST, POL A ADJ absolutistisch B M/F Absolutist *m*, -in *f*
absoluto ADJ 1 (*sin restricción*) absolut (*tb* MAT), unumschränkt, unbedingt, völlig 2 *fig genio*: gebieterisch; *adv* **en ~** durchaus nicht, überhaupt nicht; **nada en ~** überhaupt nichts; **se negó en ~** er weigerte sich rundweg
absolutorio ADJ 1 JUR **excusa** *f* **-a** (*que absuelve*) Strafausschließungsgrund *m*; **sentencia** *f* **-a** Freispruch *m* 2 REL **poder** *m* **~** Schlüsselgewalt *f der Kirche*
absolvederas FPL *fam* **tener buenas ~** ein (allzu) nachsichtiger Beichtvater sein; zu viel durchgehen lassen
absolver VT ⟨2h; *pp* absuelto⟩ JUR freisprechen; REL lossprechen; **~ de una obligación** von einer Verpflichtung entbinden
absorbente ADJ QUÍM absorbierend; TEC dämpfend; *papel* saugfähig; *fig* **ser muy ~** einen ganz in Anspruch nehmen
absorber A VT 1 *líquidos* aufsaugen; QUÍM *y fig* absorbieren; TEC dämpfen, abfangen; ELEC abschirmen 2 *fig* (*dominar*) ganz in Anspruch nehmen, fesseln 3 ECON *mercado* aufnehmen; *empresa en competencia* übernehmen, schlucken *fam* B VR **~se en a/c** sich in etw (*acus*) vertiefen; **absorbimiento** M → absorción
absorción F 1 ECON *de una empresa*: Übernahme *f* 2 FÍS, QUÍM Aufnahme *f*, Absorption *f*; **~ del calor** Wärmeaufnahme *f*; TEC **~ del retroceso** Rückstoßdämpfung *f*
absorto ADJ *fig* hingerissen; versonnen; **~ (en sus pensamientos)** (in Gedanken) versunken
abstemio A ADJ enthaltsam; abstinent B M, **-a** F Abstinenzler *m*, -in *f*; **abstención** F Verzicht *m* (**de** auf *acus*); Enthaltung *f*, *espec* POL Stimmenthaltung *f*
abstencionismo M POL Nichtwählen *n*, Wahlmüdigkeit *f*; **abstencionista** POL A ADJ Nichtwähler..., Stimmenthaltungs... B M/F Nichtwähler *m*, -in *f*
abstenerse VR ⟨2l⟩ **~ de** sich enthalten (*gen*); verzichten auf (*acus*), entsagen (*dat*); POL **~ (de votar)** sich der Stimme enthalten
abstergente A ADJ wundreinigend B M wundreinigendes Mittel *n*; **absterger** VT ⟨2c⟩ MED *heridas* reinigen; **abstersión** F (Wund)Reinigung *f*

abstinencia F Enthaltsamkeit *f*, Abstinenz *f*; MED **síndrome** *m* **de ~** Entzugserscheinungen *fpl*; **abstinente** ADJ enthaltsam; abstinent
abstracción F 1 Abstraktion *f*; Abstrahierung *f*; **hacer ~ de a/c** von etw absehen; … etw außer Acht lassen; **~ hecha de** abgesehen von *(dat)* 2 *(distracción)* Zerstreutheit *f*; Gedankenverlorenheit *f*
abstracto ADJ abstrakt *(tb* MAT, PINT*)*; **arte** *m* **~** abstrakte Kunst *f*; **nombre** *m* **~** GRAM Abstraktum *n*; **pintura** *f* **-a** abstrakte Malerei *f*; **en ~** abstrakt genommen
abstraer ⟨2p⟩ A VT *(aislar mentalmente)* abziehen, abstrahieren B VR **abstraerse** 1 *(estar distraído)* zerstreut sein; *(estar ensimismado)* entrückt sein 2 **~ de a/c** sich einer Sache *(dat)* entziehen 3 *(meditar)* meditieren; **abstraído** ADJ 1 *(ensimismado)* gedankenvoll, weltentrückt 2 *(distraído)* zerstreut
abstruso ADJ schwer verständlich, dunkel; abstrus, verwickelt
absuelto A PP → absolver B ADJ frei; **salir ~** frei ausgehen; **quedar ~** REL die Absolution erhalten; JUR freigesprochen werden
absurdidad F Unsinn *m*, Widersinn *m*; **absurdo** A ADJ absurd; ungereimt, unsinnig, widersinnig B M Ungereimtheit *f*, Sinnlosigkeit *f*, Widersinn *m*; **teatro** *m* **del ~** absurdes Theater *n*
abubilla F ORN Wiedehopf *m*
abuchear VT niederschreien, auspfeifen, auszischen, ausbuhen; **abucheo** M Niederschreien *n*, Auszischen *n*, Auspfeifen *n*, Ausbuhen *n fam*
abuela F Großmutter *f*; *fam* alte Frau *f*; *fam* **¡cuéntaselo a tu ~!** erzähl das deiner Großmutter!, mach das einem andern weis!; *fam* **no tener ~** *o* **no necesitar ~** ganz schön eingebildet sein; *fam* **¡ese tío no necesita ~!** der Kerl hat die Nase ganz schön hoch oben!; *Méx fam* **¡tu ~!** glaub ich nicht!, erzähl keine Märchen!
abuelita F *fam* Oma *m fam*; **abuelito** M *fam* Opa *m fam*
abuelo M 1 Großvater *m*; *fam* alter Mann *m*; **~s** *pl* Großeltern *pl*; Vorfahren *mpl* 2 *lotería*: die Zahl 90 3 *fam* **~s** *pl pelos*: Nackenhaare *npl*
abuhardillado ADJ mansardenartig, Mansarden …
abulense ADJ aus Avila
abulia F Willenlosigkeit *f*, Willensschwäche *f*
abúlico ADJ willensschwach
abulón M ZOOL Seeohr *n*
abultado ADJ 1 *equipaje* sperrig, Platz raubend 2 *cuerpo* dick, massig; *labios* wulstig 3 *fig* umfangreich
abultar A VT 1 *(aumentar en tamaño)* vergrößern; ESCUL **~ una estatua** eine Statue aus dem Rauen arbeiten 2 *fig (exagerar)* aufbauschen, übertreiben B VI viel Raum einnehmen; auftragen; *espec* FERR, AVIA sperrig sein
abundamiento M 1 **a** *o* **para mayor ~** *(además)* noch dazu; mit umso größerer Berechtigung 2 → abundancia
abundancia F Überfluss *m*, Fülle *f*, Reichtum *m*; **en ~** in Hülle und Fülle; **vive en la ~** er hat alles im Überfluss; **nadar en la ~** in Geld schwimmen; *prov* **de la ~ del corazón habla la boca** wem das Herz voll ist, dem geht der Mund über
abundante ADJ reich(lich), reichhaltig; **mesa** *f* **~** reich gedeckter Tisch *m*; üppig; **~s precipitaciones** *fpl (o* **lluvias** *fpl)* ergiebige Niederschläge *fpl (o* Regenfälle *fpl)*; **abundantemente** ADV reichlich, ausgiebig
abundar VI reichlich vorhanden sein; **aquí abunda el vino** Wein gibt es hier reichlich; **~ en …** reich sein an … *(dat)*; **~ en su juicio** auf seiner Meinung beharren; *fig* **~ en la opinión de alg** sich j-s Ansicht *(dat)* anschließen
abundoso ADJ *liter* → abundante
abuñolar VT ⟨1m⟩ 1 GASTR *(freír)* schaumig (und goldgelb) backen *(o* frittieren*)* 2 *fam (apañuscar)* zerknüllen
abur INT *fam raro* leb wohl!
aburguesado ADJ bürgerlich; *desp* spießig; **aburguesamiento** M *desp* Verbürgerlichung *f*; **aburguesarse** VR verbürgerlichen; *desp* verspießern
aburrado ADJ eselhaft; *fig* dumm; flegelhaft; derb, grob
aburrición F *espec Am pop* → aburrimiento; **aburrido** ADJ 1 *(que aburre) juego, persona* langweilig 2 *persona (que se aburre)* gelangweilt; *(de mal humor)* verdrießlich; **aburridor** ADJ *Col* lästig; **aburrimiento** M Überdruss *m*, Verdruss *m*; Langeweile *f*
aburrir A VT 1 *(cansar a alg)* **~ a alg** j-n langweilen; *(fastidiar)* j-n belästigen 2 → aborrecer 2 B VR **aburrirse** sich langweilen; **~ de a/c** etw *(acus)* sattbekommen, einer Sache *(gen)* überdrüssig werden; **~ con** sich langweilen bei *(dat)*; **se aburre con** *o* **de todo** ihm geht alles auf die Nerven; *fam* **se aburre como una ostra** *o* **un mono** er langweilt sich zu Tode *fam*
abusar VI Missbrauch treiben, zu weit gehen; **~ de a/c** etw missbrauchen; **~ de alg** j-n ausnutzen; **~ de una mujer** eine Frau vergewaltigen *(o* missbrauchen*)*
abusión F → abuso; **abusivo** ADJ missbräuchlich; JUR widerrechtlich
abuso M 1 *(mal uso)* Missbrauch *m*; **~ sexual** sexueller Missbrauch *m*; **~s** *pl* **deshonestos** unzüchtige Handlungen *fpl*; **~ de drogas** Drogenmissbrauch *m*; **~ de menores** JUR Missbrauch *m* Minderjähriger; **víctima** *f* **de ~ (sexual)** Missbrauchsopfer *n* 2 JUR **~ de autoridad** Amts- *(o* Ermessens*)*missbrauch *m*; **~ de confianza** JUR Untreue *f*, Veruntreuung *f*; *gener* Vertrauensbruch *m* 3 *(deshonestidad)* Unsitte *f*; **estos precios son un ~** diese Preise sind unverschämt hoch
abusón M, **-ona** F Schmarotzer *m*, -in *f*
abyección F 1 *(vileza)* Verworfenheit *f*, *(bajeza)* Niederträchtigkeit *f*, Verkommenheit *f* 2 *(humillación)* Schande *f*; **abyecto** ADJ verworfen, niederträchtig, verkommen
a.c. *abr* (año corriente) laufendes Jahr *n*
a/c *abr* 1 *(a cargo)* zulasten *(o* zu Lasten*)* 2 *(a cuenta)* auf Rechnung
a. C. *abr* (antes de Cristo) v. Chr. (vor Christus)
AC F *abr* (Acción Católica) *Esp* Katholische Aktion *f*
A.C. *abr* (Año de Cristo) Jahr *n* christlicher Zeitrechnung
acá ADV hier(her), hier(herum); **¡ven ~!** komm her!; **más ~** ein bisschen näher; **de ~ para a(cu)llá** hin und her; **~ y a(cu)llá** hier und da; dahin und dorthin; hin und wieder
ACA M *abr* (Automóvil Club Argentino) Argentinischer Automobilklub *m*
acabable ADJ 1 *(finalizable)* vollendbar 2 *(efímero)* vergänglich; *(caduco)* hinfällig
acabado A ADJ 1 *(terminado)* fertig, vollendet *(tb fig)*; Erz… *(fig)*; vollkommen; COM **productos** *mpl* **~s** Fertigwaren *fpl*; **habitación -a de empapelar** neu tapeziertes Zimmer *n* 2 *persona* kraftlos, schwach; erledigt *fam*, am Ende *(fam fig)* B M TEC Zurichtung *f*; Endverarbeitung *f*, Finishing *n*; TEX Appretur *f*
acaballadero M *equitación: (parada)* Gestüt *n*; **acaballado** ADJ pferdeartig; *fig* **cara** *f* **-a** Pferdegesicht *n*; **nariz** *f* **-a** Habichtsnase *f*; **acaballar** VT *yegua* decken, beschälen
acabamiento M *(fin)* Ende *n*, Abschluss *m*; *(cumplimiento)* Vollendung *f*
acabar A VI 1 *(cerrar)* enden, schließen; zu Ende gehen, ausgehen; TEAT, *etc función* aus sein; **~ bien/mal** gut/schlecht ausgehen; **(ella) va a ~ mal** es wird ein schlimmes Ende mit ihr nehmen; **~ como el rosario de la aurora** ein schlechtes Ende nehmen; **la cosa no acaba aquí** das ist noch nicht alles; **es cosa de nunca ~** das nimmt ja kein Ende; *fam* **~ con sus huesos en la cárcel** im Gefängnis landen; *irón* **¡acabáramos!** na also!; ach so!; **¡acaba ya!** nun mach doch endlich!; hör schon auf! 2 *fig (extinguirse)* vergehen; *(morir)* sterben 3 *con prep*: **~ con alg** *(aniquilar)* j-n erledigen, j-n fertigmachen; *(arruinar)* j-n ruinieren; *(matar)* j-n töten; *Perú fam relación de amor*: mit j-m Schluss machen *fam*; **~ con a/c** mit etw *(dat)* fertig sein *(o* werden*)*; mit etw *(dat)* Schluss machen; *fig (destruir)* etw zunichtemachen; **~ con su vida** Hand an sich *(acus)* legen, sich umbringen; **~ en** enden in *o* auf *(acus)*, auslaufen in *(acus)*; **~ en punta** spitz zulaufen; **~ en consonante** auf einem Konsonant enden 4 *con prep y inf o ger*: **~ de hacer a/c** etw gerade *o* soeben getan haben; etw zu Ende tun; **~ de escribir** zu Ende schreiben; gerade mit dem Schreiben fertig sein; **~ de llegar** gerade *o* soeben angekommen sein; **~ por hacer a/c** *o* **~ haciendo a/c** schließlich etw tun; **~ por comprender** endlich *(o* schließlich*)* verstehen; **acabarás por comprenderlo** du wirst es auch noch irgendwann verstehen; **este pleito acabará por arruinarnos** dieser Prozess wird uns noch ruinieren; **acabó diciendo** er schloss mit den Worten 5 *fam* **acaba uno volviéndose loco** man wird noch verrückt dabei 6 *Am Mer (llegar al orgasmo) fam* zum Höhepunkt kommen B VT 1 *(terminar)* beenden, abschließen; *(cumplir)* vollenden, fertigstellen, fertig machen; *comida* aufessen 2 *fig (agotar)* erschöpfen, *(aruinar)* ruinieren 3 TEC nachbehandeln C VR **acabarse** enden, aufhören, zu Ende gehen; **se nos ha acabado el azúcar** der Zucker ist ausgegangen; **se ha acabado el dinero** das Geld ist alle *fam*; *fam* **¡y san se acabó!** *o* **¡sanseacabó!** *o* **¡se acabó lo que se daba!** Schluss damit!, (und damit) basta! *fam*, punktum! *fam*
acabildar VT versammeln
acabose M **¡es el ~!** das ist doch die Höhe!
acachetear VT ohrfeigen
acacia F BOT Akazie *f*; **~ de tres espinas** Christusdorn *m*; **falsa ~** *o* **~ blanca** Falsche Akazie *f*, Robinie *f*
acacoyo(t)l M *Méx* BOT Hiobsträne *f*
academia F 1 Akademie *f*; *(escuela privada)* Privatschule *f*; **~ de baile/de idiomas** Tanz-/Sprachenschule *f*; **~ militar** Militärakademie *f* 2 *Esp* **Real Academia Española** Königliche Spanische Akademie *f*; **Real Academia Española de la Lengua** Königliche Spanische Akademie *f* für Sprachforschung 3 PINT, ESCUL *(desnudo)* Akt *m*
academicismo M *arte*: akademische Art *f*;
académico A ADJ akademisch *(tb desp)*; PINT **figura** *f* **-a** Aktfigur *f* B M, **-a** F Mitglied *n* einer Akademie; **academista** M/F *(maestro)* Lehrer *m*, -in *f* einer Akademie; *(alumno)* Schüler *m*, -in *f* einer Akademie
acaecedero ADJ 1 *(posible)* möglich, wahrscheinlich 2 *(casual)* zufällig; **acaecer** VI, V/IMP ⟨2d⟩ *(suceder)* vorkommen, sich ereignen, geschehen; **acaecimiento** M Ereignis *n*, Vorkommnis *n*, Geschehnis *n*, Begebenheit *f*
acahual M *Méx* Gestrüpp *n*, Unkraut *n*
acal M *Méx* Kanu *n*, Boot *n*
acalambrarse VR Muskelkrämpfe bekommen
acalefo M ZOOL Qualle *f*

acalenturarse VR *espec Am* Fieber bekommen
acallar A VT 1 *(hacer guardar silencio)* zum Schweigen bringen 2 *fig (aplacar)* zufrieden stellen, beschwichtigen; *hambre* stillen B VR **acallarse** sich beruhigen; still sein
acalorado ADJ 1 *(apasionado)* erhitzt 2 *fig (vehemente)* hitzig, heftig, gereizt; **acaloramiento** M 1 *(calentamiento)* Erhitzung *f* 2 *fig (ardor)* Aufwallung *f*; Eifer *m*; **acalorar** A VT 1 erwärmen, erhitzen 2 *fig (excitar)* erregen; *(animar)* anfeuern B VR **acalorarse** 1 warm werden, sich erhitzen *(tb fig)* 2 *fig* sich ereifern, sich hineinsteigern; in Wut geraten; **acaloro** M *fam reg* → acaloramiento
acamar VT AGR *Saaten* umlegen *(Regen oder Wind)*
acampada F 1 *(acto de acampar)* Lagern *n*; Zelten *n*; ~ **ilegal** wildes Zelten *n*; **ir de** ~ zelten (gehen) 2 *(campamento)* Zeltlager *n*; **acampador** M, **acampadora** F Camper *m*, -in *f*
acampanado ADJ glockenförmig; **falda** *f* **-a** Glockenrock *m*
acampante M/F *Am* Camper *m*, -in *f*
acampar A VT MIL lagern lassen B VI 1 *(hacer camping)* zelten, campen 2 *(hacer alto en el campo)* lagern, kampieren *(tb* MIL*)*
acampe M *Am* Zelten *n*; Lagern *n*
acanalado A ADJ TEC gerieft, gerillt, ausgekehlt; gerippt; ARQUIT *columna* kanneliert B M TEX Rips *m*; **acanalador** M TEC Kehlhobel *m*; **acanaladura** F Rille *f*, Rinne *f*, Auskehlung *f*; ARQUIT Kannelierung *f*; **acanalar** VT TEC auskehlen, riefeln; ARQUIT *columna* kannelieren; TEX *tela* riffeln
acanallado ADJ pöbelhaft, gemein
acanelado ADJ Zimt...; *color:* zimtfarben; *gusto:* nach Zimt schmeckend, zimtig
acanillado ADJ TEX streifig; *papel* gerippt
acanta F BOT Stachel *m*, Dorn *m*; **acantáceas** FPL BOT Akanthusgewächse *npl*
acantilado A ADJ steil, abschüssig; *costa* felsig B M *(costa cortada verticalmente)* Steilküste *f*; *(escarpa casi vertical)* steile (Fels)Wand *f*
acantio M BOT Wolldistel *f*; **acanto** M 1 BOT Bärenklau *m/f* 2 ARQUIT Akanthusblatt *n*
acanto... PREF ZOOL Stachel...; **acantocéfalo** ADJ stachelköpfig
acantonamiento M MIL Einquartierung *f*; Quartier *n*, Unterkunft *f*; **acantonar** MIL A VT einquartieren, unterbringen B VR **acantonarse** Quartier beziehen
acaparador M, **acaparadora** F Aufkäufer *m*, -in *f*; Schieber *m*, -in *f*; Hamsterer *m*, Hamsterin *f*; **acaparamiento** M Hamstern *n*; Hamsterkauf *m*
acaparar VT 1 *(adquirir y retener todo)* aufkaufen, hamstern 2 *fig (apropiarse)* an sich *(acus)* reißen; für sich *(acus)* (allein) beanspruchen; *miradas* auf sich *(acus)* ziehen; *poder* an sich *(acus)* reißen; ~ **la palabra** keinen andern zu Wort kommen lassen; ~ **la atención** die Aufmerksamkeit auf sich *(acus)* lenken
a capella ADV a capella
acapillar VT erwischen, schnappen
acápite M *Am* Absatz *m*
acaponado ADJ Kastraten...; **voz** *f* **-a** Kastraten-, Fistelstimme *f*
acaracolado ADJ schneckenförmig
acaramelado ADJ 1 *(bañado en caramelo)* mit Karamell überzogen 2 *fig (exageradamente amable)* zuckersüß; übertrieben höflich; schmalzig; **acaramelar** A VT mit Karamell überziehen; karamellisieren B VR **acaramelarse** *fam* Süßholz raspeln, sehr verliebt tun
acardenalar A VT ~ **a alg** bei j-m blaue Flecken verursachen; j-n grün und blau schlagen B VR **acardenalarse** sich verfärben; *piel* (blaue) Flecken bekommen
acariciador ADJ schmeichelnd; streichelnd; **acariciante** ADJ schmeichlerisch; *fig* mild; **acariciar** VT ⟨1b⟩ 1 *(hacer caricias)* liebkosen, streicheln 2 *fig* ~ **una idea** mit einem Gedanken spielen; ~ **una esperanza** eine Hoffnung hegen
acaricida M AGR Milbenvernichtungsmittel *n*
acarima M *Am Mer* ZOOL Röteläffchen *n*
acariñar VT *Am* → acariciar
ácaro M ZOOL Milbe *f*; ~ **de la sarna/del queso** Krätz-/Käsemilbe *f*; ~ **del polvo** Hausstaubmilbe *f*
acarosis F VET Milbenseuche *f*
acarpo ADJ BOT ohne Frucht
acarralarse VR 1 TEX *(encogerse)* einlaufen 2 AGR *uvas* verkümmern *(durch Frosteinwirkung)*
acarreador ADJ Fracht...; **acarreamiento** M → acarreo
acarrear VT 1 *(transportar)* befördern, transportieren; AGR einfahren; COM, *espec Am* anliefern; GEOL anschwemmen 2 *fig daño* verursachen, *consecuencias* nach sich *(dat)* ziehen
acarreo M 1 *(transporte)* Beförderung *f*, Transport *m*; AGR Einfahren *n*; COM, *espec Am* Anlieferung *f*, Zufuhr *f*; **(derechos** *mpl* o **gastos** *mpl* **de)** ~ Rollgeld *n* 2 MIL *(reabastecimiento)* Nachschub *m* 3 GEOL **terreno** *m* **de** ~ Schwemmland *n* 4 INFORM Überlauf *m*
acartonado ADJ steif; *persona* hager; **acartonarse** VR einschrumpfen; steif werden; *fig persona* hager werden
acaserar A VT hart machen B VR **acaserarse** *Am* Kunde werden; ~ **con alg** mit j-m vertraut werden
acaso A M Zufall *m*; *espec Am* unvorhergesehenes Ereignis *n*; **al** ~ aufs Geratewohl; **por** ~ zufällig B ADV vielleicht, möglicherweise; etwa; **por si** ~ *cj* falls (etwa); *adv* für alle Fälle; **si** ~ allenfalls; **¿~ crees que ...?** glaubst du etwa, dass ...?
acataléctico, acatalecto ADJ *métrica:* akatalektisch
acatamiento M 1 *(respeto)* Ehrfurcht *f*, Hochachtung *f* 2 *de las leyes:* Befolgung *f*; **acatar** VT 1 (ver)ehren *(acus)*, huldigen *(dat)* 2 *leyes, etc* befolgen, achten 3 *Am Centr, Col (notar)* wahrnehmen, bemerken
acatarrado ADJ erkältet; **acatarrarse** VR 1 *(contraer catarro)* sich erkälten, einen Schnupfen bekommen 2 *espec Am fam (ponerse ebrio)* sich beschwipsen *fam*
acato M → acatamiento
acatólico A ADJ nicht katholisch B M, **-a** F Nichtkatholik *m*, -in *f*
acaudalado ADJ reich, vermögend, wohlhabend; **acaudalar** VT *riquezas* anhäufen *(tb fig)*
acaudillar VT anführen, befehligen
acaule ADJ BOT stängellos
acayú M *RPl* BOT Mahagonibaum *m*; *madera:* Mahagoni(holz) *n*
ACC M *abr* (Automóvil Club de Colombia) Automobilklub *m* von Kolumbien
accedente ADJ beitretend
acceder VI 1 *(consentir)* ~ **a a/c** e-r Sache *(dat)* zustimmen; in etw *(acus)* einwilligen; ~ **a un deseo** einen Wunsch erfüllen; ~ **a un ruego** einer Bitte entsprechen; ~ **a** *(inf)* einwilligen zu *(inf)* 2 POL ~ **a un convenio** einem Vertrag beitreten 3 *(tener acceso)* Zugang haben (a zu *dat*); gelangen (a in *acus*, zu *dat*) 4 *espec* INFORM ~ **a a/c** zu etw *(dat)* Zugang haben, auf etw *(acus)* Zugriff haben (o zugreifen)
accesibilidad F Erreichbarkeit *f*; Zugänglichkeit *f*; **accesible** ADJ zugänglich *(tb fig)*; erreichbar; *datos* abrufbar; *persona* umgänglich; *precio* erschwinglich (a für *acus*)
accesión F 1 POL ~ **a un convenio** Beitritt *m* zu einem Abkommen 2 JUR *(incremento)* Zuwachs *m* 3 *(cosa accesoria)* Nebensache *f* 4 *(coito)* Beischlaf *m* 5 MED *(fiebre intermitente)* (*espec* Wechselfieber)Anfall *m*
accésit M Neben-, Trostpreis *m* *(bei Wettbewerben)*
acceso M 1 *(entrada)* Zutritt *m*, Zugang *m* (a zu *dat*) *(tb fig)*; *transporte:* Zufahrt(sstraße) *f*; Zubringer *m*, -straße *f*; *a un castillo, etc:* Auffahrt *f*; ~ **carnal** Beischlaf *m*; **de difícil/fácil** ~ schwer/leicht zugänglich; ~ **prohibido** Zutritt verboten; ~ **a la propiedad** Vermögensbildung *f* 2 MED *y fig (ataque)* Anfall *m*; ~ **de fiebre** Fieberanfall *m*; ~ **de rabia** Tobsuchts-, Wutanfall *m* 3 INFORM Zugriff *m*; ~ **a Internet** Internetzugang *m*
accesorio A ADJ 1 *(adicional)* zugehörig, Zusatz..., Neben...; JUR **cláusula** *f* **-a** Zusatzklausel *f*; **gastos** *mpl* **~s** Nebenausgaben *fpl* 2 *(secundario)* zweitrangig, nebensächlich, sekundär, Neben...; **cosa** *f* **-a** Nebensache *f* B M 1 *(utensilio adicional)* Zubehörteil *n*; **~s** *mpl* Zubehör *n* *(tb* AUTO*)*; *moda:* Accessoires *npl*; TEC *tb* Gerät *n*; TEAT Requisiten *npl* 2 *(pormenor)* Nebenumstand *m*
accidentado A ADJ 1 *persona* verunglückt; *tb (inconsciente)* bewusstlos 2 *terreno* uneben, hügelig; *viaje* ereignisreich; *fig* **vida** *f* **-a** bewegtes Leben *n* B M, **-a** F Verunglückte *m/f*; **accidental** A ADJ 1 *(casual)* zufällig; *(no esencial)* unwesentlich; **director** *m* ~ amtierender (o kommissarischer) Direktor *m* 2 FIL, REL, MED akzident(i)ell B M MÚS Vorzeichen *n*; **accidentalidad** F *transporte:* Unfallquote *f*; **accidentar** A VT einen Unfall (o Vorfall) verursachen B VR **accidentarse** verunglücken
accidente M 1 *(suceso desgraciado)* Unglück *n*; *espec* AUTO Unfall *m*; ~ **aéreo** Flugzeugunglück *n*; ~ **de** o **por alcance** Auffahrunfall *m*; **~s** *mpl* **en cadena** o ~ **múltiple** Massenkarambolage *f*; ~ **laboral** o **de trabajo** Arbeits-, Betriebsunfall *m*; ~ **nuclear** Atomunfall *m*; ~ **de tráfico** o **de circulación** o *espec Am* **de tránsito** Verkehrsunfall *m*; **sufrir un** ~ einen Unfall haben 2 *(suceso)* Ereignis *n*; *(casualidad)* Zufall *m*; FIL Akzidens *n*, zufällige Erscheinung *f*; *adv* **por** ~ zufällig 3 GEOG **~s** *mpl* **del terreno** Geländeunebenheiten *fpl* 4 GRAM **~s** *mpl* **(gramaticales)** Akzidentien *npl* 5 MÚS Vorzeichen *n*
acción[1] F 1 *(acto)* Handlung *f* *(tb* LIT, TEAT*)*; Tat *f*, Werk *n*; *espec* POL Aktion *f*; **una buena** ~ eine gute Tat; POL ~ **concertada** konzertierte Aktion *f*; POL ~ **directa** direkte Aktion *f*; CAT ~ **de gracias** Danksagung *f*; Dankgottesdienst *m*; ~ **subversiva** Untergrundtätigkeit *f*; *desp* Wühlarbeit *f*; **hombre** *m* **de** ~ Mann *m* der Tat; **entrar en** ~ losschlagen, eingreifen, in Aktion treten; **poner en** ~ aktivieren, in Betrieb (o in Tätigkeit) setzen; **unir la** ~ **a la palabra** den Worten Taten folgen lassen 2 *(efecto)* Wirkung *f* *(tb* FÍS, QUÍM, TEC*)*, Einwirkung *f*; ~ **física** physikalische Einwirkung *f* (o Reaktion *f*); ~ **recíproca** Wechselwirkung *f*; MIL ~ **de conjunto** Zusammenwirken *n der Waffen*; ~ **de los rayos solares** *tb* Sonnenbestrahlung *f*; **de** ~ **rápida** *medicina, veneno* rasch wirkend, schnell wirkend 3 MIL Einsatz *m*, Aktion *f*; *(combate)* Gefecht *n*; ~ **militar** Militäreinsatz *m* 4 JUR *(demanda)* Klage *f*; ~ **civil** Zivilklage *f*; ~ **penal** Strafverfahren *n*; ~ **popular** Nebenklage *f*; ~ **posesoria** Besitz(schutz)klage *f*; ~ **privada** Privatklage *f*; ~ **de nulidad** Nichtigkeitsklage *f*; **presentar la** o **formar** ~ **pública** Anklage erheben

acción² F ECON *(valor)* Aktie *f*; ~ **con derecho de voto** Stimmrechtsaktie *f*; ~ **sin voto** Aktie *f* ohne Stimmrecht; ~ **de fundador** Gründeraktie *f*; ~ **nominativa/ordinaria** Namens-/Stammaktie *f*; ~ **nueva** junge Aktie *f*; ~ **popular/al portador/preferente** Volks-/Inhaber-/Vorzugsaktie *f*
accionamiento M 1 *(actividad)* Betätigung *f* 2 TEC *(tracción)* Antrieb *m*; ~ **individual** Einzelantrieb *m*
accionar A VT 1 TEC antreiben, betätigen, in Gang setzen; ~ **a distancia** *aparato* fernsteuern, *bomba* fernzünden 2 JUR *(demandar un derecho)* beantragen (**ante** bei *dat*) B VI 1 *(gesticular)* gestikulieren 2 ~ **sobre a/c** auf etw *(acus)* einwirken
accionariado M ECON *col* (Gesamtheit der) Aktionäre *mpl*; **accionarial** ADJ ECON Aktien...; Aktionärs...; **accionista** M/F ECON Aktionär *m*, -in *f*; ~ **mayoritario** Mehrheitsaktionär *m*; ~ **principal** Hauptaktionär *m*
accisa F Verbrauchssteuer *f*
acebal M, **acebeda** F, **acebedo** M mit Stechpalmen bewachsener Ort *m*; **acebo** M BOT Stechpalme *f*; **acebuche** M BOT wilder Ölbaum *m*; **acebuchina** F BOT Wildolive *f*
acechadero M Hinterhalt *m*; CAZA Anstand *m*; **acechador** A ADJ lauernd, spähend B M, **acechadora** F Späher *m*, -in *f*; CAZA Jäger *m*, -in *f* auf dem Anstand
acechar A VT auflauern *(dat)*, ausspähen, -spionieren *(acus)* B VI *peligro, etc* lauern; *oportunidad* abwarten, abpassen
aceche M Vitriol *n*
acecho M Hinterhalt *m*; Auflauern *n*; CAZA Anstand *m*, Ansitz *m*; *adv* **al** *o* **en** ~ auf der Lauer; CAZA **estar de** ~ auf dem Anstand (*o* Ansitz) sein; **ponerse al** ~ sich auf die Lauer legen
acechón M, **acechona** F *fam* Horcher *m*, -in *f*, Lauscher *m*, -in *f*, Späher *m*, -in *f*
acecinar A VT *(ahumar las carnes)* räuchern; *(salar las carnes)* pökeln; *(secar al aire)* lufttrocknen B VR **acecinarse** *(secarse totalmente)* ausdorren; *persona* mager werden, abmagern
acedar A VT säuern; *fig (disgustar)* missfallen, erbittern B VR **acedarse** BOT *(ponerse ácido)* sauer werden; *(tomar color amarillo)* gelb werden; **acedera** F BOT Sauerampfer *m*; ~ **menor** → acederilla; **acederilla** F BOT 1 *(parecido a la acedera)* Kleiner Sauerampfer *m*, Feldampfer *m* 2 *(parecido al trébol)* Sauerklee *m*;
acedía F 1 *(ácido)* Säure *f* 2 *(acidez del estómago)* Sodbrennen *n* 3 *fig (aspereza de trato)* Bitterkeit *f*; unfreundliches Wesen 4 *pez*: Scholle *f*;
acedo ADJ sauer; *fig* barsch, mürrisch
acefalía F, **acefalismo** M ANAT Kopflosigkeit *f*
acéfalo ADJ 1 ANAT *(falto de cabeza)* kopflos 2 SOCIOL *(sin jefe)* führerlos
aceitada F 1 *derrame*: Öllache *f* 2 GASTR *torta*: Ölgebäck *n*; **aceitado** A ADJ (ein)geölt, geschmiert B M Ölen *n*, Schmierung *f*; **aceitar** VT (ein)ölen; schmieren
aceite M 1 *gener* Öl *n*; *fig* **echar ~ al fuego** Öl ins Feuer gießen 2 *espec* GASTR ~ **comestible** Speiseöl *n*; ~ **vegetal** Pflanzenöl *n*; ~ **de coco** Kokosöl *n*; ~ **de colza** Rapsöl *n*; ~ **de germen de trigo** Weizenkeimöl *n*; ~ **de girasol** Sonnenblumenöl *n*; ~ **de linaza** Leinöl *n*; ~ **de oliva (virgen)** (kalt gepresstes) Olivenöl *n*; ~ **de palma** Palm(kern)öl *n*; ~ **de soja** *o Am* **de soya** Sojaöl *n* 3 TEC Öl *n*; ~ **combustible/crudo** Heiz-/Rohöl *n*; ~ **mineral** Mineralöl *n*; ~ **pesado** Schweröl *n*; AUTO ~ **usado** Altöl *n* 4 QUÍM, MED Öl *n*; ~ **esencial** *o* **volátil** ätherisches Öl *n*; ~ **de ballena** Waltran *m*; ~ **de pescado** Fischtran *m*; ~ **de hígado de bacalao** Lebertran *m*; ~ **de madera** *o* **de palo** Kopaivabalsam *m*; ~ **solar** Sonnenöl *n*; ~ **de ricino** Rizinusöl *n*
aceitera F 1 *recipiente*: Ölkrug *m*; *(alcuza)* Ölkännchen *n* 2 *mujer*: Ölhändlerin *f* 3 ~**s** *pl (vinagrera)* Essig- und Ölgestell *n*, Menage *f*;
aceitero A ADJ Öl...; **molino** *m* ~ Ölmühle *f* B M 1 *comerciante*: Ölhändler *m* 2 *recipiente*: Ölhorn *n*; **aceitillo** M *Am* BOT *verschiedene amerikanische Baumarten*; **aceitón** M 1 *(aceite gordo y turbio)* dickes, trübes Öl *n* 2 AGR *(enfermedad del olivo)* *Krankheit der Oliven*;
aceitoso ADJ ölhaltig, ölig
aceituna F BOT Olive *f*; ~**s** *pl* **aliñadas/rellenas** marinierte/gefüllte Oliven *fpl*; *fam fig* **cambiar el agua a las ~s** pinkeln gehen *fam*
aceitunado ADJ olivfarben; **aceitunera** F *recolectora*: Olivenpflückerin *f*; *mujer comerciante*: Olivenhändlerin *f*; **aceitunero** M 1 *recolector*: Olivenpflücker *m*; *comerciante*: Olivenhändler *m* 2 *sitio*: Olivenkammer *f*; **aceitunil** ADJ → aceitunado; **aceituno** M BOT Ölbaum *m*
acelajado ADJ bewölkt
aceleración F Beschleunigung *f (tb* TEC); FÍS ~ **terrestre** Erdbeschleunigung *f*; **aceleradা** F 1 AUTO *del motor*: Hochjagen *n des Motors* 2 *Méx* → acelerón; **aceleradamente** ADV schnell
acelerado A ADJ 1 rasch, flott; **paso** *m* ~ Geschwindschritt *m* 2 *(impaciente)* ungeduldig; *(nervioso)* zappelig *(Am reg tb nach Drogenkonsum)* 3 *Am reg (achispado)* beschwipst; *sexual*: erregt, geil *fam* B M FILM Zeitraffer *m*
acelerador A ADJ beschleunigend; **potencia** *f* ~**a** Beschleunigungsvermögen *n* B M AUTO Gaspedal *n*; FÍS ~ **de partículas** (Teilchen)Beschleuniger *m*; **pisar el** ~ Gas geben *(tb fig)*; **pisar el ~ a fondo** das Gaspedal durchtreten
aceleramiento M 1 Eile *f* 2 → aceleración
acelerar A VT beschleunigen; *fig* vorantreiben; ~ **el paso** den Schritt beschleunigen; schneller gehen B VR **acelerarse** *Am* sich ereifern, sich hineinsteigern
aceleratriz ADJ **fuerza** *f* ~ Beschleunigungskraft *f*; **acelerómetro** M Beschleunigungsmesser *m*; **acelerón** M plötzliche Beschleunigung *f*, plötzliches Schnellerwerden *n*
acelga F BOT (GASTR *frec* ~**s** FPL) Mangold *m*; *fig* **cara** *f* **de** ~ fahles (*o* leichenblasses) Gesicht *n*
acémila F Saum-, Lasttier *n*; *fig* Dummkopf *m*, Esel *m fam*
acemilero A ADJ die Lasttiere betreffend B M, **-a** F Maultierführer *m*, -in *f*, Maultiertreiber *m*, -in *f*
acemita F Kleiebrot *n*; **acemite** M Kleie(n)mehl *n*; *potaje*: Grießmehlsuppe *f*
acendrado ADJ *metales* geläutert *(tb fig)*; *fig* lauter, makellos; **acendrar** VT läutern, reinigen
acento M 1 FON Akzent *m*; *(acentuación)* Betonung *f*; ~ **agudo** Akut *m*; ~ **dinámico** Tonstärke *f*; ~ **de intensidad** Druckakzent *m*; ~ **principal/secundario** Haupt-/Nebenton *m*; ~ **tónico** *o* **musical** Tonhöhe *f* 2 *(particularidades fonéticas)* Akzent *m*, fremdartige (*o* regionale) Aussprache *f*; **hablar sin** ~ akzentfrei sprechen; **no tiene** ~ er hat keinen (fremden) Akzent, er spricht akzentfrei 3 *fig (tono)* Ton(fall) *m*; *(énfasis)* Betonung *f*; **poner el ~ en** den Akzent (*o* Nachdruck) legen auf *(acus)*
acentuación F Betonung *f (tb fig)*, Akzentsetzung *f*, Akzentuierung *f*; **acentuado** ADJ 1 FON betont; mit Akzent 2 *fig (notable)* merklich, spürbar; stark
acentuar ⟨1e⟩ A VT betonen, akzentuieren; *fig tb (recalcar)* verstärken, hervorheben B VR **acentuarse** (stärker) zutage treten; sich verschärfen; zunehmen
aceña F Wassermühle *f für Getreide*; Schöpfrad *n*; **aceñero** M (Wasser)Müller *m*; Mühlenarbeiter *m*
acepar VI Wurzeln schlagen
acepción F 1 *(uno de los significados)* Einzelbedeutung *f (eines polysemen Wortes)* 2 **sin ~ de personas** *(sin favorecer a nadie)* ohne Ansehen der Person
acepilladora F TEC Hobelmaschine *f*; **acepilladura** F 1 *acción*: Hobeln *n* 2 *(virutas)* Hobelspäne *mpl*
acepillar VT *(alisar con el cepillo)* (aus)bürsten; *(desbastar)* (ab)hobeln; *fam fig* Schliff geben *(dat)*
aceptable ADJ annehmbar; willkommen
aceptación F 1 *(aprobación)* Anerkennung *f*, Billigung *f*; *fam* **encontrar buena** ~ gut ankommen 2 *(recepción)* Annahme *f (tb* JUR); **no** ~ Nichtannahme *f* 3 COM Akzept *n*; ~ **por intervención** Ehrenakzept *n*; ~ **(pagadera) a tres meses (fecha)** Dreimonatsakzept *n*
aceptador M COM Akzeptant *m*; **aceptante** M COM (Wechsel)Akzeptant *m*
aceptar VT 1 *(recibir)* annehmen, akzeptieren; *(aprobar)* anerkennen, billigen 2 FIN, COM *cheque* in Zahlung nehmen; *letra de cambio* mit Akzept versehen; *Esp* **acepto** *o* **aceptamos** *vorgeschriebener Akzeptvermerk neben der Unterschrift*
acepto ADJ **no** ~ *persona* unerwünscht; **ser ~ a alg** j-m angenehm *o* wohlgefällig sein
acequia F Bewässerungsgraben *m*, -kanal *m*; *Perú tb* Bach *m*
acera F 1 Bürgersteig *m*, Gehsteig *m*; *p. ext (hilera de casas)* Häuserreihe *f* 2 ARQUIT Verblendstein *m einer Wand* 3 *fam fig* **ser de la otra ~** *o* **de la ~ de enfrente** *(ser homosexual)* vom anderen Ufer sein *fam*
aceración F TEC Verstählung *f*; **acerado** A ADJ gestählt, stählern; *fig* schneidend, beißend, scharf B M TEC Verstählen *n*
acerar A VT TEC verstählen; *fig* stählen B VR **acerarse** *liter, fig* sich verhärten, hart werden
acerbidad F Herbheit *f*; *fig* Strenge *f*; **acerbo** ADJ herb; *fig* hart, streng, grausam; **críticas** *fpl* **-as** harsche Kritik *f*
acerca PREP ~ **de** betreffs *(gen)*, bezüglich *(gen)*, in Bezug auf *(acus)*, hinsichtlich *(gen)*, über *(acus)*; **acercamiento** M Annäherung *f* (**a** an *acus*)
acercar ⟨1g⟩ A VT (näher) heranbringen (**a** an *acus*); näher bringen *(tb fig)*; reichen; **acércame el pan** gib (*o* reich) mir das Brot B VR **acercarse** sich nähern, näher rücken; *fig* sich *(dat)* näherkommen; *fam* ~ **a casa de alg** j-n (kurz) besuchen, bei j-m vorbeischauen *fam*; *fam* **me acercaré a tu casa** ich werde bei dir vorbeischauen *fam*
ace(re)ría F TEC Stahlwerk *n*
acerico M, **acerillo** M kleines Kissen *n*; Nadelkissen *n*
acerina F *pez*: Kaulbarsch *m*
acerino ADJ *poét* stählern
acerista M/F 1 *(fabricante de acero)* Stahlfabrikant *m*, -in *f* 2 *obrero*: Stahlarbeiter *m*, -in *f*
acero M TEC Stahl *m*; ~ **en barras** Stabstahl *m*; ~ **Bessemer** Bessemerstahl *m*; ~ **acorazado** *o* **blindado** *o* **de blindaje** Panzerstahl *m*; ~ **bruto** Rohstahl *m*; ~ **colado** *o* **fundido** Stahlguss *m*; ~ **de construcción** Baustahl *m*; ~ **acrisolado** *o* **al crisol** Gussstahl *m*; ~ **eléctrico** Elektrostahl *m*; ~ **especial** Edelstahl *m*; ~ **de fusión/de grano argentino** Fluss-/Silberstahl *m*; ~ **inoxidable** rostfreier Stahl *m*; ~ **laminado** Walzstahl *m*; ~ **perfilado/rápido** Form-/

Schnellstahl *m*; ~ **soldado** *o* **batido** Schweißstahl *m*; ~ **al tungsteno** *o* **con wolframio** Wolframstahl *m*; **cable** *m* **de** ~ Stahlkabel *n*; **construcción** *f* **en** ~ **y hormigón** Stahlverbundbauweise *f*; **tener nervios de** ~ Nerven wie Drahtseile haben 2 *fig (arma blanca)* blanke Waffe *f*

acerola F BOT Acerolakirsche, Barbadoskirsche *f*; Antillenkirsche *f*; **acerolo** M BOT Acerolakirschbaum *m*

acérrimo ADJ 1 *sup* → acre[1] 2 *fig lucha, riña* erbittert, hartnäckig; *aficionados* glühend

acerrojar VT *puerta* verriegeln

acertado ADJ *(hábil)* geschickt, klug; *(logrado)* gelungen; *(correcto)* richtig; *observación* treffend; *fam* **estar** ~ richtigliegen *fam*; **acertante** M/F Gewinner *m*, -in *f*, *(Lotterie, Preisausschreiben)*

acertar ⟨1k⟩ A VT *(adivinar)* erraten, (richtig) treffen; *(encontrar)* finden B VI 1 ~ **(a)** *das Ziel* treffen; ~ **al blanco** *o* **en la diana** ins Schwarze treffen; **no acierto a hacerlo** es gelingt mir nicht, ich habe kein Glück damit 2 ~ **con** finden *(acus)*; das Richtige treffen mit *(dat)* 3 *(actuar bien)* richtig handeln; ~ *(ger) o* ~ **en** *(inf)* recht daran tun, zu *(inf)* 4 ~ **a hacer a/c** *por casualidad*: zufällig etw tun; **acertó a pasar** er kam gerade vorbei

acertijero M Rätselsammlung *f*; **acertijo** M Rätsel *n*

acervo M 1 *(montón)* Haufen *m* 2 *(posesión en común)* gemeinsamer Besitz *m*, *(herencia en común)* gemeinsames Erbe *n (tb fig)*; JUR Erbmasse *f*; *fig* Erbe *n*; ~ **común** Gemeingut *n*; *Unión Europea*: ~ **comunitario** gemeinschaftlicher Besitzstand *m*; ~ **cultural** Kulturgut *n*

acetato M QUÍM essigsaures Salz *n*, Azetat *n*; ~ **de alúmina** essigsaure Tonerde *f*; ~ **de plomo** Bleiazetat *n*, -zucker *m*

acético ADJ Essig...; **ácido** *m* ~ Essigsäure *f*

acetileno M QUÍM Azetylen *n*

acetilsalicílico ADJ QUÍM, FARM **ácido** *m* ~ Acetylsalizylsäure *f*; **acetona** F QUÍM Azeton *n*; **acetoso** ADJ essigsauer

acetre M Schöpfeimer *m*; CAT kleiner Weihwasserkessel *m*

acezante ADJ keuchend; *fig* sehnsüchtig; **acezar** VI ⟨1h⟩ keuchen, außer Atem sein

achabacanar VT verpfuschen; *gusto, etc* verderben

achacable ADJ zuzuschreibend; **... (no) puede ser ~ a a/c ...** kann einer Sache *(dat)* (nicht) zuzuschreiben sein

achacar VT ⟨1g⟩ zuschreiben, unterstellen (a/c **a alg** j-m etw); ~ **(la culpa) a alg** j-m (die Schuld) zuschieben, (die Schuld) auf j-n schieben

achachay A M *Am ein Kinderspiel* B INT **¡~!** 1 *Col, Ec (hermoso)* wunderschön!, bravo! 2 *Ec (hace frío)* es ist (sehr) kalt!

achacoso ADJ anfällig, kränklich

achaflanar VT TEC abschrägen

achahual M *Méx* BOT Sonnenblume *f*

achalay INT *Am Mer* wunderschön!

achampanado, achampañado ADJ *vino* champagnerartig, Schaum...

achantar *pop* A VT zum Schweigen bringen; einschüchtern; ~ **la mui** den Schnabel (*o* die Klappe) halten *fam*, nichts ausplaudern B VR **achantarse** kalte Füße (*o* Manschetten *pop*) kriegen *fam*

achaparrado ADJ *persona* untersetzt; *objetos* breit und niedrig; gedrungen; **árboles** *mpl* **~s** Krüppelholz *n*; **achaparrarse** VR verkrüppeln, verkümmern

achaque M 1 *(estado enfermizo)* Kränklichkeit *f*; Gebrechen *n*; *de forma pasajera*: Unpässlichkeit *f*; **~s** *pl* **de la edad** Altersbeschwerden *fpl* 2 *(vicio, mala costumbre)* üble Angewohnheit *f* 3 *(pretexto)* Vorwand *m*; *fam raro* **con** ~ **de** unter dem Vorwand *(gen)*

achares MPL *pop* Eifersucht *f*

acharolado ADJ lackartig; **acharolar** VT → charolar

achatado ADJ platt, abgeflacht; **nariz** *f* **-a** Stumpfnase *f*; **achatar** VT platt drücken; TEC abflachen

achatarrar VT verschrotten

achicado ADJ 1 *(aniñado)* kindisch 2 *(empequeñecido)* verkleinert 3 *(asustado)* eingeschüchtert; **achicador** M MAR Wasserschaufel *f*; **achicadura** F, **achicamiento** M Verkleinerung *f*

achicar ⟨1g⟩ A VT 1 *(empequeñecer)* kleiner machen, verkleinern; *fig (intimidar)* einschüchtern, *(humillar)* demütigen 2 *espec* MAR, MIN *(extraer agua)* auspumpen, MAR *tb* lenzen 3 *Chile pop (enchironar)* einlochen *fam* 4 *Col pop (matar)* umlegen *pop* 5 *Perú pop (orinar)* pissen *pop* B VR **achicarse** 1 *(empequeñecerse)* kleiner werden 2 *fam fig (acobardarse)* (ganz) klein werden *fam*, klein beigeben

achicharradero M *fam* sehr heißer Ort *m*, Brutkasten *m fam*; **achicharrante** ADJ *fam* glühend heiß; **calor** *m* ~ Gluthitze *f*; **achicharrar** A VT 1 *(freír excesivamente)* (zu) stark braten, rösten 2 *fig (molestar demasiado)* ~ **a alg** j-m sehr zusetzen 3 *Am (estrujar)* zerdrücken 4 *pop (acribillar a balazos)* zusammenschießen B VR **achicharrarse** 1 *(quemarse)* verschmoren, verbrennen 2 *fig (morirse de calor)* umkommen vor Hitze *fam*, schmoren *fam*; **achicharronar** VT *Am* (zer)drücken, (zer)quetschen

achichinque M 1 MIN *obrero*: Pumpenarbeiter *m* 2 *Méx desp (adulón)* Speichellecker *m*

achicopalado ADJ *Méx, Col* erschöpft; niedergeschlagen; **achicopalarse** VR *Salv, Hond, Méx* sich grämen; *fig* klein werden

achicoria F BOT Zichorie *f*; GASTR Zuckerhut(salat) *m* ~ **roja** Radicchio *m*; ~ **silvestre** Wegwarte *f*

achiguarse VR *RPl, Chile cosa* sich wölben; *persona* einen Bauch bekommen

achilar VT *Col* demütigen

achimero M, **-a** F *Am Centr* → buhonero; **~s** MPL *Am Centr* → buhonería

achinado ADJ 1 *persona* chinesisch aussehend; chinesenähnlich; **ojos** *mpl* **~s** Schlitzaugen *npl* 2 *Am (aplebeyado)* pöbelhaft; **achinar** A VT *Am* einschüchtern B VI *Col* fächeln

achinelado ADJ pantoffelförmig

achinería F *Am Centr* → buhonería; **achinero** M, **achinera** F *Am Centr* → buhonero

achiote M *Am* 1 BOT *árbol*: Annattostrauch *m*, Orlean(s)baum *m*; *fruta*: Annattosamen *m* 2 GASTR *rote Gewürzpaste aus Annattosamen*

achique M MAR Auspumpen *n*, Lenzen *n*; **bomba** *f* **de** ~ Lenzpumpe *f*

achiquillado ADJ → aniñado; **achiquitarse** *Am* verzagen

achira F BOT 1 *Am Mer eine rotblühende Alismazee* 2 *Perú essbares Knollengewächs* 3 *Chile (cañacoro)* spanisches Rohr *n*

achís INT hatschi!

achispado ADJ *fam* beschwipst *fam*; **achispar** A VT in einen leichten Rausch versetzen B VR **achisparse** sich beschwipsen *fam*

achocharse VR *fam* kindisch (*o* senil) werden; *pop* vertrotteln *fam*

acholar *Am* A VT 1 *(avergonzar)* beschämen 2 *(intimidar)* einschüchtern B VR **acholarse** sich schämen

achoncharse VR *Col* 1 *(acomodarse)* es sich *(dat)* bequem machen 2 *(asustarse)* Angst kriegen

achote M → achiote

achubascarse VR ⟨1g⟩ sich stark bewölken

achuchado ADJ *fam* 1 *(complicado)* schwierig 2 *fig (escaso de dinero)* knapp bei Kasse; **achuchar** VT 1 *(aplastar)* zerdrücken, zerquetschen 2 *fig (azuzar)* (auf)hetzen 3 *(abrazar)* ~ **a alg** j-n an sich *(acus)* drücken; j-n zärtlich umarmen; **achucharrar** VT 1 *Am (azuzar)* (auf)hetzen 2 *Col, Chile (aplastar)* zerdrücken, -treten; **achuchón** M *fam* 1 *(golpe)* Stoß *m* 2 *(abrazo cariñoso)* stürmische Umarmung *f* 3 *(achaque)* leichte Krankheit *f*, Unpässlichkeit *f*

achucutarse, achucuyarse VR 1 *Am fam (abatirse)* klein und hässlich werden; *fam* Manschetten kriegen 2 *Guat (marchitarse)* welken

achula(pa)do ADJ *fam* wie ein Chulo (→ chulo); angeberisch, großspurig

achurar VT *Am animal* ausweiden; *persona* erstechen

achuras FPL *RPl* Innereien *fpl*

achurruscar VT ⟨1g⟩ *Chile* drücken

ACI F *abr* (Asociación Cooperativa Internacional) IGB *m* (Internationaler Genossenschaftsbund)

aciago ADJ Unglück bringend, unheilvoll; **día** *m* ~ Unglückstag *m*

acial M 1 *para bestias*: Maulzwinge *f*; Ohrenklemme *f* 2 *Am Centr, Ec (látigo)* Peitsche *f*

aciano M BOT Kornblume *f*

acíbar M 1 BOT Aloe *f*; *jugo*: Aloesaft *m* 2 *fig (amargura)* Bitternis *f*; Unannehmlichkeit *f*

acibarar VT 1 *(echar acíbar)* mit Aloe versetzen 2 *fig (amargar)* verbittern

acicalado ADJ geschniegelt, herausgeputzt; **acicaladura** F, **acicalamiento** M 1 *(pulimento)* Politur *f*, Schleifen *n* 2 *fig (elegancia)* Eleganz *f*

acicalar A VT 1 *espada, etc* blank putzen 2 CONSTR *pared* verputzen 3 *fig (adornar)* herausputzen, schniegeln B VR **acicalarse** sich zurechtmachen, sich herausputzen

acicate M 1 *equitación: (espuela) maurischer* Sporn *m* 2 *fig (estímulo)* Antrieb *m*, Ansporn *m*, *(incentivo)* Anreiz *m*; **acicatear** VT anspornen, antreiben *(tb fig)*

acicular ADJ *t/t* nadelförmig

acidez F ⟨*pl* -eces⟩ Säure *f*; *(cantidad de ácido)* Säuregehalt *m*; ~ **de estómago** Sodbrennen *n*

acidia F *liter* Trägheit *f*, Faulheit *f*

acidificar VT ⟨1g⟩ QUÍM mit Säure versetzen, säuern; **acidímetro** M QUÍM Säuremesser *m*; **acidismo** M MED *(espec* Super)Azidität *f*

ácido A ADJ sauer; *fig* **crítica** *f* **-a** bissige Kritik *f* B M 1 QUÍM Säure *f*; ~ **acético** Essigsäure *f*; ~ **ascórbico** Ascorbinsäure *f*; ~ **butírico** Buttersäure *f*; ~ **carbónico** Kohlensäure *f*; ~ **cianhídrico** Blausäure *f*; ~ **cítrico** Zitronensäure *f*; ~ **clorhídrico** Salzsäure *f*; ~ **fólico** Folsäure *f*; ~ **fórmico** Ameisensäure *f*; ~ **gástrico** Magensäure *f*; ~ **láctico** Milchsäure *f*; ~ **nítrico** Salpetersäure *f*; ~ **nucléico** Nukleinsäure *f*; ~ **sulfúrico** Schwefelsäure *f*; ~ **tartárico** Wein(stein)säure *f*; ~ **úrico** Harnsäure *f* 2 GASTR **~s** *pl* **grasos insaturados** ungesättigte Fettsäuren *fpl* 3 *drogas fam* Acid *n*, LSD *n*

acidorresistente ADJ BIOL *bacterias* säurebeständig, säureresistent

acidulante M QUÍM Säuerungsmittel *n*; **acidular** VT *líquidos* ansäuern; **agua** *f* **acidulada** Säuerling *m*, Sauerbrunnen *m*

acídulo ADJ säuerlich; **agua** *f* **-a** Säuerling *m*, Sauerbrunnen *m*

acientífico ADJ unwissenschaftlich

acierto M 1 Treffen *n (des Ziels)*; *lotería, etc*: Treffer *m* 2 *fig (destreza)* Geschicklichkeit *f*; *(cordura)* Klugheit *f*; *(éxito)* Erfolg *m*; *adv* **con** ~ *(hábil)* geschickt; *(preciso)* treffend, richtig

aciguatado A ADJ bleich(süchtig); blass B M Gelbsuchtkranker *m*

ácimo ADJ *pan* ungesäuert
acimut M ASTRON Azimut *m/n*
ación F Steigbügelriemen *m*
acirate M 1 *(lindero)* erhöhter Grenzrain *m* 2 *(paseo)* Pfad *m* zwischen zwei Baumreihen
acitara F 1 *(pretil del puente)* Brückengeländer *n* 2 *de la silla de montar:* (Sattel)Decke *f* 3 → citara
acitrón M Zitronat *n*
acitronar VT *Méx* auf kleiner Flamme braten
acivilarse VR *Chile* sich standesamtlich trauen lassen
aclamación F Beifall *m*, Beifallsrufen *n*; POL **elección** *f* **por ~** Wahl *f* durch Zuruf (*o* per Akklamation); **aclamador** ADJ Beifalls…
aclamar VT 1 *(aplaudir con voces)* **~ a alg** j-m zujubeln; j-m applaudieren 2 POL *(conferir un cargo por voces)* **~ a alg** j-n durch Zuruf ernennen; **~ (por** *o* **como) presidente** durch Zuruf zum Präsidenten wählen 3 *pájaros* locken
aclaración F *(explicación)* Aufklärung *f*; Erläuterung *f*; *(aclaramiento)* Aufhellung *f*; **pedir -ones** rückfragen; *tb* hinterfragen
aclarar A VT 1 (auf)klären; *palabras* erläutern; **~ las circunstancias de a/c** die Begleitumstände einer Sache *(gen)* aufklären; **para ~ las cosas** um die Angelegenheit zu klären; **queda todo aclarado** alles ist geklärt, alles hat sich geklärt 2 *luz* heller machen; *cabello, color* aufhellen 3 *líquido* verdünnen; *líquido, voz* klären; *ropa* spülen 4 *bosque, filas* lichten B V/IMP **aclara** es wird hell, es wird Tag C VI *y* VR **~se** hell werden; *tiempo* aufklaren; *día* anbrechen; *fig* klar sehen
aclaratorio ADJ (auf)klärend, erläuternd; **aclarecer** VT ⟨2d⟩ → aclarar; **aclareo** M SILV Durchforstung *f*
ACLC F *abr* (Asociación Centroamericana de Libre Comercio) Mittelamerikanische Freihandelsvereinigung *f*
aclimatación F Akklimatisierung *f*; Eingewöhnung *f*; **aclimatar** A VT akklimatisieren; heimisch machen B VR **aclimatarse** sich eingewöhnen, heimisch werden; sich akklimatisieren
aclocar ⟨1g *y* 1m⟩ A VI → enclocar B VR **aclocarse** es sich *(dat)* bequem machen
aclorhidria F MED Achlorhydrie *f*
acmé F MED Höhepunkt *m* einer Krankheit *f*, Akme *f*
acné M/F MED Akne *f*; **padecer ~** an Akne leiden
ACNUR F *abr* (Alto Comisionado de las Naciones Unidas para los Refugiados) UNHCR *n* (UN-Hochkommissariat für Flüchtlinge)
acobardado ADJ verzagt, kleinmütig; **acobardamiento** M Einschüchterung *f*
acobardar A VT einschüchtern B VR **acobardarse** verzagen, den Mut verlieren; **~ de** eingeschüchtert werden von *(dat)* (*o* durch *acus*); **no te acobardes** hab keine Angst; **se acobardó ante** *o* **por el peligro** er schreckte vor der Gefahr zurück
acobrado ADJ kupferfarben
acocear VT Fußtritte geben *(dat)*; ausschlagen nach *(dat)*
acochinar *fam* A VT abmurksen *fam*; fertigmachen *fam* B VR **acochinarse** verdrecken *fam*
acocil M ZOOL mexikanische Süßwasserkrabbe *f*
acocote M *Méx* BOT Flaschenkürbis *m*
acodado ADJ gebogen, geknickt; TEC **tubo** *m* **~** Winkelstück *n*
acodalado M ARQUIT Abstützen *n*; **acodalar** VT ARQUIT abstützen
acodar A VT 1 AGR *(Senker)* stecken 2 TEC kröpfen B VR **acodarse** *(apoyar los codos)* die Ellbogen (auf)stützen (**en, sobre** auf *acus*)
acoderar VT MAR quer vor Anker legen
acodillar VT knieförmig (um)biegen; **acodo** M 1 AGR *(vástago)* Ableger *m*, Senker *m*; *acción:* Absenken *n* 2 ARQUIT *vorspringender* Schlussstein *m* eines Gewölbes
acogedizo ADJ *persona* anlehnungsbedürftig; **acogedor** ADJ 1 *casa, vivienda* gastlich, gemütlich; **ambiente** *m* **~** gastliche Atmosphäre *f* 2 *persona* liebenswürdig, gewinnend
acoger ⟨2c⟩ A VT *huésped, noticia* aufnehmen; *(proteger)* beschützen; **~ con satisfacción** begrüßen, beifällig aufnehmen; gutheißen B VR **acogerse** 1 *(buscar protección)* **~ a alg** sich an j-n halten; bei j-m Schutz (*o* Hilfe) suchen; HIST **~ a sagrado** sich an einen geweihten Ort flüchten; **~ a la barca** sich ins Boot retten 2 JUR *(invocar un derecho)* **~ a a/c** sich auf etw *(acus)* berufen 3 **~ a un crédito** einen Kredit in Anspruch nehmen
acogida F 1 *(admisión)* Aufnahme *f*, *(recepción)* Empfang *m*; **centro de ~** Aufnahme-, Auffangzentrum *n*; **una calurosa ~** ein herzlicher Empfang; **dispensar una buena ~ a** freundlich aufnehmen *(acus)*; **tener buena ~** *personas* freundlich aufgenommen werden; *en público:* Beifall finden, (gut) ankommen 2 *(refugio)* Zuflucht(sort *m*) *f*; **casa de ~ (para mujeres maltratadas)** Frauenhaus *n*
acogimiento M → acogida
acogollar AGR A VT *(mit Stroh etc)* abdecken B VI *y* VR **~se** *col, lechuga, etc* Köpfe bilden
acogotar VT 1 *(matar)* durch einen Schlag (*o* Stich) ins Genick töten 2 *(derribar)* beim Genick packen und niederwerfen 3 *fam fig (vencer)* kleinkriegen *fam*, unterkriegen *fam*
acojinar VT polstern
acojonado ADJ *vulg (asustado)* eingeschüchtert, verängstigt; *(cobarde)* feige; **acojonamiento** M *vulg* Einschüchterung *f*; Schiss *m pop*; **acojonante** ADJ *vulg* 1 *(atemorizante)* fürchterlich 2 *(impresionante)* beeindruckend, irre *fam* 3 *(estupendo)* super *fam*, geil *pop*
acojonar *vulg* A VT 1 *(intimidar)* einschüchtern 2 *(infundir respeto)* **~ a alg** j-m imponieren, bei j-m Eindruck schinden *fam* 3 *(sorprender)* überraschen, verblüffen B VR **acojonarse** 1 *(acobardarse)* kalte Füße kriegen *fam*, Schiss haben *pop* 2 *(estar atónito)* baff sein *fam*
acolada F HIST Akkolade *f*; (Umarmung *f* nach dem) Ritterschlag *m*
acolchado M 1 *(cojín)* Polster *n*; Steppzeug *n*; *RPl* Federbett *n* 2 *(tapizar)* Polstern *n*; Polsterung *f*; **acolchamiento** M *de vestimenta:* Wattierung *f*
acolchar¹ VT polstern, wattieren; steppen
acolchar² VT MAR → corchar
acolchonar VT *Am* → acolchar¹
acolitar VT 1 *Col niños* (heimlich) verwöhnen 2 *Am* CAT ministrieren
acólito M 1 CAT Akolyth *m*; Ministrant *m* 2 *fig irón (fiel seguidor)* getreuer Schatten *m*
acollador M MAR Sorrtau *n*; **acollar** VT ⟨1m⟩ 1 AGR, BOT *(cobijar)* häufeln 2 MAR *(meter estopa)* Fugen mit Werg verstopfen; sorren
acollarado ADJ *espec* ORN geringelt, Ringel…; **acollarar** A VT *animales* ein Halsband anlegen *(dat)*; *perros de caza* koppeln; *caballos* das Kummet anlegen *(dat)* B VR **acollararse** *Arg, Ur fam* 1 *(vivir juntos)* mit j-m (eheähnlich) zusammenleben 2 *(casarse)* sich verheiraten
acomedido ADJ *Am* dienstbeflissen, gefällig; **acomedirse** VR ⟨3l⟩ *Am* gefällig sein; seine Dienste anbieten
acometedor A ADJ angriffslustig B M, **acometedora** F Angreifer *m*, -in *f*
acometer A VT 1 *(embestir)* angreifen, anfallen; sich stürzen auf *(acus)*; *sueño, enfermedad, etc* befallen 2 *fig (emprender)* in Angriff nehmen, unternehmen B VI **~ contra a/c** auf etw *(acus)* losgehen; gegen etw *(acus)* schlagen; TEC **~ (en)** *caño, etc* münden (in *dat o acus*)
acometida F 1 *(embestida)* Angriff *m*; *fig* Anfall *m* 2 TEC *de luz:* Lichtanschluss *m*; *de agua:* Wasseranschluss *m*; *de gas:* Gasanschluss *m*;
acometimiento M 1 *(ataque)* Angriff *m* 2 *fig (comienzo)* Inangriffnahme *f* 3 TEC *(desembocadura de un caño)* Rohrmündung *f (bes Kanalisation)*; **acometividad** F 1 *(propensión a embestir)* Angriffslust *f*, Streitlust *f* 2 *fig (impetuosidad)* Draufgängertum *n*
acomodable ADJ anpassungsfähig; **acomodación** F 1 *(adaptación)* Anpassung *f*; *(reconstrucción)* Umbau *m*, -gestaltung *f* 2 FISIOL *del ojo:* Akkomodation *f*, Anpassung(sfähigkeit) *f* 3 *de personas:* Unterbringung *f*; **acomodadizo** ADJ *(dócil)* fügsam; *(fácil de satisfacer)* leicht zu befriedigen(d); *(fácil de adaptar)* leicht anzupassen(d)
acomodado ADJ 1 *(adecuado)* geeignet 2 *(pudiente)* wohlhabend; *vida* bequem, auskömmlich; *precio* günstig; **acomodador** M, **acomodadora** F Platzanweiser *m*, -in *f*; TEAT Logenschließer *m*, -in *f*; **acomodamiento** M 1 *(adaptación)* Anpassen *n*, *(disposición)* Einrichten *n* 2 *(convenio)* Abkommen *n*, Abmachung *f*
acomodar A VT 1 *(poner en sitio conveniente)* einordnen; *(ordenar)* in Ordnung bringen 2 *(adaptar)* anpassen; *(aplicar)* anwenden (**a** auf *acus*) 3 *(concertar)* in Einklang bringen 4 *(colocar, tb alojar)* unterbringen; TEAT, *etc* **~ a alg** j-m den (*o* einen) Platz anweisen 5 *(proporcionar ocupación)* **~ a alg** j-n anstellen, j-m einen Arbeitsplatz verschaffen B VI behagen, gefallen, passen C VR **~se (a)** sich anpassen (*dat o* an *acus*); sich abfinden (mit *dat*); **~se a la situación** sich in die Lage schicken; **todos se han acomodado bien** alle haben einen guten Platz gefunden
acomodaticio ADJ 1 *frec desp (muy flexible)* sehr anpassungsfähig, *persona* opportunistisch 2 *fig concepto, modo de ver* dehnbar 3 → acomodadizo
acomodo M 1 *(empleo)* Anstellung *f* 2 *(alojamiento)* Unterkunft *f* 3 *(subsistencia)* Auskommen *n* 4 *(arreglo)* Kompromiss *m*, Modus Vivendi *m*
acompañado A ADJ 1 *calle* belebt 2 *(adjunto)* beiliegend 3 *(escoltado)*, *tb* MÚS begleitet (**de** von *dat*) B M *Col canalización:* Abzugsrinne *f*; **acompañador** A ADJ Begleit… B M, **acompañadora** F Begleiter *m*, -in *f*; **acompañamiento** M 1 *(séquito)* Begleitung *f (tb* MÚS); *(comitiva)* Gefolge *n* 2 GASTR *(guarnición)* Beilage *f*
acompañante A ADJ begleitend B M/F 1 Begleiter *m*, -in *f (tb* MÚS); Begleitperson *f*; Mitreisende *m/f* 2 *(guía)* Reiseleiter *m*, -in *f*; **~ (turístico, -a)** Reiseleiter *m*, -in *f*
acompañar A VT 1 begleiten *(tb* MÚS); *(comer en compañía)* mitessen; *beber:* mittrinken; *viajar:* mitfahren *etc* (**a** mit *dat*); *(hacer compañía)* **~ a alg** j-m Gesellschaft leisten; **~ a alg en el sentimiento** j-m sein Beileid aussprechen; **le acompaño en el sentimiento** herzliches Beileid; **~ el pescado con vino** zum Fisch Wein trinken 2 *documentos* beilegen, -fügen (**a a/c** etw *dat*) B VR **acompañarse** 1 MÚS sich selbst begleiten 2 **~ de buenos amigos** sich mit guten Freunden umgeben
acompasadamente ADV abgemessen, im Takt; **acompasado** ADJ nach dem Takt; gemessen, langsam; *fig* wohlgeordnet; **acompasar** VT rhythmisch (*o* gleichmäßig) gestalten; MIL justieren, einstellen

acomplejado ADJ voller Komplexe; **estar ~** Komplexe haben; **acomplejar** A VT **~ a alg** j-m Komplexe verursachen B VR **acomplejarse** Komplexe bekommen

acomunarse VR sich verbünden, sich zusammentun (**con** mit *dat*)

Aconcagua M *höchster Berg der Anden*

aconchabarse VR sich verschwören; einen Pakt schließen

aconcharse VR 1 *(arrimarse)* sich anlehnen 2 MAR *(encallar)* auflaufen 3 *Méx fam (gorrear)* schmarotzen, nassauern *fam*

acondicionado ADJ passend, geeignet; **bien/mal ~** in guter/schlechter Verfassung; **(instalación** *f* **de) aire** *m* **~** → acondicionador

acondicionador M **~ (de aire)** Klimaanlage *f*; **~ (para el cabello)** (Haar)Spülung *f*, Pflegespülung *f*; **acondicionamiento** M Zubereitung *f*; Aufbereitung *f*; **~ de aire** Klimatisierung *f*

acondicionar VT 1 *(formar)* gestalten; *(aderezar)* herrichten 2 *comidas* zubereiten, anrichten 3 *sala* klimatisieren 4 *Ven deportista* trainieren; *Ven animal* dressieren

aconfesional ADJ *persona* konfessionslos; *estado* ohne Staatskirche; **aconfesionalidad** F Konfessionslosigkeit *f*

acongojado ADJ bekümmert; verhärmt, vergrämt; **acongojar** VT bedrücken, bekümmern, ängstigen; *v/r* **~se** sich ängstigen, Angst bekommen

aconitina F QUÍM Akonitin *n*

acónito M BOT Eisenhut *m*

aconsejable ADJ ratsam, empfehlenswert

aconsejado ADJ **mal ~** schlecht beraten; **aconsejar** A VT **~ a alg** j-m raten, j-n beraten; **~ a/c a alg** j-m etw *(acus)* (an)raten; j-m etw *(acus)* empfehlen; **le aconsejo que le escriba** ich rate Ihnen, ihr zu schreiben B VR **~se de** *o* **con alg** sich *(dat)* bei j-m Rat holen

aconsonantar A VT in Reime bringen B VI (sich) reimen

acontecer VI ⟨2d⟩ geschehen, sich ereignen, vorkommen; **acontecimiento** M Ereignis *n*, Geschehnis *n*, Begebenheit *f*; **el feliz ~** das freudige Ereignis *n*

acopado ADJ becherförmig; baumkronenförmig; **acopar** BOT A VT die Kronenbildung künstlich beeinflussen B VI Kronen bilden

acopiamiento M → acopio; **acopiar** VT ⟨1b⟩ anhäufen, ansammeln; *espec provisiones* aufkaufen; **acopio** M *(acumulación)* Anhäufung *f*; Aufkauf *m*; *(reserva)* Vorrat *m*; *(abundancia)* Fülle *f*; **~ de material** Materialsammlung *f*; **hacer ~ de** sammeln; **hacer ~ de valor** seinen Mut zusammennehmen

acoplado M *Arg, Bol, Chile, Perú, Ur* Anhänger *m (Wagen)*; **acopladura** F *espec* CONSTR Zusammenfügen *n*

acoplamiento M 1 TEC *(enganche)* Kopplung *f*, *(embrague)* Kupplung *f*; *astronáutica*: **~ espacial** Ankoppelungs- (*o* Andock)manöver *n*; RADIO **~ regenerativo** Rückkopplung *f*; TEC **árbol** *m* **de ~** Kupplungswelle *f* 2 ELEC Schaltung *f*; **~ en serie** Reihen-, Serienschaltung *f*

acoplar A VT 1 *(unir dos partes)* zusammenfügen; *(adaptar)* anpassen; *fig (conciliar)* versöhnen 2 TEC (zusammen)koppeln; kuppeln; *nave espacial* ankoppeln; ELEC *batería* schalten 3 *caballos* zusammenkoppeln B VR **acoplarse** 1 *(cuadrar)* zusammenpassen; *(adaptarse)* sich einfügen; *nave espacial* andocken (**a an** *acus*) 2 *fam (unirse)* sich zusammentun *fam*; *(encariñarse)* sich lieb gewinnen 3 *animales* sich paaren

acoquinarse VR *fam* sich einschüchtern lassen

acorarse VR BOT welk werden

acorazado A ADJ gepanzert, Panzer…; **cámara** *f* **-a** Panzerschrank *m*; MIL **división** *f* **-a** Panzerdivision *f* B M MAR *(crucero)* **~** Panzerkreuzer *m*

acorazar ⟨1f⟩ A VT panzern B VR *fig* **~se contra** sich wappnen gegen *(acus)*; **acorazonado** ADJ herzförmig

acorchado ADJ korkartig eingetrocknet, eingeschrumpft; **acorchamiento** M Einschrumpfen *n*; **acorcharse** VR 1 *(encogerse)* einschrumpfen 2 *(ponerse corchoso)* korkartig werden 3 *fig brazo, pierna* einschlafen, taub werden; *sentidos, conciencia* abstumpfen

acordado ADJ beschlossen, vereinbart, ausgemacht; **lo ~** der Beschluss; die Vereinbarung

acordar ⟨1m⟩ A VT 1 *(decidir)* beschließen; *(convenir)* vereinbaren, ausmachen; *(otorgar)* bewilligen 2 *opiniones* auf einen Nenner bringen; *colores* aufeinander abstimmen; MÚS *instrumentos* stimmen B VI *(concordar)* übereinstimmen C VR **acordarse** 1 *(traer a la memoria)* sich erinnern; **~ de** sich an *(acus)* erinnern, gedenken *(gen)*; **no ~ del nombre de alg** sich nicht an j-s Namen *(acus)* erinnern; **no quiero ni ~me** ich möchte mich gar nicht daran erinnern; **si mal no me acuerdo** wenn ich mich recht entsinne 2 *(ponerse de acuerdo)* sich einigen (**con** mit *dat*)

acorde A ADJ 1 *(concordante)* übereinstimmend; **~ con** in Einklang mit; **estar ~ con alg** mit j-m einig sein 2 MÚS *(armónico)* harmonisch B M MÚS Akkord *m*; **~ final** Schlussakkord *m*; *fig* **entre** *o* **a los ~s del himno nacional** unter (*o* zu) den Klängen der Nationalhymne

acordelar VT mit einer Schnur abstecken

acordemente ADV einmütig

acordeón M MÚS Akkordeon *n*, Ziehharmonika *f*; **~ de botones** Knopfakkordeon *n*; **~ de teclado** Klavierakkordeon *n*, Tastenakkordeon *n*

acordeonero M, **acordeonera** F *Col reg* → acordeonista; **acordeonista** M/F Akkordeonspieler *m*, -in *f*

acordonado ADJ 1 *(en forma de cordón)* schnurförmig 2 *Méx (cenceño)* schmächtig *(Tier)*; **acordonamiento** M Abriegelung *f*; Absperrung *f*, (Polizei)Kordon *m*; **acordonar** VT 1 *paquete, etc* ein-, verschnüren; zuschnüren; MIL, *policía* **~ una zona**, *etc* ein Gebiet absperren *o* abriegeln 2 *monedas* rändeln

acores MPL MED Flechtenausschlag *m der Kinder*

acornear VT & VI mit den Hörnern stoßen

ácoro M BOT Kalmus *m*; **~ bastardo** *o* **falso** *o* **palustre** Wasserlilie *f*

acorralamiento M 1 *del ganado*: Einpferchen *n* 2 *fig (cerco)* Einkreisung *f*; **política** *f* **de ~** Einkreisungspolitik *f*; **acorralar** VT 1 *ganado* einpferchen; *venado* eingattern 2 *fig (cercar)* einkreisen; *(intimidar)* einschüchtern; in die Enge treiben

acorrer VI → acudir

acortamiento M Ab-, Verkürzung *f*

acortar A VT (ab-, ver)kürzen; *vestimenta* kürzer machen; **~ el paso** *o* **la marcha** langsamer gehen B VI *y* VR **~se** kürzer werden C VR **acortarse** *al hablar*: stocken; *(desconcertarse)* verlegen werden

A Coruña F *galicischer Name v* → La Coruña

acorvar VT → encorvar

acosador A ADJ aufdringlich B M, **acosadora** F (hartnäckige[r]) Verfolger *m*, -in *f*; **acosamiento** M Belästigung *f*; *obs* Verfolgung *f*; Anfeindung *f*

acosar VT **~ a alg** *(perseguir)* j-n verfolgen, j-n hetzen; *(apremiar)* j-n bedrängen; **~ a alg a (***o* **con) preguntas** j-m mit Fragen zusetzen, j-n mit Fragen bestürmen (*o fam* löchern); **~ sexualmente a alg** j-n sexuell belästigen

acoso M Hetzjagd *f*; *fig* Belästigung *f*; **~ escolar** Mobbing *n* (in der Schule), Bullying *n*; **~ moral** *o* **psicológico** Mobbing *n*; **~ laboral** Mobbing *n* (am Arbeitsplatz); **~ sexual** sexuelle Belästigung *f*

acostadero ADJ *pop* geil, scharf *pop*; **acostado** ADJ liegend, waagerecht; *heráldica*: nebenstehend; **estar ~** liegen; im Bett sein; **acostamiento** M Niederlegen *n*

acostar ⟨1m⟩ A VT zu Bett bringen B VI *barco* anlegen C VI *y* VR **~se** *edificios, fiel de la balanza* sich neigen D VR **acostarse** 1 *(tenderse)* sich hinlegen, sich niederlegen; *(ir a la cama)* ins Bett gehen, schlafen gehen; **~ en la cama** sich ins Bett legen; **(es) hora** *f* **de ~** (es ist) Schlafenszeit *f* 2 *sexual*: **~ con alg** mit j-m schlafen, mit j-m ins Bett gehen

acostumbradamente ADV üblicherweise, gewohntermaßen

acostumbrado ADJ gewohnt, gewöhnlich; gewöhnt; **estar ~ a a/c** an etw *(acus)* gewöhnt sein; **estar ~ a hacer a/c** gewohnt sein, etw zu tun; **mal ~** *niño* verwöhnt

acostumbrar A VT **~ a alg a a/c** j-n an etw *(acus)* gewöhnen; **~ a alg a hacer a/c** j-n daran gewöhnen, etw zu tun B VI pflegen, gewohnt sein; **acostumbro a dar un paseo después de comer** für gewöhnlich gehe ich nach dem Essen spazieren (*o* ich pflege nach dem Essen spazieren zu gehen); **acostumbro (a) tomar té** ich trinke gewöhnlich Tee C VR **acostumbrarse** sich gewöhnen (**a** an *acus*); **~ a a/c** sich *(dat)* etw angewöhnen

acotación F 1 Randbemerkung *f*; TEAT Bühnenanweisung *f* 2 *en mapas*: Höhenangabe *f* 3 → acotamiento; **acotada** F eingefriedeter Bezirk *m*; **acotado** M CAZA Eigenjagd *f*, Jagdrevier *n*; **acotamiento** M Abgrenzung *f*; Vermarkung *f*

acotar A VT 1 *terreno* abgrenzen, einfrieden 2 *árboles* kappen 3 *(determinar)* bestimmen, bezeichnen; auswählen; CAZA zur Eigenjagd erklären 4 *(poner anotaciones a un texto)* mit Randbemerkungen versehen; *en mapas*: die Höhenziffern eintragen 5 *oferta* annehmen B VR **acotarse** *(ampararse)* sich in Sicherheit bringen

acotiledóneas FPL, **acotiledones** MPL BOT Nacktsamer *mpl*

acotillo M Schmiedehammer *m*

acoyundar VT *bueyes* anjochen

ACPO F *abr* (Acción Cultural Popular) *Col Institution für Bildung und Weiterbildung der Landbevölkerung*

acr *abr* (acreedor) Gläubiger *m*

ácrata A ADJ anarchistisch B M/F Anarchist *m*, -in *f*

acre[1] ADJ *gusto* scharf, herb; *(amargo)* bitter; *fig genio* schroff, rau; *lenguaje* ätzend, beißend

acre[2] M Acre *n (engl. Landmaß, 40,47 Ar)*

acrecencia F Zuwachs *m* (*tb* JUR), Vermehrung *f*, Zunahme *f*; **acrecentamiento** M Zunahme *f*; **acrecentar** ⟨1k⟩ A VT vermehren, steigern, vergrößern B VR **acrecentarse** anwachsen, zunehmen, sich steigern

acrecer VT ⟨2d⟩ vermehren; JUR **derecho** *m* **de ~** Anwachsungsrecht *n*; **acrecimiento** M JUR Anwachsung *f (Erbrecht)*

acreditación F POL Akkreditierung *f*

acreditado ADJ 1 *(respetado)* geachtet, angesehen; bewährt; **restaurante** *m* **~** geschätztes (*o* viel besuchtes) Restaurant *n* 2 *espec* POL *(legalizado)* beglaubigt; akkreditiert; **estar ~ ante (***o* **cerca de) alg** bei j-m akkreditiert sein

acreditar A VT 1 *(dar fama)* Ansehen verleihen *(dat)*; *(garantizar)* verbürgen; *(corroborar)* bekräftigen, bestätigen (**de** als *acus*) **2** COM ~ **(en cuenta)** *(abonar)* gutschreiben **3** *(comprobar)* ~ **a/c** etw glaubhaft machen; etw nachweisen; POL *personal diplomático* ~ **a alg** j-n beglaubigen, j-n akkreditieren (bei *dat* **ante, cerca de**) **B** VR **acreditarse** **1** *(legitimarse)* sich ausweisen; ~ **como experto**, *etc* sich als Experte *etc* ausweisen **2** *(hacer un buen papel)* sich bewähren; *(ganar reputación)* sich *(dat)* Ansehen erwerben; sich *(dat)* einen Namen machen; ~ **(para) con alg** sich *(dat)* j-s Vertrauen erwerben

acreedor **A** ADJ anspruchsberechtigt; *fig* **hacerse ~ a a/c** sich einer Sache *(gen)* würdig erweisen; **hacerse ~ a** *o* **de la confianza de la clientela** das Vertrauen der Kundschaft gewinnen; **ser ~ a a/c** einer Sache *(gen)* würdig sein **B** M, **acreedora** F Gläubiger *m*, -in *f*; ~ **hipotecario** Hypothekengläubiger *m*; JUR **junta** *f* **(general) de ~es** Gläubigerversammlung *f*; **ser ~ de una cantidad** eine Summe guthaben

acremente ADV *fig* scharf, herb; hart

acribar VT sieben; *fig* sichten

acribillar VT **1** *(agujerear)* durchlöchern; ~ **a balazos a alg** j-n (wie ein Sieb) durchlöchern **2** *fig (atormentar)* quälen, bedrängen; ~ **a preguntas a alg** j-n mit Fragen löchern *fam*

acrílico ADJ Acryl...; **ácido** *m* ~ Acrylsäure *f*

acriminar VT ~ **a alg (de a/c)** j-n (einer Sache *gen*) beschuldigen *o* bezichtigen

acrimonia F Schärfe *f*; *fig* Herbheit *f*, Bitterkeit *f*; **acrimonioso** ADJ scharf; *fig* beißend

acriollarse VR *Am die Lebensweise der Einheimischen annehmen*

acrisoladamente ADV rein; **acrisolado** ADJ **vida** *f* **-a** untadeliges Leben *n*; **acrisolar** **A** VT *metales y fig* läutern; *fig* auf die Probe stellen; (be)reinigen **B** VR **acrisolarse** *fig* sich bewähren

acristalado **A** ADJ *ventana* verglast **B** M Verglasen *n*; **acristalamiento** M Verglasung *f*; **acristalar** VT verglasen *(tb puerta, ventana)*

acrítico ADJ unkritisch

acritud F Schärfe *f (tb fig)*; herber Geschmack *m*

acrobacia F Akrobatik *f*; ~ **aérea** Kunstflug *m*

acróbata M/F Akrobat *m*, -in *f*

acrobático ADJ Akrobaten..., akrobatisch; **vuelo** *m* ~ Kunstflug *m*

acrofobia F Höhenangst *f*

acromático ADJ ÓPT achromatisch, farblos

acromatismo M ÓPT Achromatismus *m*; **acromatizar** VT ⟨1f⟩ ÓPT achromatisch machen; **acromatopsia** F MED Farbenblindheit *f*

acromio(n) M ANAT Schulterhöhe *f*

acronía F Zeitlosigkeit *f*

acrónico ADJ zeitlos

acrónimo M Akronym *n*

ácrono ADJ zeitlos

acrópolis F Akropolis *f*

acróstico M LIT Akrostichon *n*

ACT F *abr* (Asociación Cristiana de Trabajadores) *Esp* Christlicher Arbeiterverband *m*

acta F **1** *(certificado)* Urkunde *f*; JUR Akt *m*, Akte *f*; POL ~ **final** Schlussakte *f*; JUR ~ **judicial** Gerichtsakte *f*; ~ **notarial** notarielle Urkunde *f*; JUR ~ **de acusación** Anklageerhebung *f*; *Am* ~ **de matrimonio** Heiratsurkunde *f*; *Méx* ~ **de nacimiento** Geburtsurkunde *f*; **levantar ~ (de a/c)** (etw) beurkunden; (etw) protokollieren **2** *frec* **~s** *fpl* Protokoll *n*; Verhandlungsbericht *m*; ~ **de la sesión** Sitzungsprotokoll *n*, -bericht *m*; **secretario** *m* **de ~s** Protokollführer *m*; **hacer constar en ~** ins Protokoll aufnehmen, im Protokoll vermerken, protokollieren

actinia F ZOOL Seeanemone *f*

actínico ADJ FÍS aktinisch

actinio M QUÍM Aktinium *n*

actinolita F MINER Aktinolith *m*; **actinometría** F Aktinometrie *f*, Strahlungsmessung *f*; **actinomicetos** MPL BOT Strahlenpilze *mpl*; **actinomicosis** F MED Strahlenpilzkrankheit *f*; **actinoterapia** F MED Strahlenbehandlung *f*, -therapie *f*

actitud F Stellung *f*, Haltung *f (tb fig)*; *fig* Einstellung *f*; *(comportamiento)* Benehmen *n*, Verhalten *n*; **tomar** *o* **adoptar una ~** eine (bestimmte) Haltung einnehmen; ZOOL ~ **amenazante** Drohstellung *f*

activación F Aktivierung *f (tb* INFORM*)*; Belebung; **activamente** ADV tatkräftig, aktiv, eifrig

activar VT **1** *(acelerar)* beschleunigen, antreiben; *(avivar)* beleben **2** *(poner en funcionamiento)* aktivieren *(espec* INFORM*)*; *bomba* scharf machen, zünden **3** FÍS radioaktiv machen *(durch Teilchenbeschuss)*

actividad F **1** *gener* Tätigkeit *f*, Aktivität *f*; Betätigung *f*; **en ~** tätig, in Tätigkeit; ~ **comercial** Handelsaktivität *f*; ~ **misional** *o* **misionera** Missionstätigkeit *f*; **~(es** *pl***) política(s)** politische Betätigung *f*; **desplegar una ~** eine Tätigkeit entfalten **2** *(dinamismo)* Geschäftigkeit *f*, Betriebsamkeit *f*; Lebhaftigkeit *f* **3** **~es** *fpl el conjunto*: Aktivitäten *fpl*, Gesamtbereich *m* der Tätigkeit *(einer Person oder Institution)*; **~es comerciales/docentes** Geschäfts-/Lehrtätigkeit *f*

activismo M Aktivismus *m*; **activista** M/F POL Aktivist *m*, -in *f*

activo **A** ADJ **1** aktiv *(tb persona)*; tätig *(tb volcán)*; *(enérgico)* tatkräftig; **población** *f* **-a** erwerbstätige Bevölkerung *f*; **en ~** *funcionario, soldado* aktiv, im Dienst stehend **2** MED *remedio* wirksam; **principio** *m* ~ Wirkstoff *m* **3** GRAM **voz** *f* **-a** Aktiv *n*, Tätigkeitsform *f* **B** M ECON Aktivvermögen *n*, Aktiva *npl*

acto M **1** *(hecho)* Tat *f*, Handlung *f*, Werk *n*; FIL Akt *m*; ~ **carnal** *o* **sexual** Geschlechtsakt *m*; ~ **reflejo** Reflexhandlung *f*, *(tb* MED*)*; ~ **violento** Gewaltakt; ~ **de voluntad** Willenserklärung *f*; **hacer ~ de presencia** (kurz) erscheinen, auftauchen *fam*; ~ **continuo** *o* **seguido** sofort (danach), anschließend; **en el ~** auf der Stelle, sofort, unverzüglich; JUR *tb* auf frischer Tat; ADMIN **en ~ de servicio** im Dienst; in Erfüllung seiner Pflicht; *fam* **quedarse en el ~** plötzlich sterben **2** *(ceremonia)* (öffentliche) Feier(lichkeit) *f*, Festakt *m*; ~ **inaugural** *o* **de inauguración** Eröffnungsfeier *o* -veranstaltung *f*; ~ **de clausura** Schlussfeier *f*, Abschlussveranstaltung *f*; **~s** *pl* **culturales** kulturelle Veranstaltungen *fpl*; ~ **multitudinario** Massenveranstaltung *f* **3** TEAT Akt *m*, Aufzug *m*; **en el tercer ~** im dritten Akt **4** JUR ~ **jurídico** Rechtsgeschäft *n*, -handlung *f*; ~ **oficial** Amtshandlung *f*; ~ **punible** strafbare Handlung *f*; Handlung *f*, Akt *m*; ~ **de conciliación** Sühnetermin *m* **5** REL ~ **de contrición** Reueakt *m*, (vollkommene) Reue *f* **6** REL **Actos** *mpl* Konzilsakten *fpl*

actor M **1** TEAT, *etc* Schauspieler *m (tb fig)*, Darsteller *m*; ~ **de carácter** Charakterdarsteller *m*; ~ **de cine** Filmschauspieler *m*; **primer ~** Darsteller *m* der Titelrolle; ~ **secundario** *o* **de reparto** Nebendarsteller *m*; **los ~es** die Truppe; *tb fig* **ser un ~ consumado** ein vollendeter Schauspieler sein **2** JUR *(demandante)* Kläger *m*; ~ **civil** Nebenkläger *m* **3** LIT *(personaje)* Träger *m* der Handlung, Hauptfigur *f*

actora F JUR Klägerin *f*; ~ **civil** Nebenklägerin *f*

actriz F ⟨*pl* -ices⟩ TEAT, *etc* Schauspielerin *f*, Darstellerin *f*; ~ **de carácter** Charakterdarstellerin *f*; ~ **de cine** Filmschauspielerin *f*; → *tb* actor 1

actuación F **1** *(actividad)* Tätigkeit *f*; Wirken *n*; Handeln *n*; Vorgehen *n*; Auftreten *n* **2** TEAT, *etc (entrada en escena)* Auftritt *m*, Vorstellung *f*; TV ~ **en directo** Liveauftritt *m* **3** ADMIN *(desempeño)* Amtsführung *f*; JUR **-ones** *fpl (procedimiento judicial)* Prozessführung *f*; *(sesión del tribunal)* Gerichtsverhandlung *f*; *(correspondencia con el juzgado)* Schriftverkehr *m* mit dem Gericht

actuado ADJ gewöhnt; geübt

actual ADJ **1** *(presente)* gegenwärtig, aktuell; **el español ~** das heutige Spanisch; **la situación ~** die gegenwärtige Situation *o* Lage; **muy ~** hochaktuell **2** FIL *(verídico)* wirklich, real

actualidad F Gegenwart *f*; Aktualität *f*; **en la ~** gegenwärtig, zurzeit; **de gran ~** sehr aktuell, hochaktuell

actualización F Aktualisierung *f*; INFORM Update *n*; **actualizar** VT ⟨1f⟩ aktualisieren, auf den neuesten Stand bringen

actualmente ADV **1** *(presente)* gegenwärtig, zurzeit **2** *(verídico)* wirklich

actuante **A** ADJ wirksam **B** M/F Teilnehmer *m*, -in *f*, Mitwirkende *m/f*

actuar ⟨1e⟩ **A** VI **1** *(obrar)* wirken *(tb* MED*)*; ~ **sobre** einwirken auf *(acus)* **2** *(trabajar)* tätig sein; handeln; ~ **de** sich betätigen als; auftreten als; ~ **de apoderado** als Bevollmächtigter auftreten **3** TEAT, *etc (representar)* spielen, agieren, auftreten **4** JUR *(ver una causa)* verhandeln; ~ **en justicia** das Gericht anrufen, prozessieren **B** VT in Gang bringen; betätigen; *motor* anlassen **C** VR **actuarse** zustande (*o* zu Stande) kommen

actuario M, **-a** F **1** JUR *auxiliar judicial*: Protokollführer *m*, -in *f*, Urkundsbeamter *m*, -beamtin *f* **2** ~ **de seguros** *perito*: Versicherungssachverständige *m/f*

acuacultura F *Am* Aquakultur *f*

acuadrillar VT **1** *(juntarse en una banda)* zu einer Bande zusammenschließen **2** *(acaudillar) eine Bande* anführen **3** *Chile (asaltar en banda)* in Banden überfallen

acuanauta M/F Aquanaut *m*, -in *f*; Unterwasserforscher *m*, -in *f*; **acuaplano** M DEP Monoski *m*; **acuarama** M Delfinarium *n*; **acuarela** F PINT Aquarell *n*; **~s** *fpl* Wasserfarben *fpl*; **caja** *f* **de ~s** Malkasten *m*; **acuarelista** M/F Aquarellmaler *m*, -in *f*; **acuario** M Aquarium *n*

Acuario ASTRON Wassermann *m*

acuarofilia F Aquaristik *f*

acuartelado ADJ *heráldica*: geviert(et); **acuartelamiento** M MIL **1** Kasernierung *f* **2** Einquartierung *f* **3** Quartier *n*

acuartelar **A** VT **1** MIL *(alojar)* einquartieren; *(poner la tropa en cuartel)* kasernieren **2** MAR *vela* in den Wind brassen **3** *tierra* parzellieren **B** VR **acuartelarse** eine Unterkunft beziehen

acuático ADJ im Wasser lebend; Wasser...; **deporte** *m* ~ Wassersport *m*; **planta** *f* **-a** Wasserpflanze *f*; **acuátil** ADJ → acuático

acuatinta F *raro* Aquatinta *f*

acuatizaje M *espec Am* AVIA Wasserung *f*; **acuatizar** VI ⟨1f⟩ *espec Am* wassern

acucharado ADJ löffelförmig

acuchillado **A** ADJ *fig* abgebrüht **B** M *entarimado*: Abziehen *n*; **acuchillar** **A** VT **1** *(apuñalar)* niederstechen; *(matar)* erstechen; *manga* schlitzen **2** *entarimado* abziehen **3** AGR *bancal* auslichten **B** VR **acuchillarse** mit Messern aufeinander losgehen

acucia F *liter* Eifer *m*; Begierde *f*; **acuciador** **A** ADJ *fig* dringend, brennend **B** M, **acuciadora** F Hetzer *m*, -in *f*; **acuciante** ADJ → acuciador

acuciar ⟨1b⟩ A VT 1 *(estimular, dar prisa)* anstacheln, antreiben; drängen 2 *(desear)* begehren B VI **le acucia** *(inf)* er hat es (damit) eilig, zu *(inf)*, es drängt ihn, zu *(inf)*; **acuciosidad** F *Ven* 1 *(prisa)* Eile *f* 2 *(deseo vehemente)* Begierde *f*; **acucioso** ADJ 1 *(ávido)* gierig 2 *(diligente)* eifrig, beflissen
acuclillarse V/R sich (nieder)hocken, sich (zusammen)kauern
ACUDE F *abr* (Asociación de Consumidores y Usuarios de España) *spanischer Verbraucherschutzverband*
acudiente M/F *Col, Pan Betreuer, -in eines Schülers oder Studenten, der nicht bei der Familie lebt*
acudir VI 1 *a un sitio*: herbeieilen; **~ a** sich begeben zu *(dat)*; sich einfinden in *(dat)*; *schnell*: eilen zu *(dat)*; **~ a una cita** sich am verabredeten Ort einstellen; **~ al lugar de los hechos** sich zum Tatort begeben, zum Tatort eilen; **~ en socorro de alg** j-m zu Hilfe eilen 2 *(frecuentar)* **~ a** gewohnheitsmäßig aufsuchen; **~ (a)** teilnehmen (an *dat*); **~ al trabajo** zur Arbeit gehen; **~ a las urnas** wählen (gehen) 3 *(recurrir)* **~ a alg** sich an j-n wenden; **~ a un abogado** die Hilfe eines Rechtsanwaltes in Anspruch nehmen; **~ al médico/a un especialista** einen Arzt/Spezialisten aufsuchen 4 **~ a a/c** *(valerse de a/c)* zu etw *(dat)* greifen, sich einer Sache *(gen)* bedienen 5 *tierra* Frucht tragen 6 *animal de silla* gehorchen
acueducto M Aquädukt *m*; *Col tb* Wasserversorgung *f einer Stadt*
acuencado ADJ konkav
acuerdado ADJ schnurgerade
acuerdo M 1 *(concordancia)* Übereinstimmung *f* 2 POL, ECON *(convenio)* Übereinkunft *f*, Abkommen *n*, Vereinbarung *f*; **~ aduanero** Zollabkommen *n*; **~ comercial** Handelsabkommen *n*; **~ cultural** Kulturabkommen *n*; **~ económico** Wirtschaftsabkommen *n*; **Acuerdo General sobre Aranceles Aduaneros y Comercio** → AGAAC; **~ marco** POL Rahmenabkommen *n*; ECON Manteltarifvertrag *m*; POL **~ de pagos** Zahlungsabkommen *n*; **~ pesquero** Fischereiabkommen *n*; POL **Acuerdo de Schengen** Schengener Abkommen *n*; **llegar a un ~** zu einem Kompromiss (*o* einer gemeinsamen Lösung) kommen 3 ADV **de ~** einverstanden; **de común ~** einmütig, in gegenseitigem Einvernehmen; JUR **de mutuo ~** in beiderseitigem Einverständnis; **¡de ~!** einverstanden!; *prep* **de ~ con** gemäß *(dat)*; **estar de ~ con** einverstanden sein mit; **ponerse** *o* **quedar de ~ (con)** sich einigen (mit *dat*); **de ~ con su orden** auftragsgemäß 4 *(decisión)* Beschluss *m*, Entscheid *m*; **tomar un ~** einen (gemeinsamen) Beschluss fassen 5 *(recuerdo)* Erinnerung *f*; Besinnung *f*
acuesto → acostar
acúfenos MPL MED Ohrgeräusche *npl*; Tinnitus *m*
acuicultura F Aquakultur *f*
acuidad F Schärfe *f (der Sinne)*; MED akutes Stadium *n*
acuífero A ADJ Wasser führend B M GEOL Wasserader *f*, unterirdisches Wasservorkommen *n*; Wasser führende Schicht *f*
acuitar VT betrüben
acular A VT *fam fig* in die Enge treiben B V/R **acularse** MAR achtern auflaufen
acullá ADV *liter* dort(hin); **acá y ~** hier und dort; → *tb* acá
acullico *Arg, Bol, Perú Kugel aus zerstoßenen Kokablättern, die gekaut wird*
aculturación F SOCIOL Akkulturierung *f*; **aculturar** VT SOCIOL akkulturieren
acumulación F 1 *(amontonamiento)* Anhäufung *f*, Ansammlung *f*; TEC Speicherung *f*; **~ de calor** Wärmespeicherung *f*; **~ de nieve** Schneeverwehung *f* 2 JUR **~ de acciones** Klagehäufung *f*, Klagenverbindung *f*; POL **~ de votos** Häufeln *n* 3 ECON *(interés compuesto)* Zinseszins *m*
acumulador A ADJ anhäufend; speichernd; (ak)kumulierend B M TEC, ELEC Sammler *m*, Speicher *m*; **~ (eléctrico)** Akkumulator *m*, Akku *m fam*; **~ hidráulico** Wasserkraftspeicher *m*
acumular A VT 1 *(amontonar cosas)* an-, aufhäufen; TEC speichern 2 **~ varias funciones** mehrere Ämter kumulieren 3 JUR *(juntar)* zusammenziehen 4 ECON **intereses** *mpl* **acumulados** aufgelaufene Zinsen *mpl*; ECON **~ los intereses al capital** die Zinsen zum Kapital schlagen B V/R **acumularse** sich anhäufen
acumulativa F JUR **(jurisdicción** *f*) **~** Zusammenziehung *f* von Verfahren; **acumulativo** ADJ anhäufend; JUR kumulativ
acunar VT *niño* wiegen
acuñación F (Münz)Prägung *f*; **acuñador** M Präger *m*, Münzer *m*
acuñar VT 1 *monedas, palabras* prägen 2 TEC verkeilen
acuosidad F Wässerigkeit *f*; *abundancia*: Wasserreichtum *m*; **acuoso** ADJ *(aguado)* wässerig, wasserhaltig; *fruta* saftig
acupuntor M, **acupuntora** F MED Akupunkteur *m*, -in *f*; **acupuntura** F MED Akupunktur *f*; **acupuntural** ADJ Akupunktur...;
acupunturista M/F → acupuntor
acure M ZOOL Meerschweinchen *n*
acurrucarse V/R ⟨1g⟩ sich niederhocken; sich ducken
acusación F Anklage *f (tb* JUR); *fig* Beschuldigung *f*, Bezichtigung *f*; **~ particular** Privatklage *f*, Nebenklage *f*; **negar las -ones** die Anschuldigungen zurückweisen
acusado A ADJ 1 *fig (sobresaliente)* klar, ausgeprägt 2 *persona* beschuldigt, bezichtigt, angeklagt B M, **-a** F JUR Angeklagte *m/f*; *gener tb* Beschuldigte *m/f*; **acusador** A ADJ anklagend; Anklage... B M, **acusadora** F Ankläger *m*, -in *f*; **~ privado** Privatkläger *m*
acusar VT 1 *(imputar)* **~ a alg (de a/c)** j-n (einer Sache *gen*) beschuldigen *o* bezichtigen; JUR j-n anklagen (wegen einer Sache *gen*); *en el colegio*: **~ a alg** j-n verpetzen 2 *(denunciar)* (an-, auf)zeigen; *déficit, etc* aufweisen; verraten, schließen lassen auf *(acus)*; COM **~ recibo de una carta** den Empfang eines Briefes bestätigen; *fig* **~ el golpe** sich getroffen (*o* betroffen) zeigen 3 *juego de cartas*: anmelden, ansagen
acusativo M GRAM Akkusativ *m*
acusatorio ADJ anklägerisch; Anklage...; **acto** *m* **~** Anklageerhebung *f*
acuse M 1 COM **~ de recibo** Empfangsbestätigung *f*; *correos*: Rückschein *m* 2 *juego de cartas*: Ansagen *n*; Reizen *n*; **acuseta** M/F *reg*, **acusetas** M/F ⟨*pl inv*⟩ *Am*, **acusete** M *Am*, **acusica** M/F *leng. inf*, **acusique** M/F *leng. inf* → acusón
acusón M, **-ona** F *fam* Petzer *m*, -in *f fam*
acústica F Akustik *f*
acústico A ADJ akustisch, Schall..., Gehör...; **nervio** *m* **~** Gehörnerv *m*; **órgano** *m* **~** Hörorgan *n*; **tubo** *m* **~** *(megáfono)* Sprachrohr *n*; *trompetilla*: Hörrohr *n* B M ELEC Klopfer *m*, Hammerunterbrecher *m*
acutángulo ADJ MAT spitzwinklig
acutí M *RPl* ZOOL → agutí
AD F *abr* 1 *(Asamblea Democrática) Esp* ***politische Gruppierung in Spanien*** 2 *(Acción Democrática) Ven* ***politische Partei in Venezuela***
ADA F *abr* (Ayuda del Automovilista) *spanischer Automobilklub*
adagio M 1 *(sentencia, moral)* Sprichwort *n*, Spruch *m* 2 MÚS Adagio *n*
adalid M 1 *(jefe, guía)* Anführer *m*, MIL Heerführer *m* 2 *fig* Vorkämpfer *m*
adamado ADJ 1 *(fino)* zart 2 *hombre* weibisch 3 *apariencia*: damenhaft
adamantino ADJ *liter* diamanten(artig, -hart)
adamascado ADJ damastartig
Adán NPR M 1 Adam *m*; **hijos** *mpl* **de ~** Kinder *npl* Adams, Menschengeschlecht *n*; ANAT **bocado** *m o* **nuez** *f* **de ~** Adamsapfel *m*; *fig* **como ~ en el paraíso** im Adamskostüm, splitternackt 2 *fam desp* **adán** liederlicher Kerl *m*, *(haragán)* Faulenzer *m*; **ir hecho un adán** abgerissen herumlaufen
adaptabilidad F Anpassungsfähigkeit *f*;
adaptable ADJ anpassbar
adaptación F 1 *(acomodación)* Anpassung *f*, Angleichung *f*; TEAT, FILM, MÚS Bearbeitung *f*; **~ cinematográfica/televisiva** Film-,/Fernsehbearbeitung *f* 2 *(reconstrucción)* Umbau *m*
adaptado ADJ angepasst; angemessen; **~ (a personas con movilidad reducida)** behindertengerecht; **adaptador** M 1 TEAT, FILM, MÚS Bearbeiter *m* 2 TEC, ELEC Adapter *m*; **~ RDSI** TEL ISDN-Adapter *m*; **adaptadora** F TEAT, FILM, MÚS Bearbeiterin *f*
adaptar A VT 1 *(acomodar)* anpassen; einpassen 2 **~ al cine** (*o* **a la pantalla**) für den Film bearbeiten 3 ARQUIT *(reconstruir)* umbauen B V/R **~se a** sich anpassen (*dat o* an *acus*); fertig werden mit *(dat)*
adarga F (Leder)Schild *m*; **adargar** VT ⟨1g⟩ abdecken, schützen, schirmen *(tb fig)*
adarme M **un ~ de** ein bisschen; **ni un ~ de** keine Spur von *(dat)*, keinen Funken von *(dat)*
adarve M Mauer-, Wehrgang *m*; *fig* Schutz *m*
ADC F *abr* (Asamblea Democrática de Cataluña) *politische Gruppierung in Katalonien*
ADE F *abr* HIST (Acción Democrática Española) *politische Partei in Spanien*
a. de C. ABR → a. de J.C.
adecenar VT in Gruppen zu je zehn anordnen (*o* einteilen)
adecentar VT (ordentlich) herrichten, zurechtmachen
adecuación F 1 *(adaptación)* Anpassung *f* 2 *(justa proporción)* Angemessenheit *f*; **adecuadamente** ADV angemessen; **adecuado** ADJ angemessen, zweckmäßig, geeignet
adecuar VT ⟨1d⟩ anpassen
adefesiero ADJ *Am* lächerlich; **adefesio** M *fam* 1 *(traje ridículo)* lächerlicher Aufzug *m*; **estar hecho un ~** die reinste Spottfigur sein 2 *(espantapájaros)* Vogelscheuche *f (fig)*; **ir hecho un ~** wie eine Vogelscheuche herumlaufen
adehala F Zugabe *f*; Trinkgeld *n*; Zulage *f*
adehesar VT *Col animales* zähmen
a. de J.C. *abr* (antes de Jesucristo) v. Chr. G. (vor Christi Geburt)
adelantadamente ADV im Voraus
adelantado A ADJ 1 *(avanzado)* vorgerückt; fortgeschritten; *(progresista)* fortschrittlich; **estar muy ~** weit fortgeschritten sein 2 *(prematuro)* vorzeitig; **pago** *m* **~** Vorauszahlung *f*; **por ~** im Voraus; **ir ~** *reloj* vorgehen 3 *(precoz)* frühreif 4 *(atrevido)* vorlaut B M HIST Statthalter *m*
adelantamiento M 1 *(avance)* Vorrücken *n* 2 *(progreso)* Fortschritt *m*, Aufschwung *m* 3 AUTO Überholen *n*
adelantar A VT 1 *(avanzar)* vorrücken, -schieben; *reloj* vorstellen 2 AUTO *y fig (tomar la delantera)* überholen 3 *fecha* vorverlegen; *elecciones* vorziehen 4 *(acelerar)* beschleunigen 5 *dinero* vorschießen, vorstrecken 6 *fig (hacer una observación previa)* vorausschicken; *(insinuar)* andeuten; *(anticipar)* vorwegnehmen 7 **~ a/c con ... mit ...** *(dat)* etw *(acus)* erreichen B VI

1 vorwärtskommen, vorankommen; *reloj* vorgehen 2 *(progresar)* Fortschritte machen (**en** in *dat*) 3 AUTO *(sobrepasar)* überholen C VR

adelantarse 1 *(ponerse a la punta)* vorangehen, vorrücken 2 *(tomar la delantera)* überholen; **~ a alg** j-n überholen *(tb fig)*; j-m zuvorkommen; j-n übertreffen; **~ a los acontecimientos** den Ereignissen vorgreifen; **~ a su época** seiner Zeit voraus sein 3 *(llegar con antelación)* früher (als erwartet) eintreffen

adelante ADV vor(wärts); **¡~!** los!, vorwärts!; herein!; **(de hoy** *o* **de aquí) en ~** von jetzt an; **de allí en ~** von da an; **más ~** weiter vorn; *libro*: weiter unten; *en el tiempo*: später; *tb fig* **un paso ~** ein Schritt nach vorn; **llevar** *o* **sacar ~** fördern; durchsetzen; **sacar ~** *tb niños* auf-, großziehen; *fig* **salir ~** vorwärtskommen, es zu etwas bringen; **seguir ~** weitermachen

adelanto M 1 *(ventaja)* Vorsprung *m*; *(progreso)* Fortschritt *m* 2 *del reloj*: Vorgehen *n* 3 *de dinero*: Vorschuss *m*

ADELCO F *abr* (Acción del Consumidor) *Arg* Verbraucherverband *m*

adelfa F BOT Oleander *m*; **adelfal** M Oleanderhain *m*; **adelfilla** F BOT Lorbeerkraut *n*

adelgazador ADJ schlank machend; **adelgazamiento** M Abmagern *n*, Abnehmen *n*; **cura** *f* **de ~** Abmagerungskur *f*; **dieta** *f* **de ~** Schlankheitsdiät *f*

adelgazante M Schlankheitsmittel *n*; **adelgazar** ⟨1f⟩ A VT dünner machen; ESCUL, MÚS, *etc* stilisieren B VI dünner (*o* schlank) werden, abnehmen; abmagern

adema F MIN → ademe

ademán M Gebärde *f*; Geste *f*; **hizo ~ de huir** es sah so aus, als wollte er fliehen; *adv* **en ~ de** bereit zu; **-anes** *mpl* Manieren *fpl*

ademar VT MIN mit Verstrebungen abstützen

además ADV auch, ferner, außerdem; *prep* **~ de** außer *(dat)*

ademe M MIN Stempel *m*, Abstützung *f*

ADENA F *abr* (Asociación para la Defensa de la Naturaleza) *früherer spanischer Naturschutzverband*; *jetzt*: WWF *m*

adenda F ⟨*sin pl*⟩ Nachtrag *m*, Nachträge *mpl*

adenina F BIOL Adenin *n*; **adenitis** F MED (Lymph)Drüsenentzündung *f*, Adenitis *f*; **adenoma** M MED Adenom *n*, Drüsengeschwulst *f*

adensar A VT verdichten B VR **adensarse** sich verdichten, dichter werden

adentellar VT zähnen; verzahnen

adentrarse VR hineingehen *(tb fig)*; eindringen *(tb fig)* (**en** in *acus*)

adentro A ADV *lugar*: darin, innen; *dirección*: hinein, nach innen; **¡~!** herein!; **mar ~** seewärts; **tierra ~** landeinwärts B MPL **en** *o* **para sus ~s** innerlich; **decir para sus ~s** bei sich *(dat)* sagen

adepto M, **-a** F 1 *(partidario)* Adept *m*, -in *f*, Eingeweihte *m/f* 2 *de una secta*: Jünger *m*, -in *f*, Anhänger *m*, -in *f*

aderezar ⟨1f⟩ A VT 1 *(componer)* herrichten, zurechtmachen 2 GASTR *(cocinar)* zubereiten; *(condimentar)* würzen *(tb fig)* 3 *(remendar)* in Ordnung bringen, flicken 4 TEX *(aprestar)* appretieren 5 *fig (guiar)* **~ a alg** j-n führen, j-m den Weg weisen B VR **aderezarse** sich zurechtmachen

aderezo M 1 *(disposición)* Anordnung *f* 2 GASTR *(preparación)* Zubereitung *f*; *(condimento)* Würze *f* 3 *(adorno)* Schmuck *m*; *(equipo)* Ausrüstung *f*, Zubehör *n*; **~s** *pl (utensilios)* Gerätschaften *fpl*; *(juego de joyas)* Schmucksachen *fpl* 4 TEX *(apresto)* Appretur *f* 5 *Am reg* GASTR → sofrito

adeudado ADJ verschuldet

adeudar A VT schulden, schuldig sein; COM in Rechnung stellen, berechnen; FIN **~ una suma en una cuenta** ein Konto mit einer Summe belasten; COM **estas mercancías adeudan derechos elevados** für diese Waren ist ein hoher Zoll zu entrichten B VI *(emparentarse)* sich verschwägern C VR **adeudarse** Schulden machen, sich verschulden

adeudo M 1 *(deuda)* Schuld *f*; FIN **~ en cuenta** Belastung *f*; Lastschrift *f* 2 *aduana*: Zoll *m*

adherencia F 1 Anhaften *n*, An-, Zusammenhängen *n*; AUTO Bodenhaftung *f*; FÍS Adhäsion *f* 2 *fig* Anhänglichkeit *f* 3 MED Verwachsung *f*; **adherente** A ADJ anhaftend, angewachsen, anklebend (an *dat* **a**); *fig* POL **gobierno** *m* **~** beitretende Regierung *f* *(Vertrag)* B M/F POL *(partidario)* Anhänger *m*, -in *f* C M **~s** PL *(accesorios)* Zubehör *n*

adherir ⟨3i⟩ A VI 1 *(pegar)* (an)haften (an *dat* **a**) 2 *(consentir)* zustimmen (*dat* **a**) B VR **adherirse** 1 *(pegarse)* (an)kleben (*v/i*) (**a** an *dat*) 2 **~ (a)** *(afiliarse)* sich anschließen (an *acus*), beitreten *(dat)*; zustimmen *(dat)*

adhesión F 1 *(afiliación)* Anschluss *m*, Beitritt *m* 2 FÍS *(adherencia)* Adhäsion *f*; **adhesivo** A ADJ klebend, (an)haftend, Kleb(e)...; **nota** *f* **-a** Haftnotiz *f*; **parche** *m* **~** Heftpflaster *n* B M 1 *(pegamento)* Klebstoff *m* 2 *(pegatina)* Aufkleber *m*

adiabático ADJ FÍS adiabatisch

adiamantado ADJ diamantartig

adicción F Abhängigkeit, Sucht; **~ al alcohol** Alkoholsucht *f*; **~ a las drogas** Drogensucht *f*, Drogenabhängigkeit *f*; *fam* **~ al juego** (krankhafte) Spielsucht *f*; **~ al trabajo** Arbeitssucht *f*, Workaholismus *m*

adición F 1 *(añadidura)* Zusatz *m*, Beifügung *f* 2 MAT *(suma)* Addition *f*, Addieren *n* 3 JUR **~ de la herencia** Erbschaftsannahme *f*; **adicional** ADJ zusätzlich; **adicionar** VT hinzufügen; MAT addieren

adictivo ADJ suchtfördernd; Sucht...

adicto A ADJ 1 MED süchtig; **~ a las drogas** drogensüchtig; **~ al trabajo** workaholic 2 *(dedicado)* ergeben, zugetan (**a** *dat*); **~ al gobierno** regierungsfreundlich 3 ADMIN zugeteilt B M, **-a** F 1 *(partidario)* Anhänger *m*, -in *f*; Befürworter *m*, -in *f* 2 *(drogadicto)* (Drogen)Süchtige *m/f*, (Drogen)Abhängiger *m/f*

adiestrador A ADJ Dompteur... B M, **adiestradora** F 1 *(instructor)* Unterweiser *m*, -in *f* 2 *circo*: Dompteur *m*, -in *f*; **adiestramiento** M 1 *(enseñanza)* Unterweisung *f*, Schulung *f* 2 *(doma)* Dressur *f*; **adiestrar** A VT 1 *(domar)* abrichten, dressieren; *caballo* zureiten 2 *(instruir)* anleiten, schulen B VR **adiestrarse** sich üben (**en** in *dat*)

Adigio M Etsch *f*

adinerado ADJ reich, vermögend

adintelado ADJ ARQUIT *arco* abgeflacht

adiós A INT **¡~!** auf Wiedersehen!; *irón* **¡~ (, Madrid)!** *corresponde a*: so eine Bescherung!, jetzt ist es aus!; und tschüs! *fam*; *irón* **~ Madrid (, que te quedas sin gente)** wie schade, dass Sie gehen *(irón)*; **¡~ mi dinero!** *corresp. a*: ade, mein schönes Geld! B M Lebewohl *n*, Abschied *m*; **decir ~** Auf Wiedersehen sagen, Abschied nehmen (**a** von *dat*)

adiposidad F Fettleibigkeit *f*; **adiposis** F MED Fettsucht *f*; **adiposo** ADJ ANAT fetthaltig, Fett...; **tejido** *m* **~** Fettgewebe *n*

adir VT ⟨*nur inf*⟩ JUR *herencia* annehmen

aditamento M Zusatz *m*; Zulage *f*; GASTR Beilage *f*

aditivo A ADJ zusätzlich, Zusatz... B M QUÍM Zusatz(stoff) *m*, Additiv *n*; **~s de piensos** Futtermitteladditive *npl*; **sin ~s** ohne Zusatzstoffe

adivina F Wahrsagerin *f*; **adivinación** F 1 *(vaticinio)* Wahrsagung *f* 2 *(presentimiento)* Ahnung *f*, Erraten *n*; **adivinador** A ADJ erratend B M, **adivinadora** F Wahrsager *m*, -in *f*; **adivinanza** F Rätsel *n*; **adivina ~** *Einleitungsformel bei der Aufgabe eines Rätsels*

adivinar VT & VI 1 (er)raten; **adivina quién ha venido** rat mal, wer gekommen ist 2 *(vaticinar)* wahrsagen; hellsehen; **adivinatorio** ADJ seherisch, Wahrsage...; **adivino** M Wahrsager *m*; Hellseher *m*

adj. *abr* 1 *(adjunto)* beiliegend 2 *(adjetivo)* Adj. (Adjektiv)

adjetivación F GRAM Adjektivierung *f*; **adjetivadamente** ADV GRAM adjektivisch; **adjetival** ADJ GRAM adjektivisch; **adjetivamente** ADV 1 GRAM adjektivisch 2 *(de paso)* beiläufig; **adjetivar** VT GRAM adjektivieren; mit einem Adjektiv versehen

adjetivo A M GRAM Adjektiv *n*, Eigenschaftswort *n* B ADJ 1 GRAM adjektivisch 2 **un problema ~** *(cuestión secundaria)* eine Nebenfrage

adjudicación F Zuteilung *f*; *de un precio*: Zuerkennung *f*; *en subastas y licitaciones*: Zuschlag *m*; **~ de una obra** Vergabe *f* eines Baues

adjudicar ⟨1g⟩ A VT **~ a/c a alg** j-m etw zuteilen; j-m etw zusprechen; ADMIN etw an j-n vergeben; *precio* j-m etw zuerkennen; *en subastas y licitaciones*: j-m etw zuschlagen; **~ a/c al mejor postor** etw dem Meistbietenden zuschlagen B VR **~se a/c** *(apropiarse)* sich *(dat)* etw aneignen; *(atribuirse)* sich *(dat)* etw anmaßen; **~se la victoria** den Sieg erringen

adjudicatario M, **-a** F Person *f*, die den Zuschlag erhält; Ersteigerer *m*, Ersteigerin *f*

adjunción F Hinzufügung *f*; MAT, JUR Adjunktion *f*; RET Zeugma *n*; **adjuntar** VT COM beiliegend senden; INFORM *fichero* anhängen

adjunto A ADJ 1 *(acompañado)* angefügt; *(incluso)* bei-, inliegend; **~ le remitimos …** beiliegend senden wir Ihnen … 2 *(suplente)* stellvertretend; Hilfs...; **(profesor** *m***) ~** *corresp. a*: Assistent *m* B M, **-a** F *(colaborador)* enge(r) Mitarbeiter *m*, -in *f*; Stellvertreter *m*, -in *f*; Adlatus *m* C M COM An-, Beilage *f*; INFORM Attachment *n*, angehängte Datei *f*

adlátere M Gehilfe *m*, *desp* Adlatus *m*

Adm. *abr* (Administración) Verwaltung *f*

ADM F *abr* (Asociación Democrática de la Mujer) *Esp* Demokratischer Frauenverband *m*

AD-M19 F ABR (Alianza Democrática - Movimiento 19 de Abril) *kolumbianische Partei*

adminículo M 1 *(recurso)* Hilfsmittel *n*, Behelf *m* 2 *(utensilio)* kleines Ding *n*, Gerät *n*; **administrable** ADJ MED, FARM verabreichbar

administración F 1 *de una empresa, institución, etc*: Verwaltung *f*; *(gerencia)* Geschäftsführung *f*; **~ municipal** Gemeinde-, Stadtverwaltung *f*; POL **~ pública** (öffentliche) Verwaltung *f*; staatliche Behörden *fpl*; **~ de bienes** Vermögensverwaltung *f*; **~ de fincas** Haus- und Grundstücksverwaltung *f*; **~ de justicia** Rechtspflege *f*, Rechtsprechung *f*; **~ de lotería** Lotterieverkaufsstelle *f*; ECON **consejo** *m* **de ~** Verwaltungsrat *m*; **régimen** *m* **de ~ fiduciaria** Treuhandsystem *n* 2 *Am reg* POL *tb (gobierno)* Regierung *f* 3 *edificio*: Verwaltungsgebäude *n* 4 MED, FARM *de un remedio*: Verabreichung *f*; REL Spendung *f der Sakramente*

administrador A M, **administradora** F Verwalter *m*, -in *f*; *(gerente)* Geschäftsführer *m*, -in *f*; **~(a) de los bienes** Vermögensverwalter *m*, -in *f*; INFORM **~(a) de red/de sistemas** Netzwerk-/System-Administrator *m*, -in *f* B M **~ de archivos** Dateimanager *m*

administrar VT 1 verwalten; *cargo* bekleiden; *propiedad* bewirtschaften; **~ a título fiduciario** treuhänderisch verwalten; **~ (la) justi-**

cia Recht sprechen 2 REL *sacramentos* spenden; ~ **la comunión** das Abendmahl reichen 3 MED, FARM *medicina* verabreichen; *fam pata-da, etc* versetzen

administrativamente ADV auf dem Verwaltungswege; **administrativo** A ADJ Verwaltungs..., administrativ B M, **-a** F *economía privada*: Büroangestellte *m/f*; *autoridad*: Verwaltungsangestellte *m/f*

admirable ADJ bewundernswert, wunderbar, ausgezeichnet

admiración F 1 *(fascinación)* Bewunderung *f*; *objeto*: Gegenstand *m* der Bewunderung 2 *(asombro)* Verwunderung *f*, Staunen *n*; **no salir de su ~** aus dem Staunen nicht herauskommen 3 LING **(signo** *m* **de) ~** Ausrufezeichen *n*

admirado ADJ *(estimado)* bewundert; *(asombrado)* erstaunt; **admirador** M, **admiradora** F Bewunderer *m*, Bewunderin *f*, Verehrer *m*, -in *f*

admirar A VT 1 *(estimar)* bewundern, bestaunen 2 *(asombrar)* (ver)wundern, staunen machen B VR **~se de** staunen (o sich wundern) über *(acus)*; **~se de que** *(subj)* sich darüber wundern, dass *(ind)*; **admirativo** bewundernd

admisibilidad F Zulässigkeit *f*; **admisible** ADJ zulässig, statthaft; **admisión** F 1 *(permiso)* Zulassung *f (tb* JUR*)*; *(aceptación)* Annahme *f*, *en una sociedad, clínica*: Aufnahme *f* 2 TEC *(afluencia)* Zulauf *m*, Einlass *m*; **válvula** *f* **de ~** Einlassventil *n* 3 JUR *tb (confesión)* Geständnis *n*

admitancia F ELEC Scheinleitwert *m*, Admittanz *f*

admitir VT zulassen, gestatten; *(reconocer)* anerkennen; *en una sociedad, clínica*: aufnehmen; *errores* zugeben; *(aceptar)* amtlich abnehmen *(Bau etc)*; JUR stattgeben; **~ en pago** in Zahlung nehmen; **se admiten aprendices/reservas de mesa** Lehrlinge willkommen/Tischbestellungen werden entgegengenommen; **no ~ demora** keinen Aufschub dulden; **esto no admite dudas** darüber besteht kein Zweifel; JUR **~ un recurso** einer Berufung stattgeben

Admón. *abr* (Administración) Verw. (Verwaltung)

admonición F Ermahnung *f*; Verwarnung *f*; Verweis *m*; **admonitorio** ADJ Mahn..., Warn...; **dedo** *m* **~** (warnend) erhobener Zeigefinger *m*

ADN *abr* 1 M *(ácido desoxirribonucleico)* DNA *f*, DNS *f* (Desoxyribonukleinsäure) 2 F *(Acción Democrática Nacionalista) Bol* ***bolivianische Rechtspartei***

adobado A ADJ GASTR mariniert; gepökelt; gegart B M GASTR Sauerbraten *m*; Pökelfleisch *n*; **adobar** VT 1 GASTR *carne* marinieren; pökeln; (in Essigbeize) einlegen, beizen 2 *cuero* gerben 3 *vino* schönen 4 *gener (preparar)* herrichten

adobe M Luftziegel *m*; **adobera** F 1 *molde*: Luftziegelform *f* 2 *Chile, Méx (queso)* Käse *m in Ziegelform* 3 → adobería; **adobería** F 1 *(curtiduría)* Gerberei *f* 2 *(fábrica de adobes)* Luftziegelei *f*

adobo M 1 GASTR *(escabeche)* Marinade *f*; Beize *f*; Pökelbrühe *f*; *reg y Am* Schmorbraten *m* 2 *de cuero*: Gerben *n* 3 TEX *aderezo*: Appreturmittel *n*

adocenado ADJ Dutzend..., alltäglich; mittelmäßig; **adocenamiento** M Mittelmäßigkeit *f*; **adocenar** VT 1 *(ordenar por docenas)* nach Dutzenden ordnen; *vender*: nach Dutzenden verkaufen 2 *fig otras personas* gering schätzen

adoctrinamiento M Belehrung *f*, Unterweisung *f*; POL Schulung *f*; *desp* Indoktrination *f*; **adoctrinar** VT belehren, unterweisen; POL schulen; *desp* indoktrinieren

adolecer VI ‹2d› **~ de** erkranken an *(dat)*, leiden an *(dat) (tb fig)*; *fig* kranken an *(dat)*

adolescencia F Jugend *f*, Jünglingsalter *n*; **adolescente** A ADJ Jugend...; halbwüchsig B M/F Jugendliche *m/f (tb* JUR*)*

adonde ADV wohin; **(no) sé ~ vamos** ich weiß (nicht), wohin wir gehen

adónde PR INT **¿~?** wohin?; **¿~ vas?** wo gehst du hin?

adondequiera ADV 1 *dirección*: wohin auch immer 2 *lugar*: wo auch immer

adonis M ‹*pl inv*› *fig* Adonis *m*, schöner Jüngling *m*

adopción F Annahme *f*; *de un niño*: Adoption *f*; POL *de un ley*: Verabschiedung *f*; **español** *m* **de ~** Wahlspanier *m*; **adoptable** ADJ annehmbar; **adoptante** M/F *(padre adoptivo)* Adoptivvater *m*; *(madre adoptiva)* Adoptivmutter *f*; **adoptar** VT 1 *niño* adoptieren 2 *(aceptar como propio)* sich *(dat)* zu eigen machen, übernehmen; *actitud* einnehmen; *medidas* ergreifen; *decisión* fassen; *ley* annehmen; **adoptivo** ADJ Adoptiv...; Wahl...; **hijo** *m* **~** Adoptivkind *n*; *fig* Ehrenbürger *m*; **patria** *f* **-a** Wahlheimat *f*

adoquín M 1 *(piedra labrada)* Pflasterstein *m* 2 *fam fig (tonto)* Dummkopf *m*, Tölpel *m* 3 *Perú* GASTR *helado*: ***Fruchtspeiseeis in Form von Eiswürfeln***; **adoquinado** M 1 *(pavimento)* Pflaster *n* 2 *acción*: Pflastern *n*; **adoquinar** VT pflastern; **sin ~** ungepflastert

adorable ADJ 1 *fig bebé, niño* niedlich, goldig, entzückend; *persona, lugar, música* reizend, bezaubernd, wunderbar, göttlich 2 REL *(digno de reverencia)* anbetungswürdig; **adoración** F REL Anbetung *f*; *fig* Verehrung *f*; leidenschaftliche Liebe *f*; CAT **~ de los Reyes (Magos)** Dreikönigsfest *n*; **adorador** M, **adoradora** F REL Anbeter *m*, -in *f*; *fig* Verehrer *m*, -in *f*; **~** *m*, **~a** *f* **del sol** Sonnenanbeter *m*, -in *f*

adorar A VT 1 REL anbeten; *fig* verehren; *fig (amar demasiado)* vergöttern, abgöttisch lieben 2 *(gustar mucho)* sehr gerne mögen B VI REL in Anbetung verharren, beten

adoratorio M 1 *(retablillo portátil)* (tragbarer) Hausaltar *m* 2 *(templo pagano)* Götzentempel *m*

adormecedor ADJ einschläfernd; **adormecer** ‹2d› A VT einschläfern; *dolores* stillen; *fig* beschwichtigen B VR **adormecerse** einschlafen *(tb extremidades)*; **adormecido** ADJ schläfrig; **medio ~** im Halbschlaf, halb schlafend; **adormecimiento** M 1 *(acción de dormirse)* Einschlafen *n* 2 *(narcotización)* Einschläfern *n* 3 *(modorra)* Schläfrigkeit *f*, Benommenheit *f*

adormidera F BOT Schlafmohn *m*; **adormilado** ADJ schläfrig; **adormilarse, adormitarse** VR einnicken, halb einschlummern

adornar A VT verzieren, (aus)schmücken **(con** mit *dat*) B VR **adornarse** sich schmücken; *fig* **~ con plumas ajenas** sich mit fremden Federn schmücken

adornista M/F Dekorationsmaler *m*, -in *f*

adorno M 1 *(ornamento)* Schmuck *m*, Zierrat *m*; Verzierung *f*; *(moldura decorativa)* Zierleiste *f*; *fig* Zierde *f*; **planta** *f* **de ~** Zierpflanze *f* 2 BOT Balsamine *f*

adosar VT 1 *(arrimar)* anlehnen 2 ARQUIT anbauen; *Esp* **casa** *f* **adosada** *o* **chalet** *m* **adosado** Reihenhaus *n*

ADP M *abr* (asistente digital personal) INFORM PDA *m* (Persönlicher Digitaler Assistent), Handheld *n*

adquirente M/F Erwerber *m*, -in *f*; **adquirible** ADJ erwerbbar; **adquiridor** M, **adquiridora** F → adquirente

adquirir VT ‹3i› erwerben, anschaffen, akquirieren; *fig* gewinnen, erlangen

adquisición F Erwerb *m*; Erwerbung *f*, Akquisition *f*; *espec Am* **~ hostil** feindliche Übernahme *f*; COM **~ de clientes** Kundenakquise *f fam*; COM **gastos** *mpl* **de ~** Anschaffungskosten *pl*; **nueva ~** Neuerwerb *m*; **hacer una buena ~** einen guten Kauf machen *(tb fig)*

adquisidor M, **adquisidora** F → adquirente; **adquisitivo** ADJ Erwerbs...; Kauf...; **capacidad** *f* **-a** Kaufkraft *f*; **poder** *m* **~** Kaufkraft *f*; **adquisitorio** → adquisitivo

adraganto M BOT Tragant *m*

adrede ADV absichtlich, bewusst

adrenalina F 1 QUÍM Adrenalin *n* 2 *fam (tensión)* Spannung *f*, Nervosität *f*

adrián M MED Hallux *m* valgus

adriático A ADJ adriatisch B M **(Mar** *m*) **Adriático** Adria *f*

adscribir ‹*pp* adscrito› A VT 1 *(atribuir)* zuschreiben 2 *funcionario, etc* zuteilen, zuweisen B VR **adscribirse** *espec* POL sich anschließen (a an *acus*); **adscripción** F 1 *(atribución)* Zuschreibung *f* 2 *(asignación)* Zuteilung *f*, Zuweisung *f*

adsorción F *t/t* Adsorption *f*

adstrato M LING Adstrat *n*

adstringir *etc* → astringir *etc*

aduana F 1 Zoll *m*; *derechos*: Zollgebühr *f*; *autoridad*: Zollamt *n*; **agencia** *f* **de ~s** Zollagentur *f*; **agente** *m/f* **de ~s** Zollagent *m*, -in *f*; **declaración** *f* **de ~s** Zoll(inhalts)erklärung *f*; **derechos** *mpl* **de ~** Zollgebühren *fpl*; **precinto** *m* **de ~** Zollverschluss *m*, -plombe *f*; **resguardo** *m* **de ~** Zollschein *m*; **exento de ~** zollfrei; **sujeto a ~** zollpflichtig; **sin pagar ~** unverzollt; zollfrei; *fig* **pasar por todas las ~s** sehr gerieben sein 2 *juego*: *Art* Würfelspiel *n*

aduanal ADJ *Am reg* Zoll...; **aduanar** VT verzollen

aduanero A ADJ Zoll...; **arancel** *m* **~** Zolltarif *m*; **unión** *f* **-a** Zollunion *f*; **visita** *f* **-a** Zollkontrolle *f* B M, **-a** F Zollbeamte *m*, -beamtin *f*

aduar M Zeltdorf *n*, Hüttendorf *n*

aducción F 1 *de pruebas, razones, etc*: Anführen *n*, Beibringen *n* 2 ANAT *movimiento*: Adduktion *f* 3 TEC *(conducción)* Zuleitung *f*

aducir VT ‹3o› 1 *razones, etc* anführen, geltend machen; vorbringen; *pruebas* beibringen, vorlegen 2 *(añadir)* hinzufügen

aductor ADJ ANAT M **(músculo** *m*) **~** Adduktor *m*

adueñarse VR **~ de** 1 *(apropiarse)* sich bemächtigen *(gen)* 2 *(dominar)* meistern *(acus)*

adueñarse VR **~ de** *(apropiarse)* sich bemächtigen *(gen)*; *(dominar)* meistern *(acus)*

aduja F MAR Bucht *f einer Leine*

adujar MAR A VT *(ein Tau)* aufschießen B VR **adujarse** sich zusammenkauern

adujo → aducir

adula F 1 → dula 2 AGR *reg* festgesetzte Berieselungszeit *f*

adulación F Schmeichelei *f*, Lobhudelei *f*, Liebedienerei *f*; **adulador** A ADJ schmeichlerisch B M, **aduladora** F Schmeichler *m*, -in *f*; **adular** VT & VI schmeicheln; **~ a alg** j-m schmeicheln, j-m schöntun, vor j-m katzbuckeln; **adulatorio** ADJ schmeichlerisch *(Sachen)*

adulete ADJ *Am*, **adulón** A ADJ *fam* lobhudelnd B M, **-ona** F Lobhudler *m*, -in *f*, Speichellecker *m*, -in *f*

adulteración F Fälschung *f*, Verfälschung *f* *(tb alimentos y fig)*; **adulterado** ADJ verfälscht; unecht; **adulterador** A ADJ verfälschend B M, **adulteradora** F Fälscher *m*, -in *f*; **adulterar** A VT verfälschen; fälschen; *fig* entstellen B VR **adulterarse** *alimentos* verderben; *vino* umschlagen; **adulterino** ADJ ehebrecherisch; **hijo ~** im Ehebruch gezeugtes Kind; *tb* Kuckuckskind *n fam*; **adulterio** M Ehebruch *m*

adúltero **A** ADJ ehebrecherisch **B** M, **-a** F Ehebrecher *m*, -in *f*

adultez F Erwachsenenalter *n*; *Am Centr* Männlichkeit *f*; **adulto** **A** ADJ *hombre* erwachsen; *animal* ausgewachsen; *fig* voll entwickelt, reif **B** M, **-a** F Erwachsene *m/f*

adulzar V/T ‹1f› **1** *metal* geschmeidig machen **2** → endulzar

adumbrar V/T PINT schattieren

adunar V/T *liter* vereinigen; versammeln

adustez F Barschheit *f*, finstere, unfreundliche Wesensart *f*; **adusto** ADJ **1** *persona* finster, mürrisch, todernst; *cosas* düster **2** *comarca* trocken, dürr

advenedizo **A** ADJ fremd, zugereist; *desp* hergelaufen **B** M, **-a** F Fremde *m/f*; *desp* Emporkömmling *m*

advenimiento M **1** (*llegada*) Ankunft *f* **2** (*entronización*) Thronbesteigung *f*; (*subida al poder*) Machtergreifung *f* **3** REL **el Advenimiento del Señor** die Ankunft des Herrn; *fig* **esperar el santo ~** lange vergeblich auf etwas warten

adventicio ADJ **1** (*ocurrido accidentalmente*) zufällig hinzukommend (*o* auftretend) **2** (*extraño*) fremd **3** BOT Adventiv…; BOT **raíces** *fpl* **-as** Neben-, Adventivwurzeln *fpl*

adventismo M REL Sekte *f* und Lehre *f* der Adventisten; **adventista** M/F REL Adventist *m*, -in *f*

adverar V/T JUR beglaubigen

adverbial ADJ GRAM adverbial, Adverbial…, Umstands…; **adverbializar** V/T ‹1f› GRAM adverbialisieren, als Adverb verwenden

adverbio M GRAM Adverb *n*, Umstandswort *n*; **~ de lugar/de tiempo/de modo** Orts-/Zeit-/Modaladverb *n*

adversamente ADV ungünstig; **adversario** M, **adversaria** F Gegner *m*, -in (*tb* JUR) *f*, Widersacher *m*, -in *f*; **adversativo** ADJ GRAM adversativ, entgegenstellend; **adversidad** F Widrigkeit *f*; Missgeschick *n*, Unglück *n*

adverso ADJ (*contrario*) widrig, feindlich; **suerte** *f* **-a** Missgeschick *n*

advertencia F **1** (*observación*) Bemerkung *f*; Hinweis *m* **2** (*nota previa*) Vorwort *n*, Vorbemerkung *f* **3** (*llamada a la atención*) Warnung *f*, Mahnung *f*; **advertido** ADJ erfahren, klug

advertir V/T ‹3i› **1** (*observar*) bemerken, wahrnehmen, feststellen **2** **~ a/c a alg** (*llamar la atención*) j-n auf etw (*acus*) aufmerksam machen; (*poner sobre aviso*) j-n vor etw (*dat*) warnen; **te advierto que no lo hagas** ich warne dich davor, es zu tun

Adviento M REL Advent *m*

advierto → advertir

advocación F REL Widmungsname *m* (*o* Advokation *f*) *einer Kirche*; **poner bajo la ~ de San Pedro** auf den hl. Petrus weihen

adyacencia F unmittelbare Nachbarschaft *f*; **adyacente** ADJ anliegend, angrenzend; MAT **ángulos** *mpl* **~s** Nebenwinkel *mpl*

adyuvante **A** ADJ hilfreich **B** M MED Adjuvans *n*, Hilfsmittel *n*

AEB F ABR (Asociación Española de Banca Privada) *Dachorganisation der spanischen Privatbanken*

AEC ABR **1** F (*Asociación Española de Cooperativas*) Spanischer Genossenschaftsverband *m* **2** M (*Arancel Externo Común*) Gemeinsamer Außenzoll *m* (*der EG*)

AECA F ABR (Asociación Española de Compañías Aéreas) Verband *m* der spanischen Luftfahrtgesellschaften

AECI F ABR (Agencia Española de Cooperación Internacional) Spanische Agentur *f* für internationale Zusammenarbeit

AEDE F ABR (Asociación de Editores de Diarios Españoles) Verband *m* spanischer Zeitungsverleger

AELC F ABR (Asociación Europea de Libre Comercio) EFTA *f* (Europäische Freihandelsvereinigung)

AENA ABR (Aeropuertos Españoles y Navegación Aérea) *Verwaltungsorganisation der spanischen Flughäfen*

AENOR F ABR (Asociación Española de Normalización y Certificación) Spanischer Normenverband *m*

AEPE F ABR (Asociación Europea de Profesores de Español) Europäischer Spanischlehrerverband *m*

aeración F (Be-, Ent)Lüftung *f*; Luftzutritt *m*

aéreo **A** ADJ **1** Luft…; luftförmig; luftig; **compañía** *f* (*o* **línea** *f*) **-a** Luftfahrt-, Fluggesellschaft *f*; **deporte** *m* **~** Flugsport *m*, Flugsportart *f*; **navegación** *f* **-a** Luftfahrt *f*; **tráfico** *m* **~** Luftverkehr *m*; **por vía -a** auf dem Luftwege **2** BOT, TEC oberirdisch; **línea** *f* **-a** Oberleitung *f* **3** *fig* (*liviano*) leicht; schwerelos; (*vano*) nichtig, fantastisch **B** M (**ferrocarril** *m*) **~** Schwebebahn *f*

aerícola ADJ *t/t* in der Luft lebend; **aerífero** ADJ luftleitend

aerificar V/T ‹1g› *t/t* vergasen; **aeriforme** ADJ QUÍM luftförmig

aeróbic, aerobic M Aerobic *n*

aeróbico ADJ BIOL, QUÍM aerob

aerobios MPL BIOL Aerobier *mpl*; **aerobús** M **1** *autobús*: Flughafenbus *m* (*bes. in Barcelona*) **2** *avión*: Airbus® *m*; **aeroclub** M Fliegerklub *m*; Flugsportverein *m*

AEROCONDOR *abr* (Aerovías Cóndor de Colombia) *kolumbianische Fluggesellschaft*

aerodeslizador M Luftkissenboot *n*, -fahrzeug *n*; **aerodinámica** F Aerodynamik *f*; **aerodinámico** ADJ stromlinienförmig, aerodynamisch

aeródromo M Flugplatz *m*

aeroespacial ADJ Luft- und Raumfahrt…; **aerofagia** F MED Luftschlucken *n*, Aerophagie *f*; **aerofaro** M AVIA Leuchtfeuer *n*; **aerofobia** F Flugangst *f*

aeróforo ADJ → aerífero

aerofotografía F Luftbild *n*; **aerofreno** M Luftbremse *f*; **aerogenerador** M Windkraftanlage *f*; **aerografía** F PINT Airbrushtechnik *f*

aerógrafo M PINT Spritzpistole *f*

aerograma M *correos*: Luftpostleichtbrief *m*, Aerogramm *n*; **aerolínea** F Fluglinie *f*, Airline *f*; **~ de bajo coste** Billigfluglinie *f*; *fam* Billigflieger *m*; **aerolito** M Meteorstein *m*

aerómetro M Aerometer *n*

aeromodelismo M Flugmodellbau *m*; **aeromodelista** M/F Modellflugbauer *m*, -in *f*; **aeromodelo** M Modellflugzeug *n*

aeromotor M Luftmotor *m*; **aeromoza** F *Am* AVIA Stewardess *f*, Flugbegleiterin *f*; **aeromozo** M *Am* AVIA Flugbegleiter *m*; **aeronauta** M/F Flugzeugführer *m*, -in *f*; **aeronáutica** F Luftfahrt *f*

aeronáutico ADJ Luftfahrt…; **industria** *f* **-a** Luftfahrtindustrie *f*; **ingeniero** *m* **~** Luftfahrtingenieur *m*

aeronaval MIL, MAR **fuerzas** *fpl* **~es** Marineluftstreitkräfte *fpl*; **aeronave** F Luftfahrzeug *n*, -schiff *n*; **aeronavegación** F *Am* Luftfahrt *f*; **aeropirata** M/F Luftpirat *m*, -in *f*; **aeroplano** M Flugzeug *n*; **aeroportuario** ADJ Flughafen…; **aeropostal** ADJ *correos*: Luftpost…

aeropuerto M Flughafen *m*; **~ de salida** Abflughafen *m*; **aerosol** M MED Aerosol *n*; Spray *m/n*; **aerostación** F Luftschifffahrt *f*; **~ deportiva** Ballonsport *m*; **aerostática** F FÍS Aerostatik *f*; **aerostático** ADJ FÍS aerostatisch; **globo** *m* **~** Luftballon *m*

aerostato, aeróstato M Luftschiff *n*; Luftballon *m*

aerotaxi M Aero-, Lufttaxi *n*; **aerotecnia** F, **aerotécnica** F Luftfahrttechnik *f*, Flugtechnik *f*; **aerotécnico** **A** ADJ flugtechnisch **B** M, **-a** F Luftfahrttechniker *m*, -in *f*, Flugtechniker *m*, -in *f*; **aeroterapia** F MED Lufttherapie *f*; Luftkur *f*; **aerotrén** M Luftkissenzug *m*; **aerotrópico** ADJ BOT aerotropisch; **aerovía** F (*aerolínea*) Fluglinie *f*; *tb* (*ruta de vuelo*) Flugroute *f*

a/f. *abr* (a favor) zugunsten, zu Gunsten

AFA F *abr* (Asociación de Fútbol Argentino) Argentinischer Fußballverband *m*

afabilidad F Freundlichkeit *f*; Liebenswürdigkeit *f*; **afabilísimo** *sup* → afable

afable ADJ liebeswürdig (**con, para con** gegen *acus*); freundlich (**con, para con** gegen *acus*, zu *dat*); **poco ~** unfreundlich

afamado ADJ berühmt

afamar V/T berühmt machen

afán M **1** (*anhelo*) Trachten *n*, (Be)Streben *n*; *más fuerte*: Gier *f*, Sucht *f*; (*empeño*) Eifer *m*; **~ de aprender** Bildungsstreben *n*, -drang *m*; **~ de ayudar (a los demás)** Hilfsbereitschaft *f*; **~ de lucro** Gewinnsucht *f*; Geldgier *f*; **~ de notoriedad** Geltungsbedürfnis *n*; **~ de poder** Machtgier *f*; **~ de saber** Wissensdurst *m*; **~ de viajar** Reiselust *f* **2** (*esfuerzo*) Mühe *f*; **poner todo su ~ en** alle Mühe verwenden auf (*acus*) **3** *Col* (*prisa*) Eile *f*; **estar de ~** es eilig haben

afanadamente ADV → afanosamente; **afanador** M, **afanadora** F **1** *pop* (*ratero, -a*) Taschendieb *m*, -in *f* **2** *Méx, Nic* (*obrero, -a*) Arbeiter *m*, -in *f in Strafanstalten für die schmutzigsten Arbeiten*

afanar **A** V/T **1** *fam* (*robar*) klauen, stibitzen *fam* **2** (*fatigar*) quälen, plagen, ermüden **B** V/R **afanarse** sich abrackern, schuften *fam*; **~ por** (*inf*) sich abmühen, um zu (*inf*)

afanosamente ADV **1** (*penoso*) mühevoll **2** (*diligente*) eifrig; **afanoso** ADJ **1** *trabajo* mühsam, beschwerlich **2** (*laborioso*) arbeitsam, strebsam

afasia F MED Aphasie *f*, Verlust *m* des Sprechvermögens

afásico ADJ MED Sprachverlust…; aphasisch

AFE F *abr* (Asociación de Futbolistas Españoles) *spanischer Fußballverband*

afeamiento M **1** (*deformación*) Verunstaltung *f* **2** (*reprimenda*) Tadeln *n*; **~s** *mpl* Vorhaltungen *fpl*

afear V/T **1** (*deformar*) verunstalten; verschandeln **2** (*reprender*) tadeln; **~ a alg su conducta** j-m sein Verhalten vorwerfen

afebril ADJ MED fieberfrei

afección F **1** MED (*padecimiento*) Leiden *n*; **~ cardíaca** Herzleiden *n* **2** (*estado de ánimo*) Stimmung *f*; Gefühlserregung *f* **3** (*inclinación*) Zuneigung *f*; **afectable** ADJ empfindlich; leicht erregbar; **afectación** F Ziererei *f*; Affektiertheit *f*, Geziertheit *f*, Getue *n*

afectado **A** ADJ **1** (*ser víctima*) betroffen (**por** von *dat*) **2** (*cargado*) behaftet (**de mit** *dat*) **3** *desp* affektiert, geziert, unnatürlich **B** M, **-a** F Betroffene *m/f*

afectar V/T **1** (*concernir*); **~ a alg** j-n betreffen, j-n angehen, *fig* (*tocar*) j-n berühren, j-n beeindrucken; **~ a a/c** etw betreffen; *gravemente*: etw in Mitleidenschaft ziehen; **esto le afecta mucho** das geht ihm sehr nahe **2** MED (*atacar*) befallen, angreifen; *Am* (*dañar*) schädigen, verletzen **3** *(fingir)* vortäuschen, vorgeben, zur Schau tragen; ~ **ignorancia** sich unwissend stellen **4** JUR, COM ~ **a/c a alg** *(asignar)* j-m etw zuweisen; MIL ~ **a alg a** j-n abstellen zu *(dat)* **5** *forma determinada* annehmen

afectibilidad F Empfindlichkeit *f*; **afectísimo** ADJ *sup* sehr ergeben; *fórmula de despedida en una carta:* **suyo, tuyo**, *etc* ~ mit ergebensten Grüßen; **afectividad** F Affektivität *f*, Gefühlswelt *f*; **afectivo** ADJ **1** *(relativo al afecto)* Gemüts... **2** *(sensible)* empfindsam; sensibel

afecto **A** ADJ **1** *(aprecio)* ~ **a alg** j-m gewogen **2** *(destinado)* ~ **a** bestimmt für *(acus)*; ADMIN zugeteilt *(dat)* **3** MED ~ **de** befallen von *(dat)* **B** M **1** Affekt *m*; Gemütsbewegung *f* **2** *(inclinación)* Zuneigung *f*, Gewogenheit *f*

afectuosamente ADV herzlich, liebevoll; **afectuosidad** F Herzlichkeit *f*, Zärtlichkeit *f*; **afectuoso** ADJ herzlich, zärtlich, liebevoll

afeitada F *Am reg* → afeitado; **afeitadamente** ADV sehr schön, ganz sauber; **afeitado** M Rasieren *n*, Rasur *f*; ~ **húmedo** Nassrasur *f*; **afeitadora** F Trockenrasierer *m*

afeitar V/T **1** *(rasurar)* rasieren; **brocha** *f* **de** ~ Rasierpinsel *m*; **maquinilla** *f* **de** ~ Rasierapparat *m* **2** *crines, plantas* stutzen; TAUR *cuernos* abstumpfen **3** *(maquillar)* schminken **4** *fig (rozar)* streifen

afeite M Schminke *f*; Schönheitsmittel *n*; **sin** ~**(s)** ungeschminkt

afelio M ASTRON Sonnenferne *f*, Aphel(ium) *n*

afelpado ADJ plüschartig; *fig* samt(art)ig, samten

afeminado **A** ADJ weibisch; weichlich **B** M Weichling *m*; **afeminar** **A** V/T verweichlichen; verweiblichen **B** V/R **afeminarse** weibisch werden, verweichlichen

aferente ADJ ANAT *vaso* zuführend

aféresis F ‹*pl inv*› FON Aphärese *f*

aferrado ADJ *(obstinado)* hartnäckig, halsstarrig; ~ **a** verrannt in *(acus)*; **aferramiento** M Hartnäckigkeit *f*, Verbissenheit *f*; Verranntheit *f (in eine Idee)*

aferrar ‹1a *o* 1k› **A** V/T **1** *(agarrar fuertemente)* anpacken; *(sujetar)* festhalten; TEC *(asegurar)* sichern, verankern (**en** in *o* an *dat*) **2** MAR *ancla* werfen; *vela* bergen; *(abordar)* entern **B** V/I MAR ankern **C** V/R **aferrarse** sich festhalten; sich klammern (**a** an *acus*) *(tb fig)*; *fig* beharren (**a** auf *dat*)

affaire [a'fɛr] M **1** *(asunto escandaloso)* Affäre *f*, Skandal *m* **2** *(amores)* Liebschaft *f*

af(f)idávit M ‹*sin pl*› JUR Affidavit *n*, eidesstattliche Erklärung *f*

Afganistán M Afghanistan *n*

afgano **A** ADJ afghanisch **B** M, **-a** F Afghane *m*, Afghanin *f* **C** M ZOOL (**perro** *m*) ~ Afghane *m*

afianzamiento M **1** TEC *(aseguramiento)* Befestigung *f*; Stütze *f*; Sicherung *f* **2** JUR *y fig* Bürgschaft *f*

afianzar ‹1f› **A** V/T **1** *(asegurar, amarrar)* befestigen; (ab)stützen, sichern; ~ **con tornillos** anschrauben **2** JUR *(avalar)* bürgen für *(acus)* **3** *fig (confirmar)* bestätigen, bekräftigen; absichern **B** V/R **afianzarse** sich stützen (**en** auf *acus*) *(tb fig)*; *fig* sich festigen; ~ **en** bestärkt werden in *(dat)*

afiche M *Am* Plakat *n*

afición F **1** *(inclinación)* Zuneigung *f*, Liebe *f* **2** *(tendencia)* Hang *m* (**por** zu *dat*); Hobby *n*, Liebhaberei *f*, Steckenpferd *n*; **de** ~ Liebhaber..., Amateur...; **por** ~ als Hobby; **tener** ~ **por a/c** eine Vorliebe für etw haben; **tiene mucha** ~ **a la música** er ist ein Musikliebhaber; **tomar** ~ **a a/c** eine Vorliebe für etw *(acus)* entwickeln; sich für etw *(acus)* begeistern **3** *espec* DEP *(hinchada)* Fans *mpl*, Anhänger *mpl*, Anhängerschaft *f*

aficionado **A** ADJ ~ **a** zugetan *(dat)*; geneigt *(dat)*; begeistert von **B** M, **-a** F Liebhaber *m*, -in *f*, Amateur *m*, -in *f*; Fan *m fam*; ~ **al deporte** Sportfreund *m*; ~ **a la música** Musikliebhaber *m*; **teatro** *m* **de** ~**s** *mpl* Liebhaberbühne *f*, Laientheater *n*

aficionar **A** V/T ~ **a** geneigt machen für *(acus)*; gewinnen für *(acus)* **B** V/R ~**se a a/c** *(entusiasmarse)* sich für etw *(acus)* begeistern; *(acostumbrarse)* sich *(dat)* etw *(acus)* angewöhnen; *(hacer a/c con ganas)* etw gern tun; ~**se a alg** sich in j-n verlieben; j-n lieb gewinnen; ~**se a** *(inf)* sich *(dat)* angewöhnen zu *(inf)*

afiebrarse V/R *Am* Fieber bekommen

afijo M LING Affix *n*

afilacuchillos M ‹*pl inv*› Messerschärfer *m*; **afilada** F *Am* Schleifen *n*; **afiladera** F (**piedra** *f*) ~ Wetzstein *m*; **afilado** **A** ADJ geschliffen; scharf, spitz *(tb fig lengua)*; *dedos, cara* schmal **B** M Schleifen *n*, Schliff *m*

afilador M **1** *persona:* (Scheren)Schleifer *m* **2** *(afilón)* Streichriemen *m*; ~ (**de acero**) Wetzstahl *m* **3** ~ **de cuchillos** *instrumento:* Messerschärfer *m* **4** *Am fig (mujeriego)* Schürzenjäger *m*

afiladora F **1** *máquina:* Schleifmaschine *f* **2** *persona:* (Scheren)Schleiferin *f*; **afiladura** F Schleifen *n*; Wetzen *n*; **afilalápices** M ‹*pl inv*› Bleistiftspitzer *m*; **afilamiento** M *de la cara, nariz:* Spitzwerden *n*, Abmagern *n*

afilar **A** V/T **1** *(sacar filo)* schärfen *(tb fig)*; schleifen; wetzen; spitzen; *fig* ~ **la lengua** sich (absichtlich) missverständlich ausdrücken **2** *Am fam (flirtear)* ~ **a alg** mit j-m flirten; *desp* j-n anmachen *fam* **B** V/R **afilarse** *fig cara, etc* schmal (*o* spitz) werden; *(contrastar fuertemente)* sich scharf abheben

afile M *Arg fam* Flirt *m*; Eroberung *f fam*; *desp* Anmachen *n fam*

afiliación F Beitritt *m* (**a** zu *dat*); Aufnahme *f* (**a** in *acus*); Mitgliedschaft *f* (**a** bei *dat*); **afiliado** **A** ADJ ~ (**a**) zugehörig (zu *dat*); angeschlossen (an *acus*); **no** ~ POL *tb* parteilos **B** M, **-a** F Mitglied *n* (**a** *gen o* bei *dat*); ~ **a un sindicato** Gewerkschaftsmitglied *n*; ~ *m*, **-a** *f* **a la Seguridad Social** Sozialversicherte *m/f*

afiliar ‹1b› **A** V/T aufnehmen (**a** in *acus*) **B** V/R ~**se a** eintreten in *(acus)*, beitreten *(dat)*

afiligranado ADJ filigranartig; *fig* fein, zierlich; **afiligranar** V/T filigranartig arbeiten; *fig* gut ausarbeiten, ausfeilen

áfilo, afilo ADJ BOT blattlos

afilón M Streichriemen *m*; Wetzstahl *m*

afilosofado ADJ *desp* philosophisch angehaucht, pseudophilosophisch *desp*

afín ADJ **1** *(próximo)* angrenzend **2** *(pariente)* verwandt *(tb* QUÍM *y fig)*; verschwägert; *fig* **ideas** *fpl* **-ines** verwandte Begriffe *mpl*

afinación F **1** *(refinación)* Verfeinerung *f* **2** MÚS Stimmen *n* **3** TEC *(depuración)* Läuterung *f*; METAL Veredelung *f*; **afinadamente** ADV **1** MÚS richtig, rein **2** *fig (delicado)* fein, verfeinert; **afinador** M **1** MÚS *persona:* (Klavier)-Stimmer *m* **2** MÚS *llave:* Stimmschlüssel *m* **3** TEC, METAL Abtreiber *m*; **afinadora** F MÚS (Klavier)Stimmerin *f*; **afinadura** F → afinación

afinar **A** V/T **1** *(refinar)* verfeinern *(tb fig)* **2** MÚS *instrumentos* stimmen **3** TEC *metales* läutern; METAL frischen, veredeln **B** V/I MÚS *cantar:* tonrein (*o* sauber) singen; *tocar:* tonrein (*o* sauber) spielen **C** V/R **afinarse** feiner werden

afincar ‹1g› **A** V/I Grundbesitz erwerben **B** V/R **afincarse** ansässig werden, sich niederlassen; *fig* Wurzeln schlagen

afinidad F **1** *(parentesco por matrimonio)* Verschwägerung *f*; *(parentesco)* Verwandtschaft *f* **2** *fig (semejanza)* Ähnlichkeit *f*, (Wesens)Verwandtschaft *f*; *(proximidad)* Nähe *f*; ~ **electiva** Wahlverwandtschaft *f* **3** QUÍM Affinität *f*

afino M METAL Veredelung *f*, Frischen *n*; **horno** *m* **de** ~ Frischofen *m*

afirmación F *(respuesta afirmativa)* Bejahung *f*; *(aseveración)* Versicherung *f*; *(aserto)* Behauptung *f*; *(confirmación)* Bestätigung *f*; ~ **de sí mismo** Selbstbestätigung *f*

afirmado M Befestigung *f*, Beschotterung *f* *(Straßen)*; **afirmante** ADJ bejahend; ~ **de la vida** lebensbejahend

afirmar **A** V/T **1** *(poner firme)* befestigen, festmachen **2** *(aprobar)* bejahen; *(aseverar)* behaupten; bestätigen; ~ **con la cabeza** zustimmend nicken **3** *Chile (golpear)* schlagen **B** V/R **afirmarse** **1** sich durchsetzen **2** ~ **en** *(ratificarse)* bestehen auf *(acus)*; *(apoyarse)* sich stützen auf *(acus)*

afirmativa F Bejahung *f*; Zusage *f*; **afirmativamente** ADV bejahend; bestimmt

afirmativo ADJ bejahend; **en caso** ~ zutreffendenfalls; falls dies zutrifft; **respuesta** *f* **-a** Zusage *f*; GRAM **proposición** *f* **-a** Behauptungssatz *m*; *fam* **¡~!** na klar! *fam*, jawohl!

afistularse V/R BOT Fisteln bilden, fisteln

aflamencado ADJ zigeunerhaft *(neg!)*

aflautado ADJ Flöten...; *irón desp* **voz** *f* **-a** Flötenstimme *f (desp)*

aflechado ADJ pfeilförmig

aflicción F Betrübnis *f*, Leid *n*, Kummer *m*; **aflictivo** ADJ *(triste)* betrübt; *(desconsolador)* betrübend; JUR *espec Am* **pena** *f* **-a** *corresp. a:* Freiheitsstrafe *f*

afligidamente ADV betrübt; **afligido** ADJ bekümmert, bedrückt; **afligimiento** M → aflicción

afligir ‹3c› **A** V/T **1** *(desconsolar)* betrüben, bedrücken, bekümmern **2** *(atormentar)* quälen, peinigen **3** *Méx (apalear)* schlagen, prügeln **B** V/R **afligirse** sich grämen (**con, de, por** über *acus*)

aflojamiento M Lockerung *f*; Nachlassen *n*

aflojar **A** V/T lockern, lösen; *fam fig dinero* locker machen *fam*; *fig* ~ **la mosca** *o* **la bolsa** zahlen, das Geld (*o* die Moneten *pop*) herausrücken *fam*; ~ **el paso** langsamer gehen **B** V/I nachlassen (**en** in *dat*); erschlaffen **C** V/R **aflojarse** abflauen *(tb fig)*; locker werden

afloramiento M **1** *(surgimiento)* Zutagetreten *n* **2** GEOL Ausstrich *m*, Aufschluss *m*; MIN zutage tretendes Erz *n*

aflorar V/I **1** GEOL *mineral* ausstreichen **2** *fig (aparecer)* zutage treten; zum Vorschein (*o* ans Tageslicht) kommen; **hacer** ~ ans Licht bringen, aufdecken

afluencia F **1** *(confluencia)* Zufluss *m*, Zustrom *m*; ECON ~ **de capitales** Kapitalzufluss *m* **2** *fig de personas:* Andrang *m*; *de palabras:* Redestrom *m*, Wortschwall *m*; **horas** *fpl* **de** ~ *transporte:* Hauptverkehrszeit *f*; COM Hauptgeschäftszeit *f*

afluente **A** ADJ **1** *río:* zuströmend, einmündend **2** *fig (locuaz)* redselig **B** M Nebenfluss *m*

afluir V/I ‹3g› (ein)münden (**a** in *acus*); zu-, herbeiströmen *(tb fig)*

aflujo M Zufluss *m*; MED ~ **de (la) sangre** Blutandrang *m*

afmo. *abr* (**afectísimo**) *corresponde a:* mit ergebensten Grüßen

afofarse V/R schwammig werden; quellen

afollar **A** V/T **1** *(soplar)* mit dem Blasebalg anblasen **2** *(plegar)* balgförmig falten **B** V/R **afollarse** *muro* Ausbuchtungen bekommen

afondar → hundir

afonía F Heiserkeit *f*; Stimmlosigkeit *f*, Aphonie *f*

afónico ADJ stimmlos; stockheiser *fam*

áfono ADJ tonlos

aforado ADJ 1 (privilegiado) bevorrechtigt, privilegiert 2 Esp POL (con inmunidad) mit parlamentarischer Immunität; **aforador** M, **aforadora** F 1 inspector: Eichmeister m, -in f 2 en aduanas: Zollbeschauer m, -in f

aforar[1] A VT 1 (valuar) (zoll)amtlich taxieren 2 (contrastar) eichen 3 corriente de agua: fließende Wassermenge abmessen B VI CAZA Spuren lesen

aforar[2] VT ⟨1m⟩ Sonderrechte (→ fuero 1) verleihen (dat o an acus)

aforismo M Aphorismus m, Sinnspruch m; **aforístico** ADJ aphoristisch

aforo M 1 (medida de contraste) Eichung f; Eichmaß n 2 cálculo: Bemessung f der durchfließenden Wassermenge 3 (valoración) Zollwertermittlung f 4 TEAT, etc (capacidad) zugelassene Gesamtzahl f der Plätze; **el teatro tiene un ~ de mil personas** das Theater fasst tausend Personen

aforrar A VT pop → forrar B VR **aforrarse** 1 pop (abrigarse) sich warm anziehen 2 fam fig (comer y beber bien) kräftig reinhauen fam, tüchtig essen

aforro M 1 MAR Taubekleidung f 2 → forro

afortunadamente ADV glücklicherweise, zum Glück; **afortunado** ADJ 1 (feliz) glücklich; (favorecido) vom Glück begünstigt; **(hombre** m**) ~** Glückspilz m fam 2 palabras treffend

afoscarse VR ⟨1g⟩ MAR diesig werden; fig verdrießlich werden

afrailado ADJ mönchisch

afrancesado A ADJ französisch gesinnt B M HIST desp *spanischer Anhänger Napoleons*; **afrancesamiento** M Nachahmung f französischer Art; **afrancesar** A VT französischen Charakter verleihen B VR **afrancesarse** französische Sitten und Gebräuche annehmen

afranelado ADJ flanellartig

afranjado ADJ zerfranst

afrechero M Col ORN Kleienfink m; **afrecho** M espec Am reg Kleie f

afrenta F 1 (deshonor) Schimpf m, Schande f 2 (insulto) Beschimpfung f, Beleidigung f; **afrentar** A VT beschimpfen, schmähen B VR **afrentarse** sich schämen (**de** gen); **afrentoso** ADJ schimpflich, schändlich

África F Afrika n; **~ negra/del Sur** Schwarz-/Südafrika n

africada F FON Affrikata f

africana F 1 persona: Afrikanerin f 2 Cuba BOT *kaktusähnliche Zierpflanze*; **africanista** M/F Afrikaforscher m, -in f; Afrikanist m, -in f; **africano** A ADJ afrikanisch B M 1 persona: Afrikaner m 2 Am Cent GASTR süßes Eiergebäck n

áfrico M Südwestwind m

afrijolar VT Col fam umlegen fam, kaltmachen fam

afrikáans, afrikaans M Afrikaans n; **afrikaner** A ADJ afrikaans B M/F Afrikaander m, -in f

afro ADJ inv afrikanisch; Afro…; **peinado** m **~** Afrolook n fam; **afroamericano** ADJ afroamerikanisch; **afrocubano** ADJ afrokubanisch

afrodisíaco, afrodisiaco M Aphrodisiakum n

afrontar VT 1 einander gegenüberstellen (tb JUR testigos) 2 fig **~ a/c** einer Sache (dat) trotzen; **~ un peligro** einer Gefahr ins Auge sehen

afrutado ADJ vino fruchtig

afta F MED Aphthe f; Mundfäule f

after ['aftɛr] M, **after(-)hours** [-'aŭers] M fam After-Hours pl

after sun ['after san] M cosmética: Aftersun-Lotion f, Après-Soleil-Lotion f

aftoso ADJ **fiebre** f **-a** Maul- und Klauenseuche f

afuera A ADV lugar: draußen, außen; dirección: hinaus; heraus; **de ~** von draußen; von auswärts; **¡~!** hinaus!, raus! fam B **~s** FPL Umgebung f; Außenbezirke mpl; MIL Festungsvorfeld n

afuereño ADJ Am, **afuerino** ADJ Am Mer auswärtig, fremd

afufar(las) VI fam verschwinden, verduften fam

afusión F MED Guss m

afuste M MIL Lafette f ohne Räder

afutrarse VR Chile fam sich aufdonnern fam, sich in Schale werfen fam

AGAAC M abr (Acuerdo General sobre Aranceles Aduaneros y Comercio) GATT n (Allgemeines Zoll- und Handelsabkommen)

agachada F 1 (flexión) Beugung f, (Nieder)Bücken n; Ducken n 2 fam (ardid) Kniff m, Dreh m fam; **agachadiza** F ORN Bekassine f; **agachado** ADJ 1 Am (astuto) clever, gewieft 2 Perú (encorvado) gebeugt, niedergebückt, kauernd; fig (servil) unterwürfig

agachar A VT cabeza, tronco beugen, ducken B VR **agacharse** 1 (encogerse) sich ducken; sich bücken; sich kauern 2 (someterse) Am Mer fig nachgeben, klein beigeben

agalbanado ADJ faul, träge

agalla F 1 BOT Gallapfel m 2 ZOOL de los peces: Kieme f; de los pájaros: Schläfe(nbein n) f 3 ANAT (amígdala) (Rachen)Mandel f; MED **~s** fpl Angina f 4 TEC (rosca) Bohrgewinde n der Bodensonde 5 fam **tener ~s** Mumm haben fam; Am (ser cicatero) knauserig sein; **agallado** A ADJ 1 colorado: mit Galläpfeln gefärbt 2 Chile (imponente) stattlich B M colorante: Gallnusstinte f; **agalludo** ADJ 1 Am (audaz) verwegen 2 Col (codicioso) habgierig

agama F Antillas ZOOL *eine Krebsart*

agamí M ⟨pl -íes⟩ Am ORN Trompetervogel m

agamitar VI CAZA fiepen, blatten

ágamo ADJ BOT geschlechtslos

agamuzado ADJ → gamuzado

ágape M REL Agape f, Liebesmahl n; p. ext Festessen n

agar-agar M BIOL, GASTR Agar-Agar m/n

agareno M HIST Maure m, Sarazene m

agárico M BOT Feuerschwamm m

agarrada F fam Wortwechsel m, Zank m; **tener una ~** aneinandergeraten, sich (dat) in die Wolle geraten fam; **agarradera** F, **agarradero** M 1 (asidero) Griff m; Henkel m 2 fam fig **~s** pl (enchufe) gute Beziehungen fpl 3 fig (excusa) Ausflucht f 4 MAR (tenedero) Ankergrund m; **agarrado** ADJ fam fig geizig, knauserig fam; **agarrador** M 1 (mango, asa) Griff m; de la plancha: Handschutz m 2 (trapo) Topflappen m 3 fam persona: Greifer m, Häscher m

agarrafar VT fam derb anpacken, grob zulangen

agarrapelos M ⟨pl inv⟩ reg BOT Klette f

agarrar A VT 1 espec Am (er)greifen; (an)packen; fam enfermedad erwischen fam; fam **~ una borrachera** sich bedudeln fam 2 RPl (tomar) nehmen 3 Arg fam **¿lo agarras?** kapiert? B VI BOT angehen, (an)wurzeln, Wurzeln schlagen; MAR ancla greifen; AUTO neumáticos haften C VR **agarrarse** 1 (pelearse) sich raufen 2 **~ de o a** (asirse) sich (an)klammern (o festhalten) an (acus); fam **¡agárrate!** halt dich fest! (tb fig) 3 al cocinar: (pegarse) ansetzen; (quemarse) anbrennen

agarre M 1 AUTO (adhesividad) Haftung f (o Griffigkeit) (der Reifen) 2 escalada: Klettergriff m

agarro M Ergreifen n, Zupacken n; **agarrochador** M TAUR Kämpfer m, der den Stier mit der Pike (→ garrocha 1) angreift; **agarrochar** VT TAUR mit der Pike (→ garrocha 1) treffen

agarrón M Am 1 derbes Zupacken n, Ziehen n 2 fig (riña) Zank m, Streit m

agarrotar A VT 1 (atar fuertemente) fest zusammenbinden; stark drücken 2 (amordazar) knebeln (tb fig) 3 HIST (estrangular) garrottieren, erdrosseln B VR **agarrotarse** 1 TEC sich (fest)fressen 2 fig extremidades steif werden

agasajado M, **agasajada** F Geehrte m/f, Gefeierte m/f; **agasajador** ADJ gastlich; **agasajar** VT 1 (hospedar) freundlich aufnehmen, bewirten 2 (obsequiar) beschenken 3 (festejar) **~ a alg** j-n feiern; **agasajo** M 1 (hospitalidad) freundliche Aufnahme f, Bewirtung f 2 (regalo) Geschenk n 3 (acogida) (festlicher) Empfang m; Ehrung f

ágata F Achat m

agaucharse VR Am wie ein Gaucho werden

agavanzo M BOT Heckenrose f

agave F BOT Agave f

agavillar A VT & VI AGR (in) Garben binden B VR **agavillarse** fig sich zusammenrotten

agazaparse VR 1 (agacharse) sich ducken; (achicarse) sich klein machen 2 (esconderse) sich verstecken

agencia F 1 (representación) Agentur f; Vertretung f; Büro n; **~ de cobro** Inkassobüro n; **~ de colocación** Stellenvermittlung f; **~ (privada) de detectives** Detektei f; **~ de informes** Auskunftei f; **~ inmobiliaria** Maklerbüro n; **Agencia Judía** Jewish Agency f; **~ de marketing** Marketingagentur f; **~ matrimonial** Heiratsvermittlung f, Eheanbahnungsinstitut n; **~ de noticias** Nachrichtenagentur f; **~ de prensa** Presseagentur f; **~ de protección de datos** Datensicherheitsfirma f; **~ de publicidad** Werbeagentur f; **~ de transportes** Spedition (sfirma) f; Esp **Agencia** f **Tributaria** Finanzamt n; **~ de viajes** Reisebüro n 2 Chile (casa de empeño) Pfandhaus n, Leihhaus n

agenciar ⟨1b⟩ A VT fam besorgen, beschaffen B VR fam **~se a/c** sich (dat) etw beschaffen (o verschaffen); **~se** o **agenciárselas para** (inf) es schaffen (o hinkriegen fam) zu (inf)

agenciero M, **agenciera** F Chile Pfandleiher m, -in f

agenda F 1 (calendario) Terminkalender m; (librito de anotaciones) Notizbuch n; **~ de bolsillo** Taschenkalender m; **~ de bolsillo mini** Miniplaner m; **~ electrónica** Notebook n; **~ de sobremesa** Pultkalender m; **tener una ~ muy apretada** einen vollen Terminkalender haben 2 espec Am (orden del día) Tagesordnung f; **estar en la ~** auf der Agenda stehen

agente A M/F 1 COM (representante) Agent m, -in f, Vertreter m, -in f; **~ de aduanas** Zollagent m, -in f; **~ m artístico** Impresario m, (Kultur)Manager m; **~ comercial** (Handels)Vertreter m, -in f; **~ general** Generalvertreter m, -in f; **~ local** Platzagent m, -in f, örtlicher Vertreter m, örtliche Vertreterin f; **~ de publicidad** Werbeagent m, -in f; **~ de transportes** Spediteur m, -in f; **~ de viajes** Reiseveranstalter m, -in f; **~ de visita médica** Pharmareferent m, -in f 2 COM (mediador) Makler m, -in f; **~ de cambio (y bolsa)** Börsenmakler m, -in f; Kursmakler m, -in f; **~ marítimo** Schiffsmakler m; **~ de la propiedad inmobiliaria** Immobilienmakler m, -in f; Häuser-, Grundstücksmakler m, -in f; **~ de seguros** Versicherungsmakler m, -in f 3 oficial: **~ (de policía)** Polizist m, -in f; **~ forestal** Forstbeamte m, -beamtin f; **~ municipal** (Gemeinde)Polizist m, -in f; **~ público** Staatsbedienstete m/f; **~ de la autoridad** (Staats)Beamte m, (Staats)Beamtin f, Vertreter m, -in f der Staatsgewalt; **~ del orden** Polizist m, -in f, irón Ordnungshüter m,

-in *f*; ~ **de seguridad** Sicherheitsbeamte *m*, -beamtin *f*; ~ **de tráfico** Verkehrspolizist *m*, -in *f* 4 POL ~ **consular** Konsularagent *m*, -in *f*; ~ **diplomático** diplomatische(r) Vertreter *m*, -in *f* 5 JUR ~ **de la propiedad industrial** Patentanwalt *m*, -anwältin *f* 6 *(espía)* Agent *m*, -in *f*, Spion *m*, -in *f*; ~ *m* **doble/secreto** Doppel-/Geheimagent *m*; ~ **provocador** Lockspitzel *m*, Agent Provocateur *m* 7 ECON **~s sociales** Sozialpartner *mpl* B M 1 TEC *(fuerza motriz)* Triebkraft *f* 2 QUÍM, MED Mittel *n*, Wirkstoff *m*, Agens *n*; ~ **extintor** Löschmittel *n*; ~ **patógeno** Krankheitserreger *m* C ADJ wirkend; LING **persona** *f* ~ Agens *m*, Träger *m* der Handlung

agermanado ADJ in deutscher Manier

agestado ADJ **bien/mal** ~ schön/hässlich aussehend

ageusia F MED Ausfall *m* des Geschmacksinns *f*; *t/t* Ageusie *f*

agibílibus M ⟨*pl inv*⟩ *fam hum* 1 *(habilidad)* Geschicklichkeit *f*, (Lebens)Gewandtheit *f* 2 *persona*: Schlaukopf *m*, -meier *m fam*

agigantado ADJ riesenhaft, riesig; **con** *o* **a pasos ~s** mit Riesenschritten; **agigantar** A VT riesengroß machen, ins Riesenhafte steigern B VR **agigantarse** ins Ungeheure wachsen

ágil ADJ flink, gewandt, behände; agil, *intelecto* beweglich

agilidad F Behändigkeit *f*, Geschwindigkeit *f*, Gewandtheit *f*; Beweglichkeit *f*; REL *y fig* Agilität *f*

agilipollar VT *vulg* verblöden *fam*

agilitar → agilizar; **agilización** F *espec* ADMIN Beschleunigung *f*, Vereinfachung *f*; **agilizar** A VT ⟨1f⟩ erleichtern; ADMIN beschleunigen, vereinfachen B VR **agilizarse** *formalidades etc* einfacher werden

ágilmente ADV behände, flink; lebhaft

agio M ECON 1 Agio *n*, Aufgeld *n* 2 → agiotaje; **agiotador** M, **agiotadora** F → agiotista; **agiotaje** M Agiotage *f*, Börsenspekulation *f*; **agiotista** M/F (Börsen)Spekulant *m*, -in *f*

agitable ADJ bewegbar

agitación F 1 *(movimiento violento)* heftige Bewegung *f* 2 *(excitación)* Auf-, Erregung *f* 3 POL Agitation *f*, Hetze *f*; *(alboroto)* Unruhe *f*; Gärung *f* *(fig)*; ~ **callejera** Unruhen *fpl*; **hay ~ en las masas** es gärt (*o* rumort) im Volk

agitado ADJ 1 *(nervioso)* aufgeregt, erregt 2 *(movido)* bewegt, stürmisch *(tb mar)*; **aguas** *fpl* **-as** stürmische Gewässer *npl* 3 **vida** *f* **-a** hektisches Leben *n*

agitador A ADJ 1 TEC Rühr... 2 POL agitatorisch, aufwieglerisch B M, **agitadora** F POL Agitator *m*, -in *f*; Unruhestifter *m*, -in *f*, Aufwiegler *m*, -in *f* C M TEC Rührwerk *n*; QUÍM Schüttelbecher *m*

agitanado ADJ zigeunerhaft, -artig *(neg!)*

agitante ADJ aufregend; beunruhigend

agitar A VT 1 *(mover)* (hin und her) bewegen, schwenken, schütteln; ~ **el pañuelo** mit dem Taschentuch winken; **agítese antes de usar(lo)** vor Gebrauch schütteln 2 *fig (inquietar)* auf-, erregen, beunruhigen B VR **agitarse** 1 *(moverse)* sich (heftig) bewegen, zappeln *fam* 2 *(oponerse)* sich sträuben 3 *fig (inquietarse)* sich beunruhigen

agite M *Ven* Unruhe *f*

aglomeración F 1 *(amontonamiento)* Anhäufung *f*; Zusammenballung *f*; ~ **(de gente)** Menschenmenge *f*, Gedränge *n* 2 *(poblado)* Siedlung *f*, Ortschaft *f*; ~ **urbana** Ballungsraum *m*, -gebiet *n* 3 TEC *(pegar)* Binden *n*

aglomerado A ADJ angehäuft; zusammengeballt; *frutas, hojas* dicht aneinander sitzend B M 1 *(briqueta)* Brikett *n* 2 ~ **(de madera)** Spanplatte, Hartfaserplatte *f* 3 GEOL Trümmergestein *n*; **aglomerante** M TEC Bindemittel *n*; **aglomerar** A VT anhäufen; TEC brikettieren B VR **aglomerarse** sich zusammenballen; TEC binden *(v/i)*

aglutinación F 1 *(pegar)* Kleben *n*, Verleimung *f* 2 TEC *(sinterización)* Sinterung *f*; Zusammenbacken *n* 3 MED, LING Agglutination *f* 4 MED Zusammenheilen *n*; **aglutinante** A ADJ 1 *(aglomerante)* bindend, Binde..., Klebe... 2 LING **lengua** *f* ~ agglutinierende Sprache *f* B M *(pegamento)* Bindemittel *n*; Klebstoff *m*; MED Wundpflaster *n*; **aglutinar** A VT 1 *(pegar)* verkleben 2 MED verklumpen, agglutinieren 3 *fig (unir)* vereinen, verschmelzen; harmonisieren B VR **aglutinarse** TEC sintern; MED zusammenwachsen; **aglutinina** F MED Agglutinin *n* *(frec pl)*

agnado M JUR Agnat *m*

agnosia F MED Agnosie *f*; **agnósico** ADJ MED agnostisch

agnosticismo M FIL Agnostizismus *m*; **agnóstico** REL, FIL A ADJ agnostisch B M, **-a** F Agnostiker *m*, -in *f*

agnus(déi) M REL Agnus Dei *n*

agobiado ADJ *(fatigado)* überlastet; erschöpft; ~ **de trabajo** überarbeitet; **agobiador** ADJ drückend; **agobiante** drückend, (be)lastend; **calor** *m* ~ drückende Hitze *f*, Schwüle *f*

agobiar ⟨1b⟩ A VT *(abatir)* (be-, nieder)drücken; ~ **de trabajo** mit Arbeit überhäufen B VR **agobiarse** 1 *(encorvarse)* sich krümmen; ~ **con los años** vom Alter gebeugt sein 2 *fig (ponerse triste)* traurig (*o* bedrückt) sein 3 *(trabajar excesivamente)* sich überarbeiten

agobio M 1 *(peso)* Last *f*, Mühsal *f* 2 *fig (ansia)* Angst *f*; Bedrückung *f*

agogía F MIN Abzugsrinne *f*

agolpamiento M Auflauf *m*; Andrang *m*; **agolparse** VR *gente* sich (dicht) drängen, zusammenlaufen; *fig pensamientos* sich überstürzen

agonía F 1 *(último trance)* Todeskampf *m*, Agonie *f*; *(angustia mortal)* (Todes)Angst *f*; **toque** *m* **de ~** Sterbeglocke *f* 2 *fig de un imperio, etc*: Untergang *m* 3 *(ansia)* verzehrender Wunsch *m*

agónico ADJ mit dem Tode ringend; Todes(kampf)...; im Sterben liegend; **estar ~** im Sterben liegen

agonística F DEP Agonistik *f*, Wettkampfkunde *f*; **agonístico** ADJ Wettkampf...

agonizante A ADJ mit dem Tode ringend B M/F Sterbende *m/f*

agonizar ⟨1f⟩ A VI 1 *(estar muriéndose)* im Sterben liegen; *fig* ~ **por a/c** unter etw *(dat)* leiden; etw *(acus)* sehr wünschen 2 *fig liter (llegar al fin)* sich dem Ende zuneigen B VT 1 *moribundo* beistehen 2 *fam fig (molestar)* ~ **a alg** j-n löchern *fam*, j-n bedrängen

ágora F HIST Agora *f*

agorador ADJ → agorero; **agorafobia** F MED Platzangst *f*, Agoraphobie *f*

agorar VT ⟨1n⟩ voraussagen, prophezeien; unken *fam*

agorero A ADJ Unheil verkündend; **ave** *f* **-a** Unglücksvogel *m* B M, **-a** F 1 *(adivino, -a)* Zeichendeuter *m*, -in *f*; *(vaticinador[a])* Wahrsager *m*, -in *f* 2 *(pesimista)* Schwarzseher *m*, -in *f*

agorgojarse VR AGR vom Kornwurm befallen werden

agostadero M Sommerweide *f*, Alm *f*; **agostamiento** M Vertrocknen *n*, Verdorren *n*

agostar A VT ausdörren, austrocknen, verdorren lassen; *fig* zunichtemachen B VI *ganado* auf den Stoppelfeldern weiden C VR **agostarse** verdorren; *fig* zunichtewerden; **agostero** M, **agostera** F Erntearbeiter *m*, -in *f*; **agostizo** ADJ *animal* im August (*o* im Herbst) geboren; *fig* schwächlich

agosto M 1 *mes*: August *m*; **en (el mes de) ~** im (Monat) August; **el 15 de ~** am 15. August 2 *(tiempo de la cosecha)* Ernte(zeit) *f* 3 *fam fig* **hacer su ~** seinen Schnitt (*o* Reibach *fam*) machen, sein Schäfchen ins Trockene bringen

agotable ADJ versiegbar, nicht erneuerbar

agotado ADJ 1 *(cansado)* erschöpft *(tb fig)*, abgespannt 2 *mercancía* ausverkauft; *libro tb* vergriffen; *batería* leer; MIN **filón** *m* ~ abgebautes Flöz *n*; TEAT **-as las entradas** ausverkauft

agotador ADJ erschöpfend, aufreibend; anstrengend; **agotamiento** M Erschöpfung *f* *(tb TEC)*

agotar A VT 1 *(consumir)* aus-, erschöpfen *(tb fig)*; ~ **el orden del día/la paciencia** die Tagesordnung sprengen/die Geduld erschöpfen 2 *mercancía* ausverkaufen; *provisiones* aufbrauchen; ~ **todos los recursos** kein Mittel unversucht lassen B VR **agotarse** 1 *(acabarse)* versiegen; *mercancías* ausgehen; **la primera edición se ha agotado** die erste Auflage ist vergriffen (*o* ausverkauft) 2 ~ **trabajando** sich abrackern

agracejo M BOT 1 Sauerdorn *m* 2 *uva*: unreife Traube *f*, Herbling *m*; **agraceño** ADJ sauer; **agracero** ADJ *vid* keine reifen Früchte bringend

agraciado ADJ 1 *(hermoso)* anmutig, zierlich; gut aussehend 2 *(afortunado)* begnadet; *(vom Glück)* begünstigt; *lotería*: **número** *m* ~ Gewinnzahl *f*; **salir ~** *billete de lotería* gewinnen

agraciar VT ⟨1b⟩ 1 *(dar buena apariencia)* gut aussehen lassen *(dat)* 2 *(obsequiar)* beschenken (**con** mit *dat*) 3 *(distinguir)* auszeichnen (**con** mit *dat*) 4 JUR *(indultar)* begnadigen

agradabilísimo *sup* → agradable

agradable ADJ 1 *(grato)* angenehm, gefällig; *fam* nett, hübsch; ~ **al** *o* **para el gusto** wohlschmeckend *(subjektiv)*; ~ **de sabor** wohlschmeckend *(objektiv)*; **ser ~ a la vista** ein schöner Anblick sein 2 *(amable)* freundlich (**con, para con** zu *dat*)

agradablemente ADV angenehm

agradar VI ~ **a alg** j-m gefallen, j-m behagen, j-m zusagen, j-m angenehm sein

agradecer VT ⟨2d⟩ danken; ~ **a/c a alg** j-m für etw *(acus)* danken; *tb* j-m etw verdanken; ~ **que** *(subj)* dafür danken, dass *(ind)*; **se lo agradezco** ich bin Ihnen dankbar dafür; **se agradece** *como respuesta*: vielen Dank!; danke, gern; **le ~ía que** *o* **si** *(subj impf)* ich wäre Ihnen dankbar, wenn *(subj impf)*; *fig* **el suelo agradece el trabajo del campesino** der Boden belohnt die Arbeit des Bauern

agradecido ADJ dankbar (**por** für *acus*); *tierra* ergiebig; **le estaría muy ~ que** *o* **si** *(subj impf)*; ich wäre Ihnen sehr dankbar, wenn *(subj impf)*; **agradecimiento** M Dank *m*, Dankbarkeit *f*; Erkenntlichkeit *f*

agrado M 1 *(gracia)* einnehmendes Wesen *n*; Anmut *f* 2 *(gusto)* (Wohl)Gefallen *n*; Belieben *n*; *(afabilidad)* Freundlichkeit *f*; **ser del ~ de alg** j-m zusagen; **haga usted lo que sea de su ~** handeln Sie ganz nach Ihrem Belieben; **recibió la invitación con ~** er hat sich über die Einladung sehr gefreut 3 *Am (pequeño regalo)* kleines Geschenk *n*

agrafia F MED Agrafie *f*, Verlust *m* des Schreibvermögens

agramadera F AGR (Flachs-, Hanf)Breche *f*; **agramado** M Brechen *n*

Agramante M *fig* **campo** *m* **de ~** Wirrwarr *m*, Tollhaus *n*

agramar VT AGR *lino, cáñamo* brechen

agrandado ADJ *fam* überheblich; **agranda-**

miento M Vergrößerung *f*; **agrandar** V/T vergrößern; erweitern; *fig* erhöhen
agranujado ADJ unverschämt, gaunerhaft
agrario ADJ Agrar..., Boden...; **Estado** *m* ~ Agrarstaat *m*; **ley** *f* **-a** Landwirtschaftsgesetz *n*; **medida** *f* **-a** Feldmaß *n*; **política** *f* **-a** Agrarpolitik *f*; **reforma** *f* **-a** Agrarreform *f*; Bodenreform *f*
agravación F → agravamiento 1; **agravador** ADJ erschwerend; *fig* verschärfend; **agravamiento** M 1 Erschwerung *f*; *fig* Verschärfung *f*; MED Verschlimmerung *f*; *fig* Zuspitzung *f* 2 JUR ~ **de pena** Strafverschärfung *f*; **agravante** A ADJ erschwerend; JUR strafverschärfend B M/F JUR (**circunstancia** *f*) ~ erschwerender Umstand *m*
agravar A V/T erschweren; *fig* verschlimmern, verschärfen B V/R **agravarse** sich verschlimmern; *fig* sich zuspitzen, sich verschärfen; **agravatorio** ADJ JUR Mahn...; erschwerend, verschärfend
agraviado M, **agraviada** F *Am reg* Beleidigte *m/f*, JUR Geschädigte *m/f*; **agraviador** A ADJ beleidigend B M, **agraviadora** F Beleidiger *m*, -in *f*; **agraviamiento** M *(injusticia)* Unrecht *n*; *(ofensa)* Beleidigung *f*
agraviar ⟨1b⟩ A V/T 1 *(ofender)* beleidigen, beschimpfen 2 *(cometer una injusticia)* ~ **a alg** j-m unrecht tun, j-n benachteiligen B V/R **agraviarse** sich beleidigt fühlen; ~ **de a/c** etw übel nehmen
agravio M 1 *(ofensa)* Beleidigung *f*, Beschimpfung *f* 2 *(perjuicio)* Benachteiligung *f*; Beeinträchtigung *f* 3 JUR *(recurso)* Beschwerde *f*; **agravión** ADJ *Chile* übelnehmerisch, empfindlich; **agravioso** ADJ *obs* beleidigend
agraz[1] M 1 *(uva sin madurar)* unreife Traube *f* 2 *vino*: saurer Wein *m*, Agrest *m* 3 *fig (amargura)* Verdruss *m*; **en** ~ vorzeitig, zu früh; *fig* in spe
agraz[2] M BOT Olivenmistel *f*
agrazada F Agrestgetränk *n*, gezuckerter Sauerwein *m*; **agrazar** ⟨1f⟩ A V/I sauer schmecken B V/T *fig* ärgern; **agrazón** M 1 *(uva silvestre)* Wildtraube *f*; *(uva sin madurar)* verkümmerte Traube *f* 2 *fig (disgusto)* Ärger *m*
agrecillo M BOT Sauerdorn *m*
agredir V/T & V/I ⟨3a; *ohne stammbetonte Formen*⟩ angreifen, überfallen
agregación F Hinzufügung *f*; FÍS **estado** *m* **de** ~ Aggregatzustand *m*
agregado M 1 *(adjunto)* Zusatz *m*; *(conglomerado)* Konglomerat *n* 2 POL ~ **(diplomático)** Attaché *m*; ~ **comercial/cultural** Handels-/Kulturattaché *m*; ~ **militar/naval** Militär-/Marineattaché *m* 3 **(profesor** *m*) ~ *corresponde a*: außerordentlicher Professor *m* 4 *(caserío aislado)* Gemeindeexklave *f* 5 *Am reg (arrendatario)* Pächter *m*
agregaduría F 1 *(cargo de profesor)* (Plan)Stelle *f* eines außerordentlichen Professors 2 POL *cargo diplomático*: Amt *n* eines Attachés
agregar ⟨1h⟩ A V/T beigeben, hinzufügen; JUR *(einer Dienststelle)* zuteilen B V/R **agregarse** hinzukommen, sich anschließen (**a** *dat* o **an** *acus*)
agremán M TEX Besatz *m*, Posament *n*, Posamentierung *f*
agremiación F 1 *(asociación)* Zusammenschluss *m* 2 HIST Zunftwesen *n*; ~ **forzosa** Zunftzwang *m*; **agremiado** M Mitglied *n* eines Verbandes, *Am tb* Mitglied *n* einer Gewerkschaft; **agremiarse** V/R ⟨1b⟩ sich in einer Innung (o einem Verband, *Am tb* einer Gewerkschaft) zusammenschließen
agresión F Angriff *m*, Überfall *m*; POL Aggression *f*; ~ **a mano armada** bewaffneter Überfall *m*; **acto** *m* **de** ~ Angriffshandlung *f*
agresividad F Angriffslust *f*, Aggressivität *f*; *(hostilidad)* Feindseligkeit *f*; **agresivo** A ADJ aggressiv, angriffslustig; *(hostil)* feindselig; *(desafiante)* herausfordernd B MIL **~s** *mpl* **químicos** Kampfstoffe *mpl*; **agresor** A ADJ angreifend B M, **agresora** F Angreifer *m*, -in *f*; POL Aggressor *m*, -in *f*; ~ **sexual** Sexual-, Triebtäter *m*, -in *f*
agreste ADJ 1 BOT *(silvestre)* wild (wachsend) 2 *fig (grosero)* ungeschliffen, grob, roh
agriado ADJ 1 *(ácido)* sauer, säuerlich 2 *fig (amargado)* verbittert; **agriamente** ADV *fig* herb; hart; bitter
agriar ⟨1b⟩ A V/T säuern; *fig* er-, verbittern B V/R **agriarse** sauer werden *(tb fam fig)*; *fig* sich ärgern; **su carácter se agrió** er wurde verbittert
agrícola ADJ landwirtschaftlich; Acker..., Ackerbau...; **país** *m* ~ Agrarland *n*
agricultor M, **agricultora** F Landwirt *m*, -in *f*; **agricultura** F Landwirtschaft *f*, Ackerbau *m*; ~ **ecológica** ökologische Landwirtschaft *f* **Ministerio** *m* **de Agricultura** Landwirtschaftsministerium *n*
agridulce ADJ süßsauer *(tb fig)*; GASTR **salsa** *f* ~ süßsaure Soße *f*; **sonrisa** *f* ~ süßsaures Lächeln *n*
agrieras FPL *Am* Sodbrennen *n*
agrietado ADJ rissig; *labio* aufgesprungen; *piel* schrundig; **agrietamiento** M Spalten *n*; Bildung *f* von Rissen; **agrietar** A V/T aufspalten, -reißen; *vidrio, cerámica* krakelieren B V/R **agrietarse** aufspringen, *pared, manos* rissig werden
agrifolio M BOT Stechpalme *f*
agrilla F BOT Sauerampfer *m*
agrimensor M, **agrimensora** F Feldmesser *m*, -in *f*; Geometer *m*; **agrimensura** F (Land)Vermessung *f*, Feldmessung *f*
agringado ADJ *Am* ausländische Sitten nachahmend; **agringarse** V/R ⟨1h⟩ *Am* ausländische *(bes* nordamerikanische) Sitten nachahmen
agrio A ADJ *(ácido)* sauer; *metal* spröde; *camino, terreno* holprig und steinig; *colores* hart, grell; *fig* mürrisch, unfreundlich B MPL **~s** Zitrusfrüchte *fpl*
agrión M VET Flussgalle *f*
agripado ADJ *espec Am* MED an Grippe erkrankt, vergrippt *fam*
agripalma F BOT Wolfsfuß *m*
agrisado ADJ *color*: gräulich; **agrisar** V/T grau machen
agriura F *Am Centr* Sodbrennen *n*
agro M Land *n (im Gegensatz zur Stadt)*; **agroalimentario** ADJ **industria** *f* **-a** Agrar- und Lebensmittelindustrie *f*; **sector** *m* ~ Agrar- und Lebensmittelsektor *m*; **agroindustria** F Lebensmittelindustrie *f*; **agrometeorología** F Agrometeorologie *f*; **agronomía** F Landwirtschaftskunde *f*, Agronomie *f*; **agronómico** ADJ Landwirtschafts..., landwirtschaftlich
agrónomo M, **-a** F Agronom *m*, -in *f*; **ingeniero** *m* ~ Agraringenieur *m*, -in *f*; **perito** *m* ~ *corresponde a*: staatlich geprüfter Landwirt *m*, Diplom-Landwirt *m*
agropecuario ADJ Agrar..., Landwirtschafts...
agror M → agrura 1
agróstide F BOT Quecke *f*
agrumarse V/R *líquido* klumpig werden
agrupación F 1 *(constitución de un grupo)* Gruppenbildung *f*, Gruppierung *f*, Zusammenschluss *m* 2 *(grupo)* Gruppe *f*; MIL Abteilung *f*; ~ **coral** Gesangverein *m*; ~ **local** *corresponde a*: Ortsverband *m*; ~ **musical** Musikgruppe *f*; ~ **política** politische Gruppe *f*; **por -ones** gruppenweise
agrupamiento M Gruppierung *f*, Zusammenstellung *f (tb* MIL, TEC)
agrupar A V/T gruppieren; zusammenstellen; zusammenfassen B V/R **agruparse** sich zusammenschließen; sich versammeln
agrura F 1 *(ácido)* Säure *f* 2 BOT *col (árboles cítricos)* Zitrusbäume *mpl*; *(frutos cítricos)* Zitrusfrüchte *fpl*
agua F 1 *gener* Wasser *n*; ~ **blanda** o **delgada** weiches Wasser *n*; ~ **corriente** fließendes Wasser *n*; ~ **destilada** destilliertes Wasser *n*; ~ **dulce/estancada** Süß-/Stauwasser *n*; ~ **dura** o **gorda** hartes Wasser *n*; **~(s)** *(pl)* **fluvial(es)** Flusswasser *n*; **~s** *pl* **freáticas** o **subterráneas** Grundwasser *n*; ~ **potable** Trinkwasser *n*; ~ **refrigerante** Kühlwasser *n*; **~s** *pl* **residuales** o **~s** *pl* **servidas** Abwässer *npl*; ~ **salada** Salzwasser *n*; ~ **del grifo** Leitungswasser *n*; ~ **de manantial** Quellwasser *n*; ~ **de mar** Meerwasser *n*; ~ **de riego** Rieselwasser *n*; **falto de** ~ wasserarm; **gota** *f* **de** ~ Wassertropfen *m*; **es una gota de** ~ **en el mar** *fig* das ist nur ein Tropfen auf den heißen Stein; **resistente al** ~ wasserbeständig 2 *fig fam* ~ **sucia** Blümchenkaffee *m fam*, Spülwasser *n fam*; **(tan) claro como el** ~ sonnenklar; **ha corrido mucha** ~ **(bajo los puentes)** es ist viel Zeit vergangen; *fam* **dar el** ~ (vor Gefahr) warnen; **sin decir** ~ **va mir** nichts, dir nichts; **echar** ~ **en el mar** o **llevar** ~ **al mar** Eulen nach Athen tragen; **está con el** ~ **hasta el cuello** das Wasser steht ihm bis zum Hals; **estar** o **sentirse como (el) pez en el** ~ sich (so wohl) wie ein Fisch im Wasser fühlen; **hacer ~(s)** MAR lecken; *fig* schiefgehen; **hacerse** o **volverse a/c** ~ **de borrajas** o **de cerrajas** zu Wasser (o zu Essig) werden; **irse al** ~ ins Wasser fallen; **llevar** ~ **a su molino** auf seinen Vorteil bedacht sein; **sacar** ~ **a las piedras** aus nichts Geld machen; **parecerse como dos gotas de** ~ sich *(dat)* täuschend ähnlich sehen; *prov* ~ **pasada no mueve molino** was gewesen, ist gewesen; was vorbei ist, ist vorbei; *prov* **(nadie puede decir) de esta** ~ **no beberé** man soll niemals nie sagen 3 PL **~s** Gewässer *n(pl)*; **~(s) abajo** stromab(wärts); **~(s) arriba** stromauf(wärts); **~s** *pl* **bravas** Wildwasser *n*; **~s** *pl* **interiores** Binnengewässer *npl*; **jurisdiccionales** o **territoriales** Hoheitsgewässer *npl*; **~s** *pl* **muertas** stehendes Gewässer *n*; **derecho** *m* o **legislación** *f* **de ~s** Wasserrecht *n*, -gesetzgebung *f*; *fig* **estar entre dos ~s** zwischen zwei Stühlen sitzen; *fig* **nadar entre dos ~s** es mit niemandem verderben wollen; *fig* **las ~s vuelven a su cauce** die Wogen glätten sich, es kehrt Ruhe ein 4 *(lluvia)* Regen *m*; **~(s) pluvial(es)** o ~ **de lluvia** Regenwasser *n*; *fig* **como (el)** ~ **de mayo** hochwillkommen; *fig* **esperar a/c como** ~ **de mayo** etw herbeisehnen; *fig* **es** ~ **pasada** das ist längst vorbei, das ist Schnee von gestern; **pasado por** ~ verregnet 5 GASTR, MED ~ **mineral** Mineralwasser *n*; ~ **tónica** Tonic(water) *n*; ~ **con gas** Sprudel *m*; ~ **sin gas** stilles Wasser *n*; ~ **de Seltz** Selterswasser *n*; **~s** *pl* **minerales** Mineralbrunnen *m*; Mineralbad *n*; **~s** *pl* **termales** Thermalquelle *f*; Thermalbad *n*; **tomar** ~ Wasser trinken; **tomar las ~s** eine Badekur machen 6 QUÍM, MED *etc* ~ **amoniacal** Ammoniakwasser *n*; *Col* ~ **aromática** Kräutertee *m*; ~ **de coco** Kokosmilch *f*; ~ **de Colonia** Kölnischwasser *n*; ~ **dentífrica** Mundwasser *n*; ~ **fuerte** Scheidewasser *n*; ~ **madre** Mutterlauge *f*; ~ **oxigenada** Wasserstoffsuperoxid *n*; FÍS ~ **pesada** schweres Wasser *n*; ~ **regia** Königswasser *n*; ~ **rosada** Rosenwasser *n* 7 FISIOL **~(s** *pl* **menores)** *(orina)* Urin *m*; **~s** *pl* **mayores** Stuhl(gang) *m*; *fam* **cambiar el** ~ **a las aceitu-**

nas pinkeln gehen fam; **se me hace la boca ~** das Wasser läuft mir im Mund zusammen; MED **rompió ~s** die Fruchtblase ist geplatzt 8 REL **~ bendita** Weihwasser n; **~ bautismal** Taufwasser n; **~ de socorro** Nottaufe f 9 MAR **~s** pl (estela) Kielwasser n; **~s** pl **(del mar)** Meeresströmung f; **hacer ~** Wasser ziehen, lecken; **¡hombre al ~!** Mann über Bord!; **sacar ~** Wasser überbekommen; **sacar el ~** lenzen, pumpen; **tomar el ~** (ein) Leck stopfen 10 CONSTR (inclinación) Neigung f eines Daches; **tejado** m **a dos ~s** Satteldach n; **cubrir ~s** Richtfest feiern 11 de un diamante: **~s** pl Glanz m 12 de la madera: Äderung f; TEX **~s** pl Flammung f, Moiré n; **con** o **de ~s** geflammt, moiriert

aguacal M Tünche f

aguacate M 1 BOT árbol: Avocadobaum m; fruta: Avocado f 2 Am fig (persona sosa) Trottel m fam

aguacero M Platzregen m, Regenguss m; Wolkenbruch m; **aguacha** F Pfützenwasser n

aguachar¹ M → charco

aguachar² A VT 1 (enaguazar) verwässern; terreno unter Wasser setzen 2 (causar pesadez) Völlegefühl verursachen (dat) 3 Am animales bändigen, zähmen B VR **aguacharse** RPl ganado dickbäuchig werden; **aguachento** ADJ Am espec frutas wässerig; **aguachil** M Méx wässerige Paprikabrühe f; **aguachirle** F 1 (aguapié) Tresterwein m 2 fig (brebaje) Gesöff n fam 3 fig (cosa insustancial) Firlefanz m, Schmarren m fam

aguada F 1 (sitio de agua potable) Wasserstelle f; Antillas, Arg, Chile (abrevadero) (Vieh)Tränke f 2 MAR (provisiones de agua) Wasservorrat m; **hacer ~** Wasser aufnehmen 3 MIN (inundación) Wassereinbruch m 4 PINT (colores diluidos en agua) Wasserfarbe f; técnica: Gouachemalerei f; **aguadera** F 1 ORN Handschwinge f 2 **~s** fpl Traggestell n für Esel zur Wasserbeförderung; **aguadero** A ADJ vestimenta wasserdicht B M 1 espec para el ganado: Tränke f 2 (sitio para lanzar las balsas) Flößstelle f, Flöße f; **aguadija** F MED Wundwasser n

aguado A ADJ 1 (diluido) gewässert, wässerig; vino verdünnt 2 Am reg persona lustlos, unmotiviert 3 fig (perturbado) gestört, verdorben B M, **-a** F → abstemio; **aguador** M, **aguadora** F 1 oficio: Wasserträger m, -in f 2 vendedor(a): Wasserverkäufer m, -in f; **aguaducho** M 1 (puesto de bebidas) Trinkbude f 2 (avenida impetuosa de agua) Wasserschwall m; Platzregen m

aguafiestas M/F ‹pl inv› Störenfried m; Spielverderber m, -in f

aguafuerte M arte: Radierung f; **aguafuertista** M/F Radierer m, -in f; Ätzgrafiker m, -in f

aguaguado ADJ Chile fam kindisch

aguaitar A VT belauern (acus), auflauern (dat) B VI Am warten; **aguaite** M Am Warten n

aguaje M 1 sitio: Wasserstelle f; (abrevadero) Tränke f; MAR (provisión) Wasservorrat m 2 MAR (las mareas) Gezeiten fpl; (marejada) hoher Seegang m; (marea viva) Springflut f; (estela) Kielwasser n 3 Guat, Col, Ec (aguacero) Platzregen m 4 Am Centr (reprimenda) Rüge f, Tadel m

aguamala F espec Am ZOOL Qualle f; **aguamanil** M Wasserkrug m und -becken n (zum Händewaschen); REL Aquamanile n; **aguamar** M → aguamala; **aguamarina** F MINER Aquamarin m; **aguamiel** M 1 (hidromel) Honigwasser n; Met m 2 Am (jugo de maguey) Agavensaft m; **aguanieve** F Schneewasser n, -regen m; **aguanieves** F ‹pl inv› ORN Bachstelze f; **aguanoso** ADJ wässerig; terreno morastig

aguantable ADJ erträglich; **aguantaderas** FPL fam Duldsamkeit f; Geduld f

aguantar A VT 1 (resistir) aus-, durchhalten; **no aguanto más** ich halte es nicht länger aus; **~ burlas** Spaß verstehen 2 (soportar) **~ a/c** etw (er)dulden, etw durchmachen, etw ertragen; **~ a alg** j-n ertragen; **no le/la puedo ~** ich kann ihn/sie nicht ausstehen 3 (interrumpir) unterbrechen, anhalten; **~ el aliento** o **la respiración** den Atem anhalten 4 (sostener) halten, tragen, stützen; soga anspannen, (an)ziehen B VI 1 (tener paciencia) sich gedulden; aushalten; **~ con a/c** etw ertragen (können) 2 TAUR die Stellung beibehalten, mit der man den Stier reizt, um ihn zu töten 3 reg **¡aguanta!** halte durch!; Perú stop!, anhalten! C VR **aguantarse** 1 (conformarse) sich zufriedengeben 2 (contenerse) sich beherrschen, an sich (acus) halten; sich zurückhalten; **~ contra viento y marea** Wind und Wellen trotzen; **~ la sed** den Durst aushalten (müssen)

aguante M Ausdauer f; Durchhaltevermögen n; Geduld f; **tener mucho ~** eine Engelsgeduld haben; viel aushalten können

aguapanela F Col Getränk aus Zuckermelasse und Wasser; **aguapié** M 1 (vino muy bajo) Tresterwein m 2 (agua de manantial) Quellwasser n; **aguaplana** F DEP Wellenreiten n

aguar ‹1i› A VT 1 (diluir) (ver)wässern; vino, etc pan(t)schen 2 Am Centr Vieh tränken 3 fig **~ la fiesta** das Spiel verderben, (ein) Spielverderber sein B VR **aguarse** 1 (llenarse de agua) sich mit Wasser füllen; **se le aguan los ojos** ihm treten Tränen in die Augen 2 fam fig (cancelarse) ins Wasser fallen (fam fig)

aguará M Am ZOOL Art Mähnenwolf m

aguaraibá M Am BOT Falscher Pfefferbaum m

aguardadero M CAZA Anstand m

aguardar A VT 1 (esperar) erwarten, warten auf (acus), (ab)warten 2 (dar tiempo) **~ a alg** j-m eine Frist setzen B VI (ab)warten; **~ a que** (subj) warten bis (o dass) (ind) C VR **aguardarse** warten; **¡aguárdate!** warte es ab!

aguardentoso ADJ Branntwein...; **voz** f **-a** Säuferstimme f

aguardiente M Branntwein m, Schnaps m; Col Anisschnaps m; **~ indio** o **de arroz** Arrak m; **~ blanco** Klare m; **~ de caña** Zuckerrohrbranntwein m, Rum m; Am **~ catalán** Weinbrand m; **~ de cereales** o **de trigo** Korn(branntwein) m; **~ de frutas** Obstler m; **~ de pera** Birnenschnaps m; **macerar en ~** conserva de fruta, etc ansetzen

aguardillado ADJ mansardenähnlich

aguardo M CAZA Anstand m, Ansitz m

aguarrás M Terpentin(öl) n; **aguasal** F Salzlösung f; **aguatado** M Wattierung f

aguatal M 1 Ec (charco) Pfütze f 2 Guat BOT Avocadobaum m; **aguatar** VT (aus)wattieren; **aguate** M → ahuate

aguatero¹ M, **-a** F Am reg Wasserträger m, -in f

aguatero² M Méx dornenbestandener Platz m

aguatinta F arte: Aquatinta f; **aguaturma** F BOT Erdbirne f, Topinambur m; **aguaverde** F ZOOL Grüne Meduse f (Meerstern); **aguaviento** M Regensturm m; **aguavientos** M ‹pl inv› BOT Windkraut n; **aguavilla** F BOT Bärentraube f

aguay M Arg BOT Aguai m (Baum mit breiapfelähnlichen Früchten)

aguayo M Bol bunte Wickeldecke f

aguazal M (charco) Wasserlache f; (pantano) Morast m; **aguazar** ‹1f› → encharcar; **aguazo** M arte: Gouache f, Wasserfarbenmalerei f; **aguazul, aguazur** M BOT Mittagsblume f

agudamente ADV 1 (agudo) scharf 2 fig (perspicaz) scharfsinnig; geistreich; **agudeza** F 1 (filo) Schärfe f 2 fig Scharfsinn m 3 (acuidad) Schärfe f der Sinne; **~ auditiva/visual** Hör-/Sehschärfe f 4 (dicho agudo) geistreicher (o scharfsinniger) Ausspruch m; **agudizar** ‹1f› A VT (hacer agudo) schärfen; fig (agravar) verschärfen B VR **agudizarse** enfermedad schlimmer werden; crisis sich zuspitzen

agudo ADJ 1 (puntiagudo) spitz (tb fig, GEOM ángulo); stechend (tb dolor), scharf (tb oído) 2 voz, tono schrill, gellend; registro musical hoch; **grito** m tb **~** spitzer Schrei m; **voz** f **-a** schrille Stimme f 3 color grell, lebhaft 4 olor, gusto scharf 5 fig **~ (de ingenio)** geistreich, scharfsinnig; **inteligencia** f **-a** scharfe Intelligenz f 6 MED enfermedad akut; **infección** f **-a** akute Infektion f 7 FON endbetont, oxyton; **acento** m **~** Akut m; **palabra** f **-a** endbetontes Wort n

agüera F AGR Bewässerungsrinne f

agüero M Vorbedeutung f; Omen n; **de buen ~** Glück bringend, Glück verheißend; **de mal ~** Unheil verkündend; fig **ave** f o **pájaro** m **de mal ~** Unglücksrabe m; Schwarzseher m

aguerrido ADJ MIL kriegserfahren; fig abgehärtet; **aguerrir** VT MIL an den Krieg gewöhnen; fig abhärten

aguijada F Ochsenstachel m; **aguijador** M, **aguijadora** F, Viehtreiber m, -in f; **aguijar** A VT stacheln; fig anstacherln, anspornen B VI schneller gehen; **aguijón** M 1 (pincho) Stachel m (tb de plantas e insectos); (espuela) Sporn m 2 fig (estímulo) Antrieb m, Ansporn m

aguijonada F, **aguijonazo** M Stachelstich m; **aguijonear** VT 1 (picar) stacheln; spornen 2 fig (estimular) anspornen, anstacheln 3 (inquietar) beunruhigen

águila F 1 ORN Adler m, poét Aar m; **~ barbuda/chivata** Bart-/Lämmergeier m; **~ blanca** o **pescadora** o **de río** Fischadler m; **~ caudal (osa)** o **real** Steinadler m; **~ culebrera** Schlangenadler m; **~ imperial** Kaiseradler m; **~ marina** Seeadler m; **~ perdicera** o **perdiguera** Habichtsadler m; **~ ratonera** Mäusebussard m; **mirada** f o **vista** f **de ~** Adlerblick m, -auge n 2 HIST, heráldica: **~ bicéfala** Doppeladler m 3 moneda: Méx mexikanische Goldmünze f; EEUU: Zehndollarstück n in Gold; HIST spanische Münze des 16. Jhs.; Méx **~ o sello** Kopf oder Zahl 4 ASTRON **Águila** Adler m 5 pez: **~ (de mar)** Adlerrochen m 6 Chile Art (cometa) Papierdrachen m 7 fig persona: schlauer Mensch m; Am Mer (estafador) Betrüger m, Gauner m; fam **ser un ~** gerissen sein, mit allen Wassern gewaschen sein fam 8 Méx **¡~!** (¡cuidado!) Vorsicht!

aguileña F BOT Akelei f; **aguileño** ADJ Adler...; **nariz** f **-a** Adlernase f; **rostro** m **~** Raubvogelgesicht n, langes, hageres Gesicht n; **aguilera** F 1 ORN Adlerhorst m 2 jerga militar de aviadores: Fliegerhorst m

aguililla A M 1 fam (malhechor) Gauner m 2 ORN kleiner Adler m B ADJ Am caballo: schnell; **aguilita** M Méx Polizist m; **aguilón** M 1 TEC (brazo de una grúa) Kranbaum m 2 techo: Dachgiebel m 3 heráldica: stilisierter Adler ohne Fänge und Schnabel; **aguilucho** M 1 (pollo de águila) Jungadler m 2 pequeña: Zwergadler m

aguín M BOT Barttanne f

agüinado ADJ Cuba ganado gelblich braun

aguinaldo M 1 Esp Geldgeschenk n (zu Weihnachten); ECON Weihnachtsgratifikation f 2 reg (villancico) Weihnachtslied n 3 Am BOT Lianenart f, die zu Weihnachten blüht

agüista M/F Bade-, Kurgast m

agüita F *Am* Kräutertee *m*
agüitarse V/R *Méx fam* tief enttäuscht (*o* deprimiert) sein
aguja F **1** *gener* Nadel *f*; *tb del sombrero*: Hutnadel *f*; (*alfiler*) Anstecknadel *f*; **~ de coser** Nähnadel *f*; **~ de embalar/encuadernar** Pack-/Heftnadel *f*; **~ de gancho** Häkelnadel *f*; **~ de (hacer) media** *o* **de hacer punto** Stricknadel *f*; **~ de zurcir** Stopfnadel *f* **2** MED **~ hipodérmica** Injektionsnadel *f*, Kanüle *f*; MED **~ tubular** *o* **hueca** Hohlnadel *f* **3** *del reloj, etc*: Zeiger *m*; *de la balanza*: Zünglein *n der Waage*; TEC **~ de flotador** Schwimmernadel *f* **4** *fig* **alabar** (*o Am* **cada buhonero alaba**) **sus ~s** seine Ware herausstreichen; **buscar una ~ en un pajar** eine Nadel im Heuhaufen suchen; **meter ~ y sacar reja** mit der Wurst nach der Speckseite werfen **5** MAR (*brújula*) **~ giroscópica** Kreiselkompass *m*; **~ magnética** Kompass *m*, Kompassnadel *f*; **~ de marcar** Peilkompass *m*; **~ de bitácora** *o* **de marear** Steuerkompass *m*; *fam fig* **entender la ~ de marear** den Rummel kennen *fam*, den Bogen raushaben *fam* **6** *arte*: **~ del grabador** Ätznadel *f*, Stichel *m* **7** (*punta*) (Turm)Spitze *f*; (*cumbre*) Bergspitze *f*; (*obelisco*) Obelisk *m* **8** FERR Weiche *f*; **entrar en ~s** aufs Einfahrgleis fahren **9** GASTR *lonja de carne*: Vorderrippenstück *n*; *pastel*: (Fleisch)Pastete *f* **10** *Am de una tranquera*: (Zaun)Pfahl *m* **11** *pez*: Hornhecht *m* **12** BOT **~ de pastor** *Art* Reiherschnabel *m*
agujal M ARQUIT Rüstloch *n*; **agujazo** M Nadelstich *m*
agujerar → agujerear; **agujereado** ADJ löcherig; TEC **disco** *m* **~** Lochscheibe *f*; **agujerear** **A** V/T durchlöchern; lochen; TEC (ein-, durch)bohren **B** V/R **agujerearse** löcherig werden
agujero M **1** (*perforación*) Loch *n*, Öffnung *f*; (*ojo de la cerradura*) Schlüsselloch *n*; **~ de limpieza** *canalización*: Einstieg *m*; ASTRON **~ negro** Schwarzes Loch *n*; ECOL **~ (en la capa) de ozono** Ozonloch *m*; **tapar ~s** Löcher stopfen (*tb fig*) **2** (*alfiletero*) Nadelbüchse *f*; (*acerico*) Nadelkissen *n* **3** *vulg* Loch *n pop*, Fotze *f vulg*
agujetas FPL Muskelkater *m*; *Méx* Schnürsenkel *mpl*
agujón M **1** *pez*: Makrelenhecht *m* **2** *sombrero*: Hutnadel *f*; **agujuela** F **1** *dim* → aguja **2** (*clavo*) Nagel *m*, Pinne *f*
aguosidad F **1** (*acuosidad*) Wässerigkeit *f* **2** MED Gewebsflüssigkeit *f*; **aguoso** ADJ → acuoso
agur INT → abur
agusanado ADJ wurmstichig; **agusanarse** V/R wurmstichig werden; madig werden
Agustín N PR M Augustin(us) *m*
agustinianismo M, **agustinismo** M REL, FIL Augustinismus *m*; **agustino** REL **A** ADJ Augustiner… **B** M, **-a** F Augustiner *m*, -in *f*
agutí M ⟨*pl* -íes⟩ ZOOL Aguti *m*; **~ dorado** Goldhase *m*
aguzadero ADJ Wetz…; **piedra** *f* **-a** Wetzstein *m*; **aguzado** angespitzt, spitz; *fig* scharfsinnig; **aguzador** **A** ADJ schleifend, wetzend **B** M, **aguzadora** F Schleifer *m*, -in *f*; **aguzadura** F Schleifen *n*, Schärfen *n*; **aguzanieves** M ⟨*pl inv*⟩ ORN Bachstelze *f*
aguzar V/T ⟨1f⟩ **1** (*afilar*) schleifen, wetzen; (*sacar punta*) (an)spitzen **2** *fig* ermuntern; schärfen (*fig*); *apetito* anregen; *fig* **~ el oído** die Ohren spitzen; **~ las pasiones** die Leidenschaften aufstacheln
ah INT ah!, ach!, oh!; **¡~, sí!, entiendo** ach ja, ich verstehe!; *Am reg fam* **¿~?** *fam* äh?, wie bitte?
ahebrado ADJ faserig
ahechaduras FPL AGR Abfall *m* (*beim Worfeln*); **ahechar** V/T worfeln, (aus)sieben; **ahecho** M Worfeln *n*, (Aus)Sieben *n*
ahelear **A** V/T vergällen **B** V/I gallenbitter sein (*tb fig*)
ahembrado ADJ → afeminado
aherrojamiento M **1** (*encadenamiento*) Anketten *n* **2** *fig* (*amordazamiento*) Knebelung *f*, (*opresión*) Unterdrückung *f*; **aherrojar** V/T **1** (*encadenar*) anketten, fesseln **2** *fig* (*encerrar*) einsperren **3** *fig* (*subyugar*) unterdrücken, knebeln
aherrumbrarse V/R **1** (*oxidarse*) rosten, rostig werden **2** *espec agua* die Farbe (*o* den Geschmack) von Eisen annehmen
ahí ADV da; dort(hin); **de ~** daher, hieraus; **de ~ que …** (*frec subj*) hieraus folgt, dass …; daher …; **¡(por) ~!** *al servir comidas, etc*: gut so!, genug!; **por ~** (*allí*) dort(herum); (*más o menos*) ungefähr; **irse por ~** kurz weggehen; **me voy por ~ un rato** ich gehe einen Augenblick weg; **por ~, por ~** ungefähr; **por ~ vemos que …** so sehen wir, dass …; **¡hasta ~!** bis dahin; **¡~ va!** Vorsicht!; jetzt kommt's; sieh da!; **(por) ~ voy yo** darauf wollte ich hinaus; **~ mismo** *o Arg* **~ no más** gerade dort; **¡~ está!** da haben wir's!; *fam* **~ me las den todas** das lässt mich kalt, das ist mir wurs(ch)t *fam*
ahidalgado ADJ edel, ritterlich
ahigadado ADJ *color*: leberfarbig; *fig* tapfer
ahijado M, **-a** F *padrinazgo*: Patenkind *n*; (*niño adoptado*) Adoptivkind *n*; *fig* (*protegido*) Schützling *m*
ahijar **A** V/T **1** *niño* adoptieren **2** ZOOL *animales extraños* säugen **3** *fig* **~ a/c a alg** (*atribuir a/c falsamente*) j-m etw (fälschlich) zuschreiben, j-m etw unterstellen **B** V/I ZOOL Junge werfen; BOT Schösslinge treiben
ahilado ADJ **1** *viento* sanft und stetig, schwach **2** *voz* dünn, zart, schwach
ahilar **A** V/T in einer Reihe aufstellen, ordnen **B** V/I in einer Reihe gehen (*o* stehen) **C** V/R **ahilarse** **1** (*adelgazar*) abmagern; *cara* spitz werden **2** (*desmayarse por falta de alimento*) vor Hunger schwach werden **3** *levadura* Fäden ziehen; *vino* umkippen **4** *plantas* spierig werden, schießen
ahílo M **1** (*desmayo*) Ohnmacht *f*; Entkräftung *f* **2** (*moho*) Schimmel *m am Brot*
ahincado ADJ **1** (*vehemente*) nachdrücklich, eifrig **2** (*eficaz*) wirksam, leistungsfähig; **ahincar** ⟨1g⟩ **A** V/I nachdrücklich bitten **B** V/R **ahincarse** sich beeilen
ahínco M Eifer *m*; Nachdruck *m*; *adv* **con ~** eifrig; nachdrücklich
ahistórico ADJ ahistorisch
ahitar **A** V/T überfüttern **B** V/R **ahitarse** **1** sich überessen (**de** an *dat*) **2** *fig* **~ de a/c** einer Sache (*gen*) überdrüssig werden
ahíto **A** ADJ **1** **estar ~** (*saturado*) übersättigt sein **2** *fig* (*harto*) überdrüssig (**de** *gen*); angeekelt (**de** von *dat*) **B** M Übersättigung *f*
ahocicar ⟨1g⟩ **A** V/T **1** *perros o gatos*: die Schnauze in den Dreck stecken (*dat*) (*Strafe für nicht stubenreine Tiere*) **2** *fam fig* (*vencer en la disputa*) **~ a alg** j-n mit Argumenten fertigmachen **B** V/I **1** MAR buglastig sein **2** *Cuba* (*rendirse*) klein beigeben
ahocinarse V/R *río* durch Schluchten fließen
ahogadero M überfüllter Raum *m*; **ahogadizo** ADJ *fruta, etc* schwer zu schlucken(d); *madera* leicht sinkend; *habitación* dumpf, stickig; *fig* (*deprimente*) bedrückend
ahogado **A** ADJ **1** *cuarto* eng, dumpf **2** (*muerto en el agua*) ertrunken; (*asfixiado*) erstickt; **grito** *m* **~** erstickter *o* unterdrückter Schrei *m*; **~ en lágrimas** tränenerstickt; in Tränen aufgelöst **B** M, **-a** F *en el agua*: Ertrunkene *m/f*; (*asfixiado, -a*) Erstickte *m/f*
ahogador ADJ erstickend; **ahogamiento** M **1** (*acción de ahogar*) Ertränken *n* **2** (*acción de ahogarse*) Ertrinken *n*
ahogar ⟨1h⟩ **A** V/T **1** *en el agua*: ertränken; (*ahorcar*) erdrosseln, erwürgen; *fig* (*oprimir, fastidiar*) quälen, beängstigen; **~ un grito** einen Schrei unterdrücken **2** *fuego y fig* (aus)löschen, ersticken; **~ el fuego** das Feuer ersticken **3** TEC *motor* drosseln **B** V/R **ahogarse** **1** (*asfixiarse*) ersticken (*tb trigo*); *en el agua*: ertrinken **2** *fig* **~ en deudas/problemas/dudas** in Schulden/Problemen/Zweifeln ersticken; **~ en un vaso de agua** wegen einer Kleinigkeit den Mut verlieren, über jeden Strohhalm stolpern *fam* **3** *fig* (*acongojarse*) sich sehr ängstigen **4** AUTO *motor* absaufen **5** MAR Wasser über den Bug bekommen; (*sumergirse*) untergehen **6** *P. Rico* (*atragantarse*) sich verschlucken
ahogo **1** M (*falta de aire*) Ersticken *n*; Atemnot *f* **2** *fig* (*aflicción*) Beklemmung *f*; (*aprieto*) Bedrängnis *f*, (finanzielle) Notlage *f*; **ahoguijo** M VET → angina; **ahoguío** M → ahogo 1
ahombrado ADJ **mujer -a** Mannweib *n*
ahondamiento M Aushöhlen *n*; **ahondar** **A** V/T tief (aus)graben; vertiefen (*tb fig*); TEC ausschachten **B** V/I **~ en** (tief) eindringen in (*acus*) (*tb fig*); *fig* grübeln über (*acus*); **ahonde** M Aushöhlen *n*, Vertiefen *n*
ahora ADV **1** *gener* jetzt, nun; soeben; gleich; **~ bien** also, demnach; (nun) aber; **~ mismo** sofort, gleich (jetzt); soeben, gerade; **~ más** nun erst recht; **~ más que nunca** jetzt mehr als (*o* denn) je; **~ o nunca** jetzt oder nie; **~ pues** nun (aber); **~ como antes** nach wie vor; **~ …, ~ …** bald …, bald …; **~ … o …** sei es nun … oder …; **¡hasta ~!** bis gleich! **2** *con prep*: **antes de ~** früher schon; **de ~** heutig, jetzig; **desde ~** *o* **de ~ en adelante** von nun an; **por ~** einstweilen, vorläufig **3** *con cj*: **~ que** (nun) aber, allerdings; **¿y ~ qué?** was jetzt?; **~ que me lo dice usted, lo creo** wenn Sie's freilich sagen, glaube ich's
ahorca F *Ven* → cuelga
ahorcado **A** ADJ *fam* **verse ~** in der Klemme sitzen **B** M, **-a** F Erhängte *m/f*; Gehenkte *m/f* **C** M **~s** MPL *Am Centr* Schnürstiefel *mpl*; **ahorcadora** F *Hond, Guat* giftige Wespe *f*; **ahorcadura** F Hängen *n*, Henken *n*; **ahorcajarse** V/R sich rittlings setzen (**en** auf *dat*); **ahorcamiento** M Hängen *n*, Henken *n*
ahorcar ⟨1g⟩ **A** V/T **1** (*colgar*) (auf)hängen, henken; *fig* **a la fuerza ahorcan** (*a la fuerza todo es posible*) mit Gewalt geht alles; (*no se pude hacer nada*) da ist nichts zu machen **2** *p. ext fig* (*cambiar de profesión*) umsatteln, den Beruf wechseln; **~ los hábitos** die Kutte an den Nagel hängen **B** V/R **ahorcarse** **1** (*colgarse*) sich erhängen (**de** an *dat*) **2** *fam* (*casarse*) heiraten, die goldene Freiheit aufgeben *fam*
ahorita, ahoritita *fam, espec Am* → ahora
ahormar V/T **1** (*ajustar*) anpassen, die gehörige Form geben (*dat*); *zapatos* über den Leisten schlagen **2** *fig* (*hacer entrar en razón*) **~ a alg** j-m den Kopf zurechtsetzen
ahornagarse V/R ⟨1h⟩ *trigo, etc* ausdorren
ahornar **A** V/T in den Ofen schieben **B** V/R **ahornarse** *pan* außen verbrennen und innen teigig bleiben
ahorquillar **A** V/T **1** *ramas* mit Gabeln abstützen **2** (*dar figura de horquilla*) gabelförmig biegen **B** V/R **ahorquillarse** sich gabeln
ahorradamente ADV frei, unbehindert; **ahorrado** ADJ **dinero** *m* **~** (ein)gespartes (*o* erspartes) Geld *m*; **ahorrador** **A** ADJ sparsam; einsparend **B** M, **ahorradora** F Sparer *m*, -in *f*; **pequeño ~** *m* Kleinsparer *m*
ahorrar **A** V/T **1** (*reservar dinero*) (er)sparen (*tb fig*); einsparen; **no ~ sacrificios** kein Opfer

scheuen 2 *(tratar bien)* schonen, schonend behandeln B VI sparen C VR **~se a/c** sich *(dat)* etw ersparen *(tb fig)*; **ahorrativo** ADJ 1 *(poco gastador)* sparsam; Spar… 2 *(avaro)* geizig; **ahorrista** M/F *Am reg* Sparer *m*, -in *f*
ahorro M 1 *acción:* Sparen *n*; *(economía)* Sparsamkeit *f* 2 *(lo ahorrado)* Ersparnis *f*, Einsparung *f*; FIN *tb* Einlagen *fpl*; **~s** *pl* Ersparnisse *fpl*; **libreta** *f o* **cartilla** *f* **de ~(s)** Sparbuch *n*; **~ energético** Energieeinsparung *f*, -ersparnis *f*
ahoyar VT aushöhlen
ahuasarse VR *Chile* wie ein Bauer werden
ahuate M *Am Centr, Méx* BOT feiner Dorn *m*
ahuchar[1] VT in die Sparbüchse stecken; *fig* auf die hohe Kante legen *fam*, sparen
ahuchar[2] VT *Col, Méx* → azuzar
ahuecado ADJ 1 *(hecho cóncavo)* ausgehöhlt 2 *(mullido)* aufgelockert; **ahuecamiento** M Aushöhlen *n*
ahuecar ⟨1g⟩ A VT 1 *(hacer cóncavo)* aushöhlen 2 *(mullir)* weiten, auflockern; *almohada* aufschütteln; AGR *tierra* lockern 3 *fig* **~ la voz** mit tiefer *(o* hohler) Stimme sprechen; *fam* **~ el ala** sich davonmachen, sich aus dem Staub machen *fam* B VR **ahuecarse** sich aufblasen, großtun, angeben *fam*
ahuesado ADJ 1 *color:* knochenfarben 2 *dureza:* knochenhart, knochig; **ahuesarse** VR 1 *Am trabajador (in der Arbeit)* nachlassen 2 *Chile, Perú mercancía* zum Ladenhüter werden 3 *Perú (aburrirse)* sich langweilen
ahuevarse VR *fam* 1 *(tomar forma ovalada)* eiförmig *(o* oval) werden 2 *Am (atontarse) vulg* blöd werden, verdummen 3 *Col fam (asustarse)* Schiss kriegen *fam*
ahulado A ADJ wasserdicht, imprägniert B M *Am Centr, Méx* Wachstuch *n*, wasserdichtes Zeug *n*
ahumada F Rauchzeichen *n*, -signal *n* (**hacer** geben)
ahumado A ADJ 1 *color:* rauchfarben; rauchig; **cristal** *m* **~** Rauchglas *n*; *Am* **vidrio** *m* **~** AUTO getönte (Fenster-)Scheibe *f*; **cuarzo** *m* **~** Rauchquarz *m* 2 GASTR geräuchert, Rauch…; **carne** *f* **-a** Rauchfleisch *n*; **arenque** *m* **~** Bückling *m*; **salmón** *m* **~** Räucherlachs *m* B M Räuchern *n*
ahumar A VT 1 GASTR räuchern 2 *(llenar de humo)* ausräuchern B VI rauchen C VR **ahumarse** 1 *sala* sich mit Rauch füllen 2 *comida* Rauchgeschmack annehmen 3 *(ennegrecerse)* vom Rauch schwarz werden 4 *fam (embriagarse)* sich *(dat)* bedudeln *fam*
ahusado ADJ spindelförmig
ahuyama F → auyama
ahuyentar A VT 1 *(hacer huir)* verscheuchen, verjagen, vertreiben *(tb fig)* 2 *fig (intimidar)* ver-, abschrecken B VR **ahuyentarse** flüchten
AI *abr* (Amnistía Internacional) ai (Amnesty International)
aí M ⟨*pl* aíes⟩ ZOOL Dreizehenfaultier *n*
AIA F *abr* (Asociación Internacional del Automóvil) Internationaler Automobilverband *m*
AICA F *abr* (Agencia Informativa Católica Argentina) *Arg* KNA *f* (Katholische Nachrichtenagentur)
AIDE F *abr* (Asociación Interamericana de Educación) Interamerikanischer Erziehungsverband *m*
AIEA F *abr* (Agencia Internacional de Energía Atómica) IAEA *f* (Internationale Atomenergie-Behörde)
AIESEC F *abr* (Asociación Internacional de Estudiantes de Ciencias Económicas y Comerciales) AIESEC *f (Internationale Studentenvereinigung)*
AIF F *abr* (Asociación Internacional de Fomento) Internationale Vereinigung *f* für Entwicklungshilfe
AIIC F *abr* (Asociación Internacional de Intérpretes de Conferencia) Internationaler Konferenzdolmetscherverband *m*
aijada F → aguijada
aijuna INT *RPl* Donnerwetter!, verdammt!
AILA F *abr* (Asociación Industrial Latinoamericana) Lateinamerikanischer Industrieverband *m*
ailanto M BOT Götterbaum *m*
aíllo M 1 *Andes (boleadoras)* Wurfkugeln *fpl aus Kupfer* 2 *(comunidad india)* indianische Dorfgemeinschaft *f*
aillu M → ayllu
aimara, aimará A ADJ Aimara… B M/F Aimara *m/f*, Aimaraindianer *m*, -in *f* C M *lengua:* Aimara *n*
aína(s) ADV *(presto)* rasch; *(fácilmente)* leicht; *(por poco)* beinahe; *fam* **no tan ~** nicht so einfach
aindiado ADJ *Am* indianerähnlich
AIPPI F *abr* (Asociación Internacional para la Protección de la Propiedad Industrial) Internationale Vereinigung *f* für gewerblichen Rechtsschutz
AIR F *abr* (Asociación Interamericana de Radiodifusión) Interamerikanischer Rundfunkverband *m*
airado ADJ zornig, aufgebracht; *vida* liederlich; **airamiento** M Zorn *m*
airar ⟨1c⟩ A VT erzürnen, erbosen B VR **airarse** aufbrausen; zornig werden, in Zorn geraten (**por** über *acus*)
airbag [ˈɛrβaɣ] M AUTO Airbag *m*; **~ lateral** Seitenairbag *m*; **airbus** M AVIA Airbus *m*
aire M 1 *gener* Luft *f*; **~ acondicionado** Klimaanlage *f*; **~ caliente** Heißluft *f*; **~ comprimido** Pressluft *f*; **~ líquido** flüssige Luft *f*; **~ viciado** *o* **enrarecido** verunreinigte *(o* schlechte) Luft *f*; **~ de mar** Seeluft *f*; **cambio de ~s** Luftveränderung *f*, Klimawechsel *m*; **tomar el ~** frische Luft schnappen; **tomar ~s** eine Luftkur machen; **vivir del ~** *fam* von der Luft leben *fam*; **libre como (el pájaro en) el ~** frei wie der Vogel in der Luft; **¡~!** Platz da! 2 *(corriente de aire)* Luftzug *m*; *(viento)* Wind *m*; **corre (mucho) ~** es zieht (sehr); **hace mucho ~** es ist sehr windig; *fig* **traer ~ fresco a a/c** frischen Wind in etw *(acus)* bringen 3 *con prep:* **al ~** *piedra preciosa* durchsichtig, à jour gefasst; ARQUIT freitragend; *fig (sin pensarlo)* unüberlegt, aufs Geratewohl; **al ~ libre** im Freien; unter freiem Himmel; *fig* **a su ~** wie es ihm passt; **echar al ~** entblößen, frei machen; **hablar al ~** in den Wind reden; **en el ~** flugs, behände; *fig* **dejar en el ~** *pregunta, etc* offen lassen; *fig* **estar en el ~** in der Luft hängen, ungewiss *(o* in der Schwebe) sein; RADIO auf Sendung sein *fam*; *fig* **flotar en el ~** in der Luft liegen; **matarlas en el ~** schlagfertig sein; **perderse en el ~** verfliegen 4 *(apariencia)* Gestalt *f*, Aussehen *n*; **~ de familia** Familienähnlichkeit *f*; **~ de suficiencia** Selbstzufriedenheit *f*, anmaßendes Wesen *n*; **darse un ~ a alg** j-m ähneln; *fam* **darse ~s** angeben, sich aufblasen; sich aufspielen (**de als** *nom*); **darse ~s de grandeza** sich wichtigmachen, großtun; **darse ~(s) de valiente** den starken Mann spielen 5 *(elegancia)* Eleganz, *f*, *(gracia)* Anmut *f* 6 MÚS *(presteza o lentitud)* Tempo *n*; *(canción)* Weise *f*, Lied *n*; *Arg (baile)* Tanz *m*; **~ popular** Volksweise *f*; **llevar el ~** das Tempo halten 7 *equitación: (manera de caminar)* Gang *m der Pferde* 8 *(bagatela)* Nichtigkeit *f*
aireación F → ventilación; **aireado** ADJ gelüftet; luftig
airear A VT 1 *(ventilar)* lüften 2 *fig (dar a conocer)* an die Öffentlichkeit bringen; bekannt machen B VR **airearse** 1 *(tomar aire fresco)* an die Luft gehen, frische Luft schöpfen 2 *(enfriarse)* erkalten 3 *(coger un resfrío)* Zugluft bekommen; sich erkälten
aireo M Lüftung *f*
airón M 1 ORN Fisch-, Graureiher *m* 2 *(penacho de plumas)* Federbusch *m*
airosamente ADV anmutig; **airoso** ADJ 1 *lugar:* luftig 2 *(gallardo)* anmutig; schmuck; **salir ~** glänzend abschneiden (bei etw *dat* **de** a/c)
aislable ADJ isolierbar; **aislación** F → aislamiento
aislacionismo M POL Isolationismus *m*; **aislacionista** A ADJ POL isolationistisch B M/F Isolationist *m*, -in *f*
aisladamente ADV abgesondert, isoliert; vereinzelt; **aislado** ADJ 1 isoliert, abgesondert; *casa, árbol* allein stehend; *lugar* abgeschieden 2 einzeln, vereinzelt, Einzel…; **caso** *m* **~** Einzelfall *m*; **aislador** A ADJ isolierend B M Isolator *m*; **aislamiento** M 1 *(separación total)* Isolierung *f (tb* TEC, ELEC, MED); **~ acústico/térmico** Schall-/Wärmedämmung *f* 2 *fig tb (soledad)* Abgeschiedenheit *f*; Einsamkeit *f*
aislante A ADJ isolierend, Isolier…; **material** *m* **~** Isoliermaterial *n* B M Isolierstoff *m*, -material *n*; Isolator *m*; **~ acústico** Schallschutz *m*, -dämmung *f*; **~ térmico** Wärmeisolator *m*, Wärmedämmung *f*
aislar VT absondern; isolieren *(tb* QUÍM, ELEC, MED *y fig)*; heraushören
AIT F *abr* (Alianza Internacional de Turismo) Internationaler Touringverband *m*
AIU F *abr* (Asociación Internacional de Universidades) IAU *m* (International Association of Universities, *Internationaler Hochschulverband)*
ajá INT aha!; richtig!
ajada F GASTR Knoblauchsoße *f*
ajado ADJ 1 *(marchito)* welk, verwelkt, verblüht *(tb fig)* 2 *(estrujado)* zerknittert; *rostro* faltig 3 *persona* gealtert, verbraucht 4 GASTR knoblauchhaltig; **ajadura** F → ajamiento
ajajá INT → ajá
ajamiento M Welken *n*, Verblühen *n*
ajamonarse VR *fam* Fettpolster *(o* Speck *fam)* ansetzen, mollig werden
ajar[1] M Knoblauchacker *m*
ajar[2] A VT 1 *(estrujar)* zerknittern, zerknüllen; abnutzen* 2 *fig (reprender)* heruntermachen, -putzen B VR **ajarse** 1 *(gastarse)* sich abnutzen 2 *(arrugarse)* faltig werden 3 *(marchitarse)* verblühen, welken
ajaraca F *espec* ARQUIT Schleife *f*, Schlingenverzierung *f*
ajardinamiento M Begrünung *f*; Anlage *f* von Grünflächen; **ajardinar** VT begrünen; in einen Garten verwandeln
ajaspajas FPL Lappalie *f*
aje M Gebrechen *n*; **andar lleno de ~s** tausend Wehwehchen haben
ajear VI *perdiz* ziepen, ängstlich schreien
ajedrea F BOT Bohnenkraut *n*
ajedrecista M/F Schachspieler *m*, -in *f*; **ajedrecístico** ADJ Schach…
ajedrez M ⟨*pl* -eces⟩ 1 *juego:* Schach(spiel) *n* 2 *las figuras:* Schachfiguren *fpl*; **ajedrezado** A ADJ schachbrettartig B M ARQUIT Würfelfries *m*
ajengibre → jengibre
ajenjo M BOT Wermut *m*; *bebida:* Absinth *m*
ajeno ADJ andern gehörig; fremd; **~ a** nicht gehörig zu *(dat)*; widersprechend *(dat)*; **~ de** frei von *(dat)*, ohne *(acus)*; fern von; **~ de** *(inf)* weit davon entfernt, zu *(inf)*; **lo ~** fremdes Eigentum *n*; **ser ~ a a/c** *(sin conocimiento de a/c)* von etw *(dat)* nicht wissen; *(no tener nada que ver con a/c)* mit etw *(dat)* nichts zu tun haben

ajenuz M ‹pl -uces› BOT, GASTR Schwarzkümmel m; BOT tb Jungfer f im Grünen
ajerezado ADJ sherryähnlich, sherryartig
ajete M 1 BOT junger Knoblauch m 2 GASTR Knoblauchtunke f
ajetreado ADJ geschäftig; hektisch; geplagt; **vida** f **-a** mühsames, gehetztes Leben n; **ajetrearse** V/R sich plagen, sich schinden; **ajetreo** M Mühe f, Plackerei f; Hektik f; *(animación)* reges Treiben n
ají M *Am* BOT Cayennepfeffer m, Chili m, Ají m
ajiaceite M GASTR Soße f mit Knoblauch und Öl; **ajiaco** M *Am Mer* 1 *(olla podrida) Art* Eintopf m 2 *salsa*: Soße f mit Ají; **ajibararse** V/R *P. Rico* wie ein Bauer werden
ajilimoje M, **ajilimójili** M GASTR scharfe Soße f; fam fig Wirrwarr m; fam **~s** mpl **con todos sus ~s** mit allem Drum und Dran n
ajillo M GASTR **al ~** in Öl mit Knoblauch (gebraten); **gambas** fpl **al ~** Scampi fpl in Knoblauchöl
ajimez M ‹pl -eces› ARQUIT geteiltes Bogenfenster n
ajipuerro M BOT Wiesenlauch m
ajizal M Ajífeld n
Ajnatón NPR HIST Echnaton
ajo M 1 BOT Knoblauch m; *(diente de ajo)* Knoblauchzehe f; GASTR **~ blanco** → ajoblanco; **sopa(s)** f(pl) **de ~** Knoblauchsuppe f; → tb ajoblanco 2 *(palabrota)* fam Kraftausdruck m; **echar ~s (y cebollas)** fluchen; Gift und Galle spucken 3 fam **andar** o **estar en el ~** *(estar al tanto)* Mitwisser sein, seine Hände (mit) im Spiel haben, mitmischen fam; prov **quien se pica, ~s come** wen's juckt, der kratze sich fam; prov **¡~ y agua!** da müssen wir (o muss man) durch!
ajó, ajo INT *Zuruf an Kleinkinder, um sie zum Sprechen zu ermuntern*
ajoaceite M → ajiaceite; **ajoarriero** M GASTR *Gericht aus Stockfisch und Knoblauch*; **ajoblanco** M GASTR *kalte Knoblauchsuppe mit Mandeln, Brot, Olivenöl und Essig*
ajolote M *Méx* ZOOL Schwanzlurch m, Axolotl m
ajonje M Vogelleim m; **ajonjolí** M BOT *planta y semilla*: Sesam m
ajonuez M GASTR *Tunke aus Knoblauch und Muskatnuss*; **ajoqueso** M GASTR *Gericht mit Knoblauch und Käse*
ajorca F 1 *en el brazo*: Armreif m 2 *en el pie*: Fußring m
ajornalar V/T auf Tagelohn beschäftigen
ajotollo M *Am* GASTR *Fischgericht mit Knoblauch*
ajuar M 1 *(mobiliario)* Hausrat m 2 *(equipo)* Ausstattung f 3 *(equipo de novia)* Aussteuer f
ajuiciar V/I ‹1b› Verstand annehmen, vernünftig werden
ajumarse V/R fam sich *(dat)* bedudeln fam
ajuntarse V/R 1 fam *(amancebarse)* (eheähnlich) zusammenziehen 2 *leng. inf (hacer amistad)* Freundschaft schließen
ajustable ADJ einstellbar, regulierbar; **ajustado** ADJ 1 *(justo)* gerecht, billig 2 *(que encaja)* passend 3 *(apretado)* eng, knapp; *vestido* eng anliegend; **ajustador** M 1 Monteur m; Schlosser m; TIPO Metteur m 2 *anillo*: Vorsteckring m *am Finger* 3 *Am reg* TEX *(sostén)* Mieder n; BH m; **ajustamiento** M → ajuste
ajustar A V/T 1 *(adaptar)* anpassen; *(encajar)* einpassen, einfügen; TEC *máquina* einstellen, regulieren; TIPO justieren; tb *(compaginar)* umbrechen; fig **~ a/c a otra** eine Sache der anderen angleichen (o anpassen) 2 *vestimenta* eng anliegend machen 3 *precio* ausmachen, vereinbaren; *personal* an-, einstellen 4 *cuenta* ausgleichen; tb fig **~ cuentas** abrechnen (a mit dat); fig **~le las cuentas a alg** mit j-m abrechnen, mit j-m ein Hühnchen zu rupfen haben fam B V/I genau passen C V/R 1 **~se a alg/a/c** sich nach j-m/einer Sache richten; **~se con** sich einigen mit *(dat)* 2 AVIA **~se el cinturón** sich anschnallen
ajuste M 1 *(adaptación)* Anpassung f, Angleichung f; TEC *(montaje)* Montage f; *(regulación)* Einstellung f, Justieren n (tb TIPO); TIPO tb *(compaginación)* Umbruch m; **~ de precisión** Feineinstellung f; **palanca** f **de ~** Stellhebel m 2 fig **~ de cuentas** Abrechnung f *(fig)* 3 *(acuerdo)* Übereinkunft f, Vereinbarung f 4 **~ de plantilla** *(reducción de personal)* Stellenabbau m
ajusticiado M, **ajusticiada** F Hingerichtete m/f; **ajusticiamiento** M Hinrichtung f; **ajusticiar** V/T ‹1b› hinrichten
al = a el → a
ala F 1 ORN, fig Flügel m; fig *(protección)* tb Schutz m; fam fig **arrastrar el ~** den Hof machen; **cortar(le) las ~s a alg** j-m die Flügel stutzen, j-n kurzhalten; **dar(le) ~s a alg** j-n beflügeln; fam **estar tocado del ~** plemplem sein fam; fam **levantar** (o **ahuecar**) **el ~** verduften, abhauen fam; fig **volar con sus propias ~s** auf eigenen Füßen stehen 2 AVIA, TEC Flügel m; **~ giratoria** Drehflügel m; **~s** pl **de guía** Leitwerk n; TEC **~ de hélice** Propeller-, Schraubenflügel m 3 ARQUIT Flügel m 4 MIL, POL Flügel m; **el ~ derecha/izquierda** der rechte/linke Flügel 5 DEP **~ delta** Flugdrachen m; *deporte*: Drachenfliegen n; Deltaflügel m(tb TEC, AVIA) 6 ANAT **~ de hígado** Leberlappen m; ANAT **~ de la nariz** Nasenflügel m; **~ del sombrero** Hutkrempe f 7 fig **~s** pl *(impulso)* Schwung m; tb *(insolencia)* Frechheit f; **caérsele a alg las ~s (del corazón)** den Mut verlieren; **tomar ~s** flügge werden *(tb fig)*; *(animarse)* Mut bekommen; *(ponerse insolente)* frech werden 8 MAR Leesegel n 9 BOT **~ de loro** Tausendschön n 10 *Am pop (sobaco)* Achselhöhle f *(tb desp)*
ala INT 1 *Esp* los!, vorwärts! 2 *Col fam saludo*: Tag!, Servus! *(reg)*
Alá M REL Allah m
alabado M REL Lobgesang m *zu Ehren des Altarsakraments*; **alabancioso** ADJ fam prahlerisch, angeberisch fam
alabandina F MINER Almandin m; Granat m
alabanza F Lob n; Lobrede f; **cantar las ~s de alg** ein Loblied auf j-n singen; **alabar** A V/T loben, rühmen B V/R **~se (de a/c)** sich (einer Sache gen) rühmen; mit etw prahlen
alabarda 1 F HIST Hellebarde f 2 TEAT *col* Claque f; **alabardero** M 1 HIST Hellebardier m 2 TEAT Claqueur m; **~s** mpl Claque f
alabastrina F Alabasterscheibe f; **alabastrino** ADJ alabastern; **alabastrita** F, **alabastrites** F Kalkalabaster m; **alabastro** M Alabaster m; fig poét blendende Weiße f; **~ oriental** Onyxmarmor m
álabe M 1 TEC *de una rueda hidráulica*: Wasserradschaufel f; *de una turbina*: Turbinenschaufel f 2 *rama de árbol*: zur Erde hängender Ast m 3 *de un carro*: Mattenverkleidung f *(an den Seiten eines Wagens)*
alabeado ADJ krumm, gebogen; windschief *(tb MAT)*; **alabear** A V/T krümmen, biegen B V/R **alabearse** krumm werden; *madera* sich werfen; **alabeo** M (Ver)Werfen n, Verziehen n
alabo M *Méx* Lob n
Alacant *katalanischer Name* → Alicante
alacena F 1 *(despensa)* Speisekammer f 2 *armario*: Wandschrank m 3 *Méx puesto de venta*: Verkaufsstand m 4 *Ec* ANAT Schlüsselbeingegend f
alacha F ZOOL Ohrensardine f
alaco M *Am Cent* Lumpen m; fig Lump m
alacrán M 1 ZOOL *(escorpión)* Skorpion m; *pez*: **~ marino** Flughahn m; *insecto*: **~ cebollero** Maulwurfsgrille f; fig **es un ~** er hat ein giftiges Maul 2 *(ojal)* Öse f 3 *equitación*: Kinnkettenhaken m
alacrancillo M BOT *verschiedene amerikanische Pflanzen, Heliotropiumarten*; **alacranear** V/I *Arg* **~ a alg** j-n schlechtmachen; **alacranera** F BOT *Art* Kronwicke f; **alacranero** M *Am Centr* Ort m, wo es von Skorpionen wimmelt *(tb fig)*
alacre ADJ munter; **alacridad** F, **alacritud** F Munterkeit f
alada F Flügelschlag m
aladar M Schläfenlocke f
ALADI F abr (Asociación Latinoamericana de Integración) *Am* Lateinamerikanischen Vereinigung f für Integration *(Freihandelsorganisation)*
aladierna F, **aladierno** M BOT immergrüner Wegedorn m
alado ADJ 1 *(con alas)* geflügelt 2 fig *(ligero)* beflügelt, beschwingt; *(veloz)* schnell 3 BOT flügelförmig
aladroque M → boquerón B 1
alafia F fam **pedir ~** um Gnade bitten, zu Kreuze kriechen fam
álaga F BOT *Art* Spelt m
alagartado ADJ 1 *forma*: eidechsenartig, -farbig 2 *Am Centr (tacaño)* geizig, knauserig
alajú M ‹pl -úes› *Art* Lebkuchen m
alalá M ‹pl -aes› nordspanisches Volkslied n
ALALC F abr (Asociación Latinoamericana de Libre Comercio) HIST → ALADI
alalia F MED → afonía
alalimón A M *Art* Kinderspiel n B ADV → alimón
alamán A ADJ alemannisch B M, **-ana** F Alemanne m, Alemannin f
alamar M TEX Schnurschleife f
alambicado ADJ *(sutil)* gekünstelt, geziert; **alambicador** M, **alambicadora** F *Am* Kleinigkeitskrämer m, -in f; **alambicamiento** M 1 Destillation f 2 fig *(refinación)* Überfeinerung f 3 fig *(verbalismo)* Wortklauberei f; **alambicar** V/T ‹1g› 1 *(destilar)* destillieren 2 fig *(idear)* ausklügeln; *estilo* übermäßig feilen 3 scharf kalkulieren *(tb ECON)*
alambique M 1 *aparato*: Destillier-, Brennkolben m; Destillierapparat m; *Col (fábrica de aguardiente)* Schnapsbrennerei f; fig **por ~** kärglich, spärlich 2 *Bol pop (prostituta)* Nutte f fam
alambor M ARQUIT 1 → falseo 2 *(escarpa)* Böschung f
alambrada F Drahtgitter n; MIL Drahtverhau m; **~ baja** Stolperdraht m; **~ de espino** o **de púas** Stacheldrahtverhau m
alambrado A ADJ Draht… B M *(enrejado metálico)* Drahtgeflecht n; *(cerco de alambres)* (Stachel)Drahtzaun m; **alambrar** V/T mit Draht einzäunen
alambre M Draht m; TEC, ELEC **~ conductor** Leitungsdraht m; Drahtleitung f; **~ de espino** o **de púas** Stacheldraht m; **~ de malla** Maschendraht m; **~ recocido** o **para atar** Bindedraht m; MIL **~ de entorpecimiento** o **para tropezar** Stolperdraht m; **trenza** f **de ~** Drahtgeflecht n
alambrera F 1 *(red de alambre)* Fliegenfenster n 2 *cobertera*: Drahtkorb m *(als Schutz)*; TEC **~ protectora** o **de seguridad** Schutzgitter n
alámbrico ADJ Draht…; drahtgebunden
alambrista M/F Seiltänzer m, -in f
alameda F 1 (Pappel)Allee f 2 *plantación*: Pappelpflanzung f
álamo M BOT *árbol*: Pappel f; *madera*: Pappelholz n; **~ blanco** Silberpappel f; **~ negro** Schwarzpappel f; **~ temblón** Zitterpappel f

alampar A VT Heißhunger haben B VR **alamparse** sich heftig sehnen (**por** nach *dat*); **~ por beber/comer** nach Trank/Speise lechzen

alampo M Brennen *n*

alanceador M Lanzenkämpfer *m*; **alancear** VT mit der Lanze angreifen (*o* verwunden)

alandrearse VR *gusano de seda* Kalksucht bekommen

alano M 1 HIST *pueblo*: Alane *m* (*Volk*) 2 ZOOL *perro*: Hetzhund *m*

alanzar VT ⟨1f⟩ 1 → alancear 2 → lanzar

alar M 1 (*tejado*) Schutz-, Vordach *n* 2 *jerga del hampa* **~es** *mpl* (*pantalón*) Hose *f*

alárabe *o* **alarbe** A ADJ arabisch B M *fig* Unmensch *m*; grober Kerl *m*

alarde M 1 (*ostentación*) Prahlerei *f*, Protzerei *f*; Zurschaustellung *f*; **hacer ~ de** zur Schau tragen; großtun mit (*dat*), protzen (*o* prahlen) mit (*dat*) 2 MIL *inspección*: Heerschau *f*; **alardear** VI protzen, großtun (**de** mit *dat*); **alardeo** M Prahlerei *f*, Angeberei *f fam*; **alardoso** ADJ prahlerisch

alargadera F TEC Ansatzröhre *f*; Verlängerung *f*, Verlängerungsstück *n*; ELEC Verlängerungskabel *n*; **alargado** ADJ 1 (*oblongo*) länglich 2 (*prolongado*) verlängert 3 (*delgado*) schlank; **alargador** M ELEC Verlängerungskabel *n*, -schnur *f fam*; **alargamiento** M Verlängerung *f*, Dehnung *f* (*tb* FON), Streckung *f*; AVIA Seitenverhältnis *n*

alargar ⟨1h⟩ A VT 1 (*prolongar*) verlängern; (*ampliar*) erweitern; (*extender*) (aus)dehnen; *vestido* länger machen; *salsa, etc* strecken; **~ el brazo/la mano** den Arm/die Hand ausstrecken; **~ el cuello** den Hals recken; **~ el paso** den Schritt beschleunigen; MIL **~ el tiro** das Feuer vorverlegen 2 *temporal*: ausdehnen, in die Länge ziehen; (*posponer*) hinausschieben 3 **~ a alg a/c** (*alcanzar*) j-m etw (*acus*) reichen 4 *salario* erhöhen B VR **alargarse** 1 *en tiempo y espacio*: länger werden; **~ en una disertación** sich ausführlich verbreiten (bei einem Vortrag) 2 MAR *viento* umschlagen 3 *Esp fam* **~ a un sitio** zu einem Platz gehen

alaria F Glätteisen *n der Töpfer*

alarida F Geschrei *n*; **alarido** M 1 HIST Kriegsgeschrei *n* der Mauren 2 (*griterío*) Geheul *n*; Geschrei *n*; **dar ~s** schreien; heulen

alarife M 1 (*albañil*) Schachtmaurer *m* 2 *RPl* (*persona lista*) Schlauberger *m*

alarije ADJ → arije

alarma F 1 *alerta*: Alarm *m*; *llamada*: Notruf *m*; MIL **~ aérea** Fliegeralarm *m*; **falsa ~** blinder Alarm *m* (*tb fig*); **~ de incendio** Feuermelder *m*; **dispositivo de ~** Alarmanlage *f*; **grito** *m* **de ~** Warnruf *m*; **grado** *m* **de ~** Alarmbereitschaft *f*; **señal** *f o* **toque** *m* **de ~** Alarmsignal, Alarmzeichen *n*; **dar la (voz de) ~** Alarm schlagen (*tb fig*); **hacer saltar la ~** die Alarmanlage auslösen; MIL **tocar ~** Alarm blasen 2 *fig* (*inquietud*) starke Beunruhigung *f*; **~ social** Unruhe *f* in der Bevölkerung

alarmante ADJ beunruhigend, alarmierend; **alarmar** A VT alarmieren (*tb fig*); *fig* beunruhigen, besorgt machen B VR **alarmarse** sich beunruhigen, besorgt werden (**por** wegen *gen*); **estar alarmado** beunruhigt sein; **alarmismo** M Panikmache *f*; **alarmista** M/F Schwarzseher *m*, -in *f*, Panikmacher *m*, -in *f*

alastrarse VR CAZA *venado* sich an den Boden drücken

a látere M *fam* Adlatus *m fam*

alauí *Marruecos* A ADJ alawitisch B M/F Alawit *m*, -in *f*

alauita A ADJ 1 REL alewitisch 2 *Marruecos* alawitisch B M/F 1 REL Alewit *m*, -in *f* 2 *Marruecos* Alawit *m*, -in *f*

a la v/ *abr* (a la vista) auf Sicht

Álava F *spanische Provinz*

alavanco M → lavanco

alavés A ADJ aus der Provinz Álava B M, **-esa** F Einwohner *m*, -in *f* von Álava

alazán → alazano; **alazana** F 1 Ölpresse *f* 2 *caballo*: rotbraune Stute *f*; **alazano** A ADJ rotbraun B M *caballo*: Fuchs *m*

alazo M → aletazo

alazor M BOT Saflor *m*, Färberdistel *f*

alba F 1 (*aurora*) Morgendämmerung *f*; **al rayar** *o* **romper** *o* **clarear el ~** bei Tagesanbruch 2 CAT Albe *f*, Chorhemd *n*

albacea M JUR Testamentsvollstrecker *m*; **albaceazgo** M Amt *n* des Testamentsvollstreckers

Albacete M *span Stadt u Provinz*

albaceteño, albacetense A ADJ aus Albacete B M, **-a** F Einwohner *m*, -in *f* von Albacete

albacora F 1 BOT Frühfeige *f* 2 *pez*: weißer Thunfisch *m*; **albada** F → alborada 2

albahaca F BOT Basilikum *n*; **albahaquero** M Blumentopf *m*; Blumenständer *m*; **albahaquilla** F BOT **~ de río** Mauerkraut *n*; **~ de Chile** *Art* Leguminose *f*

albanega F Haarnetz *n*, Häubchen *n*; CAZA Kaninchenschlinge *f*

albanés A ADJ albanisch B M, **-esa** F Albaner *m*, -in *f* C M *lengua*: Albanisch *n*

Albania F Albanien *n*

albano M, **albana** F → albanés

albañal M Abwasserkanal *m*, Kloake *f*; *pop fig* **salir por el ~** in den Eimer gehen *fam*, in die Hose gehen *pop*

albañil M/F Maurer *m*, -in *f*; **albañilería** F 1 *arte*: Maurerhandwerk *n* 2 *obra*: Mauerwerk *n*

albar A ADJ weiß; BOT **tomillo** *m* **~** Majoran *m* B M 1 *terreno*: unbewässertes Land *n* 2 CAZA Tier *n* mit hellem Gefieder (*o* Fell)

albarán M 1 *am Balkon oder Fenster ausgehängter Vermietungshinweis* 2 COM (*nota de entrega*) Lieferschein *m*; Laufzettel *m*

albarazado A ADJ 1 *color*: schwarzrot; (*multicolor*) bunt 2 (*leproso*) aussätzig B M, **-a** F *Méx anticuado* Mischling *m*

albarca F → abarca

albarda F *caballería de carga*: Pack-, Saumsattel *m*; *fig* **~ sobre ~** Pleonasmus *m*, ein weißer Schimmel *fam*; *fig* **poner dos ~s a un burro** sich wiederholen

albardado ADJ *animal* mit auffälliger Rückenzeichnung; **albardar** VT → enalbardar; **albardear** VT *Am Centr* belästigen; **albardela** F → albardilla 1; **albardería** F Saumsattlerei *f*; **albardero** M (Saum)Sattler *m*; **albardilla** F 1 *equitación*: Schulsattel *m* für Fohlen 2 (*cuero protector*) Schutzleder *n*, Schutzpolster *n* 3 ARQUIT Mauerabdeckung *f*; **albardín** M BOT Albardine *f*, Falscher Esparto *m*; **albardón** M 1 (*albarda*) Reitsattel *m* in Saumsattelform 2 *RPl* (*loma en áreas inundadas*) Anhöhe *f* im Überschwemmungsgebiet

albarejo ADJ → candeal

albarenga F *Bol* Lastkahn *m*

albareque M Sardinennetz *n*

albaricoque M BOT Aprikose *f*; **albaricoquero** M Aprikosenbaum *m*

albarillo[1] M MÚS Gitarrenbegleitung *f* in schnellem Tempo

albarillo[2] M BOT *fruto y árbol*: kleine weiße Aprikose *f*

albariño M Weißwein *m* aus Galicien

albariza F Salzwasserlagune *f*; **albarizo** ADJ weißlich; (**terreno** *m*) **~** Kreideboden *m*

albarrana, albarranilla F BOT Meerzwiebel *f*

albarraz M BOT Läusekraut *n*

albatros M ORN Albatros *m*

albayalde M Blei-, Kremserweiß *n*

albazano ADJ *caballo* rotbraun

albazo M 1 *Am* → alborada 2 *RPl, Ec, Perú, Méx* (*acción de madrugar*) Frühaufstehen *n* 3 *Méx fig* (*sorpresa desagradable*) (unangenehme) Überraschung *f*

albear VI 1 *color*: ins Weiße spielen; weiß schimmern 2 *RPl* (*madrugar*) früh aufstehen

albedrío M Willkür *f*; Laune *f*; *adv* **a mi (tu, su,** *etc*) **~** nach meinem (deinem, seinem *etc*) Belieben; nach meiner (deiner, seiner *etc*) Laune; **libre ~** freier Wille *m*; freies Ermessen *n* (*tb* JUR)

albéitar M, **albeitería** F → veterinario B, veterinaria 2

albellón M → albañal

albéntola F *pesca*: feines Netz *n*

alberca F 1 (*depósito de agua*) gemauerter Wasserbehälter *m*; Zisterne *f* 2 *Méx, Am Centr* (*piscina*) Schwimmbecken *n*

albérchiga F, **albérchigo** M BOT Herzpfirsich *m* (*tb árbol*); *reg tb* Aprikose *f*

alberchiguero M BOT Herzpfirsichbaum *m*; *reg* Aprikosenbaum *m*

albergador A ADJ Herbergs... B M, **albergadora** F Beherberger *m*, -in *f*; **albergar** ⟨1h⟩ A VT (*dar albergue*) beherbergen; aufnehmen; *fig emociones* bergen; *idea, etc* hegen B VR **albergarse** absteigen, sich einquartieren

albergue M Herberge *f*; Obdach *n*; *de un animal*: Höhle *f*; **~ juvenil** Jugendherberge *f*; **~ nocturno** *corresponde a*: Obdachlosenasyl *n*; **dar ~ a alg** j-m Obdach gewähren, j-n beherbergen (*o* aufnehmen)

albero A ADJ (*blanco*) weiß B M 1 *terreno* Kreideboden *m* 2 *tierra* gelblich weiße Erde *f*

albicante ADJ weißlich

albigense A ADJ aus Albi B M/F *espec* HIST Albigenser *m*, -in *f*

albillo M BOT Gutedeltraube *f*

albín M → hematites

albina F 1 (*costra de sal*) Salzkruste *f einer Lagune* 2 (*laguna salada*) Salzlagune *f*; **albinismo** M Albinismus *m*; **albino** A ADJ albinotisch, Albino... B M, **-a** F Albino *m*

albis ADJ **quedarse en ~** von nichts wissen; nichts begreifen; → *tb* **in albis**

albita F MINER weißer Feldspat *m*

albo ADJ *poét* weiß

alboaire M maurisches Kachelwerk *n* im Kuppelinnern

albogón M MÚS 1 *instrumento de viento*: Bassflöte *f* 2 (*gaita*) *Art* Dudelsack *m*; **albogue** M MÚS Schalmei *f*

albóndiga F GASTR *de carne*: (Fleisch- *o* Fisch-)Kloß *m*; **~s** *pl* **en tomate** Hackfleischklößchen *npl* in Tomatensoße

albondiguilla F 1 → albóndiga 2 *pop de moco seco*: (Nasen)Popel *m fam*; *pop* **hacer ~s** popeln *fam*

alboquerón M BOT Blutlevkoje *f*

albor M 1 *poét* (*blancura*) Weiße *f* 2 (*luz del alba*) Morgendämmerung *f*; *fig frec* **~es** *mpl* Beginn *m*, Anbruch *m*; **en los ~es de la vida** in der Jugendzeit

alborada F 1 (*el amanecer*) Tagesanbruch *m* 2 *música*: Morgenständchen *n*; Morgenlied *n* 3 MIL *el despertar*: Reveille *f*, feierliches Wecken *n*

albórbola F *frec* **~s** FPL Beifallsgeschrei *n*, -lärm *m*

alborear VI 1 (*amanecer*) dämmern, Tag werden 2 *fig acontecimiento* sich ankündigen

alborga F Bastschuh *m*

albornía F Napf *m aus Steingut*; **alborno** M

→ alburno; **albornoz** M ‹pl -oces› 1 (capa blanca) Bademantel m 2 (chilaba) Burnus m

alboronía F GASTR *Gericht aus Auberginen, Tomaten, Kürbis und Paprika*; **alboroque** M Vermittlerlohn m

alborotadamente ADV wirr, durcheinander; **alborotadizo** ADJ leicht erregbar; **alborotado** ADJ (nervioso) aufgeregt; (confuso) wirr; (imprudente) unbesonnen; mar aufgewühlt; **alborotador** A ADJ aufwieglerisch B M, **alborotadora** F Aufwiegler m, -in f, Unruhestifter m, -in f, Störenfried m

alborotar A VT 1 (inquietar) beunruhigen, aufscheuchen fam 2 (instigar) empören, aufhetzen, aufwiegeln 3 (causar desorden) durcheinanderbringen B VI randalieren; niños toben C VR **alborotarse** 1 in Zorn geraten 2 mar stürmisch werden 3 Am caballo sich (auf)bäumen; **alborotero** M, **alborotista** M/F Am Randalierer m, -in f, Störenfried m

alboroto M 1 (ruido) Lärm m; (sublevación) Aufruhr m; (agitación) (große) Unruhe f 2 Am GASTR **~s** pl Süßspeise aus geröstetem Mais

alborozado ADJ freudig, vergnügt; **alborozar** ‹1f› A VT sehr erfreuen (o beglücken) B VR **alborozarse** jubeln, jauchzen; **alborozo** M Fröhlichkeit f, Jubel m

albortante M Méx Wandleuchter m

albotín M BOT Terebinthe f

albricias FPL Botenlohn m für eine Freudenbotschaft; **¡~!** gute Nachrichten!

albufera F reg Salzwassersee m, Lagune f

albugo M 1 MED en el ojo: weißer Fleck m in der Hornhaut des Auges 2 ANAT de la uña: Halbmond m am Nagel

álbum M ‹pl álbumes› Album n; Am **~ de delincuentes** Verbrecheralbum n; **~ de fotos** Fotoalbum n; **~ de sellos** Briefmarkenalbum n

albumen M BOT Albumen n, Keimhülle f

albúmina F Albumin n, Eiweiß n

albuminado ADJ Albumin…, Eiweiß…; **albuminoide** M QUÍM Gerüsteiweiß n, Albuminoid n; **albuminoso** ADJ eiweißhaltig; **albuminuria** F MED Albuminurie f, Eiweißharnen n

albur[1] M pez: Art Weißfisch m

albur[2] M 1 juego de cartas: die beiden ersten Karten für den Bankhalter (Montespiel); fig Wagnis; **correr un ~** ein Risiko eingehen, etw wagen 2 Nic (amorío) (Liebes)Affäre f 3 P. Rico (mentira) Lüge f; Gerücht

albura F 1 poét (blancura perfecta) (blendende) Weiße f 2 (clara de huevo) Eiweiß n 3 BOT → alburno; **alburno** M 1 Splintholz n 2 pez: Ukelei f

ALC M abr (Atlas lingüístic de Catalunya) Sprachatlas m von Katalonien

alcabala F 1 HIST tributo: Verkaufssteuer f 2 Col, Ven (control policial) Polizeikontrollposten m; **alcabalero** M HIST Einnehmer m der Verkaufssteuer

alcacel, alcacer M 1 (cebada verde) grüne Gerste f 2 plantación: Gerstenfeld n

alcachofa F 1 BOT Artischocke f; **~s** pl **salteadas con jamón** gedünstete Artischocken fpl mit Schinken; **corazón** m **de ~** Artischockenherz n; **fondo** m **de ~** Artischockenboden m; fig **tiene corazón de ~** er ist ein großer Schürzenjäger 2 de una ducha, regadera, etc: Brause f; de una bomba: Saugkorb m 3 fam (micrófono) Mikrofon n 4 (panecillo) Art Brötchen n 5 Chile fam (bofetada) Ohrfeige f

alcachofado A ADJ artischockenförmig B M Artischockengericht n; **alcachofal** M Artischockenfeld n; **alcachofera** F 1 BOT Artischocke f 2 persona: Artischockenverkäuferin f; **alcachofero** M Artischockenverkäufer m

alcací, alcacil M BOT wilde Artischocke f

alcahaz M ‹pl -aces› Vogelhaus n, Voliere f

alcahueta F (celestina) Kupplerin f; **alcahuete** M 1 Kuppler m; (proxeneta) Zuhälter m; fam fig (encubridor) Hehler m 2 TEAT (telón corto) Zwischenaktvorhang m 3 incorr. → cacahuete; **alcahuetear** A VT verkuppeln B VI Kuppelei treiben; fam (chismorrear) herumtratschen fam; **alcahuetería** F Kuppelei f; fam fig Kniff m, Dreh m fam

alcaide M HIST 1 Burgvogt m 2 (carcelero) Kerkermeister m; **alcaidesa** F HIST Frau f des Alcaide; **alcaidía** F HIST Burgvogtei f

alcaldable M/F Kandidat m, -in f für das Bürgermeisteramt; **alcaldada** F Übergriff m, Autoritätsmissbrauch m

alcalde M 1 (presidente del ayuntamiento) Bürgermeister m; **~ mayor/de barrio** Ober-/Bezirksbürgermeister m; fam **~ de monterilla** Dorfbürgermeister m; **~ pedáneo** corresponde a: Gemeindevorsteher m 2 HIST (juez) Ortsrichter m 3 danza: Vortänzer m 4 (juego de cartas) Art Kartenspiel n

alcaldesa F 1 (presidenta del ayuntamiento) Bürgermeisterin f; → tb alcalde 2 (mujer del alcalde) Bürgermeistersfrau f; **alcaldesco** ADJ fam desp Dorfbürgermeister…; **alcaldía** F Bürgermeisteramt n; **candidato** m, **candidata** f **a la ~** Bürgermeisterkandidat m, -in f

álcali M QUÍM Laugensalz n, Alkali n; **~ mineral** Soda f; **~ vegetal** Pottasche f; **~ volátil** Ammoniak n

alcalimetría F QUÍM Alkalimetrie f; **alcalino** ADJ alkalisch; **alcalizar** VT ‹1f› alkalisieren

alcaloide M QUÍM Alkaloid n; **alcaloideo** ADJ Alkaloid…

alcamonías FPL Gewürzkörner npl

alcance M 1 (radio de acción) Bereich m; Reichweite f; MIL (distancia de tiro) Schussweite f; MIL **~ de tiro** Feuerbereich m; TEC **~ superior de revoluciones** oberer Drehzahlbereich m; MIL **proyectiles** mpl o **cohetes** mpl **de medio ~** Mittelstreckenraketen fpl; **estar al ~ de** erreichbar (o zugänglich) sein für (acus); **al ~ de la mano** in Reichweite; greifbar, erreichbar; **al ~ de todos los bolsillos** für jeden Geldbeutel erschwinglich; **haré todo lo que esté a mi ~** ich werde mein Möglichstes tun; **poner a/c al ~ de alg** j-m etw zugänglich machen 2 fig (trascendencia) Bedeutung f, Tragweite f; **de gran** o **mucho ~** bedeutend, von Belang; **de poco ~** belanglos; persona **de pocos ~s** beschränkt, einfältig 3 persecución: Einholen n, Erreichen n; **dar ~ a alg** j-n einholen; **ir a los ~s de alg** o **irle a alg a los ~s** j-m auf den Fersen sein, j-m auf dem Fuße folgen 4 ECON Sollsaldo m 5 en el periódico: letzte Meldung f; Am Extrablatt n 6 correos: Eilbote m

alcancía F Sparbüchse f; Am (cepillo limosnero) Opferstock m

alcandía F BOT Mohrenhirse f

alcanfor M Kampfer m; **alcanforar** VT kampfern; **alcohol** m **alcanforado** Kampferspiritus m; **alcanforero** M BOT Kampferbaum m

Alcántara: **orden** f **de ~** *spanischer Militärorden*

alcantarilla F 1 (conducto subterráneo) Abwasserkanal m; Abzugsrinne f 2 (sumidero) Gully m/n 3 Méx (arca de agua) Trinkwasserzisterne f; **alcantarillado** M städtische Kanalisation f; **alcantarillar** VT entwässern, kanalisieren

alcanzable ADJ erreichbar; zugänglich; **alcanzadizo** ADJ leicht zu erreichen(d), leicht zugänglich; **alcanzado** ADJ 1 **~ (de dinero)** knapp bei Kasse; tb (endeudado) verschuldet 2 Col (fatigado) ermüdet; verspätet

alcanzar ‹1f› A VT 1 **~ a alg** (llegar a juntarse con alg) j-n einholen (tb fig); fig es j-m gleichtun; **~ a/c** etw erreichen (tb fig); fig **~ las estrellas** nach den Sternen greifen 2 proyectil, destino treffen 3 transporte: (tocar, herir) erfassen, anfahren 4 (dar a/c) **~ a/c a alg** j-m etw reichen, geben; j-m etw herabnehmen 5 fig (comprender) verstehen, begreifen 6 tiempo, acontecimiento noch erlebt haben (o noch erleben werden); **~ la época de … die Zeit …** (gen) erleben; **~ a alg en días** j-n überleben 7 COM **~ la cifra de** sich belaufen auf (acus) B VI 1 (llegar) **~ a** o **hasta a/c** bis zu etw (dat) reichen, etw erreichen; **~ con la mano hasta el techo** mit der Hand die Decke erreichen; **hasta donde alcanza la vista** so weit das Auge reicht 2 (ser suficiente) reichen; **el dinero no alcanza** das Geld reicht nicht; **si alcanza no llega** das ist kaum (o gerade noch) ausreichend 3 **~ a ver/oír** sehen/hören können C VR **alcanzarse** 1 caballo sich verfangen 2 liter **no se me alcanza …** es will mir nicht in den Kopf …; ich begreife nicht …

alcaparra F BOT Kaper f; arbusto: Kapernstrauch m; **alcaparral** M Kapernfeld n; **alcaparro** M BOT Kapernstrauch m; **alcaparrón** M BOT große, längliche Kaper f; **alcaparrosa** F → caparrós

alcaraván M ORN **~ (común)** Triel m

alcaravea F BOT (echter) Kümmel m

alcarraza F Tonkrug m zum Kühlen von Wasser

alcatifa F 1 (alfombra fina) feiner maurischer Teppich m 2 CONSTR Spargips m der Fliesenleger

alcatraz M ‹pl -aces› 1 ORN Basstölpel m 2 (cucurucho) Tüte f 3 BOT Aronstab m, Zehrwurz f 4 Perú MÚS *Volkslied und -tanz afrikanischen Ursprungs*

alcaucí, alcaucil M BOT wilde Artischocke f; RPl Artischocke f

alcaudón M ORN Würger m; **~ real** Raubwürger m

alcayata F Hakennagel m; Wandhaken m

alcayota F BOT feigenblättriger Kürbis m

alcazaba F 1 HIST maurische Festung f 2 (recinto fortificado) (befestigte) Oberstadt f

alcázar M 1 (fortaleza) Burg f, Festung f 2 (palacio real) maurisches Schloss n 3 MAR Achterkastell n

alcazuz M ‹pl -uces› BOT Süßholz n

alce[1] M ZOOL Elch m

alce[2] M 1 juego de cartas: abgehobene Karten fpl 2 TIPO Abzug m 3 Cuba (recoger la caña de azúcar) Verladen n des geernteten Zuckerrohrs

alcino M BOT Melisse f

alción M ORN Eisvogel m

alcista ECON A ADJ bolsa steigend; Aufwärts…; **tendencia** f **~** Preisauftrieb m; bolsa: Haussetendenz f; Aufwärtstrend m B M/F bolsa: Haussespekulant m, -in f, Haussier m

alcoba F 1 (aposento) Alkoven m; Schlafzimmer n 2 de la balanza: Schere f der Waage 3 (red) Art Schleppnetz n

alcocarra F Fratze f, Grimasse f

alcohol M 1 gener Alkohol m; **~ de menta** Pfefferminztropfen mpl; **abuso** m **del ~** Alkoholmissbrauch m; **prueba** f o **test** m **de ~** Alkoholtest m; **bajo la influencia** o **los efectos del ~** unter Alkoholeinfluss, in alkoholisiertem Zustand; **sin ~** alkoholfrei 2 QUÍM **~ absoluto** reiner Alkohol m; **~ etílico/metílico** Äthyl-/Methylalkohol m; **~ de madera** Holzgeist m; **~ sólido/de quemar** Hart-/Brennspiritus m 3 MINER (galena) Bleiglanz m

alcoholado A ADJ ganado mit dunkel geränderten Augen B M alkoholische Essenz f; **alcoholar** VT 1 mezclar: mit Alkohol versetzen 2 (convertir en alcohol) in Alkohol verwandeln 3 lavar: mit Alkohol abwaschen; **alcoholato**

M FARM Alkoholpräparat *n*
alcoholemia F Alkohol *m* im Blut; (**grado** *m* **de**) **~** Blutalkoholspiegel *m*; **prueba** *f* **de ~** Alkoholtest *m*
alcoholero ADJ Alkohol…; **industria** *f* **-a** Alkoholindustrie *f*
alcohólico A ADJ 1 alkoholisch; **bebidas** *fpl* **-as** *tb* alkoholhaltige Getränke *npl* 2 *adicto*: alkoholsüchtig; *obs* trunksüchtig; **dependencia** *f* **-a** Alkoholabhängigkeit *f* 3 *Am* → alcoholero B M, **-a** F *(bebedor, bebedora)* Alkoholiker *m*, -in *f*; Trinker *m*, -in *f*
alcoholificación F alkoholische Gärung *f*;
alcoholímetro M Alkoholmesser *m*; Alkoholtestgerät *n*; *fam* **soplar en el ~** in die Tüte blasen *fam*; **alcoholismo** M Alkoholismus *m*, Trunksucht *f*; **alcoholizado** ADJ 1 *(borracho)* betrunken 2 → alcohólico A 2; **alcoholizar** ⟨1f⟩ A VT 1 **~ a/c** etw mit Alkohol versetzen 2 **~ a alg** j-n betrunken machen B VR **alcoholizarse** betrunken werden; zum Alkoholiker/zur Alkoholikerin werden
alcor M *liter* Anhöhe *f*, Hügel *m*
Alcorán M REL Koran *m*
alcornocal M Korkeichenwald *m*; **alcornoque** M BOT Korkeiche *f*; *fam fig* (**pedazo** *m* **de**) **~** Dussel *m fam*, Dummkopf *m*; **alcornoqueño** ADJ Korkeichen…, korkig
alcorque[1] M Wassergrube *f* um die Pflanzen
alcorque[2] M Schuh *m* mit Korksohle
alcorza F 1 *(baño de azúcar)* Zuckerguss *m* 2 *(dulce)* Zuckergebäck *n*; **alcorzado** ADJ *fig* süßlich, schleimig *fam*; **alcorzar** VT ⟨1f⟩ mit Zuckerguss überziehen
alcotán M ORN Baumfalke *m*
alcotana F Maurerhammer *m*
alcubilla F Wasserturm *m*
alcucero ADJ *(goloso)* naschhaft
alcuña F 1 → alcuño 2 → alcurnia
alcuño M *obs* Beiname *m*
alcurnia F Geschlecht *n*, Abstammung *f*; **de rancia ~ y abolengo** von uraltem Adel
alcuza F 1 *vasija*: Ölkännchen *f für Speiseöl* 2 *Am (vinagreras)* Menage *f*, Tischset *n* für Essig und Öl
alcuzcuz M GASTR Kuskus *m/n*; → *tb* **cuscús**[1]
aldaba F 1 *puerta*: Türklopfer *m* 2 *(cierre de seguridad)* Sicherheitsriegel *m* 3 *para atar la caballería*: Mauerring *m zum Anbinden der Reittiere* 4 *fam fig (protección)* Protektion *f*; **agarrarse a** *o* **tener buenas ~s** gute Beziehungen haben *fam*
aldabada F, **aldabazo** M Schlag *m* mit dem Türklopfer; *fig* Schreck *m*; **aldabear** VI anklopfen; **aldabeo** M Anklopfen *n*; **aldabía** F Querbalken *m* einer Zwischenwand; **aldabilla** F Riegel *m*, Schließhaken *m*; **aldabón** M großer Türklopfer *m*; *de un arca, etc*: großer Griff *m*; **aldabonazo** M 1 *golpe*: Schlag *m* mit dem Türklopfer 2 *fig (advertencia severa)* ernste Warnung *f*
ALDC M *abr* (Atlas lingüístic del Domini Català) Sprachatlas *m* des katalanischen Sprachgebiets
aldea F (kleineres) Dorf *n*; Weiler *m*; **~ global** globales Dorf *n*; **~ infantil** Kinderdorf *n*; **~ de vacaciones** Feriendorf
aldeanería F bäuerliche (*o* provinzielle) Engstirnigkeit *f*; **aldeaniego** ADJ dörflich, bäuerlich; **aldeanismo** M bäuerliches Wesen *n*; *desp* bäuerliche Engstirnigkeit *f* (*o* Rückständigkeit *f*)
aldeano A ADJ ländlich, bäuerlich, Dorf…, Bauern…; *fig* bäurisch B M, **-a** F Bauer *m*, Bäuerin *f*; Bauernbursche *m*, -mädchen *n*; *desp* Bauerntölpel *m*
Aldebarán M ASTRON Aldebaran *m*
aldehído M QUÍM Aldehyd *n*
aldehuela F Dörfchen *n*; **aldeorr(i)o** M *desp* elendes Dorf *n*, Kaff *n fam*
alderredor ADV → alrededor
ale INT auf!, los!, vorwärts!
alea F → aleya
ALEA M *abr* (Atlas lingüístico etnográfico de Andalucía) Sprach- und Volkskundeatlas *m* von Andalusien
aleación F Legierung *f*; **~ de cobre** Kupferlegierung *f*
ALEAN M *abr* (Atlas lingüístico y etnográfico de Aragón y Navarra) Sprach- und Volkskundeatlas *m* von Aragonien und Navarra
alear[1] VT *(mezclar)* mischen, legieren
alear[2] VI 1 ORN flattern 2 *espec niños* mit den Armen schlagen 3 *fig* **ir aleando** sich erholen
aleatorio ADJ vom Zufall abhängig; JUR aleatorisch
alebrarse, alebrastarse VR sich an den Boden ducken *(wie ein Hase)*; *fig* verzagen
alebrestarse VR 1 → alebrarse 2 *Am (alterarse)* sich aufregen; *Col caballo* unruhig werden; *Méx, Ven (entusiasmarse)* sich begeistern
alebronarse VR → alebrarse
ALEC M *abr* (Atlas Lingüístico-Etnográfico de Colombia) Sprach- und Volkskundeatlas *m* von Kolumbien
aleccionador ADJ lehrreich; **aleccionamiento** M Unterweisung *f*; **aleccionar** VT unterweisen, anleiten, schulen
alechugar VT kräuseln, fälteln
alecrín[1] M *pez*: *Art* Haifisch *m*
alecrín[2] M BOT *mahagoniähnlicher südamerikanischer Baum*
aleda F Stopfwachs *n*, Bienenharz *n*
aledaño A ADJ angrenzend, umliegend, Grenz…; *fig* nahe stehend B M, **-a** F Anlieger *m*, -in *f*; **~s** *mpl* Umgebung *f*
alefato M *das hebräische Alphabet*
alefriz M MAR Kielfalz *m*
alegación F *espec* JUR Behauptung *f*; Anführung *f*, Geltendmachung *f* **-ones** *fpl* Einwände *mpl*; **aducir -ones** Vorhaltungen machen; **alegador** ADJ *Am* streitsüchtig
alegar ⟨1h⟩ A VT vorbringen, geltend machen, anführen; *pruebas* beibringen B VI 1 JUR plädieren 2 *Am (disputar)* streiten
alegatista ADJ *Col* streitsüchtig
alegato M 1 *gener y* JUR *(exposición)* Darlegung *f* 2 JUR *(escrito)* Schriftsatz *m*; Verteidigungsschrift *f*; *oral*: Plädoyer *n (tb fig)* 3 *Am (disputa)* Streit *m*, Wortwechsel *m*
alegoría F Allegorie *f*; **alegóricamente** ADV allegorisch; **alegórico** ADJ allegorisch, sinnbildlich; **alegorizar** VT ⟨1f⟩ versinnbildlichen
alegrador A ADJ erfreulich B M, **alegradora** F Spaßmacher *m*, -in *f*
alegrar[1] A VT 1 *(regocijar)* **~ a alg** j-n erfreuen, j-n erheitern 2 *fig* **~ a/c** *(avivar)* etw beleben; *(hermosear)* etw verschönern; **¡alegra esa cara!** mach ein freundliches Gesicht! 3 *fuego* anfachen; 4 TAUR **~ al toro** den Stier reizen B VR **alegrarse** 1 *(regocijarse)* sich freuen (**de, con, por** über *acus*); **me alegro** (das) freut mich; **me alegro de que hayas venido** ich freue mich, dass du gekommen bist 2 *fam (achisparse)* sich beschwipsen, sich andudeln *fam*
alegrar[2] VT 1 MAR *cabo* abfieren; *barco* leichtern 2 MAR *agujero* erweitern 3 MED *(raer)* (ab)schaben
alegre ADJ 1 *persona* lustig, fröhlich; froh; vergnügt 2 *tiempo, cara, ánimo* heiter; *habitación; etc* freundlich 3 *color* lebhaft 4 *fam (achispado)* beschwipst, angeheitert 5 *(ligero) persona* leichtsinnig; **alegremente** ADV 1 *(con alegría)* fröhlich, lustig 2 *(sin meditar las consecuencias)* leichthin; leichtfertig; **gastar el dinero ~** sein Geld zum Fenster hinauswerfen
alegreto M MÚS Allegretto *n*
alegría F 1 *(regocijo)* Freude *f* (**dar** machen); Fröhlichkeit *f*, Frohsinn *m*; *(ligereza)* Leichtsinn *m*; *fam (chispa)* Schwips *m*; **~ de la vida** *o* **de vivir** Lebensfreude *f*; **~ por el mal ajeno** Schadenfreude *f*; **me has dado una gran ~** du hast mir eine große Freude gemacht 2 BOT Sesam *m*; **~ de la casa** Fleißiges Lieschen *n* 3 GASTR *mit Sesam gewürztes Gebäck* 4 MÚS, *frec pl* **~s** *andalus. Volkslied und -tanz* 5 MAR Stückpfortenweite *f*
alegro M MÚS Allegro *n*
alegrón A ADJ *Am fam* angeheitert B M 1 *fam (alegría repentina e intensa)* Riesenfreude *f* *(tb irón)*; **llevarse un ~** sich riesig freuen 2 *fig (llamarada corta)* Flackerfeuer *n* 3 *Am Centr, Méx (mujeriego)* Schürzenjäger *m*; **alegrona** F *Bol fam* Nutte *f fam*
alejado ADJ (weit) entfernt; abgelegen; fern (**de** von *dat*); **alejamiento** M Distanz *f (tb fig)*; Entfernung *f*; *fig (retraimiento)* Zurückgezogenheit *f*; *fig (distanciamiento)* Entfremdung *f*
Alejandría F Alexandria *n*
alejandrino A ADJ aus Alexandria, alexandrinisch B M LIT *verso*: Alexandriner *m*
Alejandro NPR M Alexander *m*; HIST **~ Magno** Alexander der Große
alejar A VT entfernen; fernhalten; *animales, pensamientos* vertreiben B VR **alejarse** sich entfernen (**de** von *dat*) *(tb fig)*
alelado ADJ 1 *(aturdido)* verblüfft 2 *(abobado)* einfältig, blöde; **alelamiento** M 1 *(perplejidad)* Verblüffung *f* 2 *(idiotización)* Verblödung *f*
alelar A VT 1 *(aturdir)* verblüffen 2 *(idiotizar)* verdummen B VR **alelarse** 1 *(estar aturdido)* verblüfft sein 2 *(abobarse)* verdummen, verblöden
alelí M → alhelí
aleluya A M/F Halleluja *n*, Lobgesang *m*; **¡~!** Halleluja! B 1 *estampa*: Heiligenbildchen *n* 2 *pliego*: Bilderbogen *m* 3 *Art pascuas*: Osterkuchen *m* 4 *fam desp* LIT *(rimas)* Reimerei *f fam* 5 BOT *(acederilla)* Sauerklee *m*; *Am (hibisco)* *Hibiskusart*
alema F 1 *riego*: Wasserzuteilung *f* 2 *Bol* **~s** *fpl* Flussbadeanstalt *f*
alemán A ADJ deutsch; **de habla -ana** deutschsprachig; *hasta 1990*: **República** *f* **Democrática Alemana** Deutsche Demokratische Republik *f* B M, **-ana** F Deutsche *m/f* C M *lengua*: Deutsch *n*; **alto/bajo ~** Hoch-/Niederdeutsch *n*; **hablar ~** (**con fluidez**) (fließend) Deutsch sprechen; **en ~** auf Deutsch; **traducir en/del ~** ins Deutsche/aus dem Deutschen übersetzen; **no entiende ~** er/sie versteht kein Deutsch
aleman(d)a F MÚS *baile*: Allemande *f*
Alemania F Deutschland *n*; (**la**) **~ central** Mitteldeutschland *n*;(**la**) **~ occidental** (*o* **del Oeste**) Westdeutschland *n*; (**la**) **~ oriental** (*o* **del Este**) Ostdeutschland *n*; (**la**) **~ del Norte/del Sur** Nord-/Süddeutschland *n*; **República** *f* **Federal de ~** Bundesrepublik *f* Deutschland; **en ~** in Deutschland
alemánico ADJ alemannisch
alemanita F *vulg* **hacer(se) una ~** sich *(dat)* einen abwichsen *vulg*
alentada F **de** *o* **en una ~** in einem Atemzug; **alentadamente** ADV beherzt, kräftig;
alentado ADJ 1 *(valiente)* tapfer, mutig; *(orgulloso)* stolz, herausfordernd 2 *Am (convaleciente)* genesen, wieder gesund *o* wohlauf; **alentador** ADJ ermutigend
alentar ⟨1k⟩ A VI *(respirar)* atmen B *(animar)* VT ermutigen; ermuntern C VR **alentarse** 1 *(tomar valor)* Mut fassen 2 *Am (recobrar la salud)* sich erholen, genesen, wieder gesund

werden
aleonado ADJ fahl; **melena** *f* **-a** Löwenmähne *f*
alerce M BOT Lärche *f*
alergénico ADJ allergen
alérgeno, alergeno A ADJ allergen B M MED Allergen *n*
alergia F MED Allergie *f* (**a** gegen *acus*); *fig* Widerwille *m*
alérgico A ADJ MED allergisch (**a** gegen *acus*) (*tb fig*) B M, **-a** F Allergiker *m*, -in *f*
alergizante ADJ allergisierend; **alergología** F MED Allergologie *f*; **alergólogo** M, **alergóloga** F Allergologe *m*, -login *f*
alero M 1 (*colgadizo*) Schutzdach *n*; Vordach *n*, Wetterdach *n*; *fig* **estar en el ~** ungewiss (*o* in der Schwebe) sein; *problema* ungelöst sein 2 DEP Außen-, Flügelstürmer *m* 3 AUTO Kotflügel *m*; **alerón** M AVIA Querruder *n*; AUTO Spoiler *m*
alerta A F Alarm *m*; **máxima ~** *o* **~ roja** Alarmstufe *f* Rot, höchste Alarmstufe *f*; **~ temprana** Frühwarnung *f*; TEL **~ por vibración** Vibrationsalarm *m*; *tb fig* **dar la (voz de) ~** Alarm schlagen; **poner en ~** alarmieren; **en estado de ~** in Alarmbereitschaft B ADV wachsam, aufmerksam; **estar (ojo) ~** wachsam sein, auf dem Quivive sein *fam*; **¡~!** Achtung!, Vorsicht!
alertamente ADV *raro* wachsam; **alertar** V/T wachsam machen; aufmerksam machen (**sobre** auf *acus*); alarmieren; **alerto** ADJ wachsam, vorsichtig
alerzal M Lärchenwald *m*
alesna F Pfriem *m*; Ahle *f*
ALESUCH M *abr* (Atlas Lingüístico-Etnográfico del Sur de Chile) Sprach- und Volkskundeatlas *m* von Südchile
aleta F 1 *del pez*: Flosse *f*; **~ adiposa** Fettflosse *f*; **~ anal** Afterflosse *f*; **~ caudal/dorsal** Schwanz-/Rückenflosse *f*; **~ pectoral/ventral** Brust-/Bauchflosse *f* 2 DEP *natación*: **~s** *fpl* Schwimmflossen *fpl* 3 ANAT Nasenflügel *m* 4 AUTO (*guardabarros*) Kotflügel *m*; *de la bicicleta*: Schutzblech *n*; **~s estabilizadoras** AVIA Schwanzflossen *fpl*; AUTO Heckflossen *fpl*; TEC **~ del radiador** Kühlrippe *f*; AVIA **~ del reglaje** Hilfsruder *n* 5 *rueda de molino, turbina*: Schaufel *f* 6 ARQUIT *de un puente*: Brückenrampe *f* 7 MAR Windvierung *f*; Bugsprietsbacken *fpl*
aletada F Flügelschlag *m*
aletargamiento M Einschläfern *n*; Lethargie *f*; **aletargar** ‹1h› A V/T einschläfern B V/R **aletargarse** erschlaffen, schläfrig werden
aletazo M 1 ORN (*golpe de ala*) Flügelschlag *m* 2 *Cuba, Chile fam* (*bofetada*) Ohrfeige *f* 3 *Hond* (*hurto*) Diebstahl *m*; **aletear** V/I *pájaro* mit den Flügeln schlagen, flattern; *pez* mit den Flossen schlagen; *fam hombre* mit den Armen schlagen (*o* rudern); *fam* **va aleteando** er kommt wieder hoch; **aleteo** M ORN Flügelschlagen *n*, Flattern *n*; *fig* MED *del corazón*: Herzflattern *n*; **aletón** M AVIA Querruder *n*; **-ones** *mpl* **auxiliares de aterrizaje** Landeklappen *fpl*
aleve ADJ falsch, treulos; (*pérfido*) heimtückisch, hinterlistig
alevín A M/F *fig* (*principiante*) (Berufs)Anfänger *m*, -in *f*; Neuling *m* B M (*cría de peces*) Fischbrut *f*
alevosamente ADV heimtückisch; **alevosía** F Hinterlist *f*, Heimtücke *f*; **con ~** → alevoso; **alevoso** ADJ hinterlistig, heimtückisch
alexia F MED Alexie *f*, Wort-, Buchstabenblindheit *f*
aleya F Koranvers *m*
alfa F 1 Alpha *n*; *fig* **(el) ~ y omega** Anfang und Ende; das Alpha und (das) Omega; *fig tb* das A und O (**de** *gen*) 2 FÍS **partículas** *fpl* **~** Alphateilchen *npl*; **rayos** *mpl* **~** Alphastrahlen *mpl*
alfabético ADJ alphabetisch; **por orden ~** in alphabetischer (Reihen)Folge
alfabetización F 1 *enseñanza*: Alphabetisierung *f* 2 *campaña*: Bekämpfung *f* des Analphabetentums; **alfabetizado** ADJ des Lesens und Schreibens kundig; **alfabetizar** V/T ‹1f› 1 *ordenar*: alphabetisch ordnen, alphabetisieren 2 **~ a alg** j-n alphabetisieren, j-m lesen und schreiben beibringen
alfabeto M Alphabet *n*; **~ griego/cirílico** griechisches/kyrillisches Alphabet *n*; **~ de los ciegos/sordomudos** Blinden-/Taubstummenalphabet *n*; **~ Morse** Morsealphabet *n*
alfajor M Leb-, Pfefferkuchen *m*
ALFAL F *abr* (Asociación de Lingüística y Filología de América Latina) Lateinamerikanischer Verband *m* für Linguistik und Philologie
alfalfa F BOT Luzerne *f*
alfandoque M *Am Art* Gewürzkuchen *m*
alfaneque M ORN Berberfalke *m*
alfanje M 1 (*sable ancho y curvo*) Krummsäbel *m*; *Méx* Machete *f* 2 *pez*: Schwertfisch *m*
alfanumérico ADJ INFORM alphanumerisch
alfaque M Sandbank *f*
alfaquí M ‹*pl* -íes› *mohammedanischer Gesetzeskundiger*
alfar M 1 (*alfarería*) Töpferwerkstatt *f* 2 (*arcilla*) Ton *m*
alfarda[1] F ARQUIT Zug-, Bindebalken *m*; *Cuba* → alfarjía
alfarda[2] F HIST Wassersteuer *f*, *die Mauren und Juden an die christlichen Könige zu zahlen hatten*
alfarería F 1 *obrador*: Töpferei *f*, Töpferwerkstatt *f* 2 *mercancía*: Töpferware *f*; **alfarero** M, **alfarera** F Töpfer *m*, -in *f*
alfarje M 1 *artefacto*: Ölmühlpresse *f* 2 (*revestimiento de madera*) Täfelung *f*; **alfarjía** F Fenster- (*o* Tür)balken *m*
alfazaque M *insecto*: spanischer Mondhornkäfer *m*
alféizar M Tür-, Fensterleibung *f*; Fensterbrett *n*
alfeñicarse V/R ‹1g› sehr abnehmen, überschlank werden; *fig* sich zieren; **alfeñique** M 1 GASTR *dulce*: Zuckermandelstange *f* 2 *fig* (*persona débil*) schwächliche Person *f*; Zuckerpüppchen *n fam*, Schwachmatikus *m fam* 3 (*remilgos*) Ziererei *f* 4 (*maquillaje*) Schminke *f*
alferazgo M MIL Leutnantsstelle *f*, -rang *m*
alferecía[1] F *pop* Epilepsie *f*
alferecía[2] F → alferazgo
alférez M ‹*pl* -eces› 1 MIL *oficial del ejército*: Leutnant *m*; HIST Fähnrich *m*, Fahnenträger *m*; **~ de fragata** Leutnant *m* zur See; **~ de navío** Oberleutnant *m* zur See; **~ alumno** Fähnrich *m* (*Offiziersanwärter*) 2 *Am fam* (*anfitrión*) Gastgeber *m*, edler Spender *m fam bei einem Fest* 3 *Andes en comunidades indígenas*: Stellvertreter *m* des Ortsältesten
alfil M *ajedrez*: Läufer *m*
alfiler M 1 (*clavillo de metal*) Stecknadel *f*; Anstecknadel *f*; (*broche*) Brosche *f*; **~ de corbata** Krawattennadel *f*; *Arg* **~ de gancho** Sicherheitsnadel *f* 2 *fig* **prendido con ~es** aufgesteckt; *fig* unzuverlässig, mangelhaft; **de veinticinco ~es** geschniegelt und gebügelt; **no caber un ~** überfüllt sein 3 BOT Reiherschnabel *m*; kubanisches Hartholz(gewächs) *n* 4 *pez*: kleine Schlangennadel *f*
alfilerazo M Nadelstich *m* (*tb fig*); **alfiletero** M Nadelbüchse *f*
alfombra F Teppich *m*; *larga y angosta*: Läufer *m*; *delante de la cama*: Bettvorleger *m*; **~ persa** Perserteppich *m*; **~ de nudo** geknüpfter Teppich *m*, Knüpfteppich *m*; **~ de oratorio** Gebetsteppich *m*; **~ de plástico** Kunststoffmatte *f*; *fig* **barrer a/c bajo la ~** etw unter den Teppich kehren
alfombrado A ADJ (mit) Teppich(en) ausgelegt B M *espec Am* Teppichboden *m*, Auslegeware *f*; **alfombrar** V/T & V/I (mit) Teppiche(n) (aus)legen; **alfombrero** M, **alfombrera** F Teppichweber *m*, -in *f*; Teppichknüpfer *m*, -in *f*
alfombrilla F 1 (*pie de cama*) Bettvorleger *m*; AUTO Fußmatte *f*; **~ de baño** Badematte *f*; INFORM **~ del ratón** Mousepad *n* 2 MED (*sarampión*) Masern *pl*
alfombrista M/F Teppichhändler *m*, -in *f*; Teppichleger *m*, -in *f*
alfóncigo M BOT Pistazie *f*
alfonsina F HIST *Universitätsfeier in Alcalá*; **alfonsino** A ADJ auf König Alfons bezogen, alfonsinisch B M *spanische Münze des 13. Jhs.*; **alfonsismo** M HIST Alfonsinismus *m* (*monarchistische Bewegung*)
Alfonso N PR M *nombre de rey*: Alfons *m*
alforfón M BOT Buchweizen *m*
alforja(s) F(PL) 1 Satteltasche *f*; (*talega*) Quer-, Reisesack *m*; *fig* **sacar los pies de las ~s** sich machen *fam*, seine Scheu ablegen, sich mausern *fam* 2 (*provisión de comestibles*) Mundvorrat *m* 3 MAR Stropp *m*
alforza F TEX Querfalte *f*; (breiter) Saum *m*; *fig* Narbe *f*
alfoz M/F ‹*pl* –oces› Gemeindeverband *m*, (Verwaltungs)Gebiet *n* mehrerer Dörfer
alga F BOT Alge *f*, Tang *m*; **~ marina** Seetang *m*
algaida F 1 (*bosque*) Buschwald *m* 2 (*duna*) Sanddüne *f*
algalia F 1 *secreción*: Zibet *m*, Bisam *m*; ZOOL **(gato** *m* **de) ~** Zibetkatze *f* 2 BOT Bisamblume *f* 3 MED (*sonda*) Katheter *m*
algaliar V/T ‹1b› mit Bisam parfümieren
algara F 1 HIST (*tropa a caballo*) Reitertrupp *m* 2 → binza
algarabía F 1 (*lengua árabe*) arabische Sprache *f* 2 *fig* (*gritería confusa*) Kauderwelsch *n* 3 *fig* (*desorden*) Gezeter *n*; Durcheinander *n*; Getöse *n* 4 BOT Besenheide *f*
algarada F 1 HIST (*algara*) Reitertrupp *m*; (*motín*) Überfall *m* (*bes zu Pferde*) 2 (*tumulto*) Straßenauflauf *m*; Krawall *m*; Geschrei *n*, Trubel *m fam*
algar(r)ada F TAUR 1 *fiesta taurina*: Stierkampf *m mit der Lanze* im Freien 2 (*encierro de los toros*) Einstellen *n* der Kampfstiere in die Zwinger 3 (*novillada*) Jungstierkampf *m*
algarroba F BOT 1 (*especie de arveja*) Futterwicke *f* 2 (*fruto del algarrobo*) Johannisbrot *n*; **algarrobal** M Johannisbrotbaumpflanzung *f*; **algarrobilla** F → arveja; **algarrobo** M BOT Johannisbrotbaum *m*
algazara F Freudengeschrei *n* Lärm *m*, *fig* Getöse *n*
algazul M BOT Mittagsblume *f*
álgebra F Algebra *f*
algebraico, algébrico ADJ algebraisch
algebrista M/F Algebraiker *m*, -in *f*
algia F MED Schmerz *m*
algicida ADJ Algenvernichtungs...
algidez F MED Kälte *f*; **~ (cadavérica)** Todeskälte *f*
álgido ADJ eisig; *fig* (höchst) kritisch; **punto** *m* **~** Gefrierpunkt *m*; *fig* Höhepunkt *m*; MED **fiebre** *f* **-a** Frostfieber *n*
algo A PRON *y* ADV 1 *gener* etwas, ein wenig, ein bisschen; **~ interesante** *m* etwas Interessantes *n*; **¿quieres tomar ~?** möchtest du etwas trinken?; **esto sí que es ~** das lässt sich hören; **tener ~ que hacer (contar** *etc***)** etwas zu tun (erzählen *etc*) haben; **~ es ~** *o* **más vale ~ que nada** besser etwas als nichts 2 **por ~**

aus gutem Grund; in bestimmter Absicht; **por ~ lo habrá dicho** *tb* nicht umsonst hat er/sie das gesagt; **por ~ será** das wird schon seinen Grund haben **B** ADV **1** **falta ~ para llegar** noch sind wir nicht ganz da **2** etwas, ein bisschen, ein wenig; **estoy ~ cansado** ich bin ein bisschen müde **3** **~ así** so ungefähr

algodón M **1** BOT *arbusto*: Baumwollstaude *f* **2** *fibra*: Baumwolle *f*; *(torunda)* Watte *f*; **~ hidrófilo** Verbandswatte *f*; **~ en bruto** ungereinigte Baumwolle *f*; **~ en rama** Rohbaumwolle *f*; **de ~** aus Baumwolle, baumwollen, Baumwolle... **3** **~ pólvora** Schießbaumwolle *f* **4** *fig* **estar criado entre -ones** verhätschelt (erzogen) sein **5** **~ de azúcar** *dulce*: Zuckerwatte *f*

algodonal M Baumwollfeld *n*; **algodonar** V/T wattieren; **algodonero** **A** ADJ Baumwoll... **B** M *arbusto*: Baumwollstaude *f* **C** M, **-a** F **1** *(plantador, -a)* Baumwollpflanzer *m*, -in *f*; *comerciante* Baumwollhändler *m*, -in *f*; **algodonita** F MIN *silberhaltiges Arsenkupfer aus den Minen von Algodón, Chile*; **algodonosa** F BOT Wiesenwolle *f*; **algodonoso** ADJ wollig, flauschig, pelzig

algorín M Olivenspeicher *m in Ölmühlen*

algorítmico ADJ algorithmisch; **algoritmo** M *t/t*, INFORM Algorithmus *m*

algoso ADJ voller Tang (*o* Algen)

algoterapia F MED Algentherapie *f*

alguacil M **1** *(oficial inferior)* Gerichts-, Amtsdiener *m*; *desp* Büttel *m*, Scherge *m*; **~ de(l) campo** Feldhüter *m* **2** HIST *(gobernador de una ciudad)* Stadtgouverneur *m* **3** ZOOL **~ de moscas** Hausspinne *f* **4** TAUR → alguacilillo

alguacilazgo M Amt *n* eines Gerichts- (*o* Amts)dieners (→ alguacil); **alguacilesa** F Frau *f* eines Gerichts- (*o* Amts)dieners (→ alguacil); **alguacilillo** M TAUR Platzräumer *m (Bezeichnung für die beiden Reiter, die der Cuadrilla voranreiten)*

alguicida ADJ → algicida

alguien PR INDEF jemand, irgendwer; **¿conoces a ~ (que tenga un bar)?** kennst du jemanden(, der eine Bar hat)?; **en su empresa es ~** in seiner Firma ist er wer *fam*

algún *vor sust* MSG → alguno

alguno, -a **A** PRON jemand; etwas; **~s** *mpl* etliche, einige, manche; **~ que otro** der eine oder andere, einige, ein paar **B** ADJ **1** *(cualquiera)* (irgend)einer; mancher; **de -a manera** irgendwie; **-a noche** eines Abends; **algún día** eines Tages; **en -a parte** irgendwo; **algún tanto** etwas; **-a vez** bisweilen, gelegentlich **2** *para reforzar la negación*: **de manera -a** keineswegs; **no hay razón -a para no ir** es gibt keinen Grund, nicht zu gehen

alhaja F **1** *(joya)* Juwel *n (tb fig)*, Kleinod *n*, Geschmeide *n*; **~s** *fpl* Preziosen *pl* **2** *fig (pieza selecta)* Prachtstück *n*, -exemplar *n (tb fig)*; *fam irón* **¡menuda** *o* **buena ~!** ein sauberes Früchtchen *fam*; **alhajar** V/T **1** *(adornar con joyas)* mit Juwelen schmücken **2** *casa* ausstatten, einrichten; **alhajera** F, **alhajero** M *Am* Schmuckkasten *m*, -kästchen *n*

Alhambra F *Palast im maurischen Stil in Granada*

alharaca F heftiger Gefühlsausbruch *m*; Gezeter *n*; **sin ~s ni bambollas** ohne viel Getue, ohne großes Aufheben; **alharaquiento** ADJ zeternd

alhárgama, alharma F BOT Harmelkraut *n*

alhelí M ⟨*pl* -íes⟩ BOT Levkoje *f*; **~ amarillo** Goldlack *m*

alheña F **1** BOT *arbusto*: Rainweide *f*, Liguster *m* **2** AGR *(roya, tizón)* Rost *m* (*o* Brand *m*) *des Getreides* **3** *polvo*: Henna *f*; **alheñar** **A** V/T mit Henna färben **B** V/R **alheñarse** *cereales* brandig werden

alholva F BOT Bockshornklee *m*

alhóndiga F öffentlicher Kornspeicher *m*; Getreidehalle *f*

alhorre M MED **1** *excremento*: Darmausscheidung *f* Neugeborener, Kindspech *n* **2** *de la piel*: Schorf *m* der Neugeborenen

alhucema F BOT Lavendel *m*; **alhucemilla** F BOT Speik *m*

ali... PREF mit ... Flügeln, *p. ej.* **alirrojo** mit roten Flügeln

aliáceo ADJ knoblauchartig

aliado **A** ADJ verbündet; POL alliiert **B** M, **-a** F Verbündete *m/f*; POL **los aliados** die Alliierten **C** M *Cuba* Droschke *f*; **aliadófilo** ADJ HIST *en las guerras mundiales*: alliiertenfreundlich

aliaga F BOT Stechginster *m*

alianza F **1** *(unión)* Bund *m*; Verbindung *f*; **~ conyugal** Ehebund *m*; **~ secreta** Geheimbund *m* **2** POL *(pacto)* Bündnis *n*; *(liga)* *tb* Allianz *f*; **~ defensiva** Verteidigungs- (*o* Defensiv)bündnis *n*; **~ ofensiva** Offensiv- (*o* Angriffs)bündnis *n*; HIST **Santa Alianza** Heilige Allianz *f*; HIST **triple ~** Dreibund *m* **3** *(anillo de boda)* Ehering *m*, Trauring *m*

aliar ⟨1c⟩ **A** V/T vereinen; verbinden **B** V/R **aliarse** sich verbünden; sich anschließen (**a** *dat o* **an** *acus*)

aliaria F BOT Knoblauchkraut *n*

alias **A** ADV alias, auch, genannt **B** M Spitz-, Deckname *m*

alicaído ADJ ORN flügellahm *(tb fig)*; *fig (falto de vigor)* kraftlos; *(falto de ánimos)* mutlos; *(venido a menos)* heruntergekommen

alicántara F → alicante 1

alicante M **1** ZOOL Sandviper *f* **2** *vino*: Alicantewein *m* **3** *(turrón)* *Art sehr hartes* N(o)ugat *n*

Alicante M *span Stadt u Provinz*

alicantina F List *f*; Verschlagenheit *f*; **alicantino** **A** ADJ aus Alicante **B** M, **-a** F Einwohner *m*, -in *f* von Alicante

alicatado M Fliesenbelag *m*; Kachelung *f im arabischen Stil*; **alicatar** V/T & V/I mit Fliesen auslegen, kacheln

alicate(s) M(PL) TEC Flachzange *f*, Greifzange *f*; **~ de corte** Beißzange *f*; **~ de uñas** Nagelzange *f*; **~s** *mpl* **universales** Universal-, Kombizange *f*

Alicia N PR F Alice *f*; LIT **~ en el país de las maravillas** Alice im Wunderland

aliciente M Lockmittel *n*, Köder *m (tb fig)*; *fig* Anreiz *m*

alicorarse V/R *Col* sich betrinken

alicortar V/T CAZA flügeln; **alicorto** ADJ flügellahm; *fig* kraftlos

alicuanta ADJ MAT **parte** *f* **~** mit Rest teilende (*o* aliquante) Zahl *f*

alícuota ADJ proportional; MAT aliquot; **parte** *f* **~** MAT ohne Rest teilende Zahl *f*, Aliquote *f*; ECON Bruchteil *m des Kapitals*

alicuz M ⟨*pl* -uces⟩ *Hond* lebhafter und geschäftstüchtiger Mensch *m*

alienable ADJ → enajenable; **alienación** F **1** JUR Veräußerung *f* **2** PSIC *(distanciamiento)* Entfremdung *f*; MED **~ mental** Geistesgestörtheit *f*, -krankheit *f*; **alienado** **A** ADJ geisteskrank, irr **B** M, **-a** F Geisteskranke *m/f*, Irrsinnige *m/f*

alienar **A** V/T JUR veräußern **B** V/R **~se de** sich entäußern *(gen)*

alienígena **A** ADJ **1** *(extraterrestre)* außerirdisch **2** *(extraño)* fremd **B** M/F *(ser extraterrestre)* Außerirdische *m/f*

alienista M/F *fam* Irrenarzt *m* -ärztin *f*

aliento M *(respiración)* Atem *m*; Hauch *m*; *fig (esfuerzo, valor)* Kraft *f*, Mut *m*; **mal ~** übler Mundgeruch *m*; **cobrar ~** Mut schöpfen; **cortar el ~** den Atem verschlagen (*o* benehmen); **perder el ~** außer Atem kommen; *fig* **que quita el ~** atemberaubend; **tomar ~** Atem holen; *adv* **de un ~** in einem Zuge, ohne Unterbrechung; **sin ~** atemlos, außer Atem; **hasta el último ~** bis zum letzten Atemzug

alifafe M **1** *fam (achaque)* Gebrechen *n*; Unpässlichkeit *f* **2** VET *frec* **~s** *mpl en los caballos*: Gallen *fpl*

alifato M *das arabische Alphabet*

alífero ADJ *poét (que tiene alas)* beflügelt, geflügelt; *(veloz)* schnell, rasch

aligación F Mischung *f*, Verbindung *f*; ECON **regla** *f* **de ~** Alligationsrechnung *f*

aligátor M, **aligator** M ZOOL Alligator *m*

aligeramiento M Erleichterung *f*

aligerar **A** V/T **1** *(reducir el peso)* leichter machen, erleichtern **2** *fig (mitigar)* lindern, erleichtern; mäßigen, abschwächen **3** *(acelerar)* beschleunigen; **~ el paso** den Schritt beschleunigen **B** V/I *fam* sich beeilen **C** V/R **aligerarse** *en lo del médico*: sich frei machen; **~ de ropa** sich leichter kleiden

alígero ADJ *poét* beflügelt; rasch

aligonero M BOT Zürgelbaum *m*; **aligustre** M BOT Liguster *m*

alijador **A** ADJ erleichternd **B** M **1** MAR *(estibador)* Schauermann *m* **2** MAR *(barcaza)* Leichter(schiff *n*) *m*

alijar¹ V/T **1** MAR *cargamento* löschen, *barco* leichtern; *mercancía de contrabando* an Land bringen **2** *algodón* reinigen **3** *(alisar)* schmirgeln, (ab)schleifen

alijar² M Brachland *n*

alijo M **1** *de un barco*: Löschen *n*, Leichtern *n* **2** *(mercancía de contrabando)* Schmuggelware *f*

alilo M QUÍM einwertiger Kohlenwasserstoff *m*

alimaña F **1** CAZA kleines Raubzeug *n* **2** *fig (bichos)* Ungeziefer *n* **3** *persona*: Schurke *m*; **alimañero** M, **alimañera** F CAZA Raubzeugjäger *m*, -in *f*

alimentación F **1** *(dieta)* Ernährung *f*, Verpflegung *f*; *de animales*: Fütterung *f*; **~ disociada** Trennkost *f*; **~ forzosa** Zwangsernährung *f* **2** TEC *(carga)* Speisung *f*, Beschickung *f*; **~ con ácido** Säurezufuhr *f*; INFORM **~ de papel** Papierzufuhr *f*

alimentador **A** ADJ TEC Zufuhr..., Speise... **B** M TEC Zuleitung *f*; ELEC Speisekabel *n*; **alimentante** **A** ADJ ernährend **B** M/F Ernährer *m*, -in *f*, JUR *tb* Unterhaltspflichtige *m/f*

alimentar **A** V/T **1** *(sustentar)* ernähren, beköstigen; **~ por la fuerza** zwangsernähren **2** TEC speisen, *altos hornos* beschicken; INFORM **~ con** *datos* einspeisen *(dat)*, eingeben *(dat)* **3** *fig (suministrar)* nähren; schüren **B** V/I nähren, nahrhaft sein

alimentario **A** ADJ Nahrungs... **B** M → alimentista

alimenticio ADJ Nähr...; **industria** *f* **-a** Nahrungsmittelindustrie *f*; **productos** *mpl* **~s** Nahrungsmittel *npl*; **su(b)stancia** *f* **-a** Nährstoff *m*

alimentista M/F JUR Unterhaltsberechtigte *m/f*

alimento M **1** *(comestible)* Nahrung *f*; **~ artificial** Lebensmittelimitat *n*; **~s** *pl* Lebensmittel *npl*; **~s básicos** Grundnahrungsmittel *npl*; **~s congelados** Tiefkühlkost *f*; **~s dietéticos** *o* **de régimen** Diät-, Reformkost *f*; **~s infantiles** Kindernahrung *f*; **~s transgénicos** genmanipulierte Lebensmittel *npl*, Novel Food *n*; **~s para animales** Tierfutter *n* **2** JUR **~s** *mpl (medios de sustento)* Unterhalt *m*; Alimente *pl*; **derecho** *m* **de ~s** Unterhaltsanspruch *m*; **percibir ~s** Unterhalt beziehen; **(no) cumplir con su obligación de pagar ~s** seiner Unterhaltspflicht (nicht) nachkommen **3** *(combustible)* Heiz-, Brennstoff *m* **4** *fig (caldo de cultivo)*

Nährboden *m*, (*fomento*) Begünstigung *f*
alimentoso ADJ sehr nahrhaft
álimo M BOT Meermelde *f*
alimoche M ORN Schmutzgeier *m*
alimón M **al ~** mit vereinten Kräften, gemeinsam; *tb* gleichzeitig
alimonarse V/R gelb werden (*Erkrankung immergrüner Laubbäume*)
alindamiento M Abgrenzung *f*; **alindar**[1] A V/T abgrenzen B V/I ~ **(con)** angrenzen (an *acus*); **alindar**[2] V/T verschönern, herausputzen; **alinderar** V/T *terreno* begrenzen; *límites* abstecken
alineación F 1 (*orientación*) Ausrichtung *f*; POL **no ~** Blockfreiheit *f* 2 DEP (*formación*) Aufstellung *f einer Mannschaft* 3 ARQUIT Straßenflucht *f*, Fluchtlinie *f* 4 TIPO Schriftlinie *f*; *tratamiento de textos*: Zeileneinstellung *f* 5 **-ones** *fpl* **montañosas** Gebirgszüge *mpl*
alinear A V/T 1 (*poner en línea*) ausrichten; TIPO **~ a la derecha/izquierda** rechtsbündig/linksbündig ausrichten; MIL **¡~!** richt(et) euch!; POL **países** *mpl* **no alineados** blockfreie Länder *npl* 2 DEP *equipo* aufstellen B V/R **alinearse** sich in einer Reihe aufstellen; *fig* **~ a a/c/con alg** sich einer Sache/j-m anschließen
aliñado ADJ 1 (*grácil*) zierlich 2 (*aseado*) sauber 3 GASTR *comida* angerichtet, gewürzt;
aliñar A V/T 1 schmücken 2 GASTR *comida* anrichten, würzen, *ensalada* anmachen 3 *Chile huesos* einrenken B V/R **aliñarse** sich zurechtmachen
aliño M 1 (*decoración*) Schmuck *m*, Verzierung *f* 2 GASTR (Zu)Bereitung *f*; Würze *f*, (Salat)Soße *f* 3 Geräte *npl*
alioli M → ajiaceite
alípede ADJ *poet* an den Füßen geflügelt; **alípedo** ADJ → alípede
alipego M *Am Centr* Zugabe *f für den Käufer*
ALIPO F *abr* (**Alianza Liberal del Pueblo**) *politische Partei in Honduras*
alirón DEP *fam* **¡~, ~!** wir haben gewonnen!; **cantar** *o* **entonar el ~** seinen Sieg feiern, die Siegeshymne anstimmen; den Sieg davontragen
alirrojo ADJ mit roten Flügeln, rot geflügelt
alisado A ADJ *pelo* glatt B M Glätten *n*; Polieren *n*; **alisador** A M, **alisadora** F Polierer *m*, -in *f*, Schleifer *m*, -in *f* B M *herramienta*: Glätt-, Schlichtholz *n*; **alisadura** F Glätten *n*; **~s** *fpl* Abfälle *mpl beim Polieren*
alisar[1] M, **alisal** M Erlengehölz *n*
alisar[2] V/T glätten, polieren; *pelo* glatt streichen
aliscafo, alíscafo M DEP → acuaplano
aliseda F Erlengehölz *n*
alisios MPL **(vientos** *mpl***)** ~ Passat(winde *mpl*) *m*
alisma F BOT Froschlöffel *m*
aliso M BOT Erle *f*; *madera*: Erlenholz *n*
alistado A ADJ gestreift B M MIL Ausgehobene *m*; **alistador** M 1 (*anotador*) Listen-, Registerführer *m* 2 MIL (*reclutador*) Werber *m*;
alistamiento M 1 MIL, ECON Anwerbung *f*; *de tropas*: Aushebung *f*; *de reclutas*: Musterung *f*; MAR Anheuerung *f* 2 (*inscripción*) Einschreibung *f* 3 *de material*: Erfassung *f*
alistar A V/T 1 *espec Am* (*preparar*) herrichten, vorbereiten, bereitstellen 2 (*inscribir*) einschreiben; *material, etc* erfassen; *en una lista*: auflisten 3 MIL (*reclutar*) anwerben; mustern; *reclutas* erfassen; *tropas* ausheben B V/R **alistarse** 1 (*inscribirse*) sich einschreiben lassen 2 MIL sich (*presentarse como recluta*) anwerben lassen; sich (freiwillig) melden 3 *Am* (*prepararse*) fertig werden, sich fertig machen
alitán M *pez*: Großgefleckter Katzenhai *m*
aliteración F LING, LIT, RET Alliteration *f*, Stabreim *m*
alitierno M BOT → aladierna
aliviable ADJ entlastend; erleichternd; **aliviada** F *RPl fam* Verschnaufpause *f*, Erleichterung *f*; **aliviadero** M Überlauf *m bei Kanälen*;
aliviador ADJ lindernd
aliviar ⟨1b⟩ A V/T 1 (*aligerar*) erleichtern; entlasten; *dolor, etc* lindern; **este medicamento me alivió** dieses Medikament hat mir gut getan 2 *fam* (*acelerar*) beschleunigen 3 *fam fig* (*robar*) bestehlen; **le aliviaron (de) su cartera** man hat ihn um seine Brieftasche erleichtert *fam* B V/R **aliviarse** sich erholen; **¡que se alivie!** gute Besserung!
alivio M 1 (*aligeramiento*) Erleichterung *f*; Erholung *f*; **~ de luto** Halbtrauer *f* 2 *jerga del hampa* (*defensor legal*) Strafverteidiger *m* 3 **de ~** *fam* (*fuerte*) stark, heftig, gehörig; (*malo*) mies, übel; (*peligroso*) gefährlich; **me he dado un golpe de ~** ich habe mich ganz gehörig gestoßen
alizarina F QUÍM Alizarin *n*, Krapprot *n*
aljaba F Köcher *m*; **aljama** F HIST 1 (*morería*) Maurenviertel *n*; (*mezquita*) Moschee *f* 2 (*judería*) Judenviertel *n*; (*sinagoga*) Synagoge *f*; **aljamía** F 1 HIST *Bezeichnung der Mauren für das Spanische* 2 *textos*: *in spanischer Sprache, aber in arabischer Schrift verfasste Texte*;
aljamiado *in spanischer Sprache, aber in arabischer Schrift verfasst*
aljerife M MAR großmaschiges Fischernetz *n für den Lachsfang*
aljez M ⟨*pl* -eces⟩ Gipsstein *m*
aljibe M 1 (*cisterna*) Zisterne *f*; *Col* Brunnen *m* 2 MAR Wassertank *m*; (*buque tanque*) Tankschiff *n*
aljofaina F → jofaina
aljófar M 1 (*pequeñas perlas*) kleine, unregelmäßig geformte Perle(n) *f(pl)*, Saatperlen *fpl* 2 *poét* (*perla*) Perle *f*; **~ de rocío** Tauperlen *fpl*
aljofarar V/T mit Perlen besticken
aljonje M Vogelleim *m*
allá ADV 1 *lugar*: dort, da; *dirección*: dorthin; dortherum; **~ abajo** da hinten, dort unten; **~ arriba** dort oben; **más ~ (de)** weiter weg (von *dat*); jenseits (*gen o* von *dat*); **el más ~** das Jenseits; **muy ~** ganz weit weg; **por ~** dorthin; ungefähr dort; **tan ~** so weit; **~ en América** dort (irgendwo) in Amerika; **¡~ va eso!** da kommt's!, hier ist es!; **¡~ voy!** (ich komme) gleich! 2 *en el tiempo*: damals; **~ por los años veinte** damals in den Zwanzigerjahren; **~ en mi juventud** damals in meiner Jugend 3 *fig* **¡~ él/ellos!** das ist seine/ihre Sache!; **¡~ se las arregle (él)!** *o* **¡~ se las componga (él)!** er soll sehen, wie er fertig wird! (*o* wie er zurechtkommt!)
allanamiento M 1 (*aplanamiento*) Ebnen *n*, Glätten *n*; Einebnen *n*; *de obstáculos*: Beseitigung *f* 2 *fig* JUR (*reconocimiento*) Anerkenntnis *n einer richterlichen Entscheidung*; **~ de morada** *Esp* Hausfriedensbruch *m*; *Am* (*registro domiciliario*) Haussuchung *f*
allanar A V/T 1 (*poner llano*) (ein)ebnen, glätten; (*aplanar*) planieren; *casa* niederreißen 2 *fig* gleichmachen; *pelea* schlichten; *obstáculos* beseitigen; *dificultades* überwinden B V/T & V/I JUR **~ (una morada)** Hausfriedensbruch begehen; *Am* (*registrar un domicilio*) eine Haussuchung vornehmen (lassen) (bei *dat*) C V/R **allanarse** 1 *persona* sich fügen (**a** *dat o* in *acus*), sich unterwerfen (**a** *dat*) 2 (*derrumbarse*) einstürzen
allane M *Am reg* Einebnen *n*, Planieren *n*
allegadizo ADJ wahllos zusammengesucht
allegado A ADJ 1 (*cercano*) nächstgelegen 2 *fig* (*próximo*) nahe stehend; **círculos** *mpl* **~s al gobierno** der Regierung nahe stehende Kreise *mpl* B M, **-a** F 1 (*pariente*) Angehörige *m/f*, Verwandte *m/f* 2 *fig* (*seguidor[a]*) Anhänger *m*, -in *f*; **allegador** M 1 AGR *hölzerner* Getreiderechen *m* 2 (*hurgón*) Schürhaken *m*
allegar ⟨1h⟩ A V/T sammeln, zusammentragen; **~ dinero** Geld aufbringen; **~ medios** Mittel auftreiben B V/R **~se (a)** sich nähern (*dat*); sich *einer Idee etc* (*dat*) anschließen
allende ADV *liter* auf der anderen Seite; jenseits (*gen*); **de ~ los mares** von jenseits der Meere; **~ las montañas** jenseits der Berge
allí ADV da, dort(hin); *en el tiempo*: damals; **~ detrás** dahinter; **~ mismo** ebendort, daselbst; **de ~** daher; **de ~ a poco** kurz darauf; **hasta ~** bis dahin; **hacia ~** da-, dorthin; **por ~** dortherum; dahinaus; **aquí y ~** hier und dort; dann und wann
alloza F BOT grüne Mandel *f*; **allozo** M BOT Mandelbaum *m*
alma F 1 (*espíritu*) Seele *f*; *fig* (*ánimo*) Gemüt *n*, Herz *n*; *fig* **Juan es el ~ de la empresa** Juan ist die Seele des Unternehmens; **arrancarle a alg el ~** j-n zutiefst verwunden, j-m das Herz zerreißen; **destrozar** *o* **partir el ~** das Herz zerreißen; **entregar el ~ (a Dios)** den Geist aufgeben, sterben; **írsele a alg el ~ tras a/c** etw von Herzen herbeisehnen; etw sehnsüchtig erstreben; **no tener ~** herzlos (*o* gewissenlos) sein; **tener el ~ en la mano** offen(herzig) sein (*o* handeln); **tener el ~ en un hilo** sehr gespannt sein; (wie) auf glühenden Kohlen sitzen; Angst haben; *con prep*: **llegarle a alg al ~** j-m zu Herzen (*o* sehr nahe) gehen; **con el ~** herzlich; aufrichtig, gerne; *fam* **con toda el ~** von ganzem Herzen; **con ~ y vida** *o* **en cuerpo y ~** mit Leib und Seele, sehr; *fam* **no poder con su ~** todmüde sein; **salir del ~** von Herzen kommen; **en el ~** lebhaft, tief (*fig*); herzlich; **me duele en el ~** es tut mir in der Seele weh; **llevar a alg en el ~** j-n von Herzen lieben; **lo siento en el ~** ich bedaure es zutiefst 2 *fig* (*valor*) Mut *m*, Herz *n*; **tener el ~ bien puesta** das Herz auf dem rechten Fleck haben; **se me cayó el ~ a los pies** ich verlor den Mut; das Herz fiel mir in die Hose *fam*; **con el ~ en un hilo** mit Hangen und Bangen 3 *persona*: Seele *f*; Mensch *m*, Kerl *m fam*; **~ de cántaro** naiver Mensch *m*, Einfaltspinsel *m fam*; **~ de Dios** guter Kerl *m*, treue Haut *f*; **~ gemela** verwandte Seele *f*; **~ en pena** Seele *f* im Fegefeuer, arme Seele *f*; **un ~ pura** eine reine Seele; **un pueblo de dos mil ~s** ein Ort von 2000 Seelen; **no se veía ~ viviente** kein Mensch (*o* keine Menschenseele) war zu sehen; **¡~ mía!** mein Liebes!, mein Liebling!; **hijo** *m* **de mi ~** mein (lieber) Junge 4 *en comparaciones*: **como ~ que se lleva el diablo** in aller Hast, in Windeseile; als ob der Teufel hinter ihm her wäre *fam*; **(andar) como ~ en pena** traurig, trübsinnig, melancholisch (sein); **padecer como ~ en pena** unsäglich leiden; *fam fig* **partirle** *o* **romperle a alg el ~** j-m den Schädel einschlagen (*o* das Genick brechen) *fam* 5 TEC (*corazón*) Kern *m*, Seele *f* 6 MÚS *de un instrumento de cuerda*: Stimmstock *m*, Seele *f* 7 ARQUIT (*madero vertical*) vertikale Stütze *f*; Stützbalken *m*
almacén M 1 (*depósito*) Lager *n*, Lagerhaus *n*; Magazin *n*; MIL Kammer *f*; COM **en ~** auf Lager, vorrätig; **~ de la aduana** Zolllager *n*; **jefe** *m* **de ~** Lagerist *m*, Lagerverwalter *m*; **depositar mercancías en los -enes (de la aduana)** Waren unter Zollverschluss legen 2 **(grandes) -enes** *mpl* (*establecimiento de ventas*) Waren-, Kaufhaus *n* 3 *Am* (*tienda de comestibles*) Lebensmittelgeschäft *n* 4 MAR (*aljibe de barco*) Wassertank *m*; **~ de carbón** Kohlenbunker *m*
almacenable lagerfähig; **almacenaje** M 1 (*depósito*) Einlagerung *f* 2 (*pago por depósito*) Lagermiete *f*; **(derechos** *mpl* **de) ~** Lagergeld *n*, -gebühr *f*; **almacenamiento** M (Ein)La-

gerung *f*; INFORM Speicherung *f*; NUCL **~ definitivo** Endlagerung *f*; NUCL **~ temporal** *o* **interino** Zwischenlagerung *f*

almacenar VT (ein)lagern; speichern; INFORM (ab)speichern; *fig* anhäufen; **~ en disquete** auf Diskette (ab)speichern; **estar almacenado** eingelagert sein, lagern; **tener almacenado** auf Lager haben, eingelagert haben

almacenero M, **almacenera** F Lagerverwalter *m*, -in *f*, Lagerist *m*, -in *f*, Magazinverwalter *m*, -in *f*; *RPl* Lebensmittelhändler *m*, -in *f*; **almacenista** M/F 1 *(dueño, -a de un almacén)* Lagerhalter *m*, -in *f*, Lagerinhaber *m*, -in *f* 2 *(mayorista)* Grossist *m*, -in *f*

almáciga F 1 Mastix *m*; *(masilla)* (Fenster)Kitt *m* 2 AGR *(lugar de siembra)* Mist-, Treibbeet *n*; Baumschule *f*; **almácigo** M 1 BOT *árbol*: Mastixbaum *m*; *Am Art* Terebinthe *f* 2 *Perú* → almáciga 2

almádena F Steinhammer *m*

almadía F 1 *(balsa)* Floß *n* 2 *(canoa)* Indianerkanu *n*; **almadiero** M, **-a** F Flößer *m*, -in *f*

almadraba F 1 *(pesca del atún)* Thunfischerei *f* 2 *lugar*: Thunfischfanggründe *mpl* 3 *red*: Thunfischfangnetz *n*; **almadrabero** M, **almadrabera** F Thunfischer *m*, -in *f*

almadreña F Holzschuh *m*

almagra F → almagre; **almagrar** VT PINT mit Ocker (*o* Rötel) färben; **almagre** M MIN, PINT Ocker *m*; Rötel *m*; **almagrero** ADJ ockerreich

almajal M Salzkrautfeld *n*

almanaque M Almanach *m*, Kalender *m*

almandina F, **almandino** M MINER Almandin *m*, dunkelroter Granat *m*; **almanta** F Furchenrain *m*; → *tb* entreliño; **poner a ~** *cepas* dicht und unregelmäßig pflanzen

almarada F 1 *puñal*: dreikantiger Dolch *m* 2 *(aguja de alpargatero)* große Sattlernadel *f*

almarbatar VT *madera* verfugen

almarjal M 1 Salzkrautfeld *n* 2 → marjal; **almarjo** M BOT *(barrilla)* Salzkraut *n*

almártaga, almártega F QUÍM Bleiglätte *f*

almartigón M Krippenhalfter *m*

almástec M, **almástiga** F Mastix *m*

almatriche M Bewässerungsgraben *m*

almazara F Ölmühle *f*

almea F Storaxbalsam *m*; Storaxrinde *f*

almeja F ZOOL *molusco*: Venusmuschel *f*; **~s** *fpl* **a la marinera** Venusmuscheln *fpl* in Knoblauch-Sherry-Soße; **almejar** M (Venus)Muschelbank *f*

almena F ARQUIT (Mauer)Zinne *f*; **almenado** A ADJ mit Zinnen besetzt; zinnenförmig; *heráldica*: gekerbt B M → almenaje; **almenaje** M ARQUIT Zinnenwerk *n*, Mauerkrönung *f*

almenar[1] VT ARQUIT mit Zinnen versehen

almenar[2] M Fackelständer *m*

almendra F 1 BOT Mandel *f*; *fruta*: Mandelkern *m*; *gener (carozo)* Kern *m*; **~ amarga** Bittermandel *f*; **~ de cacao** Kakaobohne *f*; **~s garrapiñadas** gebrannte Mandeln *fpl*; **~ mollar** Krach-, Knackmandel *f*; **~ salada** Salzmandel *f*; **~ tostada** geröstete Mandel *f*; **aceite** *m* **de ~s (amargas)** (Bitter)Mandelöl *n*; **pasta** *f* **de ~s** *cosmética*: Mandelkleie *f* 2 *fam (guijarro)* Kieselstein *m* 3 ZOOL *molusco*: **~ de mar** Sammetmuschel *f*

almendrada F Mandelmilch *f*; **almendrado** A ADJ mandelförmig B M *pasta*: Mandelteig *m*; *pastel*: Mandelgebäck *n*; *salsa*: Mandelsoße *f*; **almendral** M 1 *terreno*: Mandelbaumpflanzung *f* 2 → almendro; **almendrera** F, **almendrero** M 1 *árbol*: Mandelbaum *m* 2 *plato*: Mandelschale *f*, -teller *m*; **almendrilla** F 1 *(guijos)* Schotter *m* 2 *(carbón galleta)* Nusskohle *f* 3 *(lima de cerrajero)* Schlosserfeile *f*; **almendro** M BOT Mandelbaum *m*; **almendrón** M BOT amerikanischer Mandelbaum *m*; **almendruco** M grüne Mandel *f*

Almería F *span Stadt u Provinz*

almeriense A ADJ aus Almería B M/F Einwohner *m*, -in *f* von Almería

almez M ⟨*pl* -eces⟩ BOT Zürgel-, Elsbeerbaum *m*; **almeza** F Elsbeere *f*; **almezo** M → almez

almiar M AGR Feime *f*, Miete *f*

almíbar M Sirup *m*; **melocotón** *m* **en ~** Pfirsichkompott *n*; **peras** *fpl* **en ~** Birnenkompott *n*

almibarado ADJ zuckersüß *(tb fig)*; *fig* süßlich, schmalzig; **almibarar** VT 1 *frutas* in Sirup einkochen 2 *fig (endulzar)* versüßen; **~ a alg** j-m Honig ums Maul schmieren *fam*

almidón M Stärke *f*; Stärkemehl *n*; **~ de brillo** Glanzstärke *f*; **dar ~ a a/c** etw stärken

almidonado A ADJ 1 *ropa* gestärkt 2 *fig persona* herausgeputzt, geschniegelt *fam* B M Stärken *n*; **almidonar** VT *ropa* stärken; **almidonería** F Stärkefabrik *f*

almilla F 1 TEX *(jubón)* Wams *n*; Unterjacke *f* 2 CONSTR *(tapón)* Zapfen *m*

almimbar M Mimbar *m*, Kanzel *f einer Moschee*; **alminar** M Minarett *n*

almiranta F Admiralsschiff *n*; Flaggschiff *n*; **almirantazgo** M 1 *(conjunto de almirantes)* Admiralität *f* 2 *(rango de almirante)* Admiralsrang *m*; **almirante** M Admiral *m*; **buque** *m* **~** Flaggschiff *n*; **insignia** *f* **de ~** Admiralsflagge *f*

almirez M ⟨*pl* -eces⟩ GASTR Mörser *m*

almizclado ADJ Moschus...; mit Moschusduft

almizcle M Moschus *m (tb perfume)*; Bisam *m*; **aceite** *m* **de ~** Moschusöl *n*; **cabra** *f* **de ~** Moschustier *n*

almizcleña F BOT Moschusblume *f*; **almizcleño** ADJ Moschus...; **manzana** *f* **-a** Bisamapfel *m*; **almizclera** F ZOOL Bisamspitzmaus *f*; **almizclero** A ADJ → almizcleño; **buey** *m* **~** Moschusochse *m* B M ZOOL Moschustier *n*

almo ADJ 1 *poét (criador)* schaffend, nährend 2 *(venerable)* ehrwürdig, heilig

almocadén M 1 MIL HIST Infanterieoberst *m* 2 HIST *en Marruecos Art* Bezirksbürgermeister *m*

almocafre M Jäthacke *f*; **almocárabe, almocarbe** M ARQUIT schleifenförmige Verzierung *f*; **almocrí** M ⟨*pl* -íes⟩ Koranleser *m in Moscheen*

almodrote M 1 GASTR *scharfe Soße mit Knoblauch und Käse* 2 *fig (desorden)* Durcheinander *n*

almogávar M HIST *Berufssoldat im Dienst der katalanisch-aragonesischen Krone*

almohada F 1 *(colchoncillo)* Kopfkissen *n*; *(funda)* Kopfkissenüberzug *m*; *fig* **consultar (a/c) con la ~** (eine Sache) überschlafen; *fig* **dar vueltas a la ~** nicht (ein)schlafen können, sich unruhig im Bett hin und her wälzen; *prov* **la mejor ~ es una conciencia tranquila** ein gutes Gewissen ist ein sanftes Ruhekissen 2 DEP *(rodillera)* Kniepolster *n* 3 **~ neumática** Luftkissen *n* 4 ARQUIT *(piedra trabajada)* behauener Stein *m*, Bossage *f*

almohades MPL HIST Almohaden *mpl*

almohadilla F 1 *(almohada pequeña)* kleines Kissen *n*; *(acerico)* Nähkissen *n*; *caballería*: Sattelkissen *n*; **~ eléctrica** Heizkissen *n*; **~ de tinta** Stempelkissen *n* 2 TEC Puffer *m*; **~ de freno** Bremsklotz *m*; Bremsbacke *f*; **servir de ~** Druck, Schlag *etc* abschwächen *(tb fig)* 3 ARQUIT *del capitel jónico*: Polster *n*; *en albañilería*: Wulststein *m*

almohadillado A ADJ gepolstert, Polster... B M 1 *(acolchado)* Polsterung *f* 2 TEC *(revestimiento)* Futter *n* 3 ARQUIT Bossage *f*; **almohadillar** VT ausfüllen; polstern; **almohadón** M 1 *(colchoncillo)* großes Kissen *n*; Sitz-, Keil-, Sofakissen *n* 2 ARQUIT *primera piedra*: Anfallstein *m eines Bogens*

almohaza F Striegel *m*; **almohazar** VT ⟨1f⟩ striegeln

almojábana F GASTR 1 *(torta de queso)* Käsekuchen *m* 2 *(bollo de sartén) Art* Pfannkuchen *m* 3 *Col pastel*: *Art* Gebäck *n*

almóndiga F → albóndiga

almoneda F 1 *(subasta)* Versteigerung *f*, Auktion *f* 2 *(liquidación)* Ausverkauf *m*; **almoned(e)ar** VT versteigern

almorávides MPL HIST Almoraviden *mpl*

almorejo M BOT Borstenhirse *f*

almorrana(s) F(PL) MED Hämorr(ho)iden *pl*

almorta F BOT Platterbse *f*

almorzada F 1 zwei Hände voll 2 *Am* → almuerzo; **almorzar** VT & VI ⟨1f *y* 1m⟩ 1 *al mediodía*: *Esp offiziell und in Restaurants, Am gener* zu Mittag essen 2 *Esp reg por la mañana*: (kräftig) frühstücken; **vengo almorzado** ich habe bereits gefrühstückt (*o* gegessen)

almud M HIST *Trockenmaß, regional verschieden*

almudí(n) M → alhóndiga

almuecín, almuédano, almuedén M REL Muezzin *m*, Gebetsausrufer *m*

almuerzo A → almorzar B M 1 *al mediodía*: *Esp offiziell und in Restaurants, Am gener* Mittagessen *n*; *Esp* **~ escolar** Schulspeisung *f*; **~ de negocios** Geschäftsessen *n*; **~ de trabajo** Arbeitsessen *n* 2 *Esp reg por la mañana*: (kräftiges zweites) Frühstück *n*

almunia F Gehöft *n*

alobado ADJ 1 *coto de caza* voller Wölfe 2 *(tonto)* dumm; **alobunado** ADJ 1 *color de la piel*: wolfsähnlich 2 *fig (travieso)* wild, ausgelassen

alocado A ADJ *(maniático)* verrückt; *(sin sensatez)* unüberlegt B M, **-a** F Wirrkopf *m*; **alocarse** VR ⟨1g⟩ verrückt werden

alocución F kurze Ansprache *f*; CAT **~ papal** Allokution *f*

alodio M HIST Freigut *n*, Allod *n*

áloe, aloe M BOT, FARM Aloe *f*

alófono M FON Allofon *n*

aloja F *Arg* Bier *n* aus Johannisbrot

alojado M, **alojada** F Quartiersgast *m*, Einquartierte *m/f (tb* MIL*)*; **alojamiento** M 1 *(hospedaje)* Unterbringung *f*; MIL Einquartierung *f* 2 *(albergue)* Unterkunft *f*; MIL Quartier *n*

alojar A VT 1 *(hospedar)* beherbergen; unterbringen, einquartieren *(tb* MIL*)* 2 *(introducir)* hineinstecken (**en** in *acus*) B VR **alojarse** 1 *(tomar vivienda)* Wohnung beziehen; *en el hotel, etc*: absteigen (**en** in *dat*); MIL Quartier beziehen 2 *(atascarse)* stecken (bleiben) (**en** in *dat*); **la bala se alojó en el pulmón** die Kugel blieb in der Lunge stecken

alomado ADJ bucklig; *caballo* mit hochgebogenem Kreuz; **alomar** VT AGR rigolen

alomorfo M LING Allomorph *n*

alón M Flügel *m (ohne Federn)*

alondra A F ORN Lerche *f* B M *pop (albañil)* Maurer *m*

alonso ADJ 1 *trigo* großkörnig 2 *fig persona* dumm; faul

alópata M/F MED Allopath *m*, -in *f*

alopatía F MED Allopathie *f*; **alopático** ADJ allopathisch

alopecia F MED Haarausfall *m*, Alopezie *f*

aloque A ADJ hellrot B M *vino*: hellroter Wein *m*

alosa F *pez*: Alse *f*, Maifisch *m*

alotropía F QUÍM Allotropie *f*; **alotrópico**

ADJ allotrop
alpaca¹ F 1 ZOOL Alpaka n 2 lana: Alpakawolle f
alpaca² F metal: Alpaka n, Neusilber n
alpamato M BOT argentinische Teestaude f
alpargata F, **alpargate** M Hanfschuh m; Esp Leinenschuh m mit Hanfsohle, Espadrille f; fig **no tener ni para unas ~s** ein armer Schlucker sein, keinen Pfennig haben; **alpargatería** F taller: Hanfschuhwerkstatt f, tienda: Hanfschuhladen m; **alpargatero** M, **alpargatera** F productor(a): Hanfschuhmacher m, -in f; vendedor(a): Hanfschuhhändler m, -in f; **alpargatudo** M Col armer Teufel m
alpechín M 1 de aceitunas: Ölhefe f 2 Am gener Pflanzen- (o Obst)saft m
alpende, alpendre M Schuppen m; Bauhütte f
Alpes MPL Alpen fpl
alpestre ADJ espec BOT Alpen...
ALPI M abr (Atlas lingüístico de la Península Ibérica) Sprachatlas m der Iberischen Halbinsel
alpinismo M Bergsport m, Bergsteigen n; **alpinista** M/F Bergsteiger m, -in f
alpino ADJ Alpen...; MIL **cazador** m **~** Gebirgsjäger m; **club** m **~** Alpenverein m; **flora** f **-a** Alpenflora f, Alpenblumen fpl
alpiste M 1 BOT Kanariengras n 2 (comida para pájaros) Vogelfutter n 3 fam fig (medios de vida) Lebensunterhalt m; fam (bebidas alcohólicas) Schnaps m; **le gusta mucho el ~** er/sie ist ein Schluckspecht; **alpistera** F GASTR *Kuchen aus Mehl, Eiern und Sesam*
ALPRO F abr (Alianza para el Progreso) Allianz f für den Fortschritt
Al Qaeda SIN ART Al Qaida f (islamistische Terrororganisation)
alquequenje M BOT Physalis f, Kapstachelbeere f, Ananaskirsche f
alquería F (finca agrícola) Bauernhof m; (caserío) Weiler m; reg (quinta) Landhaus n
alquifol M Glasurmasse f der Töpfer
alquilable ADJ vermietbar; **alquiladizo** ADJ Miet...; fig desp käuflich, bestechlich; **alquilador** M, **alquiladora** F 1 (dueño, -a de casa) Vermieter m, -in f 2 (inquilino, -a) Mieter m, -in f; **alquilamiento** M → alquiler
alquilar A VT 1 (dar alquiler) **~ a/c a alg** j-m etw vermieten, etw an j-n vermieten; etw an j-n (gegen Geld) verleihen 2 (tener alquilado) **~ a/c** etw mieten B VR **alquilarse** cosa zu vermieten sein; **se alquila** zu vermieten
alquiler M 1 (acción de alquilar) Vermieten n; **de ~** Miet(s)...; **casa** f **de ~** Mietshaus n; ECON **~-venta** Mietkauf m 2 precio: Miete f; Mietzins m 3 (servicio de préstamo) Verleih m; Vermietung f; **~ de bicicletas** Fahrradverleih; **(agencia** f **de) ~ de coches** Autoverleih m, -vermietung f; **coche** m **de ~ (sin chófer)** Leihwagen m (für Selbstfahrer)
alquimia F Alchimie f
alquímico ADJ alchimistisch
alquimila F BOT Frauenmantel m
alquimista M/F Alchimist m, -in f; **alquitara** F Brennkolben m; **alquitarar** VT brennen, destillieren
alquitira F BOT Tragant m
alquitrán M Teer m; **~ mineral** o **de hulla** Steinkohlenteer m; **alquitrán vegetal** Holzteer m; **colorantes** mpl **de ~** Teerfarben fpl; **jabón** m **de ~** Teerseife f
alquitranado A ADJ teerig, Teer... B M acción: Teerung f; capa: Teerdecke f; **alquitranadora** F Straßenteermaschine f
alquitranar VT teeren
alrededor A ADV ringsherum; rund um; **~ de** ungefähr; **a mi ~** um mich herum B **~es** MPL Umgebung f, Umgegend f
Alsacia F Elsass n
alsaciano A ADJ elsässisch B M, **-a** F Elsässer m, -in f C M dialecto: der elsässische Dialekt
alta F 1 MED certificado: Entlassungsschein m; **dar de ~** o **dar el ~ (a un enfermo)** (einen Kranken) gesundschreiben; **recibir el ~** (als gesund) entlassen werden 2 (inscripción) Anmeldung f; MIL Eintrittsschein m; **dar de ~** MIL den Dienstantritt bescheinigen; ADMIN anmelden (**a alg** j-n); **darse de ~** als Mitglied eintreten; ADMIN sich anmelden; MIL **causar** o **ser ~** (wieder) in Dienst treten
altaico ADJ altaisch (tb LING)
altamente ADV höchst, äußerst, hochgradig; **~ c(u)alificado** hoch qualifiziert
altamisa F BOT → artemis(i)a
altanería F 1 (soberbia) Hochmut m, Überheblichkeit f; hochfahrendes Wesen n 2 (altura) Höhe f, obere Regionen fpl 3 CAZA Beiz-, Falkenjagd f; **altanero** ADJ 1 (soberbio) hochmütig, überheblich, stolz 2 aves de rapiña hoch fliegend
altano(s) M(PL) abwechselnde See- und Landbrisen fpl
altar M 1 REL Altar m; **~ de campaña** Feldaltar m; **~ mayor** Hochaltar m; fig **llevar al ~** zum Altar führen; CAT **elevar a los ~es** selig- (o heilig)sprechen; fig **quedarse para adornar ~es** eine alte Jungfer sein (o werden); fig **tener a alg en los ~es** j-m größte Hochachtung entgegenbringen, größte Hochachtung vor j-m haben 2 reg MIN Erzader f
altaricón ADJ reg groß und dick
altavoz M ⟨pl -oces⟩ Lautsprecher m; **~ de bocina** Trichterlautsprecher m
altea F BOT Malve f
alterabilidad F Veränderungsfähigkeit f;
alterable ADJ wandelbar, veränderlich
alteración F 1 (modificación) Veränderung f, Wechsel m 2 (perturbación) Störung f; (deformación) Verfälschung f, Entstellung f; **~ del orden** Unruhe(n) f(pl); **~ del orden público** Störung f der öffentlichen Ordnung; **~ del medio ambiente** Störung f des ökologischen Gleichgewichts 3 (agitación) Aufregung f; Ärger m; Streit m 4 FIL Selbstentfremdung f
alteradizo ADJ unstet, veränderlich; **alterado** ADJ 1 persona aufgeregt, verstört, durcheinander 2 **~ genéticamente** genetisch verändert; **alterador** ADJ verändernd; **alterante** ADJ wandelnd
alterar A VT 1 (modificar) (ver)ändern 2 (deformar) entstellen; verfälschen 3 person verstören, beunruhigen, aufregen; paz, etc stören; comestibles verderben; **~ el orden público** die öffentliche Ordnung stören B VR **alterarse** 1 persona sich ändern 2 comestibles verderben, schlecht werden fam, leche sauer werden 3 (enojarse) **~ por** sich ärgern über (acus), sich aufregen über (acus)
alterativo ADJ verändernd; Wandel bewirkend
altercación F → altercado; **altercado** M Wortwechsel m, Streit m; **altercador** ADJ streitsüchtig; störend; **altercar** VI ⟨1g⟩ sich (herum)streiten, (miteinander) zanken; **~ con Dios** mit Gott hadern
álter ego, alter ego M Alter Ego n; fam Intimus m
alternación F Abwechslung f; Wechsel m;
alternadamente ADV → alternativamente; **alternado** ADJ → alternativo; **alternador** M ELEC Wechselstromgenerator m; **alternancia** F 1 t/t (cambio) Wechsel m, Abwechslung f 2 ELEC **~ (de polaridad)** Polwechsel m 3 FON Abstufung f; **~ vocálica** Umlaut m
alternar A VT & VI (ab)wechseln; **~ los ejercicios** mit den Übungen wechseln; **~ el trabajo con el descanso** abwechselnd arbeiten und ausruhen; **~ entre ... y ...** wechseln zwischen ... (dat) und ... (dat) B VI 1 (turnarse) (sich) abwechseln; sich ablösen (**en** bei dat); **~ al volante** sich beim Fahren abwechseln 2 **~ con alg** mit j-m verkehren; **~ con los clientes** camarera de bar, etc die Gäste animieren 3 TAUR **~ un novillero** als Matador zugelassen werden
alternativa F 1 (opción) Alternative f; **estar ante la ~** vor der Alternative stehen; **poner ante la ~** vor die Alternative stellen 2 (jornada) Schicht f (im Dienst) 3 TAUR **dar la ~ (a un novillero)** als Matador zulassen (acus); **tomar la ~** als Matador zugelassen werden 4 METEO frec **~s** fpl Wetterumschwung m, -umschlag m, -wechsel m
alternativamente ADV abwechselnd; trabajo schichtweise; **alternativo** ADJ 1 alternativ, Alternativ... 2 (por turnos) abwechselnd, alternierend; AGR **cultivo** m **~** Wechselwirtschaft f
alterne M fam Anbändeln n, Anmachen n fam; **bar** m **de ~** Animierlokal n; **chica** f **de ~** Animierdame f fam
alterno ADJ 1 **a días ~s** einen Tag um den andern; **en días ~s** jeden zweiten Tag; → tb alternativo 2 2 BOT wechselständig 3 t/t Wechsel...; ELEC **corriente** f **-a** Wechselstrom m; AGR **cultivo** m **~** Wechselwirtschaft f; Fruchtwechsel m; MAT **ángulos** mpl **~s** Wechselwinkel mpl
alteza F 1 (altura) Höhe f 2 (excelencia) Hoheit f; Würde f; tratamiento: **Alteza** Durchlaucht f; **Alteza Real** Königliche Hoheit f 3 fig **~ de miras** (elevación moral) hoher (ethischer) Standpunkt m
altibajo M 1 esgrima: Hochquart f 2 **~s** mpl de un terreno: Unebenheiten fpl im Gelände; fig de la fortuna: Auf und Ab n, Wechselfälle mpl des Schicksals
altillo M 1 (cerrillo) Anhöhe f 2 (entresuelo) Zwischenstockwerk n in Geschäfts- und Lagerräumen 3 armario: (Schrank)Aufsatz m
altilocuencia F → grandilocuencia
altílocuo ADJ → grandilocuente
altimetría F Höhenmessung f
altímetro M Höhenmesser m
altipampa F Arg, Bol, Perú Hochebene f; **altiplanicie** F, **altiplano** M espec Am Hochfläche f, -ebene f; Tafelland n
altiro, al tiro ADV Chile fam sofort, auf der Stelle, gleich
altísimo sup höchst; REL **el Altísimo** der Allerhöchste m
altisonancia F hochtönender Stil m; **altisonante** ADJ hochtönend, hochtrabend
altísono ADJ → altisonante
altitud F **~ (sobre el nivel del mar)** Höhe f (über dem Meeresspiegel), Meereshöhe f
altivamente ADV hochmütig; **altivez, altiveza** F Stolz m, Hochmut m; **altivo** ADJ hochmütig, stolz
alto¹ A ADJ 1 altura: hoch; estatura: groß; TEC **~ horno** m Hochofen m; **-a montaña** Hochgebirge n; **piso** m **~** oberes Stockwerk n; **de -a estatura** von hohem Wuchs 2 voz laut; MÚS **notas** fpl **-as** hohe Töne mpl; **en voz -a** laut 3 GEOG Ober...; **el ~ Ebro** der Oberlauf des Ebro; **el ~ Rin** m der Oberrhein; HIST **Alto Volta** m Obervolta n 4 MAR **mar** f **-a** hochgehende See f; **en -a mar** auf hoher See 5 (superior) **-a calidad** erstklassige Qualität f; **clase** f **-a** Oberschicht f 6 persona: hoch stehend, vornehm; **~ funcionario** m hoher Beamter m 7 (importante) wichtig, bedeutend; **-a traición** f Hochverrat

m 3 *temporal*: vorgerückt, spät; *fiestas movibles* spät (fallend); **a -as horas de la noche** spät in der Nacht B ADV 1 **hablar ~** laut sprechen; **llegar ~** es weit bringen; TV, RADIO **poner más ~** lauter stellen; **volar ~** hoch fliegen 2 **a lo ~** nach oben; **en lo ~** oben; **en lo (más) ~ de la escala** (ganz) oben auf der Leiter; *fig* **por todo lo ~** ganz groß *fam*, glänzend; **pasar por ~** übergehen C M 1 *(altura)* Höhe *f*; *(elevación)* Anhöhe *f*; **dos metros de ~** zwei Meter hoch; *persona* zwei Meter groß; *fig* **~s y bajos de la vida** Wechselfälle *mpl* des Lebens; GEOG **los ~s** *mpl* **de Golán** die Golanhöhen *cj* 2 MÚS *voz de canto*: Alt *m*; *instrumento*: Bratsche *f* 3 ARQUIT **los (pisos) ~s** die oberen Stockwerke *npl* 4 *Am (montón)* Haufen *m*

alto² M 1 *(pausa)* Halt *m*; Rast *f*; **hacer ~** haltmachen; rasten; *espec* MIL **dar el ~** Halt rufen; zum Halten auffordern; **¡~!** halt!; stopp!; **¡~ ahí!** halt!, heda!; **¡~! ¿quién vive?** halt! wer da? 2 MIL **~ el fuego** Feuereinstellung *f*, Waffenruhe *f*; *fig* Waffenstillstand *m*; **¡~ el fuego!** Feuer einstellen!

altoparlante M *Am* Lautsprecher *m*

altorrelieve, alto relieve M Hochrelief *n*

altozano M Anhöhe *f*; *Am* Platz *m* vor einer Kirche

altramuz M ⟨*pl* -uces⟩ BOT Lupine *f*

altruismo M Altruismus *m*, Selbstlosigkeit *f*; **altruista** A ADJ altruistisch, selbstlos B MF Altruist *m*, -in *f*

altura F 1 *(altitud)* Höhe *f* (*tb* ASTRON, MÚS *y fig*); *(cumbre)* Gipfel *m*, Spitze *f*; DEP **~ de salto** Sprunghöhe *f*; **~ de vuelo** Flughöhe *f*; AVIA **timón** *m* **de ~** Höhensteuer *n*; **vuelo** *m* **de ~** Höhenflug *m*; **tomar ~** steigen; **a la ~ de** auf der Höhe von; **de 150 m de ~** 150 m hoch 2 GEOG, MAR **~ polar** Polhöhe *f*; **pesca** *f* **de ~** Hochseefischerei *f* 3 *estatura*: (Körper)Größe *f* 4 *fig* **a estas ~s** so, wie die Dinge stehen; zu diesem Zeitpunkt; jetzt noch; **estar a la ~ de la situación** der Lage gewachsen sein; *fam espec Esp* **quedar a la ~ del betún** sich unsterblich blamieren 5 *fig (excelencia)* Erhabenheit *f*, Vortrefflichkeit *f*

aluata F ZOOL *Art* Brüllaffe *m*; **alubia** F BOT (Brech)Bohne *f*; GASTR Bohne *f*

alucinación F Halluzination *f*, Sinnestäuschung *f*; **alucinado** ADJ 1 *persona*: an Halluzinationen leidend 2 *fam (deslumbrado)* hingerissen; verblüfft; **me quedé ~** ich war völlig weg *fam*; **alucinador** A ADJ blendend B M, **alucinadora** F (Ver)Blender *m*, -in *f*; **alucinante** ADJ *fam* 1 *(increíble)* unglaublich, erstaunlich; verblüffend 2 *(fantástico)* toll *fam*, Klasse *fam*, Spitze *fam*

alucinar A VT 1 *(tener percepciones imaginarias)* blenden, (die Sinne) täuschen 2 *fig (cautivar)* bannen, fesseln; hinreißen; verblüffen B VI halluzinieren C VR **alucinarse** einer Halluzination zum Opfer fallen; *fam* **~ con a/c** von etw hingerissen sein

alucine M *fam* **de ~** toll *fam*, klasse *fam*, geil *pop*

alucinógeno A ADJ halluzinogen B M Halluzinogen *n*

alud M Lawine *f* (*tb fig*); **~ de gente** Menschenmenge *f*, -strom *m*

aluda F *insecto*: geflügelte Ameise *f*

aludido A ADJ angesprochen; *fig* betroffen; **darse por ~** sich angesprochen fühlen; es auf sich *(acus)* beziehen; **no darse por ~** sich *(dat)* nichts anmerken lassen; sich nicht betroffen fühlen B M, **-a** F (Vor)Erwähnte *m/f*; **aludir** VI hinweisen, hindeuten, anspielen (**a** auf *acus*)

alumaje M *espec Méx* TEC Zündung *f*

alumbrado¹ A ADJ 1 *(iluminado)* aufgeklärt; erleuchtet 2 *fam fig (achispado)* beschwipst, angesäuselt *fam* B M 1 *(iluminación)* Beleuchtung *f* (*tb* AUTO); **~ público** Straßenbeleuchtung *f*; **~ por gas** Gasbeleuchtung *f* 2 MAR Befeuerung *f* 3 HIST Illuminate *m*; *(Sektierer des XVI. Jhs.)*

alumbrado² QUÍM A ADJ mit Alaun getränkt B M Alaunbad *n*

alumbrador ADJ erleuchtend; **alumbramiento** M 1 *(iluminación)* Beleuchtung *f* 2 **~ de aguas** Quellenerschließung *f* 3 MED *(parto)* Entbindung *f*; **alumbrante** ADJ erleuchtend

alumbrar¹ A VT 1 *(iluminar)* er-, beleuchten, erhellen; **~ a alg** j-m leuchten 2 *fig (aclarar)* aufklären; *escándalo* aufdecken, ans Licht bringen 3 MED gebären 4 *aguas subterráneas, minerales* erschließen 5 *fam (golpear a una persona)* verhauen, vertrimmen *fam* 6 CAZA **~ candela** ein Stück Wild treffen B VI 1 *(poner luz)* leuchten 2 MED *(parir)* entbinden, niederkommen C VR **alumbrarse** *fam* sich beschwipsen, sich *(dat)* bedudeln *fam*

alumbrar² VT QUÍM mit Alaun behandeln, imprägnieren; **alumbre** M QUÍM Alaun *m*; **alumbrera** F QUÍM Alaungrube *f*; -werk *n*; **alumbroso** ADJ QUÍM 1 *(que contiene alumbre)* alaunhaltig 2 *(que tiene calidad de alumbre)* alaunartig

alúmina F (reine) Tonerde *f*; **acetato** *m* **de ~** essigsaure Tonerde *f*

aluminio M Aluminium *n*; **aluminita** F MINER Aluminit *m*; **aluminosis** F CONSTR *durch Tonerdezement verursachte Gebäudeschäden*; **sufrir ~** durch Tonerdezement verursachte Schäden aufweisen; **aluminoso** ADJ CONSTR tonerdehaltig; **cemento** *m* **~** Tonerdezement *m*

alumna F Schülerin *f*; UNIV Studentin *f*; → *tb* alumno; **alumnado** M 1 *Am (colegio)* Internat *n* 2 *conjunto*: Schülerschaft *f*; UNIV Studentenschaft *f*

alumno M Schüler *m*; UNIV Student *m*; *Esp* **~ de E.G.B.** Grund- (*o* Haupt)schüler *m* (*bis 1997*); **~ externo** Externe *m*; **~ de formación profesional** Berufsschüler *m*; **~ interno** Internatszögling *m*; **~ modelo/piloto** Muster-/Flugschüler *m*

alunado ADJ 1 *(lunático)* mondsüchtig; *fig* wunderlich 2 *tocino* verdorben 3 VET *caballo* verschlagen; **alunarse** VR 1 *tocino* verderben 2 *Arg, Ur fam (alocarse)* sich ärgern; verrückt werden

alunita F → aluminita

alunizaje M Mondlandung *f*; **~ suave** weiche Mondlandung *f*; **alunizar** VI ⟨1f⟩ auf dem Mond landen

alusión F Anspielung *f* (**a** auf *acus*); Andeutung *f*; Erwähnung *f* (**a** *gen o* von *dat*); **en ~ a** in Anspielung auf *(acus)*; **hacer ~ a a/c** auf etw *(acus)* anspielen, etw *(acus)* erwähnen

alusivo ADJ anspielend (**a** auf *acus*); *(mordaz)* anzüglich

aluval ADJ GEOL angeschwemmt, Schwemm..., alluvial; **aluvión** M 1 *(inundación)* Überschwemmung *f* 2 GEOL Alluvion *f*, Schwemmland *n*; Ablagerung *f*; **de ~** GEOL Schwemm(land)...; *fig* zusammengestoppelt, -gewürfelt 3 *fig (cantidad grande)* Schwall *m*; Riesen-, Unmenge *f*

alveario M ANAT äußerer Gehörgang *m*

álveo M *t/t* Flussbett *n*

alveolar ADJ zellenförmig, *t/t* alveolar (*tb* FON)

alveolo, alvéolo M 1 ANAT **~ (dentario)** Alveole *f*; Zahnfach *n*; **~s** *mpl* Zahnwulst *m*, -damm *m* 2 *colmena*: Bienenzelle *f* 3 TEC *(célula)* Zelle *f*

alverja F BOT Platterbse *f*; Wicke *f*; *Am Mer (guisante)* Erbse *f*; **alverjilla** F BOT *Art* wohlriechende Wicke *f*; **alverjón** M BOT Wicke *f*

alza F 1 COM *(aumento)* Erhöhung *f*, Steigerung *f*; Anstieg *m*; *bolsa*: Hausse *f*; **~ de precios** Preisanstieg *m*, -auftrieb *m*; **jugar al ~** *bolsa*: auf Hausse spekulieren; **revisar al ~** *inflación, etc*: nach oben korrigieren; **en ~** steigend 2 *armas de fuego*: Aufsatz *m*, Visier *n*; **~ de bombardeo** Bombenzielgerät *n* 3 TIPO Ausgleichsbogen *m* 4 TEC Schleusentor *n* 5 *zapatería*: Leistenaufschlag *m*

alzacoches M ⟨*pl inv*⟩ Wagenheber *m*; Hebebühne *f*; **alzacristales** M AUTO ⟨*pl inv*⟩ Fensterheber *m*; **alzacuello** M Halsbinde *f der Geistlichen*, PROT Beffchen *n*, CAT Kollar *n*

alzada F 1 *del caballo*: Widerristhöhe *f* 2 JUR *recurso*: Berufung *f*; Einspruch *m*, Beschwerde *f*

alzadamente ADV pauschal, im Großen und Ganzen

alzado A ADJ 1 Pauschal...; **precio** *m* **~** *(precio global)* Pauschalpreis *m*; **fijar en un tanto ~** pauschalieren 2 ECON *(quiebra fraudulenta)* (betrügerisch) bankrott 3 *Am (insolente)* unverschämt, *(engreído)* eingebildet 4 *Am animal doméstico* verwildert; *Am Mer animal en celo*: brünstig 5 *Am fam pene* steif *fam* B M 1 ARQUIT, TEC *(diseño)* (Höhen)Aufriss *m* 2 TIPO *de los pliegos*: Aufhängen *n* der Druckbogen 3 *(altura)* Höhe *f*; **buque** *m* **de poco ~** Schiff *n* mit niedrigem Bord 4 *Col* **~ en armas** *(rebeldes)* Aufständische *m*

alzador M TIPO 1 *operario*: Druckbogenordner *m* 2 *pieza*: Aufhängeraum *m*; **alzadora** F *Bol* → niñera; **alzamiento** M 1 *(subida en posición)* Emporheben *n* 2 *(levantamiento)* Erhebung *f*, Aufstand *m* 3 ECON *(quiebra fraudulenta)* betrügerischer Bankrott *m*

alzapaño M Vorhanghalter *m*; Gardinenschnur *f*; **alzaprima** F 1 *(palanca)* Hebel *m*, Brechstange *f*; *más grande*: Hebebaum *m* 2 *(cuña)* Keil *m* 3 MÚS *de un instrumento de cuerda*: Steg *m*; **alzaprimar** VT 1 *levantar*: mit der Brechstange anheben 2 *fig (conmover)* anspornen, -treiben

alzar ⟨1f⟩ A VT 1 *(levantar)* heben, aufheben, an-, emporheben, erheben (*tb voz*); CAT *la hostia* erheben; **~ la vista** *o* **los ojos** emporsehen, aufblicken, aufschauen; **~ la voz** die Stimme erheben; **~ el vuelo** sich aufschwingen; *fam (querer engrandecerse)* hoch hinauswollen; *fam (apartarse)* abhauen 2 *(mantener alto)* hochhalten; *fam* **~ el grito** (Zeter und Mordio) schreien; klagen; **~ la mano** die Hand erheben (*tb fig*) 3 *(poner vertical)* aufrichten, senkrecht stellen; *cuello* hochschlagen; ARQUIT *edificio* errichten 4 *precio* erhöhen 5 MAR **~ velas** unter Segel gehen; *fam fig* abhauen *fam* 6 *(quitar)* mitnehmen, wegnehmen, beiseiteschaffen; *(ocultar)* verbergen 7 JUR *decisión judicial* aufheben 8 MIL *sitio* aufheben 9 AGR *cosecha* einbringen; *campo* umpflügen 10 TEC *palanca, etc* unterlegen 11 TIPO *pliego* sondern, ordnen, aufhängen B VI 1 *uso absoluto*: *cartas* abheben 2 *fam* **¡alza!** steh auf!, los! *fam*, voran! 3 METEO aufklaren 4 CAT **al ~** bei der Wandlung C VR **alzarse** 1 sich erheben; TEAT *telón* aufgehen, sich heben 2 *(sobresalir)* hervor-, emporragen (**sobre** über *acus*) (*tb fig*) 3 MIL **~ en armas** sich erheben 4 *jugador* sich (vor der Revanche) mit dem Gewinn zurückziehen; **~ con el dinero** mit der Kasse durchgehen (*o* durchbrennen); **~ con el triunfo** den Sieg davontragen 5 JUR *(apelar)* Beschwerde einlegen, Einspruch erheben 6 *Am ganado* verwildern

alzheimer M MED Alzheimer *m*, Alzheimerkrankheit *f*

alzo M *Am Centr* Diebstahl *m*

a. m. ABR (ante merídiem) *Am* vormittags

ama F 1 *(señora)* Herrin *f*, Gebieterin *f*; **~ (de**

casa) Hausfrau *f*; Wirtin *f* 2 *(ama de llaves)* Haushälterin *f*; **~ de cría** *o* **de leche** Amme *f*; **~ de gobierno** *o* **de llaves** Haushälterin *f*, Wirtschafterin *f*; **~ seca** *o* *Am* **~ de brazos** Kinderfrau *f*

amabilidad F Liebenswürdigkeit *f*, Freundlichkeit *f*; Entgegenkommen *n*; **tener la ~ de** *(inf)* so freundlich sein zu *(inf)*; **amabilísimo** *sup* → amable

amable ADJ liebenswürdig; gütig, zuvorkommend (**con** *o* **para con alg** zu j-m); **¿sería tan ~ de ayudarme?** wären Sie so nett (*o* freundlich) mir zu helfen?; **muy ~** *o* **es Ud. muy ~** sehr liebenswürdig!; **poco ~** unfreundlich

amablemente ADV freundlich

amachinarse V/R *Am* → amancebar B

amacho ADJ *Am Centr, RPl* hervorragend; männlich, tapfer

amado M, **-da** F Geliebte *m/f*; **amador** M, **amadora** F *espec fig* Liebhaber *m*, -in *f*

amadrigar ‹1h› A V/T *fig* **~ a alg** j-n gut aufnehmen *(der es nicht verdient)* B V/R **amadrigarse** sich verkriechen *(tb fig)*

amadrinar V/T 1 **~ a alg** *(ser madrina de alg)* j-s Patin werden (*o* sein); *fig (cuidar a alg como una madre)* j-n bemuttern 2 *dos animales de silla* nebeneinanderspannen; MAR *y Am dos objetos* miteinander verbinden

amaestrado ADJ 1 *persona* erfahren, schlau; *desp* gerieben 2 *animal* abgerichtet; dressiert; **amaestramiento** M *de animales*: Abrichten *n*, Dressur *f*; *de personas*: Unterweisung *f*; **amaestrar** V/T *animales* abrichten, dressieren *(desp tb personas)*; *caballo* zureiten

amagar ‹1h› A V/I 1 *desgracia, enfermedad* drohen, bevorstehen 2 *persona* drohen, eine drohende Gebärde machen; **~ y no dar** drohen und nicht zuschlagen; versprechen und nicht halten B V/T *(aludir)* andeuten

amago M *(gesto amenazante)* drohende Gebärde *f*; *(indicio de algo)* Anzeichen *n*; *fig (ataque fingido)* Finte *f*; **un ~ de** ein Anflug von *(dat)*; **~ de una enfermedad** Vorbote *m* einer Krankheit

ámago M 1 *de abejas*: Bitterhonig *m* 2 *fig (asco)* Ekel *m*

amainar A V/T 1 MAR *velas* einholen, reffen, streichen 2 MIN *cubeta* hochziehen 3 *fig enojo* beschwichtigen B V/I *exigencias, deseos* nachlassen; *viento tb* sich legen; **amaine** M MAR Streichen *n der Segel*; *fig* Nachlassen *n*; **amaitinar** V/T belauern, bespitzeln; **amaizado** ADJ *Col* reich begütert

amalgama F Amalgam *n*; Gemenge *n*, Gemisch *n (tb* QUÍM *y fig)*; *fig* Verquickung *f*; **amalgamación** F Amalgamierung *f*; (Ver-) Mischung *f (tb fig)*; **amalgamar** A V/T 1 QUÍM *(alear)* amalgamieren 2 *fig (mezclar)* verquicken; vermengen B V/R **amalgamarse** verschmelzen; sich vermengen

amamantamiento M *de animales*: Säugen *n*; *de seres humanos*: Stillen *n*; **amamantar** V/T *animales* säugen; *bebés* stillen

amanal M *Méx* Zisterne *f*; Teich *m*

amancay M BOT Goldamaryllis *f*

amancebado ADJ **vivir ~** in wilder Ehe leben; **amancebamiento** M wilde Ehe *f*

amancebar A V/T verkuppeln B V/R **amancebarse** in wilder Ehe leben

amancillar V/T → mancillar

amanecer ‹2d› A V/IMP tagen, Tag werden; **amanece** es wird hell, es tagt B V/I 1 *(despertar)* aufwachen; **~ con dolor de cabeza** mit Kopfschmerzen aufwachen; *Am* **¿cómo amaneció?** haben Sie gut geschlafen? 2 *(aparecer en la madrugada)* bei Tagesanbruch zum Vorschein kommen 3 *fig liter (mejorar)* vorwärtsgehen, besser werden C M Tagesanbruch *m*, Morgen(grauen *n*) *m*; **al ~** bei Tagesanbruch

amanecida F Tagesanbruch *m*; **amaneciente** ADJ tagend, Morgen…; *fig* beginnend

amanerado ADJ geziert, affektiert, geschraubt; manieriert; **artista** *m* **~** Manierist *m*; **amaneramiento** M geziertes Wesen *n*, Affektiertheit *f*; **amanerarse** V/R sich zieren; *(expresarse de forma rebuscada)* sich geschraubt ausdrücken; *escribir*: gekünstelt schreiben

amanita F BOT *género*: Wulstling *m*; *seta venenosa*: Knollenblätterpilz *m*; **~ matamoscas** Fliegenpilz *m*; *seta comestible*: **~ de los césares** Kaiserling *m*

amanojar V/T bündeln

amansado ADJ gezähmt, zahm; **amansador** A ADJ besänftigend B M, **amansadora** F Tierbändiger *m*, -in *f*, Dompteur *m*, -in *f* C M *Am* Zureiter *m*; **amansaje** M *Am* → amansamiento; **amansamiento** M 1 *de animales*: Zähmung *f*, Bändigung *f* 2 *fig de una persona*: Besänftigung *f*

amansar A V/T 1 *animal* zähmen, bändigen 2 *fig persona* besänftigen B V/R **amansarse** 1 *animal* zahm werden 2 *fig persona* sanft werden

amanso M *Am* → amansamiento

amante A ADJ 1 *gener* liebevoll 2 **~ de los animales** tierlieb; **~ del orden** ordnungsliebend; **~ de la paz** friedliebend B M/F 1 Liebhaber *m*, -in *f*; Geliebte *m/f*; **~s** *mpl* Liebespaar *n* 2 **~ de los animales** Tierfreund *m*, -in *f*; **~ de la ópera/literatura** Opern-/Literaturliebhaber *m*, -in *f*; **~ de la paz** friedliebender Mensch *m* C M MAR Heißtau *n*; Segeltau *n*

amanuense M/F HIST Schreiber *m*, -in *f*

amanzanar V/T *Am corresponde a*: parzellieren

amañado ADJ 1 *(hábil)* geschickt, gewandt 2 *(falsificado)* gefälscht; **amañar** A V/T 1 geschickt ausführen, deichseln *fam* 2 *facturas, contabilidad* fälschen B V/R **amañarse** 1 *(comportarse hábilmente)* sich geschickt anstellen 2 *espec Am (adaptarse)* sich eingewöhnen, sich anpassen; **~ con alg** mit j-m gut auskommen; *Col (amancebarse)* mit j-m in einer nichtehelichen Lebensgemeinschaft leben

amaño M 1 *(habilidad)* Geschick *n*, Geschicklichkeit *f*, Anstelligkeit *f* 2 **~s** *mpl (instrumento de trabajo)* Arbeitszeug *n*, -gerät *n* 3 *fig (artimaña)* Kniff *m*, Trick *m*

amapola F BOT (Klatsch)Mohn *m*; **más rojo que una ~** knallrot

amar V/T lieben, lieb haben *(bes liter und abstrakt)*; **hacerse ~** sich beliebt machen

amaraje M AVIA Wasserung *f*; **~ forzoso** *o* **de emergencia** Notwasserung *f*

amarantina F BOT Rote Immortelle *f*; **amaranto** M BOT Fuchsschwanz *m*, Amarant *m*

amarar V/I AVIA wassern

amarchantarse V/R *Am* COM Stammkunde werden

amargado ADJ verbittert; **amargamente** ADV *fig* bitter; bitterlich; **llorar ~** bitterlich weinen

amargar ‹1h› A V/T *cosa* bitter machen; *fig persona* verbittern; **~ la vida** *o* **la fiesta a alg** j-m das Leben schwer (*o* sauer) machen; *Perú fam* j-n (ver)ärgern B V/I bitter sein (*o* schmecken); **la verdad amarga** Wahrheit tut weh C V/R **amargarse** sich grämen; sich ärgern; **~ la vida** sich *(dat)* das Leben schwer machen

amargo A ADJ bitter *(tb fig)*; *fam fig persona tb* verärgert, sauer *fam*; **una -a experiencia** eine bittere Erfahrung; **ser ~** *tb* bitter schmecken; *fig* **tener un sabor ~** einen bitteren Geschmack hinterlassen B M 1 *licor*: Magenbitter *m* 2 *RPl (mate)* ungesüßter Mate *m* 3 → amargor

amargón M BOT Löwenzahn *m*; *Perú fam fig* **tener un ~** sehr verärgert sein; **amargor** M 1 *(amargura)* Bitterkeit *f*, bitterer Geschmack *m* 2 *fig* → amargura; **amargoso** A ADJ → amargo A B M BOT Eberesche *f*; **amarguera** F BOT Bitterkraut *n*; **amarguero** ADJ **espárrago** *m* **~** Bitterspargel *m*; **amarguillo** M Bittermandelspeise *f*; **amargura** F 1 *(amargor)* Bitterkeit *f (tb fig)*, bitterer Geschmack *m* 2 *fig (aflicción)* Verbitterung *f*, *(disgusto)* Verdruss *m*; Kummer *m*; **pasar ~s** Bitteres erfahren

amaric(on)ado ADJ *vulg desp* schwul *fam*, weibisch; **amaric(on)arse** ‹1g› (‹1a›) V/R *vulg desp* schwul *fam (o* weibisch) werden

amárico M *lengua*: Amharisch *n*

amarilis F BOT Amaryllis *f*

amarillar *Am*, **amarillear** V/I gelb (*o* gelblich) sein; gelb werden, vergilben, verbleichen; **amarillecer** V/I ‹2d› vergilben; **amarillento** ADJ gelblich; fahlgelb; vergilbt; **amarilleo** M Vergilben *n*; Gelbwerden *n*; **amarillez** F Gelb *n*; *rostro*: gelbe Gesichtsfarbe *f*; **amarillismo** M *Am prensa*: Sensationsmache *f*

amarillo A ADJ 1 *color*: gelb; **~ oscuro/claro** dunkel-/hellgelb; MED **fiebre** *f* **-a** Gelbfieber *n*; **vestido de ~** gelb gekleidet 2 *fig* **periódico** *m* **~** Revolverblatt *n fam*; **prensa** *f* **-a** Sensationspresse *f*; **sindicato** *m* **~** arbeitgeberhörige Gewerkschaft *f* B M 1 Gelb *n*; **~ dorado** *o* **de oro** Goldgelb *n* 2 ANAT gelber Fleck *m der Netzhaut* 3 *Am* BOT **(palo** *m***) ~** *verschiedene Pflanzen mit gelber Blüte*

amarilloso ADJ → amarillento

amariposado ADJ 1 BOT Schmetterlings… 2 *fam fig hombre* verweichlicht

amarizaje M AVIA Wasserung *f*; **amarizar** V/I ‹1f› AVIA wassern

amaro M BOT Haselwurz *f*

amarra F 1 MAR Ankertau *n*; Trosse *f*; **~s** *fpl* Ankervertäuung *f*; **soltar** *o* **largar las ~s** die Haltetaue lösen, ablegen; *fig* **cortar** *o* **romper las ~s** die Beziehungen abbrechen 2 *equitación*: Sprungriemen *m* 3 *fig* **tener buenas ~s** *(buenas relaciones)* gute Beziehungen haben

amarradero M MAR Sorrpfosten *m*; -ring *m*; Anlegeplatz *m*; **amarrado** ADJ 1 *(mezquino)* geizig, knauserig *fam* 2 *(atado)* an-, festgebunden; **amarradura** F MAR Vertäuen *n*, Sorren *n*; **amarraje** M MAR Ankergeld *n*

amarrar A V/T 1 *espec Am (atar)* an-, festbinden 2 MAR vertäuen; **¡amarra!** fest! B V/I *fam* büffeln *fam*, pauken C V/R **amarrarse** sich festschnallen

amarre M MAR Verankerung *f*, Vertäuen *n*; Liegeplatz *m*

amarrete ADJ *Arg, Ur fam* knauserig

amarro M Befestigung *f*

amartelado ADJ sehr verliebt; **amartelamiento** M leidenschaftliche Verliebtheit *f*

amartelar A V/T 1 *(atormentar con celos)* eifersüchtig lieben; den Hof machen *(dat)* 2 *(enamorar)* verliebt machen B V/R **amartelarse** sich unsterblich verlieben (**de** in *acus*)

amartillar V/T 1 *(martillar)* hämmern 2 *arma* spannen

amartizaje M Landung *f* auf dem Mars; **amartizar** V/I auf dem Mars landen

amasadera F Backtrog *m*; **amasadero** M Backstube *f*; **amasador** A ADJ Lehm… B M Kneter *m*; *Am (panadero)* Bäcker *m*; **amasadora** F 1 *máquina*: (Teig)Knetmaschine *f* 2 *Am (panadera)* Bäckerin *f*; **amasadura** F 1 *acción*: Kneten *n* 2 *(masa)* Teig *m*; **amasamiento** M Kneten *n*; MED Massage *f*; **amasandería** F *Col, Chile* Bäckerei *f*

amasar V/T 1 *(hacer masa)* einrühren; (ver)kneten 2 *fam fig negocios, etc* aushecken, schaukeln

fam; fortuna, etc anhäufen; **~ el pastel** Ränke schmieden, Intrigen spinnen
amasia F *Méx* Geliebte *f*; **amasiato** M *Méx* Liebschaft *f*
amasijo M 1 *(masa)* Teig *m*; Knetmasse *f* 2 *(mortero)* Mörtel *m* 3 *fig (mezcla)* Mischmasch *m* 4 *fam (maquinaciones)* (dunkle) Machenschaften *fpl* 5 *Méx (amasadero)* Backstube *f*
amate M BOT mexikanische Feige *f*
amateur [ama'tɛr] A ADJ Amateur... B M/F Amateur *m*, -in *f*
amatista F Amethyst *m*
amatividad F Liebestrieb *m*; **amativo** ADJ zur Liebe neigend; liebesfähig; **amatorio** ADJ Liebes...; **arte** *m* **~** Liebeskunst *f*
amaurosis F MED schwarzer Star *m*
amauta M *Perú, Bol* Gelehrte *m*
amazacotado ADJ schwerfällig, überladen, voll gepfropft, voll gestopft *(tb fig)*
amazona F 1 MIT Amazone *f (tb fig)*; *fig (mujer varonil)* Mannweib *n* 2 *(mujer a caballo)* Reiterin *f* 3 TEX Reitkleid *n* 4 ORN Amazone *f (Papageienart)*
Amazonas M Amazonas *m*; **Amazonia, Amazonía** F GEOG Amazonasgebiet *n*
amazónico, amazonio ADJ 1 Amazonen... 2 GEOG Amazonas...; **amazonita** F MINER Amazonit *m*
ambages MPL **sin ~** unverhohlen, ohne Umschweife
ámbar A ADJ bernsteinfarben, -gelb B M Bernstein *m*; **~ gris** *o* **pardillo** Amber *m*, Ambra *f*; **~ negro** Jett *m/n*, Gagat *m*
ambarina F BOT → algalia; *Am* → escabiosa; **ambarino** ADJ Bernstein...; Amber...; bernsteinfarben
Amberes F Antwerpen *n*
amberino A ADJ aus Antwerpen B M, **-a** F Einwohner *m*, -in *f* von Antwerpen
ambición F Ehrgeiz *m*; Streben *n*; **sin ~** anspruchslos; **ambicionado** ADJ erstrebt, ersehnt; **ambicionar** VT erstreben; (sehnlich) wünschen; **ambiciones** FPL Ambitionen *fpl*; **ambicioso** ADJ *persona* strebsam; ehrgeizig; *plan* hochfliegend; **estar ~ de a/c** etw *(acus)* (sehr) wünschen, begierig auf etw *(acus)* (o nach etw *dat*) sein
ambidiestro, ambidextro A ADJ 1 *persona* beidhändig geschickt 2 *Cuba fam (bisexual)* bisexuell B M, **-a** F Beidhänder *m*, -in *f*
ambientación F 1 *(adaptación)* Gewöhnung *f* an die Umwelt 2 FILM, TEAT, LIT Milieudarstellung *f*; **ambientado** ADJ **~ en** angesiedelt in *(dat)*; **ambientador** M 1 *Esp persona:* Filmarchitekt *m* 2 *perfume:* Raumspray *n/m*; **ambientadora** F *Esp* Filmarchitektin *f*; **ambiental** ADJ Umwelt...; **contaminación** *f* **~** Umweltbelastung *f*, Umweltverschmutzung *f*; **ambientalista** M/F Umweltschützer *m*, -in *f*; **ambientar** A VT *espec* LIT **~ a/c** ein Milieu (o Lokalkolorit) in etw *(acus)* schaffen; etw in ein Milieu hineinstellen B VR **ambientarse** sich an die neue Umgebung gewöhnen; sich eingewöhnen
ambiente A ADJ umgebend; **temperatura** *f* **~** Raumtemperatur *f*; → *tb* B 2 B M 1 *(entorno)* Umgebung *f*, Umwelt *f*, Milieu *n*; Ambiente *n* *(tb* PINT*)*; *fig (atmósfera)* Stimmung *f*; Atmosphäre *f*; **~ laboral** *o* **de trabajo** Betriebs-, Arbeitsklima *n*; **crear ~** Stimmung machen; **hacer buen/mal ~ a** günstige/ungünstige Stimmung (o Voraussetzungen) schaffen für *(acus)*; **estar en su ~** in seinem Element sein 2 ECOL **(medio** *m***)** **~** Umwelt *f*; **ministerio** *m* **del medio ~** Umweltministerium *n*; **protección** *f* **del medio ~** Umweltschutz *m* 3 *(aire)* die umgebende Luft 4 *Arg, Chile (habitación)* Zimmer *n*
ambigú M TEAT, *etc* kaltes Büfett *n*; **ambiguamente** ADV zweideutig, mehrdeutig; **ambigüedad** F Zweideutigkeit *f*; Mehrdeutigkeit *f*; *adv* **sin ~es** eindeutig, ganz klar; **ambiguo** ADJ 1 *(con doble sentido)* doppelsinnig, mehrdeutig 2 *(dudoso)* zweifelhaft, *(incierto)* unsicher; zwielichtig 3 LING *nombre* doppelgeschlechtig
ámbito M Umkreis *m*; Bereich *m*; **de ~ mundial/nacional** welt-/landesweit; **en el ~ de** im Bereich *(gen)*; **en el ~ nacional** auf nationaler Ebene
ambivalencia F Zwiespältigkeit *f*, *t/t* Ambivalenz *f*; **ambivalente** ADJ zwiespältig, *t/t* ambivalent
amblador M *equitación:* Zelter *m*; **ambladura** F *equitación:* Passgang *m*; **amblar** VI *equitación:* im Passgang gehen
ambo M *Arg, Chile zweiteiliger* (Herren)Anzug *m*
ambón M Ambo(n) *m*, Lesepult *n*; Seitenkanzel *f*
ambos, -as ADJ *y* PRON PL beide; **~ a dos** alle beide
ambrosía, ambrosia F Ambrosia *f*, Götterspeise *f (tb fig)*
ambrucia F *Cuba, Méx*, **ambucia** F *Chile* (Heiß)Hunger *m*
ambulancia F 1 *automóvil:* Krankenwagen *m* 2 *hospital:* Ambulanz *f*; Unfallstation *f* 3 MIL Feldlazarett *n*; **~ volante** fliegendes Feldlazarett *n* 4 **~ (de correos)** *en los trenes:* Bahnpost *f*
ambulante ADJ wandernd; umherziehend; Wander...; **copa** *f* **~** Wanderpokal *m*; **hospital** *m* **~** Feldlazarett *n*; **músico** *m* **~** Straßenmusikant *m*; **vendedor** *m* **~** Hausierer *m*; Straßenverkäufer *m*; **venta** *f* **~** Straßenverkauf *m*
ambular VI umherziehen; *poet* lustwandeln; **ambulatoriamente** ADV MED ambulant; **tratar/atender ~** ambulant behandeln (versorgen); **ambulatorio** A ADJ 1 BIOL **órganos** *mpl* **~s** Bewegungsorgane *npl* 2 MED **tratamiento** *m* **~** ambulante Behandlung *f* B M MED Ambulanz *f*
AME M *abr* (Acuerdo Monetario Europeo) HIST EWA *n* (Europäisches Währungsabkommen)
ameba F ZOOL Amöbe *f*
amebeo M *liter* Wechselgesang *m*
amebiano ADJ MED **disentería** *f* **–a** Amöbenruhr *f*; **amebiasis** F MED Amöbenkrankheit *f*, Amöbiasis *f*
amedrentador ADJ einschüchternd; **amedrentar** A VT einschüchtern, erschrecken B VR **amedrentarse** ängstlich werden, verzagen
amelcochado ADJ honigartig
amelga F AGR Ackerbeet *n*; **amelgar** VT ⟨1h⟩ AGR Saatfurchen ziehen in *(dat o acus)*
amelo M BOT Aster *f*
amelonado ADJ 1 *forma:* melonenförmig 2 *fig (tonto)* dumm 3 *fam fig (enamorado)* verknallt *fam*, verschossen *fam*
amén A M Amen *n*; **en un decir ~** im Nu; **decir a todo ~** zu allem Ja (und Amen) sagen; *fig* **llegar a los amenes** erst gegen Ende (o fast am Schluss) kommen *(bei einer Veranstaltung)* B PREP **~ de** *(además)* außer, neben *(dat)*
amenaza F Drohung *f*; **~ (a, para)** Bedrohung *f (gen)*; **~ de bomba** Bombendrohung *f*; **~ de guerra/ruina** Kriegs-/Einsturzgefahr *f*; **~ de huelga** Streikdrohung *f*; **~ para la paz** Bedrohung des Friedens (o für den Frieden)
amenazador ADJ drohend; bedrohlich; **amenazante** ADJ drohend
amenazar VT ⟨1f⟩ bedrohen *(acus)*; drohen *(dat)* **(de, con** mit *dat***)**; **~ a alg de muerte** j-m den Tod androhen; **~ ruina** baufällig sein; einzustürzen drohen; **amenaza lluvia** es sieht nach Regen aus; **amenaza tempestad** es droht ein Unwetter
amenguar VT ⟨1i⟩ 1 *(menoscabar)* beeinträchtigen, *(disminuir)* (ver)mindern 2 *fig obs (deshonrar)* entehren; beschimpfen
amenidad F 1 *(gracia)* Lieblichkeit *f*, Anmut *f*, Reiz *m* 2 *(entretenimiento)* Unterhaltsamkeit *f*; **amenizar** VT ⟨1f⟩ verschönern; anregend gestalten; musikalisch untermalen; **ameno** ADJ 1 *(deleitable)* lieblich, ansprechend 2 *(entretenido)* anregend, unterhaltsam
amenorrea F MED Amenorrhö *f*, Ausbleiben *n* der Menstruation
amento M BOT Kätzchen *n*
amerarse VR *terreno, edificio* Wasser ziehen
amerengado ADJ meringenartig; *fig* zuckersüß; süßlich, schmalzig
América F Amerika *n*; **~ Central/Latina** Mittel-/Lateinamerika *n*; **~ del Norte/del Sur** Nord-/Südamerika *n*; **hacer las ~s** nach Amerika gehen *(, um ein Vermögen zu machen)*; in Amerika reich werden
americana F 1 *Esp* TEX *(chaqueta)* Sakko *m*, Jackett *n*; **~ sport** Sportjacke *f* 2 *persona:* → americano B; **americanada** F *fam desp typisch (nord)amerikanische Handlung, Haltung etc; schlechter, typisch (nord)amerikanischer Film*; **americanismo** M 1 *espec* LING (latein)amerikanischer Ausdruck *m*, *t/t* Amerikanismus *m* 2 *preferencia:* Vorliebe *f* für das Amerikanische 3 LIT national-amerikanische Literaturströmung *f*; **americanista** M/F Amerikanist *m*, -in *f*, (Latein)Amerikaforscher *m*, -in *f*
americano A ADJ (latein)amerikanisch B M, **-a** F 1 *(latinoamericano)* (Latein)Amerikaner *m*, -in *f* 2 *(norteamericano)* (Nord)Amerikaner *m*, -in *f*; **amerindio** A ADJ indianisch; **lengua** *f* **-a** Indianersprache *f* B M, **-a** F Indianer *m*, -in *f*
ameritado ADJ *Am* verdienstvoll; **ameritar** VT *Am* verdienen
amerizaje M AVIA Wasserung *f*; **~ forzoso** Notwasserung *f*; **amerizar** VI ⟨1f⟩ AVIA wassern
amestizado ADJ mestizenhaft, -artig
ametalado ADJ metallisch
ametrallador M MIL Maschinengewehrschütze *m*; AVIA **~ de popa** Heckschütze *m*; **ametralladora** F MIL 1 *arma de fuego:* Maschinengewehr *n*, MG *n*; **~ ligera/pesada** leichtes/schweres Maschinengewehr *n* 2 *persona:* Maschinengewehrschützin *f*; **ametralladorista** M *espec Am* → ametrallador; **ametrallamiento** M Maschinengewehrbeschuss *m*; **ametrallar** VT unter (Maschinengewehr)Feuer nehmen; niederschießen
ametría F LING, LIT Missverhältnis *n*
amétrico ADJ ametrisch
ametropía F MED Ametropie *f*, Fehlsichtigkeit *f*
amhárico M → amárico
amia F *pez: eine Haiart*
amiantina F Asbestgewebe *n*
amianto M Asbest *m*; **fibras** *fpl* **de ~** Asbestfasern *fpl*; **plancha** *f o* **placa** *f* **de ~** Asbestplatte *f*
amiba F Amöbe *f*; **amibiasis** F MED Amöbenruhr *f*
amiga F 1 Freundin *f*; **~ de(l) colegio** Schulfreundin *f*; **~ de la infancia** Jugendfreundin *f*; **hacerse ~s** sich anfreunden; **somos muy ~s** wir sind sehr gut befreundet; → *tb* amigo 2 *(novia)* Geliebte *f* 3 BOT Tuberose *f*
amigabilidad F Freundschaftlichkeit *f*; **amigable** ADJ freundlich, freundschaftlich; **amigablemente** ADV freundschaftlich, gütlich
amigacho M *desp* Freund *m*, Kumpan *m*

amigarse VR ⟨1h⟩ *pop* in wilder Ehe leben **amígdala** F ANAT Mandel *f*; **~ faríngea** Rachenmandel *f* **amigdalitis** F MED Mandelentzündung *f* **amigo** A ADJ freundschaftlich; befreundet; **somos muy ~s** wir sind sehr gut befreundet B M 1 Freund *m*; **~ íntimo/entrañable** Herzens-/Busenfreund *m*; **~ de (la) casa** Hausfreund *m*, Freund *m* des Hauses; **~ de(l) colegio** Schulfreund *m*; **~ de la infancia** Jugendfreund *m*; **~ de todo el mundo** Allerweltsfreund *m*; **hacerse ~s** sich anfreunden; **tener cara de pocos ~s** unfreundlich aussehen 2 *(amante)* Liebhaber *m* 3 *fig* **~ de lo ajeno** Dieb *m*; **~ de los animales** Tierfreund *m*; **~ de la naturaleza** Naturfreund *m*; **ser ~ de a/c** etw lieben, etw gernhaben (*o* gern tun); **no soy ~ de dar consejos** ich gebe nicht gerne Ratschläge; **no soy ~ de esquiar** ich laufe nicht gerne Ski 4 MIN *(ascensor)* Art Aufzug *m*
amigote M *fam* Kumpan *m fam*; *desp* Saufkumpan *m*
amiguete M *fam* Kumpel *m fam, al.d.S, Austr* Spezi *m*; **amiguismo** M *desp* Vetternwirtschaft *f*, Amigotum *n fam*; **amiguito** M Freundchen *m*, *desp* Verehrer *m*
amiláceo ADJ *t/t* stärkehaltig; Stärke…
amilanado ADJ feig(e); **amilanamiento** M 1 *(intimidación)* Einschüchterung *f*; *(susto)* Schreck *m* 2 *(desaliento)* Verzagen *n*
amilanar A VT einschüchtern B VR **amilanarse** verzagen
amilasa F QUÍM Amylase *f*
amílico A ADJ **alcohol** *m* **~** Amylalkohol *m* B M *fam* Fusel *m fam*
amillonado ADJ sehr reich
amiloideo ADJ stärkeähnlich
amina F QUÍM Amin *n*; **aminoácido** M QUÍM Aminosäure *f*
aminoración F Verminderung *f*; **~ del salario** Lohnkürzung *f*; **aminorador** ADJ mindernd; **aminoramiento** M → aminoración; **aminorar** VT (ver)mindern, verringern; **~ la marcha** langsamer fahren
amistad F Freundschaft *f*; Zuneigung *f*; Gunst *f*; **~es** *pl* Bekannte(n) *mpl*, Freundes-, Bekanntenkreis *m*; **hacer** *o* **trabar** *o* **entablar ~ con alg** sich mit j-m anfreunden; **hacer las ~es** sich aussöhnen, sich versöhnen; **romper la(s) ~(es)** sich verfeinden
amistar A VT *(unir en amistad)* anfreunden; *Am reg (reconciliar)* versöhnen B VR **amistarse** *(hacerse amigo)* sich anfreunden; *(reconciliarse)* sich aussöhnen; **amistoso** ADJ freund(schaft)lich; JUR gütlich
amito M CAT Achseltuch *n*
AMM F *abr* (Asociación Médica Mundial) Weltärztevereinigung *f*
Ammán M Amman *m*
ammonites M → amonita²
amnesia F MED Amnesie *f*, Erinnerungsverlust *m*
amnésico ADJ MED gedächtnisschwach
amniocentesis F MED Fruchtwasseruntersuchung *f*; **amnios** M ⟨*pl inv*⟩ BIOL Amnion *n*, Fruchtwasserhaut *f*; **amniótico** ADJ **líquido** *m* **~** Fruchtwasser *n*; **bolsa** *f* **-a** Fruchtblase *f*
amnistía F Amnestie *f*; **Amnistía** *f* **Internacional** Amnesty International *n*; **amnistiar** VT ⟨1c⟩ amnestieren
AMNR F *abr* (Alianza del Movimiento Nacionalista Revolucionario) *Bol politische Partei in Bolivien*
amo M *(señor)* Herr *m*; Gebieter *m*; *(poseedor)* Eigentümer *m*; *(patrono)* Dienstherr *m*; **~ de la casa** Hausherr *m*; **~ de casa** Hausmann *m*; *fig* **ser el ~ (del cotarro)** das Regiment (*o* das große Wort) führen
amoblado *Arg fam* Stundenhotel *n*; **amoblamiento** *Am* Möblierung *f*
amoblar VT ⟨1m⟩ *Am* möblieren
amodita F ZOOL Sandviper *f*
amodorrado ADJ schlaftrunken; benommen; **amodorramiento** M Schlaftrunkenheit *f*; Benommenheit *f*
amodorrar A VT einschläfern, schläfrig machen B VR **amodorrarse** sehr schläfrig werden
amófila F *insecto*: Sandwespe *f*; **amófilo** ADJ auf sandigem Boden lebend
amohecerse VR *(cubrirse de moho)* verschimmeln; *(oxidarse)* verrosten
amohinar A VT ärgern, verdrießen B VR **amohinarse** verdrießlich werden
amohosarse VR → amohecerse
amojamar A VT *atún* einsalzen, trocknen B VR **amojamarse** *fig* mager werden
amojonamiento M Vermarkung *f*; **amojonar** VT abgrenzen, vermarken; abstecken
amok M Amoklauf *m*
amoladera F **(piedra** *f***) ~** Schleifstein *m*; **amolado** ADJ *Am* lästig; *carácter* schlecht; **amolador** M Schleifer *m*; *fig* aufdringlicher Kerl *m*; **amoladora** F Schleifstein *m*; **amoladura** F Schleifen *n*, Wetzen *n*
amolar ⟨1m⟩ A VT 1 *(afilar)* schleifen 2 *fig (ser fastidioso)* **~ a alg** j-m lästig fallen; j-n nerven *fam*; **¡no amueles!** sag bloß! 3 *reg y Am (maltratar)* misshandeln; *(matar)* töten B VR **amolarse** sich beleidigt fühlen
amoldable formbar *(tb fig)*; **amoldador** A ADJ formgebend B M, **amoldadora** F Former *m*, -in *f*, Formgießer *m*, -in *f*; **amoldamiento** M 1 *de una escultura*: Formgebung *f*, Gestaltung *f* 2 *(ajuste)* Anpassung *f*
amoldar A VT 1 *(dar forma)* formen, modellieren; gestalten 2 *(ajustar)* anpassen B VR **~se a** sich anpassen an *(acus)*, sich bequemen zu *(dat o inf)*
amomo M BOT, *especia*: Amom *n*
amonal M QUÍM *explosivo*: Amonal *n*
amonarse VR *fam* sich beschwipsen, sich *(dat)* einen ansäuseln *fam*
amondongado ADJ *fam persona* dick, fett; grob gebaut
amonedación F Münzprägung *f*; **amonedar** VT münzen, prägen
amonestación F 1 *(advertencia)* Mahnung *f*, Ermahnung *f*; (Ver)Warnung *f* 2 **-ones** *fpl para contraer matrimonio*: (Heirats)Aufgebot *n*; **correr (o publicar** *o* **leer) las -ones** aufgeboten werden; **amonestador** A ADJ warnend B M, **amonestadora** F Mahner *m*, -in *f*
amonestar A VT 1 *(advertir)* (er)mahnen, erinnern; verwarnen *(tb* DEP*)* 2 *novios* aufbieten B VR **amonestarse** aufgeboten werden
amoniacal ADJ QUÍM ammoniakhaltig; **amoníaco, amoniaco** M QUÍM Ammoniak *n*; **esencia** *f* **de ~** Salmiakgeist *m*; **sal** *f* **(de) ~** Salmiak *m*
amónico ADJ Ammon(ium)…
amonio M Ammonium *n*
amonita¹ M *Biblia*: Ammoniter *m*
amonita² F, **amonites** M, **amonítido** M ARQUEOL Ammonit *m*
amontillado ADJ **vino** *m* **de Jerez ~** *Sherry nach der Art von Montilla*
amontonadamente ADV haufenweise; **amontonado** ADJ geschichtet; gestapelt; angehäuft; **amontonador** M Stapler *m*; **amontonamiento** M Anhäufung *f*, Ansammlung *f*; **~s** *mpl* **de nieve** Schneewehen *fpl*, -verwehungen *fpl*
amontonar A VT an-, aufhäufen; (auf)stapeln; AGR *heno, etc* in Haufen setzen; MIL *tropas* massieren B VR **amontonarse** 1 sich häufen; *gente* zusammenlaufen, sich drängen 2 *Méx (agruparse)* sich zusammenrotten 3 *pop (vivir amancebados)* mit j-m in einer nichtehelichen Lebensgemeinschaft leben 4 *fam (montar en cólera)* sich ärgern, sich giften *fam*
amor M 1 *afecto*: Liebe *f*; Zuneigung *f*; **~ filial** Kindesliebe *f*; **~ libre** freie Liebe *f*; **~ de madre** *o* **materno** Mutterliebe *f*; **~ platónico** platonische Liebe *f*; **~ a los padres** Liebe *f* zu den Eltern; **~ de** *o* **a la patria** Vaterlandsliebe *f*; **~ al prójimo** Nächstenliebe *f*; **con** *o* **de mil ~es** herzlich gern; **en (buen) ~ y compañ(í)a** in Friede(n) und Eintracht; **por ~ de** *o* **a alg** j-m zuliebe; **¡por ~ de Dios!** um Gottes willen! 2 *de una cosa*: **~ de las artes** Kunstbegeisterung *f*; *fig* **por ~ al arte** gratis; *fig* **al ~ de la lumbre** am Feuer, am Kamin 3 **~ de sí mismo** Eigenliebe *f*; **~ propio** Selbstbewusstsein *n*, Selbstwertgefühl *n*; Eigenliebe *f* 4 **~es** *mpl* Liebelei *f*; **hacer el ~ a alg** j-m den Hof machen, mit j-m flirten *fam*; *fam* **hacer el ~ con alg** j-n lieben, mit j-m schlafen *fam* 5 *persona*: Liebling *m*; Geliebte *m/f*; *cosa*: geliebte Sache *f*; **~ mío** mein Liebes, (mein) Liebling 6 *fig (blandura)* Sanftmut *f*; Sorgfalt *f*; *adv* **con ~** sanft, zart; liebevoll; sorgfältig 7 BOT *Art* Trichterlilie *f*; **~es mil** *mpl* Spornblume *f*; **~ de hortelano** Klette *f*, Klettenkraut *n*; **~ al uso** *Art* Eibisch *m*
amoral ADJ amoralisch; **amoralidad** F Amoralität *f*; **amoralismo** M FIL Amoralismus *m*
amoratado ADJ dunkelviolett, schwarzblau; **~ (de frío)** blau vor Kälte; **amoratarse** VR sich schwarzblau (ver)färben, schwarzblau werden; blau anlaufen
amorcillado ADJ *dedos, manos* wurstförmig
amorcillo M *arte*: Kupido *m*, Amorette *f*
amordazamiento M Knebeln *n*, Knebelung *f*; **amordazar** VT ⟨1f⟩ knebeln *(tb* TEC *y fig)*; *fig* mundtot machen
amorfia F, **amorfismo** M Formlosigkeit *f*; *(deformación)* Missbildung *f*; **amorfo** ADJ formlos, amorph *(tb* MINER*)*; *fig persona* farblos
amorío M Liebelei *f*
amoriscado ADJ mit maurischen Zügen, maurisch beeinflusst
amormado ADJ VET rotzig
amor-odio M Hassliebe *f*
amorosamente ADV liebevoll; **amoroso** ADJ 1 liebevoll, liebreich; Liebes…; **lío** *m* **~** Liebesverhältnis *n*, Affäre *f*, Techtelmechtel *n fam*; **triángulo** *m* **~** Dreierbeziehung *f*; **vida** *f* **-a** Liebesleben *n* 2 *tiempo* freundlich; *piedras, tierra* weich, locker
amorrar A VI 1 *(bajar la cabeza)* den Kopf hängen lassen; *fam* schmollen 2 MAR buglastig sein B VT MAR auf Strand setzen
amortajador M Leichenwäscher *m*; **amortajadora** F Leichenfrau *f*; **amortajar** VT 1 *difunto* ins Leichentuch hüllen; *(levantar el catafalco)* aufbahren 2 TEC → encajar
amortecer ⟨2d⟩ A VT 1 *(matar)* abtöten 2 *(amortiguar)* abschwächen, dämpfen B VR **amortecerse** *(desmayarse)* ohnmächtig werden; **amortecimiento** M 1 *(amortiguamiento)* Abschwächung *f* 2 *(profunda pérdida del conocimiento)* tiefe Ohnmacht *f* 3 *(mortificación)* Abtötung *f*
amortiguación F *espec* TEC Dämpfung *f*; **~ a** *o* **por aceite** Öldämpfung *f*, Öldruckfederung *f*; **amortiguado** ADJ *(templado)* gedämpft; RADIO **no ~** mit voller Lautstärke; **amortiguador** TEC M Dämpfer *m*; AUTO **~ (de choques)** Stoßdämpfer *m*; **amortiguamiento** M Abschwächung *f*; Dämpfung *f*; allmähliches Nachlassen *n*
amortiguar ⟨1i⟩ A VT 1 *(atenuar)* abschwä-

chen, dämpfen; AUTO ~ **los faros** (die Scheinwerfer) abblenden 2 *(mitigar)* lindern, mildern 3 *Am (aflojar)* schlaff machen B VR **amortiguarse** FÍS *oscilaciones* abklingen; *colores* verblassen

amortizable ADJ tilgbar; **amortización** F 1 Tilgung *f*, Ablösung *f*; ECON ~ **de una deuda** Schuldentilgung *f* 2 *de una inversión*: Abschreibung *f*, Amortisierung *f*; **amortizar** ⟨1f⟩ 1 *(redimir una deuda)* tilgen, ablösen 2 ECON ~ **(por desvalorización)** abschreiben, absetzen

amoscarse VR ⟨1g⟩ *fam* 1 *(enfadarse)* böse werden, einschnappen *fam* 2 *Méx, Antillas (avergonzarse)* verlegen werden

amostazarse VR ⟨1f⟩ *fam* ärgerlich werden

amotinado A ADJ meuternd B M, **-a** F Meuterer *m*, Meuterin *f*; **amotinador** A ADJ aufwieglerisch B M, **amotinadora** F Aufwiegler *m*, -in *f*, Aufrührer *m*, -in *f*; **amotinamiento** M Meuterei *f*, Aufruhr *m*; **amotinar** A VT aufwiegeln, aufhetzen B VR **amotinarse** meutern

amovibilidad F *Am* → amovilidad; **amovible** ADJ *(destituible)* absetzbar; *(revocable)* widerruflich; **amovilidad** F *(posibilidad de destitución)* Absetzbarkeit *f*; *(revocabilidad)* Widerruflichkeit *f*

ampalaba, ampalagua F *Am reg* ZOOL Boa constrictor *f*

amparador A ADJ schützend B M, **amparadora** F Beschützer *m*, -in *f*; Gönner *m*, -in *f*

amparar A VT (be)schützen, (be)schirmen (**de, contra** vor *dat*); beistehen *(dat)*; **¡Dios nos ampare!** Gott steh uns bei! B VR **ampararse** sich schützen; sich verteidigen (**de, contra** gegen *acus*); ~ **con alg** sich unter j-s Schutz *(acus)* stellen; ~ **con a/c** sich mit etw *(dat)* wehren

amparo M Schutz *m*, Hilfe *f*; Verteidigung *f*; Schirm *m (liter)*; **al ~ de** unter dem Schutz von *(dat)*

ampay *Perú* INT **¡~!** *beim Versteckspiel*: erwischt!; **ampayar** VT *Perú fam* erwischen, ertappen

amperaje M ELEC Amperezahl *f*, Stromstärke *f*; **ampere** M → amperio; **amperímetro** M ELEC Amperemeter *n*; **amperio** M ELEC Ampere *n*

ampliable ADJ (aus)dehnbar; erweiterungsfähig; vergrößerungsfähig; erweiterbar *(tb* INFORM); **ampliación** F Ausdehnung *f*, Erweiterung *f*; Vergrößerung *f (tb* FOT); Ausbau *m*; ECON ~ **de capital** Kapitalerhöhung *f*; POL ~ **al este** Osterweiterung *f*; UNIV ~ **de estudios** Zusatzstudium *n*; **ampliador** M *aparato*: Storchenschnabel *m*, Pantograf *m*; **ampliadora** F FOT Vergrößerungsapparat *m*; **ampliamente** ADV weit, weitaus; weitgehend; reichlich; ausführlich

ampliar VT ⟨1c⟩ ausdehnen; erweitern; ausbauen; vergrößern *(tb* FOT); ECON *capital* erhöhen; ~ **estudios** sich weiterbilden

amplificación F Erweiterung *f*; *fonotecnia:* Verstärkung *f*; RET weitere Ausführung *f*, Amplificatio *f*; *fig* Ausweitung *f*; *fonotecnia:* **equipo** *m* **de ~** Verstärkeranlage *f*; **amplificador** A ADJ erweiternd B M *fonotecnia:* Verstärker *m*; **amplificar** VT ⟨1g⟩ *fonotecnia: tono* verstärken; RET *lo pensado, hablado* erweitern, ausdehnen; **amplificativo** ADJ ausdehnend

amplio ADJ 1 weit *(tb vestimenta)*, geräumig; weitläufig 2 *fig posibilidades, medidas* weitgehend; weitreichend; *información, etc* umfassend, ausführlich; **(demasiado) ~** weitläufig; **amplitud** F 1 *(extensión)* Ausdehnung *f*, Weite *f*; Geräumigkeit *f* 2 *fig* Breite *f*, Ausführlichkeit *f*; ~ **de miras** Aufgeschlossenheit *f*; COM ~ **de surtido** Sortimentsbreite *f* 3 FÍS Amplitude *f*, Schwingungsweite *f*; RADIO ~ **del sonido** Tonstärke *f*

ampo M 1 *(blancura resplandeciente)* Schneeweiß *n*, strahlendes Weiß *n* 2 *(copo de nieve)* Schneeflocke *f*

ampolla F 1 Blase *f (tb* MED); **tener ~s en la mano** Blasen an den Händen haben; **levantar ~s** Blasen ziehen; *fig* Staub aufwirbeln, Aufsehen erregen 2 *recipiente*: Phiole *f*; MED *para inyecciones*: Ampulle *f* 3 *de la bombilla eléctrica*: Kolben *m* 4 CAT Messkännchen *n*

ampollar[1] ADJ blasenförmig

ampollar[2] A VT Blasen machen (*o* entstehen lassen) in *(dat)* B VR **ampollarse** *masa* Blasen ziehen; *piel* Blasen bekommen; **ampollársele a alg las manos** Blasen an den Händen bekommen; *fig* sich abrackern, schuften

ampolleta F 1 *(reloj de arena)* Sand-, Eieruhr *f*; MAR Stundenglas *n* 2 *Chile (bombilla eléctrica)* Glühbirne *f*

ampulosidad F Schwülstigkeit *f*; **ampuloso** ADJ *lenguaje* schwülstig, bombastisch, hochtrabend

amputación F MED Amputation *f*; *fig* Verstümmelung *f*; **amputado** A ADJ amputiert B M, **-a** F Amputierte *m/f*

amputar VT MED amputieren; abnehmen; *fig* verstümmeln

amuchachado ADJ knabenhaft

amuchar, amuchiguar VT *Am reg* multiplizieren

amueblado A ADJ möbliert B M *RPl* Stundenhotel *n*; **amueblar** VT möblieren

amuermar *fam* A VT (tödlich) langweilen, anöden *fam* B VR **amuermarse** sich zu Tode langweilen; sich mopsen *fam*

amuinar VT *Méx* ärgern

amujerado ADJ weibisch

amularse VR 1 *yegua* unfruchtbar werden 2 *Méx (estropearse)* unbrauchbar werden 3 *Am fam (encabritarse)* bocken, störrisch werden

amulatado ADJ mulattenhaft

amuleto M Amulett *n*, Talisman *m*

amunicionamiento M MIL Munitionsversorgung *f*; **amunicionar** VT → municionar

amuñecado ADJ puppenhaft

amura F MAR Hals *m*; *de una vela*: Backe *f*; **amurada** F MAR Schanzkleid *n*

amurallado ADJ ummauert; **amurallamiento** M Ummauern *n*; **amurallar** VT mit Mauern umgeben; *fig* **se amuralló en su negativa** er blieb bei seiner hartnäckigen Weigerung

amurar A VT MAR halsen, anluven B VT & VI *RPl pop* bumsen *pop*

amuro M *Arg, Ur* Pfandhaus *n*, Leihhaus *n*

amurriarse VR ⟨1b⟩ *reg fam* einen (*o* den) Katzenjammer haben

amusgar A VT & VI ⟨1h⟩ 1 *toros, caballos, etc* die Ohren anlegen *(Angriffshaltung)* 2 *(entrecerrar los ojos)* mit zusammengekniffenen Augen fixieren 3 *fig* den Kopf vor Scham senken 4 *Arg fam (arriar velas)* klein beigeben B VR **amusgarse** 1 *(avergonzarse)* sich schämen 2 *Arg (aflojar)* nachgeben

amustiarse VR verwelken *(tb fig)*

ana[1] F HIST Elle *f (etwa 1 m)*

ana[2] ADV MED, FARM von jedem gleich viel

ANA F *abr* 1 *(Administración Nacional de Aduanas) Arg, Bol, Ur* Staatliche Zollverwaltung 2 *(Asociación Nacional Automovilística) Méx* Nationaler Automobilverband

anabaptismo M REL Sekte *f* der Wiedertäufer; **anabaptista** M/F Wiedertäufer *m*, -in *f*

anabólico ADJ anabolisch

anabolismo M FISIOL Anabolismus *m*, Aufbaustoffwechsel *m*; **anabolizante** M MED Anabolikum *n*

anacarado ADJ perlmutterfarben

anacardo M BOT 1 *nuez*: Cashewnuss *f* 2 *árbol*: Nierenbaum *m*, Cashewbaum *m*

anaco M 1 *Ec, Perú falda*: Rock *m* der Indianerinnen; *Am fam* Schlitzrock *m* 2 *Col (trapo)* Fetzen *m*, Lumpen *m*

anacoluto M LING Anakoluth *n*

anaconda F ZOOL Anakonda *f*

anacoreta M/F Einsiedler *m*, -in *f*, Anachoret *m*, -in *f*; **anacorético** ADJ Einsiedler…

anacrónico ADJ anachronistisch, nicht zeitgemäß; **anacronismo** M Anachronismus *m (tb fig)*

ánade M/F ORN, *t/t y poét* Ente *f*; ~ **real/silbón** Stock-/Pfeifente *f*

anadear VI watscheln; **anadino** M Entchen *n*; **anadón** M Entenküken *m*

anaeróbico ADJ BIOL anaerob; **anaerobio** BIOL A ADJ anaerob B M Anaerobier *m*

anafe M Kohlenbecken *n*; tragbarer Ofen *m*; *Arg, Bol, Chile (hornillo portátil)* Spirituskocher *m*

anáfora F RET Anapher *f*

anafre M → anafe

anafrodisíaco, anafrodisiaco ADJ **medios** *mpl* **~s** Mittel *npl* zur Herabsetzung des Geschlechtstriebs, Antiaphrodisiakum *n*; **anafrodita** ADJ frigid; enthaltsam

anáglifo, anaglifo M 1 ESCUL grob erhabene Arbeit *f*, Relief *n* 2 FÍS Raumbild *n*, Anaglyphe *f*; Stereofotografie *f*

anagrama M Anagramm *n*, Buchstabenversetzung *f*

anal ADJ *t/t* anal, Anal…; After…

analcohólico ADJ *bebida* alkoholfrei; *persona* abstinent

analectas FPL LIT Analekten *pl*

analepsia F MED → convalecencia; **analéptico** ADJ MED stärkend

anales MPL Annalen *pl (tb fig)*, Jahrbücher *npl*

analfabetismo M Analphabetentum *n*; **analfabeto** A ADJ des Schreibens und Lesens unkundig, analphabetisch B M, **-a** F Analphabet *m*, -in *f*

analgesia F MED Schmerzunempfindlichkeit *f*; **analgésico** A ADJ MED analgetisch, schmerzstillend B M Analgetikum *n*, Schmerzmittel *n*

análisis M ⟨*pl inv*⟩ 1 Analyse *f*; Zergliederung *f*; Zerlegung *f*; *(examen)* Untersuchung *f*; kritische Beurteilung *f*; ~ **capilar** Haaranalyse *f*; ~ **comparativo/crítico** vergleichende/kritische Analyse *f*; QUÍM ~ **espectral** Spektralanalyse *f*; QUÍM, FÍS ~ **volumétrico** Maßanalyse *f*; ~ **genético** Genanalyse *f*; MED ~ **del genoma humano** *m* Genomanalyse *f*; ECON ~ **de(l) mercado** Marktanalyse *f*; MED ~ **de sangre** Blutuntersuchung *f*; INFORM ~ **de sistemas** Systemanalyse *f* 2 MAT Analysis *f*

analista M/F 1 Analytiker *m*, -in *f*; *bolsa*: Analyst *m*, -in *f*; INFORM ~ **de sistemas** *o* ~ **programador(a)** Systemanalytiker *m*, -in *f* 2 *(cronista)* Annalenschreiber *m*, -in *f*, Chronist *m*, -in *f*

analístico ADJ auf die Annalen bezogen

analítica F FIL Analytik *f*; **analíticamente** ADV analytisch; **analítico** ADJ analytisch *(tb lenguaje y* GEOM); **geometría –a** analytische Geometrie *f*

analizar VT ⟨1f⟩ analysieren, zergliedern; untersuchen; *espec* MAT auflösen

análogamente ADV analog, entsprechend, sinngemäß

analogía F Analogie *f*, Entsprechung *f*, Ähnlichkeit *f*; **analógicamente** ADV 1 analog 2 → análogamente; **analógico** ADJ 1 LING nach den Gesetzen der Analogie 2 → análogo; **analogista** M/F LING, HIST Analo-

gist *m*, -in *f*
análogo ADJ analog, entsprechend, übereinstimmend; ähnlich
anamnesia F → anamnesis
anamnesis F MED Anamnese *f*, Vorgeschichte *f einer Krankheit*
anamórfico ADJ anamorph; **anamorfosis** F PINT Wandlungsbild *n*
ananá(s) M *Am reg, espec RPl* BOT Ananas *f*
anapelo M BOT Eisenhut *m*
anapesto M LIT Anapäst *m (Versfuß)*
ANAPO F *abr* (Alianza Nacional Popular) *Col politische Partei in Kolumbien*
anaptixis F LING, RET Anaptyxe *f*
anaquel M Schrank-, Regalbrett *n*; Fach *n*; (Bücher)Bord *n*; **anaquelería** F Regal *n*
anaranjado A ADJ orange(nfarbig) B M *color*: Orange *n*
anarco *fam* → anarquista
anarcosindicalismo *Esp* HIST Anarchosyndikalismus *m*; **anarcosindicalista** *Esp* HIST A ADJ anarchosyndikalistisch B M/F Anarchosyndikalist *m*, -in *f*
anarquía F Anarchie *f*, Gesetzlosigkeit *f*
anárquico ADJ anarchisch, anarchistisch, gesetzlos
anarquismo M Anarchismus *m*; **anarquista** A ADJ anarchistisch B M/F Anarchist *m*, -in *f*; **anarquizante** A ADJ zur Anarchie führend B M/F Anarchist *m*, -in *f*; **anarquizar** VI ⟨1f⟩ den Anarchismus propagieren
anastasia F BOT Beifuß *m*
anastomosis F BOT, ZOOL, MED Anastomose *f*
anástrofe F LING, RET Wortversetzung *f*
anatema M/F HIST, CAT Bannfluch *m*, Kirchenbann *m*, Anathem(a) *n (tb fig)*; **lanzar el ~ contra alg** den Bannfluch wider j-n schleudern *(tb fig)*; **anatematizar** VT ⟨1f⟩ HIST, CAT mit dem Kirchenbann belegen; *fig* verfluchen; verdammen
anatifa F ZOOL Entenmuschel *f*
anatocismo M *t/t* Zinseszins(en) *m(pl)*
Anatolia F Anatolien *n*
anatolio ADJ anatolisch
anatomía F 1 MED Anatomie *f*; **~ descriptiva/comparada** deskriptive/vergleichende Anatomie *f*; **pieza** *f* **de ~** anatomisches Präparat *n* 2 *fig* Körper(bau) *m*
anatómico A ADJ anatomisch; AUTO *asiento* körpergerecht geformt B M, **-a** F → anatomista; **anatomista** M/F Anatom *m*, -in *f*; **anatomizar** VT ⟨1f⟩ 1 MED *(disecar)* sezieren, *fig tb* zergliedern 2 PINT, ESCUL *(señalar bien)* anatomisch genau darstellen
anaveaje M AVIA Landung *f* auf einem Flugzeugträger
anca F 1 ZOOL Hinterbacken *m*; *fam en el hombre*: Hintern *m fam*; *equitación*: **~s** *fpl* Kreuz *n*, Kruppe *f*; *Arg* **en ~s** nachher, später; GASTR **~ de rana** Froschschenkel *m*; **ir a las ~s** hinten aufsitzen; *fig* **volver ~s** umkehren 2 *Perú (maíz tostado)* gerösteter Mais *m*
ancado ADJ *caballo* kreuzlahm
ancestral ADJ (von den Vorfahren) überliefert; alt(hergebracht); uralt, Ahnen...; **ancestro** M, **-a** F *espec Am* Vorfahr *m*, -in *f*, Ahn *m*, -in *f*; **nuestros ~s** unsere Ahnen
anchar VT vergrößern; erweitern; ausdehnen; *vestimenta* ausweiten
ancheta F *fam* 1 *(porción)* Schnitt *m* 2 *(beneficio)* Profit *m* 3 *Am (ganga)* gutes *(o irón* schlechtes) Geschäft *n* 4 *Arg, Bol (tontería)* Blödsinn *m*, Quatsch *m fam*
anchicorto ADJ breit und kurz
ancho A ADJ 1 breit; weit; **a lo ~** nach (o in) der Breite; **venir** *o* **ir** *o* **estar (muy) ~** *vestimenta, calzado, etc* zu weit sein; *fig* **le viene muy ~ el cargo** er ist seiner Arbeit nicht gewachsen, die Arbeit ist eine Nummer zu groß für ihn *fam* 2 *herida* klaffend 3 *fig* **a sus ~s** nach Belieben; zwanglos; **estar a sus -as** sich wohlfühlen, sich behaglich fühlen; *fam* **ponerse muy ~** mächtig stolz sein; **me quedo tan ~** das macht mir nichts aus, das ist mir egal B M 1 *gener* Breite *f*; **dos metros de ~** zwei Meter breit 2 TEL **~ de banda** Bandbreite *f*; TEC **~ de boca** *herramienta*: Maulweite *f*; FERR **~ de vía** *o Am* **de trocha** Spurweite *f*
anchoa F *pez*: An(s)chovis *f*, Sardelle *f*; **~s** *fpl* An(s)chovisfilets *npl*
anchor M → anchura
anchova F → anchoa; **anchoveta** F *Am pez*: *pazifische Sardellenart*
anchura F 1 Breite *f*; Weite *f*; *de un caballo*: Brustweite *f*; *de un puente*: Spannweite *f*; **~ de pecho** Brustumfang *m*; AUTO **~ de vía** Spurbreite *f* 2 *fig (soltura)* Ungeniertheit *f*, Zwanglosigkeit *f*
anchuroso ADJ sehr weit, geräumig
ancianidad F (Greisen)Alter *n*; **anciano** A ADJ alt, (hoch)betagt, *poét* greis B M, **-a** F Greis *m*, -in *f*, alter Mann *m*, alte Frau *f*
ancla F 1 MAR Anker *m*; **estar al ~** vor Anker liegen; **echar ~s** Anker werfen, ankern; **levar ~s** den Anker lichten; **¡~ arriba!** klar Anker! 2 *jerga del hampa (mano)* Flosse *f fam*, Pfote *f fam*
ancladero M Ankerplatz *m*; **anclado** ADJ **estar ~** MAR vor Anker liegen; *fig* verankert sein **(en** *in dat***)**; **anclaje** M MAR *(fondeo)* Verankerung *f (tb fig)*; *sitio*: Ankerplatz *m*; *tributo*: Hafengebühr *f*
anclar A VT MAR, TEC verankern B VI *abs* ankern
ancón M, **anconada** F kleine Bucht *f*
áncora F Anker *m (tb reloj y fig)*; *fig* **~ (de salvación)** Hoffnungs-, Rettungsanker *m*
ancoraje M MAR Ankern *n*; **ancorar** VI MAR ankern
ancorca F Ockergelb *n*
ancuviñas FPL *Chile* Gräber *npl der Eingeborenen*
anda A → andar B F → andas
andada F 1 *tipo de pan*: *Art* Knäckebrot *n* 2 *Am (caminata)* Gehen *n*; *(recorrido)* Wegstrecke *f* 3 CAZA **~s** *fpl (huellas)* Spuren *fpl*, Fährten *fpl*; *fig* **volver a las ~s** in eine schlechte Gewohnheit zurückfallen, rückfällig werden, wieder sündigen *fam*
andadera F *Am*, **andaderas** FPL Laufgestell *n (für Kinder)*; **andadero** ADJ *camino* gut begehbar
andado[1] M *Am Centr* Gang *m*, Gangart *f*
andado[2] M *fam* Stiefsohn *m*
andador A ADJ leichtfüßig, gut zu Fuß B M, **andadora** F *persona*: (guter) Fußgänger *m*, (gute) Fußgängerin *f*; *fam* Herumtreiber *m*, -in *f* C M MED *aparato*: Gehhilfe *f*; **~es** *mpl para niños*: Laufgeschirr *n*, Laufgestell *n*;
andadura F Gang *m*; *equitación*: Gangart *f*;
andalón ADJ *Méx, Am Centr* gut zu Fuß
Andalucía F Andalusien *n*
andalucismo M 1 LING andalusische Ausdrucksweise *f* 2 *apego*: Eintreten *n* für die andalusische Eigenart; **andalucista** M/F Andalusienexperte *m*, -expertin *f*; **andalucita** F MINER Andalusit *m*
andaluz A ADJ ⟨*pl* -uces⟩ andalusisch B M, **andaluza** F Andalusier *m*, -in *f*; **andaluzada** F Übertreibung *f*, Aufschneiderei *f*
andamiada F, **andamiaje** M 1 CONSTR (Bau)Gerüst *n*; *fig* **andamiaje teórico** theoretisches Gerüst *n*, theoretischer Unterbau *m* 2 *(tribuna)* Tribüne *f*
andamio M 1 CONSTR (Bau)Gerüst *n*; **~ colgante** Hängegerüst *n*; **~ metálico** *o* **tubular** Stahl(rohr)gerüst *n* 2 *(tablado)* Tribüne *f*; MAR Stelling *f* 3 *fig (armazón)* Gerüst *n*
andana F Reihe *f*, Flucht *f*; MAR Breitseite *f*
andanada F 1 MAR *(descarga)* Breitseite *f (tb fig)*; **una ~ de insultos** eine Schimpfkanonade *f*; *fam fig* **soltar a alg la** *o* **una ~** eine Breitseite gegen j-n abfeuern *fam* 2 *reg (cosas en fila)* Reihe *f von Dingen* 3 TAUR *(segundo rango)* zweiter Rang *m*
andancia F *Am*, **andancio** M MED leichte (epidemische) Krankheit *f*
andando *ger* **vamos ~** gehen wir zu Fuß; **~ el tiempo** mit der Zeit; **¡~!** los!, vorwärts!; **andante** A ADJ wandernd; unstet B M MÚS Andante *n*; **andantino** MÚS A ADV andantino B M Andantino *n*; **andanza** F Schicksal *n*, Zufall *m*
andar A VI ⟨1q⟩ 1 *(moverse)* gehen; *vehículo* fahren; **~ a caballo** reiten; **~ a pie** zu Fuß gehen; **~ suelto** *animales, etc* frei herumlaufen; **~ tras a/c** hinter etw *(dat)* her sein; **~ de acá para allá** umher-, herumgehen; *fig* **andan rumores de que …** es geht das Gerücht, dass …; es heißt, dass … 2 *máquina* laufen, funktionieren; *reloj* gehen; **hacer ~** in Gang bringen; zum Laufen bringen; *asunto* **~ bien/mal** gut/schlecht laufen 3 *tiempo* verlaufen, vergehen 4 INT **¡anda!** aber geh!; sieh einer an!; na so was!; nanu!; nur zu!; los!; *fam* **¡anda, (y) vete (a paseo)!** nun hau schon ab! *fam*, scher dich weg!; **¡anda, di!** sag mal!; **¡anda, corre!** schnell, dalli! *fam* 5 *(estar)* sein, sich befinden; **~ alegre/triste** fröhlich/traurig sein; **~ bien/mal** sich wohlfühlen/unwohl fühlen 6 *con prep*: **~ a golpes** *o* **a palos** sich (herum)prügeln; **~ a puñetazos** sich mit Faustschlägen traktieren; **~ a tiros** sich schießen; **~ a una** sich *(dat)* einig sein; **~ con a/c** mit etwas herumspielen, hantieren; **~ con alg** mit j-m verkehren; mit j-m gehen *fam*; **~ con cuidado** vorsichtig zu Werk gehen; **~ con rodeos** Umschweife machen; *fam* **~ de cabeza** sehr beschäftigt sein, bis über die Ohren in Arbeit stecken *fam*; **~ bien/mal de a/c** etwas gut/schlecht können (*o* beherrschen); **~ mal de a/c** *tb* von etw *(dat)* wenig haben; **~ mal de dinero** blank sein; **~ en a/c** seine Hand bei etw im Spiel haben; mit etw beschäftigt sein; **~ en el cajón** im Schubfach herumkramen; **~ en pleitos** *(bei jeder Gelegenheit)* prozessieren; **~ en** *o* **por los 20 años** auf die 20 zugehen; etwa 20 Jahre alt sein; **~ bien en matemáticas** in (der) Mathematik (*o* in Mathe) gut stehen (*o* gut Bescheid wissen); **~ por las nubes** *precio* unerschwinglich sein 7 **~ a** *(inf)* sich bemühen, zu *(inf)*; **~ en** *(inf)* darauf verfallen, zu *(inf)* 8 *con ger*: **~ haciendo a/c** dabei sein, etwas zu tun; **~ tropezando** Fehler machen B VT durchgehen, -wandern; *camino, recorrido* zurücklegen C VR 1 **~se a** sich beschäftigen mit *(dat)*; **~se con bromas** scherzen, Spaß machen; **no se anda con bromas** mit dem ist nicht zu spaßen 2 **se le anda la cabeza** es wird ihm schwindlig; **todo se andará** es wird noch alles gut werden; es wird schon gehen D M 1 *frec* **~es** *mpl* Gang *m*, Gangart *f tb equitación*; Gehen *n*; MAR Fahrt *f*; **a todo ~** in aller Eile; *fig* höchstens 2 *fig* **a más ~** höchstens
andariego A ADJ gut zu Fuß, wanderlustig B M, **-a** F → andarín B; **andarín** A ADJ lauffreudig; wanderfreudig B M, **-ina** F gute(r) Fußgänger *m*, -in *f*, Läufer *m*, -in *f*; Wanderer *m*, Wanderin *f*, *Am* DEP Geher *m*, -in *f*
andarivel M 1 *(maroma)* Fährseil *n* 2 *(cesta de transporte)* Fahrkorb *m zum Überqueren von Schluchten etc* 3 MAR *(cuerda)* Geitau *n*; Gangseil *n* 4 *Chile esquí*: Schlepplift *m* 5 *Ec, Perú* DEP *(pista)* *mit Seilen abgesperrte Piste, Lauf-, Schwimmbahn etc*

andarríos M ⟨pl inv⟩ ORN **~ bastardo** Bruchwasserläufer *m*; **~ chico** Flussuferläufer *m*; **~ grande** Waldwasserläufer *m*

andas FPL Traggestell *n*; *(silla de manos)* Sänfte *(féretro con varas)* (Toten)Bahre *f*; **en ~ y en volandas** im Fluge; *fig* **llevar en ~ a alg** j-n mit Samthandschuhen anfassen

andén M **1** FERR Bahnsteig *m*; **~ de transbordo** Verladerampe *f*; FERR HIST **billete** *m* **de ~** Bahnsteigkarte *f*; **en el ~** auf dem Bahnsteig **2** *(anaquel)* (Schrank)brett *n*, Fach *n* **3** *Col, Guat, Hond (acera)* Gehweg *m*, Gehsteig *m* **4** *Andes* AGR **-enes** *mpl (bancales)* Terrassen *fpl*

andero M, **-a** F Sänftenträger *m*, -in *f*

Andes MPL Anden *pl*

andinismo M *Am* Hochgebirgssport *m*; **andinista** M/F *Am* Bergsteiger *m*, -in *f*, Hochtourist *m*, -in *f*; **andino** ADJ Anden...; POL **Pacto** *m* **Andino** Andenpakt *m*

ándito M ARQUIT Umgang *m*, Galerie *f*

andoba, andóbal *Esp pop* **A** M Kerl *m fam*, Typ *m fam* **B** F Tante *f fam*, Biene *f fam*

andorga F *fam* Wanst *m*; **llenarse la ~** sich *(dat)* den Wanst vollschlagen *fam*

Andorra F Andorra *n*

andorrano **A** ADJ andorranisch **B** M, **-a** F Andorraner *m*, -in *f*

andorrear VI *fam* herumflanieren, -bummeln; **andorrero** M, **andorrera** F Flaneur *m*, -in *f*

andóval → andoba

andrajo M Lumpen *m*, Fetzen *m*; **andrajoso** ADJ abgerissen, zerlumpt

Andrés N PR M Andreas *m*

androcentrismo M Androzentrismus *m*; **androfobia** F Abscheu *f* vor Männern

andrófobo ADJ männerfeindlich, männerscheu

androgénico ADJ BIOL androgen

andrógeno M BIOL Androgen *n*, männliches Geschlechtshormon *n*

androginia F Zweigeschlechtigkeit *f*, Zwittertum *n*

andrógino **A** ADJ *espec* BIOL androgyn, Zwitter...; BOT zweigeschlechtig **B** M, **-a** F Zwitter *m*

androide M Android(e) *m*; **androlatría** F Anthropolatrie *f*, göttliche Verehrung *f* von Menschen; **andrología** F MED Andrologie *f*, Männerheilkunde *f*

andrólogo M, **-a** F MED Androloge *m*, -login *f*

Andrómeda F ASTRON Andromeda *f*

andrómina F *fam* List *f*, Bluff *m*; **~s** *fpl* Ausflüchte *fpl*

andullo M **1** *(rollo de tabaco)* Tabakrolle *f* **2** *Cuba, Méx (pasta de tabaco)* Priem *m*

andurrial M *Am Mer* Sumpfgebiet *n*; **andurriales** MPL abgelegene Gegend *f*

ANE M *abr* (Acuerdo Nacional sobre Empleo) *Esp* Nationales Beschäftigungsabkommen *n*

anea F BOT Rohrkolben *m*

aneblar ⟨1k⟩ **A** VT einnebeln **B** V/R **aneblarse** neblig werden; s verdunkeln

anécdota F Anekdote *f*

anecdotario M Anekdotensammlung *f*; **anecdótico** anekdotisch, anekdotenhaft

anegación F → anegamiento; **anegadizo** ADJ *terreno* Überschwemmungen ausgesetzt; **anegado** ADJ **~ en llanto** in Tränen aufgelöst; tränenüberströmt; **anegamiento** M **1** *(acción de inundar)* Überschwemmen *n*; *(acción de ahogar)* Ertränken *n* **2** *(inundación)* Überschwemmung *f*

anegar ⟨1h⟩ **A** VT **1** *(ahogar)* ertränken; *fig* **~ en sangre** blutig unterdrücken **2** *(cubrir con agua)* unter Wasser setzen, überschwemmen **B** V/R **anegarse** **1** *(ahogarse)* ertrinken; *fig* **~ en llanto** in Tränen zerfließen **2** *(ser inundado)* überschwemmt werden **3** MAR *(naufragar)* untergehen

anejar VT zu-, anfügen

anejo **A** ADJ angefügt, angeschlossen; *(propio)* zugehörig; *en cartas*: beiliegend; **llevar ~ un derecho** mit einem Recht verbunden sein; **edificio** *m* **~** Anbau *m*, Nebengebäude *n* **B** M **1** *de una casa*: Anbau *m*, Nebengebäude *n* **2** *de un libro*: Annex *m*, Anhang *m*; *de una revista*: Beiheft *n* **3** *de un municipio*: Ortsteil *m* **4** JUR Nebensache *f*

aneldo M BOT → eneldo

anélidos MPL ZOOL Ringelwürmer *mpl*

anemia F MED Blutarmut *f*, Anämie *f*

anémico ADJ MED blutarm, anämisch

anemómetro M Windmesser *m*

anémona, anemona F **1** BOT Anemone *f* **2** ZOOL **~ de mar** Seeanemone *f*

anemoscopio M FÍS Anemoskop *n*, Wind(richtungs)zeiger *m*

aneroide ADJ **barómetro** *m* **~** Aneroidbarometer *n*

anestesia F MED Betäubung *f*, Narkose *f*, *t/t* Anästhesie *f*; **~ general** Vollnarkose *f*; **~ local** Lokalanästhesie *f*; **~ epidural** *o* **peridural** Rückenmarksnarkose *f*, *t/t* Periduralanästhesie *f*; *t/t* **~ por conducción** Leitungsanästhesie *f*

anestesiar VT ⟨1b⟩ betäuben, narkotisieren; **anestésico** M MED Betäubungsmittel *n*, Anästhetikum *n*; **anestesiólogo** M, **anestesióloga** F Anästhesiespezialist *m*, -in *f*; **anestesista** M/F Anästhesist *m*, -in *f*, Narkosearzt *m*, -ärztin *f*

aneurisma M MED Aneurysma *n*

anexar VT **1** *(adjuntar)* anfügen; beilegen **2** → anexionar

anexión F Einverleibung *f*; Annektierung *f*, Angliederung *f*

anexionamiento M *Am* → anexión; **anexionar** VT *espec* POL annektieren, (sich *dat*) (gewaltsam) einverleiben; **anexionismo** M POL Annexionismus *m*, Annexionspolitik *f*; **anexionista** **A** ADJ **política ~** Anschlusspolitik *f* **B** M/F Vertreter *m*, -in *f* der Anschluss- *(o* Gewalt)politik

anexo **A** ADJ → anejo A **B** M **1** COM *(adjunto)* Anlage *f* **2** *Perú* TEL Nebenstelle *f* **3** → anejo B

ANFD F *abr* HIST POL (Alianza Nacional de Fuerzas Democráticas) *Esp antifrankistisches Bündnis*

anfetamina F FARM Amphetamin *n*

anfibio **A** ADJ **1** amphibisch; TEC **vehículo** *m* **~** Amphibienfahrzeug *n* **2** *fig (oscilante)* schwankend, *(dudoso)* zweifelhaft **B** M **1** ZOOL Amphibie *f*; **~s** *pl* Lurche *mpl* **2** AVIA Amphibienflugzeug *n*

anfibol M MINER Magnesiumsilikat *n*

anfibología F Zweideutigkeit *f*, Amphibolie *f*; **anfibológico** ADJ zweideutig

anfictionía F HIST Amphiktyonie *f*, kultischer Staatenbund *m*

anfípodos MPL ZOOL Krebstiere *npl*

anfiteatro M Amphitheater *n*; TEAT Rang *m*; MED **~ (anatómico)** Seziersaal *m*; **anfitrión** M, **anfitriona** F Gastgeber *m*, -in *f*

ánfora F **1** *(cántaro)* Amphora *f*, Amphore *f* **2** *Am reg (urna para votaciones)* Wahlurne *f*

anfractuosidad F **1** *(sinuosidad)* Biegung *f*; Windung *f* **2** *(depresión del terreno)* Aushöhlung *f*, Vertiefung *f* **3** ANAT Gehirnfurche *f*; **anfractuoso** gewunden; uneben

angaria F MAR Angarie *f*

angarillas FPL **1** *(andas)* Trage *f*, Traggestell *n* **2** *(vinagreras)* Essig- und Ölgestell *n*, Menage *f*

ángel M **1** REL, MIT Engel *m (tb fig)*; **El Ángel** der Erzengel Gabriel; **~ custodio** *o* **guardián** *o* **de la guarda** Schutzengel *m*; *Biblia*: **~ exterminador** Würgeengel *m*; *fig* **~ salvador** rettender Engel *m*; **~ de tinieblas** Engel der Finsternis, Teufel *m* **2** *fig* **eres un ~** du bist ein Engel; *fam* **tener ~** Charme haben, charmant sein **3** *natación*: **salto** *m* **del ~** Kopfsprung *m*

angélica F BOT Engelwurz *f*

angelical ADJ engelhaft, engelrein; *fig* **cara** *f* **~** Engelsgesicht *n*

angélico ADJ REL engelhaft; **legiones** *fpl* **-as** himmlische Heerscharen *fpl*; **salutación** *f* **-a** Englischer Gruß *m*

angelito M, **-a** F Engelchen *n*; *fig* kleines *(o* armes) Kind *n*; *fig* **estar con los ~s** nicht bei der Sache sein; **angelón** M *fam* **~ de retablo** Dickwanst *m*; **angelote** M **1** dickes, ruhiges Kind *n*, *fam* Dickerchen *n* **2** *arte*: Putte *f* **3** ZOOL Engelshai *m*

ángelus M REL Angelus(läuten *n*) *m*

angevino ADJ HIST aus dem Hause Anjou

angina F **1** MED *frec* **~s** *fpl* Angina *f*, Halsentzündung *f*; **~ de pecho** Angina *f* Pectoris **2** *pop* **~s** *(tetas)* Titten *fpl pop*

angioma M MED Angiom *n*, Blutschwamm *m*; **angiospermas** FPL BOT Angiospermen *pl*

anglesita F MINER Bleivitriol *n*

anglicado ADJ englisch beeinflusst; **anglicanismo** M Anglikanismus *m*; **anglicanizar** **A** VT anglisieren **B** V/R **anglicanizarse** sich anglisieren; **anglicano** **A** ADJ anglikanisch **B** M, **-a** F Anglikaner *m*, -in *f*; **anglicar** VT → anglicanizar; **anglicismo** M *espec* LING Anglizismus *m*, Fremdwort *n* (aus dem Englischen); **anglicista** ADJ auf den Anglizismus bezogen; **anglista** M/F LING Anglist *m*, -in *f*

anglística F Anglistik *f*; **anglístico** ADJ anglistisch

anglo... PREF Anglo..., anglo...; **angloamericano** **A** ADJ angloamerikanisch **B** M, **-a** F Angloamerikaner *m*, -in *f*; **anglocanadiense** **A** ADJ anglokanadisch **B** M, **-a** F Anglokanadier *m*, -in *f*

anglófilo ADJ englandfreundlich; **anglófobo** ADJ englandfeindlich; **anglófono** ADJ anglofon

anglohablante **A** ADJ englischsprachig **B** M/F englische(r) Muttersprachler *m*, -in *f*

anglomanía F Anglomanie *f*, Vorliebe *f* für alles Englische; **angloparlante** → anglohablante; **anglosajón** **A** ADJ angelsächsisch **B** M, **-ona** F Angelsachse *m*, Angelsächsin *f*

Angola F Angola *n*

angolano, angoleño **A** ADJ angolanisch **B** M, **-a** F Angolaner *m*, -in *f*

ángor M MED Angina *f* Pectoris

angora F **1** ZOOL **gato** *m* **de ~** Angorakatze *f*; **conejo** *m* **de ~** Angorakaninchen *n*; **cabra** *f* **de ~** Angoraziege *f* **2** *lana*: Angorawolle *f*

angostamente ADV knapp, spärlich; **angostar** VT verengen; *espec Am vestimenta* enger machen; **angosto** ADJ eng; knapp; schmächtig; **angostura** F **1** *(estrechura)* Enge *f (tb fig)*, Verengung *f*; *(cuello de botella)* Engpass *m*; *del mar*: Meerenge *f* **2** *bebida*: Angostura(bitter) *m*

anguí F ⟨pl -íes⟩ *pop* Uhr *f*, Zwiebel *f fam*

anguila F **1** *pez*: Aal *m*; **~ ahumada** Räucher-, Spickaal *m*; **~ a la donostiarra** Aal *m* in Weinsoße mit Paprikaschoten **2** MAR *astillero*: Gleitbalken *m* **3** **~ (de cabo)** Zuchtpeitsche *f*

anguilero **A** ADJ Aal... **B** M, **-a** F *pescador(a)*: Aalfischer *m*, -in *f*; *vendedor(a)*: Aalverkäufer *m*, -in *f*; **anguilla** F *Am Centr* → anguila

angula F Glasaal *m (tb* GASTR); **~s** *fpl* **a la bilbaína** gebratene Glasaale *mpl* mit Knoblauch

angular **A** ADJ eckig, wink(e)lig, Winkel...;

piedra *f* ~ Eckstein *m* (*tb fig*) B M TEC Winkeleisen *n*; FOT **gran** ~ Weitwinkelobjektiv *n*; **angularmente** ADV winkelförmig
angulema F Hanfleinwand *f*; *fam fig* **hacer ~s** *o* **venir con ~s** mit Schmeicheleien kommen
ángulo M 1 GEOM Winkel *m*; ~ **agudo/obtuso/recto** spitzer/stumpfer/rechter Winkel *m*; ~ **complementario/opuesto** Ergänzungs-/Gegenwinkel *m*; **~s** *pl* **adyacentes/alternos** Neben-/Wechselwinkel *mpl*; **~s** *pl* **externos/internos** Außen-/Innenwinkel *mpl*; **~s** *pl* **opuestos por el vértice** Scheitelwinkel *mpl* 2 CONSTR (*esquina*) Ecke *f*, Winkel *m*; Kante *f*; ~ **entrante/saliente** einspringender/vorspringender Winkel *m* 3 FOT *etc* Winkel *m*; *etc* ~ **abarcador** Bildwinkel *m*; ~ **muerto** toter Winkel *m*; ~ **visual** *o* **óptico** Sehwinkel *m*; MIL ~ **de alza** *o* **de mira** Visierwinkel *m*; ~ **de tiro** Schusswinkel *m* 4 *de rayos*: ~ **de incidencia/inclinación** Einfalls-/Neigungswinkel *m*; ~ **de reflexión/de refracción** Reflexions-/Brechungswinkel *m*; TEC ~ **de torsión** Drehwinkel *m*, Verwindung *f* 5 *fig* ~ **facial** Gesichtswinkel *m*; *fig* **desde este** ~ aus dieser Sicht
anguloso ADJ (viel)wink(e)lig; eckig; *rostro* kantig
angurria F *Am reg fam* Gelüste *npl*; Gefräßigkeit *f*; Gier *f*; **angurriento** ADJ *Am reg fam* gefräßig, gierig
angustia F Angst *f*; (*ahogo*) Beklemmung *f*; (*aflicción*) Betrübnis *f*; (*suplicio*) Qual *f*; FIL, PSIC ~ **vital** Lebensangst *f*; **angustiadamente** ADV angstvoll; **angustiado** ADJ 1 (*acongojado*) angstvoll; ängstlich; stark beunruhigt 2 *fam* (*miserable*) knauserig, filzig *fam*; **angustiante** ADJ beängstigend; **angustiar** ⟨1b⟩ A VT ängstigen; quälen B VR **angustiarse** sich ängstigen; **angustiosamente** ADV angstvoll; **angustioso** ADJ 1 (*inquietante*) beängstigend 2 (*lleno de angustia*) angstvoll, ängstlich
anhelación F Keuchen *n*; **anhelante** ADJ 1 (*jadeante*) keuchend 2 *fig* (*ansioso*) sehnlich; sehnsüchtig; sich sehnend (**de nach** *dat*)
anhelar A VI keuchen B VT & VI ~ (**por**) wünschen, begehren, erstreben; ersehnen
anhélito M Atem *m*, Hauch *m*; (*espec* schweres) Atmen *n*
anhelo M Sehnsucht *f*; Verlangen *n*, Trachten *n* (**de nach** *dat*); **anhelosamente** ADV 1 (*jadeante*) keuchend 2 (*ansiosamente*) sehnsuchtsvoll, sehnsüchtig; **anheloso** ADJ 1 (*corto de respiración*) keuchend, kurzatmig 2 (*ansioso*) sehnsüchtig; *fig* eifrig
anhídrido M QUÍM Anhydrid *n*; ~ **carbónico** Kohlendioxid *n*
anhidro ADJ QUÍM wasserfrei
ANI F *abr* (Agencia Nacional de Informaciones) *Ur* Nationale Nachrichtenagentur *f*
Aníbal N PR M Hannibal
anidación F MED Einnistung *f*, Nidation *f*
anidar A VT beherbergen, aufnehmen B VI *y* VR **~se** 1 ORN nisten (*tb fig*); *ave de rapiña*: horsten 2 *fam fig* (*habitar*) wohnen, hausen
anieblarse VR 1 vom Mehltau befallen werden 2 → aneblar B
aniego M Überschwemmung *f*
anilina F Anilin *n*
anilla F Gardinenring *m*; TEC Ring *m*; DEP **~s** *fpl* Ringe *mpl*; **anillado** A ADJ geringelt B M ZOOL Ringelwurm *m*; **anillamiento** M ORN Beringung *f*
anillar VT ringeln; mit Ringen versehen; *pájaros* beringen
anillo M 1 (Finger)Ring *m*; ~ **de boda/nupcial** Ehe-/Trauring *m*; ~ **de brillantes** Brillantring *m*; CAT ~ **pastoral** Bischofsring *m*; CAT ~ **del pescador** Fischerring *m*; ~ **de sello** Siegelring *m*; *fig* **no se te caerán los ~s** da(bei) fällt dir kein Stein aus der Krone; **como ~ al dedo** wie angegossen; **venir como ~ al dedo** wie gerufen kommen 2 TEC Ring *m*; *cadena*: Kettenglied *n*; ~ **del émbolo** Kolbenring *m* 3 BOT ~ **anual** Jahresring *m*; ~ **lunar** Ringfäule *f*
ánima F 1 REL (*alma*) Seele *f*; ~ **bendita** *o* **del purgatorio** Seele *f* im Fegefeuer; *fig* ~ **en pena** arme Seele *f*; **día** *m* **de las ~s** Allerseelen *n*; (**toque** *m* **de**) **~s** Abendläuten *n*; **a las ~s** *fig tb* abends 2 TEC Seele *f*, Bohrung *f*
animación F (*acción de dar ánimos*) Beseelung *f*, Belebung *f*; (*viveza*) Lebhaftigkeit *f*; *en la calle, etc*: bewegtes Treiben *n*, Betrieb *m fam*; FILM, INFORM Animation *f*; **había poca ~** es war nicht viel los
animado ADJ 1 (*lleno de vida*) lebendig; *calle, etc* belebt (*tb fig*); *conversación, persona* lebhaft, munter; *conversación* angeregt; **la fiesta estaba muy -a** auf dem Fest ging es hoch her 2 **estar ~ a** (*inf*) (*tener ganas*) Lust haben, zu (*inf*); entschlossen sein, zu (*inf*); ~ **del deseo de** von dem Wunsche beseelt, zu; FILM **dibujos ~s** Zeichentrickfilm *m*
animador A ADJ anregend, ermutigend B M Conférencier *m*; Ansager *m*; ~ (**turístico**) Animateur *m*; **animadora** F Ansagerin *f*; ~ (**turística**) Animateurin *f*; *en el club nocturno*: Animierdame *f*
animadversión F Abneigung *f*, Feindschaft *f*
animal A ADJ tierisch, Tier…; **carbón** *m* ~ Tierkohle *f*; **reino** *m* ~ Tierreich *n* B M 1 Tier *n*; ~ **de carga** Lasttier *n*; ~(**es** *pl*) **de caza** Jagdbares Tier *n*; Wild *n*; ~ **de compañía** Heimtier *n*; ~ **dañino** Schädling *m*; ~ **doméstico/útil/de tiro** Haus-/Nutz-/Zugtier *n*; ~ **experimental** *o* **de experimentación** Versuchstier *n*; ~ **de peluche**, *espec Am* ~ **de felpa** Stofftier *n*; ~ **de presa** Raubtier *n*; **~es** *mpl* **de sangre fría/caliente** Kalt-/Warmblüter *mpl*; ~ **de trapo** Stofftier *n*; **sociedad** *f* **protectora de ~es** Tierschutzverein *m*; **maltra(tamien)to** *m o* **tortura** *f* **de ~es** Tierquälerei *f* 2 (*ser viviente*) Lebewesen *n*; ~ **racional/irracional** vernunftbegabtes/nicht vernunftbegabtes Lebewesen *n*; *persona*: ~ **cinematográfico** *der/die* geborene Filmschauspieler *m*, -in *f*; ~ **de costumbres** Gewohnheitstier *n* 3 *pop fig* (*persona grosera*) brutaler Kerl *m*; *pop* ¡~! Blödmann! *fam*
animalada F *fam* dummer (*o* roher) Streich *m*, Eselei *f fam*; *böse* Gemeinheit *f*; **animalario** M *Gebäude einer Universität, in dem Versuchstiere untergebracht sind*
animálculo M (mikroskopisch kleines) Tierchen *n*
animalejo M Tierchen *n*; **animalesco** ADJ animalisch; **animalidad** F, **animalismo** M 1 (*calidad de animal*) Tiernatur *f* 2 (*animación*) Beseelung *f*; (*fuerza de vida*) Lebenskraft *f*; **animalizar** ⟨1f⟩ A VT 1 (*hacer digerible*) verdaulich machen 2 (*transformar algo en ser animal*) zum Lebewesen (*o* zum Tier) machen B VR **animalizarse** vertieren; **animalucho** M *desp* hässliches Tier *n*; Biest *n fam*, Vieh *n fam*, Viech *n fam*
animar A VT 1 (*infundir alma o vida*) beseelen, beleben 2 (*estimular*) ~ **a alg** j-n aufmuntern, j-n ermutigen; j-n anfeuern (**a** zu *dat*); j-m (Trost) zusprechen; j-n animieren; j-n anregen; DEP ~ **el equipo** die Mannschaft anfeuern; ~ **una reunión** Leben in eine Gesellschaft bringen B VR **animarse** 1 (*vivificarse*) sich beleben 2 (*atreverse*) Mut fassen; sich (dazu) aufraffen, sich entschließen (**a, para** *inf zu inf*); Lust bekommen; **¡anímate!** raff dich auf!; Kopf hoch; **¿te animas?** hast du Lust?; machst du mit?
anímico ADJ *t/t* seelisch, psychisch; Gemüt…
animismo M FIL Animismus *m*; **animista** M/F Animist *m*, -in *f*
ánimo M 1 (*alma*) Seele *f*; Geist *m*; *fig* Gemüt *n*; **estado** *m* **de** ~ Gemütszustand *m*, (seelische) Verfassung *f*, Stimmung *f*; **presencia** *f* **de** ~ Geistesgegenwart *f* 2 (*valor*) Mut *m*; ¡~! nur Mut!, Kopf hoch!; **con** ~ tatkräftig; **cobrar** ~ Mut fassen; **dar** *o* **infundir** ~(**s**) (**a alg**) (j-m) Mut einflößen, (j-n) aufmuntern; **perder el** ~ *o* (**de**)**caer de** ~ den Mut verlieren 3 (*ganas*) Lust *f*, Verlangen *n*; (*intención*) Absicht *f*, Wille *m*; **hacer** *o* **tener** ~ **de** (*inf*) die Absicht haben, zu (*inf*); **tener ~s para** fähig sein, zu (*inf o dat*); **con** ~ **de** in der Absicht zu
animosamente ADV beherzt; **animosidad** F 1 (*enemistad*) Abneigung *f*; Groll *m*; Feindseligkeit *f*, Animosität *f* (*tb* POL) 2 (*ánimo*) Mut *m*, Energie *f*; **animoso** ADJ beherzt, tapfer; tatkräftig
aniñado ADJ kindlich; *desp* kindisch; **aniñarse** VR sich kindisch aufführen
anión M FÍS Anion *n*
aniquilación F Vernichtung *f*; **aniquilador** A ADJ vernichtend B M, **aniquiladora** F Zerstörer *m*, -in *f*; **aniquilamiento** M Vernichtung *f*
aniquilar A VT vernichten, zerstören; zugrunde richten B VR **aniquilarse** zunichtewerden; *fig* sich tief demütigen
anís M 1 BOT Anis *m*; ~ **estrellado** Sternanis *m* 2 *dulce*: Aniskonfekt *n*; *licor*: Anislikör *m*; ~ **dulce** Anislikör *m*; ~ **seco** Anisschnaps *m*; *Am* **no valer un** ~ keinen Pfifferling taugen
anisado A ADJ mit Anis versetzt, Anis… B M Anisschnaps *m*; **anisal** M *Chile* → anisar[1]
anisar[1] M Anisfeld *n*
anisar[2] VT mit Anis versetzen
anisera F Anisschnapsbrennerei *f*; **anisero** ADJ Anis…; **anisete** M Anislikör *m*
anisofilo ADJ BOT ungleichblättrig
anito M Hausgötze *m*
aniversario A ADJ alljährlich B M Jahrestag *m*; (*celebración anual*) Jubiläum *n*; (*cumpleaños*) Geburtstag *m*; ~ **de boda** Hochzeitstag *m*; ~ **de fundación** Stiftungsfest *n*; ~ **de muerte** Todestag *m*; **el quinto ~ de la muerte** (**de**) der fünfte Todestag (*gen o* von *dat*)
anjá INT *Cuba* aha!, recht so!; jawohl!
ano M ANAT After *m*; ~ **artificial** (*o* **contra natura**) künstlicher Darmausgang *m*
anoche ADV gestern Abend; gestern Nacht; **antes de ~** vorgestern Abend; **anochecedor** ADJ **ser ~** spät zu Bett gehen; **anochecer** ⟨2d⟩ A V/IMP **anochece** es dämmert, es wird Nacht (*o* dunkel) B VI *en un viaje*: zur Abend- (*o* Nacht)zeit ankommen C M Dunkelwerden *n*; Abendstunde *f*; Nachtzeit *f*; **al ~** bei Einbruch der Nacht; **anochecida** F → anochecer C
anodinia F MED Schmerzlosigkeit *f*
anodino A ADJ 1 *medicamento* schmerzstillend, -lindernd 2 *fig* (*ineficaz*) harmlos; wirkungslos; (*insignificante*) nichtssagend, unbedeutend 3 *fig persona* geistlos, einfältig, fade B M FARM schmerzstillendes Mittel *n*
anodización F anodische Oxidierung *f*, Eloxierung; **anodizado** A ADJ eloxiert B M → anodización; **anodizar** VT anodisch oxidieren, eloxieren
ánodo M ELEC Anode *f*
anodoncia F Zahnlosigkeit *f*
anofeles M ⟨*pl inv*⟩ *insecto*: Anopheles(mücke) *f*
anolis M *Am* ZOOL Anolis *f* (*Art Leguan*)
anomalía F Anomalie *f*, Regelwidrigkeit *f*

anómalo ADJ regelwidrig, abweichend, anomal

anomia¹ F SOCIOL, PSIC Gesetzlosigkeit *f*, Gesetzwidrigkeit *f*

anomia² F MED *Art* Aphasie *f*

anómico ADJ SOCIOL, PSIC gesetzlos

anón M → anona¹

anona¹ F 1 BOT *árbol*: Flaschenbaum *m*; Honigapfel *m*; **~ del Perú** → chirimoyo; **~ de Méjico** → guanábano 2 *Am Centr fig (tonto)* Dummkopf *m*

anona² F Proviant *m*

anonadación F → anonadamiento; **anonadador** ADJ vernichtend; **anonadamiento** M 1 *(aniquilamiento)* Vernichtung *f* 2 *(estupefacción)* Verblüffung *f* 3 *(contrición)* Zerknirschung *f*

anonadar A VT 1 *(aniquilar)* vernichten, niederschmettern *(tb fig)* 2 *fig (desconcertar)* verblüffen, sprachlos machen 3 *fig (humillar)* demütigen B VR **anonadarse** sich demütigen

anónima F Anonyma *f*, ungenannte Autorin *f*

anonimato M Anonymität *f*; **guardar** *o* **mantener el ~** die Anonymität wahren; **salir del ~** bekannt werden; **anonimia** F, **anonimidad** F → anonimato

anónimo A ADJ namenlos, ungenannt, anonym; **carta** *f* **-a** anonymer Brief *m*; ECON **sociedad** *f* **-a** Aktiengesellschaft *f* B M 1 *persona*: ungenannter Autor *m*, Anonymus *m* 2 *(carta anónima)* anonymer Brief *m* 3 *(anonimato)* Anonymität *f*; **guardar el ~** unbekannt (*o* anonym) bleiben; den Namen verschweigen

anorak M Anorak *m*

anorexia F MED Appetitlosigkeit *f*; Anorexie *f*, Magersucht *f*; **anoréxico** ADJ appetitlos; magersüchtig

anormal ADJ *t/t* abnorm(al); ano(r)mal; krankhaft; **anormalidad** F Abnormität *f*, Regelwidrigkeit *f*

anorza F BOT Zaunrübe *f (Kletterpflanze)*

anosmia F MED Anosmie *f*, Verlust *m* des Geruchssinns

anotación F Anmerkung *f*, Notiz *f*; **anotado** ADJ mit Anmerkungen versehen, anmerken; **anotador** A ADJ verzeichnend B M, **anotadora** F FILM, TV Skriptboy *m*, Skriptgirl *f*

anotar A VT 1 *(poner notas)* mit Anmerkungen versehen 2 *(apuntar)* auf-, verzeichnen, notieren; *en registros, etc*: eintragen B VR **anotarse** *éxito, victoria* verbuchen

anovulatorio M MED Ovulationshemmer *m*

anoxia F FISIOL Sauerstoffmangel *m*

anquear VI *Am* → amblar

anquílope M MED Gerstenkorn *n*

anquilosarse VR 1 MED *articulación* steif werden, sich versteifen, verknöchern *(tb fig)* 2 *fig (atascarse)* stecken bleiben, verkümmern, nicht weiter kommen; **anquilosis** F 1 MED Ankylose *f*, Gelenkversteifung *f* 2 *fig (sin movimiento)* Stillstand *m*

Ansa F HIST Hanse *f*, Hansa *f*

ánsar M ORN Gans *f*; **~ gris** Graugans *f*; **pluma** *f* **de ~** Gänsefeder *f*, -kiel *m*

ansarino A ADJ Gänse… B M Gänschen *n*, Junggans *f*; **ansarón** M Gänseküken *n*

anseático ADJ hanseatisch; **ciudades** *fpl* **-as** Hansestädte *fpl*

ansí ADV *obs* → así

ansia F 1 *(anhelo)* Begierde *f*, Sehnsucht *f*; **~ de poder** Machthunger *m*; **~ de saber** Wissbegierde *f* 2 *(angustia)* Beklemmung *f*; Pein *f*, Qual *f*; **~s** *fpl* Übelkeit *f*, Brechreiz *m*; **~s de la muerte** Todesangst *f*, Schrecken *mpl* des Todes

ansiar VT ⟨1b⟩ ersehnen, sich nach *etw (dat)* sehnen; **ansiedad** F 1 *(inquietud del ánimo)* (Seelen)Angst *f*, innere Unruhe *f*; Beklemmung *f*, Unruhe *f (espec* MED*)* 2 → ansia 1; **ansiolítico** A ADJ MED beruhigend; Beruhigungs… B M Beruhigungsmittel *n*; **ansiosamente** ADV begierig; **ansioso** ADJ 1 sehnsüchtig; begierig; *espera* sehnlichst; **~ de** erpicht auf *(acus)*, gierig nach *(dat)*; **~ de placer** vergnügungssüchtig 2 *(angustiado)* beklommen; **estar ~ por** sich sehnen nach *(dat)*

anta¹ F ZOOL Elch *m*; *Am* Tapir *m*

anta² F 1 ARQUIT *(pilastra)* Eckpfeiler *m* 2 Menhir *m*

antagónico ADJ antagonistisch; widerstreitend; gegensätzlich; feindlich; **antagonismo** M Widerstreit *m*, Gegnerschaft *f*, Antagonismus *m*; **antagonista** M/F Antagonist *m*, -in *f*, Gegner *m*, -in *f*; Widersacher *m*, -in *f*; *en una competición*: Gegenspieler *m*, -in *f*

antaño ADV *liter* voriges Jahr; *p. ext* einst, ehemals, früher; **de ~** von damals, von früher; **antañón** ADJ altmodisch

antara F MÚS *eine Art Panflöte*

antártico ADJ antarktisch, Südpol…; **(Polo** *m***) Antártico** Südpol *m*; **Océano** *m* **Glacial Antártico** Südpolarmeer *n*, Südliches Eismeer *m*; **tierras** *fpl* **-as** Antarktis *f*

Antártida F Antarktis *f*

ante¹ M 1 ZOOL *(anta)* Elch *m*; *(búfalo)* Büffel *m* 2 *piel*: Sämisch-, Wildleder *n*

ante² PREP vor *(dat)*; *(en presencia)* in Gegenwart von *(o gen)*, im Beisein von *(o gen)*; *(en vista de)* angesichts *(gen)*; *en comparaciones*: neben *(dat)*; vor *(dat)*; **~ todo** zunächst, vor allem; **~ notario** notariell

ante³ M GASTR 1 *Guat sirupartige Süßspeise* 2 *Perú Erfrischungsgetränk aus Wein, Mandeln, Früchten* 3 *Méx Art* Weinschaumcreme *f* mit Biskuit

anteado ADJ blassgelb

antealtar M Altar(vor)platz *m*; **anteanoche** ADV vorgestern Abend; **anteanteayer** ADV vorvorgestern; **anteayer** ADV vorgestern

antebrazo M ANAT Unterarm *m*; *del caballo*: Vorarm *m*; **anteburro** M *Méx* ZOOL Tapir *m*; **antecama** F Bettvorleger *m*; **antecámara** F Vorzimmer *n*

antecedencia F 1 → ascendencia 2 → antecedente B

antecedente A ADJ *(anterior)* vorig, vorhergehend B M 1 *lógica*: Vordersatz *m*; GRAM Beziehungswort *n*; MAT Vorderglied *n* 2 *(caso anterior)* Präzedenzfall *m*; **~s** *mpl* vorangegangene Umstände *mpl*; Vorgang *m*; **estar en ~s** im Bilde sein; **poner en ~s a alg** j-n unterrichten, j-n ins Bild setzen; **sin ~** beispiellos 3 **~s** *mpl (vida anterior)* Vorleben *n*; Vorgeschichte *f*; **~s (penales)** Vorstrafen *fpl*; **sin ~s (penales)** nicht vorbestraft; **tener ~s** vorbestraft sein

anteceder VT & VI → preceder; **antecesor** A ADJ vorhergehend B M, **antecesora** F Vorgänger *m*, -in *f*; Vorfahr *m*, -in *f*; **~es** *mpl* Vorfahren *mpl*

anteco M GEOG Antöke *m*; **antecocina** F Vorküche *f*; **antecoger** VT ⟨2c⟩ vor sich *(dat)* hertreiben

Antecristo M → Anticristo

antedata F Zurückdatierung *f*; **poner ~ a** → antedatar; **antedatar** VT zurückdatieren; **antedecir** VT ⟨3p⟩ → predecir; **antedicho** ADJ oben genannt, obig

ante diem ADV rechtzeitig *(vor einem Termin)*

antediluviano ADJ vorsintflutlich *(tb fig)*

antefechar rückdatieren; **antefirma** F *Nennung der Amtsbezeichnung des Schreibers vor der Unterschrift*; **antegrada** F MAR Vorhelling *f*; **anteguerra** F Vorkriegszeit *f*; **anteiglesia** F Vorhof *m einer Kirche*; **anteislámico** ADJ vorislamisch; **antejuicio** M JUR Vorverfahren *n*; Vorverhör *n*

ANTEL F *abr* (Administración Nacional de Telecomunicaciones) *Arg, Ur, Salv* Staatliche Fernmeldeverwaltung *f*

antelación F Vorwegnahme *f*; **con ~** im Voraus; vorzeitig; **con la debida ~** rechtzeitig; **con tres días de ~** drei Tage vorher, drei Tage vor (Beginn *etc*); **con la mayor ~ posible** möglichst früh(zeitig)

antellevar VT *Méx espec* AUTO an-, überfahren

antemano ADV **de ~** im Voraus

antemeridiano A ADJ vormittägig B ADV vormittags

ante merídiem ADV vormittags

antemural M *fig* Hort *m*, Schutz(wall) *m*

antena F 1 RADIO, TV Antenne *f*; **~ aérea/alta** Frei-/Hochantenne *f*; **~ colectiva/de cuadro** Gemeinschafts-/Rahmenantenne *f*; **~ dirigida** *o* **de haz** Richtstrahler *m*; **~ emisora** *o* **de emisión** Sendeantenne *f*; **~ exterior** Außenantenne *f*; **~ horizontal** Bodenantenne *f*; **~ interior** Innen- (*o* Zimmer)antenne *f*; **~ parabólica** Parabolantenne *f*, TV Satellitenschüssel *f fam*; **~ plegable de varilla** einziehbare Stabantenne *f*; **~ radiogoniométrica/de radar/de recepción** Peil-/Radar-/Empfangsantenne *f*; **~ telescópica/de televisión** Teleskop-/Fernsehantenne *f*; RADIO, TV **estar en ~** auf Sendung sein; RADIO, TV **llevar un año en ~** seit einem Jahr auf dem Programm stehen; RADIO, TV **poner en ~** ins Programm setzen 2 ZOOL Fühlhorn *n*, Fühler *m* 3 MAR *(entena)* Rahe *f* 4 *fam (oreja)* Ohr *n*

antenista M/F Antennenbauer *m*, -in *f*, -spezialist *m*, -in *f*

antenoche ADV 1 *Am reg (noche de anteayer)* vorgestern Abend (*o* Nacht) 2 *(por la tarde)* am Spätnachmittag; **antenombre** M *Benennung, die dem Namen vorausgeht (Don, San, Fray etc)*

anteojeras FPL Scheuklappen *fpl (tb fig)*; **anteojo** M 1 ÓPT Fernrohr *n*; **~ panorámico** Rundblickfernrohr *n*; **~ de puntería** Zielfernrohr *n*; **~ (de) tijera** Scherenfernrohr *n* 2 **~s** *mpl (gemelos de teatro)* Opernglas *n*; *(prismáticos)* Feldstecher *m*; *Am (gafas)* Brille *f*

antepalco M TEAT Vorloge *f*; **antepasado** A ADJ vorhergegangen B M, **-a** F Vorfahr *m*, -in *f*, Ahn *m*, -in *f*; **~s** *mpl* Vorfahren *mpl*, Ahnen *mpl*; **antepecho** M Brüstung *f*; Fensterbrett *n*; MAR Reling *f*, Schanzkleid *n*; MIL Brustwehr *f*

antepenúltima F vorvorletzte Silbe *f*; **antepenúltimo** ADJ vorvorletzte(r, -s); **anteponer** VT ⟨2r⟩ 1 *(poner delante)* voranstellen 2 *(preferir)* vorziehen; den Vorrang geben (a vor *dat*)

anteportada F TIPO Schmutztitel *m*, Vortitel *m*; **anteposición** F 1 *(acción de anteponer)* Voranstellung *f* 2 *(preferencia)* Bevorzugung *f*; **anteproyecto** M Vorentwurf *m*, Vorprojekt *n*; **antepuerta** F *cortina*: Türvorhang *m*, Portiere *f*; **antepuerto** M 1 *en la cordillera*: Vor-, Felsenpass *m vor dem Hochpass* 2 MAR Außen-, Vorhafen *m*

antepuesto PP → anteponer

antera F BOT Staubbeutel *m*

anterior ADJ vorhergehende(r, -s), frühere(r, -s); **~ a** früher als; **~ a la fecha** unter einem früheren Datum; **~ a mi viaje** vor meiner Reise; **el año ~** ein Jahr zuvor; **lo ~** Obige(s) *n*, wie oben

anterioridad F Vorzeitigkeit *f*, Priorität *f*; *adv* **con ~** früher, vorher; *prep* **con ~ a** vor

(dat); **anteriormente** ADV *temporal*: eher, vorher, früher; *local*: weiter oben
antes A ADV 1 *abs* früher; **cuanto ~** *o* **lo ~ posible**, *fam* **~ con ~** baldmöglichst; **de ~** ehemalig, vorig; *fam* → anteriormente; **desde mucho ~** seit Langem; **eso viene ~** das geht vor; **eso viene de ~** das geht auf früher (*o* eine frühere Zeit) zurück; **el día ~** tags zuvor; **la noche/el mes ~** die Nacht/im Monat zuvor; **lo he dicho ~** ich habe es vorher gesagt; **~ de nada** als Erstes; **poco ~** kurz zuvor 2 *en forma comparativa, adversativa o corrigiendo*: **como ~** wie zuvor, wie früher; COM wie gehabt; **ahora como ~** nach wie vor; **~ que** früher als (*nom*), vor (*dat*); **~ que nada** vor allem; **~ querría marcharme que quedarme** ich möchte lieber abreisen (als bleiben) B PREP **~ de** vor; bevor; **~ de ahora** früher; **~ de anoche** → anteanoche; **~ de ayer** → anteayer; **~ de tiempo** *o* **de hora** vorzeitig, vor der Zeit; *con inf o part*: **~ de llegar el tren** vor Ankunft des Zuges; **poco ~ de verla yo en la calle** kurz bevor ich sie auf der Straße sah; **~ de efectuado el trabajo** vor Beendigung der Arbeit C CJ **~ (de) que** (*subj*) ehe, bevor (*ind*); **~ (de) que salga el sol** ehe die Sonne aufgeht, vor Sonnenaufgang; **~ bien** vielmehr; **~ (bien) creo que ...** vielmehr (*o* eher) glaube ich, dass ...
antesala F Vorzimmer *n*; **hacer ~** im Vorzimmer warten, antichambrieren; **antevíspera** F der vorvorige Tag (*eines Ereignisses*)
anti... PREF Anti..., anti..., Gegen...
antiabortista M/F Abtreibungsgegner *m*, -in *f*; **antiacadémico** ADJ antiakademisch; **antiácido** ADJ QUÍM Säure neutralisierend; **antiadherente** ADJ antihaftbeschichtet, Antihaft...; **sartén** *f* **~** Pfanne *f* mit Antihaftbeschichtung
antiaéreo A ADJ Luftschutz..., Fliegerabwehr..., Flak...; **defensa** *f* **-a (civil)** (ziviler) Luftschutz *m* B M Flakgeschütz *n*
antialcohólico A ADJ alkoholfeindlich; **liga** *f* **-a** Abstinenzbewegung *f* B M, **-a** F Antialkoholiker *m*, -in *f*; **antialérgico** A ADJ antiallergisch B M MED Antiallergikum *n*; **antiálgico** ADJ → analgésico; **antiamericanismo** M POL Antiamerikanismus *m*; **antiamericano** ADJ antiamerikanisch, amerikafeindlich; **antiarrugas** ADJ Antifalten...; **antiartístico** ADJ unkünstlerisch, geschmacklos; **antiartrítico** M Gicht heilendes Mittel *n*; **antiasmático** M Asthmamittel *n*; **antiautoritario** ADJ antiautoritär; **antibacteriano** ADJ antibakteriell
antibala(s) ADJ *inv* kugelsicher; **chaleco** *m* **~** kugelsichere Weste *f*; **cristal** *m* **~** Panzerglas *n*
antibelicista M/F Kriegsgegner *m*, -in *f*; **antibiótico** A ADJ antibiotisch B M Antibiotikum *n*; **~ de amplio espectro** Breitbandantibiotikum *n*; **antibloqueo** ADJ *inv* AUTO **sistema** *m* **~ (de frenos)** Antiblockiersystem *n*, *abr* ABS *n*; **antibritánico** ADJ antibritisch, englandfeindlich
anticanceroso A ADJ Krebs verhütend; **lucha** *f* **-a** Krebsbekämpfung *f* B M Krebsbekämpfungsmittel *n*; **anticarro** M MIL Panzerabwehr...; **anticaspa** ADJ *inv* **champú** *m* **~** Antischuppenschampoo *n*; **anticatarral** A ADJ Schnupfen heilend (*o* lindernd) B M Schnupfenmittel *n*; **anticátodo** M ELEC Antikat(h)ode *f*; **anticatólico** ADJ antikatholisch; **antichoque(s)** ADJ *inv* stoßfest; **anticíclico** ADJ *espec* ECON antizyklisch; **anticiclón** M METEO Antizyklone *f*, Hoch(druckgebiet) *n*; **anticiclónico** ADJ METEO Hochdruck...; **anticientífico** ADJ unwissenschaftlich
anticipación F 1 (*antelación*) Vorausnahme *f*, Vorwegnahme *f*; *t/t* Antizipation *f*; **con ~** im Voraus; **aviso** *m* **con un mes de ~** monatliche Kündigung *f*; **novela** *f* **de ~** Zukunftsroman *m* 2 MÚS Vorschlag *m*
anticipadamente ADV vorher; im Voraus; **anticipado** ADJ vorzeitig; *elecciones, jubilación* vorgezogen; **con muchas gracias -as** mit vielem Dank im Voraus; *adv* **por ~** im Voraus; **pago** *m* **~** Voraus(be)zahlung *f*
anticipador ADJ vorwegnehmend, vorgreifend; **anticipante** PART *t/t* antizipierend
anticipar A V/T 1 (*hacer antes del momento oportuno*) vorwegnehmen; (*adelantar*) vorausschicken; **~ dinero** Geld vorschießen (*o* vorstrecken); **~ las gracias** im Voraus danken 2 **~ a alg** j-m zuvorkommen 3 *fecha, etc* früher ansetzen, vorverlegen B V/R **anticiparse** sich früher einstellen, vorzeitig kommen (*o* eintreten); **~ a** zuvorkommen (*dat*); vorgreifen (*dat*); **~ a hacer a/c** etw verfrüht tun, sich mit etw (*dat*) übereilen
anticipo M 1 (*dinero*) Vorauszahlung *f*; *de sueldo*: Vorschuss *m*; *de un pago*: Anzahlung *f* 2 (*anticipación*) Vorwegnahme *f*; Vorgreifen *n*; *fig* (*muestra*) Vorgeschmack *m*
anticívico ADJ staats- (*o* ordnungs)feindlich; **anticlerical** ADJ antiklerikal; **anticlericalismo** M Antiklerikalismus *m*; **anticoagulante** M MED Antigerinnungsmittel *n*, Gerinnungshemmer *m*
anticolonialismo M Antikolonialismus *m*; **anticolonialista** M/F Antikolonialist *m*, -in *f*
anticomunismo M Antikommunismus *m*; **anticomunista** A ADJ antikommunistisch B M/F Antikommunist *m*, -in *f*
anticoncepción M Empfängnisverhütung *f*; **anticonceptivo** A ADJ empfängnisverhütend, schwangerschaftsverhütend B M (Empfängnis)Verhütungsmittel *n*
anticonformista A ADJ nicht konformistisch B M/F Nonkonformist *m*, -in *f*; **anticongelante** M Frostschutzmittel *n*, Gefrierschutzmittel *n*
anticonstitucional ADJ POL *asunto* verfassungswidrig; *persona* verfassungsfeindlich; **anticonstitucionalidad** F POL *de un asunto*: Verfassungswidrigkeit *f*; *de una persona*: Verfassungsfeindlichkeit *f*
anticontaminación ADJ *inv* → anticontaminante; **anticontaminante** ADJ ECOL umweltfreundlich
anticonvencional ADJ gegen die Konvention; **anticorrosión** ADJ *inv* **garantía** *f* **~** Rostschutzgarantie *f*; **anticorrosivo** A ADJ nicht rostend B M Rostschutzmittel *n*; **anticorrupción** ADJ *inv* Antikorruptions...; **anticresis** F JUR Antichrese *f*, Nutzungspfandrecht *n* an Immobilien; **anticristiano** ADJ antichristlich; **Anticristo** M Antichrist *m*
anticuado ADJ altmodisch; veraltet; **anticuario** M, **anticuaria** F 1 *comerciante*: Antiquitätenhändler *m*, -in *f*, Antiquar *m*, -in *f* 2 *coleccionista*: Antiquitätensammler *m*, -in *f*; **anticuarse** V/R ⟨1d⟩ veralten
anticuchos MPL *Arg, Bol, Chile, Perú* GASTR *kleine Stücke von Fleisch und Innereien zum Braten am Spieß*
anticuerpo M MED Antikörper *m*; **antidáctilo** M → anapesto
antidemócrata POL A ADJ antidemokratisch B M/F Antidemokrat *m*, -in *f*; **antidemocrático** ADJ POL undemokratisch
antideportividad F Unsportlichkeit *f*; **antideportivo** ADJ unsportlich, unfair
antidepresivo M FARM Antidepressivum *n*; **antidesbordamiento** M *lavadora, lavaplatos*: Überlaufschutz *m*; **antideslizante** A ADJ TEC Gleitschutz...; rutschfest B M AUTO (**cadena** *f*) **~** Gleitschutz-, Schneekette *f*; **antideslumbrante** ADJ blendfrei; **antidetonante** TEC, AUTO A ADJ klopffest B M Antiklopfzusatz *m*; **antidiarreico** M MED Mittel *n* gegen Durchfall; **antidiftérico** ADJ MED **vacuna(ción)** *f* **-a** Diphtherieschutzimpfung *f*; **antidinástico** ADJ dynastiefeindlich; **antidisturbios** ADJ *inv* **policía** *f* *o* **fuerzas** *fpl* **~** Bereitschaftspolizei *f*; **antidiurético** ADJ MED harnhemmend; **antidogmatismo** M Antidogmatismus *m*; **antidopaje, antidoping** A ADJ DEP Antidoping...; **control** *m* **~** Dopingkontrolle *f* B M DEP Antidoping *n*
antídoto M Gegengift *n*; *fig* Gegenmittel *n*
antidroga ADJ *inv* Drogen...; Anti-Drogen...; Rauschgiftbekämpfungs...; **policías** *mpl* (*o* **policía** *f*) **~** Drogenpolizei *f*; Drogendezernat *n*; **antidumping** [-'ðumpin] ADJ *inv* ECON Antidumping...; **antiecológico** ADJ umweltfeindlich; umweltschädlich; **antieconómico** ADJ unwirtschaftlich; **antiemético** ADJ den Brechreiz stillend; **antiepiléptico** M MED Antiepileptikum *n*
antier ADV *Am* vorgestern
antiespañol ADJ spanienfeindlich; **antiespasmódico** MED A ADJ krampflösend B M krampflösendes Mittel *n*; **antiespumante** A ADJ nicht schäumend B M Antischaummittel *n*; **antiestático** ADJ antistatisch; **antiestético** ADJ unästhetisch, hässlich; **antieuropeo** ADJ aniteuropäisch; europafeindlich; **antievangélico** ADJ REL dem Evangelium zuwider, unevangelisch; **antifascista** A ADJ antifaschistisch B M/F Antifaschist *m*, -in *f*; **antifaz** M ⟨*pl* -aces⟩ Gesichtsmaske *f*; Larve *f*, Augenmaske *f*; **antifebril** ADJ MED fieberdämpfend; **antifeminismo** M Antifeminismus *m*; **antifeminista** A ADJ antifeministisch B M/F Feminismusgegner *m*, -in *f*
antífona F REL Antifon *f*, Wechselgesang *m*; **antifonal, antifonario** M REL (*cantoral*) Chorgesangbuch *n*
antifranquismo M POL, HIST *gegen Franco gerichtete Widerstandsbewegung*; **antifranquista** POL, HIST A ADJ antifranco... B M/F Gegner *m*, -in *f* des Francoregimes
antífrasis F RET Antiphrase *f*
antifúngico ADJ pilzhemmend; **antigás** ADJ Gas(schutz)...; **careta** *f* **~** Gasmaske *f*
antígeno M MED Antigen *n*
antiglobalización F POL, ECON Antiglobalisierung *f*; **movimiento ~** Antiglobalisierungsbewegung *f*; **antiglobalizador** M, **antiglobalizadora** F POL, ECON Globalisierungsgegner *m*, -in *f*
antigramatical ADJ grammat(ikal)isch falsch; **antigripal** MED A ADJ Grippe..., gegen Grippe; **vacuna** *f* **~** Grippeimpfung *f* B M Grippemittel *n*; **antigrisú** ADJ MIN schlagwettersicher
antigualla F *fam desp* alte Klamotte *f*; **~s** *fpl* alter Kram *m*, Plunder *m*; **antiguamente** ADV einst, früher, in alter Zeit
antigubernamental ADJ POL regierungsfeindlich; oppositionell
antigüedad F 1 (*tiempo antiguo*) Altertum *n*; **~ (clásica)** Antike *f*, klassisches Altertum *n* 2 **~es** *fpl objetos*: Antiken *fpl*, Kunstaltertümer *npl*; **tienda** *f* **de ~es** Antiquitätengeschäft *n* 3 **~ (en el servicio)** Dienstalter *n*; *en una empresa*: Betriebszugehörigkeit *f*; **por ~** nach dem Dienstalter
antiguerrillero ADJ Antiguerilla...
antiguo A ADJ 1 *gener* alt; *relación* langjährig; *costumbre* althergebracht; (*anticuado*) altmo-

disch, antiquiert; **un ~ amigo** ein alter Freund; **a la -a** nach alter Art, so wie früher; *(anticuado)* altmodisch **2** *(de tiempos remotos)* antik; **Edad** *f* **Antigua** Antike *f* **3** *(anterior)* ehemalig, früher; **una -a amiga** eine frühere Freundin; **el ~ ministro/director** der ehemalige Minister/Direktor **B** ADV **de ~** von alters her **C** MPL **los ~s** die Alten *mpl (bes der Antike)*

antihalo ADJ *inv* FOT lichthoffrei; **antihelmíntico** M MED Wurmmittel *n*; **antihemorrágico** ADJ MED blutstillend; **antihéroe** M, **antiheroína** F LIT Antiheld *m*, -in *f*; **antihigiénico** ADJ unhygienisch; **antihistamínico** M MED Antihistaminikum *n*; **antihumanitario** ADJ wider die Menschlichkeit; **antihumano** ADJ unmenschlich, grausam, herzlos

antiimperialista ADJ antiimperialistisch; **antiincendios** ADJ *inv* **sistema ~** Feuerschutz *m*

antiinflacionario ADJ, **antiinflacionista** ADJ ECON antiinflationär, inflationsbekämpfend; **lucha** *f* **~** Inflationsbekämpfung *f*; **medidas** *fpl* **antiinflacionarias** antiinflationäre (*o* inflationsbekämpfende) Maßnahmen *fpl*

antiinflamable ADJ nicht entzündlich; **antiinflamatorio** MED **A** ADJ entzündungshemmend **B** M entzündungshemmendes Mittel *n*

antijudío ADJ judenfeindlich; **antijurídico** ADJ rechtswidrig; **antilegal** ADJ JUR gesetzwidrig; **antiliberal** ADJ POL antiliberal; **antiliberalismo** M POL Antiliberalismus *m*

antillano **A** ADJ von den Antillen; Antillen... **B** M, **-a** F Antillenbewohner *m*, -in *f*

Antillas FPL Antillen *pl*; **~ Mayores/Menores** die Großen/Kleinen Antillen *pl*

antilogía F Widerspruch *m (zwischen zwei Texten oder Ausdrücken)*; **antilógico** ADJ widersprüchlich

antílope M ZOOL Antilope *f*

antimagnético ADJ antimagnetisch; **antimarxismo** M POL Antimarxismus *m*; **antimarxista** **A** ADJ antimarxistisch **B** M/F Antimarxist *m*, -in *f*; **antimateria** F FÍS Antimaterie *f*; **antimicótico** ADJ gegen Pilzbefall; **antimicrobiano** ADJ MED gegen Mikrobenbefall; **antimilitarismo** M Antimilitarismus *m*; **antimilitarista** **A** ADJ antimilitaristisch; antimilitärisch **B** M/F Antimilitarist *m*, -in *f*; **anti-misil** ADJ MIL Raketenabwehr...; **antimonárquico** **A** ADJ antimonarchistisch **B** M, **-a** F Antimonarchist *m*, -in *f*; Monarchismusgegner *m*, -in *f*

antimonio M QUÍM Antimon *n*

antimonopolio ADJ *inv*, **antimonopolista** ADJ, **antimonopolístico** ADJ ECON Antimonopol...; monopolfeindlich

antimoral ADJ → inmoral; **antinacional** ADJ antinational; **antinatural** ADJ widernatürlich; unnatürlich; **antineurálgico** MED **A** ADJ schmerzstillend **B** M schmerzstillendes Mittel *n*

antinomia F *t/t* Antinomie *f*, un(auf)lösbarer Widerspruch *m*

antinorteamericanismo M Antiamerikanismus *m*, USA-Feindlichkeit *f*; **antinorteamericano** ADJ antiamerikanisch, USA-feindlich; **antinucleares** MPL POL, ECOL Kernkraftgegner *mpl*; **antioxidante** M Rostschutzmittel *n*, Antioxidans *n*

antipapa M HIST Gegenpapst *m*; **antipapado** M HIST Gegenpapsttum *n*; **antipapista** **A** ADJ papstfeindlich **B** M/F Papstgegner *m*, -in *f*

antipara F **1** *(cancel)* Wandschirm *m* **2** *(polaina) Art* Gamasche *f*

antiparasitario **A** ADJ **lucha** *f* **-a** Schädlingsbekämpfung *f* **B** M *(producto m)* **~** Pflanzenschutzmittel *n*, Schädlingsbekämpfungsmittel *n*; **antiparásito** ADJ ELEC *aparato* entstört

antiparlamentario **A** ADJ unparlamentarisch **B** M, **-a** F Parlamentsgegner *m*, -in *f*

antiparras FPL *fam* Brille *f*

antipatía F Widerwille *m*, Abneigung *f*, Antipathie *f*; **antipático** ADJ widerwärtig, abstoßend; unausstehlich, unsympathisch; **antipatizar** V/I ⟨1f⟩ *Am* Abneigung (*o* Widerwille) empfinden; **antipatriota** M/F POL Volksfeind *m*, -in *f*; **antipatriótico** ADJ unpatriotisch; **antipedagógico** ADJ unpädagogisch; **antipinchazo** ADJ AUTO *neumático* pannensicher; **antipirético** **A** ADJ MED fieberdämpfend **B** M Antipyretikum *n*, Fiebermittel *n*; **antipirina** F MED Antipyrin *n*

antípoda **A** ADJ völlig entgegengesetzt **B** M Antipode *m*

antipolilla ADJ **bola** *f* **~** Mottenkugel *f*; **bolsa** *f* **~s** Mottensack *m*, mottensicherer Kleidersack *m*

antipoliomielítico M MED Polioimpfung *f*; **antipopular** ADJ volksfeindlich; **antipútrido** ADJ Fäulnis verhütend

antiquísimo *sup* uralt

antirrábico ADJ MED **suero** *m* **~** Tollwutserum *n*; **antirracismo** M Antirassismus *m*; **antirracista** **A** ADJ antirassistisch **B** M/F Rassismusgegner *m*, -in *f*; **antirraquítico** ADJ MED gegen Rachitis; **antirrealista** ADJ realitätsfremd; **antirreflejo(s)** ADJ *inv* AUTO blendfrei; **antirreformista** **A** ADJ reformfeindlich **B** M/F Reformgegner *m*, -in *f*; **antirreglamentario** ADJ vorschriftswidrig; verboten; ADMIN dienstwidrig; *transporte:* verkehrswidrig; **antirreligioso** ADJ religionsfeindlich; **antirrepublicano** ADJ antirepublikanisch; **antirresbaladizo** ADJ rutschsicher, -fest; **antirreumático** ADJ MED gegen Rheuma; **antirrevolucionario** ADJ gegenrevolutionär

antirrobo **A** ADJ diebstahlsicher; AUTO **inmovilizador** *m* **~** (elektronische) Wegfahrsperre *f* **B** M Diebstahlschutz *m*; AUTO Lenkradschloss *n*; **~ codificado** Antidiebstahlkodierung *f*

antirruido ADJ *inv* Lärmschutz...; **antisandinista** ADJ antisandinistisch; **antisemita** **A** ADJ antisemitisch **B** M/F Antisemit *m*, -in *f*; **antisemítico** ADJ antisemitisch; **antisemitismo** M Antisemitismus *m*; **antisepsia** F MED Antisepsis *f*; **antiséptico** ADJ MED antiseptisch, keimtötend

antisida ADJ *inv* gegen Aids, Anti-Aids...; **programa** *m* **~** (Anti)Aidsprogramm *n*; **vacuna** *f* **~** Aidsimpfstoff

antisindical ADJ POL, ECON gegen die Gewerkschaften gerichtet; **antisísmico** ADJ *edificio, etc* erdbebensicher; **antisocial** **A** ADJ unsozial; asozial **B** M/F *Col* Verbrecher *m*, -in *f*; **antisoviético** ADJ HIST antisowjetisch; **antisovietismo** M HIST Antisowjetismus *m*; **antistrofa** F LIT Antistrophe *f*, Gegenstrophe *f*

antisubmarino ADJ **defensa** *f* **-a** U-Boot-Abwehr *f*; **lucha** *f* **-a** U-Boot-Bekämpfung *f*

antisudorífico ADJ MED die Schweißabsonderung hemmend; **antitabaco** ADJ *inv*, **antitabáquico** ADJ Antiraucher...; **campaña** *f* **~** Antiraucherkampagne *f*; **antitanque** M MIL **(cañón** *m***) ~** Panzerabwehrkanone *f*, Pak *f*; **antitaurino** ADJ gegen den Stierkampf, Stierkampfgegner...; **antitérmico** **A** ADJ **1** *(aislante)* Wärmeschutz... **2** MED *(febrífugo)* fiebervertreibend **B** M MED fiebersenkendes Mittel *n*; **antiterrorismo** M Terrorbekämpfung *f*; **antiterrorista** ADJ *inv* Antiterror...

antítesis F ⟨*pl inv*⟩ Gegensatz *m*, Antithese *f*

antitetánico ADJ MED **suero** *m* **~** Tetanusserum *n*; **antitético** ADJ antithetisch, gegensätzlich; **antitóxico** ADJ MED entgiftend; antitoxisch; **antitoxina** F MED Antitoxin *n*, Gegengift *n*; **antitrust** ADJ *inv* ECON *espec Am* Antitrust...; **antituberculoso** ADJ MED **campaña** *f* **-a** Tuberkulosebekämpfung *f*; **antitusígeno** M MED Hustenmittel *n*; **antitusivo** MED **A** ADJ husten(reiz)stillend **B** M Hustenstiller *m*; *t/t* Antitussivum *n*; **antivariólico** ADJ MED gegen die Blattern; **antivenenoso** ADJ MED entgiftend, Gegengift...; **antivenéreo** ADJ gegen Geschlechtskrankheiten; **antiviral** ADJ, **antivírico** ADJ MED Antivirus...; **antivirus** ADJ *inv* INFORM **programa** *f* **~** Antivirenprogramm *n*; **antivital** ADJ gegen das Leben, lebensfeindlich; **antivuelco** ADJ AUTO **barra** *f* **~** Überrollschutz *m*, Kippschutz *m*; **sistema** *m* **~** Überrollschutz *m*, -system *n*

antojadizo ADJ launenhaft

antojarse V/R **se me antoja ...** *(tengo ganas de...)* ich habe Lust zu ...; *(me parece...)* es scheint mir ...; es kommt mir so vor, als ob ...; **la tela se me antoja buena** der Stoff scheint gut zu sein, ich halte den Stoff für gut; **se le antojó un viaje a París** er hatte plötzlich Lust, nach Paris zu fahren; **se me antoja que** es scheint mir, dass; es kommt mir so vor, als ob; ich glaube beinahe, dass; **se me antoja que va a llover** ich glaube, es wird bald regnen

antojera F Scheuklappe *f*; **antojitos** MPL *Méx* GASTR kleine pikante Vorspeisen *fpl*; **antojo** M **1** *(deseo)* Gelüst *n (tb de embarazadas)*; Laune *f*; **a mi (tu, su** *etc***) ~** nach Lust und Laune, nach Gutdünken **2** *(lunar)* Muttermal *n* **3** *jerga del hampa (grillos)* Fesseln *fpl*

antología F LIT Anthologie *f*; Gedichtsammlung *f*; *fam fig* **de ~** super *fam*, toll *fam*, Klasse *fam*; **antológico** ADJ **1** LIT anthologisch; *obra* für eine Anthologie geeignet **2** *fig (excelente)* super *fam*, Klasse *fam*; **antologista** M/F → antólogo; **antologizar** V/T eine Anthologie erstellen

antólogo M, **-a** F LIT Herausgeber *m*, -in *f* einer Anthologie

antónimo **A** ADJ LING von entgegengesetzter Bedeutung **B** M Antonym *n*, Gegenwort *n*

Antonio N PR M Anton *m*; REL Antonius *m*

antonomasia F RET Antonomasie *f*; **por ~** schlechthin; **antonomásticamente** ADV schlechthin; **antonomástico** ADJ RET antonomastisch

antorcha F Fackel *f (tb fig)*; **desfile** *m* **de ~s** Fackelzug *m*; **~ olímpica** olympische Fackel *f*, olympische Flamme *f*

antozo(ari)os MPL ZOOL Korallen-, Blumentiere *npl*, Anthozoen *npl*

antracita F MIN Anthrazit *m*, Glanzkohle *f*; **antracosis** F MED Anthrakose *f*, Kohlenstaublunge *f*

ántrax M MED Milzbrand *m*; *t/t* Anthrax *m*

antro M **1** *(caverna)* Höhle *f*, Grotte *f* **2** *pop desp (chabola)* Bruchbude *f fam*; Loch *n fam*; **~ de corrupción** Lasterhöhle *f*

antropofagia F Anthropophagie *f*, Kannibalismus *m*; **antropófago** **A** ADJ Menschenfresser... **B** M, **-a** F Menschenfresser *m*, -in *f*; **antropófilo** M ZOOL Kulturfolger *m*; **antropofobia** F Anthropophobie *f*, Menschenscheu *f*; **antropófobo** **A** ADJ menschenscheu **B** M, **-a** F ZOOL Kulturflüchter *m*, -in *f*; **antropoide** **A** ADJ menschenähnlich **B** M ZOOL Menschenaffe *m*; **antro-**

pología F Anthropologie *f*; *Am tb* Völkerkunde *f*; **antropológico** ADJ anthropologisch; **antropólogo** M, **antropóloga** F Anthropologe *m*, -login *f*; **antropometría** F Anthropometrie *f*; JUR *tb* (polizeilicher) Erkennungsdienst *m*; **antropomorfismo** M Anthropomorphismus *m*; **antropomorfo** ADJ anthropomorph; menschenähnlich; **antroponimia** F LING Namenkunde *f*; **antropónimo** M LING Personenname *m*; **antroposofía** F FIL Anthroposophie *f*; **antroposófo** M, **antroposófa** F Anthroposoph *m*, -in *f*

antruejada F Karnevalsscherz *m*; **antruejo** M *reg* Karneval *m*

anturio M BOT Flamingoblume *f*

antuvión M plötzlicher Schlag *m*; *fig* unerwartetes Ereignis *n*

antuzano M *reg* Vorplatz *m*

anual ADJ (ein)jährig; jährlich, Jahres…; ECON **balance** *m* **~** Jahresabschluss *m*, -bilanz *f*;

anualidad F Jahresbetrag *m*, -ertrag *m*; Jahreseinkommen *n*; Annuität *f*; **anualmente** ADV jährlich

anuario M Jahrbuch *n*; (*calendario*) Kalender *m*; (*directorio*) Adressbuch *n*; **~ de la nobleza** Adelskalender *m*; MAR **~ de mareas** Gezeitentafel *f*

anuba(rra)do ADJ bewölkt

anublamiento M Bewölkung *f*

anublar A VT bewölken; *fig* verdunkeln, trüben B VR **anublarse** sich bewölken (*o* umwölken); *fig* sich trüben; dahinwelken

anublo M → añublo

anudador M, **anudadora** F **~ de alfombras** Teppichknüpfer *m*, -in *f*; **anudadura** F, **anudamiento** M Verknotung *f*, Verknüpfung *f*

anudar A VT 1 *cuerdas, etc* verknoten; anknüpfen (*tb fig*); anbinden; *corbata* binden; **anudado a mano** *alfombra* handgeknüpft 2 *fig* (*juntar, unir*) verbinden, vereinigen B VR **anudarse** 1 (*dejar de crecer*) im Wachstum zurückbleiben 2 *fig voz* versagen; **se le anudaba la garganta** die Kehle war ihm/ihr wie zugeschnürt

anuencia F Einwilligung *f*, Zustimmung *f*;

anuente ADJ *liter* zustimmend; willfährig

anulable ADJ aufhebbar, anullierbar, rückgängig zu machen(d); **anulación** F Aufhebung *f*; Nichtigkeitserklärung *f*; Annullierung *f*; *de un contrato*: Auflösung *f*; *de una cita, etc*: Absage *f*; **~ de un pedido** Abbestellung *f*, Stornierung *f* (eines Auftrags); **~ de un asiento** *contabilidad*: Stornierung *f*

anular[1] A VT streichen, tilgen, aufheben; *decisión* rückgängig machen; *contrato* auflösen, annullieren (*tb matrimonio*), für null und nichtig erklären; *pedido, contabilización, factura* stornieren; *suscripción* abbestellen; **~ una cita** einen Termin absagen; DEP **~ un gol** ein Tor nicht anerkennen B VR **anularse** *fig* sich demütigen

anular[2] A ADJ ringförmig, Ring…; **dedo** *m* **~** Ringfinger *m*; ASTRON **eclipse** *m* **~** ringförmige (Sonnen)Finsternis *f* B M Ringfinger *m*

anulativo ADJ aufhebend, annullierend

anuloso ADJ 1 (*compuesto de anillos*) geringelt 2 *forma*: ringförmig

Anunciación F REL Mariä Verkündigung *f*

anunciador ADJ anzeigend, ver-, ankündigend; **columna** *f* **~a** Litfaß-, Anschlagsäule *f*;

anunciante A ADJ → anunciador B M/F *prensa*: Inserent *m*, -in *f*; Anzeigenkunde *m*, -kundin *f*; RADIO, TV Auftraggeber *m*, -in *f* einer Werbesendung

anunciar ⟨1b⟩ A VT 1 (*dar noticia*) anzeigen, bekannt machen, ankündigen 2 (*pronosticar*) voraussagen 3 (*presentar a alg*) (an)melden; **¿a quién debo ~?** wen darf ich melden?; *fam* **¿qué anuncia este tipo?** was will der Kerl eigentlich? *fam* B VR **anunciarse** 1 *visita*: sich ankündigen 2 (*hacer publicidad*) werben

anuncio M 1 *en un periódico, etc*: Anzeige *f*, Annonce *f*; TV (Werbe)Spot *m*; **~ luminoso** *o Cuba* **lumínico** Leuchtreklame *f*; *diario*: **~s breves** *o* **~s clasificados** *o* **~ por palabras** *o* **pequeños ~s** Kleinanzeigen *fpl*; **sección** *f* **de ~s** Anzeigenteil *m*; **poner un ~** eine Anzeige aufgeben; inserieren, annoncieren 2 (*notificación*) Bekanntmachung *f*; Ankündigung *f*; Meldung *f* 3 (*pronóstico*) Vorhersage *f*

anuria F MED Harnverhaltung *f*; *t/t* Anurie *f*

anuros MPL ZOOL Froschlurche *mpl*

ANV F *abr* (Acción Nacionalista Vasca) *Esp* HIST baskische Regionalpartei *f*

anverso M *de una moneda*: Bildseite *f* (*einer Münze*); *gener* (*cara*) Vorderseite *f*

anzuelo M Angelhaken *m*; *fig* Lockmittel *n*; *fig* **caer** *o* **picar en el ~** darauf hereinfallen; *tb fig* **morder** *o* **tragar el ~** anbeißen; *tb fig* **echar el ~** die Angel auswerfen

añada F 1 (*tiempo de un año*) (*espec* Ernte-)Jahr *n*; *de vino*: Jahrgang *m* 2 AGR *campo*: Wechselfeld *n*

añadido A ADJ (*adicional*) zusätzlich B M 1 (*agregado*) Hinzugefügte(s) *n*; Zusatz *m* 2 (*postizo*) Haarteil *n* 3 TIPO (*suplemento*) Zusatz *m*, Nachtrag *m*; **añadidura** F 1 (*algo extra*) Beigabe *f*, Zusatz *m*; *de compras*: Zugabe *f*; **de ~** als Zugabe; **por ~** außerdem, (noch) obendrein 2 TEC Ansatz(stück *n*) *m*

añadir VT 1 (*agregar*) hinzufügen; (*sumar*) hinzurechnen; **hay que ~ que …** es muss noch bemerkt werden, dass … 2 (*ampliar*) vergrößern, erweitern, verlängern

añagaza F Lockvogel *m*; *fig* Köder *m*

añal A ADJ 1 ZOOL *ovejas, cabras, etc* jährig 2 → anual B M 1 ZOOL Jährling *m* 2 *ofrenda*: Opfer *n* zum jährlichen Gedenken an die Verstorbenen; **añalejo** M (Kirchen)Agende *f*

añañay INT *Chile* bravo!, gut!

añapa F 1 *Andes, RPl* ***Karobengetränk*** 2 *Arg* **hacer ~ a/c** (*destruir a/c*) etw kurz und klein schlagen, etw zerdeppern *fam*

añascar VT ⟨1g⟩ *fam* 1 (*juntar cosas menudas*) zusammenklauben 2 (*embrollar*) verwirren

añejamiento M Ablagern *n* (des Weins)

añejar A VT *vino* ablagern lassen B VR **añejarse** altern, *espec vino* ablagern; **añejo** ADJ alt; *fam noticia* längst überholt; *vicio* alteingewurzelt; *costumbres* althergebracht; **vino** *m* **~** alter, abgelagerter Wein *m*

añicos MPL Scherben *fpl*, Splitter *mpl*, Fetzen *mpl*; **estar hecho ~** kaputt sein (*tb fig*); *fam* **hacer ~ a/c** etw in Fetzen (zer)reißen; etw kaputt machen, etw zerdeppern *fam*; **hacerse ~** in Stücke gehen; *fig* zunichtewerden

añil M Indigo *m*; **azul** *m* **~** Indigoblau *n*; **añilar** VT mit Indigo färben

añino ADJ ZOOL jährig; **añinos** MPL Lammwolle *f*

año M 1 *gener* Jahr *n*; **~ civil** Kalenderjahr *n*; **~ económico** *o* **fiscal** Geschäftsjahr *n*, Finanzjahr *n*; **~ corriente** laufende(s) Jahr *n*; **~ electoral** Wahljahr *n*; **~ escolar** Schuljahr *n*; **~ lectivo** Schuljahr *n*; UNIV Hochschuljahr *n*; **~ natural** (ein) volles Jahr; **~ sabático** Sabbatjahr *n*; UNIV vorlesungsfreies Jahr (*eines Professors*); **~s** *mpl* **de servicio** Dienstjahre *npl*; **el ~ pasado** letztes Jahr; **del ~ pasado** vorjährig, vom vorigen Jahr; **el ~ que viene** nächstes Jahr *n*; **andando los ~s** im Laufe der Zeit; **por ti no pasan los ~s** du wirst überhaupt nicht älter; **~ tras ~** Jahr für Jahr; **¡por muchos ~s!** meine Glückwünsche! 2 *epoca*: **los ~s veinte** die Zwanzigerjahre 3 *edad* **a mis ~s** in meinem Alter; **a los veinte ~s** mit 20 Jahren; **¿cuántos ~s tienes?** wie alt bist du?; **de pocos ~s** wenige Jahre alt; *niño* klein; **de tres ~s** dreijährig, drei Jahre alt; **entrado** *o* **metido en ~s** betagt, bejahrt; **cumplir ~s** Geburtstag haben; **cumplir 40 ~s** 40 Jahre (alt) werden; **quitarse ~s** sich für jünger ausgeben, sein wahres Alter verschweigen 4 ASTRON **~ bisiesto** Schaltjahr *n*; **~ lunar** Mondjahr *n*; ASTRON **~ luz** Lichtjahr *n*; *fam fig* **estar a ~s luz** himmelweit entfernt sein 5 REL **~ eclesiástico** *o* **litúrgico** Kirchenjahr *n*; **~ de gracia** Jahr *n* des Heils; **~ santo** *o* **de jubileo** *o* **de jubilar** heiliges Jahr *n* 6 **Año Nuevo** Neujahr *n*; **día** *m* **de Año Nuevo** Neujahrstag *m* 7 *fam fig* **el ~ de Maricastaña** *o* **de la nan(it)a** *o* **de la pera** *o* **de la polca** anno Tobak *fam*, anno dazumal *fam* 8 (*cosecha*) Jahrgang *m*; **mal ~** Missjahr *n*, -ernte *f*; *fam* **estar de buen ~** dick und fett sein *fam* 9 *enseñanza* **ganar ~** das Abschlussexamen bestehen; das Klassenziel erreichen

añojo M jähriges Rind *n*

añoranza F Sehnsucht *f* (**de** nach *dat*); wehmütige Erinnerung *f* (**de** an *acus*); Heimweh *n* (**de** nach *dat*); **añorar** VT sich sehnen nach (*dat*); nachtrauern (*dat*)

añoso ADJ alt

añublo M AGR Brand *m* (*Getreidekrankheit*)

añudar VT → anudar

aojadura F, **aojamiento** M → aojo

aojar VT durch den bösen Blick behexen; *fig* zugrunde richten; **aojo** M *der* böse Blick

aoristo M GRAM Aorist *m*

aorta F ANAT Aorta *f*

aovado ADJ oval

aovar VI Eier legen

aovillarse VR sich knäueln; sich zusammenkauern

AP F *abr* 1 (*Alianza Popular*) *Esp* HIST ***rechtsgerichtete politische Partei*** 2 (*Acción Popular*) ***politische Partei in Peru*** 3 (*Armada Peruana*) MIL ***die peruanische Kriegsmarine***

apa INT *Méx* nanu!

apa *Chile* **al ~** auf dem (*o* den) Rücken

APA F *abr* 1 (*Aerovías Panamá*) ***Fluggesellschaft von Panama*** 2 (*Asociación de Padres de Alumnos*) Elternverband *m*

apabullante ADJ *fam fig* erdrückend, umwerfend; **apabullar** VT *fam* 1 (*aplastar*) erdrücken 2 *fig* (*abatir*) am Boden zerstören *fam*, (*sofocar con pruebas contundentes*) (mit Beweisen) erdrücken; (*confundir*) verwirren, sprachlos machen

apacentadero M AGR Weideplatz *m*; **apacentamiento** M AGR Weiden *n*; Hütung *f*;

apacentar VT ⟨1k⟩ 1 AGR *ganado* weiden, hüten 2 *fig deseos, pasiones* schüren, nähren

apache A ADJ auf die Apachen bezogen B M/F Apache *m*, Apachin *f* C M *fig* Messerheld *m*, Ganove *m*

apacheta, apachita F *Andes* ***Steinhaufen als Zeichen des Dankes an die Gottheit bei Passübergängen***; *fig* Notunterkunft *f*, Schutzhütte *f*

apachurrado ADJ 1 (*chato*) (platt) gedrückt 2 *Méx, Cuba, Col fig persona* untersetzt; **apachurrar** VT 1 (*aplastar*) platt drücken 2 *fig* (*tapar la boca*) den Mund stopfen (*dat*) 3 *Perú* (*abrazar fuertemente*) (ganz) fest umarmen

apacibilidad F (*dulzura*) Sanftmut *f*, Friedfertigkeit *f*; Milde *f* (*tb* METEO); (*tranquilidad*) Ruhe *f*, Gelassenheit *f*; **apacible** ADJ milde (*tb tiempo*), sanft (*tb viento*), ruhig; **apaciblemente** ADV freundlich

apaciguador A ADJ beschwichtigend B M, **apaciguadora** F Friedensstifter *m*, -in *f*; **apaciguamiento** M Beschwichtigung

f, Beruhigung f; **política** f **de ~** Beschwichtigungspolitik f, Appeasement n; **tropas** fpl **de ~** Friedenstruppe(n) f(pl)
apaciguar ⟨1i⟩ **A** VT befrieden, Frieden stiften unter (o zwischen) (dat); fig beruhigen, besänftigen **B** VR **apaciguarse** sich beruhigen
apadrinamiento M Begönnern n, Bemuttern n; **apadrinar** VT **1** (ser padrino de) Pate sein bei (dat); boda Trauzeuge sein bei (dat) **2** fig (proteger) protegieren, fördern, begünstigen
apagable ADJ löschbar; **apagabroncas** M ⟨pl inv⟩ pop Rausschmeißer m fam; **apagada** F Am → apagamiento; **apagadizo** ADJ schwer brennbar; **apagado** ADJ **1** erloschen; luz, radio, TV aus **2** tono, color gedämpft; voz dumpf; persona schwunglos, lustlos; **apagador** **A** ADJ löschend **B** M **1** (apagavelas) Löschhorn n für Kerzen etc **2** MÚS del piano: Dämpfer m **3** Méx (interruptor) (Licht)Schalter m; **apagafuegos** ADJ feuerlöschend; **apagaincendios** M ⟨pl inv⟩ MAR Feuerlöschpumpe f; **apagamiento** M Ver-, Auslöschen n; **apagapenol** M MAR Nockgording f
apagar ⟨1h⟩ **A** VT **1** (aus)löschen (tb fig); luz, radio, TV ausmachen **2** colores mildern; tono y fig dämpfen **3** sed löschen (o stillen); cal löschen; MAR vela reffen **B** VI abs das Licht löschen; fam fig **apaga y vámonos** jetzt ist Schluss; jetzt reicht's fam; irón (na) dann gute Nacht! **C** VR **apagarse** ausgehen, erlöschen; tono verklingen
apagavelas M ⟨pl inv⟩ CAT Löschstock m
apagón **A** ADJ Méx, Cuba → apagadizo **B** M fam Stromausfall m; Blackout m/n; **~ informativo** Nachrichtensperre f
apaisado ADJ cuadro, libro: in Querformat
apaisanarse VR RPl bäuerlich werden, verbauern
apalabrar **A** VT absprechen, verabreden, (mündlich) vereinbaren **B** VR **apalabrarse** sich verabreden (**con** mit dat)
apalancado ADJ fam versteckt; **apalancar** VT ⟨1g⟩ **1** (mover con palanca) mit Hebeln (o Brechstangen) bewegen **2** fam (esconder) verstecken
apaleada F Am → apaleamiento; **apaleamiento** M Schlagen n, Durchprügeln n
apalear VT (ver)prügeln; schlagen; alfombras klopfen; vestidos ausklopfen; frutas vom Baum schlagen; grano worfeln; fam fig **~ oro** o **plata** (das) Geld scheffeln, in Geld schwimmen fam; fig **apaleado por la vida** vom Leben gebeutelt
apaleo M Herunterschlagen n (von Früchten) mit der Stange
apalizar VT fam verprügeln
apanalado ADJ wabenartig; madera wurmstichig
apanar VT Am reg GASTR panieren
apancle M → apantle
apancora F Chile ZOOL Seekrebs m
apandar VT fam stibitzen, klauen fam; **apandillarse** VR sich zusammenrotten
apanojado ADJ BOT rispenförmig
apantallamiento M INFORM, fonotecnia: Abschirmung f
apantle M Méx Bewässerungsgraben m
apañado ADJ **1** tejido tuchähnlich **2** fam fig persona anstellig, geschickt, fix fam; cosa brauchbar, zweckdienlich; fam fig **estar ~** aufgeschmissen sein fam, in der Patsche sitzen fam; **apañadura** F → apaño
apañar **A** VT **1** (remendar) flicken, ausbessern **2** persona zurechtmachen; schön anziehen **3** fam (apoderarse de) stibitzen, mitgehen lassen, abstauben fam **4** reg y Arg (proteger) decken, in Schutz nehmen **5** fam (asir) packen **B** VR **apañarse** sich geschickt anstellen; **apañárselas** zurechtkommen, sich (dat) zu helfen wissen; **no sé cómo se las apaña** ich weiß nicht, wie er es anstellt
apaño M **1** (compostura) Flicken n; (remiendo) Flicken m **2** (acción de asir) Zugreifen n; (robo) Stehlen n **3** (habilidad) Geschick n **4** pop (amante) Liebhaber m; (Liebes)Verhältnis n **5** fam (enredo, chanchullo) Kungelei f fam, Mauschelei f fam **6** fam **encontrar un ~** (encontrar un remiendo) eine Notlösung finden
aparador M **1** (bufete) Büffet n, Anrichte f, Sideboard n **2** (taller) Werkstatt f **3** COM (escaparate) Auslage f; Schaufenster n
aparar **A** VT zurechtmachen; CONSTR madero etc schlichten; AGR jäten; zapatero nähen **B** VT & VI manos, delantal, etc aufhalten; **~ (en** o **con la mano)** auffangen
aparasolado ADJ schirmförmig; BOT → umbelífero
aparatarse VR **1** persona sich herausputzen, sich aufdonnern fam **2** METEO lluvia, tormenta im Anzug sein; reg y Col cielo sich bewölken
aparato M **1** TEC, TEL Apparat m (tb fig), Gerät n (tb DEP); **~ adicional** Zusatzgerät n; **~ auxiliar** Hilfsgerät n; Nebenapparat m; **~ dental** o **de ortodoncia** Zahnspange f; **~ fisioterapéutico** Heilgerät n; **~ eléctrico** Elektrogerät n; TEAT Blitz m und Donner m; **~ de mando**, MAR **~s** mpl **para gobernar** Steuergerät n; TEL **~ de mesa** Tischgerät n, -apparat m; fig **~ de proyección** Projektionsgerät n, Projektor m; FERR **~ de rodadura** Laufwerk n; **~ de toma** (Bild-, Ton)Aufnahmegerät n; **~ de visión nocturna** Nachtsichtgerät n; TEL **(estar) al ~** am Apparat (sein) **2** (avión) Flugzeug n, Maschine f fam **3** POL, ADMIN **~ administrativo** Verwaltungsapparat m; **~ del** o **de un partido** Parteiapparat m; **~ policial** Polizeiapparat m; LIT, FIL **~ crítico** kritischer Apparat m **4** ANAT **~ circulatorio** Kreislaufsystem n; **~ digestivo/vocal** Verdauungs-/Stimmapparat m; **~ respiratorio** Atmungsorgane npl **5** fig (pompa) Prunk m, Gepränge n; (griterío) Geschrei n; Lärm m; Umstände mpl **6** MED (vendaje) Verband m; **~ ortopédico** orthopädischer Verband m **7** MED (síntomas de enfermedad) Krankheitssymptome npl **8** pop órgano sexual: männliches (o weibliches) Geschlechtsorgan n
aparatosidad F (pompa) Prunk m, (exageración) Übertriebenheit f; carácter: spektakulärer Charakter m; **aparatoso** ADJ (pomposo) prunkvoll; (espectacular) aufsehenerregend, spektakulär; desp protzig
aparcacoches M/F Esp *Parkwächter(in), der/die vor Hotels, Restaurants etc die Autos der Kunden wegfährt und bringt*
aparcadero M Esp Parkplatz m; **aparcamiento** M **1** acción: Parken n; **mal ~** Falschparken n **2** lugar: Parkplatz m; **~ subterráneo** Tiefgarage f; **~ vigilado** bewachter Parkplatz m
aparcar VT & VI ⟨1g⟩ parken; **~ en batería** quer parken; **~ en línea** längs parken; **~ en doble fila** in zweiter Reihe parken
aparcelamiento M Parzellierung f; **aparcelar** VT terrenos parzellieren, aufteilen
aparcera F Halb-, Teilpächterin f; **aparcería** F AGR Halb-, Teilpacht f; **aparcero** M **1** AGR Halb-, Teilpächter m **2** Am pop (compañero) Kumpan m **3** Arg (cliente) Kunde m
apareamiento M Paarung f; **aparear** **A** VT paarweise zusammenstellen; espec animales paaren **B** VR **aparearse** sich paaren
aparecer ⟨2d⟩ **A** VI **1** (manifestarse) erscheinen, auftauchen, zum Vorschein kommen, zutage treten; auftreten; **~ como** aussehen wie; **este título no aparece en el catálogo** dieser Titel steht nicht im Katalog; **ya apareció aquello** fam jetzt haben (o wissen) wir es, das war's also **2** libro erscheinen, veröffentlicht werden **B** VR **aparecerse** (unvermutet) erscheinen, auftauchen; sich zeigen
aparecido M Geist m, Gespenst n, Erscheinung f
aparejado ADJ zweckmäßig, passend; **llevar** o **traer ~** mit sich (dat) bringen, zur Folge haben; **aparejador** M **1** ARQUIT Baumeister m, -führer m **2** MAR Takelmeister m; **aparejar** VT zubereiten, herrichten; rüsten (tb fig); caballo, etc (an)schirren; MAR auftakeln; TEC, PINT grundieren
aparejo M **1** (preparación) Herrichten n **2** TEC (sistema de poleas) Hebezeug n, Flaschenzug m, MAR Talje f **3** MAR velero: Segelwerk n, Takelage f; **~s** mpl Schiffsgerät n **4** (arreos de caballería) Pferdegeschirr n **5** ARQUIT Verband m **6** PINT (imprimación) Grundierung f **7** **~s** mpl (utensilios) Geräte npl; Gerätschaften fpl; **~s de pesca** Angel-, Fischereigeräte npl
aparentar VT vorspiegeln, vorgeben; **~** (inf) sich stellen, als ob, (so) tun, als ob (subj); **(no) aparenta la edad que tiene** er sieht (nicht) so alt aus, wie er ist
aparente ADJ **1** (según parece) äußerlich, augenscheinlich; scheinbar; anscheinend; JUR offenkundig; **argumento** m **~** Scheinbeweis m; -grund m; **muerte** f **~** Scheintod m **2** espec Am (conveniente) passend, zweckmäßig **3** (de buen aspecto) hübsch, gut aussehend
aparentemente ADV scheinbar; anscheinend; **aparición** F **1** Erscheinen n; **hacer su ~** (auf der Bildfläche) erscheinen **2** (visión) Erscheinung f, Vision f; Gespenst n
apariencia F **1** Schein m, Anschein m; (probabilidad) Wahrscheinlichkeit f; adv **en (la) ~** scheinbar; offensichtlich, offenbar **2** **~s** fpl (äußerer) Schein m; **las ~s engañan** der Schein trügt; **salvar** o **cubrir** o **guardar las ~s** den Schein wahren; **según (todas) las ~s** allem Anschein nach **3** de una persona: Erscheinung f, Aussehen n
aparrado ADJ **1** árbol mit waagrecht gewachsenen Zweigen **2** fig persona untersetzt, stämmig; **aparragarse** Am reg Fett ansetzen, dick werden; **aparrar** VT AGR ramas waagrecht ziehen
aparta F **1** Am en el rodeo: (Aus)Sortierung f von Vieh **2** Col AGR **de ~** (destetado) abgesetzt, entwöhnt; **apartadamente** ADV getrennt; abseits; **apartadero** M **1** (lugar de desvío) Ausweichstelle f; FERR Ausweichgleis n **2** AGR pastoreo: Weidestreifen m längs einer Straße **3** TAUR lugar: Platz m, auf dem die Kampfstiere getrennt werden **4** Méx de ganado: Aussonderung f von Vieh; **apartadijo** M Häuflein n; **apartadizo** **A** ADJ menschenscheu, ungesellig, eigenbrötlerisch **B** M Nebenraum m; Verschlag m
apartado **A** ADJ abgelegen; entfernt; ruhig gelegen **B** M **1** (aposento separado) Hinterzimmer n; Séparée n **2** TAUR de toros: Einstallung f der Stiere **3** **~ (de correos** o **postal)** Post(schließ)fach n **4** TIPO Absatz m **5** TEC (separación de oro y plata) Gold-Silber-Scheidung f; Méx fábrica: Scheideanstalt f
apartador M **1** persona: Sortierer m **2** TEC (probeta para oro) Prüfgefäß n für Goldproben; (retorta) Retorte f für Silbergewinnung **3** Ec (aguijada) Ochsenstachel m; **apartadora** F Sortiererin f; **apartamentero** M Col Einbrecher m; **apartamento** M Appartement n; espec Am Wohnung f; **apartamiento** M **1** (separación) Entfernung f; Trennung f; Aussonderung f **2** JUR (abandono de un derecho) Ver-

zicht *m* **3** → apartamento

apartar **A** VT **1** *(dividir, separar)* (aus)sondern, sortieren; trennen; *ganado* absondern; *metales* scheiden **2** *(alejar)* entfernen; *mercancía* beiseitelegen, zurücklegen *(tb dinero)*; *la vista, etc* abwenden; **~ de** abbringen von *(dat)*; **~ de sí** von sich *(dat)* weisen; **~ la cara** *o* **los ojos** das Gesicht abwenden **B** VR **apartarse** **1** *(alejarse)* sich entfernen; *(retirarse)* sich zurückziehen (**de** von *dat*); **~ del camino** vom Weg abkommen; **~ del tema** vom Thema abweichen; *fig* **no ~ de** nicht abgehen von *(dat)*; *cult* **no se aparta de mi lado** er weicht mir nicht von der Seite **2** *(dar lugar)* Platz machen; beiseitetreten; **¡apártate!** aus dem Weg!, mach Platz! **3** *(separarse)* sich trennen

aparte **A** ADV beiseite; abseits; für sich *(acus)*; gesondert; **~ de que** abgesehen davon, dass; **~ de ello** abgesehen davon; außerdem; TEAT **hablar ~** beiseitesprechen; **llevar a alg ~** j-n zur Seite nehmen **B** PREP **~ (de)** außer *(dat)*; **~ de guapa, es inteligente** sie ist nicht nur hübsch, sondern auch intelligent **C** M **1** TIPO *(párrafo)* Absatz *m*; **punto y ~** (Punkt und) neuer Absatz **2** TEAT *texto* Beiseitegesprochene(s) *n* **3** *Am de ganado* Absonderung *f*

apartheid M POL, HIST Apartheid *f*, Rassentrennung *f*; **aparthotel** M Aparthotel *n*

apartidario ADJ parteilos; **apartidismo** M POL Parteilosigkeit *f*; **apartidista** ADJ POL parteilos

apartijo M Häuflein *n*

apartotel M Aparthotel *n*

aparvar VT **1** AGR *granos*: (*Korn zum Dreschen*) schichten **2** *fig (amontonar)* anhäufen, sammeln

apasionadamente ADV leidenschaftlich; **apasionado** **A** ADJ leidenschaftlich; begeistert (**con, por** von *dat*); **~ por el juego** spielbegeistert **B** M, **-a** F *fig* Hitzkopf *m*; **apasionamiento** M leidenschaftliche Teilnahme *f*; Begeisterung *f*; **apasionante** ADJ mitreißend, begeisternd

apasionar **A** VT begeistern; leidenschaftlich erregen **B** VR **apasionarse** in heftiger Leidenschaft entbrennen (**por alg** zu j-m); **~ por a/c** sich für etw *(acus)* begeistern; sich leidenschaftlich für etw *(acus)* einsetzen

apasote M BOT → pazote

apaste M *Méx* irdener (Henkel)Topf *m*

apastelado ADJ pastellfarben

apatía F Apathie *f*, Gleichgültigkeit *f*, Teilnahmslosigkeit *f*

apático ADJ apathisch, teilnahmslos, gleichgültig, stumpf

apátrida **A** ADJ staatenlos **B** M/F Staatenlose *m/f*

apatridia F Staatenlosigkeit *f*

apatusco M *fam* **1** *(adorno)* Putz *m*, Schmuck *m* **2** *desp persona*: Vogelscheuche *f (fig)*; widerliche Type *f fam*

apayasarse VR den Hanswurst spielen *(fig)*

APD F *abr* (Agencia de Protección de datos) Datenschutzbehörde *f*

Apdo. M *abr* (Apartado de Correos) Postfach *n*

apea F *equitación*: Fessel *f*, Spannkette *f*; **apeadero** M **1** *lugar para montar*: Trittstein *m* **2** *transporte: del camino*: Haltestelle *f*; FERR Haltepunkt *m* **3** *fig (posada)* Absteigequartier *n*; **apeador** M Feldmesser *m*; **apealar** VT *Am dem Reittier (durch Lassowurf)* die Beine fesseln

apear **A** VT **1** *(ayudar a desmontar)* **~ a alg** j-m vom Pferd helfen **2** *fig* **~ a alg del cargo** j-n ausbooten *fam*; **~ el tratamiento a alg** j-m den ihm zustehenden Titel vorenthalten **3** *(disuadir)* **~ de a/c** von etw *(einer Meinung oder Absicht)* abbringen **4** *dificultad* beheben **5** *edificio* (ab)stützen; *carruaje* (*mit einem Stein oder Keil*) blockieren **6** *caballo* fesseln **7** *árbol* fällen **8** *campo* vermessen und abmarken **B** VR **apearse** *del caballo*: absitzen, absteigen; *del automóvil*: aussteigen; *fam* **~ de a/c** von etw *(dat)* abkommen; **~ por la cola** *o* **por las orejas** *(vom Pferd)* abgeworfen werden; *fig* dummes Zeug vorbringen; ins Fettnäpfchen treten

apechar VI *reg y Am* → apechugar; **apechugar** ⟨1h⟩ **A** VI **~ con a/c** etw auf sich *(acus)* nehmen; etw über sich *(acus)* ergehen lassen; sich mit etw *(dat)* abfinden; **~ con todo** sich mit allem abfinden **B** VT *Ec, Perú* **~ a alg** j-n beuteln, j-n schütteln; **apechusques** MPL *Esp fam* Zeug *n*, Gerät *n*

apedreado ADJ **1** *ave de rapiña* buntscheckig **2** *(picado de viruelas)* blatternarbig

apedreamiento M Steinigung *f*; **apedrear** **A** V/IMP hageln **B** VT **1** mit Steinen bewerfen; *vidrio* einwerfen **2** *(matar a pedradas)* steinigen **C** VR *cosecha, etc* verhageln, durch Hagel zerstört werden; **apedreo** M Steinigen *n*

apegado ADJ anhänglich, zugetan; **estar ~ a alg/a/c** an j-m/etw hängen; *fam* **~ al terruño** heimatverbunden; **apegarse** VR ⟨1h⟩ **~ a** Zuneigung fassen zu *(dat)*; **~ a alg/a/c** *tb* j-n/etw lieb gewinnen

apego M Anhänglichkeit *f* (**a** an *acus*), Zuneigung *f* (**a** zu *dat*); *de un tratamiento, etc*: Beibehaltung *f*; **~ al pasado** Hängen *n* an der Vergangenheit; **~ a la constitución** Verfassungstreue *f*; **~ a la ley** Einhaltung *f* (*o* Wahrung *f*) des Gesetzes; **cobrar ~ a alg/a/c** j-n/etw lieb gewinnen; **tener ~ a** … *o* **sentir ~ por** … an … *(dat)* hängen

apelable ADJ JUR anfechtbar

apelación F JUR Berufung *f*; **procedimiento** *m* **de ~** Berufungsverfahren *n*; **interponer (recurso de) ~** Berufung einlegen; *tb fig* **sin ~** hoffnungslos; unwiderruflich; **… es susceptible de ~** gegen … *(acus)* kann Berufung eingelegt werden

apelado M, **-a** F Berufungsbeklagte *m/f*

apelambrar VT *pieles* enthaaren

apelante M/F JUR Berufungskläger *m*, -in *f*

apelar VI **1** JUR *(presentar recursos)* Berufung einlegen (**de, contra** gegen *acus*; **a, ante** bei *dat*); **la sentencia ha sido apelada** gegen das Urteil wurde Berufung eingelegt **2** *(remitirse)* appellieren (**a** an *acus*); sich berufen (**a** auf *acus*); **~ a alg** bei j-m Hilfe suchen **3** *(recurrir)* zurückgreifen (**a** auf *acus*); **~ a toda su fuerza** all seine Kräfte aufbieten; *fig* **~ a la fuga** *o* **a los pies** die Flucht ergreifen; **~ a un medio** zu einem Mittel greifen

apelativo **A** ADJ LING **(nombre** *m***) ~** Gattungsname *m* **B** M Beiname *m*; *Am Cent* Familienname *m*; **~ cariñoso** Kosename *m*

apellidamiento M (Be)Nennung *f*; Zu-, Anruf *m*; **apellidar** **A** VT (be)nennen **B** VR **apellidarse** *(mit Familiennamen)* heißen

apellido M **1** *(nombre de familia)* Nachname *m*, Familienname *m*, Zuname *m*; *Esp* **nombre** *m* **y ~s** *mpl* Vor- und Zunamen; *fig* **niño** *m* **sin ~** uneheliches Kind *n* **2** HIST Heerbann *m*

apelmazado ADJ **1** klumpig *(tb pan)*; *nieve* verharscht; *lana* verfilzt **2** *fig* kompakt; *libro* klein gedruckt, schwer lesbar; **apelmazar** ⟨1f⟩ **A** VT feststampfen, zusammenpressen **B** VR **apelmazarse** *nieve* sich zusammenballen; *lana* verfilzen

apelotonamiento M Klumpenbildung *f*; **~ de gente** Menschengedränge *n*; **apelotonar** **A** VT zusammenknäueln, -ballen **B** VR **apelotonarse** *(aglomerarse)* sich (zusammen)drängen; *(ovillo)* Knäuel (*o* Klumpen) bilden; *(agazaparse)* sich zusammenkauern

apenado ADJ vergrämt, bekümmert; **apenar** **A** VT bekümmern, schmerzen **B** VR **apenarse** **1** *(preocuparse)* sich sorgen (**por** um *acus*) **2** *(estar triste)* traurig sein, sich grämen **3** *Am (avergonzarse)* sich schämen, verlegen sein

apenas ADV **1** kaum; **~ terminada la reunión** sofort nach Abschluss der Versammlung; **falta ~ una hora** es fehlt knapp eine Stunde; **~ llegué a la ciudad, empecé a buscar trabajo** kaum war ich in der Stadt angekommen, fing ich an Arbeit zu suchen; **~ acababa de llegar a la ciudad, cuando la conocí** ich war gerade in die Stadt gekommen, als ich sie kennenlernte; **la película ha comenzado hace ~ unos minutos** der Film hat erst vor ein paar Minuten begonnen **2** *(con dificultad)* mit Mühe, mühsam

apencar VI ⟨1g⟩ *fam* schuften *fam*, sich abrackern *fam*

apendejado ADJ *Am reg fam* dumm, verblödet; **apendejar** **A** VT *Am reg fam* verdummen **B** VR **apendejarse** *Cuba* kalte Füße bekommen *fam*, es mit der Angst kriegen *fam*

apéndice M **1** *(añadido)* Zusatz *m*; *espec* LIT Anhang *m*; LIT **~s** *mpl* Ergänzungsbände *mpl*; **incluir en el ~** in den Anhang aufnehmen **2** ANAT **~ (ileo)cecal** *o* **vermiforme** Wurmfortsatz *m des Blinddarms* **3** *fig (persona satélite)* (getreuer) Schatten *m (fig)*

apendicectomía F MED Appendektomie *f*; **apendicitis** F ⟨*pl inv*⟩ MED Blinddarmentzündung *f*, Appendizitis *f*; **apendicular** ADJ appendikulär

apenínico, apenino ADJ auf den Apennin (*o* die Apenninen) bezogen

Apeninos MPL Apennin *m*, Apenninen *pl*

apensionarse VR *Arg* schwermütig werden; einen Moralischen kriegen *fam*

apeo M **1** *de un árbol*: Fällen *n* **2** ARQUIT *(sujeción)* Unterfangen *n*, Abstützen *n*; *(armazón)* Stützwerk *n* **3** *(deslinde)* Feldmessung *f*; *documento*: Vermessungsurkunde *f*

apeonar VI schnell laufen *(bes Rebhuhn)*

apercepción F FIL Apperzeption *f*; bewusstes Erfassen *n*

apercibimiento M **1** *(disposición)* Vorbereitung *f* **2** *(advertencia)* Warnung *f* **3** *(monición)* Mahnung *f*; Aufforderung *f*

apercibir **A** VT **1** *(preparar)* vorbereiten; **apercibido para** bereit zu *(dat o inf)* **2** *(advertir)* warnen (**de** vor *dat*) **3** *(exhortar)* mahnen, tadeln, verwarnen **4** JUR *(instruir)* über die Rechtsfolgen belehren **B** VR **apercibirse** **1** *(armarse)* sich rüsten (**a** zu *dat*; **para** für *acus*; **contra** gegen *acus*); **~ de** sich versehen mit *(dat)* **2** **~ de a/c** *(observar)* etw merken, etw wahrnehmen

apergaminado ADJ pergamentartig; *cutis* lederartig; **apergaminarse** VR zusammenschrumpfen; runzlig werden

aperiódico ADJ ELEC aperiodisch

aperitivo **A** ADJ appetitanregend **B** M **1** *bebida*: Aperitif *m* **2** *comida*: kleine pikante Vorspeise *f*; Appetithappen *m* **3** MED Aperitivum

apero M **1** *(instrumentos)* Gerät *n*; AGR **~s** *mpl* **(de labranza)** Ackergeräte *npl*; **~s de trabajo** Arbeitsgeräte *npl* **2** *Am equitación: (montura)* Sattelzeug *n*

aperreado ADJ *fam (penoso)* mühsam; *(fatigoso)* ermüdend, lästig; *fig* **una vida -a** ein Hundeleben; **este trabajo me trae ~** hundemüde werde ich von dieser Arbeit *fam*

aperrear **A** VT **1** *(echar perros a alg)* mit Hunden hetzen **2** *fam* **~ alg** *fig (maltratar)* j-n quälen; j-n bedrängen *(acus)*, j-m auf den Wecker gehen *fam* **B** VR **aperrearse** sich abplagen, schuften; **aperreo** M **1** *(molestia)* Belästigung *f* **2** *(cansancio)* Ermüdung *f*

apersonarse VR → personarse
apertura F 1 Eröffnung f (tb ajedrez); (comienzo) Beginn m; ~ **solemne** feierliche Eröffnung f; ~ **del testamento** Testamentseröffnung f; JUR ~ **de la vista** Eröffnung f der Verhandlung; ECON ~ **de la quiebra** Konkurseröffnung f 2 espec POL Öffnung f; POL ~ **a la izquierda** Öffnung f nach links; transporte: ~ **al tráfico** Freigabe f für den Verkehr 3 METEO ~ **de claros** Aufheiterung f 4 TEC ~ **retrasada** caja de caudales: Zeitschlossverriegelung f
aperturismo M POL Politik f der Öffnung; **aperturista** POL A ADJ eine politische Öffnung befürwortend B M/F Befürworter m, -in f einer politischen Öffnung
apesadumbrado ADJ bekümmert; **apesadumbrar** A VT (tief) bekümmern B VR **apesadumbrarse** sich (dat) schweren Kummer machen, sich grämen (**con, por, de** wegen gen, um acus); **apesarar** → apesadumbrar
apestado ADJ 1 (con peste) verpestet 2 fig (abundante) überfüllt; ~ **de géneros** mit Waren überfüllt
apestar A VT 1 (corromper) verpesten 2 fig (fastidiar) belästigen; (aburrir) langweilen; (asquear) anekeln B VI übel riechen, stinken (a nach dat); Chile **¡apesta!** verdammt! C VR **apestarse** Col sich erkälten
apestoso ADJ 1 (maloliente) stinkend 2 fig (repugnante) widerlich
apétalas FPL BOT Einfachblumenblättrige fpl, Apetale(n) fpl
apetecedor ADJ (deseable) verlockend, appetitlich
apetecer ⟨2d⟩ A VT begehren; trachten nach (dat) B VI zusagen; Lust haben auf (acus) **¿qué te apetece?** was möchtest du?, worauf hast du Lust?; **me apetece una cerveza** ich habe Lust auf ein Bier
apetecible ADJ wünschens-, begehrenswert; ~ **(al gusto)** schmackhaft; **apetencia** F 1 (ganas de comer) Appetit m 2 (deseo) Verlangen n, Streben n
APETI F abr (Asociación Profesional Española de Traductores e Intérpretes) Spanischer Übersetzer- und Dolmetscherverband m
apetito M 1 Appetit m (**de** auf acus); **falta** f **de** ~ Appetitlosigkeit f; **el ~ viene comiendo** der Appetit kommt mit dem Essen 2 (deseo) Verlangen n (**de** nach dat), (antojo) Gelüst n 3 (impulso) Trieb m; Begierde f (tb FIL y PSIC); espec REL ~ **carnal** Fleischeslust f
apetitoso ADJ appetitlich, einladend; **poco** ~ unappetitlich
API M/F abr (Agente de la Propiedad Inmobiliaria) Häuser- und Grundstücksmakler m, -in f
apiadar A VT ~ **a alg** j-s Mitleid erregen B VR **apiadarse** Mitleid haben (**de** mit dat); ~ **de alg** sich j-s erbarmen
apianar VT MÚS volumen dämpfen; ~ **la voz** leiser sprechen
apiario M 1 (colmena) Bienenstock m 2 establecimiento: Imkerei f
apical ADJ BOT, MED, FON apikal
apicarado ADJ durchtrieben
ápice M 1 (punta) Gipfel m; Spitze f (tb de un edificio); liter **en el ~ de la gloria** auf dem Gipfel seines Ruhms 2 fig (nonada) Geringfügigkeit f, das Geringste; **un ~ de vergüenza** ein Funken Schamgefühl; adv **ni un ~** nicht ein bisschen; **no ceder ni un ~** nicht im Geringsten nachgeben; **no falta un ~** kein Tüpfelchen fehlt 3 LING, FON Zungenspitze f; (acento) Akzent m; ~ **silábico** Schallgipfel m
apícola ADJ Bienenzucht..., Imker...
apicultor M, **apicultora** F Imker m, -in f, Bienenzüchter m, -in f; **apicultura** F Bienenzucht f, Imkerei f
apilable ADJ stapelbar; **silla** f ~ Stapelstuhl m
apilar A VT häufen, schichten, stapeln B VR **apilarse** sich stapeln; **apilonar** Ven A VT stapeln B VR **apilonarse** sich drängen
apimplarse VR fam sich beschwipsen, sich (dat) einen ansäuseln
apimpollarse VR BOT Schösslinge (o Knospen) treiben
apintle, apinto M Am BOT Wildagave f
apiñado ADJ 1 (apretado) dicht gedrängt 2 repollo, lechuga geschlossen; **apiñadura** F, **apiñamiento** M Gedränge n; **apiñar** A VT zusammendrängen B VR **apiñarse** sich drängen; **apiñonado** ADJ Méx color de piel: zartbraun
apio M 1 BOT Sellerie f/m; ~ **de ranas** Hahnenfuß m 2 pop (marica) Tunte f pop, warmer Bruder m pop
apiolar VT fam 1 (prender) schnappen fam, kassieren fam, einbuchten fam 2 (matar) umlegen fam, killen fam
apiparse VR fam 1 (atracarse de comida) sich (dat) den Bauch vollschlagen fam 2 (emborracharse) sich volllaufen lassen fam
apiporrarse VR → apiparse
apiramidado ADJ pyramidenförmig
apisonadora F Straßenwalze f; **apisonar** VT feststampfen; -walzen
apitonar VI 1 BOT sprießen; Knospen ansetzen 2 ZOOL Hörner ansetzen 3 ORN die Eierschale zerbrechen
apitutarse VR Chile fam etw durch Beziehungen erreichen
apizarrado ADJ schieferfarben
aplacable ADJ versöhnlich; **aplacador** ADJ beschwichtigend, besänftigend; **aplacamiento** M Besänftigung f
aplacar ⟨1g⟩ A VT besänftigen; mildern; hambre, sed stillen B VR **aplacarse** tormenta sich legen
aplacer VI ⟨2x⟩ gefallen; **aplacerado** ADJ mar seicht; **aplacible** ADJ → agradable
aplanacalles M Am → azotacalles; **aplanadera** F Pflasterramme f; **aplanado** ADJ platt, flach; **aplanador** TEC A ADJ Planier... B M Planierhammer m; **aplanadora** F Am reg Straßenwalze f; **aplanamiento** M 1 (allanamiento) Einebnen n, Planieren n 2 (achatamiento) Abplattung f 3 fig (abatimiento) Niedergeschlagenheit f
aplanar A VT 1 (allanar) (ein)ebnen, planieren, glätten 2 fig (desanimar) entmutigen; (debilitar) schwächen, entkräften B VR **aplanarse** fig persona den Mut (o die Kraft) verlieren
aplastamiento M Erdrücken n, Niederschmettern n
aplastante ADJ fig überwältigend; erdrückend; **con mayoría** ~ mit überwältigender Mehrheit; **aplastar** VT 1 (ahogar) erdrücken, (apretar) platt drücken; (machacar) zerquetschen; zermalmen (pisotear) zertreten; cigarrillo ausdrücken 2 fam fig (abatir) niederwerfen; (destrozar) zerschmettern; (humillar) ~ **a alg** j-n fertigmachen fam (o erledigen fam)
aplatanamiento M Trägheit f, Unlust f
aplatanarse VR 1 Antillas (adaptarse) sich den einheimischen Sitten anpassen 2 (entregarse a la inactividad) sich gehen lassen, nachlässig werden; abstumpfen
aplaudible ADJ lobenswert; **aplaudidor** ADJ Beifall spendend; **aplaudir** A VI Beifall klatschen, applaudieren (dat) B VT fig gutheißen, billigen, begrüßen; **aplauso** M 1 (ovación) Beifall m, Applaus m; ~ **ruidoso/estrepitoso** rauschender/tosender Beifall m 2 (consentimiento) Zustimmung f; **digno de ~** lobenswert
aplazable ADJ verlegbar; aufschiebbar; **aplazamiento** M Vertagung f; Aufschub m; ECON Stundung f; ~ **de pago** Zahlungsaufschub m; **aplazar** VT ⟨1f⟩ vertagen, ver-, aufschieben (**para** auf acus); letra de cambio verlängern; Am reg examinando durchfallen lassen; **aplazo** M Arg → aplazamiento
aplebeyado ADJ pöbelhaft; **aplebeyamiento** M Verpöbelung f, Plebejisierung f
aplicabilidad F An-, Verwendbarkeit f; **aplicable** ADJ anwendbar (**a** auf acus); JUR tb gültig (**a** für acus); **ser ~ para** gelten (o in Betracht kommen) für (acus)
aplicación F 1 (uso) An-, Verwendung f, Gebrauch m; de una crema, etc: Auftragen n; **tener muchas -ones** viele Verwendungsmöglichkeiten haben 2 fig (estudiosidad) Lerneifer m, Fleiß m 3 INFORM Anwendung f, Applikation f 4 TEX (ornamentación) (Kleider)Besatz m, Applikation f 5 MED de un apósito: Anlegen n eines Verbandes etc 6 Am reg (solicitud) Gesuch n, Antrag m
aplicado ADJ 1 (estudioso) fleißig 2 **ciencias** fpl **-as** angewandte Wissenschaften fpl
aplicar ⟨1g⟩ A VT 1 (poner) an-, auflegen; anbringen; color, crema etc auftragen; golpe versetzen; Perú MED inyección geben 2 (usar) anwenden (**a** auf acus); gebrauchen (**a** für acus); ~ **el oído** aufmerksam zuhören B VR **aplicarse** abs fleißig sein, fleißig lernen; ~ **a** (dedicarse) sich widmen (dat); (valer) gelten für (acus), Anwendung finden auf (acus); para señalar: zur Bezeichnung von (dat) dienen; ~ **a** (inf) sich bemühen, zu (inf); ~ **el cuento** es auf sich (acus) beziehen
aplicativo anwendbar; gebrauchsfähig
aplique M 1 TEAT Versatzstück f 2 (lámpara de pared) Wandleuchte f 3 TEX (adorno) Verzierung f, Accessoire n
aplomado ADJ 1 color: bleifarbig 2 (vertical) lot-, senkrecht 3 fig persona (serio) ernst; (circunspecto) umsichtig, selbstsicher, selbstbewusst; **aplomar** A VT loten; nach dem Lot errichten B VR **aplomarse** 1 (derrumbarse) einstürzen 2 Chile (avergonzarse) sich schämen; **aplomo** M 1 (seguridad) Sicherheit f, Selbstbewusstsein n, Selbstsicherheit f; **tener (mucho)** ~ (sehr) selbstbewusst sein 2 (seriedad) Ernst m; (circunspección) Umsicht f, Zuverlässigkeit f 3 equitación: Linienführung f (Körperbau des Pferdes)
apnea F MED Apnoe f, Atemstillstand m; ~ **del sueño** Schlafapnoe f
apocado ADJ 1 (de poco ánimo) kleinmütig, kleinlaut, verzagt, schüchtern 2 origen niedrig, gemein
Apocalipsis M REL Apokalypse f; **los cuatro jinetes del ~** die vier apokalyptischen Reiter mpl
apocalíptico ADJ apokalyptisch (tb fig); fig grauenhaft
apocamiento M Kleinmut m, Verzagtheit f; **apocar** ⟨1g⟩ A VT 1 (reducir) verkleinern 2 fig (humillar) einschüchtern; herabsetzen B VR **apocarse** verzagen; kleinlaut werden
apocopar VT LING apokopieren
apócope F LING Apokope f
apócrifo ADJ apokryph; **escritos** mpl **~s** Apokryphen npl
apodar A VT einen Spitznamen geben (dat), taufen fam (acus) B VR **~se ...** den Spitz- (o Bei)namen ... haben
apoderado M, **-a** F 1 Bevollmächtigte m/f (tb JUR); COM Prokurist m, -in f; ~ **general** Generalbevollmächtigte m; **constituir ~ a alg** j-m Vollmacht (o COM Prokura) erteilen 2 TAUR, MÚS Impresario m, Agent m, -in f, Manager m, -in f

apoderamiento M Bevollmächtigung *f*
apoderar A VT bevollmächtigen; COM Prokura erteilen (*dat*) B VR **~se de a/c** sich einer Sache (*gen*) bemächtigen, eine Sache an sich (*acus*) reißen; **se apoderó de todo el dinero** er brachte das ganze Geld an sich
apodíctico ADJ apodiktisch, unwiderleglich
apodo M Bei-, Spitzname *m*; **~ cariñoso** Kosename *m*
ápodo ZOOL A ADJ fußlos B **~s** MPL Apoden *pl*
apódosis F GRAM, RET Nachsatz *m*; **apófisis** F ANAT (Knochen)Fortsatz *m*, Apophyse *f*
apofonía F FON Ablaut *m*
apogeo M 1 ASTRON Erdferne *f*, Apogäum *n* 2 *fig* (*punto culminante*) Höhepunkt *m*; **estar en su ~** den Gipfel erreicht haben
apógrafo ADJ Abschrift *f*; Kopie *f*
apolillado ADJ von Motten zerfressen; wurmstichig; *fig* (*anticuado*) altmodisch, verstaubt *fam*; **apolilladura** F Mottenfraß *m*
apolillar A VI *Arg* **la está apolillando** er schläft B VR **apolillarse** von Motten angefressen werden; *fig* verrotten
apolíneo ADJ *poét* 1 apollinisch 2 *fig hombre* gut aussehend; stattlich
apolismado ADJ 1 *Am* (*triste*) traurig, schwermütig 2 *Méx, Col, P. Rico niño* kränklich 3 *C. Rica* (*perezoso*) faul
apolismar VT *Am* → magullar
apoliticidad M, **apoliticismo** M unpolitische Haltung *f*; Parteilosigkeit *f*; **apolítico** ADJ apolitisch, unpolitisch; **apolitismo** M 1 (*apartidismo*) Parteilosigkeit *f* 2 (*sin nacionalidad*) Staatenlosigkeit *f*
apolo M *insecto*: Apollofalter *m*
Apolo M MIT Apoll(o) *m*; *fig* schöner Mann
apologeta M/F → apologista; **apologética** F Apologetik *f*; **apologético** ADJ rechtfertigend, apologetisch; **apología** F Verteidigungsrede *f*, -schrift *f*, Apologie *f*
apológico ADJ Fabel..., Gleichnis...; **apologista** M/F Apologet *m*, -in *f*; Verteidiger *m*, -in
apólogo A ADJ → apológico B M (Lehr)Fabel *f*, Gleichnis *n*
apoltronarse VR träge werden; es sich (*dat*) bequem machen; **se apoltronó en el sofá** er machte sich auf dem Sofa breit
aponeurosis F ANAT Sehnenhaut *f*
apoplejía F MED Schlag(anfall) *m*, Apoplexie *f*; **~ cerebral** Gehirnschlag *m*; **apopléjico, apoplético** MED A ADJ apoplektisch; vom Schlag getroffen; **ataque** *m* **~** Schlaganfall *m* B M, **-a** F Apoplektiker *m*, -in *f*
apoquinar VT *pop* berappen *fam*, blechen *fam*
aporca F *Am* → aporcadura; **aporcadura** F AGR (An)Häufeln *n*; Abdecken *n mit Erde*;
aporcar VT ⟨1g⟩ AGR (an)häufeln
aporcelanado ADJ porzellanartig
aporisma M Bluterguss *m*
aporrar *fam* A VI kein Wort herausbringen (können) B VR **aporrarse** lästig werden
aporreado A ADJ *fam* arm(selig), elend; geprügelt B M *Cuba* GASTR *Art* Gulasch *n*
aporrear *fam* VT (ver)prügeln; *fig* belästigen; **~ las teclas** *o* **el piano** auf dem Klavier herumklimpern (*o* -hämmern); **~ la puerta** gegen die Tür hämmern
aporreo M Prügeln *n*; Prügelei *f*; *fig* Mühe *f*, Plackerei *f*
aporriar VT *Col* (ver)prügeln
aportación F 1 ECON (Gesellschafter)Einlage *f* 2 (*parte*) Anteil *m*; (*contribución*) Beitrag *m*; **~ personal** persönliche Teilnahme *f*, Mitwirkung *f* 3 JUR **-ones** *fpl* **matrimoniales** in die Ehe eingebrachtes Gut *n*
aportar[1] VT 1 (*llevar*) bringen; *motivos* vorbringen, anführen; *evidencias* beibringen 2 *artículos, etc* beisteuern; ECON *capital* einbringen, einzahlen; JUR **~ a/c al matrimonio** etw in die Ehe einbringen; *fam fig* **~ su grano de arena (para a/c)** sein Scherflein (zu etw) beitragen (*o* beisteuern) *fam*
aportar[2] VI 1 MAR (*arribar*) einlaufen 2 *fig* (*llegar*) (irgendwohin) geraten, (irgendwo) landen *fam*
aporte M 1 (*participación*) Anteil *m*; Beitrag *m* (*fig*) 2 GEOG Anschwemmung *f*
aportillar A VT eine Bresche schlagen in (*acus*); *etw* einreißen; *Chile fam* kaputt machen B VR **aportillarse** *muro* bersten, einfallen
aposentamiento M Einquartierung *f*;
aposentar A VT beherbergen; einquartieren; MIL **~ tropas** Quartier machen B VR **aposentarse** Wohnung nehmen; MIL Quartier beziehen; **aposento** M 1 (*cuarto*) Zimmer *n*; *S.Dgo.* (*dormitorio*) Schlafzimmer *n* 2 (*hospedaje*) Herberge *f*; Unterkunft *f*; MIL Quartier *n*; **dar ~ a alg** *tb* j-n bei sich (*dat*) aufnehmen
aposición F GRAM Apposition *f*, Beisatz *m*;
apositivo ADJ GRAM appositiv, als Apposition
apósito M MED äußerlich angewendetes Heilmittel *n*; (*vendaje*) Wundverband *m*; **material** *m* **de ~s** Verbandszeug *n*
aposta(damente) ADV absichtlich
apostadero M MIL Posten *m*, Wachstation *f*; MAR Marine-, Flottenstation *f*
apostador ADJ → apostante; **apostante** A ADJ wettend B M/F Wettteilnehmer *m*, -in *f*
apostar[1] ⟨1m⟩ A VT & VI wetten; **¿qué apostamos?** (um) was wollen wir wetten?; **~ doble contra sencillo** zwei zu eins wetten; **apuesto a que no lo sabes** wetten, dass du es nicht weißt; **apuesto (a) que sí** ich wette, dass es sich so verhält; **(me) apuesto la cabeza a que ...** ich wette (um) meinen Kopf, dass ... B VI **~ en el juego** im Spiel setzen; **~ fuerte** hoch setzen (*tb fig*); **~ por alg/a/c** auf j-n/etw setzen (*tb fig*); **~ por un caballo** auf ein Pferd setzen
apostar[2] ⟨1a⟩ A VT aufstellen, postieren (*tb* MIL) B VR **apostarse** sich aufstellen, sich postieren (*tb* MIL); CAZA sich ansetzen
apostasía F Abtrünnigkeit *f*, Apostasie *f*
apóstata M/F Abtrünnige *m/f*; Apostat *m*, -in *f*
apostatar VI **~ (de)** abtrünnig werden (*dat*); *de un orden*: austreten (aus); **~ de la fe** vom Glauben abfallen
apostema M MED → postema
a posteriori ADV aus der Erfahrung geschöpft, FIL a posteriori; *fig* hinterher; nachträglich
apostilla F Erläuterung *f*, Randbemerkung *f*; *fig* schriftliche Empfehlung *f*; **apostillar** VT erläutern, glossieren, mit Randbemerkungen versehen
apóstol M Apostel *m* (*tb fig*); *fig* **~ de la paz** Verfechter *m* des Friedens
apostolado M Apostolat *n*, Apostelamt *n*; *fig* Sendung *f*; **~ seglar** *o* **de los laicos** Laienapostolat *n*; **apostólicamente** ADV apostolisch; *fam fig* arm, bescheiden
apostólico A ADJ apostolisch; päpstlich; **bendición** *f* **-a** apostolischer Segen *m*; **sede** *f* **-a** Heiliger Stuhl *m* B MPL **~s** HIST *ultrakonservative Gruppe in Spanien nach 1820*
apostrofar VT 1 (*increpar*) anherrschen, hart anfahren 2 RET anreden 3 FON apostrophieren
apóstrofe F 1 RET Apostrophe *f*, Anrede *f* 2 *fig* (*dicterio*) Schmährede *f*, Invektive *f*; **apóstrofo** M FON Apostroph *m*
apostura F gefälliges Aussehen *n*
apotegma M Denkspruch *m*, Sentenz *f*
apotema F MAT Seitenachse *f*
apoteósico ADJ *fig* glänzend, grandios; enorm; **apoteosis** F ⟨*pl inv*⟩ Vergötterung *f*, Vergöttlichung *f*, Apotheose *f*; *fig* Höhepunkt *m*; **apoteótico** → apoteósico
apotrerar VT *Am Weideland* in einzelne Koppeln aufteilen
apoyabrazos M ⟨*pl inv*⟩ Armstütze *f*; **apoyacabezas** M AUTO Kopfstütze *f*
apoyadura F 1 *espec de las vacas*: einschießende Milch *f* 2 → apoyatura
apoyar A VT 1 (*sostener*) stützen; aufstützen; lehnen (**en** an *acus*); **~ el codo en la mesa** den Ellbogen auf den Tisch aufstützen 2 *fig* (*soportar*) unterstützen (*tb persona*); (*confirmar*) bestätigen; **~ en** stützen, (be)gründen auf (*acus*); **~ con documentos** mit Dokumenten stützen; **~ un plan** einen Plan befürworten 3 *Am ternero* anlegen B VI ARQUIT ruhen (**sobre** auf *dat*) C VR **apoyarse** 1 (*basarse en algo*) sich stützen (**en** auf *acus*); sich (an)lehnen (**contra** an *acus*); TEC ruhen (**sobre** auf *dat*); **~ contra la pared** sich an die Wand lehnen 2 *fig* (*fundarse*) basieren, beruhen (**en** auf *dat*) 3 *caballo* den Kopf hängen lassen
apoyatura F 1 MÚS Vorschlag *m* 2 → apoyo 1, 2
apoyo M 1 (*soporte*) Stütze *f*; Lehne *f*; TEC Stütz-, Widerlager *n*; **punto** *m* **de ~** Stützpunkt *m*; *fig* Anhaltspunkt *m*; **~ (de motocicleta)** Fußraste *f* 2 *fig* (*ayuda*) Hilfe *f*, Unterstützung *f*, Rückhalt *m*; **en ~ de** zur Unterstützung (*gen*); **venir en ~ de** j-m zu Hilfe kommen 3 MIL **~ aéreo** Luftunterstützung *f*; **~ artillero** Artillerieunterstützung *f*
APRA F *abr* (Alianza Popular Revolucionaria Americana) *Perú peruanische Partei*
apreciable ADJ 1 (*estimable*) schätzbar, berechenbar 2 (*perceptible*) wahrnehmbar 3 *fig* (*respetable*) achtbar, schätzenswert; beachtlich;
apreciación F 1 (*estimación*) (Ab-, Ein)Schätzung *f*; *de una situación*: Beurteilung *f*; *de un precio*: Preisbestimmung *f* 2 (*valoración*) Wertschätzung *f* 3 *de una moneda*: Aufwertung *f*; **apreciado** ADJ angesehen, geachtet; geschätzt; *en encabezamientos*: **Apreciado ...** (sehr) geehrte(r) ...; **apreciador** M, **apreciadora** F Schätzer *m*, -in *f*, Taxator *m*, -in *f*
apreciar VT ⟨1b⟩ 1 (*tasar*) schätzen, taxieren, den Preis bestimmen (*gen o* von *dat*); **~ por** *o* **en** beurteilen nach (*dat*) 2 *fig* (*estimar*) anerkennen, würdigen, schätzen; **~ (en) mucho** hoch schätzen 3 (*reconocer*) erkennen, sehen, wahrnehmen; **en la foto se aprecia...** auf dem Bild sieht man ... (*acus*), auf dem Bild ist ... (*nom*) zu sehen 4 *moneda* aufwerten
apreciativo ADJ Schätz(ungs)..., Wert...; **con mirada -a** mit abschätzendem Blick
aprecio M 1 (*valoración*) Schätzung *f*, Wertbestimmung *f*; Einschätzung *f* 2 (*gran estima*) Hochschätzung *f*; (Hoch)Achtung *f*; **tener a alg en gran ~** *o* **tener** *o* **sentir un gran ~ por alg** j-n sehr (*o* hoch) schätzen; **es persona de mi mayor ~** ich habe (die) größte Hochachtung vor ihm; **para hacer ~** anstandshalber
aprehender VT 1 (*coger*) fassen 2 *malhechor* festnehmen; (*sorprender*) ertappen; *espec contrabando* beschlagnahmen 3 FIL (*percibir*) wahrnehmen, erfassen; **aprehensible** ADJ fasslich, begreiflich; **aprehensión** F 1 (*captura*) Ergreifung *f*, Festnahme *f* 2 (*embargo*) Beschlagnahme *f*, Beschlagnahmung *f*, Sicherstellung *f*; **aprehensivo** ADJ verständig; Verstandes...; **aprehensor** A ADJ ergreifend B M, **aprehensora** F Ergreifer *m*, -in *f*
apremiadamente ADV gezwungen; unter

(Zeit)Druck; **apremiante** ADJ drückend; drängend, dringlich; **necesidad** *f* ~ dringende Notwendigkeit *f*; **apremiar** ⟨1b⟩ A V/T *(acosar)* (be)drängen; *(obligar)* zwingen; JUR gerichtlich mahnen B V/I eilig (*o* dringlich) sein; **el tiempo apremia** die Zeit drängt

apremio M 1 *(presión)* Druck *m*, Zwang *m* 2 *espec* JUR Mahnung *f*; *(requerimiento de pago)* (Zahlungs)Aufforderung *f*; *(recargo)* Säumniszuschlag *m*; **(por vía de)** ~ (im) Zwangsverfahren *n* 3 ~ **de tiempo** Zeitdruck *m*, -not *f*; **por ~ de tiempo** aus Zeitmangel

aprender A V/T 1 (er)lernen; ~ **con/de** bei *(dat)*/von *(dat)* lernen; ~ **a conducir/a escribir/a leer** Autofahren/schreiben/lesen lernen; ~ **de la experiencia** aus der Erfahrung lernen; ~ **de memoria** auswendig lernen; ~ **para mecánico** Mechanikerlehrling sein, Mechaniker lernen *fam*; **lengua** *f* **difícil de** ~ schwer erlernbare (*o* schwere) Sprache *f* 2 ~ **que ...** begreifen, dass ... B V/I lernen C V/R **~se a/c** etw auswendig lernen; **se aprendió la lección** er/sie hat die Lektion gelernt

aprendible ADJ erlernbar

aprendiz M ⟨*pl* -ices⟩, **aprendiza** F Lehrling *m*, Auszubildende *m/f* Azubi *m/f fam*; *fig* Anfänger *m*, -in *f*, Neuling *m*; ~ **de panadero** Bäckerlehrling *m*; **entrar/tomar de** ~ in die Lehre treten/nehmen; **estar de** ~ in der Lehre sein

aprendizaje M 1 *(enseñanza)* Lehrzeit *f*, Lehre *f*; **contrato** *m* **de** ~ Lehrvertrag *m*; **puesto** *m* *o* **plaza** *f* **de** ~ Lehrstelle *f* 2 *de una cosa:* (Er)Lernen *n*; **capacidad** *f* **de** ~ Lernfähigkeit *f*

aprensar V/T → prensar; *fig* bedrücken;

aprensión F Besorgnis *f*; Angst(vorstellung) *f*; Misstrauen *n*; **me da** ~ *(inf)* ich scheue mich zu *(inf)*; **son -ones tuyas** das bildest du dir nur ein; **aprensivo** ADJ überängstlich, furchtsam

apresador MAR A ADJ Freibeuter..., Kaper... B M Kaper *m*, Freibeuter *m*; Seeräuber *m*; **apresamiento** M MAR Aufbringen *n eines Schiffes*, Prise *f*; Kaperei *f*

apresar V/T ergreifen; fangen; gefangen nehmen; MAR kapern, aufbringen

après-ski, apresquí M Après-Ski *n*

aprestadora F TEX Appreturmaschine *f*;

aprestar A V/T 1 *(preparar)* vorbereiten; rüsten 2 TEX *(aderezar)* appretieren B V/R **~se a** *(inf)* sich bereit machen, zu *(inf)*, sich anschicken, zu *(inf)*; sich vorbereiten auf *(acus)*

apresto M 1 *(preparación)* Vorbereitung *f*; Zurichten *n* 2 TEX Appretur *f* 3 MIL Bereitstellung *f*

apresuradamente ADV eilig, überstürzt; **apresurado** ADJ eilig; hastig; übereilt; **apresuramiento** M Eile *f*; Beschleunigung *f*

apresurar A V/T (zur Eile) drängen, antreiben; beschleunigen B V/R **apresurarse** sich beeilen; hasten

apretadamente ADV nur sehr knapp;

apretadera F Riemen *m*, Schnur *f*

apretado ADJ eng *(tb vestido)*, knapp; *(ajustado)* fest, straff; *personas* dicht gedrängt; *agenda, etc* gedrängt; *situación* bedrängt; **asunto** *m* ~ schwieriger Fall *m*; **estar muy** ~ in großer Bedrängnis sein; **estar ~ de tiempo** keine Zeit haben

apretador M TEX Leibchen *n*; **apretadura** F Zusammendrücken *n*

apretar ⟨1k⟩ A V/T 1 drücken *(tb botón, mano)*; *freno, tornillo* anziehen; ~ **el botón** auf den Knopf drücken; ~ **contra** herandrängen an *(acus)*; anklemmen an *(acus)*; ~ **a/c contra el pecho** etw an die Brust drücken 2 zusammendrücken, zusammenpressen; *(enclavar)* einklemmen; ~ **los dientes** die Zähne zusammenbeißen; ~ **los puños** die Fäuste ballen 3 *fig (presionar)* ~ **a alg** Druck auf j-n ausüben; j-n in die Enge treiben; j-n (be)drängen, j-m (hart) zusetzen 4 ~ **el paso** den Schritt beschleunigen, schneller gehen B V/I 1 drücken *(tb calor, zapato)*; *prov* **Dios aprieta, pero no ahoga** Gott versucht den Schwachen nicht über die Kraft 2 *(correr deprisa)* eilig sein, drängen 3 *dolor, lluvia, sol* stärker werden; ~ **a llover** stärker regnen 4 *(apurar)* sich beeilen, intensiv arbeiten; *en el examen:* mehr verlangen; ~ **a correr** losrennen, davonlaufen; *fam fig* **¡aprieta!** *animando:* los! *fam*, immer zu! C V/R **apretarse** eng(er) werden; *convoy* dicht aufschließen

apretazón F *Am* Gedränge *n*; **apretón** M 1 Druck *m*; *(impulso)* Drang *m*; *(gentío)* Gedränge *n*; ~ **de manos** Händedruck *m* 2 *fig (opresión)* Bedrängnis *f* 3 PINT Hervorhebung *f durch dunklere Tönung*; **apretujamiento** M Gedränge *n*; **apretujar** A V/T (zusammen)drücken, quetschen; *tela, papel* zerknittern, zerknautschen B V/I *fig* drängeln C V/R **apretujarse** sich dränge(l)n; **apretujón** M *fam* Drücken *n*; Drängeln *n*

apretura F 1 *(gentío)* Gedränge *n*; Enge *f* 2 *fig (apuro)* Bedrängnis *f*, Not *f*

aprietatuercas M ⟨*pl inv*⟩ Schraubenschlüssel *m*

apriete M TEC *de tuercas, etc:* Anzug *m*

aprieto M 1 *(apuro)* Not(lage) *f*, Bedrängnis *f*, Klemme *f fam*; **estar en un** ~ in der Klemme sein *fam*; **poner a alg en un** ~ j-n in Verlegenheit bringen 2 *(gentío)* Gedränge *n*

a priori ADV von vorneherein, FIL a priori

aprisa ADV schnell

apriscar V/T ⟨1g⟩ *ganado* einpferchen; **aprisco** M Schafhürde *f*, Pferch *m*

aprisionador ADJ → aprisionante; **aprisionamiento** M Einzwängen *n*; Einengung *f*; Einklemmen *n*; **aprisionante** ADJ fesselnd *(tb fig)*

aprisionar V/T 1 *(encarcelar)* ins Gefängnis stecken, einsperren 2 *fig (encadenar)* fesseln; einklemmen; TEC festklemmen

aprobación F 1 Billigung *f*, Zustimmung *f*; Beifall *m*; *de una ley:* Verabschiedung; COM ~ **(de la gestión)** Entlastung *f* (des Vorstands) 2 *(permiso)* Genehmigung *f*; TIPO Druckerlaubnis *f*; **aprobado** *examen* bestanden; *nota:* genügend; **salir** ~ durchkommen, die Prüfung bestehen; **aprobador** ADJ, **aprobante** ADJ zustimmend

aprobar ⟨1m⟩ A V/T 1 gutheißen, billigen; zustimmen *(dat)*, genehmigen; *ley* verabschieden; ~ **una cuenta** eine Rechnung für richtig erkennen (*o* befinden); ~ **una decisión** *(liter* **por buena**) eine Entscheidung billigen 2 *examen* bestehen; **aprobó dos cursos/asignaturas** er absolvierte zwei Studienjahre/Fächer 3 *(declarar la aptitud de alg)* ~ **de ingeniero/en matemáticas a alg** j-n als Ingenieur/Mathematiker zulassen B V/I 1 ~ **con la cabeza** (zustimmend) nicken 2 *abs (pasar el examen)* durchkommen, eine Prüfung bestehen; *p. ext* sein Studium abschließen

aprobatorio ADJ beifällig; zustimmend

aproches MPL 1 MIL Belagerungsarbeiten *fpl* 2 *Bol* → inmediación 1

aprontamiento M Bereitstellung *f*; Beschaffung *f*; **aprontar** A V/T bereitstellen *(tb dinero)*, beschaffen; COM *mercancía* sofort ausliefern; MIL *tropas* mobilmachen B V/I CAZA zu früh schießen; **apronte** M *Arg* Vorbereitung *f*

apropiación F 1 *(toma de posesión)* Aneignung *f*; JUR ~ **indebida** widerrechtliche Aneignung *f* 2 *(adaptación)* Anpassung *f*; **apropiado** ADJ geeignet, angemessen, richtig (**para** für *acus*)

apropiar ⟨1b⟩ A V/T 1 *(adaptar)* anpassen 2 *(dedicar)* zueignen B V/R **~se (de) a/c** sich *(dat)* etw aneignen

aprovechable ADJ brauchbar, nutzbar, verwertbar; **aprovechado** A ADJ 1 *alumnos* fleißig; *niño* wohlgeraten; *mujer* haushälterisch 2 *fam (ingenioso)* findig, fix *fam* 3 *desp (calculador)* berechnend B M, **-a** F *fam desp* **es un** ~ er ist ein Schmarotzer *fam*, -in; **aprovechador** ADJ nützlich

aprovechamiento M 1 Benutzung *f*, Ausnutzung *f*; TEC Nutzung *f*, Verwertung *f*; ~ **de basuras** *o* **de residuos** Abfall-, Müllverwertung *f*; ~ **del espacio** Raumausnutzung *f*; ~ **forestal** Waldnutzung *f*; ~ **pacífico de la energía nuclear** friedliche Nutzung *f* der Atomenergie 2 *(utilidad)* Nutzen *m*, Vorteil *m*

aprovechar A V/T (be)nutzen, gebrauchen; ausnutzen; **aprovecho la ocasión para ...** ich benutze die Gelegenheit, (um) zu ...; ~ **el tiempo** die Zeit nutzen B V/I 1 *(ser útil)* nutzen; von Nutzen sein; **¡sus gestiones no aprovechan!** seine Bemühungen nutzen nichts; **¡que aproveche!** guten Appetit!, wohl bekomm's! 2 *(progresar)* weiter-, vorankommen C V/R **~se de a/c** sich *(dat)* etw zunutze (*o* zu Nutze) machen, etw ausnutzen; **~se de una mujer** eine Frau missbrauchen (*o* vergewaltigen)

aprovisionamiento M Verpflegung *f* (*espec* MIL); **aprovisionar** V/T verpflegen, mit Proviant versorgen

aproximación F 1 *(acercamiento)* Annäherung *f (tb fig)* (**a** an *acus*); AVIA Anflug *m*; MAT annähernde Berechnung *f* (*o* Schätzung *f*) 2 *en la lotería:* Trostpreis *m (in der spanischen Lotterie)*; **aproximadamente** ADV ungefähr, rund; **aproximado** ADJ annähernd, ungefähr; **cifra** *f* **-a** annähernd genaue Zahl *f*

aproximar A V/T (an)nähern, näher bringen; näher (heran)rücken B V/R **aproximarse** sich nähern, näher (heran)kommen, nahen; *tropas* anrücken; **se aproxima el invierno** der Winter naht; ~ **a los setenta** auf die siebzig zugehen; ~ **a la verdad** der Wahrheit nahekommen

aproximativo ADJ annähernd; MAT **valor** *m* ~ Näherungswert *m*

ápside M ASTRON Wendepunkt *m*, Apside *f*

áptero ADJ *insecto* flügellos

aptitud F Eignung *f*; Fähigkeit *f*; Tauglichkeit *f*; Begabung *f* (**para** für *acus*); ~ **para las lenguas** Sprachbegabung *f*; ~ **para los negocios** Geschäftstüchtigkeit *f*; MIL ~ **para el servicio** Dienstfähigkeit *f*; **prueba** *f* **de** ~ Eignungsprüfung *f*

apto ADJ 1 *persona* fähig, geschickt; geeignet (**para** für *acus*); tauglich *(tb* MIL); **ser ~ para profesor** für den Lehrberuf geeignet sein; *examen:* **(no)** ~ (nicht) bestanden 2 *cosa* brauchbar, geeignet (**para** für *acus*); tauglich; ~ **para lavaplatos** *o* **lavavajillas** spülmaschinenfest; ~ **para navegar/para la aviación** see-/lufttüchtig; FILM ~ **para menores** *o* **para todos los públicos** jugendfrei; **no ~ para menores** für Jugendliche nicht zugelassen (*o* geeignet)

ápud PREP LIT bei *(Zitatangabe)*

apuesta F *(acción de apostar)* Wette *f*; *suma:* Wettbetrag *m*; Einsatz *m*; **corredor** *m* **de ~s** Buchmacher *m*; **por** *o* **de** ~ um die Wette; **hacer una** ~ wetten; **~s** *fpl* **mutuas (deportivas)** (Fußball- *etc*) Toto *m*

apuesto A PP → apostar[1] B ADJ stattlich, schmuck, gut aussehend

apunamiento M *Am Mer* Höhenkrankheit *f*;

apunarse V/R *Am Mer* die Höhenkrankheit bekommen, höhenkrank werden

apuntación F **1** Zielen *n*, *arma de fuego*: Anschlag *m* **2** *(observación)* Anmerkung *f*, Aufzeichnung *f*, Notiz *f* **3** MÚS Notierung *f*; **-ones** *fpl* Einrichtung *f*, Arrangement *n*; **apuntado** ADJ **1** *(puntiagudo)* spitz **2** *arma* im Anschlag; **apuntador** M, **apuntadora** F **1** TEAT Souffleur *m*, Souffleuse *f*; *fam fig* **no se salva** *o* **no quedó ni el apuntador** ein Drama mit vielen Toten; *fig corresponde a*: da bleibt kein Auge trocken *fam* **2** MIL Richtschütze *m*, -schützin *f*

apuntalamiento M CONSTR Abstützen *n*; **apuntalar** V/T CONSTR abstützen, abfangen; aussteifen; **apuntamiento** M **1** Zielen *n* **2** JUR *resumen*: Aktenauszug *m*

apuntar **A** V/T **1** *(anotar)* notieren, aufzeichnen, anmerken; *(esbozar)* skizzieren; *en una lista*: eintragen, -schreiben; *en una tienda*: anschreiben; JUR einen Aktenauszug machen aus *(dat)* **2** *(señalar)* zielen auf *(acus)*; *arma* anschlagen; *meta* anvisieren; MIL **¡apunten!** legt an!; **~ con el dedo** mit dem Finger *auf etw (acus)* zeigen **3** *(mencionar)* erwähnen; andeuten, hinweisen auf *(acus)*; **como queda apuntado** wie gesagt **4** *(sacar punta)* anspitzen **5** *(sujetar)* provisorisch befestigen; *(mit Nägeln oder Faden)* leicht anheften; *fam (remendar)* flicken, stopfen **6** TEAT soufflieren; *en el colegio*: vorsagen **B** V/I **1** *(mostrarse)* sich zeigen, zum Vorschein kommen, beginnen; *barba* sprießen; *capullo* aufbrechen; **apunta el día** der Tag bricht an; **este torero novel apunta** dieser Jungstierkämpfer hat Anlagen **2** **~ (a)** *(señalar)* zielen (auf *acus*); **~ a que** darauf hindenken, dass; *fig* **~ hacia** hinzielen auf *(acus)*, streben nach *(dat)*; **~ por** hinweisen auf *(acus)* **3** *fig* **~ alto** hoch hinauswollen; **~ y no dar** versprechen und nicht halten **C** V/R **apuntarse** **1** sich (an)melden (a für *acus*, zu *dat*); **¡me apunto!** ich mach mit! **2** *vino* einen Stich bekommen; *fam (embriagarse)* sich beschwipsen **3** *éxito* verbuchen; **~ la victoria** den Sieg erringen; **~ un tanto** einen Treffer erzielen

apunte M **1** *(apuntamiento)* Zielen *n* **2** *(observación)* Anmerkung *f*; Aufzeichnung *f*, Notiz *f*; **~s** *mpl tb* Skript *n*; **libro** *m* **de ~s** Notizbuch *n*; **tomar ~s** (sich *dat*) Notizen machen, mitschreiben **3** PINT Skizze *f*; **tomar ~s** skizzieren **4** TEAT *(apuntador)* Souffleur *m*; *(palabra clave)* Stichwort *n des Souffleurs*; *(guión)* Rollenbuch *n des Souffleurs* **5** *juego*: Einsatz *m der Spieler* **6** *fam (bufón)* Gauner *m*; Knilch *m fam*, Kerl *m fam* **7** *RPl, Chile* **(no) llevarle a uno el ~** (keine) Notiz von j-m nehmen

apuntillar V/T TAUR den Genickstoß geben *(dat)*; *fig* den Gnadenstoß geben *(dat)*

apuñalado ADJ dolchartig; dolchförmig; **morir ~** erdolcht werden; **apuñalador** M, **apuñaladora** F Messerstecher *m*, -in *f*; **apuñalamiento** M Erdolchen *n*, Erstechen *n*; **apuñalar** V/T erdolchen, erstechen; niederstechen

apuñar V/T mit der Faust packen (*o* schlagen); **apuñe(te)ar** V/T mit den Fäusten schlagen

apuración F **1** *(agotamiento)* Erschöpfung *f*; Aufbrauchen *n* **2** *(acabamiento)* Vollendung *f* **3** *(aprovechamiento)* Ausnutzung *f*; **apurada** F *Arg* → apuro; **apuradamente** ADV gerade noch, soeben

apurado ADJ **1** *(agotado)* leer, erschöpft *(tb fig)* **2** *(exacto)* sorgfältig, genau **3** *(dificultoso)* heikel, schwierig; *(pobre)* mittellos, arm; *fig (cohibido)* gehemmt; **~ de dinero** knapp bei Kasse; **~ de tiempo** unter Zeitdruck, in Zeitnot **4** *espec Am fam* **estar ~** *(estar deprisa, tener prisa)* es eilig haben; **estoy ~** ich bin in Eile

apuramiento M → apuración; **apuranieves** F → aguzanieves

apurar **A** V/T **1** *(purificar) metal, alma, etc* läutern **2** *(acabar)* aufbrauchen; *fuerza, paciencia* erschöpfen; *botella, plato* leeren; *vaso tb* austrinken; *cigarrillo* zu Ende rauchen **3** *problema, etc* ergründen, (genau) untersuchen **4** *(meter prisa, apremiar)* **~ a alg** j-n (zur Eile) antreiben, j-n drängen **5** *(fastidiar)* quälen; (ver)ärgern **6** *(afligir)* **~ a alg** j-n bedrücken; j-m peinlich sein; **me apura llegar tarde** es ist mir peinlich zu spät zu kommen **B** V/I **1** *(ser agobiador)* drückend sein; eilig sein, drängen **2** *barba* scharf ausrasieren **C** V/R **apurarse** **1** sich grämen; sich *(dat)* Sorgen machen (**por** um *acus*); es sich *(dat)* zu Herzen nehmen; **¡no te apures!** mach dir keine Sorgen! **2** *espec Am (apresurarse)* sich beeilen; **¡no te apures!** es eilt nicht!

apuro M **1** *gener* Not *f*; *(aflicción)* Bedrängnis *f*; *(falta de recursos)* Mittellosigkeit *f*; **pasar (grandes) ~s** (schwere) Not leiden; **en caso de ~** im Notfall **2** *(pesadumbre)* Gram *m*, Kummer *m*; *(embarazo)* Verlegenheit *f*; **me da ~** ich schäme mich, es ist mir peinlich **3** *(aprieto)* Not(lage) *f*; *(situación embarazosa)* unangenehme *o* schwierige Lage *f*, Verlegenheit *f*; **estar en un ~** in der Klemme sein *fam*, in der Patsche sitzen *fam*; **poner a alg en un ~** j-n in eine schwierige Lage bringen; j-n in Verlegenheit bringen; **sacar a alg de un ~** j-m aus der Patsche helfen *fam* **4** *Am (prisa)* Eile *f*

aquajogging M DEP Aquajogging *n*; **aquanauta** M/F Aquanaut *m*, -in *f*; **aquaplaning** M *espec* AUTO Aquaplaning *n*

aquejado ADJ **~ de** bedrückt von *(dat)*; behaftet mit *(dat)*; **estar ~ de** *tb* leiden an *(dat)*; **aquejamiento** M *espec Am* Krankheit *f*, Leiden *n*

aquejar V/T quälen; **le aqueja una rara enfermedad** er leidet an einer seltenen Krankheit

aquel, aquella, aquello PR DEM **A** ADJ der, die, das dort; jene(r, -s); der-, die-, dasjenige; dortig, dort befindlich; **¡que no se le olvide aquello!** vergessen Sie die (bewusste) Sache nicht!; **todo ~ que** jeder, der; **¡ya apareció aquello!** da haben wir's (ja)!; **como aquello de** wie die Geschichte von *(dat)*; **en ~ entonces** damals; **por aquello de que ...** unter dem Vorwand, dass ... **B** M *fam* Anmut *f*, *das gewisse Etwas fam*; **tener mucho ~** viel Anmut haben

aquelarre M Hexensabbat *m (tb fig)*

aquende ADV *liter* **(de) ~ el mar** (von) diesseits des Meeres

aquenio M BOT Achäne *f*

aqueo HIST **A** ADJ achäisch **B** M Achäer *m*

aquerenciado ADJ *Méx* verliebt; **aquerenciarse** V/R ⟨1b⟩ sich (irgendwo) eingewöhnen; **~ a** sich gewöhnen an *(acus)*; *Méx, Ur* → encariñar B

aqueste PRON *poét* → este[2]

aquí ADV **1** *local*: hier; *dirección*: hierher; **~ es** hier ist es; **~ y allí** hier und dort; **de ~ para allí** hin und her; **desde ~** von hier aus; **hacia ~** hierher; **hasta ~** bis hierher; **he ~** hier ist, hier sind; **heme ~** hier bin ich; **por ~** hier; hierher; hier herum **2** *temporal*: jetzt; **hasta ~** bis jetzt; **de ~ en adelante** von jetzt (*o* nun) an; **de ~ a un mes** heute in vier Wochen; **de ~ allá** bis dahin **3** *fig* **~ está (el quid)** das ist's; das ist der springende Punkt; **~ esto, allá lo otro** bald dies, bald das; **de ~ que ...** daher (kommt es, dass) ...; **~ te cojo, ~ te pillo, ~ te mato** die Gelegenheit nehme ich beim Schopf **4** INT **¡he ~!** sieh(e) da!; **¡usted, por ~!** Sie hier!; **¡ven ~!** komm hierher!; **¡~ fue Troya!** hier begann das Unglück!

aquiescencia F Zustimmung *f* (zu *dat*), Einverständnis *n* (**a, en, para** zu, mit *dat*); **aquiescente** ADJ zustimmend

aquietado ADJ beruhigt, besänftigt; **aquietador** ADJ beruhigend; **aquietar** **A** V/T **1** *(apaciguar)* beruhigen, beschwichtigen **2** *(aliviar)* lindern **B** V/R **aquietarse** sich beruhigen; sich zufriedengeben (**con** mit *dat*)

aquifolio ADJ BOT **acebo** *m* **~** Stechpalme *f*

aquilatamiento M sorgfältige Prüfung *f*; **aquilatar** V/T **1** *oro* auf seine Reinheit prüfen **2** *fig (examinar)* erproben, prüfen **3** *(purificar)* läutern **4** COM scharf kalkulieren

aquilea F BOT Schafgarbe *f*

Aquiles M MIT Achill(es) *m*; ANAT **tendón** *m* **de ~** Achillessehne *f*; *fig* **talón** *m* **de ~** Achillesferse *f*

aquilino ADJ *liter* → aguileño

aquillado ADJ kielförmig; *barco* langkielig

aquilón M Nordwind *m*; Norden *m*

Aquisgrán M Aachen *n*

aquisgranense ADJ aus Aachen, Aachener

Aquitania F HIST Aquitanien *n*

aquitánico ADJ, **aquitano** ADJ aquitanisch

ara[1] F *liter* Altar *m*; Altarstein *m*; **en ~s de (la amistad)** (der Freundschaft) zum Opfer; *liter* **en ~s de la claridad** um der Klarheit willen

ara[2] M ORN Ara *m*

ARA F *abr* (Armada de la República Argentina) argentinische Kriegsmarine *f*

árabe **A** ADJ arabisch **B** M/F *persona*: Araber *m*, -in *f* **C** M **1** *lengua*: Arabisch *n* **2** **(caballo m) ~** Araber *m (Pferd)*

arabesco **A** ADJ arabisch, araberhaft; **decoración** *f* **-a** Arabeske *f* **B** M Arabeske *f*, Schnörkel *m*

Arabia F Arabien *n*; **~ Saudita** *o* **Saudí** Saudi-Arabien *n*

arábico, arábigo ADJ arabisch; **números** *mpl* **-os** arabische Ziffern *fpl*; **goma** *f* **-a** Gummiarabikum *n*

arabismo M LING Arabismus *m*, arabischer Ausdruck *m*; **arabista** M/F Arabist *m*, -in *f*

arabización F Arabisierung *f*; **arabizante** ADJ arabisierend; **arabizar** V/T ⟨1f⟩ arabisieren

arable ADJ **suelo** *m o* **tierra** *f* **~** Ackerboden *m*

arabófilo ADJ araberfreundlich; **arabófobo** ADJ araberfeindlich; **arabófono** ADJ Arabisch sprechend

araca INT *Arg jerga del hampa* Achtung!, aufgepasst!

aracanga F *Am* ORN Arakanga *m (Papagei)*

arácnidos MPL ZOOL Spinnentiere *npl*, Arachniden *fpl*

aracnoides F ANAT Arachnoidea *f*, Spinnwebenhaut *f*

arada F **1** *(cultivo del campo)* Pflügen *n*, Ackern *n* **2** *(tierra labrada)* umgepflügtes Land *n* **3** *porción de tierra*: Joch *n (Feldmaß)*

arado M Pflug *m*; **~ romano/de motor** Haken-/Motorpflug *m*; **~ múltiple** Kultivator *m*

arador **A** ADJ pflügend **B** M, **aradora** F Pflüger *m*, -in *f* **C** M *insecto*: **~ (de la sarna)** Krätzmilbe *f*

Aragón M Aragonien *n*

aragonés **A** ADJ aragon(es)isch **B** M, **-esa** F *persona*: Aragonier *m*, -in *f* **C** M *dialecto*: der aragonesische Dialekt; **aragonesismo** M LING aragon(es)ischer Ausdruck *m*; **aragonita** F, **aragonito** M MINER Aragonit *m*

araguato M *Col, Ven* ZOOL *ein Brüllaffe*

aralia F BOT Aralie *f*

arameo **A** ADJ aramäisch **B** M, **-a** F *persona*: Aramäer *m*, -in *f* **C** M *lengua*: Aramäisch *n*

arana F Betrug *m*, Schmu *m fam*

arancel M **1** ADMIN *(tarifa)* Tarif *m*; Gebührensatz *m*; *(tarifa aduanera)* Zolltarif *m*; **~ por zonas** Zonentarif *m* **2** *(tabla de tasas)* Preistabelle *f*; *pa-*

ra abogados: Gebührenordnung *f*; **arancelar** A VT *Am Centr* zahlen B VR **arancelarse** *Guat* Kunde werden; **arancelario** ADJ Gebühren...; *espec* Zoll...; **tarifa** *f* -a Zolltarif *m*
arándano M BOT *planta*: Heidelbeerstrauch *m*; *fruta*: Heidel-, Blaubeere *f*; **~ americano** Moosbeere *f*, Cranberry *f*; **~ encarnado** *o* **rojo** Preiselbeere *f*
arandela F 1 TEC (*anillo metálico*) (Unterleg)-Scheibe *f*; Lochverstärker *m*; **~ (de buje)** Nabenbuchse *f* 2 *en el candelero*: Leuchtermanschette *f*; *en árboles y lanzas*: Schutzring *m* (*an Bäumen und Lanzen*) 3 (*candelabro de mesa*) Tischleuchter *m* 4 **~ (del blanco)** Ring *m* der Schießscheibe 5 MAR Pfortluke *f* 6 *Am* (*cuello encañonado*) Halskrause *f*
arandillo M ORN Bachstelze *f*
aranés A ADJ aranesisch (*auf das Valle de Arán, eine Region Kataloniens, bezogen*) B M, **-esa** F Aranese *m*, Aranesin *f* C M *dialecto*: der aranesische Dialekt
araña F 1 ZOOL Spinne *f*; **~ crucera/peluda/de agua** Kreuz-/Vogel/Wasserspinne *f*; **~ de mar** *crustáceo*: See-, Meerspinne *f*; *pez*: Drachenfisch *m*, Mittelländisches Petermännchen *n*; **tela de ~** Spinnennetz *n*; *fig* **matar la ~** seine Zeit vergeuden 2 *lámpara*: Kronleuchter *m*, Lüster *m* 3 BOT Frauenhaar *n* 4 MINER (*ramificación*) Verästelung *f im Gestein*
arañada F 1 (*arañas*) Menge *f* Spinnen 2 → arañazo
arañar A VT 1 (*rascar*) (zer)kratzen; schrammen; (ein)ritzen; **le arañó el rostro (con las uñas)** sie zerkratzte ihm (mit den Fingernägeln) das Gesicht 2 *fig* (*recoger*) zusammenklauben, zusammenscharren; zusammenkratzen *fam* B VR **arañarse** sich zerkratzen
arañazo M Kratzer *m*; Kratzwunde *f*, Schramme *f*; **arañitas** FPL MED *fam* Besenreiser*n*/*pl fam*; **arañón** M 1 (*araña grande*) große Spinne *f* 2 → arañazo; **arañuela** F 1 BOT Frauenhaar *n* 2 → arañuelo; **arañuelo** M 1 ZOOL (*garrapata*) Zecke *f* 2 (*red*) Netz *n*
arapaima M *pez*: Arapaima *m*
aráquida F BOT Erdnuss *f*
arar[1] M BOT afrikanische Lärche *f*
arar[2] A VT AGR (be)ackern, umpflügen; Furchen ziehen in (*acus*) B VI MAR *barco* den Grund streifen, Grundberührung haben
araticú M *RPl* BOT *Art* Chirimoyo *m*
araucanismo M LING Araukanismus *m*; **araucanista** M/F Araukanerexperte *m*, -expertin *f*; **araucano** A ADJ araukanisch B M, **-a** F Araukaner *m*, -in *f*; **araucaria** F BOT Araukarie *f*, Schuppentanne *f*; **arauco** → araucano
arauja F BOT *weiße duftende Winde*
arbitrable ADJ 1 (*arbitrario*) willkürlich 2 (*que debe resolverse por arbitraje*) vom Schiedsrichter zu entscheiden(d); **arbitrador** JUR A ADJ **juez** *m* **~** Schiedsrichter *m* B M, **arbitradora** F Schiedsmann *m*, -frau *f*
arbitraje M 1 (*fallo*) Schiedsspruch *m* 2 *procedimiento*: Schiedsverfahren *n*; *tb* POL **tribunal** *m* **de ~** Schiedsgericht *n* 3 DEP Schiedsrichteramt *n*; Schiedsrichtern *n* 4 ECON **~ del cambio** Wechselarbitrage *f*
arbitral ADJ JUR schiedsrichterlich, Schieds-(gerichts)...; **contrato** *m* **~** Schiedsvertrag *m*; **sentencia** *f* **~** Schiedsurteil *n*; **tribunal** *m* **~** Schiedsgericht *n*
arbitram(i)ento M JUR *procedimiento*: Schiedsverfahren *n*; *sentencia*: Schiedsspruch *m*; *cargo*: Schiedsrichteramt *n*; **arbitrante** PART → arbitrar
arbitrar A VT 1 (*decidir libremente*) frei entscheiden 2 *entre partes*: schlichten; (als Schiedsrichter) entscheiden 3 *espec fondos* beibringen B VI 1 (*fallar*) einen Schiedsspruch fällen 2 DEP (*ser árbitro*) Schiedsrichter sein C VR **arbitrarse** → ingeniar B
arbitrariamente ADV willkürlich; **arbitrariedad** F Willkür *f*; Eigenmächtigkeit *f*; **arbitrario** ADJ willkürlich; eigenmächtig; **poder** *m* **~** Willkürherrschaft *f*; **arbitrarismo** M FIL Lehre *f* von der Willensfreiheit; **arbitrativo** ADJ 1 (*bajo libre voluntad*) freier Entscheidung unterliegend 2 (*del árbitro*) schiedsrichterlich; **arbitratorio** ADJ → arbitral
arbitrio M 1 (*libre voluntad*) freier Wille *m*; Gutdünken *n* 2 (*medio*) Hilfsquelle *f*, Mittel *n*, Ausweg *m* 3 *frec* **~s** *mpl* (*derechos*) Abgabe *f*, (*impuestos*) Steuer *f*; **~s municipales** Gemeindeabgaben *fpl*; HIST Stadtzoll *m* 4 (*fallo*) Schiedsspruch *m*
arbitrista M/F 1 (*que propone planes*) Projekte-, Plänemacher *m*, -in *f* 2 ECON (*especulador[a]*) Kursspekulant *m*, -in *f*
árbitro M, **-a** F Schiedsrichter *m*, -in *f* (*tb* DEP); *boxeo*: Ringrichter *m*, -in *f*; DEP **~ asistente** Schiedsrichterassistent *m*, -in *f*; *fig* **ser el ~ de a/c** (in etw *dat*) tonangebend sein
árbol M 1 BOT Baum *m*; **~ de adorno** Zierbaum *m*; **~ frutal** Obstbaum *m*; **~ del cielo** Ailanthus *m*; *Biblia*: **~ de la ciencia (del bien y del mal)** Baum *m* der Erkenntnis; **~ de hoja caduca** *o* **caducifolio** Laubbaum *m*; REL **~ de la cruz** Kreuz *n*; *fig* **~ genealógico** *o* **de costados** Stammbaum *m*; **~ de María** Kalambukbaum *m*; **~ de Navidad** Weihnachtsbaum *m*; **~ del pan** Brotbaum *m*; **~ de la vida** BOT Lebensbaum *m*; *Biblia*: Baum *m* des Lebens; *fig* **los ~es le impiden ver el bosque** er sieht den Wald vor lauter Bäumen nicht; *prov* **del ~ caído todos hacen leña** wenn der Baum fällt, bricht jedermann Holz 2 TEC (*eje*) Achse *f*, Welle *f*; Spindel *f*; **~ (de) cardán** Kardanwelle *f*; **~ de dirección** *o* **de mando** Lenk-, Steuersäule *f*; **~ de impulsión** *o* **~ motor** Antriebswelle *f*; **~ de levas** Nockenwelle *f*; **~ de berbiquí** *o* **de manivela** Kurbelwelle *f* 3 MAR (*palo de una embarcación*) Mast *m* 4 ARQUIT *de la escalera de caracol*: Spindel *f einer Wendeltreppe* 5 *relojería*: Stempel *m der Uhrmacher* 6 TIPO Kegelhöhe *f* 7 *órgano*: Registermechanik *f der Orgel* 8 *Chile* (*perchero*) Kleiderständer *m*
arbolado A ADJ mit Bäumen bepflanzt B M (*conjunto de árboles*) Baumbestand *m*; Bewaldung *f*; (*paseo*) Allee *f*; **arboladura** F MAR Bemastung *f*
arbolar A VT 1 *bandera, cruz, etc* aufpflanzen, aufrichten; MAR *pabellón* hissen 2 MAR *embarcación* bemasten 3 (*arrimar*) anlehnen B VR **arbolarse** *caballo* sich aufbäumen
arboleda F Waldstück *n*, Baumpflanzung *f*; **arbolete** M 1 (*árbol pequeño*) Bäumchen *n* 2 CAZA Leimrutenzweig *m* 3 TEC kleine Welle *f*; **arbolillo** M 1 (*árbol pequeño*) Bäumchen *n* 2 ZOOL Seemoos *n* 3 MIN (*muro del horno*) Seitenmauer *f eines Schmelzofens*; **arbolista** M/F *cultivador*: Baumzüchter *m*, -in *f*; *comerciante*: Baumhändler *m*, -in *f*; **arbolito** M *Col fam* **estar en el ~** auf der Palme sein *fam*
arbollón M Abfluss *m eines Teiches*
arbóreo ADJ baumähnlich; Baum...
arborescencia F 1 BOT Heranwachsen *n* zum Baum 2 (*semejanza a un árbol*) baumähnlicher Wuchs *m*; *de cristales, etc*: Verästelung *f*; **arborescente** ADJ Baum...
arboricida ADJ baumvernichtend; **arboricidio** M Bäumevernichten *n*; **arboricultor** M **arboricultora** F Baumzüchter *m*, -in *f*; **arboricultura** F Baumzucht *f*; **arboriforme** ADJ baumartig; **arborización** F 1 *en rocas*: baumähnliche Maserung *f*; ANAT Verästelung *f der Kapillaren* 2 *Am* (*plantación de árboles*) Pflanzen *n* von Bäumen 3 *Am* AVIA *aterrizaje de emergencia*: Notlandung *f* in einem Wald *etc*
arbotante M 1 ARQUIT *arco*: Strebepfeiler *m*, Schwibbogen *m* 2 MAR (*brazo*) Ausleger *m*; Baum *m*
arbustivo ADJ BOT strauchartig, Strauch...
arbusto M Strauch *m*, Busch *m*; Staude *f*
arca F 1 (*caja*) Kasten *m*, Truhe *f*; (*caja fuerte*) Geldschrank *m*; **~s** *fpl* Schatzkammer *f* 2 **~ de agua** Wasserspeicher *m*, -turm *m* 3 *Biblia*: **~ de Noé** *o* **del diluvio** Arche *f* Noah; **~ de la alianza** *o* **del testamento** Bundeslade *f* 4 ANAT Weiche *f*; **~ del cuerpo** (*tronco*) Rumpf *m*; *fam* **~ de pan** Bauch *m*
arcabucero M HIST 1 *soldado*: Arkebusier *m* 2 (*armero*) Büchsenmacher *m*; **arcabuco** M *Am* Dickicht *n*; **arcabuz** M ⟨*pl* -uces⟩ HIST Arkebuse *f*, Hakenbüchse *f*
arcada F 1 (*conjunto de arcos*) Säulen-, Bogengang *m*; Arkade *f* 2 *del puente*: Brückenbogen *m* 3 MED (*náuseas*) Brechreiz *m* 4 MÚS *instrumento de cuerda*: Bogenstrich *m*
Arcadia F MIT Arkadien *n*
arcaduz M ⟨*pl* -uces⟩ 1 *caño*: Brunnenrohr *n* 2 (*cangilón*) Schöpfeimer *m am Wasserrad*
arcaico A ADJ altertümlich, veraltet, archaisch B M GEOL Archaikum *n*; **arcaísmo** M veralteter Ausdruck *m*, Archaismus *m*; **arcaización** F Archaisierung *f*; **arcaizante** ADJ archaisierend; **arcaizar** VI ⟨1f⟩ altertümliche Ausdrücke verwenden
arcángel M REL Erzengel *m*
arcanidad F Geheimnis *n*, Arkanum *n*; **arcano** A ADJ geheim, verborgen B M Geheimnis *n*
arce M BOT Ahorn *m*
arcediano M Archi-, Erzdiakon *m*
arcedo M Ahornwald *m*; -pflanzung *f*
arcén M 1 (*margen*) Rand *m*; *transporte*: Randstreifen *m*; Standspur *f* 2 (*brocal*) Brüstung *f*
archi... PREF Erz... (*tb fig*)
archibribón M Erzschelm *m*; **archicofrade** M HIST Erzbruder *m*; **archicofradía** F HIST Erzbruderschaft *f*; **archiconocido** ADJ sehr (*o* überall) bekannt; **archidemostrado** ADJ vollständig bewiesen; **archidiácono** M Erzdiakon *m*; **archidiocesano** ADJ auf das Erzbistum bezogen; **archidiócesis** F Erzbistum *n*; **archiducado** M Erzherzogtum *n*; **archiducal** ADJ erzherzoglich; **archiduque** M Erzherzog *m*; **archiduquesa** F Erzherzogin *f*; **archifamoso** ADJ *irón* hochberühmt; **archifonema** M FON Archiphonem *n*; **archimandrita** M REL Archimandrit *m*; **archimillonario** M, **archimillonaria** F Multimillionär *m*, -in *f*; **archipámpano** M *fam* hohes Tier *n fam* (*Person*)
archipiélago M Archipel *m*, Inselgruppe *f*
archisabido ADJ sattsam bekannt
archivador M *mueble*: Aktenschrank *m*; *carpeta*: (Akten)Ordner *m*; *fichero* Kartothek *f*, Aktei *f*; **fichero-archivador** *m* Karteischrank *m*
archivar VT 1 (*guardar*) archivieren; *cartas, documentos* ablegen, aufbewahren 2 *fig* (*dar carpetazo*) ad acta legen; *Am fam* (*desechar*) zum alten Eisen werfen; **archivera** F Archivarin *f*; Urkundsbeamtin *f*; **archivero** M 1 *persona*: Archivar *m*; Urkundsbeamte *m* 2 → archivador; **archivista** M/F → archivero 1; **archivística** F → archivología; **archivístico** ADJ auf das Archiv bezogen
archivo M 1 Archiv *n*; Registratur *f*; COM Ablage *f*; **~ de clientes** Kundendatei *f*; **~ colgante** Hängekartei *f*; **~ fotográfico** Bildarchiv *n*; **~ sonoro** Tonarchiv *n* 2 INFORM Datei *f*; **~ adjunto** angehängte Datei *f*, Attachment *n*; **~**

ASCII ASCII-Datei *f*; **~ de disquetes** Diskettenbox *f*; **~ de seguridad** Backup-Datei *f*; **~ de sistema** Systemdatei *f*; **~ de texto** Textdatei *f*; **administrador** *m* **de ~s** Dateimanager *m*

archivología F → archivonomía

archivolta F → arquivolta

archivonomía Archivkunde *f*

arcilla F Ton *m*, Tonerde *f*; **~ (roja)** Lehm *m*; **~ cocida** *o* **calcinada** gebrannter Ton *m*; **~ fangosa** Mergelton *m*; **~ figulina** *o* **plástica** Töpferton *m*; **~ de porcelana** Porzellanerde *f*

arcilloso ADJ tonhaltig, lehmig, tonig; **suelo** *m* **~** Lehmboden *m*

arción M *Am* → ación

arciprestazgo M Würde *f* eines Erzpriesters;

arcipreste M Erzpriester *m*

arco M 1 ARQUIT, GEOM Bogen *m*; **~ apuntado** *u* **ojival** Spitzbogen *m*; **~ de círculo** Kreisbogen *m*; **~ crucero** Kreuzbogen *m*; **~ de herradura** Hufeisenbogen *m*; **~ de puente** Brückenbogen *m*; **~ de medio punto** Rundbogen *m*; **~ triunfal** *o* **de triunfo** Triumphbogen *m* 2 MÚS Bogen *m*; **golpe** *m* **de ~** Bogenstrich *m*, -führung *f* 3 DEP, *arma*: Bogen *m*; **tender el ~** den Bogen spannen; **tiro** *m* **de ~** Bogenschießen *n* 4 **~ iris** *o* **de San Juan** *o* **de San Martín** Regenbogen *m* 5 ELEC **~ voltaico** Lichtbogen *m*; **lámpara** *f* **de ~** Bogenlampe *f* 6 ANAT Bogen *m*; **~ ciliar** Augenbrauenbogen *m* 7 *del barril*: Fassreifen *m*

arcón M große Truhe *f*; **~ congelador** Gefriertruhe *f*

arcosa F *Art* Sandstein *m*

arcosegueta Laubsäge *f*

ARDE F *abr* 1 *(Acción Republicana Democrática Española) politische Gruppierung in Spanien* 2 *(Alianza Revolucionaria Democrática) Nic* ***antisandinistische Gruppierung in Nicaragua***

árdea F ORN Rohrdommel *f*

ardentía F 1 *(fosforescencia)* Meeresleuchten *n* 2 MED *(pirosis)* Sodbrennen *n* 3 → ardor

arder A VI 1 *(quemar)* brennen *(Am tb herida)*; in Flammen stehen; *poét* **el país arde en guerras** das Land liegt in mörderischem Krieg 2 *(resplandecer) montañas, mar* leuchten, lodern *(fig)* 3 *fig* **~ de** *o* **en amor/pasión** n Liebe/Leidenschaft entbrennen, vor Liebe//Leidenschaft brennen; **~ de** *o* **en cólera/odio** vor Zorn/Hass brennen *o* beben; **~ de entusiasmo** vor Begeisterung glühen; **~ por hacer a/c** darauf brennen, etw zu tun; **estar que arde** vor Wut kochen; *fam* **toma, y va(s) que arde(s)** (da nimm,) und mehr gibt's nicht 4 AGR *estiércol* verrotten B VT verbrennen

ardid M List *f*; Kniff *m*, Trick *m*, Kunstgriff *m*;

ardido ADJ 1 *poét (valiente)* tapfer, kühn 2 *Am (enojado)* zornig

ardiendo *ger* 1 *(en llamas)* brennend 2 *fig (candente)* (glühend) heiß; **ardiente** ADJ 1 *(muy caliente)* brennend, heiß, glühend *(tb fig)* 2 *fig persona* feurig 3 *(incandescente)* feuer-, hochrot; **ardientemente** ADV *fig (ferviente)* sehnlichst; heiß, leidenschaftlich

ardilla A ADJ clever, gerissen B F ZOOL Eichhörnchen *n*; **~ gris** Grauhörnchen *n*

ardimiento M 1 *(intrepidez)* Kühnheit *f* 2 *(fuego)* Brand *m*, Brennen *n*

ardínculo M VET brandiges Geschwür *n*

ardita F *Col, Ven* → ardilla

ardite M 1 HIST *kleine Scheidemünze* 2 *fig* Deut *m*, Pfifferling *m*; **no importar** *o* **valer un ~** überhaupt nichts wert sein, keinen Pfifferling wert sein; **no me importa un ~** das ist mir ganz egal

ardor M 1 *(brasa)* Glut *f*, Hitze *f*; Brennen *n*; MED **~ de estómago** Sodbrennen *n* 2 *fig (fervor)* Eifer *m*; **en el ~ de la batalla** *o* **disputa** in der Hitze des Gefechts

ardoroso ADJ glühend; *fig* feurig, hitzig

arduamente ADV mühsam; **arduidad** F Schwierigkeit *f*

arduo ADJ schwierig; mühselig

área F 1 *(superficie)* Fläche *f*; Gelände *n*; Areal *n*; **~ cubierta** überdachte Fläche *f*; GEOM **~ de círculo/triángulo** Kreis-/Dreiecksfläche *f* 2 *(zona)* Gebiet *n*, Raum *m*; Zone *f*; DEP **~ de castigo** *o* **de penalty** Strafraum *m*; AVIA **~ de embarque** Abflugbereich *m*; **~ de no fumadores** Nichtraucherzone *f*; **~ de influencia** Einflussbereich *m*; **~ metropolitana** Großstadtgebiet *n*; städtischer Ballungsraum *m*; ECON **~ monetaria/del dólar** Währungs-/Dollargebiet *n*; *policía etc*: **~ operativa** Einsatzraum *m*; **~ protejida** Naturschutzgebiet *n*; **~ recreativa** *o* **~ social de recreo** Freizeitgelände *n*; (Nah)Erholungsgebiet *n*; **~ tarifaria** Tarifzone *f* 3 *transporte*: **~ de manutención** Autobahnmeisterei *f*; **~ de reposo** *o* **de descanso** Rastplatz *m*; **~ de servicio** Rasthof *m*, -stätte *f* 4 METEO **~ de baja presión** Tief(druckgebiet) *n* 5 AGR *medida agraria*: Ar *n/m*

AREA F *abr* (Compañía Ecuatoriana de Aviación) ecuadorianische Fluggesellschaft *f*

areal A ADJ Flächen...; Gelände... B M *Perú* → área 1, 2, 3

areca F BOT Betelpalme *f*

arefacción F Trocknen *n*, Dörren *n*

areito M *Antillas folclore*: *volkstümlicher Gesang und Tanz der indianischen Ureinwohner*

arel M Getreidesieb *n*

arena A F 1 Sand *m*; **~ fina/gruesa** Fein-/Grobsand *m*; **~(s) movediza(s)** Treib-, Flugsand *m*; **~ seca** Streusand *m*; **reloj** *m* **de ~** Sanduhr *f*; *fig* **edificar sobre** *o* **fundar en ~** auf Sand bauen 2 *lugar de combate*: Arena *f* *(tb* TAUR); Reitbahn *f*; **bajar a la ~** zum Kampf antreten *(tb fig)* 3 MED **~s** *fpl* Harngrieß *m* B ADJ *inv* **(de color) ~** sandfarben

ARENA F *abr* (Alianza Republicana Nacionalista) *Rechtspartei in El Salvador*

arenal M Sandfläche *f*; Sandgrube *f*; **arenar** VT 1 *(enarenar)* mit Sand bestreuen 2 *refregar*: mit Sand fegen; **arenaria** F ZOOL Sandwespe *f*; **arenera** F *Am* Sandspielplatz *m*; **arenero** M 1 *para niños*: Sandkasten *m* *(tb* FERR) 2 TEC Sandstrahlgebläse *n* 3 TAUR *persona*: Sandstreuer *m* 4 *Perú vehículo*: Geländewagen *m*

arenga F Ansprache *f*; *fam desp* langes Gerede *n*, Sermon *m fam*; **arengar** A VT **~ a alg** j-n anreden; eine Ansprache halten an j-n; *fig* j-n abkanzeln B VI eine Ansprache halten; palavern *fam*; **arengario** M, **arengatorio** M Rednerpult *n*

arenilla F 1 *(arena menuda)* Streusand *m* 2 MED Grieß *m*; **arenillero** M Streusandbüchse *f*; **arenisca** F MINER Sandstein *m*; **~ abigarrada** Buntsandstein *m*; **arenisco** ADJ *t/t* sandig; **arenoso** ADJ sandig, sandreich; Sand...

arenque M *pez*: Hering *m*; **~ ahumado** Bückling *m*; **~ enrollado** Rollmops *m*; **~ fresco** grüner Hering *m*; **~ salado** Salzhering *m*; **~ en salmuera** Brathering *m*

arenquera F Heringsnetz *n*

aréola F, **areola** F 1 ANAT *del pezón*: (Brust)-Warzenhof *m* 2 MED Ringbildung *f*, Hof *m* *(um eine Wunde)*

areómetro M Aräometer *n*, Senkwaage *f*;

areópago M HIST Areopag *m*; *fig* Gruppe *f* kompetenter Persönlichkeiten

arepa F *Am Art* Maisbrötchen *n*; *Ven, Col fig* tägliches Brot *n*; **arepera** F *Col, Ven fam* Lesbierin *f*, Lesbe *f fam*

arestil, arestín M 1 BOT Disteldolde *f* 2 VET Mauke *f* 3 *Arg* Milchschorf *m*

arete M Ohrring *m*

arévacos MPL HIST *Bewohner der Hispania Tarraconensis*

arfar VI MAR *barco* stampfen

argadijo, argadillo M 1 TEX *(devanadera)* Haspel *f* 2 *fam fig persona*: Zappelphilipp *m*

argalia F MED Sonde *f*

argamandijo M Kleinkram *m*; Kram *m*, Zeug *n*

argamasa F Mörtel *m*; **argamasar** VI Mörtel anmischen; **argamasón** M 1 *un pedazo*: *(herausgebrochenes)* Mörtelstück *n* 2 *fig* → argamasa

arganeo M MAR **~ (del ancla)** Ankerring *m*

argaña F Unkraut *n*

Argel M Algier *n*; **Argelia** F Algerien *n*

argelino A ADJ algerisch B M, **-a** F Algerier *m*, -in *f*

argentado ADJ *liter* versilbert; **argentar** VT 1 *(platear)* versilbern 2 *(dar brillo)* silbernen Glanz geben *(dat)*

argénteo ADJ 1 *(de plata)* silbern 2 *(bañado de plata)* mit Silberauflage

argentería F Silberarbeit *f*; -stickerei *f*; **argentero** M → platero; **argentífero** ADJ silberhaltig; **argentina**[1] F 1 MINER Schieferspat *m* 2 BOT Silberkraut *n*

argentina[2] F *persona*: Argentinierin *f*

Argentina F Argentinien *n*

argentinismo M LING Argentinismus *m*; **argentino** A ADJ 1 argentinisch 2 *(de plata)* silbern, Silber...; *voz* silberhell B M Argentinier *m*; **argentoso** ADJ silberhaltig

argo M QUÍM Argon *n*

argolla F 1 *(aro grueso)* Eisen-, Metallring *m*; *fig* **echar a alg una ~** sich *(dat)* j-n verpflichten 2 TEC *(abrazadera)* Schelle *f*, Klammer *f* 3 *Am* Ehering *m*; *fam* **le puso la ~** sie hat ihn *(den Bräutigam)* fest 4 **(juego** *m* **de la) ~** *Art* Krocket *n* 5 *Ec (camarilla)* Clique *f*

árgoma F BOT Heideginster *m*

argón M QUÍM Argon *n*

argonauta M 1 MIT Argonaut *m* 2 ZOOL Argonautenmuschel *f*

Argos M MIT Argos *m*, Argus *m*; *fig* **argos** wachsamer Hüter *m*

argot(e) M ⟨*pl* argot(e)s⟩ Argot *n*, Gaunersprache *f*; Jargon *m*

Argovia F GEOG (der) Aargau

argucia F Spitzfindigkeit *f*, Sophismus *m*

árguenas, árgueñas FPL *(alforjas)* Satteltaschen *fpl*

argüir ⟨3g⟩ A VT 1 *(deducir)* folgern, schließen auf *(acus)* 2 *al disputar*: vorbringen, anführen 3 *(probar)* schließen lassen auf *(acus)*, hindeuten auf *(acus)* 4 *(acusar)* **~ a alg de a/c** j-m etw vorwerfen B VI streiten, argumentieren; **~ contra** *tb* ankämpfen gegen *(acus)*; *fig* **~ con a/c** etw anführen, etw ins Feld führen

argumentación F Beweisführung *f*, Begründung *f*, Argumentation *f*; **argumentador** A ADJ argumentierend B M, **argumentadora** F Gegner *m*, -in *f*, Opponent *m*, -in *f*; **argumentante** M/F (Diskussions)-Gegner *m*, -in *f*; **argumentar** VI 1 *(concluir)* Schlüsse ziehen, folgern 2 *(argüir)* argumentieren; **argumentativo** ADJ argumentativ; **argumentista** M/F 1 *persona*: Diskutierer *m*, -in *f*; Widerspruchsgeist *m* 2 FILM **~ es ...** *corresponde a*: nach einer Idee von ...

argumento M 1 Argument *n* *(tb* MAT), Beweisgrund *m*; *(conclusión)* Schluss *m* 2 LIT, TEAT, FILM *(acción)* Handlung *f*, LIT *tb* Inhaltsangabe *f*, TEAT, FILM *tb* Thema *n*

aria F MÚS Arie *f*; Lied *n*

Ariadna N PR F Ariadne

aridecer A VT austrocknen; ausdörren B VR **aridecerse** ausdorren; **aridez** F Dürre

f, Trockenzeit *f* (*tb fig*); *fig* Trockenheit *f*
árido A ADJ dürr, unfruchtbar; *fig* trocken B **~s** *mpl* **medida** *f* **para ~s** Trockenmaß *n*
Aries M ASTROL Widder *m*
ariete M 1 DEP *fútbol*: Mittelstürmer *m* 2 TEC (*martinete*) Rammbär *m* 3 MIL, HIST *máquina militar*: Sturm-, Rammbock *m*, Widder *m* 4 MAR (Schiff *n* mit) Rammsporn *m* 5 *vulg* (*pene*) Schwanz *m*, Schwengel *m*
arie(t)ta F MÚS kurze Arie *f*
arije ADJ *uva* rotbeerig
arijo ADJ *tierra de labor* locker
arimez M ‹*pl* -eces› Vorbau *m*, Erker *m*
ario A ADJ arisch B M, **-a** F Arier *m*, -in *f*
arisco ADJ 1 *animal* unbändig 2 *hombre* barsch, widerborstig
arista F 1 BOT *de la espiga*: Granne *f*, Bart *m* 2 (*borde*) Kante *f*, Schneide *f*; Grat *m* (*tb* TEC); **de ~(s) viva(s)** scharfkantig 3 (*cresta*) Gebirgskamm *m*, Grat *m* 4 GEOM (*línea de intersección*) Kante *f*, Schnittlinie *f* zweier Ebenen 5 ARQUIT **~ (de arco** *o* **de bóveda)** Gewölbeprofil *n*
aristarco M *fig* strenger Kritiker *m*
aristocracia F Aristokratie *f* (*tb fig*); **alta ~** Hochadel *m*; **aristócrata** M/F Aristokrat *m*, -in *f*; **aristocrático** ADJ aristokratisch; **aristocratizar** V/T ‹1f› adeln (*tb fig*)
aristoso ADJ 1 BOT voller Grannen 2 (*esquinado*) kantig
aristotélico ADJ FIL aristotelisch; **aristotelismo** M FIL Aristotelismus *m*
aritenoides M ANAT Geißbeckenknorpel *m*
aritmética F Arithmetik *f*, Rechenkunst *f*; **aritméticamente** ADV arithmetisch; **aritmético** A ADJ arithmetisch, Rechen...; **progresión** *f* **-a** arithmetische Reihe *f* B M, **-a** F Arithmetiker *m*, -in *f*; Rechenkünstler *m*, -in *f*
arlequín M 1 (*bufón*) Harlekin *m* (*tb máscara*) 2 Hanswurst *m* (*tb fig*)
arlequinada F Harlekinade *f*; dummer Streich *m*; *fig* Kasperltheater *n*; **arlequinesco** ADJ possenreißerisch, -haft
arlota F Wergabfall *m*
arma F 1 *gener* Waffe *f*; **~s** *fpl* **atómicas** Atomwaffen *fpl*; **~ automática** automatische Waffe *f*; **~ biológica** biologische Waffe *f*; **~ blanca** blanke Waffe *f*; **~ contundente** Schlag-, Stoßwaffe *f*; **~ cortante** Hiebwaffe *f*; **~ defensiva** Schutz-, Verteidigungswaffe *f*; **~ de destrucción masiva** Massenvernichtungsmittel *n*, -waffe *f*; **~s ligeras/pesadas** leichte/schwere Waffen *fpl*; **~s nucleares** Atom-, Kernwaffen *fpl*; **~ ofensiva/punzante** Angriffs-/Stichwaffe *f*; **~ de puño** Stich- *o* Hiebwaffe *f* mit festem Griff; **~ química** chemische Waffe *f*; **~ secreta** Geheimwaffe *f* (*tb fig*); **hecho** *m* **de ~s** *liter* Waffentat *f*; **alzarse** *o* **levantarse en ~s** sich erheben, sich empören; **estar sobre las ~** unter (den) Waffen stehen; **llamar a las ~s** zu den Waffen rufen; **prevenir las ~s** zum Kampf rüsten; **probar las ~s** die Klingen kreuzen (*tb fig*); *tb fig* **rendir ~s** die Waffen strecken; **tomar las ~s** zu den Waffen greifen 2 **~ (de fuego)** Schusswaffe *f*; Feuerwaffe *f*; **~ corta** Faustfeuerwaffe *f*; *Am* **~ larga** Gewehr *n*; Karabiner *m*; **~ de reglamento** Dienstwaffe *f*; **~ de retrocarga** Hinterlader *m*; **~ de tiro rápido** Schnellfeuerwaffe *f*; **presentar ~s** das Gewehr präsentieren; **¡a las ~s!** an die Gewehre!; **¡descansen ~s!** Gewehr ab!; **¡presenten ~s!** präsentiert das Gewehr! 3 MIL (*fuerza militar*) Waffen-, Truppengattung *f*; **las tres ~s** die drei Waffengattungen *fpl*; **(carrera** *f* **de) ~s** militärische Laufbahn *f*; **hombre** *m* **de ~s** Soldat *m*, Militär *m*; **plaza** *f* **de ~s** Exerzierplatz *m*; **pasar por las ~s** (standrechtlich) erschießen, über die Klinge springen lassen *fam*; *pop fig mujer* umlegen *pop*, vernaschen *fam* 4 *esgrima*: **maestro** *m* **de ~s** Fechtmeister *m*, -lehrer *m*; **sala** *f* **de ~s** Fechtboden *m* 5 *fig* Waffe *f*; *de los animales*: Horn *n*, Krallen *fpl*, *etc*; **~ de dos filos** *o* **de doble filo** zweischneidiges Schwert *n*; **dejar las ~s** seinen Abschied nehmen; **hacer sus primeras ~s** sich (*dat*) die ersten Sporen verdienen; **con ~s y bagajes** mit Sack und Pack; *fam fig* **de ~s tomar** mit Vorsicht zu genießen; *fam fig* **mujer** *f* **de ~s tomar** resolute Frau *f*; *desp* Dragoner *m fam*; *fam* **es de ~s tomar** *tb* mit dem/der ist nicht gut Kirschen essen, der/die hat Haare auf den Zähnen *fam* 6 *heráldica*: **~s** *fpl* Wappen *n* 7 *vulg* (*pene*) Schwanz *m pop*
armable ADJ zusammenlegbar, montierbar;
armada F Kriegsflotte *f*; Kriegsmarine *f*
armadía F Floß *n*
armadijo M Falle *f*; Schlinge *f*
armadillo M ZOOL Gürteltier *n*; **~ gigante** Riesengürteltier *n*; **~ de nueve bandas** Neunbindengürteltier *n*
armado A ADJ 1 bewaffnet; **~ hasta los dientes** bis an die Zähne bewaffnet 2 (*equipado*) gewappnet, ausgerüstet, ausgestattet (**de** mit *dat*) 3 TEC armiert; **hormigón** *m* **~** Stahlbeton *m* B M 1 *pez*: Panzerhahn *m* 2 *persona*: *Geharnischter in altrömischer Rüstung bei Karwochenprozessionen* 3 (*equipamiento*) Ausrüsten *n*
armador M 1 MAR Reeder *m*; **~ temporal** Ausrüster *m eines Schiffes* 2 *Ec* (*percha*) Kleiderbügel *m*; **armadora** F MAR Reederin *f*
armadura F 1 (*conjunto de armas*) (Ritter)Rüstung *f* 2 TEC (*armazón*) Gestell *n*; Gerüst *n*; Armatur *f*; **~ de cama** Bettstelle *f*; **~ de las gafas** Brillenfassung *f*, -gestell *n*; ARQUIT **~ (de tejado)** Dachstuhl *m*; ELEC **~ de condensador** Kondensatorbelag *m*; **~ de imán** Magnetanker *m* 3 TAUR → **cornamenta** 4 MÚS Vorzeichen *npl*
armamentista ADJ, **armamentístico** ADJ Rüstungs...; **industria** *f* **~** Rüstungsindustrie *f*
armamento M 1 MIL Rüstung *f*; Kriegsausrüstung *f*; Bewaffnung *f*; POL **limitación** *f* **de ~s** Rüstungsbeschränkung *f*; **reducción** *f* **de ~s** Teilabrüstung *f* 2 MAR (*equipamiento*) Bestückung *f*; Schiffsgerät *n*
armar A V/T 1 MIL *persona* bewaffnen (**con** mit *dat*); *ejercito* aufrüsten; MAR bestücken; ausrüsten (*tb fig*) 2 TEC *máquina* aufstellen; *partes* montieren, aufbauen; *cama, tienda de campaña* aufschlagen; *lazos* legen; *mesa* herrichten; *comida* anrichten; *resorte* spannen; *tornillo* zudrehen; MIL *mecha* scharf machen; *fig* **~ una trampa** eine Falle stellen 3 MÚS **~ la clave** Vorzeichen setzen 4 *fam fig* (*formar algo*) veranstalten; (*causar*) verursachen, anrichten; **~la** Streit anfangen; Krach schlagen; *tb* Spielschulden machen; **~ bronca** Streit suchen, Stunk machen *fam*; **~ cizaña** Zwietracht stiften; **~ un escándalo** einen Skandal machen (*o* inszenieren); **~ un follón** Krach schlagen; *fam* herumkrakelen; **~ jaleo** Krach schlagen, randalieren 5 HIST **~ caballero a alg** j-n zum Ritter schlagen B V/I 1 MIN *mineral* liegen 2 (*convenir*) passen C V/R **armarse** 1 (*proveerse de armas*) sich bewaffnen; sich rüsten (*tb fig*) 2 *fig* sich versehen (**de** mit *dat*); **~ de paciencia** sich mit Geduld wappnen; **~ de valor** seinen Mut zusammennehmen; sich (*dat*) ein Herz fassen 3 *tempestad* heraufziehen; *fam fig* **la que se va a ~** das wird was geben *fam*; *fam* **se armó la de Dios es Cristo** *o* **la de San Quintín** es gab einen Mordskrach *fam* 4 TAUR zum Todesstoß ansetzen 5 *Am* (*enriquecerse*) reich werden; *Am* **~ de un buen negocio** ein gut gehendes Geschäft aufziehen 6 *Am animal* bocken 7 *vulg pene* steif werden
armario M Schrank *m*; **~ empotrado** Einbauschrank *m*; **~ para libros** Bücherschrank *m*; **~ de documentos/de luna** Akten-/Spiegelschrank *m*; **~ para ropa blanca/para medicamentos** Wäsche-/Arzneischrank *m*; **~ de persiana** Rollschrank *m*; **~ ropero/rinconero** Kleider-/Eckschrank *m*; **~-vitrina** Glasschrank *m*; **~ zapatero** Schuhschrank *m*; *fam* **salir del ~** sich outen *fam*
armatoste M *fam* 1 *mueble*: ungefüges Möbel *n* 2 *fig persona*: dicker und unbeweglicher Mensch *m*, Klotz *m fam*
armazón F/M 1 (*estructura*) Gerüst *n*; Gestell *n*; Rahmen *m*; TEC (Maschinen)Ständer *m*; **~ ósea** Knochengerüst *n*; **~ de sierra** Sägebogen *m* 2 ARQUIT Zimmerwerk *n* 3 MAR Schiffsgerippe *n* 4 *Méx de gafas*: Brillengestell *n*
armelina F Hermelinpelz *m*; **armella** F TEC Schraaböse *f*; Augenbolzen *m*
Armenia F Armenien *n*
armenio A ADJ armenisch B M, **-a** F Armenier *m*, -in *f* C M *lengua*: Armenisch *n*; **armeno** ADJ → armenio
armería F 1 *tienda*: Waffenhandlung *f* 2 MIL Rüstkammer *f*; Zeughaus *n* 3 (*arte*) Waffenschmiede(kunst) *f* 4 (*blasón*) Wappen *n*; **armero** M 1 *fabricante*: Waffenschmied *m*; *comerciante*: Waffenhändler *m*; **maestro** *m* **~** Waffenmeister *m* 2 *dispositivo*: Gewehrständer *m*, -schrank *m*
armilla 1 ARQUIT Schaftring *m bei Säulen* 2 ASTRON *anticuado Art* Astrolabium *n*
armiñado ADJ mit Hermelin besetzt; hermelinweiß; **armiño** M 1 ZOOL Hermelin *n* 2 *piel*: Hermelin(pelz) *m*
armisticio M Waffenstillstand *m*
armonía F 1 Harmonie *f*; **falta** *f* **de ~** Disharmonie *f*; Unausgeglichenheit *f* 2 (*grata variedad de sonidos*) Wohllaut *m* 3 *fig* (*concordia*) Eintracht *f*, Harmonie *f*; **vivir en perfecta ~** in schönster Eintracht leben 4 *fig* (*equilibrio*) Ausgeglichenheit *f*
armónica F MÚS Mundharmonika *f*; **armónico** A ADJ 1 (*armonioso*) harmonisch 2 *fig* (*concorde*) einträchtig; passend B M MÚS Oberton *m*, Flageolettton *m*
armonio M Harmonium *n*; **armonioso** ADJ harmonisch (*tb fig*); wohlklingend; **armonista** M/F MÚS Harmonist *m*, -in *f*
armónium M Harmonium *n*
armonizable ADJ in Einklang zu bringen(d), harmonisierbar; **armonizar** ‹1f› A V/T harmonisieren; in Einklang bringen; ECON angleichen B V/I harmonieren, in Einklang stehen
armorial M *heráldica*: Wappenbuch *n*
armuelle M BOT Melde *f*
ARN M *abr* (Acido ribonucleico) RNS *f* (Ribonukleinsäure)
arnero M *Chile, Col, Ec, Méx* Sieb *n*
arnés M Harnisch *m*; **-eses** *mpl* (Pferde)Geschirr *n*; Reitzeug *n*
árnica F BOT Arnika *f*; **tintura** *f* **de ~** Arnikatinktur *f*
aro M 1 (*anillo*) Ring *m*; Bügel *m*; Reifen *m* (*tb juguete*); **~ de rueda** Radreif(en) *m*; TEC **~ de émbolo** Kolbenring *m*; TEC **~ de junta** Dichtungsring *m* 2 *fig* **entrar** *o* **pasar por el ~** klein beigeben, *fam* zu Kreuze kriechen; **hacer pasar por el ~ a alg** j-n zur Vernunft bringen; j-n kleinkriegen *fam* 3 BOT Aron(s)stab *m* 4 (*armadura de mesa*) Tischrahmen *m* 5 *Cuba, Ven* (*sortija*) Fingerring *m*; *Bol, Ec, Perú, P. Rico, Ven* (*alianza*) Trau-, Ehering *m* 6 *Arg, Chile, Par* (*arete*) Ohrring *m*
aro INT *Arg, Chile* *Aufforderung an Vortragende oder Tanzende, zu unterbrechen und einen Trunk zu tun*

aroma M 1 *(perfume)* Wohlgeruch *m*, Duft *m*, Aroma *n*; *del vino*: Blume *f*, Bukett *n* 2 BOT Blüte *f* der Duftakazie; **aromado** ADJ wohlriechend, aromatisch; **aromar** VT → aromatizar

aromaterapia F Aromatherapie *f*; **aromaticidad** F Würze *f*; Duft *m*

aromático ADJ aromatisch, würzig; Kräuter...

aromatización F Aromatisierung *f*; Würzung *f*; **aromatizador** ADJ aromatisierend; **aromatizante** ADJ würzend; aromatisierend; **aromatizar** VT ⟨1f⟩ aromatisieren; würzen; durchduften

aromo M BOT Duftakazie *f*

aromoso ADJ → aromático

arón M BOT Aron(s)stab *m*

arpa F MÚS Harfe *f*; **arpado** ADJ 1 *poét pájaro* lieblich singend 2 *(dentado)* ausgezackt; **arpadura** F Kratzer *m*, Schramme *f*

arpar A VT zerkratzen B VI kratzen

arpegiar VT & VI ⟨1b⟩ MÚS arpeggieren; **arpegio** M Arpeggio *n*

arpella F ORN Fischgeier *m*

arpeo M MAR Enterhaken *m*

arpía F 1 MIT Harpyie *f* 2 *fig desp mujer*: Hexe *f*; Drachen *m*

arpillar VT in Sackleinwand einschlagen; **arpillera** F Sackleinen *n*

arpista A M/F MÚS Harfenspieler *m*, -in *f*; Harfenist *m*, -in *f* B M *Méx* Langfinger *m*, Dieb *m*

arpón M 1 MAR *para la pesca*: Harpune *f* 2 TAUR Banderilla(spitze) *f* 3 ARQUIT *(abrazadera)* Krampe *f*

arponado ADJ harpunenförmig; **arponar** → arponear; **arponazo** M Harpunenschuss *m*; **arponear** VT harpunieren; **arponero** M Harpunenfischer *m*; Harpunier *m*

arqueada F 1 MÚS Bogenstrich *m* 2 MED *(arcada)* Brechreiz *m*; **arqueado** ADJ gewölbt; gekrümmt; **piernas** *fpl* **-as** O-Beine *npl*; **arqueador** M Eichmeister *m für Schiffe*; **arqueaje, arqueamiento** M → arqueo²

arquear¹ A VT wölben; rund biegen; krümmen; **~ las cejas** die Brauen hochziehen; große Augen machen; **~ el lomo** *gato* einen Buckel machen B VI *(nausear)* Brechreiz empfinden C VR **arquearse** sich krümmen, sich (ver)biegen; sich wölben

arquear² A VT MAR *barco* vermessen (*o* eichen) B VI *Am* ECON eine Kassenprüfung vornehmen

arqueo¹ M Wölben *n*; Wölbung *f*, Krümmung *f*

arqueo² M 1 MAR *(medida de una embarcación)* Schiffsvermessung *f*; **~ bruto/neto** Brutto-/Nettotonnage *f* 2 ECON **~ (de caja)** Kassenprüfung *f*, -sturz *m*

arqueolítico ADJ altsteinzeitlich; **arqueología** F Archäologie *f*; **arqueológico** ADJ archäologisch; **arqueólogo** M, **arqueóloga** F Archäologe *m*, -login *f*

arquería F Bogenwerk *n*, Arkade *f*

arquero M 1 *tirador*: Bogenschütze *m* 2 DEP *(portero)* Torwart *m*

arqueta F 1 *(caja pequeña)* Schatulle *f*, Kästchen *n* 2 *para desagües*: Senkgrube *f*

arquetípico ADJ archetypisch; **arquetipo** M Urbild *n*, Archetyp(us) *m*; Vorbild *n*

arquibanco M Kastenbank *f*; **arquicórtex** M ANAT Hirnrinde *f*; **arquiepiscopal** ADJ → arzobispal; **arquifonema** M FON Archiphonem *m*

Arquímedes NPR M Archimedes *m*; **principio** *m* **de ~** archimedisches Prinzip *n*; **rosca** *f* **de ~** archimedische Schraube *f*

arquimesa F Schreibschrank *m*; Sekretär *m*

arquitecto M, **-a** F Architekt *m*, -in *f*; *espec* HIST Baumeister *m*, -in *f*; **arquitecto** *m* **decorador** *o* **de interiores** Innenarchitekt *m*; **arquitecto** *m* **paisajista** Gartenarchitekt *m*

arquitectónico ADJ architektonisch; **arquitectura** F 1 *arte*: Architektur *f*, Baukunst *f*; **~ bioclimática** bioklimatische Architektur *f* 2 *estilo*: Bauart *f*; **~ románica** romanischer Stil *m*; **arquitectural** ADJ architektural; **arquitecturar** VT bauen; gestalten

arquitrabe M ARQUIT Architrav *m*, Säulenbalken *m*; **arquivolta** F ARQUIT Archivolte *f*, Zierbogen *m*

arrabá M ⟨*pl* -aes⟩ maurische Bogenverzierung *f*

arrabal M Vorstadt *f*; **~les** *mpl* Umgebung *f* (einer Stadt); **arrabalero** A ADJ vorstädtisch; *desp* vulgär, ordinär B M, **-a** F Vorstädter *m*, -in *f*; *desp* ordinärer Typ *m*

arracacha F 1 *Am* BOT *essbares Knollengewächs* 2 → arracachada; **arracachada** F *Col* Albernheit *f*

arracada F 1 *(arete)* Ohrgehänge *n* 2 TIPO Aussparung *f im Satz*

arracimado ADJ 1 *(en racimo)* traubenförmig 2 *(apretado)* dicht gedrängt; **arracimarse** VR 1 *(apretarse)* sich (traubenförmig) zusammendrängen 2 *abejas* schwärmen

arraclán M BOT Faulbaum *m*

arraigadamente ADV stetig; **arraigado** ADJ verwurzelt; bodenständig; *persona* ansässig; *fig costumbre* eingewurzelt, unverbesserlich; **arraigamiento** M → arraigo

arraigar ⟨1h⟩ A VT 1 BOT Wurzeln schlagen lassen (*tb fig*) 2 *Ec, Guat, Méx, Perú* JUR *persona* unter Ortsarrest stellen B VI 1 JUR *(depositar fianza)* Pfand (*o* Kaution) hinterlegen 2 *(echar raíces)* Wurzeln schlagen; *fig* → arraigar c C VR **arraigarse** ansässig werden; heimisch werden; *fig malas costumbres*: einreißen

arraigo M 1 *(radicación)* Wurzelschlagen *n*; *fig* Eingewöhnung *f*; **persona** *f* **de ~** Alteingesessene *m*; **tener ~** *(tener influencia)* Einfluss haben 2 *(bienes inmuebles)* Liegenschaften *fpl*

arramblar A VT *río* mit Schwemmsand bedecken; *(arrastrar)* mitreißen B VI *fam fig* **~ con a/c** etw an sich *(acus)* reißen C VR **arramblarse** versanden *(nach Überschwemmung)*

arrancaclavos M ⟨*pl inv*⟩ Nagelzieher *m*

arrancada F 1 AUTO (plötzliches) Anfahren *n*; *caballo* (plötzliches) Antraben *n*; MAR (plötzliches) Ablegen *n* 2 DEP *(sprint)* Spurt *m*; *levantamiento de pesas*: Reißen *n* 3 *(embestida)* heftige Antwort *f* 4 *fig* **tener ~s de caballo y paradas de mulo** etw mit Eifer beginnen und dann nachlassen

arrancadero M DEP Start(platz) *m*; **arrancado** ADJ *fig* verarmt; abgerissen; *Am* abgebrannt *(fig)*; **arrancador** TEC M Anlasser *m*; **arrancadora** F AGR Roder *m*; **arrancadura** F, **arrancamiento** M Aus-, Ent-, Losreißen *n*

arrancar ⟨1g⟩ A VT 1 *(sacar con violencia)* ausreißen; abreißen; *(quitar con violencia)* ent-, weg-, losreißen; *dientes* ziehen; *clavos* herausziehen; **le arrancaron el bolso** die Handtasche wurde ihr entrissen 2 *motor* anlassen 3 *fig secreto* entlocken; abnötigen; **se lo he arrancado con violencia** ich habe es mit Gewalt aus ihm herausgeholt B VI 1 *(ponerse en marcha)* starten; *animal de tiro* anziehen; *hombre* losgehen; *coche* losfahren, starten; *tren* anfahren; *motor* anspringen; *máquina* anlaufen; *toro* angreifen; **~ a** *(inf)* (plötzlich) beginnen, zu *(inf)*; **~ a correr** (plötzlich) loslaufen 2 *fig (partir de)* ausgehen (**de von** *dat*) C VR **arrancarse** 1 plötzlich etw tun; **~ por sevillanas** (plötzlich) anfangen, Sevillanas zu tanzen 2 *Chile fam (largarse)* verduften

arranchar VT 1 MAR *barco* nahe vorbeifahren an *(dat)*; *vela* brassen 2 *Am fam (quitar violentamente)* entreißen

arranque M 1 *(arrebato)* Ausreißen *n*, Entwurzeln *n*; Entreißen *n* 2 *(puesta en marcha)* Anfahren *n*, Start *m* (*tb* INFORM); *máquina*: Anlaufen *n*; *motor*: Anlassen *n*; **~ en frío** Kaltstart *m* 3 AUTO *mecanismo*: Anlasser *m*, Starter *m*; **~ de pie** Kickstarter *m*; **~ automático** Startautomatik *f* 4 *(comienzo)* Beginn *m*; ANAT Ansatz *m*; ARQUIT Gewölbe-, Bogenanfang *m*; *gener* **punto** *m* **de ~** Ausgangspunkt *m* 5 *fig (determinación)* Entschlusskraft *f*; Energie *f*; DEP **~ final** Endspurt *m*; **tomar ~** Anlauf nehmen 6 *fig (decisión rápida)* rascher Entschluss *m*; *(ocurrencia)* Einfall *m*; Anwandlung *f*, Anfall *m*

arranquera F *Am fam* Geldmangel *m*

arrapiezo M *fam* zerlumptes Straßenkind *n*;

arrapo M Lappalie *f*, Kleinigkeit *f*

arras FPL 1 *(pago a cuenta)* Anzahlung *f*; Handgeld *n* 2 *ceremonia nupcial*: Brautgeld *n*; HIST *symbolische Brautgabe von 13 Münzen*

arrasado A ADJ TEX atlasähnlich B ADJ übervoll; **arrasadura** F Zerstörung *f*; **arrasamiento** M 1 Abstreichen *n*; Schleifen *n* 2 *bosque, edificio*: Zerstörung *f*

arrasar A VT 1 *campo* einebnen; *recipiente* abstreichen; bis zum Rand füllen 2 *(destruir)* zerstören; dem Erdboden gleichmachen; *fortaleza* schleifen B VI 1 DEP haushoch gewinnen 2 *fig libro, película etc* ein Riesenerfolg sein C VR **arrasarse** 1 *cielo* sich aufheitern 2 **~ en** *o* **de lágrimas** in Tränen zerfließen

arrastradamente ADV *fam* 1 *(penoso)* mühselig 2 *(miserable)* elend; **arrastradera** F 1 *globo*: Schleppseil *n* 2 MAR Unterleesegel *n* 3 FERR Hemmschuh *m*; **arrastradero** M Holzweg *m*; TAUR Abschleppweg *m für die toten Stiere*; **arrastrado** A ADJ 1 *(pobre)* armselig, elend; **vida** *f* **-a** kümmerliches Leben *n* 2 *trabajo* undankbar, schwierig B M 1 *(ratero)* Spitzbube *m*, Rumtreiber *m fam* 2 *juego de cartas*: Ramsch *m*

arrastrar A VT 1 *(llevar tirando)* schleppen, schleifen, ziehen; **~ los pies** schlurfen, latschen *fam*; *fig* **~ por los suelos** mit Dreck bewerfen, durch den Schmutz ziehen *(fig)* 2 *(arrebatar)* mit sich (fort)reißen; *fig* mitreißen; **~ (tras sí) en la caída** mit sich *(dat)* ins Verderben ziehen (*o* reißen) 3 *(tener como consecuencia)* nach sich *(dat)* ziehen 4 INFORM **~ con el ratón** mit der Maus verschieben; **(método** *m* **de ~ y soltar** Drag-and-Drop-Methode *f*, Drag-and-Drop *n* B VI 1 *vestidos, cortina, etc* schleifen, schleppen 2 *juego de cartas*: Trumpf ausspielen 3 *(andar a rastras)* kriechen; **venir arrastrando(se)** angekrochen kommen (*tb fig*) C VR **arrastrarse** kriechen (*tb fig*); *fig* seine Würde verlieren

arrastre M 1 *acción*: Fortschleppen *n*; Fortreißen *n*; FOT Filmtransport *m*; MAR Schleppen *n von Fischernetzen*; TAUR Abschleppen *n des toten Stiers*; SILV Holzabfuhr *f aus dem Wald*; **estar para el ~** *cosa* schrottreif sein; völlig kaputt sein; *persona* zum alten Eisen gehören 2 *juego de cartas*: (Trumpf)Ausspielen *n* 3 MIN Schachtwandneigung *f* 4 *Méx (molino de minerales)* Silbererzmühle *f* 5 *Antillas, Méx (influencia)* Einfluss *m*

arrastrero M 1 *buque*: Fischerboot *n* mit Schleppnetz 2 *pescador*: Schleppnetzfischer *m*

arrau M *Am Mer* ZOOL Arrauschildkröte *f*

arrayán M BOT Myrte *f*; **arrayana** F BOT mexikanische Myrte *f*

arre A INT ¡~! hü!, vorwärts! B M armseliges Reittier *n*; **arreada** F *Arg, Ur* Antreiben *n von Vieh*; **arreador** M *RPl, Col, Perú* Peitsche *f*

arrear A V/T 1 *animal de carga* antreiben; *fig* treiben, antreiben 2 *Am ganado* rauben 3 *pop golpe, etc* verpassen *fam*, versetzen B V/I 1 *(apurarse)* sich beeilen; schnell gehen; **¡arrea!** schnell!, dalli! *fam; sorpresa:* nanu!; *fig* **¡el que venga detrás, que arree!** den Letzten beißen die Hunde 2 **~ con el dinero** mit dem Geld durchbrennen
arrebañaduras FPL Resteessen *n;* (Speise)-Reste *mpl;* Brosamen *mpl;* **arrebañar** V/T *pop* 1 *(acaparar con todo)* zusammenraffen *bis auf den letzten Rest* 2 *(comerse todo)* aufessen; *plato* leer essen
arrebatadamente ADV 1 *(precipitadamente)* jäh, überstürzt 2 *(imprudentemente)* unbesonnen; **arrebatadizo** ADJ 1 *(precipitado)* übereilt 2 *(impulsivo)* impulsiv, unbesonnen
arrebatado ADJ 1 *(impetuoso)* ungestüm, jäh, hastig; **rojo ~** knallrot 2 *(imprudente)* unbesonnen; **carácter** *m u* **hombre** *m* **~** Hitz-, Feuerkopf *m*
arrebatador ADJ hinreißend, entzückend; **arrebatamiento** M 1 *(acción de quitar violentamente)* Entreißen *n* 2 *(impetuosidad)* Ungestüm *n; fig (éxtasis)* Verzückung *f*, Ekstase *f*
arrebatar A V/T 1 *(arrancar)* entreißen, rauben; mit sich *(dat)* reißen; **el ladrón le arrebató el bolso** der Dieb entriss ihr die Handtasche 2 *fig (cautivar)* mit-, hinreißen; entzücken 3 *Am reg* → atropellar B V/R **arrebatarse** 1 *persona* außer sich *(dat)* geraten, aufbrausen, sich ereifern 2 *comida* anbrennen, zu schnell gar werden
arrebatiña F Rauferei *f;* **andar a la ~** (sich) um etw *(acus)* raufen; **arrebato** M 1 *(excitación)* Erregung *f;* Aufwallung *f;* Anwandlung *f;* JUR Affekt *m;* **~ de cólera** Wutanfall *m;* JUR **obrar por un ~** im Affekt handeln 2 *(encanto)* Entzücken *n;* Verzückung *f*
arrebol M *poét* 1 *de la mañana:* Morgenroe *n; de la tarde:* Abendrot *n* 2 *(rubor)* Röte *f;* **arrebolar** *poét* A V/T röten B V/R **arrebolarse** V/R 1 sich röten 2 *maquillarse:* sich rot schminken
arrebozar V/T 1 *(ocultar)* verschleiern 2 *Perú* GASTR panieren
arrebujadamente ADV undeutlich; **arrebujar** A V/T zerknittern, zerknautschen B V/R **arrebujarse** sich gut zudecken, sich einmummeln *fam*
arrecharse V/R *fam* 1 *Col, Ven (enfurecerse)* wütend werden 2 *Am reg (hacerse lascivo)* sich aufgeilen, scharf werden; **arrechera** F *Col, Méx fam* 1 *(cólera)* Wut *f* 2 *(lascivia)* Geilheit *f;* **arrecho** ADJ 1 *Am fam (excitado)* erregt; geil 2 *Am Centr (valiente)* mutig, energisch; **arrechucho** M *fam* 1 *(arrebato)* Anwandlung *f*, Koller *m fam* 2 *(indisposición)* plötzliche Übelkeit *f;* **arrechura** F *fam* Geilheit *f*
arreciar V/I ⟨1b⟩ *viento, etc* stärker werden, zunehmen; **arrecido** ADJ starr, klamm
arrecife M Riff *n*, Felsbank *f*
arrecirse V/R *(vor Kälte)* erstarren
arredrar A V/T 1 *(hacer retroceder)* zurückwerfen, -stoßen 2 *(asustar)* erschrecken B V/R **arredrarse** 1 *(acobardarse)* zurückscheuen, zurückweichen 2 *(asustarse)* Angst bekommen; **sin ~** unverzagt, unerschrocken
arregazado ADJ umgestülpt; **nariz** *f* **-a** Stupsnase *f;* **arregazar** V/T ⟨1f⟩ *falda* schürzen, raffen
arregladamente ADV ordnungsgemäß
arreglado ADJ 1 *(ordenado)* ordentlich; geregelt; *máquina* repariert; **eso está** *o* **quedó ya ~** (das ist) schon erledigt; **siempre va muy -a** sie ist immer sehr gepflegt; *irón* **si empieza a llover estamos ~s** wenn es anfängt zu regnen, sind wir aufgeschmissen *fam* 2 *precio* mäßig
arreglar A V/T 1 *(reparar)* in Ordnung bringen; ausbessern; *máquina* reparieren 2 *(preparar)* herrichten, arrangieren; *(ordenar)* aufräumen; *habitación de hotel* machen 3 *(ajustar a la regla)* regeln, richten, ordnen; *reloj* stellen; TIPO zurichten; **¡ya te arreglaré yo!** *amenazando:* dir wird ich's zeigen! 4 MÚS *(adaptar)* einrichten, bearbeiten, arrangieren 5 *precio* festsetzen; *factura* begleichen; **~ cuentas** abrechnen *(tb fig)* 6 GASTR *ensalada:* anmachen B V/R **arreglarse** 1 *(engalanarse)* sich schön machen, sich herrichten, sich fertig machen; **~ el pelo** sein (*o* sich *dat* das) Haar ordnen (*o* zurechtmachen); **el tiempo se arregla** das Wetter wird besser 2 *(ponerse de acuerdo)* sich arrangieren; miteinander auskommen; JUR **~ con alg** sich mit j-m vergleichen 3 **~ con a/c** mit etw *(dat)* zurande (*o* zu Rande) kommen; mit etw *(dat)* fertig werden; **~ a** *o* **con lo suyo** sich nach der Decke strecken; **arreglárselas** zurechtkommen, sich *(dat)* zu helfen wissen; **¿cómo se las arregla?** wie kommen Sie zurecht? (**con** mit *dat*); *irón* wie stellen Sie das bloß an?; **¡arréglese!** helfen Sie sich selbst!; **¡arréglate como puedas!** sieh zu, wie du zurechtkommst! 4 *cosa* in Ordnung kommen; **¡todo se arreglará!** es wird schon wieder (gut) werden!
arreglista M/F MÚS Arrangeur *m*, -in *f;* **arreglito** M *fam* → arreglo 9
arreglo M 1 *(remiendo)* Ausbesserung *f;* Reparatur *f;* **(no) tener ~** (nicht) wieder gut zu machen sein; **no tienes ~** dir ist nicht zu helfen; **esto no tiene ~** da ist nichts zu machen 2 *(acción de arreglar)* Herrichten *n;* Einrichtung *f;* TIPO Zurichtung *f* 3 LIT, MÚS Bearbeitung *f;* MÚS *tb* Arrangement *n* 4 *(orden)* Ordnung *f*, Anordnung *f*, Arrangement *n; espec Am* **~ floral** Blumenarrangement *n;* **~ de pies** Fußpflege *f* 5 *(acuerdo)* Abmachung *f;* Vereinbarung *f;* JUR Vergleich *m;* **~ judicial/arbitral/pacífico de controversias internacionales** gerichtliche/schiedsgerichtliche/friedliche Beilegung *f* internationaler Streitfälle; **llegar a un ~** zu einer Vereinbarung (*o* einem Kompromiss) gelangen; **con ~ a** gemäß *(dat)* 6 GASTR Würze *f; para ensalada:* Dressing *n* 7 *de una factura:* Bezahlung *f*, Begleichung *f;* **~ de cuentas** Abrechnung *f (tb fig)* 8 *(buen comportamiento)* ordentliches Verhalten *n*, Sittsamkeit *f* 9 *fam (amancebamiento)* wilde Ehe *f;* Liebschaft *f*
arregostarse V/R *fam* **~ a** Gefallen finden an *(dat)*
arrejacar V/T ⟨1g⟩ AGR rigolen
arrejuntar A V/T vereinen; verbinden B V/R *pop* **~se** zusammenziehen, zusammenleben; in wilder Ehe leben
arreligioso ADJ antireligiös
arrelingarse V/R ⟨1h⟩ *Chile fam* → acicalar B; *Arg* → resolver B
arrellanarse V/R sich bequem zurechtsetzen; es sich *(dat)* bequem machen
arremangado ADJ **nariz** *f* **-a** Stülpnase *f;* **arremangar** ⟨1h⟩ A V/T *manga* hoch-, aufkrempeln; *pantalones* umkrempeln; *falda* schürzen B V/R **arremangarse** 1 **~ la camisa** die Ärmel aufkrempeln 2 *(tomar una resolución) fam fig* sich aufraffen, sich zusammenreißen; **arremango** M 1 Hochkrempeln *n* 2 *ropa:* Umgekrempelte(s) *n*
arremetedero M MIL Angriffspunkt *m;* **arremetedor** A ADJ angriffslustig B M, **arremetedora** F Angreifer *m*, -in *f*
arremeter A V/T 1 *(atacar)* angreifen, anfallen 2 *trabajo* anpacken B V/I 1 **~ contra alg** über j-n herfallen, j-n angreifen 2 *fig (acometer con furia)* verletzen(d wirken); unangenehm auffallen; **arremetida** F MIL Ansturm *m;* Angriff *m*, Überfall *m*
arremolinar A V/T aufwirbeln B V/R **arremolinarse** 1 *aguas, viento, etc* aufgewirbelt werden 2 *fig gente* sich (zusammen)drängen; zusammenlaufen
arrempujar V/T *pop* → empujar
arrendable ADJ verpachtbar, vermietbar; **arrendador**[1] M, **arrendadora** F 1 *(alquilador, alquiladora)* Verpächter *m*, -in *f;* Vermieter *m*, -in *f* 2 *(inquilino, -a)* Pächter *m*, -in *f;* Mieter *m*, -in *f*
arrendador[2] M, **arrendadora** F *de caballos:* Zureiter *m*, -in *f*
arrendajo M ORN Eichelhäher *m; fam fig* Nachäffer *m*
arrendamiento M 1 Pacht *f;* Verpachtung *f; (alquiler)* Vermietung *f;* **(contrato** *m* **de) ~** Pacht-, Mietvertrag *m;* **dar** *o* **ceder en ~** verpachten; vermieten; **tomar en ~** pachten; mieten; **en ~** pacht-, mietweise 2 *precio:* Pacht-, Mietzins *m*
arrendar[1] V/T ⟨1k⟩ 1 *(alquilar)* verpachten; vermieten 2 *(tomar en alquiler)* pachten; mieten; *fig* **no le arriendo la ganancia** *(no quisiera estar en su pellejo)* ich möchte nicht in seiner Haut stecken; *(estuvo mal aconsejado)* da war er schlecht beraten
arrendar[2] V/T ⟨1k⟩ 1 *equitación: caballo* am Zügel festbinden 2 *fig (sujetar)* festhalten
arrendar[3] V/T *(imitar)* nachahmen
arrendatario A ADJ **compañía** *f* **-a** (staatliche) Monopolgesellschaft *f* B M, **-a** F Pächter *m*, -in *f;* Mieter *m*, -in *f;* **arrendaticio** ADJ JUR Pacht…; Miet…
arrenquín → arrequín
arreo[1] M 1 *(adorno)* Putz *m*, Schmuck *m;* **~s** *pl (cosas adherentes)* Zubehör *n; (correaje)* (Pferde-)Geschirr *n*, Reitzeug *n* 2 *Am (arria)* Lasttiere *npl* 3 *Am* Treiben *n des Viehs*
arreo[2] ADV nacheinander, schnell
arrepanchigarse *fam* es sich *(dat)* bequem machen, sich hinfläzen *fam*
arrepápalo M GASTR *Art* Spritzgebackene(s) *n*
arrepentido ADJ bußfertig; reumütig; **estar ~ de a/c** etw bereuen; **arrepentimiento** M 1 *(pesar)* Reue *f;* Buße *f* 2 PINT *(enmienda)* Korrektur *f;* **arrepentirse** V/R ⟨3i⟩ Reue fühlen; **~ de a/c** etw bereuen
arrequín M *Am* 1 *(animal guía)* Leittier *n* 2 *fig (compañero inseparable)* unzertrennlicher Begleiter *m*, Schatten *m fam;* **arrequintar** V/T *Am* fest zusammenschnüren; **arrequives** MPL *fam* Putz *m;* Staat *m fam;* Umstände *mpl*
arrestado A ADJ 1 *(audaz)* unerschrocken, schneidig 2 *(detenido)* verhaftet B M, **-a** F Arrestant *m*, -in *f;* **arrestar** A V/T verhaften B V/R **~se a** sich heranwagen an *(acus)*
arresto M 1 *(detención)* Arrest *m;* Haft *f;* Verhaftung *f;* **~ mayor** Gefängnis(strafe *f*) *n (1–6 Monate);* **~ menor** Haft(strafe) *f (1–30 Tage);* **~ domiciliario** Hausarrest *m* 2 **~s** *mpl (determinación)* Mut *m*, Schneid *m fam*
arrezafe M BOT Distel *f*
arrezagar V/T ⟨1h⟩ 1 *(remangar)* hochkrempeln, raffen 2 *(alzar)* (er)heben
arria F Koppel *f* Saumtiere
arriada[1] F *(inundación)* Überschwemmung *f*
arriada[2] F MAR Streichen *n* der Segel
arrianismo M REL HIST Arianismus *m;* **arriano** A ADJ arianisch B M, **-a** F Arianer *m*, -in *f*
arriar[1] V/T ⟨1c⟩ *(inundar)* überschwemmen
arriar[2] V/T ⟨1c⟩ MAR *vela, bandera* fieren, herunterlassen; *soga* nachlassen, lockern; *bote* aussetzen; **~ (la) bandera** die Flagge streichen; **~ velas** die Segel streichen; *fig* klein beigeben

arriata F, **arriate** M 1 *(era estrecha de flores)* (Blumen)Rabatte *f*; Mauerbeet *n* 2 *(encañado)* Blumengatter *n aus Rohr*
arriba ADV oben, obenan *(tb fig)*; *dirección*: hinauf; **¡~!** auf!, aufstehen!, los!; hoch!; MAR **¡~ todo el mundo!** alle Mann an Deck!; *fig* **~, abajo** etwas mehr, etwas weniger; **~ de** mehr als; **~ del todo** ganz oben; **~ mencionado** oben erwähnt; **como decíamos más ~** wie weiter oben gesagt; **de** *o* **desde ~** von oben *(tb fig)*; vom Himmel, von Gott; *RPl, Cuba (de balde)* umsonst; **de ~ abajo** von oben bis unten; *fig* ganz und gar, völlig; **de cincuenta (años) ~** über fünfzig (Jahre); **de mil euros (para) ~** ab tausend Euro; **los de ~** die von oben; **la parte de ~** der obere Teil; **los pisos de ~** die ober(st)en Stockwerke; **en el piso de ~** im oberen Stockwerk; **hacia** *o* **para ~** hinauf; nach oben; herauf; **llevar** *o* **traer ~** hinauf-, heraufbringen; **por ~** oben; oberhalb; **por ~ y abajo** überall; nach allen Seiten; **véase ~** siehe oben; **volver lo de ~ abajo** das Oberste zuunterst kehren
arribada F MAR Einlaufen *n*; **derechos** *mpl* **de ~** Landegebühren *fpl*; **entrar de ~ (forzosa)** gezwungen sein, einen (Not)Hafen anzulaufen
arribaje M MAR → arribada; **arribano** M 1 *Chile* Südchilene *m* 2 *Perú* Binnenländer *m* 3 *Arg* Bewohner *m* der Andenprovinzen; **arribar** V/I 1 MAR *(llegar al puerto)* einlaufen; *(desviarse)* abfallen, Abdrift haben 2 *fig (lograr un objetivo)* seinen Zweck erreichen 3 *Am (llegar)* ankommen, eintreffen 4 *Am (crecer)* gedeihen;
arribazón M 1 *(cardumen)* (andrängender) Fischschwarm *m* 2 *Am (afluencia)* Andrang *m*;
arribeño M, **arribeña** F *Am* Hochländer *m*, -in *f*
arribismo M Strebertum *n*; Karrierismus *m*;
arribista M/F Emporkömmling *m*, Parvenü *m*; Karrierist *m*, -in *f*
arribo M 1 MAR *barco*: Einlaufen *n* 2 *Am gener (llegada)* Ankunft *f*, Eintreffen *n*
arriendo A → arrendar[1] B M 1 *contrato*: Pacht *f*; Verpachtung *f*; **ceder en ~** verpachten 2 *precio*: Pachtzins *m*; Miete *f*
arriesgada F *Am* Wagemut *m*; Wagnis *n*; **arriesgadamente** ADV gewagt; **arriesgado** ADJ gefährlich, riskant; waghalsig
arriesgar ⟨1h⟩ A V/T wagen, aufs Spiel setzen, riskieren B V/R **arriesgarse** sich einer Gefahr *(dat)* aussetzen; **~ a a/c** etw wagen, sich an etw *(acus)* (heran)wagen
arrimadero M 1 *(apoyo)* Lehne *f*, Stütze *f* 2 *(panel)* Paneel *n*, Wandtäfelung *f* 3 *fig (ayuda)* Hilfe *f*, Rückendeckung *f*; **arrimadillo** M Wandverkleidung *f*; **arrimador** M Stützscheit *n im Kamin*
arrimar A V/T 1 *(acercar)* nähern, heranrücken; *(apoyar)* anlehnen; **¡~ el hombro!** alle mal anpacken!, los, helft mal mit! 2 *fam golpe, etc* versetzen; *equitación: espuelas* einsetzen 3 MAR *(estibar)* stauen 4 *(dejar)* beiseitelegen, weglegen; zum alten Eisen werfen; *fig (arrinconar)* zurücksetzen, übergehen; *fig (abandonar)* aufgeben B V/R **arrimarse** 1 *(acercarse)* sich nähern, dicht herantreten (**a** an *acus*); zusammenrücken 2 *(apoyarse)* sich anlehnen (**a** an *acus*) 3 *fig* **~ a alg** sich j-m anschließen, sich an j-n heranmachen *fam*; bei j-m Schutz suchen; **~ al sol que más calienta** sein Mäntelchen nach dem Wind hängen 4 *(amancebarse)* eheähnlich zusammenleben 5 *bailar*: eng umschlungen tanzen
arrimo M 1 *(apoyo)* Stütze *f*, Lehne *f* 2 *fig (protección)* Schutz *m*, Gunst *f*, Hilfe *f*; **al ~ de** im Schutz von 3 *pared*: Brandmauer *f*; *Am* Grenzmauer *f zwischen zwei Grundstücken* 4 *(concubinato)* Verhältnis *n*, wilde Ehe *f* 5 *baile*: Tanzen *n* in enger Umschlingung; **arrimón** M *fam* Tagedieb *m*, Eckensteher *m*
arrinconado ADJ 1 *(apartado)* abgelegen 2 *(descuidado)* vernachlässigt; *(olvidado)* vergessen; SOCIOL marginalisiert 3 *(empujado a un lado)* beiseitegedrängt, zurückgedrängt; *fig (acorralado)* in die Enge getrieben; **arrinconamiento** M 1 *(retiro)* Zurückgezogenheit *f* 2 *(desplazamiento)* Ver-, Beiseitedrängen *n* 3 *(descuido)* Vernachlässigung *f*
arrinconar A V/T 1 *(poner en un rincón)* in einen Winkel stellen; beiseitelegen, zum alten Eisen werfen, ad acta legen 2 *(hacer retroceder)* beiseitedrängen, zurückdrängen; *fig (acorralar)* in die Enge treiben 3 *(descuidar)* vernachlässigen; SOCIOL marginalisieren B V/R **arrinconarse** *fig* sich zurückziehen
arriñonado ADJ nierenförmig
arriostramiento M TEC Verspreizung *f*;
arriostrar V/T versteifen, verspreizen
arriscado ADJ 1 *(rocoso)* felsig, klippig 2 *(atrevido)* beherzt, verwegen 3 *(gallardo)* rüstig, stattlich 4 *Am* → arremangado; **arriscamiento** M Wagemut *m*; Tatkraft *f*
arriscar ⟨1g⟩ A V/T wagen B V/R **arriscarse** 1 *ganado* abstürzen 2 *fig (enfurecerse)* wütend werden 3 *fig (darse mucha importancia)* sich aufblasen, wichtigtun
arritmia F *t/t* 1 Arrhythmie *f* 2 MED unregelmäßiger Herzschlag *m*; **~ cardíaca** Herzrhythmusstörung(en) *f(pl)*
arrivista M/F → arribista
arrizar V/T ⟨1f⟩ MAR reffen; *(an Bord)* vertäuen
arroba F 1 *medida para líquidos*: *Hohlmaß, regional unterschiedlich*; **por ~s** scheffelweise; **echar por ~s** übertreiben 2 *peso*: *Gewicht, regional unterschiedlich, in Kastilien 11,502 kg*; *RPl fig* **llevar la media ~** gewinnen, profitieren 3 INFORM @-Zeichen *n*, Klammeraffe *m fam*
arrobador ADJ entzückend; erstaunlich;
arrobamiento M Verzückung *f*, Ekstase *f*; Entzücken *n*; **arrobar** A V/T ent-, verzücken B V/R **arrobarse** in Verzückung geraten;
arrobo M Verzückung *f*; **con ~** ganz verzückt
arrocería F 1 Reisanbau *f* 2 *Esp auf Reisgerichte spezialisiertes Restaurant*; **arrocero** A ADJ Reis…; **molino** *m* **~** Reismühle *f* B M, **-a** F Reisbauer *m*, -bäuerin *f* C M *Am* ORN Reisfresser *m*
arrochelarse V/R *Col, Ven caballo* sich bäumen; bocken
arrocinado ADJ Schindmähren…; **arrocinarse** V/R *fam* 1 *(embrutecerse)* verblöden 2 *(enamorarse)* sich verknallen *fam*, sich vergaffen *fam*
arrodillado ADJ 1 *(de rodillas)* kniend 2 *persona* geschmeidig; **arrodilladura** F, **arrodillamiento** M Niederknien *n*; Kniefall *m*
arrodillar A V/T niederknien lassen B V/R **arrodillarse** (nieder)knien; sich niederwerfen; **~ a los pies de alg** j-m zu Füßen fallen, sich j-m zu Füßen werfen
arrodrigar ⟨1h⟩, **arrodrigonar** V/T AGR *sarmiento, etc* anpfählen
arrogación F JUR 1 *(adopción)* Annahme *f* an Kindes statt 2 *(apropiación indebida de derechos, facultades, etc)* Anmaßung *f*; **~ de funciones** Amtsanmaßung *f*
arrogancia F 1 *(soberbia)* Arroganz *f*, Überheblichkeit *f*, Anmaßung *f*, Dünkel *m* 2 *(gallardía)* Schneid *m*; **arrogante** ADJ 1 *(soberbio)* arrogant, überheblich, anmaßend, dünkelhaft 2 *(brioso)* forsch, schneidig; **~ belleza** stattliche (*o* stolze) Schönheit
arrogar ⟨1h⟩ A V/T JUR an Kindes statt annehmen B V/R **arrogarse** *derechos, facultades, etc* sich *(dat)* anmaßen
arrojadamente ADV furchtlos; **arrojadizo** ADJ Wurf…, Schleuder…; **armas** *fpl* **-as** Schleuder-, Wurfwaffen *fpl*; **arrojado** ADJ mutig, unternehmend; draufgängerisch;
arrojador A ADJ werfend, schleudernd B M Werfer *m*, Schleuderer *m*; **arrojamiento** M Schleudern *n*; MIL Abwurf *m*
arrojar A V/T 1 *(tirar)* schleudern, werfen, schmeißen *fam*; *objetos* wegwerfen; *jinete* abwerfen; *bombas* (ab)werfen; *fig (echar)* hinauswerfen; **~ por la boca** (aus)speien; ausspritzen; **~ a la orilla** ans Ufer spülen; TEC **~ a/c contra a/c** etw *(acus)* mit etw *(dat)* besprühen (*o* bewerfen) 2 *luz* ausstrahlen; *olor* verbreiten; *flores* hervorbringen, treiben; *fig como resultado*: ergeben; aufweisen; *utilidad, intereses* abwerfen B V/I *fam (vomitar)* sich erbrechen, kotzen *pop* C V/R **arrojarse** sich stürzen (**a** auf *o* in *acus*) *(tb fig)*; *fig* sich erdreisten (**a** *inf* zu *inf*); **~ de** *o* **por la ventana** aus dem Fenster springen, sich aus dem Fenster stürzen; **~ sobre alg** über j-n herfallen; **~ a** *o* **hacia alg** auf j-n zustürzen
arrojo M Draufgängertum *n*, Schneid *m*
arrollable ADJ (auf)wickelbar; zusammenrollbar; **arrollado** M 1 *RPl, Chile* GASTR Rindsroulade *f*; *Chile Art* Rollfleisch *n* 2 *Perú* **morir ~** *(atropellado)* überfahren werden; **arrollador** A ADJ mitreißend, überwältigend B M TEC Wickler *m*; TEX Abzugswalze *f*; **arrollamiento** M TEC, ELEC Wicklung *f*
arrollar V/T 1 *(enrollar)* (auf-, zusammen)rollen; aufwickeln; TEC **~ un resorte** eine Feder aufziehen 2 *(llevar rodando)* (fort)wälzen 3 AUTO *(atropellar)* überfahren *(tb fig)* 4 MIL, *fig* überrollen; *(derrotar)* niederwerfen, -zwingen; DEP, POL (vernichtend) schlagen 5 *fig ley, etc* sich hinwegsetzen über *(acus)*
arromadizarse V/R ⟨1f⟩ (einen) (Stock)-Schnupfen bekommen
arromanzado ADJ LING romanisiert, romanisch *(espec* HIST*)*; **arromanzar** V/T ⟨1f⟩ 1 *(poner en romance)* zu einer Romanze machen 2 *(traducir al español)* ins Spanische übersetzen
arronzar V/I ⟨1f⟩ MAR 1 *el ancla* die Anker lichten 2 *buque*: sich nach der Windseite legen
arropado ADJ *fig* unterstützt, begleitet; **estar bien ~** gute Beziehungen haben
arropar[1] A V/T 1 *(vestir)* bekleiden; *(tapar)* be-, zudecken 2 *fig (proteger)* beschützen; decken B V/R **arroparse** sich warm anziehen
arropar[2] V/T *vino* mit Mostsirup versetzen;
arrope M Mostsirup *m*; Sirup *m*; **arropía** F eingedickter Honig *m*
arrostrado ADJ **bien/mal ~** schön/hässlich
arrostrar V/T 1 *(resistir)* **~ a a/c** einer Sache *(dat)* trotzen 2 *(atrever)* wagen
arrow-root ['aroŭ rut] M → arrurruz
arroyada F, **arroyadero** M Bachtal *n*; Bachbett *n*; **arroyarse** V/R BOT vom Rost befallen werden
arroyo M 1 *(corriente de agua)* Bach *m*; *fig* **~s** *pl* **de lágrimas y de sangre** Ströme *mpl* von Tränen und Blut; *fig* **poner** *o* **plantar a alg en el ~** j-n auf die Straße setzen 2 *(cauce)* Bachbett *n* 3 *en la calle*: Rinnstein *m*; Gosse *f (tb fig)*; *fig desp* **salir del ~** aus der Gosse kommen *(desp)*, aus armseligen Verhältnissen stammen 4 *(calzada)* Fahrdamm *m*
arroyuelo M Bächlein *n*, Rinnsal *n*
arroz M 1 BOT, GASTR Reis *m*; **~ al azafrán** Safranreis *m*; **~ a banda, ~ a la marinera** *Reisgerichte mit Fisch und Meeresfrüchten*; *Am* **~ a la cubana** *Reisgericht mit Tomaten, Banane und Spiegelei*; **~ con costra** *überbackenes Reisgericht mit Fleisch, Gemüse, Ei*; **~ con leche** Milchreis *m*, Reisbrei *m*; **~ integral** Voll-

reis *m*; ~ **largo** Langkornreis *m*; ~ **negro** *mit Tintenfischsud gefärbter Reis*; **polvo** *m* **de** ~ Reismehl *n* 2 *fam fig* ~ **con tenedor** ganz etepetete; sehr affektiert 3 *Ven (fiesta casera)* häusliche Festlichkeit *f*

arrozal M Reisfeld *n*

arrufadura F MAR Sprung *m*

arrufar A VI MAR Sprung haben B VR **arrufarse** 1 *gato* einen Buckel machen 2 *Ven (enfurecerse)* wütend werden

arrufianado ADJ zuhälterisch; Zuhälter…

arrufo M MAR → arrufadura

arruga F 1 *cara, piel*: Runzel *f*; Falte *f*; **surcado de ~s** faltenzerfurcht 2 *tela, papel*: Falte *f*, zerknitterte Stelle *f*; **hacer ~s** Falten werfen, knittrig werden 3 *Perú fam (deuda)* (Geld)Schuld *f*

arrugado ADJ *cara, piel* runzlig, faltig; *papel, tela* zerknittert; *tela tb* zerknautscht; **papas** *fpl* **-as** *Canarias* Pellkartoffeln *fpl (mit viel Salz gekocht)*

arrugar ⟨1h⟩ A VT falten; *tela* zerknittern; *papel* zerknüllen; *nariz* rümpfen; ~ **la frente** *o* **el ceño/el entrecejo** die Stirn/die Brauen runzeln B VR **arrugarse** 1 *piel* runzlig werden; *tela, papel* knittern 2 *fam fig (tener miedo)* Schiss kriegen *fam*

arruinado ADJ ruiniert, zugrunde gerichtet

arruinar A VT zerstören, verwüsten; zugrunde richten, ruinieren; TEAT ~ **el espectáculo** die Vorstellung schmeißen B VR **arruinarse** verfallen; kaputtgehen; sich zugrunde richten; ~ **la salud** seine Gesundheit ruinieren

arrullador ADJ *fig* einschläfernd, einlullend;

arrullar A VT 1 *niño* in den Schlaf singen (*o* wiegen); *fig* einlullen 2 *(flirtear)* ~ **a alg** j-m den Hof machen, mit j-m schäkern B VI *palomas, etc* gurren *(tb fig)* C VR **arrullarse** *fam* miteinander schöntun; **arrullo** M 1 *palomas, etc*: Gurren *n* 2 *(canción de cuna)* Wiegenliedchen *n* 3 *fig (palabras cariñosas)* zärtliche Worte *npl*

arruma F MAR Laderaum *m*

arrumaco M *fam* 1 *frec* **~s** *pl (demostración de cariño)* Geschmuse *n*; *fig desp* Getue *n*, Mätzchen *npl fam*; **hacer ~s** schmusen 2 *adorno*: wertloser Schmuck *m*, Tinnef *m fam*

arrumaje M MAR Stauen *n*; **arrumar** A VT 1 MAR *(estibar)* (ver)stauen 2 *Am (amontonar)* anhäufen, stapeln B VR **arrumarse** MAR *cielo* sich bewölken; **arrumazón** M MAR 1 *(estibaje)* (Ver)Stauen *n* 2 *(nubosidad)* Gewölk *n*, Bewölkung *f*

arrumbar[1] VT 1 *(desechar)* wegräumen, ausrangieren 2 *fig persona* abblitzen lassen

arrumbar[2] MAR A VI 1 *(seguir la costa)* die Küste anpeilen 2 *(fijar rumbo)* den Kurs festlegen; ~ **a** Kurs nehmen auf *(acus)* B VR **arrumbarse** die Position bestimmen

arrurruz M indisches Stärkemehl *n*

arrurú M *Col* Wiegenlied *n*

arrutinar A VT zur Routine machen B VR **arrutinarse** zur Routine werden

arsa INT prima!, gut gemacht!

arsenal M 1 MIL Arsenal *n*, Zeughaus *n* 2 MAR *(astillero de la marina)* Marinewerft *f*

arsenical ADJ arsenhaltig; **arsenicismo** M MED Arsenvergiftung *f*

arsénico QUÍM A ADJ Arsen…; **ácido** *m* ~ Arsensäure *f* B M Arsen(ik) *n*

arsenioso ADJ arsenhaltig; **arsenito** M QUÍM Arsenit *n*

art. *abr* (artículo) Art. (Artikel)

arta F BOT Wegerich *m*

arte M(PL F) 1 Kunst *f*; ~ **decorativo** dekorative Kunst *f*, Ausstattungskunst *f*; ~ **dramático** Schauspielkunst *f*; ~ **figurativo** gegenständliche Kunst *f*; ~ **militar** Kriegskunst *f*; ~ **objeto** Objektkunst *f*; **el séptimo** ~ die Filmkunst; **con/sin** ~ kunstvoll/kunstlos 2 FPL **~s aplicadas** das angewandte Kunst *f*; Kunstgewerbe *n*; **bellas ~s** schöne Künste *fpl*; **~s liberales** freie Künste *fpl*; **~s marciales** Kampfsport *m*; **~s plásticas** bildende Künste *fpl* 3 *(habilidad)* Kunstfertigkeit *f*; Gewandtheit *f*; *(manera)* Art *f*, Weise *f*; *(artimaña)* List *f*; **malas ~s** Ränke *pl*, List *f* und Tücke *f*; **(como) por ~ de magia** (wie) durch ein Wunder; *fig* **saber el ~** den Trick (*o* Kniff) kennen; **tener buen ~** gescheit (*o* geschickt *o* fähig) sein; *fig* **no tener ~ ni parte en** nichts zu tun haben mit 4 LIT **versos** *mpl* **de ~ mayor/menor** Verse *mpl* von mehr als 8/von 8 und weniger Silben 5 **~s** *mpl* **(de pesca)** Fischereigerät *n*

artefacto M 1 *(obra mecánica)* Artefakt *n*; mechanisches Kunstwerk *n* 2 *(instrumento)* Gerät *n*, Apparat *m*; ~ **(explosivo)** Sprengkörper *m*; ~ **incendiario** Brandsatz *m* 3 *fam irón (mueble)* Möbel *n*

artejo M 1 ANAT Fingerknöchel *m*; -gelenk *n*; -glied *n* 2 BOT Knoten *m* 3 ZOOL Segment *n der Gliederfüßer*

artemis(i)a F BOT Beifuß *m*, Mutterkraut *n*; *tb* Schafgarbe *f*

arteramente ADV (hinter)listig

arteria F 1 ANAT Schlagader *f*, Arterie *f*; ~ **cervical** Halsschlagader *f*; ~ **coronaria** Kranzarterie *f* 2 *transporte*: Hauptverkehrsstraße *f*

artería F Hinterlist *f*

arterial ADJ arteriell, Schlagader…

arterioesclerosis F → arteriosclerosis;

arterioesclerótico ADJ → arteriosclerótico; **arteriografía** F Arteriografie *f*; **arteriología** F Arteriologie *f*

arteriosclerosis F Arteriosklerose *f*, Arterienverkalkung *f*; **arterioscleroso** ADJ, **arteriosclerótico** ADJ arteriosklerotisch *(tb fig)*

arterioso ADJ arterienreich; arteriell

artero ADJ listig, schlau

artesa F 1 *(amasadera)* (Back)Trog *m* 2 *(tina)* Mulde *f*

artesanado M Handwerkerschaft *f*; -stand *m*; **artesanal** ADJ (Kunst)Handwerks…, (kunst)handwerklich; **artesanía** F 1 → artesanado; *Esp* **Cámara** *f* **Oficial de Artesanía** Handwerkskammer *f* 2 (Kunst)Handwerk *n* 3 *fam* **ser de ~** prima (*o* super) sein *fam*

artesano A ADJ → artesanal B M, **-a** F 1 (Kunst)Handwerker *m*, -in *f* 2 *fig (creador)* Urheber *m*, -in *f*, Schöpfer *m*, -in *f*

artesiano ADJ artesisch; **pozo** *m* ~ artesischer Brunnen *m*

artesón M 1 *recipiente*: Bütte *f*, Trog *m* 2 ARQUIT Felder-, Kassettendecke *f*; **artesonado** ARQUIT A ADJ getäfelt B M Täfelung *f*, Kassettierung *f*; *p. ext* Kassettendecke *f*

ártico ADJ arktisch; nördlich, Nord…; **Océano** *m* **Glacial Ártico** Nordpolarmeer *n*, Nördliches Eismeer *n*; **polo** *m* ~ Nordpol *m*; **regiones** *fpl* **-as** Arktis *f*

Ártico M Arktis *f*

articulable ADJ artikulierbar

articulación F 1 ANAT Gelenk *n*; ~ **del codo/de la rodilla** Ellbogen-/Kniegelenk *n* 2 TEC Gelenk *n*; ~ **(de) cardán** *o* **universal** *o* **en cruz** Kreuz-, Kardangelenk *n* 3 FON Artikulation *f*; ~ **artificial** Lippensprache *f* der Taubstummen 4 *(desglose)* Gliederung *f* 5 BOT Abzweigung *f*, Knie *n*

articuladamente ADV deutlich, klar; gegliedert; **articulado** A ADJ 1 *(desglosado)* gegliedert; Glieder…; Gelenk…; FERR **tren** *m* ~ Gliederzug *m*; → *tb* TALGO 2 **lenguaje** *m* ~ artikulierte Sprache *f* B M 1 *de una ley, contrato, etc: die* Artikel *mpl*; *die* Paragrafen *mpl*; JUR *(medio de prueba)* Beweismaterial *n* 2 ZOOL **~s** *mpl* Gliedertiere *npl*

articular[1] ADJ ANAT Gelenk…; MED **reumatismo** *m* ~ Gelenkrheuma *n*, -rheumatismus *m*

articular[2] A VT 1 TEC durch Gelenke verbinden 2 *(desglosar)* gliedern 3 JUR *(dividir en párrafos)* in Paragrafen aufgliedern; *párrafos* formulieren; *medios de prueba o preguntas* vorlegen B VT & VI artikulieren; deutlich aussprechen;

articulatorio ADJ FON artikulatorisch; **articulista** M/F Artikelschreiber *m*, -in *f*

artículo M 1 ANAT Gelenk *n*; Glied *n* 2 COM *(mercancía)* Ware *f*, Artikel *m*; **~s** *pl* **de broma** Scherzartikel *mpl*; ~ **comercial** *o* **de comercio** Handelsware *f*; ~ **de consumo** Gebrauchsartikel *m*; **~s** *pl* **de escritorio** Bürobedarf *m*; ~ **de lujo** Luxusartikel *m*; ~ **de marca** Markenartikel *m*; ~ **de moda** Modeartikel *m*; ~ **pirotécnico** Feuerwerkskörper *m*; ~ **de primera necesidad** Artikel *m* des täglichen Bedarfs; ~ **de propaganda** Reklame-, Werbeartikel *m*; ~ **de gran salida** *o* **de gran consumo** Massenartikel *m* 3 *(redacción)* Aufsatz *m*, Artikel *m*; ~ **de fondo** Leitartikel *m*; ~ **de pago** Inserat *n*; ~ **difamatorio** *o* **muy violento** Hetzartikel *m*; *fam* **hacer el ~ de a/c** etw sehr anpreisen; etw hochloben 4 GRAM Artikel *m*, Geschlechtswort *n*; ~ **(in)determinado** (un)bestimmter Artikel *m* 5 JUR *de una ley etc*: Artikel *m*, Paragraf *m*; ~ **adicional** Zusatz- (*o* Schluss)artikel *m*, Zusatzparagraf *m* 6 JUR **formar ~** die Zwischenklage vorbringen 7 REL ~ **de fe** Glaubensartikel *m*; ~ **de la muerte** Sterbestunde *f*; Todeskampf *m*

artífice M/F 1 *(artista)* Künstler *m*, -in *f*; Kunsthandwerker *m*, -in *f* 2 *fig (autor)* Urheber *m*, -in *f*

artificial ADJ künstlich, Kunst…; **fuegos** *mpl* **~es** Feuerwerk *n*; **artificialidad** F Künstlichkeit *f*

artificiero M Feuerwerker *m*; Sprengstoffexperte *m*; *tb* Sprengmeister *m*; **artificio** M 1 *(habilidad)* Kunstfertigkeit *f*; *fig (ardid)* Kunstgriff *m*, Kniff *m*; **de ~** → artificial 2 *(máquina)* Maschine *f* 3 *(disimulo)* Verstellung *f* 4 **(fuegos** *mpl* **de)** ~ Feuerwerk *n*; **artificioso** ADJ 1 *(falto de naturalidad)* unnatürlich, gekünstelt; gezwungen 2 *(malicioso)* arglistig; verstohlen 3 *(artístico)* kunstvoll

artillado M MIL (Artillerie)Bestückung *f*; **artillar** VT bestücken

artillería F 1 MIL Artillerie *f*; Geschütz(e) *n(pl)*; HIST ~ **antiaérea** Flak(artillerie) *f*; HIST ~ **antitanque** Pak(artillerie) *f*; ~ **de apoyo directo** Nahkampfartillerie *f*; ~ **de campaña** *o* **de batalla** Feldartillerie *f*; ~ **de costa** Küstenartillerie *f*; ~ **gruesa** schwerste Artillerie *f*; ~ **ligera** *o Am* **liviana** leichte Artillerie *f*; ~ **de montaña** Gebirgsartillerie *f*; ~ **naval** *o* **de marina** *o* **de a bordo** Schiffsartillerie *f*; ~ **pesada** schwere Artillerie *f*; **parque** *m* **de ~** Geschützpark *m* 2 DEP *fútbol*: Sturm *m*; **poner toda la ~** alle Mittel einsetzen

artillero M, **-a** F 1 Artillerist *m*, -in *f*; Kanonier *m* 2 DEP *fútbol*: Stürmer *m*, -in *f*

artilugio M 1 *(artefacto)* Apparat *m*; *fam desp* Ding *n*; Machwerk *n* 2 *fam fig (ardid)* Trick *m*, Kniff *m*, Dreh *m fam* 3 *(herramienta)* Werkzeug *n*; **artimaña** F 1 CAZA *(trampa)* Falle *f* 2 *(martingala) fig* Kniff *m*; *(estafa)* Betrug *m*, Nepp *m fam*

artiodáctilos MPL ZOOL Paarzeher *mpl*

artista M/F Künstler *m*, -in *f (tb fig)*; TEAT Darsteller *m*, -in *f*; ~ **(de circo)** (Zirkus-)Artist *m*, -in *f*; ~ **callejero** Straßenkünstler *m*, -in *f*; ~ **de cine** Filmkünstler *m*, -in *f*; ~ **escapista** *o* **de escapatorias** Entfesselungskünstler *m*, -in *f*; ~ **joven** *o* **de la nueva generación** Nachwuchskünstler *m*, -in *f*; ~ **plástico** bildender

Künstler *m*; ~ **de variedades** Varieteékünstler *m*, -in *f*; **un auténtico ~ o un ~ de verdad** ein wahrer Künstler; TEAT **actuar como ~ invitado** gastieren
artístico ADJ 1 künstlerisch, Kunst...; **director** *m* ~ künstlerischer Leiter *m*; TEAT, FILM *tb* Regisseur *m*; **gimnasia** *f* **-a** Kunstturnen *n* 2 *circo*: artistisch
artolas FPL Doppelsattel *m*; Packsattel *m*
artralgia F MED Arthralgie *f*, Gelenkschmerz *m*
artrítico ADJ arthritisch, gichtisch
artritis F ⟨*pl inv*⟩ MED Arthritis *f*, Gelenkentzündung *f*; **artritismo** M MED Arthritismus *m*
artrópodos MPL ZOOL Gliederfüß(l)er *mpl*
artroscopia F MED Arthroskopie *f*
artrosis F ⟨*pl inv*⟩ 1 MED Arthrose *f* 2 ANAT (*articulación*) Gelenk *n*
Arturo M N PR 1 Art(h)ur *m* 2 ASTRON Arkturus *m* 3 → Artús
Artús M MIT Artus *m*
aruco M *Ven* ZOOL Hornwehrvogel *m*
arveja F BOT Acker-, Saatwicke *f*; *Am* (*guisante*) Erbse *f*; **arvejal, arvejar** M Wickenfeld *n*; **arvejana** F → arveja; **arvejera** F BOT Futterwicke *f*; **arvejo** M BOT Erbse *f*; **arvejón** M BOT Gelbe Wicke *f*; **arvejona** F BOT Wicke *f*; ~ **loca** Waldwicke *f*
arvense ADJ BOT unter der Saat wachsend; Feld...
arzobispado M 1 *diócesis*: Erzbistum *n*, Erzdiözese *f* 2 *edificio*: erzbischöfliches Palais *n*; **arzobispal** ADJ erzbischöflich; **arzobispo** M Erzbischof *m*
arzolla F BOT 1 Flockenblume *f* 2 *cardo*: Gänsedistel *f* 3 → almendruco
arzón M Sattelbogen *m*
as M 1 *juego de cartas*: Ass *n*; ~ **de oros** *correspon-de a*: Karoass *n*; **tener un ~ en la manga** noch einen Trumpf in der Hand (*o* im Ärmel *fam*) haben 2 *juego de dados*: ein Auge 3 DEP, *etc* Ass *n fam*, Crack *m fam*; ~ **del volante** Rennfahrer *m* 4 HIST *moneda romana*: As *n* 5 MAR ~ **de guía** Palstek *m* (*Seemannsknoten*)
asa[1] F 1 (*agarradero*) Henkel *m*, Griff *m*; *fam fig* **tenerle por el ~ a alg** j-n in der Hand haben 2 *fig* (*pretexto*) Vorwand *m* 3 *fam fig* (*nariz grande*) Zinken *m fam*
asa[2] F BOT Asant *m*; ~ **fétida** Stinkasant *m*
asá *fam* ADV **así o ~ o así (que) ~** so oder so; völlig gleich, ganz wurs(ch)t *fam*
asación F 1 GASTR (*carne asada*) Braten *n* 2 FARM Abkochung *f* im eigenen Saft; **asadero** A ADJ zum Braten (*o* Backen) geeignet, Back... B M Bratvorrichtung *f*; Bratofen *m*; *fam fig* Brutkasten *m*
asado A ADJ gebraten; **cordero** *m* ~ Lammbraten *m*; *fam* **estoy** ~ (*tengo mucho calor*) mir ist sehr heiß; *Perú fam fig* **estar ~** stinksauer sein *fam* B M Braten *m*; ~ **a la parrilla** Rostbraten *m*; ~ **de cordero** Lammbraten *m*; ~ **de ternera/buey** Kalbs-/Rinderbraten *m*
asador M 1 (*broqueta*) Bratspieß *m*; Grill *m*; ~ **infrarrojo/de pollos** Infrarot-/Hühnergrill *m* 2 *restaurante*: Grillrestaurant *n*; **asadora** F → asador 1; **asadura** F 1 (*entrañas*) Innereien *pl* 2 *pop* (*pachorra*) Phlegma *n*, Lahmarschigkeit *f pop*
asaeteador ADJ *fig* mörderisch, scheußlich; **asaetear** V/T 1 (*disparar saetas*) mit Pfeilen beschießen (*o* töten) 2 *fig* (*inoportunar*) bombardieren, belästigen (**con, a** mit *dat*); ~ **a o con preguntas** mit Fragen bestürmen
asafétida F BOT Stinkasant *m*
asainetado ADJ TEAT **comedia** *f* **-a** Lustspiel *n*, volkstümlicher Schwank *m*
asalariado A ADJ Lohn...; Gehalts...; Erwerbs...; **trabajo** *m* ~ Erwerbsarbeit *f* B M, **-a** F Lohn-, Gehaltsempfänger *m*, -in *f*; Arbeitnehmer *m*, -in *f*; **asalariar** V/T ⟨1b⟩ besolden
asalmonado ADJ lachsfarben; **trucha** *f* **asalmonada** Lachsforelle *f*
asaltador → asaltante; **asaltante** A ADJ angreifend B M/F 1 Angreifer *m*, -in *f* 2 *Perú* (*ratero, -a*) (Taschen)Dieb *m*, -in *f*; (*ladrón, -ona*) Einbrecher *m*, -in *f*
asaltar V/T 1 (*atacar*) angreifen; überfallen; *animal* anspringen; MIL ~ **una ciudad** eine Stadt stürmen 2 einbrechen in (*acus*) 3 *fig* (*acosar*) bestürmen; *enfermedad, dudas* befallen; **le asaltó una duda** ein Zweifel befiel ihn plötzlich
asalto M 1 (*ataque*) Angriff *m*; (*robo*) Überfall *m*; MIL *tb* Sturmangriff *m*; Einbruch *m*, Vorstoß *m*; **dar ~ a** *etw* stürmen; **tomar por ~** im Sturm nehmen (*tb fig*) 2 *boxeo*: Runde *f* 3 *esgrima*: *acometimiento*: Ausfall *m*; (*combate simulado*) Gang *m* 4 *fig* (*arremetida*) Ansturm *m* (**de** auf *acus*) 5 *überraschender Besuch einer Karnevalsgesellschaft in einem befreundeten Haus, um dort zu feiern*
asamblea F 1 (*reunión*) Versammlung *f* 2 POL **Asamblea Consultiva** beratende Versammlung *f*; **Asamblea Constituyente** verfassunggebende Versammlung *f*; ~ **general** Vollversammlung *f*; **Asamblea Legislativa** gesetzgebende Versammlung *f*; **Asamblea Nacional** National- (*o* Volks)versammlung *f*; ~ **plenaria** Vollversammlung *f* 3 ECON *de una S. A.*: ~ **general anual** Jahreshauptversammlung *f*; ECON ~ **de trabajadores** Betriebsversammlung *f* 4 MIL (*reunión de tropas*) Sammeln *n*; *toque*: Sammelruf *m*
asambleísta M/F Versammlungsmitglied *n*; Versammlungsteilnehmer *m*, -in *f*
asar A V/T 1 GASTR braten; ~ **bien** durchbraten; ~ **a fuego lento** schmoren; ~ **ligeramente** anbraten; ~ **en o a la parrilla** grillen 2 *fam fig* **nos asaron a preguntas** sie löcherten uns mit Fragen *fam*; → *tb* asado 3 *pop* (*matar*) umlegen *pop*, killen *pop* B V/R *fam fig* **~se (vivo)** vor Hitze umkommen, schmoren *fam*; *Perú fam* **me estoy asando** ich werde langsam stinksauer *fam*
asargado ADJ TEX sergeartig
asarina F BOT Zimbelkraut *n*
ásaro M BOT Haselwurz *f*
asaz ADJ ⟨*pl* -aces⟩ *poét* genügend; ziemlich; sehr
asbesto M Asbest *m*
ascalonia F BOT Schalotte *f*
áscari M marokkanischer Soldat *m*, Askari *m*
ascáride F, **ascárido** M ZOOL Spulwurm *m*
ascendencia F 1 (*procedencia*) aufsteigende Verwandtschaftslinie *f*; Vorfahren *mpl* 2 (*origen*) Abstammung *f*; **ascendente** A ADJ (auf)steigend; **movimiento** *m* ~ ansteigende Bewegung *f* B M ASTROL Aszendent *m*
ascender ⟨2g⟩ A V/T 1 (*adelantar en posición*) hinaufbefördern 2 *en cargo*: befördern; **fue ascendido a capitán** er wurde zum Hauptmann befördert B V/I 1 (*subir*) hinaufsteigen; ~ **a** besteigen (*acus*), steigen auf (*acus*) 2 *en cargo*: befördert werden (**a** zu *dat*) 3 ~ **a** *cuenta* sich belaufen auf (*acus*), betragen (*acus*)
ascendiente A ADJ → ascendente B M/F Verwandte *m/f* in aufsteigender Linie; **~s** *mpl* Vorfahren *mpl* C M *fig* (moralischer) Einfluss *m* (**sobre** auf *acus*), Macht *f* (**sobre** über *acus*)
ascensión F 1 *de una montaña*: Besteigung *f*; *de un globo*: Aufstieg *m* 2 *fig* ~ **al trono** Thronbesteigung *f* 3 REL **Ascensión (del Señor)** (Christi) Himmelfahrt *f*
ascensional ADJ aufsteigend; Auftriebs...; FÍS **fuerza** *f* ~ Auftrieb *m*; **ascensionista** M/F 1 (*alpinista*) Bergsteiger *m*, -in *f*; Gipfelbesteiger *m*, -in *f* 2 (*aeronauta*) Luftschiffer *m*; Ballonfahrer *m*, -in *f*
ascenso M 1 (*subida*) Aufstieg *m* (*tb fig*); *de precios*: Ansteigen *n* 2 *en cargo*: Beförderung *f* 3 *grado*: Beförderungsstufe *f*; **ascensor** M Aufzug *m*, Fahrstuhl *m*, Lift *m*; **ascensorista** M/F 1 (*que maneja el ascensor*) Aufzugführer *m*, -in *f*; Liftboy *m* 2 *mecánico*: Aufzugmechaniker *m*, -in *f*
ascesis F Askese *f*; **asceta** M/F Asket *m*, -in *f*
ascética F 1 REL Aszetik *f* 2 *persona*: Asketin *f*; Büßerin *f*; **ascético** A ADJ asketisch, enthaltsam B M Asket *m*; Büßer *m*
ascetismo M Askese *f*
ascitis F ⟨*pl inv*⟩ MED Bauchwassersucht *f*, *t/t* Aszites *m*
asco M Ekel *m*, Widerwille(n) *m*; (*náuseas*) Brechreiz *m*; **da ~** es ekelt einen an (*tb fig*); **hacer ~s (a a/c)** zimperlich tun (bei etw *dat*); **estar hecho un ~** dreckig sein *fam*; *fig* scheußlich aussehen; *fig fam* **morirse de ~** sich zu Tode langweilen; **tomar ~ a** sich ekeln vor (*dat*); **¡qué ~!** pfui Teufel!; **¡es un ~!** scheußlich!, ekelhaft!
ascórbico ADJ **ácido** *m* ~ Ascorbinsäure *f*
ascua F Glut *f*; *fam fig* **arrimar el ~ a su sardina** auf seinen Vorteil bedacht sein; *fig* **tener a alg en ~s** j-n auf die Folter spannen; *fig* **estar en o sobre ~s** (wie) auf glühenden Kohlen sitzen; *fig* **pasar como sobre ~s** rasch darüber hinweggehen; **¡~s!** Donnerwetter!
aseado ADJ sauber, reinlich (*tb fig*); *fig* niedlich, nett
asear A V/T putzen, säubern; zurechtmachen B V/R **asearse** sich fertig machen, sich zurechtmachen
asechador A ADJ verfolgend, nachstellend B M, **asechadora** F Verfolger *m*, -in *f*; **asechamiento** M → asechanza; **asechanza** F (*trampa*) Falle *f*, Schlinge *f*; (*emboscada*) Hinterhalt *m*, Hinterlist *f*; **tender ~s a** → asechar; **asechar** V/T ~ **a alg** j-m nachstellen; **asecho** M → asechanza
asedado ADJ seidenähnlich, -weich
asediador A ADJ belagernd B M, **asediadora** F Belagerer *m*, Belagerin *f*; **asediante** ADJ → asediador; **asediar** V/T ⟨1b⟩ belagern; *fig* ~ **con ruegos** mit Bitten bestürmen; ~ **a o con preguntas a alg** j-m mit Fragen zusetzen; **asedio** M Belagerung *f*; *fig* Verfolgung *f*
asegurado A ADJ versichert B M, **-a** F Versicherte *m/f*; Versicherungsnehmer *m*, -in *f*; ~ **obligado o obligatorio** Pflichtversicherte *m*; **asegurador** A ADJ (**sociedad** *f* **o empresa** *f*) **~a** *f* Versicherungsgesellschaft *f* B M 1 *empresa*: Versicherer *m*; Versicherungsgeber *m* 2 (*aseguramiento*) Sicherung *f*; *tb* JUR Sicherheit *f*
asegurar A V/T 1 (*poner en salvaguardia*) sichern (*tb* MIL, TEC, JUR); in Sicherheit bringen; JUR ~ **los medios de prueba** die Beweismittel sichern; ~ **al reo** den Angeklagten in Haft nehmen 2 (*sujetar*) festmachen, befestigen; ~ **un nudo** einen Knoten festziehen 3 (*afirmar*) versichern, behaupten; (*prometer*) zusichern; ~ **a alg de su fidelidad** j-n seiner Treue (*gen*) versichern; **te aseguro que es así** ich versichere dir, es verhält sich so 4 *seguros*: (*garantizar*) versichern (**contra, de** gegen *acus*); ~ **a/c contra o de incendios y robo** etw gegen Brand und Diebstahl versichern B V/R **asegurarse** 1 (*protegerse*) sich sichern (**de** vor *dat*) 2 (*cerciorarse*) sich vergewissern (einer Sache *gen* **de a/c**) 3 *seguros*: sich versichern, eine Versicherung abschließen (**contra** gegen *acus*) 4 *tiempo* beständig werden
asemejar A V/T 1 ähnlich machen (**a** *dat*) 2

(*comparar*) vergleichen (a mit *dat*) B VR **~se a** ähnlich sehen (*dat*), ähneln (*dat*)

asendereado ADJ 1 *camino* ausgetreten; *fig vida* geplagt 2 (*escarmentado*) gewitzt, erfahren; **asenderear** VT 1 *en el bosque*: Wege bahnen 2 (*perseguir*) hetzen, verfolgen (*tb fig*)

asenso M Zustimmung *f*, Beifall *m*; **dar ~** Glauben schenken, glauben

asentada F *fam* **de una ~** auf einen Sitz *fam*, auf einmal; **asentaderas** FPL *fam* Hintern *m fam*, Po(po) *m fam*; *fig* **tener buenas ~** Sitzfleisch haben

asentado ADJ 1 ruhig, gesetzt; vernünftig 2 (wohl) fundiert; **asentador** M 1 COM (*distribuidor*) Verteiler *m*, Zwischenhändler *m auf Lebensmittelmärkten* 2 (*suavizador de navajas*) Abzieh-, Streichriemen *m* 3 *instrumento*: Setzhammer *m der Schmiede*; **asentadora** F Zwischenhändlerin *f*; **asentamiento** M 1 *fig* (*cordura*) Vernunft *f*, Klugheit *f* 2 (*población*) Siedlung *f* 3 (*colonización*) Besiedlung *f*; HIST Landnahme *f*

asentar ⟨1k⟩ A VT 1 (*colocar*) setzen, stellen; (*instalar*) aufbauen, errichten; *población* gründen; *fundamento, cable* legen; *campamento* aufschlagen; *gobierno* festigen; **~ el pie** fest auftreten; **~ a alg en** j-n ansiedeln in (*dat*); **~ en el trono** auf den Thron setzen 2 *desigualdades* glätten; *costura* glatt bügeln; *cuchillo etc* abziehen; *Am fam* **~le a alg las costuras** j-m die Hosen stramm ziehen *fam* 3 *golpe* versetzen 4 *opiniones* vertreten; *tesis* aufstellen, setzen 5 (*inscribir*) eintragen, einschreiben; ECON buchen 6 JUR *propiedad del deudor* übereignen B VI *vestido, etc* passen, gut stehen; *muebles, etc* fest stehen, nicht wackeln C VR **asentarse** 1 (*establecerse*) sich niederlassen (*tb fig*); *pájaro, insecto, líquido* sich setzen 2 *comida* schwer im Magen liegen

asentimiento M Zustimmung *f*, Einwilligung *f*; **asentir** VI ⟨3i⟩ **~ (a)** beistimmen, beipflichten (*dat*), zustimmen (*dat*); **~ (con la cabeza)** nicken

asentista M/F COM (Groß)Lieferant *m*, -in *f*; MIL Heereslieferant *m*, -in *f*

asеñorado ADJ vornehm, hochfein (*irón*)

aseo M 1 (*limpieza*) Sauberkeit *f*; **~ personal** Körperpflege *f*; **neceser** *m o* **bolsa** *f* **de ~** Kulturbeutel *m*; **útiles** *pl* **de ~** Waschzeug *n* 2 **(cuarto** *m* **de) ~** (*cuarto con lavabo*) Waschraum *m*, Badezimmer *n*; (*retrete*) WC *n*, Toilette *f*

asepsia F MED Asepsis *f*, Keimfreiheit *f*

aséptico ADJ MED aseptisch, keimfrei

asequibilidad F *Am* Erreichbarkeit *f*; **asequible** ADJ 1 (*alcanzable*) erreichbar, möglich; *precio* erschwinglich; (*comprensible*) verständlich 2 *fam* → tratable

aserción F *t/t*, LIT Behauptung *f*, Aussage *f*

aserrada F *Am* Sägen *n*; Zuschnitt *m*; **aserradero** M Sägemühle *f*, -werk *n*

aserrador, aserrar, aserrín → serrador, → serrar, → serrín

aserrío M *Am reg* Sägemühle *f*

asertar VT behaupten, versichern; **asertivo** ADJ behauptend, bejahend; GRAM **proposición** *f* **-a** Aussagesatz *m*; **aserto** M → aserción; **asertórico** ADJ FIL assertorisch; **asertorio** ADJ *t/t* bekräftigend; JUR **juramento** *m* **~** assertorischer Eid *m*

asesinar VT ermorden, umbringen; *fig tb* sehr quälen

asesinato M Mord *m* (*tb* JUR); **~ judicial** Justizmord *m*; **~ masivo** Massenmord *m*; **~s** *pl* **seriales** Serienmorde *mpl*; **~ y robo** Raubmord *m*

asesino A ADJ mörderisch (*tb fig*) B M, **-a** F Mörder *m*, -in *f*; *espec* POL Attentäter *m*, -in *f*; **~ profesional** Killer *m*; **~ en masa** Massenmörder *m*; **~ múltiple** mehrfacher Mörder *m*; **~ en serie** *o* **serial** Serienmörder *m*, Serienkiller *m*; **~ a sueldo** gedungener Mörder *m*, Killer *m*; **gritar «al ~»** Zeter und Mordio schreien

asesor A ADJ beratend B M, **asesora** F Berater *m*, -in *f*; Beisitzer *m*, -in *f* (*tb* JUR); **~** *m* **artístico** Dramaturg *m*; **~** *m* **de empresas/fiscal** Unternehmens-/Steuerberater *m*; **~** *m* **financiero** Finanzberater *m*; **~a** *f* **de imagen/inversión** Image-/Anlageberaterin *f*; **~** *m* **jurídico** Rechtsberater *m*, *de una empresa, etc*: Justiziar *m*, Syndikus *m*

asesoramiento M Beratung *f*; **~ fiscal/jurídico** Steuer-/Finanzberatung *f*; **~ de empresas** Unternehmensberatung *f*

asesorar A VT **~ a alg** j-n beraten, j-m mit Rat beistehen B VR **asesorarse** sich (*dat*) Rat holen (**con** bei *dat*); sich beraten lassen (**de** über *acus*); **~ con alg** sich von j-m beraten lassen

asesoría 1 *oficina*: Beratungsbüro *n*; **~ de empresas** Unternehmensberatung *f* 2 (*consejo*) Beratung *f* 3 **~ artística** Dramaturgie *f*

asestar VT *arma* richten (**contra** auf *acus*); MIL anvisieren; *tiro* abgeben; *piedra* werfen; *golpe* versetzen

aseveración F *liter* Versicherung *f*, Behauptung *f*; **aseverar** VT versichern, behaupten; **aseverativo** ADJ → asertivo

asexuado, asexual ADJ BIOL ungeschlechtlich, asexual, asexuell

asfaltado A ADJ asphaltiert B M 1 Asphaltierung *f* 2 *en el solado*: Asphaltdecke *f*; **asfaltadora** F Asphaltiermaschine *f*; **asfaltar** VT asphaltieren

asfáltico ADJ Asphalt…; **riego** *m* **~** Asphaltieren *n*

asfalto M Asphalt *m*; CONSTR **~ fundido** Gussasphalt *m*; **~ natural** Naturasphalt *m*; *fam fig* **estar en el ~** auf der Straße sitzen (*fig*), arbeitslos sein

asfíctico ADJ Erstickungs…

asfixia F MED Ersticken *n*, Erstickung *f*; *t/t* Asphyxie *f*; **ataque** *m* **de ~** Erstickungsanfall *m*; **morir de ~** ersticken

asfixiado ADJ 1 (*ahogado*) erstickt 2 *fam fig* (*sin dinero*) blank *fam*, abgebrannt *fam*; **asfixiante** ADJ 1 erstickend (*tb fig*); **gases** *mpl* **~s** Giftgase *npl* 2 *fig* schwül; stickig

asfixiar ⟨1b⟩ A VT **~ a alg** j-n ersticken; *fig* **~ de cuajo** im Keim ersticken B VR **asfixiarse** ersticken (*tb fig*); *fig* lahmgelegt sein (*fig*)

asfíxico ADJ → asfíctico

asfódelo M BOT Asphodill *m*

asgo → asir

ashkenazi → askenazi

así A ADV so; **~ ~** *o fam* **~ asá** *o Arg, Col, Chile* **~ no más** so la la, mittelmäßig; **por decirlo ~** sozusagen; **~ como ~** jedenfalls; sowieso; ohne Weiteres; **~ o ~** *o* **~ que ~** *o fam* **~ o asá** so oder so; ganz gleich, gehüpft wie gesprungen *fam*; **es ~ de sencillo** so einfach ist das; **~ sea** so sei es, amen; **soy ~** ich bin nun einmal so; **~ y todo** trotzdem; immerhin; **¿~ que no vienes?** du kommst also nicht? B CJ 1 *copulativo*: **~ tú como él** sowohl du als auch er 2 *comparativo*: **~ como yo lo hago, también lo puedes hacer tú** so wie ich es tue, kannst du es auch tun 3 *consecutivo*: **y ~ tuvo que ir** und so (*o* daher) musste er gehen; **~ pues** somit; **~ que** sodass; daher, also; **tan(to) es ~, que …** das geht so weit, dass; **tanto es ~ que quisiera verla** kurz und gut, ich möchte sie sehen; **~ es que** daher (*o* so) kommt es, dass 4 *concesivo*: *liter* **no lo hiciera, ~ le mataran** er täte es nicht, und wenn sie ihn umbrächten 5 *temporal*: **~ como** sowie; **~ como entra** sobald (*o* sowie) er eintritt 6 *optativo*: *frec int*: hoffentlich!, möge …!; *pop* **¡~ lo maten!** soll er doch verrecken *pop* C ADJ **una casa ~** solch ein Haus; **una cosa ~** so etwas; **un hombre ~** ein solcher Mann; **una piedra ~ de grande** ein so (*o* so ein) großer Stein

Asia F Asien *n*; **~ Menor** Kleinasien *n*

asiático A ADJ asiatisch; *fam* **lujo** *m* **~** orientalischer Prunk *m* B M, **-a** F Asiat *m*, -in *f*

asibilación F FON Assibilation *f*, Assibilierung *f*; **asibilado** ADJ FON assibiliert; **asibilar** VT FON assibilieren

asidero M 1 (*mango*) Griff *m*, Henkel *m* 2 *desp* Handhabe *f*; (*pretexto*) Vorwand *m* 3 *fig* (*sostén*) Unterstützung *f*; *fam* **tener buenos ~s** einflussreiche Gönner haben

asiduamente ADV 1 (*perseverantemente*) emsig, eifrig, beflissen 2 (*con frecuencia*) häufig, ständig; **asiduidad** F 1 (*perseverancia*) Emsigkeit *f*; Fleiß *m* 2 (*frecuencia*) Häufigkeit *f*

asiduo A ADJ 1 (*perseverante*) emsig, eifrig; strebsam, dienstbeflissen 2 *visitantes, audiencia, etc* häufig, ständig B M **(parroquiano** *o* **cliente** *m*) **~** Stammgast *m*

asiento M 1 *mueble*: Sitz *m*; *lugar*: Sitzplatz *m*; AUTO **~ abatible** Liegesitz *m*; AUTO **~ del acompañante** Beifahrersitz *m*; **~ anatómico** körpergerechter Sitz; **~ del conductor/piloto** Fahrer-/Pilotensitz *m*; **~ delantero/trasero** Vorder-/Rücksitz *m*; AVIA **~ expulsor** *o* **eyectable** *o* **lanzable** *o* **catapulta** Schleudersitz *m*; **~ plegable** Klappsitz *m*; MAR **~s** *mpl* **de popa** Sitzraum *m im Heck*; **~ de ventanilla** Fensterplatz *m*; **de un/dos/cuatro ~(s)** ein-/zwei-/viersitzig; *fig* **pegársele a alg el ~** sitzen bleiben, (am Stuhl) kleben (bleiben) *fam*, (einfach) nicht gehen wollen; *equitación*: *jinete* **tener buen ~** einen guten Sitz haben; **tomar ~** sich setzen; **tome (usted) ~** nehmen Sie bitte Platz 2 *en autoridades, asociaciones, etc*: Stelle *f*, Sitz *m*, Posten *m* 3 (*domicilio*) Wohnsitz *m*, Aufenthaltsort *m*; **estar de ~** *o* **hacer ~** sich ständig aufhalten, ansässig sein 4 TEC (*base*) Sitz *m*; Lagerung *f*; Basis *f*, Fundament *n* (*tb* ARQUIT); **(base** *f* **de) ~** Unterlage *f*; **~ de un cable** Kabel(ver)legung *f*; **~ de válvula** Ventilsitz *m*; FERR **~ de vía** Bahnkörper *m*, Gleisbett *n* 5 *de un recipiente*: Boden *m* 6 (*poso*) Bodensatz *m* 7 *fig* (*estabilidad*) Stabilität *f*; richtige Lage *f* 8 *de una construcción, de tierra*: Setzung *f*, (Ab)Sackung *f* 9 CONSTR *de un muro*: Mörtelschicht *f zwischen den Lagen* 10 COM *contabilidad*: Eintragung *f*, Buchung *f*, Posten *m* 11 *fig* (*madurez*) Gesetztheit *f*, Reife *f*; Beständigkeit *f*; **de ~** gesetzt, vernünftig; verständig 12 (*indigestibilidad*) Unverdaulichkeit *f*; Verstopfung *f* 13 (*nalgas*) Gesäß *n* 14 *Am* (*territorio de minas*) Minengelände *n*; Minenarbeitersiedlung *f* 15 *Perú* **de ~** (*amancebado*) in wilder Ehe lebend 16 *equitación*: *de la brida*: Gebiss *n*; *en la boca*: Gebisslücke *f* 17 BOT **~ de pastor** *Art* Ginster *m* 18 *Méx de la bicicleta*: Fahrradsattel *m* 19 JUR **~ de la pena** Straffestsetzung *f*

asignable ADJ anweisbar; **asignación** F 1 (*directiva*) Anweisung *f*; Bestimmung *f*; Zuteilung *f*; ADMIN **~ de fondos** Mittelzuweisung *f* 2 (*sueldo*) (Geld)Bezüge *mpl*, Gehalt *n*

asignar VT 1 (*fijar*) zuweisen, anweisen; zuteilen; **~ competencias** Kompetenzen (*o* Befugnisse) erteilen 2 *sueldo* festsetzen; **asignatario** M, **asignataria** F *Cuba, Chile* JUR gerichtlich anerkannter Erbe *m*, gerichtlich anerkannte Erbin *f*

asignatura F (Lehr)Fach *n*; **~ accesoria** *o* **secundaria** Nebenfach *n*; **~ facultativa/obligatoria** Wahl-/Pflichtfach *n*; **~ pendiente** noch zu bestehendes Fach *n*; *fig* ungelöstes Problem *n*; **~ principal/básica** Haupt-/Kernfach *n*; **aprobar una ~** (die Prüfung) in einem Fach bestehen

asilado M, **asilada** F **1** POL Asylsuchende m/f **2** *habitante*: Insasse m, Insassin f eines Heims; **asilar** **A** V/T **1** *(albergar)* in ein Heim aufnehmen **2** POL **~a alg** j-m Asyl gewähren **B** V/R **asilarse** *(buscar asilo)* Asyl suchen (**en** bei *dat*), sich flüchten (**en** in *acus*)
asilo M **1** Asyl n (tb POL), Zufluchtsstätte f; **derecho** m **de ~** Asylrecht n; **solicitante** m/f **de ~** Asylbewerber m, -in f; **dar ~** Asyl gewähren; **pedir** (o **solicitar**) **~** Asyl beantragen **2** *(casa de caridad)* Heim n; *obs* Armenhaus n; **~ de ancianos/inválidos** *corresponde a*: Alters-/Invalidenheim n *für Arme, Hilfsbedürftige* **3** *insecto*: Raub-, Asylfliege f
asilvestrado ADJ ZOOL, BOT verwildert; *fig* roh, brutal; **asilvestramiento** M Verwildern n; **asilvestrarse** V/R ZOOL, BOT verwildern
asimetría F Asymmetrie f; **asimétrico** ADJ asymmetrisch, unsymmetrisch
asimilabilidad F FISIOL Assimilierbarkeit f; **asimilable** ADJ assimilierbar; anpassbar; angleichbar; gleichzustellen(d); **asimilación** F Angleichung f; Gleichmachung f; BIOL, FISIOL, FON t/t Assimilation f
asimilar **A** V/T **1** *(asemejar)* ähnlich machen; angleichen, gleichstellen **2** *(incorporar conocimientos)* (geistig) verarbeiten, (in sich *dat*) aufnehmen; *(comprender)* auf-, erfassen, begreifen **3** FON assimilieren **4** FISIOL *sustancia nutritiva* verarbeiten **B** V/I auffassen, begreifen **C** V/R **asimilarse** **1** *(parecerse)* einander ähnlich sehen; sich angleichen (**a** *dat* o **an** *acus*) **2** **~ una idea** sich *(dat)* einen Gedanken zu eigen machen, einen Gedanken übernehmen
asímili: **argumento** m **~** Analogieschluss m
asimismo ADV auch, ebenfalls, zugleich
asimplado ADJ einfältig, dumm aussehend
asincronía F Asynchronie f; **asincrónico** ADJ t/t, TEC asynchron; **asincronismo** M asynchroner Ablauf m, asynchrone Bewegung f
asíncrono ADJ → asincrónico
asindético ADJ LING asyndetisch
asíndeton M LING Asyndeton n
asintomático ADJ MED symptomlos
asíntota F MAT Asymptote f
asir ⟨3a; *pres* asgo, ases *etc*⟩ *liter* **A** V/T (an)fassen, (er)greifen, packen (**de, por** an, bei *dat*) **B** V/I BOT Wurzeln schlagen **C** V/R **asirse** **1** *(sujetarse)* sich festhalten (**a, de** an *dat*); MIL **~ al terreno** sich ans Gelände klammern **2** *fig (reñir)* in einen Wortwechsel geraten, aneinandergeraten
Asiria F HIST Assyrien n
asirio HIST **A** ADJ assyrisch **B** M, **-a** F Assyrer m, -in f
asistemático ADJ unsystematisch
asistencia F **1** *(presencia)* Anwesenheit f; Teilnahme f (**a** an *dat*); **~ al trabajo** Anwesenheit f am Arbeitsplatz; **~ a las urnas** Wahlbeteiligung f **2** *(participantes)* Anwesende mpl, Teilnehmer mpl; Teilnehmerzahl f; **récord** m **de ~** Besucherrekord m **3** *(ayuda)* Beistand m, Hilfe f; Unterstützung f; **~ a (los) ancianos** Altenhilfe f; AUTO **~ en carretera** Pannenhilfe f; **~ a clase** Schulbesuch m; **~ a domicilio** (o **domiciliaria**) Hauspflege f *(von Alten, Kranken etc)*; **~ a los enfermos** Krankenpflege f; **~ a las embarazadas** Schwangerenfürsorge f; **~ espiritual** geistlicher Beistand m; **~ judicial** Rechtshilfe f; **~ judicial gratuita** Prozesskostenhilfe f; **~ letrada** Beistand m eines Rechtsanwalts; **~ médica** ärztliche Betreuung f (o Versorgung f o Hilfe f); **no ~** Fernbleiben n, Nichtteilnahme f; **~ pública** öffentliche Fürsorge f; Unfallstation f; **~ social** Sozialarbeit f; **~ técnica** Kundendienst m **4** TAUR *(ayudante)* Gehilfe m **5** *Méx, Col* (**casa** f **de**) **~** → hostería
asistencial ADJ Hilfs...; Betreuungs...; **asistenta** F **1** **~ social** Sozialarbeiterin f **2** Zugeh-, Putzfrau f
asistente **A** M/F **1** *(presente)* Anwesende m/f, Teilnehmer m, -in f; **lista** f **de ~s** Anwesenheitsliste f **2** *(ayudante)* Assistent m, -in f; *(enfermero)* Pfleger m, -in f; **~ social** Sozialarbeiter m, -in f **B** M **1** INFORM Assistent m **2** REL assistierender Bischof m; Hilfspriester m **3** MIL (Offiziers)Bursche m
asistir **A** V/T **~ a alg** j-m helfen, j-n unterstützen; j-m beistehen; *a enfermos* j-n pflegen, j-n betreuen; **¡Dios nos asista!** Gott steh uns bei! **B** V/I **1** **~ (a)** anwesend sein (bei *dat*), teilnehmen (an *dat*); *colegio, discurso, etc* besuchen *(acus)* **2** *juego de cartas*: Farbe bekennen
askenazi M Aschkenase m *(mittel- oder osteuropäischer Jude)*
asma F MED Asthma n; **asmático** ADJ MED asthmatisch; *caballo* dampfig; **asmatiforme** ADJ MED asthmaähnlich
asna F ZOOL Eselin f; **asnacho** M BOT → gatuña; **asnada** F Eselei f
asnal ADJ eselhaft, -artig; Esel(s)...; *fig* dumm; **asnería** F Eselsherde f; *fig* Eselei f; **asnilla** F CONSTR **1** *(caballete)* Bock m, Gerüst n **2** *(puntal)* Strebe f, Stütze f; **asnino** ADJ *fam* → asnal
asno M ZOOL Esel m (tb *fig*); **~ silvestre** Wildesel m
ASO F *abr* HIST (Alianza Sindical Obrera) *Esp Gewerkschaft in Spanien*
asociable ADJ *(unible)* verbindbar; zusammenschließbar; *pensamientos* assoziierbar
asociación F **1** Verein m; Verband m; **~ de beneficencia** Wohltätigkeitsverein m; **~ de consumidores/profesional** Verbraucher-/Berufsverband m; **~ empresarial** Unternehmer-, Arbeitgeberverband m; **~ de padres de alumnos** Elternausschuss m, Elternbeirat m; **~ profesional** Berufsverband m; **~ de profesores** Lehrerbund m; **~ de prensa** Presseverband m; **~ de vecinos** *corresponde a*: Bürgerinitiative f; **Asociación Europea de Libre Cambio** Europäische Freihandelsvereinigung f; **Asociación Fonética Internacional** Association f Phonétique Internationale; **Asociación Internacional de Universidades** Internationaler Hochschulverband m; **Asociación de Transporte Aéreo Internacional** Internationaler Luftverkehrsverband m; **derecho** m **de ~** Vereinsrecht n; Recht n auf Vereinsbildung; **régimen** m **de -ones** Vereinswesen n **2** *(asociamiento)* Vereinigung f, Zusammenschluss m; POL Assoziierung f **3** PSIC Assoziation f; **~ de ideas** Gedankenverbindung f
asociacionismo M Vereinswesen n; **asociado** **A** ADJ *espec* POL assoziiert **B** M, **-a** F *espec* COM Gesellschafter m, -in f; Teilhaber m, -in f
asocial ADJ asozial
asociamiento M Zusammenschluss m, Verbindung f
asociar ⟨1b⟩ **A** V/T **1** **~ a alg a a/c** j-n an etw *(dat)* teilnehmen lassen **2** *(unir)* vereinigen, verbinden; **asociaron sus esfuerzos** sie vereinten ihre Kräfte **3** *fig pensamientos* assoziieren, in (Gedanken)Verbindung bringen (**a** mit *dat*) **B** V/R **1** **~se a** o **con alg** sich j-m anschließen, sich mit j-m zusammentun **2** *emocionalmente*: **~se a** teilnehmen an *(dat)* **3** *trabajo*: **~se a a/c** bei etw *(dat)* mitarbeiten o mithelfen
asociativo ADJ t/t Assoziations...
asocio M *Am Centr, RPI, Col, Ec* → asociación; *espec* **en ~ de** in Begleitung von *(dat)*, (zusammen) mit *(dat)*
asolación F → asolamiento; **asolador** ADJ verheerend, verwüstend; **asolamiento** M Zerstörung f, Verwüstung f, Verheerung f; **asolanar** V/T AGR *cereal, frutas, etc* austrocknen *(Ostwind)*; **asolapado** ADJ verräterisch, heuchlerisch; **asolapar** V/T CONSTR *tejas* übereinanderlegen; TEC überlappen
asolar ⟨1m⟩ **A** V/T **1** zerstören, verwüsten, verheeren **2** AGR *cereal, etc* ausdörren, verdorren lassen **B** V/R **asolarse** **1** *(devastar)* veröden **2** *líquido* sich setzen **3** *cereal, etc* verdorren
asoldar V/T ⟨1m⟩ *obs* in Sold nehmen
asoleada F *Am* Sonnenstich m
asolear **A** V/T der Sonne(nhitze) aussetzen; *ropa* in der Sonne trocknen **B** V/R **asolearse** **1** sich sonnen, ein Sonnenbad nehmen **2** *plantas* verdorren; *ganado* einen Erstickungsanfall bekommen
asomada F Auftauchen n, kurzes Erscheinen n; Stippvisite f
asomar **A** V/T zeigen, sehen lassen; **~ la cabeza** den Kopf hinausstecken **B** V/I zum Vorschein kommen, erscheinen; heraussehen; **asoma el sol** die Sonne kommt heraus **C** V/R **asomarse** sich blicken lassen, sich zeigen; **~ por** o **a la ventana** zum Fenster hinaussehen, sich zum Fenster hinauslehnen; FERR **¡no ~!** nicht hinauslehnen!
asombradizo ADJ furchtsam, scheu; schreckhaft; **asombrado** ADJ erstaunt; bestürzt; **asombrador** ADJ bestürzend; erstaunlich; **asombrar** **A** V/T **1** *(dar sombra)* beschatten, verdunkeln; *colores* dunkler mischen **2** *(maravillar)* verwundern, in Erstaunen setzen; bestürzen **B** V/R **asombrarse** sich wundern, erstaunt sein (**con, de** über *acus*)
asombro M **1** *(sorpresa)* Erstaunen n, Staunen n; Bestürzung f; **no salir de su ~** aus dem Staunen nicht herauskommen, es nicht fassen können **2** *(objeto de admiración)* Gegenstand m der Bewunderung; **asombroso** ADJ erstaunlich, verblüffend; bestürzend
asomo M Anschein m, (An)Zeichen n; Andeutung f, Anflug m; Ahnung f; **ni por ~** nicht die Spur, kein Gedanke daran, beileibe nicht; **un ~ de tristeza** ein Anflug von Traurigkeit
asonada F **1** *(reunión tumultuaria)* Auflauf m, Zusammenrottung f; Aufstand m **2** *Col (asalto)* Überfall m
asonancia F RET, *métrica*: Assonanz f, vokalischer Gleichklang m; *fig* **tener ~ con** im Einklang stehen mit *(dat)*; **asonantar** V/I Assonanzen bilden; **asonante** ADJ assonierend, vokalreimend; **asonar** V/I ⟨1m⟩ assonieren
asordar V/T → ensordecer
asorochamiento M *Am Mer* Höhenkrankheit f; **asorocharse** V/R *Am Mer* die Höhenkrankheit bekommen
asotanar V/T unterkellern
aspa F **1** TEX Haspel f/m **2** *del molino de viento*: Windmühlenflügel m **3** *de la hélice*: Propellerflügel m **4** *liegendes* Kreuz n; *heráldica*: **~ de San Andrés** Andreaskreuz n **5** MIN Schnittpunkt m zweier Adern **6** *Am reg* **~s** *fpl (cuernos)* Hörner npl; **aspadera** F, **aspador** M Haspel f/m
aspar **A** V/T **1** *(devanar)* haspeln **2** *fam fig (mortificar)* quälen, peinigen; **¡que me aspen si ...!** ich fresse einen Besen wenn ...; *fam* **¡que te aspen!** hör auf!; ich glaube dir kein Wort! **B** V/R **asparse** sich winden *(vor Schmerzen)*, sich (so) anstellen *fam*; **~ a gritos** toben, zetern, Zeter und Mordio schreien
aspaviento M *frec* **~s** MPL aufgeregtes Getue n, Gezeter n, Wirbel m *fam*; **hacer muchos ~s** viel Aufhebens (o Wind) machen
aspearse V/R sich *(dat)* die Füße wund laufen
aspecto M **1** *(apariencia)* Anblick m; Aussehen n, Erscheinung f; **de buen ~** gut aussehend;

tener ~ de (sust) (so) aussehen wie (nom); **tener ~ de** (inf) aussehen, als ob (subj impf); **tener buen ~** gut aussehen (tb fig) 2 (punto de vista) Gesichtspunkt m, Aspekt m 3 LING, ASTRON Aspekt m; GRAM **~ progresivo** Verlaufsform f 4 ARQUIT (orientación) Orientierung f, Ausrichtung f eines Bauwerks

ásperamente ADV rau, barsch

asperear V/I herb schmecken; **aspereza** F 1 (rudeza) Herbheit f; Rauheit f (tb fig); fig **limar ~s** (conciliar) Meinungsverschiedenheiten (o Schwierigkeiten) beseitigen 2 del terreno: Unebenheit f 3 fig (dureza) Härte f, Strenge f 4 (grosería) Derbheit f; derber Ausdruck m

asperger V/T ‹2c› → asperjar

asperidad F → aspereza; **asperiego** ADJ BOT **manzana** f **-a** Renette f (Apfelart); **asperilla** F BOT **~ (olorosa)** Waldmeister m; **asperillo** M säuerlicher Geschmack m

asperjar V/T (be)sprengen; REL mit Weihwasser besprengen

áspero ADJ 1 superficie rau; terreno uneben 2 fruta herb 3 fig palabra hart; schroff, barsch; estilo spröde

asperón M Schleif-, Sandstein m

aspérrimo sup → áspero

aspersión F REL Besprengung f, Aspersion f; **aspersor** M **~ circular** Kreis-, Rundregner m; **~ (rotatorio)** Rasensprenger m; **aspersorio** M Weihwedel m

aspérula F BOT Waldmeister m

áspic M GASTR Aspik m/n

áspid M ZOOL (Gift)Natter f

aspidistra F BOT Aspidistra f, Schildblume f

aspillera F 1 MIL Schießscharte f 2 TEC Schürloch n

aspiración F 1 (respiración) Atemholen n, Einatmen n; MÚS Atempause f 2 TEC Ein-, Ansaugen n; **aire** m **de ~** Saugluft f; **tubo** m **de ~** Saugrohr n 3 FON Aspirieren n 4 fig (pretensión) Streben n, Trachten n (a nach dat); **~ a la unidad** Einheitsbestrebungen fpl; fig **tener grandes -ones** sehr ehrgeizig sein, hoch hinauswollen

aspirado ADJ FON **sonido** m **~** Hauchlaut m

aspirador M, **aspirdora** F 1 electrodoméstico: Staubsauger m; **pasar la ~a** Staub saugen; **~ sin electricidad** Teppichkehrmaschine f 2 TEC Sauger m, Sauggerät n; Exhaustor m; **~ de aire** Luft(an)sauger m

aspirante A ADJ an-, einsaugend; TEC **bomba** f **~** Saugpumpe f B M/F Bewerber m, -in f, Anwärter m, -in f, Aspirant m, -in f; **~ a oficial** Offiziersanwärter m, -in f

aspirar A V/T 1 einatmen; TEC an-, einsaugen 2 FON aspirieren B V/I 1 (ein)atmen 2 (pretender) **~ a** trachten (o streben) nach (dat), abzielen auf (acus); **no ~ a tanto** seine Ansprüche nicht so hoch schrauben

aspiratorio ADJ Einatmungs...; Ansaug...; **movimiento** m **~** Bewegung f beim Einatmen

aspirina® F FARM Aspirin® n

asquear A V/T anwidern, anekeln B V/I Ekel empfinden; **asquerosamente** ADV widerlich; **asquerosidad** F Schmutz m, Schweinerei f fam; **asqueroso** A ADJ 1 (repugnante) ekelhaft, widerlich, scheußlich 2 (cochino) unflätig, schweinisch B M, **-a** F persona: Ekel n

asta F 1 de la bandera: Fahnenstange f, -mast m; MAR Topp m; **(bandera) a media ~** (Flagge) auf halbmast 2 de la lanza: (Lanzen)Schaft m 3 (lanza) Lanze f, Speer m 4 ZOOL (cuerno) Horn n; de una cuerna: Stange f; fig **dejar a alg en las ~s del toro** j-n im Stich lassen 5 PINT Pinselstock m, -stiel m 6 CONSTR ladrillo: Binder m

astacicultura F Krebszucht f

ástaco M ZOOL Süßwasserkrebs m

astado A ADJ gehörnt B M TAUR Stier m; **astamenta** F Gehörn n, Geweih n

astático ADJ FÍS astatisch

astenia F Kraftlosigkeit f, Schwäche f, MED Asthenie f (tb fig); **~ primaveral** Frühjahrsmüdigkeit f

asténico ADJ kraftlos, schwach; MED asthenisch

aster M, **áster** M BOT Aster f

asteria F 1 MINER piedra preciosa: Sternstein m 2 ZOOL Seestern m; **asterisco** M TIPO Sternchen n; **asteroide** A ADJ sternförmig B M ASTRON Asteroid m, Planetoid m

astifino ADJ TAUR *mit feinen und dünnen Hörnchen*

astígmata ADJ → astigmático

astigmático ADJ FÍS, MED astigmatisch; **astigmatismo** M MED Astigmatismus m

astil M 1 (mango) Stiel m; de la saeta: Pfeilschaft m 2 de la balanza: Waagebalken m 3 (cañón de pluma) Federkiel m

astilla F 1 Splitter m, Span m; **hacer ~s** zersplittern (v/t); madera spalten; (hacer leña) Brennholz machen; fig kurz und klein schlagen; **hacerse ~s** zersplittern, zerbrechen (v/i); prov **de tal palo tal ~** der Apfel fällt nicht weit vom Stamm 2 fam fig **~s** fpl (soborno) Schmiergelder npl; **sacar ~ de a/c** aus etw (dat) Nutzen ziehen 3 jerga del hampa (parte del botín) Beuteanteil m

astillar A V/T zersplittern; madera spalten B V/R **astillarse** (ab)splittern; madera sich spalten, springen; **astillazo** M 1 herida: Splitterwunde f 2 ruido: Krachen n des Holzes beim Springen

Astillejos MPL ASTRON Zwillinge mpl

astillero M 1 (taller de barcos) (Schiffs)Werft f 2 (depósito de maderos) Holzlager n 3 armazón: Lanzengestell n 4 Méx SILV Holzschlag m; **astilloso** ADJ splitterig, Splitter...

astracán M 1 piel y tejido: Astrachan m 2 abrigo: Persianer(mantel) m 3 TEAT → astracanada; **astracanada** F TEAT grober Witz m; Schmierenkomödie f

astrágalo M 1 BOT Tragant m 2 ARQUIT Säulenring m 3 ANAT Sprungbein n

astral ADJ Sternen...

astreñir ‹3h y 3l› → astringir

astricción F espec MED Zusammenziehen n;

astrictivo ADJ 1 (contractivo) zusammenziehend 2 (obligatorio) verpflichtend; **astricto** PP → astringir

astringencia F MED zusammenziehende Eigenschaft f; (astricción) Zusammenziehen n; **astringente** A ADJ MED zusammenziehend, adstringierend B M 1 MED Adstringens n 2 Am tb (enjuage bucal) Mundwasser n; **astringir** V/T ‹3c› 1 MED zusammenziehen 2 fig (constreñir) nötigen, zwingen (a zu dat)

astro M 1 ASTRON Gestirn n; Stern m; **~ rey** Sonne f 2 fig Star m; **~ de la pantalla** Filmstar m; **astrofísica** F 1 Astrophysik f 2 persona: Astrophysikerin f; **astrofísico** M Astrophysiker m; **astrolabio** M Astrolabium n; **astrología** F Astrologie f; **astrológico** ADJ astrologisch

astrólogo M, **-a** F Astrologe m, Astrologin f

astronauta M/F Astronaut m, -in f, (Welt)Raumfahrer m, -in f; **astronáutica** Raumfahrt f, Astronautik f; **astronave** F (Welt)Raumschiff n

astronomía F Astronomie f, Sternkunde f; **astronómico** ADJ astronomisch (tb fig); fam precio überzogen, wahnsinnig hoch

astrónomo M, **-a** F Astronom m, -in f

astroso ADJ verlottert, schlampig, schmutzig; fig elend, schäbig

astucia F List f, Schlauheit f, Verschlagenheit f; Arglist f, Tücke f; **astucioso** ADJ → astuto

astur ADJ HIST y liter → asturiano; **asturianismo** M LING asturische Ausdrucksweise f, Asturianismus m; **asturiano** A ADJ asturisch B M, **-a** F Asturier m, -in f C M dialecto: der asturische Dialekt

Asturias FPL Asturien n; **el Príncipe** m **de ~** *Titel des spanischen Kronprinzen*; **los Príncipes de ~** *Titel des spanischen Kronprinzenpaars*

astutamente ADV hinterlistig; **astuto** ADJ 1 (listo) schlau; desp verschlagen, hinterlistig 2 (inteligente) klug; treffend

asueto M (día de vacación) Ferientag m; (día de descanso) Ruhetag m; espec **día** m/**tarde** f **de ~** schulfreier Tag m/Nachmittag m; **dar ~** freigeben

asumible ADJ fig akzeptabel, annehmbar

asumir V/T auf sich (acus) nehmen; übernehmen; fig akzeptieren; **~ deudas** Schulden übernehmen; **~ la responsabilidad** die Verantwortung übernehmen; JUR die Haftung übernehmen; **~ grandes proporciones** große Ausmaße annehmen; POL **~ el poder** die Macht übernehmen

asunceno ADJ, **asunceño** ADJ aus Asunción

asunción F 1 (toma) Übernahme f; POL **~ del poder** Machtübernahme f 2 Akzeptanz f; JUR **~ de deuda** Schuldübernahme f

Asunción F 1 REL Mariä Himmelfahrt f 2 *Hauptstadt Paraguays*

asuntillo M fam 1 (amorío) Liebschaft f, Verhältnis n 2 (pequeño negocio) kleines Geschäft n, kleine Angelegenheit f 3 desp krumme Sache f fam

asunto A ADJ hoch; gehoben B M 1 Angelegenheit f, Sache f; (negocio) Geschäft n; **~ de Estado** tb fig Staatsaffäre f, -aktion f; **~ de competencias** Zuständigkeitsstreit m; **~ de honor** Ehrensache f; obs Ehrenhandel m; **~ oficial** offizielle Angelegenheit f, Amtsangelegenheit f; **~ particular** Privatangelegenheit f; **~ del servicio** Dienstsache f; **~s** pl **de trámite** Routineangelegenheiten fpl; laufende Geschäfte npl; Esp POL, HIST **Ministro** m **de Asuntos Exteriores** Außenminister m; **es ~ mío** das ist meine Sache; **eso es otro ~** das ist etwas ganz anderes; **no me gusta el ~** das gefällt mir nicht, dahinter steckt etwas; **mal ~** das ist schlecht (o schlimm); **¡~ concluido!** Schluss damit! 2 COM, ADMIN en una carta: Betreff m 3 JUR Sache f, Verfahren n; **~ civil/penal** Zivil-/Strafsache f; **~ judicial** Gerichtssache f; **~ jurídico** Rechtssache f 4 (tema) Stoff m, Gegenstand m; arte: Motiv n, Sujet n; LIT Thema n, Sujet n; fig **~ de meditación** Stoff m zum Nachdenken 5 (amorío) Liebschaft f; **~ de faldas** Weibergeschichte f fam 6 pop (pene) Schwanz m pop

asurar A V/T comidas anbrennen lassen; siembra verbrennen; fig sehr beunruhigen B V/R **asurarse** comida anbrennen; siembra verdorren

asustadizo ADJ schreckhaft, ängstlich; **asustado** ADJ erschrocken; Perú niño zurückgeblieben; **asustador** ADJ erschreckend

asustar A V/T 1 **~ a alg** j-n erschrecken, j-n ängstigen, j-m Bange machen (dat) fam; j-n abschrecken; **no me asustan las críticas** die Kritik schreckt mich nicht (ab) 2 GASTR **~ (con agua fría)** (mit kaltem Wasser) abschrecken B V/R **asustarse** erschrecken (**de, con, por** vor dat, über acus); sich fürchten (**de, con, por** vor dat); **¡no te asustes!** (hab) keine Angst!

AT F abr HIST (Alianza del Trabajo) Esp *Gewerkschaftsorganisation in Spanien*

A.T. M abr (Antiguo Testamento) AT n (Altes Testament)

atabacado ADJ tabakfarben; *Bol* → empachado
atabal M MÚS **1** *(timbal)* (Kessel)Pauke *f* **2** *(timbalero)* Paukenschläger *m*; **atabalear** V/I **1** *caballo* stampfen **2** *con los dedos*: mit den Fingern trommeln; **atabalero** M Paukenschläger *m*
atabanado ADJ *caballo* weiß gefleckt
atabernado ADJ **vino** *m* ~ Schankwein *m*
atacable ADJ angreifbar; **atacadera** F MIN Stopfer *m*; Pfropf *m zum Verstopfen des Bohrlochs*; **atacador** **A** ADJ angreifend **B** M, **atacadora** F *(agresor)* Angreifer *m*, -in *f* **C** M **1** *(instrumentos de la pipa)* Pfeifenbesteck *n* **2** TEC Stampfer *m*, Ramme *f*
atacama F *Perú* TEX *Art* Baumwollgewebe *n*; **atacamita** F MINER Atacamit *m (Kupfererz)*
atacante **A** ADJ angreifend **B** M/F Angreifer *m*, -in *f*; *fútbol*: Stürmer *m*, -in *f*
atacar ⟨1g⟩ **A** V/T **1** *(agredir)* angreifen *(tb fig)*; MED *enfermedad* befallen; QUÍM angreifen, anfressen **2** *(combatir)* bekämpfen; JUR *sentencia* anfechten; ~ **el mal en su raíz** das Übel an der Wurzel packen **3** *(introducir a la fuerza)* hineintreiben; *perforación* stopfen; MIL *cargamento de artillería* ansetzen **4** MÚS anstimmen **5** *fam fig (emprender)* in Angriff nehmen, beginnen **B** V/I **1** *abs* angreifen **2** *fam fig al comer*: reinhauen *fam*, tüchtig essen
atachear V/T INFORM anhängen; als Attachment verschicken
atadero M **1** *(cuerda)* Band *n* **2** *(gancho)* Haken *m*, Ring *m zum Festbinden* **3** *Méx (liga)* Strumpfband *n*
atadijo M **1** *(lío)* (unordentlich verschnürtes) Bündel *n* **2** *RPl (paquete)* Packung *f*, Schachtel *f*
atado **A** ADJ verlegen, zaghaft, befangen **B** M *(cajetilla)* Bündel *n*, Päckchen *n*; *espec Am* Büschel *n*; **atador** **A** ADJ bindend; fesselnd **B** M **1** *persona*: Binder *m* **2** *máquina*: Garbenbinder *m*; **atadora** F **1** *persona*: Binderin *f* **2** *máquina*: Garbenbinder *m*; **atadura** F **1** *(ligadura)* Binden *n* **2** *(cuerda)* Band *n* **3** TEC *(unión)* Bindung *f (tb esquí)* **4** *fig* ~**s** *fpl (trabas)* Fesseln *fpl*, Gebundensein *n*
atafagar V/T ⟨1h⟩ **1** *olor, etc* betäuben, benebeln **2** *fam fig (fastidiar)* sehr belästigen, löchern *fam*
atafetanado ADJ TEX taftähnlich
ataguía F ARQUIT Spundwand *f*; Fangdamm *m*
ataharre M *equitación*: Schwanzriemen *m*
atahorma F ORN Schlangenbussard *m*
ATAI F *abr* (Asociación de Transporte Aéreo Internacional) IATA *f* (Internationaler Luftverkehrsverband)
ataire M Gesims *n an Tür und Fenster*
atajacaminos M ⟨*pl inv*⟩ *RPl* **1** ORN *ein Abendvogel* **2** *fig persona*: zudringlicher Mensch *m*; **atajadero** M Wasserverteiler *m*; Schütz *n*, Schieber *m in Wassergräben*; **atajadizo** M **1** *(tabique)* Scheidewand *f* **2** *(recinto separado)* abgetrennter Raum *m*; **atajador** M *Chile, Méx* Maultiertreiber *m*; **atajaprimo** M *Cuba* MÚS *ein Volkstanz*
atajar **A** V/T **1** *(cortar el camino)* ~ **a alg** j-m den Weg abschneiden (*o* verlegen) **2** *(separar)* abtrennen; *agua* abdämmen **3** DEP *fútbol*: *den Ball* halten **4** *fig (contener) fuego, problema, etc* eindämmen, stoppen; ~ **un mal de raíz** ein Übel an der Wurzel packen **5** *(interrumpir)* ~ **a alg** j-n unterbrechen, j-m ins Wort fallen **B** V/I den kürzesten Weg nehmen, eine Abkürzung nehmen **C** V/R **atajarse** **1** *(callarse)* verstummen, kleinlaut werden **2** *(emborracharse) reg* sich betrinken
atajo M Abkürzung *f*; **echar** *o* **tirar por el** ~ den kürzesten Weg nehmen *(tb fig)*; *prov* **no hay** ~ **sin trabajo** *corresponde a*: der kürzeste Weg ist oft der anstrengendste
atalaje M **1** *espec* MIL Geschirr *n*, Bespannung *f* **2** *fam fig (ajuar)* Aussteuer *f*
atalantar V/I gefallen, zusagen
atalaya F **1** *(torre de guardia)* Wachturm *m* **2** *panorámico*: Aussichtsturm *m*; *fig* Aussichtspunkt *m*; **atalayador** **A** ADJ beobachtend; spähend **B** M Türmer *m*; **atalayar** V/T & V/I Ausschau halten (nach *dat*), beobachten, erspähen
ataludar V/T TEC böschen, abschrägen
atamán M Ataman *m*, Kosakenhetman *m*
atamiento M *fig* Kleinmut *m*, Befangenheit *f*
atanasia F **1** BOT Frauenminze *f* **2** TIPO Mittel *f*, 14-Punkt-Schrift *f*
atanquía F TEX Flockseide *f*; Seidenwerg *n*
atañer ⟨2f; *nur 3. Person*⟩ angehen; **por lo que atañe a** … was … betrifft; **por lo que atañe a su padre** was seinen Vater betrifft; **esto no me atañe** das geht mich nichts an
atapuzar **A** V/T *Ven fam* vollstopfen **B** V/R **atapuzarse** *fam* sich vollfressen *fam*
ataque M **1** MIL Angriff *m*, Attacke *f*; AVIA ~ **aéreo/bajo** Luft-/Tiefangriff *m*; ~ **de diversión** Ablenkungsangriff *m*; ~ **fingido** *o* **simulado** Scheinangriff *m*; ~ **de flanco** Flankenangriff *m*; *tb fig* ~ **frontal** Frontalangriff *m*; ~ **de (la) infantería** Infanterieangriff *m*; ~ **por sorpresa** *o Am* ~ **sorpresivo** Überraschungsangriff *m*; **expuesto a** ~**s aéreos** luftgefährdet; **dirigir** ~**s contra alg** j-n angreifen **2** MED *y fig* Anfall *m*, Attacke *f*; ~ **cardíaco** *o* **al corazón** Herzanfall *m*, Herzattacke *f*; ~ **de fiebre** Fieberanfall *m*, Fieberattacke *f*; ~ **(de nervios)** Nervenanfall *m*; ~ **de risa/de tos** Lach-/Hustenanfall *m* **3** MÚS, FON Einsatz *m* **4** DEP **línea** *f* **de** ~ Stürmerreihe *f*
atar **A** V/T **1** *(ligar)* anbinden, festbinden; *(cerrar con cuerda)* zubinden, (zu-, ver)schnüren; *(enfardar)* bündeln; *perro* an die Leine nehmen; ~ **a un árbol** an einen Baum binden; ~ **de pies y manos** an Händen und Füßen fesseln; ~ **por el cuello** am Hals (an)binden; **ser (un) loco de** ~ total verrückt sein **2** *fig* ~ **corto a alg** j-n kurzhalten; **tener atada la lengua** zum Schweigen verpflichtet sein, über etwas nicht sprechen können; **no ata ni desata** *(habla sin concierto)* er redet völlig unzusammenhängend; *(no sabe cómo salir de un apuro)* er weiß sich *(dat)* keinen Rat; *(no tiene nada que decir)* er hat nichts zu sagen **3** ~ **cabos** Rückschlüsse ziehen; ~ **bien todos los cabos** alles gut durchdenken; **atando cabos, se puede decir** … hieraus lässt sich schließen …; **faltan** *o* **quedan aún muchos cabos por** ~ da bleibt noch vieles unklar **4** *(impedir)* hemmen, hindern; **los niños atan mucho** die Kinder nehmen einen sehr in Anspruch **B** V/R **atarse** **1** *(quedarse desconcertado)* verlegen werden **2** AVIA sich anschnallen
ataracea F Intarsie *f*, Einlegearbeit *f*
atarantado ADJ **1** *(picado por la tarántula)* von einer Tarantel gestochen **2** *fig (intranquilo)* unruhig, quecksilbrig **3** *(aturdido)* benommen
atarantar **A** V/T bestürzen, außer Fassung bringen **B** V/R **atarantarse** **1** *(aturdirse)* aus der Fassung geraten **2** *Am reg* → precipitar **B** **3** *Am Centr* → achispar **B**
ataraxia F FIL Ataraxie *f*, Seelenruhe *f*
atarazana F **1** *(astillero)* Werft *f* **2** *(cordelería)* Seilerwerkstatt *f*
atarazar V/T ⟨1f⟩ → tarazar
atardecer[1] V/IMP ⟨2d⟩ Abend werden
atardecer[2] M Abenddämmerung *f*, Anbruch *m* der Nacht; **al** ~ gegen Abend
atareado ADJ geschäftig; viel beschäftigt
atarear **A** V/T ~ **a alg** j-m eine Arbeit (auf)geben **B** V/R **atarearse** angestrengt arbeiten, schuften *fam*, sich abrackern *fam*
atareo M *Cuba* Mühe *f*; Belästigung *f*
atarjea F *canalización*: Abzugsrohr *n*; Abzugsrinne *f*
atarraya F Wurfgarn *n der Fischer*; Wurfnetz *n*
atarugar ⟨1h⟩ **A** V/T **1** CONSTR verpflöcken **2** *(tapar)* verschließen; *barril* spunden **3** *fig* ~ **a alg** *(hacer callar)* j-m den Mund stopfen; *(hartar)* j-n mit Essen voll stopfen **B** V/R **atarugarse** *fam* **1** *(atragantarse)* sich verschlucken **2** *fig (callarse)* verlegen schweigen
atasajado ADJ *fam* wie ein Sack auf dem Pferd liegend *fam*
atascaburras FPL GASTR *Gericht aus Stockfisch und Kartoffeln*; **atascadero** M schlammige Wegstelle *f*; *fig* Hindernis *n*; **atascamiento** M *espec* TEC Hemmung *f*; Blockierung *f*; MIL Ladehemmung *f*; *transporte*: Verkehrsstau *m*, -stauung *f*
atascar ⟨1g⟩ **A** V/T **1** *hendiduras* zustopfen; *agujeros, caños etc* verstopfen; *costado del barco* abdichten **2** *fig (detener)* hemmen, hindern **B** V/R **atascarse** **1** *conducto* sich verstopfen, verstopft sein; **se ha atascado el tubo** das Rohr ist verstopft **2** *(quedar detenido)* stecken bleiben *(tb al hablar)*; sich festfahren *(tb fig)*; **se le atascaron las palabras** er verhaspelte sich **3** TEC *(fallar)* eine Hemmung haben, versagen; *partes móviles*: sich festfressen
atasco M **1** *(obstáculo)* Hindernis *n (tb fig)* **2** *(obstrucción)* Verstopfung *f (tb* MED*)*; TEC Hemmung *f*; *transporte*: ~ **(circulatorio)** (Verkehrs)-Stau *m*; INFORM ~ **de papel** Papierstau *m*
atascoso ADJ *Méx camino* nicht befahrbar
ataúd M Sarg *m*; **poner en el** ~ einsargen
ataujía F Tauschierung *f*, Damaszierung *f*; **ataujiado** ADJ tauschiert
ataviar ⟨1c⟩ **A** V/T schmücken **B** V/R **ataviarse** sich putzen, sich schmücken
atávico ADJ atavistisch; *fig* längst überholt
atavío M Schmuck *m*, Putz *m*; Aufmachung *f*; ~**s** *pl* Schmuck(sachen *fpl*) *m*
atavismo M Atavismus *m*
ataxia F MED Störung *f* der Bewegungskoordination, *t/t* Ataxie *f*
ate M *Méx* Fruchtgelee *n*
atecomate M *Méx* Trinkglas *n*
atediante ADJ → tedioso
atediar V/T ⟨1b⟩ langweilen; anwidern
ateísmo M Atheismus *m*, Gottlosigkeit *f*;
ateísta M/F Atheist *m*, -in *f*, Gottlose *m/f*;
ateístico ADJ atheistisch
atejonarse V/R *Méx* sich ducken
atelaje M (Pferde)Gespann *n*
atelier M Atelier *n*
atemorizado ADJ erschreckt; eingeschüchtert; **atemorizador** ADJ erschreckend; einschüchternd; **atemorizar** V/T ⟨1f⟩ erschrecken, einschüchtern
atemperado ADJ gemäßigt; **atemperador** ADJ → atemperante; **atemperante** **A** ADJ mäßigend **B** M MED Kreislaufberuhigungsmittel *n*
atemperar **A** V/T **1** *(moderar)* mäßigen, mildern **2** *(adaptar)* anpassen (a an *acus*) **B** V/R **atemperarse** sich anpassen (a an *acus*); sich fügen (a *dat*); ~ **a** *tb* sich richten nach *(dat)*
atemporal ADJ zeitlos; **atemporalidad** F Zeitlosigkeit *f*
atenacear → atenazar
Atenas F Athen *n*
atenazar V/T ⟨1f⟩ (fest) packen; *fig (apretar las clavijas)* in die Zange nehmen; *(torturar)* quälen, peinigen; *fig* **estar atenazado por la emoción** wie erstarrt sein (vor Erschütterung)
atención F **1** Aufmerksamkeit *f*, Achtsamkeit; ~ **sostenida** *o* **viva** ~ Spannung *f*; **digno**

de ~ beachtenswert; **falta** *f* **de ~** Unaufmerksamkeit *f*; **falto de ~** unaufmerksam; **llamar la ~** Aufmerksamkeit erregen; auffallen (**a alg** j-m); aus dem Rahmen (*o* aus der Rolle) fallen *fam*; **llamar la ~ de alg sobre a/c** j-n auf etw (*acus*) aufmerksam machen; **poner (mucha) ~ en el trabajo** (sehr) sorgfältig arbeiten; **prestar ~** aufmerksam sein, aufpassen (**a** auf *acus*); *fig* **dar un toque de ~ a alg** j-n zurechtweisen; *carta*: **a la ~ de** zu Händen von; **en ~ a** mit Rücksicht auf (*acus*); im Hinblick auf (*acus*) **2** INT **¡~!** (*cuidado*) Achtung!; Vorsicht!; MIL **¡~! – ¡alto!** das Ganze – halt! **3** (*cortesía*) Liebenswürdigkeit *f*, Gefälligkeit *f*, Rücksicht *f*; **deshacerse en -ones** überaus liebenswürdig sein **4** **-ones** *fpl* (*obligaciones*) Verpflichtungen *fpl*, Aufgaben *fpl* **5** MED (*asistencia*) Pflege *f*, Versorgung *f*; **~ domiciliaria** Hauspflege *f*; **~ médica** ärztliche Versorgung *f* (*o* Betreuung *f*); **~ primaria** Erstversorgung *f* **6** COM **centro** *m*/**servicio** *m* **de ~ al cliente** Kundenzentrum *n*/Kundendienst *m* **7** (*presente*) (kleines) Geschenk *n*, Aufmerksamkeit *f*

atendedor M, **atendedora** F TIPO Satzkorrektor *m*, -in *f*; **atendencia** F *Am* Beachtung *f*; Pflege *f*, Betreuung *f*

atender ⟨2g⟩ **A** VT **1** (*considerar*) beachten (*acus*), hören auf (*acus*); berücksichtigen **2** *médico* sich kümmern um (*acus*), betreuen, behandeln; *enfermos* versorgen; COM *clientes* bedienen; TEL *llamada* beantworten; **¿le atienden ya?** werden Sie schon bedient? **3** ECON *letra de cambio* einlösen **B** VI **1 ~ a** (*mirar por alg*) berücksichtigen (*acus*), beachten (*acus*), hören auf (*acus*), achten auf (*acus*); *negocios* wahrnehmen (*acus*), *obligaciones* nachkommen (*dat*) **2** (*tener cuidado*) aufpassen; **¡atienda!** passen Sie auf!, seien Sie vorsichtig! **3** **el perro atiende por** … der Hund hört auf den Namen … **4** TIPO Satzkorrektur lesen

atendible ADJ beachtlich; **atendido** ADJ **bien ~** gepflegt; *Am* **~ que** da; angesichts dessen, dass …

ateneísta M/F Mitglied *n* eines Kulturvereins (→ ateneo A); **ateneo** **A** M *Esp* Gelehrten-, Künstler-, Kulturverein *m* **B** ADJ *poét* → ateniense

atenerse VR ⟨2l⟩ **~ a** sich halten an (*acus*), sich richten nach (*dat*); **me atengo a lo dicho** ich bleibe dabei; **~ a lo seguro** auf sicherem Boden bleiben; **~ a lo mejor** sich (*dat*) das Beste aussuchen; **(no) saber a qué ~** (nicht) wissen, woran man ist; **aténgase a las consecuencias** das haben Sie sich (*dat*) selbst zuzuschreiben

ateniense **A** ADJ athenisch **B** M/F Athener *m*, -in *f*

atenorado ADJ MÚS Tenor…

atentado M Anschlag *m*, Attentat *n*; **~ al honor** Angriff *m* auf die Ehre; **~ contra la vida de alg** Anschlag *m* auf j-s Leben (*acus*); **~ contra (la moral y) las buenas costumbres** Sittenwidrigkeit *f*, Verstoß gegen die guten Sitten; **~ suicida/terrorista** Selbstmord-/Terroranschlag *m*; **cometer un ~** einen Anschlag (*o* ein Attentat) verüben (**contra** auf *acus*)

atentamente ADV höflich, aufmerksam; *en la carta*: **le saluda ~** mit freundlichen Grüßen

atentar VI **~ a** sich vergreifen an (*dat*); *fig* verletzen (*acus*); **~ contra (la vida de) alg** j-m nach dem Leben trachten; einen Anschlag auf j-n verüben; **~ contra los fundamentos de la vida política** die Grundlagen *fpl* des staatlichen Lebens angreifen; **~ contra las buenas costumbres** gegen die guten Sitten verstoßen

atentatorio ADJ beeinträchtigend; **~ a …** gegen … (*acus*) gerichtet; **~ a la libertad de alg** j-s Freiheit beeinträchtigend

atenti INT *Arg fam* Vorsicht!

atento ADJ **1** (*con atención*) aufmerksam, achtsam; **~ a** bedacht auf (*acus*); **~ al menor ruido** auf das geringste Geräusch achtend; **estar ~ a a/c** auf etw achten **2** (*cortés*) freundlich, aufmerksam (**con** zu *dat*) **3** *fórmula final en la carta*: **saludos (muy) ~s** *o* **un saludo ~** mit freundlichen Grüßen

atenuación F **1** (*debilitación*) Abschwächung *f*, Milderung *f*; (*dilución*) Verdünnung *f* **2** RET Abschwächung *f*; **atenuado** ADJ abgeschwächt, gemildert; **atenuante** **A** ADJ mildernd; JUR strafmildernd **B** F JUR (**circunstancia** *f*) **~** mildernder Umstand *m*

atenuar **A** VT ⟨1e⟩ mildern, (ab)schwächen (*tb fig*); (*diluir*) verdünnen **B** VR **atenuarse** schwächer werden; sich mildern

ateo **A** ADJ atheistisch, gottlos **B** M, **-a** F Atheist *m*, -in *f*, Gottlose *m/f*

aterciopelado ADJ samtartig; -weich

aterecerse VR ⟨2d⟩ → aterirse

aterido ADJ **~ (de frío)** vor Kälte starr, erstarrt; **aterimiento** M Erstarren *n vor Kälte*; **aterirse** ⟨3a; *nur inf u part*⟩ vor Kälte erstarren

atermal ADJ *t/t fuente* kalt

atérmano, atérmico ADJ FÍS wärmeundurchlässig

atero(e)sclerosis F MED Atherosklerose *f*

aterrada F MAR Landung *f*; Ansteuerung *f*

aterrado ADJ erschrocken; **aterrador** ADJ erschreckend; niederschmetternd

aterrajar VT TEC *rosca* bohren

aterraje M MAR, AVIA Landung *f*

aterramiento M **1** (*terror*) Schrecken *m*, Bestürzung *f* **2** *mar, puertos*: Verlandung *f*

aterrar[1] ⟨1k⟩ **A** VT **1** (*bajar al suelo*) zu Boden schlagen **2** *antena* erden **3** *guadaña, etc* dicht über den Boden führen **4** MIN *escoria* auf die Halde werfen **5** (*cubrir con tierra*) mit Erde bedecken **B** VI MAR, AVIA landen

aterrar[2] **A** VT (*aterrorizar*) erschrecken; niederschmettern (*fig*) **B** VR **aterrarse** erschrecken, einen Schrecken bekommen

aterrizaje M AVIA Landung *f*; **~ duro/fácil** harte/glatte Landung *f*; **~ de emergencia** *o* **~ forzoso** Notlandung *f*; **~ instrumental** *o* **sin visibilidad** Blindlandung *f*; **~ de panza** Bauchlandung *f*; **~ suave** weiche Landung *f*; **derechos** *mpl* **de ~** Landegebühren *fpl*

aterrizar VI ⟨1f⟩ AVIA landen, aufsetzen; *fam fig* aufkreuzen, landen *fam*; **~ con avería** Bruch machen *fam*

aterronado ADJ *tierra* klumpig, schollig

aterrorizado ADJ terrorisiert, in Schrecken versetzt; **aterrorizar** ⟨1f⟩ **A** VT terrorisieren, in Schrecken versetzen **B** VR **aterrorizarse** (sich) erschrecken

atesar VT ⟨1k⟩ TEC (ver)steifen; *Am* straffen

atesorar VT **1** *dinero, fortunas, etc* anhäufen, horten (*tb fig*) **2** *virtudes* in sich (*dat*) vereinigen

atestación F Zeugenaussage *f*

atestado[1] M Zeugnis *n*, Attest *n*, Bescheinigung *f*; *Esp* Unfallprotokoll *n der Polizei*; JUR **instruir el ~** den Tatbestand aufnehmen, den Sachverhalt feststellen

atestado[2] ADJ **1** (*terco*) dickköpfig **2** **~ (de gente)** gedrängt (*o* gerammelt *fam*) voll

atestar[1] ⟨1k⟩ **A** VT **1** (*abarrotar*) vollstopfen (**de** mit *dat*); hineinstecken, -stopfen (**in** *acus* **en**) **2** *fam con comida*: (mit Essen) vollstopfen **3** *mosto* nachfüllen **B** VR **atestarse** *fam* sich vollstopfen (*o* -pumpen) (**de** mit *dat*)

atestar[2] VT JUR (be)zeugen; bescheinigen; *fam* **ir atestando** herumschimpfen

atestiguación F, **atestiguamiento** M Bezeugung *f*

atestiguar VT ⟨1i⟩ bezeugen, bekunden, attestieren, bescheinigen

atetar VT ZOOL säugen

atezado ADJ **1** *piel* sonn(en)verbrannt **2** kohlschwarz; **atezar** ⟨1f⟩ **A** VT **1** *piel* bräunen **2** (*ennegrecer*) schwärzen **B** VR **atezarse** **1** (*ponerse marrón*) braun (*o* schwarz) werden; (*oscurecerse*) sich verfinstern **2** (*acicalarse*) sich herausputzen

atibar VT MIN (*mit Erde*) zuschütten

atiborrar **A** VT vollstopfen; vollpfropfen **B** VR **atiborrarse** (*tb comer en exceso*) sich vollstopfen (**de** mit *dat*)

ático **A** ADJ attisch; athenisch **B** M ARQUIT Dachgeschoss- (*o Austr* Dachgeschoß)wohnung *f*; Penthouse *n*; *Suiza* Attika(wohnung) *f*

atierre M MIN (Ein)Bruch *m*

atiesar VT steifen, straffen

atigrado ADJ getigert

Atila N PR M HIST Attila *m*, Etzel *m*

atildado ADJ herausgeputzt, adrett; **atildadura** F, **atildamiento** M Putz *m*; Zierlichkeit *f*, Feinheit *f*

atildar VT **1** FON (*poner acento*) mit Akzent versehen **2** (*asear*) herausputzen **3** (*reprender*) tadeln

atinadamente ADV treffend; **atinado** ADJ **1** (*acertado*) zutreffend, richtig **2** (*inteligente*) klug

atinar **A** VT erraten **B** VI **~ a** *o* **con a/c** etw (*acus*) finden, auf etw (*acus*) treffen; **~ a hacer a/c** etw (richtig) machen können; **no atino a** (*inf*) es gelingt mir nicht, zu (*inf*); **no atiné con la solución** ich fand die Lösung nicht; **~ al** *o* **en el blanco** das Ziel treffen; ins Schwarze treffen (*tb fig*)

atinente ADJ, **atingente** ADJ betreffend, infrage kommend

atiparse VR *Am reg* sich voll (*o* satt) essen

atipicidad F **1** (*anomalía*) Abweichung *f*; (*irregularidad*) Unregelmäßigkeit *f* **2** JUR Mangel *m an Tatbestand*

atípico ADJ *t/t* atypisch, untypisch

atipismo F → atipicidad

atiplado ADJ **voz** *f* **-a** Diskant *m*, -stimme *f*; **atiplarse** VR *voz* schrill werden, umkippen

atirantar **A** VT **1** (*poner tirante*) straffen, spannen **2** ARQUIT *muros, etc* abstützen, verstreben **B** VR **atirantarse** *situación, etc* gespannt werden

atiriciarse VR ⟨1b⟩ MED die Gelbsucht bekommen

atisbadura F Lauern *n*, Aufpassen *n*; **atisbar** **A** VT **1** (*acechar*) ausspähen, belauern **2** (*vislumbrar*) erspähen **B** VR **atisbarse** *fig* sich abzeichnen, sichtbar werden; **atisbo** M Anzeichen *n*, Spur *f*

atizacandiles M/F ⟨*pl inv*⟩ Hetzer *m*, -in *f*, Schürer *m*, -in *f*; **atizadero** M TEC Schürloch *n der Schmelzöfen*; **atizador** **A** M *instrumento*: Schür-, Feuerhaken m **B** M, **-a** F *fig* (*agitador*) Hetzer *m*, -in *f*

atizar ⟨1h⟩ **A** VT *fuego, odio* schüren; *golpes* versetzen; **¡atiza!** nanu!, so was!; was Sie nicht sagen! **B** VR **1** (*andar a golpes*) sich prügeln **2** *pop* **~se un trago** einen Schluck trinken; einen hinter die Binde gießen *fam*

atizonado ADJ *cereal* brandig

atlante M ARQUIT Trägerfigur *f*, Atlant *m*

Atlante M → Atlas

atlántico ADJ **1** atlantisch; POL **Pacto** *m* **Atlántico** (Nord)Atlantikpakt *m* **2** TIPO **tamaño** *m* **~** Großfolioformat *n*; **papel** *m* **~** unbedrucktes Papier *n*

Atlántico M (**Océano** *n*) **~** Atlantik *m*, Atlantischer Ozean *m*; **~ Norte/Sur** Nord-/Südatlantik *m*; POL **Tratado** *m* **del ~ Norte** Nordatlantikpakt *m*

Atlántida F la ~ Atlantis *n*
atlas M ⟨*pl inv*⟩ 1 Atlas *m*, Atlant *m*, Kartenwerk *n*; ~ **anatómico** anatomischer Atlas *m*; ~ **elemental/lingüístico** Schul-/Sprachatlas *m* 2 ANAT Atlas *m*, oberster Halswirbel *m*
Atlas M MIT, GEOG Atlas *m*
atleta M/F Athlet *m*, -in *f* (*tb fig*)
atlético A ADJ athletisch, kräftig; sportlich B M *Cuba* Wollschlüpfer *m*
atletismo M Athletik *f*; Turnen *n*; ~ **(ligero)** Leichtathletik *f*; ~ **pesado** Schwerathletik *f*
atmósfera F 1 (*masa de aire*) Lufthülle *f*, Atmosphäre *f* (*tb* TEC) 2 *fig* (*ambiente*) Stimmung *f*, Atmosphäre *f*
atmosférico ADJ atmosphärisch; **descargas** *fpl* **-as** atmosphärische Entladungen *fpl*; **estado** *m* ~ Wetterlage *f*; **perturbaciones** *fpl* **-as** atmosphärische Störungen *fpl*; **presión** *f* **-a** Luftdruck *m*
atoar V/T MAR 1 *barco* schleppen, bugsieren 2 (*halar*) verholen, warpen
atocha F BOT Espartogras *n*
atochar A V/T 1 (mit Espartogras) füllen; (aus)polstern 2 MAR *velas* gegen den Mast wehen B V/R **atocharse** MAR sich verklemmen
atocinado ADJ *fam* feist, fett
atocinar *fam* A V/T (*asesinar*) abmurksen *fam* B V/R **atocinarse** 1 (*enamorarse perdidamente*) sich unsterblich verlieben 2 (*irritarse*) aus der Haut fahren (*fam fig*) 3 (*engordar*) zunehmen, auseinandergehen *fam*
atole M *Am Centr, Méx, Cuba* 1 *bebida*: *Art* Maismehlgetränk *n*; *Méx fam fig* **dar ~ con el dedo a alg** j-n betrügen; **ser un pan con ~** dumm sein; *Col, Cuba, Guat, Méx, fam P. Rico fig* **tener sangre de ~** Fischblut (in den Adern) haben 2 *canción*: Tanzlied *n*
atolladero M 1 (*atascadero*) schlammige Stelle *f*, Pfütze *f* 2 *fig* (*aprieto*) Patsche *f fam*; **estar en un ~** in der Patsche sitzen; **sacar a alg del ~** j-m aus der Klemme helfen
atollar V/I *y* V/R **~se** stecken bleiben, sich festfahren (*tb fig*); **atollo** M → atolón
atolón M Atoll *n*, Koralleninsel *f*
atolondradamente ADV unbesonnen; unvernünftiger-, leichtsinnigerweise; **atolondrado** ADJ unvernünftig, übereilt; unvorsichtig, leichtsinnig; **atolondramiento** M Betäubung *f*, Verwirrung *f*; Unbesonnenheit *f*
atolondrar A V/T (*aturdir*) betäuben; *fig* aus der Fassung bringen, verwirren B V/R **atolondrarse** 1 (*perturbarse*) benommen werden 2 (*desconcertarse*) in Verwirrung geraten 3 (*actuar precipitadamente*) übereilt und leichtsinnig handeln
atómica F *Méx* **(pluma** *f***)** ~ Kugelschreiber *m*
atomicidad F FÍS Anzahl *f* der Atome *im Molekül*
atómico ADJ FÍS atomar, Atom...; **bomba** *f* **-a** Atombombe *f*; **estructura** *f* **-a** atomare Struktur *f*; **masa** *f* **-a** Atommasse *f*; **núcleo** *m* ~ Atomkern *m*; **número** *m* ~ Atomnummer *f*; **propulsión** *f* **-a** Atomantrieb *m*; **reloj** *m* ~ Atomuhr *f*
atomismo M FIL Atomismus *m*; **atomista** FIL A ADJ atomistisch B M/F Atomist *m*, -in *f*
atomística F FÍS Atomistik *f*, Atomlehre *f*; Atomismus *m*; **atomístico** ADJ FIL atomistisch
atomizador M Zerstäuber *m*, Spray *n/m*; Sprühgerät *n*; **atomizar** V/T ⟨1f⟩ 1 atomisieren; *fig* zerstückeln 2 *fig* (*vaporizar*) zerstäuben; sprühen 3 *fig pregunta* in allen Einzelheiten erörtern; *desp* zerreden
átomo M Atom *n* (*tb fig*); *fig* Spur *f*; **modelo** *m* **del ~** Atommodell *n*; **ni un ~ de verdad** und von Wahrheit keine Spur

atonal ADJ MÚS atonal; **atonalidad** F Atonalität *f*; **atonalismo** M → atonalidad
atonía F MED Erschlaffung *f*, *t/t* Atonie *f*; *fig* Mangel *m* an Spannkraft; Unlust *f*, Lustlosigkeit *f*
atónico ADJ MED schlaff, atonisch
atónito ADJ betroffen; (*perplejo*) verblüfft, verdutzt; **me dejas ~** du machst mich sprachlos
átono ADJ FON unbetont, tonlos
atontado ADJ 1 (*atónito*) verdutzt; benommen 2 (*tonto*) dumm, blöd; **atontamiento** M 1 (*perplejidad*) Verblüffung *f*; Betäubung *f* 2 (*estupidez*) Dummheit *f* 3 (*entontecimiento*) Verdummung *f*
atontar A V/T 1 (*aturdir*) betäuben; verblüffen 2 (*entontecer*) dumm machen, verdummen B V/R **atontarse** verdummen, dumm werden; kindisch werden
atontolinado ADJ *fam* benommen; verdummt; **atontolinar** V/T *fam* → atontar
atopadizo ADJ *lugar* angenehm, behaglich
atorado ADJ verstopft
atorar A V/T *conducción* verstopfen B V/R **atorarse** *fig* stecken bleiben; *Am y reg* (*atragantarse*) sich verschlucken
atormentador A ADJ peinigend B M Folterknecht *m*; **atormentar** A V/T foltern (*tb fig*); quälen, peinigen B V/R **atormentarse** sich quälen (**con** mit *dat*)
atornasolado ADJ schillernd; **atornasolar** V/I schillern
atornillable ADJ (an-, ab-, ver)schraubbar; **atornillado** A ADJ an-, ein-, zugeschraubt B M TEC Verschraubung *f*; **atornillador** M *Am* Schraubendreher *m*, -zieher *m fam*
atornillar V/T 1 (*introducir un tornillo*) (an-, ein-, zu)schrauben; (*sujetar con tornillos*) ver-, zusammenschrauben 2 *fig* (*presionar*) bedrängen, unter Druck setzen 3 *Am fig* (*molestar*) belästigen
atorón M *Méx* (Verkehrs)Stau
atorrante M/F *RPl pop* Faulpelz *m*; Herumtreiber *m*, -in *f*, Penner *m*, -in *f fam*; *Perú fam* Depp *m fam*, Trottel *m fam*; **atorrar** V/I 1 *Am reg pop* (*dormir*) pennen *fam*, schlafen 2 *RPl* (*vagabundear*) herumstreunen
atortolar *fam* A V/T verwirren, einschüchtern B V/R **atortolarse** sich verlieben, sich verknallen *fam*
atosigamiento M Quälerei *f*; Plage *f*
atosigar ⟨1h⟩ A V/T *fig* (*presionar*) drängen, treiben; plagen; **~ a alg con** *o* **a preguntas** j-m mit Fragen zusetzen, j-n mit Fragen löchern *fam* B V/R **atosigarse** sich abhetzen, sich beunruhigen
atoxicidad F Ungiftigkeit *f*
atóxico ADJ MED ungiftig, nicht toxisch
atrabancarse V/R ⟨1g⟩ *fam* in der Klemme sein
atrabiliario ADJ griesgrämig, reizbar
atracada F 1 MAR (*arribada*) Anlegen *n* 2 *Cuba, Guat, Méx, Perú, P. Rico* → atracón; **atracadera** F *Perú fam* (Verkehrs)Stau *m*; **atracadero** M MAR Anlegeplatz *m*, Pier *m/f*; **atracado** ADJ *Chile* 1 (*severo*) streng 2 (*agarrado*) knauserig; **atracador** M, **atracadora** F Straßenräuber *m*, -in *f*
atracar ⟨1g⟩ A V/I MAR anlegen; längsseits gehen B V/T 1 MAR längsseits legen 2 (*asaltar*) überfallen; *RPl golpe* versetzen; *RPl fam mujer* anquatschen *fam*, anmachen *fam*; *C. Rica fam* (*estafar*) neppen, übervorteilen 3 (*hartar*) voll stopfen (*mit Essen*) C V/R **atracarse** 1 (*hartarse*) sich überessen (**de** an *dat*) 2 *RPl* (*adherirse*) sich *j-s Meinung* (*dat*) anschließen 3 *Col, Cuba* (*pelear*) sich prügeln
atracción F 1 FÍS Anziehung(skraft) *f*; TEC ~ **capilar** Kapillarattraktion *f*; MAR ~ **local** örtliche Ablenkung *f der Magnetnadel*; **(fuerza** *f* **de)** ~ Anziehungskraft *f*; FÍS ~ **universal** Schwerkraft *f*, Erdanziehungskraft *f* 2 *fig de una persona*: Charme *m*; Reiz *m* 3 *fig de un espectáculo*: Attraktion *f*; Glanznummer *f*; **~ (de feria)** Fahrgeschäft *n*; **-ones** *fpl* Varieteé-, Kabarettvorstellung *f*; **parque** *m* **de -ones** Vergnügungspark *m*, Rummelplatz *m* 4 FON phonetische (*o* grammatische) Attraktion *f*
atraco M Raubüberfall *m*; **~ a mano armada** bewaffneter Raubüberfall *m*
atracón M *fam* Magenüberladung *f*; **darse un ~ de** sich (*dat*) den Magen überladen mit (*dat*), sich überfressen an (*dat*) *fam*; **me di un ~ de trabajar** ich habe schwer geschuftet
atractivo A ADJ 1 FÍS Anziehungs... 2 *fig* (*encantador*) anziehend, reizvoll; charmant; **fuerza** *f* **-a** Anziehungskraft *f* B M (*encanto*) Reiz *m*; Anziehungskraft *f*; Charme *m*; **sin ~** reizlos; **atractriz** ADJ FÍS **fuerza** *f* ~ Anziehungskraft *f*
atraer ⟨2p⟩ A V/T anziehen; anlocken; *fig* für sich (*acus*) einnehmen; COM **~ a la clientela** *mercancía* zugkräftig sein; **~ todas las miradas** alle Blicke auf sich (*acus*) ziehen B V/R **atraerse** 1 *mutuamente*: sich gegenseitig anziehen 2 (*ganar*) für sich (*acus*) gewinnen 3 (*contraer*) **~ a/c** sich (*dat*) etw zuziehen; **~ daño/reproches** sich (*dat*) Schaden/Tadel zuziehen; **~ el odio de la gente** sich bei den Leuten verhasst machen
atrafagarse V/R sich abhetzen
atragantamiento M Verschlucken *n*
atragantar A V/T *fig* (*fastidiar*) **~ a alg** j-n plagen; j-m zusetzen B V/R **atragantarse** 1 (*tragar con dificultad*) sich verschlucken (**con** an *dat*); *fam fig* **le tengo** *o* **se me ha atragantado** den habe ich gefressen *fam*, der liegt mir im Magen *fam* 2 *fig* (*atascarse*) stecken bleiben 3 (*matarse trabajando*) sich abrackern, schuften
atraillar V/T ⟨*stammbetonte Formen*: **-í-**⟩ 1 *perros* zusammenkoppeln 2 *venado* mit der Meute jagen 3 *fig* (*dominar*) zu Paaren treiben, bändigen
atrajo → atraer
atramojar V/T *Col, Guat, Ven* → atraillar
atramparse V/R 1 (*caer en la trampa*) in die Falle gehen 2 *conducción* sich verstopfen; *cerradura* zuschnappen; *fig* sich festfahren
atrancar ⟨1g⟩ A V/T 1 *puerta, ventana* verriegeln, verrammeln 2 *conducción* verstopfen B V/I lange Schritte machen C V/R **atrancarse** stecken bleiben; *fig* sich verrennen; **atranco** M, **atranque** M 1 TEC Verklemmung *f* 2 *fig* (*aprieto*) Klemme *f*, Patsche *f*; **no saber cómo salir del ~** weder aus noch ein wissen
atrapamoscas M ⟨*pl inv*⟩ BOT Venusfliegenfalle *f*
atrapar V/T 1 (*coger a alg*) fangen; erwischen *fam* (*tb fig*); **~ al vuelo** (im Flug) erhaschen 2 *fam fig* (*engañar*) einwickeln, drankriegen *fam*
atraque M MAR 1 *barco*: Anlegen *n* 2 *muelle*: Anlegestelle *f*
atrás ADV 1 *dirección*: nach hinten, rückwärts, zurück; *local*: hinten; *en un libro*: weiter oben; **dar un paso ~** einen Schritt zurücktun; *fam* **echar ~** rückwärtsgehen (*o* -fahren); **hacerse ~** zurücktreten; **quedar(se) ~** zurückbleiben, nicht mitkommen (*tb fig*); **sentarse ~** hinten sitzen; sich nach hinten setzen; *fam fig* einen Rückzieher machen; **de ~** (*por la espalda*) von hinten; **hacia ~** rückwärts; nach hinten; *fam* (*al revés*) umgekehrt; **no mirar hacia ~** nicht zurückschauen (*tb fig*); *fig* **echarse para ~** einen Rückzieher machen; **por ~** von hinten; **¡~!** zurück(treten)!; MIL kehrt (-marsch)! 2 *temporal*: vorher, früher; **años/meses ~** vor Jahren/Monaten; **tiempo ~** vor einiger Zeit; **dejar ~** hinter sich (*dat*) lassen (*tb fig*); **de ~**

(*tiempo pasado*) seit Langem; **venir de ~** weit zurückliegen; **volverse ~** sich zurückwenden
atrasado ADJ 1 (*pendiente*) zurückgeblieben; rückständig; **ir ~** *o* **estar ~** *reloj* nachgehen 2 (*anticuado*) veraltet, alt; **comida** *f* **-a** Nahrungsmittel *npl* mit abgelaufenem Verfallsdatum; **números** *mpl* **~s** bereits erschienene Nummern *fpl einer Zeitung* 3 (*endeudado*) verschuldet; *intereses, pagos* rückständig, ausstehend; **estar ~ en los pagos** mit den Zahlungen im Rückstand sein; **cuentas -as** Außenstände
atrasar A V/T 1 (*retardar*) verzögern, hemmen; (*impedir el progreso*) am Fortschritt hindern 2 *reloj* zurückstellen 3 *fecha* auf-, verschieben, später ansetzen B V/I *reloj* nachgehen C V/R **atrasarse** 1 sich verspäten 2 in Rückstand geraten
atraso M 1 Zurückbleiben *n*, Verspätung *f* 2 *de un pago*: Rückstand *m*; (*recargo por demora*) Säumniszuschlag *m*; **~s** *mpl* Außenstände *mpl*; Rückstände *mpl* 3 (*retroceso*) Rückgang *m* (*tb fig*) 4 *fig* (*falta de desarrollo*) Rückständigkeit *f*
atravesada F 1 TAUR, *esgrima*: Traverse *f* 2 *Am* (*cruce*) Überquerung *f*; **atravesado** A ADJ 1 (*oblicuo*) schräg (*o* quer) stehend; *fig* **tener a alg ~ (en la garganta)** j-n nicht ausstehen (*o* verknusen *fam*) können 2 *vista* (leicht) schielend 3 *fig* (*falso*) falsch, heimtückisch B M ZOOL Bastard *m* C ADV MAR querschiffs
atravesar ⟨1k⟩ A V/T 1 *río, puente, etc* überqueren; *región, sitio, bosque* durchqueren, -fahren; *en un vehículo*: fahren über (*acus*); *río* **~ una región** eine Gegend durchfließen; **~ el río** den Fluss überqueren, über den Fluss setzen; **~ nadando** durchschwimmen 2 *fig* (*vivir*) erleben, durchmachen; **~ una crisis** sich in einer Krise befinden; **por este siglo que atravesamos** in unserem Jahrhundert; **las circunstancias por las cuales atraviesa nuestra economía** die gegenwärtige Lage unserer Wirtschaft 3 (*perforar*) durchstechen; *tabla, etc* durchbohren; (*traspasar*) durchschlagen; (*penetrar*) durch *etw* (*acus*) (hindurch)dringen; *fig* **~ el alma** *o* **el corazón** das Herz zerreißen 4 (*hallarse en forma oblicua*) quer über *etw* (*dat*) liegen; (*poner en forma oblicua*) quer über *etw* (*acus*) legen 5 *planes* durchkreuzen, hintertreiben B V/R **atravesarse** 1 (*oponerse*) sich querstellen; (sich *dat*) in die Quere kommen; *fig bocado, palabras* (im Halse) stecken bleiben; *fig* **se me ha atravesado la física** ich kann Physik nicht ausstehen 2 (*entrometerse*) sich einmischen 3 MAR anluven 4 *dinero en juego*: gesetzt werden
atravieso M *Am juego*: Einsatz *m*
atrayente ADJ anziehend, verlockend, attraktiv
atrecista M/F → atrezista
atreguado ADJ 1 (*lunático*) verrückt 2 *suspensión de hostilidades*: Waffenruhe haltend 3 (*postergado*) aufgeschoben
atreguar V/T ⟨1i⟩ 1 *en el combate*: Waffenstillstand gewähren 2 (*otorgar un aplazamiento*) Aufschub gewähren
atrepsia F MED Säuglingsdystrophie *f* (*Verkümmerung durch Mangelernährung*)
atreverse V/R wagen, sich trauen; (*tener la osadía*) sich erdreisten; **~ a** (*inf*) (es) wagen, zu (*inf*); **~ a a/c** sich an etw (*acus*) heranwagen; **~ con alg** sich an j-n heranwagen, es mit j-m aufnehmen; **¿cómo se atreve usted?**; was unterstehen Sie sich!
atrevido ADJ 1 (*audaz*) kühn, verwegen 2 (*arriesgado*) heikel; (*osado*) gewagt 3 (*insolente*) dreist, frech; **atrevimiento** M 1 (*osadía*) Verwegenheit *f*, Kühnheit *f*; Keckheit *f* 2 (*insolencia*) Frechheit *f*, Unverschämtheit *f*
atrezista M/F TEAT Requisiteur *m*, -in *f*; **atrezo** M TEAT Requisiten *npl*; **atrezzista** M/F → atrezista
atribución F 1 (*asignación*) Bei-, Zumessung *f*, Zuschreibung *f*; Übertragung *f* 2 (*competencia*) Befugnis *f*, Vollmacht *f*; *frec* **-ones** *fpl* Aufgaben *fpl*, -bereich *m*, Zuständigkeit(en) *f(pl)*; **salir(se) de las -ones de alg** nicht unter j-s Zuständigkeit (*acus*)fallen 3 JUR **~ de jurisdicción** Gerichtsstandsfestsetzung *f*
atribuible ADJ zuschreibbar; **ser ~ a alg** j-m zuzuschreiben sein
atribuir ⟨3g⟩ A V/T 1 (*asignar*) zuschreiben, zuerkennen; beimessen; LIT, PINT, *etc* **~ a alg** *obra* j-m zuschreiben 2 **~ un cargo a alg** j-m ein Amt übertragen B V/R 1 **~se todos los méritos** alle Verdienste für sich (*acus*) in Anspruch nehmen 2 **~se el derecho de obrar así** sich (*dat*) das Recht anmaßen, so zu handeln
atribulación F → tribulación; **atribuladamente** ADV voller Drangsal; **atribulado** ADJ 1 angstvoll 2 betrübt; tieftraurig
atribular A V/T 1 (*angustiar*) ängstigen 2 (*atormentar*) quälen; betrüben B V/R **atribularse** (*entristecerse*) traurig werden, sich betrüben
atributivo ADJ beilegend; GRAM attributiv; **atributo** M 1 (*propiedad*) Eigenschaft *f* 2 (*característica*) Kennzeichen *n*, Sinnbild *n* 3 (*título*) Titel *m* 4 GRAM Attribut *n*
atrición[1] F (*contrición*) Zerknirschung *f*; bittere Reue *f*
atrición[2] F MED Quetschwunde *f*
atril M *mueble*: (Lese)Pult *n*; *para notas musicales*: Notenständer *m*
atrincheramiento M 1 MIL (*fortificación*) Verschanzung *f* 2 *fig* (*sostén moral*) moralischer Halt *m*; **atrincherar** A V/T verschanzen, befestigen B V/R **atrincherarse** sich verschanzen (**en, tras** hinter *dat*) (*tb fig*)
atrio M 1 (*patio interior*) Atrium *n*; *de una iglesia*: Vorhalle *f*, Vorhof *m* 2 (*zaguán*) Diele *f* 3 ANAT Atrium *n*
atrito ADJ reumütig, bußfertig
atrocidad F 1 (*crueldad*) Scheußlichkeit *f*, Gräuel *m*; Grässlichkeit *f*; **¡qué ~!** nicht möglich!; **decir/hacer ~es** die unglaublichsten Dinge sagen/tun 2 *fam fig* Unmenge *f*; **una ~ de** eine Unmenge von
atrofia F MED (Organ)Schwund *m*, *t/t* Atrophie *f*; **atrofiado** ADJ verkümmert (*tb fig*), *t/t* atrophisch; **atrofiar** ⟨1b⟩ A V/T schwächen; verkümmern lassen B V/R **atrofiarse** verkümmern, absterben (*tb fig*)
atrófico ADJ MED *y fig* verkümmert, schwach entwickelt, *t/t* atrophisch
atrompetado ADJ trompetenförmig
atronado ADJ unbesonnen, kopflos; **atronador** ADJ (ohren)betäubend, dröhnend; **atronadura** F 1 *de madera*: Rissigkeit *f* 2 VET *Quetschung oder Verletzung am Vorderhuf des Pferdes*; **atronamiento** M 1 (*aturdimiento*) Betäubung *f* (*durch Schlag, Lärm*) 2 VET Hufzwang *m*
atronar V/T ⟨1m⟩ 1 *con ruido*: mit Lärm erfüllen; (durch Lärm) betäuben 2 *ganado antes de la matanza*: betäuben 3 TAUR *toro* durch Genickstoß töten
atropar A V/T um sich (*acus*) scharen, (ver)sammeln B V/R **atroparse** sich zusammenrotten
atropelladamente ADV hastig, überstürzt; **atropellado** ADJ 1 **morir ~** überfahren werden 2 *fig* überstürzt, übereilt; hastig; **atropellador** ADJ rücksichtslos; **atropellamiento** M 1 (*precipitación*) Überstürzung *f* 2 → atropello
atropellar A V/T 1 (*pasar por encima, arrollar*) überfahren (*tb fam fig*); (*derribar*) umrennen; **le atropelló un coche** er wurde von einem Auto angefahren 2 *con palabrotas*: anpöbeln; (*agredir*) tätlich angreifen 3 **~ todos sus deberes** alle Pflichten gröblich missachten 4 *trabajo* überstürzt machen, hinhauen *fam* B V/I **~ por todo** sich über alles hinwegsetzen C V/R **~se (en las palabras)** sich (beim Reden) überstürzen; **~se en el obrar** übereilt handeln
atropello M 1 *al correr*: Nieder-, Umrennen *n* 2 (*choque*) Zusammenstoß *m*, (*accidente*) Verkehrsunfall *m*; Überfahren *n* (*tb fam fig*) 3 (*insulto*) Beschimpfung *f*, Pöbelei *f* 4 (*violencia*) Gewalttätigkeit *f*; Überfall *m* 5 (*injusticia*) Ungerechtigkeit *f* 6 (*apresuramiento*) Eile *f*; Überstürztheit *f*
atropina F FARM Atropin *n*
atroz ADJ ⟨*pl* -oces⟩ 1 (*horrible*) grässlich, abscheulich, scheußlich 2 *fam* (*enorme*) ungeheuer, riesig; **un éxito ~** ein Riesenerfolg
ATS M/F *abr* (Ayudante Técnico-Sanitario, -a) *Esp* MTA *m/f* (medizinisch-technischer Assistent, medizinisch-technische Assistentin)
attaché M Aktenkoffer *m*
atte. *abr* (atentamente) hochachtungsvoll
attrezzista M, **attrezzo** M → atrezista
atuendo M 1 (*ostentación*) Prunk *m*, Pracht *f* 2 (*vestimenta típica*) (Volks)Tracht *f*
atufar A V/T 1 (*enfadar*) ärgern 2 (*trastornar*) betäuben, benommen machen B V/I (*oler mal*) schlecht riechen, stinken C V/R **atufarse** 1 (*perturbarse*) benommen werden 2 (*heder*) einen schlechten Geruch annehmen; *comestibles, bebidas* einen Stich bekommen 3 *fam fig* (*enojarse*) böse werden, sich giften *fam* (**de, con, por** über *acus*)
atufo M *fam* Zorn *m*, Koller *m fam*
atún M *pez*: Thunfisch *m*; **~ encebollado** Thunfisch *m* mit Zwiebeln; **ensalada** *f* **de ~** Thunfischsalat *m*; **una lata de ~** eine Dose Thunfisch; *fig* **pedazo** *m* **de ~** Dummkopf *m*
atunara F → almadraba; **atunera** F Thunfischhaken *m*; **atunero** A ADJ **barco** *m* **~** Thunfischerboot *n* B M Thunfischer *m*
aturdidamente ADV 1 (*con falta de serenidad*) unbesonnen, gedankenlos 2 (*con confusión*) verwirrt, verblüfft; **aturdido** ADJ 1 (*sin reflexión*) gedankenlos, kopflos; leichtfertig 2 (*confundido*) verwirrt, verblüfft; **aturdidor** ADJ betäubend, verwirrend; **aturdimiento** M 1 (*atolondramiento*) Kopflosigkeit *f*, Bestürzung *f*, Verwirrung *f* 2 MED (*mareo*) Schwindel (anfall) *m*
aturdir A V/T 1 *con un golpe*: betäuben; über den Schädel hauen 2 *fig* (*desconcertar*) verblüffen, aus der Fassung bringen B V/R **aturdirse** 1 (*atolondrarse*) betäubt (*o* benommen) werden 2 *fig* (*sorprenderse*) (er)staunen, sich sehr wundern 3 *fig* (*narcotizarse*) sich betäuben
aturquesado ADJ türkisfarben
atur(r)ullado ADJ sprachlos; unbesonnen; **atur(r)ullamiento** M 1 (*perplejidad*) Verblüfftheit *f* 2 (*imprudencia*) Unbesonnenheit *f*; **atur(r)ullar** A V/T (*turbar*) verwirren; einschüchtern B V/R **atur(r)ullarse** außer Fassung geraten; sprachlos sein
atusar A V/T 1 *pelo* (*recortar*) stutzen; (*alisar*) glatt streichen, glatt kämmen; *gener* (her)richten, ordnen 2 *árboles* beschneiden B V/R **atusarse** sich auftakeln *fam*, sich herausputzen
AUC *abr* (Autodefensas Unidas de Colombia) *paramilitärische Organisation der kolumbianischen Antiguerilla*
audacia F Kühnheit *f*, Verwegenheit *f*, Wagemut *m*; **audaz** ADJ kühn, verwegen; *desp* dreist, frech
audibilidad F Hörbarkeit *f*; Vernehmbarkeit *f*; **zona** *f* **de ~** Hörweite *f*; **audible** ADJ hör-

bar; **apenas ~** kaum hörbar, fast unhörbar;
audición F **1** *(escucha)* Hören *n;* Anhören *n;* TEL Verständigung *f* **2** *(oído)* Gehör *n* **3** *(concierto)* Konzert *n; (lectura)* Vortrag *m; de discos, etc:* Abspielen *n;* MÚS **primera ~** Erstaufführung *f* **4** *prueba:* MÚS Vorspiel(en) *n; de un cantante:* Vorsingen *n;* TEAT Vorsprechen *n* **5** JUR **~ de testigos** Zeugenvernehmung *f*
audiencia F **1** RADIO Zuhörer *mpl*, Zuhörerschaft *f*, TV Zuschauer *mpl*, Publikum *n;* **(índice** *m* **de) ~** Einschaltquote *f;* TV *tb* Sehbeteiligung *f* **2** *(recepción)* Audienz *f*, Empfang *m;* **~ pontificia** Papstaudienz *f;* **~ privada** Privataudienz *f* **(con** bei *dat);* **dar** *o* **conceder ~ a alg** j-m eine Audienz gewähren **3** ADMIN, JUR Anhörung *f; (juicio)* (Gerichts)Verhandlung *f;* **solicitar una ~** eine Anhörung beantragen **4** JUR *(tribunal)* Gerichtshof *m; sala:* Gerichtssaal *m;* **Audiencia Nacional** *oberstes spanisches Strafgericht;* **Audiencia Provincial** *corresponde a:* Landgericht *n*
audífono M Hörgerät *n*, -apparat *m; Am tb (auriculares)* Kopfhörer *m;* **audímetro** M TEC, RADIO, TV Audimeter *m*
audiofrecuencia F RADIO Tonfrequenz *f;* FÍS Hörfrequenz *f;* **audiograma** M MED Audiogramm *n;* **audiolibro** M Hörbuch *n;* Hörspielkassette *f;* **audiometría** F MED Gehörprüfung *f*, -messung *f*
audiómetro M MED Hörschwellenmessgerät *n;* Audiometer *n*
audioprotesista M/F Hörgeräteakustiker *m*, -in *f*
audiovisual **A** ADJ audiovisuell; **medios** *mpl* **~es** audiovisuelle Medien *pl* **B** M **(sector** *m***) ~** Audiovision *f*
auditar VT eine Rechnungsprüfung durchführen
auditivo **A** ADJ Gehör..., Hör...; **facultad** *f* **-a** Hörfähigkeit *f;* ANAT **conducto** *m* **~** Gehörgang *m* **B** M → auricular B 1, 2
auditor M **1** ECON Wirtschafts-, Rechnungs-, Betriebsprüfer *m* **2** JUR Beisitzer *m; Esp* **~ de guerra** Militärrichter *m;* **~ de marina** Marinerichter *m* **3** CAT **~ de la nunciatura** päpstlicher Auditor *m*
auditora F **1** ECON Wirtschafts-, Rechnungs-, Betriebsprüferin *f* **2** JUR Beisitzerin *f;* **auditoría** F ECON **~ (de cuentas)** Wirtschafts-, Rechnungs-, Betriebsprüfung *f; el informe:* Prüfungsbericht *m* (*tb* POL); *(oficina)* Büro *n (des Rechnungsprüfers);* **auditorio** M **1** *(audiencia)* Zuhörer *mpl*, Zuhörerschaft *f*, Auditorium *n*, Publikum *n* **2** → auditórium; **auditórium** M (Konzert-)Saal *m*, Aufführungssaal *m*
auge M **1** *(punto culminante)* Gipfel-, Höhepunkt *m;* ECON Aufschwung *m;* POL **en el ~ de su poder** auf dem Höhepunkt seiner Macht; ECON **estar en ~** blühen, florieren **2** ASTRON → apogeo
augur M HIST Augur *m*, römischer Wahrsager *m;* **augurar** **A** VT voraussagen, prophezeien **B** VI wahrsagen; **augurio** M Vorzeichen *n*, Omen *n;* **un buen/mal ~** ein gutes/schlechtes Omen
augusto **A** ADJ erhaben, edel, erlaucht **B** M Clown *m*, Hanswurst *m*
Augusto N PR M August *m;* HIST Augustus *m*
aula F UNIV Hörsaal *m; en la escuela:* Klassenzimmer *n;* **~ magna** Audimax *n;* **en el ~** im Unterricht
aulaga F BOT Stech-, Stachelginster *m*
áulico ADJ höfisch, Hof...
aullador ADJ heulend; ZOOL **(mono** *m***) ~** Brüllaffe *m;* **aullante** ADJ heulend
aullar VI ‹*stammbetonte Formen:* -ú-› heulen
aullido M, **aúllo** M Heulen *n*, Geheul *n*
aumentable ADJ vermehrbar; vergrößerungs-, steigerungsfähig; **aumentación** F RET Steigerung *f*, Klimax *f;* **aumentado** ADJ MÚS **intervalo** *m* **~** übermäßiges Intervall *n;* **aumentador** ADJ vergrößernd, verstärkend
aumentar **A** VT **1** *(incrementar)* vermehren, vergrößern (*tb* ÓPT); *(reforzar)* verstärken; *(ampliar)* erweitern; *precios, salarios, capital* erhöhen **(en** um *acus); rendimiento* steigern; **~ la velocidad** die Geschwindigkeit steigern *(o* erhöhen) **2** *fig (exagerar)* übertreiben **B** VI zunehmen, wachsen, sich mehren; *precios* steigen, sich erhöhen **(en** um *acus);* **~ de precio** im Preis steigen; **~ de volumen** an Umfang zunehmen; **los costos aumentan en un 3%** die Kosten erhöhen sich um 3% **C** V/R **aumentarse** **1** *precios, etc* erhöht werden **2** sich vergrößern, sich vermehren
aumentativo **A** ADJ vermehrend **B** M LING Augmentativ *n*, Vergrößerungsform *f*
aumento M **1** *(incremento)* Vermehrung *f;* Vergrößerung *f* (*tb* ÓPT); *numérico tb* Zunahme *f; de precio:* Erhöhung *f;* Anhebung *f;* **~ de los impuestos** Steuererhöhung *f;* **~ de población** Bevölkerungszunahme *f;* **~ de precios** Preiserhöhung *f;* **~ de la presión** Druckanstieg *m;* -steigerung *f;* **~ salarial** Lohnerhöhung *f;* **~ de sueldo** Gehaltserhöhung *f*, -aufbesserung *f;* **~ de temperatura** Temperaturanstieg *m;* **telescopio** *m* **de 200 ~s** Teleskop *n* mit zweihundertfacher Vergrößerung; **ir en ~** zunehmen; *fig rendimiento, negocio* aufwärtsgehen **2** LING Augment *n* **3** *Méx, Guat de una carta* Nachschrift *f*, Postskriptum *n*
aun **A** ADV sogar, selbst; **~ así** auch so noch; trotzdem; **ni ~** nicht einmal; **veinte y ~ treinta** zwanzig, ja sogar dreißig **B** CJ **~ cuando** wenn auch, selbst wenn, obwohl
aún ADV noch, immer noch; **~ no** noch nicht
aunador ADJ verbindend, versammelnd
aunar ‹*stammbetonte Formen:* -ú-› **A** VT verbinden, versammeln, verein(ig)en; **~ esfuerzos para** *(inf)* gemeinsame Anstrengungen machen, um zu *(inf);* **~ ideas** Vorstellungen unter einen Hut bringen **B** V/R **aunarse** sich einen; sich zusammentun **(con** mit *dat)*
aunque CJ **1** *(ind)* obwohl, obgleich; **~ llueve, saldré** ich gehe aus, obwohl es regnet **2** *(subj)* selbst wenn; wenn auch; **saldré, ~ llueva** selbst wenn es regnen sollte, gehe ich aus; **~ sea (con mucho trabajo)** wenn auch (mit viel Arbeit)
aúpa INT *fam* auf, auf!, hoch!; **de aúpa** *(grandioso)* großartig, super *fam*, prima *fam; (enorme)* gewaltig *fam*, enorm *fam; fam* **ser de aúpa** mit Vorszeicht zu genießen sein
au pair [o 'pɛr] F **(chica** *f***) ~** Au-pair-Mädchen *f*
aupar ‹*stammbetonte Formen:* -ú-› **A** VT *fam* auf die Beine helfen; hochheben; emporhelfen *(dat); fam fig* nach oben bringen **B** V/R **auparse** sich erheben; **~ los pantalones** sich *(dat)* die Hosen hochziehen
aura[1] F **1** *liter (viento suave)* Lufthauch *m*, Lüftchen *n* **2** *fig (fama)* Ruf *m*, Ansehen *n;* **~ popular** Volksgunst *f* **3** MED, *t/t* Aura *f*
aura[2] F *Am reg* ORN Truthahngeier *m*
áureo ADJ *liter* golden, gülden *(poét);* MAT **sección** *f* **-a** Goldener Schnitt *m*
aureola, auréola F **1** REL, *arte y fig* Aureole *f*, Heiligenschein *m*, Nimbus *m* **2** FÍS, ASTRON Aureole *f*, Lichthof *m*
aureolado ADJ **1** REL, *arte y fig* von einem Heiligenschein umgeben **2** ORN *plumaje* gerändert; **aureolar** VT mit einem Heiligenschein umgeben; *fig* verherrlichen
aureomicina F FARM Aureomycin *n*
aurícula F **1** *(oreja)* Ohrmuschel *f* **2** ANAT *del corazón:* (Herz)Vorhof *m*, Vorkammer *f* **3** BOT Aurikel *f*
auricular **A** ADJ **1** *de la oreja:* Ohren... **2** ANAT *del corazón:* Vorkammer... **B** M **1** TEL Hörmuschel *f;* Hörer *m* **2** *fonotecnia:* Kopfhörer *m;* **~ de botón** Ohrhörer *m;* **~ estéreo** Stereohörer *m;* **coger/colgar el ~** den Hörer abnehmen/auflegen **3** **el (dedo) ~** der kleine Finger
aurífero ADJ goldhaltig; **veta** *f* **-a** Goldader *f*
aurificar VT ‹1g› → orificar
auriga M HIST Wagenlenker *m*
Auriga M ASTRON Fuhrmann *m*
aurora F **1** *en la mañana:* Morgenröte *f;* **de color de ~** rosafarbig **2** *fig (comienzo)* Frühzeit *f*, Anfang *m;* **la ~ de la vida** die Jugendzeit *f* **3** **~ austral** Südlicht *n;* **~ boreal** Nordlicht *n;* **~ polar** Polarlicht *n* **4** REL Frühlobhymnus *m* **5** *bebida:* Mandelmilch *f* mit Zimtwasser **6** *Bol bebida: Art Maisschnaps*
auscultación F MED Auskultation *f*, Abhorchen *n;* **auscultar** VT **1** MED abhorchen; *t/t* auskultieren **2** *fig (explorar)* erforschen, ergründen
ausencia F **1** *de una persona:* Abwesenheit *f;* JUR Verschollenheit *f; de una cosa:* Fehlen *n*, Mangel *m* **(de** an *dat);* **en ~ de** *persona:* in Abwesenheit von *(acus); cosa:* bei Mangel an *(dat);* **~ sin autorización** unerlaubtes Fehlen *n (am Arbeitsplatz); fam irón* **brillar por su ~** *persona* durch Abwesenheit glänzen *fam; cosa* sich durch völliges Fehlen auszeichnen **2** **hacer buenas/malas ~s a alg** gut/schlecht von j-m reden; **tener buenas/malas ~s** einen guten/schlechten Leumund haben **3** *fig (distracción)* Zerstreutheit *f;* MED Bewusstseinstrübung *f; t/t* Absence *f*
ausentar **A** VT entfernen **B** V/R **ausentarse** sich entfernen; *(salir de viaje)* verreisen
ausente **A** ADJ **1** fehlend; *persona tb* abwesend; JUR **~ (en paradero desconocido)** verschollen **2** *fig (ensimismado)* geistesabwesend; zerstreut **B** M/F Abwesende *m/f;* Verschollene *m/f; prov* **~ sin culpa, ni presente sin disculpa** der Abwesende hat immer unrecht
ausentismo M **1** Reisewut *f* **2** *espec Am* → absentismo
ausoles MPL *Am Centr* Erdspalten *fpl auf vulkanischem Gelände*
auspiciador M, **auspiciadora** F *Am* Förderer *m*, Förderin *f*, Sponsor *m*, -in *f*
auspiciar VT ‹1b› **1** *(presagiar)* vorhersagen **2** *(patrocinar)* fördern; die Schirmherrschaft übernehmen über *(acus)*
auspicio M **1** *(agüero)* Vorzeichen *n*, Vorbedeutung *f;* **con tales ~s podemos empezar** wenn es so (gut) aussieht, können wir anfangen **2** **~s** *mpl (protección)* Schutz *m*, Schirmherrschaft *f;* **bajo los ~s de** unter der Schirmherrschaft von *(dat)* **3** *Am* Sponsoring *n*
auspicioso ADJ verheißungsvoll, vielversprechend
austeramente ADV streng; **austeridad** F **1** *(severidad)* (Sitten)Strenge *f; (rigurosidad)* Härte *f; (seriedad)* Ernst *m* **2** *(sencillez)* Nüchternheit *f;* Schmucklosigkeit *f;* POL *(economía)* Sparsamkeit *f;* POL **programa** *m* **de ~** Sparprogramm *n*
austero ADJ **1** *(severo)* streng, hart, ernst **2** *(retirado)* in sich *(acus)* gekehrt, zurückgezogen **3** *(sencillo)* schmucklos, sparsam
austral **A** ADJ südlich, Süd...; **África** *f* **~** südliches Afrika *n;* **Patagonia** *f* **~** Südpatagonien *n;* **polo** *m* **~** Südpol *m* **B** M *Arg* HIST Austral *m (Münzeinheit 1985–1992)*
Australia F Australien *n*
australiano **A** ADJ australisch **B** M, **-a** F Australier *m*, -in *f*
Austria F Österreich *n*
austriaco, austríaco **A** ADJ österreichisch

2 M, **-a** F Österreicher *m*, -in *f*
austro M *liter* Südwind *m*; **austrohúngaro** ADJ HIST österreichisch-ungarisch
autarcía F, **autarquía** F Autarkie *f*
autárquico ADJ autark
autenticación F Beglaubigung *f*
auténticamente ADV authentisch
autenticar VT ⟨1g⟩ beglaubigen; bestätigen, bekräftigen; **autenticidad** F Echtheit *f*, Authentizität *f*; (*credibilidad*) Glaubwürdigkeit *f*; (*eficacia*) Bewährtheit *f*
auténtico ADJ echt, authentisch; JUR rechtsgültig; (*digno de crédito*) glaubwürdig, zuverlässig
autentificar ⟨1g⟩ → autenticar
autillo[1] M HIST Spruch *m* der Inquisition
autillo[2] M ORN Zwergohreule *f*
autismo M MED Autismus *m*; **autista** A ADJ autistisch B M/F Autist *m*, -in *f*
auto[1] M *espec Am reg* (*automóvil*) Auto *n*; **~ de choque** *feria*: Autoskooter *m*; **~-expreso** Autoreisezug *m*; **~ de pedales** Tretauto *n*
auto[2] M 1 JUR **~ (judicial)** (richterliche) Verfügung *f*; **~ de apertura** *o* **de procesamiento** Eröffnungsbeschluss *m*; **~ acordado** allgemeiner Gerichtsbeschluss *m aller Senate*; **~ interlocutorio** (prozessleitender) Beschluss *m*; **~ de detención** *o* **de prisión** Haftbefehl *m*; **dictar ~ de detención** Haftbefehl *m* erlassen; **~ de providencia** vorsorglicher Beschluss *m* 2 (*actos*) **~s** *mpl* Prozessakten *fpl*; **constar en** *o* **de ~s** aktenkundig sein; **en ~s de juicio** in den Gerichts- (*o* Prozess)akten 3 *fig* **el día de ~s** am fraglichen Tage, am Tage der Tat; **lugar** *m* **de ~s** Tatort *m*; *fig* **estar en ~s** im Bilde sein; *fig* **poner en ~s** einweihen (**sobre** in *acus*), aufklären (**acerca de** über *acus*) 4 LIT, TEAT Mysterienspiel *n*; **~ sacramental** eucharistisches Festspiel *n* 5 REL, HIST **~ de fe** Ketzergericht *n*, -verbrennung *f*, Autodafé *n*; *fam* **hacer ~ de fe de a/c** etw verbrennen
auto... PREF 1 (*propio*) Selbst..., Auto..., auto..., eigen... 2 (*relativo al automóvil*) Auto..., Kraftfahr...; **autoabastecerse** VR sich selbst versorgen; **autoabastecimiento** M Selbstversorgung *f*; **autoacusación** F Selbstanklage *f*; **autoacusarse** sich selbst anklagen (*o* bezichtigen); **autoadhesivo** ADJ selbstklebend; **autoafirmación** F Selbstbestärkung *f*; **autoafirmarse** VR sich selbst bestärken; **autoaprendizaje** M Selbstlernen *n*, Selbststudium *n*; **curso** *m* **de ~** Selbstlernkurs *m*; **autoayuda** F Selbsthilfe *f*; **autobanco** M FIN Autoschalter *m*; **autobiógrafa** F Autobiografin *f*; **autobiografía** F Autobiografie *f*; **autobiográfico** ADJ autobiografisch; **autobiógrafo** M Autobiograf *m*; **autobomba** F Autobombe *f*; **autobombo** M *fam* Selbstlob *n*, Eigenreklame *f*; **autobronceador** M Selbstbräuner *m*
autobús M *transporte*: (Stadt-)Bus *m*; **~ interurbano** Überlandbus *m*; **~ de línea** Linienbus *m*; **estación** *f* **de autobuses** Busbahnhof *m*; **ir en ~** mit dem Bus fahren
autobusero M, **-a** M *fam* Busfahrer *m*, -in *f*
autocalificarse VR sich selbst bezeichnen (**de** als *acus*); **autocama** M FERR Autoreisezug *m*; **autocamión** M Last(kraft)wagen *m*, Laster *m*, Lkw *m*; **autocar** M Reise-, Überlandbus *m*; AVIA Zubringerbus *m*; **autocaravana** F AUTO Wohn-, Reisemobil *n*; **autocargador** M TEC Selbstlader *m*; **autocarista** M/F Busreisende *m/f*; **autocarril** M 1 *Bol, Chile* FERR Schienenbus *m* 2 *Am reg* (*autovía*) Schnellstraße *f*; **autocéfalo** ADJ REL unabhängig, *t/t* autokephal; **autocensura** F Selbstzensur *f*; **autochoque** M: Autoskooter *m*; **autocine** M Autokino *n*; **autoclave** M TEC Autoklav *m*, Drucktank *m*; **autocompadecerse** VR sich selbst bemitleiden; **autocompasión** F Selbstmitleid *n*; **autocomplacencia** F Selbstgefälligkeit *f*; **autocomplaciente** ADJ selbstgefällig; **autoconfianza** F Selbstvertrauen *n*; **autoconservación** F Selbsterhaltung *f*; **autocontención** F Selbstbeherrschung *f*
autocontrol M Selbstkontrolle *f*; **autocontrolado** ADJ selbstbeherrscht; **autocontrolarse** VR Selbstkontrolle ausüben
autocracia F POL Autokratie *f*, unumschränkte Herrschaft *f*; **autócrata** M/F Autokrat *m*, -in *f*; **autocrático** ADJ autokratisch, selbstherrlich
autocrítica F Selbstkritik *f* (**hacer** üben); **autocriticarse** VR ⟨1g⟩ sich in Selbstkritik üben; **autocrítico** ADJ selbstkritisch; **autocrómico** ADJ TIPO **impresión** *f* **-a** Autochromdruck *m*
autocross M DEP Autocross *n*
autóctono A ADJ autochthon, bodenständig B M, **-a** F Ureinwohner *m*, -in *f*
autodefensa F Selbstverteidigung *f*; **autodegradación** F Selbsterniedrigung *f*; **autodenominado** ADJ selbst ernannt; **autodenominarse** VR sich selbst bezeichnen als; **autodenuncia** F JUR Selbstanzeige *f*; **autodepuración** F ECOL Selbstreinigung *f*; **autodestrucción** F Selbstzerstörung *f*; **autodestructivo** ADJ selbstzerstörerisch; **autodeterminación** F FIL, PSIC, POL Selbstbestimmung *f*; **derecho** *m* **de ~** Selbstbestimmungsrecht *n*
autodidacta A ADJ autodidaktisch B M/F Autodidakt *m*, -in *f*; **autodidáctica** F Selbstunterricht *m*; **autodidáctico** ADJ autodidaktisch; **autodidacto** → autodidacta
autodinámico ADJ autodynamisch, selbstwirkend; **autodisciplina** F Selbstdisziplin *f*; **autodisolución** F *espec* POL Selbstauflösung *f*; **autodisolverse** sich selbst auflösen; **autodisparador** M FOT Selbstauslöser *m*; **autodominio** M Selbstbeherrschung *f*
autódromo M Autorennbahn *f*
autoedición F INFORM Desktop-Publishing *n*; **autoeducación** F Selbsterziehung *f*; **autoempleado** ADJ ECON selbstständig (beschäftigt); **autoempleo** M ECON Selbstständigkeit *f*; **autoencendido** M TEC Selbstzündung *f*; **autoengaño** M Selbsttäuschung *f*; **autoescalera** F Kraftfahrleiter *f* (*Feuerwehr*); **autoescuela** F Fahrschule *f*; **profesor** *m* **de ~** Fahrlehrer *m*; **autoestima** F Selbstachtung *f*; Selbstwertgefühl *n*; **autoestop** M → autostop; **autoestopista** M/F Anhalter *m*, Anhalterin *f*; **autoevaluación** F Selbsteinschätzung *f*; **autoexcluirse** VR sich ausschließen; **autoexiliarse** VR (*freiwillig*) ins Exil gehen; **autoexpreso** M FERR Autoreisezug *m*; **autofecundación** F BOT Selbstbefruchtung *f*; **autoferro** M *Col* FERR Schienenbus *m*; **autofinanciación** F Selbstfinanzierung *f*; **autofinanciar** VT selbst finanzieren; **autoflagelarse** VR ⟨1a⟩ sich selbst kasteien; **autofoco** M FOT, FILM Autofokus *m*; **autoformato** M INFORM Autoformat *n*; **autogamia** F BOT Autogamie *f*, Selbstbefruchtung *f*
autógeno ADJ autogen; TEC **soldadura** *f* **-a** autogenes Schweißen *n*; PSIC **entrenamiento** *m* **~** autogenes Training *n*
autogestión F ECON Selbstverwaltung *f* *in Betrieben*; **autogiro** M AVIA Tragschrauber *m*; **autognosis** F Selbsterkenntnis *f*; **autogobernarse** VR POL sich selbst verwalten; **autogobierno** M POL Selbstverwaltung *f*; Selbstregierung *f*; **autogol** M DEP Eigentor *m* (*tb fig*); **autogolpe** M POL Putsch *m* des gewählten Präsidenten
autograbado M TIPO → huecograbado; **autografía** F Steindruck *m*; **autografiar** VT ⟨1c⟩ 1 im Steindruckverfahren abziehen 2 (*poner su firma*) mit einer Unterschrift versehen
autógrafo A ADJ eigenhändig geschrieben; **carta** *f* **-a** Handschreiben *n* B M 1 *manuscrito original*: Urschrift *f*, Originalhandschrift *f* 2 (*firma*) Autogramm *n* 3 TIPO Umdruckpresse *f*
autohinchable ADJ selbstaufblasbar, selbstaufblasend; **autohipnosis** F Auto-, Selbsthypnose *f*; **autohotel** M *Méx* Motel *n*; **autoinculpación** F Selbstbeschuldigung *f*; Selbstanzeige *f*; **autoinculparse** VR sich selbst beschuldigen; sich selbst anzeigen; **autoinducción** F ELEC Selbstinduktion *f*; **autoinfección** F Selbstansteckung *f*; **autoinflable** ADJ selbstaufblasbar, selbstaufblasend
autoinflamable ADJ selbstentzündlich; **autoinflamación** F Selbstentzündung *f*
autointoxicación F Selbstvergiftung *f*; **autojustificación** F Selbstrechtfertigung *f*; **autolesión** F Selbstverstümmelung *f*; **autolimitación** F Selbstbeschränkung *f*; **autolimitar** VT *y* VR **~se** sich selbst beschränken; **autolimpiante** ADJ selbstreinigend; **autolisis** F MED Autolyse *f*
automación F Automation *f*; Automatisierung *f*; **autómata** M TEC Automat *m*; Roboter *m*; *fig* willenloses Werkzeug *n*
automática F 1 (*máquina de discos*) Musik-, Jukebox *f* 2 (*lavarropas*) Waschmaschine *f* 3 *arma de fuego*: Selbstlade-, Automatikpistole *f*; **automático** A ADJ automatisch, mechanisch (*tb fig*), selbsttätig B M 1 (**botón** *m*) **~** Druckknopf *m* 2 (**portero** *m*) **~** elektrischer Türöffner *m*
automatismo M 1 Automatismus *m* (*tb* MED) 2 *espec* TEC Selbsttätigkeit *f*; Automatik *f* 3 PSIC willenlose Handlung *f*, Triebhandlung *f*; **automatización** F Automatisierung *f*, Automation *f*; **automatizar** VT ⟨1f⟩ automatisieren
automedicación F Selbstmedikation *f*; **automercado** M *Am reg* Supermarkt *m*
automotor A ADJ sich selbst bewegend; selbstfahrend; TEC mit eigenem Antrieb; *Am* **industria** *f* **automotriz** Kraftfahrzeugindustrie B M 1 FERR Triebwagen *m*, Schienenbus *m* 2 *Arg* (*vehículo a motor*) Motorfahrzeug *m*
automóvil A ADJ sich selbst bewegend, selbstfahrend B M Automobil *n*, Auto *n fam*; ADMIN Kraftfahrzeug *n*, Kraftwagen *m*; **~ de carreras/deporte** Renn-/Sportwagen *m*; **~ de turismo** Personenkraftwagen *m*, Pkw *m*; **industria** *f* **del ~** Auto(mobil)industrie *f*
automovilismo M Autosport *m*; **automovilista** A ADJ → automovilístico B M/F Autofahrer *m*, -in *f*; **automovilístico** ADJ Auto(mobil)...; ADMIN Kraftwagen..., Kraftfahr...
automutilación F Selbstverstümmelung *f*; **automutilarse** VR sich selbst verstümmeln
autonombramiento M Selbsternennung *f*; **autonombrarse** VR sich selbst ernennen
autonomía F 1 (*independencia*) Unabhängigkeit *f*, Selbstständigkeit *f* (*tb* FIL) 2 POL Autonomie *f*; **~ (administrativa)** Selbstverwaltung *f* 3 *Esp* POL (*territorio autónomo*) autonome Region *f* 4 AUTO (*alcance*) Reichweite *f*; AVIA **~ de vuelo** Reichweite *f*
autonómico ADJ 1 Autonomie... 2 *Esp*

elecciones *fpl* -as Wahlen *fpl* in den autonomen Regionen; **autonomista** POL A ADJ autonomistisch B M/F Autonomist *m*, -in *f*

autónomo A ADJ 1 selbstständig, autonom (*tb* FIL, POL, MED) 2 *Esp* POL **Comunidad** *f* **Autónoma** autonome Region *f* B M (**trabajador** *m*) ~ selbstständiger Arbeiter

autopiloto M AVIA Autopilot *m*, automatische Steuerung *f*

autopista F 1 *transporte:* Autobahn *f*; ~ **de peaje** gebührenpflichtige Autobahn *f* 2 INFORM ~ **informática** *o* **de la información** Datenautobahn *f*, Infobahn *f*

autoplastia F MED Autoplastik *f*; **autoportante** ADJ AUTO selbsttragend; **autopropulsión** F TEC Selbstantrieb *m*; **autoprotección** F Selbstschutz *m*

autopsia F 1 MED Autopsie *f*, Obduktion *f* 2 FIL Autopsie *f*

autor M, **autora** F 1 *de hechos:* Täter *m*, -in *f* (*tb* JUR); Urheber *m*, -in *f*; ~ *m* **del atentado** Attentäter *m*; ~ **material** ausführender Täter *m*; ~ **moral** Anstifter *m*; *espec* POL Schreibtischtäter *m* 2 LIT Verfasser *m*, -in *f*; Schriftsteller *m*, -in *f*, Autor *m*, -in *f*; ~ *m* **teatral** Bühnenautor; **derechos** *mpl* **de** ~ Urheberrechte *npl*; TEAT Tantiemen *fpl*; **sociedad** *f* **de ~es** Schriftstellerverband *m* 3 (*inventor, -a*) Erfinder *m*, -in *f*, Entdecker *m*, -in *f* 4 *hum* **el ~ de mis días** (*mi padre*) mein alter Herr, mein Erzeuger

autoría F 1 JUR Täterschaft *f* 2 HIST, TEAT *Amt eines Theaterdirektors, der auch Dichter der Stücke war* 3 LIT Urheberschaft *f*

autoridad F 1 (*respeto*) Ansehen *n*, Autorität *f*; (*poder*) Macht(befugnis) *f*, (Amts)Gewalt *f*; **hablar con ~** ein gewichtiges Wort (*o* ein Machtwort) sprechen; *fig* **hacer valer toda su ~** sein ganzes Gewicht in die Waagschale werfen; **tener plena ~ sobre alg** alles über j-n vermögen; **no tener ~ sobre alg** bei j-m nichts ausrichten können 2 (*administración*) *frec* **~es** *fpl* Behörde *f*; **las ~es constituidas** die bestehende Obrigkeit *f*; **~ administrativa/local** Verwaltungs-/Ortsbehörde *f*; ECON **~ bursátil** Börsenaufsicht *f* 3 *persona:* Autorität *f*, angesehene (*o* kompetente) Persönlichkeit *f*; **ser una ~ en ...** eine Autorität in ... (*dat*) sein

autoritario ADJ autoritär, selbstherrlich, herrisch; **autoritarismo** M autoritäres System *n*, autoritäres Prinzip *n*; **autoritativo** ADJ autoritativ, maßgeblich, Autoritäts...

autorización F 1 (*poder*) Bevollmächtigung *f*, Ermächtigung *f*; Genehmigung *f* 2 (*derecho*) Berechtigung *f*; INFORM **~ de acceso** Zugriffsberechtigung *f* 3 (*legalización*) Beglaubigung *f*, Beurkundung *f*; **autorizadamente** ADV mit Fug und Recht

autorizado ADJ 1 (*apoderado*) ermächtigt, berechtigt, befugt (**para** zu *inf o dat*); (*competente*) zuständig (**para** für *acus*); **no ~** unbefugt; (**no**) **~ para firmar/recibir** (nicht) unterschrifts-/empfangsberechtigt 2 (*respetado*) angesehen, glaubwürdig

autorizante ADJ beglaubigend

autorizar ⟨1f⟩ A V/T 1 (*apoderar*) bevollmächtigen, ermächtigen (**para** zu *inf o dat*) 2 (*aprobar*) genehmigen, gutheißen 3 (*dar derecho*) berechtigen (**para** zu *inf o dat*) 4 *notario:* beglaubigen 5 *fig* (*dar importancia*) **~ a alg** j-m Ansehen geben B V/R **~se con** sich berufen auf (*acus*)

autorradio F/M Autoradio *n*; **autorradiografía** F FÍS Autoradiografie *f*; **autorrealización** F Selbstverwirklichung *f*; **autorregadora** F (Straßen)Sprengwagen *m*; **autorregistrador** ADJ selbstregistrierend

autorregulable ADJ TEC selbstregulierend; **autorregulación** F TEC Selbstregulierung *f*

autorreplicable ADJ INFORM *virus informático* selbstreproduzierend; **autorretrato** M PINT Selbstbildnis *n*

autorreverse M *casetera:* Autoreverse *n*, Umschaltautomatik *f*; **autorreversible** ADJ *casetera* mit Autoreversesystem

autorriel M FERR Schienenbus *m*; **autosacrificio** M Selbstaufopferung *f*; **autosatisfacción** F Selbstzufriedenheit *f*; **autoservicio** M Selbstbedienung *f*; (**tienda** *f* **de**) ~ Selbstbedienungsladen *m*; **autostop** M, **auto-stop** M Autostopp *m*; **hacer ~** *o* **viajar por ~** per Anhalter reisen; **autostopista** M/F Anhalter *m*, -in *f*

autosuficiencia F Selbstgenügsamkeit *f*; *desp* Überheblichkeit *f*; ECON, POL Autarkie *f*; **autosuficiente** ADJ selbstgenügsam; *desp* selbstgefällig; POL autark

autosugestión F Autosuggestion *f*; **autosugestionarse** V/R sich selbst suggerieren

autotemplante ADJ TEC *acero* selbsthärtend; **autotest** M *máquina:* Selbsttest *m zur Funktionsüberprüfung*; **autotipia** F TIPO Autotypie *f*; **autotrén** M FERR Autoreisezug *m*; **autovacuna** F MED Selbstimpfung *f*; **autovía** A M *Esp* FERR Triebwagen *m*; Schienenbus *m* B F AUTO Schnellstraße *f*

autumnal ADJ herbstlich, Herbst...

auvernés M, **-esa** F Bewohner, -in *f* der Auvergne, Auvergner *m*, -in *f*

Auvernia F Auvergne *f*

auxiliador A ADJ helfend B M, **auxiliadora** F Helfer *m*, -in *f*

auxiliar[1] A ADJ helfend, Hilfs...; GRAM **verbo** *m* ~ Hilfsverb *n*; **profesor** *m* ~ *en el colegio:* Hilfslehrer *m*; UNIV *corresponde a:* Assistent *m* B M/F 1 (*ayudante*) Gehilfe *m*, Gehilfin *f*; Hilfskraft *f*; ADMIN **~ administrativo, -a** Verwaltungsangestellte *m/f* im unteren Dienst; MED **~ de clínica** Krankenpfleger *m*, -schwester *f*; **~ de geriatría** Altenpfleger *m*, -in *f*; MED **~ *f* de médico** Arzthelferin *f* 2 AVIA **~ *m* de vuelo** *o* **de a bordo** Steward *m* C M 1 GRAM Hilfsverb *n* 2 *transporte:* Zubringer(weg) *m*

auxiliar[2] V/T ⟨1b⟩ 1 (*ayudar*) **~ a alg** j-m helfen, j-m beistehen 2 *en el momento de la muerte:* **~ a alg** j-m geistlichen Beistand leisten

auxilio M 1 (*ayuda*) Hilfe *f*, Beistand *m*; Unterstützung *f*; JUR **~ judicial** Rechtshilfe *f*; MED **Primeros Auxilios** Erste Hilfe *f*; **acudir en ~ de alg** j-m zu Hilfe eilen; **pedir ~** um Hilfe bitten; um Hilfe rufen; **prestar ~ a alg** j-m helfen, j-m beispringen; **¡~!** (zu) Hilfe! 2 AUTO **~ en carretera** Pannenhilfe *m*, Straßenwacht *f* 3 REL *antes de morir:* **recibir los ~s espirituales** die Sterbesakramente empfangen

auyama F *Col, C. Rica, Cuba, S.Dgo, Ven* BOT (Speise-, Riesen-)Kürbis *m*

Av. *abr* (Avenida) *corresponde a:* Allee *f*

AV *abr* (Asociación de Vecinos) *Esp* Bürgervereinigung *f*

avadar V/I *y* V/R **~se** durchwatbar werden

avahar A V/I dampfen B V/T GASTR dämpfen

aval M 1 ECON Wechselbürgschaft *f*; Avalakzept *n*; *gener* Garantieschein *m*; **~ bancario** Bankbürgschaft *f*; (**crédito** *m* **de**) ~ Avalkredit *m* 2 *fig* (*garantía*) Bürgschaft *f*, Garantie *f*

avalancha F Lawine *f* (*tb fig*); *transporte:* **~ de coches** Blechlawine *f fam*; **~ de lodo** Schlammlawine *f*

avalar A V/T 1 ECON **~ una letra** Wechselbürgschaft leisten 2 *gener* bürgen für (*acus*), garantieren für (*acus*); (*apoyar*) unterstützen B V/I Wechselbürgschaft übernehmen

avalent(on)ado ADJ säbelrasselnd, großsprecherisch; **avalentonarse** → envalentonar B

avalista M/F ECON Wechselbürge *m*, -bürgin *f*

avalorar V/T Wert verleihen (*dat*); *fig* ermutigen; **avaluar** V/T ⟨1e⟩ bewerten, taxieren; **avalúo** M Bewertung *f*, Schätzung *f*

avance M 1 Vorrücken *n*; Vormarsch *m*; *fig* (*adelanto*) Fortschritt *m* 2 TEC Vorschub *m*; **~ de la chispa** Zündverstellung *f*; **~ del encendido/de la ignición** Früh-/Vorzündung *f*; **~ de línea(s)** INFORM Zeilenvorschub *m*; **~ de papel** *impresora:* Papiervorschub *m* 3 *de dinero:* Vorschuss *m* 4 COM *balance:* (Zwischen)Bilanz *f*; (*presupuesto*) Voranschlag *m*; POL **~ de presupuesto** Haushaltsvoranschlag *m* 5 FILM, TV Vorschau *f*; TV **~ informativo** Kurznachrichten *fpl*; Nachrichtenüberblick *m*; **~ de programas** Programmvorschau *f* 6 TIPO **~ editorial** Vorabdruck *m*

avante INT MAR vorwärts!

avanzada F 1 MIL Vorhut *f*; **~s** *fpl* (**de combate**) (Gefechts)Vorposten *mpl* 2 *al esquiar:* Vorlage *f*; **avanzadilla** F MIL Vortrupp *m*;

avanzado ADJ 1 *edad, enfermedad, proceso* fortgeschritten; MIL vorgeschoben 2 *fig tecnología, método* fortschrittlich, entwickelt; *Internet:* **búsqueda** *f* **-a** Profisuche *f*, erweiterte Suche *f*

avanzar ⟨1f⟩ A V/I 1 (*moverse hacia adelante*) vorrücken (*tb* MIL); vorwärtsgehen, vorwärtskommen ; **~(se) a un punto** auf einen Punkt zugehen, (in Richtung) auf einen Punkt vorrücken 2 *fig asunto* fortschreiten, Fortschritte machen; **a medida que avanzaba el tiempo perdía la esperanza** mit der Zeit verlor er/sie die Hoffnung B V/T 1 *observación* vorausschicken; *propuesta* vorbringen 2 *dinero* vorschießen 3 *pie* vorsetzen 4 TEC vorschieben; MIN *galería* vortreiben 5 *Méx fam* (*hurtar*) stehlen

avaricia F Geiz *m*; (*codicia*) Habsucht *f*, Geldgier *f*; **avaricioso** ADJ (*agarrado*) geizig; (*codicioso*) habgierig, habsüchtig; **avariento** → avaro

avaro A ADJ (*agarrado*) geizig, knauserig, schäbig; (*codicioso*) habsüchtig, geldgierig; **~ de palabras** wortkarg; *fig* **ser ~ de a/c** mit etw (*dat*) geizen B M, **-a** F Geizhals *m*, Geizkragen *m fam*, Knauser *m*, -in *f fam*

avasallador ADJ *fig* überwältigend; **avasallamiento** M Unterwerfung *f*; **avasallar** V/T 1 (*someter*) unterwerfen, unterjochen, knechten 2 *fig* (*rendir*) überwältigen

avatares MPL Wechselfälle *mpl* (des Schicksals)

Avda. F *abr* (Avenida) *corresponde a:* Allee *f*

ave F 1 *gener* Vogel *m*; **~s** *pl* (**de corral**) (Haus-)Geflügel *n*; **~ acuática** Wasservogel *m*; **~s** *pl* **de caza** Federwild *n*; *tb fig* **~ migratoria** *o* **de paso** Zugvogel *m*; *tb fig* **~ nocturna** Nachtvogel *m*; **~ del paraíso** Paradiesvogel *m*; **~ rapaz** *o* **de rapiña** *o* **de presa** Greifvogel *m*; *fam* Raubvogel *m*; **~ de San Martín** Blaufalke *m*; **~ tonta** *o* **zonza** Rohrammer *f*, -spatz *m*; *fig* Einfaltspinsel *m*; **~ toro** Rohrdommel *f* 2 *fig* **~ de mal agüero** Unglücksrabe *m*; Schwarzseher *m*; *Arg fig desp* **~ negra** (Winkel-)Advokat *m*, Rechtsverdreher *m*,; *fig* **ser un ~** gerissen (*o* schlau) sein

AVE M *abr* ([Tren de] Alta Velocidad Española) *Esp* FERR Hochgeschwindigkeitszug *m*

avechucho M hässlicher Vogel *m* (*tb fig*); **avecilla** F Vögelchen *n*; **~ de las nieves** ZOOL Bachstelze *f*

avecinarse V/R 1 (*acercarse*) sich nähern 2 (*asentarse*) sich ansiedeln; **avecindado** ADJ ansässig; eingesessen; **avecindamiento** M Einbürgerung *f*; **avecindar** A V/T einbürgern, das Bürgerrecht erteilen (*dat*) B V/R **avecindarse** sich ansiedeln, seinen Wohnsitz nehmen

avefría F ORN Kiebitz *m*

avejentar A VT (vor der Zeit) alt machen B VR **avejentarse** vor der Zeit altern

avejigarse VR ‹1h› Blasen werfen (o bilden)

avellana F BOT Haselnuss f; **~ índica** o **de la India** Myrobalane f (Gerbstoff); **avellanado** A ADJ 1 color: haselnussfarben, nussbraun 2 (arrugado) faltig, runzlig B M TEC Versenken n von Schraubenköpfen etc; **avellanador** M TEC Versenkbohrer m, Senker m

avellanal, M BOT Haselgebüsch n

avellanar[1] A VT TEC roblón, tornillo versenken B VR **avellanarse** fig zusammenschrumpfen; runzlig werden

avellanar[2] M, **avellanedo** M →avellanal;

avellano M BOT Hasel f, Haselstrauch m

avemaría F REL Ave-Maria n; (ángelus) Abendläuten n; **al ~** beim Dunkelwerden; fam fig **en un ~** im Nu, im Handumdrehen

Ave María (Purísima) INT asombro, espanto: ach du lieber Gott!

avena F 1 BOT Hafer m; **~ loca** Flughafer m; **~ mondada/molida** Hafer-/Graupenflocken fpl; **copos** mpl **de ~** Haferflocken fpl; **harina** f o **flor** f **de ~** Hafermehl n; **papilla** f **de ~** Hafergrütze f, -brei m 2 poét (zampoña) Hirtenflöte f

avenado ADJ 1 (loco) närrisch, verrückt 2 (que contiene avena) haferhaltig, mit Hafer vermischt; **avenal** M Haferfeld n

avenamiento M Entwässerung f, Dränage f, Dränung f; **avenar** VT terreno entwässern, dränieren, dränen

avenencia F 1 (acuerdo) Übereinkunft f 2 JUR (arreglo) Vergleich m 3 (conformidad) Einverständnis n, Eintracht f; **avenible** ADJ verträglich

avenida F 1 (vía ancha) Allee f; Prachtstraße f 2 (afluencia) Zustrom m 3 (inundación) Hochwasser n; Überschwemmung f 4 (camino de acceso) Zufahrt f; espec MIL **~s** fpl Zugang m, Zugangsmöglichkeiten fpl

avenido ADJ **bien ~** einig; zufrieden (**con** mit dat); **mal ~** uneinig; unzufrieden (**con** mit dat); **matrimonio** m **mal ~** unharmonische Ehe f

avenimiento M Einigwerden n

avenir ‹3s› A VT einigen, versöhnen B VR **avenirse** 1 (entenderse) sich (gut) vertragen; sich verstehen; sich einigen (**en** über acus; **con** mit dat) 2 **~ (a)** (adaptarse) sich anpassen (an acus); (conformarse) sich abfinden (mit dat); sich bequemen (zu dat o inf); sich bereit erklären (zu dat); **~ a negociar** zu Verhandlungen bereit sein; **~ a razones** sich (dat) etwas sagen lassen, vernünftig sein 3 **(no) ~ con** expresiones, comportamiento, etc (nicht) passen zu (dat), (nicht) übereinstimmen mit (dat)

aventado ADJ unbesonnen

aventador M 1 AGR Worfschaufel f 2 TEC Windsichter m 3 (abanico) Wedel m, Fächer m; **aventadora** AGR F **(máquina** f**) ~** Windfege f

aventajadamente ADV vorteilhaft; **aventajado** ADJ 1 (excelente) vorzüglich, tüchtig; **alumno** m **~** begabter Schüler m; **de estatura -a** hochgewachsen, stattlich 2 bevorzugt; **aventajamiento** M → ventaja

aventajar A VT 1 (superar) übertreffen, überragen (**en** an dat); **~ a todos en** alle übertreffen an o in (dat) 2 (preferir) **~ a/c** etw vorziehen, einer Sache (dat) den Vorzug geben B VR **aventajarse** sich hervortun

aventamiento M AGR Worfeln n

aventar ‹1k› A VT 1 Luft zuführen (dat); fuego anfachen; viento fortwehen; AGR cereal worfeln 2 fam fig (ahuyentar) verscheuchen; an die Luft setzen fam 3 Méx golpe versetzen 4 Cuba azúcar der Luft und der Sonne aussetzen, im Freien auslegen 5 Am → hinchar B VR **aventarse** 1 (inflarse) sich aufblähen 2 fam fig (huir) sich davonmachen, abhauen fam; **~ sobre alg** sich auf j-n stürzen

aventón M Méx Schubser m, Ruck m; fam **dar un ~ a alg** j-n im Auto mitnehmen

aventura F 1 Abenteuer n; **~ amorosa** Liebesabenteuer n; **embarcarse en ~s** sich auf Abenteuer einlassen; **ir** o **salir en busca de ~s** auf Abenteuer ausziehen; **tener una ~ (amorosa) con alg** ein Abenteuer (o eine Affäre) mit j-m haben 2 (vivencia) Erlebnis n, zufällige Begebenheit f 3 (riesgo) Wagnis n

aventurar A VT wagen, aufs Spiel setzen; **~ una conjetura** eine Vermutung wagen B VR **aventurarse** sich vorwagen; **~ a salir** sich hinauswagen

aventurero A ADJ 1 abenteuerlich; abenteuerlustig; **espíritu** m **~** Abenteuerlust f 2 Cuba, Méx, S.Dgo AGR außerhalb der üblichen Saatzeit angebaut B M, **-a** F Abenteurer m, -in f, Glücksritter m, -in f; **aventurilla** F fam **~ (extramatrimonial)** Seitensprung m;

aventurismo M Abenteuerlust f, -geist m

avergonzado ADJ beschämt; verschämt, schamhaft; **avergonzar** ‹1n y 1f› A VT beschämen B VR **avergonzarse** 1 sich schämen (**de** zu inf); **~ por a/c** sich einer Sache (gen) schämen 2 (ruborizarse) erröten

avería[1] F 1 (averío) Geflügel n 2 lugar: Geflügelhaus n

avería[2] F 1 MAR Havarie f; **~ gruesa** o **común** große Havarie f; **~ simple** o **particular** besondere Havarie f; **liquidación** f o **reparto** m **de ~s** Dispache f (*Schadensfeststellung bei Havarie*); **comisario** m **de ~s** Dispacheur m (*Sachverständiger für Schiffsschäden*) 2 (daño) Beschädigung f, Schaden m; espec AUTO Panne f; TEC Störung f; AVIA Bruch m; AUTO **servicio m de ~s** Pannendienst m; AUTO **tener una ~** eine Panne haben; **sufrir ~s** Schaden leiden

averiado ADJ 1 (dañado) beschädigt, schadhaft; ramponiert fam 2 fig persona mitgenommen; **estar ~** einen Knacks weghaben fam, kränkeln

averiar ‹1c› A VT beschädigen B VR **averiarse** 1 MAR (sufrir una avería) Havarie leiden, havarieren 2 gener (estropearse) beschädigt werden, kaputtgehen fam; espec AUTO eine Panne haben; mercancía verderben

averiguable ADJ erforschbar; nachprüfbar, überprüfbar; **averiguación** F Erforschung f, Nachforschung f, Ermittlung f, Untersuchung f; seguros: espec Am **~ de daños y perjuicios** Schadensfeststellung f; **averiguador** ADJ ergründend; **averiguamiento** M → averiguación

averiguar ‹1i› A VT (investigar) untersuchen, nachforschen, ermitteln; (encontrar) ausfindig machen, herausfinden, ergründen; fam **¡averígüelo Vargas!** das mag der Himmel wissen! B VI Am Centr → **porfiar, discutir**

averío M col Geflügel n

avernal ADJ MIT *auf die Unterwelt bezogen*; **averno** M MIT Unterwelt f; Hölle f

averroísmo M FIL Averroismus m, Lehre f des Averroes; **averroísta** ADJ FIL A averroistisch B M/F Averroist m, -in f

averrugado ADJ warzig

aversión F Abneigung f, Widerwille m, Aversion f (**a, por, hacia** gegen acus); Scheu f (**a** vor dat); **cobrar ~ a alg/a/c** j-n/etw nicht mehr leiden können; **aversivo** ADJ Widerwillen erzeugend

avestruz M ‹pl -uces› ORN Strauß m; **~ de América** Nandu m; fig **táctica** f o **actitud** f o **política** f **del ~** Vogel-Strauß-Politik f

avetorillo M ORN Zwergrohrdommel f;

avetoro M ORN Rohrdommel f

avezado ADJ gewöhnt; **avezar** ‹1f› A VT **~ a** gewöhnen an (acus) B VR **~se a** sich gewöhnen an (acus); **~se al ambiente** sich in seine Umgebung einleben

aviación F Luftfahrt f; Flugwesen n; **~ civil** Zivilluftfahrt f; **~ comercial** Handelsluftfahrt f; **~ deportiva** Sportfliegerei f; **~ (militar)** Luftwaffe f; **~ naval** Marineluftwaffe f; **escuela** f **de ~** Fliegerschule f

AVIACO F abr (Aviación y Comercio, S.A.) *spanische Fluggesellschaft*

aviador[1] M Flieger m, (Flugzeug)Pilot m; **~ civil** Pilot m einer Verkehrsmaschine; MIL **~ de caza/de combate** Jagd-/Kampfflieger m

aviador[2] M 1 MAR Vor-, Schiffsbohrer m 2 Am reg (empresario de minas) Bergunternehmer m 3 (prestamista) Geldverleiher m

aviadora F Fliegerin f, Pilotin f

AVIANCA abr (Aerovías Nacionales de Colombia) *kolumbianische Fluggesellschaft*

aviar[1] ‹1c› A VT 1 (disponer) herrichten, fertig machen; (für die Reise) vorbereiten 2 (propocionar) mit dem Nötigen versehen; ausstatten (**de** mit dat); ausstaffieren fam 3 fam fig **¡estamos aviados!** da sitzen wir schön in der Patsche! B VR **aviarse** 1 (prepararse) sich fertig machen, sich herrichten 2 (apresurarse) sich beeilen 3 fam **aviárselas** (arreglárselas) zurechtkommen, sich (dat) zu helfen wissen

aviar[2] ADJ Geflügel…; **peste** f **~** Geflügelpest f

aviario A ADJ → avícola B M Vogelhaus n, Voliere f

AVIATECA F abr (Empresa Guatemalteca de Aviación) *guatemaltekische Fluggesellschaft*

avícola ADJ Geflügel…; **granja** f **~** Geflügelfarm f

avicultor M, **avicultora** F Geflügel-, Vogelzüchter m, -in f; **avicultura** F Geflügel-, Vogelzucht f

ávidamente ADV gierig

avidez F Gier f; **~ de lucro** Gewinnsucht f; **con ~** begierig

ávido ADJ gierig; gefräßig; **~ de** gierig auf (acus); **~ de aventuras** abenteuerlustig; **~ de dinero** geldgierig; **~ de gloria** ruhmsüchtig; **~ de poder** machthungrig; **~ de saber** wissensdurstig; **~ de sangre** blutrünstig

aviejar A VT alt machen B VR **aviejarse** vor der Zeit altern; fig altmodisch werden

aviento M AGR Worfel f; Strohgabel f

avieso A ADJ 1 (torcido) verkehrt; schief, krumm 2 fig (malo) boshaft; ungeraten; verdreht fam B M Col Abtreibung f

avifauna F Vogelwelt f

Ávila F *span Stadt u Provinz*

avilantarse VR übermütig (o frech) werden;

avilantez F Frechheit f; Gemeinheit f

avilés A ADJ aus Avila B M, **-esa** F Einwohner m, -in f von Ávila

avillanado ADJ bäurisch, grob; fig niederträchtig

avinagrado ADJ (essig)sauer; fig mürrisch; **avinagrar** A VT fig verbittern B VR **avinagrarse** sauer werden; fig bitter werden

avío M 1 (equipamiento) Ausrüstung f 2 (provisiones) Wegzehrung f, Mundvorrat m 3 **~s** mpl (utensilios) Werkzeug n, Sachen fpl; **~s de afeitar/coser** Rasier-/Nähzeug n; fam **hacer su ~** seinen Kram erledigen fam; **¡al ~!** ans Werk! 4 Am (préstamo) Darlehen n an Arbeiter in Geld oder Naturalien

avión[1] M 1 gener Flugzeug n; fam Flieger m; **~ anfibio/comercial** Amphibien-/Verkehrsflugzeug n; **~ de carga** Frachtflugzeug n; **~ chárter** Chartermaschine f; **~ correo** Postflugzeug n; **~ de despegue vertical** Senkrechtstarter m; **~-escuela** Schulflugzeug n; **~ de hélice/de**

observación Propeller-/Beobachtungsflugzeug *n*; ~ **de línea** Linienflugzeug *n*; ~ **de** *o* **a reacción**, *Am* ~ **a chorro** Düsenflugzeug *n*; ~ **supersónico** Überschallflugzeug *n*; **ir en** ~ fliegen; *persona* **hacer el** ~ ein Flugzeug imitieren; *fam fig* nerven **2** MIL ~ **de bombardeo** Bomber *m*; ~ **de caza** Jagdflugzeug *n*; ~ **cisterna** *o* **nodriza** Tankflugzeug *n*; ~ **cohete** Raketenflugzeug *n*; ~ **de combate** Kampfflugzeug *n*; ~ **de exploración** *o* **de reconocimiento**, ~ **espía** Aufklärungsflugzeug *n*, Aufklärer *m*; ~ **de observación** Beobachtungsflugzeug *n*; ~ **invisible** Tarnkappenflugzeug *n*; ~ **torpedo/de transporte** Torpedo-/Transportflugzeug *n* **3** *correos*: **por** ~ mit Luftpost

avión² M ORN Mehlschwalbe *f*; *fig* Leichtfuß *m*

avioneta F Klein-, Sportflugzeug *n*

aviónica F AVIA Luftfahrtelektronik *f*

avisadamente ADV klug; **avisado** ADJ schlau, gewitzt; **mal** ~ übel beraten, unklug; leichtfertig; **avisador** **A** ADJ anzeigend, warnend, mahnend **B** M, **avisadora** F Botengänger *m*, -in *f*, Laufbursche *m* **C** M TEC Meldeanlage *f*; AUTO ~ **acústico de luces encendidas** Lichtwarnsummer *m*; ~ **de incendios** Feuermelder *m*; ~ **luminoso** Warnlampe *f*; AUTO Lichthupe *f*; ~ **de movimientos** Bewegungsmelder *m*

avisar VT **1** *(notificar)* ~ **a alg** j-n benachrichtigen, j-n verständigen; j-m Bescheid sagen; *médico, electricista, etc* j-n rufen; ~ **un taxi** ein Taxi bestellen *o* rufen; ~ **a alg (de) a/c** j-m etw melden, ankündigen; j-n auf etw *(acus)* aufmerksam machen; j-n vor etw *(dat)* warnen; ~ **a alg que ...** j-n darauf aufmerksam machen, dass ... **2** *(anunciar)* anmelden, anzeigen, ankündigen; *(advertir)* warnen; COM ~ **con quince días de anticipación** vierzehntägig kündigen *(dat)*; **sin** ~ unangemeldet **3** *Am (publicar un aviso)* inserieren

aviso M **1** *(notificación)* Benachrichtigung *f*, Nachricht *f*; Meldung *f*; *en público*: Bekanntmachung *f*; *espec* ADMIN Bescheid *m*; TEL ~ **de llamada por vibración** Vibrationsalarm; *correos*: ~ **de recibo** Rückschein *m*; **hasta nuevo** ~ bis auf Widerruf; bis auf Weiteres; **dar** ~ **a alg** j-n benachrichtigen; **salvo** ~ **contrario** Widerruf vorbehalten; AVIA **último** ~ letzter Aufruf *m* **2** *(señal)* Wink *m*, Fingerzeig *m*; *(advertencia)* Warnung *f*; Hinweis *m*; **previo** ~ auf Abruf; Benachrichtigung folgt; **sin previo** ~ ohne Vorwarnung, unangemeldet; **estar sobre** ~ auf der Hut sein; **poner sobre** ~ warnen; (rechtzeitig) informieren; **servir de** ~ eine Lehre sein **3** COM Avis *m/n*, Anzeige *f*; FIN ~ **de abono/adeudo** Gut-/Lastschriftanzeige *f* **4** TAUR *(anuncio)* Ankündigung *f über eine längere Dauer des Kampfes* **5** *Am en el diario*: Zeitungsanzeige *f* **6** *(rescisión de contrato)* Kündigung *f*

avispa F *insecto*: Wespe *f*; **avispado** ADJ aufgeweckt, schlau; **avispar** **A** VT *caballo* antreiben; *fig* munter machen, ~ **a alg** j-n antreiben; j-m Beine machen *fam* **B** VR **avisparse** munter werden; *fig (inquietarse)* sich beunruhigen; **avispero** M **1** *(panal)* Wespennest *n (tb fig)*; *(conjunto de avispas)* Wespenschwarm *m*; *fig* **meterse en un** ~ in ein Wespennest greifen (*o* stechen) **2** MED *(carbunco)* Karbunkel *m*; **avispilla** M/F *fam* Schlaukopf *m fam*; **avispón** M *insecto*: Hornisse *f*

avistar **A** VT von Weitem erblicken, sichten **B** VR **avistarse** → entrevistar B

avitamínico ADJ MED Vitaminmangel...; **avitaminosis** F MED Vitaminmangelkrankheit *f*, Avitaminose *f*

avitelado ADJ pergamentartig

avituallamiento M Verpflegung *f*, Proviant *m*; **avituallar** VT verpflegen, mit Proviant versorgen

avivado ADJ *fig (astuto)* gerieben; **avivador** **A** ADJ belebend, aufmunternd **B** M TEC **1** *(guillame)* Falzhobel *m* **2** *(pliege)* Falz *m*; **avivamiento** M Belebung *f*

avivar **A** VT beleben, *fuego y fig* anfachen; *fig* anfeuern, ermuntern; ~ **la luz** das Licht heller brennen lassen; ~ **el ojo** scharf hinsehen (*o* aufpassen); ~ **el paso** schneller gehen **B** VR **avivarse** sich beleben; *plantas* in Kraft und Saft kommen; *luz, llama* aufflackern; *Am fam (despertar)* aufwachen

avizor ADJ **estar ojo** ~ auf der Hut sein; **avizorar** VT & VI *fam* (aus)spähen, (be)lauern

avocar VT ⟨1g⟩ JUR vor eine höhere Instanz ziehen

avoceta F ZOOL Säbelschnabler *m*

AVT F *abr* (Asociación de Víctimas del Terrorismo) *Esp* Vereinigung *f* der Opfer des Terrorismus

avugo M BOT Holzbirne *f*

avulsión F MED Extirpation *f*; **avulsivo** M FON Schnalzlaut *m*

avutarda F ORN Großtrappe *f*; ~ **menor** Zwergtrappe *f*

axi(a)l ADJ Achs(en)..., axial

axila F **1** ANAT Achsel(höhle) *f* **2** BOT Achsel *f*; **axilar** ADJ **1** ANAT axillar, Achsel... **2** BOT achsel-, winkelständig

axiología F FIL Wertlehre *f*; **axiológico** ADJ axiologisch; **axioma** M Grundsatz *m*, Axiom *n*; **axiomático** unbestreitbar, axiomatisch

axis M ⟨*pl inv*⟩ ANAT zweiter Halswirbel *m*, Dreher *m*

axolote M ZOOL → ajolote

axón M BIOL Axon *n*, Neurit *n*

ay **A** M *frec* ~**es** MPL Wehklagen *n*; **con** ~**es y gemidos** mit Weh und Ach **B** INT **¡~!** ach!, oh!; au(a)! *fam*; **¡~ de mí!** wehe mir!, ich Unglücklicher!; **¡~ del que los engañe!** wehe dem, der sie betrügt!; **¡~ Dios mío!** ach mein Gott!; **¡~ (madre mía,) qué dolor!** (o Gott,) tut das weh!

aya F Kinderfrau *f*; Erzieherin *f*

ayate M *Méx* Agavengespinst *n*

ayatolá, ayatolah M Ajatollah *m*

A y E *abr* (Agua y Energía) *Arg Versorgungsbetriebe für Wasser und Strom*

ayear VI *reg fam* jammern, ächzen, stöhnen

ayer **A** ADV gestern; ~ **por la mañana** gestern Morgen; ~ **(por la) noche** gestern Abend; **antes de** ~ vorgestern; **de** ~ gestrig; **de ~ acá** seit Kurzem; **de ~ a hoy** erst gestern; *fig* über Nacht; **lo que va de ~ a hoy** *corresponde a*: die Zeiten ändern sich, es ist alles anders geworden; **parece que fue** ~ es scheint, als ob es erst gestern gewesen wäre **B** M Gestern *n*

ayllu M *Perú* AGR Bewirtschaftungsgemeinschaft *f (oft einer Sippe)*

aymara, aymará → aimara

ayo M Erzieher *m*

ayocote M *Méx* dicke Bohne *f*

ayote M *Am Centr, Méx* BOT → calabaza

ayuda **A** F **1** *(asistencia)* Hilfe *f*; *fig* Gunst *f*; Unterstützung *f*; *UE*: ~ **comunitaria** *f* Gemeinschaftshilfe *f*; ~ **de costa** Kostenbeitrag *m*; POL ~ **al desarrollo** Entwicklungshilfe *f*; ~ **financiera** Finanzhilfe *f*; ~ **de vecino** fremde Hilfe *f*; CAZA **perro** *m* **de** ~ Fänger *m*, Fanghund *m*; **acudir en ~ de alg** j-m zu Hilfe eilen; **con (la) ~ de** mithilfe *(gen o von dat)*; **con ~ de ordenador** computergestützt; *fig* **costar Dios y (su) ~** unendliche Mühe kosten **2** MED *(enema)* Einlauf *m* **3** MAR *(cabo)* Hilfs-, Sicherungstau *n*, -gerät *n* **B** M Gehilfe *m*; *obs* ~ **de cámara** Kammerdiener *m*

ayudanta F Helferin *f*; → *tb* ayudante

ayudante M/F Helfer *m*, -in *f*, Gehilfe *m*, Gehilfin *f*; Assistent *m*, -in *f (tb* UNIV*)*; *enseñanza*: Hilfslehrer *m*, -in *f*; MIL Adjutant *m*, -in *f*; UNIV ~ **(de cátedra)** *corresponde a*: wissenschaftliche(r) Assistent *m*, -in *f* mit Lehrauftrag; TEAT, FILM ~ **de dirección** Regieassistent *m*, -in *f*; ~ **de laboratorio** Laborant *m*, -in *f*; ~ **de montes** Forstgehilfe *m*, -gehilfin *f*; ~ **de obras públicas** Wegebautechniker *m*, -in *f*; ~ **técnico-sanitario** *corresponde a*: medizinisch-technischer Assistent *m*, medizinisch-technische Assistentin *f*

ayudantía F MIL Adjutantenstelle *f*; -zimmer *n*; UNIV Assistentenstelle *f*

ayudar **A** VT **1** ~ **a alg** j-m helfen, j-n unterstützen; ~ **a llevar a/c** etw tragen helfen; ~ **a alg a salir de un apuro** j-m aus einer schwierigen Lage helfen; ~ **a alg en la fuga** j-m zur Flucht verhelfen, j-m bei der Flucht helfen; ~ **a alg a bien morir** j-m in der Todesstunde beistehen; **¿le ayudo?** darf (*o* kann) ich Ihnen helfen?; **¿puedo ~te en algo?** kann ich dir bei etwas *(fam* irgendwie*)* helfen?; **la ayudó a ponerse el abrigo** er half ihr in den Mantel **2** CAT ~ **a misa** ministrieren **B** VR **ayudarse** sich *(dat)* helfen; sich *(dat)* zu helfen wissen; ~ **a sí mismo** *tb* zur Selbsthilfe greifen; ~ **de a/c** sich einer Sache *(gen)* bedienen; **se ayudó de** *o* **con las manos** er nahm die Hände zu Hilfe

ayuga F BOT → mirabel

ayunador M, **ayunadora** F Faster *m*, -in *f*, Fastende *m/f*; ~ **(de profesión)** Hungerkünstler *m*, -in *f*; **ayunante** → ayunador

ayunar VI fasten, nüchtern bleiben; *fig* enthaltsam leben; REL ~ **la cuaresma** die Fasten halten

ayunas FPL **en** ~ nüchtern, auf nüchternen Magen; *fig* **estar en ~ de a/c** von etw *(dat)* keine Ahnung haben; *fig* **quedarse en** ~ nichts verstanden haben, leer ausgehen

ayuno **A** ADJ nüchtern; *fig* ~ **de ...** frei von ... *(dat)*, ohne ... *(acus)*; ~ **de protección** schutz-, wehrlos; **estar ~ de a/c** von etw *(dat)* keine Ahnung haben **B** M Fasten *n*; REL **día** *m* **de** ~ Fasttag *m*

ayuntamiento M **1** *edificio*: Rathaus *n* **2** *(corporación del municipio)* Gemeinde-, Stadtrat *m*, Magistrat *m* **3** *(junta)* Versammlung *f*, Vereinigung *f* **4** ~ **carnal** Beischlaf *m*

ayustar VT MAR spleißen; **ayuste** M MAR Spleiß *m*

azabache **A** ADJ tiefschwarz **B** M **1** MINER Jet(t) *m/n* Gagat *m*; *fig* **de** ~ tiefschwarz **2** ORN Gagatvogel *m*

azacán M *fam fig* **trabajar como un** ~ wie ein Pferd arbeiten; schuften

azada F Hacke *f*, Haue *f*; **azadilla** F Jäthacke *f*, Haue *f*; **azadón** M (Weinbergs)Hacke *f*; Klaubhacke *f*; **azadonar** VT umhacken

azafata F **1** AVIA Stewardess *f*; ~ **de congresos** Hostess *f*; ~ **de relaciones públicas** (Empfangs)Hostess *f*; ~ **de tierra** Bodenstewardess *f* **2** HIST *(criada)* Kammerfrau *f der Königin*

azafate M flaches Körbchen *n*; Tablett *n*; **azafato** M AVIA Steward *m*, Flugbegleiter *m*

azafrán M **1** BOT Safran *m*, Krokus *m*; GASTR **al** ~ Safran... **2** *color*: Safranfarbe *f* **3** MAR *(pala del remo)* Ruderblatt *n*

azafranado ADJ safrangelb; *reg y Am (pelirrojo)* rothaarig; **azafranal** M Safranfeld *n*; **azafranar** VT mit Safran färben (*o* würzen); **azafranero** **A** ADJ Safran... **B** M, **-a** F Safranzüchter *m*, -in *f*

azagaya F *Am* HIST indianischer Wurfspeer *m*, Assegai *m*

azahar M Orangenblüte *f*; **agua** *f* **de** ~ Oran-

genblütenwasser *n*; **flor** *f* **de ~** Orangenblüten *fpl (Hochzeitsschmuck)*
azalea F BOT Azalee *f*
azanca F MIN unterirdische Quelle *f*
azar M 1 *(casualidad)* Zufall *m*; **juego** *m* **de ~** Glücksspiel *n*; *adv* **al ~** aufs Geratewohl, blindlings; **no dejar nada al ~** nichts dem Zufall überlassen; *adv* **por ~** zufällig 2 *(desgracia repentina)* Schicksalsschlag *m* 3 *en el juego:* Unglückskarte *f*, -würfel *m*
azarante ADJ verwirrend; **azarar** A VT erschrecken; verwirren B VR **azararse** 1 *(salir mal)* schiefgehen 2 *(conturbarse)* erschrecken, außer Fassung geraten 3 *Méx, Cuba, Col (ruborizarse)* erröten
azarbe M Auffangrinne *f (Bewässerung)*; **azarbeta** F Nebenrinne *f*
azarcón M 1 PINT *color:* feuerrote Farbe *f* 2 *(minio)* Mennige *f*, Bleiasche *f*
azaroso ADJ 1 *(casual)* zufällig; unvorhersehbar; ungewollt, unbeabsichtigt; **una vida -a** ein wechselvolles Leben 2 *(peligroso)* gefährlich, waghalsig; *(poco seguro)* unsicher
azerbaiano → azerí
Azerbaiján M, **Azerbaiyán** M Aserbaidschan *n*
azerí A ADJ aserbaidschanisch B M/F Aserbaidschaner *m*, -in *f* C M *lengua:* Aserbaidschanisch *n*, Azeri *n*
ázimo ADJ **pan** *m* **~** ungesäuertes Brot *n*, Matze *f*
azimut M → acimut
aznacho M BOT Rotkiefer *f*
azoado ADJ QUÍM stickstoffhaltig, Stickstoff...
azoar VT QUÍM mit Stickstoff behandeln; **azoato** M QUÍM Nitrat *n*
azocar VT ⟨1g⟩ 1 MAR *nudo, etc* fest anziehen 2 *Cuba* pressen, zerdrücken
ázoe M QUÍM Stickstoff *m*
azogado ADJ quecksilberhaltig; *fig* zappelig; **temblar como un ~** zittern wie Espenlaub; **azogamiento** M 1 MED *envenenamiento:* Quecksilbervergiftung *f* 2 *fig (agitamiento)* Unruhe *f*, Quecksilbrigkeit *f*
azogar[1] ⟨1h⟩ A VT mit Quecksilber bestreichen; *espejo* versilbern B VR **azogarse** 1 MED sich *(dat)* eine Quecksilbervergiftung zuziehen 2 *fig (turbarse)* unruhig werden; *(agitarse)* zappeln
azogar[2] VT ⟨1h⟩ *cal* löschen
azogue[1] M 1 QUÍM Quecksilber *n* 2 *fam fig persona:* Zappelphilipp *m*, Quirl *m*
azogue[2] M *plaza:* Markt *m*; **azoguejo** M kleiner Markt *m*
azoico[1] ADJ QUÍM **colorante** *m* **~** Azofarbstoff *m*
azoico[2] M GEOL Azoikum *n*
azoospermia F MED Azoospermie *f*
azor M ORN Hühnerhabicht *m*
azorada F *Col* → azoramiento; **azorado** ADJ erschrocken; *(perplejo)* verwirrt, verdutzt; **estar ~** sehr aufgeregt sein; TEAT *fam* Lampenfieber haben; **azoramiento** M Schrecken *m*; *(perplejidad)* Verwirrung *f*, Bestürzung *f*; TEAT *fam* Lampenfieber *n*
azorar A VT 1 *(asustar)* erschrecken, bestürzen 2 *(irritar)* aufreizen B VR **azorarse** in Aufregung geraten
Azores MPL Azoren *pl*
azoro M 1 *Méx, Perú, P. Rico* → azoramiento 2 *Am Centr* → duende
azorrada ADJ *vulg* nuttig *vulg*, nuttenhaft *pop*; **azorrado** ADJ 1 *(parecido al zorro)* fuchsähnlich 2 *(embriagado)* berauscht; *(adormilado)* schlaftrunken; **azorramiento** M Schwere *f* im Kopf; **azorrarse** VR schlaftrunken sein, benommen sein
azotacalles M/F ⟨*pl inv*⟩ *fam* Herumtreiber *m*, -in *f*; **azotado** A ADJ bunt(scheckig); *Chile* gestreift B M REL Geißelbruder *m*, Flagellant *m*; **azotador** M Auspeitscher *m*; **azotaina** F *fam* Tracht *f* Prügel
azotar VT 1 *(dar latigazos)* auspeitschen, geißeln; schlagen; *fig* **~ el aire** sich vergeblich bemühen 2 *fig (devastar)* verwüsten, heimsuchen; *viento, etc* peitschen; **azotazo** M Peitschenhieb *m*; *fam (palmada)* Klaps *m* auf den Hintern *fam*
azote M 1 *(látigo)* Peitsche *f*, Geißel *f*; *fam* **~s y galeras** gleichmäßig schlechtes Essen *n*, ewiger Schlangenfraß *m fam* 2 *(golpe de látigo)* Peitschenhieb *m*; *(palmada)* Klaps *m* auf den Hintern *fam*; **dar ~s a alg** j-n verprügeln, j-n versohlen 3 *fig (plaga)* Geißel *f*, Fluch *m*
azotea F 1 ARQUIT Flachdach *n*; (Dach)Terrasse *f*; **~ (jardín)** Dachgarten *m* 2 *Am fam (cabeza)* Birne *f fam*, Rübe *f fam*; *fam* **está mal de la ~** er spinnt *fam*, er hat nicht alle Tassen im Schrank *fam*
azotina F *fam* → azotaina
azteca A ADJ aztekisch B M/F Azteke *m*, Aztekin *f*
azúcar M(*tb* F) Zucker *m*; **~es** *mpl* COM Zuckersorten *fpl*; *t/t* Zuckerarten *fpl*; **~ (en) bruto** Rohzucker *m*; **~ y canela** Zucker und Zimt *m*; *fig caballo* weiß-rotbraun gescheckt; **~ cande** *o* **candi** Kandiszucker *m*; **~ de caña** Rohrzucker *m*; **~ de cortadillo** *o* **cuadradillo** *o* **en terrones** Würfelzucker *m*; **~ cristalizado** Kristallzucker *m*; **~ (de) florete** Feinzucker *m*; **~ glas** *o* **de lustre** *o* **en polvo**, *Perú* **~ molida** Puderzucker *m*; **~ de malta** Malzzucker *m*; **~ moreno** *o Perú* **~ rubia** brauner Zucker *m*; Farinzucker *m*; **~ de palmera** Palmzucker *m*; **~ pilé** gestoßener Zucker; **~ (de) pilón** Hutzucker *m*; QUÍM **~ de plomo** *o* **de Saturno** Bleizucker *m*; **~ refinado** Raffinade *f*; **~ de remolacha** Rübenzucker *m*; **~ en polvo** Staubzucker *m*; MED **~ sanguíneo** Blutzucker *m*; **~ superior** *o* **de flor** feinste Raffinade *f*; **baño** *m* **de ~** Zuckerkruste *f*, -guss *m*; **pan** *m* **de ~** Zuckerhut *m*
azucarado ADJ gezuckert, süß; *fig* zuckersüß, süßlich; **azucarador** M Zuckergussspritze *f*; **azucarar** A VT (über)zuckern; kandieren; *fig* versüßen, verzuckern B VR **azucararse** *(almibarar)* süß (o in Sirup) einlegen; **azucarera** F 1 Zuckerfabrik *f* 2 *esparcidor:* Zuckerstreuer *m*; *recipiente:* Zuckerdose *f*; **azucarería** F *Cuba, Méx* Zuckerladen *m*; **azucarero** A ADJ Zucker...; **industria** *f* **-a** Zuckerindustrie *f* B M 1 *recipiente:* Zuckerdose *f*; *esparcidor:* Zuckerstreuer *m* 2 *Am fabricante:* Zuckermühlenbesitzer *m* 3 ORN *kleiner tropischer Klettervogel*; **azucarillo** M 1 *(terrón)* Stück *n* Zucker 2 *masa esponjosa:* Schaumzucker *m*, Schaumzuckerstange *f*
azucena F BOT Lilie *f*; **~ de Buenos Aires** *Art* bunte Amaryllis *f*; **~ silvestre** Türkenbund *m*
azud M 1 *(presa)* Flusswehr *n* 2 → azuda; **azuda** F Wasser-, Schöpfrad *n*
azuela F Zimmermannsdechsel *f*
azufaifa F BOT Brustbeere *f*; **azufaifo** M BOT Jujube *f*, Brustbeerbaum *m*
azufrado A ADJ Schwefel...; schwefelgelb B M (Aus)Schwefeln *n*; **azufrador** M 1 AGR *enjugador:* Schwefler *m* 2 *recipiente:* Schwefelkasten *m*; **azufrar** VT *espec vides* schwefeln
azufre M QUÍM Schwefel *m*; **flor** *f* **de ~** Schwefelblüte *f*; **azufrera** F Schwefelgrube *f*; **azufrero** ADJ Schwefel...
azul A ADJ blau; **~ de acero** stahlblau; **~ celeste** himmelblau, azur(e)n; **~ claro** hellblau; **~ cobalto** kobaltblau; **~ marino/mate** marine-/mattblau; **~ nocturno** *o* **noche** nachtblau; **~ oscuro** dunkelblau; **~ pálido** blassblau; **~ ultramarino** *o* **de ultramar** ultramarinblau; **~ turquesa** türkisblau; *fig* **sangre** *f* **~** blaues Blut *n (fig)*; *transporte:* **zona** *f* **~** Kurzparkzone *f* B M 1 Blau *n*; **~ (de) cobalto** Kobaltblau *n*; **~ de Berlin** *o* **Prusia** Preußischblau *n*; MED **~ de metileno** Methylenblau *n* 2 MINER **~ de montaña** natürliches Kupferkarbonat *n*
azulado ADJ bläulich; blau angelaufen; **gris/verde ~** blaugrau/blaugrün; **azular** VT bläuen, blau färben; **azulear** VI blau (getönt) sein; ins Blaue spielen
azulejar VT fliesen, kacheln; **azulejería** F 1 *oficio:* Beruf *m des Fliesenlegers* 2 *fabricación:* Fliesenherstellung *f*; **azulejero** M, **azulejera** F 1 *(solador, -a)* Fliesenleger *m*, -in *f* 2 *fabricante:* Fliesenhersteller *m*, -in *f*; Kachelmacher *m*, -in *f*
azulejo A ADJ *Am* bläulich B M 1 *(ladrillo azulado)* (Wand)Kachel *f*, Fliese *f* 2 ORN Bienenfresser *m* 3 BOT *Art* kleine Kornblume *f*; **azulete** M 1 *brillo:* bläulicher Glanz *m* 2 *color:* Waschblau *n*
azulgrana A ADJ DEP vom F. C. Barcelona B MPL **los ~s** die Spieler des F. C. Barcelona
azulino ADJ bläulich; **azulón** A ADJ leuchtend blau B M ORN Stockente *f*; **azulona** F ORN Große Antillentaube *f*; **azuloso** ADJ *pop* bläulich
azumagarse VR 1 *Chile (adquirir hongos)* schimmelig werden, schimmeln 2 *Ec madera* faulen
azumbrado ADJ *fam* betrunken, bedudelt *fam*, beschwipst *fam*; **azumbre** M *Flüssigkeitsmaß (2,016 l)*
azur *heráldica y poét* A ADJ azurblau, azurn B M Azur *m*; **azurita** F MINER Azurit *m*, blauer Malachit *m*
azuzador M, **azuzadora** F Hetzer *m*, -in *f*, Scharfmacher *m*, -in *f*; **azuzar** VT ⟨1f⟩ *perros y fig* hetzen; *fig (estimular)* antreiben; *espec* POL aufhetzen; reizen; *fig (tomar el pelo)* frotzeln *fam*; **azuzón** M *fam* Spötter *m*, Frotzler *m fam*; Spaßmacher *m*

B

B, b F B, b *n*; → *tb* be[1]
B.A. ABR (Buenos Aires) Buenos Aires
baba[1] F 1 *(saliva)* Speichel *m*; *fam* Spucke *f*; *saliendo de la boca:* Geifer *m*; **echar ~s** spucken; geifern 2 *de las babosas, plantas, etc:* Schleim *m* 3 *fig fam* **caérsele a alg la ~** mit offenem Mund gaffen; *fam* **a Juan se le cae la ~ con la chica** er ist ganz vernarrt in das Mädchen; *pop* **cambiar ~s** (sich ab)knutschen *fam*; *Col fam* **hablar ~** quasseln *fam*, Quatsch reden *fam* 4 *pop* **tener mala ~** ein mieser Kerl sein
baba[2] F *Col, Ven* ZOOL Brillenkaiman *m*
bababuy M ORN *tropische Ammerart (Pheucticus aureoventris)*
babador M → babero
babalao M *Cuba* Zauberpriester *m*, Wahrsager *m*
babaza F 1 *(baba)* dicker Schleim *m*, Geifer *m* 2 ZOOL Nacktschnecke *f*; **babear** VI 1 *(echar baba)* geifern, sabbern 2 *fam fig (estar perdidamente enamorado)* bis über beide Ohren verliebt sein; **~ por una mujer** um eine Frau herumscharwenzeln
babel M/F *fig* Wirrwarr *m*, Durcheinander *n*; **babélico** ADJ *fig* wirr
babeo M Geifern *n*; **babera** F 1 HIST Kinnstück *n (einer Rüstung)* 2 → babero; **babero**

M (Kinder)Lätzchen *n*

babi M Kittel *m (für Kinder)*

Babia F **estar en ~** geistesabwesend sein

Babieca M 1 HIST, LIT *Name des Pferdes des Cid* 2 *fam* **~** Simpel *m*, Einfaltspinsel *m*

babilla F 1 *Col* ZOOL Brillenkaiman *m* 2 *Esp* GASTR Tafelspitz *m*

Babilonia F Babylonien *n; fig* **babilonia** → babel

babilónico ADJ 1 babylonisch 2 *fig (fastuoso)* üppig; *costumbres* verderbt; *(confuso)* wirr; **babilonio** A ADJ babylonisch B M, **-a** F Babylonier *m*, -in *f* C M *lengua:* Babylonisch *n; fig* Sprachgewirr *n*

babirusa M ZOOL Hirscheber *m;* **babita** F *Col, Ven* ZOOL Brillenkaiman *m*

bable M *asturischer Dialekt*

babor M MAR Backbord *n;* **¡todo a ~!** hart Backbord!

babosa F 1 ZOOL Nacktschnecke *f* 2 *pez:* Schleimfisch *m* 3 TAUR kleiner, harmloser Stier *m* 4 AGR *vid:* Malvasierrebe *f;* BOT *cardo:* Brackendistel *f* 5 *Am Centr, Méx (bobada)* Blödsinn *m* 6 *Cuba* VET *enfermedad del ganado:* Leberseuche *f der Rinder; parásito:* Erreger *m* der Leberseuche 7 *fam (camisa de seda)* Seidenhemd; **babosada** F *Am reg, Méx fam* dummes Zeug *n fam*, Unsinn *m fam;* **babosear** A VT 1 *(llenar de babas)* begeifern, besabbern *fam* 2 *Am (estafar)* betrügen B VI 1 *(echar baba)* geifern 2 *(estar loco de amor)* vernarrt *(o* verknallt *fam)* sein **(con in** *acus)* 3 *Méx (cometer necedades)* Dummheiten machen; *Col fam (hablar tonterías)* dummes Zeug reden *fam;* **baboseo** M 1 *acción de babosear:* Geifern *n* 2 *fig (persuasión)* Beschwatzen *n*, *(engatusamiento)* Hofieren *n;* **baboso** A ADJ 1 geifernd 2 *Am Mer fam (tonto)* dämlich *fam;* schlapp B M 1 *fam (jovenzuelo)* Grünschnabel *m fam*, *(mocoso)* Rotznase *f fam* 2 *desp (zalamero)* Schleimer *m* 3 *Esp fam (acosador sexual)* sexueller Belästiger *m*

babucha F 1 *(pantuflo)* Pantoffel *m*, Babusche *f; Méx* Segeltuchschuh *m; Arg fam* **ir a ~** *(a cuestas)* huckepack getragen werden 2 *Am* **~s** *pl (vestimenta de niños)* Kinderpumphöschen *n*

babuino M ZOOL Pavian *m*

babujal M *Cuba* Dämon *m*

baby M 1 *(bebé)* Baby *n* 2 *(bata)* Kittel *m (tb para niños); Esp (uniforme)* (Schüler)Uniform *f*

BAC ABR (Biblioteca de Autores Cristianos) *Bücherreihe in Spanien*

baca F 1 AUTO *(portaequipaje)* Dach(gepäck)träger *m; de autobuses, etc:* Dach *n*, Verdeck *n* 2 *(lona)* Plane *f*

bacalada F 1 *(bacalao curado)* Klippfisch *m* 2 → bacaladilla 3 *fam (soborno)* Bestechung *f; dinero:* Schmiergeld *n*

bacaladero A ADJ *pez:* Kabeljau...; **flota** *f* **-a** Kabeljaufangflotte *f* B M Kabeljaufangschiff *n*

bacaladilla F, **bacaladillo** M *pez:* Blauer Wittling *m*

bacalao M 1 Kabeljau *m;* **~ (pequeño)** Dorsch *m;* **~ al pil-pil** in Knoblauchöl gegarter Stockfisch *m;* **~ seco (al aire)** Stockfisch *m; fam fig* **cortar el ~** den Ton angeben *fam* 2 *pop (vagina)* Muschi *f pop* 3 *Cuba, Perú fam mujer:* spindeldürre Frau *f* 4 MÚS → bakalao

bacán A ADJ *Am fam* toll *fam*, prima *fam*, super *fam* B M 1 *Cuba* GASTR *Art* Maispastete *f* 2 *Arg, Bol pop (amante)* Geliebte *m* 3 *Arg (proxeneta)* Zuhälter *m*, Lude *m fam* 4 *Arg (rico)* reicher Mann *m*, Boss *m*, großes Tier *m (fam fig)*

bacanal F Bacchanal *n; fig* wüstes Gelage *n*, Orgie *f;* **~es** *pl* HIST Bacchanalien *pl*, Bacchusfest *n*

bacano ADJ *Col fam* dufte *fam*, super *fam*

bacante F MIT Bacchantin *f; fig* betrunkenes *(o* zügelloses) Weib *n*

bacará M, **bacarrá** M, **baccara** M Bakkarat *n (Glücksspiel)*

bacenica F, **bacenilla** F, **bacenita** F → bacinica

bacera F VET Milzbrand *m*

baceta F *naipes:* Kaufkarten *fpl*, Stock *m*

bache M 1 *en la calle:* Schlagloch *n* 2 AVIA **~ (de aire)** Luftloch *n*, Fallbö(e) *f* 3 *fig (dificultad)* Schwierigkeit *f;* (seelischer) Tiefpunkt *m;* **pasar un ~** in einem Tief sein *(o* stecken) 4 *memoria:* Erinnerungslücke *f*

bacheado ADJ *calle* mit vielen Schlaglöchern

bachear VT Schlaglöcher ausbessern

bachicha M 1 *fam Méx (colilla)* Zigarrenstummel *m* 2 *RPl, Chile fam desp* → bachiche; **bachiche** M/F *Ec, Perú* Italiener *m*, -in *f*

bachiller M, **bachillera** F 1 *enseñanza:* Abiturient *m*, -in *f;* **~ (en artes)** Bakkalaureus *m;* **certificado** *m o* **título** *m* **de ~** → bachillerato 2 *fam desp (chacharero)* Schwätzer *m*, -in *f*, Siebengescheite *m/f*

bachillerato M *enseñanza:* Reifeprüfung *f*, Abitur *n;* **cursar** *o* **estudiar el ~** aufs Gymnasium gehen; **bachillerear** A VI *fam* in den Tag hinein schwatzen, klugreden B VT *Méx* **~ a alg** j-n häufig mit dem Doktortitel anreden; **bachillería** F Geschwätzigkeit *f;* leeres Gerede *n*, dummes Zeug *n*, Unsinn *m*

bacía F Napf *m*, (Barbier)Becken *n*

báciga F *naipes:* Dreiblatt *n*

bacilar ADJ 1 MIN *textura:* grob gefibert 2 MED Bazillen...; **disentería** *f* **~** Bazillen-, Bakterienruhr *f;* **bacilicultura** F Bazillenkultur *f;* **baciliforme** ADJ stäbchen-, bazillenförmig; **bacilo** M Bazillus *m;* **portador** *m* **de ~s** Bazillenträger *m*

bacín M 1 → bacineta 2 2 *pop desp persona:* Scheißkerl *m pop*

bacineta F 1 *(vasija pequeña)* kleines Becken *n* 2 *para limosna:* Almosenschale *f;* **bacinete** M 1 HIST *(yelmo)* Sturmhaube *f; soldado:* Sturmhaubenträger *m* 2 ANAT *(pelvis)* Becken *n;* **bacinica, bacinilla** F 1 *para recoger la limosna:* Almosenschale *f* 2 *(orineta, bacín)* Nachttopf *m*

background ['bakɣraʊn] M → bagaje 2

backup ['bakap, ba'kap] M INFORM Back-up *n*, Sicherheitskopie *f*

Baco M MIT Bacchus *m; fig (vino)* Wein *m*

bacón, bacon M (Frühstücks)Speck *m*

bacoreta F *pez:* Falscher Thunfisch *m*

bacteria F Bakterie *f*, Bakterium *n;* BIOL **~ asesina** *f* Killerbakterie *f;* **bacterial** ADJ, **bacteriano** ADJ bakteriell, Bakterien...; **cultivo** *m* **~** Bakterienkultur *f;* **bactericida** A ADJ Bakterien tötend B M Bakterizid *n*

bactérico ADJ → bacterial

bacteriemia F MED Bakteriämie *f;* **bacteriófago** ADJ bakteriophag; **bacteriología** F Bakteriologie *f;* **bacteriológico** ADJ bakteriologisch; **bacteriólogo** M, **bacterióloga** F Bakteriologe *m*, -in *f*

baculiforme ADJ BIOL stäbchenförmig

báculo M *liter* Stab *m*, Stütze *f (tb fig);* **~ (pastoral)** Hirten-, Bischofsstab *m*

badajada F 1 *campana:* Klöppelschlag *m* 2 *fig (despropósito)* Ungereimtheit *f*, leeres Gerede *n;* **badajear** VI *fam* Unsinn reden, quasseln *fam*

badajo M 1 *de la campana:* Glockenschwengel *m*, Klöppel *m* 2 *fam fig persona:* alberner Schwätzer *m* 3 *pop (pene)* Schwanz *m*

badajocense A ADJ aus Badajoz B M/F Einwohner *m*, -in *f* von Badajoz; **badajoceño** ADJ → badajocense

Badajoz M *span Stadt u Provinz*

badán M Rumpf *m eines Tieres*

badana F 1 *cuero:* gegerbtes Schafleder *n; fam fig* **zurrar a alg la ~** j-m das Fell gerben; j-m ordentlich Bescheid sagen *(o* stoßen *fam)* 2 *en el sombrero:* Schweißband *n;* TIPO **media ~** Halbfranzband *m* 3 *fam* **un ~s** *(holgazán)* ein fauler Hund *fam*

badea F 1 *melón, sandía:* minderwertige Melone *f; pepino:* minderwertige Gurke *f* 2 *Col, Ven* BOT Königsgranadille *f* 3 *fig (cosa sin sustancia)* gehaltloses Zeug *n; Col fam* **más simple que una ~** strohdumm 4 *fig persona:* Faulpelz *m;* Waschlappen *m fam*

badén M 1 *(zanja)* natürliche Regenrinne *f* 2 *transporte: en la calle:* Querrinne *f;* Abzugskanal *m unter der Straße*

Baden-Wurtemberg M Baden-Württemberg *n*

baderna F MAR Serving *f*

badián M BOT Sternmagnolie *f*, Badian *m;* **badiana** F BOT → badián; Sternanis *m*

badil M Feuerschaufel *f*

badila F → badil; *fam fig* **dar a alg con la ~ en los nudillos** j-m auf die Finger klopfen, j-m einen Dämpfer aufsetzen *fam;* **darse con la ~ en los nudillos** sich *(dat)* ins eigene Fleisch schneiden

badilazo M Schlag *m* mit der Feuerschaufel; **badilejo** M Maurerkelle *f*

bádminton, badminton M DEP Federball *m*, Badminton *n*

badomía F Unsinn *m*, Dummheit *f*

badulacada F Eselei *f;* **badulaque** M/F 1 *(tonto)* Dummkopf *m;* Stümper *m*, -in *f* 2 *Chile (embustero)* Schuft *m*, Lügner *m*, -in *f;* **badulaquear** VI 1 *(comportarse neciamente)* sich dumm benehmen 2 *Am reg (engañar)* schwindeln, betrügen

BAE ABR 1 F *(Biblioteca de Autores Españoles) Esp Bücherreihe in Spanien* 2 F *(Brigada de Acción Especial) Ven Sondereinheit der venezolanischen Polizei*

ba(f)fle M *fonotecnia:* Lautsprecher *m*, (Hi-Fi-)Box *f*

baga F BOT Samenkapsel *f des Flachses*

bagaje M 1 *(equipaje)* Gepäck *n* 2 *fig* **~ (intelectual)** geistiges Rüstzeug *n*

bagatela F 1 *(pequeñez)* Kleinigkeit *f*, Lappalie *f* 2 *Chile, Perú (billar)* Tischbillard *n*

bagayo M *Arg fam* 1 *(bulto)* Bündel *n (z. B. von Landstreichern)* 2 *(pieza de equipaje)* Gepäckstück *n* 3 *desp mujer:* Besen *m fam*, hässliche Frau *f*

bagazo M 1 *(residuos de prensado)* Pressrückstände *mpl*, Trester *m; caña de azúcar:* Bagasse *f;* **~ de aguardiente** Schlempe *f* 2 BOT *(cáscara)* leere Samenkapsel *f des Leins*

bagdadí ⟨*pl* -íes⟩ A ADJ aus Bagdad B M/F Einwohner *m*, -in *f* von Bagdad

bagre M 1 *Am pez:* Bagrewels *m* 2 *Am Mer fig persona:* widerlicher *(o* hässlicher) Kerl *m*, hässliche Frau *f*, Vogelscheuche *f (fig)*

bagual *RPl, Bol* A ADJ *caballos, ganado:* unbändig, wild B M 1 *(persona grosera)* Strolch *m*, Flegel *m* 2 *(caballo no domado)* nicht zugerittenes Pferd *n*

baguarí M ORN Maguari *m (amerikanischer Reiher)*

baguette M Baguette *f/n*, Stangenweißbrot *n*

bah INT bah!, pah!, ach was!

bahai ADJ auf den Bahaismus bezogen

Bahamas FPL Bahamas *pl*

bahameño A ADJ bahamaisch B M, **-a** F Bahamaer *m*, -in *f*

bahareque M *Am* 1 *(pared de cañas y barro)* Wand *f* aus Lehm und Bambusgeflecht 2 *(choza miserable)* armselige Behausung *f*, Bruchbude *f*

bahía F Bucht *f*, Bai *f*

bahorrina F Unrat *m*, Schweinerei *f; fig* Gesindel *n*

Bahrein M Bahrein *n*

bahreiní, bahriní ⟨pl -íes⟩ A ADJ aus Bahrein B M/F Einwohner m, -in f von Bahrein
bailable A ADJ tanzbar; **música** f ~ Tanzmusik f B M 1 TEAT (baile) Tanz m, Tanzeinlage f, Ballett n 2 disco: Tanzplatte f; **bailadero** M Tanzplatz m, -boden m; **bailador** A ADJ tanzend; tanzlustig B M, **bailadora** F (bailarín, -ina) Tänzer m, -in f C F MAT **~a (para pequeñas circunferencias)** Null(en)zirkel m
bailaor M, **bailaora** F Esp Flamencotänzer m, -in f
bailar A V/I 1 persona tanzen; peón sich drehen; caballo tänzeln; fig iron **otro que tal baila** auch so einer, noch einer vom gleichen Kaliber fam; fig **~ con la más fea** o **negra** in den sauren Apfel beißen; fig **¡que me quiten lo bailado!** was ich (an Schönem) gehabt habe, kann mir keiner nehmen; fig **al son que me tocan bailo** ich hänge mein Mäntelchen nach dem Wind 2 silla, diente wackeln; TEC Spiel haben 3 fig (retozar de gozo) sich innerlich erregen B V/T 1 (acción de bailar) tanzen; **(hacer) ~** peón laufen lassen; fig **~ el agua a alg** sich bei j-m lieb Kind machen 2 pop (robar) klauen fam, stibitzen
bailarín A ADJ tanzlustig B M, **-ina** F (Ballett)Tänzer m, -in f; **primer ~** Solotänzer m; **primera -ina** f Primaballerina f
bailarinas FPL zapatos: Ballerinas fpl
baile[1] M 1 (danza) Tanz m, Tanzen n; TEAT, MÚS Ballett n; **~ popular** Volkstanz m; **~ de sociedad** Gesellschaftstanz m; **concurso** m **de ~** Tanzturnier n; **maestro** m **de ~** Tanzlehrer m; TEAT Ballettmeister m; **salón** m **de ~** Tanz-, Ballsaal m 2 (reunión de baile) Ball m, Tanzfest n; **~ de disfraces** o **de máscaras** Maskenball m; **~ de etiqueta** Festball m 3 MED **~ de San Vito** Veitstanz m 4 jerga del hampa (ladrón) Dieb m
baile[2] M HIST Amtmann m, Landvogt m
bailete M espec TEAT Ballett n; **bailón** ADJ fam tanzlustig; **bailongo** M fam mieser Schwof m fam; **bailotear** V/I herumhopsen, schwofen fam; **bailoteo** M fam Schwof m fam; Herumhüpfen n
baja F 1 gener (caída) Fallen n, Sinken n; ECON de precios: (Preis)Rückgang m; Bolsa: Baisse f; **la ~ del arroz** das Sinken der (o die sinkenden) Reispreise; **en ~** acciones sinkend; **dar ~** im Wert sinken; im Preis nachgeben (tb fig); **hacer ~** den Preis ermäßigen; **corregir a la ~** nach unten korrigieren; **jugar a la ~** auf Baisse spekulieren; **tender a la ~** precios zum Fallen neigen; cursos fallende Tendenz zeigen; **estar de ~** nachgeben, nachlassen (tb fig); **ir de ~** o **ir en ~** im Wert sinken; im Preis nachgeben (tb fig); **seguir en ~** weiter fallen 2 MED **~ (por enfermedad)** Krankmeldung f; **~ por maternidad** Mutterschaftsurlaub m; **dar de ~** krankschreiben; **darse de ~** sich krankmelden; **estar de ~ (por enfermedad)** krankgeschrieben sein 3 ADMIN de una persona: Austritt m, Abmeldung f, ADMIN tb Entlassung f; temporal: Ausfall m; documento: Entlassungsschreiben n; MIL **~s** pl Verluste mpl; ADMIN **causar ~** ausscheiden; **dar de ~** abmelden; de una lista: streichen; ADMIN, MIL verabschieden, entlassen; MIL **dar de ~ provisional** recluta: zurückstellen; **darse de ~** sich abmelden; de una asociación, etc: austreten; temporalmente: sich beurlauben lassen; MIL **ser ~** seinen Abschied genommen haben, außer Dienst sein 4 MAR marea: sinkende Flut f, Ebbe f
bajá M ⟨pl -aes⟩ Pascha m (tb fig)
bajada F 1 (descenso) Abstieg m, Fallen n, Sinken n (tb precios); DEP esquí: Abfahrt f; MIN Einfahrt f; AVIA Herunter-, Niedergehen n; MED **~ de azúcar** (o **de glucosa**) Unterzuckerung f; Unterzucker m fam; FIN **~ de tipos** Zinssenkung f; fig **estar** o **ir de ~** nachgeben, nachlassen 2 (declive) Abhang m, Gefälle n; con el funicular: Talfahrt f 3 ARQUIT abschüssiges Gewölbe n; **~ de aguas** Dachtraufe f; MIL **~ al foso** Unterminierung f 4 drogas (acceso de rabia) Koller m, Affe m pop 5 **~ de bandera** taxi: Anfahrt f; Einstellen n des Grundpreises
bajamar F Niedrigwasser n, Ebbe f; **bajamente** ADV niedrig, gemein; verächtlich;
bajaollas M Col Topflappen m
bajar A V/I 1 persona (moverse hacia bajo) sinken, herunterkommen; a pie: (hin)absteigen; en coche, etc: herunterfahren; (apear) ab-, aussteigen; **~ al sótano** in den Keller (hinunter)gehen; **~ por la escalera** die Treppe hinuntergehen 2 camino herunterführen; precios, barómetro fallen 3 fig (disminuir) abnehmen, zurückgehen, nachlassen; voz leiser werden; **el color baja** die Farbe verbleicht (o verschießt) 4 MIN einfahren; **~ por un pozo** einen Schacht befahren 5 Cuba, S.Dgo ECON (pagar) zahlen 6 C. Rica fig **no ~ ni con aceite** Lügen (o Schwindeleien) nicht schlucken B V/T 1 (descender) herunternehmen, -holen, -bringen, -lassen; INFORM herunterladen, downloaden; **~ a/c de la red** etw aus dem Netz herunterladen; MAR **~ un bote** ein Boot fieren 2 escalera hinuntergehen; **~ una cuesta** einen Hang hinuntergehen (o -fahren) 3 (inclinar hacia abajo) neigen, umlegen, herunterklappen; ojos niederschlagen; **~ la cabeza** den Kopf senken; fig sich schämen; sich demütigen; nachgeben 4 precios, voz, cabeza senken; precios tb herabsetzen; voz tb dämpfen; TV, radio leiser stellen; calefacción schwächer stellen; AUTO **~ las luces** abblenden; fig **~ los humos** o **los bríos a alg** j-m die Flügel stutzen; j-n demütigen 5 MAT **~ una perpendicular** eine Senkrechte fällen C V/R **bajarse** 1 (agacharse) sich bücken 2 (ir hacia abajo) hinuntersteigen, (apearse) absteigen (**de** von dat); **~ del caballo** absitzen, vom Pferd steigen; **~ del coche (autobús)** aus dem Auto (Bus) (aus)steigen 3 **~ los pantalones** die Hose(n) herunterlassen 4 Arg en un hotel: absteigen 5 fig (humillarse) sich erniedrigen, sich demütigen
bajareque M Col → bahareque
Baja Sajonia F Niedersachsen n
bajativo M Am (Gläschen n) Verdauungslikör m
bajel M liter Schiff n, Nachen m
bajera F 1 Am Centr, Méx tabaco: minderwertiger Tabak m, Knaster m fam 2 Am persona: Null f, Niete f fam; **bajero** ADJ Unter…; **falda** f -a Unterrock m; **bajete** M 1 fam (hombrecillo) Knirps m fam 2 MÚS (barítono) Bariton m
bajeza F Niedertracht f, Gemeinheit f; Erbärmlichkeit f; **~ de ánimo** Kleinmut m
bají F Esp pop Stimmung f, Gemütsverfassung f
bajial M 1 Méx, Perú, Ven GEOG terreno: Tiefland n (mit Winterüberschwemmung) 2 MAR aguas: Gebiet n mit Untiefen und Sandbänken
bajío M 1 MAR aguas de poca profundidad: Untiefe f, Sandbank f; fig Hindernis(se) n(pl) 2 Am GEOG terreno: (häufig überschwemmtes) Tiefland n
bajista A ADJ ECON Baisse…; Bolsa: **tendencia** f **~** fallende Tendenz f, Baissetendenz f, Abwärtstrend B M/F 1 ECON Baissier m, Baissespekulant m, -in f; fam fig Miesmacher m, -in f fam 2 MÚS Bassist, -in f
bajo A ADJ 1 terreno, etc niedrig (gelegen), tief (liegend); untere(r); GEOG Nieder…; MAR **cubierta** f -a Unterdeck n; **en lo más ~ (de la escala)** zuunterst (auf der Leiter); POL **Cámara Baja** Unterhaus n; **el Bajo Ebro** der untere Ebro; **el Bajo Pirineo** die unteren Pyrenäen; **el Bajo Rin** der Niederrhein 2 cantidad: niedrig, …arm; **~ en calorias** kalorienarm; **~ en colesterol** cholesterinarm; **~ en gases de escape** abgasarm; **~ en grasa/sal** fett-/salzarm; TEC **-a presión** f Niederdruck m; ELEC **-a tensión** f Niederspannung f 3 figura klein, niedrig; ojos, cabeza gesenkt; **~ de agujas** caballo, toro mit niedrigem Kreuz; **~ de cuerpo** o **de estatura** kleinwüchsig 4 fig (vulgar) niedrig, gemein; minderwertig 5 voz leise; tono tief 6 colores matt, glanzlos 7 DEP **estar ~ de forma** nicht in Form sein 8 fiesta movible: früh fallend B ADV 1 (debajo) unten; darunter; **por ~** unten; → tb abajo; MÚS **medio tono (más) ~** einen halben Ton tiefer 2 **hablar ~** leise sprechen; **volar ~** tief fliegen 3 **por lo ~** (silenciosamente) leise, in aller Stille; (disimulado) verstohlen, heimlich, unter der Hand C PREP unter (movimiento, dirección: acus, posición: dat); **~ condición** bedingt; **~ condiciones insoportables** unter unerträglichen Bedingungen; **~ fianza** gegen (Stellung einer) Kaution; **~ el fuego (del) enemigo** im feindlichen Feuer; **~ juramento** unter Eid; **~ llave** verschlossen, unter Verschluss; **~ palabra** auf Ehrenwort; COM **~ precio** unter Preis; **~ (el reinado de) Alfonso XIII** unter (der Regierung) Alfons(') XIII D M 1 GEOG sitio: tief gelegene Stelle f, Niederung f; MAR Sandbank f, Untiefe f 2 MÚS instrumento y tesitura: Bass m; persona: Bassist m; **~ cantante** Bassbariton m; **~ continuo** Generalbass m 3 ARQUIT **(piso** m**) ~** o **~s** pl Erdgeschoss n 4 equitación: Pferdefuß m; (casco) Huf m 5 TEX (ropa interior) Unterkleidung f, -wäsche f; en el vestido, etc: Saum m 6 del ropero: Unterteil n
bajón M 1 MÚS instrumento: Fagott n; Bassflöte f 2 (notable disminución) Niedergang m; (plötzliches) Nachlassen n; fig Depression f, Tief n; **dar un (gran) ~** (sehr) herunterkommen; nachlassen; **tener un ~** salud sich verschlechtern; MED **~ de azúcar** Unterzuckerung f
bajonazo M 1 (bajón) starkes Nachlassen n, Rückgang m; tiefe Depression f (o Mutlosigkeit f) 2 TAUR (golletazo) Halsstich m; **bajoncillo** M MÚS Diskant- (o Alt- o Tenor)fagott n; **bajonista** M/F Fagottist m, -in f
bajoplato M Platzteller m
bajorrelieve M ESCUL Flach-, Basrelief n;
bajovientre M ANAT Unterbauch m, -gegend f
bajuno ADJ niedrig, gemein
bakaladero ADJ Esp MÚS fam Techno…; **bakalao** M Esp MÚS fam Technosound m; Techno- und Dance-Floor-Musik f
bakelita F → baquelita
bala F 1 (proyectil) Gewehr-, Kanonenkugel f; Geschoss, Austr Geschoß n; **~ explosiva** Spreng-, Explosivgeschoss n; **~ de fogueo** Platzpatrone f; **~ luminosa** o **trazadora** Leuchtspurgeschoss n; **~ perdida** verirrte Kugel f; fam fig verrückter Kerl m; **como una ~** pfeil-, blitzschnell 2 COM (fardo) Ballen m (tb de papel) 3 confite: Zuckerkügelchen n; (pelotilla de cera) Wachskügelchen n 4 Am DEP lanzamiento de peso: Kugel f 5 Cuba fam (colilla) Kippe f, Zigarettenstummel m
balaca F Am Centr, Ec, Ur, **balacada** F Arg Windbeutelei f; **balacear** A V/T Am schießen auf (acus); beschießen B V/I (herum)schießen;
balaceo M Am, **balacera** F Am Schießerei f
balada F Ballade f
baladí ADJ ⟨pl -íes⟩ unbedeutend, wertlos, gering
baladrar V/I aufschreien, -heulen
baladre M BOT Oleander m
baladrero ADJ laut, geräuschvoll; **baladro** M Aufschrei m; Geschrei n, Geheul n; **baladrón** M Eisenfresser m, Prahlhans m; **bala-**

dronada F Prahlerei f, Aufschneiderei f; **baladronear** V/I aufschneiden, prahlen
bálago M 1 (paja larga) Langstroh n; (montón de paja) Strohhaufen m 2 (espuma del jabón) fetter Seifenschaum m
ba(la)laica F MÚS Balalaika f
balance M 1 (vacilación) Schwanken n (tb fig); MAR Schlingern n, Rollen n 2 ECON contabilidad: Bilanz f (tb fig); Abschluss m, Saldo m; ~ **de apertura** Eröffnungsbilanz f; ~ **de (las) pérdidas** Schadensbilanz f; ~ **activo/pasivo** Aktiv-/Passivbilanz f; ~ **anual** Jahresbilanz f, -abschluss m; ~ **final** Schlussbilanz f, -ergebnis n; ~ **nuevo** Saldovortrag m; ~ **provisional** o **intermedio** Zwischenbilanz f; tb fig **hacer (el)** ~ Bilanz ziehen, bilanzieren; Kassensturz machen; **retocar el** ~ die Bilanz frisieren 3 Cuba (mecedora) Schaukelstuhl m
balanceado ADJ espec Am ausgewogen
balancear A V/I 1 barco schlingern, rollen 2 (mecerse) sich wiegen, schaukeln; (oscilar) schwanken (tb fig) 3 fig (dudar) zaudern B V/T 1 (equilibrar) ausbalancieren, ins Gleichgewicht bringen 2 (mecer) wiegen, schaukeln 3 Am AUTO ruedas auswuchten
balanceo M 1 (fluctuación) Schwanken n, Pendeln n, Wanken n; MAR Schlingern n, Rollen n 2 (mecedura) Wiegen n 3 Am AUTO (equilibración) Auswuchten n
balancín M 1 TEC Schwingarm m, -hebel m 2 del funámbulo: Balancierstange f 3 MAR bote: Ausleger m am Boot; **-ines** mpl Baumgiek n 4 (columpio) (Garten)Schaukel f; Wippe f; (mecedora) Schaukelstuhl m; (asiento colgante) Hollywoodschaukel f; (caballo de columpio) Schaukelpferd n
balandra F MAR Kutter m; **~-piloto** f Lotsenkutter m; **balandrán** M talarähnlicher Umhang m der Geistlichen; **balandrista** M/F MAR Jollensegler m, -in f; **balandro** M MAR Jolle f
bálano M, **balano** M 1 ANAT Eichel f 2 ZOOL Seetulpe f
balanza F 1 instrumento de medición: Waage f; (platillo) Waagschale f (tb fig); fig (comparación) Abwägen n, Vergleichen n; ~ **automática/de cocina** Schnell-/Küchenwaage f; ~ **para cartas** Briefwaage f; ~ **de cruz** o **de cuadrante** Balkenwaage f; ~ **hidrostática** Wasserwaage f; ~ **de platillos** Tellerwaage f; ~ **de precisión** Präzisions-, Feinwaage f; ~ **de resorte/de Roberval** Feder-/Tafelwaage f; ~ **romana** Laufgewichtswaage f; fig **poner en** ~ abwägen, überlegen; infrage stellen; fig **torcer** o **inclinar la** ~ den Ausschlag geben 2 ECON comercio exterior: Bilanz f; ~ **comercial** o **de comercio** Handelsbilanz f; ~ **de divisas/de pagos** Devisen-/Zahlungsbilanz f 3 Am del funámbulo: Balancierstange f 4 ASTRON **Balanza** Waage f
balar V/I oveja blöken; cabra meckern; ciervo röhren; fam fig ~ **por a/c** nach etw (dat) lechzen; nach etw (dat) schreien (fam fig)
balarrasa M fam 1 (aguardiente) Rachenputzer m fam, Fusel m 2 persona: Spinner m fam
balastado M TEC Steinschüttung f; **balastar** V/T (be)schottern; **balastera** F Schottergrube f; -haufen m; **balasto** M Schotter m; FERR Beschotterung f, Bettung f
balata F 1 BOT goma: Balatagummi m 2 Chile TEC (rodamiento de bolas) Kugellager n
balaustrada F Balustrade f, Säulengeländer n; **balaustre** M, **balaústre** M Balustersäule f; Geländerpfosten m
balay M Col 1 (cesta de mimbre) Weidenkorb m 2 (criba) grobes Sieb n
balayage M TEX Kammsträhnen fpl
balazo M 1 (tiro) Schuss m; (herida de bala) Schusswunde f 2 Am BOT Philodendron m
balboa M moneda de Panamá: Balboa m
balbucear V/I stammeln, stottern; lallen; **balbuceo** M Stammeln n; Gestammel n; **balbucir** ⟨3f; nur inf u part prs⟩ → balbucear
Balcanes MPL Balkan m; PSIC **síndrome** m **de los** ~ Balkansyndrom n
balcánico ADJ Balkan..., balkanisch; **balcanización** F Balkanisierung f
balcón M 1 ARQUIT Balkon m; TEAT Balkonsitz m; ~ **corrido** → balconada 2 (mirador) fig Aussichtspunkt m; **balconada** F Balkonreihe f; Galerie f; **balconaje** M Balkonreihe f; **balconcillo** M TAUR Balkonplatz m über dem Stierzwinger (→ toril); **balconear** V/I vom Balkon (o aus dem Fenster) herunterschauen
balda F Fach n, Schrank-, Regalbrett n
baldadura F, **baldamiento** M Lähmung f
baldaquín, baldaquino M Baldachin m; (dosel) Thronhimmel m; en el altar: Altarhimmel m
baldar A V/T lähmen; fig schädigen; verletzen; fam fig ~ **a alg a palos** j-n windelweich schlagen fam B V/R **baldarse** extremidades lahm werden
balde A ADV **de** ~ umsonst, unentgeltlich; **en** ~ umsonst, vergeblich; **estar de** ~ (estar demás) überflüssig sein; (estar ocioso) nichts zu tun haben; Col (estar parado) arbeitslos sein; Am Centr **¡no de ~!** ach so!, ja, ja! B M Eimer m
baldear V/T & V/I MAR das Deck schrubben; Am reg tb die (Boden)Fliesen waschen
baldeo M jerga del hampa Messer n; **baldero** M RPl Wasserschöpfer m; -sucher m
baldés M feines Schaf-, Nappaleder n
baldíamente ADV vergeblich
baldío A ADJ 1 terreno unbebaut, brach, öde 2 fig (vano, sin fundamento) eitel, unnütz, zwecklos, afirmación haltlos B M 1 terreno: Brachland n 2 fig persona: Landstreicher m
baldo M naipes: Fehlkarte f
baldón M (injuria) Schimpf m, Schande f; (deshonra) Schandfleck m; **baldon(e)ar** V/T beleidigen, schmähen
baldosa F 1 cerámica: (espec Boden)Fliese f 2 fam persona: Mensch, der schwer von Begriff ist; **baldosado** M Am Fliesenboden m; **baldosador** M Fliesenleger m; **baldosar** V/T → embaldosar; **baldosero** M → baldosador; **baldosín** M Fliese f; Kachel f
baldragas M ⟨pl inv⟩ fam Schwächling m; gutmütiger Tropf m fam
balduque M Aktenschnur f
balear[1] V/T 1 Am (tirotear) beschießen, schießen auf (acus); Am Centr, Am Mer (fusilar) erschießen 2 Am reg (engañar) beschwindeln
balear[2] A ADJ von den Balearen; balearisch B M/F Baleare m, Balearin f; **(Islas** fpl**) Baleares** fpl Balearen pl; **baleárico, baleario** ADJ balearisch
balénidos MPL ZOOL Wale mpl
baleo M Am Schießerei f; **balero** M 1 forma geométrica: Kugelform f 2 Am reg juego: Fangbecherspiel n 3 Méx TEC (rodamiento de bolas) Kugellager n
balicero MAR M Tonnenleger m
balido M oveja: Blöken n; cabra: Meckern n; ciervo: Röhren n
balín M kleinkalibriges Geschoss (o Austr Geschoß) n; Schrotkugel f
balinera F Col TEC Kugellager n
balinés A ADJ aus Bali B M, **-esa** F Bewohner m, -in f von Bali
balística F Ballistik f; **balístico** ADJ ballistisch; **problema** m ~ Flugbahnberechnung f
balitadera F CAZA Fiepe f; **balit(e)ar** V/I häufig blöken etc; → balar
baliza F MAR Bake f, Boje f; AVIA Leuchtfeuer n; ~ **luminosa** Leuchtbake f; **balizaje** M MAR 1 (derechos de puerto) Hafengebühr f 2 (sistema de señales flotantes) Betonnung f; **balizamiento** M ~ **luminoso (de la ruta)** Befeuerung f (tb AVIA); en construcciones tb Lichtanlage f; **balizar** V/T ⟨1f⟩ MAR, AVIA betonnen, bebaken; DEP circuito abstecken
ballena F 1 ZOOL Wal m; ~ **azul** Blauwal m; **aceite** m **de** ~ (Wal)Tran m; **barba** f **de** ~ Barte f, Fischbein n; **blanco** m o **esperma** f **de** ~ Walrat m, Spermazet n; fig **una** ~ **blanca** etw ganz Besonderes; ~ **jorbada** Buckelwal m 2 varilla: Fischbein n; en camisas: Kragenstäbchen n 3 ASTRON **Ballena** Walfisch m 4 fam fig (mujer gorda) dicke Frau f, Tonne f (fam desp)
ballenato M ZOOL Jungwal m; **ballenera** F de los cazadores de ballena: Walboot n; MIL tb Beiboot n; **ballenero** A ADJ Wal(fisch)... B M persona y barco: Walfänger m
ballesta F 1 Armbrust f; HIST arma medieval: Wurfmaschine f; **armar la** ~ die Armbrust spannen 2 TEC große Blattfeder f 3 (trampa para pájaros) Vogelfalle f; **ballestada** F, **ballestazo** M Armbrustschuss m; **ballestear** V/T mit einer Armbrust schießen auf (acus); **ballestero** M 1 tirador: Armbrustschütze m 2 constructor: Armbrustbauer m; **ballestilla** F 1 (balancín) Balancierstange f 2 TAUR **de** ~ mit einem Blitzstich 3 jerga del hampa, naipes: Mogelei f
ballestrinque M MAR *ein bestimmter Knoten*
ballet M Ballett n; ~ **acuático** Wasserballett n; **balletístico** ADJ Ballett...
ballico M BOT Raigras n; **ballueca** F BOT Flughafer m
balneario A ADJ Bade...; **estación** f **-a** → balneario B B M localidad: Bade-, Kurort m; edificio: Kurhaus n; **balneatorio** ADJ MED Bade..., Bäder...; **balneoterapia** F Heilbadbehandlung f, Balneotherapie f
balompédico ADJ Fußball...; **balompié** M Fußball m
balón M 1 (pelota) Ball m; ~ **de fútbol** Fußball m; ~ **medicinal** Medizinball m; fam fig **echar balones fuera** mit Ausflüchten (o ausweichend) antworten 2 (recipiente de gases) Ballon m, Gasbehälter m; fig **recibir un ~ de oxígeno** Auftrieb (o Aufwind) bekommen 3 botella: langhalsige Ballonflasche f 4 COM (fardo) Warenballen m; ~ **de papel** Papierballen m (24 Ries) 5 MAR vela: Spinnaker m
balonazo M DEP Schuss m (mit einem Ball); **baloncestista** M/F Basketballspieler m, -in f; **baloncesto** M Basketball m, Basketballspiel n; **balonmanista** M/F Handballspieler m, -in f; **balonmano** M DEP Handball m, Handballspiel n; **balonvolea** M DEP Volleyball m
balota F 1 POL Kugel f zum Abstimmen 2 Perú (tema de examen) (Prüfungs)Stoff; **balotada** F equitación: Ballotade f; **balotaje** M POL Stichwahl f; **balotar** V/I POL ballotieren
balsa F 1 (charco) Tümpel m, más pequeño: Pfütze f; (estanque) Wasserbecken n; en molinos de aceite: ~ **(de aceite)** Becken n für Oliventrester; TEC ~ **de filtración** Filterbecken n; fig **(como) una ~ (de aceite)** ganz still und ruhig; wie eine Oase der Stille; mar spiegelglatt 2 (plataforma flotante) Floß n; (embarcación) Fähre f; ~ **de salvamento** o **salvavidas** Rettungsfloß n; **conducción** f **en ~s** Flößen n 3 Am BOT Art Ceiba f, Balsa f
balsadera F, **balsadero** M Floßplatz m, -lände f (reg); Anlegeplatz m der Fähre
balsámico ADJ balsamisch; Balsam...; **vinagre** m ~ Balsamessig m

balsamina F BOT Springkraut *n*, Balsamine *f*

bálsamo M Balsam *m (tb fig)*; ~ **del Perú** *o* **peruviano** Perubalsam *m*; ~ **de Tolú** Tolubalsam *m*

balsear V/T mit einem Floß übersetzen; **balsero** M, **balsera** F 1 *(conductor de la balsa)* Flößer *m*, -in *f*; Fährmann *m* 2 *Esp (fugitivo)* Bootsflüchtling *m aus Kuba*

balso M MAR Palstek *m*

balsón M 1 *(balsa de gran tamaño)* großes Floß *n*; große Fähre *f* 2 *reg y Méx (charco)* Lache *f*; Lagune *f*

báltico A ADJ baltisch; **(Mar** *m***) Báltico** *m* Ostsee *f* B M, **-a** F Balte *m*, Baltin *f*

baluarte M Bollwerk *n*, Bastion *f (tb fig)*; POL *fig* Hochburg *f*

baluma F MAR Segeltiefe *f*

balumba F 1 *(objeto voluminoso)* großer, sperriger Gegenstand *m*; *fig (conjunto desordenado)* Kram *m fam*, Krempel *m fam* 2 *Am (barullo)* Krach *m*, Durcheinander *n*; **balumbo** M sperriger Gegenstand *m*

balurdo M *Arg fam* Durcheinander *n*; Chaos *n*

bamba A F 1 *(logro casual)* Zufallstreffer *m*; *en el billar*: Glücksstoß *m* 2 *baile*: La Bamba *f* 3 *reg (columpio)* Schaukel *f* 4 *Am Centr moneda*: Silberpeso *m* 5 *Col* **ni (de)** ~ *(totalmente excluido)* kommt nicht infrage; *Perú fam* **eso es pura** ~ *(falsificación pura)* das ist eine reine Verfälschung, *tb* das ist eine glatte Lüge B ADJ *inv Perú fam* **producto** *m* ~ verfälschtes, unechtes Produkt *m*

bambalear V/I *y* V/R **~se** → bambolear; **bambalina** F TEAT Soffitte *f*; **entre ~s** in der Welt des Theaters; im Show-Business

bambarria A F → bamba A 1 B M/F *fam fig* Tölpel *m*; **bambarrión** M *fam* → bamba A 1

bambeado ADJ *Perú fam* verfälscht, unecht, manipuliert

bambino M *espec Chile, RPl* Kind *n*

bamboche M *fam* kleiner Dickwanst *m*

bambolear A V/T & V/I schaukeln, schlenkern, schwingen; baumeln *(v/i)* B V/R **bambolearse** schaukeln, schwanken; **bamboleo** M Schwanken *n*, Schaukeln *n*, Wackeln *n*

bambolla F Prunk *m*, Pomp *m*; **echar** ~ angeben *fam*, prahlen

bambollero A ADJ protzig, angeberisch B M, **-a** F Angeber *m*, -in *f*

bambú M BOT ⟨*pl* -úes⟩ Bambus *m*; Bambusrohr *n*

bambuco M *Col ein Volkstanz*

bamburé M *Am* ZOOL Riesenkröte *f*

banal ADJ banal, gewöhnlich, abgedroschen, alltäglich; **banalidad** F Banalität *f*, Abgedroschenheit *f*; **banalizar** V/T banalisieren

banana F 1 *Am* BOT Banane *f* 2 ELEC *enchufe*: Bananenstecker *m* 3 *Arg vulg (pene)* Schwanz *m*; **bananal** M Bananenfeld *m*, -plantage *f*; **bananero** A ADJ Bananen…; **repúblicas** *fpl* **-as** Bananenrepubliken *fpl* B M → banano; **banano** A ADJ *Col pop* lästig, aufdringlich B M Bananenstaude *f*

banasta F großer Korb *m*, Tragkorb *m*; **banastero** M, **banastera** F Korbmacher *m*, -in *f*, -flechter *m*, -in *f*; **banasto** M runder Korb *m*; *jerga del hampa* Gefängnis *n*, Knast *m fam*

banca F 1 ECON Bankwesen *n*; Banken *fpl*; ~ **digital** Digital Banking *n*; ~ **electrónica** Homebanking *n*, Electronic Banking *n*; ~ **por internet** Internet-Banking *n* 2 *asiento*: Schemel *m*, (Holz)Bank *f (ohne Rückenlehne)*; *Am reg fig en el parlamento*: Sitz *m* 3 *(mesa del mercado)* Verkaufstisch *m auf dem Markt* 4 *naipes*: Bank *f*; **hacer saltar la** ~ die Bank sprengen 5 *Arg, Ur* **tener** ~ *(tener influencia)* Einfluss (o Macht) haben

bancable ADJ ECON bankfähig

bancada F 1 MAR *bote de remo*: Ruderbank *f* 2 TEC *(armazón)* Gestell *n*, Basis *f*, (Grund)Platte *f* 3 ARQUIT *(trozo de obra)* Lage *f* Mauerwerk 4 MIN *(escalón)* Schachtstufe *f* 5 *Am reg* POL *(fracción del parlamento)* (Parlaments)Fraktion *f*

bancal M Terrasse(nbeet *n*) *f*; (Garten)Beet *n*

bancario A ADJ Bank…; bankmäßig B M, **-a** F *Perú* Bankangestellte *m/f*; **bancarrota** F Bankrott *m*, Pleite *f fam (tb fig)*; **hacer** ~ Bankrott machen; **bancarrotero** *espec Am* A ADJ bankrott B M, **-a** F Bankrotteur *m*, -in *f*; **bancarrotista** *espec Am* → bancarrotero

banco M 1 *asiento*: (Sitz)Bank *f*; *(asiento de los remeros)* Ruderbank; *Am reg* Hocker *m*; POL ~ **del Gobierno** *o Esp* ~ **azul** Regierungsbank *f*; DEP ~ **de suplentes** Reservebank *f*; *enseñanza*: ~ **de los torpes** *Sitzplatz der schlechten Schüler*; *fig* **herrar o quitar el** ~ *corresponde a*: nun tu schon was oder lass die Finger ganz davon 2 ECON Bank *f*; ~ **en casa** Homebanking *n*; **Banco Central Europeo** *m* Europäische Zentralbank *f*; ~ **de crédito/de depósitos** Kredit-/Depositenbank *f*; ~ **de descuento(s)** Diskont- und Wechselbank *f*; ~ **de emisión de valores** Emissionsbank *f*; ~ **emisor** Noten-, Zentralbank *f*; **Banco Europeo de Inversiones** *m* Europäische Investitionsbank *f*; ~ **industrial** Gewerbebank *f*; ~ **de giros** *o* **de transferencias** Girozentrale *f*; ~ **hipotecario** Hypothekenbank *f*, Bodenkreditanstalt *f*; ~ **de importación y exportación** Import- und Exportbank *f*, Außenhandelsbank *f*; **Banco Internacional de Pagos** Bank *f* für Internationalen Zahlungsausgleich; ~ **malo** Bad Bank *f*; **Banco Mundial** Weltbank *f*; ~ **vitalicio** Rentenbank *f*; **empleado** *m*, **-a** *f* **de (un)** ~ Bankangestellte *m/f* 3 TEC ~ **(de trabajo)** Arbeits-, Werkbank *f*; ~ **de carpintero** Hobelbank *f*; *fig* ~ **de pruebas** Prüfstand *m* 4 MED ~ **de genes/de órganos** Gen-/Organbank *f*; ~ **de ojos/de sangre/de semen** Augen-/Blut-/Samenbank *f* 5 MAR ~ **de arena** Sandbank *f*; ~ **de hielo** Packeis *n*; ~ **de niebla** Nebelbank *f* 6 INFORM ~ **de datos** Datenbank *f* 7 GEOL *(capa)* Schicht *f*, Bank *f*; MIN Flöz *n*, Lager *n*; *Ec (terreno de aluvión)* Schwemmland *n an Flüssen*; *Ven en la sabana*: höher gelegenes Gelände *n in der Savanne* 8 ~ **de peces** *(cardumen)* Fischschwarm *m* 9 *jerga del hampa (cárcel)* Gefängnis *n*, Knast *m fam*

banda F 1 *(cinta)* Binde *f*, Band *n*; *(ceñidor)* Gurt *m*; *(faja)* Streifen *m*; *(cordón)* Ordensband *n*; *Am y* TAUR *(fajín)* Schärpe *f*; *Esp* **~s** *pl* **de dibujo** Comic Strips *pl*; INFORM ~ **magnética** Magnetband *n* 2 *(gente armada)* Schar *f*, Bande *f*; *(partido)* Partei *f*; ~ **de ladrones** Räuber-, Diebesbande *f*; ~ **terrorista** Terroristenbande *f*, Terrororganisation *f*; *fam fig* **ser de la otra** ~ vom anderen Ufer (o verkehrt herum) sein *fam* 3 MÚS (Blas)Kapelle *f*; Band *f*; ~ **militar** Militärkapelle *f*; ~ **municipal** städtische Blaskapelle *f*; ~ **de jazz** Jazzband *f* 4 MAR *(costado de la nave)* Breitseite *f (eines Schiffes)*; **dar la** ~ krängen; Schlagseite haben; **dar a la** ~ kielholen; *fig* **de** ~ **a** ~ durch und durch; *fig* **cerrarse a la** *o* **en** ~ hartnäckig (o stur *fam*) bleiben; *fam fig* **dejar en** ~ **a alg** j-n im Stich lassen; *fig* **jugar a dos ~s** ein Doppelspiel treiben 5 ELEC, RADIO, *etc frecuencia*: Band *n*; Bereich *m*; *tb* INFORM ~ **ancha** Breitband *n*; ~ **de 30 metros** 30-m-Band *n*; ~ **de frecuencias** Frequenzband *n*; TV ~ **horaria** Sendeplatz *m*; FILM ~ **sonora** Tonstreifen *m*, Soundtrack *m*; Filmmusik *f*; RADIO, INFORM **ancho** *m* **de** ~ Bandbreite *f*; **emisora** *f* **de** ~ **ciudadana** CB-Funkgerät *n* 6 AUTO **~s** *pl* **decorativas** Zierleisten *fpl*; ~ **lateral de protección** seitliche Schutzleiste *f*; ~ **metálica de protección** Leitplanke *f*; ~ **de rodadura** *de un neumático*: Lauffläche *f*; *Col* **~s** *pl* **de freno** Bremsbeläge *mpl* 7 *transporte*: *(carril)* Fahrspur *f* 8 *billar*: Bande *f* 9 CAT Humerale *n* 10 *heráldica*: Schräglinksbalken *m* 11 *Am reg (anillo de goma)* Gummiring *m*

bandada F *de pájaros, peces*: Schwarm *m*; *fig* → banda 2

bandaje M Bereifung *f*

bandazo M 1 MAR *(escora)* Krängung *f* 2 POL *(cambio brusco)* plötzlicher Umschwung *m*, Ruck *m* **(hacia** nach *dat*)

bandear A V/T 1 *Am (taladrar)* durchbohren; *(herir)* schwer verletzen 2 *Am Centr (perseguir)* verfolgen B V/R **bandearse** 1 *(tambalearse)* schaukeln 2 *fig (ingeniarse)* sich *(dat)* zu helfen wissen, zurechtkommen 3 MAR *(tener escora)* Schlagseite haben

bandeja F 1 *(fuente para servir)* Tablett *n*; Servierbrett *n*, -teller *m*; **pasar la** ~ den Teller herumgehen lassen *(zum Sammeln)*; **servir en** ~ *fig* fix und fertig übergeben 2 TEC *(recipiente colector)* (Auffang)Schale *f*; AUTO Ölwanne *f* 3 *en la maleta*: Einlegefach *n*; *embalaje*: Steige *f*; *en el ropero*: Schubfach *n*; ~ **portadocumentos** Ablagekorb *m*

bandeo M CAZA Weidwundschuss *m*

bandera F 1 *insignia*: Flagge *f*, Fahne *f*; *liter y fig* Banner *n*; *Esp* ~ **azul** blaue Fahne *f (Kennzeichen für gute Strandqualität)*; ~ **de las barras y estrellas** Sternenbanner *n (Staatsflagge der USA)*; ~ **blanca** weiße Fahne *f*; MAR ~ **de conveniencia** Billigflagge *f*; ~ **negra** Piratenflagge *f*; ~ **de señales** Signalflagge *f*; *fig* **a ~s desplegadas** mit fliegenden Fahnen; frei und offen; MIL mit allen Ehren **(salir** abziehen); **bajo** ~ **falsa** unter falscher Flagge *(tb fig)*; **bajada** *f* **de (la)** ~ *taxi*: Grundpreis *m*; MIL **jurar (la)** ~ den Fahneneid leisten; *fam fig* **lleno hasta la** ~ brechend voll; **llevar una** ~ eine Flagge führen; *fig* **llevarse la** ~ *o* **tener puesta la** ~ den Sieg an seine Fahnen heften; siegen, Erfolg haben; MAR **rendir la** ~ *o* **batir ~s** die Flagge dippen *o* senken *(zum Gruß)* 2 MIL *(pelotón)* Fähnlein *n*, Trupp *m* 3 *fig (grupo)* Gruppe *f*; *(opinión del grupo)* Gruppenmeinung *f* 4 ADV **de** ~ *(grandioso)* toll *fam*, super *fam*, klasse *fam*

banderear V/I *Arg fam* faulenzen

bandería F *(partido)* Partei *f*, *(pandilla)* Clique *f*; *(parcialidad)* Parteilichkeit *f*; **banderilla** F 1 TAUR Banderilla *f (kleiner Spieß mit Widerhaken)*; ~ **de fuego** Banderilla *f* mit Schwärmern; *fam fig* **poner** *o* **plantar a alg una** ~ *o* **un par de ~s** j-m eins auswischen, j-m an den Wagen fahren *fam* 2 GASTR Spießchen *n* 3 *Chile, Méx, P. Rico fam fig* → banderillazo

banderillazo M *Col, Méx, Perú fam* Pump *m fam*; Schwindel *m*; **banderillear** V/I TAUR Banderillas setzen; **banderillero** M, **banderillera** F TAUR Banderillero *m*, -a *f*; **banderín** M 1 *(bandera pequeña)* Fähnchen *n*, Wimpel *m*; MIL Feldzeichen *n*; MAR Signalflagge *f*; MIL ~ **(de enganche)** Rekrutenwerbestelle *f* 2 MIL *persona*: Hilfsausbilder *m*; **banderizo** A ADJ 1 *(partidario)* parteigängerisch 2 *(alborotado)* aufgeregt, wild B M, **-a** F Parteigänger *m*, -in *f*; **~s** *pl* Anhänger *mpl*; **banderola** F Wimpel *m*; Lanzenwimpel *m*

bandidaje M, **bandidismo** M Banditenunwesen *n*; **bandido** M, **bandida** F Räuber *m*, -in *f*, Bandit *m*, -in *f*

bando M 1 POL *(partido)* Partei *f*; **en el** ~ **republicano** aufseiten der Republikaner 2 *(edicto)* Erlass *m*; öffentliche Bekanntmachung *f*; **echar** ~ öffentlich bekannt machen (o ausrufen) 3 *reg de pájaros, peces*: Schwarm *m*; *de perdices*: Volk *n*, Kette *f*

bandola F 1 MÚS *instrumento*: Mandoline *f* 2 MAR *(arboladura provisional)* Notmast *m*

bandolera[1] F MIL *(correa)* Brust-, Schulterriemen *m*; *(bolso)* Umhängetasche *f*; *(pistolera)* Pistolenhalfter *n/f*; **en ~** *fusil, bolso de mano* umgehängt

bandolera[2] F *mujer:* (Straßen)Räuberin *f*; Banditin *f*; *(acompañante de los bandidos)* Räuberbraut *f*; **bandolerismo** M Räuber-, Banditenunwesen *n*, Gangstertum *n*; **bandolero** M (Straßen)Räuber *m*, Bandit *m*

bandolín M MÚS Mandoline *f*

bandolina F MÚS Mandoline *f*; **bandolón** MÚS Bassbandurria *f*; **bandoneón** M MÚS Bandoneon *n*; **bandoneonista** M/F MÚS Bandoneonspieler *m*, -in *f*

bandullo M Eingeweide *npl*, Innereien *pl*; *fam* Bauch *m*, Wanst *m fam*

bandurria F MÚS Bandurria *f (Art kleine zwölfsaitige Gitarre)*; **bandurriero** M/F, **bandurrista** M/F Bandurriaspieler *m*, -in *f*

BANESTO M ABR (Banco Español de Crédito) *spanische Bank*

Bangladesh M Bangladesch *n*

bangladesí A ADJ bangalisch, aus Bangladesch B M/F Bangale *m*, Bangalin *f*

banjo M MÚS Banjo *n*

BANKINTER M ABR (Banco Intercontinental Español) *spanische Bank*

banquero M, **-a** F Bankier *m*, Banker *m*; *en el juego de azar:* Bankhalter *m*, -in *f*

banqueta F 1 *(asiento sin respaldo)* Schemel *m*, Hocker *m*; *(banquillo para los pies)* Fußbänkchen *n*; *(banco angosto)* schmale Bank *f (ohne Lehne)* 2 TEC Bankett *n* 3 *transporte:* Seitenstreifen *m*; *Am Centr, Méx (acera)* Gehsteig *m*

banquete M Festessen *n*, Bankett *n*, Gastmahl *n*; **~ de gala** Festessen *n*, Galadiner *n*; **banquetear** V/I schlemmen, festlich tafeln

banquillo M 1 *(banqueta)* Bänkchen *n*, Fußschemel *m* 2 JUR **~ (de los acusados)** Anklagebank *f* 3 DEP *fútbol:* **~ (de suplentes)** Reserve-, Ersatzbank *f*; *fam* **chupar ~** auf der Bank sitzen; **estar en el ~** Reservespieler sein

banquisa F Eisbank *f*, -feld *n*

bantú A M/F *persona:* Bantu *m/f* B *lengua:* Bantu *n*

banzo M *en un bastidor:* Spannholz *n*; *en la escalera:* Holm *m*; *en la litera:* Tragstange *f*

baña F → bañil; **bañadera** F *Am Mer* Badewanne *f*; **bañadero** M → bañil

bañado A ADJ gebadet; **~ en sudor** schweißgebadet; **~ en lágrimas** tränenüberströmt B M *RPl (terreno cenagoso)* Sumpfland *n*

bañador M 1 *de mujer:* Badeanzug *m*; *de hombre:* Badehose *f*; **~ (de cuerpo) entero/de dos piezas** ein-/zweiteiliger Badeanzug *m* 2 *vaso:* Spülgefäß *n*; *Bol (lavabo)* Waschbecken *n*

bañar A V/T 1 baden; *(sumergir)* eintauchen; FOT wässern 2 *(empapar)* tränken **(de, con** mit *dat*) 3 *(cubrir)* überziehen **(de, en** mit *dat*) *(tb* GASTR); **~ en estaño** verzinnen; **~ en esmalte** *porcelana* glasieren 4 *sol* bescheinen, durchfluten; *tierra, costa, etc* bespülen B V/R **bañarse** baden; *(hacer una cura de baños)* eine Bäderkur machen; *Col tb (ducharse)* sich duschen, *(lavarse)* sich waschen; *pop* **¡anda a bañarte!** verpiss dich *pop*, hau ab! *fam*

bañera F 1 *(pila)* Badewanne *f*; **~ de hidromasaje** Whirlpool *m* 2 *persona:* Badefrau *f*; **bañero** M Bademeister *m*

bañil M CAZA Suhle *f*

bañista M/F 1 *(agüista)* Badegast *m*; Kurgast *m* 2 *(bañador)* Badende *m/f* 3 *(bañero)* Bademeister *m*, -in *f*, Schwimmmeister *m*, -in *f*

baño[1] M 1 Bad *n*; *acción:* Baden *n*; **~ de aire/de asiento** Luft-/Sitzbad *n*; **~ en bañera** *o* **en pila** Wannenbad *n*; **~ de burbujas** Sprudelbad *n*; **~ de cuerpo entero** Vollbad *n*; **~ de medio cuerpo** Halbbad *n*; **~ de espuma** Schaumbad *n*; **~ de lodo(s)/de mar** Moor-/Seebad *n*; *fig* **~ de masas** *o* **de multitud** Bad *n* in der Menge; **~s** *pl* **minerales** Heilbad *n*; **~ de pies/de sol** Fuß-/Sonnenbad *n*; *fig* **~ de sangre** Blutbad; **~ termal** Thermalbad *n*; **~ turco** türkisches Bad *n*; **~ de vapor** Dampfbad *n*; *leng. juv* **dar un ~ a alg** j-m zeigen, was man kann; j-n in den Schatten stellen 2 **~s** *pl públicos:* Badeanstalt *f*; *medicinales:* Heilbad *n*; **casa** *f o* **establecimiento** *m* **de ~s** Badeanstalt *f*; **tomar ~s** eine (Bäder)Kur machen 3 *tina:* Badewanne *f* 4 *(cuarto de baño)* Badezimmer *n*; *espec Am (servicios)* WC *n*, Toilette *f* 5 **~ de animales** Schwemme *f* 6 *para cosas:* Bad *n (tb* TEC); *(cobertura)* Überzug *m*, Glasur *f*; **~ de aceite** Ölbad *n*; GASTR **~ de azúcar** Zuckerguss *m*; FOT **~ fijador** Fixierbad *n*; GASTR **~ (de) María** Wasserbad *n*; **~ de sumersión** Tauchbad *n* 7 *(capa)* Anstrich *m (tb fig)*

baño[2] M HIST Bagno *n*

baobab M BOT Affenbrotbaum *m*, Baobab *m*

baptista A ADJ REL baptistisch B M/F REL Baptist *m*, -in *f*; **baptisterio** M *(capilla de bautismo)* Taufkapelle *f*; *(pila de bautismo)* Taufbecken *n*, Baptisterium *n*

baque M *(batacazo)* Aufschlag *m*, Plumps *m fam*

baqueano ADJ → baquiano

baquear V/I MAR mit der Strömung segeln

baquelita F Bakelit® *n*; **baquelizar** V/T mit Bakelit überziehen

baqueta F 1 *varilla:* Gerte *f*, Rute *f*; *equitación:* Reitgerte *f*; MIL Ladestock *m*; **~s** *pl* Trommelschlägel *mpl*; *adv fig* **a la ~** rücksichtslos, hart 2 *(varilla de zahorí)* Wünschelrute *f* 3 ARQUIT Stäbchen *n*, Zierleiste *f*

baquetazo M Schlag *m*; Stockhieb *m*; **darse un ~** hinfallen, hinschlagen; *fam fig* **echar a alg a ~ limpio** j-n mit Gewalt an die Luft setzen *fam*, j-n hochkantig hinauswerfen *fam*

baqueteado ADJ 1 *(maltratado)* leidgeprüft; *(tenaz)* hart, zäh 2 *Ec (insolente)* unverschämt; **baquetear** V/T 1 MIL, HIST Spießruten laufen lassen *(tb fig)* 2 *fig (maltratar)* plagen, quälen; **baquetero** M Rutengänger *m*

baquía F *Am (habilidad)* Geschicklichkeit *f*; *(conocimiento)* Sachkenntnis *f*; *(conocimiento del lugar)* Ortskenntnis *f*

baquiano A ADJ *(conocedor del lugar)* ortskundig; *(experto)* sachkundig; *(hábil)* geschickt B M *Am guía:* ortskundiger Führer *m*; *Am reg (joven hábil)* geschickter Bursche *m*

báquico ADJ bacchisch; bacchantisch; Trink...; **canción** *f* **-a** Trinklied *n*

báquira F, **báquiro** M *Ven, Col* ZOOL Pekari *n*, Nabelschwein *n*

bar[1] M Café *n*; Kneipe *f*; *por ext* Gaststätte *f*; **~ americano** *en el hotel:* Bar *f*; *fam* **~ de ligue** Aufreißladen *m fam*

bar[2] M FÍS Bar *n*

barahúnda F Lärm *m*, Radau *m*; Tumult *m*

baraja F 1 *(conjunto de naipes)* Spiel *n* Karten, Kartenspiel *n*; *incorr. (naipe)* Spielkarte *f*; **entrar en ~** ins Spiel kommen *(tb fig)*, mit dabei sein; *fig* **jugar con dos ~s** doppeltes Spiel treiben; *fig* **romper la ~** *negociación:* die Verhandlungen abbrechen; *relaciones:* die Beziehungen abbrechen 2 TAUR Verzeichnis *n (o* Gruppe *f)* der besten Stierkämpfer 3 *(riña)* Streit *m*, Zank *m*

barajar A V/T 1 *cartas* mischen; *fig (confundir)* verwirren, durcheinanderbringen ; *fam fig* **~ cifras** mit Zahlen jonglieren *(o* um sich *acus* werfen) 2 *Chile (detener)* anhalten; *Ec caballo* zügeln 3 *fig (considerar)* erwägen, ins Auge fassen; **~ (en el aire)** rasch fangen *o* auffassen, begreifen B V/R **barajarse** *posibilidad* ins Spiel gebracht werden; *candidato* gehandelt werden

barajo INT *Am pop* **¡~!** Scheiße! *pop*, Mist! *fam*

barajustar A V/T *Am Centr, Ven* beginnen B V/R **barajustarse** *Am animales* ausbrechen; **barajuste** M *Col, Ven (estampida)* Ausbrechen *n*; *Ven pop* **¡~!** Scheiße! *pop*

baranda F (Schutz)Geländer *n*; *billar:* Bande *f*; **barandado, barandaje** M → barandilla; **barandal** M 1 Geländerholm *m* 2 → barandilla; **barandilla** F 1 *(balaustrada)* Geländer *n*; Brüstung *f*; MAR Reling *f* 2 TAUR Balkonsitze *mpl* 3 *Méx (puente provisional)* Notbrücke *f*, Steg *m*

barata F 1 *(trueque)* Tausch *m* 2 *Méx tienda:* Ramschladen *m* 3 → baratura 4 *Am reg insecto:* Kakerlak *m*; **baratear** V/T verschleudern, verramschen; **baratería** F Betrug *m*, Untreue *f*; **baratero** M, **baratera** F *Am* Krämer *m*, -in *f*

baratija F Kleinigkeit *f*; **~s** *pl* Nippsachen *fpl*; Ramsch *m*, Plunder *m*, Schund *m*; **baratillero** M, **baratillera** F Trödler *m*, -in *f*; **baratillo** M 1 *tienda:* Trödelgeschäft *n* 2 *(mercado de pulgas)* Flohmarkt *m* 3 *(cachivaches)* Trödelware *f*, Ramsch *m*; **baratísimo** ADJ spottbillig

barato A ADJ billig, preiswert; *fig* leicht, mühelos; **dar de ~** zugeben, umsonst geben; *fig* gutwillig *(o* gern) zugestehen; **hacer ~** billig abgeben; **valer** *o* **costar ~** billig sein B M 1 *(venta bajo precio)* Verkauf *m* unter Preis; Ramschgeschäft *n* 2 **cobrar el ~** *en el juego:* die Abgabe *vom Spielgewinn* einziehen; *fig* der Schrecken seiner Umgebung sein

báratro M *poet* Unterwelt *f*, Hölle *f*

baratura F Billigkeit *f*

baraúnda F → barahúnda

barba A F 1 ANAT *pelo:* **~(s)** *f(pl)* Bart *m (tb de la cabra, etc)*; **~ cerrada** *o* **corrida** *o* **entera** Vollbart *m*; **~ de chivo** *o* **en punta** Spitzbart *m*; **~ inglesa** Backenbart *m*; **dejarse (la) ~** sich *(dat)* einen Bart wachsen lassen; **echar ~** einen Bart bekommen; *fig* **echar la ~ a remojo** durch anderer Leute Schaden klug werden; *fig* **estar con la ~ en remojo** sehr im Druck sein; **hacer la ~ a alg** j-n rasieren; *fig (fastidiar)* j-m auf die Nerven gehen; *(engatusar)* j-n einseifen *(fig)*; **hacerse la ~** sich rasieren (lassen); *fig* **mentir por (la mitad de) la ~** unverschämt lügen; *fam fig* **subirse a las ~s de alg** jemandem über den Kopf wachsen; sich jemandem gegenüber respektlos benehmen; **temblarle a alg la ~** Angst haben; **tener buenas ~s** entschlossen sein; *fam* **¡tiene ya ~!** (das hat) so'n Bart! *fam*; **~ a ~** von Angesicht zu Angesicht; *adv* **a ~ rega(la)da** reichlich; *fam* **con toda la ~** mit allen Schikanen *fam*; so wie es sich gehört; *fam* **hombre** *m* **con toda la ~** richtiger *(o* ganzer) Mann *m*, ganzer Kerl *m fam*; **a la ~** *o* **en las ~s de alg** j-m ins Gesicht; in j-s Gegenwart *(dat)*, vor j-s Nase *(dat) fam*; **por ~** pro Kopf, pro Nase *fam*; **¡por mis ~s!** bei meiner Ehre! 2 ANAT *(mentón)* Kinn *n* 3 BOT **~ cabruna** Bockskraut *n*; *Arg* **~ de capuchino** *o* **de chivo** *o* **de fraile** *insektenfressender Strauch (Caesalpinia gillesii)* 4 BOT *de la espiga:* Granne *f*; **~s** *pl (raíces delgadas)* Wurzelfasern *fpl*; *Am de maíz:* Bart *m des Maiskolbens*; *Am de coco:* Fasern *fpl der Kokosnussschale* 5 *abejas:* Schwarmtraube *f*; *de la colmena:* oberste Abteilung *f des Bienenstocks* 6 ZOOL *de la ballena:* Barte *f*; *del gallo:* Kehllappen *m* 7 MAR *fondo de la cala:* Ansatz *m*, Bewachsung *f am Schiffsboden* 8 **~(s)** *f(pl) del papel, libros etc:* ungleicher Rand *m* 9 TEC **~(s)** *f(pl)* Grat *m*, Bart *m (Metall, Guss)* B M **Barba Azul** Blaubart *m*

barbacana F MIL Schießscharte *f*; HIST Vorwerk *n*

barbacoa F 1 *parrilla:* Gartengrill *m*; *fiesta:* Grillparty *f* (im Freien), Barbecue *n* 2 → bar-

B

bacuá; **barbacuá** F 1 *Am camastro:* Lager *n aus Weiden-, Lianengeflecht* 2 *Am (casita sobre árboles)* Baumhaus *n* 3 *Perú (depósito de frutas)* (Frucht)Speicher *m*
barbada F 1 *equitación: (cadenilla)* Kinnkette *f (Zaumzeug)* 2 MÚS *violín:* Kinnhalter *m der Violine* 3 *pez:* Butt *m;* Grundel *f;* Steinbutt *m* 4 *fam reg (alboroto)* Radau *m*, Spektakel *m fam*
barbadense A ADJ barbadisch, aus Barbados B M/F Barbadier *m*, -in *f*
barbado A ADJ bärtig B M AGR Setzling *m;* Senker *m;* Wurzeltrieb *m*
Barbados F Barbados *n*
barbar VI einen Bart bekommen; BOT Wurzeln treiben
barbarear VI *Am* → barbarizar; **barbárico** ADJ barbarisch; **barbaridad** F 1 Barbarei *f;* *(monstruosidad)* Ungeheuerlichkeit *f* 2 *fam (gran cantidad)* Unmenge *f; fam de dinero:* Heidengeld *n fam; fam* **una ~** ungeheuer (viel); **¡qué ~!** so was!; tolle Sache! *fam;* toller Kerl! *fam* 3 TEAT *fam* Reißer *m*
barbarie F Barbarei *f; (crueldad)* Grausamkeit *f;* **barbarismo** M 1 LING Barbarismus *m*, Sprachwidrigkeit *f* 2 *(disparate)* Unsinn *m;* **barbarizar** VI ⟨1f⟩ Unsinn reden
bárbaro A ADJ 1 *(cruel)* barbarisch, grausam; *(fiero)* wild, roh 2 LING sprachwidrig 3 *fam (espléndido)* unglaublich, großartig, toll *fam*, sagenhaft *fam;* **¡qué ~!** unglaublich!; unerhört! B ADV *fam* toll *fam*, großartig; **lo pasamos ~** wir haben uns toll amüsiert C M, **-a** F 1 *(extraño, -a)* Barbar *m*, -in *f (tb fig)*, *(salvaje)* Wilde *m/f* 2 *fam (persona estupenda)* toller Kerl *m fam*
Barbarroja N PR M HIST Barbarossa *m*
barbasco M *espec Am* BOT *Name verschiedener Pflanzen, die zur Betäubung von Fischen ins Wasser geworfen werden*
barbaza F *fam* dichter, voller Bart *m*
barbear A VT 1 *(llegar con la barba a cierta altura)* (mit dem Kinn) reichen bis an *(acus)* 2 *Méx fam (adular)* **~ a alg** j-m schöntun B VI 1 **~ con** (fast) die gleiche Höhe erreichen wie (nom) 2 *(trabajar como barbero)* als Barbier (o Friseur) tätig sein 3 TAUR an den Planken entlangschnüffeln C VR **barbearse** *fam* mit j-m (o miteinander) auf gespanntem Fuß stehen
barbechar VT AGR brachen; **barbechera** F *acción:* Brachen *n; tiempo:* Brachzeit *f; tierra:* Brachland *n;* **barbecho** M AGR 1 *(erial)* Brache *f*, Brachland *n;* **(estar) de ~** brach(liegen) *(tb fig)* 2 *(haza arada)* frisch geackertes Feld *n*
barbecue M Gartengrill *m*
barbería F *einfaches* (Herren)Friseurgeschäft *n;* **barberil** ADJ *fam* Friseur(s)...; **barbero** M 1 *(peluquero de caballeros) einfacher* Herrenfriseur *m; obs* Barbier *m* 2 *Méx (adulador)* Schmeichler *m*
barbi ADJ *inv fam* nett, sympathisch
barbián ADJ *fam* 1 *(desenvuelto)* forsch, mutig, tapfer 2 *(imponente)* stattlich, stramm *fam*
barbiblanco ADJ weißbärtig; **barbicacho** M Kinnriemen *m;* **barbicano** ADJ graubärtig; **barbicastaño** ADJ braunbärtig; **barbicorto** ADJ mit kurzem Bart; **barbiespeso** ADJ mit dichtem Bart; **barbihecho** ADJ frisch rasiert; **barbijo** M *Am reg* Kinnriemen *m;* **barbilampiño** A ADJ *(sin barba)* bartlos; *(de poca barba)* dünnbärtig B M *fig* Grünschnabel *m*, Neuling *m;* **barbilindo** ADJ weibisch, geckenhaft
barbilla F 1 *(punta del mentón)* Kinn(spitze *f*) *n; (punta de la barba)* Bartspitze *f;* **doble ~** Doppelkinn *n* 2 CONSTR angeschrägter Zapfen *m;* **barbillera** F Kinnbinde *f für Leichen;* **barbilucio** ADJ weibisch, geckenhaft; **barbinegro** ADJ schwarzbärtig; **barbiponiente, barbipungente** A ADJ flaum-, milchbärtig B M Milchbart *m*, -gesicht *n; fig* Anfänger *m*, Neuling *m;* **barbirrojo** ADJ rotbärtig; **barbirrubio** ADJ blondbärtig; **barbirrucio** ADJ graubärtig
barbitúrico QUÍM A ADJ **ácido** *m* **~** Barbitursäure *f* B M Barbiturat *n*
barbo M *pez:* Barbe *f*
barbón M 1 *(hombre barbado)* langbärtiger Mann *m; fam fig (anciano)* alter(nder) Mann *m* 2 ZOOL *(cabrón)* Ziegenbock *m*
barboquejo M Kinn-, Sturmriemen *m (tb* MIL*); en el sombrero:* Sturmband *n*
barboso ADJ bärtig; **barbote** M *RPl* Lippenpflock *m (der Indianer);* **barbot(e)ar** VI in den Bart murmeln (o brumme[l]n); **barboteo** M Brumme(l)n *n*, Genurmel *n*
barbudo ADJ (voll)bärtig
barbulla F Gebrabbel *n*, Stimmengewirr *n;* **barbullar** VI brummeln, brabbeln; **barbullón** M, **barbullona** F *fam* Nuschler *m*, -in *f*, Brabbelfritze *m fam*, Brabbelliese *f fam*
barbuquejo M → barboquejo
barca F 1 *(bote)* Boot *n;* Kahn *m*, Barke *f;* **~ de pasaje** Fähre *f*, Fährboot *n;* **~ de pedales** Tretboot *n;* **~ de pesca** Fischerboot *n;* **dar un paseo en ~** Kahn fahren; eine Bootsfahrt machen 2 TEX *(canasto)* Trog *m* 3 **~s** *pl (columpio)* Schiffschaukel *f*
Barça M *katalanischer Name des F. C. Barcelona*
barcada F *carga:* Bootsladung *f;* -fahrt *f;* **barcaje** M 1 *transporte:* (Boots)Transport *m* 2 *(flete)* Fracht-; Fährgeld *n*
barcal M Auffangschale *f (für überfließenden Wein);* Trog *m*
barcarola F MÚS Barkarole *f;* **barcaza** F MAR Barkasse *f;* Leichter *m*
Barcelona F *span Stadt u Region*
barcelonense ADJ → barcelonés; **barcelonés** A ADJ aus Barcelona B M, **-esa** F Einwohner *m*, -in *f* von Barcelona; **barcelonista** A ADJ auf den F. C. Barcelona bezüglich B M/F Anhänger *m*, -in *f* des F. C. Barcelona
barchilón M, **-ona** F 1 *Ec, Perú (enfermero -a)* Krankenpfleger *m*, -in *f* 2 *Bol (curandero, -a)* Kurpfuscher *m*, -in *f*
barco M Schiff *n;* **~ auxiliar** Tender *m;* **~ de carga** Frachter *m;* **~ congelador** Gefrierschiff *n;* **~ de experimentación** Versuchsschiff *n;* **~ fluvial** Fluss-, Binnenschiff *n;* **~ de fondo de cristal** Glasbodenboot *n;* **~ de guerra** Kriegsschiff *n;* **~-nodriza** (U-Boot-, Walfang)Mutterschiff *n;* **~ pesquero** Fischerboot *n;* **~ portacontenedores** Containerschiff *n;* **~ de un solo palo/de dos palos** Ein-/Zweimaster *m;* **~ salvador** Bergungsschiff *n;* **~ de transporte** Truppentransporter *m;* **~ de vapor** Dampfschiff *n*, Dampfer *m;* **~ de vela** Segelschiff *n*, Segler *m;* **~ vivienda** Hausboot *n;* **en el ~** auf dem Schiff; *fig* **estar en el mismo ~** im gleichen Boot sitzen; *Cuba fam* **vender el ~** abhauen
barda F 1 → bardal 1 2 HIST, *equitación: (armadura)* Panzer *m (für das Pferd)* 3 MAR *(nubarrón)* Wolken-, Nebelwand *f*
bardaguera F BOT Korbweide *f*
bardaja M, **bardaje** M *pop* passiver Homosexueller *m*
bardal M 1 Dornenabdeckung *f auf Mauern* 2 *seto vivo:* Dornenhecke *f*
bardana F BOT Klette *f;* **~ menor** Spitzklette *f*
bardo M *(keltischer)* Barde *m; liter fig* Sänger *m*, Dichter *m*
baremo M 1 *(tabla de cuentas)* Rechenbuch *n* mit fertigen Ergebnissen 2 *(cuadro de distribución)* Verrechnungs-, Verteilungsschlüssel *m* 3 *(tabla salarial)* Lohntabelle *f; (reglamento tarifario)* Tarifordnung *f; fig (catálogo de criterios)* Kriterienkatalog *m*, Bewertungsmaßstab *m*
bareto M 1 *Esp fam* Kneipe *f*, Bar *f* 2 *Col fam* Joint *m*
bargueño M kleine Kommode *f (mit vielen Schubladen)*, Vertiko *n*
barí ADJ ⟨*pl* -íes⟩ *fam* toll *fam*, enorm *fam*, großartig
baribal M ZOOL Schwarzbär *m*
baricentro M FÍS Schwerpunkt *m*, Baryzentrum *n;* GEOM Treffpunkt *m* der Mittellinien *eines Dreiecks*
baril ADJ → barí
bario M 1 FÍS Bar *n* 2 QUÍM Barium *n*
barista F *Am* Bardame *f*
barita F QUÍM (Ätz)Baryt *m*, Bariumhydroxid *n*
barítico ADJ Baryt...
barit(i)el M MIN Göpel *m*
baritina F 1 MINER Schwerspat *m*, Baryt *m* 2 QUÍM Bariumsulfat *n*
barítono M Bariton *m*
barloa F MAR Spring-, Borgtau *n*
barloar VT MAR festbinden, sorren; **barloventear** VI MAR aufkreuzen, lavieren; *fam* bummeln; **barlovento** M MAR Luv *f*, Windseite *f;* **a ~** luvwärts; *fig* **ganarle a alg el ~** j-m den Wind aus den Segeln nehmen, j-n in den Schatten stellen
barman M Barmann *m*, -keeper *m*
BARNA ABR (Barcelona) Barcelona
barnabita M CAT Barnabit *m (Mönch)*
barniz M ⟨*pl* -ices⟩ 1 *(laca)* Firnis *m (tb fig);* (farbloser) Lack *m; para cerámica, porcelana, etc:* (Porzellan)Glasur *f; para madera:* Beize *f;* TIPO Druckerschwärze *f;* **~ de alcohol/de fondo** Spiritus-/Grundierlack *m;* **~ brillante** *o* **~ de lustre** Glanzlack *m;* **~ del Japón** Japanlack *m;* BOT Götterbaum *m;* japanischer Lackbaum *m;* **~ nitrocelulósico** Nitro(zellulose)lack *m* 2 *(maquillaje)* Schminke *f; fig (tintura)* Tünche *f*, Anstrich *m; Am reg* **~ de uñas** Nagellack *m; Arg fam* **pasar el ~ a alg** j-m Honig ums Maul schmieren *fam*
barnizada F *Am*, **barnizado** M Firnissen *n*, Lackieren *n;* Lackierung *f*, Anstrich *m;* **~ con soplete** Spritzlackierung *f;* **barnizador** M, **barnizadora** F Lackierer *m*, -in *f;* **barnizar** ⟨1f⟩ lackieren; firnissen; *cerámica, etc* glasieren; **~ con laca incolora** lasieren
baro M METEO Bar *n*
barógrafo M Barograf *m*
barometría F Barometrie *f;* **barométrico** ADJ barometrisch; **altura** *f* **-a** Barometerstand *m*
barómetro M TEC Barometer *n/m (tb fig);* **~ aneroide/magistral** Aneroid-/Normalbarometer *n;* **~ bursátil** Börsenbarometer *n;* **~ registrador** Barograf *m*
barón M Baron *m*, Freiherr *m; fig* (Partei)Boss *m*
baronesa F Baronin *f*, Freifrau *f;* **baronía** F Baronie *f;* Freiherrnwürde *f*
baroscopio M FÍS Baroskop *n*
barquear A VI mit einem Boot übersetzen B VT **~ el río**, *etc* den Fluss *etc* mit einem Boot überqueren; **barquero** M, **barquera** F Bootsführer *m*, -in *f;* Fährmann *m*
barquía F Ruderboot *n der Fischer*
barquichuela F, **barquichuelo** M kleines Boot *n;* kleines Schiff *n*
barquilla F 1 *(pequeña barca)* kleiner Kahn *m* 2 AVIA *(cesto)* (Ballon)Korb *m*, Luftschiffgondel *f* 3 *molde:* Waffeleisen *n* 4 MAR Logscheit *n;*
barquillero M 1 *vendedor:* Waffelverkäufer *m* 2 *molde:* Waffeleisen *n* 3 MAR Boots-, Jollenführer *m;* **barquillo** M (Eis)Waffel *f*
barquín M Blasebalg *m der Schmiede*

barquinazo M *fam* 1 *(vuelco de un carruaje)* Rütteln *n (o* Umkippen *n) (eines Fahrzeugs); Ec de un barco:* Schlingern *n; fig de un borracho:* Torkeln *n* 2 *(porrazo)* Plumps *m*, Fall *m*, Gepolter *n*

barra F 1 *(vara)* Stange *f*, Stab *m;* TEC *tb* Schiene *f; (palanca de hierro)* Hebebaum *m;* **~ de acoplamiento** Kupplungsstange *f;* AUTO Spurstange *f;* AUTO **~ antirrobos** Lenkradkralle *f;* AUTO **~ antivuelco** Überrollbügel *m;* AUTO **~ de cambios** Schaltung *f;* **~ de celosía** Gitterstab *m;* **~ de carbón/de uranio** Kohle-/Uranstab *m;* NUCL **~ (de) combustible** Brennstab *m;* ELEC **~ de contacto** (Stangen-)Stromabnehmer *m;* **~ de cortina** Gardinenstange *f;* AUTO **~ de dirección** Lenksäule *f;* **~ imantada** Stabmagnet *m;* AUTO **~ de protección lateral** Seitenaufprallschutz *m;* MAR **~ (del timón)** Ruderpinne *f; adv fam fig* **a ~s derechas** ohne Falsch; **de ~ a ~** durch und durch, von einer Seite zur anderen; **tirar la ~** zu Höchstpreisen verkaufen; *fam fig* **estirar la ~** sich sehr anstrengen 2 *objeto en forma de barra: (lingote)* (Gold-, Silber)Barren *m;* **~ de cereales** Müsliriegel *m;* **~ de chocolate** Schokoladenriegel *m*, -tafel *f;* **~ de hielo** Eisblock *m;* Blockeis *n;* **en ~s** Stab…, Stangen…; **~ de pan** Stange *f* Brot, Stangenbrot *n* 3 *en un bar:* Theke *f*, Bar *f*, Tresen *m;* **~ americana** (Nacht)Bar *f;* **en la ~** an der Theke; **~ libre** Getränke frei 4 *(lápiz)* Stift *m;* **~ adhesiva** Klebestift *m;* **~ de carmín** *(o* **de labios)** Lippenstift *m* 5 DEP **~ alta** Hochreck *n;* **~s** *pl* **asimétricas** Stufenbarren *m;* **~ de equilibrio** Schwebebalken *m;* **~ fija** Reck *n;* **~s** *pl* **paralelas** Barren *m;* **~ vertical** Kletterstange *f* 6 *(barrera)* Schranke *f; p. ext* JUR Gerichtsschranken *fpl;* **llevar a alg a la ~** j-n zur Rechenschaft ziehen; j-n gerichtlich belangen; *fig* **sin pararse** *(o* **reparar) en ~s** rücksichtslos, ohne Rücksicht auf Verluste *fam* 7 INFORM **~ de comandos** *lista:* Befehlsleiste *f;* **~ diagonal** Schrägstrich *m;* **~ diagonal inversa** Backslash *m;* **~ de estado** Statusleiste *f;* **~ de herramientas** Symbolleiste *f*, Toolbar *f;* **~ de menús** Menüleiste *f;* **~ de navegación** Navigationsleiste *f* 8 MÚS Taktstrich *m;* **doble ~** Doppelstrich *m* 9 *heráldica:* (Schräg)Balken *m;* **las tres ~s** *das Wappen von Katalonien und Aragonien* 10 *(banco de arena)* Sandbank *f an Flussmündungen* 11 *Am Mer (público)* Zuschauer *mpl (bei Gericht)* 12 *Am (colegio de abogados)* Anwaltskammer *f* 13 *Arg (círculo de amigos)* Freundeskreis *m*, Gruppe *f* von Freunden; *espec Am* DEP *los aficionados:* Fans *mpl*, begeisterte Anhänger *mpl* 14 *Am cadenas:* Fußblock *m;* MAR Eisen *n* 15 TEX Streifen *m (Webfehler)* 16 *Chile juego:* Wurfscheibenspiel *n*

barrabás M Bösewicht *m;* **barrabasada** F *fam* Schandtat *f*, übler Streich *m*

barraca F 1 Baracke *f; Am (cobertizo)* Lager *n*, Schuppen *m;* **~ de feria** Jahrmarktsbude *f;* **~ de tiro** Schießbude *f* 2 *reg vivienda rústica:* schilfgedecktes Bauernhaus *n mit Satteldach* 3 *Esp (chabola)* **~s** *pl* Elendswohnungen *fpl;* **barracón** M 1 *(barraca grande)* (große) Baracke *f* 2 *en las ferias:* Jahrmarkts-, Schießbude *f*

barracuda F *pez:* Barrakuda *m*

barrado A ADJ *tela* gestreift *(tb heráldica)* B M COM, FIN Verrechnungsscheck *m*

barragán M TEX Barchent *m; abrigo:* Barchentmantel *m;* **barragana** F HIST Konkubine *f; fam* Nutte *f pop*

barranca F → barranco; **barrancal** M zerklüftetes Gelände *n*

barranco M 1 *(precipicio)* Schlucht *f*, Klamm *f;* **descenso** *m* **de barrancos** → barranquismo 2 *(declive)* Steilhang *m* 3 *fig (dificultad)* Schwierigkeit *f*, Hindernis *n; prov* **no hay ~ sin atranco** ohne Fleiß kein Preis

barrancoso ADJ schluchtenreich, zerklüftet; **barranquera** F → barranco; **barranquismo** M DEP Canyoning *n*

barraquero A ADJ Baracken… B M 1 *constructor:* Barackenbauer *m* 2 *Am dueño:* Lagerbesitzer *m; administrador:* Lagerverwalter *m;* **barraquismo** M Vorhandensein *n* von Elendswohnungen; **barraquista** M/F Bewohner *m*, -in *f;* einer Baracke *(o* Elendswohnung)

barrar V/T mit Lehm verschmieren

barrear V/T *(cerrar)* sperren; *(atrancar)* verrammeln, verbarrikadieren; **barreda** F Absperrung *f*, Umzäunung *f*, Schranke *f*

barredera F 1 *máquina:* (Straßen)Kehrmaschine *f; de alfombras:* Teppichkehrer *m;* **~-regadera** Straßenkehr- und Sprengmaschine *f* 2 **(red** *f***) ~** Schleppnetz *n;* **barredero** ADJ A 1 Schlepp… 2 (weg)fegend B M Bäckerbesen *m;* **barredor** M 1 *persona:* Kehrer *m*, Feger *m* 2 **~ de flecos** Mopp *m;* **barredora** F Kehrerin *f*, Fegerin *f;* **barredura** F Kehren *n;* **~s** *pl* Kehricht *m;* **barrelotodo** M *fam* Allesverwerter *m fam; tb* Schnüffler *m;* **barreminas** M ⟨*pl inv*⟩ MAR Minenräumboot *n*

barrena F 1 *(taladro)* Bohrer *m;* **~ de centrar** Zentrierbohrer *m;* **~ hueca** *o* **tubular** Hohlbohrer *m*, Sonde *f;* **~ de mina** Bohrmeißel *m*, Gesteinsbohrer *m* 2 AVIA Trudeln *n;* **~ horizontal** Rolle *f;* **entrar en ~** (ab)trudeln 3 ZOOL Bohrmuschel *f*

barrenado A ADJ *fam fig* verdreht, unvernünftig, verrückt B M *acción:* Bohren *n; (perforación)* Bohrung *f;* **barrenadora** F TEC Bohrmaschine *f;* **barrenar** A V/T 1 *(taladrar)* (an-, aus-, durch)bohren; *fig mentalmente:* gedanklich durchdringen 2 *fig derecho, ley* missachten; *intenciones* durchkreuzen, vereiteln B V/I AVIA trudeln

barrendero M **barrendera** F Straßenkehrer *m*, -in *f*

barrenero M MIN (Sprengloch)Bohrer *m;* Sprengmeister *m;* **barrenieve** M *esquí:* Schneepflug *m;* **barrenillo** M 1 *insecto:* Borkenkäfer *m* 2 *en los árboles:* Auswuchs *m an Bäumen* 3 *Cuba fig (impertinencia)* Halsstarrigkeit *f*

barreno M 1 MIN *agujero:* Bohrloch *n*, Sprengloch *n; barrena:* großer *(espec* Spreng-loch)Bohrer *m;* **dar ~ a** *barco* anbohren 2 *fig (manía)* (Eigen)Dünkel *m* 3 *Arg insecto:* Holzwurm *m*

barreña F, **barreño** M Spülbecken *n;* Trog *m*, Kübel *m*, große Schüssel *f*

barrer A V/T 1 *con la escoba:* kehren, (weg)fegen; *fig* **~ a/c bajo la alfombra** etw unter den Teppich kehren; *fig* **el viento barre las calles** der Wind fegt durch *(o* über) die Straßen 2 *(liberar)* frei machen, säubern **(de** von *dat); huellas* verwischen 3 *fig (llevárselo todo)* hinwegfegen; DEP haushoch besiegen 4 ELEC abtasten; TEC *gases* spülen B V/I kehren; *fig* **~ con todo** reinen Tisch machen; *fig* **~ en su propia casa** vor seiner eigenen Tür kehren; *fig* **~ hacia** *o* **para dentro** auf seinen Vorteil bedacht sein C V/R **barrerse** *Méx caballo* durchgehen, scheuen

barrera[1] F 1 *(barra)* Schranke *f (tb* FERR *y fig); (obstáculo)* Hindernis *n*, Barriere *f;* **~s** *pl* **aduaneras** Zollschranken *fpl;* **~s** *pl* **comerciales** Handelsschranken *fpl;* **~ (levadiza)** Schlagbaum *m;* SOCIOL **~ lingüística** Sprachbarriere *f;* **~ óptica** *o* **de luz** Lichtschranke *f;* **~ de peaje** *autopista:* Zahlschranke *f;* **~ policial** polizeiliche Absperrung *f;* **sin ~s (arquitectónicas)** barrierefrei; *prov* **el pensamiento no tiene** *o* **no conoce ~(s)** die Gedanken sind frei 2 MIL *(cierre)* Sperre *f;* **~ (anti)submarina** U-Boot-Sperre *f* 3 DEP Mauer *f* 4 FÍS **~ del sonido** Schallmauer *f* 5 TAUR erste Sitzreihe *f; fig* **ver los toros desde la ~** als Unbeteiligter *(o* als nicht Betroffener) zusehen, nichts damit zu tun haben (wollen)

barrera[2] F 1 *(sitio para sacar barro)* Lehmgrube *f* 2 *armario:* Schrank *m für Irdenware*

barrera[3] F *(alfarera)* Töpferin *f;* **barrero** M 1 *(alfarero)* Töpfer *m* 2 *(sitio para sacar barro)* Lehmgrube *f* 3 *Am Mer (terreno con salitre)* salpeterhaltiges Gelände *n* 4 *reg* → barrizal7

barreta F 1 *(pequeña barra)* kleine Stange *f;* TEC **~ (testigo)** Teststab *m* 2 *en el calzado:* Unterfütterung *f im Schuh* 3 GASTR *(pan de especias) Art* Lebkuchen *m* 4 *Bol, Méx, Perú, S.Dgo (piqueta)* Spitzhacke *f*

barrete M → birrete

barretear V/T mit Eisen *etc* sichern; **barretero** M MIN Hauer *m*

barretina F phrygische Mütze *f*, Jakobinermütze *f (katalanische Tracht)*

barriada F Stadtviertel *n*, Stadtteil *m; Am, espec Perú (barrio de chabolas)* Elendsviertel *n*

barrial M *Am* → barrizal

barrica F kleines Fass *n;* **barricada** F Barrikade *f*, (Straßen)Sperre *f;* **levantar ~s** Barrikaden errichten

barrida F *Am reg*, **barrido** M 1 *acción:* Kehren *n; (barredura)* Kehricht *m; fam* **servir lo mismo para una ~ que para un fregado** Mädchen für alles sein; für alles gut sein 2 TEC *de gas:* Spülung *f* 3 *Col (allanamiento)* Razzia *f*

barriga F 1 ANAT *(vientre)* Bauch *m*, Leib *m;* **echar ~** einen Bauch bekommen; *pop fig* **hinchar la ~** sich aufblasen, sich aufspielen; *fam fig* **rascarse la ~** auf der faulen Haut liegen; *fam fig* **tocarse la ~** faulenzen 2 *de un recipiente:* Wölbung *f (eines Gefäßes)* 3 *de un muro:* Durchbiegung *f*, Ausbuchtung *f (einer Wand)*

barrigón *fam* A ADJ dickbäuchig B M, **-ona** F 1 *persona:* Dickwanst *m fam* 2 *Antillas, Col (niño)* Kind *n;* **barrigudo** A ADJ *fam* → dick(bäuchig) B M ZOOL Wollaffe *m;* **barriguera** F *equitación:* Bauchgurt *m*

barril M 1 *(cuba)* Fass *n*, *(tonel)* Tonne *f* 2 *(vaso de barro)* tönernes Wassergefäß *n* 3 *de petróleo:* Barrel *n (ca. 159 l)*

barrila F *fam* **dar la ~ a alg** j-n nerven

barrilaje M *Méx*, **barrilamen** M Fasswerk *n*, Fässer *npl;* **barrilería** F 1 *(conjunto de barriles)* Fasswerk *n*, Fässer *npl* 2 *establecimiento de fabricación:* Fassbinderei *f*, Böttcherei *f;* **barrilero** M *persona:* Fassbinder *m*, Böttcher *m;* Küfer *m al.d.S*

barrilete M 1 *(cuba)* Fässchen *n* 2 CONSTR *(abrazadera)* Klammer *f*, Zwinge *f;* ÓPT Tubus *m*, Rohr *n; del reloj:* Federgehäuse *n; del revólver:* Trommel *f* 3 MAR *nudo:* Kreuzknoten *m* 4 ZOOL *Art* Seekrebs *m* 5 *Am reg (cometa)* (Papier)Drachen *m*

barrilla F 1 BOT Salzkraut *n* 2 *cenizas:* Salzkrautasche *f*, Soda *f* 3 *Bol, Perú (cobre nativo)* gediegenes Kupfer *n*

barrillo M 1 *barro:* (dünner) Lehm-, Schlammbelag *m* 2 *en la piel:* Pickel *m*

barrio M Stadtviertel *n*, Ortsteil *m;* **~ chino** *esp* Vergnügungsviertel *n*, Rotlichtbezirk *m; Am* Chinatown *f/n;* **~ rojo** Vergnügungsviertel *n*, Rotlichtbezirk *m;* **~ periférico** Vorstadt *f;* **~ portuario** Hafenviertel *n;* **~ residencial** Wohnviertel *n;* **~s** *pl* **bajos** Unterstadt *f;* anrüchige Viertel *npl; fam* **irse al otro ~** *(morirse)* den Löffel abgeben *fam*, abkratzen *fam*

barriobajero A ADJ Vorstadt…; *fig* vulgär B M, **-a** F Vorstädter *m*, -in *f*

barrista M/F 1 DEP Barrenturner *m*, -in *f* 2 *en el circo:* Artist *m*, -in *f* am Hochreck 3 *(pandillero)* Mitglied *n* eines Freundeskreises (→ barra 13)

barrita F Stift *m; (pintalabios)* Lippenstift *m;* TEC Stange *f;* **~ cortasangre** Alaunstift *m;* **~ de**

soldar Schweißdraht *m;* Lötstange *f;* ~ **de chocolate** Schoko(laden)riegel *m;* **~s** *pl* **de cangrejo** Krebsfleisch *n*
barritar VI *elefante* trompeten
barrizal M Sumpf *m*, Morast *m*
barro M **1** *(lodo)* Schlamm *m*, Lehm *m; (arcilla de alfarero)* (Töpfer)Ton *m;* **~s** *pl* Töpferware *f;* **de** ~ irden, tönern; ~ **cocido** Steingut *n;* Terrakotta *f; fam vasija:* Bierkrug *m* **2** *(espinilla)* Pickel *m*, Pustel *f;* VET Beule *f* **3** *fig (cachivache)* wertloses Zeug *n;* **no ser** ~ etwas wert sein **4** *fam (dinero)* Geld *n*, Moos *n fam;* **tener ~ a mano** Geld wie Heu haben
barroco **A** ADJ **1** barock **2** *fig película, libro:* verstiegen; *(excesivamente adornado)* überladen **B** M *época:* Barockzeit *f*, Barock *n/m; estilo:* Barockstil *m*
barrón M BOT Strandhafer *m*
barroquismo M Barock *n*, barocke Art *f; fig* Überladenheit *f*
barroso ADJ **1** *terreno* lehmig, schlammig **2** *color:* lehmfarben **3** *rostro* pickelig
barrote M (Eisen)Stange *f;* **entre ~s** hinter Gittern
barrueco M Barockperle *f*
barrumbada F *fam* **1** *(jactancia)* Prahlerei *f*, Angabe *f fam* **2** *(gasto excesivo)* protzige Verschwendung *f*
barruntar VT ahnen, vermuten; *peligro* wittern; **barrunte, barrunto** M **1** *(presentimiento)* Vorgefühl *n*, Ahnung *f;* Vermutung *f; de peligro:* Witterung *f* **2** *(indicio)* Anzeichen *n*, Spur *f*
bartola *fam* **tumbarse** *o* **tenderse a la** ~ sich auf die faule Haut legen
bartolillo M GASTR Creme- (*o* Fleisch)pastete *f*
bartulear VI *Chile* grübeln
bártulos MPL *fam* Siebensachen *fpl fam*, Kram *m fam;* **liar los** ~ seine Siebensachen packen *fam*
barullero **A** ADJ wirr, alles durcheinanderbringend **B** M, **-a** F *(embrollador)* Wirrkopf *m; (perturbador)* Störenfried *m;* **barullo** M *(desorden)* Wirrwarr *m*, Durcheinander *n; (alboroto)* Krach *m*, Lärm *m*
barzal M *Am* Sumpf *m*
basa F ARQUIT Basis *f*, Säulenfuß *m;* Sockel *m;* TEC Base *f*, Grund *m*
basada F MAR Ablaufschlitten *m (Werft);* **basado** ADJ MIL ~ **en submarinos/en tierra** *cohetes* see- (*o* U-Boot-)gestützt/landgestützt
basáltico ADJ Basalt…
basalto M Basalt *m*
basamento M ARQUIT Basis *f;* Unterbau *m*, Sockel *m; ferrocarril de montaña:* Stützenfundament *n*
basar **A** VT gründen, stützen (**sobre** auf *dat*) **B** V/R **~se en** bauen auf *(acus);* fußen auf *(dat);* sich stützen auf *(acus);* **estar basado en** sich gründen auf *(acus)*, beruhen auf *(dat)*
basáride F ZOOL Katzenfrett *m*
basca F **1** *frec* **~s** *pl (malestar)* Übelkeit *f*, Brechreiz *m;* **sentir ~s** Brechreiz haben, sich übergeben (müssen) **2** VET (Schafs)Tollwut *f; fam (ímpetu colérico)* Wutanfall *m*, Raptus *m fam* **3** *leng. juv pop (pandilla)* Bande *f*, Gruppe *f*, Clique *f;* **bascosidad** F **1** *(repugnancia)* Ekelhaftigkeit *f;* Schmutz *m* **2** *Ec (obscenidad)* Zote *f*
báscula F **1** *(balanza grande)* große Waage *f;* ~ **instantánea/de pesada continua/de puente** Schnell-/Durchlauf-/Brückenwaage *f* **2** MIL *de un puente levadizo:* Hebebaum *m (einer Ziehbrücke)* **3** *reloj:* Unruh(e) *f*
basculable ADJ kippbar; **basculador** M AUTO, FERR Kipper *m;* **basculante** **A** ADJ kippbar, Kipp… **B** M AUTO Kipperbrücke *f;*
bascular VI *movimiento de vaivén:* wippen, schwingen; *(volcar)* kippen; *fig* ~ **hacia a/c** zu etw neigen
base **A** F **1** *(fundamento)* Grundlage *f*, Basis *f (tb* ANAT*);* ~ **de cálculo** Berechnungsgrundlage *f;* ~ **imponible** Besteuerungsgrundlage *f;* ~ **de maquillaje** Make-up-Unterlage *f;* GASTR ~ **de tarta** *o* **torta** Tortenboden *m;* **a** ~ **de** *(a raíz de)* aufgrund von *(dat)*, wegen *(gen); (fabricado de)* aus *(dat)*, *hergestellt* mit *(dat);* **a** ~ **de bien** sehr gut, ausgezeichnet; **caer** *o* **fallar por su** ~ grundsätzlich falsch (*o* verfehlt) sein **2** TEC Bodenplatte *f*, Bettung *f* **3** MIL *(punto de apoyo)* Stützpunkt *m*, Basis *f;* ~ **aérea** Luftstützpunkt *m;* ~ **naval** Flotten- (*o* Marine)stützpunkt *m; tb fig* ~ **de operaciones** Operationsbasis *f* **4** QUÍM Base *f* **5** MAT Grundzahl *f; (línea básica)* Grundlinie *f; (superficie básica)* Grundfläche *f* **6** *de un concurso, etc:* **~s** *pl* Teilnahmebedingungen *fpl* **7** INFORM ~ **de datos** Datenbank *f* **8** *Cuba* ~ **de campismo** Campingplatz *m* **B** M/F DEP *baloncesto:* Aufbauspieler *m*, -in *f*
base(-)ball [bεisβɔl] M → béisbol
base jumping [beĭs 'jampiŋ] M DEP Base-Jumping *n*
basic ['beĭsik] M INFORM BASIC *n (Programmiersprache)*
básico ADJ **1** *(fundamental)* grundlegend, Grund…; **error** *m* ~ Grundirrtum *m;* **punto** *m* ~ wesentlicher Punkt *m*, Hauptpunkt *m*, -sache *f;* **vocabulario** *m* ~ Grundwortschatz *m* **2** QUÍM *(alcalino)* basisch, alkalisch
basilar *t/t* **A** ADJ auf die Basis bezogen; BOT grundständig **B** M ANAT Keilbein *n*
basilea F *jerga del hampa* Galgen *m*
Basilea F Basel *n*
basilense → basiliense
basileo M HIST byzantinischer Kaiser *m*
basílica **A** F ARQUIT Basilika *f* **B** ADJ ANAT **(vena** *f***)** ~ Basilarvene *f*, Vena *f* basilica
basilical ADJ ARQUIT Basiliken…
basilicón M FARM Königs-, Zugsalbe *f*
basiliense **A** ADJ aus Basel **B** M/F Basler *m*, -in *f*
basilio M CAT Basilianermönch *m*
basilisco M **1** MIT Basilisk *m* **2** ZOOL *reptil:* Helmbasilisk *m* **3** *fig* **estar hecho un** ~ *(estar furioso)* Gift und Galle speien, fuchsteufelswild sein **4** HIST, MIL Feldschlange *f*
basket(-)ball M *espec Am* Basketball *m*
basquear VI Übelkeit verspüren
básquet, básquetbol M *espec Am* Basketball *m*
basset M *perro:* Basset *m*
basta F **1** TEX *(hilván)* Heftnaht *f; (puntadas en el colchón)* Steppnaht *f; Perú (dobladillo)* Saum *m*, Saumnaht *f; (pinza)* Abnäher *m* **2** *Esp vulg (mano)* Pfote *f fam*, Flosse *f fam*
bastante **A** ADJ ausreichend, genügend; **lo** ~ hinreichend; **tiene** ~ **dinero** er hat ziemlich viel Geld; **tiene dinero** ~ er hat Geld genug **B** ADV genug; ziemlich; *fam o iron* sehr; ~ **bien** recht gut; **tener** ~ **con a/c** mit etw *(dat)* auskommen; **nunca tiene** ~ er ist nie zufrieden, er kann nie genug kriegen *fam*
bastantear VI JUR eine Vollmacht bestätigen (*o* anerkennen)
bastar **A** VI genügen, ausreichen, langen *fam;* **¡basta (ya)!** genug!, Schluss!; **basta con** *(inf)* es genügt, zu *(inf);* **basta de palabras** genug der Worte; **basta con eso** das genügt; Schluss damit; ~ **y sobrar** vollauf genügen **B** V/R **~se (a sí mismo)** sich *(dat)* selbst genügen; **~se y sobrarse** sich *(dat)* selber helfen können; **~se solo** allein zurechtkommen
bastarda F **1** *(lima de grano fino)* feinkörnige Schlosserfeile *f* **2** TIPO → bastardilla; **bastardear** **A** VI entarten, aus der Art schlagen (**de** *gen*); degenerieren **B** VT *fig* verfälschen; verschlechtern; **bastardía** F **1** *(degeneración)* Ent-, Abartung *f* **2** *hijo ilegítimo:* außereheliche Geburt *f* **3** *(infamia)* Gemeinheit *f;* **bastardilla** F **1** TIPO Kursivschrift *f* **2** MÚS *Art* Flöte *f*
bastardo **A** ADJ **1** *(falso, degenerado)* unecht; entartet; BOT hybrid; Misch…; **especie** *f* **-a** Abart *f* **2** *(ilegítimo)* unehelich, außerehelich; **hijo** *m* ~ Bastard(sohn) *m* **3** *(vil)* gemein, schändlich **B** M **1** Bastard *m (tb desp)* **2** MAR *(racamento)* Racktau *n*
baste M **1** → basta **2** *equitación: (almohadilla)* Sattelkissen *n* **3** *Esp reg fam (dedo)* Finger *m*
bastear VT TEX heften; steppen
bastedad F **basteza** F Grobheit *f*, Plumpheit *f;* Ungeschliffenheit *f*
bastidor M **1** *(marco)* Rahmen *m; de tela:* Stickrahmen *m; de ventana:* Fensterrahmen *m; de puerta:* Türrahmen *m;* FOT Kassette *f* **2** TEC *(armazón)* Gestell *n*, Gerüst *n*, Rahmen *m;* AUTO Fahrgestell *n;* ~ **(lateral)** Zarge *f;* Leiterholm *m;* ~ **de montaje** Montagebock *m*, -gerüst *n* **3** TEAT Kulisse *f; fig* **entre ~es** hinter den Kulissen **4** *Col, Chile (persiana)* Jalousie *f*
bastilla F TEX Saum, Saumnaht *f*, Stoß *m*
bastimentar VT verproviantieren; **bastimento** M **1** *(provisión)* Proviant *m; Am tb (compras)* (Tages)Einkauf *m* **2** *(barco)* Wasserfahrzeug *n*
bastión M Bollwerk *n*, Bastion *f;* POL *fig* Hochburg *f*
basto **A** ADJ **1** grob, rau, roh **2** *fig persona* roh, plump, ungeschliffen **B** M **1** *(albarda)* Packsattel *m; Am (almohadilla)* Sattelkissen *n* **2** *naipes:* **~s** *pl corresponde a:* Kreuz *n*, Treff *n;* **(as** *m* **de) ~(s)** Kreuzass *n; fam fig* **pintar ~s** *situación, asunto* ernst (*o* bedenklich) werden; düster aussehen
bastón M **1** *(vara)* Stock *m*, Stecken *m*, Stab *m; para pasear:* Spazierstock *m; de mando:* Feldherrnstab *m;* ~ **de esquí** Skistock *m;* ~ **(de) estoque** Stockdegen *m;* ~ **de mando** Amtsstab *m;* Kommandostab *m;* **dar** ~ **al vino** → bastonear 2; *fig* **empuñar el** ~ *(tomar el comando)* den Befehl (*o* das Kommando) übernehmen; *fig* **meter a alg -ones entre las ruedas** j-m Knüppel zwischen die Beine werfen **2** ANAT Stäbchen *n (der Netzhaut)* **3** AVIA *(palanca de mando)* Steuerknüppel *m* **4** *heráldica:* Pfahl *m; fig* **los -ones de Aragón** *das Wappen von Aragonien*
bastonada F **1** *(golpe)* Bastonade *f*, Prügelstrafe *f* **2** → bastonazo; **bastonazo** M Stockschlag *m;* **~s** *pl* Prügel *mpl*, Schläge *mpl;* **bastoncillo** M **1** *(palito)* Stäbchen *n (tb* ANAT*);* ~ **(de algodón)** Wattestäbchen *n* **2** TEX schmale Tresse *f;* **bastonear** VT **1** *(dar golpes)* (mit einem Stock) prügeln; *fig gobierno:* autoritär regieren **2** *vino* schlagen, umrühren; **bastonera** F Stock-, Schirmständer *m;* **bastonero** M **1** *(maestro de ceremonias)* Tanz-, Zeremonienmeister *m;* Festordner *m* **2** HIST *en la cárcel:* Stockmeister *m* im Gefängnis
basura F **1** *(desechos)* Abfall *m*, Müll *m; fig* Dreck *m*, Unrat *m;* ~ **doméstica** Hausmüll *m;* ~ **orgánica** Biomüll *m;* ~ **tecnológica** Elektromüll *m;* TV ~ **televisiva** Fernsehmüll *m; Am reg* **acarreo** *m* **de ~s** Müllabfuhr *f;* **comida** ~ Junk-Food *n;* **cubo de (la)** ~ Mülleimer *m; fam* **hablar** ~ Quatsch reden *fam* **2** *(estiércol de las caballerías)* (Pferde)Mist *m* **3** *Arg vulg persona:* Mistkerl *m pop*, Drecksack *vulg m*
basural M *Am* Müllhaufen *m*, -grube *f;* **basurear** VT **1** *RPl pop (vencer, humillar)* niederwerfen, aufs Kreuz legen *pop; (derribar)* umlegen *pop* **2** *Arg, Bol, Chile, Perú fam (insultar)* wüst beschimpfen; **basurero** M **1** *persona:* Müllfahrer *m* **2** *sitio:* Abfallhaufen *m; depósito:* Müllabladeplatz *m*, Deponie *f;* **basurita** F **1** *Am fam (pequeñez)* Kleinigkeit *f*, wertlose Sache *f* **2** *Cuba*

pop (propina) Trinkgeld *n*, Almosen *n*

bata F *(salto de cama)* Schlaf-, Morgenrock *m*; *(ropa de casa)* Hauskleid *n*; *(guardapolvo)* (Arbeits)-Kittel *m*; *Col tb (vestido)* (Damen)Kleid *n*; **~ (afelpada)** *o Am* **~ de baño** Bademantel *m*; **~ de cola** Schleppenkleid *n (der Flamencotänzerinnen)*; *Am Centr, Méx* **~ de dormir** Nachthemd *n*

batacazo M Fall *m*, Sturz *m*; *fam* Plumps *m*; *fam* **darse** *o* **pegarse un ~** lang hinschlagen; auf die Nase fallen *(tb fig)*

bataclán M *fam* Stripteaseshow *f*; **bataclana** *fam* Stripperin *f*

batahola F *fam* Krach *m*, Spektakel *m fam*

batalla F 1 MIL *(combate)* Schlacht *f*; Kampf *m*; *fig (lucha)* Streit *m*; (**~ campal** MIL Feldschlacht *f*; *fig (riña)* Schlägerei *f*; **~ defensiva/decisiva** Abwehr-/Entscheidungsschlacht *f*; **~ de desgaste/de ruptura** Material-/Durchbruchsschlacht *f*; **campo** *m* **de ~** Schlachtfeld *n*; **orden** *m* **de)** **~** Schlachtordnung *f*; **dar** *o* **librar ~ a alg** j-m eine Schlacht liefern; *fig* sich j-m widersetzen, j-m die Stirn bieten; *fig* **dar la ~** kämpfen, den Kampf aufnehmen; *tb fig* **presentar ~** sich zum Kampf stellen 2 PINT Schlachtengemälde *n* 3 **de ~** *vestimenta:* Alltags..., für den Alltag; strapazierfähig 4 TEC *de un vehículo:* Achsabstand *m* 5 *equitación: silla de montar:* Sattelsitz *m* 6 **~ de flores** *(festejo público con flores)* Blumenkorso *m*; HIST Blumenkrieg *m im alten Mexiko*

batallador A ADJ kriegerisch, kämpferisch B M Kämpfer *m*; HIST *ehrender Beiname mittelalterlicher Helden*; **batallar** V/I 1 *(combatir)* kämpfen, streiten; *con palabras:* disputieren 2 *(fluctuar)* schwanken, *(vacilar)* zaudern

batallón A ADJ *fam* Streit...; **asunto** *m* **~** *o* **cuestión** *f* **-ona** Streitfrage *f*, Zankapfel *m* B M MIL Bataillon *n*; **~ de comunicaciones** *o* **de transmisiones** Nachrichtenabteilung *f*; **~ disciplinario** Strafbataillon *n*; **comandante** *m* *o* **jefe** *m* **de ~** Bataillonskommandeur *m*; *espec leng. juv fig* **(ir a) formar parte del ~ de los torpes** zu den geistig Minderbemittelten gehören *fam*

batán M 1 TEX *máquina:* Walke *f*, Walkmaschine *f*, -mühle *f* 2 *Ec, Perú (molino de maíz)* Maismühle *f* 3 *Chile (tintorería)* Färberei *f*

batanear V/T 1 TEX walken 2 *fam fig* durchwalken *fam*, *(apalear)* verprügeln

bataola F → batahola

Batasuna F POL *(2001-2003)* → Herri Batasuna

batasunero, batasuno HIST POL A ADJ *der Partei (Herri) Batasuna* B M, **-a** F, *partidario:* Mitglied *n* (*o* Anhänger *m*, -in *f*) der (Herri) Batasuna

batata F 1 BOT Batate *f*, Süßkartoffel *f* 2 *RPl, P. Rico fig (timidez)* Schüchternheit *f*; *persona:* Simpel *m fam*, Trottel *m fam*; **batatal, batatar** M Batatenfeld *n*; **batatazo** M *RPl, Chile, Perú carrera de caballos:* Sieg *m* eines Außenseiters

bátavo ADJ HIST holländisch

batayola F MAR Hängemattenkasten *m*

batch [batʃ] M INFORM Batch *n*

bate M DEP Baseballschläger *m*

batea F 1 *(bandeja)* Tablett *n* 2 *(fuente)* Schüssel *f*; *(amasadera)* Backtrog *n*; *Am (palangana)* Waschtrog *m* 3 FERR Plattformwagen *m* 4 MAR *(gabarra)* Prahm *m* 5 *Am Mer* MIN *lavado de minerales:* Mulde *f zum Goldwaschen*; **bateador** M, **bateadora** F DEP Baseballspieler *m*, -in *f*

batear V/T & V/I *béisbol* schlagen

batel M *liter* Kahn *m*, Boot *n*; **batelero** M, **batelera** F *liter* Kahn-, Bootsführer *m*, -in *f*

batería A F 1 ELEC Batterie *f*; **~ de pilas secas** Trockenbatterie *f* 2 MIL *(piezas de artillería)* Batterie *f*; Geschützstand *m*; MAR Geschützpforte *f*; **~ de campaña/de cohetes** Feld-/Raketenbatterie *f*; **~ de costa/de plaza** Küsten-/Festungsbatterie *f*; **en ~** *artillería:* aufgefahren; **dar ~ a** unter Beschuss nehmen *(acus)*; *fig* angreifen *(acus)* 3 *(conjunto)* Reihe *f*, Batterie *f (tb* TEC); **~ de cocina** Topfset *m*; TEC **~ de cracking** Krackanlage *f*; **~ de lavabos** Reihenwaschanlage *f*; AUTO **aparcar en ~** *(en sentido perpendicular)* quer parken; *(en sentido oblicuo)* schräg parken 4 TEAT Rampenlicht *n* 5 MÚS Schlagzeug *n* 6 *(impertinencia)* Zudringlichkeit *f*; Belästigungen *fpl* 7 *Arg* GASTR *(colación)* Knabberzeug *n*, kleine kalte Vorspeisen B M/F → baterista

baterista M/F MÚS Schlagzeuger *m*, -in *f*

batey M *Cuba großer freier Platz in einem Dorf oder neben einer Zuckerfabrik*

batible ADJ schlagbar

batiborrillo, batiburrillo M *fam* Mischmasch *m fam*, Gemansche *n fam*

baticola F *equitación:* Schwanzriemen *m*

batida F 1 CAZA Treibjagd *f (tb fig)*; *policía:* Razzia *f*; Suchaktion *f*; MIL Streife *f*; **dar una ~** eine Treibjagd (*o* eine Razzia) veranstalten 2 *Cuba, S.Dgo riña de gallos:* Angriff *m*

batidera F 1 *(mezcladora)* Rührschaufel *f der Maurer* 2 *(cuchillo de colmenero)* Imkermesser *n*;

batidero M 1 *(golpeo continuo)* Klappern *n*; Stuckern *n* 2 MAR *de olas:* Wellenschlag *m*; **~s** Spritzborde *mpl* 3 *(camino desigual)* holpriger Fahrweg *m*; *fig (localidad muy visitada)* viel besuchter Ort *m*

batido A ADJ 1 *camino* gebahnt, ausgetreten 2 *seda* schillernd 3 GASTR *leche, crema, clara de huevo* geschlagen, gequirlt B M 1 *(golpeo)* Klopfen *n*, Schütteln *n* 2 GASTR *(masa)* Teig *m für Biskuit oder Oblaten*; *huevos:* geschlagene Eier *npl*; *(clara de huevo)* Eischnee *m* 3 GASTR *bebida:* Mixgetränk *n*, Shake *m*; **~ de chocolate/fresa/vainilla** Schoko-/Erdbeer-/Vanillemilchshake *m* 4 ELEC *(interferencia)* Überlagerung *f*; **batidor** M 1 *cocina:* Quirl *m*, Schneebesen *m* 2 AGR *(trillo)* Dreschflegel *m*; TEC Stößel *m*, Schläger *m*; **~ de oro** Goldschläger *m* 3 *peine:* weitzahniger Kamm *m*, Frisierkamm *m* 4 CAZA *persona:* Treiber *m* 5 MIL *(explorador)* Kundschafter *m*; *caballería:* **~es** *pl* Voraustrab *m* 6 *Arg pop (traidor)* Verräter *m*; **batidora** F *cocina:* Mixer *m*; TEC Rührwerk *n*; **~ de cables** Kabelschläger *m*; **batidura(s)** F(PL) TEC Hammerschlag *m*

batiente A ADJ schlagend B M 1 *(hoja de puerta)* Türflügel *m*; *(hoja de ventana)* Fensterflügel *m*; *parte del cerco:* Anschlag *m* 2 *en el piano:* Hammerleiste *f*, Dämpfer *m* 3 *(escollo)* Felsenklippe *f*, Deich *m*, *an dem sich die Wellen brechen*

batifondo M *RPl* → alboroto; **batihoja** M *profesión:* Gold-, Silberschläger *m*; *p. ext* Blechschmied *m*

batik M TEX Batik *m*

batimento M PINT Schlagschatten *m*; **batimetría** F *t/t* Tiefseemessung *f*; -forschung *f*;

batimiento M Schlagen *n*; MIL Beschuss *m*

batín M Hauskleid *n*

batintín M Gong *m*

batir A V/T 1 *(dar golpes)* schlagen 2 GASTR *huevos, crema* schlagen; *masa* rühren; **~ la leche** buttern 3 *(mover)* bewegen; **~ las alas** mit den Flügeln schlagen; **~ el vuelo** (auf)fliegen 4 MÚS *tambor, al compás* schlagen; **~ marcha** trommeln 5 *viento* anblasen, anwehen; *sol* bescheinen; *olas* bespülen, anbranden an *(acus)*; *lluvia* prasseln auf (*o* gegen) *(acus)* 6 *terreno* erkunden, absuchen, durchkämmen; CAZA treiben 7 MIL **~ (con fuego)** unter Feuer (*o* unter Beschuss) nehmen, beschießen 8 *(vencer)* besiegen, schlagen; *fig (destruir)* vernichten; DEP *y fig* **~ una marca** einen Rekord brechen 9 *pared, casa* niederreißen; *tienda de campaña, etc* abbrechen 10 *monedas* prägen; **~ (en frío)** *metal* kalt schmieden 11 *pelo* (auf)kämmen 12 *Chile, Guat, Perú ropa* spülen B V/I 1 *corazón* heftig schlagen 2 *Arg jerga del hampa (confesar)* beichten C V/R **batirse** kämpfen, sich schlagen, sich streiten; **~ en duelo** sich duellieren, sich schlagen; **~ entre la vida y la muerte** in Agonie (*o* im Sterben) liegen; *fam* **~ el cobre** sich *(dat)* große Mühe geben, sich mächtig anstrengen

batiscafo M Bathyskaph *m*, Tiefseetauchgerät *n*; **batisfera** F BIOL, GEOG Batysphäre *f*

batista F TEX Batist *m*; **~ cruda** Nessel(tuch *n*) *m*

bato M 1 *Esp fam (padre)* Vater *m*, Alte *m* 2 *(tonto)* Dummkopf *m*, Tölpel *m* 3 *Méx fam (joven)* Junge *m*, Bursche *m*

batómetro M Tiefenmesser *m*, Bathometer *n*

batracios MPL ZOOL Froschlurche *mpl*, Batrachier *mpl*

batuda F Serie *f* von Trampolinsprüngen

Batuecas *fam* **estar en las ~** zerstreut sein, nicht bei der Sache sein; *desp* **parece que viene de las ~** er ist reichlich ungeschliffen

batueco A ADJ *fam* tölpelhaft B M, **-a** F Tollpatsch *m*; Flegel *m*

batuque M *RPl pop* Lärm *m*, Tumult *m*, Spektakel *m fam*

baturrada F Flegelei *f*, Rüpelei *f*; **baturrillo** M *fam* Mischmasch *m fam*, Gemansche *n fam*; **baturro** A ADJ 1 aragon(es)isch, aus Aragon 2 *fam fig (testarudo)* dickköpfig; bauernschlau B M, **-a** F Bauer *m*, Bäuerin *f* aus Aragon; Aragonier *m*, -in *f* C M *lengua:* Dialekt *m* aus Aragon, Aragon(es)isch *n*

batuta F MÚS Taktstock *m*; **bajo la ~ de ...** *orquesta* unter (der Leitung von) ... *(dat)*; *fig* **llevar la ~** führen, den Ton angeben

baudio M ELEC, INFORM *unidad de medida:* Baud *n*

baúl M 1 *(cofre)* großer Koffer *m*; Truhe *f*; **~ mundo** Schrank-, Kabinenkoffer *m*; *pop* **cargar(le) el ~ a alg** j-m die Schuld (*o* den schwarzen Peter *fam*) zuschieben; *fam fig* **salir del ~ de los recuerdos** aus der Mottenkiste kommen 2 *fam fig (vientre)* Bauch *m*, Wanst *m fam*; *pop* **henchir** *o* **llenar el ~** sich *(dat)* den Bauch (*o* Wanst *pop*) vollschlagen *fam* 3 *Am* AUTO *(maletero)* Kofferraum *m*

bauprés M MAR Bugspriet *n/m*

bausán A ADJ *Perú* faul, träge B M Strohpuppe *f* C M, **-ana** F *fig* Dummkopf *m*, Einfaltspinsel *m*

bautismal ADJ Tauf...; **agua** *f* **~** Taufwasser *n*

bautismo M Taufe *f*; *fig* **~ de fuego** Feuertaufe *f*; *fig* **~ de la línea** *o* **de mar** Linien-, Äquatortaufe *f*; **~ de urgencia** *o* **in artículo mortis** *o* **in extremis** Nottaufe *f*; **~ de sangre** Bluttaufe *f*; **libro** *m* **de ~s** Taufbuch *n*; **nombre** *m* **de ~** Taufname *m*, Vorname *m*; **partida** *f* **de ~** Taufschein *m*; *fam* **romper el ~ a alg** j-m den Schädel einschlagen

bautista M 1 Täufer *m*; **San Juan Bautista** *o* **El Bautista** Johannes der Täufer 2 *Esp fam (conductor privado)* Privatchauffeur *m*; **bautisterio** M 1 *(pila bautismal)* Taufbecken *n* 2 *capilla:* Taufkapelle *f*

bautizado M Täufling *m*; Getaufte *m*; **bautizar** V/T ⟨1f⟩ 1 REL *sacramento:* taufen *(tb fig)* 2 *(salpicar)* an-, bespritzen; *fig vino* pan(t)schen; *fam* **~ los nuevos** den Neulingen *(espec* MIL den Rekruten) einen Streich spielen; **bautizo** M Taufe *f*; Tauffeier *f*; **~ de la línea** Linien-, Äquatortaufe *f*

bauxita F MINER Bauxit *m*

bávaro A ADJ bay(e)risch B M, **-a** F Bayer *m*, -in *f* C M *dialecto:* Bay(e)risch *n*

Baviera F Bayern *n*; **Alta/Baja ~** Ober-/Niederbayern *n*
baya F Beere *f*
bayadera F Bajadere *f*
bayal A ADJ 1 *(con forma de baya)* beerenförmig 2 **lino** *m* **~** Herbstflachs *m* B M Mühlsteinhebel *m*
bayeta F 1 *tela:* grober Flanell *m* 2 *para fregar:* Scheuerlappen *m*, Putzlappen *m*; **~ de gamuza** Wischleder *n*; **bayetón** M Molton *m*
bayle M HIST → baile²
bayo A ADJ *caballo* hellbraun, falb B M 1 *caballo:* hellbraunes Pferd *n*, Falbe *m* 2 *insecto:* Seidenspinner *m*
bayona F MAR langes Stoßruder *n*
Bayona F Bayonne *n*
bayonense A ADJ aus Bayonne, Bayonne… B M/F → bayonés; **bayonés** M, **bayonesa** F Einwohner *m*, -in *f* von Bayonne
bayoneta F MIL HIST Seitengewehr *n*, Bajonett *n*; **bayonetazo** M Bajonettstich *m*; **bayonetear** V/T *Am* mit dem Bajonett verwunden (*o* töten)
bayoya F *P. Rico, S.Dgo* Chaos *n*
baza F *naipes:* Stich *m*; *fig* Trumpf *m*; *fig* **~ maestra** Meisterstück *n*; *fig* **(a)sentar bien su ~** die Trümpfe in der Hand haben *(fig)*; das Richtige (*o* ins Schwarze) treffen; **hacer ~** Stiche machen; *fig* beteiligt sein; Glück haben; *fig* **jugar sus ~s** seine Trümpfe ausspielen; *fig* **meter ~** sich ins Gespräch einmischen, seinen Senf dazugeben *fam*; *fig* **no dejar meter ~** niemanden zu Wort kommen lassen
bazar M 1 *(mercado oriental)* Basar *m*, Bazar *m*; **~ benéfico** Wohltätigkeitsbasar *m* 2 *(gran almacén)* Warenhaus *n* 3 INFORM **modelo** *m* **~** frei verfügbare und veränderbare Software *f*
bazo A ADJ goldbraun; **pan** *m* **~** Roggenbrot *n* B M ANAT Milz *f*
bazofia F *fam* 1 *(desechos de comidas)* Speisereste *mpl* 2 *(comida mala)* schlechtes Essen *n*, Schlangenfraß *m fam* 3 *fig (suciedad)* Dreck *m*, Mist *m* 4 *libro, película:* Schinken *m*, Schund *m*
bazooka [ba'θoka, ba'θuka] M, **bazuca** M MIL Panzerfaust *f*, Bazooka *f*
bazucar ⟨1g⟩, **bazuquear** V/T *espec líquido* schütteln; **bazuqueo** M Schütteln *n*; MED Plätschergeräusch *n*
BB ABR 1 M *(Banco de Bilbao) spanische Bank* 2 M *(Banco de Bogotá) kolumbianische Bank*
BBV M ABR (Banco Bilbao Vizcaya) *spanische Bank*
BBVA M ABR (Banco Bilbao Vizcaya Argentina) *spanische Großbank*
BCE M ABR (Banco Central Europeo) EZB *f* (Europäische Zentralbank)
BCG ABR (Bacilo Calmette-Guérin) MED BCG-Impfung *f (gegen Tuberkulose)*
BCH M ABR (Banco Central Hispano) *spanische Bank*
B.C.I. M ABR (Banco de Crédito Industrial) *spanische Bank*
Bco. ABR (Banco) Bank *f*
BCRA M ABR (Banco Central de la República Argentina) Argentinische Zentralbank *f*
be¹ F **~ (larga** *o* **alta** *o* **de Barcelona** *o fam* **de burro)** B *n (Name des Buchstabens)*; **~ por ~** *o* **ce por ~** haarklein, haargenau; *fam* **tener las tres ~s** (= *bueno, bonito, barato*) gut, hübsch und billig sein
be² *onom* A INT bäh B M Bäh *n*, Geblök *n*
beat [bit] M MÚS Beat *m*
beata F 1 REL *(lega)* Laienschwester *f*, Begine *f* 2 *fam desp (santurrona)* Betschwester *f fam*, Frömmlerin *f*; *Am reg (vieja solterona)* alte Jungfer *f* 3 HIST *pop moneda:* Pesete *f*
beatería F *desp* Frömmelei *f*, Scheinheiligkeit *f*; **beaterio** M Beginenhaus *n*
beatificación F CAT Seligsprechung *f*; **beatíficamente** ADV 1 REL **vivir ~** ein gottseliges Leben führen 2 *fig (feliz)* glücklich, selig; **beatificar** V/T ⟨1g⟩ 1 CAT selig sprechen 2 *fig persona* beseligen; *cosa* heiligen; **beatífico** ADJ 1 CAT selig 2 *fig* friedlich; *desp* naiv; **beatísimo** *sup* → beato A; **Beatísimo Padre** M *(Papa)* Heiliger Vater *m*; **beatitud** F 1 REL *(bienaventuranza eterna)* ewige Glückseligkeit *f*, Seligkeit *f* 2 **Su Beatitud** *(Papa)* Seine Heiligkeit *f* 3 *fam fig (felicidad)* Glück *n*, *(dicha)* Behagen *n*
beato A ADJ 1 REL *(bienaventurado)* selig; *(muy devoto)* fromm 2 *desp (mojigato)* frömmlerisch, scheinheilig; *(ingenuo)* naiv; **ser ~** frömmeln B M 1 *(beatificado)* Selige *m*, Seliggesprochene *m* 2 *desp* → beatón; **beatón** M *desp* Betbruder *m*, Frömmler *m*
beatuco, beatucho ADJ *desp* frömmlerisch, scheinheilig
beba F *RPl* Baby *n (Mädchen)*
bebe¹ M *fam hum, tb* **~s** die vier Buchstaben *fam*, Po *m*
bebe² *RPl* → bebé
bebé M Baby *n*; **~ a la carta** Designerbaby *n*; **~-probeta** Retortenbaby *n*
bebedera F *Col, Guat* Trinken *n*, Saufen *n fam*; **bebedero** A ADJ trinkbar B M 1 *para animales:* (Wild-, Vogel-, Vieh)Tränke *f*; *espec para pájaros:* Trinknapf *m*; *Arg (fuente pública)* öffentlicher (Trinkwasser)Brunnen *m* 2 *(pico)* Schnauze *f an Trinkgefäßen* 3 TEC *fundición:* Gussloch *n*; -trichter *m* 4 *Guat, Perú lugar para beber licor:* Schnapskneipe *f*; **bebedizo** A ADJ trinkbar B M Zauber-, Gift-, Liebestrank *m*; **bebedor** A ADJ trinkfreudig B M, **bebedora** F Trinker *m*, -in *f*; **~ habitual** Gewohnheitstrinker *m*; **~ solitario** stiller Zecher *m*; **bebendurria** F *fam* Sauferei *f fam*
beber A V/T & V/I 1 *(ingerir un líquido)* trinken; *animales* saufen; **dar de ~** zu trinken geben; *liter y del ganado:* tränken; **~ de la botella/en un vaso** aus der Flasche/aus einem Glas trinken; **~ a** *o* **por la salud de alg** auf j-s Gesundheit *(acus)*trinken (*o* anstoßen); **~ unas copas de más** *o* **más de la cuenta** einen über den Durst trinken 2 *fig* **~ fresco** sorglos (*o* ahnungslos *o* ohne Argwohn) sein; **~ el aire** zerstreut (*o* geistesabwesend) sein; **~ la doctrina de alg** sich innig vertraut machen mit j-s Lehre *(dat)*; **~ las palabras de alg** an j-s Lippen *(dat)* hängen; **~ los sesos a alg** j-m den Kopf verdrehen; *poet* **~ los vientos** *o* **los aires** schnell wie der Wind laufen; **~ los vientos por a/c** etw voll Sehnsucht herbeiwünschen; **~ los vientos por alg** vernarrt sein in j-n; **~ en** *(inspirarse de)* sich inspirieren an *(dat)*; schöpfen aus *(dat)*; **~ por lo ancho** alles für sich *(acus)* haben wollen 3 *caballo* **~ el freno** auf die Stange beißen B V/R **~se a/c** *vaso, etc* etw austrinken, etw leeren; *bebida* etw hinunterschlucken *(tb fig)*; **~se las lágrimas** die Tränen unterdrücken; **como quien se bebe un vaso de agua** kinderleicht, spielend (leicht); im Handumdrehen C M Trinken *n*
beberrón A ADJ *fam* trunksüchtig B M, **-ona** F Trinker *m*, -in *f*, Säufer *m*, -in *f fam*; **bebestible** A ADJ *fam* trinkbar B M *fam hum* Getränk *n*, *fam* **comestibles y ~s** Lebensmittel *npl* und Getränke *npl*
bebible ADJ *fam* trinkbar
bebida F 1 *(líquido para beber)* Getränk *n*; **~ alcohólica** alkoholisches Getränk; **~ energética** Energiedrink *m*; **~ refrescante** Erfrischungsgetränk *n*; **~ sin alcohol** alkoholfreies Getränk *n* 2 *acción de beber:* Trinken *n*; *vicio:* Trunksucht *f*
bebido ADJ angetrunken, beschwipst *fam*; **bebistrajo** M *desp* elendes Getränk *n*, Gesöff *n fam*
beborrotear V/I *fam* nippen, häufig und in kleinen Schlucken trinken
beca F 1 UNIV *plaza:* Freistelle *f*; **~ (de estudios)** *subvención:* Stipendium *n*; **~ de investigación** Forschungsstipendium *n*; **convocar una ~** ein Stipendium ausschreiben 2 *(faja)* Schärpe *f der Studenten* 3 *(capucha)* Kapuze *f*
becacina F ORN Bekassine *f*, Sumpfschnepfe *f*; **becada** F 1 ORN (Wasser)Schnepfe *f*; Waldschnepfe *f* 2 *espec Am persona:* Stipendiatin *f*
becado M, **-a** F *espec Am* Stipendiat *m*, -in *f*; **becar** V/T ⟨1g⟩ **~ a alg** j-m ein Stipendium gewähren; **becario** M, **becaria** F Stipendiat *m*, -in *f*
becerra F 1 ZOOL Färse *f*, (Kuh)Kalb *n* 2 BOT Löwenmaul *n*; **becerrada** F Stierkampf *m* mit jungen Stieren; **becerrillo** M Kalbsleder *n*
becerro M 1 ZOOL Stierkalb *n*, Farre *m (reg)*; **~ marino** Seehund *m*; *Biblia:* **el ~ de oro** das Goldene Kalb *n (tb fig)* 2 *(piel de ternero)* Kalbsleder *n* 3 *(libro de privilegios)* Urkundenbuch *n (eines Klosters, einer Gemeinde)*
bechamel, bechamela F GASTR Béchamelsoße *f*
becoquino M BOT Wachsblume *f*
becquerel M FÍS Becquerel *n*
becuadro M MÚS Auflösungszeichen *n*
bedano M Stemm-, Stecheisen *n*
bedel M UNIV Pedell *m*; **bedelía** F Amt *n* eines Pedells
beduino A ADJ beduinisch B M, **-a** F Beduine *m*, Beduinin *f*
befa F Hohn *m*, Spott *m*; **hacer ~ (y mofa) de** seinen Spott treiben mit *(dat)*
befar A V/I *caballo* die Lefzen bewegen B V/T verspotten, spotten über *(acus)* C V/R **~se de** verspotten, spotten über *(acus)*
befo A ADJ 1 *(con labio inferior más grueso)* mit wulstiger Unterlippe; dicklippig 2 *(zambo)* krummbeinig B M *caballo:* Lefze *f*
begardo M Begard(e) *m (Sektierer)*
begonia F BOT Begonie *f*
beguina F REL Begine *f*; **beguino** M → begardo
begum F Begum *f*
behaviorismo M PSIC Behaviorismus *m*, Verhaltensforschung *f*; **behaviorista** ADJ behavioristisch
behetría F 1 HIST Freivasallenschaft *f (eine freie Gemeinde schließt sich einem Lehnsherren auf Zeit an)* 2 *fig (desorden)* Unordnung *f*
BEI M ABR (Banco Europeo de Inversiones) EIB *f* (Europäische Investitionsbank)
beicon M GASTR Frühstücksspeck *m*; Schinkenspeck *m*
beige [bɛːʃ] ADJ beige
beirutí ADJ A beirutisch B M/F Beiruter *m*, -in *f*
beis ADJ → beige
béisbol M DEP Baseball *m*
beisbolista M/F DEP Baseballspieler *m*, -in *f*
bejel M *pez:* Roter Knurrhahn *m*
bejín M 1 BOT Bovist *m* 2 *fig persona:* Hitzkopf *m*
bejuca F *Am* ZOOL Erzspitznatter *f*; **bejucal** M Lianendickicht *n*; **bejuco** M BOT Liane *f*, Schlingpflanze *f*; **bejuquear** V/T *Ec, Guat, Méx, Perú, P. Rico (apalear)* verprügeln; *(latiguear)* peitschen; **bejuquera** F, **bejuquero** M 1 *Am* → bejucal 2 *Col fig* Ärger *m*, Gereiztheit *f*; **bejuquillo** M BOT Brechwurz *f*, Ipecacuanha *f*
belcebú M *Am* ZOOL Brüllaffe *m*, Beelzebub *m*
Belcebú M *diablo:* Beelzebub *m*

belcho M BOT Strandbeere *f*

beldad F *poet* Schönheit *f* (*tb persona*)

belduque M *Am Centr, Col, Chile, Méx* großes, spitzes Messer *n*

belemita ADJ → betle(he)mita

belén M 1 *espec Esp* (*pesebre*) (Weihnachts)Krippe *f* 2 *fig* (*ruido*) Lärm *m*; (*desorden*) Durcheinander *n*; (*asunto difícil*) schwierige Angelegenheit *f*; **es un ~** das ist höchst verwickelt; **estar en ~** geistesabwesend (*o* verdattert) sein; **meterse en ~** sich in Schwierigkeiten begeben; **todo este ~** dieser ganze Krempel

Belén M Bethlehem *n*

belenismo M Krippenbau *m*; **belenista** M/F Krippenbauer *m*, -in *f*

beleño M BOT **~ (negro)** (Schwarzes) Bilsenkraut *n*

belesa F BOT Bleiwurz *f*

belfo A ADJ mit dicker Unterlippe, dicklippig B M *del caballo, etc*: Lefze *f*; Hängelippe *f*

belga A ADJ belgisch B M/F Belgier *m*, -in *f*

Bélgica F Belgien *n*

bélgico ADJ belgisch

belgradense A ADJ aus Belgrad B M/F Einwohner *m*, -in *f* von Belgrad

Belgrado M Belgrad *n*

Belice M Belize *n*

belicense A ADJ belizisch B M/F Belizer *m*, -in *f*; **beliceño** → belicense

belicismo M Kriegstreiberei *f*, Kriegslust *f*; **belicista** A ADJ kriegslüstern; kriegshetzerisch B M/F Kriegshetzer *m*, -in *f*, Kriegstreiber *m*, -in *f*

bélico ADJ kriegerisch, Kriegs…; **ardor** *m* **~** Kriegslust *f*

belicosidad F Kriegs-, Angriffslust *f*; **belicoso** ADJ kriegerisch; *fig* streitsüchtig

beligerancia F Kriegszustand *m*; JUR Status *m* als Krieg führende Partei; *fig* **dar ~ a alg** j-n als Gegner anerkennen; **beligerante** A ADJ kriegsführend, Krieg führend B M/F Krieg(s)führende *m/f*; *fig* (Diskussions)Gegner *m*, -in *f*

belinún ADJ *fam* naiv, kindlich

belísono ADJ *poet* waffenklirrend

belitre M *fam* Lump *m*, Gauner *m*

bellacada F → bellaquería

bellaco A ADJ 1 *persona* gemein, verschlagen 2 *RPl, Méx caballo* störrisch, tückisch B M Schuft *m*, Schurke *m*, gemeiner Kerl *m*

belladona F BOT Tollkirsche *f*, Belladonna *f*; **bellamente** ADV schön, großartig

bellaquear V/I 1 Schurkenstreiche verüben 2 *RPl, Bol caballo* bocken (*Arg fam tb persona*); **bellaquería** F Schurkerei *f*, Gemeinheit *f*

belleza F Schönheit *f* (*tb persona*); Anmut *f*; **~ exterior** *o* **de línea** Formschönheit *f*; **~ ideal** Schönheitsideal *n*

bellísimo ADJ wunderschön; *fig* **una -a persona** ein sehr netter (*o* anständiger) Mensch

bello ADJ schön; **las -as artes** die schönen Künste *fpl*; **el ~ sexo** das schöne Geschlecht

bellonera F *P. Rico* Jukebox *f*

bellota F BOT *fruto*: Eichel *f*; (*capullo del clavel*) Nelkenknospe *f*; *fig* **si le menean da ~s** er ist dumm wie Bohnenstroh *fam*; **bellote** M *clavo*: Rundkopf *m*; **bellotear** V/I *cerdos* Eicheln fressen; **bellotera** F 1 (*cosecha de bellota*) Eichellese *f* 2 (*montanera*) Eichelmast *f*; **bellotero** ADJ eicheltragend; **belloto** M 1 BOT chilenischer Eichellorbeer *m* 2 *desp persona*: Stoffel *m fam*, Lümmel *m fam*, Trampel *n fam*

beluga M 1 ZOOL Weißwal *m*, Beluga *m* 2 GASTR Belugakaviar *m*

belvedere M 1 ARQUIT Erker *m*; Ecktürmchen *n* 2 (*mirador*) Aussichtsturm *m*

bemba F *Am reg*, **bembo** M *Cuba* dicke Lippe *f*; dicklippiger Mund *m*; **bembón, bembudo** ADJ *Am reg* mit wulstigen Lippen, dicklippig

bemol M MÚS Erniedrigungszeichen *n*, b *n*; **re ~** des; **doble ~** Doppel-b *n*, bb *n*; *fig* **esto tiene (sus) ~es** das ist äußerst schwierig, das hat es in sich *fam*; *indignación*: das ist doch allerhand!;

bemolar V/T 1 MÚS mit b versehen; *nota* erniedrigen 2 *fig* (*atenuar*) herabstimmen, dämpfen

bencedrina F MED Benzedrin *n*

benceno M QUÍM Benzol *n*; **bencidina** F QUÍM Benzidin *n*

bencina F QUÍM Benzin *n*; *Am reg tb* (*gasolina*) (Auto)Benzin *n*; *quitamanchas*: Wund-, Waschbenzin *n*; **~ de aviación** Flugbenzin *n*; **~ bruta/ligera** Roh-/Leichtbenzin *n*; *Chile* AUTO **~ corriente** Normalbenzin *n*

bencinera F *Chile* Tankstelle *f*

bendecir V/T ⟨3p⟩ 1 REL (*consagrar*) segnen, (ein)weihen; **~ la comida** *o* **la mesa** das Tischgebet sprechen 2 (*alabar*) preisen, loben

bendición F 1 REL (*consagración*) Segen(sspruch) *m*; Einsegnung *f*, Weihe *f*; **~ de la mesa** Tischgebet *n*; **~ nupcial** Trauung *f*; **con la ~ de** mit der Einwilligung (*o* dem Segen *fam*) von; **echar** *o* **impartir la ~ (a)** segnen (*acus*), seinen Segen geben (*dat*) *fam*; die Ehe einsegnen; *fig* **echar la ~ a a/c/a alg** etw/j-n abschreiben *fam* 2 *fig* (*suerte*) Segen *m*, Wohltat *f*; **ser una ~ (de Dios** *o* **del cielo)** ein wahrer (Gottes)Segen sein

bendigo, bendijo → bendecir

bendito A PP → bendecir B ADJ 1 REL (*santo*) heilig; (*sagrado*) gesegnet, geweiht; **agua** *f* **-a** Weihwasser *n*; **¡~ sea Dios!** Gott sei Dank! 2 *fam* einfältig, naiv 3 *Am euf* → maldito C M 1 *oración*: *Gebet, das mit den Worten beginnt: bendito y alabado sea …* 2 **es un ~** *persona*: er ist ein (gutmütiger) Trottel *fam*; **dormir como un ~** schlafen wie ein Murmeltier, selig schlafen 3 *Ven pop* → cura[1] 4 *RPl* (*pequeña capilla*) Kapellchen *n*

benedícite M Tischsegen *m*

Benedictine® M *licor*: Benediktiner *m*

benedictino A ADJ Benediktiner… B M 1 REL *religioso*: Benediktiner *m* 2 *licor*: Benediktiner(likör) *m*

benefactor *espec Am* → bienhechor

beneficencia F Wohltätigkeit *f*; **~ pública** Wohlfahrt *f*, (öffentliche) Fürsorge *f*; **centro** *m* **de ~** Wohltätigkeitsverein *m*; **Estado** *m* **de ~** Wohlfahrtsstaat *m*; **función** *f* **de ~** Wohltätigkeitsvorstellung *f*

beneficiado A ADJ begünstigt B M, **-a** F Begünstigte *m/f*; REL Inhaber *m*, -in *f* einer Pfründe; TEAT Benefiziant *m*, -in *f*; **beneficiador** A ADJ wohltuend B M, **beneficiadora** F Wohltäter *m*, -in *f*

beneficiar ⟨1b⟩ A V/T 1 (*hacer bien*) wohl tun (*dat*); zustattenkommen (*dat*); nutzen (*dat*) 2 *tierra* anbauen; *minerales* abbauen 3 (*mejorar*) verbessern; QUÍM veredeln; AGR (*abonar*) düngen 4 *cargo* erkaufen 5 COM *valores* unter dem Wert verkaufen 6 *Am ganado* schlachten B V/R **beneficiarse** 1 (*sacar provecho*) **~ de a/c** aus etw (*dat*) Nutzen ziehen; *desp* sich an etw (*dat*) bereichern 2 *Am* **~ a alg** (*fusilar a alg*) j-n erschießen; j-n töten

beneficiario M, **beneficiaria** F Nutznießer *m*, -in *f*; ECON Zahlungs- (*o* Leistungs)empfänger *m*, -in *f*; *seguros, etc*: Begünstigte *m/f*, Berechtigte *m/f*

beneficio M 1 (*obra de caridad*) Wohltat *f*; (*ventaja*) Vorteil *m*, (*provecho*) Nutzen *m*; **a ~ de** zugunsten (*gen*), zum Besten (*gen*); **en ~ de** zum Vorteil von (*dat*), zum Wohl (*gen o* von *dat*); kraft (*gen*) 2 ECON (*ganancia*) Gewinn *m*; Verdienst *m*; **~ bruto** Brutto- (*o* Roh)gewinn *m*; **~ neto** *o* **líquido** Netto- (*o* Rein)gewinn *m*; **realizar ~s** Gewinne abschöpfen; **realización** *f* *o* **toma** *f* **de ~s** Gewinnabschöpfung *f* 3 JUR (*privilegio*) Rechtswohltat *f*; **~ (legal) de probeza** Armenrecht *n*; **~ de inventario** beschränkte Erbenhaftung *f*; *fig* **a ~ de inventario** mit Vorbehalt 4 TEAT (*función caritativa*) Benefiz(vorstellung *f*) *n* 5 MIN (*explotación*) Abbau *m*; **en ~** in Betrieb 6 AGR (*cultivo*) Anbau *m*; (*abono*) Düngung *f*; *Chile* (*fertilizante*) Dünger *m* 7 *Am* (*matanza*) Schlachtung *f* 8 REL (*prebenda*) Pfründe *f*

beneficioso ADJ vorteilhaft; einträglich; wohltuend

benéfico ADJ 1 (*caritativo*) wohltätig, Wohltätigkeits…; MÚS **concierto** *m* **~** Benefizkonzert *n*; **institución** *f* **-a** Wohltätigkeitsinstitution *f*, Hilfswerk *n*; **para fines ~s** zu Wohltätigkeitszwecken 2 (*que hace bien*) wohltuend; **~ para la salud** gut für die Gesundheit

Benemérita F *Esp* **la ~** die Guardia Civil

benemérito ADJ verdienstvoll; **~ de la patria** verdient um das Vaterland; **beneplácito** M Genehmigung *f*, Einwilligung *f*; Plazet *n*; POL Exequatur *n*; **benevolencia** F Wohlwollen *n*, Gewogenheit *f*; **con ~** wohlwollend; **benevolente** ADJ → benévolo

benévolo ADJ gütig; wohlgesinnt, wohlwollend; LIT **lector** *m* **~** geneigter Leser *m*

bengala F 1 *pirotecnia*: Leuchtrakete *f*; Wunderkerze *f*; **(luz** *f* **de) ~** bengalisches Licht *n* 2 BOT **caña** *f* **de ~** Rotang *m*; Peddigrohr *n*

Bengala F Bengalen *n*

bengalés M *lengua*: Bengali *n*; **bengalí** ⟨*pl* -íes⟩ A ADJ bengalisch B M/F Bengale *m*, Bengalin *f* C M *lengua*: Bengali *n*

bengi M *Esp* DEP Bungee-Jumping *n*

benignidad F 1 (*bondad*) Güte *f*, Gutherzigkeit *f*, Milde *f* 2 MED Gutartigkeit *f*; **benigno** ADJ gütig, gnädig (**con** zu *dat*); (*apacible*) sanft, *tiempo tb* mild; MED *tumor* gutartig

Benín M Benin *n*

beninés A ADJ beninisch B M, **-esa** F Beniner *m*, -in *f*

benito M Benediktiner(mönch) *m*

Benito N PR Benedikt *m*

benjamín[1] M 1 *Col* ELEC Zwischenstecker *m* 2 **~®** Pikkolosekt *m*

benjamín[2] M, **benjamina** F *fig* Benjamin *m* (*fig*), Nesthäkchen *n fam*, (*hijo menor*) Sohn *m*, jüngste Tochter *f*

benjuí M ⟨*pl* -íes⟩ Benzoe *f*, Benzoeharz *n*

benteveo M → bienteveo

bentos M BIOL Benthos *n*

benzoico ADJ QUÍM **ácido** *m* **~** Benzoesäure *f*

benzol M QUÍM Benzol *m*

beo M *Esp pop* Muschi *f pop*

beocio ADJ GEOG böotisch; *fig* einfältig

beodez F Trunkenheit *f*; **beodo** A ADJ betrunken B M, **-a** F Trinker *m*, -in *f*; Betrunkene *m/f*

beque M MAR Bugfutter *n*; **~(s)** *m(pl)* (*retrete de marineros*) Schiffsabort *m*

bequista M/F *Am* Stipendiat *m*, -in *f*

berbén M *Méx* MED Skorbut *m*

berberecho M ZOOL gewöhnliche Herzmuschel *f*

berberí ADJ ⟨*pl* -íes⟩ → beréber

berberisco A ADJ berberisch B M, **-a** F Berber *m*, -in *f*; HIST **Estados** *mpl* **~s** Barbareskenstaaten *mpl*, Berberei *f*

bérbero(s) M BOT Sauerdorn *m*

berbiquí M ⟨*pl* -íes⟩ Drillbohrer *m*

BERD M ABR (Banco Europeo de Reconstrucción y Desarrollo) EBRD *f* (Europäische Bank für Wiederaufbau und Entwicklung)

beréber, bereber(e) A ADJ Berber… B

B

M/F Berber *m*, -in *f*
berengo ADJ *Méx* einfältig, dumm
berenjena F 1 BOT *fruto*: Aubergine *f*, Eierfrucht *f*; **~s** *pl* **fritas/rellenas** gebackene/gefüllte Auberginen *fpl* 2 *Esp* HIST *fam billete*: 5000-Peseten-Schein *m*; **berenjenal** M 1 AGR Auberginenfeld *n* 2 *fig (aprieto)* Klemme *f*; **meterse en un ~** sich in die Nesseln setzen *fam*
bergamota F BOT *pera y lima*: Bergamotte *f*; **esencia** *f* **de ~** Bergamottöl *n*; **bergamote, bergamoto** M BOT Bergamott(e)baum *m*
bergante M *liter* Spitzbube *m*, Gauner *m*; **bergantín** M MAR Brigg *f*; **~ goleta** Schonerbrigg *f*
beriberi M MED Beriberi *f*
berilio M QUÍM Beryllium *n*; **berilo** M MINER Beryll *m*
berkelio M QUÍM Berkelium *n*
Berlín M Berlin *n*
berlina F 1 AUTO Limousine *f*, viertüriges Auto *n* 2 HIST *carroza*: Berline *f* (*Reisekutsche*)
berlinés A ADJ berlinerisch, Berliner... B M, **-esa** F Berliner *m*, -in *f*
berlinga F MAR Spiere *f*
berma F Berme *f*, Böschungsabsatz *m*; *Am reg* Straßenrand *m*
bermejizo ADJ rötlich; **bermejo** ADJ (hoch)rot; *pelo* rotblond; *ganado* rotbraun; **bermejuela** F *pez*: Rötling *m*, Rotfisch *m*; **bermellón** M Zinnober(rot *n*) *m*
bermudas MPL, FPL Bermudashorts *pl*, Bermudas *pl*
Berna F Bern *n*
bernardina F *fam* Aufschneiderei *f*, Angeberei *f fam*
bernardo M 1 REL **(monje** *m***) ~** Bernhardiner(mönch) *m* 2 ZOOL **~** *o* **(perro** *m* **de) San Bernardo** Bernhardiner(hund) *m*
Bernardo N PR Bernhard *m*
bernegal M Trinkschale *f*
bernés A ADJ aus Bern, Bern... B M **-esa** F Berner *m*, -in *f*
berocos MPL *Cuba fam* Hoden *mpl*, Eier *npl vulg*
berra(za) F BOT *Art* Eppich *m*
berrea F Hirschbrunft *f*; **berrear** V/I *animal* brüllen, *oveja, ternero* blöken; *fig persona* grölen; *niño* plärren, laut weinen; **berrenchín** M → berrinche; **berrendo** A ADJ 1 *toro* gescheckt 2 *P. Rico (furioso)* wütend B M *Méx* ZOOL *eine Antilopenart*; **berreo** M 1 → berrido 2 → berrinche
berreta ADJ *Arg fam* gewöhnlich, ordinär
berrido M 1 *animales*: Brüllen *n*; *oveja, ternero*: Blöken *n*, *ciervo*: Röhren *n* 2 *fig personas*: Grölen *n*; Kreischen *n*; *niños*: Geplärr *n*
berrín M *fam* Hitzkopf *m*
berrinche M 1 *fam (enojo grande)* Wutanfall *m*; *(griterío)* Geplärr *n*; **coger un ~** einen Wutanfall bekommen; (andauernd) plärren 2 *Ec (riña)* Rauferei *f*, Schlägerei *f* 3 *Am del verraco, caballo padre*: Brunstgestank *m* 4 *(olor a orina)* Uringeruch *m*
berrizal M Kressenbeet *n*; **berro** M BOT Kresse *f*; **~ (de agua)** Brunnenkresse *f*; **~ de jardín** Gartenkresse *f*
berrocal M felsiges Gelände *n*; **berroqueño** ADJ aus Granit; *fig* steinhart; **piedra** *f* **-a** Granit *m*
berrueco M 1 *(tolmo granítico)* Granitfelsen *m*, Felskegel *m* 2 *(perla irregular)* Barockperle *f*
berza F BOT Kohl *m*, Kraut *n (al.d.S, Austr)*; **~ roja** Rotkohl *m*, Blaukraut *n (reg)*; **~ rizada** Wirsing *m*; **estar en ~** in Saat stehen; *fig* **~s y capachos** (wie) Kraut und Rüben; *fam fig* **estar con la ~** zerstreut sein; *fam fig* **picar la ~** Anfänger sein, herumstümpern
berzas M, **berzotas** M ⟨*pl inv*⟩ *fam Esp persona*: Niete *f fam*, Flasche *f fam*
bes ADJ *inv* beige
besamanos M ⟨*pl inv*⟩ 1 *acción*: Handkuss *m* 2 *en el palacio real*: Empfang *m*
besamel(a) F Béchamelsoße *f*
besana F AGR *(primer surco)* Richtfurche *f*; *labor*: Furchenziehen *n*
besar A V/T küssen; **~ en la boca** auf den Mund küssen; *fig* **llegar y ~ el santo** es auf Anhieb erreichen; *fig* **~ el suelo** hinfallen B V/R **besarse** 1 sich küssen 2 *fig (tocarse)* sich berühren; *pan en el horno*: zusammenbacken
besito M 1 Küsschen *n* 2 *Col, Perú, P. Rico, RPl* GASTR *Art (panecillo)* Milch- (*o* Kokos)brötchen *n*
beso M 1 Kuss *m*; **~ francés (o con lengua)** Zungenkuss *m*; **~ fraternal** Bruderkuss *m*; **~ de Judas** Judaskuss *m*; **~ de tornillo** Zungenkuss *m*; *Perú* **~ volado** Kusshand *f*; **a prueba de ~** kussecht; **comerse a alg a ~s** j-n abküssen; **lanzar** *o* **tirar un ~ a alg** j-m eine Kusshand zuwerfen 2 GASTR *espec Am* **~ de negro** Schokokuss *m*
besotear V/T *espec RPl* → besuquear
Bessemer TEC **procedimiento** *m* **~** Bessemerverfahren *n*; **convertidor** *m* **~** Bessemerbirne *f*
bestezuela F Tierchen *n*
bestia A F Tier *n*, Vieh *n*; Biest *n fam*; **~ de carga** Lasttier *n*; **~ de tiro** Zugtier *n*; **gran ~** *(alce)* Elch *m*; Tapir *m*; *fig* **trabajar como una ~** wie wild arbeiten B M/F *persona*: Bestie *f*, Biest *n*; Rüpel *m*, Rohling *m*; *fam fig* **~ negra** *dificultad*: Hauptproblem *n*; *persona*: Hauptfeind *m*; *fam* **a lo ~** rücksichtslos; *fam* **es (un** *o* **una) ~** er ist ein brutaler Kerl; *fig* er ist rücksichtslos
bestiada F *fam* Unmenge *f*; **bestiaje** M Lasttiere *npl*
bestial ADJ 1 *(brutal)* bestialisch, viehisch; brutal 2 *fam fig (enorme)* wahnsinnig *(fam fig)*, riesengroß; **hambre** *f* **~** Mordshunger *m fam* 3 *fam (formidable)* fabelhaft, toll *fam*; **bestialidad** F 1 *(brutalidad)* Bestialität *f*; Gemeinheit *f* 2 *fam (enormidad)* Unmenge *f*; **bestialismo** M Sodomie *f*, Unzucht *f* mit Tieren; **bestializarse** V/R ⟨1f⟩ vertieren
bestión M ARQUIT Fabeltier *n*
best-séller M LIT, *p. ext tb* COM Bestseller *m*
besucar V/T ⟨1g⟩ → besuquear; **besucón** M, **besucona** F *fam* Knutscher *m*, -in *f fam*
besugo M 1 *pez*: See-, Meerbrasse *f*; **~ al horno** im Ofen gebratene Meerbrasse *f*; **~ a la bilbaína** im Ofen gebratene Meerbrasse *f* in Knoblauch-Zwiebelöl; *fam fig* **ojos** *mpl* **de ~** Glotzaugen *npl*; **ya te veo ~** ich weiß schon, worauf du hinauswillst 2 *jerga del hampa (cadáver)* Leiche *f*
besuguera F 1 *(cazuela)* Fischpfanne *f* 2 *embarcación*: Brassenfänger *m* 3 *vendedora*: Brassenhändlerin *f*; **besuguero** M 1 *vendedor*: Brassenhändler *m* 2 *caña de pescar*: Brassenhaken *m*; **besuguete** M *pez*: Rote Seebrasse *f*
besuquear V/T & V/I *fam* (ab)küssen; (ab)knutschen *fam*; **besuqueo** M Abküssen *n*; Geknutsche *n fam*
beta[1] F Beta *n*; FÍS **rayos** *mpl* **~** Betastrahlen *mpl*
beta[2] F MAR Läufer *m*, Tau *n*
betabel M *Méx* Rübe *f*
betabloqueador, betabloqueante M MED Betablocker *m*
betamax M *Am reg* Videogerät *n*
betarraga, betarrata F BOT Rübe *f*; Rote Bete *f*
betatrón M ELEC Betatron *n*, Elektronenschleuder *f*
betel M 1 BOT Betelpfeffer *m* 2 *estimulante*: Betel *m*
beterraga F *Am reg* → betarraga
Bética F HIST Baetica *f (römische Provinz im Süden Spaniens, etwa = Andalusien)*
bético ADJ HIST aus der Baetica; *liter* andalusisch
betle(he)mita A ADJ aus Bethlehem B M/F Bethlehemit *m*, -in *f* C M CAT Bethlehemiter(mönch) *m*; **betlemítico** → betle(he)mita A, B
betónica F BOT Heilziest *m*, Betonie *f*
betula F BOT Birke *f*
betún M 1 Bitumen *n*, Erdpech *n*; *(alquitrán)* Teer *m*; *(masilla de hojalatero)* Klempnerkitt *m*; MAR Kalfatermasse *f*; **~ de Judea** Asphalt *m* 2 *(lustre de calzado)* Schuhcreme *f*; **dar ~ a los zapatos** die Schuhe eincremen 3 *(barniz de losa)* Steingutglasur *f* 4 *Chile* GASTR *(baño de azúcar) Art* Zuckerguss *m* 5 *Cuba fermentación del tabaco*: Tabakwasser *n (zur Fermentation des Rohtabaks)*
betunero M *fabricante*: Schuhcremehersteller *m*; *vendedor*: Schuhcremeverkäufer *m*; *reg (limpiabotas)* Schuhputzer *m*
BEX M ABR (Banco Exterior de España) Spanische Außenhandelsbank *f*
bey M *título turco*: Bei *m*, Beg *m*
bezo M 1 *(labio grueso)*: Wulstlippe *f*, dicke Lippe *f* 2 *fam de una herida*: wildes Fleisch *n*
bezoar M Bezoar(stein) *m (Magenstein von Wiederkäuern)*
bezudo ADJ dicklippig
BH F ABR (Brigada de Homicidios) *Chile* Morddezernat *n* der chilenischen Polizei
BHN M ABR (Banco Hipotecario Nacional) *argentinische Bank*
Bhutan M → Bután
bi... PREF bi..., zwei..., doppel...
biaba F *Arg, Ur* Überfall *m*
biafreño ADJ aus Biafra
biajaiba F *Antillas essbarer Seefisch (Lutjanus synagris)*
biangular ADJ MAT zweiwinklig; **bianual** ADJ zweimal jährlich, halbjährlich; **biarrota** ADJ aus Biarritz; **biarticulado** ADJ ZOOL, TEC mit zwei Gelenken; mit doppeltem Gelenk; **biatleta** M/F DEP Biathlet *m*, -in *f*; **biatlón** M DEP Biathlon *n*; **biatómico** ADJ QUÍM zweiatomig; **biauricular** ADJ beidohrig, auf beiden Ohren; **biaxial** ADJ TEC zweiachsig; **biáxico** ADJ → biaxial; **bibásico** ADJ QUÍM zwei-, doppelbasisch
bibelot M Ziergegenstand *m*; **~(s)** *m(pl)* Nippsachen *fpl*; *col* Nippes *m*
biberón M Babyflasche *f*, Fläschchen *n*; **criar al ~** mit der Flasche aufziehen; **dar el ~ (a un niño)** (einem Kind) die Flasche geben; AUTO *fig* **dar un ~** Starthilfe geben
bibijagua F *Cuba* 1 *insecto*: Blattschneiderameise *f* 2 *fig persona*: betriebsamer, emsiger Mensch *m*
biblia F 1 REL *frec* **Biblia** Bibel *f*; **Biblia comentada** Bibelwerk *n*; **Biblia ilustrada** Bilderbibel *f* 2 *fig* Standardwerk *n*; **la ~ del empresario**, *etc* das Standardwerk für den Unternehmer *etc* 3 *fig* **Biblia** dickes Buch *n*, Wälzer *m fam* 4 *fam fig* **la ~ (einsame)** Spitze *fam*, einfach klasse *fam*; *fam fig* **la ~ en pasta** *o* **en verso** ein Vermögen, jede Menge *fam*; *(exagerado)* übertrieben
bíblicamente ADV biblisch; *fig* einfach; **bíblico** ADJ biblisch; Bibel...; **sociedad** *f* **-a** Bibelgesellschaft *f*
bibliobús M Fahrbücherei *f*
bibliofilia F Bibliophilie *f*, Bücher(sammel)leidenschaft *f*; **bibliófilo** M, **bibliófila** F Bücherliebhaber *m*, -in *f*, Bibliophile *m/f*; **bibliografía** F 1 *(conocimiento de libros)* Bücherkunde *f* 2 *(catálogo de libros)* Bibliografie *f*, Lite-

raturverzeichnis *n*; **bibliografiar** VT & VI bibliografieren; **bibliográfico** ADJ bibliografisch; **bibliógrafo** M, **bibliógrafa** F Bibliograf *m*, -in *f*; **bibliología** F 1 LIT Bücherkunde *f* 2 REL Bibelkunde *f*; **bibliomanía** F Bibliomanie *f*, Bücherwut *f*; **bibliómano** M, **bibliómana** F Büchernarr *m*, -närrin *f*, Bibliomane *m*, -manin *f*

biblioteca F 1 *local*: Bibliothek *f*, Bücherei *f*; *colección*: Bücher-, Schriftensammlung *f*; **~ ambulante** *o* **móvil (circulante)** Wander(Leih)-bücherei *f*; **~ de consulta** Handbibliothek *f*; **~ de escritores clásicos** Klassikerbibliothek *f*; **~ fabril/particular** Werks-/Privatbibliothek *f*; **Biblioteca Nacional** Staatsbibliothek *f*; **~ popular** Volksbücherei *f*; **~ presencial** *o* **de consulta (directa)** Präsenzbibliothek *f*; *fig (frec irón)* **es una ~ ambulante** er ist ein wandelndes Lexikon 2 *mueble*: Bücherschrank *m*; Bücherregal *n*

bibliotecario M, **bibliotecaria** F Bibliothekar *m*, -in *f*; **bibliotecología** F, **biblioteconomía** F Bibliothekswissenschaft *f*, -kunde *f*

biblista M/F 1 *(que cree estrictamente en la Biblia)* streng Bibelgläubige *m/f* 2 *conocedor*: Bibelkenner *m*, -in *f*; *investigador*: Bibelforscher *m*, -in *f*

B.I.C. F ABR (Brigada de Investigación Criminal) *Esp Kriminalpolizei in Spanien*

bical M männlicher Lachs *m*

bicameral ADJ POL **sistema** *m* **~** → bicameralismo; **bicameralismo** M POL Zweikammersystem *n*

bicampeón M DEP zweifacher Meister *m*

bicarbonato M QUÍM Bikarbonat *n*; **~ sódico** *o* **de sodio** Natriumbikarbonat *n*; FARM Natron *n*, doppeltkohlensaures Natrium *n*

bicéfalo ADJ doppelköpfig; *heráldica*: **águila** *f* **-a** Doppeladler *m*

bicentenario A ADJ *(de doscientos años)* zweihundertjährig B M 1 *período*: (Zeitraum *m* von) zweihundert Jahre(n) *npl* 2 *aniversario*: Zweihundertjahrfeier *f*; zweihundertster Jahrestag *m*

bíceps M ⟨*pl inv*⟩ ANAT Bizeps *m*

bicha F 1 *fam (culebra)* Schlange *f (von abergläubischen Personen verwendet, um das Unheil bringende Tabuwort culebra zu umgehen)*; *fam Esp* **mentar la ~** den Teufel an die Wand malen 2 ARQUIT fantastische Schmuckfigur *f (in einem Fries)* 3 *Ven (borrachera)* Schwips *m* 4 *Ven vulg (vulva)* Möse *f vulg*

bichar VT *Arg* beobachten, scharf mustern

bicharraco M *desp* Tier *n*, Viehzeug *n*; *fig persona*: Biest *n*, Scheusal *n*, Ekel *n*

biche A ADJ 1 *Col fruta* unreif; **verde ~** tiefgrün 2 *Arg persona* schwach, schwächlich B M BOT süße Tamarinde *f*

bicherío M *Am* Ungeziefer *n*, Viehzeug *n*

bichero M MAR Bootshaken *m*

bichi ADJ *fam* nackt

bicho M 1 *(animal)* (wildes) Tier *n*; Viech *n fam*; TAUR Stier *m*; **~s** *pl* Ungeziefer *n*, Viecher *npl fam*, Viehzeug *n fam* 2 *fam fig (tío)* Kerl *m*, Typ *m fam*; **mal ~** gemeiner (o hinterlistiger) Kerl *m*, Biest *n*; *Am Mer* **matar el ~** trinken, saufen *pop*; **~ raro** komischer Kauz *m*; **cualquier** *o* **todo ~ viviente** jeder; **no había ~ viviente** kein Mensch (*o* kein Aas *fam*) war da 3 *Am Centr, Arg, P. Rico pop (pene)* Schwanz *m pop*

bichozno M Ururenkel *m*

bici F *fam* → bicicleta

bicicleta F 1 Fahrrad *n*, Rad *n fam*; **~ de carreras** Rennrad *n*; **~ de carretera** *o* **de turismo** Tourenrad *n*; **~ de ejercicio** *o* **~ estacionaria** *o* **~ estática** *o* **~ fija** Zimmerfahrrad *n*, Heimtrainer *m*; **~ de montaña** Mountain-Bike *n*; **~ plegable** Klapprad *n*; **~ de señora** Damen(fahr)-rad *n*; **~ todo terreno** Mountainbike *n*; **ir** *o* **montar en ~** Rad fahren; *al.d.S* radeln *fam* 2 **(estilo** *m* **de) ~** *natación*: Wassertreten *n*

biciclista M/F → ciclista; **biciclo** M Hoch-, Zweirad *n*; **bici(-)cross1** A M Mountain-Biking *n*; Geländefahren *n* B F Mountain-Bike *n*;

bicimoto F *Perú* Mofa *n*

bicla F *Am reg fam* Fahrrad *n*

bicloruro M QUÍM Dichlorid *n*; **~ de mercurio** Sublimat *n*

bicoca F 1 *(cosa de poco valor)* Lappalie *f*, wertlose Sache *f* 2 *(ganga)* gutes Geschäft *n*, Schnäppchen *n fam* 3 *Arg, Bol, Chile (solideo de los clérigos)* Käppchen *n der Priester*

bicolor ADJ zweifarbig; **bicóncavo** ADJ ÓPT bikonkav; **biconvexo** ADJ ÓPT bi-, doppelkonvex

bicoquete, bicoquín M Ohrenmütze *f*

bicorne A ADJ *(de dos cuernos)* zweihörnig; *(de dos puntas)* mit zwei Spitzen; zweizipf(e)lig B M TAUR Stier *m*; **bicornio** M *sombrero*: Zweispitz *m*

bicromato M QUÍM Bichromat *n*; **bicromía** F TIPO Zweifarbendruck *m*; **bicuadrado** ADJ MAT biquadratisch; **bicúspide** ADJ **bicuspídeo** ADJ zweizipf(e)lig; ANAT *dientes* mit zwei Wurzeln; **válvula** *f* **~** Bikuspidal-, Mitralklappe *f*

BID M ABR (Banco Interamericano de Desarrollo) Interamerikanische Entwicklungsbank *f*

bidé M Bidet *n*

bidente A ADJ *poet* zweizähnig B M AGR einfache zweizackige Hacke *f*

bidet M → bidé

bidimensional ADJ zweidimensional; **bidimensionalidad** F Zweidimensionalität *f*

bidireccional ADJ bidirektional

bidón M (Flüssigkeits)Behälter *m*, Kanister *m*; *espec Am reg* **~ de basura** Mülltonne *f*; **~ de gasolina** Benzinkanister *m*; **~ de leche** Milchkanne *f*

biela F TEC Pleuelstange *f*; *de la bicicleta*: Tretkurbel *f*; **~ de mando** *o* **~ directriz** Lenkhebel *m (tb* AUTO); **~ de distribución** Steuerstange *f*; **~ (motriz)** Treib-, Schubstange *f*; **~ de pistón** Kolbenstange *f*

bieldar VT AGR worfeln; **bieldo** M Stroh-, Heu-, Mistgabel *f*

Bielorrusia F Weißrussland *n*

bielorruso A ADJ weißrussisch B M, **-a** F Weißrusse *m*, -russin *f*

biempensante ADJ → bienpensante

bien

A adverbio	B masculino
C conjunción	D adjetivo

— A adverbio —

1 *gener* gut, wohl; *(como es debido, correctamente)* recht, richtig; **ahora ~** *o* **pues ~** nun (aber); **pues ~** *tb* also gut; **más ~** eher, vielmehr; **~ que mal** sowieso, jedenfalls; **¡(está) ~!** gut!, in Ordnung!; **¡está ~!** *o* **¡ya está ~!** (ist) schon gut!, das reicht jetzt; **estoy ~** es geht mir gut; **estar (a) ~ con alg** sich mit j-m gut stehen; bei j-m gut angeschrieben sein; **no estoy del todo ~** mir ist gar nicht wohl, mir ist ganz schummerig *fam*; **todo esto está muy ~, pero ...** (das ist) alles gut und schön, aber ...; **hacer ~ en** *(inf)* gut daran tun, zu *(inf)*; **tener a ~** *(inf o* **que** *subj)* es für richtig halten, zu *(inf)*; *prov* **está ~ lo que ~ acaba** Ende gut, alles gut 2 *con adj o pp*: **~ hablado** recht gesprochen; **~ hecho** wohl getan; GASTR gut durchgebraten; **¡~ hecho!** richtig!, gut so!; **~ mirado** recht betrachtet; eigentlich, bei genauerem Zusehen; GASTR **~ pasado** gut durchgebraten 3 *(con gusto)* gern; **~ a ~** *o* **por ~** gern; **antes ~** *o* **más ~** vielmehr, eher; lieber; **~ lo haría yo** ich täte es gerne 4 *aprobación*: *fam* sehr, recht, ganz, tüchtig; **un café ~ caliente** ein ganz heißer Kaffee 5 *disgusto*: **~ lo decía yo** das habe ich gleich gesagt; **~ podías haberme avisado** du hättest mich (aber) wirklich verständigen können; **~ es verdad que ...** es stimmt zwar, dass ... 6 *iniciando una pregunta*: **y ~** nun, und *(Einleitung einer Frage)*; **y ~, ¿qué es esto?** nun *(o* na und *fam)*, was soll das?

— B masculino —

1 Gute(s) *n*; **el ~** das Gute; **hombre** *m* **de ~** Ehrenmann *m*; **hacer ~ a todos** allen Gutes erweisen, allen wohl tun; **por tu/su ~** zu deinem/seinem Besten; **por encima del ~ y del mal** jenseits von Gut und Böse; *prov* **haz ~ y no mires a quién** tue recht und scheue niemand; *prov* **no hay ~ ni mal que cien años dure** alles geht vorüber 2 *(posesión)* JUR *frec* **~es** *pl)* Gut *n*; Habe *f*; *(riqueza)* Vermögen *n*; REL, *fig* **el supremo ~** *o* **el ~ supremo** das höchste Gut *n*; **~es** *pl* **dotales** Heiratsgut *n*; **~es** *pl* **del Estado** Staatsvermögen *n*; **~es** *pl* **(de) propios** *o* **~es** *pl* **comunales** Gemeindeeigentum *n*; **~es** *pl* **inmuebles** *o* **raíces** Immobilien *pl*, Liegenschaften *fpl*; **~es** *pl* **muebles** bewegliches Vermögen *n*, Mobilien *pl*; **declaración** *f* **de ~es** Vermögenserklärung *f* 3 *(bienestar)* Wohl *n*; *(provecho)* Nutzen *m*; Gott *m*; **~ público** öffentliches Wohl *n*, Gemeinwohl *n* 4 COM **~es** *pl* Güter *npl*; **~es** *pl* **de capital/de consumo** Kapital-/Konsumgüter *npl*; **~es** *pl* **de equipo** *o* **de inversión** *o* **de producción** Investitionsgüter *npl*; **~es** *pl* **de lujo** *o Am* **~es suntuarios** Luxusgüter *npl*

— C conjunción —

~ ... (o) ~ ... entweder ..., oder ...; **a ~ que** ... nur gut, dass ...; ein Glück noch, dass ...; **si ~** *o* **~ que** obwohl, obgleich; wenn auch; **no ~** kaum, sobald; **no ~ lo había dicho** kaum hatte er es gesagt

— D adjetivo —

inv fam **la gente ~** die feinen Leute *pl fam*; **niña** *f* **~** Mädchen *n* aus gutem Hause; **niño** *m* **~** verwöhnter Sohn *m* reicher Eltern

bienal A ADJ zweijährig; zweijährlich B F Biennale *f*; **bienalmente** ADV zweijährlich, alle zwei Jahre

bienamado ADJ vielgeliebt; **bienandante** ADJ glücklich, glückselig; **bienandanza** F Glück *n*

bienaventurado A ADJ 1 REL *y fig (dichoso)* selig; *fig (feliz)* (über)glücklich 2 *fig (cándido)* einfältig, naiv B M, **-a** F REL Selige *m/f*; **bienaventuranza** F REL (ewige) Seligkeit *f*; *fig* Glück *n*; REL **las ~s** die Seligpreisungen *fpl der Bergpredigt*

bienestante ADJ wohlhabend; **bienestar** M 1 *(comodidad)* Wohlbefinden *n*, (Wohl)Behagen *n*, Wellness *f* 2 *(prosperidad)* Wohlstand *m*

bienhablado *(tb* **bien hablado)** ADJ korrekt sprechend; redegewandt; **bienhadado** ADJ glücklich; **bienhechor** A ADJ wohltätig B M, **bienhechora** F Wohltäter *m*, -in *f*; **bienhumorado** *(tb* **bien humorado)** ADJ *persona* gut gelaunt; **bienintencionado** *(tb* **bien intencionado)** ADJ *persona* wohlmeinend, -gesinnt; *consejo* gut gemeint

bienio M (Zeitraum *m* von) zwei Jahre(n) *npl*, Biennium *n*

bienmandado *(tb* **bien mandado)** ADJ *niño* folgsam, gehorsam; **bienmesabe** M GASTR *südspanische Süßspeise*; **bienoliente** ADJ wohl riechend; **bienparecer** M Wohlanständigkeit *f*; schöner Schein *m*; **bienpensante** ADJ *convicción*: bürgerlich-konservativ; *desp* moralinsauer; **bienquerencia**

B

F → bienquerer[1]
bienquerer[1] M Wohlwollen *n*, Zuneigung *f*
bienquerer[2] V/T ⟨2u⟩ **~ a alg** j-n schätzen, j-m wohl wollen
bienquistar A V/T **~ a alg con …** j-n bei … (*dat*) beliebt machen B V/R **~se con alg** sich mit j-m anfreunden; **bienquisto** ADJ **~ (de)** beliebt (bei *dat*), geschätzt (von *dat*); **biensonante** ADJ wohlklingend
bienteveo M 1 (*candelecho*) Beobachtungsstand *m der Weinbergschützen* 2 *Am* ORN Schwefelgelber Tyrann *m*, Bentevi *m*
bienvenida F Willkommen *n*, Begrüßung *f*; **discurso** *m* **de ~** Begrüßungsansprache *f*; **dar la ~ a alg** j-n begrüßen, j-n willkommen heißen; **bienvenido** ADJ willkommen (a in *dat*)
bienvivir V/I sein gutes Auskommen haben; ein anständiges Leben führen
bies M TEX Schrägstreifen *m*; *adv* **al ~** schräg
bifacial ADJ zweigesichtig; **bifásico** ADJ ELEC zweiphasig
bife M *RPl* (*bistec*) Steak *n*; *pop* (*guantada*) Ohrfeige *f*
bífido ADJ 1 BOT (*hendido*) zweispaltig 2 ZOOL *lengua*: gespalten
bifilar ADJ ELEC zweidrähtig; **bifloro** ADJ BOT zweiblütig; **bifocal** ADJ ÓPT bifokal; **bifoliado** ADJ BOT zweiblättrig
bifrontal ADJ **guerra** *f* **~** Zweifrontenkrieg *m*; **bifronte** ADJ *t/t* zweistirnig; doppelgesichtig
biftec M ⟨*pl* ~s⟩ → bistec
bifurcación F Gabelung *f*; *de una calle*: Abzweigung *f*; ANAT Bifurkation *f*; **bifurcado** ADJ gabelförmig; zweigeteilt; **bifurcarse** V/R ⟨1g⟩ sich gabeln, sich teilen; *de una calle*: abzweigen
bifuselaje M AVIA Doppelrumpf *m*
bigamia F Bigamie *f*, Doppelehe *f*
bígamo A ADJ in Doppelehe lebend B M, **-a** F Bigamist *m*, -in *f*
bigardo ADJ *fam* stämmig
bígaro M ZOOL Strandschnecke *f*
big-bang [biɣ-βan] M ASTRON, FÍS Urknall *m*
bignonia F BOT Trompetenblume *f*, Bignonie *f*
bigornia F Spitzamboss *m*; **bigornio** M *jerga del hampa* Schläger *m*, Raufbold *m*
bigote M 1 *pelo*: Schnurrbart *m*; *del gato*: Schnurrhaare *npl*; **~ de morsa** Schnauzbart *m*; *fam* **estar de ~(s)** toll sein *fam*, Spitze sein *fam*; *fam* **mover el ~** (*comer*) futtern *fam*; **ser (hombre) de ~** Charakter haben; *fam fig* **tener (tres pares de) ~(s)** hartnäckig (*o* schwierig) sein 2 TEC (*abertura en el horno de fundición*) Schlackenloch *n*; (*escorificación*) Schlackenansatz *m* 3 TIPO *línea de adorno*: englische Linie *f* (*Zierlinie*) 4 *Méx* GASTR (*croqueta*) Krokette *f*
bigotera F 1 *protección del bigote*: Schnurrbartbinde *f* 2 (*bocera*) Speise- (*o* Trink)rand um den Mund; Schnurrbart *m* (*fam fig*) 3 (*asiento plegable*) Klapp-, Notsitz *m* (*im Wagen*) 4 MAT Nullenzirkel *m* 5 (*puntera del calzado*) Schuhkappe *f*; **bigotudo** A ADJ schnurr-, schnauzbärtig B M ZOOL Bartmeise *f*
bigudí M ⟨*pl* -íes⟩ Lockenwickler *m*
bija F 1 BOT Orleansstrauch *m*, Achote *m*, Ruku *m* 2 (*pasta de bermallón*) Rukupaste *f* (*roter Farbstoff*)
bijao M *Am* BOT Heliconie *f*
bikini M 1 (*traje de baño*) Bikini *m*; (*braga*) (Damen-, *tb* Herren)Slip *m* 2 *Esp* GASTR Schinken-Käse-Sandwich *n*
bilabiado ADJ BOT zweilippig; **bilabial** ADJ FON bilabial
bilateral ADJ JUR, POL zweiseitig, bilateral; **bilateralidad** F JUR Beidseitigkeit *f*; **bilateralismo** M *espec* POL Bilateralismus *m*
bilbaíno ADJ aus Bilbao
Bílbilis *früherer Name von Calatayud*
bilbilitano ADJ aus Calatayud
biliar ADJ ANAT, MED Gallen…; **conductos** *mpl* **~es** Gallengänge *mpl*
bilingüe ADJ zweisprachig; **bilingüismo** M Zweisprachigkeit *f*
bilioso ADJ 1 MED gallig; Gallen…; **cólico** *m* **~** Gallenkolik *f* 2 *fig* (*colérico*) cholerisch (*tb* MED), reizbar; **bilirrubina** F FISIOL Bilirubin *n*
bilis F ⟨*pl inv*⟩ Galle *f*; *fig* Zorn *m*; *fig* **se le exaltó la ~** ihm lief die Galle über; *fig* **tragar ~** seinen Ärger hinunterschlucken
bilítero ADJ aus zwei Buchstaben bestehend
billa F *Treiben einer Billardkugel nach Karambolage in ein Eckloch*
billar M Billard(spiel) *n*; **~ americano** Poolbillard *n*; **~ romano** römisches Billard *n*, Tivoli *n*; **mesa** *f* **de ~** Billardtisch *m*; **(salón** *m* **de) ~** Billardzimmer *n*; **jugar al ~** Billard spielen
billarista M/F Billardspieler *m*, -in *f*
billetaje M (Gesamtheit *f* aller) Eintrittskarten *fpl* (*o* Fahrscheine *mpl etc*)
billete M 1 *transporte*: Fahrkarte *f*, *espec* ADMIN Fahrschein *m*; (*entrada*) Eintrittskarte *f*; **~ de avión** Flugticket *n*, Flugschein *m*; **~ combinado** Kombikarte *f* (*Eintritts- und Fahrkarte*); **~ entero** voller Fahrschein *m*; **~ electrónico** elektronisches Ticket *n*, E-Ticket *n*; **~ gratuito** Freifahrschein *m*; (*entrada*) Freikarte *f*; **~ de ida (sola)** *o* **~ sencillo** einfache Fahrkarte *f*; **~ de ida y vuelta** Rückfahrkarte *f*; **~ infantil** Kinderfahrkarte *f*, -schein *m*; **medio ~** Fahrkarte *f* zum halben Preis; Kinderfahrkarte *f*, -schein *m*; **~ mensual/semanal** Monats-/Wochenkarte *f*; TAUR **~ de toros** Anrecht *n* auf mehrere Plätze; *tb* Eintrittskarte *f*; **precio** *m* **del ~** Fahrgeld *n*; **pasajero** *m* **sin ~** Schwarzfahrer *m*; MAR, AVIA blinder Passagier *m*; **tomar** *o* **sacar (un) ~** FERR, *etc* eine Fahrkarte lösen; (*comprar una entrada*) eine Eintrittskarte lösen 2 *dinero*: **~ (de banco)** Banknote *f*, Geldschein *m*; **~ de cinco (cincuenta) euros** Fünf(zig)euroschein *m*; **~ de diez dólares** Zehndollarschein *m*; *Esp* HIST **~ verde** 1000-Peseten-Schein *m* 3 **~ (de lotería)** Lotterielos *n*; **~ premiado** Gewinnlos *n*, Treffer *m*; **~ no premiado** Niete *f*, Fehllos *n* 4 (*carta breve*) Briefchen *n*
billetera F 1 *Am reg* (*cartera de bolsillo*) Brieftasche *f* 2 *vendedora*: Kartenverkäuferin *f*; **billetero** A ADJ *Esp* **máquina** *f* **-a** Fahrkarten-, Fahrscheinautomat *m* B M 1 *vendedor*: Kartenverkäufer *m* 2 (*cartera de bolsillo*) Brieftasche *f*
billón M (*millón de millones*) Billion *f*; *Am reg* (*millar de millones*) Milliarde *f*; **billonario** M, **billonaria** F Billiardär *m*, -in *f*; **billonésimo** M *ein* Billionstel *n*; *der* Billionste
bilobulado ADJ *t/t* zweilappig
bilongo M *Cuba etnología*: Hexerei *f*; Zauberkraft *f*
bímano, bimano A ADJ zweihändig B M, **-a** F Zweihänder *m*, -in *f*
bimba F 1 *fam obs sombrero*: Zylinder(hut) *m*, Angströhre *f hum* 2 *Méx* (*embriaguez*) Rausch *m*, Affe *m fam*
bimembre ADJ zweigegliedert
bimensual ADJ vierzehntäglich, zweimal im Monat, alle zwei Wochen
bimestral ADJ zweimonatlich, zweimonatig; **bimestre** M 1 *período*: (Zeitraum *m* von) zwei Monate(n) *mpl* 2 *de salario, alquiler, etc*: Zweimonatsbetrag *m*
bimetalismo M Doppelwährung *f*, Bimetallismus *m*
bimilenario M 1 *período*: (Zeitraum *m* von) zweitausend Jahre(n) *npl* 2 *aniversario*: Zweitausendjahrfeier *f*
bimotor M zweimotorig(es Flugzeug *n*)
bina F AGR Zwiebrachen *n*; **binación** F CAT Bination *f*; **binadera** F, **binador** M AGR Hackmaschine *f*; Fräshacke *f*
binar A V/T AGR (um)hacken, umgraben B V/I CAT binieren, zwei Messen am Tage lesen
binario ADJ 1 INFORM, *t/t* binär 2 MÚS **compás** *m* **~** Zweiertakt *m*; *frec* Zweivierteltakt *m*
bingo M Bingo *n*; **binguero** M, **binguera** F Bingospieler *m*, -in *f*
binguí M *Méx* Magueyschnaps *m*
binocular A ADJ binokulär, beidäugig B M *frec* **~es** PL ÓPT Binokel *n*; Doppelfernrohr *n*
binóculo M *obs* (*impertinente*) Lorgnette *f*; (*quevedos*) Kneifer *m*, Zwicker *m*
binomio M MAT Binom *n*
bínubo ADJ wieder verheiratet
binucleado ADJ BIOL zweikernig
binza F (*fárfara*) Häutchen *n*; *de la cebolla*: Zwiebelhaut *f*
bioaceite M Bioöl *n*; **bioactivo** ADJ bioaktiv; **bioacumulación** F BIOL Bioakkumulation *f*; **bioacústica** F BIOL Bioakustik *f*; **bioagricultura** F Biolandwirtschaft *f*; **bioalcohol** M Bioalkohol *m*; **bioastronáutica** F BIOL Bioastronautik *f*; **biocarburante** M ECOL Biotreibstoff *m*; **biocatalizador** M ECOL Biokatalysator *m*; **biocenosis** F ECOL Biozönose *f*; **biocerámica** F Biokeramik *f*; **biochip** M Biochip *m*; **biocibernética** F BIOL Biokybernetik *f*; **biociclo** M Biozyklus *m*; **biocida** M Biozid *n*; **bioclima** M BIOL Bioklima *m*; **bioclimático** ADJ BIOL bioklimatisch; **bioclimatología** F BIOL Bioklimatologie *f*; **bioclimatológico** ADJ BIOL bioklimatologisch; **biocombustible** M ECOL Biokraftstoff *m*; **biocompatibilidad** F MED Biokompatibilität *f*; **biocompatible** ADJ biokompatibel; **biodegradabilidad** F ECOL biologische Abbaubarkeit *f*; **biodegradable** ADJ ECOL biologisch abbaubar; **biodegradación** F ECOL biologischer Abbau *m*; **biodiesel** M ECOL Biodiesel *m*; **biodinámica** F ECOL Biodynamik *f*; **biodinámico** ADJ ECOL biodynamisch; **biodiversidad** F BIOL Artenvielfalt *f*; **bioelectricidad** F ECOL Bioelektrizität *f*; **bioelectrónica** F ECOL Bioelektronik *f*; **bioenergética** F PSIC Bioenergetik *f*; **bioenergético** ADJ PSIC bioenergetisch; **bioenergía** F ECOL Bioenergie *f*; **bioestadística** F BIOL Biostatistik *f*; **bioestratigrafía** F BIOL Biostratigrafie *f*; **bioética** F Bioethik *f*; **biofeedback** [-'fi(ð)βak] M MED Bio-Feed-back *n*; **biofilia** F Tierliebe *f*; **biofiltro** M Biofilter *m*; **biofísica** F Biophysik *f*; **biogás** M Biogas *n*; **biogasóleo** M Biodiesel *n*; **biogel** M Biogel *n*; **biogénesis** F Biogenese *f*, Entwicklungsgeschichte *f*; **biogenético** ADJ biogenetisch
biógeno ADJ biogen
biogeografía F Biogeografie *f*; **biografía** F Biografie *f*; **biografiado** M Person *f*, die Gegenstand einer Biografie ist; **biografiar** V/T ⟨1c⟩ **~ a alg** j-s Biografie schreiben; **biográfico** ADJ biografisch
biógrafo A M **-a** F Biograf *m*, -in *f* B M *Am reg* Kino *n*
bioindicador M Bioindikator *m*; **bioindustria** F Bioindustrie *f*; **bioingeniería** F Bio-Ingenieurwissenschaft *f*; **bioingeniero** M, **bioingeniera** F Bio-Ingenieurwissenschaftler *m*, -in *f*
biología F Biologie *f*; **~ celular** Zellbiologie *f*; **~ molecular** Molekularbiologie *f*; **biológico** ADJ biologisch
biólogo M, **-a** F Biologe *m*, Biologin *f*
biomasa F BIOL Biomasse *f*; **biomaterial**

M Biomaterial *n*
biombo M spanische Wand *f*, Wandschirm *m*
biomecánica F Biomechanik *f*; **biomedicina** F Biomedizin *f*; **biomédico** ADJ biomedizinisch; **biometría** F MED, BIOL Biometrie *f*, Biometrik *f*; **biométrico** ADJ MED, BIOL biometrisch; **biomolécula** F Biomolekül *n*; **biomórfico** ADJ biomorph
biónica F 1 *disciplina:* Bionik *f* 2 *persona:* Bionikerin; **biónico** A ADJ bionisch B M Bioniker *m*
bionomía F Bionomie *f*
biopic M *fam* FILM Filmbiografie *f*, Biopic *n*
bioplástico M Biokunststoff *m*
biopsia F MED Biopsie *f*
bioquímica F 1 *disciplina:* Biochemie *f* 2 *persona:* Biochemikerin *f*; **bioquímico** A ADJ biochemisch B M Biochemiker *m*
biorresonancia F MED Bioresonanz *f*; **biorritmo** M BIOL Biorhythmus *m*; **biosatélite** M *astronáutica:* Biosatellit *m*; **bioseguridad** F Biosicherheit *f*, biologische Sicherheit *f*; **biosensor** M MED, BIOL Biosensor *m*
biosfera, biósfera F Biosphäre *f*
biosíntesis F QUÍM Biosynthese *f*; **biosintético** ADJ QUÍM biosynthetisch; **biosistema** M ECOL Ökosystem *n*; **biosistemática** F Biosysthematik *f*; **biosocial** ADJ biosozial; **biosociología** F Biosoziologie *f*
biota F Flora *f* und Fauna *f*
biotecnia F, **biotecnología** F Biotechnologie *f*; **biotecnológico** ADJ biotechnologisch; **biotecnólogo** M, **biotecnóloga** F Biotechnologe *m*, -technologin *f*
bioterapéutico ADJ MED **tratamiento** *m* ~ Frischzellenbehandlung *f*; **bioterapia** F MED Biotherapie *f*; **bioterror** M, **bioterrorismo** M POL Bioterrorismus *m*
biótico ADJ biotisch
biotina F BIOL Biotin *n*, Vitamin B *n*; **biotipo** M BIOL, PSIC Biotyp(us) *m*; **biotipología** F PSIC Biotypologie *f*
biotopo, biótopo M Biotop *m/n*; ~ **húmedo** Feuchtbiotop *m/n*
biovular ADJ zweieiig
bióxido M QUÍM Dioxid *n*
BIP M ABR (Banco Internacional de Pagos) BIZ *f* (Bank für internationalen Zahlungsausgleich)
bipartidismo M POL Zweiparteiensystem *n*; **bipartido** ADJ *t/t* zweigeteilt; **bipartito** ADJ POL Zweier...; zweigeteilt; **pacto** *m* ~ Zweierpakt *m*
bípede → bípedo A, B
bípedo A ADJ zweifüßig; -beinig B M, **-a** F Zweifüß(l)er *m*, -in *f* C M TEC Zweibein *n*
bíper M → buscapersonas
bipersonal ADJ Zweipersonen...; **habitación** *f* ~ Zimmer *n* für zwei Personen; **biplano** A ADJ *espec* TEC biplan, doppelplan B M AVIA Doppeldecker *m*; **biplaza** A ADJ zweisitzig B M Zweisitzer *m*
bipolar ADJ zweipolig; bipolar; **bipolaridad** F Bipolarität *f*; **bipolarismo** M → bipolaridad; **bipolarización** F POL Bipolarisierung *f*
biquini M, *Arg* F → bikini
BIRD M ABR (Banco Internacional de Reconstrucción y Desarrollo) IBRD *f* (Internationale Bank für Wiederaufbau und Entwicklung)
birimbao M Brummeisen *n*, Maultrommel *f*; *Brasil:* Berimbau *n*
biringo ADJ *Col fam* nackt
birlar V/T 1 *juego de bolos: (die Kegelkugel)* zum zweiten Mal schieben 2 *fam (hurtar)* wegschnappen, klauen *fam*; *novia* ausspannen *fam* 3 *pop (derribar a alg)* aufs Kreuz legen *fam*; *(matar)* umlegen *pop*
birlí M ‹*pl* -íes› TIPO Ausgangsseite *f*, Spitzkolumne *f (unbedruckter Teil einer nicht voll geschriebenen Seite)*
birlibirloque M *fam* **por arte de** ~ wie durch Zauberei; **birlocha** F (Papier)Drachen *m*; **birlonga** F *ein Kartenspiel*; *adv fam fig* **a la** ~ drauflos, ziellos; in den Tag hinein
Birmania F Birma *n*, Burma *n*
birmano A ADJ birmanisch B M, **-a** F Birmane *m*, Birmanin *f*
birome M *RPl* Kugelschreiber *m*
birra F *Esp leng. juv* Bier *n*
birreactor M AVIA zweistrahliges Düsenflugzeug *n*; **birrefringente** ADJ FÍS doppelbrechend
birreta F ~ **(cardenalicia)** Kardinalshut *m*; → *tb* birrete; **birretado** M Barettträger *m*; **birrete** M *de jueces, profesores:* Barett *n*; *de curas católicos:* Birett *n*; *gener (gorro)* Mütze *f*
birria *fam* A F 1 *(trastos)* Plunder *m*, Kram *m fam*, Schmarren *m fam*; **ser una** ~ *tb (ser aburrido)* langweilig sein; *persona:* unausstehlich sein; **está hecho una** ~ er sieht verboten aus *fam* 2 *Méx* GASTR *(barbacoa)* Hammel- *o* Zickleinfleisch *n* vom Grill B M/F Null *f fam*, Heini *m fam*, Flasche *f fam*; **birrioso** ADJ *desp* scheußlich; Pfusch...; *fig persona* mickerig
biruje M, **birují** M *Esp fam* eisige Kälte *f*
bis ADV noch einmal; TEAT, MÚS da capo; *numeración de casas:* **el número 3** ~ Nummer 3 A
bisabuela F Urgroßmutter *f*; **bisabuelo** M Urgroßvater *m*
bisagra F 1 *de la puerta:* Türangel *f*, Scharnier *n*; *Esp* POL *fig* **partido** *m* ~ kleine Partei rechts (*o* links) von der Mitte 2 *fig* Scharnier *n*; *(momento crucial)* Wendepunkt *m*; ~ **del milenio** Jahrtausendwende *f* 3 *del zapatero:* Glättholz *n (der Schuster)* 4 *fam en el baile:* Wiegen *n* der Hüften; **bisagrismo** M POL Mehrheitsbeschaffung *f*
bisanual ADJ → bienal
bisanuo ADJ BOT zweijährig
bisar V/T TEAT, MÚS *ein Stück* wiederholen
bisbis(e)ar V/I *fam (musitar)* flüstern; *(murmurar)* murmeln; **bisbiseo** M *(susurro)* Flüstern *n*; *(murmuración)* Murmeln *n*
bisconeta ADJ *fam* schielend
biscot(t)e M Biskuit *n*
biscuit M 1 GASTR Biskuit *n/m*; ~ **glacé** Vanille-Sahne-Eis *n* 2 *porcelana:* Biskuitporzellan *n*
bisecar V/T ‹1g› MAT halbieren; **bisección** F Halbierung *f*; **bisectriz** F MAT Winkelhalbierende *f*
bisel M TEC Schrägkante *f*, Fase *f*; **biselador** M Kristall-, Spiegelschleifer *m*; **biselar** V/T *(achaflanar)* abfasen, abkanten, abschrägen; *vidrio* schleifen
bisemanal ADJ zweimal wöchentlich; *revista* zweimal wöchentlich erscheinend; **bisemanario** M zweimal wöchentlich erscheinende Zeitschrift *f*
bisexual ADJ 1 BIOL zweigeschlechtig 2 *persona:* bisexuell; **bisexualidad** F Bisexualität *f*; **bisexualismo** M → bisexualidad
bisiesto ADJ **año** *m* ~ Schaltjahr *n*
bisilábico, bisílabo ADJ zweisilbig
bismuto M QUÍM Wismut *n*, Bismut *n*
bisnes M *Esp fam* Geschäft *n*; Angelegenheit *f*
bisnieto M, **-a** Urenkel *m*, -in *f*
biso M Byssus *m*, Muschelfäden *mpl*
bisojo ADJ schielend
bisonte M ZOOL Bison *m*; ~ **europeo** Wisent *m*
bisoñada F Kinderei *f*, Dummheit *f*, unbesonnene Handlung *f*
bisoñé M Toupet *n*, Haarteil *n*
bisoñería F *fam* → bisoñada; **bisoñez** F Unerfahrenheit *f*; **bisoño** A ADJ unerfahren, neu B M, **-a** F Neuling *m*, Grünschnabel *m fam*; *jerga militar* Rekrut *m*, -in *f*
bisquete M *Méx* Keks *m/n*
bisté M → bistec
bistec M ‹*pl* ~s› (Beef)Steak *n*; GASTR ~ **a caballo** *o Am reg* ~ **montado** Beefsteak *n* mit Spiegelei; GASTR ~ **con patatas** Steak *n* mit Pommes frites
bistre M PINT Bister *m*, Manganbraun *n*
bistro M, **bistró** M, **bistrot** M Bistro *n*
bisturí M ‹*pl* -íes› MED Skalpell *n*
bisulco ZOOL A ADJ paarhufig B M Zwei-, Paarhufer *m*
bisulfato M QUÍM Bisulfat *n*; **bisulfito** M QUÍM Bisulfit *n*; **bisulfuro** M QUÍM Bisulfid *n*
bisurco ADJ **arado** *m* ~ Zweifurchenpflug *m*
bisutería F Modeschmuck *m*; **bisutero** M, **bisutera** F 1 *fabricante:* Modeschmuckhersteller *m*, -in *f* 2 *vendedor(a):* Modeschmuckverkäufer *m*, -in *f*
bit M ‹*pl* ~s› INFORM Bit *n*
bita F MAR Beting *f*, Ankerkettenhalter *m*
bitácora F MAR Kompasshaus *n*; **cuaderno** *m* **de** ~ Logbuch *n*; INTERNET Weblog *n*
bitango ADJ **pájaro** *m* ~ (Papier)Drachen *m*
bíter M *aperitivo:* Bitter *m*
bitón M MAR Poller *m*
bitongo ADJ *fam Esp* **niño** *m* ~ Kindskopf *m*, kindischer Bursche *m*
bitoque M Spund *m*; *Méx (grifo)* Wasserhahn *m*
bitor M ORN Wachtelkönig *m*
bítter M → bíter
bitubular ADJ mit doppeltem Ansatzstutzen; *botella, etc* zweihalsig
bituminoso ADJ teerhaltig, Bitumen..., Pech...
bivalencia F Zweiwertigkeit *f*; **bivalente** ADJ zweiwertig
bivalvo ADJ *concha, fruta* zweischalig
bividí M Unterhemd *n* ohne Ärmel
bivitelino ADJ **gemelos** *mpl* ~**s** zweieiige Zwillinge *mpl*
bixáceas FPL BOT Orleangewächse *npl*
biyuya F *Arg jerga del hampa* Zaster *m fam*, Moneten *pl fam*
Bizancio M Byzanz *n*
bizantinismo M Byzantinismus *m*; *fig* Neigung *f* zu Haarspaltereien; **bizantino** A ADJ byzantinisch; *fig* **discusiones** *fpl* **-as** Haarspaltereien *fpl* B M, **-a** F Byzantiner *m*, -in *f*
bizarría F 1 *(gallardía)* Tapferkeit *f*, *(valor)* Mut *m*, Schneid *m* 2 *(generosidad)* Edelmut *m*, Großzügigkeit *f*; **bizarro** ADJ 1 *(valiente)* mutig, tapfer, schneidig *fam* 2 *(apuesto)* stattlich, ansehnlich 3 *(generoso)* großzügig, edelmütig 4 *(extraño)* seltsam, bizarr
bizaza F *frec* ~**s** PL Ledersack *m*
bizcaitarra M/F baskische(r) Nationalist *m*, -in *f*; **bizcaitarrismo** M baskischer Nationalismus *m*
bizcar ‹1g› A V/I schielen B V/T ~ **un ojo** auf einem Auge schielen; ~ **el ojo** blinzeln
bizco A ADJ schielend; **ser** ~ schielen; *fig* **dejar** ~ **a alg** j-n auf die Matte legen; **quedarse** ~ erstaunt (*o* platt *fam*) sein B M, **-a** F Schieler *m*, -in *f* C M TAUR Stier *m* mit ungleich langen Hörnern
bizcochada F 1 *sopa:* Zwiebacksuppe *f* 2 *pastelería:* Biskuit *n*; **bizcochar** V/T 1 *pan* ein zweites Mal backen 2 *arcilla* brennen; **bizcochería** F *Am* Konditorei *f*
bizcocho M 1 *pan sin levadura:* Zwieback *m*; *pastelería:* Biskuit *n*; ~ **(de barco)** Schiffszwieback *m*; ~ **borracho** Zuckerbrot *n (mit Wein und Sirup)*; *Am tb* Kuchen *m* 2 ~ **de porcelana** Biskuitporzellan *n* 3 *Col vulg* Möse *f vulg*; *Arg vulg* **mojar el** ~ eine Nummer schieben *vulg*
bizcorneado ADJ TIPO schief bedruckt; **bizcorneto** ADJ *Col, Méx, Ven* schielend

bizcotela F GASTR feiner Zwieback *m* mit Zuckerguss
bizma F MED Umschlag *m*; **bizmar** VT **~ a alg** j-m Umschläge machen
biznaga F *Méx* BOT Kugelkaktus *m*
biznieto M, **-a** F Urenkel *m*, -in *f*
bizquear VI schielen; **bizquera** F Schielen *n*
blanca F **1** *persona*: Weiße *f* **2** MÚS halbe Note *f* **3** *naipes*: Karte *f* ohne Bild; *dominó*: Null *f* **4** *moneda antigua*: alte Münze *f*; *fig (dinero)* Geld *n*; *fam Esp* **no tener ~** *o* **estar sin ~** blank sein, abgebrannt sein *fam* **5** *pop drogas (cocaína)* Koks *m pop*, Schnee *m pop* **6** *fam Esp* MIL *(despido)* Entlassung *f*
Blancanieves F Schneewittchen *n*
blanco A ADJ **1** *color*: weiß, hell; *rostro* bleich, blass; **~ amarillento/grisáceo** gelblich weiß/grauweiß; **~ como la nieve** schneeweiß; **más ~ que el armiño** schneeweiß; *persona* blitzsauber; **~ de tez** *o* **de tez -a** hellhäutig; MIL **arma** *f* **-a** blanke (*o* gezogene) Waffe *f*; GASTR **cerveza** *f* **-a** helles Bier *n*; *(cerveza de trigo)* Weizenbier *n*; POL **libro** *m* **~** Weißbuch *n*; **ponerse** *o* **quedarse ~** erblassen; **~ y en botella, leche** eine Binsenwahrheit **2** *papel* leer; **hoja** *f* **-a** leeres (*o* unbeschriebenes) Blatt *n*; **en ~** leer, unbeschrieben; COM blanko, Blanko...; **dejar a/c en ~** etw übergehen, etw auslassen; *en un texto*: etw frei lassen; *fig* **dejar en ~ a alg** j-n täuschen; j-n sitzen lassen; *fig* **pasar la noche en ~** eine schlaflose Nacht verbringen; *fig* **quedarse en ~** *(quedarse con las ganas)* das Nachsehen haben; *(tener una laguna en la memoria)* einen Black-out haben; *fig* **sacar en ~** herausfinden, herausbekommen; **tener la mente en ~** einen Black-out haben **3** **en ~ y negro** schwarzweiß; **no distinguir lo ~ de lo negro** strohdumm sein; **estar tan lejos como lo ~ de lo negro** grundverschieden sein, wie Tag und Nacht sein; **hacer de lo ~ negro** *o* **volver en ~ lo negro** aus Schwarz Weiß machen, die Wahrheit entstellen; **juzgar lo ~ por negro y lo negro por ~** alles völlig verkehrt anfassen, das Pferd beim Schwanz aufzäumen; **pintar en ~ y negro** schwarz-weiß malen **4** *fig persona (inocente)* unschuldig, harmlos; *(cobarde)* feige; *(tonto)* einfältig, dumm B M **1** *persona*: Weiße *m*; *fig (cobarde)* Feigling *m*; **los ~s** die Weißen *mpl*, die weiße Rasse; *fig* **~ y negro** jeder (mann); GASTR Eiskaffee *m* **2** *color, material*: Weiß *n*; **~ de ballena** Walrat *m*; **~ de cal** *o* **~ opaco** Deckweiß *n*; **~ de España** Schlämmkreide *f*; **~ de huevo** *cosmético*: Eiwasser *n*; **~ de plomo** Bleiweiß *n* **3** ANAT **lo ~ del ojo** das Weiße im Auge, die (weiße) Hornhaut; **el ~ de la uña** das Weiße am Nagel, der Nagelmond; *fig* die geringste Kleinigkeit (*o* Einzelheit) **4** *(meta)* Ziel *n*, Zielscheibe *f (tb fig)*; **~ circular** *o* **con arandelas** Ringscheibe *f*; **~ móvil** bewegliches Ziel *n*; Laufscheibe *f*; **~ remolcado** *o* **arrastrado** Schleppscheibe *f*; *Esp fig* **cargar el ~ a alg** j-m die Schuld zuschieben; **dar en el ~** ins Schwarze (*o* das Richtige) treffen; **errar el ~** das Ziel verfehlen; **hacer ~** treffen; **es el ~ de todas las miradas** alle Blicke sind auf ihn gerichtet **5** *(vacío)* (leerer) Zwischenraum *m*, Lücke *f*; TIPO, INFORM Blank *m*, Leerzeichen *n* **6** TEAT *(pausa)* (Zwischenakt-)Pause *f* **7** ZOOL *caballo*: Schimmel *m*; *(lucero)* Blesse *f*
blancor M → blancura; **blancote** A ADJ *(muy blanco)* → blanco B M *fam desp* Feigling *m*, Hasenfuß *m fam*; **blancura** F Weiße *f*; VET **~ (del ojo)** Hornhauttrübung *f*; **blancuzco** ADJ weißlich, schmutzig weiß
blandamente ADV sanft
blandear[1] A VT **~ a alg de a/c** j-n von etw *(dat)* abbringen B VI *y* VR **~se** nachgeben, schwankend werden
blandear[2] VT → blandir
blandengue *desp* A ADJ schwach, weich(lich), willenlos B M Weichling *m*, Waschlappen *m (fam fig)*; **blandicia** F **1** Weichlichkeit *f* **2** Schmeichelei *f*
blandir A VT *armas, etc* schwingen B VI *y* VR **~se** schwingen, schwirren
blando A ADJ **1** *(tierno, suave)* weich *(tb droga)*, zart; *clima, tiempo* mild; **~ al tacto** weich anzufühlen, nachgiebig; **~ como manteca** *o* **mantequilla** butterweich; GASTR **estar ~** *carne asada, etc* weich (*o* zart *o* gar) sein **2** *fig persona* weich, sanft, nachgiebig; *(indulgente)* nachsichtig; *(débil)* kraftlos, schlapp *fam*; *(cobarde)* feige; **es un ~** er ist ein Schwächling B ADV sanft
blandón A ADJ *Arg, Ur fam* weichlich B M **1** *(hacha de cera)* große Wachskerze *f*; Wachsfackel *f* **2** *(candelero)* Fackelleuchter *m*; **blanducho, blandujo** ADJ *fam* weichlich; **blandura** F **1** *(calidad de blando)* Weichheit *f (tb fig)*; *(suavidad)* Sanftheit *f*; *fig (flojedad)* Weichlichkeit *f*; *(comodidad)* Bequemlichkeit *f*; *(pereza)* Trägheit *f* **2** *(lisonja)* Schmeichelei *f* **3** *(deshielo)* Tauwetter *n* **4** MED *(emplasto emoliente)* Zugpflaster *n*; **blanduzco** ADJ → blanducho
blanqueado M → blanqueo; **blanqueador** M **blanqueadora** F **1** *de paredes*: Tüncher *m*, -in *f*, Anstreicher *m*, -in *f* **2** *de dinero*: Geldwäscher *m*, -in *f*; **blanqueamiento** M ODONT **~ dental** Zahnaufhellung *f*; **blanqueante** M Bleichmittel *n*, Weißmacher *m*
blanquear A VT **1** *gener* weiß machen; *paredes* weißen, tünchen, kalken; *ropa* bleichen; GASTR blanchieren **2** *fig* **~ dinero** Geld waschen **3** TEC *metales* sieden **4** *apicultura*: *Bienenwaben* einwachsen B VI **1** *(resplandecer)* weiß(lich) schimmern **2** *(blanquecer)* weiß werden, (aus)bleichen
blanquecer VT ⟨2d⟩ **1** *oro, plata* blank reiben, polieren **2** TEC *metales* weißsieden; **blanquecino** ADJ weißlich; **blanqueo** M **1** *de paredes*: Weißen *n*, Tünchen *n*; weißer Anstrich *m* **2** *de ropa*: Bleichen *n*; Bleiche *f* **3** *fig* **~ de dinero** Geldwäsche *f* **4** TEC *de metales*: Weißsieden *n*; **blanqueta** F GASTR Frikassee *n*; **blanquete** M weiße Schminke *f*
blanquillo A ADJ → candeal; **trigo** *m* **~** Weichweizen *m* B M **1** *Guat, Méx euf* (Hühner)Ei *n* **2** *pez*: Weißling *m* **3** *Perú, Chile fruto*: *Art* weißer Pfirsich *m*; **blanquim(i)ento** M Bleich-, Chlorkalk *m*; **blanquinegro** ADJ *pelo* meliert; **blanquinoso** ADJ weißlich; **blanquiñoso** ADJ *Perú desp* hellhäutig; **blanquizco** ADJ weißlich
Blas M *fam Esp irón* **díjolo ~, punto redondo** *corresponde a*: dem kann man nichts entgegensetzen, da gibt's wohl keinen Widerspruch
blasfemador A ADJ lästernd, fluchend B M, **blasfemadora** F Gotteslästerer *m*, -lästerin *f*; **blasfemar** VI fluchen, lästern; **~ contra Dios** Gott lästern; **blasfematorio** ADJ → blasfemo; **blasfemia** F **1** *(injuria contra Dios)* Blasphemie *f*, Gotteslästerung *f* **2** *fig (maldición)* Fluch *m*; **blasfemo** A ADJ blasphemisch, gotteslästerlich B M, **-a** F Gotteslästerer *m*, -lästerin *f*
blasón M **1** *(escudo de armas)* Wappen *n*; Wappenschild *n*; *fig* **-ones** *pl* adlige Abstammung *f* **2** *(heráldica)* Wappenkunde *f* **3** *fig (gloria, honor)* Ruhm *m*, Ehre *f*; **hacer ~ de a/c** sich mit etw *(dat)* brüsten
blasonador ADJ prahlerisch; **blasonar** VI **~ de** sich aufspielen als (nom); **blasonería** F Aufschneiderei *f*, Prahlerei *f*; **blasonista** M/F Heraldiker *m*, -in *f*
blastodermo M BIOL Blastoderm *n*, Keimhaut *f*; **blastoma** M MED Blastom *n*
blástula F BIOL Keimblase *f*, Blastula *f*
blazer M, **blazier** M TEX Blazer *m*
bledo M **1** BOT Beermelde *f*, Amarant *m* **2** *fam fig* **(no) me importa un ~** *o* **no se me da un ~** *(me es igual)* das ist mir schnuppe (*o* egal) *fam*
blenda F MINER Blende *f*
blenorragia, blenorrea F MED Blennorrhagie *f*, Blennorrhö *f*; *fam* Tripper *m*
bleque M *Arg, Ur, Ven* Teer *m*
blinda F MIL Schutzblende *f*
blindado A ADJ MIL, TEC gepanzert; Panzer...; TEC *tb* gekapselt; ELEC abgeschirmt; MIL **carro** *m* **~ de exploración** Panzerspähwagen *m*; **chaqueta** *f* **-a** kugelsichere Weste *f*; **división** *f* **-a** Panzerdivision *f*; **tren** *m* **~** Panzerzug *m* B M Panzer(wagen) *m*
blindaje M MIL Panzer *m*; Panzerung *f (tb* TEC); ELEC Abschirmung *f*; **blindar** VT MIL, TEC panzern; TEC *tb* kapseln; ELEC abschirmen
blíster M *embalaje*: Blister *m*, Durchdrückpackung *f*
bloc M (Schreib)Block *m*; **~ de dibujo** Zeichenblock *m*; **~ de hojas perforadas/de notas/de pedidos** Abreiß-/Notiz-/Bestellblock *m*
blocaje M → bloqueo
blocao M MIL Bunker *m*
blocar VT abblocken *(tb* DEP)
block M **1** FERR Block *m*; **sistema** *m* **de ~** Blocksystem *n* **2** → bloc
blof(e) M *Am* Bluff *m*; **blofear** VI *Am* bluffen
blonda F Seidenspitze *f*
blondo ADJ *poet* blond
bloque M **1** *(trozo grande)* Block *m*, Klotz *m*; **~ de hormigón/de mármol** Zement-/Marmorblock *m*; **~ (de casas)** Häuserblock *m*; **~ (de viviendas)** Wohnblock *m*; *adv* **en ~** in Bausch und Bogen, pauschal **2** TEC Block *m*; Unterlage *f*; **~ de cilindros/(de) motor** Zylinder-/Motorblock *m*; **~ de resortes** Federblock *m*, -paket *n* **3** POL Block *m*; HIST *neg!* **~ oriental** Ostblock *m* **4** *(taco de hojas de papel)* (Schreib)Block *m* **5** ELEC **~ de alimentación** Netzteil *n*
bloqueador A ADJ blockierend B M **1** **~ solar** Sonnencreme *f (mit hohem Lichtschutzfaktor)*, Sunblocker *m* **2** TEC, MED, *etc* Blocker *m*; INTERNET **~ de ventanas emergentes** Pop--up-Blocker *m*
bloquear A VT **1** sperren, blockieren; FERR blocken; **~ el acceso/paso a alg** j-m den Zugang/Weg versperren **2** *vehículo* (scharf) bremsen; TEC blockieren; *(cerrar)* verriegeln **3** FIN **~ una cuenta** ein Konto sperren B VR **bloquearse** TEC blockieren, festsitzen
bloqueo M **1** MIL, POL *(asedio)* Blockade *f*, Sperre *f*; HIST **Bloqueo continental** Kontinentalsperre *f*; **~ informativo** Nachrichtensperre *f*; MAR, MIL **burlar** *o* **forzar el ~** die Blockade (durch)brechen **2** TEC *(cierre)* Sperrung *f*; Blockierung *f*; Verriegelung *f* **3** ECON Stopp *m*; **~ de los alquileres** Mietstopp *m*
blue-jeans ['blu-jins] MPL (Blue) Jeans *f(pl)*
blues ['blues, blus] M MÚS Blues *m*
bluf(f) M Bluff *m*; **bluf(e)ar** VI bluffen
blúmer M *Am Centr, Cuba, Ven* TEX Schlüpfer *m*
blusa F TEX **1** Bluse *f* **2** *(bata)* Kittel *m*; **~ (de trabajo)** Arbeitskittel *m*; **blusón** M lange Bluse *f*, Blouson *n*
bluyín M *Col, Perú* (Blue) Jeans *f(pl)*
BM M ABR (Banco Mundial) Weltbank *f*
BN M ABR (Banco de la Nación) *Am Name der Zentralbank in manchen Ländern Lateinamerikas*
BNG M ABR (Bloque Nacionalista Gallego) *Esp galicisches Parteienbündnis*
BO M ABR (Boletín Oficial) Amtsblatt *n*, Gesetzblatt *n*

boa A F ZOOL Boa *f*; ~ **esmeralda** Hundskopfboa *f* B M (Feder)Boa *f*
boardilla F → buhard(ill)a
boatiné M wattierter Morgenrock *m*
boato M Prunk *m*, Gepränge *n*, Pomp *m*; **con ~** aufwendig leben
bob M Bob(schlitten) *m*
boba F TEX hochgeschlossene Strickjacke *f*
bobada F Albernheit *f*, Dummheit *f*; **bobalías** M/F *‹pl inv›* Dummkopf *m*, Narr *m*, Närrin *f*; **bobalicón** A ADJ dumm, einfältig B M, **-ona** F Dummkopf *m*, Dussel *m fam*, Einfaltspinsel *m*; **bobarrón** ADJ *fam* blöd, saudumm *fam*; **bobatel** M *fam* Dummkopf *m*, Dämlack *m fam*
bobear VI 1 *hablar*: dummes Zeug reden 2 *comportarse*: sich albern benehmen, kalbern *fam*; **bober(í)a** F → bobada; **bobeta** *RPl* → bobalicón
bóbilis ADV *fam Esp* **de ~ ~** ohne Mühe, umsonst; **lo consiguió de ~** es ist ihm in den Schoß gefallen
bobina F 1 Spule *f* (*tb* ELEC); TEX *tb* Garnrolle *f*; ~ **de alambre/de calentamiento** Draht-/Heizspule *f*; ~ **de choque/de resistencia** Drossel-/Widerstandsspule *f*; AUTO ~ **de encendido** Zündspule *f*; ~ **giratoria/magnética** Dreh-/Magnetspule *f* 2 FOT Filmrolle *f*; TIPO *de papel*: Rolle *f*
bobinado M 1 ELEC Wicklung *f*; ~ **paralelo/primario** Parallel-/Primärwicklung *f* 2 TEX Aufspulung *f*, Spulen *n*; **bobinadora** F Spulenwickelmaschine *f*; **bobinar** VT TEX (auf)spulen; ELEC (be)wickeln
bobo A ADJ 1 (*tonto*) albern; dumm, einfältig 2 **manga** *f* **-a** weit auslaufender Ärmel 3 ZOOL **pájaro** *m* ~ Pinguin *m* 4 **sopa** *f* **-a** → sopa 4 B M 1 (*mentecato*) Dummkopf *m*, Narr *m*, Tropf *m*; **hacerse el ~** sich dumm stellen 2 TEAT (*gracioso*) Hanswurst *m*, Narr *m* 3 *RPl pop* (*reloj*) Taschenuhr *f*, Zwiebel *f fam* 4 *Am Centr, Antillas, Col, Méx pez*: *essbarer Fisch, verschiedene Arten*
bobón *fam* A ADJ erz-, strohdumm B M, **-ona** F Dussel *m fam*, Dämlack *m fam*; Trine *f fam*; **bobote** → bobón
bobsleigh [ˈbɔβslɛi̯] M DEP *aparato*: Bob (sleigh) *m*; *deporte*: Bobfahren *n*
boca F 1 ANAT Mund *m*; Maul *n fam*; ~ **a ~** *m o* ~ **a oreja** *m* Mundpropaganda *f*; MED ~ **a ~** *m* Mund-zu-Mund-Beatmung *f*; **(provisiones** *fpl* **de) ~** Mundvorrat *m*; ~ **abajo** bäuchlings, auf dem Bauch; ~ **arriba** rücklings, auf dem Rücken; *fam* **se le abrió la ~** er/sie gähnte; **callar la ~** den Mund halten; **la ~ se me hace agua** das Wasser läuft mir im Munde zusammen; *pop* **partirle la ~ a alg** j-m in die Fresse hauen *pop*; **¡punto en ~!** still!; Mund halten! 2 *con adj*: **dejar con la ~ abierta** verblüffen; **quedarse con la ~ abierta** *o Am Mer* **abrir tamaña ~** sprachlos sein, baff sein *fam*; *adv* **a ~ llena** rücksichtslos, frei (von der Leber) weg; *fig* **duro de ~** verschlossen, zurückhaltend; *fig* **con la ~ chica** halbherzig; **tener buena ~** (*saber bien*) gut schmecken; *persona* kein Kostverächter sein; **tener mala ~** einen schlechten Geschmack im Mund haben 3 *fig* **de ~** leere Worte, nichts dahinter; **abrir** *o* **hacer ~** Appetit machen, den Appetit anregen; *fig* einen Vorgeschmack geben; **andar** *o* **ir** *o* **correr de ~ en ~** von Mund zu Mund gehen, Gegenstand des Geredes sein; **no decir esta ~ es mía** den Mund nicht auftun, nicht Piep sagen *fam*; **decir lo que se le viene a la ~** kein Blatt vor den Mund nehmen; **echar por la ~** loslegen (mit etw *dat* **a/c**); **¡echa por esa ~!** los, red schon!, heraus damit!; **estar en ~ de todos** in aller Munde sein; **hablar por ~ de ganso** *o* **de otro** nachplappern *fam*; **irse de ~** *o* **írsele la ~ a alg** mit etw (*dat*) herausplatzen, unbesonnen daherreden; **llenarse la ~** den Mund voll nehmen; **mentir con toda la ~** unverschämt lügen; **a pedir de ~** ganz nach Wunsch; **pegar la ~ en la pared** seine Not verschweigen; **poner a/c en ~ de alg** j-m etw in den Mund legen, j-m etw unterstellen; *Esp* **a qué quieres, ~** ganz nach Wunsch; **quitarle a alg la palabra de la ~** j-m das Wort aus dem Mund nehmen; **quitarse a/c de la ~** sich (*dat*) etw vom Mund absparen; **saber a/c de** *o* **por ~ de otro** etw vom Hörensagen wissen; *fig* **taparle la ~ a alg** j-m das Maul stopfen; **traer en ~s a alg** j-n schlechtmachen, sich (*dat*) über j-n das Maul zerreißen *fam*; *prov* **en ~ cerrada no entran moscas** *o* **por la ~ muere el pez** (Reden ist Silber,) Schweigen ist Gold 4 *de animales*: Maul *n*; (*hocico*) Schnauze *f*; BOT ~ **de dragón** Löwenmaul *n*; *equitación*: **blando/duro de ~** weich-/hartmäulig; *equitación*: **tener buena ~** leicht dem Zügel gehorchen; *fig* **meterse en la ~ del lobo** sich in die Höhle des Löwen wagen 5 *persona*: ~ **de risa** freundlicher Mensch *m*; *fig* ~ **de verdades** (*persona sincera*) aufrichtiger Mensch *m*; (*grosero*) Grobian *m* 6 *fam* (*comedor*) Esser *m*; **mantener muchas ~s** viele Mäuler füttern müssen *fam* 7 (*abertura*) Öffnung *f* (*tb* TEC); (*entrada*) Eingang *m*, Einfahrt *f*; MAR ~ **de carga** Ladeluke *f*; ~ **de alcantarilla** Gully *m/n*; ~ **de barril** Spundloch *m*; ~ **de buzón** Briefeinwurf *m*; ~ **de horno** Ofen-, Schürloch *n*; ~ **de incendios** Hydrant *m*; ~ **de metro** U-Bahn-Eingang *m*; ~ **de riego** Hydrant *m* 8 TEC (*embocadura*) Mundstück *n*; *de un arma*: Mündung *f*; *de un río*: (Fluss)Mündung *f*; *de un volcán*: Schlund *m*; ~ **de aspiración** Saugstutzen *m*; *fig* **a ~ de cañón** ganz aus der Nähe; **a ~ de jarro** aus nächster Nähe 9 ~ **de fuego** Feuerwaffe *f*; *artillería*: Geschütz *n* 10 *de una azada, un escoplo, etc*: Schneide *f*; *de una herramienta*: Weite *f*, Maul *n* 11 ANAT ~ **del estómago** Magengrube *f* 12 ZOOL (Krebs)Schere *f* 13 TEX (*bocamanga*) Ärmelloch *n* 14 *del vino*: Geschmack *m*, Blume *f* 15 CAZA (*conejera*) Kaninchenbau *m*
bocabajo ADV *Cuba, Méx, Perú, P. Rico* bäuchlings, auf dem Bauch; **bocacalle** F (*entrada de una calle*) Straßeneinmündung *f*; (*esquina*) Straßenecke *f*; **bocacaz** M *‹pl -aces›* Durchlass *m am Wehr*; **bocacha** F 1 *fam* (*boca grande*) Riesenmaul *n fam* 2 HIST *arma*: Donnerbüchse *f*, Becherstutzen *m*; **bocadillería** F *auf Bocadillos spezialisiertes Lokal*
bocadillo M 1 belegtes Brötchen *n*, Sandwich *n*; ~ **de atún** Thunfischbrötchen *n*; ~ **de chorizo** Brötchen *n* mit Paprikawurst; ~ **de jamón/queso** Schinken-/Käsebrötchen *n* 2 (*colación*) Imbiss *m*, zweites Frühstück *n*; **tiempo** *m* **del ~** Frühstückspause *f* 3 *en tiras cómicas*: Sprechblase *f* 4 *Col, Ven conserva de fruta*: eingemachte Guajabafrüchte *fpl* 5 *Cuba pastel*: Zuckergebäck *n mit Bataten* 6 *Méx* (*pasta de coco*) Kokospaste *f*
bocadito M 1 *Cuba* (*cigarillo*) Zigarette *f mit Tabakhülle* 2 *Am reg fam* (*pincho*) Häppchen *n*, Kleinigkeit *f* (*zum Essen*)
bocado M 1 (*porción*) Bissen *m*, Happen *m*, Mundvoll *m*; (*mordisco*) Biss *m*; (*colación*) Imbiss *m*; **buen ~** gutes Essen *n*; *fam* Prachtweib *n fam*; *fig* **caro ~** kostspieliges Unternehmen *n*; hoher Preis *m*; teurer Spaß *m fam*; *fig* **un ~ difícil de digerir** ein harter Brocken *m*; ~ **exquisito** *o* ~ **de cardenal** Leckerbissen *m*, Delikatesse *f*; ~ **sin hueso** gutes Geschäft *n*, prima Sache *f fam*; **a ~s** bissenweise; **dar un ~** zuschnappen, (zu)beißen; **no probar ~** keinen Bissen zu sich (*dat*) nehmen; **tomar un ~** einen Imbiss nehmen 2 ANAT ~ **de Adán** Adamsapfel *m* 3 *equitación*: ~ **(del freno)** Gebiss *n* (*am Zaum*), Kandare *f* 4 **~s** *pl* (*frutas secas*) Backobst *n* 5 *Bol, Perú* (*carne envenenada*) *vergiftete Fleischbrocken* (*v. a. zum Töten von Hunden*)
bocajarro ADV **a ~** *tiro* aus nächster Nähe; *fig* (*de improviso*) unvermutet; direkt, unverblümt
bocal M 1 (*jarro*) Krug *m zum Weinschöpfen* 2 (*pecera*) Goldfischglas *n* 3 MÚS (*boquilla*) Mundstück *n der Blasinstrumente* 4 MAR *puerto*: enge Hafeneinfahrt *f*
bocallave F Schlüsselloch *n*; **bocamanga** F (*sisa*) Ärmelloch *n*; *solapa*: Ärmelaufschlag *m*; **bocamejora** F *Am Mer* MIN Nebenschacht *m*; **bocamina** F MIN Mundloch *n*, Schachteinfahrt *f*
bocana F 1 MAR *puerto*: schlauchartige Hafeneinfahrt *f* 2 *Col, Méx río*: Flussmündung *f*
bocanada F 1 (*sorbo*) Schluck *m*, Mundvoll *m*; *Esp fig* ~ **de gente** Gedränge *n*; *adv* **a ~s** kräftig 2 *de viento*: Windstoß *m* 3 (*chupada*) Zug *m* beim Rauchen
bocanegra F *pez*: Fleckhai *m*
bocarte M Pochwerk *n*
bocata M *Esp fam* belegtes Brötchen *n*
bocateja F ARQUIT Traufziegel *m*
bocatería F → bocadillería; **bocatero** M, **bocatera** F *Cuba, Hond, Ven* Angeber *m*, -in *f*; **bocaza** A F *fam* Maul *n fam* B M/F *frec* **~s** PL *fam fig* Schwätzer *m*, -in *f*, Quatschkopf *m fam*; **bocazo** M MIN Blindgänger *m*, erfolgloser Sprengschuss *m*
boccato M ~ **di cardinale** Leckerbissen *m*
BOCE[1] M ABR (Boletín Oficial de las Comunidades Europeas) Amtsblatt *n* der Europäischen Gemeinschaften; **BOCE**[2] M ABR *obs* (Boletín Oficial de las Cortes Españolas) Amtsblatt *n* des spanischen Parlaments
bocel M 1 (*abultamiento*) Wulst *m*, Bausch *m* 2 ARQUIT Rundstab *m* 3 TEC **cepillo** *m* ~ Kehlhobel *m*; **bocelar** VT bossieren, wulsten
bocera F A Trink- (*o* Speise)rand *m* um den Mund, Schnurrbart *m* (*fam fig*); MED Faulecke *f* B **~s** M Schwätzer *m*, -in *f*
bocetar VT skizzieren, entwerfen; **boceto** M Skizze *f* (*tb fig*), Entwurf *m*
bocha F Bocciakugel *f*; **~s** *pl* Boccia(spiel) *n*; **bochar** VT treffen (*beim Boccia*); **bochazo** M Treffer *m* (*beim Boccia*)
boche A ADJ HIST *desp* (*während des 1. Weltkrieges*) deutsch(er) B M 1 (*hoyo*) Grube *f für Murmelspiel etc* 2 *Chile, Perú* (*rechazo*) Abfuhr *f* 3 *Chile, Ec, Perú* (*bochinche*) Lärm *m*, Wirrwarr *m* 4 *Méx, Ven* **dar (un) ~ a alg** j-n vor den Kopf stoßen (*fig*)
bochinche M (*ruido*) Lärm *m*, Krach *m*, Radau *m*; (*tumulto*) Tumult *m*, Durcheinander *n*; *Am reg fiesta*: lärmendes Fest *n*; **bochinchear** VI *Am* Krach machen
bochista M/F Bocciaspieler, -in *f*
bocho M *Arg fam* gescheiter, fleißiger Bursche *m*
bochornera F → bochorno 1; **bochorno** M 1 (*viento cálido*) heißer Sommerwind *m*; (*calor sofocante*) (Gewitter)Schwüle *f* 2 (*vértigo*) leichter Schwindelanfall *m*; *fig* (*rubor*) Schamröte *f*; Scham *f*; **bochornoso** ADJ *tiempo* schwül, drückend (heiß); *fig* peinlich, beschämend
bocina F 1 ZOOL Tritonshorn *n*, Trompetenschnecke *f* 2 (*megáfono*) Sprachrohr *n*, Megafon *n*; *de un gramófono*: Schalltrichter *m* 3 MÚS (*cuerno*) Horn *n*; MAR Nebelhorn *n*; AUTO (*claxon*) Hupe *f*; CAZA Hifthorn *n*; AUTO **tocar la ~** hupen 4 *Col, Chile para sordos*: Hörrohr *n*; **bocinar** VI ins Horn stoßen; AUTO hupen; **bocinazo** M Hupsignal *n*; Hornstoß *m*
bocio M MED Kropf *m*
bock M kleines Glas *n* (*o* kleiner Krug *m*) Bier
bocón A ADJ großmäulig B M, **-ona** F *fig*

Schwätzer *m*, -in *f*, Großmaul *n*; **bocota** F *fam* Maul *n fam*

bocoy M COM Transportfass *n*

boda F *frec* **~s** PL Heirat *f*, Hochzeit *f*; **~s** *pl* **de diamante/hierro** diamantene/eiserne Hochzeit *f*; *fig* **~s** *pl* **espirituales** Einsegnung *f* einer Nonne; MÚS **las ~s de Fígaro** Figaros Hochzeit *f*; **~s** *pl* **de plata/oro** silberne/goldene Hochzeit *f*; **invitados** *mpl* **a la ~** Hochzeitsgäste *mpl*; **celebrar ~s** *o* **la ~** Hochzeit machen (*o* feiern); *prov* **no hay ~ sin tornaboda** *corresponde a*: für alles muss man zahlen; *tb* keine Rose ohne Dornen

bodega F 1 (*depósito de vino*) Weinkeller *m*; *establecimiento*: (Wein)Kellerei *f*; (*tienda*) Weinhandlung *f*; (*taberna*) Weinstube *f* 2 (*almacén*) Vorratskeller *m*, Lagerraum *m*; *espec* MAR (*Chile tb* FERR) (*depósito*) Lager-, Warenschuppen *m im Hafen*; **estar en la ~** *espec vino, cerveza* lagern 3 MAR, AVIA **~ (de carga)** Fracht-, Laderaum *m*; AUTO **~ de equipajes** Kofferraum *m* (*eines Busses*) 4 *Am* (*tienda de comestibles*) Lebensmittelgeschäft *n*, Tante-Emma-Laden *m fam* 5 AGR (*granero*) Scheune *f* 6 (*vendimia*) Weinernte *f*

bodegaje M *Am* 1 (*almacenaje*) (Ein)Lagern *n*, Lagerung *f* 2 *derechos*: Lagergeld *n*; **bodegón** M 1 (*taberna*) billiges Gasthaus *n*, Kneipe *f* 2 PINT Stillleben *n*; **bodegonear** V/I sich in Kneipen herumtreiben; **bodegonero** M, **bodegonera** F Garkoch *m*, -köchin *f*; Speisewirt *m*, -in *f*; **bodeguero** M, **bodeguera** F 1 Kellermeister *m*, -in *f* 2 *Am* Lebensmittelhändler *m*, -in *f*

bodijo M 1 (*boda desigual*) Missheirat *f* 2 (*boda pobre*) armselige Hochzeit *f*

bodoque A M 1 (*relieve en un bordado*) Noppe *f* (*an Stickereien*); Knötchen *n* 2 (*abertura*) Loch *n*, Öffnung *f* 3 *Méx fig* (*cosa mal hecha*) Pfuscherei *f* B M/F Dummkopf *m*, Einfaltspinsel *m*; **bodoquera** F Blasrohr *n*

bodorrio M *fam* 1 → bodijo 2 *Méx* lärmende (Hochzeits)Feier *f*

bodrio M 1 (*mala comida*) (Schlangen)Fraß *m fam* 2 *fig* (*desorden*) Durcheinander *n*, Gemengsel *n* 3 Schund *m*; *fam libro, cuadro*: übler Schinken *m fam*

body ['bɔði] M TEX Body(suit) *m*; **bodybuilding** [-'βildin] M DEP Bodybuilding *n*

BOE M ABR (Boletín Oficial del Estado) spanisches Gesetzblatt *n*

bóer A ADJ burisch B M/F Bure *m*, Burin *f*

bofe A M *frec* **~s** PL Lunge *f* (*von Tieren*); *fam fig* **echar los ~s** sich abhetzen, sich gewaltig anstrengen B ADJ *Am Centr* unangenehm, ekelhaft

bofetada F Ohrfeige *f* (*tb fig*); **dar** *o* **pegar una ~ a alg** j-n ohrfeigen, j-m eine langen *fam* (*o* herunterhauen *fam*); **bofetear** V/T *pop* **~ a alg** j-n ohrfeigen, j-m eine knallen *fam*; **bofetón** M kräftige Ohrfeige *f*

bofia *Esp* A F 1 *pop* (*cuerpo policial*) Polente *f pop*, Bullen *mpl pop* 2 *fam* (*basura*) Dreck *m* B *pop* M/F (*polizonte*) Polyp *m pop*, Bulle *m pop*

bofo ADJ *Am* schwammig

boga¹ F 1 *pez fluvial*: Silberfisch *m* 2 *pez marino*: Gelbstriemen *m*, Blöker *m*

boga² A F (*remo*) Rudern *n*; *fig* **estar en ~** in Mode sein, in sein *fam*, hoch im Kurs stehen B M/F *Col* Ruderer *m*, Ruderin *f*; **bogada** F Ruderschlag *m*; Schlagweite *f* (*beim Rudern*); **bogador** M, **bogadora** F Ruderer *m*, Ruderin *f*; **bogar** V/I ⟨1h⟩ rudern; *poet* segeln; **bogavante** M 1 ZOOL Hummer *m* 2 HIST *erster Ruderer auf der Ruderbank einer Galeere*

bog(g)ie M → boje²

Bogotá F *Hauptstadt Kolumbiens*

bogotano A ADJ aus Bogotá B M, **-a** F Einwohner *m*, -in *f* von Bogotá

bohardilla F → buhard(ill)a

bohemia F 1 (*vida de artistas*) Boheme *f*, flottes Künstlerleben *n* 2 (*bohema*) Böhmin *f*; *artista*: Bohemienne *f*

Bohemia F Böhmen *n*; **cristal** *m* **de ~** böhmische Glaswaren *fpl*

bohémico ADJ HIST böhmisch

bohemio A ADJ 1 (*bohemo*) böhmisch 2 (*gitanesco*) zigeunerisch (*neg!*) 3 *fig* (*despreocupado*) verbummelt, leichtlebig, (*negligente*) liederlich; **vida** *f* **-a** unbürgerliches Leben *n*, Bummelleben *n* B M 1 (*bohemo*) Böhme *m* 2 (*gitano*) Zigeuner *m* 3 *artista*: Bohemien *m*; **bohemo** A ADJ böhmisch B M, **-a** F Böhme *m*, Böhmin *f*

bohío M 1 *Antillas* (*cabaña*) Rohr-, Schilfhütte *f* 2 *P. Rico* (*parasol fijo*) (ortsfester) Sonnenschirm *m* mit Stroh- (*o* Schilf)dach

bohordo M 1 BOT (*tallo herbáceo*) Blütenschaft *m* 2 HIST *lanza*: Wurfspieß *m* (*bei Turnieren*)

boicó M → boicot

boicot M ⟨*pl* ~s⟩ Boykott *m*; Boykottierung *f*; **boicoteador** ADJ boykottierend; **boicotear** V/T boykottieren; **boicoteo** M → boicot

boiler M *Méx* Boiler *m*

boina F Baskenmütze *f*

boiquira F *Méx* ZOOL Klapperschlange *f*

boite, boîte ['büat] F Nachtlokal *n*, Kabarett *n*

boj M → boje¹

boja F BOT → abrótano

bojar → bojear

boje¹ M 1 BOT Buchs(baum) *m* (*tb madera*) 2 *instrumento del zapatero*: (Arbeits)Leisten *m*

boje² M FERR, *tranvía*: Drehgestell *n*

bojear V/T & V/I MAR eine Insel (*o* ein Kap) umschiffen

bojedal M BOT Buchsbaumgebüsch *n*

bojeo M MAR 1 (*circunnavegación*) Umfahren *n* eines Kaps (*o* einer Insel) 2 (*perímetro*) Umfang *m* eines Kaps (*o* einer Insel)

bojiganga F HIST Komödiantentruppe *f*

bojo M → bojeo

bojote M *Am reg* Bündel *n*, Paket *n*; *fig* Krach *m*; Wirrwarr *m*

bol M 1 (*tazón sin asa*) henkellose Tasse *f*, Schale *f*, Napf *m* 2 (*pesca*) Fischzug *m*, Fang *m*; (*redada*) Wurfnetz *n* 3 (*cono*) Kegel *m* 4 MINER Bolus *m*; **~ arménico** *o* **de Armenia** (rote) Siegelerde *f*

bola F 1 Kugel *f*; **~ de acero** Stahlkugel *f*; **~ de billar** Billardkugel *f*; TEC **~ de corredera** Laufkugel *f* (*im Kugellager*); **~ de cristal** Kristallkugel *f*; **~ de helado** Eiskugel *f*; Kugel *f* Eis; **juego** *m* **de ~** Kugelwerfen *n* (*Spiel*); **hacer girar la ~** die Kugel kreisen lassen; *fig* **dejar rodar** *o* **que ruede la ~** die Dinge laufen lassen 2 (*pelota*) Ball *m* (*tb* MAR); *tenis*: **~ de partido/set** Match-/Satzball *m*; *fig* **no dar pie con ~** dauernd danebenhauen *fam*, überhaupt nicht zurechtkommen 3 *fig* **~ de fuego** Feuerball *m*; **~ del mundo** Erdball *m*, -kugel *f*; **el Niño de la ~** das Jesuskind mit der Weltkugel; *tb* BOT **~ de nieve** Schneeball *m*; COM **sistema** *m* **de la ~ de nieve** Schneeballsystem *n*; *Esp* **hacer ~s** die Schule schwänzen; **ir a su ~** nur auf seinen eigenen Vorteil bedacht sein; *Bol, RPl pop* **como ~ sin manija** wie ein geölter Blitz *fam*; **¡dale ~!** schon wieder kommt er/sie damit!, wie lästig!, das ist ja nicht zum Aushalten! 4 *en muebles, etc*: (Zier)Kugel *f*; TAUR Degenknauf *m* 5 *fam músculo*: **sacar ~s** den Bizeps schwellen lassen 6 *fam fig* (*embuste*) Lüge *f*, Schwindel *m*; *en el diario*: Ente *f*; *fam* **correr la ~** ein Gerücht verbreiten 7 (*betún*) Schuhcreme *f* 8 *Méx* (*riña*) Lärm *m*, Streit *m*; (*montón*) Menge *f*; **~ de gente** Menschenmenge *f* 9 *vulg* **~s** *pl* (*testículos*) Eier *npl pop*; **en ~s** splitternackt 10 *Am* **~s** *pl* → boleadoras 11 *naipes*: Schlemm *m*

bolacha F *Am* Rohkautschukkugel *f*; **bolada** F 1 (*tiro de bola*) Kugel-, Ballwurf *m*; *billar*: Stoß *m* 2 *Am reg* (*mentira*) Lüge 3 *RPl, Ven* (*ganga*) günstige Gelegenheit *f*, Schnäppchen *n*; **bolado** M 1 *Am Cent* (*rumor*) Gerücht *n* 2 *Chile, Hond, Méx* (*negocio*) Geschäft *n*, (*asunto*) Angelegenheit *f*

bolazo M 1 (*golpe de bola*) Kugelstoß *m*, -wurf *m* 2 *RPl* (*disparate*) Unsinn *m*, Blödsinn *m* 3 *Méx adv* **de ~** (*de prisa y sin esmero*) auf gut Glück

bolche *Arg, Ur fam* 1 ADJ linksextrem(istisch) 2 M/F (*izquierdista*) Linksextremist *m*, -in *f*

bolchevique A ADJ bolschewistisch B M/F Bolschewist *m*, -in *f*; **bolchevi(qui)smo** M Bolschewismus *m*; **bolchevista** ADJ → bolchevique; **bolchevizar** V/T ⟨1f⟩ bolschewisieren

boldo M *espec Am* BOT Boldopflanze *f*; **té** *m* **de ~** Boldotee *m*

boleada F *RPl* Treiben *n* des Viehs mit der Bola; **boleador** M *Méx* Schuhputzer *m*; **boleadoras** FPL *Am* Bola *f*, Kugelriemen *m zum Einfangen des Viehs*

bolear A V/T 1 (*tirar*) werfen, schleudern 2 *Am animal* mit der Bola jagen (*o* fangen) 3 *Am fig en elecciones, examen*: durchfallen lassen; *pop* **~ a alg** j-n abschießen *fam* (*bei der Wahl, im Amt*) 4 *Méx zapatos* blank putzen B V/I *billar, juego de destreza*: ohne Einsatz spielen C V/R **bolearse** 1 *Andes, RPl animal de silla* bocken 2 *Arg* (*avergonzarse*) sich schämen

boleo M 1 (*juego de la bocha*) Kugel-, Bocciawerfen *n* 2 *sitio*: Bocciaplatz *m*; **bolera** F 1 Kegelbahn *f* 2 MÚS **~s** *pl* Bolero *m*

bolero M 1 MÚS *danza*: Bolero *m*; *bailarín*: Bolerotänzer *m* 2 TEX (*chaquetilla*) Bolero *m*, -jäckchen *n*; *Col, P. Rico* (*volante*) Volant *m*, Zierbesatz *m* 3 *Am Centr* (*sombrero de copa*) Zylinder(hut) *m* 4 *fam fig* (*embustero*) Schwindler *m* 5 *Méx* (*limpiabotas*) Schuhputzer *m* 6 *Col, Perú, P. Rico Perú juego*: Fangbecherspiel *n*

boleta F 1 (*entrada*) Eintrittskarte *f*, Einlassschein *m* 2 (*pase*) Passierschein *m* 3 *para tomar a/c*: Bezugsschein *m* 4 MIL (*boleta de alojamiento*) Quartierzettel *m* 5 *Am* (*cédula para votar*) Stimmzettel *m* 6 *Chile, RPl* (*recibo*) Quittung *f* 7 *Am lotería* Lottoschein *m*; **boletería** F *Am* (*taquilla*) (Fahrkarten-)Schalter *m*; (*venta de entradas*) Kartenverkaufsstelle *f*; **boletero** M, **boletera** F 1 *Am* (*vendedor, -a*) Kartenverkäufer *m*, -in *f* 2 *Am reg* FERR (*revisor, -a*) Zugschaffner *m*, -in *f*

boletín M 1 (*papeleta*) Zettel *m*, Schein *m*; (*formulario*) Formular *n*; ECON *Bolsa*: **~ de cotizaciones** Kurszettel *m*; COM **~ (de pedido)**, *en diarios, etc*: **~ de suscripción** Bestellschein *m* 2 (*informe oficial*) (amtlicher) Bericht *m*; *publicación*: Bulletin *n*, Mitteilungsblatt *n*; **~ de denuncia** *corresponde a*: Strafzettel *m*; **~ informativo** Mitteilungsblatt *n*; RADIO, TV Nachrichtensendung *f*; **~ médico** ärztliches Bulletin *n*; **~ meteorológico** Wetterbericht *m*; **~ de notas** (Schul)Zeugnis *n*; INTERNET **~ de noticias** Newsletter *m*; *Esp* **Boletín Oficial** Amtsblatt *n*, Gesetzblatt *n*

boleto M 1 *de lotería*: (Lotterie)Los *n*; *quiniela*: Tipp-, Totoschein *m* 2 *Am* (*billete de transporte*) Fahrkarte *f*; (*entrada*) Eintrittskarte *f* 3 BOT **~ (comestible)** Steinpilz *m* 4 *Arg jerga del hampa* (*mentira*) Lüge *f* 5 *Méx fam* **sacar ~** Strafe verdienen

boli M *fam Esp* Kuli *m*

bolichada F Netzwurf *m*; *fam fig* Glückszug *m*, guter Fang *m*

boliche¹ M MAR 1 (*jábega pequeña*) kleines

Schlepp- (*o* Wurf)netz *n* 2 (*pescado menudo*) *damit gefangener* kleiner Fisch *m*

boliche[2] M 1 (*bola de bocha*) kleine Bocciakugel *f* 2 *juguete*: Fangbecherspiel *n* 3 (*juego de bolos*) Kegelspiel *n*; (*pista de bolos*) Kegelbahn *f* 4 MIN (*horno para fundir plomo*) Bleischmelze *f*; kleiner Schwelofen *m* 5 (*tabaco de menor calidad*) Tabak *m* minderer Qualität 6 *adorno en muebles*: Zierkugel *f* 7 *Am* (*tienda de baratijas*) Kramladen *m* 8 *Bol, Chile, Perú, RPl* (*taberna*) Taverne *f*, Kneipe *f*; **bolichera** F *Perú* MAR Sardinenfangboot *n*; **bolichero** M 1 *propietario*: Kegelbahnbesitzer *m* 2 *Arg* (*mercader*) Krämer *m*

bólido M 1 ASTRON (*meteorito*) Bolid *m*, Meteor(stein) *m* 2 AUTO *fig* Rennwagen *m*, Bolid(e) *m*; Flitzer *m fam*; **como un ~** rasend (schnell), wie ein geölter Blitz *fam*

bolígrafo M Kugelschreiber *m*; **mina** *f* **para ~** Kugelschreibermine *f*

bolilla F Stimmkugel *f*; *Arg fam* **dar ~ a alg** j-n ernst nehmen; **bolillero** M, **bolillera** F TEX Spitzenklöppler *m*, -in *f*

bolillo M 1 TEX Spitzenklöppel *m*; **encaje** *m* **de ~s** Klöppelspitze *f*; **trabajar al ~** klöppeln 2 *Col policía*: Schlagstock *m der Polizisten* 3 **~s** *pl Am Centr, Col, Cuba, Méx* (*palillo de tambor*) Trommelschlägel *mpl* 4 *Méx* (*pan*) Brötchen *n*; **~s** *pl* Zuckerstangen *fpl*

bolín M kleine Bocciakugel

bolina F 1 MAR (*plomada*) Senkblei *n*, Lot *n*; **ir** *o* **navegar de ~** beim Winde segeln; *fam fig* **andar de ~** auf (den) Bummel gehen; *fam fig* **echar de ~** Wind machen *fam*, sich aufplustern *fam* 2 (*riña*) Streit *m*, Krach *m*

bolinga ADJ *fam* beschwipst

bolista M *Méx* Unruhestifter *m*

bolita F Kügelchen *n*; Murmel *f*, Klicker *m*

bolívar M *Ven unidad de moneda*: Bolivar *m*

bolivariano A ADJ auf Simón Bolívar bezogen B M, **-a** F Anhänger *m*, -in *f* Bolívars

Bolivia F Bolivien *n*

bolivianismo M LING bolivianischer Ausdruck *m*, Bolivianismus *m*; **boliviano** A ADJ bolivianisch B M, **-a** F Bolivianer *m*, -in *f* C M *Bol unidad de moneda*: Boliviano *m*

bolla F Brötchen *n*

bollaca F, **bollacón** M *Esp vulg* Lesbe *f fam*

bolladura F → abolladura

bollar V/T TEX ein Fabriksiegel anbringen an (*dat*)

bollera F 1 Feinbäckerin *f* 2 *pop* Lesbe *f fam*; **bollería** F Feinbäckerei *f*; **bollero** M Feinbäcker *m*

bollo M 1 GASTR (*panecillo*) Milchbrötchen *n*; rundes Hefegebäck *n*; *Méx, Antillas frec* (*pan*) Brot *n*; **~ con frutas** Früchtebrot *n* 2 (*chichón*) Beule *f*; (*abolladura*) Ausbeulung *f*, Bausch *m*; *decoración*: Noppe *f* 3 (*conglomerado*) Klumpen *m* 4 *RPl, Hond* (*trompada*) Faustschlag *m* 5 *fam* (*alboroto*) Durcheinander *n*, Krach *m* 6 *pop Esp, Cuba* Möse *f pop*

bollón M 1 *clavo*: Polsternagel *m* 2 ESCUL Bosse *f* 3 *adorno*: Anhänger *m*

bolo A M 1 Kegel *m*; (**juego** *m* **de**) **~s** *pl* Kegeln *n*; **pista** *f* **de ~s** Kegelbahn *f*; **jugar a los ~s** kegeln, Kegel schieben; *fam fig* **echar a rodar los ~s** lärmen, randalieren, die Puppen tanzen lassen *fam* 2 ARQUIT Achse *f*, Spindel *f* (*einer Wendeltreppe*) 3 *naipes*: Schlemm *m* 4 TEAT Gastspiel *n*; **hacer ~s** auf Tournee gehen; *Perú* als (Volks)Sänger während einer (Gesangs)Show auftreten 5 FARM (*píldora grande*) große Pille *f* 6 **~ alimenticio** (gekauter und eingespeichelter) Bissen *m* 7 *Cuba, Méx fam moneda*: Silberpeso *m* 8 *Ven fam unidad monetaria*: Bolivar *m* 9 *Esp pop* (*pene*) Schwanz *m pop* B ADJ 1 (*bobo*) dumm, vernagelt 2 *Am Centr, Méx fam* (*borracho*) betrunken, blau *fam*

Bolonia F Bologna *n*

bolonio M 1 *estudiante*: spanischer Student *m* in Bologna 2 *fam* (*necio*) Hohlkopf *m*; **boloñés** A ADJ aus Bologna B M, **-esa** F Bologneser *m*, -in *f*

bolsa[1] F 1 (*saquillo*) Beutel *m*, Sack *m*; *de papel*: (Papier)Tüte *f*; (*estuche*) Futteral *n*; *de la aspiradora*: Staubbeutel *m*; **~ de agua caliente** Wärmflasche *f*; **~ de aseo** Kulturbeutel *m*; **~ de basuras/de hielo** Müll-/Eisbeutel *m*; **~ para cocinar** Kochbeutel *m*; **~ de comida** Lunchpaket *n*; **~ para congelar** Gefrierbeutel *m*; AVIA **~ de mareo** Spucktüte *f fam*; **~ para tabaco** Tabaksbeutel *m* 2 *para llevar cosas*: Tasche *f*; **~ (de la compra)** Einkaufstasche *f*; **~ de deportes** Sporttasche *f*; *Am reg del vestido*: (Jacken- *etc*)Tasche *f*; **~ isotérmica** *o* **~ nevera** Kühltasche *f*; **~ de playa** Badetasche *f*, Strandtasche *f*; **~ riñonera** Nierentasche *f*; **~ de viaje** Reisetasche *f*; *Col* **parar ~s** auf j-n eingehen 3 *fig* **~ de aire** AUTO Airbag *m*; AVIA Luftloch *n*, Fallbö *f*; *en cañerías*: Luftblase *f* 4 ANAT Beutel *m*, Sack *m*; (*escroto*) Hodensack *m*; **~s** *pl* **debajo de los ojos** Tränensäcke *mpl*; ZOOL **~ marsupial** Brutbeutel *m*; **~ sinovial** Schleimbeutel *m*; *Col, Ven fam fig* **tener ~s** Mumm haben *fam* 5 (*monedero*) Geldbeutel *m*; *por ext* (*dinero*) Geld *n*; *fig* **~ rota** Verschwender *m*; *fam* **aflojar la ~** Geld herausrücken *fam*; UNIV **~ de estudios** Stipendium *n*; **¡la ~ o la vida!** Geld oder Leben! 6 *Cuba* **~ de goma** Luftmatratze *f* 7 *fig* MIN Fundstelle *f* gediegenen Metalls; SOCIOL **~ de pobreza** Armutszone *f* 8 TEX Bausch *m*, Falte *f*; **formar ~s** sich bauschen, Falten werfen 9 *billar*: Loch *n* 10 BOT **~ de pastor** Hirtentäschel(kraut) *n*

bolsa[2], *en nombres propios*: **Bolsa** F, ECON Börse *f*; **~ de comercio/mercancías** Handels-/Warenbörse *f*; **la Bolsa de Madrid**, *etc* die Madrider *etc* Börse; **~ negra** schwarze Börse *f*; **~ de trabajo** Arbeitsvermittlung *f*, Jobbörse *f*; **~ de valores** Effekten-, Wertpapierbörse *f*; **operaciones** *fpl* **de ~** Börsengeschäft *n*; **reglamento** *m* **de la ~** Börsenordnung *f*; **salida** *f* **a Bolsa** Börsengang *m*, -einführung *f*; **jugar a la Bolsa** (an der Börse) spekulieren; **salir a Bolsa** an die Börse gehen

bolseada F *Am Centr, Méx* Taschendiebstahl *m*; **bolsear** V/T *Am Cent, Méx* aus der Tasche stehlen; **bolseo** M *Am Centr, Méx* Taschendiebstahl *m*; **bolsero** M, **bolsera** F 1 *fabricante*: Taschenhersteller *m*, -in *f* 2 *Am Centr, Méx* (*carterista*) Taschendieb *m*, -in *f*

bolsillo M 1 *en la vestimenta*: Hosentasche *f*; Jacken-/Westentasche *f etc*; **~ de parche** aufgesetzte Tasche *f*; **~ trasero** Gesäßtasche *f*; **de ~** Taschen…; **diccionario** *m* **de ~** Taschenwörterbuch *n*; **edición** *f* **de ~** Taschenausgabe *f*, Taschenbuch *n*; **libro** *m* **de ~** Taschenbuch *n*; **tamaño** *m* **(de) ~** Taschenformat *n*; **meter la mano en el ~** in die Tasche greifen (*o* langen *fam*); *fam fig* **meterse a alg en el ~** j-n für sich (*acus*) gewinnen, j-n in die Tasche stecken *fam*; *fig* **tener a alg/a/c en el ~** j-n/etw in der Tasche haben; **le tiene en el ~** den hat er in der Tasche, der ist ihm sicher 2 (*monedero*) Geldbeutel *m* (*tb fig*), (Geld)Börse *f*; *fam* **aflojar el ~** Geld locker machen; *fam* **consultar con el ~** Kassensturz machen *fam*, seine Moneten zählen *fam*; **no echarse nada en el ~** uneigennützig handeln; *fig* **llenarse los ~s** *o* **trabajar para su ~** in die eigene Tasche wirtschaften; *fam* **rascarse el ~** Geld locker machen

bolsín M ECON Vor-, Nachbörse *f*

bolsiquear V/T *Am reg* **~ a alg** j-s Taschen durchsuchen (und leeren)

bolsista M/F 1 ECON Börsenspekulant *m*, -in *f*, Börsianer *m*, -in *f* 2 *Am Centr, Méx* (*carterista*) Taschendieb *m*, -in *f*; **bolsístico** ADJ ECON auf die Börse bezogen

bolsita F kleine Tüte *f*; MED **~ individual de cura** Verbandspäckchen *n*

bolso M 1 *Esp de mano*: (Damen)Handtasche *f*; **~ de bandolera** Schulter-, Umhängetasche *f* 2 AVIA **~ de aire** Ballonett *n*, Luftsack *m* 3 MAR *velero*: Schwellung *f des Segels*

bolsón A ADJ *Col fam* blöd, dumm B M 1 *Am Mer para escolares*: Schulmappe *f*; *Arg, Perú* (*cartera*) Handtasche *f* 2 (*bolsillo grande*) große Jacken-/Westen-/Hosentasche *f etc* 3 *Méx* (*depresión del terreno*) Geländesenke *f*

boludo ADJ *Arg, Ur pop* blöd, dämlich

bomba[1] F 1 TEC Pumpe *f*; MAR **~ de achique** *o* **de sentina** Lenzpumpe *f*; MIN **~ de agotamiento** Wasserhaltungspumpe *f*; **~ de aire** *o* **de inflar** Luftpumpe *f*; **~ aspiradora/de calor** Saug-/Wärmepumpe *f*; **~ de engrase** Abschmierpumpe *f*; Fett-, Schmierpresse *f*; **~ de gasolina/de inyección** Benzin-/Einspritzpumpe *f*; **~ de presión** Druckpumpe *f*; **~ de vacío** Vakuumpumpe *f*; **dar a la ~** pumpen, MAR lenzen 2 **~ de incendios** Feuerspritze *f*; **depósito** *m* **de (las) ~s de incendios** Spritzenhaus *n* 3 *Col, Ven* (*gasolinera*) Tankstelle *f* 4 *Col* (*balón*) Luftballon *m* 5 *Antillas* (*tambor grande*) große Trommel *f*

bomba[2] F 1 MIL *explosivo*: Bombe *f* (*tb fig*); **~ artesanal** *o* **de fabricación casera** selbst gebastelte Bombe *f*; **~ atómica** *o* **~ A** Atombombe *f*; **~ de aviación** Fliegerbombe *f*; **~ de cobalto** Kobaltbombe *f*; **~ explosiva** Spreng-bombe *f*; **~ de fragmentación** Splitterbombe *f*; **~ de hidrógeno** *o* **~ termonuclear** *o* **~ H** Wasserstoffbombe *f*; **~ de humo** Rauchbombe *f*; **~ incendiaria** Brandbombe *f*; **~ lacrimógena** Tränengasbombe *f*; **~ lapa** *f* Haftbombe *f*; **~ de mano** Handgranate *f*; **~ de piña** Eierhandgranate *f*; **~ de neutrones/de profundidad** Neutronen-/Unterwasserbombe *f*; **~ de plástico/de señales** Plastik-/Leuchtbombe *f*; *tb* INFORM **~ de relojería/de tiempo** Zeitbombe *f* (*tb fig*); *fam* **caer como una ~** *noticia* wie eine Bombe einschlagen; *persona* plötzlich hereinplatzen *fam*; *fam fig* **estar echando ~s** fuchsteufelswild sein, vor Wut toben *fam*; **lanzar** *o* **tirar ~s** Bomben (ab)werfen; *fam fig* **reventó** *o* **estalló** *o* **explotó la ~** die Bombe ist geplatzt *fam*, jetzt ist es passiert *fam*; *tb fig* **a prueba de ~s** bombensicher 2 *fig* **~ fétida** Stinkbombe *f*; GASTR **~ helada** Eisbombe *f*; *fig* **~ sexual** Sexbombe *f* 3 (*pulverizador*) Spraydose *f* 4 (*globo de lámpara*) Lampenglocke *f* 5 *improvisación*: Stegreifdichtung *f*; *fam* **¡~ (va)!** Achtung!, Ruhe! (*zum Ausbringen eines Trinkspruchs*) 6 *Am reg* (*embriaguez*) Rausch *m*; *Perú fam* **pegarse** *o* *Méx* **ponerse una ~** sich besaufen *fam* 7 *Perú* (*bombilla*) Glühbirne *f*

bomba[3] ADJ *inv*, ADV *fam* (*estupendo*) prima *fam*, klasse *fam*, super *fam*; *fam* **pasarlo ~** sich toll amüsieren *fam*

bombacha(s) F(PL) *Arg, Ur* (*prenda interior*) Schlüpfer *m*, Höschen *n fam*; **~ biquini** (Damen)Slip *m*; **bombacho** M (**pantalón** *m*) **~** Pump-, Pluderhose *f*; Knickerbocker *pl*

bombarda F HIST 1 MIL Bombarde *f* 2 MÚS *instrumento*: Bombarde *f*, Pommer *m* (*ein der Schalmei ähnliches Blasinstrument*); **bombardear** V/T bombardieren (*tb fig*)

bombardeo M Bombardierung *f*, Bombenangriff *m*, Bombardement *n* (*tb fig*); **~ de ideas** Brainstorming *n*; *Esp fam* **apuntarse a un ~** zum Äußersten entschlossen sein, zu allem bereit sein

bombardero A M 1 (**avión** *m*) **~** *m* Bombenflugzeug *n*, Bomber *m*; **~ en picada** Sturzkampfbomber *m* 2 *insecto*: Bombardierkäfer *m* B M Bombenschütze *m* *(an Bord eines Bombers)*

bombardino M MÚS *Art* Basstuba *f*; **bombardón** M MÚS Bombardon *n*, (Kontra)Basstuba *f*

bombástico ADJ bombastisch, schwülstig, überladen; **bombazo** M 1 MIL Bombenexplosion *f*; Bombentreffer *m* 2 *Am reg fig (barbaridad)* Sensationsnachricht *f*, Knüller *m fam*; *(exitazo)* Bombenerfolg *m fam*

bombear[1] VT 1 MIL *(disparar bombas)* mit Artillerie beschießen 2 *Am (elevar líquidos)* pumpen 3 *espec* TEC *(arquear)* wölben 4 *Arg, Bol, Perú (explorar)* auskundschaften 5 *Col (expulsar alg)* auf die Straße setzen, feuern *fam* 6 DEP *pelota* hochschießen

bombear[2] *fam* A VT **~ a/c** etw ausposaunen, gewaltige Reklame für etw *(acus)* machen B VI angeben *fam*

bombeo M 1 *Am (acción de bombear)* Pumpen *n* 2 *(convexidad)* Bauchung *f*, Wölbung *f*

bombero M 1 Feuerwehrmann *m*; **~s** *pl* **(voluntarios)** (freiwillige) Feuerwehr *f*; **cuerpo** *m* **de ~s** Feuerwehr *f*; **jefe** *m* **de ~s** Brandmeister *m* 2 *obrero*: Pumpenarbeiter *m* 3 *Col (gasolinero)* Tankwart *m* 4 *fam (tonto)* Dummkopf *m*, Schwachkopf *m fam*; *Esp* **golpe** *m* **de ~** Blödsinn *m*, Riesendummheit *f fam*; Schnapsidee *f fam* 5 *RPl (explorador)* Späher *m*, Kundschafter *m*

bómbice M *insecto*: Seidenspinner *m*; Seidenraupe *f*

bombilla F 1 **~ de bajo consumo** Energiesparlampe *f*; **~ (eléctrica)** Glühbirne *f*; AUTO (Scheinwerfer)Lampe *f*; MAR Kugellaterne *f*; *Esp* **~ de llama** Kerzenbirne *f*; *fig* **se le encendió** *o* **iluminó la ~** er/sie hatte einen Gedankenblitz 2 *tubo*: Ansaugrohr *n* 3 *Bol, Perú, RPl para el mate*: Röhrchen *n (zum Matetrinken)* 4 *Méx (cucharón)* Schöpflöffel *m*

bombillo M 1 *tubo*: Saugrohr *n*, Heber *m*; *en retretes*: Geruchsverschluss *m* 2 MAR *(bomba pequeña)* kleine Pumpe *f* 3 *Col, Cuba, Pan* ELEC Glühbirne *f*; *Col* **~ de vela** Kerzenbirne *f* 4 *Esp en cerraduras*: Zylinder *m*

bombín M 1 *de la bicicleta*: Fahrradpumpe *f* 2 *fam sombrero*: Melone *f fam*; **bombita** F *Arg reg* ELEC Glühbirne *f*

bombo A ADJ *fam (aturdido)* bestürzt, verdattert *fam* B M 1 MÚS *(tambor)* große Trommel *f*, *(espec* Kessel-)Pauke *f*; *fam fig* **tengo la cabeza como un ~** mir dröhnt der Kopf 2 *fam fig (elogio exagerado)* Übertreibung *f*, übertriebene Reklame *f*, Angabe *f fam*; **dar ~ a alg/a/c** j-n/etw herausstreichen, j-n/etw in den Himmel heben *fam*; **darse ~** angeben, sich wichtig machen; *fam* **a ~ y platillo** mit großem Tamtam *fam* 3 MÚS *persona*: Paukenschläger *m*, Pauker *m* 4 TEC Trommel *f* 5 *sorteo*: Glücksrad *n*, Lostrommel *f* 6 *(buque chato)* flach gehendes Boot *n* 7 *fam de una mujer embarazada*: dicker Bauch *m (einer Schwangeren)*

bombón M 1 (Schokolade)Bonbon *m/n*, Praline *f*; **~ helado** Eiskonfekt *n*; **~ pectoral** Hustenbonbon *n* 2 *fam (mujer atractiva)* hübsches Mädchen *n*; **bombona** F Korbflasche *f*; Glasballon *m*; **~ de gas** Gasflasche *f*

bombonera F 1 *(cajita de bombones)* Konfektschachtel *f*, Pralinenpackung *f* 2 *fam (departamento pequeño)* hübsche (kleine) Wohnung *f*; **bombonería** F Konfiserie *f*

bómper M *Antillas, Col* AUTO Stoßstange *f*

bonachón A ADJ gutmütig, naiv, einfältig B M, **-ona** F Simpel *m*, Trottel *m fam*, Trine *f fam*

bonaerense ADJ aus Buenos Aires

bonall(es) M(PL) CAZA Tränke *f*; Suhle *f*

bonancible ADJ *viento* sanft; *mar* ruhig; *tiempo* heiter, mild; *persona* friedlich

bonanza F 1 *(tiempo tranquilo en el mar)* Meeresstille *f*; ruhiges, heiteres Wetter *n*; *fig (prosperidad)* Wohlstand *m*; **mar** *m* **(en) ~** ruhige See *f*; **ir en ~** mit günstigem Winde segeln; *fig* gedeihen 2 MIN *(zona rica de mineral)* reiche Erzader *f* 3 *Col* ECON *(coyuntura favorable)* günstige Konjunktur *f*

bonapartista A ADJ HIST bonapartistisch B M/F Bonapartist *m*, -in *f*

boncha M/F *Arg fam desp* blöder Heini *m fam*, dumme Kuh *f fam*

bonche M 1 *Am reg fam (alboroto)* Krach *m*, Radau *m*; Zoff *m fam*; Durcheinander *n* 2 *Ven fam (fiesta)* Party *f*, Schwof *m fam*

bondad F Güte *f*; **tenga la ~ de** *(inf)* seien Sie bitte so freundlich und *(inf)*; **bondadoso** ADJ gütig, gutherzig

bondi M *Arg pop* Straßenbahn *f*

boneta F MAR Beisegel *n*

bonete M 1 *(gorra)* Mütze *f*; UNIV Barett *n*, Doktorhut *m*; REL Birett *n (der Geistlichen)*; *fam* **gran ~** hohes (*o* großes) Tier *n*; *fam* **de ~** auf Kosten anderer 2 *fig (clérigo secular)* Weltgeistliche *m* 3 ZOOL Netzmagen *m der Wiederkäuer* 4 *(dulcera de vidrio)* Einmachglas *n*; **bonetera** F *fabricante de gorras*: Mützenmacherin *f*; *vendedora*: Mützenverkäuferin *f*; **bonetería** F *Am reg* Kurzwarengeschäft *n*; **bonetero** M 1 *fabricante*: Mützenmacher *m*; *vendedor*: Mützenverkäufer *m* 2 BOT Pfaffenhütchen *n*, Spindelstrauch *m*

bongo M 1 *Am (bote chato)* Flachboot *n*, Lastkahn *m*; Fähre *f* 2 *Cuba fam (gran cantidad)* Unmenge *f* 3 ZOOL *afrikanische Antilopenart*

bongó M *Am* MÚS Bongo *n*, Bongotrommel *f*; **bongocero** M *Antillas, Méx*, **bonguero** M *Col* Bongospieler *m*

bonhomía F Gutmütigkeit *f*, Offenherzigkeit *f*

boniato M 1 *Cuba* BOT Batate *f*, Süßkartoffel *f* 2 *pop Esp obs billete*: Tausendpesetenschein *m*

bonificación F 1 *(remuneración)* Vergütung *f (tb* COM, TEC) 2 COM *(descuento)* Gutschrift *f*; Rabatt *m*; *seguros*: Beitragsrückerstattung *f*; DEP Bonus *m*, Zeitgutschrift *f*, Punktvorteil *m* 3 AGR *(fertilización)* Melioration *f*; Düngung *f*; **bonificar** VT ⟨1g⟩ 1 *(remunerar)* vergüten 2 COM *(abonar)* gutschreiben 3 AGR *(fertilizar)* düngen; meliorieren

bonísimo ADJ → buenísimo

bonista M/F ECON Obligationeninhaber *m*, -in *f*

bonitamente ADV 1 *(despacio)* gemächlich, in aller Ruhe 2 *(con disimulo)* geschickt; verstohlen, heimlich

bonito A ADJ hübsch *(tb fig)*, nett; *desp* **niño** *m* **~** verwöhnter Sohn *m* reicher Eltern; *fam* **-a faena que me han hecho** die haben mich ganz schön reingelegt *fam*; *Am* **¡que le vaya ~!** alles Gute!; auf Wiedersehen! B M *pez*: Bonito *m*, *Art* kleiner Thunfisch *m*; **~ en escabeche** marinierter Thunfisch *m*; **~ con tomate** Thunfisch *m* in Tomatentunke

bono M Gutschein *m*, Bon *m*; COM Bonus *m*; **~ del Tesoro** Schatzanweisung *f*

bonobús M *Esp transporte*: Mehrfahrtenkarte *f*, Streifenkarte *f (für den Bus)*; **bonoloto** M *Esp lotería*: Dauerlos *n*; **bonometro** M *Esp transporte*: Mehrfahrtenkarte *f*, Streifenkarte *f (für die U-Bahn)*

bonote M Kokosbast *m*

bonotren M *Esp transporte*: Streifenkarte *f (für den Zug)*

bonsái M BOT Bonsai *m*

bonus M Bonus *m (tb seguros)*

bonzismo M REL Bonzentum *n*; **bonzo** M REL Bonze *m*, buddhistischer Priester *m*

boñiga F *de vaca*: Kuhmist *m*; *de caballo*: Pferdemist; **boñigo** M *de vaca*: Kuhfladen *m*; *de caballo*: Pferdeapfel *m*

bookmark ['bukmak] M INFORM Bookmark *n*, Lesezeichen *n*

boom [bum] M ECON Boom *m*, Aufschwung *m*; Hochkonjunktur *f*

boomerang [bume'ran] M Bumerang *m*

boqueada F Öffnen *n* des Mundes; *fig* **dar** *o* **estar dando las últimas ~s** den letzten Atemzug tun; in den letzten Zügen liegen *(tb fig)*

boquear A VI 1 *(abrir la boca)* den Mund öffnen; *(estar expirando)* nach Luft schnappen 2 *fig (estar por morir)* im Sterben liegen 3 *fam (terminarse)* zu Ende gehen, ausgehen B VT *palabras* hervorbringen, -stoßen

boquera F 1 *en el caz*: Wasserauslass *m*; *(ventana del pajar)* (Scheunen)Luke *f* 2 MED Faulecke *f*, *reg* Griebe *f*

boquerón A ADJ *Esp fam* pleite *fam* B M 1 *pez*: *Art* Sardelle *f*; **-ones** *pl* **fritos** gebackene Sardellen *fpl*; **-ones** *pl* **en vinagre** eingelegte Sardellen *fpl* 2 *(abertura amplia)* weite Öffnung *f* 3 *Col (estrecho)* Engpass *m*, -stelle *f*

boquete M enge Öffnung *f*, Loch *n*; *(brecha)* Bresche *f*; MIL *y fig* **abrir un ~ (en)** eine Bresche schlagen (in *acus*)

boquiabierto ADJ mit offenem Mund *(tb fig)*; *fig* sprachlos, baff *fam*; **boquiancho** ADJ weitmäulig; **boquiblando** ADJ *animal de silla* weichmäulig; **boquidulce** M *pez*: Siebenspalthai *m*; **boquiduro** ADJ *animal de silla* hartmäulig; **boquiflojo** *Col* A ADJ geschwätzig B M, **-a** F Schwätzer *m*, -in *f*; **boquifresco** ADJ *caballo* feuchtmäulig; *fam fig* **es un ~** er hat ein loses Maul *fam*, er nimmt kein Blatt vor den Mund

boquilla F 1 Mundstück *n (tb* TEC, MÚS, *cigarro, pipa)*; *(punta del cigarro)* Zigarettenspitze *f*; *adv fig* **de ~** unverbindlich, nur zum Schein, nur mit Worten 2 TEC *(tobera)* Düse *f*; Tülle *f*; **~ (roscada)** Nippel *m*; **~ de cable** Kabelschuh *m*; **~ de empalme** Ansatzstück *n*; Schraubverschluss *m*; **~ de engrase** Schmiernippel *m*; **~ del inyector** Einspritzdüse *f* 3 *(cierre)* Verschluss *m (einer Geldbörse etc)* 4 *del pantalón*: untere Öffnung *f* des Hosenbeins 5 *(mechero de gas)* Gasbrenner *m* 6 *(portalámparas)* Lampenfassung *f* 7 *Ec (rumor)* Gerücht *n*

boquillero M *Antillas* Angeber *m fam*; Scharlatan *m*; **boquimuelle** ADJ 1 → boquiblando 2 *fig (cándido)* leicht zu lenken(d), leichtgläubig; **boquinegro** A ADJ schwarzmäulig B M ZOOL *Art* Erdschnecke *f*; **boquirroto** ADJ schwatzhaft; **boquirrubio** A ADJ geschwätzig B M *fam* Milchbart *m*, Grünschnabel *m*; **boquituerto** ADJ schiefmäulig

bora F *viento*: Bora *f*

borácido ADJ boraxhaltig

borato M QUÍM Borat *n*

bórax M QUÍM Borax *m*

borbolla F Luftblase *f*; **borbollar, borbollear** VI sprudeln, Blasen werfen; **borbolleo** M, **borbollón** M Sprudeln *n*, Aufwallen *n*; *adv* **a -ones** hastig, Hals über Kopf; **borbollonear** VI → borbollar

Borbón: casa *f* **de ~** Bourbonen *mpl*

borbónico A ADJ bourbonisch B M, **-a** F Bourbone *m*, Bourbonin *f*

borborigmo(s) M(PL) Magenknurren *n*

borbot(e)ar VI → borbollar; **borboteo** M → borbolleo; **borbotón** M → borbolleo; *fam* **(hablar) a -ones** überstürzt (reden)

borceguí M ⟨*pl* -íes⟩ Schnür-, Halbstiefel *m*

borda F 1 *choza*: *Art* Almhütte *f (in den Pyrenäen)* 2 MAR *del buque*: Reling *f*; **arrojar** *o* **echar** *o* **tirar por la ~** über Bord werfen *(tb fig)*; **bordada** F MAR Gang *m*, Schlag *m*; **dar ~s** lavieren; *fig* unentwegt hin und her gehen

bordado A ADJ 1 TEX be-, gestickt 2 *fig* *(perfecto)* vollkommen, wunderschön B M TEX Stickerei *f*; **~ a mano** Handstickerei *f*; **~ de** *o* **a realce** erhabene Stickerei *f*, Hochstickerei *f*
bordador M *persona*: Sticker *m*; **bordadora** F 1 *persona*: Stickerin *f* 2 **~ (mecánica)** Stickmaschine *f*; **bordadura** F 1 TEX Sticken *n*; (Hoch)Stickerei *f* 2 *heráldica*: Bordüre *f*
bordaje M MAR Schiffsverkleidung *f*
bordalesa F *Esp* großes Weinfass *n*
bordar V/T TEX sticken; besticken; *fig* wunderschön (*o* ausgezeichnet) ausführen; **~ con** *o* **de** *o* **en oro** mit Gold besticken
borde[1] ADJ 1 BOT wild 2 *(torpe)* ungeschickt, tollpatschig 3 *niño* unehelich
borde[2] M 1 Rand *m*; *(orilla)* Ufer *n*; *del sombrero*: (Hut)Krempe *f*; **al ~ de(l abismo)** am Rande (des Abgrunds) *(tb fig)*; **estar al ~ de un ataque de nervios** am Rande eines Nervenzusammenbruchs sein; **estar al ~ de las lágrimas** den Tränen nah sein 2 TEC Kante *f*, Rand *m*
bordear A V/I MAR aufkreuzen, lavieren B V/T 1 MAR *(circunnavegar)* umfahren, -segeln 2 *(ir a lo largo)* am Rand (*gen o* von *dat*) entlanggehen 3 *fig (tener frontera con)* säumen, grenzen an *(acus)*; **la temperatura bordea los 40 grados centígrados** die Temperatur beträgt fast 40 Grad 4 TEC bördeln, rändeln
bordelés ADJ aus Bordeaux; **(barrica** *f*) **-esa** *f* Barrique *n/f*, Fass *n von 225 l*
bordillo M Randstein *m*; Schwelle *f*
bordo M 1 MAR, AVIA Bord *m*; **dar ~s** lavieren; **a ~ (de)** an Bord *(gen)*; **subir a ~** an Bord gehen; **al ~** längsseit(s); **de a ~** Bord...; **de alto ~** seetüchtig; *fig* einflussreich; **barco** *m* **de alto ~** (Hoch)Seeschiff *n*; **venir ~ con ~** Bord an Bord kommen, längsseit(s) gehen; **mantenerse sobre ~s** beigedreht haben 2 *Guat, Méx (presa)* Staudamm *m*
bordón M 1 *(bastón)* Pilgerstab *m*; MAR Stenge *f*, Spiere *f* 2 MÚS *de instrumentos de cuerda*: Basssaite *f*; *del tambor*: Trommelsaite *f* 3 TEC *(abultamiento)* Wulst *m*, Rand *m* 4 LIT *(estribillo)* Kehrreim *m* 5 TIPO *omisión*: Leiche *f (Textauslassung beim Satz)* 6 → bordoncillo; **bordoncillo** M Floskel *f*, Lieblingsausdruck *m*, stereotype (Rede)Wendung *f*; **bordonear** V/I 1 *(tentar con el bordón)* mit dem Stab herumtappen 2 *(estar mendigando)* sich bettelnd herumtreiben 3 *insecto* summen, brummen 4 MÚS auf der Basssaite spielen; **bordonero** M, **bordonera** F Landstreicher *m*, -in *f*, Bettler *m*, -in *f*, Streuner *m*, -in *f*
bordura F *heráldica*: Verbrämung *f*, Bordüre *f*
boreal ADJ nördlich, Nord(wind)...; **aurora** *f* **~** Nordlicht *n*
bóreas M Boreas *m*, Nordwind *m*
borgoña M Burgunder(wein) *m*
Borgoña F Burgund *n*
borgoñés, -esa → borgoñón
borgoñón A ADJ burgundisch B M, **-ona** F Burgunder *m*, -in *f*
boricado ADJ QUÍM Bor...; **agua** *f* **-a** Borwasser *n*
bórico ADJ QUÍM **ácido** *m* **~** Borsäure *f*
boricuo, borincano, borinqueño ADJ → portorriqueño
borla F 1 TEX *(conjunto de hebras)* Quaste *f*, Troddel *f*; *utensilio*: Puderquaste *f* 2 BOT **~s** *pl* Tausendschön *n*; **borlilla** F BOT Staubgefäß *n*; **borlón** M 1 TEX *tela*: genoppter Stoff *m* 2 BOT Hahnenkamm *m*
borne M 1 ELEC, TEC Klemme *f*, Klemmschraube *f*; *de una batería*: Polklemme *f*; **~ de la antena** Antennenbuchse *f*; **~ de conexión** Anschlussklemme *f*; **~ de tomatierra** *o* **de (puesta a) tierra** Erdungsbuchse *f*; **caja** *f* **de ~s** Klemmenkasten *m*; **regleta** *f* **de ~s** Klemmenleiste *f* 2 BOT zottiger Geißklee *m*
bornear A V/T 1 *(torcer)* um-, verbiegen, krümmen 2 ARQUIT *sillar* setzen; *columna* ringsum behauen 3 *mirar con un ojo*: mit einem Auge anpeilen B V/I 1 MAR schwojen 2 *viento* drehen C V/R **bornearse** *madera* sich werfen
borní M ⟨*pl* -íes⟩ ORN Blaufalke *m*
boro M QUÍM Bor *n*
borona F 1 BOT *(mijo)* Hirse *f*; *(maíz)* Mais *m* 2 *reg (pan de maíz)* Maisbrot *n* 3 *Am (migaja)* Brotkrümel *m*
boronía F → alboronía
borra F 1 ZOOL *(cordera de un año)* einjähriges Lamm *n* 2 *(pelo de cabra)* Ziegenhaar *n (als Füllung)*, Füllwolle *f* 3 *(pelusa)* Flusen *fpl*, Wollstaub *m* 4 *de aceite, tinta, vino*: Bodensatz *m* 5 *fam fig (cosa inútil)* Kram *m*, Quatsch *m fam*; *fam* **meter ~** *discurso, libro, etc* unnötig aufblähen, leeres Stroh dreschen *fam*
borracha F 1 *fam (bota)* kleiner Weinschlauch *m* 2 *mujer*: Betrunkene *f*; *(bebedora)* Trinkerin *f*; **borrachada** F → borrachera; **borrachear** V/I (gewohnheitsmäßig) trinken, sich oft betrinken; **borrachera** F *(embriaguez)* Rausch *m (tb fig)*; *(orgía)* Gelage *n*; *fig (disparate)* blühender Unsinn *m*; **~ de poder** Machtrausch *m*; **borrachería** F *fam* Kneipe *f*; **borrachero** M *Am* BOT Taumelstrauch *m*; **borrachez** F ⟨*pl* -eces⟩ Trunkenheit *f*; Verstandestrübung *f*; **borrachín** M *fam* Zechbruder *m*; *fam* Säufer *m*
borracho A ADJ 1 *(ebrio)* betrunken, berauscht *(tb fig)* **(de** vor, von *dat*); *fig* trunken; besessen; GASTR mit Wein getränkt 2 *color*: violett; *Chile fruta* überreif B M 1 *(ebrio)* Betrunkene *m*; *(bebedor)* Trinker *m*, Trunkenbold *m* 2 *pez*: Grauer Knurrhahn *m* 3 GASTR **~s** *pl mit Likör getränktes Gebäck*
borrachuelo M, *frec* **~s** PL *mit Wein in der Pfanne ausgebackenes Gebäck*
borrado A M *fonotecnia*: Löschen *n* B ADJ *Perú* blatternarbig; **borrador** M 1 *(plan provisional)* schriftlicher Entwurf *m*, Konzept *n* 2 *(escrito provisional)* Schmierheft *n*; -zettel *m*; Kladde *f* 3 *Am reg utensilio*: Radiergummi *m*; **borradura** F Ausstreichen *n*, Streichung *f*
borraja F BOT Boretsch *m*
borrajo M Aschenglut *f*
borrar A V/T 1 *(suprimir lo escrito)* (aus)radieren; *(limpiar)* auswischen; INFORM löschen; *huellas* tilgen; *fig* auslöschen 2 *(tachar)* (aus-, durch)streichen; **bórrese lo no deseado** nicht Gewünschtes bitte streichen 3 *(difuminar)* verwischen B V/R **borrarse** 1 *(desaparecer)* (ver)schwinden, erlöschen; *huellas* verwehen; **esto no se borrará de mi memoria** *o* **no se me borrará de la memoria** das wird mir immer im Gedächtnis bleiben 2 *(retirarse)* austreten **(de** aus *dat*) 3 *Am reg fam (escaparse)* verduften, abhauen *fam*
borrasca F 1 *(tempestad)* Sturm *m (tb fig)*, Unwetter *n*; METEO (Sturm)Tief *n* 2 *fig (peligro)* Gefahr *f*; **borrascoso** ADJ stürmisch *(tb fig)*; *fig vida* wechselvoll, bewegt; **borrasquero** ADJ *fam* liederlich, ausschweifend
borrega F ZOOL ein- bis zweijähriges *(weibliches)* Schaf *n*; *fig* → borrego 2; **borrego** M 1 ZOOL *cordero*: ein- bis zweijähriger (Schaf)Bock *m* 2 *fig persona*: Schaf *n*, Dummkopf *m*, Herdenmensch *m*; *fam fig* **no hay tales ~s** das gibt's (ja) gar nicht! 3 *nubes*: **~s** *pl* Schäfchenwolken *fpl* 4 *Antillas, Méx (bulo)* Zeitungsente *f*; **borreguero** A ADJ **terreno** *m* **~** Schaf(s)weide *f* B M, **-a** F Schafhirt *m*, -in *f* C M FERR Vieh(transport)zug *m*; *jerga militar fam* Sonderzug *m* für Rekruten; **borreguil** ADJ Lämmer...; *fig* Herden...
borrica F ZOOL Eselin *f*; *fam fig* dummes Weibsstück *n fam*; **borricada** F 1 *conjunto*: Eselherde *f* 2 *cabalgata*: Eselritt *m*; *fig (tontería)* Eselei *f fam*, Dummheit *f*; **borrico** M 1 ZOOL *(asno)* Esel *m (tb fam fig)*; **ser muy ~** ein (dummer) Esel sein 2 CONSTR → borriqueta 1; **borricón** M, **borricote** M *fam* Trottel *m fam*, Esel *m (fam fig)*, geduldiges Schaf *n*
borriquero A ADJ BOT **cardo** *m* **~** Eselsdistel *f* B M, **-a** F Eseltreiber *m*, -in *f*; **borriqueta** F, **borriquete** M 1 CONSTR *(armazón)* Säge-, Gerüstbock *m* 2 MAR *velero*: Focksegel *n*; **borriquillo** M, **borriquilla** F, **borriquito** M, **borriquita** F *dim* → borrico
borro M ZOOL ein- bis zweijähriges Lamm *n*
borrón M 1 *(mancha)* Klecks *m*; **echar -ones** *pluma* klecksen; *fig* **¡~ y cuenta nueva!** Schwamm drüber!; *fig* **hacer ~ y cuenta nueva** einen Strich unter etwas ziehen 2 *fig (imperfección)* Fehler *m*, Entstellung *f*; *(deshonra)* Schandfleck *m*, Schande *f* 3 *(esbozo)* Skizze *f*, Entwurf *m*; *fam* **-ones** *mpl* Schriften *fpl*
borronear V/T & V/I (be-, hin)kritzeln, schmieren; **borroso** ADJ *líquido* trübe, flockig; *(difuso)* verschwommen, unklar; FOT unscharf
bors(c)h(t) M/F GASTR Borschtschsuppe *f*
bort M TEC *Art* Industriediamant *m*
boruca F Geschrei *n*, Lärm *m*, Getöse *n*
borugo M *Col* ZOOL Wasserschwein *n*
borujo M → burujo
borusca F dürres Laub *n*
boscaje M 1 *(pequeño bosque)* Wäldchen *n*, Gebüsch *n* 2 PINT Landschaft *f mit Bäumen und Tieren*; **boscoso** ADJ waldig, bewaldet, Wald...
Bósforo M Bosporus *m*
Bosnia F Bosnien *n*
bosníaco, bosniaco, bosnio A ADJ bosnisch B M, **-a** F Bosnier *m*, -in *f*
Bosnia-Herzegovina F Bosnien-Herzegowina *n*
bosque M 1 Wald *m*, Busch *m*; **~ caducifolio** *o* **frondoso** Laubwald *m*; **~ húmedo** *o* **de lluvias** Regenwald *m*; **~ mixto** Mischwald *m*; **~ nativo** einheimischer Wald *m*; **~ tropical** Tropenwald *m*; **~ de coníferas** Nadelwald *m*; *prov* **a veces los árboles no dejan ver el ~** manchmal sieht man den Wald vor lauter Bäumen nicht 2 *fam (barba)* dichter Haar- (*o* Bart)wuchs *m* 3 *pop (pelo púbico)* Schamhaar *n*
bosquecillo M 1 Wäldchen *n* 2 *pop (pelo púbico)* Schamhaar *n*
bosquejar V/T skizzieren, entwerfen *(tb fig)*; **bosquejo** M Skizze *f*, Entwurf *m (tb fig)*
bosquete M (Park)Wäldchen *n*, Boskett *n*
bosquimán M Buschmann *m*
boss M *fam* Boss *m fam*, Chef *m fam*
bosta F 1 *de vaca*: Kuhfladen *m*; *de caballo*: Pferdeäpfel *mpl* 2 *Arg, Ur (cosa mal hecha)* Pfusch *m*; **bostear** V/I *Chile, RPl ganado* misten
bostezadera F *Am* Gähnen *n*; **bostezar** V/I ⟨1f⟩ gähnen; **bostezo** M Gähnen *n*
boston M *naipes y danza*: Boston *m*; **bostoniano** ADJ aus Boston *(USA)*
bóstrico M *insecto*: Borkenkäfer *m*
bota F 1 *calzado*: Stiefel *m*; **~ (de caña) alta** Schaftstiefel *m*; **~ de agua/de fieltro** Wasser-/Filzstiefel *m*; **~ de botones** Knopf-, Schnürstiefel *m*; **~ de esquí** Skistiefel *m*; **~ de goma** Gummistiefel *m*; **~ de media caña** Halbstiefel *m*; **~ de montar/de piel** Reit-/Pelzstiefel *m*; **~ con rodillera** Stulp(en)stiefel *m*; *Bol, RPl* **~ de potro** Gauchostiefel *m*; *fig fútbol*: **colgar las ~s** sich vom aktiven Sport zurückziehen; *fig* **morir con las ~s puestas** in den Stiefeln sterben; *fig* **ponerse las ~s** zu Wohlstand kommen, seinen Schnitt machen 2 *(odre)* Lederflasche *f (für Wein)* 3 *(cuba)* Weinfass

B

n (zur Sherryreifung) **4** obs (medida para líquidos) *Flüssigkeitsmaß (516 l)*

botada F Am reg fam (despido) Entlassung f, Rausschmiss m fam; **botadero** M Am Schutt-, Müllabladeplatz m; **botado** **A** ADJ Am reg fam **1** precio: spottbillig **2** (fácil) (kinder)leicht, einfach **B** M, **-a** F Am Findelkind n; **botador** **A** ADJ caballo bockig **B** M **1** TEC herramienta: Nagelzieher m; MAR (bichero) Bootshaken m; MAR (vara larga) Stange f zum Staken **2** Am reg (derrochador) Verschwender m; **botadura** F MAR Stapellauf m; **botafuego** M MIL Luntenstock m; fam fig Hitzkopf m; **botafumeiro** M fam Weihrauchkessel m; **botagueña** F GASTR Art Schweinewurst f; **botalón** M MAR Ausleger m, Baum m; **~ de foque** Klüverbaum m

botamen M **1** FARM Büchsen fpl (Apothekerausstattung) **2** MAR Wasserfässer npl an Bord

botana F **1** (parche) Flicken m; en una cuba: Spundzapfen m **2** MED fam Wundpflaster n; (cicatriz) Narbe f **3** Col, Cuba para los gallos de riña: Spornschutz m der Kampfhähne **4** Méx GASTR **~s** pl kleine, pikante Vorspeisen fpl

botánica F **1** ciencia: Botanik f **2** persona: Botanikerin f **3** P. Rico tienda: Heilkräuterladen m, -stand m; **botánico** **A** ADJ botanisch **B** M Botaniker m

botanista M/F Botaniker m, -in f

botar **A** V/T **1** pelota aufprallen lassen **2** empleado entlassen, rausschmeißen fam **3** espec Am (tirar) werfen, wegwerfen; (perder) verlieren; TEC ausstoßen, auswerfen **4** MAR barco vom Stapel (laufen) lassen **5** (desperdiciar) verschwenden, zum Fenster hinauswerfen (fam fig) **B** V/I **1** pelota springen, auf-, zurückprallen **2** caballo tänzeln, bocken **3** fig (ponerse furioso) wütend werden; fam Esp **está que bota** er ist fuchsteufelswild, er tobt vor Wut **4** MAR **~ a babor** das Ruder auf Backbord umlegen **C** V/R **botarse** sich hinwerfen; caballo bocken

botaratada F dumme, unüberlegte Handlung f; **botarate** M **1** (persona de poco juicio) unbesonnener Mensch m, Schussel m fam **2** Am (malgastador) Verschwender m

botarga F **1** vestido: Narrenkostüm n; (bufón) Hanswurst m (tb fig) **2** GASTR Art Schwartenmagen m

botasilla F MIL Hornsignal n (zum Satteln)

botavara F MAR (Giek)Baum m

bote[1] M **1** vasija: Büchse f, Dose f; ciclismo: **~ de parches** Flickzeug n; Esp fam **chupar del ~** schmarotzen, mit absahnen; fam fig **tener a alg en el ~** j-n in der Tasche haben, mit j-m leichtes Spiel haben **2** juego de azar: Jackpot m **3** Esp en un local: gemeinsame Trinkgeldkasse f **4** Col, Méx fam (chirona) Kittchen n fam, Knast m fam

bote[2] M (embarcación) Boot n; **~ de desembarco/neumático** Landungs-/Schlauchboot n; **~ plegable** Faltboot n; **~ salvavidas** o **de salvamento** Rettungsboot n

bote[3] M **1** (golpe) Stoß m (mit Lanze oder Spieß); esgrima: Ausfall m **2** (salto) Sprung m, Satz m; **~ de carnero** caballo: Ausschlagen n und Bocken n; **dar ~s** pelota springen; caballo bocken und ausschlagen; fig **dar ~s de alegría** vor Freude hüpfen; fig **dar ~s de ira** vor Wut die Wände hochgehen fam; pop fig **dar el ~ a alg** j-n hochkantig rausschmeißen fam; pop **darse el ~** abhauen fam, verduften fam **3** (boche) Grube f für Murmeln

bote[4] ADV **de ~ en ~** ganz (o gestopft) voll; **a ~ pronto** → botepronto

botear V/T Méx betteln, schnorren fam

botella F **1** gener Flasche f; **~ arrojada al mar** Flaschenpost f; COM **~ de un solo uso** Einwegflasche f; **~ forrada (de paja**, etc) Korbflasche f; **~ retornable** Pfandflasche f, Mehrwegflasche f; **~ no retornable** o **no recuperable** Einwegflasche f; **~ de vino** Flasche f Wein; **verde ~** flaschengrün; fam fig **media ~** Dreikäsehoch m fam; **beber (a pico) de la ~** aus der Flasche trinken **2** FÍS **~ de Leyden** Leidener Flasche f **3** Antillas (sinecura) Pfründe f **4** Cuba Autostopp m, Trampen n; **dar ~ a alg** j-n im Auto mitnehmen; **pedir ~** per Anhalter reisen

botellazo M Schlag m mit einer Flasche; **botellera** F fabricante: Flaschenfabrikantin f; vendedora: Flaschenhändlerin f; **botellería** F Flaschensammlung f, -anhäufung f; **botellero** M **1** fabricante: Flaschenfabrikant m; vendedor: Flaschenhändler m **2** mueble: Flaschenständer m; **botellín** M Fläschchen n; **botellódromo** M fam *Platz in spanischen Städten, an dem das Trinken mitgebrachter alkoholischer Getränke gestattet ist*; **botellón** M **1** große Flasche f **2** fam Esp borrachera: *allgemeines Besäufnis Jugendlicher auf der Straße*

botepronto ADV **a ~** unversehens, unüberlegt; auf Anhieb

botería F **1** MAR → botamen **2** Arg, Chile → zapatería

botero M, **-a** F **1** (fabricante de odres) Weinschlauchhersteller m, -in f; Lederflaschenmacher m, -in f **2** (vendedor, -a de botas) Stiefelverkäufer m, -in f; (zapatero) Schuster m (der Stiefel macht) **3** (dueño, -a de un bote) Bootseigner m, -in f **4** fam **Pe(d)ro Botero** Gottseibeiuns m

botica F **1** Am reg, Esp fam (farmacia) Apotheke f; col (medicina) Arzneimittel npl; **hay de todo, como en ~** es sieht aus wie in einem Tante-Emma-Laden; fig es gibt für jeden etwas **2** fam (bragueta) Hosenschlitz m, -tür f fam; **boticario** M, **boticaria** F Apotheker m, -in f

botija F **1** (vasija redonda) bauchiger Krug m; fam **estar hecho una ~** (ser un barrigón) ein Dickwanst sein fam; niño quengeln **2** Am Centr, Ven fam (tesoro enterrado) vergrabener Schatz m **3** RPl niño: Bengel m; **botijero** M, **botijera** F Krugmacher m, -in f; Krughändler m, -in f

botijo **A** M **1** vasija: Trink-, Kühlkrug m mit Tülle zum Trinken am Strahl **2** fam (barrigón) Dickwanst m fam **3** fam (cañon de agua) Wasserwerfer m der Polizei **B** ADJ fam **tren m ~** Vergnügungs-; Bummelzug m

botilla F → borceguí; **botillera** F Eis- und Getränkeverkäuferin f; **botillería** F **1** local: Trinkhalle f **2** Chile, Perú (comercio) Getränkemarkt m; **botillero** M **1** vendedor: Eis- und Getränkeverkäufer m **2** mueble: Getränke-, Flaschenschrank m; **botillo** M **1** (pellejo para vino) kleiner Weinschlauch m **2** Esp GASTR Art Schweinewurst f

botín[1] M **1** calzado: Halbstiefel m **2** (despojo) (Kriegs)Beute f; JUR Beuterecht n

botina F Schnürstiefel m; Halbstiefel m; **botinero** ADJ ganado hellfarbig mit schwarzen Füßen

botiquín M **1** (conjunto de medicamentos) Hausapotheke f; AUTO Reise-, Autoapotheke f; MED, MIL primeros auxilios: Verbandskasten m **2** Ven (taberna) kleiner Weinladen m

boto **A** ADJ (romo) stumpf (tb fig); fig (torpe) schwerfällig, plump; (tonto) dumm **B** M **1** para vino: Weinschlauch m; para aceite: Ölschlauch m **2** calzado: hoher Stiefel m, Reitstiefel m

botocudo M Botokude m

botón M **1** TEC (tecla) Knopf m, Taste f; de la puerta: Türknopf m; **~ (de llamada)** Klingelknopf m; **~ de arranque** Start(er)knopf m; **~ de contacto** Auslöseknopf m, Druckknopf m; **~ de control** o **~ de mando** Schalt-, Steuerknopf m; **~ giratorio** Drehknopf m (an Geräten); **~ de presión** Druckknopf m; **apretar** o **pulsar el ~** auf den Knopf drücken **2** en la vestimenta: Knopf m; **~ automático** Druckknopf m; fig **de -ones adentro** innerlich, im Herzen **3** BOT Knospe f; **~ de oro** Hahnenfuß m, Butterblume f **4** fig **~ de muestra** COM Probe f, Muster n; fig (ejemplo) Beispiel n, Kostprobe f; (atracción principal) Glanznummer f, Paradestück n **5** MED enfermedad: Hitzepickel m; **~ de fuego** Art Brenneisen f; **~ de Oriente** Leishmaniose f **6** MÚS Klappe f, Ventil n (der Blasinstrumente) **7** Arg pop (delator) Polizeispitzel m **8** RPl, Andes adv **al (divino) ~** (en balde) umsonst, vergebens

botonadura F Knopfgarnitur f, -reihe f; **botonar** V/I Am Mer BOT Knospen treiben; **botonazo** M esgrima: Rapier-, Florettstoß m; **botonera** F **1** INFORM **~ de mando** Steuertastatur f **2** persona: Knopfmacherin f; vendedora: Knopfhändlerin f; **botonería** F Knopffabrik f; -laden m; **botonero** M Knopfmacher m; vendedor: Knopfhändler m

botones M ⟨pl inv⟩ Laufbursche m; en el hotel: Page m, Boy m; Am reg (maletero) Gepäckträger m

botulina F MED Botulin n; **botulismo** M MED Fleischvergiftung f, Botulismus m

botuto M **1** Am trompeta: Kriegstrompete f der Indianer **2** Am BOT hohler Blattstiel m (des Milchbaums)

bou M reg MAR pesca: Langleinenfischerei f; barco: Trawler m

boudoir [bu'ðuar] M Boudoir n

bouillabaisse [buʎa'βɛs] F GASTR → bullabesa

boulevard [bule'βar] M → bulevar

bouquet [bu'ke] M → buqué

bourbon [bur'βɔn] M güisqui: Bourbon m

boutique F Boutique f

bouzouki M MÚS instrumento: Busuki f

bóveda F **1** ARQUIT Gewölbe n; **~ por arista** Kreuz(grat)gewölbe n; **~ de cañón/de crucería** Tonnen-/Kreuzgewölbe n; **~ esférica** Kuppel f, Kuppelbau m; **~ rebajada** Flachgewölbe n; Stichkuppel f; **~-vaída** Hänge-, Schwebekuppel f **2** en iglesias: Gruft(kapelle) f, Krypta f **3** **~ celeste** Himmelskuppel f, -gewölbe n **4** ANAT **~ craneal** Schädeldach n, -decke f; **~ palatina** harter Gaumen m

bovedilla F ARQUIT Sparrenfeld n; Kappengewölbe n

bóvidos MPL ZOOL col Rinder npl

bovino **A** ADJ Rind(s)..., Rinder...; **peste** f **-a** Rinderpest f; **ganado** m **~** Rinder npl, Rindvieh n **B** **~s** PL Großrinder npl

bowling M Kegeln n

box M **1** equitación: (Stall)Box f **2** carrera de autos: (Wagen)Box f; **boxcalf** M Boxkalf (leder) n

boxeador M, **boxeadora** F DEP Boxer m, -in f

boxear V/I DEP boxen; **boxeo** M DEP Boxen n; **~ de pesos pesados** Schwergewichtsboxen n; **~ de simulacro** Schattenboxen n

bóxer M **1** perro: Boxer m **2** TEX → bóxers; **bóxers** MPL TEX Boxershorts fpl

boxístico ADJ DEP Box...

boya F MAR **1** (cuerpo flotante) Boje f; **~ luminosa** Leuchtboje f, -tonne f; DEP **~ de meta** Zielboje f; **~ de salvamento/de silbato** Rettungs-/Heulboje f **2** pesca: Schwimmer m (Korkstück am Netz oder an der Angel)

boyada F Ochsenherde f; **boyal** ADJ Rinder..., Ochsen...

boyante ADJ **1** barco nicht tief gehend **2** fig (afortunado) erfolgreich, glücklich; negocio florierend; fam **estar** o **andar ~** Erfolg (o Glück) haben **3** TAUR toro lenkbar

boyar V/I MAR loskommen, wieder flott werden

boyer(iz)a F 1 *corral*: Ochsenstall *m* 2 *persona*: Ochsenhirtin *f*, -treiberin *f*; **boyer(iz)o** M Ochsenhirt *m*, -treiber *m*

boy-scout [bɔĭ-es'kaŭt] M Pfadfinder *m*

boyuno ADJ Rind(s)..., Ochsen...

boza F MAR Haltetau *n*, -leine *f*

bozal A ADJ 1 *animal* wild, ungebändigt 2 *fig* (*bisoño*) unerfahren, neu; (*idiota*) dumm 3 *Cuba* (*que tiene mal dominio del español*) das Spanische nur radebrechend B M 1 *para perros*: Maulkorb *m* 2 *equitación*: Halfterriemen *m*

bozo M 1 (*vello*) Flaum-, Milchbart *m*; *Am reg* (*barba femenina*) Damenbart *m*; **apunta el ~** der erste Bart wächst 2 (*alrededor de la boca*) Lippen(gegend *f*) *fpl* 3 *equitación*: (*cabestro*) Halfterriemen *m*

BPI M ABR (Banco de Pagos Internacionales) BIZ *f* (Bank für Internationalen Zahlungsausgleich)

BPR M ABR (Bloque Popular Revolucionario) *politische Partei in El Salvador*

Br. ABR (bachiller) Abiturient

brabante M TEX Brabanter Linnen *n*

Brabante M Brabant *n*

brabanzón A ADJ brabantisch B M, **-ona** F Brabanter *m*, -in *f*

braceada F → brazada; **braceaje** M → brazaje

bracear A V/I 1 (*movimiento de brazos*) mit den Armen fuchteln, um sich (*acus*) schlagen; *fig* (*esforzarse*) sich anstrengen 2 *nadar*: Schwimmzüge machen, kraulen 3 *caballo* (zu) hoch traben B V/T 1 METAL *fundición*: umrühren 2 MAR (*halar las brazas*) brassen

bracero A ADJ Wurf...; **chuzo** *m* **~** Wurfspieß *m* B M 1 **servir de ~ (a alg)** (j-n) am Arm führen, (j-m) den Arm bieten; *adv fam* **de ~** Arm in Arm 2 (*jornalero*) Tagelöhner *m*

bracete *fam* ADV **de ~** Arm in Arm; **bracista** M/F DEP Brustschwimmer *m*, -in *f*

braco A ADJ stumpf-, stülpnasig B M (**perro** *m*) **~** Bracke *f*, Schweißhund *m*

bráctea F BOT Deck-, Tragblatt *n*

bradi... PREF MED Brady..., langsam; **bradicardia** F MED Bradykardie *f*, Pulsverlangsamung *f*

braga F *Esp* 1 **~s** *pl para mujeres*: Slip *m*, (Damen)Unterhose *f*; *para hombres*: Knie-, Pluderhosen *fpl*; *adv fam* **en ~s** überraschend, unvorbereitet; **estar** *o* **quedarse en ~s** völlig pleite sein 2 **~ pañal** Windelhose *f* 3 *fam fig* **estar hecho una ~** völlig erschossen sein *fam*; **no poder con las ~s** hinfällig (*o* schwach) sein 4 *cuerda*: Hebeseil *n*

bragada F *caballo, vacuno*: innere Schenkelseite *f*; **bragado** ADJ *fam* schneidig, draufgängerisch; **bragadura** F 1 *hombre, animal*: Zwischenbeingegend *f* 2 *pantalón*: Schritt *m*; **bragapañal** M Windelhöschen *n*; **bragazas** M ⟨*pl inv*⟩ *fam* Pantoffelheld *m*, Schwächling *m*

braguero M MED Bruchband *n*; **bragueta** F Hosenlatz *m*, -schlitz *m*; **braguetazo** M Geldheirat *f*; *fam* **dar (un) ~** eine reiche Frau heiraten; **braguetero** A ADJ *fam* wollüstig; -a mannstoll *fam* B M *Am reg* Mitgiftjäger *m*; Mann *m*, der sich aushalten lässt; **braguetillas** M ⟨*pl inv*⟩ *fam niño*: Hosenmatz *m*, armes Wurm *n fam*

braguita F *Esp* (Mädchen)Unterhose *f*; *obs* **~ higiénica** Monatshöschen *n*

brahmán M REL Brahmane *m*; **brahmánico** ADJ brahmanisch; **brahmanismo** M Brahmanismus *m*; **brahmín** M → brahmán

braille ['braʎe] M Blindenschrift *f*

brama F CAZA Brunft(zeit) *f*; *de los toros*: Brunst *f* (*tb fig*); **bramadera** F *de los niños*: Brummholz *n*; *de los ovejeros*: Hirtenschnarre *f*; *etnología*: Schwirrholz *n*; **bramadero** M CAZA Brunftplatz *m*; **bramador** A ADJ brüllend B M 1 *jerga del hampa* → pregonero 2 *P. Rico* ZOOL Brüllaffe *m*

bramante[1] ADJ brüllend

bramante[2] M Bindfaden *m*, Schnur *f*

bramar V/I *hombre, animal* brüllen; *ciervo* röhren; *viento* heulen; *la rompiente, mar* toben; **bramido** M *hombre, animal*: Brüllen *n*, Gebrüll *n*; *ciervo*: Röhren *n*; *tempestad, mar, etc*: Toben *n*, Wüten *n* (*tb fig hombre*); **dar ~s** brüllen

brancada F *pesca*: Stell-, Sperrnetz *n*

brancal M *carruaje*: Kastenwände *fpl*

brandal M MAR Pardune *f*

Brande(m)burgo M Brandenburg *n*

brande(m)burgués A ADJ brandenburgisch B M, **-esa** F Brandenburger *m*, -in *f*

branding M *moda*: Branding *n*

brandy M Weinbrand *m*, Kognak *m*

branquia F Kieme *f*; **branquial** ADJ Kiemen...; **branquiópodos** MPL ZOOL Kiemenfüßler *mpl*

braquial ADJ *t/t* brachial, Arm...; **braquicéfalo** ADJ rund-, kurzköpfig

brasa F 1 (*carbón encendido*) Kohlenglut *f*, glühende Kohlen *fpl*; GASTR **a la ~** gegrillt, auf dem Holzkohlengrill gebraten; *fig* **estar (como) en ~s** (wie) auf glühenden Kohlen sitzen; **ponerse hecho una ~** feuerrot anlaufen; **tener a alg en ~s** j-n in Unruhe halten 2 *jerga del hampa* (*ladrón*) Dieb *m*

brasear V/T GASTR grillen, auf dem Holzkohlengrill braten

braserillo M Räucherpfanne *f*; Wärmepfanne *f*; **brasero** M 1 Kohlenbecken *n*; *Méx, RPl* (*fogón*) Herd *m*, Feuerstelle *f* 2 HIST *lugar de ejecución*: Hinrichtungsplatz *m* für Verbrennungen; *fig* (*lugar muy caliente*) sehr heißer Ort *m*, Brutofen *m* (*fig*)

brasier M *Am* Büstenhalter *m*

Brasil M Brasilien *n*; (**palo** *m*) **~** Brasilholz *n*; **palo** *m* **de ~** Brasilholz *n*

brasileño, *Am tb* **brasilero** A ADJ brasilianisch B M, **-a** F Brasilianer *m*, -in *f*; **brasilete** M BOT Rotholz *n*

braslip M (Männer)Unterhose *f*

brasserie F Bierstube *f*

brassier M → brasier

brava ADV *Am reg* **a la ~** rücksichtslos, mit Gewalt; **bravamente** ADV 1 (*valiente*) tapfer, verwegen 2 (*cruelmente*) grausam 3 (*perfectamente*) tüchtig, kräftig, viel; gut

bravata F prahlerische Drohung *f*, Großsprecherei *f*; **echar ~s** drohen; prahlen; **bravatero** M Großsprecher *m*; **bravear** V/I prahlerisch drohen; prahlen, aufschneiden; **braveza** F 1 → bravura 1,2 2 *ímpetu de los elementos*: Wildheit *f*; Wut *f*

bravío A ADJ 1 (*salvaje*) wild, (*indómito*) ungebändigt; (*silvestre*) wild (wachsend) 2 *fig persona* widerspenstig, -borstig; ungeschliffen, ungehobelt B M *espec del toro*: Wildheit *f*

bravo A ADJ 1 (*valiente*) tapfer, mutig, beherzt 2 *animal* wild (*Am tb indio*), ungezähmt; *plantas* wild (wachsend); **toro** *m* **~** Kampfstier *m* 3 *terreno* wild, unwegsam, steil; *mar* aufgewühlt, bewegt 4 *fig* (*áspero*) barsch, schroff; **a** *o* **por las -as** rücksichtslos 5 *Am* (*furioso*) wütend, eingeschnappt *fam*; **ponerse ~** in Wut geraten, anfangen zu toben 6 *Am condimento* scharf B INT **¡~!** bravo!; *fig* **¡-a cosa!** (**ein**) verrückter Einfall!, eine Schnapsidee! *fam* C M 1 (*aplauso*) Beifallsruf *m*, Bravo *n* 2 *jerga del hampa* (*juez*) Richter *m*

bravucón *desp* A ADJ prahlerisch B M Maulheld *m*, Prahlhans *m*; **bravuconada** F Maulheldentum *n*; Prahlerei *f*, Angeberei *f*; **bravuconear** V/I poltern, mit dem Säbel rasseln (*fig*); **bravuconería** F → bravuconada

bravura F 1 (Helden) (*valentía*) Mut *m*, Tapferkeit *f* 2 *de animales*: Wildheit *f* 3 → bravata 4 MÚS **aria** *f* **de ~** Bravourarie *f*

braza F 1 *medida de longitud*: Klafter *m*; MAR Faden *m* (*1,6718 m*) 2 MAR (*cuerda*) Brasse *f* 3 DEP (**estilo** *m*) **~** Brustschwimmen *n*; **~ de espalda** Rückenschwimmen *n*

brazada F 1 (*movimiento del brazo*) Armbewegung *f*; *al nadar*: Schwimmstoß *m* 2 *reg* → braza 1 3 → brazado; **brazado** M Armvoll *m*; **brazaje** M 1 MAR Fadentiefe *f* (*der See*) 2 *de moneda*: Münzprägung *f*

brazal M 1 Armbinde *f* 2 *de un escudo*: Handgriff *m*; *de una armadura*: Armschiene *f* 3 *riego*: Wassergrabenanzapfung *f*; **brazalete** M 1 (*aro*) Armband *n* 2 (*cinta*) (Arm)Binde *f*; **~ de luto** Trauerflor *m am Ärmel* 3 *de una armadura*: Armschiene *f*

brazo M 1 ANAT Arm *m*; *espec* Oberarm *m*; ZOOL Vorderbein *n*; *fig* **~ armado** bewaffneter Arm *m*; *fig* **ser el ~ derecho de alg** j-s rechte Hand sein (*fig*); **~ a ~** Mann gegen Mann, im Nahkampf; *fig* **(con) los ~s abiertos** mit offenen Armen; *fig* **dar su ~ a torcer** klein beigeben; *fig* **no dar su ~ a torcer** nicht nachgeben, sich (*dat*) nichts gefallen lassen 2 *con prep*: *adv* **a ~** mit der Hand; *adv* **a ~ partido** *lucha*: Leib an Leib; *fig* aus Leibeskräften; *adv* **a todo ~** mit (aller) Gewalt, aus Leibeskräften; *fig* **estar** *o* **quedarse con los ~s cruzados** untätig zusehen, die Hände in den Schoß legen; **(cogidos) del ~** Arm in Arm, untergehakt; **a fuerza de ~s** mit großer Anstrengung; mit Gewalt; **en ~s** auf (*o* in) den Armen; **echarse** *o* **entregarse** *o* **caer en ~s de alg** sich j-m an den Hals werfen (*tb fig*) 3 *balanza*: Waagebalken *m*; *cruz*: Kreuzesarm *m*; *candelabro*: Leuchterarm *m*; *silla, etc*: Armlehne *f*; *compás*: Schenkel *m*; *fonotecnia*: Tonarm *m*; **de dos/tres ~s** *candelabro*: zwei-/dreiarmig 4 TEC Arm *m*; (*palanca*) Hebel *m*; **~ articulado/mecánico** Gelenk-/Greifarm *m*; **~ de la fuerza** Kraftarm *m* 5 GASTR **~ de gitano** Biskuitrolle *f* mit Cremefüllung 6 GEOG **~ de mar** Meeresarm *m*; **~ de río** Flussarm *m*; *fam fig* **estar hecho un ~ de mar** tipptopp angezogen sein *fam* 7 **~ (de árbol)** Ast *m*, Zweig *m* 8 *fig* (*poder*) Gewalt *f*, Macht *f*; HIST **~s** *pl* **del Reino** Reichsstände *mpl*; **~ secular** (Arm *m* der) weltliche(n) Gerichtsbarkeit *f* 9 **~s** *pl* (*trabajadores*) Arbeiter *mpl*, Arbeitskräfte *fpl*; (*ayudantes*) Helfer *mpl*, Beschützer *mpl*; **valerse de buenos ~s** gute Hilfe (*o* Fürsprache) haben 10 *fig* (*valor*) Mut *m*; (*fuerza*) (Körper)Kraft *f*

brazuelo M 1 ZOOL *de los cuadrúpedos*: Vor(der)arm *m der Vierfüßler* 2 *equitación*: Bug *m am Zaum*

brea F 1 (*alquitrán*) Teer *m*, Pech *n*; **~ líquida** Teer *m*, flüssiger Asphalt *m*; **~ mineral** Steinkohlenteer *m*; **~ seca** Harzpech *n* 2 MAR *para calfatear*: Kalfatermasse *f* 3 *lienzo*: Teertuch *n*

break [breĭk] M 1 *coche*: Break *m* (*leichter, offener Wagen*) 2 DEP *tenis, hockey sobre hielo*: Break *m/n*; *boxeo*: Break *n* 3 MÚS *jazz*: Break *m/n* 4 *Ven* kurze (Arbeits)Pause *f*

brear V/T *fam* 1 (*maltratar*) plagen, quälen; **~ a alg a palos** *o* **a golpes** j-n vertrimmen, j-n versohlen *fam* 2 (*chasquear*) verulken

brebaje M widerliches Getränk *n*, Gebräu *n*; *desp* Medizin *f*; *liter* Trank *m*

breca F *pez*: 1 (*albur*) Weißfisch *m* 2 (*pagel*) kleine Rotbrasse *f*

brecha F 1 (*abertura*) Bresche *f*, Mauerdurchbruch *m*; *fig* (*distancia*) Kluft *f*; **abrir ~ en a/c** MIL *y fig* eine Bresche in etw (*acus*) schlagen; *fig* etw ins Wanken bringen, etw erschüttern; *fig* **estar (siempre) en la ~** immer zur Verteidigung (ei-

B

ner Sache *gen*) bereit sein; stets zur Stelle sein; *fig* **ponerse en la ~** in die Bresche springen **2** (*impresión*) Eindruck *m*; **hacer ~ en alg** auf j-n Eindruck machen **3** *Am* SILV Schneise *f*

brécol(es) M(PL) BOT Brokkoli *pl*

brecolera F BOT *Art* Brokkoli *pl*

brega F **1** (*lucha*) Kampf *m* (*tb fig*); (*riña*) Zank *m*, Streit *m* **2** *fig* (*trabajo duro*) harte Arbeit *f*, Schufterei *f fam*; **andar a la ~** schuften, sich abrackern *fam* **3** (*travesura*) Streich *m*; **dar ~ a alg** j-n zum Narren halten

bregado ADJ mutig; **bregar** ‹1h› **A** VI **1** (*luchar*) kämpfen (*tb fig*); (*pelearse*) sich herumstreiten (**con** mit *dat*) **2** *fig* (*trabajar duramente*) hart arbeiten, schuften; sich abrackern; sich herumplagen (**con** mit *dat*) **B** VT GASTR *masa* ausrollen

brema F *Arg jerga del hampa* Spielkarte *f*

breña F mit Gestrüpp bewachsener Fels *m*; **breñal** M felsiges, mit Gestrüpp bewachsenes Gelände *n*

breque M **1** *pez* → breca **2** *Ec, Perú, RPl* FERR *vagón*: Gepäckwagen *m* **3** *Am reg, espec Antillas* (*freno*) Bremse *f*

bresca F (Honig)Wabe *f*

bretaña F **1** TEX bretonisches Leinen *n* **2** BOT Hyazinthe *f*

Bretaña F Bretagne *f*; **Gran ~** Großbritannien *n*

brete M **1** *cadenas*: Fußeisen *n* **2** *fig* (*aprieto*) schwierige Lage *f*, Klemme *f fam*; **estar en un ~** in der Klemme sitzen; **poner en un ~** in eine schwierige Lage bringen **3** *RPl corral*: Pferch *m zum Markieren und Schlachten des Viehs* **4** *Cuba fam* (*discusión acalorada*) Krach *m*; Zoff *m fam*

bretel M *vestimenta femenina*: Träger *m*; *S.Dgo* **~s** *pl* Hosenträger *mpl*

bretón **A** ADJ bretonisch **B** M, **-ona** F Bretone *m*, Bretonin *f* **C** M **1** *lengua*: Bretonisch *n* **2** BOT Sprossenkohl *m*

breva F **1** BOT Frühfeige *f*; *fig* **está madura la ~** die Zeit ist reif **2** *fam fig* (*suerte*) Zufallstreffer *m*, Glück *n*, Glücksfall *m*; Dusel *m fam*; **no caerá esa ~** daraus wird nichts, das sind Illusionen **3** (*bellota temprana*) frühreife Eichel *f* **4** *cigarro puro*: flache Havannazigarre *f*; *Am Centr, Cuba, Méx* (*tabaco de mascar*) Kautabak *m* **5** *jerga del hampa* (*año*) Jahr *n*

breve **A** ADJ & ADV kurz (*tb* FON *sílaba*), knapp; **es ~ de contar** das ist schnell erzählt; **ser ~** sich kurzfassen; *adv* **en ~** bald, in Kürze; **en ~s palabras** in wenigen Worten, kurz (gefasst); *prov* **lo bueno, si ~, dos veces bueno** in der Kürze liegt die Würze **B** F FON kurze Silbe *f*; MÚS *nota*: Brevis *f* **C** M CAT **~ (pontificio)** (päpstliches) Breve *n*

brevedad F Kürze *f*; **a la mayor ~ posible** baldmöglichst; **para mayor ~** der Kürze halber; *adv* **con ~** → brevemente; **brevemente** ADV kurz; mit einem Wort

brevete M *Perú* Führerschein *m*

breviario M **1** CAT Brevier *n* **2** (*compendio*) Abriss *m*, Kompendium *n* **3** TIPO Borgis *f* (*9-Punkt-Schrift*)

brezal M Heide *f*; **brezo** M BOT Heidekraut *n*, Erika *f*; **pipa** *f* **de ~** Bruyèrepfeife *f*

briago ADJ *Méx fam* besoffen

briba F Gauner-, Lotterleben *n*; **andar a la ~** faulenzen; **bribón** **A** ADJ nichtsnutzig; Gauner... **B** M, **-ona** F Taugenichts *m*; Strolch *m*, Gauner *m*, -in *f*; Schurke *m*, Schurkin *f*, Schuft *m*

bribonada F Gaunerei *f*, Schurkerei *f*; **bribonear** VI herumstreunen, stromern; ein Gaunerleben führen; **bribonería** F **1** (*vida de bribón*) Herumlungern *n*; Streunen *n* **2** (*bribonada*) Gaunerstreich *m*; **bribonzuelo** M kleiner Gauner *m*, Schlingel *m*

bricbarca M/F MAR Bark *f*

bricolador M, **bricoladora** F Heimwerker *m*, -in *f*, Bastler *m*, -in *f*; **bricolage, bricolaje** M Heimwerken *n*, Basteln *n*

brida F **1** *equitación: freno del caballo*: Zaum *m*, Zügel *m*; Zaumzeug *n*; **a la ~** mit langen Steigbügelriemen, à la bride; **a toda ~** in vollem Galopp; **volver la ~** unkehren, zurückreiten **2** TEC *pieza metálica*: (loser) Flansch *m*; Lasche *f*, Bügel *m*; Bund *m*; **~ de carril** Schienenlasche *f* **3** MED **~s** *pl t/t* Briden *pl*; Verwachsungsstränge *pl*

bridge ['bridxe] M *naipes*: Bridge *n*

bridón M Trense *f*; *poet* feuriges Ross *n*

briefing M Briefing *n*

brigada **A** F **1** MIL Brigade *f*; MAR (*guardia*) Wache *f*; HIST **Brigadas Internacionales** Internationale Brigaden *fpl* (*im spanischen Bürgerkrieg, 1936–1938*) **2** **~ (de obreros)** Arbeitertrupp *m*; HIST *ex bloque oriental, Cuba*: Arbeitsbrigade *f*; **~ de bomberos** Löschzug *m*; **~ municipal** städtische Arbeiter *mpl* **3** (*unidad policial*) Polizei(einheit) *f*; **~ criminal/mundana** Kriminal-/Sittenpolizei *f*; *Esp* HIST **~ social** (politische) Polizei *f* (*unter Franco*); **~ de homicidios** Mordkommission *f*; **~ de estupefacientes** *o* **de narcóticos** Rauschgiftdezernat *n* **B** M MIL Feldwebel *m*

brigadier M HIST, MIL Brigadier *m*; **brigadista** M HIST **1** *Esp* (*combatiente*) Kämpfer *m* der Internationalen Brigaden, → *tb* **brigada** A,1 **2** *ex bloque oriental, Cuba*: Mitglied *n* einer Arbeitsbrigade

brigán M *Guat, S.Dgo, Ven* → bandolero

Briján *fam Esp* **saber más que ~** alle Kniffe kennen

brik® M Kartonverpackung *f* (*für Getränke*); **en ~** im Karton; **leche** *f* **en ~** *tb* Tütenmilch *f fam*

brillante **A** ADJ strahlend, leuchtend, glänzend (*tb fig*); Glanz...; *fig* hervorragend, brillant **B** M Brillant *m*; **~ falso** Brillantenimitation *f*, Strass *m*; **brillantez** F ‹*pl* -eces› Glanz *m*; FOT, TIPO *y fig* Brillanz *f*; **brillantina** F **1** Brillantine *f* **2** TEX Glanzperkal(in *n*) *m*

brillar VI (*resplandecer*) funkeln, strahlen, leuchten, glänzen (*tb fig*); *sol* scheinen; *fig* brillieren, hervorstechen; **~ en la cátedra** ein glänzender Gelehrter (*o* Redner) sein; **brillazón** M *Bol, RPl* Fata Morgana *f*

brillo M Glanz *m* (*tb* FOT *y fig*), Schein *m*, Schimmer *m*; *fig* (*excelencia*) Vortrefflichkeit *f*; (*gloria*) Ruhm *m*; (*pompa*) Prunk *m*; **~ de labios** Lipgloss *m/n*; **~ del sol** Sonnenschein *m*; **dar** *o* **sacar ~ a a/c** etw polieren, etw blank putzen; **sin ~** unscheinbar, glanzlos

brincar ‹1g› **A** VI hüpfen, springen; *fam fig* (*encolerizarse*) hochgehen *fam*, in die Luft gehen *fam*; **está que brinca** er zittert vor Wut **B** VT *fig* (*pasar por alto*) (absichtlich) übergehen; **brinco** M Sprung *m*, Satz *m*; **dar ~s** hüpfen; *fam* **pegar un ~** einen Satz machen; *fig* hochfahren; **en un ~** im Nu

brindar **A** VI **1** (*beber a la salud de alg*) zutrinken, anstoßen, einen Trinkspruch ausbringen (**por** auf *acus*); **~ por la salud de alg** auf j-s Wohl (*acus*) trinken **2** **~ a alg con a/c** j-m etw anbieten (*o* darbringen) **B** VT **1** (*ofrecer*) an-, darbieten; (*regalar*) schenken; *oportunidad* bieten; **nos brindó una conferencia** er hielt einen Vortrag bei uns; **el bosque brinda agradable sombra** der Wald spendet angenehmen Schatten **2** TAUR **~ el toro a alg** den Stier j-m zu Ehren töten **C** V/R **~se a** (*inf*) sich anbieten (*o* erbieten) zu (*inf*)

brindis M ‹*pl inv*› Trinkspruch *m*, Toast *m*; **echar** *o* **hacer un ~** einen Trinkspruch ausbringen

brío M **1** *frec* **~s** *pl* (*valor*) Mut *m*, Schneid *fam*; (*pujanza*) Schwung *m*, Elan *m*, Feuer *n* (*fig*) **2** (*gracia*) Anmut *f*

brioche ['briɔtʃe] M GASTR Brioche *f*

briol M MAR Geitau *n*

brioso ADJ (*valiente*) mutig, schneidig *fam*; (*pujante*) feurig, schwungvoll, schmissig *fam*

briqué M *Col* Feuerzeug *n*

briqueta F Brikett *n*

brisa F **1** (*viento del nordeste*) Nordostwind *m* **2** (*viento suave*) Brise *f* **3** (*viento de la costa*) *Küstenwind, der tags vom Meer und nachts vom Land her weht* **4** *Ven* **~s** *pl* Passat *m* **5** *Col* (*llovizna*) Sprühregen *m* **6** *Cuba fam* (*apetito*) Kohldampf *m fam*

brisca F *naipes*: Briska(spiel) *n*

briscado ADJ *seda* gewoben; **hilo** *m* **~** mit Gold- (*o* Silber)faden umsponnener Draht *m*; **briscar** VT weben

brisera F, **brisero** M *Antillas, Col* Sturm-, Windlaterne *f*, Windlicht *n*

brisote M MAR steife Brise *f*

británico **A** ADJ britisch **B** M, **-a** F Brite *m*, Britin *f*; **britano** M, **britana** F HIST *y liter* Brite *m*, Britin *f*

brizna F **1** (*filamento*) Fädchen *n*, Faser *f*; (*trozo*) Krümel *m*, Splitter *m*; *fig* **una ~ de** ein bisschen; *Esp fig* **tener ~s de** einen Anflug (*o* einen Anstrich) haben von (*dat*) **2** (*pajilla*) Strohhalm *m*, Trinkhalm *m*

broca F **1** (*clavo de zapatero*) Schusterzwecke *f* **2** TEC *taladro*: Drill-, Spitzbohrer *m*; **~ de avellanar** Senkbohrer *m*, Krauskopf *m* **3** TEX Spule *f* **4** *Col* ZOOL Holzwurm *m*

brocadillo M TEX leichter Brokat *m*; **brocado** M, **1** *tejido*: Brokat(gewebe *n*) *m* **2** (*guadamecí con oro o plata*) Leder *n* mit Gold- (*o* Silber)-pressung

brocal M **1** (*antepecho de un pozo*) Brunnenrand *m* **2** *de la vaina*: Schwertband *n*; *del escudo*: Schildrand *m* **3** (*boquilla*) Mundstück *n* (*einer Lederflasche*)

brocatel M **1** TEX *tejido*: Brokatell *m* **2** **mármol** *m* **~** Tortosamarmor *m*

brocato M *Chile* → brocado

brocha **A** F **1** PINT (großer) Malerpinsel *m*; **obra** *f* **de ~ gorda** Kleckserei *f fam*, Schmiererei *f* (*tb* LIT) **2** **~ (de afeitar)** Rasierpinsel *m* **B** M *Col* derber, ungebildeter Kerl *m*

brochada F → brochazo

brochado ADJ (gold-, silber)durchwirkt; **brochadora** F TIPO (Draht)Heftmaschine *f*

brochal M ARQUIT Querbalken *m*

brochazo M PINT (grober) Pinselstrich *m* (*tb* LIT *y fig*)

broche M **1** (*hebilla*) Schnalle *f*; (*gancho y ojal*) Haken *m* und Öse *f*; *para libros*: Bücherschloss *n*; *Esp* **~ automático** *o Am* **~ de presión** Druckknopf *m* **2** (*alfiler*) Brosche *f*; *fig* **~ de oro** Krönung *f*, krönender Abschluss *m*; **poner ~ de oro a a/c** etw krönen **3** *Am para pliegos de papel*: Büro-, Heftklammer *f*

brocheta F Bratspieß *m*; GASTR **~s** *pl* **de carne** Fleischspießchen *npl*, Schaschlik *n*

brochón M Tüncherquast *m*

brócoli M, **bróculi** M Brokkoli *pl*

bróder M *Col, Ven leng. juv* Kumpel *m*, Typ *m*

broker M/F ECON Broker *m*, -in *f*

brollo M *Ven* → embrollo

broma[1] F Scherz *m*, Spaß *m*, Ulk *m*; (*chiste*) Witz *m* **~ pesada** *o* **de mal gusto** übler Scherz *m*; **~s aparte** *o* **fuera (de) ~s** Spaß beiseite; **de** *o* **en** *o* **por ~** im Scherz, im Spaß; **entre ~s y veras** halb im Scherz, halb im Ernst; **no andarse con ~s** keinen Spaß verstehen; **echar** *o* **tomar a/c a ~** etw nicht ernst nehmen, etw ins Lächerliche ziehen; **estar de ~** zu Späßen aufgelegt sein; (nur) Spaß machen; **no estoy para**

~s mir ist nicht zum Lachen (zumute); **gastar ~s** Spaß machen; *fig* **mezclar ~s con veras** mit Zuckerbrot und Peitsche (vorgehen)

broma[2] F *Art* Mörtel *m*

broma[3] F ZOOL Bohr-, Schiffswurm *m*; **bromar** VT *madera* anbohren

bromato M QUÍM Bromat *n*; **bromatología** F MED Ernährungskunde *f*, Lebensmittelwissenschaft *f*; **bromatólogo** M, **bromatóloga** F Ernährungskundler *m*, -in *f*, Lebensmittelwissenschaftler *m*, -in *f*

bromazo M übler Scherz *m* (*o* Streich *m*); **bromear** VI *y* VR **~se** scherzen, spaßen, Spaß machen

brómico ADJ QUÍM **ácido** *m* **~** Bromsäure *f*

bromista A ADJ lustig, fidel *fam* B M/F Spaßvogel *m*, fideles Haus *n fam*

bromo M 1 QUÍM Brom *n* 2 BOT Trespe *f*

bromuro M QUÍM Bromid *n*; **~ de plata** Silberbromid *n*, Bromsilber *n*; FOT **papel** *m* **~** Silberbromidpapier *n*

bronca A ADJ derb, rau B F *fam* 1 (*riña*) Streiterei *f*, Krach *m fam*; (*tumulto*) Krawall *m*, Krach *m*; **armar ~** Krach machen, Krawall schlagen; **se armó una** *o* **la ~ (padre)** es hat (einen Riesen)Krach gegeben 2 (*reprimenda*) scharfe Zurechtweisung *f*, Rüffel *m fam*; **echar una ~ a alg** j-n ausschimpfen, j-n anschnauzen *fam*; jemandem eins auf den Deckel geben *fam*; **me echó** *o* **armó una** *o* **la gran ~** er hat mir ein Riesendonnerwetter gemacht *fam*

broncazo M Riesenkrach *m*; Mordskrawall *m fam*, -spektakel *m fam*; *espec* TAUR lärmender Protest *m*

bronce M 1 *metal*: Bronze *f*; **~ fundido** Bronzeguss *m*; HIST **edad** *f* **de(l) ~** Bronzezeit *f*; *fig* **ser de ~** *o* **ser un ~** hart (*o* unnachgiebig) sein; *Esp fam* **ligar ~** sich bräunen (lassen) 2 ESCUL Bronzestatue *n*, -figur *f* 3 *poet* (*clarín*) (Kriegs)-Trompete *f*; (*pieza de artillería*) Geschütz *n*; (*campana*) Glocke *f*

bronceado A ADJ 1 *color*: bronzefarben 2 *persona* braun gebrannt, sonnengebräunt B M 1 TEC Bronzierung *f* 2 *por el sol*: (Sonnen)Bräune *f*; **bronceador** A ADJ Sonnen(schutz)...; **crema** *f* **~a** Sonnencreme *f* B M Sonnen(schutz)creme *f*, Sonnenöl *n*; **~ sin sol** Bräunungscreme *f*; **broncear** A VT 1 TEC bronzieren 2 *sol* bräunen B VR **broncearse** braun werden; sich bräunen; **broncería** F Bronzeware(n) *f(pl)*; **broncíneo** ADJ bronzen, bronzeartig; **broncista** M/F Bronzearbeiter *m*, -in *f*

bronco ADJ 1 (*tosco*) roh, unbearbeitet; (*sin elasticidad*) spröde, brüchig 2 *zona* wild, rau 3 *voz, tono* rau, heiser 4 *carácter*: barsch

broncoespasmo M MED → broncospasmo; **bronconeumonía** F MED Bronchopneumonie *f*; **broncopatía** F MED Bronchienerkrankung *f*; **broncorragia** F MED Bronchialblutung *f*; **broncoscopia** F MED Bronchoskopie *f*; **broncoscopio** M MED Bronchoskop *n*; **broncospasmo** M MED Bronchospasmus *m*

bronquear VT **~ a alg** j-m einen scharfen Verweis erteilen

bronquedad F 1 *de metales*: Sprödigkeit *f* 2 *de una zona*: Wildheit *f*, Rauheit *f* 3 *de la voz*: Heiserkeit *f* 4 *carácter*: Barschheit *f*

bronquial ADJ ANAT Bronchial...

bronquina F *fam* Zank *m*, Krach *m fam*; **bronquinoso** ADJ *Am reg fam* streitsüchtig

bronquio M ANAT Bronchus *m*; **~s** *pl* Bronchien *mpl*; **bronquíolos** MPL ANAT Bronchiolen *mpl*; **bronquítico** ADJ MED bronchitisch; **bronquitis** F MED Bronchitis *f*

brontosaurio M Brontosaurier *m*

broquel M kleiner Rundschild *m*; *fig* Schutz *m*

broqueta F Bratspieß *m*

brotadura F → brote

brotar A VI 1 BOT (hervor)keimen; sprießen (*tb barba*); *árbol* ausschlagen; *siembra* aufgehen 2 *agua* (hervor)quellen (**de** aus *dat*); entspringen (**de** *dat*) (*tb fig*) 3 *fig manifestarse* sich zeigen; *fig* **~ de** seinen Ursprung haben in (*dat*); **brota un grano** es bildet sich ein Pickel; **los ensayos que brotan de su pluma** die Essays (, die) aus seiner Feder (stammen) B VT hervortreiben, -bringen

brote M 1 BOT (*pimpollo*) Knospe *f*, Spross *m*; *acción*: Sprießen *n*; **~s** *pl* **de bambú** Bambussprossen *fpl*; **~s** *pl* **de soja** *o Am* **de soya** Sojasprossen *fpl* 2 *fig* (*comienzo*) Anfang *m*, Keim *m*; MED gehäuftes Auftreten *n* (*einer Krankheit*); MED **~s** *pl* leichter Hautausschlag *m*

brótola F *pez*: **~ de fango** Gabeldorsch *m*

browning M *pistola*: Browning *m*

broza F 1 (*despojo de las plantas*) dürres Laub *n*; (*ramojo*) Reisig *n*; (*maleza*) Gestrüpp *n* 2 (*desecho*) Abfall *m*; *fig* (*cosa inútil*) unnützes Zeug *n*, (leeres) Geschwätz *n*, Gewäsch *n fam* 3 TIPO → bruza 2

brucelosis F MED, VET Brucellose *f*

brucero M Bürstenmacher *m*; -händler *m*

bruces ADV **de ~** auf dem Bauch (liegend); **caer** *o* **dar de ~** aufs Gesicht (*o* auf die Nase) fallen; **darse de ~ con alg** mit j-m zusammenstoßen; *fig* j-m unerwartet begegnen

bruja F 1 Hexe *f* (*tb fig*); *fig* alte Hexe *f*, Vettel *f*; **~ buena** Fee *f*; *fig* **caza** *f* **de brujas** Hexenjagd *f* 2 ORN Eule *f*

Brujas F Brügge *n*

brujear VI hexen; **brujería** F Hexerei *f*, Zauberei *f*; *fig* → engaño; **brujesco, brujístico** ADJ Hexen..., Zauber...

brujo A ADJ 1 *fig* (*cautivador*) ver-, bezaubernd, verführerisch; **amor** *m* **~** Liebeszauber *m* 2 *Méx fam* **andar ~** (*estar sin dinero*) völlig abgebrannt sein *fam* B M 1 *hombre*: Zauberer *m*, Hexenmeister *m* 2 *Am reg* (*curandero*) Kurpfuscher *m*

brújula F 1 *instrumento*: (Schiffs)Kompass *m*; (*aguja imanada*) Magnetnadel *f*; **~ de bolsillo** Taschenkompass *m*; **~ giroscópica** Kreiselkompass *m*; *fig* **perder la ~** die Orientierung verlieren, sich verrennen *fam*; *fig* **por ~** nur undeutlich; über den Daumen gepeilt 2 *agujero para ver*: Seh-, Diopterloch *n*

brujulear A VT 1 *naipes*: Karten langsam abziehen, *um sie zu erkennen* 2 *fig* (*descubrir*) vermuten, allmählich herausbekommen, erraten 3 *fig* (*vagar*) ziellos herumlaufen; unstet sein B VI **saber ~** sich geschickt durchschlagen, den Rummel kennen *fam*

brulote M 1 HIST Brandschiff *n*, Brander *m* 2 *Bol, Chile* (*palabrota*) Zote *f*, Schimpfwort *n*

bruma F Dunst *m*, leichter Nebel *m*, MAR Mist *m*; **brumazón** M MAR dichter Nebel *m*

brumosidad F → bruma; **brumoso** ADJ dunstig, neblig

brunch M Brunch *m*

Brunei M Brunei *n*

bruno A ADJ *liter* dunkelfarbig B M BOT Schwarzpflaume *f*

Brunswick M Braunschweig *n*

bruñido A ADJ geschliffen B M Politur *f*, Schliff *m*; *acción*: Polieren *n*; **bruñidor** M Polierstahl *m*; **bruñir** VT ⟨3h⟩ 1 TEC (*lustrar*) glätten, polieren; (blank) schleifen 2 *fam* (*maquillar*) schminken

bruscamente ADV barsch, brüsk; **brusco** A ADJ plötzlich, jäh; *fig* brüsk, barsch, schroff; **descenso** *m* **~ de la temperatura** Temperatursturz *m* B M BOT Mäusedorn *m*

brusela F BOT großes Immergrün *n*

bruselas FPL Goldschmiedezange *f*

Bruselas F Brüssel *n*; **coles** *fpl* **de ~** Rosenkohl *m*

bruselense A ADJ aus Brüssel B M/F Brüsseler *m*, -in *f*; **bruselés** M, **bruselesa** F → bruselense B

brusquedad F Barschheit *f*, Schroffheit *f*; **con ~** schroff, barsch

brut ADJ *cava*: brut, sehr trocken

brutal ADJ 1 brutal, roh, grob 2 *fam* (*grandioso*) großartig, enorm *fam*, toll *fam*; **brutalidad** F 1 Brutalität *f*, Rohheit *f* 2 *fig* (*tontería*) Dummheit *f*, Unvernunft *f* 3 *fam* (*gran cantidad*) große Menge *f*; **brutalizar** VT brutalisieren; grob (*o* roh) behandeln

bruteza F → brutalidad

bruto A ADJ 1 (*necio*) dumm, unwissend 2 (*tosco*) roh, grob(schlächtig), ungehobelt; **fuerza** *f* **-a** rohe Gewalt *f*; *adv* **a lo ~** brutal, roh; mit roher Gewalt 3 TEC (*sin labrar*) **pieza** *f* **-a** Rohling *m*; **en ~** roh, im Rohzustand, nicht bearbeitet, Roh...; **diamante** *m* **en ~** Rohdiamant *m*; **hierro** *m* **en ~** Roheisen *n* 4 COM *sin descuentos*: brutto, Roh..., Brutto...; **peso** *m* **~** Brutto-, Rohgewicht *n*; **salario** *m* **~** Bruttogehalt *n* 5 *pop* **ponerse ~** scharf (*o* geil) werden *pop* B M 1 *persona*: brutaler Kerl *m*, Rohling *m* 2 (*bestia*) Tier *n* (*unvernünftiges Wesen*); *poet* **el noble ~** das Ross

bruza F 1 *equitación*: Kardätsche *f* 2 TIPO (*cepillo*) Bürste *f* (*der Setzer*)

BSCH M ABR (Banco Santander Central Hispano) *ehemals spanische Großbank*

BTT F ABR (bicicleta todo terreno) Mountainbike *n*

bu M ⟨*pl* búes⟩ *leng. inf* schwarzer Mann *m*

búa F, **buba** F Pustel *f*, Eiterbeule *f*

bubas FPL MED 1 (*pústulas*) entzündete Lymphknoten *mpl* 2 Syphilis *f*; **bubón** M MED (*tumor*) großes Geschwür *n*, Bubo *m*; **bubónico** ADJ MED **peste** *f* **-a** Beulenpest *f*

bucal ADJ Mund..; **cavidad** *f* **~** Mundhöhle *f*; MED *adv* **por vía ~** peroral

bucanero M HIST Seeräuber *m*, Bukanier *m*

bucare M *Am* BOT Bukare *m* (*Schattenbaum*)

búcaro M 1 (*florero*) Blumenvase *f* 2 (*arcilla olorosa*) wohl riechende Siegelerde *f*

buceador M, **buceadora** F (Sport-)Taucher *m*, -in *f*

bucear VI tauchen; *fig* (nach)forschen (nach *dat* **acerca de**)

bucéfalo M 1 *fam persona*: Tollpatsch *m*, Trottel *m* 2 *liter* (*caballo*) Pferd *n*, Ross *n* 3 *RPl* (*rocín*) Schindmähre *f*

buceo M Tauchen *n*; **~ deportivo** Sporttauchen *n*

buchada F Schluck *m*, Mundvoll *m*

buche[1] M 1 ORN Kropf *m* (*der Vögel*) 2 *del vacuno*: Labmagen *m* 3 *fam del hombre*: (*estómago*) Magen *m*; *fig* (*pecho*) Herz *n*; *fig* **no le cabe en el ~** er kann den Mund nicht halten; *fam fig* **guardar a/c en el ~** etw für sich (*acus*) behalten; *fig* **sacar el ~ a alg** etw aus j-m herausholen 4 (*buchada*) Mund *m* voll; **hacer ~s** gurgeln 5 *Ec* (*sombrero de copa*) Zylinder(hut) *m* 6 *Méx* MED (*bocio*) Kropf *m*

buche[2] M ZOOL *noch saugendes* Eselsfüllen *n*

buchete M dicke Backe *f*, Pausbacke *f*

buchón ADJ 1 **paloma** *f* **-ona** Kropftaube *f*, Kröpfer *m* 2 *Cuba* → bonachón

bucle M 1 *rizo del cabello*: Locke *f* 2 *fig* (*giro*) Windung *f*, (*lazo*) Schleife *f*, Knick *m* 3 INFORM Schleife *f*

buco M *Esp drogas* Heroinschuss *m*

bucólica F 1 LIT Hirtendichtung *f* 2 *fam hum* (*comida*) Essen *n*; **bucólico** ADJ LIT Hirten..., Schäfer..., bukolisch

Buda M Buddha *m*

budín M 1 GASTR Pudding *m*; *con carne, pesca-*

do tb Fleisch-, Fischaspik *m* 2 *Arg fam (mujer hermosa)* netter Käfer *m*, flotte Biene *f fam* 3 *Perú fig desp* **es un ~** *película, libro, espectáculo* es ist todlangweilig (*o* völlig belanglos); **budinera** F Puddingform *f*

budión M *pez:* Pfauenschleimfisch *m*

budismo M Buddhismus *m*; **budista** A ADJ buddhistisch B M/F Buddhist *m*, -in *f*

buen ADJ (**bueno** *en comp delante de sust msg*) **~ hombre** guter Kerl *m*; **~ tiempo** schönes Wetter *n*

buena F *elíptico:* **una ~** eine tolle Geschichte; **dar una ~ a alg** j-n fertigmachen, j-n kleinkriegen; **a la ~ de Dios** aufs Geratewohl; *adv* **a ~s** *o* **por las ~s** im Guten, gütlich; bereitwillig, gern; **darse a ~s** nachgeben, Vernunft annehmen; **de ~s a primeras** mir nichts, dir nichts; mit einem Mal; **en las ~s y en las malas** in Freud und Leid; **por las ~s o por las malas** wohl oder übel; im Guten oder im Bösen; *fam* **¡(muy) ~s!** guten Morgen!, guten Tag! *etc*

buenamente ADV 1 *(fácilmente)* mühelos 2 *(voluntariamente)* freiwillig, gern; **buenamoza** A ADJ *Am* gut aussehend B M *Col* MED Gelbsucht *f*; **buenaventura** F Glück *n*; Wahrsagung *f*; **decir** *o* **echar la ~** aus der Hand wahrsagen

buenazo *fam* A ADJ seelengut; kreuzbrav B M **ser un ~** *fam* eine Seele von Mensch sein;

buenísimo *sup fam* sehr gut; **buenmozo** ADJ *Am* gut aussehend

bueno ADJ 1 *calidad:* gut; *(bonito)* schön *(tb tiempo)*; **-a mercancía** *f*, *acentuado:* **mercancía** *f* **-a** gute Ware *f*; *fig* **~ como el oro** *negocio, etc* todsicher; **~ de comer** gut, lecker, schmackhaft; **no estar ~ de la cabeza** nicht recht bei Trost sein, im Kopf nicht ganz richtig sein; **hace ~** es ist schön(es Wetter); *Esp* **hacer -a una cantidad** eine Summe gutschreiben; *iron* **ponerle ~ a alg** j-n heruntermachen; *con prep:* **de -a clase** gut; hochwertig; **de ~ a mejor** immer besser; **cogí un susto de los ~s** da habe ich mich schön erschreckt; **¿qué dices de ~?** was bringst du Neues?; **dar a/c por ~** etw billigen, etw gutheißen; → *tb* buena 2 INT **¡~!** also gut!, in Ordnung!; *Méx* TEL hallo!; **¡~ (ya)!** Schluss jetzt, jetzt langt's!; **¡está ~!** das ist gut!; gut so! *(tb iron)*; **¡estaría ~!** das wäre ja noch schöner!; *irón* **¡eso es ~!** das ist ja reizend!; **¡esta sí que es -a!** *fam* das ist gut!; 3 *(considerable)* gehörig, tüchtig, kräftig; **-a cantidad** große Summe *f*; **buen trozo** gehöriges Stück *n* 3 *(amable)* freundlich, gutmütig; *niño* brav, lieb; *niña* anständig; **estar de -as** gut gelaunt sein; **ser -a gente** ein guter Mensch sein; **seas ~** sei nett; sei friedlich; sei nicht kleinlich; **más ~ que el pan** äußerst gutmütig 4 *(sano)* gesund; **está ~ (de la enfermedad)** er ist wieder gesund; **ponerse ~** (wieder) gesund werden 5 *uso sustantivo:* **ahora viene lo ~** jetzt kommt das Schönste; *iron* **lo ~ es que …** das Schönste ist, dass …; *prov* **lo ~, si breve, dos veces ~** in der Kürze liegt die Würze 6 **~ estoy yo para bromas** ich bin wirklich nicht zu Scherzen aufgelegt; **~ soy yo para eso** mit mir könnt ihr's ja machen (*o* könnt ihr so etwas nicht machen)

Buenos Aires M *Hauptstadt Argentiniens*

buey M 1 ZOOL *(toro castrado)* Ochse *m*; **~ almizcleño** Moschusochse *m*; CAZA **~ de cabestrillo** *o* **de caza** Jagdochse *m (Attrappe zur Tarnung des Jägers)*; **~ corneta** *Chile, RPl* einhörniger Ochse *m*; *Bol* störrischer Ochse *m*; **~ de labor** Zugochse *m*; **carne** *f* **de ~** Ochsenfleisch *n*; **trabajar como un ~** sich abrackern, schuften; *fig* **el ~ suelto bien se lame** Freiheit tut wohl; *fig* **habló el ~ y dijo mu** was kann man von dem schon (anderes) erwarten? *fam* 2 *Méx* **~ cornudo** *marido:* betrogener Ehemann *m*, Hahnrei *m* 3 *P. Rico (mucho dinero)* Unsumme *f* 4 MAR **~ de agua** *(golpe de mar)* überkommende See *f* 5 ZOOL **~ de mar** Taschenkrebs *m* 6 *jerga del hampa* **~es** *pl (baraja)* Karten *fpl*

bueyero M, **-a** F Ochsenhirt *m*, -in *f*; **bueyuno** ADJ Rinds…, Ochsen…

bufa F 1 *(burla)* Spott *m*, Hänselei *f* 2 → bufonada 3 *Méx, Cuba* → borrachera

bufado ADJ **vidrio** *m* **~** geblasenes Glas *n*, Springglas *n*

búfala F ZOOL Büffelkuh *f*; **búfalo** M ZOOL Büffel *m*; **piel** *f* **de ~** Büffelleder *n*

bufanda F 1 *prenda:* Schal *m*, Halstuch *n* 2 *Esp fam fig (soborno)* Schmiergeld *n*

bufar A VI *toro, etc* schnauben *(tb fig)*; *gato* fauchen; *fig* **~ de ira** vor Wut schnauben; *fam fig* **está que bufa** er ist außer sich *(dat)* vor Wut B V/R **bufarse** *Méx revoque, etc* abblättern

bufé M → buffet

bufeo M *Am* ZOOL Süßwasserdelphin *m*

búfer M INFORM Puffer *m*

bufete M 1 *(escritorio)* Schreibtisch *m* 2 *(despacho de un abogado)* Anwaltskanzlei *f*; *(clientela)* Klientel *f*; **abrir ~** sich als Rechtsanwalt niederlassen 3 *(aparador)* Anrichte *f*, Büfett *n*

buffet M GASTR Büfett *n*; **~ de desayuno** Frühstücksbüfett *n*; **~ frío** kaltes Büfett *n*; **~ libre** Selbstbedienungsbüfett *n*, (All-you-can--eat-)Büfett *n*; **almuerzo** *m* **~ (libre)** Mittagsbüfett *n*

bufido M 1 *animal:* Schnauben *n*; **dar ~s** schnauben 2 *fig* **dar ~s de ira** vor Wut schnauben; *fam* **me lanzó unos ~s** der hat mich vielleicht angeschnauzt *fam*; **soltar un ~** *(reír)* (laut) herausplatzen

bufo A ADJ komisch, possenhaft; MÚS **ópera** *f* **-a** komische Oper *f* B M MÚS (Bass)Buffo *m*;

bufón A ADJ närrisch B M, **-ona** F Hofnarr *m*; Possenreißer *m*, -in *f*

bufonada F Narrenstreich *m*, -posse *f*, Hanswurstiade *f*; **bufonearse** V/R Possen reißen;

bufonería F → bufonada; **bufonesco** ADJ komisch, närrisch; Narren…; **bufonizar** VI ⟨1f⟩ Possen reißen

bufosa F *Arg jerga del hampa* Schießeisen *n*, Kanone *f fam*

bug [buk] M INFORM Bug *m (Fehler in einem Computerprogramm)*

buga F *pop (coche)* Kiste *f fam*, Karre *f fam*

buganvil M *espec Am*, **buganvilla** F BOT Bougainvillea *f*

bugati F *pop* → buga

bugi M *pop* → buga

bugle M MÚS (Bügel-)Horn *n*; MIL Signalhorn *n*

buglosa F BOT Ochsenzunge *f*

buhard(ill)a F 1 *(ventana en el techo)* Dachluke *f*, -fenster *n* 2 *(desván)* Dachstube *f*, -kammer *f*; Mansarde *f*

buharra F *jerga del hampa* Dirne *f*; **buharro** M ORN *raro* Bussard *m*

búho M ORN Uhu *m*; *fig* Nachtschwärmer *m*

buhobús M *pop Esp (städtischer)* Nachtbus *m*, Nachtlinie *f*

buhonería F Hausierware *f*; **buhonero** M, **buhonera** F Hausierer *m*, -in *f*; **caja** *f* **de ~** *m* Bauchladen *m*

buido ADJ 1 *(aguzado)* spitz 2 *(acanalado)* gerieft

buitre M 1 ORN Geier *m*; **~ carroñero** Aasgeier *m*; **~ barbado** Lämmergeier *m*, Bartgeier *m*; **~ leonado** Gänsegeier *m*; **~ negro** Mönchsgeier *m* 2 *fig persona:* Aasgeier *m*

buitrear VT *fam Esp* schnorren *fam*; **buitrero** A ADJ Geier… B M Geierjäger *m*

buitrón M 1 *pesca:* Fischreuse *f*, Fangnetz *n* 2 CAZA Kescher *m* 3 *Am reg (horno para minerales de plata)* Silberschmelzofen *m* 4 *Col (chimenea)* (Dach)Kamin *m*

buja M *pop*, **bujarra** M *pop*, **bujarrón** M *pop* aktiver Homosexueller, Tunte *f pop*

buje M TEC Buchse *f*; Radnabe *f*

bujeda F, **bujedal** M, **bujedo** M Busch *m*, Gebüsch *n*

bujería F *frec* **~s** PL (billiger) Kram *m*, Trödelkram *m*

bujero M *pop* Loch *n*

bujeta F Büchschen *n*; *para perfumes:* Riechfläschchen *n*

bujía F 1 *(vela)* Kerze *f* 2 FÍS *unidad de intensidad luminosa:* Candela *f* 3 AUTO **~ (de encendido)** Zündkerze *f* 4 MED Bougie *f* 5 *Nic (bombilla)* Glühbirne *f*

bujiería F → cerería

bul M *pop* Hintern *m fam*, Arsch *m pop*

bula F CAT (päpstliche) Bulle *f*; HIST Ablass(brief) *m*; **~ de la (Santa) Cruzada** Kreuzzugsbulle *f*; **~ de excomunión** Bannbulle *f*; *fam Esp* **tener ~** Privilegien genießen; **vender ~s** HIST Ablässe verkaufen; *fam fig* schwindeln; scheinheilig tun

bulbar ADJ 1 BOT Knollen… 2 ANAT bulbär;

bulbiforme ADJ zwiebelförmig

bulbo M 1 BOT (Blumen)Zwiebel *f*, Knolle *f* 2 ANAT Bulbus *m*; **~ dentario** Pulpa *f*; **~ raquídeo** verlängertes Mark *n*, Medulla *f* oblongata 3 TEC Kolben *m (Glasflasche)*

bulboso ADJ 1 BOT knollig; **plantas** *fpl* **-as** Knollen-, Zwiebelpflanzen *fpl* 2 ARQUIT **cúpula** *f* **-a** Zwiebelturm *m* 3 ANAT wulstig

buldog M ZOOL Bulldogge *f*

buldózer M TEC Bulldozer *m*

bule M *Méx* 1 BOT *(calabaza)* Kürbis *m* 2 *vasija:* Gefäß *n* aus Kürbis

bulerías FPL MÚS *andalusischer Gesang mit Tanzbegleitung*

bulero M 1 CAT, HIST Ablasshändler *m* 2 *jerga del hampa y reg (embustero)* Schwindler *m*; **buleto** M CAT päpstliches Breve *n*

bulevar M Boulevard *m*, Ring-, Prachtstraße *f*

Bulgaria F Bulgarien *n*

búlgaro A ADJ bulgarisch B M, **-a** F Bulgare *m*, Bulgarin *f* C M *lengua:* Bulgarisch *n*

bulimia F MED Heißhunger *m*, Bulimie *f*;

bulímico A ADJ bulimisch B M, **-a** F Bulimiker *m*, -in *f*

bulín M *Arg pop* sturmfreie Bude *f fam*; Junggesellenbude

bulla F *(alboroto)* Lärm *m*, Krach *m*, Krawall *m*; *(concurrencia de mucha gente)* (Menschen)Auflauf *m*; **meter** *o* **armar ~** Krach (*o* Radau) machen; *fam* **estar de ~** aufgeräumt (*o* lustig) sein; *prov* **mucha ~ y pocas nueces** viel Lärm um nichts

bullabesa F GASTR Bouillabaisse *f*

bullaje M (Menschen)Auflauf *m*, Gedränge *n*

bullanga F Aufruhr *m*, Tumult *m*; **bullanguero** A ADJ lärmend; streitsüchtig B M, **-a** F Unruhestifter *m*, -in *f*, Radaubruder *m fam*

bullate M *pop* Hintern *m fam*, Arsch *m pop*

bulldog M → buldog

bulldozer M → buldózer

bullebulle M *fam* **es un ~** er ist ein Quecksilber, er muss immer Wirbel machen *fam*

bullente ADJ *(hirviente)* siedend, sprudelnd;

bullerío M → bullicio

bullicio M Getöse *n*, Lärmen *n*; Unruhe *f*, Tumult *m*; **bullicioso** ADJ unruhig, lärmend; aufrührerisch; **bullidor** ADJ unruhig, lebhaft, quecksilbrig

bullir VI ⟨3h⟩ 1 *(hervir)* sieden, kochen; (auf)wallen, sprudeln *(tb fig)*; *fig pensamientos* hervorsprudeln; *fig* **le bulle la sangre (en las venas)** er hat ein überschäumendes Temperament; er schäumt über 2 *(hormiguear)* wimmeln; *fig persona* ständig unterwegs sein, Wirbel machen *fam;* **~ en todo** überall dabei sein 3 **~le a alg a/c** *(desear fuertemente a/c)* heftig nach etw *(dat)* verlangen; **me bullen los pies** *(quiero caminar, bailar, etc)* es juckt mich in den Füßen

bullón[1] M 1 *(tachón)* Ziernagel *m auf Bucheinbänden* 2 TEX Bausch *m*, Puffe *f*

bullón[2] M *(tinte hirviente)* Färbersud *m*

bulo M Falschmeldung *f*, Ente *f fam*

bulón M *Arg* TEC Bolzen *m*

bulto M 1 *(envoltorio)* Bündel *n*; *(pieza de equipaje)* Gepäckstück *n*; COM (Waren)Ballen *m*; FERR **~s** *pl* Stückgut *n*; **~ de carga** Frachtstück *n*; **~s** *pl* **de mano** Handgepäck *n*; **~ postal** Postpaket *n* 2 *(extensión)* Umfang *m*; *fig (volumen)* Raum (inhalt) *m*; *fig (peso)* Bedeutung *f*, Gewicht *n*; **hacer ~** (viel) Platz einnehmen; auftragen; *fig* Gewicht haben; *adv* **a ~** *(aproximadamente)* ungefähr, grob geschätzt, pauschal; **hablar a ~** drauflos (*o* ins Blaue hinein) reden; **de ~** *(importante)* wichtig, bedeutend; *equivocación, error* gewaltig, grob; **poner de ~** hervorheben, deutlich machen; **en ~** im Großen und Ganzen, kurz 3 *fam fig* **buscar a alg el ~** j-m auf den Pelz rücken; *fam fig* **coger** *o* **pescar a alg el ~** j-n (beim Schlafittchen *fam*) packen, j-n schnappen *fam*; *fig* **escurrir** *o* **escapar** *o* **guardar** *o* **huir el ~** sich drücken *fam*, sich dünnemachen *fam*; *fig* **menear** *o* **moler** *o* **sacudir a alg el ~** j-n verprügeln, j-m das Fell gerben *fam*; *pop* **sacar el ~** abhauen *fam*, verduften *fam* 4 *(figura indistinguible)* undeutliche Gestalt *f*; **figura** *f* **de ~** Standbild *n*, Statue *f* 5 MED Beule *f*; Schwellung *f*; *en el tejido*: Knoten *m* 6 TEAT *fam* Komparse *m* 7 *(relleno)* Füllung *f eines Kopfkissens* 8 *jerga militar (recluta)* Rekrut *m* 9 *Am reg* **~ escolar** Schulmappe *f*

bultuntún ADV *fam* **a ~** aufs Geratewohl, ins Blaue hinein, frei nach Schnauze *fam*

bululú M *Ven fam* Radau *m*; lärmendes Durcheinander *n*

bumerán, bumerang M Bumerang *m*; *fig* **efecto** *m* **~** Bumerangeffekt *m*

buna F Buna *m/n*

bundestag M POL deutscher Bundestag *m*

bungaló, bungalow M Bungalow *m*

buniato M BOT Batate *f*, Süßkartoffel *f*

búnker, búnquer M ‹*pl* ~s› 1 MIL Bunker *m* 2 *Esp* POL *die (extrema derecha)* reaktionäre Rechte

bunsen M TEC Bunsenbrenner *m*

buñolense ADJ aus Buñol *(Valencia)*

buñolería F Stand *m*, an dem Krapfen (→ buñuelo) verkauft werden; Krapfenbäckerei *f*; **buñolero** M, **buñolera** F Krapfenbäcker *m*, -in *f*

buñuelero ADJ aus Buñuel *(Navarra)*

buñuelo M 1 GASTR *Esp* Ölgebäck *n*, *Art* Krapfen *m*; **~s** *pl* **de bacalao** Stockfischkrapfen *mpl*; **~ de viento** Windbeutel *m*; *fam* **mandar a freír ~s** zum Teufel schicken *fam* 2 *fam fig (cosa mal hecha)* Pfuscherei *f*; Pfusch *m*, -arbeit *f fam*, Murks *m fam*; **no es ~** so schnell geht das nicht, so einfach ist das nicht

BUP M ABR (Bachillerato Unificado Polivalente) *Esp* HIST *spanisches Abitur (bis 1997)*

buque M 1 *(barco)* Schiff *n*; **en ~** mit dem Schiff; **~ almirante** *o* **insignia** Flaggschiff *n*; **~ de altura** Hochseeschiff *n*; **~ de cabotaje** Küstenschiff *n*; **~ de carga** Frachtschiff *n*, Frachter *m*; **~ de carga general/a granel** Stückgut-/Massengutfrachter *m*; **~ cisterna** Tanker *m*; **~ de crucero** Kreuzfahrtschiff *n*; **~ escuela/factoría** Schul-/Fabrikschiff *n*; MÚS **El Buque Fantasma** der Fliegende Holländer; **~ faro** Feuerschiff *n*; **~ frigorífico/gemelo** Kühl-/Schwesterschiff *n*; **~ de guerra** Kriegsschiff *n*; **~-hospital** Lazarettschiff *n*; **~ de línea** Linienschiff *n (tb* MIL), MIL Schlachtschiff *n*; **~ mercante** Handelsschiff *n*; **~ nodriza (de aviones)** (Flugzeug)Mutterschiff *n*; **~ de pasaje(ros)** Passagierschiff *n*; **~ portacontenedores** Containerschiff *n*; **~ de salvamento** Bergungs-, Rettungs-, Hebeschiff *n*; MIL **~ trampa** Schiffsfalle *f*, U-Boot-Falle *f*; **~ vagabundo** *o* **volandero** Trampschiff *n*; **~ de vapor** Dampfschiff *n*; **~ vigía** Brand- (*o* Hafen)wache *f* 2 *(casco del barco)* Schiffsrumpf *m*

buqué M *vino*: Bukett *n*, Blume *f*

bura M ZOOL Texashirsch *m*

buraco M großes Loch *n*

burbuja F (Wasser-, Luft)Blase *f*; TEC *nivel de agua*: Wasserwaage *f*, Libelle *f*; MED **baño** *m* **de ~s** Sprudel-, Schaumbad *n*; **burbujear** V/I Blasen werfen, sprudeln, brodeln; **burbujeo** M Sprudeln *n*, Brodeln *n*

burda F *Esp jerga del hampa* Tür *f*

burdamente ADV grob, derb, plump *(tb fig)*

burdégano M ZOOL Maulesel *m*

burdel M 1 *(casa de prostitutas)* Bordell *n*, Freudenhaus *n* 2 *fig (grupo muy ruidoso)* lärmende Gesellschaft *f*; *(fuerte alboroto)* wüster Lärm *m*

burdeos A ADJ *inv* **~** bordeaux(rot) B M Bordeaux(wein) *m*

Burdeos M Bordeaux *n*; **vino** *m* **de ~** Bordeaux(wein) *m*

burdo ADJ *lana, tela* grob *(tb fig)*; *fig* derb, plump

burear V/I *Am* sich amüsieren

bureau M → buró

bureche M *Ven alkoholisches Getränk aus Maniok*

burel M TAUR Stier *m*

bureo M *fam Esp* Zeitvertreib *m*, Vergnügen *n*; **ir(se) de ~** sich amüsieren, auf den Bummel gehen

bureta F QUÍM, MED Bürette *f*

burga F Thermalquelle *f*

burgalés ADJ aus Burgos

burger M *fam* Fast-Food-Restaurant *n*

burgo M (Markt)Flecken *m*, Weiler *m*; HIST Burg *f*; **burgomaestre** M Bürgermeister *m*

Burgos M *span Stadt u Provinz*

burgrave M HIST Burggraf *m*

burgués A ADJ bürgerlich, Bürger…; *desp* spießbürgerlich; POL *desp* bourgeois B M, **-esa** F Bürger *m*, -in *f*; *desp* Spießbürger *m*, -in *f*; POL *desp* Bourgeois *m*; **burguesía** F Bürgertum *n*; Mittelstand *m*; *desp* Spießbürgertum *n*; POL *desp* Bourgeoisie *f*; **gran/pequeña ~** Groß-/Kleinbürgertum *n*

buriel ADJ rötlich braun

buril M (Grab-, Gravier)Stichel *m*; **burilar** V/T & V/I stechen, gravieren; **~ en cobre** in Kupfer stechen

burla F 1 *(mofa)* Spott *m*; *(tomadura de pelo)* Hänselei *f*; *(broma)* Scherz *m*, Spaß *m*; *adv* **~ burlando** unversehens; so nebenher; **(no) aguantar ~s** *o* **(no) entender de ~s** (k)einen Spaß verstehen; **gastar ~s con alg** j-n verulken; **hacer ~ de** *o* **a** sich lustig machen über *(acus)*; **no hay ~s con … mit …** *(dat)* darf man nicht spielen; **hacer ~ de todo** alles ins Lächerliche ziehen; *adv* **de ~s** *o* **en ~s** *o* **por ~** im Scherz, zum Spaß 2 *(engaño)* Täuschung *f*, Prellerei *f*

burladero M 1 TAUR Schutzwand *f* vor der Brüstung *(für die Stierkämpfer)* 2 *transporte*: Verkehrsinsel *f*; **burlador** M 1 Verführer *m*; LIT **el ~ de Sevilla** Don Juan *m* 2 *artículo humorístico*: Vexierkrug *m*

burlar A V/T 1 *(engañar)* **~ a alg** j-n täuschen; j-n hintergehen; j-n an der Nase herumführen *fam* 2 *norma, sistema de protección* umgehen; *ataque* vereiteln, zunichtemachen; **~ la ley** das Gesetz umgehen B V/I spotten; **a él le gusta ~** er liebt einen Spaß C V/R **~se de alg/a/c** sich über j-n/etw lustig machen, über j-n/etw spotten; **me burlo (de ello)** das ist mir ganz gleich (*o* egal)

burle M *fam* Zocken *n fam*, illegales Glücksspiel *n*; **burlería** F *(engaño)* Spaß *m*, Jux *m fam*; *(mentira)* Lüge *f*, Lügengeschichte *f*; **burlesco** ADJ spaßhaft, scherzhaft; LIT burlesk; **historia** *f* **-a** lustige Geschichte *f*, Schnurre *f*

burlete M Filzstreifen *m*, Stoffleiste *f (zum Abdichten von Fenstern und Türen)*

burlón A ADJ spöttisch B M, **-ona** F Spaßvogel *m*; Spötter *m*, -in *f*; **burlonamente** ADV spaßhaft; spöttisch

buró M ‹*pl* ~s› 1 *(escritorio)* Schreibtisch *m*, Sekretär *m* 2 *Méx, Pán (mesa de noche)* Nachttisch *m*

burocracia F 1 Bürokratie *f*; *desp* Papierkrieg *m fam* 2 *(funcionarios públicos)* Beamtenschaft *f*

burócrata M/F Bürokrat *m*, -in *f*

burocrático ADJ bürokratisch; **burocratismo** M Bürokratismus *m*; **burocratizar** V/T bürokratisieren

burra F 1 ZOOL Eselin *f*; *fig (mujer laboriosa)* Arbeitstier *n (Frau)*; *fig* **descargar la ~** seine Arbeit auf andere abladen, die anderen arbeiten lassen; *fam* **írsele a alg la ~** sich verplappern, aus der Schule plaudern 2 *fam desp (mujer ignorante)* dummes Weibsstück *n fam*, dumme Kuh *f* (*o* Pute *f*) 3 *fam (bicicleta)* Fahrrad *n*, Drahtesel *m fam* 4 *Chile fam (coche viejo)* altes Auto *n*

burrada F 1 *manada*: Eselsherde *f* 2 *fig (hecho necio)* Eselei *f*, Dummheit *f* 3 *fam fig (gran cantidad)* Unmenge *f*; **costar una ~** eine Stange Geld kosten; **burrajo** M trockener Esels- *o* Pferdemist *m*

burre M *Col* ZOOL *kleines Gürteltier*

burrear V/T & V/I 1 *(burlarse)* sich lustig machen 2 *pop (robar)* klauen *fam*, abstauben *fam*

burrero M 1 *Méx arriero*: Eseltreiber *m* 2 *Am reg fam aficionado*: Fan *m* von Pferderennen; **burricie** F Blödheit *f*; **burrigo** ADJ TAUR *toro* kurzsichtig; halbblind; **burrillo** M REL *fam* Agende *f*; **burrito** M 1 *dim* → burro 2 *Méx corte de pelo*: Ponyhaarschnitt *m* 3 *Méx* GASTR Maispastete *f mit Fleisch*

burro A ADJ *fam* dumm; ungeschickt, tollpatschig B M 1 ZOOL *(asno)* Esel *m (tb fig desp)*; *RPl fam (caballo de carrera)* Rennpferd *n*; **~ de carga** Packesel *m*; *fig* Arbeitstier *n*; *fig* **~ cargado de letras** ein gelehrter Esel *m fam*, ein Fachidiot *m fam*; *fam fig* **caer** *o* **bajarse** *o* **apearse del ~** seinen Irrtum einsehen; *fam fig* **no apearse del ~** *tb* stur bleiben *fam*; **trabajar como un ~** arbeiten wie ein Pferd *fam*; **(una vez) puesto en el ~** wer A sagt, muss auch B sagen, Abspringen gibt es nicht; *fam* **no ver tres en un ~** blind wie ein Maulwurf sein; *prov* **el ~ por delante** der Esel nennt sich selbst zuerst 2 TEC, CONSTR *(armazón)* Säge(Bock) *m*, Gestell *n*; *Cuba, Méx escalera*: Bockleiter *f* 3 *naipes*: Burro *n*, Dreiblatt *n* 4 *fam drogas* Heroin *n* 5 *fam hum (bicicleta)* Fahrrad *n*, Drahtesel *m fam*

burrumbada F *fam* Angeberei *f fam*

bursátil ADJ ECON Börsen…; **índice** *m* **~** Börsenindex *m*; **informe** *m* **~** Börsenbericht *m*; **movimiento(s)** *m(pl)* **~(es)** Börsengeschehen *n*

burujo M *(aglomeración)* Knäuel *m/n*, Klumpen *m*; **burujón** M 1 *(montón)* Haufen *m*; *(multitud)* (Menschen)Menge *f* 2 *(chichón)* Beule *f*

burundés A ADJ burundisch B M, **-esa** F Burundier *m*, -in *f*

Burundi M Burundi *n*

burundiano → burundés

bus M *espec Am* Bus *m (tb* INFORM); **~ escolar** Schulbus *m*

busa M TEC Düse *f*

busaca F *Ven* (Proviant)Tasche *f*

busano M ZOOL Purpurschnecke *f*

busardo M ORN Bussard *m*

busca A F 1 *(busqueda)* Suche *f (tb* CAZA) **(de,**

C

por nach *dat*); **a la** *o* **en ~ de** auf der Suche nach (*dat*) 2 JUR **~ y captura** Fahndung *f* (**de** nach *dat*); **orden** *m* **de ~ y captura (internacional)** (internationaler) Haftbefehl *m*; **dar la orden de ~ y captura de alg** j-n zur Fahndung ausschreiben; **encontrarse en ~ y captura** steckbrieflich gesucht werden 3 CAZA (*tropa de cazadores*) Jäger *mpl* mit Treibern und Meute 4 *Antillas, Méx* (*trabajo ocasional*) Nebeneinnahme *f im Amt* B M 1 → buscapersonas 2 CAZA Suchhund *m*

buscabullas M ⟨*pl inv*⟩ → buscarruidos; **buscado** ADJ COM *mercancía* gesucht

buscador M Sucher *m* (*tb* FOT, RADIO); INFORM Suchmaschine *f*; **~ de oro** Goldsucher *m*; **~ de talentos** Talentsucher *m*; **~ de tesoros** Schatzgräber *m*, Schatzsucher *m*

buscaminas M ⟨*pl inv*⟩ MAR Minensucher *m*; **buscapersonas** M *fam* Piepser *m*, Personensuchgerät *n*; **buscapié** M Köder *m*, hingeworfenes Wort *n*, (*um etw herauszubekommen*); **buscapiés** M ⟨*pl inv*⟩ *fuegos artificiales*: Schwärmer *m*, Knallfrosch *m*; **buscapleitos** M ⟨*pl inv*⟩ Winkeladvokat *m*

buscar ⟨1g⟩ A V/T 1 suchen (*acus o* nach *dat*), (nach)forschen nach (*dat*); *fam* **~ bronca** Streit suchen (**a** mit *dat*); MIL *y fig* **~ el contacto** Fühlung aufnehmen, vorfühlen; *fig* **~ la boca** *o* **la lengua a alg** j-n reizen, j-n provozieren 2 (*recoger*) holen (lassen); **ir** *o* **venir a ~** abholen; **te iré a ~** ich hole dich ab; **mandamos ~ al médico** wir lassen den Arzt holen 3 *jerga del hampa* (*robar*) klauen *fam* B V/I suchen (*tb* CAZA); **¡busca, busca!** *al perro*: such!, apport!; *prov* **quien busca, halla** wer sucht, der findet C V/R 1 **se busca …** … gesucht 2 *fig* **~se la vida** *o* **buscársela(s)** sich recht und schlecht durchschlagen; **se lo ha buscado** er/sie hat es so gewollt, das geschieht ihm/ihr recht *fam*

buscarruidos M/F ⟨*pl inv*⟩ *fam* Streithammel *m fam*, Radaubruder *m fam*; **buscatesoros** M Schatzsucher *m*; **buscavida(s)** M/F *fam* 1 (*husmeador*) Schnüffler *m*, -in *f* 2 (*un sabe vivir*) Lebenskünstler *m*, -in *f* 3 *Méx* (*acusón*) Petze *f*

busco M Schleusenschwelle *f*

buscón M Dieb *m*, Gauner *m*; **buscona** F Straßendirne *f*; **busconear** V/I *Antillas, Méx* herumschnüffeln

buseca F *Arg* GASTR *Gericht aus Kaldaunen, Kichererbsen oder Bohnen, Kartoffeln und Paprika*

buseta F *Col* städtischer Bus *m*

busilis M *fam* springender Punkt *m*; **ahí está el ~** das ist des Pudels Kern, da liegt der Hund begraben *fam* (*o* der Hase im Pfeffer); **dar en el ~** ins Schwarze treffen

búsqueda F Suche *f* (*tb* INFORM); Suchaktion *f*; *policial*: Fahndung *f*; ZOOL, *etnología*: **~ de alimentos** Nahrungssuche *f*; TV, RADIO **~ automática** Suchlauf *m*; TEC **~ de averías** (*o* **de fallos**) Fehlersuche *f*, Störungssuche *f*; JUR **~ y captura** Fahndung *f*; JUR **encontrarse en ~ y captura** steckbrieflich gesucht werden; INFORM **~ en el texto entero** Volltextsuche *f*; INFORM **motor** *m* **de ~** Suchmaschine *f*

bustier [bus'tĭɛr] M TEX Bustier *n*

busto M 1 ANAT Oberkörper *m* 2 ESCUL Büste *f*; PINT Brustbild *n*; **bustón** ADJ *Col* vollbusig

butaca F Lehnsessel *m*; TEAT Parkettplatz *m*; *Col* (*taburete*) (Küchen)Hocker *m*; **~ de mimbre** Korbsessel *m*; **~ de orej(er)as** Ohrensessel *m*; **butacón** M Klubsessel *m*

Bután M Bhutan *n*

butanero M 1 MAR Butantransporter *m* 2 *persona*: Butan(flaschen)verkäufer *m*

butanés A ADJ bhutanisch B M, **-esa** F Bhutaner *m*, -in *f*

butano M QUÍM Butan *n*

butaque M *Am* Liegesessel *m*

buten ADJ *pop* **de ~** super *fam*, dufte *fam*, klasse *fam*

butifarra F 1 GASTR *embutido*: katalanische Bratwurst *f*; *Perú* Sandwich *n* mit Schinken und Salat; **~ blanca** weiße Bratwurst *f*; **~ con judías** Bratwurst *f* mit weißen Bohnen 2 *fam fig* (*calza muy ancha*) zu weiter Strumpf *m*

butírico ADJ QUÍM **ácido** *m* **~** Buttersäure *f*

butrón M Tunnel *m*; Mauerdurchbruch *m* (*bei Einbrüchen*)

buyón M *Arg fam* Fleischbrühe *f*; Essen *n*

buz M ⟨*pl* buces⟩ *Esp* Handkuss *m*

buzamiento M MIN Neigung *f des Flözes*

buzo M 1 *persona*: Taucher *m*; **barco** *m* **~** Taucherschiff *n* 2 (*traje de faena*) Arbeits-, Schutzanzug *m*; Overall *m*; *Am reg jersey*: Rollkragenpullover *m*; *Am Mer* (*traje para deportes*) Jogginganzug *m* 3 ORN Mäusebussard *m* 4 *jerga del hampa* (*ladrón maestro*) Meisterdieb *m*

buzón M 1 *correos*: Briefkasten *m*; (**boca** *f* **del**) **~** Briefeinwurf *m*; **~ de alcance** Richtungsbriefkasten *m*; INFORM **~ electrónico** Mailbox *f*; INFORM **~ de voz** Voicebox *f*; **echar al ~** *carta* einwerfen, in den Kasten werfen 2 (*conducto de desagüe*) Auslass *m* (*eines Teichs*); (*tapón de desagüe*) Klappe *f* (*bei Wasserleitungen etc*) 3 *fam* (*boca grande*) großer Mund *m*, Futterluke *f fam*

buzonear V/I *Esp* Reklame in (Haus)Briefkästen einwerfen; **buzoneo** M *Esp* Briefkastenwerbung *f*; Mailing *n*; **buzonero** M *Am* Briefkasten(ent)leerer *m*

BVE M ABR (Batallón Vasco Español) *Esp subversive Anti-ETA-Organisation*

bypass M MED Bypass *m*

byte M [baĭt] INFORM Byte *n*

C

C, c F C, c *n*; → *tb* ce

C., c/, C/ABR (Calle) Str. (Straße)

c/ABR (cargo) zulasten (*o* zu Lasten) von

ca INT *fam* (i) bewahre!, i wo!; kein Gedanke!

c.ª ABR F (compañía) COM Gesellschaft *f*

c.a. ABR (corriente alterna) ELEC Wechselstrom *m*

CAA M ABR (Comandos Autónomos Anticapitalistas) HIST *linke baskische Untergrundorganisation*

Caaba F REL Kaaba *f*

cabal A ADJ (*completo*) völlig, vollständig; (*acabado*) vollendet; (*correcto*) richtig; (*exacto*) genau; **un hombre ~** ein ganzer Mann; **cuentas** *fpl* **~es** richtige (*o* genaue) Rechnungen *fpl*; **justo y ~** ganz richtig; **¡~!** richtig!, so ist es! B M **no estar en sus ~es** nicht richtig bei Verstand sein, nicht recht bei Trost sein *fam*

cábala F 1 REL Kabbala *f* 2 *fig* (*intriga*) Kabale *f*, Intrige *f* 3 (*conjetura*) **~s** *pl* Mutmaßungen *fpl*; **hacer ~s** Vermutungen anstellen (**acerca de, sobre** über *acus*)

cabalgada F 1 (*tropa de jinetes*) Kavalkade *f*, Reitertrupp *m* 2 HIST *de reconocimiento*: Erkundungsritt *m*, Streifzug *m*; **cabalgador** M, **cabalgadora** F Reiter *m*, -in *f*; **cabalgadura** F 1 (*animal de silla*) Reittier *n* 2 (*animal de carga*) Lasttier *n*

cabalgar ⟨1h⟩ A V/I (*montar a caballo*) reiten (**en** auf *dat*); **~ sobre a/c** *madero, etc* auf etw liegen; *fig* **~ sobre una ilusión** sich Illusionen hingeben B V/T 1 *caballo padre, asno* decken, bespringen 2 *caballo* reiten

cabalgata F Kavalkade *f*, Reiterzug *m*; (Reiter)Umzug *m*; REL *tb* (Reiter)Prozession *f der Heiligen Drei Könige an Epiphanias*

cabalista M/F REL Kabbalist *m*, -in *f*; *fig* Ränkeschmied *m*, -in *f*; **cabalístico** ADJ REL kabbalistisch; *fig* geheimnisvoll, dunkel

caballa F *pez*: Makrele *f*, Seeforelle *f*; **~ asada** gegrillte Makrele *f*

caballada F 1 (*manada de caballos*) Pferdeherde *f* 2 *Am* (*animalada*) (grober) Unfug *m*, roher Streich *m*; **caballaje** M 1 AUTO (*caballos de fuerza*) PS-Zahl *f* 2 ZOOL *caballo, asno*: Bespringen *n*, Decken *n*

caballar ADJ Pferde…; **carnicería** *f* **~** Pferdemetzgerei *f*; **cría** *f* **~** Pferdezucht *f*; **ganado** *m* **~** Pferde *npl*

caballazo M *Chile, Guat, Méx* Niederreiten *n*

caballear V/I *fam* oft ausreiten; **caballejo** M 1 Pferdchen *n*; *desp* (*rocín*) Schindmähre *f* 2 *fig de tortura*: Folterbank *f*; **caballeresco** ADJ ritterlich; Ritter…; **caballerete** M *fam desp* Fatzke *m*, Laffe *m*

caballería F 1 ZOOL (*animal de silla*) Reittier *n*; **~ de carga** Lasttier *n*; **~ mayor** (*caballo*) Pferd *n*; (*mulo*) Maultier *n*; **~ menor** Esel *m* 2 HIST Rittertum *n*; Ritterschaft *f*; **orden** *f* **de ~** Ritterorden *m*; LIT **libro** *m* **de ~s** Ritterroman *m*; *fig* **andarse en ~s** sich in (unnützen) Komplimenten ergehen 3 MIL Kavallerie *f*, Reiterei *f*; **~ ligera** leichte Kavallerie *f*; (**cuerpo** *m* **de**) **~** Kavalleriekorps *n*; **soldado** *m* **de ~** Kavallerist *m* 4 *Chile fam* **echar la ~** (*estar picado*) eingeschnappt sein

caballerito M *reg fam* junger Mann *m*; *Perú fam* (vornehmer *o* gut erzogener) junger Mann; **caballeriza** F 1 (*cuadra*) Pferde- (*o* Maultier)stall *m*; **~s** *pl* Stallung *f*; **~s** *pl* **reales** königlicher Marstall *m* 2 *conjunto de ayudantes*: Stallburschen *mpl*; **caballerizo** M *cuidador*: Stallmeister *m*

caballero A ADJ reitend; **~ en un burro** auf einem Esel reitend; *fig* **~ en su opinión** hartnäckig auf seiner Meinung bestehend B M 1 (*jinete*) Reiter *m* 2 (*señor*) Herr *m*; Kavalier *m*, Gentleman *m*; Ehrenmann *m*; *fig* **~ de industria** Hochstapler *m*; **es todo un ~** er ist ein richtiger Gentleman; **~ del volante** Kavalier *m* am Steuer; **pacto** *m* **entre ~s** Gentleman's Agreement *n*; **ropa** *f* **de ~** Herrenkonfektion *f*; *tratamiento*: **¡damas y ~s!** meine Damen und Herren!; *aseos*: **~s** Herren 3 HIST Ritter *m*; *de un orden de caballería*: Ordensritter *m*; **~ andante** fahrender Ritter *m*; **~ gran cruz** Großkreuzträger *m*; **~ cubierto** HIST spanischer Grande *m*; *fam fig* unhöflicher Mensch *m*; **~ del (Santo) Grial** Gralsritter *m*; **~ de Malta** Malteser(ritter) *m*; **el ~ de la Triste Figura** LIT der Ritter *m* von der traurigen Gestalt(*Don Quijote*); **~ sin miedo y sin tacha** Ritter *m* ohne Furcht und Tadel; **armar ~ a alg** j-n zum Ritter schlagen

caballerosamente ADV ritterlich; **caballerosidad** F 1 (*hidalguía*) Ritterlichkeit *f* 2 (*honorabilidad*) Ehrenhaftigkeit *f*; Großmut *f*, Edelmütigkeit *f*; **caballeroso** ADJ 1 (*galante*) ritterlich 2 (*honorable*) ehrenhaft; (*hidalgo*) edelmütig, großmütig

caballeta F *insecto*: Heuschrecke *f*

caballete M 1 *desp* Pferdchen *n* 2 ARQUIT (*cumbrera*) Dachfirst *m*; (*extremo de la chimenea*) Schornstein-, Kaminabschluss *m* 3 PINT Staffelei *f*; TEC (*asnilla*) Arbeitsgestell *n*, Bock *m*; TEX Scherbock *m* 4 *RPl* (*soporte de cubiertos*) Messerbänkchen *n* 5 AGR Furchenrücken *m* 6 HIST (*potro de tortura*) Folterbank *f* 7 ANAT *de la nariz*: Nasenrücken *m* 8 ORN Brustbein *n*

caballista M/F 1 (*conocedor de caballos*) Pferdekenner *m* 2 (*buen jinete*) (guter) Reiter *m*, (gute) Reiterin *f*; *fam* Kunstreiter *m*, -in *f*

caballito M **1** *(pequeño caballo)* Pferdchen *n*; *fam fig* **montar sobre el ~** ein hohes Tier sein *fam*, eine hohe Stellung haben **2** **~ (de palo** *o* **de juguete)** Steckenpferd *n*; **~s** *pl* **(del tiovivo)** Karussell *n* **3** *Perú (pequeña balsa)* kleines Schlauchfloß *n*; **~ de totora** kleines Schilffloß *n* **4** ZOOL **~ de mar** *(hipocampo)* Seepferd(chen) *n*; *insecto:* **~ del diablo** Libelle *f*; *Cuba Art* Wegwespe *f*

caballo M **1** ZOOL Pferd *n*, Ross *n reg*; **~ de alabarda** Packpferd *n*; **~ blanco** Schimmel *m*; *jerga del hampa* Melkkuh *f*; **~ de brida** *o* **de montar** Reitpferd *n*; **~ de carga/carreras** Last-/Rennpferd *n*; **~ de cría/escuela** Zucht-/Schulpferd *n*; **~ de montar** Reitpferd *n*; **~ negro** Rappe *m*; *Arg* **~ de pecho** Zugpferd *n*; **~ de pura sangre** *o* **de raza** Vollblut *n*; **~ de regalo** *o* **de relevo** Paradepferd *n*; **~ semental** Deckhengst *m*; **~ de silla** Sattelpferd *n*; Reitpferd *n*; **~ de tiro** Zugpferd *n*; MIT *y fig* **~ de Troya** Trojanisches Pferd *n (tb* INTERNET*)*; **de un ~** einspännig; **de dos/de cuatro ~s** zwei-/vierspännig; **a ~** zu Pferd, beritten; reitend; MIL **¡a ~!** aufgesessen!; *RPl fig* **andar a ~** knapp (*o* teuer) sein; **ir** *o* **montar a ~** reiten; *fam fig* **en el ~ de San Francisco** auf Schusters Rappen, per pedes; **poner a alg a ~** j-m das Reiten beibringen; *fig* j-n in den Sattel heben; DEP, TAUR **sacar bien** *o* **limpio el ~** das Pferd gut hindurchbringen; *fig* gut durchkommen, Erfolg haben; *prov* **a ~ regalado no se le miran los dientes** einem geschenkten Gaul sieht man nicht ins Maul **2** **~ de batalla** HIST Schlachtross *n*; *fig (hobby)* Steckenpferd *n*; *(punto fuerte)* Paradepferd *n (fig)*, Stärke *f*; *(tema preferido)* Lieblingsthema *n*; *(punto principal)* Hauptanliegen *n*; *de una controversia:* Hauptargument *n* **3** *juguete:* **~ balancín** *o* **de columpio** Schaukelpferd *n*; **~ de madera** Holzpferd *n*; **~ de palo** *en escuelas de equitación:* Holz-, Übungspferd *n*; *fig* Folterbank *f* **4** DEP **~ con arcos** Seitpferd *n*; **~ (de saltos)** Sprungpferd *n*, Bock *m* **5** *ajedrez:* Springer *m*, Rössel *n*; **salto** *m* **de ~** Rösselsprung *m* **6** PREP **a ~ de** im Zuge von *(dat)*, als Folge von *(dat)*; **a ~ entre** (in der Mitte) zwischen; halb … halb; *adv* **a mata ~** überstürzt, Hals über Kopf; *adv* **a uña de ~** *(inmediatamente)* schnell, sofort, spornstreichs *fam*; *(ajustadamente)* mit knapper Not, mühsam; *adv fam* **con mil de a ~** wütend (*o* mit Pauken und Trompeten *fam*) **7** MIL *(jinete)* Reiter *m*, Kavallerist *m*; **~s** *pl* Kavallerie *f* **8** *persona: Am fam (tonto)* Dummkopf *m*; *fam fig* **~ de buena boca** angenehm im Umgang **9** ZOOL **~ de mar** *o* **~ marino** *(hipocampo)* Seepferdchen *n*; *insecto:* **~ del diablo** Libelle *f* **10** MIL **~ de Fris(i)a** spanischer Reiter *m (Drahtverhau)* **11** ASTRON **Caballo (Mayor)** Pegasus *m*; **Caballo Menor** Equuleus *m* **12** MIN Taubgestein *n* **13** MAR Partleine *f*, Manntau *n* **14** *naipes, corresponde a:* Dame *f*, Königin *f*; **~ de copas** *corresponde a:* Herzkönigin *f* **15** AUTO, *etc* **~(s** *pl***) de vapor** *o* **~(s) de fuerza** Pferdestärke(n) *f(pl)*; **~s** *pl* **al freno** Brems-PS *pl*; **~s** *pl* **fiscales** Steuer-PS *pl* **16** *(caballete)* (Säge)Bock *m* **17** *fam drogas* Heroin *n*, Horse *n pop*

caballón M AGR Furchenrücken *m*; **caballuno** ADJ Pferde…

cabalonga F *Cuba, Méx* BOT Ignatiusbohne *f*

cabaña F **1** *(construcción rústica)* (Schäfer)Hütte *f*; Kate *f*; **~ de troncos** Blockhütte *f* **2** *(conjunto de ganado)* große Viehherde *f*; *col* Viehbestand *m* **3** *(recua)* Lasttierzug *m zum Getreidetransport* **4** *RPl (hacienda)* Gut *n (zur Züchtung von Stammbaumtieren)*; **cabañal** **A** ADJ **(camino** *m***) ~** Viehtrift *f* **B** M Katendorf *n*; **cabañero** **A** ADJ Schafherden…; **perro** *m* **~** Hirtenhund *m* **B** M **1** *(ovejero)* Schafhirt *m*, Schäfer *m* **2** *RPl (criador de ganado)* Viehzüchter *m*; **cabañil** **A** ADJ Schäferhütten… **B** M Pferdehüter *m*;

cabañuelas FPL *Tage am Anfang eines Jahres oder einer Saison, die im Volksglauben das Wetter für einen bestimmten Zeitraum vorausbestimmen*

cabaré, cabaret M Nachtklub *m*; **~ literario** Kabarett *n*, Kleinkunstbühne *f*

cabaretera F **1** → cabaretista **2** *Esp (animadora)* Animierdame *f*; *Col fam* Nutte *f*; **cabaretero** M → cabaretista; **cabaretista** M/F Kabarettist *m*, -in *f*

cabe[1] M **1** *en el juego de la argolla:* Stoß *m*, Treffer *m* **2** *fam fig* **~ de pala** unerwartete Gelegenheit *f*, Glücksfall *m*; *fam* **dar un ~ a** *(reducir)* vermindern *(acus)*; *(perjudicar)* schädigen *(acus)*, *(estorbar)* beeinträchtigen *(acus)*; *Perú* **ponerle un ~ a alg** j-n beeinträchtigen

cabe[2] PREP *liter* neben *(dat o acus)*, bei *(dat)*

cabeceador M DEP *fútbol:* (geschickter) Kopfballspieler *m*

cabecear **A** V/I **1** *señal de negación:* den Kopf schütteln **2** *(mover la cabeza)* mit dem Kopf wackeln (*o* nicken) **3** *fam (adormitarse)* einnicken, am Einnicken sein **4** DEP *pelota* köpfen **5** MAR, AVIA, *equitación:* stampfen; *objetos:* schaukeln, wackeln **6** *Chile* BOT *cebollas, etc* Knollen ansetzen **B** V/T **1** *vino* verschneiden **2** TEX umsäumen, -nähen; *medias* anstricken **3** DEP *pelota* köpfen **4** CONSTR *tablas o maderos* verstärken; *(añadir)* anstückeln **5** *Antillas, Méx, Cuba hojas de tabaco* bündeln

cabeceo M **1** *movimiento negativo:* Kopfschütteln **2** *movimiento afirmativo:* (Kopf)Nicken *n* **3** MAR, AVIA Stampfen *n*

cabecera **A** F **1** *de la mesa, etc:* Kopfende *n*; *fig* Ehrenplatz *m*; *de una sala:* Stirnseite *f* **2** *de la cama:* Kopfende *n*; *(almohada)* Kissen *n*; **autor** *m* **de ~** Lieblingsschriftsteller *m*; **médico** *m* **de ~** Hausarzt *m*; **asistir** *o* **estar a la ~ del enfermo** den Kranken pflegen; **me gusta la ~ alta/baja** ich liege gern hoch/tief **3** *(parte principal)* Hauptteil *n*, Hauptpunkt *m* **4** *(capital del distrito)* Bezirkshauptstadt *f* **5** JUR **~ del tribunal** Gerichtsvorsitz *m*; Richtertisch *m*, -platz *m* **6** **~ de puente** Brückenkopf *m* **7** GEOG *de un río:* Oberlauf *m* **8** TIPO Titelvignette *f* **9** INFORM, TIPO Kopfleiste *f*, -zeile *f*; TIPO *tb* Kolumnentitel *m* **B** M Anführer *m*; MIN Sprengmeister *m*

cabecero M CONSTR *de puerta:* Türsturz *m*; *de ventana:* Fenstersturz *m*

cabeci… PREF mit … Kopf, …köpfig; **cabeciancho** ADJ breitköpfig; **cabeciduro** ADJ *Am* dickköpfig, starrsinnig

cabecilla **A** F **1** *dim* → cabeza **2** TEC Köpfchen *n*, *(boquilla)* Nippel *m* **B** M/F *frec desp* **1** *(jefe de rebeldes)* Anführer *m*, -in *f*; Rädelsführer *m*, -in *f* **2** *(persona de poco juicio)* Windbeutel *m*, Hohlkopf *m*; **cabecita** F *dim* → cabeza

cabellado ADJ braun schillernd; **cabellar** V/I sich behaaren; **cabellera** F **1** *(pelo)* (Haupt)Haar *n*; *(melena)* Mähne *f*; *(escalpo)* Skalp *m*; **~ de cometa** Kometenschweif *m* **2** *fig (fibras)* Fasern *fpl* **3** *poét (follaje)* Laub *n*, Gezweig *n*

cabello M **1** *(pelo)* Haar *n*; **de ~** aus Haaren, haarig; *fig* **no faltar un ~ a a/c** (so gut wie) fertig (*o* vollständig) sein; *fig* **hender** *o* **partir un ~ en el aire** Haarspaltereien treiben; *fig* **llevar a alg de un ~** j-n um den Finger wickeln (können); **llevar a alg de** *o* **por los ~s** j-n an den Haaren herbeizerren; **tirarse** *o* **agarrarse de los ~s** sich *(dat)* an den Haaren zerren, sich *(dat)* in die Haare geraten; *fig* **no tocar un ~ a alg** j-m kein Haar krümmen; *fig* **traer a/c por los ~s** etw an den Haaren herbeiziehen **2** BOT **~s** *pl (barba)* Bart *m* des Maiskolbens **3** GASTR **~(s** *pl***) de ángel** *(confitura de calabaza)* Kürbiskonfitüre *f*; *Am (fideos)* Fadennudeln *fpl*; *adorno del árbol de navidad:* Engelshaar *n*

cabelludo ADJ langhaarig; dicht behaart; BOT behaart; **cabelluelo** M Härchen *n*

caber ⟨2m⟩ **A** V/I **1** *(tener lugar)* Platz haben (**en** in *dat*), hineingehen (**en** in *acus*), (hinein)passen (**en** in *acus*; **por** auf *acus*); **en esta sala caben veinte personas** dieser Saal fasst 20 Personen; **no ~ de pies** sich drängen; **aquí no cabe nadie más** hier geht niemand mehr rein; *fig* **eso no me cabe en la cabeza** das will mir nicht in den Kopf, das begreife ich nicht; *fam* **¿cuántas veces cabe cinco en veinte?** wie oft geht fünf in zwanzig? **2** **no ~ juntos** nicht zueinanderpassen; **ya no me cabe el vestido** das Kleid passt mir nicht mehr **3** *fig* **no ~ en sí de alegría** *o* **gozo** außer sich *(dat)* sein vor Freude, vor Freude (ganz) aus dem Häuschen sein **4** *(corresponder)* **~ a alg** j-m zufallen, j-m zuteilwerden; **me cupo entregárselo** ich musste es ihm überreichen; die Wahl, es ihm zu geben, fiel auf mich; **no nos cupo tal suerte** solches Glück war uns nicht beschieden **5** **~ en alg a/c** *(ser capaz para a/c)* zu etw *(dat)* fähig sein; **todo cabe en este individuo** dieser Kerl ist zu allem fähig **B** V/IMP möglich sein; **no cabe** das ist nicht möglich, das geht nicht *fam*; **cabe que** *(subj)* es ist möglich, dass *(ind)*, es kann sein, dass *(ind)*; **cabe muy bien que** es ist sehr gut möglich, dass; es ist nur natürlich, dass; **cabe decir** man darf (ruhig) sagen (*o* behaupten); **no cabe duda** zweifellos; **(no) cabe esperar …** es ist (nicht) zu erwarten …; **cabe preguntar** man muss sich (*o* man darf doch) fragen; **no cabe perdón** das ist unentschuldbar; **¡no cabe más!** das ist (doch) die Höhe!; **hermosa que no cabe más** wunderschön; **si cabe** wenn möglich

cabero ADJ *Méx* letzter

cabestraje M *equitación:* **1** *(ronzal)* Halfter *npl* **2** *pago:* Halftergeld *n*

cabestrar V/T *equitación:* anhalftern; **cabestrear** *equitación:* **A** V/I sich am Halfter führen lassen **B** V/T *Am* am Halfter führen; **cabestrero** M/F *equitación:* Halftermacher *m*, -in *f*; Sattler *m*, -in *f*; **cabestrillo** M MED **1** *(brazal)* Tragschlinge *f*, Armbinde *f*; **tener el brazo en ~** den Arm in der Schlinge tragen **2** *(vendaje del mentón)* Kinnverband *m*; **cabestro** M **1** *(camal)* Halfter *n/m*; *fig* **llevar del ~ a alg** j-n gängeln, j-n an die Kandare nehmen **2** *buey:* Leitochse *m (zum Führen von Kampfstieren)* **3** *fam desp (tonto)* Blödmann *m*

cabete M Metallhülse *f (an Schnürsenkeln etc)*

cabeza

A femenino   **B** masculino y femenino

— **A** femenino —

1 ANAT Kopf *m*; *liter* Haupt *n*; *(cráneo)* Schädel *m fam*; **~ rapada** Glatze *f*; **dolor** *m* **de ~** Kopfschmerz(en) *m(pl)*; **alzar la ~** den Kopf heben; *fig* **alzar** *o* **levantar ~** Mut fassen; *respectivo a la salud:* sich erholen, wieder gesund werden; **no alzar ~** *o* **no levantar ~** nicht mehr hochkommen; **aprobar** *o* **afirmar con la ~** zustimmend nicken; **bajar la ~** den Kopf senken; *fig* **van a caer ~s** es werden Köpfe rollen; *fig* **calentarle la ~ a alg** j-m den Kopf heiß machen; **calentarse la ~** sich aufregen, wütend werden; **se le calentó la ~** *tb* ihm rauchte der Kopf; **se le carga la ~** ihm wird der Kopf schwer; ihm wird schwindlig; **dar de ~** auf den Kopf fallen; *fig* an Ansehen, Vermögen *etc* verlieren; **dar con la ~ en las paredes** wütend werden; mit dem Kopf durch die Wand wollen *fam;* **le duele la ~** er hat Kopfschmerzen; *fam fig* er steht unmittelbar vor dem Sturz; *fam* **echar una ~** ein Nickerchen machen; *fig* **esconder** *o* **meter la ~ bajo el ala** den Kopf in den Sand stecken; **te va en ello la ~** es geht um deinen Kopf; **se le va la ~** ihm wird schwindlig; **llenar a alg la ~ de viento** *o* **de pajaritos** j-m schmeicheln, j-m einen Floh ins Ohr setzen *fam; fig* **llevar de ~ a todo el mundo** alle Leute verrückt machen; *tb fig* **llevarse las manos a la ~** sich *(dat)* an den Kopf greifen; *fig* **mantener la ~ fría** einen kühlen Kopf bewahren; *fig* **meter la ~ en alguna parte** seine Zulassung (*o* Mitwirkung *etc*) erreicht haben; **meterse de ~ en a/c** etw sehr eifrig betreiben, sich kopfüber in etw *(acus)* stürzen *(fig)*; **meterse** *o* **ponerse a/c en la ~** sich *(dat)* etw in den Kopf setzen; **se le ha metido** *o* **encajado en la ~** er bildet sich *(dat)* das nur ein; **negar con la ~** den Kopf schütteln; **pasarle** *o* **pasársele a alg por la ~** j-m durch den Kopf gehen; *fig* **pedir la ~ de alg** j-s Kopf verlangen; *fig* **quebrarse la ~** sich *(dat)* den Kopf zerbrechen; **quitarse a/c de la ~** sich *(dat)* etw aus dem Kopf schlagen; **no saber dónde volver** *o* **se tiene la ~** nicht mehr wissen, wo einem der Kopf steht; *fig* **subírsele a alg a la ~** *vino, éxito* j-m zu Kopf steigen; *sangre* j-m in den Kopf steigen; **tirarse** *o* **meterse** *o* **lanzarse de ~ al agua** kopfüber ins Wasser springen; *fam fig* **tener pájaros en la ~** einen Vogel haben *fam;* **estar tocado de la ~** auf den Kopf gefallen sein, einen Dachschaden haben *fam;* **tornar la ~ a a/c** sich zu etw *(dat)* hinwenden; seine Aufmerksamkeit einer Sache *(dat)* zuwenden; *fam* **traer a alg de ~** j-n verrückt machen; **se me viene a la ~** es kommt mir in den Sinn; **de ~** kopfüber *(tb fig)*; sofort; ins Blaue hinein; **de pies a ~** von Kopf bis Fuß, von oben bis unten; *reg y Guat* **en ~** barhäuptig; *fig* **sin pies ni ~** ohne Hand und Fuß **2** *fig (razón, juicio)* Verstand *m;* **descomponérsele a alg la ~** den Verstand verlieren; **estar ido** *o* **mal de la ~** ein Schwachkopf sein, nicht ganz bei Trost sein; *fig* **perder la ~** den Kopf verlieren; **sentar (la) ~** Vernunft annehmen; **tener (una buena) ~** Verstand haben; **tener mala ~** *(no memorizar bien)* ein schlechtes Gedächtnis haben; *(ser un embrollador)* ein Wirrkopf sein; *fam* **tener la ~ bien amueblada** helle sein; **tener la ~ a pájaros** ein Wirrkopf (*o* sehr zerstreut) sein; **(ser) de su ~** sein/ihr Einfall (sein), auf seinem/ihrem Mist gewachsen (sein) *fam;* **¡qué ~ la mía!** wo hab ich bloß meinen Kopf (gehabt)! **3** *persona: fam* **~ de chorlito** leichtsinnige (*o* dumme) Person *f; fam fig* **~ cuadrada** Dickkopf *m;* **~ loca** *o* **mala ~** Wirrkopf *m; fig* **~ redonda** schwerfälliger Geist *m,* Dummkopf *m;* **~ reducida** Schrumpfkopf *m; fam* **~ torcida** Heuchler *m;* **~ de turco** Sündenbock *m,* Prügelknabe *m; en numeraciones:* **por ~** jeweils, je Person, pro Kopf **4** AGR **~ de ganado** Stück *n* Vieh; **~ mayor** Stück Großvieh *n;* **~ menor** Kleinvieh *n* **5** POL *(capital)* Hauptstadt *f;* **~ de partido** Bezirkshauptstadt *f* **6** *(comienzo)* Anfang *m,* Spitze *f;* **a la ~** voran, an der (*o* die) Spitze; MIL **~ de columna** Kolonnenspitze *f;* FERR **~ de línea** Kopfbahnhof *m;* MIL **~ de puente** Brückenkopf *m;* **~ de túnel** Tunneleingang *m,* -portal *n;* **estar a la ~** in Führung liegen; **pasar a la ~** in Führung gehen; **ponerse a la ~** sich an die Spitze setzen **7** *(apogeo)* Gipfel *m (tb montaña)*; oberer Teil *m;* **~ de campana** Glockenstuhl *m* **8** *de un escrito:* Eingangsformel *f;* TIPO Kapitelüberschrift *f;* **en ~** oben(an) **9** *(conducción)* Leitung *f,* Führung *f* **10** *de una cosa:* Kopf *m,* Kopfstück *n (tb* TEC*)*; **~ de alfiler** Stecknadelkopf *m;* MIL **~ de un cohete** Raketenkopf *m;* **~ lectora** Lesekopf *m;* **~ nuclear** *o* **atómica** Atomsprengkopf *m; fonotecnia:* **~ de sonido** Tonkopf *m* **11** MED Kopf *m,* Köpfchen *n (z. B. Geschwür)*; Gelenkkopf *m* **12** MAR *(proa)* Bug *m;* **~s** *pl* Bug *m* und Heck *n;* **estar en ~** auf Kiel gelegt sein **13** BOT **~ de ajo** Knoblauchknolle *f* **14** GASTR **~ de olla** erster Abguss *m (einer Brühe)* **15** **~s** *pl Am (fuentes)* Quellgebiet *n (eines Flusses)*

— **B** masculino y femenino —

(jefe, presidente) (Ober)Haupt *n,* (An)Führer *m,* -in *f,* Leiter *m,* -in *f;* **~ de familia** Haushaltsvorstand *m,* Familien(ober)haupt *n;* CAT **~ de la Iglesia** Papst *m;* **~ de linaje** Familienoberhaupt *n (einer Adelsfamilie)*; POL **~ de lista** Spitzenkandidat *m,* -in *f;* Listenführer *m,* -in *f,* DEP Tabellenführer *m;* **~ rapada** Skinhead *m;* COM **~ visible** Repräsentant *m,* -in *f (einer Firma)*

cabezada F **1** *con la cabeza:* Stoß *m* mit dem Kopf **2** *a la cabeza:* Schlag *m* auf den Kopf; *fam* **darse de ~s** sich abmühen; *espec* wie verrückt suchen (und doch nichts finden); *fig* **darse de ~s contra las paredes** auf sich *(acus)* selbst wütend sein **3** *como saludo:* Kopfneigen *n;* Kopfnicken *n* **4** *(adormecimiento)* Einnicken *n;* **dar** *o* **echar una ~** einnicken, ein Schläfchen machen **5** MAR *(arfada)* Stampfen *n* **6** *equitación:* Kappzaum *m* **7** *en la bota:* Oberleder *n* **8** TIPO Kapitalband *n* **9** *(máxima elevación)* höchster Punkt *m* im Gelände

cabezal M **1** *almohada:* Kopfkissen *n;* Kopfkeil *m;* AUTO Kopfstütze *f* **2** TEC Kopf *m;* Kopfstück *n; máquina-herramienta:* Spindelstock *m* **3** INFORM, *fonotecnia:* Abtastkopf *m* **4** *Am (traviesa)* (Quer)Strebe *f,* Stützbalken *m;* **cabezazo** M **1** *golpe:* Kopfstoß *m;* **darse un ~** sich am Kopf stoßen **2** DEP *fútbol:* Kopfball *m*

cabezo M **1** *(colina)* Hügel *m* **2** *de un arrecife:* über Wasser gelegener Teil *m* eines Riffs **3** TEX Hemdenbörtchen *n*

cabezón **A** ADJ **1** *(de cabeza grande)* großköpfig **2** *fig (testarudo)* dickköpfig **B** M **1** *fig persona:* Dickkopf *m* **2** *equitación:* **~ (de serreta)** Kappzaum *m* **3** TEX *de la camisa:* Hemdenbörtchen *n; abertura:* Kopföffnung *m* (an der Kleidung)

cabezonada F, *fam* **cabezonería** F *fam* Dickköpfigkeit *f,* Halsstarrigkeit *f;* **cabezorro** ADJ *fam* dickköpfig; **cabezota** **A** ADJ *fam* großköpfig **B** M/F Dickschädel *m fam,* Starrkopf *m;* **cabezote** M *Cuba* CONSTR Füllstein *m beim Mauern*

cabezudo **A** ADJ **1** *(terco)* dickköpfig *(tb fig)* **2** *vino* schwer **B** M, **-a** F **1** *persona:* Dickkopf *m,* Starrkopf *m* **2** **~s** *pl en procesiones:* *(Zwergen)Figuren mit großem Kopf bei Umzügen* **C** M *pez:* Meeräsche *f*

cabezuela **A** F **1** *harina:* Kleienmehl *n* **2** BOT *inflorescencia:* Blütenkörbchen *n; planta:* Brachdistel *f* **B** M/F *(tonto)* Dummkopf *m*

cabida F **1** *(espacio)* Raumgehalt *m,* Fassungsvermögen *n;* MAR Ladefähigkeit *f;* **dar ~ a** aufnehmen *(acus)*; *fig* berücksichtigen *(acus)*, zulassen *(acus)*; **esta sala tiene ~ para 50 personas** dieser Raum fasst 50 Personen; **tener ~ en** (hinein)passen in *(acus)* **2** GEOM *de una superficie:* Flächeninhalt *m*

cabila F *tribu:* Berber- (*o* Araber)stamm *m,* Kabylen *mpl*

cabildada F *fam desp* unsinniger Beschluss *m* am grünen Tisch, Schildbürgerstreich *m,* Rathausweisheit *f fam;* **cabildante** M/F *Am Mer persona:* Stadtrat *m,* -rätin *f;* **cabildear** V/I *fam* intrigieren; **cabildeo** M *fam* **andar en ~s** intrigieren; **cabildero** M, **cabildera** F Intrigant *m,* -in *f,* Ränkeschmied *m,* -in *f*

cabildo M **1** REL *comunidad de eclesiásticos:* Stiftskapitel *n;* Ordenskapitel *n;* **~ catedralicio** Domkapitel *n* **2** POL *(ayuntamiento)* Stadtrat *m;* Gemeinderat *m; Islas Canarias* **~ insular** Inselrat *m* **3** *reunión:* Sitzung *f* des Kapitels (*o* des Stadtrats); *Am* HIST **~ abierto** offene Bürgerversammlung *f* **4** *sala:* Ratssaal *m;* Rathaus *n* **5** *Cuba desp (reunión bulliciosa)* lärmende Versammlung *f,* Räuberkonzil *n fam*

cabileño **A** ADJ auf die Kabylen bezogen **B** M, **-a** F Kabyle *m,* Kabylin *f*

cabilla F **1** TEC *(barra redonda de hierro)* Rundeisen *n;* Bolzen *m* **2** MAR *del timón:* Zapfen *m,* Handspeiche *f (des Ruders)*; **cabillo** M BOT Stängel *m,* Stiel *m*

cabim(b)a F *Ven* BOT Kopaiva *f*

cabina F Kabine *f; (celda)* Zelle *f; (vestuario)* Umkleidekabine *f; del camión, grúa:* Führerhaus *n;* MED **~ acondicionada** Klimakammer *f;* **~ de ducha** Duschraum *m;* **~ de mando** Steuerraum *m;* -pult *n;* AVIA **~ de pasajeros** Passagierkabine *f,* -raum *m;* AVIA **~ del piloto** Pilotenkanzel *f,* Cockpit *n;* FILM **~ de proyección** Vorführkabine *f;* AUTO **~ a ruedas** *o* Kabinenroller *m;* **~ telefónica** Fernsprech-, Telefonzelle *f;* MAR **~ del timonel** Ruder-, Steuerhaus *n*

cabinera F *Am reg* Stewardess *f;* **cabinista** M/F FILM (Film)Vorführer *m,* -in *f*

cabio M CONSTR **1** *(listón)* Sparren *m; del techo:* Dachsparren *m* **2** *del suelo:* Fußbodenbalken *m* **3** *(umbral)* Schwelle *f; sobre la puerta o ventana:* Sturz *m*

cabizbajo ADJ mit gesenktem Kopf; *fig* niedergeschlagen

cable M **1** *(cuerda gruesa)* Kabel *n,* Seil *n; espec* MAR Tau *n,* Trosse *f;* **~ aéreo** Hängeseil *n;* **~ de alambre** Drahtseil *n,* Trosse *f;* MAR **~ (de ancla** *o* **de anclaje)** Ankertau *n;* **~ de arrastre** Schleppkabel *n,* -leitung *f;* **~ elástico** *o* **~ Bowden** Bowdenzug *m;* **~ metálico** Drahtseil *n;* AUTO **~ de remolque** Abschleppseil *n* **2** ELEC, TEL Kabel *n;* **~ aéreo** Freileitung *f;* **~ de alta tensión** Hochspannungskabel *n;* **~ blindado** abgeschirmtes Kabel *n;* **~ de conexión** *o* **~ de empalme** Anschlusskabel *n;* **~ eléctrico** Elektrokabel *n,* Leitungsdraht *m;* **~ submarino/subterráneo** See-/Landkabel *n* **3** *fig fam* **cruzársele los ~s** Mist bauen *fam,* hirnlos handeln; *fam* **se le cruzaron los cables** er ist durchgedreht *fam; reg fam* **echar** *o* **tender un ~ a alg** j-m aus einer schwierigen Lage heraushelfen, j-m Hilfestellung leisten **4** MAR *medida:* Kabellänge *f* **5** *(cablegrama)* Kabel(telegramm) *n*

cableado M TEC, ELEC Verdrahtung *f,* Verkabelung *f;* **cableador** M, **cableadora** F *persona:* Verkabler *m,* -in *f*

cablear V/T **1** ELEC *(instalar cables)* verkabeln, verdrahten *(tb* TEC*)* **2** TEX *(atar)* schnüren; **cablegrafiar** V/T & V/I ⟨1c⟩ **~ (un despacho)** kabeln; **cablegráfico** ADJ Kabel...; **despacho** *m* **~** Kabel(telegramm) *n;* **cablegrama** M Kabel(telegramm) *n;* **comunicar** *o* **avisar por ~** drahten, kabeln; **cablero** M MAR *barco:* Kabelleger *m*

cablista M/F **1** Kabelmacher *m,* -in *f* **2** *espec* TEL Kabelverleger *m,* -in *f*

cabo M **1** *(fin, extremo)* Ende *n; (punta)* Spitze *f;* **al ~** zuletzt, am Ende, schließlich; **al ~ de** nach (Verlauf von) *(dat)*; **al ~ del año/de tres meses** wenn das Jahr vorbei ist/nach einem Vierteljahr; *fig* **estar al ~** am Ende sein; *espec* dem Tode nahe sein; *fam Esp* **estar al ~ de la calle** Bescheid wissen; **estoy al ~ de mi paciencia/de mis fuerzas** ich bin am Ende meiner Geduld/meiner Kräfte; **al ~ de un rato** kurz darauf; *fam* **al fin y al ~** letzten Endes, schließlich; **llevar a ~ a/c** etw vollbringen, etw aus-, durchführen; **de ~ a ~** *o fam* **de ~**

a rabo von A bis Z *fam*, durch und durch, von Anfang bis Ende; **hasta el ~** bis ans Ende; bis zum Letzten, bis zum Äußersten [2] *(pedazo)* Stückchen *n*, Zipfel *m*, Ende *n*; **~ de vela** Kerzenstumpf *m*; *Am* **~ de tabaco** (Zigarren-, Zigaretten)Stummel *m* [3] *(lengua de tierra)* GEOG Kap *n*, Vorgebirge *n*, Landzunge *f*; **El Cabo** *o* **Ciudad** *f* **del Cabo** Kapstadt *n*; **Cabo de Buena Esperanza** Kap *n* der Guten Hoffnung; **Cabo de Hornos** Kap *n* Ho(o)rn; **Cabo Verde** Kapverden *pl*, Kapverdische Inseln *fpl* [4] MAR *(cuerda)* Leine *f*, Tau *n*; **~ de amarre** Haltetau *n*; **~ de remolque** MAR Schlepptrosse *f*; AUTO Abschleppseil *n*; **dar ~ a** *barco* abschleppen; *persona* aus dem Wasser ziehen; **no tener ~ ni cuerda** weder Hand noch Fuß haben [5] *(mango)* Stiel *m* (*tb* BOT), Handgriff *m* [6] *fig (jefe)* (An)Führer *m*, Chef *m fam*; **~ (de maestranza)** Vorarbeiter *m*; **~ de vara** *régimen penitenciario*: Kalfaktor *m*; Kapo *m* [7] MIL Gefreiter *m*, Korporal *m*; **~ de cañón** Geschützführer *m*; **~ de cuartel** Unteroffizier *m* vom Dienst; MAR **~ de mar** Maat *m*; **~ primero** Obergefreiter *m*; **~ de rancho** Gruppenführer *m*; MAR Führer *m* einer Korporalschaft [8] *Hond, Salv (cuerno)* Horn *n (der Rinder)* [9] *(hilo)* (Stück *n*) Bindfaden *m*, Garn *n*; **~ (de alambre)** Litze *f*, Draht *m* [10] *aduana*: kleiner Warenballen *m* [11] **~s** *pl (detalles)* Einzelheiten *fpl eines Gesprächs etc*; **~ suelto** *(asunto sin resolver)* unerledigte Angelegenheit *f*; ungeklärte Frage *f*; **atar** *o* **juntar** *o* **unir ~s** Rückschlüsse ziehen, folgern; sich *(dat)* ein Bild machen; **atando ~s se podría decir ...** daraus könnte man schließen ...; **áteme usted esos ~s** *corresponde a*: können Sie da einen Sinn hineinbringen?; das widerspricht sich doch

cabotaje [M] MAR Küsten(schiff)fahrt *f*; **buque** *m* **de ~** Küstenfahrzeug *n*; **gran ~** mittlere Fahrt *f*

caboverdiano [A] [ADJ] kapverdisch [B] [M], **-a** [F] Kapverdier *m*, -in *f*

cabra [F] [1] ZOOL Ziege *f*; *cuero*: Ziegenleder *n*; **~ hispánica** *o* **montés** spanischer Steinbock *m*; **pelo** *m* **de ~** Mohärwolle *f*; **estar como una ~** *o fam* **ser una ~ loca** verrückt sein, spinnen *fam*, eine Schraube locker haben *fam*; *fam* **meterle a alg las ~s en el corral** j-n ins Bockshorn jagen *fam*; *prov* **la ~ (siempre) tira al monte** die Katze lässt das Mausen nicht [2] TAUR *desp* verkümmerter Stier *m* [3] *Am juego de dados*: falscher Würfel *m*; Betrug *m* [4] *Chile* CONSTR *(trípode)* Dreibein *n* [5] *Chile carruaje*: leichter zweirädriger Wagen *m* [6] *Chile (muchacha)* Mädchen *n*, junge Frau *f* [7] *pez*: **~ del mar** Knurrhahn *m* [8] TEC **pata** *f o* **pie** *m* **de ~** Geißfuß *m* [9] *fam* **echarle las ~s a alg** j-n anklagen

cabracho [M] *pez*: Roter Drachenkopf *m*

cabrada [F] Ziegenherde *f*; **cabrahigadura** [F] AGR Kaprifikation *f*, Veredelung *f* der Essfeige; **cabrahigar** [M] Wildfeigenpflanzung *f*; **cabrahígo** [M] BOT *árbol y fruta*: Bocks-, Geißfeige *f*

cabrales [M] GASTR *asturische Käsespezialität, ähnlich dem Roquefort*

cabrear [A] [VT] [1] *pop (fastidiar)* ärgern; **estar cabreado** (stink)sauer sein [2] *Perú perseguidor* abschütteln; *fam fútbol, etc*: dribbeln [B] [VI] *Chile* herumtollen [C] [VR] **cabrearse** *pop* einschnappen *fam*; sich ärgern (**con** über *acus*), wütend werden (**con** auf *acus*)

cabreo [M] *pop* Wut *f*, Ärger *m*, Verärgerung *f*; **coger** *o* **agarrar un ~** → cabrear C

cabrería [F] [1] *col conjunto de cabras*: Ziegen *fpl* [2] *lugar*: Ziegenstall *m*; **cabreriza** [F] [1] *(choza)* Hütte *f der Ziegenhirten* [2] *mujer*: Ziegenhirtin *f*; **cabrerizo** [A] [ADJ] Ziegen... [B] [M] Ziegenhirt *m*

cabrero [A] [M], **-a** [F] Ziegenhirt *m*, -in *f* [B] [ADJ] *Arg fam* wütend, eingeschnappt; reizbar

cabrestante [M] TEC Winde *f*; MAR (Anker)-Spill *n*; MIN Förderhaspel *f*, -lade *f*

cabrí [M] *Am* ZOOL Gabelgämse *f*

cabria [F] TEC Hebezeug *n*, -bock *m*

cabrilla [F] [1] *pez*: *Art* Sägebarsch *m* [2] CONSTR *(trípode)* Dreibein *n*, Bock *m* [3] ASTRON **Cabrillas** *pl* Siebengestirn *n* [4] *Col* AUTO *(volante)* Lenkrad *n* [5] **~s** *pl (pequeñas olas)* Kräuselwellen *fpl*, MAR Kabbelsee *f* [6] *juego de tirar piedras sobre una superficie de agua*: Steinchenschnellen *n* [7] METEO **~s** *pl* Schäfchenwolken *fpl*; **cabrillear** [VI] [1] *superficie de agua* sich kräuseln, MAR kabbeln [2] *(rielar)* schimmern, flimmern; **cabrilleo** [M] MAR Kabbelung *f*

cabrio [M] CONSTR Decken(Balken) *m*; (Dach)-Sparren *m (tb heráldica)*

cabrío [ADJ] Ziegen...; **ganado** *m* **~** Ziegen *fpl*; **macho** *m* **~** Ziegenbock *m*

cabriola [F] *de un caballo*: Bock-, Luftsprung *m*; *baile tb* Kapriole *f*; **cabriol(e)ar** [VI] Bocksprünge machen, herumspringen, -hopsen;

cabriolé [M] AUTO Cabriolet *n*, Kabriolett *n*; *carroza*: Einspänner *m*

cabrita [F] [1] ZOOL *(weibliches)* Zicklein *n* [2] **~s** *pl Chile* GASTR Maispoppies *pl*; **cabritada** [F] *fam* übler Streich *m*, Gemeinheit *f*; **cabritilla** [F] Ziegen-, Schaf-, Glacéleder *n*; Chevreauleder *n*; **guantes** *mpl* **de ~** Glacéhandschuhe *mpl*

cabrito [M] [1] ZOOL *(männliches)* Zicklein *n*; GASTR **~ al vino blanco** Zicklein *n* in Weinsoße [2] BOT Pfifferling *m* [3] *vulg (cliente de una prostituta)* Kunde *m* einer Dirne, Freier *m* [4] *Chile* **~s** *pl (rosetas de maíz)* Puffmais *m* [5] *fig euf* → cabrón A 2

cabro [M] *Bol, Chile, Ec fam* Junge *m*, junger Mann *m*, *Chile* **~s chicos** *mpl* Kinder *npl*

cabrón [A] [M] [1] ZOOL Ziegenbock *m* [2] *pop (marido engañado)* (wissentlich) betrogener Ehemann *m* [3] *Am reg (proxeneta)* Zuhälter *m*, Lude *m fam* [4] *vulg fig (canalla)* Schweinehund *m pop*, Scheißkerl *m pop*, Arschloch *n vulg* [B] [ADJ] *vulg* hundsgemein *fam*; schweinisch *pop*; heftig, Mords... *fam*

cabrona [F] *pop* [1] *Esp (canalla)* Miststück *n pop*, Luder *n pop*, Hure *f* [2] *Arg* Puffmutter *f fam*; **cabronada** [F] *vulg* Sauerei *f pop*, Hundsgemeinheit *f pop*; **cabronazo** [M] *pop desp* → cabrón A 2

cabroncete [M], **cabronzuelo** [M] Ziegenböckchen *n*

cabruno [ADJ] Ziegen...; **cabruza** [F] *pez*: gestreifter Schleimfisch *m*

cabucho [M] *jerga del hampa* Gold *n*; **cabujón** [M] geschliffener, unfacettierter (*o* rund geschliffener) Edelstein *m*

caburé [M] *Arg fam* Weiberheld *m*

cabuya [F] [1] *Am* BOT Pita *f*, Agave *f* [2] *(cuerda)* (Hanf)Seil *n*; Schnur *f* [3] → cabuyería; **cabuyería** [F] MAR Tauwerk *n*

CAC [F ABR] (Cámara Argentina de Comercio) COM argentinische Handelskammer *f*

caca [A] [F] [1] *leng. inf o pop (excremento)* Aa *n leng. inf*; Kacke *f pop*; **~ de perro** Hundedreck *m*, Hundekacke *f fam*; *leng. inf* **hacer ~** Aa (*o* Kacka) machen; *leng. inf* **¡~!** bäh!, pfui! [2] *fam fig (suciedad)* Mist *m fam*, Kacke *f pop*; **ocultar** *o* **callar** *o* **tapar la ~** den Fehler vertuschen, den Mist zudecken *fam* [B] [M] *pop* Scheißkerl *m pop*

cacahual [M] Kakaopflanzung *f*; **cacahuate** [M] *Méx* → cacahuete; *Méx* **no valer un ~** keinen Pfifferling wert sein; **cacahuatero** [A] [ADJ] Erdnuss... [B] [M], **-a** [F] [1] *vendedor*: Erdnussverkäufer *m*, -in *f* [2] *cultivador*: Erdnusspflanzer *m*, -in *f*; **cacahué** [M] → cacahuete; **cacahuero** [M], **cacahuera** [F] *Am* Kakaoarbeiter *m*, -in *f*; **cacahuete, cacahuye** [M] [1] BOT Erdnussstaude *f* [2] *(alcahuete)* Erdnuss *f*

cacalote [M] [1] *Am Centr, Cuba, Méx (roseta de maíz)* Puffmais *m* [2] *Cuba (disparate)* Unsinn *m* [3] *Méx* ORN Rabe *m*

cacao[1] [M] [1] BOT *árbol*: Kakaobaum *m*; *grano*: Kakaobohne *f*; **manteca** *f* **de ~** Kakaobutter *f* [2] *bebida*: Kakaogetränk *n*, Kakao *m*; **~ en polvo** Kakaopulver *n* [3] *Am (chocolate)* Schokolade *f* [4] *fam fig (situación confusa)* Durcheinander *n*, Tumult *m* [5] *Am* **pedir ~** um Gnade bitten, klein und hässlich werden *fam*; **no valer un ~** wertlos sein

cacaotal [M] *espec Am* Kakaoplantage *f*

cacaraña [F] Pockennarbe *f*; **cacarañado** [ADJ] pockennarbig

cacareado [ADJ] viel gerühmt, viel gepriesen; **el tan ~ ...** der viel besprochene (*o* viel diskutierte) ...; **cacareador** [ADJ] [1] *gallina, etc* gackernd [2] *fam fig* aufschneiderisch, prahlerisch; **cacarear** [A] [VI] *gallina* gackern *(tb fig)*; *gallo* krähen [B] [VT] preisen; *fam* ausposaunen *fam*; *fam* **~ y no poner huevos** große Worte (und nichts dahinter) *fam*; **cacareo** [M] [1] *de gallinas*: Gegacker *n* [2] *fig (parloteo)* Geschnatter *n*; *(fanfarronada)* Aufschneiderei *f*, Angabe *f*;

cacarero [M], **cacarera** [F] *fam* Aufschneider *m*, -in *f*

cacarizo [ADJ] *Méx cara* voller Narben

cácaro [M] *Méx* (Film)Vorführung *m*

cacaseno [M], **-a** [F] dumme Person *f*

cacastle, cacaxtle [M] [1] *Méx, Guat (cuévano)* Kiepe *f* [2] *Am Centr (esqueleto)* Skelett *n*

cacatúa [F] [1] ORN Kakadu *m* [2] *pop fig (espantajo)* Vogelscheuche *f fam*

cacea [F] Fischen *n (mit Köder)*

cacear [VT] *mit dem Schöpflöffel* umrühren

CACENCO [F ABR] (Cámara Central de Comercio) *Chile* COM zentrale Handelskammer *f*

cacera [F] AGR Bewässerungsgraben *m*

cacereño [ADJ] aus Cáceres

Cáceres [M] *span Stadt u Provinz*

cacería [F] [1] *(partida de caza)* Jagd *f*; Jägerei *f* [2] PINT Jagdstück *n*; **cacerina** [F] Patronentasche *f*

cacerola [F] [1] *(olla)* Schmortopf *m*, Kasserolle *f* [2] ZOOL Molukkenkrebs *m*; **cacerolada** [F], **cacerolazo** [M] Töpferasseln *n (zum Zeichen des Protests)*

cacha [F] [1] *de un cuchillo*: Heft *n*; Griffschale *f*; **meter el cuchillo hasta las ~s en a/c** das Messer bis ans Heft in etw *(acus)* stechen; *fam fig* **meterse** *o* **estar metido hasta las ~s en a/c** ganz in etw *(dat)* aufgehen; bis zum Hals in etw *(dat)* stecken; *fam* **estar ~s** *o* **ser un ~s** ein Muskelprotz sein [2] *fam* **~s** *pl (nalgas)* Hintern *m*, Pobacken *fpl fam* [3] *Am vacuno*: Horn *n* [4] *caza menor*: Hinterkeule *f*

cachaciento [ADJ] [1] *Arg, Ur fam (lento)* langsam; bedachtsam; behäbig [2] *Perú fam (burlón)* höhnisch, spöttisch

cachaco [A] [ADJ] *Col (bien educado)* wohl erzogen; kultiviert; elegant [B] [M] [1] *Col (de buena familia)* Mann *m* aus gutem Hause [2] *Col fam desp (persona del interior)* Bewohner *m* des Landesinneren [3] *Bol, Perú desp (policía militar)* (Militär)Polizist *m*

cachada [F] [1] *juego de niños*: Schlag *m* auf den Kopf eines Kreisels [2] *Am Mer, Hond (cornada)* Hornstoß *m* [3] *RPl* → burla 1 [4] *Perú vulg sexo*: Nummer *f pop*; **cachafaz** [M] *Am Mer* frecher Kerl *m*, Gauner *m*; **cachaflín** [M] *Col drogas* Marihuanazigarette *f*

cachalote [M] [1] ZOOL Pottwal *m* [2] *fam fig (barrigudo)* Fettwanst *m fam*

cachamarín [M] MAR Lugger *m*

cachano [M] *Esp reg fam* Teufel *m*; **llamar a Cachano** umsonst bitten; zwecklos jammern

cachaña [F] *Chile* [1] ORN *Art* Zwergpapagei *m* [2] *fam fig (burla)* Hohn *m*, Spott *m* [3] *fam fig (in-*

solencia) Unverschämtheit *f*, Angabe *f fam* 4 *fam fig (riña)* Streit *m*
cachapa F Maisbrötchen *n*; **cachapera** F *Ven vulg* Lesbe *f*; **cachaquear** VI *Col fam* angeben *fam*, sich aufspielen
cachar VT 1 *(hacer pedazos)* zerbrechen, in Stücke schlagen; *madera* (auf)spalten 2 AGR *modo de arar*: zwischen den Furchen pflügen 3 *Am (burlarse)* verspotten, lächerlich machen, auf den Arm nehmen 4 *Am Centr, Ur (escamotear)* stibitzen *fam* 5 *Méx (comprender rápidamente)* rasch erfassen 6 *Am reg (agarrar)* fangen *(tb fig)* 7 *Perú vulg (joder)* bumsen *vulg*, vögeln *vulg*
cacharpas FPL *Am reg fam* Kram *m*, Plunder *m*
cacharrazo M 1 *golpe*: Schlag *m* mit einem Topf 2 *(estallido)* Plumps *m*, Knall *m*, Aufprall *m*, Zusammenstoß *m*; **menudo ~** *corresponde a*: da hat's gekracht 3 *fam Antillas (trago)* Schluck *m* Schnaps; **cacharrería** F 1 *(alfarería)* Töpferei *f*, Töpferladen *m*; **como un elefante en una ~** wie ein Elefant im Porzellanladen 2 *(loza)* Töpferware *f*; **cacharrero** M, **cacharrera** F Töpfer *m*, -in *f*; **cacharro** M 1 *(vasija tosca)* irdener Topf *m* 2 *fam desp* AUTO, *etc* alte Kiste *f fam*, alter Karren *m fam* 3 **~s** *pl (utensilios de cocina)* Küchengeräte *npl*; *fam fig* Kram *m*, Plunder *m fam*
cachas M *Esp vulg* geiler Typ *m pop*, scharfe Tante *f pop*
cachava F 1 *Art juego*: Golf(spiel) *n (der Kinder)* 2 *palo*: Schläger *m (zu diesem Spiel)* 3 *(cayado)* Hirtenstab *m*
cachaza[1] F *fam (sosiego)* Ruhe *f*, Phlegma *n*; *(frialdad)* Kaltblütigkeit *f*
cachaza[2] F 1 *(espuma de la melaza)* Melassenschaum *m* 2 *Am Mer aguardiente*: *ungefärbter* Zuckerrohrschnaps *m*; **cachazo** M *Am* → cornada; **cachazudo** ADJ *fam (lento)* phlegmatisch, pomadig *fam*, tranig *fam*; *(prevenido)* bedächtig; kaltblütig
cache *fam* A ADJ *Arg (mal arreglado)* schlecht (o geschmacklos) gekleidet; *p. ext* liederlich B M schlechte Kleidung *f*
caché M 1 *(sueldo de artista)* (Künstler)Gage *f* 2 *(elegancia)* Eleganz *f*; besondere Note *f* 3 INFORM Cachespeicher *m*
cachear VT *(bes nach Waffen)* untersuchen, filzen *fam*
cachelos MPL GASTR *galicischer Eintopf aus Fleisch oder Fisch mit Kartoffeln und Paprika*
cachemir M, **cachemira** F Kaschmirtuch *n*; **lana** *f* **~(a)** Kaschmirwolle *f*
Cachemira F Kaschmir *n*
cacheo M 1 *(registro)* Durchsuchung *f*; Leibesvisitation *f*, Filzung *f fam*, Filzen *n fam* 2 *S.Dgo bebida*: Palmwein *m*
cachera F grobes, langhaariges Wollzeug *n*
cachería F 1 *RPl (mal gusto)* schlechter Geschmack *m (bei Kleidung etc)* 2 *Am fam tienda*: Trödelladen *m*; *fig (bagatela)* Kleinigkeit *f*
cachero A ADJ 1 *Am Centr (impertinente)* zudringlich 2 *C. Rica Col, Ven (mentiroso)* verlogen, betrügerisch B M *Perú vulg (viejo verde)* geiler Bock *m*
cacheta F Zuhaltung *f (im Schloss)*
cachetada F *espec Am reg (bofetada)* Ohrfeige *f*
cachete M 1 *(golpe)* Schlag *m (bes auf den Kopf)*; *(bofetada)* Ohrfeige *f*; **recibir un ~** eine Ohrfeige bekommen, eins auf die Rübe kriegen *fam* 2 *espec* TAUR *puñal*: Genickfänger *m* 3 *(carrillo)* Pausbacke *f*; *Méx* Backe *f*, Wange *f* 4 *(nalga)* Gesäßbacke *f*; **cachetear** VT ohrfeigen; **cachetero** M 1 *puñal*: Genickfänger *m (tb* TAUR) 2 TAUR *(ayudante)* Gehilfe *m*, *der den Stier mit dem Genickfänger tötet*; **cachetito** M Klaps *m*; **cachetón** *Am* 1 *(carrilludo)* pausbäckig *fam* 2 *Chile (orgulloso)* eingebildet 3 *Méx (sinvergüenza)* unverschämt; **cachetudo** ADJ pausbäckig
cachi A M *fam* **un ~** ein Liter Bier vom Fass *(meist im Plastikkrug)* B M/F *Arg reg, Bol fam* Schießbudenfigur *f*
cachicamo M *Col* ZOOL (Neunbinden-)Gürteltier *n*
cachicán M 1 AGR *(capataz)* Vorarbeiter *m*; Gutsverwalter *m* 2 *fam (persona astuta)* Schlauberger *m*
cachicuerno ADJ *cuchillo* mit Horngriff
cachidiablo M *reg fam* Teufelsmaske *f*; **cachifo** M, **cachifa** F *Am Centr, Col, Ven fam* Bengel *m*, Göre *f*; **cachifollar** VT *fam* ärgern; demütigen; **cachigordete, cachigordo** ADJ *fam* untersetzt, korpulent
cachila F → cachilo
cachilla F *Chile* GASTR *Reisgericht nach indianischer Art*
cachilo M *Arg* 1 ORN Erdfink *m*; *p. ext* kleiner Vogel *m* 2 *fig (hombrecillo)* kleine Person *f*, Knirps *m fam*
cachimán M *reg* Versteck *n*
cachimba F 1 *fam (pipa)* Tabakspfeife *f* 2 *Cuba (prostituta)* Dirne *f* 3 *RPl (hoyo de agua)* flacher Strandbrunnen *m* 4 *Perú estudiante*: Studienanfängerin *f*
cachimbo M 1 *Am (pipa)* (Tabaks)Pfeife *f*; *Ven fam* **chupar ~** Pfeife rauchen; *lactante*: am Finger lutschen 2 *Am reg vulg (pene)* Schwengel *m pop* 3 *Perú desp* Mitglied *n* der Guardia nacional 4 *Cuba (pequeño ingenio de azúcar)* kleine Zuckersiederei *f* 5 *Perú estudiante*: Studienanfänger *m*
cachipolla F Eintagsfliege *f*; **cachiporra** A F Knüppel *m*; Keule *f* B ADJ *Chile* angeberisch; eingebildet; **cachiporrazo** M 1 *golpe*: Schlag *m* mit einem Knüppel 2 *(choque)* Aufprall *m*; **cachiporrearse** *Chile fam* angeben
cachirí M *Ven* Schnaps *m (der Indios)*
cachirulo M 1 *(vasija con aguardiente)* Schnapsflasche *f*, -gefäß *n* 2 MAR *embarcación*: Lugger *m* 3 *Arg fam (tonto)* blöder Kerl *m* 4 *pañuelo*: Kopftuch *n* der Aragonier
cachito M 1 *(pedazito)* Stück(chen) *n*; Portion *f* 2 *Perú* GASTR *panecillo*: Hörnchen *n*
cachivache M *desp* 1 *frec* **~s** *pl (cosa inútil)* Kram *m*, Plunder *m*, Gerümpel *n*, Ramsch *m*, Klamotten *fpl* 2 *fig (cuentos viejos)* olle Kamellen *fpl fam*, überlebtes Zeug *n fam* 3 *fam fig persona*: lächerliche Figur *f*, Taugenichts *m*, Trottel *m*;
cachivachería F *Col reg, Perú* Trödelkram *m*; -laden *m*
cachiyuyo M *RPl* BOT Pampamelde *f*
cacho[1] M 1 *(pedazo)* Stück *n*; Brocken *m*; *(añicos)* Scherbe *f*; *fam* **hacer ~s** zerschlagen, kaputt machen; *fam* **un ~ de a/c** ein bisschen von etw 2 *Am (cuerno)* Horn *n*; **estar fuera de ~** TAUR außer Reichweite der Hörner arbeiten; *fig* in Sicherheit sein; *Chile fig* **raspar a alg el ~** j-m eins auf den Deckel geben *fam* 3 *Am Mer (cubilete)* Würfelbecher *m*; *p. ext (juego de dados)* Würfelspiel *n*; *Bol fig* **tirar al ~** das Glück entscheiden lassen 4 *Col, Ec, Ven (burla)* Scherz *m*, Witz *m*; *C. Rica, Chile (embuste)* Betrug *m*, Schwindel *m*; *Chile, Ec* **de ~** im Scherz 5 *RPl (racimo de bananas)* Bananenbüschel *n* 6 *Chile en la tienda*: Ladenhüter *m*
cacho[2] M *pez*: *Art* Barbe *f*
cacho[3] ADJ (herunter)hängend
cachola F 1 MAR Mastbacke *f* 2 *reg fam (cabeza)* Kopf *m*, Schädel *m fam*
cachón M 1 *en la playa*: ans Ufer schäumende Welle *f*, Brecher *m*; Schwall *m* 2 ZOOL Sepia *f*, Tintenfisch *m*
cachondearse *pop* 1 *(burlarse)* **~ de alg** sich über j-n lustig machen 2 *Am reg* knutschen *fam*; sich aufgeilen *pop*; **cachondeo** M *pop* 1 *(broma)* Ulk *m*, Jux *m*, *al.d.S* Gaudi *f fam*; *(tontería)* dummer Spaß *m*, Unfug *m*; **¡menos ~, niño!** zur Sache, mein Junge!; lass deine dummen Späße!; *fam* **tomar a/c a ~** etw nicht ernst nehmen 2 *Am reg* Knutscherei *f fam*; Aufgeilen *n pop*
cachondez F 1 ZOOL *perra*: Läufigkeit *f* 2 *fam fig persona*: Geilheit *f*; *pop* Sex-Appeal *m*; **cachondo** ADJ 1 ZOOL *perra* läufig 2 *fam fig persona* scharf *fam*, geil *fam*; aufreizend; **poner ~ a alg** j-n aufreizen, j-n aufgeilen *fam*, j-n scharf machen *fam* 3 *(chistoso)* witzig
cachorrada F *Ven* Ungezogenheit *f*; **cachorreña** F *fam* Trödelei *f*; Tölpelei *f*; **cachorrillo** M Taschenpistole *f*; **cachorro** M 1 ZOOL Junge(s) *n*; *perro*: Welpe *m* 2 *arma*: Taschenpistole *f* 3 *fig muchacho* kräftiger Junge *m*
cachucha F 1 MÚS *andalusischer Volkstanz* 2 *espec Am gorra*: Schirmmütze *f* 3 *bote*: kleines Boot *n* 4 *Bol aguardiente*: Zuckerrohrschnaps *m*; *Méx Art* Cocktail *m* 5 *RPl reg, Chile (bofetada)* Ohrfeige *f* 6 *Arg pop (vulva)* Möse *f pop* Muschi *f fam*;
cachucho M *Antillas pez*: *essbarer Seefisch*
cachudo ADJ 1 *Chile fam (astuto)* verschlagen, gerieben 2 *Am (cornudo)* mit großen Hörnern 3 *Ur (de mal gusto)* geschmacklos
cachuela F 1 GASTR *guisado*: Kaninchenklein *n reg tb del puerco*: Schweineklein *n* 2 *Bol, Perú (rápido)* Stromschnelle *f*
cachuelar VI *Perú (trabajar)* jobben *fam*; **cachuelo** M 1 ZOOL *pez*: Aitel *m*, Döbel *m* 2 *Perú (trabajo eventual)* (Extra)Arbeit *f*; Job *m*
cachumbo M *Col* (Haar)Locke *f*
cachupín M *Am neu eingewanderter* Spanier *m*; *fig* Emporkömmling *m*
cachurear VI *Chile fam espec basura* durchwühlen; **cachureo** M *fam* weggeworfener Kram *m*
cachuzo ADJ *Arg* schwach, kraftlos
cacica F Kazikenfrau *f*; **cacicada** F Amtsmissbrauch *m (eines örtlichen Potentaten)*; **cacical** ADJ Kaziken…; **cacicato** M *liter*, **cacicazgo** M Würde *f* (o Amt *n*) eines Kaziken
cacillo M 1 *(cazo pequeño)* kleine Stielpfanne *f* 2 *(cucharón)* Schöpflöffel *m*
cacique M 1 *Am (jefe indio)* Kazike *m*, Häuptling *m* 2 *fam fig (pez gordo)* hohes Tier *n fam*, *espec* Ortsgewaltige *m*, Dorftyrann *m*, Bonze *m fam* 3 *Chile* (fetter) Lebemann *m*; **caciquear** VI *fam* herumkommandieren; in alles hineinreden; **caciquería** F **la ~** die (politisch) einflussreiche Clique *f fam*, die Bonzen *mpl (desp)*, die hohen Tiere *npl fam*; **caciquesco** ADJ *desp* **política** *f* **-a** Bonzenwirtschaft *f*, Klüngelei *f*, Filz *m*, Filzokratie *f fam*; **caciquismo** M *desp* Bonzentum *n*; Klüngel *m*; **caciquista** A ADJ Kaziken…; Bonzen…; zur Clique gehörig B M/F Parteigänger *m* eines Bonzen
cacle M *Méx Art* Ledersandale *f*
caco M 1 *(ladrón)* Langfinger *m fam* 2 *fig (persona cobarde)* Feigling *m*, Memme *f*
cacofonía F Kakofonie *f*, Missklang *m*; **cacofónico** ADJ misstönend, kakofonisch
cacomiztle M *Méx* ZOOL Katzenfrett *m*
cactáceo ADJ Kaktus…, Kakteen…; **cacto, cactus** M BOT Kaktus *m*
cacumen M 1 *t/t (cumbre)* Scheitelpunkt *m*, Gipfel *m* 2 *fam fig (agudeza)* Scharfsinn *m*, Köpfchen *n fam*, Witz *m*
CAD M ABR (Computer Aided Design) CAD *n* (Computer Aided Design)
cada[1] ADJ 1 *persona*: jede(r, -s) (einzelne); **~ uno** o *liter* **~ cual** o *fam* **~ quisque** ein jeder; **todos y ~ uno (de nosotros)** (ein) jeder (von uns); **uno de ~ tres** jeder Dritte 2 **~ cosa** alles Mögliche; *(lo increíble)* die unglaublichsten Dinge *fam*; COM **~ uno** je (o für das) Stück; *frec irón* **te dicen ~ cosa** *corresponde a*: da kannst du

was zu hören kriegen *fam*; **uno de ~** von jedem eins; **~ cien máquinas se hace un control** bei jeder hundertsten Maschine wird eine Stichprobe gemacht; *fig fam* **me das ~ alegría** *corresponde a*: du machst mir Spaß! **3** *locuciones temporales*: **~ día** jeden Tag, täglich; **~ dos días** alle zwei Tage, jeden zweiten Tag; **(de) ~ hora** stündlich; *Am Cent, Col, Méx fam* **a ~ nada** immer wieder, alle Augenblicke *fam*; **a ~ paso** fortwährend, immer wieder; **~ vez** jedes Mal; **~ vez que ...** jedes Mal wenn ...; so oft wie ..., immer wenn ...; **~ vez más** immer mehr; immer stärker

cada[2] M BOT Wacholder *m*

cadalso M Schafott *n*

cadañero ADJ **1** AGR jährlich gebärend **2** → anual

cadarzo M **1** *gusano de seda*: Kokonschale *f der Seidenraupe* **2** *(borra de seda)* Flockseide *f*

cadáver M Leiche *f*, Leichnam *m (tb fig)*; *de un animal*: Kadaver *m*, Tierleiche *f*; **~ de un ahogado** Wasserleiche *f*; **~ ambulante** *o* **andante** wandelnde Leiche *f*; **examen** *m o* **inspección** *f* **de ~es** Leichenschau *f*; **ingresar ~ en la clínica** bei Einlieferung in die Klinik bereits tot sein; **¡antes pasarán por mi ~!** nur über meine Leiche!

cadavérico ADJ Leichen...; leichenhaft; *fig pálido*: leichenblass

cadejo M **1** *cabello*: (verfilzte) Haarsträhne *f*; *Arg* Mähne *f* **2** TEX *de hilo, seda*: Strähne *f*; *de un cordel*: Strang *m*

cadena F **1** *gener* Kette *f (tb* TEC*, etc)*; **~ de agrimensor** Messkette *f*; **~ del ancla** Ankerkette *f*; AUTO **~ antideslizante** Schneekette *f*; **~ de cubos** Eimerkette *f*; **~ de reloj** Uhrkette *f*; **~ de seguridad** Sicherheits-, Sperrkette *f*; **~ de transmisión** Antriebskette *f*; **atar con ~** *presos* in Ketten legen; *presos* anketten, an die Kette legen; **en ~** Ketten...; **reacción** *f* **en ~** Kettenreaktion *f* **2** TEC **~ de montaje** Fließband *n*; TEC **~ de producción** Fertigungsstraße *f*; **~ transportadora** Förderkette *n*; Förderband *n*; **trabajo** *m* **en ~** Fließbandarbeit *f* **3** COM **~ del frío** Kühlkette *f*; **~ hotelera** Hotelkette *f*; **~ de tiendas** Ladenkette *f* **4** *fig* BIOL **~ alimentaria** *o* **alimenticia** Nahrungskette *f*; POL **~ humana** Menschenkette *f*; GEOG **~ de montañas** Bergkette *f* **5** TV Kanal *m*, Programm *n*; **~ de radio/de TV** Radio-/Fernsehprogramm *n*; **la segunda ~** das zweite Programm **6** *fonotecnia*: **~ de sonido** *o* **de música** Hi-Fi-Anlage *f* **7** *fig (obligación)* Zwang *m*; **~s** *pl* Fesseln *fpl*, Ketten *fpl*, Bande *npl*; JUR **~ (perpetua)** (lebenslängliche) Haftstrafe *f* **8** ARQUIT *armazón*: Stützgerüst *n*, -verstrebung *f* **9** TEX Aufzug *m*, Kette *f* **10** *baile*: *verschiedene Tanzfiguren*

cadena-oruga F Raupenkette *f*

cadencia F **1** *(ritmo)* Takt *m*; Rhythmus *m*; *fig* **~s** *pl* Töne *mpl*, Klang *m* **2** *(compás)* Tempo *n*; TEC **~ de reloj** (Maschinen-)Takt *m*; MIL **~ de tiro** Feuergeschwindigkeit *f* **3** MÚS Kadenz *f* **4** *(entonación)* Tonfall *m* **5** TEC *(serie)* (Reihen)Folge *f*; **~ de imágenes** Bildfolge *f*

cadencioso ADJ **1** *(rítmico)* rhythmisch; taktmäßig **2** *(armónico)* harmonisch

cadenero M *Arg caballo*: Vorspannpferd *n*; **cadeneta** F **1** TEX **(punto** *m* **de) ~** Kettenstich *m* **2** *decoración*: Papierschlange *f* **3** TIPO Kapitalband *n*; **cadenilla** F Kettchen *n*; *equitación*: **~ (del bocado)** Schaumkette *f*

cadera F ANAT Hüfte *f*; Lende *f*, Flanke *f*; **cimbrear las ~s** mit den Hüften wackeln; *fam* **echar ~s** breite Hüften bekommen

caderamen M *Esp fam* breite (weibliche) Hüften *fpl*

cadetada F *fam* Lausbubenstreich *m*

cadete M **1** MIL Kadett *m*; *fam fig* **hacer el ~** sich unbesonnen aufführen; dumme Streiche machen; *fam* **enamorarse como un ~** sich wie ein Primaner verlieben **2** *Bol, RPl (aprendiz)* Lehrling *m*; Volontär *m*; *Arg, Chile* Laufbursche *m* **3** DEP **~s** *pl* Jugend(mannschaft) *f*

cadí M ⟨*pl* -íes⟩ Kadi *m*

cadillar M mit Kletten bewachsener Ort *m*; **cadillo** M BOT **1** Haftdolde *f (Caucalis)* **2** Spitzklette *f (Xanthium)*

Cádiz M *span Stadt u Provinz*

cadmia F METAL Gichtschwamm *m*

cadmio M QUÍM Kadmium *n*

cadoso, cadozo M Strudel *m*, Untiefe *f (eines Flusses)*

caducación F JUR Verfall *m*, Wegfall *m*, Erlöschen *n*; **caducado** ADJ **estar ~** abgelaufen sein, ungültig sein; **caducante** PART verfallend; verjährend; **caducar** V/I ⟨1g⟩ **1** *persona* alt und hinfällig werden; senil werden **2** *cosa* in Verfall geraten; veralten, außer Gebrauch kommen **3** *ley, contrato* verfallen; *derecho, plazo* erlöschen; *plazo, pasaporte* ablaufen, ungültig werden

caduceo M MIT Merkurstab *m*

caducidad F **1** JUR Ver-, Wegfall *m*, Erlöschen *n* **2** *de una persona*: Hinfälligkeit *f*, Gebrechlichkeit *f*; *fig de una cosa*: Vergänglichkeit *f*; **fecha** *f* **de ~ (mínima)** (Mindest-)Haltbarkeitsdatum *n*; **caducifolio** ADJ BOT laubabwerfend; **bosque** *m* **~** Laubwald *m*

caduco ADJ **1** *casa* baufällig; *fig* vergänglich **2** *persona* gebrechlich, altersschwach, hinfällig **3** JUR verfallen; ungültig (geworden) **4** BOT **árboles** *mpl* **de hoja -a** laubabwerfende Bäume *mpl*

caduquez F Hinfälligkeit *f*, Altersschwäche *f*

caedizo **A** ADJ leicht fallend; **fruta** *f* **-a** Fallobst *n* **B** M *Am Centr, Col, Méx* Vordach *n*

caer

⟨2o⟩

A verbo intransitivo **B** verbo reflexivo **C** verbo transitivo

— **A** verbo intransitivo —

1 *gener* fallen; *al suelo*: hinfallen, stürzen; *de arriba*: herunterfallen; *(estrellar)* abstürzen; *(deshacerse)* abfallen; *(volcar)* umfallen; *(derrumbar)* einstürzen, zusammenfallen; MAR **~ al agua** über Bord fallen; **~ de lo alto** herunterfallen, (ab)stürzen *(tb fig)*; **~ de golpe** niederstürzen, -fallen, hinschlagen; **~ como muerto** niederstürzen wie ein gefällter Baum; **~ de plano** der Länge nach hinfallen, längelang hinschlagen; MAR **~ para atrás** abfallen, achteraus treiben; **~ al** *o* **en el suelo** auf den *(o* zu) Boden fallen; **dejar ~** fallen lassen *(tb fig observación)*; *fam fig* **dejarse ~** vorbeikommen, aufkreuzen; **hacer ~** umwerfen, -reißen, stürzen; *fig* **caiga quien caiga** ohne Rücksicht auf Verluste **2** *fig rey, gobierno, etc* stürzen, gestürzt werden; *(venido a menos)* herunterkommen, (ab)sinken; **~ muy bajo** tief sinken **3** *en una situación*: in *etw (acus)* geraten, in *eine Lage* kommen; **~ en cama** bettlägerig werden; **~ desmayado** ohnmächtig werden; **~ enfermo** krank werden; *tb fig* **~ en el garlito** in die Falle gehen; **~ en la miseria** ins Elend geraten; **~ en pecado** sündigen; **~ en tentación** in Versuchung kommen **4** *(adjudicar)* zufallen, zuteilwerden (a *dat*); *propina* abfallen (a für *acus*); **~le a/c a alg** etw bekommen, etw erwischen *fam* **5** **~ bien/mal** gelegen/nicht gelegen kommen; *persona* sympathisch/unsympathisch sein; *vestimenta* gut/schlecht sitzen *(o* stehen); *presentación, discurso, etc* gut/schlecht ankommen, *reg comida* bekommen/nicht bekommen **6** *(comprender)* **~ (en el chiste)** begreifen, kapieren *fam*; **¡ahora caigo!** jetzt begreif ich's!; jetzt hab ich's erfasst *(o* kapiert *fam)*! **7** *(encontrarse)* liegen; sich befinden; **~ cerca/lejos** in der Nähe/weit weg liegen; **esta calle cae por la plaza de ...** diese Straße liegt in der Nähe des ...platzes; **~ al jardín** zum Garten hinausgehen; **eso cae dentro/fuera de mis atribuciones** dafür bin ich/bin ich nicht zuständig; **¿por dónde cae este pueblo?** wo liegt dieses Dorf? **8** *en el tiempo*: **~ en** *o* **por** fallen auf *o* in *(acus)*; **Navidad cae en domingo** Weihnachten fällt auf einen Sonntag; **estar al ~** *acontecimiento* unmittelbar bevorstehen; *persona* jeden Augenblick kommen (können); **están al ~ las cinco** gleich ist es fünf (Uhr) **9** *día* sich neigen; *sol* untergehen, sinken; **al ~ la noche** bei Anbruch der Nacht *(o* der Dunkelheit) **10** *balanza (nach einer Seite)* ausschlagen, sich neigen *(tb fig)* **11** *RPl de improviso*: (unerwartet) eintreffen **12** **~ sobre alg** sich auf j-n stürzen, über j-n herfallen; **hacer ~ la conversación sobre** das Gespräch auf *(acus)* lenken **13** *fig candidato, examinado* durchfallen **14** MIL *soldado, fortaleza* fallen **15** *pago* fällig werden (*o* sein)

— **B** verbo reflexivo —

caerse (hin)fallen, stürzen; umfallen; *hojas* abfallen; *pelo, dientes* ausfallen; **~ redondo** (auf der Stelle) umfallen; *fig* **~ de bueno/tonto** äußerst gut/dumm sein; **~ muerto de miedo** halb tot vor Furcht sein; **~ de risa** sich totlachen; **~ de** *o* **por su (propio) peso** selbstverständlich *(o* einleuchtend) sein; **~ de sueño** zum Umfallen müde sein, sehr schläfrig sein; **~ de suyo** in sich zusammenstürzen; keinen festen Halt *(o* keinen Bestand) haben *(tb fig)*; **~ de viejo** sehr alt und hinfällig sein; **~ en pedazos** auseinanderfallen; **no tener dónde ~ muerto** arm wie eine Kirchenmaus sein; **¡cuidado (que) no se caiga!** Vorsicht, damit Sie nicht fallen!; **¡a ver si se cae!** Passen Sie auf, dass Sie nicht fallen!; *fig* **se me cae la casa encima** *o* **a cuestas** mir fällt die Decke auf den Kopf *fam*

— **C** verbo transitivo —

pop fallen lassen

CAF F ABR (Corporación Andina de Fomento) Andine Entwicklungkorporation *f* zur Förderung des Integrationsprozesses der Andenstaaten

cafarnaúm M Gewühl *n*, Durcheinander *n*

café **A** M **1** BOT *árbol*: Kaffee(strauch) *m*; **(grano** *m* **de) ~** Kaffeebohne *f* **2** *bebida*: Kaffee *m*; *fam* **~ ~** sehr starker *(o* ausgezeichneter) Kaffee *m*; **~ americano** weniger starker Kaffee *m*; **~ cargado** starker Kaffee *m*; **~ de cebada/de centeno** Gersten-/Roggenkaffee *m*; **~ con leche** Milchkaffee *m*; **~ cortado** kleiner Kaffee *m* mit etwas Milch; **~ completo** komplettes Frühstück *n*; **~ descafeinado** koffeinfreier Kaffee *m*; **~ exprés** Espresso *m*; **~ helado** eisgekühlter Kaffee *m*; **~ con hielo** Kaffee *m* mit Eiswürfeln; **~ instantáneo** *o* **soluble** Pulverkaffee *m*, löslicher Kaffee *m*; **~ irlandés** Irish Coffee *m*; **~ largo** weniger starker Kaffee *m*; **~ negro** *o* **solo** schwarzer Kaffee *m*; **~ soluble** Pulverkaffee *m*; **~ tostado** *o* **torrefacto** Röstkaffee *m*; **echar** *o* **servir ~ (en las tazas)** Kaffee eingießen **3** *fam fig* **de buen/mal ~** gut/schlecht gelaunt; *RPl* **dar ~ a alg** j-m den Kopf waschen *fam*; *Col, P. Rico, Ven* **echárselas de ~ con leche** aufschneiden, angeben *fam* **4** *establecimiento*: Café *n*, Kaffeehaus *n*; **~ cantante** Tanz-, Konzertcafé *n*; **~ Internet** Internetcafé *n*; **~ con terraza** Straßencafé *n* **B** ADJ *inv* **(de color) ~** kaffeebraun; *Am* dunkelbraun

C

cafeína F QUÍM Koffein *n*; **sin ~** koffeinfrei **cafereta** M *jerga del hampa Arg* → cafiso **cafetal** M AGR Kaffeepflanzung *f*; **cafetalero** M, **cafetalera** F, **cafetalista** M/F *Cuba, Méx, P. Rico* Kaffeepflanzer *m*, -in *f* **cafetear** V/T *RPl fam* **~ a alg** j-m den Kopf waschen *fam* **cafetera** F Kaffeekanne *f*; **~ (eléctrica)** (elektrische) Kaffeemaschine *f*; **~ exprés** Espressomaschine *f*; **~ de goteo** Kaffeemaschine *f*; *fam fig* **~ rusa** Plunder *m*, Schrott *m fam*; *espec* AUTO alte Karre *f fam*; *fam* **estar como una ~** spinnen *fam* **cafetería** F **1** Cafeteria *f*, Café *n*; *(lonchería)* Imbissstube *f* **2** *Cuba tienda*: Kaffeeladen *m*; **cafetero** **A** ADJ Kaffee...; **zona** *f* **-a** Kaffee(anbau)zone *f*; *fam fig* **ser muy ~** ein starker Kaffeetrinker sein **B** M, **-a** F **1** *dueño, -a*: Cafébesitzer *m*, -in *f* **2** *comerciante*: Kaffeehändler *m*, -in *f* **3** *recogedor(a)*: Kaffeepflücker *m*, -in *f* **4** *consumidor(a)*: starker Kaffeetrinker *m*, -in *f*; **cafetín** M *espec Am* kleines Café *n*; Stehcafé *n*; *desp* mieses Café *n*; **cafeto** M BOT Kaffeestrauch *m*; **cafetucho** M *desp* mieses Café *n*, Budike *f reg* **caficho** M *Arg pop* Zuhälter *m*, Lude *m pop* **caficultor** M, **caficultora** F Kaffeepflanzer *m*, -in *f*; **caficultura** F Kaffeeanbau *m* **cafiolo** M *Arg jerga del hampa* → cafiso; **cafisismo** M *Arg jerga del hampa* Zuhälterei *f*; **cafiso** M *Arg jerga del hampa* Zuhälter *m*, Lude *m fam* **cafre** M/F *etnología: y fig desp* Kaffer *m*, -in *f* **caftán** M Kaftan *m* **cafúa** F *RPl pop* Gefängnis *n*, Knast *m fam* **caga(a)ceite** M ORN Misteldrossel *f*; **cagachín** M **1** *insecto*: rote Stechmücke *f* **2** ORN kleiner Finkenvogel *m* **3** *pop fig persona*: Scheißkerl *m pop* **cagada** F **1** *vulg (excremento)* Kothaufen *m*, Scheißhaufen *m vulg* **2** *pop fig (suciedad)* Dreck *m*, Scheiße *f pop*; **cagadero** M *pop* Abtritt *m*, Scheißhaus *n pop*; **cagado** **A** ADJ *pop* feig(e); *vulg* **estar ~ de miedo** die Hosen voll haben *fam*, Schiss haben *pop*; *pop* **estamos ~s** wir sind aufgeschmissen *fam*, wir stecken in der Scheiße *vulg* **B** M Feigling *m*; **cagafierro** M TEC Eisenschlacke *f*; **cagajón** M Pferdeapfel *m*; **cagalera** F *pop (diarrea)* Dünnschiss *m pop*; **caganidos** M ⟨*pl inv*⟩ **1** ORN zuletzt geschlüptes Vogelküken; *fam fig (hijo último)* Jüngster *m*, Benjamin *m fam* **2** *(persona raquítica)* schwächlicher Mensch *m*, Kümmerling *m fam* **cagaprisas** M/F *Esp* Typ *m*, der es immer eilig hat *fam* **cagar** ⟨1h⟩ *pop* **A** V/T verpfuschen, versauen *fam*, versaubeuteln *fam*; **~la** Mist bauen *fam*, ins Fettnäpfchen treten; *pop* **¡ya la hemos cagado!** jetzt ist alles im Eimer! *fam* **B** V/I kacken *pop*, scheißen *vulg* **C** V/R **cagarse** (sich *dat*) in die Hosen machen *(tb fig)*; *vulg* **me cago en tu madre/padre** *sehr schwere Beleidigung*; *vulg* **me cago en Dios** *o euf* **en diez** *o* **en la puta** *o* **en mi suerte**, *etc* verdammt noch mal *pop*, verdammte Scheiße *vulg* **cagarria** F BOT *hongo comestible*: Spitzmorchel *f*; **cagarropa** F *insecto*: kleine Stechmücke *f*; **cagarruta** F *ganado menor*: Kot *m*; *venado*: Losung *f*; **cagatinta(s)** M *desp* Federfuchser *m*, Schreiberling *m*, Bürohengst *m (todos fam desp)*; **cagatorio** M *hum* → cagadero **cagón** **A** ADJ *vulg* feige **B** M **1** *vulg* Scheißer *m pop (tb fig)*, Scheißkerl *m pop*; *(cobarde)* Feigling *m* **2** *Col fam niño*: Kleinkind *n* **caguama** F *Antillas* ZOOL *Art* Karettschildkröte *f* **caguera** F *pop Esp* Dünnschiss *m pop*; **cagueta** *vulg* **A** F **1** *(diarrea)* Dünnschiss *m pop* **2** *(canguelo)* Bammel *m fam*, Schiss *m pop* **B** M Angsthase *m* **cahíz** M *Trockenmaß (regional verschieden; in Kastilien 666 l)* **cahuín** M *Chile pop* Zechgelage *n*, Fresserei *f* mit Besäufnis *fam* **caí** **A** → caer **B** M *Am* ZOOL Kapuzineräffchen *n* **caico** M *Cuba* Felsenriff *n* **caída** F **1** *(acción de caer)* Fallen *n*, Fall *m*; *de una casa*: Einsturz *m*; *de un avión, alpinista*: Absturz *m*; MIL Ein-, Aufschlag *m*; **~ libre** freier Fall *m*; **~ (de aguas)** Wasserfall *m*; METEO Niederschlag *m*; CAZA **~ de la cuerna** Abwerfen *n* des Geweihs; **~ de ojos** Niederschlagen *n* der Augen; **~ del pelo** Haarausfall *m*; *fig* **ir de ~** nachlassen; heruntergekommen sein; **dar una ~** stürzen; *fam tb* hereinfallen **2** *fig (descenso)* Fallen *n*, Sinken *n*; Rückgang *m*; ELEC **~ de antena** Antennenableitung *f*; **~ de la balanza** Ausschlag *m* der Waage; AVIA **~ de la presión** Druckabfall *m*; **~ de temperatura** Temperatursturz *m*; ELEC **~ de tensión** Spannungsabfall *m*; COM **~ de las ventas** Umsatzrückgang *m* **3** *del terreno*: Abhang *m*, Steilhang *m*; *(inclinación)* Neigung *f*, Schräge *f*; Gefälle *n* **4** *espec* POL *(derrocamiento)* Sturz *m*; Fall *m*; REL Sündenfall *m*; **~ del gobierno** Sturz *m* der Regierung; **~ del Imperio Romano** Untergang *m* des Römischen Reiches **5** *temporal*: **~ de la tarde** (Einbruch *m* der) Dämmerung *f*; **a la ~ del sol** bei Sonnenuntergang **6** INFORM Absturz *m*; **~ del programa** Programmabsturz *m*; **~ del sistema** Systemabsturz *m* **7** MAR Segelkante *f*; Segeltiefe *f* **8** FON (Aus)Fall *m*, Abstoßen *n* **9** *de un vestido*: Faltenwurf *m* **10** *de la ventana*: Fenster-, Wandbehang *m* **11** *fam* **~s** *pl (ideas)* witzige (o treffende) Einfälle *mpl* **12** *fig (fracaso)* Reinfall *m* **caído** **A** ADJ **1** *soldado* gefallen *(tb fig)* **2** *(colgante)* herabhängend; schlaff **3** **~ (de ánimo)** niedergeschlagen, bedrückt **4** **~ de color** bleich, verblichen **B** M, **-a** F MIL Gefallene *m/f* **C** **~s** PL **1** schräge Schreiblinien *fpl (im Heft zum Schreibenlernen)* **2** ECON fällige Zinsen *mpl* **caigo** → caer **cailón** M *pez*: Heringshai *m* **caimán** M **1** ZOOL Kaiman *m*; **~ negro** Mohrenkaiman *m* **2** *fam fig (persona astuta)* Schlitzohr *n*, gerissener Kunde *m fam* **3** *Col (peón)* Aushilfsarbeiter *m* **caimiento** M Fall *m*, Fallen *n*; *fig* Niedergeschlagenheit *f* **caimito** M *Am trop* Sternapfelbaum *m* **Caín** M *Biblia*: Kain *m*; *fig* Bösewicht *m*; *fam* **pasar las de ~** Schweres durchmachen müssen; aufgeschmissen sein *fam* **Cainita** F QUÍM, AGR Kainit *n* **caipiriña** F *bebida*: Caipirinha *f* **caire** M *jerga del hampa* (Huren)Geld *n* **cairel** M **1** *la base*: Perückenunterlage *f*; *(peluca)* Perücke *f* **2** TEX *frec* **~s** *pl* Fransenbesatz *m* **3** MAR Reling *f*, Leiste *f* **Cairo** M **El ~** Kairo *n* **cairota** **A** ADJ aus Kairo **B** M/F Bewohner *m*, -in *f* von Kairo **caja** F **1** *(cajón)* Kiste *f*; *(cofre)* Kasten *m*; *(bote)* Büchse *f*, Dose *f*; *(cajetilla)* Schachtel *f*; *(cartón)* Karton *m*; BOT Samenkapsel *f*; **~ de bombones** Pralinenschachtel *f*; **~ de cartón** Pappschachtel *f*; **~ de cerillas/cigarrillos** Streichholz-/Zigarettenschachtel *f*; **~ de colores** Mal-, Farbkasten *m*; **~ de construcciones** Baukasten *m*; **~ de música** Spieldose *f*; **~ de muerto** *o* **~ mortuoria** Sarg *m*; **~ nido** Nistkasten *m*; **~ de pinturas** Malkasten *m*; **~ plegable** Faltkarton *m*; Faltbox *f*; **~ de zapato** Schuhkarton *m*, -schachtel *f*; MIT *y fig* **la ~ de Pandora** die Büchse der Pandora; *fam fig* **echar** *o* **despedir a alg con ~s destempladas** j-n hochkantig hinauswerfen *fam* **2** FIN *para guardar dinero, etc*: **~ de caudales** *o* **~ fuerte** *o Chile* **~ de fondos** Panzerschrank *m*, Tresor *m*, Safe *m*; **~ de noche** Nachttresor *m*; **~ de seguridad** Bankschließfach *n* **3** TEC Kasten *m*, Box *f*; *(carcasa)* Gehäuse *n*; MAR, AUTO Aufbau *m*; *fonotecnia*: **~ acústica** (Lautsprecher)Box *f*; FERR **~ de agujas** Hebelwerk *n*; *Cuba, P. Rico, S.Dgo* **~ de bolas** Kugellager *n*; AUTO **~ de cambios** *o* **de velocidades (automática)** (Automatik)Getriebe *n*; **~ de compases** Reißzeug *n*; ELEC **~ de fusibles** Sicherungskasten *m*; **~ de herramientas** Werkzeugkasten *m*; INFORM Toolbox *f*; TV *fam* **~ idiota** *o* **tonta** Glotze *f fam*; AVIA **~ negra** Flugschreiber *m*, Black Box *f*; **~ de reloj** Uhrgehäuse *n*; MÚS **~ de resonancia** Resonanzboden *m*, -körper *m* **4** COM, FIN Kasse *f*; *(taquilla)* Kassenschalter *m*, Zahlstelle *f*; *(existencias)* Kassenbestand *m*; **~ chica** Handkasse *f*; Portokasse *f*; **~ registradora** Registrierkasse *f*; *en el hotel*: Hotelsafe *n*; **horas** *fpl* **de ~** Kassenstunden *fpl*; **hacer ~** abrechnen, Kasse machen **5** ECON *(instituto monetario)* Kasse *f*, Bank *f*; **~ de ahorros** Sparkasse *f*; **~ de compensación** Ausgleichs-, Verrechnungskasse *f*; **~ de depósitos/de préstamos** Depositen-/Darlehenskasse *f*; **~ de pensiones** Versorgungs-, Pensionskasse *f*; **~ para la vejez** Alterskasse *f*; *Esp* **~ postal de ahorros** Postsparkasse *f*; **~ de resistencia** Streikfonds *m*; **~ de retiro** (zusätzliche) Altersversorgungskasse *f der Betriebe*; **~ de (seguros contra) enfermedad** Krankenkasse *f* **6** MIL **~ de reclutamiento** *organismo militar*: Wehrersatzstelle *f*; **entrar en ~** einberufen werden; **estar en ~** wehrpflichtig sein, der Wehraufsicht unterliegen **7** ARQUIT *mina, pozo, chimenea, ascensor*: Schacht *m*; **~ de la escalera** Treppenhaus *n* **8** *(lecho de un río)* (Straßen)Bett *n*; *Chile* (trockenes) Flussbett *n* **9** MÚS *(tambor)* große Trommel *f*; *Perú* Rassel- *o* Pfeifentrommel *f der Indianer* **10** ANAT **~ (ósea)** *del cráneo*: Schädelgehäuse *n*; **~ (torácica)** Brustkorb *m*; **~ del tímpano** *en la oreja*: Pauke (nhöhle) *f*; *Col* **~ de dientes** Zahnprothese *f*, künstliches Gebiss *n* **11** MIN *(rocas)* Gestein *n um die fündige Schicht*, Gebirge *n* **12** CONSTR *(mortaja)* Zapfenloch *n* **13** FÍS **~ de Faraday** faradayscher Käfig *m* **14** *juego de bolos*: Ziel *n*, Aufstellungsraum *m* **15** *de la balanza*: Gleichgewichtspunkt *m* **cajera** F **1** *encargada de la caja*: Kassiererin *f* **2** MAR Scheibengatt *n*; **cajero** M **1** *encargado de la caja*: Kassierer *m*, *en asociaciones, etc*: Kassenwart *m* **2** FIN **~ automático** Geldautomat *m*; **~ nocturno** Nachttresor *m* **3** *acueducto*: Kanalböschung *f*; -wandung *f* **cajeta** F **1** *(caja)* Kästchen *n*, Dose *f* **2** *Méx (dulces)* Süßigkeiten *fpl* **3** *Arg pop (vagina)* Muschi *f pop*, Möse *f pop* **cajetilla** **A** F **1** *para cigarrillos*: Päckchen *n* Tabak; Schachtel *f* Zigaretten **2** *Chile (merengue)* Meringe *f in Papiertüte* **B** M *RPl desp (hombre presumido)* feiner Pinkel *m fam* **C** ADJ *Arg, Ur* eingebildet; **cajetín** M **1** Kästchen *n* **2** INFORM **~ de búsqueda** Suchfeld *n* **3** TIPO *(casilla)* Fach *n im Schriftkasten* **4** *(sello de mano)* Akten-, Handstempel *m* **5** ELEC Holzleiste *f zum Verlegen von Leitungen* **cajilla** F BOT Samenkapsel *f*; **cajillero** M, **cajillera** F Obstpacker *m*, -in *f* **cajista** M/F TIPO (Schrift-)Setzer *m*, -in *f* **cajita** F Kästchen *n*; Kassette *f*; **~ de bombones/cerillas** Pralinen-/Streichholzschachtel *f* **cajón** M **1** *(caja grande)* Kasten *m*; große Kiste *f*; *fam fig* **~ de sastre** Sammelsurium *n*, Durcheinander *n; p. ext persona:* Wirrkopf *m; fam* **ser de ~** *(ser muy corriente)* üblich (*o* gebräuchlich) sein; *(ser evidente)* offensichtlich sein, sich von selbst verstehen 2 Schublade *f*, -fach *n; de un estante:* Fach *n* 3 *(puesto de venta)* Verkaufsbude *f* 4 TEC, CONSTR Senkkasten *m*, Caisson *m*; MAR **~ de amarre** Vertäuboje *f* 5 *Méx* AUTO **~ de estacionamiento** Parkplatz *m*, Stellplatz *m* 6 *Am (ataúd)* Sarg *m* 7 *Am reg* GEOG Engpass *m*; enges Flusstal *n*, Schlucht *f* 8 *Perú* MÚS *Schlaginstrument der afroperuanischen Musik*

cajonera F 1 *en la sacristía:* Sakristeischrank *m* 2 *Perú* MÚS Cajónspielerin *f* (→ cajón 7); **cajonero** *Perú* MÚS Cajónspieler *m* (→ cajón 7)

cajuela F *Méx* AUTO Kofferraum *m*

cajuelita F *Méx* AUTO Handschuhfach *n*

cal F MINER Kalk *m*; **~ aérea/hidráulica** Luft-/Wasserkalk *m*; **~ apagada** *o* **muerta** gelöschter Kalk *m*; **~ anhidra** *o* **viva** *o* **cáustica** Ätzkalk *m*; **~ silícea** Kieselkalk *m*; **cloruro** *m* **de ~** Chlorkalk *m*; *fig* **de ~ y canto** felsenfest; dauerhaft; *fig* **cerrado a ~ y canto** verriegelt und verrammelt; *fam* **una de ~ y otra de arena** abwechselnd, immer schön im Wechsel *fam*

CAL F ABR (Comisión Pontificia para América Latina) CAT Päpstliche Kommission *f* für Lateinamerika

cala[1] F *(ensenada pequeña)* kleine Bucht *f*; Angelgrund *m*

cala[2] F 1 *(exploración)* Sondierung *f*, Auslotung *f*; **hacer ~ (en a/c)** (etw) genau untersuchen, (etw) sondieren *(fig)*, (etw) überprüfen 2 *(sonda)* Sonde *f (espec* MED) 3 *(plomo)* Angelblei *n* 4 MAR *de un buque:* Kielboden *m*, Kielraum *m*; **~ seca** Trockendock *n* 5 *de un melón:* Anschnitt *m*, Scheibe *f etc* 6 *Méx* MIN Schürfprobe *f* 7 FARM *(supositorio)* Zäpfchen *n*, Suppositorium *n*

cala[3] F BOT Kalla *f*

calabacear VT *fam* 1 *(dar un plantón)* **~ a alg** j-m einen Korb geben *(fam fig)* 2 *en el examen:* durchfallen lassen; **calabacera** F 1 BOT Kürbispflanze *f* 2 *comerciadora:* Kürbishändlerin *f*; **calabacero** M 1 *comerciante:* Kürbishändler *m* 2 *C. Rica* BOT *árbol:* Kürbisbaum *m*; **calabacilla** F 1 *pendiente:* birnenförmiger (Ohr-)Anhänger *m* 2 BOT Springkürbis *m*; **calabacín** M 1 BOT *frec* **-ines** *pl* Zucchini *f*; GASTR **-ines** *pl* **rellenos** gefüllte Zucchini *fpl* 2 *fam fig (tonto)* Dummkopf *m*; **calabacinate** M Kürbisgericht *n*; **calabacino** M Kürbisflasche *f*; **calabacita** F *Méx* BOT Ölkürbis *m*

calabaza F 1 BOT *planta:* Kürbispflanze *f*; *fruto:* Kürbis *m*; **~ de cidra** *o* **~ confitera** Riesen(einmach)kürbis *m*; **~ vinatera** *o* **de peregrino** Flaschenkürbis *m* 2 *(calabacino)* Kürbisflasche *f*, Kalebasse *f* 3 *fig (cabeza)* Kopf *m*, Schädel *m fam; fam fig persona:* Schafskopf *m*, Trottel *m fam* 4 *fam* **dar ~s a alg** *en el examen:* j-n durchfallen lassen; *a un pretendiente:* j-m einen Korb geben *fam*; **llevar(se) ~s** *en el examen:* durchfallen; *admirador* einen Korb bekommen *fam*; *fig* **salir ~** enttäuschen, eine Niete sein *fam* 5 MAR *(carraca)* Seelenverkäufer *m (Schiff)* 6 *fam (ganzúa)* Nachschlüssel *m*, Dietrich *m*

calabazada F *en la cabeza:* Schlag *m* auf den Kopf; *con la cabeza:* Schlag *m* mit dem Kopf; *fig* **darse de ~s** sich *(dat)* den Kopf zerbrechen; **calabazar** M Kürbisfeld *n*; **calabazate** M GASTR Kürbis *m in Sirup*; **calabazazo** M *fam* Stoß *m* mit dem Kopf; **calabazo** M 1 *fruto:* Kürbis *m* 2 *(calabacino)* Kürbisflasche *f* 3 *Cuba, P. Rico (güiro)* Kürbistrommel *f*

calabobos M *fam* Niesel-, Sprühregen *m*

calabocero M Kerkermeister *m*; **calabozo** M 1 *(cárcel subterránea)* Kerker *m*, Verlies *n*; Arrestzelle *f* 2 *instrumento de corte: Art schwere* Baumschere *f*

calabrés A ADJ kalabrisch B M, **-esa** F Kalabrier *m*, -in *f*

Calabria F Kalabrien *n*

calabrote M MAR Trosse *f*; Anker-; Schlepptau *n*

calaca F *Méx* Skelett *n*

calada F 1 *(penetración)* Eindringen *n*, Einsickern *n*; *(empapada)* Durchnässung *f*; *fam fig* **dar una ~ a alg** j-m einen scharfen Verweis erteilen 2 *(vuelo)* Flug *m eines Greifvogels* 3 TEX (Web)Fach *n*, Fadenöffnung *f* 4 *al fumar:* Zug *m beim Rauchen* 5 *pesca:* Auswerfen *n eines Netzes*

caladero M Fischplatz *m*, Fanggrund *m*

calado A ADJ 1 TEX *bordado, etc:* durchbrochen 2 *(empapado)* durchnässt; **~ hasta los huesos** patschnass *fam* B M 1 TEX durchbrochene Stickerei *f*; *(vainica)* Hohlsaum *m*; **~ de papel** Ausschnittarbeit *f* 2 MAR *de un barco:* Tiefgang *m*; Seetiefe *f*; *tb fig* **de gran ~** tief gehend 3 ELEC Phasenverschiebung *f*; TEC *de un motor:* Verschlucken *n*, Absaufen *n* 4 *Col tipo de pan: zwiebackartiges Weißbrot in Scheiben*

calador 1 MAR *herramienta:* Kalfatereisen *n* 2 *(sonda)* Sonde *f (tb* MED); **caladura** F Anschnitt *m einer Frucht*

calafate M MAR Kalfaterer *m*; *tb* Schiffszimmermann *m*; **calafateado** M MAR Kalfatern *m*; **calafateador** M MAR → calafate; **calafatear** VT MAR kalfatern; TEC abdichten; **calafateo** M MAR Kalfatern *n*; **calafatero** M MAR → calafate

calagraña F BOT *Traubensorte*

calaguala F BOT Kalahuala *f*, peruanischer Farn *m*

calaíta F Türkis *m*; Kallait *m*

calalú M 1 *Cuba* GASTR *sopa:* scharfe Gemüsesuppe *f* 2 *Am reg* BOT *verschiedene Pflanzen*

calamaco M 1 TEX *tela:* Kalmank *m*, Lasting *m* 2 *Méx aguardiente:* Agavenschnaps *m*

calamar M ZOOL Kalmar *m*, Tintenfisch *m*; **~es** *pl* **a la romana** gebackene Tintenfischringe *mpl*; **~es** *pl* **rellenos** gefüllte Tintenfische *mpl*; **~es** *pl* **en su tinta** in der eigenen Tinte gedünstete Tintenfische *mpl*

calambac M BOT Aloebaum *m*

calambrar VT einen Krampf verursachen; **calambrazo** M elektrischer Schlag *m*

calambre M 1 MED *(contracción muscular)* Muskel- (*o* Waden)krampf *m*; *del estómago:* Magenkrampf *m*; **~ del escribiente** Schreibkrampf *m*; **me dió un ~** ich bekam einen Krampf 2 ELEC *(golpe eléctrico)* Stromschlag *m*; elektrischer Schlag *m*

calambuco M *Am Mer* 1 BOT Kalambukbaum *m* 2 *resina:* Marienbalsam *m*

calambur M 1 *(juego de palabras)* Kalauer *m*, Wortspiel *n*; *desp* fauler Witz *m* 2 BOT indische Balsamaloe *f*

calamento M 1 BOT Bergminze *f* 2 *pesca:* Auslegen *n der Fischnetze etc*

calamidad F 1 *(desgracia)* Not *f*; Unheil *n*, Katastrophe *f*; Missgeschick *n*; **~ pública** Landplage *f*; Notstand *m*; *fam* **es una ~** das ist verheerend (*o* katastrophal); *fam* **está hecho una ~** er/sie war völlig fertig *fam* 2 *fam (persona incapaz)* Unglücksmensch *m*; **tenemos a esa ~ de Carlos** wir haben da den Carlos, diese Niete *fam*

calamina F MINER Zinkspat *m*; **calaminta** F BOT Bergmelisse *f*; **calamita** F MINER Magnetstein *m*

calamitoso ADJ 1 *(funesto)* unheilvoll 2 *(infeliz)* unglücklich; trübselig; *(desdichado)* erbärmlich; jämmerlich

cálamo M 1 MÚS *instrumento:* Schalmei *f* 2 *poét (caño)* Rohr *n*, Stängel *m* 3 *liter (pluma)* (Schreib)Feder *f* 4 BOT **~ (aromático)** Kalmus *m*, Magenwurz *f*

calamocano A ADJ *fam* beschwipst, angeheitert B M BOT Lupine *f*; **calamocha** F gelber Ocker *m*; **calamoco** M Eiszapfen *m an Dächern*

calamón M 1 ORN Purpurhuhn *n* 2 *(clavo para tapizar)* Polster-, Tapeziernagel *m*

calamorra A ADJ *oveja* im Gesicht bewollt B F *fam* Kopf *m*; Schopf *m fam*; **calamorro** M *fam* Latsche *f fam*, Trampelsandale *f fam*

calanchín M *Col espec* COM Strohmann *m*

calandra F AUTO Kühlergrill *m*; **calandraca** F MAR *sopa:* Schiffszwiebacksuppe *f*; **calandraco** M *Arg fam persona:* Spinner *m*, bescheuerter Typ *m*; **calandrajo** M *Esp* 1 *(trapo)* Fetzen *m*, Lumpen *m* 2 *(rumor)* Gerücht *n*, Gerede *n* 3 *fam fig persona:* Taugenichts *m*, Strolch *m*; **calandrar** VT 1 TEC, TEX, *papel, plástico* kalandern; *plástico tb* walzen; *papel tb* satinieren 2 *ropa* mangeln

calandria[1] F TEC *máquina:* Kalander *m*, Glättwerk *n*; *para la ropa:* (Wäsche)Mangel *f*; *en la cantera, etc:* Hebevorrichtung *f*

calandria[2] A F ZOOL Kalander-, Heidelerche *f* B M/F *fam fig* Simulant *m*, -in *f*; *tb* Dummkopf *m*

calanta F BOT falscher Acajou *m*, Zedrobaum *m*

calaña F 1 *(muestra)* Muster *n*, Vorbild *n* 2 *fig (tipo)* Art *f*, Sorte *f*, Schlag *m fam*; **hombre de buena/mala ~** gutartiger/gefährlicher Mensch *m*

calañés M Filzhut *m*

calao, cálao M ORN philippinischer Nashornvogel *m*

calapé M *Am Mer* GASTR Schildkrötenbraten *m in der eigenen Schale*

calar[1] A VT 1 *(perforar)* durchbohren, durchstoßen; *melon, etc* anschneiden; TEC *cuña* eintreiben; *sombrero, gorra* aufstülpen, tief ins Gesicht ziehen 2 *(empapar)* durchnässen, -tränken; *pan, etc* einweichen; **la lluvia le caló el poncho** der Regen drang durch seinen Poncho 3 *fig (tocar)* treffen; **sus palabras me calaron muy hondo** seine Worte gingen mir sehr zu Herzen 4 *(bajar)* herablassen, senken; MIL *lanza, etc* fällen, *bayoneta* aufpflanzen; MAR *bote* niederlassen; *red de pescador* auslegen, -werfen 5 *fam fig* **~ a alg** j-n durchschauen 6 *jerga del hampa (robar)* stehlen, klauen *fam* 7 *Esp fam alumno* durchfallen lassen B VI 1 *agua, etc* ein-, durchdringen *(tb fig)*; *gotera:* durchregnen; *(ser permeable)* durchlässig sein; *fig* **~ (hondo)** (tiefen) Eindruck machen (en auf *acus*); zu Herzen gehen 2 MAR *buque* Tiefgang haben; **el barco cala poco** das Schiff hat wenig Tiefgang C VI y VR **~se** 1 *ave de rapiña* herunter-, niederstoßen; **~(se) sobre la presa** sich auf die Beute stürzen *(tb fig)* 2 *(colarse)* sich einschleichen, sich *(dat)* Eingang verschaffen, eindringen (**en** in *acus*) D VR **calarse** 1 *sombrero, gorra* aufstülpen, tief ins Gesicht ziehen; **~ las gafas** (sich *dat*) die Brille auf die Nase setzen 2 *persona* durchnässt werden; **~ hasta los huesos** bis auf die Haut nass werden 3 *motor* abgewürgt werden, absaufen *fam*

calar[2] A ADJ Kalk..., kalkartig B M Kalk(stein)bruch *m*

calatearse VR *Perú fam* sich nackt ausziehen; strippen

calato *Perú* A ADJ nackt; *fam* **estar** *o* **andar ~** mittellos (*o fam* pleite sein) *(tb fig)* B M, **-a** F *fam* armer Teufel *m*, Hungerleider *m*, -in *f*

calatravo M HIST Ritter *m* des Calatravaordens

calavera A F 1 Totenkopf *m*, Schädel *m* 2 *mariposa:* Totenkopfschwärmer *m* B M *fig (hom-*

C

bre vicioso) Leichtfuß *m*, Windhund *m (fig)*; *(estúpido)* Hohlkopf *m*; **calaverada** F dummer Streich *m*, Eskapade *f*; **calaverear** V/I *fam* dumme Streiche machen

calazón F MAR Tiefgang *m*

calcado A ADJ 1 *dibujo* durchgepaust, durchgezeichnet 2 *fig (idéntico)* identisch 3 *(copiado)* nachgeahmt, nachgemacht B M Pause *f*, durchgepauste Zeichnung *f*; **calcador** M 1 *persona*: Durchzeichner *m* 2 *instrumento*: (Durch)Pausapparat *m*; **calcadora** F Durchzeichnerin *f*

calcamonía F → calcomanía

calcáneo M ANAT Fersenbein *n*; **calcañal, calcañar, calcaño** M ANAT Ferse *f*; *fam fig* **pisar los calcañares a alg** j-n belästigen, j-m auf den Wecker gehen *fam*

calcar V/T ⟨1g⟩ 1 durchzeichnen, -pausen; **papel** *m* **carbón** *o* **de ~** Pauspapier *n* 2 *fig (copiar fielmente)* genau *(o desp* sklavisch) nachahmen

calcáreo ADJ kalkartig, kalkig; kalkhaltig; Kalk…

calce M 1 *(cuña)* Unterlage *f*, Keil *m*; *(zapata)* Bremsklotz *m*, Hemmschuh *m* 2 *(llanta)* Radfelge *f* 3 *Ec (puntal)* Stützpfosten *m*

calcedonia F *piedra preciosa*: Chalzedon *m*;

calcemia F FISIOL Kalziumspiegel *m im Blut*;

calceolaria F BOT Pantoffelblume *f*

calcés M MAR Masttopp *m*

calceta F 1 *(media)* Strumpf *m*, Socke *f*; *Chile, Méx* (Herren)Kniestrumpf *m* 2 *(labor de punto)* Strickarbeit *f*; **hacer ~** stricken 3 *fig (grillete)* Fußschelle *f*; **calcetería** F 1 *fábrica*: Strumpfwirkerei *f* 2 *tienda*: Strumpfgeschäft *n*; **calcetero** M, **calcetera** F 1 *oficio*: Strumpfwirker *m*, -in *f*; Stricker *m*, -in *f* 2 *comerciante*: Strumpfhändler *m*, -in *f*; **calcetín** M 1 *(media)* Socke *f* 2 *fam fig para ahorrar*: Sparstrumpf *m* 3 *pop (preservativo)* Pariser *m pop*;

calcetón M Füßling *m*

calchona F *Chile* Wegeschreck *m*, Hexe *f (tb fig)*

cálcico ADJ QUÍM kalziumartig, Kalzium…, Calcium…

calcicosis F MED Kalklunge *f*; **calcificación** F 1 *sedimeto*: Kalkablagerung *f* 2 MED Verkalkung *f*; **calcificar** ⟨1g⟩ A V/T verkalken lassen B V/R **calcificarse** MED verkalken

calcífilo ADJ BOT kalkliebend; **calcífugo** ADJ BOT kalkfliehend; **calcímetro** M Kalkmesser *m*

calcinación F TEC, QUÍM Kalzinierung *f*, Brennen *n (von Kalk)*; **calcinado** ADJ 1 TEC, QUÍM kalziniert; **cal** *f* **-a** gebrannter Kalk *m* 2 *(quemado)* verbrannt, verkohlt; AUTO ausgebrannt; **calcinador** M **~ de yeso** Gipsbrenner *m*; **calcinamiento** M → calcinación

calcinar A V/T 1 TEC, QUÍM kalzinieren, ausglühen; *cal* brennen; *minerales* rösten; *substancias orgánicas* veraschen; verkoken 2 *fig (quemar)* aus-, verbrennen; *(carbonizar)* verkohlen B V/R **calcinarse** verbrennen; **calcinatorio** M Kalzinierofen *m*; -tiegel *m*; **calcinero** M, **calcinera** F Kalkbrenner *m*, -in *f*

calcio M QUÍM Kalzium *n*; FISIOL **nivel** *m* **del ~ (en la sangre)** Kalziumspiegel *m* (im Blut)

calcita F MINER Kalzit *m*, Kalkspat *m*

calco M 1 *(copia)* Durchzeichnung *f*, Pause *f*; Abdruck *m*; *fig (calco)* Abklatsch *m*; LING **~ lingüístico** Lehnprägung *f* 2 *pop (zapato)* Schuh *m*; **calcografía** F 1 *arte*: Kupferstechkunst *f* 2 *taller*: Werkstatt *f* eines Kupferstechers; **calcografiar** V/T ⟨1c⟩ in Kupfer stechen

calcógrafo M, **-a** F Kupferstecher *m*, -in *f*

calcomanía F Abziehbild *n*; **calcopirita** F MINER Kupferkies *m*; **calcotipia** F TIPO Kupferdruck *m*

calculable ADJ berechenbar, schätzbar, zählbar; **calculación** F COM Berechnung *f*, Kalkulation *f*; *(presupuesto)* Kostenvoranschlag *m*;

calculadamente ADV *fig* mit Berechnung, vorsätzlich, mit Vorbedacht; **calculador** A ADJ berechnend B M 1 *persona*: Rechner *m*; Kalkulator *m* 2 *t/t*, TEC, MIL, AVIA *instrumento*: Rechengerät *n*

calculadora F 1 *persona*: Rechnerin *f* 2 *máquina*: Rechenmaschine *f*; **~ de bolsillo** Taschenrechner *m*; **~ electrónica** Elektronenrechner *m*, Computer *m*

calcular V/T & V/I 1 *(computar)* (be-, aus-, er)rechnen; *espec* COM veranschlagen, kalkulieren *(tb fig)* 2 *fig (estimar)* abschätzen, ermessen; bedenken; **¡calcule Ud.!** bedenken Sie nur!; denken Sie (sich) nur!; **calculatorio** ADJ Rechen…, rechnerisch; Kalkulations…; kalkulatorisch

calculista M/F Pläneschmied *m*, -in *f*; *fig* berechnender Kopf *m*

cálculo M 1 Rechnen *n (tb enseñanza)*; *(cómputo)* Berechnung *f*, Kalkulation *f (tb fig)*; *(estimación)* Überschlag *m*, Schätzung *f*; COM **~s** *pl* Kalkulation *f*; MAT **~ algebraico** Algebra *f*; MAT **~ aritmético** Arithmetik *f*; **~ aproximado** *o* **aproximativo** Näherungsrechnung *f*; *espec* COM Überschlagsrechnung *f*; **~ de comprobación** *o* **de verificación** Nach-, Kontrollrechnung *f*, (Gegen-)Probe *f fam*; COM **~ de costes** Kostenkalkulation *f*; MAT **~ diferencial** Differenzialrechnung *f*; MAT **~ infinitesimal** Infinitesimalrechnung *f*; MAT **~ integral** Integralrechnung *f*; **~ mental** Kopfrechnen *n*; **~ de probabilidades** Wahrscheinlichkeitsrechnung *f*; **hacer ~s** kalkulieren, berechnen; *adv* **por ~** rechnerisch; *fig* aus Berechnung 2 MAR **~ (de la posición)** Ortsbestimmung *f*, Besteck *n* 3 *fig (conjetura)* Vermutung *f*, Einschätzung *f*; Plan *m* 4 MED *(piedra)* Stein *m*; **~s** *pl* Steinleiden *n*; **~ biliar/renal** Gallen-/Nierenstein *m*; **~ urinario** *o* **vesicular** Harn-, Blasenstein *m*

calculógrafo M TEL automatischer Sprechzeitzähler *m*; **calculoso** A ADJ MED Stein… B M, **-a** F an (Gallen- *etc*) Steinen Leidende *m/f*

calda F Wärmen *n*, Erhitzen *n*; **~s** *pl* Thermalquelle *f*, -bad *n*

caldaico ADJ chaldäisch

caldeamiento M Erhitzen *n*; Beheizung *f*;

caldear A V/T 1 *(calentar)* erhitzen; *moderadamente*: (er)wärmen; *espec* TEC heizen, beheizen; *metal* glühen(d machen), ausglühen 2 *(animar) die Stimmung etc* an-, aufheizen; *(excitar)* erhitzen B V/R **caldearse** 1 sich erhitzen, heiß werden; *moderadamente*: warm werden; sich aufwärmen 2 *fig (excitarse)* sich aufregen, die Ruhe verlieren; sich erhitzen

caldeo[1] A ADJ chaldäisch B M, **-a** F Chaldäer *m*, -in *f* C M *lengua*: Chaldäisch *n*

caldeo[2] M *espec* TEC Erhitzen *n*; Beheizung *f*; *de metal*: Glühen *n*

caldera F 1 *recipiente*: Kessel *m (tb* TEC); **~ (de vapor)** Dampfkessel *m*; **~ (de calefacción)** Heizkessel *m*; METAL **~ de colado** Gießpfanne *f*; **~ de jabón** Seifensiederei *f*; *fam fig* **~s** *pl* **de Pero Botero** Hölle *f* 2 GEOG *(cráter)* Kessel *m*, Krater *m*; *Ec* Vulkankrater *m* 3 MÚS Paukenkessel *m* 4 *fam (trastos viejos)* alter Kram *m*, schlecht funktionierendes Gerät *n* 5 *Chile (tetera)* Teekanne *f*; *RPl (cafetera)* Kaffeekanne *f*

calderada F Kessel *m* voll; *fig* Riesenmenge *f*; *fam* **a ~s** in (Un)Mengen *fam*; **calderería** F Kesselschmiede *f*; Kesselfabrik *f*; **calderero** M Kesselschmied *m*; Kupferschmied *m*; **~ ambulante** Kesselflicker *m*; **caldereta** F 1 *(caldera pequeña)* kleiner Kessel *m*; CAT Weihwasserkessel *m*; MAR Hilfskessel *m* 2 GASTR *mezcla de pescados*: Fischallerlei *n*; *guisado*: Lamm- (o Zicklein)ragout *n*; **calderilla** F 1 CAT Weihwasserkessel *m* 2 *(moneda de cobre)* Kupfergeld *n*; *Esp* Kleingeld *n*, Wechselgeld *n* 3 BOT Bergjohannisbeere *f*; **caldero** M Kessel *m* mit Henkel; Eimer *m*; **calderón** M 1 *(caldera grande)* großer Kessel *m* 2 MÚS Fermate *f* 3 ZOOL Grindwal *m*, Pilotwal *m*

calderoniano ADJ LIT *auf (den Schriftsteller) Calderón bezogen*; Calderón…

calderuela F CAZA Blendlaterne *f*

caldillo M 1 *(caldo)* Brühe *f (tb fig desp)* 2 *Chile de cebollas*: Zwiebelsuppe *f* 3 *Méx (carne picada)* Hackfleisch *n mit scharfer Soße*

caldo M 1 *(sopa)* Brühe *f*; *(plato)* Suppe *f*, Eintopf *m*; **~ (de carne)** Fleischbrühe *f*, Bouillon *f*; **~ gallego** *Eintopf mit weißen Bohnen, Kartoffeln, Rübenblättern, Fleisch und Wurst*; **~ de gallina** *o* **de pollo** Hühnerbrühe *f*; **~ de pescado** Fischsuppe *f*; **~ de verduras** Gemüsebrühe *f*; Gemüsesuppe *f* 2 *fig* **amargar el ~ a alg** j-m die Suppe versalzen, j-m Ärger machen; *fig* **hacer a alg el ~ gordo** j-n begünstigen, j-s Spiel spielen *fam*; *fig* **revolver el ~** die Sache wieder aufrühren; *fam* **poner a ~ a alg** j-n runterputzen *fam* 3 MED **~ de cultivo** Nährboden *m (tb fig)* 4 **~s** *pl (vinos regionales)* Weine *mpl aus einer bestimmten Gegend* 5 TEC *(fundición)* Brühe *f*; Schmelze *f*

caldoso ADJ *arroz, puchero, etc* mit viel Brühe; *sopa, etc* wässrig; **calducho** M *desp* Brühe *f*, Gelabber *n fam*; **calduda** F *Chile Art* Eierpastete *f*; **caldudo** ADJ → caldoso

calé M 1 *fam frec* **~s** *pl (dinero)* Moneten *pl fam*, Zaster *m fam*, Kies *m fam* 2 *(gitano)* Zigeuner *m (neg!)* 3 *(lenguaje de gitanos)* Zigeunersprache *f*

caledonio ADJ HIST kaledonisch

calefacción F Heizung *f (tb* TEC, ELEC); **~ por acumulación** Speicherheizung *f*; **~ con** *o* **por agua caliente** Warmwasserheizung *f*; **~ por aire caliente** Warmluftheizung *f*; **~ central/individual** Zentral/Einzelheizung *f*; **~ individual** *en casas de alquiler tb* Etagenheizung *f*; **~ a distancia** Fernheizung *f*; **~ estática** AUTO Standheizung *f*; **~ por** *o* **de gas/aceite** Gas-/Ölheizung *f*; **~ por** *o* **a** *o* **de vapor** Dampfheizung *f*; **~ de suelo** *(o* **bajo pavimento)** Fußbodenheizung *f*

calefaccionar V/T *Chile* heizen; **calefactable** ADJ (be)heizbar; **calefactar** V/T beheizen; **calefactor** M 1 *electrodoméstico*: Heizofen *m*; Heizlüfter *m*; Heizstrahler *m* 2 *persona*: Heizungsmonteur *m*; **calefactora** F Heizungsmonteurin *f*

calefón M *Arg, Ur* Warmwasserbereiter *m*, Boiler *m*

caleidoscopio M → calidoscopio

calenda F 1 CAT Kalende *f* 2 **~s** *pl* HIST Kalenden *pl*; *fig irón* **aplazar** *o* **remitir en las ~s griegas** auf den Sankt-Nimmerleins-Tag verschieben *fam*

calendario M Kalender *m*; *fig* Terminkalender *m*, Zeitplan *m*; **~ de pared** Wandkalender *m*; **~ de bolsillo** Taschenkalender *m*; **~ de taco** *o espec Am* **~ exfoliador** Abreißkalender *m*; **~ gregoriano/juliano** gregorianischer/julianischer Kalender *m*; **~ perpetuo** immerwährender Kalender *m*; DEP **~ unificado** Rahmenterminkalender *m*; *fam fig* **hacer ~s** brüten, Luftschlösser bauen

calendarista M/F Kalendermacher *m*, -in *f*;

calendarizar V/T ⟨1f⟩ (zeitlich ein)planen

caléndula F BOT Ringelblume *f*

calentable ADJ heizbar

calentador A ADJ 1 *(que calienta)* erwärmend, erhitzend; Heiz… 2 *pop sexualmente*: erregend, scharf machend *pop*, aufgeilend *pop* B M 1 Heizung *f*, Heizgerät *n*; **~ de agua** Boiler m, Warmwasserbereiter m; METAL ~ **de aire** Winderhitzer m; ~ **(de baño)** Badeofen m; ~ **continuo** Durchlauferhitzer m; ~ **eléctrico de inmersión** Tauchsieder m 2 *bolsa de agua caliente*: Wärmflasche f 3 *(hervidor)* Kocher m; *Arg, Pan, Par, Perú* Spirituskocher m 4 *fam fig reloj de bolsillo*: große Taschenuhr f

calentamiento M 1 Wärmen n, Erhitzen n; ~ **global** o **terrestre** Erderwärmung f 2 *espec* TEC Beheizung f, *(precalentamiento)* An-, Vorwärmen n 3 MED, VET ~ **(de la sangre)** Hitze f 4 DEP Aufwärmen 5 *fig de un conflicto, etc*: Anheizen n

calentapiés M Fußwärmer m

calentar ⟨1k⟩ A VT 1 (er)wärmen, (be)heizen; anheizen; heiß machen, erhitzen; ~ **al rojo (vivo)** bis zur (o auf) Rotglut erhitzen; *fam fig* ~ **el asiento** o ~ **la silla** *en una visita*: zu lange bleiben, am Stuhl kleben *fam* 2 *fig (animar)* beleben, ermuntern 3 *pop sexualmente*: scharf machen *pop*, aufgeilen *pop* 4 *(apalear)* verprügeln, versohlen *fam* 5 *Ec enseñanza*: büffeln B VI 1 *(dar calor)* wärmen 2 DEP sich aufwärmen C VR **calentarse** 1 sich wärmen; (sich) warm- (o heiß)laufen (*tb* TEC); sich erhitzen; **dejar ~ (el motor)** (den Motor) warm laufen lassen 2 *fig (excitarse)* sich ereifern, sich erhitzen; zornig (o wütend) werden 3 DEP sich aufwärmen 4 *animales* brünstig werden 5 *pop sexualmente*: sich erregen

calentito ADJ *panecillos, etc* frisch (gebacken), ofenfrisch; angenehm warm

calentón A M 1 *fam* **darse un ~** sich rasch ein wenig aufwärmen; *Perú fam* **darse** o **pegarse un ~** sich maßlos ärgern; *fam* stink(e)sauer werden 2 *reg* CAZA Schuss m ins Genick 3 *vulg (poner cachondo)* Aufgeilen n B ADJ *Esp pop* → calentorro

calentorro ADJ *pop* scharf *pop*, geil *pop*

calentura F 1 MED *(fiebre)* Fieber n; **~s** *pl* Wechselfieber n; **estar con ~** Fieber haben 2 *Chile* MED *enfermedad*: Lungentuberkulose f 3 *fig (intranquilidad)* Unruhe f; *Col (enojo)* Wut f; **calenturiento** A ADJ 1 MED *(enfermo de fiebre)* fiebrig, fiebernd, fieberkrank 2 *fig (excitado)* erregt; aufgeregt B M, **-a** F Fieberkranke m/f; **calenturón** M starkes (o hohes) Fieber n; **calenturoso** ADJ fiebrig

caleño ADJ Kalk...; **piedra** f **-a** *zur Ätzkalkgewinnung geeigneter Kalkstein*

calera F 1 *cantera*: Kalkbruch m 2 *horno*: Kalkofen m 3 *vendedora*: Kalkverkäuferin f; **calería** F Kalkbrennerei f; **calero** A ADJ Kalk... B M 1 *fabricante*: Kalkbrenner m 2 *vendedor*: Kalkverkäufer

calesa F Kalesche f; **calesera** F TEX *Jacke nach Art der andalusischen Caleseros*; **calesero** M Kaleschenkutscher m; **calesín** M leichte Kalesche f, Gig n; **calesita** F, **calesitas** FPL *RPl* (Pferdchen)Karussell n

caleta F 1 *(ensenada)* kleine Bucht f, Schlupfhafen m 2 *Am bote*: Küstenboot n 3 *Ven gremio*: Transportarbeitergewerkschaft f

caletre M *fam* Verstand m, Grips m *fam*

calibita F MINER Spateisenstein m

calibración F Eichung f, TEC Kalibrierung f; **~ de medidas** Maßeichung f; **calibrado** ADJ geeicht, TEC kalibriert; **calibrador** M TEC Maßlehre f; Schublehre f; **~ de espesores** Dickenlehre f; **calibraje** M Kaliber(maß) n; Kalibrierung f; **calibrar** VT 1 TEC kalibrieren, eichen; ELEC abgleichen 2 *fig (apreciación)* einschätzen, taxieren

calibre M 1 MIL, TEC Kaliber n; Rohrweite f; *de un proyectil*: Durchmesser m; *de una columna, etc tb* Dicke f; Stärke f; **de pequeño/de gran ~** klein-/großkalibrig 2 TEC *instrumento*: Lehre f, Schablone f; **~ de ajuste** Einstell-, Passlehre f; **~ de rosca** Gewinde-, Schraubenlehre f 3 *fig (tipo)* Art f, Beschaffenheit f, Kaliber n; *(importancia)* Bedeutung f, Wichtigkeit f, Wert m; **de buen/mal ~** von guter/schlechter Qualität, gut/schlecht; **insultos** *mpl* **de grueso ~** wüste Beschimpfungen *fpl*

calicanto M CONSTR festes Mauerwerk n

calicata F MIN Mutung f, Schürfung f

caliche M 1 *piedrecilla en una vajilla de barro*: Kalkbröckchen n *in irdenem Geschirr; desprendido de la pared*: *von der Tünche abgeblättertes* Kalkstückchen n 2 *Chile (salitre)* (Chile-, Roh)Salpeter m; *Perú (escombrera)* Abraumhalde f *beim Salpeterabbau* 3 *Méx fam (jerga)* Argot n, Slang m; **calichera** F *Bol, Chile, Perú* Salpeterlager n

calicó M TEX Kaliko m, Buchbinderleinen n

calidad F 1 *(propiedad)* Beschaffenheit f, Eigenschaft f; *(superioridad)* Qualität f, Güte f; **~ de vida** Lebensqualität f; ECON **control** m **de ~** Qualitätskontrolle f; **gestión** m **de ~** Qualitätsmanagement n; **de gran** o **de primera ~** erstklassig, hochwertig; **de inferior** o **de baja ~** minderwertig; **de probada** o **acreditada** o **aceptada ~** von bewährter Güte (o Qualität); **de ~ superior** hochwertig 2 *(característica)* Eigenschaft f; Rang m; *fig (importancia)* Bedeutung f, Wichtigkeit f; **persona** f **de ~** angesehene (o vornehme) Persönlichkeit f; Mensch m von Charakter; **en ~ de** als; **en (mi) ~ de amigo** (in meiner Eigenschaft) als Freund; **tener ~ de ...** den Rang (o die Würde) eines ... haben 3 **~(es)** *f(pl) (talento)* Begabung f, Talent n

calidez F *tb fig* Wärme f; Hitze f

cálido ADJ 1 *liter*, PINT *y fig* warm; **zona** f **-a** heiße Zone f 2 FISIOL Wärme erzeugend

calidoscópico ADJ kaleidoskopisch; **calidoscopio** M Kaleidoskop n

calientabraguetas F ⟨*pl inv*⟩ → calientapollas; **calientacamas** M ⟨*pl inv*⟩ Bettwärmer m; **calientacerveza** M ⟨*pl inv*⟩ Bierwärmer m; **calientahuevos** F ⟨*pl inv*⟩ *Col, Ven, Perú* → calientapollas; **calientapiernas** M ⟨*pl inv*⟩ Legwarmer m; **calientapiés** M ⟨*pl inv*⟩ Fußwärmer m; *(bolsa de agua caliente)* Wärmflasche f; **calientaplatos** M ⟨*pl inv*⟩ Tellerwärmer m; **calientapollas** F ⟨*pl inv*⟩ *vulg Esp* aufreizendes Weib n *pop (das nicht hält, was es verspricht)*; **calientasillas** M ⟨*pl inv*⟩ *fam desp* fauler Bürokrat m, Sesselfurzer m *pop*

caliente A ADJ 1 *(de alta temperatura)* warm, heiß; **muy ~** heiß; *tb* TEC **poner ~** erwärmen 2 *fig (vivo)* lebhaft; *(excitado)* hitzig, heftig, erregt; *espec* POL *(conflictivo)* heiß; **~ de cascos** hitzköpfig; *adv* **en ~** o *Am reg* **sobre ~** sofort, auf der Stelle; *prov* **ande yo ~ y ríase la gente** egal was die Leute sagen, Hauptsache, es geht mir gut 3 PINT warm, in warmen Tönen 4 **estar ~** *animales* läufig (o brünstig o heiß) (sein); *pop personas* geil (o scharf) sein 5 *fam (fresco)* frisch, neu 6 *(achispado)* beschwipst 7 *Col (valiente)* mutig B M *Col bebida*: Grog m

califa M Kalif m; **califal** ADJ Kalifen...; **califato** M Kalifat n

califero ADJ kalkhaltig

calificable ADJ 1 *(con calidad determinable)* qualifizierbar 2 *(determinable)* definierbar, benennbar; **calificación** F 1 *(denominación)* Benennung f, Bezeichnung f 2 *(capacidad, aptitud)* Qualifikation f, Qualifizierung f; Eignung f, Befähigung f 3 *(apreciación)* Beurteilung f, Einstufung f; JUR **escrito** m **de ~** Anklageschrift f 4 *enseñanza*: (Schul)Note f; **calificadamente** ADV qualifiziert; auf geeignete Art; **calificado** ADJ 1 *(apto)* befähigt, fähig, geeignet, qualifiziert; **obrero** m **~** Facharbeiter m 2 *(reconocido)* angesehen; bedeutend, wichtig 3 *(pronunciado)* ausgesprochen, richtig 4 JUR *delito* qualifiziert; **calificador** A ADJ beurteilend, würdigend; Prüfungs... B M, **calificadora** F Beurteilende m/f C M HIST Zensor m *der Inquisition*

calificar ⟨1g⟩ A VT 1 *(juzgar)* beurteilen, bezeichnen, qualifizieren (**de** als *acus*); kennzeichnen (**de** als *acus*) 2 *(dar notas)* benoten, bewerten 3 *Chile (registrar en el padrón electoral)* in die Wahllisten eintragen B VR **calificarse** 1 *(habilitarse)* sich qualifizieren (**para** für *acus*) (*tb* DEP) 2 *(legitimarse)* sich ausweisen (**de** als *acus*);

calificativo A ADJ bestimmend, bezeichnend, kennzeichnend; GRAM **adjetivo** m **~** Eigenschaftswort n B M Beiname m, Würdename m

California F Kalifornien n

californi(an)o, califórnico A ADJ aus Kalifornien, kalifornisch B M, **-a** F Kalifornier m, -in f

calígine F *liter* 1 *(niebla)* Nebel m, Dunst m 2 *(oscuridad)* Finsternis f 3 *(calor sofocante)* Schwüle f

caliginoso ADJ *liter* 1 *(nebuloso)* neblig, diesig 2 *(oscuro)* finster, düster 3 *(sofocante)* schwül

caligrafía F Kalligrafie f; **caligrafiar** VT ⟨1c⟩ in Schönschrift ausführen; **caligráfico** ADJ kalligrafisch

calígrafo M, **-a** F 1 *persona que escribe*: Kalligraf m, -in f 2 *conocedor(a)*: Handschriftenexperte m, -expertin f

calilla F *Chile fam* (Geld)Schuld f

calima F 1 → calina 2 *pesca*: Netzboje f

calimba F *Cuba* AGR *hierro*: Brandeisen n; *(marca de fuego)* Brandmal n; **calimbo** M *fam* Beschaffenheit f; Art f; Aussehen n

calimete M *S.Dgo* Strohhalm m

calimocho M Rotwein m mit Cola

calina F Dunst m, diesige Luft f

calinda, calinga F *Cuba Tanz der afroamerikanischen Bevölkerung*

calino ADJ kalkhaltig

calinoso ADJ *espec* MAR dunstig, diesig; *tiempo* schwül

calipso M MÚS, *baile* Calypso m

calistenia F rhythmische Gymnastik f, Schönheitsturnen n

cáliz M ⟨*pl* -ices⟩ 1 Kelch m; *fig* **~ de dolor** o **de (la) amargura** Leidens-, Schmerzenskelch m; *tb fig* **beber** o **apurar hasta el fondo el ~ amargo** den bitteren Kelch bis zur Neige leeren 2 BOT Blumenkelch m

caliza F Kalk(stein) m; **calizo** ADJ kalkhaltig, Kalk...

calla F *Chile* AGR Pflanzstock m

callada[1] F GASTR Kaldaunen *fpl*

callada[2] F 1 *(silencio)* (Still)Schweigen n; *adv* **de ~** in der Stille, heimlich; **dar la ~ por respuesta** die Antwort schuldig bleiben, nicht antworten 2 MAR *del mar, viento*: Stille f

calladamente ADV still, heimlich; **calladito** A ADJ ganz still B M *Chile ein Volkstanz ohne Gesang*; **callado** ADJ 1 *(taciturno)* (still)schweigend; verschwiegen; wortkarg, schweigsam 2 *(en secreto)* heimlich, verstohlen

callampa F 1 *Am Mer (hongo)* Pilz m 2 *Chile (chabola)* Elendswohnung f 3 *Chile (sombrero de fieltro)* Filzhut m

callana F 1 *Andes, Col vasija tosca*: irdenes Gefäß n zum Maisrösten *etc* 2 *Andes* MIN *crisol*: Probiertiegel m 3 *Chile fam (reloj de bolsillo)* Taschenuhr f 4 *Chile, Perú (maceta)* Blumentopf m 5 **~s** *pl Andes manchas callosas*: Gesäßschwielen *fpl*

callandico, callandito ADV *fam* **a las ~**, callandito ganz leise, sachte, heimlich

callao M 1 *(guijarro)* Bach-, Flusskiesel m 2 *Canarias (cantizal)* Geröllfeld n

callapo M *Andes* 1 MIN *(puntal)* Stempel m 2 *(angarillas)* Trage f 3 *embarcación*: Floß n

C

callar A VT verschweigen; *secreto* bewahren; **¡calla** *o* **cállate la boca** *o* **el pico!** halt den Mund!, halt's Maul! *pop* B VI (*y* VR) **~(se)** (*no hablar*) schweigen; den Mund halten; (*dejar de hablar*) verstummen; **¡calla!** *o* **¡calle (usted)!** still!; (*¡no es posible!*) nicht möglich!, so etwas!; **hacer ~** zum Schweigen bringen (*tb fig matar*); **(se) calla como un muerto** er redet kein Sterbenswörtchen; er schweigt wie ein Grab; **¡tú te callas!** du hast hier nichts zu sagen!; **el que calla otorga** wer schweigt, stimmt zu

calle F 1 (*vía*) Straße *f* (*in geschlossenen Ortschaften*); *Col* Straße *f* in Ost-Westrichtung; **¡~!** Platz da!; **de la ~** von der Straße, Straßen… (*tb fig*); *desp* gemein; **en la ~** auf der Straße; **~ (de árboles)** Allee *f*, Baumgang *m*; *Col* **~ cerrada** *o Am reg* **~ ciega** *o Chile, Perú, Pan, P. Rico* **~ sin salida** Sackgasse *f*; **~ comercial** Einkaufs-, Geschäftsstraße *f*; **~ de dirección única** *o* **unidireccional** Einbahnstraße *f*; **~ lateral** Seitenstraße *f*; **~ mayor** Hauptstraße *f*; **~ peatonal** Fußgängerzone *f*; **~ de prioridad** *o Perú* **~ preferencial** Vorfahrtsstraße *f*; *Chile, Méx, Perú* **~ de un sentido** *o Arg* **de unamano** Einbahnstraße *f*; **mujer** *f* **de la ~** Dirne *f*, Prostituierte *f*; **ropa** *f* **de ~** Straßenkleidung *f*; **abrir ~** Bahn brechen, Platz machen, Raum schaffen; **alborotar la ~** die Straße in Aufruhr bringen, ruhestörenden Lärm verursachen; **coger la ~** (plötzlich) weggehen; *Méx* (*hacer la calle*) auf den Strich gehen *fam*; **coger (por) una ~** eine Straße einschlagen; *fig* **dejar a alg en la ~** j-n sitzen lassen; j-n ruinieren; *fam* **echar a alg a la ~** j-m kündigen, j-n hinauswerfen, j-n auf die Straße setzen; *fig* **echarse a la ~** sich empören, auf die Barrikaden gehen (*o* steigen) (*fig*); *fig* **estar al cabo de la ~** Bescheid wissen; *Perú fam* **estar en la ~** keine Ahnung haben; *fam Esp* **hacer la ~** auf den Strich gehen *fam*; *Esp* **llevar(se) a alg de ~** j-n überzeugen; j-n um den Finger wickeln *fam*; *fam* **patear ~s** durch die Straßen schlendern (*o* bummeln); *fam* **poner a alg (de patitas) en la ~** j-n auf die Straße setzen, j-n hinauswerfen *fam*; *fam fig* **quedar(se) en la ~** auf der Straße sitzen (*fig*), ruiniert sein; **salir a la ~** auf die Straße gehen; **~ arriba/abajo** straßauf/straßab 2 *fig* (*camino*) Weg *m*, Mittel *n*; (*salida*) Ausweg *m* 3 *juegos de tablero*: Felderreihe *f* 4 TIPO Gasse *f*, übereinanderstehende Spatien *npl* im Satz

calleja F *Esp* 1 (*calle estrecha*) Gässchen *n*; Gasse *f* 2 *jerga del hampa* (*huida*) Flucht *f*; **callejear** VI umherbummeln, durch die Straßen schlendern; **callejeo** M 1 (*paseo ocioso*) (Umher-)Bummeln *n* 2 (*vida en la calle*) Leben *n* auf der Straße, Straßentreiben *n*; **callejera** F Dirne *f*; **callejero** A ADJ Straßen…, Gassen…; *gato* streunend; **aire** *m* **~** Gassenhauer *m*; **mujer** *f* **-a** Herumtreiberin *f*; **ser muy ~** sich viel auf der Straße herumtreiben B M Straßenverzeichnis *n*; **callejón** M 1 (*calle estrecha*) enge Gasse *f*; (*camino hondo*) Hohlweg *m*; *en el bosque*: Schneise *f*; **~ sin salida** Sackgasse *f* (*tb fig*) 2 TAUR Gang *m* zwischen den Schranken; **callejuela** F 1 (*pequeña calle*) Gässchen *n* 2 *fig* (*evasiva*) Ausrede *f*, Ausflucht *f*

callicida M Hühneraugenpflaster *n*, -mittel *n*; **callista** M/F Fußpfleger *m*, -in *f*

callo M 1 *en el pie*: Schwiele *f*, Hornhaut *f*; Hühnerauge *n*; *fig* Verhärtung *f*; *fam Esp* **dar el ~** schuften *fam*, sich abplacken *fam*; **criar ~s** Schwielen machen (*o* bekommen); *fig* sich (*dat*) ein dickes Fell wachsen lassen 2 MED Kallus *m* 3 GASTR **~s** *pl* Kutteln *fpl*, Kaldaunen *fpl*; **~s** *pl* **a la madrileña** Kutteln *fpl* in Paprikasoße 4 *pop* (*mujer fea*) hässliches Mädchen *n*; hässliche Frau *f*; **ser un ~** potthässlich sein *fam*

callonca A ADJ *castañas, bellotas* halb gar, halb gebraten B F *fam* gerissenes Weibsstück *n fam*

callosidad F Hornhaut *f*, Schwiele *f*; Verhornung *f*; Verhärtung *f*; **calloso** ADJ 1 schwielig 2 ANAT (**cuerpo** *m*) **~** Gehirnbalken *m*

calma F 1 MAR Wind-, Meeresstille *f*; **~ chicha** völlige Windstille *f*, Flaute *f*; **en ~** ruhig, unbewegt; **zona** *f* **de las ~s** Kalmengürtel *m*; **la ~ que precede a la tormenta** die Ruhe vor dem Sturm 2 (*tranquilidad*) Ruhe *f*, Stille *f*, Frieden *m*; COM **época** *f* **de ~** Flaute *f*, Sauregurkenzeit *f fam* 3 *de una persona*: Gleichmut *m*, Gelassenheit *f*; (*pachorra*) Trägheit *f*, Phlegma *n*, Gleichgültigkeit *f*; **¡~!** langsam!; immer mit der Ruhe! *fam*; **quedar en ~** ruhig bleiben (*tb fig*); **tener mucha ~** sehr ruhig sein; *desp tb* äußerst phlegmatisch sein; *adv* **con ~** gelassen, ruhig, überlegt; **tomar(se) a/c con ~** etw gelassen hinnehmen 4 (*aflojamiento*) Nachlassen *n*, Beruhigung *f*

calmante A ADJ beruhigend; (*analgésico*) schmerzstillend B M Beruhigungs-, Schmerzmittel *n*

calmar A VT beruhigen; besänftigen, beschwichtigen; *dolor* lindern; *sed* stillen B VI *mar, aire* ruhig sein; *viento* abflauen C VR **calmarse** sich beruhigen, ruhig werden; *dolor, calor* nachlassen; *viento, excitación* sich legen; *viento tb* abflauen; **calmazo** M MAR Flaute *f*; Windstille *f* und Schwüle *f*

calmo ADJ 1 (*en descanso*) ruhend 2 AGR *terreno* brach, unbebaut; **calmoso, calmudo** ADJ 1 (*tranquilo*) ruhig, still; (*impasible*) gelassen; MAR *viento* flau 2 (*lento*) langsam; träge, phlegmatisch

calmuco M *etnología*: Kalmücke *m*

caló M 1 (*lenguaje de gitanos*) Zigeunersprache *f* 2 (*lenguaje de bribones*) Gaunersprache *f*

calofriarse VR ⟨1c⟩ MED Fieberschauer haben; **calofrío** M MED Fieberschauer *m*

calomel M, **calomelanos** MPL FARM Quecksilberchlorid *n*

calón M 1 (*palo*) Stange *f zum Aufhängen von Fischernetzen* 2 *para medir la profundidad*: Mess-, Peilstange *f zum Messen der Wassertiefe*

calor M (*reg tb* F) 1 Wärme *f* (*tb fig*); Hitze *f* (*tb fig*); **~ abrasador** glühende Hitze *f*; **~ de combustión** Verbrennungswärme *f*; **~ corporal** Körperwärme *f*; **~ específico** spezifische Wärme *f*; **~ natural** Körperwärme *f*; **~ negro** elektrische Heizung *f*; **~ sofocante** Schwüle *f*, Hitze *f*; *fig* **al ~ de** im Schutz von; **el ~ aprieta** es wird drückend; **entrar en ~** *persona* (wieder) warm werden; **hace (mucho) ~** es ist (sehr) heiß; **tengo ~** mir ist heiß 2 *fig* (*ardimiento*) Eifer *m*, Lebhaftigkeit *f*; **dar ~ a** (*avivar*) beleben (*acus*), aufmuntern (*acus*); (*fomentar*) fördern (*acus*), begünstigen (*acus*); **meter en ~** in Hitze bringen; (*estimular*) anspornen (**para, para que** zu *dat*); **tomar a/c con ~** etw mit Eifer aufnehmen (*o* unternehmen) 3 *fig* (*cordialidad*) Herzlichkeit *f*, Wärme *f*; **~ de hogar** Nestwärme *f* 4 MED **~es** Blutwallung *f*, Wallungen *fpl*

calorazo M *fam* (unerträgliche) Hitze *f*, Gluthitze *f*; **caloría** F FÍS Kalorie *f*, Wärmeeinheit *f*; **bajo** *o* **pobre en ~s** kalorienarm; **rico en ~s** kalorienreich; **caloricidad** F FISIOL Körper-, Lebenswärme *f*

calórico A ADJ FÍS, MED kalorisch; Kalorien…; **consumo** *m* **~** Kalorienverbrauch *m*; **ingesta** *f* (*o* **ingestión** *f*) **-a** Kalorienaufnahme *f*; **tabla** *f* **-a** Kalorientabelle *f* B M FÍS Wärmeprinzip *n*, -stoff *m*

calorífero A ADJ 1 (*conductor de calor*) wärmeleitend 2 *aparato* Wärme erzeugend B M 1 (*calefacción*) Heizung *f*, Heizgerät *n* 2 (*calientapiés*) Wärmflasche *f*

calorificación F *t/t, espec* FISIOL Wärmeerzeugung *f*; **calorífico** ADJ Wärme erzeugend; **acción** *f* **-a** Wärmeabgabe *f*, -ausstrahlung *f*; **calorífugo** ADJ TEC nicht wärmeleitend, wärmeisolierend; feuerfest; **calorimetría** F FÍS Kalorimetrie *f*, Wärmemessung *f*; **calorimétrico** ADJ kalorimetrisch; **calorímetro** M Kalorimeter *n*, Wärmemengenmesser *m*

calorina F drückende Hitze *f*

calorro *pop* A ADJ zigeunerisch (*neg!*) B M, **-a** F Zigeuner *m*, -in *f* (*neg!*)

calostro M FISIOL Kolostrum *n*, Vormilch *f*; ZOOL Biestmilch *f*

calote M *Arg, Ur fam* Schwindel *m*, Gaunerei *f*; **calotear** VT *Arg fam* betrügen

caloyo M 1 ZOOL neugeborenes Lamm *n* 2 *piel*: Spanischlamm *n* 3 *fam* (*recluta*) Rekrut *m*

Calpe M *antiker Name Gibraltars*

calpense ADJ aus Gibraltar

calquín M *Arg* ORN patagonischer Adler *m*

caluga F *Chile Art* Karamellbonbon *n*

caluma F *Perú* 1 (*estrechura*) Engpass *m*, Schlucht *f* 2 (*lugar de indios*) Platz *m*, Siedlung *f der Indios*

calumbre F Schimmel *m am Brot*

calumnia F Verleumdung *f*, üble Nachrede *f*; **calumniador** A ADJ verleumderisch B M, **calumniadora** F Verleumder *m*, -in *f*; **calumniar** VT ⟨1b⟩ verleumden, fälschlich beschuldigen; **calumnioso** ADJ verleumderisch

caluroso ADJ 1 (*caliente*) heiß (*tb fig*) 2 *fig* (*vivo*) lebhaft; (*ardiente*) hitzig 3 *fig* (*cordial*) herzlich, warm; **una acogida -a** ein herzlicher Empfang

calva F 1 *cabeza sin pelo*: Glatze *f* 2 *en la piel, tela, terreno, etc*: kahle Stelle *f* 3 *en el bosque*: Lichtung *f*; **~ labrada** Feuerschneise *f* 4 *fig* (*espacio intermedio*) Zwischenraum *m*, Lücke *f*

Calvario M 1 *Biblia*: Golgatha *n* 2 (*vía crucis*) Kreuzweg *m*; *lugar elevado*: Kalvarienberg *m*; PINT Kreuzwegstationen *fpl* 3 *fig* **calvario** Leidensweg *m*, Qual *f*; **pasar un calvario** Schreckliches durchmachen 4 *fam fig* **calvario** (*deudas apuntadas*) angekreidete Schuld *f*

calvarrota M *fam* Glatzkopf *m*

calvatrueno M 1 *calva*: Vollglatze *f* 2 *fig persona*: unbesonnener Mensch *m*, Faselhans *m*

calverizo ADJ *bosque* stark gelichtet; **calvero** M 1 (*claro*) Lichtung *f*, Kahlschlag *m* 2 (*gredal*) Kreidegrube *f*; **calvez, calvicie** F Kahlheit *f*; Kahlköpfigkeit *f*

calvinismo M REL Kalvinismus *m*; **calvinista** A ADJ kalvinistisch B M/F Kalvinist *m*, -in *f*

calvo A ADJ 1 *persona* kahlköpfig; kahl; **estar ~** eine Glatze haben; *Esp fig* **ni tanto ni tan ~** man soll auch nicht übertreiben; *prov* **la ocasión la pintan -a** man muss die Gelegenheit beim Schopfe fassen 2 *piel, tejido* fadenscheinig, abgewetzt 3 *terreno, región* kahl, ohne Vegetation B M 1 (*pelado*) Kahl-, Glatzkopf *m* 2 *pop* (*pene*) Schwengel *m pop*

calza F 1 (*media*) Strumpf *m* 2 TEC (*cuña*) Keil *m*; Stützkeil *m*; (*zapata*) Hemmschuh *m* 3 **~s** *pl* (*pantalón de media pierna*) (Knie)Hosen *fpl*; Beinkleider *npl*; HIST **medias ~s** Kniehosen *fpl* 4 *cinta de identificación*: Ring *m*, Band *n am Fuß von Jungtieren* 5 *Am reg* ODONT (Zahn)Plombe *f*

calzada F 1 *transporte: parte de la calle*: Fahrbahn *f*; **~ contraria** Gegenfahrbahn *f*; *Méx* Avenue *f*, breite Prachtstraße *f*; **salirse de la ~** von der Fahrbahn abkommen 2 (*calle empedrada*) befestigte Straße *f*; HIST **~ (romana)** Römerstraße *f*

calzadera F 1 *cuerda*: Sandalenschnur *f*; *fam Esp* **apretar las ~s** Fersengeld geben 2 (*freno sobre una rueda*) Radbremse *f*

calzado A ADJ 1 *monjes* beschuht 2 *pájaros* federfüßig, behost; *caballo, etc etc* andersfarbig an den Füßen B M Schuhwerk *n*, Schuhe *mpl*;

calzador M 1 *utensilio:* Schuhanzieher *m*, -löffel *m; fam* **entrar con ~** *(ser difícil)* sehr schwierig sein; *(estar forzado)* gezwungen wirken 2 AUTO **~ (de neumáticos)** Montiereisen *n*, Reifenaufzieher *m*; **calzadura** F 1 *de la rueda de un carro:* Radbeschlag *m* 2 TEC *(aseguramiento con cuñas)* Verkeilung *f* 3 *Nic* ODONT (Zahn-)Plombe *f*

calzar ‹1f› A VT 1 *zapatos, medias, guantes, etc (poner)* anziehen; *(llevar puesto)* anhaben, tragen; **¿qué número calza?** welche Schuhgröße haben Sie?; **~ el 40** Schuhgröße 40 haben 2 *(fabricar calzado)* Schuhe anfertigen; *(suministrar calzado)* Schuhe beschaffen für *(acus)* 3 *fam fig (comprender)* verstehen, begreifen; **~ poco** schwer von Begriff sein; **~ ancho** ein lockerer Vogel sein *fam* 4 TEC *(asegurar)* verkeilen, sichern; unterlegen *(tb muebles)* 5 AUTO *neumáticos* aufziehen 6 MIL *armas de fuego: ein bestimmtes* Kaliber haben 7 *reg y Guat* AGR *(aporcar)* häufeln 8 *Esp (joder) pop* bumsen *pop*, vögeln *pop* 9 *Am reg* ODONT *diente* plombieren 10 TIPO *cliché, etc* ausgleichen B VR **calzarse** 1 *(ponerse)* (sich *dat*) Schuhe (*o* Strümpfe *o* Handschuhe) anziehen 2 *fam fig (lograr)* **~ a/c** etw erreichen; *fam fig* **~ a alg** j-n beherrschen; j-m über sein, j-n in die Tasche stecken *fam*; **calzárselos** einen Anpfiff *fam* (*o* eine Strafe) verdient haben

calzo M 1 TEC *(cuña)* Keil *m*, Bremsklotz *m* 2 MAR *madero:* Klampe *f*, Stütze *f*

calzón M 1 *prenda de vestir:* (kurze) Hose *f*, Kniehose *f; Am reg (calzoncillos)* Unterhose *f*, Slip *m; Méx* **-ones** *pl* Schlüpfer *m; espec Méx* **~ de baño** Badehose *f* 2 *fig* **métase en sus -ones** kümmern Sie sich um Ihre eigenen Sachen (*o* um Ihren Kram *fam*); **ponerse** *o* **calzarse** *o* **llevar los -ones** *mujeres* die Hosen anhaben, das Regiment führen; **tener bien puestos los -ones** ein ganzer Kerl sein 3 ADV **a ~ quitado** *Méx fam* geradeheraus; *Esp* frech; *tb (descaradamente)* ohne Rücksicht; **hablar a ~ quitado** (absolut) offen reden; **decir a/c a ~ quitado** über etw die ungeschminkte Wahrheit sagen 4 *(lazo de cuerda)* Dachdeckergurt *m*, -seil *n* 5 *naipes:* Tresillo *n* 6 BOT **~ de zorra** Fingerhut *m*

calzonarias FPL *Am reg* Hosenträger *mpl*; **calzonazos** M ‹*pl inv*› *fam* Schwächling *m*, Feigling *m*; Pantoffelheld *m*; **calzoncillo** M 1 *Ven Art (loro)* Papagei *m* 2 → calzoncillos; **calzoncillos** MPL *ropa interior masculina:* Unterhose(n) *f(pl); fam fig* **dejar a alg en ~** j-n bis aufs Hemd ausziehen *fam*, j-n rupfen *fam*; **calzoneras** FPL *Méx (an beiden Seiten geknöpfte)* Reithose *f*; **calzonudo** A ADJ *Perú fam* blöd B M *Arg fam* Pantoffelheld *m*; **calzorras** M ‹*pl inv*› *fam*→ calzonazos

cama¹ F 1 Bett *n*; *(armadura de cama)* Bettgestell *n*, Bettstatt *f; para animales:* Lager *n*; **~ abatible** Klappbett *n*; **~ de agua** Wasserbett *n*; **~ armario** Schrankbett *n*; **~ de campaña** Pritsche *f*; Feldbett *n*; **~ de camping** Liege *f*; **~ de un cuerpo** (*o* **de una plaza**) einschläfriges Bett *n*; **~ con dosel** *o* **~ imperial** Himmelbett *n*; DEP **~ elástica** Trampolin *n*; **~ infantil** Kinderbett *n*; **~ de matrimonio** Ehebett *n*; französisches Bett *n*; **~ de dos plazas** Doppelbett *n*; **~ plegable** *o* **de tijera** Klappbett *n*; **~ turca** Schlafsofa *n*, Diwan *m*; **caer en ~** krank werden; **estar en ~** *o* **guardar ~** *o* **hacer ~** das Bett hüten; (krank) im Bett liegen; **hacer** *o* **tender la ~** das Bett machen; **irse a la ~** ins (*o* zu) Bett gehen, schlafen gehen; *fam* **llevarse a alg a la ~** j-n vernaschen *fam*; **meterse en** (*o* **a la**) **~** sich ins Bett legen; *prov* **échate a la ~ y verás quien te ama** wahre Freunde erkennt man in der Not 2 *de paja:* Streu *f für Tiere;* CAZA Sasse *f (Hasenlager)* 3 *solárium:* **~ solar** Sonnenbank *f* 4 *suelo de carro:* Wagenboden *m* 5 TEC *(capa)* (Unter)Lage *f*; Schicht *f*; TEX Schergang *m*; TIPO Aufzug *m* 6 AGR *auf der Erde aufliegender Teil einer Melone*

cama² F 1 *equitación: (barreta del freno)* Zügelspange *f*; Gebissstange *f* 2 *pieza de rueda:* Radfelge *f* 3 AGR *pieza del arado:* Sterzbett *n am Pflug*

cama-camarote F *Am reg* Etagenbett *n*, Doppelstockbett *n*

camacero M *Am trop* BOT Kürbisbaum *m*

Camacho *fig* **bodas** *fpl* **de ~** rauschendes Fest *n*, Festgelage *n*

camachuelo M ORN Hänfling *m*; **~ común** Dompfaff *m*, Gimpel *m*

camada F 1 ZOOL *conjunto de crías:* Wurf *m*; ORN Brut *f*, Genist *n* 2 *fig desp de ladrones:* (Diebes)Bande *f*; **de la misma ~** vom gleichen Schlag 3 TEC *(capa)* Schicht *f*, Lage *f*, Fundament *n* 4 MIN *(piso)* Sohle *f*, Stockwerk *n*

camafeo M Kamee *f*, Gemme *f*; *Ec* Brosche *f*

camagua F *Am Centr, Méx* BOT reifender (*o* grüner) Mais *m*

camaján M *Cuba fam* gerissener Gauner *m*

camal M 1 *(cabestro)* Halfter *m/n* 2 *Bol, Ec, Perú (matadero)* Schlachthaus *n*

camaleón M 1 ZOOL Chamäleon *n (tb fig)* 2 *Bol (iguana)* Leguan *m* 3 *C. Rica* ORN *ave de rapiña:* Sperberfalke *m* 4 QUÍM **~ mineral** Kaliumpermanganat *n*; **camaleónico** ADJ chamäleonartig; wie ein Chamäleon

camalero M *Bol, Ec, Perú* Schlächter *m*

camalote M *Am* 1 BOT Kamelottgras *n* 2 *(isla flotante)* schwimmende Insel *f*

camama F *pop* Schwindel *m*, Lug und Trug *m*

camándula F 1 REL Kamaldulenserorden *m* 2 *fam fig (astucia)* Schlauheit *f*, Tücke *f*; **tener muchas ~s** es faustdick hinter den Ohren haben, mit allen Wassern gewaschen sein *fam* 3 *Arg, Ur (pandilla)* Clique *f*

camandulear VI *Am reg* schwindeln; **camandulero** A ADJ *fam (hipócrita)* heuchlerisch, scheinheilig; *Col* bigott B M, **-a** F Heuchler *m*, -in *f*

camao M *Cuba* kleine Wildtaube *f*

cámara A F 1 *(cuarto)* Kammer *f*, *liter* Gemach *n*; MAR Kajüte *f*; FIN **~ acorazada** *o* **blindada** Stahlkammer *f*; **~ de gas** Gaskammer *f*; **~ de horrores** Gruselkabinett *n*; **~ mortuoria** Grabkammer *f*; **~ o(b)scura** FOT Dunkelkammer *f*; FÍS Camera *f* obscura; TV *fam* **chupar ~** sich ins Bild (*o* in den Vordergrund) drängen 2 FOT **~ (fotográfica)** Kamera *f*, Fotoapparat *m*; **~ cinematográfica** Filmkamera *f*; **~ digital** Digitalkamera *f*; **~ estereoscópica** Stereokamera *f*; **~ reflex** Spiegelreflexkamera *f*; **~ submarina/de televisión** Unterwasser-/Fernsehkamera *f*; **~ de vídeo** (*o Am* **de video**) Camcorder *m*, Videokamera *f*; INFORM, TEL **~ de videoconferencia** Videokonferenzkamera *f*; **~ en vivo** Lifekamera *f*, Internetkamera *f*; **a ~ lenta** in Zeitlupe 3 TEC *(compartimento)* Kammer *f*, Raum *m*; AUTO **~ de aire** *o* **neumática** Schlauch *m; espec* MAR **~ de calderas** Kesselraum *m*; **~ de combustión** *o* **de explosión** *motor:* Verbrennungsraum *m*; **~ frigorífica** Kühlraum *m*; TEC **~ de alta presión** Hochdruckkammer *f* 4 JUR, POL, ADMIN Kammer *f*; **Cámara Alta** Oberhaus *n*; **Cámara Baja** *o* **de (los) Diputados** *o* Abgeordnetenhaus *n*, -kammer *f*; **~ de comercio (e industria)** (Industrie- und) Handelskammer *f*; **Cámara de los Lores** *Inglaterra:* Oberhaus *n*; *Am* **Cámara de los Representantes** Repräsentantenhaus *n* 5 **de ~** Kammer…; Hof…; **cantante** *m/f* **de ~** Kammersänger *m*, -in *f*; **médico** *m* **de ~** Leibarzt *m*; **música** *f* **de ~** Kammermusik *f* 6 ANAT *(cavidad)* Höhle *f*, Kammer *f*, Raum *m*; **~ del ojo** Augenkammer *f* 7 AGR *(cilla)* Kornspeicher *m* 8 **~s** *pl (deposición)* Stuhlgang *m*; *tb (diarrea)* Durchfall *m*; **hacer ~s** Stuhlgang haben; **irse de ~s** unwillkürlichen Stuhlgang haben; *fam fig* schwatzen B M/F *Esp* FILM, TV Kameramann *m*, -frau *f*

camarada M/F Kamerad *m*, -in *f*; *(compañero de clase)* Schulfreund *m*, -in *f*; *entre funcionarios:* (Amts)Kollege *m*, (Amts)Kollegin *f*; POL Genosse *m*, Genossin *f*; **de ~** kameradschaftlich; **camaradería** F Kameradschaft *f*; Freundschaft *f*; **camaraderil** ADJ kameradschaftlich

camarera F 1 *en un restaurante, etc:* Kellnerin *f*; MAR Stewardess *f*; **~ (de piso)** *limpieza etc:* Zimmermädchen *n*; *para servir:* Zimmerkellnerin *f*; **~ de barra** Barfrau *f* 2 HIST *(doncella)* Zofe *f*; Kammerfrau *f*; Hofdame *f*; **~ mayor** erste Hofdame *f*

camarero M 1 Kellner *m*; MAR Steward *m*; **~ cobrador** *o* **primer ~** Zahl-, Oberkellner *m*; **~ de piso** *en un hotel:* Zimmerkellner *m* 2 HIST Kammerdiener *m* 3 *en el palacio real:* Kammerherr *m*; *en el vaticano:* päpstlicher Kämmerer *m*; **~ mayor** Oberkämmerer *m*

camarilla F *frec desp* 1 POL Kamarilla *f*; *fig* Clique *f* 2 *lugar de dormir:* Schlafecke *f hinter einem Vorhang*; **camarillesco** ADJ *desp* Kamarilla…, Cliquen…

camarín 1 *(vestuario)* Ankleidezimmer *n*; DEP Umkleidekabine *f*; TEAT (Künstler)Garderobe *f* 2 REL *(capilla)* Heiligennische *f hinter dem Altar; (relicario)* Schrein *m (für Schmuck und Gewänder der Heiligenbilder)* 3 *(oficina privada)* Privatbüro *n* 4 *(cabina del ascensor)* Fahrstuhlkabine *f* 5 MAR *(cabina)* Kajüte *f*; Kabine *f*

camarista F *Méx* Kellnerin *f*

camarlengo M CAT Camerlengo *m*

camarógrafo M, **-a** F *Am* Kameramann *m*, -frau *f*

camarón M 1 ZOOL *crustáceo:* Sandgarnele *f*, Granat *m* 2 *Am Centr, Col (propina)* Trinkgeld *n* 3 *Perú (trampa)* Mogelei *f (bes beim Hahnenkampf)*; *persona:* Heuchler *m* 4 *P. Rico, S.Dgo (espía)* Spitzel *m*, Spion *m*; **camaronero** M Garnelenfangschiff *n*

camarote M MAR Kajüte *f*; Kabine *f*; **~ particular/doble** Einzel-/Doppelkabine *f*; **~ de lujo** Luxuskabine *f*; *Am reg* **cama** *f* **~** → cama-camarote; **camarotero** M *Am* MAR Steward *m*

camastra F *Chile fam* Schlauheit *f*, Gerissenheit *f*, Verschlagenheit *f*; **camastro** M elendes Lager *n*; MIL (Wach-, Bereitschafts)Pritsche *f*; **camastrón** *fam* A ADJ hinterlistig, heimtückisch; gerieben, gerissen B M falscher Fuffziger *m fam*; gerissener Kerl *m fam*

cambado ADJ *Arg, Col, Ven* krummbeinig

cambalache M *fam* 1 *(trueque)* Tausch *m*, Schacher *m*; Kuhhandel *m* 2 *Arg (prendería)* Trödlerladen *m* 3 *Perú (desorden)* Wirrwarr *m*, Durcheinander *n*; **cambalach(e)ar** VT *fam* (er-, ver)schachern; **cambalachero** A ADJ schachernd B M, **-a** F 1 *(regatón)* Schacherer *m*, Schacherin *f* 2 *(prendero)* Trödler *m*, -in *f*

cambar VT *Esp reg, RPl, Ven* krümmen, biegen

cámbara F ZOOL kleine Seespinne *f*; **cámbaro** M ZOOL Strandkrabbe *f*

cambera F Krebs-, Krabbennetz *n*

cambiable ADJ 1 *(variable)* wandelbar 2 *(intercambiable)* ver-, austauschbar; umtauschbar; auswechselbar 3 *(ajustable)* verstellbar; **cambiada** F 1 MAR *del aparejo:* Segelwechsel *m*; *del rumbo:* Kursänderung *f* 2 TAUR, *equitación:* Finte *f*; **cambiadiscos** M CD-Wechsler *m*

cambiado A ADJ verändert; **está completa-**

mente ~ er ist völlig verändert, er ist wie ausgewechselt **B** M TAUR *Wechsel der Muleta aus der einen in die andere Hand*; **cambiador** **A** ADJ wechselnd, tauschend **B** M **1** *para bebés*: Wickeltisch *m*, Wickelkommode *f* **2** TEC Wechsler *m*, Austauschgerät *n*; *fonotecnia*: **~ de CDs** CD-Wechsler *m* **3** *Chile, Méx* FERR (*guardagujas*) Weichensteller *m* **4** *jerga del hampa* (*dueño de un prostíbulo*) Bordellwirt *m*; **cambiante** **A** ADJ wechselnd; *espec* TEX schillernd, changierend **B** M Schillern *n*, Changieren *n*; **~s** *pl* Farbenspiel *n*

cambiar ⟨1b⟩ **A** VT **1** (*canjear*) (ver-, um)tauschen (**por** gegen *acus*); *espec* TEC austauschen, -wechseln; *caja de cambios, etc*: (um)schalten; *miradas* wechseln; **~ dinero** Geld (um)wechseln, Geld umtauschen (**en** in *acus*); **~ a/c de lugar** *o* **de sitio** etw um-, verstellen; INFORM etw verschieben; *fig* **~ impresiones con alg** miteinander Meinungen austauschen, sich mit j-m aussprechen **2** (*convertir*) (ver-, um-, ab)ändern; verwandeln, umgestalten **3** *bebé* wickeln, trockenlegen **B** VI **1** (*modificarse*) sich (ver)ändern, sich wandeln; METEO *tiempo* umschlagen; **~ de a/c** etw ändern; etw wechseln; **~ de casa** umziehen; **~ de chaqueta** sein Fähnchen nach dem Wind hängen; **~ de coche** sich (*dat*) ein neues Auto kaufen; **~ de dirección/ de rumbo** die Richtung/den Kurs ändern; **~ de domicilio** umziehen; **~ de lugar** *o* **de sitio** den Ort *o* Platz wechseln; AUTO **~ de marcha** *o* **de velocidad** schalten, einen anderen Gang einlegen; **~ de opinión** *o* **de parecer** seine Meinung ändern; **~ de ropa** sich umziehen; FERR **~ de tren** umsteigen **2** MAR *viento* umspringen, drehen; *barco* wenden **3** *voz* wechseln, mutieren **4** TEX, *equitación*: changieren **5** TAUR ein Täuschungsmanöver durchführen **C** VR **cambiarse** **1** (*transformarse*) sich verwandeln (**en** in *acus*) **2** *de vestimenta*: sich umziehen; die Wäsche wechseln **3** *Am reg* **~ de casa** (*mudarse*) umziehen

cambiario ADJ ECON Wechsel..., Kurs...; **derecho** *m* **~** Wechselrecht *n*

cambiavía FERR **A** M *Col, Cuba, Méx, P. Rico* Weichensteller *m* **B** F *Cuba, Guat, P. Rico* Weiche *f*

cambiazo M *fam* plötzlicher Wechsel *m*; *fam* **dar el ~** eine Vertauschung durchführen (*in betrügerischer Absicht*)

cambija F Wasserturm *m*

cambio M **1** (*trueque*) Tausch *m*; Aus-, Umtausch *m*; Auswechseln *n*; AUTO **~ de aceite** Ölwechsel *m*; **~ de dinero** Geldwechsel *m*; **~ de domicilio** Wohnungswechsel *m*; **~ de experiencias** Erfahrungsaustausch *m*; LING **~ fonético** Lautwandel *m*; **~ de pareja** Partnertausch *m*; AUTO **~ de ruedas** Reifenwechsel *m*; FERR **~ de tren** Umsteigen *n*; **~ de turno** Schichtwechsel *m*; *espec Am* **casa** *f* **de ~** Wechselstube *f*; **hacer un ~** etw eintauschen; COM **no se admiten ~s** vom Umtausch ausgeschlossen; **a ~** dafür; (*como contrapartida*) im Gegenzug; **a ~ de** gegen (*acus*), für (*acus*); **a ~ de lo cual** wofür; wo(hin)gegen; **en ~** da-, hingegen; dafür; **dar en ~** in Tausch geben, (ein)tauschen; **¿qué me das a ~?** was gibst du mir dafür? **2** (*modificación*) Änderung *f*, Wechsel *m*, Wandel *m*; POL Wende *f*; *transporte*: Umsteigen *n*; *de la vivienda, de la vestimenta*: Wechseln *n*, Umziehen *n*; **~ de aires** Luftveränderung *f*; **~ climático** Klimaveränderung *f*; **~ de dirección** *de domicilio*: Änderung *f* der Anschrift; *de rumbo*: Richtungsänderung *f*; **~ de lugar** Ortswechsel *m*; **~ de opinión** Meinungsänderung *f*; POL **~ de paradigma** Paradigmenwechsel *m*; MIL *y fig* **~ de posición** Stellungswechsel *m*; *transporte*: **~ de sentido** (*posibilidad de virar*) Wendemöglichkeit *f*; (*nudo de comunicaciones*) Verkehrskreuz *n*; **~ de siglo** Jahrhundertwende *f*; **~ de signo** *o* **de tendencia** Trendwende *f*; **~ del tiempo** Witterungs-, Wetteränderung *f*; **experimentar un ~** einen Wandel erfahren **3** ECON (*cotización bursátil*) Börsenkurs *m*; (*tipo de cambio*) Wechselkurs *m*; **~ del día** Tageskurs *m*; **~ forzoso/único** Zwangs-/Einheitskurs *m*; **~ a la par** *o* **~ paritario** Parikurs *m*; **al mejor ~** zum besten Kurs; **derecho** *m* **de ~s** Wechselordnung *f*, -recht *n*; **letra** *f* **de ~** Wechsel *m* (*Wertpapier*); **libre ~** Freihandel *m*; **tipo** *m* **de ~** Wechselkurs *m* **4** (*vuelto*) Wechselgeld *n*, Kleingeld *n*; **dar el ~** (das Wechselgeld) herausgeben; **¿tiene/tienes ~?** können Sie/kannst du wechseln? **5** TEC *sistema mecánico*: Schaltung *f*, Schaltvorrichtung *f*; AUTO **~ (de marcha** *o* **de velocidad)** Gangschaltung *f*; Gang *m*; AUTO **~ por palanca/ en el volante** Knüppel/Lenkradschaltung *f*; FERR **~ (de vía)** Weiche *f* **6** MIL *estrategia*: taktische Wendung *f*; TAUR Finte *f*; JUR → **permuta** **7** *jerga del hampa* (*prostíbulo*) Bordell *n* **8** **¡~ (y fuera)!** *radiotelefonía*: over!

cambista **A** M/F **1** (*que cambia dinero*) Geldwechsler *m*, -in *f* **2** (*banquero, -a*) Bankier *m*, Bankbesitzer *m*, -in *f* **B** M *Am reg* FERR Weichensteller *m*

Camboya F Kambodscha *n*

camboyano **A** ADJ aus Kambodscha, kambodschanisch **B** M, **-a** F Kambodschaner *m*, -in *f*

cambray M TEX Kambrik(batist) *m*

cambriano GEOL **A** ADJ kambrisch **B** M Kambrium *n*

cámbrico M GEOL Kambrium *n*, kambrische Formation *f*

cambrón M BOT **1** *arbusto*: Bocksdorn *m* **2** (*espino cerval*) Kreuzdorn *m* **3** (*zarza*) Brombeere *f*; Dornbusch *m*; **-ones** *npl* Christdorn *m*

cambucho M *Chile* **1** (*cucurrucho*) Tüte *f* **2** (*cesto*) Papierkorb *m*; *para ropa sucia*: Wäschekorb *m* **3** *para botellas*: Strohhülle *f* (*für Flaschen*) **4** *desp* (*choza*) Hütte *f*, elendes Loch *n*

cambujo ADJ **1** *asno* schwarzbraun **2** *Méx pájaro* schwarz **3** *Méx fam persona* dunkelhäutig

cambullón M **1** *Col, Méx, Ven* → **cambalache** **2** *Chile, Perú* → (*enredo*) Intrige *f*, Verschwörung *f*

cambur M *espec Ven* BOT Kambur *m*, kleine Banane *f*

cambute M **1** *Am* BOT Tropengras *n* **2** *C. Rica* ZOOL große essbare Muschel *f*

camcorder M TV Camcorder *m*

camedrio, camedris M BOT Echter Gamander *m*

camelador ADJ *fam Esp* schmeichelnd, galant; **camelar** VT *fam* **1** (*galantear*) umschmeicheln, einseifen *fam*, bequatschen *fam* **2** (*seducir*) verführen **3** *Méx* (*mirar*) (an)sehen; (*acechar*) beobachten, belauern

camelia F **1** BOT Kamelie *f*; *Cuba* (*amapola*) Klatschmohn *m*; LIT **la dama de las ~s** die Kameliendame *f* **2** *Chile* TEX *género*: (*seidenartiger*) Wollstoff *m*; **cameliáceas** FPL BOT Kameliazeen *fpl*

camélidos MPL ZOOL Kameltiere *npl*

camelina F BOT Flachs-, Rapsdotter *m*

camella[1] F **1** ZOOL Kamelstute *f* **2** *fam drogas* Dealerin *f fam*

camella[2] F AGR **1** (*artesa*) Futtertrog *m* **2** *para animales de tiro*: Jochbogen *m* **3** *en el campo*: Furchenrücken *m*, -rain *m*

camellear VI **1** *fam drogas* dealen *fam* **2** *Col fam* (*bregar*) schuften *fam*; **camelleo** M *drogas* Dealen *n*

camellería F **1** *oficio*: Beruf *m* des Kameltreibers **2** *establo*: Kamelstall *m*; -pferch *m* **3** *manada*: Herde *f* von Kamelen; **camellero** M, **camellera** F Kameltreiber *m*, -in *f*

camello M **1** ZOOL Kamel *n*; TEX **pelo** *m* **de ~** Kamelhaar *n* **2** MAR *elevador*: Hebeleichter *m* **3** *fam drogas* Dealer *m fam*; *espec Am tb* (*correo de drogas*) Drogenkurier *m*

camellón M (Rinder)Tränktrog *m*

camelo M **1** *fam* (*galanteo*) Süßholzraspeln *n fam*; Schmeichelei *f* **2** (*chasco*) Necken *n*, Ulk *m*; *fam* **dar el ~ a alg** j-n auf den Arm nehmen *fam*, j-m etw aufbinden *fam*; **¡menos ~!** zur Sache! **3** (*engaño*) Täuschung *f*; *fam* Lüge *f*, Ente *f fam*; **es un ~** das ist nur eine Masche *fam*

camelote[1] M TEX Kamelott *m*

camelote[2] M *Am* BOT *verschiedene tropische Gräser*

camembert M GASTR Camembert *m*; **~ frito** gebackener Camembert *m*

cámera FILM **A** F Kamera *f* **B** M/F Kameramann *m*, -frau *f*

cameraman M/F Kameramann *m*, -frau *f*

camerino M TEAT Künstlergarderobe *f*; *Am reg* DEP Umkleidekabine *f*; **camerístico** ADJ MÚS Kammermusik...

camero **A** ADJ *Esp* **cama** *f* **-a** großes einschläf(r)iges Bett *n*; **colchón** *m* **~** Bettmatratze *f*; **manta** *f* **-a** breite Bettdecke *f* **B** M, **-a** F **1** *fabricante*: Bettenmacher *m*, -in *f* **2** *comerciante*: Bettenhändler *m*, -in *f*

camerógrafo M *Am* Kameramann *m*

Camerún M (**el**) **~** Kamerun *n*

camerunés **A** ADJ kamerunisch **B** M, **-esa** F Kameruner *m*, -in *f*

camilla F **1** *de descanso*: Ruhebett *n* **2** MED (*cama portátil*) Krankentrage *f* **3** *mesa*: runder Klapptisch *m* (*mit Untersatz für das Kohlenbecken*); **camillero** M, **camillera** F Krankenträger *m*, -in *f*; Sanitäter *m*, -in *f*

camilucho M, **-a** F *Am* indianische(r) Tagelöhner *m*, -in *f*

caminante **A** M/F (*peatón*) Fußgänger *m*, -in *f*; (*excursionista*) Wanderer *m*, Wanderin *f* **B** M *Chile* ORN *Art* Lerche *f*

caminar **A** VI **1** (*ir a pie*) (zu Fuß) gehen; wandern; *niño* laufen; *Col* **¡camina!** beeil dich!, mach schnell! **2** *fig* (*mover*) sich bewegen; *río* strömen; *astro, etc* seine Bahn ziehen **3** *Am* TEC (*funcionar*) funktionieren **B** VT *distancia* zurücklegen, gehen; **caminata** F **1** (*paseo largo*) (weiter) Spaziergang *m*, Wanderung *f*, Fußmarsch *m* **2** *Am* DEP Gehen *n*; DEP Walking *n*; **caminero** ADJ **peón** *m* **~** Straßenarbeiter *m*

caminí M *RPl* Mate *m*, Paraguaytee *m*

camino M **1** *gener* Weg *m*, Straße *f*; *tb* INFORM Pfad *m*; (*marcha*) Gang *m*; (*viaje*) Reise *f*; **~ de acceso** Zugang *m*, Zufahrt *f*; **~ de Berlín** (*calle*) Straße *f* nach Berlin; *adv* (*en el viaje*) auf dem Wege nach Berlin; **~ de cabras** schmaler Bergpfad *m*; **~ derecho** *o* **recto** gerader Weg (*tb fig*); **~ firme** fester (*o* befestigter) Weg *m*; **~ forestal** Waldweg *m*; **~ de herradura** Saumpfad *m*; *liter* **~ de hierro** Eisenbahn *f*; **~ hondo** Hohlweg *m*; **~ para peatones** Fuß(gänger)weg *m*; HIST **~ real** Land-, Heerstraße *f*; **~ rural** Feldweg *m*; **~ de sirga** Treidelweg *m*; **~ vecinal** Gemeindeweg *m*; Feldweg *m*; **cerrar** *o* **atajar el ~ a alg** j-m den Weg verlegen (*tb fig*); *fig* j-m entgegentreten; **echar por un ~** *o* **tomar un ~** einen Weg einschlagen; **cada cual echa** *o* **va** *o* **tira por su ~** jeder geht seinen Weg (*tb fig*); *fig* **entrar** *o* **meter a alg por ~** j-n zur Vernunft bringen; **equivocar el ~** sich verlaufen; **no es (todo) un ~ de rosas** es sieht (alles) nicht gerade rosig aus **2** *fig* (*vía*) Weg *m*, Bahn *f*; (*método*) Methode *f*, Mittel *n*; **abrir ~** Bahn brechen (*tb fig*); **abrirse ~** sich (*dat*) einen Weg bahnen; *fig* seinen Weg machen; sich durchsetzen; *fig* **abrir nuevos ~s** neue Wege weisen, bahnbrechend wirken; *fig* **allanar** *o* **aplanar el ~** den Weg ebnen; **hallar ~** sich durchfinden, sich zurechtfinden; **ir** *o* **llevar su ~** seinen Weg (*o* sein Ziel) verfolgen (*tb fig*); *fig* **ir por** *o* **llevar buen/mal ~** auf dem rechten/falschen Weg(e) sein; **la cosa lleva ~ de** (*inf*) die Sache sieht so aus, als ob (*subj*) **3** *con prep*: **a medio ~** auf halbem Wege, halbwegs; *fig* **quedarse a medio** *o* **a mitad de ~** auf halbem Weg(e) stehen bleiben; **de ~** auf dem Weg(e); unterwegs; im Vorbei- *o* Vorübergehen (*tb fig*); *fig* beiläufig; **a tres horas de ~ de aquí** drei Wegstunden von hier; *fig* **en ~ de** (*sust*) *o* (*inf*) auf dem Wege zu (*dat*); **estar en mal ~** auf dem falschen Weg sein (*tb fig*); (*hacer un rodeo*) einen Umweg machen (*tb fig*); **ponerse en ~ para** nach (*dat*) abreisen (*o* abreisen); **por el ~** unterwegs

camión M **1** *vehículo*: Last(kraft)wagen *m*, Lkw *m*, Laster *m fam*; **~ frigorífico** Kühlwagen *m*; **~ grúa** Abschlepp-, Kranwagen *m*; **~ hormigonera** Betonmischer *m*; **~ de mudanzas** *o Col* **de trasteo** Möbelwagen *m*; **~ pesado** (*o* **de carga pesada** *o* **de gran tonelaje**) Schwerlaster *m*; **~ de recogida** *o* **de la basura** Müllwagen *m*; **~ con remolque** Lastzug *m*; **~ tanque** *o* **cisterna** Tankwagen *m*; **~ volquete** *o Chile* **tolva** *o Méx, S.Dgo, Ven* **de volteo** Kipplaster *m*, Kipper *m* **2** *Méx* **~ (de pasajeros)** (*autobús*) (Reise)-Bus *m* **3** *Esp fam* **estar como un ~** *mujer* eine tolle Figur haben *fam*

camionaje M **1** *transporte*: Straßentransport *m*, Güterbeförderung *f* mit Lkw **2** *precio*: Roll(fuhr)geld *n*; **camionero** M, **-a** F Lastwagenfahrer *m*, -in *f*, Lkw-Fahrer *m*, -in *f*; **camioneta** F **1** (*furgoneta*) Kleintransporter *m*; **~ (de reparto)** Lieferwagen *m* **2** *reg* (*microbús*) Kleinbus *m*; Kombiwagen *m*

camión-tienda M Verkaufswagen *m*

camisa A F **1** *prenda de vestir*: Hemd *n*; **~ de caballero** *o* **de hombre** Herren(ober)hemd *n*; **~ de fuerza** Zwangsjacke *f*; **~ informal** Freizeithemd *n*; **~ de noche** *o Am* **de dormir** Nachthemd *n*; **~ polo/de rejilla** Polo-/Netzhemd *n*; **~ de vestir** Oberhemd *n*; **en ~** im Hemd; *fig* ohne Mitgift; *fig* **cambiar de ~** seine Ansicht ändern; POL die Partei wechseln; *fam fig* **dar hasta la ~** das letzte Hemd hergeben *fam*; *fig* **dejar a alg sin ~** j-n ausplündern, j-n ruinieren, j-n bis aufs Hemd ausziehen (*fam fig*); **jugar hasta la ~** seinen ganzen Besitz verspielen; *fig* ein leidenschaftlicher Spieler sein; *Esp fig* **no llegarle a uno la ~ al cuerpo** eine Riesenangst haben; *fam* **meterse en ~ de once varas** sich auf Dinge einlassen, denen man nicht gewachsen ist, sich übernehmen; seine Nase in Dinge stecken, die einen nichts angehen, sich in die Nesseln setzen; *fam* **volver la ~** seine Meinung (völlig) ändern, umschwenken **2** TEC (*revestimiento*) Mantel *m*, Futter *n*, Auskleidung *f*; MIL Geschoss-, *Austr* Geschoßmantel *m*; **~ de agua** Wasser- (*o* Kühl)mantel *m*; **~ de la bomba** Pumpenmantel *m* **3** (*envoltura*) Umschlag *m* (*tb de un libro*), Hülle *f* **4** BOT Fruchtdecke *f*, *de la almendra*: Mandelhäutchen *n* **5** ZOOL *de la serpiente, etc*: abgestreifte Haut *f* **6** CONSTR (*revoque*) Verputz; (*blanqueo*) Tünche *f* **7** ELEC (*manguito incandescente*) Glühstrumpf *m* **8** *Méx fam* **de ~** (*sumamente*) im höchsten Grade **B** M POL, HIST **~s** *pl* **azules** Blauhemden *npl*, Falangisten *mpl*; **~s** *pl* **negras/pardas** Schwarz-/Braunhemden *npl* (*Faschisten*); **~s** *pl* **viejas** Altfalangisten *mpl*; *fig* alte Garde *f*

camisera F *costurera*: Hemdennäherin *f*; *vendedora*: Hemdenverkäuferin *f*; **camisería** F Hemdenladen *m*; Herrenwäschegeschäft *n*

camisero A ADJ **(blusa** *f***) -a** Hemdbluse *f* **B** M **1** *costurero*: Hemdennäher *m*; *vendedor*: Hemdenverkäufer **2** (*blusa camisera*) Hemdbluse *f*; **(vestido** *m***) ~** Hemdblusenkleid *n*

camiseta F **1** *prenda interior*: Unterhemd *n*; T-Shirt *n*; DEP Trikot *n*; **~ de malla** Netzhemd *n*; **~ nacional** DEP Nationaltrikot *n* **2** (*peinador*) Frisiermantel *m*

camisola F **1** (*camisa fina*) Frackhemd *n*; HIST Kamisol *n* **2** DEP (Vereins)Trikot *n* **3** *Esp* (*camisa fina de mujer*) feine weiße Damenbluse *f* **4** *Am reg* (*blusa de mujer*) Frauenhemd *n* **5** *Méx* (*enaguas*) Unterkleid *n*, Kombination *f*; **camisolín** M Vorhemd *n*, Chemisette *f*; **camisón** M **1** (*camisa larga*) langes Hemd *n*; *para dormir*: Nachthemd *n* **2** *Col, Chile, Ven* (*vestido de mujer*) Frauenkleid *n*

camita[1] F *dim* → cama[1]

camita[2] → camítico

camítico *etnología*: A ADJ hamitisch **B** M, **-a** F Hamite *m*, Hamitin *f*

camomila F BOT Kamille *f*

camón M **1** *equitación*: Zaumstange *f* **2** TEC *de la rueda hidraulica*: Radkranzstück *n*; Felge *f*

camorra F *fam* Streit *m*, Rauferei *f*; **armar ~** Krakeel machen *fam*, Streit anfangen; **buscar ~** einen Streit vom Zaun brechen, Streit suchen; **camorrista** A ADJ *fam* streitsüchtig; rauflustig **B** M Raufbold *m*, Radaubruder *m fam*

camote M **1** *Am* (*batata*) Süßkartoffel *f*, Batate *f*; (*bulbo*) (Blumen)Zwiebel *f*; *pop* **poner a alg como ~** j-n zur Sau machen *pop* **2** *Am* (*enamoramiento*) Verliebtheit *f*; innige Freundschaft *f*; **tomar un ~** sich verlieben; **tener(le) ~ a alg** j-n (besonders) lieb haben (*o* mögen) **3** *Chile, Perú* (*enamorada*) Geliebte *f* **4** *Ec, RPl* (*tonto*) Dummkopf *m*; *fam* **ser ~** lästig fallen **5** *Méx* (*dificultad*) Schwierigkeit *f*; schwieriges Problem *n*

camotear A VT *Guat* ärgern, belästigen **B** VI *Méx* vergebens herumsuchen

camotudo ADJ *Perú fam* **1** (*tonto*) dumm, blöd **2** *amor* leicht entflammbar

camp ADJ *fam Esp* altmodisch; **música** *f* **~** Musik *f* von früher

campa ADJ AGR baumlos; nur für den Getreideanbau geeignet

campal ADJ MIL **batalla** *f* **~** (offene) Feldschlacht *f*; *espec* POL Straßenschlacht *f*

campamentista M/F *Am* Camper *m*, -in *f*; **campamento** M **1** *acción*: Lagern *n*; **~ de verano** Sommerlager *n*, Sommercamp *n* **2** *lugar*: Lager *n*, Lagerplatz *m*; MIL (Feld-, Truppen)Lager *n*; *Am tb de presos*: Straf-, Gefangenenlager *n*; **~ turístico** *o* **de turismo** Campingplatz *m*

campana F **1** Glocke *f*; **~ (de reloj)** Schlag-, Läutewerk *n* (einer Uhr); **juego** *m* **de ~s** Läutewerk *n*; Glockenspiel *n*; **reloj** *m* **de ~** Schlaguhr *f*, Uhr *f* mit Glockenschlag; **toque** *m* **de ~s** Glockengeläute *n*; *fig* **vuelta** *f* **de ~** Überschlagen *n*; Purzelbaum *m*; AUTO **dar una vuelta de ~** sich überschlagen; **doblar las ~s** die Totenglocke läuten; *fam* **echar las ~s al vuelo** mit allen Glocken läuten; *fig* sich sehr freuen, jubeln, frohlocken; **tocar** *o* **voltear** *o* **tañer las ~s** die Glocken läuten; **a ~ herida** *o* **tañida** *o* **a toque de ~** mit dem Glockenschlag, pünktlich wie die Maurer (*fam hum*); *fig* eilig; **(en forma) de ~** glockenförmig; *fam* **oír ~s y no saber dónde** nur ungefähr wissen, etwas haben läuten hören **2** TEC Glocke *f*, Sturz *m*, Schale *f*; *de una lámpara*: Glühstrumpf *m*; **~ (de chimenea)** Rauchfang *m*, Kaminsturz *m*; **~ de buzo** *o* **~ de bucear** *o* **de inmersión** Taucherglocke *f*; **~ de cristal** *o* **de vidrio** Glasglocke *f*, -sturz *m*; **~ extractora** Dunstabzugshaube *f*; MED **~ de oxígeno** Sauerstoffzelt *n* **3** *fig* MAR **~ de niebla** *o* **de bruma** Nebelglocke *f* **4** *parroquia*: Kirchspiel *n*, -sprengel *m* **5** *jerga del hampa* (*enaguas*) Frauenunterrock *m* **6** *Am reg ladrón* Posten *m*, Schmieresteher *m* **7** *Esp pop* **tocar la ~** (*masturbarse*) wichsen *pop*, sich (*dat*) einen runterholen *pop*

campanada F **1** (*golpe de campana*) Glockenschlag *m*; MAR **~ (sencilla)** Glas *n*, Stundenschlag *m* **2** *fam* (*escándalo*) Skandal *m*; **dar la ~** Skandal (*o* [ärgerliches] Aufsehen) erregen;

campanario M **1** Glockenturm *m*; *en la torre*: Glockenstube *f*; MAR Glockenständer *m*; *fam fig* **subirse al ~** (die Wände) hochgehen *fam*, auf die Palme gehen *fam* **2** *fig* **de ~** (*estrecho de miras*) engstirnig, klein kariert; **política** *f* **de ~** Kirchturmpolitik *f*

campanear A VI *campanas* anhaltend läuten **B** VT **1** TAUR auf den Hörnern herumwirbeln **2** *Arg* (*observar*) anschauen, beobachten;

campaneo M **1** *de las campanas*: Glockenläuten *n* **2** *fam* (*contoneo*) Schwingen *n*, Wiegen *n* der Hüften; **campanera** F **1** (*fundidora de campanas*) Glockengießerin *f* **2** *oficio*: Glöcknerin *f* **3** *C. Rica, P. Rico* (*que esparce noticias*) Neuigkeitskrämerin *f*; **campanero** M **1** *fundidor*: Glockengießer *m* **2** *oficio*: Glöckner *m*, Türmer *m* **3** *C. Rica, P. Rico* (*que esparce noticias*) Neuigkeitskrämer *m* **4** *insecto*: Gottesanbeterin *f* **5** *Arg, Ven* ORN *Vogel, dessen Ruf einer Glocke ähnelt* (*Chasmarhynchus nudicollis*); **campaneta** F Glöckchen *n*

campaniforme ADJ glockenförmig, glockig, Glocken...; ARQUEOL **vaso** *m* **~** Glockenbecher *m*; **campanil** A ADJ **metal** *m* **~** Glockengut *n* **B** M Kampanile *m*, Glockenturm *m*

campanilla F **1** *pequeña campana*: Glöckchen *n*, Schelle *f*; Klingel *f*; *en el colegio*: Schulglocke *f*; CAT Messglöckchen *n*; *fam* **de (muchas) ~s** großartig; wichtig, berühmt; hoch stehend; *fam* **tener muchas ~s** ein hohes Tier sein *fam* **2** ANAT (*úvula*) Zäpfchen *n* **3** *adorno*: glockenförmige Verzierung *f*, Glocke *f*; (*burbuja*) Blase *f* **4** TAUR Stier *m*, dem von einer Verletzung Hautfetzen herunterhängen **5** BOT Glockenblume *f*; *Am* **~ blanca** Schneeglöckchen *n*

campanillazo M (starkes) Klingeln *n*; **campanillear** VI anhaltend läuten; **campanilleo** M Geklingel *n*; **campanillero** Läuter *m*, Klingler *m*

campano M **1** kleine Glocke *f*, Schelle *f* **2** *Am* BOT *ein Baum* (*Schiffsholz*)

campante ADJ *fam* **1** (*ufano*) zufrieden; stolz **2** (*con mucha calma*) seelenruhig; unbekümmert; **quedarse tan ~** ungerührt bleiben; so tun, als ob nichts dabei wäre; *fam* **tan ~** quietschvergnügt *fam*

campanudo ADJ **1** *botas* glockenförmig, nach oben weiter werdend **2** *voz* dröhnend **3** *fig* (*grandilocuente*) schwülstig; hochtrabend, bombastisch

campánula F BOT Glockenblume *f*

campaña F **1** (*campo*) Feld *n*, flaches Land *n*; **tienda** *f* **de ~** Zelt *n* **2** MIL (*expedición*) Feldzug *m*, Kampagne *f*; MIL **en ~** im Felde, im Krieg; MIL **estar** *o* **hallarse en ~** im Feld(e) stehen **3** *fig, espec* POL Kampagne *f*, Feldzug *m*; **~ de acoso** Schmutzkampagne *f*; POL **~ antiglobalización** Antiglobalisierungskampagne *f*; **~ antiparasitaria** Schädlingsbekämpfung (saktion) *f*; **~ antitabaco** Antiraucherkampagne *f*; POL **~ electoral** Wahlkampf *m*; **~ de imagen** Imagekampagne *f*; **~ periodística** Zeitungskampagne *f*; COM **~ de propaganda** *o* **~ publicitaria** Reklamefeldzug *m*, Werbeaktion *f*; **~ de recogida de firmas** Unterschriftensammlung *f* **4** AGR (*tiempo de cosecha*) Ernte(zeit) *f*, (Getreide- *etc*) Wirtschaftsjahr *n*; **~ azucarera/remolachera** Zucker-/Rübenernte *f* **5** DEP **~ futbolística** Fußballsaison *f* **6** *fig* (*dura-*

C

ción del cargo) Amts-, Dienstzeit *f* 7 MAR *(crucero)* Kreuzfahrt *f* 8 *heráldica*: Schildfuß *m*

campañista M *Chile* (Ross-, Rinder)Hirt *m*;

campañol M ZOOL Feldratte *f*

campar VI 1 *(acampar)* lagern, kampieren 2 *fig (sobresalir)* sich hervortun; **~ a sus anchas** tun, was man will; *cosa negativa* sich breitmachen; *fig* **~ con su estrella** Glück *(o* Erfolg) haben; *fig* **~ por sus respetos** eigenmächtig *(o* selbstständig) vorgehen

campeador M HIST wackerer Kämpe *m*, Kriegsheld *m*; *espec* **el (Cid) Campeador** *Beiname des Cid*

campear VI 1 *ganado* weiden; *pueblos primitivos* umherstreifen; *Am reg (recorrer el campo)* einen Inspektionsritt *(über die Weidegründe)* machen 2 *bandera* flattern 3 MIL HIST *(estar en batalla)* im Felde stehen, Krieg führen 4 BOT, AGR *siembra* zu grünen beginnen 5 *Col (fanfarronear)* angeben *fam*, prahlen

campechana F 1 *Antillas, Méx bebida*: Art Cocktail *m* 2 *Ven (hamaca)* Hängematte *f* 3 *Ven (prostituta)* Prostituierte *f*; **campechanería** F → campechanía; **campechanía** F Leutseligkeit *f*; ungezwungenes Wesen *n*; **campechano** ADJ 1 *(afable)* leutselig; gemütlich, ungezwungen 2 *(dadivoso)* freigebig

campeche ADJ BOT **palo** *m* **~** *o* **palo** *m* **de Campeche** Campeche-, Jamaika-, Brasilholz *n*

campeón M, **-ona** F 1 *liter (héroe en armas)* Kriegsheld *m*, -in *f* 2 *fig paladín)* Vorkämpfer *m*, -in *f*, Held *m*, -in *f* 3 DEP Meister *m*, -in *f*; **~** *m*, **-a** *f* **mundial** Weltmeister *m*, -in *f*

campeonar VT DEP Meister werden; **campeonato** M DEP Meisterschaft *f*; Meisterschaftskampf *m*; *fam* **de ~** super *fam*, dufte *fam*, klasse *fam*; Riesen... *fam*, Mords... *fam*, gewaltig *fam*

camper, cámper M *Méx, Perú, Salv* AUTO Reisemobil *n*, Wohnmobil *n*

campera F *Arg, Chile, Ur* Wind-, Lederjacke *f*

campero A ADJ 1 *(del campo)* im freien Feld stehend; *ganado* im Freien nächtigend; **pollo ~** Freilandhuhn *n* 2 *RPl persona* im Kampleben sehr erfahren 3 *Méx caballo* leicht trabend 4 BOT mit waagerechten Blättern 5 **traje** *m* **~** *Kleidung der andalusischen Hirten und Viehzüchter* B M *Col* AUTO Geländefahrzeug *n*

campesinado M 1 *(conjunto de campesinos)* Landbevölkerung *f* 2 *clase social*: Bauerntum *n*; **campesino** A ADJ bäuerlich, ländlich B M, **-a** F Landbewohner *m*, -in *f*; Bauer *m*, Bäuerin *f*, Landmann *m*, -frau *f*; **campestre** A ADJ 1 *liter* → campesino 2 Feld..., Land...; **flor** *f* **~** Feldblume *f*; **vida** *f* **~** Landleben *n*; **zona** *f* **~** ländliche Zone *f* 3 BOT wild wachsend B M MÚS *alter mexikanischer Tanz*

campichuelo M *Arg* kleineres Stück *n* offenen Graslandes; **campillo** M kleines Feld *n*; Gemeindetrift *f*

campinero M *Arg* Camper *m*

camping, cámping M Camping *n*, Zelten *n*; Zeltlager *n*; **(terreno** *m* **de) ~** Campingplatz *m*; **~ salvaje** wildes Zelten *n*; **hacer ~** zelten, campen

campiña F 1 *(tierra llana)* flaches Land *n*, Feld *n*, Gefilde *n*, Flur *f* 2 *(tierra cultivada)* bebautes Land *n*, Ackerland *n*; **campirano** A ADJ bäuerisch; erfahren in der Landwirtschaft und im Umgang mit Tieren B M, **-a** F gute(r) Reiter *m*, -in *f*

campismo M Zelten *n*, Campen *n*; **campista** A M/F Camper *m*, -in *f*, Zelt(l)er *m*, -in *f* B M *Am* MIN Gruben-, Bergwerkspächter *m*

campo M 1 *terreno*: Land *n (im Gegensatz zur Stadt)*; **~ (de cultivo)** Feld *n*, Acker *m*; **~s** *pl* Ländereien *fpl*, Felder *npl*; *Am* große Gras- *(o* Weide)flächen *fpl*; *poét* Flur *f*; *fig* **~ abonado** günstiger Boden *m*; **casa** *f* **de ~** Landhaus *n*; **ir al ~** aufs Land fahren; **en el ~** auf dem Land 2 *(espacio libre)* Feld *n*, Fläche *f*; Gelände *n*; **~ raso** offenes Gelände *n*; **a ~ raso** im Freien; *fig* **hacer ~ raso de a/c** mit etw *(dat)* reinen Tisch machen; *espec* MIL **batir** *o* **reconocer el ~** das Gelände erkunden; *adv* **(a) ~ traviesa** *o* **~ a través** querfeldein; **irse por esos ~s de Dios** umherziehen, -irren; *fig* ohne Sinn daherreden, weitschweifig werden 3 DEP Sportplatz *m*; Spielfeld *n*; *carrera de caballos*: Rennbahn *f*; *fig tb (escenario)* Schauplatz *m*; **~ de deportes** Sportplatz *m*; DEP **~ de fútbol** Fußballplatz *m* 4 AVIA **~ de aviación** Flugplatz *m*; MIL *tb* Fliegerhorst *m*; **~ de aterrizaje (forzoso)** (Not-)Landeplatz *m* 5 **~ petrolífero** Ölfeld *n*; **~ santo** → camposanto 6 *fig* **dejar el ~ libre** *o* **expedito** *o* **ceder el ~** das Feld räumen; **descubrir (el) ~** *oportunidad, situación, etc* prüfen, sondieren; *espec Am* **hacer ~** Platz machen, den Platz *(von Menschen)* räumen; *fig* **tener ~ libre** freie Bahn haben 7 *(campamento)* Lager *n (tb* MIL); **~ de acogida** *para refugiados, etc*: Auffanglager *m*; MIL **~ de castigo/de concentración** Straf-/Konzentrationslager *n*; DEP **~ de entrenamiento** Trainingslager *n*; **~ de exterminio** Vernichtungslager *n*; **~ de prisioneros** Gefangenenlager *n*; **~ de refugiados** Flüchtlingslager *n*; **levantar el ~** das Lager abbrechen; *fig* eine Sache aufgeben; als Erster weggehen 8 MIL *(campo de maniobras)* Feld *n*, Übungsgelände *n*; **~ de batalla** Schlachtfeld *n*; *liter* **~ del honor** MIL Feld *n* der Ehre, Schlachtfeld *n*; HIST *duelo*: Austragungsplatz *m (für ein Duell)*; **~ de instrucción** Truppenübungsplatz *m*; **~ de minas** Minenfeld *n*; **~ de operaciones** MIL Operationsgebiet *n*; *fig* Tätigkeitsfeld *n*; MIL **~ de tiro** Schießplatz *m*; Schussfeld *n*; **~ a ~** unter Aufgebot aller Kräfte; **hacer ~** in offener Feldschlacht *(o* Mann gegen Mann) kämpfen; *tb* sich zum Kampf stellen; *liter* **quedar en el ~ (del honor)** fallen 9 *fig (area)* Bereich *m*, Feld *n*, Gebiet *n*; **en el ~ de la técnica** auf dem Gebiet der Technik; **~ de acción** Wirkungsfeld *n*, -bereich *m*, Betätigungsfeld *n*; **~ de actividad(es)** Arbeitsfeld *n*, -bereich *m*, Tätigkeitsbereich *m*; **~ de aplicación** An-, Verwendungsgebiet *n* 10 INFORM Feld *n*; **~ de entradas** Eingabefeld *n*; **~ de opción** Optionenfeld *n* 11 *fig y* POL *(partido)* Seite *f*, Lager *n*, Partei *f* 12 *t/t (magnitud vectorial)* Feld *n (tb* FÍS, LING, TEC); Bereich *m*; **~ de gravitación** Gravitationsfeld *n*; **~ de fuerza** Kraftfeld *n*; LING **~ léxico** Wortfeld *n*; **~ magnético** Magnetfeld *n*; **~ visual** Gesichts-, MED Sehfeld *n* 13 PINT (unbemalte) Fläche *f*

camposantero M Totengräber *m*; Friedhofswärter *m*; **camposanto** M Friedhof *m*, *reg* Kirchhof *m*

CAMPSA F ABR *Esp* (Compañía Arrendataria del Monopolio de Petróleos) *ehemalige staatliche Erdölgesellschaft*

campus M (Universitäts)Campus *m*

camuesa F BOT Kalville *f*, Kantapfel *m*; **camueso** M 1 BOT Kalvillbaum *m* 2 *fam fig (imbécil)* Einfaltspinsel *m fam*, Trottel *m fam*

camuflaje M Tarnung *f (tb fig)*; **red** *f* **de ~** Tarnnetz *n*; **camuflar** VT verbergen, tarnen *(tb fig)*

Camuñas M *Esp corresponde a*: der schwarze Mann *(Kinderschreck)*

can[1] M 1 *liter (perro)* Hund *m* 2 ASTRON **Can Mayor/Menor** Großer/Kleiner Hund *m*; **Can Luciente** Sirius *m*, Hundsstern *m* 3 *pop* **echar los ~es a alg** *(ligar con alg)* j-n anmachen *fam*

can[2] M Khan *m*

cana A F 1 *(cabello blanco)* weißes Haar *n*; **las ~s** *col* weißes Haar *n*, *poét* Silberhaar *n*; **echar ~s** graue Haare bekommen; *fam* **echar una ~ al aire** sich *(dat)* einen vergnügten Tag machen, *pop* auf die Pauke hauen *fam*; *(ser infiel)* fremdgehen *fam*; *fig* **peinar ~s** alt sein; **sacar ~s (verdes) a alg** j-n aus dem Häuschen bringen; j-m Probleme bereiten 2 *Arg pop (poli)* Polente *f*, Schmiere *f* 3 *Méx, Perú pop (cárcel)* Knast *m* B M *Arg, Ur (polizonte)* Polyp *m*, Bulle *m*

Canaán *Biblia*: **Tierra** *f* **de ~** das Land Kanaan

canaca *Chile* A M/F *desp* Gelbe *m/f*, Schlitzauge *n* B M Bordellwirt *m*; **canaco** A ADJ *Chile, Ec* gelb, blass B M *etnología*: Kanake *m*

Canadá M Kanada *n*; **bálsamo** *m* **de ~** Kanadabalsam *m*

canadiense A ADJ kanadisch; **cabaña** *f* **~** Blockhaus *n* B M/F Kanadier *m* -in *f* C F Windjacke *f* mit Pelzkragen, Canadienne *f*

canal[1] M/F 1 *gener* Kanal *m*; **~ de desagüe** *o* **de descarga** Abfluss-, Entwässerungskanal *m*; **~ de riego** Bewässerungskanal *m*; **fondo** *m* *o* **suelo** *m* **de(l) ~** Kanalsohle *f*; **~ vertedero** *(evacuador de basuras)* Müllschlucker *m* 2 MAR *en el puerto*: Fahrrinne *f*, -wasser *n*; Hafeneinfahrt *f* 3 TEC Nut *f*; Hohlkehle *f* 4 TV, INFORM Kanal *m*; INTERNET **~ (de chat** *o* **charla)** Chatroom *m* 5 *(gotera)* Dachrinne *f*, Traufe *f* 6 *(llanura entre montañas)* Talenge *f*, enges Tal *n* 7 ARQUIT Rille *f*; Hohlkehle *f* 8 *fig* Weg *m*; *(medio) tb* Mittel *n* zum Zweck; **por ~es diplomáticos** über diplomatische Kanäle 9 ANAT Kanal *m*; Rinne *f*, Furche *f* 10 *(abrevadero)* Tränktrog *m* 11 TIPO ausgekehlter Schnitt *m* 12 MIL *del fusil*: Zug *m im Gewehrlauf*

canal[2] M GEOG Meerenge *f*; Kanal *m*; **Canal de la Mancha/de Panamá/de Suez** Ärmel-/Panama-/Suezkanal *m*

canal[3] M *en el matadero*: Schlachtkörper *m*; (Rinder-, Schweine)Hälfte *f*; **en ~** *reses de matadero* ausgeweidet; **abrir en ~** ausweiden; aufschlitzen, in zwei Hälften teilen

canaladura F ARQUIT Kannelierung *f*, Schaftrinne *f*; Riffelung *f*; **canalear** VI *Col fam* schmarotzen; **canaleja** F Schüttrinne *f (an der Mühle)*; **canaleta** F *Am* → canalón;

canalete M MAR 1 Schaufel-, Heckruder *n* 2 *remo*: (Kanu)Paddel *n* 3 *(devanadera)* Rolle *f*, Haspel *f*

canalizable ADJ kanalisierbar; **canalización** F 1 Kanalisation *f*; Kanalsystem *n*; *de agua, gas*: Leitungsnetz *n* 2 *construcción*: Kanalbau *m* 3 *de un río*: Kanalisierung *f*; **canalizar** VT ⟨1f⟩ 1 kanalisieren; *río* regulieren 2 *fig* (in bestimmte Bahnen) lenken, orientieren, kanalisieren; **canalizo** M 1 MAR *(canal estrecho)* enge Durchfahrt *f*; Fahrrinne *f* 2 TEC Rinne *f*

canalla A F Gesindel *n*, Pack *n* B M/F Lump *m*, Schuft *m*, Kanaille *f* C ADJ gemein, niederträchtig; **canallada** F Gemeinheit *f*, Schurkerei *f*; **canallesco** ADJ (hunds)gemein *fam*, schuftig; viehisch

canalón M 1 *(gotera)* Dachrinne *f*; Wasserspeier *m* 2 *reg (desagüe)* Abfluss *m*; Spül-, Wasserstein *m*; **canalones** MPL GASTR Cannelloni *mpl*

canana F 1 MIL *(cinto de cartuchos)* Patronengurt *m*; *espec* CAZA Patronentasche *f* 2 *Am Centr (buche)* Kropf *m* 3 *Col (camisa de fuerza)* Zwangsjacke *f*

cananeo A ADJ kana(a)näisch, kana(a)nitisch B M, **-a** F Kana(a)näer *m*, -in *f*, Kana(a)niter *m*, -in *f*

canapé M 1 *(sofá)* Kanapee *n*, Sofa *n* 2 GASTR Kanapee *n*

canaria F 1 *persona*: Bewohnerin *f* der Kanarischen Inseln 2 ORN Kanarienvogelweibchen *n*

Canarias FPL **(las) ~** die Kanarischen Inseln *fpl*, die Kanaren *pl*

canaricultor M, **canaricultora** F Kanarienzüchter m, -in f; **canaricultura** F Kanarienzucht f

canariense ADJ kanarisch, von den Kanarischen Inseln; **canariera** F großer Brutkäfig m für Kanarienvögel

canario A ADJ kanarisch, von den Kanarischen Inseln B M 1 *persona:* Kanarier m 2 ORN Kanarienvogel m; *Esp pop* **cambiar el agua al ~** pinkeln gehen *pop* 3 MÚS *kanarische Volksweise* 4 *Arg fam billete:* Hundertpesoschein m 5 *fam Esp* **¡~(s)!** (Himmel)-Donnerwetter! *(Überraschung, Ärger)* 6 *Esp pop (pene)* Schwengel m *pop*, Schwanz m *pop*

canasta F 1 (Henkel)Korb m; DEP *baloncesto:* Korb m; MAR Mastkorb m; ECON **~ familiar** Warenkorb m; *Méx* **alzar** o **levantar la ~ a alg** j-m den Unterhalt streichen 2 *naipes:* Canasta(spiel) n 3 *Perú fam (chirona)* Knast m

canastero M, **canastera** F 1 *(cestero)* Korbflechter m, -in f, Korbmacher m, -in f; *vendedor(a):* Korbverkäufer m, -in f 2 *Chile (verdulero ambulante)* fliegende(r) Gemüsehändler m, -in f;

canastilla F 1 *(cestilla)* Körbchen n 2 *(equipo de bebé)* Babyausstattung f, -wäsche f 3 *Méx* AUTO *(baca)* Dach(gepäck)träger m; **canastillero** M, **canastillera** F *fabricante:* Korbmacher m, -in f; *vendedor:* Korbverkäufer m, -in f;

canastillo M (flaches) Körbchen n

canasto M (Trag)Korb m; *Am* Papierkorb m; **¡~(s)!** Donnerwetter!

cáncamo M 1 MAR Ringbolzen m; -öse f 2 TEC Ösenschraube f

cancamurria F *fam Esp* Trübsinn m; **cancamusa** F *fam* (Hinter)List f; **cancamuso** ADJ *Cuba fam* **viejo** m **~** alter Bock m *fam*, Lustgreis m

cancán M 1 MÚS Cancan m 2 *enaguas:* Cancan(unter)rock m 3 *Am reg (leotardos)* Strumpfhose f

cancanear V/I *fam* 1 *(vagar)* herumschlendern, -lungern 2 *Méx, Col, C. Rica (tartamudear)* stottern; stockend lesen

cáncano M *fam* Laus f

cancel M Windfang m *(vor Türen)*; Windschirm m; **cancela** F (Haus)Türgitter n; Gattertor n

cancelación F 1 COM, JUR Löschung f, Streichung f, Annullierung f; *de una deuda:* Tilgung f; *Am de una factura:* Bezahlung f 2 INFORM Abbruch m; **cancelado** ADJ ungültig, gestrichen; *Am factura* bezahlt; **canceladora** F *transporte:* **~ de billetes** Fahrscheinentwerter m

cancelar V/T ungültig machen; annullieren; streichen; *escrito* aus-, durchstreichen; *documento, registro, cuenta* löschen; *cheque* sperren; *encargo* zurückziehen, rückgängig machen; stornieren; *deuda* tilgen; *espec Am factura* zahlen; *billete* entwerten; INFORM abbrechen; **~ un pedido/una reserva** einen Auftrag/eine Reservierung stornieren (o zurücknehmen); **~ una cita** eine Verabredung absagen

cancelaría F päpstliche Kanzlei f, Cancelleria f apostolica; **cancelario** M 1 HIST Cancellarius m, Magister Scholae m 2 *Bol* UNIV Rektor m

cáncer M 1 MED Krebs m; *fig* Krebsgeschwür n; **~ de cuello uterino** Gebärmutterhalskrebs m; **~ hepático** Leberkrebs m; **~ de mama** Brustkrebs m; **~ de próstata** Prostatakrebs m; **~ de pulmón** Lungenkrebs m 2 ASTRON Cáncer Krebs m

cancerado ADJ 1 MED Krebs..., verkrebst, krebskrank 2 *fig (maligno)* (seelisch) verderbt, bösartig, grundböse; **cancerar** A V/T 1 MED an Krebs erkranken lassen 2 *fig (destruir)* zerstören; plagen, quälen B V/R **cancerarse** verkrebsen, bösartig werden

cancerbero M 1 MIT Zerberus m *(tb fig)* 2 DEP Torwart m

canceriforme ADJ krebsähnlich, -förmig;

cancerígeno ADJ krebserregend (o -erzeugend), karzinogen; **cancerofobia** F Furcht f vor Krebs; **cancerógeno** ADJ → cancerígeno; **cancerología** F MED Krebsforschung f, Kanzerologie f; **cancerólogo** M, **canceróloga** F Krebsforscher m, -in f;

canceroso A ADJ verkrebst, krebsartig, Krebs...; **afección** f **-a** Krebserkrankung f B M, **-a** F Krebskranke m/f

cancha[1] F 1 *(lugar para juegos)* Spielplatz m, -feld n; DEP Sportplatz m; Übungsplatz m *(tb* MIL*)*; *Am tb (hipódromo)* (Pferde)Rennbahn f 2 *(cauce ancho de un río)* breites Flussbett n; breiter Trockenrand *eines Flussbettes* 3 *Am (campo libre)* freie Fläche f; *(patio)* Hof m; *RPl* **¡~!** Platz (da)!; *Am reg* **abrir** o **dar ~ a alg** j-m den Weg frei machen; *fig* j-m den Weg ebnen; *Chile, RPl* **estar en su ~** in seinem Element sein; *RPl* **tener ~** *(tener influencia)* Einfluss haben; *Col (ser hábil)* geschickt sein; *Perú (tener experiencia)* Erfahrung f haben, erfahren sein

cancha[2] F *Am Mer* gerösteter Mais m; *Perú* **~ (blanca)** Puffmais m, Popcorn m

cancha[3] F *Col* MED, VET Räude f

canchal M Steinwüste f, felsiges Gelände n

canchalagua F BOT Tausendgüldenkraut n

canchamina F MIN Erzscheideplatz m

cancheador A ADJ *Am Mer* faul B M, **cancheadora** F Faulenzer m, -in f

canchear V/I 1 *(trepar peñascos)* über Felsen klettern 2 *(vagabundear)* herumlungern, sich herumtreiben

canchero A ADJ *Perú, RPl persona:* erfahren, geschickt B M, **-a** F 1 *Arg, Chile (vagabundo)* Herumtreiber m, -in f; *(fanfarrón)* Angeber m, -in f 2 *Chile (maletero)* Gepäckträger m, -in f

canchita F *Perú* Puffmais m; gerösteter Mais m

cancho M 1 *(roca)* Felsen m; *frec* **~s** *pl* felsiges Gebiet n, Gefels n 2 *Chile fam (pago)* Bezahlung f, die für den kleinsten Dienst verlangt wird *(bes von Geistlichen und Rechtsanwälten)*; *fig* übermäßige Gebühr f

canchón M *Am* AGR Weide f, Kamp m

cancilla F Gittertor n, -tür f

canciller M/F 1 Kanzler m, -in f *(tb* UNIV*)*; POL *RFA:* **~ federal** Bundeskanzler m, -in f; HIST **~ del Reich** Reichskanzler m 2 *Am (ministro de Relaciones Exteriores)* Außenminister m, -in f

cancilleresco ADJ 1 POL Kanzler... 2 Kanzlei...; **estilo** m **~** Kanzleistil m; **cancillería** F 1 *oficina:* Kanzleramt n; (Staats)Kanzlei f; **~ federal** Bundeskanzleramt n 2 *Am ministerio:* Außenministerium n

canción F 1 Lied n; Chanson n; Gesang m; **~ de amor** o **~ amatoria** Liebeslied n; **~ callejera** Gassenhauer m; **~ de cuna** Wiegenlied n; **~ de moda** (Mode)Schlager n; **~ popular** Volkslied n; **~ (de) protesta** Protestsong m 2 *fig* **siempre la misma ~** o *fam* **y dale con la ~** immer das gleiche Lied, immer dieselbe Leier *fam*; *fam* **esa** o **eso es otra ~** das ist etwas anderes; das steht auf einem anderen Blatt 3 LIT Kanzone f

cancionero M Liederbuch n, -sammlung f;

cancioneta F Kanzonette f; **cancionista** A M/F 1 *cantor:* Liedersänger m, -in f; Schlagersänger m, -in f 2 *compositor:* Lieder- (o Schlager)komponist m, -in f B F Chansonette f

canco M 1 *Bol, Chile (nalga)* Hinterbacke f 2 *Chile (botija)* irdener Topf m 3 *pop frec desp (homosexual)* Schwule m *fam*; warmer Bruder m *pop*; **cancón** M *fam* Popanz m, schwarzer Mann m; **cancona** *Chile fam* A ADJ mit breitem Gesäß B F **(mujer** f**) ~** Frau f mit breitem Gesäß

cancro M 1 BOT Baum-, Rindenkrebs m 2 ZOOL Flusskrebs m; **cancroide** M MED Kankroid n; **cancroideo** ADJ MED krebsähnlich, -artig

candado M 1 *(cerradura suelta)* Vorhänge-, Vorlegeschloss n; **~ de combinación/de seguridad** Kombinations-/Sicherheitsschloss n; *fig* **echar** o **poner ~ a los labios** o **a la lengua** o **a la boca** ein Geheimnis (treu) bewahren, kein Wort verlauten lassen, dicht halten *fam* 2 *fig, espec* POL *(bozal)* Maulkorb m; **ley** f **del ~** Maulkorbparagraf m 3 *Col (perilla de la barba)* Spitz-, Kinnbart m

candaliza F MAR Geitau n, Talje f

candar V/T (zu)schließen, (zu)sperren

cande ADJ **azúcar** m **~** Kandiszucker m

candeal ADJ **pan** m **~** Weizenbrot n; **trigo** m **~** Weichweizen m

candela F 1 *(vela)* Kerze f; Licht n; *Perú tb* Flamme f; MAR **en ~** senkrecht, lotrecht; CAT **fiesta** f **de las ~s** → Candelaria; *fig* **acabarse la ~** *en subastas:* ablaufen *(Frist bei Versteigerungen)*; *(estar moribundo)* im Sterben liegen; *(tocar a su fin)* zu Ende (o zur Neige) gehen; *espec Am* **dar ~** Feuer geben *(zum Zigarettenanzünden)*; *fam* **estar con la ~ en la mano** im Sterben liegen 2 *fam (lumbre)* (Kohlen)Feuer n 3 *(candelero)* (Kerzen)Leuchter m 4 *fam* **arrimar ~ a alg** *(apalear)* j-n versohlen *fam*, j-n verhauen *fam* 5 BOT Kastanienblüte f 6 *en la balanza:* Abstand m zwischen dem Zünglein der Waage und dem Gleichgewichtspunkt

candelabro M 1 *(candelero)* Kerzenleuchter m, Kandelaber m; REL **~ de (los) siete brazos** siebenarmiger Leuchter m 2 BOT Kandelaberkaktus m *(Browningia candelaris)*; **~ de brazos** Trompetenbaum m

candelada F offenes Feuer n, Lagefeuer n

Candelaria F CAT Lichtmess f

candeleja F *Chile, Perú* Leuchter m; Leuchtertülle f; **candelejón** ADJ *Col, Chile, Perú* harmlos, naiv; **candelera** F BOT Königskerze f

candelero M 1 *(lámpara)* Leuchter m, Lampe f; *fig* **estar en (el) ~** großen Einfluss haben; hoch im Kurs stehen, aktuell sein; im Rampenlicht stehen; **poner a alg en (el) ~** j-n einem breiten Publikum bekannt machen, j-n aufbauen *fam* 2 *(soporte para velas)* Kerzenhalter m, -ständer m 3 *(lámpara de aceite)* tragbare Öllampe f, Ampel f 4 MAR Klau f, Stütze f

candelilla F 1 *(pequeña luz)* Lichtchen n, Nachtlicht n 2 BOT (Blüten)Kerze f, Kerzenblüte f; *(flor del sauce)* Weidenkätzchen n 3 MED Bougie f 4 *Arg, Chile (fuego fatuo)* Irrlicht n 5 *Am reg (luciérnaga)* Leuchtkäfer m 6 *Cuba* TEX *(costura)* (Stepp)Naht f; **candelizo** M *fam* Eiszapfen m

candente ADJ glühend; weiß (o rot) glühend; *fig* **cuestión** f **~** brennende Frage f

candi → cande

candidatizarse V/R *Am* kandidieren, sich um ein Amt bewerben

candidato M, **-a** F Kandidat m, -in f; (Amts)-Bewerber m, -in f; *en un examen:* Prüfling m; **ser ~ (a)** kandidieren (für *acus*), sich bewerben (um *acus*); **candidatura** F 1 *(aspiración)* Bewerbung f; *espec* POL Kandidatur f; **presentar su ~ para** sich als Kandidat aufstellen lassen für *(acus)*, sich bewerben um *(acus)* 2 *(grupo de candidatos)* Kandidaten-, Bewerbergruppe f; *lista:* Kandidaten-, Vorschlagsliste f 3 *(papeleta de votación)* Wahl-, Stimmzettel m

candidez F 1 *liter (blanco)* (leuchtende) Weiße f 2 *fig (ingenuidad)* Unschuld f; Aufrichtigkeit f; Einfalt f, Naivität f

cándido ADJ 1 *liter (blanco brillante)* glänzend weiß 2 *fig (ingenuo)* arglos, harmlos, treuherzig, blauäugig *fam*; einfältig, naiv, kindlich; *fam* **no seas ~** sei nicht so naiv

candil M 1 *(lámpara de aceite)* Öllampe *f*; *Méx (candelabro)* Kronleuchter *m*; *fam* **ni buscando con (un) ~** so was (*o* so einen) kannst du mit der Laterne suchen *fam*, so was kriegt man so bald nicht wieder *fam*; **pescar al ~** mit Licht fischen 2 *insecto*: Libelle *f* 3 *cornamenta del ciervo*: Ende *n am Hirschgeweih*; **~ de hierro/de ojo** Eis-/Augsprosse *f* 4 BOT **~s** *pl Art* Osterluzei *f (Aristolochia Boetica)* 5 BOT *(arísaro)* Mönchskappe *f* 6 *jerga del hampa de ladrones*: Diebshelfer *m*; *en el prostíbulo*: Bordelldiener *m* 7 *Cuba pez*: *rötlicher Leuchtfisch*

candileja F 1 *(lamparita)* Öllämpchen *n*, Funzel *f*; TEAT **~s** *pl* Rampenlicht *n* 2 *recipiente*: Ölbehälter *m (einer Lampe)* 3 BOT Kornrade *f*;

candilera F BOT Jerusalemsalbei *f*

candinga F 1 *Chile (tontería)* Dummheit *f*, Tölpelei *f* 2 *Hond (enredo)* Wirrwarr *m* 3 *Méx* **el Candinga** *(diablo)* der Teufel

candiota F 1 *(barril)* Weinfässchen *n* 2 *vasija*: Zapfkrug *m*

candombe A M 1 MÚS Candomblé *m (afroamerikanischer kultischer Tanz)* 2 *RPl* POL *fam (inmoralidad política)* Misswirtschaft *f* B ADJ *RPl fam* schamlos

candonga F *fam* 1 *(lisonja)* falsche Schmeichelei *f*; Stichelei *f*; Ulk *m*; **dar ~ a alg** j-n auf die Schippe nehmen *fam*, j-n verulken 2 *(mula de tiro)* Maultier *n*, Zugtier *n* 3 *fam* HIST *(peseta)* Pesete *f* 4 *Col* **~s** *pl (pendientes)* große (runde) Ohrringe *mpl* 5 *(remolona)* Drückebergerin *f*, Faulenzerin *f*; **candongo** *fam* A ADJ 1 *(lisonjero)* schmeichlerisch; gerieben 2 *(vago)* arbeitsscheu B M Drückeberger *m*, Faulenzer *m*; **candonguear** *fam* A VT verulken, hänseln B VI sich (geschickt) vor der Arbeit drücken; **candonguero** ADJ *fam* 1 *(zalamero)* schmeichlerisch 2 *(holgazán)* faul

candor M 1 *liter (suma blancura)* blendende Weiße *f* 2 *fig (ingenuidad)* Unschuld *f*, Kindlichkeit *f*; Naivität *f*, Einfalt *f*; **candoroso** ADJ arglos, aufrichtig; einfältig, harmlos, naiv

candujo M *jerga del hampa* (Vorhänge-)Schloss *n*

canear VI *cabello* grau werden, ergrauen

caneca F 1 *(frasco para ginebra)* irdene Schnapsflasche *f* 2 *Ec (alcarraza)* Kühlkrug *m* 3 *Arg (vasija de madera)* Holzkübel *m* 4 *Cuba* Flachmann *m fam* 5 *Col (lata de la basura)* Abfalleimer *m*; Mülltonne *f* 6 *Cuba (medida de volumen) Flüssigkeitsmaß (19 l)*

canecillo M ARQUIT Kragstein *m*

caneco ADJ *Arg reg, Bol* beschwipst

canéfora F ARQUEOL, ARQUIT Kanephore *f*

canela A F 1 *condimento*: Zimt *m*; **~ en rama** Zimtstange *f*; *Am Mer* **agua** *f* **de ~** Limonade *f* mit Zimtgeschmack 2 *fig (lo mejor) das* Feinste, *das* Beste; **¡de ~!** großartig!, einfach wundervoll!; **~ fina** etwas sehr Feines; **es la flor de la ~** es ist das Beste vom Besten 3 *Col fam (gallardía)* Schneid *m fam* B ADJ *inv* **(color) ~** zimtfarben

canelado ADJ 1 *color*: zimtfarben 2 ARQUIT kanneliert

canelar M Zimtpflanzung *f*; **canelero** M BOT Zimtbaum *m*

canelo A ADJ *espec caballo* zimtfarbig B M BOT 1 *árbol*: Zimtbaum *m*; *pop* **hacer el ~** ausgebeutet (*o* hereingelegt) werden 2 *Am Centr (laurel) Art* Lorbeerbaum *m (Ocotea cuneata)* 3 *Chile Art (magnolia)* Magnolie *f (Drimis chilensis)*

canelón M 1 *(gotera)* Dachrinne *f*; Traufe *f* 2 *(carámbano)* Eiszapfen *m (an der Traufe)* 3 TEX *pasamano*: Raupe *f*, geflochtene Achselschnur *f an einer Uniform* 4 CAT Geißelende *n* 5 GASTR → canalones 6 *Arg pop* **echar un ~** *(joder)* bumsen *pop*, vögeln *pop*

caneloni, canelonis MPL GASTR → canalones

caneludo M *Col* Draufgänger *m*

canesú M ⟨*pl* -úes⟩ TEX Leibchen *n*; Oberteil *m (an Hemd oder Bluse)*

caney M 1 *Antillas* HIST Herrenhaus *n der Kaziken* 2 *Col, Ven, Cuba (bohío)* keilförmige Hütte *f* 3 *Cuba (recodo de un río)* Flussbiegung *f*

canfor M → alcanfor

canga F *Arg, Bol* tonhaltiges Eisenerz *n*

cangagua F *Col, Ec* Ziegelerde *f*

cangalla[1] F *Bol, Arg, Chile* Abfälle *mpl bei der Erzgewinnung*

cangalla[2] M/F *reg* Feigling *m*

cangallar VI *Bol, Chile* Erz stehlen; *p. ext* Steuern hinterziehen

cangilón M 1 *(balde)* Schöpfeimer *m*; Kübel *m*, großer Wasserkrug *m*; *de la excavadora*: Löffel *m*, Becher *m*; *de una máquina de elevación*: Förderkübel *m* 2 *Col (tambor)* Trommel *f*

cangre M *Cuba* 1 BOT Yukkasteckling *m* 2 *fam (fuerza)* Kraft *f*, Mumm *m fam*

cangreja F MAR **(vela** *f*) **~** Gaffelsegel *n*;

cangrejal M *RPl* krebsreiches, sumpfiges Gelände *n*; **cangrejera** F 1 *(nido de cangrejos)* Krebsloch *n* 2 *vendedora*: Krebsverkäuferin *f*; *cogedora*: Krebsfängerin *f*; **cangrejero** M 1 *vendedor*: Krebsverkäufer *m*; *cogedor*: Krebsfänger *m* 2 ORN Krabbenreiher *m*

cangrejo A M 1 ZOOL Krebs *m*; **~ (de río)** (Fluss)krebs *m*; **~ felpudo/de mar** Woll-/Strandkrabbe *f*; **~ grande** Taschenkrebs *m*; **patas** *fpl* **de ~** Krebsscheren *fpl*; *fig* **caminar como los ~s** im Krebsgang gehen; **ponerse como un ~ asado** krebsrot werden 2 MAR Gaffel *f* 3 *Cuba* GASTR Hörnchen *n*, Croissant *n* B ADJ 1 *Ec (tonto)* dumm 2 *Perú (astuto)* gerissen, schlau

cangrena F → gangrena; **cangrenarse** V/R → gangrenarse

cangrí(s) M *jerga del hampa* Kirche *f*

cangrilero M *jerga del hampa* 1 *ladrón*: Kirchenräuber 2 *mendigo*: Kirchenbettler *m*

cangro M *Am* MED Krebs *m*

canguelar VI *pop* Schiss haben *pop*; **canguelo** M *pop* Schiss *pop*

cangurera F *Méx* Gürteltasche *f*

canguro A M ZOOL Känguru *n* B M/F *Esp fig* Babysitter *m*, -in *f*; **hacer de ~** babysitten

caníbal A ADJ kannibalisch B M/F Kannibale *m*, Kannibalin *f (tb fig)*, Menschenfresser *m*, -in *f*

canibalismo M Kannibalismus *m (tb* ZOOL *y fig)*, Menschenfresserei *f*; **canibalización** F ECON Kannibalisierung *f*; **canibalizar** VT ⟨1f⟩ ECON kannibalisieren

canica Murmel *f*, Klicker *m*; *Méx fam* **se le botó la ~** er ist verrückt geworden

caniche M ZOOL Pudel *m*

canicie F graues Haar *n*; Ergrauen *n*

canícula F 1 *col* Hundstage *mpl*; hochsommerliche Hitze *f* 2 ASTRON **Canícula** Sirius *m*, Hundsstern *m*

canicular A ADJ Hundstags...; hochsommerlich B M **(días** *mpl*) **~es** *pl* Hundstage *mpl*; **canicultor** M, **canicultora** F Hundezüchter *m*, -in *f*; Besitzer *m*, -in *f* eines Hundezwingers

cánidos MPL ZOOL Hunde *mpl*, Kaniden *mpl*

canijo ADJ 1 *pop (débil)* schwächlich, *(enfermizo)* kränklich, mick(e)rig *fam* 2 *Méx pop (malicioso)* bösartig

canil M Kleien-, Schwarzbrot *n*

canilla F 1 ANAT Röhrenknochen *m*; *en la pierna*: Schienbein *n*; *en el brazo*: Elle *f*; *de los pájaros*: Flügelknochen *m*; *Am fam (pantorilla)* Wade *f*; *(pierna)* Bein *n* 2 *(tapón de cuba)* Fass-; Spundhahn *m*; *Arg (grifo)* Wasserhahn *m* 3 *de la máquina de cocer*: Spule *f* 4 TEX Webstreifen *m* 5 *Méx fam (fuerza)* körperliche Kraft *f*, Mumm *m* in den Knochen *fam*; **canillado** ADJ gerippt, streifig; **canilladora** F Spulmaschine *f*; **canillera** F 1 *(espinillera)* Beinschiene *f* 2 *Col fam (espanto)* Schreck *m*, Entsetzen *n* 3 → canillero;

canillero M *en la cuba*: Spund-, Zapfloch *n*;

canillita M *Am Mer* Zeitungsjunge *m*

canina F Hundekot *m*; **canino** ADJ Hunde..., hundeartig; **diente** *m* **~** Eckzahn *m*; *de animales de presa*: Reiß-, Fangzahn *m*; **hambre** *f* **-a** Wolfs-, Heißhunger *m*

canivete M *Am* Taschenmesser *n*

canje M 1 *(intercambio)* Aus-, Umtausch *m*; Auswechseln *n*; *de un vale, etc*: Einlösen *n*; **en ~** im Tausch; **~ de notas diplomáticas** Notenwechsel *m*; **~ de prisioneros** Gefangenenaustausch *m* 2 *(talón de cambio)* Umtauschschein *m* 3 *(cambio)* Wechselgeld *n*, Rest *m*

canjeable ADJ umtauschbar, auswechselbar;

canjear VT auswechseln; um-, austauschen; *vale* einlösen

cano ADJ 1 *barba, cabello* grau, weiß; *persona* grau-, weißhaarig; *poét (blanco)* weiß; *fig (viejo)* alt 2 BOT **hierba** *f* **-a** Kreuzkraut *n*

canoa F 1 Einbaum *m*; Kanu *n* 2 MAR *de barcos grandes*: Gig *f*, Beiboot *n* 3 *Am (tubería)* Röhre *f*, Rinne *f* 4 *Am (artesa)* Trog *m*; *C. Rica, Hond para dar de comer a los animales*: Futterkrippe *f* 5 *fam sombrero*: Zylinder(hut) *m*

canódromo M Hunderennbahn *f*

canoero M, **-a** F Kanufahrer *m*, -in *f*, Kanute *m*, Kanutin *f*

canofer M Toilettenschrank *m mit dreiteiligem Spiegel*

canófilo M, **-a** F Hundeliebhaber *m*, -in *f*

canon M 1 CAT *(precepto)* Kanon *m*, Gesetz *n*; *(catálogo)* Verzeichnis *n*; **cánones** *mpl* kanonisches Recht *n* 2 JUR staatliche Konzessionsabgabe *f* 3 *(tasa)* Gebühr *f*; **~ de agua** Wassergebühr *f*; **~ de protección** *en una extorsión*: Schutzgeld *n* 4 MÚS Kanon *m* 5 *fig, espec de arte*: **cánones** *mpl* Kanon *m*, Regeln *fpl*; *fig* **como mandan los cánones** wie es sich gehört, nach allen Regeln der Kunst 6 TIPO 2 Cicero *f (24-Punkt-Schrift)*

canonesa F REL Stiftsdame *f*, Kanonissin *f*

canónica F REL kanonisches Leben *n*, Leben *n* nach der heiligen Regel

canonical ADJ *fam fig* **vida** *f* **~** gemächliches Dasein *n*

canónicamente ADV kanonisch

canonicato M → canonjía

canónico ADJ kanonisch; CAT **derecho** *m* **~** kanonisches Recht *n*, Kirchenrecht *n*; CAT **horas** *fpl* **-as** kanonische Zeiten *fpl*; **libros** *mpl* **~s** *de la Biblia*: kanonische Bücher *npl*

canóniga F *fam* Schläfchen *n* vor dem Mittagessen; **canónigo** M Dom-, Chorherr *m* Kanoniker *m*; *fam fig* **vivir como un ~** ein bequemes Leben führen; **canónigos** MPL BOT, GASTR **(hierba** *f* **de) ~** Feldsalat *m*

canonista M/F Kanonist *m*, -in *f*, Lehrer *m*, -in *f* des Kirchenrechts; **canonizable** ADJ CAT der Heiligsprechung würdig; **canonización** F CAT Kanonisation *f*, Heiligsprechung *f*; **canonizar** VT ⟨1f⟩ 1 CAT *(santificar)* kanonisieren, heiligsprechen 2 *fig (elevar al cielo)* in den Himmel heben

canonjía F 1 CAT Kanonikat *n*; Domherrenwürde *f* 2 *fam fig* ruhiger Posten *m*

canopla F *Arg* Federmäppchen *n*

canoro ADJ 1 ORN melodisch singend; **aves** *fpl* **-as** Singvögel *mpl* 2 *(melódico)* melodisch, wohlklingend

canoso ADJ grauhaarig, ergraut

canotaje M Kanusport *m*; **canotero** M, **canotera** F Kanusportler *m*, -in *f*, Kanute

m, Kanutin *f*
canotié, canotier M flacher Strohhut *m*
canquén M *Chile* ORN Wildgans *f*
cansado ADJ 1 *(fatigado) (estar)* müde, matt; abgespannt, erschöpft *(tb* AGR *suelo)*; **ojos** *mpl* **~s** *o* **vista** *f* **-a** (er)müde(te) Augen *npl*; **estoy cansad(ísim)o** ich bin (tod)müde; *fam fig* **nació ~** er ist von Beruf müde *fam*, er ist ein unverbesserlicher Faulpelz 2 **(estar) ~ de a/c** einer Sache *(gen)* überdrüssig (sein); **está ~ de oírlo** er mag es nicht mehr hören, es hängt ihm zum Hals heraus *fam*; **~ de la vida** *o* **de vivir** lebensmüde 3 *(aburrido) (ser)* langweilig; lästig 4 *(agotador) (ser)* anstrengend, ermüdend
cansador ADJ *Arg (aburrido)* langweilig; *(molesto)* lästig; *(cargante)* aufdringlich; **cansancio** M *(fatiga)* Müdigkeit *f (tb fig)*; Ermüdung *f (tb* TEC*)*; *(fastidio)* Überdruss *m*
cansar A VT 1 *(fatigar)* ermüden, müde machen; anstrengen, strapazieren; **esta letra cansa la vista** diese Schrift ermüdet die Augen (*o* strengt die Augen an) 2 *(enfadar)* belästigen, ärgern; *(aburrir)* langweilen; **me cansa con sus exigencias** seine Ansprüche gehen mir auf die Nerven *fam* 3 AGR *(den Boden)* erschöpfen B VI müde machen; langweilig sein (*o* werden) C VR **cansarse** *(fatigarse)* ermüden, müde werden; *(aburrirse)* sich langweilen; *(fastidiarse)* sich ärgern; **~ trabajando** sich abplagen, sich müde arbeiten; **~ de hablar** das Reden satthaben
cansera F 1 *(molestia)* Belästigung *f*, Zudringlichkeit *f* 2 *reg (flojedad)* Mattigkeit *f* 3 *Am (desperdicio de tiempo)* Zeitverschwendung *f*
cansino ADJ 1 *(cansado)* abgehetzt, überanstrengt, übermüdet; *fig* langsam, müde 2 *(fastidioso) fam* langweilig, auf die Nerven gehend *fam*; **cansón** ADJ *espec Col* lästig, langweilig; aufdringlich
cantable A ADJ singbar, sangbar B M 1 MÚS Kantabile *n* 2 TEAT Gesang(s)nummer *f*
Cantabria F Kantabrien *n*
cantábrico ADJ kantabrisch; **el (mar) Cantábrico** der Golf von Biskaya; Kantabrisches Meer *n*; **Sistema** *m* **Cantábrico** Kantabrisches Bergland *n*
cántabro HIST A ADJ kantabrisch B M, **-a** F Kantabrer *m*, -in *f*
cantada F 1 MÚS Kantate *f* 2 *Méx* Geheimnisenthüllung *f*, Singen *n pop*; **cantador** M, **cantadora** F Volkssänger *m*, -in *f*
cantal M 1 *(piedra)* Stein *m* 2 *(cantizal)* Steinfeld *n*, -wüste *f*
cantalear VI *reg palomas* gurren, girren; **cantaleta** F Katzenmusik *f*; *fig* Spott *m*, Frotzelei *f*; **cantaletear** VI *Am* bis zum Überdruss wiederholen; **cantamañanas** M ⟨*pl inv*⟩ *fam* Windbeutel *m*, unzuverlässiger Kerl *m fam*
cantamisa M CAT *erste Messe eines neu geweihten Priesters*; **cantamisano** M CAT Primiziant *m*, neu geweihter Priester *m*
cantante A ADJ singend; **voz** *f* **~** Singstimme *f*; *fig* **llevar la voz ~** den Ton angeben, die erste Geige spielen *fam* B M/F Sänger *m*, -in *f*; **~ lírico, -a** *o* **~ de ópera** Opernsänger *m*, -in *f*
cantaor M, **cantaora** F Flamencosänger *m*, -in *f*
cantar A VI 1 singen *(tb pájaro, etc)* 2 *gallo* krähen; *sapo* quaken; *grillo* zirpen 3 *puerta* quietschen; *eje, ruedas* kreischen; *vajilla, fusil* klappern 4 MAR *mando* pfeifen 5 *fam (confesar)* auspacken, singen *fam*; **~ de plano** alles (ein)gestehen, auspacken *fam* 6 *Cuba fam* stinken B VT 1 singen 2 *horas, número de lotería, etc* ausrufen; *naipes*: ansagen; **~ el alfabeto** das Alphabet auf- (*o* her)sagen 3 *(loar)* besingen, rühmen; *fam* **~ a alg a/c** j-m von etw *(dat)* vorschwärmen 4 *fig* **~las claras** kein Blatt vor den Mund nehmen, frei von der Leber weg reden *fam*; *fam Esp* **~le a alg las cuarenta** j-m den Kopf waschen *fam*; **eso estaba cantado** das war vorauszusehen C M Lied *n*; Gesang *m*, Weise *f*; **~ popular** Volkslied *n*; *Biblia*: **el Cantar de los Cantares** das Hohelied; *liter* **~ de gesta** Heldenlied *n*; *fig* **ese es otro ~** das ist etwas ganz anderes
cántara F 1 *(jarro)* Krug *m*, Kanne *f* 2 *medida*: *Flüssigkeitsmaß (16,13 l)*
cantarano M Schreibschrank *m*
cantarela F 1 höchste Saite *f (der Geige bzw der Gitarre)* 2 BOT → cantarelo; **cantarelo** M BOT Pfifferling *m*
cantarera F 1 *armazón*: Kruggestell *n*, Topfbank *f* 2 *(alfarera)* Töpferin *f*; **cantarería** F Töpferwerkstatt *f*; **cantarero** M Töpfer *m*
cantárida F *insecto*: Kantharide *f*, Spanische Fliege *f*; *fam fig* **aplicarle a alg ~s** j-m die Hölle heiß machen *fam*
cantarilla F irdener Krug *m*
cantarín A ADJ 1 *persona*: sangesfreudig; immer singend 2 *liter agua* murmelnd, plätschernd B M, **-ina** F Berufssänger *m*, -in *f*
cántaro M 1 *(jarro)* (großer Henkel)Krug *m*; Kanne *f*; *fam fig* **alma** *f* **de ~** Einfaltspinsel *m*, Tropf *m fam*; *obs* **moza** *f* **de ~** Hausmagd *f*; *Esp fig* dralles Frauenzimmer *n*; *adv* **a ~s** haufenweise, in Hülle und Fülle, in Mengen; **llover a ~s** in Strömen regnen 2 *medida de vino*: *Weinmaß, regional verschieden* 3 *urna*: Losurne *f* 4 *Méx* MÚS *fam (bombardón)* Basstuba *f*
cantata F 1 MÚS Kantate *f* 2 *fam fig (historia aburrida)* langweilige Geschichte *f*; **cantatriz** F (Konzert)Sängerin *f*
cantautor M, **cantautora** F Liedermacher *m*, -in *f*
cantazo M Steinwurf *m*
cante M Singen *n*, *(bes andalusischer)* Gesang *m*; **~ flamenco** Flamencogesang *m*; **~ hondo** *o* **jondo** andalusische Volksweise *f*; Flamencomusik *f*; *fam fig* **dar el ~** *(generar atención)* Aufsehen erregen; *(confesar)* auspacken, singen *fam*
cantear A VT abkanten, abschrägen; *madera, piedra* (be)säumen; *ladrillo* auf die Schmalseite legen B VI *Guat una cosa* versieben *fam* C VR **cantearse** sich auf die Kante stellen; sich verschieben
cantegril M *Ur* Elendsviertel *n*, Slum *m*
canteles MPL MAR Fasstaue *npl*
cantera F 1 Steinbruch *m* 2 *fig (fuente inagotable)* unerschöpfliche Quelle *f* 3 *espec* DEP **~ (de talentos)** Nachwuchstalente *npl*; **canterano** M *mueble*: Sekretär *m*, Schreibschrank *m*; **cantería** F 1 *arte*: Steinmetz-, Steinhauerkunst *f* 2 *piedra a labrar*: Hau-, Quadersteine *mpl*; **canterios** MPL CONSTR Deckenbalken *mpl*; **cantero** M 1 *persona*: Steinmetz *m* 2 *(extremo)* Ende *n*; *del pan, etc*: Kanten *m*, Kante *f* 3 *Am reg (bancal)* Gartenbeet *n*
canticio M *fam desp* Herumgesinge *n*, Singerei *f fam*
cántico M 1 *(himno)* Lobgesang *m*, -lied *n*; REL **cantad al Señor un nuevo ~** singet dem Herrn ein neues Lied!; REL **~ de acción de gracias** Danklied *n* 2 *poét, liter (canción)* Lied *n*
cantidad A F 1 *gener* Menge *f*; *t/t* Quantität *f*; *número*: Anzahl *f*; *de dinero*: Summe *f*, Betrag *m*; **~ alzada** veranschlagte Summe *f*, Voranschlagssumme *f*; **~ máxima/mínima** Höchst-/Mindestmenge *f*; **~ de producción** Produktionsmenge *f*, Ausstoß *m*; **en ~** in größerer Anzahl, in größeren Mengen; *fam* **en ~es industriales** (*o hum* **navegables**) in rauen Mengen *fam* 2 FON Quantität *f*, Silbenlänge *f* 3 MAT Größe *f*; **~ continua** kontinuierliche (*o* stetige) Größe *f* B ADV *fam* **~ (de)** viel, eine Menge; sehr; **nos divertimos ~** wir haben uns sehr amüsiert; **es ~ de barato** es ist sehr billig; **gastar ~** viel ausgeben; **ser ~ de listo** sehr klug sein
cantidubi A F *leng. juv* Menge *f*, Anzahl *f* B ADV viel, sehr
cántiga, cantiga F HIST *liter (bes religiöses)* Lied *n*
cantil M 1 *(costa acantilada)* Steilklippe *f*; Felsenriff *n*; *Am* Rand *m* eines Steilhangs 2 *Guat* ZOOL *eine große Schlange*
cantilena F MÚS, LIT Kantilene *f*; *fam fig* **siempre la misma ~** immer die alte Leier *fam*
cantimpalo M *Esp* GASTR Paprikahartwurst *f*; **cantimplora** F 1 *frasco*: Feldflasche *f* 2 *(sifón)* Weinheber *m* 3 *Guat (buche)* Kropf *m*
cantina F 1 *(bodega)* Weinkeller *m*; *pieza de la casa*: Trinkwasserkühlraum *m* 2 *puesto de venta*: (Bahnhofs)Kantine *f*; *Am frec desp (taberna)* Taverne *f*, Schenke *f* 3 *(caja de provisiones)* Proviantkoffer *m*, -tasche *f*, -behälter *m*; *Cuba* Picknickdose *f* 4 *recipiente para la leche*: Milchkanne *f*
cantinela F → cantilena
cantinera F 1 *(tabernera)* Kantinenwirtin *f* 2 HIST, MIL Marketenderin *f*; **cantinero** M 1 *(tabernero)* Kantinenwirt *m* 2 *(bodeguero)* Kellermeister *m*
cantiña F *fam* Liedchen *n*; Gassenhauer *m*; **cantiñear** VI trällern, vor sich *(acus)* hin summen
cantizal M Stein-, Kieselfeld *n*
canto[1] M 1 *acción*: Singen *n*, Gesang *m*; *(canción) tb* Lied *n*; *fig tb* Gedicht *n*; *fig* **~ del cisne** Schwanengesang *m*; **~ coral** Choralgesang *m*; **~ guerrero** Schlachtlied *n*; **~ gregoriano** *o* **llano** gregorianischer Gesang *m*; *fig* **~s** *pl* **de sirena** Sirenengesänge *mpl*; *fam fig* **en ~ llano** klar und deutlich; schlicht und einfach 2 *(arte de cantar)* Gesangskunst *f*, Gesang *m* 3 ZOOL *del grillo*: Zirpen *n*; *del sapo*: Quaken *n*; **~ de la codorniz** Wachtelruf *m*; **~ del gallo** Hahnenschrei *m*, Krähen *n* des Hahns; *fig* **al ~ del gallo** bei Tagesanbruch; **~ del ruiseñor** Nachtigallengesang *m*; **~ del pinzón** Finkenschlag *m*
canto[2] M 1 *(arista)* Kante *f*, Seite *f*; *(esquina)* Ecke *f*; *(borde)* Rand *m*, Saum *m*; **~ agudo** *o* **vivo** spitze Ecke *f*; scharfe Kante *f*; *fig* **(por) el ~ de un duro** um ein Haar, fast; **le faltó el ~ de un duro para** *(inf)* um ein Haar (*o* fast) hätte er *(pp)*; *fam fig* **al ~** natürlich, unausweichlich, wie erwartet; **¡pruebas al ~!** (hier sind) die Beweise dazu!; **de ~** hochkant 2 *(pedazo)* Bruchstück *n*; **~ (de pan)** Kanten *m* Brot 3 *del cuchillo, etc*: (Messer-, Säbel)Rücken *m* 4 *(piedra)* Stein *m*; Kiesel *m*; **~ rodado** Kieselstein *m*; **~s** *pl* **rodados** Kies *m*; *más grandes*: Geröll *n* 5 TIPO vorderer Schnitt *m (eines Buches)*; **~ dorado** Goldschnitt *m* 6 *(espesor)* Dicke *f*; **de 12 centímetros de ~** 12 cm dick
cantón[1] M 1 *(esquina)* Ecke *f* 2 *heráldica*: Quartier *n*, Feld *n* 3 *(distrito)* Kanton *m (tb Suiza)*, Kreis *m*, Bezirk *m* 4 MIL Quartier *n*
cantón[2] M *Méx* TEX Kantonkaschmir *m*
cantonado ADJ *heráldica*: mit Nebenfeldern
cantonal A ADJ Kantonal… B M/F *Murcia* POL Mitglied *n* des Partido Cantonal; **cantonalismo** M POL 1 *sistema*: Kantonalsystem *n* 2 *caída de un estado*: *Zerfall eines Staates in fast unabhängige politische Einheiten (entarteter Föderalismus)*
cantonear VI *fam* herumschlendern, -lungern *fam*; **cantonera** F 1 TEC Kantenschutz *m*, Randleiste *f*, Eckbeschlag *m*; *en la escalera*: Treppenleiste *f*; *en el fusil*: Kolbenbeschlag *m* 2 *fam fig (prostituta)* Dirne *f*; **cantonero** A ADJ herumschlendernd, Müßiggänger… B M 1 *(holgazán)* Eckensteher *m*, Müßiggänger *m* 2

TIPO Vergoldungsmesser *n*
cantor A ADJ 1 Sing...; **aves** *fpl* **~as** Singvögel *mpl* 2 *RPl (pobre)* armselig B M Sänger *m (tb fig)*; **~ de cámara/de feria** Kammer-/Bänkelsänger *m*; **maestro** *m* **~** Meistersinger *m*; *ópera*: **los Maestros Cantores de Nuremberg** die Meistersinger von Nürnberg; **niño** *m* **~** Sängerknabe *m*; **pájaro** *m* **~** Singvogel *m*
cantora F 1 Sängerin *f* 2 *Bol, Chile, Perú fam (bacín)* Nachtgeschirr *n*; **cantoral** M REL Chorbuch *n*; CAT **~ litúrgico** Gesangbuch *n*
cantorral M steiniges Gelände *n*; **cantorroso** ADJ steinig
cantueso M 1 BOT Schopflavendel *m* 2 *Esp licor*: Kräuterlikör *m aus Murcia*
cantoría, cantoria F 1 *(ejercicio de cantar)* Singen *n*; *(melodía)* Melodie *f*, Singweise *f* 2 *(canto monótono)* Singsang *m*, eintöniges Geleier *n fam*; **canturrear** VI → canturriar; **canturreo** M Trällern *n*, Summen *n*; *fam fig* Herunterleiern *n fam*; **canturria** F → canturía 2; **canturriar** VI ⟨1b⟩ *fam (halblaut)* trällern, vor sich *(acus)* hin summen; *fig* her(unter)leiern *fam*
cantuta F *Am Mer* BOT Bartnelke *f*
CANTV F ABR (Compañía Anónima Nacional de Teléfonos de Venezuela) Venezolanische Telefongesellschaft *f*
cánula F MED Kanüle *f*, Röhrchen *n*
canular ADJ rohrförmig
canutar VI *Esp leng. juv* telefonieren; **canutas** *fam* **las pasé ~** es ist mir schlecht ergangen; ich habe allerhand durchgemacht; **canutazo** M *leng. juv* Anruf *m*, Telefongespräch *n*
canutero[1] M, **-a** F *Esp leng. juv drogas* Kiffer *m*, -in *f fam*
canutero[2] M 1 *(alfiletero)* Nadelbüchse *f* 2 *Am (portaplumas)* Federhalter *m*; Füllfeder *f*; **canutillo** M 1 GASTR Gebäckröllchen *n* 2 TEX gedrehter Gold- *o* (Silber)draht *m zum Sticken* 3 *(pajita para beber)* Trinkhalm *m*
canuto[1] A M 1 → cañuto 1 2 *(tubo)* Rohr *m* 3 *fam drogas (porro)* Joint *m fam* 4 ZOOL Eierpaket *n der Heuschrecken* 5 *Méx sorbete*: Vanilleeisrolle *f* B ADJ *pop* dufte *fam*, toll *fam*, klasse *fam*
canuto[2] M *Chile* PROT *fam* Pfarrer *m*
caña F 1 BOT *(tallo)* Halm *m*; *planta*: (Schilf)Rohr *n*; **~ de bambú** Bambusrohr *n*; **~ de Batavia** Bataviarohr *n*; **~ de Bengala** Rotang *m*; **~ de Indias** Peddigrohr *n*; **~ de cuentas** *o* **de (la) India** → cañacoro; *tb* GASTR **~ santa** Zitronengras *n*, Lemongrass *n* 2 BOT **~ (de azúcar)** *o* **~ dulce** *o* **~ melar** Zuckerrohr *n*; *Am trop* **~ amarga** *o Hond, C.Rica, Méx, Perú, Ven* **~ brava** wildes Zuckerrohr *n*; *Cuba, P. Rico* *ein Rispengras*; *Am* **~ de Castilla** weißes Zuckerrohr *n* 3 *Am aguardiente*: Zuckerrohrschnaps *m* 4 *(tubo)* Rohr *n*; *(vara)* Stange *f*; *(bastón)* Spazierstock *m*; *de un fusil, una columna*: Schaft *m*; MAR Ankerschaft *m*; **~ (de pescar)** Angelrute *f*; MAR **~ del timón** Ruderpinne *f*; *fam Peru* **a media ~** halbherzig, halbwegs; *fam Esp* **dar ~ a alg** j-n verprügeln *fam*; *fam* **¡dale ~!** immer feste drauf! *fam* 5 *(vaso cilíndrico)* hohes Glas *n (2 dl)*; *Esp* **una ~** ein kleines (Glas) Bier 6 ANAT Röhrenknochen *m*, *espec (espinilla)* Schienbein *n*; *p. ext (tuétano)* Knochenmark *n*; **~ de buey, ~ de vaca** Rindermark *n* 7 *de la media*: Beinling *m*; *jerga del hampa (media)* Strumpf *m*; *de una bota*: Stiefelschaft *m* 8 *fam fig persona*: lange Latte *f fam*, Hopfenstange *f fam* 9 MÚS *(lengüeta)* Rohrblatt *n*, Mundstück *n* 10 MIN *(galería de mina)* Gang *m*, Stollen *m*
cañabota F *pez*: Grauhai *m*
cañacoro M BOT Indisches (Blumen)Rohr *n*
cañada F 1 *(desfiladero)* Hohlweg *m*, Engpass *m* 2 *Esp* **~ (real)** (königlicher) Viehtriebweg *m*, Weideweg *m (der Wanderherden)* 3 *(medula ósea)* Knochen-, *espec* Rindermark *n* 4 *Am reg (terreno bajo)* sumpfiges Tiefland *n*
cañadilla F ZOOL Stachelschnecke *f*
cañaduz F *Col* Zuckerrohr *n*
cañafístola, cañafístula F BOT Fistelrohr *n*
cañaheja, cañaherla F BOT Harz-, Gummikraut *n*, Narthex *m*; **cañahua** F *Perú* BOT Indianerhirse *f*; **cañahuate** M *Col* BOT *guajakähnlicher Baum*
cañahueca M/F *fam* Schwätzer *m*, -in *f fam*
cañal M 1 → cañaveral 2 *pesca*: Fischwehr *n* 3 *canal*: Fischgraben *m*
cañamar M Hanffeld *n*; **cañamazo** M 1 *(estopa)* (Hanf)Werg *n* 2 *lienzo*: Hanfleinwand *f*; Stramin *m*, Stickleinen *n* 3 *fig (esbozo)* Entwurf *m*, Skizze *f* 4 *Cuba* BOT *ein immergrünes Gras*; **cañamelar** M Zuckerrohrpflanzung *f*; **cañameño** ADJ aus Hanf, hanfen; **cañamero** ADJ Hanf...; **industria** *f* **-a** Hanfwirkerei *f*; -industrie *f*; **cañamiel** F BOT Zuckerrohr *n*; **cañamiza** F Hanfabfall *m*
cáñamo M 1 BOT Hanf *m*; **~ índico** Indischer Hanf *m*; **~ de Manila** Manilahanf *m*; **~ en rama** Bast-, Rohhanf *m* 2 *fibra*: Hanffaser *f*; **(estopa** *f* **de) ~** Hanfwerg *n* 3 *lienzo*: Hanfleinwand *f* 4 *Am (cordel)* Schnur *f*, Bindfaden *m* 5 *poét (soga)* Strick *m*
cañamón M Hanfsamen *m*; **aceite** *m* **de -ones** Hanföl *n*
cañar M 1 *(cañaveral)* Röhricht *n* 2 *pesca*: Fischwehr *n*
cañariego ADJ Weideweg..., Wanderherden...
cañarroya F BOT Mauerkraut *n*
cañavera F BOT Binse *f*, Stuhl-, Dachrohr *n*; **cañaveral** M Röhricht *n*, Ried *n*; *Am* Zuckerrohrfeld *n*
cañazo M 1 *golpe*: Schlag *m* mit einem Rohrstock; *fam fig* **dar ~ a alg** j-m einen Schlag versetzen *(fig)*, j-m Kummer machen; *Cuba* **darse ~** hereinfallen *(fig)* 2 *Am aguardiente*: Zuckerrohrschnaps *m*; *Cuba, P. Rico trago*: kräftiger Schluck *m* Schnaps
cañedo M → cañaveral; **cañería** F TEC Rohrleitung *f*, -netz *n*; **~ de agua/de gas** Wasser-/Gasleitung *f*
cañero[1] M Rohrmacher *m*; Rohrleger *m*
cañero[2] A ADJ Zuckerrohr...; **industria** *f* **-a** Zuckerrohrindustrie *f* B M, **-a** F 1 *Cuba vendedor*: Zuckerrohrverkäufer *m*, -in *f* 2 *Hond (productor de aguardiente)* Zuckerrohrschnapshersteller *m*, -in *f* 3 *reg pescador*: Angler *m*, -in *f*
cañero[3] ADJ MÚS *fam corresponde a*: Disco...; **música** *f* **-a** *corresponde a*: Discomusik *f (oft Hardcore-Techno)*
cañete M 1 **(ajo** *m*) **~** rotschaliger Knoblauch *m* 2 *fam P. Rico (ron)* Rum *m*
cañí ADJ *fam* Zigeuner... *(neg!)*; **la España ~** spanische Folklore *f* für Touristen *(Stierkämpfe, Flamenco etc)*
cañicultor M, **cañicultora** F Zuckerrohrfarmer *m*, -in *f*; **cañicultura** F Zuckerrohranbau *m*
cañihueco ADJ *trigo* hohlhalmig; **cañilavado** ADJ *caballo* dünnbeinig
cañista M/F 1 *oficio*: Rohrflechter *m*, -in *f* 2 *pescador*: Angler *m*, -in *f*
cañita F *Perú* Trinkhalm *m*
cañiza A ADJ *madera* längs gestreift B F grobe Leinwand *f*
cañizal M, **cañizar** M Röhricht *n*
cañizo M 1 *tejido de cañas*: Rohrgeflecht *n*; *para secar frutos*: Darre *f (zum Obstdörren)* 2 ARQUIT Verputz-, Deckengeflecht *n* 3 *reg (cancilla)* Gatter-, Gittertor *n* 4 *reg (pabellón de cañas)* Gartenpavillon *m (aus Rohrgeflecht)*
caño M 1 *(tubo)* Röhre *f*, Rohr *n (tb* TEC*)*; TEC (Rohr)Stutzen *m*; *de una cerradura*: Schlüsselbüchse *f*; *Arg, Par, Ur* AUTO **~ de escape** Auspuffrohr *n* 2 *(tubería)* Brunnenrohr *n*; *p. ext (fuente)* Brunnen *m*; *(chorro de agua)* Wasserstrahl *m* 3 *(albañal)* Abzugsgraben *m* 4 MAR enge Hafen- *(o* Bucht)ausfahrt *f*; enges Fahrwasser *n* 5 *lugar subterráneo*: Kühl-, Tiefkeller *m* 6 MIN *(galería)* Schacht *m*, Stollen *m* 7 MÚS Orgelpfeife *f* 8 *reg (conejera)* Kaninchenbau *m*; -gehege *n* 9 *Perú (grifo)* Wasserhahn *m*; **agua de(l) ~** Leitungswasser *n* 10 *Arg (tubo de desagüe)* Abwasser- *n*, Abflussrohr *n* 11 *Arg, Ur del fusil*: Lauf *m* 12 *Arg pop (homosexual)* passiver Homosexueller *m*
cañón[1] M 1 *gener* Rohr *n*; **~ de chimenea** Schornstein *m*; Kaminrohr *n*; **~ de estufa** Ofenrohr *n* 2 *de un arma de fuego*: (Gewehr-, Geschütz)Lauf *m*; **~ basculante** Kipplauf *m*; **~ doble** Doppellauf *m*; **~ estriado** *o* **~ rayado/liso** gezogener/glatter Lauf *m* 3 MIL *(pieza de artillería)* Kanone *f*; Geschütz *n*; **~ de agua** Wasserwerfer *m*; **~ antiaéreo** Flakgeschütz *n*, Flugabwehrkanone *f*; **~ antitanque** Pakgeschütz *n*, Panzerabwehrkanone *f*; **~ de a bordo** MAR Bordgeschütz *n*; AVIA Bordkanone *f*; **~ cohete** Raketengeschütz *n*; HIST, MAR **~ de crujía** Deckgeschütz *n (auf dem Mitteldeck)*; *en fiestas*: **~ de espuma** Schaumgenerator *m*, Schaumkanone *f*; **~ giratorio** Drehgeschütz *n*; DEP **~ de nieve** Schneekanone *f*; **~ de tiro rápido** Schnellfeuergeschütz *n* 4 GEOG Cañon *m*, tief eingeschnittenes Tal *n*; *Méx, Perú, P. Rico (desfiladero)* Hohlweg *m*, Engpass *m* 5 **~ de órgano** Orgelpfeife *f* 6 *de la barba*: Stoppel *f* 7 ORN **~ (de pluma)** Federkiel *m* 8 *Am (gran éxito)* Knüller *m*; MÚS Schlager *m*, Hit *m* 9 TEAT *foco*: Hauptscheinwerfer *m (der Bühnenbeleuchtung von außen)*; TV Teleobjektiv *(der Fernsehkamera)* 10 *equitación*: Seitenteil *m (des Gebisses am Zaum)* 11 TEX Rundfalte *f (an Gewand oder Kragen)* 12 *Col (tronco)* Baumstamm *m*
cañón[2] ADJ *inv*, ADV toll *fam*, umwerfend *fam*, sagenhaft *fam*; **lo pasamos ~** wir haben uns toll amüsiert
cañonazo M 1 *(tiro de cañón)* Kanonenschuss *m*; *ruido*: Kanonendonner *m*; *fig fútbol*: **lanzar un ~** einen Bombenschuss abgeben 2 *fam (noticia bomba)* Bombennachricht *f* 3 *Am* MÚS *(canción de moda)* Schlager *m*, Hit *m*; **cañonear** A VT mit Geschützfeuer belegen B VI mit Kanonen schießen; **cañoneo** M Beschießung *f*, Kanonade *f*; Geschützfeuer *n*; **~ de tambor** Trommelfeuer *n*; **cañonera** F 1 *(tronera)* Schießscharte *f*; *en el terreno*: Geschützstand *m*; MAR *en un barco*: Stückpforte *f* 2 TEC Schenkel *m* 3 *Am (pistolera)* Pistolenhalfter *n* 4 *(tienda de campaña)* Feldzelt *n* 5 MAR *(lancha bombardera)* Kanonenboot *n* 6 DEP Torjägerin *f*; **cañonería** F 1 *del órgano*: Pfeifen(werk *n*) *fpl einer Orgel* 2 MIL *(piezas de artillería)* Geschütze *npl*, Artillerie *f*; **cañonero** MIL A ADJ **lancha** *f* **-a** Kanonenboot *n* B M 1 *soldado*: Kanonier *m* 2 MAR *lancha*: Kanonenboot *n* 3 DEP *delantero*: Torjäger *m*
cañuela F BOT Wiesenschwingel *m*
cañutazo M *fam* Klatsch *m*, Tratsch *m*
cañutería F Gold- *(o* Silber)drahtstickerei *f*; **cañutero** M Nadelbüchse *f*; **cañutillo** M 1 *hilo*: gedrehter Gold- *(o* Silber)draht *m (zum Sticken)* 2 *(tubito de vidrio)* Glasröhrchen *n (für Kleiderbesatz)* 3 ZOOL *de la langosta*: Eierpaket *n (der Heuschrecken)* 4 MINER Antimonkupferglanz *m* 5 AGR **injertar de ~** hinter die Rinde pfropfen
cañuto M 1 BOT Rohr-, Halmabschnitt *m (zwischen zwei Knoten)* 2 *fam fig (chismoso)* Klatsch-

maul *n fam*, Ohrenbläser *m*
cao M *Cuba, S.Dgo* ORN Jamaikarabe *m*
caoba A ADJ mahagonibraun B F BOT Mahagonibaum *m*; -holz *n*
caolín M Kaolin *n*, Porzellanerde *f*
caos M Chaos *n (tb fig)*; **~ circulatorio** *o* **de tráfico** Verkehrschaos *n*; **teoría** *f* **del ~** Chaostheorie *f*; **poner orden en el ~** Ordnung ins Chaos bringen
caótico ADJ chaotisch
cap. ABR (capítulo) Kap. (Kapitel *n*)
CAP F ABR *Esp* 1 F *(Caja de Ahorros Provincial)* Provinzsparkasse *f* 2 M *(Centro de Atención Primaria)* Ambulanz *f* der spanischen Sozialversicherung
capa F 1 *vestimenta*: Umhang *m*, Cape *n*; TAUR Capa *f*; CAT Chormantel *m*; *Am Centr* (Gummi)-Regenmantel *m*; *fig* **andar** *o* **ir de ~ caída** *(estar desanimado)* niedergeschlagen sein; *(estar decaído)* heruntergekommen sein, jämmerlich aussehen; *(perder respeto)* an Ansehen verlieren; *(aflojar)* nachlassen; *fam fig* **dar la ~** das Letzte (*o* alles bis aufs Hemd) hergeben; *fig* **defender a ~ y espada** hartnäckig verteidigen; *Esp fig* **dejar la ~ al toro** *o* **soltar la ~** auf einen kleineren Vorteil verzichten, um ein größeres Ziel zu erreichen (*o* um einer Gefahr zu entgehen); Haare lassen, aber davonkommen *fam*; *fig* **echar la ~ al toro** in den Ring steigen; *zu j-s Gunsten* eingreifen; *fig* **hacer de su ~ un sayo** nach eigenem Ermessen handeln; *Esp* **no tener más que la ~ en el hombro** gerade das Hemd auf dem Leibe besitzen; *fig* **tirar a alg de la ~** j-m einen Wink geben 2 *(estrato)* Schicht *f (tb* GEOL, *fig)*; Lage *f*; MIN Flöz *n*; TEC Belag *m*, Auflage *f*, Überzug *m*; ARQUIT Anstrich *m*, Tünche *f*; **~ aislante** Isolierschicht *f*; **~ de cal** *o* **~ de yeso** Tünche *f*, Verputz *m*; **~ de nieve** Schneedecke *f*; **~ de nubes** Wolkendecke *f*; **~ de ozono** Ozonschicht *f*; **~ de pintura** Anstrich *m*; **~ social** Gesellschaftsschicht *f* 3 *fig (pretexto)* Vorwand *m*; **so ~** heimlich, verstohlen; **so** *o* **bajo ~ de** unter dem Mantel *(gen)*; unter dem Vorwand von *(dat) (o* zu *inf)* 4 *(envoltura)* Decke *f*, Hülle *f*; *de un cigarro*: Deckblatt *n*; *de animales*: Haarfarbe *f*, Decke *f* 5 MAR *pago al capitán de una nave*: Primgeld *n* 6 MAR **a la ~** beigedreht 7 *(fortuna)* Vermögen *n* 8 *fig* **~ (de ladrones)** *(encubridor)* Hehler *m* 9 *heráldica*: Wappenmantel *m (Schildumrahmung)*
capacete M 1 HIST *de la armadura*: Sturmhaube *f* 2 *Cuba, P. Rico de un coche*: Verdeck *n*
capacha F 1 *para la fruta*: Obstkörbchen *n* 2 CAT Orden *m* der Barmherzigen Brüder 3 *Am Mer fam fig (cárcel)* Knast *m fam*; **capachero** M, **capachera** F 1 *porteador(a)*: Korb-, Kiepenträger *m*, -in *f* 2 *fabricante*: Korbmacher *m*, -in *f*
capacho M 1 *cesto con asas*: Espartokorb *m (mit Henkeln)*; Tragkorb *m* 2 CAT Angehöriger *m* des Ordens der Barmherzigen Brüder *m* 3 *Am Mer (sombrero viejo)* alter Hut *m* 4 BOT *Art* Indisches Rohr *n*
capacidad F 1 *(contenido)* Fassungsvermögen *n*; Kapazität *f*; *(volumen)* Inhalt *m*, Raum *m*; Rauminhalt *m*; MAR Ladefähigkeit *f*; AVIA Tragfähigkeit *f*; **~ de absorción** Absorptionsfähigkeit *f*; Aufnahmeleistung *f*; **~ de carga** Ladefähigkeit *f*; **~ de elevación** *de una bomba, etc*: Förderleistung *f*; AVIA Steigfähigkeit *f*; **~ hotelera** Hotelkapazität *f*, Bettenzahl *f (eines Ortes etc)*; ECON, TEC **~ instalada** installierte Leistung *f*; INFORM **~ de memoria** *o* **de almacenamiento** Speicherkapazität *f*; **~ de producción** Produktionskapazität *f*; *espec* TEC **~ (de rendimiento)** Leistung(sfähigkeit) *f*; **medida** *f* **de ~** Raum-, Hohlmaß *n* 2 *(aptitud)* Fähigkeit *f*, Befähigung *f*, Tüchtigkeit *f*; *(inteligencia)* Klugheit *f*; *(talento)* Talent *n*; **~ de aguante** Stehvermögen *n*; **~ competitiva** Wettbewerbsfähigkeit *f*; **~ organizativa** Organisationstalent *n*; **~ de trabajo** Arbeitsvermögen *n*; -fähigkeit *f*; **(tener) gran ~ para las lenguas** eine große Sprachbegabung (haben, sehr sprachbegabt sein) 3 JUR *(competencia)* Kompetenz *f*, Rechtsbefähigung *f*; **~ de conducir** Fahrtüchtigkeit *f*; **~ jurídica** *o* **de obrar** Rechts-, Geschäftsfähigkeit *f*; **tengo ~ para ello** ich bin dazu berechtigt
capacitación F 1 *(habilitación)* Befähigung *f*, Begabung *f* 2 *(formación)* Aus-, Fortbildung *f*; Schulung *f*; **capacitado** ADJ befähigt **(para** zu *dat o inf)*; berechtigt **(para** zu *dat o inf)*
capacitar A VT 1 *(autorizar)* **~ a alg** j-n berechtigen, j-m das Recht geben **(para** zu *dat o inf)* 2 *(formar)* befähigen; schulen; geeignet machen 3 *Chile (apoderar)* bevollmächtigen; *(comisionar)* beauftragen B V/R **capacitarse** sich weiter-, fortbilden; **~ para a/c** sich *(dat)* die Fähigkeiten (*o* die Kenntnisse) zu (*o* für) etw *(dat)* aneignen; den Befähigungsnachweis für etw *(acus)* erbringen
capador M 1 *oficio*: (Ver)Schneider *m von Tieren* 2 *Am* MÚS Panflöte *f*; **capadura** F 1 *(castración)* Kastrieren *n*, Verschneiden *n*; Kastration *f* 2 *cicatriz*: Kastrationsnarbe *f* 3 *tabaco*: minderwertiger Tabak *m*
capanga M *Arg* Vorarbeiter *m*; treu ergebener Mann fürs Grobe *(eines Bosses)*; Leibwächter *m*, Gorilla *m pop*
capar VT 1 *(castrar)* kastrieren, verschneiden; *gallos* kappen 2 *fam fig (disminuir)* vermindern, beschneiden
caparacho M → caparazón 2
caparazón M 1 *vestidura de caballos*: Satteldecke *f*; Schabracke *f*; Überdecke *f*; *del coche*: Wagenverdeck *n* 2 ZOOL *de las tortugas, cangrejos, etc*: Panzer *m*; *del escarabajo*: Deckflügel *mpl* 3 *(cebadera)* Futtersack *m (für Zugtiere)*
caparro M *Col, Perú, Ven* ZOOL *ein weißer Affe*
caparrón M BOT Knospe *f*, Auge *n*
caparrós M, **caparrosa** F Vitriol *n*; **~ azul** Kupfervitriol *n*
capataz M ‹*pl* -aces› 1 *obrero*: Vorarbeiter *m*; Aufseher *m*; Werkmeister *m*; CONSTR Polier *m*; FERR Bahnmeister *m*; AGR Großknecht *m*; **~ de cultivo** *corresponde a*: landwirtschaftlicher Hilfsverwalter *m*; MIN **~ de minas** Steiger *m* 2 *fig (jefe)* (An)Führer *m*, Chef *m*; **capataza** F 1 *obrera*: Vorarbeiterin *f*; Aufseherin *f* 2 *fig jefa*: (An)Führerin *f*, Chefin *f*
capaz ADJ ‹*pl* -aces› 1 *(apto)* fähig, befähigt, tauglich, geeignet; *(hábil)* begabt, tüchtig, geschickt; **~ para un cargo** für ein Amt geeignet; **~ de conducir** fahrtüchtig; JUR **~ de** *o* **para contratar** geschäftsfähig; JUR **~ para** *o* **de heredar** erbfähig; **~ de todo** zu allem fähig; **ser ~ de** *(inf) (estar en condiciones de)* imstande sein, zu *(inf)*, vermögen zu *(inf)*; **ser ~ de todo** zu allem fähig sein 2 *(espacioso)* geräumig, weit, groß; **~ para 60 litros** 60 Liter fassend 3 *Am* **~ que ...** *(posible)* es ist möglich, dass ...
capazo M 1 *(espuerta grande)* Espartokorb *m*; geflochtene Einkaufstasche *f* 2 *para bebés*: Babytragekorb *m*
capción F 1 → captación 2 → captura; **capciosidad** F Verfänglichkeit *f*; **capcioso** ADJ verfänglich, Fang..., Suggestiv...; **pregunta** *f* **-a** Fangfrage *f*
capea F TAUR 1 Reizen *n* des Stiers mit der Capa 2 *de aficionados*: Amateurkampf *m* mit Jungstieren; **capeador** M TAUR *Stierkämpfer, der den Stier mit der Capa reizt*
capear A VT 1 TAUR *(den Stier)* mit der Capa reizen 2 *fam fig (entretener con engaños)* an der Nase herumführen, *(mit Ausreden)* hinhalten 3 MAR **~ el temporal** vor dem Winde liegen, beiliegen; *fig* sich geschickt davor drücken; den Schwierigkeiten (Entscheidungen *etc*) aus dem Wege gehen B V/I an einem Amateurstierkampf teilnehmen
capelina F MED → capellina
capellán M 1 REL Kaplan *m*; *p. ext* Geistliche *m*; Hauskaplan *m*; **~ castrense** Militärgeistliche *m* 2 *pez*: Zwergdorsch *m*; **capellanía** F 1 REL Kaplanei *f*, Kaplanstelle *f*; -pfründe *f* 2 *Col fam (enemistad)* Feindschaft *f*, Groll *m*; **capellina** F MED Haube *f*, Kopfverband *m*
capelo M 1 CAT *y heráldica*: Kardinalshut *m*; *dignidad*: Kardinalswürde *f* 2 *Am (campana de cristal)* Glassturz *m*, Glocke *f* 3 *Am (capirote)* Doktorhut *m*; Professorentalar *m* (mit Doktorhut)
capeo M 1 TAUR Capaschwenken *n*, Reizen *n des Stiers* mit der Capa; **~s** *pl* Jungstierkampf *m* 2 MAR Beidrehen *n*
capeón M Jungstier *m*
caperucita F Käppchen *n*; *cuento*: **Caperucita roja** Rotkäppchen *n*; **caperuza** F Kapuze *f*, Kappe *f (tb fig)*; TEC Haube *f*, Kappe *f (tb de una pluma estilográfica, etc)*; **~ de la chimenea** Kaminaufsatz *m*; RADIO **~ de válvulas** Röhrenanschlusskappe *f*
capetonada F MED Tropenerbrechen *n*
capia F *Arg, Col, Perú* Zuckermais *m*
capibara M *Am* ZOOL Wasserschwein *n*
capicúa F 1 *número*: symmetrische Zahl *f (z. B. 1991)* 2 *palabra*: von beiden Seiten lesbares Wort *n*, Palindrom *n (z. B. ala – ala, Roma – Amor)* 3 *dominó*: Stein *m*, den man an beiden Enden des Spiels ansetzen kann
capigorrón M *fam* Tagedieb *m*, Schmarotzer *m fam*
capilar ADJ haarförmig, -fein; Haar..., Kapillar...; **presión** *f* **~** Kapillardruck *m*; **tensión** *f* **~** Kapillarspannung *f*; **(tubo** *m*) **~** Kapillarröhrchen *n*; ANAT **(vasos** *mpl*) **~es** Kapillargefäße *npl*
capilaridad F 1 *(fineza)* Haarfeinheit *f* 2 FÍS Kapillarkraft *f*; -wirkung *f*
capilla F 1 REL *(oratorio)* Kapelle *f*; *(cuerpo de capellanes)* Personal *n* einer Kapelle; *músicos*: Kirchenmusiker *mpl*; *coro*: Kirchenchor *m*; **~ ardiente** (Raum *m* für die) feierliche Aufbahrung *f*; **~ mayor** Altarraum *m*, Apsis *f*; **estar en ~** die Hinrichtung erwarten; *fig* in tausend Nöten (*o* Ängsten) sein, voll banger Erwartung sein 2 MIL *(oratorio portátil)* Feldaltar *m*; Messzelt *n* 3 *fam fig (grupo)* Gruppe *f*, Clique *f* 4 *(capucha) (espec* Mönchs)Kapuze *f* 5 TIPO Aushängebogen *m* 6 TEC, MAR Schutz *m*, Schutzhaube *f*
capillejo M 1 *para niños*: Kinderhäubchen *n* 2 *(madeja de seda)* Strähne *f* Nähseide; **capilleta** F Seitenkapelle *f*; (Kapellen)Nische *f*
capillo M 1 *para niños*: leinene Kinderhaube *f*; *para bautismo de niños*: Taufhäubchen *n* 2 *en el zapato*: (Vorder)Kappe *f* 3 BOT Blumenknospe *f*; ZOOL Kokonhülle *f* 4 CAZA Kaninchennetz *n* 5 *de un cigarro*: Wickel *m* 6 FARM Kapsel *f (über dem Flaschenverschluss)* 7 *(manga de lienzo)* Wachsfilter *m*, -sack *m*; MAR Schutz(überzug) *m* 8 *Am Mer (crisol)* Schmelztiegel *m (für Zinn und Blei)* 9 *Perú (medalla)* Medaille *f (zur Erinnerung an Taufe oder Eheschließung)*
capirotada F 1 GASTR *salsa*: *Kräutertunke mit Eiern, Knoblauch etc*; *Am puchero*: *Eintopf mit Fleisch, Käse, Mais* 2 *Méx pop en el cementerio*: Massengrab *n*; **capirotado** ADJ *heráldica* gehaubt *(bes Falken)*; **capirotazo** M Kopfnuss *f*, Nasenstüber *m*
capirote A ADJ *vacuno* mit andersfarbigem Kopf B M 1 *(gorra)* Kappe *f*; *(cucurucho)* hohe, spitze Mütze *f*; UNIV Doktormantel *m* mit Haube *(in den Fakultätsfarben)* 2 ORN Falkenhaube *f* 3 *de la colmena*: Bienenkorbabdeckung *f* 4

C

AUTO Klappverdeck *n* 5 *(cogotazo)* Kopfnuss *f* 6 *fig* **tonto de ~** stockdumm
capirro M *Cuba fam* A ADJ mulattenhaft B M, **-a** F Mulatte *m*, Mulattin *f*
capiscar VI ⟨1g⟩ *fam hum* kapieren *fam;* schnallen, raffen *pop*
cápita F **per ~** pro Kopf, pro Person
capitación F HIST Kopfsteuer *f*
capital A ADJ 1 hauptsächlich, wesentlich; Haupt..., Kapital...; **delito** *m* **~** schweres Verbrechen *n;* **pecado** *m* **~** Todsünde *f;* **pena** *f* **~** Todesstrafe *f;* **punto** *m* **~** Hauptpunkt *m* 2 TIPO **letra** *f* Großbuchstabe *m* B F 1 *(metrópoli)* Hauptstadt *f;* Großstadt *f;* **~ de distrito/federal** Bezirks-/Bundeshauptstadt *f;* **~ de partido/de país** Kreis-/Landeshauptstadt *f;* **~ de territorio** Landeshauptstadt *f (in Bundesstaaten)* 2 TIPO **~** Großbuchstabe *m*, *t/t* Versal *m* C M ECON Kapital *n;* **~ ajeno** Fremdkapital *n;* **~ en acciones** Aktienkapital *n;* **~ circulante** Umlaufvermögen *n;* **~ fijo** *o* **inmovilizado** Anlagekapital *n;* **~ de explotación/fundacional** Betriebs-/Gründungskapital *n;* **~ disponible** *o* **líquido** flüssiges Kapital *n;* **~ inicial** Startkapital *n;* **~ (de) riesgo** Risikokapital *n;* **~ suscrito** gezeichnetes Kapital *n;* **~ social** *de una S.L.:* Gesellschaftskapital *n;* Stammkapital *n; de una S.A.:* Grundkapital *n;* **mercado** *m* **de ~es** Kapitalmarkt *m*
capitalidad F hauptstädtischer Charakter *m;* **capitalino** A ADJ hauptstädtisch, Hauptstadt... B M, **-a** F Hauptstadtbewohner *m*, -in *f;* Großstädter *m*, -in *f;* **capitalismo** M ECON Kapitalismus *m;* **~ salvaje** Raubtierkapitalismus *m;* **capitalista** ECON A ADJ kapitalistisch B M/F Kapitalist *m*, -in *f;* Geldgeber *m*, -in *f;* **capitalizable** ADJ kapitalisierbar; **capitalización** F Kapitalisierung *f*, Kapitalisation *f;* **capitalizar** VT ⟨1f⟩ 1 ECON kapitalisieren 2 *fig (sacar ventaja)* Kapital schlagen aus *(dat);* **capitalmente** ADV 1 *(mortal)* tödlich, schwer 2 *(esencial)* wesentlich, hauptsächlich
capitán M 1 MAR, AVIA Kapitän *m;* MAR **~ de altura** Kapitän *m* auf großer Fahrt; **~ aviador** AVIA Flugkapitän *m;* **~ de corbeta/de fragata** Korvetten-/Fregattenkapitän *m;* **~ de navío** Kapitän *m* zur See 2 MIL *grado militar:* Hauptmann *m; fig* **~ de bandoleros** Räuberhauptmann *m;* **~ de caballería** Rittmeister *m;* **~ general** Generaloberst *m;* **~ general de la armada** Großadmiral *m;* **~ general de ejército** Oberbefehlshaber *m* des Heeres 3 *jefe de un ejército:* Heerführer *m;* Feldherr *m;* **Gran Capitán** *der spanische Feldherr Gonzalo Fernández de Córdoba* (*1453–1515*); *fam* **(son) las cuentas del Gran Capitán** das ist ja sagenhaft teuer *fam*, das kann kein Mensch bezahlen *fam* 4 DEP *(líder)* Mannschaftsführer *m*, -kapitän *m;* ECON **~ de industria** Industriekapitän *m*, Großindustrielle *m*
capitana F 1 MAR *(buque insignia)* Flaggschiff *n* 2 *(cabecilla)* Anführerin *f (tb fig)* 3 AVIA, MAR Kapitänin *f* 4 DEP Mannschaftsführerin *f;* **capitanear** VT befehligen, (an)führen, leiten *(tb fig);* **capitanía** F 1 MIL *rango:* Hauptmannsrang *m* 2 *fig (liderato)* Führerschaft *f* 3 *(autoridades del puerto)* Hafenbehörde *f* 4 **~ general** *cargo militar:* Amt *n* des Wehrbereichskommandanten; HIST Generalkapitanat *n*, Statthalterschaft *f*
capitel M ARQUIT 1 *de una columna:* Kapitell *n* 2 *de una torre:* Turmspitze *f*
capitolino A ADJ kapitolinisch B M Edelsteinsplitter *m;* **capitolio** M Kapitol *n*
capitón M 1 *pez:* (dünnlippige) Meeräsche *f* 2 *reg (cabezada)* Schlag *m* auf den Kopf
capitoné A ADJ *inv* gepolstert; wattiert B M *Esp* (gepolsterter) Möbelwagen *m*
capitoste M *fam* Bonze *m*, Obermacker *m fam*, Boss *m fam*
capítula F CAT Schriftlesung *f (nach Psalm und Antifon)*
capitulación F 1 *(pacto)* Vertrag *m*, Pakt *m;* **-ones** *fpl* **matrimoniales** Ehevertrag *m* 2 MIL Kapitulation *f*
capitular[1] A ADJ REL zu einem Kapitel gehörig; Kapitel..., Ordens...; *secular:* Gemeinde..., Stadtverordneten...; REL **manto** *m* **~** Ordensmantel *m;* **sala** *f* **~** REL Kapitelsaal *m; secular:* Stadtrats- (*o* Gemeinde)saal *m* B M 1 REL Domkapitular *m*, Stiftsherr *m* 2 *(concejal)* Stadtrat *m*, Ratsherr *m* 3 **~es** *pl las reglas:* Ordensregeln *fpl*
capitular[2] A VT *(pactar)* vereinbaren B VI kapitulieren *(tb fig)*, sich ergeben; *fig* **~ con la conciencia** sein Gewissen befragen
capítulo M 1 *de un libro, etc:* Kapitel *n;* **esto es ~ aparte** das ist etwas ganz anderes (*o* ein ganz anderes Kapitel); das ist ein Kapitel für sich 2 REL *(junta de religiosos)* (Dom)Kapitel *n;* Ordensversammlung *f* 3 *(concejo municipal)* Stadt-, Gemeinderat *m* 4 *(acusación)* Beschuldigung *f*, Anklage *f;* **~ de cargos** *o* **de culpas** *o* **de pecados** Sündenregister *n;* **llamar** *o* **traer a alg a ~** von j-m Rechenschaft fordern, j-n zur Rechenschaft ziehen
capo A ADJ *Perú fam* geschickt B M *fam* 1 *de la mafia:* Mafiaboss *m* Pate *m* 2 *fig (jefe)* Boss *m*, Kapo *m*, Chef *m*
capó M AUTO Motor-, Kühlerhaube *f*
capolado M *Arg* Hackfleisch *n;* **capolar** VT klein hacken
capón A ADJ kastriert; **cerdo** *m* **~** Mastschwein *n;* **caballo** *m* **~** Wallach *m* B M 1 Kapaun *m; gener (animal castrado)* verschnittenes Tier *n; RPl (carnero)* Hammel *m* 2 *(haz de sarmientos)* Reisigbündel *n* 3 *fam (coscorrón)* Kopfnuss *f*
capona F MIL Achselklappe *f*
caponar VT AGR *(Rebschösslinge)* hochbinden
caponera F 1 *jaula de madera:* Kapaun(en)käfig *m* 2 *fam (cárcel)* Gefängnis *n*, Kittchen *n fam*
caporal M 1 *(caudillo)* Anführer *m* 2 *(cuidador de ganado)* Viehaufseher *m* 3 *Am* MIL *(cabo)* Gefreite *m*, Korporal *m;* **caporala** F 1 *(caudilla)* Anführerin *f* 2 *(cuidadora de ganado)* Viehaufseherin *f*
capot M → capó
capota F 1 BOT Distelkopf *m* 2 *sombrero:* Kapotthut *m* 3 AUTO Verdeck *n; Am Centr, Bol, Méx, Perú (capó)* Motorhaube *f*
capotaje M AVIA, *fig* Kopfstand *m;* **capotar** VI AUTO, AVIA sich überschlagen; **capotazo** M TAUR *Figur mit dem Capote*
capote M 1 *(prenda de abrigo)* (loser) Mantel *m*, Umhang *m; (impermeable)* Regenmantel *m; para el trabajo:* Arbeits-, Schutzmantel *m;* **~ (militar)** Militärmantel *m;* **~ de monte** *Art* Poncho *m; fig* **decir a/c para** *o* **a su ~** etw vor sich *(acus)* hin sagen; *fig* **echar un ~ a alg** j-m Hilfestellung leisten; j-m aus der Patsche helfen *fam* 2 TAUR *para el torero:* Stierkämpferumhang *m;* **~ de brega/paseo** roter/bunter Stierkämpfermantel *m* 3 **dar ~** *naipes:* alle Stiche machen; *fig* alle Trümpfe in der Hand haben; *fig* **dar ~ a alg** j-m den Wind aus den Segeln nehmen 4 METEO *(cargazón tormenta)* (Gewitter)Wolken *fpl* 5 *(semblante hosco)* finstere Miene *f* 6 *Méx adv* **de ~** *(a escondidas)* heimlich 7 *Col* AGR *(capa de humus)* Humusschicht *f*
capotear VT 1 TAUR → capear A,1 2 *fig* **~ a alg** j-n hinhalten; **capotera** F 1 *Am (percha)* Kleiderbügel *m* 2 *Ven (maleta de viaje)* Reisetasche *f;* **capotero** A ADJ **aguja** *f* -a Sattlernadel *f* B M, **-a** F Mantel-, Capaschneider *m*, -in *f*
caprario ADJ Ziegen...
capricho M 1 *(ocurrencia)* Einfall *m*, Laune *f*, Schrulle *f; (obstinación)* Eigensinn *m*, Willkür *f;* **~ de la naturaleza** Laune *f* der Natur; **a ~** nach Belieben, nach Laune; **por (puro** *o* **mero) ~** aus (purer) Laune *fam*, aus (reiner) Willkür 2 MÚS Capriccio *n*
caprichoso A ADJ 1 *(antojadizo)* launenhaft, kapriziös, launisch 2 *(extravagante)* wunderlich, schrullig 3 *(arbitrario)* willkürlich B M Fantast *m;* **caprichudo** ADJ *Am reg espec niños* launisch, launenhaft
Capricornio M ASTRON Steinbock *m*
capricornios MPL ZOOL Bockkäfer *mpl*
capricultor M, **capricultora** F Ziegenhalter *m*, -in *f*, Ziegenzüchter *m*, -in *f;* **capricultura** F Ziegenhaltung *f*, -zucht *f*
cápridos MPL ZOOL Ziegen *fpl*
caprifoliáceas FPL BOT Geißblattgewächse *npl*
caprino A ADJ *t/t* Ziegen... B M GASTR Ziegen-, Zickleinfleisch *n*
caprípede ADJ, **caprípedo** ADJ bocksfüßig
cápsula F 1 *envoltura:* Hülse *f*, Kapsel *f (tb* FARM*);* **~ espacial** Raumkapsel *f;* **~ fulminante** Zündhütchen *n;* **~ del fulminato** Sprengkapsel *f* 2 BOT *(vaina)* Samen-, Fruchtkapsel *f* 3 ANAT **~ articular** Gelenkkapsel *f;* **~ suprarrenal** Nebenniere *f* 4 *(tapón corona)* Kronenkorken *m* 5 QUÍM Abdampfschale *f* 6 *Méx* RADIO, TV *(anuncio)* kurze Nachricht *f*, Durchsage *f*
capsular A ADJ kapselförmig; Kapsel...; **cierre** *m* **~** Kapselverschluss *m* B VT verkapseln, -schließen
captación F 1 Erschmeichelung *f;* JUR *(subrepción)* Erschleichung *f;* **~ de clientes** Kundenfang *m;* **~ de herencias** Erbschleicherei *f* 2 TEC *(utilización)* Anzapfung *f;* Erfassung *f*, Gewinnung *f;* Nutzbarmachung *f;* **~ de aguas** Wassergewinnung *f;* INFORM **~ de datos** Datenerfassung *f;* **~ de fuentes** Quellfassung *f*
captador A M TEC Sucher *m*, Abtaster *m*, Sensor *m;* **~ de posición** Wegesensor *m* Lagesensor *m* B M, **captadora** F 1 *(coleccionista)* Sammler *m*, -in *f* 2 JUR *(heredípeta)* Erbschleicher *m*, -in *f*
captar A VT 1 *(capturar)* auf-, abfangen; RADIO *emisor* hereinbekommen; FOT einfangen 2 *(obtener por astucia)* erschmeicheln; zu gewinnen wissen; erschleichen; **~ la atención** die Aufmerksamkeit fesseln; **~(se) la confianza de alg** j-s Vertrauen gewinnen; sich in j-s Vertrauen *(acus)* schleichen 3 *fig (comprender)* erfassen, begreifen, wahrnehmen; *atención* fesseln 4 TEC *(extraer)* gewinnen; sammeln; nutzbar machen; *manantial* fassen; INFORM *datos* erfassen B VR **captarse** gewinnen; *desp* erschmeicheln; **~ simpatías** sich beliebt machen
captor M, **captora** F 1 *(cazador[a])* Fänger *m*, -in *f;* **captor de ballenas** Walfänger *m* 2 *(secuestrador[a])* Entführer *m*, -in *f*
captura F 1 *gener* (Ein)Fangen *n*, Fang *m (tb pesca);* **tasa** *f* **de ~s** Fangquote *f* 2 JUR *(arresto)* Festnahme *f* 3 MAR Aufbringen *n eines Schiffes* 4 INFORM **~ de imágenes** Bilderfassung *f*
capturar VT ergreifen, festnehmen; (ein)fangen; *peces* fangen; MAR *barco* aufbringen, kapern; *fig* erbeuten; **capturista** M/F *Méx* INFORM Datenerfasser *m*, -in *f*
capuana F *fam* Prügel *pl*, Keile *pl fam*
capucha F 1 *para la cabeza:* Kapuze *f* 2 TEC *(casquete)* Kappe *f*, Haube *f* 3 TIPO Zirkumflex *m*
capuchina F 1 BOT Kapuzinerkresse *f* 2

GASTR Eigelbsüßspeise *f*; **capuchino** A ADJ Kapuziner... B M 1 REL Kapuziner (mönch) *m*; *fig* **caen ~s del cielo** es gießt in Strömen, es regnet junge Hunde *fam* 2 ZOOL Kapuzineraffe *m* 3 GASTR *café*: Cappuccino *m*

capucho M Kapuze *f*; **capuchón** M 1 (*capucha*) große Kapuze *f*; (*abrigo*) Mantel *m* mit Kapuze; *pop* **ponerse el ~** hinter schwedische Gardinen kommen *fam*, aus dem Blechnapf fressen *pop* 2 (*casquete*) (Verschluss)Kappe *f* (*tb de la pluma estilográfica, etc*)

capulí(n) M BOT Ananaskirsche *f*; **capulina** F 1 BOT Ananaskirsche *f* (*Frucht*) 2 *Méx* ZOOL Schwarze Witwe *f* (*Giftspinne*) 3 *Méx* Dirne *f*

capullada F *fam* Dummheit *f*, Eselei *f fam*

capullo M 1 Seidenraupengespinst *n*, Kokon *m*; **en ~** eingesponnen; **~ ocal** Doppelkokon *m*; **hacer el ~** sich einspinnen; **salir del ~** ausschlüpfen, sich entpuppen 2 BOT (*botón*) Blumen-, *espec* Rosenknospe *f*; *de la bellota*: Eichelnäpfchen *n*; **en ~** knospend 3 ANAT Vorhaut *f*; *fam p. ext* Penis *m* 4 *pop desp* (*ingenuo*) Naivling *m fam*; (*coñazo*) Saukerl *m vulg*

capuz M ‹*pl* -uces› Kapuze *f*; **capuzar** V/T ‹1f› 1 (*chapuzar*) untertauchen 2 MAR (das Vorschiff) stärker belasten

caquexia F MED Kachexie *f*, Kräfteverfall *m*

caqui A ADJ *inv* (**color** *m*) **~** k(h)aki(farben) B M 1 BOT *árbol*: Kakibaum *m*; *fruto*: Kaki(frucht) *f* 2 TEX K(h)aki *m*, K(h)akistoff *m*

caquiro M *Am* Yukkawein *m*

cara A F 1 (*rostro*) Gesicht *n*; Miene *f*; **~ de inocente** Unschuldsmiene *f*; **con ~ de inocente** mit Unschuldsmiene, unschuldsvoll; *fig* **~ larga** ein langes Gesicht *n*; **~ de pascua** *o* **de aleluya** zufriedenes (*o* lächelndes) Gesicht *n*; *fam* **~ de perro** *o* **de pocos amigos** finsteres Gesicht *f*; **~ de viernes (santo)** trauriges (*o* verhärmtes) Gesicht *n*; **~ de vinagre** saure Miene *f*; **cruzar la ~ a alg** j-n ohrfeigen; **dar la ~** für seine Handlung einstehen, dazu stehen; **dar** *o* **se le conoce** *o* **se le ve en la ~** man sieht es ihm an; **hacer ~ a a/c/a alg** einer Sache/j-m entgegentreten (*o* die Stirn bieten); sich einer Sache/j-m stellen; TAUR **no perder la ~ al toro** dicht am Stier bleiben; **poner buena/mala ~** ein freundliches/unfreundliches Gesicht machen; **poner buena ~ a mal tiempo** gute Miene zum bösen Spiel machen; **¡la ~ que puso!** das Gesicht hättest du sehen müssen; *pop* **romper** *o* **partir la ~ a alg** j-m in die Fresse hauen *pop*; **sacar la ~ por alg** für j-n eintreten, j-n verteidigen; **¡nos veremos las ~s!** *drohend*: wir treffen uns noch!; **volver la ~ a alg** j-n nicht ansehen, an j-m vorbeisehen; **volver la ~ al enemigo** sich (erneut) gegen den Feind wenden 2 *con prep*: **~ a ~** von Angesicht zu Angesicht, persönlich, in seiner (*etc*) Gegenwart; *fig* **a ~ descubierta** offen, ehrlich; öffentlich, vor aller Augen; unverhüllt; **no mirar a la ~ a alg** mit j-m verfeindet sein; *fig* **le sale a la ~** man sieht es ihm an; *fam fig* **saltar a la ~ a alg** j-m ins Gesicht springen (*fam fig*), j-n derb anfahren; *fig* **todo le sale de ~** alles glückt ihm; **en la ~ de alg** vor j-m, in j-s Gegenwart (*dat*); **decir a/c en** *o* **a la ~ de alg** j-m etw ins Gesicht sagen; **echar a/c en ~ a alg** j-m etw vorwerfen; *fig* **por su bella** *o* **linda ~** *o* **por su ~ bonita** um ihrer schönen Augen willen 3 *fig, dirección*: **~ a** im Hinblick auf (*acus*); in Richtung auf (*acus*); entgegen (*dat*); **~ adelante** nach vorn, vorwärts; **~ atrás** nach hinten, rückwärts; **~ al sol** mit dem Gesicht zur Sonne; der Sonne entgegen; **plantar ~ a alg** sich j-m widersetzen, j-m die Stirn bieten; **de ~** gegenüber; von vorne; *tb* ins Gesicht; **de ~ a** im Hinblick auf (*acus*); angesichts (*gen*); um ... zu (*inf*); **de ~ al exterior** nach außen hin; **de ~ al sur** nach Süden gewandt, südwärts 4 (*apariencia*) Aussehen *n*; Anschein *m*; **salvar la ~** das Gesicht (*o* den Schein) wahren; **tener buena/mala ~** gut/schlecht aussehen (*tb cosas*); **tener ~ de** aussehen wie; **¡tiene ~ de eso!** danach sieht er auch aus!; das bringt er fertig; **tiene ~ de cualquier cosa** der ist zu allem fähig 5 *fig* (*insolencia*) Unverschämtheit *f*, Stirn *f* (*fig*); *fam* **~ dura** Unverschämtheit *f*, Chuzpe *f fam*; **¿con qué ~?** eine unglaubliche Unverschämtheit!; **¿tienes ~ para hacer eso?** schämst du dich nicht (, das zu tun)?; *pop* **tener más ~ que espalda** ein unverschämter Kerl sein *fam* 6 *superficie*: Vorderseite *f*; Außenseite *f*; *de un tejido, hoja*: rechte Seite *f*, Oberseite *f*; *de una moneda*: Bildseite *f*; TEC *tb* Fläche *f*; **~ de asiento** Passfläche *f*; *fig* **la otra ~ de la moneda** die Kehrseite der Medaille; ÓPT **de ~s paralelas** planparallel; **tener dos ~s** zwei Seiten haben (*fig*); *fig* doppelzüngig sein; **~ o cruz** *o Am tb* **~ o sello** Kopf oder Zahl (*beim Münzenwerfen*) B M *fam* unverschämter Kerl *m*; **los ~s pálidos** die Bleichgesichter *npl*; **el ~ a ~** das Gegenüber, die Konfrontation *f*

caraba F *fam* **¡es la ~ (en bicicleta)!** das ist ja zum Piepen! *fam*; (*es el colmo*) das ist das Letzte! *fam*

carabao M ZOOL Wasserbüffel *m*, Arni *m*

cárabe M Bernstein *m*

carabela F 1 MAR *embarcación*: Karavelle *f* 2 *reg* (*cesta*) Tragkorb *m* 3 ZOOL *molusco*: Striegelmuschel *f*

carabina F 1 *arma*: Karabiner *m*, Büchse *f*; **~ del (calibre) 22** Kleinkalibergewehr *n*; *fam* **ser (lo mismo que) la ~ de Ambrosio** nichts taugen, ganz unbrauchbar sein 2 *fam* (*señora de compañía*) Anstandsdame *f*, Anstandswauwau *m fam*

carabinazo M Büchsen-, Karabinerschuss *m*; **carabinero** M 1 *policía*: Grenzpolizist *m*, Grenzer *m*; *Chile* Polizist *m* 2 ZOOL rote Riesengarnele *f*

cárabo M 1 *insecto*: Laufkäfer *m* 2 ORN Waldkauz *m* 3 MAR kleines maurisches Segelboot *n*

caracal M ZOOL Karakal *m*

caracará M *RPl* ORN Karakara *m*

caracas M Caracaskakao *m*; *Méx fam* Schokolade *f*

Caracas F *Hauptstadt Venezuelas*

caracha F 1 *Col* AUTO *fam* alte Karre *f* 2 *Perú* Krätze *f*

carachas INT *Col* Donnerwetter!

caracho A ADJ violett B INT **¡~!** verdammt!, Donnerwetter! C M *euf* → carajo

carachoso ADJ *Perú* räudig; krätzig

caracol M 1 ZOOL Schnecke *f* (*mit Haus*); **~es** *pl* **con alioli/en salsa** Schnecken *fpl* mit Knoblauchmayonnaise/in pikanter Soße 2 *concha*: Schneckenhaus *n* 3 ANAT Schnecke *f* 4 TEC Schnecke *f*; (**escalera** *f* **de**) **~** Wendeltreppe *f* 5 *cabello*: (Schmacht)Locke *f* 6 *fam fig* **hacer ~es** *borracho* torkeln 7 *Méx* (*camisón*) Bettjacke *f*; (*blusa de mujer*) Damenbluse *f* 8 INT *fam* **¡~es!** Donnerwetter!; zum Kuckuck!

caracola F 1 ZOOL Trompetenschnecke *f*; große Muschel *f* 2 GASTR *pastelería*: Schnecke *f*; **caracolada** F GASTR Schneckengericht *n*; **caracolear** V/I *caballo* tänzeln; **hacer ~** *caballo* im Kreis laufen lassen; **caracoleo** M *fam* Torkeln *n*; **caracolero** M, **caracolera** F Schneckensammler *m*, -in *f*

caracolí M *Col* BOT Akajoubaum *m*; **caracolillo** M 1 *tipo de café*: Perlkaffee *m* 2 *Méx, Am Mer* BOT **caoba** *f* **~** schön geädertes Mahagoniholz *n*

carácter[1] M ‹*pl* caracteres› 1 (*modo de ser*) Charakter *m*, Art *f*; **~ dramático** Dramatik *f*; **~ inofensivo** Harmlosigkeit *f*; **revestir más bien un ~ general** eher allgemein gehalten sein 2 (*naturaleza*) Wesens-, Gemütsart *f*, Charakter(zug) *m*; *espec animal* **de buen ~** gutartig 3 (*rasgo*) Eigentümlichkeit *f*; Kennzeichen *n*, Merkmal *n*; **~ genérico** Gattungsmerkmal *n*; **~ heredado** Erbanlage *f*; CAT **~ (indeleble)** unauslöschliches Mal *n* (*o* Merkmal *n*) (*durch Taufe, Firmung, Priesterweihe*) 4 (*entereza*) Charakterstärke *f*, Wille(n) *m*, Energie *f*; *persona*: charaktervoller Mensch *m*, Charakter *m*; **falta** *f* **de ~** Charakterlosigkeit *f*; **ser todo un ~** wirklich Charakter haben; ein ganzer Mann sein 5 (*dignidad*) Würde *f*, Stand *m*; Titel *m*; **de** *o* **con ~ oficial** in amtlicher Eigenschaft; offiziell; **en su ~ de presidente** (in seiner Eigenschaft) als Präsident

carácter[2] M ‹*pl* caracteres› TIPO Schriftzeichen *n*, Letter *f*, Type *f*; INFORM Zeichen *n*; **~ (de letra)** Schriftzeichen *n*, Buchstabe *m*; INFORM **~ de control** Steuerzeichen *n*; INFORM **~ especial** Sonderzeichen *n*; **caracteres** *pl* **de imprenta** Druckbuchstaben *mpl*

caracteriología F *espec* FIL Charakterkunde *f*

característica F 1 (*atributo*) Wesensmerkmal *n*, Charakteristikum *n*; Unterscheidungsmerkmal *n*; Eigenschaft *f* (*tb* TEC); **~s** *pl* **técnicas** technische Daten *npl* 2 (*descripción*) Charakteristik *f*, Kennzeichnung *f* 3 TEAT Charakterdarstellerin *f*; komische Alte *f* 4 RADIO, *etc señal*: Pausen-, Zeitzeichen *n* 5 MAT (*código*) Kennziffer *f* 6 TEC, FÍS (*representación gráfica*) Kenn-, Schaulinie *f* 7 *Arg* TEL (*prefijo*) Vorwahl *f*, Ortskennziffer *f*

característico A ADJ charakteristisch, bezeichnend (**de** für *acus*); **rasgo** *m* **~** Wesens-, Charakterzug *m* B M TEAT Charakterdarsteller *m*

caracterización F 1 Charakterisierung *f* 2 TEAT Rollengestaltung *f*, Darstellung *f*; (*disfraz*) Verkleidung *f*; **caracterizado** ADJ hervorragend, berühmt; **estar ~ por** gekennzeichnet sein durch (*acus*); **caracterizador** A ADJ charakterisierend; darstellend B M, **caracterizadora** F TEAT Maskenbildner *m*, -in *f*

caracterizar ‹1f› A V/T 1 (*determinar*) charakterisieren, auszeichnen, kennzeichnen 2 (*describir*) schildern, darstellen; **~ como** hinstellen als (*acus*) 3 TEAT treffend darstellen B V/R **caracterizarse** 1 TEAT sich schminken, sich für die Rolle zurechtmachen; sich verkleiden 2 **~ por** sich auszeichnen durch (*acus*), bekannt sein für (*acus*) (*o* wegen *gen*)

caracterología F *t/t* Charakterologie *f*

caracú M 1 *Arg, Bol* ZOOL *Rinderart* 2 *Bol, Chile, RPl* (*hueso con tuétano*) Markknochen *m der Tiere*

carado ADJ **mal/bien ~** *cara* hässlich/schön

caradura M *fam* 1 (*insolencia*) Unverschämtheit *f*; Frechheit *f* 2 *persona* unverschämter Kerl *m fam*

caraguay M *Bol* ZOOL Leguan *m*

caraja F *Col fam* Frauenzimmer *n*, Tante *f fam*; **carajada** F 1 *pop* (*tontería*) Eselei *fam* 2 *fam* (*insignificancia*) Bagatelle *f*; **carajillo** M *Esp* *schwarzer Kaffee mit einem Schuss Kognak oder Likör*

carajo M 1 *vulg* männliches Glied *n*, Schwanz *m pop*; **irse al ~** kaputtgehen, vor die Hunde gehen *fam*; **mandar al ~** zum Teufel schicken *fam*; **vivir en el quinto ~** am Arsch der Welt wohnen *pop*; **me importa un ~** das ist mir scheißegal! *vulg*; **del ~** Mist..., Scheiß... *pop*; *en sentido positivo*: (affen)geil *pop* 2 INT **¡~!** verdammt! *pop*, Scheiße! *vulg*; **¡al ~ contigo!** scher dich zum Teufel! *fam*

caraliso M *pop* Zuhälter *m*, Lude *mP*

caramanchel M 1 MAR (*cubierta*) Lukende-

cke *f* **2** *(licor)* süßer Schnaps *m* **3** *Arg, Chile (puesto de bebidas)* Schenke *f* **4** *Col (cobertizo)* Verschlag *m*, Hütte *f*; **caramanchón** M *incorr* Dachboden *m*
caramañola F, **caramayola** F *Arg, Chile* MIL Feldflasche *f*
caramba INT **1** verdammt noch mal!; Donnerwetter!; kaum zu glauben!; **¡~ con Pepe!** Pepe ist ein toller Bursche! **2** *euf* → carajo
carámbano M **1** *hielo*: Eiszapfen *m* **2** *euf* **¡~(s)!** → carajo
carambola F **1** *billar*: Karambolieren *n*; Karambolespiel *n*; *fig* **por ~** auf Umwegen, um die Ecke *fam*; zufällig; mit etwas Glück **2** *fig (embuste)* Schwindel *m*, Betrug *m* **3** *fam doble resultado*: zwei Fliegen mit einer Klappe **4** BOT *fruto*: Karambole *f*, Sternfrucht *f*
carambolear V/I **1** *billar*: karambolieren **2** *Chile (emborracharse)* sich betrinken; **carambolero** M **1** BOT *Art* Sauerklee *m* **2** *Arg, Chile* → carambolista; **carambolista** M/F Karambolespieler *m*, -in *f*
carambolo M BOT Sternfruchtbaum *m*
caramel M *pez*: Mittelmeersprotte *f*
caramelizar V/T ⟨1f⟩ mit Karamell überziehen, karamellisieren
caramelo M **1** *(pasta de azúcar)* Karamell (zucker) *m*;*fig fam* **a punto de ~** perfekt, genau richtig **2** *(bombón)* Karamelle *f*; *gener* Bonbon *m*; **~s** *pl* **de café (y leche)** Sahnebonbons *npl*; **~ de palo** Lutscher *m*; *fam* **estar hecho un ~** zuckersüß sein *fam*; weich *(o* nachgiebig) sein
caramente ADV **1** *(costosamente)* teuer, kostspielig **2** *(encarecidamente)* inständig, angelegentlich
caramilla F MINER Zinkspat *m*
caramillar M Salzkrautfeld *n*
caramillo M **1** MÚS *(flautilla)* Rohrflöte *f* **2** *fam (desorden)* Durcheinander *n*, Wirrwarr *m*; *(griterío)* Geschrei *n*; Gerede *n*, Klatsch *m* **3** BOT Salzkraut *n*
carancho M *Bol, RPl, Perú* ORN Geierfalke *m*
carandaí, caranday M *Am* BOT Caranday-, Wachspalme *f*
caranga F, **carángano**[1] M *Am Centr, Ec* Laus *f*
carángano[2] M *Arg, Bol, Col* MÚS Schlagbass *m*
carantamaula F *fam* Fratze *f* *(tb fig)*, hässliche Maske *f*; **carantoña** F *fam* **1** Fratze *f* **2** *fig (vieja emperejilada)* aufgetakelte Alte *f* **3** **~s** *pl (lisonjas)* Schmus *m fam*, Getue *n*, Schmeichelei *f*; **hacer ~s a alg** j-m schmeicheln, j-m um den Bart gehen *fam*; **carantoñero** **A** ADJ *fam* schöntuerisch **B** M, **-a** F Schöntuer *m*, -in *f*, Schmeichler *m*, -in *f*
caraña F **1** BOT Karannaharzbaum *m*; *Am Centr* Sandelbaum *m* **2** FARM Karannabalsam *m*
caraota F *Ven* farbige Bohne *f*
carapa F **1** *árbol*: Karapabaum *m* **2** *aceite*: Karapaöl *n*
carapacho M **1** ZOOL Rückenschale *f*, -panzer *m* **2** *material*: Schildpatt *n* **3** *Cuba, Ec* GASTR *in der eigenen Schale zubereitetes Fleisch von Krustentieren*
carapato M Rizinusöl *n*
carape INT verflucht!, Donnerwetter!
carapulc(r)a F *Perú* GASTR *Eintopf aus Fleisch, getrockneten Kartoffeln und Ajípfeffer*
caraqueño ADJ aus Caracas
carate M *Am Cent* MED *tropische Hautkrankheit (Treponematose)*
caratillo, carato M *Ven Erfrischungsgetränk mit gequirltem Maismehl*
carátula F **1** *(máscara)* Maske *f* **2** *fig (arte histriónico)* Schauspielkunst *f* **3** *Am (portada)* Titelseite *f*, -blatt *n*; *de un disco*: Plattencover *n*; *de un autoradio*: Bedienungsteil *n* **4** *Méx, Guat del reloj*: Zifferblatt *n*
caratular V/T **~ a/c como …** etw charakterisieren als …; **caratulero** M, **-a** F Maskenverleiher *m*, -in *f*
caravana F **1** *grupo de viajeros*: Karawane *f (tb fig)*; **~ de vehículos** Treck *m*; *tb fig* **la ~ pasa** die Karawane zieht weiter **2** *Esp transporte*: Autoschlange *f* **3** AUTO **~ remolque** Wohnwagen *m*, -anhänger *m* **4** *Méx, Hond (cortesía exagerada)* übertriebene Höflichkeit *f*; Verbeugungen *fpl* **5** *Cuba caza de pájaros*: Vogelfalle *f* **6** *Arg, Bol, Chile* **~s** *pl (pendientes)* Ohrgehänge *n*
caravanera F Karawanserei *f*; **caravanero** M Karawanenführer *m*; **caravaning** M Caravaning *n*; **caravanista** M/F Karawanenreisende *m/f*
caraván-seral, caravanserrallo, caravasar M Karawanserei *f*
caray[1] M ZOOL → carey
caray[2] INT *fam* zum Teufel!, verflixt!; *euf* → carajo
carayá M *Col, RPl*, **carayaca** M *Ven* ZOOL Brüllaffe *m*
carballo M (Trauben)Eiche *f*
carbizo M *reg* BOT Kastanieneiche *f*
carbohidrato M QUÍM Kohlenhydrat *n*
carbol M QUÍM Karbol *n*
carbólico ADJ QUÍM **ácido** *m* **~** Karbolsäure *f*
carbolíneo M QUÍM Karbolineum *n*
carbón M **1** *combustible*: Kohle *f*; **~ animal/de huesos** Tier-/Knochenkohle *f*; **~ en bruto** Roh-, Förderkohle *f*; **~ gran(ul)ado** Stückkohle *f*; **~ de leña** *o* **~ vegetal** Holzkohle *f*; **~ mineral** *o* **~ de piedra** *o* **~ fósil** Steinkohle *f*; **hacerse ~** verkohlen; **negro como el ~** kohlrabenschwarz; *fig* **se acabó el ~** Schluss jetzt! *(nach einem Streit)*; *Perú* **meter ~** Zwietracht säen **2** PINT Zeichenkohle *f*, Kohlestift *m*; **dibujar al ~** in Kohle zeichnen **3** TIPO **impresión** *f* **al ~** Karbondruck *m*; **papel** *m* **~** Kohlepapier *n* **4** ELEC **lápiz** *m* **de ~** Kohlestift *m* **5** AGR Ruß-, Flugbrand *m*
carbonada F **1** *carne asada*: Rostbraten *m* **2** *pastelería*: *Art* Buttergebäck *n mit Konfitüre* **3** *Arg, Chile, Perú Nationalgericht aus Fleisch, Maiskolbenscheiben, Kürbisschnitzel, Kartoffeln und Reis* **4** *(cantidad de carbón)* Ofen-, Kohlenladung *f*; **carbonado** **A** ADJ QUÍM kohlenstoffhaltig **B** M schwarzer Diamant *m*; **carbonar** V/T zu Kohle machen; **carbonario** M, **carbonaria** F HIST Karbonaro *m*, Karbonara *f*; *fig* Verschwörer *m*, -in *f*; **carbonatado** ADJ QUÍM kohlensauer; kohlensäurehaltig; **carbonatar** V/T QUÍM in Karbonat verwandeln; mit Kohlensäure versetzen
carbonato M QUÍM Karbonat *n*, kohlensaures Salz *n*; **~ amónico** *o* **de amoníaco** Hirschhornsalz *n*; **~ de calcio** *o* **~ cálcico** kohlensaurer Kalk *m*; MINER Kalkspat *m*; **~ potásico** *o* **de potasio** Pottasche *f*, Kaliumcarbonat *n*
carboncillo M **1** *espec Am palillo para dibujar*: Zeichenkohle *f*; Kohlestift *m*; **dibujo** *m* **al ~** Kohlezeichnung *f* **2** *(arena negra)* schwarzer Sand *m* **3** AGR Kohlenpilz *m*, Brand *m*; **carboncista** M/F PINT Kohlezeichner *m*, -in *f*
carbonear **A** V/T schwelen, zu Kohle brennen **B** V/I **1** *(quemar carbón)* Kohle brennen **2** MAR Kohle übernehmen; **carboneo** M **1** *(acción de hacer carbón de leña)* Kohlenbrennen *n*, Köhlerei *f* **2** MAR Kohlenübernahme *f*; **carbonera** F **1** *(pila de carbón)* Kohlenmeiler *m* **2** *depósito*: Kohlenschuppen *m*, Kohlenkeller *m*, MAR Kohlenbunker *m*; *Chile* FERR Kohlentender *m* **3** MAR *vela*: Großstagsegel *n* **4** *comerciante*: Kohlenhändlerin *f* **5** *Col (mina de carbón)* Kohlengrube *f*; **carbonería** F Kohlenhandlung *f*; **carbonero** **A** ADJ Kohlen… **B** M **1** *comerciante*: Kohlenhändler *m* **2** *profesión*: Köhler *m* **3** MAR Kohlendampfer *m* **4** ORN **~ (común)** Kohlmeise *f*; **~ garrapinos** Tannenmeise *f*; **~ palustre** Sumpfmeise *f* **5** *pez*: Köhler *m*; GASTR Seelachs *m* **6** *Am* BOT *verschiedene Pflanzen*
carbónico ADJ QUÍM kohlensauer; Kohlenstoff…; **ácido** *m* **~** Kohlensäure *f*; **carbónidos** MPL QUÍM Kohlenstoffe *mpl*, Kohlenstoffverbindungen *fpl*
carbonífero ADJ **1** *que contiene carbón*: kohlenhaltig, Kohlen…; Kohle führend; **capa** *f* **-a** Kohlenflöz *n* **2** GEOL **período** *m* **~** Steinkohlenzeit *f*, Karbon *n*
carbonilla F Feinkohle *f*, Grus *m*; Staubkohle *f*; AUTO **~ (de la combustión)** Ölkohle *f*; **carbonita** F MINER Karbonit *m*; **carbonización** F TEC, QUÍM Verkohlung *f*, Karbonisieren *n*; **carbonizar** ⟨1f⟩ **A** V/T verkohlen; QUÍM mit Kohlenstoff verbinden (*o* versetzen); *bebidas, madera, géneros de lana* karbonisieren **B** V/R **carbonizarse** völlig verbrennen, verkohlen; *comidas* anbrennen
carbono M QUÍM Kohlenstoff *m*; **dióxido** *m* **de ~** Kohlendioxid *n*, -säure *f*; **carbonoso** ADJ **1** *(que contiene carbón)* kohlehaltig **2** *(parecido al carbón)* kohlenartig; **carborundo** QUÍM Siliciumkarbid *n*
carbunclo M **1** → carbúnculo **2** → carbunco; **carbunco** M **1** MED Karbunkel *m* **2** VET Milzbrand *m* **3** → carbúnculo
carbúnculo M MINER Karfunkel *m*
carburación F **1** *(reducción a carbón)* Verkohlung *f* **2** AUTO *(gasificación)* Vergasung *f*; **carburado** ADJ QUÍM kohlenstoffhaltig; **carburador** M AUTO Vergaser *m*; **~ doble** Doppelvergaser *m*; **~ múltiple** Mehrfachvergaser *m*; **carburante** **A** ADJ QUÍM kohlenwasserstoffhaltig **B** M AUTO, TEC Kraft-, Treibstoff *m*; **~ ligero** Vergaserkraftstoff *m*
carburar **A** V/T QUÍM karburieren; AUTO, TEC vergasen; *acero* aufkohlen **B** V/I *fam (funcionar)* klappen *fam*, funktionieren
carburina F Schwefelkohlenstoff *m (Fleckentferner)*; **carburo** M QUÍM Karbid *n*; **~ de calcio** *o* **~ cálcico** *o fam* **~** Kalziumkarbid *n*, Karbid *n fam*
carca[1] **A** ADJ POL *pop* **ser un ~** engstirnig (*o* rückschrittlich *o* stockkonservativ *fam*) sein **B** M/F POL *pop* Erzreaktionär *m*, -in *f*
carca[2] F **1** *Andes (olla)* Topf *m (bes für Chicha)* **2** *Perú fam (costra de suciedad)* Schmutzkruste *f*
carcacha F *Méx, Ven* AUTO *fam* alte Kiste *f*
carcaj M Köcher *m*
carcajada F Gelächter *n*, Lachsalve *f*; **estallar en ~s** in Lachen ausbrechen; **reír a ~s** schallend lachen; **soltar la ~** laut loslachen
carcajear **A** V/I schallend lachen, laut herauslachen **B** V/R **carcajearse** sich lustig machen (**de** über *acus*)
carcamal M *fam desp* **(viejo** *m*) **~** alter Knacker *m fam*
carcamán[1] M MAR alter Pott *m fam*, (alter) Kahn *m*, Eimer *m fam*
carcamán[2] M **1** *Arg, Cuba desp extranjero*: schäbiger Ausländer *m* **2** *Perú (fanfarrón)* Angeber *m fam* **3** *Méx ein Glücksspiel*
carcasa F TEC Gerippe *n*, Gerüst *n*; Gehäuse *n*
cárcava F **1** *(hoya de agua)* Wasserloch *n*, -graben *m (nach Überschwemmungen)* **2** *(zanja)* Graben *m*; MIL Verteidigungsgraben *m* **3** *(tumba)* Grab *n*
carcavón M *(von Wasser ausgewaschene)* Schlucht *f*; Graben *m*; GEOG Kolk *m*
cárcel F **1** Gefängnis *n*; **~ de alta** *o* **de máxima seguridad** Hochsicherheitsgefängnis *n*; **meter en la** *o Am* **a la ~** ins Gefängnis werfen (*o* sperren) **2** TEC *(abrazadera)* Zwinge *f*;

Schraubzwinge *f;* TIPO Brücke *f einer Presse* **3** *medida: regional verschiedenes Holzmaß (100–200 Kubikfuß)*
carcelario ADJ Gefängnis...; *fig* **ambiente** *m* ~ Zustände *mpl* wie im Zuchthaus, reinste Diktatur *f;* **carcelera** F **1** MÚS *andalusische Liedgattung, „Kerkerlied"* **2** *mujer:* Gefängniswärterin *m;* **carcelería** F HIST Zwangsaufenthalt *m;* **carcelero** **A** ADJ → carcelario **B** M Gefängniswärter *m;* HIST Kerkermeister *m*
carchocha F *Perú* AUTO *fam* alte Kiste *f*
carcinógeno ADJ MED karzinogen, krebserregend; **carcinoma** M MED Krebsgeschwulst *f; t/t* Karzinom *n;* **carcinomatoso, carcinoso** ADJ MED karzinomatös
carcoma F **1** ZOOL *insecto:* Holz-, Bohrwurm *m* **2** *(polvo de madera)* Holzmehl *n* **3** *agusanado:* Wurmfraß *m*, Wurmstichigkeit *f;* BOT Fäule *f* **4** *fig (pena)* Gram *m*, Kummer *m;* Angst *f; fig* **tiene la ~ dentro** *persona:* das Gewissen (*o* der Neid) plagt ihn; *cosas:* da ist der Wurm drin *fam* **5** *(derrochador)* Verschwender *m*, Vergeuder *m;*
carcomer **A** VT **1** *(roer)* zernagen, -fressen; anbohren *(Wurmfraß)* **2** *fig (destruir poco a poco)* untergraben, allmählich zerstören **B** V/R **carcomerse** **1** *(ponerse agusanado)* wurmstichig werden **2** *fig (decaer)* ver-, zerfallen; **carcomido** ADJ wurmstichig; *fig* **~ por la edad** morsch, altersschwach
carcunda, carcundia **A** ADJ *fam* rückständig, stockkonservativ **B** M/F *fam desp* Erzreaktionär *m*, -in *f*
carda F **1** BOT Distelkopf *m* **2** TEC, TEX Karde *f*, Kratze *f* **3** *equitación:* Kardätsche *f* **4** *fam fig (reprensión)* **dar una ~ a alg** j-m den Kopf waschen *fam*, j-m eine Abreibung verpassen *fam;* **cardado** M TEX Krempeln *n*, Kratzen *n;* Streichen *n*, Kämmen *n;* **cardador** M **1** TEX *persona:* Wollkratzer *m*, -kämmer *m* **2** *insecto:* Schnurassel *f;* **cardadora** F TEX **1** *máquina:* Krempel *f*, Raumaschine *f* **2** *persona:* Wollkratzerin *f*, -kämmerin *f*
cardal M Distelfeld *n*
cardamina F BOT Garten-; Brunnenkresse *f;*
cardamomo M BOT Kardamom *m/n*
cardán M TEC Kardan-, Kreuzgelenk *n*
cardar VT **1** TEX *algodón, lana* kämmen, karden, krempeln; *tela* aufrauen; *fam fig* **~ la lana a alg** j-m den Kopf waschen *fam;* j-m das Fell gerben *fam* **2** *caballo* striegeln **3** *cabello* toupieren
cardelina F ORN Distelfink *m*
cardenal[1] M **1** CAT Kardinal *m* **2** ORN Kardinal *m* **3** BOT Kardinalsblume *f*, Lobelie *f; Chile* → geranio **4** *bebida:* Kardinal *m*
cardenal[2] M *(equimosis)* blauer Fleck *m;* Strieme *f*
cardenalato M CAT Kardinalswürde *f;* **cardenalicio** ADJ CAT Kardinals...; *fig* **púrpura** *f* **-a** Kardinalspurpur *m (fig)*
cardencha F **1** BOT Karde(ndistel) *f* **2** TEX Karde *f;* **cardenchal** M BOT Distelfeld *n*
cardenillo **A** ADJ blaurötlich *(bes Trauben)* **B** M **1** QUÍM Grünspan *m* **2** *color:* Hellgrün *n*
cárdeno ADJ *color:* dunkelviolett; *toro* schwarz und weiß; *líquido* opalisierend
cardería F TEX Krempelsaal *m*
...cardia MED *en palabras compuestas:* ...kardie *f; p. ej.* **taquicardia** *f* Tachykardie *f*
cardíaco MED **A** ADJ **1** *(del corazón)* Herz..., kardial; **actividad** *f* **-a** Herztätigkeit *f;* **defecto** *m* **~** Herzfehler *m;* **insuficiencia** *f* **-a** Herzinsuffizienz *f;* **remedio** *m o* **medicamento** *m* **~** herzstärkendes Mittel *n* **2** *enfermo:* herzkrank, -leidend **B** M, **-a** F Herzkranke *m/f*
cardialgia F MED Magenkrampf *m;* **cardias** M *(pl inv)* ANAT Magenmund *m*, Mageneingang *m; t/t* Kardia *f*
cardigán M **~ de punto** Strickjacke *f*
cardillar M Golddistelfeld *n;* **cardillo** M BOT Golddistel *f*
cardinal ADJ hauptsächlich, wesentlich, Haupt..., Kardinal...; **error** *m* **~** Kardinalfehler *m;* **números** *mpl* **~es** Grund-, Kardinalzahlen *fpl;* **los cuatro puntos ~es** die vier Himmelsrichtungen *fpl;* **virtudes** *fpl* **~es** Kardinal-, Haupttugenden *fpl*
cardinalidad F *Méx* entscheidende Bedeutung *f*
cardinas FPL ARQUIT Distelblätter- (*o* Ranken)verzierung *f*
cardio... PREF MED Kardio..., Herz...
cardiocirculatorio ADJ Herz-Kreislauf-...;
cardiocirujano M, **cardiocirujana** F Herzchirurg *m*, -in *f;* **cardiografía** F Kardiografie *f*
cardiógrafo M Kardiograf *m*
cardiograma M Kardiogramm *n;* **cardiología** F Kardiologie *f*, Herzforschung *f;* **cardiológico** ADJ kardiologisch
cardiólogo M, **cardióloga** F Kardiologe *m*, Kardiologin *f*, Herzspezialist *m*, -in *f;* **cardiópata** **A** ADJ herzkrank, -leidend **B** M/F **1** *enfermo, -a:* Herzkranke *m/f*, Herzleidende *m/f* **2** *especialista:* Herzspezialist *m*, -in *f*
cardiopatía F Herzleiden *n;* **cardiorrafia** F Herznaht *f;* **cardiorrespiratorio** ADJ Herz- und Atmung betreffend, *t/t* kardiorespiratorisch; **cardioterapia** F Herztherapie *f;* **cardiotocógrafo** M Wehenschreiber *m*, CTG *n;* **cardiotomía** F Herzschnitt *m;* **cardiovascular** ADJ kardiovaskulär, Herz-Kreislauf-...
carditis F MED Herzentzündung *f*
cardizal M Distelfeld *n*
cardo M **1** BOT Distel *f*, Karde *f;* Kardenartischocke *f;* **~ borriqueño** *o* **borriquero** *o* **común** *o* **timonero** *o* **yesquero** Esels-, Wegdistel *f;* **~ cabezudo** Kugeldistel *f;* **~ corredor** *o* **estelado** *o* **setero** Brachdistel *f;* **~ estrellado** *Art* Stern-, Silberdistel *f* **2** *fam fig (mujer fea)* Besen *m fam*, hässliche Frau *f*
cardón M Weberdistel *f*
Cardona N PR M *fam* **más listo que ~** sehr geschickt (*o* gewandt), eine Möglichkeit blitzschnell erfassend
cardume(n) M **1** *peces:* Fischschwarm *m*, -bank *f* **2** *Chile fig (abundancia)* Unmenge *f*, Fülle *f* **3** *Ven leng. juv (mujer fea)* Besen *m fam*, hässliche Frau *f*
carear **A** VT **1** JUR *testigos, etc* einander gegenüberstellen; *documentos, etc* miteinander vergleichen **2** *ganado* auf die Weide führen **3** *Am gallos de pelea* prüfen, vergleichen **B** VI *Perú, P. Rico en la riña de gallos:* eine Kampfpause einlegen **C** V/R **carearse** *(zu einer Besprechung)* zusammenkommen; **tener que ~ con alg** mit j-m noch ein Wörtchen zu reden haben
carecer VI ⟨2d⟩ **1** **~ de** *(no tener)* nicht haben *(acus)*, entbehren *(acus)*, ermangeln *(gen);* nicht (mehr) vorrätig (COM *tb* nicht auf Lager) haben *(acus);* **~ de interés** uninteressant (*o* belanglos) sein **2** *reg abs (faltar)* fehlen, nicht vorhanden sein
carecimiento M Mangel *m* (**de** an *dat*)
carel M (Boots-, Teller- *etc*) Rand *m*
carena F **1** *poét (quilla)* Kiel *m* **2** MAR *compostura:* Kielholen *n;* Ausbesserung *f*, Schiffsreparatur *f am Rumpf* **3** BOT Blattkiel *m* **4** *fig (burla)* Stichelei *f*, Neckerei *f;* **aguantar** *o* **llevar** *o* **sufrir ~** auf die Schippe genommen (*o* verulkt) werden *fam;* **carenadura** F MAR → carena 2
carenar VT **1** MAR kielholen; *casco* ausbessern, überholen **2** AUTO stromlinienförmig verkleiden
carencia F Mangel *m*, Fehlen *n;* Entbehrung *f;* **~ de medios** Mittellosigkeit *f;* TEC **~ de ruidos** Geräuschfreiheit *f;* **~ vitamínica** Vitaminmangel *m;* **período** *m* **de ~** Warte-, Karenzzeit *f*
carencial ADJ Mangel...; **enfermedad** *f* **~** Mangelkrankheit *f;* **período** *m* **~** Wartezeit *f*, Karenz(zeit) *f*
carenero M MAR Trockendock *n*
carente ADJ **~ de** frei von *(dat)*, ohne *(acus)*, ...los; **~ de escrúpulos** skrupellos; **~ de imaginación** fantasielos; **~ de interés** uninteressant; **~ de valor** wertlos
careo M **1** *(confrontación)* Gegenüberstellung *f (tb* JUR*)*, Konfrontation *f; de documentos, etc:* Vergleichen *n* **2** AGR Weiden *n; (pasto)* Weide *f* **3** *del azúcar en pilones:* Raffinieren *n des Hutzuckers* **4** *Ec, P. Rico, S.Dgo en la riña de gallos:* Kampfpause *f*
carero ADJ *fam* teuer *(verkaufend)*
carestía F **1** *(escasez)* Mangel *m*, Not *f; (hambre)* Hungersnot *f* **2** *(encarecimiento)* Teuerung *f;* **~ de la vida** Anstieg *m* der Lebenshaltungskosten
careta F Maske *f*, Larve *f; del colmenero:* Imkermaske *f;* **~ (antigás)** Gasmaske *f;* **~ protectora** Schutzmaske *f;* **~ respiratoria** Atem(schutz)maske *f; fig* **quitarle a alg la ~** j-m die Maske vom Gesicht reißen; *fig* **quitarse la ~** die Maske fallen lassen
careto M *fam* Visage *f fam*
carey M **1** *tortuga:* Karettschildkröte *f* **2** *(concha)* Schildpatt *n* **3** *Cuba* BOT Guajakbaum *m*
carga F **1** *(peso)* Last *f*, Belastung *f (tb* JUR*); (agobio)* Mühsal *f*, Bürde *f;* **~ fiscal** *o* **impositiva** Steuerlast *f;* JUR **~ de la prueba** Beweislast *f;* JUR **~ real** Reallast *f;* **~s** *pl* **sociales** Soziallasten *fpl*, -abgaben *fpl;* MED **~ viral** Viruslast *f;* Virusbelastung *f; fig* **dar con la ~ en tierra** *o* **en el suelo** *derrumbarse:* unter der Last zusammenbrechen; *fig (abandonar todo)* alles hinwerfen, die Flinte ins Korn werfen; *(enfadarse)* wütend werden; *fig* **llevar la ~** die Last (zu) tragen (haben); **ser** *o* **resultar una ~ para alg** j-m zur Last (*o* lästig) fallen, eine Last sein für j-n **2** *(cargamento)* Ladung *f;* COM, MAR Fracht *f; las mercancías:* Frachtgut *n; (acción de cargar)* Beladen *n;* Beladung *f;* COM **~ de bultos sueltos** Stückgutladung *f;* **~ y descarga** Be- und Entladen *n*, Auf- und Abladen *n (von Waren)*, Güterabfertigung *f;* COM **~ a granel** Schüttgut *n;* **~ de retorno** *o* **de vuelta** Rückfracht *f* **3** TEC Last *f*, Belastung *f;* **~ útil** *o* **efectiva** Nutzlast *f;* **exceso** *m* **de ~** Überladung *f*, -lastung *f;* **a plena ~** voll belastet **4** ELEC Ladung *f; alimentación:* Aufladung *f* **5** *de un arma de fuego:* Ladung *f; acción:* Laden *n; (carga explosiva)* Sprengsatz *m;* **~ abierta** offene Sprengladung *f;* **~ amontonada** *o* **compacta** *o* **concentrada** geballte Ladung *f;* **~ nuclear/explosiva** Kern-/Sprengladung *f;* **~ de profundidad** Wasserbombe *f;* **~ propulsora/para cohetes** Treibsatz *m*/Raketentreibsatz *m* **6** METAL *de altos hornos:* Beschickung *f*, Begichtung *f* **7** MIL *(ataque)* Angriff *m;* **dar una ~** angreifen; *fig* entschlossen vorgehen; *fig* **volver a** *o* **sobre la ~** hartnäckig sein, auf etw *(dat)* (*o* darauf) bestehen; nicht lockerlassen **8** *(amonestación)* Rüge *f*, Verweis *m;* JUR Beschuldigung *f*, (An)Klage *f;* Beschwerde *f* **9** *(obligación)* Pflicht *f*, Verpflichtung *f;* **~s** *pl tb* Amtspflichten *fpl*
cargaderas FPL *Col* Hosenträger *mpl*
cargadero M **1** *lugar:* Ladeplatz *m;* Ladebühne *f; alto horno:* Gicht *f;* MIN Füllort *m* **2** ARQUIT Sturz *m;* **cargadilla** F *fam* Schuldzins *m*

C

cargado A ADJ 1 *(completo, lleno)* (voll) belastet, bepackt (**de** mit *dat*); *fam* **~ de años** hochbetagt; **~ de deudas** überschuldet; **~ de emoción** gefühlsbeladen; **~ de espaldas** *o* **de hombros** mit hohen Schultern; mit krummem Rücken, höckerig; **~ de historia** geschichtsträchtig; MAR **~ de popa** hecklastig; **el árbol está ~ de peras** der Baum hängt voller Birnen; *fig* **~ de razón** vernünftig 2 *café, té* stark 3 *arma* geladen; MIL **~ con bala** scharf geladen 4 *(borracho)* angetrunken; besoffen, blau 5 METEO *tiempo* schwül; *aire* stickig; *cielo* bedeckt 6 *(enfadado)* wütend, geladen *fam* 7 *(exagerado)* übertrieben, karikiert 8 *oveja* trächtig 9 *heráldica*: übermalt B M 1 (Be)Laden *n*; Füllen *n* 2 MÚS *paso de baile*: Fußwechsel *m*

cargador M 1 *persona*: (Ver)Lader *m*; *Perú (maletero)* Gepäckträger *m*; **~ de muelle** Dockarbeiter *m*, Schauermann *m* 2 TEC Ladevorrichtung *f*; *de un arma*: Magazin *n*; **~ automático** Ladeautomat *m*; TEX Selbstaufleger *m*; **(carro** *m***) ~** Ladewagen *m* 3 ELEC **~ de baterías** (*o* **de pilas**) Batterieladegerät *n*; Akkuladegerät *n*; **~ de red** *m* Netzgerät *n* 4 FOT (Film)Kassette *f* 5 AGR *(bieldo)* Strohgabel *f*

cargamento M *(espec* Schiffs)Ladung *f*, Fracht *f*; MAR **~ de retorno** Rückfracht *f*; **póliza** *f* **de ~** Ladeschein *m*; **cargante** ADJ *fam* lästig, aufdringlich

cargar

⟨1h⟩

A verbo transitivo B verbo intransitivo
C verbo reflexivo

— **A** verbo transitivo —

1 *camión* beladen (**con, de** mit *dat*); *barco* befrachten (**de** mit *dat*); *mercancía* (auf-, ver)laden (**en** auf *acus*); verfrachten 2 *(llenar)* auf-, anfüllen; *pipa* stopfen; *encendedor, etc* füllen; *estómago* überladen; *fig* **~ las tintas** dick auftragen, übertreiben 3 *comidas* stark würzen; *café, té, etc* stark machen; **~ la mano en a/c** etw zu stark würzen 4 *(pesar sobre)* beschweren, belasten *(tb fig)*; *fig* drücken; **~ a/c a alg** j-n mit etw *(dat)* belasten; *impuestos, obligaciones* j-m etw auferlegen; **~ la culpa/responsabilidad a alg** j-m die Schuld/Verantwortung zuschieben; FIN **~ en cuenta** das Konto belasten; abbuchen; FIN **le cargamos en cuenta el importe de ...** wir belasten Ihr Konto mit dem Betrag von ...; **~ a/c sobre sí** *obligación, culpa, etc* etw auf sich *(acus)* nehmen, etw übernehmen 5 *(acusar)* **~ a alg** j-n anschuldigen, bezichtigen 6 TEC *(cerrojo)* spannen; *arma* laden; ELEC *batería* (auf)laden; *alto horno, cinta transportadora* beschicken; FOT **~ la cámara** einen Film einlegen 7 INFORM hochladen 8 *fig (molestar)* belästigen, lästig sein; auf die Nerven gehen 9 *(atacar)* angreifen *(tb* MIL*)*, sich wenden gegen *(acus)* 10 *(exagerar)* übertreiben; **~ el color** eine grelle Farbe auftragen; *fig* dick auftragen 11 MAR *vela* einziehen 12 *naipes*: (über)stechen 13 *heráldica*: *(Embleme)* übereinandermalen 14 *contenedor*: aufnehmen, fassen 15 *Am fam (usar)* tragen, bei sich *(dat)* haben 16 *Cuba (castigar)* bestrafen 17 *Méx* ZOOL *(cubrir)* decken, bespringen

— **B** verbo intransitivo —

1 *(pesar)* lasten, liegen (**en, sobre** auf *dat*); drücken; **el acento carga en** *o* **sobre la última sílaba** die Betonung liegt auf der letzten Silbe; **el techo carga sobre** *o* **en las vigas** das Dach (*o* die Decke) ruht auf dem Gebälk 2 *(llevar)* **~ con a/c** etw tragen, etw mit sich *(dat)* nehmen; *fam (robar)* etw stehlen, etw mitgehen lassen *fam*; *fig (hacerse cargo)* etw übernehmen, etw auf sich *(acus)* nehmen; *fam* **~ con el muerto** *o* **el paquete** *o* **el mochuelo** es ausbaden müssen *fam*, den schwarzen Peter zugeschoben bekommen *fam* 3 MIL, *policía*: **~ contra** *o* **sobre alg** j-n angreifen; auf j-n losgehen; **~ contra** *o* **sobre el enemigo** den Feind angreifen 4 MAR *barco* krängen; **~ de popa/proa** heck-/buglastig sein 5 *nubes* sich zusammenziehen; *tempestad, etc* sich verziehen (**hacia** nach *dat*); *viento, etc* zunehmen, stärker werden 6 *árbol* (reich) tragen 7 *(comer y beber bien)* kräftig essen; viel trinken

— **C** verbo reflexivo —

cargarse 1 *(llenarse)* sich (an)füllen (**de** mit *dat*) 2 **~ de** *o* **con a/c** *(echarse a/c encima)* sich mit etw *(dat)* belasten; sich *(dat)* etw aufladen, sich *(dat)* etw auf den Hals laden; **~ con la culpa** die Schuld auf sich *(acus)* nehmen; **~ de deudas** in Schulden geraten 3 *(enfadarse)* zornig werden; sich nicht mehr beherrschen können, wild werden *fam* 4 *cielo* sich beziehen, sich bedecken 5 *fam* **~ a alg** *(matar a alg)* j-n erledigen *pop*, j-n umlegen *pop*; *leng. juv en el examen*: j-n durchfallen lassen; *sexualmente*: j-n vernaschen *fam*, j-n umlegen *pop*; *fam* **a ese tío me lo cargo** den Kerl mach ich fertig *fam* 6 *(inclinarse)* sich *(nach der Seite)* neigen, sich biegen 7 **cargársela** *fam (recibir su castigo)* seine Strafe bekommen

cargareme M (Kassen)Quittung *f*

cargazón F 1 *(cargamento)* Ladung *f*, Belastung *f* 2 MED *de cabeza*: Kopfdruck *m*; *de estómago*: Magendrücken *n* 3 METEO *(nubarrón)* dickes Gewölk *n* 4 *Arg fam (chapucería)* Pfuscharbeit *f fam* 5 *Chile* AGR *(alto rendimiento)* reicher Ertrag *m* 6 *Col, Cuba, RPl* **de ~** *(barato)* minderwertig, billig

cargo M 1 *(puesto)* Posten *m*, Stelle *f*, Amt *n*; *(obligación)* Verpflichtung *f*, Auftrag *m*; *fig* Last *f*, Verantwortung *f*; **alto ~** hohe Stellung *f*; *por ext* **altos ~s** *pl* ECON leitende Angestellte *mpl*; POL Spitzenpolitiker *mpl*; ADMIN Spitzenbeamte *mpl*; **~ honorífico** *o* **de honor** Ehrenamt *n*; **~ ministerial** Ministeramt *n*; **a ~ de** *(a expensas de)* zulasten von *(dat)*; *(bajo la dirección de)* unter der Leitung (*o* dem Befehl) von *(dat)*; **cesar en el ~** aus dem Amt scheiden; **(eso) corre** *o* **va de mi ~** das ist meine Sache, darum werde ich mich kümmern; **desempeñar un ~** eine Stellung innehaben; ein Amt ausüben; **estar a ~ de a/c** etw leiten; **hacerse ~ de a/c** *(tener la certeza)* sich *(dat)* klar sein über etw *(acus)*; etw berücksichtigen; *(asumir)* etw übernehmen; **¡hazte ~!** stell dir das nur vor!; **tener a su ~** sorgen für *(acus)*; verantwortlich sein für *(acus)*; *etw* leiten; **tomar a/c a su ~** etw übernehmen 2 *(reproche)* Vorwurf *m*; JUR Anklagepunkt *m*; **~ de conciencia** Skrupel *mpl*, Gewissensbisse *mpl*; **hacer ~ a alg de a/c** j-m etw vorwerfen; j-m etw zuschreiben 3 COM *(deber)* Soll *n*, Debet *n*; **nota** *f* **de ~** Lastschriftanzeige *f*; FIN **~ en cuenta** Lastschrift *f*; **con ~ a** zulasten von; **con ~ a nosotros** auf unsere Kosten 4 MAR *buque*: Frachtschiff *n* 5 *Chile* JUR *certificado*: Vorlagevermerk *m auf Urkunden*

cargoso ADJ 1 *(molesto)* lästig; beschwerlich; *RPl, Chile, Perú* aufdringlich 2 *(pesado)* schwer;

cargue M *Am* Ein-, Be-, Aufladen *n*

carguero A ADJ Last..., Fracht... B M 1 MAR **(barco** *m***) ~** Frachter *m*; AVIA **(avión** *m***) ~** Frachtmaschine *f* 2 **(animal** *m***) ~** Lasttier *n* 3 *Bol, Col, RPl (portador)* Lastträger *m* 4 **~s** *pl (albarda)* Packsattel *m*

carguío M Ladung *f*; Frachtgüter *npl*

cari A ADJ *Arg, Chile* (hell)braun B M BOT 1 *Am (zarzamora)* Brombeere *f* 2 *Chile (pimienta)* Pfeffer *m*

cari... PREF *liter y fam* ...gesichtig, mit ... Gesicht; *p. ej.* **~ancho** mit breitem Gesicht; **~gordo** dickbackig, vollwangig

caria F ARQUIT Säulenschaft *m*

cariacedo ADJ *liter* sauertöpfisch, mürrisch

cariaco M 1 *Cuba ein Volkstanz* 2 *Guayana bebida*: *Art* Schnaps *m* 3 *Ven* **paloma** *f* **~** Wildtaube *f*

cariacontecido ADJ betreten, betroffen; besorgt

cariado ADJ angefault, hohl; *diente* kariös

cariar ⟨1b⟩ A VT Fäule verursachen an *(dat)* B VR **cariarse** (an)faulen; *diente* kariös werden

cariátide F ARQUIT Karyatide *f*

caribe A ADJ karibisch B M 1 *persona*: Karibe *m* 2 *Ven pez*: Piranha *m* 3 *Ven fam (ladrón audaz)* gerissener Gauner *m*; Schweinehund *m vulg*

Caribe M **el ~** die Karibik; **el Mar ~** das Karibische Meer

caribear VT *Ven fam* hereinlegen, begaunern;

caribeño ADJ karibisch, Karibik...

cariblanca F *Col, C. Rica* ZOOL Maisäffchen *n*;

caribú M ZOOL Karibu *n*

caricare M *Col, Ven* ORN Carancho *m (eine Falkenart)*

caricato M 1 TEAT Bassbuffo *m* 2 *fig (bromista)* Spaßmacher *m*

caricatura F Karikatur *f*, Zerrbild *n (tb fig)*; *Méx* **~s** *pl* Zeichentrickfilm *m*; **caricaturar** VT → caricaturizar; **caricaturesco** ADJ Karikatur...; zur Karikatur geworden; **caricaturista** M/F Karikaturist *m*, -in *f*; **caricaturizar** VT ⟨1f⟩ karikieren, verzerren *(tb fig)*

caricia F Zärtlichkeit *f*, Liebkosung *f*; **hacer ~s a un niño/gato** ein Kind liebkosen/eine Katze streicheln; **caricioso** ADJ zärtlich, liebkosend

caridad F 1 *(misericordia)* (christliche) Nächstenliebe *f*, Barmherzigkeit *f*, Wohltätigkeit *f*; *prov* **la ~ empieza en** *o* **por casa** die Nächstenliebe beginnt zu Hause 2 *(limosna)* Liebesgabe *f*, Almosen *n*; **casa** *f* **de ~** Armenhaus *n*; -spital *n*; **vivir de la ~ pública** von der Fürsorge leben 3 REL *teología*: Caritas *f*, Agape *f* 4 *Méx (comida de los presos)* Sträflingskost *f*

caridoliente ADJ mit schmerzlich verzogenem Gesicht, mit (einer) Leidensmiene

carie F → caries

cariedón M ZOOL Nusswurm *m*

caries F 1 MED Karies *f*, Knochenfraß *m*; **~ dental** *o* **dentaria** Zahnfäule *f* 2 BOT Brand *m* 3 *de la fruta*: Wurmstichigkeit *f*

carilla F 1 *de papel*: Seite *f* 2 *del colmenero*: Imkermaske *f*

carillo A ADJ 1 *(caro)* lieb, teuer *(liter)* 2 *fam precio*: ganz schön teuer *fam* B M *poét* Liebhaber *m*

carillón M Glockenspiel *n*

carincho M *Am* GASTR Kartoffeln *fpl* mit Paprikafleisch

Carintia F Kärnten *n*

carintio A ADJ kärntnerisch B M, **-a** F Kärntner *m*, -in *f*

cariñar VI *Arg* Heimweh haben; **cariñena** M *aragonischer Qualitätswein*; **cariñín** M *fam hacia niños*: mein Liebling

cariño M 1 *(amor)* Liebe *f*, Zuneigung *f*; *(ternura)* Zärtlichkeit *f*; *(ansiedad)* Sehnsucht *f*; **¡~ (mío)!** (mein) Liebes!, (mein) Liebling!; *adv* **con ~** liebevoll, zärtlich; **tener ~ a alg** j-n gernhaben; **tomar ~ a** lieb gewinnen 2 **~s** *pl (saludos)* Grüße *mpl*, Aufmerksamkeiten *fpl* 3 *(cuidado)* Sorgfalt *f* 4 *Chile, RPl (regalo)* Geschenk *n*, Mitbringsel *n*

cariñosamente ADV liebevoll, zärtlich; **cariñoso** ADJ liebevoll, zärtlich; *niño* zutraulich;

(*amable*) freundlich; *en cartas*: **~s saludos** *mpl* herzliche Grüße *mpl*
carioca A ADJ aus Rio de Janeiro; *p. ext* brasilianisch B F MÚS *baile*: Carioca *f*
cariocinesis F BIOL Karyokinese *f*, indirekte Kernteilung *f*; **cariofiláceas** FPL BOT Nelkengewächse *npl*
cariparejo ADJ *fam* mit unbewegtem Gesicht, unerschütterlich; **carirredondo** ADJ mit rund(lich)em Gesicht
carísimo *sup* 1 (*muy amoroso*) sehr lieb; CAT **~s en Cristo** Geliebte in Christo 2 (*muy caro*) sehr teuer
carisma M Charisma *n*, Ausstrahlung *f*; **carismático** ADJ charismatisch
carita F INFORM Smiley *n*
caritativo ADJ karitativ, hilfreich, mildtätig; barmherzig; **obra** *f* **-a** Hilfswerk *n*, Wohltätigkeitsinstitution *f*
carite M *pez*: 1 *Cuba, P. Rico Art* Sägefisch *m* 2 *Ven pez*: Piranha *m*
cariz M ‹*pl* -ices› Wetterlage *f*; *fig* Lage *f*, Aussehen *n*; **~ (de los negocios)** Geschäftslage *f*; **la cosa va tomando mal ~** die Sache wird bedenklich (*o* brenzlig); **de tal ~** derartig
carlanca F 1 *collar*: Stachelhalsband *n* 2 *fam Esp* (*astucia*) Geriebenheit *f*, Gerissenheit *f*; **tener muchas ~s** es faustdick hinter den Ohren haben, mit allen Wassern gewaschen sein *fam* 3 *Col, C. Rica* (*grillete*) Fußeisen *n* (*der Sträflinge*) 4 *Chile, Hond* (*impertinencia*) Zudringlichkeit *f*, Belästigung *f*; **carlancón** M Schlauberger *m*, Schlaukopf *m*
carlina F BOT Silberdistel *f*, Eberwurz *f*
carlinga F 1 AVIA Pilotenkanzel *f*, Cockpit *n* 2 MAR Kielschwein *n*
carlismo M HIST Karlismus *m*; **carlista** HIST A ADJ karlistisch B M/F Karlist *m*, -in *f*, *Anhänger(in) des Thronprätendenten Don Carlos (19. Jh.) und seiner Nachkommen*
Carlomagno M HIST Karl der Große
Carlos N PR M *nombre de rey*: Karl *m*
carlota F 1 GASTR Charlotte *f* (*Art Baisertorte*) 2 *Esp reg* (*zanahoria*) Mohrrübe *f*, Karotte *f*
Carlota N PR F Charlotte *f*
carlovingio → carolingio
carmel M BOT Spitzwegerich *m*
carmelina F Karmelinwolle *f*
carmelita A ADJ 1 CAT Karmeliter... 2 *Am reg color*: (kastanien)braun B M/F CAT Karmelit(er) *m*; Karmelit(er)in *f* C F BOT Kapuzinerkressenblüte *f* (*Salatwürze*); **carmelitano** ADJ Karmeliter...
Carmelo M REL **(Monte** *m***) ~** (Berg) Karmel *m*
carmen M 1 CAT **(orden** *f* **del) Carmen** Karmeliterorden *m* 2 (*quinta con jardín*) Landhaus *n* mit Garten (*in Granada*) 3 *liter* (*poesía*) Carmen *n*, Gedicht *n*
carmenar V/T 1 TEX *lana* kämmen, schlichten 2 *fig el cabello* an den Haaren ziehen, zerzausen 3 *fam fig* (*saquear*) ausplündern, rupfen *fam*
carmesí ‹*pl* -íes› A ADJ karm(es)inrot, hochrot B M Karm(es)in *n*; **carmesita** F MINER Karmesit *m*
carmín M 1 *color*: Scharlachrot *n* 2 **(barra** *f* **de) ~** Lippenstift *m* 3 BOT rote Wildrose *f*
carminativo ADJ MED **(remedio** *m o* **medicamento** *m***) ~** Mittel *n* gegen Blähungen, Karminativum *n*
carmíneo, carminoso ADJ karm(es)infarben, tiefrot
carnación F *heráldica*: Fleischfarbe *f*; **carnada** F 1 CAZA, *pesca*: (Fleisch)Köder *m* 2 *fam fig* (*trampa*) Falle *f*, Köder *m*; **carnadura** F 1 (*corpulencia*) Beleibtheit *f* 2 *pop* (*musculatura*) Muskulatur *f*, Fleisch *n* 3 MED Heilungstendenz *f* (*des Gewebes*)
carnaje M MAR Pökelfleisch *n*
carnal A ADJ 1 (*lascivo*) fleischlich, sinnlich; *p. ext* (*mundano*) weltlich; **acto** *m o* **comercio** *m* **~** Beischlaf *m*, Geschlechtsverkehr *m* 2 (*consanguíneo*) blutsverwandt; **hermano** *m* **~** leiblicher Bruder *m*; **primo** *m* **~** Vetter *m* ersten Grades B M 1 REL Nichtfastenzeit *f* 2 *Am reg fam* (*compañero*) Kumpel *m fam*, Spezi *m* (*al.d.S, Austr fam*)
carnalidad F Fleisches-, Sinnenlust *f*
carnaval M 1 Karneval *m*, Fastnacht *f*, Fasching *m* (*al.d.S, Austr*) 2 **~es** *pl* (*serpentinas*) Luftschlangen *fpl*; Konfetti *n*; **carnavalada** F 1 Karnevalstreiben *n*; *broma*: Fastnachts-, Karnevalsscherz *m* 2 *fig* (*farsa*) Farce *f*; **carnavalesco** ADJ Fastnachts..., Karnevals...; **carnavalito** M *Arg* MÚS *argentinischer Karnevalstanz*
carnaza F 1 *en pieles*: Fleischseite *f* 2 CAZA, *pesca*: Fleischköder *m* 3 (*carroña*) Aas *n* 4 *desp* Fleisch *n*, Beleibtheit *f*
carne F 1 FISIOL, *fig* Fleisch *n*; *fig* **~ de cañón** Kanonenfutter *n*; *fig* **~ de gallina** Gänsehaut *f*; *fig* **se me pone ~ de gallina** ich bekomme eine Gänsehaut; *fig* **son ~ de horca** das sind Galgenvögel *mpl*; **~ viva** bloßliegendes Fleisch *n*; *en heridas*: gesundes Fleisch; *fig* **herir en ~ viva** zutiefst verletzen (*o* treffen); *fig* **en ~s (vivas)** nackt, splitternackt *fam*; **(ser) de ~ y hueso** aus Fleisch und Blut (sein); *fig* **ser uña y ~** ein Herz und eine Seele sein; *fig* **aferrarse con ~ y uña** sich (*dat*) mit Klauen und Zähnen anklammern (*o* verteidigen); *fig* **sufrir en sus propias ~s** *o* **en ~ propia** am eigenen Leib erfahren; *fig* **le tiemblan las ~s** er (sie) zittert an allen Gliedern 2 *alimento*: Fleisch *n*, Fleischgericht *n*; **~ adobada** Pökelfleisch *n*; **~ ahumada** Rauchfleisch *n*; **~ asada** Bratfleisch *n*, Braten *m*; **~ de ave** Geflügelfleisch *n*; **~(s)** *f(pl)* **blanca(s)** weißes Fleisch *n*; **~ de caballo/de cordero** Pferde-/Lammfleisch *n*; **~ cocida/congelada** Suppen-/Gefrierfleisch *n*; *RPl* **~ con** *o* **de cuero** in der Haut gebratenes Fleisch; **~ estofada** Schmorfleisch *n*; **~s** *pl* **frías** Aufschnitt *m*, kalte Platte *f*; **~ de lata** *o* **en conserva** Dosen-, Büchsenfleisch *n*; **~ de gallina** Hühnerfleisch *n*; *espec Am* **~ molida** Hackfleisch *n*; **~ mollar** mageres Fleisch *n* ohne Knochen; **~ de pelo** Wild *n* (*Hasen, Kaninchen*); **~ picada** Hackfleisch *n*; **~ de pluma** Geflügel *n*; **~ rallada/seca** Schabe-/Dörrfleisch *n*; **~ roja** rotes Fleisch *n*; **~ salvajina** Wild(bret) *n* (*Wildschwein, Hirsch, Reh*); **~ de vaca** *o* **de vacuno** *o* **de bovino** *o Am* **de res** Rindfleisch *n*; *fig* **ni ~ ni pescado** weder Fisch noch Fleisch; *fig* **poner** *o* **echar toda la ~ en el asador** alles auf eine Karte setzen; alle Hebel in Bewegung setzen 3 (*corpulencia*) Beleibtheit *f*; **echar** *o* **cobrar** *o* **criar** *o* **tomar ~s** *o* **entrar en ~s** Fleisch ansetzen, dick werden; **estar metido** *o fam* **metidito en ~s** *o* **tener buenas ~s** beleibt sein, dick sein, gut gepolstert sein *fam*; **perder ~(s)** abmagern, vom Fleisch fallen *fam* 4 *de la fruta*: Fruchtfleisch *n*; GASTR *dulce*: **~ de membrillo** Quittengelee *n* 5 *fig* (*sensualidad*) Sinnlichkeit *f*, Fleischeslust *f* 6 REL Fleisch *n*; **~ humana** menschliche Schwachheit *f* 7 PINT Fleischfarbe *f*; **color (de) ~** fleischfarben, inkarnat 8 *Am Mer de un tronco*: Kernholz *n*
carné M ‹*pl* –és› → carnet
carneada F *RPl* Schlachtung *f*
carnear V/T 1 *RPl, Chile* (*degollar*) schlachten; *fig* (*apuñalar*) niederstechen, töten 2 *Chile* (*engañar*) betrügen, prellen; **carnecería** F *incorr* → carnicería; **carnecilla** F kleine Fleischwucherung *f*; **carnerada** F Hammelherde *f*; **carnerear** V/T *RPl* (von einer Bewerberliste) streichen; **carnerero** M, **carnerera** F Schäfer *m*, -in *f*, Schafhirt *m*, -in *f*; **carneril** ADJ Schaf...; **dehesa** *f* **~** Schafweide *f*
carnero M 1 ZOOL Hammel *m*; Schafbock *m*; **~ semental** Zuchtbock *m*, Widder *m*; *fam Esp* **no hay tales ~s** so was gibt's ja gar nicht *fam*, da lachen ja die Hühner *fam* 2 GASTR Hammelfleisch *n* 3 *Arg, Bol, Perú* **~ de la sierra** Lama *n* 4 ORN **~ del cabo** Albatros *m* 5 TEC Bohrwidder *m*; HIST, MIL Widder *m*, Rammbock *m* 6 *Chile, RPl* (*persona débil*) Schwächling *m*, Nachbeter *m*, Herdenmensch *m* 7 *Arg fam* (*esquirol*) Streikbrecher *m*
carneruno ADJ Hammel..., Schaf...; hammel-, schafartig
carnestolendas FPL *die drei letzten Tage der Karnevalszeit*
carnet M ‹*pl* -s› 1 (*legitimación*) (Lichtbild)Ausweis *m*; Ausweiskarte *f*; **~ acreditativo** *gener* Ausweis *m*; **~ de alberguista** Jugendherbergsausweis *m*; **~ de estudiante** *o* **~ universitario** Studentenausweis *m*; **~ de identidad** Personalausweis *m*; **~ (internacional) de conducir** (internationaler) Führerschein *m*; **~ de lector** Leser-/Bibliotheksausweis *m*; **~ de periodista** Presseausweis *m*; **~ de piloto** Flugschein *m*; **~ de socio** Mitgliedsausweis *m*, -karte *f* 2 (*libreta de apuntes*) Notizbuch *n*
carnetizar V/T **~ a alg** j-m einen Ausweis ausstellen
carnevalada F → carnavalada
carnicera F Metzgerin *f*, Schlachterin *f*; Fleischverkäuferin *f*; **carnicería** F 1 *tienda*: Metzgerei *f*, Schlachterei *f*, Fleischerei *f* 2 *fig* (*masacre*) Blutbad *n*, Gemetzel *n*, Massaker *n*; *fam* **hacer una ~** ein Blutbad anrichten 3 *Ec* (*matadero*) Schlachthof *m*
carnicero A ADJ 1 *animal* reißend, fleischfressend; **(animal** *m***) ~** Raubtier *n* 2 *fig* (*sangriento*) blutrünstig, grausam 3 *fam irón persona* gern Fleisch essend 4 **olla** *f* **-a** Wurstkessel *m* B M 1 *profesión*: Fleischer *m*, Schlachter *m*, Metzger *m* (*tb fam desp mal cirujano*) 2 *fig* (*desollador*) Schinder *m*, Schlächter *m* 3 ZOOL **~s** *pl* (*animales de presa*) Raubtiere *npl*
cárnico ADJ Fleisch...; **industria** *f* **-a** Fleischverarbeitungsindustrie *f*
carnicol M ZOOL Klaue *f der Spaltzeher*; **carniforme** ADJ fleischähnlich, -artig
carniola F MINER Karneol *m*
carniseco ADJ hager, dürr
carnitas FPL *Méx* GASTR *im eigenen Saft gebratenes Schweinefleisch*
carnívoro A ADJ fleischfressend B **~s** MPL Fleischfresser *mpl*; *p. ext* Raubtiere *npl*
carniza F Fleischabfälle *mpl*; *fam* schlechtes (*o* stinkendes) Fleisch *n*, Aas *n*
carnosidad F 1 MED (*carne superflua*) Fleischwucherung *f* 2 (*gordura extrema*) überschüssiges Fett *n*; Beleibtheit *f*; **carnoso** ADJ fleischig (*tb* BOT); *fig* beleibt; **carnudo** ADJ fleischig; beleibt; **carnuza** F *fam desp* minderwertiges, billiges Fleisch *n*
caro[1] A ADJ 1 (*alto en precio*) teuer; kostspielig; **resultar ~** viel Geld kosten 2 *liter* (*querido*) lieb, teuer, wert; kostbar; *fam hum* **-a mitad** *f* bessere Hälfte *f* B ADV **vender ~** teuer verkaufen; **costar ~** teuer zu stehen kommen (*tb fig*); **te costará ~** *tb* das sollst du mir büßen; *prov* **(muchas veces) lo barato cuesta ~** billig kann manchmal teuer werden
caro[2] M *Cuba* Krebsrogen *m*
caroba F BOT Skrofelkraut *n*; *RPl* Karobe *f*
caroca F 1 (*decoración de la calle*) Straßendekoration *f* (*bei Festzügen etc*) 2 TEAT (*farsa*) Posse *f* 3 *fam fig* (*lisonjería*) übertriebene Schmeichelei *f*; **hacer ~s** Süßholz raspeln; *tb* (*fanfarronear*) angeben *fam*
carocha F → carrocha; **carochar** V/I → carrochar

carolingio HIST **A** ADJ karolingisch **B** M, **-a** F Karolinger *m*, -in *f*

carón ADJ *Am* pausbäckig

carona F **1** *(mantilla)* Satteldecke *f*, Woilach *m* **2** *parte del lomo: Teil des Pferderückens, auf dem der Sattel aufliegt*

Caronte M MIT Charon *m*

caroñoso ADJ *animal de silla, de carga* wund gerieben

carota *fam Esp* **A** M/F unverschämter Kerl *m*, unverschämte Person *f* **B** F Frechheit *f*, Chuzpe *f fam*

caroteno F QUÍM Karotin *n*

carótida ADJ ANAT **(arteria** *f***)** ~ Halsschlagader *f*, Karotis *f*

carotina F → caroteno

carozo M **1** *del maíz:* Maisrispe *f* **2** *reg y Am de la fruta:* (Obst)Kern *m*, Stein *m*

carpa F **1** *pez:* Karpfen *m*; **~ dorada** (Gold)Karausche *f*; DEP **(salto** *m* **de)** ~ Hechtsprung *m* **2** *(toldo)* (Zirkus-, Fest)Zelt *n*; *Am (tienda)* Zelt *n*; *(puesto)* Jahrmarktsbude *f*, Stand *m*; **~ para fiestas** Partyzelt *n* **3** BOT, AGR *de uvas:* Traubenbüschel *n*

carpanel M ARQUIT Korbbogen *m*, -gewölbe *n*

carpanta F *fam Esp* **1** *(hambre violenta)* Mordshunger *m fam* **2** *mujer:* aufdringliches, neugieriges Frauenzimmer *n fam* **3** *Méx (banda de maleantes)* (Räuber)Bande *f*

carpático ADJ aus den Karpaten, Karpaten...

Cárpatos MPL Karpaten *pl*

carpe M BOT Hain-, Hage-, Weißbuche *f*; **carpedal** M Weißbuchenhain *m*

carpelo M BOT Fruchtblatt *n*, *t/t* Karpellum *n*

carpera F Karpfenteich *m*

carpeta F **1** Schreib-, Kollegmappe *f*; Schnellhefter *m*; *para documentos:* Aktendeckel *m*, Aktenmappe *f*; *para discos:* (Schall)Plattenhülle *f*; *Am (portafolios)* Aktentasche *f*; **~ de anillas** Ringbuch *n*; **~ de dibujo** Zeichenmappe *f*; **~ portadocumentos** Dokumentenmappe *f*; **~ de prensa** Pressedossier *n* **2** INFORM Ordner *m* **3** *soporte para escribir:* Schreibunterlage *f* **4** *(mantel)* (Tisch)Decke *f* **5** FIN *(relación)* Aufstellung *f*, Abrechnungsliste *f (von Wertpapieren)* **6** *Perú (pupitre)* Schreibpult *n*

carpetazo *fam* **dar ~ a un asunto** etw unerledigt liegen lassen, etw ad acta legen

carpetómetro M *Perú* POL Abstimmungsanzeiger *m*

carpetovetónico ADJ *Esp desp* reaktionär, nationalchauvinistisch

carpiano ADJ ANAT Handwurzel...

carpicultura F Karpfenzucht *f*

carpidor M *Am* AGR Jäthacke *f*

carpincho M *Col, RPl* ZOOL Wasserschwein *n*

carpintear V/T & V/I zimmern, tischlern; **carpintera** F **1** *oficio:* Tischlerin *f*, Schreinerin *f* **2** **(abeja** *f***)** ~ Holzbiene *f*; **carpintería** F **1** *taller:* Schreinerwerkstatt *f*, Tischlerei *f*; **~ y ebanistería** *f* Bau- und Möbelschreinerei *f* **2** *artesanía:* Zimmer-, Tischlerhandwerk *n* **3** Zimmerung *f*, *(armazón)* Gerüst *n*, Holzwerk *n*; **carpinteril** ADJ Zimmermanns...; Tischler..., Schreiner...

carpintero M Tischler *m*, Schreiner *m*; **~ (de armar)** Zimmermann *m*; **~ de obra** *o* **de afuera** Bauschreiner *m*; **~ de ribera** Schiffszimmermann *m*

carpir V/T & V/I **1** *Am* AGR *limpiar la tierra:* jäten, säubern **2** *(aturdir)* betäuben

carpo M ANAT Handwurzel *f*, Carpus *m*

carquesa F TEC Frittofen *m (für Glas)*

carraca F **1** *(matraca)* Klapper *f*, Schnarre **2** TEC Knarre *f*, Ratsche *f* **3** *fam fig (carricoche)* Klapper-, Rumpelkasten *m fam*; *persona:* Wrack *fam*; *fam* **estar hecho una ~** ein Klappergreis sein **4** MAR *desp embarcación:* schwerfälliges Schiff *n*, Eimer *m (fam desp)* **5** ORN Blauracke *f*

carraco[1] ADJ *fam* kränklich, klapprig *fam*

carraco[2] M ORN **1** *Col* Aura *f (Geierart)* **2** *C. Rica eine Ente*

Carracuca M *fam Esp* **estar más perdido que ~** schön in die Tinte geraten sein *fam*, tief im Schlamassel stecken *fam*; **ser más feo/tonto que ~** hässlich wie die Nacht/saudumm (*o* bekloppt) sein *fam*

carrada F *Arg fam* **a ~s** haufenweise

carrador M Korkarbeiter *m*

carragahen, carrageen M BOT Karrageen *n*

carral M *Esp* Transportfass *n (für Wein)*

carraleja F *insecto:* Maiwurm *m*, Ölkäfer *m*

carranza F Stachel *m (am Stachelhalsband)*

carrao M *Ven* ORN Rallenkranich *m*

carraón M BOT Spelz *m*, Spelt *m*

carrasca[1] F BOT kleine Steineiche *f*; *tb* Scharlach-, Kermeseiche *f*

carrasca[2] F *Col* MÚS Rumbagurke *f*

carrascal M **1** *bosque:* Steineichenwald *m* **2** *Chile* → pedregal

carrasco M **1** BOT kleine Steineiche *f*; **pino** *m* **~** Schwarzfichte *f* **2** *Am (matorral)* Dickicht *n*, Busch *m*; **carrascoso** ADJ mit Steineichen bestanden

carraspada F *Getränk aus Rotwein mit Wasser, Honig und Gewürzen*

carraspear V/I sich *(dat)* räuspern; hüsteln; **carraspeño** ADJ *voz* rau, heiser; **carraspeo** M, **carraspera** F Heiserkeit *f*; Hüsteln *n*

carraspique M BOT Schleifenblume *f*, Bauernsenf *m*

carrasposo ADJ **1** *(ronco)* chronisch heiser; *voz* krächzend **2** *Col, Cuba, Ec, Ven (áspero)* rau (anzufühlen)

carrasqueño ADJ **1** BOT Steineichen...; **aceituna** *f* **-a** *eine Olivenart* **2** *fam fig (áspero)* rau, hart; *(de mal humor)* mürrisch, barsch; **carrasquera** F → carrascal; **carrasquilla** F BOT **1** *(camedrio)* echter Gamander *m* **2** *(aladierna)* immergrüner Wegdorn *m*

carrejo M Korridor *m*, Flur *m*, Durchgang *m*

carrera F **1** *(corrida)* Laufen *n*, Lauf *m*; **de ~** eiligst; *fig* hastig, in wilder Hast (*o* Eile), unüberlegt; *adv* **a ~ abierta** *o* **a ~ tendida** *o* **a toda ~** in vollem Lauf; eilig, hastig; *Am adv* **a las ~s** eilig, hastig; **dar una ~ hasta** laufen bis an *(acus o zu dat)*; **partir de ~** unüberlegt (*o* leichtsinnig) zu Werke gehen; **tomar ~** (einen) Anlauf nehmen *(tb fig)* **2** DEP Wettlauf *m*, Rennen *n*; *(pista)* Rennstrecke *f*, -bahn *f*; **~ de automóviles/de bicicletas** Auto-/Radrennen *n*; **~s** *pl* **de caballos** *o* **~ hípicas** Pferderennen *n(pl)*; **~ de cien metros** Hundertmeterlauf *m*; **~ corta** *o* **a corta distancia** Kurzstreckenlauf *m*; *Col* **~ de costales** Sackhüpfen *n*; **~ en cuesta** Bergrennen *n*; **~ de destreza** Geschicklichkeitslauf *m*; -rennen *n*; **~ de esquí(e)s** Skirennen *n*; **~ de fondo** Langstreckenlauf *m*; *esquí:* Langlauf *m*; **~ de galgos** Windhundrennen *n*; **~ de medio fondo** Mittelstreckenlauf *m*; **~ de impulso** Anlauf *m*; **~ de motocicletas** Motorradrennen *n*; **~ de obstáculos** Hindernislauf *m*; -rennen *n*; *tb* Hürdenlauf *m*; **~ en pista** Bahnrennen *n*; **~ plana** Flachrennen *n*; **~ contra reloj** DEP Zeitfahren *n*; *fig* Wettlauf *m* mit der Zeit; **~ de relevo(s)** Staffellauf *m*; **~ de resistencia** DEP Dauerlauf *m*; *equitación:* Distanz-, Gewaltritt *m*; **~ de sacos** Sackhüpfen *n*; **~ de trote** Trabrennen *n*; **~ de vallas** Hürdenlauf *m*; **automóvil** *m* *o* **coche** *m* **de ~s** Rennwagen *m*; **juez** *m* **de ~s** Renn-, Laufrichter *m*; *tb* Startrichter *m* **3** *fig competencia:* Wettlauf *m*, Wettrennen *n*; *fig* **~ de armamentos** *o* **~ armamentista** Rüstungswettlauf *m*, Wettrüsten *n*; *fig* **~ nuclear** atomares Wettrüsten *n* **4** *(recorrido, trayecto)* Wegstrecke *f*, zurückgelegte Strecke *f*; *de una procesión:* Prozessions-, Festweg *m*; ASTRON Bahn *f (der Gestirne)*; MAR Schifffahrtsstraße *f*; *(carretera)* Landstraße *f*; *en nombres de calles:* Straße *f*; *Col* **von Nord nach Süd verlaufende Straße**; TEC **~ del émbolo** Kolbenhub *m* **5** *profesional:* Laufbahn *f*, Karriere *f*; *(profesión)* Fach *n*, Beruf *m*; *espec* UNIV akademisches Berufsstudium *n*; **~ de abogado** Rechtsanwaltslaufbahn *f*; **~ meteórica** Blitzkarriere *f*; **diplomático** *m* **de ~** Berufsdiplomat *m*; **hombre** *m* **de ~** Akademiker *m*, Fachingenieur *m etc*; **joven** *m* **de ~** studierter junger Mann *m*, Jungakademiker *m*; **cambiar de ~** den Beruf wechseln, umsatteln *fam*; **dar ~ a alg** j-n studieren lassen; **estudiar** *o* **seguir la ~ de médico** Arzt werden, Medizin studieren; **hacer ~** Karriere machen, beruflich vorwärtskommen; *fig* **no poder hacer ~ de** *o* **con alg** mit j-m nicht zurechtkommen, mit j-m nichts anfangen können **6** ECON Kurve *f*; **~ ascensional/descendente de precios** ansteigende/fallende Preiskurve *f* **7** *(serie)* Reihe *f*; **~ de árboles** Allee *f*, Baumreihe *f* **8** *fam* **mujer** *f* **de ~** Dirne *f*; *fam* **hacer la ~** *prostituta:* auf den Strich gehen *fam* **9** *(curso de la vida)* Lauf *m* des Lebens **10** MÚS → carrerilla **11** ARQUIT Trag-, Stützbalken *m*; Rahmen(holz *n*) *m* **12** *(crencha)* (Haar)Scheitel *m* **13** TEX Laufmasche *f*

carrerilla F **1** MÚS Lauf *m*; Kadenz *f* **2** *Esp danza: Figur eines alten spanischen Tanzes (zwei schnelle Schritte)* **3** *corrida:* kurzer Lauf *m*; *fig* **de ~** überstürzt, unüberlegt; *fam* **decir a/c de ~** etw herunterleiern; **tomar ~** Anlauf nehmen

carrerista M/F **1** *equitación: (corredor)* Rennreiter *m*, -in *f*; AUTO Rennfahrer *m*, -in *f* **2** *(aficionado)* Liebhaber *m*, -in *f* von (*o* Wetter *m*, -in *f* bei) Pferderennen; **carrero** M Fuhrmann *m*

carreta **A** F **1** *(coche de dos ruedas)* zweirädriger Wagen *m*, Karren *m* **2** *reg* **hacer la ~** *gato* schnurren; *fam* **a paso de ~** im Schneckentempo *fam* **3** *Col (tema de conversación)* Gesprächsstoff *m* **B** M *Perú fam (compañero)* Kumpel *m fam*, Spezi *m (al.d.S, Austr fam)*; **carretada** F Fuhre *f*, Wagenladung *f*; *fam* Menge *f*; **a ~s** haufenweise *fam*, die (*o* jede) Menge *fam*

carretal M CONSTR grob zugehauener Baustein *m*

carrete M Spule *f*, Haspel *f*; *de la caña de pescar:* Angelspule *f*; FOT Filmrolle *f*, -patrone *f*; *(película)* Rollfilm *m*; ELEC *(Induktions- etc)* Spule *f*; **~ de hilo** Garnrolle *f*; MAR **~ de corredera** Logrolle *f*; **dar ~** die Angelschnur *(etc)* nachlassen; *fig* **dar ~ a alg** j-n vertrösten, j-n hinhalten

carreteable M *Col* schlechter, unbefestigter Fahrweg *m*

carretear **A** V/T **1** *cosa* auf einem Karren fortschaffen; *Chile fam persona (im Auto)* mitnehmen **2** *Perú fam* **~ a alg** *(burlarse de alg)* j-n an der Nase herumführen **B** V/I **1** einen Wagen führen; fahren; AVIA rollen **2** *Cuba loritos:* krächzen **3** *Perú fam (burlar)* scherzen, spaßen **C** V/R **carretearse** *animal de tiro:* sich *(dat)* ins Geschirr stemmen

carretel M **1** MAR Logrolle *f* **2** *de la máquina de coser: Méx* Spule *f*

carretela F leichte Kutsche *f*; *Chile* Überlandwagen *m*; **carreteo** M Beförderung *f* auf Karren; AVIA Rollen *n*

carretera F Landstraße *f*; **~ de circunvalación** Umgehungsstraße *f*; *Esp* **~ comarcal** *corresponde a:* Staats-, Kreisstraße *f*; **~ de enlace** Verbindungsstraße *f*; *Am* **Carretera Federal** *corresponde a:* Bundesstraße *f*; *Esp* **~ general** Fernverkehrsstraße *f*; *Esp* **~ local** *corresponde a*: Gemeindestraße *f*; *Esp* **Carretera Nacional** Nationalstraße *f*, *en RFA corresponde a*: Bundesstraße *f*; **~ de peaje** Mautstraße *f*; **~ principal** Fernverkehrsstraße *f*; **~ de salida** Ausfallstraße *f*; **~ vecinal** Gemeinde-, Ortsverbindungsstraße *f*; *transporte*: **¡~ en obras¡** Straßenbauarbeiten!

carretería F 1 *taller*: Stellmacherei *f*; *trabajo*: Stellmacherarbeit *f*; *barrio*: Stellmacherviertel *n* 2 *(transportes)* Fuhrwesen *n* 3 *conjunto de carretas*: (Menge *f*) Karren *mpl*; **carreteril** ADJ 1 Stellmacher… 2 Fuhrmanns…

carretero A ADJ Fuhr…; Fahr…; **camino** *m* **~** Fahrweg *m* B M 1 *oficio*: Fuhrmann *m*; *fig (hombre de escasa educación)* ungebildeter (*o* gemeiner) Kerl *m*; **blasfemar** *o* **jurar como un ~** fluchen wie ein (Bier)Kutscher *fam*, gotserbärmlich fluchen *fam*; *fig* **fumar como un ~** rauchen wie ein Schlot *fam* 2 *(carrocero)* Stellmacher *m* 3 *jerga del hampa (tramposo)* Falschspieler *m*

carretil ADJ Karren…

carretilla F 1 *(carro de mano)* Schubkarre *f*, Handwagen *m*; *en almacén tb* Sackkarre *f*; **~ eléctrica** Elektrokarren *m*; **~ de equipaje** Gepäckkarren *m*; **~ elevadora** Hubstapler *m*, Stapelkarren *m*; **~ (elevadora) de horquilla** Gabelstapler *m* 2 *fuegos artificiales*: Frosch *m*, Schwärmer *m* 3 *para niños*: Laufkorb *m*, Laufwägelchen *n* 4 *Arg, Chile (mandíbula)* Kinnlade *f* 5 *fig adv* **de ~** *(mecanicamente)* (stur) auswendig, mechanisch; gewohnheitsmäßig

carretillada F Schubkarre *f* voll; **carretón** A M 1 *(carretilla)* Handwagen *m*; *(carro del afilador)* (Scherenschleifer)Karren *m*; Wägelchen *n* 2 TEC Schlitten *m*; *en vehículos oruga*: Leitrad *n*; FERR Triebradgestell *n* 3 *en candelabros*: Lampen(flaschen)zug *m* 4 *Am Centr (carrete de hilo)* Garnrolle *f* B ADJ *Perú fam frec desp persona* alt; **estar ~** alt sein; **carretonero** M 1 *persona*: Handwagenfahrer *m* 2 *Col* BOT *(trébol)* (Futter)Klee *m*

carricera F BOT Katzenschwanz *m*

carricoche M AUTO *desp* Klapperkasten *m*, Karre *f fam*

carriego M 1 *(buitrón)* Fischreuse *f* 2 TEX *recipiente*: Behälter *m* *(zum Flachsbleichen)*

carriel M *Col, Ec, Ven* Gürteltasche *f (der Maultiertreiber)*; Lederbeutel *m*, -tasche *f*

carril M 1 *transporte*: (Fahr)Spur *f*; **~ de aceleración/de deceleración** *autopista*: Beschleunigungs-/Verzögerungsspur *f*; **~ de adelantamiento** Überholspur *f*; **~ contrario** Gegenfahrbahn *f*; **~ de giro** Abbiegespur *f*; **~ lento** Kriechspur *f* 2 TEC *(riel)* Schiene *f (tb* FERR*)*; Führungsleiste *f*; **~ de cortinaje** Vorhangschiene *f*; **~ normal** Voll-, Regelschiene *f*; *transporte*: **~ protector** Leitplanke *f*; *fam fig* **entrar en (el) ~** zur Vernunft kommen 3 *(surco)* Furche *f* 4 *Chile (ferrocarril)* Eisenbahn *f*

carrilada F Rad-, Wagenspur *f (im Gelände)*; **carrilano** M, **carrilana** F *Chile* 1 *desp (bribón)* Gauner *m*, -in *f*, Bandit *m*, -in *f* 2 *obrero, -a*: Eisenbahner *m*, -in *f*

carril-bici(cleta) M *Esp* (Fahr)Radweg *m*; **carril-bus** M *Esp* Fahrspur *f* für Autobusse, Busspur *f*

carrilera F 1 → carrilada 2 MED Strahlenpilzkrankheit *f* 3 *Cuba* FERR *(apartadero)* Ausweichstelle *f*; *Col* FERR *(vía)* Gleis *n* 4 *Chile (emparrillado)* Pfahlrost *m*

carrillada F *Esp del puerco*: Backenfett *n der Schweine*; **carrillera** F 1 ANAT Kiefer *m* 2 *en el casco, etc*: Kinn-, Sturmriemen *m* 3 *Méx (portacartuchos)* Patronengurt *m*; **carrillo** M ANAT Backe *f*, Wange *f*; **comer** *o* **mascar a dos ~s** mit vollen Backen kauen, mampfen *fam*; *p. ext* futtern wie ein Scheunendrescher *fam*; *fig (tener un pie en dos zapatos)* zwei Eisen im Feuer haben; **carrilludo** ADJ *persona* pausbäckig

carriola F 1 *(cama con ruedas)* Rollbett *n* 2 *(carro pequeño)* leichter Wagen *m* 3 *Cuba (patinete)* Seifenkistenwagen *m*

carrito M 1 Wägelchen *n*; **~ de (la) compra** *o* **~ de compras** Einkaufswagen *m*; **~ (para equipajes)** Kofferkuli *m*; **~ (de inválido)** Krankenfahrstuhl *m*, Selbstfahrer *m*; **~ de té** (*o* **de servicio)** Teewagen *m* 2 FERR, AVIA Kofferkuli *m* 3 TEC Schlitten *m*; Laufkatze *f* 4 *Ven* **~ por puesto** Strecken-, Sammeltaxi *n*

carrizada F MAR Reihe *f* von Fässern *(als Floß in Schlepp genommen)*; **carrizal** M Röhricht *n*

carrizo M 1 BOT *(junco)* Schilf *n*, Teichrohr *n*; Binse *f*; Ried(gras) *n*; *Am* italienisches Rohr *n*; *RPl* **~ de las Pampas** Pampasgras *n* 2 *Ven fam (inútil)* Taugenichts *m* 3 *Pan (paja)* Strohhalm *m* 4 INT *Col, Ven, Am Centr* **¡~!** *(¡que cosa!)* nein, so (et)was!

carro M 1 *vehículo*: Karren *m*, Karre *f*; *(carruaje)* Fuhrwerk *n*, Wagen *m*; HIST **~ de asalto** Kampfwagen *m*; MIL **~ de combate** Panzer *m*; **~ de basura** Müllwagen *m*, Müllauto *n*; **~ basculante** Kippwagen *m*; FERR Kipplore *f*; **~ de compra** Einkaufswagen *m*; **~ entoldado** *o* **de toldo/de mano** Plan-/Handwagen *m*; **~ de motor** Motorwagen *m*, Selbstfahrer *m*; **~ de riego** Sprengwagen *m*; **~ triunfal** *o* **triunfante** Triumphwagen *m*; **~-vivienda** Wohnwagen *m (der Schausteller)*; *fam* **a ~s** haufenweise; *fam* **aguantar ~s y carretas** alles (geduldig) über sich *(acus)* ergehen lassen; *tb fig* **se ha atascado el ~** die Karre steckt (tief) im Dreck *fam*; *fig* **bajarse del ~** klein beigeben; *fam* **¡para el ~!** *fam* hör schon auf!; reg dich ab!; *fig* **poner el ~ delante de los bueyes** das Pferd beim Schwanz aufzäumen; *fig* **subirse al ~ (en marcha)** Trittbrettfahrer sein; *fig* **tirar del ~** schuften müssen; alles selber tun müssen; *pop fig* **untar** *o* **engrasar el ~** bestechen, schmieren *fam* 2 *Am (coche)* Auto *n*; **~-anfibio** *m* Amphibienfahrzeug *m*; **~-bomba** Autobombe *f*; **~-patrulla** *m* Streifenwagen *m*; *Méx* **~ de sitio** Taxi *n*; *Col* **~ de trasteo** Möbelwagen *m* 3 TEC Wagen *m*; Schlitten *m*; FERR **~ giratorio** Drehgestell *n*; TEC **~ (de grúa)** Laufkatze *f* 4 *(carretada)* Fuhre *f*, Wagenladung *f* 5 *espec Arg* **~ (urbano)** *(tranvía)* Straßenbahn *f* 6 *espec Chile, Cuba, Méx* FERR Eisenbahnwagen *m*; *Méx* **~ de carga** Güterwagen *m*; *Méx* **~ comedor** Speisewagen *m*; *Méx* **~ dormitorio** Schlafwagen *m* 7 DEP *(pesa)* Hantel *f* 8 ASTRON **Carro Mayor/Menor** Großer/Kleiner Wagen *m* 9 *Ven (mentiroso)* Schwindler *m*, Hochstapler *m*; *(patraña)* Schwindelei *f* 10 *Cuba pop mujer*: stattliches Weibsbild *n fam* 11 *jerga del hampa (juego de azar)* Glücksspiel *n*

carrocería F 1 AUTO Karosserie *f*; **~ autosustentadora** *o* **monocasco** selbsttragende Karosserie *f* 2 *construcción*: Karosseriebau *m*;

carrocero A ADJ Karosserie…; **taller** *m* **~** Karosseriewerkstatt *f* B M, **-a** F 1 AUTO Karosserieschlosser *m*, -in *f*, Karosseriebauer *m*, -in *f*, Autospengler *m*, -in *f* 2 *(constructor de carruajes de madera)* Stellmacher *m*, -in *f*

carrocha F ZOOL Insekteneier *npl*; **carrochar** VI *insectos* Eier legen

carromato M 1 *carruaje de dos ruedas*: zweispänniger Lastkarren *m*, Planwagen *m* 2 *desp grande e incómodo*: Rumpelkasten *m*, Klapperkiste *f fam*, Karre *f fam*

carroña F Aas *n (tb fam fig)*; *fam fig* Luder *n*; **carroñero** A ADJ ZOOL Aas fressend B M ZOOL Aasfresser *m* C M, **-a** F *fam* Trittbrettfahrer *m*, -in *f (fam fig)*; **carroñoso** ADJ verwest; stinkend, nach Aas riechend

carrotanque M *Am* Tank(last)wagen *m*

carrousel M → carrusel

carroza A F 1 Karosse *f*; Pracht-, Staatskutsche *f* 2 *fúnebre*: Leichenwagen *m* 3 MAR *(espec* Boots)Verdeck *n* B M/F *fam Esp desp* alter Knacker *m fam*, alte Schachtel *f* C ADJ *inv fam desp* altmodisch, ewig gestrig

carruaje M Fuhrwerk *n*, Wagen *m*; *col* Wagen *mpl*, Wagenpark *m*; **carruajero** M 1 *(cochero)* Fuhrmann *m*, Kutscher *m* 2 *Am constructor*: Wagenbauer *m*

carruco M *Esp* 1 *desp* Rumpelkasten *m*, Karre *f* 2 *de campesinos*: Bauernkarren *m* 3 *reg (porción de tejas)* Last *f* Dachziegel

carrusel M 1 *equitación: espectáculo*: Reiteraufzug *m*, Kavalkade *f*; Reitervorführung *f* 2 *(tiovivo)* Karussell *n*

carst M GEOL Karst *m*

cárstico ADJ GEOL Karst…

cart M DEP Gokart *m*

carta F 1 *(escrito)* Brief *m*, Schreiben *n*; **~ abierta** offener Brief *m*; **~ de agradecimiento** Dankschreiben *n*; **~ amenazadora** Drohbrief *m*; **~ de amor** Liebesbrief *m*; **~ por avión** Luftpostbrief *m*; *correos*: **~ certificada** Einschreiben *n*, Einschreibebrief *m*; **~ circular** Rundschreiben *n*; **~ comercial** Geschäftsbrief *m*; **~ de cumplimientos** (bloßer) Höflichkeitsbrief *m*; **~ de despedida** Abschiedsbrief *m*; **~ de despido** Entlassungsschreiben *n*, Kündigungsschreiben *n*; **~ al director** Leserbrief *m*, -zuschrift *f*; *Col, Méx* **~ de entrega inmediata** Eilbrief *m*; **~ de felicitación** Glückwunschschreiben *n*; **~ de gracias** Dankschreiben *n*; **~ modelo** Musterbrief *m*; **~ monitoria** Mahnbrief *m*; *correos*: **~ normalizada** Standardbrief *m*; **~ orden** COM Auftrag(sschreiben *n*) *m*, Bestellung *f*; *(orden escrita)* schriftlicher Befehl *m*; JUR Rechtshilfeersuchen *n (eines höheren an ein niederes Gericht)*; CAT **~ pastoral** Hirtenbrief *m*; **~ de pésame** Beileidsschreiben *n*; **~ de porte (aéreo)** (Luft)Frachtbrief *m*; **~ de presentación** *o* **de recomendación** Empfehlungsschreiben *n*; *correos*: *Col* **~ recomendada** *o* *Méx* **registrada** Einschreibebrief *m*, Einschreiben *n*; **~ de solicitud** Bewerbungsschreiben *n*; *correos*: **~ urgente** Eilbrief *m*; *correos*: **~ con valores (declarados)** Wertbrief *m*; **echar** *o* **llevar una ~ al correo** einen Brief zur Post® bringen; *fam fig hum* sein Bedürfnis verrichten; **por ~** brieflich 2 *(documento)* Urkunde *f*, Dokument *n*; **~ blanca** Blankoformular *n*; Blankovollmacht *f*; *fig* Blankoscheck *m*; *fig* **dar(le) ~ blanca a alg** j-m freie Hand lassen; **~ de ciudadanía** *o* **de naturaleza** Einbürgerungsurkunde *f*; **~ de crédito** Kreditbrief *m*, Akkreditiv *n*; HIST, MAR **~ de marca** Kaperbrief *m*; **~ de naturaleza** Einbürgerungsurkunde *f*; **adquirir** *o* **tomar ~ de naturaleza** sich einbürgern; **dar a alg ~ de naturaleza** j-m Heimatrecht gewähren; **~ de pago** Zahlungsbeleg *m*, Quittung *f*; **~ de vecindad** Ortsbürgerrecht *n*; **~ de venta** Kaufurkunde *f*, -brief *m*; **~ verde** Green Card *f* 3 *naipes*: (Spiel)Karte *f*; **~ blanca** Zahlenkarte *f*; **echar ~s** (die) Karten austeilen; **echar las ~s** *adivino*: die Karten legen; **echar(le)** *o* **jugar(le) las ~s a alg** j-m wahrsagen; **jugar a las ~s** Karten spielen; *tb fig* **jugar a ~s vistas** mit offenen Karten spielen; *fig* **jugarse todo a una ~** *o* **jugárselo a una sola ~** alles auf eine Karte setzen; *tb fig* **jugar la última ~** die letzte Karte (*o* den letzten Trumpf) ausspielen; *fig* **poner las ~ sobre la mesa** *o* **boca arriba** die Karten auf den Tisch legen; *fig* **no saber a qué ~ quedarse** unschlüssig sein; *fig* **tomar ~s en un asunto** sich an etw *(dat)* beteiligen, in etw *(acus)* eingreifen, sich in etw *(acus)* einmischen; *prov* **~(s) canta(n)** *corresponde a*: wir können es

C

schwarz auf weiß beweisen **4** POL Charta *f*; ADMIN **~ de ciudadanía** Einbürgerungsurkunde *f*; POL **~ fundacional** Gründungscharta *f*; **Carta Magna** POL Grundgesetz *n* (der Freiheit); Verfassung *f*; HIST Magna Charta *f*; **~ social** Sozialcharta *f* **5** *fig adv* **a ~ cabal** *(completo)* vollständig, durch und durch; echt, reinrassig; **hombre** *m* **(honrado) a ~ cabal** grundehrlicher Mann *m*; **mujer** *f* **(honrada) a ~ cabal** kreuzbrave Frau *f* **6** *espec* MIL, MAR *(mapa)* (Land)Karte *f*; MAR **~ marina** *o* **náutica** *o* **de marear** *o* **de navegar** Seekarte *f*; GEOG **~ muda** stumme Karte *f* **7** GASTR *(menú)* Speisekarte *f*; **~ de vinos (y licores)** Wein-, Getränkekarte *f*; **comer a la ~** nach der Karte (*o* à la carte) speisen **8** TEX Zettel *m*, Kettfäden *mpl* **9** TV **~ de ajuste** Testbild *n*

carta-bomba F Briefbombe *f*

cartabón M **1** *instrumento*: Winkelmaß *n*, Zeichendreieck *n*; *instrumento prismático*: Visierprisma *n*; **a ~** im rechten Winkel, rechtwinklig; *fig* **echar el ~** die nötigen Maßnahmen treffen **2** CONSTR First-, Dachstuhlwinkel *m*

cartagin(i)ense → cartaginés; **cartaginés** **A** ADJ aus Karthago **B** M, **-esa** F Karthager *m*, -in *f*

cártama F, **cártamo** M BOT Färberdistel *f*, Wilder Safran *m*

cartapacio M **1** *(cartera)* Schulmappe *f*, Ranzen *m*; *Bol, Perú* Aktentasche *f* **2** *soporte para escribir*: Schreibunterlage *f* **3** *utensilios*: Schreibsachen *fpl*; *fig* **de ~** spitzfindig, rein akademisch **4** *(libreta)* Notizbuch *n*

cartazo M *fam* Brief *m* voller Kritik (*o* Vorwürfe)

carteado ADJ *naipes*: Spiel *n*, bei dem nicht gereizt wird; **cartear** **A** V/I *naipes*: niedrige Karten ausspielen **B** V/R **cartearse** in Briefwechsel stehen, miteinander korrespondieren, sich *(dat)* schreiben

cartecita F **~ de cerillas** Streichholzheftchen *n*

cartel M **1** *(letrero)* Plakat *n*, Aushang *m*, Anschlag *m*; *transporte*: **~ croquis** Vorwegweiser *m*; **~ publicitario** Werbeplakat *n*, Reklametafel *f*; **~ de teatro** *o* **~ teatral** Theaterzettel *m*; TEAT *etc* **estar** *o* **llevar en ~** auf dem Spielplan stehen; **fijar carteles** Plakate aufhängen *o* (an)kleben; **se prohibe fijar carteles** Plakate ankleben verboten; FILM, TEAT **seguir en ~** verlängert werden, weitergespielt werden; **tener ~** einen guten Namen haben, gut ankommen *fam*; **de ~** berühmt, prominent; **un artista de ~** ein berühmter Künstler **2** *en colegios*: Wandbild *n*, -tafel *f* **3** POL *entre poderes enemistados*: Abkommen *n* *(zwischen verfeindeten Mächten)*; *de prisioneros*: Gefangenenaustausch *m* **4** ECON → cártel

cártel M **1** ECON Kartell *n*, Absprache *f*; **~ de precios** Preiskartell *n* **2** *drogas* Drogenkartell *n*

cartela F **1** ARQUIT Kragstein *m*; Konsole *f* **2** TEC Knoten-, Eckblech *n* **3** *heráldica*: stehender Schild *m*; **~ acostada** liegender Schild *m*

cartelera F **1** *lugar para fijar carteles*: Anschlagbrett *n*; Plakatwand *f*; Litfaßsäule *f* **2** **~ (de espectáculos)** *en diarios*: Veranstaltungskalender *m*; Tagesprogramm *n*; **~ cinematográfica** Kinoprogramm *n*; **estar en ~** auf dem Spielplan stehen **3** *persona*: Plakatkleberin *f*

cartelero M Plakatkleber *m*; **cartelista** M/F **1** Plakatmaler *m*, -in *f* **2** → cartelero; **cartelón** M *frec desp* großer Anschlagzettel *m*, Riesenplakat *n*

carteo M **1** *(correspondencia)* Briefwechsel *m* **2** *naipes*: Spiel *n* ohne Einsatz

cárter M TEC Gehäuse *n*; *en la bicicleta*: Kettenschutz *m*; AUTO **~ (de aceite)** Ölwanne *f*; **~ del cigüeñal** Kurbelgehäuse *n*

cartera F **1** **~ (de bolsillo)** Brieftasche *f* **2** *(carpeta)* (Schreib-, Zeichen)Mappe *f*; *Esp* **~ (mochila)** Schulmappe *f*, Schulranzen *m*; **~ (portadocumentos** *o* **de mano)** Aktenmappe *f*, -tasche *f*; **~ de música** Notenmappe *f*; *fig* **tener en ~ a/c** etw vorhaben, etw vorbereiten; etw vorgemerkt haben **3** *Am de mujeres*: Damenhandtasche *f* **4** POL Ministeramt *n*, Ressort *n*, Portefeuille *n*; **tener la ~ de Finanzas** *o Esp* **de Hacienda** Finanzminister sein **5** COM *(existencia)* Bestand *m*; **~ de clientes** Kundenstamm *m*; **~ de pedidos** Auftragsbestand *m*; FIN **~ de valores** Wertpapierbestand *m*; Portefeuille *n*; **letras** *fpl* **en ~** Wechselportefeuille *n* **6** TEX Taschenklappe *f*, Patte *f* **7** *persona*: Briefträgerin *f*, Postbotin *f*

carterear V/I *Cuba fam* Handtaschen stehlen; **carterero** M, **carterera** F *Chile* Handtaschendieb *m*, -in *f*

cartería F *correos*: Briefabfertigung *f*; **cartearilla** F *de fósforos*: Heftchen *n*; **carterista** M/F *(espec* Brief)Taschendieb *m*, -in *f*; **carterita** F *Ven fam* Flachmann *m fam*; **cartero** M Briefträger *m*, Postbote *m*; **carterón** M *Salv* Aktentasche *f*

cartesianismo M FIL Kartesianismus *m*; **cartesiano** **A** ADJ kartes(ian)isch **B** M, **-a** F Kartesianer *m*, -in *f*

cartilagíneo ADJ ZOOL Knorpel...; *m pez*: Knorpelfisch *m*; **cartilaginoso** ADJ knorpelartig, knorpelig; ANAT **tejido** *m* **~** Knorpelgewebe *n*

cartílago M ANAT Knorpel *m*; **volverse ~** verknorpeln

cartilla F **1** *enseñanza*: Fibel *f*; *gener* Leitfaden *m*; Elementarbuch *n*; *fam fig* **leerle** *o* **cantarle a alg la ~** j-m die Leviten lesen *fam*; *fam* **no saber (ni) la ~** nicht einmal das kleine Einmaleins können *fam*, keine Ahnung (*o* keinen blassen Schimmer *fam*) haben **2** *(libreta de apuntes)* Notizbuch *n*; *cuaderno con datos personales*: Ausweisschein *m*; **~ (de ahorro)** Sparbuch *n*; **~ de familia** Familien(stamm)buch *n*; MIL **~ (militar)** Militärpass *m*; Soldbuch *n*; **~ (de racionamiento)** Lebensmittelkarte *f*; **~ de parado** Arbeitslosenausweis *m*; **~ sanitaria** *corresponde a*: Krankenversicherungsschein *m*; **~ de vacunación** Impfpass *m* **3** *(añalejo)* (Kirchen)Agende *f*

carting M DEP Gokartfahren *n*

cartografía F Kartografie *f*; **cartografiar** V/T kartografieren; **cartográfico** ADJ kartografisch

cartógrafo M, **-a** F Kartogra *m*, -in *f*

cartomancia F Kartenlegen *n*, -schlagen *n*; **cartomante** M/F Kartenleger *m*, -in *f*; **cartomántico** **A** ADJ Kartenleger... **B** M, **-a** F Kartenleger *m*, -in *f*; **cartometría** F GEOG Kartometrie *f*

cartón M **1** *material*: Pappe *f*, Karton *m*; **~ alquitranado** *o* **embreado** Teer-, Dachpappe *f*; **~ aislante/ondulado** *o Am* **corrugado** Isolier-/Wellpappe *f*; **~ piedra** Pappmaschee *n*; **~ yeso** Gipskarton *m*; TIPO **encuadernar en ~** kartonieren; *fig* **tirano** *m* **de ~** Duodeztyrann *m*, Tyrann *m* im Kleinformat **2** *contenedor*: Pappschachtel *f*, Karton *m*; *de cigarrillos*: Stange *f*; **~ plegable** Faltkarton *m* **3** PINT Karton *m* **4** *Am dibujos*: Cartoon *m*, Comic *m* **5** *Am reg (diploma) fam* Pappe *f fam*, Lappen *m fam*

cartonaje M Kartonage *f*; **cartoné** ADJ TIPO **en ~** kartoniert; **cartonería** F Kartonagengeschäft *n*; -fabrik *f*; **cartonero** **A** ADJ Karton...; Kartonagen... **B** M, **-a** F **1** *comerciante*: Kartonagenhändler *m*, -in *f* **2** *arte*: Cartoonist *m*, -in *f*

cartoon [kar'tun] M Cartoon *m*, Comic *m*; TV Trickfilm *m*

cartucha F *Arg pop* Jungfrau *f*; **cartuchera** F **1** *(portacartuchos)* Patronentasche *f*; -gurt *m* **2** *Am Mer (plumier)* Federmappe *f* **3** *fam* **~s** *pl grasa en las caderas*: Hüftspeck *m*

cartuchería F **1** *(munición)* Patronen *fpl*, Schießbedarf *m* **2** *fábrica*: Patronenfabrik *f*

cartucho M **1** MIL, TEC, *etc* Patrone *f* *(tb pluma estilográfica, etc)*; Kartusche *f*; **~ con bala** *o* **de guerra** scharfe Patrone *f*; **~ en blanco** *o* **~ sin bala** *o* **~ de fogueo** Platzpatrone *f*; MIN **~ de barrena** Zünd-, Sprengpatrone *f*; **~ (de) color** *para impresoras*: Farbpatrone *f*; **~ de perdigones** Schrotpatrone *f*; *fig* Gaunertrick *m*, -schwindel *m*; **~ de tinta** Tintenpatrone *f*; **~ de tóner** Tonerkassette *f*; *fig* **quemar el último ~** sein letztes Pulver verschießen **2** *(bolsa de cartulina)* Papiersack *m*; Tüte *f*; *(cápsula)* Hülse *f*, Hülle *f*; **~ de calderilla/de dulces** Kleingeld-/Bonbonrolle *f* **3** *de la máscara antigás*: Filtereinsatz *m* *(der Gasmaske)* **4** TIPO Zierleiste *f* **5** *Col, Chile hombre*: Mann *m* ohne sexuelle Erfahrung

cartuja F CAT Kartäuserkloster *n*; Kartause *f*; **cartujano, cartujo** **A** ADJ Kartäuser... **B** M Kartäuser(mönch) *m*; *fig* Einsiedler *m*, Sonderling *m*; schweigsamer Mensch *m*; **vivir como un ~** sehr zurückgezogen leben

cartulario M HIST Kopialbuch *n*, Kartular *n*

cartulina F **1** *(cartón fino)* dünner Karton *m*, feine Pappe *f*; **~ brillante/marfil** Glanz-/Elfenbeinkarton *m* **2** *(tarjeta)* Karte *f*

carúncula F MED Karunkel *f*, Fleischwärzchen *n*; **~ lagrimal** Tränenwärzchen *n*

carurú M *Am* BOT Laugenholz *n*

carvajo M, **carvallo** M → carballo

carvi M FARM Kümmel *m*

casa F **1** *edificio*: Haus *n*; *(vivienda)* Wohnung *f*; *institución*: Heim *n*; **~ de acogida (de mujeres maltratadas)** Frauenhaus *n*; **~ adosada** Reihenhaus *n*; **~ de alquiler** *o Am* **de apartamentos** Mietshaus *n*; *Méx* **~ de asistencia** Pension *f*; **~ de baños** Badehaus *n*; **~ de beneficencia** *o* **de caridad** Armenhaus *n*; POL **Casa Blanca** Weißes Haus *n* *(Washington)*; **~ de campo** Landhaus *n*; *Méx* **~ chica** Wohnung *f* einer ausgehaltenen Geliebten; **~ de citas** *o* **de compromiso** Stundenhotel *n*; **~ de comidas** *(einfaches)* Speiselokal *n*; *Esp Arg* **~ de departamentos** Mietshaus *n*; **~ de Dios** *o* **del Señor** Gotteshaus *n*, Haus *n* des Herrn; **~ flotante** Hausboot *n*; **~ de huéspedes** Pension *f*, Gästehaus *n*; *Arg* **~ de inquilinato** Mietshaus *n*; **~ de labor** *o* **de labranza** Bauernhof *m*; *espec fig* **~ de locos** *o* **de orates** Irrenhaus *n*; **~ modelo** Musterhaus *n*; **~ de muñecas** Puppenhaus *n*; Puppenstube *f*; REL **~ de oración** Kirche *f*; Kapelle *f*; Betsaal *m*; REL **~ parroquial** Gemeindehaus *n*; **~ paterna** Eltern-, Vaterhaus *n*; **~ patricia** Bürgerhaus *n*; **~ de pisos** Mietshaus *n*; **~ prefabricada** Fertighaus *n*; **~ propia** Eigenheim *n*; **~ profesa** Kloster *n*; **~ pública** *o* **~ de putas** Freudenhaus *n*, Bordell *n*, Puff *m fam*; **~ refugio** Frauenhaus *n*; *Méx* **~ remolcable** *o Arg, Chile* **rodante** Wohnwagen *m*, -anhänger *m*; *Méx* **~ de renta** Mietshaus *n*; **~ de salud** Genesungs-, Erholungsheim *n*; **~ de socorro** Unfallstation *f*, Rettungs-, Sanitätswache *f*; **~ solar(iega)** Stammsitz *m*, (alter) Herrensitz *m*; *fam* **~ de tócame Roque** Haus *n*, in dem alles drunter und drüber geht; *Am* **~ de tolerancia** Freudenhaus *n*, Bordell *n*; **~ unifamiliar** Einfamilienhaus *n*; **~ de vecinos** *o Méx* **~ de vecindad** Mietshaus *n*; *fam* **gente** *f* **de ~** Nachbarn *mpl*, Bekannte(n) *mpl*; **poner ~** eine Wohnung einrichten; ein Haus beziehen; einen Hausstand gründen; **tener ~ puesta** ein Haus führen; *con prep*: *fam* **como una ~** riesengroß, enorm *fam*; **de ~** von Hause; Haus..., Familien...; **de ~ en ~** von Haus zu Haus; **en la ~ de alg** in j-s Haus *(dat)*; **~ por ~** Haus für Haus; von Haus zu Haus; *fig* **no caber en toda la ~** völlig aus dem Häuschen sein, wüten; *fig* **se me cae la ~ encima** die Decke fällt mir auf den Kopf; **echar** *o* **tirar la ~ por la ventana** *(tirar el dinero por la ventana)* das Geld zum Fenster hinauswerfen; *fig (festejar a lo grande)* ein großes Fest (*o* ganz groß *fam*) feiern; **empezar** *o* **comenzar la ~ por el tejado** das Pferd beim Schwanz aufzäumen **2** *(hogar)* Haus *n*, Heim *n*; **llevar la ~ a alg** j-m den Haushalt führen; *con prep:* **a ~** nach Haus(e); **ir a ~ de alg** zu j-m gehen; j-n besuchen; **ser de ~** ein guter Freund der Familie sein; **ser muy de su ~** sehr häuslich sein; **en ~ de alg** bei j-m; **estar en ~** zu Hause sein, *reg* daheim sein; *fig* seine Rechte zu wahren wissen; **está usted en su ~** tun Sie, als ob Sie zu Hause wären; DEP **jugar en ~** ein Heimspiel haben; *fig* **todo queda en ~** es bleibt alles in der Familie; **fuera de ~** aus dem Haus; außer Haus; DEP **jugar fuera de ~** ein Auswärtsspiel haben; *fam* **para andar por ~** für den Hausgebrauch; **¡pase usted por ~!** kommen Sie einmal vorbei!; *prov* **cada cual manda en su ~** jeder ist Herr im eigenen Haus; *prov* **en ~ del gaitero** *o* **alboguero** *o* **tamborilero todos son danzantes** der Apfel fällt nicht weit vom Stamm **3** COM **~ (comercial** *o* **de comercio)** *(empresa)* Haus *n*, Firma *f*; *espec Am* **~ de cambio** Wechselstube *f*; **~ central** Stammhaus *n*, Zentrale *f*; **~ editorial** Verlagshaus *n*; **~ de empeños** *o* **de préstamos** *o Chile* **~ de agencia** Pfand-, Leihhaus *n*; **~ importadora** *o* **de importación/exportadora** *o* **de exportación** Import-/Exportfirma *f*; **~ matriz** COM Stammhaus *n*, REL Mutterhaus *n*; COM **~ de ventas por catálogo** Versandhaus *n* **4** *en cartas:* **su ~ ...** *Formel, auf die die Anschrift des Absenders folgt*; **calle ... tiene Ud. su ~** ich wohne in der ...straße; **ya sabe usted dónde tiene su ~** besuchen Sie mich bald wieder (einmal) **5** *(familia)* Familie *f*, Sippe *f*; Dynastie *f*; HIST *(vasallos)* Vasallen *mpl*, Lehnsleute *pl*; **Casa Real** *o* **Real Casa** *o* **~ del rey** Königshaus *n*; **Casa de Austria** Haus *n* Habsburg, Habsburger *mpl*; **Casa de Borbón** Bourbonen *mpl* **6** ASTROL **~ (celeste)** Haus *n* **7** *ajedrez, billar:* Feld *n* **8** *Col, Ven* CAT Gesetz *n* des Rosenkranzes **9** *Esp fam obs* **la ~** *der spanische Nachrichtendienst CESID*

casabe M *Am* Kassave-, Maniokfladen *m*

casaca F **1** TEX *de mujer:* Kasack *m*; *de hombre:* Gehrock *m*; *de uniforme:* Uniformjacke *f*; *fig* **cambiar de** *o* **la ~** die Partei wechseln **2** *Perú de deporte:* Haus-, Sportjacke *f*

casación F JUR Kassation *f*, Aufhebung *f*; **recurso** *m* **de ~** Revision *f* (**interponer** einlegen)

casacón M *aumentativo* → casaca

casa-cuartel F *Amtsgebäude der Guardia Civil mit Dienstwohnungen*; **casa-cuna** F Kinderkrippe *f*

casada F Ehefrau *f*, Vermählte *f*; **casadero** ADJ heiratsfähig; heiratslustig

casado A ADJ verheiratet; **recién ~** neuvermählt; *fam* **~s** *pl* **detrás de la iglesia** in wilder Ehe lebend; **~ y arrepentido** gerade erst verheiratet und schon bereut; *fig gener* hätte ich's nur nicht getan B M **1** *(marido)* Ehemann *m*; **los recién ~s** das junge Paar, die Neuvermählten *mpl* **2** TIPO Seitenanordnung *f*

casal M **1** *Esp (quinta)* Landhaus *n*; Stammhaus *(einer Familie) n* **2** *Am (pareja)* Pärchen *n*; **casalicio** M Haus *n*, Gebäude *n*, Gehöft *n*

casamata F MIL Kasematte *f*

casamentero ADJ Heiratsvermittler *m*, Ehe-, Heiratsstifter *m*

casamiento M Heirat *f*, Verheiratung *f*, Hochzeit *f*; Trauung *f*; **~ por amor** *o* **por inclinación** Liebesheirat *f*, Neigungsehe *f*; **~ desigual** nicht standesgemäße Heirat *f*, *liter* Mesalliance *f*; **~ por dinero** Geldheirat *f*

casanova M Casanova *m*, Schürzenjäger *m*

casapuerta F überdachter Eingang *m*; Flur *m*

casaquilla F, **casaquín** M TEX kurze Jacke *f* (*tb* TAUR)

casar¹ A VI **1** *(contraer matrimonio)* **~ con alg** j-n heiraten; **por ~** heiratsfähig; heiratslustig; noch nicht verheiratet **2** *(armonizar)* harmonieren, gut zusammenpassen; in Einklang stehen, übereinstimmen; **~ con a/c** zu etw *(dat)* passen **3** *juego de azar:* den gleichen Betrag auf dieselbe Karte setzen, mithalten B VT **1** *(unir en matrimonio)* verheiraten, trauen, unter die Haube bringen *fam* **2** *fig (juntar armónicamente)* harmonisch verbinden, zusammenfügen, -setzen; **~ los cortinajes con el empapelado** sehen, dass die Gardinen und Vorhänge zur Tapete passen **3** JUR *(anular)* für ungültig erklären, aufheben, kassieren C V/R **casarse** **1** *(contraer matrimonio)* (sich ver)heiraten, sich vermählen; **~ por lo civil** sich standesamtlich trauen lassen; *espec Am* JUR **~ por poder** eine Handschuhehe schließen *(getraut werden, ohne anwesend zu sein)* **2** *fig* **no ~ con nadie** *(no desconcertarse)* sich nicht beeinflussen (*o* beirren) lassen **3** *Cuba* **~ con a/c** sich einer Sache *(dat)* verschreiben

casar² M Weiler *m*, Flecken *m*, Siedlung *f*

casasola M *Cuba fam* Eigenbrötler *m*, Sonderling *m*

casatienda F Laden *m* mit Wohnung

casatorio ADJ JUR aufhebend, Aufhebungs...

casca F **1** *orujo:* Reb-, Weintrester *m* **2** *corteza:* Gerberrinde *f*, -lohe *f* **3** *en Toledo:* Treberwein *m* **4** *reg (cáscara)* Schale *f*, Hülse *f*, Rinde *f*

cascabel M **1** *(campanita)* Glöckchen *n*, Schelle *f*; *fig* **poner el ~ al gato** der Katze die Schelle umhängen *(fig)*, eine schwierige (*o* gefährliche) Aufgabe übernehmen **2** *fig* **ser un ~** *persona* immer gut gelaunt sein

cascabela F *C. Rica* ZOOL Klapperschlange *f*; **cascabelada** F **1** *fiesta:* Schellenfest *n* **2** *fig (tontería)* Dummheit *f*, Unbesonnenheit *f*, Narrenstreich *m*; **cascabelear** A VT narren, aufs Glatteis locken, an der Nase herumführen B VI **1** *(sonar con la campana)* (mit Glöckchen) klingeln; *serpiente* klappern **2** *fig comportamiento:* sich unvernünftig benehmen, dumm daherreden, Quatsch machen *fam*; **cascabeleo** M Schellengeläut *n*; *fig* Stimmenklang *m*, Lachen *n (von hellen Stimmen)*; **cascabelero** A ADJ unbekümmert B M **1** *(sonajero)* Kinderklapper *f* **2** *persona:* Naivling *m*, unbekümmerter Mensch *m*; **cascabelillo** M BOT *Art* Zwetsch(g)e *f*

cascabillo M **1** *(campanilla)* Schelle *f*, Glöckchen *n* **2** BOT *de la bellota:* Eichelnäpfchen *n*; *(cascarilla)* Kornhülse *f*

cascaciruelas M/F *‹pl inv›* *fam* Taugenichts *m*, Angeber *m fam*

cascada F Kaskade *f*; kleiner Wasserfall *m*; *fig* Flut *f*, Schwall *m*; *adv* **en ~** rasch hintereinander

cascado ADJ **1** *cosa* gesprungen, geborsten **2** *voz* brüchig **3** *persona* abgearbeitet, verbraucht; *por la edad:* altersschwach **4** AUTO klapprig; **cascadura** F **1** *(quebranto)* Zerschlagen *n*, -brechen *n* **2** MED Bruch *m*

cascajal M, **cascajar** M, **cascajera** F Schotter-, Kiesgrube *f*; Geröll-, Kieshalde *f*

cascajo M **1** *(guijo)* Schotter *m*; Kies *m*; Splitt *m* **2** *(añicos)* Scherben *mpl*; *fam (trastos)* Gerümpel *n*, Plunder *m fam* **3** *fam persona:* Wrack *n fam*, Ruine *f fam*; **estar hecho un ~** alt und gebrechlich sein, nichts mehr taugen **4** *fruta:* Schalobst *n* **5** *moneda:* kupferne Scheidemünze *f*; **cascajoso** ADJ kiesig, voller Kies (*o* Schotter)

cascalote M *Méx* BOT Gerberbaum *m*, Kaskalote *m*

cascanueces M *‹pl inv›* **1** *utensilio:* Nussknacker *m* **2** *fam fig persona:* Windbeutel *m*, Springinsfeld *m* **3** ORN Tannenhäher *m*; **cascapiñones** M *‹pl inv›* Mandel-, Nuss- *etc* -knacker *m*

cascar ‹1g› A VT **1** *nueces, etc* (auf-, zer)knacken; *con los dientes:* aufbeißen; *huevo* aufschlagen **2** *fam (pegar)* **~ a alg** j-n prügeln, j-n verhauen, j-n vertrimmen *fam* **3** *fam Esp (derrotar)* fertigmachen; *enseñanza:* durchfallen lassen **4** *pop Esp (matar)* umlegen *pop*, killen *pop* B VI *Esp* **1** *fam (cotorrear)* viel reden, schwatzen *fam* **2** *pop* **~(la)** *(morirse)* abkratzen *pop*, sterben, verrecken *pop* **3** *(empollar)* **~le a a/c** etw büffeln *fam*, etw eifrig lernen C V/R **cascarse** **1** *recipiente* (zer)springen, zerbrechen, kaputtgehen **2** *vulg Esp* **cascársela** *(masturbarse)* sich *(dat)* einen runterholen *pop*

cáscara F **1** *de huevos, fruta, nueces, etc:* Schale *f*; **~ de huevo** Eierschale *f*; **~ de limón/naranja** Zitronen-/Orangenschale *f*; **~ de nuez** Nussschale *f* (*tb fig* MAR); *Esp fig* **no hay más ~s** da bleibt nichts anderes übrig; *fam Esp* **ser de (la) ~ amarga** *(ser camorrista)* streitsüchtig sein; POL radikal sein; *(ser homosexual)* schwul sein *fam*; *Cuba* **hablar ~ (de piña)** dummes Zeug reden *fam*; *fam* **¡~(s)!** Donnerwetter!; Wow! *(leng. juv)* **2** TEC *(carcaza)* Schale *f*, Gehäuse *n* **3** **~ sagrada** Faulbaumrinde *f*

cascarada F *jerga del hampa* Lärm *m*, Krach *m*, Krakeel *m fam*

cascarilla F **1** TEC *(laminilla)* (Metall)Folie *f*; *(capa de yesca)* Zunderschicht *f*; *(capa protectora)* Schutzschicht *f*, -haut *f*; **botones** *mpl* **de ~** mit Metall überzogene (*o* metallbeschlagene) Knöpfe **2** BOT Schale *f*; Häutchen *n*; **~s** *pl* Kakaoschalen *fpl* **3** FARM *Rinde einiger Euphorbiazeen* **4** → cascarillo

cascarillo M BOT China-, Cinchonabaum *m*; Krotonbaum *m*

cascarón M **1** *de huevos:* (*bes* leere) Eierschale *f*; *tb fig* MAR **~ de nuez** Nussschale *f*; **salir del ~** *pollito* ausschlüpfen; *fig* flügge werden; *fam fig* **salirse del ~** sich *(dat)* zu viel herausnehmen, vorlaut sein; *fam fig* **recién salido del ~** noch grün hinter den Ohren *fam*; *pop* **llevas todavía el ~ pegado al culo** du bist ja noch grün (*o* noch nicht trocken) hinter den Ohren *fam* **2** ARQUIT Halbrund-, Schalengewölbe *n* **3** *Am en carnaval:* bemaltes und gefülltes Karnevalsei *n* **4** *RPl* BOT roter Gummibaum *m*

cascarrabias M/F *‹pl inv›* *fam* rabiate Person *f*, Brummbär *m*; Meckerfritze *m*, -liese *f*; **cascarria** F *Am* → cazcarria; **cascarriento** ADJ *Am* kotig, schmutzig; **cascarrón** ADJ *fam* barsch, brummig; MAR *viento* rau, scharf

cascarudo ADJ dickrindig; dickschalig

cascás M *Chile insecto:* *ein Käfer mit großen Beißwerkzeugen*

casco M **1** *pieza de armadura:* Helm *m*; **~ de acero/colonial** Stahl-/Tropenhelm *m*; **~ antichoque** *o* **protector** Sturz-, Schutzhelm *m*; **~ secador** Trockenhaube *f*; POL **~s** *pl* **azules** Blauhelme *mpl* **2** *del sombrero:* Oberteil *n/m*, Kopf *m* **3** MAR *del buque:* Schiffsrumpf *m*; AVIA Flugzeugrumpf *m*; CONSTR *de una casa:* Rohbau *m*; TEC **~ (de presión** *o* **resistente)** Druckkörper *m* **4** **~ (urbano)** Stadtkern *m*, Innenstadt *f*; **~ (antiguo** *o* **de la ciudad)** Altstadt *f* **5** *fig* **~s** *pl (cráneo)* Schädel *m*, Kopf *m*; *fam (cabeza)* Kopf *m*, Hirn *n*, Verstand *m*, Grips *m fam*; *fam* **ligero** *o* **alegre de ~s** unbesonnen, leichtsinnig, -fertig; **persona** *f* **ligera de ~s** *tb* Flittchen *n fam*; **calentarle los ~s a alg** j-m den Kopf

C

heiß machen, j-n beackern; **romper los ~s a alg** j-m den Schädel einschlagen *fam*; *fig* j-m *(mit Klagen Geschwätz etc)* auf die Nerven gehen *fam*; *fig* **romperse los ~s** sich *(dat)* den Kopf zerbrechen; *fam* büffeln 6 *(pedazo)* Scherbe *f*, Splitter *m*; MIL Granatsplitter *m*; **~s** *pl* **(de vidrio)** Glassplitter *mpl* 7 *fonotecnia:* **~s** *pl (auriculares)* Kopfhörer *mpl* 8 ZOOL *del caballo, etc:* Huf *m* 9 *(barril)* Tonne *f*, Fass *n*; *(botella vacía)* (leere) Flasche *f*; **~ retornable** Pfandflasche *f* 10 *equitación:* Sattelgestell *n* 11 *(cuerpo)* Körper *m*, Rauminhalt *m* 12 *Col, Chile, RPl (gajo)* Schnitz *m*, Scheibe *f von Orangen, Guajave etc* 13 *de la cebolla:* Stück *n* Zwiebelschale 14 *Cuba fam (mujer fea)* Besen *m fam*, hässliche Frau *f*

cascote M (Bau)Schutt *m*; MIN Abraum *m*

case M *Col* (Wett)Einsatz *m*

caseación F Verkäsung *f*; **caseico** ADJ QUÍM käsig, Käse...; **caseificación** F Verkäsung *f (tb* MED); Käsebereitung *f*; **caseificar** V/T ‹1g› verkäsen; **caseína** F QUÍM Kasein *n*

cáseo A ADJ käsig B M Dickmilch *f*, Quark *m*

caseoso ADJ käsig, Käse...

casera F 1 *(ama de casa)* Hausherrin *f*, -wirtin *f* 2 *(administradora)* Hausverwalterin *f* 3 *Cuba, Chile comerciante de comestibles:* fahrende Lebensmittelhändlerin *f* 4 *Am Mer (clienta)* Kundin *f (im Lebensmittelladen)*; **caseramente** ADV häuslich; schlicht, ungezwungen; **casería** F Bauernhof *m*, Gehöft *n*; → *tb* caserío 1; **caserío** M 1 *(conjunto de casas)* Weiler *m*; Häuser *npl (in einem Dorf, auf dem Land)* 2 *(finca)* Bauernhof *m*, Gehöft *n*

casero A ADJ 1 Haus...; *comida* hausgemacht, Hausmacher...; *pan* hausgebacken; **remedio** *m* **~** Hausmittel *n* 2 *(hogareño)* häuslich; *(cómodo)* gemütlich; **ser muy ~** sehr häuslich sein, ein Stubenhocker sein *fam* 3 *(económico)* haushälterisch, sparsam, schlicht, einfach B M 1 *(dueño de la casa)* Hausherr *m*, -wirt *m*; **los ~s** die Wirtsleute *pl* 2 *(administrador)* Hausverwalter *m* 3 *(inquilino)* (Guts)Pächter *m* 4 *Cuba, Chile comerciante:* fahrender Lebensmittelhändler *m* 5 *Am Mer (cliente)* Kunde *m*

caserón M großes Haus *n*; *desp* alter Kasten *m*

caseta F Häuschen *n*, Hütte *f*, Bude *f*; *(puesto de venta)* Verkaufsstand *m*; *(puesto de feria)* Messestand *m*; **~ (de baños)** Badekabine *f*; **~ de feria** Jahrmarktsbude *f*; MAR **~ de derrota/del timonel** Karten-/Ruderhaus *n*; **~ de obras** Baubarracke *f*, Bauhütte *f*; **~ de(l) perro** Hundehütte *f*; *Méx* **~ telefónica** Telefonzelle *f*; **~ de tiro** *feria:* Schießbude *f*; *Esp* **mandar a la ~** *futbolista* vom Feld stellen

casete M → cassette; **casetera** F Kassettenständer *m*, -regal *n*; **casetero** M *Ur* Kassettenabspielgerät *n*

casetón M ARQUIT Kassettendecke *f*

cash [kaʃ] ADV bar; **pagar ~** bar bezahlen, Barzahlung *f*

casi ADV fast, beinahe, nahezu, bald; **~ ~** so gut wie, nicht ganz; *Esp* **es ~ perfecto, y sin ~** es ist beinahe vollkommen, ja, man muss sagen, es ist vollkommen; **~, ~ (que) me caigo** beinahe wäre ich gefallen

casilla F 1 *(casita)* Hütte *f*, Häuschen *n*; *fam fig* **sacar a alg de sus ~s** j-n aus dem Häuschen bringen, j-n verrückt machen *fam*; *tb (alterarle a alg el modo de vida)* j-n aus seinen festen Gewohnheiten reißen; **salirse de sus ~s** aus der Haut fahren *fam*, aus dem Häuschen geraten 2 TEC *(cabina)* Kanzel *f*, Kabine *f* 3 *sobre papel cuadriculado:* Kästchen *n*, Karo *n*; *en tablas:* Spalte *f* 4 *en armarios, etc:* Fach *n*; Ablagefach *n* 5 *tablero de ajedrez, etc:* Feld *n* 6 *Chile, Bol, Perú, RPl* **~ postal** Post(schließ)fach *n* 7 *Cuba trampa para pájaros:* Vogelfalle *f* 8 *Ec (retrete)* Toilette *f*

casillero M 1 *mueble:* Fächerregal *n*, -schrank *m*; *(apartado)* Schließfach *n*; *Perú tb (alacena)* Spind *n*; FERR **~ de consigna** (Gepäck)Schließfächer *npl* 2 FERR *persona:* Bahnwärter *m* 3 DEP *(tablero)* Ergebnistafel *f*

casimba F *Cuba, Perú, RPl, Ven pozo:* Wasserloch *n*; *vasija:* (Regen)Wasserfass *n*

casimir M, **casimira** F TEX Kaschmirtuch *n*

casimita F MINER Barytfeldspat *m*

casino M Kasino *n*; Klub *m*; Klubhaus *n*; *reg* Café *n*; **~ de juego** Spielbank *f*, -kasino *n*; **~ militar** Offizierskasino *n*

Casiopea F MIT, ASTRON Kassiopeia *f*

casis A F BOT Schwarze Johannisbeere *f* B M *licor:* Cassis *m*

casita F Häuschen *n*

casiterita F MINER Zinnstein *m*, Kassiterit *m*

caso M 1 Fall *m*; *(acontecimiento)* Vorfall *m*, Ereignis *n*; *(circunstancia)* Umstand *m*; *(motivo)* Anlass *m*, Grund *m*; **~ de accidente** Unglücks-, Schadensfall *m*; **~ aislado** Einzelfall *m*; **~ de conciencia** Gewissensfrage *f*; **~ excepcional** Ausnahmefall *m*; **~ fortuito** *(frec* schlimmer) Zufall *m*; **~ de muerte** Todesfall *m*; **~ particular** Einzel-, Sonderfall *m*; **~ perdido** hoffnungsloser Fall *m*; **~ de urgencia** Dringlichkeits-, Notfall *m*; **se da el ~ (de) que ...** es kommt vor, dass ...; **dado** *o* **llegado el ~** gegebenenfalls; **dado (el) ~ que** *(subj)* vorausgesetzt, dass *(ind)*; gesetzt den Fall, dass *(ind)*; **demos el ~ que** *(subj)* nehmen wir an, dass *(ind)*; **no hay ~** es ist nicht nötig, es besteht keine Ursache (zu *inf* **de**); **si llega el ~** gegebenenfalls; **el ~ es que ...** es ist so, dass ...; die Sache verhält sich folgendermaßen: ...; jedenfalls ...; **si es ~** in dem Falle; vielleicht; gegebenenfalls 2 *con prep:* **hablar al ~** zur Sache sprechen; **(no) hacer** *o* **venir al ~** (nicht) zur Sache gehören; (nicht) angebracht sein, (nicht) passen; **no hace al ~** *tb* es macht gar nichts aus; **a ~ hecho** *o* **de ~ pensado** absichtlich; **viene al ~** das ist hier der Fall, das trifft hier zu; **¡(vamos) al ~!** zur Sache!; **(no) ser del ~** (nicht) dahingehören, (nicht) hergehören, (nicht) zutreffen; **no es del ~** *tb* das kommt nicht infrage; **(en) ~ (de) que** *(subj) o* **~ de** *(inf)* falls, wenn; *fam* **en ~ contrario** andernfalls, sonst; **en ese ~** *o* **en tal ~** in diesem Falle, dann; **en el mejor de los ~s** bestenfalls; **en ningún ~** in keinem Fall, keinesfalls, durchaus nicht, unter keinen Umständen; **en ~ necesario** *o* **en ~ de necesidad** nötigenfalls; **en el peor de los ~s** schlimmstenfalls; **en todo ~** jedenfalls, auf jeden Fall; allenfalls; **en último ~** allenfalls, notfalls; schließlich; **estar en el ~** im Bilde sein, auf dem Laufenden sein; *fam* **poner en el ~ a alg** j-n auf dem Laufenden halten, j-n informieren; **en su ~** *(en su lugar)* an seiner Stelle, (an)statt seiner; *(respectivamente)* dafür, beziehungsweise; *(eventualmente)* gegebenenfalls; **ponerse en el ~ de alg** sich in j-s Lage *(acus)* versetzen; **yo en tu ~** ich an deiner Stelle; **para el ~ que** *(subj)* für den Fall, dass *(ind)*; falls *(ind)*; **el hombre para el ~** der richtige Mann, der rechte Mann am rechten Platz; **poner por ~** zum Beispiel; **para el ~ es lo mismo** das macht nichts; das ist doch gleich; **pongamos por ~ que** *(subj)* nehmen wir an, dass *(ind)* 3 *fig* **hacer ~ a alg** *(prestar atención a alg)* j-n beachten; *(seguir los consejos de alg)* auf j-n hören; **no le hace ~** *tb* er lässt ihn links liegen; **¡no le hagas ~!** achte nicht auf ihn!; mach dir nichts daraus!; **hacer ~ de a/c** *(tomar en consideración)* etw berücksichtigen (*o* beachten); *(hacerse cargo)* sich um etw *(acus)* kümmern; **no hacer ~ de a/c** etw ignorieren; **hacer gran ~ de a/c** viel auf etw *(acus)* geben; viel Wesens machen von etw *(dat)*; **hacer ~ omiso de a/c** etw unbeachtet lassen; etw auslassen; etw unter den Tisch fallen lassen *fam* 4 *fam persona:* **ser un ~** ein Fall für sich *(acus)* sein; *fam* **¡eres un ~!** du bist mir einer! *fam* 5 GRAM Kasus *m*, Fall *m*; **~ recto** unabhängiger Fall *m*, Rectus *m (Nominativ und Vokativ)*; **~ oblicuo** Obliquus *m*, abhängiger Fall *m (alle außer Nominativ und Vokativ)*

casón M, **casona** F großes Haus *n*

casorio M *fam* 1 *(casamiento mal concertado)* Missheirat *f*; übereilte Heirat *f* 2 *follón:* Heiratsrummel *m*

caspa F 1 *del cabello:* (Kopf)Schuppen *fpl* 2 *de metales:* abblätternde Patina *f*, Kupferoxid *n*;

caspera F Staubkamm *m*

caspicias FPL *fam Esp* Überbleibsel *npl*

caspio A ADJ kaspisch B M **(Mar** *m***) Caspio** Kaspisches Meer *n*

caspiroleta F *Col, Chile, Ec, Perú (Erfrischungs)-Getränk aus Milch, Zucker, Eiern, Weinbrand, Zimt*

cáspita INT *fam* sapperlott!, Donnerwetter!

casposo, *Arg* **caspudo** ADJ schuppig; grindig

casquería F Innereien *fpl*, Kaldaunen *fpl*

casquero M, **-a** F *Esp* Verkäufer *m*, -in *f* von Innereien

casquetazo M Stoß *m* mit dem Kopf

casquete M 1 HIST *(casco)* Helm *m*, Sturmhaube *f* 2 *(gorra)* Kappe *f*, Mütze *f* 3 MED Grindpflaster *n*, Krätzekappe *f* 4 *(media peluca)* Scheitelperücke *f* 5 GEOG **~ polar** Polarkappe *f*, -zone *f* 6 GEOM **~ esférico** Kugelkalotte *f*, -kappe *f*; AUTO **~ de válvula** Ventilkappe *f* 7 *Esp pop (cópula sexual)* Bumserei *f pop*; **echar un ~** bumsen *pop*, vögeln *pop*

casquijo M Mörtelsand *m*; Kies *m*, Schotter *m*

casquilla F 1 *en la colmena:* Königinnenzelle *f* 2 **~s** *pl (cápsulas de plata)* Silberschrot *m*, Gräne *npl (Gewicht der Goldschmiede)*

casquillo M 1 TEC *(cartucho)* Hülse *f*, Buchse *f*; Muffe *f*; ELEC Sockel *m*, Schuh *m*; **~ cojinete** Lagerbuchse *f*; **~ roscado** *o* **de rosca** Gewindebuchse *f*; Nippel *m*; ELEC Schraub-, Gewindesockel *m* 2 *de proyectiles:* (leere) Patronenhülse *f*; *de una flecha:* Pfeilspitze *f* 3 *Am del caballo:* Hufeisen *n* 4 *Guat, Hond del sombrero:* Hut-, Schweißleder *n*

casquite ADJ *Ven* 1 *bebida* sauer 2 *fig (malhumorado)* sauertöpfisch, übel gelaunt

casquivanez F Leichtfertigkeit *f*; **casquivano** ADJ leichtfertig; oberflächlich

cassette A M *aparato:* Kassettenrecorder *m* B M/F *cinta:* (Tonband)Kassette *f*; **~ de vídeo** *o Am* **de video** Videokassette *f*; **~ virgen** unbespielte Kassette *f*, Leerkassette *f*

casta F 1 *(raza)* Rasse *f*, Art *f*; *(linaje)* Geschlecht *n*, Abstammung *f*; **de ~** edel, reinrassig, von bestem Geblüt; **caballo** *m* **de ~** Rassepferd *n*; **perro** *m* **de ~** Rassehund *m*; **toro** *m* **de ~** *tb* angriffslustiger Kampfstier *m*; **venir de ~** angeboren sein 2 *(clase social)* Kaste *f (tb fig)*; **espíritu** *m* **de ~** Kastengeist *m*

castamente ADV keusch; sittsam, ehrbar, züchtig

castaña A F 1 *fruto:* (Edel)Kastanie *f*, Marone *f*; **~ americana** *o* **~ del Marañón** Paranuss *f*; **~ asada** geröstete Marone *f*, Röstkastanie *f*; **~ caballuna** *o* **~ de Indias** Rosskastanie *f*; **~ pilonga** Dörrkastanie *f*; **parecerse como un huevo a una ~** sich nicht im Mindesten ähneln, völlig verschieden sein; *fig* **sacar las ~s del fuego** die Kastanien aus dem Feuer holen (**a alg** für j-n); *fam* **no valer una ~** nichts taugen, nichts wert sein 2 *frasco:* Korbflasche *f*, Ballon *m*; *Méx (barril pequeño)* Fässchen *n* 3 *en el cabello:* Haarknoten *m* 4 *fam Esp (bofetada)*

Ohrfeige f, Kopfnuss f; fam **dar la ~ a alg** (timar) j-n übers Ohr hauen fam, j-n prellen; fam **¡toma ~!** das hat gesessen! 5 fam Esp **a toda ~** volle Pulle fam B ADJ fam übermüdet; verkatert; benommen

castañal M, **castañar** M Kastanienbaumgruppe f, -bestand m; **castañazo** M fam Faustschlag m; Ohrfeige f; **me pegó un ~** er haute mir eine herunter fam; **castañeda** F, **castañedo** M → castañal; **castañero** M, **-a** F Kastanien-, Maronenverkäufer m, -in f

castañeta F 1 de los dedos: Fingerschnalzer m 2 MÚS Kastagnette f 3 ORN → **reyezuelo** 4 pez: Brachsenmakrele f 5 TAUR *schwarze Schleife am Zopf der Stierkämpfer*; **castañetada** F, **castañetazo** M 1 MÚS golpe: Kastagnettenschlag m 2 de los dedos: Fingerschnalzer m; de las articulaciones: Knacken n im Gelenk 3 de las castañas: *Knall einer beim Rösten zerplatzenden Kastanie*; **castañete** ADJ rötlich braun; **castañeteado** M Kastagnettenklappern n; **castañetear** A VT & VI 1 (tocar las castañetas) die Kastagnetten schlagen, mit den Kastagnetten klappern 2 con los dientes: mit den Zähnen klappern 3 con las articulaciones: in den Gelenken knacken; **~ (los dedos)** mit den Fingern schnalzen B VI ZOOL perdiz locken; **castañeteo** M de castañetas, dientes: Klappern n; de los dedos: Schnalzen n; de las articulaciones: Knacken n; de la perdiz: Locken n

castaño A M BOT árbol: Kastanienbaum m, (Edel)Kastanie f; madera: Kastanienholz n; **~ de Indias** o **~ caballuno** Rosskastanie f; fam **pasar de ~ obscuro** zu viel sein, über die Hutschnur gehen; Ven **pelar el ~** sich aus dem Staub machen, Fersengeld geben fam B ADJ (kastanien)braun; **~ rojizo** adj rotbraun

castañuela F 1 MÚS Kastagnette f; fig **estar (alegre) como unas ~s** sehr fröhlich sein, quietschvergnügt sein fam 2 BOT Art Zypergras n 3 MAR Klampe f, Poller m 4 pez: Mönchsfisch m; **castañuelo** ADJ Kastanienbraun n; m caballo: Braune m

castellana F 1 HIST señora: Burgherrin f; (mujer del castellano) Frau f des Burgvogts 2 (mujer de Castilla) Kastilierin f 3 HIST (moneda de oro) Goldstück n 4 HIST, LIT Vierzeiler m (achtsilbige Romanzenverse); **castellanía** F HIST Burggrafschaft f; **castellanismo** M LING kastilischer Ausdruck m; **castellanizar** VT ⟨1f⟩ dem Kastilischen (p. ext dem Spanischen) angleichen

castellano A ADJ 1 (de Castilla) kastilisch; p. ext lengua: spanisch 2 (noble) edel, frei, offen B M 1 Kastilier m 2 lengua: Kastilisch n; p. ext (español) Spanisch n, spanische Sprache f; fig **(hablar) en ~ (puro y llano)** corresponde a: auf gut Deutsch (sagen) 3 HIST (alcaide) Burggraf m; Burgvogt m 4 administrador: (Schloss)-Verwalter m; **castellanohablante** ADJ Spanisch sprechend, spanischsprachig

Castellón M *span Stadt u Provinz*; fam **ser de ~ de la Plana** flachbusig sein

castellonense ADJ aus Castellón

casticidad F Rassenreinheit f; Echtheit f; Stilreinheit f; **casticismo** M Eintreten n für Reinheit und Urwüchsigkeit (des Brauchtums, des Stils); RET Reinheit f des Stils; **casticista** M/F Meister m, -in f der Sprache; Purist m, -in f

castidad F Keuschheit f, Enthaltsamkeit f; Sittsamkeit f; **hacer voto de ~** ein Keuschheitsgelübde ablegen

castigado ADJ 1 estilo gepflegt 2 fig (mortificado) schwer geprüft, heimgesucht; JUR **ya ~** vorbestraft; **estar ~** niño bestraft sein; **castigador** A ADJ 1 (punitivo) strafend, züchtigend 2 (provocante) verführerisch, aufreizend B M 1 (que castiga) Züchtiger m, strafende Hand f 2 fam (mujeriego) Schürzenjäger m, Frauenheld m; **castigadora** F fam Vamp m, aufreizende Frau f

castigar VT ⟨1h⟩ 1 (be)strafen; (azotar) züchtigen; (mortificar) kasteien 2 (dañar) schaden (dat), Schaden zufügen (dat); (arruinar) verderben (acus); guerra, epidemia heimsuchen; **~ duramente al enemigo** dem Feind hart zusetzen 3 escritos verbessern, (aus)feilen 4 TAUR toro verwunden mit (mit Pica oder Banderilla) 5 fam (enamorar) den Kopf verdrehen (dat) fam, hombres (auf)reizen

castigo M 1 (pena) Bestrafung f, Strafe f (**por** für acus); Biblia: Heimsuchung f; **~ físico** (körperliche) Züchtigung f; Prügelstrafe f; DEP **~ máximo** Höchststrafe f; JUR **~s** pl **anteriores** Vorstrafen fpl 2 espec REL **~ (de los sentidos y de la carne)** Kasteiung f, Abtötung f (des Fleisches und der Sinne[n]); fig **crecerse al ~** hart im Nehmen sein; über sich (acus) selbst hinauswachsen 3 del estilo, etc: Verbesserung f 4 TAUR herida: Verwundung f des Stiers

castilla F Chile TEX Molton m

Castilla F GEOG Kastilien n; HIST **~ la Nueva/Vieja** Neu-/Altkastilien n; **~-La Mancha** *span Region*; **~ y León** *span Region*; Esp **¡ancha es ~!** nur Mut (und Gottvertrauen)!; tun Sie sich (dat) keinen Zwang an!

castillejo M 1 CONSTR (andamio) Hebegerüst n 2 para niños: Laufkorb m 3 juego de niños: Nusswerfen n 4 Chile, Méx, Ven Lagerbock m (der Presse in Zuckermühlen); **castillete** M 1 TEC Stützgerüst n; Turm m; Mast m; (torre de perforación) Bohrturm m; MIN Förderturm m 2 de naipes: Kartenhaus n

castillo M 1 (palacio) Schloss n, Burg f, Kastell n, Feste f; **~ de arena** Sandburg f; **~ feudal** Ritterburg f; **~ de fuego** o **de pólvora** Feuerwerk n; **~ de naipes** Kartenhaus n; **~ roquero** Felsenburg f, -schloss n; **~ señorial** Ritterburg f; Herrensitz m, Schloss n; fam Esp fig **unos tíos como ~s** gestandene Kerle mpl fam; fig **derrumbarse como un ~ de naipes** wie ein Kartenhaus zusammenfallen; fig **hacer ~s en el aire** Luftschlösser bauen 2 MAR **~ de popa** Achterdeck n, HIST Achterkastell n; **~ de proa** Vorschiff n, Back f, HIST Vorderkastell n 3 ajedrez: Turm m 4 heráldica: Kastell n, Turm m 5 ZOOL de la abeja reina: Zelle f (der Bienenkönigin) 6 Arg (carruaje) großer Karren m 7 Chile pastel: Art Gugelhupf m

casting M TEAT, FILM Rollenbesetzung f, Casting n; **agencia f de ~** Castingagentur f

castizo ADJ 1 lengua, descendencia echt, rein; carácter nacional echt, typisch; persona unverfälscht, urwüchsig; lenguaje, estilo: korrekt, gefeilt; fam **eres un ~** du bist ein urwüchsiger Kerl fam, reg du bist ein Urviech fam; **no es muy ~** das ist nicht korrekt 2 (muy prolífico) sehr fruchtbar, zeugungskräftig 3 P. Rico *Sohn eines Mestizen und einer Kreolin*

casto ADJ keusch, züchtig; ehrbar, sittsam

castor M 1 ZOOL Biber m 2 piel: Biberpelz m, -fell n 3 TEX Biber m, Rohflanell n 4 Am Mer **aceite m (de) ~** Rizinusöl n 5 ARQUIT teja: Flachziegel m 6 BOT Bitterklee m

castora F reg Zylinder(hut) m; **castoreño** M **(sombrero m) ~** Biberhut m; TAUR Hut m der Pikadores

castóreo M MED HIST Bibergeil n, Kastoreum n

castorina F TEX Kastorin m (feines Wolltuch)

castra(ción) F 1 Kastrierung f, de una persona tb Entmannung f 2 apicultura: Zeideln n 3 de los árboles: Be-, Verschneiden n; **castradera** F apicultura: Zeidelmesser n; **castrado** A ADJ kastriert B M Kastrierte m; Entmannte m; Kastrat m; **castrador** M, **castradora** F Verschneider m, -in f, Kastrierer m, -in f; **castradura** F 1 cicatriz: Kastrationsnarbe f 2 → castra(ción)

castrar VT 1 animales verschneiden, kastrieren; seres humanos kastrieren, entmannen 2 colmenas ausnehmen 3 árboles be-, verschneiden 4 fig (debilitar) schwächen, entkräften; libros, etc verstümmeln; textos tilgen, ausmerzen;

castrato M MÚS Kastrat m; **castrazón** F apicultura: Ausnehmen n der Bienenstöcke

castrense ADJ MIL Feld..., Militär..., Heeres...; **médico m ~** Feld-, Militärarzt m; **disciplina f ~** soldatische Zucht f

castrismo M POL Castrismus m; **castrista** M/F POL Anhänger m, -in f (Fidel) Castros

castro[1] M 1 HIST vorrömisches befestigtes Lager n 2 juego: *Wurfspiel der Kinder* 3 reg (peñasco) Felsnase f, Kap n; Küstenriff n

castro[2] M apicultura: Ausnehmen n der Bienenstöcke

castrón M 1 fam frec desp (hombre castrado) kastrierter Mann m 2 ZOOL verschnittener Ziegenbock m

casual A ADJ 1 (por casualidad) zufällig, gelegentlich, ungewiss; JUR zufällig, kasual 2 GRAM **flexión f ~** Kasusflexion f 3 Am reg **ropa ~** sportlich-lässige Kleidung f B M pop → casualidad; **por un ~** zufällig

casualidad F Zufall m; Zufälligkeit f; adv **por** o Am **de ~** zufällig(erweise); **da la ~ que ...** zufällig ...; **dio la ~ que ...** der Zufall wollte, dass ..., es traf sich, dass ...; **ha sido una ~** es war (reiner) Zufall; **quiso la ~ que pasara un hombre** zufällig kam ein Mann vorüber

casualismo M FIL Kasualismus m; **casualmente** ADV 1 zufällig(erweise), durch Zufall 2 Am genau, gerade, ausgerechnet; **la vi ~ esta mañana** ich habe sie ausgerechnet heute morgen gesehen

casuarina F Cuba BOT Keulenbaum m

casuario M ORN Kasuar m

casuca F, **casucha** F, **casucho** M desp elendes Haus n, Hütte f fam, Kasten m fam, Stall m fam

casuismo M Kasuistik f; **casuista** M/F Kasuist m, -in f; **casuística** F Kasuistik f; espec Moralkasuistik f; **casuístico** ADJ kasuistisch; fig spitzfindig

casulla F REL Messgewand n, Kasel f; **casullero** M Paramentenmacher m

casus belli M Casus Belli m

CAT F ABR 1 F (Compañía Argentina de Teléfonos) Argentinische Telefongesellschaft f 2 M (Certificado de Abono Tributario) Steuergutschein m

cata F 1 (acción de catar) Versuchen n, Kosten n; **~ (de vinos)** Weinprobe f 2 Am reg MIN (calicata) Schürfen n; muestra: Schürfprobe f; Méx (mina) Schürfgrube f 3 Col (cosa oculta) Verborgene(s) n, espec provision: versteckter Vorrat m 4 Arg, Bol, Chile, Méx ORN Mönchssittich m

catabre, catabro M Col, Ven *Kürbisschale zur Aufbewahrung von Samen*

catacaldos M/F ⟨pl inv⟩ fam Esp Schnüffler m, -in f

cataclasia F (espec Knochen)Bruch m; **cataclismo** M Kataklysmus m, Erdumwälzung f; Sintflut f; fig Katastrophe f; POL Umsturz m

catacresis F RET Katachrese f

catacumbas FPL Katakomben fpl

catadióptrica F FÍS Katadioptrik f, Lehre f von der Strahlenbrechung; **catadióptrico** M Rückstrahler m

catador M, **catadora** F Kenner m, -in f; **~ m, ~a f (de vinos)** Weinprüfer m, -in f, Weinverkoster m, -in f

catadura F 1 → cata 1 2 Aussehen n, Gesichtsausdruck m; fam **de mala ~** persona verdächtig aussehend 3 (naturaleza) **baja ~ moral**

C

moralische verkommenheit *f*
catafalco M Katafalk *m*, Trauergerüst *n*
catafaro(s) M AUTO Rückstrahler *m*
catalán A ADJ katalanisch B M, **-ana** F Katalane *m*, Katalanin *f* C M *lengua:* Katalanisch *n*, die katalanische Sprache *f*
catalanismo M LING, POL Katalanismus *m*;
catalanista M/F POL Anhänger *m*, -in *f* des Katalanismus; **catalanización** F Katalanisierung *f*; **catalanizar** VT ‹1f› katalanisieren, katalanisch machen; **catalanófilo** M Kenner *m* der katalanischen Sprache und Kultur
catalanohablante, catalanoparlante A ADJ Katalanisch sprechend B M/F Katalanischsprecher *m*, -in *f*
cataláunico ADJ 1 HIST **Campos** *mpl* **~s** Katalaunische Felder *npl* 2 *fig (catalán)* katalanisch
cataldo M MAR Dreiecksegel *n der Logger*
cataléctico, catalecto ADJ LIT katalektisch, unvollkommen
catalejo M Fernglas *n*, Fernrohr *n*
catalepsia F MED Katalepsie *f*, Starrsucht *f*;
cataléptico ADJ MED kataleptisch; starr (süchtig)
catalicores M ‹*pl inv*› *reg* Fassheber *m*, Probierröhre *f*
catalina A ADJ **rueda** *f* **~** *del reloj:* Steigrad *n* B F 1 BOT Wolfsmilch *f* 2 *pop reg* Kot *m*, Haufen *m fam*
Catalina N PR F *nombre de zarina:* Katharina *f*; *fam* **¡que si quieres arroz, ~!** nichts zu machen!, so einfach ist das nicht!
catálisis F QUÍM Katalyse *f*
catalítico ADJ katalytisch; **catalizador** M QUÍM Katalysator *m (tb* AUTO*)*; AUTO **~ de tres vías** Dreiwegekatalysator *m*
catalogable ADJ katalogisierbar; **catalogación** F Katalogisierung *f*, Aufnahme *f* in einen Katalog; **catalogar** VT ‹1h› katalogisieren, in ein Verzeichnis aufnehmen; *fig* **~ de** einordnen als
catálogo M Katalog *m (tb fig)*, Verzeichnis *n*; **~ (por orden) alfabético** alphabetischer Katalog *m*; **~ de librería** Bücherkatalog *m*; **~ de muestras** Musterkatalog *m*; **~ por materias** Sach-, Realkatalog *m*
Cataluña F Katalonien *n*
catamarán M MAR Katamaran *m*
catán M *tipo de sable:* Art *(ostasiatischer)* Krummsäbel *m*; *Arg (machete)* Buschmesser *n*
catana F 1 *Chile, RPl (sable)* Säbel *m* 2 *Cuba fam (trastos)* Plunder *m*, Gelumpe *n* 3 *Ven* ORN *ein grün-blauer Papagei* 4 *Perú fam (paliza)* Tracht *f* Prügel
catanga F 1 *Arg, Chile insecto:* Art Mistkäfer *m* 2 *Bol, RPl carrito:* Obstkarren *m* 3 *Col (nasa)* Reuse *f*
cataplasma A F MED (Brei)Umschlag *m*, Kataplasma *n* B M/F kränklicher (*o* langweiliger *o* lästiger) Mensch *m*; Nervensäge *f*
cataplines MPL *pop Esp* Hoden *mpl*, Eier *npl pop*
cataplismos MPL TEX Schulterklappen *fpl*
cataplum, cataplún INT plumps, klatsch!
catapulta F 1 MIL, HIST Wurfmaschine *f*, Katapult *n* 2 AVIA **~ de lanzamiento** Katapult *n*, Startschleuder *f*; **asiento** *m* **~** Schleudersitz *m*;
catapultar VT katapultieren; *fig* **~ a la fama a alg** j-m zum Ruhm verhelfen
catar VT 1 *(probar)* kosten, schmecken; prüfen, probieren 2 *colmena* ausnehmen 3 *(experimentar)* erfahren, erleben
catarata F 1 *(cascada)* Katarakt *m*, Wasserfall *m*; Stromschnelle *f*; **las ~s del Niágara** die Niagarafälle *mpl*; *Biblia y fig* **se abren las ~s del cielo** die Schleusen des Himmels öffnen sich 2 MED *de la vista:* (grauer) Star *m*; *t/t* Katarakt *f*
~ senil Altersstar *m*; **~ verde** Glaukom *n*, grüner Star *m*; *fig* **tener ~s en los ojos** verblendet sein (**por** von *dat*, durch *acus*)
catarina F *Méx* ZOOL Marienkäfer *m*
catarinita F *Méx* ORN *Art* Mönchssittich *m*
cátaros MPL REL Katharer *mpl*
catarral ADJ MED katarr(h)alisch, Katarr(h)...
catarro M MED Katarr(h) *m*; Erkältung *f*; **~ del seno frontal** Stirnhöhlenkatarr(h) *m*; **~ vesical** *o* **de la vejiga** Blasenkatarr(h) *m*; **coger** *o fam* **pillar un ~** *o liter* **contraer ~** sich erkälten, einen Schnupfen bekommen; *fam Esp* **al ~, con el jarro** *corresponde a:* bist du erkältet, trink einen Schnaps
catarroso ADJ 1 *(resfriado)* verschnupft, erkältet 2 *tendencia al resfrío:* zu Erkältungen neigend
catarsis F MED Reinigung *f*; LIT, PSIC Katharsis *f*; *fig* Läuterung *f*, Reinigung *f*
catártico A ADJ MED, PSIC kathartisch; *fig* reinigend, läuternd B M MED Kathartikum *n*, (mildes) Abführmittel *n*
catasarca F MED Hautödem *n*, *t/t* Anasarka *f*
catastral ADJ Kataster...; **catastro** M 1 *padrón estadístico:* Kataster *m/n*; **(oficina** *f* **del) ~** Katasteramt *n* 2 *(impuesto al inmueble)* Grundsteuer *f* 3 HIST *(impuesto real)* Besitzsteuer *f* an den König
catástrofe F Katastrophe *f (tb fig)*; **~ aérea** *o* **~ de aviación** Flugzeugkatastrophe *f*, -unglück *n*; **~ ecológica** *o* **ambiental** Umweltkatastrophe *f*; **~ por inundación** Überschwemmungskatastrophe *f*; **~ natural** Naturkatastrophe *f*
catastrófico ADJ katastrophal *(tb fig)*; *fig* folgenschwer, unheilvoll; **catastrofismo** M Schwarzseherei *f*; Schwarzmalerei *f*; **catastrofista** A ADJ schwarzseherisch, defätistisch B M/F Schwarzseher *m*, -in *f*
catatonia M MED, PSIC Katatonie *f*; **catatónico** ADJ MED, PSIC katatonisch; *fam fig* **quedarse ~** stumm vor Staunen sein, wie vom Donner gerührt sein *fam*
catauro M *Cuba* Bastkorb *m*
cataviento M MAR Windfahne *f*, -leine *f*; **catavino** M 1 *instrumento:* Stech-, Fassheber *m* 2 *jarro:* Probierglas *n* 3 *en el barril:* Probierloch *n*; **catavinos** M ‹*pl inv*› 1 *oficio:* Weinprüfer *m*, -koster *m* 2 *fam desp (borracho)* Zechbruder *m fam*, Trunkenbold *m*
catchup ['katsup] M GASTR Ket(s)chup *m*
cate M 1 *fam (golpe)* Schlag *m*; *(bofetada)* Ohrfeige *f* 2 *fam Esp en el examen:* **dar ~ (en)** durchfallen lassen (in)
cateador M 1 *martillo:* Erz-, Schürfhammer *m*; Mineralogenhammer *m* 2 *Am persona:* Schürfer *m*, Erzsucher *m*
catear VT 1 *reg* (auf)suchen 2 *fam en el examen:* durchfallen lassen 3 *Am* MIN *(excavar)* schürfen
catecismo M REL Katechismus *m*; *tb gener* Handbuch *n*
catecúmeno M, **-a** F 1 *alumno:* Katechumene *m*, Katechumenin *f*, Katechetenschüler *m*, -in *f* 2 PROT *(confirmando)* Konfirmand *m*, -in *f* 3 *fig (neófito)* Anwärter *m*, -in *f*, Neuling *m*
cátedra F 1 *asiento elevado:* Katheder *n/m*; *fig* **~ (sagrada)** Kanzel *f* 2 UNIV Lehrstuhl *m*, Professur *f*; **~ de anatomía/filosofía** Lehrstuhl *m* für Anatomie/Philosophie; *Esp* **~ de instituto** Studienratsstelle *f*; **~ de San Pedro** Papst-, Bischofswürde *f*; *Am* UNIV **dictar ~** Vorlesungen halten; *fig* **sentar** *o* **dictar ~** *desp* dozieren, von oben herab reden; DEP *tb* seine Überlegenheit deutlich zeigen (*o* beweisen); **ex ~** ex cathedra
catedral F Kathedrale *f*; Bischofs-, Hauptkirche *f*; Dom *m*, Münster *n*; *fig* **como una ~** gewaltig *fam*, enorm *fam*; **catedralicio** ADJ Dom..., Kathedral...
catedrática F 1 *(profesora)* Professorin *f*, Dozentin *f*; *Esp* **~ de Instituto** *corresponde a:* Studienrätin *f* 2 *fam (mujer de un profesor)* Frau *f* eines Professors
catedrático M 1 **~ (de universidad)** Hochschullehrer *m*, (Universitäts)Professor *m*; **~ honorario** Honorarprofessor *m*; *Esp* **~ de Instituto** *corresponde a:* Studienrat *m*; **~ numerario** *o* **titular** *o* **de número** ordentlicher Professor *m*, Ordinarius *m*; **~ visitante** *o* **invitado** Gastprofessor *m* 2 TAUR *fig (maestro)* Meister *m*, Lehrer *m* der Stierkampfkunst
categorema F FIL Kategorem(a) *n*
categoría F Kategorie *f (tb* FIL*)*, Art *f*, Klasse *f*, Sorte *f*; *fig (rango)* Rang *m*; **igualdad** *f* **de ~** Ranggleichheit *f*; **de ~ mediana** von mittlerer Güte; **de ~ mundial** von Weltrang; **de poca ~** bedeutungslos; **de primera ~** erstklassig; **de segunda ~** zweitklassig; **es persona de ~** er ist eine Persönlichkeit von Rang (*o* ein bedeutender Mann); **López no tiene ~ para el cargo que ocupa** López ist seinem Amt nicht gewachsen
categóricamente ADV kategorisch; **categórico** kategorisch, bestimmt, unbedingt, entschieden; *fig* rangmäßig, Rang...
categorismo M Kategorial-, Kategoriensystem *n*; **categorización** F Kategorisierung *f*; **categorizador** ADJ kategorisierend; **categorizar** VT kategorisieren, einordnen
catenaria F 1 MAT Kettenlinie *f* 2 ELEC Oberleitung *f*
cateo M 1 *Méx* MIN *(excavación)* (Probe)Schürfung *f* 2 *Chile (vista)* Blick *n*
catequesis F REL Katechese *f*, religiöse Unterweisung *f*; **catequética** F REL Katechetik *f*; **catequismo** M 1 REL Katechese *f* 2 *tipo de instrucción:* Unterricht *m* in Form von Frage und Antwort 3 Katechismus *m*; **catequista** M/F REL Katechet *m*, -in *f*, Religionslehrer *m*, -in *f*; **catequístico** ADJ 1 REL katechetisch 2 *fig (en pregunta y respuesta)* in Form von Frage und Antwort
catequización F Katechisierung *f*; **catequizador** M, **catequizadora** F → catequista; *fig* Lehrer *m*, -in *f*, Prediger *m*, -in *f*; **catequizar** VT ‹1f› 1 REL Religionsunterricht erteilen *(dat)* 2 *fig (instruir)* belehren, einweihen
caterético ADJ MED leicht kaustisch, ätzend
catering ['katerin] M GASTR Catering *n*; **(servicio** *m* **de) ~** Partyservice *m*, Cateringservice *m*; **empresa** *f* **de ~** Cateringfirma *f*
caterva F *desp* Haufen *m*, Menge *f*
catetada F *fam Esp* törichte Handlung *f*
catete M 1 *Chile* GASTR dicke Schweinsbrühe *f* 2 *Am fam (diablo)* Teufel *m*
catéter M MED Katheter *m*
cateterismo M MED Katheterisieren *n*; **cateterizar** VT & VI ‹1f› MED katheterisieren
cateto M 1 GEOM Kathete *f* 2 *fam desp (palurdo)* ungehobelter Kerl *m fam*, Tölpel *m*
catey M 1 *Cuba* ORN *Art* Sittich *m* 2 *S.Dgo* BOT Cateypalme *f*
catgut M MED Katgut *n*
catibia *Cuba*, **catibía** *Ven* F geriebene und ausgepresste Yukkawurzel *f*
catibo M *Cuba* 1 *pez:* Art Muräne *f* 2 *fig desp (persona rústica)* Bauer *m*, Lümmel *m*
catilinaria F *fig* Brand-, Hetzrede *f*; HIST, LIT **~s** *pl* katilinarische Reden *fpl*
catimbao M 1 *Arg, Chile, Perú máscara:* Maskengestalt *f (bei Umzügen)* 2 *fig Chile (payaso)* Hanswurst *m*; Fatzke *m* 3 *Perú (persona obesa)* Dickwanst *m*
catinga F *Am* Gestank *m*; *espec* Schweißgeruch *m*
catingo *Bol* A M Geck *m*, feiner Pinkel *m fam*

B ADJ → catingoso; **catingoso** ADJ *Arg* übel riechend
catión M FÍS Kation *n*, positives Ion *n*
catira F *Ven* BOT bittere Yukka *f*
catire ADJ *Ven* **1** *cabello* blond **2** *piel* weiß- (*o* hell)häutig
catirrinos MPL ZOOL Schmalnasen *mpl* (*Affenart*)
catita F *Arg, Bol* ORN kleiner Papagei *m*
catite M **1** (*pilón*) Zuckerhut *m*; *Am* (**sombrero** *m* **de**) ~ spitzer Hut *m* **2** *Am fam* (*bofetada*) **dar ~ a alg** j-m einen Klaps geben **3** *Méx* TEX *ein Seidenstoff*
catitear VI *Arg* **1** *ancianos* (*vor Altersschwäche*) mit dem Kopf wackeln **2** *fig* (*estar con poco dinero*) kein (*o* wenig) Geld haben, abgebrannt sein *fam* **3** *hilos* sich ineinander verhedern
cato M FARM Cachou *n*
catoche M *Méx fam* miese Laune *f fam*
catódico ADJ FÍS, ELEC kat(h)odisch, Kat(h)oden...; **tubo** *m* ~ Kat(h)odenröhre *f*
cátodo M FÍS Kat(h)ode *f*, negativer Pol *m*
católica F Katholikin *f*
catolicidad F **1** *la creencia*: Katholizität *f*, katholischer Glaube *m* **2** *la comunidad*: Gemeinschaft *f* der katholischen Gläubigen; **catolicismo** M **1** *la religión*: Katholizismus *m*, katholische Religion *f* (*o* Konfession *f*) **2** → catolicidad 2
católico **A** ADJ **1** REL katholisch; **~ (apostólico) romano** römisch-katholisch; **~ viejo** *o* **liberal** altkatholisch **2** *fam fig opinión, convicción, vino* einwandfrei; **no ser muy ~** nicht ganz koscher sein; *persona* **no estar muy ~** sich nicht recht wohl fühlen **B** M Katholik *m*; **~ de izquierda** Linkskatholik *m*
catolicón M FARM abführende Latwerge *f*;
catolizar VT ⟨1f⟩ katholisieren, zum katholischen Glauben bekehren
catón M *fig* erstes Lesebuch *n*, Fibel *f*
Catón NPRM Cato *m*; *fig* **catón** strenger Kritiker *m*
catoniano ADJ katonisch (*tb fig*); *fig* (sitten)streng
catóptrica F FÍS Katoptrik *f*, Lehre *f* von der Spiegelreflexion; **catóptrico** ADJ katoptrisch, Spiegel...
catorce NUM vierzehn; **catorceavo** NUM → catorzavo; **catorcena** F *eine* Anzahl von vierzehn; **catorceno** ADJ **1** vierzehnte(r) **2** *edad*: vierzehnjährig; **catorzavo** **A** NUM vierzehnte(r, -s) **B** M Vierzehntel *n*
catre M Feldbett *n*; Pritsche *f*; **~ de tijera** *o Méx, Perú, Ven* **~ de viento** Klappbett *n*; Liegestuhl *m*; *Arg* **~ de balsa** (Rettungs)Floß *n*; *fam Arg, Chile. Perú* **caído del ~** auf den Kopf gefallen, schwachköpfig; *P. Rico fig* **cambiar el ~** (*cambiar de tema*) das Thema wechseln, eine andere Platte auflegen *fam*; (*mudarse*) umziehen, die Wohnung wechseln
catrecillo M Klapp-, Feldstuhl *m*; **catrera** F *Arg, Ur fam* armseliges Bett *n*
catricofre M *Art* Schrankbett *n*
catrín **A** M *Am Centr, Méx* Stutzer *m*, Geck *m*, Modenarr *m* **B** ADJ *fam* schick, gut angezogen
catrintre M *Chile* Magermilchkäse *m*; *fig* armer Schlucker *m*
cátsup M *Esp* Ket(s)chup *m/n*
caturra F *Chile* ORN *Art* Wellensittich *m*
caú *Arg fam* **A** ADJ *persona* versoffen **B** M Säufer *m*
caúca, cauca F **1** *Col, Ec eine Futterpflanze* **2** *Bol* (*bizcocho*) Weizenbiskuit *m/n*
caucáseo, caucasiano kaukasisch; **caucásico** ADJ **1** GEOG kaukasisch **2** *raza* weiß
Cáucaso M Kaukasus *m*
caucau M *Perú* GASTR *typisches Gericht aus Rindermagen*
cauce M **1** ~ (**de río**) (Fluss)Bett *n*; **~ de derivación** Vorfluter *m*; **~ navegable** Fahrrinne *f* **2** ~ (**de riego**) Bewässerungsgraben *m*; Wassergraben *m*; **~ (de desagüe)** Abzugsgraben *m* **3** *fig* (*camino*) Bahn *f*, Richtung *f*; **volver a su ~** (wieder) ins normale Geleise kommen
caucel M *Hond, Méx, C. Rica* ZOOL Wildkatze *f*, *Art* Ozelot *m*
caucha F *Chile* BOT Hakendistel *f*
cauchal M Kautschukwald *m*, -pflanzung *f*; **cauchar** VI *Col, Ec* Kautschuk zapfen (*o* verarbeiten); **cauchera** F **1** BOT Kautschukpflanze *f*; -baum *m* **2** *persona*: Kautschukzapferin *f*; -arbeiterin *f* **3** *Col* (*honda*) Steinschleuder *f*;
cauchero **A** ADJ Gummi..., Kautschuk... **B** M Kautschukzapfer *m*; -arbeiter *m*; **cauchífero** ADJ Gummianbau...
caucho M **1** *material*: Kautschuk *m*; Gummi *m/n*; **~ bruto** *o* **virgen** Rohkautschuk *m*, -gummi *m/n*; **~ elástico/vulcanizado** Weich-/Hartgummi *m/n*; **~ sintético** Kunstkautschuk *m* **2** *Am reg* (*neumático*) (Auto-)Reifen *m*; *fam* **quemar el ~** rasen *fam*, einen Affenzahn draufhaben *fam*
cauchotina F Imprägniermasse *f der Gerber*
caución F JUR Bürgschaft *f*, Kaution *f*, Sicherheitsleistung *f*
caucionamiento M JUR Sicherheitsleistung *f*, Stellung *f* einer Kaution; **caucionar** VT & VI eine Kaution stellen (für *acus*); bürgen (für *acus*)
caudado ADJ **1** BOT schweifförmig verlängert **2** *heráldica*: geschweift
caudal[1] ADJ Schwanz...; **aleta** *f* **~** Schwanzflosse *f*; **pluma** *f* **~** Schwanzfeder *f*
caudal[2] **A** M **1** *de un río*: Wassermenge *f*; TEC Durchflussmenge *f*; *de una bomba*: (Förder)Leistung *f*; **~ de estiaje** Niederwassermenge *f* **2** *de dinero, etc*: Vermögen *n*, Reichtum *m*, Kapital *n* **3** *fig* (*riqueza*) Reichtum *m*, Schatz *m*; Fülle *f*, Vorrat *m*; **~ léxico** Wortschatz *m*, -gut *n* **B** ADJ wasserreich
caudalímetro M TEC Durchflussmesser *m*;
caudaloso ADJ **1** (*de mucha agua*) wasserreich **2** *persona* reich, vermögend; **fortuna** *f* **-a** großes Vermögen *n*
caudato ADJ ASTRON, *heráldica*: Schweif..., geschwänzt
caudatrémula F ORN Bachstelze *f*
caudillaje M **1** *espec* POL *mando*: Führerschaft *f*, -tum *n*; Herrschaft *f* eines Caudillo **2** *Am fig* (*caciquismo*) lokales Bonzentum *n*; **caudillismo** M *Am* (*caciquismo*) lokales Bonzentum *n*
caudillo M Anführer *m*; Oberhaupt *n*; MIL Heerführer *m*; POL Führer *m*; HIST **el Caudillo** *Beiname Francos*
caudino ADJ HIST kaudinisch; *fig* **pasar por las horcas -as** durch ein kaudinisches Joch gehen, eine schmachvolle Niederlage hinnehmen müssen
caula F *Am Centr, Chile* List *f*, Betrug *m*, Trick *m*
caulescente ADJ BOT Stängel treibend
caulícolo, caulículo M ARQUIT Blattstängel *m* am korinthischen Kapitell; **caulífero** ADJ BOT stängelblütig
caulifloras FPL BOT Stammfrüchtler *mpl*, Kaulifloren *pl*
cauque M *Chile* **1** *pez*: *Art* Spöke *f* **2** *fig* (*persona lista y viva*) aufgeweckter Mensch *m*, Schlaukopf *m*; *irón* Tölpel *m*
cauri M ZOOL Kauri(schnecke) *f*; *como medio de pago*: Kaurimuschel *f*
causa[1] **A** F **1** (*motivo*) Ursache *f*; Grund *m*, Anlass *m*; **~ eficiente** Ursache *f*; **~ impulsiva** *o* **motiva** Beweggrund *m*, Motiv *n*, Anlass *m*; **~ legal** *o* **legítima** Rechtsgrund *m*; **relación** *f* **(de) ~ (a) efecto** Kausalzusammenhang *m*; **con ~** nicht ohne Grund, mit (gutem) Grund; **sin ~** grundlos, ohne Grund; **¿por qué ~?** weshalb?, aus welchem Grund? **2** JUR Rechtssache *f*, -fall *m*; (*proceso*) Prozess *m*, Verfahren *n*; **~ civil** Zivilsache *f*, -prozess *m*; **~ criminal** *o* **penal** Strafsache *f*, -prozess *m*; CAT **~s** *pl* **mayores** der Entscheidung des Papstes vorbehaltene Rechtssachen *fpl*; **abrir ~ a alg** j-m den Prozess machen **3** *fig* (*asunto*) Sache *f*, Angelegenheit *f*; **la buena ~** die gute Sache *f*; **~ perdida** verlorene Sache *f*; **~ pública** öffentliches Wohl *n*; **hacer ~ común con** gemeinsame Sache machen mit; **ser abogado de mala ~** eine schlechte Sache vertreten **B** PREP **a ~ de** wegen (*gen, fam dat*), aufgrund (*gen o* von *dat*), um ... (*gen*) willen; **a ~ de ello** dadurch, deswegen; **por ~ mía** *o* **por mi ~/por ~ tuya** *o* **por tu ~** meinet-/deinetwegen, meinet-/deinethalben, um meinet-/deinetwillen
causa[2] F **1** *Chile fam* (*merienda*) (Zwischen)Imbiss *m*, kleine Stärkung *f* **2** *Perú kaltes Kartoffelgericht, gewürzt mit Limonensaft, Salz und anderen Zutaten*
causador **A** ADJ verursachend **B** M, **causadora** F Urheber *m*, -in *f*, Verursacher *m*, -in *f*; *de un delito, etc*: Anstifter *m*, -in *f*; **causahabiente** M/F JUR Rechtsnachfolger *m*, -in *f*
causal **A** ADJ ursächlich, begründend, *t/t* kausal; **relación** *f o* **nexo** *m* **~** Kausalzusammenhang *m*; MED **tratamiento** *m* **~** Kausalbehandlung *f* **B** F Ursache *f*; Veranlassung *f*, Beweggrund *m*
causalidad F Kausalität *f*, Ursächlichkeit *f*; **principio** *m* **de ~** Kausal(itäts)prinzip *n*
causante **A** ADJ verursachend **B** M/F **1** (*artífice*) Urheber *m*, -in *f*; Verursacher *m*, -in *f*; **ser (el/la) ~ de a/c** etw verursachen, etw verschulden **2** JUR (*testador[a]*) Erblasser *m*, -in *f*; *persona de la que proviene un derecho*: Rechtsvorgänger *m*, -in *f* **3** *Méx* (*contribuyente*) Steuer-, Abgabenzahler *m*, -in *f*
causar **A** VT verursachen, bewirken; hervorrufen; *daños* anrichten, zufügen; *disturbios* stiften; *alegría, impresión, pesar, trabajo* machen; **~ desgracia** Unheil anrichten (stiften); **~ efecto** wirken, (seine) Wirkung tun; **~ escándalo** Anstoß (*o* Ärgernis) erregen; **~ gastos** Kosten verursachen; **~ preocupación/repugnancia** Besorgnis/Abscheu erregen; **me ha causado mucha tristeza** es hat mich sehr geschmerzt, ich bin sehr traurig darüber **B** VI *reg* einen Prozess führen
causativo **A** ADJ **1** verursachend, Grund... **2** GRAM kausativ **B** M GRAM Kausativ *m*
causear *Chile* **A** VI (einen Imbiss) essen; vespern (*al.d.S*) **B** VT *fig* (*vencer*) **~ a alg** mit j-m spielend fertig werden, leicht (die Oberhand) gewinnen
causeo M *Chile* Imbiss *m*, leichte Zwischenmahlzeit *f*
causídico ADJ JUR Prozess...
causón M MED kurzer, heftiger Fieberanfall *m*
cáustica F GEOM Brennlinie *f*; ÓPT kaustische Linie *f*; FÍS Kaustik *f*; **cáusticamente** ADV *espec fig* beißend; spöttisch
causticar VT ⟨1g⟩ QUÍM ätzend machen;
causticidad F **1** QUÍM Ätz-, Beizkraft *f* **2** *fig* (*sarcasmo*) Bissigkeit *f*, beißender Spott *m*
cáustico **A** ADJ **1** QUÍM ätzend, beizend, kaustisch (*tb fig*); **sosa** *f* **-a** Ätznatron *n* **2** *fig* (*mordaz*) beißend, bissig **B** M QUÍM Ätz-, Beizmittel *n*; MED *medicamento*: Kaustikum *n*; (*emplasto*) Zugpflaster *n*
cautamente ADV vorsichtig
cautela F **1** (*cuidado*) Vorsicht *f*, Behutsamkeit *f*; (*reserva*) Vorbehalt *m*; **con ~** vorsichtig, behutsam **2** (*astucia*) Klugheit *f*, Schläue *f*, Gerissenheit *f*

C

C

cautelar[1] A V/T verhüten; vorbeugen (*dat*) B V/R **~se (de)** sich hüten (vor *dat*)

cautelar[2] ADJ Vorsichts...; vorbeugend; **medida** *f* **~** Vorsichtsmaßnahme *f*

cautelarmente ADV vorsichtshalber; **cautelosamente** ADV 1 (*cuidadoso*) vorsichtig 2 (*inteligente*) schlau; **cauteloso** ADJ 1 (*prudente*) vorsichtig, behutsam 2 (*astuto*) schlau, pfiffig, gerissen

cauterio M MED 1 Brenner *m*, Kauter *m* 2 → cauterización; **cauterización** F *espec* MED Kauterisation *f*, Ausbrennen *n*; (Ver)Ätzung *f*; **cauterizador** ADJ ätzend; **cauterizar** V/T & V/I 〈1f〉 (aus)brennen, kauter(isiere)n, verschorfen; **lápiz** *m* **para ~** Höllenstein-, Ätzstift *m*

cautín M Lötkolben *m* (*für Zinn*)

cautivador, cautivante ADJ packend, fesselnd

cautivar V/T 1 (*capturar*) gefangen nehmen 2 *fig* (*fascinar*) fesseln, packen, gefangen nehmen; (*encantar*) entzücken, bestricken; **~ con favores** mit Gefälligkeiten (an sich *acus*) binden (*o* für sich *acus* gewinnen); **cautiverio** M, **cautividad** Gefangenschaft *f* (*tb fig*); *liter* Knechtschaft *f*, Sklaverei *f*; **caer en ~** in Gefangenschaft geraten

cautivo A ADJ 1 (*preso*) (kriegs)gefangen 2 (*aprisionado*) in Gefangenschaft lebend; **aves** *fpl* **-as** Käfigvögel *mpl*; **llevar ~** in die Gefangenschaft führen, gefangen mit sich (*dat*) führen 3 *fig* (*encadenado*) gefesselt (**de** von *dat*); **~ de su amor/de sus vicios** in Liebesbanden/in seine Laster verstrickt B M, **-a** F Gefangene *m/f*

cauto ADJ vorsichtig, behutsam; schlau

cava[1] F AGR Behacken *n*, Umgraben *n* (*bes eines Weinbergs*); **dar una ~ a las viñas** die Rebgärten behacken (*o* häckeln)

cava[2] A F 1 HIST *bodega real*: Hofkellerei *f* 2 *reg* (*bodega*) Sekt-, Weinkellerei *f* 3 (*fosa*) Burg-, Schlossgraben *m* 4 AUTO (Schmier)Grube *f* B M *vino espumante*: spanischer Sekt *m*

cava[3] ADJ ANAT **vena** *f* **~ inferior/superior** untere/obere Hohlvene *f*

cavadizo ADJ ausgegraben; **tierra** *f* **-a** *suelo*: leicht zu behackendes Erdreich *n*; *tierra amontonada*: aufgeworfene Erde *f*; **cavador** M (Um)Gräber *m*; CONSTR Erdarbeiter *m*; (*sepulturero*) Totengräber *m*; **~ de oro** Goldgräber *m*; **cavadura** F 1 (*removimiento de tierra*) (Um)-Graben *n*, Ausheben *n* 2 (*fosa*) Grube *f*, Aushöhlung *f*, Vertiefung *f*

cavar V/T & V/I 1 (*picar*) (be)hacken 2 (*remover la tierra*) (um)graben; ausheben; MIL schanzen; MIN **~ una mina** eine Mine (*o* einen Stollen) anlegen; *fig* **~ su propia tumba** sich (*dat*) sein eigenes Grab schaufeln 3 *fig* (*meditar*) (nach)-grübeln (**en** über *acus*)

cavatina F MÚS Kavatine *f*

cavazón F Um-, Aufgraben *n*

caverna F Höhle *f*, Grotte *f*; MED Kaverne *f*; **hombre** *m* **de las ~s** Höhlenmensch *m*; *fig* Steinzeitmensch *m*; **cavernario** ADJ Höhlen...; **cavernícola** M/F 1 (*hombre de las cavernas*) Höhlenbewohner *m*, -in *f*; Höhlenmensch *m* 2 *fig* (*retrógrado en política*) Reaktionär *m*, -in *f*, Rückständige *m/f*; **cavernosidad** F Höhle *f*; Aushöhlung *f*; **cavernoso** ADJ 1 *terreno, etc* höhlenreich, voller Höhlen; unterhöhlt; MED kavernös; *minerales* schwammig, sehr porös 2 *voz, tono* hohl; **tos** *f* **-a** hohler Husten *m*

caví M *Perú* BOT (*essbare*) Okawurzel *f*

caviar M Kaviar *m*

cavicornios MPL ZOOL Horntiere *npl*

cavidad F Höhlung *f*, Hohlraum *m*, Vertiefung *f*; ANAT Höhle *f*; **~ abdominal/bucal** Bauch-/Mundhöhle *f*; **~ faríngea** Rachenhöhle *f*; **~ torácica** Brusthöhle *f*, -raum *m*

cavilación F 1 (*meditación*) Grübelei *f* 2 (*sutileza*) Spitzfindigkeit *f*; **cavilador** A ADJ grüblerisch B M, **caviladora** F Grübler *m*, -in *f*; **cavilar** V/I & V/T grübeln, nachsinnen, sinnieren (**sobre, en** über *acus*); **cavilosidad** F 1 (*prejuicio*) Voreingenommenheit *f*, Argwohn *m* 2 (*meditación*) Grübelei *f*; **caviloso** ADJ 1 (*meditativo*) grüblerisch; sinnierend 2 (*receloso*) argwöhnisch; spitzfindig

cay M *RPl* ZOOL Kapuzineraffe *m*

cayada F Hirtenstab *m*; **cayadilla** F Schüreisen *n* (*der Schmiede*); **cayado** M 1 *del ovejero*: Hirtenstab *m*; REL *del obispo*: Krumm-, Bischofsstab *m* 2 ANAT **~ de la aorta** Aortenbogen *m*

cayajabo M *Cuba* gelber Mate *m*

cayapear V/I *Ven* sich zusammenrotten (*um j-n zu überfallen*)

cayena F Cayennepfeffer *m*

cayente PART → caer

cayero M, **-a** F *Cuba* Bewohner *m*, -in *f* einer karibischen Sandinsel (→ cayo)

cayetano M *Andes* großes Weingefäß *n*

cayo M flache Sandinsel *f* *im Karibischen Meer*; **Cayo Hueso** Key West *n*

cayó → caer

cayota F, **cayote** M BOT Faserkürbis *m*

cayuca F *Cuba fam* Kopf *m*, Schädel *m fam*, Dez *m fam*

cayuco[1] A ADJ *Cuba* mit vorn spitzem, hinten breitem Kopf B M *Cuba* (*persona terca*) dickköpfige Person *f*; dämlicher Kerl *m*

cayuco[2] M *embarcación*: Einbaum *m*; *Canarias* Flüchtlingsboot *n*; **cayuquero** M Führer *m* eines Einbaums

caz M 〈*pl* caces〉 Wassergraben *m*; Mühlgerinne *n*

caza A F 1 Jagd *f* (*tb fig*), Weidwerk *n*, Pirsch *f*; Jägerei *f*; Jagdwesen *n*; **~ de acoso** Hetz-, Parforcejagd *f*; *fig* **~ de brujas** Hexenjagd *f*; **~ excesiva** Überjagung *f*; **~ furtiva** *o* **en vedado** Wilderei *f*; **~ del jabalí** Saujagd *f*; **~ en ojeo** Treibjagd *f*; **~ al rececho** Pirsch *f*; **~ con reclamo** Lockjagd *f*; **avión** *m* **de ~** Jagdflugzeug *n*; **pabellón** *m* **de ~** Jagdhaus *n*, -schlösschen *n*; **dar** (MAR, MIL **dar la**) **~ a** (ver)jagen (*acus*); verfolgen (*acus*); Jagd machen auf (*acus*); *tb fig* **estar de ~** auf der Jagd sein; **ir** *o* **salir de ~** auf die Jagd gehen; *fig* **ir** *o* **andar a la ~ de un destino** auf (der) Ämterjagd sein, nach einem Pöstchen jagen *fam* 2 (*venado*) Wild *n*; Wildbret *n*; **~ mayor/menor** Hoch-/Niederwild *n*; **~ de pelo/de pluma** Haar-/Federwild *n*; **levantar** *o* **alborotar** *o* **espantar la ~** das Wild aufstöbern; *fig* etwas (Geheimes) aufdecken, ein (*o* das) Geheimnis lüften 3 (*presa*) Jagdbeute *f*, Strecke *f*; **¡buena ~!** Weidmannsheil! 4 (*coto*) Jagdrevier *n* 5 PINT **~ (muerta)** Jagdstück *n* B M AVIA, MIL Jäger *m*, Jagdflugzeug *n*; **~ interceptor** Abfangjäger *m*; **~ de reacción** Düsenjäger *m*; **~ todo tiempo** Allwetterjäger *m*

cazaautógrafos M/F 〈*pl inv*〉 Autogrammjäger *m*, -in *f*

cazabe M → casabe

cazable ADJ jagdbar; **cazabombardero** M AVIA, MIL Jagdbomber *m*; **cazacerebros** M/F → cazatalentos; **cazaclavos** M TEC 〈*pl inv*〉 Nagelzieher *m*; **cazadero** M Jagdgebiet *n*, -revier *n*

cazador A ADJ jagdliebend; *animal* jagend; **perro** *m* **~** Jagdhund *m* B M 1 CAZA Jäger *m*, Weidmann *m*; MIL Jäger *m*, Schütze *m*; AVIA Jagdflieger *m*; *etnología*: **~es** *pl* (**y recolectores** *mpl*) Jäger *mpl* (und Sammler *mpl*); **~ de alforja** Fallensteller *m*; Schlingenleger *m*; *fig* **~ de autógrafos** Autogrammjäger *m*; **~ de cabezas** Kopfjäger *m*; **~ dominguero** Sonntagsjäger *m*; **~ furtivo** Wilddieb *m*, Wilderer *m*; MIL **~ de montaña** Gebirgsjäger *m* 2 MAR Rackleine *f*

cazadora F 1 TEX Wind-, Lederjacke *f*; Blouson *m*; **~ militar** Feldbluse *f* 2 *persona*: Jägerin *f* 3 *Am Centr* AUTO (*camioneta*) Lieferwagen *m*, Transporter *m* 4 *Col* ZOOL große Baumschlange *f*; **cazadotes** M 〈*pl inv*〉 Mitgiftjäger *m*; **cazafortunas** M 〈*pl inv*〉 Glücksritter *m*

cazalla F Anislikör *m*

cazamariposas M Schmetterlingsnetz *n*; **cazaminas** M 〈*pl inv*〉 MAR, MIL Minensucher *m*, Minensuchboot *n*; **cazamoscas** M 〈*pl inv*〉 ORN Fliegenschnäpper *m*; **cazanazis** M/F 〈*pl inv*〉 Nazijäger *m*, -in *f*; **cazanoticias** M/F 〈*pl inv*〉 **ser un/una ~** dauernd auf der Jagd nach Neuigkeiten (*o* Sensationen) sein

cazar 〈1f〉 A V/T 1 jagen, nachjagen (*dat*) (*tb fig*); **~ moscas** Fliegen (*o fig* Grillen) fangen 2 *fam* (*agarrar*) erwischen, ergattern *fam*; *fig* (*acorralar*) stellen, ertappen, abfangen, erwischen 3 *fam* (*apresar*) einfangen, umgarnen 4 MAR *vela* anziehen B V/I *abs* jagen; **~ a espera** *o* **~ en paranza** *o* **~ en puesto** auf den Ansitz (*o* Anstand) gehen; **~ furtivamente** wildern; **~ a lazo** Schlingen legen; **~ en vedado** in fremdem (*o* verbotenem) Revier jagen (*espec fig*); **ir a ~** auf die Jagd gehen

cazarreactor M AVIA Düsenjäger *m*; **cazarrecompensas** M/F Kopfgeldjäger *m*, -in *f*; **cazasubmarinos** M 〈*pl inv*〉 MIL U-Boot-Jäger *m*; **cazatalentos** M/F Talentsucher *m*, -in *f*; Headhunter *m*, -in *f*; **cazatesoros** M/F Schatzsucher *m*, -in *f*; **cazatorpedero** M MIL Torpedobootjäger *m*

cazcalear V/I *fam Esp* zwecklos hin und her laufen

cazcarria F 1 (*pringue*) Dreckspritzer *m* (*an Hosenbeinen, Stiefeln etc*) 2 *RPl* (*excrementos ovinos*) Schaf- (*o* Schweine)kot *m* 3 *Esp* (*estiércol seco*) getrockneter Kot *m* auf dem Fell der Tiere; **cazcarriento, cazcarrioso** ADJ kotig, schmutzig

cazcorvo ADJ 1 (*patituerto*) krummbeinig (*bes Reittiere*) 2 *Ven fam* (*sospechoso*) verdächtig, zwielichtig

cazo M 1 (*sartén*) Stielpfanne *f*; (*cucharón*) Schöpflöffel *m*, -kelle *f* 2 *del cuchillo*: Messerrücken *m* 3 *fam fig* (*torpe*) Tölpel *m*, Tollpatsch *m*; **cazolada** F Topf *m* voll; **cazoleja** F → cazoleta; **cazolero** M, **cazolera** F 1 Topfmacher *m*, -in *f* 2 *fig* (*husmeador[a]*) Schnüffler *m*, -in *f*, Tratscher *m*, -in *f*; **cazoleta** F 1 (*cazuela pequeña*) kleine Kasserolle *f* 2 (*cabeza de pipa*) Pfeifenkopf *m* 3 *del sable, etc*: Stichblatt *n*, Degenkorb *m* 4 HIST *de armas de fuego*: Zünd-, Pulverpfanne *f* (*der alten Feuerwaffen*); **cazoletero** M, **-a** F → cazolero, cazolera

cazón M *pez*: Hausen *m*; Hundshai *m*

cazuela F 1 (*cacerola*) Tiegel *m*, Kasserolle *f*; Schmortopf *m* 2 GASTR (*estofado*) Schmorfleisch *n*; *Perú, Chile* *Suppeneintopf aus Fleisch/Hühnerfleisch und Reis/Mais mit vielen weiteren Zutaten*; **~ de mariscos** Meeresfrüchtetopf *m* (*in der Tonschale*) 3 TEAT Galerie *f*, Olymp *m* (*hum*) 4 *Chile fam* **por ~** (*casualmente*) (ganz) zufällig

cazuelero M *Cuba fam* Pantoffelheld *m*; **cazuelita** F *Esp* kleine Tonschale *f* (*für Knabberzeug, Nachtisch etc*)

cazumbrar V/T *barriles de vino* abdichten, verpichen; **cazumbre** M Wergschnur *f* (*zum Abdichten der Weinfässer etc*)

cazurrería F 1 (*retraimiento*) Verschlossenheit *f*, Wortkargheit *f* 2 (*tosquedad*) Plumpheit *f*; Unhöflichkeit *f*; Gemeinheit *f*; **cazurría** F → cazurrería; **cazurro** A ADJ 1 (*taimado*) wortkarg; ungesellig, verschlossen, menschenscheu 2 (*grosero*) derb, plump, ungehobelt

B M verschlossener Mensch *m;* Tölpel *m*

c/c ABR (cuenta corriente) Girokonto *n,* laufendes Konto *n*

c.c. ABR **1** *(centímetro[s] cúbico[s])* ccm, cm^3 (Kubikzentimeter) **2** ELEC *(corriente continua)* Gleichstrom *m*

CC M ABR **1** JUR *(Código Civil)* Bürgerliches Gesetzbuch *n,* Zivilgesetzbuch *n* **2** *(Coalición Canaria) Regionalpartei auf den Kanarischen Inseln*

CC.AA. FPL ABR (Comunidades Autónomas) *Esp* autonome Regionen *fpl*

CCI F ABR **1** *(Cámara de Comercio Internacional)* Internationale Handelskammer *f* **2** *(Consejo Cultural Interamericano)* Interamerikanischer Kulturrat *m (der OEA)*

CCM M ABR (Mercado Común del Caribe) Gemeinsamer Karibischer Markt *m*

CC.OO. FPL ABR (Comisiones Obreras) *spanische kommunistische Gewerkschaft*

CCPR F ABR (Cámara de Comercio de Puerto Rico) Handelskammer *f* von Puerto Rico

C.D. M ABR (Club Deportivo) Sportklub *m*

CD M ABR **1** *(compact disc)* CD *f;* **~ virgen** (CD-)Rohling *m;* **poner/grabar un ~** e-e CD auflegen/brennen **2** *(Cuerpo diplomático)* CD *n* (Diplomatisches Korps) **3** *(Centro Democrático) politische Partei in Spanien*

CDC F ABR (Convergència Democràtica de Catalunya) *katalanische Partei*

C. de J. F ABR (Compañía de Jesús) REL SJ (Societatis Jesu, Jesuitenorden)

CD-ROM M ABR (compact disc-read only memory) INFORM CD-ROM *f*

CdS M ABR (Consejo de Seguridad) Sicherheitsrat *m (der UNO)*

CDS M ABR (Centro Democrático y Social) *Esp politische Partei in Spanien*

ce F ‹*pl* ces› C *n (Name des Buchstabens); fam* **~ por be** *o* **~ por ~** detailliert; haarklein *fam;* **por ~** *o* **por be** so oder so, auf die eine oder andere Art

CE ABR **1** M *(Consejo de Europa)* ER *m* (Europarat) **2** F *(Comunidad Europea)* EG *f* (Europäische Gemeinschaft) **3** F *(Comisión Europea)* Europäische Kommission *f*

CEA F ABR **1** *(Confederación Europea de Agricultura)* Europäischer Landwirtschaftsverband *m* **2** *(Conferencia Episcopal Argentina)* Argentinische Bischofskonferenz *f*

CEALO F ABR (Comisión Económica para Asia y el Lejano Oriente) UN-Wirtschaftskommission *f* für Asien und Fernost

CEAPA F ABR (Confederación Española de Asociaciones de Padres de Alumnos) Dachverband *m* der spanischen Elternverbände

ceba F **1** *(acción de cebar)* Mast *f;* Mästung *f; (cebo)* Mastfutter *n* **2** TEC *(carga)* Beschickung *f eines Hochofens*

cebada F **1** BOT Gerste *f; grano:* Gerstenkorn *n;* **~ barbada** Bartgerste *f,* -hafer *m;* **~ mondada** *o* **perlada** Gersten-, Perlgraupen *fpl;* **~ de verano/de invierno** Sommer-/Wintergerste *f;* **pan de ~** Gerstenbrot *n* **2** *Am Mer Erfrischungsgetränk aus Gerstensaft*

cebadal M Gerstenfeld *n;* **cebadar** V/T *caballos, etc* mit Gerste füttern; **cebadazo** ADJ Gersten...

cebadera¹ F *(morral)* Futtersack *m; cajón:* Gersten-, Futterkasten *m*

cebadera² F **1** MAR *vela:* Bugsprietsegel *n* **2** TEC *del alto horno:* Trichterkübel *m eines Hochofens* **3** *comerciante:* Futterhändlerin *f* **4** *RPl (recipiente para el mate)* Mategefäß *n*

cebadero M **1** *comerciante:* Futterhändler *m; mozo:* Stall-, Futterknecht *m* **2** *caballerías:* Leittier *n einer Lasttiergruppe* **3** *(lugar para cebar)* Futterplatz *m,* Mast(weide) *f;* CAZA Köderplatz *m* **4** PINT Geflügelbild *n (Fütterungsszene)* **5** TEC *del alto horno:* Gicht *f eines Hochofens* **6** HIST *(halconero)* Falkenier *m,* Falkner *m*

cebadilla F BOT Wilde Gerste *f*

cebado ADJ **1** gefüttert, gemästet, Mast... **2** *Am* **tigre ~** Jaguar *m,* der schon einmal Menschenfleisch gekostet hat; **cebador** M **1** *persona:* Viehmäster *m* **2** *frasco:* Pulverflasche *f;* **cebadora** F *mujer:* Viehmästerin *f;* **cebadura** F *(engorde)* Fütterung *f;* Mast *f*

cebar **A** V/T **1** *animales* mästen *(fam tb personas);* füttern **2** TEC *(cargar)* beschicken *(tb altos hornos),* speisen, füllen; *aceite, etc* nachfüllen; *en cohetes, etc:* den Zündsatz anbringen **3** TEC *volante, máquina* anlassen **4** *(atraer)* locken; *caña de pescar* beködern **5** *fig pasiones, enojo* schüren **6** *RPl mate, p. ext tb café, etc* bereiten **B** V/I **1** *tornillo* fassen, eindringen **2** CAZA *abs carnada* auslegen **3** *Méx tiro* nicht losgehen; *negocio etc* nicht klappen **C** V/R **cebarse** **1** *(engordar)* sich mästen; *fig* sich weiden (**en** an *dat*); **~ en la matanza** mordgierig (*o* blutdürstig) sein; **~ contra** *o* **en alg** seine Wut an j-m auslassen **2** *epidemia, plaga* wüten **3** *fig* **~ en a/c** *(entregarse, concentrarse)* sich in etw *(acus)* versenken (*o* vertiefen), in etw *(acus)* versunken sein

cebellina **A** ADJ Zobel...; **marta** *f* **~** Zobel *m* **B** F ZOOL Zobel *m; piel:* Zobelpelz *m;* TEX Zibeline *f*

cebiche M *Chile, Col, Ec, Perú* GASTR *kaltes Gericht aus mit Zitronensaft marinierten rohen Fischen oder Meeresfrüchten; adobo:* Zitronensoße *f,* -marinade *f;* **~ de camarón** Garnelen *fpl* in Zitronenmarinade; **cebichería** F *Chile, Col, Ec, Perú* GASTR *Geschäft oder Restaurant, in dem Cebiche verkauft bzw serviert wird*

cebo¹ M ZOOL *mono:* Brüllaffe *m*

cebo² M **1** *(comida para animales)* Futter *n;* Mastfutter *n; desp* Fraß *m,* Fressen *n pop* **2** *(carnada)* Köder *m,* Lockspeise *f (tb fig); fig (señuelo)* Lockvogel *m;* **morder el ~** *pez* anbeißen *(tb fig);* **poner ~** Köder auslegen *(tb fig)* **3** *fig (estímulo)* Anreiz *m,* Verlockung *f* **4** MIL *explosivos:* Zündsatz *m*

cebolla **A** F **1** BOT *bulbo:* Zwiebel *f;* Blumenzwiebel *f;* BOT, FARM **~ albarrana** Meerzwiebel *f; prov* **contigo, pan y ~** mit dir bin ich auch ohne Geld glücklich **2** TEC *criba:* Lochfilter(einsatz) *m bei Wasserleitungen etc; de lámparas de aceite:* Brennstoffbehälter *m bei Öllampen* **3** *daño en maderas:* Holzkernfäule *f* (*o* Ringschäle *f*) *der Bäume* **4** *pop (cabeza)* Kopf *m,* Birne *f fam* **5** *jerga del hampa (gallina)* Huhn *n* **6** *Ven fam (reloj de pulsera)* Armbanduhr *f* **B** ADJ *obs* **papel** *m* **~** Durchschlagpapier *n*

cebollada F Zwiebelgericht *n;* **cebollana** F BOT Salatzwiebel *f;* → *tb* cebollino 1, cebolleta 1; **cebollar** M Zwiebelfeld *n;* **cebollero** M, **cebollera** F **1** *cultivador(a):* Zwiebel(an)bauer *m,* -in *f* **2** *comerciante:* Zwiebelhändler *m,* -in *f;* **cebolleta** F **1** *especie de cebolla:* Lauch-, Frühlingszwiebel *f;* Steckzwiebel *f;* junge Zwiebel *f;* **~ (común)** Winterzwiebel *f; tb (cebollino)* Schnittlauch *m* **2** *Cuba Art (chufa)* Erdmandel *f* **3** *vulg (pene)* Schwanz *m vulg*

cebollino M **1** **~ (común** *o* **francés)** Schnittlauch *m; fam* **escardar ~s** herumlungern, unserem Herrgott den Tag stehlen; *fam* **¡vete a escardar ~s!** scher dich zum Teufel! **2** *(simiente de cebolla)* Samenzwiebel *f;* **~ inglés** Winterzwiebel *f* **3** *fam (tonto)* Dummkopf *m,* Dämlack *m fam*

cebollita F kleine junge Zwiebel *f;* **cebollón** M **1** BOT *variedad de cebolla:* süße Zwiebel *f* **2** *RPl fig (solterón)* eingefleischter Junggeselle *m,* Hagestolz *m;* **cebolludo** ADJ BOT zwiebelartig; Zwiebel...; *fig* plump bäuerisch

cebón **A** ADJ **1** gemästet, Mast...; **pavo** *m* **~** Mastputer *m* **2** *desp persona* fett, dick **B** M **1** Masttier *n; (cerdo)* Schwein *n* **2** *fam fig (barrigón)* Fett-, Dickwanst *m fam*

cebra **A** F ZOOL Zebra *n* **B** ADJ *inv transporte:* **paso** *m* **~** Zebrastreifen *m;* **cebrado** ADJ *animal* gestreift

cebreros M *Wein aus Ávila*

cebrión M *insecto:* Eckflügler *m*

cebruno ADJ **1** *(cerval)* hirschartig **2** *(pálido)* fahl

cebú M ‹*pl* -úes› ZOOL **1** Zebu *m* **2** *Arg mono: Art* Brüllaffe *m*

ceburro ADJ AGR Winter... *(bes Weizen und Hirse)*

CEC M ABR (Consejo Económico Centroamericano) Zentralamerikanischer Wirtschaftsrat *m*

ceca F **1** HIST Münzpräge(stätte) *f* **2** *fig* **ir de (la) Ceca en** *o* **a la Meca** von Pontius zu Pilatus laufen

CECA F ABR **1** *(Comunidad Europea del Carbón y del Acero)* HIST EGKS *f* (Europäische Gemeinschaft für Kohle und Stahl) **2** *(Confederación Española de Cajas de Ahorro)* Spanischer Sparkassenverband

cecal ADJ MED Blinddarm...; **región** *f* **(ileo)~** Blinddarmgegend *f*

CECE ABR (Confederación Española de Centros de Enseñanza) *Dachverband der spanischen Privatschulen*

cecear V/I **1** *(susurrar)* lispeln **2** *„s" als Interdental sprechen, z. B. „caza" für „casa"; Gegensatz: seseo*

ceceo M **1** *(susurro)* Lispeln *n* **2** *Aussprache von „s" als Interdental;* **ceceoso** **A** ADJ lispelnd **B** M, **-a** F Lispler *m,* -in *f*

cechero M **1** CAZA Jäger *m* auf dem Ansitz **2** *fig (escucha)* Lauscher *m*

cecial M Stockfisch *m (Hechtdorsch)*

cecina F Rauch-, Dörrfleisch *n; fig* **estar como una ~** sehr mager (*o* dürr) sein; **cecinar** V/T einpökeln

cecografía F Blindenschrift *f*

CECU F ABR (Confederación Española de Consumidores y Usuarios) spanischer Verbraucherverband *m*

ceda¹ F *del jabalí o puerco:* Borste *f; de las caballerías:* Schwanz- (*o* Mähnen)haar *n*

ceda² F Z *n (Name des Buchstabens)*

CEDA F ABR (Confederación Española de Derechas Autónomas) HIST *politische Partei während der II. Republik*

cedacería F Siebmacherei *f;* **cedacero** M Siebmacher *m;* **cedacico** M Feinsieb *n;* **cedacillo** M BOT *Art* Zittergras *n;* **cedazo** M **1** *(criba)* Sieb *n;* Grobsieb *n;* AGR Getreidesieb *n;* **~ de crin** Haarsieb *n* **2** *(red de pesca) Art* Wurfnetz *n der Fischer*

CEDE ABR (Compañía Española de Electricidad) Spanische Elektrizitätsgesellschaft

cedente **A** ADJ abtretend; gewährend **B** M/F *espec* JUR Abtretende *m/f,* Zedent *m,* -in *f*

ceder **A** V/T **~ a/c a alg** jm etw abtreten *o* abgeben; etw an j-n abtreten *o* abgeben; j-m etw überlassen; *t/t,* COM, JUR **~ a/c** etw zedieren; FÍS **~ calor** Wärme abgeben; **~ el paso a alg** j-m den Vortritt lassen; hinter j-m zurückstehen; AUTO j-m die Vorfahrt lassen; AUTO **¡ceda el paso!** Vorfahrt gewähren! **B** V/I **1** *(rendirse)* nachgeben, sich beugen; *(hacer sitio)* weichen; **~ en favor de otro** zugunsten eines andern zurücktreten; **~ en su empeño** von seinem Vorsatz abgehen; **no ~ a nadie en ...** niemandem nachstehen an (*o* in) ... *(dat);* **~ a la necesidad** sich ins Unvermeidliche schicken; **~ a los ruegos** den Bitten nachgeben, sich durch Bitten erweichen lassen **2** **~ de sus derechos** auf seine Rechte verzichten **3** *(aflojar)* nachgeben, *(doblegarse)* sich biegen; *(romper)* reißen, zusammenbrechen; *viento, dolor* nachlassen; AVIA **~ automáticamente** *tren de aterrizaje* selbsttätig einfahren

cederrón M CD-ROM *f*

cedilla F FON Cedille *f*

cedizo ADJ *carne, etc* angefault, stinkend

cedoaria F BOT Zitwer *m*, persischer Wurmbeifuß *m*

cedral M Zedernwald *m*; **cedreleón** M Zedernharzöl *n*; **cedria** F Zedernharz *n*

cédride F Zedernsame *m*, Zedernapfel *m*

cedrino ADJ Zedern...; **cedrito** M Zedernwein *m*

cedro M 1 BOT Zeder *f*; **~ de España** Acajoubaum *m*; Weihrauchwacholder *m*; **~ del Líbano** Echte Zeder *f*, Libanonzeder *f* 2 *madera*: Zedernholz *n*

cedrón M BOT 1 *Am Centr nogal*: Fiebernussbaum *m* 2 *Chile, Perú* *ein Eisenkrautgewächs*

cédula F 1 Zettel *m*, Schein *m*; *(pagaré)* Schuldschein *m*; *(documento)* Urkunde *f*; *(documento de identidad)* Ausweis *m*; **~ hipotecaria** Pfandbrief *m*; *Am* **~ personal** *o* **de identidad** *o Am reg* **de ciudadanía** Personalausweis *m*; **~ de transeúnte** Aufenthaltsschein *m*, -karte *f* 2 HIST *(decreto)* Verordnung *f*, Erlass *m*; **~ real** königliche Verordnung *f*; königlicher Gnadenbrief *m*

cedulario M Sammlung *f* königlicher Erlasse;

cedulón M Verordnung *f*, Erlass *m*; *fig (pasquín)* Schmähschrift *f*

CEE F ABR 1 HIST *(Comunidad Económica Europea)* EWG *f* (Europäische Wirtschaftsgemeinschaft) 2 *(Comisión Económica para Europa)* ECE *f* (UN--Wirtschaftskommission für Europa)

CEEA F ABR (Comunidad Europea de Energía Atómica) Euratom *f* (Europäische Atomgemeinschaft)

cefalalgia F MED Kopfschmerzen *mpl*; **cefalea** F MED heftiger Kopfschmerz *m*

cefálico ADJ Kopf..., Schädel...; FARM **remedio** *m* **~** Kopfschmerzmittel *n*; Anregungsmittel *n*

cefal(o)..., céfalo... PREF MED Kopf..., *t/t* Kephal(o)...

céfalo M *pez*: Wolfsbarsch *m*

cefalofaríngeo ADJ MED Kopf und Luftröhre betreffend; **cefalograma** M MED Kephalogramm *n*; **cefalometría** F MED Kephalometrie *f*

cefalópodo M ZOOL Kopffüßer *m*

cefalorraquídeo ADJ ANAT **líquido ~** Gehirn-Rückenmarks-Flüssigkeit *f*

céfiro M 1 *liter viento*: Zephir *m*, Westwind *m*; *fig* sanfter Wind *m* 2 TEX *tela*: Zephir *m*

cegador ADJ blendend

cegajoso ADJ triefäugig

cegamiento M 1 FARM *de datos*: Anonymisierung *f* 2 *del cauce de un río*: Versandung *f*, Verlandung *f*

cegar ⟨1h *y* 1k⟩ A VT 1 *(hacer perder la vista)* blenden, blind machen 2 *fig (ofuscar la razón)* verblenden; **la pasión le ciega (los ojos** *o* **el juicio)** seine Leidenschaft lässt ihn nicht zur Einsicht kommen 3 TEC, CONSTR *agujero, cañería* verstopfen; *hueco* zumauern; *zanja, estanque* zuschütten; *gotera* abdichten B VI 1 *(perder la vista)* erblinden, blind werden 2 MIN vertauben C VR **cegarse** 1 **~ (por arena)** versanden 2 *fig* **~ por alg** *(enamorarse)* blind in j-n verliebt sein; **~ de ira** blind vor Wut sein

cegarr(it)a *fam*, **cegato** *fam*, **cegatón** ADJ *fam* kurzsichtig; **cegatoso** ADJ triefäugig

cegrí M ⟨*pl* -íes⟩ 1 HIST *Angehöriger eines Maurengeschlechts in Granada* 2 *fig* **~es y abencerrajes** wie Hund und Katze (leben), (sich *dat*) spinnefeind (sein)

ceguedad F 1 *(privación de la vista)* Blindheit *f* 2 *fig (alucinación)* Verblendung *f*

ceguera F 1 *espec* MED *(privación de la vista)* Blindheit *f*; **~ para** *o* **de los colores** Farbenblindheit *f*; **~ diurna/nocturna** Tag-/Nachtblindheit *f* 2 *fig (alucinación)* Verblendung *f*

CEI F ABR (Comunidad de Estados Independientes) GUS *f* (Gemeinschaft Unabhängiger Staaten)

ceiba F *Am trop* BOT 1 *árbol*: Ceiba *f*, Wollbaum *m (verschiedene Arten)* 2 *alga*: Sargassokraut *n*;

ceibo M BOT 1 → ceiba 1 2 *Am Mer eine Zier- und Heilpflanze (Erythrina cristagalli)*; **ceibón** M *Nic* BOT → ceiba 1

Ceilán M Ceylon *n*

ceilan(d)és A ADJ ceylonesisch B M, **-esa** F Ceylonese *m*, Ceylonesin *f*

ceja F 1 ANAT *sobre el ojo*: (Augen)Braue *f*; **arquear** *o* **enarcar las ~s** die Brauen hochziehen; *fam fig* **estar hasta las ~s de alg/ac** von j-m/etw genug (*o* die Nase voll *fam*) haben; **estar entrampado hasta las ~s** bis zum Hals (*o* bis über beide Ohren) in Schulden stecken; **fruncir las ~s** die Stirn runzeln; **quemarse las ~s** büffeln *fam*; **tener** *o* **llevar a/c entre ~ y ~** *o* **metérsele** *o* **ponérsele a alg a/c entre ~ y ~** etw im Auge haben, sich auf etw *(acus)* versteifen; **tener** *o* **llevar a alg entre ~ y ~** *o* **metérsele** *o* **ponérsele alg a alg entre ~ y ~** j-n nicht ausstehen (*o* nicht verknusen *fam*) können 2 *(parte sobresaliente)* hervorstehender Rand *m*; **~ (de la encuadernación)** Einband-, Buchrand *m* 3 *de la montaña*: Bergspitze *f*; *Am Mer (vereda del bosque)* Waldstreifen *m*; *Andes*: **~ de selva** *feuchtheiße Bergregion auf der Ostseite der Anden (bis hinunter zum Amazonas)* 4 MÚS *de un instrumento de cuerdas*: Sattel *m*; *de la guitarra*: Kapodaster *m* 5 *Cuba, Am reg (camino del bosque)* Waldweg *m*

cejar VI 1 *(retroceder)* zurückweichen 2 *fig (aflojar)* weichen, nachgeben; **no ~** durchhalten; **no ~ en** nicht abgehen von *(dat)*; nicht locker lassen bei *(dat) fam*; *adv* **sin ~** unverdrossen

cejijunto ADJ mit zusammengewachsenen Augenbrauen; *fig* finster blickend

cejilla F MÚS → ceja 4

cejo M 1 *niebla*: Frühnebel *m über Gewässern* 2 *hilo*: Bindfaden *m aus Esparto*

cejón ADJ *Col, Ven*, **cejudo** ADJ mit buschigen Augenbrauen; **cejuela** F MÚS → ceja 4

celada[1] F HIST Helm *m*; Sturmhaube *f*

celada[2] F *(emboscada)* Hinterhalt *m (tb fig)*

celadamente ADV heimlich, verstohlen; **celador** A ADJ wachsam B M, **celadora** F 1 *(vigilante)* Aufseher *m*, -in *f*; *de noche*: Nachtwächter *m*, -in *f*; *de una cárcel*: (Gefängnis)Wärter *m*, -in *f* 2 *(inspector, -a)* Inspektor *m*, -in *f*; *en colegios*: Studienaufseher *m*, -in *f*; **celaduría** F *Am* Wachdienst *m*

celaje M 1 METEO *(conjunto de nubes)* Gewölk *n*; **~s** *pl farbige Schleierwolken im Licht des Sonnenauf- oder -untergangs* 2 *(claraboya)* Dachfenster *n*, Luke *f* 3 *fig (presagio)* Ahnung *f*, (gutes) Vorzeichen *n* 4 *P. Rico (aparición fantástica)* Schatten *m*, Gespenst *n*; *Am reg* **como un ~** blitzschnell

CELAM F ABR (Conferencia Episcopal Latinoamericana) Lateinamerikanische Bischofskonferenz *f*

celar[1] VT *(ocultar)* verbergen, verheimlichen, verhehlen, vertuschen

celar[2] A VI *abs (tener celos)* eifersüchtig sein B VT *(vigilar)* überwachen, beaufsichtigen; wachen über *(acus)*

celar[3] VI *en metales*: gravieren; *en piedras*: meißeln; *en madera*: schnitzen

celastro M BOT Hottentottenkirsche *f*

celda F 1 *habitación*: Zelle *f*; *en el monasterio*: Klosterzelle *f*; *en la cárcel*: Gefängniszelle *f*; **~ de aislamiento/castigo** Isolier-/Strafzelle *f*; **~ individual** Einzelzelle *f*; **~ sanitaria** Nasszelle *f* 2 *en la colmena*: Bienenzelle *f* 3 INFORM **~ de memoria** Speicherzelle *f*

celdilla F 1 ZOOL *de abejas*: Bienen-, Honigzelle *f* 2 BOT *de las semillas*: Kerngehäuse *n*; Samenfach *n einer Samenkapsel* 3 ARQUIT *(nicho)* Mauernische *f*

celebérrimo ADJ *(sup de* **célebre***)* hochberühmt; **celebración** F 1 *acción*: Feiern *n*; *de una festividad*: Begehung *f*, Abhaltung *f*; *(ejecución)* Vollzug *m*; *de un contrato, etc*: Abschluss *m*; CAT Zelebrieren *n einer Messe* 2 *(festividad)* Feier *f* 3 *(elogio)* Lob *n*, Beifall *m*; **celebrador** ADJ Beifall spendend; **celebrante** M CAT Zelebrant *m*, Priester *m*, *der die Messe liest*

celebrar A VT 1 *(festejar)* feiern; feierlich begehen; vollziehen *(tb boda)*; **esto hay que ~lo** das muss gefeiert werden 2 *reunión* abhalten; *conversación* führen; *contrato* schließen 3 *fig (elogiar)* loben, rühmen, preisen; *(alegrarse)* sich freuen über *(acus)*; **~ que** *(subj)* sich freuen, dass *(ind)*, glücklich sein, dass *(ind)*; **celebro verte (de nuevo)** ich freue mich (sehr), dich zu sehen; **lo celebro mucho** es freut mich sehr 4 CAT *misa* lesen, zelebrieren B VR **celebrarse** stattfinden; abgehalten werden; gefeiert werden

célebre ADJ berühmt (**por** für *acus*) *(tb fig)*; *fig* unterhaltsam, witzig; *fam* toll *fam*

celebridad F 1 *(fama)* Berühmtheit *f (tb persona)*; Ruf *m*, Ruhm *m* 2 *(solemnidad)* Feier(lichkeit) *f*

celemín M *Getreide- und Trockenmaß (4,625 l)*; *Biblia*: **meter la luz bajo el ~** sein Licht unter den Scheffel stellen

celenterados, celentéreos, celenterios MPL ZOOL Schlauch-, Hohltiere *npl*, *t/t* Zölenteraten *mpl*

célere ADJ *liter* rasch, behände

celeridad F Schnelligkeit *f*, Geschwindigkeit *f (tb* TEC*)*; **con ~** rasch, schnell; **celerímetro** M TEC Geschwindigkeitsmesser *m*

celesta F MÚS Celesta *f*

celeste ADJ 1 *(del cielo)* himmlisch *(tb fig)*, Himmels...; **azul ~** himmelblau; **cuerpos** *mpl* **~s** Himmelskörper *mpl*; *prov* **al que quiera ~, que le cueste** wer etwas erreichen will, muss sich anstrengen 2 MÚS **(registro** *m***) ~** Vox *f* celestis *(Orgelregister)*

celestial ADJ 1 *(divino)* himmlisch; *fig* überirdisch, göttlich; **armonía** *f* **~** Sphärenmusik *f*; **música** *f* **~** himmlische Musik *f*; *fig desp* leeres Gerede *n*, Zukunftsmusik *f fam* 2 *irón (tonto)* dumm; **celestialmente** ADV himmlisch *(tb fig)*; durch göttliche Fügung

celestina[1] F *(alcahueta)* Kupplerin *f*

celestina[2] F 1 MINER Zölestin *m* 2 BOT Blauer Wasserdost *m*

Celestina F NPR *fig* **polvos** *mpl* **de la madre ~** Zauberpulver *n*, -mittel *n*

celestinazgo M Kuppelei *f*

celestinesco ADJ *liter* Kuppler...

celestino M Kuppler *m*

celíaco ANAT A ADJ 1 ANAT Bauch...; **arteria** *f* **-a** Bauchschlagader *f* 2 MED B M **celíaca** F Glutenallegiker *m*, -in *f*

celibatario ADJ → célibe; **celibato** M Zölibat *m/n*, Ehelosigkeit *f*

célibe A ADJ unverheiratet, ledig B M/F Junggeselle *m*; Junggesellin *f*, unverheiratete Frau *f*

célico ADJ *poét* → celeste, celestial

celícola M *liter* Himmelsbewohner *m*

celidonia F BOT Schöllkraut *n*; **~ menor** Scharbockskraut *n*; **celidónico** ADJ QUÍM **ácido** *m* **~** Chelidonsäure *f*

celinda F BOT Falscher Jasmin *m*

celindrate M GASTR *Gericht mit Koriander*

celista M/F (Violon)Cellist *m*, -in *f*

celladura F Bereifen *n von Fässern*

cellar A VT *cubas* bereifen B ADJ **hierro** *m* ~ Reif(en)eisen *n der Böttcher*

cellisca F heftiges Schneegestöber *n* mit Regen, Schneeregensturm *m*; **cellisquear** V/IMP stöbern *(Wetter)*

cellista M/F (Violon)Cellist *m*, -in *f*

cello M 1 *(aro de la cuba)* Fassreifen *m* 2 MÚS (Violon)Cello *n* 3 → celo 6

celo M 1 *(empeño)* Eifer *m*; Dienst-, Pflichteifer *m*; ~ **ardiente** Feuereifer *m* 2 REL Glaubenseifer *m*, Inbrunst *f* 3 ZOOL Brunst *f*, Brunft *f*; **estar en** ~ brünstig (*o* brünftig) sein, heiß sein; *perra* läufig sein; *gato* rollig sein; *caza mayor* brunften 4 *(envidia)* Neid *m* 5 **~s** *pl entre parejas*: Eifersucht *f*; **dar ~s** eifersüchtig machen; **tener** *o* **sentir ~s** (**de** *o* **a**) eifersüchtig sein (auf *acus*) 6 (**cinta** *f*) ~ *(cinta adherente)* Klebeband *n*, Tesafilm® *m*

celobiosa F QUÍM Zellobiose *f*

celofán, celofana M Zellophan *n*; **papel** *m* ~ Zellophanpapier *n*; **celofanar** VT in Zellophanpapier einwickeln

celomanía F krankhafte Eifersucht *f*

celosa F 1 *Cuba, Méx* BOT *Staude, Verbenazee (Duranta repens)* 2 *mujer*: Eifersüchtige *f*; **celosamente** ADV eifersüchtig; eifrig; **celosía** F 1 TEC *(enrejado)* Gitterwerk *n*; Fachwerk *n* 2 *(persiana)* Jalousie *f* 3 *(celos enfermizos)* (krankhafte) Eifersucht *f*

celoso A ADJ 1 *(diligente)* eifrig, sorgfältig; pflichteifrig; ~ **de** *tb* (ängstlich) bedacht auf *(acus)* 2 *(con celos)* eifersüchtig (**de** auf *acus*); *(envidioso)* neidisch (**de** auf *acus*) 3 MAR rank 4 *Am Mer mecanismo* empfindlich 5 ZOOL brünstig, brünftig; *perra* läufig; *gato* rollig B M Eifersüchtige *m*

celota, celote M/F *Biblia*: Zelot *m*, -in *f*; **celotipia** F *espec* REL Eifersucht *f*

Celsio N PR M FÍS Celsius *m*; **diez grados** ~ (°C) zehn Grad Celsius

Celsitud F 1 *(excelencia)* Erhabenheit *f*, Größe *f (fig)* 2 HIST *tratamiento*: (Königliche) Hoheit

celta A ADJ *lengua*: keltisch B M/F Kelte *m*, Keltin *f*; **celtibérico, celtiber(i)o, celtíbero** A ADJ keltiberisch B M, **-a** F Keltiberer *m*, -in *f*; **celtismo** M Keltentheorie *f*; Keltologie *f*; **celtista** M/F Keltologe *m*, -in *f*

célula F 1 BIOL Zelle *f*; ~ **adiposa/cancerosa** Fett-/Krebszelle *f*; ~ **germinal** Keimzelle *f*; BIOL, MED **~s madre/troncales** Stammzellen *pl*; ~ **nerviosa** Nervenzelle *f* 2 ELEC, *etc* Zelle *f*; ~ **fotoeléctrica** Fotozelle *f*; INFORM ~ **de memoria** Speicherzelle *f*; ~ **de selenio** Selenzelle *f*; ~ **solar** Solarzelle *f* 3 POL Zelle *f*; ~ (**terrorista**) **dormida** Schläferzelle *f*

celulado ADJ zellenförmig; zellig, in Zellen

celular A ADJ 1 *forma*: zellenförmig; Zell…, Zellen…; ARQUIT **construcción** *f* ~ Zellenbauweise *f*; BIOL **estructura** *f* ~ Zellstruktur *f* 2 TEL **teléfono** *m* ~ Handy *n*, Mobiltelefon *n* B M *Am* TEL Handy *n*, Mobiltelefon *n*

celulitis F MED Zellulitis *f*

celuloide M 1 *material*: Zelluloid *n* 2 *p. ext liter (película)* (Spiel)Film *m*; *arte*: Kino *n*; **celulosa** F Zellulose *f*; Zellstoff *m*; TEX Zellwolle *f*; **sin** ~ *papel* holzfrei; **celulósico** ADJ Zellulose…; **celuloso** ADJ zellig, mit vielen Zellen

celuloterapia F MED Frischzellentherapie *f*

cembalista M/F MÚS Cembalist *m*, -in *f*

címbalo M MÚS Cembalo *n*

cementación F TEC *de metales*: Einsatzhärtung *f*, Zementierung *f*; ARQUIT Zementdichtung *f*; **cementar** VT *hierro, acero* zementieren, härten, harteinsetzen; *espec cobre* aus einer Lösung gewinnen; ARQUIT einkitten

cementerio M Fried-, Kirchhof *m*; ~ **civil** Friedhof *m* für Nichtkatholiken; *fam* ~ **de coches** *o* **de automóviles** Autofriedhof *m*; ~ **de aviones** Flugzeugfriedhof *m*; ~ **nuclear** Atommüllendlager *n*

cementero ADJ Zement…

cemento M Zement *m*; ~ **aluminoso** Tonerdezement *m*; ~ **armado** Stahlbeton *m*; ~ (**de fraguado**) **lento/rápido** Langsam-/Schnellbinder *m*; *fam fig* **tener la cara como el** ~ *in seinen Forderungen* keine Scham kennen, schamlos sein, ganz schön unverschämt sein *fam*

cementoso ADJ zementartig

cempasúchil M, **cempoal** M *Méx* BOT Samt-, Studentenblume *f*

cena F 1 Abendessen *n*; *Perú* abendliches Festessen *n*; ~ **fría** kaltes Buffet *n*; ~ **de gala** (abendliches) Festessen *n*; ~ **de navidad/nochevieja** Weihnachts-/Silvesteressen *n* 2 REL **la** (**Santa** *o* **Última**) **Cena** das heilige Abendmahl (Christi)

cenachero M, **cenachera** F Fischverkäufer *m*, -in *f*, *deren Ware auf Cenachos getragen wird*;

cenacho M Einkaufs-, Marktkorb *m*; Lebenmitteltasche *f*

cenáculo M 1 REL Abendmahlssaal *m* 2 *fig (reunión habitual)* Zirkel *m*, Verein *m*, Klub *m von Gelehrten, Künstlern etc*

cenada F *Am* → cenata; **cenadero** M 1 *(comedor)* Speisezimmer *n*; Speisesaal *m* 2 *(glorieta)* Gartenlaube *f*; **cenador** A ADJ zu Abend essend B M 1 *(pabellón)* Laube *f*, Pavillon *m* 2 *reg galería*: Laubengang *m der Häuser*;

cenaduría F *Méx* Garküche *f (bes für Abendmahlzeiten)*

cenagal M Morast(loch *n*) *m*, Sumpf *m*; Moor *n*; *fig* ~ (**de vicios**) Sumpf *m*, Sündenpfuhl *m (liter)*; **cenagoso** ADJ morastig, sumpfig, verschlammt

cenal M MAR Geitau *n*

cenar VT & VI zu Abend essen; **cenamos pollo** wir haben (*o* hatten) ein Hähnchen zum Abendessen; *fam* **a la cama sin** ~ *castigo*: ins Bett ohne Abendessen; *fig* du wirst deine Strafe schon bekommen *fam*

cenata F *Col, Cuba fröhliches und reichliches Abendessen im Freundeskreis*

cenceño ADJ 1 *persona* schlank, schmächtig 2 *pan* ungesäuert

cencerrada F *Esp* wildes Schellengeklingel *n*; Höllenlärm *m*, Katzenmusik *f (bes am Hochzeitsabend von Verwitweten, die wieder heiraten)*; **dar** ~ **a alg** j-m eine Katzenmusik machen; **cencerrear** VI 1 mit Viehschellen läuten 2 *puertas, ventanas, máquinas, etc* klirren, klappern, knarren, quietschen; *niño* kreischen, plärren 3 MÚS *desp (tintinear)* (herum)klimpern; auf einem verstimmten Instrument spielen 4 *fam fig dientes* lose sein, wackeln; **cencerreo** M *(ruido de cencerros)* Schellengeklingel *n*; MÚS *desp* Klimperei *f*; *(matraqueo)* Klappern *n*; *(griterío)* Geplärr *n*, Gekreisch *n*

cencerro M Viehglocke *f*, -schelle *f*; ~ **zumbón** Leitglocke *f*; *fig* (**loco**) **como un** ~ total verrückt, bescheuert *fam*; **llevar el** ~ der Leithammel sein *(tb fig)*

cencerrón M verkümmerte Traube *f*

cencibel ADJ AGR **uva** *f* ~ *Rebsorte aus La Mancha*

cenco M *Am* ZOOL Ameisennatter *f*

cendal M 1 TEX Zindel(taft) *m*; CAT Humerale *n der Priester* 2 *de la pluma*: Federbart *m* 3 *fig (quimera)* Hirngespinst *n*; Lug *m* und Trug *m* 4 **~s** *pl (algodones del tintero)* Tintenbaumwolle *f*

cendra F METAL 1 *(pasta de ceniza de huesos)* Bleichasche *f (zur Metallveredelung)* 2 *(crisol)* Schmelztiegel *m*; **cendrada** F → cendra 1;

cendradilla F METAL Läuterungsofen *m für Edelmetalle*; **cendrazo** M METAL Silberschmelzprobe *f (aus dem Tiegel gebrochen)*

cenefa F 1 TEX *(dobladillo)* Saum *m*, Rand *m*; Einfassung *f*, Borte *f*; CAT Mittelstreifen *m des Messgewandes* 2 ARQUIT Zierrand *m* 3 MAR Marsrand *m*; (seitlich überfallender Rand *m* des) Sonnensegel(s) *n*

cenetista M/F POL Mitglied *n* (*o* Anhänger *m*, -in *f*) der Gewerkschaft CNT

cenicero M 1 *para fumar*: Aschenbecher *m*; ~ **rotativo** Drehascher *m* 2 *del hogar*: Aschenkasten *m*; TEC Aschenraum *m*

Cenicienta F Aschenbrödel *n*, -puttel *n (tb fig)*

ceniciento ADJ aschgrau; aschblond

cenit M Zenit *m*, Scheitelpunkt *m*; *fig* Gipfel(punkt) *m*; **cenital** ADJ im Zenit stehend, Zenit…; ARQUIT **luz** *f* ~ Lichteinfall *m* von oben

ceniza F 1 *(residuos de una combustión)* Asche *f*; **de color** ~ aschfarben, -grau; *fig* **escribir en la** ~ in den Sand (*o* in den Wind) schreiben; *fig* **huir de la** ~ **y caer en la(s) brasa(s)** vom Regen in die Traufe kommen; **reducir a ~s** *o* **hacer** ~(s) in Schutt und Asche legen; *fig* zerstören, vernichten; **renacer de sus propias ~s** (**como el ave Fénix**) (wie ein Phönix) aus der Asche auferstehen; CAT **tomar la** ~ das Aschenkreuz nehmen 2 *fig (restos mortales)* **~s** *pl* sterbliche Hülle *f*, Asche *f*, *poét* Staub *m* 3 PINT Aschen- und Leimgrundierung *f*; ~(s) *f(pl)* **azul(es)** Berg-, Kupferblau *n*; ~(s) **verde(s)** Berg-, Malachitgrün *n* 4 BOT Mehltau *m*, Grauschimmel *m*

cenizal A ADJ Aschen… B M → cenicero;

cenizo A ADJ aschfarben B M 1 BOT weißer Gänsefuß *m* 2 BOT → ceniza 4 3 *fam en el juego*: Pechvogel *m*; Unglücksbringer *m im Spiel*; *(aguafiestas)* Spielverderber *m* 4 *fam (tonto)* Dummkopf *m*; **cenizoso** ADJ aschenhaltig; mit Asche bedeckt; aschgrau

cenobial ADJ klösterlich; **cenobio** M Kloster *n*, Zönobium *n*; **cenobita** M Zönobit *m*, im Kloster lebender Mönch *m*; **cenobítico** ADJ klösterlich; *fig* einsiedlerisch, zurückgezogen; **cenobitismo** M Klosterleben *n*

cenopista M/F *Méx* Mitglied *n* der Gewerkschaft CNOP

cenotafio M Kenotaph *n*, Zenotaph *n*

cenote M *Méx* Wassergrotte *f*; unterirdischer Wasserspeicher *m*

cenozoico GEOL A ADJ känozoisch B M Känozoikum *n*

censar VT *población* zählen; (zahlenmäßig) erfassen; **censatario** M, **censataria** F Zinspflichtige *m/f*; Zinszahler *m*, -in *f*

censo M 1 *(recuento)* Zählung *f*; statistische Erhebung *f*; *(tasación de bienes)* Vermögens(ab)schätzung *f*; HIST Zensus *m*; ~ **electoral** Wählerliste *f*; ~ (**de población**) Volkszählung *f* 2 COM *(renta)* (Pacht-, Erb)Zins *m*; *(cargas)* Abgabe *f*; *fig* ewige Ausgabenquelle *f*, Fass *n* ohne Boden; **dar a** ~ verpachten 3 *(cantidad)* (An)Zahl *f*, Menge *f*, Anteil *m*

censor A ADJ tadelnd; kritisch B M, **censora** F 1 *magistrado*: Zensor *m*, -in *f (tb fig y* HIST*)* 2 *fig (crítico)* Kritiker *m*, -in *f* 3 *enseñanza*: Klassenaufseher *m*, -in *f*; ADMIN Aufsichtsbeamte *m/f (öffentlich-rechtlicher Körperschaften)*; ~ *m* (**jurado**) **de cuentas** (vereidigter) Buch-, Rechnungsprüfer *m*

censorio ADJ Zensor…; Zensur…

censual ADJ zinsbar, (Pacht-, Grund)Zins…;

censualista M/F Pachtempfänger *m*, -in *f*; JUR (Erb)Zinsberechtigte *m/f*; **censuario** M, **-a** F Zinspflichtige *m/f*

censura F 1 *(Bücher-, Film-, Presse-, Theater- etc)* Zensur *f*; **previa** ~ Vorzensur *f*; «**con** ~ **ecle-**

C

siástica» *corresponde a:* mit kirchlichem Imprimatur; **tachado por la ~** von der Zensur gestrichen; **~ voluntaria** freiwillige Selbstkontrolle *f* 2 *autoridad:* Zensurbehörde *f* 3 *(crítica)* Kritik *f*, Tadel *m*; amtliche Rüge *f*; Gerede *n*; **exponerse a la ~ pública** sich dem öffentlichen Tadel (*o* Gerede) aussetzen

censurable ADJ tadelnswert; **censurador** ADJ tadelnd, kritisch betrachtend; **censurar** V/T 1 *(formar juicio)* zensieren 2 *(reprobar)* tadeln, rügen; kritisieren, beanstanden, bemängeln (etw an j-m **a/c a** *o* **en alg**)

centaurea F BOT Flockenblume *f*; **~ menor** Tausendgüldenkraut *n*

centauro M MIT Zentaur *m*, Kentaur *m*; **centauromaquia** F MIT Kentaurenkampf *m*

centavo A ADJ Hundertstel *n*; **la -a parte** der hunderste Teil B M *moneda:* Centavo *m*

centella F 1 *(chispa)* Funke(n) *m* (*tb fig*); *(rayo)* Blitz *m* (*tb fig*); *fig* **echar rayos y centellas** Gift und Galle spucken; **ser (vivo como) una ~** sehr lebhaft sein; **ser más rápido que una ~** schneller als der Blitz sein 2 *fig (pizca)* kleiner Funke *m*, Fünklein *n*, Rest *m von Liebe, Hass etc* 3 *Chile* BOT *(ranúnculo)* Ranunkel *f*

centellar V/I → centellear; **centelleante** ADJ funkelnd, glitzernd; sprühend; **centellear** V/I funkeln (*tb fig ojos, estilo*), glitzern, flimmern, sprühen; glänzen, leuchten; **centelleo** M Funkeln *n*, Blitzen *n*; Flimmern *n*; MED Augenflimmern *n*; **centellita** F Fünkchen *n*; **centellón** M großer Funke *m*; Brand *m*

centén M HIST *spanische Goldmünze (100 reales)*

centena F *das* Hundert; **una ~ de** etwa hundert; **~s** *pl* **de** Hunderte *npl* von *(dat)*; **centenada** F *ein* rundes Hundert; **a ~s** zu Hunderten

centenal[1] M → centena

centenal[2] → centenar[1]

centenar[1] M Roggenfeld *n*

centenar[2] M *das* Hundert; *(centenario)* Hundertjahrfeier *f*; **un ~ de** etwa hundert; **~es** *pl* **de fieles** Hunderte von Gläubigen; **a ~es** zu Hunderten; *fig* in Hülle und Fülle

centenario A ADJ hundertjährig; Hundertjahr... B M, **-a** F 1 *(que tiene 100 años)* Hundertjährige *m/f* 2 *aniversario:* Hundertjahrfeier *f*; **segundo ~** Zweihundertjahrfeier *f*; **con motivo del segundo ~ de** anlässlich des zweihundertsten Todes- (*o* Geburts)tages (*gen o* von *dat*)

centenaza F AGR Roggenstroh *n*; **centenero** ADJ für den Roggenanbau geeignet

centeno[1] M BOT Roggen *m*; **pan** *m* **de ~** Roggenbrot *n*

centeno[2] ADJ → centésimo

centenoso ADJ mit (viel) Roggen vermischt

centesimal ADJ hundertteilig, zentesimal; MAT **sistema** *m* **~** Zentesimalsystem *n*; **centésimo** NUM A ADJ hundertste(r, -s) B M, **-a** F Hundertste *m/f*; **el ~** *o* **la -a parte** das Hundertstel

centi... PREF Zenti...

centiárea F Quadratmeter *m/n*, Zentiar *n*

centígrado A ADJ hundertgradig; **dos grados** *mpl* **~s** zwei Grad *mpl* Celsius B M Zentigrad *m*

centigramo M Zentigramm *n*, Hundertstelgramm *n*; **centilitro** M Zentiliter *n/m*; **centillero** M CAT siebenarmiger Leuchter *m*; **centimano** ADJ MIT hunderthändig

centimétrico ADJ ELEC **ondas** *fpl* **-as** Zentimeterwellen *fpl*

centímetro M Zentimeter *n/m*; **~ cuadrado/cúbico** Quadrat-/Kubikzentimeter *n/m*

céntimo A ADJ → centésimo B M 1 *moneda actual:* **~ de euro** Eurocent *m*; **moneda** *f* **de un ~** (Ein-)Centstück *n* 2 HIST *ehemalige spanische Münze (= 1/100 Peseta)* 3 *fig* **al ~** auf Heller und Pfennig; **estar sin un ~** keinen Cent (*o* Pfennig *fam*) mehr haben; **no tener ni un ~** keinen roten Heller haben; **no valer un ~** keinen Cent (*o* Pfennig *fam*) wert sein

centinela M/F Wache *f*, (Wach)Posten *m*; Schildwache *f*; *fig* Aufpasser *m*, -in *f*; **estar de ~** *o* **hacer ~** Posten stehen; Wache schieben *fam*

centinodia F BOT Vogelknöterich *m*

centípedo A ADJ hundertfüßig B M ZOOL Tausendfüß(l)er *m*

centol(l)a F, **centollo** M ZOOL große Seespinne *f*

centón M 1 *manta:* bunte Flickendecke *f*; *fig* Flickwerk *n* 2 LIT literarisches Stoppelwerk *n*, *poema:* Cento *m*; **centonar** V/T *fig* zusammenstoppeln, -häufen

centrado A ADJ 1 *(central)* zentriert, mittig 2 *fig (concentrado)* konzentriert (**en** auf *acus*); *persona* ausgeglichen 3 *heráldica:* bedeckt B M TEC Zentrierung *f*; **centrador** M TEC Zentriergerät *n*; Spannbacke *f der Werkbank*

centraje M TEC Zentrierung *f*

central A ADJ zentral, Mittel..., Zentral..., *espec* TEC mittig; GEOG Mittel...; **casa** *f* **~** Stamm-, Mutterhaus *n* B F Zentrale *f*, Hauptstelle *f*; **~ (abastecedora) de agua** Wasserwerk *n*; **~ de correos** Hauptpost *f*; **~ (de energía) eléctrica** Elektrizitätswerk *n*, E-Werk *n fam*; **~ (de energía) atómica** *o* **~ electroatómica** Kern-, Atomkraftwerk *n*; **~ eólica** Windkraftwerk *n*; **~ geotérmica** Erdwärmekraftwerk *n*; **~ hidráulica** *o* **hidroeléctrica** Wasserkraftwerk *n*; **~ lechera** Molkereizentrale *f*; **~ de mando** Befehlsstelle *f*; ELEC Schaltstelle *f*; **~ mare(o)motriz** Gezeitenkraftwerk *n*; **~ nuclear** Kernkraftwerk *n*; **~ siderúrgica** Eisenhüttenwerk *n*; **~ sindical** Gewerkschaftszentrale *f*; **~ telefónica** Telefonzentrale, Fernsprechamt *n*; **~ térmica** Wärmekraftwerk *n* C M DEP *fútbol:* **(defensa** *m*) **~** Vorstopper *m*

centralilla F → centralita; **centralismo** M *espec* POL *y* ADMIN Zentralismus *m*; **centralista** A ADJ zentralistisch B M/F Zentralist *m*, -in *f*; **centralita** F TEL (Haus-, Klein)Zentrale *f*, Hausvermittlung *f*; **centralización** F Zentralisierung *f*; *(estandarización)* Vereinheitlichung *f*; **centralizado** ADJ zentral; AUTO **cierre** *m* **~** *o* **cerradura** *f* **-a** Zentralverriegelung *f*; **centralizar** V/T ⟨1f⟩ zentralisieren; *(estandarizar)* vereinheitlichen

centrar A V/T 1 *(determinar el punto céntrico)* zentrieren, auf Mitte einstellen (*tb* TEC); **~ la atención** die Aufmerksamkeit richten (**en** auf *acus*) 2 TEC *en el taladro:* vorkörnen; **broca** *f* **de ~** Zentrumsbohrer *m* 3 DEP *pelota* zur Mitte spielen B V/R **~se en** sich konzentrieren auf *(acus)*

céntrico ADJ Zentral..., Mittel..., zentrisch; **de situación -a** im Mittelpunkt gelegen; *vivienda* mit guter Verbindung zum Stadtzentrum

centrífuga F → centrifugadora

centrifugación F, **centrifugado** M Schleudern *n*; **centrifugadora** F Zentrifuge *f*, Schleuder *f* (*tb de ropa*); **centrifugar** V/T ⟨1h⟩ (aus)schleudern

centrífugo ADJ FÍS zentrifugal; **fuerza** *f* **-a** Zentrifugal-, Fliehkraft *f*; **centrípeto** ADJ FÍS zentripetal, zur Mitte strebend; **fuerza** *f* **-a** Zentripetalkraft *f*

centrista POL A ADJ Zentrums...; **partido** *m* **~** Zentrumspartei *f* B M/F Zentrumspolitiker *m*, -in *f*

centro M 1 *(punto, lugar en el medio)* Mitte *f*; Mittelpunkt *m*, Zentrum *n* (*tb* POL); *fig* **~ de atención** Blick-, Brennpunkt *m*; DEP **~ de(l) campo** Mittelfeld *n*; **~ de gravedad** Schwerpunkt *m*; **~ de mesa** Tischaufsatz *m*; MED **~ respiratorio** Atemzentrum *n*; **mesita** *f* **de ~** Couchtisch *m*; **en el ~** in der Mitte, im Zentrum; *fig* **estar en su ~** in seinem Element sein 2 *de una población:* Ortsmitte *f*; **~ (de la ciudad)** Stadtmitte *f*, Stadtzentrum *n*; **~ histórico** historisches Stadtzentrum *n*; **ir al ~ (de la ciudad)** *tb* in die Stadt gehen 3 *(institución)* Stelle *f*, Institut *n*; **~ de acogida** *para refugiados:* Auffanglager *n*; *para mujeres maltratadas:* Frauenhaus *n*; *Esp* MED **~ de atención primaria** Ambulanzzentrum *n* (*der Sozialversicherung*); **~ de cálculo** *o espec Am* **de computación** Rechenzentrum *n*; *espec* MED **~ de consultas** Beratungsstelle *f*; INFORM **~ de datos** Datenzentrum *n*; **~ deportivo** Sportzentrum *n*; **~ de día** Tagesheim *n* (*für Senioren*); *Esp* HIST **~ de EGB** Grund- und Hauptschule *f* (*bis 1997*); **~ escolar** Schule *f*, Schulzentrum *n*; **~ hospitalario** *o* **sanitario** Krankenhaus *f*; **~ de investigación** Forschungsstelle *f*, -zentrum *n*; **~ de ocio** Freizeitzentrum *n*; **~ penitenciario** Strafvollzugsanstalt *f*; **~ de planificación familiar** Beratungsstelle *f* für Familienplanung; **~ de recreo** *o espec Am* **de esparcimiento** Vergnügungsstätte *f*; **~ de salud** Gesundheitszentrum *n*; **~ termal** Thermalbad *n*, Thermalzentrum *n*; **~ termolúdico** (thermales) Erlebnisbad *n*, Thermalbad *n* 4 COM, ECON **~ comercial** *tiendas:* Einkaufszentrum *n*; *(lugar de comercio)* Handelsplatz *m*, -zentrum *n*; **~ de competencia** Kompetenzzentrum *n*; **~ (de) estética** Kosmetikstudio *n*; **~ industrial** Industriezentrum *n*; **~ de llamadas** Callcenter *n* 5 GEOM Mittellinie *f* 6 *Cuba traje terno:* dreiteiliger Anzug *m*; *Méx* (Hose *f* und) Weste *f*

centroafricano A ADJ zentralafrikanisch; **República Centroafricana** Zentralafrikanische Republik *f* B M, **-a** F Zentralafrikaner *m*, -in *f*

Centroamérica F Mittelamerika *n*

centroamericano A ADJ mittelamerikanisch B M, **-a** F Mittelamerikaner *m*, -in *f*; **centroasiático** ADJ zentralasiatisch; aus Zentralasien; **centrocampista** M/F DEP Mittelfeldspieler *m*, -in *f*; **centroeuropeo** A ADJ mitteleuropäisch B M, **-a** F, Mitteleuropäer *m*, -in *f*

cents. ABR (centavos) Centavos

cénts. ABR (céntimos) Centimos

centuplicar V/T ⟨1g⟩ verhundertfachen, -fältigen

céntuplo A ADJ hundertfach B M *das* Hundertfache

centuria F 1 *período:* Jahrhundert *n* 2 HIST *(100 hombres)* Zenturie *f*, Hundertschaft *f*; **centurión** M HIST Zenturio *m*; Amt *n* eines Zenturio

cénzalo M *insecto:* Stechmücke *f*

cenzonte *C. Rica*, **cenzontle** M *Méx* ORN Spottdrossel *f*

ceñido ADJ eng anliegend, hauteng; fest geschnürt; TAUR **faena** *f* **-a** Reizen *n des Stiers* aus nächster Nähe; **seguimos el camino ~s a la muralla** wir gingen dicht an der Mauer entlang

ceñidor M Gürtel *m*; Leibbinde *f*

ceñir ⟨3l *y* 3h⟩ A V/T 1 *cinturón* gürten, umschnallen; *tb v/r* **~(se) la espada** das Schwert gürten; den Degen umschnallen 2 *(rodear)* umgeben; einfassen, einschließen; **~ bien (el cuerpo)** *vestido* eng anliegen, gut sitzen 3 **~ la corona** die Krone aufsetzen; *p. ext* König werden; **~ la frente con** *o* **de rosas** die Stirn mit Rosen (be)kränzen B V/R **ceñirse** 1 *(ajustarse)* sich gürten; sich schnüren 2 *(arrimarse)* sich anschmiegen (**a** *dat o* an *acus*); sich herandrängen (a an *acus*) 3 *fig (atenerse)* **~ a a/c** sich strikt an etw (*acus*) halten, sich auf etw (*acus*) beschränken; **~ a su trabajo** sich ganz seiner Arbeit widmen; **~ a las instrucciones/a la verdad** sich strikt an die Anweisungen/die Wahrheit halten

ceño[1] M 1 (*aro*) Reif *m*, Zwinge *f* 2 VET Hufverwachsung *f*

ceño[2] M 1 (*fruncimiento de la frente*) Stirnrunzeln *n*; finstere Miene *f*; *adv* **con ~ (fruncido)** finster, düster; **fruncir el ~** die Stirn runzeln; **poner ~** ein finsteres Gesicht machen 2 *cielo, nubes, etc*: drohendes Aussehen *n*; **ceñoso, ceñudo** ADJ stirnrunzelnd; finster (blickend), düster

ceo M *pez*: Petersfisch *m*

CEOE F ABR (Confederación Española de Organizaciones Empresariales) Dachverband *m* der spanischen Arbeitgeberorganisationen

cepa F 1 *de un árbol, etc*: Baumstrunk *m*, Wurzelknorren *m*; *de la vid*: Wein-, Rebstock *m*; *fig (origen de una familia)* Ursprung *m einer Sippe*; **~ virgen** wilder Wein *m*; *fig* **de buena ~** *o* **de pura ~** rein, unverfälscht (*tb vino*); sehr gut; echt, waschecht *fam* 2 ZOOL Horn- (*o* Schwanz)ansatz *m der Tiere* 3 ARQUIT Fundamentgrube *f* 4 *Méx (hoyo)* Loch *n*, Grube *f*

CEPAL F ABR (Comisión Económica para América Latina) UN-Wirtschaftskommission *f* für Lateinamerika

CEPE F ABR (Corporación Estatal de Petróleos Ecuatorianos) Staatliche Erdölgesellschaft in Ecuador

cepejón M Wurzelknorren *m*, -ast *m*; **cepellón** M AGR Wurzelballen *m mit Erde*; *césped*: ausgestochenes Rasenstück *n*, Plagge *f (al.d.N)*

cepillado M 1 *del cabello*: Bürsten *n* 2 TEC *carpintería*: Hobeln *n*; **cepilladora** F TEC Hobelmaschine *f*; **cepilladura** F 1 *carpintería*: Hobeln *n* 2 (*virutas*) Hobelspäne *mpl*

cepillar A VT 1 *vestimenta, cabello, etc* (aus)bürsten; *caballo* striegeln 2 TEC *madera* hobeln; *entarimado* abziehen; *fig (educar)* **~ a alg** j-m Manieren beibringen; **no cepillado** ungehobelt (*reg tb fig*) 3 *pop (saquear)* ausplündern 4 *pop (adular)* **~ a alg** j-m schöntun B VR **cepillarse** 1 *fam alumnos* durchfallen lassen 2 *pop (matar)* umlegen *pop* 3 *pop mujer* vernaschen *fam*, flachlegen *pop*

cepillazo M *fam* **dar un ~ a** *vestimenta* flüchtig abbürsten; **cepillero** M *Am fam* Schmeichler *m*

cepillo M 1 (*escobilla*) Bürste *f*; **~ (de palo)** Schrubber *m*; **~ de cabeza** *o* **~ de pelo/para zapatos** Haar-/Schuhbürste *f*; **~ facial** Gesichtsmassagebürste *f*, Gesichtsreinigungsbürste *f*; **~ de** *o* **para los dientes/de** *o* **para las uñas** Zahn-/Nagelbürste *f*; **~ de grama/de ropa** Wurzel-/Kleiderbürste *f*; **con el pelo cortado a ~** mit Bürsten(haar)schnitt; **limpiar con ~** (aus)bürsten; fegen, schrubben 2 TEC **~ (de carpintero)** Hobel *m*; **~ de alisar** *o* **~ corto** Schlichthobel *m* 3 (*alcancía*) Sammelbüchse *f*; REL **~ (de limosnas** *o* **de ofrenda** *o* **de ánimas)** Opferstock *m*; Klingelbeutel *m*

cepillón ADJ schmeichlerisch

cepo M 1 BOT (*rama*) Ast *m* 2 (*madero*) Klotz *m* 3 TEC, MAR **~ (de ancla)** Ankerstock *m*; **~ (de freno)** Bremsklotz *m*; -backe *f*; **~ de polea** Rollen-, Taukloben *m*; **~ (del yunque)** Ambosuntersatz *m* 4 (*artificio para cazar*) (Raubtier)-Falle *f*; Fuchs-, Fangeisen *n*; *fig (trampa)* Falle *f*; AUTO **~ (de automóvil)** Parkkralle *f*; *fig* **caer en el ~** in die Falle gehen 5 *para el periódico*: Zeitungshalter *m* 6 HIST (*grillos*) Hals- (*o* Fuß)-eisen *n der Sträflinge* 7 → cepillo 3

ceporro A M Rebknorren *m (bes als Brennholz)*; *fig (tonto)* Tölpel *m*; *fam Esp* **dormir como un ~** wie ein Murmeltier schlafen B ADJ dumm; ungeschickt, grob; plump

CEPSA F ABR (Compañía Española de Petróleos, Sociedad Anónima) spanische Erdölgesellschaft *f*

CEPYME F ABR (Confederación Española de la Pequeña y Mediana Empresa) Spanischer Verband *m* der kleineren und mittleren Betriebe

cera F 1 *sustancia*: Wachs *n*; **~ de abejas** Bienenwachs *n*; **~ depilatoria** Enthaarungswachs *n*; **~ dura** Hartwachs *n*; **~ (de los oídos)** Ohrenschmalz *n*; **~ moldeable/para esquís** Modellier-/Skiwachs *n*; **~ (para pisos)** Bohnerwachs *n*; **~ sintética** Kunstwachs *n*; **~ para suelos** Bohnerwachs *n*; **depilación** *f* **a la ~** Enthaarung *f* (*o* Depilation *f*) mit (heißem) Wachs; **museo** *m* **de (figuras de) ~** Wachsfigurenkabinett *n*; **impresión** *f* **en ~** Wachsabdruck *m*; **hacer la ~ a alg** j-m die (überflüssigen) Haare mit Wachs entfernen; *fig* **ser (como) una ~** weich wie Wachs sein; mimosenhaft sein *fam*; **estar (pálido) como la ~** leichenblass (*o* kreidebleich) sein; *fam* **no hay más ~ que la que arde** das ist alles, mehr ist nicht drin *fam* 2 (*vela*) Kerze *f (in religiöser Funktion)*; *espec Méx* **~s** *pl* Wachslichter *npl* 3 ORN *membrana*: Wachshaut *f der Vögel*

ceráceo ADJ wächsern; wachsartig

ceración F QUÍM Metallschmelzung *f*

cerafolio M BOT Kerbel *m*

cerámica F Keramik *f (tb objeto)*; **~ artística** Kunstkeramik *f*; **cerámico** ADJ keramisch, Töpfer...

ceramista M/F Keramiker *m*, -in *f*, Kunsttöpfer *m*, -in *f*

cerapez F Schusterpech *n*

cerasiote M FARM Kirschsaftlaxans *n*

cerasta(s) F, **ceraste(s)** M ZOOL Hornviper *f*

cerato M FARM Wachssalbe *f*; Wachs-, Pechpflaster *n*

ceraunómetro M FÍS Blitzmesser *m*

cerbatana F 1 (*cañuto*) Blasrohr *n* 2 (*trompetilla*) Hörrohr *n*

cerbero M Zerberus *m*

cerca[1] A ADV *y* PREP nahe; in der Nähe; **~ de** *proximidad*: bei (*dat*); in der Nähe von (*dat*); (*aproximadamente*) ungefähr, rund, etwa; **estar ~** nahe sein, in der Nähe sein (*o* liegen); *en el tiempo*: nahe (*o* näher) gerückt sein; **estar ~ de caer(se)** nahe am Fallen sein, gleich umfallen (werden); **de ~** aus der Nähe, näher; **seguir de ~** in kurzem Abstand (*o* auf dem Fuße) folgen; *fig* ein Auge haben auf; **veamos más ~** *o* **de ~** sehen wir näher (*o* genauer) zu; **vivo muy ~** *o* **me coge muy ~** ich wohne ganz in der Nähe; **embajador** *m* **~ de la Santa Sede** Botschafter *m* beim Vatikan B MPL **~s** PINT Vordergrund *m*

cerca[2] F 1 (*vallado*) Zaun *m*, Umzäunung *f*; Einfriedung *f*; *para animales*: Gehege *n* 2 MIL HIST Karree *n*

cercado M 1 *terreno* eingefriedetes Grundstück *n* 2 (*vallado*) Ein-, Umzäunung *f*, Zaun *m*; (*seto*) Hecke *f*; **~ de espino** (*seto espinoso*) Dornenhecke *f*; *de alambre de púas*: Stacheldrahtzaun *m* 3 *Perú divisón territorial*: Kreis *m*, Provinz *f*; **cercador** M 1 (*sitiador*) Belagerer *m* 2 *herramienta*: Reißeisen *n der Ziseleure*

cercanamente ADV nahe; **cercanía** F Nähe *f*; **~s** *pl* Umgebung *f (bes einer Ortschaft)*; **tren** *m* **de ~s** Nahverkehrszug *m*

cercano ADJ nahe (a bei *dat*), in der Nähe (a *gen o* von *dat*); *en el tiempo*: baldig; *fig (íntimo)* nahe stehend; **~ a su fin** seinem Ende nahe; **lo más ~** das Nächstliegende; **un pariente ~** ein naher Verwandter

cercar VT ‹1g› 1 (*circunvalar*) umzäunen, einfrieden 2 (*rodear*) umgeben; einschließen, umzingeln (*tb* MIL); MIL belagern

cercear V/IMP *reg* **cercea** es geht ein heftiger Nordwind

cercén ADV **a ~** ganz und gar; **cortar a ~** an der Wurzel abschneiden; *fig* mit Stumpf und Stiel ausrotten; MED *brazo* an der Schulter abnehmen

cercenadura F, **cercenamiento** M 1 (*recorte*) Ab-, Beschneiden *n*; Schmälern *n* 2 (*cosa cortada*) Abgeschnittene(s) *n*, (*desechos*) Abfall *m*

cercenar VT 1 (*cortar*) ab-, beschneiden; *el borde*: den Rand (*gen o* von *dat*) abschneiden 2 *fig (disminuir)* schmälern, beschneiden, einschränken

cerceta F 1 ORN Krickente *f* 2 CAZA **~s** *pl* Spieße *mpl der Hirschkälber oder Spießer*

cercha F 1 TEC (*madera curvada*) Krummholz *n*, Ringsegment *n* 2 *espec* ARQUIT Spriegel *m*; Binder *m* 3 *Am Centr, Arg, Ec* ARQUIT (*cimbra*) Lehrgerüst *n beim Gewölbebau* 4 (*aro*) Reif *m (z. B. des Moskitonetzes)*

cerchámetro M FERR Ladeprofil *n*, -lehre *f*

cerchar VT & VI AGR Rebschösslinge stecken

cerchón M ARQUIT Lehrgerüst *n beim Gewölbebau*

cerciorar A VT überzeugen (**de** von *dat*) B VR **~se de a/c** sich von etw (*dat*) überzeugen; **~se de que ...** sich vergewissern, dass ...

cerco M 1 (*anillo*) Ring *m*, (*círculo*) Kreis *m*; *de la cuba*: Reif *m (tb de insectos)*, Reifen *m*; (*bastidor*) Fenster-, Türrahmen *m*; CONSTR Zarge *f*; **~ metálico** Metallrahmen *m* 2 (*movimiento circular*) Kreisbewegung *f* 3 ASTRON (*halo*) Hof *m um Sonne o Mond* 4 MIL (*asedio*) Belagerung *f*; Einkreisung *f*; **poner ~ a (una ciudad)** (eine Stadt) belagern; **estrechar el ~** den Belagerungsring enger schließen 5 (*vallado*) Zaun *m*, Umzäunung *f*; *Am* (*seto*) Hecke *f* 6 (*desvío*) Umweg *m*

cerda F 1 (*pelo grueso*) (Schweins)Borste *f*; (*crin*) Rosshaar *n*; **brocha** *f* **de ~s** Borstenpinsel *m* 2 ZOOL (*chancha*) Sau *f* 3 (*cosecha*) Ernte *f* 4 *Col (ganga)* Zufallsgeschäft *n*, Glück *n*; **cerdada** F *pop* Gemeinheit *f*, Schweinerei *f fam*; **cerdalí** M ZOOL Kreuzung *f* aus Haus- und Wildschwein; **cerdamen** M Borstenbündel *n*

cerdear VI 1 *animal* auf den Vorderbeinen einknicken 2 *cuerdas* schnarren 3 *fam (resistirse a hacer algo)* faule Ausflüchte machen, sich drücken 4 *fam (comportarse suciamente)* sich gemein benehmen

Cerdeña F Sardinien *n*

cerdo M 1 ZOOL (*cochino*) Schwein *n*; GASTR Schweinefleisch *n*; **~ asado** *o* **asado de ~** Schweinebraten *m*; **~ cocido** Wellfleisch *n*; **carne** *f* **de ~** Schweinefleisch *n*; **cría** *f* **de ~s** Schweinezucht *f*; GASTR **pie** *m o* **pata** *f* **de ~** Eisbein *n*, Schweinshachse *n*; **manitas** *fpl* **de ~** Schweinsfuß *m*; GASTR **pierna** *f* **de ~** Schweinshachse *f*, Schweinshaxe *f al.d.S* 2 *fam fig desp (puerco)* Schwein *n*, Schweinigel *m fam* 3 *pez*: **~ marino** Meersau *f (Haiart)*

cerdoso ADJ borstig; borstenähnlich, struppig; kratzig; **cerdudo** ADJ mit dicht behaarter Brust

cereal A ADJ 1 AGR Getreide... 2 MIT Ceres... B M *frec* **~es** PL Getreide *n*, Korn *n*; GASTR Getreideflocken *fpl*; **~es** *pl* **de verano/de invierno** Sommer-/Wintergetreide *n*; **~es** *pl* **panificables/forrajeros** Brot-/Futtergetreide *n*

cerealista A ADJ Getreide... B M/F 1 *agricultor(a)*: Getreidebauer *m*, -bäuerin *f* 2 *comerciante*: Getreidehändler *m*, -in *f*

cerebelo M ANAT Kleinhirn *n*, Zerebellum *n*

cerebral ADJ 1 *(del cerebro)* Gehirn…, Hirn…, zerebral; **hemorragia** *f* ~ Gehirnblutung *f;* **muerte** *f* ~ Hirntod *m* 2 *fig (intelectual)* intellektuell, Denk…; **hombre** *m* ~ Verstandesmensch *m*

cerebralidad F Verstandeskraft *f;* **fría** ~ Verstandeskühle *f*, abstrakte Kühle *f;* **cerebralismo** M → cerebralidad

cerebro M Gehirn *n*, Hirn *n;* ANAT Großhirn *n;* GASTR Hirn *n*, Brägen *m (reg); fig* Kopf *m*, Verstand *m; fig (jefe)* Kopf *m*, Gehirn *n;* ~ **electrónico** Elektronengehirn *n;* **cerebroespinal** ADJ MED zerebrospinal

cereceda F AGR Kirschgarten *m;* **cerecero** M, **cerecera** F Kirschenpflücker *m*, -in *f;* **cerecilla** F BOT Paprika *m*

ceremonia F 1 *(acto formal)* Feierlichkeit *f*, Zeremonie *f;* **maestro** *m* **de ~s** Zeremonienmeister *m;* **traje** *m* **de** ~ Amts- (*o* Fest)tracht *f;* **de** ~ feierlich, förmlich; mit allem Prunk; **por** ~ um der Form zu genügen, nur zum Schein 2 *(exceso de formalidad)* übertriebene Förmlichkeit *f;* **sin ~(s)** ohne Umstände, zwanglos, ungeniert; **¡dejémonos de ~(s)!** tun Sie sich nur keinen Zwang an!

ceremonial A ADJ zeremoniell, feierlich, förmlich B M Zeremoniell *n*, Etikette *f*, Förmlichkeit(en) *f(pl);* CAT Zeremoniale *n;* **ceremoniero, ceremonioso** ADJ zeremoniös, förmlich, feierlich; *fig* umständlich, steif; **recepción** *f* **-a** feierlicher Empfang *m*

cereño ADJ *perro* wachsfarben

céreo A ADJ 1 *(de cera)* wächsern, Wachs… 2 *(pálido)* wachsbleich B M BOT Fackeldistel *f*

cerería F 1 *establecimiento:* Wachszieherei *f* 2 *mercancías:* Wachswaren *fpl* 3 *tienda:* Wachswarenladen *m;* **cerero** M, **cerera** F 1 *profesión:* Wachszieher *m*, -in *f* 2 *comerciante:* Wachshändler *m*, -in *f*

Ceres F ASTRON, MIT Ceres *f*

ceresina F FARM Ceresin *n;* **cerevisina** F FARM Bierhefe *f*

cereza F 1 *fruto:* Kirsche *f;* ~ **mollar** Süßkirsche *f;* ~ **póntica** Weichsel *f;* ~ **silvestre** Wild-, Kornelkirsche *f;* **de** ~ kirschrot 2 *C. Rica* Costa-Rica-Kirsche *f; P. Rico (grosella) Art* Stachelbeere *f* 3 *Am cáscara del café:* Kaffeekirsche *f; Antillas, Méx* Schale *f des Kaffeekerns*

cerezal M Kirschgarten *m*

cerezo M BOT 1 *árbol:* Kirschbaum *m;* ~ **silvestre** *o* ~ **de monte** *o* ~ **de aves** wilde Süßkirsche *f*, Wild-, Kornelkirsche *f* 2 *Am eine Malpighie und verschiedene Cordiaarten*

cerificar VI ⟨1g⟩ 1 *(formar cera)* Wachs bilden 2 *(convertirse en cera)* zu Wachs werden 3 *purificar cera de abejas:* Bienenwachs reinigen (*o* bleichen)

cerífico ADJ **pintura** *f* **-a** Wachsmalerei *f*

ceriflor F BOT Wachsblume *f*

cerilla F 1 *(fósforo)* Streichholz *n*, Zündholz *n;* **caja** *f* **de ~s** Streichholzschachtel *f* 2 *(varilla de cera)* Wachsstock *m* 3 *(cera de los oídos)* Ohrenschmalz *n;* **cerillera** F, **cerillero** M 1 *(cajita de fósforos)* Streichholzschachtel *f* 2 *vendedor(a):* Streichholzverkäufer *m*, -in *f;* **cerillo** M 1 *(vara de cera)* Wachsstock *m* 2 *Antillas, Méx (fósforo)* Streichholz *n*

cerio M QUÍM Cer(ium) *n*

cerita F MINER Zerit *m*

cermeña F BOT Muskatellerbirne *f;* **cermeño** M 1 BOT Muskatellerbirnbaum *m* 2 *fam fig (torpe)* Tölpel *m*, Flegel *m;* Schmutzfink *m*

cernada F 1 *de la ceniza:* Laugenasche *f* 2 PINT Leim-Aschen-Grundierung *f* 3 *Bol (vomitivo) ein Brechmittel*

cerne M Kernholz *n*

cernedero M 1 *lugar:* Beutelwerk *n*, -kammer *f in Mühlen* 2 *delantal:* Mehlschurz *m der Sieber;*

cernedor M 1 *torno:* Siebrolle *f*, -zylinder *m* 2 *persona:* Sieber *m*

cerneja F Kötenschopf *m der Pferde*

cerner ⟨2g⟩ A VT 1 *harina, etc* (durch-, aus)sieben 2 *(observar)* beobachten, überprüfen; sieben *(fig)* B VI 1 AGR *sarmiento, olivo, trigo* Frucht(knoten) ansetzen 2 *(lloviznar)* nieseln, fein regnen C VR **cernerse** 1 *pájaros* schweben; flattern; *ave de rapiña* rütteln 2 *fig peligro* drohen, im Anzug sein; *tormenta, desgracia* sich zusammenbrauen; *nubes* sich zusammenziehen; ~ **sobre alg** *peligro, desgracia* über j-n hereinzubrechen drohen, j-m drohen 3 *(mecerse al caminar)* sich wiegen beim Gehen

cernícalo M 1 ORN Turm-, Mauerfalke *m* 2 *fig (tonto)* Dummkopf *m*, Flegel *m* 3 *fam fig (embriaguez)* Rausch *m;* **coger un** ~ sich *(dat)* einen (Rausch) antrinken, sich *(dat)* einen ansäuseln *fam*

cernido M 1 *de la harina:* (Aus)Sieben *n* 2 *(harina fina)* Feinmehl *n* 3 *reg, Col (llovizna)* Sprühregen *m;* **cernidura** F Sieben *n*

cernir ⟨3i⟩ → cerner

cero M Null *f (tb fig);* FÍS, TEC Nullpunkt *m;* ~ **absoluto** absoluter Nullpunkt *m;* **bajo/sobre cero** unter/über null (Grad); **18 grados bajo** ~ 18 Grad unter null, minus 18 Grad; *fam* ~ **patatero** rein gar nichts; **empezar** *o* **partir de** ~ bei null anfangen; **pelado a** ~ kahl geschoren; *fig* **quedarse a** ~ auf dem Nullpunkt angelangt sein; *fam* **ser un** ~ **(a la izquierda)** eine völlige Null (*o* eine Niete *fam o* eine Flasche *fam*) sein; DEP **vencer por tres a** ~ mit drei zu null gewinnen

cerógrafo M ARQUEOL Wachssiegelring *m*

cerollo ADJ *cereal* unreif *bei der Ernte*

ceromancia, ceromancía F Wahrsagung *f* aus Wachstropfen, Wachsgießen *n*

ceroplástica F Wachsbildnerei *f*, -modellierung *f;* **ceroso** ADJ wachsartig; *(tierno)* weich, zart; **cerote** M 1 *(pez del zapatero)* Schusterpech *n* 2 *fam fig (miedo)* Angst *f*, Bammel *m fam;* **cerotear** A VT *(encerar) Faden* einwachsen *(Schuster)* B VI *Chile velas* tropfen; **ceroto** M FARM Pechpflaster *n*

cerquillo M 1 *de ciertos religiosos:* Tonsur *f* 2 *del calzado:* Brandsohle *f* 3 *Méx, Arg, Perú (flequillo)* Pony *n (Frisur);* **cerquita** ADV *fam* ganz nahe

cerrada F *de la piel:* Rücken(teil *n*) *m*

cerradera F **echar la** ~ sich allen Bitten (*o* Vorstellungen) verschließen; **cerradero** A ADJ verschließbar B M 1 *de los bolsillos:* Taschenverschluss *m* 2 *(cordón)* Beutelschnur *f;* **cerradizo** ADJ verschließbar

cerrado ADJ 1 geschlossen *(tb* FON*)*, zu; *curva tb* scharf; *fig (insondable)* unergründlich; *dialecto* schwer verständlich; ~ **de cuello** *vestimenta* hochgeschlossen; COM ~ **por vacaciones** wegen Betriebsurlaub geschlossen; **a ojos ~s** mit geschlossenen Augen, blindlings; **oler a** ~ muffig riechen 2 *fig persona (poco comunicativo)* verschlossen, unzugänglich, zugeknöpft *fam; (testarudo)* dickköpfig; *(estrecho de miras)* engstirnig; *(tonto)* dumm; *fam* **ser más ~ que un cerrojo** dumm wie Bohnenstroh sein *fam* 3 *arbolado, crecimiento de plantas, hileras, barba* dicht; *letra* eng 4 *tiempo* schwül; *cielo* bedeckt 5 *noche* tiefschwarz, finster 6 *aplauso* stürmisch

cerrador A ADJ schließend B M 1 *(cierre)* Verschluss *m*, Schloss *n* 2 *(llave)* Schlüssel *m*

cerradura F 1 *(cierre)* (Ver)Schließen *n* 2 *mecanismo:* Schloss *n;* ~ **antirrobo** diebstahlsicheres Schloss *n;* ~ **de bombillo** Geruchsverschluss *m bei Aborten;* ~ **de cilindro/de combinación** Zylinder-/Kombinationsschloss *n;* AUTO ~ **de contacto** Zündschloss *n;* AUTO ~ **de dirección** Lenkradschloss *n;* ~ **de golpe** *o* **de resorte** *o* **de salto** Schnappschloss *n;* ~ **de** *o* **con pestillo** Riegelverschluss *m*, Verriegelung *f;* ~ **de seguridad** Sicherheitsschloss *n;* ~ **de tarjeta** Kartenschloss *n (mit Magnetkarte);* **ojo** *m* **de la** ~ Schlüsselloch *n*

cerraja F BOT Gänsedistel *f; Esp fig* **volverse** *o* **quedarse en agua de ~s** *planes, etc* sich zerschlagen, ins Wasser fallen

cerrajería F Schlosserei *f;* Schlosserhandwerk *n;* **cerrajero** M, **cerrajera** F Schlosser *m*, -in *f;* ~ **artístico/mecánico** Kunst-/Maschinenschlosser *m*, -in *f*

cerrajón M steile, zerklüftete Anhöhe *f*

cerramiento M 1 *acción:* Schließen *n;* Umschließung *f* 2 *(cierre)* Verschluss *m; (recubrimiento)* Abdeckung *f; (cercado)* Umfriedung *f;* Gehege *n*

cerrar ⟨1k⟩ A VT 1 *gener* (ab-, ver-, zu)schließen, zumachen; *(encerrar)* einschließen *(todos tb fig); abanico, cajón, libro, navaja* zuklappen; *acceso, etc* verstellen; *camino tb* versperren; *carta* zukleben; *frontera, puerto, etc* sperren; *gaveta* zuschieben; *gotera* zustopfen; *hoyo, zanja* zuschütten; *paraguas* zusammenlegen; *rotura* zunähen; *terreno, etc* umzäunen; *tubería* verstopfen; ~ **la boca** *o fam* **el pico** den Mund (*o* den Schnabel *fam*) halten; ~ **con cerrojo** verriegeln; ~ **con llave** zu-, ver-, abschließen; ~ **la mano** *o* **el puño** die Faust ballen; *fig* ~ **los ojos** ein Auge zudrücken **(a, ante** bei *dat); transporte:* ~ **al tráfico** für den Verkehr sperren 2 ECON *fábrica, universidad, etc* schließen; *mina* stilllegen 3 *reunión, competencia, etc* für geschlossen erklären; *factura, cuenta, balance* abschließen; *contrato, etc* (ab)schließen; ~ **el concurso** die (Melde)Frist für den Wettbewerb für beendet erklären 4 MIL, *etc marcha, despliege* beschließen B VI 1 *herida, círculo, etc* sich schließen; *puerta, cerramiento, etc* schließen; *plazo* ablaufen; **la puerta no cierra bien** die Tür geht nicht richtig zu 2 *fig* **al ~ el día** bei Anbruch der Nacht; **cierra el día** *tb* der Himmel bewölkt sich 3 *espec* MIL ~ **con** (*o* **contra**) **alg** j-n angreifen; HIST **¡Santiago y cierra España!** Spanien, schlag drein! *(Schlachtruf der spanischen Heere)* C VR **cerrarse** 1 sich schließen *(tb herida); puerta* zugehen; *trampa, resorte* zu-, einschnappen; ~ **de golpe** *puerta, etc* zuschlagen; *fig* **se le han cerrado todas las puertas** *(tiene prohibido entrar)* er darf das Haus nicht mehr betreten; *(es rechazado en todas partes)* er wird überall abgewiesen, er findet überall verschlossene Türen 2 *cielo* sich zuziehen; **se cierra el horizonte** am Horizont ziehen Wolken auf 3 *noche* hereinbrechen 4 *persona:* ~ **en callar** hartnäckig schweigen; ~ **en su opinión** hartnäckig auf seiner Meinung beharren 5 *persona (oponerse)* ~ **a a/c** sich einer Sache *(dat)* widersetzen *o* verschließen *(dat)* (*o* gegen *acus*); sich gegen etw *(acus)* sperren

cerrazón F 1 METEO Wolkenwand *f*, Gewitterwolken *fpl; Arg (niebla)* Nebel *m* 2 *fig (obstinación)* Engstirnigkeit *f*, Borniertheit *f* 3 *gener y* FON Schließung *f*

cerrejón M Hügel *m*, (isolierte) Bodenwelle *f*

cerrería F rücksichtsloses Verhalten *n;* **cerrero** ADJ ungebildet, ungeschliffen

cerreta F MAR Spiere *f*

cerril ADJ 1 *terreno* bergig, zerklüftet 2 *caballo, vacuno* wild, ungezähmt; *fig (desenfrenado)* zügellos 3 *fig (grosero)* ungeschliffen, ruppig *fam;* engstirnig; stur; **cerrilidad** F Sturheit *f;* **cerrilismo** M Engstirnigkeit *f*

cerrillar VT *monedas* rändeln

cerrilmente ADV kurz angebunden, grob, ungeschliffen, ruppig *fam*

cerrión M Eiszapfen *m*

cerro[1] M Bündel *n von gehecheltem Flachs oder Hanf*

cerro² M **1** *elevación:* Hügel *m*, Anhöhe *f; Am* Berg *m; fig* **irse** *o* **echar** *o* **tirar por los ~s de Úbeda** dummes Zeug reden, unsinnige Antworten geben **2** ZOOL *(pescuezo)* Hals *m (o* Rücken *m) der Tiere* **3** *Méx fam* **un ~ de a/c** *(una cantidad)* eine Menge von etw

cerro³ M BOT Zerreiche *f*

cerrojazo M **dar un ~** den Riegel heftig vorschieben; *fig* **dar (el) ~** *reunión, acto, etc* plötzlich und unerwartet abbrechen

cerrojillo M ORN Schwarzmeise *f*

cerrojo M **1** *(pasador)* Riegel *m;* Verriegelung *f*, Sperre *f;* **~ de corredera** Schubriegel *m;* **echar** *o* **correr el ~** den Riegel vorschieben, zuriegeln; *fig* sich taub stellen; sich allen Bitten verschließen **2** MIL *en un arma:* Verschluss (-stück *n*) *m;* Schloss *n* **3** DEP *fútbol:* Riegel *m*, Riegelstellung *f* **4** MIN Stollenkreuzung *f*

certamen M *(concurso)* Wettstreit *m*, -bewerb *m;* Leistungsschau *f*

certeramente ADV treffsicher; sicher; **certero** ADJ **1** *(exacto)* treffend, genau; passend; sicher **2** *tirador* treffsicher; **tiro** *m* **~** sicherer Schuss *m*, Treffer *m;* **certeza** F Gewissheit *f;* Bestimmtheit *f*, Sicherheit *f;* **saber a/c con ~** etw genau wissen

certidumbre F Gewissheit *f*, Sicherheit *f*

certificación F Bescheinigung *f*, Beglaubigung *f;* Nachweis *m;* → *tb* **certificado** B

certificado A ADJ **1** *(testificado)* bescheinigt, beglaubigt **2** *correos: carta* eingeschrieben; **envío** *m* **~** Einschreibesendung *f* B M **1** *(atestado)* Schein *m*, Bescheinigung *f;* Zeugnis *n*, Zertifikat *n;* **~ de aptitud** Befähigungsnachweis *m*, -zeugnis *n;* **~ de asistencia** Teilnahmebescheinigung *f;* **~ de buena conducta** (polizeiliches) Führungszeugnis *n;* **~ de defunción** Totenschein *m;* **~ de empleo** Arbeitsbescheinigung *f;* **~ de estudios** Studienbescheinigung *f;* -zeugnis *n;* **~ de examen** Examenszeugnis *n;* Prüfungsbescheinigung *f;* **~ de fin de estudios** Abschlusszeugnis *n;* **~ de garantía** Garantieschein *m;* **~ de ingresos** Verdienstbescheinigung *f;* **~ de nacimiento** Geburtsurkunde *f;* COM **~ de origen** Ursprungszeugnis *n;* JUR **~ de penales** Strafregisterauszug *m;* **~ de residencia** Meldebescheinigung *f;* **extender un ~** ein Zeugnis *etc* ausstellen **2** MED Attest *n;* **~ (del) médico** *o* **~ facultativo** ärztliches Attest *n* **3** *correos:* Einschreiben *n;* **mandar por ~** eingeschrieben (*o* als Einschreiben) schicken

certificar V/T ⟨1g⟩ **1** *(atestar)* bescheinigen; beglaubigen, beurkunden **2** *(asegurar)* versichern, als sicher hinstellen **3** *correos:* einschreiben (lassen), eingeschrieben schicken;

certificatorio ADJ bestätigend, bescheinigend; **documento** *m* **~** Urkunde *f*, dokumentarischer Nachweis *m*

certísimo ADJ *(sup de* **cierto**) bombensicher *fam;* **certitud** F → certeza

cerúleo ADJ *poét* himmelblau; tiefblau, azurn *(poét)*

cerumen M MED Ohrenschmalz *n*

cerusa F Blei-, Kremserweiß *n;* **cerusita** F MINER Bleiglimmer *m*

cerval ADJ Hirsch...; *fig* **miedo** *m* **~** panische Angst *f*

cervantesco, cervantino ADJ LIT cervantinisch, Cervantes betreffend, Cervantes...; **cervantismo** M LIT **1** *(locución cervantina)* cervantinische Redensart *f* **2** *(influencia de las obras de Cervantes)* Einfluss *m* des Cervantes **3** *investigación:* Cervantesforschung *f;* **cervantista** A ADJ cervantinisch B M/F Cervanteskenner *m*, -in *f*

cervatillo M ZOOL Bisamhirsch *m;* **cervato** M ZOOL Hirschkalb *n*

cervecería F **1** *establecimiento:* Bierlokal *n*, -stube *f* **2** *fábrica:* (Bier)Brauerei *f;* **cervecero** A ADJ Bier...; **(empresa** *f)* **~** Brauerei *f* B M, **-a** F **1** *fabricante:* Bierbrauer *m*, -in *f* **2** *tabernero, -a:* Bierwirt *m*, -in *f*

cerveza F Bier *n;* **~ de barril** *o* **de presión** Fassbier *n;* **~ blanca** *o* **clara** *o* **rubia** helles Bier *n;* **~ de malta** Malzbier *n;* **~ negra** dunkles Bier *n;* **fábrica** *f* **de ~** Brauerei *f*

cervicabra F ZOOL Hirschziege *f*

cervical ADJ ANAT Genick..., Nacken...; zervikal; **(vértebra** *f)* **~** Halswirbel *mpl*

cérvidos MPL ZOOL Hirsche *mpl*

cervigón M Stier-, Specknacken *m;* **cervigudo** ADJ stier-, specknackig; *fig* dickköpfig; **cerviguillo** M → cervigón

cervino¹ ADJ → cervuno

Cervino² M Matterhorn *n*

cérvix M ANAT **~ (uterino)** Gebärmutterhals *m*

cerviz F ⟨*pl* -ices⟩ ANAT Genick *n*, Nacken *m; fig* **doblar** *o* **bajar la ~** sich demütigen, sich (vor der Gewalt) beugen; *fig* **ser de dura ~** hartnäckig (*o* halsstarrig) sein; *fig* **levantar la ~** stolz (*o* arrogant *o* hochmütig) sein (*o* werden)

cervuno ADJ **1** *(cerval)* hirschartig, Hirsch... **2** *caballo* fahl **3** *(de cuero de ciervo)* Hirschleder...

CES ABR **1** F *(Confederación Europea de Sindicatos)* Europäischer Gewerkschaftsverband *m* **2** M *(Consejo Económico y Social)* Wirtschafts- und Sozialrat *m der UNO*

cesación F Aufhören *n*, Beendigung *f*, Stillstand *m*, Einstellung *f;* **cesante** A ADJ **1** *(que deja el cargo)* aufhörend; (aus dem Amt) ausscheidend; *funcionario* im Wartestand; **dejar ~** in den Wartestand versetzen **2** *Am Mer (desocupado)* arbeitslos B M/F **1** *(funcionario, -a despedido, -a)* entlassener Beamte *m*, entlassene Beamtin *f* **2** *Am Mer (desocupado, -a)* Arbeitslose *m/f;* **cesantía** F **1** *(despido)* Entlassung *f (von Beamten);* Ausscheiden *n (aus dem Amt)* **2** *el pago:* Wartegeld *n;* Abfindung *f bei Entlassung oder Ausscheiden aus dem Dienst* **3** *Am Mer (desocupación)* Arbeitslosigkeit *f*

cesar A V/T **1** MIL **~ el fuego** das Feuer einstellen **2** POL, ADMIN seines Amtes entheben B V/I aufhören (zu *inf* **de** *inf*); **sin ~** unaufhörlich, ohne Unterlass; **~ en el cargo** aus dem Dienst (*o* Amt) scheiden

césar M HIST Cäsar *m*, römischer Kaiser *m; liter* Kaiser *m;* **o ~ o nada** alles oder nichts

César N PR M HIST Cäsar *m*

cesaraugustano ADJ HIST aus Caesarea Augusta *(heute Zaragoza)*

cesárea ADJ MED **(operación** *f)* **~** Kaiserschnitt *m;* **cesáreo** ADJ Cäsar...; kaiserlich

cesarismo M Cäsarismus *m*

cesaropapismo M HIST Cäsaropapismus *m;* **cesaropapista** ADJ cäsaropapistisch

CESC F ABR (Conferencia Europea de Seguridad y Cooperación) HIST KSZE *f* (Konferenz für Sicherheit und Zusammenarbeit in Europa)

cese M **1** *(terminación)* Aufhören *n*, Beendigung *f;* Stopp *m;* MIL **~ de alarma** Entwarnung *f;* **~ en el cargo** Ausscheiden *n* (*o* Entlassung *f*) aus dem Dienst (*o* Amt); MIL **~ de las hostilidades** Einstellung *f* der Feindseligkeiten, Waffenruhe *f;* **~ del negocio** Geschäftsaufgabe *f;* **~ del trabajo** Arbeitsniederlegung *f*, -einstellung *f;* **dar el ~ a alg** j-n entlassen **2** ADMIN *de pagos:* Zahlungssperre *f*

CESID M ABR (Centro Superior de Información de la Defensa) *ehemaliger spanischer Nachrichtendienst*

cesio M QUÍM Cäsium *n*

cesión F *espec* JUR, COM Abtretung *f*, Überlassung *f*, *t/t* Zession *f;* **~ territorial** Gebietsabtretung *f*

cesionario M, **cesionaria** F JUR, COM Zessionar *m*, -in *f;* **cesionista** M/F JUR, COM Abtretende *m/f*, *t/t* Zedent *m*, -in *f*

césped M **1** *jardín:* Rasen *m; p. ext* DEP *(campo de fútbol)* Fußballfeld *n;* **~ artificial** Kunstrasen *m;* **~ inglés** englischer Rasen *m;* **~ en rollo** *o* **rollo** *m* **de ~** Rollrasen *m;* **prohibido pisar el ~** Rasen betreten verboten **2** *(tepe)* Rasenstück *n*, Plagge *f (al.d.N);* **sacar ~** Rasen (ab)stechen

cesta¹ F **1** *(canasta)* (Binsen-, Weiden)Korb *m;* **~ de asas/de ropa** Henkel-/Wäschekorb *m;* **~ de merienda** Picknickkorb *m* **2** DEP *baloncesto:* Wurfkorb *m* **3** COM, *estadística:* **~ de la compra** *o* **~ familiar** *o Ven* **~ básica** Warenkorb *m*

cesta² F DEP *Schläger beim baskischen Pelotaspiel*

cestada F Korb *m* voll; **cestería** F **1** *oficio y establecimiento:* Korbflechterei *f* **2** *tienda:* Korbwarengeschäft *n;* **cestero** M, **cestera** F **1** *(que hace cestas)* Korbmacher *m*, -in *f*, Korbflechter *m*, -in *f* **2** *(comerciante)* Korbwarenhändler *m*, -in *f;* **cestillo** M Körbchen *n; tb* Bienenkorb *m*

cesto¹ M HIST *(armadura de mano)* Schlagriemen *m der Faustkämpfer*

cesto² M *(canasto)* (hoher) Korb *m;* **~ de costura** Nähkorb *m;* **~ de papeles** Papierkorb *m; tb fig* **arrojar** *o* **echar al ~ de papeles** in den Papierkorb werfen; *fam* **estar hecho un ~** sinnlos betrunken (*o* sternhagelvoll *fam*) sein

cesura F LIT *y fig* Zäsur *f*, Einschnitt *m*

ceta F Z *n*, Zet *n (Name des Buchstabens)*

cetáceos MPL ZOOL Wale *mpl*

cetaria F **1** *(estanque para peces y crustáceos)* Fischteich *m*, -becken *n* **2** *(contenedor para crustáceos)* Behälter *m* für Krustentiere, *der mit frischem Meerwasser gespeist wird*

cetina F QUÍM Zetin *n*

cetme M MIL Sturmgewehr *n*

cetona F QUÍM Keton *n*

cetonia F *insecto:* Rosenkäfer *m*

cetrería F CAZA Beizjagd *f;* Falknerei *f;* **cetrero** M, **cetrera** F Falkner *m*, -in *f*

cetrino ADJ **1** *color:* grüngelb **2** *fig (melancólico)* grämlich, trübsinnig

cetro M **1** *de los reyes:* Zepter *n*, Herrscherstab *m* **2** *fig dignidad:* Herrscherwürde *f; (reinado)* Regierungszeit *f; fig* **empuñar el ~** die Regierung antreten, das Zepter ergreifen; die Macht ergreifen

Ceuta A F GEOG *spanische Enklave in Marokko* B M *Fußballclub von Ceuta I*

ceutí A ADJ aus Ceuta B M/F Einwohner *m*, -in *f* von Ceuta

ceviche M GASTR → cebiche

Ceylán M Ceylon *n*

ceylanés A ADJ ceylonesisch B M, **-esa** F Ceylonese *m*, Ceylonesin *f*

CF M ABR (Club de Fútbol) *Esp* FC *m* (Fußballklub)

CFC MPL ABR (Clorofluorocarbonados) FCKW *pl* (Fluorchlorkohlenwasserstoffe)

CGPJ M ABR (Consejo General del Poder Judicial) *oberstes Organ des spanischen Richterstandes*

CGT F ABR **1** *(Confederación General del Trabajo) spanische Gewerkschaft* **2** *(Central General de Trabajadores) Gewerkschaft in Honduras* **3** *(Confederación General de Trabajadores) Gewerkschaft in Mexiko, Peru und in der Dominikanischen Republik*

CGTC F ABR (Confederación General de Trabajadores Costarricenses) *Gewerkschaft in*

Costa Rica
CGTP F ABR (Confederación General de Trabajadores del Perú) *Gewerkschaft in Peru*
CGT-RA F ABR (Confederación General del Trabajo de la República Argentina) *Gewerkschaft in Argentinien*
CGTS F ABR (Confederación General de Trabajadores Salvadoreños) *Gewerkschaft in El Salvador*
CGTU F ABR (Confederación General de Trabajadores de Uruguay) *Gewerkschaft in Uruguay*
chabacanada F, **chabacanería** F *(falta de gusto)* Geschmacklosigkeit *f*, Plattheit *f*, Derbheit *f*; *(chapucería)* Pfuscherei *f*; **chabacano** A ADJ *(de mal gusto)* geschmacklos, platt; plump, derb, gemein; *(chapucero)* Pfusch...; *Méx (ingenuo)* naiv, gutgläubig B M *Méx* BOT Aprikosenbaum *m*; Aprikose *f*
chabela F *Bol* *Mischgetränk aus Wein und Chicha*
chabó M *jerga del hampa* Bursche *m*, Junge *m*
chabola F *Esp* 1 *(choza)* Hütte *f*, Gartenhäuschen *n*; MIL Unterstand *m*; Baracke *f* 2 *fam (barraca miseria)* Elendswohnung *f*; **chabolero** M, **chabolera** F → chabolista; **chabolismo** M Verslumung *f*; **chabolista** M/F Bewohner *m*, -in *f* eines Elendsquartiers, Slumbewohner *m*, -in *f*
chacal M 1 ZOOL Schakal *m* 2 *fig (aprovechado)* Trittbrettfahrer *m*; **chacalaca** F *Am* 1 ORN Schreivogel *m* 2 *fig (charlatán)* Schwätzer *m*
chacanear VT & VI 1 *al caballo*: kräftig die Sporen geben 2 *Chile fig (importunar)* ärgern, schikanieren 3 *Arg, Bol (romper a/c) etw* kaputt machen
chácara F 1 *Am Centr (bolso)* große Ledertasche *f* 2 *Am Mer* → **chacra**[1] 3 *Am Mer* MED *(tumor)* Geschwür *n*
chacarera F 1 *Am Mer (campesina)* Bäuerin *f*, Landarbeiterin *f* 2 MÚS *ländliche argentinische Musik im 3/4- und 6/8-Takt*; **chacarero** M *Am Mer (campesino)* Bauer *m*, Landmann *m*; Landarbeiter *m*
chacarrachaca F *fam* Geschrei *n*, Klamauk *m fam*
chacha[1] F *fam Esp* 1 *(sirvienta)* Dienstmädchen *n*; *(niñera)* Kindermädchen *n* 2 *forma cariñosa*: Mädchen *n*, Kleine *f* 3 *leng. inf (hermana mayor)* große Schwester *f*
chacha[2] F *Am* → chacalaca
chachachá, cha-cha-chá M MÚS *baile*: Cha-Cha-Cha *m*
chachalaca F → chacalaca
cháchara F Geschwätz *n*, leeres Gerede *n*, Gequassel *n fam*; **~s** *pl* Plunder *m*, Krimskrams *m*; *desp* **estar de ~** schwatzen, quasseln *fam*
chacharear VI *fam* schwatzen, quatschen *fam*; **chacharero** A ADJ schwatzhaft B M, **-a** F Schwätzer *m*, -in *f*; **chacharón** A ADJ geschwätzig B M, **-ona** F *fam* Quasselfritze *m fam*, Quasselstrippe *f fam*
chachi ADJ *inv y* ADV *pop Esp* dufte *fam*, klasse *fam*, Spitze *fam*; **pasarlo ~** sich toll amüsieren
chacho M *fam Esp palabra cariñosa*: Junge *m*; *leng. inf (hermano mayor)* großer Bruder *m*
chacina F Schweinewurstfleisch *n*; Pökel-, Selchfleisch *n*; **chacinería** F Schweinemetzgerei *f*; **chacinero** A ADJ **industria** *f* **~a** Wurst- und Fleischwarenindustrie *f* B M, **-a** F *(tocinero, -a)* Schweinemetzger *m*, -in *f*; *comerciante*: Wurstwarenhändler *m* -in *f*; *fabricante*: Wurstfabrikant *m*, -in *f*
chaco M *Ven* Krokodilfalle *f (aus Pfählen)*
Chaco M GEOG **el Gran ~** das Chacogebiet *n*, der Gran Chaco
chacó M *(pl -ós)* Tschako *m*
chacolí M *(pl -íes)* *leichter baskischer Wein*
chacolotear VI scheppern, klappern *(loses Hufeisen etc)*; **chacoloteo** M Scheppern *n*, Geklapper *n*
chacona F MÚS Chaconne *f*
chacota F Spaß *m*, *fam* Jux *m*; Radau *m*; **hacer ~ de a/c** sich über etw *(acus)* lustig machen; **echar** *o* **tomar(se) a/c a ~** etw nicht ernst nehmen
chacotear A VI Spaß treiben, (sich *dat* einen) Fez machen *fam* B VR **~se de** sich lustig machen über *(acus)*; **chacotero** A ADJ aufgedreht, lustig B M, **-a** F Spaßvogel *m*
chacra[1] F *Am Mer (granja)* kleine Farm *f*, Bauernhof *m*
chacra[2] F *Chile equitación*: Scheuerwunde *f*
chacuaco M *Méx* (Fabrik)Schlot *m*
Chad M (der) Tschad *m*
chadiano A ADJ tschadisch, aus dem Tschad B M, **-a** F Tschader *m*, -in *f*
chador M Tschador *m (Kopftuch der muslimischen Frauen)*
chafado ADJ *(estrujado)* zerknüllt, zerknittert; *(aplastado)* zerquetscht; *fig persona* hundemüde *fam*; *fig* **dejar a alg ~** *(taparle la boca)* j-m den Mund stopfen; *(deprimir)* j-n sehr bedrücken
chafaldete M MAR Gei-, Segeltau *n*
chafaldita F *fam* Neckerei *f*, Ulk *m*
chafallar VT verpfuschen; **chafallo** M *fam* Flickerei *f*; Pfusch *m*, Pfuscharbeit *f*; **chafallón** M *fam* Pfuscher *m*
chafalmejas M/F *(pl inv)* *fam* Farbenkleckser *m*
chafandín M *fam Esp* Fatzke *m fam*, eingebildeter Dummkopf *m*
chafar A VT 1 *(aplastar)* zerdrücken, zerquetschen; *(pisotear)* zertreten; *(estrujar)* zerknittern, zerknautschen 2 *fig (hacer callar)* zum Schweigen bringen; sprachlos machen 3 *fam (romper)* niederdrücken, kaputt machen *fam*, fertigmachen *fam* 4 *Am Mer (estafar)* betrügen B VR **chafarse** sich platt drücken; zerquetscht werden
chafarote M *Col fam* Offizier *m*
chafarrinada F → chafarrinón; **chafarrinar** VT be-, verklecksen; **chafarrinón** M Klecks *m*, Flecken *m*; Kleckserei *f*; *fam fig* Schandfleck *m*
chafear VI *Méx fam* kaputtgehen
chaflán M Schrägkante *f*, Schräge *f*, TEC *tb* Fase *f*; ARQUIT (abgeschrägte) Haus- (*o* Straßen)-ecke *f*; **hacer ~** die Ecke bilden
chagorra F *Méx* (Straßen)Dirne *f*
chagra A F *Col, Ec* kleine Farm *f*; Bauernhof *m* B M *Ec* Bauer *m*
chagrín M Chagrinleder *n*
chagualo M *Col fam* alter Schuh *m*
chaguascar V/IMP ⟨1g⟩ *Arg* nieseln, fein regnen
chai F *Esp pop* junge Nutte *f fam*
chaira F 1 *del zapatero*: Schustermesser *n*, Kneif *m* 2 *Esp pop (navaja)* (Klapp)Messer *n der Ganoven* 3 *para afilar cuchillos*: Wetzstahl *m*
chaíto INT *fam Am* tschüs(s)!, tschau!, Servus! *al.d.S*
chajá M *Arg* ORN Tschaja *m*, Schopfwehrvogel *m*
chajal M *Ec* Diener *m*
chal M Schal *m*, Schultertuch *n*; *Am tb* großer wollener Überwurf *m*
chalado ADJ *pop* **estar ~** beknackt sein *fam*, spinnen *fam*, einen Dachschaden haben *fam*; **estar ~ por** vernarrt (*o* verknallt *fam*) sein in *(acus)*, stehen auf *(acus) fam*; **chaladura** F *pop* Verrücktheit *f*, Spinnerei *f fam*
chalán A ADJ gerieben, gerissen B M 1 *(comerciante de caballos)* (Pferde)Händler *m*; *desp* Rosstäuscher *m*; Schacherer *m* 2 *Perú, Col (picador)* Zureiter *m*
chalana F MAR Schute *f*, Leichter *m*
chalanear VT & VI 1 *(regatear)* schachern 2 *Am caballos* zureiten; *animales* bändigen; **chalaneo** M, **chalanería** F 1 *(regateo)* Schacherei *f*, Kuhhandel *m* 2 *(astucia del chalán)* Gerissenheit *f*
chalar *fam* A VT verrückt machen B VR **chalarse** 1 *(enloquecer)* verrückt werden, durchdrehen *fam* 2 *(enamorarse)* sich verknallen *fam* (**por** in *acus*)
chalaza F BIOL Hagelschnur *f im Ei*
chalchihuite M 1 *Méx Art piedra preciosa*: Smaragd *m* 2 *Am Centr (baratija)* Plunder *m*, Flitterkram *m*
chalé M 1 *(pequeña quinta)* kleines Landhaus *n*, Sommervilla *f*, Chalet *n* 2 Bungalow *m*; Villa *f*; *Esp* **~ adosado** Reihenhaus *n*; **~ pareado** Doppelhaus *n*, Zweifamilienhaus *n*; **~ independiente** alleinstehende Villa *f*
chaleco M Weste *f*; **~ antibalas** kugelsichere Weste *f*; **~ de fuerza** Zwangsjacke *f*; AUTO **~ reflectante** Warnweste *f*; **~ salvavidas** Schwimmweste *f*
chalequero M, **chalequera** F Westenschneider *m*, -in *f*
chalet M → chalé
chalina F feines Halstuch *n*; Halsbinde *f*; *Arg, Bol, Perú tb* Schal *m*
chalona F *Bol* Dörrschaffleisch *n*; *Perú* gepökeltes Hammelfleisch *n*
chalota, chalote M BOT Schalotte *f*
chalupa A F 1 MAR Schaluppe *f*; *Méx canoa*: Zweierkanu *n* 2 *Méx* GASTR *gefülltes* Maisküchlein *n* B M/F *fam* Spinner *m*, -in *f* C ADJ *fam* 1 *(loco)* verrückt 2 *(perdidamente enamorado)* unsterblich verliebt
chama[1] F Tausch *m (beim Trödler)*
chama[2] M/F *Cuba fam* kleines Kind *n*
chamaca F *Méx* Mädchen *n*; **chamaco** M *Méx* Junge *m*; **chamada** F → chámara; **chamagoso** ADJ *Méx* schmutzig; gemein
chamán M Schamane *m*; **chamanismo** M Schamanentum *n*
chamar VI tauschen *(beim Trödler o pop)*
chámara, chamarasca F 1 *(leña menuda)* Reisig(holz) *n* 2 *(llamarada)* Flackerfeuer *n*
chamarilear VI → chamar; **chamarilería** F Trödelladen *m*; **chamari(l)lero** M, **chamari(l)lera** F 1 *(baratillero)* Trödler *m*, -in *f* 2 *(fullero, -a)* Falschspieler *m*, -in *f*; **chamarillón** M *en el naipes*: schlechter Spieler *m*, Stümper *m*
chamariz M *(pl -ices)* ORN Gartenzeisig *m*;
chamarón M ORN Schwanzmeise *f*
chamarra F 1 *(delantal)* Kittel *m aus grobem Zeug* 2 *Méx (chaqueta)* (Sport)Blouson *n*; Sportjacke *f* 3 *Ven* Poncho *m*; **chamarreta** F *Art kurzer Kittel m*
chamba[1] F 1 *(chiripa)* Zufallstreffer *m*, Schwein *n fam*; **por ~** (nur) durch (einen glücklichen) Zufall; *fam* **estar de ~** Schwein haben *fam* 2 *Am reg (ocupación)* Geschäft; Job *m*, Arbeitsplatz *m*; **estar sin ~** arbeitslos sein, keine Arbeit haben
chamba[2] F 1 *Ec (tepe)* Rasen *m* 2 *Col (zanja)* Graben *m*; **chambado** M *Arg, Chile* (Trink)Horn *n*, Becher *m*
chambear A VT *Am reg* 1 *(afeitar, cortar)* rasieren, schneiden 2 *(cambiar)* vertauschen B VI *Am reg fam* arbeiten
chambelán M Kammerherr *m*
chambelona F *Cuba* Lutscher *m*
chambergo M 1 *sombrero*: runder, breitkrempiger Schlapphut *m*, Rembrandthut *m*; *p. ext fam* Hut *m*, Deckel *m fam* 2 ORN Reisfresser *m*
chambo M *Méx* Tauschhandel *m* mit Saatgut

chambón A ADJ *fam* stümperhaft, pfuscherhaft B M, **-a** F 1 (*mal jugador*) schlechte(r) (Karten- *etc*) Spieler *m*, -in *f*; *fig* (*chapucero*) Stümper *m*, -in *f*, Pfuscher *m*, -in *f* 2 *fig* (*suertudo*) Glückspilz *m*; **chambonada** F *fam* 1 stümperhaftes Spiel *n*; *fig* (*chapucería*) Stümperei *f*, Pfuscherei *f fam* 2 *de suerte*: Zufallstreffer *m*

chambra F 1 *Esp vestidura corta*: Unterjäckchen *n*; *pop* (*blusa*) Bluse *f* 2 *S.Dgo* (*imperdible*) Sicherheitsnadel *f*

chambrana F ARQUIT Verzierung *f*; Simswerk *n*

chamico M *Am Mer* BOT Stechapfel *m*; **chamiza** F 1 BOT Schilfrohr *n* 2 (*leña menuda*) Reisig *n*; **chamizo** M 1 *árbol*: halb verkohlter Baum *m*, *leño*: halb verkohltes Holzscheit *n* 2 *choza*: schilfgedeckte Hütte *f* 3 *desp* (*tugurio*) Spelunke *f*; mieses Bordell *n*

chamo *Ven* A ADJ *fam* jung B M *fam* Junge *m*

chamota F Töpferton *m*

champa F *Perú fam* Glück, Schwein *n fam*; **ser pura ~** nur Glück sein

champán[1] M *Am reg embarcación*: flach gehendes, großes Boot *n*; *en la China*: Sampan *m*

champán[2] M *bebida*: Champagner *m*; *fam* Sekt *m*; **champanera** F, **champanero** M Sektkübel *m*; **champaña** F, *Am* M Champagner *m*

Champaña F GEOG Champagne *f*

champañado ADJ champagnerartig, Schaum...; **champañazo** M *Am* Bankett *n* mit Champagner, Sektgelage *n fam*

champazo M *Perú fam* große(s) Glück *n*

champiñón M BOT Champignon *m*; GASTR **-ones** *pl* **rellenos** gefüllte Champignons *pl*; **-ones** *pl* **al ajillo** Champignons *pl* in Knoblauchöl; **crema** *f* **de -ones** Champignoncremesuppe *f*

champú M ⟨*pl* -úes⟩ Shampoo(n) *n*; **~ anticaspa** Antischuppenshampoo *n*; **~ colorante** Tönungsshampoo *n*; **~ seco** Trockenshampoo *n*; **lavar con ~** shampoonieren

champucero M, **-a** F *Perú* Verkäufer *m*, -in *f* von Champús (→ champús)

champurrar VT *fam bebidas* mischen, mixen

champús, champuz M *Ec, Perú* **~ (de agrio)** Maisbrei *m* mit Naranjillasaft

chamuchina F 1 *Am* (*populacho*) gemeines Volk *n*, Pöbel *m* 2 *Am* (*desorden*) Saustall *m*; Durcheinander *n* 3 *Méx* (*olor a quemado*) Brandgeruch *m*

chamuco M *Méx* Teufel *m*; *fig* übler Kerl *m*

chamulla F *pop* Kauderwelsch *n*; Jargon *m*; Gequassel *n fam*; **chamullar** VI *pop* quasseln *fam*, quatschen *fam*; nuscheln; *lengua extranjera* radebrechen

chamulle M *Esp fam* Gestottere *n*; **chamullero** M, **chamullera** F 1 (*charlatán*) Schwätzer *m*, -in *f* 2 *Chile* (*mentiroso*) Lügner *m*, -in *f*

chamuscado ADJ *fam* 1 *fig* (*infectado*) angesteckt, infiziert *fam* (*von einem Laster, einer Ideologie etc*) 2 (*quemado*) angebrannt; **oler a ~** verbrannt riechen; **chamuscar** VT ⟨1g⟩ 1 (*quemar*) an-, versengen; leicht rösten 2 *Méx* (*vender a bajo precio*) billig verkaufen, verschleudern; **chamusco** M, **chamusquina** F 1 *el quemar*: (Ab)Sengen *n* 2 *olor*: Brandgeruch *m*; **huele a ~** es riecht brenzlig; *fam fig* es ist dicke Luft *fam*, es ist (*o* wird) brenzlig 3 *fam fig* (*camorra*) Rauferei *f*

chan M *Am Centr* ortskundiger Führer *m*; Bergführer *m*

chanca F → chancla

chancaca F 1 *Chile, Ec, Perú* (*azúcar sin refinar*) Rohzucker *m*; brauner Zucker *m* 2 *Am reg* (*turrón*) Art türkischer Honig *m*

chance M *Am* 1 (*oportunidad*) (günstige) Gelegenheit *f*, Chance *f* 2 *especie de lotería*: *lotterieähnliches, zum Teil verbotenes Glücksspiel* 3 *Ven fam* (*amorío*) Techtelmechtel *n*

chancear A VI scherzen; spaßen B VR **chancearse** sich lustig machen (**de** über *acus*); **~ con alg** mit j-m Spaß treiben; **~ de alg** j-n (ein bisschen) auf den Arm nehmen *fam*

chancero A ADJ spaßig B M, **-a** F Spaßmacher *m*, -in *f*

chancha F *Am Mer* 1 ZOOL Sau *f* 2 *fig desp* (*mujer sucua*) Schlampe *f*; **chanchada** F *Am fam* 1 (*suciedad*) Dreck *m* 2 (*porquería*) Sauerei *f*, Gemeinheit *f*

cháncharras máncharras *fam* FPL **andar en ~** Ausflüchte machen, mit faulen Ausreden kommen *fam*

chanchería F 1 *Arg, Chile carnicería*: Schweinemetzgerei *f* 2 *Perú establecimiento de cría*: Schweinezuchtanstalt *f*

chanchero M, **-a** F *Am Mer* 1 *criador(a)*: Schweinezüchter *m*, -in *f* 2 *carnicero, -a*: Schweinemetzger *m*, -in *f*

chanchi *pop* ADJ *inv y* ADV → chachi

chanchito M *Perú* 1 (*cochinilla*) (Keller)Assel *f* 2 *fam de lactantes*: Bäuerchen *n*

chancho A ADJ *Am* schweinisch, schmutzig B M 1 ZOOL (*cerdo*) Schwein *n* (*tb fig desp*); GASTR Schweinefleisch *n*; *prov* **a cada ~ le llega su San Martín** jeder kommt einmal an die Reihe; das dicke Ende kommt noch 2 *Perú fam* (*eructo*) Aufstoßen *n*, Rülpser *m*

chanchullear VI schwindeln, schieben; **chanchullero** A ADJ Schwindler...; Schieber... B M, **-a** F Schwindler *m*, -in *f*, Schieber *m*, -in *f*

chanchullo M Schwindel *m*, Schiebung *f fam*; Kungelei *f fam*; *fig* **¡menos ~s!** zur Sache!; **hacer un ~** kungeln

chanciller M HIST Siegelbewahrer *m*

chancla F 1 (*zapato viejo*) alter, abgetretener Schuh *m*, Latschen *m fam* 2 (*sandalia de dedo*) Flip-Flop® *m* 3 → chancleta; **chanclero** M *jerga del hampa* Hehler *m*

chancleta F 1 (*pantuflo*) Hausschuh *m*, Pantoffel *m*; Schlappen *m fam*; **en ~s** mit abgetretenen Absätzen; *fam fig* **estar hecho una ~** alt und hinfällig sein 2 (*sandalia de dedo*) Flip-Flop® *m* 3 *Am fam* (*bebé*) Baby *n* 4 *Col* AUTO (*acelerador*) Gaspedal *n*

chancletear VI in Hausschuhen gehen; *Am* (*arrastrar los pies*) latschen; **chancleteo** M Pantinen-, Holzschuhgeklapper *n*; **chancletero** M *hum* Vater *m*, der nur Töchter hat

chanclo M Überschuh *m*; Holzschuh *m*

chancón *Perú fam* A ADJ fleißig, eifrig B M, **-ona** F Streber *m*, -in *f*, Büffler *m*, -in *f*

chancro M MED Schanker *m*; **~ blando/duro** weicher/harter Schanker *m*

chancuco M *Col* 1 (*mercancía de contrabando*) Schmuggelware *f* 2 (*embuste*) Schwindel *m* 3 *enseñanza*: Spickzettel *m*

chanda F *Col* VET Räude *f*

chándal M *Esp* Trainingsanzug *m*

chanelar VT *Esp pop* kapieren *fam*

chanfaina F 1 GASTR *guisado*: *Art Ragout aus Innereien*; *especie de sofrito*: *pikante dicke Gemüsesoße* 2 *pop fig desp* (*bazofia*) Schlangenfraß *m pop* 3 *Col* (*empleo*) Beschäftigung *f*, Stelle *f* 4 *Am reg* (*confusión*) Chaos *n*, Durcheinander *n*

chanflón ADJ plump, grob

changa F 1 *negocio de poca importancia*: Gelegenheitsarbeit *f*, Job *m fam* 2 *Arg, Bol* (*servicio de changador*) Lasttragen *n* 3 *Cuba, P. Rico* (*chanza*) Scherz *m*, Spaß *m*

changador M *Am reg* 1 (*mozo de cordel*) Lastträger *m*; Dienstmann *m*; Gepäckträger *m* 2 (*trabajador eventual*) Gelegenheitsarbeiter *m*;

changar VT *fam* beschädigen, zerschlagen, kaputt machen *fam*, verpfuschen *fam*

changarro M *Méx* kleiner Laden *m*

changle M *Chile* BOT *essbarer* Eichenpilz *m*

chango M 1 *Am* ZOOL *Art mono*: Klammeraffe *m* 2 *Méx fam* (*niño*) Junge *m*

changua F *Col* *Suppe aus Wasser, Milch, Zwiebeln etc*

changuear VI *Cuba, P. Rico* scherzen, Spaß machen; **changuero** M *Antillas* → chancero; **changüí** M 1 *fam* (*chasco*) Spaß *m*; **dar ~ a alg** j-n verulken, j-n an der Nase herumführen 2 *Cuba baile*: *ein Tanz*; *fig* (*alboroto*) Krawall *m*, Radau *m*

changuito® M *Méx* Einkaufswagen *m*

changurro M *Esp* ZOOL Meerspinne *f*

chanolera F *Méx fam* Lesbierin *f*

chanquetes MPL GASTR *winzige in Öl ausgebackene Fischchen*

chantaje M Erpressung *f*; **hacer ~ a alg** j-n erpressen; **chantajeable** ADJ erpressbar; **chantajear** VT erpressen; **chantajista** M/F Erpresser *m*, -in *f*

chantar VT 1 (*fijar*) befestigen, einschlagen 2 *vestido* anziehen 3 *Perú fam maestro, examinador* eine Note *f* (*o* Zensur *f*) vergeben 4 *fig* **se la he chantado** ich habe es ihm/ihr gesteckt *fam*;

chantear VI CAZA pirschen; **chanteo** M CAZA Pirsch *f*

chantillí *o* **chantilly** A M/F GASTR (**crema** *f*) **~** geschlagene süße Sahne *f*, Schlagsahne *f* B M TEX *Art* Klöppelspitzen *fpl*

chantre M REL Kantor *m*

chanza F Scherz *m*, Spaß *m*, Witz *m*; **chanzoneta** F Späßchen *n*

chañar M *Am Mer* BOT *Baum mit süßen Früchten* (*Gourliea decorticans*)

chao INT *RPl, Perú fam* tschüs(s)!, tschau! *reg*, Servus! *al.d.S*

chapa F 1 (*lámina*) Blech *n*; **~ de blindaje** Mantelblech *n*, -eisen *n*; Panzerblech *n*; **~ cortafuego** Blechschott *n*; **~ ondulada** Wellblech *n*; **~ protectora** Schutzblech *n* 2 (*placa*) Platte *f*; **~ (de madera)** Furnier *n* 3 (*tapón*) Kron(en)korken *m*; Flaschendeckel *m* 4 (*marca distintiva*) Blechmarke *f*; *Cuba, RPl* AUTO polizeiliches Kennzeichen *n*, Nummernschild *n*; *Perú fam* Spitzname *m*; **~ de control** Kontrollmarke *f*; MIL **~ de identidad** Erkennungsmarke *f* 5 (*revestimento*) Beschlag *m aus Blech etc*; *de cuero*: Lederbesatz *m an Schuhen* 6 *Am* (*cerradura*) (Tür-)Schloss *n* 7 *juego*: **~s** *pl* Chapaspiel *n* (*Münzenwerfen*) 8 **~s** *pl Am* (*chapeta*) rosige Wangen *fpl* 9 *Esp pop* (*sexualidad entre homosexuales*) Schwulensex *m pop*

chapado A ADJ *con madera*: furniert; *con chapas*: beschlagen; *fig* **~ a la antigua** altmodisch; altfränkisch; **~ en oro** (aus) Golddublee B M Furnier *n*, Furnierung *f*

chapalear VI 1 (*matraquear*) klappern, scheppern 2 (*chapotear*) plätschern; plan(t)schen; **chapaleo** M Plan(t)schen *n*; Plätschern *n*;

chapaleta F 1 TEC Pumpenventil *n*; Fallklappe *f*; **~ (de ventilación)** Belüftungsklappe *f* 2 *S.Dgo* DEP **~s** Schwimmflossen *fpl*; **chapaleteo** M Plätschern *n*

chapapote M *espec Am* Teer *m*; MAR, ECOL *tb* Ölpest *f*

chapar VT 1 → chapear A 1 2 *fig palabras* an den Kopf werfen; entgegenschleudern (**a alg** j-m) 3 *Arg* (*agarrar*) packen, ergreifen 4 *Perú* (*apresar*) fangen, festhalten; auf frischer Tat ertappen 5 *Perú fam* (*besar*) küssen (*Zungenkuss*)

chaparra F 1 BOT *árbol*: immergrüne Eiche *f*; Kermeseiche *f* 2 *Méx* (*mujer pequeña*) kleine Frau *f*; **chaparrada** F Regenguss *m*; **chaparral** M Dickicht *n*; *espec* Kermeseichengestrüpp *n*; **chaparrear** V/IMP regnen; **chaparreras** FPL *Méx* (Leder-)Chaps *pl*, (lederne)

Cowboy-Überhose *f*; **chaparrete** ADJ *fam persona* klein; **chaparro** A ADJ *Méx* klein; gedrungen; pummelig B M 1 BOT *arbustos*: Eichenbuschwerk *n* 2 *Méx persona*: kleiner Mensch *m*, Knirps *m*
chaparrón M 1 *(aguacero)* Platzregen *m*, Regenguss *m*; **a -ones** in Strömen; *fig* **un ~ de ...** eine Unmenge von ... 2 *fam fig (reprimenda)* Abreibung *f*, Strafpredigt *f*; kalte Dusche *f fam*; *fam* **aguantar el ~** einen Rüffel einstecken
chaparrudo M *pez*: Schwarzgrundel *m*
chapatal M Pfütze *f*, Schlammloch *n*
chape M 1 *Chile (trenza de pelo)* Haarzopf *m* 2 *Perú fam (beso de tornillo)* Zungenkuss *m*
chapeado M TEC *de madera*: Furnier *n*; *de metal*: Plattierung *f*; **~ de oro** aus Golddublee
chapear A VT 1 TEC (mit Platten) beschlagen, plattieren; *con oro, etc*: dublieren; *con madera*: furnieren 2 *Cuba (escardar) mit der Machete* jäten B VI klappern, scheppern; **chapera** F ARQUIT Plankensteige *f*; **chapería** F TEC Furnierarbeit *f*; **chapero** M *Esp fam* Strichjunge *m fam*, Stricher *m fam*
chaperona F *Arg* HIST Anstandsdame *f*; **chaperonado** ADJ *heráldica* gehaubt
chapeta F roter Fleck *m*; Röschen *n auf der Wange*; **chapetón** A ADJ 1 *Am (recién llegado)* neu angekommen *(Europäer, bes Spanier in Amerika)* 2 *Chile (inexperto)* neu, unerfahren B M, **-ona** F *Am* neu angekommene(r) Europäer *m*, -in *f*; Neuling *m* C M 1 *Arg fam (fanfarrón)* Angeber *m fam*, Großmaul *n* 2 *(aguacero)* Regenguss *m* 3 *Perú* → chapetonada; **chapetonada** F *Am* Erkrankung *f* durch Klimawechsel; *fig* Unerfahrenheit *f*
chapín M 1 *pez*: *Art* Kofferfisch *m* 2 BOT Frauenschuh *m* 3 *(zapato de mujer)* Damenschuh *m (fersenfrei)* 4 *fam Am* Guatemalteke *m*
chapiri M *Esp fam* Hut *m*
chápiro INT *fam* **¡por vida del ~ (verde)!** *o* **¡voto al ~!** Donnerwetter!, zum Kuckuck noch mal! *fam*
chapista M Blechschmied *m*; AUTO Autospengler *m*; **chapistería** F *Am* Blechschmiede *f*; AUTO Karosseriewerkstatt *f*, Autospenglerei *f*; **chapistero** M Autospengler *m*
chapita F 1 *Cuba pop* Brustwarze *f* 2 *Perú* Flaschendeckel *m*
chapitel M ARQUIT *de una torre*: Turmspitze *f*; *de una columna*: Kapitell *n*
chaple TEC **buril** *m* ~ Beitel *m*, Grabstichel *m*
chapó INT Hut ab!
chapodar VT *árboles* (aus)lichten; *fig (cercenar)* beschneiden, schmälern
chapola F *Col* Schmetterling *m*; *fam* Flugblatt *n*
chapotear A VI plätschern, plan(t)schen B VT anfeuchten; **chapoteo** M Plätschern *n*, Plan(t)schen *n*
chapucear VT & VI 1 *(frangollar)* (zusammen-, ver)pfuschen; verhunzen *fam* 2 *Méx (hacer trampas, estafar)* prellen, betrügen; **chapucería** F Flickarbeit *f*; Pfusch *m*, Pfuscherei *f fam*, Machwerk *n*, Murks *m fam*; **chapucero** A ADJ *(hecho de mala manera)* stümperhaft, liederlich B M, **-a** F 1 Pfuscher *m*, -in *f*, Stümper *m*, -in *f* 2 *reg (mentiroso)* Lügner *m*, -in *f* C M *herrero*: Grobschmied *m*
chapulín M *Am Centr, Méx, Ven* ZOOL Heuschrecke *f*; **chapulinear** VI *Méx* Heuschrecken fangen
chapurrado M *Cuba Getränk aus nelkengewürzter Pflaumenbrühe*; **chapurr(e)ar** VT 1 *una lengua* radebrechen 2 *fam bebidas* mixen; **chapurreo** M Kauderwelsch *n*; Radebrechen *n*
chapuz M ⟨*pl* -uces⟩ Unter-, Eintauchen *n*; **dar (un) ~ a** → chapuzar A; **chapuza** F Flickarbeit *f*; *fig* Pfuscharbeit *f*; **hacer ~s** kleine Gelegenheitsarbeiten verrichten; **chapuzar** ⟨1f⟩ A VT untertauchen B VI *y* VR **~se** das Gesicht ins Wasser tauchen; (kopfüber) ins Wasser springen; **chapuzas** *fam* → chapucero A, B; **chapuzón** M Untertauchen *n*; **dar un ~** untertauchen; *fam* **darse un ~** (kurz) baden gehen
chaqué M Cut(away) *m*
chaqueño ADJ aus dem Gran Chaco
chaqueta F Jacke *f*; Jackett *n*, Sakko *m/n*; **~ blindada** Panzerweste *f*; **~ de punto** Strickjacke *f*; *fig* **cambio** *m* **de ~** Gesinnungswechsel *m*; *fam fig* **cambiar de ~** POL die Gesinnung (*o* Partei) wechseln; *desp* sein Fähnchen nach dem Wind hängen; *fam Cuba* **tener ~ con alg** sich mit j-m streiten
chaquete M *juego*: Tricktrack *n*
chaquetear VI 1 POL *(cambiar de ideología)* die Gesinnung wechseln; umschwenken 2 *fig (acobardarse)* zurückschrecken, kalte Füße bekommen *fam*, umfallen *fam*; **chaquetero** A ADJ opportunistisch B M, **-a** F Opportunist *m*, -in *f*; **chaquetilla** F TEX kurze Jacke *f*, Spenzer *m*; **chaquetón** M TEX Joppe *f*; Windjacke *f*; Langjacke *f*; **~ de cuero** Lederjacke *f*; **~ de piel** Pelzjacke *f*
chara F *Chile* ORN junger Strauß *m*
charada F Scharade *f*
charal F *Méx* 1 ZOOL *ein kleiner Süßwasserfisch (Chiristoma Chapalae)* 2 GASTR *Gericht aus diesen Fischen*
charamusca[1] F *reg* Funke *m*; **~s** *pl Canarias, Am* Reisig *n*, Kleinholz *n*
charamusca[2] F *Méx* gedrehte Zuckerstange *f*
charanga F Blechmusik(kapelle) *f*; **charango** M *Perú kleine fünfsaitige Mandoline der Indianer*; **charanguero** M 1 *(chapucero)* Pfuscher *m*, Stümper *m* 2 *reg (buhonero)* Hausierer *m in Hafenorten*; **charanguista** M/F MÚS Charangospieler *m*, -in *f*
charapa F 1 *Col, Ven* ZOOL Arrauschildkröte *f* 2 *Perú fam* aus Iquitos *(Stadt im Amazonasgebiet)*
charape M *Méx Sorbet aus vergorenem Agavensaft*
charca F (großer) Tümpel *m*; *fam fig* **~ de ranas** lärmende Versammlung *f*; **charcal** M Sumpf *m*; Gelände *n* mit vielen Pfützen; **charco** M 1 *(depósito de agua en el terreno)* Pfütze *f*, Lache *f*; *fig* **pasar** *o* **cruzar el ~** *(cruzar el mar)* über den großen Teich fahren *fam*; **~ de sangre** Blutlache *f* 2 *Col* → remanso; **charcón** ADJ *Arg, Bol* mager
charcutería F 1 *carnicería*: (Schweine)Metzgerei *f* 2 *(embutidos)* Wurstwaren *fpl*; **charcutero** M, **charcutera** F Schweinemetzger *m*, -in *f*
charla F Plauderei *f*; *desp* Geschwätz *n*; INFORM Chat *m*; **dar una ~** einen (kurzen) Vortrag (in aufgelockerter Form) halten; **estar de ~** plaudern; *fam* **echar la ~ a alg** j-m die Leviten lesen
charlador A ADJ schwatzhaft B M, **charladora** F Schwätzer *m*, -in *f*; **charlante** M/F *fam* Plauderer *m*, Plauderin *f*
charlar VI *fam Esp* plaudern; schwatzen, quasseln *fam*
charlatán A ADJ geschwätzig; marktschreierisch B M, **-ana** F 1 *(parlanchín, -ina)* Schwätzer *m*, -in *f*; Marktschreier *m*, -in *f* 2 *(curandero, -a)* Quacksalber *m*, -in *f*, Scharlatan *m*, -in *f*
charlatanear VI schwatzen, quasseln *fam*; **charlatanería** F 1 *(locuacidad)* Geschwätzigkeit *f*; Geschwätz *n* 2 *(curanderismo)* Quacksalberei *f*; Scharlatanerie *f*; **charlatanismo** M Scharlatanerie *f*; *(betrügerische)* Prahlerei *f*
charlatorio M *hum fam* Schwatzbude *f*; POL *desp* **~ nacional** *(parlamento)* Quasselbude *f desp*
charlestón M MÚS *baile*: Charleston *m*
charlista M/F Vortragsredner *m*, -in *f*; **charlotada** F komische Stierhetze *f (mit Stierkämpfern als Clowns)*; *reg* Amateurstierkampf *m*; *fig* Groteske *f*, grotesker (*o* lächerlicher) Auftritt *m*; **charlotear** VI *fam* → charlar; **charloteo** M *fam* → charla
charnego M *desp en Cataluña*: nichtkatalanischer, spanisch sprechender Einwanderer *m*
charnela F 1 TEC *(bisagra)* Scharnier *n* 2 ZOOL *de los moluscos*: Schloss-, Schließband *n bei Muscheln*; **charneta** F *fam* Scharnier *n*
charol M 1 *(barniz)* Lack *m*; *fam fig* **darse ~** sich mächtig aufspielen, angeben *fam* 2 *(cuero barnizado)* Lack-, Glanzleder *n*; **zapatos** *mpl* **de ~** Lackschuhe *mpl* 3 *betún*: Glanzschuhcreme *f* 4 *Col, Ec (bandeja)* Tablett *n*; **charola** F *Méx* Tablett *n*; **charolado** ADJ glänzend, blank; Lack...; **charolar** VT *cuero, etc* lackieren; **charolista** M/F Lackierer *m*, -in *f*; *(dorador, -a)* Vergolder *m*, -in *f*
charpa F Schulterriemen *m*; MED Armbinde *f*, Mitella *f*
charque M → charqui; **charquear** VT *Am Mer carne* lufttrocknen; **charqui** M 1 *Am Mer (carne secada)* Dörr-, Trocken-, Rauchfleisch *n* 2 *Chile (fruta secada)* Dörrobst *n*; **charquicán** M *Arg, Bol, Chile, Perú Eintopf aus Kartoffeln, Bohnen und Dörrfleisch*
charrada F *Esp baile*: Bauerntanz *m*; **charrán** M 1 Schurke *m*, Gauner *m*, Taugenichts *m* 2 ZOOL Seeschwalbe *f*; **charranada** F Gemeinheit *f*, (Schurken)Streich *m*; Gaunerei *f*; **charrar** VI schwatzen *fam*; tratschen *fam*
charrasca F *fam* 1 *sable*: Schleppsäbel *m*, Plempe *f fam* 2 *(navaja)* Klappmesser *n* 3 *Ven* MÚS *Art Schlaginstrument*
charreada F *Méx typisch mexikanisches Volksfest mit Reiterspielen*
charretera F 1 MIL Achselstück *n*, Schulterklappe *f*, Epaulette *f* 2 *(jarretera)* Knieband *n* 3 *(albardilla)* Schulterkissen *n der Wasserträger*
charro A ADJ 1 *(de Salamanca)* salmantinisch; *desp (rústico)* bäurisch; grob 2 *(chillón)* buntscheckig, grell; *espec Am (emperejilado)* aufgedonnert, geschmacklos B M 1 *(campesino)* Bauer *m* aus *(der Provinz)* Salamanca 2 *Méx jinete*: *Reiter in typischer Tracht*
chárter, charter ADJ Charter...; **compañía** *f* **~** Chartergesellschaft *f*; **vuelo** *m* **~** Charterflug *m*
chartreuse [ʃar'trəs] F *licor*: Chartreuse *m*
charuto M *Arg drogas* Joint *m*
chas *Méx fam* **pagar al ~** bar zahlen
chas INT klatsch!, platsch!
chasca F 1 *(leña menuda)* Gezweig *n*, Reisig *n* 2 *Andes (mechón)* Haarbüschel *n*, Zotte(l) *f*
chascar ⟨1g⟩ A VI → chasquear B B VT & VI knacken; *látigo* knallen; **~ la lengua** mit der Zunge schnalzen; **chascarrillo** M Schnurre *f*, Anekdötchen *n*
chascás M ⟨*pl* -aes⟩ MIL Tschapka *f (Kopfbedeckung)*
chasco[1] M 1 *(travesura)* Streich *m*, Posse *f*, Jux *m*; **dar un ~ a alg** j-n hereinlegen 2 *(fracaso)* Reinfall *m*, Enttäuschung *f*; **llevarse un ~** enttäuscht werden, sich verrechnen, (gehörig) hereinfallen; **¡menudo ~!** so ein Reinfall!
chasco[2] *Bol*, **chascón** ADJ *Chile* zottig; mit zerzausten Haaren
chasis M, *Am* **chasís** M ⟨*pl inv*⟩ AUTO Fahrgestell *n*, Chassis *n*; FOT Kassette *f*; INFORM *(placa base)* Mainboard *n*; *fam fig* **quedarse en el ~** zaundürr (*o* nur noch ein Gerippe) sein
chasponazo M Streifschuss *m*
chasqueado ADJ **quedar(se) ~** hereinfallen, einen Reinfall erleben; **dejar ~ a alg** j-n her-

einlegen *fam*

chasquear A VT 1 ~ **a alg** *(cometer una travesura)* j-m einen Streich spielen, j-n anführen, j-n hereinlegen *fam*; *(faltar lo prometido)* j-n im Stich lassen 2 ~ **los dedos** mit den Fingern schnippen; ~ **el látigo** mit der Peitsche knallen; ~ **(con) la lengua** mit der Zunge schnalzen B VI *madera* krachen, knacken

chasqui M *Andes* HIST Bote *m im alten Inkareich*

chasquido M 1 *ruido*: Knistern *n*, Knacken *n*, Knarren *n*; Schnalzen *n*; Knallen *n*; **dar ~s** knacken, knallen 2 FON Schnalzlaut *m*

chat M INFORM Chat *m*; **salón** *m* **de ~** Chatroom *m*

chata F 1 *(bacín plano)* Bettschüssel *f* 2 MAR → chalana 3 *Arg* AUTO Pritschenwagen *m*

chatarra F 1 *(escoria)* (Erz)Schlacke *f* 2 *(hierro viejo)* Schrott *m*, Alteisen *n*; **estar para la ~** schrottreif sein 3 *jerga militar fam condecoraciones*: Lametta *n (jerga militar)*; **chatarrería** F Schrotthandel *m*; **chatarrero, chatarrista** M Schrotthändler *m*

chatear VI 1 die Kneipen abklappern 2 INFORM chatten

chateo M INFORM Chat *m*

chato A ADJ 1 *nariz* stumpfnasig; **nariz** *f* **-a** Stumpf-, Stupsnase *f* 2 *(plano)* platt, flach, (abge)stumpf(t) B M *Esp* niedriges Weinglas *n*; **tomar un ~** sich *(dat)* ein Gläschen genehmigen C M, **-a** F *nombre cariñoso*: Liebling *m*; Kleiner *m*, Kleine *f*

chatón M *piedra preciosa*: Solitär *m*

chatre ADJ *Andes* herausgeputzt

chau INT *RPl, Perú* auf Wiedersehen!, tschau!, tschüs(s)!

chaucha F 1 *Am Mer (judía verde)* grüne (lange) Bohne *f* 2 *Chile patata*: Saatkartoffel *f* 3 *Chile fam moneda*: Zwanzigcentavostück *n*

chauchera F *Arg fam* Geldbörse *f*

chaúl M TEX *(frec* blaue) Chinaseide *f*

chauvinismo M Chauvinismus *m*; **chauvinista** A ADJ chauvinistisch B M/F Chauvinist *m*, -in *f*

chaval M *fam Esp* Junge *m*, junger Bursche *m*; **chavala** F *fam Esp* (junges) Mädchen *n*; **chavalina** F *fam Esp* kleines Mädchen *n*

chavalongo M *Chile* MED Typhus *m*

chavarría F *Col, Ven* ORN Weißwangentschaja *m*

chavea M *fam* Bürschchen *n*

chaveta A ADJ *fam* bescheuert *fam*, beknackt *fam* B F 1 TEC *(clavija)* Splint *m*; Bolzen *m*, Keil *m* 2 *fam fig (cabeza)* Kopf *m*, Birne *f fam* **perder la ~** den Verstand verlieren, durchdrehen *fam* 3 *Perú pop (navaja)* (Klapp)Messer *n der Ganoven*;

chavetazo M *Perú Cuba* Messerstich *m* mit einer Chaveta

chaviza F *Méx* Gruppe *f* von Jugendlichen

chavo M, **-a** F *Méx* Junge *m*, Mädchen *n*

chaya F *Chile* Fastnachtstreiben *n*; *p. ext* Konfetti *n*

chayote M BOT Chayotefrucht *f*, Stachelgurke *f*; **chayotera** F BOT Stachelgurke *f (Pflanze)*

che A F *Name des Diagraphs CH* B M *fam* **los ~s** die Argentinier

ché, *frec* **che** INT *reg, RPl fam* he!, hör mal!

checa F 1 POL, HIST Tscheka *f* 2 *p. ext (cárcel de tortura)* (Folter)Gefängnis *n*

checada F *Méx* Überprüfung *f*, Checkup *m/n*;

checar VT *Méx* prüfen, überprüfen, durchchecken *fam*

cheche M *Cuba, P. Rico* Aufschneider *m*, Eisenfresser *m fam*

Chechenia F Tschetschenien *n*

checheno A ADJ tschetschenisch B M, **-a** F Tschetschene *m*, Tschetschenin *f*

chécheres MPL *Col, C. Rica* Plunder *m*, billiges Zeug *n*; Siebensachen *fpl fam*

checo A ADJ tschechisch; **República** *f* **Checa** Tschechische Republik *f* B M, **checa** F Tscheche *m*, Tschechin *f* C M *lengua*: Tschechisch *n*; **checo(e)slovaco** HIST A ADJ tschechoslowakisch B M, **checo(e)slovaca** F Tschechoslowake *m*, Tschechoslowakin *f*

Checo(e)slovaquia F HIST Tschechoslowakei *f*

chef M/F Küchenchef *m*, -chefin *f*

cheira F Schustermesser *n*

chele ADJ *Am Centr* hellhäutig, blond; **cheles** MPL *S.Dgo* Knete *f*, Zaster *m fam*

cheli M/F *Esp fam* Freund *m*, -in *f*, Liebhaber *m*, -in *f*; Kerl *m fam*

chelín M *moneda*: Schilling *m*

chelista M/F MÚS Cellist *m*, -in *f*

chelo M MÚS → violonc(h)elo

chenca F *Hond, Salv* Zigarrenstummel *m*

chenchena F *Ven* ORN Schopfhuhn *n*

chepa A ADJ *inv* buck(e)lig B F *fam* Buckel *m* C M/F Bucklige *m/f*; **cheposo, chepudo** A ADJ *desp* buck(e)lig B M, **-a** F Bucklige *m/f*

cheque M Scheck *m*; ~ **abierto** offener Scheck *m*, Barscheck *m*; *Esp* ~ **bebé** *einmalige Zahlung zur Geburt eines Kindes (seit Mitte 2007)*; ~ **en blanco** Blankoscheck *m*; *fig* Blankovollmacht *f*; ~ **cruzado** gekreuzter Scheck *m*; Verrechnungsscheck *m*; ~ **en descubierto** *o* **sin fondos** *o Méx fam* **de hule** ungedeckter Scheck *m*; ~ **nominativo/postal** Namens-/Postscheck *m*; ~ **a la orden** Orderscheck *m*; ~ **al portador** Inhaber-, Überbringerscheck *m*; ~ **postal** Postscheck *m*; **~-regalo** Geschenkgutschein *m*; ~ **de viaje** *o* **de viajero** Reisescheck *m*; **cobrar un ~** einen Scheck einlösen; **librar** *o* **extender un ~** einen Scheck ausschreiben (o ausstellen)

chequear A VI *Am Cent* Schecks ausstellen B VT 1 *(comprobar)* überprüfen, vergleichen, checken *fam*; MED (gründlich) untersuchen 2 *Am* AVIA *equipaje* aufgeben

chequén M *Chile* BOT Myrte *f*

chequeo M MED Generaluntersuchung *f*, Check-up *m/n*; *gener* Überprüfung *f*; AUTO Inspektion *f*; MED ~ **oncológico** Krebsvorsorge (untersuchung) *f*; ~ **preventivo** Vorsorgeuntersuchung *f*

chequera F *Am* Scheckheft *n*, Scheckbuch *n*; ~ **electrónica** EC-Karte *f*

Chequia F Tschechien *n*

chercán M Chilenische Nachtigall *f*

chercha F *Hond, Ven* Spaß *m*, Ulk *m*

cherna F, **cherne** M *pez*: Wrackbarsch *m*

cherva F BOT Rizinus *m*

chesco M *Méx leng. juv* Erfrischungsgetränk *n*

chéster M 1 *queso*: Chesterkäse *m* 2 *Hond (cigarro)* Zigarre *f* 3 *sofá*: gepolstertes Ledersofa *n*

cheuto ADJ *Chile* hasenschartig

cheve M *Méx* Bier *n*

chévere, chéveri ADJ *fam Antillas, Col, Méx* prima, dufte *fam*

cheviot M TEX Cheviot *m/f*

chía F BOT *ölhaltiger amerikanischer Salbei*

Chiapa: **pimienta** *f* **de ~** Paradieskörner *npl*, *Art* Amom *n*

chibcha HIST A ADJ Chibcha… B M 1 *indio*: Chibcha *m (Angehöriger eines alten Indianerstammes im Hochland Kolumbiens)* 2 *lengua*: Chibcha *n*

chibolas FPL *Hond* Murmeln *fpl*, Schusser *mpl (reg)*

chic A M Schick *m* B ADJ *inv (nur nachgestellt)* schick, elegant

chica F 1 *(niña)* Kleine *f*, Mädchen *n*; *fam* junge Frau *f* 2 *(criada)* Dienstmädchen *n*; *(aprendiza)* Lehrmädchen *n*; *Perú* ~ **de la limpieza** Zimmermädchen *n*; *Méx* ~ **de tapa** Covergirl *n*; ~ **para todo** Mädchen *n* für alles 3 *(botella)* kleine Flasche *f*; *(vaso de cerveza)* kleines Glas *n* Bier 4 *Chile* Zwergin *f* 5 *Méx (medida de pulque)* Pulquemaß *n* 6 *Méx moneda*: *kleine Silbermünze*

chicada F *fam* Kinderei *f*

chicalote M *Méx* BOT Argemone *f*, *Art* Mohn *m*

chicana F, **chicane** F *espec Am* Schikane *f*; **chicanear** VT *espec Am* schikanieren, piesacken *fam*

chicano M, **chicana** F *in den Südstaaten der USA lebender Nachkomme der Mexikaner*

chicarrón M *fam* kräftig entwickelter Junge *m*; **chicarrona** F *fam* kräftig entwickeltes Mädchen *n*

chicha[1] F *Esp leng inf y fam* Fleisch *n*; *fam* **ser de** *o* **tener pocas ~s** nur Haut und Knochen sein

chicha[2] ADJ MAR **calma** *f* ~ völlige Windstille *f*, Flaute *f*

chicha[3] F *Am bebida*: Chicha *f (Maiswein, Maisschnaps; auch Erdnuss-, Yucca- oder Maniokbier)*; *Perú* ~ **de jora** alkoholische (Mais)Chicha *f*; *Perú* ~ **morada** alkoholfreie (Mais)Chicha *f*; *fam fig* **no ser ~ ni limonada** *o* **limoná** weder Fisch noch Fleisch sein; *fam* **de ~ y nabo** wertlos, sehr durchschnittlich

chichar VI *Arg* maßlos Chicha trinken

chícharo M *Cuba, Méx* Erbse *f*

chicharra F 1 TEC Bohrknarre *f*; Ratsche *f*, Knarre *f*; ELEC Summer *m* 2 *insecto*: Zikade *f*; *fig* **canta la ~** es ist sehr heiß; *fam fig* **hablar como una ~** wie ein Wasserfall reden 3 *jerga del hampa (billetera)* Brieftasche *f*

chicharrear VI *fam* knausern; **chicharrero** M Brutkasten *m*, Backofen *m (fig)*; **chicharrina** F *fam* glühende Hitze *f*, Bruthitze *f fam*;

chicharro M 1 *pez*: → jurel 2 → chicharrón; **chicharrón** M 1 GASTR Griebe *f*; *fam fig gener* Angebrannte(s) *n*; *Arg Art* Röstfleisch *n*; *Perú* gebratenes Schweinefleisch *n (meist aus der Rippe)*; *tb* gebratene Schweineschwarte *f* 2 *fam fig (persona bronceada)* sonnenverbrannter Mensch *m* 3 *Col (pepita de oro)* Goldklumpen *m*

chiche[1] *fam* A M *Am* Brust *f der Amme* B F *Méx* Amme *f*

chiche[2] *Am* A ADJ hübsch B M *(juguete)* Spielzeug *n*; *(adorno)* Zierrat *m*

chicheante M FON Zischlaut *m*; **chichear** VT & VI (aus)zischen

chichería F *Am* Chichakneipe *f*; **chichero** M, **-a** F *Am* Chichaverkäufer *m*, -in *f*

chichí M *Col fam* 1 Pipi *n*; **hacer ~** Pipi machen 2 *(pene de los niños)* Schniedel *m fam*, Zipfel *m fam*

chichigua F 1 *Am Centr (nodriza)* Amme *f* 2 *Col (cosa baladí)* Lappalie *f*

chichisbeo M Cicisbeo *m*, Hausfreund *m*

chichón M Beule *f am Kopf*

chichuangar VI ⟨1h⟩ *Arg* Wäsche auswringen

chicle, chiclé M Kaugummi *m*; ~ **de bomba** *o Perú, Ven* ~ **de globos** *o* ~ **hinchable** Bubblegum *m*; MED ~ **de nicotina** Nikotinkaugummi *n*; *pop* **pegarse a alg como el ~** sich wie eine Klette an j-n hängen

chiclear, chicléar VI *Am* Kaugummi kauen;

chicles, chiclés *Col fam* Leggings *pl*

chico A ADJ klein; jung; *fam fig* **dejar ~ a alg** *fig* j-n weit hinter sich *(dat)* lassen; j-n in den Schatten stellen B M 1 *(niño)* Kleine *m*; Junge *m*; *fam* junger Mann *m*; *fam* **¡~!** Mensch (enskind)! *fam*; **¡vamos, ~!** nun hör mal!, nun mach einen Punkt; **peinado** *m* **a lo ~** Bubikopf *m*; **ser buen ~** ein netter Kerl sein; **ser un ~** (noch) ein Kind sein; *fam* **los ~s de la prensa** die Leute von der Presse 2 *medida de* vino: 0,186 l **3** Chile Zwerg m, Knirps m fam

chicolear VI fam Süßholz raspeln; **chicoleo** M Kompliment n, Schmeichelei f

chicoria F BOT Zichorie f

chicorrotico, chicorrotillo, chicorrotín A ADJ fam klein, winzig, klitzeklein fam B M Winzling m fam, Knirps m fam

chicota F Esp dralles Mädchen n; **chicote** M 1 Esp (muchacho robusto) kräftiger Bursche m 2 fam (cigarro barato) (billige) Zigarre f 3 Col fam (colilla) Kippe f, Zigarettenstummel m 4 MAR cuerda: Tauende n 5 Am reg (látigo corto) (kurze) Peitsche f; **chicotear** VT Am reg peitschen

chicuela F kleines Mädchen n; **chicuelo** M kleiner Junge m

chifa M Perú Chinarestaurant n

chiffonnier [tʃifo'nïe] M Wäschekommode f

chifla[1] F Schab-, Glättmesser n für Leder

chifla[2] F 1 (silbido) Zischen n; Pfeifen n 2 (silbato) Pfeife f

chiflado fam A ADJ bescheuert fam; **estar ~** (maniático) nicht ganz bei Trost sein fam, spinnen fam; (enamorado) verknallt sein fam (**por** in acus) B M Spinner m; **chifladura** F 1 (silbido) Pfeifen n 2 fam fig (locura) Verrücktheit f; Spinnerei f fam; Fimmel m fam, Marotte f; **~ de los sellos** Briefmarkenfimmel m

chiflar[1] VT cuero glätten, schaben

chiflar[2] A VI 1 (silbar) pfeifen; zischen; fam fig **me chifla ...** ich schwärme für ... 2 fam (emborracharse) einen heben fam, sich volllaufen lassen fam B VT 1 (burlarse en público) auszischen; verhöhnen 2 fam (alocar) verrückt machen C VR **chiflarse** 1 fam (alocarse) verrückt werden, überschnappen fam; **~ por alg** verrückt nach j-m sein; **~ por a/c** verrückt nach etw (dat) sein, versessen auf etw (acus) sein 2 **~ de** (burlarse) sich lustig machen über (acus); **~ de alg** tb j-n veralbern

chiflato M Pfeife f

chifle M 1 (silbato) Pfeife f 2 Perú **~s** pl (plátanos fritos) gebratene, hauchdünne Bananenscheiben fpl; **chiflete** M 1 CAZA Lockpfeife f 2 pez: Pfeilhecht m

chiflido M Pfiff m

chiflis ADJ inv Col fam bescheuert fam, meschugge fam

chiflón M 1 Am reg (corriente de aire) Luftzug m 2 Am Centr (cascada) Wasserfall m

chifón M TEX Chiffon m

chifonier [tʃifo'nïe] M → chiffonnier

chigre M MAR Winde f, Winsch f

chigüil M Ec *Pastete aus Mais, Eiern, Butter und Käse*

chigüiro M Col Wasserschwein n

chihuahua M ZOOL perro: Chihuahua m

chiísmo M REL Schiismus m; **chiíta** REL A ADJ schiitisch B M/F Schiit m, -in f

chilaba F Dschellaba f (Arabermantel)

chilar M Chilipflanzung f

chilchear VI Bol nieseln

chile M Méx 1 BOT Ají-, Chilepfeffer m, Chili m 2 fam (pene) Schwengel m pop 3 Am Centr fam (mentira) Schwindel m; Lüge f

Chile M Chile n

chilenismo M Chilenismus m; **chileno** A ADJ chilenisch B M, **-a** F Chilene m, Chilenin f

chilindrina F fam 1 (cosa de poca importancia) Bagatelle f, Lappalie f 2 (chiste) Scherz m, Witz m; Neckerei f; **chilindrón** M GASTR *typisch aragonesische Soße aus Paprikaschoten, Tomaten u Zwiebeln*

chilla[1] F madera: Schindel f; Brettchen n

chilla[2] F Arg ZOOL Art Fuchs m

chilla[3] F CAZA 1 Lockjagd f auf Kaninchen 2 silbato: Lockpfeife f

chillado M Schindeldach n

chillar VI 1 kreischen, (gritar) schreien, schrillen; (chirriar) quietschen; (aullar) heulen fam, (lloriquear) flennen fam 2 CAZA mit der Lockpfeife locken 3 colores zu grell sein; **chillería** F, **chillerío** M Gekreisch n, Geschrei n; **chillido** M Aufschrei m; **~s** pl Kreischen n; Gekreisch n, Gequieke n; **chillo** M CAZA Lockpfeife f für die Kaninchenjagd; **chillón** A ADJ 1 voz kreischend, gellend, schrill; **no me seas tan ~** widersprich mir nicht; sei nicht so frech 2 color grell, schreiend (fig) B M, **-ona** F Schreier m, -in f, Schreihals m fam C M clavo: Latten-, Schindelnagel m

chilmol(e), chilmote M Méx GASTR *Gericht mit Ajípfeffer- und Tomatensoße*

chilote M Am Centr Maiskolben m

chimango M 1 Andes ORN Chimango m 2 Arg fam (hombre del pueblo) Mann m aus dem niederen Volk

chimba F Col 1 (pan de maíz) Maisbrötchen n 2 pop (vagina) Muschi f pop, Möse f pop

chimbo ADJ Col fam wertlos; cheque gefälscht (o ungedeckt)

chimenea F 1 hogar: Kamin(ofen) m 2 conducto para el humo: Schornstein m, Kamin m, Schlot m; fam fig **fumar como una ~** wie ein Schlot rauchen fam 3 TEC Führungsbuchse f 4 alpinismo: Kamin m 5 TEAT Bühnen-, Seitenschacht m 6 MIN Wetterschacht m

chimichurri M Arg, Ur GASTR *pikante Soße aus Petersilie, Knoblauch, Öl und Gewürzen*

chimpancé M ZOOL Schimpanse m

chimpunes MPL Perú Fußballschuhe fpl

china[1] F 1 persona: Chinesin f 2 TEX seda: Chinaseide f 3 porcelana: chinesisches Porzellan n 4 BOT Chinawurzel f; Am frec Stechwinde f; P. Rico, S.Dgo (naranja) Orange f

china[2] F 1 (guijarro) (Kiesel)Steinchen n; fam fig **tocarle a alg la ~** Pech haben, es ausbaden müssen; fig **poner ~s a alg** j-m Steine in den Weg legen; j-m Schwierigkeiten machen; **echar (a la) ~** juego de niños: Steinchen raten 2 fam (dinero) Geld n, Kies m fam, Zaster m fam

china[3] F Am 1 (india) (junge) Indianerin f; p. ext (mestiza) Mestizin f 2 frec desp (sirviente) (indianische) Dienerin f; Hausmädchen n, Magd f; Guat, Salv (niñera) Kindermädchen n 3 Am Mer (amante) (bes eingeborene) Geliebte f 4 Am reg fam (niña) Mädchen n 5 Col (joven elegante) elegante junge Dame f

China F China n; **la ~ nacionalista/roja** National-/Rotchina n

chinampa F Méx Garten m auf den Inseln der Lagunen bei Mexiko-Stadt

chinarro M größerer (Bach)Kiesel m; **chinazo** M Wurf m mit einem Kiesel

chincha F Antillas insecto: Wanze f; **chinchar** A VT 1 fam (fastidiar) ärgern, belästigen, piesacken fam 2 jerga del hampa (matar) umlegen pop B VR **chincharse** pop sich ärgern, sauer werden fam; **¡chínchate!** geschieht dir (ganz) recht!; **chincharrero** M 1 (lugar lleno de chinches) Wanzennest n 2 Am bote: kleines Fischerboot n

chinche A F(tb M) 1 insecto: Wanze f; fam **caer** o **morir como ~s** haufenweise (o wie die Fliegen) sterben 2 fam fig (persona molesta) Quälgeist m; aufdringlicher Kerl m; freche Wanze f fam 3 espec Am (chincheta) Reißnagel m, -zwecke f 4 fam (micrófono escondido) Abhörmikrofon n, Wanze f fam B ADJ fam → chinchoso

chincheta F Esp Reißzwecke f

chinchilla F ZOOL Chinchilla f; piel: Chinchillapelz m

chinchín A M onom Tschingbum m, Tschingderassassa n (tb fig) B ADV Ven fam **pagar ~** bar zahlen C INT **¡~!** beim Anstoßen: prost!

chinchón M 1 Esp aguardiente: Anisschnaps m aus Chinchón (Dorf in Kastilien) 2 (juego de cartas) Art Kartenspiel n 3 Am reg (chichón) Beule f am Kopf

chinchona F Am Mer Chinin n

chinchorrear Esp A VT fam nerven fam B VI fam tratschen; **chinchorrería** F Esp 1 (impertinencia) Zudringlichkeit f 2 (chismes) Klatsch m; **chinchorrero** Esp A ADJ auf-, zudringlich; klatschsüchtig B M, **-a** F Klatschmaul n, Klatschtante f

chinchorro M 1 red: Zugnetz n 2 embarcación: kleines Ruderboot n, Jolle f 3 Antillas, Pan, Ven (hamaca) (Netz)Hängematte f

chinchoso ADJ fam lästig, aufdringlich

chinchulines MPL Arg, Ur, Par GASTR am Grill gebratene Därme mpl

chincol M Chile ORN Singspatz m

chiné ADJ seda bunt

chinear VT 1 Am Centr niños auf den Armen (o auf dem Rücken) tragen 2 Perú fam (mirar) sehen; gaffen

chinela F Hausschuh m, Pantoffel m

chinero M 1 armario: Porzellanschrank m 2 S.Dgo (vendedor de naranjas) Orangenverkäufer m; **chinesco** A ADJ chinesisch B M MÚS Schellenbaum m

chinga F 1 C. Rica, Ven (colilla) Zigarrenstummel m 2 Hond (burla) Spaß m, Ulk m 3 Ven (chispa) Schwips m; **chingana** F Am Mer frec desp Kneipe f, Bar f, kleiner Laden m

chingar ⟨1h⟩ pop A VI Ur fam vestimenta schlecht sitzen B VT 1 Méx, Salv (fastidiar) **~ a alg** j-n ärgern, j-n nerven, j-m auf den Wecker gehen fam; **~ a/c** etw kaputt machen 2 Méx, Am Cent vulg (joder) ficken vulg, vögeln vulg C VR **chingarse** 1 Am (caer en una trampa) hereinfallen 2 Am reg (fracasar) versagen, misslingen, danebengehen fam

chingo A ADJ 1 Cuba pop (pequeño) klein 2 C. Rica (rabón) schwanzlos 3 Ven (desnarigado) stumpfnasig 4 Méx fam (fantástico) super, dufte, toll B M Arg pop (pene) Schwengel m pop, Schwanz m vulg

chingol(o) A M Am Mer ORN Singspatz m B M, **-a** F Am reg Junge m, Mädchen n

chingue M Chile ZOOL Stinktier n

chinguero M C. Rica Inhaber m einer Spielhölle; **chinguirito** M Cuba, Méx Fusel m, Schnaps m

chinita F 1 Am (amada) schöne Frau f; Geliebte f; Liebste f 2 Arg (sirvienta india) desp indianisches Dienstmädchen n

chino[1] A ADJ chinesisch B M 1 persona: Chinese m; **engañarle a alg como a un ~** j-n gewaltig übers Ohr hauen fam; **tener la paciencia de un ~** eine Engelsgeduld haben; **trabajar como un ~** sich abrackern fam, wie ein Pferd arbeiten fam 2 lengua: Chinesisch n; fig **esto es ~ para mí** o **esto me parece ~** das kommt mir spanisch vor, das sind für mich böhmische Dörfer

chino[2] Am A M 1 (indio) Indianer m; p. ext (mestizo) Mestize m 2 (criado) frec desp (indianischer) Diener m 3 nombre cariñoso: lieber Junge; Schatz m 4 Arg, Chile (hombre del pueblo) Mann m aus dem Volk 5 Col fam (niño) kleiner Junge m, Bübchen n 6 Méx **~s** pl (rizos de pelo) Locken fpl B ADJ 1 Arg, Chile persona hässlich, ungehobelt 2 Méx cabello kraus, lockig

chinorri M Esp jerga del hampa Balg n, Göre f

chip M ⟨pl -s⟩ INFORM Chip m

chipa F 1 RPl (cesto de paja) Strohhülle f; geflochtener Korb m; Chile Tragnetz n 2 RPl, Bol fig (cárcel) Gefängnis n

chipá M RPl Mais-, Maniokkuchen m

chipar VT pop 1 Arg (castigar) strafen; **que te chipe el diablo, si ...** der Teufel soll dich holen, wenn ... 2 Bol (estafar) beschwindeln

chipé(n) ADJ & ADV fam **de ~** 1 (fantástico) toll fam, klasse fam, spitze fam 2 (realmente) wirklich, tatsächlich
chipichape M → zipizape; **chipichipi** M Méx Sprühregen m; **chipilear** VT Méx verhätscheln, verwöhnen
chípili M Méx fam Nesthäkchen n
chipirón M ZOOL kleiner Tintenfisch m; GASTR **-ones** pl tb Calamari mpl; **-ones** pl **rellenos** gefüllte Tintenfische mpl; **-ones** pl **en su tinta** in der eigenen Tinte gedünstete Tintenfische mpl
chipote M 1 Am Centr → manotada 2 Méx (chichón) Beule f
Chipre F Zypern n
chipriota, chipriote A ADJ aus Zypern, zyprisch B M Zyprer m, -in f, Zypriote m, Zypriotin f
chique M MAR Versteifung f
chiquear VT Cuba, Méx (mimar) schmeicheln (dat); liebkosen; verhätscheln
chiquero M 1 espec Am (corral de cerdos) Schweinekoben m, Schweinestall m (tb fig habitación desordenada) 2 (toril) Stierzwinger m 3 jerga militar (celda) Arrestzelle f, Bau m pop
chiquichaque M onom Ritzeratze n; al masticar: Schmatzen n
chiquihuite M Méx henkelloser Korb m
chiquilicuatre, chiquilicuatro M fam Esp Fatzke m fam
chiquilla F kleines Mädchen n, Göre f fam; **chiquillada** F Kinderei f; **chiquillería** F fam Haufen m Kinder; Kinderschar f; **chiquillo** A ADJ klein B M Kind n; (kleiner) Junge m; p. ext de animales: Tierjunge(s) n; fig (alma de cántaro) Kindskopf m
chiquirritico, chiquirritillo, chiquirritito ADJ fam Esp ganz klein, winzig; blutjung
chiqui(rri)tín A ADJ klein, winzig B M, **-ina** F Bübchen n, Kerlchen n; kleines Mädchen n
chiquito A ADJ klein; jung; **dejarle a alg ~** j-n weit hinter sich (dat) lassen, j-m sehr überlegen sein; espec RPl tb j-n kleinkriegen; fam **no andarse en -as** nicht lange fackeln, ganze Arbeit leisten, Nägel mit Köpfen machen fam B M Col After m
chirca F Am BOT Chirca f (Euphorbiazee); **chircal** M 1 bosque: Chircawald m 2 Col (ladrillar) Ziegelei f
chiribita F 1 Esp (chispa) Funken m; fam **los ojos me hacen ~s** es flimmert mir vor den Augen, ich sehe Sterne; fam fig **echar ~s** Gift und Galle spucken 2 BOT Margerite f; **chiribital** M Col Ödland n
chiribitil M (Dach)Kammer f; Verschlag m; fig elende Bude f, Loch n fam
chirigota F fam Scherz m; **tomarse a/c a ~** etw auf die leichte Schulter (o nicht ernst) nehmen; **chirigotero** M, **chirigotera** F Spaßvogel m
chirimbolo M fam Ding(s) n; **~s** pl Krempel m; fam Krimskrams m, Kram m, Plunder m
chirimía MÚS A F 1 instrumento: Schalmei f 2 Col Bläsergruppe f B M Schalmeienbläser m; **chirimiri** M Esp Nieselregen
chirimoya F Chirimoya f, Zuckerapfel m; **chirimoyo** M BOT Zuckerapfelbaum m
chiringuito M Esp Trink-, Imbissbude f im Freien; ECON **~ financiero** grauer Kapitalmarkt m
chirinola F 1 (juego de bolos) Kegelspiel n für Kinder 2 fig (cosa de poca importancia) Lappalie f 3 (conversación larga) langes Gespräch n, Palaver n fam 4 (riña) Balgerei f, Rangelei f; Auseinandersetzung f
chiripa F 1 billar: Fuchs m 2 (golpe de suerte) Zufalls-, Glückstreffer m (tb fig); fig (suerte) Glück n, Schwein n fam; **por ~** o **de ~** zufällig; **tener ~** ein Glückskind sein; Glück (o Schwein fam) haben; **chiripá** M Chile, RPl hosenförmiges Kleidungsstück der Gauchos; **chiripero** M, **chiripera** F fam Glückspilz m
chirivía F 1 BOT Pastinake f 2 ORN Bachstelze f
chirivita F BOT Maßliebchen n
chirla F ZOOL Art Venusmuschel f
chirlar VI fam kreischen, schreien
chirle A M Schaf-, Ziegenmist m B ADJ fam dünn(flüssig), wässerig; fade (tb fig)
chirlería F fam Schwatzen n; Geschwätz n
chirlo M 1 (herida en la cara) Schmarre f, Schmiss m 2 Arg (latigazo) (Peitschen)Hieb m 3 Méx (rotura) Riss m in der Kleidung; **chirlomirlo** M 1 fam (comida con poca sustancia) Kloßbrühe f fam, kraftlose Nahrung f 2 (estribillo) Kehrreim m eines Kinderspiels
chiro M Col Lumpen m; Fetzen m; fam **los ~s** die Kleider npl, die Klamotten fpl fam
chirona F fam Kittchen n fam, Knast m fam; **meter en ~** hinter Schloss und Riegel bringen, einbuchten fam
chirriadero, chirriador, chirriante ADJ quietschend; kreischend; schrill
chirriar VI ⟨1c⟩ ejes, goznes quietschen, knarren; en la sartén: brutzeln; grillo zirpen; pájaros kreischen, schilpen; fam persona falsch singen, kreischen fam, krächzen fam; **chirrido** M (rechinido) Knarren n; (chillido) Quietschen n; de los grillos: Zirpen n; de los pájaros: Kreischen n, Schilpen n
chirrión M 1 (carruaje) (zweirädriger) Karren m 2 Am (látigo) (Leder)Peitsche f
chirula F Esp MÚS Schalmei f
chirumen M fam Esp Köpfchen n fam, Grips m fam
chis INT 1 pst!, Ruhe! 2 he!, hallo!
chiscarra F MINER spröder Kalkstein m
chiscón M Esp Bude f; desp elendes Loch n; **chisga** F Col fam Schnäppchen n; **chisgarabís** M/F fam Naseweis m; Luftikus m; Hansdampf m in allen Gassen; **chisguete** M fam 1 (chorrillo) Guss m, Strahl m; de vino: Schluck m 2 Perú (tubo) (Zahnpasta-, Mayonnaise)Tube f
chismar VI → chismorrear
chisme M 1 (habladurías) Klatsch m, Gerede n; **~s** pl **mundanos** Gesellschaftsklatsch m; **~ de vecindad** dummer Klatsch m, Tratsch m fam; **traer y llevar ~s** (den) Klatsch herumtragen, das Neueste austragen 2 fam (cosas) Ding n; Zeug n, Kram m fam, Plunder m; **~s** pl (Sieben)-Sachen fpl; **coger sus ~s y largarse** seine Siebensachen packen und verduften fam
chismear VI klatschen, tratschen; **chismería** F Klatsch m, Tratsch m; **chismero** ADJ → chismoso; **chismografía** F Klatschsucht f; Klatsch m; **chismógrafo** M, **chismógrafa** F Klatschkolumnist m, -in f; **chismorrear** VI klatschen, tratschen fam; **chismorreo** M Geklatsche n, Tratscherei f fam; **chismosa** F 1 (cotilla) Klatschbase f, Klatschtante f, Tratsche f fam 2 Cuba fam (lámpara de petróleo) primitive Petroleumlampe f; **chismoso** A ADJ klatschsüchtig B M Klatschmaul n
chispa F 1 Funke(n) m (tb fig); fig (idea) Geistesblitz m, Einfall m; (Mutter)Witz m; **~ (eléctrica)** elektrischer Funke m; Blitz m; **arma f de ~** Steinschlossgewehr n; **piedra f de ~** Feuerstein m; **echar ~s** Funken sprühen; fam fig wütend sein, vor Wut schäumen; fig **no dar ~(s)** geistlos (o langweilig) sein; fig **la ~ que incendia la pradera** kleine Ursache, große Wirkung; ELEC y fig **salta la ~** der Funke(n) springt über; fig **tener mucha ~** vor Geist sprühen; helle sein fam 2 (salpicadura) Spritzer m, kleiner Tropfen m; **caen ~s** es tröpfelt 3 fig (partícula) Funken m, Spur f; en frases negativas: nichts; **una ~ de** ein bisschen; **¡ni ~!** gar nicht(s) 4 de diamante: Diamantsplitter m 5 fam (borrachera) Schwips m; **coger una ~** sich (dat) einen ansäuseln fam, sich beschwipsen; **estar ~** einen Schwips haben 6 Col (mentira) Lüge f, Ente f
chispazo M 1 (salto de chispas) Funke(n) m (tb fig); elektrische Entladung f; fam Blitz m 2 (cuentos) Klatsch m, Anekdötchen n 3 fig (idea repentina) Geistesblitz m; **chispeante** ADJ (Funken) sprühend; fig geistsprühend; **chispear** A VI funkeln, aufblitzen; Funken sprühen B V/IMP tröpfeln, nieseln; **chispero** M 1 (chapucero) Grobschmied m 2 (cohete) Sprührakete f 3 Am Centr (encendedor) Feuerzeug n
chispo ADJ fam angesäuselt fam, beschwipst
chisporrotear VI Funken sprühen; al quemar madera: prasseln; motocicleta knattern; (despedir chispas) spritzen, sprühen; **chisporroteo** M Sprühen n; Prasseln n
chisquero M Feuerzeug n
chist INT pst!
chistar VI **sin ~** ohne sich zu mucksen, ohne einen Ton von sich (dat) zu geben
chiste M Witz m (tb fig irón); Pointe f; **~ verde** o Perú **rojo** o **colorado** anzüglicher Witz m; Zote f; **caer en el ~** dahinter kommen, den Braten riechen fam; **dar en el ~** (comprender la gracia) die Pointe erfassen; (dar en el clavo) den Nagel auf den Kopf treffen; **no estar para ~s** nicht zum Spaßen aufgelegt sein; fam **tiene ~ la cosa** das ist ja ein Witz (irón), das darf doch nicht wahr sein fam
chistera F 1 (cestilla de los pescadores) Fangkorb m der Fischer 2 (cesta) Korbschläger m der Pelotari 3 fam sombrero: Zylinder(hut) m, Angströhre f fam; **chistorra** F GASTR Hartwurst aus Navarra; **chistoso** ADJ witzig; spaßig; komisch (tb irón)
chistu M MÚS Txistu n, baskische Flöte f; **chistulari** M/F Txistuspieler m, -in f
chit INT Pst!, Ruhe!
chita F 1 ANAT (astrágalo) Sprungbein n 2 juego: Knöchel-, Wurfspiel n 3 Méx (redecilla) Netz (-tasche f) n 4 ADV fam **a la ~ callando** (en silencio y secreto) still und heimlich
chiticalla M/F fam schweigsamer Mensch m; **chiticallando** ADV (a la) ~ still und heimlich
chito[1] M 1 juego: Wurfspiel n 2 pop (chucho) Köter m
chito[2] INT ¡~! pst!, still!, kusch!
chitón[1] M ZOOL Panzermuschel f
chitón[2] INT fam ¡~! → chito[2]
chiva F 1 ZOOL junge Ziege f, Zicklein n, Geißlein n 2 Am barba: Spitzbart m 3 Am Centr (manta) (Bett)Decke f 4 Hond (embriaguez) Rausch m 5 jerga del hampa (mujer) Frau f 6 Col (notición) Knüller m, sensationelle Nachricht f; fam (mentira) Lüge f; Schwindel m 7 Col transporte: (autobús) ländlicher Überlandbus m 8 Méx fam (colilla) Zigarrenstummel m, Kippe f fam
chivar A VT 1 pop (fastidiar) ärgern, belästigen 2 jerga del hampa (dar el soplo) verpfeifen B V/R **chivarse** 1 fam **~ de alg** j-n verpetzen (**a, con** bei dat) 2 pop **¡que te chives!** ätsch!; geh (doch) zum Teufel fam 3 Cuba, Ven (enfadarse) wütend werden, in die Luft gehen fam
chivata F 1 (porra) Hirtenstock m 2 pop (soplona) Petze f; **chivatazo** M fam (acción de delatar) Petzerei f; **dar el ~** (ver)petzen, verpfeifen; **chivato** M 1 ZOOL (Ziegen)Böckchen n, Kitzlein n 2 pop (soplón) Petzer m, Angeber m 3 → chivo[1] A,4
chive M pop (Ver)Petzen n, Hinhängen n; **chivear** A VT Col espec víveres verfälschen B V/R

chivearse *Méx* befangen (*o* gehemmt) sein; **chivera** F *Col* Spitzbart *m*; **chivero** M *Chile fam* Lügner *m*

chivo¹ A M 1 ZOOL Zicklein *n*; *fig* **~ expiatorio** Sündenbock *m* 2 *Am Centr (carnero)* Hammel *m* 3 *pop (soplón)* Petzer *m*, Angeber *m* 4 *Perú fam desp (homosexual)* Schwule *m* B ADJ *Cuba* gereizt, wütend

chivo² M Behälter *m* für Oliventrester *in Ölmühlen*

chocador ADJ anstoßend; *transporte*: **el coche ~** der Wagen, der den Zusammenstoß verursacht (hat); **chocante** ADJ 1 *(escandaloso)* anstößig, schockierend; *(extraño)* befremdend, sonderbar; *(espectacular)* auffällig 2 *(bufonesco)* possenhaft, witzig 3 *Méx (repugnante)* abstoßend

chocar ⟨1g⟩ A VI 1 *(tocar violentamente)* stoßen (**con** an, auf *acus*; **contra** gegen *acus*); anstoßen; *proyectil, pelota* aufschlagen, auftreffen 2 *(encontrarse)* aufeinandertreffen (*tb fig opiniones, etc*); zusammenstoßen (**con** mit *dat*) (*tb fig*); **~ frontalmente** frontal zusammenstoßen B VT 1 *fig* **~ a alg** *(causar extrañeza o enfado)* bei j-m Anstoß erregen, j-n schockieren, j-n befremden 2 *pop incorr* **~ a alg** *(gustar)* j-m gefallen 3 **~ los vasos** *(juntar las copas)* anstoßen *(beim Trinken)* 4 *fam* **¡chócala!** *o* **¡choca esos cinco!** schlag ein!, die Hand drauf!

chocarrear VI derbe Witze reißen; **chocarrería** F Derbheit *f*; derber Witz *m*; **chocarrero** A ADJ derb, saftig *fam* B M (derber) Witzemacher *m*

chocazo M *fam* Zusammenstoß *m*, Zusammenprall *m*

chocha F 1 ORN (Wald)Schnepfe *f* 2 *pez*: Seeschnepfe *f*; **~ de mar** Meerschnepfe *f* 3 *fam vieja*: schwachköpfige (*o* kindische) Alte *f* 4 *Col vulg (vagina)* Muschi *f*; **chochaperdiz** F ⟨*pl* -ices⟩ ORN Schnepfe *f*

chochear VI kindisch werden *(im Alter)*; faseln; *fam* spinnen *fam*, total verdreht sein *fam*; **chochera, chochez** F (Alters)Blödheit *f*; *fam* Spinnerei *f fam*

chochín M ORN Zaunkönig *m*

chocho¹ M 1 BOT Lupine *f* 2 GASTR *Süßspeise mit Zimt*; **~s** *pl* Süßigkeit *f für Kinder*

chocho² A ADJ schwachköpfig, kindisch *(im Alter)*; närrisch; **estar ~ por alg** (ganz) vernarrt sein in j-n B M 1 *viejo*: Schwachkopf *m*; Quassler *m fam* 2 *pop (vagina)* Fotze *f vulg*

chochocol M *Méx* großer Krug *m*

chocholo *fam* A ADJ verblödet B M Blödmann *m*

choclo M 1 *(zapato de madera)* Holzschuh *m*, -pantine *f* 2 *Am Mer mazorca*: junger Maiskolben *m*; GASTR Gericht *n aus jungen Maiskolben*

choco¹ M ZOOL kleiner Tintenfisch *m*

choco² A ADJ 1 *Bol color*: dunkelrot 2 *Chile* kraushaarig 3 *Chile (anuro)* schwanzlos; *(de una sola pierna)* einbeinig; *(de un solo oído)* einohrig; *Guat, Hond (tuerto)* einäugig B M 1 *Chile, Perú* ZOOL *perro*: Pudel *m* 2 *Perú* ZOOL *mono*: weißer Wollhaaraffe *m* 3 *Chile (muñón)* Gliedstumpf *m*

choco³ M *pop* → chocolate A 3

chocolate A M 1 Schokolade *f* (*tb bebida*); **~ amargo** Bitterschokolode *f*; **~ blanco** weiße Schokolade *f*; **~ a la española** dicke (Frühstücks)Schokolade *f*; **~ con leche** Milchschokolade *f*; **~ en polvo** Schokoladenpulver *n*; Kakao *m*; *fam fig* **ahorrar en el ~ del loro** am falschen Ende sparen 2 *Am reg fam fig* **sacar ~ a alg** *(golpear a alg)* j-m die Nase blutig schlagen 3 *drogas pop (hachís)* Hasch *n fam*, Shit *m/n fam*, Pot *n fam* B ADJ *inv* **(de) color ~** schokoladenfarben, tiefbraun

chocolatera F 1 *vasija*: Schokoladen-, Kakaokanne *f* 2 *fabricadora*: Schokoladenfabrikantin *f*; *comerciante*: Schokoladenhändlerin *f*; *amante del chocolate*: Schokoladenliebhaberin *f* 3 *fam (coche viejo)* altes Auto *n*, Klapperkiste *f fam*; **chocolatería** F 1 *tienda*: Schokoladengeschäft *n* 2 *fábrica*: Schokoladenfabrik *f* 3 *lugar de desayuno) Art* Frühstücksstube *f*; **chocolatero** M 1 *fabricante*: Schokoladenfabrikant *m*; *comerciante*: Schokoladenhändler *m*; *(amante del chocolate)* Schokoladenliebhaber *m* 2 *Am incorr cultivador*: Kakaopflanzer *m*; **chocolatina** F Schokoladenpraline *f*

chocolo M *Col* junger Maiskolben *m*

chófer, *Am* **chofer** M/F Chauffeur *m*, -in *f*; Fahrer *m*, -in *f*

chola F 1 *fam* → cholla 2 *Am* → cholo

cholera F *Hond* Zimmermädchen *n*

cholla F *fam (cabeza)* Kopf *m*, Schädel *m fam*; *(juicio)* Grips *m fam*; **chollo** M *fam* günstige Gelegenheit; Gelegenheitskauf *m*

cholo M, **-a** F *Am* 1 *frec desp (mestizo)* Cholo *m (Mischling aus Indianerin und Europäer)*; *p. ext* Mestize *m*, Mestizin *f* 2 *(indio civilizado)* (halb) zivilisierte(r) Indianer *m*, -in *f*

chomba F *Chile* TEX Sweater *m*

chompa F 1 *Méx (suéter)* dünne Jacke *f* 2 *Col (casaca)* Sportjacke *f* 3 *Bol, Perú* Pullover *m*

choncar VT ⟨1g⟩ *Arg* schlagen, züchtigen

chongo M 1 *Chile (cuchillo sin filo)* stumpfes Messer *n* 2 *Méx (moño de pelo)* Haarknoten *m*; *Guat (rizo)* Locke *f* 3 *Méx (chanza)* Spaß *m* 4 *Perú fam (burdel)* Bordell *n* 5 *Perú fam (desorden)* Wirrwarr *m*, Lärm *m*, Krach *m*; **chonguearse** V/R *Méx fam* → chunguearse

chop M *Am reg* Glas *n* Bier; **~ directo** Bier *n* vom Fass

chopa F 1 *Arg (escopeta)* Flinte *f*, Gewehr *n* 2 *pez*: Brandbrassen *m*

chopal M, **chop(al)era** F Pappelbestand *m*; Pappelhain *m*

chopito M ZOOL kleiner Tintenfisch *m*; GASTR **~s** *pl* Tintenfischgericht *n*

chopo¹ M BOT Schwarzpappel *f*

chopo² M *fam (fusil)* Gewehr *n*, Knarre *f fam*

chop suey M GASTR Chopsuey *n*

choque M 1 *(golpe)* Stoß *m* (*tb* TEC); *(impacto)* An-, Aufprall *m*, Aufschlag *m*; *(colisión)* Zusammenstoß *m*, -prall *m* (*tb fig*); **~ eléctrico** Elektroschock *m*; *transporte*: **~ frontal** Frontalzusammenstoß *m*; *transporte*: **~ múltiple** *o* **en cadena** Massenkarambolage *f*, Auffahrunfall *m*; **~ de vasos** Anstoßen *n beim Trinken* 2 MED Schock *m*; **~ nervioso** Nervenschock *m*; **terapia** *f* **de ~** Schocktherapie *f*

choquezuela F *fam* Kniescheibe *f*

chorar VT *pop* klauen *fam*

chorba F *Esp pop* Mädchen *n*, Biene *f fam*

chorbo M *Esp fam* Junge *m*; *desp* Kerl *m*, Typ *m*

chorcha F *Méx* Horde *f* Jugendlicher

chorear VI *Chile fam* brummen, schimpfen

choricear VT *pop* klauen *fam*, stibitzen

choricería F Wurstgeschäft *n*; **choricero** M, **choricera** F 1 *fabricante*: Wurstmacher *m*, -in *f*; *comerciante*: Wursthändler *m*, -in *f* 2 *fam fig (persona de la Extremadura)* Einwohner *m*, -in *f* der Extremadura, aus der Extremadura stammende Person *f*; **chorizar** ⟨1f⟩ → choricear

chorizo M 1 *embutido*: Chorizo *m (spanische Paprikawurst)* 2 *(balancín)* Balancierstange *f* 3 *Méx (rollo de monedas)* Geldrolle *f* 4 ZOOL *crustáceo*: rote Garnele *f* 5 *pop (pene)* Schwengel *m pop* 6 *jerga del hampa (ladrón)* Dieb *m* 7 *Col fam (tonto)* blöder Kerl *m*

chorla F 1 ORN *Art großes Haselhuhn n* 2 *pop (cabeza)* Kopf *m*, Birne *f fam*; **chorlito** M 1 ORN Regenpfeifer *m*, Goldkiebitz *m* 2 *fam fig* **cabeza** *f* **de ~** *(embrollador)* Wirrkopf *m*; Windbeutel *m*

chorlo M MINER Schörl *m*, schwarzer Turmalin *m*

choro M 1 *Chile* ZOOL *häufige Muschelart (Choromytilus chorus)*; *Chile* ZOOL **~ zapato** Riesenmuschel *f* 2 *Perú fam (ratero)* (Taschen)Dieb *m*

chorote M *Col Tongefäß zur Zubereitung von Schokolade und anderen Getränken*

choroy M *Chile* ORN Chilesittich *m*

chorra M *Esp fam* Glück *n*, Dusel *m fam*

chorrada F 1 *(suplemento de líquido)* Zugabe *f zum Maß bei Flüssigkeiten* 2 *fam (parloteo)* Geschwätz *n*; Wortschwall *m*; **¡no digas ~s!** red keinen Unsinn! 3 *Esp fam (tontería)* Dummheit *f*, Quatsch *m*

chorreada F *fig* Schuss *m*, Spritzer *m*; **chorreado** ADJ *vacuno* dunkel gestreift; **chorreadura** F 1 *manchas*: Tropfspur(en) *f(pl)* 2 → chorreo; **chorrear** A VI 1 *líquido* rieseln; spritzen; triefen; rinnen 2 *fig dinero, etc* tropfenweise einkommen (*o* weggehen) B VT 1 *(salpicar)* verspritzen 2 *RPl (robar)* stehlen, klauen *fam*

chorreo M 1 *(correr del agua)* Rieseln *n*, Geriesel *n* 2 *Esp pop (reprimenda)* Anschnauzer *m fam*, Rüffel *m fam*; **chorrera** F 1 *(arroyuelo)* Rinnsal *n*; Rinne *f* 2 TEX (Spitzen)Jabot *n*; **chorretada** F Sprudel *m*, Guss *m*; **chorrillo** M dünner Strahl *m*; AGR **sembrar a ~** den Samen durch einen Trichter aussäen; **chorrito** M dünner Strahl *m*

chorro M 1 *de un líquido*: (Wasser)Strahl *m*, Guss *m*; **~ de agua** Wasserstrahl *m*; TEC **~ de arena** Sandstrahl *m*; **~ de sangre** Blutstrom *m*, -schwall *m*; **avión** *m* **a ~** Düsenflugzeug *n*; **sudar a ~s** stark schwitzen 2 *fig de cosas*: Strom *m*, Schwall *m*, Menge *f*; *adv* **a ~s** in Strömen; **~ de dinero** Geldstrom *m*, -regen *m*; **~ de voz** gewaltige Stimme *f*; *fam* **como los ~s de oro** blitzsauber; **hablar a ~s** einen Wortschwall loslassen; wie ein Wasserfall reden; **soltar el ~ (de la risa)** aus vollem Halse lachen 3 *Col (rápido)* Stromschnelle *f* 4 *Am Centr (grifo)* Wasserhahn *m* 5 *Arg pop (ladrón)* Dieb *m*

chorroborro M *fam Esp*, **chorrocientos** M ⟨*pl inv*⟩ *fam Méx (cantidad enorme)* Unmenge *f*; Schwall *m*

chota F 1 ZOOL *(cabrita)* Zicklein *n*; *fam fig* **estar como una ~** *(loco)* verrückt sein, spinnen 2 *Méx jerga del hampa* **la ~** *(los polizontes)* die Bullen *mpl*, die Schmiere *f*

chotacabras M/F ⟨*pl inv*⟩ ORN Ziegenmelker *m*

chotearse V/R sich lustig machen, spotten (**de** über *acus*)

choteo M *fam* Spaß *m*, Gaudi *f*, Spektakel *m*; **tomar a ~** *etw* nicht ernst nehmen; sich lustig machen über *(acus)*

chotis M MÚS **~ (madrileño)** *Madrider Volkstanz*

choto M ZOOL 1 *(cabrita)* Zicklein *n* 2 *reg (ternero)* Kälbchen *n*; **chotos** MPL *Ur* GASTR Stierhoden *mpl*; **chotuno** ADJ Zickel...; **oler a ~** stinken

chova F ORN (Alpen)Dohle *f*, Turmkrähe *f*

chovinismo M Chauvinismus *m*; **chovinista** A ADJ chauvinistisch B M/F Chauvinist *m*, -in *f*

choza F Hütte *f*

chozno M, **-a** F Ururenkel *m*, -in *f*

chozo M Hüttchen *n*

chozpar VI *corderos, cabras* hüpfen; **chozpo** M Hüpfer *m*, Sprung *m*

christmas ['krismas] M *(tarjeta de navidad)* Weihnachtskarte *f*; *(saludos de navidad)* Weihnachtsglückwunsch *m*

chss INT pst!, Ruhe!

C

chubasco M 1 METEO *(aguacero)* Platzregen *m*; Regenbö(e) *f (tb* MAR*)*; **~ de nieve** Schneeschauer *m*; **~ de origen tormentoso** Gewitterschauer *m*; MAR **~ (de viento)** Sturmbö(e) *f* 2 *(adversidad)* Unglücksschlag *m*
chubasquería F MAR (Aufziehen *n* einer) Regenbö(e) *f*; **chubasquero** M Wetter-, Regenmantel; MAR Ölzeug *n*
chúcaro ADJ *Am caballo, vacuno* wild, ungezähmt
chucear V/I *Arg fam (joder)* vögeln *pop*, bumsen *pop*
chucha F 1 ZOOL *fam (perra)* Hündin *f* 2 *fam fig (borrachera)* Schwips *m* 3 *Col (maraca)* Kürbisrassel *f* 4 *Col* ZOOL *(zarigüeya)* Opossum *n* 5 *Arg, Perú vulg (vagina)* Muschi *f pop*; **chuchazo** M *Cuba, Ven* Peitschenhieb *m*
chuchear V/I 1 *(cuchichear)* tuscheln, zischeln 2 *(coger caza menor)* Vögel mit Schlingen fangen; **chuchería** F 1 *(cosa de poca importancia)* nette Kleinigkeit *f*, Flitterkram *m* 2 *(glotonería)* Näscherei *f*; **chuchero** M, **chuchera** F 1 *(cazador[a] de pájaros)* Vogelsteller *m*, -in *f* 2 *Col (vendedor[a] ambulante)* Hausierer *m*, -in *f*
chuches *fam* FPL Süßigkeiten *fpl*, Näschereien *fpl*
chucho[1] M 1 *fam (perro)* Hund *m*; *desp* Köter *m*; *int* ¡~! pfui!, kusch! 2 *pez*: Adlerrochen *m* 3 *Chile* ORN *ein Greifvogel, fig a Unglücksbringer* 4 *Cuba, Ven (látigo)* Peitsche *f* 5 *Cuba* ELEC *(conmutador)* (Licht)Schalter *m*
chucho[2] A ADJ 1 *Am Centr (despreciable)* verächtlich, armselig 2 *Bol, Chile (arrugado)* runzlig, verrunzelt 3 *Col fruta* wässerig B M 1 *Andes* MED *(fiebre intermitente)* Wechselfieber *n*, Malaria *f*; Schüttelfrost *m* 2 *Arg pop (miedo)* Angst *f*, Schiss *m pop* 3 *Col* BOT Stinkpfeffer *m*
chuchoca F *Andes Art* Mais- (o Bohnen)pastete *f*
chuchumeca F *Perú fam* Hure *f pop*, Nutte *f pop*; **chuchumeco** M *desp* elender Kerl *m*, Knilch *m fam*
chucrut M GASTR Sauerkraut *n*
chucuri M *Ec* ZOOL Langschwanzwiesel *n*
chucuto ADJ *Ven fam* halb fertig; unvollendet; ungeeignet
chueca F 1 ANAT Gelenkkopf *m*, -knochen *m* 2 *(tocón)* Baumstrunk *m* 3 *juego*: *Art* Kugelschieben *n*; *fig (travesura)* Streich *m*
chueco ADJ *(torcido)* krumm; *Col, Chile, Ec (patituerto)* krummbeinig
chuela F *Chile* Handbeil *n*
chueta M/F *Baleares* Abkömmling *m* von getauften Juden
chufa F 1 BOT Erdmandel *f*; **horchata** *f* **de ~** Erdmandelmilch *f*; *fig* **tener sangre de ~s** Fischblut in den Adern haben 2 *fig (mentira)* Lüge *f*; Prahlerei *f*; **echar ~s** prahlen 3 *fam (bofetada)* Ohrfeige *f*
chufar V/I spotten; **chufeta** F, *fam* **chufla** F *Am*, **chufleta** F Witz *m*, Spaß *m*; **estar de ~** Spaß machen; **chufletear** V/I *fam* scherzen; **chufletero** A ADJ scherzhaft; anzüglich B M, **-a** F Spaßmacher *m*, -in *f*; Spötter *m*, -in *f*
chuguarse V/R *Arg* sich *(dat)* Zöpfe flechten
chula F 1 BOT Nopal-, Kaktusfeige *f* 2 *Esp Madrid*: kesses Mädchen *n aus dem Volk*
chulada F 1 *(grosería)* Derbheit *f*; Frechheit *f* 2 → chulería 1; **chulángano** M *pop (farolero)* Angeber *m fam*; **chulapa** F *pop* kesse Göre *pop*; **chulapo** M, **chulapón** M → chulo B; **chulear** A V/T 1 *(burlarse)* bespötteln 2 *Esp pop* **~ a una mujer** von einer Frau als Zuhälter leben B V/I *y* V/R **~se** 1 *(jactarse)* sich aufspielen, angeben *fam* 2 *pop (vivir como proxeneta)* als Zuhälter leben, (ein) Pferdchen laufen haben *pop* C V/R **chulearse** sich lustig machen; **chulería** F 1 *(jactancia)* Angeberei *f*, Angabe *f fam* 2 *(gracia)* Mutterwitz *m*; Ungezwungenheit *f* 3 *grupo*: Gruppe von Chulos *mpl*; **chulesco** ADJ dreist, keck, patzig; angeberisch *fam*, großkotzig *fam*
chuleta F 1 GASTR *(costilla)* Kotelett *n*, Rippenstück *n*; **~ de ternera** Kalbskotelett *n*; **~s** *pl* **de cordero** Lammkoteletts *npl* 2 *fam fig (bofetada)* Ohrfeige *f* 3 *enseñanza*: Spickzettel *m*
chuletón M GASTR T-Bone-Steak *n*, Hochrippensteak *n*
chulla F *Col* Schimpfwort *n*
chullo M *Perú bunte gestrickte Wollmütze der Hochlandindianer*
chulo A ADJ 1 *(osado)* dreist, vorlaut; kess; angeberisch *fam*; **ponerse ~** frech werden 2 *(taimado)* gerieben, Gauner… 3 *fam (bonito)* hübsch, nett; **muy ~** sehr hübsch; schick B M 1 Chulo *m (Madrider Volkstypus)*; *(farolero)* Angeber *m fam* 2 *Esp (proxeneta)* **~ (de putas)** Zuhälter *m* 3 TAUR *y en el matadero*: Gehilfe *m*
chulpa F *Bol, Ec, Perú etnología*: präkolumbisches Grab *n*
chumacera F TEC Zapfenlager *n (von Achsen)*; MAR Drehdolle *f*
chumbe M *RPl, Col, Perú (faja)* Binde *f*, breiter Gürtel *m*; *cinta*: Stirnband *n*
chumbera F BOT Feigenkaktus *m*; **chumbo** M **(higo** *m***) ~** Kaktusfeige *f*
chuminada F *Esp fam* 1 *(tontería)* Blödsinn *m*, Quatsch *m* 2 *(cosa baladí)* Bagatelle *f*; **chumino** M *Esp vulg* Muschi *f pop*
chumpipe M *Am Centr, Méx reg* ORN Truthahn *m*
chuncho A ADJ *Perú fam* menschenscheu, ungesellig; barsch B M, **-a** F *Perú fam* Indio *m*, Indiofrau *f* des peruanischen (Regen)Waldes C M 1 *Chile* ORN Kauz *m* 2 *Perú* BOT Ringelblume *f*
chunchos MPL *Spitzname der Peruaner für die Bolivianer*
chunchules MPL *Chile* GASTR Kaldaunengericht *n*
chunga F *fam Esp* Neckerei *f*, Scherz *m*; **estar de ~** Spaß treiben; **tomar a ~** nicht ernst nehmen; **chungo** *Esp* A M *pop* miese Type *f fam*, falscher Fuffziger *m fam* B ADJ *fam cosa* mies, marode; *persona* angeschlagen *fam*; **chunguearse** V/R *fam Esp* scherzen; sich necken, kalbern *fam*; **chungueo** M *fam Esp* Spaß *m*, Neckerei *f*; Veralberung *f*; **chunguero** M, **chunguera** F *Esp* Witzbold *m*, Spaßmacher *m*, -in *f*
chuña F 1 *Arg, Bol* ORN Rotfußseriema *f (Dicholophus cristatus)* 2 *Chile (acaparamiento)* Zusammenraffen *n*
chuño M *Bol, Perú* luftgetrocknete Kartoffel *f*
chupa A F 1 *Esp (chaqueta)* (Sport-, Leder)Jacke *f*; HIST Wams *n*; *fam fig* **poner a alg como ~ de dómine** j-n abkanzeln, j-n fertigmachen *fam*, j-n zur Schnecke (*o* zur Minna) machen *pop* 2 *fam (efecto de mojarse)* Durchnässung *f*, Nasswerden *n* 3 *Arg, Am Centr, Perú, Ur (borrachera)* Rausch *m* B M *Col fam* Polizist *m*; **chupachús** M *Esp* Lutscher *m*; **chupacirios** M ⟨*pl inv*⟩ *fam* Betbruder *m fam*; **chupada** F Zug *m (beim Rauchen oder Trinken)*; **dar una ~** einen Zug tun; **chupadero** A ADJ saugend B M Sauger *m*, Schnuller *m*
chupado ADJ 1 *fig cara* hager; eingefallen 2 *vestimenta* eng (anliegend); schmal 3 *(cobarde)* feige 4 *Arg (borracho)* beschwipst 5 *Esp fam (facilísimo)* kinderleicht; **chupador** A ADJ saugend, Saug… B M 1 *para niños*: Sauger *m*, Schnuller *m* 2 TEC Mundstück *n an Geräten*;
chupadura F Saugen *n*
chupaflor M *Ven* ORN *Art* Kolibri *m*; **chupalla** F *Chile* grober Strohhut *m*; **chupamirto** M *Méx* ORN Kolibri *m*
chupar A V/T & V/I 1 (aus-, ein)saugen; *un cigarro, etc*: ziehen; *(absorber con la boca)* lutschen *(acus o an dat)*; *(lamer)* ablecken; *fig* **~ la sangre a alg** j-n (bis aufs Blut) aussaugen 2 *fig* aussaugen; *salud* erschöpfen; **~ a/c a alg** j-m etw abknöpfen; **~ del bote** *o* **del tarro** mit teilhaben, (mit) schmarotzen; *fig* **~ rueda** *ciclismo*: im Windschatten fahren; *Esp jerga del hampa* **~ tres años** zu drei Jahren Gefängnis verknackt werden *fam* 3 TV **~ cámara** nach Bildschirmpräsenz lechzen 4 *Hond, Méx* rauchen 5 *Arg, Chile, Perú (bebidas alcohólicas)* saufen B V/R **chuparse** 1 *fig* **~ los dedos (de gusto)** sich *(dat)* die Finger lecken; **estar para ~ los dedos** *comida* köstlich sein; *fam* **~ el dedo** leer ausgehen, in die Röhre (*o* in den Mond) gucken *fam*; *fam fig* **no ~ el dedo** nicht auf den Kopf gefallen sein, (auch) nicht von gestern sein *fam*; **¡chúpate ésa!** das geht dich an!; das musst du (schon) einstecken!; und wenn du vor Wut platzt! *fam* 2 *fig (adelgazar)* abmagern
chuparrosa M *Am* ORN Kolibri *m*; **chuparrueda(s)** M Windschattenfahrer *m*; **chupasangre** M/F *fig* Blutsauger *m*, -in *f*; **chupatintas** M/F ⟨*pl inv*⟩ *fam desp* Federfuchser *m*, Bürohengst *m fam*
chupe M 1 *(chupada, trago)* Zug *m beim Rauchen oder Trinken* 2 *Am* GASTR *Eintopfgericht aus Kartoffeln oder Mais, Fleisch und anderen Zutaten*
chupeta F 1 MAR (erhöhtes) Quarterdeck *n* 2 *Chile, Am Centr* → chupete; **chupete** M 1 *(chupador)* Schnuller *m*; *fam (biberón)* (Saug)Flasche *f* 2 *(pirulí)* Lutschstange *f*; Bonbon *n/m*; *fam* **ser de ~** ausgezeichnet (*o* dufte *fam*) sein; **chupetear** V/I lutschen; saugen; **chupeteo** M Lutschen *n*; Gelutsche *n fam*; **chupetón** M 1 *(trago fuerte)* kräftiger Zug *m* 2 *fam en la mejilla, etc*: Knutschfleck *m*
chupi ADJ *Esp fam* prima, super, cool
chupín M kurzes Wams *n*
chupito M kleiner Schluck *m*, Schlückchen *n* (Alkohol); Schnäpschen *n*
chupo M 1 *Col (chupete)* Schnuller *m* 2 *Perú fam (divieso)* Warze *f*
chupón A ADJ saugend B M 1 *del cigarrillo*: Zug *m an einer Zigarre* 2 *en la mejilla, etc*: Saugmal *n*; Knutschfleck *m fam* 3 BOT Wassertrieb *m* 4 *(pirulí)* Lutscher *m*, Lolli *m fam* 5 *fam fig* → chupóptero 6 *Am (biberón)* Babyflasche *f*; *(chupete)* Schnuller *m*
chupóptero M, **-a** F *fam* Schmarotzer *m*, -in *f*, Nassauer *m*, -in *f fam*
churo M *Ec* 1 *instrumento de viento*: Muscheltrompete *f* 2 *tb Col (trenza)* (Haar)Locke *f*
churra F ORN Stein-, Birkhuhn *n*
churrasco M *Am Mer auf offenem Feuer gebratenes* (Rind)Fleisch *n*; **churrasquería** F Steakhaus *n*
churre M 1 TEX Wollschweiß *m* 2 *fam* abtropfendes Fett *n*
churrería F Verkaufsstand *m* für Churros, → churro B, 1; **churrero** M, **churrera** F Churrobäcker *m*, -in *f*; → churro B, 1
churreta F *Perú* MED *fam* Durchfall *m*, Dünnschiss *m pop*; **churretada** F großer Schmutzfleck *m*; **churrete** M Schmutzfleck *m (bes im Gesicht)*; **churretoso** ADJ voller Schmutzflecken
churria F *Col fam* Durchfall *m*
churriburri M *fam* Gesindel *n*
churriento ADJ von Fett triefend; schmutzig
churrigueresco ADJ im Schnörkelbarockstil *(nach dem spanischen Baumeister Churriguera)*; *fig* überladen, verschnörkelt; **churriguerismo** M spanischer (Schnörkel)Barock *n/m*
churro A ADJ 1 *oveja* grobwollig 2 *Col, Perú*

C

(guapo) hübsch, schön 3 *Méx (malo)* schlecht B M 1 GASTR *Kringel aus in Öl ausgebackenem Spritzgebäck* 2 *fam fig* Murks *m fam*, Pfuscherei *f*; Quatsch *m fam*; **churroso** ADJ *Cuba fam* dreckig

churruchada F *pop* Löffel *m* voll; **churrullero** ADJ geschwätzig; **churruscarse** V/R ⟨1g⟩ anbrennen *(beim Rösten oder Braten)*

churrusco M 1 *pan*: angebranntes Brot *n* 2 *Col (cabello crespo)* Kraushaar *n*

churumbel M *Esp* (Zigeuner-)Kind *n (neg!)*; Balg *n fam*; **churumbela** F 1 MÚS *instrumento*: Schalmei *f*, Hirtenflöte *f* 2 *Am (bombilla)* Saugrohr *n*

churumen M *fam Esp* Grips *m fam*, Verstand *m*; **churumo** M *fam Esp* Saft *m*, Kern *m*; **poco ~** wenig dahinter

churuno M *Bol* rundes Kürbisgefäß *n*

chus INT **¡~!** hierher! *(Zuruf an Hunde)*; *fam* **no decir ni ~ ni mus** den Mund nicht aufmachen, nicht Piep sagen *fam*

chuscada F lustiger Streich *m*; Schnurre *f*;

chusco A ADJ 1 drollig, witzig 2 *Col fam (bonito)* hübsch, nett 3 *Perú fig (vulgar)* ordinär, ungehobelt; **perro ~** Straßenhund *m* B M 1 *(chistoso)* Witzbold *m*; Spaßvogel *m* 2 *jerga militar pan*: Kommissbrot *n*; *pop* Brötchen *n*

chusma F Gesindel *n*, Pöbel *m*; HIST Galeerensträflinge *mpl*; **chusmaje** M *Am* Pöbel *m*

chuspa F *RPl, Perú* Lederbeutel *m*

chusquero M *jerga militar* Berufssoldat *m*, Kommisskopf *m fam*

chut M DEP *fútbol*: Schuss *m*

chuta F *drogas fam* Spritze *f*

chutar A VI schießen, kicken; *fam* **va que chuta** es klappt prima, das geht (ja) wie geschmiert *fam*; **un coche que chuta** ein toller Wagen *fam* B V/R **chutarse** *drogas fam* fixen *fam*, an der Nadel hängen *fam*

chute M *drogas fam* Schuss *m fam*; **darse un ~** fixen, sich *(dat)* einen Schuss setzen

chuza F 1 *Chile, RPl* Art Spieß *m* 2 *Méx billar*: Stoß *m*, der alle Kugeln trifft; *juego de bolas, corresponde a*: alle Neune; *fam fig* **hacer ~** gründlich aufräumen; **chuzar** V/T ⟨1f⟩ *Col, Ven* stechen

chuzo M 1 *lanza*: Spieß *m*, *(bastón)* Stock *m* 2 *Chile (pico)* Spitzhaue *f* 3 *Cuba (látigo)* Reitpeitsche *f* 4 *Chile (rocín)* Klepper *m* 5 *fam* **caen ~s de punta** *o* **llueve ~s** es gießt, es hagelt; **nieva ~s** es schneit stark

chuzón A ADJ schlau, gerissen; spöttisch B M, **-ona** F Spötter *m*, -in *f*; HIST, TEAT Hanswurst *m*; **chuzonería** F Posse *f*

C.I. F ABR (Conferencia Interamericana) Interamerikanische Konferenz *f (der OEA)*

CI F ABR (Cédula de Identidad) *Am* Personalausweis *m*

CIA M ABR (Consejo Interamericano de Seguridad) Interamerikanischer Sicherheitsrat *m*

cía[1] F ANAT Hüftbein *n*

cía[2] F MAR Rückwärtsrudern *n*, -fahren *n*

Cía. F ABR (Compañía) Gesellschaft *f*, Co. (Compagnie)

ciaboga F MAR Wenden *n eines Schiffes*

cian M QUÍM Zyan *n*; **cianato** M QUÍM Zyanat *n*; **cianhídrico** ADJ QUÍM **ácido** *m* **~** Blausäure *f*

ciánico ADJ QUÍM Zyan...

cianita F MINER Disthen *m*, Kyanit *m*; **cianógeno** M QUÍM Zyan *n*; **cianosis** F MED Zyanose *f*, Blausucht *f*; **cianótico** ADJ MED zyanotisch, blausüchtig; **cianuro** M QUÍM Zyanid *n*; **~ de potasio** *o* **~ potásico** Kaliumzyanid *n*, Zyankali *n*

ciar VI ⟨1c⟩ 1 MAR rückwärtsrudern *(o* -fahren) 2 *fig (aflojar)* nachlassen, zurückstecken *fam*

ciática F MED Ischias *m/n*; **ciático** A ADJ Hüft..., Ischias... B M ANAT Ischiasnerv *m*

cibelina F ZOOL **(marta** *f*) **~** Zobel *m*

cibera A ADJ Futter..., Mast... B F Mahlkorn *n*; Futterkorn *n*

ciberacoso M Cybermobbing *n*; **cibercafé** M Internetcafé *n*; **ciberdelito** M Internetverbrechen *n*; **ciberespacio** M INFORM Cyberspace *m*; **ciberguerra** F INFORM Cyberkrieg *m*; **cibernauta** M/F INFORM (Internet-)Surfer *m*, -in *f*; **cibernética** F 1 *ciencia*: Kybernetik *f* 2 *persona*: Kybernetikerin *f*; **cibernético** A ADJ kybernetisch B M Kybernetiker *m*; **ciberpolicía** F Internetpolizei *f*; **cibersexo** Cybersex *m*; **ciberterrorista** INFORM A ADJ **amenaza** *f* **~** Bedrohung *f* durch Cyberterrorismus B M/F Cyberterrorist *m*, -in *f*; **cibertienda** F INFORM Online-Shop *m*

cibí M *Cuba essbarer Fisch (Caranx cibi)*

cíbolo M *Méx* ZOOL Bison *m*

ciborio M ARQUEOL *y* CAT Ziborium *n*

cicatear VI *fam* knausern, geizig *(o* filzig *fam)* sein; **cicatería** F Geiz *m*, Knauserei *f*; **cicatero** A ADJ knauserig, knickerig B M, **-a** F 1 *(tacaño, -a)* Knauser *m*, -in *f*, Knicker *m*, -in *f*, Geizkragen *m* 2 *jerga del hampa (ratero, -a)* Taschendieb *m*, -in *f*

cicatriz F ⟨*pl* -ices⟩ Narbe *f (tb fig)*; *Biblia*: Wundmal *n*; *fig tb* Spur *f (fig)*; **cicatrización** F Vernarbung *f*; **cicatrizante** A ADJ vernarbend B M Wundsalbe *f*; **cicatrizar** ⟨1f⟩ A V/T *herida* vernarben lassen, heilen *(tb fig)*; *fig* vergessen machen B VI *y* V/R **~se** vernarben *(tb fig)*; *fig* heilen

cicca F BOT Sikkastaude *f*

cícero M TIPO Cicero *f (12-Punkt-Schrift)*

Cicerón N PR M Cicero *m*; **cicerón** *fig* großer Redner *m*

cicerone M/F Fremdenführer *m*, -in *f*; Cicerone *m hum*; **ciceroniano** ADJ ciceroni(ani)sch, Cicero...

cicimate M *Méx* BOT Wund-Kreuzkraut *n*

cicindela F *insecto*: Sandlaufkäfer *m*

ciclamato M Zyklamat *n*

ciclamen A M BOT Alpenveilchen *n* B ADJ *inv* zyklamenfarben; **ciclamor** M BOT Judenbaum *m*

ciclar V/T *piedras preciosas* schleifen, polieren

cíclico ADJ zyklisch

ciclismo M Rad(fahr)sport *m*; **ciclista** A ADJ Rad...; **carrera** *f* *o* **vuelta** *f* **~** Radrennen *n* B M/F Radfahrer *m*, -in *f*, -sportler *m*, -in *f*; **ciclístico** ADJ (Fahr)Rad..., Radsport...

ciclo M 1 ASTRON *(período)* Zyklus *m*, Zeitkreis *m*; **~ lunar** *o* **decemnovenal** Mondzyklus *m (19 Jahre)*; **~ pascual** Osterzyklus *m (532 Jahre)*; **~ solar** Sonnenzyklus *m (28 Jahre)* 2 *(proceso cíclico)* Ablauf *m*, Zyklus *m*; *(circulación)* Kreislauf *m*; **~ cerrado** geschlossener Kreislauf *m*; **~ circadiano** Tageszyklus *m*, Tageskurve *f*; **~ económico/de coyunturas** Wirtschafts-/Konjunkturzyklus *m*; **~ hidrológico** Wasserkreislauf *m*; BIOL **~ menstrual** Periode *f*, Menstruationszyklus *m*; QUÍM **~ del nitrógeno** Stickstoffkreislauf *m*; **~ vital** Lebenszyklus *m*; TEC **~ de vida del producto** Produktlebenszyklus *m*; *adv* **en ~** zyklisch 3 *(serie)* Zyklus *m*, Reihe *f*; **~ de conferencias/de lecturas** Vortrags-, Lesereihe *f*; **~ de estudios** Studienzyklus *m*; *Am frec* Semester *n* 4 AUTO, TEC **~ de dos tiempos** Zweitakt *m* 5 ELEC Periode *f*; **~s** *pl* **por segundo** Periodenzahl *f* 6 MIT, LIT Sagenkreis *m*; **~ del rey Arturo** *o* **~ de la Mesa redonda** Artussage *f*

ciclocross M DEP (Fahrrad)Querfeldeinrennen *n*; **cicloide** F MAT Zykloide *f*, Radlinie *f*; **ciclomotor** M Moped *n*; **ciclomotorista** M/F Mopedfahrer *m*, -in *f*

ciclón M Zyklon *m*, Wirbelsturm *m*; *fam, espec Am* **peor que un ~** wie der Elefant im Porzellanladen *fam*; **ciclónico** ADJ Zyklon..., Wirbelsturm...

cíclope A M MIT Zyklop *m*; *fig* Riese *m* B ADJ Riesen..., riesig

ciclópeo, ciclópico ADJ zyklopisch, Zyklopen...; *fig* riesenhaft, Riesen...; **muralla** *f* **-a** Zyklopenmauer *f*

ciclorama M Panorama *n (tb* TEAT)

ciclotimia F MED Zyklothymie *f*; **ciclotímico** A ADJ MED zyklothym B M, **-a** F Zyklothyme *m/f*

ciclotrón M FÍS Zyklotron *m*

cicloturismo M Radwandern *n*; **cicloturista** A ADJ Radwander... B M/F Radwanderer *m*, -wanderin *f*; **ciclovía** M *Am* Rad(fahr)weg *m*

CICR M ABR (Comité Internacional de la Cruz Roja) IKRK *n* (Internationales Komitee vom Roten Kreuz)

cicuta F BOT Schierling *m*

Cid M Cid *m*; LIT **Cantar** *m* **de Mío ~** *Heldengedicht aus dem 12. Jahrhundert*; **cid** *liter* mutiger Mann *m*

cidia F *insecto*: Pfirsichwickler *m*

cidiano ADJ auf den Cid bezüglich

cidra F BOT Zedratzitrone *f*; **~ cayote** Fasermelone *f*, -kürbis *m*; **~ confitada** Zitronat *n*;

cidrada F Zitronatkonfitüre *f*; **cidrera** F,

cidro M BOT Zedratbaum *m*

ciegamente ADV blind(lings)

ciegas ADV **a ~** blind(lings); unbesonnen; **andar a ~** im Dunkeln tappen; **jugar a ~** *ajedrez*: blindspielen; AVIA **vuelo** *m* **a ~** Blindflug *m*

ciego A ADJ 1 *(sin vista)* blind; **aterrizaje** *m* **~** Blindlandung *f*; **~ para (los) colores** farbenblind; *fig* **hacerse el ~** *etw* absichtlich übersehen, ein Auge zudrücken; **(ser) ~ de nacimiento** blind geboren (sein); **quedar(se) ~** erblinden, blind werden 2 *fig* blind *(tb fe, confianza)*; geblendet; verblendet; **~ para** blind für *(acus)*; **sumisión** *f* **-a** blinde Unterwerfung *f*, Hörigkeit *f*; **estar ~ de amor** blind sein vor Liebe; **estar ~ de ira** blind vor Wut sein; blindwütig sein; **estar ~ por alg** in j-n blind verliebt sein 3 *fig (obstruido)* verstopft; blind (endend), ohne Ausgang; **conducto** *m* **~** blinder Gang *m*; **marco** *m* **~** Blindrahmen *m* B M, **-a** F 1 Blinde *m/f*; *fig* **¡eso lo ve un ~!** das sieht doch ein Blinder!; *prov* **en el país de los ~s, el tuerto es (el) rey** unter Blinden ist der Einäugige König 2 *naipes*: Spieler *m*, -in *f*, der/die keine Trumpfkarte hat C M 1 ANAT **(intestino** *m*) **~** Blinddarm *m* 2 *Cuba terreno*: unzugängliches Gelände *n* 3 *Ec pez*: *ein Flussfisch*

cieguecito M, **cieguecita** F *(dim de* **ciego**) arme Blinde *m/f*

cielín M/F *fam nombre cariñoso*: Liebling *m*; **cielito** M *Chile, RPl* MÚS *Reigentanz (nach dem Eingangswort des Kehrreims)*

cielo M 1 Himmel *m (tb fig,* REL); *fig tb* Paradies *n*; **~ aborregado** Schäfchenwolken *fpl*; *fig* **bajado del ~** Himmels..., wunderbar, herrlich; *fig* **caído** *o* **llovido del ~** urplötzlich, vom Himmel gefallen; wie gerufen; *fam* **estar hecho un ~** *iglesia, salón de actos, etc*: wunderschön beleuchtet und ausgeschmückt sein; **ganar el ~** REL in den Himmel kommen; *fig* eine Engelsgeduld haben; **a ~ abierto** unter freiem Himmel; MIN über Tage; MIN **explotación** *f* **a ~ abierto** Tagebau *m*; **a ~ raso** im Freien; *fig* **llegar como caído del ~** *o* **venir (como) llovido del ~** wie gerufen kommen; *fig* **estar en el quinto** *o* **séptimo ~** im siebten Himmel sein *fam*; *fam* **se le ha ido el santo al ~** er ist *(in seiner Rede etc)* stecken geblieben, er hat den Faden verloren; **poner el grito en el ~** sich aufregen, Zeter und Mordio schreien *fam*; *fig* **(re)mover** *o* **revolver ~ y tierra** Himmel und Hölle in Bewegung setzen; *fig* **ser un aviso del ~** ein Wink des Himmels sein; *fig* **ver los ~s abiertos** den Himmel voller Geigen sehen; **su vida es un ~ sin nubes** er hat keinerlei Sorgen, er ist auf Rosen gebettet *fam* **2** **¡~(s)!** *o* **¡~ santo!** (ach du lieber) Himmel! *fam*; **¡mi ~!** *o* **¡~ mío!** Liebling! *(auch zu Kindern)* **3** *(techo)* (Zimmer)Decke *f*, Plafond *m*; AUTO Himmel *m*; **~ de la cama** Betthimmel *m*; **~ raso** flache Zimmerdecke *f*, Plafond *m*; **pintura** *f* **de ~ raso** Deckengemälde *n* **4** ANAT **~ (de la boca)** Gaumen *m*

cielorraso M *espec Am* (Zimmer)Decke *f*

CIEMAT M ABR (Centro de Investigaciones Energéticas, Medioambientales y Tecnológicas) *Esp* Atomenergiebehörde *f*

ciempiés M **1** ZOOL Tausendfüß(l)er *m* **2** *fig (trabajo incoherente)* Arbeit *f* ohne Hand und Fuß

cien A NUM *(Kurzform von* **ciento***)* hundert; AUTO *fam* **correr a ~** mit hundert Sachen fahren *fam*; *fam* **esto me pone a ~** das reizt mich; *Esp pop* **poner a alg a ~** j-n scharf (*o* geil) machen *pop* B M **1** *número*: Hundert *f*; *Perú fam* **estar hasta el ~** in der Klemme sitzen **2** *RPl, Esp* WC *n*, Toilette *f*

ciénaga F **1** *(pantano)* Sumpf *m*, Moor *n*; Morast *m (tb fig)* **2** *Col, Ven (laguna empantanada)* versumpfte Lagune *f*

ciencia F **1** *gener* Wissenschaft *f*; **~ aplicada** angewandte Wissenschaft *f*; **~s** *pl* **auxiliares** Hilfswissenschaften *fpl*; **~s** *pl* **empíricas** Erfahrungswissenschaften *fpl*; **~s** *pl* **exactas** Mathematik *f* und Logik *f*; **hombre** *m*/**mujer** *f* **de ~** Wissenschaftler *m*, -in *f* **2** **~s** *pl frec* Naturwissenschaften *fpl* und Mathematik *f*; **~s** *pl* **humanas** Geisteswissenschaften *fpl*; **~s** *pl* **de la Comunicación** Kommunikationswissenschaft *f*; **~s** *pl* **económicas y sociales** Wirtschafts- und Sozialwissenschaften *fpl*; **~ de la educación** Erziehungswissenschaft *f*; **~s** *pl* **empresariales** Betriebswirtschaft *f*; **~s** *pl* **físicas** Physik *f*; **~s** *pl* **de la información** Informationswissenschaften *fpl*; **~s** *pl* **naturales** Naturwissenschaften *fpl*; **~ política** Politikwissenschaft *f*; **~ del tráfico** Verkehrswissenschaft *f* **3** *(conocimientos)* Wissen *n*, Kenntnisse *fpl*; *(habilidad)* Können *n*, Geschicklichkeit *f*; **~ infusa** von Gott eingegebenes Wissen *n*; *irón* zugeflogenes Wissen *n*; *liter* **~ sagrada** Gottesgelehrsamkeit *f*, Theologie *f*; *adv* **a** *o* **de ~ cierta** ganz sicher, mit aller Bestimmtheit; **a ~ y paciencia de …** mit Wissen und Billigung des …; *fam fig* **ser un pozo de ~** ein gelehrtes Haus sein *fam*; *fig* **eso tiene poca ~** das ist ganz einfach (*o* leicht)

ciencia-ficción F Science-Fiction *f*

Cienciología® F REL Scientology® *f*

cienciólogo M, **-a** F Scientologe *m*, Scientologin *f*

cienmilésimo NUM hunderttausendste(r, -s); *m* Hunderttausendstel *n*; **cienmilímetro** M Hundertstel *n* Millimeter *(0,01 mm)*; **cienmillonésimo** NUM hundertmillionste(r, -s)

cieno M Schlamm *m*, Schlick *m*; Schmutz *m (tb fig)*; TEC Klärschlamm *m*

cientifi(ci)smo M übertriebener Glaube *m* an die Leistungen oder Möglichkeiten der Wissenschaft; **científico** A ADJ wissenschaftlich; Wissenschafts… B M, **-a** F Wissenschaftler *m*, -in *f*; **cientista** M/F *Am reg* Wissenschaftler *m*, -in *f*

ciento A NUM *(vor sust Kurzform →* **cien***)* hundert; **cien mil** hunderttausend; *aber*: **tres ~s milliones** dreihundert Millionen; **~ veinte** hundertzwanzig; **el** *o* **un cinco por ~ (5%)** fünf Prozent; *tb fig* **~ por ~** *o fam* **cien por cien** hundertprozentig, echt; **tanto** *m* **por ~** Prozentsatz *m*; **al tanto por ~** prozentual; *fam* **~ y la madre** eine Unmenge B M **1** Hundert *n*; **~s de** Hunderte *npl* von *(dat)*; **a ~s** zu Hunderten **2** *número*: Hundert *f*

cientología F *Am* Scientology® *f*

cierne M BOT Bestäubung(szeit) *f*; **en ~(s)** *tormenta, etc* aufkommend, nahend; *fig (futuro)* zukünftig, angehend in spe; **estar en ~(s)** *trigo, vino, etc* blühen; *fig (estar en el comienzo)* ganz am Anfang stehen, noch in den Kinderschuhen stecken *fam*

cierre M **1** *acción*: Schließen *n*, Schluss *m*; Abschließen *n*, Sperren *n*; Schließung *f (tb de empresas y fronteras)*; *de fábricas, ferrocarriles*: Stilllegung *f*; ECON **~ del balance** Bilanzabschluss *m*; ECON **~ de la Bolsa** Börsenschluss *m*; **~ dominical** Sonntagsruhe *f*; RADIO, TV **~ de las emisiones** Sendeschluss *m*; **~ de líneas férreas no rentables** Stilllegung *f* unwirtschaftlicher Eisenbahnlinien; ECON, POL **~ patronal** Lock-out *n*, Aussperrung *f*; **~ de redacción** Redaktionsschluss *m*; **hora** *f* **de(l) ~** *local*: Polizei-, Sperrstunde *f*; *diario*: Redaktionsschluss *m*; **al ~ de la edición** bei Redaktionsschluss *m* **2** *(cerradura)* Schloss *n*, Verschluss *m*; *en la vestimenta, etc*: Schließe *f*; *mecanismo para cerrar*: Sperre *f*, Blockierung *f*, Sperrvorrichtung *f*; **~ adhesivo** Klettverschluss *m*; AUTO **~ centralizado** Zentralverriegelung *f*; **~ de cremallera** *o Am* **~ (relámpago)** Reißverschluss *m* **3** *(reja)* Gitter *n*; *(persiana)* Rollladen *m*; **~ metálico** Metallrollladen *m*

cierro M **1** *Arg, Chile (sobre)* Briefumschlag *m* **2** **~ de cristales** Erker *m*

ciertamente ADV sicher, gewiss; bestimmt; ¡~! aber sicher!

cierto A ADJ **1** *vor sust*: gewiss *(unbestimmt)*; **-a cosa** (irgend)etwas, eine gewisse Sache; **~s autores** *mpl* manche Autoren *mpl*; **~ individuo** einer, jemand, irgendeiner; **en -a ocasión** (irgendwann) einmal, gelegentlich **2** *nach sust und alleinstehend*: gewiss, sicher, zuverlässig; *(verídico)* wahr; *perro de caza* spürsicher; **una cosa -a** eine sichere Sache, etwas Sicheres B ADV **de ~** gewiss; *adv* **por ~** *(por lo demás)* übrigens; freilich; *(seguro)* gewiss, (ganz) bestimmt; **por ~ que …** nebenbei gesagt …; **sí, por ~** aber sicher; ja, gewiss; **¿es ~ que vendrá?** kommt er auch bestimmt?; **eso no es ~** das ist nicht wahr, das stimmt nicht; **estar en lo ~** recht haben, es genau treffen; **lo ~ (que hay) es que …** sicher ist (*o* so viel steht fest), dass …; jedenfalls … C ADV sicher, gewiss, ja *(bes als Antwort)*

cierva F ZOOL Hirschkuh *f*, Hindin *f (liter)*

ciervo M **1** ZOOL Hirsch *m*; **~ de doce candiles** Zwölfender *m*; *fam fig* **ser un ~** Hörner aufgesetzt bekommen *fam* **2** *insecto*: **~ volante** Hirschkäfer *m* **3** BOT **lengua** *f* **de ~** Zungenfarn *m*

cierzas FPL AGR Rebsetzlinge *mpl*

cierzo M Nordwind *m*

CIF M ABR (Código de Identificación Fiscal) steuerliche Identifikationsnummer *f (für Firmen und Körperschaften)*

cifra F **1** *(número)* Ziffer *f*; Zahl *f*; **de dos/varias ~s** zwei-/mehrstellig **2** *(código)* Code *m*, Verschlüsselung *f*; Chiffre *f*; **en ~** verschlüsselt, chiffriert; *fig* geheimnisvoll, rätselhaft **3** *(cantidad)* Anzahl *f*, Summe *f*; FIN **~ de las transacciones**, ECON **~ de ventas** *o* **~ de negocios** Umsatz *m* **4** *fig (suma)* Inbegriff *m* (**de** *gen*), Summe *f* **5** *iniciales*: verschlungene Initialen *pl auf Siegeln*; Monogramm *n* **6** MÚS bezifferter Bass *m*

cifradamente ADV *liter* kurz und bündig; **cifrado** A ADJ **1** *(codificado)* verschlüsselt, chiffriert; **cuenta** *f* **-a** Nummernkonto *n*; **telegrama** *m* **~** Chiffretelegramm *n* **2** *(puesto en cifra)* beziffert; MÚS **bajo** *m* **~** bezifferter Bass *m* B M Chiffrieren *n*; **cifrador** M, **cifradora** F Chiffrierer *m*, -in *f*

cifrar A VT **1** *(codificar)* verschlüsseln, chiffrieren **2** *(compendiar)* zusammenfassen; *fig* **~ su esperanza en** seine Hoffnung setzen (*o* richten) auf *(acus)*; **~ a/c en …** etw beziffern auf … B V/R **~se en** sich belaufen auf *(acus)*; bestehen in *(dat)*; **los gastos se cifran en …** die Kosten belaufen sich auf …

cigala F ZOOL Kaisergranat *m*, Kronenhummer *m*; GASTR **~s** *pl* Scampi *mpl*, kleine Langusten *fpl*

cigarra F **1** *insecto*: Zikade *f* **2** *crustáceo*: **~ de mar** großer Bärenkrebs *m* **3** *jerga del hampa (monedero)* Geldbeutel *m*

cigarrera F **1** *persona*: Zigarren-, Zigarettenarbeiterin *f*; -verkäuferin *f* **2** *espec Am caja* Zigarrenkiste *f*; *(petaca)* Zigarren-, Zigarettenetui *n*; **cigarrería** F **1** *Am* Tabakladen *m* **2** *Col* Feinkostgeschäft *n (ohne Tabakverkauf)*; **cigarrero** M **1** *persona*: Zigarren-, Zigarettenarbeiter *m*; -händler *m* **2** *insecto*: Rebenstecher *m*; **cigarrillera** F *Col* Zigarettenetui *n*

cigarrillo M Zigarette *f*; **~ con filtro** Filterzigarette *f*; **~ mentolado** Mentholzigarette *f*

cigarro M **1** **~ (puro** *o* **habano)** Zigarre *f* **2** *fam (cigarrillo)* Zigarette *f*; **cigarrón** M **1** *insecto*: Wanderheuschrecke *f* **2** *Am reg* ZOOL Flugkäfer *m (verschiedene Arten)*

cigoma M ANAT Jochbein *n*; **cigomático** ADJ Joch…; **arco** *m* **~** Jochbogen *m*

cigoñal M **1** *para recoger agua*: Brunnenschwengel *m*; *p. ext* Ziehbrunnen *m* **2** *viga*: beweglicher Zugbrückenbalken *m*

cigoñino M ORN Storchenjunge(s) *n*; **cigoñuela** F ORN Zwergstorch *m*

cigoto M BIOL Zygote *f*

ciguatera F *Antillas, Méx, Ven* MED Eiweißvergiftung *f*

cigüeña F **1** ORN Storch *m*; *fam fig* **esperar la ~** ein Kind erwarten, schwanger sein; *fam fig* **pintar la ~** angeben *fam*, den großen Herrn spielen **2** *de la campana*: Glockenkrone *f* **3** *(manivela)* Kurbel *f*, *(badajo)* Schwengel *m* **4** *jerga del hampa (la poli)* Polente *f fam*, Schmiere *f pop*

cigueñal M TEC **1** *(árbol de manivela)* Kurbelwelle *f* **2** → cigüeña 3; **cigueñuela** F ORN Stelzenläufer *m*

cilanco M Flusslache *f (nach Überschwemmung oder in sonst trockenem Flussbett)*

cilandro, cilantro M BOT Koriander *m*

ciliado A ADJ bewimpert, Wimper… B M BIOL Wimpertierchen *n*; **ciliar** ADJ Augenlid…, Wimpern…

cilicio M *vestidura*: Büßerhemd *n*; *cinturón*: Bußgürtel *m*

cilindrada F AUTO Hubraum *m*; **cilindrado** M TEC Walzen *n*, Plätten *n*; *de papel*: Satinieren *n*; **cilindradora** F *Am Mer* Straßenwalze *f*; **cilindraje** M **1** → cilindrada **2** → cilindrado; **cilindrar** VT TEC walzen, plätten; *papel* satinieren

cilíndrico ADJ zylindrisch, walzen-, rollenförmig, Zylinder…

cilindrín M *pop* Glimmstängel *m fam*

cilindro M **1** GEOM, TEC, AUTO Zylinder *m (tb reloj)*; *de un revolver*: Trommel *f*; QUÍM **~ graduado** Messzylinder *m*; AUTO *motor*: **de cuatro ~s opuestos** Vierzylinder…, Boxer… **2** *(rodillo)* Walze *f (tb* TIPO*)*, Rolle *f* **3** *Méx* Drehorgel *f* **4** ORN (Vielfarben)Tangare *m* **5** *Cuba (apisonadora)* Straßenwalze *f* **6** *Am reg (botella de gas)* Gasflasche *f*

cilindroeje M MED Neurit *m*; **cilindroide**

ADJ GEOM zylinderähnlich

cilio M BIOL Wimper f, Zilie f

cima F 1 de una montaña: Gipfel m; de un árbol: (Baum)Wipfel m; FÍS, MAR (Wellen)Berg m; ARQUIT First m; ANAT Spitze f 2 fig (culminación) Vollendung f, Gipfel m, Höhepunkt m; **dar ~ a a/c** etw vollenden, etw glücklich zu Ende führen 3 BOT inflorescencia: (Dolden)Traube f; tallo: (espec Distel)Stängel m

cimarrón A ADJ 1 Am ZOOL, BOT (salvaje) wild; verwildert; **(caballo** m**) ~** Mustang m 2 animal doméstico wildernd 3 fig persona roh, verwildert; Am HIST esclavo entsprungen 4 RPl espec mate ungesüßt 5 MAR (holgazán) arbeitsscheu B M, **-ona** F Faulpelz m C M pez: großer Thun m; **cimarronada** F Am Wildherde f; **cimarronear** VI Am ZOOL verwildern

cimba M Bol Zopf m; **cimbado** M Bol geflochtene Peitsche f

cimbalaria F BOT Zymbelkraut n

címbalo M MÚS Zimbel f

cimbel M 1 CAZA Lockvogelleine f; p. ext Lockvogel m; fig Köder m 2 pop (pene) Schwengel m pop

cimbor(r)io M ARQUIT Kuppelgewölbe n

cimbra F 1 ARQUIT armazón: Lehrgerüst n; innere Bogenwölbung f 2 MAR (curvatura) Biegung f der Planken am Schiffsrumpf; **cimbrado** M rasche Beugung des Oberkörpers (Tanzschritt); **cimbrar** A VT 1 varilla, etc schwingen, schwirren lassen; mit einem Stock fuchteln 2 (golpear) **~ a alg** j-n schlagen, dass er sich krümmt B VR **cimbrarse** sich krümmen

cimbreante ADJ geschmeidig, biegsam; **cimbrear** → cimbrar; **cimbreo** M 1 (bóveda) Wölbung f, Biegung f 2 fam (paliza) Prügel pl

cimbrón M 1 Am reg golpe: Fuchtelhieb m 2 Guat, RPl (tirón fuerte) Ruck m; Zittern n; **cimbronazo** M 1 Am reg (estremecimiento) Zusammenzucken n, -schrecken n 2 Ven (sacudida sísmica) Erdstoß m

cimbros MPL HIST Kimbern mpl

cimentación F CONSTR Fundamentierung f; Fundament n (tb fig); fig Gründung f, Grundlegung f; **cimentar** VT ⟨1k⟩ 1 (fundar) (be)gründen, (amarrar) verankern (tb fig); CONSTR mit Zement vergießen 2 oro läutern

cimera F HIST y heráldica: Helmzier f

cimero ADJ oberst, krönend, Ober...; fig hervorragend; espec Am **conferencia** f **-a** Gipfelkonferenz f; **reunión** f **-a** Gipfeltreffen n

cimicaria F BOT Zwergholunder m

cimiento M 1 frec **~s** pl (fundamentos) Grundmauer f; Fundament n (tb fig); fig **echar** o **poner los ~s de a/c** die Grundlagen für etw (acus) schaffen; **sacudir los ~s** an den Grundfesten rütteln 2 fig (raíces) Quelle f, Wurzel f, Anfang m

cimitarra F Krummschwert n

cinabrio M MINER Zinnober m; color: Zinnoberrot n

cinacina F BOT Art Parkinsonie f

cinámico ADJ QUÍM Zimt...

cinamomo M BOT Zedrach m

cinc M ⟨pl cines⟩ Zink n; MINER **flores** fpl **de ~** Zinkblüte f

cinca F bolos: Fehlwurf m, Pudel m fam

cincado M Verzinken n; **cincar** VT verzinken

cincel M Meißel m; Stemmeisen n; Grabstichel m; **cincelado** M gestochene Arbeit f; Ziselierung f; **cincelador** M, **cinceladora** F Ziseleur m, -in f; **cinceladura** F 1 acción: Meißeln n; Ziselieren n 2 → cincelado; **cincelar** VT piedras mit dem Meißel ausarbeiten, meißeln; metales ziselieren; fig ausfeilen; **cincelista** M/F Ziseleur m, -in f

cincha F 1 equitación: (faja) (espec Sattel)Gurt m 2 fam (cinturón) Gürtel m

cinchar VT 1 equitación: (asegurar la silla) den Sattelgurt anlegen (dat) 2 cuba, barril, etc bereifen 3 Ur fam (yugar) hart arbeiten, schuften;

cinchazo M Am Centr, P. Rico Fuchtelhieb m

cinchera F equitación: Gurtstelle f; VET Druckempfindlichkeit f der Pferde an dieser Stelle; **cincho** M 1 espec Am (faja ancha) Leibgurt m; Am reg equitación: Sattelgurt m 2 (aro de hierro) eiserner Reif(en) m 3 ARQUIT vorspringender Bogenteil m im Tonnengewölbe 4 VET del casco del caballo: Wulst m am Pferdehuf; **cinchón** M Am reg Sattelgurt m; Arg Obergurt m

cinco A NUM 1 fünf; fam **decirle a alg cuántas son ~** j-m gehörig den Kopf waschen fam; fam **saber cuántas son ~** schon Bescheid wissen, nicht auf den Kopf gefallen sein; **no tener ni** o **estar sin ~** keinen Pfennig haben, blank sein 2 hora: **son las ~ (y cuarto)** es ist fünf Uhr (fünfzehn); **a las ~ (horas)** um fünf Uhr B M 1 cifra: Fünf f; naipes, dinero, etc: Fünfer m; fam **esos ~** die Hand 2 Ven MÚS fünfsaitige Gitarre f 3 Méx fam (trasero) Po(po) m fam

cincoañal ADJ fünfjährig; **cincoenrama** F BOT Fünffingerkraut n

cincograbado M TIPO Zinkätzung f; **cincografía** F TIPO Zinko(grafie f) n

cincomesino ADJ Fünfmonats...

cincona F BOT Chinabaum m

cincuate M ZOOL eine mexikanische Bullenotter

cincuenta A NUM fünfzig; fünfzigste(r, -s); **en los años ~** in den Fünfzigerjahren B M Fünfzig f; **cincuentavo** A NUM fünfzigste(r, -s) B M Fünfzigstel n; **cincuentena** F 1 cantidad: etwa fünfzig 2 días: fünfzig Tage mpl; **cincuentenario** M Fünfzigjahrfeier f; **cincuentón** M, **cincuentona** F persona: Fünfzigjährige m/f, Fünfziger m, -in f

cine M 1 sala de proyección: Kino n; ADMIN Lichtspieltheater n; **~ de barrio** Vorstadtkino n; **~ de estreno** Erstaufführungstheater n; **~ multisalas** o **~ multiplex** Multiplex-Kino n; **~ de reestreno** Nachspielkino n, -theater n; **~ de sesión continua/numerada** Kino n mit durchgehenden/regelmäßig beginnenden Vorstellungen; **~ de verano/al aire libre** Freilichtkino n 2 arte: Filmkunst f, Kino n; **~ de autor** Autorenkino n; **~ fantástico** Fantasyfilm m; **~ hablado** o **sonoro** Sprech-, Tonfilm m; **~ en colores/mudo** Farb-/Stummfilm m; **~ en relieve** dreidimensionaler Film m, 3-D-Film m; **actor/actriz de ~** Filmschauspieler m, -in f; **director** m **de ~** Filmregisseur m; fam fig **de ~** traumhaft; **llevar al ~** verfilmen

cineasta M/F 1 Filmschaffende m/f; productor: Filmproduzent m, -in f; actor: Filmschauspieler m, -in f 2 aficionado: Cineast m, -in f, Filmfreund m, -in f; **cinecámara** F Filmkamera f; **cineclub** M Filmklub m; **cineclubista** M/F Mitglied n eines Filmklubs

cinéfilo M, **-a** F Filmfan m, Kinofan m

cinegética F t/t Jagd f, Jägerei f; t/t Kynegetik f; **cinegético** ADJ Jagd...; t/t kynegetisch

cineísta M/F → cineasta; **cineístico** ADJ filmisch, Kino...; **cinelandia** F fam die Traumfabrik (frec Hollywood); **cinema** M fam Kino n; **cinemascope** M Cinemascope® n; **cinemateca** F Filmarchiv n, Kinemathek f

cinemática F FÍS Kinematik f; **cinemático** ADJ FÍS kinematisch

cinematografía F Filmkunst f; **~ en colores** Farbfilmaufnahmen fpl; **cinematografiar** VI ⟨1c⟩ filmen; **cinematográfico** ADJ Film...; **cinematógrafo** M → cine

cinemero M, **-a** F Perú Kinofan m

cinerama M HIST Cinerama® n

cineraria F BOT Aschenkraut n; **cinerario** ADJ Aschen...

cinéreo ADJ aschgrau, Aschen...; ASTRON **luz** f **-a** Erdwiderschein m auf dem Mond

cinética F FÍS Kinetik f; **cinético** ADJ kinetisch, Bewegungs...

cingalés A ADJ singhalesisch B M, **-esa** F Singhalese m, Singhalesin f

cíngaro A ADJ Zigeuner... (neg!) B **-a** F Zigeuner m, -in f (neg!)

cinglar VT 1 hierro zänge(l)n, entschlacken 2 MAR wriggen, mit Heckriemen rudern

cíngulo M 1 ANAT Band n 2 CAT Zingulum n

cínico A ADJ zynisch; bissig B M, **-a** F Zyniker m, -in f (tb FIL); bissige(r) Spötter m, -in f

cínife M insecto: Stechmücke f, Gallwespe f

cinismo M FIL y fig Zynismus m

cinocéfalo M ZOOL Pavian m; **cinoglosa** F BOT Hundszunge f

cinqueño M 1 naipes: L'hombre n zu fünft 2 TAUR fünf Jahre alter Stier m

cinquería F TEC Zinkgießerei f; **cinquero** M, **cinquera** F Zinkgießer m, -in f, Zinkarbeiter m, -in f

cinta F 1 Band n; Streifen m; (banda) Schleife f; de papel: (Papier)Streifen m; de la máquina de escribir: Farbband n; **~ (cinematográfica)** Film m, Filmstreifen m; **~ adhesiva** o **~ scotch®** Klebeband n, Klebestreifen n; **~ aislante** Isolierband n; **~ audio** Tonbandkassette f, Audiokassette f; **~ cargadora** TEC Ladeband n; MIL Ladegurt m; **~ correctora** máquina de escribir: Korrekturband f; **~ sin fin** Endlosband n; Fließband n; DEP **~ de llegada** Zielband n; **~ magnética** Magnetband n; **~ magnetofónica** (Magnet)Tonband n; **~ (mecanográfica)** Farbband n; **~ métrica** Bandmaß n, Messband n; **~ de orillo** Stoßband n, Stoß m; Am **~ pegante** Klebeband m; **~ sonora** Tonfilm m; TEC **~ transportadora** Förderband n, Transportband n; **~ de vídeo** o Am **de video** Videokassette f 2 ARQUIT Leiste f; de baldosas: Platten-, Kachelrand m; (borde de la vereda) Rand m des Gehsteigs 3 heráldica: Spruchband n 4 MAR de un buque: Barkholz n 5 red: Thunfischnetz n 6 BOT Bandgras n, Grünlilie f 7 pez: roter Bandfisch m 8 equitación: Hufkrone f 9 fig **meter en ~ a alg** (disciplinar) j-m Disziplin beibringen 10 GASTR pasta: **~s** pl Bandnudeln fpl

cintagorda F Hanfnetz n zum Thunfischfang

cintar VT ARQUIT mit Bandleisten versehen

cintarazo M Fuchtelhieb m; **cintarear** VT mit der flachen Klinge schlagen; **cintarrón** M Riesenband n

cinteado ADJ bebändert, mit Bändern geschmückt; **cintería** F 1 (conjunto de cintas) Bandware f, Posamenten npl 2 tejeduría: Bandwirkerei f; tienda: Posamentengeschäft n; **cintero** M, **cintera** F A tejedor: Bandwirker m, -in f, Posament(i)er m, -in f B M (Schlepp-, Leit)Seil n; **cinteta** F Art Fischnetz n

cintilar VI funkeln, schimmern

cintillo M reg 1 (cordoncillo) (Zier)Band n 2 (sortija) kleiner Schmuckring m

cinto M espec Am reg Gürtel m

cintra F ARQUIT Bogen-, Gewölbekrümmung f; **cintrado** ARQUIT A ADJ gekrümmt, gewölbt B M Bogenlehre f, -gerüst n

cintura A F 1 ANAT Taille f (tb de vestidos); TEX tb Bund m; **~ de avispa** Wespentaille f; **marcar la ~** die Taille betonen; **con la ~ marcada** camisa, etc tailliert; **quebrado de ~** mit hohlem Kreuz; fig **meter en ~ a alg** j-n zur Vernunft bringen 2 ARQUIT oberer Teil m des Kaminmantels 3 MAR Laschung f des Tauwerks an den Mast B M Cuba Schürzenjäger m

cinturilla, cinturita F 1 ANAT zierliche

Taille *f* 2 TEX Rockbund *m*

cinturón M 1 *(cinto)* Gürtel *m;* MIL Koppel *n;* HIST **~ de castidad** Keuschheitsgürtel *m;* **~ de corcho** Kork-, Schwimmgürtel *m;* **~ de electro-musculación** Massagegürtel *m;* **~ reversible** Wendegürtel *m;* **~ salvavidas** Rettungsring *m; espec fig* **apretarse el ~** den Gürtel enger schnallen 2 AUTO, AVIA **~ de seguridad** Sicherheitsgurt *m;* AUTO **~ de tres puntos** Dreipunktgurt *m;* **abrocharse** *o* **ajustarse el ~ (de seguridad)** sich anschnallen, sich *(dat)* den (Sicherheits)Gurt anlegen; **llevar el ~ (abrochado)** angeschnallt sein; **ponerse el ~** sich anschnallen 3 *transporte:* **~ (de ronda)** *(calle de circunvalación)* Ringstraße *f*, Umgehungsstraße *f*, Ring *m;* (Stadt- *etc*)Gürtel *m* 4 *urbanismo:* **~ industrial** Industriegürtel *m; espec Am* **~ de miseria** Elendsviertel *npl* am Stadtrand; **~ verde** Grüngürtel *m* 5 ASTRON Gürtel *m* 6 GEOL **~ de fuego del Pacífico** Pazifischer Feuergürtel *m*

cinzolín ADJ rötlich violett

ciñuelo M *RPl* Leitochse *m*

cipe A ADJ *Am Centr lactante* schwächlich B M 1 *C. Rica folclore duende:* Aschenkobold *m* 2 *Salv (resina)* Harz *n* 3 *Hond tamal:* Maisfladen *m*

cíper M *Am Centr, Méx, P. Rico, S.Dgo* Reißverschluss *m*

cipo M ARQUEOL 1 *(hito)* Meilenstein *m;* Mark-, Grenzstein *m* 2 *(pilastra)* Gedenkstein *m;* **~ funerario** Grabstele *f*

cipolino ADJ **mármol** *m* **~** Glimmermarmor *m*

cipote A ADJ 1 *(tonto)* blöd, dumm 2 *(gordo)* dick, rundlich 3 *Col fam (estupendo)* super, cool B M 1 *(porra)* Stock *m*, Prügel *m* 2 *(palillo de tambor)* Trommelstock *m* 3 *Salv, Hond, Nic (niño)* Junge *m* 4 *vulg (pene)* Schwengel *m pop*, Schwanz *m vulg;* **cipotear** VI *pop* bumsen *pop*, vögeln *pop*

ciprés M BOT Zypresse *f; madera:* Zypressenholz *n;* **~ de Levante** breitästige Zypresse *f*

cipresal M Zypressenhain *m;* **cipresillo** M BOT Gartenzypresse *f;* **cipresino** ADJ Zypressen...

ciprinicultura F Karpfenzucht *f*

ciprínidos MPL ZOOL Karpfenfische *mpl*

cipri(n)o, cipriota A ADJ zyprisch B M, **-a**, M/F Zyprer *m*, -in *f*

circa PREP *(vor Zahlen)* circa

circadiano ADJ täglich

circaeto M ORN Schlangenbussard *m*

circense ADJ Zirkus...; HIST **juegos** *mpl* **~s** Zirkusspiele *npl (im antiken Rom)*

circo M 1 *espectáculo:* Zirkus *m (tb* HIST*); p. ext sitio de lucha:* Kampfplatz *m*, Arena *f; (anfiteatro)* Amphitheater *n;* **~ ambulante** Wanderzirkus *m* 2 GEOG Talkessel *m;* Felsenzirkus *m*

circón M MINER Zirkon *m*

circuir VT ⟨3g⟩ umkreisen, umgeben

circuito M 1 *(ámbito)* Umkreis *m; (distrito)* Bezirk *m;* DEP *recorrido:* Rennstrecke *f*, -bahn *f;* Rundkurs *m;* **~ natural** Trimmpfad *m;* **~ turístico** Rundfahrt *f*, Tour *f* 2 *(movimiento circular)* Kreisbewegung *f*, -lauf *m; (vuelta)* Rundfahrt *f;* DEP *(carrera)* Rennen *n;* Runde *f;* AVIA **~ de espera** Warteschleife *f* 3 ELEC Stromkreis *m;* Schaltung *f;* **~ abierto** offener Stromkreis *m;* **~ cerrado** TV interne Fernsehanlage *f;* ELEC geschlossener Stromkreis *m;* **corto ~** Kurzschluss *m;* RADIO **~ emisor** Sendekreis *m;* **~ integrado** integrierter Schaltkreis *m;* **poner fuera de ~** ab-, ausschalten 4 AUTO **doble ~ de frenos** Zweikreisbremssystem *n* 5 TEC *(giratoria)* Kreis(verkehr) *m bei Bandstraßen*

circulación F 1 *movimiento:* Kreislauf *m*, Kreisbewegung *f;* FISIOL **~ (de la sangre** *o* **sanguínea)** Blutkreislauf *m;* **~ general** großer Körperkreislauf *m* 2 *transporte:* Verkehr *m;* **~ giratoria** Kreisverkehr *m;* **doble ~** Gegenverkehr *m;* **~ prohibida** Fahrverbot *n;* **~ urbana** Stadtverkehr *m;* **corte** *m* **de ~** Straßensperre *f;* **vía** *f* **de ~ rápida** Schnell(verkehrs)straße *f;* **impedir la ~** den Verkehr behindern 3 ECON Umlauf *m*, Verkehr *m;* **~ de la moneda** *o* **~ monetaria** Geldumlauf *m;* **~ fiduciaria** (Bank)Notenumlauf *m;* POL **libre ~** Freizügigkeit *f*, freier Personenverkehr *m;* ECON freier *(Waren-, Kapital- etc)*Verkehr *m;* **fuera de ~** *dinero* außer Kurs; **de gran ~** *diario, etc* sehr verbreitet; **poner en ~** in Umlauf bringen; **poner fuera de ~** *o* **retirar de la ~** aus dem Verkehr ziehen *(tb fam fig personas); fam fig (matar)* umlegen *fam*, abservieren *pop* 4 TEC Umlauf *m;* **~ de aire** Luftzirkulation *f;* FÍS **~ de electrones** Elektronenfluss *m*

circulante ADJ umlaufend, im Umlauf befindlich; **biblioteca** *f* **~** Leihbücherei *f;* ECON **capital** *m* **~** Umlaufvermögen *n*

circular[1] A ADJ kreisförmig, Kreis...; TEC **imperfectamente ~** unrund; **viaje** *m* **~** Rundfahrt *f*, -reise *f* B F **(carta** *f***) ~** Rundschreiben *n*, Zirkular *n*

circular[2] A VI (umher)gehen; *personas* sich bewegen, gehen, fahren; *tren, omnibús, etc* verkehren; *líquido* fließen, strömen; *rumor, noticia* kursieren, zirkulieren, im Umlauf sein; *(girar)* kreisen; **circula la noticia de que ...** es geht die Nachricht, dass ...; **¡circulen!** weitergehen! B VT in Umlauf bringen; *frec* als Rundschreiben versenden

circularmente ADV kreisförmig, im Kreis

circulatorio ADJ 1 MED, FISIOL Kreislauf...; FISIOL **aparato** *m* **~** Kreislaufsystem *n;* MED **trastornos** *mpl* **~s** Kreislaufstörungen *fpl* 2 Kreis...; **movimiento** *m* **~** Kreisbewegung *f* 3 *transporte:* Verkehrs...

círculo M 1 GEOM Kreis *m; superficie:* Kreisfläche *f; perímetro:* Kreisumfang *m;* HIST **~ de carros** Wagenburg *f; fig* **~ vicioso** Teufelskreis *m*, Circulus *m* vitiosus *(liter)*, FIL *tb* Zirkelschluss *m;* **dispuestos en ~** kreisförmig angeordnet 2 GEOG, ASTRON Kreis *m;* **~ horario** Stundenkreis *m;* **~ polar antártico/ártico** südlicher/nördlicher Polarkreis *m;* GEOM **~ máximo/menor** Großkreis/Kleinkreis *m;* ASTRON, MAR **~ de reflexión** Spiegeltheodolit *m;* ASTRON, GEOM **~ vertical** Scheitelkreis *m* 3 *fig (club)* Kreis *m*, Zirkel *m;* Klub *m*, Verein *m;* **~ de amistades/familia** Bekannten-/Familienkreis *m;* **~ de lectores** Buchgemeinschaft *f;* **~ de interés** Arbeitsgemeinschaft *f;* **~ recreativo** Klub *m*, Kasino *n;* **en ~s artísticos** in Künstlerkreisen; **en ~s bien informados se afirma que ...** aus gut unterrichteten Kreisen verlautet, dass ... 4 *Cuba (jardín de infantes)* Kindergarten *m*

circumpolar ADJ um den Pol herum, Zirkumpolar...

circuncidar VT beschneiden *(tb fig);* **circuncisión** F Beschneidung *f;* **circunciso** A ADJ beschnitten B M Beschnittene *m*

circundante ADJ umgebend, umliegend; **el mundo ~** die Umgebung, die Umwelt; **circundar** VT umgeben, umringen; einfassen; *mar* umspülen

circunferencia F 1 GEOM Kreis *m*, Kreislinie *f* 2 *(perímetro)* Umfang *m*, Umkreis *m;* **circunferencial** ADJ Umkreis..., Umfangs...

circunflejo M LING Zirkumflex *m*

circunlocución F RET Umschreibung *f*, Periphrase *f;* **circunloquio(s)** M(PL) Umschweife *pl;* **andar con ~s** Umschweife machen, drumherum reden *fam*

circunnavegación F *(espec* Erd)Umsegelung *f*, Umschiffung *f;* **circunnavegante** M/F Erdumsegler *m*, -in *f;* **circunnavegar** VT ⟨1h⟩ umsegeln, -schiffen

circunscribir A VT 1 GEOM umschreiben; **~ un hexágono a un círculo** ein Sechseck um einen Kreis zeichnen 2 *liter (limitar)* beschränken (a auf *acus*) B VR **circunscribirse** sich beschränken (a auf *acus*); beschränkt bleiben (a auf *acus*); **circunscripción** F 1 *(limitación)* Eingrenzung *f; fig* Begrenzung *f* 2 MAT Umschreibung *f (einer Figur)* 3 ADMIN *(distrito)* (Verwaltungs)Bezirk *m;* **~ electoral** Wahlkreis *m;* **circunscrito** ADJ umgrenzt; umschrieben *(tb* MAT*);* **~ a** beschränkt auf *(acus)*

circunsolar ADJ um die Sonne

circunspección F Vorsicht *f*, Umsicht *f*, Bedacht *m*, Reserve *f;* **circunspecto** ADJ umsichtig, vorsichtig; *(reservado)* zurückhaltend, reserviert

circunstancia F 1 Umstand *m*, Gegebenheit *f;* **~s** *pl* Lage *f*, Situation *f;* **~ agravante** erschwerender Umstand *m;* **~s** *pl* **personales** persönliche Verhältnisse *npl;* ADMIN Personalien *pl;* **bajo ninguna ~** unter gar keinen Umständen; **dadas las ~s** unter den gegebenen Umständen; **en estas ~s** unter diesen Umständen; **amoldarse** *o* **adaptarse a las ~s** sich nach den Umständen richten, sich den Verhältnissen anpassen 2 **de ~s** *(de acuerdo a la situación)* den Umständen entsprechend, angemessen; *(provisional)* provisorisch, vorläufig, Gelegenheits...; **poesía** *f* **de ~s** Gelegenheitsdichtung *f;* **poner cara de ~s** das passende (*o* der Situation entsprechende) Gesicht machen

circunstanciadamente ADV umständlich, sehr genau; **circunstanciado** ADJ umständlich, ausführlich

circunstancial ADJ 1 *(debido a las circunstancias)* den Umständen entsprechend; Umstands...; GRAM **complemento** *m* **~** Adverbial-, Umstandsbestimmung *f* 2 *(provisionalmente)* behelfsmäßig; vorläufig, vorübergehend; **seguridad** *f* **~** (nur) bedingte Sicherheit *f;* **circunstancialmente** ADV vorübergehend, kurzfristig

circunstante A ADJ umgebend; anwesend B **~s** MPL Anwesende(n) *mpl*

circunvalación F 1 MIL *atrincheramiento:* Umwallung *f* 2 *transporte: desvío:* **vía** *f o* **carretera** *f* **de ~** Ring-, Umgehungsstraße *f;* **autovía** *f* **de ~** *(ringförmige)* Stadtautobahn *f;* **tranvía** *m* **de ~** Ringbahn *f*

circunvalar VT umgeben, -ringen; **circunvecino** ADJ benachbart; **circunvolar** VT ⟨1m⟩ herumfliegen um *(acus);* **circunvolución** F Umdrehung *f;* Windung *f (tb* ANAT*);* **~ cerebral** Hirnwindung *f;* **circunyacente** ADJ umliegend

cirial M CAT Altar-, Handleuchter *m*

cirílico ADJ kyrillisch

cirineo M, **-a** F 1 Person *f* aus Kyrene 2 *fig (ayudante)* Helfer *m*, -in *f*, Stütze *f (fig)*

cirio M 1 *vela:* Altarkerze *f;* **~ pascual** Osterkerze *f* 2 *Méx* BOT Orgelkaktee *f* 3 *pop (desorden)* Durcheinander *n*, Saustall *m fam; Esp* **se armó** *o* **se montó un ~** es gab ein wüstes Durcheinander

cirro M 1 BOT Ranke *f* 2 BIOL Zirrus *m* 3 METEO Zirruswolke *f*

cirrosis F MED Zirrhose *f;* **~ hepática** Leberzirrhose *f*

cirrus M METEO Zirruswolke *f*

ciruela F BOT Pflaume *f*, Zwetsch(g)e *f (al.d.S);* **~ amarilla** Mirabelle *f;* **~ claudia** Reineclaude *f*, Reneklode *f;* **~ pasa** Dörr-, Backpflaume *f;* **arrugado como una ~** runzelig, verrunzelt

ciruelo M 1 BOT Pflaumenbaum *m;* **~ silvestre** Schwarzdorn *m* 2 *fam Esp (tonto)* Dumm-, Schafskopf *m*

cirugía F Chirurgie *f;* **~ dental** Kieferchirurgie *f;* **~ estética** kosmetische Chirurgie *f;* **~**

mayor große Chirurgie *f*; **~ mínimamente invasiva** minimal invasive Chirurgie *f*, Schlüssellochchirurgie *f*; **~ plástica** *o* **reparadora** plastische (*o* wiederherstellende) Chirurgie *f*; **~ traumática** Unfallchirurgie *f*

ciruja M *Arg fam* armer Teufel, der in Abfällen wühlt

cirujano M, **-a** F Chirurg *m*, -in *f*

cirujear V/T *Arg fam* in Abfällen wühlen (*um Verwertbares zu finden*)

CIS M ABR (Centro de Investigaciones Sociológicos) Zentrum *n* für soziologische Forschungen

cisalpino ADJ zisalpin, südlich der Alpen; **cisandino** ADJ diesseits der Anden; *Arg* **región** *f* **-a** Voranden(gebiet *n*) *pl*

CISC F ABR (Confederación Internacional de Sindicatos Cristianos) IBCG *m* (Internationaler Bund christlicher Gewerkschaften)

cisca F BOT Teich-, Schilfrohr *n*

ciscar ⟨1g⟩ A V/T 1 (*dispersar*) (aus)streuen 2 *pop* (*ensuciar*) verdrecken *fam*, besudeln 3 *Cuba* (*avergonzar*) beschämen 4 *Méx* (*enojar*) ärgern, in Wut bringen B V/R **ciscarse** *pop* in die Hose(n) machen (*espec fig*); *vulg fig* **~ en a/c** auf etw (*acus*) scheißen *vulg*

cisco M 1 (*carbón menudo*) Kohlengrus *m*; -staub *m* 2 *fam fig* (*ruido*) Krach *m*; Radau *m fam*; Krawall *m fam*; **armar ~** Streit anfangen; **hacer ~** kaputt machen, zerdeppern *fam*, in Klump hauen *fam*; **quedar hecho ~** total kaputtgehen *fam*; *persona* total erledigt sein *fam*

cisión F (Ein)Schnitt *m*; *Am* Spaltung *f*, Teilung *f*; **cisionar** V/I *Perú* POL Gruppen bilden

Cisjordania F Westbank *f*, Westjordanland *n*

cisjordano A ADJ aus dem Westjordanland B M, **-a** F Bewohner *m*, -in *f* des Westjordanlandes

CISL F ABR (Confederación Internacional de Sindicatos Libres) IBFG *m* (Internationaler Bund freier Gewerkschaften)

cisma M REL Schisma *n*; *fig* Spaltung *f*; **cismar** V/T Zwietracht stiften unter (*dat*), spalten; **cismático** A ADJ schismatisch B M, **-a** F Schismatiker *m*, -in *f*

cisne M 1 ORN Schwan *m*; *tb fig* **canto** *m* **de(l) ~** Schwanengesang *m* 2 ASTRON **Cisne** Schwan *m* 3 *liter fig* (*poeta*) Dichter *m*, (*músico*) Musiker *m* 4 *Esp* **(jersey** *m* **de) cuello** *m* **~** Rollkragenpullover *m*, Rolli *m fam*

cisoria ADJ **arte** *f* **~** Tran(s)chierkunst *f*

cispirenaico ADJ diesseits der Pyrenäen

Cister, Císter M CAT Zisterzienserorden *m*

cisterciense A ADJ Zisterzienser... B M **(monje** *m*) **~** Zisterzienser(mönch) *m*

cisterna F 1 Zisterne *f*; Wasserbehälter *m*; MAR **buque** *m* **~** Tankschiff *n*; AUTO **camión** *m* **~**, FERR **vagón** *m* **~** Tankwagen *m* 2 *retrete*: Spülkasten *m*

cisticerco M MED Blasenwurm *m*

cístico ADJ MED zystisch; ANAT **conducto** *m* **~** Gallenblasengang *m*

cistitis F MED Blasenentzündung *f*

cisto M BOT Zistrose *f*

cistoscopia F MED Blasenspiegelung *f*, Zystoskopie *f*

cisura F Schnitt *m*; feiner Riss *m*; MED Einschnitt *m*

cita F 1 (*compromiso*) Verabredung *f*; Rendezvous *n*; **~ a ciegas** Blind Date *n*; **~ cumbre** POL Gipfeltreffen *n*; *fig* Großereignis *n*; **~ previa** Voranmeldung *f*; **acudir a una ~** zu einer Verabredung erscheinen; **concertar una ~** einen Termin vereinbaren; **dar (una) ~ a alg** sich mit j-m verabreden; **darse ~** sich treffen, zusammentreffen, -kommen; **pedir ~** um einen Termin bitten; **tener ~ para las cinco** für fünf Uhr bestellt sein; um fünf Uhr verabredet sein 2 (*mención*) Zitat *n*; Anführung *f*, Erwähnung *f*

citable ADJ zitierfähig; **citación** F 1 (*mención*) Zitieren *n*; **~ de honor** ehrenvolle Erwähnung *f* (*espec* MIL) 2 JUR (*llamamiento*) (Vor)Ladung *f*; **cédula** *f* **de ~** Ladungsschreiben *n*; **citador** A ADJ zitierend B M, **citadora** F Zitator *m*, -in *f*, Zitierende *m/f*

citar A V/T 1 (*llamar*) zu einer Zusammenkunft bestellen; JUR vorladen; **estar citado** verabredet sein; JUR (einen) Termin haben 2 (*mencionar*) zitieren; anführen, erwähnen; angeben; **la cantidad citada** die genannte Summe 3 TAUR *toro* locken, reizen B V/R **citarse** sich verabreden, einen Termin ausmachen (*o* vereinbaren)

citara F dünne Backsteinmauer *f*

cítara F MÚS Zither *f*

citarista M/F Zitherspieler *m*, -in *f*

citarón M ARQUIT Fachwerkunterbau *m*

citatorio ADJ JUR **mandamiento** *m* **~** Vorladungsschreiben *n*

citerior ADJ diesseitig; HIST **España** *f* **Citerior** Tarragonien *n* (*römische Provinz*)

citiso M BOT Goldregen *m*

citocromía F TIPO Farbendruck *m*

citófono M *Am en la puerta de casa*: Sprechanlage *f*

cítola F Mühlklapper *f*

citología F BIOL Zytologie *f*, Zellenlehre *f*; **citoplasma** M BIOL Zell-, Zytoplasma *n*; **citosoma** M BIOL Zytosom *n*, Zellkörper *m*

citrato M QUÍM Zitrat *n*

cítrico A ADJ Zitronen...; QUÍM **ácido** *m* **~** Zitronensäure *f* B **~s** MPL Zitrusfrüchte *fpl*

citricultura F Anbau *m* von Zitrusfrüchten

citrino ADJ zitronenfarben

citrón M Zitrone *f*

CiU F ABR (Convergència i Unió) *Esp* katalanisches Parteienbündnis *n*

CIU M ABR (Contraceptivo Intrauterino) Spirale *f zur Empfängnisverhütung*

ciudad F 1 *gener* Stadt *f* (*auch als Gegensatz zum Land*); MIL **~ abierta** offene Stadt *f*; **~ cabecera** Provinzhauptstadt *f*; **~ dormitorio** Schlafstadt *f*; **~ fantasma** Geisterstadt *f*; **~ gemelada** *o* **hermanada** Partnerstadt *f*; **gran ~** Großstadt *f*; *urbanismo*: **~ jardín** Gartenstadt *f*; *urbanismo*: **~ lineal** lang gestreckte Stadtanlage *f*; **~ de lona** Zelt-stadt *f*; **~ marítima** Hafenstadt *f*; **~ natal** (*o* **de origen**) Geburtstadt *f*; *urbanismo*: **~ satélite** Trabantenstadt *f*; **~ sede** Austragungsort *m*; **~ universitaria** Universitätsstadt *f*; *barrio*: Universitätsviertel *n*, Campus *m* 2 *en nombres propios*: **Ciudad del Cabo** Kapstadt; **la Ciudad Condal** *Bezeichnung für Barcelona*; **la Ciudad de Dios** der Gottesstaat; **la Ciudad Eterna** die Ewige Stadt, Rom; **la Ciudad Imperial** *Bezeichnung für Toledo*; **Ciudad de México** *Hauptstadt Mexikos*; **la Ciudad del Oso y del Madroño** *Bezeichnung für Madrid*; **Ciudad Real** *span Stadt u Provinz*; **Ciudad del Vaticano** Vatikanstadt

ciudadanía F 1 (*burguesía*) Bürgertum *n*; (*nacionalidad*) Staatsangehörigkeit *f*; **(derecho** *m* **de) ~** Bürgerrecht *n* (*tb fig*) 2 (*civismo*) Bürgersinn *m*; **ciudadano** A ADJ 1 (*de la ciudad*) städtisch 2 (*civil*) bürgerlich B M, **-a** F 1 *habitante de la ciudad*: Städter *m*, -in *f* 2 (*habitante*) Bürger *m*, -in *f*; Staatsbürger *m*, -in *f*; **~** *m* **honorario** *o* **de honor** Ehrenbürger *m*; **~** *m* **medio** Durchschnittsbürger *m*; **~** *m* **del mundo** Weltbürger *m*; **~** *m* **de a pie** Normalbürger *m*

ciudadela F Zitadelle *f*

ciudad-Estado F Stadtstaat *m*

ciudadrealeño ADJ aus Ciudad Real

ciudad-República F Stadtrepublik *f*

civeta F ZOOL Zibetkatze *f*; **civeto** M ZOOL Zibet *m*, Bisam *m*

cívico ADJ bürgerlich, Bürger...; staatsbürgerlich; (*nacional*) national; (*patriótico*) patriotisch; **centro** *m* **~** Bürgerhaus *n*; **deber** *m* **~** Bürgerpflicht *f*; **derechos** *mpl* **~s** bürgerliche Ehrenrechte *npl*; **educación** *f* **-a** Staats-)Bürgerkunde *f*; **valor** *m* **~** Zivilcourage *f*

civil A ADJ 1 (*ciudadano*) bürgerlich, Bürger..., zivil, Zivil...; JUR **acción** *f* **~** Zivilklage *f*; **derecho** *m* **~** bürgerliches Recht *n*; **derechos** *mpl* **~es** bürgerliche (Ehren)Rechte *npl*; **jurisdicción** *f* **~** Zivilgerichtsbarkeit *f*; **matrimonio** *m* **~** Zivilehe *f*, standesamtliche Trauung *f*; **registro** *m* **~** Standesamt *n*; **sociedad** *f* **~** Zivilgesellschaft *f*; **casarse por lo ~** standesamtlich heiraten 2 (*sociable*) gesittet, kultiviert, höflich B M 1 *fam guardia*: Angehörige *m* der Guardia Civil 2 (*no militar*) Zivilist *m*

civilidad F (*cortesía*) Höflichkeit *f*; (*formación*) Bildung *f*; **civilismo** M 1 *Am* POL Zivilregierung *f* (*im Gegensatz zur Militärregierung*) 2 → **civismo**; **civilista** M/F 1 JUR Zivilrechtler *m*, -in *f* 2 *Am* POL Verfechter *m*, -in *f* von ziviler Regierungsmacht (*im Gegensatz zur Militärregierung*)

civilizable ADJ zivilisierbar; erziehbar; **civilización** F 1 *ciencias, arte y cultura*: Zivilisation *f*, Kultur *f*; **~ alta** Hochkultur *f* 2 (*acción de civilizar*) Zivilisierung *f*; **civilizado** ADJ zivilisiert, gesittet; (*formado*) gebildet; **hombre** *m* **~** Kulturmensch *m*; *fam* gebildeter Mensch *m*; **mundo** *m* **~** Kulturwelt *f*; **civilizador** A ADJ zivilisierend B M, **civilizadora** F Zivilisator *m*, -in *f*

civilizar ⟨1f⟩ A V/T zivilisieren; (*ilustrar, educar*) bilden, erziehen; *costumbres* verfeinern B V/R **civilizarse** Kultur annehmen; zivilisiert werden; zahm werden *fam*

civilmente ADV 1 (*social*) gesittet, höflich 2 JUR zivilrechtlich; **casarse ~** sich standesamtlich trauen lassen

civismo M 1 (*espíritu cívico*) Bürgersinn *m*, -tugend *f* 2 (*educación civil*) Bürgerkunde *f*, staatsbürgerliche Erziehung *f*

cizalla(s) F(PL) 1 (*tijeras para metal*) Blech-, Metallschere *f*; TEC *tb* Schneidemaschine *f* 2 (*fragmentos de metal*) Metallspäne *mpl*; **cizallar** V/T TEC mit der Blechschere schneiden

cizaña F BOT Taumellolch *m*; *fig* Unkraut *n*, Gift *n*; **meter** *o* **sembrar ~** → cizañar; **cizañar, cizañear** V/T & V/I Zwietracht säen, Streit stiften (unter *dat*); **cizañero** M, **cizañera** F Unruhestifter *m*, -in *f*

CJM M ABR (Congreso Judío Mundial) Jüdischer Weltkongress *m*

CL M ABR (Club de Leones) Lions Club *m*

cla F → claque

cla... → *tb* tlaconete, tlacoyo *etc*

clac M ⟨*pl* claques⟩ 1 *sombrero*: Klappzylinder *m*, Chapeau claque *m* 2 *Art sombrero de tres picos*: Dreispitz *m* 3 TEAT Claque *f*

clachique M *Méx* unvergorener Agavensaft *m*

clamadoras FPL Schreivögel *mpl*

clamar V/T & V/I schreien, rufen (**por** nach *dat*); (*rogar*) bitten, flehen, jammern; **~ al cielo** zum Himmel schreien; himmelschreiend sein; **~ a Dios** zu Gott flehen; **~ venganza** nach Rache schreien; *fig* **~ en el desierto** tauben Ohren predigen

clamidosauro M ZOOL Mantelechse *f*

clamor M 1 (*gritos*) Geschrei *n*; *de lamento*: Jammergeschrei *n*, Klage *f*; *de protesta*: Protestgeschrei *f* 2 *para los difuntos*: Totengeläut *n*; **clamoreada** F → clamor 1; **clamorear** V/I 1 *lamentos* schreien, jammern (**por** nach *dat*) 2 (*tocar a muerto*) *die Totenglocke* läuten; **clamoreo** M Gejammer *n*, Gezeter *n*; Flehen *n*; **cla-**

C

morosa F HIST Hetzjagd *f*; **clamoroso** ADJ **1** *(lamentando)* klagend, jammernd **2** *fig éxito* durchschlagend, überwältigend; *fracaso* niederschmetternd
clan M Clan *m*, Klan *m* *(tb fig)*; *fig* Sippe *f* *(tb desp)*; *fam desp* Mischpoke *f*
clandestinidad F Heimlichkeit *f*, Verborgenheit *f*; POL Untergrund *m*; *tb (ilegalidad)* Illegalität *f*, Gesetzwidrigkeit *f*; **clandestinista** M *Guat* Branntweinschmuggler *m*
clandestino ADJ heimlich, verstohlen, geheim, Geheim…; POL Untergrund…; *(ilegal)* illegal; Schwarz…, Raub…; RADIO **emisora** *f* **-a** Schwarz-, Geheimsender *m*; **inmigrante** *m* **~** illegaler Einwanderer *m*; POL **movimiento** *m* **~** Untergrundbewegung *f*; **pasajero** *m* **~** blinder Passagier *m*; **trabajo** *m* **~** Schwarzarbeit *f*
clanga F ORN Schreiadler *m*
clangor M *poet (espec* Trompeten)Geschmetter *n*
claque F TEAT Claque *f*
claqué M Stepptanz *m*
claqueta F FILM Klappe *f*
clara[1] F *Chile fam* → clarisa
clara[2] F **1** *(proteína)* Eiweiß *n*; **~ de huevo (batida) a punto de nieve** Ei(er)schnee *m* **2** *en el tejido*: dünne Stelle *f im Tuch*; *en el cabello*: lichte Stelle *f im Haar* **3** *fam* METEO Regenpause *f*, Aufheiterung *f* **4** *fam bebida*: Alsterwasser *n* *(al.d.N)*, Radler *n* *(al.d.S)* **5** *fam* → claridad 1
claraboya F Dachluke *f*; Oberlicht(fenster) *n*;
claramente ADV verständlich; deutlich, klar
clarear **A** VI **1** *(empezar a amanecer)* tagen, hell werden; *cielo* aufklaren; **al ~ el día** bei Tagesanbruch **2** *(vislumbrarse)* sich abzeichnen; sich abheben; aufscheinen **B** VT erhellen, aufhellen; SILV (aus)lichten; AGR jäten **C** VR **clarearse** durchsichtig (o TEX fadenscheinig) werden; *fam fig* sich verraten; **clareo** M SILV (Aus)Lichten *n*, Durchforsten *n*; *jerga del hampa* Aussage *f*; **clarete** M *vino*: Rosé *m*
claretiano ADJ REL auf den Claretinerorden bezogen
claridad F **1** *(luz)* Helle *f*; Licht *n*, Schein *m* **2** *(pureza)* Klarheit *f*, Reinheit *f*, Schärfe *f* *(tb* TEC); ÓPT Bildschärfe *f* **3** *fig (nitidez)* Klarheit *f*; Deutlichkeit *f*; Offenheit *f*; *adv fam* **con ~ meridiana** ganz klar, ganz deutlich **4** REL Verklärtheit *f* **5** *(fama)* Berühmtheit *f*
clarificación F **1** *(aclaración)* Klärung *f*; *fig tb (rectificación)* Richtigstellung *f* **2** TEC *(purificación)* (Ab)Klärung *f*, Läuterung *f*; (Abwässer)Klärung *f*; **instalación** *f* **de ~** Kläranlage *f*; **clarificador** M TEC Klärmittel *n*; **clarificar** VT ⟨1g⟩ **1** TEC *líquido* klären; *vino* schönen; *fig* läutern **2** *(iluminar)* erhellen; *fig* aufklären, erhellen **3** SILV *(podar)* lichten; **clarificativo** ADJ klärend, läuternd
clarífico ADJ *liter* strahlend, glänzend
clarín **A** M **1** MÚS *instrumento*: (Signal)Horn *n*; helle Trompete *f*; *registro de órgano*: Clairon *n* **2** TEX dünne Leinwand *f* **B** M/F MÚS Hornist *m*, -in *f* *(tb* MIL)
clarinada F, **clarinazo** M **1** MÚS Trompeten-, Hornsignal *n* **2** *fig (llamada de atención)* Warnsignal *n* **3** *fam fig (tontería)* Unsinn *m*, Blödsinn *m fam*; **clarinero** M, **clarinera** F MÚS → clarín B; **clarinete** M MÚS **1** *instrumento*: Klarinette *f*; **~ bajo** Bassklarinette *f* **2** *persona*: Klarinettist *m*; **clarinetero** M, **clarinetera** F Klarinettenmacher *m*, -in *f*; **clarinetista** M/F Klarinettist *m*, -in *f*
clarión M Maler-, Tafelkreide *f*
clarisa ADJ CAT **(monja** *f***) ~** Klarissin *f*; **~s** *pl* Klarissenorden *m*
clarividencia F **1** *(perspicacia)* Weitblick *m*; Scharfblick *m* **2** *(percepción paranormal)* Hellseherei *f*; **clarividente** **A** ADJ **1** *(perspicaz)* weitsichtig, weitblickend; hellhörig **2** *(que ve el futuro)* hellseherisch **B** M/F Hellseher *m*, -in *f*
claro **A** ADJ **1** *(luminoso)* hell *(tb color)*; klar, rein; *(transparente)* durchsichtig; *cielo* wolkenlos, heiter; *noche* sternklar; **vista** *f* **-a** klarer Blick *m*; klare Sicht *f*; PINT **~ oscuro** → claroscuro **2** *(nítido)* klar, deutlich; *(evidente)* offenbar, verständlich; *(franco)* offen, aufrichtig; *adv* **a la(s) ~(s)** deutlich, unverhohlen, unverblümt; **cantar cuatro ~s** o *Am reg* **-as a alg** j-m unverblümt die Meinung sagen; **poner en ~** *(aclarar)* klarstellen; *(pasar a limpio)* ins Reine schreiben; **¡~!** natürlich!, klar!; selbstverständlich!; **¡~ que no!** natürlich nicht!; **¡está ~!** das (o die Sache) ist klar!; **~ está** natürlich, freilich, das versteht sich **3** *tono* hell; *voz tb* klar, rein **4** *tejido, cabello* dünn; *sopa, etc* dünn(flüssig); *café, etc* dünn **5** *liter (famoso)* berühmt **6** TAUR *toro* plötzlich angreifend **7** *equitación*: ausgreifend **B** ADV klar, deutlich; **dejar (en) ~** klar zum Ausdruck bringen; klarstellen; **hablar ~** deutlich (o offen) sprechen; **quedar ~** sich (klar) herausstellen; feststehen; **tener a/c ~** sich *(dat)* über etw *(acus)* im Klaren sein **C** M **1** *(luz)* Helle *f*, Licht *n*; METEO **~s** *pl* Aufheiterungen *fpl*; **~ de luna** Mondschein *m*; **pasar(se) la noche de** o **en ~** eine schlaflose Nacht verbringen; sich *(dat)* die Nacht um die Ohren schlagen *fam* **2** PINT Licht *n*; **meter en ~s** Lichter aufsetzen **3** *(espacio intermedio)* Lücke *f*; Zwischenraum *m*; lichte Stelle *f*; unbeschriebene Stelle *f*; *fig en el mapa*: weißer Fleck *m*; **~ (del bosque)** Lichtung *f* **4** *(pausa en la lluvia)* Regenpause *f*, *kurze* Aufheiterung *f* **5** ARQUIT *(luz)* lichte Weite *f*; *(ventana)* Fensteröffnung *f*, Oberlicht *n* **6** *Cuba, Col sopa de la mazamorra*: Mazamorrabrühe *f*; *Perú bebida*: Art (Mais)Bier *n*; *Ven aguardiente*: Zuckerrohrschnaps *m* **7** *fig* **vestir de ~** *(dejar la vestimenta de luto)* die Trauer(kleidung) ablegen
claror M Schein *m*, Glanz *m*, Licht *n*; **claroscuro** M PINT, FOT Helldunkel *n*, PINT Clair-obscur *n*; **clarucho** ADJ *fam desp* sehr dünn; **caldo** *m* **~** sehr dünne Brühe *f*, Kloßbrühe *f fam*
clase F **1** *(grupo)* Klasse *f* *(tb* BIOL), Abteilung *f*; Art *f*, Sorte *f*; TIPO **~ de tipo** Schriftart *f*; **una mujer con ~** eine Frau von Format; **de buena ~** gut, hochwertig; **de dos ~s** zweierlei; **de muchas ~s** vielerlei, allerlei; **de ninguna ~** keinerlei; COM **de primera ~** erstklassig, erste Wahl; *fig* **tener ~** rassig sein, Stil (o Format) haben **2** SOCIOL Klasse *f*, soziale Schicht *f*; Rang *m*, Stand *m*; **~s** *pl* **activas** erwerbstätige Bevölkerung *f*; **~s** *pl* **altas/bajas** Ober-/Unterschicht *f*; **de baja ~** niederer Herkunft; **~ dirigente** Führungsschicht *f*; **~ media** Mittelschicht *f*, -stand *m*; **~ médica** Ärzteschaft *f*; **~ obrera** o **trabajadora** Arbeiterklasse *f*; **~s** *pl* **pasivas** Versorgungsempfänger *mpl*; *col* **la ~ política** die Berufspolitiker *mpl*; POL **lucha** *f* **de ~s** Klassenkampf *m* **3** *enseñanza*: Klasse *f*; *(instrucción)* Unterricht *m*; *(hora lectiva)* Unterrichts-, Schulstunde *f*; UNIV Vorlesung *f*; **(sala** *f* **de) ~** Klassenzimmer *n*; UNIV Hörsaal *m*; **~ elemental** Elementar-, Anfängerunterricht *m*; **~ magistral** Meisterklasse *f*; **~s** *pl* **nocturnas** Abendkurs *m*; **~ particular** Privatunterricht *m*, -stunde *f*; **~ de recuperación** Wiederholungskurs *m*, Förderkurs *m*; **~ terminal** Abschlussklasse *f*; **asistir a ~** am Unterricht teilnehmen; in die Schule gehen; **dar ~ con alg** bei j-m Unterricht nehmen; **dar** o *Am* **dictar ~ a alg** j-m Unterricht geben (o erteilen); **hoy no hay ~** heute fällt der Unterricht (o UNIV fallen die Vorlesungen) aus; **tener ~** Unterricht haben; **en ~ de español/historia**, *etc* im Spanisch-/Geschichtsunterricht *etc* **4** FERR, AVIA, MAR Klasse *f*; **~ comercial** o **ejecutiva** Businessclass *f*; **~ económica/turista** Economy-/Touristenklasse *f*; **viajar en primera ~** erster Klasse reisen **5** MIL **~s** *pl (suboficiales)* Unteroffiziere *npl*
clasicismo M Klassik *f*; Klassizismus *m*; **clasicista** **A** ADJ klassizistisch **B** M/F Klassizist *m*, -in *f*
clásico ADJ klassisch; *fig* klassisch, mustergültig; **antigüedad** *f* **-a** klassisches Altertum *n*; **(autor** *m***) ~** Klassiker *m*; **música** *f* **-a** klassische Musik *f*
clasificable ADJ klassifizierbar; **clasificación** F **1** *ordenamiento*: Einteilung *f*; Einordnung *f*, Einstufung *f*; Klassifikation *f*, Sortieren *n*; COM, TEC Sichten *n*, Sondern *n*; **~ decimal** Dezimalklassifikation *f* **2** DEP Qualifikation *f*;
clasificado ADJ **1** *(ordenado)* sortiert, eingeordnet, eingestuft, klassifiziert **2** *documento, información* vertraulich **3** *Perú* **aviso ~** *diario*: Kleinanzeige *f*
clasificador M **1** *en la oficina*: Brief-, Aktenordner *m*; *(archivador)* Aktenschrank *m* **2** TEC Sichter *m*, Sortierer *m* **3** *correos: persona*: Briefsortierer *m*; *aparato*: Briefsortierwerk *n*; **clasificadora** F **1** TEC Sortiermaschine *f* **2** *correos: persona*: Briefsortiererin *f*
clasificar ⟨1g⟩ **A** VT einordnen, sortieren, klassifizieren; COM, TEC *tb* sichten, sondern; CAZA *huellas* deuten **B** VR **clasificarse** DEP sich qualifizieren; **~ tercero** Dritter werden; **clasificatorio** ADJ Qualifikations…
clasismo M SOCIOL, POL Klassenbewusstsein *n*; Betonung *f* der Klassenunterschiede; **clasista** ADJ SOCIOL Klassen…; **sociedad ~** Klassengesellschaft *f*
claudia ADJ BOT **(ciruela** *f* o **reina** *f***) ~** Reneklode *f*
claudicación F **1** *(aflojamiento)* Nachgeben *n*, Weichwerden *n*; Wanken *n* **2** *(olvido del deber)* Pflichtvergessenheit *f*; **claudicante** ADJ schwankend; hinkend; **claudicar** VI ⟨1g⟩ **1** *(ceder)* wanken, nachgeben; umfallen *(fam fig)* **2** *(faltar al deber)* sich zweideutig verhalten; gegen seine Pflicht verstoßen
Claus M N PR **Santa ~** Weihnachtsmann *m*, Nikolaus *m*
clausor M AUTO Lenkradschloss *n*
claustra F ARQUIT Säulen-, Kreuzgang *m*;
claustral **A** ADJ klösterlich, Kloster… **B** M/F Mitglied *n* des Lehrkörpers einer Universität (→ claustro 3); **claustrillo** M Sitzungssaal *m einer Universität*; **claustro** M **1** ARQUIT Kreuzgang *m* **2** *fig (monasterio)* Kloster *n* **3** *espec* UNIV **~ (de profesores)** Lehrkörper *m* **4** *liter* **~ materno** Mutterleib *m*, -schoß *m*
claustrofobia F MED Klaustrophobie *f*, Platzangst *f fam*; **claustrofóbico** **A** ADJ klaustrophobisch **B** M, **-a** F Klaustrophobiker *m*, -in *f*
cláusula F **1** JUR *en contratos*: Klausel *f*, Bestimmung *f*; **~ de adhesión/de arbitraje** Beitritts-/Schiedsklausel *f*; ECON, JUR **~ de escala móvil** Gleitklausel *f*; **~ de escape** o **~ escapatoria** Ausweichklausel *f*; POL **~ de (la) nación más favorecida** Meistbegünstigungsklausel *f*; **~ penal (contractual)** Konventionalstrafe *f*, Strafklausel *f*; **~ testamentaria** testamentarische Bestimmung *f* **2** RET Klausel *f*; GRAM Satz *m*, Periode *f*; **~ absoluta** Ablativus *m* absolutus; **~ compuesta** zusammengesetzter Satz *m*; Satzgefüge *n*; **~ simple** einfacher Satz *m*
clausulado **A** ADJ in kurzen Sätzen abgefasst **B** M JUR Klauseln *fpl*, Vertragsbestimmungen *fpl*; **clausular** VT **1** *(cerrar) (den Satz)* abschließen; *p. ext* abschließend sagen **2** JUR *(poner cláusulas)* verklausulieren, durch Bedin-

gungen sichern
clausura F **1** *(fin)* Abschluss *m*, Schluss *m*; **ceremonia** *f* **de ~** (Ab)Schlussfeier *f*, Abschlussveranstaltung *f*; **sesión** *f* **de ~** Schlusssitzung *f* **2** *(cierre)* Sperrung *f*, Schließung *f* **3** CAT *y fig* Klausur *f*; **clausurar** VT **1** *congreso, reunión, etc* (ab)schließen **2** *comercio, etc* (von Amts wegen) schließen

clava F Keule *f*

clavadista **A** M/F DEP Turm-, Kunstspringer *m*, -in *f*; Trampolinspringer *m*, -in *f* **B** M *Méx* Todesspringer *m (bes in Acapulco)*

clavado **A** ADJ **1** *(armado con clavos)* ver-, genagelt **2** *fam fig* **¡~!** genau so!; **¡como ~!** *(¡como de molde!)* wie angegossen!; *(¡como llamado!)* wie gerufen!; *fig* **dejarle a alg ~** j-n mit offenem Mund dastehen lassen, j-n verblüffen; **es ~ a su padre** er ist seinem Vater (wie) aus dem Gesicht geschnitten **B** M **1** *(acción de clavar)* Nagelung *f* **2** *(salto al agua)* Sprung *m* ins Wasser; *Am* DEP **~ de palanca/trampolín** Turm-, Kunstspringen/Trampolinspringen *n*

clavadura F *equitación:* Hufverletzung *f durch einen Hufnagel*

clavar **A** VT **1** *(cerrar con clavos)* ver-, zunageln; *fijar:* (fest-, ein-, an)nageln; beschlagen; *poste, etc* einrammen, -schlagen; *clavo* einschlagen; *aguja* einstechen; *puñal* hineinstoßen; *tb fig* **~ en la cruz** ans Kreuz schlagen (*o* heften); **~ en la pared** an die Wand nageln **2** *vista, etc* richten, heften (en auf *acus*); **~ los ojos en alg** j-n scharf (*o* starr) ansehen **3** *fam fig* **~ una multa a alg** j-m eine Geldstrafe aufbrummen *fam*; *fam* **ahí le tienes clavado** er wankt und weicht nicht, der ist nicht wegzukriegen *fam* **4** *piedras preciosas* fassen **5** *puñalada* versetzen **6** *fam (chasquear)* hereinlegen *fam*, anschmieren *fam*; *en el restaurante:* neppen *fam*, ausnehmen *fam* **7** *enseñanza: preguntas* richtig beantworten, *tareas* lösen **B** VR **clavarse** **1** *astilla, púa* eindringen; **se me ha clavado** *o* **me he clavado una astilla en la mano** ich habe mir einen Splitter in die Hand eingezogen; *fig* **se me ha clavado en el alma** es hat mich tief getroffen **2** *Méx (enamorarse)* sich verlieben **3** *Am* **clavárselas** *(emborracharse)* sich betrinken

clavario M, **clavari(es)a** F CAT Schlüsselmeister *m*, -in *f in einem Orden*

clavazón F **1** *en puertas, etc:* Beschlag *m*; MAR *tb* Verbolzung *f* **2** *(conjunto de clavos)* Beschlagnägel *mpl*

clave **A** ADJ *nachgestellt:* Schlüssel...; **figura** *f* **~** Schlüsselfigur; **posición** *f* **~** Schlüsselstellung *f*; **puesto** *m* **~** Schlüsselposition *f* **B** F **1** ARQUIT Schlussstein *m (Gewölbe, Bogen)*; *fig* **echar la ~ a** *o* **de a/c** etw abschließen **2** *(código)* Code *m*; **en ~** verschlüsselt; **~ de acceso** Zugangskode *m*; Passwort *n*; **~ bancaria** Bankleitzahl *f*; **~ telegráfica** Telegrammschlüssel *m*, Code *m* **3** *fig (solución)* Schlüssel *m*, Aufschluss *m*; Lösung *f*; *fam* **no dar con la ~** nicht dahinterkommen *fam*; **~ de un enigma** Lösung *f*, Lösungswort *n*; LIT **novela** *f* **en ~** Schlüsselroman *m* **4** MÚS *de notas:* Notenschlüssel *m*; **~ de do** C-Schlüssel *m*; **~ de do en 3a línea** Altschlüssel *m*; **~ de fa** F-Schlüssel *m*, Bassschlüssel *m*; **~ de sol** G-Schlüssel *m*, Violinschlüssel *m*; *fig* **en ~ de humor** in humorvollem Ton **5** *(libro de soluciones)* Lösungsheft *n*, Schlüssel *m zu Aufgaben* **C** M → clavecín

clavecín M MÚS Cembalo *n*; **clavecinista** M/F MÚS Cembalist *m*, -in *f*

clavel M **1** BOT Nelke *f* **2** ZOOL **~ de mar** Nelkenkoralle *f*; **clavelero** **A** M BOT Nelkenbaum *m* **B** M, **-a** F Nelkenverkäufer *m*, -in *f*; **clavelina** F BOT → clavellina; **clavellina** F **1** BOT Bartnelke *f* **2** ZOOL Haarstern *m*; **clavelón** M BOT Studenten-, Totenblume *f*, Stinknelke *f*

claveque M MINER belgischer Bergkristall *m*

clavera F *agujero:* Nagelloch *n*; TEC *molde:* Nagelform *f*

clavería F HIST Schlüsselmeisteramt *n*; *Méx* Domrent(en)amt *n*

clavero[1] **A** M, **-a** F Schließer *m*, -in *f* **B** M **1** CAT → clavario **2** *Méx (percha)* Kleiderrechen *m*

clavero[2] M BOT Gewürznelkenbaum *m*

clavete M MÚS Plektron *n*

clavetear VT **1** *(guarnecer con clavos)* (ver)nageln; mit Nägeln beschlagen; TEC *(acuñar)* verkeilen **2** *fig negocio, asunto* fest abschließen, festklopfen *fam*

clavicembalista M/F MÚS Cembalist *m*, -in *f*; **clavicémbalo** M MÚS Cembalo *n*; **clavicordio** M MÚS Klavichord *n*

clavícula F ANAT Schlüsselbein *n*; **clavicular** ADJ Schlüsselbein...

clavija F **1** *(punta)* Stift *m*, *(perno)* Bolzen *m*, *(pivote)* Zapfen *m*, *(tarugo)* Dübel *m*; Splint *m*; ELEC *(enchufe)* Stöpsel *m*, Stecker *m*; ELEC **~ banana** *o* **~ con hembrilla** Bananenstecker *m*; **~ maestra** Span-, Deichselnagel *m*; TEC **juntar con ~s** verdübeln **2** MÚS Wirbel *m (am Saiteninstrument)*; *fig* **apretarle las ~s a alg** j-m hart zusetzen, j-n unter Druck setzen

clavijero M **1** MÚS Wirbelkasten *m* **2** *(percha)* Kleiderrechen *m*

clavillo M **1** TEC (Scheren-, Fächer-, Scharnier- *etc*) Stift *m*; Dorn *m einer Schnalle* **2** BOT Gewürznelke *f*

claviórgano M MÚS Orgelklavier *n*

clavo M **1** Nagel *m*, MAR Spieker *m*; **~ baladí** kleiner Hufnagel *m*; **~ de ala de mosca** Hakennagel *m*; *fam fig* **de ~** *(evidentemente)* offensichtlich; *(de fácil realización)* leicht ausführbar; **como un ~** genau, pünktlich; *fig* **agarrarse a un ~ ardiendo** sich an einen Strohhalm klammern; *fam* **(ser capaz de) clavar un ~ con la cabeza** mit dem Kopf durch die Wand gehen; *fig* **dar en el ~** den Nagel auf den Kopf treffen; *fam fig* **dar una en el ~ y ciento en la herradura** oft daneben- (o vorbei)hauen *fam*; *fig* **remachar el ~** sich in einen Irrtum verrennen; **¡por los ~s de Cristo** *(o hum* **de una puerta vieja)**! um Himmels willen! **2** *fig (plaga)* Plage *f*, Kreuz *n (fig)*, ständige Sorge *f*; **un ~ saca otro** eine Sorge verdrängt die andere **3** MED *(tapón de pus)* Eiterpfropf(en) *m*; *(callo)* Hühnerauge *n*; *(tapón)* Tampon *m zur Drainage* **4** VET *caballerías:* Fesselgeschwulst *f der Pferde* **5** GASTR **~ (de especia)** Gewürznelke *f*; **esencia** *f* **de ~** Nelkenöl *n* **6** *Am reg persona:* lächerlicher (*o* unerträglicher) Mensch *m* **7** *Chile, RPl (artículo invendible)* Ladenhüter *m* **8** *Am reg moneda:* Einpesostück *n* **9** *Méx, Hond, Bol (veta de metales)* Fundort *m* von Edelmetall

claxon M (Auto)Hupe *f*, (Signal)Horn *n*; **tocar el ~** hupen; **claxonazo** M *fam* Hupen *n*, Hupsignal *n*

clearing M ECON Clearing *n*, Verrechnung *f*

clemátide F BOT Klematis *f*, Waldrebe *f*; *Esp espec* weiße Waldrebe *f*

clemencia F Milde *f*; Gnade *f*, Güte *f*; **clemente** ADJ mild(e) *(tb clima)*; nachsichtig, gütig

clementina F BOT Klementine *f*

clepsidra F Klepsydra *f*, Wasseruhr *f*

cleptomanía F Kleptomanie *f*; **cleptomaníaco, cleptómano** **A** ADJ kleptomanisch **B** M, **-a** F Kleptomane *m*, Kleptomanin *f*

clerecía F Geistlichkeit *f*, Klerus *m*; Priestertum *n*, -schaft *f*

clergyman M Kollar *n der Geistlichen*

clerical ADJ geistlich; klerikal; **clericalismo** M Klerikalismus *m*; *desp* Pfaffenherrschaft *f*; **clericato** M, **clericatura** F geistlicher Stand *m*, Priesterwürde *f*; **clerigalla** F *desp* Pfaffen *mpl*

clérigo M Geistliche *m*; CAT Kleriker *m*; **~ de cámara** päpstlicher Ehrenkämmerer *m*; **~ de menores** Abbé *m*; **~ regular** Ordensgeistliche *m*; **~ secular** Weltgeistliche *m*, Laienpriester *m*

cleriguicia F *desp* Pfaffen *mpl*; **clerizón** M Chorknabe *m*; **clerizonte** M *desp* Pfaffe *m*

clero M CAT Klerus *m*, Geistlichkeit *f*; **~ alto/bajo** hohe/niedere Geistlichkeit *f*; **el ~ joven** die junge Priestergeneration *f*, die jungen Priester *mpl*; **~ regular/secular** Regular-/Säkularklerus *m*

CLH F ABR (Compañía Logística de Hidrocarburos) *spanische Erdölvertriebsgesellschaft*

clic **A** INT **¡~!** klick!; **hacer ~** klicken; INFORM **hacer ~ en** *o* **sobre** anklicken **B** M Klick *m*; Klicken *n*; INFORM **doble ~** Doppelklick *m*; INFORM **hacer doble ~** doppelklicken

clicar VT INFORM (an)klicken

cliché M **1** *(lugar común)* Klischee *n*, abgedroschene Redensart *f*, Gemeinplatz *m* **2** TIPO → clisé

clienta F COM Kundin *f*; JUR Mandantin *f*, Klientin *f*; → *tb* cliente

cliente M/F **1** COM Kunde *m*, Kundin *f*; MED Patient *m*, -in *f*; JUR Mandant *m*, -in *f*; Klient *m*, -in *f*; COM **~s** *pl* Kundschaft *f*; **~ asiduo** *o* **habitual** Stammgast *m*; **~** *m* **fijo** Stammkunde *m*; **cartera** *f* **de ~** Kundenstamm *m*; **ganar** *o* **captar ~s** Kunden gewinnen *o* werben; **fidelizar a los ~s** Kunden (an sich *acus*) binden **2** INFORM Client *m*; **arquitectura** *f* **~-servidor** Client-Server-Architektur *f* **3** HIST Klient *m*, -in *f*; *fig (protegido)* Schützling *m*

clientela F COM Kundschaft *f*, Kundenkreis *m*; Klientel *f*; **~ fija/de paso** Stamm-/Laufkundschaft *f*; **tener mucha ~** einen großen Kundenkreis (*o* MED, JUR eine große Praxis) haben; **fidelizar a la ~** Kunden (an sich *acus*) binden; **ganarse la ~** (die) Kundschaft anlocken, viele Kunden gewinnen

clientelismo M POL Klüngelwirtschaft *f*, Filzokratie *f fam*; **clientelista** M/F POL Anhänger *m* (*o* Nutznießer *m*) der Klüngelwirtschaft, Filzokrat *m fam*

clima M **1** Klima *n*; **~ de altura** Höhen-, Gebirgsklima *n*; **~ benéfico/malsano** gesundes/ungesundes Klima *n* **2** *fig (ambiente)* Klima *n*, Atmosphäre *f*, Stimmung *f*; **~ laboral** Arbeitsklima *n* **3** *(país)* Land *n*, Gegend *f*, Zone *f*; **climatérico** ADJ MED klimakterisch; *fig* kritisch, bedenklich; **año** *m* **~** kritisches Lebensjahr *n*; **climaterio** M MED Klimakterium *n*, Wechseljahre *npl*

climático ADJ klimatisch, Klima...; **cambio** *m* **~** Klimawandel *m*, Klimawechsel *m*; **estación** *f* **-a** Luftkurort *m*

climatización F Klimatisierung *f*; **instalación** *f* **de ~** → climatizador; **climatizador** M Klimaanlage *f*; **climatizar** VT ⟨1f⟩ klimatisieren; **climatología** F Klimatologie *f*, Klimakunde *f*; **climatológico** ADJ klimatologisch; klimatisch (bedingt); **climatoterapia** F MED Klimabehandlung *f*, -therapie *f*

clímax M ⟨*pl inv*⟩ Klimax *f*; *fig* Höhepunkt *m*

clinero M *Esp fam* Straßenverkäufer *m* von Papiertaschentüchern

clínex® M Papiertaschentuch *n (der Marke Kleenex®)*

clínica F **1** *(hospital)* Klinik *f*, Krankenhaus *n*; **~ abortiva** Abtreibungsklinik *f*; **~ de belleza** (*o* **de cirujía estética**) Schönheitsklinik *f*; **~ dental** Zahnklinik *f*; *(consultorio odontológico)* Zahnarztpraxis *f*; **~ obstétrica** *o* **ginecológica** Frauenklinik *f*; ~ **de urgencia** Unfallkrankenhaus *n*; -station *f*; ~ **veterinaria** Tierklinik *f* **2** *(médica)* praktizierende Ärztin *f*, Klinikerin *f* **3** *medicina*: klinische Medizin *f*

clínico **A** ADJ klinisch; *fig* **ojo** *m* ~ kritischer Blick *m*; Scharfblick *m* **B** M praktizierender Arzt *m*, Kliniker *m*

clinómetro M Klinometer *n*, Neigungsmesser *m*

clinoterapia F MED klinische Therapie *f* (*o* Behandlung *f*); Bettruhe *f*

clinudo *Arg fam desp* langhaarig

clip M **1** *pendiente*: Ohrclip *m*; *para el pelo*: Haarclip *m*; ~ **de sujeción** (Füllhalter)Clip *m* **2** *para papeles*: Büroklammer *f* **3** TV Videoclip *m*

clipart M INFORM Clipart *n*

clíper, clipper M ‹*pl* -es› MAR Klipper *m*; AVIA Clipper *m*

clisado M TIPO Klischierung *f*; **clisar** V/T TIPO klischieren; **clisé** M **1** TIPO Klischee *n*, Stereotypplatte *f* **2** FOT Negativ *n*

clises, clisos MPL *jerga del hampa* Augen *npl*

clistel, clister M MED Klistier *n*, Einlauf *m*; **clisterizar** V/T ‹1f› MED einen Einlauf machen (*dat*)

clitómetro M Neigungsmesser *m*, Klitometer *n*

clítoris M ANAT Klitoris *f*, Kitzler *m*

clivoso ADJ *liter* geneigt, abschüssig

clo *onom* **hacer ~**, ~ *gallina* gackern, glucken

cloaca F Kloake *f* (*tb* ZOOL, MED)

cloasma M MED Chloasma *n*, Leberflecken *mpl*

clocar ‹1g *y* 1m› → cloquear

cloch(e) M *Am Centr, Col, Méx, P. Rico, S.Dgo, Ven* AUTO Kupplung *f*

clon M BIOL Klon *m*; **clonación** F BIOL Klonen *n*; ~ **reproductiva/terapéutica** reproduktives/therapeutisches Klonen *n*; **clonaje** M → clonación; **clonal** ADJ klonisch, Klon...; **clonar** V/T BIOL klonen, klonieren

clónico ADJ MED klonisch; BIOL geklont

cloning M → clonación

cloque M **1** *(bichero)* Bootshaken *m* **2** *garfio para pescar*: Fischhaken *m*, -speer *m* (*beim Thunfischfang*)

cloquear V/I *gallina* glucken, locken

cloqueo M *de la gallina*: Glucken *n*, Locken *n*;

cloquera F Brutzeit *f der Vögel*

cloración F QUÍM Versetzen *n* mit Chlor, Chlorierung *f*

cloral M QUÍM Chloral *n*; **clorar** V/T chlor(ier)en, mit Chlor versetzen; **clorato** QUÍM Chlorat *n*; ~ **potásico/sódico** Kalium-/Natriumchlorat *n*

clorhídrico ADJ QUÍM **ácido** *m* ~ Salzsäure *f*;

clorita F MINER Chlorit *m*; **clorización** F Chlorieren *n* (*bes des Wassers*)

cloro M QUÍM Chlor *n*; ~ **gaseoso** Chlorgas *n*; **sin** ~ chlorfrei; **clorofíceas** FPL BOT Grünalgen *fpl*; **clorofila** F Chlorophyll *n*, Blattgrün *n*; **clorofílico** ADJ des Chlorophylls

clorofluorocarbonado ADJ FCKW-haltig; **clorofluorocarbono** M QUÍM Fluorchlorkohlenwasserstoff *m*, FCKW *m*

cloroformización F Chloroformierung *f*; **cloroformizar** V/T ‹1f› chloroformieren (*tb fig*); **cloroformo** M QUÍM Chloroform *n*

clorosis F MED Bleichsucht *f*, Chlorose *f*; **cloroso** ADJ chlorig, chlorhaltig

clorótico ADJ MED bleichsüchtig

cloruro M QUÍM Chlorid *n*; ~ **de cal** Chlorkalk *m*; ~ **de amonio** Ammoniumchlorid *n*, Salmiak *m*; ~ **de etilo** Äthylchlorid *n*, Chloräthyl *n*; ~ **de polivinilo** Polyvinylchlorid *n*; ~ **de potasio** *o* ~ **potásico** Kaliumchlorid *n*; ~ **de sodio** *o* ~ **sódico** Natriumchlorid *n*, Kochsalz *n*

clóset M *Am* Wandschrank *m*, Einbauschrank *m*

clown M Clown *m*, Spaßmacher *m*

club M ‹*pl* -s, *Am* -es› Klub *m*; **Aero Club** Luftfahrtverein *m*; ~ **alpino** Alpenverein *m*; ~ **de fútbol** Fußballverein *m*, -klub *m*; ~ **hípico** Reit(er)klub *m*; ~ **de natación/náutico** Schwimm-/Jachtklub *m*; ~ **nocturno** Nachtlokal *n*; ~ **de tenis** Tennisklub *m*

clubista M/F Klubmitglied *n*

clueca **A** ADJ **(gallina** *f***)** ~ Glucke *f*; *fam fig* **ponerse como una gallina** ~ sich aufplustern (*fig*), gackern (*fig*) **B** M/F *fam* alter Knacker *m*, alte Schachtel *f fam*; **clueco** ADJ altersschwach

cluniacense ADJ **(monje** M**)** Kluniazenser (mönch) *m*

clúster M INFORM Cluster *m*; ECON ~ **tecnológico** Technologiecluster *m*

cm ABR (centímetro[s]) cm (Zentimeter)

C.N. M ABR (Club Náutico) Jachtklub *m*

CNAG F (Confederación Nacional de Agricultores y Ganaderos) Spanischer Bauernverband *m*

CNI M ABR (Centro Nacional de Inteligencia) *spanischer Nachrichtendienst*

CNOP F ABR (Confederación Nacional de Organizaciones Populares) *Gewerkschaftsverband in Mexiko*

CNT F ABR (Confederación Nacional de Trabajadores) *Gewerkschaftsorganisationen in Chile, Kolumbien, Nicaragua, Paraguay, Peru, Spanien und Uruguay*

CNUCD F ABR (Conferencia de las Naciones Unidas sobre Comercio y Desarrollo) UNCTAD *f* (Konferenz für Welthandel und Entwicklung)

coa F **1** *Am* AGR *para labrar la tierra*: Grabstock *m der Indianer* **2** *Méx (pala)* Spaten *m* **3** *Chile fig (jerga de delincuentes)* Gaunersprache *f* **4** *Am* ORN *verschiedene Baumvögel der Gattung Trogon*

coacción F *espec* JUR Zwang *m*, Nötigung *f*; ~ **electoral** Wahlbehinderung *f*; **coaccionar** V/T zwingen, einen Zwang ausüben auf (*acus*), nötigen

coach [koŭtʃ] M Trainer *m*

coacreedor M, **coacreedora** F JUR, ECON Mitgläubiger *m*, -in *f*

coactivo ADJ Zwangs...; *espec* JUR **procedimiento** *m* ~ Zwangsverfahren *n*; **medios** *mpl* ~**s** Zwangsmittel *npl*

coacusado M, **-a** F Mitangeklagte *m/f*

coadjutor M *espec* REL Koadjutor *m*, Hilfsgeistliche *m*; **obispo** *m* ~ Weihbischof *m*; **coadjutoría** F Koadjutorstelle *f*

coadministrador M REL Koadministrator *m eines Bischofs*, Generalvikar *m*

coadquirente M/F Miterwerber *m*, -in *f*; **coadquirir** V/T ‹3i› miterwerben; **coadquisición** F Miterwerbung *f*, Miterwerb *m*, Mitkauf *m*

coadunar V/T vereinigen; beimischen

coadyutorio ADJ mithelfend, hilfreich; **coadyuvante** ADJ mitwirkend, unterstützend; **coadyuvar** V/I unterstützen, mithelfen (a bei *dat*); beitragen (**a** zu *dat*)

coagente ADJ mit(be)wirkend; QUÍM **sustancia** *f* ~ unterstützendes Agens *n*

coagulable ADJ gerinnungsfähig; **coagulación** F Gerinnen *n*, Gerinnung *f*; **coagulante** M Gerinnungsmittel *n*, Koagulans *n*; **coagular** **A** V/T zum Gerinnen bringen, ausflocken **B** V/I *y* V/R ~**se** gerinnen

coágulo M Gerinnsel *n*, Koagulum *n*; ~ **de sangre** *o* ~ **sanguíneo** Blutgerinnsel *n*

coaita, coaitá M ZOOL schwarzer Klammeraffe *m*

coala M ZOOL Koala *m*, Beutelbär *m*

coalescencia F Vereinigung *f*; Zusammenschluss *m*; *fig* Verschmelzung *f*

coalición F Bund *m*, Bündnis *n*; POL Koalition *f*; **gobierno** *m* **de** ~ Koalitionsregierung *f*; **coalicionar** V/I koalieren, sich verbünden; **coalicionista** **A** ADJ Koalitions... **B** M/F Koalitionsmitglied *n*; **coaligado** ADJ Koalitions...; in Koalition; **coaligarse** V/R ‹1h› sich verbünden, koalieren

coaptación F MED Koaptation *f*, Einrichten *n von Knochenbruchstücken*

coarrendador, coarrendatario M Mitpächter *m*

coartación F **1** *(limitación)* Ein-, Beschränkung *f* **2** *espec* JUR *(violencia)* Zwang *m*, Erzwingung *f*; **coartada** F JUR Alibi *n*; **probar la** ~ sein Alibi nachweisen; **coartar** V/T **1** *(limitar)* einschränken, einengen, hemmen **2** *(obligar)* zwingen

coasegurado M, **coasegurada** F Mitversicherte *m/f*; **coasegurar** V/T mitversichern; **coaseguro** M Mitversicherung *f*

coatí M *Am* ZOOL Koati *m*, Nasenbär *m*

coautor M, **coautora** F **1** *(segundo autor)* Mitverfasser *m*, -in *f*; Koautor *m*, -in *f* **2** JUR Mittäter *m*, -in *f*

coaxial ADJ koaxial

coba[1] F *fam* Schmeichelei *f*, Schmus *m fam*; **dar** ~ **a alg** j-m um den Bart gehen, j-m Honig ums Maul schmieren *fam*

coba[2] M *Bol* Gaunersprache *f*

cobalto M MINER Kobalt *n*; **flor** *f* **de** ~ Kobaltblüte *f*

cobarde **A** ADJ **1** feige **2** *(vil)* gemein, hinterhältig **B** M/F Feigling *m*, Memme *f*, Jammerlappen *m fam*; **cobardear** V/I ängstlich zurückweichen; feige sein; **cobardemente** ADV feige; **cobardía** F Feigheit *f*; Niedertracht *f*

cobaya F ZOOL Meerschweinchen *n*; *fig* Versuchskaninchen *n*; **cobayismo** M: **(prácticas** *fpl* **de)** ~ Menschenversuche *mpl*, -experimente *npl*; **cobayo** M → cobaya

cobertera **A** F **1** *de la olla*: (Topf)Deckel *m* **2** *fig (alcahueta)* Kupplerin *f* **B** ADJ ORN **pluma** *f* ~ Deckfeder *f der Vögel*; **cobertizo** M **1** *(lugar cubierto)* Schuppen *m*, Hütte *f*; AVIA *tb* Hangar *m* **2** *techo*: Schutzdach *n*; Vordach *n*; **cobertor** M Bett-, Überdecke *f*

cobertura F **1** *(cubierta)* Be-, Abdeckung *f*, Decke *f*; Überzug *m*; *reg* Überdecke *f*; CONSTR ~ **de aguas** Richtfest *n*; GASTR **chocolate de** ~ Kuvertüre *f* **2** ECON, *seguros*: Deckung *f*; *de un seguro tb* Versicherungsschutz *m*; ~ **oro** Golddeckung *f*; ~ **de riesgo** Risikodeckung *f*; TEL, TV, RADIO ~ **(de área)** Flächendeckung *f*; TEL Reichweite *f*; *de un móvil tb* Empfang *m*; ~ **básica** Grundversorgung *f*; ~ **informativa** Berichterstattung *f*; ~ **zonal** Abdecken *n* einer Zone; **no tengo** ~ ich habe keinen Empfang, TEL *tb* ich habe kein Netz *fam* **3** MIL Deckung *f*; **dar** ~ **de fuego a alg** j-m Feuerschutz geben **4** *periodismo*: **la** ~ **de a/c** die Berichterstattung *f* über etw

cobez M ‹*pl* –eces› ORN *Art* Falke *m*

cobija F **1** ARQUIT Firstziegel *m* **2** ORN Schutzfeder *f am Ansatz der Schwanz- y Schwungfedern der Vögel* **3** *Am (manta y ropa de cama)* Bettzeug *n*, Bettdecke *f* **4** *Méx (mantón)* Mantel *m*, Umhang *m* **5** *Antillas techo*: (Schutz)Dach *n*; **cobijamiento** M **1** *en la cama*: Zudecken *n* **2** *(alojamiento)* Unterbringung *f*; *fig* Unterschlupf *m*

cobijar **A** V/T **1** *(tapar)* be-, zudecken **2** *(albergar)* beherbergen; Unterschlupf gewähren (*dat*), aufnehmen **3** *fig pensamientos, esperanzas, etc* hegen **B** V/R **cobijarse** in Deckung gehen (*tb* MIL); sich unterstellen; (einen) Unterschlupf finden; Zuflucht suchen (**con, en** bei *dat*)

cobijo M Unterschlupf *m*; *de animales*: Höhle *f*

cobista M/F *fam Esp* Schmeichler *m*, -in *f*, *desp* Speichellecker *m*, -in *f*

cobla F *reg* MÚS Sardanakapelle *f*

Coblenza F Koblenz *n*

cobo M ZOOL 1 *Antillas caracol de mar*: Riesenmuschel *f* 2 ~ **acuático** *mamífero*: *afrikanische Antilopenart*

cobra[1] F ZOOL *serpiente*: Kobra *f*

cobra[2] F AGR 1 *yeguas*: Stutengespann *n zum Dreschen* 2 (*coyunda*) Jochriemen *m für Ochsen*

cobra[3] F CAZA Apport *m*

cobra[4] F → cobranza

cobrable, cobradero ADJ *reclamación de dinero* einziehbar, eintreibbar

cobrador A ADJ CAZA (**perro** *m*) ~ für den Apport abgerichteter Hund *m* B M, **cobradora** F 1 COM Kassierer *m*, -in *f*; ~ *m* **de la luz** Kassierer *m* der Elektrizitätswerke; **mozo** *m* ~ Zahlkellner *m* 2 *transporte*: Schaffner *m*, -in *f*

cobranza F 1 *de impuestos*: (Steuer)Erhebung *f*, Einziehung *f*; ECON Eintreibung *f*, Einkassieren *n*, Inkasso *n* 2 CAZA Einbringen *n* der Strecke

cobrar A VT 1 (*percibir*) einziehen, (ein)kassieren; *precio, etc* verlangen, berechnen; (*exigir*) fordern (a von *dat*); *cheque* einlösen; *deudas, impuestos* eintreiben; *salario* beziehen, verdienen; *donaciones* sammeln; **¿cuánto cobras al mes?** wie viel verdienst du im Monat?; *fig* ~ **lo suyo** nicht zu kurz kommen; erhalten, was einem zusteht 2 (*recibir*) erlangen, bekommen; AVIA ~ **altura** Höhe gewinnen; ~ **fama de estafador** in den Ruf eines Hochstaplers kommen; ~ **importancia** an Bedeutung gewinnen 3 *simpatía, sentimiento* bekommen, empfinden; ~ **ánimo** (neuen) Mut fassen (*o* bekommen); ~**le afición** *o* **cariño a alg** j-n lieb gewinnen; ~**le odio a alg** j-n (allmählich) hassen 4 CAZA *venado* erlegen; zur Strecke bringen; *red del pescador* einziehen; ~ **muchas piezas** eine große (*o* gute) Strecke haben 5 *cosecha de frutas* einsammeln; *soga, cabo* anziehen; einziehen, -holen B VI 1 kassieren; *al camarero*: **¿quiere ~?** ich möchte zahlen!; (Ober,) bitte zahlen! 2 *fam (recibir una paliza)* (Prügel) beziehen, (etwas) abkriegen; (**le advierto**) **que va a** ~ passen Sie auf, Sie kriegen (etw)was ab C VR **cobrarse** 1 (*dar rendimiento*) sich bezahlt machen; auf seine Kosten kommen; ~ sich schadlos halten (**de** an *dat*); **¡cóbrese!** ziehen Sie den (entsprechenden) Betrag ab! 2 *suma de dinero* eingehen 3 (*recuperarse*) wieder zu sich (*dat*) kommen; ECON sich erholen

cobratorio ADJ Einkassierungs...; COM **cuaderno** *m* ~ Inkassokladde *f*

cobre M 1 *metal*: Kupfer *n*; ~ **amarillo** Messing *n*; ~ **(en) bruto** Rohkupfer *n*; ~ **negro** Roh-, Schwarzkupfer *n*; ~ **rojo** *o* **puro** reines Kupfer *n*, Rotkupfer *n*; ~ **verde** Malachit *m*; (**mineral** *m* **de**) ~ Kupfererz *n*; *fig* **batir(se) el** ~ sich gewaltig anstrengen, schuften 2 *moneda*: Kupfermünze *f*; -geld *n* 3 *batería de cocina*: Kupfergeschirr *n* 4 *arte*: (**grabado** *m* **en**) ~ Kupferstich *m* 5 MÚS ~**s** *pl instrumentos de metal*: Blech *n*, Blechinstrumente *npl*

cobreado M Verkupferung *f*; Kupfer- (*o* Messing)überzug *m*; **cobrizo** ADJ 1 (*con cobre*) kupferhaltig 2 *color*: kupferfarben; **raza** *f* -**a** rote Rasse *f*

cobro M 1 *de derechos*: Erhebung *f*; *de deudas, montos, impuestos*: Einziehung *f*, Beitreibung *f*; *de un cheque*: Einlösung *f*; ECON Inkasso *n*; ~**s** *pl* **atrasados** *o* **pendientes** Außenstände *mpl*; ~ **por adelantado** Vorauszahlung *f*; **agencia** *f* **de** ~ Inkassobüro *n*, -unternehmen *n*; **a ~ revertido** zulasten des Empfängers; **de difícil** ~ schwer einzutreiben(d); **de ~ dudoso** *letra de cambio*: Not leidend; **presentar al** *o* **para el** ~ zum Inkasso vorlegen 2 CAZA Apportieren *n* (*der Jagdbeute*)

coca[1] F 1 BOT Koka *f*; Kokablätter *npl*; ~ (**de Levante**) Kockels-, Fischkorn *n* (*Beere*); **té** *o* **mate de** ~ Kokatee *m* 2 *drogas fam* Kokain *n*, Koks *m fam*, Schnee *m fam* 3 *bebida*: Coca-Cola®

coca[2] F 1 *baya*: kleine Beere *f* 2 *fam (cabeza)* Kopf *m*, Dassel *m fam*; *fam golpe*: Kopfnuss *f* 3 *Méx* **de** ~ (*en vano*) umsonst, vergeblich; (*gratis*) umsonst, gratis 4 MAR, HIST *barco*: Kogge *f* 5 MAR (*vuelta en un cabo*) Kink *f* 6 *reg (pastel de fruta)* (*espec* flacher Obst)Kuchen *m*; Osterfladen *m*

cocacho M *Am Mer* Kopfnuss *f*

cocada F *Andes, Méx, Ven* Kokosnusskonfekt *n*

cocaína F *droga*: Kokain *n*; **cocainero** M, **cocainera** F *Am reg* Kokaindealer *m*, -in *f*; **cocainomanía** F Kokainsucht *f*; **cocainómano** A ADJ kokainsüchtig B M, **-a** F Kokainsüchtige *m/f*

cocal M 1 *Andes (arbusto de coca)* Kokastrauch *m*; *plantación*: Kokapflanzung *f* 2 *Am Centr, Antillas, Col, Ven (bosque de palmeros)* Kokospalmenwald *m*; **cocalero** A ADJ **región** *f* -**a** Kokaanbaugebiet *n* B M, **-a** F Kokapflanzer *m*, -in *f*

cocar ⟨1g⟩ A VI Gesichter schneiden B VT ~ **a alg** j-n verwöhnen; j-m schmeicheln

cóccidos MPL ZOOL Schildläuse *fpl*

coccígeo ADJ ANAT Steißbein...; **coccinela** F *insecto*: Marienkäfer *m*; **coccíneo** ADJ *t/t* purpurn, hochrot

cocción F *espec* QUÍM, GASTR, FARM *acción*: Ab-, Auskochen *n*; *efecto*: Sud *m*, Abkochung *f*; FARM, *cervecería*: **cámara** *f* **de** ~ Sudhaus *n*

coceador *equitación*: A ADJ ausschlagend B M *caballo*: Schläger *m*; **coceadura** F, **coceamiento** M *caballería*: Ausschlagen *n*; Tritt *m*; **cocear** VI 1 *caballería* ausschlagen 2 *fig (ser renitente)* widerspenstig sein, sich widersetzen

cocedero A ADJ kochbar, leicht zu kochen(d) B M Koch-, Backstube *f*; *del vino*: Gärkeller *m*; **cocedor** M 1 Mostsieder *m*; (*hervidor*) Kocher *m*, Gefäß *n* zum Aufkochen 2 (*cocina*) Koch-, Backstube *f*; **cocedura** F Kochen *n*; **cocehuevos** M ⟨*pl inv*⟩ Eierkocher *m*

cocer ⟨2b y 2h⟩ A VT 1 (*hervir*) (auf)kochen, sieden; *pan, torta* backen; *manzanas* braten; MED *instrumentos* auskochen; GASTR ~ **al vapor** dämpfen; ~ **al bañomaría** im Wasserbad *n* kochen, garen 2 CONSTR *cal, arcilla, ladrillos* brennen 3 *cerveza* brauen 4 *pop (digerir)* verdauen 5 *fig (reflexionar)* (reiflich) überlegen B VI 1 (*hervir*) kochen, sieden; **a medio** ~ GASTR halb gar (*o* roh); CONSTR *arcilla, ladrillos* schlecht gebrannt; **sin** ~ ungekocht, roh; *fig* ~ **en su propia salsa** im eigenen Saft kochen (*o* schmoren) 2 (*fermentar*) gären; *fig* gären, brodeln 3 MED *tumor* (anfangen zu) eitern C VR **cocerse** 1 (*padecer*) sehr leiden, sich verzehren, sich aufreiben; *fig* **se me cocían los sesos** mir rauchte der Kopf 2 *fig (asarse)* braten, gebraten werden (*Person*) 3 *fam fig (tramado)* ausgeheckt (*o* ausgebrütet) werden *fam*; **¿qué es lo que se cuece?** *fam* was ist eigentlich los?, was geht hier vor?, was läuft da? 4 *fam fig (emborracharse)* sich besaufen *fam*, sich volllaufen lassen *fam*; **estar cocido** blau (wie eine Strandhaubitze) sein *fam*

coces → coz

cocha F 1 *Bol, Chile, Ec, Perú (laguna)* Lagune *f*, (*charco*) Teich *m* 2 *Col, Chile* MIN *estanque*: Waschteich *m* 3 *Perú (espacio despejado)* freier Platz *m*, Feld *n*

cochama M *Col pez*: *großer Fisch des Magdalenenstroms*

cochambre M/F *fam* Schmutz *m*, Unrat *m*; **cochambrería** F *fam* Schweinerei *f fam*, Saustall *m fam*; **cochambrero** *fam*, **cochambroso** ADJ *fam* schmutzig, dreckig *fam*, schmierig; **estar** ~ vor Dreck starren *fam*

cochayuyo M *Chile, Perú eine Meeralge* (*Durvillaca utilis*)

cochazo M *Esp fam* Straßenkreuzer *m fam*, Luxusschlitten *m fam*

coche M 1 AUTO Wagen *m*; Auto *n*, Pkw *m*; ~ **abierto** *o* **descubierto** offener Wagen *m*; ~ **de alquiler (sin chófer)** Miet-, Leihwagen *m* (ohne Fahrer); ~ **de bomberos** Feuerwehrauto *n*; ~ **de carreras** Rennwagen *m*; ~ **celular** Gefangenenwagen *m*; ~ **de choque** Autoskooter *m*; ~ **deportivo** Sportwagen *m*; ~ **de época** *o* ~ **vetusto** Oldtimer *m*; ~**-escala** *bomberos*: Kraftfahr(dreh)leiter *f*; ~ **familiar** Kombi(wagen) *m*; Familienauto *n*; ~ **fúnebre** Leichenwagen *m*; ~ **para la huída** Fluchtauto *n*, Fluchtwagen *m*; ~ **de línea** Linien-, Überlandbus *m*; ~ **(de tipo) medio** Mittelklassewagen *m*; ~ **oficial** Dienstwagen *m*; ~ **(radio-)patrulla** Streifenwagen *m*; ~ **de pedales** Tretauto *n*; ~ **de dos pisos** Doppeldeckerwagen *m*; ~ **de prueba** Testwagen *m*; ~ **de reparto** Lieferwagen *m*; *Perú* AUTO ~ **rodante** Wohnwagen *m*; ~ **de sustitución** Ersatzwagen *m* (*nach Unfall*); *Esp* ~ **de turismo** *m* Personen(kraft)wagen *m*, Pkw *m*; ~ **usado** *o* **de ocasión** Gebrauchtwagen *m*; ~ **utilitario** Gebrauchs-, Nutzfahrzeug *n*; ~ **vivienda** Wohnwagen *m*; **ir** *o* **viajar en** ~ (mit dem Wagen) fahren; **llevar el ~ al taller** das Auto zur Werkstatt bringen; **llevar en** ~ *cosas* weg-, abfahren; *personas* mitnehmen; **tener** ~ einen Wagen haben 2 FERR Eisenbahnwagen *m*, Wag(g)on *m*; ~ **directo** Kurswagen *m*; ~ **restaurante/salón** Speise-/Salonwagen *m* 3 ~ **(de caballos)** Kutsche *f*; ~ **de un caballo** Einspänner *m*; HIST ~ **de posta** Postwagen *m*, -kutsche *f*; ~ **de punto** Pferdedroschke *f* 4 *Perú de niños*: Kinderwagen *m*; ~ **de muñecas** Puppenwagen *m* 5 *fam fig* ~ **parado** Balkon *m*, Veranda *f an belebten Straßen* 6 *fig* **ir** *o* **caminar en el ~ de San Fernando** *o* **de San Francisco** auf Schusters Rappen (*o* per pedes) reisen, zu Fuß gehen

coche-bomba M Autobombe *f*; **coche-cabina** M Kabinenroller *m*; **coche-cama** M FERR Schlafwagen *m*

cochecito M 1 *de niños*: Kinder-, Korbwagen *m*; ~ **(de muñeca)** Puppenwagen *m* 2 *de juguete*: Spielzeugauto *n*

coche-comedor M *Am* FERR Speisewagen *m*; **coche-litera(s)** M FERR Liegewagen *m*

cochera F Garage *f*; Wagenschuppen *m*, Remise *f*; ~**s de tranvía** Straßenbahndepot *n*; **cocheril** ADJ Kutscher..., Fuhrmanns...; **cochero** A ADJ **puerta** *f* -**a** Einfahrt *f*, Torweg *m* B M Kutscher *m*, Fuhrmann *m*

coche-taller M Werkstattwagen *m*

cochevís F ORN Haubenlerche *f*

coche-vivienda M Wohnwagen *m*

cochi INT *reg* ~, ~, ~ *Lockruf für Schweine*

cochifrito M *Esp* GASTR gekochtes und überbackenes Lamm- (*o* Zicklein)fleisch *n*

cochigato M *Méx ein Stelzvogel, schwarz-rot-grün*

cochina F ZOOL Sau *f*, Mutterschwein *n*; **cochinada** F Schmutz *m*, Unrat *m*; Schweinerei *f* (*tb fig*); *fig* Gemeinheit *f*; Niedertracht *f*; **cochinamente** ADV schweinisch (*fig*), niederträchtig(erweise)

cochinata F 1 MAR *madero*: Wrange *f*, Querversteifung *f* 2 *Cuba* ZOOL (*cerda joven*) junge Sau *f*

cochinería F Schweinerei *f* (*fig*), Sauerei *f* *pop*; Schmutz *m*, Unflat *m*; **cochinero** A ADJ minderwertig, Futter... (*Obst etc*); **habas** *fpl* **-as** Saubohnen *fpl* B M, **-a** F *reg* Schweinehirt *m*, -in *f*

cochinilla F 1 ZOOL *crustáceo*: (Land)Assel *f*; ~ **de (la) humedad** Kellerassel *f* 2 *insecto*: Koschenille(schildlaus) *f*; *materia colorante*: Koschenille *f*, -farbstoff *m*, Karmin *n*

cochinillo M ZOOL Spanferkel *n*; GASTR ~ **asado** gebratenes Spanferkel *n*; **cochinito** M *insecto*: ~ **de San Antón** Marienkäfer *m*

cochino A ADJ schweinisch (*tb fig*), Schweine...; *pop* **ni un ~ céntimo** nicht mal ein lumpiger Cent *fam*; **vida** *f* **-a** das verfluchte (*o* verdammte) Leben B M, **-a** F Schwein *n* (*tb fig*); *fig* (*persona sucia*) Ferkel *n*, Schmutzfink *m*

cochiquera F Schweinestall *m* (*tb fig*); **cochistrón** M *fam fig* Mist-, Schmutzfink *m*; **cochitera** F *Cuba fam* Saustall *m*; **cochitril** M → cuchitril

cochizo M MIN ergiebigster Stollen *m*

cocho[1] A ADJ *reg* nicht durchgebacken; nicht gar gekocht B M *Chile Art Polenta aus geröstetem Mehl*

cocho[2] M *reg* Schwein *n* (*espec fig*)

cochón M *pop* Schwuler *m pop*; **cochona** F *pop* Lesbe *f pop*

cochura F 1 *en la panadería*: Backen *n*; *masa*: Brotteig *m*, (Ein)Schub *m* 2 TEC *de cal, porcelana*: Brennen *n*; *de cerámica, ladrillos*: Brand *m*; *de esmalte*: (Ein)Brennen *n*

cocido A ADJ 1 (*hervido*) gekocht, gesotten; gar; ~ **(al horno)** gebacken; **bien ~** *o* **muy ~** recht gar, gut durch *fam*, mürb(e); **medio ~** halb gar 2 *barro* gebrannt B M GASTR Eintopf *m*; ~ **madrileño** *Eintopf aus Kichererbsen, Fleisch, Gemüse, Kartoffeln, Speck und Chorizos*

cociente M MAT Quotient *m*; ~ **de inteligencia** *o* ~ **intelectual** Intelligenzquotient *m*, *abr* IQ *m*

cocimiento M 1 *acción*: (Ab)Kochen *n*; *espec* MED Auskochen *n* 2 *efecto*: Absud *m*, Abkochung *f*

cocina F 1 *lugar*: Küche *f*; ~ **de a bordo** MAR, AVIA Bordküche *f*, MAR Kombüse *f*; MIL ~ **de campaña** Feldküche *f*; ~ **funcional** *o* **integral** Einbauküche *f*; **~-sala de estar** Wohnküche *f* 2 *arte*: Küche *f*, Kochkunst *f*; ~ **casera** bürgerliche Küche *f*, Hausmannskost *f*; ~ **de dieta** *o* ~ **dietética** Diätküche *f*; ~ **española** spanische Küche *f*; ~ **étnica** Ethnoküche *f*; **la ~ francesa** die französische Küche *f*; ~ **sana** gesunde Küche *f*; **libro** *m* **de ~** Kochbuch *n* 3 *electrodoméstico*: Herd *m*, Kocher *m*; ~ **económica/eléctrica** Spar-/Elektroherd *m*; ~ **de gas** Gasherd *m*; ~ **(de) vitrocerámica** Glaskeramikkochfläche *f*, Ceranfeld® *n*

cocinar A VT 1 kochen, zubereiten 2 *fam fig* aushecken B VI 1 (*hervir*) kochen 2 *fam fig* (*inmiscuirse*) sich in Dinge einmischen, die einen nichts angehen C VR **cocinarse** *Am* gar (*o* weich) werden; **cocinear** VI *fam abs* sich um Küchenangelegenheiten kümmern; **cocinera** F Köchin *f*; **cocinería** F *Chile, Perú* Garküche *f*; **cocinero** M Koch *m*; ~ **jefe** Chefkoch *m*, Küchenchef *m*; ~ **mayor** Oberkoch *m*; HIST königlicher Küchenmeister *m*; *fam fig* **haber sido ~ antes que fraile** das Metier verstehen, kein Neuling sein; **cocineta** F *Am* Kochnische *f*, -ecke *f*

cocinilla A F Campingkocher *m* B M *pop desp* Topfgucker *m* (*Mann, der seine Nase überall im Haushalt hineinsteckt*); **cocinita** F Öfchen *n*; *Am reg* (*hervidor*) (Spiritus)Kocher *m*; *Perú* (*rincón de cocina*) Kochnische *f*

cock(-)tail M → cóctel 1; **cock(-)tail-bar** M → coctelería; **cock(-)tail-party** M → cóctel 2

cóclea F 1 FÍS Wasserschraube *f*, archimedische Schraube *f* 2 TEC Baggerlöffel *m*, Becher *m* 3 ANAT Gehörschnecke *f*

coclearia F BOT Löffelkraut *n*

coco[1] M 1 BOT *fruto*: Kokosnuss *f*; *cáscara*: harte Kokosnussschale *f*; *Am tb* (*recipiente*) Gefäß *n daraus*; ~ **(de Indias)** Kokospalme *f*; ~ **de Levante** Kockelskörnerstrauch *m*; ~ **rallado** Kokosraspel *f* 2 *Am drogas fam* Kokain *n*, Koks *m fam*, Schnee *m fam* 3 *Perú* TEX Perkal *m* 4 *Col, Ec* (*casco tropical*) Tropenhelm *m*

coco[2] M 1 *insecto*: (Obst-, Getreide)Wurm *m*; Schädling *m* 2 BIOL Kokkus *m*, Kokke *f*; **~s** *pl* Kokken *mpl*

coco[3] M *onom* 1 *fam* (*cabeza*) Kopf *m*, Schädel *m fam*, Birne *f fam*; *fig* (*cerebro*) Hirn *n fam*, Grips *m fam*; *pop* **comer el ~ a alg** j-m das Hirn (*o* den Verstand) vernebeln *fam*; j-n weich machen (*o* kneten) *fam*; *pop* **comerse el ~** sich (*dat*) das Hirn zermartern *fam*; *P. Rico* **dar en el ~** den Nagel auf den Kopf treffen; *fam* **estar hasta el ~ de a/c** von etw (*dat*) die Nase voll haben *fam* 2 (*fantasma*) Popanz *m*, Kinderschreck *m*; **hacer el ~** den Schwarzen Mann spielen; **tener que hacer de ~** zum Buhmann abgestempelt werden; *Cuba fam* **ser un ~ macaco** *persona* sehr hässlich sein 3 *Cuba* ORN weißer Ibis *m*; *Méx, Am trop* **grauer Ibis** *m*

coco[4] M *Esp fam* Mitglied *n* der CC.OO (→ CC.OO.)

cocó M 1 *Cuba* Weißerde *f* (*Art Naturzement*) 2 *Ur* Visage *f pop*

cocobálsamo M Frucht *f* des Balsambaums; **cocobolo** M *C. Rica* BOT *Art* Affenbrotbaum *m* (*Hartholz*)

cocochas FPL GASTR Fischbäckchen *npl* (von Seehecht und Kabeljau)

cocodrilo M 1 *reptil*: Krokodil *n*; *fig* arglistige, schlaue Person *f*; *fig* **lágrimas** *fpl* **de ~** Krokodilstränen *fpl* 2 FERR *fam mechanische* Warn- und Haltevorrichtung *f*

cocol M *Méx decoración*: Raute *f*; rautenförmige Semmel *f*

cocolera F *Méx* ORN *Art* Turteltaube *f*

cocolero M *Méx fam* Bäcker *m*; **cocolía** F *Méx* Zorn *m*, Pik *m fam* (**a** auf *acus*)

cocoliche M *RPl* 1 *jerga*: Kauderwelsch *n* (*bes das Spanisch der italienischen Einwanderer*) 2 (*italiano*) Italiener *m*; *p. ext* (*extranjero*) Ausländer *m*

cocoliste M *Méx* Seuche *f*

cócono M *Méx* ORN Puter *m*, Truthahn *m*

cocorota F *Esp fam* Birne *f fam*, Schädel *m*, De(e)z *m fam*

cocotal M Kokoswald *m*

cocotazo M Kopfnuss *f*

cocotero M BOT Kokospalme *f*

cóctel, *Am* **coctel** M 1 *bebida*: Cocktail *m*; ~ **de champán** Champagnercocktail *m*; *fig* ~ **explosivo** brisante Mischung *f*; ~ **de gambas** Krabbencocktail *m*; ~ **Molotov** Molotowcocktail *m* 2 *reunión*: Cocktailparty *f*; **dar un ~** eine Cocktailparty geben; **vestido** *m* **de ~** Cocktailkleid *n f*

coctelera F 1 *vasija*: Mixbecher *m* 2 (*mueble-bar*) Hausbar *f*; **coctelería** F 1 *establecimiento*: Cocktailbar *f* 2 *mezcla*: Mixen *n* von Cocktails

cocui M *Am* BOT Agave *f*; **cocuiza** F *Am* Agaveseil *n*

cocuy M 1 Agave *f* 2 → cocuyo; **cocuyo** M 1 *Am insecto*: Leuchtkäfer *m* 2 *Cuba* BOT *Hartholzbaum* 3 *Col* AUTO (*luz de posición*) Standlicht *n*

coda[1] F MÚS Koda *f*

coda[2] F CONSTR Keilstück *n*, Winkelklotz *m*

CODA F ABR (Coordinadora de Organizaciones de Defensa Ambiental) *Dachverband der Umweltschutzorganisationen*

codal A ADJ Bogen..., Winkel...; ANAT Ellbogen... B M 1 HIST *de la armadura*: Ellbogengelenk(stück) *n einer Rüstung* 2 TEC Winkel *m*, Ellbogenstück *n an Geräten*; *en la sierra, nivel de albañil*: Arm *m*, Griff *m* 3 CONSTR *madero*: Stütz-, Querbalken *m*; Spreize *f*, Spannbohle *f* 4 MIN (*arco de ladrillos*) Stützbogen *m*

codaste M MAR Achtersteven *m*

codazo M Schlag *m* (*o* Stoß *m*) mit dem Ellbogen, Rippenstoß *m*

codear A VI (mit dem Ellbogen) stoßen, drängeln B VT *Am dinero* ergaunern, ablisten C VR **codearse** auf gleichem Fuß (*o* freundschaftlich) verkehren (**con** mit *dat*); *fam* **~ con los de arriba** zu den oberen Zehntausend gehören; **poder ~ con alg** sich mit j-m messen können

codeína F FARM Kodein *n*

CODELCO F ABR (Corporación del Cobre) *Chile* staatliche Kupferminengesellschaft *f*

codelincuencia F JUR Teilnahme *f* an einer strafbaren Handlung; **codelincuente** M/F JUR Teilnehmer *m*, -in *f*, Komplize *m*

codemandante M/F JUR Mitkläger *m*, -in *f*

codeo M 1 (*empujones*) Drängeln *n*, Stoßen *n* mit dem Ellbogen 2 (*relaciones amistosas*) vertrauter (*o* freundschaftlicher) Umgang *m* 3 *Am* (*sablazo*) Pump *m*, Anpumpen *n* 4 *Chile* (*compañero*) Kumpan *m*

codera F 1 TEX (*pieza de remiendo*) Flicken *m* auf dem Ellbogen; DEP Ellbogenschoner *m* 2 MAR (*cabo*) Hecktau *n*, Achterleine *f*

codesera F Geißkleefeld *n*; **codeso** M BOT Geißklee *m*, Goldregen *m*

codeudor M, **codeudora** F JUR Mitschuldner *m*, -in *f*

códice M Kodex *m*, alte Handschrift *f*

codicia F 1 (*avaricia*) Habsucht *f*, Gewinnsucht *f*; Geldgier *f*, Habgier *f* (**de a/c** nach etw) 2 (*apremio*) Drang *m*, Trieb *m*, Wunsch *m*; ~ **de saber** Wissensdurst *m*, Wissbegier *f* 3 TAUR Angriffslust *f*; **codiciable** ADJ begehrens-, wünschenswert; **codiciadero** ADJ *liter* → codiciable; **codiciado** ADJ begehrt; **codiciar** VT ⟨1b⟩ begehren, erstreben, sehnlich wünschen

codicilo M JUR Testamentsnachtrag *m*; HIST Kodizill *n*, letztwillige Verfügung *f*

codicioso ADJ 1 (*ser*) (*avariento*) habgierig, gewinnsüchtig; (*estar*) gierig, begierig (**de** nach *dat*); ~ **de dinero** geldgierig 2 *fam fig* (*laborioso*) arbeitsam, strebsam

codificable ADJ kodifizierbar; **codificación** F 1 (*cifrado*) Kodierung *f*, Verschlüsselung *f* 2 JUR (*recopilación de leyes*) Kodifizierung *f*, Sammlung *f* in einem (*o* Aufnahme *f* in ein) Gesetzbuch

codificar VT ⟨1g⟩ 1 JUR (*recopilar*) kodifizieren, systematisch in einem Gesetzbuch zusammenfassen; *fig* geordnet zusammenstellen 2 INFORM kodieren

código M 1 JUR (*cuerpo de leyes*) Gesetzbuch *n*; ~ **de la circulación** Straßenverkehrsordnung *f*; ~ **civil** Bürgerliches Gesetzbuch *n*; ~ **de comercio** Handelsgesetzbuch *n*; ~ **penal** Strafgesetzbuch *n* 2 INFORM, *etc* Code *m*, Kode *m*, (Chiffre)Schlüssel *m*; ~ **de acceso** Zugangskode *m*; *Am* TEL ~ **de área** Vorwahl *f*, Ortskennzahl *f*; FIN ~ **bancario** Bankleitzahl *f*; COM ~ **de barras** Strichkode *m*; FIN ~ **BIC** BIC *m*, Bank Identifier Code *m*; INFORM ~ **de errores** Fehlerkode *m*; INFORM ~ **fuente** Quellkode *m*; BIOL ~ **genético** genetischer Code *m*; *correos*: ~ **postal** Postleitzahl *f*; MAR ~ **de señales** Signalbuch *n*; ~ **secreto** *cajero automático*: Geheimzahl *f*; FIN ~ **SWIFT** SWIFT-Code *m*; TEL

~ **territorial** Ortsnetzkennzahl *f* **3** *fig (ley)* Kodex *m*, Verhaltensnormen *fpl*; ECON ~ **de buena conducta** Verhaltenskodex *m*; ~ **deontológico** *o* **de honor** Ehrenkodex *m*; ECON **Código de Buenas Prácticas** Kodex *m* für gute Verwaltungspraxis

codillo M **1** ZOOL Vorarm *m*, Ellbogen *m der Vierfüßer*; GASTR Hachse *f* **2** CAZA Blatt *n* **3** TEC Knie *n*, Krümmer *m* **4** MAR Kielende *n*, -krümmung *f* **5** *naipes (Whist)*: Kodille *f*; **dar ~** Kodille gewinnen

codo M **1** ANAT Ellbogen *m*; MED ~ **de tenista** Tennisarm *m*; *fam* **alzar** *o* **empinar** *o* **levantar el ~** (gern) einen hinter die Binde gießen *fam*, (gern) einen heben *fam*; *fam Cuba* **caminar con los ~s** ein Geizkragen sein; **comerse** *o* **roerse los ~s de hambre** am Hungertuch nagen; ~ **con ~** Seite an Seite *(tb fig)*; *fig* auf Tuchfühlung; *fam* **llevar ~ con ~ a alg** j-n verhaften, j-n ins Gefängnis stecken, j-n einbuchten *fam*; *fam Hond* **doblar los ~s** sterben; **hablar (hasta) por los ~s** zu viel reden, schwatzen, quatschen *fam*; **mentir por los ~s** das Blaue vom Himmel herunterlügen; **estar metido hasta los ~s en a/c** bis zum Hals in etw *(dat)* stecken; **romperse los ~s** pauken, büffeln *fam*; *adv* ~ **a ~** Seite an Seite; **con los ~s** *o* **de ~s sobre la mesa** auf die Ellbogen gestützt; *fig* abwartend, unentschlossen; *fig* **del ~ a la mano** winzig, drei Spannen hoch **2** *(curvatura)* Biegung *f*, Krümmung *f*; ~ **de (la) carretera** Straßenbiegung *f* **3** TEC *(pieza de tubería)* Krümmer *m*, Knie(stück) *n*; Winkel(stück *n*) *m* **4** HIST *medida*: Elle *f (ca. 42 cm)* **5** *Méx, Guat fam (tacaño)* Geizhals *m*, -kragen *m fam*

codorniz F ORN Wachtel *f*; GASTR **-ices** *pl* **en escabeche** marinierte Wachteln *fpl*; ORN **rey** *m* **de -ices** Wachtelkönig *m*

COE M ABR (Comité Olímpico Español) Spanisches Olympisches Komitee *n*

coeducación F Koedukation *f*, Gemeinschaftserziehung *f*

coeficiente **A** ADJ mit-, zusammenwirkend **B** M Koeffizient *m*, Faktor *m*; Ziffer *f*, Rate *f*; ~ **de absorción/de dilatación** Absorptions-/Ausdehnungskoeffizient *m*; AUTO ~ **aerodinámico** *o* **de resistencia al aire** *o* **de penetración aerodinámica** Luftwiderstandsbeiwert *m*, cw-Wert *m*; ~ **de fricción** Reibungskoeffizient *m*; ~ **intelectual** *o* **de inteligencia** Intelligenzquotient *m*

coercer V/T ⟨2b⟩ *espec* JUR *(obligar)* zwingen; *fig (contener)* im Zaum halten; **coercible** ADJ **1** *(conseguir por la fuerza)* erzwingbar, durchsetzbar **2** *aire* komprimierbar; **coerción** F *espec* JUR Zwang *m*; *fig* Ein-, Beschränkung *f*; **coercitivo** ADJ JUR Zwangs...; **medida** *f* **-a** Zwangsmaßnahme *f*

coetáneo **A** ADJ gleichaltrig; zeitgenössisch **B** M/F Alters- (*o* Zeit)genosse *m*, -genossin *f*

coexistencia F Koexistenz *f (tb* POL*)*; Nebeneinanderbestehen *n*; ~ **pacífica** friedliche Koexistenz *f*; **coexistente** ADJ koexistent, gleichzeitig (*o* nebeneinander) bestehend; **coexistir** V/I ⟨3a⟩ koexistieren *(tb* POL*)*, nebeneinander bestehen; gleichzeitig leben (**con** mit *dat*)

cofa F MAR Mastkorb *m*, Krähennest *n fam*

cofia F **1** *(red para el pelo)* Haube *f*; Haarnetz *n* **2** *de seguridad*: Schutzhaube *f (tb* MIL *de la granada)*, Kappe *f* **3** *(secador)* Frisier-, Trockenhaube *f* **4** HIST *armadura*: Helmkissen *n*, -polster *n*

cofín M Obst-, Tragkorb *m (bes aus Esparto)*

cofinanciación F Mitfinanzierung *f*; **cofinanciar** V/T mitfinanzieren

cofrade M/F **1** *(miembro de una hermandad)* Mitglied *n* einer Laienbruderschaft **2** *fam frec hum (colega)* Kollege *m*, Kollegin *f*; *desp* Kumpan *m*; *jerga del hampa tb* Helfershelfer *m*; **cofradía** F Laienbruderschaft *f*; *fam y desp* Verein *m*, Zunft *f*; HIST ~ **estudiantil** Burschenschaft *f*; *fam* **entrar en la ~ (de los casados)** heiraten, die goldene Freiheit aufgeben

cofre M **1** *mueble*: Truhe *f*; Kasten *m*; *(cajita)* Kästchen *n*, Schatulle *f*; *(maleta)* Koffer *m* **2** *pez*: Kofferfisch *m*; **cofrecillo** M Schatulle *f*, Kästchen *n*

cofundador M, **cofundadora** F Mitbegründer *m*, -in *f*

cogedera F **1** AGR *instrumento*: Greifer *m*; *para coger frutas*: Obstpflücker *m (Gerät)* **2** *apicultura*: Schwarmkasten *m der Imker* **3** *de pan y pastelillos* Brötchen-, Gebäck- *etc* -zange; **cogedero** **A** ADJ pflückreif **B** M Griff *m*; Stiel *m*; **cogedizo** ADJ leicht zu greifen(d) (*o* zu fassen[d]); **cogedor** **A** M (Kohlen-, Aschen-, Kehricht)Schaufel *f*; Kehrschaufel *f* **B** M, **cogedora** F AGR Erntearbeiter *m*, -in *f*, Pflücker *m*, -in *f*; **cogedura** F (Ein)Sammeln *n*; Fassen *n*, Ergreifen *n*; **cogeollas** M *Col* Topflappen *m*

coger
⟨2c⟩

A verbo transitivo B verbo intransitivo C verbo reflexivo

— **A** verbo transitivo —

1 *sólo Esp (tomar)* nehmen, (an)fassen; *(agarrar)* (er)greifen, packen, festhalten; *agua* schöpfen; ~ **el teléfono** (den Hörer) abnehmen; *fig* ~ **la vez a alg** j-m zuvorkommen; *con prep* ~ **al vuelo** (auf)fangen, schnappen, ergreifen; ~ **de** *o* **por los cabellos** bei den Haaren fassen; ~ **por el cuello** beim Kragen (*o* beim Schlafittchen *fam*) nehmen; ~ **de** *o* **por la mano** bei der Hand nehmen; **cogidos de la mano** Hand in Hand; *fig* **no hay por donde ~ este asunto** man weiß (wirklich) nicht, wie man diese Sache anpacken soll **2** *sólo Esp enfermedad* sich holen, bekommen, kriegen *fam*; *simpatía, etc* fassen; ~ **cariño a alg** zu j-m Zuneigung fassen, j-n lieb gewinnen; ~ **frío** sich erkälten, sich *(dat)* einen Schnupfen holen; ~ **miedo** Angst bekommen (*o* kriegen *fam*); *fam* ~ **una mona** sich *(dat)* einen Schwips antrinken, sich beschwipsen **3** *sólo Esp (encontrar)* antreffen; *(sorprender)* überraschen, erwischen; **le cogerás de buen humor** du wirst ihn bei guter Laune antreffen; ~ **descuidado** überraschen, überrumpeln, überfallen; ~ **de golpe** *o* **de sorpresa** *visita, noticia, suceso*: überraschen; **la noche nos cogió en el campo** die Nacht hat uns auf freiem Feld überrascht **4** *sólo Esp (alcanzar)* einholen, erreichen; *(atrapar)* fangen, erwischen *fam*; ergreifen; MIL *tb* besetzen; RADIO, TV *transmisor* hereinbekommen, reinkriegen *fam*; *noticias* abfangen; *tiempos, suceso* erleben **5** *sólo Esp vehículo*: erfassen, überfahren; *proyectil, etc*: treffen, erwischen; TAUR auf die Hörner nehmen **6** *sólo Esp (escoger)* nehmen; herausgreifen, (aus)wählen; ~ **el tren/el bus/el avión** den Zug/den Bus/das Flugzeug nehmen; *fam* ~ **la calle** *o* **la puerta** sich davonmachen; *Méx* ~ **la calle** auf die Straße (*o* auf den Strich *fam*) gehen; ~ **el camino de** den Weg nach *(dat)* einschlagen; ~ **sitio** (einen) Platz bekommen **7** *sólo Esp (aceptar)* (an)nehmen, akzeptieren; übernehmen; *costumbres, trabajo* annehmen; **ha cogido la costumbre de** *(inf)* er hat sich *(dat)* angewöhnt, zu *(inf)* **8** *sólo Esp (apoderarse)* (weg-, ab)nehmen; **me ha cogido el lápiz** er hat meinen Bleistift genommen, er hat mir den Bleistift (weg)genommen **9** *sólo Esp* AGR *(recoger)* ernten, sammeln; *frutas, flores* pflücken, ernten; madera, *bayas, uvas, espigas* lesen **10** *sólo Esp (tener capacidad para)* Platz bieten für *(acus)*; fassen, in sich *(dat)* enthalten; *espacio* (aus)füllen, einnehmen **11** *sólo Esp fig (entender)* begreifen, erfassen, verstehen; *noticia, etc* aufnehmen **12** *sólo Esp (comenzar)* aufnehmen, beginnen, anpacken **13** *Am reg* ZOOL *(cubrir)* bespringen, decken **14** *Am reg espec Am Centr, Arg, Ur, Méx vulg (joder)* vögeln *pop*, ficken *vulg*; *fam* **~la con alg** *Méx* mit j-m anbinden; *Col, P. Rico* j-n für dumm verkaufen

— **B** verbo intransitivo —

1 *sólo Esp planta*: Wurzel schlagen (*o* fassen) **2** *sólo Esp (caber)* hineinpassen; Platz haben (*o* finden) (**en** in *dat*); *pop (estar situado)* gelegen sein, liegen **3** *reg y Am* ~ **por** *o* **a la derecha/izquierda** nach rechts/links gehen; *Col* ~ **para** nach *(dat)* (*o* zu *dat*) gehen **4** *sólo Esp fam abs al comer*: sich bedienen, nehmen **5** *sólo Esp* **cogió y (se marchó)** (er ging) auf der Stelle (weg) **6** *Am reg espec Am Centr, Arg, Ur, Méx vulg (joder)* vögeln *pop*, ficken *vulg*

— **C** verbo reflexivo —

cogerse **1** *Esp (engancharse)* hängen bleiben, sich (ver)fangen (**en** in *dat*); *(enclavarse)* sich einklemmen (**en** in *dat*); *fig (hallarse atrapado)* sich fangen, sich verraten; keinen Ausweg mehr haben; ~ **los dedos** sich *(dat)* die Finger einklemmen; *fig (estar en aprietos)* in die Klemme geraten, sich (finanziell) übernehmen **2** *Esp (meterse en a/c)* sich einlassen (**en** in *acus*)

cogerente M/F COM Mitleiter *m*, -in *f*, (Mit)Geschäftsführer *m*, -in *f*

cogestión F Mitbestimmung(srecht *n*) *f*; Mitwirkung *f*; **cogestionar** V/T mitbestimmen; mitwirken

cogida F **1** *(cosecha de frutas)* (Obst)Ernte *f* **2** TAUR *(herida)* Verwundung *f (durch Hornstoß)*; **tener** *o* **sufrir una ~** auf die Hörner genommen werden; *pop fig de una enfermedad venérea*: sich *(dat)* eine Geschlechtskrankheit zuziehen

cogido **A** ADJ *fig* **tener ~ a alg** j-n in der Zange haben; **estar ~** in der Klemme sein *fam* **B** M Kleider-, Gardinenfalte *f*

cogitabundo ADJ *liter* grübelnd, (nach)sinnend, nachdenklich; **cogitación** F Nachdenken *n*; Grübelei *f*; **cogitativo** ADJ denkfähig, mit Denkkraft begabt

cognación F JUR Kognation *f*, Blutsverwandtschaft *f* mütterlicherseits; **cognado** M, **-a** F Kognat *m*, -in *f*, Blutsverwandte *m/f* mütterlicherseits; **cognaticio** ADJ blutsverwandt

cognición F FIL Kognition *f*, Erkenntnis(vermögen *n*) *f*; JUR **acción** *f* **de ~** Feststellungsklage *f*; **cognitivo** ADJ kognitiv

cognomento M Beiname *m*, Kognomen *n*

cognoscible ADJ FIL, *espec* HIST erkennbar, vorstellbar; → *tb* conocible; **cognoscitivo** ADJ erkenntnisfähig; **potencia** *f* **-a** Erkenntnisvermögen *n*

cogollero M *Cuba, Méx* ZOOL Tabakwurm *m (Schädling)*

cogollo M **1** BOT *de la lechuga*: Salatherz *n*; *de la berza*: Kohlkopf *m*; *de un árbol, etc*: Schössling *m*, Spross *m*; *de la copa del pino*: Pinienkronenende *n*; *del sauce*: Weidenkätzchen *n*; *Cuba, Méx, Perú, Ven de la caña de azúcar*: Spitze *f* des Zuckerrohrs **2** *fig (lo mejor)* das Beste, *das* Feinste, *das* Erlesenste; *Perú fam* **estar en el ~** zum erlesenen Kreis gehören **3** *fig (núcleo)* Kern *m* **4** *Chile fam (fórmula final)* Abschlussfloskel *f bei einer Rede etc* **5** *Arg (chicharra)* große Zikade *f*

cogolludo ADJ *lechuga, repollo* fest, festblättrig

cogón M BOT philippinisches Dschungelgras *n*

cogorza **A** F **1** BOT *Art* Flaschenkürbis *m* **2**

fam fig (borrachera) Rausch m, Schwips m **B** ADJ inv pop beschwipst
cogotazo M Schlag m in den Nacken
cogote M Hinterkopf m; Nacken m, Genick n; fam **estar hasta el ~ de a/c** von etw (dat) die Schnauze (o die Nase) voll haben fam; fig **ser tieso de ~** stolz (o hochfahrend) sein
cogotera F **1** (protector de la nuca) Nackenschutz m an Hut, Helm **2** protección al sol: Sonnenschutz m der Pferde; **cogotudo** **A** ADJ **1** (con cogote grueso) stiernackig **2** Am Mer (enriquecido) neureich, (orgulloso) eingebildet, hochgestochen **B** M, **-a** F Am Mer Eingebildete m/f Neureiche m/f
cogucho M Koch-, Plaggenzucker m
cogujada F ORN Haubenlerche f
cogujón M Zipfel m (an Kissen, Bettzeug, Sack etc)
cogulla **A** F Mönchskutte f; Mönchskapuze f **B** M fam Kuttenträger m
cohabitación F **1** (acto sexual) Beischlaf m **2** (habitación conjunta) Zusammenleben n, -wohnen n; **cohabitar** V/I **1** (realizar el acto sexual) den Beischlaf vollziehen **2** (vivir juntos) zusammenwohnen, -leben
cohechar V/T **1** (sobornar) bestechen **2** AGR (labrar) vor dem Säen umpflügen; **cohecho** M Bestechung f (tb JUR); **~ activo/pasivo** aktive/passive Bestechung f
coheredar V/T & V/I miterben; **coheredero** M, **coheredera** F Miterbe m, -erbin f
coherencia F t/t Kohärenz f; gener Zusammenhang f; Zusammenhalt m
coherente ADJ t/t kohärent; gener zusammenhängend; lückenlos; konsequent; MED angewachsen; **coherentemente** ADV **hablar ~** zusammenhängend (o vernünftig) sprechen
cohesión F FÍS, QUÍM Kohäsion f, Zusammenhalt m der Moleküle; ELEC Frittung f; POL **~ social** sozialer Zusammenhalt m; POL **fondos** mpl **de ~** Kohäsionsfonds m; **cohesionar** V/I fig zusammenhalten; **cohesivo** ADJ FÍS, QUÍM kohäsiv, Kohäsion bewirkend;
cohesor M ELEC Fritter m
cohete M **1** fuegos artificiales: Rakete f, Feuerwerkskörper m **2** MIL (misil) Rakete f; **~ aire-aire** Luft-Luft-Rakete f; **~ aire-suelo** o **aire-superficie** Luft-Boden-Rakete f; **~ antiaéreo** Luftabwehrrakete f; **~ anticohete/antitanque** Raketen-/Panzerabwehrrakete f; **~ de despegue/aterrizaje** Start-/Landerakete f; **~ de fren(ad)o** Bremsrakete f; **~ de intermedio** o **de alcance medio** Mittelstreckenrakete f; **~ intercontinental** Interkontinentalrakete f; **~ de propulsión** o **~ propulsor** Antriebsrakete f; **~ portador** o **portasatélites** Trägerrakete f; **~ de señales** Leuchtrakete f; **~ de tres/varias etapas** o **fases** Drei-/Mehrstufenrakete f; **vehículo** m **~** Raketenfahrzeug n **3** fam fig **salir disparado como un ~** abzischen fam **4** RPl adv **al ~** (en vano) umsonst, nutzlos **5** reg (explosivo) Sprengladung f **6** Arg fam (pedo) Furz m
cohetear V/I Méx MIN Sprenglöcher vorbereiten; sprengen; **cohetería** F **1** col armas: Raketen(waffen) fpl **2** industria: Raketenindustrie f, Raketenherstellung f; **cohetero** M, **cohetera** F Feuerwerker m, -in f (nicht MIL)
cohibente ADJ ELEC schlecht leitend; **cohibición** F (restricción) Einengung f, Hemmung f (tb PSIC); (intimidación) Einschüchterung f; (prohibición) Verbot n, Schranke f; **cohibido** ADJ gehemmt; befangen, schüchtern; **cohibimiento** M → cohibición; **cohibir** **A** V/T (restringir) hemmen, beengen; (intimidar) einschüchtern, befangen machen; (retener) zurückhalten **B** V/R **cohibirse** (sentirse inhibido) sich gehemmt fühlen, eingeschüchtert werden; (contenerse) sich zurückhalten, sich beherrschen
cohobo M **1** (piel de ciervo) Hirschleder n **2** Ec, Perú ZOOL (ciervo) Hirsch m
cohombral M Gurkenfeld n, -beet n; **cohombrillo** M BOT **~ amargo** Springgurke f, -kürbis m; **cohombro** M **1** BOT (pepino) große Gurke f **2** ZOOL **~ de mar** Seegurke f, -walze f **3** fruta de sartén: gurkenförmiges Gebäck n, Art → churro
cohonestación F Beschönigung f; **cohonestar** V/T **1** (paliar) beschönigen, bemänteln **2** (hacer compatible) (miteinander) in Einklang bringen
cohorte F HIST Kohorte f; fig liter Menge f, Schar f
COI M ABR (Comité Olímpico Internacional) IOK n (Internationales Olympisches Komitee)
coicoy M Chile ZOOL Unke f
coima[1] F Am reg Schmiergeld n
coima[2] F Esp fam desp Dienstmädchen n; (concubina) Konkubine f
coime M Col fam desp Kellner m
coimear Am reg schmieren, bestechen; **coimero** ADJ Am reg bestechlich
coincidencia F **1** Zusammentreffen n; Gleichzeitigkeit f; Übereinstimmung f; **¡qué extraña ~!** (welch) ein seltsames Zusammentreffen!, (ein) merkwürdiger Zufall!; **da la ~ de que ...** zufällig ... **2** MAT Kongruenz f;
coincidente ADJ **1** (simultáneamente) zusammenfallend, gleichzeitig (erfolgend); übereinstimmend **2** MAT kongruent
coincidir V/I en el tiempo: zusammentreffen, -fallen, gleichzeitig geschehen (o auftreten), koinzidieren; (concordar) übereinstimmen, sich decken (tb MAT); TEC tb synchron sein; **las clases coinciden** die Unterrichtsstunden überschneiden sich; **mis deseos coinciden con los tuyos** wir haben die gleichen Wünsche; **~ con alg** mit j-m (zufällig) zusammentreffen
coiné F LING Koine f, Gemeinsprache f
coinquilino M, **-a** F Mitbewohner m, -in f
cointeresado ADJ mitbeteiligt; mitinteressiert
coipo, coipu M Chile, RPl ZOOL Sumpfbiber m, Coipo m
coirón M Am Mer BOT Art Pampasgras m
coital ADJ auf den Beischlaf bezogen
coito M Beischlaf m, Koitus m; **~ anal** Analverkehr m; **~ bucal** Mundverkehr m, Oralverkehr m; **~ interrupto** o **coitus interruptus** Coitus m interruptus
cojate M Cuba BOT kubanischer Ingwer m
cojear V/I persona hinken, humpeln; animal lahmen; mesa, silla wackeln, nicht fest stehen; fig (no ser perfecto) nicht vollständig (o vollkommen) sein, Mängel aufweisen; **el argumento cojea** das Argument ist nicht ganz logisch (o trifft nicht ganz); **~ del pie izquierdo** auf dem linken Fuß hinken; fig **~ del mismo pie** die gleichen Fehler haben; **saber de qué pie cojea alg** j-s Fehler kennen, seine Pappenheimer kennen
cojera F Hinken n, Humpeln n
cojijo M **1** (sabandija) Ungeziefer n **2** (disgusto) Verärgerung f, Missstimmung f
cojín M **1** (almohadón) großes Kissen n; Sofa-, Stützkissen n; MAR Fender m; **~ de aire** Luftkissen n; AUTO Luftsack m, Airbag m **2** euf → cojón
cojinete M **1** (pequeña almohada) kleines Kissen n **2** TEC (rodamiento) Lager n; (cubeta) Schale f, Pfanne f; del torno: (Schneid)Backe f; FERR Schienenlager n; **~ de bolas** o Rpl **~ a bolillas** Kugellager n; **~ de la biela/de engrase continuo** Pleuel-/Dauerschmierlager n; **~ de deslizamiento/de rodillos** Gleit-/Rollenlager n **3** Col, Ven **~s** pl Satteltaschen fpl
cojinillo M RPl Satteldecke f; Méx Satteltaschen fpl
cojinúa, cojinuda F Cuba, P. Rico essbarer Fisch (Caranx pisquetus)
cojitranco fam desp **A** ADJ herumhinkend **B** M Hinkebein n fam
cojo **A** → coger **B** ADJ **1** persona: hinkend (tb fig), lahm; **~ del pie derecho** auf dem rechten Fuß hinkend; **andar a la pata -a** auf einem Bein hüpfen; fam fig **no ser ~ ni manco** zu allem fähig sein **2** mueble wackelig; **la mesa está -a** der Tisch wackelt **3** fig **razonamiento** m **~** irrige Überlegung; LIT **verso** m **~** hinkender Vers(fuß) m **C** M, **-a** F Lahme m/f, Hinkende m/f
cojobo M Cuba BOT → jabí
cojolite M Méx ORN Haubenfasan m
cojón M vulg **1** (testículo) frec **-ones** pl Eier npl pop; **me importa un ~** das ist mir scheißegal vulg; **no valer un ~** einen Scheißdreck wert sein vulg; **estar hasta los -ones de a/c** von etw die Schnauze voll haben pop; **estar con los -ones de corbata** Mordsschiss haben pop; **ponerle a alg los -ones de corbata** j-m Angst einjagen; **hago lo que me sale de los -ones** ich mach einfach, was ich will; **tocarse los -ones** faulenzen; eine ruhige Kugel schieben **2** INT **¡-ones!** verdammte Scheiße! vulg; Donnerwetter! **3** (coraje) **-ones** pl Schneid m, Mumm m fam; **(no) tener -ones** (keinen) Schneid (o Mumm) haben **4** fig **de ~** → cojonudo
cojonada F vulg Quatsch m, Mist m pop; **cojonal** M Am reg vulg **un ~ de ...** eine Unmenge von ...; **cojonudo** ADJ pop **1** (estupendo) Spitze fam, dufte fam, super fam, (affen)geil (fam, espec leng. juv) **2** (muy difícil) verdammt schwer fam
cojudo **A** ADJ **1** animal unverschnitten **2** Am → cojonudo **3** Am reg (tonto) dumm **B** M, **-a** F Dummkopf m, Einfaltspinsel m, Depp m fam
cojuelo ADJ ein wenig hinkend
cok M MINER Koks m
col F BOT Kohl m; **~ blanca** Weißkraut n, -kohl m; **~ de Bruselas** o **~ rosita** Rosenkohl m; **~ china** Chinakohl m; **~ común** Grün-, Braunkohl m; **~ lombarda** Rotkohl m; Blaukraut n al.d.S; **~ de Milán** o **~ rizada** Wirsing m; prov **entre ~ y ~, lechuga** Abwechslung muss sein
cola[1] F (pegamento) Leim m; **dar de ~** leimen; fam **eso no pega ni con ~** das passt überhaupt nicht, das ist blühender Unsinn
cola[2] F **1** de los animales: Schwanz m, Schweif m liter; de los pájaros tb Sterz m; **~ de alacrán** Giftstachel m des Skorpions; **~ de caballo** Pferdeschwanz m (tb peinado) **2** (fin) Ende n, Schluss m; **~ de avión** Flugzeugheck n; Leitwerk n; FERR **coche** m **de ~** Schlusswagen m; adv **a la ~** am Schluss, am Ende, hinten; dirección: nach hinten; fig **atar por la ~** etw am falschen Ende anfassen, das Pferd am Schwanz aufzäumen fam; **hacer (la) ~** zurückbleiben, der Letzte sein; fig ins Hintertreffen geraten; **ir a la ~** der Letzte sein; transporte: im letzten Wagen fahren; **morderse la ~** sich (dat) in den Schwanz beißen (fig); fam enseñanza: **salir el primero por la ~** als Letzter durchkommen (bei einer Prüfung), am schlechtesten abschneiden; fig **tener** o **traer ~** (böse) Folgen haben, ein Nachspiel haben **3** fig de personas, coches, etc: Schlange f; **~ (de espera)** Warteschlange f; INFORM **~ de impresión** Warteschlange f (am Drucker); **hacer** o **guardar** o **formar ~** Schlange stehen; **ponerse en (la) ~** sich anstellen, sich in die Reihe stellen; **¡haga usted ~!** o **¡póngase en (la) ~!** stellen Sie sich (hinten) an, stellen Sie sich (gefälligst mit) in die Reihe **4** TEC, CONSTR **~ de milano** o **de pato**

Schwalbenschwanz *m*; *tb* Zinke *f*; ARQUIT *adorno*: trapezförmige Schmuckfigur *f*, Trapez *n*; CONSTR **ensambladura** *f* **a ~ de milano** Schwalbenschwanz *m*, -verspundung *f*; TEC **~ de ratón** Lochfeile *f* 5 BOT **~ de caballo** Schachtelhalm *m*; *Méx* **~ de diablo** *Art* Opuntienkaktus *m*; **~ de ratón** Tausendkorn *n*; **~ de zorra** Wiesenfuchsschwanz *m* 6 *en el vestido*: Schleppe *f*; *en el frac*: Frackschoß *m* 7 ASTRON *del cometa*: (Kometen)Schweif *m*; **~ del Dragón/León** Schwanz *m* des Drachen/Löwen 8 MÚS Schlusston *m* 9 *Am fam* (*trasero*) Hintern *m* 10 *fam* (*pene*) Penis *m der Kinder*, Zipfel *m fam*

cola[3] F 1 BOT *árbol*: Kolabaum *m*; (**nuez** *f* **de**) **~** Kolanuss *f* 2 *fam bebida*: Cola *f*

colaboración F Mitarbeit *f*, Mitwirkung *f*; *entre ciudades*: Partnerschaft *f*; **en ~ con** in Zusammenarbeit mit (*dat*), unter Mitwirkung von (*dat*); **colaboracionismo** M POL Kollaboration *f*, Zusammenarbeit *f* mit dem Feind; **colaboracionista** M/F POL Kollaborateur *m*, -in *f*; **colaborador** M, **colaboradora** F Mitarbeiter *m*, -in *f*; Partner *m*, -in *f*; **colaborar** VI mitarbeiten, mitwirken (**en** an *dat*); zusammenarbeiten (**con** mit *dat*), zusammenwirken (*tb* MIL); POL kollaborieren

colación F 1 (*refacción*) Imbiss *m*; leichtes Essen *n*; *Méx, Chile de dulces*: Konfektmischung *f*; süßer Teller *m* 2 (*comparación*) Vergleichung *f von Handschriften* 3 *de un título*: Verleihung *f einer Würde, eines Titels* 4 (*conversación espiritual*) geistliches Gespräch *n unter Mönchen*; *fig* **traer** *o* **sacar a ~** zur Sprache bringen; seinen Senf dazugeben *fam*; **traer** *o* **sacar a/c/a alg a ~** das Gespräch auf etw/j-n bringen; **no venir a ~ con a/c** zu etw nicht passen 5 JUR Ausgleichung *f*, Kollation *f bei Erbauseinandersetzung*

colacionar VT 1 *textos* vergleichen; *t/t* kollationieren 2 JUR *de la herencia*: ausgleichen

colactáneo M Milchbruder *m*

colada F 1 (*lavado*) (Auf)Waschen *n*; (*ropa*) Wäsche *f*; (*lejía*) Waschlauge *f*; **hacer la ~** die Wäsche einlaugen; waschen; *fig* **todo saldrá en la ~** die Sonne bringt es an den Tag 2 *ganado*: Viehweg *m* 3 (*angostura*) Engpass *m* 4 TEC *alto horno*: (Hochofen)Abstich *m*; (Metall)Schmelze *f*; **hacer (la) ~** abstechen 5 *Col* (*puré de arroz*) *Art* Reisbrei *m*; *bebida*: *Getränk n aus Reis und Milch*; *Ec* (*puré de maíz*) Maisbrei *m* 6 *Arg fam* (*filtración*) Einschmuggeln *n* (*von Personen*)

coladera F 1 (*manga, paño de colar*) Filtersack *m* 2 *Am reg* (*pasador*) Seiher *m*, Filter *m* 3 *Méx* (*zanja de desagüe*) Abzugsgraben *m*; **coladero** M 1 (*filtro*) Sieb *n*, Durchschlag *m*; *fig* **ser un ~** löch(e)rig wie ein Sieb sein, sehr durchlässig sein 2 (*camino estrecho*) Engpass *m*; Durchlass *m* 3 MIN (*boquete*) Aufhau *m*, Durchbruch *m* zum Hauptstollen 4 *fig jerga estudiantil*: Diplomfabrik *f* (*Schule etc, wo man leicht durchs Examen kommt*)

colado A ADJ 1 **aire** *m* **~** *viento*: Blas-, Zugluft *f*; **hierro** *m* **~** *fundición*: Gusseisen *n* 2 *fam* (*enamorado*) verliebt, verschossen *fam* (**por alg** in j-n) B M *de un líquido*: Durchseihen *n*, Passieren *n*

colador M Sieb *n*, Durchschlag *m*; TEC *de una bomba*: Saugkorb *m*; **~ de té/de café** Tee-/Kaffeesieb *n*; *fig* **dejar como un ~** (wie ein Sieb) durchlöchern; *fig* **ser un ~** löch(e)rig wie ein Sieb sein, sehr durchlässig sein

coladora F 1 (*lavandera*) Wäscherin *f* 2 *caldera*: Waschkessel *m*; **coladura** F 1 (*filtración*) Seihen *n*, Sieben *n*; *los residuos*: Seihrückstand *m* 2 *fam* (*plancha*) grobes Versehen *n*; Reinfall *m fam*, Blamage *f*

colágeno M QUÍM Kollagen *n*

colana F *fam* Schluck *m*, Zug *m*

colanilla F kleiner Riegel (*an Tür oder Fenster*)

colaña F Geländerwand *f an Treppen*; niedere Trennwand *f*

colapez, colapis, colapiscis F Fischleim *m*; Gelatine *f*

colapsar A VI zusammenbrechen (*fig*); *golpe de estado, etc* scheitern B VT *tránsito, etc* zum Erliegen bringen, zusammenbrechen lassen C VR **colapsarse** zusammenbrechen (*tb fig*); zum Erliegen kommen

colapso M 1 MED Kollaps *m*; *fig* Zusammenbruch *m*; **~ cardíaco/circulatorio** Herz-/Kreislaufkollaps *m*; **sufrir un ~** zusammenbrechen; MED *tb* einen Kollaps erleiden; *t/t* kollabieren 2 INFORM *del ordenador*: Absturz *m*

colar[1] ⟨1m⟩ A VT 1 (*filtrar*) (durch)seihen, passieren; filtern; *vino tb* klären 2 *ropa* in der Bleichlauge ziehen lassen, einlaugen 3 TEC **~ (en moldes)** *metales* vergießen, in Formen gießen 4 *fam* (*introducir a escondidas*) heimlich mitbringen, durchschmuggeln; **~ a/c a alg** (*pasar a/c por engaño*) j-m etw andrehen *fam*; (*hacer creer a/c*) j-m etw weismachen; **a mí no me la cuelas** mir machst du das nicht weis, mich kannst du nicht für dumm verkaufen *fam* B VI 1 (*filtrarse*) durch-, einsickern; durch eine enge Stelle hindurchströmen 2 *fam* (*lograr pasar*) durchkommen, (*ser creída*) geglaubt werden; an den Mann gebracht werden (können) 3 (*beber vino*) (Wein) trinken, zechen C VR **colarse** 1 *fam* (*introducirse furtivamente*) sich einschleichen, sich einschmuggeln 2 *fam* (*hablar tonterías*) dummes Zeug reden; einen Bock schießen, danebenhauen *fam* 3 (*enamorarse*) **~ con alg** sich in j-n verknallen *fam* 4 *Cuba fam* (*tener éxito*) (*beim Publikum*) ankommen

colar[2] VT ⟨1m⟩ CAT *prebenda* vergeben

colateral A ADJ 1 Seiten…; Neben…; kollateral; **calles** *fpl* **~es** Seitenstraßen *fpl*; **línea** *f* **~** Seitenlinie *f*; **pariente** *m* **~** Seitenverwandte *m* 2 MIL, POL **daños** *mpl* **~es** Kollateralschäden *mpl* B M/F Verwandte *m/f* in der Nebenlinie; **colateralmente** ADV parallel, auf beiden Seiten liegend

colativo ADJ *prebenda* verleih-, vergebbar

colcha F Bettdecke *f*; *Am reg* Tagesdecke *f*; **~ (guateada)** Steppdecke *f*; **~ (de plumas)** Ober-, Federbett *n*

colchado M 1 (*relleno*) Polsterung *f* 2 → colchadura; **colchadura** F Steppen *n*; Polstern *n*; **colchar** VT steppen, abnähen; polstern; MAR verseilen

colchón M 1 *de la cama*: Matratze *f*; Unterbett *n*; **~ de aire** MAR Luftkissen *n*; AUTO Airbag *m*; **~ de crin/goma espuma** Rosshaar-/Schaumgummimatratze *f*; **~ de muelle(s)** Sprungfedermatratze *f*; **~ neumático** *o* **hinchable** Luftmatratze *f* 2 *fig financiero*: Polster *m*, finanzielle Reserve *f*

colchonera A F Matratzennäherin *f* B ADJ (**aguja** *f*) **~** Matratzen-, Polsternadel *f*; **colchonería** F Matratzengeschäft *n*; **colchonero** M 1 *fabricante*: Matratzenmacher *m*; Polsterer *m* 2 *pop fútbol*: (Mannschafts)Mitglied *n* des F. C. Atlético Madrid; **colchoneta** F 1 (*cojín*) Bank-, Bettpolster *n*; FERR Reisekissen *n* 2 DEP Sprungmatte *f*, -matratze *f* 3 (*colchón hinchable*) Luftmatratze *f*

colcótar M QUÍM Polierrot *n*, Kolkothar *m*

colcre(a)m [kɔl'krem] M, **coldcream** [kɔl'krem] M/F Coldcream *f* (*pflegende, kühlende Hautcreme*)

cole M *leng. juv* Penne *f fam*

coleada F 1 *del perro*: (Schweif)Wedeln *n* 2 AUTO Schleudern *n*, (seitliches) Ausbrechen *n*; **coleador** ADJ schweifwedelnd

colear A VI 1 (*mover la cola*) (mit dem Schwanz) wedeln 2 AUTO ins Schleudern geraten; seitlich ausbrechen; *rueda* einen Schlag haben 3 *fam fig sin terminar*: noch nicht abgeschlossen sein; **todavía colea** das hat noch gute Weile, das dauert noch B VT 1 TAUR *den Stier* am Schwanz festhalten (*o* zurückziehen) 2 *Arg vacunos, caballos* am Schwanz packen (*meist um sie zu Fall zu bringen*)

colección F 1 Sammlung *f*; *espec* COM Kollektion *f*; (*serie de libros*) (Buch)Reihe *f*; **~ de cuadros** Gemäldesammlung *f*; **~ numismática** Münzsammlung *f*; COM **~ de muestras** Musterkollektion *f* 2 MED **~ purulenta** Eiteransammlung *f*

coleccionable A ADJ zum Sammeln, Sammel… B M Serienartikel *m zum Sammeln*; **coleccionador** M, **coleccionadora** F → coleccionista; **coleccionar** VT sammeln; **coleccionismo** M Sammeln *n*; Sammlerleidenschaft *f*; **coleccionista** M/F Sammler *m*, -in *f*; **~ de sellos** Briefmarkensammler *m*, -in *f*

colecistitis F ⟨*pl inv*⟩ MED Gallenblasenentzündung *f*

colecta F 1 (*recaudación*) (Geld)Sammlung *f*; REL Kollekte *f*; **hacer una ~** sammeln 2 CAT (*oración*) Messgebet *n vor der Epistel*; *p. ext* Gemeindegebet *n*; **colectación** F Abgabenerhebung *f*; (Spenden-, Geld)Sammlung *f*

colecticio ADJ **obra** *f* **-a** Sammelwerk *n*, Kompilation *f*; MIL **tropas** *fpl* **-as** zusammengewürfelte Truppe *f*, Sauhaufen *m pop*

colectivamente ADV insgesamt; gemeinschaftlich; **colectivero** M *Arg* Busfahrer *m*; *Perú* Fahrer *m* eines Sammeltaxis

colectividad F 1 *espec* SOCIOL (*comunidad*) Gemeinschaft *f*, Gruppe *f*; POL, SOCIOL Kollektiv *n*; **~ de derecho público** öffentlich-rechtliche Körperschaft *f*; **~ obrera** Arbeiterschaft *f* 2 (*totalidad*) Gesamtheit *f* 3 (*colonia de extranjeros*) (Fremden)Kolonie *f*

colectivismo M Kollektivismus *m*; **colectivista** POL, SOCIOL A ADJ kollektivistisch B M/F Kollektivist *m*, -in *f*; **colectivización** F Kollektivierung *f*; **colectivizar** ⟨1f⟩ A VT kollektivieren B VR **colectivizarse** Kollektive bilden; sich zu Gemeinschaften zusammenschließen

colectivo A ADJ (*en conjunto*) gemeinsam; *t/t* kollektiv; Sammel…; (*todo*) gesamt, ganz; *transporte*: **billete** *m* **~** Sammelfahrschein *m*; FIL (**concepto** *m*) **~** Sammel-, Kollektivbegriff *m*; ECON **contrato** *m o* **convenio** *m* **~** Tarifvertrag *m*; FERR **expedición** *f* **-a** Sammelladung *f*, -fracht *f*; LING (**nombre** *m*) **~** Kollektiv(um) *n*, Sammelwort *n*; TEL **número** *m* **~** Sammelnummer *f*; **pacto** *m* **~** Tarifvertrag *m*; **psicosis** *f* **-a** Massenpsychose *f*; POL **responsabilidad** *f* **-a** Kollektivschuld *f*; COM **sociedad** *f* **-a** Offene Handelsgesellschaft *f*; **trabajo** *m* **~** Gemeinschaftsarbeit *f* B M 1 SOCIOL, POL (*grupo*) Kollektiv *n*; Personenkreis *m*; Gruppe *f* (*in der Gesellschaft*); **~ de trabajo** *o* **laboral** Team *n*, Arbeitsgruppe *f* 2 *Am* AUTO *bus*: kleiner Omnibus *m*, Sammelbus *m*, -taxi *n*

colector A ADJ Sammel…; ÓPT **lente** *f* **~a** Sammellinse *f* B M, **colectora** F 1 (*coleccionista*) Sammler *m*, -in *f* 2 (*recaudador*) Steuer- (*o* Lotterie)einnehmer *m*, -in *f* 3 CAT Einsammler *m*, -in *f* der Kollekte C M TEC Sammler *m*; (*receptáculo*) Sammelbecken *n*, -kanal *m*; ELEC Kollektor *m*; **~ (de enegía) solar** Sonnenkollektor *m*

colédoco ADJ MED (**conducto** *m*) **~** Gallengang *m*

colega M/F *en el trabajo*: Kollege *m*, Kollegin *f*; *fam* (*compañero, -a*) Kumpel *m*, Freund *m*, -in *f*

colegiado A ADJ 1 eines Kollegiums, zu einem Kollegium gehörig; *médicos, abogados*: zu einer (Berufs)Kammer gehörend 2 *(de colegas)* Kollegial...; JUR **tribunal** *m* ~ Kollegialgericht *n* B M/F 1 *(miembro de un colegio)* Kammermitglied *n* 2 DEP Schiedsrichter *m*, -in *f*; **colegial** A ADJ zu einem Stift (*o* einer Stiftskirche) gehörig; **iglesia** *f* ~ Stiftskirche *f* B M 1 *(alumnos)* Schüler *m (bes einer privaten höheren Schule)* 2 *fig (niño tímido)* schüchterner (*o* unerfahrener) Junge *m*; **colegiala** F Schulmädchen *n (tb fig)*; *fig* Backfisch *m*; *fam* **como una ~** sehr schüchtern, wie ein kleines Mädchen; **colegialista** M/F *Ur* POL Anhänger *m*, -in *f* der Kollegialregierung; **colegialmente** ADV gemeinschaftlich, kollegial, als Kollegium; **colegiarse** V/R ⟨1b⟩ 1 *(reunirse en colegio)* sich zu einer Berufskammer zusammenschließen 2 *(ingresar en la cámara profesional)* einer Berufskammer beitreten, Kammermitglied werden; **colegiata** F (**iglesia** *f*) ~ Stiftskirche *f*; **colegiatura** F UNIV Studiengebühr *f*

colegio M 1 *enseñanza*: Schule *f*; ADMIN Erziehungsanstalt *f*; CAT katholische Studienanstalt *f*; Kolleg *n*; *Am* **~ de bachillerato** *corresponde a*: Gymnasium *n*; **~ de ciegos** Blindenschule *f*; **~ concertado** subventionierte Privatschule *f*; *Esp* HIST **~ de EGB** Grund- und Hauptschule *f (bis 1997)*; **~ especial** Förderschule *f*; Sonderschule *f obs*; **~ de formación profesional** Berufsschule *f*; **~ de internos** Internat *n*; **~ de párvulos** *o* **~ infantil** Vorschule *f*; **~ de monjas** Nonnenschule *f*; **~ de primera enseñanza** *o Perú* **~ de primaria** *o* **~ primario** Volks-, Elementarschule *f*; **~ público** öffentliche *o* staatliche Schule *f*; **~ de enseñanza media** *o Am reg* **~ de secundaria** *o* **~ secundario** höhere Schule *f*, Gymnasium *n*; **~ de sordomudos** Taubstummenschule *f*; **~ técnico** Fach(ober)schule *f* 2 UNIV **~ mayor** Studentenheim *n* 3 *(conjunto de personas)* Kollegium *n*; CAT **~ de cardenales** *o* **~ cardenalicio** *o* **sacro** ~ Kardinalskollegium *n*; **~ electoral** Wähler *mpl*, Wählerschaft *f*; *tb lugar*: Wahllokal *n* 4 **~ (profesional)** berufsständischer Verband *m*, (Berufs)Kammer *f*; *Esp* **(ilustre) ~ de abogados** Anwaltskammer *f*; **~ de médicos** Ärztekammer *f*

colegir V/T ⟨3l *y* 3c⟩ 1 *(deducir)* folgern, schließen, ersehen, entnehmen (**de, por** aus *dat*) 2 *(juntar)* zusammenfassen, -bringen

colegislador ADJ POL mitgesetzgebend *(zweite Kammer)*

colegui M/F *leng. juv* → colega

coleo M 1 *del perro*: Wedeln *n* 2 AUTO Schleudern *n*, Ausbrechen *n* 3 TAUR *Sichfesthalten am Schwanz des Stieres, um nicht auf die Hörner genommen zu werden*

coleóptero A ADJ ZOOL Käfer... B M 1 ZOOL **~s** *pl* Koleopteren *pl*, Käfer *mpl* 2 AVIA Koleopter *m*, Ringflügelflugzeug *n*

cólera A F 1 *(bilis)* Galle *f* 2 *fig (ira)* Zorn *m*, Wut *f*; **montar en ~** in Zorn (*o* in Harnisch) geraten, aufbrausen B M MED Cholera *f*; **~ asiático** *o* **~-morbo** asiatische (*o* epidemische) Cholera *f*

colérico A ADJ 1 *(ser) carácter* cholerisch, jähzornig, (leicht) aufbrausend 2 *(estar) (furioso)* zornig, wütend B M, **-a** F 1 *carácter*: Choleriker *m*, -in *f*, Hitzkopf *m*, Heißsporn *m* 2 MED Cholerakranke *m/f*

coleriforme ADJ MED choleraähnlich; **colerina** F MED Cholerine *f*, Brechdurchfall *m*

colero M *Am* DEP Tabellenletzter *m*

colesteremia F FISIOL Cholesterinspiegel *m*; **colesterol** M 1 FISIOL Cholesterin *n*; **nivel** *m* **de ~** Cholesterinspiegel *m*; **sin ~** cholesterinfrei 2 QUÍM Cholesterol *n*

coleta A F Zopf *m*; Nackenschopf *m*; **~ de caballo** Pferdeschwanz *m (Frisur)*; *col* **gente** *f* **de ~** Stierkämpfer *mpl*; *fig espec* TAUR **cortarse la ~** den Beruf aufgeben B M Stierkämpfer *m*, Torero *m*

coletazo M 1 *golpe*: Schlag *m* mit dem Schwanz; **dar ~s** mit dem Schwanz wedeln 2 AUTO Wegrutschen *n*, Ausbrechen *n* 3 *fig* **dar el último ~** *(última manifestación)* noch einmal richtig feiern; sich *(dat)* (vor dem Ende) noch einmal etwas gönnen

coletear V/I *Arg* AUTO schlingern; **coletería** F TAUR Stierkämpfer *mpl*; **coletilla** F 1 *(suplemento a lo dicho)* Nachtrag *m (zu einem Text, einer Rede)* 2 LING *(ripio)* Flickwort *n*

coleto M Lederkoller *n*, Wams *n*; Reitjacke *f*; *fig* **decir para su ~** für sich *(acus)* (*o* bei sich *dat*) sagen; *fam* **echarse a/c al ~** sich *(dat)* etw hinter die Binde gießen *fam*

coletón M *Cuba, Ven* Sackleinwand *f*; **coletudo** M Stierkämpfer *m*

coletuy M BOT Kronwicke *f*

colgada F *Col fam* Sitzenlassen *n*, Versetzen *n*

colgadero A ADJ *frutas, etc* aufhängbar, zum Aufhängen B M 1 *(garfio)* Haken *m*; *de vestimenta*: Kleiderhaken *m* 2 *(asa, anillo)* Henkel *m*, Öse *f zum Aufhängen* 3 *Arg para la ropa*: Platz *m* zum Aufhängen der Wäsche; **colgadizo** A ADJ auf-, anhängbar B M Vor-, Wetterdach *n*; *Cuba* Pultdach *n*

colgado ADJ hängend; *escalera, etc* freitragend; *fig* **dejar ~ a alg** j-n in seinen Erwartungen enttäuschen, j-n hängen lassen *fam*; j-n versetzen *fam*; *drogas* **estar** *o* **quedarse ~** unter Drogen stehen, high sein *fam*; *Arg fam* ein Mauerblümchen *n* sein; *fig* **estar ~ de alg** in j-n verknallt sein; *fig* **estar ~ de un cabello** *o* **hilo** an einem (seidenen) Faden hängen; *fig* **estar ~ de los cabellos** (wie) auf glühenden Kohlen sitzen; *fig* **estar ~ de las palabras de alg** an j-s Lippen *(dat)* hängen

colgador M 1 *(percha)* Kleiderbügel *m*; **~ autoadhesivo** (Selbst)Klebehaken *m* 2 *Am y Esp reg (ropero)* Kleiderschrank *m* 3 TIPO Aushängevorrichtung *f für Druckbogen*; **colgadora** F *Am Mer* ZOOL Greifschwanzotter *f (giftige Baumschlange)*; **colgadura** F Wand-, Fensterbehang *m*, Drapierung *f*; **~s** *pl* Vorhänge *mpl*; **~ de cama** Bettvorhang *m*

colgajo M 1 *(trapo)* (Tuch- *etc*) Fetzen *m* 2 *frutas*: zum Trocknen aufgehängte Früchte *fpl* 3 MED Hautlappen *m*

colgamiento M Aufhängen *n*

colgante A ADJ hängend; **puente** *m* **~** Hängebrücke *f*; **carpeta** *f* *o* **fólder** *m* **~** Hängeordner *m*, Hängemappe *f* B M 1 *joya*: Anhänger *m*; *Am (arete)* Ohrring *m* 2 *(guirnalda)* Feston *n (tb* ARQUIT*)* 3 *lámpara*: Hängelampe *f* 4 **~s** *pl (flequillos)* Fransen *fpl*

colgar ⟨1h *y* 1m⟩ A V/T 1 (an-, auf)hängen (**de, en** an *acus o dat*); TEL **~ el auricular** (den Hörer) auflegen; **~ de** *o* **en un clavo** an einen Nagel hängen 2 *(ahorcar)* (auf-, er)hängen, henken 3 *(adornar)* behängen, schmücken *mit Wandbehängen etc* 4 *fig (abandonar)* **~ las botas** *futbolista*: aus dem aktiven Sport ausscheiden; *fig* **~ los estudios** das Studium an den Nagel hängen 5 *fam en el examen*: durchfallen lassen; **me han colgado en Latín** in Latein bin ich durchgefallen 6 *fam fig (imputar)* **~ a/c a alg** j-m etw anhängen, etw auf j-n schieben; *fam* **~ a alg el sambenito** *o* **el mochuelo** j-m alle Schuld in die Schuhe schieben, j-m den schwarzen Peter zuschieben *fam* 7 INTERNET **~ a/c en Internet** etw ins Internet stellen B V/I 1 (herab)hängen; **~ del clavo** am Nagel hängen; *fam* **y lo que cuelga** und was drum und dran hängt *fam* 2 TEL auflegen; **¡no cuelgue!** bleiben Sie am Apparat! C V/R **colgarse** 1 *(ahorcarse)* sich erhängen 2 *drogas (hacerse drogadicto)* drogenabhängig werden 3 *fam* INFORM *ordenador* abstürzen 4 *liter* **~ del** *o* **al cuello de alg** sich an j-s Hals *(acus)* hängen; *fig* sich j-m an den Hals werfen; **~ del brazo de alg** sich bei j-m einhängen

colibacilos MPL, **colibacterias** FPL MED Kolibakterien *fpl*

colibrí M ORN ⟨*pl* -íes⟩ Kolibri *m*

colibrillo M *Arg fam* A ADJ bescheuert B M Spinner *m*, Verrückter *m*

cólica F MED leichte Darmkolik *f*

cólico A M MED Kolik *f*; **~ bilioso** *o* **biliar** *o* **hepático** Gallenkolik *f*; **~ nefrítico** *o* **renal** Nierenkolik *f* B ADJ ANAT Dickdarm...

colicoli M *Chile insecto: Art* Bremse *f*

colicuar ⟨1d⟩ A V/T (ein)schmelzen; zusammenschmelzen B V/I zerfließen, zerschmelzen

coliflor F BOT Blumenkohl *m*

coligación F Verbindung *f*; Bund *m*, Bündnis *n*, Liga *f*; **coligado** A ADJ verbündet B M, **-a** F Verbündete *m/f*, Bundesgenosse *m*, -genossin *f*; **coligadura** F, **coligamiento** M → coligación; **coligar** ⟨1h⟩ A V/T verbinden, vereinigen B V/R **coligarse** sich verbünden, koalieren

coliguay M *Chile* BOT *ein Wolfsmilchgewächs, Pfeilgift (Adenopestres colliguaya)*; **coligüe, colihue** M 1 *Arg, Chile* BOT *eine Kletterpflanze* 2 *Chile fam (homosexual)* warmer Bruder *m fam*

colilargo A ADJ *fam* langschwänzig B M *Ec eine Ratte*

colilla F 1 *(resto del cigarro)* (Zigarren-, Zigaretten)Stummel *m*, Kippe *f fam* 2 *Arg* AUTO *(remolque)* Anhänger *m*; **colillero** M, **colillera** F Kippensammler *m*, -in *f fam*

colimación F *t/t* Kollimation *f*, Zusammenfallen *n* zweier Linien; **colimador** M FÍS Kollimator *m*

colimba *Arg* MIL *fam* A F Kommiss *m fam*, Barras *m fam* B M Wehrpflichtiger *m*

colimbo M ORN Seetaucher *m*

colín A ADJ *caballo* kurzschweifig B M 1 *fam* MÚS Stutzflügel *m* 2 ORN **~ de Virginia** Wachtel-, Colinhuhn *n*

colina¹ F *(elevación)* Hügel *m*, (An)Höhe *f*

colina² F 1 BOT Kohlsame *m*; Kohlsteckling *m* 2 AGR Kohlmistbeet *n*; **colinabo** M BOT Kohlrabi *m*

colincharse V/R *Col fam transporte*: schwarzfahren

colindante A ADJ angrenzend, benachbart B M/F (Grenz)Nachbar *m*, -in *f*, Anrainer *m*, -in *f*

colineta F GASTR Tafelaufsatz *m mit Zuckerwerk und Früchten*

colino M → colina²

colipava ADJ ORN **paloma** *f* **~** Breitschwanztaube *f*

colirio M MED Augenwasser *n*; *t/t* Kollyrium *n*

colirrábano M BOT Kohlrabi *m*

colirrojo M ORN Rotschwänzchen *n*

Coliseo M 1 *en Roma*: Kolosseum *n* 2 *fig liter* **coliseo** *(teatro)* Theater *n*; *Perú* (Zirkus)Zelt *n in dem Volksmusiker und -tänzer auftreten*

colisión F 1 *(choque)* Zusammenstoß *m (tb fig)*; *transporte*: **~ frontal** Frontalzusammenstoß *m*; **entrar en ~** zusammenstoßen 2 *fig de intereses*: Kollision *f*, Widerstreit *m* der Interessen, Interessenkonflikt *m*

colisionar V/I *transporte*: zusammenstoßen, kollidieren; **~ frontalmente** frontal zusammenstoßen; **~ por alcance** auffahren

colista M/F 1 DEP *(último)* Tabellenletzte *m/f*, Schlusslicht *n fam* 2 *(persona haciendo cola)* Person *f*, die Schlange steht

colistero M, **-a** F INTERNET Gruppenmitglied *n*

colitis F ⟨pl inv⟩ MED Colitis f, Dickdarmentzündung f

colla¹ F 1 *de perros*: Koppel f; *desp (pandilla de ladrones)* (Räuber)Bande f 2 *pesca*: (Fisch)Reusenkette f 3 HIST *de la armadura*: Halsberge f *einer Rüstung*

colla² F MAR, METEO Südwestböen *fpl im philippinischen Meer*; *fig (ráfaga)* Windstoß m, Bö(e) f

colla³ M/F 1 *Am indio*: Anden-, Hochlandindianer m, -in f; *fig* Bolivianer m, -in f 2 *Arg (mestizo)* Mestize m, Mestizin f 3 *Perú (mezquino)* Geizkragen m

collada F 1 → collado 2 2 MAR, METEO anhaltender (o stetiger) Wind m

collado M 1 *(colina)* Hügel m, Höhe f 2 *(paso entre montañas)* Bergsattel m, -pass m

collage [ko'laʃ, ko'las] M *arte*: Kollage f

collar M 1 *(cadena)* Halsband n; (Hals)Kette f, Collier n; *(cinta de condecoración)* Ordenskette f; **~ de perlas** Perlenkette f, -kollier n; **~ de perro/de púas** Hunde-/Stachelhalsband n; *fig* **los mismos perros con otros** o **distintos** o **diferentes ~es** es sind immer die gleichen Gauner 2 HIST *(argolla)* Halseisen n *der Sträflinge* 3 TEC *(anillo)* Pressring m; Rohrschelle f, -klemme f; Bund m *einer Welle* 4 ORN andersfarbiger Halsring m *am Gefieder* 5 MED Halsverband m

collarín M 1 *(alzacuellos)* Krägelchen n; steifer Kragen m *der Geistlichen*, Koller n 2 TEC *(brida)* Flansch m 3 MED *(gorguera)* Halskrause f 4 *botella de vino*: Flaschenhalsetikett n

colleja F BOT weißes Leimkraut n

collejón M *Esp* BOT Weißer Ackerkohl m *(südspanische Blütenpflanze)*

collera F 1 *de las caballerías*: Kum(me)t n; Halszier f *der Reit- und Zugtiere* 2 *Am de animales*: Koppel f, Gespann n 3 *Perú (grupo de amigos)* Gruppe f *(bes von Freunden)* 4 *Arg, Chile* **~s** *pl (gemelos de camisa)* Manschettenknöpfe *mpl*; **collerón** M Pracht-, Zierkummet n

collie M *perro*: Collie m

collón ADJ *fam* feige; gemein

colmadamente ADV reichlich, in Hülle und Fülle

colmado A ADJ (rand)voll, angefüllt; beladen; (über)reichlich; *mesa* reich gedeckt; *medida* gehäuft; **~ de felicidad** überglücklich; **~ de riquezas** steinreich; **una cucharada -a** ein gehäufter Esslöffel voll B M *reg* 1 *(tienda de comestibles)* Lebensmittelgeschäft n 2 *(taberna)* Weinschenke f, Imbisshalle f

colmar VT 1 *(llenar)* (bis zum Rand) füllen; (an)füllen (**de** mit *dat*); überfüllen 2 *expectativas* erfüllen 3 *fig (dar con abundancia)* überschütten; überhäufen (**de** mit *dat*); **~ de felicidad** überglücklich machen; *fig* **~ la medida** das Maß vollmachen; dem Fass den Boden ausschlagen; *fig* **la gota que colma el vaso** der Tropfen, der das Fass zum Überlaufen bringt

colmatar VT TEC aufladen, auffüllen

colmena F 1 ZOOL Bienenkorb m, -stock m 2 *fig (muchedumbre)* Menschenmenge f, -gewimmel n 3 *fam sombrero*: Zylinder(hut) m 4 *Méx fam (abeja)* Biene f; **colmenar** M Bienenhaus n, -stand m; **colmenera** F Imkerin f; **colmenero** M 1 *(apicultor)* Imker m 2 *Méx* ZOOL Ameisenbär m; **colmenilla** F BOT (Falten)Morchel f

colmillada F → colmillazo; **colmillar** ADJ Eck-, Reißzahn..., Hauer...; **colmillazo** M Biss m mit einem Reiß- (o Fang)zahn; **dar un ~** die Fangzähne einschlagen, zubeißen

colmillo M ANAT Eckzahn m; ZOOL *perro, animal de presa*: Reißzahn m; *jabalí*: Hauer m; *elefante*: Stoßzahn m; *tb fig* **enseñar los ~s** die Zähne zeigen; *fam* **escupir por el ~** große Töne spucken *fam*; *fam* **tener los ~s retorcidos** ein alter Fuchs sein

colmilludo ADJ 1 ZOOL mit großen Fang- (o Eck)zähnen 2 *fig (astuto)* schlau, gerieben, verschlagen

colmo A M Übermaß n; *fig* Gipfel m, Höhe f; Fülle f *des Glücks etc*; **con ~** *medida*: gehäuft; **(y) para ~** und zu alledem, und noch dazu; **para ~ de la desgracia** o **de males** um das Unglück voll zu machen; **¡(esto) es el ~!** das ist doch die Höhe!, da hört doch alles auf! B ADJ randvoll

colobo M *Am* ZOOL Langschwanzaffe m

colocación F 1 *(fijación)* Anbringen n, Anbringung f; *(disposición)* Aufstellung f, Anordnung f, Platzierung f; *(posición)* Stellung f, Lage f; *de cables, etc*: Verlegung f; **~ de la primera piedra** Grundsteinlegung f 2 ECON *de capitales*: (Geld-, Kapital)Anlage f, Placement n; COM *de mercancías*: Absatz m, Verkauf m 3 *(empleo)* Anstellung f, Arbeit f, Stelle f; **agencia f de -ones** Stellenvermittlung f; **oficina f de -ones** Arbeitsamt n 4 *fam (sustento)* Versorgung f; *(casamiento)* Heirat f 5 LING Kollokation f

colocado ADJ 1 *carrera de caballos, juego de pelota*: platziert, auf (dem zweiten) Platz 2 **estar bien ~** *(tener buen trabajo)* eine gute Stellung haben 3 *drogas* **estar ~** high (o drauf) sein

colocador M, **colocadora** F CONSTR **~ m, ~a f de baldosas** Fliesenleger m, -in f; **~ m, ~a f de tuberías** Flaschner m, -in f

colocar ⟨1g⟩ A VT 1 *(poner)* setzen, stellen, legen; aufstellen; *(fijar)* anbringen; *(sujetar)* ein-, aufspannen; *(clasificar)* an-, einordnen; TEC *cable, minas, rieles* verlegen; **~ en fila** (auf)reihen; **~ por orden** einordnen, geordnet hin- (o auf)stellen 2 ECON *dinero* anlegen; COM *mercancías* absetzen 3 **~ a alg** *(emplear)* j-n anstellen; j-m eine Stelle verschaffen; *(mantener)* j-n versorgen, j-n unterbringen 4 *fam hija* versorgen, verheiraten B VR **colocarse** 1 *(encontrar trabajo)* eine Anstellung finden, angestellt werden (**con, en** bei *dat*, in *dat*) 2 COM Absatz finden 3 DEP, TAUR Aufstellung nehmen, sich aufstellen; seine Ausgangsstellung einnehmen 4 *fam (embriagarse)* sich betrinken; *(drogarse)* Drogen nehmen

colocasia F BOT Kolokasie f, ägyptisches Arum n

colocolo M *Chile eine Wildkatze (Felis pajeros colocolo)*

colocón M *fam Esp* 1 *(borrachera)* Rausch m 2 *drogas* Drogenrausch m, Trip m

colocutor M, **colocutora** F Mitredende *m/f* Gesprächspartner m, -in f

colodión M QUÍM Kollodium n; **colodionar** VT FOT *(Platten)* mit Kollodium beschichten

colodra F 1 *vasija de madera*: Melkkübel m 2 *reg medida*: Schöpf-, Maßgefäß n *für Wein* 3 *(comadre)* Klatschweib n

colodrillo M Hinterkopf m

colofón M TIPO Kolophon m, Schlussvermerk m, -impressum n; *fig* Abschluss m, Ende n; **y, como ~** o **para ~** und zum Abschluss, abschließend

colofonia F Kolophonium n, Geigenharz n

coloidal ADJ FÍS, QUÍM kolloid(al); **reacción f ~** Kolloidreaktion f; **coloide** A ADJ kolloid B M Kolloid n; **coloideo** ADJ → coloidal

Colombia F Kolumbien n; **~ Británica** Britisch-Kolumbien n

colombianismo M LING Kolumbianismus m, kolumbianische Redensart f; **colombiano** A ADJ kolumbianisch B M, **-a** F Kolumbianer m, -in f

colombicultor M, **colombicultora** F Taubenzüchter m, -in f; **colombicultura** F Taubenzucht f

colombina F 1 TEAT Kolombine f *(Commedia dell'arte)* 2 FARM Kolombowurzel f, -extrakt m 3 *Col (pirulí)* Lutscher m 4 *Cuba (catre)* einfaches Feldbett n

colombino ADJ 1 *(relativo a Colón)* Kolumbus..., auf Kolumbus bezüglich, kolumbinisch; **la América -a** Amerika n nach der Entdeckung durch Kolumbus, das kolumbi(ni)sche Amerika 2 *liter (relativo a las palomas)* Tauben...

colombo M BOT Kolombowurzel f

colombofilia F *(frec* Brief)Taubenzucht f;

colombófilo A ADJ **sociedad f -a** Taubenzüchterverband m; Brieftaubenzüchterverein m B M, **-a** F (Brief)Taubenzüchter m, -in f

colon M ⟨pl cola⟩ 1 ANAT Kolon n, Grimmdarm m; **~ ascendiente/descendiente** aufsteigender/absteigender Dickdarm m; MED **~ irritable** Reizdarm m 2 LING *(dos puntos)* Doppelpunkt m; *t/t* Kolon n 3 GRAM Satzglied n; RET rhythmische Spracheinheit f

colón M *C. Rica, Salv unidad de moneda*: Colón m

Colón N PR M Kolumbus m; *fig* **el huevo de ~** das Ei des Kolumbus

colonia F 1 Kolonie f; *(población)* (An)Siedlung f; Niederlassung f; **la ~ alemana/española**, *etc* die deutsche/spanische *etc* Kolonie *(im Ausland)*; **~ obrera** Arbeitersiedlung f; **~ penitenciaria** Strafkolonie f; **~ veraniega** Ferienkolonie f; *col* Sommerfrischler *mpl*; Kurgäste *mpl* 2 ZOOL, BOT Kolonie f; **~ de corales** Korallenstock m, -kolonie f; **~ de hormigas** Ameisenbau m, -haufen m; BOT **~ de hongos** Pilzkolonie f, -rasen m; **~ de nidificación** Brutkolonie f 3 *fam Am* spanische Kolonialzeit f; **durante la ~** *tb* während der spanischen Herrschaft 4 *Méx (barrio)* Siedlung f, Vorort m 5 → *(agua de)* Colonia 6 *Cuba* BOT nickende Alpinie f 7 TAUR Lanzenzeichen n *(schmales Seidenband an der Lanze)*

Colonia F Köln n; **agua f de ~** Kölnischwasser n

coloniaje M 1 *Am* HIST spanische Kolonialzeit f; spanisches Kolonialsystem n 2 *fig (opresión)* Unterdrückung f, Fremdherrschaft f;

colonial ADJ 1 *(relativo a la colonia)* Kolonial..., kolonial, Siedlungs..., Kolonie...; **época f ~** Kolonialzeit f; **estilo ~** Kolonialstil m 2 *Am reg (rural)* ländlich; **colonialismo** M Kolonialismus m; **colonialista** M/F Anhänger m, -in f des Kolonialismus, Kolonialist m, -in f

colonización F Kolonisation f, Kolonisierung f, Ansiedlung f; **colonizador** A ADJ Kolonisations... B M, **colonizadora** F Kolonisator m, -in f; **colonizar** VT ⟨1f⟩ an-, besiedeln; kolonisieren, erschließen

colono M 1 *(habitante de una colonia)* Kolonist m, Ansiedler m 2 *(arrendatario)* Pächter m 3 *Cuba (tendero)* Krämer m *(Nebenverkaufsstelle)*

colonoscopia F MED Koloskopie f, Darmspiegelung f

coloquial ADJ LING umgangssprachlich; **lenguaje m ~** Umgangssprache f; **coloquiar** VI ⟨1b⟩ sich unterhalten, sich besprechen

coloquíntida F BOT Koloquinte f, Bitterkürbis m

coloquio M Gespräch n, Besprechung f; *t/t* Kolloquium n

color A M *(reg tb* F*)* 1 *gener* Farbe f *(tb fig)*; Färbung f; *(tono)* Farbton m; *(colorante)* Färb(e)mittel n; **~ complementario** Komplementärfarbe f; **~ diáfano** Lasur f; **~es** *pl* **espectrales** Spektralfarben *fpl*; **~ de fondo** o **de imprimación** Grund(ier)farbe f; **~ fluorescente** o **fosforescente** o **luminescente** o **luminoso** Leuchtfarbe f; **~ de moda** Modefarbe f; **~ al óleo** Ölfarbe f; *tb fig* **falta f de ~** Farblosigkeit f; TIPO **plancha f en ~es** o **de ~** Farbplatte f; **dar ~ a** a/c einer Sache *(dat)* Farbe geben *(tb fig)*; *fig* etw ausschmücken; **dar de ~ a a/c** etw anstreichen; etw färben; **tomar ~** Farbe annehmen, sich färben; **tomar el ~** *al colorar:* Farbe annehmen **2** *con prep:* **a todo ~** (ganz)farbig, Farb...; bunt; TIPO in getreuer Farbwiedergabe, in Originalfarbe; **de ~** *o* **en ~(es)** farbig, Farb...; **de muchos** *o* **varios ~es** vielfarbig, bunt; **de un (solo) ~** einfarbig, uni; **ser subido de ~** von greller Farbe sein; *fig chiste, historia* pikant sein; PINT **meter en ~** farbig anlegen; **sin ~** farblos **3** *tez, etc:* Hautfarbe *f*; Gesichtsfarbe *f*; **gente** *f* **de ~** *neg!* Farbige(n) *mpl*; **mudar** *o* **cambiar de ~** die Farbe wechseln; *(ruborizarse)* erröten; *(palidecer)* erblassen, erbleichen; *fam* **un ~ se le iba y otro se le venía** er wurde abwechselnd rot und blass; **se puso de mil ~es** er errötete tief, das Blut schoss ihm ins Gesicht; **sacarle a alg los ~es (a la cara)** j-n zum Erröten bringen; **salírsele** *o* **subírsele a alg los ~es (a la cara)** erröten, rot werden **4** *fig (matiz)* Tönung *f*, Nuance *f*; POL *politische* Färbung *f*; **~ local** Lokalkolorit *n*; *fig* **cambiar de ~** seine Meinung ändern, zu einer anderen Partei übergehen **5** **~es** *pl* **heráldicos** Wappenfarben *fpl*; **~es** *pl* **nacionales** Landes-, Nationalfarben *fpl*, Flagge *f* **6** *fig* **so ~ de** *(bajo el pretexto)* unter dem Vorwand (*o* unter (der) Vorspiegelung) *(gen) o* zu *(inf)* **B** ADJ *inv* ...farben; **~ (de) aceituna** olivgrün; **~ de rosa** rosa(farben)

coloración F **1** *(colorido)* Färbung *f (tb fig)*; Farbgebung *f*, PINT Kolorit *n* **2** *(pérdida o cambio de color)* Verfärbung *f (tb* QUÍM, TEC*)*

colorado **A** ADJ **1** *(de color)* farbig, *espec (rojo)* (hell)rot; **poner ~ a alg** j-n erröten lassen (*o* machen); **ponerse ~ (hasta las orejas)** (bis über die Ohren) rot werden **2** *(pelirrojo)* rothaarig; hellblond; *mejillas:* rotbäckig; *ganado* rot gefleckt **B** M **1** *Cuba* MED *(escarlatina)* Scharlachfieber *n* **2** **~s** *pl cigarros:* Koloradozigarren *fpl*

coloradote ADJ *fam* **¡qué ~ está!** Sie haben eine herrlich frische Farbe!; **colorante** M Farbstoff *m*, Farbe *f*; Färbemittel *n*; TEX → tinte; TIPO → tinta; **colorar** V/T färben; **~ de verde** grün färben; → *tb* colorear; **colorativo** ADJ färbend, Farb...

coloratura F MÚS Koloratur *f*

coloreado koloriert, aus-, angemalt; farbig; *tb (que tiene vivos colores)* mit hellen Farben ausgestattet; **~ a mano** handkoloriert; **colorear** **A** V/T **1** *(dar color)* färben; kolorieren, aus-, anmalen; **libro** *m* **para ~** Malbuch *n* **2** *fig (pintar de color rosa)* schönfärben, beschönigen **B** V/I, V/R **~se** *espec frutas* Farbe bekommen, sich rot färben, rot werden; **colorete** M *fam cosmético:* (rote) Schminke *f*; Rouge *n*; *Am tb (pintalabios)* Lippenstift *m*; **ponerse ~** Rouge auflegen

colorido M **1** *(color)* Farbe *f*, Färbung *f*; **riqueza** *f* **de ~** Farbenpracht *f* **2** PINT, MÚS Kolorit *n*; **~ local** Lokalkolorit *m* **3** *fig (pretexto)* Vorwand *m* **4** *fig (estilo)* Stil *m*, Färbung *f (fig)*; **colorimetría** F QUÍM, ASTRON Kolorimetrie *f*; **colorímetro** M Kolorimeter *n*, Farbmesser *m*

colorín M **1** ORN Stieglitz *m* **2** *(color vivo y llamativo)* schreiende (*o* grelle) Farbe *f*; **(y) ~ colorado (, este cuento se ha acabado)** *corresponde a:* und wenn sie nicht gestorben sind, dann leben sie noch heute **3** *Chile (pelirrojo)* Rothaarige *m*; **colorinche** M *Arg fam* von greller Farbe; **colorir** V/T an-, ausmalen, kolorieren; *fig* schönfärben; **colorismo** M PINT Kolorismus *m*, koloristische Malerei *f*; **colorista** PINT **A** ADJ koloristisch **B** M/F Kolorist *m*, -in *f*

colorterapia F Farblichttherapie *f*

colosal ADJ riesig, riesenhaft, kolossal; *fig* fabelhaft, großartig; **estatua** *f* **~** Kolossalstatue *f*; **colosenses** PL *Biblia:* **Epístola** *f* **a los ~** Kolosserbrief *m*

coloso M Riesenstandbild *n*, Koloss *m (tb fig)*; *fig* Genie *n*

colote M *Méx (espec* Wäsche-, Kleider)Korb *m*

colotipia F TIPO Gummiklischeedruck *m*, Kollotypie *f*

colpa F **1** MINER Kolkothar *m* **2** *Andes (metal en piedra)* gediegenes Mineral *n*

cólquico M BOT Herbstzeitlose *f*

colúbridos MPL ZOOL Nattern *fpl*

coludo ADJ *fam* mit einem dicken Hintern

columbario M ARQUEOL Kolumbarium *n*; **columbeta** F Purzelbaum *m*; **columbino** ADJ **1** *(parecido a las palomas)* taubenähnlich; Tauben... **2** MINER *color:* taubenblau

columbrar V/T **1** *(ver desde lejos)* von Weitem ausmachen; **~se** (undeutlich) sichtbar werden **2** *fig (sospechar)* ahnen, vermuten; **columbres** MPL *jerga del hampa* Augen *npl*; **columbrete** M MAR flache (Sand)Bank *f*

columna F **1** ARQUIT Säule *f (tb fig)*, Pfeiler *m*; **~ de anuncios** Anschlag-, Litfaßsäule *f*; **~ compuesta** Säule *f* mit Kompositkapitell; **~ corintia/dórica/jónica** korinthische/dorische/jonische Säule *f*; AUTO **~ de dirección** Lenksäule *f*; **~ de humo** Rauchsäule *f*; **~ triunfal** Siegessäule *f* **2** *(pila)* Stapel *m* **3** TIPO Spalte *f*, Kolumne *f*; **en una/cuatro ~(s)** ein-/vierspaltig; **título** *m* **de ~** Kolumnentitel *m* **4** *de personas:* Kolonne *f (tb* MIL*)*; *(fila)* Reihe *f*; *(hilera)* (Zahlen)Reihe *f*, (Zahlen)Kolonne *f*; **~ de automóviles** (Kraft)Fahrzeugkolonne *f*; HIST *y fig* **la quinta ~** die fünfte Kolonne **5** QUÍM Kolonne *f*, (Auf)Satz *m*; FÍS Säule *f*; (Barometer-, Thermometer)Säule *f* **6** ANAT **~ vertebral** Wirbelsäule *f*

columnar ADJ Säule...; Stapel...; **columnata** F Kolonnade *f*; **columnista** M/F Kolumnist *m*, -in *f*; **~ de sociedad** Klatschkolumnist *m*, -in *f*

columpiar ⟨1b⟩ **A** V/T schaukeln **B** V/R **columpiarse** (sich) schaukeln; *fig* sich (beim Gehen) hin und her wiegen; **columpio** M Schaukel *f*; *Chile (mecedora)* Schaukelstuhl *m*; **~s** *pl* **con lanchas** Schiff(s)schaukel *f*

coluro M ASTRON Kolur *m*

colusión F JUR Kollusion *f*

colutorio M MED Gurgelwasser *n*; **~ bucal** Mundwasser *n*

colza F BOT Raps *m*

coma[1] F LING Komma *n*, Beistrich *m*; MÚS, FÍS Komma *n*; *fig* **sin faltar una ~** haargenau; vollständig; *fig* **con puntos y ~s** in allen Einzelheiten

coma[2] M MED Koma *n*; **en (estado de) ~** im Koma; **entrar en ~** in tiefe Bewusstlosigkeit versinken, ins Koma fallen; **~ etílico** Alkoholvergiftung *f*

comadrazgo M Gevatterschaft *f*; *fam fig* Kaffeekränzchen *n*, -klatsch *m*

comadre F **1** *(partera)* Hebamme *f* **2** *(madrina)* Patin *f*; *liter* Gevatterin *f* **3** *(amiga)* enge Freundin *f einer Frau*; *(vecina)* Nachbarin *f* **4** *fig desp (cotorra)* Klatschbase *f*; **chismes** *mpl* **de ~(s)** Klatsch *m*, Weibertratsch *m* **5** *fam (alcahueta)* Kupplerin *f* **6** *Arg (curandera)* Kurpfuscherin *f*; Gesundbeterin *f* **7** *jerga del hampa (marica)* Schwule *m fam*; Weichling *m*

comadrear V/I klatschen, tratschen; **comadreja** F **1** ZOOL Wiesel *n*; *Am (zarigüeya)* Opossum *n* **2** *pop (ladrón)* Dieb *m*; **comadreo** M, **comadrería** F Klatsch *m*, Gerede *n*, Geschwätz *n*; **comadrero** ADJ klatschsüchtig; **comadrón** M Geburtshelfer *m*; **comadrona** F Hebamme *f*

comal M *Méx* flache Pfanne *f zur Zubereitung von Tortillas*

comanche M/F Komantsche *m*, Komantschin *f*

comanda F *Méx en el restaurante:* Rechnung *f*

comandancia F **1** *(jefatura)* Kommandantur *f*; *Esp* **~ de marina** *corresponde a:* oberste Marinebehörde *f einer (Küsten)Provinz* **2** MIL *(rango de mayor)* Majorsrang *m*; **comandanta** F MAR, HIST Flaggschiff *n*

comandante M/F **1** MIL *(jefe militar)* Kommandeur *m*, -in *f*; Befehlshaber *m*, -in *f*; Kommandant *m*, -in *f*; *rango de oficial:* Major *m*; **~** *m* **del batallón** Batallionskommandeur *m*; **~** *m* **en jefe** Oberkommandierende *m*; **~** *m* **de guardia** Wachhabende *m*; **~** *m* **de plaza/del puerto** Standort-/Hafenkommandant *m* **2** AVIA *(capitán de vuelo)* Flugkapitän *m*

comandar V/T MIL *espec Am* befehligen, kommandieren

comandita F ECON Kommanditisteneinlage *f*; **sociedad** *f* **en ~** Kommanditgesellschaft *f*; **comanditar** V/T *etw* als stiller Teilhaber finanzieren; **comanditario** ECON **A** ADJ Kommandit...; **sociedad** *f* **-a (por acciones)** Kommanditgesellschaft *f* (auf Aktien) **B** M, **-a** F stiller Teilhaber *m*, stille Teilhaberin *f*, Kommanditist *m*, -in *f*, *Suiza* Kommanditär *m*, -in *f*

comando M **1** MIL, POL *grupo:* Kommando *n*; *Am* **~ de aniquilamiento** Tötungskommando *n*, Todesschwadron *m*; **~ paramilitar** paramilitärisches Kommando *n*; *Arg* **~ radioeléctrico** Funkstreife *f*; **~ terrorista** Terrorkommando *n* **2** *espec Am (mando)* Befehlsgewalt *f*, Kommando *n* **3** INFORM Befehl *m*

comarca F Landstrich *m*, -schaft *f*, Gegend *f*; ADMIN (Land)Kreis *m*; **comarcal** **A** ADJ Landschafts..., Kreis..., Lokal... **B** F *(carretera f)* **~** Land-, Kreisstraße *f*; **comarcano** **A** ADJ benachbart, anstoßend; umliegend **B** M, **-a** F (engere[r]) Landsmann *m*, -männin *f*; **comarcar** V/I ⟨1g⟩ aneinandergrenzen

comatoso ADJ MED komatös; **en estado ~** im Koma; *fig* gelähmt

comba F **1** *(inflexión)* Biegung *f*, Krümmung *f*; *de sogas, maderos, etc:* Durchhang *m*; *fam fig* **no perder ~** sich *(dat)* nichts entgehen lassen, jede Chance ausnutzen **2** *juego:* Seilspringen *n*; *cuerda:* Springseil *n*; **jugar** *o* **saltar a la ~** seilspringen **3** *jerga del hampa (tumba)* Grab *n* **4** *Ec, Perú (martillo)* (Stein)Hammer *m* **5** *Perú pop (pene)* Schwanz *m pop*

combadura F *de una soga, etc:* Durchhängen *n*; *de madera:* Werfen *n*, Verziehen *n*

combar **A** V/T *madera, hierro* krümmen, biegen **B** V/R **combarse** durchhängen

combate M Kampf *m (tb* DEP*)*; Gefecht *n*; Streit *m*; **~ aéreo** Luftkampf *m*; **~ cuerpo a cuerpo** Nahkampf *m*; **~ desigual** Kampf *m* mit ungleichen Waffen *(tb fig)*; ungleicher Kampf *m*; **~ naval** Seegefecht *n*; **~ singular** Einzel-, Zweikampf *m*; **estar fuera de ~** kampfunfähig sein; *boxeo:* k. o. sein; **poner fuera de ~** außer Gefecht setzen

combatible ADJ bekämpfbar; bestreitbar; **combatiente** **A** M/F *(guerrero)* Kämpfer *m*, -in *f*, Streiter *m*, -in *f*; Kriegsteilnehmer *m*, -in *f* **B** M ORN Kampfläufer *m*; **combatir** **A** V/I kämpfen, streiten (**contra** gegen *acus*; **por** für *acus*) **B** V/T bekämpfen **C** V/R **combatirse** sich schlagen, kämpfen, streiten; **combatividad** F *(inclinación a la lucha)* Kampf(es)lust *f*, Angriffslust *f*; *(fuerza combativa)* Kampfkraft *f*; **combativo** ADJ Kampf...; *(belicoso)* kampflustig, streitlustig; *con palabras:* gern zur Polemik bereit; *(batallador)* kampfkräftig; **espíritu** *m* **~** Kampfgeist *m*; **valor** *m* **~** Gefechts-, Kampf-, Schlagkraft *f*

combina F *fam Esp (truco)* Plan *m*, Trick *m*

combinación F 1 *(conexión)* Zusammenstellung *f*, Verbindung *f (tb química, transporte)*; FERR Anschluss *m*; **~ de colores** Farb(en)zusammenstellung *f* 2 MAT Kombination *f*, Zahlengruppe *f*; **~ numérica** Zahlenkombination *f*; **~ de seis cifras** *cierre de seguridad, etc*: Sechserkombination *f* 3 *(premeditación)* Berechnung *f*, Kombination *f*; *(plan)* Plan *m*; *(artimaña)* List *f*, Trick *m*; *(valoración)* Anschlag *m*; *fam* **descubrirle a uno la ~** hinter j-s Absichten (*o* Listen *o* Tricks) *(acus)* kommen; *fam* **hacer una ~** Vorkehrungen treffen, Maßnahmen ergreifen 4 DEP **(juego** *m* **de) ~** Zusammen-, Kombinationsspiel *n* 5 TEX *(enaguas)* Unterrock *m*; *de aviadores*: (Flieger- *etc*) Kombination *f*, Schutzanzug *m*; **~ isotérmica** Wärmeschutzanzug *m* 6 *bebida*: Cocktail *m*

combinada F DEP **~ alpina/nórdica** alpine/nordische Kombination *f*; **combinado** A ADJ 1 QUÍM gebunden 2 GASTR **plato ~** gemischter Teller B M 1 TEC *producto*: (Produkt *n* einer) Verbindung *f* 2 POL, ECON (Wirtschafts)Kombinat *n* 3 *bebida*: Cocktail *m* 4 *Arg fonotecnia*: Hi-Fi-Anlage *f*; **combinador** M 1 ELEC Anlasswiderstand *m (von Elektromotoren)* 2 *transporte: del tranvía*: Fahrschalter *m (Straßenbahn)*

combinar A VT 1 *(unir, juntar)* zusammenstellen, -fügen; QUÍM verbinden; binden 2 *fig (calcular, trazar)* berechnen, kombinieren; miteinander in Verbindung setzen, in Einklang bringen; *pensamientos* verknüpfen B VI DEP zusammenspielen, kombinieren; passen (**con** zu *dat*) C VR **combinarse** sich verbinden, sich zusammentun; QUÍM eine Verbindung eingehen

combinatoria F MAT Kombinatorik *f*; **combinatorio** ADJ kombinatorisch; Verbindungs...; FIL **arte** *f* **-a** Kombinationskunst *f*; **capacidad** *f* **-a** Kombinationsgabe *f*

combo[1] A ADJ verbogen, durchhängend B M 1 *del tonel*: Fassuntersatz *m* 2 *Chile, Perú (martillo)* (Stein)Hammer *m*; *Perú tb (porra)* Keule *f* 3 *Chile, Perú (puñetazo)* Faustschlag *m* 4 *Perú fam (comida)* Essen *n*; *fam* **tirar ~** mampfen *fam*

combo[2] M MÚS Combo *f*

comburente ADJ QUÍM verbrennungsfördernd, Brenn...

combustibilidad F Brennbarkeit *f*; **combustible** A ADJ brennbar B M Brennstoff *m*; Heiz-, Brennmaterial *n*; TEC *tb* Betriebsstoff *m*; AUTO Kraftstoff *m*; **~ atómico** *o* **nuclear** Atom-, Kernbrennstoff *m*; **~ fósil** fossiler Brennstoff

combustión F Verbrennung *f*, Verbrennen *n*; Abbrennen *n*; **~ de aceite/carbón** Öl-/Kohlenfeuerung *f (als System)*; **~ espontánea** spontane Verbrennung *f*; **~ latente** Schwelen *n*; **~ lenta** Glimmen *n*, Schwelen *n*; langsame Verbrennung *f*; **~ de residuos/desechos** Abfallverbrennung *f*

comebola M *Cuba fam* blöder Kerl *m*

comechado M, **-a** F *Perú fam* Faulpelz *m*

comecocos M *fam* 1 *(embuste)* Schwindel *m*, Schmu *m fam* 2 INFORM Jump-and-Run-Spiel *n*; **comecome** M *fam* Juckreiz *m*; *fig* Nervosität *f*; **comecuras** M/F *⟨pl inv⟩ fam* eingefleischte Antiklerikale *m/f*

comedero A ADJ essbar B M 1 *para animales*: Futtertrog *m*, -krippe *f*; *para pájaros*: Vogelnapf *m* 2 *fam hum para personas*: Esszimmer *n*; Speisesaal *m* 3 *fam reg (comida)* Essen *n* 4 *Col fam (restaurante)* einfache Gaststätte *f*

comedia F 1 LIT, TEAT Lustspiel *n*, Komödie *f*; *p. ext* Schauspiel *n*; **~ del arte** *o* **~ italiana** Commedia *f* dell'Arte; **~ de capa y espada** Mantel- und Degen-Stück *n*; **~ de carácter** Charakterstück *n*; **~ de costumbres** Gesellschaftsstück *n*; **~ de enredo** Intrigenstück *n*; **~ de figurón** Sittenkomödie *f* 2 *fig (farsa)* Komödie *f*, Farce *f*; **hacer la** *o* **una ~** Komödie (*o* Theater) spielen; **sus lágrimas son ~** ihre Tränen sind reinste Komödie (*o* nur Mache *fam*)

comedianta F, **comediante** M Schauspieler *m*, -in *f*, Komödiant *m*, -in *f (espec fig)*; *fig* Heuchler *m*, -in *f*

comedidamente ADV höflich; zurückhaltend; **comedido** ADJ höflich, zurückhaltend, gemessen; bescheiden; **comedimiento** M Anstand *m*, Höflichkeit *f*, Zurückhaltung *f*

comediógrafo M, **-a** F Bühnenautor *m*, -in *f*; Komödienschreiber *m*, -in *f*

comedirse VR ⟨3l⟩ 1 *(contenerse)* sich mäßigen, sich zurückhalten, zurückhaltend sein; **~ en sus deseos** anspruchslos sein 2 *Am (ser muy atento)* äußerst zuvorkommend sein; **~ a hacer a/c** sich anbieten etw zu tun 3 *Ec (entremeterse)* sich einmischen

comedón M MED Mitesser *m*

comedor A ADJ gefräßig B M 1 *(pieza de comer)* Esszimmer *n (tb mobiliario)*; *en el hotel, etc*: Speiseraum *m*, -saal *m*; **~ (colectivo)** (Werks)Kantine *f*; **~ cocina** *f* Wohnküche *f*; **~ de estudiantes** *o* **~ universitario** Mensa *f*; MAR **~ (de oficiales)** (Offiziers)Messe *f*; **~ público** *corresponde a*: Volksküche *f* 2 *(casa de comidas)* Mittagstisch *m* 3 **~ de fuego** Feuerfresser *m*, -schlucker *m* C M, **comedora** F **~ compulsivo, ~a compulsiva** zwanghafter Esser *m*, zwanghafte Esserin *f*

comehostias M/F *Arg fam frec desp* Betbruder *m*; Betschwester *f*

comején M 1 *espec Am insecto*: Termite *f* 2 *Am reg fam fig (mocoso)* Rotznase *f fam*, frecher Kerl *m* 3 *Am reg (intranquilidad)* Unruhe *f*; **comejenera** F 1 *(termitero)* Termitenbau *m* 2 *Ven fam fig (guarida de ladrones)* Räuberhöhle *f*, Schlupfwinkel *m*

comelón M, **comelona** F *Perú fam* Fresser *m*, -in *f*, Vielfraß *m*; **comemierda** A ADJ *(estúpido)* blöd *fam*; *(sin tacto)* taktlos, unverschämt B M/F 1 *Cuba vulg (tonto)* Depp *m fam*, Armleuchter *m pop* 2 *Esp* Scheißkerl *m vulg*

comendador M 1 HIST *caballero*: Komtur *m der Ritterorden*; **~ mayor** Großkomtur *m* 2 REL *dignidad de una orden*: Ordensprior *m verschiedener religiöser Orden*; **comendadora** F Priorin *f verschiedener Frauenklöster*; **comendatorio** ADJ Empfehlungs...; **comendero** M HIST Kommendeninhaber *m*, -komtur *m*

comensal M/F Tischgenosse *m*, -genossin *f*; (Tisch)Gast *m*; **comensalía** F Tischgenossenschaft *f*

comentador M, **comentadora** F Kommentator *m*, -in *f*; **comentar** VT 1 *(explicar)* erklären, auslegen 2 *(hacer comentarios)* besprechen, kommentieren; *libro* rezensieren

comentario M 1 *(observación)* Kommentar *m*; *(explicación)* Erklärung *f*, Auslegung *f*; **~ de texto** Textanalyse *f*; **¡sin ~!** kein Kommentar!; **sin más ~** ohne weitere Erklärung; ohne Weiteres 2 **~s** *pl* Bemerkungen *fpl*; *desp (habladurías)* Gerede *n*, Geschwätz *n*; **dar lugar a ~s** Anlass zu Bemerkungen geben, sich dem Gerede aussetzen; LIT **los Comentarios de César** der Gallische Krieg *(Werk Cäsars)*

comentarista M/F TV, RADIO Kommentator *m*, -in *f*; **comento** M 1 *(acción de comentar)* Kommentieren *n* 2 → comentario

comenzar ⟨1f *y* 1k⟩ A VT anfangen, beginnen; *trabajo, tarea* in Angriff nehmen; *fruta, pan* anschneiden; *prov* **lo difícil es ~** aller Anfang ist schwer B VI *abs* beginnen, anfangen; **~ a** *(inf)* beginnen zu *(inf)*, anfangen zu *(inf)*; **~ por** *(inf)* zunächst (*o* zuerst) *etw tun*; *v/imp* **comienza a llover** es fängt an zu regnen

comer A VT 1 *(tomar alimento)* essen, verzehren; *animales* fressen; *fam fig* **~ a alg vivo** aus j-m Hackfleisch (*o* Kleinholz) machen *fam (Drohung)* 2 *óxido, ácido* zerfressen; *fig* **el río come las orillas** der Fluss nagt an seinen Ufern 3 *juego de tablero: figuras* wegnehmen, schlagen; *juego de damas*: pusten, blasen 4 *fig pena, dolor* nagen an *(dat)*, verzehren *(acus)*; *envidia, celos* verzehren 5 *color* ausbleichen 6 *palabras, sílabas* verschlucken, auslassen 7 *fortuna* durchbringen 8 *(picar)* jucken; **me come todo el cuerpo** es juckt mich überall B VI essen, speisen; *animales* fressen; *(almorzar)* zu Mittag essen; *Am reg (cenar)* zu Abend essen; **~ por ~** ohne Appetit essen; (nur) aus Höflichkeit etwas zu sich *(dat)* nehmen; *pop* **~ caliente** zu essen haben; **~ por cuatro** für vier essen; **antes/después de ~** vor/nach dem Essen; *liter* vor/nach Tisch, **dar de ~ a alg** j-m zu essen geben; *p. ext (alimentar)* für j-s Unterhalt *(acus)* sorgen; **echar de ~ al perro** den Hund füttern, dem Hund Futter geben; *fam cosa* **estar diciendo cómeme** sehr appetitlich (*o* ganz reizend) aussehen, zum Fressen sein *fam fig*; **tener qué ~** sein Auskommen haben; *fam Esp* **sin ~lo ni beberlo** ohne eigenes Zutun, ohne zu wissen, wie; *fam fig* **¿con qué se come eso?** was soll das (bedeuten)? C VR **comerse** 1 *(tragarse)* aufessen, verspeisen; *con avidez*: hinunterschlingen; *palabra* verschlucken 2 *fig (saltear)* **~ a/c** etw übersehen, etw überspringen; *fig* **~ de** vergehen vor *(dat)*, sich verzehren vor *(dat)*; **~ de envidia** vor Neid vergehen; *fam fig* **~ crudo a alg** j-n in die Tasche stecken, j-m über sein; *fig* **~ las ganas** sich *(dat)* etw verkneifen; *fig* **~ con los ojos** *o* **con la vista** mit den Augen verschlingen; *fig* **está para comérsela** sie ist zum Anbeißen hübsch; **con su pan se lo coma** das ist seine Sache, da trägt er die Verantwortung; **~ los santos** ein Betbruder (*o* Frömmler) sein 3 *fortuna* vergeuden, verbrauchen; aufbrauchen 4 *Col fam mujer* vernaschen *fam* 5 *jerga del hampa* **te vas a ~ 5 años** die werden dir 5 Jahre (Gefängnis) aufbrummen D M Essen *n*, Speise *f*; Mahlzeit *f*; **ser de buen ~** schmackhaft sein; ein starker Esser sein

comerciable ADJ 1 COM *(vendible)* (ver)käuflich; *(negociable)* marktfähig, -gängig; *(colocable)* umsetzbar; *mercadería* handelsfähig 2 *(sociable)* umgänglich, gesellig; **comercial** A ADJ kaufmännisch, geschäftlich, kommerziell, Handels..., Geschäfts...; **acuerdo** *m* **~ (y de pagos)** Handels- (und Zahlungs)abkommen *n*; **agente** *m/f* **~** Handelsvertreter *m*, -in *f*; **barrera** *f* **~** Handelshemmnis *n*; **local** *m* **~** Geschäftslokal *n*; **margen** *m* **~** Handelsspanne *f*; **zona** *f* **~** Einkaufsmeile *f* B M/F Handelsvertreter *m*, -in *f*; Außendienstmitarbeiter *m*, -in *f* C M *Am (anuncio publicitario)* Werbespot *m*

comercialismo M Geschäftssinn *m*, -tüchtigkeit *f*; **comercialización** F Absatz *m*, Vermarktung *f*; Kommerzialisierung *f*; **comercializar** VT ⟨1f⟩ vermarkten, absetzen; kommerzialisieren; **comercialmente** ADV kommerziell, kaufmännisch, als Kaufmann

comerciante M/F Kaufmann *m*, -frau *f*; Händler *m*, -in *f*, Geschäftsmann *m*, -frau *f*; **~s** *pl* Kaufleute *mpl*; **~ al por mayor** Großhändler *m*, -in *f*; **~ al por menor** *o* **al detalle** Einzel-, Kleinhändler *m*, -in *f*; **~ de muebles/en vinos** Möbel-/Weinhändler *m*, -in *f*

comerciar VI ⟨1b⟩ 1 *(comprar y vender)* handeln, Handel treiben (**con, en** mit *dat*); **~ al por mayor** Großhandel (be)treiben 2 *fig (tener trato con alg)* Umgang haben (**con** mit *dat*)

comercio M 1 *actividad*: Handel *m*; *(intercam-*

bio de mercancías) Handelsverkehr *m; (industria mercantil)* Handelsgewerbe *n; (mundo de los negocios)* Geschäftswelt *f*, -leben *n*, -kreise *mpl;* ~ **ambulante** Wanderhandel *m;* Straßenverkauf *m;* ~ **de cabotaje** Küstenhandel *m;* ~ **clandestino** *o* **ilícito** Schleichhandel *m;* INFORM ~ **electrónico** E-Commerce *m;* ~ **de exportación/de importación** Ausfuhr-/Einfuhrhandel *m;* Export-/Importhandel *m;* ~ **exterior** Außenhandel *m;* ~ **interior** *o* **nacional** Binnenhandel *m;* ECOL ~ **justo** Fairer Handel *m;* ~ **intermediario** Zwischenhandel *m;* ~ **internacional** *o* **mundial** Welthandel *m;* ~ **librero** Buchhandel *m;* ~ **al por mayor** *o* ~ **mayorista** Großhandel *m;* ~ **al por menor** *o* ~ **minorista** *o* ~ **al detalle** Klein-, Einzelhandel *m;* ~ **pequeño** Kleinhandel *m;* ~ **de ultramar** Überseehandel *m;* ~ **de ventas por correspondencia** Versandgeschäft *n;* **operación** *f* **de** ~ Handelsgeschäft *n;* **establecerse en el** ~ sich als Kaufmann niederlassen **2** *(tienda)* Geschäft *n*, Laden *m;* **todo el** ~ **cierra el domingo** am Sonntag bleiben alle Geschäfte geschlossen **3** *fig (trato)* Umgang *m*, Verkehr *m;* ~ **carnal** *o* **sexual** Geschlechtsverkehr *m; por ext* Prostitution *f* **4** *reg y Am barrio:* Geschäftsviertel *n* **5** *juegos de cartas: verschiedene Kartenspiele*

comestible **A** ADJ essbar **B** ~**s** PL Esswaren *fpl*, Lebensmittel *npl;* ~**s** *pl* **finos** Feinkost *f*, Delikatessen *fpl;* **tienda** *f* **de** ~**s** Lebensmittelgeschäft *n*

cometa **A** M ASTRON Komet *m* **B** F **1** *de tela o papel:* Drachen *m;* Papierdrachen *m;* **volar (la)** ~ *o* **echar** *o* **hacer subir una** ~ einen Drachen steigen lassen **2** *Arg fam (soborno)* Schmiergeld *n fam*

cometedor M, **cometedora** F Täter *m*, -in *f*, Urheber *m*, -in *f*

cometer V/T **1** *error, pecado, crimen* begehen, *crimen tb* verüben; *falta, error* machen **2** ECON *(encargar)* ~ **a/c a alg** j-n mit etw *(dat)* beauftragen; **cometido** M Auftrag *m;* Aufgabe *f;* **cumplir un** ~ einen Auftrag erledigen (*o* ausführen)

comevelas M/F *Arg fam frec desp* Betbruder *m;* Betschwester *f*

comezón F Jucken *n*, Juckreiz *m; fig* Kitzel *m*, Gelüst *n;* Unruhe *f; fam* **tengo una** ~ **(interna)** mir ist irgendwie unbehaglich

comible ADJ *fam* (noch) essbar

comic M Comic (Strip) *m*

cómica F TEAT Komikerin *f; pop* Schauspielerin *f*

comicastro M, **-a** F *desp* schlechte(r) Schauspieler *m*, -in *f*, Schmierenkomödiant *m*, -in *f*

comicial ADJ HIST *y liter* (Volks)Versammlungs..., Wahl...

comicidad F Komik *f*

comicios MPL **1** *(elecciones)* Wahlen *fpl* **2** HIST Komitien *pl*

cómico **A** ADJ **1** *(divertido)* komisch, lustig, spaßhaft, witzig; **lo** ~ das Komische **2** TEAT, LIT Komödien...; Lustspiel..., komisch; **actor** *m* ~ Komiker *m* **B** M **1** Komiker *m*, Schauspieler *m;* ~ **de la legua** Wanderschauspieler *m; desp* Schmierenkomödiant *m* **2** ~**s** *pl (tira cómica)* Comic Strips *pl*

comida F **1** *gener* Essen *n*, *liter* Speise *f; (alimento)* Nahrung *f;* ~ **basura** Junk-Food *n;* ~ **casera** Hausmannskost *f*, (gut)bürgerliche Küche *f;* ~ **de diseño** Designerfood *n;* ~ **a domicilio** Essen *n* auf Rädern; ~ **rápida** Fast Food *n* **2** *para animales:* (Tier-)Futter *n*, (Tier-)Nahrung *f;* ~ **para peces** Fischfutter *n;* ~ **para perros** Hundefutter *n;* Hundenahrung *f* **3** Mahlzeit *f; (almuerzo)* Mittagessen *n; Am reg (cena)* Abendessen *n;* ~ **de despedida** Abschiedsessen *n;* ~ **de negocio** *o* **de trabajo** Arbeitsessen *n*, Geschäftsessen *n;* ~ **principal** Hauptmahlzeit *f;* **dar una** ~ **a alg** für j-n (*o* j-m zu Ehren) ein Essen geben; **hacer la** ~ das Essen zubereiten; **hacer tres** ~**s al día** dreimal täglich essen; **tener** ~ **y alojamiento** Unterkunft und Verpflegung haben

comidilla F **1** *(tema preferido)* Hauptthema *n;* Stadtgespräch *n;* **ser la** ~ **de la gente (del público)** das Stadtgespräch sein, stadtbekannt (*o* in aller Munde) sein **2** *hum (ocupación favorita)* Lieblingsbeschäftigung *f*, Steckenpferd *n*, Hobby *n*

comido ADJ **1** *(satisfecho)* satt (gegessen); *fam* **(lo)** ~ **por (lo) servido** es kommt nichts dabei heraus, es langt gerade von der Hand in den Mund *(Lohn, Verdienst);* **(estar)** ~ **y bebido** den ganzen Unterhalt (haben); **estar** ~ **de trampas** bis über beide Ohren verschuldet sein; **llegar** ~ *visita* nach dem Essen kommen; *fam* **es pan** ~ das ist ganz leicht (zu machen) **2** *(agujereado)* durchlöchert; ~ **de orín** rostig, vom Rost zerfressen

comienzo M *(principio)* Beginn *m*, Anfang *m; (raíz)* Ursprung *m*, Wurzel *f; de un viaje, de una cura:* Antritt *m;* **desde el** ~ von Anfang an; **al** ~ *o* **en el** ~ im (*o* zu) Anfang, anfänglich, anfangs; **a** ~**s de mayo** Anfang Mai; **a** ~**s del verano** zu Beginn des Sommers; **dar** ~ beginnen, anfangen; **dar** ~ **a a/c** etw beginnen, etw in Angriff nehmen

comillas FPL Anführungszeichen *npl*, Gänsefüßchen *npl fam; tb fig* **poner entre** ~ in Anführungszeichen setzen

comilón **A** ADJ *persona* gefräßig **B** M **1** *(glotón)* Vielfraß *m;* Schlemmer *m* **2** *Arg vulg (marica)* Tunte *f vulg;* **comilona** F **1** *fam comida abundante y variada:* Schlemmermahl *n*, Essgelage *n*, Fresserei *f pop; fam* **estar de** ~ mächtig schlemmen **2** *persona:* Schlemmerin *f*

cominear V/I *desp* **1** *(ser pedante)* ein Kleinigkeitskrämer sein **2** *(entremeterse en cosas de mujeres)* sich mit Weiberkram abgeben *fam;* **cominería** F *fam desp* Kleinigkeitskrämerei *f;* **cominero** M *fam desp* **1** Schnüffler *m;* Topfgucker *m* **2** *(pedante)* Kleinigkeitskrämer *m;* **cominillo** M **1** BOT Taumellolch *m* **2** *RPl aguardiente:* Kümmel *m (Schnaps)*

comino M **1** BOT Kreuzkümmel *m*, Kumin *m; incorr* Kümmel *m;* FARM **esencia** *f* **de** ~ Kreuzkümmelöl *n* **2** *fig (hombrecillo)* Knirps *m*, kleiner Wicht *m* **3** *fam* **eso (no) me importa un** ~ das ist mir ganz egal, das ist mir schnuppe *fam*

comiquería F *Am reg* Comicladen *m;* **comiquita** F *Ven fam* Comic (Strip) *m*

comisar V/T JUR einziehen, beschlagnahmen; **comisaria** F Kommissarin *f;* Beauftragte *f;* → *tb* comisario; **comisaría** F Kommissariat *n;* ~ **(de policía)** Polizeirevier *n;* -wache *f;* **comisariado** M POL Kommissariat *n*

comisario M **1** *policía:* Kommissar *m;* ~ **de policía** Polizeikommissar *m;* ~ **jefe** Hauptkommissar *m*, -in *f* **2** *(encargado)* Beauftragte *m;* amtlicher Vertreter *m;* POL **alto** ~ Hochkommissar *m*, Hoher Kommissar *m;* ~ **europeo** europäischer Kommissar *m*, EU-Kommissar *m* **3** MAR Marinezahlmeister *m*

comiscar V/T & V/I ⟨1g⟩ wenig und oft essen, naschen

comisión F **1** *(comité)* Kommission *f*, Ausschuss *m;* ~ **administrativa/económica** Verwaltungs-/Wirtschaftsausschuss *m;* ADMIN ~ **calificadora** Prüfungsausschuss *m;* **Comisión de los Derechos del Hombre** Ausschuss *m* für Menschenrechte *(der UNO);* **Comisión Económica para América Latina** Wirtschaftskommission *f* für Lateinamerika; ~ **especial** Sonderausschuss *m;* ~ **de estudios** Studien-, Prüfungskommission *f;* **Comisión Europea** Europäische Kommission *f*, EU-Kommission *f; espec* POL ~ **de investigación** *o* ~ **investigadora** Untersuchungsausschuss *m;* ~ **parlamentaria** Parlamentsausschuss *m;* **constituir** *o* **formar** *o* **establecer una** ~ eine Kommission (*o* einen Ausschuss) einsetzen; **formar parte de la** ~ Ausschussmitglied sein **2** *(encargo)* Auftrag *m;* COM *tb* Kommission *f;* **agente** *m* **de** ~ Kommissionär *m*, Geschäftsvermittler *m;* **establecer una casa de -ones y representaciones** ein Kommissionsgeschäft aufziehen; **dar/vender en** ~ in Kommission geben/verkaufen; **venir en** ~ **de** im Auftrag von *(dat)* kommen; ADMIN **en** ~ **de servicio** im dienstlichen Auftrag **3** COM ~ **(mercantil)** Kommission *f*, Provision *f*, Vermittlungsgebühr *f;* ~ **bancaria/de cobro** Bank-/Inkassoprovision *f;* **trabajar a** ~ auf (*o* gegen) Provision arbeiten **4** *de un pecado, de un crimen:* Begehen *n*, Begehung *f; de un crimen tb* Verübung *f;* JUR **delito** *m* **de** ~ Kommissivdelikt *n;* REL **pecado** *m* **de** ~ Tatsünde *f* **5** JUR ~ **rogatoria** Rechtshilfeersuchen *n an ein ausländisches Gericht;* **interrogar a alg por** ~ **rogatoria** j-n kommissarisch *(aufgrund eines Rechtshilfeersuchens)* vernehmen

comisionado M, **-a** F ECON, JUR Bevollmächtigte *m/f*, Beauftragte *m/f*, Vertreter *m*, -in *f; espec Am* Kommissar *m*, -in *f;* POL **Alto Comisionado** *m* **de las Naciones Unidas para los Refugiados** UN-Hochkommissar *m* für Flüchtlinge

comisionar V/T ECON, JUR beauftragen; ~ **a/c a alg** j-n mit etw *(dat)* beauftragen, j-m einen Auftrag geben; **comisionista** ECON **A** ADJ Kommissions...; **librero** *m* ~ Kommissionsbuchhändler *m* **B** M/F ~ **(en nombre ajeno)** (Handels-)Vertreter *m*, -in *f*, Agent *m*, -in *f;* ~ **(en nombre propio)** Kommissionär *m*, -in *f;* ~ **de transportes** Spediteur *m*, -in *f*

comiso M **1** JUR *(embargo)* Einziehung *f*, Beschlagnahme *f;* **de** ~ beschlagnahmt, eingezogen **2** JUR *de la enfiteusis:* Rücktrittsberechtigung *f von der Erbpacht* **3** *Col (provisiones de viaje)* Reiseproviant *m*, Wegzehrung *f;* **comisorio** ADJ JUR befristet (gültig)

comisquear V/T → comiscar

comistrajo M *fam desp* Schlangenfraß *m fam*

comisura F ANAT Verbindungsstelle *f*, Kommissur *f;* ~ **de los labios** Mundwinkel *m;* ~ **de los ojos** *o* **de los párpados** Augenwinkel *m*

comité M Ausschuss *m*, Komitee *n;* POL **Comité Central** Zentralkomitee *n;* ~ **ejecutivo** POL Exekutivkomitee *n; de asociaciones, etc:* geschäftsführender Ausschuss *m;* POL ~ **electoral** Wahlausschuss *m; Esp* ECON **Comité de Empresa** Betriebsrat *m;* ~ **de normalización** Normenausschuss *m;* DEP **Comité Olímpico Internacional** Internationales Olympisches Komitee *n;* ~ **organizador** vorbereitender (Fest)-Ausschuss *m;* Messeausschuss *m etc*

comitente M/F ECON, JUR Auftraggeber *m*, -in *f*

comitiva F Gefolge *n*, Begleitung *f;* Zug *m*

cómitre M **1** MAR, HIST *en las galeras:* Rudermeister *m auf den Galeeren;* Schiffshauptmann *m* **2** *fig (desollador)* Leuteschinder *m*

comiza F *pez:* Bartfisch *m*, große Flussbarbe *f*

como **A** ADV **1** *propiedad:* als; ~ **profesor y amigo** als Lehrer und Freund; **asistir** ~ **observador** als Beobachter teilnehmen **2** *comparación:* wie, so ... wie; **tiene tanto dinero** ~ **tú** er hat so viel Geld wie du; **y otros casos,** ~ **son ...** und andere Fälle, wie z. B. ...; **no** ~ **quiera** wie es sich gehört, anständig; nicht leichthin; **tal** ~ **era entonces, ya no es** so wie damals ist es nicht mehr; **sabrás la manera** ~ **sucedió** du wirst wissen, wie es zugegangen ist **3** *relación y acercamiento:* ungefähr, etwa; gewissermaßen; *fam* was ... (*acus*) angeht, was man so ... nennt; *fam* ~ **quien dice mil euros** sozusagen (*o* rund) 1000 Euro; **hace ~ una hora** vor etwa einer Stunde; **hará ~ tres meses** es mag ein Vierteljahr her sein; **~ entenderlo, no lo entiendo** genau genommen, verstehe ich es nicht B CJ 1 *comparación*: wie; als; **hazlo ~ puedas** mach's, wie es eben geht; **~ quiera (usted)** wie Sie wollen, nach Ihrem Belieben; **~ si** (*subj*) als ob (*subj*); **~ si fuera rico/tonto** als ob er reich/blöd wäre; **~ que** als ob; **hacía ~ que dormía** er tat, als ob er schliefe; **¡esto es ~ para desesperarse!** das ist ja zum Verzweifeln! 2 (*en cuanto*) sobald, sowie; **(así** *o* **tan pronto) ~ se hubieron** *o* **se habían llegado, empezaron a discutir** kaum waren sie angekommen, begannen sie zu diskutieren; **(tan pronto) ~ vuelva a casa, se lo diré** sobald er/sie nach Hause kommt, sage ich's ihm/ihr 3 *razón*: da, weil; **~ es domingo, está todo cerrado** da Sonntag ist, ist alles geschlossen; **~ está de viaje, no lo veremos** da er verreist ist, werden wir ihn nicht sehen; **tienes un coche precioso – ¡~ que me ha costado un dineral!** du hast ein tolles Auto – das hat mich aber auch eine Stange Geld gekostet! 4 *condición*: wenn; **~ no seas puntual, me voy** wenn du nicht pünktlich bist, gehe ich 5 *reconocimiento*: **~ quiera que sea** es sei, wie es wolle; **~ quiera (que)** (*subj*) obwohl, wenn ... auch 6 dass; **verás ~ lo hago** du wirst sehen, dass (*o* ob) ich es tue

cómo A ADV 1 *interrogativo* **¿~?** wie?, wieso?; warum?; **¿~ que?** *o* **¿~ pues?** wieso?; **¿~ (dice)?** wie (bitte)?; **¿~ que no?** wieso nicht?; **¿~ estás?** wie geht es dir?; **¿a ~?** wie viel?, wie teuer?; **¿a ~ está el cambio?** wie steht der Kurs?; **¿a ~ está el pan?** wie teuer ist das Brot?; **no sabía ~ hacerlo** er wusste nicht, wie er es anstellen sollte; **no sé ~ no lo hago** am liebsten möchte ich's tun; **según y ~** je nachdem, es kommt darauf an 2 INT **¡~ ...!** wie (sehr) ...!; **¡~ no!** natürlich!, selbstverständlich!; *fam* **¡y ~!** und wie! B M **el ~ y el cuándo** das Wie und das Wann

cómoda F Kommode *f*

cómodamente ADV bequem, leicht; bequem, behaglich

comodante M/F JUR Verleiher *m*, -in *f*; **comodatario** M, **comodataria** F JUR Entleiher *m*, -in *f*; **comodato** M JUR Leihe *f*; **prestar en ~** leihen

comodidad F 1 (*conveniencia*) Bequemlichkeit *f*, Behaglichkeit *f*; (*bienestar*) Wohlstand *m*; **con todas las ~es** *vivienda* mit allem Komfort 2 (*utilidad*) Nutzen *m*; **buscar ~es** seinen Vorteil suchen

comodín M 1 (*cómoda pequeña*) kleine Kommode *f*; TIPO Setzregal *n*; *Bol* (*mesita de noche*) Nachttisch *m*, Nachtkästchen *n* 2 *fam persona*: Mädchen *n* für alles (*fig*) 3 *naipes*: Joker *m* 4 (*expresión favorita*) Lieblingsausdruck *m* 5 (*pretexto*) Ausflucht *f* 6 INFORM Wild Card *f*, Joker *m*

cómodo ADJ 1 (*oportuno, fácil*) bequem, leicht; **~ de usar** benutzerfreundlich 2 (*confortable*) behaglich, gemütlich; **aquí estamos muy ~s** hier fühlen wir uns sehr wohl, hier haben wir es gemütlich; *fam* **póngase ~** machen Sie sich's bequem, fühlen Sie sich wie zu Hause 3 *fig mayoría* solide, breit

comodón ADJ *fam* bequem, faul; **comodonería** F Bequemlichkeit *f*

comodoro M MAR, AVIA Kommodore *m*

comoquiera A ADV wie auch immer; irgendwie; ohnehin, sowieso; **~, se ha de enfadar** er wird sich sowieso ärgern B CJ **~ que** da ja; auch wenn

Comoras FPL GEOG Komoren *pl*

compa M/F *Esp fam* Kumpel *m fam*

compacidad F Kompaktheit *f*, Dichtigkeit *f*

compactar V/T (*condensar*) verdichten, zusammendrängen; anhäufen; *chatarra, etc*: zusammenpressen; INFORM *archivos*: komprimieren, zippen; **compactible** ADJ zusammendrückbar

compacto ADJ dicht, fest, kompakt, massiv; *madera* fest; *nieve* schwer; TIPO *composición, letra* eng; AUTO **coche** *m* **~** Kompaktwagen *m*; **multitud** *f* **-a** dicht gedrängte Menge *f*; **disco** *m* **~** CD *f*

compadecer ⟨2d⟩ A V/T bemitleiden, Mitleid haben mit (*dat*); sich erbarmen (*gen*) B V/R **compadecerse** 1 (*tener compasión*) Mitleid haben (**de alg** mit j-m) 2 (*conformarse*) **~ (mal) una cosa con otra** sich (schlecht *o* nicht) vertragen mit (*dat*), (nicht) zueinanderpassen

compadraje M *desp* Cliquenbildung *f*, -wirtschaft *f*, Kamarilla *f*; **compadrar** V/I 1 (*contraer compadrazgo*) Pate werden 2 *frec desp* (*amigarse*) j-s freund sein (*o* werden); **compadrazgo** M 1 (*conexión entre padrino y padres*) Patenschaft *f*; *liter* Gevatterschaft 2 *fig* (*pandilla*) Clique *f*; **compadre** M 1 (*padrino*) Pate *m*; *liter* Gevatter *m* (*reg tb como tratamiento*) 2 (*compañero*) *fig* Kumpan *m*, Freund *m*; *Col* **vamos a ser ~s** jetzt haben wir beide das gleiche gesagt; **¡~!** nanu!, alle Achtung! 3 *RPl* (*fanfarrón*) Angeber *m*, Windhund *m* (*fam fig*); **compadrear** V/I 1 → compadrar 2 *RPl* (*hacer ostentación*) sich aufspielen, mit guten Beziehungen prahlen; **compadreo** M *desp* Kumpanei *f*; **compadrito** M *RPl* Angeber *m*, Fatzke *m*; **compadrón** M *RPl* Maulheld *m*; Raufbold *m*

compaginable ADJ **~** vereinbar (**con** mit *dat*); **compaginación** F 1 TIPO Umbruch *m* 2 *fig* (*puesta en orden*) Einordnung *f*; Vergleichung *f*; Vergleich *m* 3 *fig* (*encadenación*) Verkettung *f*; **compaginador** M TIPO Metteur *m*; **compaginar** A V/T 1 TIPO umbrechen; (*paginar*) paginieren 2 (*acordar*) in Einklang bringen (*o* vereinbaren) (**con** mit *dat*); unter einen Hut bringen *fam* B V/R **compaginarse** passen (**con** zu *dat*), in Einklang stehen (**con** mit *dat*)

compaña F *fam* → compañía; **y la ~** und die ganze Sippschaft *fam*; **¡adiós, Paco y la ~!** auf Wiedersehen, (Paco und) alle miteinander!

compañerismo M (*camaradería*) Kameradschaft(lichkeit) *f*; *entre colegas*: Kollegialität *f*; **falta** *f* **de ~** unkameradschaftliches (*o* unkollegiales) Verhalten *n*

compañero M, **-a** F 1 (*acompañante*) Begleiter *m*, -in *f*; Gefährte *m*, Gefährtin *f*; POL Genosse *m*, Genossin *f*; (*colega*) Kollege *m*, Kollegin *f*; (*colaborador*) Mitarbeiter *m*, -in *f*; (*amigo, -a*) Kamerad *m*, -in *f*, Freund *m*, -in *f*; **~** *m* **de armas** Waffenbruder *m*, Kampfgefährte *m*; **~** *m*, **-a** *f* **de cautiverio** Mitgefangene *m/f*; **~** *m*, **-a** *f* **de clase** Schulfreund *m*, -in *f*; *Boxen*: **~** *m* **de entrenamiento** Sparringspartner *m*; **~** *m*, **-a** *f* **de estudios** Studienkollege *m*, -kollegin *f*, Kommilitone *m*, Kommilitonin *f*; **~** *m*, **-a** *f* **de fatigas** Leidensgenosse *m*, -genossin *f*; **~** *m*, **-a** *f* **de juego** Spielgefährte *m*, -gefährtin *f*; **~** *m*, **-a** *f* **sentimental** Lebensgefährte *m*, -gefährtin *f*; **~** *m*, **-a** *f* **de viaje** Reisegefährte *m*, -gefährtin *f*; POL Mitläufer *m*, -in *f* 2 *fig cosa*: Seiten-, Gegenstück *n*; **estos zapatos no son ~s** diese Schuhe gehören nicht zueinander 3 MIN *y fig* Kumpel *m*

compañía F 1 (*acompañamiento*) Begleitung *f*, Gesellschaft *f*; *p. ext* (*compañero, -a*) Begleiter *m*, -in *f*, Gefährte *m*, Gefährtin *f*; **en ~ (de)** zusammen (mit *dat*); **malas ~s** *pl* schlechte Gesellschaft *f*; **encontrar ~** Gesellschaft finden; **estar en buena ~** sich in guter Gesellschaft befinden; **hacer ~ a alg** j-m Gesellschaft leisten 2 ECON (*sociedad*) Gesellschaft *f*; **~ aérea** *o* **de aviación** Luftfahrt-, Fluggesellschaft *f*; **~ fantasma** Briefkastenfirma *f*; **~ de navegación** Schifffahrtsgesellschaft *f*; **~ (mutua) de seguros** Versicherungsgesellschaft *f* (auf Gegenseitigkeit); **~ operadora** Betreibergesellschaft *f*; *nombre propio*: **Compañía Pérez y Cía** Firma Pérez & Co. 3 CAT **~ de Jesús** Gesellschaft *f* Jesu 4 TEAT (*elenco*) Truppe *f*, Ensemble *n*; **~ de baile** Ballettruppe *f*; **~ de ópera** Operntruppe *f*, -ensemble *n*; **~ de la legua** *o* **~ ambulante** Wanderbühne *f*; Schmierentheater *n* 5 MIL Kompanie *f*; **~ de honor** Ehrenkompanie *f*

compañón M *obs* Hode *m/f*

comparable ADJ vergleichbar (**a** mit *dat*)

comparación F 1 (*parangón*) Vergleich *m*, Gegenüberstellung *f*; **en ~ (con)** im Vergleich (mit, zu *dat*); *adv* dagegen; **por ~** vergleichsweise; **sin ~** mit Abstand; **no tener (ni punto de) ~ con** nicht zu vergleichen sein mit; **toda ~ es odiosa** (alle) Vergleiche hinken 2 (*parábola*) Gleichnis *n* 3 GRAM (*aumento*) Steigerung *f*

comparado ADJ vergleichend; **~ con** verglichen mit (*dat*), im Vergleich zu (*dat*); **comparador** M FÍS Komparator *m*; Messgerät *n*

comparar V/T (*hacer un parangón de*) vergleichen (**a, con** mit *dat*); (*cotejar*) gegeneinander abwägen; (*contraponer*) gegenüberstellen; **imposible de ~** unvergleichbar; **comparatista** M/F *t/t* Komparatist *m*, -in *f*, vergleichender Sprach(Literatur-, Rechts- *etc*)wissenschaftler *m*, vergleichende Sprach(Literatur-, Rechts- *etc*)wissenschaftlerin *f*; **comparatística** F *t/t* Komparatistik *f*, vergleichende Sprach(Literatur-, Rechts- *etc*)wissenschaft *f*; **comparativo** A ADJ vergleichend; GRAM **oración** *f* **-a** Vergleichssatz *m* B M GRAM Komparativ *m*

comparecencia F *espec* JUR Erscheinen *vor Gericht*; **orden** *f* **de ~** Vorführungsbefehl *m*; **no ~** Nichterscheinen *n*; **comparecer** V/I ⟨2d⟩ JUR (vor Gericht) erscheinen; *fam irón* (*presentarse*) auftauchen, in Erscheinung treten; **compareciente** M/F JUR Vorgeladene *m/f*; (vor Gericht) Erscheinende *m/f*; (vor Gericht) Erschienene *m/f*; **comparendo** M JUR Vorladung *f*; **comparición** F JUR Erscheinen *n* (vor Gericht); Vorladung *f*

comparsa A F 1 (*séquito*) Gefolge *n* 2 (*grupo de máscaras*) Maskengruppe *f* 3 *fam frec irón* (*multitud*) Menge *f*, Volk *n* B M/F TEAT (*figurante*) Statist *m*, -in *f*, Komparse *m*, Komparsin *f*; **comparsería** F TEAT Komparserie *f*, Statisterie *f*; **comparsista** M/F Komparse *m*, Komparsin *f*, Statist *m*, -in *f*

comparte M/F JUR Mitkläger *m*, -in *f*

compartidor M, **compartidora** F Mitteilhaber *m*, -in *f*; Mitverteiler *m*, -in *f*; **compartimentar** V/T abteilen; *in Fächer etc* einteilen; **compartimento** M *Am*, **compartimiento** M 1 Abteilung *f*, (*casilla*) Fach *n*; (*terreno*) Feld *n* 2 FERR Abteil *n* 3 MAR **~ estanco** (*durch Schotten gesicherte*) Abteilung *f eines Schiffes*

compartir V/T (*dividir*) auf-, ver-, einteilen; (*usar o poseer en común*) gemeinsam haben (*o* teilen) (**con** mit *dat*); **~ las alegrías y las penas** Freud und Leid teilen; **~ la opinión de otro** die Meinung eines anderen teilen; **~ tareas** die Aufgaben verteilen; *en el hogar*: sich (*dat*) die Hausarbeit teilen; **~ entre muchos** auf viele verteilen

compás M 1 *instrumento*: Zirkel *m*; **~ de espesor** *o* **de grueso** Dickenmesser *m*, (Ab)Greifzirkel *m*, Tasterlehre *f*; **~ de punta seca** Stechzirkel *m*; **estuche** *m* *o* **juego** *m* *o* **caja** *f* **de compases** Reißzeug *n* 2 MÚS (*ritmo*) Takt *m*; *gener* Rhythmus *m*, Tempo *n*, Maß *n*; **a ~** im Takt;

im Gleichschritt; **~ de dos/tres por cuatro** Zwei-/Dreivierteltakt *m*; **~ de espera** ganztaktige Pause *f*, Pausentakt *m*; *fig* Pause *f*; Wartezeit *f*; **~ menor** → compasillo; **~ mayor** Alla-breve-Takt *m*; **~ de vals** Walzertakt *m*; **llevar el ~** Takt halten; *fig* den Ton angeben; **marcar el ~** den Takt angeben (*o* schlagen); *fig* den Ton angeben; **perder el ~** aus dem Takt kommen **3** *fig* (*medida*) Maß *n*, Richtschnur *f*; **al ~ de** nach Maßgabe von (*dat*), in Übereinstimmung mit (*dat*) **4** MAR Kompass *m*; → *tb* **brújula** **5** *de un claustro*: Klostergelände *n* **6** *esgrima*: Wendung *f*

compasadamente ADV MÚS taktmäßig; *fig* gemessen, mit Maß und Ziel; **compasado** ADJ MÚS taktmäßig; (*mesurado*) abgemessen; *fig* (*moderado*) maßvoll, klug; **compasar** V/T **1** (*medir*) ausmessen; *con el compás*: abzirkeln **2** MÚS in Takte einteilen **3** *fig* (*proporcionar*) bemessen, einteilen; **compasillo** M MÚS Viervierteltakt *m*

compasión F Mitleid *n*; Erbarmen *n*; **¡por ~!** um Gotteswillen!; **sin ~** erbarmungs-, rücksichtslos; **dar** *o* **despertar ~** Mitleid erwecken; **tener** *o* **sentir ~** (*compadecerse*) Mitleid haben (**de** mit *dat*); (*tener comprensión*) ein Einsehen haben (**de** mit *dat*)

compasionado ADJ → apasionado; **compasivo** ADJ mitleidig, barmherzig; mitfühlend, teilnehmend

compatibilidad F Vereinbarkeit *f*; *t/t* Kompatibilität *f*; Verträglichkeit *f*; **compatibilizar** V/T kompatibel machen; unter einen Hut bringen *fam*; **compatible** ADJ vereinbar, verträglich; *espec* INFORM kompatibel (**con** mit *dat*); **~ con el medio ambiente** umweltverträglich

compatricio M, **-a** F → compatriota; **compatriota** M/F Landsmann *m*; -männin *f*; **~s** *pl* Landsleute *pl*

compeler V/T (*obligar*) zwingen (**a** zu *inf*; **a a/c** zu etw); (*coercer*) nötigen (**a** zu *inf*; **a a/c** zu etw)

compendiado ADJ abgekürzt, zusammengefasst; **compendiador** M, **compendiadora** F Kompendienverfasser *m*, -in *f*; **compendiar** V/T ⟨1b⟩ zusammenfassen, kürzen; im Auszug bringen; **compendio** M Kompendium *n*, Abriss *m*, Leitfaden *m*, Auszug *m*; **compendiosamente** ADV auszugsweise; **compendioso** ADJ im Auszug, gekürzt, summarisch

compenetración F Übereinstimmung *f*; Harmonie *f*; gegenseitige Durchdringung *f*; (gegenseitiges) Verständnis *n*; ECON Verflechtung *f*; **compenetrarse** V/R harmonieren; einander durchdringen; ineinander aufgehen (*tb fig*); **~ (de)** bis in die geringsten Einzelheiten (*einer Sache gen*) eindringen; **~ con alg** sich mit j-m gut verstehen

compensable ADJ ersetzbar; ausgleichbar

compensación F **1** (*arreglo*) Ausgleich *m*; (*indemnización*) Entschädigung *f*, Abfindung *f*; (*sustitución*) Ersatz *m*; (*remuneración*) Vergütung *f*; MED, JUR Kompensation *f*; **~ de energía** Energieausgleich *m*; **en ~ de** als Ersatz (*o* zum Ausgleich) für (*acus*) **2** COM (*abono a cuenta*) Verrechnung *f*; **central** *f* **de ~** Verrechnungs-, Clearingstelle *f*; **~ de cargas** Lastenausgleich *m*

compensador **A** ADJ ausgleichend **B** M **1** (*equilibrador*) Kompensator *m*, Ausgleicher *m* (*tb* TEC) **2** *del reloj*: Uhrenpendel *n* **3** ELEC Aus-, Abgleichkondensator *m*

compensar **A** V/T **1** (*equilibrar*) ausgleichen, ersetzen, kompensieren; **~ las pérdidas con las ganancias** Verlust und Gewinn ausgleichen **2** (*indemnizar*) **~ (de** *o* **por)** entschädigen (für *acus*) **B** V/R **compensarse** einander aufwiegen

compensativo, compensatorio ADJ ausgleichend; ECON *tb* Kompensations…

competencia F **1** (*rivalidad*) Wettbewerb *m*; *espec* ECON Konkurrenz *f*; **~ desleal** unlauterer Wettbewerb *m*; *tb gener*, DEP **~ (inter)nacional** (inter)nationaler Wettbewerb *m*; **Servicio** *m* **de Defensa de la Competencia** Kartellamt *n*, Kartellaufsichtsbehörde *f*; **hacer la ~ a alg/a/c** mit j-m/etw konkurrieren; **a ~** *o* **en ~** um die Wette, konkurrierend; **fuera de ~** außer Konkurrenz; ECON **estar en ~** konkurrieren, im Wettbewerb stehen; **estar en la ~** *o* **ser de la ~** zur Gegenpartei gehören, von der Konkurrenz sein; am Wettbewerb teilnehmen **2** (*incumbencia*) Zuständigkeit *f* (*tb* JUR), Befugnis *f*; **esto (no) es de su ~** dafür ist er (nicht) zuständig, das gehört (nicht) zu seinen Obliegenheiten **3** (*capacidad*) Fähigkeit *f*, Kompetenz *f*; Sachkenntnis *f*

competente ADJ **1** (*autorizado*) zuständig, befugt, berechtigt; **tribunal** *m* **~** zuständiges Gericht *n* **2** (*experto*) sachverständig, sachkundig, kompetent; (*determinante*) maßgebend; ADMIN, JUR *tb* einschlägig; **la persona ~** der/die Zuständige; **ser ~ en** sachverständig sein in (*dat*); maßgebend sein bei (*o in dat*) **3** (*talentoso*) begabt, tauglich **4** (*correspondiente*) zustehend, gebührend **5** (*bastante, adecuado*) entsprechend, gehörig; **edad** *f* **~ (para)** erforderliches Alter (für *acus o* um zu *inf*); **competentemente** ADV sachverständig

competer V/I **~ (a)** zukommen, zustehen, obliegen (*dat*)

competición F Wettbewerb *m*; DEP Wettkampf *m*; **~ futbolística** Fußballspiel *n*; **~ profesional** Berufswettkampf *m*

competidor **A** ADJ rivalisierend, Konkurrenz…, im Wettbewerb stehend; **casas** *fpl* **~as** Konkurrenzfirmen *fpl*, Konkurrenz *f* **B** M, **competidora** F Mitbewerber *m*, -in *f*, Konkurrent *m*, -in *f*; (*rival*) Nebenbuhler *m*, -in *f*; **~ m a la presidencia** Mitbewerber *m* um die Präsidentschaft

competir V/I ⟨3l⟩ wetteifern, konkurrieren (**para** um *acus*); DEP *an einem Wettkampf* teilnehmen; **~ en fuerza** an Kraft miteinander wetteifern; **doce equipos compiten en los certámenes** zwölf Mannschaften nehmen an den Wettspielen teil; **(no) poder ~** (nicht) konkurrieren können, (nicht) konkurrenzfähig sein

competitividad F ECON Wettbewerbsfähigkeit *f*; **competitivo** ADJ ECON Wettbewerbs…, Konkurrenz…

compi M/F *pop* Kumpel *m fam*

compilación F **1** *acción*: Kompilation *f*, Zusammentragen *n* **2** *obra*: Sammelwerk *n*; *desp* Sammelsurium *n*; **compilador** M, **compiladora** F **A** Kompilator *m*, -in *f*, Verfasser *m*, -in *f* eines Sammelwerks **B** M INFORM Compiler *m*; **compilar** V/T kompilieren, zusammentragen, -stellen; *desp* zusammenstoppeln

compincharse V/T gemeinsame Sache machen *fam*; **compinche** M/F *fam* Kumpan *m*, -in *f*, Spießgeselle *m*, -gesellin *f*; **compinchería** Kumpanei *f*

complacedor ADJ gefällig, entgegenkommend; **complacencia** F **1** (*satisfacción*) Befriedigung *f*, Wohlgefallen *n*; **tener gran ~ en** große Befriedigung empfinden über (*acus*) **2** (*amabilidad*) Gefälligkeit *f*, Entgegenkommen *n*; Bereitwilligkeit *f*; COM Kulanz *f* **3** **~(s)** *f(pl)* (*indulgencia*) Nachsicht *f*

complacer ⟨2x⟩ **A** V/T (*agradar*) gefallen (*dat*), befriedigen (*acus*); (*satisfacer*) zufriedenstellen; (*ser servicial*) gefällig sein (*dat*) **B** V/R **~se en** Gefallen finden an (*dat*); sich freuen über (*acus*); **se complace en** (*inf*) es macht ihm Spaß, zu (*inf*); **nos complacemos en remitirle adjunto …** wir freuen uns, Ihnen beiliegend … übersenden zu können

complacido ADJ zufrieden, befriedigt; **complaciente** ADJ **1** (*amable*) gefällig, zuvorkommend, COM kulant **2** (*indulgente*) nachsichtig, tolerant, nachgiebig; willfährig (*desp*)

compleción F Ergänzung *f*

complejidad F **1** (*multiplicidad*) Vielfältigkeit *f*, Vielschichtigkeit *f* **2** (*dificultad*) Schwierigkeit *f*

complejo **A** ADJ (*complicado*) komplex, vielschichtig, kompliziert, verwickelt; MAT **números** *mpl* **~s** komplexe Zahlen *fpl* **B** M **1** (*conjunto*) Komplex *m*, Gesamtheit *f*, Ganze(s) *n*; Verbindung *f* **2** PSIC Komplex *m*; **~ de culpa** Schuldkomplex *m*; **~ de Edipo/de inferioridad** Ödipus-/Minderwertigkeitskomplex *m* **3** ARQUIT (Gebäude-)Komplex *m*, Anlage *f*; **~ deportivo** Sportanlage *f*; **~ de edificios/industrial** Gebäude-/Industriekomplex *m*; **~ escolar** Schulzentrum *n*; **~ polideportivo** Mehrzwecksportanlage *f*; **~ residencial** Wohnanlage *f*; **~ turístico** touristische Anlage *f*; *tb* Feriendorf *n*

complementar V/T ergänzen, vervollständigen; **complementariedad** F Komplementarität *f*; **complementario** ADJ ergänzend; Ergänzungs…, Komplementär…; GEOM **ángulo** *m* **~** Komplementwinkel *m*; **color** *m* **~** Komplementärfarbe *f*; **ser ~** sich ergänzen

complemento M **1** (*añadido*) Ergänzung *f*, Vervollständigung *f*; *t/t* Komplement *n*; **~s** *pl* **de moda** (Mode)Accessoires *npl*; MIL **oficial** *m* **de ~** Reserveoffizier *m* **2** GRAM nähere Bestimmung *f*, Ergänzung *f*; **~ directo** Akkusativobjekt *n*

completamente ADV ganz, gänzlich, völlig; **completar** **A** V/T vervollständigen, ergänzen, komplettieren; (*terminar*) vollenden; **~ una suma** die Summe vollmachen **B** V/R **completarse** sich (gegenseitig) ergänzen; **completas** FPL REL Komplet *f*; **completivo** ADJ GRAM ergänzend

completo ADJ vollständig, ganz, völlig; komplett; **¡~!** besetzt!; TEAT, FILM ausverkauft!; *adv* **al ~** komplett; vollzählig; **por ~** völlig; **estar ~** vollzählig sein; **traje** *m* **~** dreiteiliger Anzug *m*; **estar al ~** *espec hotel*: ausgebucht sein

complexión F **1** (*constitución física*) Körperbau *m*, Konstitution *f*; Veranlagung *f* **2** RET Complexio *f*; **complexionado** ADJ **bien/mal ~** *constitución física*: von kräftigem/schmächtigem Körperbau *m*

complicación F Komplikation *f* (*tb* MED); Verwicklung *f*; Verkettung *f von Umständen*; (*dificultad*) Schwierigkeit *f*; **complicado** ADJ (*enredado*) verwickelt, verworren; (*difícil*) schwierig, knifflig, kompliziert (*tb* MED)

complicar ⟨1g⟩ **A** V/T **1** (*dificultar*) komplizieren, erschweren, verwirren **2** (*involucrar*) **~ a alg en a/c** j-n in etw (*acus*) hineinziehen, j-n in eine Sache verwickeln **B** V/R **complicarse** sich (ver)komplizieren; **la cosa se va complicando** die Sache wird immer verwickelter; *fam* **~ la vida** *o* **la existencia** sich (*dat*) unnötige Schwierigkeiten schaffen; sich (*dat*) das Leben (selbst) schwer machen

cómplice M/F JUR Komplize *m*, Komplizin *f*; Mitschuldige *m/f*; **ser ~ en un delito** bei einer Straftat mitwirken

complicidad F JUR Mittäterschaft *f*; Beihilfe *f*

compló [kɔm'plo] M ⟨*pl* -s⟩, **complot** [kɔm'plɔt] M ⟨*pl* -s⟩ Komplott *n*, Verschwörung *f*

complotar V/T ein Komplott schmieden

complutense ADJ aus Alcalá de Henares; **Universidad** *f* **Complutense** *Madrider Universität*

componedor M **1** JUR *y gener* **(amigable) ~** *(mediador)* Vermittler *m*, *(árbitro)* Schiedsrichter *m* **2** TIPO *regla*: Winkelhaken *m* **3** *Chile, Col de huesos*: Knocheneinrenker *m*; **componedora** F **1** *(mediadora)* Vermittlerin *f*, Schiedsrichterin *f* **2** TIPO *máquina*: Setzmaschine *f*

componenda F *fam* Absprache *f*; Kompromiss *m*; Kuhhandel *m fam*

componente M, *tb* F Bestandteil *m*, Komponente *f*; *persona tb* Mitglied *n*; MAT, TEC **~ efectiva/imaginaria** Wirk-/Scheinwert *m*; **~s** *pl* **de automóviles** Autozubehör *n*

componer ⟨2r⟩ **A** VT **1** *(poner junto)* zusammensetzen; *(ordenar)* anordnen **2** *(aderezar)* zu-, herrichten; *(preparar)* zubereiten; *(adornar)* aufputzen, schmücken **3** *(reparar)* in Ordnung bringen; ausbessern, reparieren **4** *(formar un todo) ein Ganzes* bilden, ausmachen; **componen la junta …** dem Ausschuss gehören an … *(nom)* **5** *(redactar)* verfassen, *composición, poesía, etc* schreiben; MÚS komponieren **6** TIPO (ab)setzen **7** *(reconciliar)* versöhnen **B** VI *abs* LIT schreiben, dichten; MÚS komponieren **C** VR **componerse** **1** **~ de** *(constar de)* bestehen aus *(dat)*, sich zusammensetzen aus *(dat)* **2** *abs (adornarse)* sich (auf)putzen, sich schmücken; **~ el pelo** sich *(dat)* das Haar richten **3** *(reconciliarse)* sich aussöhnen, sich vergleichen, zu einem Vergleich kommen (**con** mit *dat*) **4** *fam* **componérselas** sich behelfen, zurecht-, durchkommen; **componérselas para** *(inf)* es schaffen, zu *(inf)*; **¿cómo se las compone?** wie fangen (*o* stellen) Sie es an?, wie machen Sie das?

componible ADJ **1** *(apropiado)* passend, vereinbar **2** *(conciliable)* ausgleichbar, *riña* beizulegen(d) **3** *(reparable)* reparabel, reparierbar

comporta F AGR Lese-, Traubenkorb *m*

comportable ADJ erträglich; **comportamental** ADJ PSIC Verhaltens…; **terapia** *f* **~** Verhaltenstherapie *f*

comportamiento M Betragen *n*, Benehmen *n*, Verhalten *n (tb* TEC); PSIC **~ colectivo/sexual** Gruppen-/Sexualverhalten *n*; **~ de compra** Kaufverhalten *n*; **modelo** *m o* **pauta** *f* **de ~** Verhaltensmuster *n*

comportar **A** VT **1** *(tolerar)* ertragen **2** *(traer consigo)* mit sich *(dat)* bringen, zur Folge haben **B** VR **comportarse** sich betragen, sich benehmen, sich verhalten

composición F **1** *(agrupamiento)* Zusammensetzung *f*, -stellung *f*; **~ por edades** Altersstruktur *f*; LING **~ de palabras** Wortzusammensetzung *f*; FERR **~ de trenes** Zugzusammenstellung *f* **2** QUÍM *(compuesto)* Verbindung *f*; (chemische) Zusammensetzung *f*; **~ molecular** Molekularverbindung *f*; **sin ~** echt, unverfälscht **3** TIPO Satz *m*; **~ a mano/a máquina** Hand-/Maschinensatz *m* **4** LIT *(obra literaria)* (Schrift)Werk *n*; *(poesía)* Dichtung *f*; *enseñanza*: schriftliche Klassenarbeit *f*; **~ (literaria)** Aufsatz *m*; **~ poética** Gedicht *n* **5** MÚS Komposition(slehre) *f*; **~ (musical)** Komposition *f*, Musikstück *n* **6** PINT *arte*: Komposition *f* **7** *fig* **hacer su ~ de lugar** *ponderar*: das Für und Wider abwägen; *etw* von allen Seiten betrachten **8** *(conciliación)* Vergleich *m*, Schlichtung *f*

compositivo ADJ GRAM **partículas** *fpl* **-as** Komposit(ions)partikel *fpl*; **compositor** M **1** MÚS Komponist *m* **2** LIT Verfasser *m* **3** TIPO *profesión*: Setzer *m* **4** *RPl equitación: preparador*: Bereiter *m (beim Pferderennen)*; **compositora** F **1** MÚS Komponistin *f* **2** LIT Verfasserin *f* **3** TIPO Setzerin *f*

compost M AGR Kompost *m*; **compostaje** M, *tb* **compostación** F AGR Kompostierung *f*; **compostar** VT ECOL kompostieren

compostelano ADJ aus Santiago de Compostela

compostura F **1** *(fabricación)* Zusammensetzung *f*, Verfertigung *f*; Einrichtung *f*, Anordnung *f* **2** *(arreglo)* Ausbesserung *f*, Instandsetzung *f* **3** *(adorno)* Zierde *f*, Schmuck *m* **4** *(añadido)* Beimischung *f (tb para falsificar el vino)* **5** *(modestia)* Bescheidenheit *f*, Zurückhaltung *f*; Anstand *m*; **guardar ~** maßhalten; den Anstand wahren; **Carlos no tiene ~** Karl kennt keine Zurückhaltung; *fig* **esto no tiene ~** hier ist nichts zu retten

compota F Kompott *n*; **compotera** F Kompottschale *f*, -schüssel *f*

compound ['kɔmpaŭnd] **A** ADJ TEC Verbund…, Compound…; **máquina** *f* **de vapor ~** Verbundmaschine *f* **B** M TEC Compound *n*

compra F Kauf *m*, An-, Einkauf *m*; **~ al contado** Bar(ein)kauf *m*; **~ en línea** Onlinekauf *m*; **~ de ocasión** *o* **de lance** Gelegenheitskauf *m*; **~ a plazos** Teilzahlungs-, Ratenkauf *m*; TEL, INFORM **~ por referencia** *Zahlungssystem, bei dem der Kunde einen durch das Internet oder Fernsehen erhaltenen Code in sein Handy eingibt*; **agente** *m/f* **de ~** Einkäufer *m*, -in *f*; **capacidad** *f o* **poder** *m* **de ~** Kaufkraft *f*; **libro** *m* **de ~s** Einkaufsbuch *n*; **negocio** *m* **de ~ y venta** *tb* Trödlerladen *m*; **estar de ~** beim Einkaufen sein; *fam (estar embarazada)* in anderen Umständen sein; **hacer la ~** *o Am* **las ~s** einkaufen; **ir a la ~** einkaufen gehen; **ir de ~s** einen Einkaufsbummel machen, shoppen gehen *fam*

comprable ADJ käuflich *(tb fig)*; *fig (sobornable)* bestechlich; **comprador** M, **compradora** F Käufer *m*, -in *f*, Abnehmer *m*, -in *f*; Kunde *m*, Kundin *f*

comprar **A** VT & VI kaufen, erwerben, *liter* erstehen; **~ a/c a alg** *(adquirir de alg)* j-m etw abkaufen, bei j-m etw kaufen; *(adquirir para alg)* j-m (*o* für j-n) etw kaufen; *fig* **~ a peso de oro** mit Gold aufwiegen; **~ a plazos** auf Ratenzahlung (*o* auf Abschlag) kaufen; **~ barato/caro** billig/teuer kaufen; **~ por** *o reg* **en 30 euros** für (*o reg* um) 30 Euro kaufen **B** VT *fig (sobornar)* kaufen, bestechen

compraventa F **1** COM *negocio*: An- und Verkauf *m*; JUR Kauf *m* **2** *Col, C. Rica, S.Dgo. (casa de empeño)* (nicht öffentliches) Pfandhaus *n*, Leihhaus *n*; **contrato** *m* **de ~** Kaufvertrag

comprehender → comprender; **comprehensivo** → comprensivo

comprender VT **1** *(entender)* verstehen, begreifen; auf-, erfassen; **~ mal** missverstehen, falsch verstehen; *fam* **¡comprendido!** ich kapiere! *fam*, schon verstanden!; **hacer ~** begreiflich machen, beibringen; **hacerse ~** sich verständlich machen **2** *(contener)* umfassen; *(incluir)* einschließen, in sich *(dat)* fassen, enthalten, einbegreifen; **Castilla la Vieja comprende ocho provincias** Altkastilien hat acht Provinzen; **todo comprendido** alles (mit) ein-, inbegriffen; **sin ~ los gastos de viaje** ausschließlich (der) Reisekosten

comprensibilidad F Begreiflichkeit *f*, Verständlichkeit *f*, Fasslichkeit *f*; **comprensible** ADJ fasslich, verständlich; **~ para todos** allgemein verständlich

comprensión F **1** *facultad*: Verständnis *n*, Einsicht *f* **2** *(entendimiento)* Verstehen *n*; Auffassungskraft *f*, -gabe *f*, -vermögen *n*; *(razón)* Verstand *m*; *enseñanza*: **~ auditiva** Hörverstehen *n*; **~ escrita** *o* **de lectura** Leseverstehen *n*; **de fácil ~** leicht verständlich **3** *(alcance de un concepto)* Begriffsumfang *m*, -inhalt *m*

comprensivo ADJ **1** *(que incluye)* in sich *(dat)* enthaltend (*o* begreifend); einschließlich; **precio** *m* **~ de todos los gastos adicionales** Preis *m* einschließlich aller Nebenkosten **2** FIL substantiv **3** *(lleno de comprensión)* verständnisvoll; *(razonable)* einsichtig; *(generoso)* großzügig

compresa F MED Kompresse *f*; **~ (higiénica)** Monats-, Damenbinde *f*

compresibilidad F Zusammendrückbarkeit *f*; **compresible** ADJ zusammendrückbar; *t/t*, TEC kompressibel; **compresión** F Zusammenpressung *f*, Druck *m*; TEC Kompression *f*, Verdichtung *f*; INFORM Komprimierung *f*; TEC **~ del vapor** Dampfspannung *f*; AUTO **de alta ~** hoch verdichtet; **compresivo** ADJ zusammenpressend, verdichtend; **compreso** **A** PP → comprimir **B** M *Chile* Tablette *f*; **compresor** **A** ADJ zusammendrückend **B** M TEC Kompressor *m*, Verdichter *m*; **~ de émbolo/rotativo** Kolben-/Kreiselkompressor *m*

comprimible ADJ zusammendrückbar, komprimierbar; **comprimido** **A** ADJ zusammengepresst, -gedrängt, komprimiert; **aire** *m* **~** Druckluft *f* **B** M **1** FARM *(pastilla)* Tablette *f*; **~ efervescente** Brausetablette *f* **2** *Am reg (chuleta)* Spickzettel *m*

comprimir **A** VT **1** *(reducir a menor volumen)* zusammenpressen, zusammendrücken; TEC verdichten, komprimieren *(tb* INFORM *datos)* **2** *fig (oprimir)* unterdrücken **B** VR **comprimirse** *fig* an sich *(acus)* halten, sich mäßigen

comprobable ADJ feststellbar; beweisbar, nachprüfbar; **comprobación** F **1** *(verificación)* Feststellung *f*; Nachweis *m*, *(prueba)* Beweis *m*, *(confirmación)* Bestätigung *f* **2** *(control)* (Über)Prüfung *f*, Durchsicht *f*, Kontrolle *f*; **~ de materiales** Materialprüfung *f*; **comprobador** M TEC Prüfgerät *n*; **~ de elementos (de batería)** Zellenprüfer *m*

comprobante **A** ADJ bestätigend; beweiskräftig **B** M Beleg *m*, Nachweis *m*; Kontrollschein *m*; **~ de desembolso** Ausgabebeleg *m*; **~ de entrega** Lieferbeleg *m*; **~ de ingresos** Einkommensnachweis *m*; *Perú* **~ de pago** Quittung *f*, Zahlungsnachweis *m*

comprobar **A** VT ⟨1m⟩ **1** *(constatar)* feststellen, konstatieren **2** *(confirmar)* bestätigen; nachweisen, beweisen **3** *(revisar)* durch-, nachsehen, (über)prüfen, kontrollieren **B** VR **como puede comprobarse** nachweislich; **que no puede ~** nicht nachweisbar, unverbürgt

comprobatorio ADJ **1** *(que consta)* feststellend **2** *(concluyente)* beweiskräftig, Beweis… **3** *(que revisa)* Prüfungs…, Kontroll…

comprometedor ADJ kompromittierend; heikel; riskant; *documento, etc* belastend

comprometer **A** VT **1** *(obligar)* verpflichten (**a** zu *dat o inf*); *habitación* nehmen, mieten **2** *(poner en peligro)* in Gefahr bringen, gefährden; MED *tb* in Mitleidenschaft ziehen **3** *(exponer a alg)* bloßstellen, kompromittieren, blamieren **4** *derechos* vergeben (*o* in die Hände eines Dritten geben) **5** *cómplice* verraten, verpfeifen *fam* **B** VR **comprometerse** **1** *(obligarse)* sich verpflichten (**a** zu *inf*); sich engagieren; **~ con alg** sich j-m gegenüber verpflichten; **~ con alg en una empresa** j-n zu einem Unternehmen hinzuziehen **2** *(exponerse)* sich bloßstellen, sich kompromittieren, sich blamieren **3** *Am enamorados*: sich verloben

comprometido ADJ **1** *(delicado)* heikel, gefährlich, schwierig **2** **estar ~** *(ya tener una cita)* schon eine Verabredung haben; *pareja de enamorados*: (schon) verlobt sein; *fig (estar liado en a/c)* in etw verwickelt sein **3** *fig* POL, REL engagiert; **labor** *f* **-a** engagierte Arbeit *f*; POL **países** *mpl* **no ~s** blockfreie Länder *npl*

compromisario M, **compromisaria** F **1** *(mediador[a])* Vermittler *m*, -in *f*, Sprecher *m*, -in *f*; Schiedsrichter *m*, -in *f* **2** POL *en elecciones*: Wahlmann *m*, -frau *f*

compromiso M 1 (convenio) Kompromiss m 2 (obligación) Verpflichtung f; ~ **(matrimonial)** Verlobung f; ~ **verbal** mündliche Vereinbarung f; **casa** f **de** ~ Freudenhaus n; **por** ~ aus Zwang; (nur) der Form halber; COM **libre de** ~ freibleibend; tb COM **sin** ~ unverbindlich; fam joven: noch frei fam, noch zu haben fam; **contraer un** ~ eine Verpflichtung eingehen (o übernehmen) 3 (situación embarazosa) Verlegenheit f, Blamage f; **es un** ~ **para nosotros** es ist uns unangenehm; **estar en** ~ fraglich sein; **poner en** ~ infrage stellen; **poner en un** ~ in eine schwierige Lage bringen 4 JUR (contrato de arbitraje) Schiedsvertrag m 5 POL (colegio electoral) Wahlmännerkollegium n; ~ **electoral** Wahlversprechen n 6 COM ~**s** pl (pasivos) Passiva npl

compromisorio ADJ Kompromiss... **elección** f **-a** Wahl f durch Wahlmänner

compuerta F 1 portón: Vor-, Schutztür f; Türchen n in einem Haustor 2 en un canal, etc: Schleusentor n; TEC Schieber m, Klappe f; MAR Schottentür f; ~ **de descarga** Entleerungsschieber m; en esclusas: Freifluter m

compuestamente ADV 1 (decente) sittsam 2 (ordenadamente) ordentlich; **compuestas** FPL BOT Korbblütler mpl

compuesto A ADJ 1 (agregado de varias cosas) zusammengesetzt; GRAM **palabra** f **-a** zusammengesetztes Wort n, Kompositum n; **estar** ~ **de** bestehen aus (dat) 2 (ordenado) ordentlich; (serio) ernst, gesetzt, umsichtig; (honesto) anständig, sittsam B M 1 (composición) Zusammensetzung f; (mezcla) Mischung f; QUÍM Verbindung f; GRAM Kompositum n; ~ **medicinal** Heilmittel n, Medizin f; ~**s** pl **nitrogenados** Stickstoffverbindungen fpl 2 fam **quedarse** ~ **y sin novia** die Braut kurz vor der Hochzeit verlieren; fig trotz aller Anstrengungen am Schluss scheitern

compulsa F JUR, ADMIN 1 (legalización) Beglaubigung f; (copia legalizada) beglaubigte Abschrift f 2 → compulsación; **compulsación** F JUR, ADMIN (Urkunden)Vergleichung f; **compulsar** V/T JUR 1 documentos: (legalizar) beglaubigen; (cotejar) vergleichen 2 Am (obligar) zwingen; **compulsión** F JUR (gerichtlicher) Zwang m; **compulsivo** ADJ Zwangs...; **compra** f **-a** tb Kaufsucht f; **compulsorio** ADJ JUR **(mandato** m**)** ~ Ausfertigungsbefehl m; Anmahnung f

compunción F 1 (contrición) Zerknirschung f; (arrepentimiento) Reue f 2 (compasión) Mitleid n, Mitgefühl n; **compungido** ADJ 1 (compungido) zerknirscht; (arrepentido) reuig, reuevoll 2 (afligido) betrübt; **compungir** ⟨3c⟩ A V/T bedrücken; mit Reue erfüllen B V/R **compungirse** Gewissensbisse haben; zerknirscht sein

compurgación F JUR, HIST y CAT Reinigungseid m; Gottesurteil n; **compurgar** V/T & V/I ⟨1h⟩ 1 JUR, HIST y CAT seine Unschuld durch den Reinigungseid beweisen 2 Méx, Perú, RPl (cumplir la pena) Sühne leisten, büßen

computable ADJ an-, berechenbar; **computación** F Anrechnung f; Berechnung f; INFORM Informatik f; **computacional** ADJ Computer...; Rechen...

computador M Rechner m; ~ **(electrónico)** Elektronenrechner m, Computer m; **computadora** F espec Am Computer m, Rechner m

computar V/T aus-, berechnen, überschlagen; **computarizar, computerizar** V/T ⟨1f⟩ 1 (adaptar a la computadora) auf Computer umstellen, computerisieren 2 (calcular con la computadora) mit dem Computer be-, errechnen

cómputo M Be-, Ausrechnung f; Überschlag m; ~ **eclesiástico** Berechnung f des Kirchenjahres zur Festlegung der beweglichen Feste

comulgante M/F REL Kommunikant m, -in f; fig Person, die mit anderen die gleiche Meinung teilt

comulgar V/T & V/I ⟨1h⟩ REL das Abendmahl empfangen; fig ~ **(en)** einer Meinung sein (über acus), übereinstimmen (in dat); fam **no** ~ **con ruedas de molino** sich (dat) nichts weismachen lassen, nicht auf den Kopf gefallen sein fam; **comulgatorio** M REL (banco de comunión) Kommunionsbank f; (libro de comunión) Kommunionsbuch n

común A ADJ 1 (compartido) gemeinsam, gemeinschaftlich, allgemein; MAT fracción gemein; ~ **a todos** allen gemeinsam; **en** ~ gemeinsam; gemeinschaftlich, zusammen; adv **de** ~ **acuerdo** in gegenseitigem Einvernehmen, einmütig; **bienes** mpl **comunes** Gemeinschafts-, Allgemeinbesitz m; **posesión** f **(en)** ~ gemeinschaftlicher Besitz m; **tener en** ~ gemeinsam haben 2 (general) allgemein; (corriente) gewöhnlich; (cotidiano) alltäglich; (extendido) weitverbreitet, häufig; **gente** f ~ Leute pl, (gewöhnliches) Volk n; **opinión** f ~ allgemeine Meinung f; **sentido** m ~ gesunder Menschenverstand m; **fuera de lo** ~ o **nada** ~ o **poco** ~ un-, außergewöhnlich; adv **por lo** ~ gewöhnlich, gemeinhin, üblicherweise B M 1 (público) Allgemeinheit f, (pueblo) Volk n; (comunidad) Gemeinwesen n, Gemeinde f; **el** ~ **de las gentes** o **el** ~ **de los mortales** die meisten Leute 2 **(Cámara** f **de) los Comunes** parlamento inglés: das britische Unterhaus n 3 (retrete) Abort m 4 Méx fam (trasero) Hintern m fam

comuna F 1 Am reg (comunidad) Gemeinde f 2 HIST Kommune f (París 1871) 3 personas que comparten un piso: Wohngemeinschaft f, Kommune f; **comunal** A ADJ Gemeinde...; **elecciones** fpl ~**es** Kommunalwahlen fpl B M Gemeinde f; **comunero** A ADJ freundlich, leutselig B M, **-a** F Mitbesitzer m, -in f eines Landguts, eines Anrechts; ~**s** pl Gemeinden fpl mit Allmendeland

comunicabilidad F Mitteilbarkeit f; **comunicable** ADJ 1 (notificable) mitteilbar 2 (sociable) gesellig; leutselig

comunicación F 1 (conexión) Verbindung f; transporte: Verkehrsverbindung f; **-ones** pl TEL, correos: Nachrichtenverbindungen fpl; Post- und Fernmeldewesen n; transporte: Verkehr m, Verkehrswesen n, -wege mpl; ~ **empresarial** Unternehmenskommunikation f; ~ **inalámbrica** drahtlose Kommunikation f; ~ **radiotelefónica** Funkverbindung f; **vía** f **de** ~ Verkehrsweg m, Verbindung f; Verbindungsweg m; **establecer la** ~ **con** die Verbindung herstellen mit (dat), verbinden mit (dat); **estar en** ~ **(con alg)** (mit j-m) in Verbindung stehen; **ponerse en** ~ **con** sich in Verbindung setzen mit (dat); TEL **póngame en** ~ **con ...** verbinden Sie mich bitte mit ... 2 (transmisión de información) Kommunikation f; **sistema** m **de** ~ Kommunikationssystem n; **teoría** f **de la** ~ Kommunikationslehre f 3 (aviso) Mitteilung f; Bekanntgabe f; ~ **oficial** amtliche Mitteilung f 4 TEL (conversación) Gespräch n 5 (trato) Umgang m, Verkehr m, Kontakt m 6 hipnosis: Rapport m 7 (ponencia) Vortrag m, Referat n

comunicado A ADJ **bien** ~ mit guten Verkehrsverbindungen, verkehrsgünstig (gelegen); **mal** ~ abgelegen B M Meldung f; Kommuniqué n, Verlautbarung f; periodismo: Eingesandte(s) n; ~ **de prensa** Pressemitteilung f;

comunicante A ADJ FÍS **vasos** mpl ~**s** kommunizierende Röhren fpl B M/F 1 TEL Anrufer m, -in f 2 (remitente) Einsender m, -in f (von Zuschriften an Zeitungen) 3 en congresos: Referent m, -in f, Autor m, -in f eines Kurzreferats

comunicar ⟨1g⟩ A V/T 1 (hacer saber) mitteilen, bekannt geben 2 (transmitir) ~ **a/c a alg** etw an j-n weitergeben; MED j-n mit etw (dat) anstecken; eine Krankheit auf j-n übertragen; ~ **un movimiento** eine Bewegung mitteilen (o übertragen) B V/I (miteinander) in Verbindung stehen; t/t kommunizieren; TEL **está comunicando** besetzt! C V/R **comunicarse** 1 ~ **(entre sí)** (estar conectados) miteinander in Verbindung stehen; **las calles se comunican** die Straßen laufen ineinander, man kann von einer Straße in die andere kommen 2 intercambio de cartas, etc: Briefe wechseln, in Gedankenaustausch stehen; ~ **por señas** sich durch Zeichen verständigen 3 enfermedad übertragen werden; fuego, epidemia um sich (acus) greifen

comunicativo ADJ 1 (locuaz) mitteilsam, gesprächig 2 alegría, etc ansteckend; **comunicología** F Kommunikationswissenschaft f; **comunicólogo** M, **comunicóloga** F Kommunikationswissenschaftler m, -in f

comunidad F 1 (punto en común) Gemeinsamkeit f; **en** ~ (juntos) gemeinsam; ~ **de origen** gemeinsamer Ursprung m 2 (colectividad) Gemeinschaft f; (corporación) Körperschaft f; JUR ~ **de bienes/de intereses** Güter-/Interessengemeinschaft f; ~ **religiosa** religiöse Gemeinschaft f; Kloster n; JUR ~ **sucesoria** o **hereditaria** Erbengemeinschaft f; ~ **de vecinos** Hausgemeinschaft f; INFORM ~ **virtual** virtuelle Gemeinschaft f, Community f 3 POL Gemeinschaft f; Esp **Comunidad Autónoma** autonome Region f; HIST **Comunidad (Económica) Europea** Europäische (Wirtschafts)Gemeinschaft f; **Comunidad Europea del Carbón y del Acero** Europäische Gemeinschaft f für Kohle und Stahl (Montanunion); **Comunidad Europea de Energía Atómica** Europäische Atomgemeinschaft f, abr Euratom f 4 HIST ~**es** pl (levantamiento popular) Volksaufstand m; espec **Comunidades** pl **de Castilla** *Volksaufstand unter Karl V.* 5 ADMIN, SOCIOL, (municipio) Gemeinde f

comunión F 1 (comunidad) Gemeinsamkeit f, Gemeinschaft f; (unión) Verbundenheit f; REL ~ **de los fieles** Gemeinschaft f der Gläubigen; ~ **de los Santos** Gemeinschaft f der Heiligen 2 CAT sacramento: Kommunion f, heiliges Abendmahl n; **primera** ~ Erstkommunion f; **tomar la** ~ zur Kommunion gehen 3 (ideología) Weltanschauung f; Partei f; HIST ~ **tradicionalista** Traditionalistenpartei f (der Karlisten)

comunismo M Kommunismus m; **comunista** A ADJ kommunistisch B M/F Kommunist m, -in f

comunitario ADJ Gemeinschafts...

comúnmente ADV allgemein, im Allgemeinen, (für) gewöhnlich; häufig

con A PREP 1 compañía: mit (dat); **estar** ~ **alg** bei j-m sein; **estar** ~ **sus amigos** bei seinen Freunden sein (o leben o wohnen); **lo haré (junto)** ~ **Juana** ich werde es (zusammen) mit Juana machen; **trabaja** ~ **su padre** er arbeitet bei (o mit) seinem Vater 2 circunstancia: **estar** ~ **fiebre** Fieber haben; ~ **este tiempo** bei diesem Wetter 3 medio, herramienta, manera, motivo: ~ **la boca** mit dem Mund; **cortar** ~ **un cuchillo** mit einem Messer (zer)schneiden; ~ **brío** schneidig; ~ **mucho miedo** sehr ängstlich; **tener** ~ **qué vivir** zu leben (o zum Leben) haben; ~ **tres días de antelación** drei Tage zuvor (o im Voraus); ~ **el susto que le dio no vio nada** vor Schreck sah er nichts 4 correspondencia, contenido, propiedad, capacidad intelectual: **café** ~ **leche** Kaffee mit Milch, Milchkaffee; **pan** ~ **mantequilla** Butter und Brot,

Butterbrot *n;* **¿~ o sin?** mit oder ohne *(Milch)?;* **~ eso** damit; *motivo:* daher, also; *temporal:* dann, darauf; **una bolsa ~ dinero** eine Börse mit *(o* voll) Geld; **verse ~ facultades de hacerlo** sich für (be)fähig(t) halten, es zu tun **5** *relación:* **(para) ~ alg** zu j-m, j-m gegenüber; **amable (para) ~ todos** freundlich zu allen *(o* allen gegenüber); **severo ~ los alumnos** streng mit den Schülern; **reñir ~** streiten *(o* zanken) mit *(dat);* **ser amable ~ alg** freundlich zu j-m sein **6** *contraposición, oposición:* **comparado ~** *o* **en comparación ~** im Vergleich zu; **~ toda su amabilidad, me resulta antipático** trotz *(o* bei) all seiner Liebenswürdigkeit kann ich ihn nicht leiden; **~ todo eso** trotz alledem **B** C̲ **1** **~ hacer eso** wenn du das tust; **~ lo mucho que sabe** obwohl er so viel weiß; **~ ser tan amigos, disputan siempre** obwohl sie *(o* wenn sie auch) gute Freunde sind, streiten sie ständig; **~ sólo decirle una palabra ...** ich brauche (ihm) nur ein Wort zu sagen ...; **¡~ lo caro que me costó!** und dabei hat es mich ein Heidengeld gekostet!; **¡~ lo que he hecho por él!** und was ich alles für ihn getan habe! **2** *condición:* **~ tal de** *(inf)* falls; **~ tal (de) que** *(subj)* vorausgesetzt (, dass) *(ind)* **3** **~ que** → conque

conato M̲ **1** *espec* JUR *(intento)* Versuch *m;* **~ de incendio** versuchte Brandstiftung *f;* **~ de rebelión** missglückter Putsch(versuch) *m* **2** *(intención)* Bemühung *f;* Absicht *f* **3** *(inclinación)* Hang *m,* Neigung *f*

concadenación F̲ → concatenación; **concadenar** → concatenar

CONCAPA F̲ ABR (Confederación Católica de Padres de Alumnos) *Esp* Katholischer Elternverband *m*

concatenación F̲ Verkettung *f (fig);* **concatenar** **A** VT̲ verketten *(fig);* verbinden **B** VR̲ **concatenarse** *fig* eng miteinander verbunden sein

concavidad F̲ (Aus)Höhlung *f;* Vertiefung *f*

cóncavo ADJ̲ konkav; hohl; **cóncavoconvexo** ADJ̲ konkav-konvex

concebible ADJ̲ fasslich, denkbar; verständlich, begreiflich

concebir ⟨3l⟩ **A** VT̲ **1** *(interpretar)* auffassen; *(comprender)* verstehen, begreifen; **no ~ semejante cosa** so etwas nicht begreifen *(o* verstehen) können **2** *(idear)* ausdenken, ersinnen, *ideas, plan* fassen; *una pasión* empfinden; *sospecha, esperanza* schöpfen; **~ antipatía hacia** Abneigung fassen gegen *(acus);* **~ ciertas esperanzas** sich *(dat)* gewisse Hoffnungen machen; **hacer ~ esperanzas** zur Hoffnung Anlass geben, hoffen lassen **B** VT̲ & VI̲ **~ (un niño)** (ein Kind) empfangen **C** VR̲ **no concebirse** unvorstellbar sein

conceder VT̲ **1** *(otorgar)* gewähren; zubilligen, zugestehen; *derechos, honra, premios* verleihen; *palabra* erteilen; *valor, importancia* beimessen, beilegen; **~ atención** achten auf *(acus);* **~ (la) gracia (a)** begnadigen *(acus)* **2** *(admitir)* zugeben; **concedo que no estuve amable** ich gebe zu, dass ich nicht freundlich war

concejal M̲, **concejal(a)** F̲ Stadtverordnete *m/f,* Stadtrat *m,* -rätin *f; en pequeños pueblos:* Gemeinderat *m,* -rätin *f;* **los ~es** *pl tb* die Stadtväter *mpl;* **concejalía** F̲ Stadtratsamt *n;* **concejil** ADJ̲ Stadtrats...; Stadt..., Gemeinde...; **concejo** M̲ **1** *corporación:* Stadt-, Gemeinderat *m* **2** *sesión:* Ratssitzung *f* **3** *(ayuntamiento)* Gemeinde-, Rathaus *n*

concelebrar VI̲ CAT *misa* konzelebrieren

concento M̲ mehrstimmiger harmonischer Gesang *m*

concentrable ADJ̲ konzentrierbar; zusammenziehbar

concentración F̲ **1** *(acción de concentrar)* Konzentrierung *f;* Zusammenziehung *f, (reunión)* (Ver)Sammlung *f; (refuerzo)* Verstärkung *f; (manifestación)* Aufmarsch *m,* Kundgebung *f;* **~ de masas** Massenkundgebung *f;* MIL **~ de(l) fuego** Feuervereinigung *f;* MIL **~ de tropas** Aufmarsch *m;* Truppenansammlung *f;* **campo** *m* **de ~** Konzentrationslager *n,* KZ *n* **2** ECON *(fusión)* Konzentration *f,* Zusammenschluss *m;* AGR, ADMIN **~ parcelaria** Flurbereinigung *f* **3** *mental:* Konzentration *f,* innere Sammlung *f;* Aufmerksamkeit *f* **4** QUÍM *(contenido)* Konzentration *f;* Gehalt *m;* **~ salina** Salzgehalt *m;* **~ de sustancias nocivas** Schadstoffkonzentration *f;* **de alta ~** hoch konzentriert

concentrado **A** ADJ̲ **1** QUÍM *solución* konzentriert; hochprozentig **2** FÍS *rayo* gebündelt **B** M̲ Konzentrat *n*

concentrar **A** VT̲ **1** *(reunir en un punto)* konzentrieren *(tb* MIL), (an einem Punkt) sammeln; *(dirigir a un punto)* auf einen Punkt richten; **~ la atención** *(llamar la atención)* die Aufmerksamkeit auf sich *(acus)* ziehen; *(dirigir la atención a algo)* die (gesammelte) Aufmerksamkeit richten (en auf *acus)* **2** QUÍM *solución* anreichern **B** VR̲ **concentrarse** *abs* sich (innerlich) sammeln, sich konzentrieren; **~ (en) a/c** sich auf etw *(acus)* konzentrieren

concéntrico ADJ̲ konzentrisch; **círculos** *mpl* **~s** konzentrische Kreise *mpl*

concepción F̲ **1** BIOL Empfängnis *f;* REL **la Inmaculada** *o* **la Purísima Concepción** die Unbefleckte Empfängnis **2** *(capacidad de comprensión)* Auffassungsvermögen *n,* Fassungs-, Denkkraft *f* **3** *(concepto)* Auffassung *f,* Vorstellung *f,* Konzeption *f;* Plan *m;* **concepcional** ADJ̲ Gedanken(bildungs)..., Begriffs(bildungs)...

conceptáculo M̲ *(espec* Frucht)Kapsel *f;* **conceptible** ADJ̲ *t/t* vorstellbar, fasslich; **conceptismo** M̲ LIT Konzeptismus *m;* **conceptista** **A** ADJ̲ LIT konzeptistisch; *desp* bemüht geistreich **B** M/F̲ Konzeptist *m,* -in *f; desp* geistreichelnder Schreiberling *m,* Gehirnakrobat *m,* -in *f fam;* **conceptivo** ADJ̲ **1** BIOL empfängnisfähig **2** *fig (ingenioso)* gedankensinnreich, gedankentief

concepto M̲ Begriff *m; (idea)* Vorstellung *f,* Gedanke *m,* Idee *f; (opinión)* Auffassung *f,* Meinung *f;* **bajo ningún ~** unter keinen Umständen; **bajo todos los ~s** unter allen Umständen; **en mi ~** meiner Meinung nach, meines Erachtens; **en ~ de** als; **le abonaremos 50.000 euros en** *(Am reg tb* **por) ~ de honorarios** als Honorar schreiben wir Ihnen 50.000 Euro gut; **por todos (los) ~s** in jeder Hinsicht; **formar(se) ~ de** sich *(dat)* einen Begriff machen von *(dat);* **tener un alto ~ de alg** eine hohe Meinung von j-m haben; **¿qué ~ tiene usted (formado) del Sr. Meyer?** was halten Sie *(o* welche Meinung haben Sie) von Herrn Meyer?

conceptual ADJ̲ begrifflich, konzeptuell; **marco** *m* **~** begrifflicher Rahmen *n;* **conceptualismo** M̲ FIL Konzeptualismus *m;* **conceptualizar** VT̲ ⟨1f⟩ theoretisch untermauern

conceptuar ⟨1e⟩ VT̲ **~ de** halten *(o* erachten) für; **estar conceptuado de rico** als reich gelten; **conceptuosidad** F̲ Feuerwerk *n* der Gedanken; *desp* Geistreichelei *f;* **conceptuoso** ADJ̲ geistsprühend; *desp* bemüht geistreich, geistreichelnd

concerniente ADJ̲ **~ a** betreffend *(acus),* bezüglich *(gen);* hinsichtlich *(gen);* **en lo ~ a ...** was ... *(acus)* angeht; **concernir** VT̲ ⟨3i⟩ angehen, betreffen; **en lo que concierne a su padre** hinsichtlich *(o* bezüglich) seines Vaters, was seinen Vater angeht

concertación F̲ *Esp* POL Vereinbarung *f,* Absprache *f,* konzertierte Aktion *f;* **concertado** ADJ̲ geordnet, geregelt; vereinbart; POL **acción** *f* **-a** konzertierte Aktion *f; correos:* **franqueo** *m* **~** Pauschalfrankierung *f*

concertador **A** ADJ̲ MÚS **maestro** *m* **~** Korrepetitor *m,* Chorlehrer *m* **B** M̲, **concertadora** F̲ Vermittler *m,* -in *f;* **concertante** MÚS **A** ADJ̲ konzertant **B** M/F̲ → concertista

concertar ⟨1k⟩ **A** VT̲ **1** *negocio, seguro* abschließen, *contrato* schließen; *(convenir)* vereinbaren, abmachen; *(acordar)* absprechen; **~** *(inf)* vereinbaren *(o* übereinkommen), zu *(inf);* **~ (el alquiler d)el piso en 1000 euros al mes** die Wohnung für 1000 Euro monatlich mieten **2** *(reconciliar)* versöhnen; aufeinander abstimmen; in Übereinstimmung miteinander bringen **B** VI̲ **1** *(coincidir)* zueinanderpassen, übereinstimmen *(tb* GRAM) **2** MÚS *(armonizar)* harmonisch klingen; harmonieren **3** CAZA *(conocer, explorar)* die Jagd erkunden, das Wild aufspüren *(vor Beginn einer Treibjagd)* **C** VR̲ **concertarse** **1** *(ponerse de acuerdo)* sich einigen; **~ para** übereinkommen zu *(inf),* sich verabreden zu *(inf) o (dat)* **2** *Am sirviente:* eine Stellung annehmen

concertina F̲ MÚS Konzertina *f;* **concertino** M̲ MÚS Konzertmeister *m,* erster Geiger *m;* **concertista** M/F̲ MÚS *violinista:* Konzertgeiger *m,* -in *f; pianista:* Konzertpianist *m,* -in *f; cantante:* Konzertsänger *m,* -in *f*

concesible ADJ̲ *(prestable)* verleihbar; *(admisible)* statthaft

concesión F̲ **1** *(acción de conceder)* Gewährung *f,* Bewilligung *f; de un premio:* Verleihung *f;* **~ de créditos** Kreditgewährung *f* **2** *(efecto de conceder)* Genehmigung *f,* Konzession *f,* Lizenz *f;* **~ de divisas** Devisenzuteilung *f* **3** *(efecto de ceder en una posición)* Zugeständnis *n,* Konzession *f;* **sin -ones** ohne Zugeständnisse, kompromisslos

concesionado ADJ̲ zugelassen, konzessioniert

concesionario **A** ADJ̲ Konzessions..., Vertrags...; **sociedad** *f* **-a** konzessioniertes *(o* behördlich zugelassenes) Unternehmen *n;* AUTO **taller** *m* **~** Vertragswerkstatt *f* **B** M̲, **-a** F̲ Konzessionär *m,* -in *f,* Konzessionsinhaber *m,* -in *f;* **~ (oficial)** Vertragshändler *m*

concesionista M/F̲ Lizenzgeber *m,* -in *f*

concesivo ADJ̲ konzessiv, einräumend; GRAM **oración** *f* **-a** Konzessivsatz *m*

concha F̲ **1** *marisco:* Muschel(schale) *f; del caracol:* Schneckenhaus *n;* **~ de peregrino** Pilgermuschel *f;* **~ de Santiago** Jakobsmuschel *f (espec* REL, GASTR), Kammmuschel *f; fig* **meterse en su ~** menschenscheu sein; *fam* **tener muchas ~s** *o* **tener más ~s que un galápago** es faustdick hinter den Ohren haben, mit allen Wassern gewaschen sein *fam* **2** *de la tortuga:* Schildkrötenpanzer *f; (carey)* Schildpatt *n* **3** *(trozo desprendido)* Scherbe *f (Porzellan, Glas)* **4** *(bahía)* (muschelförmige) Bucht *f;* Hafenbecken *n;* **la Concha de San Sebastián** die Bucht von San Sebastian *in Nordspanien* **5** TEAT **~ (del apuntador)** Souffleurkasten *m* **6** *Col, Ven (cáscara)* Rinde *f,* Schale *f* **7** *Am reg pop (vulva)* Muschi *f pop,* Möse *f pop*

conchabamiento M̲, **conchabanza** F̲ *fam* Verschwörung *f;* **conchabar** **A** VT̲ **1** *(unir)* vereinigen; *lana* mischen **2** *Am (emplear)* in Dienst nehmen, anstellen **B** VR̲ **conchabarse** *reg fam* sich verschwören; **conchabo** M̲ *Am Mer, Méx de un sirviente:* Anstellung *f*

conchera F̲ Muschelsammlerin *f*

conchero M̲ *Am* **1** ARQUEOL Muschelhaufen *m* **2** *persona:* Muschelsammler *m*

conchil M ZOOL *Art* Purpurschnecke *f*
concho A ADJ *Ec* rötlich braun; *Perú* dunkelrot B M 1 *Am (desperdicio)* Abfall *m*; *de una bebida*: (Getränke)Rest *m* 2 *Chile, Perú (benjamín)* Nesthäkchen *n* 3 *Cuba (primo)* Vetter *m* 4 *C. Rica (campesino)* Bauer *m* 5 *S.Dgo transporte público*: Sammeltaxi *n* C INT *pop* **¡~!** verflixt! *fam*, verdammt! *fam*
conchudo ADJ 1 *animal* schuppig 2 *fig persona* pfiffig, gerissen 3 *Col, Perú pop (insolente)* frech; **conchuela** F mit Muschelschalen bedeckter Meeresboden *m*
conciencia F 1 *(moralidad)* Gewissen *n*; *(escrupulosidad)* Gewissenhaftigkeit *f*; **buena/mala ~** gutes/schlechtes Gewissen *n*; **caso m de ~** Gewissensfrage *f*; **a ~** gewissenhaft; **en ~** mit gutem Gewissen; aufrichtig; **en (mi) ~** auf Ehre und Gewissen; **sin ~** gewissenlos; **acusar la ~ a alg** *o* **remorderle a alg la ~** Gewissensbisse haben; **apelar a la ~ de alg** j-m ins Gewissen reden; **tener la ~ limpia** ein reines Gewissen (*o fam* eine weiße Weste) haben 2 *(conocimiento)* Bewusstsein *n*; SOCIOL **~ de clase(s)** Klassenbewusstsein *n*; **~ de culpabilidad** Schuldbewusstsein *n*; **~ del deber** Pflichtbewusstsein *n*; **~ ecológica** Umweltbewusstsein *n*; PSIC **~ de grupo** Gruppenbewusstsein *n*; **~ de sí (mismo)** Selbstbewusstsein *n*; **tener/tomar ~ de a/c** sich *(dat)* einer Sache *(gen)* bewusst sein/werden; **tener ~ de sus actos** sich *(dat)* seiner Handlungen bewusst sein
concienciación F Bewusstmachen *n*; Bewusstseinsbildung *f*; Sensibilisierung *f*
concienciar VT ⟨1b⟩**~ a alg** *j-s* Bewusstsein schärfen (**acerca de** für *acus*); **~ a alg acerca de a/c** j-m etw bewusst machen; j-n für etw *(acus)* sensibilisieren; **~se con a/c** sich *(dat)* einer Sache *(dat)* bewusst werden
concientización F → concienciación; **concientizar** VT ⟨1f⟩ → concienciar; **concienzudamente** ADV gewissenhaft; **concienzudo** ADJ gewissenhaft; sorgfältig
concierto M 1 MÚS Konzert *n*; **~ de órgano** Orgelkonzert *n*; **~ de piano/violín** Klavier-/Violinkonzert *n*; **dar un ~** ein Konzert geben 2 *fig (orden)* Ordnung *f*; *(convenio)* Übereinkunft *f*, Vereinbarung *f*; Übereinstimmung *f*; *(obra en conjunto)* Zusammenspiel *n*; *adv* **de ~** übereinstimmend; **sin orden ni ~** wirr, ohne Zusammenhang, ungereimt; **~ económico** wirtschaftliches Zusammenspiel *n*; Wirtschaftsvereinbarung *f*
conciliable ADJ vereinbar; **conciliábulo** M REL Ketzerkonzil *n*; *fig* geheime Zusammenkunft *f*; Verschwörung *f*, Intrige *f*; **conciliación** F *(reconciliación)* Aus-, Versöhnung *f*; *(acuerdo)* Einigung *f*; Vergleich *m*; JUR *derecho laboral*: Schlichtung *f*; JUR **intento m de ~** Schlichtungsversuch *m*; **conciliador** A ADJ *(conciliante)* versöhnlich, entgegenkommend; *(mediador)* vermittelnd, ausgleichend B M, **conciliadora** F Vermittler *m*, -in *f*, Schlichter *m*, -in *f*; **conciliante** ADJ versöhnlich, tröstlich
conciliar[1] ADJ Konzil(s)...; **padres** *mpl* **~es** Konzilsväter *mpl*
conciliar[2] ⟨1b⟩ A VT 1 *(reconciliar)* aus-, versöhnen; in Einklang (*o* in Übereinstimmung) bringen (**con** mit *dat*) 2 **~ el sueño** *(poder dormirse)* einschlafen (können) B VR **conciliarse** für sich *(acus)* gewinnen; **~ el respeto de todos** die Achtung aller erwerben (*o* gewinnen)
conciliativo, conciliatorio ADJ versöhnlich; versöhnend, ausgleichend; vermittelnd
concilio M REL Konzil *n*; **~ ecuménico** ökumenisches Konzil *n*
concisamente ADV knapp, bündig, gedrängt, prägnant; **concisión** F Kürze *f*, Gedrängtheit *f*, Knappheit *f*, Bündigkeit *f*; **conciso** ADJ gedrängt, kurz (gefasst), knapp, konzis
concitar A VT aufwiegeln, anstacheln, aufhetzen (**contra** gegen *acus*) B VR **~se a/c** etw auf sich *(acus)* ziehen; sich *(dat)* etw zuziehen; **~se el odio del pueblo** sich *(dat)* den Hass des Volkes zuziehen
conciudadano M, **-a** F Mitbürger *m*, -in *f*; Landsmann *m*, -männin *f*
cónclave, conclave M CAT Konklave *n*; *fam fig* Versammlung *f*; Beratschlagung *f*
concluir ⟨3g⟩ A VT 1 *(finalizar)* beenden, (ab)schließen, vollenden 2 *(deducir)* folgern, schließen (**de** aus *dat*); **por lo cual** *o* **por donde concluimos que** daraus schließen wir, dass 3 PINT feinmalen 4 *contrato* schließen; *negocio* abschließen B VI 1 *(terminar)* zu Ende gehen, schließen; **~ con** *o* **en** *o* **por** schließen mit *(dat)*, enden in *(dat)* (*o* mit *dat*); auslaufen in *(dat o acus)*; **~ con alg** mit j-m Schluss machen, mit j-m brechen; **~ de escribir** fertig schreiben; *tb (haber escrito)* gerade geschrieben haben; **~ por hacerlo** *o* **~ haciéndolo** es schließlich (doch) tun; **para ~ dijo ...** zum Abschluss sagte er ...; **¡asunto concluido!** Schluss (jetzt)!; **todo ha concluido** alles ist aus 2 JUR *peticiones finales*: die Schlussanträge stellen C VR **concluirse** enden, aufhören; zu Ende gehen, alle sein *fam*; **todo se ha concluido** alles ist aus
conclusión F 1 *(fin, terminación)* Vollendung *f*, (Ab)Schluss *m* 2 *(decisión)* Beschluss *m*; Abschluss *m*; **~ de la paz** Friedensschluss *m* 3 *(deducción)* Schlussfolgerung *f*; *adv* **en ~** kurz und gut, schließlich; **llegar a la ~ de que ...** zu dem Schluss kommen, dass ...; **sacar una ~** einen Schluss ziehen 4 JUR **~ provisional** *en juicio*: Antrag *m*; **~ definitiva** Schlussantrag *m*; **-ones** *fpl* Anklagepunkte *mpl in der Anklageschrift*
conclusivo ADJ (ab)schließend; (Ab)Schluss..., End...; **concluso** (PP → concluir) abgeschlossen, beendet; JUR **dar por ~ (para sentencia)** für spruchreif erklären; **concluyente** ADJ überzeugend, beweiskräftig; *prueba* schlüssig, schlagend
concoideo ADJ muschelförmig
concomerse VR *fam* 1 *por una comezón*: mit den Achseln zucken *(weil es einen juckt)*; *fam fig* die Achseln zucken 2 *fig de enojo, envidia, etc*: sich verzehren; **concomi(mient)o** M *fam* 1 Achselzucken *n* 2 *fig (intranquilidad)* Unruhe *f*
concomitancia F *t/t* Zusammenwirken *n*; gleichzeitiges Bestehen *n*; CAT Konkomitanz *f*; **concomitante** ADJ Begleit...; **circunstancias** *fpl* **~s** Begleitumstände *mpl*
concón M *Chile* 1 ORN Waldkauz *m* 2 *viento*: Landwind *m an der pazifischen Küste*
concordancia F 1 *(conformidad)* Übereinstimmung *f*, Konkordanz *f*; Einklang *m*; GRAM Kongruenz *f*; **en ~** übereinstimmend, miteinander 2 **~s** *pl* **(de la Biblia)** (Bibel)Konkordanz *f*; **concordante** ADJ übereinstimmend
concordar ⟨1m⟩ A VT in Einklang bringen, *posiciones opuestas* ausgleichen; *partes litigantes* miteinander versöhnen B VI übereinstimmen (**con** mit *dat*; **en** in *dat*); **la copia concuerda con el original** die Abschrift deckt sich mit (*o* entspricht) dem Original; **concordatario** ADJ Konkordat(s)...; **concordato** M Konkordat *n*
concorde ADJ einstimmig; einmütig; **estar ~(s)** übereinstimmen (**en** in *dat*); **estar ~ en** *(inf)* (damit) einverstanden sein, zu *(inf)*
concordia F 1 *(armonía)* Eintracht *f* 2 *(anillo doble)* doppelter (Finger)Ring *m*
concreción F 1 *(acumulación de partículas)* Zusammenwachsen *n*; Verhärtung *f*; GEOL Ablagerung *f*; Konkretion *f*; TEC, GEOL Sinterung *f*; FÍS Erstarren *n*, Festwerden *n*; MED Konkrement *n*; Ablagerung *f* 2 *(realización)* Greifbarwerden *n*; **concrecionarse** VR GEOL, TEC sintern; GEOL sich ablagern; FÍS fest werden; *fig* greifbar werden
concretamente ADV konkret, bestimmt, genau
concretar A VT 1 *(juntar, combinar)* zusammensetzen; QUÍM verdichten 2 *pensamientos* kurz zusammenfassen; **~ a** beschränken auf *(acus)* 3 *(acordar)* vereinbaren, festsetzen B VR **concretarse** 1 *(volverse realidad)* greifbar werden, konkret werden 2 **~ a** *(limitarse)* sich beschränken auf *(acus)*
concretera F *Cuba máquina*: Betonmischer *m*
concretización F Konkretisierung *f*; **concretizar** A VT konkretisieren B VR **concretizarse** sich zeigen
concreto A ADJ konkret, greifbar; *(en breve)* kurz gefasst; *cifra* benannt; **caso m ~** bestimmter Fall *m*; **nada en ~** nichts Bestimmtes *n*; *adv* **en ~** *(en resumen)* kurz (gefasst); konkret; klar, deutlich; *Am (al contado)* bar *(zahlen)* B M *Am* Beton *m*; **~ armado** Stahlbeton *m*
concubina F Konkubine *f*; **concubinato** M Konkubinat *n*, wilde Ehe *f*
concúbito M Beischlaf *m*
concuerda ADMIN **por ~** für die Richtigkeit (der Abschrift)
conculcación F *liter* Niedertrampeln *n*; *fig de una ley, etc*: Verletzung *f*, Bruch *m eines Gesetzes etc*; **conculcar** VT ⟨1g⟩ *liter* mit Füßen treten; *fig convenio* verletzen, *ley* übertreten
concuñado M, **-a** F Schwippschwager *m*, Schwippschwägerin *f fam*
concuño M *Méx* Schwippschwager *m*
concupiscencia F Lüsternheit *f*, Sinnenlust *f*, FIL Konkupiszenz *f*; **concupiscente** ADJ lüstern; genusssüchtig; **concupiscible** ADJ begehrlich; triebhaft
concurrencia F 1 *de gente*: Zulauf *m*, Gedränge *n*; Menschenmenge *f*; Publikum *n*, Besucher *mpl*, Teilnehmer *mpl*; *cantidad*: Besucherzahl *f*, Teilnehmerzahl *f* 2 *fig de sucesos, etc*: Zusammentreffen *n*; Zusammenwirken *n* 3 *(participación)* Teilnehmen *n* 4 *(competencia)* Wettbewerb *m*, Konkurrenz *f*; **concurrente** A ADJ mitwirkend B M/F Besucher *m*, -in *f*, Teilnehmer *m*, -in *f*; **concurrido** ADJ stark besucht; beliebt, überlaufen
concurrir VI 1 *gente* zusammenströmen, sich (ver)sammeln, zusammenlaufen; **~ a** teilnehmen an *(dat)*; besuchen *(acus)*; **~ a la misma meta** dem gleichen Ziel zustreben 2 *(coincidir)* zusammentreffen; zeitlich zusammenfallen 3 *(contribuir)* beitragen (**a** zu *dat*); **~ con una cantidad a ...** eine Summe zu ... *(dat)* beisteuern 4 **~ en la misma opinión** der gleichen Meinung sein 5 *(competir)* konkurrieren (**por** um *acus*)
concursado M Gemeinschuldner *m beim Konkurs*; **concursante** M/F 1 *(competidor[a])* (Mit)Bewerber *m*, -in *f*; Submittent *m*, -in *f bei Ausschreibungen* 2 *(participante)* Teilnehmer *m*, -in *f an einem Preisausschreiben* 3 TV *concurso televisivo*: Quizteilnehmer *m*, -in *f*; **concursar** A VT **~ a alg** gegen j-n den Konkurs eröffnen B VI an einem Wettbewerb teilnehmen
concurso M 1 *(afluencia)* Zulauf *m*, Menschenmenge *f* 2 *(competencia)* Wettbewerb *m* (*tb* DEP, ECON); *en una revista, etc*: Preisausschreiben *n*; **~ (televisivo)** *o* **programa m ~** (Fernseh)Quiz *n*; Spielshow *f*, Gameshow *f*; **~ hípico** Pferderennen *n*; Reit- (und Fahr)turnier

C

n; ~ **de belleza** Schönheitswettbewerb *m*, -konkurrenz *f*; ~ **de pesca** Wettangeln *n*; ECON **sacar a** ~ *puesto, etc* (öffentlich) ausschreiben 3 *(colaboración)* Mitarbeit *f*, Unterstützung *f*; **prestar** ~ **a** mitwirken bei *(dat)* 4 JUR *(quiebra)* Konkurs *m (eines Nichtkaufmanns)*; ~ **de acreedores** Gläubigerversammlung *f* 5 *(concurrencia)* Zusammentreffen *n*; JUR ~ **ideal/real** Ideal-/Realkonkurrenz *f* 6 *Ven fam* **de** ~ *(estupendo)* sagenhaft, super

concurso-oposición F Auswahlprüfung *f*; **concurso-subasta** F ECON (öffentliche) Ausschreibung *f*

concusión F 1 *(sacudimiento)* Erschütterung *f* 2 JUR *exacción*: übermäßige Gebührenerhebung *f*, Leistungsüberhebung *f*; **concusionario** A ADJ erpresserisch B M, **-a** F Erpresser *m*, -in *f*

condado M Grafschaft *f*; Grafenstand *m*; **condal** ADJ gräflich; **la Ciudad Condal** *Bezeichnung für Barcelona*; **conde** M 1 *título de nobleza*: Graf *m* 2 *de los gitanos*: Zigeunerfürst *m*, -könig *m*

condecoración F Auszeichnung *f*, Orden *m*; Ordenszeichen *n*; **condecorado** M, **condecorada** F Ordensträger *m*, -in *f*, Inhaber *m*, -in *f* eines Ordens; **condecorar** V/T *mit einem Orden* auszeichnen

condena F JUR Verurteilung *f*; Strafe *f*; ~ **condicional** Strafaussetzung *f* zur Bewährung; **cumplir (la)** ~ seine Strafe verbüßen; **condenable** ADJ verwerflich; strafbar; **condenación** F Verurteilung *f*, Verwerfung *f*, Verdammung *f*, REL Verdammnis *f*; *fam* **¡~!** verdammt (noch mal)! *fam*; REL **la** ~ **(eterna)** die ewige Verdammnis

condenado A ADJ 1 JUR *(réprobo)* verurteilt; REL verdammt *(tb fam fig)*; *fam* verflixt *fam*; ~ **a muerte** zum Tode verurteilt 2 *Chile, Ven (astuto)* gerissen B M, **-a** F 1 JUR *persona*: Verurteilte *m/f*; REL *y fig* Verdammte *m/f* 2 *fig (pícaro)* Racker *m (tb fam palabra cariñosa)*; *fam* verflixter Kerl *m*, verflixtes Weib *n fam*; *fam* **gritar como un** ~ wie am Spieß schreien

condenar A V/T 1 JUR verurteilen; *(reprobar)* verwerfen; REL verdammen; JUR ~ **a muerte** zum Tode verurteilen; ~ **en costas** zu den Kosten verurteilen 2 *abertura, puerta* zustellen, vermauern, verrammeln 3 *(molestar)* ärgern, reizen B V/R **condenarse** REL verdammt werden

condenatorio ADJ verurteilend, verdammend; JUR **sentencia** *f* **-a** Strafurteil *n*

condensable ADJ verdichtbar, kondensierbar; **condensación** F Verdichtung *f*, Kondensierung *f*; **agua** *f* **de** ~ Kondenswasser *n*; **condensado** ADJ kondensiert; **leche** *f* **-a** Kondensmilch *f*; **versión** *f* **-a** Kurzfassung *f*; **condensador** M Verdichter *m*; ÓPT Kondensor *m*, Beleuchtungslinsensatz *m*; ELEC Kondensator *m*; ~ **de antena** Netzantenne *f*

condensar A V/T 1 *(concentrar)* verdichten *(tb fig)*; *humedad* niederschlagen; *líquido* ein-, verdicken 2 *discurso, informe* knapp zusammenfassen B V/R **condensarse** sich verdichten; kondensieren; **condensativo** ADJ verdichtend, kondensierend

condesa F Gräfin *f*

condescendencia F *(favor)* Gefälligkeit *f*; *(complacencia)* Nachgiebigkeit *f*; *irón o desp* Herablassung *f*; **condescender** V/I ‹2g› nachgeben; ~ **a** einwilligen in *(acus)*; *irón o desp* sich herablassen zu *(inf) o (dat)*; ~ **con alg** j-m nachgeben; ~ **en hacer a/c** auf etw *(acus)* eingehen; **condescendiente** ADJ *(complaciente)* nachgiebig, *(atento)* gefällig; *(desdeñoso)* herablassend

condesita F Komtesse *f*

condestable M HIST Konnetabel *m*; MAR Maat *m*

condición F 1 *(estado)* Zustand *m*, Beschaffenheit *f*; *espec de personas*: Verfassung *f*, Kondition *f*; **-ones** *fpl* Bedingungen *fpl*; Verhältnisse *npl*; **-ones** *pl* **climatológicas** klimatische Bedingungen *fpl*; *espec* DEP ~ **física** Kondition *f*; **-ones** *pl* **del terreno** Geländebeschaffenheit *f*; DEP **estar en** ~ in (guter) Kondition (*o* in Form) sein; **estar en buenas/malas -ones** in gutem/schlechtem Zustand sein; **estar en -ones de** imstande (*o* fähig *o* in der Lage) sein, zu *(inf) o (dat)*; **en estas -ones** unter diesen Umständen; **poner a alg en -ones de hacer a/c** j-m etw *(acus)* ermöglichen (*o* erleichtern); **en su** ~ **de** in seiner Eigenschaft als 2 *(condición indispensable)* Bedingung *f*, Voraussetzung *f*; **-ones** *pl* **de entrega** Lieferbedingungen *fpl*; ~ **preliminar** *o* **previa** Vorbedingung *f*, Voraussetzung *f*; ~ **sine qua non** unerlässliche Bedingung *f*; **a** *o* **con la** *o* **bajo la** ~ **(de) que** *(subj)* unter der Bedingung (*o* Voraussetzung), dass *(ind)*; **sin -ones** bedingungslos; **poner** *o* **hacer -ones** Bedingungen stellen 3 *(naturaleza)* Veranlagung *f*, Natur *f*, Art *f*, ~ **humana** *die* menschliche Natur, *die* Wesensart des Menschen; **ser de mala** ~ einen schlechten Charakter haben 4 *(rango)* Stand *m*, Rang *m*, Herkunft *f*; **de** ~ von Stande; **de** ~ **dudosa** von zweifelhaftem Ruf, (von) zweifelhafter Herkunft

condicionado ADJ bedingt *(tb* FISIOL*)*; **estar** ~ **a** abhängen von *(dat)*, abhängig sein von *(dat)*; **condicional** A ADJ bedingend; bedingt; GRAM konditional, Bedingungs...; GRAM **proposición** *f* ~ Bedingungs-, Konditionalsatz *m* B M GRAM Konditional(is) *m*, Bedingungsform *f*; **condicionalmente** ADV bedingt, bedingungsweise; **condicionamiento** M TEC Konditionierung *f*, Aufbereitung *f*; **condicionante** A ADJ bedingend B F Bedingung *f*; Voraussetzung *f*

condicionar V/T 1 *(hacer depender de algo)* bedingen; *tb* die Weichen stellen für *(acus)*; ~ **el salario al rendimiento** den Lohn von der Leistung abhängig machen 2 TEC konditionieren

condigno ADJ entsprechend, angemessen

cóndilo M ANAT Gelenkkopf *m*

condimentar V/T würzen *(tb fig)*; **condimento** M Würze *f*; Gewürz *n*

condiscípulo M, **-a** F Mitschüler *m*, -in *f*; Schulfreund *m*, -in *f*

conditio sine qua non unerlässliche Bedingung *f*

condolencia F Anteilnahme *f*; Beileid *n*; **condolerse** V/R ‹2h› ~ **de** Mitleid haben mit *(dat)*, beklagen *(acus)*

condominio M 1 JUR *(copropiedad)* Mitbesitz *m*; POL Kondominium *n* 2 *Am Centr, P. Rico, Ven (piso)* Eigentumswohnung *f*; *(edificio con viviendas)* Haus *n* mit Eigentumswohnungen

condón M Kondom *n*, Präservativ *n*

condonación F Erlassung *f*; *(perdón)* Verzeihung *f*; *de una pena*: Straferlass *m*; *de deudas*: Schuldenerlass *m*; **condonar** V/T *pena, deuda* erlassen

cóndor M 1 ORN Kondor *m* 2 *Chile, Col, Ec monedas*: *verschiedene Münzen*

condot(t)iero M HIST Kondottiere *m*; *fig* Söldner *m*

condrila F BOT Wegewärtel *m*

condroma M MED Chondrom *n*

conducción F 1 *(traslado)* Transport *m*; Überführung *f*; ~ **del cadáver** Überführung *f* eines Leichnams, Leichentransport *m*; ~ **de presos** Gefangenentransport *m*; Sträflingszug *m* 2 AUTO *de un vehículo*: Lenkung *f*; Lenken *n*; *tb (estilo de conducir)* Fahrweise *f* 3 TEC *(suministro)* Zufuhr *f*; Leitung *f (tb* ELEC*)*; ELEC ~ **aérea** Oberleitung *f*; ~ **de agua(s)** Wasserleitung *f*; ~ **térmica** Wärmeleitung *f*

conducente ADJ zweckmäßig, -dienlich; ~ **a** führend zu *(dat)*

conducir ‹3o› A V/T 1 *(dirigir, guiar)* leiten, führen; *vehículo* fahren, lenken; **saber** ~ (Auto) fahren können 2 *(transportar)* transportieren, befördern; überführen; TEC, ELEC leiten; zuführen 3 *(guiar)* geleiten, führen; vorangehen *(dat)* 4 MÚS *espec Am (dirigir)* dirigieren; TV, RADIO *programa* moderieren B V/I 1 *abs (viajar)* fahren, chauffieren; **permiso** *m* **de** ~ Führerschein *m* 2 ~ **a** führen zu *(dat o* nach *dat)*; **esto no conduce a nada** das führt zu nichts, das bringt nichts *fam* C V/R **conducirse** sich benehmen; sich verhalten

conducta F 1 *(comportamiento)* Benehmen *n*, Betragen *n*; Verhalten *n*; **cambiar de** ~ *(cambiar de postura)* sein Verhalten (*o* seine Haltung) ändern; *(mejorarse)* sich bessern, seine schlechten Gewohnheiten aufgeben 2 *(dirección)* Führung *f*, Leitung *f* 3 *anticuado* MIL Werbevollmacht *f*;

conductancia F ELEC Konduktanz *f*, Leitwert *m*; **conductibilidad** F FÍS Leitfähigkeit *f*; **conductible** ADJ FÍS leitfähig; **conductismo** M PSIC Behaviorismus *m*; **conductista** ADJ PSIC behavioristisch; **conductividad** F 1 *(capacidad de mando)* Führungsvermögen *n* 2 FÍS Leitfähigkeit *f*; **conductivo** ADJ 1 FÍS *(conductible)* leitfähig 2 *liter (capacitado para mandar)* zur Führung befähigt

conducto M 1 Leitung *f*; *(tubo)* Röhre *f*; *(canal)* Kanal *m*; Rinne *f*; TEC ~ **de admisión** Zu(führungs)leitung *f*; ~ **de ventilación** Entlüftungskanal *m*; AUTO ~ **del combustible** Kraftstoffleitung *f* 2 ANAT Gang *m*, Kanal *m*; ~ **auditivo/biliar** Gehör-/Gallengang *m*; ~ **biliar** Gallengang *m* 3 *fig* **por** ~ **de** *(por mediación de)* durch Vermittlung von *(dat)*, über *(acus)*

conductor A ADJ 1 FÍS, ELEC (wärme-, strom)leitend; **hilo** *m* ~ ELEC Leitungsdraht *m*; *fig* roter Faden *m* 2 *(que conduce)* führend, leitend B M, **conductora** F 1 *(guía)* Führer *m*, -in *f*, Leiter *m*, -in *f*; *Am reg* ~ *m*, ~**a** *f* **de orquesta** Dirigent *m*, -in *f* 2 AUTO *de un vehículo*: Fahrer *m*, -in *f*; *Am* Schaffner *m*, -in *f*; ~ *m*, ~**a** *f* **suicida** Geisterfahrer *m*, -in *f* 3 TV, RADIO *(presentador)* Moderator *m*, -in *f* C M FÍS, ELEC Leiter *m*; ~ **eléctrico/neutro** Strom-/Nullleiter *m*

conductual ADJ Verhaltens...; PSIC **terapia** *f* ~ Verhaltenstherapie *f*

condueño M, **-a** F Mitbesitzer *m*, -in *f*; -eigentümer *m*, -in *f*

condujo → conducir

condumio M *fam* Essen *n*, Futter *n fam*

conectador M ELEC Schalter *m*, Schaltgerät *n*; ~ **de regulación graduada** Stufenschalter *m*

conectar A V/T & V/I verbinden *(espec* TEC, ELEC*)*; ELEC (ein)schalten; ~ **a** *o* **con tierra** erden; ~ **con** Verbindung aufnehmen mit *(dat)*; *transporte*: Anschluss haben an *(acus)*; *fig* passen zu *(dat)*, in Einklang stehen mit *(dat)*; ~ **con alg** Anschluss an j-n finden *(tb erótico)*; RADIO **conectamos con** ... wir schalten um auf ... *(acus)*; INFORM ~ **en red** (miteinander) vernetzen B V/R **conectarse** Verbindung aufnehmen (**con** mit *dat*); sich in Verbindung setzen (**con** mit *dat*); INFORM ~ **(a la red)** sich (ins Netz) einloggen

conectividad F INFORM, MED, BIOL Vernetzung *f*; **conectivo** ADJ verbindend, Verbindungs...; **conector** M RADIO, TV ~ **para auriculares** Kopfhörerbuchse *f*

conеja F ZOOL Mutterkaninchen *n*, Zibbe *f*; *pop fig (mujer que da a luz a menudo)* Gebärmaschine *f pop*; *Arg fam* **correr la ~** Hunger leiden; **conejal, conejar** M Kaninchengehege *n*; **conejera** F 1 *(madriguera)* Kaninchenbau *m*, -stall *m* 2 *fam fig (casa de mal vivir)* Spelunke *f*, Loch *n*; **conejero** M *Col fam* Zechpreller *m*; **conejillo** M **~ (de Indias)** ZOOL Meerschweinchen *n*; *fig* Versuchskaninchen *n*

conejo A M 1 ZOOL Kaninchen *n*; **~ doméstico** Hauskaninchen *n*; **~ de monte** wildes Kaninchen *n*; *fig* **risa** *f* **de ~** gezwungenes Lachen *n* 2 GASTR **~ al ajillo** Kaninchenbraten *m* mit Knoblauch; **~ en escabeche** mariniertes Kaninchen *n* 3 *vulg (coño)* Fotze *f vulg*; **~s** *pl (testículos)* Hoden *mpl*, Eier *npl pop* B ADJ *Am Centr* fade *(tb fig)*

conejuna F Kaninchenhaar *n*; **conejuno** ADJ Kaninchen…

conexidades FPL ADMIN Zubehör *n*

conexión F 1 *(unión, relación)* Verbindung *f*, Verknüpfung *f*, Zusammenhang *m*, Konnex *m*; **-ones** *fpl* Verbindungen *fpl*; Beziehungen *fpl*; **~ de ideas** Gedankenverbindung *f* 2 TEC, ELEC *(punto de enlace)* Anschluss *m*; Schaltung *f*; INFORM **~ a Internet** Internet-Anschluss *m*; ELEC, INFORM **~ a la red** Netzanschluss *m*; ELEC **~ paralela/en serie** Parallel-/Reihenschaltung *f*; TEL **~ telefónica** Telefonanschluss *m*; ELEC **~ a tierra** Erdung *f* 3 *transporte:* Verbindung *f*, Anschluss *m*; AVIA **vuelo** *m* **de ~** Anschlussflug *m*

conexionar A VT verbinden, verknüpfen B VR **conexionarse** zusammenhängen; Verbindungen anknüpfen; **conexivo** ADJ verbindend

conexo ADJ verbunden, verknüpft, zusammenhängend; **ideas** *fpl* **-as** damit verbundene Gedanken *mpl*

confabulación F Verschwörung *f*; **confabulador** M, **confabuladora** F Verschwörer *m*, -in *f*; **confabularse** VR sich verschwören (**contra** gegen *acus*)

confalón M Banner *n*, Fahne *f*; **confalonier(o)** M HIST Gonfaloniere *m*

confección F 1 *(fabricación)* Anfertigung *f*, Herstellung *f*; *(elaboración)* Verarbeitung *f*; TIPO **~ gráfica** (drucktechnische) Gestaltung *f* 2 TEX *de géneros:* Konfektion *f*; **de ~** von der Stange; **ropa** *f* **de ~** Konfektionskleidung *f*; **traje** *m* **de ~** Konfektionsanzug *m*; **vestirse de ~** Anzüge von der Stange tragen (*o* kaufen)

confeccionado ADJ Konfektions…; **confeccionador** A ADJ *(que confecciona)* herstellend; *(que forma)* gestaltend B M, **confeccionadora** F Hersteller *m*, -in *f*; TIPO Gestalter *m*, -in *f*; **confeccionar** VT ver-, anfertigen, herstellen; *plan* aufstellen; TIPO gestalten; **confeccionista** M/F Konfektionär *m*, -in *f*

confederación F POL Bündnis *n*, Bund *m*; Verband *m*; **~ de Estados** Staatenbund *m*; **Confederación helvética** Schweizerische Eidgenossenschaft *f*; **confederado** POL A ADJ konföderiert B M, **-a** F Verbündete *m/f*; HIST *EE.UU.:* **los ~s** *pl* die Konföderierten *mpl*; **confederal** ADJ POL staatenbündisch; **confederar** POL A VT föder(alis)ieren, verbünden B VR **confederarse** sich verbünden, einen Bund schließen

conferencia F 1 *(entrevista)* Besprechung *f*; Konferenz *f*; **~ de desarme/de la paz** Abrüstungs-/Friedenskonferenz *f*; **~ de prensa** Pressekonferenz *f*; HIST **Conferencia sobre Seguridad y Cooperación en Europa** Konferenz *f* für Sicherheit und Zusammenarbeit in Europa 2 *(disertación)* Vortrag *m*; **dar una ~** einen Vortrag halten 3 *Esp* TEL **~ (telefónica)** Telefongespräch *n*; *frec de larga distancia:* Ferngespräch *n*; **~ de cobro revertido** R-Gespräch *n*; **~ internacional** *o* **~ con el extranjero** Auslandsgespräch *n*

conferenciante M/F (Vortrags)Redner *m*, -in *f*, Vortragende *m/f*; **conferenciar** VI ⟨1b⟩ sich besprechen, ein Gespräch führen, eine Besprechung abhalten, verhandeln; **~ sobre** konferieren über *(acus)*; *Méx (charlar)* plaudern; **conferencista** M/F *Am* Vortragende *m/f*, Vortragsredner *m*, -in *f*

conferir ⟨3i⟩ A VT 1 *cargo, distinción, etc* verleihen; *(otorgar)* erteilen, gewähren 2 *(comparar)* vergleichen B VI beraten, konferieren

confesable ADJ bekennend; gestehend

confesar ⟨1k⟩ A VT 1 *(reconocer)* (ein)gestehen, zugeben; *(declarar la verdad)* bekennen; JUR gestehen; REL beichten; **~ a alg** j-m die Beichte abnehmen 2 REL **~ la fe** sich zum Glauben bekennen B VI *abs* JUR gestehen, geständig sein; REL beichten; **~ de plano** ein umfassendes Geständnis ablegen C VR **confesarse** REL die Beichte ablegen; **~ de a/c** etw beichten; **~ con un sacerdote** bei einem Priester beichten

confesión F 1 *declaración voluntaria:* Geständnis *n (tb* JUR) 2 REL *el sacramento:* Beichte *f*; Beichtandacht *f*; **~ auricular/general** Ohren-/Generalbeichte *f*; *Am desp fam* **~ de dientes afuera** Lippenbekenntnis *n*; **hijo** *m o* **hija** *f* **de ~** Beichtkind *n*; JUR **una ~ plena** ein volles Geständnis; **secreto** *m* **de ~** Beichtgeheimnis *n*; **oír la ~** die Beichte hören 3 *de la fe:* Glaubensbekenntnis *n*, Konfession *f*; **la ~ de Augsburgo** das Augsburger Bekenntnis

confesional ADJ konfessionell, Konfessions…; **confesionalidad** F Konfessionsgebundenheit *f*; **confesionario** M 1 *mueble:* Beichtstuhl *m* 2 *del sacerdote:* Beichtspiegel *m*; **confeso** A ADJ JUR geständig B M Laienmönch *m*; HIST getaufter Jude *m*; **confesonario** M Beichtstuhl *m*; **confesor** M 1 *sacerdote:* Beichtvater *m* 2 *cristiano:* Bekenner *m* *(Glaubenszeuge)*

confet(t)i M Konfetti *n*

confiabilidad F Zuverlässigkeit *f (espec* TEC); TEC Betriebssicherheit *f*; **confiable** ADJ zuverlässig; vertrauenswürdig; **confiadamente** ADV vertrauensvoll

confiado ADJ 1 *(crédulo)* vertrauensvoll, zutraulich; **ser demasiado ~** zu vertrauensselig (*o* naiv) sein 2 *(esperanzado)* zuversichtlich, getrost; **estar ~ de que …** zuversichtlich hoffen, dass … 3 *(presumido)* selbstbewusst; eingebildet

confianza F *(esperanza firme)* Vertrauen *n*, Zutrauen *n*; Zuversicht *f*; *(seguridad en sí mismo)* Selbstbewusstsein *n*; **~ excesiva** Vertrauensseligkeit *f*; **~ en sí mismo** Selbstvertrauen *n*; *adv* **con ~** rückhaltlos; zuversichtlich; **de ~** zuverlässig, vertrauenswürdig, verlässlich; *adv* **en ~** vertraulich; **cosa** *f* **de ~** Vertrauenssache *f*; **puesto** *m* **de ~** Vertrauensposten *m*; **inspirar ~** Vertrauen einflößen; **poner ~ en** Vertrauen setzen in *(acus)*; **es mi hombre de ~** ihm vertraue ich alles an, er ist der Mann meines Vertrauens; **tener ~ en** Vertrauen haben zu *(dat)*; **tener (mucha) ~ con alg** mit j-m (eng) befreundet sein, mit j-m auf (sehr) vertraulichem Fuße stehen; *fam* **no se tome demasiada ~** nehmen Sie sich *(dat)* nicht zu viel (Freiheiten) heraus

confianzudo ADJ (allzu) vertraulich; frech

confiar ⟨1c⟩ A VT anvertrauen (**a/c a alg** j-m etw); *tarea* übertragen B VI **~ en Dios** auf Gott vertrauen; **~ en alg** j-m trauen; sich auf j-n verlassen; **~ en a/c** sich auf etw *(acus)* verlassen; **~ en que** fest damit rechnen, dass; darauf vertrauen, dass C VR **confiarse** *abs* vertrauensselig sein; **~ a alg** sein Vertrauen in j-n setzen; sich j-m anvertrauen

confidencia F 1 *(noticia reservada)* Vertraulichkeit *f*, vertrauliche Mitteilung *f*; *policía:* V-Mann-Meldung *f* 2 → confianza; **confidencial** ADJ vertraulich; geheim; **confidencialidad** F Vertraulichkeit *f*; **confidencialmente** ADV **tratar ~** vertraulich behandeln; **confidenta** F *fam* Vertraute *f*

confidente A ADJ zuverlässig, treu B M/F 1 *(persona de confianza)* Vertraute *m/f*; Vertrauensmann *m*, -frau *f*; **hacer ~ a alg** j-n ins Vertrauen ziehen 2 *desp (espía)* Spitzel *m*; *policía, servicio de inteligencia:* V-Mann *m* C M *mueble:* zweisitziges Kanapee *n*; **confidentemente** ADV vertraulich; treu

configuración F 1 *(formación)* Gestaltung *f*, Bildung *f*; Formgebung *f*; Konfiguration *f (tb* INFORM); ARQUIT **~ de interiores** Innengestaltung *f* 2 *(forma)* Gebilde *n*, Gestalt *f*; **~ del terreno** Geländebeschaffenheit *f*

configurar A VT bilden, formen, gestalten; INFORM konfigurieren B VR **configurarse** sich herausbilden

confín A ADJ angrenzend B M *liter, frec* **confines** PL Grenze(n) *f(pl)*; **en los confines del horizonte** fern am Horizont; **vinieron desde los cuatro confines del mundo** sie kamen aus allen Himmelsrichtungen

confinación F → confinamiento; **confinado** A M, **-a** F Verbannte *m/f*, Zwangsverschickte *m/f* B ADJ **~ a una silla de ruedas** an den Rollstuhl gefesselt sein; **confinamiento** M Zwangsaufenthalt *m*; Verbannung *f*; **confinante** ADJ angrenzend; **confinar** A VT **~ a alg** j-n verbannen B VI (an)grenzen (**con** an *acus*)

confinidad F Nähe *f*, Nachbarschaft *f*

confirmación F 1 *(corroboración)* Bestätigung *f*; Zusage *f*; COM **~ de pedido** Auftragsbestätigung *f* 2 CAT *sacramento:* Firmung *f*; PROT Konfirmation *f*; **confirmadamente** ADV sicher; bestätigtermaßen; **confirmado** M, **confirmada** F CAT Gefirmte *m/f*; **confirmando** M, **confirmanda** F CAT Firmling *m*; PROT Konfirmand *m*, -in *f*; **confirmante** A ADJ bestätigend B M CAT Firmbischof *m*

confirmar A VT 1 *(corroborar)* bestätigen, bekräftigen; bestärken (**en** in *dat*) 2 CAT firmen; PROT konfirmieren 3 *fam (abofetear)* ohrfeigen B VR **confirmarse** 1 *noticia* sich bestätigen; **no confirmado** unbestätigt 2 *(ser apoyado)* bestärkt werden (**en** in *dat*); **confirmativo, confirmatorio** ADJ *espec* JUR bestätigend

confiscación F Einziehung *f*, Konfiszierung *f*; Beschlagnahme *f*; **confiscar** VT ⟨1g⟩ beschlagnahmen, (gerichtlich) einziehen, konfiszieren; **confiscatorio** ADJ Beschlagnahme…

confitado ADJ 1 *(azucarado)* kandiert, überzuckert 2 *fam fig (esperanzado)* zuversichtlich; hoffnungsvoll; **confitar** VT überzuckern, kandieren; *fig* versüßen; **confite** M 1 GASTR Zuckerwerk *n*, Konfekt *n* 2 *Esp jerga del hampa (espía policial)* Polizeispitzel *m*

confíteor M Beichtgebet *n*; *fig* Generalbeichte *f*

confitera F 1 *comerciante:* Süßwarenhändlerin *f* 2 *(repostera)* Konditorin *f* 3 *bandeja:* Konfektschale *f*, -dose *f*; **confitería** F Süßwarengeschäft *n*; *Am* Konditorei *f*; **confitero** M Süßwarenhändler *m*; Konditor *m*; **confitura** F Eingemachte(s) *n*, Konfitüre *f*, Marmelade *f*

conflagración F Krieg *m*; Brand *m (frec fig)*; *liter* **~ mundial** Weltkrieg *m*, Weltenbrand *m*

(*liter*); **conflagrar** A VT *frec fig* in Brand setzen B VR **conflagrarse** in Flammen aufgehen
conflictividad F Konfliktsituation *f*; Anfälligkeit *f* für Konflikte; **conflictivo** ADJ konfliktreich, Konflikt...; **situación** *f* **-a** Konfliktm, Konfliktsituation *f*
conflicto M Konflikt *m*; (*combate prolongado*) Kampf *m*, Streitigkeit *f*; *fig* Reibung(en) *f(pl)*; **~ generacional** Generationskonflikt *m*; **~ de intereses** Interessenkonflikt *m*; **~ laboral** *o* **de trabajo** Arbeitskampf *m*
confluencia F Zusammenfluss *m*, Vereinigung *f zweier Flüsse o Wege*; **confluente** A ADJ zusammenfließend B M Zusammenfluss *m*, Vereinigung *f*; **confluir** VI ⟨3g⟩ zusammenfließen, -strömen, sich vereinigen (*tb fig*)
conformación F Bildung *f*, Gestalt(ung) *f*; TEC **~ en frío** Kaltbearbeitung *f*, Kaltformung *f*; **~ de los órganos** Bau *m* der Organe; **conformado** M TEC *metal, plásticos*: Verformung *f*, Umformung *f*; Verarbeitung *f*; **~ sin arranque de virutas** spanlose Formung *f*; **conformador** M Hutform *f*, -leisten *m*
conformar A VT 1 (*formar*) formen, gestalten, Form geben (*dat*) 2 (*concordar*) **~ a/c con** etw in Übereinstimmung (*o* in Einklang) bringen mit (*dat*) 3 (*satisfacer*) zufriedenstellen B VR **conformarse** 1 (*ponerse de acuerdo*) sich einigen 2 (*adaptarse*) sich anpassen (**a** an *acus*) 3 (*estar de acuerdo*) sich einverstanden erklären (**con** mit *dat*); (*resignarse*) sich abfinden (*o* begnügen *o* zufriedengeben) (**con** mit *dat*)
conforme A ADJ 1 (*acorde*) übereinstimmend, gleichlautend, konform; **estar ~ (con)** einverstanden sein (mit *dat*); sich zufriedengeben (mit *dat*); **¡~!** einverstanden! 2 (*correspondiente*) entsprechend (**a** *dat*); **ser ~ a** entsprechen (*dat*) 3 GEOM *dibujo* maßstab- (*o* winkel)getreu B PREP **~ a** in Übereinstimmung mit (*dat*), gemäß (*dat*); entsprechend (*dat*) C ADV *y* CJ in dem Maße wie, sobald; (so) wie; **~ ha dicho** wie Sie gesagt haben, nach Vereinbarung mit Ihnen; **~ envejecía, se esforzaba más** je älter er wurde, desto mehr strengte er sich an D M Billigung *f*, Genehmigung *f*
conformemente ADV übereinstimmend;
conformidad F 1 (*concordancia*) Übereinstimmung *f*, Gleichförmigkeit *f*; **de** *o* **en ~ con** gemäß (*dat*), in Übereinstimmung mit (*dat*); **de ~ con la ley** nach dem Gesetz, gesetzmäßig; ECON **de ~** gleichlautend (*buchen*) 2 (*consentimiento*) Einwilligung *f*; Zustimmung *f*; (*resignación*) Ergebung *f* (*ins Schicksal etc*); **dar su ~** seine Einwilligung geben/erteilen 3 GEOM *de un dibujo*: Winkel- und Maßstabtreue *f einer Abbildung*
conformismo M *t/t* Konformismus *m*, Anpassungs(be)streben *n*; **conformista** A ADJ konformistisch, angepasst B M/F 1 *persona*: Konformist *m*, -in *f* 2 PROT *creyente*: Anhänger *m*, -in *f* der anglikanischen Staatskirche
confort M Komfort *m*, Bequemlichkeit *f*;
confortabilidad F Bequemlichkeit *f*;
confortable ADJ bequem, komfortabel, gemütlich, behaglich
confortación F Stärkung *f*; *fig* Tröstung *f*;
confortador ADJ *espec fig* stärkend; tröstlich; **confortante** A ADJ stärkend; tröstlich B M Stärkungsmittel *n*; *fig* Trost *m*; **confortar** VT stärken; *fig* trösten; seelisch aufrichten;
confortativo A ADJ stärkend, Stärkungs... B M Stärkungsmittel *m*
confraternar VI sich verbrüdern, fraternisieren; **confraternidad** F Verbrüderung *f*; Brüderschaft *f*; **confraternizar** VI ⟨1f⟩ → confraternar
confrontación F Konfrontation *f*; Gegenüberstellung *f* (*tb* JUR); Vergleich *m*
confrontar A VT *testigos* einander gegenüberstellen; *escritos, etc* vergleichen B VI **~ con** grenzen an (*acus*) C VR **confrontarse** sich gegenüberstellen; gegenüberstehen (**con** *dat*); *fig* (*congeniar*) übereinstimmen, harmonieren (**con** mit *dat*)
confucianismo M Konfuzianismus *m*, Lehre *f* des Konfuzius
confundible ADJ verwechselbar
confundido ADJ (*confuso*) verworren; *persona* verwirrt
confundir A VT 1 (*tomar a alg por otro*) verwechseln; (*desordenar*) durcheinanderbringen 2 (*mezclar*) (ver)mischen; *rasgos* verwischen 3 (*avergonzar*) beschämen, (*desconcertar*) verblüffen; verwirren 4 *espec Biblia*: zuschanden machen B VR **confundirse** 1 (*desconcertarse*) in Verwirrung (*o* aus der Fassung) geraten; sich verblüffen lassen 2 (*avergonzarse*) sich schämen, (scham)rot werden 3 *fig* (*equivocarse*) sich irren (**de** in *dat*); verwechseln (**de** *acus*); **~ de dirección** sich an die falsche Adresse wenden; den Falschen erwischen *fam* 4 *fig* (*mezclarse*) sich vermischen; **~ entre la gente** sich unter die Leute mischen 5 **los contornos se confunden** die Umrisse verlaufen ineinander
confusamente ADV wirr, durcheinander; undeutlich; **confusión** F 1 (*embrollo*) Konfusion *f*; Verwirrung *f*, Durcheinander *n*; Verwechslung *f*, Irrtum *m*; **~ mental** geistige Umnachtung *f cult* 2 (*perplejidad*) Bestürzung *f*, Beschämung *f* 3 JUR Konfusion *f*; **confusionismo** M *fam* (heillose) Begriffsverwirrung *f*; **confuso** ADJ 1 (*poco perceptible*) unklar, undeutlich, dunkel; ÓPT unscharf 2 (*desconcertado*) verwirrt, konfus 3 (*avergonzado*) verlegen, beschämt
confutar VT widerlegen
conga F 1 *Col hormiga*: Giftameise *f* 2 *Cuba rata*: Waldratte *f* 3 *Cuba baile*: Conga *f*; **congal** M *Méx* Bordell *n*
congelable ADJ gefrierbar; **congelación** F 1 *solidificación*: Gefrieren *n*; MED Erfrierung *f*; **punto** *m* **de ~** Gefrierpunkt *m*; **~ ultrarrápida** Blitzgefrieren *n* (*tb* GASTR) 2 *de comestibles*: Einfrieren *n* (*tb fig*, ECON); ECON **~ de precios/de salarios** Preis-/Lohnstopp *m*; ADMIN **~ de puestos** Stellensperre *f*
congelado ADJ 1 (tief)gefroren, tiefgekühlt; **productos** *mpl* **~s** Tiefkühlprodukte *npl* 2 *fam fig* **me quedé ~** ich war total erfroren *fam*; *fam* INFORM mir ist der Computer abgestürzt *fam*;
congelador M 1 *frigorífico*: Tiefkühl-, Gefrierfach *n*; **~ (horizontal)** Gefrier-, Tiefkühltruhe *f*; **~ (vertical)** Gefrier-, Tiefkühlschrank *m* 2 MAR *barco*: Gefrierschiff *n*; **congeladora** F 1 (*heladora*) Eismaschine *f* 2 *Perú* (*arca congeladora*) Gefrier-, Tiefkühltruhe *f*; **congelamiento** M 1 TEC (*formación de hielo*) Vereisung *f* (*tb* AVIA) 2 *Arg* ECON *de sueldos, gastos*: Einfrieren *n*; **congelante** A ADJ gefrierend; tiefkühlend B M Gefriermittel *n*
congelar A VT gefrieren lassen; tiefkühlen; einfrieren (*tb fig*); ECON *precios* blockieren; *fig* FOT, FILM **~ la imagen** das Bild einfrieren B VR **congelarse** *cosa, líquido* gefrieren; *ser viviente* erfrieren
congénere A ADJ gleichartig, artverwandt B M/F Artgenosse *m*, -genossin *f*
congenial ADJ geistig ebenbürtig, kongenial;
congeniar VI ⟨1b⟩ harmonieren, sich vertragen
congénito ADJ angeboren
congestión F MED Blutandrang *m*, -stauung *f*; *fig, espec transporte*: Stauung *f*, Stockung *f*;
congestionamiento M *Hond, Méx, Salv transporte*: (Verkehrs)Stau *m*; **congestionar** A VT MED Blutandrang verursachen (*dat*); *fig calle* verstopfen, versperren B VR **congestionarse** Blutandrang haben; *fig* einen roten Kopf bekommen, hochrot (im Gesicht) werden; **congestivo** ADJ MED kongestiv, Hochdruck...
conglobación F Anhäufung *f*; Häufung *f von Beweisgründen*; **conglobar** A VT zusammenballen B VR **conglobarse** sich zusammenballen
conglomeración F Zusammenhäufung *f*, Vermengung *f*; **conglomerado** M GEOL *y fig* Konglomerat *n*; *fig* Haufen *m*, Block *m*; Ballungszentrum *m*; ECON Konzern *m*; Konsortium *n*
conglomerar A VT binden; zusammenschließen; um sich scharen B VR **conglomerarse** sich anhäufen; *fig* sich zusammenschließen, einen Block bilden
conglutinación F *t/t* Verklebung *f*; **conglutinar** A VT *espec* MED verkleben B VR **conglutinarse** zusammenkleben; sich verkitten; **conglutinativo** ADJ verklebend
congo[1] M 1 *Cuba hueso*: Sprungbein *n* 2 *Am Cent* ZOOL Brüllaffe *m* 3 *Cuba baile*: ***afrokubanischer Volkstanz***
congo[2] ADJ → congoleño
Congo M Kongo *m*
congoja F Schmerz *m*, Kummer *m*; Angst *f*, (Herz)Beklemmung *f*; **congojar** VT Kummer machen (*dat*), betrüben; das Herz beklemmen (*dat*); **congojoso** ADJ 1 (*aflicción del ánimo*) bekümmert, betrübt; angstvoll 2 (*angustioso*) qualvoll; beklemmend
congola F *Col* (Tabaks)Pfeife *f*
congoleño A ADJ Kongo..., kongolesisch B M, **-a** F Kongolese *m*, Kongolesin *f*; **congolés** → congoleño
congosto M *Esp reg* Klamm *f*, Durchbruch *m eines Flusses*
congraciamiento M Einschmeicheln *n*;
congraciarse VR ⟨1b⟩ sich beliebt machen (**con** bei *dat*); **~ con alg** *tb* sich bei j-m einschmeicheln
congratulación F Glückwunsch *m*
congratular A VT beglückwünschen B VR **~se de** *o* **por a/c** sich zu etw (*dat*) beglückwünschen, sich über etw (*acus*) freuen C VI *liter* **nos congratula ver que ...** es freut uns (zu sehen), dass ...
congregación F Versammlung *f*; CAT Kongregation *f*; *Am* PROT Kongregationalistengemeinde *f*; CAT **Congregación de Ritos** Ritenkongregation *f*; **~ de los fieles** Gemeinschaft *f* der Gläubigen; **congregante** M/F Mitglied *n* einer Kongregation
congregar ⟨1h⟩ A VT versammeln B VR **congregarse** sich versammeln
congresal M/F *Am*, **congresante** M/F *Ven*, **congresista** M/F Kongressteilnehmer *m*, -in *f*, Tagungsteilnehmer *m*, -in *f*
congreso M 1 (*conferencia*) Kongress *m*, Tagung *f*; (*reunión*) Versammlung *f*, Zusammenkunft *f*; **~ (del partido)** Parteitag *m*; **~ extraordinario** Sonderparteitag *m* 2 POL **Congreso (de los Diputados)** Kongress *m*; *Esp* Abgeordnetenkammer *f* (*1. Kammer*)
congrí M *Cuba* GASTR ***typisches Gericht aus Reis und bunten Bohnen***
congrio M *pez*: Meer-, Seeaal *m*; *fam persona*: Tollpatsch *m*; komischer Kauz *m*
congrua F REL Kongrua *f*, Mindestgehalt(sgarantie *f*) *n*
congruencia F Übereinstimmung *f*; MAT, REL Kongruenz *f*; **congruente** ADJ (*concordante*) übereinstimmend; (*conveniente*) passend, zweckdienlich, angemessen, geeignet; MAT kongruent; *fig argumento* logisch; *fig persona*

konsequent; **congruidad** F Zweckmäßigkeit *f*; **congruo** ADJ passend, zweckmäßig
conicidad F Kegelform *f*
cónico ADJ kegelförmig, konisch; GEOM **sección** *f* **-a** Kegelschnitt *m*
coníferas FPL BOT Nadelhölzer *npl*, Koniferen *fpl*
conirrostro ADJ ORN **(pájaro** *m***)** ~ Kegelschnäbler *m*
conjetura F Vermutung *f*; **hacer ~s** Vermutungen anstellen; **conjeturable** ADJ zu vermuten, mutmaßlich; **conjetural** ADJ auf Mutmaßungen (*o* Annahmen) beruhend; **conjeturar** V/T vermuten, annehmen **(de, por** aufgrund von *dat***)**
conjuez M, **conjueza** F ⟨*mpl* -eces⟩ Mitrichter *m*, -in *f*
conjugable ADJ vereinbar; GRAM konjugierbar; **conjugación** F **1** GRAM Konjugation *f* **2** TEC Zuordnung *f*, Verbindung *f* **3** BIOL Verschmelzung *f* **4** *fig* Vereinigung *f*; **conjugado** ADJ MAT, TEC zugeordnet, konjugiert
conjugar ⟨1h⟩ **A** V/T **1** GRAM *verbos* konjugieren **2** (*unir*) vereinigen; *demandas, etc* miteinander in Einklang bringen (*o* ausgleichen) **B** V/R **conjugarse 1** GRAM konjugiert werden **2** TEC (*combinar entre cosas*) ineinandergreifen
conjunción F **1** (*conexión*) Verbindung *f*, Vereinigung *f*; **en ~ con** in Verbindung mit **2** GRAM Konjunktion *f*, Bindewort *n* **3** ASTRON Konjunktion *f*; **conjuntado** ADJ *vestimenta* aufeinander abgestimmt; **conjuntamente** ADV zusammen, miteinander, gemeinsam; **conjuntar A** V/T zusammenlegen; vereinen; *vestimenta* kombinieren, aufeinander abstimmen **B** V/R **conjuntarse** sich verbinden; **conjuntiva** F ANAT Bindehaut *f*; **conjuntival** ADJ Bindehaut...; **conjuntivitis** F MED Bindehautentzündung *f*; **conjuntivo** ADJ verbindend; GRAM **partícula** *f* **-a** Bindewort *n*; ANAT **tejido** *m* ~ Bindegewebe *n*
conjunto A ADJ verbunden **B** M **1** (*el total*) Ganze(s) *n*, Gesamtheit *f*, Einheit *f*; (*agregado de varias cosas*) Gefüge *n*, Komplex *m*; (*acumulación*) (An)Sammlung *f*, Verbindung *f*; **~ arquitectónico** Gebäudekomplex *m*; **~ de problemas** Fragenkomplex *m*; **~ residencial** Wohnanlage *f*; **plano** *m* **de ~** Übersichtsplan *m*; **vista** *f* **de ~** Übersicht *f*, Gesamtbild *n*; **en ~** im Ganzen (gesehen); **en su ~** insgesamt; **en este ~** in diesem Zusammenhang, in dieser Hinsicht **2** *moda*: Ensemble *n*; *vestimenta femenina*: Komplet *n*; *masculina*: Kombination *f*; *Méx* **~ deportivo** Trainingsanzug *m*; **~ maternal** Umstandskleid *n* **3** TEAT, MÚS *de artistas*: Ensemble *n*; MÚS **clase** *f* **de ~** Orchesterübung *f*
conjuntor M TEL **~ de ruptura** Trennklinke *f*
conjura F, **conjuración** F Verschwörung *f*; **conjurado A** ADJ verschworen **B** M, **-a** F Verschwörer *m*, -in *f*; **conjurador** M, **conjuradora** F (Teufels)Beschwörer *m*, -in *f*; **conjurante** ADJ beschwörend; **conjurar A** V/T beschwören, anflehen; *fantasmas, peligro* bannen **B** V/R **conjurarse** sich verschwören **(contra** gegen *acus***)**; **conjuro** M **1** (*evocación*) Beschwörung *f*; Zauberformel *f* **2** (*ruego*) inständige Bitte *f*
conllevar V/T **1** (*ayudar en el trabajo*) mittragen, mithelfen **2** (*soportar*) **~ a alg/a/c** j-n/etw ertragen **3** (*retardar*) **~ a alg** j-n hinhalten **4** *fig espec Am* (*tener como consecuencia*) mit sich (*dat*) bringen, zur Folge haben
conmemorable ADJ erinnerungswürdig; **conmemoración** F Gedenken *n*, Gedächtnis *n*; *ceremonia*: Gedenkfeier *f*; REL **~ de los (Fieles) Difuntos** Allerseelenfeier *f*; **en ~ de** zur Erinnerung an (*acus*)
conmemorar V/T erinnern an (*acus*); (feierlich) gedenken (*gen*); **conmemorativo, conmemoratorio** ADJ Gedenk..., Denk..., Erinnerungs..., Gedächtnis...; **fiesta** *f* **-a** Gedächtnis-, Gedenkfeier *f*; **monumento** *m* ~ Denkmal *n*; Mahnmal *n*
conmensurable ADJ messbar; MAT kommensurabel
conmigo PRON mit mir; bei mir
conmilitón M Waffenbruder *m*, Kriegskamerad *m*
conminación F (An-, Be)Drohung *f*; JUR Aufforderung *f*; **conminar** V/T (*amenazar*) bedrohen; JUR (*mit Nachdruck*) auffordern, verlangen, darauf bestehen; **~le a alg con a/c** j-m etw androhen; **~le a alg a hacer a/c** (*amenazar*) j-m (an)drohen, etw zu tun; *tb* (*exhortar*) j-n (*unmissverständlich*) auffordern, etw zu tun; **conminatorio** ADJ **carta** *f* **-a** Drohbrief *m*
conminuta ADJ MED **fractura** *f* ~ Splitterbruch *m*
conmiseración F Erbarmen *n*, Mitleid *n*; **mostrar ~** Mitleid zeigen
conmistión F, **conmistura** F, **conmixtión** F (Ver)Mischung *f*
conmoción F Erschütterung *f* (*tb fig*); (*terremoto*) Erdstoß *m*, -beben *n*; *fig* (*tumulto*) Aufruhr *m*; MED **~ cerebral** Gehirnerschütterung *f*; **conmocionar** V/T *espec fig* erschüttern, bewegen; **conmovedor** ADJ *espec fig* erschütternd, ergreifend; rührend
conmover ⟨2h⟩ **A** V/T (*perturbar*) erschüttern (*tb fig*); (*enternecer*) rühren, ergreifen; (*inquietar*) beunruhigen, erregen, empören **B** V/R **conmoverse** gerührt werden; sich rühren lassen; erschüttert (*o* ergriffen) sein; **conmovido** ADJ ergriffen, erschüttert; bewegt, gerührt
conmuta F *Chile, Perú, Ec* → conmutación; **conmutable** ADJ vertauschbar; ELEC umschaltbar; **conmutación** F Tausch *m*; Umwandlung *f*; ELEC Umschaltung *f*; TEL **~ de llamadas** Anrufweiterleitung *f*, Anrufweiterschaltung *f*; JUR **~ de pena** Strafumwandlung *f*; ELEC **palanca** *f* **de ~** Schalthebel *m*
conmutador M **1** ELEC (*interruptor*) Stromwender *m*, (Um)Schalter *m*; **~ giratorio** Drehschalter *m*; **~ selector** Wahlschalter *m* **2** *Am reg* (*centralita*) Telefonzentrale *f*, -vermittlung *f*
conmutar V/T **1 ~ a/c por** *o* **con otra cosa** etw gegen etwas anderes tauschen **2** JUR *pena* umwandeln **3** ELEC (*cambiar de conductor*) umschalten; **conmutativo** ADJ Tausch...; **conmutatriz** F ELEC Umformer *m*
connacional M/F Landsmann *m*, Landsmännin *f*
connato ADJ zugleich (*o* zur gleichen Zeit) geboren
connatural ADJ naturgemäß, angeboren; **ser ~ a alg** j-m angeboren sein; **connaturalizar** ⟨1f⟩ **A** V/T eingewöhnen **B** V/R **connaturalizarse** sich eingewöhnen; sich gewöhnen **(con** an *acus***)**
connivencia F JUR Konnivenz *f*; **estar en ~ con alg** mit j-m unter einer Decke stecken; **connivente** ADJ duldsam; zu nachsichtig
connotación F LING Konnotation *f*; Nebenbedeutung *f*; Unterton *m*; **connotado** ADJ *Am* distinguiert
connubio M **1** *liter* (*matrimonio*) Hochzeit *f* **2** *Am fam* (*complicidad*) Komplizität *f*
cono M **1** GEOM, TEC *figura*: Kegel *m*, Konus *m*; *transporte*: Leit-, Warnkegel *m*, Pylon *m*; GEOM **~ truncado** Kegelstumpf *m*; **~ de luz/sombra** Licht-/Schattenkegel *m*; GEOM **superficie** *f* **del ~** Kegelmantel *m*; GEOL **~ volcánico** Vulkankegel *m* **2** ANAT *retina*: Zapfen *m* (*der Netzhaut*) **3** BOT (*piña*) Zapfen *m* **4** POL **el Cono Sur** das südliche Südamerika (*meist Argentinien, Chile und Uruguay*) **5** GASTR (*cucurucho*) Eistüte *f*
conocedor A ADJ kundig **(de** *gen***) B** M, **conocedora** F Kenner *m*, -in *f*; **~** *m*, **~a** *f* **de hombres** Menschenkenner *m*, -in *f*; **conocencia** F **1** JUR Geständnis *n* (*vor Gericht*) **2** *pop* → conocimiento **3** *Perú fam* **~s** *pl* Bekanntenkreis
conocer ⟨2d⟩ **A** V/T **1** (*saber*) kennen (*acus*), bekannt sein mit (*dat*); (schon) wissen; **~ de nombre/de vista** dem Namen nach/vom Sehen kennen **2** (*entrar en conocimiento*) kennenlernen; (*experimentar*) erfahren; (*reconocer*) erkennen (*tb* FIL) **(por** an *dat***)**; **dar a ~ a/c a alg** j-m etw bekannt geben; j-n mit etw bekannt machen; **darse a ~** sich zu erkennen geben; **llegar a ~** (erst richtig) kennenlernen **3** (*entender*) kennen, verstehen, können; etwas verstehen von (*dat*) **4** *Biblia*: danken **5** (*tener relaciones sexuales*) geschlechtlich verkehren; *fam* **no ha conocido mujer** der hat noch keine Frau gehabt *fam* **B** V/I **1** JUR (*decidir*) **~ en** *o* **de una causa** über eine Sache befinden, in einer Sache (*dat*) erkennen; zuständig sein für eine Sache **2** (*entender*) **~ de** etwas verstehen von (*dat*) **C** V/R **conocerse 1** (*entrar en conocimiento*) sich kennen; sich (gegenseitig) kennenlernen; **conócete a ti mismo** erkenne dich selbst **2** (*ser perceptible*) zu erkennen sein; **se conoce que ...** man sieht (*o* merkt), dass ...
conocible ADJ erkennbar; **conocidamente** ADV bekanntermaßen; klar
conocido A ADJ bekannt; anerkannt; *fam* **ser muy ~ en su casa** ein verkanntes Genie sein **B** M, **-a** Bekannte *m/f*; **un ~ mío** ein Bekannter von mir
conocimiento M **1** (*noticia*) Kenntnis *f*; **para su ~** zu Ihrer Kenntnisnahme; **con ~ de causa** bewusst; überlegt; **con gran ~ de causa** mit (*o* aus) gründlicher Sachkenntnis; **dar ~ de a/c** etw zur Kenntnis geben, etw bekannt machen; **poner a/c en ~ de alg** j-n in Kenntnis setzen von (*dat*); **no tener ~ de** keine Kenntnis haben von (*dat*); nichts wissen von (*dat*) **2** (*cognición*) Erkenntnis *f*; (*consideración*) Einsicht *f*; (*comprensión*) Verständnis *n*; **~ de sí mismo** Selbsterkenntnis *f* **3** MED (*conciencia*) Bewusstsein *n*; **perder el ~** das Bewusstsein verlieren; **recobrar el ~** (wieder) zur Besinnung (*o* zu sich *dat*) kommen; **estar sin ~** bewusstlos sein **4** COM **~ (de embarque)** Konossement *n*, Seefrachtbrief *m*; **~ aéreo** Luftfrachtbrief *m* **5** (*relaciones*) Bekanntschaft *f*; *liter* **trabar ~ con alg** j-s Bekanntschaft machen **6 ~s** *pl* (*saber, informaciones*) Kenntnisse *fpl*; **~s generales** Allgemeinwissen *n*; **~s previos/técnicos** Vor-/Fachkenntnisse *fpl*
conoide M GEOM Konoid *n*; **conoideo** ADJ *t/t* kegelförmig
conopeo M CAT Tabernakelvorhang *m*
conopial ADJ ARQUIT **arco** *m* ~ Eselsrücken *m*, geschweifter Spitzbogen *m*
conque A CJ also, folglich, daher; nun; **no entiendes nada de esto, ~ cállate** davon verstehst du nichts, sei also (gefälligst) still; **¿~ te vas o te quedas?** gehst du nun oder bleibst du da?; *frec irón* **¿~ no hay nada que hacer?** (ihr habt) wohl gar nichts zu tun, wie?; **¡~ andando!** also los, gehen wir! **B** M *fam das* Warum; *fam* **hacer a/c con su ~** mit Überlegung handeln
conquense A ADJ aus Cuenca **B** M/F Einwohner *m*, -in *f* von Cuenca
conquiforme ADJ muschelförmig
conquista F **1** *de una ciudad, etc*: Eroberung *f* (*tb fig*); (*adquisición*) Errungenschaft *f*; *fam fig* **ir de ~** auf Eroberungen ausgehen **2** HIST **la Conquista** *época*: die Conquista (*Zeitalter der Be-*

sitznahme Amerikas durch die Spanier) 3 ECON *de mercados*: Erschließung *f von Märkten*; **conquistable** ADJ (leicht) zu erobern(d) *(tb fig)*; **conquistador** A ADJ erobernd B M, **conquistadora** F Eroberer *m*, Eroberin *f* C M HIST Konquistador *m*; *fam fig* Frauenheld *m*; **conquistar** A VT MIL *y fig* erobern; *fig* gewinnen, für sich *(acus)* einnehmen B VR **conquistarse** *simpatía, etc* gewinnen; **~ a alg** j-n um den kleinen Finger wickeln *fam*

consabido ADJ bewusst, (schon) bekannt, üblich; **tráigame lo ~** bringen Sie mir das Übliche; **consabidor** M, **consabidora** F Mitwisser *m*, -in *f*

consagración F 1 REL *(bendición)* Weihe *f*, Einweihung *f*, Konsekration *f*; *parte de la misa*: Wandlung *f* 2 *fig (dedicación)* Widmung *f*; Aufopferung *f*; Opfer *n*; **consagrante** M *espec* CAT **(sacerdote** *m***) ~** Weihpriester *m*, Konsekrant *m*

consagrar A VT 1 REL *(bendecir)* weihen, einsegnen, heiligen; *hostia* konsekrieren 2 *fig (dedicar)* **~ a** widmen *(dat)*; weihen *(dat)*, (auf)opfern *(dat)* 3 *(confirmar)* bestätigen, autorisieren; **~ como** bestätigen als *(acus)*; **giro** *m* **consagrado por el uso** (ganz) geläufige (Rede)Wendung *f* B VR **~se a** sich widmen *(dat)*, sich hingeben *(dat)*; **~se como** sich durchsetzen als *(nom)*, seinen Ruf als *(nom)* festigen

consanguíneo ADJ blutsverwandt; **hermanos** *mpl* **~s** Halbgeschwister *pl* väterlicherseits; **consanguinidad** F Blutsverwandtschaft *f*

consciencia F *(conocimiento)* Bewusstsein *n*; **consciente** ADJ bewusst **(de** *gen***)**; *fig* vernünftig; **ser ~** *(espec Am* **estar)** **~ de a/c** (sich *dat*) einer Sache *(gen)* bewusst sein; **estar ~** *tb* bei Bewusstsein sein

conscripción F MIL *espec Am* Aushebung *f*, Musterung *f*; *Am reg* Militärdienst *m*; **conscripto** M Rekrut *m*, Wehrpflichtige *m*

consecución F Erlangung *f*, Erreichung *f*; **de fácil ~** leicht zu erreichen(d)

consecuencia F 1 *(efecto)* Folge *f*, Konsequenz *f*; Folgerichtigkeit *f*; **a (***o* **como) ~ de** als Folge *(gen o von dat)*; infolge *(gen)*; **en ~ de** gemäß *(dat)*, zufolge *(dat)*; **llevar** *o* **afrontar** *o* **pagar las ~s** die Folgen tragen; **sacar las ~s** die Konsequenzen ziehen; **tener** *o* **traer ~s** Folgen (*o* Konsequenzen) haben; noch ein dickes Ende haben *fam*; **traer** *o* **tener como ~** zur Folge haben 2 *(conclusión)* (Schluss)Folgerung *f*; *cj* **por** *o* **en** *o* **a ~** folglich; **sacar la ~** die Schlussfolgerung ziehen; **sacar en ~** daraus folgern (*o* schließen) 3 *(importancia)* Wichtigkeit *f*, Bedeutung *f*

consecuente A ADJ folgerichtig, konsequent; **ser ~ (consigo mismo)** konsequent sein, sich *(dat)* selber treu sein B M MAT, FIL (Schluss)Folgerung *f*; GRAM Folge-, Nachsatz *m*; **consecuentemente** ADV folgerichtig; folglich; entsprechend

consecutivo ADJ 1 *(frec* PL*) (el que sigue)* aufeinanderfolgend; **tres veces -as** dreimal nacheinander 2 GRAM konsekutiv; **proposición** *f* **-a** Konsekutivsatz *m* 3 *resultado*: **~ a** sich aus *(dat)* ergebend, als Folge von *(dat)*

conseguido ADJ gelungen

conseguir VT ⟨3l *y* 3d⟩ erlangen, erreichen; erzielen; *(recibir)* bekommen; *(lograr)* durchsetzen; **~ que** *(subj)* erreichen, dass *(ind)*; **conseguí hacerlo** ich brachte es fertig; **no conseguí adelantarlos** es gelang mir nicht, sie zu überholen; **sin haber conseguido nada** unverrichteter Dinge, ohne Erfolg, erfolglos; *prov* **el que la sigue la consigue** ≈ wer will, der kann

conseja F (Ammen)Märchen *n*; Legende *f*; Fabel *f*; **consejería** F *Esp* POL Ministerium *n* einer autonomen Region

consejero M, **-a** F 1 *persona*: Ratgeber *m*, -in *f*, Berater *m*, -in *f*; **~** *m* **económico** Wirtschaftsberater *m*; **~** *m* **jurídico/de seguridad** Rechts-/Sicherheitsberater *m*; **~** *m* **de orientación profesional** Berufsberater *m*; **~** *m* **matrimonial** Eheberater *m*; **~** *m* **técnico** Fachberater *m*; technischer Berater *m* 2 *(miembro de un consejo)* Ratsmitglied *n*; Rat *m*, Rätin *f*; *Esp* ECON **~** *m*, **-a** *f* **de administración** Mitglied *n* des Verwaltungsrats *(einer spanischen AG)*; **~** *m* **áulico** Hofrat *m*; **~** *m* **de embajada** Botschaftsrat *m* 3 *Esp* POL Minister *m*, -in *f* einer autonomen Region

consejo M 1 *(sugerencia)* Rat *m*, Ratschlag *m*; **dar un ~ a alg** j-m einen Rat geben (*o* erteilen); **entrar en ~** beraten, beratschlagen; **pedir ~ a alg** j-n um Rat fragen (*o* bitten); **seguir el ~ de alg** j-s Rat befolgen; **siguiendo el ~ del médico** auf Anraten des Arztes; **tomar ~ de** sich beraten lassen von *(dat)*; sich Rat holen bei *(dat)*; **por mi ~** auf meinen Rat hin 2 *gremio*: Rat *m*; Ratsversammlung *f*; **~ de administración** Verwaltungsrat *m (einer spanischen AG)*; **Consejo Atlántico** POL Atlantischer Rat *m (der NATO)*; HIST **Consejo de Castilla** kastilischer Kronrat *m*; HIST **Consejo de Ciento** *Barcelona*: Rat der Hundert; **~ colegiado** Expertenrat *m*; **~ económico** Wirtschaftsrat *m*; **Consejo de Estado** Staatsrat *m*; **Consejo de Europa** Europarat *m*; **Consejo Europeo** *de la UE*: Europäischer Rat *m*; **~ de familia** Familienrat *m*; MIL **~ de guerra** Militärgericht *n*; HIST Kriegsgericht *n*; Standgericht *n*; **~ de ministros** Ministerrat *m*; Kabinett *n*; **~ municipal** Stadt-, Gemeinderat *m*; **~ de personal** Personalrat *m*; **~ real** *o Esp* **Consejo del Reino** Kronrat *m*; **Consejo de Seguridad** (Welt)Sicherheitsrat *m (der UNO)*; *Esp* **Consejo Superior de Investigaciones Científicas** (Oberster) Forschungsrat *m*; **Consejo de la Unión Europea** Rat *m* der Europäischen Union; **~ de vigilancia** Aufsichtsrat *m (einer deutschen AG)* 3 *(decisión)* Beschluss *m*; **tomar el ~ de** *(inf)* den Beschluss fassen zu *(inf)*

conseller M *Esp* POL *Minister der Autonomieregierung Kataloniens, Valencias oder der Balearen*; **consellería** F *Ministerium der Autonomieregierung Kataloniens, Valencias oder der Balearen*

consenso M JUR, *liter* Zustimmung *f*, Einwilligung *f*; **consensual** ADJ JUR **contrato** *m* **~** Konsensualvertrag *m*; **consensuar** VT **~ a/c con alg** etw mit j-m abstimmen (*o* absprechen); **consensus** M→ consenso

consentido ADJ 1 *(mimado)* verwöhnt, launisch, *niño* verzogen 2 **marido** *m* **~** wissentlich betrogener Ehemann *m*; **consentidor** A ADJ zu nachsichtig; **marido** *m* **~** wissentlich betrogener Ehemann *m* B M, **consentidora** F Mitwisser *m*, -in *f*; **consentimiento** M Einwilligung *f*, Zustimmung *f*, Genehmigung *f*; MED **~ informado** ≈ Patientenaufklärung *f*; **formulario** *m* (*o* **hoja** *f*) **de ~ informado** Aufklärungsformular *n*

consentir ⟨3i⟩ A VT 1 *(permitir)* gestatten, zulassen, erlauben; *(tolerar)* dulden, billigen; **~ a/c a alg** *tb* j-m etw durchgehen lassen; **no consiento que** *(subj)* ich lasse nicht zu, dass *(ind)* 2 *espec Am (mimar)* verwöhnen; liebkosen B VI **~ en a/c** in etw *(acus)* einwilligen; **~ con los vicios de alg** j-s schlechte Gewohnheiten dulden C VR **consentirse** Risse bekommen, springen

conserje M/F Hausmeister *m*, -in *f*; Portier *m*, Portiersfrau *f*, Pförtner *m*, -in *f*; **~ de noche** Nachtportier *m*; **conserjería** F Pförtnerloge *f*, Pforte *f*

conserva F 1 *de comestibles*: Konserve *f*; Eingemachte(s) *n*; **carne** *f***/frutas** *fpl* **en ~** Fleisch-/Obstkonserve *f*; **~ de sangre** Blutkonserve *f*; **poner en ~** einmachen, einlegen; **en ~** konserviert, Konserven… 2 ADV HIST, MAR **en ~** im Geleitzug

conservación F Erhaltung *f*; Konservierung *f*; *en fresco*: Frischhaltung *f*; *(custodia)* Aufbewahrung *f*, Verwahrung *f*; *tb* FÍS **~ de la energía** Erhaltung *f* der Energie; BIOL **~ de las especies** Arterhaltung *f*; **~ de monumentos antiguos** Denkmalspflege *f*; ECOL **~ de la naturaleza** Naturschutz *m*; **instinto** *m* **de ~** Selbsterhaltungstrieb *m*

conservacionismo M ECOL Naturschutz *m*; **conservacionista** ECOL A ADJ Naturschutz… B M/F Naturschützer *m*, -in *f*

conservado ADJ **bien ~** gut erhalten *(tb persona)*, noch frisch

conservador A ADJ 1 *(que conserva)* erhaltend 2 *persona, opinión* konservativ *(tb* POL*)* B M, **conservadora** F 1 *(mantenedor)* Erhalter *m*, -in *f*, Pfleger *m*, -in *f*; Aufseher *m*, -in *f*; *en un museo*: Konservator *m*, -in *f*, Kustos *m*, Kustodin *f* 2 *espec* POL Konservative *m/f* C M **~ de helados** Kühlbox *f* für Speiseeis

conservadurismo M POL Konservativismus *m*

conservar A VT 1 *(sostener)* erhalten; *(mantener)* beibehalten; *(cuidar)* pflegen; *(preservar)* schonen; **~ los amigos** die (alten) Freunde beibehalten; **~ el recuerdo** die Erinnerung pflegen; **~ la salud** die Gesundheit erhalten; gesund bleiben; **~ la sangre fría** einen kühlen (*o* klaren) Kopf bewahren; **~ en buen estado** gut instand halten 2 *(guardar)* aufbewahren; **consérvese en sitio fresco y seco** kühl und trocken aufbewahren 3 *frutas, etc* einmachen, einlegen; konservieren B VR **conservarse** erhalten bleiben; **~ en** *o* **con salud** gesund bleiben; **consérvate bien** halte dich gesund; pflege dich, schone dich

conservatismo M *Am* POL Konservatismus *m*; **conservativo** ADJ erhaltend, konservierend; **conservatorio** A ADJ der Erhaltung dienend; JUR **medida** *f* **-a** Sicherungsmaßnahme *f* B M Konservatorium *n*; Musik(hoch)schule *f*; **~ (de arte dramático)** Schauspielschule *f*

conservera F 1 *fábrica*: Konservenfabrik *f* 2 *fabricante*: Konservenfabrikantin *f*; **conservería** F Konservenherstellung *f*; **conservero** A ADJ Konserven…; **industria** *f* **-a** Konservenindustrie *f* B M Konservenfabrikant *m*

considerable ADJ beachtlich, ansehnlich; beträchtlich, erheblich

consideración F 1 *(contemplación)* Betrachtung *f*, *(reflexión)* Überlegung *f*, *(ponderación)* Erwägung *f*; *(observancia)* Beachtung *f*, Berücksichtigung *f*; *(miramiento)* Rücksicht(nahme) *f*; **en ~ a** in Anbetracht *(gen)*, im Hinblick auf *(acus)*; **por ~ a** aus Rücksicht auf *(acus)*; **sin ~** rücksichtslos; **falta** *f* **de ~** Rücksichtslosigkeit *f*; (grobe) Unhöflichkeit *f*; **cargar** *o* **fijar la ~ en** sein Augenmerk richten auf *(acus)*, *etw* überlegen; **entrar en ~** in Betracht kommen; **tener** *o* **tomar en ~ a/c** *(tener en atención a/c)* etw berücksichtigen; *(ponderar a/c)* etw in Erwägung ziehen 2 *(gran aprecio)* Hochachtung *f*, -schätzung *f*, Ansehen *n*; **de ~** bedeutend; erheblich; **tener ~ con alg** j-n achtungsvoll (*o* rücksichtsvoll) behandeln; *estilo epistolar*: **con la mayor ~** *o* **con el testimonio de mi** *o* **nuestra mayor ~** mit vorzüglicher Hochachtung

considerado ADJ 1 *(bien pensado)* überlegt, besonnen; *(atento)* rücksichtsvoll 2 **bien ~** *(en realidad)* (wenn man es) genau überlegt, eigentlich 3 *persona* **bien/mal ~** sehr/nicht sehr geschätzt (o angesehen); **considerando** A PREP ~ **que** … angesichts der Tatsache, dass …; ADMIN da, weil; JUR *üblicher Anfang einer Urteilsbegründung* B M JUR ~**s** PL (rechtliche) Urteilsbegründung *f*

considerar A VT 1 *(tomar en cuenta)* bedenken, erwägen; berücksichtigen; überlegen; ~ **bueno** (es) für angebracht halten; ~**le a alg (como) feliz** j-n für glücklich halten; ~ **el pedido (como) anulado** den Auftrag als zurückgezogen betrachten (o ansehen) 2 *(tratar con consideración)* mit Rücksicht behandeln; hoch achten B VR **considerarse** sich halten für *(acus)*; ~ **en casa** glauben, daheim zu sein; **si bien se considera** wenn man es recht überlegt; **¡considérese despedido!** Sie sind entlassen!

consigna F 1 MIL *y fig (seña)* Parole *f*, Losung *f*; Weisung *f*; **dar la** ~ die Parole ausgeben; *fig* **respetar la** ~ der Parole Folge leisten 2 FERR, AVIA *de equipajes*: Gepäckaufbewahrung *f*; ~ **automática** Schließfach *n*

consignación F 1 (Geld)Anweisung *f*; *Col (ingreso a cuenta)* Einzahlung *f (auf ein Konto)* 2 JUR *(depósito)* Hinterlegung *f*; *(caución)* Kaution *f* 3 COM *(envío de muestra)* Konsignation *f*; Ansichtssendung *f*; **-ones** *fpl* **globales** Sammelladung *f*; -güter *npl* 4 *fijación*: ~ **en acta** aktenmäßige (o protokollarische) Fixierung *f*

consignador M, **consignadora** F COM Konsignant *m*, -in *f*

consignar VT 1 *(designar)* anweisen; COM konsignieren; *Col dinero* einzahlen *(auf ein Konto)* 2 JUR *gerichtlich* hinterlegen; *(dejar escrito)* schriftlich niederlegen 3 *equipaje de mano* zur Aufbewahrung geben; **consignatario** M, **consignataria** F 1 COM, JUR *(depositario)* Konsignatar *m*; Verwahrer *m*, -in *f* 2 COM *(destinatario)* (Waren)Empfänger *m*, -in *f*; ~ **(de buques)** Schiffsmakler *m*, -in *f*

consigo A PRON mit sich *(dat)*, bei sich *(dat)*; **llevar dinero** ~ Geld bei sich *(dat)* haben; **no tenerlas todas** ~ Argwohn hegen, dem Frieden nicht trauen; **dar** ~ **en tierra** sich überschlagen, hinfallen; **hablar** ~ **mismo** Selbstgespräche führen B → conseguir

consiguiente ADJ ~ **(a)** sich ergebend (aus *dat*); entsprechend *(dat)*; *cj* **por** ~ folglich, daher, also; **consiguientemente** ADJ folgerichtig; folglich

consiliario M, **-a** F *persona*: Rat *m*, Rätin *f*

consistencia F 1 *(estado de a/c)* Beschaffenheit *f*, Konsistenz *f*; *(duración)* Dauerhaftigkeit *f*; *(estabilidad)* Festigkeit *f* 2 FÍS Dichtigkeit *f*; Dichtigkeitsgrad *m*; *de un líquido*: Dickflüssigkeit *f* 3 FIL *(ausencia de contradicción)* Konsistenz *f*, Widerspruchslosigkeit *f*; **consistente** ADJ 1 fest, stark, haltbar, dauerhaft; *líquido* dickflüssig 2 ~ **en** bestehend aus *(dat)*; **consistir** VI ~ **en** *(estar compuesto de)* bestehen aus *(dat)*; *(basar en)* beruhen auf *(dat)*; ~ **en que** darin (o daran) liegen, dass

consistorial ADJ 1 REL Konsistorial… 2 *reg (de la comunidad)* Gemeinde…; **casa(s)** *f(pl)* ~**(es)** Rathaus *n*, Gemeindeamt *n*; **consistorio** M 1 REL Konsistorium *n*; **ante el** ~ **divino** vor dem Richterstuhl Gottes 2 *reg (concejo municipal)* Gemeinderat *m*

consocio M, **-a** F Mitinhaber *m*, -in *f*; Mitteilhaber *m*, -in *f*; Genosse *m*, Genossin *f*

consola F 1 *mesa*: Wandtischchen *n*, Konsole *f* 2 ARQUIT Konsole *f* 3 MÚS *(teclado)* Tastatur *f*, *del órgano*: Klaviatur *f* 4 FILM, RADIO, TV ~ **de mezclas** Mischpult *n*; INFORM ~ **de recuperación** *Windows®*: Wiederherstellungskonsole *f*; ~ **de (video)juegos** Spielekonsole *f*, Playstation® *f*

consolable ADJ tröstbar; **consolación** F Trost *m*; Tröstung *f*; Zuspruch *m*; **premio** *m* **de** ~ Trostpreis *m*; **consolador** A ADJ tröstlich, tröstend B M, **consoladora** F *persona*: Tröster *m*, -in *f* C M *pop (pene artificial)* Vibrator *m fam*; Dildo *m pop*

consolar ⟨1m⟩ A VT trösten B VR **consolarse** sich trösten; ~ **de a/c** über etw *(acus)* hinwegkommen, etw verschmerzen; ~ **con a/c** sich mit etw *(dat)* abfinden; bei (o in) etw *(dat)* Trost finden; ~ **con alg** bei j-m Trost suchen

consolativo, consolatorio ADJ → consolador A

consólida F BOT Schwarzwurz *f*; ~ **real** Rittersporn *m*

consolidación F 1 *(afianzamiento)* Befestigung *f*, Sicherung *f*, Verankerung *f*; *fig* Festigung *f* 2 MED *(cicatrización)* Vernarbung *f*, *(curación)* Verheilung *f* 3 *espec* ECON Konsolidierung *f*, Konsolidation *f*; **consolidado** ECON A ADJ konsolidiert B MPL ~**s** Konsols *mpl*; **consolidar** A VT 1 *(asegurar)* (be)festigen, sichern; *(reforzar)* verstärken; *(entesar)* versteifen 2 MED *la curación* die Heilung *(gen)* fördern 3 ECON konsolidieren B VR **consolidarse** sich festigen; MED zuheilen

consomé M GASTR Kraftbrühe *f*, Bouillon *f*; ~ **al jerez** Bouillon *f* mit Sherry; ~ **con yema** Bouillon *f* mit Ei

consonancia F 1 MÚS Ein-, Gleichklang *m*, Harmonie *f*; Konsonanz *f* 2 LIT *métrica*: End-, Vollreim *m* 3 *(concordancia)* Übereinstimmung *f*; **en** ~ **con** in Übereinstimmung mit *(dat)*; **consonante** A ADJ 1 *(en concordancia)* übereinstimmend; zusammenstimmend; MÚS harmonisch zusammenklingend; konsonant 2 *(que rima)* reimend 3 MED konsonierend B F FON Konsonant *m*, Mitlaut *m*; **consonantismo** M Konsonantismus *m*

consonar VI ⟨1m⟩ 1 *(armonizar)* zusammenstimmen, zusammenklingen 2 *(rimar)* sich reimen

consorcio M 1 *(sociedad)* Genossenschaft *f* 2 ECON Konsortium *n*, Konzern *m*; ~ **bancario** Bankenkonsortium *n*; **consorte** M/F 1 *(compañero, -a)* (Schicksals-, Leidens)Genosse *m*, -in *f* 2 *(esposo, -a)* Ehegatte *m (Mann oder Frau)*; **los** ~**s** die Eheleute *pl*; **príncipe** *m* ~ Prinzgemahl *m*

conspicuo ADJ hervorragend, berühmt; auffallend

conspiración F Verschwörung *f (tb fig)*; **conspirado** M, **conspirada** F, **conspirador** M, **conspiradora** F Verschwörer *m*, -in *f*

conspirar VI sich verschwören, konspirieren (**contra** gegen *acus*); ~ **en a/c** bei etw *(dat)* mitmachen, an etw *(dat)* beteiligt sein; **todo conspira para su desgracia** alles hat sich zu seinem Unglück verschworen; ~ **a (la persecución de) un fin** eine Sache gemeinsam verfolgen (o bezwecken)

conspirativo, conspiratorio ADJ konspirativ

constancia F 1 *(perseverancia)* Standhaftigkeit *f*, Beständigkeit *f*, Beharrlichkeit *f*, Ausdauer *f*; *t/t*, TEC Konstanz *f* 2 *(seguridad)* Sicherheit *f*, Gewissheit *f*; *espec Am* **dar** o **dejar** ~ **de a/c** etw bestätigen; etw festhalten, etw zum Ausdruck bringen; **tengo** ~ **de que** … ich bin sicher, dass …; ich weiß, dass …

constante A ADJ 1 *(perseverante)* standhaft, beständig, beharrlich, stetig, konstant *(tb* MAT) 2 *(permanente)* ständig, dauernd 3 *(seguro)* sicher B F ELEC, TEC, FÍS, MAT Konstante *f*; MED ~**s** *pl* **vitales** Vitalfunktionen *fpl*; **constantemente** ADV ständig, stetig

Constantinopla F HIST Konstantinopel *n* *(heute Istanbul)*

constantinopolitano ADJ HIST aus Konstantinopel

Constanza F 1 GEOG Konstanz *n*; **Lago** *m* **de** ~ Bodensee *m* 2 N PR Konstanze *f*

constar VI 1 *(estar seguro)* gewiss sein, feststehen; **me consta que** … ich weiß bestimmt, dass …; **conste que** … es sei (hiermit) festgestellt, dass …; **¡que conste!** das muss festgehalten werden!, hört!; **¡para que te conste!** damit du Bescheid weißt!, dass du's nur weißt! *fam*; ADMIN **y para que (así) conste** zu Urkund dessen 2 *(registrado)* verzeichnet (o aufgeführt) sein (**en** in *dat*); **hacer** ~ feststellen, konstatieren; **hacer** ~ **en escritura pública** urkundlich feststellen (lassen); **(como) consta en autos de juicio** wie aus den (Gerichts)Akten hervorgeht 3 ~ **de** *(estar compuesto por)* bestehen aus *(dat)*

constatación F Feststellung *f*; **constatar** VT feststellen, konstatieren

constelación F ASTRON Gestirn *n*, Sternbild *n*; Konstellation *f (tb fig)*; **constelado** ADJ ASTRON gestirnt, Sternen…; *fig* ~ **de** besät (o bedeckt) mit *(dat)*

consternación F Bestürzung *f*, Fassungslosigkeit *f*; **consternado** ADJ bestürzt, konsterniert; fassungslos; **consternar** A VT bestürzen, in Bestürzung versetzen B VR **consternarse** sehr betroffen sein

constipación F MED Verstopfung *f*; **constipado** MED A ADJ verschnupft B M Schnupfen *m*, Erkältung *f*; **constiparse** VR MED sich erkälten, sich *(dat)* einen Schnupfen holen

constitución F 1 *(estado)* Beschaffenheit *f*, Zustand *m*; *(complexión)* körperliche Verfassung *f*, Konstitution *f*; *(disposición)* Anordnung *f*, Aufbau *m*; *(composición)* Zusammensetzung *f* 2 POL *(ley fundamental)* Verfassung *f*; JUR Statut *n*, Verfassung *f*; POL **Constitución Europea** Europäische Verfassung *f*; **jurar la** ~ den Eid auf die Verfassung leisten 3 JUR *(nombramiento)* Einsetzung *f*, Bestellung *f*; *(fundación)* (Be)Gründung *f*; *de un establecimiento*: Gründung *f*, Errichtung *f einer Gesellschaft*; ~ **de una renta** Rentenbestellung *f*; ~ **de una hipoteca** Aufnahme *f* einer Hypothek, Hypothekenbestellung *f*

constitucional ADJ 1 POL *(compatible con la constitución)* verfassungsmäßig, konstitutionell, Verfassungs…; **monarquía** *f* ~ konstitutionelle Monarchie *f*; **Tribunal** *m* ~ Verfassungsgericht *n* 2 MED *(inherente)* angeboren, konstitutionell

constitucionalidad F POL Verfassungsmäßigkeit *f*; **constitucionalismo** M POL Konstitutionalismus *m*; **constitucionalista** M/F JUR Verfassungsrechtler *m*, -in *f*

constituir ⟨3g⟩ A VT 1 *(formar)* bilden, darstellen, ausmachen, sein; bedeuten; ~ **un delito** ein Vergehen sein (o darstellen) 2 *un todo*: *ein Ganzes* ausmachen, bilden; **constituyen el equipo once jugadores** die Mannschaft besteht aus elf Spielern 3 *(establecer)* konstituieren, (be)gründen, errichten; *como heredero*: *(zum Erben)* einsetzen; *hipotecas, garantías* bestellen; *renta, dote* aussetzen; *comisión* einsetzen; ~ **en** berufen als *(acus)*, bestellen zu *(dat)*; MIL ~ **reservas** Reserven abstellen (o ausscheiden) B VR **constituirse** 1 *(establecerse)* sich konstituieren; gegründet werden; ~ **en república** eine Republik bilden, Republik werden 2 ~ **en** *(aparecer como)* auftreten als *(nom)*; ~ **en fiador** die Bürgschaft übernehmen, als Bürge auftreten

constitutivo A ADJ wesentlich, Bestand…, Grund…, Haupt…; ~ **de** *etw* begründend; JUR ~ **de derecho** rechtsgestaltend B M

Haupt-, Bestandteil *m*; **constituyente** ADJ begründend, konstituierend; POL verfassunggebend; POL **Asamblea** *f* ~ verfassunggebende Versammlung *f*

constreñimiento M Zwang *m*, Nötigung *f*

constreñir ⟨3h *y* 3l⟩ A VT 1 (*obligar*) zwingen, nötigen (**a** zu *dat*) 2 *espec* MED (*oprimir*) beengen, einschnüren; zusammenziehen B VR **constreñirse** sich beschränken (**a** auf *acus*)

constricción F 1 (*contracción*) Zusammenziehung *f* 2 MED (*estrechamiento*) Beengung *f*, Konstriktion *f*; **constrictivo** ADJ *espec* MED ver-, beengend; **constrictor** A ADJ 1 zusammenschnürend, -ziehend; ANAT **músculo** *m* ~ Konstriktor *m* 2 ZOOL **boa** *f* ~ Boa *f* constrictor B M FARM stopfendes Mittel *n*

construcción F 1 *acción*: Bauen *n*; (*modo o arte de construir*) Bauweise *f*; ~ **antisísmica** erdbebensichere Bauweise *f*; ~ **todo acero** (*o* **enteramente de acero**) Ganzstahlbauweise *f*; ~ **de madera/mecánica** Holz-/Maschinenbau *m*; ~ **todo metal** Ganzmetallbauweise *f*; **materiales** *mpl* **de** ~ Baustoffe *mpl* 2 (*obra construida*) Bau *m*, Konstruktion *f* (*tb* TEC); (*edificio*) Gebäude *n*; ~ **especial** Sonderausführung *f*; **-ones** *fpl* **hidráulicas** Wasserbauten *mpl*; ~ **prefabricada** Fertigbau *m* 3 *tecnología*: Bauwesen *n*; (**ramo** *m* **de la**) ~ Baugewerbe *n*; ~ **de carreteras** Straßenbau *m*; ~ **de equipos** Gerätebau *m*; Anlagenbau *m*; ~ **naval** Schiffsbau *m*; ~ **de viviendas** Wohnungsbau *m* 4 GRAM ~ **de la frase** Satzbau *m* 5 MAT Konstruktion *f*

constructivo ADJ konstruktiv (*tb fig*), aufbauend; TEC **elemento** *m* ~ Bau-, Konstruktionsteil *m*

constructor A ADJ **empresa** *f* **-a** Baufirma *f*, Bauunternehmen *n* B M 1 *de un edificio*: Erbauer *m*; *de una máquina, etc*: Konstrukteur *m*; ~ **de automóviles/máquinas** Kraftfahrzeug-/Maschinenbauer *m*; ~ **naval** *de barcos*: Schiffsbauer *m*; (*dueño de un astillero*) Werftbesitzer *m* 2 *contratista*: Bauunternehmer *m*

constructora F 1 *de un edificio*: Erbauerin *f*; *de una máquina, etc*: Konstrukteurin *f* 2 *empresa*: Baufirma *f*, Bauunternehmen *n*

construir VT ⟨3g⟩ bauen; konstruieren (*tb* GRAM, MAT); *casa, etc* erbauen, errichten; (*producir*) an-, verfertigen; (*trazar*) anlegen; GEOM zeichnen

consubstanciación F REL Konsubstantiation *f*; **consubstancial** ADJ konsubstanziell; wesenseigen; angeboren; **consubstancialidad** F REL Wesenseinheit *f der Dreifaltigkeit*

consuegra F Mitschwiegermutter *f*, Gegenschwiegermutter *f*

consuegro M 1 Mitschwiegervater *m*, Gegenschwiegervater *m* 2 **~s** *pl* Mitschwiegereltern *pl*, Gegenschwiegereltern *pl*

consuelda F BOT Schwarzwurz *f*; ~ **menor** Günsel *m*

consuelo M 1 (*alivio de una pena*) Trost *m*, Tröstung *f*, Zuspruch *m*; **un flaco** ~ ein schwacher Trost; **sin** ~ untröstlich 2 *fig* (*alivio*) Erleichterung *f*

consuetudinario ADJ gewohnheitsmäßig; **derecho** *m* ~ Gewohnheitsrecht *n*

cónsul M/F Konsul *m* (*tb* HIST); ~ **de carrera** Berufskonsul *m*; ~ **general** Generalkonsul *m*; ~ **honorario** *o Am* ~ **honorífico** Wahl-, Honorarkonsul *m*

cónsula F *fam* → consulesa

consulado M Konsulat *n* (*tb* HIST); ~ **español** *o* ~ **de España** spanisches Konsulat *n*; **consular** ADJ konsularisch, Konsular..., Konsulats...; **agente** *m/f* ~ Konsularagent *m*, -in *f*; **consulesa** F Konsulin *f*

consulta F 1 (*interrogatorio*) Befragung *f*; Anfrage *f*; (*consejo*) Beratung *f*; JUR Konsultation *f* (*tb* MED); POL ~ **popular** Volksbefragung *f*; **obra** *f* **de** ~ Nachschlagewerk *n*; *Am pop* **ésa es la** ~ so verhält sich die Sache; **hacer una** ~ **a alg** j-n konsultieren; **hacer una** ~ **en el archivo** im Archiv nachsuchen; beim Archiv anfragen 2 MED (*consultorio*) (Arzt)Praxis *f*; Sprechstunde *f*; *espec Am* ~ **externa** Ambulanz *f*; **horas** *fpl* **de** ~ Sprechstunden *fpl*; **pasar** ~ Sprechstunde halten 3 (*peritaje*) Gutachten *n*

consultable ADJ beratschlagenswert; **consultación** F → consulta; **consultante** M/F Konsulent *m*, -in *f*; Konsultant *m*, -in *f*

consultar A VT (be)fragen, um Rat fragen; zurate ziehen; ~ **el diccionario** im Wörterbuch nachschlagen; ~ **el reloj** auf die Uhr sehen B VI ~ **con su abogado** *etw* mit seinem Anwalt (be)sprechen

consulting [kɔn'sultin] M (**empresa** *f* **de**) ~ Consultingfirma *f*; Beratungsunternehmen *n*

consultivo A ADJ beratend (*tb comisón*), konsultativ B M *Chile* Versammlung *f*; **consultor** A ADJ beratend; **empresa** *f* **~a** Consultingfirma *f* B M, **consultora** F Berater *m*, -in *f*; Gutachter *m*, -in *f*; HIST ~ *m* **del Santo Oficio** Inquisitor *m*; **consultoría** F Beratung *f*; *empresa*: Beratungsunternehmen *n*; Consultingfirma *f*; **consultorio** M Beratungsstelle *f* (*tb* MED); MED Sprechzimmer *n*; *espec Am* (Arzt)Praxis *f*; ~ **dental** Zahnarztpraxis *f*; ~ **sentimental** Briefkastenecke *f in Zeitschriften*

consumación F Vollendung *f*; Vollziehung *f*; Erfüllung *f*; *Biblia*: **la** ~ **de los siglos** das Ende der Welt; **consumado** A ADJ vollzogen, vollendet (*tb fig y* JUR); (*perfecto*) vollkommen, meisterhaft; **un artista** ~ ein vollendeter Künstler B M GASTR Kraftbrühe *f*, Bouillon *f*; **consumar** VT vollenden, -bringen (*tb* REL); JUR vollenden, -ziehen; *crimen* begehen; JUR ~ **el matrimonio** die Ehe vollziehen; **consumativo** ADJ *espec* REL vollendend, vollbringend

consumibles MPL Verbrauchsmaterial *n*; ~ **informáticos** PC-Verbrauchsmaterial *n*; ~ **de oficina** Büro-Verbrauchsmaterial *n*; **consumición** F Verzehr *m*, Zeche *f*; **consumido** ADJ abgezehrt, abgehärmt; *fam* immer bekümmert; **consumidor** A ADJ konsumierend; verbrauchend; COM **el público** ~ die Verbraucher B M, **consumidora** F Verbraucher *m*, -in *f*, Konsument *m*, -in *f*; *en el restaurante, etc*: Gast *m*; COM *tb* Abnehmer *m*, -in *f*; ~ **final** Endverbraucher *m*, -in *f*

consumir A VT 1 (*gastar*) konsumieren; auf-, verzehren, auf-, verbrauchen; **a** ~ **preferentemente antes de ...** mindestens haltbar bis ... 2 *fig* (*destruir*) vernichten, verzehren; (*mortificar*) quälen; **la impaciencia le consume** die Ungeduld zehrt an ihm B VT & VI CAT ~ **(el cáliz)** den Kelch leeren (*bei der Priesterkommunion*) C VR **consumirse** sich verzehren; sich aufreiben; vergehen (**de** vor *dat*); ~ **a fuego lento** langsam verbrennen; ~ **con la enfermedad** von der Krankheit ausgezehrt werden; ~ **de celos** krankhaft eifersüchtig sein, sich in Eifersucht verzehren

consumismo M Konsumdenken *n*, -zwang *m*; **consumista** A ADJ konsumorientiert B M/F konsumorientierter Mensch *m*

consummatum est *Biblia*: es ist vollbracht; *fam fig* alles ist (da)hin *fam*, nichts mehr zu machen

consumo M 1 (*gasto*) Verbrauch *m*, Konsum *m*; ~ **de drogas** Drogenkonsum *m*; ~ **de energía** Energiebedarf *m*, -verbrauch *m*; ~ **por cabeza** Pro-Kopf-Verbrauch *m*; **artículo** *m* **de gran** ~ Massenbedarfsartikel *m*; **bienes** *mpl* **de** ~ Konsumgüter *npl*; **artículos** *mpl o* **bienes** *mpl* **de** ~ **duraderos** Gebrauchsgüter *npl* 2 **~s** *pl* (*Esp frec* **usos** *mpl* **y ~s**) *impuesto*: Verbrauchssteuer *f*; HIST Torzoll *m*

consunción F MED Auszehrung *f*, Schwindsucht *f*

consuno ADV **de** ~ einhellig, übereinstimmend

consuntivo ADJ MED auszehrend; **fiebre** *f* **-a** hektisches Fieber *n*

consunto PP → consumir

consustancial ADJ wesenseigen, wesensgemäß

contabilidad F ECON Buchführung *f*, -haltung *f*; Rechnungswesen *n*; ~ **de costos** Kostenrechnung *f*; ~ **por partida simple/doble** einfache/doppelte Buchführung *f*; ~ **nacional** volkswirtschaftliche Gesamtrechnung *f*; **jefe** *m* **de** ~ Hauptbuchhalter *m*

contabilista M/F *Col, C. Rica* Buchhalter *m*, -in *f*; **contabilización** F (Ver)Buchung *f*; **contabilizar** VT ⟨1f⟩ (ver)buchen; Rechnung führen; **contable** A ADJ 1 zählbar 2 ECON buchhalterisch B M/F Buchhalter *m*, -in *f*; → contador B

contactar VI ~ **con alg** mit j-m Verbindung aufnehmen, j-n kontaktieren

contacto M 1 (*toque*) Kontakt *m*, Berührung *f*, Fühlung(nahme) *f*; (*conexión*) Verbindung *f*; MAR ~ **con el fondo** Grundberührung *f*; **punto** *m* **de** ~ Berührungspunkt *m*; **entrar en** ~ in Verbindung treten; **poner en** ~ in Berührung bringen; **ponerse en** ~ Verbindung (*o* Kontakt) aufnehmen, sich in Verbindung setzen (**con** mit *dat*) 2 ELEC *en un circuito*: Kontakt *m*, Verbindung *f*; ~ **flojo** *o* **intermitente** Wackelkontakt *m*; ~ **a tierra/con la masa** Erd-/Masseschluss *m*; AUTO **dar el** ~ die Zündung einschalten 3 *persona*: Kontaktperson *f*, Verbindungsmann *m*

contactor M 1 ELEC Schaltschütz *n* 2 *persona*: Verbindungsmann *m*; *espionaje*: Resident *m*

contada F *Am reg* Zählen *n*; (überschlägige) Berechnung *f*

contadero A ADJ zählbar B M Personenzähler *m*

contado ADJ 1 (*raro*) selten; *adv* **-as veces** selten 2 (*enumerado*) gezählt; **tiene los días ~s** seine Tage sind gezählt, er ist dem Tode nahe 3 ADJ *y* ADV **al** ~ (*con dinero contante*) bar; **negocio** *m* **al** ~ Bargeschäft *n*; Kassageschäft *n*; FIN **operación** *f* **al** ~ Tagesgeschäft *n* 4 ADV **por de** ~ (*seguro*) sicher, gewiss

contador A ADJ Zähl...; **mecanismo** *m* ~ Zählwerk *n*; **tablero** *m* ~ Rechentafel *f*, -brett *n* B M, **contadora** F *espec Am* Rechnungsführer *m*, -in *f*; Buchhalter *m*, -in *f*; *Am* ~ *m* **público** Buch-, Wirtschaftsprüfer *m* C M 1 MAR (*pagador oficial*) Zahlmeister *m*; MIL ~ **de la Armada** Marinezahlmeister *m* 2 TEC *instrumento*: Zähler *m*, Zählwerk *n*; ~ **de agua** Wasserzähler *m*; ~ **de corriente (eléctrica)** *o fam* **de luz** Stromzähler *m*; ~ **Geiger** Geigerzähler *m*; ~ **de revoluciones** Drehzahlmesser *m*; ~ **de visitas** *Internet*: Besucher- (*o* Zugriffs)zähler *m*

contaduría F 1 *oficina*: Rechnungsstelle *f*, -amt *n*; Buchhaltung *f*; MIL Zahlmeisterei *f* 2 TEAT (*caja de venta anticipada*) Vorverkauf *m* -skasse *f*; **despacho** *m* **en** ~ (Eintrittskarten im) Vorverkauf *m*

contagiar ⟨1b⟩ MED A VT (*infectar*) anstecken (*tb fig*); (*transmitir*) übertragen (*tb fig*) B VR **contagiarse** ansteckend sein; angesteckt werden (*tb fig*) (**con, por, de** von *dat o* durch *acus*);

contagio M MED Ansteckung *f*, Übertragung *f*; *fig* böses Beispiel *n*; ~ **por gotitas (respiratorias)** Tröpfcheninfektion *f*; **contagiosidad** F MED Übertragbarkeit *f*; Ansteckungsmöglichkeit *f*; **contagioso** ADJ MED *enfermedad* übertragbar, ansteckend (*tb fig*); *persona* an einer ansteckenden Krankheit leidend

container M → contenedor

contaminable ADJ infizierbar

contaminación F 1 (*ensuciamiento*) Verunreinigung *f*, Verseuchung *f*; (*contagio*) Ansteckung *f*; **~ acústica** Lärmbelästigung *f*; **~ del agua** Wasserverschmutzung *f*; **~ del aire** *o* **aérea** *o* **atmosférica** Luftverschmutzung *f*; **~ ambiental** Umweltverschmutzung *f*; **~ blanca/electromagnética** Elektrosmog *m*; **~ radiactiva** radioaktive Verseuchung *f*; **~ del suelo** Bodenverunreinigung *f*; ECOL **de baja ~** schadstoffarm; *motor* abgasarm 2 LING Kontamination *f*

contaminado ADJ verunreinigt; *t/t* kontaminiert; **contaminante** A ADJ verunreinigend, verseuchend; MED ansteckend; ECOL **no ~** umweltfreundlich B MPL **~s** Schadstoffe *mpl*

contaminar A VT verunreinigen, verseuchen; (*infectar*) anstecken (**con, de** mit *dat*); *fig* besudeln, beflecken; verderben B VR **contaminarse** verseucht (*o* verunreinigt) werden (**con, de** von *dat*); sich anstecken (lassen)

contante ADJ bar; (**dinero** *m*) **~** Bargeld *n*; **pagar en dinero ~ y sonante** in klingender Münze zahlen

contar ⟨1m⟩ A VT 1 (*enumerar*) (ab)zählen; (*calcular*) be-, aus-, errechnen; *boxeo*: **~le las diez a alg** j-n auszählen; **~ a alg entre sus amigos** j-n zu seinen Freunden zählen (*o* rechnen); **~ con alg/a/c** auf j-n/etw zählen; mit j-m/etw rechnen; **¡cuenta con lo que dices!** sei vorsichtig mit deinen Worten!; **~ por docenas** nach Dutzenden abzählen 2 (*relatar*) erzählen; **no me cuente historias** erzählen Sie mir keine Geschichten; *fam* **¿qué (me) cuentas?** wie geht's?; was gibt's Neues?; **¡qué me cuentas!** nein, so was!, das ist doch nicht möglich!; **¡a quién se lo vas a ~!** *o* **¡me lo vas a ~ a mí!** wem sagst du das! B VI 1 zählen; (*calcular*) rechnen; **a ~ desde** *o* **de …** von … (*dat*) an (*o* ab); **~ con los dedos** mit den Fingern zählen, an den Fingern abzählen; **~ con que** damit rechnen, dass; **cuenta 30 años de edad** er ist dreißig Jahre alt; **la casa cuenta con un jardín** zum Haus gehört ein Garten; **eso no cuenta** das zählt nicht, das ist nicht wichtig; das macht nichts; **poder ~ con** mit j-m rechnen (*o* auf j-n zählen) können; **~ entre los mejores** zu den Besten gehören; **sin ~ con que** (ganz) abgesehen davon, dass; **no sabe ni ~** er kann nicht einmal rechnen, er ist (einfach) blöd *fam* 2 (*relatar*) erzählen; **y pare de ~** und das ist alles C VR **se cuenta que** man erzählt sich, dass; es heißt (, dass); **eso no se cuenta** (*no se factura*) das wird nicht berechnet; (*no se debe decir*) das darf man nicht sagen, das ist unanständig (*o fam* nicht salonfähig); **~se entre las personas que …** zu den Personen zählen, die …

contemplación F 1 (*meditación*) Betrachtung *f*, Anschauung *f*; Nachsinnen *n*; REL Kontemplation *f*, Versenkung *f* 2 *frec* **-ones** *fpl* (*consideración*) Rücksicht(nahme) *f*; *adv* **sin -ones** rücksichtslos; **no andarse con -ones** nicht lange fackeln

contemplar A VT 1 (*mirar*) betrachten, anschauen; ins Auge fassen 2 (*estar atento*) sehr aufmerksam sein gegenüber (*dat*) 3 (*ponderar*) erwägen; (*prever*) vorsehen; (*considerar*) berücksichtigen B VI *espec* REL (nach)sinnen; meditieren; **contemplativo** ADJ 1 (*plácido*) beschaulich; kontemplativ 2 (*atento*) entgegenkommend, höflich

contemporaneidad F Gleichzeitigkeit *f*; **contemporáneo** A ADJ gleichzeitig; zeitgenössisch B M, **-a** F Zeitgenosse *m*, -genossin *f*

contemporización F kluge Rücksichtnahme *f*; Anpassungsfähigkeit *f*, Anpassungsvermögen *n*; **contemporizador** A ADJ nachgiebig, anpassungsfähig B M, **contemporizadora** F 1 (*persona irresoluta*) Zauderer *m*, Zauderin *f* 2 (*persona condescendiente*) nachgiebige Person *f*; **contemporizar** VI ⟨1f⟩ Zugeständnisse machen; geschickt lavieren; **~ con alg** sich j-s Wünschen geschickt anpassen; j-n (zeitweilig) ertragen

contén ADV *Cuba* **de ~ a ~** völlig

contención F 1 (*moderación*) Mäßigung *f*, Beherrschung *f*; **muro** *m* **de ~** Umfassungs-, Schutzmauer *f*; ECON **~ de gastos** Kostendämpfung *f*; **política** *f* **de ~** Eindämmungspolitik *f*; MED **~ de la sangre** Blutstillung *f* 2 (*esfuerzo*) Anstrengung *f* 3 (*competencia*) (Wett)-Streit *m*, Kampf *m*

contencioso ADJ JUR strittig, Streit…, Gerichts…; **asunto** *m* **~** strittige Frage *f*; Streitfall *m*, Rechtsstreit *m*; **procedimiento** *m* **~ administrativo** Verwaltungsstreitverfahren *n*

contendedor M, **contendedora** F Gegner *m*, -in *f*; **contender** VI ⟨2g⟩ kämpfen, streiten (**por** um *acus*; **sobre** über *acus*); **contendiente** A ADJ kämpfend; streitend B M/F Gegner *m*, -in *f*; Streitende *m/f*

contenedor M Container *m*; **~ de basura/de papel** Müll-/Papiercontainer *m*; **~ de basura orgánica** Biotonne *f*; **~ con ruedas** Rollcontainer *m*; **~ de vidrio (reciclable)** Altglascontainer *m*

contenedorizado ADJ Container…; **transporte** *m* **~** Containertransport *m*

contenencia F 1 ORN, CAZA Schweben *n eines Vogels in der Luft*; Rütteln *n der Greifvögel* 2 *baile*: Schwebeschritt *m*

contener ⟨2l⟩ A VT 1 (*incluir*) in sich (*dat*) enthalten, umfassen; haben, zählen 2 (*retener*) zurückhalten, in Schranken halten; eindämmen; *aliento* anhalten; *sangre* stillen B VR **contenerse** an sich (*acus*) halten; sich beherrschen; maßhalten; **contenido** A ADJ *sentimientos, risa* verhalten B M 1 *de un recipiente*: Inhalt *m* (*tb fig*); **~ de aceite** Ölfüllung *f* 2 (*concentración*) Gehalt *m*; **~ de hierro** Eisengehalt *m*; **~ de nutrientes** Nährstoffgehalt *m*

contenta F 1 MAR *certificado*: Solvenzbescheinigung *f für den Ladungsoffizier* 2 ECON (*endoso*) Indossament *n* 3 *Am* (*recibo*) Quittung *f des Gläubigers*; **contentadizo** ADJ genügsam, bescheiden; leicht zufriedenzustellen(d); **mal ~** schwer zufriedenzustellen(d); **contentamiento** M Befriedigung *f*; Freude *f*; **contentar** A VT 1 (*satisfacer*) befriedigen, zufriedenstellen 2 ECON *letra de cambio* indossieren B VR **~se con** zufrieden sein mit (*dat*); sich begnügen mit (*dat*); **contentivo** A ADJ eindämmend, fest-, zurückhaltend; (*hemostático*) blutstillend B M MED Druckverband *m*

contento A ADJ zufrieden (**con, de** mit *dat*; (*satisfecho*) befriedigt; (*alegre*) froh, fröhlich; **feliz y ~** glücklich und zufrieden; **darse por ~** sich zufriedengeben; **poner** *o* **dejar ~** befriedigen, zufriedenstellen; **estar** *o* **ponerse ~** zufrieden sein; sich freuen; **y tan ~s** und damit sind alle zufrieden; alles in Butter *fam* B M 1 Zufriedenheit *f*; (*satisfacción*) Befriedigung *f*; (*alegría*) Freude *f*, Behagen *n*, Vergnügen *n*; **a ~ de todos** zur Zufriedenheit aller; **sentir gran ~** sehr zufrieden sein; **… que es un ~ …** dass es eine Lust (*o* eine Freude) ist 2 *jerga del hampa* **~s** *pl* (*pelas*) Moneten *pl fam*, Zaster *m fam*, Knete *f fam*

conteo M 1 (*estimación*) Berechnung *f*; Schätzung *f* 2 (*recuento*) Nachzählen *n*, -rechnen *n*; *espec Am* (Aus)Zählung *f*; MIL Abzählen *n*; **~ regresivo** Countdown *m*

contera F *de un bastón*: (Stock)Zwinge *f*; *de la vaina de la espada*: Ortband *n*; *del lápiz*: Bleistiftschoner *m*

contero M ARQUIT Perlstab *m*, Rosenkranz *m* (*Verzierung*)

contertuli(an)o M, **-a** F Teilnehmer *m*, -in *f* an einer (Trink)Runde (→ **tertulia**); Stammtischbruder *m fam*

contesta F *Am fam* → contestación; *Méx* → conversación; **contestable** ADJ bestreitbar; strittig; fragwürdig

contestación F 1 (*respuesta*) Antwort *f*; Beantwortung *f*; Entgegnung *f*, Erwiderung *f*; **en ~ a** in Beantwortung (*gen*); **dejar sin ~** unbeantwortet lassen; **mala ~** unverschämte Antwort *f* 2 JUR **~ (a la demanda)** Einlassung *f*, Klageerwiderung *f* 3 (*riña*) Streit *m*, Wortwechsel *m* 4 (*protesta*) Protest *m*, Protestbewegung *f* (*bes von Jugendlichen, Randgruppen*)

contestador M TEL **~ automático de llamadas** automatischer Anrufbeantworter *m*

contestar A VT 1 (*responder*) beantworten, erwidern 2 (*negar*) bestreiten 3 (*poner en duda*) infrage (*o* in Frage) stellen, protestieren gegen (*acus*) B VI 1 *tb abs* (*responder*) antworten (**a** auf *acus*); entgegnen; **~ a** *discurso, saludo* erwidern (*acus*) 2 (*coincidir*) übereinstimmen 3 *fam* (*contradecir*) **~ a alg** j-m widersprechen; **¡Vd. a mí no me contesta!** Sie haben mir nicht zu widersprechen!; keine Widerrede! 4 *Méx pop* → conversar 1

contestatario A ADJ Protest… B M, **-a** F Protestierer *m*, -in *f*, Protestler *m*, -in *f*

conteste ADJ JUR **estar ~s** *testigos* übereinstimmen

contestón A ADJ *fam* schnippisch B M, **-ona** F Besserwisser *m*, -in *f*

contexto M Verkettung *f*; Gewebe *n*; *fig* Zusammenhang *m*, Kontext *m*; **fuera de ~** aus dem Zusammenhang gerissen; **sacar de ~** aus dem Kontext reißen

contextual ADJ Kontext…; **análisis** *m* **~** Kontextanalyse *f*; INFORM **menú** *m* **~** Kontextmenü *n*; **contextualizar** VT ⟨1f⟩ in einen Zusammenhang bringen *o* setzen; *t/t* kontextualisieren; **contextura** F Verbindung *f*, Gefüge *n*, Aufbau *m*, Anordnung *f*

contienda F Streit *m*, Kampf *m*; DEP Spiel *n*

contigo PRON mit dir; bei dir

contiguamente ADV angrenzend, anstoßend; nebenan; **contigüidad** F Nebeneinanderliegen *n*, Angrenzen *n*; Nachbarschaft *f*; **contiguo** ADJ angrenzend, anstoßend (**a** an *acus*), nebeneinanderliegend; Neben…; **terrenos** *mpl* **~s** benachbarte Grundstücke *npl*; **en la casa -a** im Nebenhaus *n*; **estar ~** nebenan liegen, anstoßen

continencia F 1 (*abstinencia*) Enthaltsamkeit *f*, Mäßigkeit *f*; Keuschheit *f* 2 *reg folclore* Verbeugung *f beim Tanz*

continental ADJ kontinental; festländisch; **clima** *m* **~** Kontinentalklima *n*

continente[1] M GEOG Kontinent *m*, Erdteil *m*; Festland *n*

continente[2] A ADJ (*abstinente*) enthaltsam, keusch B M 1 (*contenedor*) Behälter *m*, Behältnis *n* 2 (*postura*) (Körper)Haltung *f*, Auftreten *n*

contingencia F 1 (*posibilidad*) Möglichkeit *f*, Zufälligkeit *f*; Ungewissheit *f*; FIL Kontingenz *f* 2 *Am seguros*: (*ocurrencia del riesgo*) Eintritt *m* des Versicherungsfalls; **contingentación** F Kontingentierung *f*; **contingentar** VT kontingentieren; **contingente** A ADJ zufällig, möglich; FIL kontingent B M 1 (*parte*) Anteil *m*; ECON Kontingent *n*; **~ de importación** Einfuhrkontingent *n* 2 MIL *de tropas*: (Truppen)-

C

Kontingent *n*

continuación F Fortsetzung *f*, Fortführung *f*; Fortdauer *f*; Verlängerung *f*; *adv* **a ~** dann, darauf; anschließend; nachstehend; **continuadamente** ADV fortwährend, -laufend, ständig; **continuado** ADJ fortgesetzt; → *tb* continuo; **continuador** A ADJ fortsetzend; Fortsetzer… B M, **continuadora** F Fortsetzer *m*, -in *f*, Fortführer *m*, -in *f*; **continuamente** ADV ständig, ununterbrochen, in einem fort

continuar ⟨1e⟩ A VT (*proseguir*) fortsetzen, fort-, weiterführen; (*mantener*) beibehalten; **~ la derrota** auf Kurs bleiben; MIL **~ el fuego/la marcha** weiterfeuern/-marschieren B VI 1 (*seguir*) fortfahren; weitergehen; weiterführen; weitermachen (*tb* MIL); **continuará** Fortsetzung folgt; **continúe usted** (*proceda*) fahren Sie fort, machen Sie weiter; (*siga adelante*) gehen Sie weiter; **~ haciendo a/c** etw weiterhin tun; **~ hablando** weitersprechen; **~ nevando** immer noch schneien; **~ por buen camino** den rechten Weg eingeschlagen haben; gut vorankommen (*tb fig*) 2 (*quedar*) (noch immer) sein; bleiben; **~ en su puesto** auf seinem Posten bleiben

continuativo ADJ fortsetzend; GRAM **conjunción** *f* **-a** Bindewort *n* des zeitlichen (*o* örtlichen) Anschlusses

continuidad F (*constancia*) Stetigkeit *f*, Kontinuität *f*; (*permanencia*) Fortdauer *f*, -bestand *m*; **sin solución de ~** ohne Unterbrechung; *fig* nahtlos

continuo A ADJ ständig, stetig; unablässig, fortwährend, ununterbrochen; *adv* **de ~** unablässig, fortwährend; **acto ~** gleich darauf; TEC **marcha** *f* **-a** Dauerbetrieb *m* B M 1 *t/t* Kontinuum *n* 2 MÚS **(bajo** *m***) ~** Basso continuo *m*, Continuo *m* C ADV ununterbrochen, ständig

contínuum M *t/t* Kontinuum *n*

contonearse V/R sich in den Hüften wiegen; **contoneo** M wiegender Gang *m*

contorcerse V/R ⟨2b *y* 2h⟩ sich verrenken, sich verdrehen; sich winden; **contorción** F Verdrehung *f*, Verrenkung *f*

contornear VT 1 (*dar vueltas alrededor de a/c*) umkreisen, -gehen 2 PINT umreißen, im Umriss zeichnen; **~ con la sierra** aussägen; **contorneo** M 1 (*circunvalación*) Umkreisung *f* 2 PINT Konturierung *f*

contorno M 1 (*silueta*) Umriss *m*, Kontur *f*; (*circunscrito*) Umkreis *m*; *adv* **en (todo el) ~** im Umkreis, ringsumher 2 **~(s)** *m(pl)* (*alrededores*) Umgebung *f eines Ortes*

contorsión F Verrenkung *f* (*tb* MED), Verzerrung *f*; **contorsionarse** sich verdrehen; sich verrenken; sich winden; **contorsionista** M/F Schlangenmensch *m*

contra A PREP 1 *contrariedad*: gegen (*acus*), wider (*acus*); **~ esto** dagegen, dawider; **~ viento y marea** gegen Wind *m* und Wetter *n*; **estar** *o* **opinar en ~ de** gegen j-n (*o* etw) sein; *fam* **¡~!** verflixt! 2 *posición*: gegenüber (*dat*); an (*dat o acus*), auf (*dat o acus*); **estrechar ~ su pecho** an seine Brust drücken 3 *dirección*: gegen (*acus*), in Richtung auf (*acus*); **dar ~ un árbol** gegen einen Baum stoßen; AUTO an einen Baum fahren 4 **cambiar la pieza ~ otra** das Stück gegen ein anderes austauschen B ADV **en ~** dagegen; **votar en ~** dagegen stimmen C CJ *pop* **~ más** → cuanto[1] D M 1 **el pro y el ~** *o* **los pros y los ~s** das Für und Wider, das Wenn und Aber 2 MÚS *del órgano*: Orgelpedal *n*; **~s** *pl* tiefe Bässe *mpl der Orgel* E F 1 (*dificultad*) Schwierigkeit *f*, (*obstáculo*) Hindernis *n*; *naipes*: Kontra *n*; *boxeo*: Konterschlag *m*; *esgrima*: Konterhieb *m*; **hacer la ~** den Gegenpart spielen; Widerworte geben, sich widersetzen; Kontra geben 2 *Am Centr guerrilla*: konterrevolutionäre Guerillatruppe *f*, Contras *pl* 3 *Cuba* (*un extra*) Zugabe *f* (*beim Einkauf*)

contraalmirante M MAR Konteradmiral *m*; **contraamura** F MAR Halstalje *f*; **contraanálisis** M Gegenprobe *f*; **contraataque** M Gegenangriff *m*; **contraaviso** M Gegenbescheid *m*; Gegenbefehl *m*, -order *f*; **contrabajista** M/F MÚS Kontrabassist *m*, -in; **contrabajo** MÚS A M 1 *instrumento*: Kontrabass *m* 2 *voz de canto*: tiefer Bass *m* B M/F Kontrabassist *m*, -in *f*; **contrabajón** M MÚS Bassfagott *n*; **contrabalancear** VT das Gleichgewicht halten mit (*dat*); *fig* aufwiegen, ausgleichen; **contrabalanza** F Gegengewicht *n*

contrabandear VI (*importar ilegalmente*) schmuggeln, Schleichhandel treiben; **contrabandista** M/F Schmuggler *m*, -in *f*; POL **~ de seres humanos** Schlepper *m*, -in *f*

contrabando M 1 *comercio ilegal*: Schmuggel *m*, Schleichhandel *m*; **de ~** geschmuggelt, Schmuggel…; *fig* heimlich; verboten; **hacer ~** schmuggeln; **pasar de ~** durchschmuggeln (*tb fig*) 2 *mercancía*: Schmuggelware *f*; MIL **~ de guerra** Kriegskonterbande *f*

contrabarrera F TAUR zweite Sperrsitzreihe *f*; **contrabasa** F ARQUIT Säulenunterbau *m*, Sockel *m*; **contrabatería** F MIL Gegenbatterie *f*; **contrabatir** VT & VI MIL die feindlichen Batterien beschießen, zurückschießen; **contrabloqueo** M Gegenblockade *f*; **contrabraza** F MAR Gegenbrasse *f*; **contracaja** F TIPO oberer Teil *m* des Setzkastens; **contracambio** M Tausch *m*; **en ~** als Ersatz; **contracanal** M Abzugs-, Seitenkanal *m*; **contracandela** F *Cuba* Gegenfeuer *n* (*bei Waldbränden*); **contracarril** M TEC Gegenschiene *f*; **contracarro(s)** ADJ MIL Panzerabwehr…

contracción F 1 Zusammenziehung *f*; Kontraktion *f* (*tb* MED, LING); MED *tb al parir*: Wehe *f*; (*recorte*) Verkürzung *f*; TEC, ECON Schrumpfung *f*; Schwund *m*; **~ monetaria** Währungsschrumpfung *f* 2 *fig* (*retroceso*) Rückgang *m* 3 *Chile, Perú* (*aplicación*) **~ al estudio** Lerneifer *m*

contracepción F Empfängnisverhütung *f*; **contraceptivo** A ADJ empfängnisverhütend B M (Empfängnis)Verhütungsmittel *n*; **contrachapado** M Sperrholz *n*; **contrachap(e)ar** VT TEC furnieren; **madera** *f* **contrachap(e)ada** Sperrholz *n*; **contrachoque** M TEC Rückschlag *m*; **contracifra** F (Chiffre)Schlüssel *m*; **contraclave** F ARQUIT Nebenschlussstein *m*; **contracorriente** F Gegenströmung *f*; ELEC Gegenstrom *m*; *adv* **a ~** gegen den Strom; **contracosta** F Gegenküste *f*, auf der entgegengesetzten Seite *einer Insel* liegende Küste *f*

contráctil ADJ zusammenziehbar

contractilidad F Zusammenziehbarkeit *f*; **contracto** PP → contraer; LING *verbos* kontrahiert; **contractual** ADJ vertraglich, vertragsgemäß; **contractualmente** ADV vertragsmäßig, laut Vertrag; **contractura** F MED Kontraktur *f*

contracubierta F TIPO vierte Umschlagseite *f*, U 4 *fam f*; **contracultura** F Gegenkultur *f*; **contradanza** F MÚS Kontertanz *m*

contradecir ⟨3p; *pp* contradicho⟩ A VT 1 (*decir lo contrario*) widersprechen (*dat*) 2 (*estar en contradicción*) im Widerspruch stehen zu (*dat*) B V/R **contradecirse** 1 *persona* sich widersprechen 2 (*estar en contradicción*) im Widerspruch stehen (**con** zu *dat*); **contradenuncia** F Gegenanzeige *f*

contradicción F Widerspruch *m*; Gegensatz *m*; Unvereinbarkeit *f*; **estar en ~** im Widerspruch stehen (**a** zu *dat*); **espíritu** *m* **de ~** Widerspruchsgeist *m*; **en ~ con** im Widerspruch zu; **sin ~** widerspruchslos, unstreitig

contradictor A ADJ widersprechend B M, **contradictora** F Gegner *m*, -in *f*; **contradictoriamente** ADV widersprüchlich; **contradictorio** ADJ (einander) widersprechend; widersprüchlich; JUR **sentencia** *f* **-a** kontradiktorisches (*o* streitiges) Urteil *n*

contradique M Gegen-, Vordeich *m*, -damm *m*; **contradirección** F *transporte*: **ir en ~** gegen die Fahrtrichtung fahren (*in Einbahnstraßen*); **contraejemplo** M Gegenbeispiel *n*

contraer ⟨2p⟩ A VT 1 (*estrechar*) zusammenziehen, kontrahieren (*tb* LING); verkürzen 2 *contrato* (ab)schließen; *amistad* schließen; *compromiso* eingehen, übernehmen; **~ deudas** Schulden machen; ECON **~ un empréstito** eine Anleihe aufnehmen; **~ matrimonio** die Ehe eingehen (**con** mit *dat*) 3 *costumbre* annehmen; *enfermedad* bekommen, sich (*dat*) zuziehen; **~ una infección** sich (*dat*) eine Infektion zuziehen; **~ un vicio** eine schlechte Gewohnheit annehmen; **~ el vicio de la bebida** sich (*dat*) das Trinken angewöhnen 4 (*limitar*) **~ a** beschränken auf (*acus*) B V/R **contraerse** 1 (*encogerse*) sich zusammenziehen; (*acortarse*) sich verkürzen; schrumpfen 2 (*limitarse*) **~ a** sich beschränken auf (*acus*) 3 *Chile, Perú* **~ en sus estudios** eifrig lernen

contraescarpa F MIL Außen-, Gegenböschung *f*; **contraescota** F MAR Hilfs-, Borgschot *f*; **contraescritura** F Gegen-, Widerrufungsurkunde *f*; **contraespionaje** M Gegenspionage *f*, (Spionage)Abwehr *f*; **contraestay** M MAR Hilfs-, Borgstag *n*

contrafagot M MÚS Kontrafagott *n*

contrafallar VT *naipes*: übertrumpfen; **contrafigura** F Gegenbild *n*; Ebenbild *n*; **contrafilo** M Gegenschneide *f am Säbel etc*; **contrafirma** F Gegenzeichnung *f*; Kontrollunterschrift; **contrafoso** M 1 TEAT untere Versenkung *f* 2 MIL Gegen-, Bahngraben *m*; **contrafuego** M Gegenfeuer *n*; **contrafuero** M Rechtsbruch *m*; JUR **recurso** *m* **de ~** Verfassungsbeschwerde *f*; **contrafuerte** M 1 ARQUIT Strebebogen *m*; Strebepfeiler *m*; TEC Stütz-, Widerlager *n*; MIL Gegenschanze *f* 2 *del calzado*: Hinterkappe(nverstärkung) *f am Schuh* 3 *de una silla*: Tracht *f am Sattel* 4 *de montañas*: Ausläufer *m eines Berges*; **contrafuga** F MÚS Kontrafuge *f*

contragobierno M Gegenregierung *f*; **contragolpe** M Rückstoß *m*, -schlag *m*; *fig* Gegenschlag *m*; DEP Gegenangriff *m*, Konter *m*; **contraguardia** F MIL Vorwall *m*

contrahacer VT ⟨2s⟩ 1 (*copiar*) nachmachen; nachahmen 2 (*falsificar*) fälschen; *libro* widerrechtlich abdrucken 3 (*fingir*) vortäuschen; **contrahecho** ADJ 1 (*falsificado*) nachgemacht; gefälscht 2 (*deforme*) verwachsen, (*corcovado*) bucklig; **contrahechura** F Nachahmung *f*; Fälschung *f*; **contrahierba** F *Am* BOT → contrayerba; **contrahílo** ADV **a ~** gegen den Strich, quer; **contrahuella** F ARQUIT Treppenstufenhöhe *f*, Setzstufe *f*

contraindicación F Gegenanzeige *f*, MED Kontraindikation *f*; **contraindicado** ADJ MED kontraindiziert; nicht anzuraten, nicht angezeigt (*tb fig*); **contrainteligencia** Spionageabwehr *f*; **contrainterrogación** F JUR Kreuzverhör *n*; **contralecho** ARQUIT ADV **a ~** senkrecht (gelagert)

contralmirante M → contraalmirante

contralor M 1 MIL (*pagador*) Zahlmeister *m* 2 *Am reg* ADMIN (*contador*) Rechnungsprüfer *m bei Behörden*; **contraloría** F *Am* Rechnungsprüfstelle *f*

contralto MÚS **A** M *voz*: Alt *m*, Altstimme *f* **B** M/F *cantante*: Altist *m*, -in *f*
contraluz F Gegenlicht *n*; **a ~** im Gegenlicht; FOT (**foto** *f* **de**) **~** Gegenlichtaufnahme *f*
contramaestre M Werkmeister *m*; TEC Meister *m*; MAR Obermaat *m*, Bootsmann *m*;
contramandar V/T absagen; abbestellen; Gegenbefehl erteilen; **contramandato** M Abbestellung *f*; Absage *f*; Gegenbefehl *m*;
contramanifestación F Gegendemonstration *f*; **contramanifestantes** MPL Gegendemonstranten *mpl*; **contramano** F **a ~** in Gegenrichtung, verkehrt; *fig* gegen den Strich; **contramarca** F **1** *(ficha)* Kontrollmarke *f* **2** *(timbre)* Gebührenmarke *f*; *impuesto*: Gebühr *f*, Steuer *f* **3** *(precinto de aduana)* Zollplombe *f*; **contramarcar** V/T ⟨1g⟩ mit einer Kontrollmarke versehen; **contramarcha** F **1** MIL *(vuelta al frente)* Gegenmarsch *m*; MAR Gegenmanöver *n* **2** TEC Vorgelege *n*, Zwischengetriebe *n*; **~ de velocidades escalonadas** Stufengetriebe *n*; **contramarchar** V/I MIL rückwärts marschieren; die Front umkehren;
contramarco M äußerer Tür- (*o* Fenster-)rahmen *m*
contramarea F Gegenflut *f*; **contramedida** F Gegenmaßnahme *f*
contramina F MIL Gegenmine *f* (*tb fig*); **contraminar** V/T MIL gegenminieren; *fig* vereiteln; **contramotivo** M MÚS Gegenmotiv *n*; **contramuelle** M Gegendamm *m*, -mole *f*; **contramuralla** F, **contramuro** M Gegenmauer *f*; MIL Gegen-, Unterwall *m*
contranatural ADJ widernatürlich
contraofensiva F MIL Gegenoffensive *f* (*tb fig*); **contraoferta** F ECON Gegenangebot *n*, -offerte *f* (*tb fig*); **contraopinión** F Gegenmeinung *f*; **contrapartida** F ECON Gegenposten *m*; Gegenbuchung *f*; *fig* Gegenleistung *f*; **contrapasar** V/I zum Gegner überlaufen; **contrapaso** M Gegenschritt *m*, Schrittwechsel *m beim Tanz*
contrapelo ADV **a ~** *pelo y fig* gegen den Strich; *fig* mit Zwang; widerwillig; **contrapesar** V/T & V/I das Gleichgewicht halten (*dat*), ausgleichen (*tb fig*); **contrapeso** M Gegengewicht *n* (*tb fig*); **contrapie** M *fig* **a ~** in einem ungünstigen Moment; **contrapilastra** F ARQUIT **1** *resalto*: Strebepfeiler *m* **2** *de una puerta o ventana*: Windschutzleiste *f*; **contraponer** **A** V/T ⟨2r⟩ **1** *(oponer)* entgegenstellen; *(objetar)* einwenden **2** *(comparar)* gegeneinanderhalten, vergleichen **B** V/R **contraponerse** *(oponerse)* sich widersetzen; *(estar en oposición)* im Gegensatz stehen (**a** zu *dat*); **contraportada** F TIPO vierte Umschlagseite *f*; **contraposición** F *(confrontación)* Gegenüberstellung *f*; *(oposición)* Gegensatz *m*; *(resistencia)* Widerstand *m*; **en ~ a** im Gegensatz zu (*dat*); **contrapresión** F Gegendruck *m*; **contraprestación** F *espec* JUR Gegenleistung *f*
contraproducente ADJ kontraproduktiv, das Gegenteil bewirkend, fehl am Platz; *fig* unzweckmäßig; nachteilig; **contraprogramación** F TV Alternativprogramm *n*; **contraproposición** F, **contrapropuesta** F Gegenvorschlag *m*; **contraproyecto** M Gegenentwurf *m*; Gegenplan *m*; **contraprueba** F Gegenprobe *f*; Gegenbeweis *m*; TIPO Kontrollabzug *m*; **contrapublicidad** F Gegenwerbung *f*; **contrapuerta** F *del pasillo*: Flurtür *f*; *(doble puerta)* Vor-, Doppeltür *f*; MIL Vortor *n einer Festung*; **contrapuesto** PP → contraponer; **contrapunta** F TEC Reitstock *m*; **contrapuntear** **A** V/I MÚS kontrapunktisch singen **B** V/T *fig* **~ a alg** gegen j-n sticheln **C** V/R **contrapuntearse** *fig* sich verfeinden; **contrapuntismo** M MÚS Kontrapunktik *f*; **contrapunto** M MÚS Kontrapunkt *m*; TEC → contrapunta;
contrapunzón M TEC Durchschlag *m*, Körner *m*; **contraquilla** F MAR Kielschwein *n*
contraria F **1** **llevar la ~** *(contradecir)* widersprechen, sich widersetzen (**a** *dat*); *(nadar contra la corriente)* gegen den Strom schwimmen **2** *(enemiga)* Gegnerin *f*, Feindin *f*; *hum (esposa)* Gattin *f*, Ehefrau *f*; **contrariado** ADJ verärgert; **mostrarse muy ~** sehr ärgerlich sein; **contrariamente** ADV entgegen; dagegen, hingegen; **~ a** im Gegensatz zu; **contrariar** V/T ⟨1c⟩ **1** *(oponer)* sich entgegenstellen (*dat*), sich in den Weg stellen (*dat*); *(resistir)* widerstehen (*dat*); *intenciones, planes* durchkreuzen **2** *(molestar)* ärgern, verdrießen; *(fastidiar)* Verdruss machen (*dat*); **contrariedad** F **1** *(resistencia)* Widerstand *m*, Hindernis *n* **2** *(inconveniente)* Unannehmlichkeit *f*, Ärger *m*, Verdruss *m*
contrario **A** ADJ entgegengesetzt, widrig; Gegen…; *(no amistoso)* feindlich; *(dañino)* schädlich, nachteilig (**a** für *acus*); **de lo ~** *o* **en caso ~** sonst, andernfalls; *adv* **en ~** dagegen; **lo ~** das Gegenteil; **todo lo ~** ganz im Gegenteil; **ser ~ a** gegen *etw (acus)* sein; im Gegensatz stehen zu (*dat*); **viento** *m* **~** Gegenwind *m*; *fam* **ni poco, ni mucho, sino todo lo ~** ich weiß selber nicht, wie viel ich will **B** M **1** *(enemigo)* Gegner *m* (*tb* JUR), Feind *m* **2** *(obstáculo)* Hindernis *n*; Widerspruch *m*; **al ~** *o* **por el ~** (ganz) im Gegenteil
contrarraya F Gegenschraffierung *f*; **contrarreacción** F RADIO Gegenkopplung *f*; **contrarreforma** F HIST Gegenreformation *f*; **contrarreformista** ADJ gegenreformatorisch; **contrarregistro** M *aduana, policía*: Nachprüfung *f*, -durchsuchung *f*; **contrarreloj** **A** ADJ **carrera** *f* **~** *fig* Wettlauf *m* mit der Zeit **B** F DEP Zeitfahren *n*; **contrarrelojista** M/F DEP Zeitfahrer *m*, -in *f*; **contrarréplica** F Duplik *f*, neue Entgegnung *f*; **contrarrestar** V/T **1** *(contrapesar)* entgegenwirken (*dat*); *(inhibir)* hemmen, *(frenar)* aufhalten **2** *(compensar)* wettmachen, ausgleichen **3** *al jugar a la pelota*: *(den Ball)* zurückschlagen; **contrarrevolución** F Gegen-, Konterrevolution *f*; **contrarrevolucionario** ADJ konterrevolutionär; **contrarrotación** F Gegendrehung *f*; **contrarrotativo** ADJ gegenläufig; **contrasalva** F MIL Gegensalve *f*; **contrasellar** V/T gegensiegeln; -stempeln; **contrasello** M Gegensiegel *n*; Gegenstempel *m*
contrasentido M **1** *(sentido opuesto)* Gegensinn *m der Worte*; Widersinn *m*; *(contradicción)* Widerspruch *m* **2** *(tontería)* Unsinn *m*; **contraseña** F **1** *(ficha)* Kontrollmarke *f* (*tb* TEAT); COM Kontrollschein *m*; *para el guardaropas*: Garderobenmarke *f* **2** MIL *y fig (consigna)* Kennwort *n*, Losung *f* **3** INFORM *(clave)* Passwort *n*; **contrasignar** V/T *Am* gegenzeichnen
contrastar **A** V/T **1** vergleichend untersuchen (*o* kontrollieren); *oro, plata auf Gehalt, Maße* prüfen; *medidas, peso* eichen; **~ con el cronómetro** (ab)stoppen *(mit der Stoppuhr)* **2** *(resistir)* widerstehen (*dat*), sich widersetzen (*dat*) **B** V/I **~ (entre sí)** sich sehr voneinander unterscheiden, einen Gegensatz bilden; **~ con** im Widerspruch/im Gegensatz stehen zu (*dat*)
contraste M **1** *(oposición)* Gegensatz *m*, Kontrast *m*; **~ de colores** Farbkontrast *m*; POL **~ de opiniones** Meinungsgegensätze *mpl*; MED **(sustancia** *f* **o medio** *m* **de) ~** Kontrastmittel *n*; **formar ~** einen Gegensatz bilden; **en ~ con** im Gegensatz zu **2** *(aforamiento)* Eichen *n*; *oficina*: Eichamt *n*; *oficial*: Eichmeister *m* **3** *(sello)* (Gold-, Silber)Stempel *m* **4** MAR *del viento*: Umspringen *n* des Windes
contrata F **1** *(convenio)* (Dienstleistungs-, Werk)Vertrag *m* **2** *de artistas*: Engagement *n*, TEAT (Bühnen)Vertrag *m*; **~ de obras** Bauvertrag *m*; **contratación** F **1** *(firma de un contrato)* Vertragsabschluss *m*; **~ de un seguro** Versicherungsabschluss *m* **2** *(ocupación)* An-, Einstellung *f von Arbeitern, Personal*; *(adjudicación)* Vergabe *f (von Bauaufträgen etc)*; **nueva ~** Neueinstellung *f*; **~ temporal** zeitlich befristete Einstellung *f* **3** ECON **bolsa** *f* **de ~** Waren- (*o* Produkten)börse *f*; **~ bursátil** Börsenhandel *m*
contratado M, **contratada** F *Esp* ADMIN **~ laboral** Vertragsangestellte *m/f*; **contratante** **A** ADJ vertragschließend **B** M/F Vertragspartner *m*, -in *f*; **~ de seguro** Versicherungsnehmer *m*, -in *f*
contratar **A** V/T **1** *(convenir)* vertraglich abmachen **2** *obreros, personal* einstellen; in Dienst (*o* unter Vertrag) nehmen; *artistas* engagieren **B** V/I einen Vertrag schließen; ECON abschließen **C** V/R **contratarse** sich vertraglich verpflichten; *(convenirse)* vereinbart werden
contratenor M MÚS Countertenor *m*
contraterrorismo M POL Terror(ismus)-bekämpfung *f*; **contraterrorista** ADJ Anti-Terror-…
contratiempo M **1** *(inconveniencia)* Unannehmlichkeit *f*, widriger Zufall *m*, Missgeschick *n*; (unangenehme) Überraschung *f*; **llegar sin ~** gesund (und munter) ankommen **2** MÚS Synkope *f*; **a ~** gegen den Takt
contratista M/F (Vertrags)Unternehmer *m*, -in *f*; **~ de obras** Bauunternehmer *m*, -in *f*
contrato M JUR, ECON Vertrag *m* *(privatrechtlich)*; *adv* **por ~** vertraglich; **obligado por ~** vertraglich gebunden; **~ de ahorro/de alquiler** Spar-/Mietvertrag *m*; ECON *fam* **~ basura** *Vertrag für einen Billigjob mit schlechten Konditionen*; **~ de compraventa** Kaufvertrag *m*; **~ (por) escrito** schriftlicher Vertrag; **~ ficticio** *o* **simulado** Scheinvertrag *m*; SOCIOL **~ generacional** Generationenvertrag *m*; **~ laboral** Arbeitsvertrag *m*; TEC **~ de mantenimiento** Wartungsvertrag *m*; **~ de obra** Werkvertrag *m*; **~ de plazo fijo** Zeitvertrag *m*; **~ de prenda/préstamo** Pfand-/Darlehensvertrag *m*; **~ provisional** *o* **preliminar** Vorvertrag *m*; **~ de seguro** Versicherungsvertrag *m*; ECON **~ de sociedad**, POL **~ social** Gesellschaftsvertrag *m*; **~ temporal** Zeitvertrag *m*; **~ tipo** Standardvertrag *m*; **~ de trabajo (indefinido)** (unbefristeter) Arbeitsvertrag *m*; **~ de transporte** Frachtvertrag *m*; **~ verbal** *o* **de palabra** mündlicher Vertrag *m*; **firmar** *o* **concertar un ~** einen Vertrag (ab)schließen; **infringir** *o* **romper un ~** vertragsbrüchig werden; **rescindir un ~** von einem Vertrag zurücktreten, einen Vertrag kündigen
contratorpedero M MAR Torpedobootzerstörer *m*; **contratuerca** F TEC Konter-, Sicherungsmutter *f*
contravalla F TAUR zweite Umzäunung *f*; **contravalor** M Gegenwert *m*; **contravapor** M TEC Gegendampf *m*; **contravención** F JUR Übertretung *f*; Zuwiderhandlung *f*, Verstoß *m*; (Vertrags)Verletzung *f*; **contraveneno** M Gegengift *n*; *fig* Gegenmittel *n*
contravenir V/I ⟨3s⟩ **~ a** zuwiderhandeln (*dat*), verstoßen gegen (*acus*); *ley, regla* übertreten (*acus*), verletzen (*acus*); **contraventana** F Fensterladen *m*; **contraventor** **A** ADJ übertretend; verletzend **B** M, **contraventora** F Zuwiderhandelnde *m/f*, Übertreter *m*, -in *f*; *transporte*: Verkehrssünder *m*, -in *f*;
contravía F *Am transporte*: **en ~** in verkehrter (*o* verbotener) Richtung *(einer Einbahnstraße)*;
contravidriera F Doppelfenster *n*; **contraviento** M **1** METEO Gegenwind *m* **2**

C

C

TEC, AVIA Verstrebung *f*, Verspannung *f*

contrayente M/F Vertragschließende *m/f*; **~s** *pl* Eheschließende(n) *pl*

contrayerba F BOT japanischer Maulbeerbaum *m*

contreras M *fam* Besserwisser *m*

contribución F 1 *(aportación)* Beitrag *m* (**a** zu *dat*), Unterstützung *f*; **~ alimentaria** o **alimenticia** Unterhaltsbeitrag *m*; **poner a ~ a/c** *(pagar su cuota)* mit etw *(dat)* beitragen; *(tomar una ayuda)* sich einer Sache *(gen)* bedienen, etw zu Hilfe nehmen 2 *(impuesto)* Abgabe *f*, Steuer *f*; *(reparto de costes)* Umlage *f*; *Chile* **~ a los bienes raíces** Grundsteuer *f*; **~ de guerra** (Kriegs)-Kontribution *f*; **~ (in)directa** (in)direkte Steuer *f*; **~ industrial** *corresponde a*: Gewerbesteuer *f*; **~ personal** Personensteuer *f*; *Esp* **~ sobre la renta** Einkommen(s)steuer *f*; *Esp* **~ rústica/urbana** Steuer *f* auf landwirtschaftliche/bebaute Grundstücke; *Esp* **~ de usos y consumos** *corresponde a*: Verbrauchssteuer *f*

contribuir ⟨3g⟩ A VI 1 *(aportar)* beitragen, beisteuern, mithelfen (**a** zu *dat*); **~ con** helfen mit *(dat)*; *etw* beisteuern; **~ (a, para)** mitwirken (bei *dat*) 2 *(pagar derechos)* Abgaben (o Steuer) zahlen B VT *(als Steuer)* zahlen

contributario ADJ mitbesteuert; **contributivo** ADJ Steuer…; **capacidad** *f* **-a** Steuerkraft *f*; **contribuyente** A ADJ steuerpflichtig B M/F Steuerzahler *m*, -in *f*; *de un seguro, etc*: Beitragszahler *m*, -in *f*

contrición F Zerknirschung *f*; REL vollkommene Reue *f*

contrincante M/F 1 *Esp en las oposiciones*: Mitbewerber *m*, -in *f bei den öffentlichen Auswahlprüfungen* (→ **oposición** 5) 2 *fig (competidor)* Konkurrent *m*, -in *f*, Gegenspieler *m*, -in *f*

contristar VT betrüben; **contrito** ADJ zerknirscht, reumütig; tief betrübt

control M 1 Kontrolle *f*, Überwachung *f*; *(inspección)* Überprüfung *f*; TEC Steuerung *f*; *enseñanza*: Test *m*, Prüfung *f*; **~ de aduana** Zollkontrolle *f*; AVIA **~ aéreo** Flugsicherung *f*; DEP **~ antidoping** o **antidroga** Dopingkontrolle *f*; **~ biométrico** biometrische Kontrolle *f*; **~ de calidad** Qualitätskontrolle *f*; AUTO **~ de derrapada** Schleuderkontrolle *f*; TEC **~ a distancia** Fernüberwachung *f*; AUTO **~ de estabilidad** Stabilitätskontrolle *f*; **~ fronterizo** Grenzkontrolle *f*; **~ de identidad** Ausweiskontrolle *f*; **~ de nacimientos** o **de natalidad** Geburtenregelung *f*, -kontrolle *f*; **~ de pasaportes** Passkontrolle *f*; **~ policial** Polizeikontrolle *f*, polizeiliche Überprüfung *f*; **~ presupuestario** POL Haushaltskontrolle *f*; AVIA **~ de seguridad** Sicherheitskontrolle *f*; **~ de sí mismo** Selbstbeherrschung *f*; AUTO **~ de tracción** Traktionskontrolle *f*; *transporte*: **~ de velocidad por radar** Radarkontrolle *f*; **perder el ~** die Kontrolle verlieren *(tb fig)*; **tenerlo todo bajo ~** alles unter Kontrolle (o im Griff) haben 2 TEC *de un aparato*: Steuerung *f*; **~ remoto** Fernsteuerung *f*; **de ~ remoto** ferngesteuert; AUTO von innen verstellbar *(tb espejo exterior)*; *espec* TEL **~ por voz** Sprachsteuerung *f* 3 FIN **~ de divisas** Devisenbewirtschaftung *f*

controlable ADJ kontrollierbar; **controlador** M 1 *(inspector)* Kontrolleur *m*; **~ (de tráfico) aéreo** o **~ de vuelo** Fluglotse *m* 2 INFORM Treiber *m*; **controladora** F Kontrolleurin *f*

controlar A VT kontrollieren, überwachen; *(inspeccionar)* überprüfen, ECON *(dominar)* beherrschen, kontrollieren; TEC *(manejar)* steuern B VR **controlarse** sich beherrschen, sich in der Gewalt haben

controller M/F ECON Controller *m*, -in *f*

controversia F Auseinandersetzung *f*, Streit *m*, Kontroverse *f*; **controvertible** ADJ strittig, kontrovers; bestreitbar; **controvertido** ADJ umstritten; **controvertir** VT ⟨3i⟩ *(discutir)* diskutieren, streiten über *(acus)*; *(negar)* bestreiten, in Abrede stellen

contubernio M 1 *(cohabitación ilícita)* wilde Ehe *f*, Onkelehe *f fam* 2 *desp* Verschwörung *f*; Clique *f*

contumacia F 1 *(tenacidad)* Hartnäckigkeit *f*; Halsstarrigkeit *f* 2 JUR *(rebeldía procesal)* Nichterscheinen *n* vor Gericht; **por ~** in Abwesenheit; **contumaz** ADJ ⟨*pl* -aces⟩ 1 *(terco)* halsstarrig 2 JUR **condenar por ~** in Abwesenheit verurteilen

contumelia F Beleidigung *f*

contundencia F Entschiedenheit *f*; Schlagkraft *f (tb de una prueba)*; **con ~** entschieden, kategorisch; **contundente** ADJ 1 *(irrefutable)* schlagend, Schlag…; **arma** *f* **~** Schlagwaffe *f* 2 *fig argumento, prueba* schlagend, überzeugend; **contundir** VT (zer)quetschen, zerschmettern

conturbación F Beunruhigung *f*; innere Unruhe *f*; **conturbado** ADJ beunruhigt; **conturbar** A VT beunruhigen, verstören; verwirren B VR **conturbarse** verwirrt (o verstört) werden

contusión F MED Quetschung *f*, Prellung *f*; **contusionar** VT quetschen, eine Quetschwunde beibringen *(dat)*; **contuso** ADJ gequetscht; Quetsch…

conuco M 1 *Am (pequeño campo)* kleines Stück *n* Land 2 *Ven (huerto frutal)* Obstgarten *m*

conurbación F, *Am reg* **conurbano** M städtischer Ballungsraum *m*

convalecencia F Genesung *f*, Rekonvaleszenz *f*; **(casa** *f* **de) ~** Erholungsheim *n*; **convalecer** VI ⟨2d⟩ genesen, sich erholen (**de** von *dat*); **convaleciente** A ADJ genesend B M/F Genesende *m/f*, Rekonvaleszent *m*, -in *f*

convalidación F Bestätigung *f*, Bekräftigung *f*; UNIV Anerkennung *f von Zeugnissen etc*; **convalidar** VT bestätigen, bekräftigen; als gültig erklären; anerkennen

convección F FÍS Konvektion *f*; TEC Umluft *f*; **horno** *m* **de ~** Umluftbackofen *m*

convecino A ADJ benachbart B M, **-a** F Mitbewohner *m*, -in *f*, Hausgenosse *m*, -genossin *f*; Mitbürger *m*, -in *f*

convector ADJ TEC Konvektor…; **horno** *m* **~** Umluftbackofen *m*

convencedor ADJ überzeugend

convencer ⟨2b⟩ A VT 1 *(persuadir)* überzeugen (**de** von *dat*); überreden; **~ a alg de que** *(subj)* j-n (dazu) überreden, zu *(inf)*; j-n davon überzeugen, dass *(ind)*; **no me convence** das sagt mir nicht zu 2 JUR *(probar la culpabilidad)* überführen B VR **convencerse** sich überzeugen (o überreden) (lassen); **~ de a/c** sich einer Sache *(gen)* vergewissern; sich von etw *(dat)* überzeugen

convencido ADJ überzeugt (**de que** dass); **convencimiento** M 1 *(convicción)* Überzeugung *f*; Sicherheit *f*; **llegar al ~ de a/c** sich von etw *(dat)* überzeugen; **tener el ~ de a/c** von etw *(dat)* überzeugt sein 2 *(seguridad de sí mismo)* Selbstbewusstsein *n*

convención F 1 *(tratado)* Übereinkunft *f*, Abkommen *n*; POL Konvention *f*; **Convención Alpina** Alpenkonvention *f*; **la Convención de Ginebra** die Genfer Konvention; **Convención de Schengen** Schengener Abkommen *n* 2 POL *(asamblea)* Konvent *m*; Parteitag *m*; HIST **Convención** *französischer* Nationalkonvent *m* 3 *espec Am (congreso)* Tagung *f*, Zusammenkunft *f*; POL Parteitag *m*; **centro de convenciones** Kongresshalle *f*

convencional A ADJ 1 *(tradicional)* herkömmlich; üblich; förmlich; konventionell *(tb armas)* 2 *(contractual)* vertragsmäßig, absprachegemäß; **precio** *m* **~** Preis *m* nach Vereinbarung B M HIST Konventsmitglied *n*; **convencionalismo** M FIL, SOCIOL Konventionalismus *m*; **convencionalista** M/F Konventionalist *m*, -in *f*

convenenciero ADJ opportunistisch; **convenible** ADJ 1 *(conciliador)* verträglich, anpassungsfähig 2 *(aceptable)* annehmbar; *precio* mäßig; **convenido** ADJ vereinbart; **¡~!** abgemacht!, topp!; **según lo ~** laut Vereinbarung

conveniencia F 1 *(adecuación)* Zweckmäßigkeit *f*, Angemessenheit *f*; *(utilidad)* Nutzen *m*; *(ventaja)* Vorteil *m*; *(comodidad)* Bequemlichkeit *f*; **matrimonio** *m* **de ~** Vernunftehe *f* 2 **~s** *pl (ingresos)* Einkünfte *pl*; Vermögen *n* 3 **~s (sociales)** (gesellschaftliche) Konventionen *fpl*; herkömmliche Sitte *f*, Anstand *m*

conveniente ADJ *(adecuado)* angemessen, angebracht, zweckmäßig; *(útil)* nützlich; *(de buen tono)* schicklich; *(aconsejable)* ratsam; **convenientemente** ADV richtig, ordentlich

convenio M Übereinkunft *f*; Abmachung *f*, Vereinbarung *f*; POL Abkommen *n*; JUR Vergleich *m*; ECON **~ colectivo** Tarifvertrag *m*; POL **~ marco** Rahmenabkommen *n*; ECON **~ mercantil** Handelsabkommen *n*; JUR **~ forzoso** Zwangsvergleich *m*

convenir ⟨3s⟩ A VT vereinbaren, verabreden B VI 1 **~ en a/c** *(acordar)* etw abmachen, eine Vereinbarung über etw *(acus)* treffen; *(coincidir)* in etw *(dat)* die gleiche Meinung haben; **precios** *mpl* **a ~** Preis *m* nach Vereinbarung 2 **~ a** *(caer bien)* zusagen *(dat)*, passen *(dat)*; recht sein *(dat)*; entsprechen *(dat)*; **¿te conviene mañana?** passt es dir morgen?; **conviene que lo sepas/hagas** besser, du weißt es/tust es C V/IMP **conviene** *(inf)* es gehört (o schickt) sich, zu *(inf)*; es ist ratsam, zu *(inf)* D VR **~se en a/c (con alg)** sich (mit j-m) über etw *(acus)* einigen; sich (mit j-m) in etw *(dat)* vergleichen

conventico M Mietshaus *n*; **conventícula** F, **conventículo** M heimliche Zusammenkunft *f*; Konventikel *n*; **conventillo** M *Arg* armselige Mietwohnung *f*; **convento** M Kloster *n*; **conventual** A ADJ klösterlich, Kloster…; **misa** *f* **~** Konventualmesse *f* B M *(männliches)* Klostermitglied *n*; Konventuale *m*

convergencia F Zusammenlaufen *n von Linien*; Konvergenz *f*; *fig* Zusammenstreben *n*; Übereinstimmung *f*; **convergente** A ADJ zusammenlaufend, konvergent; ÓPT **lente** *f* **~** Sammellinse *f*; *fig* **opiniones** *fpl* **~s** (weitgehend) übereinstimmende Meinungen *fpl* B M/F *Mitglied der katalanischen Regionalpartei Convergència i Unió*; **converger** VI ⟨2c⟩, **convergir** VI ⟨3c⟩ konvergieren; zusammenlaufen; *fig* nach einem Ziel streben, sich vereinigen

conversa F *fam* Unterhaltung *f*, Schwatz *m fam*; **conversable** ADJ gesellig, umgänglich

conversación F Unterhaltung *f*, Gespräch *n*; **~ exploratoria** Sondierungsgespräch *n*; **dirigir la ~ a alg** j-n ins Gespräch ziehen; das Wort an j-n richten; **entablar ~ con alg** ein Gespräch mit j-m anknüpfen; **sacar** o **hacer (re)caer la ~ sobre a/c** das Gespräch auf etw *(acus)* bringen; **no es amigo de -ones** er ist kein Freund (o er hält nichts) von langen Reden

conversador A ADJ gesprächig B M Plauderer *m*

conversar VI 1 *(charlar)* sich unterhalten, miteinander sprechen; ein Gespräch (miteinander) führen; **~ con alg sobre** o **de a/c** mit j-m über etw *(acus)* sprechen; etw *(acus)* mit j-m besprechen **2** (*tener trato*) miteinander verkehren **3** MIL eine Schwenkung machen **4** *Chile, Ec* (*informar*) berichten

conversión F **1** (*reversión*) Umkehrung *f*, Umformung *f* (*tb* MAT); (*transformación*) Verwandlung *f*; MIL **~ de armamentos** Umrüstung *f* **2** ECON *de monedas*: Umrechnung *f*; Umstellung *f*, Konvertierung *f*; *de acciones, divisas*: Umtausch *m*; **~ de la deuda pública** Umwandlung *f* der Staatsschuld; **tabla** *f* **de ~** Umrechnungstabelle *f*; **tipo** *m* **de ~** Umrechnungskurs *m* **3** REL *y fig* Bekehrung *f*, Konversion *f* **4** TEC Konversion *f* **5** INFORM Konvertierung *f*; **~ de archivos** Dateikonvertierung *f*; **~ de datos** Datenkonvertierung *f* **6** MIL Schwenkung *f* **7** ELEC **~ de frecuencia** Frequenzumsetzung *f*

conversivo ADJ *espec* FÍS, QUÍM die Umwandlung bewirkend, Umwandlungs…; **converso** **A** ADJ bekehrt; konvertiert **B** M, **-a** F **1** REL Konvertit *m*, -in *f*; Bekehrte *m/f* (*tb fig*) **2** HIST Neuchrist *m*, -in *f* (*zwangsgetaufte Juden und Morisken*) **C** M Laienbruder *m*; **conversor** M ELEC **~ de imágenes** Bildwandler *m*

convertibilidad F ECON Konvertibilität *f*; **libre ~ de divisas** freier Devisenumtausch *m*; **convertible** **A** ADJ umwandelbar (*tb* MAT); ECON, INFORM konvertierbar **B** M *Am* AUTO Cabriolet, Kabriolett *n*; **convertidor** M **1** TEC Umformer *m*; METAL Konverter *m*; **~ de Bessemer** Bessemerbirne *f*; ELEC **~ de corriente** Stromwandler *m* **2** **~ de divisas** Devisenumrechner *m* **3** INFORM **~ analógico-digital** Analog-Digital-Wandler *m*

convertir ⟨3i⟩ **A** VT **1** (*mudar*) um-, verwandeln (**en** in *acus*), umformen **2** ECON (*cambiar*) umtauschen; umwandeln, -stellen; *divisas* konvertieren (*tb* INFORM); **~ a** (**o en**) **euros (pesos)** in Euro (Peso) umrechnen *o* konvertieren **3** REL (*cristianizar*) bekehren (**a** zu *dat*) **B** V/R **convertirse** **1** REL (*adoptar la religión cristiana*) sich bekehren; konvertieren, übertreten (**a** zu *dat*) **2** **~ en** (*mutarse*) sich verwandeln in (*acus*); *etw (nom)* werden; zu *etw (dat)* werden; **~ en realidad** *deseo, sueño* in Erfüllung gehen; sich verwirklichen

convexidad F Wölbung *f*, Konvexität *f*; **convexo** ADJ konvex; ÓPT **lente** *f* **-a** Konvexlinse *f*

convicción F **1** Überzeugung *f*; **por ~** aus Überzeugung; **ser persona de -ones** ein Mensch mit Grundsätzen sein **2** JUR *de un delincuente*: Überführung *f*; **objeto** *m o* **pieza** *f* **de ~** Beweisstück *n*, Corpus *n* Delicti

convicto ADJ JUR überführt; **~ y confeso** überführt und geständig

convidada F **1** (*invitada*) Eingeladene *f* **2** *fam* **dar una ~** (zu ein paar Bechern) einladen

convidado **A** ADJ (ein)geladen **B** M Eingeladene *m*, Gast *m*; LIT **el ~ de piedra** der Steinerne Gast (*in Tirsos „Burlador de Sevilla"*); *fig* **ser ~ de piedra** Zaungast sein

convidador **A** ADJ einladend **B** M, **convidadora** F Gastgeber *m*, -in *f*; **convidante** → convidador

convidar **A** VT einladen (**a** zu *dat*); *fig* einladen, (ver)locken, reizen (**a** zu *dat*); **~ a alg con a/c** j-m etw anbieten; *fam* **¡estás convidado!** du bist mein Gast! **B** V/R **convidarse** **1** (*autoinvitarse*) sich selbst einladen **2** **~ a** (*ofrecerse*) sich erbieten, zu (*inf*)

convincente ADJ überzeugend; *argumento, prueba tb* schlagend, treffend, triftig

convite M Einladung *f*; Gastmahl *n*, Schmaus *m*

convivencia F Zusammenleben *n*; Miteinanderleben *n*; **conviviente** M/F *Am reg* Lebensgefährte *m*, -gefährtin *f*; **convivir** VI zusammenleben; zusammenwohnen

convocación F Einberufung *f einer Konferenz*; **convocador** ADJ einberufend

convocar VT ⟨1g⟩ zusammenrufen; *conferencia, reunión* einberufen; *competencia, etc* ausschreiben; (*emplazar*) vorladen; **~ a que …** (*subj*) dazu aufrufen, dass …; **~ elecciones** zu Wahlen aufrufen; **~ una huelga** zum Streik aufrufen

convocatoria F (*llamamiento*) Einberufung *f*; Aufruf *m*; *de una competencia*: Ausschreibung *f*; **~ electoral** Wahlaufruf *m*; **convocatorio** ADJ Einberufungs…

convólvulo M BOT Winde *f*

convoy M **1** MIL (*escolta*) Geleit *n*; Geleitzug *m*, Konvoi *m*; Bedeckung *f*, Schutz *m*; Wagenzug *m*, Kolonne *f*; FERR Zug *m* **2** *fam* **~ (de mesa)** (*vinagreras*) Essig- und Ölständer *m*, Menage *f*; **convoyar** VT geleiten, Geleitschutz geben (*dat*)

convulsión F **1** (*contracción muscular*) Zuckung *f*, (*calambre*) Krampf *m* **2** MED (*espasmo*) Schüttelkrampf *m*, Konvulsion *f*; *fig* **-ones** *fpl* **políticas** politische Wirren *pl*; **convulsionar** VT MED Krämpfe verursachen (*dat*); *fig* erschüttern, aufrühren; **convulsionarse** MED Krämpfe bekommen; zucken; *fig* erschüttert werden; **convulsivo** ADJ krampfhaft, Krampf…; **tos** *f* **-a** Krampfhusten *m*; **convulso** ADJ verkrampft; verzerrt; **cara** *f* **-a de espanto** angstverzerrtes Gesicht *n*

conyugal ADJ ehelich, Ehe…; Gatten…; **conyugalmente** ADV ehelich

cónyuge M/F Ehemann *m*, -frau *f*, Gatte *m*; Gattin *f*; **los ~s** die Eheleute

conyugicida M/F Gattenmörder *m*; **conyugicidio** M Gattenmord *m*

coña F *fam* Ulk *m*, Witz *m*; *adv fam* **con ~** in böser Absicht; *pop* **dar la ~ a alg** j-m auf den Wecker fallen *fam*; *fam* **¡es la ~!** das ist doch die Höhe!, so eine Schweinerei! *fam*; *fam* **ni de ~** auf keinen Fall!

coñá M → coñac

coñac M Kognak *m*, Weinbrand *m*

coñazo M *pop* Ärgernis *n*; Quatsch *m fam*; *persona*: Nervensäge *f pop*; Scheißkerl *m vulg*; **dar el ~ a alg** j-m auf den Wecker fallen *fam*

coñearse V/R *pop* sich lustig machen (**de** über *acus*); **~ de alg** *tb* j-n verarschen *pop*; **coñete** M *Chile, Perú* schäbiger Kerl *m*, Gauner *m*, Wucherer *m*

coñico M *Chile pop desp* Spanier *m*

coño M **1** *vulg* (*vulva*) Fotze *f vulg*; **¡~!** Scheiße! *pop*, verflucht! *pop*; **¡qué ~ …!** was zum Teufel …!; **mandar al ~** zum Teufel schicken *fam*; **¿pero qué ~ le importa a usted?** das geht Sie (doch) einen (feuchten) Dreck (*o* Scheißdreck *vulg*) an *pop*; **en el quinto ~** am Arsch der Welt *vulg* **2** *Chile pop* → coñico

cooficial ADJ **lengua** *f* **~** gleichberechtigte Amtssprache *f*; **cooficialidad** F *de una lengua*: Gleichberechtigung *f*

cooli(e) ['kuli] M Kuli *m*

cooperación F Mitwirkung *f*, -arbeit *f*; Zusammenarbeit *f*, -wirken *n*; **~ al desarollo** Entwicklungszusammenarbeit *f*; **cooperador** **A** ADJ Mitarbeiter…; Helfer… **B** M, **cooperadora** F Mitarbeiter *m*, -in *f*, Helfer *m*, -in *f*

cooperante **A** ADJ mitwirkend **B** M/F Entwicklungshelfer *m*, -in *f*

cooperar VI mitwirken, (mit)helfen (**en** bei *dat*); mitarbeiten (**con** mit *dat*)

cooperativa F Genossenschaft *f*; **~ agrícola** landwirtschaftliche Genossenschaft *f*; **~ de consumo/producción** Konsum-/Produktionsgenossenschaft *f*; **~ lechera/(viti)vinícola** Molkerei-/Winzergenossenschaft *f*; **~ de viviendas** Wohnungsbaugenossenschaft *f*

cooperativismo M Genossenschaftswesen *n*, -bewegung *f*; **cooperativista** M/F Genossenschaftler *m*, -in *f*; **cooperativo** ADJ Genossenschafts…; **sociedad** *f* **-a** Genossenschaft *f*

coopositor M, **coopositora** F Mitbewerber *m*, -in *f um ein Amt*

coordenadas FPL MAT Koordinaten *fpl*

coordinación F Koordinierung *f*; **coordinado** ADJ koordiniert; **coordinador** **A** ADJ koordinierend **B** M, **coordinadora** F **1** (*que coordina*) Koordinator *m*, -in *f*; **~ del proyecto** Projektleiter *m* **2** TIPO Herausgeber *m*, -in *f* (*von Sammelbänden*); **coordinar** VT zuordnen; *fuerzas, medios, etc* aufeinander abstimmen, koordinieren (*tb* GRAM); **coordinativo** ADJ koordinierend

copa F **1** *vaso*: (Stiel-, Kelch)Glas *n*; **~ de helado** Eisbecher *m*; **~ balón** *o* **napoleón** *o* **de coñac** Kognakschwenker *m*; **una ~ de vino** ein Glas *n* (voll) Wein; **una ~ para vino** ein Weinglas *n*; **alzar la ~** das Glas heben (*um auf j-s Wohl zu trinken*); *fam* **ir de ~s** etw trinken gehen; **levanto mi ~ a la salud de …** ich trinke auf das Wohl von …; **tomarse** *o* **echar(se) unas ~s** ein paar Glas (*o* Gläschen) trinken; *fam* **beber unas ~s de más** einen über den Durst trinken *fam* **2** *espec* DEP *premio*: Pokal *m*; **~ de Europa** Europapokal *m*; **~ de honor** (Ehren)Pokal *m*; **Copa Davis** Daviscup *m*; *Esp fútbol*: **~ del Rey** Königspokal; ≈ *BRD* DFB-Pokal *m* **3** *del sostén femenino*: Körbchen *n*; *del sombrero*: Kopf *m*, Stulp *m des Hutes* **4** *del árbol*: (Baum)Krone *f*, Wipfel *m* **5** ASTRON Becher *m* **6** (*brasero*) Kohlenbecken *n in Napfform* **7** BOT (*cima*) Trugdolde *f* **8** *naipes*: **~s** *pl corresponde a*: Herz *n*; **as de ~** Herzass *n* **9** AUTO *de la rueda*: Radkappe *f* **10** *medida*: 126 cm³

copada F ORN Haubenlerche *f*

copado ADJ *árbol* mit breiter, dicker Krone; dicht belaubt; **árbol** *m* **~** Baum *m* mit Krone; MIL Kugelbaum *m*; *fig fam* **estar ~** voll sein, überfüllt sein

copago M Selbstbeteiligung *f* (*bei Versicherungen etc*)

copaiba F BOT Kopaiva *f*; **bálsamo** *m* **de ~** Kopaivabalsam *m*

copal M Kopal(harz *n*) *m*

copar VT **1** MIL (*apresar*) einkesseln; (*cortar la retirada*) den Rückzug abschneiden (*dat*) **2** POL *en elecciones: alle Mandate* erhalten; *alle Stimmen* auf sich vereinen (*o* erhalten); *fig alles* für sich in Besitz (*o* in Anspruch) nehmen; DEP *alle Titel etc* gewinnen, einheimsen *fam* **3** *juego de azar*: die gleiche Summe setzen

coparticipación F Mitbeteiligung *f*; **copartícipe** M/F ECON Mitteilhaber *m*, -in *f*, Mitinhaber *m*, -in *f*; JUR Mitberechtigte *m/f*; **copartidario** M, **copartidaria** F POL Parteigenosse *m*, -genossin *f*

COPE F ABR (Cadena de Ondas Populares Españolas) *kirchliche spanische Rundfunkgesellschaft*

copear VI **1** (*vender por copas*) glasweise verkaufen **2** *fam* (*beber*) trinken, einen heben *fam*

copela F TEC Kupelle *f*, Schmelztiegel *m*

Copenhague F Kopenhagen *n*

copeo M *fam* Bechern *n fam*, Trinken *n*, Zechen *n*; **ir de ~** etwas trinken gehen; eine Runde durch die Kneipen machen

copera F **1** *mueble*: Gläserschrank *m*; *bandeja*: Gläsertablett *n*; *mesa*: Schanktisch *m* **2** *Am persona*: Schankkellnerin *f*; *dama*: Bardame *f*

copernicano ADJ kopernikanisch

copero **1** *Am camarero*: Schankkellner *m* **2** *mueble*: Likörglasschrank *m*, -ständer *m*

copete M **1** (*penacho*) Haarschopf *m*, -tolle *f*; *de caballos*: (Stirn)Schopf *m der Pferde*; *de pájaros*:

Haube *f eines Vogels* **2** *fig* (*orgullo*) Stolz *m*, hochfahrendes Wesen *n*; *fam* **gente de alto ~** bedeutende Leute *pl*, hohe (*o* große) Tiere *npl fam*; **bajar el ~ a alg** j-m den Kopf zurechtsetzen; **tener mucho ~** die Nase (recht) hoch tragen **3** *del calzado*: Oberblatt *n am Schuh* **4** GASTR (*espuma*) Schaum *m von schäumenden Getränken o Speiseeis*

copetín M *Am reg* (*vaso para licor*) Likörglas *n*; (*brindis*) Umtrunk *m*; **copetón** ADJ *Col* beschwipst; *Am reg* → copetudo; **copetuda** F ORN Haubenlerche *f*; **copetudo** ADJ **1** (*con pelo en la frente*) mit Stirnhaar; *pájaro* Hauben... **2** *fig* (*vanidoso*) hochfahrend, hochnäsig

copey M *Am Centr, Col, Cuba, P. Rico, S.Dgo.* BOT *ein Gummiharzbaum* (*Clusia rosea*)

copia F **1** (*reproducción*) Kopie *f*; *de un escrito*: Abschrift *f*; Duplikat *n*; FOT, TIPO Abzug *m*; **~ autentificada** *o* **legalizada** beglaubigte Kopie *f*; **~ (al carbón)** Durchschlag *m*; **~ ilegal/pirata** Raubkopie *f*; INFORM **~ privada** Privatkopie *f*; INFORM **~ de seguridad** Sicherheitskopie *f*; **~ sonora** Tonkopie *f* **2** PINT Abbildung *f*, Abzeichnung *f*; (*imitación*) Nachahmung *f*, Abbild *n*; TEC Nachbau *m*; **~ de llave** nachgemachter Schlüssel *m*, Duplikat *n* **3** (*ejemplar*) Exemplar *n*, Belegstück *n* **4** *liter* **(gran) ~ (de)** (*gran cantidad*) (eine) Fülle (von *dat*); (eine) Menge (von *dat*)

copiador M **1** (*fotocopiador*) Kopiergerät *n* **2** ECON Kopierbuch *n*; **copiadora** **A** ADJ **(prensa *f*) ~** Kopierpresse *f* **B** F Kopiergerät, Kopierer *m*; Vervielfältigungsgerät *n*

copiante M/F **1** *espec enseñanza*: Abschreiber *m*, -in *f* **2** MÚS *de notas*: Notenschreiber *m*, -in *f*

copiar V/T & V/I ⟨1b⟩ **1** *un escrito* abschreiben; kopieren; PINT abmalen, abzeichnen; FOT, TIPO abziehen; *llave* nachmachen; **tinta *f* de ~** Kopiertinte *f*; **papel *m* de ~** Abzug-, Kopierpapier *n*; INFORM **~ y pegar** kopieren und einfügen **2** (*imitar*) **~ a/c/a alg** etw/j-n nachahmen

copiloto M/F AVIA Kopilot *m*, -in *f*; AUTO Beifahrer *m*, -in *f*

copinar V/T *Méx* abhäuten; *fig* losreißen

copión M *fam* **1** *persona*: Plagiator *m*; *enseñanza*: Abschreiber *m* **2** FILM (*producción del día*) Tagesproduktion *f* (*eines Studios*)

copiosamente ADV reichlich; **copiosidad** F Fülle *f*, Reichhaltigkeit *f*; **copioso** ADJ **1** (*abundante*) reichlich; üppig **2** (*numeroso*) zahlreich

copista M/F **1** *de textos*: Kopist *m*, -in *f*, Abschreiber *m*, -in *f*; MÚS **~ (de música)** Notenschreiber *m*, -in *f* **2** *fig* (*imitador*) Nachahmer *m*, -in *f*; **copistería** F (Foto)Kopierladen *m*; Copy-Shop *m*

copita F Gläschen *n*; **tomar una ~** ein Gläschen trinken; sich (*dat*) einen genehmigen *fam*

copla F **1** (*estrofa*) Strophe *f* **2** *canción*: (*bes improvisiertes* Volks)Lied *n*; *pop* **~s** *pl* Verse *mpl*; **~s de ciego** Moritaten *fpl*; Knittelverse *mpl* (*desp*); *fig* alte Leier *f fam*, übliche Geschichte *f* (*die keinen interessiert*); **andar en ~s** in aller Munde sein; **sacarle las ~s a alg** Spottlieder auf j-n machen; *fam* **ni en ~s** nicht im Traum

coplear V/I (Volks-)Lieder dichten *o* aufsagen *o* singen

coplero M, **coplera** F, **coplista** M/F Bänkelsänger *m*, -in *f*; *desp* Verseschmied *m*, -in *f*, Dichterling *m*; **coplón** M schlechte Reimerei *f*

copo[1] M **1** (*grumo*) Flocke *f* (*tb* TEX); **~ de nieve** Schneeflocke *f*; GASTR **~s *pl* de avena** Haferflocken *fpl*; **~s de maíz** Cornflakes *n* **2** *Col, Ven de un árbol*: Wipfel *m*

copo[2] M **1** *al juego de azar*: ganzer Einsatz *m beim Glücksspiel* **2** POL *en elecciones*: Stimmengesamtheit *f bei einer Wahl* **3** *para pescar*: Sacknetz *n zum Fischen*; *pesca*: Fang *m mit diesem* **4** MIL (*corte de la retirada*) Abschneiden *n* der feindlichen Linien; Einkreisung *f des Feindes* **5** DEP **ir al ~ con** *alle Titel etc* gewinnen, einheimsen *fam*

copón M CAT Hostienkelch *m*; *adj pop* **del ~** gewaltig *fam*, riesig (*fam fig*), grandios *fam*

coposesión F Mitbesitz *m*; **coposesor** M, **coposesora** F Mitbesitzer *m*, -in *f*

coposo ADJ GASTR flockig

copra F Kopra *f*

copro... PREF MED Kot...; Kopro...

coproducción F FILM, TV, *etc* Koproduktion *f*; **coproductor** M, **coproductora** F FILM, TV, *etc* Koproduzent *m*, -in *f*

coprológico ADJ MED **examen *m* ~** Stuhluntersuchung *f*

copropiedad F Miteigentum *n*; **copropietario** M, **copropietaria** F Miteigentümer *m*, -in *f*

cóptico ADJ → copto

copto **A** ADJ koptisch **B** M, **-a** F Kopte *m*, Koptin *f* **C** M *lengua*: Koptisch *n*

copucha F *Chile* **1** (*vejiga vacuna*) Rindsblase *f* **2** (*chismes*) Klatsch *m*; **copuchar** V/I *Chile* (*mentir*) (*böswillig*) klatschen

copudo ADJ *árbol* mit (dichter) Krone

cópula[1] F ARQUIT → cúpula

cópula[2] F **1** FIL, GRAM Kopula *f*; GRAM *tb* Satzband *n* **2** BIOL Kopulation *f der Gameten*; ZOOL (*unión sexual*) Begattung *f der höheren Tiere* **3** (*atadura*) Verknüpfung *f*

copulación F **1** BIOL (*apareamiento*) Kopulation *f*, Paarung *f* **2** AGR (*mejoramiento*) Veredelung *f* **3** QUÍM (*acoplamiento*) Koppelung *f*, Kupplation *f*; **copular** **A** V/T **1** *espec* BIOL (*aparear*) kopulieren; sich paaren; begatten **2** QUÍM (*acoplar*) koppeln **3** GRAM (*unir*) verbinden **B** V/R **copularse** sich verbinden; sich paaren; **copulativo** ADJ verbindend (*tb* GRAM), Kopulativ...; GRAM beiordnend

coque M Koks *m*; **~ de gas/metalúrgico/de mina** Gas-/Hütten-/Zechenkoks *m*; **coquefacción** F TEC Verkokung *f*

coqueluche F MED Keuchhusten *m*

coquera[1] F (*cabeza del trompo*) Kreiselkopf *m*

coquera[2] F (*hueco en una piedra*) kleine Vertiefung *f in Steinen*

coquera[3] F (*recipiente para coque*) Kokskasten *m*

coquera[4] F *drogas* **1** *adicta*: Kokserin *f*, Kifferin *f* **2** *Am traficante*: Kokaindealerin *f* **3** *Bol* (*campo de coca*) Kokafeld *n*; -behälter *m*

coquería F Kokerei *f*

coquero M *drogas* **1** *adicto*: Kokser *m*, Kiffer *m* **2** *Am traficante*: Kokaindealer *m*

coqueta **A** ADJ **1** *mujer* kokett, eitel **2** (*bonita*) niedlich, hübsch **B** F Frisierkommode *f*; **coquetear** V/I kokettieren, liebäugeln (*tb fig*); **coqueteo** M Kokettieren *n*; **coquetería** F, **coquetismo** M **1** (*afán de agradar*) Koketterie *f*, Gefallsucht *f* **2** (*flirteo*) Flirt *m*, Liebelei *f*, Tändelei *f*; **coqueto** ADJ **1** (*vanidoso*) kokett **2** (*bonito*) niedlich, hübsch; **coquetón** **A** ADJ **1** reizend, verlockend, verführerisch **2** *desp* (*ávido de agradar*) kokett, gefallsüchtig; *espec hombres* stutzerhaft, affig *fam* **B** M (eleganter) Stutzer *m*, Frauenheld *m*

coquí M ZOOL Antillenfrosch *m* (*Symboltier von P. Rico*)

coquina F ZOOL Trogmuschel *f*

coquino M *Am* BOT → corozo

coquito[1] M **1** *Am* BOT *palmera*: Ölkernpalme *f*; *fruto*: deren Ölkern *m* **2** ORN Kuckuckstaube *f*

coquito[2] M Gebärde *f*, *um ein Kind zum Lachen zu bringen*; Grimasse *f*

coracero M **1** HIST, MIL Kürassier *m* **2** *fam* (*cigarro malo*) schlechte Zigarre *f*, Giftnudel *f fam*

coracha F Ledersack *m*

coracoides **A** ADJ ANAT **apófisis *f* ~** Rabenschnabelfortsatz *m* **B** M ANAT Schulterblattmuskel *m*

coraje M **1** (*ira*) Zorn *m*, Wut *f*; **lleno de ~** wutentbrannt, wutschnaubend; **me da ~** ich bin wütend darüber **2** (*valor*) Mut *m*, Courage *f*; **~ civil** Zivilcourage *f*

corajina F *fam* Wutanfall *m*, Koller *m fam*; **corajoso** ADJ zornig; **corajudo** ADJ **1** (*colérico*) jähzornig **2** (*valiente*) beherzt, mutig

coral[1] MÚS **A** ADJ Chor...; Choral...; **canto *m* ~** Chorgesang *m*; -lied *n*; Choral *m*; **sociedad *f* ~** *o* **entidad *f* ~** *o* **masa *f* ~** Chor *m*, Gesangverein *m* **B** M Choral *m* **C** F Chor *m*; **~ de cámara** Kammerchor *m*

coral[2] M **1** ZOOL Koralle *f*; **de ~** korallenrot **2** *Cuba* BOT (*árbol de corales*) Korallenbaum *m*; *Chile* Korallenstrauch *m*

coral[3] F *Am Mer serpiente*: *giftige* Korallenschlange *f*

coralarios MPL ZOOL Korallen *fpl*, Korallentiere *npl*; **coralero** M Korallenfischer *m*; **coralífero** ADJ **isla *f* -a** Koralleninsel *f*; **coraliforme** ADJ korallenförmig; **coralillo** M **1** *Am Mer* ZOOL *serpiente*: Korallenschlange *f* **2** → coralina; **coralina** F BOT Korallenmoos *n*; **coralino** ADJ Korallen...; *forma*: korallenförmig; *color*: korallenfarbig

corambre F **1** (*artículos de cuero*) Lederwaren *fpl*; Felle *npl*, Häute *fpl* **2** (*odre*) Lederschlauch *m*

corán M REL Koran *m*; **coránico** ADJ Koran...

coraza F Panzer *m*, Panzerung *f*; *fig* Schutz *m*; HIST, MIL Kürass *m*

coraznada F **1** GASTR geschmortes Herz *n* **2** *del pino*: Kern *m einer Kiefer*

corazón M **1** ANAT Herz *n*; **de(l) ~** Herz...; **~-pulmón artificial** Herz-Lungen-Maschine *f*; MED **operación a ~ abierto** Operation *f* am offenen Herzen **2** *fig* (*ánimo, espíritu*) Seele *f*, Herz *n*, Innere(s) *n*; (*valor*) Mut *m*; **~ empedernido** *o* **de piedra** hartes Herz *n*, Herz *n* von Stein; CAT **el Corazón de Jesús** *o* **el Sagrado Corazón** das Herz Jesu; **~ mío** *o* **mi ~** mein Herz, mein Liebling; **blando de ~** sanftmütig, weichherzig, empfindlich; **duro de ~** hartherzig; unnachgiebig; **de ~** von Herzen; **de buen ~** gutherzig; **muy de ~** herzlichst; **de todo (mi) ~** von ganzem Herzen; **con el ~ encogido** *o* **con el ~ (metido) en un puño** schweren Herzens; beklommen; dem Weinen nahe; **se me encoge el ~** das Herz wird mir schwer; **sin ~** herzlos, hartherzig; **abrir el ~ a alg** j-m sein Herz ausschütten; **atravesar el ~** ins Herz schneiden; das Herz durchbohren; **no caberle a alg el ~ en el pecho** (*ser muy generoso*) sehr großzügig sein; *por sentimientos*: vor Freude (*o* vor Schreck) außer sich (*dat*) sein; **se le cayeron las alas del ~** *o* **el ~ se le hizo pasa** das Herz fiel ihm in die Hosen; **ya me lo decía** *o* **anunciaba** *o* **daba el ~** ich ahnte es schon; **llegar al ~** ans Herz gehen, das Herz rühren; **meterse en el ~ de alg** sich j-m ins Herz schmeicheln; **eso me parte** *o* **rompe el ~** das bricht mir das Herz; **poner en el ~** ans Herz legen; **ser todo ~** ein herzensguter Mensch sein; **salir del ~** von Herzen kommen; **ser un gran ~** ein edler Mensch sein; **tener el ~ en la mano** das Herz auf der Zunge tragen; nicht falsch sein können; **no tener ~** kein Herz (im Leib) haben; herzlos sein; **(no) tener ~ para** (nicht) den Mut (*o* den Schwung) haben zu (*dat*) *o* (*inf*); **tener un ~ de oro** herzensgut sein; **tener el ~ en su sitio** *o* **bien puesto** das Herz auf dem rechten Fleck haben **3** *fig* (*parte central*

de una cosa) Kern *m*, Zentrum *n*; TEC *y heráldica*: Herzstück *n*; BOT *de la lechuga, etc*: (Salat- *etc*) Herz *n*; *de un fruto*: Kerngehäuse *n*; BOT **~ del tronco** Stammkern *m*
corazonada F **1** *(impulso espontáneo)* plötzliche Anwandlung *f*; schneller, mutiger Entschluss *m* **2** *(presentimiento)* Ahnung *f*, Eingebung *f*, Gespür *n* **3** GASTR *fam (tripas)* Kaldaunen *fpl*
corazoncillo M BOT Johanniskraut *n*
corazonista ADJ REL *auf das Herz Jesu (oder den entsprechenden religiösen Orden) bezogen*
corbacho M Riemenpeitsche *f*
corbata F **1** *adorno masculino*: Krawatte *f*, Schlips *m*; Halstuch *n der Gauchos*; **~ de lazo** *o Am reg* **de lacito** *o Perú* **michi** Schleife *f*, Fliege *f fam*; *vulg* **estar con los huevos de ~** die Hosen gestrichen voll haben *pop* **2** *de la bandera*: Fahnenschleife *f* **3** *de un orden*: Ordensschleife *f einiger ziviler Orden* **4** *Col fam (trabajo fácil y bien pagado)* gut bezahlte leichte Arbeit *f*
corbatería F Krawattengeschäft *n*; **corbatero** **A** ADJ **industria** *f* **española -a** spanische Krawattenindustrie *f* **B** M, **-a** F *fabricante*: Krawattenhersteller *m*, -in *f*; *vendedor(a)*: Krawattenverkäufer *m*, -in *f* **C** M Krawattenhalter *m*; **corbatín** M Schleife *f*, Fliege *f*; Patentschlips *m*; Halsbinde *f der Soldaten*; *fam* **salirse por el ~** sehr mager (*o* zaundürr *fam*) sein
corbato M Kühlmantel *m am Destillierapparat*
corbeta F MAR Korvette *f*
corbina F *pez*: Adlerfisch *m*
Córcega F Korsika *n*
corcel M *liter* Streitross *n*; Pferd *n*
corcha F MAR Schlag *m (eines Taus)*; **corchar** V/T MAR *cabo* schlagen *o* flechten
corche M Korksandale *f*
corchea F MÚS Achtelnote *f*; **doble ~** Sechzehntelnote *f*; **silencio** *m* **de ~** Achtelpause *f*
corchera F Kühleimer *m (aus Kork)*; **corchero** **A** ADJ Kork...; **industria** *f* **-a** Korkindustrie *f* **B** M, **-a** F Korkarbeiter *m*, -in *f*
corcheta F Öse *f (zum Haken)*; **corchete** M **1** *(gancho)* Haken *m*, Häkchen *n*; Heftel *n*; TEC Klammer *f*; TEC **~ de correa** Riemenöse *f*, -kralle *f* **2** TIPO *(paréntesis)* eckige Klammer *f*;
corchetera F *Chile* Heftmaschine *f*
corcho M **1** *material*: Kork *m*; **~ bornizo** *o* **virgen** Kork erster Schälung; **~ aglomerado** Presskork *m* **2** *tapón*: Korkpfropfen *m*, Korken *m*; *(felpudo)* Korkmatte *f*; *base*: Korkunterlage *f*, -untersatz *m*; *recipiente*: Korkbehälter *m*; *sandalias*: Korksandale *f*; **~s** *pl* **de baño** *o* **~s para nadar** Schwimmgürtel *m*; **tapar con ~** verkorken **3** *(colmena)* Bienenkorb *m* **4** *(alcornoque)* Korkeiche *f* **5** *fam* **cabeza** *f* **de ~** *(cabeza hueca)* Stroh-, Hohlkopf *m* **6** **¡~s!** Donnerwetter!
corcholata F *Méx* (Flaschen)Verschluss *m*
córcholis *fam* INT Donnerwetter!
corchoso ADJ korkartig; schwammig; **corchotaponero** ADJ **industria** *f* **-a** Kork(pfropfen)industrie *f*
corcino M ZOOL Rehkitz *n*
corcova F Buckel *m*; Höcker *m*; **corcovado** ADJ bucklig, höckerig; **corcovar** V/T krümmen; **corcovear** V/I *caballo* Bocksprünge machen; bocken; **corcoveta** M/F Bucklige *m/f*
corcovo M **1** *(joroba)* Buckel *m (der Katze)* **2** *del caballo*: Aufbäumen *n* **3** *fig (curvatura)* Krümmung *f*, Windung *f*
corcusido M TEX *fam* Flickerei *f*, Flickwerk *n*, Pfuscherei *f*; **corcusir** V/T & V/I *fam* zusammenflicken, -pfuschen
cordada F **1** MAR → cordaje **2** *de alpinistas*: Seilschaft *f*; **cordado** **A** ADJ MÚS besaitet **B** **~s** MPL ZOOL Chordaten *mpl*, Chordatiere *npl*; **cordaje** M MAR Takelwerk *n*

cordal[1] ADJ **muela** *f* **~** Weisheitszahn *m*
cordal[2] M MÚS Saitenhalter *m*
cordamen M Bespannung *f (der Tennisschläger)*
cordel M Schnur *f*, Bindfaden *m*; Leine *f*; *Bol del calzado*: Schnürsenkel *m*; **a ~** schnurgerade; ELEC **~ de enlace** Verbindungsschnur *f*; TEX **trazar a ~** *modisto*: abstecken; abkreiden
cordelado **1** *(bordeado)* gerändelt **2** **cinta** *f* **-a** *(cinta de seda)* Band *n* aus gedrehter Seide;
cordelar V/T TEX abstecken; mit der Schnur vermessen; **cordelejo** M Schnürchen *n*; *fam* **dar ~ a alg** j-n verulken, j-n hereinlegen;
cordelería F **1** *oficio*: Seilerei *f* **2** *(cordería)* Seilerwaren *fpl*; MAR Takelwerk *n*; **cordelero** M, **cordelera** F Seiler *m*, -in *f*
cordera F weibliches Lamm *n*; *fig* sanfte, fügsame Frau *f*; **cordería** F Seilerwaren *fpl*; MAR Takelwerk *n*; **corderilla** F, **corderillo** M Lämmchen *n*; → corderina; **corderina** F Lammfell *n*; **corderino** ADJ Lamm...; **lana** *f* **-a** Lammwolle *f*
cordero M **1** ZOOL Lamm *n (tb fig)*; REL **Cordero de Dios** Lamm *n* Gottes; **~ pascual** Osterlamm *n*; **~ lechal** *o* **recental** Milchlamm *n*; *fam* **ahí está la madre del ~** da liegt der Hase im Pfeffer **2** **(piel** *f* **de) ~** Lammfell *n* **3** **(carne** *f***) de ~** Lammfleisch *n*; **~ asado** Hammelbraten *m*; **~ lechal** Milchlamm *n*
corderuelo M Lämmchen *n*; **corderuna** F Lammfell *n*
cordezuela F *dim* → cuerda
cordial **A** ADJ **1** *(amable)* herzlich, freundlich **2** FARM herzstärkend **3** **dedo** *m* **~** Mittelfinger *m* **B** M Stärkungsmittel *n*, Magenlikör *m*;
cordialidad F Herzlichkeit *f*, Freundlichkeit *f*; **cordialmente** ADV herzlich, von Herzen; *en cartas*: mit herzlichen Grüßen
cordiforme ADJ herzförmig
cordila F gerade geborener Thunfisch *m*
cordilla F Katzenfutter *n*; *fam fig* **¡ahí tenéis la ~!** da ist Hopfen und Malz verloren!
cordillera F Gebirgskette *f*, -zug *m*; **cordillerana** **A** ADJ *espec Chile* ORN **(perdiz** *f***) ~** Andenrebhuhn *n* **B** F Andenbewohnerin *f*; **cordillerano** **A** ADJ Anden... **B** M Andenbewohner *m*
cordilo M ZOOL afrikanische Gürteleidechse *f*
córdoba M *Nic unidad de moneda*: Córdoba *m*
Córdoba F *span Stadt u Provinz*
cordobán M Korduanleder, grobes Saffianleder *n*; **cordobana** *fam* **andar a la ~** splitternackt gehen; **cordobés** **A** ADJ aus Córdoba **B** M *sombrero*: Cordobeser *m (flacher breitkrempiger Hut)*
cordón M **1** *(cuerda)* Schnur *f*; Litze *f*; Kordel *f*; *del zapato*: Schnürsenkel *m*; *de los sacerdotes*: Hüftstrick *m der Ordensgeistlichen*; **~ de la cortina** Vorhangschnur *f* **2** ELEC *(cable)* Kabel *m*; Klingelschnur *f*; **~ conductor** Leitungsschnur *f*; Telefonlitze *f* **3** ARQUIT *(bocel)* Gurt(band *n*) *m* **4** MIL *(cadena humana)* Posten-, Sperrkette *f*, Kordon *m*; **~ policial** polizeiliche Absperrung *f*; **~ sanitario** Sperr-, Sicherheitsgürtel *m* **5** ANAT **~ umbilical** Nabelschnur *f (tb fig)* **6** TEX *tela*: Kord *m* **7** TEC *(costura de soldadura)* Schweißnaht *f* **8** GEOG **~ litoral** *(lengua de tierra)* Nehrung *f*, schmale Landzunge *f zwischen einer Lagune und dem Meer* **9** *Arg* **~ de la vereda** *(arroyo)* Rinnstein *m*, Randstein *m*
cordonazo M *espec* MAR **~ de San Francisco** Sturm *m* zur Zeit der Herbst-Tagundnachtgleiche; **cordoncillo** M **1** *(pequeña cuerda)* Schnürchen *n*; *espec del sombrero*: Hutschnur *f* **2** *de una moneda*: Münzrand *m*; **cordonería** F TEX Posamenten *npl*; *comercio*: Posamentenhandel *m*; *oficio*: Posamentenhandwerk *n*; **cordonero** M, **cordonera** F Posament(ier)er *m*, -in *f*

cordura F Verstand *m*, Besonnenheit *f*, Umsicht *f*, Vernunft *f*
corea F MED Veitstanz *m*, Chorea *f*
Corea F Korea *n*; **~ del Norte** Nordkorea *n*; **~ del Sur** Südkorea *n*
coreano **A** ADJ koreanisch **B** M, **-a** F Koreaner *m*, -in *f* **C** M *lengua*: Koreanisch
corear V/T **1** MÚS *(acompañar con coros)* mit dem Chor begleiten; mitsingen **2** *fig (aclamar)* in den Chor einfallen, begeistert zustimmen *(dat)*
coreo M **1** LIT Choreus *m*, Trochäus *m (Versfuß)* **2** MÚS Ineinandergreifen *n* der Chorpartien;
coreografía F Choreografie *f*; **coreografiar** V/T ⟨1c⟩ choreografieren; **coreográfico** ADJ choreografisch; **coreógrafo** M, **coreógrafa** F Choreograf *m*, -in *f*
cori M BOT Johanniskraut *n*
coriáceo ADJ *t/t* ledern; lederartig
coriámbico ADJ **verso** *m* **~** → coriambo;
coriambo M Choriambus *m (vierfüßiger Vers)*
coriana F *Col* Decke *f*
coriandro M BOT Koriander *m*
corifeo M **1** HIST Chorführer *m* **2** *fig (conductor, guía)* Sprecher *m*, Anführer *m*; Wortführer *m (tb desp)* **3** *Méx (partidario)* Anhänger *m*
corimbo M BOT Dolde *f*, Schirmrispe *f*
corindón M MINER Korund *m*
coríntico *t/t* → corintio
corintio **A** ADJ aus Korinth; korinthisch *(tb* ARQUIT*)* **B** M, **-a** F Korinther *m*, -in *f*
Corinto M Korinth *n*
corion M ANAT Chorion *n*, Zottenhaut *f*
corisanto M *Chile* BOT *eine Orchidee*
corista M/F Chorsänger *m*, -in *f*, Chorist *m*, -in *f*, *desp* Balletthäschen *n*; Revuegirl *n*
coriza F MED Schnupfen *m*, Coryza *f*
corl(e)ar V/T mit Goldlack anmalen, vergolden
corma F Fußblock *m (Fessel)*; *fig* Hemmnis *n*
cormiera F BOT vogelbeerähnliche Staude *f*
cormorán M ORN Kormoran *m*
cornáceas FPL BOT Hartriegelgewächse *npl*
cornada F (Verletzung *f* durch einen) Hornstoß *m*; **dar ~s** mit den Hörnern stoßen; *fig* **más ~s da el hambre** *corresponde a*: es gibt Schlimmeres; Hungern wäre schlimmer; *fam* **no morirá de ~ de burro** er ist ein Hasenfuß *fam*, er riskiert nicht das Geringste
cornadura F Gehörn *n*
cornal M Jochriemen *m der Ochsen*; **cornalina** F MINER Karneol *m*; **cornalón** ADJ mit stark ausgebildeten Hörnern; **cornamenta** F *del toro, etc*: Gehörn *n*; *del ciervo, etc*: Geweih *n*
cornamusa F **1** MÚS *especie de gaita*: Dudelsack *m*; *trompeta*: Wald-, Jagdhorn *n* **2** MAR *(madero para amarrar los cabos)* Klampe *f*, Kreuzholz *n*
cornatillo M BOT Hornolive *f*
córnea F ANAT Hornhaut *f (des Auges)*
cornear V/T & V/I mit den Hörnern stoßen
cornecico, cornecillo, cornecito M Hörnchen *n*
corneja F ORN **1** *(cuervo)* (Raben)Krähe *f* **2** *(especie de búho pequeño)* *Art kleine* Eule *f*
cornejo M BOT Kornelkirsche *f*, -baum *m*
cornelio M *fam* betrogener Ehemann *m*
córneo ADJ ANAT hornartig; Horn(haut)...; **capa** *f* **-a** Hornschicht *f*
córner M DEP Eckball *m*, -stoß *m*
corneta **A** F **1** MÚS *instrumento*: (Jagd)Horn *n*; Kornett *n*; MIL Signalhorn *n*; *Ven* AUTO Hupe *f*; **~ de posta** Posthorn *n* **2** **~ (acústica)** *(trompetilla)* Hörrohr *n* **3** HIST Dragonerfähnlein *n* **4** *banderín*: zweigezacktes Fähnlein *n*; MAR Splittflagge *f* **B** M **1** MIL Hornist *m*; HIST Kornett *m* **2** *del cuartel*: Laufbursche *m in der Ka-*

serne

cornete M ANAT Nasenmuschel *f*; **cornetilla** F: (**pimiento** *m* **de**) ~ scharfer Paprika *m*;

cornetín M 1 MÚS *instrumento*: Kornett *n*, Piston *n*; MIL Signalhorn *n* 2 MIL ~ **de órdenes** (*clarín*) Hornist *m*; **corneto** ADJ 1 *Guat, Salv* (*patizambo*) säbelbeinig 2 *Chile* (*de un solo cuerno*) mit nur einem Horn 3 *Ven caballo* stutzohrig;

cornezuelo M 1 *dim* → cuerno 2 BOT (*cornatillo*) Hornolive *f* 3 ~ (**del centeno**) Mutterkorn *n*

corniabierto ADJ mit weit auseinanderstehenden Hörnern; **cornial** ADJ hornförmig; **corniapretado** ADJ mit eng zusammenstehenden Hörnern; **cornicabra** F BOT 1 *aceituna*: Zapfenolive *f* 2 (*higo silvestre*) wilde Feige *f* 3 (*cuerno de cabra*) Ziegenhorn *n*; **cornicorto** ADJ *toro* kurzhörnig; **corniforme** ADJ hornförmig; **cornigacho** ADJ mit abwärts gebogenen Hörnern

cornija F ARQUIT → cornisa; **cornijal** M 1 (*punta*) Ecke *f*, Zipfel *m* 2 CAT Kelchtuch *n*;

cornijón M ARQUIT 1 (*esquina*) Straßenecke *f* 2 (*cornisa*) Hauptgesims *n*

cornil M Jochriemen *m der Zugochsen*

corniola F → cornalina

cornisa F ARQUIT Karnies *n*, Kranzgesims *n*; Obersims *n*; GEOG ~ **cantábrica** *Küstenstreifen zwischen dem Baskenland und Galicien*; **cornisam(i)ento** M ARQUIT Fries *m*; Simswerk *n*; **cornisón** M ARQUIT → cornijón

corniveleto ADJ *vacuno* mit geraden, hoch stehenden Hörnern; **cornizo** M → cornejo

corno M 1 BOT Kornelkirsche *f* 2 MÚS ~ (**francés**) Horn *n*; ~ **inglés** Englischhorn *n*

cornucopia F 1 Füllhorn *n* 2 *espejo*: (Rokoko)Spiegel *m mit Rahmenleuchtern*

cornuda F *Am reg pez*: Hammerhai *m*; ~ **gigante** Großer Hammerhai *m*

cornudilla F *pez*: Hammerfisch *m*

cornudo A ADJ gehörnt (*tb fam fig*) B M *fig* Hahnrei *m*, gehörnter Ehemann *m fam*

cornúpeta A ADJ *liter* stößig; in Angriffsstellung B M/F Hornvieh *n* C M *fam* gehörnter Ehemann *m fam*; **cornúpeto** M *fam* Stier *m*; → *tb* cornúpeta B

cornuto M FIL **argumento** *m* ~ Dilemma *n*, Doppelschluss *m*

coro[1] M 1 MÚS, TEAT Chor *m*; *canto*: Chorgesang *m*; *composición*: Chorwerk *n*; ~ **hablado** Sprechchor *m*; ~ **mixto** gemischter Chor *m*; **a** ~ im Chor; zugleich, einstimmig; **a ~s** wechsel-, gruppenweise; **director** *m* **de** ~ Chordirigent *m*; *fig* **decir a/c de** ~ etw auswendig sagen; *fig* **hacer** ~ **con alg** j-m beistimmen, j-m beipflichten 2 ARQUIT Chor *n/m*; ~ (**alto**) Empore *f*; ~ **lateral** Seitenchor *m/n*; **sillería** *f* **del** ~ Chorgestühl *n*

coro[2] M *poét viento*: Nordwest *m*

corocha F *insecto*: Larve *f des Rebenkäfers*

corografía F Länderbeschreibung *f*

coroides F ANAT Aderhaut *f*, Chorioidea *f*

corojo M *Am reg* BOT *Name verschiedener Arten von Ölpalmen*; **corola** F BOT Blumenkrone *f*, Korolla *f*

corolario M FIL *y fig* Korollar(ium) *n*

coroliflora ADJ BOT kronenblütig

corona F 1 Krone *f* (*tb moneda y fig*); *de flores*: Kranz *m*; (*nimbo*) Strahlenkrone *f*; (*aureola*) Heiligenschein *m*; ~ **de espinas** Dornenkrone *f*; ~ **fúnebre** *o* **mortuoria** Trauer-, Grabkranz *m*; ~ **de laurel** Lorbeerkranz *m*; ~ **olímpica** olympischer Kranz *m*; *fig* olympische Ehren *fpl*; ~ **de rosas** Rosenkranz *m*; **se ruega no envíen ~s** Kranzspenden verbeten 2 *de los reyes, etc*: Krone *f*; (*dignidad real*) Königs-, Kaiserwürde *f*; (*trono*) Thron *m*; ~ **imperial/real** Kaiser-/Königskrone *f*; ~ **de nobleza** Adelskrone *f*; **bienes** *mpl* **de la** ~ Krongüter *npl*; **discurso** *m o* **mensaje** *m* **de la** ~ Thronrede *f*; **heredero** *m* **de la** ~ Thronfolger *m*; **sucesión** *f* **a la** ~ Thronfolge *f* 3 (*coronilla*) Wirbel *m am Haupt*; (*tonsura*) Tonsur *f der Geistlichen* 4 ANAT *dentadura*: (Zahn)Krone *f* 5 TEC (*collar*) Bund *m einer Welle*; (*llanta*) Radkranz *m*; *de trenes, tranvías*: Spurkranz *m* (*der Schienenfahrzeuge*); ~ **dentada** Zahnkranz *m* 6 ASTRON (*halo*) Hof *m*; ~ **solar** (Sonnen)Korona *f* 7 *del reloj*: Krone *f einer Uhr* 8 ARQUIT Kranzleiste *f* 9 GEOM Kreisring *m* 10 (*anillo*) (Rauch)Ring *m* 11 VET *del casco*: Hufkrone *f* 12 BOT ~ **de rey** dreizahnige Kugelblume *f*

coronación F Krönung *f* (*tb fig*); *fig* Vollendung *f*; **coronado** A ADJ gekrönt; ~ **por el éxito** erfolggekrönt B M Tonsurträger *m*, Geistliche *m*

coronal ADJ ANAT **hueso** *m* ~ Stirnbein *n*; **sutura** *f* ~ Kranznaht *f*; **coronamiento** M 1 *fig* (*coronación*) Krönung *f*, Vollendung *f* 2 ARQUIT Bekrönung *f*, Abschluss *m eines Gebäudes* 3 MAR *de un buque*: Heckbord *n*

coronar V/T 1 *reyes, etc* krönen; (be)kränzen; *fig* krönen, (*completar*) vollenden; *prov* **el fin corona la obra** Ende gut, alles gut; *irón* ... **y para ~lo** und zu allem Überfluss 2 *juego de damas*: aufdamen

coronaria F 1 BOT Samtnelke *f* 2 ANAT Herzkranzgefäß *n*; **coronario** ADJ 1 *forma*: kranz-, kronenförmig 2 ANAT Koronar..., Herzkranz...; **arteria** *f* **-a** Koronararterie *f*, Herzkranzgefäß *n*

corondel M TIPO Spaltensteg *m*

coronel M 1 MIL *rango*: Oberst *m*; **teniente** *m* ~ Oberstleutnant *m* 2 ARQUIT (*moldura*) Ziersims *n* 3 *heráldica*: Helmkleinod *n*; **coronela** F 1 *fam* Frau Oberst *f* 2 ZOOL Haselnatter *f*; **coronelía** F Obersten-, Regimentskommandeursrang *m*

coronilla F 1 *del cabello*: Scheitel *m*; Haarwirbel *m*; Tonsur *f der Geistlichen*; **dar de** ~ auf den Kopf fallen; **estar hasta** (**más allá de**) **la** ~ **de a/c** *o* **alg** etw *o* j-n satthaben, von etw (*dat*) *o* j-m die Nase voll haben *fam*; **me tienes hasta la ~ con tus preguntas** ich habe deine Fragen satt; **andar** *o* **bailar de** ~ *etw* sehr eifrig und sorgfältig betreiben, sich (*dat*) große Mühe geben 2 BOT ~ **real** Bärenklee *m*

coronillo M *Am* BOT Purpurbaum *m*

coronta F *Am Mer* entkörnte Maisrispe *f*

corosol M 1 BOT *ein Flaschenbaum* 2 *Ven fam* (*cosa indefinida*) Dingsda *n*

corota F *Bol* BOT Hahnenkamm *m*

coroto M *Am reg fam* Dingsda *n*; **corotos** MPL *Am* Gerät *n*; *espec* Krempel *m*, Gerümpel *n*

coroza F 1 HIST (*capirote de papel*) Büßermütze *f* (*der von der Inquisition Verurteilten*) 2 *reg de junco*: Binsenhut *m* (*der Landarbeiter*)

corozo M *Am reg* BOT *Name verschiedener Arten von Ölpalmen*

corpa(n)chón M 1 *fam* (*cuerpo grande*) großer, plumper Leib *m* 2 *cuerpo de ave*: Rumpf *m des geschlachteten Geflügels*; **corpazo** M *fam* mächtiger Korpus *m fam*

corpecico, corpecillo, corpecito M → corpiño

corpiño M 1 (*jubón*) Mieder *n*; Leibchen *n* 2 *Arg, Ur* (*sostén*) Büstenhalter *m*

corporación F Körperschaft *f* (*tb* JUR); Verein *m*; (*cooperativa*) (Berufs)Genossenschaft *f*; *de estudiantes*: (Studenten)Verbindung *f*; *de artesanos*: Innung *f*; HIST Zunft *f*, Gilde *f*; (**asistir**) **en** ~ geschlossen (*o* in corpore) (erscheinen)

corporal A ADJ körperlich, leiblich; **ejercicios** *mpl* **~es** Leibesübungen *fpl* B M CAT Messtuch *n*, Korporale *n*

corporalidad F Leiblichkeit *f*; Körperlichkeit *f*; **corporalmente** ADV körperlich; leiblich

corporativamente ADV als Körperschaft; korporativ; **corporativismo** M Korporativismus *m*; **corporativo** ADJ körperschaftlich, Körperschafts...; ständisch (gegliedert); korporativ; **Estado** *m* ~ Ständestaat *m*

corporeidad F Körperlichkeit *f*, Leiblichkeit *f*

corpore insepulto M **misa** *f* (**de**) ~ Totenmesse *f*

corporeización F Verkörperung *f*; **corporeizar** V/T ⟨1f⟩ (feste) Gestalt annehmen lassen

corpóreo ADJ körperlich, Körper...; **corporificar** V/T ⟨1g⟩, **corporizar** V/T → corporeizar

corps *obs* (**guardia** *f*) **de** ~ Leibwache *f*

corpudo ADJ beleibt; **corpulencia** F Beleibtheit *f*, Korpulenz *f*; **corpulento** ADJ (wohl)beleibt, korpulent, dick(leibig)

corpus M LING Korpus *n*

Corpus M REL (**día** *m* **del**) ~ (**Cristi**) Fronleichnam(stag) *m*; **procesión** *f* **del** ~ Fronleichnamsprozession *f*

corpuscular ADJ FÍS korpuskular; **corpúsculo** M FÍS Korpuskel *n*, Körperchen *n*; Elementarteilchen *n*

corral M 1 *para animales*: Hof(raum) *m*; (*gallinero*) Hühnerhof; TAUR Korral *m für die Stiere bei der Arena*; *Am* (*aprisco*) Pferch *m*, Gehege *n*; *reg* (*establo*) Stall *m*; *fig* ~ (**de vacas**) Schweinestall *m*, unsauberer Ort *m*; *fam* **como pava en** ~ wie die Made im Speck, wie Gott in Frankreich 2 *de peces*: Fischgehege *n* 3 *fig* (*vacío*) Lücke *f*, ausgelassene Stelle *f in einem Text* 4 TIPO Gasse *f* (*Zwischenraum zwischen den Wörtern*) 5 HIST (**teatro** *m* **de**) ~ *o* ~ **de comedias** Theater *n* mit offenem Innenhof und mehreren Galerien 6 *reg* ~ **de vecindad** Mietskaserne *f* 7 *Cuba* (*hacienda*) Bauernhaus *n*, (Vieh)Farm *f* 8 *para niños*: Laufstall *m*

corralera F 1 MÚS (*canción bailable*) Tanzlied *n* 2 *fam* (*mujer insolente*) freches Weibsstück *n fam*;

corralero ADJ auf einen (Hühner)Hof bezogen; **corralito** M 1 Laufstall *m für Kinder* 2 *Arg amtlich verordnete Sperre von privaten Konten und Sparguthaben*; **corraliza** F (Hühner)Hof *m*, Gehege *n*; **corralón** M 1 (*patio trasero*) Hinterhof *m* 2 *RPl* (*depósito de madera*) Holzlager *n*; -geschäft *n*

correa F 1 (*tira de cuero*) Riemen *m*, Gurt *m*; *para afilar*: Streichriemen *m*; *Am reg* (*cinturón*) Gürtel *m*; TEC ~ (**de transmisión**) Treibriemen *m*; ~ **trapezoidal** *o* ~ **del ventilador** Keilriemen *m*; ~ **de transporte** Förderband *n* 2 ARQUIT *madero*: Pfette *f*, waagerechter Dachstuhlbalken *m* 3 *fig* (*elasticidad*) Dehnbarkeit *f*, Biegsamkeit *f*; **tener** ~ sich ziehen (*o* biegen) lassen; *fam* **tener mucha** ~ ein dickes Fell haben *fam*; Ausdauer haben, zäh sein 4 BOT Riemenalge *f*; **~s** *fpl* Ledertang *m*

correaje M Lederzeug *n*; MIL Koppelzeug *n*;

correazo M Hieb *m* mit einem Riemen

corrección F 1 (*mejora*) Verbesserung *f*, Korrektur *f* (*tb enseñanza y* TIPO), Berichtigung *f*; AVIA ~ **de altura** Höhenkorrektur *f*; ~ **gregoriana** (**del calendario**) gregorianische Kalenderreform *f* (*1582*); ECON ~ **de precios** Preisberichtigung *f*; TIPO ~ **de pruebas** *o* **de galeradas** Druck-, Fahnenkorrektur *f* 2 (*reprimenda*) Zurechtweisung *f*, Verweis *m*, Tadel *m*; ~ **disciplinaria** Disziplinarstrafe *f*; ~ **fraterna(l)** Verweis *m* unter vier Augen; **casa** *f* **de** ~ Besserungsanstalt *f*; Fürsorgeheim *n* 3 (*exactitud*) Korrektheit *f*; Richtigkeit *f*; Anstand *m*; *adv* **con** ~ einwandfrei; tadellos, korrekt; ~ **de lenguaje** Sprachkorrektheit *f*, -richtigkeit *f*

correccional A ADJ züchtigend, strafend; **pena** *f* ~ Vergehensstrafe *f* B M Besserungs-,

Fürsorgeanstalt *f*; *Am (Arg f)* Strafanstalt *f*; **correccionalismo** M JUR Besserungstheorie *f*, Korrektionalismus *m*

correctamente ADV korrekt, einwandfrei; richtig; *(cortésmente)* höflich; **correctivo** A ADJ 1 *(que corrige)* verbessernd 2 *(mitigante)* mildernd, lindernd B M 1 *(medio de mejoramiento)* Korrektiv *n*; Besserungsmittel *n* 2 *(castigo)* Zucht-, Erziehungsmittel *n*; Strafe *f* 3 *(calmante)* Linderungs-, Milderungsmittel *n*; mildernder Ausdruck *m*

correcto ADJ 1 richtig, korrekt; *(libre de errores)* fehlerfrei, einwandfrei, untadelig; **políticamente ~** politisch korrekt 2 *(cortés)* höflich;

corrector A ADJ verbessernd; korrigierend B M 1 TIPO Korrektor *m* 2 INFORM **~ ortográfico** Rechtschreibprogramm *n*; Rechtschreibprüfung *f*; **correctora** F 1 ELEC Gleichrichterröhre *f* 2 TIPO Korrektorin *f*

corredera F 1 TEC Schieber *m*, Verteiler *m*; Gleitbahn *f* 2 MAR Log *n*; Logleine *f*; **medir con ~** loggen 3 *Am (pista de equitación)* Reitbahn *f*; *calle*: lange, breite Straße *f* 4 *(cucaracha)* Küchenschabe *f*, Kakerlake *f* 5 *(alcahueta)* Kupplerin *f* 6 *Am reg (rápidos)* Stromschnelle *f* 7 *Arg, Col* MED *fam (diarrea)* Durchfall *m*

corredero ADJ Schiebe...; **puerta** *f*/**ventana** *f* **-a** Schiebetür *f*/-fenster *n*; **corredizo** ADJ Schiebe...; **puerta** *f*/**ventana** *f*-**a** Schiebetür *f*/-fenster *n*; AUTO **techo** *m* **~** Schiebedach *n*

corredor[1] A ADJ *persona (veloz)* schnell laufend, schnellfüßig; *(con ganas de peregrinar)* wanderlustig B M 1 DEP Läufer *m*; AUTO Rennfahrer *m*; **~ ciclista** Radrennfahrer *m*; **~ de corta distancia** Sprinter *m*, Kurzstreckenläufer *m*; **~ de fondo/de maratón** Langstrecken-/Marathonläufer *m*; **~ de medio fondo** Mittelstreckenläufer *m*; **~ de relevo(s)/vallas** Staffel-/Hürdenläufer *m* 2 ECON *(representante)* Vertreter *m*; Makler *m*; **~ de apuestas** Buchmacher *m*; **~ de bolsa** Börsenmakler; **~ de fincas** *o Chile* **~ de propiedades** Grundstücksmakler *m*; **~ de comercio** Handelsmakler *m*; freier Makler *m*; **~ intérprete de buques** Schiffsmakler *m*; **~ de seguros** Versicherungsmakler *m* 3 *caballo*: Rennpferd *n*

corredor[2] M *(pasillo)* Gang *m*, Durchgang *m*; Korridor *m*; *(galería)* Galerie *f*; MAR Laufplanke *f*; MIL Laufgang *m*; AVIA **~ aéreo** Luftkorridor *m*

corredora F 1 DEP Läuferin *f*; AUTO Rennfahrerin *f* 2 ECON Vertreterin *f*; Maklerin *f* 3 PL ORN **~s** Laufvögel *mpl*

correduría F 1 *(agencia)* (Makler)Agentur *f*; **~ de seguros** Versicherungsbüro *n* 2 *(comisión)* Maklergebühr *f*, Provision *f*

corregible ADJ (ver)besserungsfähig; zu verbessern(d); **corregidor** M 1 HIST *magistrado*: Land-, Stadtrichter *m*; Amtmann *m*, Vogt *m* 2 *Am reg (jefe de distrito) Art* Landrat *m*; **corregidora** F HIST Frau *f* des Amtmanns (→ corregidor); **corregimiento** M 1 HIST Vogtei *f*; Landrichteramt *n* 2 *Am reg (jefatura de distrito) Art* Landratsamt *n*

corregir ⟨3c *y* 3l⟩ A VT 1 *(mejorar)* (ver)bessern, berichtigen, richtigstellen; korrigieren *(tb* TIPO, *enseñanza)*; ELEC entzerren; TIPO **~ pruebas** Korrektur lesen; MIL **~ la puntería** nachrichten, sich einschießen 2 *(reprender)* tadeln 3 *(mitigar)* mildern B VR **corregirse** sich bessern; **~ de** *einen Fehler etc* ablegen

corregüela, correhuela F BOT Acker-, Kornwinde *f*; **~ de los caminos** Vogelknöterich *m*

correjel M Riemen-, Sohlleder *n*

correlación F Wechselbeziehung *f*, Korrelation *f*; **~ de fuerzas** Kräfteverhältnis *n*; **correlacionar** VT in Wechselbeziehung setzen; **correlativo** ADJ 1 *(recíproco)* wechselseitig; sich gegenseitig bedingend, korrelat(iv) 2 *(consecutivo)* fortlaufend, nacheinander

correligionario M, **-a** F REL Glaubensgenosse *m*, -genossin *f*; *fig* Gesinnungsgenosse *m*, -genossin *f*

correlón ADJ 1 *Am (que corre mucho)* schnell laufend, gut zu Fuß 2 *Méx, Ven (cobarde)* feige

corremundos M/F *fam* Globetrotter *m*, -in *f*

correncia F 1 *fam (diarrea)* Durchfall *m*, Dünnpfiff *m fam* 2 *fig (vergüenza)* Beschämung *f*, Verlegenheit *f*; **correndilla** F *fam* kurzer Lauf *m*; **correntada** F *Am Mer* starke Strömung *f*; **correntía** F *fam* → correncia; **correntío** ADJ 1 *(corriente)* fließend, strömend 2 *fam fig (ligero)* leicht, zwanglos; **correntón** A ADJ 1 *(amigo de corretear)* gern umherschlendernd, faulenzend 2 *(festivo, alegre)* lustig, aufgeräumt B M *Arg* starke Strömung *f*; **correntoso** ADJ *Am corriente* reißend

correo[1] M 1 *(correspondencia)* Post *f*, Korrespondenz *f*, Postsachen *fpl*; **~ basura** Werbemüll *m*; INFORM Junkmails *pl*; INFORM **~ electrónico** E-Mail *f*; INFORM **~ electrónico gratuito** Freemail *f*; INFORM **enviar por ~ electrónico** mailen, als Mail senden; **~ interno** Hauspost *f*; **~ militar/neumático** Feld-/Rohrpost *f*; INFORM **~ de voz** Voicemail *f*; **a vuelta de ~** postwendend; **por ~ separado** *o* **por ~ aparte** mit getrennter Post; **apartado** *m* **de ~s** Postfach *n*; **llegó el ~** die Post ist eingetroffen 2 *servicio público*: Postdienst *m*, Post® *f*; **(por) ~ aéreo** (mit) Luftpost; **(avión** *m***) ~** Post-, Kurierflugzeug *n*; **(buque** *m***) ~** Postschiff *n*; **(tren** *m***) ~** Postzug *m*; **por (el) ~** mit der Post® 3 **(oficina** *f od* **estafeta** *f* **de) ~s** Postamt *n*; **Correos** Hauptpost *f*; **Administración** *f* **central de Correos** Hauptpostverwaltung *f*; **empleado** *m*, **empleada** *f* **de ~s** Postangestellte *m/f*; **ir a ~s** zur Post® gehen, auf die Post® gehen 4 *(mensajero)* Bote *m*, Kurier *m*; **~ diplomático** *o* **de gabinete** diplomatischer Kurier *m*; *fig* **~ de malas nuevas** Überbringer *m* schlechter Nachrichten, Unglücksbote *m*

correo[2] M JUR *anticuado* Mitangeklagte *m*, -schuldige *m*

correo-e *fam* M Mail *f fam*

correoso ADJ 1 *(estirable)* dehnbar; *(dúctil)* schwammig, teigig 2 *carne* zäh; sehnig 3 *fig (tenaz)* zäh, ausdauernd

correr

A verbo intransitivo B verbo transitivo C verbo reflexivo

— A verbo intransitivo —

1 *(andar rápidamente)* laufen, eilen, rennen; **~ alrededor de ...** um ... *(acus)* herum laufen; **~ detrás** hinterherlaufen (**de alg/a/c** j-m/einer Sache); *fig* **~ detrás de** *o* **tras las chicas** hinter den Mädchen her sein; **~ al encuentro de** j-m entgegenlaufen; *fam* **corre que te corre** immerzu laufend; immerfort; schleunigst; *fig* **dejar ~** laufen lassen; **déjalo ~** lass es laufen; Schluss damit; *adv* **corriendo** schnell; **voy corriendo** ich komme schon (*o* gleich *o* sofort); **a todo ~** in vollem Lauf 2 *(transcurrir)* ver-, ablaufen, vergehen; **en el año que corre** im laufenden Jahr; **al** *o* **con el ~ de los años** im Laufe der Jahre; **en los tiempos que corren** heutzutage 3 *monedas* im Umlauf sein, gültig sein; *pagos, sueldo* (weiter)laufen, gezahlt werden, laufen 4 *rumores* (um)gehen; **corren rumores** *o* **corre la voz** es verlautet, man munkelt (dass ..., **de que** *ind*) 5 *viento* gehen, wehen; **el viento corre a 50 kms. por hora** der Wind hat eine Geschwindigkeit von 50 Stundenkilometern 6 *líquido* fließen; **no ~rá sangre** es wird kein Blut fließen; es wird friedlich abgehen *fam* 7 *(hacerse cargo)* **~ con a/c** etw übernehmen, für etw aufkommen; **~ con la casa** den Haushalt besorgen; **~ con los gastos** die Kosten tragen; **~ de** *o* **por cuenta de alg** auf j-s Rechnung *(acus)* gehen; zu j-s Lasten *(dat)* gehen; **eso corre de** *o* **por mi cuenta** das zahle ich; das nehme ich auf meine Kappe

— B verbo transitivo —

1 *(recorrer)* durcheilen; bereisen; HIST **~ el campo enemigo** in Feindesland einfallen; *fam* **~la** *o* **~ una juerga** bummeln gehen, einen draufmachen *fam*; **~ mundo** sich *(dat)* die Welt ansehen; auf die Wanderschaft gehen; ECON **~ la plaza** den Platz bereisen; *fig* **hacer ~** in Umlauf setzen, verbreiten 2 *(experimentar)* erfahren, erleben; *peligro* laufen; *riesgo* eingehen; **corre prisa** es eilt, die Sache ist eilig; **~ la misma suerte** das gleiche Schicksal erleiden 3 *caballo* (aus)reiten, tummeln; CAZA *venado* hetzen; TAUR *toro* hetzen 4 *muebles* (ver)rücken; *cerrojo* vorschieben; *cortina* vorziehen 5 *negocio* erledigen; *mercancía* vertreiben 6 **~** *o* **dejar corrido** *(avergonzar)* beschämen, verlegen machen 7 *fam (robar)* stibitzen, klauen *fam* 8 *Ven fam (despedir)* j-n entlassen 9 *Méx fam* **~ a alg** *(esquivar a alg)* j-m aus dem Weg gehen

— C verbo reflexivo —

correrse 1 *(dejar lugar)* sich verschieben; auf die Seite rücken (*o* rutschen); **córrete un poco hacia la derecha** rück ein bisschen nach rechts 2 *tinta, color* verlaufen, ausfließen; *vela* tropfen 3 **~ (de vergüenza)** sich schämen 4 *(exagerar)* übertreiben, sich übernehmen; **~ al prometer** zu viel versprechen 5 *fam* **~(se) la clase** die Schule schwänzen 6 *vulg (tener un orgasmo)* kommen *pop*, einen Orgasmus haben; *Am reg vulg* **corrérsela** *o* **~ una** *o* **la paja** wichsen *vulg*; sich *(dat)* einen runterholen *vulg* 7 *fam* **~ una juerga** einen draufmachen *fam*, sich toll amüsieren *fam* 8 *Col fam (retirarse)* sich zurückziehen, aussteigen *(z. B. aus einem Geschäft)*

correría F 1 MIL Einfall *m*, Beutezug *m* 2 *frec* **~s** *fpl (caminata)* Streifzug *m*, Wanderung *f*; *(aventura)* Abenteuer *n*

correspondencia F 1 *(intercambio de cartas)* Briefwechsel *m*, -verkehr *m*; Korrespondenz *f*; (Brief)Post *f*; **~ mercantil** *o* **comercial** Handelskorrespondenz *f*; **~ privada** *o* **particular** Privatkorrespondenz *f* 2 *(relación)* Entsprechung *f*, Verhältnis *n*; **~ de** *o* **entre las partes con** *o* **y el todo** Verhältnis *n* der Teile zum Ganzen 3 *(reconocimiento)* Erwiderung *f*; Erkenntlichkeit *f*; **en ~** als Gegenleistung 4 *transporte: (conexión)* Anschluss *m*

corresponder A VI 1 **~ a** *(equivaler)* entsprechen *(dat)*, übereinstimmen mit *(dat)*, passen zu *(dat)*; **~ a una invitación** eine Einladung annehmen 2 **~ a alg** *(competer a alg.)* j-m zustehen; **(no) me corresponde (a mí)** ich bin (nicht) zuständig; ich muss (nicht) *(inf)*; **dadle lo que le corresponde por su trabajo** gebt ihm den ihm zustehenden Arbeitslohn; **pregúnteselo a quien corresponda** fragen Sie danach an zuständiger Stelle 3 **~ a** *(recaer en)* entfallen auf *(acus)* 4 **~ a** *(responder)* erwidern *(acus) (tb Gruß)*, vergelten *(acus)*; **ser correspondido** Erwiderung finden *(für Zuneigung etc)*; **amor** *m* **no correspondido** unerwiderte (*o* unglückliche) Liebe *f* B VR **corresponderse** 1 *(quererse)* sich lieben, sich lieb haben 2 *(escribirse)* (miteinander) in Briefwechsel stehen 3 *(equivalerse)* sich *(dat)* entsprechen 4 *habitaciones* in Verbindung stehen, ineinander ge-

hen
correspondiente ADJ 1 *(equivalente)* entsprechend; jeweilig; *(competente)* zuständig; *(adecuado)* angemessen; *(perteneciente)* (da)zugehörig; MAT **ángulo** *m* ~ Gegenwinkel *m* 2 **miembro** *m* ~ korrespondierendes Mitglied *n einer Akademie*; **correspondientemente** ADV entsprechend, gehörig
corresponsabilidad F Mitverantwortung *f*; **corresponsable** ADJ mitverantwortlich
corresponsal M/F 1 ECON Geschäftspartner *m*, -in *f*; **banco** *m* ~ Korrespondenzbank *f* 2 *(correspondiente comercial)* (Handels)Korrespondent *m*, -in *f* 3 *de un periódico*: (Zeitungs)Korrespondent *m*, -in *f*, Berichterstatter *m*, -in *f*; ~ **de guerra** Kriegsberichterstatter *m*, -in *f*
corresponsalía F 1 *cargo*: Korrespondentenstelle *f* 2 *ocupación*: Tätigkeit *f* (*o* Büro *n*) eines (Presse)Korrespondenten
corretaje M 1 *(agencia)* Maklergeschäft *n* 2 *(comisión)* Vermittlungsgebühr *f*; Maklergebühr *f*, Courtage *f*
corretear A VI umherbummeln, -laufen; *niños* sich tummeln, tollen B VT *Perú j-n* verfolgen; **correteo** M Herumlaufen *n*; **corretero** A ADJ *fam* herumlaufend B M, **-a** F (Straßen)Bummler *m*, -in *f*
correve(i)dile M/F *fam* Klatschmaul *n*, Zuträger *m*, -in *f*
corrida F 1 *(carrera)* Lauf *m*; **llegar de** ~ gelaufen kommen; *adv* **de** ~ *(con presteza)* schnell; *(fluidamente)* fließend *(sprechen)*; *(de memoria)* auswendig *(sagen)*; **en una** ~ (blitz)schnell, in ein paar Sekunden 2 TAUR ~ **(de toros)** Stierkampf *m* 3 MÚS **~s** *fpl canto andaluz*: ***andalusisches Volkslied*** 4 *pop (orgasmo)* Orgasmus *m*; *tb (eyaculación)* (Samen)Erguss *m* 5 *RPl* MIN *veta mineral*: zutage tretendes Erz *n* 6 *Chile (hilera)* Reihe *f* 7 *Arg, Ur de un tejido*: Laufmasche *f* 8 *Arg, Ur (persecución)* Verfolgung *f*
corridamente ADV geläufig
corrido A ADJ 1 *(avergonzado)* beschämt, verlegen; *fam* ~ **como una mona** tief beschämt 2 *(astuto y experimentado)* weltgewandt; durchtrieben; *fam* **más** ~ **que un zorro viejo** mit allen Wassern gewaschen 3 *peso*: reichlich; **tener 50 años ~s** über (die) 50 sein 4 ADV **de** ~ *(fluidamente)* fließend; **hablar de** ~ fließend (*o* schnell) sprechen 5 *Am (consecutivo)* fortlaufend, ununterbrochen B M 1 *(cobertizo)* Schuppen *m entlang eines* (Hühner)Hofs *etc* → corral 2 *reg (pago debido)* rückständige Zahlung *f* 3 *Méx* MÚS ***mexikanisches Volkslied***
corriendo *ger* ADV → correr
corriente A ADJ 1 *(fluido)* fließend; *fig estilo* flüssig; **agua** *f* ~ fließendes Wasser *m* 2 *(actual)* laufend; **año** *m* ~ laufendes Jahr *n*; ECON **cuenta** *f* ~ (Giro)Konto *n* 3 *(usual)* üblich, normal; *(ordinario)* gewöhnlich, alltäglich; Durchschnitts…; **vino** *m* ~ (offener) Landwein *m*; *fam* ~ **y moliente** ganz normal, nichts Besonderes 4 *(generalmente aceptado)* gültig, *moneda* im Umlauf B F 1 *(torrente)* Strömung *f (tb fig)*; Strom *m*; *(dirección)* Richtung *f*; ~ **de aire** Luftzug *m*; **Corriente del Golfo** Golfstrom *m*; *fig* **dejarse llevar de** *o* **por la** ~ mit dem Strom schwimmen; *fig* **ir** *o* **navegar contra (la)** ~ gegen den Strom schwimmen; *fig* **llevar** *o* **seguir a alg la** ~ nach j-s Pfeife *(dat)* tanzen; j-m nach dem Mund reden; *fig* **tomar la** ~ **desde la fuente** der Sache auf den Grund gehen 2 ELEC Strom *m*; ~ **continua/alterna** Gleich-/Wechselstrom *m*; ~ **de alta/baja frecuencia** Hoch-/Niederfrequenzstrom *m*; ~ **primaria/secundaria/inducida** Primär-/Sekundär-/induzierter Strom *m*; ~ **de baja tensión** Schwachstrom *m*; ~ **de alta intensidad** *o* ~ **fuerte** Starkstrom *m*; ~ **(de) fuerza** Kraftstrom *m*; ~ **trifásica** Drehstrom *m*, Dreiphasenwechselstrom *m*; **sin** ~ stromlos, ausgeschaltet; **toma** *f* **de** ~ *(tomacorriente)* Stromabnehmer *m*; *(enchufe)* Steckdose *f* C M 1 *(mes en curso)* laufender Monat *m*; **el 10 del** ~ *o* **de los ~s** am 10. des Monats 2 **al** ~ *(informado)* auf dem Laufenden; **estar al** ~ **de a/c** über etw *(acus)* auf dem Laufenden (*o* im Bilde) sein; **poner a alg al** ~ **de a/c** j-n über etw *(acus)* unterrichten; **tener las cuentas al** ~ mit der Abrechnung auf dem Laufenden bleiben
corrientemente ADV geläufig; fließend; leicht; (für) gewöhnlich
corrigendo M Sträfling *m*; *obs* Zuchthäusler *m*; *(pupilo)* Zögling *m* einer Besserungsanstalt
corrillero M, **-a** F Bummler *m*, -in *f*; **corrillo** M Gruppe *f von Plaudernden*, Stehkonvent *m fam*
corrimiento M 1 *(deslizamiento)* Verschiebung *f*, Verrutschen *n*; *de muebles, etc*: Verrücken *n*; POL Rutsch *m*, Ruck *m*; POL ~ **hacia la izquierda** Linksruck *m*; ~ **de tierras** Erdrutsch *m* 2 MED *(fluxión)* Fluss *m* 3 *(vergüenza)* Scham *f*, Verlegenheit *f* 4 AGR Verkümmern *n der Reben* 5 *Chile* Rheuma(tismus *m*) *n*
corrincho M *Méx* Lumpenpack *n*; Gaunerversammlung *f*
corro M 1 *de personas*: Kreis *m*, Gruppe *f*; *fam fig* **escupir en** ~ sich ins Gespräch mischen, seinen Senf dazugeben *fam*; **formar** ~ zusammentreten, einen Kreis bilden; **hacer** ~ *(formar un círculo)* einen Kreis bilden; *(hacer lugar)* Platz machen; **hacer** ~ **aparte** sich absondern *(Gruppe von Personen)* 2 *(danza en rueda)* Reigen *m*, Ringelreihen *m*; **jugar al** ~ Ringelreihen spielen 3 ECON *bolsa*: (Wertpapier)Gruppe *f*, Werte *mpl* 4 *(espacio circular)* Kreis *m*, Ring *m*; runder Platz *m*
corroboración F 1 *(refuerzo)* Stärkung *f (tb* MED*)* 2 *fig (confirmación)* Bekräftigung *f*, Bestätigung *f*; Beweis *m*; **corroborante** M stärkendes Mittel *n*; **corroborar** VT 1 *(fortalecer)* stärken 2 *fig (confirmar)* bestärken, bekräftigen, bestätigen, erhärten; **corroborativo** ADJ bekräftigend, bestätigend
corroer ⟨2za⟩ A VT 1 *(carcomer)* zer-, anfressen; TEC *tb* ätzen, beizen; korrodieren 2 *fig pena, etc* nagen an *(dat)* B VR **corroerse** 1 *(desintegrarse)* korrodieren; zerstört (*o* zersetzt) werden 2 *fig (consumirse)* sich verzehren (**de** vor *dat*); **corroído** ADJ zerfressen; ~ **por la herrumbre** durch-, angerostet, verrostet
corromper A VT 1 *(estropear)* verderben *(tb fig)*; *(empeorar)* verschlechtern; *(deformar)* entstellen; *fig (seducir)* verführen; *(sobornar)* bestechen 2 *fam reg (incomodar)* belästigen, auf die Nerven gehen *(dat)* B VI *fam* stinken C VR **corromperse** 1 *(podrirse)* verderben, verfaulen 2 *fig (pervertirse)* sittlich verkommen, verderben
corrompido ADJ verdorben *(tb fig)*, faulig; *fig persona* korrumpiert, korrupt; *(sobornado)* bestochen
corrongo ADJ *C. Rica, Cuba fam* nett; hübsch
corrosal M *Antillas* BOT Flaschenbaum *m*
corrosible ADJ ätzbar; korrosionsanfällig; **corrosión** F Korrosion *f*, Ätzen *n*, An-, Zerfressen *n*; **corrosivo** A ADJ ätzend, Ätz…, korrosiv, (zer)fressend; *fig (mordaz)* beißend B M QUÍM Ätzmittel *n*, Beize *f*; **corroyente** ADJ → corrosivo
corrugación F Zusammenschrumpfen *n*; **corrugado** ADJ *Am* gewellt; *Am* **cartón** *m* ~ Wellpappe *f*
corrupción F 1 *(putrefacción)* Verwesung *f*, Fäulnis *f*, Zersetzung *f* 2 *(soborno)* Bestechung *f*; Korruption *f* 3 *(seducción)* Verführung *f*; ~ **de menores** Verführung *f* Minderjähriger 4 *fig (caída)* Verfall *m*, Niedergang *m*; ~ **de costumbres** Sittenverderbnis *f* 5 *(falsificación)* Verfälschung *f eines Schriftstücks*
corrupia F *fam* **fiera** *f* ~ Ungeheuer *n*, Untier *n*
corruptela F Korruption *f*, Missbrauch *m*; **corruptibilidad** F 1 *(depravación)* Verderblichkeit *f*, Verweslichkeit *f* 2 *fig (venalidad)* Bestechlichkeit *f*; **corruptible** ADJ 1 *(perecedero)* verderblich, fäulnisanfällig; verweslich 2 *fig (sobornable)* bestechlich; **corruptivo** ADJ verderblich *(passiv und aktiv)*; **corrupto** ADJ *fig* verdorben; korrupt
corruptor A ADJ verderblich, Verderben bringend; die Sitten verderbend B M, **corruptora** F Verderber *m*, -in *f*, Verführer *m*, -in *f*; Bestecher *m*, -in *f*
corrusco M *Esp* 1 *fam* Stück *n* hartes Brot; Brotkruste *f* 2 → currusco
corsario MAR A ADJ Freibeuter…, Kaper…; **buque** *m* ~ Kaperschiff *n* B M, **-a** F Seeräuber *m*, -in *f*; Freibeuter *m*, -in *f*, Korsar *m*, -in *f* C M Kaper(schiff *n*) *m*
corsé M Korsett *n*, Mieder *n*; MED ~ **enyesado/metálico** Gips-/Stahlkorsett *n*
corsetería F Miederwaren *fpl (tb tienda)*; **corsetero** M, **-a** F *oficio*: Korsettmacher *m*, -in *f*; *comerciante*: Korsetthändler *m*, -in *f*
corso[1] A ADJ *(de Córcega)* korsisch B M, **-a** F Korse *m*, Korsin *f*
corso[2] M 1 MAR *(apresamiento)* Kaperei *f*, Freibeuterei *f*; **guerra** *f* **de** ~ Kaperkrieg *m*; **patente** *f* **de** ~ Kaperbrief *m*; **hacer el** ~ auf Kaperfahrt sein; **ir** *o* **salir a** ~ auf Kaperfahrt gehen 2 *espec Chile, RPl desfile*: Korso *m*; ~ **de flores** Blumenkorso *m*
corta F Holzfällen *n*, Abholzen *n*
cortaalambres M ⟨*pl inv*⟩ Drahtschere *f*; **cortabordes** M Rasentrimmer *m*; **cortacallos** M ⟨*pl inv*⟩ Hühneraugenmesser *n*; **cortacésped** M Rasenmäher *m*; **cortacigarros** M ⟨*pl inv*⟩ Zigarrenabschneider *m*; **cortacircuitos** M ELEC Sicherung *f*; **cortacorriente** M ELEC Abschalter *m*; **cortacristales** M ⟨*pl inv*⟩ Glasschneider *m*
cortada F 1 *Am herida*: Schnittwunde *f* 2 *Arg (atajo)* (Weg)Abkürzung *f*; **cortadera** F 1 *(cuña de acero)* Schrotmeißel *m der Schmiede* 2 *del colmenero*: Zeidelmesser *n der Imker*; **cortadillo** A ADJ *moneda* beschnitten B M 1 kleines zylindrisches Weinglas *n*; **echar ~s** *(hablar con remilgos)* geziert reden; *(beber)* (Wein) trinken 2 *(terrón de azúcar)* Stück *n* Zucker
cortado A ADJ 1 *estilo* bündig, knapp 2 *leche* geronnen 3 *fig fam (turbado)* betreten, verlegen 4 *fam (apto)* **estar** ~ **para** bestens geeignet sein für *(acus)* 5 *heráldica*: gehälftet B M 1 *Esp café*: Kaffee *m* mit wenig Milch 2 TEC *(corte)* Schneiden *n*
cortador A ADJ schneidend; Schneide… B M 1 *aparato*: Schneider *m*; Cutter *m*; Vorlegemesser *n*; TEC ~ **autógeno/de vidrio** Autogen-/Glasschneider *m* 2 *persona*: Zuschneider *m*; *Méx* ~ **de pelo** Friseur *m* 3 *(carnicero)* Schlachter *m* 4 *diente*: Schneidezahn *m*
cortadora F TIPO (Papier)Schneidemaschine *f*; ~ **de cocina** Brot-, Küchenschneidemaschine *f*; **cortadura** F 1 *(corte)* Durchschneiden *n*; Schnitt *m (tb herida)*; Schnittfläche *f*, -rand *m* 2 TEC (Ab)Scherung *f*; ~ **con soplete** Schneidbrennen *n*; **~s** *fpl* Abfälle *mpl*; Schrot *m*; Schnitzel *npl* 3 GEOG *en la montañas*: Gebirgseinschnitt *m*, Engpass *m*
cortafiambre(s) M Wurstschneidemaschine *f*; **cortafierro** M *Am* → cortafrío; **cortaforrajes** M ⟨*pl inv*⟩ AGR Futterschneidemaschine *f*; **cortafrío** M TEC Hart-, Kalt-,

Schrotmeißel *m*; **cortafuego(s)** M 1 *muro*: Brandmauer *f* 2 *(pasillo m)* ~ Feuerschutzstreifen *m* 3 INFORM Firewall *f*; **cortahojas** M ⟨*pl inv*⟩ *insecto*: Rebenstecher *m*; **cortahuevos** M Eierschneider *m*; **cortalápices** M ⟨*pl inv*⟩ Bleistiftspitzer *m*

cortamente ADV kurz, knapp; spärlich

cortante A ADJ schneidend *(tb fig viento, frío)*; Schneide... B M 1 *(filo)* Schneide *f eines Beils* 2 *(tajadera)* Hackmesser *n der Fleischer*

cortapapel(es) M Brieföffner *m*; Papiermesser *n (tb* TIPO*)*; **cortapicos** M ⟨*pl inv*⟩ *insecto*: Ohrwurm *m*

cortapisa F 1 *(reserva)* Vorbehalt *m*, *(restricción)* Einschränkung *f*; *(estorbo)* Hindernis *n*, Stolperstein *m*; **poner ~s** Einschränkungen *(o* Schwierigkeiten*)* machen; Steine in den Weg legen *(fig)*; **sin ~s** ungehemmt 2 *(gracia)* Witz *m*, Anmut *f*, nette Art *f*, *mit der man etw sagt*

cortaplumas M ⟨*pl inv*⟩ Federmesser *n*; **cortapruebas** M ⟨*pl inv*⟩ FOT Kopiermesser *n zum Beschneiden der Negative*; **cortapuros** M ⟨*pl inv*⟩ Zigarrenabschneider *m*

cortar A V/T 1 (ab-, aus-, be-, durch-, zer-)schneiden; MAR *cuerda, mástil* kappen; *pelo* schneiden; *árbol* fällen; *bosque* abholzen; *pasto* mähen; *carne, madera* hauen, hacken; **~ el agua** das Wasser durchfurchen *(Schiff)*; **~ la cabeza a alg** j-n enthaupten; **~ en trozos** *o* **en pedacitos** in Stücke schneiden, zerkleinern; TEC *tb* schroten; GASTR *tb* klein schneiden; **~ al cero** kahl scheren; **sin ~** *libro* noch nicht aufgeschnitten; TIPO (noch) nicht beschnitten 2 *(interumpir)* unterbrechen; *(separar)* abtrennen; *(frenar)* hemmen, *(cerrar)* sperren; *(parar)* zum Stillstand bringen; *dolor* stillen; *palabra, camino* abschneiden; *fútbol*: vom Ball trennen; *fiebre* senken; *diarrea* stoppen; *discurso* abbrechen, unterbrechen; *luz, gas, agua, electricidad, etc* sperren; AUTO *gas* wegnehmen; *conexión* abbrechen, unterbrechen, abschneiden; *en radiocomunicación*: **¡corto!** Ende!; *espec* ECON **~ las relaciones** die Verbindungen abbrechen; *fig* **~ la respiración** den Atem verschlagen; **~ al tráfico** für den Verkeht sperren 3 *texto* kürzen, streichen; FILM zensieren, kürzen; *de la película*: herausschneiden 4 *vestido, tela* zuschneiden 5 *pelea* schlichten 6 *colmena* zeideln 7 *vino* verschneiden 8 *cerdo, etc* kastrieren 9 *Am fig (hacer el vacío a alg)* j-n schneiden; *Am* **~ al prójimo** andere kritisieren B V/I 1 *juego de cartas*: abheben 2 *papel, tela, etc* schneiden; *fig* **un aire que corta** schneidender Wind *m*, scharfe Luft *f*; *fig* **~ con alg** mit j-m Schluss machen C V/R **cortarse** 1 *(lastimarse)* sich schneiden; **~ el pelo** sich *(dat)* die Haare schneiden (lassen) 2 *leche* sauer werden; gerinnen; *vino* umschlagen, umkippen 3 *fuego* zum Stehen kommen 4 *piel, corteza* aufspringen, -reißen 5 *(atascar)* stocken, stecken bleiben *(tb fig)*; *fig* verlegen werden, sich genieren; TEL **la línea se ha cortado** die Leitung ist unterbrochen worden; **el niño se corta fácilmente** das Kind ist sehr schüchtern

cortasangre M *(barrita f)* ~ Rasier-, Alaunstift *m*, Blutstiller *m*; **cortasetos** M ⟨*pl inv*⟩ Heckenschere *f*; **cortatubos** M ⟨*pl inv*⟩ TEC Rohr(ab)schneider *m*; **cortaúñas** M ⟨*pl inv*⟩ Nagelzange *f*; **cortavidrios** M ⟨*pl inv*⟩ *aparato*: Glasschneider *m*; **cortavientos** M Windschutz *m*; AUTO Windschutzscheibe *f*; AGR Windschutzzaun *m*

corte¹ M 1 Schnitt *m*; *(incisión)* Einschnitt *m (tb fig)*; MED Schnittwunde *f*; *en partes*: (Ab-, Durch-)Schneiden *n*; *(corta)* (Holz)Fällen *n*; TIPO **~ dorado** Goldschnitt *m*; **~ de pelo** Haarschnitt *m*; -schneiden *n*; **~ de pelo a navaja** Messerschnitt *m*; SILV **~ a tala rasa** Kahlschlag *m* 2 *(suspensión)* Aufhebung *f*, Einstellung *f*, Sperre *f*; **~ de agua** Wasserabstellung *f*; **~ de carretera** *f* Straßensperre *f*; **~ de corriente** Stromsperre *f*; *fam* **~ de luz** Stromsperre *f*; *defecto*: Stromausfall *m*; **~ de tráfico** Verkehrsstau *m*, Stillstand *m* des Verkehrs; Verkehrs-, Straßensperre *f* 3 *(recorte)* Ausschnitt *m*; TEC, ARQUIT Aufriss *m*; **~ horizontal/vertical** Grund-/Aufriss *m*; **~ longitudinal/transversal** Längs-/Querschnitt *m* 4 *de tela, madera, etc*: Zuschneiden *n*; Zuschnitt *m (tb fig)*; TEX Stoff *m*, Coupon *m*, Kupon *m für Anzug o Kleid*; **academia** *f* **de ~ y confección** Nähschule *f* 5 *(filo)* Schneide *f*; TEC *de una lima*: Hieb *m einer Feile* 6 *(anulación)* Streichung *f*, *(reducción)* Kürzung *f* 7 TV **~ publicitario** Werbepause *f*, Werbeunterbrechung *f* 8 *fam* **dar ~** *(embarazoso)* peinlich sein 9 *vulg* **hacer un ~ de mangas** *corresponde a*: den Stinkefinger zeigen

corte² F 1 (Königs- *etc*) Hof *m*; *(casa real)* Hofstaat *m*; *(séquito)* Gefolge *n*; **la (Villa y) Corte** *Bezeichnung für Madrid*; **la ~ celestial** die himmlischen Heerscharen *fpl* 2 **Cortes** *fpl Esp* POL *(parlamento)* Cortes *pl*, Parlament *n (beide Kammern)*; HIST Landstände *mpl*; HIST *(unter Franco)* Ständeparlament *n*; **~s constituyentes** verfassungsgebende Versammlung *f* 3 *Am (juzgado superior)* (höheres) Gericht *n*; POL **Corte Permanente de Arbitraje** Ständiger (Haager) Schiedshof *m*; *Am* **Corte Suprema** oberster Gerichtshof *m* 4 **hacer la ~ a alg** → cortejar

cortedad F 1 *(poca extensión)* Kürze *f*; **~ de vista** Kurzsichtigkeit *f* 2 *fig (limitación)* Beschränktheit *f*; **~ de miras** Engstirnigkeit *f* 3 *fig (situación embarazosa)* Verlegenheit *f*, *(timidez)* Schüchternheit *f*; Befangenheit *f*

cortejador M Galan *m*, Verehrer *m*; Schmeichler *m*; **cortejar** V/T *j-m* den Hof machen, *j-n* umwerben *(tb fig)*; *j-m* um den Bart gehen, *j-m* schmeicheln

cortejo M 1 *(acompañamiento)* (Fest-, Um)Zug *m*; Gefolge *n*; *fig* Folge *f*; **~ nupcial** Hochzeits-, Brautzug *m*; **~ fúnebre** Trauerzug *m* 2 *(galanteo)* Liebeswerben *n*; Liebschaft *f* 3 *fam (amante)* Liebhaber *m*

cortés ADJ höflich, zuvorkommend; **lo ~ no quita lo valiente** Höflichkeit und Festigkeit schließen einander nicht aus

Cortés N PR M **Hernán ~** Fernando Cortez *(o* Cortes*)*

cortesana F HIST Kurtisane *f*; **cortesanamente** ADV höflich; **cortesanía** F 1 *(cortesía)* höfliches Benehmen *n* 2 *(vida social del palacio)* Hofgesellschaft *f*; **cortesano** A ADJ 1 *(de la corte)* höfisch, Hof... 2 *(amable)* höflich B M Höfling *m*

cortesía F 1 *(amabilidad)* Höflichkeit *f*; *(atención)* Aufmerksamkeit *f*, freundliche Geste *f*; *(pequeño regalo)* kleines Geschenk *n*; **(fórmula** *f* **de) ~** Höflichkeits-, Schlussformel *f (am Ende eines Briefes)* 2 *(reverencia)* Verbeugung *f*; *de una mujer*: Knicks *m*; **hacer una ~** sich verbeugen; *mujer*: knicksen 3 *(tratamiento)* Anrede *f*, Titel *m* 4 TIPO *(hoja en blanco)* leeres Zwischenblatt *n*

córtex M **~ cerebral** Hirnrinde *f*

corteza F 1 BOT *de los árboles, etc*: Rinde *f (tb fig)*; FARM **~ peruviana** Chinarinde *f*; **~ terrestre** Erdrinde *f*, -kruste *f* 2 *(costra)* Kruste *f*; (raue) Außenseite *f*; *de frutas, etc*: Schale *f*; *del queso*: Rinde *f*; *del tocino*: Schwarte *f*; GASTR geröstete Schweineschwarte *f*; *del pan*: Kruste *f*; ANAT **~ cerebral** Hirnrinde *f*

cortezón M dicke Rinde *f*; **cortezudo** ADJ 1 *(con mucha corteza)* mit dicker Rinde 2 *fig (rústico)* raubeinig, ungeschliffen

cortical ADJ *espec* MED rindenartig; Rinden...

corticosterona F FISIOL Corticosteron *n*

cortijada F Gruppe *f* von Gehöften; Gutswohnungen *fpl*; **cortijero** M, **-a** F 1 *(cuidador de un cortijo)* Besitzer *m*, -in *f* eines Gutshofs 2 *(capataz)* Vorarbeiter *m*, -in *f*, Aufseher *m*, -in *f (auf einem Gutshof)*; **cortijo** M Gutshof *m*; Gutswohnung *f (des Eigentümers)*; *fam fig* **alborotar el ~** Wirbel machen *fam*, den Laden auf den Kopf stellen *fam*

cortil M Gehege *n*, Hof *m*

cortina F 1 *de una puerta, ventana, etc*: Gardine *f*, Vorhang *m (tb fig)*; *fig* Schleier *m*; **~ de aire caliente** Warmluftvorhang *m*; **~ de agua** strömender Regen *m*; **~ de baño** Duschvorhang *m*; MIL **~ de fuego** Feuerriegel *m*, -vorhang *m*; MIL **~ de humo** Rauchschleier *m*; *Am* POL, HIST**~ de hierro** Eiserner Vorhang *m*; **~ de niebla** Nebelwand *f*; **correr la ~** den Vorhang zuziehen; *fig etw* mit Schweigen übergehen; **descorrer la ~** den Vorhang auf- *(o* weg)ziehen; *fig* das Geheimnis *(o* den Schleier) lüften 2 **~ de muelle** *puerto*: Hafendamm *m* 3 MIL *de protección*: Schutzwall *m*

cortinado M *RPl*, **cortinaje** M Vorhänge *mpl* und Gardinen *fpl*; Vorhangstoffe *mpl*; **cortinería** F *col* Vorhänge *mpl*; *tienda*: Vorhanggeschäft *n*; **cortinilla** F **~ automática** *o* **de resorte** Rollvorhang *m*; **cortinón** M *espec* Türvorhang *m*

cortiña F *reg* Hausgarten *m*

cortisona F FARM Kortison *n*

corto A ADJ 1 *(ser) longitud, duración*: kurz; knapp; *(pequeño)* klein; **(estar) ~ de medios** knapp bei Kasse (sein); **un número ~** eine geringe (An)Zahl; *adv fig* **a la -a o a la larga** früher oder später; über kurz oder lang; **de vida -a** kurzlebig; **desde muy -a edad** von Kind auf; *fig* **atar ~ a alg** j-n an die Kandare nehmen; MIL **tirar (demasiado) ~** zu kurz schießen 2 *fig (limitado)* **~ (de alcances)** (geistig) beschränkt; **~ de oído** schwerhörig; **~ de vista** kurzsichtig; **quedarse ~** *(contar de menos)* zu kurz kommen; *(no alcanzar) etw* nicht ganz schaffen; hinter den Erwartungen zurückbleiben; **quedarse ~ en a/c** etw zu knapp berechnen *(o* bemessen); **no quedarse ~** keine Antwort schuldig bleiben 3 *(tímido)* scheu, schüchtern; *adv fig* **ni ~ ni perezoso** mir nichts, dir nichts; kurzerhand; nicht faul 4 *(estar) vestimenta* (zu) kurz; **ir de ~** in kurzem Kleid *(o* in kurz *fam)* gehen B M 1 ELEC *fam* Kurzschluss *m* 2 FILM Kurzfilm *m* C F AUTO *fam* **las (luces** *fpl***) cortas** Abblendlicht *n*

cortocircuitar V/T ELEC kurzschließen; **cortocircuito** M ELEC Kurzschluss *m*; **cortometraje** M Kurzfilm *m*

cortón M *insecto*: Maulwurfsgrille *f*, Werre *f*

corúa F *Cuba* ORN *Art* Kormoran *m*

coruja F ORN → curuja

coruñés ADJ aus La Coruña

coruscar V/I ⟨1g⟩ *poét* glänzen, gleißen, schimmern

corva F 1 ANAT Kniekehle *f* 2 VET (Sprunggelenk-)Galle *f* 3 *pez*: Meerrabe *m*;

corvadura F Krümmung *f*, Biegung *f*; ARQUIT Wölbung *f eines Bogens*

corval ADJ BOT **aceituna** *f* **~** langfruchtige Olive *f*

corvallo M *pez*: → corva 3

corvato M ORN Jungrabe *m*

corvejón¹ M ZOOL Sprunggelenk *n*; Hachse *f der Rinder*

corvejón² M ORN Kormoran *m*

corveta F *equitación*: Kurbette *f*, Bogensprung *f*; **corvetear** V/I *equitación*: kurbettieren

córvidos MPL ZOOL Rabenvögel *mpl*

corvina F *pez*: Adlerfisch *m*

corvino ADJ Raben...

corvo A ADJ krumm, gekrümmt, gebogen B M 1 *(gancho)* Haken *m* 2 → corvina

corza F ZOOL Reh *n*, Rehgeiß *f*, Ricke *f*; **corzo** M ZOOL Reh *n*; Rehbock *m*

cosa F 1 *(objeto)* Ding *n*, Sache *f*, Gegenstand *m*; *(asunto)* Angelegenheit *f*; etwas; **~ de** etwa, ungefähr; **~ de cinco km** ungefähr fünf km; **a ~ de las nueve** gegen neun Uhr, ungefähr um neun Uhr; **~ de importancia** etwas Wichtiges; **~ de risa** nicht ernst zu nehmen(de Sache), lächerlich; **~ de oír/de ver** hörens-/sehenswert; **será ~ de ver** das bleibt noch abzuwarten, das wollen wir (erst mal) sehen; **~ fina** etwas ganz Feines; vom Feinsten; **~ hecha** vollendete Tatsache; **¡~ hecha!** abgemacht!; *adv* **a ~ hecha** *(con éxito asegurado)* mit sicherem Erfolg; *(intencionadamente)* absichtlich; **~ principal/secundaria** Haupt-/Nebensache *f*; **¡~ rara!** seltsam!, merkwürdig!; **alguna ~** irgendetwas; **cada ~** alles; **cada ~ en** *o* **a su tiempo (y los nabos en adviento)** alles zu seiner Zeit; **como quien no quiere la ~** (wie) beiläufig; als ob nichts dabei wäre; **como si tal ~** (so) mir nichts, dir nichts; ganz einfach; als ob nichts geschehen wäre; **ninguna ~** nichts; **entre otras ~s** unter anderem; **eso es otra ~** das ist etwas anderes; **poca ~** wenig; **poquita ~** nichts; unbedeutende Person *f*; **¡qué ~!** (nein) so was!, das ist (doch) nicht zu glauben!; **la ~ cambia** das Blatt wendet sich; *fig* **cambiando una ~ por otra** um das Thema zu wechseln; reden wir von etw anderem; **decir a alg cuatro ~s** j-m die Meinung sagen; **no decir ~** kein Wort sagen; **ahí está la ~** das ist es, da liegt der Hase im Pfeffer; **estando las ~s como están** wenn (*o* da) sich die Dinge so verhalten; **hace ~ de un año** vor etwa einem Jahr; **hacer sus ~s** *espec niño* sein Geschäft verrichten; **no hay tal ~** dem ist nicht so; keineswegs; so etwas gibt es (ja gar) nicht; **no parece gran ~, pero ...** er (*o* sie *o* es) sieht ganz unscheinbar aus, aber ...; **son ~s que pasan** so was kommt eben vor; **poner las ~s en su lugar** die Sache richtigstellen; **no ponérsele a alg ~ por delante** vor nichts zurückschrecken, gerade auf sein Ziel losgehen; **¿sabes una ~?** weißt du was?; **lo que son las ~s** was es nicht alles gibt; **no es gran ~** das ist nichts Besonderes; **no es ~ mía** das geht mich nichts an, das ist nicht meine Sache; **no tener ~ suya** *(ser pobre)* nichts sein Eigen nennen, bettelarm sein; *(ser generoso)* von allem den andern mitgeben, sehr gebefreudig sein; **una ~ trae (la) otra** eins (*o* ein Wort) gibt das andere; **~s que van y vienen** das ist schnell vorbei (*o* vergänglich); **no vale gran ~** es steckt nichts dahinter; **ni ~ que lo valga** bei Weitem nicht, mit Abstand nicht; *fam* **las ~s que se ven (en el mundo)** was man (so) alles zu sehen bekommt (*o* erleben muss) 2 JUR Sache *f*; **~ nullius** *(cosa sin dueño)* herrenlose Sache *f* 3 **~s** *fpl (ideas)* Ideen *fpl*, *(ocurrencias)* Einfälle *mpl*; **son ~s de Juan** das ist echt Juan 4 *Méx, Ven pop (vulva)* Muschi *f fam* 5 *Esp fam* **estar con la ~** *o* **sus ~s** *menstruación*: seine Tage haben

COSA F ABR (Cámara Oficial Sindical Agraria) *Esp* Landwirtschaftskammer *f*

cosaco A ADJ Kosaken... B M *persona*: Kosak *m*; *danza*: Kosakentanz *m*; *fam* **beber como un ~** trinken wie ein Bürstenbinder, saufen wie ein Loch *fam*

cosa nostra F Cosa Nostra *f (Mafia)*

cosario A ADJ *(frecuentado)* häufig begangen B M *(cazador de oficio)* (Berufs)Jäger *m*

coscarse V/R ⟨1g⟩ *fam* mit den Achseln zucken

coscoja F BOT 1 *árbol*: Kermeseiche *f* 2 *(hoja seca)* dürres Laub *n* der Kermeseiche; *Am* → coscojo; **coscojal, coscojar** M Kermeseichenwald *m*; **coscojita** F → coxcojilla; **coscojo** M 1 BOT *(agalla)* Gallapfel *m an der Kermeseiche* 2 *equitación: en la brida del caballo*: Ring *m am Gebiss*

coscolina F *Méx (ramera)* Dirne *f*, Prostituierte *f*; **coscomate** M *Méx* Maissilo *m aus Lehm und Flechtwerk*

coscón ADJ *fam* verschmitzt

coscoroba F *Chile, RPl* ORN *Art* Schwan *m*;

coscorrón M Kopfnuss *f*, Schlag *m* auf den Kopf

cosecante F MAT Kosekante *f*

cosecha F AGR Ernte *f*; Ausbeute *f (tb fig)*, Ertrag *m*; *tiempo*: Erntezeit *f*; **mala ~** Missernte *f*; **~ 2001** *vino*: Jahrgang 2001; **~ propia** Eigenbau *m*; **~ récord** Rekordernte *f*; **de propia ~** aus eigener Ernte, aus eigenem Anbau; *fam fig* **no ser de su ~** nicht auf seinem Mist gewachsen sein

cosechadora F AGR Erntemaschine *f*; Mähdrescher *m*; **cosechar** V/T & V/I ernten *(tb fig)*;

cosechero M, **-a** F Erntearbeiter *m*, -in *f*, Pflücker *m*, -in *f*; **~ de vino** Winzer *m*, -in *f*

cosedera F Heftapparat *m für Papier*; **cosedora** F *en la oficina*: Heftmaschine *f*; **cosedura** F → costura

coselete M 1 *(coraza ligera)* leichte Rüstung *f*; HIST *soldado*: Gewappnete *m* 2 *de insectos*: Brustschild *m*

coseno M MAT Kosinus *m*

cosepapeles M ⟨*pl inv*⟩ Hefter *m*, Heftmaschine *f*

coser A V/T 1 TEX nähen; *botón, etc* annähen; *rotura* zunähen; TIPO heften 2 *fig* **~ a tiros** mit Schüssen durchlöchern B V/I nähen; **máquina f de ~** TEX Nähmaschine *f*; TIPO Heftmaschine *f*; *fam* **es (cosa de) ~ y cantar** es ist ganz (*o* spielend) leicht C V/R **coserse** 1 *fig* **~ la boca** *(callarse)* den Mund halten, dichthalten *fam* 2 **~ contra** *o* **a** *o* **con** *(unir estrechamente)* sich anschmiegen an *(acus)*

cosiaca F *Col fam* Bagatelle *f*; Dingsda *n*

cósico ADJ MAT **número** *m* **~** Potenzzahl *f*

cosicosa F *fam* Rätsel *n*

cosido A ADJ TEX genäht; TIPO geheftet B M 1 *acción*: TEX Nähen *n*; Näharbeit *f*; TIPO Heften *n* 2 *(costura)* Naht *f*

cosificación F Versachlichung *f*; **cosificar** V/T ⟨1g⟩ versachlichen

cosmética F Kosmetik *f*, Schönheitspflege *f*;

cosmético A ADJ kosmetisch; **operación** *f* **-a** kosmetische Operation *f*; **corrección** *f* **-a** Schönheitskorrektur *f* B M Schönheits(pflege)mittel *n*; **~s** *mpl* Kosmetika *npl*

cosmetóloga F, **cosmetólogo** M *espec Am* Kosmetiker *m*, -in *f*; **cosmetología** F *espec Am* Kosmetik *f*

cósmico ADJ kosmisch, Weltraum...; **estructura** *f* **-a** Bau *m* des Alls, Weltenbau *m*

cosmobiología F Kosmobiologie *f*

cosmódromo M Startplatz *m* für Raumschiffe, Kosmodrom *n*

cosmofísica F Raum-, Kosmophysik *f*; **cosmogénesis** F Entstehung *f* des Kosmos; **cosmogonía** F Kosmogonie *f*; **cosmografía** F Kosmografie *f*; **cosmográfico** ADJ kosmografisch

cosmología F Kosmologie *f*; **cosmonauta** M/F Raumfahrer *m*, -in *f*, Kosmonaut *m*, -in *f*; **cosmonáutica** F (Welt)Raumfahrt *f*; **cosmonáutico** ADJ kosmonautisch; **cosmonave** F Raumschiff *n*, -fahrzeug *n*; **cosmopolita** A ADJ kosmopolitisch; vielen Ländern und Völkern gemeinsam B M/F Weltbürger *m*, -in *f*, Kosmopolit *m*, -in *f*; **cosmopolitismo** M Weltbürgertum *n*, Kosmopolitismus *m*; **cosmorama** M Kosmorama *n*

cosmos M Weltall *n*, Kosmos *m*; *fig* Welt *f*;

cosmovisión F *espec Am* Weltanschauung *f*

coso[1] M *insecto*: Holzwurm *m*

coso[2] M 1 *plaza*: Festplatz *m*; *liter* **~ (taurino)** Stierkampfarena *f* 2 *reg (calle principal)* Hauptstraße *f* 3 *Col de toros*: Stierzwinger *m*

coso[3] M *Am reg (cosa)* Dingsda *n*

cospe M Schlichthieb *m an Balken*

cospel M Münzplatte *f*; *Arg, Chile, Ur* Telefonmünze *f*

cosque, cosqui M *fam Col* → coscorrón

cosquillar V/T → cosquillear; **cosquillas** FPL Kitzeln *n*; **buscarle las ~ a alg** j-n provozieren; j-n reizen; **hacer ~ (a)** kitzeln *(tb fig)*; *fig* reizen, locken; **tener ~** kitz(e)lig sein; **tener malas ~** *o* **no sufrir ~** keinen Spaß verstehen

cosquillear V/T kitzeln; *fig* locken, reizen;

cosquilleo M Kitzeln *n*; Juckreiz *m*; *fig* **~ nervioso** Nervenkitzel *m*; **cosquilloso** ADJ kitzlig; *fig* empfindlich; reizbar

costa[1] F 1 *(gastos)* Kosten *pl*; **a ~ de** *(a expensas de)* auf Kosten von *(dat) (tb fig)*; *(por medio de)* mittels *(gen)*, durch *(acus)*, mit *(dat)*; **a ~ mía** auf meine Kosten *(tb fig)*; **a ~ ajena** *o* **a ~ de los demás** auf anderer Leute Kosten; *adv* **a toda ~** um jeden Preis 2 JUR **~s** *fpl (gastos judiciales)* Gerichtskosten *pl*; **~s procesales** Prozesskosten *pl* 3 *(comida gratuita)* Kost *f als Teil des Lohns*

costa[2] F 1 GEOG *del mar*: Küste *f*; **~ abierta/acantilada** Flach-/Steilküste *f*; MAR **~ a ~** längs der Küste; **Costa Azul** Côte *f* d'Azur; **Costa de Marfil/de Oro** Elfenbein-/Goldküste *f*; **Costa Rica** Costa Rica *n*; **bajar a la ~** an die Küste *o* ans Meer fahren 2 *de los zapateros*: Glättholz *n der Schuster*

costado M 1 ANAT Seite *f*, Flanke *f*; **dolor** *m* **de ~** Seitenstechen *n*; **por el ~** seitlich 2 *(lado)* Seite *f*; MAR (Breit)Seite *f*, Bordwand *f*; MIL Flanke *f*; *de un violín*: Zarge *f*; MAR **andar de ~** treiben; MAR **venir al ~** längsseit(s) kommen, anlegen 3 **~s** *mpl genealogía*: Ahnenlinie *f (väter- und mütterlicherseits)*; **noble por los cuatro ~s** edlen Blutes, einwandfrei adeliger Herkunft; *fig* **por los cuatro ~s** rein(blütig), hundertprozentig

costal[1] ADJ ANAT Rippen...

costal[2] M 1 *(bolsa)* (Mehl-, Getreide)Sack *m*; *fig* **a boca de ~** überreichlich, maßlos; *fig* **~ de mentiras** Lügenbeutel *m*, Erzlügner *m*; *fam fig* **vaciar el ~** alles ausplaudern, auspacken *fam* 2 ARQUIT *(madero)* Querholz *n beim Fachwerk*; Ramme *f*

costalada F, **costalazo** M Fall *m auf Seite oder Rücken*; **costalearse** V/R *Chile* auf den Rücken fallen; *fig* enttäuscht werden; **costalero** M Dienstmann *m*; Lastträger *m*; Träger *m eines Heiligenbilds oder einer Heiligenfigur bei den Karwochenprozessionen*

costamarfileño ADJ ivorisch, (aus) der Elfenbeinküste

costana F abschüssige Straße *f*; **costanera** F 1 *(cuesta)* Steigung *f*, Hang *m* 2 *Am reg calle*: Küstenstraße *f* 3 ARQUIT **~s** *fpl (maderos)* Dachsparren *mpl*; **costanero** ADJ 1 *(pendiente)* abschüssig, steil 2 *camino* Küsten...; **costanilla** F schmale, abschüssige Straße *f*

costar V/T & V/I ⟨1m⟩ kosten; *fig* schwerfallen; **~ caro** teuer sein; *fig* teuer zu stehen kommen (**a alg** j-n); **no cuesta nada** es kostet nichts; *fig* es ist kinderleicht; **cueste lo que cueste** koste es, was es wolle; um jeden Preis; **~ mucho trabajo** viel Mühe (*o* Arbeit) machen; *fig* **~ la cabeza** *o* **la vida** den Kopf kosten (**a alg** j-n); **me cuesta creerlo** ich kann es kaum glauben; **me cuesta** *(abs o inf)* es fällt mir schwer (zu *inf*); **lo cuesta, pero no lo vale** das ist viel zu teuer, das ist seinen Preis nicht wert

costarricense, costarriqueño ADJ aus Costa Rica, costa-ricanisch; **costarrique-**

ñismo M in Costa Rica gebräuchlicher Ausdruck *m*
coste M Kosten *pl*; *(precio)* Preis *m*; *(valor)* Wert *m*; **a bajo/gran ~** mit geringem/großem (Kosten)Aufwand; **~ de entretenimiento/mantenimiento** Wartungs-/Unterhaltungskosten *pl*; **~ de producción** Produktions-, Gestehungskosten *pl*; **~s salariales** Lohnkosten *pl*; **~s sociales y parafiscales** Lohnnebenkosten *pl*; **~ de (la) vida** Lebenshaltungskosten *pl*; **análisis** *m* **~-beneficio** Kosten-Nutzen-Analyse *f*; **a precio de ~** zum Selbstkostenpreis; **abaratar ~s** Kosten senken
costeante ADJ *Perú fam* lustig, amüsant
costear[1] A VT 1 *(pagar)* bezahlen, finanzieren; die Kosten bestreiten von *(dat)* (*o* tragen für *acus*); **~ los estudios a alg** j-m das Studium bezahlen, j-n studieren lassen 2 *RPl ganado* auf der Weide eingewöhnen B VI, VR **~se** 1 **la producción no (se) costea** die Erzeugung deckt die Kosten nicht 2 *Perú* **~se de alg** *(burlarse)* sich über j-n lustig machen
costear[2] VT & VI MAR *(ir por la costa)* an der Küste entlangfahren; **~ la isla** an der Insel entlangfahren
costeleta F *RPl* GASTR Rippchen *n*, Kotelett *n*
costeño A ADJ Küsten… B M, **-a** F *espec Am* Küstenbewohner *m*, -in *f*
costera F 1 *(costado)* Seite *f einer Kiste etc* 2 *de una resma de papel*: Decklage *f bei einem Papierstoß* 3 *(pendiente)* Abhang *m* 4 *(costa)* Küste *f* 5 MAR Fangzeit *f (bes von Seelachs)*
costero A ADJ *(de la costa)* Küsten…; **aguas** *fpl* **-as** Küstengewässer *npl*; **pueblo** *m* **~** Küstendorf *n*; **en la zona -a** im Küstengebiet B M, **-a** F Küstenbewohner *m*, -in *f* C M 1 Küstenfahrzeug *n* 2 *(corteza)* Schwarte *f bei der Holzverarbeitung* 3 *de un alto horno*: Seitenwand *f eines Hochofens*; MIN Verschalung *f*
costil ADJ Rippen…
costilla F 1 ANAT *hueso*: Rippe *f*; **~ falsa/verdadera** falsche/echte Rippe *f*; MED **fractura** *f* **de ~(s)** Rippenbruch *m*; *fam fig* **mi (cara) ~** meine bessere Hälfte *fam*; **dar de ~s** auf den Rücken fallen; *fam* **medirle** *o* **pasearle a alg las ~s** j-n verprügeln, j-n vertrimmen *fam* 2 GASTR **~ de cerdo** Schweinerippchen *n* 3 TEC Rippe *f (tb* MAR, BOT*)*; Querlatte *f*; AVIA **~ de ala** Flügelrippe *f*, Flugzeugspant *n*; BOT **~ foliar** Blattrippe *f*
costillaje M 1 *conjunto*: Rippen *fpl (tb* TEC*)*; *fam (caja torácica)* Brustkasten *m* 2 → costillar;
costillar M 1 → costillaje 2 GASTR Rippenstück *n*, Karree *n* 3 MAR *del barco*: Spanten *npl*
costo[1] M 1 *espec* ECON, *frec* **~s** *mpl* Kosten *pl*; Preis *m*; **~s fijos/variables** feste (*o* fixe)/variable Kosten *pl*; **de modesto ~** für wenig Geld, billig; *Am* **~ de la vida** Lebenshaltungskosten *pl* 2 *drogas fam* Haschisch *m/n*
costo[2] M BOT Kostwurz *f*, -kraut *n*
costoso ADJ 1 *(caro)* kostspielig, teuer 2 *fig (penoso)* mühsam
costra F 1 Kruste *f*, *(corteza)* Rinde *f*; TEC **~ de hierro** Hammerschlag *m*, Zunder *m*; **~ de pan** Brotkruste *f*, -rinde *f*; **arroz** *m* **con ~** GASTR *Reisgericht mit Fleisch und Gemüse, mit Ei überbacken* 2 MED (Wund)Schorf *m*; **~ láctea** Milchschorf *m*
costrada F Krustade *f (eine süße Pastete)*
costrones MPL GASTR Croûtons *mpl*
costroso ADJ krustig; schorfig; verkrustet
costumbre F 1 *(hábito)* (An)Gewohnheit *f*; *(habituación)* Gewöhnung *f*; **fuerza** *f* **de la ~** Macht *f* der Gewohnheit; **mala ~** schlechte Angewohnheit *f*, Unsitte *f*; **de ~** gewöhnlich; gewohnheitsmäßig; **de ~s** Gewohnheits…; LIT Sitten…; **persona de ~s** Gewohnheitsmensch *m*; **como de ~** wie üblich, wie immer; **según ~** üblicherweise; **según la ~ local** ortsüblich; **ser ~** üblich sein; **tener (la) ~ de** *o* **tener por ~** gewohnt sein, zu *(inf)*; *zu tun* pflegen; **tengo la ~ de madrugar** ich stehe für gewöhnlich früh auf; ich pflege früh aufzustehen; **tomar la ~ de** die Gewohnheit annehmen, zu *(inf)*; **todo se arregla con la ~** man gewöhnt sich an alles 2 *(usanza)* Sitte *f*, Brauch *m*; LIT **novela de ~s** Sittenroman *m* 3 JUR *derecho*: Gewohnheitsrecht *n* 4 *Col* FISIOL *(regla)* Regel *f*, Menstruation *f*
costumbrismo M LIT Sitten-, Milieuschilderung *f*; **costumbrista** LIT A ADJ Sitten… B M/F Sitten-, Milieuschilderer *m*, -schilderin *f*
costura F 1 TEX Naht *f*; **sin ~** nahtlos; **~ del pantalón** Hosennaht *f*; **la ~ se ha roto** die Naht ist geplatzt; *fig* **meter en ~ a alg** j-n zur Vernunft bringen; *fam fig* **sentar las ~s a alg** j-n verdreschen *fam*, j-n verwamsen *fam* 2 TEX *(acción de coser)* Nähen *n*; Näharbeit *f*; **alta ~** feine Damenmoden *fpl*, Haute Couture *f*; **cesto** *m* **de ~** Nähkörbchen *n*; **útiles** *mpl* *o* **neceser** *m* **de ~** Nähzeug *n* 3 TEC Naht *f*; *(juntura)* Fuge *f*; MAR *tb* (Zusammen)Spleißung *f*; **~ (de soldadura)** Schweißnaht *f*; **~ plegada** Falznaht *f*; **~ de remaches** Nietnaht *f*
costurajo M *Méx* → costurón; **costur(e)ar** VT & VI *Am reg (coser)* nähen; **costurera** F Näherin *f*, Schneiderin *f*; **costurería** F *RPl* Schneiderei *f*; **costurero** M 1 *mueble*: Nähtisch *m*; -kasten *m* 2 *persona*: Schneider *m*;
costurón M 1 TEX *(costura grosera)* grobe Naht *f*; schlecht Genähte(s) *n* 2 *fam (tajo)* Schmarre *f*, *(cicatriz)* Narbe *f*
cota[1] F 1 HIST **~ (de mallas)** *protección*: Panzerhemd *n* 2 CAZA *del jabalí*: Schwarte *f des Wildschweins*
cota[2] F *en planos topográficos*: Höhenzahl *f*, Höhe *f*; *(cuota)* Maßzahl *f*, -angabe *f*; BOT, GEOG **~ de la nieve** Schneegrenze *f*; *fig* Wertschätzung *f*; Qualifikation *f*
cotana F CONSTR 1 *(muesca)* Zapfenloch *n* 2 *(escoplo)* Lochmeißel *m*
cotangente F MAT Kotangens *m*
cotar VT mit Höhenzahlen versehen
cotarra F Seitenwand *f*, Abstieg *m einer Schlucht*
cotarro M 1 *fam fig (camarilla)* Klüngel *m*, Clique *f*; **animar el ~** Leben in die Bude bringen; **alborotar el ~** das Fest stören, Krach anfangen; **andar de ~ en ~** die Zeit (mit Besuchen) vertrödeln; *fam* **ser el amo del ~** *o* **dirigir el ~** die erste Geige spielen *(fig)* 2 *(asunto)* Sache *f*, Angelegenheit *f* 3 *(ladera)* Abhang *m*
cote M MAR Schlag *m*, Stek *m (Tauschlinge)*; **cotejar** VT vergleichen, gegenüberstellen; **cotejo** M Vergleich *m*, Gegenüberstellung *f*
cotelé M *Chile* TEX Kordsamt *m*
cotero M *Col* Gepäckträger *m*
coterráneo M, **-a** F Landsmann *m*, -männin *f*
cotí M TEX Drillich *m*
cotidianeidad, cotidianidad F Alltäglichkeit *f*
cotidiano ADJ täglich; alltäglich; **vida** *f* **-a** Alltag *m*
cotila F, **cótila** F ANAT Gelenkpfanne *f*
cotiledón M BIOL Keimblatt *n*
cotilla A F Schnürbrust *f* B M/F *fam* Klatschmaul *n*; **cotillear** VI klatschen, tratschen; herumschnüffeln; **cotilleo** M, **cotillería** F Klatschen *n*; **cotillero** A ADJ klatschhaft B M Klatschmaul *n fam*; **cotillo** M TEC Hammerkopf *m*; **cotillón** M 1 *Am (baile)* Ball, Tanzparty 2 *(equipo para bailes)* Partyausrüstung *f*, Partyset *n*, *z. B. Pappnase, Rollströte, Partyhüte, Luftschlangen*
cotilo M → cotila
cotín M 1 DEP *(golpe a la pelota)* schräges Zurückschlagen *n des Balls beim Pelotaspiel* 2 *Am* TEX *(terliz)* Drillich *m*
cotinga F *Am* ORN Schmuckamsel *f*
cotiza[1] F *heráldica*: schmales Band *n*
cotiza[2] F *Ven* Hanf-, Bauernschuh *m*; *fig* **ponerse las ~s** sein Heil in der Flucht suchen
cotizable ADJ ECON notierbar; **~ y negociable en (la) Bolsa** börsenfähig
cotización F 1 ECON *(asignación de precio)* Kurs *m*, (Börsen)Notierung *f*; **~ bursátil/oficrecida** Börsen-/Briefkurs *m*; **~ extraoficial** freie Notierung *f*; **~ de última hora** Schlussnotierung *f*; **-ones** *pl* **oficiales en Bolsa** amtliche Börsennotierungen *fpl*; **-ones** *pl* **de valores** Effektenkurse *mpl* 2 *(clasificación)* Einstufung *f für die Zahlung von Beiträgen*; Beitragszahlung *f*; **~ social** Sozialbeitrag *m*
cotizado ADJ *fig* hoch im Kurs stehend; sehr gefragt; **~ en bolsa** börsennotiert; **cotizante** M/F Beitragszahler *m*, -in *f*
cotizar ⟨1f⟩ ECON A VT 1 *en la bolsa*: notieren; *precio* angeben 2 *dinero* zusammenlegen B VI 1 *(pagar la contribución)* Beitrag zahlen 2 **~ (en bolsa)** (an der Börse) notiert werden C VR **cotizarse** 1 an der Börse notiert werden (a mit, zu *dat*); **~ a … euros** zu … Euro gehandelt werden 2 *fig* gut (*o* hoch) im Kurs stehen; geschätzt werden
coto[1] M 1 *(territorio acotado)* eingezäuntes Grundstück *n*; **~ (de caza)** Jagd *f*, Jagdrevier *n*; Jagdgehege *n*; **~ redondo** Großgrundbesitz *m* 2 MIN **~ minero** Revier *n* 3 *fig* **~ cerrado** exklusive Gesellschaft *f*, Clique *f*, Clan *m*; *fig* **esto es ~ cerrado de García** komm bloß García nicht ins Gehege 4 *(hito)* Grenzstein *m*; *(límite)* Grenzlinie *f*; *fig* **poner ~ a a/c** einer Sache *(dat)* Einhalt gebieten
coto[2] M 1 *pez*: Stachelfisch *m* 2 *Ec* ZOOL **~ negro** *m mono*: Brüllaffe *m*
coto[3] M *Am Mer (bocio)* Kropf *m*
cotolengo M 1 *Ur (asilo de ancianos)* Altenheim *n* 2 *Arg (clínica psiquiátrica)* psychiatrische Klinik *f*
cotón M 1 *tela*: Kattun *m (Baumwollstoff)* 2 *Chile, Perú (camisa)* Bauernhemd *n* 3 *Ven (chaleco)* Weste *f*
cotona F 1 *Am (camisa de trabajo)* Arbeitshemd *n*; dickes Baumwollhemd *n*; *Chile, Salv* Kittel *m* 2 *Méx (chaqueta de gamuza)* Wildlederjacke *f*;
cotonada F Kattunstoff *m*; **cotonetes** MPL *Méx* Wattestäbchen *npl*; **cotonía** F *Art weißer* Baumwollzwilch *m*
cotorra F 1 ORN *(papagayo pequeño)* grüner Mönchssittich *m*; Wellensittich *m*; *(urraca)* Elster *f* 2 *fam fig persona*: Schwätzer *m*, -in *f fam*; **habla más que una ~** er/sie redet wie ein Wasserfall *fam* 3 *Ven (conversación sin fin)* endloses Gespräch *n* 4 *Méx fam* Taxi *n*
cotorrear VI schwatzen, schnattern; **cotorreo** M Schwatzen *n*, Geschwätz *n*, Geschnatter *n*; **cotorrera** F → cotorra 2; **cotorro** 1 ORN *männlicher* Wellensittich *m* 2 *fam fig* Schwätzer *m fam*; **cotorrón** ADJ (noch) den Jugendlichen spielend
cototo A ADJ 1 *Arg fam (antipático)* unsympathisch 2 *Chile fam (estupendo)* super, prima B M MED *(chichón)* Beule *f*, Quetschung *f*
cotudo ADJ 1 *(peludo)* dicht behaart 2 *Am Mer (hipertiroideo)* kropfig
cotufa F BOT Erdbirne *f*, -artischocke *f*; *fig* Leckerbissen *m*; **~s** *fpl* geröstete Maiskörner *npl*, Popcorn *n*
coturno M HIST Kothurn *m*; *fig* **de alto ~** vornehm; hochtrabend, hochgestochen; *fig* **calzar el ~** schwülstig reden
cotutela F JUR Mitvormundschaft *f*
COU M ABR (Curso de Orientación Universita-

ria) *Esp vor der Universität obligatorisches Studienjahr*
country ['kantri] M MÚS Country-Music *f*
coupé M *Am reg* AUTO Coupé *n*
covacha F 1 *desp (cueva)* Höhle *f (tb fig)*; Loch *n* 2 *Ec (tienda general)* Gemischtwarenladen *m* 3 *Perú, RPl aposento*: Rumpelkammer *f* 4 *Arg, Perú fam (ladronera)* Räuberhöhle *f*; Saustall *m*; **covachuela** F *fam* Amt *n*, Büro *n*; **covachuelismo** M *fam* Bürokratie *f*; **covachuelista** M/F, **covachuelo** M, **covachuela** F Bürokrat *m*, -in *f*, Federfuchser *m*, -in *f*
covada F *etnología*: Mannkindbett *n*
coxal ADJ Hüft...; **hueso** *m* **~** Hüftknochen *m*;
coxalgia F MED Koxalgie *f*; **coxálgico** ADJ hüftleidend; Koxalgie...
coxcojilla, coxcojita F Hüpfspiel *n der Kinder*
coxis M ⟨*pl inv*⟩ ANAT Steißbein *n*; **coxitis** F ⟨*pl inv*⟩ MED Koxitis *f*, Hüftgelenkentzündung *f*
coy M MAR Hängematte *f*
coya F 1 HIST *(reina incaica)* Königin *f im Inkareich* 2 *Col (prostituta)* Hure *f*, Dirne *f*
coyotaje M *Méx* Spekulationsgeschäft *n*
coyote M 1 ZOOL *(especie de lobo)* Kojote *m*, Präriewolf *m* 2 *Méx fam desp* Zwischenhändler *m*; Schlepper *m (von Grenzgängern)*; **coyoteo** M *Méx* Straßen-, Schleich-, Gelegenheitshandel *m*; **coyotero** ADJ **perro** *m* **~** zur Kojotenjagd abgerichteter Hund *m*
coyunda F Jochriemen *m*; *fam fig* **la (santa) ~** das (heilige) Joch der Ehe
coyuntura F 1 ANAT *(articulación movible)* (bewegliches) Gelenk *n* 2 ECON Konjunktur *f* 3 *fig (oportunidad favorable)* günstige Gelegenheit *f*; *(circunstancias)* Umstände *mpl*, Lage *f*, Situation *f*; **coyuntural** ADJ ECON Konjunktur..., konjunkturell
coyuyo M *Arg* ZOOL Heuschrecke *f*
coz F ⟨*pl* coces⟩ 1 *de un animal de silla*: Ausschlagen *n*; *p. ext de una persona*: Fußtritt *m*; **dar** *o* **tirar coces** (hinten) ausschlagen; *fig* **dar coces contra el aguijón** wider den Stachel löcken; *fam fig* **está dando coces** bei dem ist (heute) dicke Luft *fam* 2 *fig (grosería)* Grobheit *f*; *fam* **soltar** *o* **tirar la ~** grob werden; **mandar a coces** barsch und herrisch sein 3 *de un arma de fuego*: Rückstoß *m (des Gewehrs)* 4 MAR **~ del timón** Hacke *f* des Ruders
CP M ABR (Código Postal) PLZ *f* (Postleitzahl)
crabrón M *insecto*: Grabwespe *f*
crac A INT *onom* **¡~!** knacks, krach B M 1 ECON *(quiebra)* Bankrott *m*; Börsenkrach *m*, Crash *m*; *fig* Zusammenbruch *m* 2 DEP *fam persona*: Ass *n*, Kanone *f*, Crack *m*
crack [krak] M 1 *droga*: Crack *n* 2 ECON → crac B
crackear VT *clave, programa* knacken
cráцker M INFORM Cracker *m*
Cracovia F Krakau *n*
cracoviana F 1 *persona*: Krakauerin *f* 2 *baile*: Krakowiak *m*; **cracoviano** A ADJ aus Krakau B M Krakauer *m*
cra-cra M *onom* Gekrächz *n*
crampón M (Stiefel)Nagel *m*
cran M TIPO Signatur *f einer Letter*
craneal ADJ ANAT Schädel...; **bóveda** *f* **~** Schädeldach *n*; **trauma(tismo)** *m* **~** MED Schädeltrauma *n*
cráneo M ANAT Schädel *m*; Hirnschale *f*; *fam fig* **ir** *o* **andar de ~** große Probleme haben; weder ein noch aus wissen
craneología F MED Kraniologie *f*; **craneológico** ADJ kraniologisch; **craneometría** F Schädelmessung *f*, Kraniometrie *f*; **craneoscopia** F Kranioskopie *f*, Schädelkunde *f*; **craneotomía** F MED Kraniotomie *f*, Schädelschnitt *m*
crápula A F Ausschweifung *f*, Völlerei *f*; **darse a la ~** ein Luderleben führen B M *fam* Wüstling *m*, Lustmolch *m fam*
crapuloso ADJ liederlich, verbummelt; **vida** *f* **-a** Luderleben *n*
craquear VT TEC cracken; **craqueo** M TEC Cracking *n*
crasamente ADV gröblich unwissend
crascitar VI *cuervo* krächzen
crasis F FON Krasis *f*, Kontraktion *f*
crasitud F 1 *(obesidad)* Fettleibigkeit *f* 2 *(gordura)* Krassheit *f*; **craso** ADJ 1 *(gordo)* fett, dick; plump; BOT **planta** *f* **-a** Sukkulente *f* 2 *falla, ignorancia* krass, grob
crásula F BOT Fetthenne *f*, -kraut *n*
cráter M Krater *m*; Trichter *m*; **crátera** F ARQUEOL Krater *m*, Krug *m*
crawl [krɔl] DEP → crol
crayola® F Wachsstift *m*; **crayón** M Kohlezeichnung *f*; **crayona** F *Arg, Méx* Wachsstift *m*
craza F TEC Schmelztiegel *m*; **crazada** F geläutertes Silber *n*
creación F 1 Erschaffung *f*, Schöpfung *f (tb* REL); **~ del mundo** Erschaffung *f* der Welt 2 *(producción)* Schaffung *f*, Herstellung *f*; *(construcción)* Errichtung *f*; *(fundación)* Gründung *f*; *(obra)* Werk *n*; **~ de créditos/de dinero** Kredit-/Geldschöpfung *f*; **~ de empleo** Schaffung *f* von Arbeitsplätzen; Arbeitsbeschaffung *f*; **última ~ de la moda** neueste Modeschöpfung *f* (*o* Kreation *f*) 3 *(el cosmos)* Welt *f*, Weltall *n*
creador A ADJ schöpferisch B M, **creadora** F 1 *de una obra*: Schöpfer *m*, -in *f*, Urheber *m*, -in *f*; Begründer *m*, -in *f* 2 **el Creador** *(Dios)* der Schöpfer *m*, Gott *m*
crear A VT 1 *(establecer, fundar)* (er)schaffen; kreieren 2 *(producir)* errichten, schaffen, gründen; *dinero* schöpfen; *derechos* schaffen; **~ escándalos** einen Skandal heraufbeschwören; **Lehmann fue creado cardenal** Lehmann wurde zum Kardinal erhoben; TEAT **~ un papel** eine Rolle kreieren (*bes* als Erster und in besonderer Weise gestalten) B VR **~se a/c** *fig* sich *(dat)* etw vorstellen, sich *(dat)* etw ausdenken; **~se ilusiones** sich *(dat)* Illusionen machen
creatinina F FISIOL Kreatinin *n*
creatividad F Kreativität *f*; **creativo** ADJ schöpferisch, kreativ; **creatura** F 1 → criatura 1 2 → creación 1, 2
crecedero ADJ 1 *(que crece)* (noch) im Wachstum begriffen 2 *vestimenta de niños*: zum Hineinwachsen; **crecepelo** M Haarwuchsmittel *n*
crecer ⟨2d⟩ A VI wachsen; *fig (aumentar)* anwachsen, größer (*o* stärker) werden, zunehmen *(tb luna)*; *(multiplicarse)* sich vermehren; *río* anschwellen; *marea*, ECON *demanda* steigen; *días* länger werden; **~ en conocimientos y experiencias** an Kenntnissen und Erfahrungen reicher werden B VR **crecerse** *fig* (über sich *acus* hinaus)wachsen; sich aufrichten; an Sicherheit gewinnen; an Bedeutung zunehmen; *espec Am (ponerse insolente)* frech werden
creces FPL Zugabe *f (bes* TEX *bei Nähten an Kleidern)*; *fig adv* **con ~** reichlich, mit Zinseszinsen *(fig)*; **pagar con ~** doppelt vergelten (*o* heimzahlen)
crecida F Hochwasser *n*; Überschwemmung *f*; **crecidamente** ADV in erhöhtem Ausmaß, reichlich
crecido A ADJ *(adulto)* erwachsen; *(grande)* groß; *(numeroso)* zahlreich; ansehnlich; *río* angeschwollen B **~s** MPL TEX Zunehmen *n*, Zugabe *f der Maschen beim Stricken*
creciente A ADJ steigend, wachsend; *luna* zunehmend; **estar en ~** *luna* zunehmen B F Steigen *n der Flut*; Anschwellen *n eines Gewässers*; **~ (lunar)** Mondsichel *f* C M *heráldica*: Halbmond *m*
crecimiento M 1 *(aumento)* Anwachsen *n*; Wachstum *n*; Zunahme *f*; **~ demográfico** Bevölkerungswachstum *m*, -zunahme *f* 2 ECON Zuwachs *m*; Wachstum *n*; **~ cero** Nullwachstum *n*; **~ económico** Wirtschaftswachstum *n*; **tasa** *f* **de ~** Wachstumsrate *f*
credencia F 1 HIST *(aparador)* Kredenz *f für die königlichen Getränke* 2 CAT *(mesita adjunta al altar)* Mensula *f*, Altartischchen *n*
credencial A ADJ beglaubigend B F 1 Ernennungsurkunde *f*; POL **(cartas) ~es** *fpl* Beglaubigungsschreiben *n* (**presentar** überreichen); Akkreditiv *n* 2 *espec Am (carnet)* Ausweis *m*; *(tarjeta de crédito)* Kreditkarte *f*
credibilidad F Glaubwürdigkeit *f*; **crediticio** ADJ ECON Kredit...
crédito M 1 ECON *(préstamo)* Kredit *m*; *(exigencia de pago)* (Schuld)Forderung *f*; *(sistema crediticio)* Kreditwesen *n*; **a ~** auf Kredit; **~ abierto** offener Kredit *m*; **~ agrícola** *o* **rural** Agrarkredit *m*; **~ bancario/en blanco** Bank-/Blankokredit *m*; **~ documentario** (Dokumenten)Akkreditiv *n*; **~s dudosos** *o* **de cobro dudoso** Dubiosen *pl*, Dubiosa *pl*; **~ para fines de construcción/para fines de desarrollo** Bau-/Entwicklungskredit *m*; **~ hipotecario** Hypothekarkredit *m*; **~ interino** *o* **puente** Zwischenkredit *m*, Überbrückungskredit *m*; **~ (in)mobiliario** (Im)Mobiliarkredit *m*; **~ territorial** Bodenkredit *m*; **banco** *m* **de ~ inmobiliario** *o* **agrícola** *o* **territorial** Bodenkreditbank *f*; **tarjeta** *f* **de ~** Kreditkarte *f*; **digno de ~** kreditwürdig; **conceder (un) ~ a alg** j-m (einen) Kredit gewähren; **facilitación** *f* **de un ~** Kreditbereitstellung *f*; **tomar un ~** einen Kredit aufnehmen 2 *fig (fama, reputación)* Ansehen *n*, Ruf *m*; *(confianza)* Glauben *m*, Vertrauen *n*; **(digno) de ~** glaubwürdig; vertrauenswürdig; **dar ~ a** *(tener confianza)* Glauben schenken *(dat)*; *(dar reputación* Ansehen verleihen *dat)*; **no poder dar ~ a sus oídos** seinen Ohren nicht trauen; **sentar** *o* **tener sentado el ~** in gutem Rufe stehen, sehr angesehen sein 3 *espec Am* **~s** *mpl (puntaje)* Punkte *mpl*, detaillierter Leistungsnachweis *m bei der Bewertung schulischer oder universitärer Leistungen* 4 UNIV *en el Sistema Europeo de Transferencia de Créditos*: Credit Point *m*, Kreditpunkt *m*
Credo M REL Kredo *n*, Glaubensbekenntnis *n (tb fig* **credo**); *fig* **en un credo** im Nu
credulidad F Leichtgläubigkeit *f*
crédulo ADJ leichtgläubig
creederas FPL *fam* **tener buenas ~** alles glauben, alles schlucken *fam*; **creedero** ADJ glaubhaft, wahrscheinlich
creencia F 1 *(fe)* Glaube *m*, Glaubensüberzeugung *f*; **~ popular** Volksglaube *m*; **falsa ~** Irrglauben *m* 2 *(religión)* Religion *f*
creer ⟨2e⟩ A VT 1 *(dar por cierto)* glauben; *(pensar)* meinen, annehmen; **~ a/c** etw glauben; **~le a alg** j-m glauben; **creérselo** es ihm glauben; **le creíamos en Madrid** wir glaubten, er sei in Madrid; **~ las palabras** den Worten glauben (*o* Glauben schenken), die Worte für wahr halten; *fam* **eso no te lo crees ni tú** das glaubst du doch wohl selbst nicht; **~le a alg por** *o* **sobre su palabra** j-m aufs Wort glauben; **~ punto por punto** *o* **~ como evangelio** *o* **a pie(s) juntillas** aufs Wort (*o* wörtlich) glauben; **creo que sí/no** ich glaube, ja/nein; **hacer ~ a/c a alg** j-m etw weismachen, j-m etw einreden; **¡quién iba a ~lo!** wer hätte das gedacht!; **¡ya lo creo!** das will ich meinen!; und ob!; **si no lo veo, no lo creo** er-

staunlich!; man sollte es nicht für möglich halten 2 *(tomar como)* halten für *(gram)* o *acus*; ~ **conveniente** *(inf)* es für angebracht halten, zu *(inf)*; **~le a alg capaz de todo** j-n zu allem fähig halten; **¿le crees tan tonto?** hältst du ihn für so dumm?, ist er (denn) so blöd? *fam* B VI *abs* glauben *(tb* REL*)*; ~ **de ligero** leichtgläubig sein; ~ **en a/c/en alg** an etw//an j-n glauben; ~ **en Dios** an Gott glauben; **no ~ ni en la propia sombra** sehr misstrauisch sein C V/R **~se a/c** etw (leichthin) glauben; sich *(dat)* etw einbilden; **~se en el caso de** glauben, *etw tun* zu müssen; **~se algo** sich wichtigtun, sich für etwas Besonderes halten, angeben *fam*; **¿qué se ha creído?** was fällt Ihnen ein?; **que te crees tú eso** das bildest du dir (bloß) ein; **se lo tiene muy creído** das ist ihm zu Kopf gestiegen

creíble ADJ glaubhaft, zu glauben; **creído** A PP → creer; **¡qué te has ~!** was fällt dir ein! B ADJ eingebildet, arrogant

crema[1] F 1 *(nata)* Sahne *f*, Rahm *m*; *Am reg* ~ **chantillí** o **chantilly** (Schlag)Sahne *f*; ~ **de leche** *Art* dickflüssige Sahne *f*; *postre*: ~ **catalana** *Vanillecreme mit brauner Zuckerkruste*; **tarta** *f* **de** ~ Cremetorte *f* 2 *(sopa espesa)* *gebundene* Suppe *f*; Creme *f*; ~ **de ave** Geflügelcremesuppe *f*; ~ **de espárragos** Spargelcremesuppe *f*; ~ **de verduras** Gemüsecremesuppe *f* 3 *licor*: ~ **de café/de cacao** Mokka-/Kakaolikör *m* 4 *cosmética, etc*: Creme *f*; ~ **de afeitar/de día/de noche** Rasier-/Tages- *f*/Nachtcreme *f*; ~ **adhesiva para prótesis dentales** ODONT Haftcreme *f* für Zahnprothesen; ~ **antiarrugas** Antifaltencreme *f*; *espec Am* ~ **dental** Zahnpasta *f*, -creme *f*; ~ **hidratante/limpiadora** Feuchtigkeits-/Reinigungscreme *f*; ~ **solar** o **bronceadora** Sonnen(schutz)creme *f* 5 *fig (florescencia)* Blüte *f*, Beste(s) *n*; **la ~ (y nata) de la sociedad** die Spitzen *fpl* der Gesellschaft, die Hautevolee *f fam* 6 **(color** *m***)** ~ Cremefarbe *f*; **de color** ~ cremefarben

crema[2] F FON Trema *n*, Trennpunkte *mpl*

cremación F Verbrennung *f*; Feuerbestattung *f*

cremallera A F 1 TEC *barra de hierro con dientes*: Zahnstange *f* 2 **(cierre** *m* **de)** ~ Reißverschluss *m* B M **(tren** *m* o **ferrocarril** *m* **de)** ~ Zahnradbahn *f*

cremar VT *(cadáver)* verbrennen, einäschern

crematística F ECON, POL Kameralistik *f*; **crematístico** ADJ kameralistisch

crematorio A ADJ **(horno** *m***)** ~ Verbrennungsofen *m* B M Krematorium *n*

crémor M QUÍM, FARM ~ **tártaro** Weinstein *m*, Weinsteinsäure *f*

cremoso ADJ sahnig; cremeartig, cremig; salbenartig

crencha F Scheitel *m*; Scheitelhaar *n*

creosota F QUÍM Kreosot *n*

crep M TEX Krepp *m*

crepar VI *Arg, Ur pop* abkratzen *pop*, krepieren *pop*

crepe M GASTR Crêpe *f*, Eier-, Pfannkuchen *m*

crepé M 1 TEX Krepp *m* 2 *(caucho esponjoso)* Kreppgummi *m/n*

crepería F GASTR Crêperie *f*

crepitación F *de las llamas*: Prasseln *n*, Knistern *n*, Knattern *n*; MED *del aliento*: Rasseln *n*, Rasselgeräusch *n*; *de huesos fracturados*: Knochenreiben *n (bei Brüchen)*; **crepitante** ADJ prasselnd, knisternd; **crepitar** VI prasseln, knistern, knattern; sprühen; MED *aliento* rasseln; *hueso fracturado* knistern

crepuscular ADJ dämmerig; Dämmerungs...; **luz** *f* ~ Dämmerlicht *n*

crepúsculo M 1 (*bes* Abend)Dämmerung *f*; ~ **matutino/vespertino** Morgen-/Abenddämmerung *f* 2 *fig (decadencia)* Unter-, Niedergang *m*, Ende *n*; MÚS *ópera*: **Crepúsculo de los Dioses** Götterdämmerung *f*

cresa F Made *f*; **lleno de ~s** madig

crescendo M MÚS Crescendo *n*

creso M steinreicher Mann *m*, Krösus *m fam*

crespo A ADJ 1 *cabello, hoja* kraus; *Col* lockig, gelockt; **uva** *f* **-a** Stachelbeere *f* 2 *fig estilo, etc* verschnörkelt, dunkel 3 *fig (irritado)* aufgeregt, gereizt B M Kraushaar *n*; Locke *f*

crespón M TEX Krepp *m*, Flor *m*; ~ **de luto** Trauerflor *m*; **papel** *m* ~ Krepppapier *n*; **cresponar** VT TEC, TEX kreppen, krausen; **papel** *m* **~ado** Krepppapier *n*

cresta F 1 *del gallo*: Kamm *m des Hahns* 2 *fig (soberbia)* Hochmut *m*; **alza** o **levanta la** ~ ihm schwillt der Kamm, er wird hochmütig; **cortar** o **rebajar la** o **dar en la ~ a alg** j-n demütigen, j-m einen Dämpfer aufsetzen 3 GEOG *de la cordillera*: Bergkamm *m*; *transporte*: Kuppe *f* 4 MAR ~ **de una ola** Wellenberg *m*, Wogenkamm *m*; *fam fig* **estar en la ~ de la ola** sehr populär sein; ganz oben sein, das Höchste erreicht haben; FÍS ~ **de (la) onda** Wellenberg *m*; FÍS ~ **luminosa** Lichtbündel *n* 5 MIL Glaciskrone *f* 6 BOT ~ **de gallo** Hahnenkamm *m*

crestado ADJ *espec* ORN mit Kamm (*o* Krone *o* Haube); **crestería** F 1 ARQUIT *adorno*: Zackensims *n*; Schnörkelwerk *n* 2 HIST, MIL *(almena)* Zinnen *fpl*

crestomatía F *t/t* Chrestomathie *f*

crestón A M 1 *de la celada*: Helmstutz *m* 2 MAR *masa de rocas*: *über das Wasser ragender* Klippenkamm *m* B ADJ 1 *Col* → enamoradizo 2 *Méx (tonto)* dumm, blöd; **crestudo** ADJ *gallo* mit (großem) Kamm; *fig (orgulloso)* stolz, eingebildet

creta F GEOL, *t/t* Kreide *f*; TEC ~ **lavada** o ~ **de Bolonia**, QUÍM ~ **precipitada** Schlämmkreide *f*

Creta F Kreta *n*

cretáceo A ADJ GEOL Kreide... B M Kreidezeit *f*; **cretácico** M → cretáceo B

cretense A ADJ aus Kreta B M/F Kreter *m*, -in *f*

cretinismo M MED Kretinismus *m*, angeborener Schwachsinn *m*; **cretino** A ADJ dumm, blöde B M, **-a** F Kretin *m*, Schwachsinnige *m/f*; *fam* Trottel *m fam*

cretona F TEX Cretonne *m/f*

creyente REL A ADJ gläubig B M/F Gläubige *m/f*; **creyó** → creer

cri M *onom* **hacer ~-~** *grillos* zirpen

cría F 1 BIOL *(reproducción)* Fortpflanzung *f*; *de peces*: Laichen *n der Fische* 2 AGR *(crianza)* Zucht *f*; Züchtung *f*; ~ **de animales en gran escala** Massentierhaltung *f*; ~ **de gusanos de seda/de caballos** Seidenraupen-/Pferdezucht *f*; ~ **pura** Reinzüchtung *f*; **caballo** *m* **de** ~ Zuchtpferd *n*; **ganado** *m* **de** ~ Zuchtvieh *n* 3 *(lactante)* Säugling *m*; *de animales*: (Tier)Junge(s) *n*; *de peces, reptiles, pájaros y fig*: Brut *f*; *de mamíferos*: Wurf *m*

criada F Dienstmädchen *n*, Hausgehilfin *f*; AGR, *liter y fig* Magd *f*; *fam fig* **salirle a alg la ~ respondona** schiefgegangen (*o* danebengegangen) sein *fam*; sich blamieren

criadero A ADJ fruchtbar B M 1 *(crianza)* Zucht *f*, Züchterei *f*; *(vivero)* Pflanz-, Baumschule *f*; *espec Am (granja de animales)* Tierfarm *f*; ~ **de pollos** Hühnerfarm *f*; ~ **de ostras** Austernzucht *f*; ~ **de peces** Fischzuchtbetrieb *m*; ~ **de serpientes** Schlangenfarm *f* 2 MIN *(filón)* Erzgang *m*, -lager *n*; ~ **de oro** Goldfundort *m*; MINER ~ **sedimentario** Trümmerlagerstätte *f* 3 *fig* Brutstätte *f*

criadilla F 1 GASTR *(plato de testículos)* (Gericht *n* aus) Hoden *m(pl)*; **~s de cordero** Lammhoden *mpl* 2 BOT ~ **(de tierra)** Trüffel *f (m fam)*

criado A ADJ **bien ~** wohlerzogen; **mal ~** ungezogen B M Diener *m*; AGR Knecht *m*; **~s** *mpl* Dienerschaft *f*, AGR Gesinde *n*

criador A ADJ fruchtbar, ergiebig; ~ **de cereales** *tierra* getreidereich B M, **criadora** F Züchter *m*, -in *f*

criajo M *fam desp* Kind *n*; **criamiento** M *(cuidado)* Pflege *f*, Erhaltung *f*; *(renovación)* Erneuerung *f*, Verjüngung *f*

criandera F 1 *Am (nodriza)* (Säug)Amme *f* 2 *Cuba (imperdible)* Sicherheitsnadel *f*

crianza F 1 *(lactancia)* Stillen *n* 2 *(cría)* Aufzucht *f*; **buena/mala ~** gute/schlechte Erziehung *f* 3 *de vino*: Reifung *f* 4 *Chile* AGR *de animales*: Zucht *f*

criar ⟨1c⟩ A VT 1 *animales, plantas*: züchten, aufziehen *(tb niños)*; *fig* ~ **en estufa** o **entre algodones** *niños* wohl behütet aufziehen 2 *(amamantar)* stillen; *animales* säugen; **le cría la madre** seine Mutter nährt ihn selbst 3 *(crear)* erzeugen, (er)schaffen; hervorbringen; ~ **trigo** Weizen tragen 4 *pelos, plumas, etc* bekommen 5 *vino* ausbauen 6 *(causar)* hervorrufen, Anlass geben zu *(dat)* B VI Junge bekommen; **los conejos crían a menudo** Kaninchen bekommen oft Junge C V/R **criarse** 1 ~ **(bien)** gedeihen 2 *(crecer)* aufwachsen; ~ **juntos** miteinander aufwachsen

criatura F 1 *(cosa criada)* Kreatur *f*, Geschöpf *n (tb fig)*; Wesen *n* 2 *(niño)* Kind *n*, *(lactante)* Säugling *m*; *fam* **ser una ~** *(ser infantil)* kindisch sein; *(ser [demasiado] joven)* noch ein Kind (*o* zu jung *für etw*) sein; **¡~!** du Kind(skopf)!

criba F Grob-, Schrotsieb *n*; TEC ~ **de tambor** Trommelsieb *n*, Siebtrommel *f*; *fig* **hacer una ~** eine Auswahl treffen; aussortieren; *fig* **estar hecho una ~** wie ein Sieb durchlöchert sein; *fam* **pasar por la ~** genau überprüfen, (aus)sieben *(fig)*

cribado M (Durch)Sieben *n*; **cribador** M Sieber *m*; **cribadora** F *(tamiz)* Siebmaschine *f*

cribar VT 1 *(pasar por la criba)* sieben; TEC *tb* sichten, aus-, durchsieben 2 *fig (seleccionar)* aussieben; *zona* durchkämmen

Cribas *fam euf* **¡(voto a) ~!** bei Gott!

cric M MAR, TEC (Schrauben)Winde *f*; AUTO Wagenheber *m*

cric, crac INT *onom* knacks!, krach!

crica F *pop (vulva)* weibliche Scham *f*, Schlitz *m pop*

cricket M DEP Kricket *n*

cricoides M ANAT Ringknorpel *m*

Crimea F Krim *f*

crimen M Verbrechen *n*; Frevel *m*, Missetat *f (tb fig)*; ~ **de guerra** Kriegsverbrechen *n*; ~ **de lesa humanidad** o ~ **contra la humanidad** Verbrechen *n* gegen die Menschlichkeit; ~ **de lesa majestad** Majestätsbeleidigung *f*; ~ **organizado** organisiertes Verbrechen *n*, organisierte Kriminalität *f*; ~ **pasional** Verbrechen *n* im Affekt; ~ **de sangre** Bluttat *f*; ~ **sexual** Sexual-, Sittlichkeitsverbrechen *n*

criminación F Beschuldigung *f*, Bezichtigung *f*

criminal A ADJ 1 *(delictivo)* verbrecherisch, kriminell; strafbar 2 *relacionado al delito*: Kriminal..., Straf...; **brigada** *f* ~ Kriminalpolizei *f*; **sala** *f* **de lo ~** Strafkammer *f*, -senat *m* B M/F Verbrecher *m*, -in *f*; Kriminelle *m/f*; ~ **de guerra** Kriegsverbrecher *m*, -in *f*

criminalidad F Kriminalität *f*; Strafbarkeit *f*; ~ **callejera** Straßenkriminalität *f*; ~ **informática** Computerkriminalität *f*; ~ **juvenil** Jugendkriminalität *f*; ~ **organizada** organisierte Kriminalität *f*, Bandenkriminalität *f*; ~ **violenta**

Gewaltkriminalität *f*
criminalista M/F Kriminalist *m*, -in *f*; Strafrechtler *m*, -in *f*; **criminalística** F Kriminalistik *f*; **criminalístico** ADJ kriminalistisch
criminalmente ADV kriminell, verbrecherisch; **criminar** V/T beschuldigen; **criminología** F Kriminologie *f*; **criminológico** ADJ kriminologisch, kriminalwissenschaftlich; **criminólogo** M, **-a** F Kriminologe *m*, Kriminologin *f*; **criminoso** ADJ → criminal
crin F (Mähnen-, Schwanz)Haar *n*; **~es** *fpl* Mähne *f*; **~ (de caballo)** Rosshaar *n*; **~ vegetal** Seegras *n*; *fig* **asirse a las ~es** ängstlich auf seinen Vorteil bedacht sein
crinolina F Krinoline *f*
crinudo ADJ struppig; *Arg fam* langhaarig
crío M *fam* Säugling *m*; *irón* Kind *n*; **estar hecho un ~** noch rüstig sein, gut in Form sein; **ser un ~** noch recht unreif sein
criobiología F Kryobiologie *f*; **criocirugía** F MED Kältechirurgie *f*; **criodesecación** F TEC Gefriertrocknung *f*
criófilo ADJ BOT kaltblütig
criogenía F Kryogenik, Tieftemperaturtechnik *f*
criolita F MINER Eisstein *m*, Kryolith *m*
criollismo M Kreolentum *n*; **criollo** A ADJ 1 kreolisch 2 *Am* (*aborigen*) einheimisch B M, **-a** F 1 Kreole *m*, Kreolin *f*; **negro** *m* **~** Afroamerikaner *m* 2 *Am* (*nativos del lugar*) Einheimische *m/f* C M *lengua*: Kreolisch *n*
criopreservación F MED Kälteschutz *m*; **criopreservar** V/T MED vor Kälte schützen; **crioprotector** ADJ MED Kälteschutz...; **criotecnología** F FÍS Kältetechnik *f*; **crioterapia** F MED Kryo-, Kältetherapie *f*
cripta F Krypta *f*; Gruft *f*; Gruftkirche *f*
críptico ADJ kryptisch
criptocomunista M/F verborgene(r) Kommunist *m*, -in *f*; **criptógamas** FPL BIOL Kryptogamen *fpl*, Sporenpflanzen *fpl*; **criptogamicida** M AGR Pilzbekämpfungsmittel *n*; **criptógeno, criptogenético** ADJ BIOL kryptogen(etisch); **criptografía** F Geheimschrift *f*; **criptográfico** ADJ geheimschriftlich; *liter* Kryptogramm...; **criptograma** M Geheimschrift *f*, -text *m*; *liter* Kryptogramm *n*
criptón M QUÍM Krypton *n*
criquet M 1 DEP Kricket *n* 2 *Arg, Ur* AUTO (*gato*) Wagenheber *m*
cris M Kris *m*, Malaiendolch *m*
crisálida F ZOOL Puppe *f*; **salir de la ~** ausschlüpfen; **transformarse en ~** sich ver-, einpuppen
crisantemo M BOT Chrysantheme *f*
crisis F ⟨*pl inv*⟩ 1 MED Krise *f*, Krisis *f*, (*punto de inflexión*) Wendepunkt *m*; (*ataque agudo*) akuter Anfall *m*; **~ nerviosa** Nervenzusammenbruch *m* 2 (*momento decisivo*) Krise *f* (*tb* POL); (*situación difícil*) Schwierigkeit *f*, Klemme *f fam*; (*decisión*) Entscheidung *f*; **~ energética** Energiekrise *f*; **~ económica (mundial)** (Welt)Wirtschaftskrise *f*; **~ del Golfo** Golfkrise *f*; **~ gubernamental** *o espec Am* **~ ministerial** Regierungs-, Kabinettskrise *f*; **~ de(l) liderazgo** Führungskrise *f*; **~ social** soziale Krise *f*, Gesellschaftskrise *f*; **atravesar una ~** eine Krise durchmachen; **hacer ~** *o* **provocar una ~** eine Entscheidung erzwingen; **sumir en una ~** in eine Krise stürzen
crisma A M/F REL Salböl *n*, Chrisam *n/m*, Chrisma *m/n* B F *fam fig* (*cabeza*) Kopf *m*, Birne *f pop*; *fam fig* **romper la ~ a alg** j-m den Schädel einschlagen, j-n erschlagen; **romperse la ~** sich (*dat*) den Hals brechen; *fig* sich (*dat*) den Kopf zerbrechen
crismas M Weihnachtskarte *f*; **crismera** F REL Salbgefäß *n*; **crismón** M REL Christusmonogramm *n*
crisoberilo M MINER Chrysoberyll *m*
crisol M Schmelztiegel *m*; *fig* Prüfstein *m*; *fig* **pasar por ~** einer strengen Prüfung unterwerfen; **crisolar** V/T schmelzen, läutern; **crisolito** M MINER Chrysolith *m*; **crisomélidos** MPL *insectos*: Blatt-, Goldkäfer *mpl*; **crisopeya** F Goldmacherkunst *f*; **crisoprasa** F MINER Chrysopras *m*
crisóstomo ADJ beredsam, redegewandt
crispación F Verkrampfung *f* (*tb fig*); innere Spannung *f*; **crispado** ADJ 1 *tb fig* verkrampft; **con el rostro ~ por el dolor** mit schmerzverzerrtem Gesicht 2 BOT **hoja** *f* **-a** Krausblatt *n*, gekräuseltes Blatt *n*; **crispadura** F, **crispamiento** M → crispatura
crispar A V/T 1 (*causar contracción*) zusammenkrampfen; (*encrespar*) kräuseln 2 *fam fig* (*irritar*) in Wut bringen; auf die Nerven gehen (*dat*) B V/R **crisparse** sich verkrampfen; *fam fig* (*irritarse*) nervös (*o* gereizt) werden
crispatura F Zusammenkrampfen *n*; Verkrampfung *f*
crispir V/T *capa de pintura* marmorieren
cristal M 1 (*vidrio*) Glas *n*; **~ ahumado** Rauchglas *n*; **~ antibalas** kugelsicheres Glas *n*; **~ de aumento/de botella** Vergrößerungs-/Flaschenglas *n*; **~ esmerilado** Mattscheibe *f*, blindes Glas *n*; *tb* FOT **~ mate** Mattscheibe *f*; **~ opalino** Milchglas *n*; **~ de seguridad** Sicherheitsglas *n*; *espec* AUTO **~es tintados** getönte Scheiben *fpl*; *fig* **verlo todo con ~ ahumado** alles durch die schwarze Brille (an)sehen 2 *de la ventana, etc*: Fensterscheibe *f*; *fig* (*espejo*) Spiegel *m*; **~es** *mpl* Verglasung *f* 3 MINER, GEOM Kristall *m*; **~ líquido** Flüssigkristall *n*; **~ de roca** Bergkristall *m* 4 *poét* (*agua*) Wasser *n*
cristalera F 1 (*vitrina*) Gläserschrank *m* 2 (*puerta de cristal*) Glastür *f*; *ventana*: breites Fenster *n* 3 (*quesera*) Käseglocke *f*
cristalería F 1 *fábrica*: Glashütte *f*, -fabrik *f*; (**taller** *m* **de**) **~** Glaserei *f* 2 (*mercancías de cristal*) Glas-, Kristallwaren *fpl*; Gläser *npl*; Glasgegenstände *mpl*; **~ de Bohemia** böhmisches Kristallgeschirr *n*
cristalino A ADJ 1 (*de cristal*) kristallin(isch) 2 (*transparente*) kristall-, glasklar, durchsichtig; **voz** *f* **-a** helle Stimme *f* B M ANAT Linse *f des Auges*; **cristalizable** ADJ kristallisierbar; **cristalización** F Kristallisation *f*, Kristallbildung *f*; **cristalizar** ⟨1f⟩ A V/T kristallisieren B V/I Kristalle bilden; **azúcar** *m* **cristalizado** Kristallzucker *m*; **cristalografía** F Kristallografie *f*; **cristaloide** M Kristalloid *n*; **cristaloideo** ADJ Kristalloid...
cristel M → clistel
cristianamente ADV christlich; **cristianar** V/T *fam* 1 (*bautizar*) taufen; **traje** *m* **de ~** Taufkleid *n* 2 *Am* (*casarse por la Iglesia*) kirchlich trauen; **cristiandad** F Christentum *n*; Christenheit *f*
cristianísimo ADJ HIST allerchristlichst (*König von Frankreich*); **cristianismo** M 1 *religión*: Christentum *n* 2 (*conjunto de los cristianos*) Christenheit *f* 3 (*bautizo*) Taufe *f*; **cristianización** F Christianisierung *f*; **cristianizar** V/T ⟨1f⟩ christianisieren, zum Christentum bekehren; verchristlichen
cristiano A ADJ 1 REL christlich 2 *fam irón vino* gepanscht, verwässert B M, **-a** F Christ *m*, -in *f*; *espec* HIST **~** *m* **nuevo** Neuchrist *m*; **~** *m* **viejo** HIST Altchrist *m* (*ohne maurische oder jüdische Vorfahren*); *fig* strenggläubiger Christ *m*, -in *f*; Konservative *m/f*; **deber** *m* **de ~** Christenpflicht *f*; *fam* **hablar en ~** sich klar ausdrücken; Spanisch sprechen; **por aquí no pasa un ~** hier kommt niemand (*o* kein Aas *fam*) durch
cristianodemócrata, cristiano-demócrata M/F POL Christdemokrat *m*, -in *f*
cristino M, **-a** F HIST Anhänger *m* der Königinmutter Maria Christina (*19. Jh.*)
cristo M Kruzifix *n*; *pop* **todo ~** jeder(mann); *fam* **como a un santo ~ un par de pistolas** wie die Faust aufs Auge *fam*; **poner a alg como un ~** j-n erbärmlich (*o* fürchterlich) zurichten
Cristo N PR M Christus *m*; **antes/después de ~** vor/nach Christus; CAT **~ sacramentado** geweihte Hostie *f*; *fam* **¡voto a ~!** gerechter Himmel!; *fam* **donde ~ dio las tres voces** *o* **donde ~ perdió el gorro** wo sich Fuchs und Hase Gute Nacht sagen; *pop* **¡ojo al ~ que es de barro!** Vorsicht!, aufgepasst!
Cristóbal N PR M Christoph *m*, Christof *m*; **~ Colón** Christoph Kolumbus
cristofué M *Ven* ORN Christusvogel *m*
cristología F Christologie *f*
crisuela F Öllampengefäß *n*
criterio M 1 (*principio*) Kriterium *n*; (*punto de vista*) Gesichtspunkt *m*; (*discernimiento*) Urteilsvermögen *n*; (*juicio*) Urteil *n*; (*opinión*) Meinung *f*; ECON, POL **~s de convergencia** Konvergenzkriterien *npl*; **lo dejo a su ~** ich überlasse es (*o* die Entscheidung) Ihnen; **según ~ médico** nach ärztlicher Vorschrift 2 MAT Kennzeichen *n*
critérium M DEP Auswahlspiel *n*, Ausscheidungskampf *m*
crítica F 1 (*arte de juzgar*) Kritik *f*, Beurteilung *f*, wissenschaftliche Prüfung *f*; **~ social** Gesellschaftskritik *f*; **~ constructiva/destructiva** konstruktive/destruktive Kritik *f* 2 (*reseña*) Besprechung *f*, Rezension *f*; **~ textual** *o* **de textos** Textkritik *f* 3 (*censura*) Kritik *f*, Tadel *m*; **superior a toda ~** über alle Kritik erhaben; **hacer la ~ (de a/c)** (etw) kritisieren
criticable ADJ kritisierbar; tadelnswert; **criticador** M, **criticadora** F Tadler *m*, -in *f*; **criticar** V/T ⟨1g⟩ 1 (*juzgar*) kritisch betrachten, beurteilen 2 (*reseñar*) besprechen, rezensieren 3 (*censurar*) kritisieren; bemängeln, beanstanden, tadeln, monieren; **criticastro** M, **-a** F *desp* Krittler *m*, -in *f*, Mäkler *m*, -in *f*, Kritikaster *m*, -in *f fam*; **criticidad** F kritische Haltung *f*; **criticismo** M *espec* FIL Kritizismus *m*
crítico A ADJ 1 *persona* kritisch, (streng) urteilend 2 *situación, momento* kritisch; (*peligroso*) gefährlich; (*decisivo*) entscheidend; **edad** *f* **-a** kritisches Alter *n*; **hora** *f* **-a** entscheidender Augenblick *m* B M, **-a** F Kritiker *m*, -in *f*; **~** *m*, **-a** *f* **de arte/de música** Kunst-/Musikkritiker *m*, -in *f*
criticomanía F Tadelsucht *f*; **criticón** A ADJ überkritisch, tadelsüchtig, nörglerisch B M, **-ona** F Krittler *m*, -in *f*, Nörgler *m*, -in *f*, Meckerer *m*, Meckerin *f*; Meckerfritze *m*, -ziege *f fam*; **critiquizar** ⟨1f⟩ A V/T bekritteln B V/I kritteln, nörgeln, meckern *fam*
crizneja F 1 (*trenza*) Zopf *m* 2 (*soga*) Seil *n aus Esparto*
Croacia F Kroatien *n*
croar V/I quaken; krächzen
croata A ADJ kroatisch B M/F Kroate *m*, Kroatin *f* C M *lengua*: Kroatisch *n*
crocante A ADJ GASTR knusprig, kross B M Krokant *m*
croché M TEX Häkelarbeit *f*; *Am* **hacer ~** häkeln
crochet M → croché
crocino ADJ Safran...; Krokus...
crocitar V/I *cuervo* krächzen
croco M BOT Krokus *m*; Safran *m* (*Pflanze*); **cocodrilo** M ZOOL *pop* → cocodrilo
croi(s)sant M Hörnchen *n*, Croissant *n*;

croi(s)santería F Croissantgeschäft *n*
crol M DEP Kraulen *n;* **nadar a ~** kraulen; **crolista** M/F DEP Krauler *m*, -in *f*
crolo ADJ *Perú pop persona:* Schwarze *m*
cromado M TEC Verchromung *f;* **cromar** V/T verchromen
cromático ADJ **1** MÚS chromatisch; **escala** *f* **-a** chromatische Tonleiter *f* **2** ÓPT chromatisch; Farb…
cromatismo M **1** MÚS Chromatik *f* **2** ÓPT Farbzerstreuung *f von Linsen*, Chromatismus *m;* **cromato** M QUÍM Chromat *n*
crómico ADJ QUÍM Chrom…; **ácido** *m* **~** Chromsäure *f*
cromita F MINER Chromeisenerz *n*
cromo M **1** QUÍM Chrom *n;* **acetato** *m* **de ~** Chromazetat *n;* **papel** *m* **~** Chrompapier *n* **2** TIPO → **cromolitografía** **3** *fig (estampa)* (Heiligen)Bildchen *n;* Sammelbild *n; fam* **ser un ~** *persona* ein hübsches Gesicht haben; *cosa* sehr schön sein
cromofotografía F Farbfotografie *f;* **cromolito** M Chromolith *m;* **cromolitografía** F TIPO Chromolithografie *f*, Mehrfarben--Steindruck *m;* **cromolitografiar** V/T ⟨1c⟩ TIPO im Mehrfarben-Steindruck herstellen; **cromosfera** F ASTRON Chromosphäre *f;* **cromosoma** M BIOL Chromosom *n;* **~ X/Y** X-/Y-Chromosom *n;* **cromoterapia** F MED Farblichttherapie *f;* **cromotipia** F Farb-, Buntdruck *m (Erzeugnis);* **cromotipografía** F *proceso y resultado:* Farbendruck *m*
crónica F **1** *(relato)* Chronik *f* **2** *(reportaje)* Bericht *m in Zeitungen;* **~ escandalosa** Skandalchronik *f;* **~ de nuestro corresponsal** eigener Bericht *m;* **~ local** Lokale(s) *n*, lokale Nachrichten *fpl in Zeitungen;* **~ de sucesos** *corresponde a:* aus dem Polizeibericht
crónicamente ADV chronisch
cronicidad F MED Chronizität *f*
crónico **A** ADJ MED *y fig* chronisch, langwierig **B** M → **crónica**
cronificarse V/R MED sich verschlimmern
cronista M/F **1** Chronist *m*, -in *f* **2** *de un periódico:* Lokalredakteur *m*, -in *f;* **~ de guerra** Kriegsberichterstatter *m*, -in *f* **3** *fam reg* Maulheld *m*
crono M DEP *fam* **1** *(tiempo medido)* gestoppte Zeit *f* **2** *(cronómetro)* Stoppuhr *f;* **cronoescalada** F *ciclismo:* Bergzeitfahren *n*
cronógrafo M Chronograf *m*
cronograma M Chronogramm *n;* **cronología** F Chronologie *f;* Zeitfolge *f;* **cronológico** ADJ chronologisch, in zeitlicher Folge; **cronometrador** M, **cronometradora** F Zeitnehmer *m*, -in *f (tb* DEP*)*
cronometraje M Zeitmessung *f*, -nahme *f;* **~ del trabajo** Arbeitszeitmessung *f*
cronometrar V/T die Zeit nehmen (*o* stoppen); mit der Stoppuhr messen; **~ a/c/a alg** etw/j-n stoppen; **cronometría** F Chronometrie *f*, Zeitmessung *f;* **cronométrico** ADJ chronometrisch
cronómetro M Chronometer *n*, Zeitmesser *m;* Präzisionsuhr *f;* DEP Stoppuhr *f*
cróquet M DEP Krocket *n*
croqueta F GASTR Krokette *f;* **~s** *pl* **de bacalao/de jamón** Stockfisch-/Schinkenkroketten *fpl*
croquis M ⟨*pl inv*⟩ Skizze *f*, Entwurf *m;* MIL Geländezeichnung *f*, Kroki *n*
croscitar V/I *(cuervo)* krächzen
cross M DEP Querfeldeinrennen *n*
cross over [krɔs 'oβɛr] M MÚS Cross-over *m*
crótalo M **1** ZOOL *(serpiente de cascabel)* Klapperschlange *f* **2** MÚS *(matraca)* Klapper *f*, Rassel *f*
crotón M BOT Krotonbaum *m;* **aceite** *m* **de ~** Krotonöl *n*
crotorar V/I *cigüeña* klappern
croupier M → **crupié**
cruasán M GASTR Croissant *n*
cruce M **1** *transporte: de calles:* Kreuzung *f;* Straßenübergang *m;* **~ de (dos) calles** Straßenkreuzung *f;* FERR **~ de vía** Bahnübergang *m;* AUTO **luz** *f* **de ~** Abblendlicht *n* **2** BIOL Kreuzung *f* **3** LING **~ de palabras** Wortkreuzung *f*
crucera F **1** *equitación:* Widerrist *m* **2** *Arg, Ur* ZOOL Halbmond-Lanzenotter *f;* **crucería** F ARQUIT Kreuzverzierungen *fpl (gotisches Gewölbe);* **crucerista** M/F Teilnehmer *m*, -in *f* an einer Kreuzfahrt
crucero **A** ADJ Kreuz… **B** M **1** ARQUIT Vierung *f (in Basiliken);* **(arco** *m***) ~** Kreuzbogen *m* **2** MAR *buque:* Kreuzer *m;* **~ acorazado** Panzerkreuzer *m;* **~ ligero** leichter Kreuzer *m;* Raketenkreuzer *m;* MIL **~ portamisiles** Raketenkreuzer *m* **3** MAR *maniobra:* Kreuzen *n;* *(zona de cruce)* Gebiet *n*, in dem gekreuzt wird; **~ (de placer)** Vergnügungs-, Kreuzfahrt *f* **4** REL *(portador de la cruz)* Kreuzträger *m bei Prozessionen* **5** MINER Schichtung *f*, -sverlauf *m* **6** *(vigueta)* Querbalken *m;* **~ de ventana** Fensterkreuz *n* **7** *Am* ASTRON **Crucero** → **cruz** 4 **8** *(encrucijada)* Kreuzweg *m* **9** TIPO *(listón de hierro)* Kreuz-, Quersteg *m* **10** *Méx (cruce de calles)* Straßenkreuzung *f*
cruceta F **1** TEX Kreuzstich *m* **2** *de líneas:* Gitter *n* **3** TEC Kreuzkopf *m*, -stück *n;* Kardankreuz *n; Am* AUTO Kreuz(schlüssel *m*) *n* **4** MAR *de un velero:* Saling *f (der Segelschiffe)*
crucial ADJ kreuzförmig, Kreuz…; *fig* entscheidend; **cruciata** F BOT Kreuzenzian *m;* **cruciferario** M Kreuzträger *m*
crucíferas FPL BOT Kreuzblütler *mpl;* **crucífero** M *poét* Kreuzträger *m*
crucificado **A** ADJ gekreuzigt **B** M **el Crucificado** der Gekreuzigte, Christus; **crucificar** V/T ⟨1g⟩ kreuzigen; *fig* quälen, peinigen; **crucifijo** M Kruzifix *n;* **crucifixión** F Kreuzigung *f (tb arte)*
cruciforme ADJ kreuzförmig
crucigrama M Kreuzworträtsel *n;* **~ silábico** Silbenkreuzworträtsel *n;* **solucionar un ~** ein Kreuzworträtsel lösen
crucigramista M/F **1** *autor:* Kreuzworträtselautor *m*, -in *f* **2** *aficionado:* Kreuzworträtsellöser *m*, -in *f*
crucillo M Nadelspiel *n*
cruda F *Méx fam (malestar)* Katzenjammer *m fam*, Kater *m fam;* **crudelísimo** *sup* → **cruel;**
crudeza F **1** *estado:* Rohzustand *m* **2** *(dureza)* Härte *f (tb del agua)* **3** *fig (rudeza, brutalidad)* Rohheit *f*, Härte *f*, Schroffheit *f;* Brutalität *f;* **con toda ~** unverblümt; **~s** *fpl* Derbheiten *fpl*, Grobheiten *fpl*, Zoten *fpl* **4** **~s** *fpl alimentos:* schwer verdauliche Speisen *fpl*
crudillo M TEX ungebleichtes Linnen *n;* Futterleinen *n*
crudivorismo M Rohkost *f;* **crudívoro** M, **-a** F Rohköstler *m*, -in *f*
crudo **A** ADJ **1** *(sin cocer)* roh, ungekocht; **régimen** *m* **~** Rohkost *f* **2** *fruta* unreif *(tb* MED *absceso, etc)* **3** TEC, *espec* TEX roh, Roh…; **lienzo** *m* **~** Rohleinen *n* **4** *fig tiempo* rau; *agua, luz* hart; *(cruel, áspero)* grob, hart; derb, gemein; *fam* **tenerlo ~** es schwer *mit etw* haben **5** *alimentos* schwer verdaulich **6** *fam (fanfarrón)* großsprecherisch, angeberisch **7** *Méx fam (trasnochado)* verkatert **B** M **1** *petróleo:* Roh(erd)öl *n* **2** TEX *tejido de estopa:* Sackleinwand *f;* Crude *f*
CRUE ABR (Conferencia de Rectores de las Universidades Españolas) *spanische Rektorenkonferenz*
cruel ADJ grausam; *fig* unmenschlich; unbarmherzig **(con, para, para con** zu *dat);* **madre** *f* **~** Rabenmutter *f;* **crueldad** F Grausamkeit *f; fig* Unmenschlichkeit *f*, Härte *f*, Unbarmherzigkeit *f; (hecho cruel)* Scheußlichkeit *f*, Gräueltat *f;*
cruelmente ADV grausam
cruento ADJ *tragedia, víctima* blutig
crujía F **1** ARQUIT *(pasillo)* Gang *m*, Flur *m; (espacio entre muros)* Mauerabstand *m; (serie de habitaciones)* Zimmerflucht *f; (sala de hospital)* Krankensaal *m* **2** MAR Mittelgang *m auf Deck; (pasamano)* Reling *f* **3** HIST *correr baquetas:* Art Spießrutenlaufen *n*
crujidero ADJ → **crujidor;** **crujido** M Krachen *n*, Knirschen *n*, Knacken *n*, Knistern *n;* **crujidor** ADJ, **crujiente** ADJ krachend, knirschend, knackend, knisternd; GASTR knusprig
crujir **A** V/I *madera, vajillas, cuerpos chocantes* krachen; *maderamen, fractura, articulación* knacken, knistern; *piso, cuero* knarren; *seda* rauschen; *hojas* rascheln; *dientes, arena, nieve* knirschen; *estómago* knurren **B** V/R **crujirse** *Méx* gefrieren
crup M MED Krupp *m*, Halsbräune *f;* **crupal, cruposo** ADJ MED kruppös, Krupp…
crupié, crupier M Croupier *m*
crural ADJ ANAT Schenkel…
crustáceo **A** ADJ *(costroso)* krustig, krustenartig **B** M ZOOL Schalentier *n*
cruz F ⟨*pl* **-uces**⟩ **1** *gener* Kreuz *n (tb heráldica);* **en ~** kreuzweise, über Kreuz; kreuzförmig, Kreuz…; **con los brazos en ~** mit weit ausgebreiteten Armen *(wie gekreuzigt);* **de(sde) la ~ hasta** *o* **a la fecha** von Anfang bis Ende; **~ de áncora** *o* **ancorada** Ankerkreuz *n;* **~ de balanza** Waagebalken *m;* **~ gamada** Hakenkreuz *n;* **~ de hierro** Eisernes Kreuz *n;* **~ latina** Passionskreuz *n*, lateinisches Kreuz *n;* **~ de Malta** Malteser Kreuz *n;* ELEC Kreuzschaltung *f*, Schaltkreuz *n;* **~ del mérito militar** Kriegsverdienstkreuz *n;* TEX **punto** *m* **de ~** Kreuzstich *m;* ÓPT **~ reticular** *o* **filar** Fadenkreuz *n;* **Cruz Roja** Rotes Kreuz *n;* **~ de San Andrés** Andreas-, Schrägkreuz *n;* **gran ~ de Caballero (de la Orden de …)** Großkreuz *n* des Ritters (vom …orden); Ritterkreuz *n;* **sacrificio** *m* **de la ~** Kreuzesopfer *n;* MED **vendaje** *m* **en ~** Kreuzverband *m;* **hacer ~ y raya** Schluss machen, einen Schlussstrich ziehen; **¡~ y raya!** Schluss damit!, genug davon; **meter hasta la ~** *espada, etc* bis zum Griff hineinstoßen; *Arg* **¡~ diablo!** Gott verhüte es! **2** REL *señal:* Kreuzeszeichen *n;* **hacerse cruces** sich bekreuzigen; *fig* sprachlos sein; **hacer la señal de la (santa) ~** das Kreuzeszeichen machen, ein Kreuz schlagen **3** *fig (sufrimiento)* Leid *n*, Mühe *f*, Kreuz *n;* **cargar con su ~** sein Kreuz auf sich *(acus)* nehmen; **llevar la ~** sein Kreuz (geduldig) tragen; **andar con la ~ a cuestas** Bittgänge machen; sich schwer plagen müssen; **besar la ~** sich ins Unvermeidliche schicken; zu Kreuze kriechen **4** ASTRON **Cruz del sur** Kreuz *n* des Südens **5** BOT Ast-, Kronenansatz *m (Baumstamm)* **6** *de una moneda:* Schriftseite *f;* **(a) cara o ~** Bild oder Schrift *(Münzwerfen)* **7** ZOOL *(corva)* Bug *m*, Widerrist *m der Tiere* **8** *jerga del hampa* → **camino**
cruzada F **1** HIST *expedición cristiana:* Kreuzzug *m (tb fig); fig* **~ antialcohólica** Kreuz- (*o* Feld-)zug *m* gegen den Alkohol **2** BOT Labkraut *n* **3** **~s** *fpl* PINT Kreuzschraffierung *f* **4** *reg (encrucijada)* Kreuzweg *m*
cruzado **A** ADJ **1** gekreuzt; *líneas, etc* sich kreuzend, sich (über)schneidend; *forma:* kreuzförmig; Kreuz…; MIL *y fig* **fuego** *m* **~** Kreuzfeuer *n;* **líneas** *fpl* **-as** ELEC sich kreuzende Leitungen *fpl;* GEOM sich schneidende Linien *fpl;* TEX **tela** *f* **-a** Köper *m* **2** BIOL **animal** *m* **~** Kreuzung *f (Tier);* **planta** *f* **-a** Kreuzung *f (Pflanze)* **3** *traje* zweireihig **4** *Arg fam (enojado)* erbost, wütend

B M HIST Kreuzfahrer *m*; **(caballero** *m*) **~** Kreuzritter *m*

cruzamiento M BIOL, *transporte*: Kreuzung *f*

cruzar ⟨1f⟩ **A** VT **1** *(atravesar)* (durch)kreuzen, überqueren; **~ en avión/en coche** durchfliegen/-fahren; *fig* **~ la cara a alg** j-n ohrfeigen **2** *brazos* verschränken; *piernas* übereinanderschlagen **3** *cartas, saludos* wechseln; **~ la palabra con alg** mit j-m sprechen; **no ~ palabra con alg** mit j-m zerstritten (*o* verkracht *fam*) sein **4** *líneas* kreuzen, schneiden; *vendaje, etc* über Kreuz anlegen; *tejido* köpern **5** BIOL kreuzen **6** *condecorar*: ein Ordenskreuz verleihen (*dat*) **B** VI vorbeifahren, -kommen; MAR kreuzen **C** V/R **cruzarse 1** *(encontrarse)* einander treffen, sich kreuzen, **~ (en el camino)** aneinander vorbeigehen, -fahren; **~ de brazos** die Hände in den Schoß legen, untätig zuschauen **2** GEOM, *planos* sich (in verschiedenen Ebenen) kreuzen (*o* überschneiden) **3** *fig* sich überschneiden; *(molestarse mutuamente)* sich gegenseitig stören; **~ de palabras** in einen Wortwechsel geraten, aneinandergeraten **4** HIST *cruzado* das Kreuz nehmen

CSCE ABR HIST (*Conferencia sobre Seguridad y Cooperación en Europa*) KSZE *f* (Konferenz für Sicherheit und Zusammenarbeit in Europa)

CSIC M ABR (Consejo Superior de Investigaciones Científicas) oberster spanischer Forschungsrat *m*

CSIF F ABR (Confederación Sindical Independiente de Funcionarios) spanische Beamtengewerkschaft *f*

CSO F ABR (Confederación Sindical Obrera) *Esp Gewerkschaft in Spanien*

cta. ABR (cuenta) Kto. (Konto)

Ctra ABR (Carretera) Überlandstraße *f*

cts. ABR (céntimos) Cents *mpl*

cu[1] F ⟨*pl* cúes⟩ Q *n* (*Name des Buchstabens*)

cu[2] M Pyramidentempel *m im alten Mexiko*

cua, cua M *onom* Quaken *n der Frösche*

cuaco M **1** *Esp. reg (tipo tosco)* roher Kerl *m*, Flegel *m* **2** *Am Mer (harina de yuca)* Yukkamehl *n* **3** *Méx (rocín)* Gaul *m*, Klepper *m*

cuaderna F **1** MAR, AVIA Spant *n*; MAR **~ maestra** Hauptspant *n* **2** *juego de dados y dominó*: Doppelpasch *m* **3** LIT **~ vía** *Strophenform des spanischen Mittelalters, Vierzeiler aus gleich reimenden Alexandrinern, 14-silbig* **4** HIST *moneda*: *Münze* (*8 Maravedís*)

cuadernal M MAR Blockrolle *f*; **cuadernillo** M **1** TIPO *(cinco pliegos de papel)* Lage *f von 5 Bogen Papier* **2** *(añalejo)* Agende *f*, Kirchenkalender *m*

cuaderno M **1** *(librito de anotaciones)* (Schreib)-Heft *n*; **~ de anillas** *o* **de espiral** Ringheft *n*, Ringbuch *n*; MAR **~ de bitácora** Logbuch *n*; **~ de campo** Feldbuch *n* (*Notizbuch der Wissenschaftler bei Feldversuchen*); **~ de notas** Notizbuch *n*; *fam* **~ de sucio** Schmierheft *n* **2** TIPO *(cuatro pliegos de papel)* Lage *f zu 4 Bogen*; Aktenband *m*

cuadra F **1** *(caballeriza)* (Pferde)Stall *m*; **~ (de caballos de carreras)** Rennstall *m*; **~s** *fpl* Stallungen *fpl* **2** *Am (manzana de casas)* Häuserblock *m*; *(distancia entre dos calles)*: Entfernung *f* zwischen zwei Querstraßen; *(hilera de casas)* Häuserreihe *f*, -zeile *f* **3** *(dormitorio)* Schlafsaal *m* (*in Kasernen etc*); *(sala)* Halle *f*, Saal *m*; *Perú (recepción)* Empfangszimmer *n* **4** MAR *del barco*: größte Breite *f des Schiffes*; **navegar a la ~** mit Backstagswind segeln **5** *equitación*: *(grupa)* Kruppe *f* **6** *Am distancia*: *Wegemaß, etwa 100 m*

cuadrada F MÚS Brevis *f*; **cuadradamente** ADV genau; **cuadradillo** M **1** *regla*: Vierkantlineal *n*, Kantel *m/n* **2** TEX *camisa, manga, media*: Zwickel *m*

cuadrado **A** ADJ **1** *cuadrilátero*: quadratisch, viereckig; vierkantig; Quadrat...; **cabeza** *f* **-a** Dickschädel *m* (*fig*); **metro** *m* **~** Quadratmeter *m* **2** *fig (exacto)* genau, vollkommen; **mucho** *m* **bien ~** stattlicher Junge *m* **3** TAUR **toro** *m* **~** Stier *m* in Kampfstellung **B** M **1** GEOM *(rectángulo)* Quadrat *n*, Viereck *n fam*; **~ mágico** magisches Quadrat *n* (*Rätsel*) **2** MAT *número*: Quadratzahl *f*; **al ~** im (*o* ins) Quadrat; **elevar al ~** ins Quadrat erheben **3** TEC *(madero encuadrado)* Vierkant *m* **4** → cuadradillo

cuadragenario **A** ADJ vierzigjährig **B** M, **-a** F Vierzigjährige *m/f*; **cuadragésima** F REL Quadragesima *f*, Fastenzeit *f*; **cuadragesimal** ADJ Fasten...; **cuadragésimo** **A** NUM vierzigste(r, -s) **B** M Vierzigstel *n*

cuadral M ARQUIT Querbalken *m*, -holz *n*

cuadrangular ADJ viereckig, -kantig

cuadrángulo **A** ADJ → cuadrangular **B** M Viereck *n*

cuadrantal ADJ MAR **triángulo** *m* **~** sphärisches Dreieck *n*

cuadrante M **1** MAT, MAR, ASTRON, GEOG *(sector)* Quadrant *m*, Viertelkreis *m* **2** *(reloj de sol)* Sonnenuhr *f* **3** RADIO *(escala)* Skala *f*; *de un reloj*: Zifferblatt *n*; **~ milimétrico** Millimeterskala *f bei Messinstrumenten* **4** ARQUIT → cuadral **5** JUR *herencia*: vierter Teil *m einer Erbschaft*

cuadrar **A** VT **1** *(hacer cuadrado)* viereckig machen **2** MAT *(elevar al cuadrado)* ins (*o* zum) Quadrat erheben **3** **~ los pies** die Füße in Stillgestandenstellung bringen **4** TAUR *toro* zum Stehen bringen **5** → cuadricular A **6** *Am Mer* AUTO *(estacionar)* parken **7** *Perú fam* **~ a alg** *(pedir explicaciones)* j-n zur Rede stellen; j-n anmahnen; *fig* j-m die Rote Karte zeigen *fam* **B** VI passen (**a alg** j-m); übereinstimmen; *cuenta* aufgehen, stimmen; **no ~ con** nicht übereinstimmen mit (*dat*), nicht passen zu (*dat*) **C** V/R **cuadrarse** **1** *animal de silla, toro* auf allen vieren stehen bleiben **2** MIL *porte marcial*: still- (*o fam* stramm)stehen; Haltung annehmen; **¡cuádrense!** stillgestanden! **3** *fam fig (oponerse)* sich widersetzen; sich auf die Hinterbeine stellen *fam*, die Zähne zeigen *fam*

cuadrático ADJ quadratisch; **cuadratín** M TIPO Geviert *n*, Quadrat *n*; **cuadratura** F **1** Quadratur *f*; *espec fig* **la ~ del círculo** die Quadratur *f* des Kreises **2** ARQUIT Vierung *f*; **cuadrícula** F Raster *m*, Liniennetz *n*; Gitter *n*, Karierung *f*; MIL Planquadrat *n*; ARQUIT **~ de artesonado** Kassette *f*; **cuadriculado** **A** ADJ *papel, tela* kariert **B** M Gitter-, Kartennetz *n*; TIPO (Feld)Einteilung *f*; **cuadricular** **A** VT *papel de escribir, etc* karieren; *mapas, dibujos* gittern; *planos, etc* mit einer Feldeinteilung versehen **B** ADJ → cuadriculado

cuadrienal ADJ vierjährig; Vierjahres...; vierjährlich; **cuadrienio** M Zeitraum *m* von vier Jahren; **cuadrifoli(ad)o** ADJ *t/t* vierblättrig; **cuadriforme** ADJ **1** *(de cuatro formas)* viergestaltig; **edificio** *m* **~** Gebäude *n* mit vier Fassaden **2** *(de cuatro ángulos)* viereckig

cuadriga F Quadriga *f*, Viergespann *n*

cuadril M **1** VET *hueso*: Hüftknochen *m* **2** *Arg bife*: Hüftsteak *n*

cuadrilátero **A** ADJ vierseitig **B** M Viereck *n*; DEP (Box)Ring *m*; **cuadriliteral, cuadrilítero** ADJ aus vier Buchstaben

cuadrilla F **1** *(tropa)* Trupp *m*, Gruppe *f*; *de obreros*: Team *n*, Kolonne *f*; *fam de amigos*: *fam* Clique *f*; TAUR Mannschaft *f eines Toreros*; *desp* Bande *f*; **~ (de ladrones)** Räuberbande *f*; JUR **delito** *m* **en ~** Bandendelikt *n* **2** MÚS Quadrille *f*

cuadrillero M **1** HIST Landreiter *m*, Gendarm *n* **2** *(líder)* Anführer *m* einer Gruppe, → *tb* cuadrilla **3** *Chile (miembro de una banda criminal)* Mitglied *n* einer Verbrecherbande

cuadrilongo **A** ADJ rechteckig **B** M Rechteck *n*; **cuadrimotor** **A** ADJ viermotorig **B** M viermotoriges Flugzeug *n*; **cuadringentésimo** **A** NUM vierhundertste(r, -s) **B** M Vierhundertstel *n*; **cuadrinomio** M MAT Quadrinom *n*; **cuadriplicar** VT → cuadruplicar; **cuadrisílabo** ADJ viersilbig; **cuadrivio** M Kreuzweg *m*, Vierweg *m*; HIST Quadrivium *n*

cuadro M **1** PINT *(pintura)* Bild *n* (*tb* TEAT *y fig*); Gemälde *n*; *fig (panorama)* Anblick *m*; MED **~ clínico** Krankheitsbild *n*, Befund *m*; **~ de costumbres** LIT Sittenbild *n*, -gemälde *n*; PINT Genrebild *n*; MED **~ hemático** Blutbild *n*; **~ luminoso** Leuchtbild *n*; **~ mural** Wandbild *n*; **~ vivo** lebendes Bild *n*; *fig* **hacer ~s** Gruppensex treiben **2** *gráfico*: Aufstellung *f*, Tafel *f*, Tabelle *f*; *Col (pizarra)* Wandtafel *f*; **~ de avisos** Warn-, Merktafel *f*; ELEC **~ contador** Zählerbrett *n*, -tafel *f*, -schrank *m*; INFORM **~ de diálogo** Dialogfenster *n*; ELEC **~ de distribución** Schalttafel *f*, -schrank *m*; AUTO **~ de mandos** *o* **de instrumentos** Armaturenbrett *n*; **~ sinóptico** Übersicht(stafel) *f*, Tabelle *f*; **ordenar en ~s** übersichtlich (*o* in Tabellen) zusammenstellen **3** *figura geométrica*: Viereck *n*; *(rombo)* Karo *n*; *(cuadrado)* Quadrat *n*; MIL Karree *n*; *en juegos de tabla*: Feld *n*; **~s** *(dados)* Würfel *mpl*; **en ~** im Quadrat; **de** *o* **a ~s** *tela, traje* kariert **4** *(bancal)* (Garten)Beet *n*; **~ de flores** Blumenbeet *n*; *Cuba* **~ de café** Pflanzung *f* von 10.000 Kaffeebäumen **5** *(marco)* Rahmen *m* (*tb fig y* TEC); **~ de bicicleta** Fahrradrahmen *m* **6** POL, MIL *(cuadro de mando)* Kader *m*, Stab *m*; TEAT **~ de actores** Ensemble *n*; **~ de profesores** Lehrkörper *m* **7** *fig* **estar** *o* **quedarse en ~** *(estar solo)* allein (*o* ohne Familie) dastehen, allein übrig bleiben; alles verlieren **8** ASTROL Quadrat *n*, Geviertschein *m* **9** *Chile (matadero)* Schlachthof *m* **10** *jerga del hampa (puñal)* Dolch *m*

cuadrofonía F Quadrofonie *f*

cuadrumano, cuadrúmano **A** ADJ ZOOL vierhändig **B** M, **-a** F Vierhänder *m*, -in *f*; **cuadrúpedo** ADJ ZOOL **animal** *m* **~** Vierfüß(l)er *m*

cuádruple ADJ vierfach; HIST **Cuádruple Alianza** *f* Vierbund *m*

cuadruplicado ADJ vierfach, viermalig; **por ~** in vierfacher Ausfertigung; **cuadruplicar** VT ⟨1g⟩ vervierfachen

cuádruplo ADJ → cuádruple; **el ~** das Vierfache

cuaima F *Ven* **1** ZOOL **~ (concha de piña)** Buschmeister *m* (*Giftschlange*) **2** *fig persona*: hinterhältiger (*o* grausamer) Mensch *m*

cuajada F *Art* Dickmilch *f*, Sauermilch *f*; GASTR **~ (de leche)** Nachspeise *f* aus Dickmilch

cuajadillo M TEX *Art* Seidenkrepp *m*

cuajado **A** ADJ **1** *(coagulado)* geronnen; **leche** *f* **-a** → cuajada **2** *fig* **~ de** *(lleno de)* übersät mit, bedeckt mit (*dat*); **~ de estrellas** *cielo* sternenübersät; **escrito** *m* **~ de faltas** Schreiben *n*, das von Fehlern wimmelt **3** **quedarse ~** *tieso*: erstarren (*vor Schreck, Überraschung*); *(dormirse)* einschlafen **B** M GASTR eingedickte Soße; Grütze *f*; **~ de pimientos (patatas** *etc*) Paprika-(Kartoffel-)Grütze *f*

cuajadura F Gerinnen *n*; *fig* Ergebnis *n*; **cuajaleche** F BOT Kletten-, Labkraut *n*; **cuajamiento** M Gerinnung *f*

cuajar[1] **A** VT **1** *(hacer coagular)* gerinnen machen, zum Gerinnen bringen; verdicken (*tb* GASTR) **2** *fig* **~ de** *(tapar con)* bedecken mit (*dat*); überhäufen mit (*dat*) **B** VI **1** *leche* gerinnen; *(solidificar)* fest werden, erstarren; **la nieve no llega a ~** der Schnee bleibt nicht liegen **2** *fig (tener éxito)* Erfolg haben; *fam* klappen, hinhauen *fam*; **cuajó su deseo** sein Wunsch ging in Erfüllung 3 *(agradar)* passen, behagen, gefallen C V/R **cuajarse** 1 *leche* gerinnen; GASTR *tb* eindicken, erstarren 2 *fig noche* hereinbrechen; **~ de** sich bedecken mit *(dat)*; **~ de gente/lágrimas** sich mit Menschen/Tränen füllen

cuajar² M ZOOL Labmagen *m*

cuajarón M *de sangre, etc*: (Blut)Gerinnsel *n*; *de leche*: geronnene Milch *f*

cuajo M 1 *fermento*: Lab *n*; *fig* **arrancar de ~** mit Stumpf und Stiel ausreißen 2 *fig (calma)* Langsamkeit *f*, *(flema)* Phlegma *n*; *fam* **tener mucho** *o* **buen ~** *(ser flemático)* sehr pomadig sein; *(encajar bien)* hart im Nehmen sein 3 *(coagulación)* Gerinnen *n*, Eindicken *n*, Festwerden *n* 4 *(cuajar)* Labmagen *m* 5 *Méx (charla)* Geplauder *n*; *(camelo)* Lüge *f*, Ente *f*

cuakerismo M → cuaquerismo

cuákero M, **-a** F → cuáquero

cual A PR REL 1 *explicativo*: **el ~, la ~, lo ~** der, die, das; welche(r, -s); **los ~es, las ~es** die, welche; *(bes gebräuchlich bei Sach- und Personalbeziehungen nach Präpositionen; im Nominativ nur bei explizierendem Relativsatz)*; **el hombre del ~ estás hablando** der Mann, von dem du sprichst; **con respecto a lo ~, me dijo ...** darüber sagte er mir ...; **por lo ~** weswegen, deshalb; **el motivo por el ~ no te llamé** der Grund, warum ich dich nicht angerufen habe; **a ~ más** um die Wette 2 *correlativo*: **cosas tales ~es ocurren a menudo** Fälle, (so) wie sie häufig vorkommen; **todos contribuyeron, ~ más, ~ menos, al buen éxito** alle trugen nach bestem Vermögen zum Gelingen bei; *cult* **hacía ~ si durmiese** er tat, als ob er schliefe; → *tb* tal B ADV **tal ~** so, wie (es ist); **¿cómo estás? – tal ~** wie geht's dir? – so einigermaßen; **tal ~ te lo dice** so, wie er dir's sagt; **sea ~ sea** *o liter* **fuere** wie dem auch sei

cuál A PR INT 1 *pregunta selectiva directa o indirecta*: welche(r, -s)?; wer?; was für ein?; **¿~ de** *o* **entre ellos?** wer von *(o* unter) ihnen?; **¿~ de vosotros ...?** wer von euch ...?; **¿~ es el más importante de todos?** welcher ist der Wichtigste von allen?; **¿~ de las piezas de Albéniz prefieres?** welches Stück von Albéniz magst du lieber?; **ignoro ~ será el resultado** ich weiß nicht, wie das Ergebnis ausfällt 2 *distributivo, liter* **~ ..., ~ ...** der eine ..., der andere ...; teils ..., teils ...; **~ más, ~ menos** der eine mehr, der andere weniger B INT *liter* **¡~ feliz se consideraría!** wie glücklich wäre er!

cualesquier(a) → cualquiera

cualidad F *(propiedad)* Eigenschaft *f*, Qualität *f* *(tb* FIL); *(capacidad)* Fähigkeit *f*, Qualifizierung *f*; AVIA **~es** *fpl* **de vuelo** Flugeigenschaften *fpl*; **determinar las ~es de** bewerten *(acus)*, begutachten *(acus)*

cualificación F Qualifizierung *f*; Qualifikation *f*, Befähigung *f*

cualificado ADJ qualifiziert; **altamente ~** hoch qualifiziert; **obrero** *m* **(no) ~** (un)gelernter Arbeiter *m*

cualificar ⟨1g⟩ A V/T qualifizieren B V/R **cualificarse** sich qualifizieren **(para** für *acus)*

cualitativamente ADV qualitativ *(tb* ECON); **cualitativo** ADJ qualitativ; Qualitäts..., Güte..., Wert...; MAT **análisis** *m* **~** qualitative Analyse *f*

cualquiera ⟨*pl* cualesquier(a)⟩ A ADJ INDEF *(vor sust* **cualquier)** irgendein(e); jede(r, -s); jede(r, -s) beliebige; **en cualquier caso** jedenfalls, auf jeden Fall; **cualquier cosa** irgendwas; **de cualquier modo** irgendwie; *fig* so obenhin, oberflächlich; **cualquier día** irgendwann (einmal); **ser capaz de cualquier cosa** zu allem fähig sein B PR INDEF (irgend)jemand; jeder(mann); **un ~** irgendjemand, irgendwer; ein x-Beliebiger *fam*; *desp* ein gewisser Jemand; **usted no es ~** Sie sind doch nicht irgendwer; **~ que sea** *o* **fuese** wer *(o* was) auch (immer) es sei; **~ diría ...** man könnte fast meinen ...; **¡así ~!** so ist das kein Kunststück!; *fam* **¡~ lo entiende** *o* **comprende!** das soll einer begreifen!; **¡~ lo puede hacer!** das kann doch jeder C F *fam* **una ~** eine Nutte *f fam*

cuan ADV *(betont, bei Frage, Zweifel, Ausruf*: **cuán)** *liter* wie, wie sehr; **tan ... cuan ...** ebenso ... wie ...; **cayó cuan largo era** er fiel der Länge nach hin; **la recompensa será tan grande cuan grande fue el esfuerzo** die Belohnung entspricht dem Maß der Anstrengung; **¿puedes figurarte cuán feliz me siento?** kannst du dir vorstellen, wie glücklich ich mich fühle?

cuando A ADV **de ~ en ~** *o* **de vez en ~** von Zeit zu Zeit, ab und zu, hin und wieder; **~ más** *o* **~ mucho** höchstens; **~ menos** wenigstens, mindestens; **~ quiera** jederzeit; irgendwann B CJ **~** *(ind pres o pret impf)* (immer) wenn, *(jedes Mal)* wenn; **~** *(pret indef)* als *(pret indef)*; **~** *(subj pres)* wenn *(pres o futuro)*; als *(pret indef)*; **~ no** wenn nicht gar; ja sogar; **tuve que reírme ~ la ví** ich musste lachen, als ich sie sah; **~ usted lo dice** wenn Sie es sagen; **aun ~ lo dice** *o* **diga él** obwohl *(o* selbst wenn) er es sagt C PREP während *(gen)*, damals in *(dat)*; **yo, ~ niño** (damals) in meiner Kindheit, als Kind

cuándo A ADV *interrogativo*: wann?; **¿~ vendrá usted?** wann kommen Sie?; **todavía no sé ~ vendré** ich weiß noch nicht, wann ich komme; **¿de ~ acá?** *o* **¿desde ~?** seit wann?; **¿hasta ~?** bis wann?, wie lange (noch)?; **¿para ~?** bis wann?, bis zu welchem Termin? B CJ **~ ..., ~ ...** bald ..., bald... C M **el ~ y el cómo** das Wann und Wie

cuanta M *t/t* Quantum *n*, Menge *f*

cuantía F Menge *f*, Summe *f*; *fig* Bedeutung *f*; JUR **~ (del litigio)** Streitwert *m*; **de mayor ~** höher; bedeutend; **de menor ~** unbedeutend; geringer

cuantiar V/T ⟨1c⟩ *la fortuna, los bienes* (ab)schätzen

cuántica F FÍS Quantenphysik *f*

cuántico ADJ FÍS Quanten...; **mecánica** *f* **-a** Quantenmechanik *f*; **salto** *m* **~** *tb fig* Quantensprung *m*; **teoría** *f* **-a** Quantentheorie *f*

cuantidad F FIL, MAT Quantität *f*, Größe *f*, Menge *f*

cuantificable ADJ quantifizierbar; **cuantificación** F Quantifizierung *f*; **cuantificador, cuantificante** ADJ LING quantisiert; **cuantificar** V/T quantifizieren; beziffern

cuantímetro M TEC Mengenmesser *m*

cuantiosamente ADV beträchtlich; sehr reichlich; **cuantioso** ADJ erheblich, beträchtlich, bedeutend; zahlreich

cuantitativo ADJ quantitativ *(tb* QUÍM *análisis)*

cuanto¹ ADJ & ADV alles, was; so viel wie; **~ antes** möglichst bald; **~ antes** *o* **más pronto, mejor** je eher, desto besser; **~ más ..., (tanto) más ...** je mehr ..., desto mehr ...; **~ más que ...** umso mehr, als ...; **en ~ a** *o* **por ~ concierne (a)** bezüglich *(gen)*, was *(acus)* angeht *(o* betrifft); **en ~ a eso** diesbezüglich; **en ~ (que)** *(subj)* sofern, insoweit *(ind)*; **en ~ llegue, se lo entregaré** sobald er kommt, werde ich es ihm aushändigen; **en ~ llegó el tren, subió** sobald der Zug kam, stieg er ein; **dame tu opinión en ~ médico/amigo** sag mir, was du als Arzt/Freund davon hältst; **tiene tanto más interés en hacerlo, ~ que ...** er ist umso eher gewillt, es zu tun, als ...; **por ~** da, weil; **(todos) ~s** alle, die; **~s ingresos, tantos gastos** ebenso viel Ausgaben wie Einnahmen; **todo ~ te ha dicho, no es cierto** alles, was er dir gesagt hat, stimmt nicht; **dio ~ tenía** er gab alles (, was er besaß); **~ alcanzan sus ojos, tanto querría poseer** was seine Augen sehen, möchte er besitzen; **¿tienes muchos libros? – unos ~s** hast du viele Bücher? – ein paar, einige

cuanto² M FÍS Quant *n*; **teoría** *f* **de los ~s** Quantentheorie *f*; **~s** *mpl* **de luz** Lichtquanten *npl*

cuánto ADJ *y* ADV 1 *interrogativo*: wie viel?, wie viele?; wie sehr?; **¿a ~?** wie teuer?; **¿a ~ el kilo?** wie viel kostet das Kilo?; **¿a ~s estamos?** den Wievielten haben wir heute?; **¿por ~ lo deja?** für wie viel *(o* um welchen Preis) verkaufen Sie es?; **¿~ tiempo?** wie lange?; **¿-as veces?** wie oft?; **¿~s son cinco por seis?** wie viel ist fünf mal sechs?; **¿~ va?** was gilt's?; *fam* **un tal no sé ~s** ein Herr Soundso *fam* 2 *enfático*: **¡-a alegría!** welche Freude!, so eine Freude; **¡~ me alegro!** wie ich mich freue!; **¡~ lo siento!** das tut mir sehr Leid!

cuáquer M *Am* Haferflocken *fpl*

cuaquerismo M REL Quäkertum *n*

cuáquero M, **-a** F REL Quäker *m*, -in *f*

cuarcífero ADJ MINER quarzhaltig; **cuarcita** F MINER Quarzit *m*

cuarenta NUM vierzig; **el ~** die Vierzig; **cantar las ~** *juego de cartas*: vierzig ansagen; *fam fig* j-m den Kopf waschen *fam*; **andar por los ~** um die 40 sein *(Alter)*

cuarentavo M Vierzigstel *n*; **cuarentena** F 1 *(cuarenta unidades)* vierzig Stück; **una ~** (etwa) vierzig 2 *(aislamiento)* Quarantäne *f*; **poner en ~** unter Quarantäne stellen; *fig (tomar con recelo)* mit Misstrauen aufnehmen; an-, bezweifeln 3 *(cuaresma)* Fastenzeit *f*

cuarentón ADJ *fam* **(hombre)** *m* **~** Vierzig(jährig)er *m*; **(mujer)** *f* **-ona** Vierzigjährige *f*

cuaresma F REL Fasten(zeit *f*) *n*; **domingo** *m* **de ~** Fastensonntag *m*; *fig* **ser más largo que una ~ (sin pan)** kein Ende nehmen

cuaresmal ADJ Fasten...; **cuaresmario** M CAT Fastenpredigtbuch *n*

cuark M ⟨*pl* -s⟩ FÍS Quark *n*

cuarta F 1 *medida*: Spanne *f*, Viertelelle *f* 2 MÚS Quart(e) *f* 3 *esgrima*: Quart *f* 4 JUR *de la herencia*: Viertel *n* *(gesetzlicher Anteil im Erbrecht)* 5 MAR *en la brújula*: Strich *m* 6 *Am látigo*: Riemenpeitsche *f* 7 ASTRON → cuadrante 8 *Arg* AUTO Abschleppseil *n*

cuartago M *caballo*: Klepper *m*; **cuartal** M *reg pan*: Viertellaib *m* Brot; **cuartana** F MED Viertagefieber *n*, Quartana *f*; **cuartazo** M *Méx* Peitschen-, Geißelhieb *m*; **cuartazos** M ⟨*pl inv*⟩ *fam* dicker, schlapper Mann *m*, Plumpsack *m fam*

cuartear A V/T 1 *(descuartizar)* vierteln, vierteilen 2 *gener (partir)* spalten; *(deshacer)* ausschlachten, zerlegen 3 TAUR *torero*: *die Banderillas* mit einer Viertelwendung einsetzen 4 *con un carruaje*: Zickzack fahren *(am Berg)* 5 *Méx (azotar)* peitschen, geißeln 6 *Arg* AUTO *(remolcar)* abschleppen B V/I TAUR mit einer Viertelwendung ausweichen C V/R **cuartearse** *pared, techo* Risse bekommen

cuartel M 1 MIL *alojamiento*: Kaserne *f*; Quartier *n*; **~ general/de invierno** Haupt-/Winterquartier *n*; *Am reg* **~ de policía** Polizeirevier *n* 2 *(compasión)* Pardon *m*; **sin ~** erbarmungslos; **lucha** *f* **sin ~** erbarmungsloser Kampf *m*; **(no) dar ~** (keinen) Pardon geben 3 *heráldica*: viereckiges Wappenfeld *n*, Quartier *n* 4 *(cuadro de un jardín)* Gartenstück *n*, -beet *n*; Feld *n* 5 MAR **~ (de escotilla)** *tapa*: Lukendeckel *m*

cuartelada F MIL Militärputsch *m*; **cuartelado** ADJ *heráldica*: geviert; **cuartelazo** M

Militärputsch *m*; **cuartelero** A ADJ Kasernen… B M 1 MIL *soldado*: Stubendiensthabende *m* 2 MAR Gepäckmeister *m* 3 *fam* (*mal tabaco*) schlechter Tabak *m*; **cuartelesco** ADJ Kasernen…, Soldaten…
cuarteo M 1 (*hendidura*) Spalt *m*, Riss *m*, Sprung *m* 2 TAUR Ausweichbewegung *f der Banderilleros* 3 (*división en cuatro partes*) Vierteilen *n*; **cuartera** F CONSTR *eine Bohle von 15 Fuß x 8 Zoll*; **cuartería** F *Cuba fam* Mietskaserne *f*; **cuarterola** F 1 (*cuarto de tonel*) Viertelfass *n* 2 *medida de líquidos*: 130 l 3 *Chile arma de fuego*: Karabiner *m*, Reiterstutzen *m*
cuarterón A ADJ *Am* **hombre** *m* ~ Quarteron(e) *m*, Doppelmischling *m* (*Halbblut und Weißer*) B M 1 (*un cuarto de libra*) Viertel(pfund) *n* 2 ARQUIT *de la puerta*: Türfüllung *f*; (*postigo*) Fensterladen *m*; **-ones** *mpl* Türflügel *mpl*
cuarteta F LIT *vierzeilige Strophe aus acht Silben*, Redondilla *f*
cuarteto M 1 MÚS Quartett *n*; **~ de cuerda/para instrumentos de viento** Streich-/Bläserquartett *n* 2 LIT Quartett *n*; (*Strophe von vier Elfsilbern*)
cuartilla F 1 *papel*: Quartblatt *m*; Zettel *m*; **escribir un par de ~s** ein paar Seiten schreiben 2 *equitación*: Fessel *f* 3 *medida*: Viertelarroba *f* (*2,88 kg*), Viertelfanega *f* (*13,87 l*)
cuartillo M 1 *medida para líquidos*: Schoppen *m* (*0,504 l*); *para cereales y bayas*: Liter *n* (*1,156 l*) 2 HIST *moneda*: Viertelreal *m*; **andar a tres menos ~** (*estar corto de dinero*) knapp bei Kasse sein; (*ser como gato y perro*) wie Hund und Katze sein; (*no comprender nada*) nichts verstehen
cuartizo M Balken *m*
cuarto A NUM vierte(r, -s); *en relaciones*: viertens; **en ~ lugar** viertens; **las tres -as partes** drei Viertel B M 1 (*cuarta parte*) vierter Teil *m*, Viertel *n* (*tb carnicería*); **~ creciente/menguante** erstes/letztes Mondviertel *n*; DEP **~ de final** Viertelfinale *n*; **un ~ de hora** eine Viertelstunde; **las tres menos ~** Viertel vor drei; **las diez y ~** Viertel nach zehn; **cuarto de kilo** halbes Pfund *n*; TEC **~ de vuelta** Vierteldrehung *f*; **tres ~s** *moda*: dreiviertellang; *fam* **de tres al ~** minderwertig, nichts wert; *fam fig* **hacer a alg ~s** j-n in Stücke reißen, aus j-m Hackfleisch machen *fam* 2 (*habitación*) Zimmer *n*, Raum *m*; Wohnung *f*; **~ de aseo** Waschraum *m*; **~ de baño** Badezimmer *n*; **~ de estar/de fumar** Wohn-/Rauchzimmer *n*; **~ exterior** Vorder-, Außenzimmer *n*; **~ frío** Kühlraum *m*; **~ para huéspedes** Gast-, Gästezimmer *n*; **~ interior** Hinter-, Innenzimmer *n*; FOT **~ oscuro** Dunkelkammer *f*; **~ de la plancha** Bügelzimmer *n*; **~ de servicio** Dienstbotenzimmer *n*; **~ trastero** Rumpelkammer *f* 3 HIST *moneda*: *Münze* (*4 Maravedís*); *fig* Heller *m*, Pfennig *m*; *fam* **~s** *mpl* Zaster *m*, Moneten *fpl fam*; *fig* **dar un ~ al pregonero** es (*o* etwas) an die große Glocke hängen *fam*; *fam* **echar su ~ a** *o* **de espadas** seine Meinung sagen, seinen Senf dazugeben *fam*; **estar sin un ~** keinen Pfennig besitzen 4 TIPO *formato*: Quartformat *n*; **en ~ mayor** in Großquartformat; **en ~ menor** in kleinem Quartformat 5 *equitación*: **~ delantero/medio/trasero** Vor-/Mittel-/Hinterhand *f* 6 MIL **~ de guardia** Wachabteilung *f*, Wache *f* 7 ASTRON Viertelkreisbogen *m*, -weg *m* 8 *genealogía*: großelterliche Linie *f* 9 TEX *sastrería*: **~s** *mpl* Hauptbestandteile *mpl eines Kleidungsstückes* 10 *Col* (*compañero*) Kamerad *m*; **hacer ~ a alg** j-m helfen
cuartón M CONSTR Balken *m*
cuartucho M *desp* elendes Zimmer *n*, Loch *n fam*, Bude *f fam*
cuarzo M MINER Quarz *m*
cuasar, cuásar M ASTRON Quasar *m*
cuasi ADV beinahe; quasi…
cuasia F BOT Quassia *f*
cuasicontrato M JUR Quasivertrag *m*, vertragsähnliches Verhältnis *n*; **cuasidelito** M JUR Quasidelikt *n*, unerlaubte Handlung *f*; **cuasimodo** M REL (**domingo** *m* **de**) **~** Quasimodogeniti *m*, weißer Sonntag *m*
cuata F, **cuate** M 1 *Méx* (*gemelo*) Zwilling *m*; Zwillingsbruder *m*, -schwester *f* 2 *Guat, Méx* (*camarada*) Freund *m*, -in *f*, Kamerad *m*, -in *f*
cuaterna F *lotería*: Quaterne *f*, Viererserie *f*; **cuaternario** A ADJ 1 *t/t* (*de cuatro partes*) vierteilig 2 GEOL Quartär…; **época** *f* **-a** Quartär *n* B M GEOL Quartär *n*
cuatezón *Méx* A ADJ 1 *vacunos* ohne Hörner 2 (*cobarde*) feige B M *Méx fam* (*compañero*) Kumpel *m*
cuatí M ZOOL Nasenbär *m*
cuatismo M *Méx* Vetternwirtschaft *f*
cuatralbo ADJ *caballo* mit vier weißen Füßen
cuatreño ADJ *ternero* vierjährig; **cuatrerear** V/I *Am reg* Vieh stehlen; **cuatrero** M, **-a** F Vieh-, Pferdedieb *m*, -in *f*
cuatrienal ADJ vierjährig; vierjährlich; **plan** *m* **~** Vierjahresplan *m*
cuatrienio M Zeitraum *m* von vier Jahren; **cuatrifrontal** ADJ an vier Fronten; **cuatrilingüe** ADJ viersprachig; **cuatrillizos** MPL Vierlinge *mpl*; **cuatrillón** NUM M Quadrillion *f*; **cuatrimestral** ADJ viermonatlich; viermonatig; **cuatrimestre** M vier Monate *mpl*; **cuatrimotor** M 1 (**avión** *m*) **~** viermotoriges Flugzeug *n* 2 *drogas fam* Joint *m fam*
cuatrinca F Vierergruppe *f*; *juego de cartas*: Serie *f von vier Karten*
cuatripartito ADJ *espec* POL Vierer…, Viermächte…; **cuatripuertas** ADJ *Méx* AUTO viertürig; **cuatrisílabo** A ADJ viersilbig B M viersilbiger Vers *m*
cuatrista M *Col, Ven* MÚS Cuatrospieler *m* → *tb* cuatro B 3
cuatro A NUM vier; *fig* (*algunos*) ein paar; **a las ~** um vier Uhr; **el ~ de abril** am vierten April; **~ veces** viermal; **son las ~ (y cuarto)** es ist vier Uhr (fünfzehn); **a las ~** um vier Uhr; **más de ~** viele, manche; **más de ~ te envidiarán** viele werden dich beneiden; **en filas de a ~** in Viererreihen; **~ letras/palabras** ein paar Zeilen/Worte; *fam desp* **tener ~ ojos** (eine) Brille tragen B M 1 Vier *f* (*tb naipe*) 2 *Méx* (*trampa*) Schwindel *m*, Trick *m*; **~(s)** *m(pl)* (*disparate*) Unsinn *m* 3 *Col, Ven* (*guitarilla*) viersaitige Gitarre *f*
cuatrocentista A ADJ *espec* LIT *y arte*: aus dem 15. Jh. B M/F Künstler *m*, -in *f* (*o* Schriftsteller *m*, -in *f*) des 15. Jh.; *con respecto a Italia*: Quattrocentist *m*, -in *f*; **cuatrocientos** A NUM vierhundert B M *espec* LIT *y arte*: **el ~** das 15. Jh.; *con respecto a Italia*: Quattrocento *n*; **cuatrodoblar** V/T vervierfachen; **cuatronarices** F *Col* ZOOL Lanzenotter *f*; **cuatroojos** A M ⟨*pl inv*⟩ *pez*: Vierauge *n* B M/F *desp* Brillenträger *m*, -in *f*; **cuatrotanto** M *das* Vierfache *n*
cuba F 1 Kübel *m*, Eimer *m*; (*tina*) Bottich *m*; (*barril*) (Wein-, Öl)Fass *n*; *capacidad*: Fass *n* voll 2 *fig* (*persona bebedora*) starker Trinker *m*, Zecher *m*; (*barrigón*) Dickwanst *m*; *fam* **estar hecho** *o* **como una ~** sternhagelvoll sein *fam* 3 TEC *de un alto horno*: Schacht *m* 4 *frec* M GASTR **~ libre** *bebida* → **cubalibre** 5 *Col, Ven* (*benjamín*) Nesthäkchen *n*
Cuba F Kuba *n*
cubalibre M GASTR Cubalibre *m*, Coca-Cola *f* mit Rum (*oder* Gin)
cubanismo M LING Kubanismus *m*; **cubano** A ADJ kubanisch; GASTR *arroz*: **a la -a** auf kubanische Art (*mit Banane, Tomate, Ei*) B M, **-a** F Kubaner *m*, -in *f*; **cubata** M, *tb* F GASTR Cubalibre *m*, Coca-Cola *f* mit Rum (*o* Gin)
cubería F Böttcherei *f*; **cubero** M Böttcher *m*, Küfer *m al.d.S*; *fig* **a ojo de buen ~** nach Augenmaß, über den Daumen gepeilt *fam*
cubertería F *col* Besteck *n*; **cubertero** M Besteckkasten *m*; **cubertura** F GASTR Kuvertüre *f*; → *tb* cobertura
cubeta F 1 (*cuba*) Waschfass *n*; Kübel *m*, Zuber *m* 2 (*cazuela*) Napf *m*; TEC, QUÍM, MED Schale *f*; Wanne *f*, Küvette *f*; TEC **~-draga** Greifbagger *m* 3 MAR **~ de bitácora** Kompassgehäuse *n*; *del termómetro*: **~ de mercurio** Quecksilberkapsel *f*
cubeto M kleiner Kübel *m*
cubicaje M AUTO Hubraum *m*
cubicar V/T ⟨1g⟩ 1 *capacidad, volumen* ausmessen, berechnen; *barril* eichen 2 MAT (*subir a la tercera potencia*) in die dritte Potenz erheben
cubiche *Cuba fam* A ADJ kubanisch B M/F Kubaner *m*, -in *f*
cúbico ADJ kubisch, würfelförmig; MAT Kubik…; **metro** *m* **~** Kubik-, Raummeter *m/n*
cubículo M 1 (*espec* Schlaf)Kammer *f*; Kabine *f*; Box *f* 2 *en las catacombas*: Nische *f*, Cubiculum *n*
cubierta F 1 *gener* Bedeckung *f*, Hülle *f*, Schutz *m*; (*techo*) Decke *f*, Überzug *m*; **~ de lona** Plane *f*; **~ de coche** Wagenplane *f*; -verdeck *n* 2 *de libros y revistas*: Buch-, Heftumschlag *m*; (*sobre*) Briefumschlag *m*; *de discos*: Plattencover *n* 3 TEC (*envoltura*) Hülle *f*, Mantel *m*, Verkleidung *f*; (Schutz)Haube *f*; AUTO Motorhaube *f* 4 *de un neumático*: (Reifen)Decke *f*, Reifen *m*; **~ maciza** *o* **sin aire** Vollgummireifen *m*; **~ sin cámara** schlauchloser Reifen *m* 5 MAR *del barco*: Deck *n*; **~ alta** *o* **superior** Oberdeck *n*; **~ media** Zwischendeck *n*; **~ de paseo/de sol** Promenaden-/Sonnendeck *n*; **sobre ~** an (*o* auf) Deck 6 ARQUIT (*recubrimiento*) Abdeckung *f*; Bedachung *f*, Dach *n*; *Ec* (*cobertizo*) Vordach *n*; Schuppen *m*; **~ de pizarra** Schieferdach *n* 7 MIL (*defensa*) Deckung *f* 8 *fig* (*pretexto*) Deckmantel *m*, Vorwand *m*; *de un espía*: Tarnung *f*
cubiertamente ADV heimlich
cubierto A PP → cubrir B ADJ bedeckt (*tb cielo*) (**de** mit *o* von *dat*); (*techado*) überdacht; COM *cheque* gedeckt (*tb* MIL *y fig*); *capital* eingezahlt; *puesto libre* besetzt; **~ de hierba** grasüberwachsen; **~ de polvo** staubbedeckt C M 1 (*servicio de mesa*) Gedeck *n*; (*cuchara, tenedor y cuchillo*) Besteck *n*; (*menú*) Menü *n*; **~ de 20 euros** Gedeck *n* (*o* Menü) zu 20 Euro 2 (*techado*) (Schutz)Dach *n*; überdeckter Gang *m*; (*cobertizo*) Schuppen *m*; *fig* (*refugio*) Obdach *n*; **a ~ (de)** geschützt (vor *dat*), in Sicherheit (vor *dat*); **poner(se) a ~** (sich) unterstellen; *fig* (sich) in Sicherheit bringen
cubijar V/T → cobijar
cubil M 1 *de animales*: Lager *n von Tieren*; Bau *m*; *fig* (*madriguera*) Unterschlupf *m* 2 (*lecho*) Flussbett *n*; **cubilar** A M → cubil B V/I in der Schafhürde übernachten
cubilete M 1 *para dados*: Würfelbecher *m* 2 (*champanera*) Sektkübel *m* 3 *molde*: Backform *f* 4 GASTR (*paté*) Fleischpastete *f in Becherform* 5 *Am reg sombrero*: Zylinder(hut) *m*; **cubiletear** V/I *fam fig* (hinter)listig vorgehen, den Dreh verstehen *fam*; **cubileteo** M *fam* Arbeit *f* mit Tricks, (Hinter)List *f*; **cubiletero** M 1 (*prestidigitador*) Taschenspieler *m* 2 (*molde de hornear*) Back-, Pastetenform *f*
cubilla F *insecto*: Laub-, Ölkäfer *m*; **cubillo** M 1 *insecto*: → cubilla 2 *recipiente*: Kühlgefäß *n*
cubilote M TEC Kupol-, Kuppelofen *m*
cubismo M *arte*: Kubismus *m*; **cubista** *arte*: A ADJ kubistisch B M/F Kubist *m*, -in *f*

C

cubital ADJ 1 *longitud*: eine Elle lang 2 *(del codo)* Ellbogen…; ANAT **arteria** *f* ~ Ulnararterie *f*
cubitera F Eiswürfelbehälter *m*
cubito M kleiner Würfel *m*; GASTR ~ **de caldo** Suppenwürfel *m*; FOT ~ **de flash** Blitzwürfel *m*; ~**s de hielo** Eiswürfel *mpl*
cúbito M ANAT Elle *f*; DEP **echarse de** ~ die Brücke machen
cubo[1] M 1 GEOM *figura*: Würfel *m*, Kubus *m* 2 MAT Kubikzahl *f*; **elevar al** ~ zur dritten Potenz erheben 3 *(dado)* Würfel *m*, *adorno*: würfelförmige Verzierung *f*; (~) **comecocos** *o* ~ **mágico** *o* **de Rubic** Zauberwürfel *m*
cubo[2] M 1 *(balde)* Eimer *m*, Kübel *m*; *(tina)* Zuber *m*, Bottich *m*, Bütte *f*; ~ **de la basura** Müll-, Abfalleimer *m*; ~ **higiénico** Toiletteneimer *m*, Abortkübel *m in Gefängnissen*; ~ **de pedal** Treteimer *m* 2 TEC *de la rueda*: (Rad)Nabe *f* 3 MIL *(torreón)* runder Befestigungsturm *m*
cubocubo M MAT neunte Potenz *f*
cubreasientos M ⟨*pl inv*⟩ AUTO Schonbezug *m*; **cubrecadena** M *de la bicicleta*: Kettenschutz *m*; **cubrecama** F/M Tagesdecke *f*; **cubrejunta** F TEC *listón*: Deck-, Fugenleiste *f*; Verbindungslasche *f*; *cemento*: Fugenzement *m*; **cubrelecho** M Überdecke *f (im Bett)*; **cubrenuca** M Nackenschutz *m (tb* MIL*)*; **cubreobjetos** M ⟨*pl inv*⟩ Deckglas *n (am Mikroskop)*; **cubrerradiadores** Heizkörperverkleidung *f*; **cubreruedas** M ⟨*pl inv*⟩ TEC Radschutz *m*; **cubretapa** F WC-Deckelbezug *m*; **cubretetera** F Teewärmer *m*; **cubrevolante** M AUTO Lenkradhülle *f*, -bezug *m*
cubrición F ZOOL Decken *n*, Deckzeit *f*; **cubrimiento** M 1 *(acción de cubrir)* (Be)Decken *n*; ~ **de grava** Beschotterung *f (der Straße)* 2 ECON Deckung *f* 3 RADIO, TV *(area de difusión)* Sendebereich *m* 4 HIST *ceremonia*: Annahme *f* der Grandenwürde
cubrir ⟨*pp* **cubierto**⟩ A VT 1 *(tapar)* ab-, bedecken; *casa, techo* decken 2 *(ocultar)* zudecken, verhüllen; *vista* nehmen, verdecken; *fig (encubrir) j-n* decken; *etw* verbergen; *(colorear)* beschönigen, bemänteln 3 *(colmar, llenar)* (auf)füllen; *fig* ~ **de** überschütten mit *(dat)*, überhäufen mit *(dat)*; ~ **un agujero** ein Loch auffüllen; ~ **una vacante** eine freie Stelle besetzen 4 ECON *gastos, diferencia, demanda, riesgo* decken; ~ **los gastos** die Kosten bestreiten 5 *periodista* berichten über 6 MIL *(asegurar)* decken, sichern; ~ **a alg** j-m Feuerschutz geben 7 ZOOL *(fecundar)* decken, bespringen; *caballo padre* beschälen; *pájaros* treten 8 *distancia* zurücklegen; *meta* erreichen B VR **cubrirse** 1 sich bedecken; **el cielo se cubre (de nubes)** der Himmel bezieht (bewölkt) sich; ~ **de gloria** sich mit Ruhm bedecken 2 *abs (ponerse el sombrero)* den Hut aufsetzen; **¡cúbrase!** setzen Sie Ihren Hut auf! 3 *(protegerse)* sich schützen **(de** vor *dat*; **contra** gegen *acus*); MIL in Deckung gehen, Deckung nehmen; ~ **las espaldas** sich absichern, sich Rückendeckung verschaffen
cuca F 1 BOT Erdmandel *f* 2 ZOOL *(oruga)* Raupe *f*, Made *f*; *fam (cucaracha)* geflügelter Kakerlak *m*; *fam fig* **mala** ~ Schlangen-, Otterngezücht *n* 3 *fig (mujer que juega)* leidenschaftliche Glücksspielerin *f* 4 *Esp vulg (pene)* Schwanz *m* 5 *Am reg vulg (vagina)* Muschi *f*, Möse *f*; **cucamonas** FPL *fam* Geschmuse *n*, Schmus *m*; Schmeicheleien *fpl*
cucaña F 1 *en fiestas populares*: Kletterstange *f beim Volksfest* 2 *fig (golpe de suerte)* Glückstreffer *m*; Zufallseinnahme *f*; **cucañero** M, **-a** F *fam* Glücksritter *m*, -in *f*
cucar VT ⟨1g⟩ 1 *(guiñar)* blinzeln; ~ **(el ojo) a alg** j-m zublinzeln 2 *(burlarse)* verspotten
cucaracha A F 1 *insecto*: Schabe *f*, Kakerlak *m*; *(cochinilla)* Kellerassel *f* 2 *Col (ampolla)* Blase *f am Finger* 3 *Am reg* AUTO *fam (cacharro)* Klapperkiste *f* B M *Cuba pop (un gallina)* Angsthase *m*, Schisser *m*; **cucarachear** VI *Col* sich hinter seinen Büchern verschanzen; **cucarachero** M 1 *P. Rico* → cucañero 2 *fam hum profesión*: Kammerjäger *m* 3 *Col, Ven* ORN ***tropischer Singvogel, ein Zaunkönig*** *(Troglodytes aedon)*
cucarda F 1 *(escarapela)* Kokarde *f*; Hutschleife *f*; Bandrosette *f* 2 *(mallo)* Fäustel *m der Steinmetze*
cucarón M *Col* 1 *insecto*: Käfer *m*; *espec* großer Flugkäfer *m* 2 AUTO *fam* (VW-)Käfer *m*
cucha F 1 *Perú (pantano)* Sumpf *m* 2 *Arg, Ur fam (cama)* Bett *n*, Falle *f fam*, Bettchen *n (leng. inf)* 3 *Arg, Ur (yacija de perro)* Hundehütte *f*
cuchara A F 1 *utensilio*: Löffel *m*; ~ **de palo** *o* **madera** Holzlöffel *m*; ~ **de sopa** *o* **sopera** Suppenlöffel *m*; *fam* **meter su** ~ seinen Senf dazugeben *fam*; *fam fig* **meter a alg a/c con** ~ j-m etw einpauken 2 TEC *de la grúa*: Greifer *m*; (Gieß)Kelle *f*; ~ **de arranque** (Bagger)Löffel *m* 3 *pesca*: Blinker *m* 4 *Cuba (llana)* (Maurer)Kelle *f* B M 1 ORN **(pato** *m*) ~ Löffelente *f* 2 *Cuba fam (albañil)* Maurer *m*
cucharada F *porción*: Esslöffel *m* voll ~ **colmada** gehäufter Esslöffel (voll); **a** ~**s** löffelweise
cucharadita F Kaffeelöffel *m* voll; **cucharear** A VT mit dem Löffel herausfischen B VI → cucharetear; **cucharero** M Löffelbrett *n*; **cuchareta** F 1 ORN Löffler *m* 2 VET *enfermedad de las ovejas*: Leberkrankheit *f der Schafe*; **cucharetear** VI mit dem Löffel herumrühren; *fam fig* sich in fremde Angelegenheiten mischen; **cucharetero** M Löffelbrett *n*
cucharilla, cucharita F 1 *para el té, café*: (Tee-, Kaffee)Löffel *m*; Löffelchen *n*; ~ **de postre** Dessertlöffel *m* 2 VET *enfermedad de los cerdos*: Leberkrankheit *f der Schweine* 3 *pesca*: Blinker *m*
cucharón M Schöpflöffel *m*, Suppenkelle *f*; *fam* **meter el** ~ sich einmischen, seinen Senf dazu geben; *fig* **servirse** *o* **despacharse con el** ~ den Löwenanteil für sich *(acus)* beanspruchen
cucharro M MAR Gillung *f*; ~**s** *mpl* MAR Planken *fpl*
cuché ADJ *inv* **papel** *m* ~ satiniertes Papier *n*, Kunstdruckpapier *n*
cucheta(s) F(PL) *Arg, Ur* Etagenbett *n*
cuchí M *Perú* Schwein *n*
cuchichear VI zischeln, tuscheln, flüstern; **cuchicheo** M Getuschel *n*; Flüstern *n*; **andar en** ~**s** geheimtun, die Köpfe zusammenstecken
cuchichí M ORN *Ruf des Rebhuhns*; **cuchichiar** VI ⟨1c⟩ CAZA *perdiz* locken
cuchilla F 1 *(cuchillo grande)* (großes *o* breites) Messer *n*; *Am (cortaplumas)* Federmesser *n*; TEC (Hobel-, Schuster)Messer *n*; *del encuadernador*: Buchbinderhobel *m*; TEC ~ **de afinar** *máquina-herramienta*: Feinschlichtstahl *m*; ~ **(de carnicero)** Fleischermesser *n*; ~ **de picar** Hack-, Wiegemesser *n*; TEX ~ **de tijeras** Schermesser *n*; TEC ~ **de torno** Drehstahl *m (der Drehbank)* 2 *(hoja, filo)* Klinge *f*, Schneide *f (tb* TEC*)*; *(hoja de afeitar)* Rasierklinge *f*; *del patín de hielo*: Kufe *f* 3 AGR *del arado*: Sech *n*, Kolter *n am Pflug* 4 *poét (espada)* Schwert *n*, Degen *m* 5 *(arista)* (Fels)Grat *m*; *Am de la cordillera*: Gebirgskette *f*; -rücken *m* 6 ~ **de aire** *corriente fría*: kalter Luftzug *m*
cuchillada F Schnitt *m*, Stich *m*, Hieb *m*; *herida*: Schmarre *f*; *fig* ~**s** *fpl* Streit *m*, Rauferei *f*; *fig* **dar** ~ die Gunst des Publikums erringen, *artista tb* einschlagen
cuchillar M Gebirge *n* mit steilen Gipfeln;
cuchillería F 1 *(artículos de ferretería)* Stahlwaren *fpl* 2 *fábrica*: Messerfabrik *f* 3 *tienda*: Stahlwaren-, Messergeschäft *n*; **cuchillero** M 1 *profesión*: Messerschmied *m*; *vendedor*: Messerverkäufer *m* 2 *Am fig (navajero)* Messerheld *m* 3 *(abrazadera)* Klammer *f*
cuchillo M 1 *instrumento de corte*: Messer *n*; ~ **de cocina/de mesa** Küchen-/Tafelmesser *n*; ~ **eléctrico** Elektromesser *n*; ~ **de monte** Hirschfänger *m*; ~ **patatero** *o Am* ~ **de** *o* **para papas** Kartoffelschäler *m*; ~ **de resorte** Spring-, Schnappmesser *n*; ~ **de trinchar** Tranchiermesser *n*; *fig* **pasar a** ~ über die Klinge springen lassen 2 TEX *(cuadradillo)* Zwickel *m an Kleidung und Strümpfen* 3 CONSTR *maderos*: Stützbalken *m*, Schere *f* 4 MAR ~**s** *mpl* **(de vela)** Gilling *f* 5 *fig (tormento)* Pein *f*; CAT **Virgen** *f* **de los** ~**s** Schmerzensmutter *f* 6 CAZA ~**s** *mpl plumas*: Schwungfedern *fpl (bes des Falken)*
cuchipanda F *desp* Gelage *n*; **cuchitril** M 1 *(pocilga)* Schweinestall *m* 2 *fig desp habitación, hotel, etc*: Schweinestall *m fam*, Dreckloch *n desp*
cucho A ADJ 1 *Méx (chato)* stumpfnasig 2 *Col fam (viejo)* alt 3 *Esp reg (zurdo)* linkshändig B M 1 *Chile (gato)* Katze *f* 2 *Col (desván)* Winkel *m*; kleine Kammer *f* 3 *Col fam (padre)* alter Herr *m*
cuchuchear VI → cuchichear
cuchuco M *Col* GASTR *Suppe aus Gerste oder anderem Getreide mit Schweinefleisch*
cuchufleta F *fam* Witz *m*, Jux *m*, Neckerei *f*; **cuchufletero** M, **-a** F *fam* Spaßvogel *m*, Witzbold *m*
cuchumbi M *Col, Méx, Perú* ZOOL Wickel-(schwanz)bär *m*
cuchuña F *Chile* BOT *Art* Wassermelone *f*
cuclillas ADV **en** ~ hockend; **estar en** ~ hocken
cuclillo M ORN Kuckuck *m*
cuco[1] M Popanz *m*, *der* schwarze Mann *m*; *Chile der* Teufel *m*
cuco[2] A ADJ *fam* 1 *(bonito)* niedlich, hübsch, nett 2 *(taimado)* schlau, aalglatt 3 *Arg, Ur fam (feo)* hässlich B M 1 ORN Kuckuck *m*; **reloj** *m* **de** ~ Kuckucksuhr *f* 2 *fig (vivo)* Schlauberger *m* 3 *(tahúr)* Gewohnheitsspieler *m*
cucú M ⟨*pl* cucúes⟩ Kuckucksruf *m*, Kuckuck *n*
cucubá M *Cuba* ORN Hundseule *f*; **cucufato** A ADJ *Perú fam desp* bigott, frömmelnd; *Chile fam* verrückt B M, **-a** F *Perú fam* Betbruder *m*, -schwester *f*; **cucuiza** F *Am* Sisalfaden *m*; **cuculí** M *Bol, Chile, Ec, Perú* ORN *Art* Ringeltaube *f*
cuculo M BOT Taubenkropf *m*
cucúrbita F 1 BOT *(calabaza)* Kürbis *m* 2 *anticuado* Retorte *f*; **cucurbitáceas** FPL BOT Kürbisgewächse *npl*, Kukurbitazeen *fpl*
cucurucho M 1 *(recipiente de papel)* Papiertüte *f* 2 *fig (capirote de penitentes)* Büßermütze *f (bei Prozessionen)* 3 GASTR *para helado*: Eistüte *f*, Eis *n* in der Waffel 4 *Cuba (azúcar de melaza)* Melassezucker *m* 5 *Col* ZOOL Basilisk *m*
cucuy(o) M *Am insecto*: Glühwürmchen *n*, Leuchtkäfer *m*
cudria F Espartoschnur *f*
cueca F *Chile ein Volkstanz*
cuece → cocer
cuecehuevos M ⟨*pl inv*⟩ (elektrischer) Eierkocher *m*
cueco M *Cuba* (Obst)Kern *m*
cuelga F 1 *para secar*: *zum Trocknen aufgehängtes* Bündel *n* Früchte 2 *Méx, Ven (regalo de cumpleaños)* Geburtstagsgeschenk *n*
cuelgo → colgar
cuelgue A → colgar B M 1 INFORM Absturz *m* 2 (Drogen)Trip *m*
cuellicorto ADJ kurzhalsig; **cuellierguido** ADJ den Kopf hoch tragend; **cuellilargo** ADJ

langhalsig

cuello M 1 ANAT Hals *m*; **~ de cisne** Schwanenhals *m (tb fig)*; *pop* **cortar el ~ a alg** j-n um einen Kopf kürzer machen *fam*; **echar a alg los brazos al ~** j-m um den Hals fallen; **erguir el ~** hochgestochen sein; *fig* **levanta el ~** der Kamm schwillt ihm; *fig* **estar metido hasta el ~ en a/c** bis zum Hals in etw stecken 2 TEX *de las camisas*: Kragen *m*; **~ alto** Rollkragen *m*; **~ bajo** Umlegekragen *m*; **~ cisne** Rollkragen *m*; **~ duro/postizo** steifer/loser Kragen *m*; **~ de pajarita** (steifer) Eckenkragen *m*; **~ tortuga** Rollkragen *m*; **~ V** V-Ausschnitt *m*; **~ vuelto** Schillerkragen *m* 3 TEC *de las botellas, tornillos, etc*: (Flaschen-, Kolben-, Schrauben- *etc*) Hals *m*; **~ de botella** Flaschenhals *m*; *transporte: de una carretera*: Engstelle *f*, Engpass *m (tb fig)* 4 ANAT **~ uterino** Gebärmutterhals *m*

cuelmo M Kienspan *m*

cuelo → colar[1], colar[2]

cuenca F 1 *(escudilla de madera)* Holznapf *m* 2 *(valle)* tiefes Tal *n*; **~ (hidrográfica)** (Wasser)Einzugsgebiet *n*, Becken *n*; **~ del Ebro** Ebrobecken *n*; **~ carbonífera** Kohlenrevier *n*, -becken *n*; **~ minera** Bergbaugebiet *n*; Kohlenrevier *n*

Cuenca F *spanische Stadt, Provinz*

cuenco M 1 *(escudilla)* Napf *m*; kleine Schüssel *f* 2 *(cavidad)* Höhlung *f*; **el ~ de la mano** die hohle Hand

cuenta F 1 *(enumeración)* Zählen *n*; *(cálculo)* Rechnen *n*; **~ atrás** *o espec Am* **~ regresiva** Count-down *m/n*; *fig* **~ de la vieja** Abzählen *n* an den Fingern; **llevar la ~ de a/c** etw zählen 2 *(factura)* Rechnung *f (tb* ECON, GASTR*)*; **a ~** Akonto..., a conto, auf Rechnung; als Anzahlung; **pagar a ~** anzahlen; **a ~ de** auf Kosten von *(dat)*; **por ~ de** auf Rechnung von; **por ~ ajena** *o* **por ~ de tercero** auf fremde Rechnung; **por ~ propia** auf eigene Rechnung; *fig* **por su propia ~** auf eigene Faust; **por ~ y riesgo de** auf Rechnung und Gefahr von *(dat)*; **~s atrasadas** *o* **~s pendientes** unbezahlte Rechnungen *fpl*, Außenstände *pl*; *fig* **a fin de ~s** letzten Endes, letztlich; **~ de gastos** Spesenrechnung *f*; **más de la ~** übermäßig; zu viel; **~ de pérdidas y ganancias** Gewinn- und Verlustrechnung *f*; **~ de resultados** Erfolgsrechnung *f*; JUR **Tribunal de Cuentas** Rechnungshof *m*; **ajustar ~s** abrechnen; *fig* **ajustarle las ~s a alg** mit j-m (noch) abrechnen; **correr de** *o* **por ~ de alg** auf j-s Rechnung *(acus)* (*o* zu j-s Lasten *(dat)*) gehen; **las ~s no cuadran** die Rechnung stimmt nicht (*o* geht nicht auf); **dar más de la ~** zu viel (*o* mehr als verlangt) geben; **echar la ~** abrechnen; **echar ~s** be-, ausrechnen, kalkulieren; **¡(me/nos trae) la ~, por favor!** (bringen Sie mir/uns) die Rechnung, bitte; bitte zahlen!; **establecerse por su ~** sich selbstständig machen; *fig* **pasar la ~ a alg** j-m die Rechnung präsentieren *(fig)*; **poner en ~** auf die Rechnung setzen; **sacar la ~ (de a/c)** (etw) ausrechnen; eine Rechnung ausstellen; *fig* Schlüsse ziehen; *espec fig* **no me sale la ~** die Rechnung geht nicht auf; *fig* **salir a ~** sich bezahlt machen; sich lohnen; **tomar por su ~** auf sich *(acus)* nehmen; *prov* **la ~ es ~** Geschäft ist Geschäft 3 FIN Konto *n*; **~ abierta** offenes Konto *n*; **~ de ahorro(s)/de depósito** Spar-/Depositenkonto *n*; **~ bancaria** Bankkonto *n*; **~ bloqueada** *o* **congelada** Sperrkonto *n*; **~ cifrada** *o* **~ numerada** Nummernkonto *n*; **~ colectiva/a la vista** Sammel-/Sichtkonto *n*; **~ corriente** laufendes Konto *n*, Kontokorrent *n*, Girokonto *n*; **~-salario** Lohnkonto *n*; **apertura** *f* **de una ~** Kontoeröffnung *f*; **abonar en ~** (einem Konto) gutschreiben; *fig* anrechnen; **cargar a/c en ~ a alg** j-m etw berechnen; j-s Konto mit etw *(dat)* belasten 4 *(consideración)* Berücksichtigung *f*; Betracht *m*, Betrachtung *f*; **entrar en ~** infrage (*o* in Betracht) kommen; **hacer ~** überschlagen, überlegen; **tener** *o* **tomar en ~** in Betracht ziehen; beachten, berücksichtigen; **teniendo en ~** *(sust o* **que)** im Hinblick auf *(acus)* (*o* darauf, dass); **tener** *o* **traer ~** sich lohnen, nützlich sein; **¡por la ~ que me trae!** ich bin ja daran interessiert!; **persona** *f* **de ~** wichtige Person *f* 5 *(rendimiento de cuentas)* Rechenschaft *f*; **dar ~ de a/c** *(rendir cuentas)* über etw *(acus)* Rechenschaft geben (*o* ablegen); *(comunicar)* etw mitteilen, über etw *(acus)* Nachricht geben; über etw *(acus)* berichten **(a alg** j-m); *(terminar con a/c)* mit etw *(dat)* fertig werden; **dar (buena) ~ de** *etw* aufessen (*o* vertilgen *fam*); sich gütlich tun an *(dat)*; *pop* **dar ~ de alg** j-n fertigmachen; j-n umlegen *pop*; **dar buena/mala ~ de su persona** sich bewähren/nicht bewähren; sich als vertrauenswürdig/nicht vertrauenswürdig erweisen; **darse ~ de a/c** sich *(dat)* über etw *(acus)* klar werden, etw (be)merken; **ya me doy ~** ich bin mir darüber schon klar; **deja eso de mi ~** überlass das mir; **entrar en ~s consigo** bei sich *(dat)* überlegen; sein Gewissen prüfen, sein Verhalten überlegen; **habida cuenta de (que) ...** wenn man bedenkt, dass ...; **pedir ~s a alg** von j-m Rechenschaft fordern 6 *(asunto)* Angelegenheit *f*, Sache *f*; **es ~ mía** das ist meine Sache; **caer en la ~** begreifen, dahinter kommen, (plötzlich) verstehen **(de que** dass); **¡vamos a ~s!** kommen wir zur Hauptsache!; klären wir die Sachlage!; **perder la ~ (de)** *(etw)* vergessen, sich nicht mehr erinnern (an *acus*), den Überblick (*o* den Faden *fam*) verlieren; **en resumidas ~s** alles in allem; kurz und gut, (kurz) zusammengefasst; *fam* **tener ~s pendientes con alg** mit j-m noch ein Hühnchen zu rupfen haben 7 *(perla del rosario)* Perle *f am Rosenkranz*; Glasperle *f*

cuentachiles M/F *Méx fam* 1 *(chismoso)* Klatschmaul *n*, Schwätzer *m*, -in *f* 2 *(persona mezquina)* Geizhals *m*

cuentacorrentista M/F ECON Kontokorrentinhaber *m*, -in *f*

cuentadante M/F der/die zur Rechenschaft Verpflichtete, der/die Rechenschaft Gebende;

cuentagarbanzos M/F ‹*pl inv*› Geizhals *m*, Knicker *m*, -in *f fam*; **cuentagotas** M ‹*pl inv*› MED Tropfenzähler *m*; Tropfglas *n*; *adv* **con ~** tropfenweise *(tb fig)*; **cuentahílos** M ‹*pl inv*› TEX Fadenzähler *m*; **cuentakilómetros** M ‹*pl inv*›, *Cuba* **cuentamillas** M ‹*pl inv*› Kilometerzähler *m*; **cuentapasos** M ‹*pl inv*› Schrittzähler *m*; **cuentarrevoluciones** M ‹*pl inv*›, *Arg* **cuentavueltas** M ‹*pl inv*› Drehzahlmesser *m*, Tourenzähler *m*

cuentear V/T *Arg j-n* bezirzen, begaunern

cuentero M, **-a** F *fam desp* Klatschmaul *n*; Schwätzer *m*, -in *f*; *irón tb* Erzähler *m*, -in *f*;

cuentista M/F 1 LIT *persona*: Erzähler *m*, -in *f*; Märchenerzähler *m*, -in *f* 2 *fam desp (chismoso)* Klatschmaul *n*; Schwätzer *m*, -in *f*; Prahlhans *m*

cuento[1] A → contar B M 1 *(narración)* Erzählung *f*; Geschichte *f (tb fig)*; **~ (de hadas)** Märchen *n*; **~s chinos** Ente *f*, Lüge *f*, Fabel *f*; **~ chistoso** Humoreske *f*; **~ de viejas** Ammenmärchen *n*; **~ viejo** alte Geschichte *f*, aufgewärmter Kohl *m fam*; **~s** *mpl* Gerede *n*, Quatsch *m fam*; Ausreden *fpl*; *fig* **~ de la lechera** Milchmädchenrechnung *f*; **sin ~** unzählig, endlos; *fam* **¡menos ~!** stell dich nicht so an! *fam*; **dejarse de ~s** zur Sache kommen; **es mucho ~** es wird viel geredet, es ist nur wenig wahr daran; **aplicarse el ~** es sich *(dat)* zu Herzen nehmen, eine Lehre daraus ziehen; *fam* **ir(se) con el ~ a alg** j-m etw brühwarm erzählen (*o* berichten); **ser un ~** nicht wahr sein; **es el ~ de nunca acabar** das hört nie auf; das (*o* es) ist immer die gleiche (*o* eine endlose) Geschichte; **tener mucho ~** angeben, übertreiben; **traer a ~** zur Sprache bringen; **venir a ~** zur rechten Zeit (*o* gelegen) kommen; **eso no viene a ~** das hat damit nichts zu tun; *fam* **vivir del ~** ein Drohnenleben führen 2 *(contrariedad)* dumme Geschichte *f*, Unannehmlichkeit *f* 3 *reg (millón)* Million *f*; **~ de ~s** Billion *f*

cuento[2] M 1 *(abrazadera)* Zwinge *f*, Eisenbeschlag *m* 2 *(puntal)* Stützbalken *m* 3 ORN Flügelgelenk *n der Vögel*

cuentón M 1 *fam persona*: Geschichtenerzähler *m (tb desp)* 2 *(factura exagerada)* übertriebene (*o* sehr hohe) Rechnung *f*

cuera F *Am* 1 *(látigo)* Peitsche *f* 2 *(paliza)* Prügel *pl*; **cuerada** F Prügel *pl*; **cuerazo** M 1 *Col, Ec fam (latigazo)* Peitschenhieb *m* 2 *Am reg fam (hombre muy guapo)* *gut und sehr männlich aussehender junger Mann*

cuerda F 1 *(cabo)* Seil *n*, Leine *f*; Schnur *f*; **~ de escalada** Kletterseil *n*; **~ floja** (Akrobaten)-Drahtseil *n*, Seiltänzerdraht *m*; AVIA **~-guía** Schleppseil *n*; **~ (para tender la ropa)** Wäscheleine *f*; **~ de tracción** Zugleine *f*; **~ de trepar** Kletterseil *n*; *fig* **bajo ~** *o* **por debajo de ~** heimlich, unter der Hand; *fig* **andar** *o* **bailar en la ~ floja** lavieren, nach beiden Seiten manövrieren, einen Eiertanz aufführen *fam*; *fig* **dar ~ larga a alg** j-n an der langen Leine führen; *fig* **la ~ se rompe siempre por lo más delgado** *corresponde a*: der Stärkere hat immer Recht, kleine Diebe hängt man, große lässt man laufen; *fig* **la ~ no da más** auf dem letzten Loch pfeifen; *fig* **poner a alg contra las ~s** j-m hart zusetzen, j-n in die Enge treiben; *fig* **tirar de la ~ a alg** *(poner freno)* j-n zügeln, j-n bremsen; *(tirar de la lengua a alg)* j-m die Würmer aus der Nase ziehen *fam* 2 ANAT *(tendón)* Sehne *f (tb* GEOM, ARQUIT*)*; **~ de arco** Bogensehne *f*; GEOM **~ del círculo** Kreissehne *f*; ANAT **~s** *fpl* **vocales** Stimmbänder *npl* 3 MÚS *de la guitarra, etc*: Saite *f*; **~ de tripa/metal/piano** Darm-/Stahl-/Klaviersaite *f*; **instrumentos** *mpl* **de ~** Saiteninstrumente *npl*; **música** *f* **de ~** Streichmusik *f*; *fig* **aflojar la ~** mildere Saiten aufziehen; *fig* **apretar la ~** andere Saiten aufziehen 4 MÚS *(voz)* Stimme *f*; **media ~** Mittelstimme *f* 5 *del reloj*: Feder *f*; **~ automática** Selbstaufzug *m*; **~ de mecanismo** Aufzugfeder *f*; **dar ~ al reloj** die Uhr aufziehen; *fam fig* **dar ~ a alg** j-n animieren; *fam fig* **parece que le han dado ~** er redet wie aufgezogen; **tener ~** *reloj, resorte* aufgezogen sein; *fig (estar de buen humor)* aufgekratzt sein *fam*; *fam fig (aguantar algo)* etwas vertragen (*o* aushalten) können 6 *presos encadenados*: Reihe *f* aneinandergeketteter Gefangener; DEP *alpinismo*: Seilschaft *f*; *tb desp* **son de la misma ~** die sind alle vom gleichen Schlag; alles dieselbe Mischpoke *fam*; *Am* **estar en su ~** in seinem Element sein; *Ven fam fig* **salirse de ~** aus der Reihe tanzen; sich danebenbenehmen

cuerdamente ADV klug; **cuerdo** ADJ klug, vernünftig, gescheit; einsichtig; verständig

cuereada F 1 *Am Mer (temporada del cuero)* Ledersaison *f (Zeit vom Schlachten bis zur Auslieferung der Rohhäute)* 2 *Méx* → cueriza; **cuerear** V/T 1 *RPl (despellejar)* abhäuten 2 *Am fig (dar una paliza)* verprügeln 3 *Arg, Ur fam fig* **~ a alg** *(hablar mal de alg)* kein gutes Haar an j-m lassen; **cuerina** F *Am reg* Sky *n (Lederimitat)*; **cueriza** F *Am fam* Tracht *f* Prügel *pl*

cuerna F 1 ZOOL *(cornamenta)* Geweih *n*; Gehörn *n* 2 *recipiente*: Horngefäß *n*, Trinkhorn *n* 3 MÚS *instrumento*: Kuh-, Hirtenhorn *n*

cuérnago M Wasserrinne *f*, Rinnsal *n*

C

cuernecillo M BOT Hornklee *m*
cuernito M *Méx* GASTR Hörnchen *n*
cuerno M **1** ZOOL Horn *n* (*tb substancia*); **~ de la abundancia** Füllhorn *n*; **~ de Amón** Ammonshorn *n* (*Versteinerung*); **¡~s!** Donnerwetter!; *fam* **¡un ~!** von wegen! *fam*, denkste! *fam*; **¡al ~ con ...!** zum Teufel mit ...!; *fig* **coger el toro por los ~s** den Stier bei den Hörnern packen; *fam fig* **irse al ~** zum Teufel gehen; kaputtgehen, baden gehen *fam*; *fig* **andar** *o* **verse en los ~s del toro** in höchster Gefahr sein, auf dem Pulverfass sitzen; *fam fig* **llevar ~s** Hörner aufgesetzt bekommen *fam*, betrogen werden; *fam fig* **poner ~s al marido** dem Ehemann Hörner aufsetzen *fam*; **oler** *o* **saber a ~ quemado** (*ser horrible*) scheußlich sein (**a alg** für j-n); (*ser sospechoso*) *j-m* verdächtig sein; *fam* **romperse los ~s** sich abschinden; *fam* **¡vete al ~!** scher dich zum Teufel! **2** ZOOL (*antena*) Fühler *m*, Fühlhorn *n* **3** *de la luna*: Spitze *f der Mondsichel*; *fig* **poner a alg en** *o* **por los ~s de la luna** j-n in den Himmel heben, j-n über den grünen Klee loben **4** MÚS *instrumento*: Horn *n*; **~ (de caza)** Jagd-, Waldhorn *n*; **~ alpino** *o* **de los Alpes** Alphorn *n*; **tocar el ~** ins Horn stoßen **5** *región*: **Cuerno de Africa** *n pr* Horn *n* von Afrika
cuero M **1** (*piel*) Leder *n*; Haut *f*; **~ artificial** *o* **imitado** *o* **de imitación** Kunstleder *n*; **~ cabelludo** (behaarte) Kopfhaut *f*; **~ de cocodrilo** Kroko(dil)leder *n*; **~ charolado** Lackleder *n*; **~ de víbora** *o Am* **de culebra** Schlangenleder *n*; **~ al cromo/de Rusia** Chrom-/Juchtenleder *n*; **~ verde** ungegerbte Rohhaut *f*; *fam* **en ~s** splitternackt; *fam fig* **dejar a alg en ~s (vivos)** j-m alles wegnehmen, j-n bis aufs Hemd ausziehen *fam*; *Arg, Ur fam* **sacar el ~ a alg** kein gutes Haar an j-m lassen **2** (*odre*) (Wein-, Öl-etc) Schlauch *m* **3** *fam* (*borracho*) Trunkenbold *m*, Säufer *m fam*; **estar hecho un ~** stockbetrunken (*o* veilchenblau *fam*) sein **4** *Méx fam* (*mujer hermosa*) hübsche Frau *f*; *Am reg fam* (*guapo*) gut aussehender Mann *m*
cuerpazo M *fam* sagenhafte Figur *f*, Traumfigur *f*
cuerpear VI *RPl* ausweichen
cuerpo M **1** *de un ser viviente*: Körper *m*, Leib *m*; (*tronco*) Rumpf *m*; **a ~** ohne Mantel; **a ~ gentil** leicht gekleidet; *fig* ohne fremde Hilfe, durch eigene Kraft; *adv* **a ~ de rey** fürstlich; MIL **~ a ~** *adv* (*hombre contra hombre*) Mann gegen Mann; *m* (*riña*) Handgemenge *n*, Nahkampf *m* (*tb* DEP); **¡~ a tierra!** Deckung!; **~ astral** Astralleib *m*; **de ~ entero** in voller Größe; *fig* vollkommen, vollendet, Vollblut...; *adv* **en alma y ~** *o* **en ~ y alma** mit Leib und Seele, ganz, gänzlich; **sin ~** körperlos; MED **extraño al ~** körperfremd; PINT, FOT **retrato** *m* **de medio ~** Brustbild *n*; **dar con el ~ en tierra** fallen; **echar al ~ fuera** sich drücken; *fam* **echarse a/c al ~** etw zu sich (*dat*) nehmen, etw essen (*o* trinken); **ganar(lo) con su ~** *prostituta* sich (*o* seinen Körper) verkaufen; **hacer del ~** Stuhlgang haben; seine Notdurft verrichten; **huir** *o* **hurtar el ~** (*esquivar*) ausweichen; (*zafarse*) sich drücken; **pedirle a alg el ~ a/c** (ein unbezwingliches) Verlangen haben nach etw (*dat*); etw zu sich (*dat*) nehmen wollen; **me lo pide el ~** ich habe Lust dazu (*o* darauf); mir ist danach; *fig* **no quedarse con nada en el ~** alles rückhaltlos heraussagen **2** (*objeto material*) Körper *m* (*tb* GEOM), Gegenstand *m*; FISIOL **~ amarillo** Gelbkörper *m*; **~ celeste** Himmelskörper *m*; JUR **~ del delito** Beweisstück *n*, Corpus *n* Delicti; *espec* MED **~ extraño** Fremdkörper *m*; **~ simple** Element *n*, Grundstoff *m*; **~ sólido** fester Körper *m* **3** (*cadáver*) Leichnam *m*; **estar de ~ presente** *cadáver* aufgebahrt sein **4** (*corporación*) Körperschaft *f*; **~ de baile** Ballettkorps *n*; **~ de bomberos (voluntarios)** (freiwillige) Feuerwehr *f*; **~ consular/diplomático** konsularisches/diplomatisches Korps *n*; **~ docente** Lehrkörper *m*; **~ facultativo/de funcionarios** Ärzte-/Beamtenschaft *f*; **en ~** insgesamt, geschlossen, in corpore **5** MIL Korps *n*; Truppe(nkörper *m*) *f*; **~ de ejército** Armeekorps *n*; **~ expedicionario** Expeditionskorps *n*; **~ de guardia** (*puesto de guardia*) Wachlokal *n*, -stube *f*; (*guardia*) Wache *f* **6** (*figura*) Gestalt *f*, Figur *f*; *de un líquido*: Dicke *f*, Stärke *f*; *del vino*: Körper *m*; (*tamaño*) Größe *f*; (*peso*) Gewicht *n*; **dar ~ a** *líquido* ein-, verdicken (*acus*); **cobrar** *o* **tomar ~** Gestalt annehmen, sich verdichten, deutlich werden; (*engordar*) zunehmen; **vino** *m* **de** *o* **con ~** körperreicher (*o* kräftiger) Wein *m* **7** TEC Körper *m*; (*carcasa*) Gehäuse *n*; TIPO Kegel *m der Letter*; TEC *de un remache*: Schaft *m einer Niete*; ELEC **~ incandescente** Glühkörper *m*; **~ de alumbrado** *o* **~ luminoso** Beleuchtungskörper *m*; MAR **~ muerto** Uferbalken *m beim Brückenbau*; Vertäupfahl *m* **8** (*parte*) Teil *m* (*tb fig*); Haupt(bestand)teil *m*; *fig* **~ de doctrina** Lehrgebäude *n*; **de un (solo) ~/de dos ~s** *cama* ein-/zweischläfrig; *armario* ein-/zweiteilig **9** (*colección*) Sammlung *f* (*bes von Gesetzen*); Band *m* (*z. B. als Bestandteil einer Bibliothek*) **10** TEX *de un vestido*: Oberteil *n eines Kleides*
cuerva F **1** ORN Dohle *f* **2** *bebida*: Sangria *f* (*Getränk aus Rotwein, Limonade und Obststücken*) **3** *pez*: *Art* Makrele *f*
cuervo M **1** ORN (Kolk)Rabe *m*; **~ marino** Kormoran *m*; Seerabe *m*; **negro como un ~** rabenschwarz **2** *Arg* ORN Rabengeier *m* (*Coragyps atratus*); Truthahngeier *m* (*Cathartes aura*) **3** *pop* (*cura católico*) katholischer Priester *m*
cuesco M **1** (*hueso de la fruta*) Obstkern *m* **2** BOT *hongo*: *Art* Bovist *m* **3** *vulg* (*pedo ruidoso*) kräftiger Furz *m pop*
cuesta[1] F (*pendiente*) Hang *m*, Abhang *m*; (*montaña*) Berg *m*, Anhöhe *f*; *transporte*: (*subida*) Steigung *f*; (*declive*) Gefälle *n*; *adv* **~ abajo** bergab; *adv* **~ arriba** bergauf; *adv* **a ~s** auf dem Rücken; huckepack; **hacer ~** *calle, terreno* steil abfallen; abschüssig sein; **esto se le hace ~ arriba** das geht ihm gegen den Strich, das fällt ihm sehr schwer; *fam* **tener 70 años a ~s** 70 Jahre auf dem Buckel haben *fam*; *fam* **la ~ de enero** die Kassenebbe nach Weihnachten und Neujahr
cuesta[2] F, **cuestación** F Sammlung *f*; Kollekte *f*; **hacer una ~** sammeln
cuestión F (*pregunta*) Frage *f*; (*problema*) Problem *n*; (*cosa*) Sache *f*; (*discusión*) Auseinandersetzung *f*; **~ de dinero** Geldfrage *f*; **en ~** fraglich; betreffend; **en ~ de ...** in der Angelegenheit (*o* in Dingen) des ...; **en ~ de dinero** in Gelddingen; **la ~ es que ...** es handelt sich darum, dass ...; die Sache ist die, dass ...; **es ~ de** es ist eine Frage (*o* Sache) von (*dat*); **esto es ~ mía** das ist meine Sache; JUR **~ de derecho/de hecho** Rechts-/Tatfrage *f*; **~ de gustos** Geschmackssache *f*; **~ previa** Vorfrage *f*; **~ de principio(s)** Grundsatzfrage *f*; **entrar en ~** infrage kommen; **eso es otra ~** das ist etwas ganz anderes; **hacer** *o* **poner** *o* **plantear una ~** eine Frage stellen; POL *y fig* **plantear la ~ de confianza** *o* **de gabinete** die Vertrauensfrage stellen; **ser ~ de confianza** Vertrauenssache sein; *fam* **la ~ es pasar el rato** Hauptsache, man unterhält sich (dabei)
cuestionable ADJ fraglich, zweifelhaft, strittig; **cuestionar** VT **1** (*discutir*) erörtern, diskutieren **2** (*poner en duda*) infrage stellen;
cuestionario M Fragebogen *m*
cuesto M *reg* Hügel *m*, Anhöhe *f*
cuestor M **1** HIST *magistrado romano*: Quästor *m* **2** (*colector de limosnas*) Spendensammler *m*;
cuestura F HIST Quästur *f*
cuete M **1** (*ebrio*) Rausch *m*; *fam* **ponerse ~** sich besaufen *fam* **2** *Méx* (*pistola*) Pistole *f* **3** *carne del muslo*: Rindskeule *f* **4** *Arg fam* (*persona intranquila*) unruhige Person *f* **5** *Am reg* (*cohete*) Rakete *f* **6** *Ur fam adv* **al ~** (*en vano*) umsonst, vergebens
cuetear VI *Hond* schießen, herumballern
cueto M **1** (*elevación*) steile Anhöhe *f* **2** *población*: befestigte Höhensiedlung *f*
cueva F **1** (*cavidad subterránea*) Höhle *f*; **~ de estalactitas** Tropfsteinhöhle *f*; *tb fig* **la ~ del león** die Höhle des Löwen; *fig* **~ de ladrones** Räuberhöhle *f* **2** (*sótano*) Keller *m*
cuévano M Kiepe *f*, Korb *m*
cuezo **A** → cocer **B** *pop* M Mörteltrog *m*; Waschtrog *m*
cufifo ADJ *Chile fam* besoffen
cuguar M ZOOL Puma *m*, Kuguar *m*
cugujada F ORN Haubenlerche *f*
cui M *Arg, Perú, Ur* ZOOL Meerschweinchen *n*
cuicacoche M *Méx* ORN *Art* Singdrossel *f*
cuico M, **-a** F **1** *Am reg* (*forastero*) *Spottname für Ausländer, -in* **2** *Arg* (*mestizo*) Mestize *m*, Mestizin *f* **3** *Méx desp* (*agente de policía*) Bulle *m pop*, Polyp *m pop*
cuidado M **1** (*prevención*) Vorsicht *f*; (*atención*) Sorgfalt *f*, Aufmerksamkeit *f*; (*preocupación*) Sorge *f*; **(ser) de ~** gefährlich (sein), mit Vorsicht zu genießen (sein) *fam*; **estar de ~** schwer krank sein; **estar con ~** in Sorge (*o* beunruhigt) sein; **ir** *o* **proceder con ~** behutsam vorgehen; **tener ~** aufpassen (dass *ind* **de que** *subj*); sich vorsehen (**con** mit *dat* *o* bei *dat*); **eso me trae sin ~** das lässt mich kalt; **¡~!** Achtung!, Vorsicht!, aufgepasst!; **¡~ conmigo!** nehmt euch in Acht vor mir!; **¡~ contigo si no trabajas!** du kannst etwas erleben, wenn du nicht arbeitest!; **¡~, que está loco!** der ist ganz schön verrückt!; **¡~ con hacerlo!** bloß nicht tun!; **¡~ en** *o* **de no caer!** Vorsicht, dass du nicht fällst!; **¡allá ~s!** das ist doch mir egal!, ich will davon nichts wissen!; **¡no hay ~!** keine Sorge!; das fällt mir nicht im Traum ein!; **¡pierda usted ~!** seien Sie unbesorgt! **2** (*asistencia*) Betreuung *f*, Sorge *f*, Pflege *f*; TEC (*mantenimiento*) Wartung *f*; **~s** *mpl* Pflege *f*, Fürsorge *f*; **~ del coche** Wagenpflege *f*; **~ de la piel** Hautpflege *f*; **lo dejo a su ~** ich lege es in Ihre Hand; ich überlasse es Ihnen; **tener ~ de** Sorge tragen für (*acus*)
cuidador **A** ADJ äußerst (*o* peinlichst) besorgt, bemüht; aufmerksam **B** M, **cuidadora** F **1** *Am* (*supervisor,-a*) Aufseher *m*, -in *f*; (*administrador,-a*) (Haus)Verwalter *m*, -in *f* **2** MED *etc* Pfleger *m*, -in *f*; (*enfermero,-a*) Krankenpfleger *m*, Krankenschwester *f*; **~(a) de ancianos** Altenpfleger *m*, -in *f*; **~(a) de animales** Tierpfleger *m*, -in *f* **C** **-a** F *Méx* (*niñera*) Kindermädchen *n*; **~ familiar** ≈ Tagesmutter *f*
cuidadosamente ADV sorgfältig; **cuidadoso** ADJ **1** (*esmerado*) sorgfältig **2** (*considerado*) behutsam; **~ para con** rücksichtsvoll gegen (*acus*)
cuidar **A** VT & VI **~ (de)** (*asisitir*) pflegen, betreuen; versorgen; (*poner diligencia a*) Acht geben auf (*acus*); sich kümmern um (*acus*); **~ de que** (*subj*) dafür sorgen, dass (*ind*); darauf bedacht sein zu (*inf*); **~ su aspecto** auf sein Äußeres achten; **~ la casa** die Hausarbeit verrichten; **~ la salud** auf seine Gesundheit achten; **~ a** *o* **de los niños** für die Kinder sorgen, die Kinder betreuen **B** VT glauben, denken (, dass) **C** VR **cuidarse** **1** (*guardarse*) sich hüten (**de** vor *dat*); **¡cuídate muy bien de meterte en este asunto!** misch dich bloß nicht in diese Angelegenheit! **2** (*ocuparse*) **~ de** sich

kümmern um *(acus)*, sich sorgen um *(acus)*; **¡cuídese usted bien!** achten Sie auf Ihre Gesundheit!; **¡cuídate!** pass auf dich auf!

cuido M Sorge *f*, Pflege *f (von Sachen)*

cuija F 1 *Méx* ZOOL *Art* Mauerechse *f* 2 *fig (mujer flaca y fea)* hässliches, dürres Weib *n*

cuis M *Arg, Ur* ZOOL Meerschweinchen *n*

cuita F Sorge *f*, Kummer *m*, Leid *n*; **cuitado** ADJ traurig, bekümmert; kleinmütig, elend

cuja F 1 *para la lanza*: Lanzenschuh *m am Sattel* 2 *armadura de cama*: Bettgestell *n*; *Am reg (cama)* Bett *n* 3 *Méx (envoltura)* Verpackung *f für Kolli*

cuje M *Cuba* 1 BOT *Art* Ingwer *m* 2 *vara*: Stange *f zum Dörren des Tabaks*

cujear VT *Cuba fam* 1 *(azotar)* **~ a alg** j-n verprügeln, j-n auspeitschen 2 *(usar en forma excesiva, desgastar)* **~ a/c** etw abnutzen; etw zu oft gebrauchen

cují M *Ven* BOT duftende Akazie *f*

culada F *fam* **dar una ~** *(caer sobre el trasero)* auf den Hintern fallen; MAR **dar ~s** *(tocar el fondo)* auf Grund stoßen; *(volver corriendo)* zurücklaufen

culanchar VI *Arg fam* Manschetten haben *fam*

culantrillo M BOT Frauen-, Venushaar *n*; **culantro** M BOT Koriander *m*

culata F 1 *arma de fuego*: Gewehrkolben *m*; Bodenstück *n einer Kanone*; **~ adaptable** Anschlagkolben *m (zum Aufsetzen von Pistolen)*; *fam fig* **salirle (a alg) el tiro por la ~** nach hinten losgehen, schiefgehen, ein Bumerang sein 2 AUTO **~ de cilindro** Zylinderkopf *m* 3 *equitación*: *(grupa)* Kruppe *f*

culatada F Rückstoß *m eines Gewehrs*; **culatazo** M 1 *golpe*: Schlag *m* mit dem Kolben, Kolbenstoß *m* 2 → culatada

culear VI 1 *Esp pop (mover el trasero)* mit dem Hintern wackeln 2 *Am reg vulg (joder)* bumsen *vulg*, vögeln *vulg*

culebra F 1 ZOOL *(serpiente)* Schlange *f*; *fig* (Schlangen)Windung *f*; **~ acuática de collar** Ringelnatter *f*; *Ven* **~ de agua** Anakonda *f*; **~ de cristal** Blindschleiche *f*; **~ de Esculapio** Äskulapschlange *f* 2 *pez*: **~ (de mar)** Schlangenaal *m* 3 TEC *(serpentín refrigerador)* Kühlschlange *f*; *(serpentín calefactor)* Heizschlange *f* 4 *fam (alboroto)* Lärm *m*, Wirrwarr *m*; *fam (chasco)* Ulk *m*, Streich *m* 5 MAR *cabo*: Reihleine *f* 6 *Am (deuda)* (Geld)Schuld *f* 7 *Col fam (acreedor)* Gläubiger *m*

culebrazo M Streich *m*; **culebrear** VI sich schlängeln; *(tambalear)* schwanken, im Zickzack gehen; *(conducir en serpentinas)* in Schlangenlinien fahren; **culebreo** M Schlängeln *n*; Sichdahinwinden *n*; **culebrera** F ORN See-, Schlangenadler *m*

culebrilla F 1 MED *(herpes zoster)* Gürtelrose *f* 2 BOT Schlangenkraut *n* 3 ZOOL **~ de agua** Ringelnatter *f*; *Esp* **~ ciega** maurische Netzwühle *f* 4 MIL *hendidura*: Riss *m*, Sprung *m im Geschützrohr*

culebrina F 1 BOT Schlangenkraut *n* 2 METEO, ELEC *rayo*: Schlangenblitz *m* 3 HIST, MIL *pieza de artillería*: Feldschlange *f*; **culebrón** M 1 ZOOL große Schlange *f* 2 *fam fig (hombre astuto)* gerissener Kerl *m*; *(mujer mala)* schlechtes Weibsstück *n fam* 3 *Esp fam* TV *(telenovela interminable)* endlose Fernsehserie *f*, Seifenoper *f* 4 *fig* **un ~ de …** ein Rattenschwanz von …

culera F 1 *en los pañales*: Kotfleck *m (in Windeln)* 2 *parche*: Flicken *m* am Hosenboden; neuer Hosenboden *m*; Gesäßfutter *n*

culero A M 1 *para bebés*: Unterlage *f*, -tuch *n* 2 *fam (rezagado)* Bummelant *m fam*, Nachzügler *m* 3 VET *(granillo)* Darre *f der Vögel* 4 *Chile (mandil de cuero)* Lederschurz *m der Bergleute* B ADJ *Méx fam (de poca confianza)* unzuverlässig; untreu; *(cobarde)* feige

culi M Kuli *m (ausgebeuter Arbeiter)*

culiblanco M ORN Steinschmätzer *m*

culillo M *fam* 1 *Col (miedo)* Schiss *f*, Bammel *m fam* 2 *Arg (niño pequeño)* kleines Kind *n*

culinaria F Kochkunst *f*, Kochen *n*; **culinario** ADJ kulinarisch, Küchen…; **(arte** *f***) ~** Kochkunst *f*

culito M *dim* → culo

culmen M *liter* Gipfel *m*; Höhepunkt *m*

culminación F Höhepunkt *m*, Gipfel *m*; ASTRON Kulmination(spunkt *m*) *f*; **culminante** ADJ überragend *(fig)*; **punto** *m* **~** Kulminationspunkt *m (tb fig)*; Höhepunkt *m*; **culminar** A VI *fig* gipfeln, den Höhepunkt erreichen **(en** in, bei *dat***)** B VT *etw* beenden

culo M 1 *pop (trasero)* Hintern *m fam*, Po(po) *m (leng. inf)*; Arsch *m vulg*; *fam* **a ~ pajarero** mit nacktem Hintern; auf den nackten Hintern; *adv* nackt; **de ~** rückwärts, verkehrt; *vulg fig* **en el ~ del mundo** am Ende *(o* am Arsch *vulg)* der Welt; *fam fig* **andar con el ~ a rastras** auf dem letzten Loch pfeifen *fam*; *espec (estar quebrado)* pleite sein *fam*, blank sein *fam*; **caer(se) de ~** auf den Hintern fallen; *fam fig (quedarse boquiabierto)* baff sein; *pop* **dejar a alg con el ~ al aire** j-n in der Patsche sitzen lassen *fam*; *RPl fig* **echar ~** einen Rückzieher machen; *fig* **enseñar el ~** feige sein, ausreißen; *fam fig* **ir de ~** am Stock gehen; *vulg* **lamer el ~ a alg** j-m in den Arsch kriechen *vulg*; *vulg* **métase esto en el ~** das können Sie sich sonst wohin stecken *pop*; *pop* **perder el ~** schnell (weg)laufen; *vulg* **esto me lo paso por el ~** darauf scheiß ich *vulg*; *fam* **ser ~ de mal asiento** kein Sitzfleisch haben; *pop fig* **tomar** *o* **confundir el ~ por las (cuatro) témporas** alles durcheinanderwerfen, alles verwechseln 2 *de una botella*: Boden *m einer Flasche*; Fuß *m einer Lampe*; Unterteil *n/m*; *fam fig* **~ de vaso** falscher Edelstein *m*, Scherben *m fam*; *fam cristal de gafas*: sehr dickes Brillenglas; *fam desp* Flaschenboden 3 *Am reg* → coño

culombio M ELEC Coulomb *n*

culón A ADJ *pop* dickarschig *pop* B M *fig* dienstunfähiger Soldat *m*

culote M 1 MIL Stoß-, Hülsenboden *m eines Geschosses* 2 *(pantalón corto)* kurze Hose *f*; Radfahrerhose *f*

culpa F Schuld *f*; Verschulden *n*; JUR *tb (negligencia)* Fahrlässigkeit *f*; **~ grave/leve** schweres/leichtes Verschulden *n*; **sentimiento** *m* **de ~** Schuldgefühl *n*; **por ~ de …** durch Schuld des …, wegen … *(gen)*; *adv* **por su ~** *o* **por ~ suya** schuldhaft; durch seine Schuld; **sin ~** ohne Schuld, unverschuldet, schuldlos; **asumir la ~** die Schuld auf sich *(acus)* nehmen; **cargar a otro con la ~** einem andern die Schuld anhängen; **echar la ~ (de a/c) a alg** j-m die Schuld (an etw *dat*) geben; **¿de quién es la ~?** wer ist schuld?; **fue ~ mía** ich war schuld daran; **tener ~** Schuld haben; **tener la ~ de a/c** an etw *(dat)* schuld sein, etw verschulden

culpabilidad F JUR Strafbarkeit *f*; Schuld *f*; **culpabilizar** VT beschuldigen; **~ a alg** j-m die Schuld zuschieben

culpable A ADJ 1 *(que tiene culpa)* schuldig; *(delincuente)* straffällig; **declarar ~** für schuldig erklären; **ser ~** schuldig sein **(de** *gen***)**; **ser ~ de a/c** Schuld an etw *(dat)* tragen, sich *(dat)* etw zuschulden kommen lassen; **confesarse ~** sich schuldig bekennen; **hacerse ~** Schuld auf sich *(acus)* laden; Schuld haben **(de** an *dat***)**; sich schuldig machen **(de** *gen***)** 2 *(punible)* sträflich B M/F Schuldige *m/f*

culpablemente ADV schuldhaft; **culpación** F Beschuldigung *f*; **culpadamente** ADV schuldhaft; **culpado** ADJ schuldig; JUR beschuldigt

culpar VT *(imputar)* beschuldigen, anklagen (einer Sache *gen* **de a/c**); *(censurar)* rügen

culpeo M *Chile* ZOOL Fuchs *m*

culposo ADJ *espec Am y* JUR fahrlässig

cultalatiniparla F *fam* gezierte Sprache *f der Puristen*; **cultamente** ADV höflich; gepflegt; *desp* geziert, affektiert

cultedad F Geziertheit *f*, Geschraubtheit *f*; **culteranismo** M LIT Kult(eran)ismus *m*, Schwulststil *m des Barocks*; **culterano** ADJ geziert, schwülstig; **cultería** F Schwulst *m*, Geschraubtheit *f*; **cultero** ADJ → culterano

cultiparlante ADJ → cultiparlista; **cultiparlar** VI geschraubt (*o* geziert) reden; **cultiparlista** ADJ **orador** *m* **~** affektierter Redner *m*; **cultipicaño** ADJ *fam* affig, possenhaft

cultismo M 1 *(expresión culta)* gehobener Ausdruck *m* 2 → culteranismo

cultivable ADJ anbaufähig, urbar; Acker…;

cultivador M 1 AGR *persona*: Züchter *m*, Landwirt *m*; *fig* Pfleger *m* 2 *aparato*: Kultivator *m*, Grubber *m*; **cultivadora** F Züchterin *f*, Landwirtin *f*; *fig* Pflegerin *f*

cultivar VT 1 AGR *campo* bebauen, bestellen; *frutos, cereales, etc* anbauen; *plantas* züchten, pflanzen 2 *bacterias, etc* züchten 3 *fig (cuidar)* kultivieren; pflegen; **~ la relación con alg** die Beziehung zu j-m pflegen, sich *(dat)* j-n warm halten *fam*

cultivo M 1 AGR *(plantación)* Anbau *m*; Bebauung *f*; *(cría)* Zucht *f*; **~ abusivo** Raubbau *m*; **~ de arroz/de cereales** Reis-/Getreideanbau *m*; **~ biológico** biologischer Anbau *m*; **~ intensivo/extensivo** Intensiv-/Extensivkultur *f*; **labores** *fpl* **de ~** Feldbestellung *f*; **~ mixto** Mischkultur *f*; **~ de regadío** Bewässerungskultur *f*; **~ de rosas** Rosenzucht *f*; **~ de secano** Dry Farming *n*, Trockenkultur *f*; **~ del suelo** Bodenbearbeitung *f*; **poner en ~** urbar machen 2 BIOL, MED Kultur *f*, Züchtung *f*; **~ de bacterias** *o* **de microbios** Bakterienkultur *f*; **medio** *m o tb fig* **caldo** *m* **de ~** Nährboden *m* 3 *fig (cuidado)* Pflege *f*

culto A ADJ 1 *(formado)* gebildet; kultiviert; *lenguaje, etc* gehoben; *(cortés)* höflich, gesittet 2 *desp (remilgado)* geziert, *(pomposo)* schwülstig B M 1 Kult *m (tb fig)*, Verehrung *f*; **estatus** *m* **de ~** Kultstatus *m*; **~ de los antepasados** Ahnenkult *m*; POL **~ a** *o* **de la personalidad** Personenkult *m*; **rendir ~ a** verehren *(acus)*; Kult treiben mit *(dat)* 2 REL *(misa)* Gottesdienst *m*; **~ divino** Gottesverehrung *f*, -dienst *m*; **ir al ~** zum Gottesdienst gehen

cultual ADJ Kult(us)…

cultura F 1 Kultur *f*; *(formación)* Bildung *f*; **~ general/popular** Allgemein-/Volksbildung *f*; *etnología*: **~ material** Gegenstandskultur *f*; **grado** *m* **de ~** Bildungsgrad *m*; **hombre** *m* **de gran ~** sehr gebildeter Mensch *m*; *fam* **¡~!** Bildung muss man eben haben!; gebildet müsste man sein! 2 *(cuidado)* Pflege *f*; **~ física** Körperpflege *f*; Sport *m* 3 → cultivo

cultural ADJ kulturell, Kultur…; Bildungs…; **nivel** *m* **~** Kulturstufe *f*; Bildungsstand *m*; **culturar** VT AGR anbauen, bestellen; **culturismo** M Bodybuilding *n*; **culturista** M/F Bodybuilder *m*, -in *f*; **culturizar** A VT Kultur vermitteln; zivilisieren B VR **culturizarse** sich bilden

cumá F *RPl pop* Patin *f*; Gevatterin *f*

cumarina F QUÍM Kumarin *n*

cumarú M BOT Tongabaum *m*

cumba F *Hond* Schokoladenschale *f*; **cumbarí** ADJ *RPl* **(ají** *m***) ~** scharfer Ajípfeffer *m*

cumbé M *Am folclore aus Guinea stammender*

Volkstanz, Vorläufer des Cumbiamba;
cumbia(mba) F *Col langsamer Volkstanz*
cumbre F 1 *(cima)* Berggipfel *m*; *fig* Gipfel *m*; POL ~ *o* **conferencia** *f* **(en la)** ~ Gipfelkonferenz *f*, -treffen *n*; ~ **comunitaria** EU-Gipfel *m*; **Cumbre de la Economía Mundial** Weltwirtschaftsgipfel *m*; **Cumbre Mundial sobre la Alimentación** Welternährungsgipfel *m*; *fig* **estar en la ~** ganz oben sein, alles erreicht haben 2 ARQUIT *(caballete)* First *m*
cumbrera F 1 ARQUIT *(caballete)* First *m*; *(dintel)* Türsturz *m* 2 *(cresta)* Höhenrücken *m*
cúmel M Kümmel *m (Branntwein)*
cumiche M *Am Centr fam* Jüngster *m einer Familie*, Benjamin *m fam*
cumíneo ADJ kümmelähnlich
cuminol M QUÍM Kümmelöl *n*
cumis M *Col* GASTR Buttermilch *f*
cumpa M 1 *Chile, RPl pop (padrino)* Pate *m*; Gevatter *m* 2 *Perú fam (compañero)* Kumpel *m*
cúmplase M Genehmigungsvermerk *m*; *en documentos*: genehmigt
cumple M *fam* → cumpleaños; **cumpleañero** M, **-a** F Geburtstagskind *n*
cumpleaños M ‹*pl inv*› Geburtstag *m*; **(hoy) es mi ~** ich habe (heute) Geburtstag
cumplidamente ADV vollkommen, wie es sich gehört; **cumplidero** ADJ 1 *(apropiado)* zweckdienlich 2 *plazo* ablaufend
cumplido A ADJ 1 *(completado)* vollkommen; vollendet; **tener 30 años ~s** das 30. Lebensjahr vollendet haben 2 MIL *soldado* ausgedient 3 *(cortés)* gebildet, höflich 4 TEX *vestido* weit B M 1 *(amabilidad)* Höflichkeit *f*, Zuvorkommenheit *f*; *adv* **por ~** aus Höflichkeit, aus Anstand; **sin ~s** ohne Umstände; frei von der Leber weg *fam (sprechen)*; **visita** *f* **de ~** Höflichkeitsbesuch *m*; *fig* **no gastar ~s** ohne Umschweife handeln; nicht viel Federlesens machen 2 *(cortesía)* Kompliment *n*; Glückwunsch *m* 3 *Ur al comer*: Anstandsstück *n*
cumplidor ADJ pflichtbewusst, zuverlässig
cumplimentar V/T 1 JUR *(ejecutar)* ausführen, vollstrecken; → *tb* cumplir A, 1 2 *(saludar)* begrüßen; beglückwünschen 3 *(visitar por cortesía)* einen Höflichkeitsbesuch abstatten *(dat)*; **cumplimentero** ADJ übertrieben höflich; umständlich
cumplimiento M 1 *(realización)* Erfüllung *f*; Ausführung *f*, Vollziehung *f*; JUR **~ de una condena** Verbüßung *f* einer Strafe; **~ del deber** Pflichterfüllung *f*; **en el ~ de su deber** in Erfüllung seiner Pflicht; CAT **~ pascual** Osterpflicht *f* 2 *(amabilidad)* Höflichkeit *f*; *adv* **por ~** der Form halber, aus Höflichkeit
cumplir A V/T 1 *(concluir)* vollenden, erfüllen; *pedido, orden, decisión* ausführen, vollziehen; *promesa* halten, einlösen; *condición* erfüllen; *castigo* verbüßen, absitzen; *tiempo de servicio* ableisten; **~ su cometido** seinen Zweck erfüllen; **~ el deber** seine Pflicht tun; **cúmpleme decir** es ist meine Pflicht, zu sagen; ich muss sagen 2 **~ 30 años** seinen 30. Geburtstag feiern, 30 Jahre alt werden; *fam* **los cuarenta, ya no los cumple** die ist schon mehr als vierzig B V/I 1 *abs soldado* ausgedient haben; *plazo* ablaufen, zu Ende gehen 2 *abs (ser de confianza)* zuverlässig sein; **~ con su deber** seine Pflicht tun; CAT **~ con la Iglesia** *espec* seine Osterpflicht erfüllen; **~ con todos** *las obligaciones*: allen gegenüber seine Pflicht tun; *(ser amable)* zu allen freundlich sein; **su amigo cumplirá por usted** Ihr Freund wird für Sie einspringen *(o* Ihre Aufgabe übernehmen); *adv* **por ~** (nur) der Form halber; aus reiner Höflichkeit C V/R **cumplirse** in Erfüllung gehen
cumquibus M *fam* Moneten *pl fam*, Pinke *f fam*, Moos *n fam*, Zaster *m fam*

cumular V/T → acumular; **cumulativo** ADJ → acumulativo
cúmulo M 1 *(montón)* Haufen *m*, Menge *f* 2 METEO *nubes*: Kumulus-, Haufenwolke *f*
cumulonimbo, cumulonimbus M METEO Kumulonimbus *m*, Gewitterwolke *f*
cuna F 1 *(cama para niños)* Wiege *f (tb fig)*; *p. ext* Kinderbett *n*; **canción** *f* **de ~** Wiegenlied *n*; **(casa** *f***) ~** Kinderkrippe *f*; Säuglingsheim *n*; **conocer a alg ya desde su ~** j-n schon als kleines Kind gekannt haben 2 *fig (estirpe)* Geschlecht *n*; Abstammung *f*; **de ~ humilde** aus einfacher Familie (stammend) 3 MAR *(basada)* Schlitten *m zum Stapellauf* 4 *del toro*: Hörnerweite *f*
cunaguaro M *Ven* ZOOL Ozelot *m*
cunar V/T → cunear
cuncuna F *Chile* ZOOL Raupe *f*
cundir V/I 1 *líquido* auslaufen; *mancha, etc* sich ausbreiten; *noticia, pánico, etc* sich verbreiten; *al cocinar*: (auf)quellen; **cunde el mal ejemplo** das schlechte Beispiel macht Schule 2 *fig (ser productivo)* ergiebig sein; reichen; **(no) me cunde el trabajo** die Arbeit geht mir gut (geht mir nicht) von der Hand, ich komme gut (schlecht) voran mit der Arbeit; **le cunde la espera** das Warten wird ihm recht lang 3 *Am (condimentar)* würzen
cunear V/T *niño* wiegen
cuneiforme ADJ keilförmig; **escritura** *f* **~** Keilschrift *f*
cuneo M Wiegen *n*, Einwiegen *n eines Kindes*;
cunero ADJ **niño** *m* **~** Findelkind *n*; POL *fam* **diputado** *m* **~** *in seinem Wahlkreis unbekannter, von der Regierung lancierter Abgeordneter*; TAUR **toro** *m* **~** Stier *m* unbekannter Herkunft
cuneta F 1 *de la calle*: Straßengraben *m*; *fig* **dejar a alg en la ~** *(adelantarse)* j-n überholen, j-n überrunden; *(dejar a alg en un aprieto)* j-n in der Patsche sitzen lassen 2 *(zanja)* Wassergraben *m in alten Befestigungsanlagen*
cunicultor M, **cunicultora** F Kaninchenzüchter *m*, -in *f*; **cunicultura** F Kaninchenzucht *f*
cuña F 1 Keil *m*; METEO **~ anticiclónica** *o* **de altas presiones** Hochdruckkeil *m*; *esquí*: **viraje** *m* **en ~** Stemmbogen *m*; *fam fig* **meter ~** Unruhe stiften; dazwischentreten; einen Keil treiben zwischen 2 *espec Am* TV **~ publicitaria** Werbespot *m* 3 *fig (buenas relaciones)* gute Beziehungen *fpl*; **ser buena ~** eine gute Empfehlung *(o* Hilfe) sein; *fam* **meterle a alg una ~** j-m helfen; **tener ~s** gute Beziehungen haben
cuñada F Schwägerin *f*; **cuñado** M Schwager *m*
cuñar V/T *monedas* prägen
cuñete M Fässchen *n*
cuño M 1 *(troquel)* Prägestempel *m für Münzen* 2 *(acuñación)* Prägung *f (tb fig)*; *fig* **de nuevo ~** *cosa, fenómeno* (ganz) neu; *palabra, expresión* neu geprägt
cuodlibeto M Quodlibet *n*
cuota F 1 *(cupo)* Quote *f*, Anteil *m*; **~ de amortización** Tilgungsquote *f*; **~ de errores** Fehlerquote *f*; **~ patronal** *o* **empresarial** Arbeitgeberanteil *m* 2 *(contribución)* Gebühr *f*, Taxe *f*; **~ (de socio)** Mitgliedsbeitrag *m*; **~ anual** Jahresbeitrag *m*; **~s atrasadas** Beitragsrückstände *mpl*; **~ inicial** Anzahlung *f (bei Kauf)*
cupé M AUTO *y carroza*: Coupé *n*; **~ deportivo** Sportcoupé *n*
cupido M 1 *fig (hombre eternamente enamorado)* ewig verliebter Mann, Schwerenöter *m* 2 *(niño bonito)* schönes Kind *n* 3 **~ de las praderas** *(coyote)* Präriehund *m*
Cupido N PR MIT Cupido *m*
cuplé M Chanson *n*, Couplet *n*

cupletera F *desp* → cupletista; **cupletista** M/F Schlager-, Couplet-, Chansonsänger *m*, -in *f*
cupo A → caber B M 1 Kontingent *n*; Quote *f*, Anteil *m*; ECON **~ de importación** Einfuhrkontingent *n* 2 MIL *de tropas*: Truppenkontingent *n* 3 *Am (capacidad)* Fassungsvermögen *n*, Kapazität *f*; *en el avión, hotel*: verfügbare Plätze *mpl*, Zimmer *npl*
cupón M Kupon *m*, Abschnitt *m*; **~ (de intereses)** Zinsschein *m*, -abschnitt *m*; ECON **-ones** *mpl* Annuitäten *fpl*: Jahresdividende *f*; Jahreszinsen *mpl*; **~ alimenticio** *o* **para alimentos** Lebensmittelmarke *f*; **~ de ciegos** Los *n* der Blindenlotterie; **~ de dividendo** Dividendenschein *m*; **~ (de intereses)** Zinsschein *m*; **~-obsequio** Geschenkgutschein *m*; **~-pedido** Bestellschein *m*; **~ de racionamiento** Bezugsschein *m*; *correos*: **~-respuesta (internacional)** (internationaler) Antwortschein *m*; **~ de vuelo** Flugschein *m*
cupresáceas FPL BOT Zypressenartige(n) *fpl*;
cupresino ADJ *liter* Zypressen...; aus Zypressenholz
cúprico ADJ kupfern; QUÍM Kupfer(II)-...; **óxido ~** Kupfer(II)-Oxid; **yoduro** *m* **~** Kupferjodid *n*
cuprífero ADJ kupferhaltig; **cuprita** F MINER Rotkupfererz *n*; **cuproníquel** M Nickelkupfer *n*; **cuproso** ADJ QUÍM Kupfer(I)-...; **óxido ~** Kupfer(I)-Oxid
cúpula F 1 ARQUIT *de un edificio*: Kuppel *f*; MAR, MIL Panzerkuppel *f*; ARQUIT **~ aplanada** Flachkuppel *f*, Kappe *f*; TEC **~ de vapor** Dampfdom *m eines Kessels* 2 BOT Becher *m der Eichel, Haselnuss etc* 3 POL *dirigencia*: **~ del partido** Parteispitze *f*; *fig* **estar en la ~ del poder** an der Spitze der Macht stehen
cupulífero ADJ BOT becher-, näpfchentragend
cupulino M ARQUIT Laterne *f*
cuquería F 1 *(gracia)* Niedlichkeit *f* 2 *(astucia)* Verschmitztheit *f*, Schlauheit *f*
cuquillo M ORN Kuckuck *m*
cura[1] M REL Geistliche *m*; **~ castrense** Militärgeistlicher *m*; **~ párroco** Pfarrer *m*; *frec desp* **los ~s** die Pfaffen *mpl (desp)*; *fam* **un ~ rebotado** ein abgesprungener Pfarrer *m fam*
cura[2] F 1 MED *tratamiento*: Kur *f*, Behandlung *f*; *(curación)* Heilung *f*; **~ de aguas** *o* **~ hidrológica** Brunnenkur *f*; **~ de almas** Seelsorge *f*; **~ balnearia/termal** Bade-/Thermalkur *f*; *fig* **~ de caballo** Rosskur *f*; **~ de cama** *o* **de reposo (en decúbito)** Liegekur *f*; **~ de desintoxicación** Entziehungskur *f*; **primera ~** *o* **~ de urgencia** Erste Hilfe *f*, Erstversorgung *f*; **(no) tener ~** (nicht) heilbar sein 2 *Col* BOT *fruto*: Avocadofrucht *f*
curabilidad F Heilbarkeit *f*; **curable** ADJ heilbar
curaca M *Bol, Perú* Häuptling *m*
curación F, *Am* **curada** F Heilung *f*; Genesung *f*; **~ espontánea** spontane Heilung *f*, Selbstheilung *f*
curadera F *Chile* Rausch *m*
curadillo M Stockfisch *m*
curado A ADJ 1 geheilt, *(sano)* heil; *fig (endurecido)* abgehärtet, hart geworden; *fam* **~ de espanto** abgebrüht, unerschütterlich 2 TEC **cuero** *m* **~** zur Weiterbehandlung fertiges Rohleder *n*; gegerbtes Leder *n*; **lienzo** *m* **~** gebleichte Leinwand *f* 3 *jamón* luftgetrocknet 4 HIST **beneficio** *m* **~** Pfarrpfründe *f mit seelsorgerischer Pflicht* 5 *Am reg fam (borracho)* besoffen *fam* B M TEC Aushärtung *f (von Mörtel, Kunststoffen)*
curador A ADJ heilend B M, **curadora** F 1 JUR Pfleger *m*, -in *f*; **~** *m* **sucesorio** Nach-

lasspfleger *m* **2** *de una exposición, de un museo:* Kurator *m*, -in *f* **3** MED Krankenpfleger *m*, -in *f* **4** *(curtidor[a])* Gerber *m*, -in *f*; *de carne:* Fleischverarbeiter *m*, -in *f*; *de pescado:* Fischverarbeiter *m*, -in *f*

curaduría F JUR Pflegschaft *f*

curagua F *Chile* BOT Hartmais *m*

curalotodo M *fam* Allheilmittel *n*

curandera F Heilerin *f*; *desp* Kurpfuscherin *f*, *desp* Quacksalberin *f*; **curanderismo** M *desp* Kurpfuschertum *n*, *desp* Quacksalberei *f*; **curandero** M Heiler *m*; *desp* Kurpfuscher *m*, *desp* Quacksalber *m*; **hacer de ~** *desp* quacksalbern

curar **A** V/T **1** MED (ärztlich) behandeln, *fam* kurieren *(tb fig* **de** von *dat)*; heilen; *herida* versorgen **2** *carne, pescados* einsalzen, räuchern, lufttrocknen; *pieles* gerben; *lienzo* bleichen; *madera* zum Trocknen lagern (lassen) **B** V/I heilen; genesen **C** V/R **curarse** **1** *(sanarse)* genesen, gesund werden; heilen; **~ en salud** vorbeugen, vorbauen, es nicht erst darauf ankommen lassen **2** **~ de a/c** *(hacerse cargo de a/c)* sich um etw *(acus)* kümmern **3** *Am fam (emborracharse)* (gern) einen heben *fam*, sich besaufen *fam*

curare M *veneno:* Kurare *n (Pfeilgift)*

curasao M → curazao

curatela F JUR Pflegschaft *f*; **persona** *f* **bajo ~** Pflegebefohlene *m/f*

curativa F Heilmethode *f*; **curativo** ADJ heilend, Heil…; **poder** *m* **~** Heilkraft *f*

curato M REL Pfarr-, Hirtenamt *n*; *p. ext* Pfarrei *f*

curazao M Curaçao *m (Likör)*

curbaril M *Am trop* BOT Lokustenbaum *m*

curcucho ADJ *Am Centr fam* bucklig

cúrcuma F BOT **1** Gelbwurzel *f* **2** *especia:* Kurkuma *n*

curcuncho ADJ *Am* bucklig

curda¹ F *mujer de Curdistán:* Kurdin *f*

curda² *fam* **A** F *(borrachera)* Schwips *m fam*, Rausch *m* **B** M *(borrachín)* Säufer *m fam*; **estar ~** besoffen (o blau) sein *fam*

curdo **A** ADJ kurdisch **B** M **1** Kurde *m* **2** *lengua:* Kurdisch *n*

cureña F MIL Lafette *f*; **~ automóvil** Selbstfahrlafette *f*

curí M **1** *Am* BOT *árbol: Art* Araukarie *f* **2** *Col* ZOOL Meerschweinchen *n*

curia F **1** *(tribunal)* Gerichtshof *m*; Justizverwaltung *f* **2** CAT Kurie *f (tb* HIST*)*; **curial** *espec* CAT **A** ADJ Kurien… **B** M Beamter *m* der Kurie, Kuriale *m*; **curialesco** ADJ kanzleimäßig, kurial; *desp* **estilo** *m* **~** Kanzlei-, Gerichts-, Amtsstil *m*

curie M FÍS Curie *n*

curiel M *Cuba* ZOOL Meerschweinchen *n*; **curiela** F *Cuba pop* Gebärmaschine *f pop*

curiosamente ADV **1** *(sorprendentemente)* seltsamer-, merkwürdigerweise **2** *(con limpieza)* sauber; **curiosear** **A** V/I neugierig sein, sich umgucken *fam*, herumschnüffeln *fam*; **~ por los escaparates** einen Schaufensterbummel machen **B** V/T neugierig betrachten (o fragen); in *einem Buch etc* blättern

curiosidad F **1** *(afán de saber)* Neugier(de) *f*, Wissbegier *f*; **~ de noticias** Wunsch *m*, Neuigkeiten zu erfahren; Neugier *f* **2** *(cosa digna de ver)* Sehenswürdigkeit *f*; Merkwürdigkeit *f* **3** *(limpieza)* Sauberkeit *f*; *(esmero)* Sorgfalt *f*

curioso **A** ADJ **1** *(ávido de saber)* wissbegierig, neugierig; *(impertinente)* naseweis, vorwitzig; **estoy ~ por saber si …** ich bin neugierig, ob …, ich möchte gern wissen, ob … **2** *(extraño)* merkwürdig, sonderbar; *(digno de verse)* sehenswert **3** *(limpio)* sauber, reinlich **4** *(esmerado)* sorgfältig **B** M, **-a** F Neugierige *m/f*

curista M/F Kurgast *m*

curita® F *Am* Heftpflaster *n*

curiyú M ZOOL Wahrsagerschlange *f*

curo M *Col* BOT Avocadobaum *m*

curpiel M Kunstleder *n*

currante M/F *pop* Arbeiter *m*, -in *f*

currar V/I *Esp pop* schuften *fam*, malochen *fam*

curre M *pop* Arbeit *f*, Schufterei *f fam*, Maloche *f pop*; **currelar** → currar; **currelo** → curre

curricán M Schleppangel *f*

curricular ADJ curricular; **currículo** M **1** *pedagogía:* Curriculum *n*, Lehrplan *m* **2** *(currículum vítae)* Lebenslauf *m*

currículum M ⟨*pl inv*⟩ → currículo; **currículum vítae** M ⟨*pl inv*⟩ Lebenslauf *m*

currinche M *desp* Anfänger *m als Zeitungsberichterstatter*

currito M *Esp fam Art* Hilfsarbeiter *m*

curro **A** ADJ **1** *(bonito)* schmuck, hübsch **2** *(seguro de sí mismo)* selbstsicher **B** M *fam* → curre

curruca F *insecto:* Grasmücke *f*

currusco M (Brot)Kanten *m*

currutaco **A** ADJ *fam* affig **B** M Lackaffe *m*, Modenarr *m*, Geck *m*

curry M Curry *m*

cursado ADJ geübt, erfahren, bewandert; **cursante** M/F *espec Am* Student *m*, -in *f*; Schüler *m*, -in *f*; Kursteilnehmer *m*, -in *f*

cursar **A** V/T **1** *materia, ciencia* studieren; **~ (estudios de) filología** Philologie studieren **2** *encargo* erteilen; *telegrama* aufgeben; *invitaciones* verschicken; *informe* in Umlauf geben; *solicitud, expedientes* (amtlich) weiterleiten (**a** an *dat*) **3** *(frecuentar)* häufig aufsuchen; *(hacer con frecuencia)* oft tun **B** V/I MED *enfermedad* kursieren

cursear V/I *Am Centr fam* Durchfall (o Durchmarsch *m fam*) haben

cursera F *Col fam* Durchfall *m*

cursi *fam* **A** ADJ kitschig, geschmacklos; *persona* affektiert, affig **B** M/F Vornehmtuer *m*, -in *f*, (Lack)Affe *m fam*; **cursilada** F, **cursilería** F **1** Kitsch *m*, *(baratija)* Talmi *n* **2** *(afectación)* Vornehmtuerei *f*, Afferei *f fam*, Getue *n*

cursillista M/F Lehrgangs-, Kursteilnehmer *m*, -in *f*

cursillo M (Kurz)Lehrgang *m*, Kurs *m*; **~ de refresco** Förder-, Auffrischungskurs *m*; **cursista** M/F Kursteilnehmer *m*, -in *f*

cursiva ADJ TIPO **letra** *f* **~** Kursive *f*, Kursivschrift *f*; **cursivo** ADJ TIPO kursiv

curso M **1** *(camino)* Weg *m*; *de los astros:* Bahn *f* (o Lauf *m*) *der Gestirne*; *de una curva:* Verlauf *m einer Kurve*; TEC Hub *m*, Kolbenweg *m*; **~ de los electrones** Elektronenweg *m* **2** *fig (transcurso)* Weg *m*, Verlauf *m*, Gang *m*, Lauf *m*; **en** o **durante el ~ de** während *(gen)*, im Verlauf *(gen* o von *dat)*; **el mes en ~** der laufende Monat; **dar ~ a una solicitud** ein Gesuch weiterleiten; **dar ~ a una instancia** einem Ersuchen stattgeben; **estar en ~ de fabricación** in Arbeit (o Bearbeitung) sein; **el negocio sigue su ~** das Geschäft geht (weiterhin) seinen Gang **3** *enseñanza:* Lehrgang *m*, Kurs(us) *m*; UNIV Vorlesung *f*; **~ (escolar)** Schul-, Hochschuljahr *n*; **~ acelerado** o **de formación acelerada** Schnellkurs *m*; **~ de ampliación (de conocimientos)** Fortbildungslehrgang *m*; **~ por correo** o **por correspondencia** o **a distancia** Fernlehrgang *m*; Fernunterricht *m*; **~ de formación** Ausbildungs-, Schulungskurs *m*; **~ de idiomas** Sprachlehrgang *m*; **~ intensivo** Intensivkurs *m*; **~ de perfeccionamiento** o **de adiestramiento profesional** Kurs *m* für berufliche Weiterbildung *f*; **~ preparatorio** Vorbereitungskurs *m*; **~ para principiantes/de reciclaje** Anfänger-/Auffrischungskurs *m*; **pasar de ~** versetzt werden; **perder el ~** nicht versetzt werden; **repetir (el) ~** die Klasse wiederholen **4** *(corriente)* Strömung *f*; (Wasser-, Fluss)Lauf *m*; **~ inferior/superior del río** Flussunterlauf/-oberlauf *m* **5** *(circulación)* Umlauf *m*, *(vigencia)* Gültigkeit *f*; ECON **en ~** im Umlauf; **~ legal** offizieller Kurs *m* **6** *Col* **~s** *mpl (diarrea)* Durchfall *m*

cursor M **1** TEC *(corredera)* Läufer *m*, Schieber *m am Rechenschieber* **2** ELEC Reib-, Schleifkontakt *m* **3** INFORM Cursor *m*

curtación F ASTRON ekliptische Verkürzung *f*

curtido **A** ADJ **1** *(experimentado)* erfahren, bewandert (**en** in *dat*) **2** *(endurecido)* abgehärtet; *(bronceado)* gebräunt; *(adobado)* gegerbt *(tb por el clima)* **3** *fig (insensible)* unempfindlich, abgebrüht **B** M *(adobadura)* Gerben *m*; **~s** *mpl* gegerbte Häute *fpl*; **curtidor** M, **curtidora** F Gerber *m*, -in *f*; **curtidura** F → curtimiento; **curtiduría** F Gerberei *f*; **curtiembre** F *Am* Lohgerberei *f*; **curtiente** M Gerbstoff *m*; **curtimiento** M **1** *(adobamiento)* Gerben *n* **2** *fig (endurecimiento)* Abhärten *n*; *(bronceado)* Bräunen *n*

curtir **A** V/T *cueros, piel* gerben; *(broncear)* bräunen; *fig (endurecer)* abhärten; *(azotar)* verprügeln **B** V/R **curtirse** **1** *piel* braun werden (**por el sol** in der Sonne) **2** *fig (endurecerse)* sich abhärten **3** *Hond (ensuciarse)* sich schmutzig machen

curuba F *Col* BOT *tropische Frucht von verschiedenen Arten der Passiflora*

curubito M *Col fam* Hautevolee *f*, Oberschicht *f*; einflussreicher Klüngel *m*

curubo M *Col* BOT Curubastrauch *m*

curuja F ORN Kaninchenohreule *f*

curul F *Am* POL Sitz *m im Parlament*; **cururo** M *Chile* ZOOL *Art* Feldratte *f*; **cururú** M ZOOL Wabenkröte *f*

curva F **1** *línea:* Kurve *f (tb transporte)*; Krümmung *f*, Bogen *m*; *fam* **~s** *fpl de una mujer:* Kurven *fpl einer Frau*; MAT, TEC **~ de caída** Fallkurve *f*; **~ característica** charakteristische Kurve *f*, TEC *tb* Kennlinie *f*; **~ cerrada** sehr enge Kurve *f*, Haarnadelkurve *f*; **~ descendente** fallende Kurve *f*; **~ diferencial** o **derivada** Differenzialkurve *f*; **~ escarpada** Steilkurve *f*; MED **~ de la fiebre** Fieberkurve *f*; **~ de nivel** Höhen-, Schichtlinie *f*; *transporte:* **tomar una ~** eine Kurve nehmen **2** MAR *pieza de madera:* Krummholz *n*

curvado ADJ gekrümmt; geschweift; Rund…; **curvadora** F TEC Biegemaschine *f*; **curvar** **A** V/T *espec* TEC biegen, krümmen **B** V/R **curvarse** sich krümmen, sich biegen; **curvatón** M MAR Stützplatte *f*; **curvatura** F Krümmung *f*, Biegung *f*

curvidad F → curvatura; **curvilíneo** ADJ in einer Kurve verlaufend

curvímetro M Kurvenmesser *m*

curvo ADJ krumm, gekrümmt; gebogen, rund

cusca F **1** *Méx (prostituta)* leichtes Mädchen *n* **2** **hacer la ~ a alg** *(molestar)* j-n belästigen, j-n auf die Palme bringen; *(hacer daño)* j-m schaden

cusco M *Ur fam* Hundevieh *n*, Töle *f*

cuscurro, cuscurrón M Brotrinde *f*, -kruste *f*

cuscús¹ M GASTR Kuskus *m*, Couscous *m*; **~ de cordero/pescado** Kuskus *m* mit Lamm/Fisch

cuscús² M ZOOL Flugeichhörnchen *n*

cuscuta F BOT Flachsseide *f*

cusir V/T *fam* → corcusir

cúspide F Spitze *f*, Gipfel *m*; Höhepunkt *m (tb fig)*; GEOM Spitze *f (höchster Punkt eines Körpers)*; POL **~ del partido** Parteispitze *f*

cusqui *fam* **hacer la ~ a alg** j-n belästigen

custodia F **1** *(depósito)* Aufbewahrung *f*, Verwahrung *f (tb de valores)*, Gewahrsam *f (tb policía)*, Obhut *f*; Bewachung *f*; ECON **~ de valores** Depotgeschäft *n*; **bajo la ~ de alg** unter j-s Ob-

hut *(dat)* 2 CAT Monstranz *f* 3 JUR Sorgerecht *n*; ~ **compartida** gemeinsames Sorgerecht *n*
custodiar VT (auf)bewahren; **custodio** M Wächter *m*; Kustos *m*; **ángel** *m* ~ Schutzengel *m*; HIST ~ **del Gran Sello** Großsiegelbewahrer *m*
cusú M ZOOL Kusu(s) *m (australisches Kletterbeuteltier)*
cusuco M *Am Centr* ZOOL Gürteltier *n*
cusumbe M *Ec* ZOOL Coati *m*, Nasenbär *m*
cususa F *Am Centr* Zuckerrohrschnaps *m*
CUT F ABR (Central Única de Trabajadores) *Méx Gewerkschaft in Mexiko*
cutacha F *Hond* langes Messer *n*; **cutama** F *Chile* 1 *(costal)* Mehlsack *m* 2 *fig (persona torpe)* schwerfälliger Mensch *m*
cutáneo ADJ MED Haut...
cutar(r)a F *Méx, Am Cent* Bauernschuh *m*
cúter M MAR Kutter *m*
cutí M ‹*pl* cutíes› TEX Drillich *m*; **cutícula** F ANAT Oberhaut *f*; Nagelhaut *f*; ~ **de la célula** Zellhaut *f*
cuticular ADJ Oberhaut...
cutio M *Esp reg fam* Knochenarbeit *f fam*; (Hand)Arbeit *f*; **día** *m* **de** ~ Arbeitstag *m*
cutirreacción F MED Hautreaktion *f*
cutis M *(espec* Gesichts)Haut *f*
cuto A ADJ *Bol, Salv* einarmig; lahm B M *Esp reg* Schwein *n*
cutral ADJ *vacuno* ausgedient
cutre A M/F Geizhals *m*, Knauser *m*, -in *f* B ADJ *fam persona*: mies, schäbig, schofel; knauserig; **cutrerío** M *Esp fam* Geschmacklosigkeit *f*; **cutrez** F *Esp fam* 1 *(mal gusto)* Geschmacklosigkeit *f*; Kitsch *m* 2 *(mezquindad)* Knauserei *f*
cuy M *Perú, Ec* ZOOL Meerschweinchen *n*
cuyo, -a PR REL *posesivo*: dessen, deren; *interrogativo*: **¿cúyo?** wessen?; **mi amigo, cuya hija está en Madrid** mein Freund, dessen Tochter in Madrid ist; **por cuya causa** weshalb
cuz, cuz INT hierher! *(Lockruf für Hunde)*
cuzcuz M → alcuzcuz
CV M(PL) ABR (Caballo(s) de Vapor) PS *f(pl)* (Pferdestärke[n])
cyan ADJ blaugrün
cyberespacio M → ciberespacio; **cybernauta** M/F → cibernauta
czarda F MÚS *baile*: Csardas *m*

D

D, d F D, d *n*; → *tb* de¹
D. ABR (Don) Herr *(vor Vornamen)*
D.ª ABR (Doña) Frau *(vor Vornamen)*
dable ADJ möglich, durchführbar
dabute(n), dabuti ADJ *inv*, ADV *Esp fam* toll *fam*, klasse *fam*, super *fam*, geil *fam*
daca *fam* **andar al** ~ **y toma** sich herumstreiten, einen Wortwechsel haben; *fig* **(política** *f* **de) toma y** ~ *corresponde a*: Kuhhandel *m*, Tauziehen *n*, Hickhack *n fam*
da capo M MÚS Dacapo *n*; **¡~!** da capo!
dacha F Datscha *f*
Dacia F HIST Dakien *n*
dacio HIST A ADJ dakisch B M, **-a** F Daker *m*, -in *f*
dación F JUR Hergabe *f*, Abtretung *f*; ~ **en pago** Abtretung *f* an Zahlungs statt
dactilado ADJ *t/t* fingerähnlich; **dactilar** ADJ Finger...; **huella** *f* ~ Fingerabdruck *m*
dactílico ADJ LIT *verso* daktylisch
dáctilo M 1 LIT Daktylus *m* 2 ZOOL Dattelmuschel *f*
dactilografía F Maschinenschreiben *n*; **dactilografiar** VT & VI ‹1c› mit der Maschine schreiben, tippen *fam*; **dactilográfico** ADJ maschinenschriftlich; **dactilógrafo** M, **-a** F Maschinenschreiber *m*, -in *f*
dactilolalia F, **dactilología** F Fingersprache *f*; **dactiloscopia** F Fingerabdruckverfahren *n*, Daktyloskopie *f*; **dactiloscópico** ADJ daktyloskopisch; **examen** *m* ~ Untersuchung *f* der Fingerabdrücke
dadá M, **dadaísmo** M *arte*: Dadaismus *m*
dadaísta A ADJ *arte*: dadaistisch B M/F Dadaist *m*, -in *f*
dádiva F Gabe *f*; Geschenk *n*; Spende *f*
dadivosidad F Freigebigkeit *f*; **dadivoso** ADJ freigebig
dado¹ A PP → dar B ADJ 1 *(propenso)* ergeben; **ser ~ a los vicios** dem Laster verfallen sein; **ser ~ a los paseos** gerne spazieren gehen 2 *(concedido)* gegeben; vergönnt 3 *Am (tratable)* umgänglich, freundlich C PART ADJ *(teniendo en cuenta)* angesichts *(gen)*, in Anbetracht *(gen)*; **-a su mala salud** in Anbetracht seines/ihres schlechten Gesundheitszustandes D CJ ~ **que** *(ind)* da, weil; ~ **que** *(subj)* wenn *(ind)*, gesetzt den Fall, dass *(ind)*
dado² M 1 *para jugar*: Würfel *m*; ~ **falso** *o* **cargado** *o* **trucado** falscher *(o* gefälschter) Würfel *m*; **echar** *o* **tirar los ~s** *o* **jugar a los ~s** Würfel spielen, würfeln; knobeln *fam* **(por** um *acus)*; *fig* **correr el** ~ Glück haben; *fig* **estar como un** ~ glänzend gehen, sehr verheißungsvoll aussehen 2 *gener (cubo)* Würfel *m*, Kubus *m* 3 ARQUIT *de una columna*: Säulenfuß *m* 4 TEC, *espec* MAR Lagerzapfen *m*; Lagerbuchse *f*; (Ketten)-Steg *m* 5 *heráldica*: Raute *f einer Flagge*
dador M, **dadora** F ECON, JUR Geber *m*, -in *f*; *de un escrito*: Überbringer *m*, -in *f*; ~ *m* **de crédito** Kreditgeber *m*
dafne M BOT Seidelbast *m*
daga F 1 HIST *arma blanca*: Kurzschwert *n* 2 *P. Rico* Machete *f*
Daguestán M **el** ~ Dagestan *n*
daguestaní A ADJ dagestanisch B M/F Dagestaner *m*, -in *f*
daiquiri M *espec Am* Daikiri *m (Longdrink mit Rum, Zitrone und Zucker)*
Dalai Lama M Dalai Lama *m*
dale INT *de* → dar; *fam* **¡~ (fuerte)!** *o* **¡~ escabeche!** gib ihm Saures! *fam*, immer feste druff! *fam*; **¡(y) ~!** *o* **¡~ que ~!** *o* **¡~ bola!** schon wieder!; immer dieselbe Leier!; *fam* **y ~ con la música** schon wieder kommt er mit der Musik!; *fam* ~ **que te pego** *fam* auf Teufel komm raus
dalia F BOT Dahlie *f*
dalla F Sense *f*; **dallar** VT & VI mähen; **dalle** M Sense *f*
Dalmacia F Dalmatien *n*
dálmata A ADJ dalmatinisch B M/F *persona*: Dalmatiner *m*, -in *f* C M *perro*: Dalmatiner *m*
dalmática F HIST *y* REL Dalmatika *f*; **dalmático** ADJ dalmatisch, dalmatinisch
daltoniano, daltónico A ADJ farbenblind B M, **-a** F Farbenblinde *m/f*; **daltonismo** M Farbenblindheit *f*
dama F 1 *mujer distinguida*: Dame *f*; *(amada)* Geliebte *f*; ~ **(de compañía)** Gesellschaftsdame *f*, Gesellschafterin *f*; *fam* **la Dama de Hierro** die Eiserne Lady; ~ **de honor** Ehren-, Hofdame *f*; Brautjungfer *f*; **primera** ~ First Lady *f*; *Antillas* **¡~s y caballeros!** meine Damen und Herren! 2 *juego de tablero, ajedrez*: Dame *f*; **(juego** *m* **de) ~s** *fpl* Damespiel *n*; **llevar/ir a** ~ zur Dame machen/Dame werden 3 TEAT ~ **joven** jugendliche Liebhaberin *f*; **(primera)** ~ Hauptdarstellerin *f*; **segunda** *o* **tercera** ~ Zweitrollendarstellerin *f* 4 ZOOL *venado*: Damhirsch *m* 5 *liter* *drogas* ~ **blanca** Kokain *n*
damajuana F große Korbflasche *f*; (Glas)Ballon *m*
damán M ZOOL Klippschliefer *m*
damas FPL MAR (Ruder)Dollen *fpl*
damasceno A ADJ aus Damaskus; **(ciruela** *f***) -a** *f* Damaszener Pflaume *f* B M, **-a** F Damaszener *m*, -in *f*
damasco¹ M TEX Damast *m*
damasco² M *Am fruto*: Aprikose *f*
Damasco M Damaskus *n*
damasina F TEX Halbdamast *m*
damasquinado A ADJ tauschiert; **bisutería** *f* **-a** tauschierter Schmuck *m*, Toledoartikel *m(pl)* B M 1 TEC *obra de adorno*: Tauschierung *f*, Damaszierung *f* 2 *trabajo de Toledo*: Toledoarbeit *f*, -ware *f*
damasquinador M, **damasquinadora** F Tauschierer *m*, -in *f*; **damasquinar** VT tauschieren
damasquino A ADJ 1 *(de Damasco)* aus Damaskus; **espada** *f* **-a** *o* **hoja** *f* **-a** Damaszenerklinge *f* 2 TEX Damast...; **tejido** *m* ~ Damast *m* B M *Am* BOT *árbol*: Aprikosenbaum *m*
damería F Zimperlichkeit *f*, Prüderie *f*
damero M (Damespiel)Brett *n*
damisela F *liter, irón* Dämchen *n*
damnificado A ADJ ge-, beschädigt B M, **-a** F Geschädigte *m/f*; **~s** *mpl* **por las inundaciones** Hochwassergeschädigte(n) *mpl*
damnificar VT ‹1g› (be)schädigen
Damocles M *fig* **la espada de** ~ das Damoklesschwert
dance M *reg* Schwertertanz *m*
danchado ADJ *heráldica*: gezahnt
dáncing M *espec Am* Tanzlokal *n*
dancístico ADJ tänzerisch
dandi M Dandy *m*; **dandismo** M Dandytum *n*, Geckenhaftigkeit *f*
danés A ADJ dänisch B M, **-esa** F Däne *m*, Dänin *f* C M 1 *lengua*: Dänisch *n* 2 **(perro** *m***)** ~ Dogge *f*
danone M *Esp reg pop* Funkstreifenwagen *m*
danone® M *fam* Jog(h)urt *m*; *fam hum* **tener un cuerpo** ~ eine schlanke Figur haben
danta F *Am Mer* ZOOL 1 Tapir *m* 2 *(alce)* Elch *m*
dante M *pop* aktiver Homosexueller *m*
dantesco ADJ LIT dantisch; dantesk; Dante...
danto M *Ec* ZOOL Tapir *m*
danubiano ADJ Donau...
Danubio M Donau *f*
danza F 1 *(baile)* Tanz *m*; *acción*: Tanzen *n*; *(manera de bailar)* Tanzweise *f*; *(música bailable)* Tanzmusik *f*; **baja** ~ Allemande *f*; ~ **burlesca** Tanzgroteske *f*; ~ **de espadas** Schwert(er)tanz *m*; ~ **sobre hielo** Eistanz *m*; ~ **macabra** *o* **de la muerte/popular/del vientre** Toten-/Volks-/Bauchtanz *m* 2 *fig (alboroto)* Radau *m*, Krawall *m*; *fam* **¡buena ~ se armó!** da ging's vielleicht los! *fam*, das gab eine tolle Rauferei! 3 *fam (asunto)* Angelegenheit *f*; *fig* **estar en** ~ aktuell sein; **entrar en** ~ eingreifen; *fam* **meter a alg en la** ~ j-n in etw verwickeln; **meterse** *o* **andar (metido) en (una)** ~ in eine Sache verwickelt sein; mit im Spiel sein, mitmischen *fam*
danzado M Tanz *m*; **danzador** A ADJ *(bailante)* tanzend B M, **danzadora** F *(bailador[a])* Tänzer *m*, -in *f*; **danzante** A M/F 1 *(bailarín, -ina)* Tänzer *m*, -in *f (bei Umzügen etc)* 2 *fam fig (persona ligera de juicio)* Leichtfuß *m*; Schlaumeier *m* B ADJ **té** *m* ~ Tanztee *m*
danzar ‹1f› A VT & VI *(bailar)* tanzen; *(saltar de un lado a otro)* herumhüpfen B VI *fam fig (participar)* mitmachen, mitmischen *fam* **(en** bei *dat)*; *(inmiscuirse)* sich einmischen **(en** in *acus)*; **danzarín** A ADJ *(bailador)* tanzlustig; *(hábil bailando)* tänzerisch geschickt *(o* begabt)

B M **1** *(bailarín hábil)* geschickter Tänzer *m* **2** *fam fig persona petulante*: Leichtfuß *m*; Wildfang *m*; **danzarina** F (gute) Tänzerin *f*; **danzón** M *Cuba* MÚS *Art* Habanera *f*

dañable ADJ schädlich; verwerflich; **dañado** **A** ADJ **1** *(estropeado)* be-, geschädigt; *(echado a perder)* verdorben; schlecht **2** *(malicioso)* tückisch **B** M *Am reg* AUTO *(avería)* Panne *f*

D

dañar **A** V/T schaden *(dat)*; schädigen *(acus)*, verderben *(acus)*; *espec Am* kaputt machen **B** V/R **dañarse** **1** *(romperse)* beschädigt werden; kaputtgehen; verderben **2** *Am reg* AUTO *(tener una avería)* eine Panne haben

dañino ADJ schädlich; gesundheitsschädigend

daño M **1** *(perjuicio)* Schaden *m (tb seguros*, JUR); *(herida)* Verletzung *f*; *(pérdida)* Verlust *m*, Einbuße *f*; **~s** *pl tb* Sachbeschädigung *f*; MIL, POL **~ colateral** Kollateralschaden *m*; **~ corporal** *o* **físico** Personenschaden *m*; JUR **~ emergente** entstehender Schaden *m*, Damnum *n* emergens; **~ por incendio** Feuer-, Brandschaden *m*; JUR **~ moral** immaterieller Schaden *m*; **~ material** Sachschaden *m*; AUTO *tb* Blechschaden *m fam*; JUR materieller Schaden *m*; **~s** *pl* **ecológicos** *o* **(medio)ambientales** Umweltschäden *mpl*; **~s** *pl* **personales** Personenschaden *m*; JUR **~s** *pl* **y perjuicios** Schaden(ersatz) *m*; **a ~ de alg** auf j-s Gefahr *(acus)*, zu j-s Lasten *(dat)*; **en** *o* **con ~ de alg** zu j-s Schaden (*o* Nachteil) *(dat)*; **causar ~ a alg** j-m Schaden verursachen; j-m (physisch) wehtun; **causar ~ en a/c** Schaden anrichten in *o* an etw *(dat)*; **hacer ~** schaden, Schaden zufügen (**a alg** j-m); Schaden anrichten; **hacerse ~** sich *(dat)* wehtun; sich verletzen; verletzt werden; **no hace ~** es tut nicht weh; **sufrir ~** zu Schaden kommen; Schaden nehmen (*o* erleiden) **2** *Am (maleficio)* Verwünschung *f*; Hexerei *f* **3** *Am reg (avería)* (Auto)Panne *f*

dañoso ADJ schädlich, nachteilig

dar

A verbo transitivo y intransitivo **B** verbo impersonal **C** verbo intransitivo **D** verbo reflexivo

— **A** verbo transitivo y intransitivo —

1 geben; *(traspasar)* übergeben, reichen; *(obsequiar)* schenken; *(entregar)* her-, abgeben; *(conseguir)* verschaffen; *(prestar)* verleihen; *en el juego*: **~ (las cartas)** geben; **~ la mano** die Hand geben; *fig* behilflich sein; **~ de beber a** j-m zu trinken geben; *ganado* tränken; *RPl* **~ dada a/c** etw verschenken *(tb fig)*, etw um einen Apfel und ein Ei hergeben (*o* verkaufen) *fam*; **~ a entender** zu verstehen geben; **~ de más** zugeben; zu viel geben; *tb* DEP **~ todo lo que dé** alles (*o* sein Letztes) hergeben; **~ la vida por** sein Leben einsetzen für *(acus)*; sich abrackern für *(acus)*; *fam* **no da (ni) una** er macht alles verkehrt, er haut ständig daneben *fam* **2** *(conceder)* bewilligen; *(consentir)* billigen; zustimmen; *(atribuir)* zubilligen; *valor* beimessen; **~ la aprobación (para)** seine Zustimmung geben (zu *dat*); die Genehmigung erteilen (zu *dat*, für *acus*); **~ vía libre** FERR die Strecke freigeben; *fig* freien Lauf lassen *(dat)*; **~ libre curso (a)** freien Lauf lassen *(dat)* **3** *(administrar)* (ein)geben; verabreichen; *fig* **~ a/c a alg** j-m etw (ein)geben; *(envenenar a alg)* j-n vergiften (*o* verhexen); **me ha dado usted una idea** da haben Sie mich auf einen Gedanken gebracht; *fam* **~la a alg** j-n reinlegen, j-n drankriegen *fam*; **dársela a alg** *(pop* **con queso***)* j-n (gehörig) an der Nase herumführen; j-m einen (üblen) Streich spielen; j-n übers Ohr hauen *fam*; → *tb* **dale** **4** *golpe, etc* versetzen, geben, beibringen; **~ un abrazo a alg** j-n umarmen; **~ un bofetón** eine Ohrfeige geben (*o* versetzen); **¡ahí me las den todas!** das ist mir (doch) gleich!, das ist mir wurs(ch)t! *fam*; was geht (denn) das mich an! **5** *(originar)* erregen, hervorrufen; *(causar)* verursachen; *alegría, etc* machen, bereiten; **~ celos a alg** j-n eifersüchtig machen (**de** auf *acus*; **por** auf *acus*, wegen *gen*); **~ lugar** *o* **pábulo a** *o* **~ motivo** *o* **pie para** Anlass geben zu *(dat)*; **~ miedo** Furcht einflößen; **~ pena** Mitleid erwecken (*o* erregen); **~ (buen) resultado** *objeto de uso corriente, procedimiento, etc* sich bewähren; **~ risa** zum Lachen bringen (*o* sein); **~ que decir** *o* **que hablar** zu(r) Kritik Anlass geben; **~ que hacer** zu tun geben; lästig werden; Arbeit machen **6** *(transmitir)* mitteilen, aussprechen; *saludos* bestellen, ausrichten; **~ conocimiento de a/c a alg** j-n von einer Sache *(dat)* in Kenntnis setzen; **~ el sí** das Jawort geben **7** *(determinar)* bestimmen, festsetzen; *orden* erteilen; **~ fin a a/c** etw beenden; *tb fig* **~ el tono** den Ton angeben **8** *reloj*: **~ (la hora)** schlagen; **dan las ocho** es schlägt acht Uhr; **al ~ las nueve** Schlag neun Uhr **9** *(poner en movimiento)* in Bewegung setzen; **~le al caballo** das Pferd anspornen; **~ manivela (al motor)** (den Motor) ankurbeln; **~ vuelta a a/c** etw drehen; etw in Umdrehung versetzen **10** *(hacer)* machen, tun; *grito* ausstoßen; *luz* anmachen; *salto* machen; **~ (de) barniz** lackieren; **~ brincos** springen, hüpfen; **~ vueltas** sich drehen, sich wälzen; *(pasearse)* herumgehen **11** *(crear)* hervorbringen; *frutas* tragen; *fig utilidad* abwerfen; **el nogal da nueces** der Nussbaum trägt Nüsse **12** *una fiesta* veranstalten, (ab)halten; *conferencia* halten; *película* geben, spielen; **¿qué película dan?** was für ein Film läuft? **13** **~ por** *(declarar)* erklären für, erachten als, halten für; **~ por concluido** *o* **terminado** als abgeschlossen (*o* beendet) erklären (*o* ansehen *o* gelten lassen); **~ por muerto** für tot halten; **~lo por perdido** (es) aufgeben, aufstecken *fam* **14** *Am reg pop* **~la** *(llegar al orgasmo)* zum *Orgasmus* kommen; einen Samenerguss haben

— **B** verbo impersonal —

da pena verlo es zu sehen ist schmerzlich; **le dio un ataque de fiebre** er bekam (einen) Fieber(anfall); **(me) da igual** *o* **(me) da lo mismo** das ist (mir) gleich, das ist dasselbe in Grün *fam*; **¡qué más da!** was liegt schon daran!

— **C** verbo intransitivo —

1 *(irgendwohin)* gehen (*o* kommen *o* führen); **~ a la calle** *ventana, etc*: zur Straße hinausgehen (*o* hin liegen); **~ al mediodía** *cuarto, etc* nach Süden liegen; **~ sobre el mar** *ventana, etc* aufs Meer hinausgehen **2** *(chocar) (auf etw)* treffen, stoßen; *(zu etw)* führen; *(acertar)* treffen; **~ con a/c/alg** auf etw/j-n treffen (*o* stoßen); etw/j-n finden; mit etw/j-m zusammenstoßen; **~ contra la pared** gegen die Wand prallen, an die Wand stoßen; **~ de espaldas** *o* **en el suelo** auf den Rücken fallen; *fig* **~ en blando** keinen Widerstand finden; **~ en la cara** *luz, sol* ins Gesicht scheinen; *fig* **~ en el clavo** *o* **en el hito** den Nagel auf den Kopf treffen, es genau erfassen; **~ en la selva** *camino, etc* in den Wald führen; MAR **~ en seco** stranden; *fig* **~ en lo vivo** die empfindliche Stelle treffen **3** *fig* **~ en** *(inf) (estar entregado)* darauf verfallen sein, zu *(inf)*; **~ en llamar** (be)nennen; **~le a alg por** *(inf) o (sust)* auf etw *(acus)* verfallen; den Fimmel haben zu *(inf) fam*; **ahora le ha dado por la televisión** jetzt will er immer fernsehen, jetzt hat er den Fernsehfimmel *fam*; *fam* **(no) me da por ahí** ich habe (keine) Lust dazu, das liegt mir (nicht) **4** *fig* **~ por tierra con a/c** etw über den Haufen werfen; etw zunichtemachen; **~ sobre el más débil** über den Schwächsten herfallen; **~ tras a/c/alg** hinter etw/j-m her sein **5** **~ de sí** *tela, etc* weiter werden, sich dehnen; *esfuerzos, rendimiento* hergeben, einbringen **6** **~ para** *(alcanzar)* ausreichen für *(acus)*, ausreichend sein für *(acus)*; **~ para mucho** *Thema etc* ergiebig sein; *fam* **no da para más** zu mehr reicht's nicht **7** **~ que hablar** Anlass zu Gerede geben; von sich *(dat)* reden machen; **~ que hacer** Arbeit machen; **~ que pensar** zu denken geben; **¡qué más da!** was liegt schon daran! **8** **a mal ~** wenigstens **9** *prov* **donde las dan, las toman** wie du mir, so ich dir; Wurst wider Wurst

— **D** verbo reflexivo —

darse **1** *(suceder)* geschehen, vorkommen; **se dan casos** es kommt vor, es gibt Fälle **2** *(prosperar)* gedeihen; **~ bien** gut gedeihen; **las patatas se dan bien** die Kartoffeln gedeihen gut **3** sich selbst (*o* gegenseitig) geben; **~ cuenta de a/c** etw bemerken; sich *(dat)* über etw *(acus)* klar werden; **~ la mano** sich *(dat)* die Hand geben; sich versöhnen **4** *(rendirse)* sich ergeben *(abs)*; **~ a** sich widmen *(dat)*, sich hingeben *(dat)*; *tb* aufgehen in *(dat)*; *a un vicio, etc*: sich ergeben, verfallen *(dat)* **5** **~ a** *(inf) (entregarse)* darauf verfallen, zu *(inf)*; *(comportarse como)* geben; **~ a creer** *(imaginarse)* sich *(dat)* vorstellen, sich *(dat)* einbilden; **~ a conocer** sich zu erkennen geben; zeigen, wer man ist; sich bekannt machen; Farbe bekennen; **~ a ver** sich blicken lassen **6** **~ por** *(creerse)* sich halten für *(acus)*, sein; **~ por aludido** *(sentirse afectado)* sich betroffen fühlen; **~ por pagado** sich zufriedengeben, sich begnügen (**con** mit *dat*); **~ por vencido** sich ergeben, aufgeben **7** *fig (fanfarronear)* angeben; **~ mucho aire** *o* **~ tono** sehr dick(e) tun, sich wichtigmachen; **dárselas de …** sich aufspielen als …; sich hinstellen als …; **dárselas de inocente** den Unschuldigen spielen **8** *(significar)* bedeuten; **dársele poco a alg** j-m wenig ausmachen (*o* bedeuten); **tanto se me da** das ist mir egal (*o* wurst *fam*) **9** *fig* **dársele a alg a/c bien** j-m liegen; etw gut können; **dársele a alg a/c mal** (*o* **fatal**) etw nicht (*o* überhaupt nicht) können; **esto se me da bien** das liegt mir

Dardanelos MPL **(el Estrecho de) los ~** die Dardanellen *pl*

dardazo M **1** *(tiro con un dardo)* Speerwurf *m* **2** *herida*: Speer-, Pfeilwunde *f*

dardo M **1** *arma arrojadiza*: Speer *m*; Spieß *m* **2** DEP *(jabalina)* Wurfpfeil *m*; **jugar a los ~s** Dart *n* spielen **3** ARQUIT *ornamento*: Pfeilspitzenornament *n* **4** BOT Kurztrieb *m* **5** *fam (dicho satírico)* bissige Bemerkung *f*, Spitze *f*; Hohn *m* **6** **~ de llama** Stichflamme *f*

dares y tomares MPL Wortwechsel *m*; **andar en ~** einen Wortwechsel haben, streiten (**con** mit *dat*)

dársena F Hafenbecken *n*; Dock *n*

darta F TEC Gussnarbe *f*

darviniano ADJ Darwin…; **darvinismo** M Darwinismus *m*; **darvinista** **A** ADJ darwinistisch **B** M/F Darwinist *m*, -in *f*

DAS ABR (Departamento Administrativo de Seguridad) *kolumbianische Sicherheitspolizei*

dasímetro M FÍS Gasdichtemesser *m*, Dasymeter *n*

dasología F forstliche Ertragskunde *f*; **dasonomía** F Forstwissenschaft *f*; Forstwesen *n*, -wirtschaft *f*; **dasonómico** ADJ forstwissenschaftlich; forstwirtschaftlich

datación F *espec* LING Datierung *f*

datar A VT datieren, mit dem Datum versehen B VI ~ **de** (zeitlich) zurückgehen auf (acus); von … (dat) herrühren; stammen aus (dat)
datear VT Am reg espía policial informieren; fam ~ **a alg** j-m einen heißen Tipp geben fam; **datero** M Am reg (Polizei)Spitzel m
dátil M 1 BOT fruto: Dattel f 2 ZOOL ~ **(de mar)** molusco: Meerdattel f 3 pop ~**es** mpl (dedo) Finger mpl
datilado ADJ dattelförmig; dattelfarben; **datilera** F 1 BOT palmera: Dattelpalme f 2 Esp pop (mano) Pfote f fam, Flosse f fam; **datilero** M Esp pop Taschendieb m
datismo M RET Synonymenhäufung f
dativo M GRAM Dativ m, Wemfall m
dato M 1 indicación: Angabe f; documento: Beleg m, Unterlage f; ~**s** mpl Angaben fpl, Daten npl; ~**s estadísticos** statistische Daten npl; ~**s numéricos** numerische Daten npl; ~**s personales** Angaben fpl zur Person, Personalien pl; ~**s técnicos** technische Daten npl 2 INFORM ~**s** mpl Daten npl; **base** f o **banco** m **de** ~**s** Datenbank f; **centro** m **de** ~**s** Datenzentrum n; **compresión de** ~**s** Datenkomprimierung f; **consulta** f **de** ~**s** Datenabfrage f; **entrada** f o **introducción** f **de** ~**s** Dateneingabe f; **salida** f **de** ~**s** Datenausgabe f; **transmisión** f o **transferencia** f **de** ~**s** Datenübertragung f; **almacenar** o **guardar** ~**s** Daten abspeichern (o sichern); **borrar** ~**s** Daten löschen; **introducir** o **insertar** ~**s** Daten eingeben; **procesar** o **tratar** ~**s** Daten verarbeiten; **recoger** o **registrar** ~**s** Daten erfassen
datura F BOT Stechapfel m
davídico ADJ davidisch, Davids…
davo M Am Centr fam Problem n
daza F BOT Sorgho m
d. C. ABR (después de Cristo) n. Chr. (nach Christus)
DC F ABR (Democracia Cristiana) Chile christlich-demokratische Partei f
DDT M (dicloro-difenil-tricloroetano) ABR QUÍM DDT n (Dichlordiphenyltrichloräthan)
de[1] F D n (Name des Buchstabens)

de²

A preposición B conjunción

— A preposición —

1 origen, procedencia: aus; dirección: nach; ~ **Alemania** aus Deutschland; ~ **Berlín/Madrid** aus Berlin/Madrid; **mi amigo es** ~ **Oviedo** mein Freund ist (o stammt) aus Oviedo; **el camino** ~ **Veracruz** die Straße nach Veracruz; **camino** ~ … auf dem Wege nach …; ~ … **a** … von … nach …; ~ **arriba abajo** von oben bis (o nach) unten 2 aposición, en apellidos: **la calle** ~ **Alcalá** die Alcalá-Straße; **la isla** ~ **Cuba** die Insel Cuba 3 zona, pertenencia, posesión: von o (gen); **la casa** ~ **mi madre** das Haus meiner Mutter; **el coche** ~ **mi amigo** das Auto meines Freundes; **el amo** ~ **la casa** der Herr des Hauses, der Hausherr; **el señor** ~ **Elizalde** Herr von Elizalde; **¿**~ **quién es este libro?** wem gehört dieses Buch? 4 uso partitivo, cantidad: von; **uno** ~ **ellos** einer von ihnen; **una docena** ~ **huevos** ein Dutzend Eier; **miles** ~ **hombres** Tausende von Menschen; **no ser** ~ **sus amigos** nicht zu seinen Freunden gehören (o zählen); **comer del asado** (vom) Braten essen; **tener** ~ **todo** von allem etwas haben 5 temporal: **el dos** ~ **mayo** der zweite Mai; **el año** ~ **2005** das Jahr 2005; **el mes** ~ **agosto** der Monat August; ~ **día** am Tag, tagsüber; ~ **noche** bei Nacht, nachts; **muy** ~ **mañana** sehr früh, früh am Morgen, frühmorgens; ~ **aquí a tres días** in (o binnen) drei Tagen; **abierto** ~ **9 a 12** geöffnet von 9 bis 12; ~ **ahora en adelante** von nun an 6 materia: aus; ~ **oro/plata/madera** aus Gold/Silber/Holz, golden/silbern/hölzern; **una cadena** ~ **plata** tb eine Silberkette; fig **un corazón** ~ **piedra** ein Herz von (o aus) Stein, ein steinernes Herz 7 contenido: **una botella** ~ **vino** eine Flasche Wein; tb eine Weinflasche; **un vaso** ~ **agua** ein Glas Wasser; **el libro** ~ **física** das Physikbuch 8 característica: **ancho** ~ **pecho** breitbrüstig, mit kräftigem Brustkorb; **máquina** f ~ **coser/escribir** Näh-/Schreibmaschine f; **el cargo** ~ **presidente** das Amt des Präsidenten, das Präsidentenamt; **un artista** ~ **talento** ein begabter Künstler; **la muchacha** ~ **las gafas** das Mädchen mit der Brille; ~ **niño** (como niño) als Kind; (en la niñez) in der Kindheit 9 causa: ~ **miedo** aus Furcht; ~ **pura envidia** aus (o vor) lauter Neid; **padecer** ~ **una enfermedad** an einer Krankheit leiden; **esta chuleta no se puede comer** ~ **dura** dieses Kotelett ist so hart, dass man es nicht essen kann 10 comparación: als; **más/menos** ~ **mil hombres** mehr/weniger als tausend Menschen; **más** ~ **seis semanas** mehr (o länger) als sechs Wochen; **gasta mucho más dinero del que gana** er gibt viel mehr Geld aus, als er verdient; **tiene más dinero** ~ **lo que Vd. cree** er hat mehr Geld als Sie glauben; **llegaron antes** ~ **lo que pensábamos** sie kamen eher an, als wir dachten 11 con verbo: **colgar** ~ **a/c** von etw herabhängen; **deducir** ~ **a/c** aus etw schließen; **despedirse** ~ **alg** sich von j-m verabschieden; **hablar** ~ **negocios** über Geschäfte sprechen; **¿qué tiene** ~ **especial/malo?** was ist Besonderes/Schlechtes daran? 12 profesión: **trabajar** o **estar** ~ arbeiten als, tätig sein als; **trabajar** ~ **albañil** als Maurer arbeiten; **estar** ~ **secretaria en una oficina** (vorübergehend) als Sekretärin in einem Büro arbeiten 13 con part, voz pasiva: von; **acompañado** ~ **su familia** begleitet von (o in Begleitung) seiner Familie; **saludado** ~ **sus partidarios** von seinen Anhängern begrüßt 14 con **deber** o **haber**: **debería** ~ **ser así** es müsste (eigentlich) so sein; **he** ~ **escribirle** ich muss ihm schreiben; como futuro, reg fam, espec Am **haber** ~ (inf) werden; **le he** ~ **escribir** ich werde (o will) ihm schreiben 15 en locuciones: ~ **camino** im Vorbeigehen; ~ **hombre a hombre** von Mann zu Mann; ~ **intento** absichtlich; ~ **este lado** von (o auf) dieser Seite; **¡**~ **nada!** bitte sehr!, keine Ursache!; Arg, Ur ~ **no** sonst; andernfalls; ~ **esta parte** hier; hierher; ~ **pie** stehend; ~ **ti** o **usted a mí** unter uns, unter vier Augen 16 aumento, tb int: **el burro** ~ **Juan** Juan, dieser Esel; **¡ay** ~ **mí!**, ach, ich Ärmster!, wehe mir!

— B conjunción —

1 causal: ~ **tanto trabajar se puso enfermo** er wurde krank, weil er so viel gearbeitet hatte 2 condicional: ~ **haberlo sabido antes** hätte ich's vorher gewusst; ~ **ser necesario** wenn es nötig ist, nötigenfalls; ~ **no ser así** andernfalls; → tb si², como 3 concesivo: **y** ~ **haberlo dicho ella** auch wenn sie's gesagt hätte

DE M ABR Col (Distrito Especial) *Sonderdistrikt des Großraums von Bogotá, Kolumbien*
dé → dar
deal [dil] M Deal m fam
dealer ['dilɛr] M/F espec drogas Am Dealer m, -in f
deambular VI wandeln; schlendern; herumstreifen; **deambulatorio** M ARQUIT (Chor)Umgang m in Kirchen
deán M REL Dechant m, Dekan m; **deanato** M, **deanazgo** M REL Dekanat n
debacle F Debakel n
debajo A ADV unten; unterhalb; **quedar** ~ unterliegen (abs) B PREP ~ **de** unter (dat o acus); ECON ~ **del cambio** unter Kurs, unter dem Kurswert; **por** ~ **de** unter; **por** ~ **del precio** unter (dem) Preis (kaufen); **de** o **por** ~ **de la mesa** unter dem Tisch hervor; **estar muy por** ~ **de alg** j-m bei Weitem nicht gleichkommen
debate M Debatte f; (discusión) Besprechung f; Erörterung f; (disputa) Auseinandersetzung f, Streit m; espec POL ~ **de fondo** Grundsatzdebatte f; ~ **parlamentario** Parlamentsdebatte f
debatir A VT besprechen, erörtern B VI (discutir) verhandeln, debattieren; (combatir) kämpfen, streiten (**sobre** um acus) C VR **debatirse** sich sträuben, zappeln; ~ **entre la vida y la muerte** zwischen Leben und Tod schweben; ~ **contra a/c** gegen etw ankämpfen
debe M ECON Soll n, Debet n; ~ **y haber** Soll n und Haben n
debelación F Bezwingung f, Niederkämpfen n; **debelador** A ADJ Sieger… B M, **debeladora** F Bezwinger m, -in f; Sieger m, -in f; **debelar** VT unterwerfen; espec Am rebelión niederschlagen
deber A VT dinero, gracias, etc schulden, schuldig sein; fig (tener que agradecer) (zu) verdanken (haben); ~ **a medio mundo** bis über die Ohren in Schulden stecken B VI 1 obligación, necesidad: ~ (inf) müssen, sollen; **no** ~ nicht dürfen; **el resultado debe ser el siguiente** Folgendes muss das Ergebnis sein; **debería haberme callado** ich hätte besser geschwiegen; **no debes hacerlo** du darfst es nicht tun 2 suposición, probabilidad: ~ **de** (inf) (eigentlich) müssen, sollen; **debe de ser así** es muss schon so sein; **debe de ser frío** es muss kalt sein C VR **deberse** 1 (convenir) sich gehören, sich schicken (**a** für acus); **como se debe** wie es sich gehört, nach Gebühr, richtig, ordentlich 2 (atribuir) ~ **a alg** j-m zu verdanken sein; ~ **a a/c** einer Sache (dat) zuzuschreiben sein; auf etw (acus) zurückzuführen sein; ~ **a (la circunstancia de) que** darauf zurückzuführen sein, dass; **lo cual se debe a que** … das kommt davon, dass … D M 1 (obligación) Pflicht f; Verpflichtung f, Schuldigkeit f; JUR ~ **de alimentos** Unterhaltspflicht f; ~ **del ciudadano** o ~ **cívico** Bürgerpflicht f; ~ **de honor** Ehrenpflicht f; Ehrensache f; **contrario al** ~ pflichtwidrig; **creer (de) su** ~ es für seine Pflicht halten; **cumplir (con) un** ~ eine Pflicht erfüllen; **estar en el** ~ **de advertir** aufmerksam machen müssen, pflichtgemäß aufmerksam machen 2 ~**es** mpl (obligaciones) Pflichten fpl, Aufgaben fpl; Esp enseñanza: Hausaufgaben fpl
debidamente ADV (en regla) ordnungsgemäß; (correspondiente) gebührend
debido ADJ 1 (justo) gebührend, (correcto) richtig; (razonable) angemessen; **como es** ~ wie es sich gehört; richtig, anständig fam; **en forma** -**a** vorschriftsmäßig, in gehöriger Form; **a** o **en su** ~ **tiempo** zur rechten Zeit; rechtzeitig 2 ~ **a** (a consecuencia de) wegen (gen, fam tb dat); dank (dat, tb gen); **ser** ~ **a** eine Folge sein von (dat); zurückzuführen sein auf (acus); ~ **a que** … infolge davon, dass …, weil …
débil ADJ 1 (sin fuerza) kraftlos; schwach (tb fig); color, expresión matt, blass; voz, ruido leise; fig **la química es su punto** ~ er ist schwach in Chemie; **económicamente** ~ finanzschwach; persona arm mpl; ~ **de carácter** charakterschwach; ~ **de oído** schwerhörig 2 FON vocal schwach
debilidad F 1 (endeblez) Schwäche f (tb fig); (moralische) Schwachheit f; Kraftlosigkeit f, Mattigkeit f; **una** ~ **humana** eine menschliche Schwäche f; ~ **mental** Geistesschwäche f, Schwachsinn m; ~ **senil** Altersschwäche f 2

D

fam fig (predilección) Schwäche *f* (**por** für *acus*); **momento de ~** schwacher Moment *m*; **tener ~ por** eine Schwäche haben für *(acus)*
debilitador M FOT Abschwächer *m*; **debilitamiento** M TEC Abschwächung *f*; **debilitar** A VT schwächen; abschwächen *(tb* TEC*)*; entkräften B VR **debilitarse** 1 *(perder fuerzas)* schwach werden, ermatten 2 *(disminuir)* sich abschwächen
debitar VT ECON **~ una cantidad en cuenta** ein Konto mit einer Summe belasten
débito M Schuld *f*; Verpflichtung *f*; ECON **~s** *mpl* Verbindlichkeiten *fpl*; JUR **~ conyugal** eheliche Pflichten *fpl*
debocar VT & VI ⟨1g⟩ *Arg, Bol* erbrechen
debrecina F *Arg* GASTR Debrezinerwürstchen *n*
debú, debut M TEAT Debüt *n (tb fig)*; *de una obra de teatro*: Erstaufführung *f*; *de un artista*: erstes Auftreten *n*
debutante M/F TEAT Debütant *m*, -in *f (tb fig)*; *fig* Anfänger *m*, -in *f*; **debutar** VI TEAT debütieren, zum ersten Mal auftreten *(tb fig)*
década F 1 *período*: Dekade *f (tb* LIT*)*; Jahrzehnt; Zeitraum *m* von zehn Jahren 2 *(decena)* zehn Stück
decadencia F 1 *(declinación)* Verfall *m*, Niedergang *m*; Dekadenz *f*; **estar en plena ~** gänzlich verfallen 2 *(abatimiento)* Niedergeschlagenheit *f*; **decadente** ADJ 1 *(en estado de degeneración)* im Verfall begriffen; entartet 2 LIT, *arte* dekadent 3 → decaído; **decadentismo** M LIT, *arte*: Dekadenz *f*; **decadentista** LIT, *arte*: A ADJ dekadent B M/F Anhänger, -in *f* der Dekadenz, Dekadente *m/f*
decaedro M GEOM Dekaeder *n*
decaer VI ⟨2o⟩ 1 *(degenerar)* in Verfall geraten; *(debilitar)* nachlassen, abnehmen; *fig* herunterkommen; MED verfallen; **~ de ánimo** mutlos werden; **~ en fuerzas** Kraft verlieren; **va decayendo** es geht bergab *fam* 2 MAR *(perder el rumbo)* abtreiben
decágono GEOM A ADJ zehneckig B M Zehneck *n*
decagramo M Dekagramm *n*, *Austr* Deka *n*
decaído ADJ 1 *(débil)* kraftlos, matt; *(desanimado)* mutlos, niedergeschlagen 2 *(venido a menos)* heruntergekommen; verfallen; **decaimiento** M Verfall *m*; Niedergeschlagenheit *f*, Mutlosigkeit *f*
decalaje M 1 TEC *(winkel- oder stufenförmige)* Versetzung *f* 2 *(postergación)* zeitliche Verschiebung *f*
decalitro M Dekaliter *m/n*, zehn Liter
decálogo M *Biblia: die* Zehn Gebote *npl*
decalvar VT kahl scheren
Decamerón M LIT Dekameron *n*
decámetro M Dekameter *m/n*
decampar VI MIL, HIST das Lager abbrechen; *fig* aufbrechen, weggehen
decanato M Dekanat *n*, REL *tb* Dechanat *n*; **decanatura** F *Am Centr, Col, Ec* Dekanat *n*; **decanía** F *finca*: Klostergut *n*; *iglesia*: Klosterkirche *f*
decano A ADJ älteste(s) B M 1 *en una corporación*: Dekan *m (tb* UNIV*)*, REL *tb* Dechant *m* 2 *(persona con más antigüedad)* Älteste *m/f*; Nestor *m*; POL Doyen *m*
decantar A VT 1 QUÍM, TEC klären, abgießen, dekantieren; *minerales* abschlämmen 2 *frec irón (engrandecer)* rühmen, preisen; *desp (propalar)* ausposaunen; *frec irón* **el decantado artista** der so viel gepriesene Künstler B VR **~se por a/c** sich einer Sache *(dat)* zuwenden
decapado M TEC Beize *f (für Metalle)*; **decapante** M Abbeize *f*, Abbeizmittel *n*; **decapar** VT TEC *metales* beizen, dekapieren
decapitación F Enthauptung *f*, Köpfen *n*;
decapitar VT enthaupten, köpfen
decasílabo A ADJ zehnsilbig B M *verso*: Dekasyllabus *m*, Zehnsilber *m*
decatizar VT ⟨1f⟩ TEX dekatieren
decatleta M/F DEP Zehnkämpfer *m*, -in *f*; **decatlón** M DEP Zehnkampf *m*
deceleración F 1 *(disminución de la velocidad)* Verlangsamung *f*; Entschleunigung *f*; FÍS negative Beschleunigung *f* 2 TEC *(reducción)* Untersetzung *f*; **decelerar** VT verzögern, verlangsamen
decembrino ADJ Dezember…
decena F 1 *conjunto*: zehn Stück *n*; **una ~ de** etwa zehn 2 MAT Zehner *m* 3 MÚS Dezime *f*; **decenal** ADJ 1 *edad*: zehnjährig 2 *(cada 10 años)* zehnjährlich 3 MAT Dezimal…; **decenario** A ADJ 1 *(de 10 partes)* zehnteilig 2 MAT Dezimal… B M CAT *rosario*: Rosenkranz *m* mit zehn Kugeln
decencia F Anstand *m (tb fig)*; Schicklichkeit *f*; **con ~** anständig
decenio M Jahrzehnt *n*; **deceno** ADJ → décimo
decentar ⟨1k⟩ A VT 1 *pan, etc* anschneiden, -brechen 2 *espec salud* beeinträchtigen B VR **decentarse** sich durchliegen, sich wund liegen
decente ADJ 1 *(honrado)* ehrbar; schicklich; *(digno)* dezent; **ser ~** anständig sein; sich gehören 2 *(aceptable)* passabel, anständig; *vida* menschenwürdig; **medio ~** halbwegs anständig 3 *precio, salario* angemessen
decepción F *(desengaño)* Enttäuschung *f*; *(engaño)* Täuschung *f*; **decepcionante** ADJ enttäuschend; **decepcionar** VT *(desengañar)* enttäuschen; *(engañar)* täuschen, hintergehen
deceso M *Am liter* Tod *m*
dechado M 1 *(muestra)* Vorlage *f*; *(bes* Stick*)*-Muster *n* 2 *fig (modelo)* Muster *n*, Ausbund *m*; **~ de maldades** Ausbund *m* von Schlechtigkeit; **~ de virtudes** Ausbund *m* von Tugend
decibel M, **decibelio** M FÍS Dezibel *n*
decible ADJ sagbar
decididamente ADV 1 *(resueltamente)* entschlossen; entschieden 2 *(absolutamente)* schlechterdings
decidido ADJ entschlossen; energisch; entschieden; **ser ~** entschlussfreudig sein; **estar ~ a** entschlossen sein zu *(dat) o (inf)*
decidir A VT & VI 1 *(resolver)* entscheiden; beschließen; *(acabar)* abschließen; **~** *(inf)* sich entschließen zu *(inf) o (dat)*; **~ sobre** *o* **de a/c** *persona* über etw *(acus)* entscheiden; *cosa* für etw *(acus)* entscheidend sein 2 *(motivar)* veranlassen, überreden; **~ a alg a hacer a/c** j-n veranlassen *(o* dazu überreden*)*, etw zu tun B VR **decidirse** 1 *(estar decidido)* entschieden werden 2 **~ a** *(inf) (tomar una determinación)* sich entschließen, zu *(inf)*; **~ a** *o* **en favor de** sich entscheiden für *(acus)*
decidor A ADJ 1 *(hablador)* gesprächig, unterhaltsam 2 *espec Am Mer (expresivo)* vielsagend, bedeutungsvoll B M, **decidora** F Witzbold *m*; **~ m de sinceridades** wer krass die Wahrheit sagt
deciduo ADJ *edificio* baufällig; *persona* gebrechlich
decigramo M Dezigramm *m*, Zehntelgramm *n*; **decilitro** M Deziliter *m/n*, Zehntelliter *m/n*
décima F 1 *parte*: Zehntel *n* 2 *en el termómetro*: Zehntelgrad *m*; **tener ~s** erhöhte Temperatur haben 3 LIT Dezime *f (zehnteilige Stanze von Achtsilbern)* 4 MÚS Dezime *f*
decimal A ADJ dezimal, Dezimal…; MAT **fracción** *f o* **quebrado** *m* **~** Dezimalbruch *m*; **sistema ~** Dezimalsystem *n* B F Dezimale *f*, Dezimalzahl *f*
decímetro M 1 *unidad de longitud*: Dezimeter *m*, Zehntelmeter *m* 2 *instrumento*: Maßstab *m*
décimo A NUM zehnte(r, -s); **en ~ lugar** an zehnter Stelle; zehntens; **Alfonso ~** Alfons der Zehnte B M 1 Zehntel *n*; **el ~** der Zehnte; **~ (de lotería)** Zehntellos *n* 2 *Am moneda*: Zehncentavostück *n*
decimoctavo NUM achtzehnte(r, -s); **decimocuarto** NUM vierzehnte(r, -s); **decimonónico** ADJ *typisch für das 19. Jahrhundert; auf das 19. Jahrhundert bezogen*; *fig (anticuado)* altmodisch, veraltet; **decimonoveno** NUM neunzehnte(r, -s); **decimoquinto** NUM fünfzehnte(r, -s); **decimoséptimo** NUM siebzehnte(r, -s); **decimosexto** NUM sechzehnte(r, -s); **decimotercero, decimotercio** NUM dreizehnte(r, -s)
decir ⟨3p *pp* dicho⟩ A VT 1 *(hablar)* sagen, sprechen, mitteilen; **~ misa** die Messe lesen; **dar que ~** Anlass zu Gerede geben; **diga lo que diga** er mag sagen, was er will; was er auch sagen mag; **¡no me diga!** was Sie nicht sagen!; tatsächlich?; **¡no me diga más!** jetzt verstehe ich (warum …)!; **¡diga usted!** sagen Sie (doch) mal!; **¡y que los digas!** das kann man wohl sagen!; *Esp* TEL **¡diga!** *o* **¡dígame!** hallo!, ja, bitte!; **¡dímelo a mí!** wem sagst du das!; **¡digo!** das will ich meinen!; **¡digo, digo!** hört, hört!; nanu!; ach, sieh mal an!; **¡digo yo!** meine ich!; **digo …** ich wollte sagen …, (ich meine) vielmehr …; **una chica, digo mal, un ángel** ein Mädchen, was sage ich, ein Engel; *al fin de un discurso*: **he dicho** *o* **dije** ich habe gesprochen; **como quien dice** *o* **como si dijéramos** sozusagen; (also) ungefähr; **como quien no dice nada** so ganz nebenbei, als wäre das gar nichts; **cualquiera diría que …** man könnte fast meinen, (dass) …; als ob …; **¡cualquiera (lo) diría!** kaum zu glauben!, man sollte es nicht für möglich halten!, wer hätte das gedacht!; **no ~ una cosa por otra** die Wahrheit sagen; **~ bien** gut sprechen; *tb* recht haben; *fam* **~le a alg cuatro cosas** *o* **cuatro frescas** j-m gehörig die Meinung sagen; **¡usted dirá!** natürlich!, ganz wie Sie wünschen!; bestimmen Sie, bitte!, Sie haben das Wort!; *confirmando*: meine ich auch!; **es mucho ~** das ist zu viel gesagt; **eso es más fácil de ~ que de hacer** das ist leichter gesagt als getan; **~ para** *o* **entre sí** *o* **~ para sus adentros** zu sich *(dat)* selbst *(o* vor sich *acus* hin*)* sagen, bei sich *(dat)* denken *(o* überlegen*)*; **no digo nada** natürlich, jawohl; **… que no digo nada** das habe ich schon im Voraus gewusst, das konnte ich mir schon denken; **eso no me dice nada** das ist mir gleichgültig; **por ~lo así** *o* **por así ~lo** sozusagen, gewissermaßen; **~ por ~** daherreden, belangloses Zeug reden; **lo dice por él** er meint ihn, das ist auf ihn gemünzt; **por mejor ~** besser gesagt; **ni que ~ tiene que** es versteht sich von selbst, dass; es erübrigt sich zu erwähnen, dass; **el qué dirán** das Gerede *(der Leute)*; **dicen que** es heißt, dass; man sagt, dass; **no digamos que sea así** es ist zwar *(o* freilich*)* nicht ganz so; **no es barato que digamos** es ist nicht gerade billig; **no hay más que ~** basta!, genug!, jetzt ist Schluss!; das genügt (vollkommen)!; **y ~ que es ciego** (und) dabei ist er blind; wenn man bedenkt, dass er blind ist; **~ que sí** Ja sagen; *en la boda*: das Jawort geben; **~ que no** Nein sagen; **¿qué me dices de …?** was sagst du zu …?; wie gefällt dir …?; **no sé qué me diga** ich weiß nicht, was ich dazu sagen soll; **¿qué quieres que te diga?** was soll ich da schon sagen?; **que ya es ~** das will was heißen; **¡quién lo diría!** wer hätte das gedacht!; **según dicen** wie es heißt, dem Vernehmen nach; **tener algo que ~** etwas zu sagen haben

(en bei *dat*); **tú que tal dijiste** das hast du gesagt; **ya decía yo que** ich dachte mir doch gleich, dass; *fam* **ya es ~** das will was heißen; **dime con quién andas y te diré quién eres** sage mir, mit wem du umgehst, und ich sage dir, wer du bist; **quien mal dice, peor oye** *corresponde a*: wie man in den Wald hineinruft, so schallt es heraus **2** *(exponer)* auf-, hersagen; vortragen; **~ maquinalmente** heruntersagen, -plappern, sein Sprüchlein herbeten **3** *(significar)* (be)sagen; lauten; bedeuten; erkennen lassen; **es ~** das heißt; **¿es ~ que no sale?** er reist also nicht ab?; **querer ~** (be)sagen wollen, bedeuten; meinen; **su cara lo dice todo/no dice nada** sein Gesicht sagt alles/seine Miene ist ausdruckslos; **el documento dice como sigue** das Schriftstück lautet wie folgt; **la práctica dice** die Praxis (*o* die Erfahrung) lehrt (*o* zeigt) **4** *(dar órdenes)* anordnen, befehlen; **dile que venga en seguida** (sag ihm,) er soll sofort kommen **5** *juego de cartas*: ansagen, Farbe bekennen **6** *(nombrar)* nennen; **le dicen Miguel** er heißt (*o* man nennt ihn) Michael **7** **~ bien/mal con a/c** gut/schlecht zu etw passen **B** VR *uso pasivo*: **~se** **1** *(expresar)* heißen; **¿cómo se dice?** wie sagt man? **2** *(hablar)* sagen, reden; **se dice que** man sagt, es heißt; **se dicen tantas cosas** es wird so viel geredet; **se diría (que)** man könnte meinen (, dass); es scheint (so, als ob); **estos hombres que se dicen ser sus rivales** diese Männer, die angeblich seine Rivalen sind **C** M *(locución)* Redensart *f*, Redeweise *f*; **~es** *mpl* Gerede *n*; **es un ~** das ist so eine Redensart, das sagt man so; **al ~ de ...** nach dem, was ... sagt

decisión F **1** *(resolución)* Entscheidung *f*; Entschluss *m*; JUR, POL *tb* Beschluss *m*; **~ equivocada** *o* **errónea** Fehlentscheidung *f*; **~ judicial** richterliche Entscheidung *f*, Urteil *n*; **~ por mayoría** *o* **~ mayoritaria** Mehrheitsentscheidung *f*; Mehrheitsbeschluss *m*; **tomar una ~** sich entschließen; eine Entscheidung treffen; einen Beschluss fassen **2** *(firmeza)* Entschlossenheit *f*; **falto de ~** unentschlossen **3** *(determinación)* Bestimmung *f*

decisivo ADJ **1** *(concluyente)* entscheidend; ausschlaggebend; **encuentro** *m* **~** Entscheidungskampf *m*, DEP *tb* Entscheidungsspiel *n* **2** *fig (determinado)* entschieden; **decisorio** ADJ → decisivo; JUR **juramento** *m* **~** zugeschobener Eid *m*

declamación F Deklamation *f*; Vortragskunst *f*; **declamador** **A** ADJ vortragend **B** M, **declamadora** F Vortragskünstler *m*, -in *f*; *fig desp* Phrasendrescher *m*, -in *f*; **declamar** VT & VI deklamieren, vortragen; *fig desp* schwülstig reden; **~ contra** wettern gegen *(acus)*; **declamatorio** ADJ deklamatorisch *(tb fig)*; *fig desp* hochtrabend; **arte** *f* **-a** Vortragskunst *f*

declarable ADJ erklärbar

declaración F **1** *(manifestación)* Erklärung *f* *(tb* ECON, JUR*)*; Äußerung *f*, Angabe *f*; **~ (de amor)** Liebeserklärung *f*; JUR **~ de ausencia (indeterminada)** Verschollenheitserklärung *f*; **~ de guerra/fallecimiento/impuestos/intenciones** Kriegs-/Todes-/Steuer-/Absichtserklärung *f*; JUR **~ jurada** eidesstattliche Erklärung *f*; *Perú tb de impuestos*: (Einkommens)Steuererklärung *f*; **~ de mayoría de edad/de muerte** Mündigkeits-/Todeserklärung *f*; ADMIN **~ obligatoria** Anzeige- (*o* Anmelde)pflicht *f*; ADMIN **de ~ obligatoria** (an)meldepflichtig; POL **~ de principios** Grundsatzerklärung *f*; **~ de quiebra** Konkurseröffnung *f*; *fam y fig* Bankrotterklärung *f*; *Esp* **~ de (la) renta** Einkommenssteuererklärung *f*; **~ telemática de la renta** elektronische Einkommenssteuererklärung *f*; **~ de urgencia** Dringlichkeitserklärung *f*; **~ de voluntad** Willenserklärung *f* **2** COM *(registro)* Verzeichnis *n*, Aufstellung *f*; **~ de carga** Schiffsbericht *m*; **~ de entrada/salida** Ein-/Ausfuhrerklärung *f* **3** JUR *de un testigo*: Aussage *f*; **~ testimonial** Zeugenaussage *f*; **hacer una ~** eine Aussage machen; eine Erklärung abgeben; **prestar ~** *en el juzgado*: aussagen; **tomar ~ a alg** j-n vernehmen, j-n verhören

declaradamente ADV unverhohlen; deutlich; **declarado** ADJ erklärt *(tb fig enemigo)*; deutlich, offenkundig; *correos*: **valor** *m* **~** Wertsendung *f*; **declarante** M/F **1** ADMIN Anmeldende *m/f* **2** JUR Aussagende *m/f*

declarar **A** VT & VI **1** *(manifestar)* erklären, äußern; JUR **~ culpable** für schuldig erklären, schuldig sprechen; **~ la renta** die Einkommensteuererklärung machen; **~ por enemigo** zum Feind erklären **2** *(anunciar)* anmelden; ADMIN, MIL *(avisar)* melden; COM *en aduana*: deklarieren, verzollen **3** JUR *(testificar)* aussagen, zeugen; **encontrarse en estado de ~** vernehmungsfähig sein **B** VR **declararse** **1** sich erklären (**por** für *acus*); **~ inocente** sich für unschuldig erklären; **~ en quiebra** Konkurs anmelden; **~ con alg** sich mit j-m aussprechen; **~ a** *o* **en favor de alg** für j-n eintreten **2** *abs los sentimientos de amor*: sich erklären, eine Liebeserklärung machen **3** *fuego, epidemia, etc* ausbrechen; **se le declaró una fiebre** er bekam Fieber

declarativo ADJ erklärend; JUR Klärungs...; **declaratorio** ADJ (er)klärend; JUR Feststellungs...; **acción** *f* **-a** Feststellungsklage *f*

declinable ADJ GRAM deklinierbar; **declinación** F **1** GRAM, ASTRON, GEOG Deklination *f*; *fig* **no saber las -ones** nicht bis drei zählen können **2** *fig (decadencia)* Verfall *m*

declinar **A** VT **1** GRAM deklinieren **2** *(rechazar)* ablehnen; abschlagen; abweisen; **~ toda responsabilidad** jede Verantwortung ablehnen **B** VI **1** ASTRON *vom Meridian* abweichen; GEOG *aguja magnética* miss-, fehlweisen **2** *(llegar al fin)* zur Neige gehen, sich neigen *(tb fig día, etc)*; zu Ende gehen; *sol* sinken **3** *fig (decaer)* zerfallen; *(disminuir)* abnehmen; nachlassen; *fiebre* abklingen

declinatoria F JUR Geltendmachung *f* der Unzuständigkeit *des Gerichts*; **declinatorio** **A** ADJ ablehnend **B** M FÍS Deklinatorium *n*; **declinómetro** M FÍS Ablenkungsmesser *m*

declive M **1** *(pendiente)* Abhang *m*; Gefälle *n*, Neigung *f*; **~ áspero** steile Böschung *f*; Steilhang *m*; **en ~** abschüssig; bergab *(tb fig)*; **formar ~** *o* **ir en ~** *o* **tener ~** abfallen, sich senken **2** *fig (caída)* Verfall *m*, Niedergang *m*; Abstieg *m*; **ir en ~** verfallen; bergab gehen *(fig)*

declividad F, **declivio** M Senke *f*; → *tb* declive

decocción F Abkochung *f*, Sud *m*; Absud *m*; FARM Dekokt *n*; **decoctor** M QUÍM, TEC Kocher *m*

decodificación F Entschlüsselung *f*; **decodificador** M TV Decoder *m*; **decodificar** VT ⟨1g⟩ entschlüsseln, dekodieren

decolaje M *Am reg* AVIA Start *m*, Abflug *m*; **decolar** VI *Am reg* AVIA starten, abfliegen

decolorable ADJ entfärbbar; **decoloración** F Entfärbung *f*; Bleichen *n*; **decolorante** **A** ADJ entfärbend **B** M Bleichmittel *n*; **decolorar** **A** VT entfärben; bleichen **B** VR **decolorarse** seine Farbe verlieren; ausbleichen; bleich werden

decomisar VT (gerichtlich) einziehen; **decomiso** M Einziehung *f*; Beschlagnahme *f*

decoración F **1** *(adorno)* Ausschmückung *f*, Dekoration *f*; Innenausstattung *f* **2** TEAT *(escenografía)* Bühnenbild *n*

decorado M **1** *(embellecimiento)* Ausschmückung *f*; *de un escaparate*: (Schaufenster)Dekoration *f*; *fam fig hum* **formar parte del ~** *persona* zum Inventar gehören **2** TEAT *(escenografía)* Bühnenbild *n*, -ausstattung *f*; FILM **~s** *mpl* Bauten *mpl*

decorador M, **decoradora** F **1** *profesión*: Dekorateur *m*, -in *f* **2** TEAT *(escenógrafo, -a)* Bühnenbildner *m*, -in *f*; FILM (Film)Architekt *m*, -in *f*

decorar VT **1** *(adornar)* ausschmücken, verzieren; dekorieren **2** TEAT ausstatten **3** *(memorizar)* auswendig lernen **4** *(silabear)* Silbe für Silbe sprechen; aufsagen; **decorativista** **A** ADJ Dekorations... **B** M **(pintor** *m***) ~** Dekorationsmaler *m*; **decorativo** ADJ dekorativ *(tb fig)*; zierend; Schmuck...

decoro M Anstand *m*, Schicklichkeit *f*; **guardar el ~** den Anstand wahren; das Gesicht wahren; **decoroso** ADJ *(honrado)* anständig, ehrbar; *(decente)* dezent; *(conforme a su posición social)* standesgemäß

decorticación F Entrinden *n*; MED Dekortikation *f*; **decorticar** VT ⟨1g⟩ entrinden

decrecer VI ⟨2d⟩ abnehmen, schwinden, sinken; *nivel del agua* fallen; **decreciente** ADJ abnehmend; *t/t* degressiv; FON fallend *(Diphthong)*; **decrecimiento** M → disminución; **decremento** M **1** *(disminución)* Abnahme *f* **2** *(desmoronamiento)* Verfall *m* **3** *t/t*, TEC *(reducción)* Verringerung *f*, Abfall *m*

decrepitar VI dekrepitieren *(Kristalle)*

decrépito ADJ **1** *por la edad*: hinfällig; altersschwach; **anciano** *m* **~** Tattergreis *m fam* **2** *fig cosa* morsch, vermodert

decrepitud F **1** *(suma vejez)* Hinfälligkeit *f*, Altersschwäche *f* **2** *fig (decadencia)* Verfall *m*

decrescendo M **1** MÚS Decrescendo *n* **2** *fig (disminución)* Abnahme *f*, Nachlassen *n*

decretal F CAT Dekretale *n*; **~es** *fpl* HIST Dekretalien *pl*

decretar VT ver-, anordnen, verfügen; *orden* erlassen; **~ sanciones económicas** Wirtschaftssanktionen verhängen

decreto M Verordnung *f*; Verfügung *f*, Erlass *m*; **Real ~** Königlicher Erlass *m*, Kabinettsorder *f*; *fam* **por real ~** weil es einfach so sein soll; **~ reglamentario** Durchführungsverordnung *f*; **~-ley** *m* Rechtsverordnung *f*

decretorio ADJ MED kritisch

decúbito M MED **1** *posición del cuerpo*: Liegen *n*; **~ dorsal** *o* **supino** Rückenlage *f*; **~ lateral** Seitenlage *f*; **en ~** liegend **2** **(úlcera** *f* **de) ~** Dekubitus *m*, Wundliegen *n*

decuplar, decuplicar VT ⟨1g⟩ verzehnfachen

décuplo **A** ADJ zehnfach, -fältig **B** M *das* Zehnfache

decurso M Ver-, Ablauf *m der Zeit*

decusación F BOT gegenseitige Durchkreuzung *f*; **decusado, decuso** ADJ *t/t* gekreuzt; BOT kreuzständig

dedada F Fingerspitze *f* voll, Prise *f*; *fig* **una ~ de miel** ein Trostpflästerchen *n*; **dedal** M Fingerhut *m*; **dedalera** F BOT Fingerhut *m*, Digitalis *f*

dédalo M **1** *(laberinto)* Labyrinth *n*, Irrgarten *m* **2** *(desorden)* Wirrwarr *m*

dedeo M *espec* MÚS *(agilidad de los dedos)* Fingerfertigkeit *f*, -technik *f*; *(digitación)* Fingersatz *m*

dedicación F **1** *acción*: Widmung *f*; *de un edificio*: Einweihung *f*; *inscripción*: Weihinschrift *f*; *fiesta*: Fest *n* der Kirchweih **2** *espec Am fig (devoción)* Hingabe *f*, Fleiß *m* **3** *Esp* ADMIN **~ exclusiva** Amtsausübung *f* ohne Nebentätigkeit

dedicado ADJ **1** *libro* mit Widmung **2** *fig persona* eifrig, pflichtbewusst; **dedicante** M/F

Widmende *m/f*

dedicar ⟨1g⟩ A VT 1 *(consagrar)* weihen; *libro, etc* widmen, zueignen 2 *fig (destinar)* widmen; *tiempo* auf-, verwenden (für *acus*, auf *acus* **a**) B VR **~se a a/c** sich mit etw *(dat)* beschäftigen ; sich einer Sache *(dat)* widmen; **¿a qué se dedica?** was macht er beruflich?

D

dedicatoria F Widmung *f*, Zueignung *f*; **dedicatorio** ADJ Widmungs...

dedil M Fingerling *m*; **dedillo** M: **conocer a/c al ~** etw aus dem Effeff (*o* wie seine Westentasche) kennen *fam*; *fig* **saber al ~ a/c** etw genauestens wissen; etw (wie) am Schnürchen hersagen können *fam*

dedo M 1 ANAT *de la mano*: Finger *m*; **~ anular** Ringfinger *m*; **~ del corazón** *o* **medio** Mittelfinger *m*; **(~) índice** *o Rpl* **~ mostrador** Zeigefinger *m*; **(~) meñique** *o* **~ auricular** kleiner Finger *m*; **~ gordo** *o* **(~) pulgar** Daumen *m* 2 **~ (del pie)** Zehe *f*; **~ gordo (del pie)** große Zehe *f*; MED **~ de martillo** Hammerzehe *f* 3 *espec Chile, Arg pop* **el ~ sin uña** *(pene)* der elfte Finger *fam* 4 TEC Finger *m* 5 *fig* **el ~ de Dios** *(omnipotencia divina)* der Finger Gottes; **a dos ~s de** ganz nahe an *(dat)*, drauf und dran; **antojársele los ~s huéspedes a alg** *(ser muy receloso)* sehr argwöhnisch sein; *(ilusionarse)* sich *(dat)* Illusionen machen; *fam* **los ~s se me hacen huéspedes** ich traue der Sache nicht;**atar bien su ~** seine Vorkehrungen treffen; *fam* **no chuparse el ~** nicht auf den Kopf gefallen sein; *fam fig* **cogerse los ~s** sich *(dat o acus)* in den Finger schneiden *(fam fig)*; **comerse los ~s por** sehr begierig sein nach *(dat)*; **cruzar los ~s** die Daumen drücken; **dar un ~ de la mano por** alles hergeben für *(acus)*; **hacer ~s** Fingerübungen machen; **no mamarse el ~** sich nicht hereinlegen lassen; **meter a alg los ~s (en la boca)** j-n geschickt ausforschen, j-n ausholen *fam*; **¡métele el ~ en la boca!** der ist alles andere als dumm!; **meterle a alg los ~s por los ojos** j-m Sand in die Augen streuen; **morderse los ~s** seinen Ärger verbeißen; sich *(dat o acus)* in den Hintern beißen *pop*; *fam fig* **no mover (ni) un ~** keinen Finger rühren; POL, ADMIN **nombrar a ~** willkürlich *(ohne Ausschreibung oder Beschluss)* ernennen; *fig* **pillarse los ~s** sich *(dat)* die Finger verbrennen *(fam fig)*; *fig* **poderse contar a/c con los ~s de la mano** sich *(dat)* etw an den Fingern abzählen können; *fig* **poner el ~ en la llaga** den wunden Punkt berühren; den Finger auf die Wunde legen; **ponerle a alg los cinco ~s en la cara** j-m eine Ohrfeige geben; MÚS **poner bien los ~s** eine gute Fingertechnik haben; **señalar a alg con el ~** mit Fingern auf j-n zeigen, j-n bloßstellen; **ser el ~ malo** ein Unglücksrabe sein, Unglück bringen; **tener cinco ~s en la mano** selber zupacken können, von keinem andern abhängig sein; *fam fig* **tengo ~s de manteca** heute fällt mir alles aus der Hand; *fig* **no tener cuatro** *o* **dos ~s de frente** keine große Leuchte sein; *Am fam* **tirar ~** *o* **viajar a ~** trampen, per Autostop reisen

dedocracia F POL, ADMIN *fam* willkürliche Ernennung *f* (*o* Einstellung *f*) *(ohne Ausschreibung oder Mehrheitsbeschluss)*

deducción F 1 *(derivación)* Ableitung *f*; *(conclusión)* Folgerung *f* 2 COM Abzug *m*; Preisabschlag *m*; **~ fiscal** steuerliche Abschreibung *f*; **~ hecha de** *o* **previa ~ de** nach Abzug von *(dat)*; **con ~ de** abzüglich *(gen)*

deducibilidad F FIN Abziehbarkeit *f*, Abzugsfähigkeit *f*; **deducible** ADJ 1 *(derivable)* ableitbar 2 COM *gasto* abzugsfähig

deducir VT ⟨3o⟩ 1 *(inferir)* ableiten; folgern; **de ello se deduce que ...** daraus kann man schließen, dass ..., daraus folgt, dass ... 2 COM *(restar)* abziehen; **deducidos los gastos, resulta ...** nach Abzug der Spesen ergibt sich ...; **~ de los impuestos** von der Steuer absetzen

deductivo ADJ FIL deduktiv

defacto ADV *y* ADJ, **de facto** ADV tatsächlich, de facto

defasador M ELEC Phasenschieber *m*

defecación F 1 *(evacuación del vientre)* Stuhl(gang) *m*, MED Defäkation *f* 2 QUÍM *(purificación)* Läuterung *f*, Abklärung *f*; **defecar** ⟨1g⟩ A VT QUÍM abklären B VI *(evacuar el vientre)* Stuhlgang haben

defección F Abfall *m* *(von einer Partei, Ideologie etc)*; Abtrünnigkeit *f*; **defeccionar** → desertar; **defectivo** ADJ 1 *(defectuoso)* unvollständig, mangelhaft 2 GRAM defektiv

defecto M 1 *(imperfección)* Fehler *m*, Mangel *m* *(tb fig)*; TEC **~ de construcción** Konstruktionsfehler *m*; **~ de material** Materialschaden *m*; **sin ~** fehlerfrei, tadellos; **~ de fabricación** Fabrikationsfehler *m*; JUR **~ de forma** Formfehler *m*; **~ oculto** verborgener Fehler *m*; MED **~ de técnica** Kunstfehler *m*; MAT, INFORM **valor por ~** Defaultwert *m*; **por ~** MAT, INFORM Default...; **remediar** *o* **subsanar** *o* **suplir un ~** einen Fehler (*o* Mangel) beheben 2 *gener y* MED *físico*: körperlicher Fehler *m*, Gebrechen *n* 3 *(falta)* Fehlen *n*, Mangel *m*; **en ~ de** in Ermangelung *(gen o* von *dat)*; **en su ~** falls nicht vorhanden

defectuoso ADJ *(con imperfecciones)* fehlerhaft, schadhaft; *(deficiente)* mangelhaft, lückenhaft, unvollkommen; *(mal hecho)* schlecht gelungen

defender ⟨2g⟩ A VT 1 *(amparar)* verteidigen *(tb* MED*)*; *(proteger)* (be)schützen; (ab)schirmen; in Schutz nehmen; *una opinión* verfechten; *(justificar)* rechtfertigen; **~ la causa de alg** j-s Sache vertreten; **~ a capa y espada** hartnäckig verteidigen 2 *(prohibir)* verbieten B VR **defenderse** 1 *de un ataque*: sich verteidigen **(de, contra** gegen *acus)*; *(protegerse)* sich schützen, sich zur Wehr setzen **(de** gegen *acus)* 2 *(mantenerse)* sich durchsetzen; zurechtkommen; **se ha defendido (bien)** er hat sich gut geschlagen (*o* gehalten); *fam* **irse defendiendo** sich (so) durchschlagen, von der Hand in den Mund leben

defendible ADJ vertretbar; annehmbar

defenestración F 1 *(caída por la ventana)* Sturz *m* aus dem Fenster; HIST **la ~ de Praga** der Prager Fenstersturz 2 *fig* POL, *etc (destitución)* (Partei-, Amts)Ausschluss *m*; **defenestrar** VT 1 *(arrojar por la ventana)* aus dem Fenster stürzen 2 *fig* POL, *etc aus einer Partei, von einem Amt (destituir)* ausschließen; absägen *fam*

defensa A F 1 *gener (amparo)* Verteidigung *f* *(tb* DEP*)*, *(protección)* Schutz *m*, *fútbol tb* Abwehr *f*; *de un argumento, etc*: Vertretung *f*; *(alivio)* Entlastung *f*; **ponerse en ~** sich zur Wehr setzen; **tomar la ~** *o* **salir en ~ de alg** j-n verteidigen, j-n in Schutz nehmen 2 JUR Verteidigung *f*; *fig tb (abogado)* Verteidiger *m*; **(en) legítima ~** (in *o* aus) Notwehr *f*; **~ personal** Selbstverteidigung *f*; **(en) ~ propia** (zum) Selbstschutz *m*, (zur) Selbstverteidigung *f* 3 MIL Verteidigung *f*; *(arma de defensa)* Schutzwaffe *f*; MIL **~s** *fpl* Verteidigungsanlagen *fpl*; **~ antiaérea** Flug-, Luftabwehr *f*, Flak *f*; **~ antimisiles** Raketenabwehr *f*; **~ pasiva** *o* **civil** Zivilschutz *m* 4 MAR, TEC Schutzvorrichtung *f*; MAR Fender *m*; *construcción hidráulica*: Wehr *n*; *Am reg* AUTO Stoßstange *f*; MAR **~ del costado** Lade-, Löschbord *m* 5 ZOOL **~s** *fpl del toro*: Hörner *npl*; *del jabalí*: Hauer *mpl*; *del elefante*: Stoßzähne *mpl* 6 MED **~s** *fpl* **biológicas** biologische Abwehrkräfte *fpl* 7 *Esp pop* **~s** *(tetas)* Titten *fpl pop* B M/F DEP Verteidiger *m*, -in *f*; Abwehrspieler *m*, -in *f*; **~ central** Vorstopper *m*

defensiva F Verteidigung *f*, Defensive *f*; **a la ~** in der Defensive; DEP **jugar a la ~** defensiv spielen; **ponerse a la ~** sich in Verteidigungszustand setzen; *fig* in die Defensive gehen; DEP *tb* sich auf die Verteidigung beschränken, *fútbol*: mauern *fam*

defensivo ADJ 1 *(que defiende)* verteidigend, defensiv, Abwehr..., Defensiv...; **arma** *f* **-a** Verteidigungs-, Defensivwaffe *f* 2 TEC **~ contra el polvo** Staub abweisend

defensor M, **defensora** F Verteidiger *m*, -in *f* *(tb* JUR*)*; *fig* Vorkämpfer *m*, -in *f*, Verfechter *m*, -in *f*; **~ de los derechos humanos** Menschenrechtler *m*; **~ de la naturaleza** Naturschützer *m*; *Esp* POL **Defensor** *m* **del Pueblo** *Art* Ombudsmann *m*; *Esp* POL **Defensor** *m* **del Soldado** Wehrbeauftragter *m*

defensoría F JUR *función*: Verteidigung *f*; **defensorio** M Verteidigungsschrift *f*

deferencia F 1 *(respeto)* Achtung *f*; Ehrerbietung *f*; **por ~ a** (*o* **hacia**) aus Achtung vor *(dat)* 2 *(condescendencia)* Nachgiebigkeit *f*; Willfährigkeit *f*; Entgegenkommen *n*; **deferente** ADJ 1 *(complaciente)* zuvorkommend; ehrerbietig 2 *(condescendiente)* nachgiebig; willfährig;

deferido ADJ JUR → decisorio

deferir ⟨3i⟩ A VT übertragen (j-m etw *o* etw auf j-n **a/c a alg**) B VI **~ a** zustimmen *(dat)*, einwilligen in *(acus)*; JUR **~ a alg** *herencia* j-m zufallen

deficiencia F *(defecto)* Mangel *m*; *(incorrección)* Fehlerhaftigkeit *f*; **con ~ auditiva** (ge)hörgeschädigt; **~ mental** Geistesschwäche *f*; **~ de oído** Schwerhörigkeit *f*; *correos*: **~ (de porte)** fehlendes Porto *n*

deficiente ADJ mangelhaft, fehlerhaft, unzulänglich; defekt; MÚS vermindert; **~ mental** geistig behindert

déficit M ⟨*pl inv*⟩ COM *(falta)* Fehlbetrag *m*, Defizit *n*; *p. ext (defecto)* Manko *n*; **~ presupuestario** Haushaltslücke *f*

deficitario ADJ defizitär

definible ADJ definierbar; erklärbar; **definición** F 1 *determinación de un significado*: Begriffsbestimmung *f*, Definition *f*; *(explicación)* Erklärung *f* 2 TEC, ÓPT, ELEC, TV Auflösung *f*;

definido ADJ 1 *(determinado)* bestimmt *(tb* LING*)*; definiert 2 *(claro)* klar, deutlich; *(abierto, franco)* unverhohlen

definir A VT 1 *(determinar)* bestimmen, definieren; *(explicar)* erklären 2 *(decidir)* entscheiden *(bes* CAT *Konzil, Papst)* 3 PINT *(concluir una obra)* letzte Hand anlegen an *(acus)* B VR **definirse** *abs* 1 *(comprometerse)* sich festlegen, sich entscheiden 2 *(tomar una postura)* Stellung nehmen, seine Meinung offen sagen

definitiva F JUR Endurteil *n*; **definitivo** ADJ endgültig, abschließend; entscheidend; definitiv; *adv* **en -a** schließlich und endlich, letzten Endes; **definitorio** ADJ bestimmend

deflación F ECON, GEOL Deflation *f*; **deflacionario, deflacionista** ADJ deflationistisch, deflatorisch; **deflactación** ECON F Bereinigung *f*; **deflactar** ECON VT bereinigen, einen Inflationsabschlag machen

deflagración F QUÍM schnelle Verbrennung *f*; Verpuffung *f*, Deflagration *f*; **deflagrar** VI ver-, abbrennen; verpuffen

deflectómetro M FÍS Ablenkungsmesser *m*;

deflector M 1 FÍS *dispositivo*: Deflektor *m* 2 AUTO *ventanilla*: Ausstellfenster *n*; **deflexión** F *t/t* Deflexion *f*, Ablenkung *f*

defoliación F (vorzeitiger) Laubfall *m*; Entlaubung *f*; **defoliante** M Entlaubungsmittel *n*; **defoliar** VT ⟨1b⟩ entlauben

deforestación F Abholzen *n*; **deforestar** VT abholzen

deformable ADJ TEC verformbar
deformación F 1 *(cambio de forma)* Verformung *f*; *(dislocación)* Verwerfung *f*; Verzerrung *f* (*tb* TV, RADIO, ÓPT); ~ **en caliente** Warmverformung *f*; TEL ~ **de texto** Textverstümmelung *f*; AUTO **zona** *f* **de ~ (programada)** Knautschzone *f* 2 *(desfiguración)* Entstellung *f*; Verunstaltung *f*; Missbildung *f*; ~ **de la columna vertebral** Rückgratverkrümmung *f*
deformado ADJ 1 verformt; verbogen; verzogen 2 *persona, pensamientos* deformiert, verunstaltet; *verdad* verzerrt
deformante ADJ verzerrend, Zerr...; **deformar** A VT 1 *(cambiar de forma)* verformen; deformieren; verzerren 2 *(desfigurar)* entstellen, verunstalten *(tb fig)* B VR **deformarse** sich verformen; sich verziehen; *(desencajar)* aus den Fugen geraten *(tb fig)*; **deformatorio** ADJ entstellend, verzerrend; **deforme** ADJ unförmig, entstellt; *(feo)* hässlich; **deformidad** F 1 *(monstruosidad)* Missgestalt *f*; Missbildung *f*; Hässlichkeit *f* 2 *fig (error grave)* grober Irrtum *m*
defraudación F 1 *(privación)* Veruntreuung *f*; Unterschlagung *f*; Hinterziehung *f*; ~ **fiscal** Steuerhinterziehung *f* 2 *(engaño)* Betrug *m*, Täuschung *f* 3 *(decepción)* Enttäuschung *f*; **defraudador** A ADJ betrügerisch B M, **defraudadora** F Betrüger *m*, -in *f*; ~ **fiscal** Steuerhinterzieher *m*
defraudar VT & VI 1 *(desfalcar)* veruntreuen, unterschlagen; *impuestos* hinterziehen; *(estafar)* betrügen 2 *fig (decepcionar)* enttäuschen; ~ **las esperanzas de alg** j-s Hoffnungen enttäuschen; *fig* ~ **el sueño** die Nacht durcharbeiten; *tb* sich *(dat)* die Nacht um die Ohren schlagen *fam*; **esperanza defraudada** Enttäuschung *f*
defuera ADV **(por)** ~ außen, außerhalb, draußen; von außen
defunción F Ableben *n*, Hinscheiden *n*; Tod (esfall) *m*; **cédula** *f o* **certificado** *m* **de ~** Totenschein *m*
degeneración F Entartung *f*, Degeneration *f*; Verfall *m*; MED ~ **adiposa** Verfettung *f*; **degenerado** A ADJ entartet, degeneriert; *persona* verkommen B M, **-a** F *fam* verkommenes Subjekt *n*; **degenerar** VI entarten, degenerieren; ~ **en** sich auswachsen zu *(dat)*; ausarten in *(acus)*; **degenerativo** ADJ MED degenerativ
deglución F (Hinunter)Schlucken *n*, Schlingen *n*; **deglutir** VT & VI (ver)schlucken, (hinunter)schlingen; **deglutorio** ADJ Schluck...
degollación F Enthauptung *f*; *fig* Morden *n*, Blutbad *n*; **degolladero** M 1 *del animal*: Nacken *m bei Schlachtvieh* 2 *(matadero)* Schlachthof *m* 3 *(patíbulo)* Schafott *n*; *fam fig* **llevar a alg al ~** j-n völlig fertigmachen, j-n in eine schwierige Situation bringen 4 TEX *en el vestido*: Halsausschnitt *m*
degollado M, **-a** F Enthauptete *m/f*; **degollador** M 1 *(verdugo)* Scharfrichter *m* 2 *(matarife)* Schlächter *m im Schlachthof (tb fig)*; **degolladura** F 1 → degolladero 1 2 *(herida en la garganta)* Halswunde *f* 3 *en la vela, tienda de campaña, etc*: Schnitt *m*, Riss *m* 4 TEC *(garganta)* Aus-, Einschnitt *m*; ARQUIT Einschnürung *f*; Mauerfuge *f*
degollar VT ⟨1n⟩ 1 *(decapitar)* köpfen; *p. ext (masacrar)* (ab)schlachten; niedermetzeln; TAUR schlecht treffen, abmurksen *fam*; REL schächten 2 TEX *vestido* ausschneiden 3 *fam fig (destrozar)* zerstören, verhunzen *fam*; TEAT schlecht spielen, schmeißen *fam*; *(enervar)* j-m auf die Nerven gehen; *(chapurrear)* radebrechen 4 MAR *vela* kappen 5 TEC *tornillo* abdrehen
degollina F *fam* Schlächterei *f*, Gemetzel *n*

degradable ADJ QUÍM abbaubar
degradación F 1 *de un cargo*: Absetzung *f*; MIL *de rango*: Degradierung *f*; *fig (humillación)* Erniedrigung *f*; *(envilecimiento)* Entwürdigung *f*; Beschimpfung *f* 2 QUÍM Abbau *m* 3 PINT *del tamaño*: (perspektivische) Verkürzung *f*; *del color*: Abtönung *f* 4 *fig (empeoramiento)* Verschlechterung *f*; *(degeneración)* Verfall *m*; ECOL ~ **del medioambiente** Umweltbelastung *f*; ~ **de la moral** Sittenverfall *m*; ~ **social** Sozialabbau *m*
degradado ADJ *fig* verkommen; **degradante** ADJ entwürdigend, erniedrigend
degradar A VT 1 *(deponer)* absetzen; MIL degradieren 2 *fig (rebajar)* erniedrigen; demütigen 3 QUÍM *(descomponer)* abbauen 4 PINT *tamaño* perspektivisch verkürzen; *color* abtönen B VR **degradarse** sich verschlechtern; *persona* herunterkommen; verkommen
degresión F kontinuierliche Abnahme *f*
degú M *Chile* ZOOL Degu *m (Nagetier)*
degüello M 1 *(decapitación)* Enthauptung *f*, Köpfen *n*; *p. ext* Gemetzel *n*; **entrar a ~** plündern, brandschatzen 2 REL *rito*: Schächten *n* 3 *fig* **pasar** *o* **tirar a ~ a alg** j-n über die Klinge springen lassen; *fam* j-n völlig fertigmachen 4 *de un arma, etc*: Hals *m*, schmalster Teil *m einer Waffe*
degustación F Kostprobe *f*; Kosten *n*; ~ **de vinos** Weinprobe *f*; **(salón** *m* **de) ~** Probierstube *f*; **degustar** VT & VI kosten, probieren
dehesa F AGR (Vieh)Weide *f*; Koppel *f*
dehiscente ADJ BOT **fruto** *m* ~ Springfrucht *f*
deicida A ADJ gottesmörderisch B M/F Gottesmörder *m*, -in *f*; **deicidio** M Gottesmord *m*; *fig* Frevel *m*
deíctico ADJ LING deiktisch
deidad F Gottheit *f*; **deificación** F Vergöttlichung *f*; Vergottung *f*; **deificar** VT ⟨1g⟩ vergöttlichen; vergöttern
deífico ADJ göttlich
deísmo M FIL Deismus *m*; **deísta** FIL A ADJ deistisch B M/F Deist *m*, -in *f*
de iure → de jure
deixis F LING Deixis *f*
dejación F *(cesión)* Überlassung *f*, Abtretung *f*; *(desistimiento)* Verzicht *m*; **dejada** F Lassen *n*; Verzicht *m*; **dejadez** F 1 *(debilidad)* Schwäche *f*; Schlaffheit *f* 2 *(negligencia)* Nachlässigkeit *f*, Schlamperei *f fam*
dejado ADJ 1 *(ser)* *(negligente)* nachlässig, schlampig 2 *(estar)* *(abandonado)* verlassen; *(deprimido)* niedergeschlagen; *fam* ~ **de la mano de Dios** in einer hoffnungslosen Lage
dejamiento M 1 *(debilidad)* Schlaffheit *f*, Schwäche *f* 2 *(desasimiento)* Ablassen *n*, (Los)Lösung *f* (**de** von *dat*) 3 → dejación
dejar A VT 1 *(abstenerse)* unterlassen; lassen; *(omitir)* weg-, auslassen; *(dejar en su sitio)* stehen (*o* liegen) lassen, dalassen; *restos* übrig lassen; ~ **aparte** beiseitelassen, übergehen; dahingestellt lassen; ~ **atrás** hinter sich *(dat)* lassen, zurücklassen; *fig* übertreffen; **¡dejémoslo (así)!** lassen wir's (dabei)!, lassen wir es dabei bewenden; ~ **escrito** *en un texto*: stehen lassen; *noticia* schriftlich hinterlassen; ~ **a un lado** beiseitelassen, beiseiteschieben); *fig* aufs tote Gleis schieben; ~ **para mañana/para otro día** auf morgen/auf einen andern Tag verschieben; ~ **paso a** durchlassen; ~ **sin acabar** unvollendet (hinter)lassen; liegen lassen; ~ **en su sitio** stehen (*o* liegen) lassen; unverändert (da)lassen, nicht anrühren; **~lo todo como está** alles beim Alten lassen; *prov* **no dejes para mañana lo que puedes hacer hoy** was du heute kannst besorgen, das verschiebe nicht auf morgen 2 *(soltar)* loslassen; ~ **caer** fallen lassen; *fig* (wie unabsichtlich) *etw* sagen, hinwerfen; ~ **en libertad** *prisioneros* freilassen 3 *(permitir)* zulassen, erlauben; lassen; *tb fig* ~ **correr** laufen lassen; *fam* **¡déjelo correr!** lassen Sie der Sache freien Lauf; kümmern Sie sich nicht darum!; **no me ~á mentir** er kann es bezeugen, er weiß davon *(Beteuerung)* 4 *(dar)* geben, überlassen; *(prestar)* (aus-, ver)leihen; *(confiar)* anvertrauen; **~lo al arbitrio de alg** es in j-s Ermessen *(acus)* stellen, es j-m anheimstellen; **~lo en libertad de alg** es j-m freistellen; **¿no me lo podría ~ más barato?** könnten Sie es mir nicht billiger geben? 5 *(abandonar)* verlassen, zurücklassen; *estudio, posición* aufgeben; *(dejar plantado)* im Stich lassen; ~ **la casa** sein Haus verlassen; ~ **una cosa por otra** eines wegen des anderen aufgeben, eines aufgeben und das andere tun; ~ **el empleo** die Stelle aufgeben, den Dienst quittieren; **le dejó la fiebre** er hat kein Fieber mehr; MAR ~ **la línea** ausscheren 6 *noticia, herencia* hinterlassen; ~ **dicho** hinterlassen 7 *ganancia* (ein)bringen 8 *fig (causar) einen Zustand* hervorrufen; *in einem Zustand* (zurück)lassen, ~ **airoso a alg** j-m zu einem Erfolg verhelfen; ~ **(muy) bien a alg** j-n (sehr) herausstreichen; j-m viel Ehre machen; **el éxito los dejó entusiasmados** sie waren von dem Erfolg begeistert; **la excursión me dejó rendido** ich war wie zerschlagen von dem Ausflug; **me lo ha dejado peor que antes** jetzt ist er schlechter als zuvor *(z. B. Anzug, der in der Reinigung war)* 9 *(dejar en paz)* in Ruhe lassen; **¡deja!** lass mal!; *severamente*: lass das!; **¡déjame en paz!** lass mich in Ruh(e)!; *fig* **no ~le vivir a alg** j-m keine Ruhe geben B VI 1 *(permitir)* (zu)lassen, erlauben; dulden; **si me dejan** wenn ich könnte, wie ich wollte; ~ **que** *(subj)* erlauben; ~ **(mucho) que desear** (viel) zu wünschen übrig lassen 2 ~ **de** *(terminar de)* *(inf)* aufhören zu *(inf)*; *etw* nicht mehr *tun*; ~ **de fumar** das Rauchen aufgeben; *tb* TEC ~ **de funcionar** aufhören, versagen, nicht mehr funktionieren; ~ **de rodar** *coche, avión* ausrollen; ~ **de sonar** verklingen, verhallen 3 **no ~ de** *(inf)* nicht aufhören zu *(inf)*; nicht vergessen (*o* nicht unterlassen), zu *(inf)*; nicht versäumen, zu *(inf)*; **no ~ de conocer** *etw* nicht verkennen; **no deje de pasar por mi casa** Sie müssen mich wirklich (einmal) besuchen; **no poder ~ de** *(inf)* nicht umhin können zu *(inf)*; **no (por eso) deja de ser importante** nichtsdestoweniger ist es wichtig C VR **dejarse** 1 *(descuidarse)* sich gehen lassen; sich vernachlässigen; ~ **de a/c** *etw* (unter)lassen; **¡déjese de bromas!** lassen Sie die Späße!; **¡déjese de rodeos!** kommen Sie zur Sache! 2 ~ **caer** sich fallen lassen; *fig visita* (plötzlich) auftauchen, aufkreuzen *fam*; *fam* **a ver si te dejas caer por casa** besuch uns doch mal!; *fig* ~ **caer con** *una observación*: einfließen lassen; *etw* durch eine Bemerkung nahelegen; ~ **caer con 20 euros** 20 Euro springen lassen *fam* 3 ~ **decir** sich *(dat)* die Bemerkung entschlüpfen lassen; ~ **llevar** sich mitreißen lassen (**por, de** von *dat*) 4 ~ **sentir** *(percibir)* spürbar werden; ~ **ver** sichtbar werden; sich zeigen
deje M 1 *(gustillo)* Nachgeschmack *m (tb fig)*; Nachklang *m* 2 *pronunciación*: dialektaler (*o* spezifischer) Tonfall *m*; leichter Akzent *m* 3 *(asomo)* Anflug *m*, Spur *f*; **dejillo** M *dim* → deje; **dejo** M → deje
de jure ADV von Rechts wegen, de jure
del *Kontraktion von* **de** *und* **el**; → de[2]
delación F 1 *(denuncia)* Anzeige *f*, Denunziation *f*; Verrat *m* 2 JUR ~ **de la sucesión** Erbanfall *m*; ~ **de la tutela** Übertragung *f* der Vormundschaft
delantal M Schürze *f*; Schurz *m*; **~-vestido** *m*

Kleiderschürze *f*
delante **A** ADV vorn, voran; voraus; davor (*nicht temporal*); **de ~** von vorn; **por ~** von vorn; vorbei; **estar ~** davor liegen (*o* stehen); vorauf (*o* voraus) sein; **¡pase usted ~!** gehen Sie voran!; **poner ~** davor legen; vorlegen; **quitarse a alg de ~** j-n loswerden; **tener ~** vor Augen haben; **lo tengo ~** ich habe es vor mir liegen; **vaya por ~** es sei vorausgeschickt... **B** PREP **~ de** vor (*dat o acus*); vor (*dat*), in Gegenwart von (*dat*)
delantera F **1** *de una vestimenta, de un coche, etc*: Vorderteil *m* **2** TEAT *etc* (*primera fila*) Vorderreihe *f*; Vordersitz *m* **3** **tener la ~** Vorsprung haben; *fig* die führende Stellung einnehmen; DEP **tomar la ~** sich an die Spitze setzen; DEP, AUTO überholen (**a alg** j-n); *fig* (*anticiparse a alg*) *j-m* zuvorkommen; (*sobrepasar a alg*) *j-n* übertreffen **4** DEP *fútbol*: Sturm *m*; *persona tb* Stürmerin *f*
delantero **A** ADJ (*de adelante*) vordere(r), Vorder... **B** M **1** (*parte anterior*) Vorderteil *n* **2** (*vanguardia*) Vorreiter *m* **3** DEP *fútbol*: Stürmer *m*; **~ centro** Mittelstürmer *m*
delatador ADJ verräterisch; aufschlussreich
delatar **A** V/T (*denunciar*) anzeigen, denunzieren; verraten **B** V/R **delatarse** sich (*durch ein unbedachtes Wort etc*) verraten; **delator** **A** ADJ denunzierend **B** M, **delatora** F Anzeigende *m/f*; Denunziant *m*, -in *f*; Verräter *m*, -in *f*
delco M ELEC (Zünd)Verteiler *m*
dele M TIPO Deleatur *n* (*Tilgungszeichen*)
DELE M ABR (Diploma de Español como Lengua Extranjera) Diplom *n* für Spanisch als Fremdsprache (*des Instituto Cervantes*)
deleble ADJ auslöschbar, tilgbar
delección F → delectación; **delectable** ADJ wonnig, köstlich; **delectación** F Ergötzen *n*, Lust *f*; Entzücken *n*
delegación F **1** (*diputación*) Delegation *f*; Abordnung *f* **2** (*cargo*) Stelle *f*, Amt *n*; **Delegación Aduanera** Zollamt *n*; **Delegación de Hacienda** Finanzamt *n*; **Delegación del Trabajo** Arbeitsamt *n* **3** (*comisión*) Auftrag *m*, Amt *n*; **por ~** in Vertretung; im Auftrag (**de** von *dat*)
delegado **A** ADJ abgeordnet **B** M, **-a** F *Esp* POL *de una autonomía*: Vertreter *m*, -in *f* der Zentralregierung (*in einer autonomen Region*)
delegar V/T ⟨1h⟩ delegieren; abordnen; entsenden; *poderes, etc* übertragen (**en** *dat o* auf *acus*); **~ un juez para instruir el sumario** einen Richter zur Untersuchung bestellen; **delegatorio** ADJ Abordnungs...; Delegations...
deleitable ADJ wonnig, köstlich; **deleitación** F *liter* → deleite 1; **deleitamiento** M → delectación
deleitar **A** V/T ergötzen **B** V/R **deleitarse** sich ergötzen, sich laben (**con** an *dat*); seine Freude haben (**en, con** an *dat*)
deleite M **1** (*placer*) Ergötzen *n*, Wonne *f*; Vergnügen *n* **2** **~(s) de la carne** (*voluptuosidad*) Wollust *f*, Sinnenlust *f*; **deleitoso** ADJ **1** (*delicioso*) köstlich; wonnevoll **2** (*voluptuoso*) wollüstig
deletéreo ADJ tödlich, giftig
deletrear V/T & V/I *letra por letra*: buchstabieren; (*descifrar*) entziffern; *fam* **¿lo quiere deletreado?** soll ich's Ihnen noch deutlicher sagen?; **deletreo** M Buchstabieren *n*
deleznable ADJ **1** (*rompedizo*) zerbrechlich; bröckelig **2** (*resbaladizo*) schlüpfrig **3** *fig* (*poco durable*) vergänglich; nichtig
délfico ADJ delphisch
delfín M **1** ZOOL Delfin *m*; **~ de agua dulce/de río** Süßwasser-/Flussdelfin *m*; **~ rosado** Amazonasdelfin *m* **2** *Am natación*: **estilo** *m* **~** Delfinstil *m* **3** HIST **Delfín** *título*: Dauphin *m*; POL *fig* Kronprinz *m*
delfina F HIST Gattin *f* des Kronprinzen; **delfinario** M Delfinarium *n*; **delfínidos** MPL ZOOL Delfine *mpl*
Delfos M Delphi *n*; **oráculo** *m* **de ~** Delphisches Orakel *n*
delgadez F Dünne *f*; (*fineza*) Feinheit *f*, Zartheit *f*; (*esbeltez*) Schlankheit *f*; **delgado** ADJ (*flaco*) dünn; (*fino*) fein, zart; (*esbelto*) schlank; AGR *suelo* leicht; *agua* weich; **delgaducho** ADJ *desp* zaundürr
deliberación F (*reflexión*) Überlegung *f*; (*consejo*) Beratung *f*; (*toma de decisión*) Beschlussfassung *f*; **deliberadamente** ADV (*pensado*) überlegt; (*intencionado*) mit Vorbedacht, absichtlich; (*a sabiendas*) wissentlich; **deliberado** ADJ wohl überlegt; absichtlich; willentlich; *desp* abgekartet; **deliberador** ADJ, **deliberante** ADJ beratend
deliberar **A** V/T **~ a/c** etw überlegen, etw erwägen; sich (*dat*) etw durch den Kopf gehen lassen; **~** (*inf*) (*nach gründlicher Überlegung*) beschließen zu (*inf*) **B** V/I beraten (**sobre** über *acus*); **~ con sus asesores** JUR mit seinen Beisitzern beraten; *gener* sich mit seinen Beratern besprechen; **deliberativo** ADJ beratend; Beratungs...
delicadez F **1** (*debilidad*) Schwächlichkeit *f* **2** (*sensibilidad*) Empfindlichkeit *f*; Reizbarkeit *f*; → delicadeza
delicadeza F **1** (*ternura*) Zartheit *f*; Schwäche *f* **2** (*tacto*) Zartgefühl *n*; Takt *m*; **sin ~** taktlos; **tener la ~ de** so liebenswürdig sein zu
delicado ADJ **1** (*fino*) zart, fein; (*esbelto*) dünn, schlank; (*frágil*) zerbrechlich; (*enfermizo*) kränklich, schwächlich; *sonido* fein, leise; COM **cosas** *fpl* **-as** Vorsicht, zerbrechlich! **2** (*tierno*) zärtlich; (*discreto*) taktvoll, rücksichtsvoll, zartfühlend; (*escrupuloso*) gewissenhaft **3** *comida* schmackhaft, köstlich, lecker; (*exquisito*) delikat, erlesen **4** (*precario*) heikel; schwierig; reizbar; schwer zu befriedigen; **~ para la comida** empfindlich im Essen; **operación** *f* **-a** schwierige Operation *f*; *fig tb* heikles Geschäft *n*
delicatessen FPL Delikatessen *fpl*
delicia F **1** (*placer sensual*) Vergnügen *n*, Entzücken *n*; Lust *f*, Wonne *f*; **hacer las ~s de alg** j-n entzücken **2** (*exquisitez*) Köstlichkeit *f*
delicioso ADJ köstlich; wonnevoll; lieblich, allerliebst; charmant
delictivo, delictual, delictuoso ADJ kriminell, verbrecherisch, Verbrechens..., Straf(tats)...; **acto** *m* **~** strafbare Handlung *f*
delicuescencia F Zerfließen *n*; **delicuescente** ADJ zerschmelzend, zerfließend; *fig* in Auflösung (begriffen)
delimitable ADJ abgrenzbar; **delimitación** F *espec t/t*, TEC Be-, Abgrenzung *f*, Umgrenzung *f*; **delimitador** **A** ADJ begrenzend **B** M INFORM, LING Trennzeichen *n*; **delimitar** V/T begrenzen; *fig* ab-, eingrenzen
delincuencia F Verbrechen *n*, Straftat *f*; *col* Kriminalität *n*; **~ de cuello blanco** Weiße-Kragen-Kriminalität *f*; **~ ecológica** *o* **medioambiental** Umweltkriminalität *f*; **~ informática** Computerkriminalität *f*; **~ juvenil** *o* **de menores** Jugendkriminalität *f*
delincuente **A** ADJ verbrecherisch **B** M/F Verbrecher *m*, -in *f*; Straftäter *m*, -in *f*; Rechtsbrecher *m*, -in *f*; **~ ambiental** Umweltsünder *m*; **~ común** gemeiner Verbrecher *m*; **~ habitual** Gewohnheitsverbrecher *m*; **~ juvenil** jugendlicher Straftäter *m*; **~ ocasional** Gelegenheitstäter *m*; **~ profesional** Berufsverbrecher *m*; **~ sexual** Sexual-, Triebtäter *m*, Sittlichkeitsverbrecher *m*
delineación F Umriss *m*; Entwurf *m*; *acción*: Skizzieren *n*; **delineador** **A** M, **delineadora** F Zeichner *m*, -in *f* **B** M *cosmética*: **~ (de ojos)** Eyeliner *m*; **~ de labios** (Lippen)Konturenstift *m*; **delineante** M/F technische(r) Zeichner *m*, -in *f*; Planzeichner *m*, -in *f*; **delinear** V/T auf-, anreißen; zeichnen; entwerfen; umreißen (*tb fig*)
delinquimiento M Straffälligwerden *n*; Rechtsbruch *m*; Gesetzesverletzung *f*; **delinquir** V/I ⟨3e⟩ sich vergehen (**contra** gegen *acus*); eine Straftat begehen, straffällig werden
delirante ADJ **1** wahnsinnig; irreredend; *idea* wahnwitzig **2** *fig* (*embriagador*) berauschend; *aplauso* rasend, stürmisch; **delirar** V/I **1** (*desatinar*) irrereden, fantasieren **2** *fig* (*entusiasmarse*) schwärmen (**por** für *acus*); stehen (**por** auf *acus*) *fam*
delirio M **1** *perturbación mental*: Delirium *n*; Raserei *f*; **~ alcohólico** Säuferwahn *m*; **~ furioso** Tobsucht *f*; **~ de grandezas** *o* **~s de grandeza** Größenwahn(sinn) *m*; **~ de persecución** Verfolgungswahn *m* **2** *fig pasión por a/c*: tobende Begeisterung *f*; **con ~** rasend; wie wahnsinnig; *fam* **¡el ~!** nicht zu überbieten!; *fam* **le quiere con ~** sie ist ganz verrückt nach ihm *fam*
delírium M **trémens, delirium** *m* **tremens** MED Delirium *n* tremens, Säuferwahn (sinn) *m*
delito M JUR Delikt *n*; Straftat *f*; **~ ecológico** Umweltvergehen *n*; **~ frustrado** vollendeter Versuch *m*; **~ de defraudación de impuestos** *o* **~ fiscal** Steuervergehen *n*; **~ informático** Computerdelikt *n*; **~ laboral/monetario** Arbeits-/Währungsvergehen *n*; **~ por omisión/de opinión** Unterlassungs-/Meinungsdelikt *n*; **~ de sangre** Bluttat *f*; **~ contra la seguridad general** gemeingefährliches Verbrechen *n*; **~ sexual** Sexual-, Sittlichkeitsdelikt *n*
delta **A** F Delta *n* (*griechischer Buchstabe*); AVIA **ala** *f* **~** Hanggleiter *m* **B** M GEOG Delta *n*; **deltaplano** M DEP Drachenfliegen *n*
deltoides ADJ ⟨*pl inv*⟩ ANAT **músculo** *m* **~** Deltamuskel *m*
deludir V/T *liter* täuschen, betrügen
delusivo, delusorio ADJ (be)trügerisch
demacración F Abmagerung *f*; **demacrado** ADJ abgezehrt, abgemagert
demagogia F Demagogie *f*; **demagógico** ADJ demagogisch; **demagogo** M, **-a** F Demagoge *m*, Demagogin *f*; Volksaufwiegler *m*, -in *f*
demanda F **1** (*exigencia*) Forderung *f*; (*pregunta*) (An)Frage *f*; (*petición*) Ersuchen *n*; **dirigir una ~ a** ein Gesuch richten an (*acus*); **hacer la ~** (*bes telefonisch*) anfragen (*o* rückfragen) **2** ECON *de mercancías*: Nachfrage *f* (**de** nach *dat*), Bedarf *m* (**de** an *dat*); COM (*pedido*) Bestellung *f*, Auftrag *m*; **~ alta** große Nachfrage *f*; **~ de brazos** Kräfte-, Arbeiterbedarf *m*; **~ de empleo** Stellensuche *f*; Stellengesuch *n*; **~ energética** Energiebedarf *m*; **hacer una ~** bestellen (**de** *acus*); **tener mucha/poca ~** stark/wenig gefragt sein **3** JUR (*querella*) Klage *f*; **~ civil** Zivilklage *f*; **~ colectiva** Sammelklage *f*; **~ de** (*o* **por**) **daños y perjuicios** Schadensersatzklage *f*; **~ de desahucio** Räumungsklage *f*; **~ por deuda/de divorcio/de nulidad** Schuld-/Scheidungs-/Nichtigkeitsklage *f*; **~ de extradición** Auslieferungsersuchen *n*; **~ de pago** Zahlungsforderung *f*, -anspruch *m*; (**escrito** *m* **de**) **~** Klageschrift *f*; **contestar la ~** Einlassungen vorbringen; **entablar** *o* **presentar la ~** Klage erheben; **presentar** *o* **interponer una ~ contra alg** eine Klage gegen j-n einreichen; **presentar una ~ por** *o* **de difamación contra alg** eine Klage wegen übler Nachrede gegen j-n anhängig machen **4** *liter* (*empresa o intento*) Unternehmen *n*, Unterfangen *n* **5** (*búsqueda*) Suche *f*; *espec of* **ir en ~ de alg** j-n suchen **6**

REL *(limosna)* Spende *f;* Opferkörbchen *n etc für diese Spende*

demandadero M, **-a** F Bote *m*, Botin *f*, Botengänger *m*, -in *f;* **demandado** M, **-a** F JUR Beklagte *m/f*

demandante M/F 1 JUR **(actor** *m)* **~** *(querellante)* Kläger *m*, -in *f* 2 *espec* REL *de limosna:* Almosensammler *m*, -in *f* 3 **~ de asilo** Asyl Suchender *m*, Asylbewerber *m*, -in *f;* **~ de empleo** *o* **~ de trabajo** Arbeitssuchende *m/f*

demandar VT & VI 1 *(pedir)* bitten; *(preguntar)* (an)fragen; *(exigir)* fordern 2 JUR **~ en juicio** *o* **~ ante el juez** *(querellar)* (seinen Anspruch) gerichtlich geltend machen; *etw* einklagen; *(entablar demanda)* *j-n* gerichtlich belangen **(por** wegen *gen* **); ~ por** (*o* **de) calumnia a alg** j-n wegen Verleumdung verklagen

demaquillador ADJ → desmaquillador

demarcación F *(delimitación)* Abgrenzung *f;* *(distrito)* Bezirk *m;* POL, MIL **(línea** *f* **de) ~** Demarkationslinie *f;* **demarcar** VT & VI ⟨1g⟩ abgrenzen; abstecken; AGR vermarken; MAR das Besteck machen

demarraje M AUTO Anlassen *n;* Anfahren *n;*

demarrar VT & VI AUTO anlassen; anfahren

demás A ADJ *inv* übrige(r, -s), andere(r, -s); **lo ~** das Übrige; **los** *o* **las ~** die andern, die Übrigen; **se llevó el dinero, la ropa y ~** er nahm das Geld, die Wäsche usw. mit B ADV **por ~** *(en vano)* umsonst, vergebens; *(en demasía)* überaus; überreichlich; **no es por ~** *(inf)* es hat seinen Grund, wenn *(ind);* **por lo ~** im Übrigen; **y ~** und so weiter

demasía F 1 *(exceso)* Übermaß *n;* Übertreibung *f;* **en ~** zu viel 2 TEC Zugabe *f* 3 *(atrevimiento)* Übergriff *m;* Dreistigkeit *f* 4 *(riesgo)* Wagnis *n*

demasiado A ADJ *(als Attribut nur vorangestellt)* zu viel; **-a gente** zu viele Leute; **~ tiempo** zu lange; zu viel Zeit; **hace ~ calor** es ist zu heiß; *fig* **¡esto es ~!** das ist zu viel!, das geht zu weit!; das ist (doch) die Höhe! *fam* B ADV (all)zu, zu sehr; **~ (que) lo sabemos** wir wissen es nur zu gut; **este trabajo no se puede apreciar ~** diese Arbeit kann man gar nicht genug würdigen

demasiarse V/R ⟨1c⟩ maßlos werden; ausfallend werden; zu weit gehen

demasié ADV *Esp leng. juv* super *fam*, toll *fam*, cool *fam*

demediar VT & VI ⟨1b⟩ halbieren; die Hälfte *(eines Weges etc)* zurücklegen

demencia F MED Irresein *n*, Wahnsinn *m;* Schwachsinn *m;* **~ senil** Altersschwachsinn *m*, senile Demenz *f;* **demenciado** ADJ schwachsinnig; **dementar** A VT verrückt machen B V/R **dementarse** wahnsinnig (*o* verrückt) werden; **demente** A ADJ schwach-, wahnsinnig B M/F Geistesgestörte *m/f;* Wahnsinnige *m/f;* **dementizado** ADJ *espec Am Mer* wahnsinnig, verrückt

demeritar VT *espec Am* in Misskredit bringen

demérito M Unwert *m;* ECON Minderbewertung *f; fig* Nachteil *m*, kein Verdienst *n*

demeritorio ADJ *espec Am* unverdient

demiurgo M FIL, LIT Demiurg *m*

demo *fam* F INFORM Demo *f fam*, Demoversion *f*

democracia F POL Demokratie *f;* **~ cristiana** Christdemokratie *f;* **~ popular** Volksdemokratie *f;* **~ social** Sozialdemokratie *f;* Sozialdemokraten *mpl*

demócrata A ADJ demokratisch; **~ cristiano** christdemokratisch B M/F Demokrat *m*, -in *f*

democratacristiano A ADJ christdemokratisch, christlich-demokratisch B M, **-a** F Christdemokrat *m*, -in *f*

democrático ADJ *idea, partido* demokratisch;

democratización F Demokratisierung *f;*

democratizar VT ⟨1f⟩ demokratisieren;

democristiano POL A ADJ christdemokratisch, christlich-demokratisch B M, **-a** F Christdemokrat *m*, -in *f*

demodé ADJ überholt; aus der Mode gekommen

demodulación F RADIO Gleichrichtung *f;*

demodulador M RADIO Gleichrichter *m*

demografía F Bevölkerungskunde *f*, Demografie *f;* **demográfico** ADJ demografisch; Bevölkerungs...; **movimiento** *m* **~** Bevölkerungsentwicklung *f*

demógrafo M, **-a** F Demograf *m*, -in *f*

demoledor ADJ zerstörerisch; *fig críticas, etc* vernichtend

demoler VT ⟨2h⟩ zerstören *(tb fig);* zertrümmern; demolieren; *edificio* abbrechen, einreißen; *fortaleza* schleifen

demoliberal ADJ POL freiheitlich-demokratisch

demolición F Zerstörung *f (tb fig);* Zertrümmerung *f; de un edificio:* Abbruch *m*, Abriss *m;* **-ones** *fpl* Schutt *m*

demonche M *fam* → demonio

demoníaco, demoniaco ADJ dämonisch; teuflisch

demonio M Teufel *m;* Dämon *m;* **~ de mujer** Teufelsweib *m*, Teufelin *f; fam* **¡al ~ con ...!** zum Teufel mit ...! *fam;* **como un ~** fuchsteufelswild; **darse a todos los ~s** *o* **ponerse hecho un ~** fuchsteufelswild werden; grässlich fluchen; *adj* **de todos los ~s** Heiden..., Mords..., fürchterlich; *fig* **estudiar con el ~** ein ganz gerissener Schurke sein, mit allen Wassern gewaschen sein; **ir al quinto ~** sich zu weit vorwagen; **saber a ~s** scheußlich schmecken; *fig* **tener el ~ en el cuerpo** den Teufel im Leib haben; **¡(qué) ~(s)!** zum Teufel!; **¿para qué ~(s) quieres esto?** wozu zum Teufel willst du das?; **ser el mis(mísi)mo ~** ein (rechter) Teufelskerl sein

demonización F Verteufelung *f;* **demonizar** VT verteufeln, dämonisieren

demonólatra M/F REL Dämonenverehrer *m*, -in *f;* Teufelsanbeter *m*, -in *f;* **demonolatría** F REL Dämonenverehrung

demonología F Dämonologie *f;* **demonomancia** F Teufelsbeschwörung *f;* **demonomanía, demonomancía** F Teufelswahn *m*

demontre M *fam* Teufel *m;* **¡~!** zum Teufel!, potztausend!

demora F 1 *(dilación)* Verzögerung *f;* COM Verzug *m*, Aufschub *m; espec Am (retraso)* Verspätung *f;* **(no) admitir ~** (keinen) Aufschub dulden; **~ en la entrega** Lieferverzug *m;* **de ~** Verzugs...; **sin ~** unverzüglich, sofort 2 MAR *(dirección, rumbo)* Peilung *f;* Richtung *f*

demorado ADJ *Am* verspätet; FERR, AVIA **estar ~** Verspätung haben; **demorar** A VT verzögern, auf-, verschieben B V/R **demorarse** 1 *(detenerse)* sich aufhalten (lassen) 2 *Am (retrasarse)* sich verspäten 3 *Am (tardar)* (Zeit) brauchen

demorón ADJ *fam* träge, langsam

demoscopia F Demoskopie *f*, Meinungsforschung *f;* **demoscópico** ADJ **instituto** *m* **~** Meinungsforschungsinstitut *n*

demosofía F *liter* Volksweisheit *f*

demóstenes M *fig, frec irón* großer Redner *m*

demostrable ADJ beweisbar; nachweislich;

demostración F 1 *(prueba)* Beweis *m;* Nachweis *m;* *(argumentación)* Beweisführung *f* 2 *(manifestación)* Kundgebung *f;* **~ naval** Flottenschau *f;* -demonstration *f;* **~ de poder** Machtbeweis *m;* AVIA **~ de vuelo** Schaufliegen *n* 3 *(exposición)* Vorführung *f*, Demonstration *f;* *(explicación)* Darlegung *f*

demostrado ADJ **no ~** unbewiesen; **demostrador** M, **~a** F Vorführer *m*, -in *f*, *(bes von Neuheiten)*

demostrar VT ⟨1m⟩ 1 *(evidenciar)* beweisen, darlegen; *(mostrar, enseñar)* zeigen, bekunden 2 *(explicar)* erläutern, erklären; *(exponer)* vorführen, demonstrieren; **demostrativo** ADJ 1 *(que pone en evidencia)* beweisend 2 *(expresivo)* demonstrativ; anschaulich; GRAM **pronombre** *m* **~** Demonstrativpronom *n*

demudación F, **demudamiento** M *(cambio de color)* Verfärbung *f; (desfiguración)* Entstellung *f;* **demudar** A VT *(descolorar)* verfärben; *(desfigurar)* entstellen; *(distorsionar)* verzerren; *fig (desconcertar)* aus der Fassung bringen B V/R **demudarse** sich verfärben; *fig (enfurecerse)* aus der Fassung geraten; zornig werden

demultiplicación F TEC Untersetzung(sverhältnis *n) f*

denario A ADJ zur Zahl zehn gehörig B M HIST *moneda:* Denar *m*

denatalidad F Rückgang *m* der Geburtenrate

dendrita F MINER, BIOL Dendrit *m*

dendrología F Baumkunde *f*

denegable ADJ verneinbar; absprechbar

denegación F 1 *(desmentida)* (Ab)Leugnung *f* 2 *(rechazo)* Verweigerung *f; (privación)* Aberkennung *f;* ADMIN abschlägiger Bescheid *m;* JUR **~ de auxilio** unterlassene Hilfeleistung *f;* **~ de deposición** Aussageverweigerung *f*

denegante ADJ ablehnend

denegar VT ⟨1h *y* 1k⟩ verneinen; verweigern; ADMIN *una petición* abschlagen, abschlägig bescheiden; *nacionalidad* aberkennen; **denegatorio** ADJ abschlägig

denegrecer ⟨2d⟩, **denegrir** VT schwärzen

dengoso ADJ geziert, zimperlich; *Ven* verwöhnt

dengue M 1 *(melindres)* Zimperlichkeit *f; fam* **~s** *mpl* Ziererei *f;* Mätzchen *npl*, Sperenzchen *npl fam;* **hacer ~s** sich zieren, sich anstellen *fam* 2 MED *enfermedad:* Denguefieber *n; Am reg* starke Grippe *f* 3 *pop (diablo)* Teufel *m* 4 *Col (contoneo)* Wiegen *n* in den Hüften

denguear VI *Col* sich in den Hüften wiegen; *fig* sich zieren; **denguero** ADJ → dengoso

denier M TEX Denier *n*

denigración F Anschwärzung *f;* Herabsetzung *f;* Verunglimpfung *f;* **denigrante** ADJ verleumdend; herabsetzend; beleidigend;

denigrar VT anschwärzen; herabsetzen; beleidigen; **denigrativo** ADJ ehrverletzend

dénim® ['denim] *m* TEX Denim® *n/m* *(Jeansstoff)*

denodado ADJ unerschrocken, furchtlos, kühn; tatkräftig

denominación F 1 *(nombre)* Benennung *f*, Name *m;* LING, COM Bezeichnung *f;* COM **~ de origen (controlada)** (kontrollierte) Herkunftsbezeichnung *f* 2 ECON *bolsa:* Stückelung *f* von Wertpapieren; **denominadamente** ADV deutlich; besonders; namentlich; **denominado** ADJ benannt *(tb* MAT*);* sogenannt; JUR **el ~ XY** der XY

denominador M MAT Nenner *m; tb fig* **reducir a un común ~** auf einen gemeinsamen Nenner bringen; **denominar** VT (be)nennen; namentlich aufführen; **denominativo** A ADJ bezeichnend B M LING Denominativ(um) *n*

denostador A ADJ beleidigend B M, **denostadora** F Beleidiger *m*, -in *f*, Schmäher *m*, -in *f;* **denostar** VT ⟨1m⟩ *liter* beschimpfen, schmähen, beleidigen

denotación F Bezeichnung *f (tb* LING*);* Anga-

be *f*; Bedeutung *f*; **denotar** VT bezeichnen (*tb* LING); bedeuten, (an)zeigen; hindeuten auf (*acus*), schließen lassen auf (*acus*)
densamente ADV dicht; **densidad** F Dichtigkeit *f*; Dichte *f* (*tb* FÍS); **~ de población/tráfico** Bevölkerungs-/Verkehrsdichte *f*; **densificar** VT ⟨1g⟩ verdichten; **densímetro** M Densimeter *n*, Aräometer *n*; **densitometría** F FÍS Dichtigkeitsmessung *f*; MED **~ ósea** Osteodensitometrie *f*, Knochendichtemessung *f*
denso ADJ dicht (*tb* TEC); *consistencia*: dick; *multitud* dicht gedrängt; *fig* (*confuso*) unklar; **densógrafo** M FÍS Densograf *m*
dentado A ADJ gezähnt; gezackt; verzahnt; TEC **rueda** *f* **-a** Zahnrad *n* B M TEC (Ver)Zahnung *f*; **dentadura** F 1 (*conjunto de dientes*) Gebiss *n*; Zahnreihe *f*; **~ de leche** Milchgebiss *n*, -zähne *mpl*; **~ postiza** künstliches Gebiss *n* 2 → dentado
dental A ADJ Zahn…; Dental…; FON dental; **clínica** *f* **~** Zahnklinik *f*; **higiene** *f* **~** Zahnhygiene *f* B M AGR Pflugsterz *m*; Dreschstein *m* C F FON Zahnlaut *m*, Dental(laut) *m*
dentalizar VT ⟨1f⟩ FON dentalisieren; **dentar** ⟨1k⟩ A VT TEC (ver)zahnen B VI MED zahnen; **dentaria** F BOT Zahnkraut *n*; **dentario** ADJ → dental
dentellada F Biss *m*; *herida*: Bisswunde *f*; **a ~s** mit den Zähnen; **partir de una ~** entzweibeißen; **dentellado** ADJ gezahnt, gezähnt; ausgezackt; **dentellar** VI mit den Zähnen klappern; **dentellear** VT beißen, schnappen; **dentellón** M 1 TEC (*diente*) Zahn *m*, Zacken *m am Schloss* 2 ARQUIT (*dentículo*) Zahnschnitt *m*
dentera F 1 *sensación desagradable*: **(sentir) ~** ein unangenehmes Gefühl an den Zähnen (haben) (*von saurem Obst etc*) 2 *fig* (*envidia*) Neid *m*; Begehren *n*; *fam* **dar ~** den Mund wässerig machen
dentición F Zahnen *n*; **estar con la ~** zahnen; **denticulado** ADJ gezähnt, gezackt; **denticular** ADJ zahnförmig
dentículo M ARQUIT Zahnfries *m*
dentiforme ADJ zahnförmig; **dentífrico** ADJ **agua** *f* **-a** Mundwasser *n*; **pasta** *f* **-a** Zahnpasta *f*; **productos** *mpl* **~s** Zahnpflegemittel *npl*
dentina F Zahnbein *n*
dentirrostro ADJ ORN **(pájaro** *m*) **~** Zahnschnäbler *m*
dentista A ADJ Zahnarzt…; Zahn…; **técnico** *m* **~** Zahntechniker *m* B M/F **(médico** *m*, **medica** *f*) **~** Zahnarzt *m*, -ärztin *f*; **dentistería** F *Am* zahnärztliche Praxis *f*; **de ~** Zahnarzt…; **dentística** F *Chile* MED Zahnmedizin *f*; **dentón** A ADJ *fam* mit großen Zähnen; *irón* (*sin dientes*) zahnlos B M *pez*: Zahnbrasse *f*
dentro A ADV darin, drinnen; drin *fam*; **a ~** → adentro; **(por) de ~** innerhalb; von innen (her); **de** *o* **por ~** innen; **por ~** innen; *fig* im Herzen; **poner** *o* **colocar ~** hineinlegen, -stecken; *fig* **salir de ~** von Herzen kommen; *fig* **¡~ o fuera!** entweder oder! B PREP **~ de** innerhalb (*gen*), binnen (*gen*), in (*temporal dat, local acus o dat*); **~ de lo posible** möglichst, im Rahmen des Möglichen C M *Chile fam* (Kassen)Einnahme *f*
dentrodera F *Col* Hausmädchen *n*
dentudo A ADJ großzahnig B M *pez*: *Cuba* Zahnfisch *m* (*Art Hai*)
denudar *t/t* A VT MED freilegen; GEOL *tierra* abtragen, auswaschen B VR **denudarse** *árbol* die Rinde verlieren
denuedo M Mut *m*, Kühnheit *f*, Tapferkeit *f*
denuesto M Schimpf *m*, Schmähung *f*
denuncia F 1 *de un acto ilegal*: Anzeige *f* (*tb* JUR); Angabe *f*; (*calumnia*) Anschwärzung *f*, Verrat *m*; JUR **~ criminal** Strafanzeige *f*; **~ obligatoria** Anzeigepflicht *f*; JUR **formular** *o* **interponer** *o* **presentar una ~ ante la Fiscalía por …** bei der Staatsanwaltschaft Anzeige erstatten wegen … (*gen*) 2 *de un tratado*: Kündigung *f* 3 MIN Mutung *f*
denunciable ADJ anzeigefähig; **denunciación** F → denuncia 1, 2; **denunciador** A ADJ anzeigend B M, **denunciadora** F Denunziant *m*, -in *f*; **denunciante** M/F Denunziant *m*, -in *f*; Anzeigeerstatter *m*, -in *f*
denunciar VT ⟨1b⟩ 1 (*notificar*) ankündigen, melden 2 *espec* JUR anzeigen (**por** wegen *gen*); (*delatar*) verraten, denunzieren 3 *tratado* kündigen 4 MIN muten 5 (*denunciar públicamente*) anprangern
denuncio M *Col, Ven fam* Strafanzeige *f*
deontología F FIL Deontologie *f*, Pflichtenlehre *f*; Ethik *f*; **deontológico** ADJ **código** *m* **~** (beruflicher) Ehrenkodex *m*
D.E.P. ABR (descanse en paz) ruhe in Frieden
deparar VT bereiten, zuteilen, darbieten, bescheren; **entró en la primera casa que le deparó la suerte** er ging in das erste Haus, in das ihn der Zufall führte
deparasitante M *Am* Wurmmittel *n*; **deparasitar** VT *Am animales* von Darmparasiten (*bes Würmern*) befreien
departamental ADJ Abteilungs…
departamento M 1 (*sección*) Abteilung *f* (*tb en los grandes almacenes*); TEC *tb* Raum *m*; **~ de comercio exterior** Außenhandelsabteilung *f*; **~ de contabilidad** Buchhaltung *f*; **~ extranjero** *o* **internacional** Auslandsabteilung *f*; **~ de ingeniería** Konstruktionsbüro *n*; **~ de ventas** Vertriebsabteilung *f*; **jefe** *m* **de ~** Abteilungsleiter *m* 2 UNIV Fachbereich *m*; **el ~ de historia** der Fachbereich Geschichte 3 FERR (*compartimiento*) Abteil *n*; **~ para (no) fumadores** (Nicht)Raucherabteil *n* 4 ADMIN (*distrito*) Bezirk *m*, Departement *n* 5 (*ministerio*) Ministerium *n* 6 (*puesto*) Ausstellungsstand *m* 7 *Am reg* (*piso*) Wohnung *f*; **~ en co(n)dominio** Eigentumswohnung *f*
departir VI plaudern, sich unterhalten (**de, sobre** über *acus*)
depauperación F Verarmung *f*; **depauperar** A VT 1 (*empobrecer*) arm machen, verelenden lassen 2 MED (*debilitar*) schwächen B VR **depauperarse** verelenden
dependencia F 1 (*subordinación*) Abhängigkeit *f*; **vivir en** (*o* **bajo**) **la ~ de alg** von j-m abhängig sein 2 (*anexo*) Anhang *m* 3 ECON (*empleados*) Angestellte(n) *mpl*; (*plantilla*) Belegschaft *f* 4 COM (*sucursal*) Niederlassung *f*; Zweigstelle *f*; Zweigbetrieb *m* 5 ARQUIT *edificio*: Nebengebäude *n*; *de un hotel*: Neben-, Gästehaus *n*; *habitación*: Nebenraum *m* 6 **~s** *fpl* (*accesorios*) Zubehör *n*
depender VI 1 (*estar condicionado*) abhängen, abhängig sein (**de** von *dat*); ankommen (**de** auf *acus*); **¡depende!** das kommt darauf an!; je nachdem! 2 ADMIN (*estar subordinado*) **~ de** unterstehen (*dat*)
dependienta F Verkäuferin *f*; **dependiente** A ADJ abhängig B M/F Angestellte *m/f*; **~ de comercio** kaufmännische(r) Angestellte(r) *m/f*; Verkäufer *m*, -in *f*
depilación F Enthaarung *f*; MED Depilation *f*; MED *tb* Haarausfall *m*; **depiladora** F *aparato*: Haarentferner *m*; **depilar** VT enthaaren; **depilatorio** A ADJ Enthaarungs…; **crema** *f* **-a** Enthaarungscreme B M Enthaarungsmittel *n*; MED Depilatorium *n*
depleción F Rückgang *m*; Verlust *m*
deplorable ADJ 1 (*desconsolador*) jämmerlich, kläglich, erbärmlich 2 (*lamentable*) bedauerlich; **deplorar** VT 1 (*lamentar*) bejammern; beklagen 2 (*compadecer*) bedauern
depolarizante M FÍS, QUÍM Depolarisator *m*
deponente A ADJ aussagend B M/F 1 JUR *testigo*: aussagende(r) Zeuge *m*, Zeugin *f* 2 (*depositante*) Hinterleger *m*, -in *f* C M GRAM Deponens *n*
deponer ⟨2r⟩ A VT 1 (*depositar*) niederlegen, absetzen; (*quitar*) entfernen; JUR, ECON hinterlegen, deponieren; **~ las armas** die Waffen niederlegen (*o* strecken) 2 (*destituir*) absetzen, seines Amtes entheben 3 *comportamiento* ändern; ablassen von (*dat*) B VI 1 JUR *testigo*: (als Zeuge) aussagen 2 (*evacuar el vientre*) (*den Darm*) entleeren, Stuhlgang haben 3 *Guat, Hond, Méx* (*vomitar*) (er)brechen
deportación F Verschleppung *f*, Deportation *f*; Verbannung *f*; **deportado** M, **-a** F Deportierte *m/f*, Verschleppte *m/f*; **deportar** VT verschleppen, deportieren; verbannen
deporte M Sport *m*; **~ de aventuras** Abenteuersport *m*; **~ de (alta) competición** (Hoch)-Leistungssport *m*; **~ de alto riesgo** Extremsport *m*; **~ por equipos** Mannschaftssport *m*; **~ escolar** Schulsport *m*; **~ de esquí/náutico/de la vela** Ski-/Wasser-/Segelsport *m*; **~ (de) interior** *o* **bajo techo** Hallensport *m*; **~(s) de invierno** Wintersport *m*; **~ de montaña/submarino** Berg-/Unterwassersport *m*; **~ náutico** *o* **acuático** Wassersport *m*; **~ de la pesca (con caña)** Sportfischerei *f*; **~ en pista cubierta** Hallensport *m*; **equipo** *m* **de ~** Sportausrüstung *f*; **tienda** *f* **de artículos de ~** Sportgeschäft *n*; **practicar un ~** *o* **~(s)** Sport (be)treiben
deportear VI *Chile* Sport treiben; **deportismo** M Sport(betrieb) *m*; Sportbegeisterung *f*; **deportista** A ADJ sportlich B M/F Sportler *m*, -in *f*; **~** *m* **náutico** Wassersportler *m*; **deportiva** F 1 *zapato*: Turnschuh *m* 2 (*cazadora*) Wind-, Sportjacke *f*, Blouson *m/n*; **deportividad** F, **deportivismo** M Sportlichkeit *f*
deportivo A ADJ sportlich (*tb fig*); Sport…; **ejercicios** *mpl* **~-militares** Geländesport *m*; **sociedad** *f* **-a** *o* **club** *m* **~** Sportverein *m*, -klub *m* B M 1 AUTO Sportwagen *m* 2 *zapato*: sportlich-eleganter Schuh *m*
deposición F 1 (*acción de deponer*) Ablegen *n*; Niederlegung *f*; **~ (final)** (End)Lagerung *f* 2 (*destitución*) Absetzung *f*, Amtsenthebung *f* 3 JUR (*declaración*) Aussage *f* 4 MED (*evacuación del vientre*) Stuhlgang *m*; Stuhl *m*; **depositado** ADJ hinterlegt; **depositante** M/F 1 ECON Deponent *m*, -in *f*, Einzahler *m*, -in *f* 2 JUR (*depositador[a]*) Hinterleger *m*, -in *f*
depositar A VT 1 ECON, JUR (*encomendar*) hinterlegen, deponieren; *mercancías* einlagern; **~ dinero en un banco** Geld bei einer Bank einlegen (*o* einzahlen) 2 (*consignar*) niederlegen; an einen sicheren Ort bringen; *equipaje* abstellen; *fig* **~ (su) confianza en alg** (sein) Vertrauen in j-n setzen 3 *cadáveres* vorläufig beisetzen 4 (*sedimentar*) an-, absetzen; *líquido* Bodensatz bilden B VR **depositarse** *partículas en suspensión*: sich niederschlagen, sich absetzen
depositaría F 1 *lugar*: Verwahrungs-, Hinterlegungsstelle *f*; Depot *n* 2 *caja*: Depositenkasse *f*; **depositario** M, **-a** F 1 Verwahrer *m*, -in *f*; *fig* **~ de un secreto** Geheimnisträger *m*, -in *f* 2 (*director de una depositaría*) Vorsteher *m*, -in *f* einer Depositenkasse
depósito M 1 (*almacén*) Depot *n*, Lager *n*; **~ de basuras** Müllbunker *m*; **~ de chatarra** Schrott(ablade)platz *m*; **~ de equipajes** AVIA Gepäckraum *m*; FERR Gepäckaufbewahrung *f*; Gepäckabfertigung *f*; **~ de municiones** Muni-

tionslager *n;* COM **tomar en ~** *mercancías* auf Lager nehmen **2** *(recipiente)* Behälter *m;* Tank *m;* **~ de agua** Wasserspeicher *m,* -reservoir *n;* AUTO **~ de gasolina** Benzintank *m* **3** **~ de cadáveres** Leichenhaus *n,* -halle *f;* **~ judicial** Leichenschauhaus *n* **4** ECON *de dinero:* Einlage *f,* Hinterlegung *f; para botellas:* (Flaschen)Pfand *n* **5** TIPO **~ legal** *de ejemplares de un libro, etc:* Ablieferung *f* der Pflichtexemplare *(Drucksachen); (todos los derechos reservados)* alle Rechte vorbehalten **6** MED *(sedimentación)* Ablagerung *f;* Ansammlung *f* **7** QUÍM *(sedimento)* Niederschlag *m;* Bodensatz *m* **8** *pop (trasero)* Hintern *m*

depravación F Verderbnis *f;* moralische Zerrüttung *f,* sittlicher Verfall *m;* **depravado** ADJ lasterhaft; verkommen, verworfen, verdorben; **depravar** **A** V/T verderben; *salud* zerrütten **B** V/R **depravarse** verkommen, verderben

depre *fam* **A** ADJ deprimiert; down *fam* **B** F **1** PSIC Depression *f* **2** **estar con una ~** *(estar deprimido)* einen Moralischen haben, niedergeschlagen sein

deprecación F **1** *(súplica)* Flehen *n;* inständige Bitte *f* **2** REL Gebet *n;* Fürbitte *f;* **deprecar** V/T ⟨1g⟩ anflehen; **deprecativo, deprecatorio** ADJ (er)bittend; Bitt...

depreciable ADJ entwertbar; abwertbar; **depreciación** F **1** *(desvalorización)* Entwertung *f;* Geldentwertung *f* **2** *(disminución de precios)* Wertminderung *f;* Sinken *n* der Preise; **depreciar** ⟨1b⟩ **A** V/T entwerten; abwerten; *(im Wert im Preis)* herabsetzen **B** V/R **depreciarse** entwertet werden

depredación F **1** *(saqueo)* (Aus)Plünderung *f;* Verwüstung *f* **2** *(malversación)* Veruntreuung *f* im Amt; **depredador** **A** ADJ **1** *(extorsivo)* erpresserisch; *(rapaz)* räuberisch; plündernd **2** ZOOL Raub... **B** M, **depredadora** F Plünderer *m,* Plünderin *f* **C** M ZOOL Raubtier *n,* Räuber *m;* **depredar** V/T **1** *(saquear)* plündern; räubern **2** *(defraudar)* veruntreuen **3** ZOOL *(cazar)* jagen *(acus),* nachstellen *(dat)*

depresión F **1** *acción:* Senkung *f;* (Ab)Sinken *n; en el terreno:* Vertiefung *f;* METEO **~ atmosférica** *o* **~ barométrica** Tief(druck *m*) *n;* GEOG **~ de(l) terreno** Senke *f* **2** ECON Depression *f;* **~ coyuntural** Konjunkturtief *n;* **~ económica mundial** Weltwirtschaftskrise *f* **3** *fig,* MED, PSIC Depression *f;* MED **~ pos(t)parto** postnatale Depression *f;* Wochenbettdepression *f* **4** MAR **~ de(l) horizonte** Kimmtiefe *f* **5** TEC Unterdruck *m;* AVIA Sog *m*

depresivo **A** ADJ drückend; demütigend; MED depressiv **B** M FARM Antidepressivum *n;* **depresor** **A** ADJ (nieder)drückend; demütigend **B** M **~ lingual** Zungenspatel *m*

deprimente ADJ (nieder)drückend; deprimierend; niederschmetternd; **deprimido** ADJ **1** *(decaído de ánimo)* gedrückt, deprimiert **2** *zona* strukturschwach

deprimir **A** V/T **1** *(humillar)* deprimieren; schwächen; *fig* demütigen **2** *(rebajar)* (herunter)drücken **B** V/R **deprimirse** **1** *volumen* sich verringern, abnehmen **2** *fig,* PSIC *(tener caídas de ánimo)* deprimiert werden, Depressionen bekommen

deprisa ADV, **de prisa** ADV eilig; schnell; **~ y corriendo** schleunigst; in Windeseile

depuesto PP → deponer

depuración F **1** *(limpieza)* Reinigung *f;* Läuterung *f;* MED Blutreinigung *f;* POL Säuberung *f;* **~ de aguas residuales** Abwasserreinigung *f,* -klärung *f;* **~ de errores** INFORM Fehlerbereinigung *f* **2** *fig (aclaración)* Klarstellung *f;* Bereinigung *f*

depurado ADJ gereinigt; *fig* sauber, genau, fein; **~ (de tóxico)** entgiftet

depurador ADJ TEC **(aparato** *m***) ~ de aire** Luftreiniger *m;* **(estación** *f***) ~** *planta:* Kläranlage *f; de una piscina:* Umwälzanlage *f*

depurar V/T reinigen, läutern; *agua* klären; POL säubern; *fig (aclarar)* klarstellen, bereinigen; **depurativo** ADJ MED **(medicamento** *m***) ~** Blutreinigungsmittel *n*

dequeísmo M LING *falscher Gebrauch von „de que" statt „que"*

derapar V/I → derrapar

derbi M, **derby** M DEP Derby *n*

derecha F **1** *mano:* rechte Hand *f,* Rechte *f; lado:* rechte Seite *f; adv* **a (la) ~** *o* **por la ~** nach rechts; rechts; **principal ~** erster Stock rechts; **con la ~** mit der rechten Hand; **de ~ a izquierda** von rechts nach links; MIL **¡~!** rechtsum!; *transporte:* **llevar la** *o* **guardar su** *o Rpl* **conservar su ~** rechts gehen (*o* fahren); **circulación** *f* **por la ~** Rechtsverkehr *m* **2** *fig adv* **a ~s** *(como es debido)* wie es sich gehört, ordentlich; **no hacer nada a ~s** nichts richtig machen, alles verkehrt machen **3** POL **la(s) ~(s)** die Rechte *f,* die Rechtsparteien *fpl;* **de ~s** rechtsorientiert

derechamente ADJ **1** *(directamente)* geradewegs, stracks **2** *fig (honrado)* rechtschaffen

derechazo M **1** *boxeo:* Rechte *f (Schlag)* **2** POL *fig (giro hacia la derecha)* Rechtsruck *m*

derechera F gerader Weg *m;* **derechero** **A** ADJ rechtschaffen; gerecht; aufrichtig **B** M Abgaben-, Gebühreneinnehmer *m*

derechista **A** ADJ POL rechts orientiert, Rechts... **B** M/F Anhänger *m,* -in *f* einer Rechtspartei, Rechte *m/f*

derechización F POL Rechtstrend *m,* -drall *m*

derecho

A adjetivo B adverbio
C masculino

— A adjetivo —

1 *(diestro)* rechte(r, -s); **a mano -a** rechter Hand; nach rechts; **con la mano -a** mit der rechten Hand **2** *(recto)* gerade; *(erguido)* aufrecht; *tb* ÓPT **estar ~** aufrecht sein (*o* stehen); **poner ~** aufrichten; gerade stellen; **tenerse ~** gerade stehen **3** *fig (escrupuloso)* gewissenhaft, aufrecht, aufrichtig **4** *Am Centr (feliz)* glücklich, *(afortunado)* erfolgreich; **estar ~** ein Glückspilz sein

— B adverbio —

gerade; gerad(e)aus, geradezu; geradewegs; *fig* **andar ~** den geraden Weg gehen; ehrlich handeln; **¡siga ~!** gehen Sie (immer) geradeaus!; **vamos ~ a casa** wir gehen direkt nach Hause

— C masculino —

1 *posibilidad legal:* Recht *n* (*tb* JUR *conjunto de las leyes*); (Rechts)Anspruch *m;* Anrecht *n; ciencia:* Rechtswissenschaft *f,* -lehre *f; fig (justicia)* Gerechtigkeit *f;* **~ administrativo** Verwaltungsrecht *n;* **~ aéreo (o del aire)** Luft(fahrt)recht *n;* **~ de asilo** Asylrecht *n;* **~ de asociación** Koalitionsfreiheit *f;* **~s de autor** Urheberrecht *n;* **~ bancario/cambiario** Bank-/Wechselrecht *n;* **~s cívicos** staatsbürgerliche Rechte *npl,* bürgerliche Ehrenrechte *npl;* **~ civil** Zivilrecht *n;* **~ comparado** Rechtsvergleichung *f;* **~ común** allgemeines Recht *n;* **~ comunitario** Gemeinschaftsrecht *n (EU);* **~ consuetudinario** Gewohnheitsrecht *n;* **~ de cosas/familia** Sachen-/Familienrecht *n;* **~ criminal** Strafrecht *n;* **~ eclesiástico/electoral** Kirchen-/Wahlrecht *n;* MÚS **~ de ejecución** Aufführungsrecht *n;* **~ escrito** gesetztes Recht *n;* **~ de explotación** Nutz(ungs)recht *n;* MIN Abbau-, Förderrecht *n;* **~ de familia** Familienrecht *n;* **~ fiscal** Steuerrecht *n;* **~s** *mpl* **fundamentales** Grundrechte *npl;* **~ de gentes** *o* **~ internacional público** Völkerrecht *n;* **~s del hombre** Menschenrechte *npl;* **~ de huelga** Streikrecht *n;* **~s humanos** Menschenrechte *npl;* **~ (internacional) privado** (internationales) Privatrecht *n;* **~ laboral/marítimo** Arbeits-/Seerecht *n;* **~ del más fuerte** Faustrecht *n;* **~ matrimonial/mercantil** Ehe-/Handelsrecht *n;* **~ natural** Naturrecht *n;* **~ penal** Strafrecht *n; P. Rico* **~ de paso** Vorfahrtsrecht *n;* **~ de patente** Patentrecht *n;* **~ de permanencia** Bleiberecht *n;* HIST **~ de pernada** Jus *n* primae Noctis; **~ personal/público** persönliches/öffentliches Recht *n;* **~ de personas** Personenrecht *n; espec* POL, ADMIN **~ de presentación** Vorschlagsrecht *n;* **~ político** Staatsrecht *n;* **~ de prensa (e imprenta)** Presserecht *n;* **~ de la propiedad industrial** Patentrecht *n;* **~ de la propiedad intelectual** Urheberrecht *n;* **~ procesal/social** Prozess-/Sozialrecht *n;* **~ de residencia** *EU:* Aufenthaltsrecht *n;* **~ sindical** Gewerkschaftsrecht *n; tb (derecho de sindicación)* Recht *n* auf gewerkschaftlichen Zusammenschluss; **~ de sociedades/de voto** Gesellschafts-/Stimmrecht *n;* **~ sucesorio** Erbrecht *n;* **Ciencia** *f* **del ~** Rechtswissenschaft *f;* **doctor** *m* **en ~** Doktor *m* der Rechte, Dr. jur.; **estudiante** *m/f* **de ~** Jurastudent *m,* -in *f;* **al ~** wie es sich gehört; **con ~** mit (Fug und) Recht; **con ~ a** berechtigt zu *(inf o dat),* mit Anspruch auf *(acus);* **con justicia y ~** mit Recht und Billigkeit; **con pleno ~** mit vollem Recht; **¿con qué ~?** mit welchem Recht?; aus welchem Grund?; JUR **conforme a ~** *o* **según ~** von Rechts wegen, nach dem Recht, rechtlich; *tb* JUR **de ~** de jure, von Rechts wegen, rechtens; **de pleno ~** mit vollem Recht; ganz von selbst; *miembro* vollberechtigt; **por ~ propio** kraft seines *(etc)* Amtes; **según el ~ vigente** nach geltendem Recht; **sin ~** rechtlos; **dar ~ a alg a** *(inf)* j-n berechtigen, zu *(inf);* **estar en su ~** im Recht sein, recht haben; dazu berechtigt sein; **ejercer** *o* **ejercitar un ~** ein Recht ausüben; **estudiar ~** Jura studieren; *fam* **¡no hay ~!** das ist doch unerhört!; **tener ~ a** berechtigt sein zu *(dat) o (inf),* ein Recht haben auf *(acus),* ein Recht darauf haben zu *(inf),* dürfen *(inf);* **tener el ~ de** das Recht haben zu **2** **~s** *mpl (impuestos)* Steuer *f; (tarifas)* Gebühr(en) *f(pl);* Abgaben *fpl;* **~(s) de aduana** Zoll *m,* Zollgebühren *fpl;* **~s del autor** Tantiemen *fpl;* **~s de exámenes** *o* **~s de admisión (a un examen)** Prüfungsgebühr(en) *f(pl);* **~(s) de importación** Einfuhrzoll *m; espec* UNIV **~s de matrícula** Einschreibegebühr *f;* **~s protectores** Schutzzölle *mpl;* **~ de sello** *o* **de timbre** Stempelgebühr *f,* -steuer *f;* **~(s) de tránsito** Durchgangs-, Transitzoll *m;* **~ ad valorem** Wertzoll *m;* **libre** *o* **exento de ~s** gebühren- (*o* zoll)frei; **sujeto a ~s** gebühren- (*o* zoll)pflichtig **3** *de una tela, papel, etc:* rechte Seite *f*

derechohabiente M/F JUR Rechtsnachfolger *m,* -in *f*

derechura F **1** *(exactitud)* Richtigkeit *f* **2** *(rectitud)* Geradheit *f;* Geradlinigkeit *f; adv* **en ~** geradewegs, geradezu; schnurstracks *fam* **3** *Am Centr (buena suerte)* Glück *n*

deriva F MAR Abtrift *f;* **hielo** *m* **a la ~** Eisgang *m;* **ir a la ~** abtreiben; MAR abdriften; *fig* sich treiben lassen

derivable ADJ ableitbar

derivabrisas M ⟨*pl inv*⟩ AUTO Ausstellfenster *n*

derivación F **1** *(deducción)* Ableitung *f (tb*

LING) 2 (*descendencia*) Abstammung *f*; Herkunft *f* 3 TEC, ELEC Hinleitung *f*, Abzweigung *f*; ELEC (*pérdida de fluido eléctrico*) Nebenschluss *m*, Stromverlust *m*; TEC, ELEC ~ **térmica** Wärmeableitung *f*

derivada F MAT Differenzialquotient *m*; **derivado** A ADJ abgeleitet; abgezweigt B M Nebenprodukt *n*; LING abgeleitetes Wort *n*; QUÍM Derivat *n*

derivar A VT 1 (*deducir*) ableiten, herleiten (**de** von *dat*); abzweigen (*tb* ELEC) 2 *fig* lenken (**hacia** auf *acus*); *tránsito* umleiten B VI 1 (*tener su origen en*) hervorgehen (**de** aus *dat*) 2 MAR (*abatir*) abtreiben 3 *fig* (*degenerar*) ausarten (**en** in *acus*, zu *dat*) C VR **derivarse** 1 (*descender*) abstammen, herrühren, sich ableiten (**de** von *dat*) 2 (*ramificar*) abzweigen, wegführen; *fig del tema*: abschweifen

derivativo A ADJ Ableitungs... B M 1 LING Ableitung *f* 2 MED *medicamento*: ableitendes Mittel *n*

derivo M *poco usado* Ursprung *m*, Herkunft *f*

dermatitis F ⟨*pl inv*⟩ MED Dermatitis *f*, Hautentzündung *f*; **dermatología** F MED Dermatologie *f*; **dermatológico** ADJ MED dermatologisch; **dermatólogo** M, **-a** F MED Dermatologe *m*, Dermatologin *f*; **dermatosis** F ⟨*pl inv*⟩ MED Dermatose *f*

dérmico ADJ *t/t* Haut...

dermis F ANAT Lederhaut *f*; **dermitis** F MED → dermatitis; **dermofarmacia** Apothekenkosmetik *f*; **dermohidratante** → hidratante; **dermopatía** F MED Hautkrankheit *f*; **dermoprotector** ADJ *jabón, etc* hautschützend, hautfreundlich; **dermorreacción** F MED Hautprobe *f*

derogable ADJ aufhebbar; **derogación** F Abschaffung *f*; Aufhebung *f von Gesetzen etc*; **derogar** VT ⟨1h⟩ 1 (*anular*) aufheben, abschaffen, außer Kraft setzen; (*revocar*) widerrufen 2 (*dañar, perjudicar*) beeinträchtigen; **derogativo, derogatorio** ADJ JUR aufhebend; Aufhebungs..., Ausnahme...

derraizar VT *Chile* entwurzeln

derrama F Umlage *f* (*Geld, Steuer*); **derramadamente** ADV reichlich(st); verschwenderisch; **derramadero** M TEC Überlauf *m*; Überfallwehr *n*; **derramado** ADJ 1 *líquido* vergossen, verschüttet; ausgelaufen, **agua** *f* **-a** ausgelaufenes Wasser 2 *fig* (*disoluto*) ausschweifend 3 → derramador

derramador A ADJ *fig* verschwenderisch B M, **derramadora** F Verschwender *m*, -in *f*; **derramamiento** M 1 (*derrame*) Vergießen *n*; Verschütten *n*; Ausgießen *n*; Überlaufen *n*; ~ **de sangre** Blutvergießen *n* 2 *fig* (*derroche*) Verschwendung *f*

derramar A VT 1 (*verter*) vergießen, verschütten; (*tirar*) aus-, wegschütten; *fig lágrimas* vergießen; ~ **un líquido sobre a/c** etw mit einer Flüssigkeit übergießen 2 *liter* (*derrochar*) (verschwenderisch) austeilen, verschwenden 3 ADMIN *gastos* umlegen 4 *noticia* verbreiten B VR **derramarse** 1 auslaufen; *río, arroyo, etc* sich ergießen, münden (**en** in *dat*); MAR *barco* leck sein; ~ **por el suelo** auf den Boden laufen, auslaufen 2 *fig* (*esparcirse*) auseinanderstieben (*o* -jagen), sich zerstreuen 3 *fig* (*llevar una vida desenfrenada*) ein ungezügeltes Leben führen

derrame M 1 (*derramamiento*) Auslaufen *n*, Lecken *n*; (*efusión*) Erguss *m* (*tb* MED); MED ~ **cerebral** Gehirnblutung *f* 2 (*desbordamiento*) Überlaufen *n*; TEC Überlauf *m* 3 ARQUIT (*intradós*) (Fenster-, Tür)Leibung *f* 4 *fig* (*derroche*) Verschwendung *f* 5 *Am* → desbordamiento 1

derramo M ARQUIT → derrame 3

derrapada F, **derrapaje** M AUTO Schleudern *n*; **derrapante** ADJ rutschig; **derrapar** VI 1 AUTO (*patinar*) ins Schleudern geraten, schleudern 2 *fig* (*perder los nervios*) durchdrehen, verrückt werden; *Ven fam* ausflippen; **derrape** M Schleudern *n*

derredor M Umkreis *m*; *adv* **en** ~ → alrededor

derrelicto M JUR, MAR herrenloses Gut *n*; Wrack *n*

derrenegar VI ⟨1h *y* 1k⟩ *fam* ~ **de a/c** etw hassen wie die Pest

derrengado ADJ lendenlahm; **derrengadura** F (Hüft)Verrenkung *f*

derrengar ⟨1h⟩ A VT aus-, verrenken; *fam* ~ **a palos** windelweich schlagen B VR **derrengarse** sich verrenken; *fig* sich abarbeiten, sich abplacken

derreniego M *fam* Fluch *m*

derretido ADJ geschmolzen; **derretimiento** M 1 *de metales*: Schmelzen *n*, Zergehen *n*; *de hielo*: Auftauen *n* 2 *fig* Dahinschmelzen *n*, (*fervor*) Inbrunst *f*

derretir ⟨3l⟩ A VT 1 *metales* schmelzen, zergehen lassen; *hielo* auftauen lassen 2 *fig* (*derrochar*) vergeuden; *fam dinero* (*in kleine Münzen*) wechseln B VR **derretirse** 1 (*fundirse*) schmelzen, (*deshacerse*) zergehen; *hielo* auftauen 2 *fig* (*arder de*) vergehen (**de** vor *dat*); ~ **por** (*enamorarse*) verliebt sein in (*acus*); versessen sein auf (*dat*)

derriba F *Am* Rodung *f*; **derribado** ADJ 1 (*tumbado*) (um)gestürzt; umgeworfen; umgekippt 2 (*echado abajo*) abgerissen, niedergerissen 3 *fig* (*abatido*) entkräftet, kraftlos; erledigt; (*marchito*) welk; *pecho* schlaff

derribar A VT 1 (*desgarrar*) einreißen, *edificio* abbrechen, abreißen; *tienda de campaña* abbauen, abbrechen; (*volcar*) umstürzen, -kippen; *puerta* einschlagen; *árboles* fällen; AVIA abschießen 2 *persona* umwerfen, -reißen; zu Boden werfen; *boxeo*: niederschlagen; *equitación*: abwerfen 3 *fig gobierno, etc* stürzen; (*destruir*) zerstören; (*humillar*) demütigen; *enfermedad*: aufs Äußerste entkräften 4 *malas predisposiciones, etc* bezwingen B VR **derribarse** (ein)fallen; stürzen, sich fallen lassen

derribo M 1 (*demolición*) Niederreißen *n*; *de un edificio tb* Abbruch *m*; *frec* ~**s** *mpl materiales que quedan*: Bauschutt *m* 2 AVIA *de un avión*: Abschuss *m*

derrick M TEC Bohrturm *m*

derrocadero M Felshang *m*; **derrocamiento** M 1 (*despeño*) Herabstürzen *n*; (*precipitación*) Absturz *m* 2 *fig* (*caída*) Sturz *m*; (*destrucción*) Zerstörung *f*

derrocar ⟨1g *y* 1m; *tb* 1g *y* 1a⟩ A VT 1 (*despeñar*) herabstürzen, niederreißen 2 *fig* (*destruir*) zerstören, zunichtemachen; POL stürzen B VR **derrocarse** (ab)stürzen (**en, por** in *acus*)

derrochador A ADJ verschwenderisch B M, **derrochadora** F Verschwender *m*, -in *f*; **derrochar** VT 1 (*malgastar*) verschwenden, vergeuden 2 *fig* (*rebosar*) strotzen vor (*dat*)

derroche M Verschwendung *f*; Vergeudung *f*; Überfluss *m*; ~ **de dinero** Geldverschwendung *f*; ~ **de energía** Energieverschwendung; ~ **de energías** Kräftevergeudung *f*

derrochón A ADJ *fam* verschwenderisch B M, **-ona** F Verschwender *m*, -in *f*

derrota F 1 (*vencimiento*) Niederlage *f*; ~ **electoral** Wahlniederlage *f*; **sufrir una** ~ eine Niederlage (*o* Schlappe) erleiden, geschlagen werden 2 (*camino*) Pfad *m*, Weg *m*; MAR, AVIA Kurs *m* (**trazar** abstecken); **caseta** *f* **de** ~ Navigationsraum *m*; **oficial** *m* **de** ~ Navigationsoffizier *m*

derrotado ADJ 1 (*andrajoso*) zerlumpt; heruntergekommen 2 (*vencido*) geschlagen; *en una elección*: durchgefallen; **ser** ~ **(en una votación)** (bei einer Abstimmung) durchfallen 3 (*arruinado*) ruiniert

derrotar A VT 1 (*vencer*) (vernichtend) schlagen 2 (*arruinar*) ruinieren, (*destruir*) zerstören B VR **derrotarse** MAR vom Kurs abkommen

derrotero M 1 MAR (*rumbo*) Fahrtrichtung *f*; *fig* Weg *m*; **cambiar de** ~ den Kurs wechseln; *fig* **ir por otros ~s** andere Wege gehen 2 *libro*: Segelhandbuch *n*

derrotismo M Defätismus *m*, Miesmacherei *f fam*; **derrotista** M/F Defätist *m*, -in *f*, Miesmacher *m*, -in *f fam*

derrubiar VT ⟨1b⟩ GEOL (*abarrancar*) auswaschen, abschwemmen (*Ufer*); **derrubio** M GEOL Auswaschung *f*; Unterspülung *f*; (Boden)Abtragung *f*

derruir A VT ⟨3g⟩ niederreißen; zerstören; ~ **a cañonazos** zusammenschießen B VR **derruirse** einstürzen

derrumbadero M 1 (*precipicio*) Abgrund *m* 2 *fig* (*peligro*) Gefahr *f*; **caer en un** ~ in eine (sehr) gefährliche Lage geraten; **derrumbamiento** M 1 (*desmoronamiento*) Einsturz *m*; Zusammenbruch *m* 2 (*desprendimiento de tierras*) Bergsturz *m*; Erdrutsch *m* 3 *fig* Zusammenbruch *m*; ~ **de precios** Preissturz *m*

derrumbar A VT herabstürzen; ab-, niederreißen; *Am* → *tb* derribar B VR **derrumbarse** 1 (*precipitarse*) herab-, abstürzen 2 (*desmoronarse*) zusammenfallen, -brechen, einfallen; ~ **como un castillo de naipes** wie ein Kartenhaus einstürzen (*o* zusammenfallen)

derrumbe M Abgrund *m*; *espec* MIN Grubeneinsturz *m*; *Am tb* (*desprendimiento de tierras*) Erdrutsch *m*; **derrumbo** M 1 (*despeñadero*) Felshang *m*, Schlucht *f* 2 *Am* (*derribo*) Abschuss *m*

derviche M Derwisch *m*

desabastecer VT ⟨2d⟩ schlecht (*o* nicht mehr) versorgen; **desabastecimiento** M mangelnde Versorgung *f*

desabollar VT TEC ausbeulen

desabonarse VR ein Abonnement kündigen

desaborido A ADJ *fam* geschmacklos, fade (*tb fig*); *fig* langweilig B M, **-a** F Langweiler *m*, -in *f*

desabotonar A VT aufknöpfen B VI *capullo* aufbrechen

desabrido ADJ 1 (*insípido*) fade; abgestanden 2 (*áspero*) rau, barsch; mürrisch; **desabrigado** ADJ ungeschützt; schutz-, hilflos; **estar** *o* **ir (muy) desabrigado** nicht warm genug angezogen sein

desabrigar ⟨1h⟩ A VT schutz-, hilflos lassen; ~ **a alg** *tb* j-n ohne ausreichend warme Kleidung lassen B VR **desabrigarse** *abrigo, etc* ausziehen; sich leichter (*o* sommerlich) kleiden

desabrigo M 1 (*vestimenta demasiado livana*) zu leichte Kleidung *f* 2 (*desamparo*) Verlassenheit *f*, Schutzlosigkeit *f*; **desabrimiento** M 1 (*falta de sazón*) Fadheit *f*; Geschmacklosigkeit *f* 2 (*exasperación*) Erbitterung *f*, (*rencor*) Groll *m*; Unfreundlichkeit *f*

desabrirse VR sich ärgern

desabrochar A VT aufhaken, -knöpfen, -schnüren; abschnallen B VR **desabrocharse** AVIA sich los-, abschnallen

desacatamiento M → desacato

desacatar VT 1 (*faltar al respeto*) unehrerbietig behandeln; nicht achten; *leyes* missachten 2 (*denegar*) in Abrede stellen, ableugnen; **desacato** M 1 (*falta de respeto*) Unehrerbietigkeit *f*; Nicht-, Missachtung *f* (*einer Behörde, eines Gesetzes*); JUR ~ **a la autoridad** Beamtenbeleidigung *f* 2 (*denegación*) Ableugnung *f*

desaceleración F Verlangsamung *f*; *de la vida cotidiana*: Entschleunigung *f*
desacelerar A VT & VI verlangsamen; AUTO (das) Gas wegnehmen B VR **desacelerarse** langsamer werden; sich verlangsamen
desacertado ADJ *(equivocado)* falsch, irrig, verfehlt; *(tonto)* dumm; *(torpe)* ungeschickt; **desacertar** VI ⟨1k⟩ fehlgreifen; sich irren; **desacierto** M Missgriff *m*; Irrtum *m*, Fehler *m*; PSIC Fehlhandlung *f*
desacomedido ADJ unhöflich
desacomodar VT 1 *(desordenar)* in Unordnung bringen, durcheinanderbringen 2 *persona* unruhig machen, *(privar de la comodidad)* *(Gemütlichkeit, Ruhe)* nehmen 3 *un empleado* entlassen *(bes Hausangestellte)*
desacompasar VT MÚS aus dem Takt bringen
desacomplejado ADJ frei von Komplexen; ungeniert; **desacomplejar** A VT *j-m* die Komplexe nehmen B VR **desacomplejarse** seine Komplexe verlieren
desaconsejable ADJ nicht ratsam; nicht zu empfehlen; **desaconsejado** ADJ unbesonnen; **desaconsejar** VT ~ **a/c a alg** j-m von etw *(dat)* abraten
desacoplar VT TEC abschalten, auskuppeln; FERR abkuppeln
desacordado ADJ 1 *(desavenido)* uneinig; unharmonisch; nicht zueinanderpassend 2 *(olvidadizo)* vergesslich; **desacordar** ⟨1m⟩ A VT MÚS verstimmen; *fig* entzweien B VI *instrumento* verstimmt sein; *(desentonar)* falsch singen (*o* spielen) C VR **desacordarse** 1 *(olvidarse)* vergessen 2 *(desunirse)* uneins werden; **desacorde** ADJ 1 MÚS *(disonante)* disharmonisch 2 *(no armónico)* nicht zueinanderpassend 3 *(desavenido)* uneinig
desacostumbrado ADJ ungebräuchlich; ungewöhnlich; ungewohnt
desacostumbrar A VT ~ **a alg de a/c** j-m etw abgewöhnen B VR ~**se de a/c** *(sacarse una costumbre)* sich *(dat)* etw abgewöhnen; *(no estar acostumbrado)* etw nicht mehr gewohnt sein
desacralizar A VT ⟨1f⟩ entsakralisieren B VR **desacralizarse** den sakralen Charakter verlieren
desacreditado ADJ verrufen, anrüchig; **desacreditar** A VT in Verruf (*o* Misskredit) bringen B VR **desacreditarse** in Verruf kommen
desactivación F *de un explosivo*: Entschärfen *n eines Sprengkörpers*; QUÍM, TEC Ent-, Deaktivierung; **desactivador** M Sprengmeister *m*; **desactivar** VT MIL *bomba, mina* entschärfen; QUÍM, TEC des-, entaktivieren
desactualizado ADJ nicht mehr auf dem Laufenden, überholt, veraltet
desacuerdo M *(discordia)* Meinungsverschiedenheit *f*; Zerwürfnis *n*; Unstimmigkeit *f*; **estar en ~ con** nicht einverstanden sein mit
desafección F *liter* Abneigung *f*; **desafectación** F JUR Entwidmung *f*; **desafectado** ADJ außer Dienst gestellt; zweckentfremdet; **desafectar** VT JUR entwidmen; **desafecto** A ADJ abgeneigt, widrig B M Abneigung *f* (**a, por** gegen *acus*)
desafiador A ADJ herausfordernd B M, **desafiadora** F Herausforderer *m*, Herausforderin *f*; **desafiante** ADJ herausfordernd; **desafiar** VT ⟨1c⟩ 1 *(retar) fig tb* herausfordern 2 *(hacer frente)* trotzen *(dat)*; die Stirn bieten *(dat)*
desafilado ADJ *Am reg cuchillo* stumpf
desafinación F MÚS Verstimmung *f*; **desafinado** ADJ MÚS verstimmt, unrein; **desafinar** VI 1 MÚS unrein klingen; *músico* falsch singen (*o* spielen); *instrumento* verstimmt sein 2 *fig (decir a/c inoportuna)* einen Misston hineinbringen; aus der Rolle fallen
desafío M 1 *(reto)* Herausforderung *f*; *(estímulo)* Anreiz *m zum Wettbewerb* 2 *(duelo)* Duell *n*
desaforado ADJ 1 *(violento)* gewalttätig, rabiat *fam*; wütend 2 *(ilegal)* widerrechtlich 3 *fam fig (poderoso)* gewaltig; ungeheuer
desaforar ⟨1m⟩ A VT ~ **a alg** j-m *Rechte, Privilegien* aberkennen B VR **desaforarse** ausfallend werden, wüten; in Harnisch geraten
desaforestación F *espec Am* → deforestación; **desaforestar** VT *espec Am* → deforestar
desafortunadamente ADV leider; unglücklicherweise
desafortunado A ADJ unglücklich B M, **-a** F Unglückliche *m/f*
desafuero M Frevel *m*, Verstoß *m*; Ungebühr (lichkeit) *f*; *(acto violento)* Gewalttat *f*
desagotar VT *Arg* leeren
desagraciado ADJ 1 *(sin gracia)* anmutlos 2 *(infeliz)* unglücklich; **desagradable** ADJ unangenehm; ungemütlich; peinlich; **desagradar** VT missfallen *(dat)*; **desagradecer** VT ⟨2d⟩ undankbar sein für *(acus)*; **desagradecido** A ADJ undankbar (a für *acus*) B M, **-a** F Undankbare *m/f*; **desagradecimiento** M Undank(barkeit *f*) *m*
desagrado M 1 *(descontento)* Unzufriedenheit *f*; *(aversión)* Widerwille *m* 2 *carácter*: unfreundliches Wesen *n* 3 *(contrariedad)* Unannehmlichkeit *f*
desagraviar ⟨1b⟩ A VT 1 *(compensar) j-n* entschädigen 2 *(dar satisfacción) j-m* Genugtuung geben B VR **desagraviarse** 1 *(resarcirse)* sich schadlos halten (**de** an *dat*) 2 *(recuperarse)* sich erholen (**de** von *dat*)
desagravio M Genugtuung *f*, Entschädigung *f*; Sühne *f*
desagregación F Zersetzung *f*; Auflösung *f*; GEOL Verwitterung *f*; **desagregar** ⟨1h⟩ A VT zersetzen, auflösen; trennen; QUÍM aufschließen B VR **desagregarse** zerfallen; sich zersetzen; auseinandergehen (*o* -fallen); GEOL verwittern
desaguadero M Abzugskanal *m*; Entwässerungsrohr *n*; **desaguado** M Entwässerung *f*; **desaguador** M Entwässerungsgraben *m*; Abflussrinne *f*
desaguar ⟨1i⟩ A VT entwässern; AGR, MED dränieren; trockenlegen; *con una bomba*: auspumpen B VI 1 *(desembocar)* (ein)münden, sich ergießen (**en** in *acus*) 2 *Col fam (orinar)* pinkeln *fam*
desagüe M 1 *(desaguadero)* Abfluss *m*; *conducto*: Abwasserleitung *f*; ~ **de avenida** Hochwasserabfluss *m*; Überflutungsgelände *n* 2 *(drenaje)* Entwässerung *f*, Dränage *f*, MED Drainage *f*
desaguisado A ADJ 1 *(contra la razón)* unvernünftig 2 *(injusto)* unrecht; ungerecht B M 1 *(desorden)* Durcheinander *n*; *(disparate)* Unsinn *m*; *fig* Bescherung *f fam* 2 *(injusticia)* Unrecht *n*, Untat *f*
desahogadamente ADV bequem, behaglich; **vivir ~** sein gutes Auskommen haben; **desahogado** ADJ 1 *(cómodo)* bequem, behaglich; *(espacioso)* weit, geräumig 2 *(pudiente)* wohlhabend, sorgenfrei 3 *(libre)* frei, zwanglos; *(descarado)* ungeniert
desahogar ⟨1h⟩ A VT 1 *(sacar de una emergencia)* aus einer Notlage befreien 2 *(aliviar)* *j-m* Linderung verschaffen; *un sentimiento* freien Lauf lassen; auslassen (**en** an *dat*) B VR **desahogarse** 1 sich *(dat)* Luft machen *(tb fam fig exteriorizar su disgusto)*; *fig* sich abreagieren; ~ **en denuestos** seinem Herzen mit Schmähungen Luft machen 2 *(acomodarse)* sich's bequem machen; *(aliviarse)* sich erholen (**de** von *dat*) 3 *(hacer confidencias)* sich aussprechen, auspacken *fam*
desahogo M 1 *(espaciosidad)* Geräumigkeit *f* 2 *(bienestar)* Wohlhabenheit *f* 3 *(alivio)* Erleichterung *f*; *(recuperación)* Erholung *f* 4 *(desenvoltura)* Zwanglosigkeit *f*; *(descaro)* Unverschämtheit *f* 5 TEC *(escape)* Entweichen *n*
desahuciado ADJ MED aufgegeben, unrettbar; **desahuciar** VT ⟨1b⟩ 1 MED ärztlich aufgeben 2 *(expulsar de la vivienda) j-n* aus der Wohnung weisen, JUR zwangsräumen
desahucio M JUR Zwangsräumung *f*; **demanda** *f* **de ~** Räumungsklage *f*
desahuevar VT *Perú vulg j-n* windelweich prügeln; *j-n* anscheißen (*o* anschnauzen *pop*) *vulg*
desairado ADJ *persona* linkisch; *vestimenta* schlecht sitzend; **quedar ~** leer ausgehen; **sentirse ~** sich zurückgesetzt fühlen
desairar VT herabsetzen; kränken, bloßstellen; *(rechazar)* zurückweisen
desaire M 1 *(agravio)* Zurücksetzung *f*; Kränkung *f*; **hacer un ~ a alg** j-n zurückweisen; j-n kränken; **tomar a ~** übel nehmen 2 *(desatención)* Unhöflichkeit *f*; Unannehmlichkeit *f*; **¡qué ~!** wie unangenehm!
desaislar VT ⟨1c⟩ TEC abisolieren
desajustar A VT in Unordnung bringen; TEC *máquina* verstellen B VR **desajustarse** TEC nicht (mehr) richtig funktionieren; *máquina* sich verstellen; *tornillo* sich lockern
desajuste M Unordnung *f*; Verwirrung *f*; Störung *f*; TEC *de una máquina*: Fehleinstellung *f*
desalación F Entsalzung *f*
desalado ADJ 1 eilig; eifrig; gierig 2 *pescado* gewässert
desaladora F Entsalzungsanlage *f*
desalar A VT 1 entsalzen; GASTR *pescado* wässern 2 *(quitar las alas)* die Flügel stutzen *(dat)* B VR **desalarse** sich sehr beeilen; ~ **por** vor Verlangen nach *(dat)* vergehen
desalentado ADJ 1 *(sin aliento)* atemlos 2 *(desanimado)* mutlos; **desalentador** ADJ entmutigend; **desalentar** ⟨1k⟩ A VT entmutigen B VR **desalentarse** den Mut verlieren;
desaliento M Mutlosigkeit *f*; Kleinmut *m*
desalinización F Entsalzung *f*; **desalinizador** M **planta** *f* **-a** Entsalzungsanlage *f*;
desalinizar VT *agua de mar* entsalzen
desaliñado ADJ verwahrlost, schlampig *fam*; *cabello* zerzaust; **desaliño** M Nachlässigkeit *f*; Verwahrlosung *f*; Schlamperei *f fam*
desalmado A ADJ herzlos; gewissenlos B M, **-a** F Schurke *m*, Schurkin *f*, Bösewicht *m*
desalojamiento M Vertreibung *f* (*tb* MIL); *de una vivienda*: Räumung *f*; MIL *tb* Aufgabe *f einer Stellung*; **desalojar** A VT aus-, vertreiben; verdrängen; *vivienda* räumen; MIL zur Räumung zwingen; CAZA aufstöbern, -jagen B VI ausziehen; MIL die Stellung räumen; **desaloje, desalojo** M → desalojamiento
desalquilado ADJ *vivienda* frei, leer stehend;
desalquilar A VT *vivienda* aufgeben (*o* räumen lassen) B VR **desalquilarse** *vivienda* frei werden
desalterar VT beruhigen, besänftigen
desamarar VI AVIA abwassern, starten
desamarrar MAR A VT vom Anker lösen, losmachen B VR **desamarrarse** loswerfen, ablegen; *Perú* ~ **los zapatos** die Schuhe ausziehen
desamartillar VT *armas de fuego* entspannen
desamor M *(falta de amor)* Lieblosigkeit *f*; *(indolencia)* Gleichgültigkeit *f*; *(antipatía)* Abneigung *f*; **desamorado** ADJ lieblos
desamortización F HIST Aufhebung *f* von lehnsrechtlichen Bindungen; **desamortizar** VT 1 *(privatizar)* privatisieren 2 *(cancelar*

una deuda) tilgen **3** *(secularizar)* säkularisieren
desamparado ADJ hilflos *(tb barco)*, schutzlos; verlassen; **desamparar** VT **1** *(abandonar)* verlassen, schutzlos lassen **2** JUR *una propiedad* Besitz an *einer Sache* aufgeben; **desamparo** M Schutz-, Hilflosigkeit *f*; Verlassenheit *f*

desamueblado ADJ unmöbliert
desamueblar VT *habitación* ausräumen
desandar VT ⟨1q⟩ ~ **el camino** den Weg zurückgehen; *fig* ~ **lo andado** wieder von vorn anfangen
desangelado ADJ ohne (jeglichen) Charme
desangramiento M Verbluten *n*; Blutverlust *m*; **desangrar A** VT **1** *(dejar perder sangre)* ausbluten lassen **2** *fig (explotar)* ausbeuten, bluten lassen *fam* **3** *fig estanque, etc* trockenlegen **B** VR **desangrarse** ver-, ausbluten
desangre M *Col* Ausbluten *n*
desanidar VI ZOOL das Nest verlassen
desanimación F **1** *(desaliento)* Mutlosigkeit *f*; gedrückte Stimmung *f* **2** *(aburrimiento)* Öde *f*; Langeweile *f*; **desanimado** ADJ **1** *(decaído)* mutlos; gedrückt, lustlos **2** *lugar* wenig belebt (*o* besucht); öde; **desanimar A** VT entmutigen **B** VR **desanimarse** den Mut sinken lassen, verzagen
desánimo M Entmutigung *f*, Mutlosigkeit *f*
desanudar, desañudar VT entwirren; entknoten; *fam fig* ~ **la voz** die Sprache wieder finden
desapacible ADJ unfreundlich *(tb tiempo)*; *(rudo, áspero)* barsch, mürrisch; *situación* unbehaglich; *ruido* hässlich
desaparcar VI ⟨1g⟩ AUTO ausparken
desaparecer A VI ⟨2d⟩ verschwinden; *(decrecer)* schwinden; *(ponerse invisible)* unsichtbar werden; *fig* untergehen, untertauchen; **hacer** ~ verschwinden lassen; unterschlagen **B** VT **1** *espec Am* POL *adversarios políticos, etc* aus dem Verkehr ziehen, verschwinden lassen **2** *Ven fam (matar)* umlegen *fam*, killen *pop*
desaparecido A ADJ verschwunden; vermisst **B** M, **-a** F Verschwundene *m/f*; Vermisste *m/f*; Verschollene *m/f*; **desaparejar** VT **1** *equitación:* abschirren **2** MAR *de un velero:* abtakeln; **desaparición** F Verschwinden *n*
desapartar VT *Chile, C. Rica, Cuba, P. Rico, Ven* auseinanderbringen; trennen
desapasionado ADJ kühl, gelassen; unparteiisch
desapegarse VR ⟨1h⟩ *fig* sich lösen (**de alg** von j-m); **desapego** M Abneigung *f* (a gegen *acus*)
desapercibido ADJ **1** *(desprevenido)* unvorbereitet; **coger** ~ überfallen, überraschen; unvorbereitet treffen **2** *(desatento)* achtlos **3** *(inadvertido)* unbeachtet; **pasar** ~ unbemerkt bleiben
desaplicación F Trägheit *f*; **desaplicado** ADJ träge; nachlässig
desapoderar A VT ~ **a alg** j-m die Vollmacht entziehen; ~ **a alg de a/c** j-m etwas entziehen **B** VR **~se de a/c** sich einer Sache *(gen)* entledigen; *de un oficio:* auf etw *(acus)* verzichten
desapolillar A VT entmotten **B** VR **desapolillarse** *fam* sich auslüften *fam (wenn man lange im Zimmer war)*
desapreciar VT ⟨1b⟩ gering schätzen
desaprender VT verlernen; **desaprensión** F *(falta de consideración)* Rücksichtslosigkeit *f*; **desaprensivo** ADJ **1** *(desconsiderado)* rücksichtslos **2** *(sin prejuicios)* vorurteilslos
desaprobación F Missbilligung *f*; **desaprobar** VT ⟨1m⟩ missbilligen, ablehnen; **desaprobatorio** ADJ missbilligend; **desapropiación** F Eigentumsaufgabe *f*; Entäußerung *f*; **desapropiarse** VR ⟨1b⟩ ~ **de a/c** sich einer Sache *(gen)* entäußern
desaprovechado ADJ **1** unnütz, ohne Nutzen; nicht ausgenutzt *(tb* TEC) **2** *alumnos:* verbummelt *fam*, zurückgeblieben; **desaprovechamiento** M Nichtausnutzung *f*; **desaprovechar A** VT nicht (aus)nutzen; *oportunidad* versäumen, sich *(dat)* entgehen lassen **B** VI *alumnos* zurückbleiben, bummeln *fam*
desarbolar VT **1** MAR *(quitar la arboladura)* entmasten **2** *fig espec* DEP *(derrotar)* haushoch schlagen
desarenar VT TEC entsanden
desarmable ADJ zerlegbar; **desarmadero** M *Arg* Schrottplatz *m*; **desarmado** ADJ **1** TEC *(descompuesto)* zerlegt; abmontiert; auseinandergenommen **2** *(sin armas)* waffenlos; entwaffnet *(tb fig sin argumentos)*; **desarmador** M **1** *de un arma:* Abzug *m* **2** *Am reg (destornillador)* Schraubenzieher *m*
desarmar A VT **1** *(quitar las armas)* entwaffnen *(tb fig)*; wehrlos machen; *arma* entspannen; *bomba, etc* entschärfen; *tropas tb* demobilisieren **2** *derechos de aduana* abbauen **3** TEC *(descomponer)* auseinandernehmen; zerlegen; abmontieren; MAR abtakeln, außer Dienst stellen **B** VI POL *abs* abrüsten **C** VR **desarmarse** die Waffen niederlegen
desarme M **1** *(quita de armas)* Entwaffnung *f*; POL Abrüstung *f*; **conferencia** *f* **de(l)** *o* **sobre el** ~ Abrüstungskonferenz *f* **2** MAR *de un velero:* Abtakelung *f* **3** *de derechos de aduana:* Zollabbau *m*
desarmonía F Disharmonie *f (tb fig)*, Missklang *m*; **desarmónico** ADJ unharmonisch; *t/t* disharmonisch; *tb fig* misstönend; **desarmonizar** VT Missklang schaffen
desarraigado A ADJ entwurzelt *(tb fig)* **B** M, **-a** F Entwurzelte *m/f (fig)*; **desarraigar** VT ⟨1h⟩ entwurzeln *(tb fig)*; mit den Wurzeln (her)ausreißen; *fig (exterminar)* ausrotten; *(expulsar)* vertreiben; **desarraigo** M Entwurzelung *f (tb fig)*; *(exterminación)* Ausrottung *f*
desarrapado ADJ → desharrapado
desarreglado ADJ *(desordenado)* unordentlich; schlampig *fam*; *(descuidado)* liederlich; ausschweifend; **mujer** *f* **-a** Schlampe *f fam*; **desarreglar** VT *(poner en desorden)* in Unordnung bringen; *(dañar)* beschädigen; *(romper)* kaputt machen *fam*; **desarreglo** M **1** *(perturbación)* Störung *f (tb* TEC, MED *y* AUTO); *espec* AUTO Panne *f*; *(desorden)* Unordnung *f* **2** *(descuido)* Liederlichkeit *f*; Ausschweifung *f*
desarrendar VT ⟨1k⟩ **1** *(sacar la rienda)* den Zügel abnehmen *(dat)* **2** *de una finca:* die Pacht kündigen für *(acus)*
desarrimar VT **1** *(apartar)* abrücken **2** *fig* → disuadir; **desarrimo** M Mangel *m* an Halt *(tb fig)*; Hilflosigkeit *f*
desarrollado ADJ entwickelt
desarrollar A VT **1** *(desenrollar)* ent-, abrollen **2** TEC *(devanar)* abwickeln; abspulen **3** MAT *problema* lösen **4** *fig un proyecto* entwickeln; *tb (fomentar)* fördern **5** *(exponer)* darlegen, ausführen, behandeln **6** *Am* FOT *película* entwickeln **B** VR **desarrollarse 1** *(suceder-se)* sich entwickeln *(tb* MIL) **2** LIT, TEAT *acción* sich abspielen; spielen
desarrollismo M Entwicklungspolitik *f* (*o* Erschließung *f*) um jeden Preis; **desarrollista** ADJ Entwicklungs...
desarrollo M **1** *de un carrete, rollo, bobina, etc:* Ab-, Entrollen *n* **2** TEC *(realización)* Ablauf *m*; Abwicklung *f*; Aufwand *m*; Entwicklung *f*; ~ **de energías** *o* **de fuerzas** Kraftentwicklung *f*; (normaler) Kraftaufwand *m*; **~(s) pequeño(s)** *en la bicicleta:* kleine Übersetzung *f* **3** TEX Abzug *m* **4** *fig* Entwicklung *f*; *(fomento)* Förderung *f*; *(ampliación)* Ausbau *m*; *(progreso)* Fortschritt *m*; ~ **sostenible** ECOL nachhaltige Entwicklung *f*; **ayuda** *f* **para el** *o* **de** *o* **al** ~ Entwicklungshilfe *f*; **país** *m* **en (vías de)** ~ Entwicklungsland *n*; **mecanismo** *m* **de** ~ **limpio** ECOL Mechanismus *m* für (eine) umweltverträgliche Entwicklung; **de reciente** ~ neu entwickelt **5** BIOL Entwicklung *f* **6** *Par* AUTO Einfahren *n*
desarropar A VT *j-n* ausziehen **B** VR **desarroparse** die Kleidung ablegen; sich ausziehen
desarrugar VT ⟨1h⟩ glätten; glatt streichen; ~ **la frente** *o* **el ceño** die Stirn glätten; *fig* sich aufheitern
desarrumar VT MAR *cargamento* (um)trimmen
desarticulación F **1** *(desmontaje)* Zerlegung *f* **2** MED *(dislocación)* Auskugeln *n*, Ausrenken *n* **3** *fig de un plan, de una organización criminal:* Zerschlagen *n*
desarticular A VT **1** *(desarmar)* zerlegen, auseinandernehmen; zergliedern **2** MED *(dislocar)* auskugeln, ausrenken **3** *fig plan, organización criminal* zerschlagen **B** VR MED **~se el brazo** sich *(dat)* den Arm ausrenken
desarzonar VT aus dem Sattel werfen (*o* heben); *equitación:* abwerfen
desaseado ADJ unsauber, unappetitlich; schlampig; **desasear** VT verunreinigen; verunzieren
desasegurar VT unsicher machen; *arma* entsichern
desaseo M Ungepflegtheit *f*, Schlampigkeit *f fam*
desasimiento M **1** *(desprendimiento)* Loslassen *n* **2** *(abstención)* Entsagung *f*; REL Weltentsagung *f* **3** *(altruismo)* Uneigennützigkeit *f*
desasir ⟨3a; *pres wie salir*⟩ **A** VT *(soltar)* loslassen; *(desenganchar)* aufhaken **B** VR **desasirse 1** *(soltarse)* sich losmachen, sich lösen (**de** von *dat*) **2** *fig* ~ **de** *(abstenerse)* entsagen *(dat)*
desasistir VT im Stich lassen
desasnar VT *fam j-m* Bildung (*o* Schliff) beibringen
desasosegado ADJ unruhig; ruhelos; **desasosegar** ⟨1h *y* 1k⟩ **A** VT *(inquietar)* beunruhigen, ängstigen; *(sacudir)* aufrütteln **B** VR **desasosegarse** unruhig werden; **desasosiego** M Unruhe *f*, Ruhelosigkeit *f*; *(preocupación)* Sorge *f*
desastrado ADJ **1** *(andrajoso)* zerlumpt; unsauber; schlampig *fam* **2** *(infeliz)* unglücklich, elend
desastre M Katastrophe *f (tb fam fig)*; schweres Unglück *n*; Desaster *n*; ~ **ecológico** Umweltkatastrophe *f*; ~ **electoral** Wahldebakel *n*; ~ **natural** Naturkatastrophe *f*; *fam fig* **ser un** ~ unmöglich sein
desastroso ADJ **1** *(desgraciado)* unglückselig; unheilvoll; furchtbar, schrecklich **2** *(miserable)* jämmerlich, erbärmlich
desatar A VT **1** *(desenlazar)* losbinden; aufschnüren; lösen *(tb fig)* **2** *fig una tormenta, pelea, guerra, etc* auslösen, entfesseln **3** *intrigas* aufdecken **B** VR **desatarse 1** *(liberarse)* sich frei machen; sich lösen (**de** von *dat*) **2** *(soltarse)* sich lösen, aufgehen **3** *tormenta y fig* losbrechen; sich entfesseln; ~ **sobre** *desgracia, desdicha* hereinbrechen über *(acus)*; *fig* ~ **en insultos** ausfallend werden **4** *fig persona* auftauen
desatascador M **1** *producto:* Abflussreiniger *m* **2** *aparato:* Saugglocke *f*; **desatascamiento** M → desatasco
desatascar ⟨1g⟩ **A** VT **1** *(sacar del pantano)* aus dem Morast ziehen **2** *fig* ~ **a alg** *(sacar de un aprieto)* j-m aus der Patsche helfen **3** *tubo, etc* durchspülen, frei machen **B** VR **desatascarse** wieder loskommen

desatasco M Abflussreinigung *f*, Beseitigung *f* von Rohrverstopfungen
desatención F 1 *(distracción)* Unaufmerksamkeit *f* 2 *(descortesía)* Unhöflichkeit *f*; **desatender** VT ⟨2g⟩ 1 *(no prestar atención)* nicht beachten; missachten 2 *(no ocuparse)* sich nicht kümmern um *(acus)*; vernachlässigen; **desatentado** ADJ *liter* → desatinado; **desatentar** VT ⟨1k⟩ *poco usado* aus der Fassung bringen; **desatento** ADJ 1 *(distraído)* unaufmerksam, zerstreut 2 *(descortés)* unhöflich
desatierre M *Am* → escombrera
desatinado ADJ 1 *(disparatado)* unsinnig 2 *(atolondrado)* kopflos; **desatinar** VI 1 *(decir tonterías)* Unsinn reden 2 *(actuar descabelladamente)* kopflos handeln, danebenhauen *fam*; **desatino** 1 *al apuntar y fig*: Unsicherheit *f* 2 *(tontería)* Unsinn *m*, Stuss *m fam*; Fehlgriff *m*
desatollar VT *fig* aus der Patsche helfen
desatomización F Schaffung *f* einer atom(waffen)freien Zone; **desatomizado** ADJ atomwaffenfrei
desatorar VT *tubos obstruidos, etc* frei machen
desatornillador M *Am Centr, Chile, Méx* Schraubenzieher *m*; **desatornillar** VT ab-, losschrauben
desatracar VI MAR ablegen
desatrancar VT ⟨1g⟩ 1 *puerta* aufriegeln 2 *tubo* durchspülen, frei machen; *fuente* säubern
desatranco M Abflussreinigung *f*, Beseitigung *f* von Rohrverstopfungen
desatraque M MAR Ablegen *n*
desaturdir A VT wieder zur Besinnung bringen, ermuntern B VR **desaturdirse** wieder munter werden
desautorización F Absprechen *n* der Zuständigkeit; Herabwürdigung *f*; **desautorizadamente** ADV unbefugterweise; unberechtigterweise; **desautorizado** ADJ unbefugt
desautorizar ⟨1f⟩ A VT 1 *(quitar la autoridad)* die Zuständigkeit absprechen *(dat)*; *(degradar)* herabwürdigen; desavouieren; abwerten 2 *(desmentir)* in Abrede stellen; dementieren 3 *(prohibir)* verbieten B VR **desautorizarse** *(das Recht, die Glaubwürdigkeit etc)* verlieren
desavenencia F *(discordia)* Uneinigkeit *f*; Zwist *m*; *(contrariedad)* Gegensätze *mpl*; **desavenido** ADJ uneins, uneinig; zerstritten; widerstreitend; **desavenir** ⟨3s⟩ A VT entzweien B VR **desavenirse** uneins werden; sich überwerfen (**con** mit *dat*)
desaventajado ADJ benachteiligt; nachteilig
desavisado ADJ unklug; unvorsichtig; **desavisar** VT Gegenbescheid geben *(dat)*
desayunado PART **venir ~** nach dem Frühstück kommen; **desayunador** M *Am reg* Frühstückscafé *m*; *al aire libre*: Picknickplatz *m*
desayunar VT & VI *y* VR **~(se)** frühstücken; **~ (con) café/leche** zum Frühstück Kaffee/Milch trinken; *fam fig* **~se de a/c** etwas erfahren; *fam fig* **¿ahora te desayunas?** das hast du erst jetzt gehört?, reichlich spät dran *fam*
desayuno M Frühstück *n*; **~ completo** komplettes Frühstück *n*; **~ continental** kontinentales Frühstück *n*
desazón F 1 *(desabrimiento)* Fadheit *f*; AGR *(inmadurez)* Unreife *f* 2 *fig (disgusto)* Verdruss *m*, Kummer *m* 3 *fig (molestia)* Unbehagen *n*; *(inquietud)* Unruhe *f*, Sorge *f* 4 *(comezón)* Juckreiz *m*; **desazonado** ADJ mürrisch, verdrießlich; unbehaglich; **tener a alg ~** j-n ärgern; **desazonar** A VT 1 *comida* geschmacklos machen 2 *fig (poner de mal humor)* verstimmen, ärgern B VR **desazonarse** unpässlich sein; sich unbehaglich fühlen
desbancar VT ⟨1g⟩ 1 *juego de azar*: die Bank sprengen 2 *fig (desplazar)* **~ a alg** j-n verdrängen; j-n übertreffen, j-n aus dem Feld schlagen *(tb* DEP*)*
desbandada F wilde Flucht *f*, Auflösung *f*, MIL ungeordneter Rückzug *m*; **a la ~** in wilder Flucht; in völliger Auflösung; **desbandarse** VR auseinanderstieben, sich zerstreuen
desbande M *Arg fam* wilde Flucht *f*
desbarajustar VT völlig durcheinanderbringen; **desbarajuste** M Wirrwarr *m*; **desbaratado** ADJ 1 *(confuso)* wirr, zerfahren 2 *(ligero)* leichtfertig, *(desenfrenado)* zügellos
desbaratar A VT 1 *(desordenar)* in Unordnung bringen; *(arruinar)* zerstören; *enemigos* in die Flucht jagen 2 *planes* vereiteln, zunichtemachen 3 *dinero* verschwenden, durchbringen *fam* B VI Unsinn reden; Quatsch machen *fam* C VR **desbaratarse** 1 zerfallen; *planes* sich zerschlagen 2 *(perder la cabeza)* den Kopf verlieren
desbarbado A ADJ bartlos B M TEC Entgratung *f*; **desbarbar** A VT *plumas, grano, etc* schleißen; TEC *piezas de fundición* entgraten B VT *fam (afeitar)* rasieren C VR **desbarbarse** *fam* sich rasieren
desbarrancadero M *Am* (gefährlicher) Abgrund *m*; **desbarrancamiento** M *Am* Absturz *m*; **desbarrancar** ⟨1g⟩ *Am* A VT 1 *(apartar de un empujón)* wegstoßen; verdrängen 2 *(despeñar)* hinunterstürzen B VR **desbarrancarse** abstürzen
desbarrar VI 1 *(deslizarse)* ausrutschen *(tb fig)* 2 *fig (hablar fuera de la razón)* unüberlegt reden (*o* handeln); faseln *fam*; **desbarro** M Ausrutschen *n (tb fig)*
desbastado M TEC → desbaste 1; **desbastador** M TEC Schrotmeißel *m der Schmiede*; **desbastar** VT 1 TEC *(cepillar)* abhobeln; grob (vor)arbeiten; grobschleifen 2 *fam fig educación*: den ersten Schliff beibringen *(dat)* 3 *(gastar)* abnutzen
desbaste M 1 TEC erste Bearbeitung *f*; *de troncos*: Rohbehauen *n*; *de madera*: Abhobeln *n*; *de partes metálicas*: Abschroten *n* 2 TEC *estado de un material*: grob vorbehandeltes Werkstück *n*; Bramme *f* 3 *fig (primer pulimento)* erster Schliff *m*
desbeber VI *hum fam* pinkeln
desbloquear VT *cuentas, etc*: freigeben, entsperren; **desbloqueo** M Freigabe *f*, Entsperrung *f*; Aufhebung *f* der Blockade
desbocado ADJ 1 *equitación: caballo* scheu geworden, durchgehend 2 *boquilla de una jarra, boca de fuego*: beschädigt 3 TEX *cuello*: weit, ausgeleiert *fam* 4 *fig (desenfrenado)* zügellos; schamlos
desbocar ⟨1g⟩ A VT 1 *de una vasija*: die Tülle abstoßen an *einem Gefäß* 2 *espec* TEX *agujero* ausweiten, ausleiern *fam* B VR **desbocarse** 1 *caballo* scheu werden, durchgehen 2 *fam fig persona* loslegen *fam*, auspacken *fam*; frech werden
desbolado ADJ *Arg fam* schlampig, unordentlich
desbordamiento M 1 *(rebosamiento)* Überflutung *f* 2 MIL *(adelantamiento)* Überflügelung *f* 3 INFORM Überlauf *m* 4 *fig* Flut *f*; Woge *f*; **~ de alegría** überschäumende Freude *f*
desbordante ADJ überquellend, überschäumend *(fig)*; **~ de alegría** überschäumend vor Freude; **~ de público** überfüllt
desbordar A VT 1 *(rebosar)* überfluten 2 *fig paciencia, capacidad* übersteigen; **~ a alg** j-m über den Kopf wachsen; j-n überfordern; **las masas desbordaron a los dirigentes** die Führung verlor die Kontrolle über die Massen B VI *y* VR **~se** überlaufen, überfließen; über die Ufer treten; *fig* ausufern; *fig* **~se (de)** überquellen (von *dat*)
desborde M *Am reg* Überlaufen *n (von Wasser)*; über die Ufer treten
desbosque M *Bol* Abholzen *n*
desbragado ADJ ohne Slip, ohne Höschen
desbraguetado ADJ *Esp fam* arm
desbravador M Pferdebändiger *m*; **desbravar** A VT *caballos, etc* zureiten; zähmen; *fig tb* zügeln B VI zahm werden; *fig* sich beruhigen
desbroce M Beseitigung *f* von Gestrüpp
desbrozadora F Rasentrimmer *m*
desbrozar VT ⟨1f⟩ *(von Gestrüpp, Schlick etc)* reinigen; *fig camino* bahnen
desburocratización F *Am reg* Entbürokratisierung *f*; ADMIN Verwaltungsvereinfachung *f*; **desburocratizar** VT *Am reg* entbürokratisieren
descabalgar VI 1 *(apear)* vom Pferd absteigen, absitzen 2 *fig (echar fuera a alg)* j-n ausbooten
descabellado ADJ *fig* unsinnig; abwegig; verworren; **idea** *f* **-a** Schnapsidee *f fam*; **descabellar** VT 1 *(desgreñar)* zerzausen 2 TAUR *(matar de un tiro)* durch einen Genickstoß niederstrecken; **descabello** M Genickstoß *m*
descabestrar VT abhalftern; **descabezado** ADJ kopflos *(tb fig)*
descabezar ⟨1f⟩ A VT 1 *(decapitar)* köpfen *(tb fig)* 2 *(sacar la parte superior)* oberes Ende abschneiden (*o* abnehmen) *(dat o* von *dat)*; *árboles* kappen 3 *fam trabajo* anfangen; *(hacer el primer paso)* den ersten Schritt *zur Überwindung einer Schwierigkeit* tun; *fam* **~ un sueñ(ecit)o** ein Nickerchen machen B VR **descabezarse** *fam fig* sich *(dat)* den Kopf zerbrechen
descachalandrado ADJ *Am Mer fam* schlampig
descachar VT die Hörner stutzen *(von Rindern)*
descacharrante ADJ *fam* zum Schießen *(fam fig)*, umwerfend (komisch) *fam*
descafeinado ADJ koffeinfrei; entkoffeiniert; *fam fig (anodino)* schal, langweilig, abgeschwächt; **descafeinar** VT entkoffeinieren
descalabazarse VR ⟨1f⟩ sich *(dat)* das Hirn zermartern (**en, para** *inf* um zu *inf*); **descalabrado** ADJ mit zerschlagenem Kopf; *fig* **salir ~ (de)** übel wegkommen (bei *dat*); **descalabradura** F Kopfverletzung *f*; **descalabrar** VT (am Kopf) verletzen; *fig* schädigen; **descalabro** M (schwerer) Schaden *m*; (vernichtende) Niederlage *f*; Missgeschick *n*; Schlappe *f (tb* MIL*) fam*; Reinfall *m fam*
descalcificación F Entkalken *n*; **descalcificador** M Entkalker *m*; **descalcificar** VT ⟨1g⟩ entkalken; MED Kalk entziehen *(dat)*
descalificación F DEP *y fig* Disqualifizierung *f*; **descalificar** VT ⟨1g⟩ disqualifizieren
descalzador M Stiefelknecht *m*
descalzar ⟨1f⟩ A VT 1 *(quitar el calzado)* **~ a alg** j-m die Schuhe (*o* die Strümpfe) ausziehen 2 *de una rueda, etc*: den Hemmschuh lösen (*o* den Keil wegziehen) von *(dat)* 3 *muro* unterhöhlen, unterspülen; untergraben B VR **descalzarse** 1 *(quitarse el calzado)* sich *(dat)* die Schuhe ausziehen 2 *equitación: (perder la herradura)* ein Eisen verlieren
descalzo ADJ barfuß; *fig* bettelarm; CAT **(fraile** *m***) ~** *m* Barfüßermönch *m*
descamar A VT *pescado* abschuppen B VR **descamarse** MED *piel* abschuppen
descambiar VT *Col, Ven dinero (in kleinere Münzen oder Scheine)* wechseln; *mercancía* umtauschen
descamburar VT *Ven fam aus dem öffentlichen Dienst* entlassen
descaminado ADJ verirrt; irrig; *fig* **(no) andar ~** sich (nicht) irren; **descaminar** A

D

VT irreführen B VR **descaminarse** 1 *(apartarse del camino)* irregehen; sich verfahren 2 *fig (llevar por mal camino)* auf Abwege geraten
descamisado A ADJ *(estar)* ohne Hemd; *fig (ser)* bettelarm B **~s** MPL *Arg* Proletarier *mpl;* HIST Perónanhänger *mpl;* **descamisarse** VR *Chile* das Hemd ausziehen
descampado ADJ **(terreno** *m)* **~** offen(es Gelände *n);* frei(es Feld *n);* **descampar** VI → escampar; MIL abmarschieren
descansadero M Ruheplatz *m;* **descansado** ADJ ausgeruht; *vida* bequem, behaglich; geruhsam; *trabajo* mühelos; *(despreocupado)* unbesorgt
descansar A VT 1 *(reposar)* auf-, anlehnen; stützen **(sobre, en** auf *acus*); *(sentar)* legen, setzen; *(apoyar)* unterstützen; MIL **¡descansen – armas!** Gewehr - ab! 2 **~ a alg** *(aliviar el trabajo)* j-m die Arbeit erleichtern, j-n entlasten B VI 1 *(reposar del trabajo)* (aus)ruhen *(tb* AGR *suelo); (hacer un alto)* rasten; *(dormir)* schlafen; *(recuperarse)* sich erholen **(de** von *dat*); **¡que descanses!** schlaf gut!, gute Nacht!; MIL **¡en su lugar – descansen!** rührt euch!; *adv* **sin ~** rastlos, unaufhörlich 2 **~ en** ruhen auf *(dat); fig (basar en)* beruhen auf *(dat);* TEC aufliegen auf *(dat);* **~ sobre** stehen auf *(dat)* 3 *fig (morir)* sterben; im Grab liegen; **que descanse en paz** er/sie ruhe in Frieden
descansillo M Treppenabsatz *m;* Podest *n/m*
descanso M 1 *(alto)* Rast *f; (reposo)* Ruhe *f,* Erholung *f; (alivio)* Erleichterung *f;* MIL *tb* Marschpause *f;* MIL **¡~!** rührt euch!; **~ nocturno** Nachtruhe *f;* **día** *m* **de ~** Ruhetag *m; enseñanza:* **hora** *f* **de ~** Zwischenstunde *f; adv* **sin ~** rastlos, unaufhörlich; **tomarse un ~** eine Ruhepause einlegen 2 MÚS, TEAT, *circo:* Pause *f;* DEP Halbzeit *f* 3 *(apoyo)* Stütze *f;* TEC Unter-, Auflage *f* 4 → descansillo; MIN **~ del pozo** Schachtbühne *f* 5 *Chile fam (retrete)* Abort *m*
descantillar VT 1 TEC, CONSTR *(sacar las aristas)* abkanten 2 *factura* nach unten abrunden
descapitalización F Kapitalverlust *m,* -abwanderung *f*
descapotable M, *Hond* **descapotado** M AUTO Cabriolet *n,* Kabriolett *n*
descarado ADJ unverschämt, frech, patzig *fam;* **descararse** VR unverschämt werden **(con alg** zu j-m); **~ a** *(inf)* die Stirn haben, zu *(inf)*
descarbonatar VT die Kohlensäure entziehen *(dat);* **descarburar** VT QUÍM, TEC entkohlen, TEC frischen
descarga F 1 *de mercancías:* Entladen *n;* Ab-, Ausladen *n,* MAR Löschen *n* 2 MIL *de armas de fuego:* Entladung *f;* Salve *f;* **~ cerrada** Salvenfeuer *n* 3 ELEC Entladung *f;* (elektrischer) Schlag *m;* **~ atmosférica** *(relámpago)* Blitz *m;* **~ de adrenalina** Adrenalinstoß *m* 4 INFORM Herunterladen *n,* Downloaden *n* 5 ARQUIT **arco** *m* **de ~** Entlastungsbogen *m* 6 ECON, JUR *de acusaciones:* Entlastung *f* 7 TEC *(acarreo)* Abführung *f (Ladekran, Förderband)* 8 **~ de palos** Tracht *f* Prügel
descargadero M Abladeplatz *m;* MAR Löschplatz *m;* **descargado** ADJ entladen; ausgeladen; **descargador** M 1 *obrero:* Ablader *m;* MAR Schauermann *m* 2 ELEC Ableiter *m,* Entlader *m*
descargar ⟨1h⟩ A VT 1 *mercancía* ab-, aus-, entladen, MAR löschen 2 *arma* entladen; *tiro* abgeben; *fusil* abschießen 3 *golpe* versetzen; *enojo, rabia, etc* auslassen **(en, contra, sobre** an *dat*); *culpa, responsabilidad* abwälzen **(sobre** auf *acus*); *liter* **~ la mano sobre alg** j-n züchtigen 4 ELEC entladen; ableiten 5 INFORM herunterladen, downloaden 6 *fig de un cargo u obligación:* entlasten *(tb* TEC, JUR), erleichtern; JUR *de acusaciones:* freisprechen **(de** von *dat*) 7 **~ el vientre** seine Notdurft verrichten B VI 1 *tempestad, nubes* sich entladen; *lluvia* niedergehen, fallen 2 *escalera* enden; *río* münden **(en** in *acus*) C VR **descargarse** 1 **~ (de)** *(liberarse)* sich frei machen (von *dat*), *empleo* aufgeben; **~ de a/c** sich einer Sache *(gen)* entledigen; etw abwälzen **(en** auf *acus*); **~ de la culpa** die Schuld abwälzen; **~ en** *o* **contra** seinen Zorn auslassen an *(dat)* 2 ECON, JUR sich entlasten 3 *(perder la carga)* sich entladen *(tb* ELEC); *arma* von selbst losgehen 4 REL *(hacer penitencia)* Buße tun; beichten
descargo M 1 ECON, ADMIN *de la junta directiva:* Entlastung *f* **(conceder** erteilen); **nota** *f* **de ~** Gutschrift *f;* Quittung *f* 2 *(justificación)* Rechtfertigung *f;* Entlastung *f (tb* JUR); **por ~** zur Entlastung 3 MAR *de un barco:* Löschen *n*
descargue M MAR Löschen *n; Am gener* Abladen *n,* Entladen *n von Waren*
descarnada F *fig* Tod *m;* **descarnadamente** ADV unverhohlen; **descarnado** ADJ 1 *(sin carne)* fleischlos; abgezehrt, knöchern 2 *fig (mordaz)* bissig, scharf; *verdad* nackt, ungeschminkt
descarnar A VT (das) Fleisch ablösen von *(dat); huesos y fig* bloß legen B VR **descarnarse** abmagern
descaro M Unverschämtheit *f,* Frechheit *f*
descarozar VT *Am fruta de pepita* entsteinen
descarriar ⟨1c⟩ A VT *(desorientar, apartar del camino)* irreführen; *(dispersar)* versprengen; *fig (llevar por mal camino)* auf die schiefe Bahn bringen; vom rechten Wege abbringen B VR **descarriarse** sich verirren, sich verlaufen; *fig (caer en el mal camino)* auf die schiefe Bahn geraten
descarrilamiento M FERR Entgleisung *f;* **descarrilar** VI *y* VR **~se** FERR entgleisen
descarrío M Verirrung *f,* Irrweg *m*
descartable ADJ *Am Mer* Wegwerf..., Einweg...; **botella** *f* **~** Einwegflasche *f*
descartar A VT 1 *(dejar de lado)* beiseitelassen; ausschalten, ausschließen; beseitigen 2 TIPO *(hacer copias a colores)* Farbauszüge machen B VR **descartarse** 1 *naipes* ablegen 2 **~ de a/c** *(zafarse)* sich um etw *(acus)* (o vor etw *dat*) drücken
descarte M 1 TIPO Herstellung *f* von Farbauszügen 2 *de naipes:* Ablegen *n*
descartelización F ECON Entkartellisierung *f;* **descartelizar** VT & VI ⟨1f⟩ ECON entkartellisieren
descartuchar VT *Arg, Chile, Col fam* entjungfern
descasar A VT 1 *fam matrimonio* trennen, scheiden 2 *fig conjunto* trennen 3 TIPO *(Kolumnen)* anders zusammenstellen B VR **descasarse** *fam* sich scheiden lassen
descascar ⟨1g⟩ A VT → descascarar B VR **descascarse** 1 *(despedazarse)* in Stücke gehen 2 *fam fig (hablar sin comedimiento)* geschwollenes Zeug reden, sich *(dat)* einen abbrechen *fam;* **descascarar** A VT *(pelar)* ab-, ausschälen; *(desvainar)* ent-, aushülsen; *(descortezar)* entrinden B VR **descascararse** *corteza, cáscara* aufbrechen, -springen; **descascarillar** A VT *(pelar)* ab-, ausschälen; *(desvainar)* enthülsen; *huevo* (ab)pellen; TEC entzundern B VR **descascarillarse** *(pelarse)* sich schälen; *(astillarse)* absplittern; *(desmigajarse)* abbröckeln
descastado ADJ aus der Art geschlagen; *niños* ungeraten; undankbar; **descastar** A VT ausrotten B VR **descastarse** aus der Art schlagen
descatalogar VT *libro* aus dem Katalog nehmen, nicht mehr auflegen
descendencia F 1 *conjunto de hijos y nietos:* Nachkommenschaft *f;* **sin ~** kinderlos 2 *(estirpe)* Abstammung *f;* Geschlecht *n;* **descendente** ADJ absteigend; fallend; *Esp* FERR **tren** *m* **~** aus dem Landesinnern zur Küste fahrender Zug *m*
descender ⟨2g⟩ A VT 1 *(bajar)* herabnehmen; her-, hinunterbringen 2 *escalera, etc* hinuntersteigen B VI 1 *(ir hacia abajo)* herab-, hinuntersteigen; *río, arroyo* hinunterfließen; *viajar río abajo* stromab fahren; AVIA *(perder altura)* an Höhe verlieren; *(preparar el aterrizaje)* zur Landung ansetzen; **la colina desciende hacia el mar** der Hügel fällt zur See hin ab 2 *de un vehículo:* ab-, aussteigen 3 *(hundir)* sinken *(tb fig); fig (disminuir)* abnehmen 4 *(proceder)* abstammen, sich herleiten **(de** von *dat*)
descendida F → descenso; **descendiente** A ADJ 1 *(procedente)* abstammend **(de** von *dat*) 2 *(bajando)* absteigend *(tb* JUR) B M/F Nachkomme *m; poét* Nachfahr(e) *m;* JUR *tb* Abkömmling *m;* **descendimiento** M 1 *(bajada)* Herabsteigen *n* 2 *(disminución)* Herabnehmen *n* 3 PINT Kreuzabnahme *f;* **descensión** F Herabsteigen *n*
descenso M 1 *(bajada)* Heruntersteigen *n;* Abstieg *m (tb* DEP); Talfahrt *f; esquí:* Abfahrt(s-lauf *m*) *f;* **~ de cañones** Canyoning *n* 2 AVIA Heruntergehen *n;* **~ en paracaídas** Fallschirmabsprung *m;* **~ en tirabuzón** Abtrudeln *n* 3 TEC Abfallen *n* 4 ECON *de los precios, cotizaciones:* Sinken *n,* Fallen *n (tb de la temperatura)* 5 *fig (caída)* Niedergang *m;* Rückgang *m;* ADMIN niedrigere Einstufung; MIL Degradierung *f; fig* **estar en ~** auf dem absteigenden Ast sein (o sitzen); nachlassen 6 *(cuesta)* Abhang *m,* Gefälle *n* 7 MED *(sedimentación)* Senkung *f*
descentración F TEC Dezentrierung *f;* **descentrado** TEC A ADJ exzentrisch B M Schlag *m,* Unwucht *f;* **descentralización** F Dezentralisierung *f;* **descentralizador** ADJ **medidas** *fpl* **~as** Maßnahmen *fpl* zur Dezentralisierung; **descentralizar** VT ⟨1f⟩ dezentralisieren
descentrar A VT 1 *(ajustar mal)* schlecht (o falsch) einstellen; *(desplazar)* verschieben, verstellen 2 *fig (desequilibrar)* aus dem Gleichgewicht bringen B VR **descentrarse** 1 *(desplazarse)* sich verschieben 2 *fig (desequilibrarse)* aus dem Gleichgewicht kommen
descepar VT mit der Wurzel ausreißen; *fig* ausrotten
descerebrado ADJ *Esp fam fig persona* hirnlos *fam*
descerrajado ADJ *fig* zügellos; **descerrajadura** F Aufbrechen *n eines Schlosses*
descerrajar VT den Verschluss aufbrechen (o aufsprengen) an *(dat); armario* aufbrechen; *fam* **~ un tiro a alg** j-m eins auf den Pelz brennen *fam*
deschachar VT *Am Centr fam* hinauswerfen
deschavetado ADJ *Am fam* bescheuert *fam,* beknackt *fam*
deschongarse VR *Hond fam* verrückt werden, durchdrehen
descifrable ADJ zu entschlüsseln; *(legible)* leserlich; **descifrador** M *aparato:* Entzifferer *m;* **desciframiento** M Entzifferung *f;* Entschlüsselung *f;* **descifrar** VT entziffern; entschlüsseln; dechiffrieren; *fig* enträtseln, aufklären
desclasificación F ADMIN Freigabe *f (von Geheimdokumenten);* **desclasificar** VT ADMIN *documentos* zugänglich machen, freigeben
desclavador M TEC Geißfuß *m,* Nagelzieher *m*
desclavar VT *clavo* herausziehen; losnageln; → *tb* desengastar
desclorurado ADJ MED salzlos

descoagulante M MED Antikoagulans *n*
descobijado ADJ *C. Rica fam* clever
descocado A ADJ *fam espec mujer* frech, unverschämt B M *Chile* getrocknete Frucht *f*;
descocar ⟨1g⟩ A VT *árbol* abraupen B VR **descocarse** *fam* frech werden; vorlaut sein;
descoco M *fam* Frechheit *f*; Unverschämtheit *f*
descodificación F Dekodierung *f* (*tb* INFORM, LING); **descodificador** M TV Decoder *m*; **descodificar** VT ⟨1g⟩ dekodieren, entschlüsseln
descogollar VT *nueces, etc* auskernen; AGR ausgeizen; **descogotado** ADJ *fam* mit behaartem Nacken
descohesor M ELEC Entfritter *m*
descojonado ADJ *Esp pop* 1 (*castrado*) kastriert 2 *vulg* (*muy divertido*) höchst amüsiert; **descojonante** ADJ *Esp vulg* zum Schießen *fam*, zum Totlachen; super *fam*, cool *fam*; **descojonarse** VR *Esp vulg* sich totlachen *fam*, sich vor Lachen bepinkeln *fam*; **descojone** M *Esp vulg* Durcheinander *m*, Saustall *m*; Mordsgaudi *f fam*
descolgado ADJ *fam* 1 (*solitario*) einsam; isoliert 2 DEP abgeschlagen 3 *Am corriente* reißend 4 **dejar el teléfono ~** den (Telefon)Hörer danebenlegen
descolgar ⟨1h *y* 1m⟩ A VT 1 *imagen, etc* (her)abnehmen, *cortinas* abnehmen (*tb* TEL), abhängen 2 (*bajar*) herablassen (**de** von *dat*) 3 CAZA *aves* schießen 4 *carreras*: abhängen B VR **descolgarse** sich herunterlassen (**de** von *dat*); (*saltar*) springen (**de** von, aus *dat*); AVIA abspringen; *fig de una altura*: von der Höhe (*o* vom Berg) herabsteigen; *fam* **~ por un sitio** irgendwo aufkreuzen *fam*; *fam fig* **~ con a/c** mit etw (*dat*) herausplatzen; **~ de a/c** sich von etw (*dat*) lossagen
descollado ADJ überlegen, selbstbewusst;
descollante ADJ hervorragend; glänzend
descollar ⟨1m⟩ A VI hervorragen, an erster Stelle stehen; glänzen; **~ entre** *o* **sobre los demás** die anderen überragen (**en** an *dat*) B VR **descollarse** sich hervortun
descolonización F Entkoloni(ali)sierung *f*;
descolonizar VT ⟨1f⟩ entkoloni(ali)sieren
descoloramiento M Entfärbung *f*; Verfärbung *f*; Blässe *f*; **descolorante** M Entfärber *m*; Bleichmittel *n*; **descolorar** A VT entfärben; (aus)bleichen B VR **descolorarse** *color* verblassen; **descolorido** ADJ blass, fahl, farblos; *vestido* verschossen, ausgebleicht, ausgewaschen; **descolorir** → descolorar
descombrado M → descombro; **descombrar** VT abräumen, von Schutt räumen;
descombro M Abräumen *n*; Enttrümmern *n*; **trabajo(s)** *m(pl)* **de ~** Aufräumungsarbeiten *fpl*
descomedido ADJ 1 (*en exceso*) übermäßig; unmäßig 2 (*descortés*) unhöflich; **descomedimiento** M Unhöflichkeit *f*; Grobheit *f*;
descomedirse VR ⟨3l⟩ sich ungebührlich betragen; ausfallend werden
descomer VI *pop* den Darm entleeren
descompás M falscher Takt *m*; **descompasado** ADJ 1 (*excesivo*) übermäßig 2 (*grosero*) grob; **descompasarse** VR *fig* grob werden
descompensación F MED Dekompensation *f*; **descompensado** ADJ unausgeglichen
descompensar A VT aus dem Gleichgewicht bringen B VR **descompensarse** aus dem Gleichgewicht geraten
descomponedor ADJ BIOL zerstörerisch
descomponer ⟨2r⟩ A VT 1 (*desarmar*) zerlegen (*tb* QUÍM, FÍS); auseinandernehmen; zergliedern 2 (*desintegrar*) zersetzen (*tb* QUÍM); auflösen; (*desordenar*) in Unordnung bringen 3 *fig* (*desunir*) entzweien 4 (*perder la serenidad*) aus der Fassung bringen 5 *Am reg* (*estropear*) kaputt machen B VR **descomponerse** 1 (*pudrirse*) sich zersetzen; verwesen; in Fäulnis übergehen; faulen; *comidas* verderben; (*disolverse*) sich auflösen 2 *fig* (*ponerse enfermizo*) kränklich werden 3 *fig* (*perder la serenidad*) die Fassung verlieren; aufgebracht werden; **~ con alg** sich mit j-m überwerfen; j-n hart anfahren; **~ en palabras** zu starke Worte gebrauchen 4 *Am reg* (*romperse*) kaputtgehen; AUTO eine Panne haben
descomponería F *Nic* AUTO Panne *f*; **descomponible** ADJ zerlegbar; auflösbar
descomposición F 1 Zerlegung *f* (*tb* FISIOL, QUÍM); (*disolución*) Auflösung *f*; (*distorsión*) Verzerrung *f*; *fig* (*disención*) Zerwürfnis *n*; QUÍM Zersetzung *f*, Umsetzung *f*; MED Durchfall *m*; **~ (pútrida)** Fäulnis(zersetzung) *f*; **(en estado de) ~** (in) Verwesung *f* 2 *Am Centr, Méx* AUTO *avería*: (Motor)Schaden *m*
descompostura F 1 (*desaseo*) Unsauberkeit *f*; Ungepflegtheit *f*, vernachlässigte(s) Äußere(s) *n* 2 (*insolencia*) Frechheit *f*
descompresión F 1 (*caída de la presión*) Druckabfall *m*; FÍS Dekompression *f*; *al emerger*: Druckausgleich *m* 2 *Guat, Méx avería de un motor*: (Motor-, Maschinen)Schaden *m*; AUTO Panne *f*
descomprimir VT dekomprimieren
descompuestamente ADV frech
descompuesto ADJ 1 (*roto*) entzwei; kaputt 2 (*desintegrado*) zersetzt, (*putrefacto*) faul, verfault, verdorben 3 *fig* (*desordenado*) unordentlich 4 *persona* unwohl; *fig* (*consternado*) verstört, aufgelöst; *rostro* verzerrt; **tener la salud -a** nicht gesund sein 5 (*furioso*) wild, zornig 6 *Am reg coche, máquina, etc* defekt, kaputt; außer Betrieb 7 *Am reg* (*borracho*) betrunken
descomunal ADJ ungeheuer, riesig; außerordentlich; *pop* **hambre** *f* **~** Riesen-, Mordshunger *m fam*; **descomunalmente** ADV **comer ~** ungeheuer viel essen
desconcentración F 1 ECON Entflechtung *f* 2 (*falta de concentración*) Unkonzentriertheit;
desconcentrado ADJ 1 ECON entflochten 2 unkonzentriert; **desconcentrar** A VT ECON entflechten B VR **desconcentrarse** die Konzentration verlieren, unkonzentriert werden
desconcertado ADJ 1 (*confuso*) verlegen, verblüfft; bestürzt, verwirrt 2 (*desavenido*) zerrüttet; **desconcertador** ADJ verwirrend, beunruhigend; **desconcertante** ADJ verwirrend; verblüffend
desconcertar ⟨1k⟩ A VT 1 in Unordnung bringen (*tb mecanismo*); *fig intención* durchkreuzen 2 MED (*dislocar*) aus-, verrenken 3 *fig* (*desunir*) entzweien; zerrütten 4 *fig* (*confundir*) verwirren, aus der Fassung bringen; bestürzen; verblüffen, verlegen machen B VR **desconcertarse** 1 (*desavenirse*) uneinig werden; sich trennen 2 MED (*coger una indigestión*) sich (*dat*) den Magen verderben 3 *fig* (*perder la serenidad*) die Fassung verlieren; (*estar aturdido*) verblüfft sein
desconchabado ADJ *Col, Salv* kaputt; **desconchabar** VT *Col, Salv* kaputt machen
desconchado M, **desconchadura** F ARQUIT abgebröckelte Stelle *f*; Abblättern *n*;
desconchar A VT *Hond fruta* schälen B VR **desconcharse** *revoque, muro, techo* abblättern; abbröckeln; **desconchón** M → desconchado
desconcierto M 1 (*desorden*) Unordnung *f*; Störung *f*; (*daño*) Schaden *m* 2 (*confusión*) Verwirrung *f*; Bestürzung *f*; Verunsicherung *f* 3 (*desunión*) Uneinigkeit *f*; Zerrüttung *f*; **estar en ~** uneinig sein 4 MED → dislocación; → diarrea
desconectable ADJ ab-, ausschaltbar; **desconectado** ADJ ab,-ausgeschaltet; getrennt; **desconectar** VT ELEC *y fig* ab-, ausschalten; → *tb* desacoplar; **desconexión** F ELEC Ab-, Ausschaltung *f*; Abstellung *f*; **desconexo** ADJ ohne Verbindung, ohne Zusammenhang, ohne Verknüpfung
desconfiado ADJ misstrauisch, argwöhnisch; zweifelnd (**de** an *dat*); **desconfianza** F Misstrauen *n*, Argwohn *m*; Zweifel *m*; Unglauben *m*
desconfiar VI ⟨1c⟩ misstrauen (**de** *dat*); zweifeln (**de** an *dat*); kein Zutrauen haben (**de** zu *dat*)
desconformar A VI verschiedener Meinung sein (**en** in *dat*) B VR **desconformarse** nicht übereinstimmen, sich widersprechen
descongelación F 1 *de alimentos*: Auftauen *n* 2 *de la nevera*: Abtauen *n*; *de vidrios*: Entfrosten *n*; AVIA Enteisen *n* 3 ECON (*desbloqueo*) Freigabe *f* (*von Konten etc*); ADMIN Entsperrung *f* (*von Stellen*); **descongelador** M Enteiser *m*; Entfroster *m*, Defroster *m*; **descongelar** A VT 1 *alimentos* auftauen 2 *vidrios, etc* entfrosten; AVIA enteisen; *nevera* abtauen 3 ECON *precios, cuentas* freigeben B VR **descongelarse** auftauen
descongestión F *espec transporte*: Entlastung *f*; **descongestionar** VT entstauen; *transporte*: entlasten; MED zum Abschwellen bringen
desconocedor ADJ **~ (de)** unkundig (*gen*)
desconocer VT ⟨2d⟩ 1 (*no saber*) nicht wissen; nicht kennen 2 *una persona, etc* nicht wiedererkennen; **le desconoces en este asunto** du kannst einfach nicht glauben, dass er so etwas tut 3 (*no aceptar*) nicht anerkennen; verkennen; **no ~ las ventajas** die Vorteile (wohl) zu schätzen wissen 4 *una obra, etc* verleugnen, nicht als seines anerkennen 5 (*ignorar a/c*) so tun, als wüsste man *etw* nicht
desconocido A ADJ 1 (*que no se conoce*) unbekannt; (*que no se reconoce*) unerkannt; (*irreconocible*) unkenntlich; *artista, etc* verkannt **completamente ~** wildfremd; **ser ~** unbekannt sein; **estar ~** nicht wiederzuerkennen (*o* ganz verändert) sein 2 (*ingrato*) undankbar, nicht erkenntlich (**a** für *acus*) B M **un ~** ein Unbekannter; **un gran ~** eine (zu Unrecht) in Vergessenheit geratene Größe
desconocimiento M 1 (*falta de conocimiento*) Unkenntnis *f einer Tatsache* 2 (*ingratitud*) Undankbarkeit *f*
desconsideración F Missachtung *f*; Rücksichtslosigkeit *f*; mangelnder Respekt *m*; **desconsiderado** ADJ unbedacht, unüberlegt; rücksichtslos
desconsolación F → desconsuelo; **desconsolado** ADJ trostlos; trübselig; **viuda** *f* **-a** untröstliche Witwe *f*; **desconsolador** ADJ hoffnungslos; jämmerlich; **noticia** *f* **-a** Hiobsbotschaft *f*; **desconsolar** ⟨1m⟩ A VT aufs Tiefste betrüben B VR **desconsolarse** untröstlich sein; **desconsuelo** M Trostlosigkeit *f*; tiefe Betrübnis *f*
descontable ADJ abzugsfähig; COM diskontfähig
descontado ADJ **dar por ~** als sicher annehmen; für selbstverständlich halten; **quedar ~** nicht infrage kommen; **por ~** selbstverständlich; **¡~!** ausgeschlossen!
descontaminación F *espec de radioactividad*: Entseuchung *f*; Dekontamination *f*; **descontaminar** VT entseuchen
descontar ⟨1m⟩ A VT 1 herabsetzen; *suma* abziehen (**de** von *dat*); COM skontieren; *letra de cambio* diskontieren 2 *fig* (*restar*) abstreichen,

wegnehmen (**en, de** von *dat*); **descontando que …** abgesehen davon, dass …; *fam* **¡descuente usted!** da müssen Sie ein paar Abstriche machen; das ist zu dick aufgetragen **B** VR **descontarse** sich verrechnen

descontentadizo ADJ wählerisch; missvergnügt

D

descontentar VT unzufrieden machen; missfallen (*dat*); **descontento** **A** ADJ unzufrieden (**con, de** mit *dat*); missvergnügt **B** M Unzufriedenheit *f*; Missvergnügen *n*

descontrol M mangelnde Kontrolle *f* (*o* Beherrschung *f*); **descontrolado** ADJ unkontrolliert; außer Kontrolle; *persona tb* unbeherrscht; **descontrolarse** VR die Beherrschung verlieren; außer Kontrolle geraten

desconvocar VT *huelga, asamblea* absagen; **desconvocatoria** F Absage *f* (*eines Streiks, etc*)

descoordinación F mangelnde Koordinierung *f*; **descoordinado** ADJ unkoordiniert

descopar VT *árbol* köpfen (*acus*), die Krone absägen (*dat*)

descorazonado ADJ entmutigt, verzagt; **descorazonador** M ~ **de manzanas** Apfelstecher *m*; **descorazonar** **A** VT entmutigen **B** VR **descorazonarse** den Mut verlieren, verzagen

descorchador M *espec Am* Korkenzieher *m*; **descorchar** VT **1** *alcornoque* schälen **2** *botella* entkorken **3** *fig para robar*: *einen Behälter aufbrechen, um zu stehlen*; **descorche** M **1** (*descortezar*) Abschälen *n der Korkeiche* **2** *de una botella*: Entkorken *n* **3** *Am tb prima*: Kork(en)geld *n*

descorificar VT ⟨1g⟩ TEC entschlacken; **descornar** ⟨1m⟩ **A** VT die Hörner abbrechen (*dat*) **B** VR **descornarse** *fam fig* sich (*dat*) den Kopf zerbrechen

descorrer **A** VT *cortina* aufziehen; *cerrojo* zurückschieben; *camino* zurücklaufen **B** VI *y* VR ~**se** abfließen, ablaufen; **descorrimiento** M Abfluss *m*, Ablauf *m*

descortés ADJ unhöflich, grob; **descortesía** F Unhöflichkeit *f*, Ungezogenheit *f*

descortezador M Schälmesser *n*; Schäler *m*; **descortezadora** F TEC Entrindungsmaschine *f*; AGR *y hogar*: Schälmaschine *f* (*für Kartoffeln etc*); **descortezadura** F Schälrinde *f*; **descortezamiento** M Abschälen *n*; Ausschälung *f* (*tb* MED); **descortezar** VT ⟨1f⟩ *árbol, etc* entrinden, schälen; *fig* (*pulir*) abschleifen

descoser **A** VT TEX *costura, prenda de vestir* auftrennen; *sujetapapeles* entfernen von (*dat*); *fam fig* **no ~ la boca** *o* **los labios** nicht Piep sagen *fam* **B** VR **descoserse** **1** TEX *costura* aufgehen **2** *fam* (*irse de la lengua*) sich verplappern **3** *pop* (*ventosear*) einen fahren (*o* streichen) lassen *fam*

descosido **A** ADJ **1** TEX *costura* aufgetrennt **2** *fig* (*incoherente*) unzusammenhängend; *fig desordenado* unordentlich **3** (*parlanchín*) schwatzhaft **B** M **1** TEX aufgetrennte Naht *f* **2** *fam* **como un ~** *parlotear*: wie ein Wilder *fam*; unmäßig; wie ein Wasserfall (*reden*); **reír(se) como un ~** schallend lachen

descostillar VT die Rippen brechen (*dat*)

descostrar VT entkrusten; den Schorf entfernen von (*dat*)

descoyuntamiento M Verrenkung *f*

descoyuntar **A** VT **1** *un hueso* ver-, ausrenken **2** *fig* (*importunar*) plagen, belästigen **3** *hechos, etc* verdrehen, entstellen **B** VR **descoyuntarse** *fam* sich schieflachen *fam*, sich kranklachen *fam*

descrédito M Misskredit *m*, Verruf *m*; **caer** *o* **quedar en ~** sein Ansehen verlieren; in Verruf geraten; **poner en ~** in Verruf bringen

descreído ADJ ungläubig (*tb* REL); misstrauisch

descremar VT *leche* entrahmen

descrestar VT *Col fam* betrügen, hereinlegen

describir VT ⟨*pp* descrito⟩ **1** (*relatar*) beschreiben; schildern, erzählen **2** GEOM *círculo, etc* beschreiben; *curva* ziehen

descripción F **1** (*relato*) Beschreibung *f*; Schilderung *f*; Darstellung *f*; **~ de funciones** Tätigkeitsbeschreibung *f*, Job-Description *f* **2** JUR (*registro*) Verzeichnis *n*; **~ de una patente** Patentschrift *f*

descriptible ADJ zu beschreiben(d); **descriptivo** ADJ beschreibend; *t/t* deskriptiv; *música f* **-a** Programmmusik *f*; **descripto** *espec Am* PP → describir; **descriptor** M **1** *persona*: Beschreiber *m*, Schilderer *m* **2** INFORM Deskriptor *m*; **descriptora** F Beschreiberin *f*, Schilderin *f*

descrismar **A** VT **1** (*quitar el crisma*) *j-m* das Salböl abwischen **2** *fam fig* (*golpear en la cabeza*) *j-m* eins über den Schädel hauen *fam* **B** VR **descrismarse** **1** *fam fig* (*matarse trabajando*) sich abrackern; sich (*dat*) die Sohlen ablaufen (**por** um zu *inf o* um *acus*); (*descalabazarse*) sich (*dat*) den Kopf zerbrechen **2** *fam* (*enfurecerse*) aus der Haut fahren, wütend werden

descrispación F Entkrampfung *f*

descristianar VT → descrismar A; **descristianización** F Entchristianisierung *f*; **descristianizar** VT entchristianisieren

descrito PP → describir

descruzar VT ⟨1f⟩ **~ los brazos** die verschränkten Arme ausbreiten; **~ las piernas** die übergeschlagenen Beine wieder voneinandernehmen

descuadrar VI missfallen

descuajar **A** VT **1** *cuajado* auflösen **2** *fig* (*frenar a alg*) *j-m* den Wind aus den Segeln nehmen; *j-m* den Mut nehmen **3** *árbol* entwurzeln; *matorral* beseitigen in (*dat*) **B** VR **descuajarse** **1** *Am* (*disolverse*) aus dem Leim gehen, sich auflösen **2** *fam* (*bregar*) sich abplagen

descuajaringarse, descuajeringarse VR ⟨1h⟩ *fam miembros* ermüden; (*flojear*) schlappmachen *fam*; **~ (de risa)** sich kaputtlachen; **descuaje, descuajo** M Roden *n*

descuartizamiento M **1** *en la matanza y* HIST *castigo*: Vierteilung *f* **2** *fam fig* (*destrozar, desmantelar*) Zerschlagen *n*; **descuartizar** VT ⟨1f⟩ **1** (*cuartear*) vierteilen **2** *fam fig* (*despedazar*) in Stücke schlagen; **estar descuartizado** wie gerädert sein

descubierta F **1** MIL (*reconocimiento*) (Erkundungs)Spitze *f* **2** MAR (*reconocimiento del horizonte*) Beobachtung *f* des Sonnendurchgangs am Horizont **3** GASTR *pastel*: (*ungedeckter*) Obst- (*o* Marmelade)kuchen *m*

descubierto **A** ADJ **1** (*destapado*) unbedeckt; *persona* barhäuptig; *cielo* wolkenlos **2** (*abierto*) offen, frei liegend; (*sin árboles*) baumlos; **al ~** unter freiem Himmel, im Freien; MIN über Tage; MIL ungedeckt, ohne Deckung; **a pecho ~** ohne Schutz(waffen); *fig* todesmutig; **hablar al ~** offen sprechen; *fig* **poner al ~** freilegen, bloß legen; *escándalo* aufdecken **3** (*entregado sin protección*) (schutzlos) preisgegeben; *fig* **quedar (en) ~** sich nicht rechtfertigen können **4** ECON **(en) ~** *cuenta* überzogen; *cheque* ungedeckt; *factura* offen; **operación** *f* **al ~** Blankogeschäft *n*; **dejar en ~** *cuenta* überziehen **B** M ECON ungedeckte Schuld *f*; **~ (en cuenta)** Kontoüberziehung *f*

descubridero M Aussichtspunkt *m*; **descubridor** M, **descubridora** F Entdecker *m*, -in *f*; MIL Kundschafter *m*, -in *f*; JUR Finder *m*, -in *f*; **descubrimiento** M Entdeckung *f*; Aufdeckung *f*

descubrir ⟨*pp* descubierto⟩ **A** VT **1** *cacerola* aufdecken; *monumento* enthüllen **2** *algo nuevo* entdecken, erblicken, sichten (*tb* MAR) **3** *lo desconocido* entdecken, finden; *verdad* ermitteln; *lo oculto* offenbaren; (*abrir su corazón*) *sein Herz* ausschütten; **~ que …** dahinterkommen, dass … **B** VR **descubrirse** **1** *la cabeza* die Kopfbedeckung abnehmen **2** (*mostrarse*) sich zeigen, an den Tag kommen; *fig* (*revelarse*) sein Herz ausschütten, sich offenbaren (*j-m* **a** *o* **con alg**) **3** (*quedar en ridículo*) sich blamieren

descuello M **1** (*exceso en altura*) alles überragende Höhe *f* (*tb fig*) **2** (*altivez*) Hochmut *m*

descuento M COM **1** (*rebaja*) Abzug *m*; Rabatt *m*; **~ por pronto pago** Skonto *m/n*; **~ por cantidad** Mengenrabatt *m*; **~ por merma de peso** Gewichtsabzug *m*; **~ por pago al contado** Kassenskonto *m*, -rabatt *m*; **tienda** *f o* **almacén** *m o* **almacenes** *mpl* **de ~** Discountladen *m*, -geschäft *n*; **sin ~** ohne Abzug; **conceder un ~** einen Abzug (*o* Rabatt) gewähren **2** FIN Diskont *m*; Diskontierung *f*; **operaciones** *fpl* **de ~** Diskontgeschäft *n*; **aumento** *m*/**reducción** *f* **del (tipo de) ~** Diskonterhöhung *f*/-senkung *f* **3** DEP (*tiempo suplementario*) Nachspielzeit *f*

descuerar VT *espec Am* häuten; *fig* kein gutes Haar an *j-m* lassen; **descuereada** F *Par* Verunglimpfung *f*, üble Nachrede *f*; **descuerear** VT *Par* kein gutes Haar an *j-m* lassen

descuidado ADJ **1** (*desaliñado*) nachlässig, liederlich; (*negligente*) fahrlässig, unachtsam; (*desatendido*) vernachlässigt; **traje** *m* **~** *tb* saloppe Kleidung *f* **2** (*desprevenido*) ahnungslos, unvorbereitet (*estar*); **coger ~** überraschen

descuidar **A** VT vernachlässigen, versäumen **B** VI **¡descuide (usted)!** seien Sie unbesorgt!, verlassen Sie sich darauf! **C** VR **descuidarse** **1** (*no prestar atención*) nicht Acht geben, nicht aufpassen; (*ser imprudente*) unvorsichtig sein; (*ser negligente*) nachlässig sein; **~ de** *o* **en sus obligaciones** seinen Verpflichtungen schlecht nachkommen **2** (*dar un traspié*) sich vergessen, einen Fehltritt tun

descuidero M, **-a** F Taschen-, Gelegenheitsdieb *m*, -in *f*; **~ (de coches)** Automarder *m*

descuido M **1** (*negligencia*) Nachlässigkeit *f*; Fahrlässigkeit *f*; (*inadvertencia*) Unachtsamkeit *f*; (*desliz*) Versehen *n*; *adv* **al ~** nachlässig; **con ~** achtlos, leichthin; **con ~ afectado** mit vorgetäuschter Sorglosigkeit, nonchalant *fam*; **por ~** versehentlich; aus Fahrlässigkeit; *Am reg adv* **en un ~** unerwartet **2** (*olvido*) Vergesslichkeit *f*, Bummelei *f fam* **3** (*desacierto*) Fehl-, Missgriff *m*; (*descortesía*) Unhöflichkeit *f*

descuitado ADJ leichtsinnig, sorglos

desde **A** PREP **1** *local*: von, von … aus, aus (*todos dat*); **~ aquí** von hier aus; **~ aquí hasta allí** von hier nach (*o* bis) dort; **~ arriba hacia abajo** von oben nach unten; **~ … hasta …** von … bis …; **~ lejos** von Weitem; **te veo ~ aquí** ich sehe dich von hier aus **2** *temporal*: seit, von … an (*ambos dat*); **~ ahora (en adelante)** von nun an; **~ aquel día** seit diesem Tag, von diesem Tage an; **¿~ cuándo?** seit wann?; **~ entonces** seither; von da an; **~ hace mucho/poco** seit langem/kurzem; **~ hace una semana** seit einer Woche; **~ mañana** ab morgen **B** ADV **~ luego** *o Am reg fam* **~ y ~** selbstverständlich, natürlich; sogleich; *RPl* **~ ya** *o* **~ ahora** sofort **C** CJ **~ que** seit; **~ que te vi** seit ich dich gesehen habe; **~ que podemos recordar** solange wir zurückdenken können

desdecir ⟨3p⟩ **A** VI abweichen (**de** von *dat*), im Widerspruch stehen (**de** zu *dat*); **esto desdice** das passt nicht (zueinander); das fällt aus der Art; **~ de sus padres** nicht nach seinen Eltern geraten, aus der Art schlagen; **~ de su origen** seinen Ursprung verleugnen **B**

V/R **~se (de)** *etw* widerrufen, *etw* zurücknehmen; **~se de su promesa** sein Versprechen nicht halten
desdén M (*menosprecio*) Geringschätzung *f*, Verachtung *f*; (*indiferencia*) Gleichgültigkeit *f*; *adv* **con ~** geringschätzig, verächtlich, von oben herab *fam*; **al ~** nachlässig
desdentado ADJ zahnlos, ZOOL *tb* zahnarm
desdeñable ADJ verachtenswert; **nada ~** recht ordentlich, nicht schlecht; **desdeñador** ADJ verächtlich; **desdeñar** A V/T (*menospreciar*) gering schätzen, verachten; (*rehusar*) verschmähen B V/R *poco usado* **~se de (hacer) a/c** es für unter seiner Würde halten, etw zu tun; **desdeñoso** ADJ verächtlich, wegwerfend; hochmütig
desdibujado ADJ verzeichnet; *fig* unklar, verschwommen; **desdibujar** A V/T undeutlich machen B V/R **desdibujarse** undeutlich werden; verschwimmen
desdicha F, *tb* **~s** FPL Unglück *n*; Elend *n*; *fam* **poner a alg hecho una ~** j-n schrecklich zurichten; j-n sehr beschmutzen; *adv* **por ~** leider, unglücklicherweise
desdichadamente ADV 1 (*desgraciadamente*) unglücklicherweise 2 (*miserablemente*) elend;
desdichado A ADJ 1 (*infeliz*) unglücklich; erbärmlich 2 (*ingenuo*) einfältig B M, **-a** F 1 (*pobre diablo*) armer Teufel *m*, Pechvogel *m* 2 (*persona ingenua*) einfältiger Mensch *m*
desdoblable ADJ QUÍM (auf)spaltbar; **desdoblamiento** M 1 (*despliegue*) Entfalten *n*; Ausbreiten *n* 2 QUÍM (Auf)Spaltung (**en** in *acus*) 3 TEC Aufbiegung *f* 4 BIOL Teilung *f* 5 MIL *de tropas*: Entfaltung *f* 6 FERR **~ de un tren** Einsatz *m* eines Entlastungszuges 7 PSIC Spaltung *f*; **~ de la personalidad** Persönlichkeitsspaltung *f* 8 *fig* (*explicación*) Darlegung *f*
desdoblar A V/T 1 (*desplegar*) entfalten, ausbreiten 2 TEC (*enderezar*) gerade biegen; aufbiegen 3 QUÍM, FISIOL, PSIC (*escindir*) spalten; BIOL (*dividir*) teilen, verdoppeln B V/R **desdoblarse** 1 (*escindirse*) sich spalten 2 (*desplegarse*) sich entfalten (*tb fig*) 3 **la barra no se desdobla** die Stange lässt sich nicht gerade biegen
desdolarizar V/T ECON, POL entdollarisieren
desdorar V/T 1 (*quitar lo dorado*) die Vergoldung entfernen von (*dat*) 2 *fig* (*deshonrar*) verunehren; **desdoro** M *fig* Unehre *f*; Schimpf *m*, Schande *f*; Schandfleck *m*
desdramatización F Entdramatisierung *f*; Herunterspielen *n*, Entschärfung *f*; **desdramatizar** V/T ⟨1f⟩ entdramatisieren; herunterspielen, entschärfen
deseable ADJ wünschenswert; erwünscht; erstrebenswert; **deseado** ADJ erwünscht; ersehnt; **no ~** unerwünscht; **niño** *m* **~** Wunschkind *n*; **¡táchese lo no ~!** nicht Gewünschtes bitte streichen!
desear V/T 1 (*tener un deseo*) wünschen; (*anhelar*) begehren, verlangen, ersehnen; **~ a/c a alg** j-m etw wünschen; **¿desea algo más?** haben Sie sonst noch einen Wunsch?; **¡no hay más que ~!** Ihr Wunsch ist mir Befehl!, Sie brauchen (es) nur zu wünschen!; **(no) dejar (nada) que ~** (nichts) zu wünschen übrig lassen; **ser de ~** zu wünschen (*o* wünschenswert) sein; *fam* **me (las) veo y me (las) deseo** ich möchte es schrecklich gern (haben *etc*) 2 (*querer hacer*) *tun* mögen; wollen
desecación F Austrocknung *f*, Trocknen *n*; *de verduras, fruta*: Dörren *n*; *de un pantano*: Trockenlegung *f*; **desecado** M *espec* TEC Trocknung *f*; **desecador** M TEC Trockner *m*, Exsikkator *m*; **desecar** A V/T ⟨1g⟩ (*secar*) trocknen; *frutas* ausdörren; *verduras, frutas* dörren; *pantano* trockenlegen, entwässern B V/R **desecarse** austrocknen; **desecativo** ADJ *espec* TEC (aus)trocknend; → *tb* **secante**[1] A
desechable ADJ *embalaje*: Wegwerf…, Einweg…; **jeringuilla** *f* **~** Einwegspritze *f*
desechar V/T 1 (*expeler*) wegwerfen; TEC zum Ausschuss werfen; *vestimenta vieja, etc* ablegen 2 *alborotadores* des Lokals verweisen 3 *mina* aufgeben 4 *temores* von sich (*dat*) weisen; *ofertas, empleos* ausschlagen; *advertencias, etc* in den Wind schlagen; *pensamientos, intenciones, propuestas* verwerfen; sich hinwegsetzen über (*acus*); **~ a/c del pensamiento** sich (*dat*) etw aus dem Kopf schlagen 5 *cerrojo* zurückschieben; *llave* umdrehen *zum Öffnen*
desecho M 1 *frec* **~s** *mpl* (*residuo*) Abfall *m*; **~s espaciales** Weltraummüll *m*; **~s industriales** Industriemüll *m*; **~s nucleares** Atommüll *m*; **~s orgánicos** Biomüll *m*; **~s reciclables** Wertstoffe *mpl*; **~s sólidos** Festmüll *m*; **~s tóxicos** Giftmüll *m* 2 (*resto*) Überbleibsel *n*; TEC Ausschuss *m*; Bruch *m*; **de ~** ausgemustert; TIPO Makulatur… 3 MIN (*escombros*) Abraum *m*
desellar V/T entsiegeln
desembalador M, **desembaladora** F Auspacker *m*, -in *f*; Markthelfer *m*, -in *f*; **desembalaje** M Auspacken *n*; **desembalar** V/T & V/I auspacken
desembalsar V/T *embalse* auslassen; **desembalse** M 1 (*toma de agua*) Wasserentnahme *f aus einem Staubecken* 2 (*vaciado*) (Ent)Leerung *f eines Staubeckens*
desembarazadamente ADV zwanglos;
desembarazado ADJ 1 (*desenfrenado*) ungehemmt, zwanglos 2 *camino, espacio* frei; *lugar, habitación* geräumt
desembarazar ⟨1f⟩ A V/T *de un obstáculo, de una carga*: befreien, frei machen; (*vaciar*) (ab-, auf-, aus)räumen; *sala, etc* räumen B V/I *RPl* (*dar a luz*) entbinden, gebären C V/R **desembarazarse** sich frei machen (**de** von *dat*); **~ de a/c** sich einer Sache (*gen*) entledigen
desembarazo M 1 (*despejo*) Wegräumen *n* von Hindernissen 2 *fig* (*soltura*) Ungezwungenheit *f*, Zwanglosigkeit *f*; Unbefangenheit *f* 3 *RPl* MED (*parto*) Entbindung *f*
desembarcadero M 1 MAR *lugar de arribo*: Landungsplatz *m*; Landungsbrücke *f*; Pier *m/f*; *lugar de descarga*: Ausladestelle *f*, Löschplatz *m* 2 FERR (*andén de llegada*) Ankunftsbahnsteig *m*
desembarcar ⟨1g⟩ A V/T MAR *personas* ausschiffen; auschecken; *mercancías* ausladen, löschen; *pesca*: anlanden B V/I 1 *del avión, etc*: aussteigen; MAR landen, an Land gehen 2 MAR (*darse de baja*) abheuern 3 *escalera* enden 4 *pop* (*dar a luz*) entbinden C V/R **desembarcarse** an Land gehen
desembarco M 1 *de personas*: Ausschiffung *f* 2 MIL *de tropas*: Landung *f*; **~ aéreo** Luftlandung *f*; **tropas** *fpl* **de ~** Landetruppen *fpl* 3 *escalera*: Treppen-, Etagenabsatz *m*
desembargar V/T ⟨1h⟩ 1 JUR *bienes incautados* freigeben 2 (*liberar de obstáculos*) von Hindernissen befreien; **desembargo** M JUR Freigabe *f*, Aufhebung *f* der Beschlagnahme
desembarque M MAR *de mercancías*: Ausladen *n*, Löschen *n*; *de pasajeros*: Landung *f*; **derechos** *mpl* **de ~** Löschgebühr *f*
desembarrancar V/T ⟨1g⟩ *barco* wieder flottmachen
desembarrar V/T ausschlämmen
desembocadero M Flussmündung *f*; **desembocadura** F *de un río, tubo, etc*: Mündung *f*; TEC *tb* Auslauf *m*, Ende *n*; **desembocar** V/I ⟨1g⟩ *calle, río* (ein)münden (**en** in *acus*); *fig* (*conducir a*) führen (**en** zu *dat*)
desembolsar V/T 1 (*sacar de la bolsa*) aus der Tasche (*o* Börse) nehmen 2 *dinero* ausgeben (*o* auslegen); (*devolver un pago*) zurückzahlen; (*pagar*) auszahlen; ECON *capital* einzahlen; **desembolso** M (*pago*) Zahlung *f*; (*gasto*) Ausgabe *f*, Auslage *f*; ECON *de capital*: Einzahlung *f*; **~ total** Volleinzahlung *f*
desemboque M → desembocadero
desemborrachar A V/T ernüchtern B V/R **desemborracharse** (wieder) nüchtern werden
desembotar V/T (wieder) scharf machen, schärfen; **desembozar** ⟨1f⟩ A V/T enthüllen (*tb fig*); offenbaren B V/R **desembozarse** sein Gesicht enthüllen; *fig* sein wahres Gesicht zeigen
desembragar V/T & V/I ⟨1h⟩ TEC ausrücken, AUTO auskuppeln; **desembrague** M TEC Ausrücken *n*, AUTO Auskuppeln *n*
desembriagar ⟨1h⟩ → desemborrachar
desembrollar V/T *fam* entwirren (*tb fig*); **desembrozar** V/T ⟨1f⟩ → desbrozar
desembuchar V/T & V/I 1 *pájaro* sich kröpfen; *v/t a* herauswürgen 2 *fam fig* (*decir*) auspacken, singen *pop*; herausplatzen (mit *dat*); **¡desembucha!** schieß los! *fam*, spuck's aus! *fam*
desemejante ADJ unähnlich, ungleich; unterschiedlich; verschieden; **desemejanza** F Unähnlichkeit *f*; Ungleichheit *f*; Unterschiedlichkeit *f*; **desemejar** A V/I unähnlich (*o* anders) sein B V/T entstellen
desempacar ⟨1g⟩ A V/T auspacken B V/R **desempacarse** *fam* sich beruhigen
desempachado ADJ zwanglos, ungezwungen; **desempachar** A V/T *den Magen* erleichtern B V/R **desempacharse** *fig* die Scheu ablegen, auftauen *fam*; **desempacho** M *fig* Ungezwungenheit *f*; Dreistigkeit *f*
desempalagar ⟨1h⟩ V/T den Ekel vertreiben; **desempalagarse** V/R *fam* den süßlichen Geschmack (*einer Speise*) herunterspülen, etwas Herzhaftes hinterherschicken *fam*
desempañar V/T abwischen (*beschlagene Fenster etc*); *niño* aus den Windeln nehmen; **desempapelar** V/T 1 (*desenvolver*) *aus dem Papier* auswickeln 2 (*quitar el tapizado*) Tapeten *von den Wänden* herunterreißen; **desempaque** M Auspacken *n*; **desempaquetar** V/T auspacken; INFORM *datos* entpacken; **desemparejar** V/T → desigualar
desempatar V/T 1 DEP *ein unentschieden gebliebenes Spiel durch Punktwertung entscheiden* 2 POL **~ los votos** bei Stimmengleichheit entscheiden; **desempate** M Stichentscheid *m*; DEP **gol** *m* **de ~** Entscheidungstor *n*
desempedrar V/T ⟨1k⟩ das Pflaster *einer Straße etc* aufreißen; *fam* **~ la(s) calle(s)** die Beine unter die Arme nehmen
desempeñar A V/T 1 *prenda, deuda* auslösen 2 *obligación* erfüllen; *encargo* erledigen, ausführen; *cargo* versehen, ausüben 3 TEAT *y fig papel* spielen B V/R **desempeñarse** *cargo* ausüben, bekleiden; *fam* **~ bien** sich gut schlagen, sich aus der Schlinge ziehen; *espec Am* **~ como … als …** tätig sein
desempeño M 1 *de una prenda*: Einlösen *n*; *de un deudor*: Auslösung *f*; *de deudas*: Schuldentilgung *f*; *fig* (*liberación*) Befreiung *f* 2 *de un encargo*: Erledigung *f*; *de una obligación*: Erfüllung *f*; **en el ~ de sus funciones** in Ausübung seines Amtes 3 TEAT Spiel *n einer Rolle*
desempleado A ADJ arbeitslos B M, **-a** F Arbeitslose *m/f*
desempleo M Arbeitslosigkeit *f*; **~ de larga duración** Langzeitarbeitslosigkeit *f*; **~ masivo** Massenarbeitslosigkeit *f*; **seguro** *m* **de ~** Arbeitslosenversicherung *f*
desemplumar V/T *Am* → desplumar
desempolvado M, **desempolvadura**

F Ent-, Abstauben *n;* **desempolv(or)ar** VT ent-, abstauben; *fig* auffrischen, aktualisieren
desenamorar A VT *j-m* Abneigung einflößen B VR **~se de a/c** einer Sache *(gen)* überdrüssig werden; **~se de alg** nicht mehr in j-n verliebt sein; aufhören j-n zu lieben
desencadenamiento M Entfesselung *f;* **desencadenante** A ADJ auslösend B M *fig* Auslöser *m;* auslösendes Moment *n;* **desencadenar** A VT losketten; *fig* entfesseln B VR **desencadenarse** *fig pelea* ausbrechen; *tempestad, etc* losbrechen, wüten
desencajado ADJ 1 TEC *(fuera de encaje)* ausgerastet 2 MED *(dislocado)* verrenkt 3 *fig semblante* verzerrt; **desencajamiento** M Verrenkung *f (tb* MED), Verzerrung *f;* TEC Ausrasten *n*
desencajar A VT 1 TEC *(sacar de su lugar)* aus der Fassung *(o* den Fugen) reißen; ausrasten 2 MED *(dislocar)* verrenken 3 *fig semblante* verzerren B VR **desencajarse** 1 TEC aus den Fugen gehen; ausrasten 2 *fig (perder la serenidad)* außer Fassung geraten; *semblante* sich verzerren; *ojos* sich (schreckhaft) weiten; **desencaje** M *espec* TEC Ausrasten *n;* Aus-den-Fugen-Gehen *n*
desencalante M Kalklöser *m*
desencallar MAR A VT *aufgelaufenes Schiff* flottmachen B VI *y* VR **~se** *barco vom Grund* los-, freikommen
desencaminar → descaminar
desencantar VT entzaubern; *fig* enttäuschen; ernüchtern; **desencanto** M Entzauberung *f; fig* Ernüchterung *f;* Enttäuschung *f*
desencapotar A VT *j-m* den Umhang abnehmen; *fam fig* aufdecken B VR **desencapotarse** *fig cielo, los ánimos* sich aufhellen;
desencaprichar A VT zur Vernunft bringen B VR **desencapricharse** (wieder) vernünftig werden
desencarcelar VT → excarcelar
desencarecer ⟨2d⟩ A VT verbilligen B VR **desencarecerse** billiger werden
desencargar VT ⟨1h⟩ COM abbestellen
desencastillar VT ver-, austreiben; *secreto* aufdecken; **desenchufar** VT ELEC den Stecker herausziehen; abstellen, ausschalten
desenclavar VT herausreißen; TEC ausklinken, -lösen; **desenclavijar** VT 1 MÚS *(quitar las clavijas)* die Wirbel *eines Saiteninstruments* herausziehen 2 *fig (apartar)* wegreißen, auseinanderreißen; fortstoßen
desenclochar VI *Am Centr, Col* AUTO auskuppeln
desencoger ⟨2c⟩ A VT strecken, auseinanderbreiten B VR **desencogerse** 1 *las piernas* die Beine (aus)strecken 2 *fig (salir de su reserva)* auftauen *fam;* **desencogimiento** M *fig* Keckheit *f,* Dreistigkeit *f*
desencolar A VT *lo pegado* ablösen B VR **desencolarse** aus dem Leim gehen
desenconar A VT 1 MED *inflamación* kühlen 2 *fig (apaciguar)* beschwichtigen B VR **desenconarse** *fig* ruhig werden, abkühlen;
desencono M Beschwichtigung *f*
desencordar VT ⟨1m⟩ MÚS die Saiten abnehmen *(dat o* von *dat)*
desencriptar VT INFORM dekodieren, entschlüsseln
desencuadernar A VT *libros* losheften; *encuadernación* auseinandernehmen B VR **desencuadernarse** *libro, cuaderno* aus dem Einband gehen
desencuentro M *fig* Auseinandergehen *n;* Auseinanderentwicklung *f*
desendiosar VT entgöttern; *fig* vom hohen Ross herunterholen
desenfadaderas FPL **tener buenas ~** seinen Ärger *(o* Zorn) rasch vergessen; **desenfadado** ADJ 1 *(desembarazado)* ungezwungen, ungehemmt; *(osado)* dreist, ungeniert; *(alegre)* heiter 2 *sala* geräumig, luftig; **desenfadar** VT *(apaciguar)* beschwichtigen; *(alegrar)* aufheitern; **desenfado** M *(desenvoltura)* Ungezwungenheit *f; (impertinencia)* Unverschämtheit *f*
desenfilar VT MIL, *espec* MAR decken; **desenfocado** ADJ ÓPT, FOT unscharf (eingestellt); **desenfocar** VT ⟨1g⟩ 1 ÓPT, FOT unscharf einstellen 2 *fig (no ver con claridad)* falsch *(o* unter falschen Gesichtspunkten) betrachten; nicht richtig erfassen; *(desfigurar)* entstellen; **desenfoque** M 1 ÓPT, FOT *(falta de nitidez)* Unschärfe *f;* falsche Einstellung *f (tb fig)* 2 *fig (punto de vista equivocado)* falscher Gesichtspunkt *m*
desenfrenado ADJ zügellos, hemmungslos, ausschweifend; *ritmo* wild, rasend; **desenfrenar** A VT *equitación:* abzäumen B VR **desenfrenarse** 1 *persona* zügellos leben; jeden Halt verlieren 2 *tempestad, guerra* aus-, losbrechen, wüten 3 *caballo* durchgehen;
desenfreno M 1 *(libertinaje)* Zügellosigkeit *f;* Hemmungslosigkeit *f;* Ungestüm *n* 2 *pop* **~ (del vientre)** *(diarrea)* Durchfall *m,* Durchmarsch *m fam*
desenfriar VT ⟨1c⟩ anwärmen; **desenfundable** ADJ herausziehbar; **desenfundado** ADJ *fam* nackt; **desenfundar** VT den Überzug ziehen von *(dat); revolver, espada* ziehen
desenganchado ADJ *drogas fam* nicht mehr abhängig (**de** von *dat);* clean *fam;* **desenganchar** A VT aus-, loshaken; AUTO abhängen; *caballos* ausspannen B VR **desengancharse** 1 *(soltarse)* sich lösen, sich losmachen (**de** von *dat*) *(tb fig)* 2 *drogas* clean werden *fam;*
desenganche M 1 TEC Auslösen *n;* Ausrücken *n;* AUTO Abhängen *n* 2 POL Auseinanderrücken *n* der (feindlichen) Machtblöcke
desengañado ADJ enttäuscht; ernüchtert
desengañar A VT enttäuschen; ernüchtern; *j-m* die Augen öffnen (**de** über *acus*) B VR **desengañarse** eine Enttäuschung erleben; **~ de sus ilusiones** aus seinen Illusionen erwachen; **¡desengáñate!** sieh es (doch endlich) ein!, lass dich eines Besseren belehren!
desengaño M Enttäuschung *f;* Ernüchterung *f*
desengarzar ⟨1f⟩ 1 *perlas* ausfädeln 2 → desengastar; **desengastar** VT *piedras preciosas, etc* aus der Fassung nehmen
desengrasado M TEC Entfettung *f;* **desengrasamiento** M *espec* QUÍM, FISIOL Entfettung *f;* **desengrasante** M TEC Entfettungsmittel *n;* **desengrasar** A VT 1 *(quitar la grasa)* entfetten; GASTR ausbraten 2 TEC entfetten; entölen; *lana* entschweißen B VI *fam al comer:* scharfe Sachen *zu fetten Speisen* essen; **desengrase** M TEC, QUÍM Entfettung *f*
desenguyabar VT *y* VR **~se** *Col* seinen Kater ausschlafen *(o* vertreiben)
desenhebrar VT *aguja* ausfädeln; **desenjaezar** VT ⟨1f⟩ *caballo* abschirren; **desenjaular** VT aus dem Käfig lassen
desenlace M Lösung *f; fig de un drama, etc:* Ausgang *m; fig* **~ funesto** Tod *m;* **~ fatal** bitteres Ende *n*
desenlazar ⟨1f⟩ A VT 1 *(desatar)* losbinden, aufschnüren 2 *fig (soltar)* lösen 3 *película, novela, drama, etc* ausgehen *(o* enden) lassen B VR **desenlazarse** ausgehen *(fig y drama, etc)*
desenlodar VT von Schlamm *(o* Schmutz) säubern *(o* befreien)
desenmascaradamente ADV offen; **desenmascarar** A VT demaskieren, *j-m* die Maske vom Gesicht nehmen *(o fig* reißen); aufdecken; enttarnen B VR **desenmascararse** die Maske abnehmen; *fig* die Maske fallen lassen
desenmontar VT *C. Rica* AGR von Gestrüpp *(o* Unkraut) befreien
desenojar VT besänftigen; beruhigen; **desenojo** M Besänftigung *f;* Beruhigung *f*
desenraizamiento M Entwurzelung *f (tb fig);* **desenraizar** VT entwurzeln *(tb fig)*
desenredar A VT 1 *cabello* durchkämmen; **fácil de ~** leicht zu kämmen, gut frisierbar 2 *fig (poner orden a)* entwirren; Ordnung bringen in *(acus)* B VR **desenredarse** *fig* herauskommen *(aus einer Schwierigkeit)*
desenredo M Entwirrung *f (tb fig)*
desenrollar A VT ab-, aufwickeln; abspulen; entrollen B VR **desenrollarse** *cinta, película* sich abspulen; **desenroscar** VT ⟨1g⟩ *rosca* aufdrehen, -schrauben; *tapa, etc* abschrauben
desensibilización F MED Desensibilisierung *f;* **desensibilizar** VT ⟨1f⟩ 1 FOT lichtunempfindlich machen 2 MED *y fig (hacer menos sensible)* desensibilisieren
desensillar VT *equitación:* absatteln
desentechar VT *Col* → destechar
desentenderse VR ⟨2g⟩ 1 **~ (de a/c)** *(afectar ignorancia)* so tun, als ob man (von etw *dat*) nichts wüsste 2 *(mantenerse aparte)* sich fernhalten (**de** von *dat*), sich abwenden (**de** von *dat*); kein Interesse (mehr) haben (**de** an *dat*)
desentendido SÓLO EN: **hacerse el ~** sich unwissend stellen; so tun, als ob es einen nichts anginge *(o* als ob man nichts merkte); **desentendimiento** M Desinteresse *n*
desenterramiento M Ausgrabung *f;* Ausgraben *n;* **desenterrar** VT ⟨1k⟩ 1 *(exhumar)* ausgraben *(tb fig); tesoro* heben 2 *fig (sacar del olvido)* der Vergessenheit entreißen; *una vieja relación, etc* aufwärmen *fam*
desentonadamente ADV misstönig; **desentonar** A VI 1 MÚS *(no tener buen tono)* unrein klingen 2 *fig (no estar en armonía)* störend wirken; **~ con** überhaupt nicht passen zu *(dat)* B VT *(humillar)* demütigen, ducken *fam* C VR **desentonarse** sich im Ton vergreifen, ausfallend werden; **desentono** M Misston *m (tb fig);* Ungehörigkeit *f*
desentornillador M *Perú* Schraubenzieher *m;* **desentornillar** VT *Perú* ab-, losschrauben
desentorpecer VT ⟨2d⟩ 1 *miembros* wieder beweglich machen 2 *fam fig (pulir a alg) j-m* Schliff *(o* Wissen) beibringen
desentrampado ADJ schuldenfrei; **desentrampar** *fam* A VT von Schulden frei machen B VR **desentramparse** aus den Schulden herauskommen
desentrañar A VT 1 *animal* ausweiden; die Eingeweide herausreißen *(dat)* 2 *fig (averiguar)* ergründen, herausbringen B VR **desentrañarse** sich selbst verleugnen, sein Letztes hergeben
desentrenado ADJ aus der Übung gekommen; **desentrenamiento** M, **desentreno** M mangelndes Training *n,* mangelnde Übung *f*
desentubar VT MED von der Intubation befreien
desentumecerse VR ⟨2d⟩ *abs* sich lockern; (wieder) beweglich werden; **~ las piernas** sich *(dat)* die Beine vertreten
desenvainar VT 1 *espada* ziehen, zücken; blankziehen; *garras* zeigen 2 *fig (desembuchar)* herausrücken (mit *dat*); vom Leder ziehen *(tb fig)*
desenvoltura F Ungezwungenheit *f;* Unbefangenheit *f;* Nonchalance *f,* Lässigkeit *f*
desenvolver ⟨2h; *pp* desenvuelto⟩ A VT 1 *(desarrollar)* los-, auf-, auswickeln; *(desembalar)*

auspacken; (*llevar a término*) abwickeln; (*desdoblar*) entfalten **2** *fig* (*explicar*) darlegen, erklären, entwickeln, entfalten; (*investigar*) untersuchen **B** V/R **desenvolverse** **1** (*evolucionar*) sich entwickeln (*tb* ECON, MIL); sich entfalten **2** (*arreglárselas*) sich bewegen; zurechtkommen; ~ **bien** sich richtig (*o* unbefangen) benehmen (*in einem Amt, einer Situation etc*)

desenvolvimiento M **1** (*desarrollo*) Entwicklung *f*; Ab-, Verlauf *m*; Entfaltung *f*; Weiterentwicklung *f* **2** (*explicación*) Darlegung *f* **3** (*desenredo*) Entwirrung *f*, (Neu)Ordnung *f*; **desenvuelto** ADJ ungezwungen, unbefangen, frei; dreist, keck

deseo M **1** (*anhelo*) Wunsch *m*; Verlangen *n*, Bestreben *n*; Drang *m*; Sehnen *n*; ~ **ardiente** größter (*o* brennender) Wunsch; ~ **de comer** Esslust *f*; ~ **íntimo/legítimo** inniger/berechtigter Wunsch *m*; ~ **de saber** Wissensdrang *m*, -durst *m*; **a medida del** ~ nach Herzenslust; *liter* **venir en ~(s) de a/c** etw begehren; (sich *dat*) etw wünschen **2** ADV COM **a** ~ (*a pedido*) auf Wunsch; **conforme a los ~s (de alg)** wunschgemäß, nach Wunsch

deseoso ADJ ~ **(de)** begierig (nach *dat*); in dem Wunsch (nach *dat*), von dem Wunsche beseelt (, zu *inf*); ~ **de decírselo** in der Absicht, es ihm zu sagen

desequilibrado **A** ADJ *fig* unvernünftig; verrückt **B** M, **-a** F Verrückte *m/f*; Geisteskranke *m/f*; **desequilibrar** **A** V/T aus dem Gleichgewicht bringen **B** V/R **desequilibrarse** aus dem Gleichgewicht geraten (*tb fig*)

desequilibrio M **1** (*falta de equilibrio*) Gleichgewichtsstörung *f*; TEC Unwucht *f*; Ungleichgewicht *n* (*tb* FÍS *etc*); POL ~ **Norte-Sur** Nord-Süd-Gefälle *n* **2** *trastorno*: ~ **(mental)** Geistesverwirrung *f*, Geistesstörung *f*

deserción F **1** (*disidencia*) Abfall *m* **2** (*infidelidad*) Untreue *f*; MIL *de un soldado*: Fahnenflucht *f* **3** JUR *abandono*: Verzichtleistung *f auf ein eingelegtes Rechtsmittel*

desertar V/I **1** MIL desertieren, fahnenflüchtig werden; *al adversario*: überlaufen **2** *fig* ~ **de una causa** einer Sache (*dat*) abtrünnig werden; ~ **del sistema educativo** das Schulsystem verlassen, die Schule aufgeben; ~ **del trabajo** den Arbeitsplatz eigenmächtig verlassen; *fam fig* ~ **de los cafés** sich in den Cafés nicht mehr blicken lassen **3** JUR (*abandonar una causa*) auf ein eingelegtes Rechtsmittel verzichten

desértico ADJ wüstenartig, Wüsten…; **paisaje** *m* ~ Wüstenlandschaft *f*; **zona** *f* **-a** Wüstenregion *f*

desertificación F → desertización; **desertificar** V/T → desertizar

desertización F GEOG Wüstenbildung *f*, Desertifikation *f*; **desertizar** V/T zur Wüste machen

desertor M, **desertora** F **1** MIL *soldado*: Fahnenflüchtige *m/f*, Deserteur *m*, -in *f* **2** *fig* (*disidente*) Abtrünnige *m/f*

desescalada F POL Deeskalation *f*; **desescalar** **A** V/T & V/I deeskalieren **B** V/I DEP *alpinista*: abklettern

desescamar V/T → descamar

descombrar V/T → descombrar; **descombro** M Trümmerbeseitigung *f*; Aufräumungsarbeit(en) *f(pl)*

desesperación F Verzweiflung *f*; Trostlosigkeit *f*; **caer en la** ~ verzweifeln; **es una** ~ es ist zum Verzweifeln

desesperado **A** ADJ hoffnungslos; verzweifelt; **estar ya** ~ *enfermo* (schon) aufgegeben sein; ~ **de** verzweifelnd an (*dat*); *adv* **a la -a** in letzter Verzweiflung, verzweifelt; als letzter Ausweg **B** M *fig* Desperado *m*; Bandit *m*; **correr como un** ~ wie verrückt laufen

desesperante ADJ entmutigend; zum Verzweifeln; **era** ~ (es) war zum Verzweifeln; **desesperanza** F → desesperación; **desesperanzado** ADJ ~ **de** verzweifelnd an (*dat*); **desesperanzador** ADJ entmutigend; **desesperanzar** **A** V/T ⟨1f⟩ mutlos machen; jede Hoffnung nehmen **B** V/R **desesperanzarse** die Hoffnung verlieren; mutlos werden

desesperar **A** V/T zur Verzweiflung bringen **B** V/I verzweifeln (**de** an *dat*); **el médico desespera de salvarle** der Arzt hat keine Hoffnung, ihn zu retten **C** V/R **desesperarse** verzweifeln; in Verzweiflung geraten

desespero M *Col, Ven* Verzweiflung *f*

desespinar V/T GASTR *pescado* entgräten

desestabilización F *espec* POL Destabilisierung *f*; Erschütterung *f*; **desestabilizar** V/T ⟨1f⟩ aus dem Gleichgewicht (*o* ins Wanken) bringen; *espec* POL destabilisieren

desestalinización F POL Entstalinisierung *f*

desestima F, **desestimación** F **1** Verachtung *f*; Geringschätzung *f* **2** *de una solicitud* Ablehnung *f de un recurso* Abweisung *f*; **desestimar** V/T **1** (*menospreciar*) verachten; gering schätzen **2** ADMIN *petición* ablehnen, abschlägig bescheiden; JUR *demanda, recurso* abweisen

desestructurado ADJ **1** (*desordenado*) strukturlos, locker **2** *fig familia, etc* zerrüttet

desfacedor M *irón fam* ~ **de entuertos** Weltverbesserer *m fam*

desfacha(ta)do ADJ *fam* frech, unverschämt; **desfachatez** F ⟨*pl* **-eces**⟩ *fam* Unverschämtheit *f*, Unverfrorenheit *f*

desfalcar V/T ⟨1g⟩ **1** *caudales* hinterziehen; unterschlagen **2** *fig amistad; etc* rauben; **desfalco** M Unterschlagung *f*; Hinterziehung *f*

desfallecer ⟨2d⟩ **A** V/T schwächen **B** V/I **1** (*desmayarse*) ohnmächtig werden; *fuerzas* nachlassen; ermatten; *voz, etc* versagen; **me siento** ~ mir wird übel; mir schwinden die Kräfte; *adv* **sin** ~ unermüdlich, mit zähem Durchhalten **2** *fig* mutlos werden; ~ **de ánimo** den Mut verlieren

desfallecimiento M **1** (*desmayo*) Ohnmacht *f*; (*debilidad*) Schwäche *f* **2** *fig* Mutlosigkeit *f*

desfasado ADJ **1** TV *imagen* unscharf **2** *fig* (*anticuado*) zeitfremd; überholt; veraltet; rückständig **3** *fig desarrollo, equilibrio* gestört, unregelmäßig; **desfasarse** V/R (*desviarse*) abweichen; (*no llevar el paso*) nicht Schritt halten mit; (*retrasarse*) sich verschieben

desfase M **1** FÍS, TEC *diferencia*: Phasenverschiebung *f* **2** *fig* (*coordinación deficiente*) mangelnde Abstimmung *f*; (ungünstige) Verschiebung *f*; ~ **de horarios** Zeitunterschied *m* (*bes bei Flugreisen*)

desfavorable ADJ (*perjudicial*) ungünstig; (*desventajoso*) nachteilig; (*adverso*) abfällig; **desfavorecer** V/T ⟨2d⟩ **1** *j-m* die Gunst entziehen; *fig* **desfavorecido de la naturaleza** von der Natur stiefmütterlich behandelt **2** *peinado, vestimenta j-m* nicht gut stehen, *j-n* nicht kleiden

desfenestrar V/T aus dem Fenster stürzen; → *tb* defenestrar

desfibradora F TEC *de madera*: Zerfaserer *m*; *de tela*: Reißwolf *m*; **desfibrar** V/T *caña de azúcar, madera* zerfasern; *tela* zerreißen

desfiguración F Entstellung *f*, Verzerrung *f* (*tb* RADIO, TEC); **desfigurar** **A** V/T entstellen; verzerren; verunstalten; unkenntlich machen; *texto* verstümmeln **B** V/R **desfigurarse** *el rostro* das Gesicht verzerren; (*perder la serenidad*) (*vor Wut etc*) aus der Fassung geraten

desfiladero M Engpass *m*; Hohlweg *m*

desfilar V/I **1** (*marchar en fila*) vorbeiziehen, defilieren; vorbeimarschieren **2** *fig invitados, etc* (allmählich) aufbrechen

desfile M **1** MIL Parade *f*; ~ **naval** Flottenparade *f*; ~ **de la victoria** Siegesparade *f* **2** (*procesión*) (Um)Zug *m*; POL (*manifestación*) Vorbeimarsch *m*; ~ **de antorchas** Fackelzug *m*; ~ **de modelos** *o* **de moda** Mode(n)schau *f*

desflecar V/T ⟨1g⟩ **1** aus-, (*sacar flecos*) zerfransen **2** *Cuba* (*dar latigazos*) auspeitschen

desfloración F **1** (*marchitamiento*) Verblühen *n* **2** MED, JUR (*pérdida de la virginidad*) Defloration *f*; **desflorar** V/T **1** (*desvirgar*) entjungfern, JUR deflorieren **2** *fig de una cosa* den Reiz des Neuen nehmen **3** *tema* oberflächlich behandeln, streifen; **desflorecer** V/I ⟨2d⟩ verblühen

desfogar ⟨1h⟩ **A** V/I MAR *nube, tormenta* sich in Regen auflösen **B** V/T **1** *cal* löschen **2** *ira, etc* auslassen (**con, en** an *dat*); ~ **su mal humor en** *o* **con** seine schlechte Laune auslassen an (*dat*) **C** V/R **desfogarse** sich austoben (*tb fig*); sich (*dat*) Luft machen, sich abreagieren; ~ **en** *o* **con alg** seine Wut an j-m auslassen

desfoliación F → defoliación

desfondar **A** V/T **1** *una cuba, tonel, etc* den Boden ausschlagen **2** *barco* in den Grund bohren **3** AGR *labrar a profundidad*: rigolen **4** *espec* DEP (*debilitar*) schwächen, den Schwung nehmen **B** V/R **desfondarse** den Schwung verlieren; **no** ~ sich nicht unterkriegen lassen; **desfonde** M **1** AGR Rigolen *n* **2** TEC (*excavación*) (Erd)Ausschachtung *f*

desfrenar V/I AUTO die Bremse lösen

desgaire M zur Schau getragene Nachlässigkeit *f*, Nonchalance *f*; *adv* **al** ~ (betont) nachlässig

desgajadura F, **desgajamiento** M Abbrechen *n eines Astes*; *gener* Losreißen *n*; **desgajar** **A** V/T *rama* abbrechen; *papel* abreißen; *fig* (*quebrar*) zerbrechen, -trümmern, -schlagen **B** V/R **desgajarse** **1** *rama, etc* abbrechen **2** (*desprenderse, apartarse*) sich losreißen (**de** von *dat*) **3** *lluvia* losbrechen; **desgaje** M → desgajadura

desgalichado ADJ *fam* ungepflegt, schlampig *fam*; abgerissen

desgana F **1** *de comer*: Appetitlosigkeit *f* **2** *fig* (*falta de aplicación*) Unlust *f*; (*repugnancia*) Ekel *m*; *adv* **a** (*o* **con**) ~ widerwillig, ungern; **desganado** ADJ appetitlos; **estar** ~ keinen Appetit haben; *fig* lustlos sein, keine Lust mehr haben; **desganar** **A** V/T *j-m* die Lust vertreiben **B** V/R **desganarse** die Lust (*o* den Appetit) verlieren; **desgano** M **1** *Col* → desgana **2** *Bol* **trabajo** *m* **a** ~ Dienst nach Vorschrift

desgañifarse, desgañitarse V/R *fam* sich (*dat*) die Seele aus dem Leib schreien *fam*

desgarbado ADJ **1** (*sin gracia*) anmutlos; ungraziös, tölpelhaft; plump **2** (*poco vistoso*) unansehnlich, schlaksig

desgargantarse V/R *fam* sich heiser schreien

desgarrado ADJ **1** (*roto*) zerrissen; *manos* rissig, abgearbeitet **2** *fig* (*insolente*) frech, unverschämt, schamlos; **desgarrador** ADJ *fig* herzzerreißend; **desgarramiento** M → desgarro; **desgarrar** **A** V/T zerfetzen; zerreißen (*tb fig*); *fig el alma* abdrücken; *fig* ~ **los tímpanos** die Ohren zerreißen **B** V/R **desgarrarse** (zer)reißen; sich aufspalten, aufklaffen; *fig* **se me desgarra el corazón** es zerreißt mir das Herz; **desgarro** M **1** *espec* MED (*rotura*) Riss *m*, Einriss *m*; Bruch *m* **2** *fig* (*descaro*) Frechheit *f*; (*fanfarronada*) Prahlerei *f* **3** *Am* (*expectoración*) (Schleim)Auswurf *m*; **desgarrón** M **1** (*rasgón*) Riss *m* **2** (*jirón*) Fetzen *m*

desgasificar V/T ⟨1g⟩ QUÍM entgasen

desgastado ADJ *vestimenta* abgenutzt, verschlissen, abgetragen; *neumático* abgefahren; *fig* verbraucht

desgastar A VT 1 *(deteriorar)* abnutzen; verschleißen *(tb* TEC*)*; *arma* leer schießen; **~ andando** *zapatos* ablaufen, abtreten 2 *fig (desmoralizar)* zermürben, aufreiben; *fuerzas* verbrauchen, verschleißen B VR **desgastarse** verschleißen, sich abnutzen; COM *mercancía* auslaufen; *fig* sich aufreiben

D

desgaste M 1 *(deterioro)* Abnutzung *f*, Verschleiß *m*; **~ de energía(s)** Kraftverschleiß *m*; TEC *tb* Kraftaufwand *m* 2 *fig (desmoralización)* Zermürbung *f*, *de fuerzas*: Verbrauch *m*; MIL *y fig* **táctica** *f* **de ~** Zermürbungstaktik *f*

desglosar A VT *estadística*, ECON *costes, etc* aufschlüsseln, aufgliedern B VR **desglosarse** *fig* auseinandergehen; **desglose** M 1 *de una nota*: Ausradieren *n* von Glossen (*o* Anmerkungen); **hacer un ~** Auszüge (*o* Exzerpte) machen 2 ECON *(especificación)* Aufschlüsselung *f*, Aufgliederung *f*

desgobernado ADJ *(desordenado)* unordentlich; *comportamiento* unbeherrscht; **desgobernar** VT ⟨1k⟩ 1 POL *(llevar mal el gobierno)* schlecht regieren, herunterwirtschaften; ADMIN schlecht führen (*o* verwalten); MAR schlecht führen (*o* steuern) 2 *huesos* ausrenken; **desgobierno** M 1 *(falta de gobierno)* Misswirtschaft *f*; Unordnung *f* 2 *(indisciplina)* Unbeherrschtheit *f*; Zuchtlosigkeit *f*

desgoznar A VT *puerta* aus den Angeln heben B VR **desgoznarse** *fig* sich verrenken *(Tanzbewegung)*

desgracia F 1 *(adversidad)* Unglück *n*; Unheil *n*; *(contratiempo)* Missgeschick *n*; *(accidente)* Unfall *m*; *adv* **por ~** leider, unglücklicherweise; *transporte*: **~s** *fpl* **personales** Personenschaden *m*; **sin ~** glücklich *(verlaufen)*; **¡qué ~!** welch ein Unglück!; so ein Pech! *fam*; **las ~s nunca vienen solas** ein Unglück kommt selten allein 2 *(pérdida del favor)* Ungnade *f*; **caer en ~** in Ungnade fallen 3 *(torpeza)* Unbeholfenheit *f*; **desgraciadamente** ADV leider, unglücklicherweise; **desgraciado** A ADJ 1 *(infeliz)* unglücklich; **estar ~** Pech haben 2 *(torpe)* unbeholfen 3 *fig (pobre)* arm(selig) 4 *fam (¡maldito!)* verdammt, Mist... B M, **-a** F 1 *persona*: unglücklicher Mensch *m*; Pechvogel *m*, *(pobre diablo)* armer Teufel *m* 2 *Am reg insulto grave*: Hurensohn *m vulg*; Schwein *n pop*, Drecksack *m vulg*; *Perú* **ser un ~** fies (*o* böswillig) sein *(j-m gegenüber)*

desgraciar ⟨1b⟩ A VT 1 *(disgustar)* missfallen; verdrießlich machen 2 *(arruinar)* ins Unglück stürzen; ruinieren 3 *(maltratar)* j-n übel zurichten B VR **desgraciarse** 1 *(caer en desgracia)* in Ungnade fallen 2 *empresa, amistad* in die Brüche gehen; *amigos* auseinanderkommen 3 *(accidentarse)* verunglücken, umkommen 4 *Chile (suicidarse)* Hand an sich legen

desgranado M AGR Entkörnen *n der Baumwolle etc*

desgranar A VT 1 AGR *algodón, maíz, etc* auskörnen; *uvas* abbeeren, *(lino)* riffeln 2 *fig (enumerar)* aufzählen; hersagen; CAT **~ las cuentas del rosario** den Rosenkranz abbeten; **~ imprecaciones/alabanzas** mit Flüchen/Lobsprüchen um sich *(acus)* werfen B VR **desgranarse** *trigo* ausfallen

desgrane M AGR *del algodón, maíz, etc*: Auskörnen *n*; *de las uvas*: Abbeeren *n*

desgrasar VT entfetten; *lana* entschweißen

desgravable ADJ abzugsfähig; *von der Steuer* absetzbar; **desgravación** F Entlastung *f*; **-ones** *fpl* **fiscales** Steuererleichterungen *fpl*; **desgravar** A VT JUR, ADMIN entlasten; erleichtern; befreien; von der Steuer absetzen B VI von der Steuer absetzbar sein

desgreñado ADJ mit wirrem Haar, struppig; **desgreñar** A VT *cabello* zerzausen B VR **desgreñarse** *fig* sich streiten, miteinander raufen

desgreño M *Am Mer* Unordnung *f*, Durcheinander *n*

desguabilado ADJ *Salv* schlampig

desguace M *de un barco*: Abwracken *n*; Ausschlachten *n*; AUTO *tb* Verschrotten *n*; **estar para (el) ~** schrottreif sein; **desguacista** M/F Schrotthändler *m*, -in *f*; Verschrotter *m*, -in *f*

desguarnecer VT ⟨2d⟩ 1 *de un vestido*: den Besatz abnehmen 2 *de una puerta, etc*: die Beschläge abnehmen 3 MIL *fortaleza* entblößen 4 *caballo* abschirren 5 *fig (quitar el resplandor)* des Glanzes berauben; **desguarnecido** ADJ *fig* haarlos *(Schläfen)*

desguazador A ADJ **empresa ~a** Schrotthandlung *f* B M, **desguazadora** F Schrotthändler *m*, -in *f*; **desguazamiento** M → desguace; **desguazar** VT ⟨1f⟩ 1 TEC *(desbastar)* behauen; abhobeln 2 MAR *un barco* abwracken; ausschlachten; AUTO, *etc* verschrotten

desguince M → esguince 1; **desguinzadora** F TEC Reißwolf *m*; **desguinzar** VT ⟨1f⟩ TEC *en la fabricación de papel: Lappen* zerreißen

deshabillé M Déshabillé *n*; Morgenrock *m*

deshabitado ADJ unbewohnt, verlassen; **deshabitar** VT *lugar, vivienda* verlassen; *país* entvölkern

deshabituación F Abgewöhnung *f*; Entwöhnung *f*; *drogas* Entziehung *f*, Entzug *m*; **deshabituar** ⟨1e⟩ A VT **~ a alg de a/c** j-m etw abgewöhnen B VR **~se a/c** sich *(dat)* etw abgewöhnen; **~se de fumar** sich *(dat)* das Rauchen abgewöhnen; **ya se ha deshabituado** er hat es sich *(dat)* schon abgewöhnt

deshacer ⟨2s⟩ A VT 1 *(descomponer)* auseinandernehmen; *máquina, andamio* abbauen; *(desmontar)* zerlegen; *(despedazar)* zerteilen, zerstückeln; *un paquete*: aufbinden, aufmachen; *equipaje* auspacken; *cama* abdecken 2 *(destruir)* zerstören; *(arrancar)* abreißen 3 *(disolver)* (auf)lösen (**en** in *dat*); *grasa* zerlassen; *píldora* zergehen lassen 4 MIL *las tropas enemigas* aufreiben, vernichten(d schlagen); *fig* **ser el que hace y deshace** die erste Geige spielen, das große Wort führen 5 *acuerdo, contrato, promesa* rückgängig machen; *planes* zunichte machen; *equivocación* wiedergutmachen B VR **deshacerse** 1 *(separarse)* auseinandergehen, entzweigehen; *(romperse)* zerbrechen; *(disolverse)* sich auflösen; *costura, nudo* aufgehen; *fig planes, etc* sich zerschlagen 2 *(liberarse)* **~ de a/c** sich von etw *(dat)* frei machen; sich einer Sache *(gen)* entledigen; *Kleidung* ablegen *(acus)*; **~ de un paquete de acciones** ein Aktienpaket abstoßen; **~ de alg** sich j-s entledigen; j-n beseitigen 3 **~ en cumplidos** sich in Komplimenten ergehen; **~ en elogios** *o* **en alabanzas** überschwängliche Lobreden halten; **~ en insultos** wüst schimpfen; **~ en llanto** in Tränen zerfließen; **~ de impaciencia** vor Ungeduld vergehen; **~ por** *(inf)* alle Hebel in Bewegung setzen, um zu *(inf)*

desharrapado ADJ zerlumpt, abgerissen

deshebillar VT auf-, losschnallen; **deshebrar** VT ausfasern, -zupfen

deshechizar VT entzaubern, von einem Zauber befreien *(Märchen)*

deshecho A PP → deshacer B ADJ 1 *(roto)* entzwei, kaputt *fam (tb fig)*; *fam* **estoy ~** ich bin total erledigt *fam* 2 *(vehemente)* heftig, gewaltig; *lluvia* strömend

deshelador M TEC Enteisungsanlage *f*; **deshelar** ⟨1k⟩ A VT *lo congelado* auftauen; *nevera* abtauen B VR **deshelarse** *nieve, hielo* (auf)tauen; schmelzen C V/IMP **deshiela** es taut

desherbado M → deshierbado; **desherbar** VT ⟨1k⟩ → deshierbar

desheredación F Enterbung *f*; **desheredado** A ADJ enterbt; arm B M, **-a** F 1 *persona*: Enterbte *m/f* 2 *fig (paria)* Ausgestoßene *m/f*, Paria *m/f*; **desheredamiento** M Enterbung *f*; **desheredar** A VT enterben; verstoßen B VR **desheredarse** *fig* sich *(durch sein Handeln)* selbst aus der Familie ausschließen

desherrar VT ⟨1k⟩ die Eisen (*o* Fesseln *o* die Hufeisen) abnehmen *(dat)*

desherrumbrar VT den Rost entfernen (*o* abklopfen) von *(dat)*

deshice → deshacer

deshidratación F QUÍM, MED *(sustracción de agua)* Wasserentzug *m*, Entwässerung *f*; *(falta de humedad)* Feuchtigkeitsmangel *m*; *(secamiento)* Austrocknen *n*; **deshidratado** A ADJ ausgetrocknet; entwässert; **leche ~** Milchpulver *n* B M → deshidratación; **deshidratante** ADJ **producto** *m* **~** Wasser entziehendes Mittel *n*; **deshidratar** A VT das Wasser entziehen *(dat)*, entwässern; *de la piel*: Feuchtigkeit entziehen B VT **~se** Flüssigkeit verlieren; austrocknen

deshidrogenar VT QUÍM dehydrieren, den Wasserstoff entziehen *(dat)*

deshielo M Auftauen *n*; Tauen *n*; *sobre ríos, etc*: Eisgang *m*; *(tiempo de deshielo)* Tauwetter *n (tb fig* POL*)*

deshierbado M Jäten *n*; **deshierbar** VT AGR ausjäten; abgrasen; **deshierbe** M *espec Am* Jäten *n*

deshilachado ADJ *vestimenta* abgetragen; *persona* zerlumpt

deshilachar A VT TEX auszupfen; zerfransen B VR **deshilacharse** ausfasern; fadenscheinig werden

deshilado M durchbrochene Arbeit *f*, Lochstickerei *f*

deshilar A VT 1 TEX auszupfen; Fäden ziehen aus *(dat)* 2 AGR *colmena* teilen 3 *carne* zerschnitzeln; *madera* fein aufspleißen B VR **deshilarse** ausfransen

deshilvanado ADJ *fig* zusammenhanglos; sinnlos; **deshilvanar** VT TEX *(Heftfäden)* ausziehen

deshinchado ADJ *neumático* platt

deshinchar A VT zum Abschwellen bringen; *globo* entleeren B VR **deshincharse** 1 *inflamación* abschwellen 2 *fig (encogerse)* klein und hässlich werden, klein beigeben

deshinchazón F Abschwellung *f*

deshipotecar VT ⟨1g⟩ **~ una casa** eine auf einem Haus lastende Hypothek löschen

deshojar A VT ab-, entblättern, entlauben; *pétalos* auszupfen; *hoja del almanaque* abreißen; *fig* **~ la margarita** das Blumenorakel befragen, das Gänseblümchen entblättern; *tb* (es) an den Knöpfen abzählen B VR **deshojarse** die Blätter (*o* das Laub) verlieren, kahl werden; *fig* aus dem Leim gehen

deshoje M Entlaubung *f*; Laubfall *m*

deshollinadera F 1 *escoba*: Schornsteinfegerbesen *m* 2 *raspador*: Kratzeisen *n*; **deshollinador** M 1 *profesión*: Schornsteinfeger *m*, Kaminkehrer *m* 2 *escoba*: Kaminkehrerbesen *m* 3 *(agente deshollinador)* Entrußungsmittel *n* 4 *fam fig (husmeador)* Schnüffler *m*; **deshollinar** VT 1 *chimenea* fegen 2 *(quitar el hollín)* entrußen *(tb* TEC*)* 3 *fam fig (husmear)* herumschnüffeln in *(dat)*

deshonestidad F **1** *(indecencia)* Unschicklichkeit *f*; Unkeuschheit *f*; Unzucht *f* **2** *(deslealtad)* Unredlichkeit *f*; **deshonesto** ADJ **1** *(indecente)* anstößig, unanständig; unschicklich; unsittlich; unkeusch; JUR **actos** *mpl* **~s** unzüchtige Handlungen *fpl* **2** *(desleal)* unredlich, unehrlich
deshonor M Entehrung *f*; Schande *f*, Schmach *f*
deshonra F Unehre *f*; Schande *f*; Entehrung *f*, Ehrverlust *m*; **deshonrado** ADJ entehrt; geschändet; entwürdigt; **deshonrante** ADJ ehrverletzend, ehrenrührig; **deshonrar** V/T entehren; schänden; entwürdigen; Schande machen *(dat)*; **deshonroso** ADJ **1** *(indigno)* entehrend; *(vergonzoso)* schändlich **2** *fig (oscuro)* dunkel, *(de mala fama)* anrüchig
deshora ADV **a ~(s)** zur Unzeit, ungelegen
deshuesador M Entkerner *m*, -steiner *m*;
deshuesar V/T *carne* entbeinen; *fruta* entsteinen, entkernen
deshuevarse V/R *vulg* sich vor Lachen bepinkeln *pop*
deshumanización F Entmenschlichung *f*, Dehumanisierung *f*; **deshumanizado** ADJ entmenschlicht; **deshumanizar** V/T ⟨1f⟩ entmenschlichen; **deshumano** ADJ inhuman; unmenschlich
deshumedecer V/T ⟨2d⟩ entfeuchten, trocknen
deshumidificación F (Luft)Entfeuchtung *f*; **deshumidificador** M (Luft)Entfeuchter *m*
desiderable ADJ wünschenswert; **desiderata** F Wunschliste *f*; *espec de la biblioteca*: Desideratenliste *f (der Bibliotheken)*; **desiderativo** ADJ *espec* GRAM **oración** *f* **-a** Wunschsatz *m*; **desiderátum** M ⟨*pl* -rata⟩ Wunsch *m*; Desideratum *n*
desidia F *(imprudencia)* Fahrlässigkeit *f*; *(negligencia)* Nachlässigkeit *f*; *(inercia)* Trägheit *f*; **desidioso** ADJ träge; nachlässig
desierto **A** ADJ **1** *(árido)* wüst; *(abandonado)* verlassen; (wie) ausgestorben, (menschen)leer; öde; **estar ~** *calle, pueblo* verlassen (*o* verödet) daliegen **2** ADMIN, JUR **quedar ~** *concurso* ohne Meldung bleiben; **el jurado declaró ~ el premio** die Jury vergab (diesmal) keinen Preis **B** M Wüste *f*; Einöde *f*; Wildnis *f*; *fig (abandono)* Verlassenheit *f*; GEOG **~ de Atacama** Atacamawüste *f*; *fig* **predicar** *o* **clamar en el ~** tauben Ohren predigen
design [di'saĭn] M → diseño
designación F **1** *de cosas*: Bezeichnung *f (tb* LING) **2** *(nombramiento)* (vorläufige) Ernennung *f*, Designierung *f*; *de candidatos*: Aufstellung *f*;
designado M *Col* POL Vertreter *m* des Staatspräsidenten *(bei Verhinderung von dessen Amtsausübung)*
designar V/T **1** *(fijar)* festsetzen **2** *(indicar)* vorzeichnen, vorschreiben **3** *(determinar)* bezeichnen; bestimmen; (vorläufig) ernennen, designieren; *candidatos* aufstellen; **~ a alg para a/c** j-n zu etw *(dat)* (*o* für etw *acus*) bestimmen (*o* ausersehen)
designio M **1** *(propósito)* Vorhaben *n*, Vorsatz *m* **2** *(intención)* Absicht *f*, Ziel *n*
desigual ADJ **1** *(diferente)* ungleich, verschieden; *(irregular)* ungleichmäßig; *terreno* uneben **2** *fig (inconstante)* unbeständig, wankelmütig;
desigualar V/T ungleich machen; **desigualdad** F **1** *(diferencia)* Verschiedenheit *f*; Ungleichheit *f (tb* MAT); *(irregularidad)* Ungleichmäßigkeit *f*; *(escabrosidad)* Unebenheit *f* **2** *fig (variabilidad)* Veränderlichkeit *f*, Wankelmut *m*
desilusión F Enttäuschung *f*, Ernüchterung *f*; **llevarse una ~** enttäuscht sein (*o* werden)
desilusionado ADJ enttäuscht, ernüchtert, desillusioniert; *fig* nüchtern; **desilusionador** ADJ, **desilusionante** ADJ enttäuschend
desilusionar **A** V/T *j-n* enttäuschen; *j-n* ernüchtern, *j-m* die Augen öffnen **B** V/R **desilusionarse** eine Enttäuschung erleben; enttäuscht sein (*o* werden); jede Illusion verlieren
desimanar → desimantar; **desimantación** F Entmagnetisierung *f*; **desimantar** V/T entmagnetisieren
desincorporar V/T *(Einverleibtes)* abtrennen; aus einem Ganzen herauslösen
desincrustante M Kesselsteinentferner *m*;
desincrustar V/T TEC Kesselstein (*o* Kalk) entfernen von *(dat o* aus *dat)*
desindividualizarse V/R ⟨1f⟩ seine Persönlichkeit aufgeben (*o* verlieren)
desindustrialización F Entindustrialisierung *f*; **desindustrializar** V/T entindustrialisieren
desinencia F LING Endung *f*; **desinencial** ADJ LING End(ungs)...
desinfección F, **desinfectación** F Desinfektion *f*; AGR **~ de semillas** Saatgutbeizung *f*; **desinfectante** **A** M Desinfektionsmittel *n*; AGR Beizmittel *n* **B** ADJ desinfizierend; **desinfectar** V/T desinfizieren; keimfrei machen; AGR *simientes* beizen
desinflación F ECON → deflación; **desinflada** F *Col fam* Enttäuschung *f*; **desinflado** ADJ *neumático* platt, ohne Luft
desinflamar MED **A** V/T abschwellen (*o* abklingen) lassen **B** V/R **desinflamarse** abschwellen, abklingen
desinflar **A** V/T **1** *globo* entleeren; AUTO *neumático* die Luft herauslassen aus *einem Reifen* **2** *fig (desanimar a alg) j-m* einen Dämpfer aufsetzen **B** V/R **desinflarse** **1** *globo, cámara de aire* zusammenschrumpfen; AUTO *neumático* Luft (*o* Druck) verlieren **2** *fig (perder las ganas)* die Lust (*o* den Schwung) verlieren, aufgeben; *(perder importancia)* an Bedeutung verlieren
desinformación F Desinformation *f*; Uninformiertheit *f*; mangelnde Information *f*; **desinformado** ADJ uninformiert, nicht informiert; **desinformar** V/T falsch informieren; falsche Informationen zuspielen
desinhibición F Enthemmung(szustand *m*) *f*; **desinhibido** ADJ *(desenvuelto)* enthemmt; *(desenfrenado)* hemmungslos; *(desembarazado)* zwanglos; **desinhibir** V/T enthemmen
desinsectación F Insektenvernichtung *f*;
desinsectante ADJ Insekten vernichtend;
desinsectar V/T von Insekten befreien
desinstalar V/T INFORM deinstallieren
desintegración F Zerlegung *f*, Trennung *f*; Zersetzung *f (tb* QUÍM), Auflösung *f*; Zerfall *m (tb* FÍS); GEOL Verwitterung *f*; FISIOL Abbau *m*; FÍS **~ nuclear** Kernzerfall *m*; **desintegrado** ADJ zerlegt; getrennt; zersetzt; aufgelöst;
desintegrar **A** V/T zerlegen, trennen; QUÍM, FISIOL abbauen, zersetzen *(tb fig)*; auflösen; FÍS spalten **B** V/R **desintegrarse** zerfallen *(tb fig)*; sich auflösen; *piedras* zerbröckeln; *fig relación, amistad* in die Brüche gehen
desinterés M **1** *(altruismo)* Uneigennützigkeit *f*, Selbstlosigkeit *f* **2** *(falta de interés)* **~ (por)** Interesselosigkeit *f* (für *acus*); Teilnahmslosigkeit *f*, mangelndes Interesse *n* (für *acus*, an *dat*);
desinteresado ADJ **1** *abs (altruista)* uneigennützig, selbstlos **2** *(imparcial)* unparteiisch; unbeteiligt **3** *(indiferente)* teilnahmslos; des-, uninteressiert; **desinteresarse** V/R **~ de** das Interesse an *(dat)* verlieren, sich nicht mehr interessieren für *(acus)*
desintermediación F ECON Ausschaltung *f* der Vermittler, Abbau *m* von Zwischenstufen
desintonizar V/T ⟨1f⟩ ELEC verstimmen
desintoxicación F MED Entgiftung *f*; **cura** *f* **de ~** Entziehungskur *f*; **establecimiento** *m* **de ~** Entziehungsanstalt *f*
desintoxicar ⟨1g⟩ **A** V/T entgiften, entschlacken **B** V/R **desintoxicarse** den Körper entgiften; *drogas tb* eine Entziehungskur machen
desinversión F ECON Investitionsschwund *m*
desistimiento M Verzicht *m* (**de** auf *acus*); Verzichtleistung *f*; JUR Rücktritt *m (von einem Vertrag etc)*; **~ (de la demanda)** Klagerücknahme *f*
desistir V/I **1** **~ de** Abstand nehmen von *(dat)*; *(renunciar)* verzichten auf *(acus)*; absehen von *(dat)*; *intención* aufgeben; **no ~ de** *(inf)* nicht ablassen zu *(inf)*; **hacer ~ a alg de a/c** j-n von etw *(dat)* abbringen **2** JUR *de un contrato*: (von einem Vertrag) zurücktreten; **~ de la demanda** die Klage zurücknehmen
desjarretar V/T **1** *vacunos, etc*: die Sehnen in den Kniekehlen durchschneiden *(dat)* **2** *fam fig (debilitar)* schwächen, umwerfen *fam*
deslabialización F FON Entrundung *f (von Vokalen)*; **deslabializar** V/T FON entrunden
deslabonar V/T **1** *de una cadena*: Glieder *einer Kette* auseinandernehmen **2** *fig (desordenar)* durcheinanderbringen; *plan* durchkreuzen
deslastrar V/T MAR, AVIA Ballast abwerfen aus *(dat)*
deslavado **A** ADJ **1** *color* verwaschen **2** *fig (insolente)* frech **B** M **1** *de los colores*: Verwaschen *n* **2** *fig (debilitamiento)* (Ab)Schwächen *n*;
deslavar V/T **1** *(lavar superficialmente)* oberflächlich waschen **2** *color* aus-, verwaschen **3** *fig* (ab)schwächen **4** *Méx* → derrubiar; **deslavazado** ADJ **1** *sopa, verduras, etc* dünn, wässerig; *fig (sin sazón)* fade **2** *tela, etc* dünn **3** *fig (flojo)* schlaff **4** *(incoherente)* wirr, unzusammenhängend
deslave M *Am* → derrubio
desleal ADJ treulos; unaufrichtig; unredlich, pflichtvergessen; unfair; ECON *competencia* unlauter; **deslealtad** F Untreue *f*; Treulosigkeit *f*; Treuebruch *m*; *espec* POL Illoyalität *f*
deslegalizar V/T JUR *(bisher Erlaubtes)* für verboten erklären; für illegal erklären
deslegitimar V/T *una cosa, asunto* die Rechtmäßigkeit absprechen *(gen)*; *persona* in Misskredit bringen, bloßstellen; desavouieren
desleído ADJ *fig* weitschweifig; **desleimiento** M Auflösen *n*; Lösung *f*, Verdünnung *f*; **desleír** ⟨3m⟩ **A** V/T (auf)lösen (**en** in *dat*); zergehen lassen; *colores* anreiben; *medicamentos* verrühren; *fig pensamientos* breittreten, zerreden **B** V/R **desleírse** sich auflösen, zergehen
deslenguado **A** ADJ scharfzüngig; unverschämt **B** M, **-a** F Lästermaul *n*; **deslenguamiento** M *fam* loses Gerede *n*; **deslenguarse** V/R ⟨1i⟩ eine lose Zunge haben; sein Lästermaul aufreißen
desliar ⟨1c⟩ **A** V/T **1** *vino* klären, von der Hefe abziehen **2** *(desatar)* aufbinden, -schnüren **B** V/R **desliarse** *nudo, fardo, etc* aufgehen
desligado ADJ losgebunden; (ab)gelöst; entbunden; getrennt; **desligadura** F Losbinden *n*, Lösen *n*; Entwirren *n*
desligar **A** V/T ⟨1h⟩ **1** *(desatar)* auf-, losbinden; *(separar)* ablösen; TEC trennen (**de** von *dat*) *(tb* TEL); *(desconectar)* abschalten **2** *fig (desenredar)* entwirren **3** *fig de una obligación, etc*: entbinden (**de** von *dat*) **B** V/R **desligarse** *(desatarse)* aufgehen; *fig (separarse)* sich lösen, sich lossagen (**de** von *dat*)
deslindamiento M → deslinde; **deslindar** V/T abgrenzen *(tb fig)*; abstecken; *tierra* vermarken; **deslinde** M Grenze *f*; Abgrenzung *f*

desliz M ⟨*pl* -ices⟩ **1** (*patinazo*) Ausgleiten *n*, Ausrutschen *n* **2** *fig* (*traspié*) Fehltritt *m* (**tener** begehen); Missgriff *m*; **~ verbal** Versprecher *m*, Ausrutscher *m*
deslizable ADJ leicht ausgleitend; **deslizadera** F TEC Gleitführung *f*; **deslizadero** **A** ADJ → deslizadizo **B** M (*lugar resbaladizo*) glitschige Stelle *f*; (*tobogán*) Rutschbahn *f*; TEC Rutsche *f*; **deslizadizo** ADJ schlüpfrig, glitschig; **deslizadora** F *Col, Par, Perú* Motorboot *n*; **~ acuática** Luftkissenboot *n*
deslizamiento M **1** → desliz **2** TEC (*patinaje*) Gleiten *n*; Abgleiten *n*; Rutschen *n*; AVIA Abschmieren *n*; **~ de tierras** Erdrutsch *m* **3** *paso de baile*: Schleifschritt *m beim Tanzen*
deslizante ADJ rutschig; Gleit...; Schiebe...; **puerta ~** Schiebetür *f*
deslizar ⟨1f⟩ **A** VT **1** *mover*: schieben, ins Gleiten bringen; TEC gleiten (*o* rollen) lassen; **~ a/c por debajo de la puerta** etw unter der Tür durchschieben **2** *fig* **~ a/c a alg** (*dar a escondidas*) j-m (heimlich) etw zustecken **3** *fig palabra* fallen lassen, einwerfen; *la conversación* (ab)lenken (**en** auf *acus*) **4** DEP (*descolgar*) abseilen **B** VI *y* VR **~se** **1** (*patinar*) gleiten, dahingleiten (**sobre** über *acus*); **~se sobre el hielo** über das Eis gleiten; **~se sobre el suelo** über den Boden gleiten, AVIA (*rodar*) rollen **2** (*resbalar*) abgleiten; (herunter)rutschen; AVIA **~se de ala** abschmieren **3** *fig errores* sich einschleichen; **se me ha deslizado un error** mir ist ein Fehler unterlaufen **4** (*marcharse a hurtadillas*) sich hinwegschleichen; schlüpfen (**por** durch *acus*); *tb fig* **~se por** *o* **entre las mallas** durch die Maschen schlüpfen **5** *fam fig* (*comportarse mal*) sich danebenbenehmen, entgleisen *fam*
deslocalización F ECON Auslagerung *f* (*von Industrien*); **deslocalizar** VT ECON *industrias* auslagern
deslomado ADJ kreuzlahm; *equitación*: buglahm; *fig* (wie) zerschlagen; **deslomadura** F Abrackern *n*; **deslomar** **A** VT **~ a alg** (*golpear*) j-n lendenlahm schlagen; *trabajo, etc* j-n fürchterlich strapazieren *fam* **B** VR **deslomarse** sich abrackern
deslucido ADJ **1** *vestimenta* abgetragen, schäbig, unansehnlich **2** *fig* (*sin gracia*) unscheinbar, reiz-, glanzlos; nicht gerade brillant; **deslucimiento** M Mangel *m* an (äußerem) Glanz, Unscheinbarkeit *f*; Mattheit *f*; *del color*: Gedämpftheit *f*
deslucir ⟨3f⟩ **A** VT (*quitar el lustre*) den Glanz nehmen (*dat*); *fig* (*perder la buena impresión*) den guten Eindruck verderben; beeinträchtigen; **con sus hechos desluce sus palabras** mit seinen Taten verwischt er den guten Eindruck seiner Worte **B** VR **deslucirse** **1** (*perder el lustre*) den Glanz verlieren; (*desgastarse*) sich abnutzen; *colores* stumpf werden, verschießen; *fig* (*perder el estímulo*) den Reiz verlieren **2** (*perder el prestigio*) seinen guten Ruf verlieren
deslumbrador ADJ blendend; **deslumbramiento** M Blendung *f* (*tb fig*); *fig* Verblendung *f*, Selbsttäuschung *f*; TEC **sin ~** blendfrei; **deslumbrante** ADJ blendend (*tb fig*); *fig* trügerisch; **deslumbrar** **A** VT & VI blenden (*tb fig*); *fig* verblenden **B** VR **deslumbrarse** geblendet werden; *fig* sich blenden lassen (**por** von *o* durch *dat*)
deslustrado ADJ matt, glanzlos; *vestimenta* abgewetzt, abgetragen; *color* verblichen, verschossen
deslustrar VT **1** (*quitar el brillo*) den Glanz nehmen (*dat*); *vidrio* mattieren; *vestimenta* abtragen **2** *fig* (*rebajar*) herabsetzen **3** → decatizar; **deslustre** M **1** (*falta de lustre*) Glanzlosigkeit *f* **2** *acción*: Mattierung *f* **3** *fig* (*vergüenza*) Schande *f*; Schandfleck *m*; **deslustroso** ADJ *fig* glanzlos; schäbig
desmadejado ADJ *persona* schlapp, schlaff
desmadrado ADJ *fam* **1** (*sin escrúpulos*) hemmungslos **2** *Cuba* (*vil, infame*) niederträchtig, gemein; **desmadrar** **A** VT *fam* durcheinanderbringen **B** VR **desmadrarse** *fam* ausarten; über die Stränge schlagen *fam*; aus der Rolle fallen; **desmadre** M *fam* (*desorden*) Durcheinander *n*; (*desmesura*) Maßlosigkeit *f*; (*comportamiento indebido*) ungehöriges Benehmen *n*
desmagnetización F Entmagnetisierung *f*; **desmagnetizar** VT ⟨1f⟩ entmagnetisieren
desmalezar VT *Am* von Gestrüpp (*o* Unkraut) befreien
desmamar VT *niño* abstillen; *animal* absetzen
desmameyarse VR *Cuba fam* vor die Hunde gehen
desmán[1] M **1** (*desgracia*) Unglück *n* **2** (*abuso*) Übergriff *m*; Gewaltstreich *m*; **-anes** *mpl* Ausschreitungen *fpl*
desmán[2] M ZOOL Bisam(spitz)maus *f*
desmanchar VT *espec Am* Flecken entfernen, von Flecken befreien
desmandado ADJ ungehorsam, widerspenstig; **desmandar** **A** VT *orden, pedido* widerrufen **B** VR **desmandarse** *persona* ungehorsam (*o* aufsässig *o* widerspenstig) sein; *animal* scheuen, ausbrechen
desmano ADV **a ~** abgelegen, isoliert
desmantecar VT ⟨1g⟩ *leche* ausbuttern
desmantelado ADJ *fig* verwahrlost; baufällig; **desmantelamiento** M Abbau *m*; *de una fortaleza*: Schleifen *n*; *de centros industriales*: Demontage *f*; *de organizaciones*: Zerschlagung *f*; MAR *de un barco*: Abwracken *n*
desmantelar VT *fortaleza* schleifen; *fábrica* ausräumen, demontieren; *andamio, etc* abbauen; MAR *barco* abtakeln, abwracken; *cohetes* verschrotten; *organizaciones* zerschlagen
desmaña F Ungeschick *n*, Unbeholfenheit *f*; **desmañado** ADJ unbeholfen, linkisch; plump; **desmaño** M Ungeschick *n*; Nachlässigkeit *f*; → *tb* desmaña
desmaquillador ADJ **discos** *mpl* **~es** Abschminkpads *npl*; **leche** *f* **-a** Reinigungsmilch *f*
desmaquillaje M **1** *acción*: Abschminken *n* **2** *sustancia*: Abschminke *f*, Abschminkcreme *f*; **desmaquillante** M Make-up-Entferner *m*, Abschminkcreme *f*; **desmaquillar** **A** VT abschminken **B** VR **desmaquillarse** sich abschminken
desmarcarse VR **1** **~ de alg/de a/c** sich von j-m/etw distanzieren, zu j-m/etw auf Distanz gehen **2** DEP sich freilaufen
desmarque M **1** Distanzierung *f* **2** DEP Freilaufen *n*
desmayado ADJ **1** (*sin conocimiento*) ohnmächtig **2** *fig estómago*: hungrig, nüchtern **3** *color*: matt; **desmayar** **A** VT *fig noticia* niederschmettern **B** VI (*aflojar*) nachlassen, erlahmen; (*desanimarse*) verzagen **C** VR **desmayarse** ohnmächtig werden; zusammenbrechen
desmayo M **1** (*pérdida del conocimiento*) Ohnmacht *f*; (*debilidad*) Schwäche *f*; (*falta de valor*) Mutlosigkeit *f*; **le dio un ~** er/sie wurde ohnmächtig; *adv* **sin ~** unermüdlich **2** BOT *sauce*: Trauerweide *f*
desmechar VT *Méx, Col* **~ a alg** j-m die Haare zerzausen
desmedido ADJ übermäßig, maßlos; ungeheuer; **desmedirse** VR ⟨3l⟩ das Maß überschreiten; **~ en** maßlos sein in (*dat*)
desmedrado ADJ *fig* kümmerlich, verkümmert; abgezehrt; **desmedrar** **A** VT herunterbringen (*fig*) **B** VI *y* VR **~se** *fig* herunterkommen; verkümmern; verfallen; *negocio, etc* zurückgehen; **desmedro** M Nichtgedeihen *n*; *fig* Rückgang *m*, Verfall *m*; (*perjuicio*) Nachteil *m*, (*daño*) Schaden *m*
desmejora F (*daño*) Schaden *m*; (*deterioro*) Abnahme *f*, Verfall *m*; **desmejoramiento** M Verschlechterung *f*; Verfall *m*
desmejorar **A** VT *enfermedad, etc* mitnehmen; verschlechtern, beeinträchtigen; **~ a alg** j-m zusetzen **B** VI *y* VR **~se** sich verschlechtern; *enfermo* verfallen, dahinsiechen
desmelenado ADJ *cabello* zerzaust, wirr; **desmelenarse** VR aus der Rolle fallen; verrücktspielen; ausflippen
desmembración F, **desmembramiento** M Zerstückelung *f*, Zerlegung *f*; POL *tb* Teilung, (Ab)Trennung *f*; **desmembrar** **A** VT ⟨1k⟩ (*descomponer*) zerlegen, zergliedern; (*despedazar*) zerstückeln; (*dividir*) (auf)teilen, (ab)trennen **B** VR **desmembrarse** (*descomponerse*) zerfallen; (*escindirse*) sich abspalten
desmemoriado ADJ vergesslich; gedächtnisschwach; **desmemoriarse** VR ⟨1b⟩ **1** (*volverse olvidadizo*) vergesslich werden **2** (*perder la memoria*) das Gedächtnis verlieren
desmentida F **1** (*refutación*) Widerlegung *f*; **dar una ~ a alg** j-n widerlegen; j-n Lügen strafen **2** (*denegación*) Ableugnung *f*; POL Dementi *n*
desmentido M Dementi *n*; **un ~ rotundo** ein klares Dementi; **dar, publicar un ~** ein Dementi abgeben, veröffentlichen
desmentir ⟨3i⟩ **A** VT **1** (*contradecir*) abstreiten, in Abrede stellen; ab-, verleugnen; POL dementieren **2** (*refutar*) widerlegen; Lügen strafen; *sospecha* zerstreuen **3** (*estar en contradicción con*) im Widerspruch stehen zu (*dat*) **B** VT & VI **~ (de) su carácter** sein Wesen verleugnen **C** VR **desmentirse** sich (*dat*) selbst widersprechen; sich selbst widerlegen; **~ de a/c** etw zurücknehmen
desmenuzable ADJ **1** (*quebradizo*) brüchig; mürbe **2** (*desmontable*) zerlegbar (*tb fig*) **3** *fig* (*descriptible*) eingehend beschreibbar (*o* darstellbar)
desmenuzar ⟨1f⟩ **A** VT **1** (*triturar*) zerkleinern, -stückeln; (*desmigajar*) zerkrümeln, -reiben; *lana* zupfen **2** *fig* (*examinar*) genau untersuchen, unter die Lupe nehmen *fam*; *argumentos* zerpflücken (*fig*); (*describir detalladamente*) eingehend beschreiben (*o* darstellen) **B** VR **desmenuzarse** ab-, zerbröckeln
desmerecer ⟨2d⟩ **A** VT *fig* nicht verdienen **B** VI **1** **~ de** nachstehen (*dat*) **2** (*perder el respeto de otros*) in der Achtung sinken; nicht würdig sein; **desmerecimiento** M → demérito
desmesura F **1** (*descomedimiento*) Maßlosigkeit *f*; Unmaß *n* **2** (*insolencia*) Frechheit *f*; **desmesurado** ADJ **1** (*excesivo*) maßlos, übermäßig; ungeheuer; riesengroß **2** (*insolente*) frech, unverschämt; **desmesurar** **A** VI übertreiben **B** VR **desmesurarse** unverschämt werden
desmigajar **A** VT zerbröckeln, -krümeln **B** VR **desmigajarse** ab-, zerbröckeln; krümeln; **desmigar** ⟨1h⟩ **A** VT *pan* zerkrümeln **B** VR **desmigarse** krümeln; zerfallen
desmilitarización F Entmilitarisierung *f*; **desmilitarizar** VT ⟨1f⟩ entmilitarisieren
desmineralización F Demineralisation *f*; Entmineralisieren *n*; **desmineralizar** VT ent-, demineralisieren
desmirriado ADJ *fam* abgezehrt
desmitificación F Entmythisierung *f*; **desmitificar** VT ⟨1g⟩ entmythisieren (*tb fig*)

desmitologización F Entmythologisierung *f*; **desmitologizar** VT entmythologisieren *(tb fig)*

desmochar VT 1 *(recortar)* stutzen *(bes Hörner von Huftieren)*; *copa de un árbol tb* kappen 2 *fig (mutilar)* verstümmeln; *asunto* kurz streifen; **desmoche** M Stutzen *n*; Kappen *n*; *fig* Verstümmeln *n*

desmogue M ZOOL Abwurfstange *f (von Schalenwild)*

desmonetización F ECON Außer-Kurs-Setzung *f*; **desmonetizar** VT ⟨1f⟩ ECON *monedas, etc, fig tb sellos postales, etc* außer Kurs setzen; *patrón metálico* durch Papierwährung ersetzen

desmonopolización F ECON Entmonopolisierung *f*; **desmonopolizar** VT ECON entmonopolisieren

desmontable A ADJ *(desarmable)* zerlegbar; *(plegable)* zusammenklappbar; *elemento de construcción* abnehmbar, ausbaubar B M AUTO *herramienta*: (Reifen)Montiereisen *n*; **desmontador** M TEC Montiereisen *n*; **desmontadura** F 1 SILV Rodung *f*; Auslichtung *f eines Waldes* 2 → desmontaje; **desmontaje** M TEC Demontage *f*; *de una máquina, etc*: Zerlegung *f*, Auseinandernehmen *n*; *de un elemento de construcción*: Ab-, Ausbau *m*

desmontar A VT 1 *monte, bosque* abholzen; *bosque, campo* roden; *Am tb mala hierba* jäten; *terreno* ebnen, planieren 2 *edificio* ab-, einreißen; *andamio* abbrechen, abbauen 3 TEC *máquina, etc* demontieren; auseinandernehmen; *elemento de construcción* abmontieren, ab-, ausbauen 4 MIL *pieza de artillería* außer Gefecht setzen 5 *jinete* absitzen lassen; *(despedir)* abwerfen B VI *y* VR **~se** auseinandergehen; **~se del caballo** vom Pferd absteigen; absitzen

desmontarruedas M ⟨*pl inv*⟩ AUTO Radabzieher *m*

desmonte M 1 *(nivelación)* Planierung *f*; **~s** *mpl* Abtragungsarbeiten *fpl* 2 *(despojos de lo desmontado)* abgetragene *(o* ausgehobene) Erde *f* 3 SILV *(roza)* Rodung *f*; Abholzen *n*; **~ completo** Kahlschlag *m* 4 *Am* MIN *(ganga)* taubes Gestein *n*; Abraum *m* 5 *Perú (escombros)* Bauschutt *m* 6 *fig (abolición)* Abschaffung *f*

desmoralización F 1 *de las costumbres*: Sittenverfall *m* 2 *(desanimación)* Demoralisation *f*; *espec* MIL, POL Demoralisierung *f*; **desmoralizador** ADJ demoralisierend; entmutigend; **desmoralizar** ⟨1f⟩ A VT 1 *(desanimar)* demoralisieren; mutlos machen 2 *(corromper)* sittlich verderben B VR **desmoralizarse** den Mut verlieren

desmoronadizo ADJ bröckelig; *edificio* baufällig; **desmoronamiento** M 1 *(desprendimiento de tierras)* Erdrutsch *m* 2 *(derrumbe)* Einsturz *m* 3 *(descomposición)* (allmählicher) Zerfall *m (tb fig)*; MINER, QUÍM Zersetzung *f*

desmoronar A VT 1 *(desmigajar)* zerbröckeln; zersetzen 2 *fig (sacudir)* erschüttern; zusammenbrechen lassen B VR **desmoronarse** 1 *(decaer)* ver-, zerfallen *(tb fig imperio, caudales)*, abbröckeln; *edificio* baufällig werden; *(derrumbarse)* einstürzen 2 *persona* zusammenbrechen

desmotivación F Demotivation *f*; **desmotivar** A VT demotivieren B VR **desmotivarse** keine Motivation mehr haben, das Interesse verlieren

desmovilización F MIL Demobilisierung *f*; **desmovilizar** VT & VI ⟨1f⟩ MIL demobilisieren

desnacionalización F Entnationalisierung *f*; ECON Reprivatisierung *f*; **desnacionalizar** VT ⟨1f⟩ entnationalisieren; ECON reprivatisieren

desnasalización F FON Entnasalisierung *f*; **desnasalizar** VT FON entnasalieren

desnatado A ADJ entrahmt, fettarm; **leche** *f* **-a** Magermilch *f*, fettarme Milch *f*; **requesón** *m*/**yogur** *m* **~** Magerquark *m*/-joghurt *m* B M Entrahmen *n*

desnatadora F Milchzentrifuge *f*; **desnatar** VT & VI *leche* entrahmen; *fig* den Rahm abschöpfen (von *dat*) *fam*

desnaturalización F 1 POL, JUR *(expatriación)* Ausbürgerung *f* 2 *(deformación)* Entstellung *f*; Entartung *f* 3 QUÍM *de alcohol*: Vergällung *f*

desnaturalizado ADJ 1 *(degenerado)* unnatürlich; ungeraten; entartet; **madre** *f* **-a** Rabenmutter *f*; **padre** *m* **~** Rabenvater *m* 2 QUÍM denaturiert, *alcohol* vergällt 3 POL, JUR *(expatriado)* ausgebürgert

desnaturalizar ⟨1f⟩ A VT 1 POL, JUR *(expatriar)* ausbürgern; aus der Staatsangehörigkeit entlassen 2 QUÍM denaturieren; *alcohol* vergällen; *comestibles* ungenießbar machen 3 *fig (deformar)* entstellen B VR **desnaturalizarse** 1 *(degenerarse)* entarten, sich verändern 2 POL, JUR *(renunciar a la ciudadanía)* auf die Staatsangehörigkeit verzichten

desnazificación F HIST Entnazifizierung *f*; **desnazificar** VT HIST entnazifizieren

desnitrificar VT ⟨1g⟩ QUÍM denitrieren

desnivel M 1 *(diferencia en las alturas)* Abweichung *f* von der Waagerechten; **paso** *m* **a ~** Unterführung *f* 2 *(declive)* Höhenunterschied *m*, Gefälle *n (tb fig)*; **~ del terreno** Bodensenke *f* 3 *fig (desigualdad)* Niveauunterschied *m*; Ungleichheit *f*; Unterschied(e) *m(pl)*

desnivelado uneben; **desnivelar** A VT uneben *(o* ungleich) machen; CONSTR aus der Waagerechten *(o* aus dem Wasser *fam)* bringen B VR **desnivelarse** CONSTR aus der Waagerechten kommen; *fig* aus dem Gleichgewicht kommen; ungleich werden

desnortarse VR die Orientierung verlieren; **~ de(l) rumbo** AVIA, MAR vom Kurs abkommen

desnucadero M *Col fam* Stundenhotel *n*

desnucar ⟨1g⟩ A VT **~ a alg** j-m das Genick brechen B VR **desnucarse** sich *(dat)* das Genick brechen

desnuclearización F Schaffung *f* einer atomwaffenfreien Zone; MIL Denuklearisierung *f*; POL Ausstieg *m* aus der Atomenergie; **desnuclearizar** VT atomwaffenfrei machen

desnudadamente ADV *fig* klar; offen; **desnudamiento** M Entkleiden *n*; *fig* Freilegung *f*

desnudar A VT 1 *vestimenta* entkleiden, ausziehen 2 *p. ext (descubrir)* entblößen, bloß legen; *árboles* entblättern; *espada* ziehen; *altar* abräumen *(z. B. in der Karwoche)* 3 *fig (desvalijar)* ausplündern B VR **desnudarse** 1 *(desvestirse)* sich entkleiden, sich ausziehen 2 *fig* **~ de a/c** *(liberarse de a/c)* etw *(acus)* ablegen, sich von etw *(dat)* frei machen; einer Sache *(gen)* entsagen

desnudez F 1 *(calidad de desnudo)* Nacktheit *f*, Blöße *f*; **-eces** *fpl* (zur Schau getragene) nackte Körperteile *mpl*; *tb* Schamteile *mpl* 2 *de árboles, del terreno*: Kahlheit *f* 3 *fig (despojo)* Entblößung *f*, Hilf-, Mittellosigkeit *f*; **desnudismo** M → nudismo; **desnudista** M/F → nudista

desnudo A ADJ 1 *(sin vestido)* nackt *(tb fig)*; unbekleidet; *pop* **~ como le parió su madre** splitternackt; *fig* **la verdad al ~** die nackte Wahrheit 2 *fig (mal vestido)* ärmlich gekleidet; arm; **estar ~ de a/c** etw nicht haben 3 *espada* bloß 4 *árboles, terreno, decoración* kahl; *estilo* schlicht; ELEC *alambre* nicht isoliert B M 1 *persona*: Nackte *m/f* 2 PINT, FOT Akt *m*; **~s** *mpl o* **fotos** *mpl* **al ~** Aktaufnahmen *fpl* (**sacar** machen) 3 *fig* **poner al ~** *(al descubierto)* bloßlegen

desnutrición F Unterernährung *f*; **desnutrido** ADJ unterernährt; **desnutrirse** VR abmagern *(o* schwach werden) *(infolge Unterernährung)*

desobedecer VT ⟨2d⟩ nicht gehorchen *(dat)*; nicht befolgen; *espec* MIL den Gehorsam verweigern; **desobediencia** F Ungehorsam *m*; Unfolgsamkeit *f*; *espec* MIL Gehorsamsverweigerung *f*; **~ civil** ziviler Ungehorsam *m*; **desobediente** ADJ ungehorsam; unfolgsam

desobstrucción F Räumung *f*, Freimachung *f*; **desobstruir** VT ⟨3g⟩ frei machen, räumen; *(limpiar)* säubern; *poros* öffnen

desocupación F 1 *(ociosidad)* Muße *f*, Untätigkeit *f* 2 ECON *(desempleo)* Arbeitslosigkeit *f* 3 *(desalojo)* Räumung *f*; **desocupado** ADJ 1 *(ocioso)* unbeschäftigt, müßig 2 ECON *(sin trabajo)* arbeitslos 3 *asiento, vivienda* frei; **desocupar** A VT räumen, frei machen *(tb* MIL, *habitación del hotel)*; *(vaciar)* ausräumen, leer machen B VI *Am pop (dar a luz)* entbinden C VR **desocuparse** 1 *vivienda, etc* frei werden 2 *persona* freihaben; keine Verpflichtungen mehr haben

desodorante A ADJ de(s)odorierend; **producto** *m* **~** de(s)odorierendes Mittel *n*; **barra** *f (o* **barrita** *f)* **~** Deostift *m* B M Deodorant *n*; **~ de bola** Deoroller *m*

desodorar VT, **desodorizar** VT ⟨1f⟩ de(s)odorieren, geruchlos machen

desoír VT ⟨3q⟩ *(absichtlich)* überhören; kein Gehör schenken *(dat)*; nicht hören auf *(acus)*

desojarse VR *fig* 1 *(mirar intensivamente)* sich *(dat)* die Augen aussehen (**por** nach *dat*) 2 *(estropearse la vista)* sich *(dat)* die Augen verderben

desolación F 1 *(desvastación)* Verheerung *f*, Verwüstung *f* 2 *(desconsuelo)* Trostlosigkeit *f*; **desolado** ADJ trostlos; **estoy ~** ich bin untröstlich; **desolador** ADJ desolat; erschütternd; verheerend; **desolar** ⟨1m⟩ A VT verheeren, verwüsten; *fig* tief betrüben B VR **desolarse** untröstlich sein (**por** über *acus*); sich abhärmen

desoldar VT ⟨1m⟩ TEC ab-, loslöten, -schweißen; (her)ausschmelzen

desolladero M *antes*: Abdeckerei *f*; *hoy*: Tierkörperverwertungsanstalt *f*; **desollador** A ADJ Halsabschneider… B M Abdecker *m*; *fig* Leuteschinder *m*; Halsabschneider *m*; **desolladura** F 1 *de animales*: Abdecken *n*, Abhäuten *n* 2 *(erosión de la piel)* Wundreiben *n*; (Haut)Abschürfung *f*

desollar ⟨1m⟩ A VT 1 *(quitar la piel)* abdecken, abbalgen; *fig* **aún falta el rabo** *o* **la cola por ~** das dicke Ende kommt noch *fam* 2 *fig (timar)* schröpfen, neppen; *fam* **~le a uno (vivo)** *(desplumar)* j-n gehörig rupfen, j-m das Fell über die Ohren ziehen *fam*; *(hablar mal de alg)* über j-n herziehen, kein gutes Haar an j-m lassen 3 *fam* **~la** *(dormir la mona)* seinen Rausch ausschlafen B VR **desollarse** sich wund laufen *(o* wund reiben); **~ las manos aplaudiendo** wie rasend Beifall klatschen

desollón M *fam* Hautabschürfung *f*; Scheuerstelle *f*, Wolf *m fam*

desopilante ADJ lustig, spaßig; **desopilar** VT → desobstruir

desorbitado ADJ 1 *(fuera de órbita)* aus der Kreisbahn gebracht 2 *fig (desmedido)* maßlos, übertrieben; (**con los**) **ojos** *mpl* **~s** (mit) weit aufgerissene(n) Augen *npl* 3 *Arg fam (loco)* verrückt; **desorbitar** A VT 1 aus der Kreisbahn bringen 2 *fig (exagerar)* (maßlos) übertreiben B VR **desorbitarse** *precios, etc* außer

D

D

Kontrolle geraten
desorden M 1 (embrollo) Unordnung f; (confusión) Verwirrung f; Durcheinander n; **estar en ~** unordentlich sein (o herumliegen); JUR **~ público** grober Unfug m 2 frec **desórdenes** mpl (tumultos) Ausschreitungen fpl, Unruhen fpl; (libertinaje) Ausschweifungen fpl 3 MED (trastorno) Störung f
desordenado ADJ 1 (confuso) ungeordnet; unordentlich, durcheinander(gebracht) 2 (descuidado) liederlich, schlampig 3 (desenfrenado) zügellos, ausschweifend
desordenar A VT in Unordnung bringen; durcheinanderbringen, verwirren, stören; zerrütten B VR **desordenarse** 1 (ponerse en desorden) durcheinandergeraten 2 (atentar contra el orden) gegen die Ordnung verstoßen; über die Stränge schlagen
desorejado ADJ 1 (infame) ehrlos, ruchlos 2 Perú (con mal oído) mit schlechtem Gehör (für Musik); **desorejar** VT Ohren abschneiden; **desorejudo** ADJ 1 Cuba (derrochador) maßlos; verschwenderisch 2 Pan fam (sin sentido musical) ohne musikalisches Gehör; unmusikalisch
desorganización F 1 acción: Des-, Fehlorganisation f 2 efecto: Zerrüttung f, Auflösung f; Chaos n; **desorganizado** ADJ schlecht organisiert; zerrüttet; chaotisch; **desorganizar** ⟨1f⟩ A VT zerrütten, auflösen; stören; desorganisieren B VR **desorganizarse** durcheinandergeraten
desorientación F 1 (engaño) Irreführung f 2 (falta de orientación) mangelnde Orientierung f; (confusión) Verwirrung f; (extravío) Verirrung f; fig **~ general** allgemeine Unkenntnis f; **~ política** mangelnde politische Ausrichtung f; schlechte Kenntnis f der politischen Verhältnisse
desorientado ADJ (extraviado) fehlgeleitet, verirrt; (confundido) verwirrt; desorientiert; fig (mal informado) nicht im Bilde; **estoy completamente ~** ich kenne mich nicht mehr aus; **desorientador** ADJ irreführend; verwirrend
desorientar A VT (engañar) irreführen, irreleiten (tb fig); (confundir) verwirren B VR **desorientarse** (perderse) sich verirren; die Orientierung verlieren (tb fig); (ser confundido) verwirrt werden
desorugar VT AGR entraupen
desovar VI laichen; **desove** M Laichen n; Laichzeit f; **~ artificial** Laichabstreifen n
desovillar VT lana, etc abwickeln; fig entwirren
desoxidante M TEC Rostentferner m
desoxidar VT QUÍM desoxidieren; TEC entrosten; abbeizen; **desoxigenar** VT MED, QUÍM den Sauerstoff entziehen (dat), reduzieren
desoxirribonucleico ADJ BIOL **ácido** m **~** Desoxyribonukleinsäure f
despabiladeras FPL Licht(putz)schere f; **despabilado** ADJ fig wach, munter; aufgeweckt, gescheit; **despabilador** M → despabiladeras
despabilar A VT 1 luz putzen 2 fig (sacudir el sueño) aufrütteln, aufmuntern; munter machen 3 fam (robar) stibitzen, klauen fam B VI frec IMP **¡despabila!** beeil dich!, mach fix! fam C VR **despabilarse** 1 (despertarse) munter werden; fig sich rühren 2 (avivarse) schlau (o helle fam) werden 3 Am (desaparecer) weggehen, abhauen fam
despachante M/F 1 RPl (dependiente de comercio) Verkäufer m; Handlungsgehilfe m, -gehilfin f 2 Am Mer **~ (de aduana)** Zollagent m, -in f
despachar A VT 1 trabajo, encargo ausführen; erledigen (tb negocios); ADMIN ausfertigen; **~ la correspondencia** die Korrespondenz erledigen; **~ en la aduana** zollamtlich abfertigen 2 (vender) verkaufen; bebidas ausschenken; billetes, etc ausgeben 3 clientes bedienen; abfertigen 4 **~ con alg** (consultar) etw mit j-m besprechen; mit j-m eine Besprechung haben 5 (enviar) (ab)senden; correo senden (o abfertigen) 6 (despedir) j-n entlassen, j-m kündigen; j-n hinauswerfen (**de** aus dat) fam 7 fam (matar) umbringen, abservieren fam, erledigen fam 8 fam (comer) aufessen, verdrücken fam; (beber) austrinken B VI 1 (consultar, conferenciar) sich besprechen (**con** mit dat) 2 ADMIN (ejercer) amtieren, Amtsstunden haben; die laufenden Geschäfte erledigen (tb POL) 3 fam (dar a luz) entbinden, gebären 4 fam (apurarse) sich beeilen; **¡despacha!** beeil dich, mach zu! fam; **¡despacha de una vez!** nun sag's schon!, red nicht lang drum herum! fam C VR **despacharse** 1 **~ de a/c** sich einer Sache (gen) entledigen; etw (acus) erledigen; **~ a (su) gusto** freiheraus sprechen; sich (dat) keinen Zwang auferlegen; sagen, was man auf dem Herzen hat 2 Am reg (darse prisa) sich beeilen
despacho M 1 de un asunto: Erledigung f; Ausführung f; de personas: Bedienung f, Abfertigung f 2 (envío) (Ver)Sendung f; Versand m 3 (venta) Verkauf m, Vertrieb m; **~ de bebidas** Getränkeausschank m; **~ (de localidades)** (Theater- etc) Kasse f 4 por ventanilla: Publikumsverkehr m, Schalterbetrieb m; FERR Schalter m; FERR **~ de billetes** Fahrkartenschalter m; **~ de equipajes** Gepäckabfertigung f, -ausgabe f 5 oficina: Arbeitszimmer n; Büro n; Geschäftsstelle f; Amt(szimmer) n; **~ de aduana** Zollamt n; **~ colectivo de abogados** Anwaltssozietät f 6 (notificación) Mitteilung f; POL diplomatische Note f; Depesche f; **~ (telegráfico)** Telegramm n; HIST **el ~ de Ems** die Emser Depesche f 7 ADMIN (resolución) Beschluss m, Verfügung f; documento: (Beförderungs- etc) Urkunde f 8 MAR Dispache f, Seeschadenberechnung f 9 Chile (pulpería) Kramladen m
despachurrar VT fam 1 (aplastar) platt drücken; zerquetschen; fig kaputt machen 2 fig informe auswalzen, breittreten 3 fig (acabar con alg) j-n kleinkriegen fam, j-n fertigmachen fam
despacio ADV 1 (lentamente) langsam, allmählich; gemach, sachte; **¡~!** langsam!; immer mit der Ruhe! fam; immer eins nach dem anderen! 2 Am fam (en voz baja) **hablar ~** leise sprechen; fam **¡cerrar ~!** leise schließen!; **despacioso** ADJ Am langsam, gemächlich; **despacito** ADV fam schön langsam; (ganz) sachte
despale M Nic Abholzen n
despalomado ADJ Col fam zerstreut; geistesabwesend
despampanación F fig Vollendung f; **despampanante** ADJ fam erstaunlich; fabelhaft; Aufsehen erregend
despampanar A VT 1 AGR sarmientos stutzen; plantas ausgeizen 2 fam fig (desconcertar) aus der Fassung bringen B VI fam (hablar libremente) sich frei aussprechen, auspacken fam C VR **despampanarse** (lastimarse) sich (bei einem Sturz etc) ernstlich verletzen
despanchurrar fam, **despanzurrar** A VT fam 1 (romper la panza) den Bauch aufschlitzen (dat) 2 (hacer reventar) zum Platzen bringen B VR **despanchurrarse** (reventar) aufgehen, aufplatzen
desparasitación F 1 (eliminación de parásitos) Befreiung f von Ungeziefer 2 RADIO (eliminación de perturbaciones) Entstörung f
desparasitar VT 1 insectos: von Ungeziefer befreien 2 RADIO entstören
desparecer VI → desaparecer; **desparejado** ADJ calcetín, etc einzeln, ohne Gegenstück; nicht zusammenpassend; **desparejar** VT Zusammengehöriges trennen; **desparejo** ADJ 1 (dispar) ungleich, nicht zusammengehörig 2 baldosas, piso uneben
desparpajo M 1 en el hablar: Zungenfertigkeit f; en las acciones: Ungezwungenheit f; Forschheit f; Unverfrorenheit f; **con mucho ~** ganz ungeniert; forsch drauflos 2 Am Centr fam (desorden) Durcheinander n
desparramado ADJ 1 (diseminado) weit verstreut; (extenso) ausgedehnt; (amplio) offen, weit 2 fig (libertino) ausschweifend; **desparramador** ADJ verschwenderisch; **desparramar** A VT 1 (esparcir) (aus-, umher-, zer)streuen; líquido (ver)schütten 2 (derrochar) durchbringen, verschwenden 3 fuerzas, etc verzetteln, zersplittern 4 fig noticia verbreiten B VR **desparramarse** 1 (extenderse) sich ausbreiten; fig (dispersar sus fuerzas) sich verzetteln 2 fig (divertirse) sehr ausgelassen sein, sich toll amüsieren fam
desparrame M 1 Esp fam (diversión desordenada) wüstes Vergnügen n; Mordsgaudi f (al.d.S) 2 Cuba (desorden) Durcheinander n, Wirrwarr n; **desparramo** M Arg, Ur fam Durcheinander n
despatarrada F Spreizschritt m (bei bestimmten Tänzen)
despatarrado ADJ breitbeinig; mit gespreizten Beinen; **quedarse ~** alle viere von sich (dat) strecken; fam fig heftig erschrecken; verdutzt sein; **despatarrarse** VR fam die Beine spreizen
despatriarse VR Col ins Exil gehen
despavesar VT die Asche (von der Glut) wegblasen; luz putzen, schnäuzen
despavorido ADJ (espantado) entsetzt; (asustado) verschüchtert, furchtsam
despearse VR sich (dat) die Füße wund laufen
despechadamente ADV 1 (con disgusto) ungehalten, verärgert 2 (obstinadamente) trotzig; **despechado** ADJ erbittert; ungehalten, verärgert
despechar[1] A VT erbosen, (v)erbittern; ärgern, wurmen fam B VR **despecharse** sich entrüsten; **~ con alg** j-n verachten; auf j-n böse sein
despechar[2] VT fam niño entwöhnen
despecho M 1 (rencor) Groll m, Zorn m; Erbitterung f; (desesperación) Verzweiflung f 2 **a ~ de** (a pesar de) trotz, ungeachtet (gen); **a ~ de él** ihm zum Trotz; adv **por ~** in der Verärgerung, zum Trotz
despechugado ADJ mit entblößter Brust; pop (allzu) tief dekolletiert; **despechugarse** VR ⟨1h⟩ ein tiefes Dekolleteé tragen; (sich dat) die Brust entblößen
despectivo A ADJ verächtlich; von oben herab; LING pejorativ B M LING Despektivum n
despedazar ⟨1f⟩ A VT 1 zerstückeln; (desgarrar) zerreißen, zerfetzen; (cortar) zerschneiden; (desarmar) auseinanderbrechen; con golpes: zusammenhauen 2 fig (romper) zerreißen; (patear) mit Füßen treten; **~ a alg** j-m Kummer bereiten B VR **despedazarse** in Stücke gehen; kaputtgehen; (quebrarse) zerbrechen; (desgarrarse) zerreißen
despedida F 1 (adiós) Abschied m; Verabschiedung f; (fiesta de despedida) Abschiedsfeier f; **(fórmula f de) ~** Schlussformel f im Brief; **carta f de ~** Abschiedsbrief m; **fiesta f de ~** Abschiedsparty f; **función de ~** Abschiedsvorstellung f; **palabras** fpl **de ~** Abschiedsworte npl; Esp **~ de soltero (o de soltera)** Art Polterabend m 2 de empleados: Entlassung f, Kündigung f; **dar la ~ a alg** j-m kündigen; Perú **darle a alg la o una ~** j-n (im festlichen Rahmen) verab-

schieden; **fiesta** *f o* **reunión** *f* **de ~** Abschiedsfest *n* 3 *en canciones populares*: Schlussstrophe *f bei einigen Volksliedern*

despedir ⟨3l⟩ A VT 1 *visitantes* verabschieden 2 *empleados* entlassen *(acus)*, kündigen *(dat)*; MIL wegtreten lassen 3 *(lanzar, arrojar)* werfen, schleudern; *jinete* abwerfen; *flecha* abschießen (*o* entsenden); **salir despedido (de)** (aus *dat*) herausgeschleudert werden (*o* herausfliegen *fam*); **salir despedido del coche** aus dem Auto herausgeschleudert werden 4 *(esparcir)* verbreiten; *luz, etc* ausstrahlen; *olor* aus-, verströmen B VR **despedirse** 1 sich verabschieden, Abschied nehmen (**de** von *dat*); **se despide** um Abschied zu nehmen *(auf Besuchskarten und Einladungen)*; *fam* **~ a la francesa** sich auf Französisch empfehlen *(fam fig)*; **despídame de su padre** grüßen Sie bitte Ihren Vater von mir 2 *(perder la esperanza)* **~ de a/c** die Hoffnung auf etw *(acus)* fallen lassen (müssen); etw abschreiben; **~ de** *(inf)* die Hoffnung aufgeben, zu *(inf)*

despegado ADJ 1 *(soltado)* losgelöst 2 *fig (poco amable)* unfreundlich, barsch, schroff; **despegador** M Lösungsmittel *n*; **despegadura** F (Los-, Ab)Lösung *f*, Trennung *f (tb fig)*; **despegamiento** M → desapego

despegar ⟨1h⟩ A VT (ab-, los)lösen; losmachen; **sin ~ los labios** ohne den Mund aufzutun, ohne einen Mucksер *fam* B VI AVIA starten, abheben; *del agua*: abwassern; MAR (vom Ufer) abstoßen; **listo para ~** startklar, -bereit C VR **despegarse** 1 *(soltarse)* sich (ab)lösen 2 *fig (retirarse)* sich zurückziehen, sich lösen, sich abkehren (**de** von *dat*) 3 *fam (no cuadrar)* nicht zusammenpassen; nicht passen (**con** zu *dat*)

despego M Lieblosigkeit *f*, (Gefühls)Kälte *f*; Unlust *f*; → *tb* desapego

despegue M 1 AVIA Start *m*, Abheben *n*; **~ vertical** Senkrechtstart *m*; **avión** *m* **de ~ vertical** Senkrechtstarter *m*; **pista** *f* **de ~** Startbahn *f* 2 *fig (expansión)* Aufschwung *m* 3 *pop drogas* Abheben *n pop*, Kick *m pop*

despeinado ADJ ungekämmt; **despeinar** A VT zerzausen *(acus)*, das Haar durcheinanderbringen *(dat)* B VR **despeinarse** 1 *peinado* in Unordnung geraten 2 *fam fig* **sin ~** *(fácilmente)* mühelos 3 *Cuba euf (acostarse juntos)* miteinander schlafen

despejado ADJ 1 *día, cielo* hell, wolkenlos, heiter; *cabeza* klar 2 *(amplio)* weit, offen; geräumig; *(libre)* frei, geräumt; *frente* breit 3 *fig (despreocupado)* unbefangen; *(despabilado)* munter; aufgeweckt; klug; **persona** *f* **-a** sich ungezwungen gebender (*o* gewandter) Mensch *m*

despejar A VT 1 *plaza, calle, etc* räumen, frei machen *(tb policía y* MIL*)*; **¡despejen!** Platz da!, (die) Straße frei!, Achtung! 2 *(arreglar, ordenar)* auf-, abräumen; *(limpiar)* säubern; MAR **¡despeja cubierta!** klar Deck! 3 *fig situación, dudas, etc* aufhellen, klären 4 *persona* munter machen 5 DEP *(defender)* abwehren 6 MAT *eine Unbekannte* bestimmen B VI MED *fiebre* nachlassen C VR **despejarse** 1 METEO sich aufheitern, sich aufklären 2 *situación* sich klären 3 *persona* munter werden; in Stimmung kommen *fam*; sich vergnügen; **~ la cabeza** sich *(dat)* den Kopf freimachen, frische Luft schöpfen 4 MED *de la fiebre*: fieberfrei werden

despeje M DEP Abwehr *f*; Abwehrschuss *m*; Befreiungsschlag *m*; **despejo** M 1 *(evacuación)* Räumung *f (tb* TAUR*)* 2 *fig tener mundo*: Gewandtheit *f*; Mutterwitz *m*

despellejar VT 1 *(desollar)* abhäuten 2 *fig (hablar mal de alg)* kein gutes Haar an *j-m* lassen

despelotado ADJ *fam* nackt; **despelotarse** VR *fam* 1 *(desnudarse)* sich (nackt) ausziehen, sich entblättern *fam* 2 *fig (dejar la timidez)* jegliche Scheu ablegen 3 *fig (reírse excesivamente)* sich totlachen; **despelote** M *fam* 1 *Esp (acción de desnudarse)* Ausziehen *n*; Striptease *m* 2 *(desorden)* Durcheinander *n*

despelucado ADJ *Col* mit zerzausten Haaren

despeluchado ADJ *fam* bettelarm; **despeluchar** VT die Haare ausreißen

despenalización F Entkriminalisierung *f*; **despenalizar** VT ⟨1f⟩ entkriminalisieren; nicht mehr unter Strafe stellen

despenar VT 1 *(consolar)* trösten 2 *fam fig (matar) j-m* den Rest geben, *j-n* umlegen *pop*

despendolarse VR *Esp fam* sich verrückt benehmen

despensa F 1 *lugar*: Speise-, Vorratskammer *f*; MAR Pantry *f* 2 *armario*: Vorrats-, Speiseschrank *m* 3 *(provisión de comestibles)* (Lebensmittel)Vorrat *m* 4 *Arg, Par, Ur* (kleines) *(tienda de comestibles)* Lebensmittelgeschäft *n*; **despensero** M, **-a** F *Am reg* Verkäufer *m*, -in *f eines Lebensmittelgeschäfts*

despeñadamente ADV Hals über Kopf; **despeñadero** A ADJ *terreno* abschüssig B M 1 *(precipicio)* jäher Abhang *m*; Abgrund *m*; Felswand *f* 2 *fig (empresa peligrosa)* gefährliches Unternehmen *n*; **despeñadizo** ADJ abschüssig, steil abfallend; **despeñamiento** M → despeño

despeñar A VT herab-, hinabstürzen B VR **despeñarse** (ab)stürzen; sich hinabstürzen; **despeño** M 1 *(caída precipitada)* Absturz *m* 2 *fig (ruina)* Sturz *m*, Ruin *m* 3 *fam (diarrea)* Durchfall *m*, Durchmarsch *m fam*

despepar VT *Am fruta* entsteinen

despepitar A VT *algodón, etc* entkörnen B VR **despepitarse** *fam* 1 *(gritar)* sich *(dat)* den Hals ausschreien; viel Geschrei machen, sich *(dat)* einen abbrechen *fam* 2 *(entusiasmarse)* schwärmen (**por** für *acus*)

desperdiciado ADJ 1 *(derrochado)* verschwendet; vergeudet; **dinero** *m* **~** verschwendetes (*o* vergeudetes *o* zum Fenster hinausgeworfenes *fam*) Geld 2 → desperdiciador

desperdiciador A ADJ verschwenderisch B M, **desperdiciadora** F Verschwender *m*, -in *f*; **desperdiciar** VT ⟨1b⟩ verschwenden, vertun, vergeuden; *oportunidad* versäumen, verpassen

desperdicio M 1 *(derroche)* Verschwendung *f* 2 **~(s)** *m(pl) (desechos)* Abfall *m*; Abfälle *mpl*; TEC *tb* Ausschuss *m*, Bruch *m*; **~s biológicos** Biomüll *m*; **~s industriales** Industrieabfälle *mpl*; *fig* **no tener ~** äußerst nützlich sein; unentbehrlich sein *(tb personas)*; *irón tb* mehr schwache als gute Seiten haben

desperdigado ADJ zerstreut

desperdigar ⟨1h⟩ A VT zerstreuen B VR **desperdigarse** sich zerstreuen

desperezarse VR ⟨1f⟩ sich strecken, sich rekeln *fam*; **desperezo** M Sichrecken *n*, Strecken *n*, Rekelei *f fam*

desperfeccionar VT *espec Am* beschädigen

desperfecto M *(daño)* Schaden *m*, Beschädigung *f*; *(falla)* Fehler *m*, Defekt *m*, *(retardación)* Hemmung *f*; *Am reg (avería)* Panne *f*; **ligero ~** (kleiner) Schönheitsfehler *m*; **sufrir algunos ~s** leicht beschädigt werden

desperfilado ADJ unscharf, verschwommen; **desperfilar** VT 1 PINT *contornos* verwischen 2 MIL *(encubrir)* tarnen

desperolar *Ven* A VT *fam* kaputt machen B VR **desperolarse** *pop* abkratzen *pop*, verrecken *pop*

despersonalización F Entpersönlichung *f*; PSIC Persönlichkeitsverlust *m*; **despersonalizar** VT ⟨1f⟩ entpersönlichen, die Persönlichkeit nehmen *(dat)*

despertador A ADJ *(estimulante)* ermunternd B M 1 *reloj*: Wecker *m*; **poner el ~ (a las siete)** den Wecker (auf sieben Uhr) stellen 2 *fig (estímulo)* Aufmunterung *f*

despertar ⟨1k⟩ A VT 1 (auf)wecken; *(animar)* aufmuntern 2 *fig sospecha* wecken; *recuerdos* wachrufen; *hambre, atención* erregen; **esto despertó en mi padre la idea de** das brachte meinen Vater auf den Gedanken an *(acus) o* zu *(inf)* B VI aufwachen, erwachen (**de** aus *dat*) *(tb fig)* C VR **despertarse** er-, aufwachen D M Erwachen *m*

despiadado ADJ unbarmherzig, erbarmungslos; schonungslos

despido A → despedir B M Entlassung *f*, Kündigung *f*; **~ en masa** Massenentlassungen *fpl*; JUR **~ improcedente** *o* **injustificado** ungerechtfertigte Kündigung *f*

despiece M Zerlegen *n*

despierto A → despertar B ADJ 1 *(estar) (despabilado)* wach, munter; **soñar ~** mit offenen Augen träumen 2 *fig (ser) (vivo)* aufgeweckt, lebhaft; witzig

despiezar VT *cadáver animal* zerlegen

despije M *Salv pop* Durcheinander *n*, Saustall *m fam*

despilfarradamente ADV verschwenderisch; **despilfarrado** ADJ 1 *(desharrapado)* zerlumpt, abgerissen 2 *dinero* vergeudet; verschwendet; verplempert *fam* 3 → despilfarrador 4 *Chile (ralo)* spärlich, dünn; **despilfarrador** A ADJ verschwenderisch B M, **despilfarradora** F Verschwender *m*, -in *f*; **despilfarrar** VT verschwenden, vergeuden, verplempern *fam*

despilfarro M 1 *(derroche)* Verschwendung *f*, Vergeudung *f*; Misswirtschaft *f*; **~ de energía** Energieverschwendung *f*; **~ de recursos** Ressourcenverschwendung *f*; **hacer un ~** unnötige Ausgaben machen 2 *(decaimiento por negligencia)* Verkommenlassen *n*

despimpollar VT AGR beschneiden, geizen

despintado ADJ *fam persona* vergesslich

despintar A VT 1 *(descolorar)* entfärben, Farbe ab- (*o* aus)waschen von (*dat o* aus *dat*) 2 *fig (desfigurar)* entstellen, falsch wiedergeben 3 *(olvidar)* vergessen B VI **~ (de)** aus der Art schlagen C VR **despintarse** verblassen, verschießen; *fig* **no despintársele a alg a/c** sich genau an etw *(acus)* erinnern; *fig* **no ~** sich nicht verstellen können

despiojamiento M Entlausung *f*

despiojar VT (ent)lausen; *fig* **~ a alg** *j-n* aus dem Elend herausholen

despiole M *Arg, Par, Ur* Krach *m*; Durcheinander *n*

despiporre(n) M *fam (fiesta bulliciosa)* lärmendes Fest *n*; *(desbarajuste)* Durcheinander *n*; *fam* **ser el ~** *(funcionar mal)* schlecht funktionieren; *(ser formidable)* toll (*o* das Allerhöchste) sein

despistado A ADJ 1 *(distraído)* zerstreut, unaufmerksam, geistesabwesend; *(no informado)* nicht im Bilde 2 *(ajeno al mundo)* weltfremd B M, **-a** F Schussel *m fam*; zerstreuter Professor *m (fam fig)*; weltfremde Person *f*; **despistaje** M 1 *(engaño)* Irreführung *f* 2 MED *examen médico*: Feststellung *(einer Krankheit)*

despistar[1] A VT & VI irreführen, von der Spur abbringen; *atención* ablenken; *perseguidores* abschütteln; **¡no despistes!** verstell dich nicht! B VR **despistarse** *coche* von der Straße abkommen, schleudern; durcheinander kommen

despistar[2] VT MED *eine Krankheit* feststellen

despiste M 1 *(distracción)* Zerstreutheit *f*; Verwirrung *f*; **tener un ~** geistesabwesend sein 2 *(desconocimiento)* Unkenntnis *f*

D

desplantador M AGR Pflanzenheber *m*; **desplantar** A VT *plantas* versetzen; umtopfen B VR **desplantarse** eine schiefe Stellung einnehmen (*beim Tanzen oder Fechten*)

desplante M *fig* (*insolencia*) Frechheit *f*; (*postura provocante*) herausfordernde Haltung *f*, arrogante Geste *f*; **hacer** *o* **dar un ~ a alg** j-m eine Abfuhr erteilen, j-n abblitzen lassen

desplatado ADJ *Am fam* verarmt

desplayar VI MAR ebben

desplazado A ADJ 1 *cosa, observación* deplatziert, fehl am Platz 2 POL **personas** *fpl* **-as** Vertriebene *mpl*, Verschleppte *mpl* B M, **-a** F 1 Vertriebene *m/f* 2 Außenseiter *m*, -in *f*

desplazamiento M 1 (*cambio de lugar*) Verschiebung *f*, Verlegung *f*; FON **~ del acento** Akzentverschiebung *f* 2 MAR *de agua*: Wasserverdrängung *f*; **~ útil** Tragfähigkeit *f* 3 TEC (*desviación*) Abweichung *f*; (*traslado*) Verlagerung *f*; (*avance*) Fortbewegung *f*; **~ de la carga** Gewichtsverlagerung *f* 4 (*viaje*) Reise *f*, Ortsveränderung *f*; MIL **~ (de tropas)** Truppenbewegung *f*, -verschiebung *f* 5 MED → dislocación

desplazar ⟨1f⟩ A VT 1 (*cambiar de lugar*) von der Stelle bewegen; TEC verschieben; verlagern; verstellen; MAR *agua* verdrängen 2 MIL *tropas* verlegen 3 POL (*deportar*) verschleppen; (*expulsar*) vertreiben 4 *fig* (*empujar a un lado*) verdrängen 5 *fig* **estar desplazado** (*fuera de lugar*) deplatziert (*o* fehl am Platz) sein B VR **desplazarse** 1 (*avanzar*) sich fortbewegen; sich begeben, fliegen; reisen (**a** nach *dat*) 2 TEC wandern

desplegable A ADJ ausfaltbar; aufklappbar; INFORM **menú** *m* **~** Pull-down-Menü *n* B M Faltblatt *n*; Faltprospekt *m*

desplegar ⟨1h *y* 1k⟩ A VT 1 (*desdoblar*) aufklappen; entfalten, auseinanderfalten; (*extender*) ausbreiten; (*abrir*) öffnen; *arrugas* glätten; *cosa curvada* gerade biegen 2 MAR *bandera* zeigen, wehen lassen; *velas* beisetzen 3 *fig* (*desenvolver*) entfalten; entwickeln; aufbieten; MIL *cohetes* stationieren; **~ actividad** tätig (*o* aktiv) werden B VR **desplegarse** 1 (*desarrollarse*) sich entfalten 2 MIL *tropas* ausschwärmen

despliegue M 1 (*extensión*) Entfaltung *f*; Ausbreitung *f*; MIL *de cohetes*: Stationierung *f*, Dislozierung *f*; AVIA Ausfahren *n des Fahrwerks* 2 MIL *de tropas*: Aufmarsch *m*; Ausschwärmen *n* 3 *fig* (*ostentación*) Aufwand *m*; **con gran ~ de** mit großem Aufgebot an (*dat*); **~ de fuerzas** *uso de la fuerza*: Kraftaufwand *m*; *de la policía*: Polizeiaufgebot *n* 4 (*ostentación*) Zurschaustellung *f*

desplomar A VT 1 (*sacar de la posición vertical*) aus dem Lot bringen 2 *Ven* (*reprender*) tadeln B VR **desplomarse** 1 AVIA absacken 2 (*perder la posición vertical*) aus dem Lot geraten; *muro* einstürzen 3 *fig* (*caer al suelo*) zu Boden sinken; zusammenbrechen (*tb fig*); (*dejarse caer*) sich fallen lassen 4 *fig* (*tambalear*) ins Wanken geraten

desplome M 1 (*desviación de la vertical*) Abweichung *f* von der Senkrechten 2 (*derrumbe*) Einsturz *m*; Zusammenbruch *m* (*tb fig*); *de un edificio*: Absacken *n eines Gebäudes*; *de un camino*: Sichsenken *n eines Wegs etc*; **riesgo** *m* **de ~** Einsturzgefahr *f* 3 ARQUIT (*salidizo*) Überhang *m*

desplomo M → desplome

desplumar VT *aves y fig* rupfen; *fig* (*timar*) neppen, ausnehmen, abzocken *fam*; **desplume** M Rupfen *n*

despoblación F Entvölkerung *f*; **despoblado** A ADJ unbewohnt, entvölkert, menschenleer B M (**lugar** *m*) **~** unbewohnter Ort *m*, Einöde *f*

despoblar ⟨1m⟩ A VT entvölkern; *fig* (*devastar*) verwüsten; **~ de** entblößen von (*dat*); **~ de árboles** kahl schlagen B VR **~se (de gente)** sich entvölkern, menschenleer werden; veröden

despojar A VT wegnehmen; berauben (einer Sache *gen* **de a/c**); entblößen (**de** *gen o* von *dat*) B VR **~se de a/c** sich frei machen von etw (*dat*); sich einer Sache (*gen*) entledigen; einer Sache (*dat*) entsagen; **~se de la vestimenta** seine Kleidung ablegen

despojo M 1 Beraubung *f*; JUR Besitzentäußerung *f*; (*botín*) Beute *f* (*tb fig*) 2 **~s** *mpl* (*restos*) Überbleibsel *npl*; *de las reses*: Schlachtabfälle *mpl*; GASTR Innereien *fpl*; ARQUIT (*escombros*) Abbruchsteine *mpl*; MAR **~ del mar** Strandgut *n*; **~s mortales** sterbliche Überreste *mpl*, sterbliche Hülle *f*

despolarizador M FÍS, ELEC Depolarisator *m*; **despolarizar** VT ⟨1f⟩ ELEC depolarisieren

despolitización F Entpolitisierung *f*; **despolitizar** VT ⟨1f⟩ entpolitisieren

despolv(ore)ar VT ent-, abstauben; *alfombra* klopfen (*o* absaugen); **despolvoreo** M Ent-, Abstauben *n*

desporrondingarse VR ⟨1h⟩ *Col, Guat fam* das Geld zum Fenster hinauswerfen *fam*

desportillar VT den Rand ausbrechen (*dat*); *cuchillo, etc* schartig machen

desposada F Braut *f*; Neuvermählte *f*; **desposado** A ADJ 1 (*aprisionado*) *mit Handschellen* gefesselt 2 (*recién casado*) neuvermählt B M Bräutigam *m*; **~s** *mpl* Brautpaar *n*; **desposar** A VT trauen, zusammengeben B VR **desposarse** 1 (*comprometerse*) sich verloben 2 (*casarse*) die Ehe eingehen

desposeer ⟨2c⟩ A VT enteignen; **~ a alg de** j-m *etw* (*acus*) (*o* den Besitz an *etw dat*) entziehen; *de su puesto* j-n *seines Postens* entheben B VR **~se de** (*desapropiarse*) sich entäußern (*gen*), entsagen (*dat*); verzichten auf (*acus*); (*renunciar*) aufgeben

desposeído A ADJ **ser ~ de sus bienes** seiner Güter verlustig gehen B **~s** MPL Arme(n) *mpl*, Besitzlose(n) *mpl*; **desposeimiento** M Enteignung *f*; Entziehung *f*; **desposesión** F Enteignung *f*

desposorios MPL 1 (*compromiso*) Verlobung *f* 2 (*celebración del matrimonio*) Eheschließung *f*

despostar VT *Ec animales* schlachten

déspota M/F Despot *m*, -in *f*, Gewaltherrscher *m*, -in *f*; Tyrann *m*, -in *f*

despótico ADJ despotisch, tyrannisch; **despotismo** M Despotismus *m*; HIST **Despotismo Ilustrado** aufgeklärter Absolutismus *m*; **despotizar** VT ⟨1f⟩ *Chile, Perú, RPl* tyrannisieren

despotricar VI ⟨1g⟩ *fam* faseln; **~ (contra)** lospoltern, wettern (gegen *acus*), meckern *fam*, schimpfen (über *acus*); **despotrique** M Wettern *n*, Schimpfen *n*; Stänkern *n fam*

despreciable ADJ *persona, cosa, opinión* verächtlich; *acción* verwerflich; (*insignificante*) geringfügig; **argumento** *m* **nada ~** nicht zu verachten(d); erheblich; **despreciador** A ADJ verachtend, wegwerfend B M, **despreciadora** F Verächter *m*, -in *f*

despreciar VT ⟨1b⟩ 1 (*desestimar*) gering schätzen (*o* achten), verachten; geringschätzig behandeln 2 (*rechazar*) verschmähen, ausschlagen, ablehnen; in den Wind schlagen; **no ~** (*inf*) es nicht für unter seiner Würde halten, zu (*inf*)

despreciativo ADJ verächtlich, gering-, abschätzig

desprecintar VT die (Zoll- *etc*) Plombe öffnen an (*dat*)

desprecio M Verachtung *f*, Geringschätzung *f*

desprender A VT ab-, losmachen, (ab)lösen (*tb* TEC); (ab)trennen; (*repeler*) abstoßen; (*aflojar*) lockern B VR **desprenderse** 1 sich lösen; abfallen; (*saltar*) abplatzen; AVIA **~ (del suelo)** vom Boden abheben; **~ de la pared** von der Wand abbröckeln 2 FÍS, QUÍM, TEC frei werden; *fuerzas, sustancias* sich entwickeln 3 *fig* (*separarse*) **~ de a/c** sich von etw (*dat*) trennen, etw (*acus*) abgeben; (*abandonar a/c*) etw aufgeben, sich von etw (*dat*) frei machen 4 (*resultar*) **de esto se desprende que ...** daraus ergibt sich, dass ..., daraus kann man entnehmen, dass ...

desprendido ADJ großzügig; uneigennützig

desprendimiento M 1 (*separación*) Losmachen *n*; Lockern *n*; MED **~ de (la) placenta** Plazentaablösung *f*; MED **~ de la retina** Netzhautablösung *f*; **~ de tierras** Erdrutsch *m*; **~ de piedras** Steinschlag *m* 2 QUÍM, TEC (*generación*) Freiwerden *n*; Abgabe *f*; **~ de calor** Wärmeentwicklung *f*; MIN **~ de gas(es)** Gasausbruch *m* 3 *fig* (*solución*) Lösung *f* (**de** von *dat*) 4 (*generosidad*) Großzügigkeit *f*; Uneigennützigkeit *f* 5 REL, PINT Kreuzabnahme *f*

despreocupación F 1 (*objetividad*) Vorurteilslosigkeit *f* 2 (*indiferencia*) Teilnahmslosigkeit *f* 3 (*negligencia*) Sorglosigkeit *f*, Leichtfertigkeit *f*, Unbekümmertheit *f*; **despreocupado** ADJ 1 (*libre de prejuicios*) unvoreingenommen, vorurteilslos 2 (*descuidado*) unbekümmert, sorglos; **esto me tiene ~** das ist mir völlig egal; **despreocuparse** VR sich nicht (mehr) kümmern (**de** um *acus*)

despresar VT *Am reg* GASTR *aves* tran(s)chieren

desprestigiar ⟨1b⟩ A VT um sein Ansehen bringen, entehren B VR **desprestigiarse** seinen guten Ruf schädigen; sein Ansehen verlieren; **desprestigio** M Prestigeverlust *m*; Entwürdigung *f*; Schandfleck *m*

despresuración F AVIA, TEC Druckabfall *m*

desprevención F Mangel *m* an Vorsorge, Leichtsinn *m*; Achtlosigkeit *f*; **desprevenido** ADJ unvorbereitet, ahnungslos; **cogerle a uno ~** j-n überraschen, j-n überrumpeln

desprivatización F Entprivatisierung *f*; **desprivatizar** VT entprivatisieren

desprofesionalización F Entprofessionalisierung *f*

desproporción F Missverhältnis *n*, Disproportion *f*; **desproporcionadamente** ADV unverhältnismäßig; **desproporcionado** ADJ unverhältnismäßig groß (*o* lang *etc*); disproportioniert; **desproporcionar** VT unregelmäßig gestalten, in ein Missverhältnis bringen

despropósito M, *frec* **~s** MPL Unsinn *m*; Ungereimtheiten *fpl*

desprotección F Schutzlosigkeit *f*; **desprotegido** ADJ schutzlos

desproveer VT ⟨2e⟩ **~ a alg de a/c** j-m etw (*acus*) entziehen, j-n einer Sache (*gen*) entblößen; j-m etw (*acus*) nehmen (*o* aberkennen)

desprovisto ADJ **~ de** ohne (*acus*); entblößt von (*dat*), frei von (*dat*); **estar ~ de a/c** etw entbehren, etw nicht haben

después A ADV nachher; dann; darauf; nachträglich; **un año ~** ein Jahr später; **el día ~** der Tag (*o* am Tag[e]) darauf; **hasta ~** bis gleich B PREP **~ de** nach (*dat*); **~ de un mes** nach einem Monat; **seguía ~ de él** sie (*o* er) kam hinter ihm; **~ de esto** danach, hierauf; **~ del hecho** hinterher; **la mejor ~ de mi madre** die Beste nach meiner Mutter; **~ de todo** letzten Endes, schließlich (und endlich); *con inf y part*: **~ de decirlo** *o* **~ de haberlo dicho** nach diesen Worten, nachdem er (*etc*) dies gesagt hatte; **~ de**

terminada la guerra nach Kriegsende C CJ ~ que (o ~ **de que**) nachdem, als; seit
despulgar VT (ab)flöhen; entlausen
despulpar VT *remolacha azucarera*: die Pulpe auffangen und einschmelzen; *café*: das Fruchtfleisch abquetschen
despuntado ADJ stumpf
despuntar A VT 1 *(quitar la punta)* stumpf machen 2 *(romper la punta)* die Spitze abbrechen (o abschlagen o abschneiden) *(dat)*; *puntas de la hojas* abrupfen B VI 1 *(aparecer)* zum Vorschein kommen, sich zeigen; *planta* knospen, sprießen; *brotes* aufbrechen; *día* anbrechen; *sol* aufgehen 2 *fig (sobresalir)* sich hervortun; hervorragen (**en** in *dat*; **de** als *nom*; **por** durch *acus*); ~ **en literatura** in der Literatur Ausgezeichnetes leisten C VR **despuntarse** stumpf werden; abbrechen
despunte M 1 AUTO → sopié 2 *Chile (desmocho)* Reisig *n*
desquiciado ADJ *espec fig (desencajado)* aus den Fugen geraten; zerrüttet; *(loco)* verrückt, irre; **desquiciamento** M 1 *(desencaje)* Ausheben *n aus den Angeln* 2 *fig (trastorno)* Zerrüttung *f*; Sturz *m*; **desquiciante** ADJ zerrüttend; erschütternd; **desquiciar** ⟨1b⟩ A VT 1 *puerta* aus den Angeln heben *(tb fig)*; aushängen 2 *fig (hacer perder la serenidad)* aus der Fassung bringen; verunsichern beirren; *amistad, etc* zerrütten B VR **desquiciarse** aus den Angeln gehen *(tb fig)*; *fig* erschüttert werden; den Halt verlieren; **desquicio** M *Am reg* → desquiciamento
desquilatar VT *fig* entwerten, herabsetzen
desquitar A VT 1 *(compensar)* entschädigen 2 *(descontar)* abziehen, abrechnen B VR **desquitarse** sich schadlos halten (**de** für *acus*); *(vengarse)* sich rächen (**de** für *acus*; **en** an *dat*); *(tomar revancha)* sich revanchieren *(tb fig)*; **desquite** M Entschädigung *f*, Genugtuung *f*, Vergeltung *f*; *juego y fig*: Revanche *f*; (**encuentro** *m* **de**) ~ Revanchespiel *n*; **tomar el** ~ sich rächen; sich revanchieren *(tb fig)*
desraizamiento M Entwurzelung *f*; → *tb* desenraizamiento
desramar VT AGR abästen
desratización F Rattenvertilgung *f*; **desratizar** VT ⟨1f⟩ entratten, rattenfrei machen; MAR ausräuchern
desregulación F Unordnung *f*; Regellosigkeit *f*; Deregulierung *f*; **desregular** VT in Unordnung bringen, durcheinanderbringen; deregulieren
desrielar VI *Am reg* entgleisen
desriñonarse VR *fam* sich abrackern, sich plagen
desrizado ADJ *cabello* entkräuselt; glatt; **desrizante** M Entkräuselungsmittel *n (für krauses Haar)*; **desrizar** ⟨1f⟩ A VT 1 MAR *vela* entfalten 2 *cabello* entkräuseln B VR **desrizarse** *rizos* aufgehen; *cabello* glatt werden, sich glätten
destacable bemerkenswert; bedeutsam; **destacado** ADJ *fig* führend; hervorragend; bedeutend; **destacamento** M MIL Sonderkommando *n*; *de policía*: (Polizei)Einheit *f*, Abteilung *f*
destacar ⟨1g⟩ A VT 1 MIL *(enviar)* abstellen, -kommandieren 2 PINT *y fig (resaltar)* hervorheben; *fig* betonen B VI *y* VR **~se** sich abheben, hervortreten; *fig* sich auszeichnen, hervorragen (**por** durch *acus*)
destajador M *herrería*: Setzhammer *m*; **destajar** VT & VI 1 *(ajustar las condiciones de trabajo)* Arbeitsbedingungen festlegen (für *acus*) 2 *juego de cartas*: abheben; **destajero** M, **-a** F, **destajista** M/F Akkordarbeiter *m*, -in *f*
destajo A M 1 ECON *trabajo*: Akkordarbeit *f*; **a** ~ Akkord...; (**trabajar**) **a** ~ im (o auf) Akkord (arbeiten); **obrero** *m* **a** ~ → destajero 2 *Esp* DEP *(pase de esquí)* Skipass *m* B ADV **a** ~ 1 *fam fig (precipitado)* überstürzt; mit viel Plackerei *fam*; **hablar a** ~ dauernd (o *fam* im Akkord) reden 2 *Chile (a bulto)* in Bausch und Bogen 3 *reg (a granel)* lose, vom Fass *(verkaufen)*
destapabotellas M *Arg* Flaschenöffner *m*;
destapada F GASTR *Art* Pastete *f*; **destapado** ADJ unbedeckt; ohne Deckel, aufgedeckt; geöffnet; **destapador** M *espec Am* Flaschenöffner *m*
destapar A VT 1 *(sacar la tapa)* den Deckel (o die Decke) wegnehmen von *(dat)*; *cacerola* aufdecken; *botella* öffnen, aufmachen 2 *tubo* reinigen, von Verstopfung befreien 3 *fig anomalías, etc* aufdecken, enthüllen B VI *Méx* ausbrechen *(Tiere)* C VR **destaparse** 1 *en la cama*: sich aufdecken 2 *fig (revelar)* sich offenbaren, sein wahres Gesicht zeigen; *(hablar con franqueza)* sich aussprechen; sich eröffnen (**con alg** j-m); *(mostrar el punto débil)* sich *(dat)* eine Blöße geben (**con** mit *acus*, durch *acus*) 3 *fam (desnudarse)* sich ausziehen
destape M *Esp* 1 *(desnudo)* Ausziehen *n*; Striptease *m/n* 2 *fig (exposición)* Bloßstellung *f* 3 *(liberación de prohibiciones)* Lockerung *f* der Sitten 4 *Perú de un escándalo*; Aufdeckung *eines Skandals*
destaponar VT entkorken
destartalado ADJ verwahrlost; krumm und schief; *casa* baufällig; *coche* klapprig
destazar VT *Col, Hond, Nic* zerlegen *(Schlachtkörper)*
destechar VT *casa* abdecken; **destejado** ADJ *fig cosa* ungeschützt; **destejar** VT die Dachziegel herunternehmen von *(dat)*; **destejer** VT & VI TEX *tejido, labor de punto* wieder auftrennen; *fig plan, proyecto* vereiteln, zunichte machen
destellador M *Am reg* AUTO Blinker *m*; Blinkanlage *f*; **destellante** ADJ funkelnd, blitzend; leuchtend; **destellar** VI aufblitzen; funkeln; MAR, MIL blinken, morsen
destello M 1 *(relampagueo)* Aufblitzen *n*, Aufleuchten *n*; Flimmern *n*; *fig* Funke *m*; **un** ~ **de a/c** ein Anflug von etw; ~ **de luz** Lichtblitz *m* 2 MAR, MIL, AVIA **fuego** *m* **de** ~ Blinkfeuer *n*; **mensaje** *m* **de** ~ Blinkspruch *m*
destemplado ADJ 1 *(desmesurado)* unmäßig; *(que no se domina)* unbeherrscht; *(áspero)* barsch, *(poco amable)* unfreundlich (tb METEO) 2 **estar** ~ sich unpässlich fühlen 3 *(sin armonía)* unharmonisch *(tb* MÚS*)*, misstönend, MÚS verstimmt 4 TEC *acero* enthärtet; **destemplador** M TEC Enthärter *m*; **destemplanza** F 1 *(desmesura)* Unmäßigkeit *f*; Übertreibung *f*; Heftigkeit *f* 2 *(malestar)* Unpässlichkeit *f* 3 *(tiritar)* Frösteln *n*; leichter Fieberanfall *m* 4 METEO *(inestabilidad)* Unbeständigkeit *f*; Rauheit *f der Witterung*
destemplar A VT 1 *armonía, orden* stören; *instrumento* verstimmen 2 *(causar malestar)* j-m Unpässlichkeit verursachen 3 TEC *acero* enthärten B VR **destemplarse** 1 *pulso* ungleichmäßig werden; *(afiebrarse)* einen leichten Fieberanfall bekommen; unpässlich werden 2 *fig (perder la mesura)* das Maß verlieren; heftig werden, aufbrausen
destemple M 1 MÚS *y fig (desafinación)* Verstimmung *f* 2 *(malestar)* Unpässlichkeit *f* 3 TEC *de metales*: Härteverlust *m* 4 *Ec, Guat, Méx* → dentera 1
desteñido ADJ verfärbt; verblichen; ausgewaschen; **desteñir** ⟨3l⟩ A VT *(descolorar)* entfärben; verfärben; (aus)bleichen B VI *y* VR **~se** 1 *de la ropa*: abfärben 2 *(perder el color)* die Farbe verlieren, ausbleichen, verschießen; *color* verblassen 3 *Cuba (desanimarse)* verzagen
desternillante ADJ zum Totlachen; **desternillarse** VR *fam* ~ **de risa** sich krank- (o kaputt)lachen *fam*
desterrado M, **-a** F Verbannte *m/f*
desterrar VT ⟨1k⟩ 1 *(expulsar)* verbannen, in die Verbannung schicken 2 *fig preocupaciones, dolor, etc* vertreiben, verscheuchen; ~ **una idea** sich *(dat)* einen Gedanken aus dem Kopf schlagen 3 *raíces, etc* von der Erde befreien
desterronar VT AGR ~ **un campo** auf einem Feld die Erdklumpen zerkleinern
destetar VT *niño* entwöhnen; *animal* absetzen; **destete** M Entwöhnen *n*; Absetzen *n*; **desteto** M entwöhntes Jungvieh *n*
destiempo ADV **a** ~ zur Unzeit; ungelegen
destierro M Verbannung *f*; JUR *tb* Aufenthaltsverbot *n für bestimmte Gebiete*; *lugar*: Verbannungsort *m*
destilación F Destillieren *n*; QUÍM, TEC Destillation *f*, Destillierung *f*; *de vino tb*: Brennen *n*; ~ **fraccionada** fraktionierte Destillation *f*; ~ **a baja temperatura** Schwelung *f*; **balón** *m* **de** ~ Destillierkolben *m*
destiladera F Destillierapparat *m*; **destilado** A ADJ destilliert B M Destillat *n*; **destilador** A ADJ Destillier... B M/F Destillateur *m*, -in *f*, (Branntwein)Brenner *m*, -in *f* C M TEC *aparato*: Destillator *m*; **destilar** VT 1 QUÍM, TEC destillieren; *aguardiente, etc* brennen; FARM *hierbas, etc* ausziehen 2 *(gotear)* durch-, abtropfen lassen; **la llaga destila sangre** die Wunde blutet nach
destilatorio A ADJ Destillier...; **aparato** *m* ~ Destilliergerät *n* B M Destillieranlage *f*
destilería F Destillieranlage *f*; Brennerei *f*
destimbolado ADJ *Cuba fam* **estar** ~ hin (o kaputt o im Eimer) sein *fam*; hundemüde sein *fam*
destinación F Bestimmung *f*
destinar VT 1 *(designar)* bestimmen, ausersehen (**a, para** für *acus*); ~ **a/c a alg** j-m etw zuweisen; **estar destinado a** o **para** bestimmt (o berufen) sein zu *(dat o inf)* 2 *(enviar)* schicken, senden; *escrito* richten (**a** an *acus*); **las mercancías van destinadas a Lima** die Waren gehen nach Lima 3 ADMIN *funcionario*: *j-n dienstlich* versetzen; berufen (**a** an *acus*, nach); auf Mission schicken; MIL abstellen, (ab)kommandieren (**a** zu *dat*)
destinatario M, **-a** F Empfänger *m*, -in *f*, Adressat *m*, -in *f*; Empfangsberechtigte *m/f*; *correos*: **caso de que no se encuentre al ~, devuélvase al remitente** falls nicht zustellbar, bitte an Absender zurück
destino M 1 *(hado)* Schicksal *n*, Los *n*; Geschick *n*; ~ **fatal** Verhängnis *n* 2 *lugar*: Bestimmung(sort *m*) *f*; Ziel *n*; **estación** *f* **de** ~ Bestimmungsbahnhof *m*; **con ~ a (Madrid)** nach (Madrid) 3 *(cargo)* Amt *n*, Anstellung *f*; MIL Kommando *n*, Auftrag *m*; **derecho** *m* **a** ~ Anstellungsberechtigung *f* 4 *(uso)* Verwendung(szweck *m*) *f*; **dar ~ a a/c** etw verwenden, etw gebrauchen
destitución F Amts-, Dienstenthebung *f*; Entlassung *f*; **destituible** ADJ absetzbar; **destituir** VT ⟨3g⟩ 1 *(separar de un cargo)* absetzen; des Amtes entheben, entlassen 2 *(privar) poco usado* ~ **a alg de a/c** *(privar)* j-m etw entziehen
destocado ADJ ohne Kopfbedeckung
destocar ⟨1g⟩ A VT *el peinado j-m* die Frisur durcheinanderbringen; *(descubrir la cabeza)* j-m die Kopfbedeckung abnehmen B VR **destocarse** die Kopfbedeckung abnehmen
destope M Senkung *f* des Höchstsatzes *(der Sozialversicherung)*
destorcer ⟨2b *y* 2h⟩ A VT gerade biegen; *soga, etc* aufdrehen; *fig* ~ **la vara de la justicia**

das Recht wiederherstellen **B** VR **destorcerse** MAR vom Kurs abkommen
destornillado ADJ *fam* bescheuert *fam*, kopflos
destornillador M **1** *herramienta*: Schraubenzieher *m*, -dreher *m*; **~ automático** Drillschraubenzieher *m*, -dreher *m*; **~ eléctrico** elektrischer Schraubenzieher *m*, -dreher *m*; **~ de estrella** Torxschraubenzieher *m*, -dreher *m* **2** *bebida*: Wodka *m* mit Orangensaft
destornillar **A** VT (*mit einem Schraubenzieher*) auf-, herausschrauben **B** VR **destornillarse** *fam fig* den Kopf verlieren; **~ de risa** sich totlachen *fam*
destrabar **A** VT **1** (*soltar las cadenas*) *j-m* die Fesseln lösen **2** *arma* entsichern **B** VR **destrabarse** sich loslösen
destrenzar VT ⟨1f⟩ auf-, entflechten
destreza Geschicklichkeit *f*, Gewandtheit *f*, Fertigkeit *f*; **~ de los dedos** Fingerfertigkeit *f*; *adv* **con ~** geschickt
destrincar VT ⟨1g⟩ MAR *Verstautes* losreißen
destripacuentos M/F ⟨*pl inv*⟩ *fam* Pointenverderber *m*, -in *f*
destripar VT **1** CAZA *venado* ausweiden, aufbrechen **2** *panza, acolchado, etc* aufschlitzen; (*desarmar*) auseinandernehmen; (*romper*) kaputt machen; (*desvalijar, robar*) *j-n* ausrauben **3** *fig al contar un chiste*: die Pointe verderben (*dat*)
destripaterrones M ⟨*pl inv*⟩ *fam fig desp* Bauernlümmel *m*, Bauer *m* (*desp*)
destrísimo ADJ *sup* → diestro
destrizar ⟨1f⟩ **A** VT völlig zerstückeln **B** VR **destrizarse** *fig* vor Kummer (*o* Ärger) vergehen
destronamiento M Entthronung *f* (*tb fig*); **destronar** VT entthronen (*tb fig*)
destroncar ⟨1g⟩ **A** VT **1** *árbol* umhauen **2** *fig* (*mutilar*) verstümmeln **3** *conversación* unterbrechen **4** *Chile, Méx plantas* ausreißen, niedertreten **B** VR **destroncarse** *fam* (*rendirse de fatiga*) sich abplacken, sich schinden
destronque M *Chile, Méx* Roden *n*
destrozacorazones M/F ⟨*pl inv*⟩ Herzensbrecher *m*
destrozar ⟨1f⟩ **A** VT **1** (*romper*) zerstören (*tb fig*); zerschlagen; (*despedazar*) zerstückeln; kaputt machen *fam*; (*devastar*) verwüsten; *vestimenta* (mutwillig) zerreißen; *fam fig* **estar destrozado** hundemüde (*o* völlig erschossen) sein *fam* **2** MIL (*derrotar*) vernichtend schlagen **B** VR **destrozarse** **1** (*despedazarse*) in Stücke gehen, kaputtgehen; AVIA Bruch machen **2** *persona* sich kaputtmachen *fam*
destrozo M **1** (*desgarramiento*) Zerreißen *n*; (*devastación*) Verheerung *f*; (*rotura*) Riss *m*; *tb fig* **causar** *o* **hacer ~s** Verwüstungen (*o* Zerstörungen) anrichten (**en** in, an *dat*, bei *dat*) **2** MIL (*derrota*) vernichtende Niederlage *f* **3** **~s** *mpl* (*ruinas*) Trümmer *pl*, Stücke *npl*
destrozón **A** ADJ **ser un niño ~** alles kaputt machen *fam* **B** M, **-ona** F Reißteufel *m* (*Kind, das seine Kleidung in kurzer Zeit zerreißt*)
destrucción F Zerstörung *f*; Vernichtung *f*; *fig* (*caída*) Untergang *m*; MED Verödung *f*; **destructible** ADJ *Am espec t/t y liter* zerstörbar; **destructividad** F zerstörende Gewalt *f*; Zerstörungswut *f*; **destructivo** ADJ zerstörerisch; destruktiv; **crítica** *f* **-a** destruktive Kritik *f*
destructor **A** ADJ **1** (*demoledor*) zerstörend; MIL **fuerza** *f* **~a** (**de un explosivo**) Sprengkraft *f* (*o* Brisanz *f*) (eines Sprengkörpers) **2** (*desmoralizador*) zersetzend (*tb fig*); POL umstürzlerisch **B** M *buque de guerra*: Zerstörer *m* (*tb* MAR); **~ *m* escolta** Begleitzerstörer *m*
destructora F **1** *persona*: Zerstörerin *f* **2** **~ de documentos** Aktenvernichter *m*; Reißwolf *m*
destruible ADJ zerstörbar
destruir ⟨3g⟩ **A** VT (*deshacer*) zerstören, vernichten; (*devastar*) verwüsten; MED veröden; *fig* (*arruinar*) zugrunde richten, *j-n* ruinieren; *argumento* erledigen; *plan* durchkreuzen **B** VR **destruirse** **1** *fig* (*arruinarse*) zunichte werden **2** MAT (*anularse*) sich aufheben
destungarse VR *Chile fam* sich (*dat*) das Genick brechen
desturrumbar VT *Salv* umstürzen
desubicar VT *Am reg* verwirren; desorientieren
desuello M **1** (*despellejadura*) Ent-, Abhäutung *f* **2** *fig* (*insolencia*) Unverschämtheit *f*; Prellerei *f*
desuerar VT Serum (*o* Molken) entfernen aus (*dat*); **desuero** M Kneten *n* der Butter
desulfuración F QUÍM Entschwefelung *f*
desulfurar VT QUÍM entschwefeln
desuncir VT ⟨3b⟩ *buey* ausjochen
desunido ADJ getrennt; *fig* uneins, entzweit; **desunión** F Trennung *f*; *fig* Uneinigkeit *f*, Zwietracht *f*; **desunir** VT trennen; loslösen; *fig* entzweien; verfeinden
desuñarse VR *fam poco usado* sich abrackern, sich plagen
desusado ADJ ungebräuchlich; ungewohnt; **desusarse** VR ungebräuchlich werden; **desuso** M Nichtanwendung *f*; Nichtbenutzung *f*; **caer en ~** ungebräuchlich werden, veralten; **caído en ~** *palabra* veraltet
desusual ADJ ungebräuchlich; ungewohnt
desvaído ADJ **1** *color* blass; verblasst; *figura* verschwommen **2** *fig* (*débil*) schwach; vage **3** *persona* hoch aufgeschossen und schmal
desvainar VT **1** (*descascarar*) aushülsen, -schoten **2** → desenvainar
desvaír VT schwächen (*tb fig*)
desvalido ADJ hilflos, schutzlos
desvalijador M, **desvalijadora** F Plünderer *m*, Plünderin *f*; **~ *m* de cadáveres** Leichenfledderer *m*; **~ *m* de coches** Automarder *m*
desvalijamiento M Ausplünderung *f*, Raub *m*; **desvalijar** VT ausplündern, berauben; **desvalimiento** M Hilflosigkeit *f*; Verlassenheit *f*
desvalorar VT → desvalorizar; **desvalorización** F *espec* ECON Abwertung *f*; Wertminderung *f*; **desvalorizar** VT ⟨1f⟩ *espec* ECON abwerten
desván M Dachboden *m*, Speicher *m*; Bodenkammer *f*
desvanecedor M FOT Abdeckrahmen *m*
desvanecer ⟨2d⟩ **A** VT **1** (*desdibujar*) verwischen; auflösen **2** (*deshacer*) zunichte machen **B** VR **desvanecerse** **1** (*evaporarse*) verdunsten, verfliegen; (*disolverse*) sich auflösen, verschwinden, vergehen; **~ en el aire** sich in Luft auflösen **2** (*desmayarse*) ohnmächtig (*o* bewusstlos) werden
desvanecimiento M **1** (*disolución*) Auflösung *f*, Vergehen *n*; QUÍM Verflüchtigung *f*; ELEC Schwund *m* **2** *fig* (*envanecimiento*) Hochmut *m*, Dünkel *m* **3** (*desmayo*) Ohnmacht *f*; Schwindel *m*
desvarar VT **1** MAR (*poner a flote*) flottmachen **2** *Col* AUTO (*reparar*) reparieren; **desvare** M *Col* AUTO (*reparación*) Reparatur *f*, Instandsetzung *f*
desvariado ADJ **1** (*delirante*) fantasierend, im Fieberwahn; (*desatinado*) unsinnig **2** *ramas* ins Holz geschossen; **desvariar** VI ⟨1c⟩ (*decir disparates*) faseln, irrereden; (*delirar*) fantasieren, delirieren; **desvarío** M (*locura*) Wahnsinn *m*; (*delirio*) Fieberwahn *m*, -fantasien *fpl*; **~s** *mpl* Wahnvorstellungen *fpl*
desveda F → desvede; **desvedar** VT CAZA *geschützte Tiere* zum Abschuss (*o* Fang) freigeben; **desvede** M CAZA, *pesca*: Aufhebung *f* der Schonzeit
desvelada F *Am Centr* Schlaflosigkeit *f*
desvelado ADJ schlaflos; munter; wachsam; **desvelamiento** M → desvelo
desvelar **A** VT **1** (*mantener despierto*) wach (er)halten; nicht schlafen lassen **2** (*descubrir*) enthüllen, aufdecken; **~ la verdad** die Wahrheit aufdecken **B** VR **desvelarse** *fig* wachsam sein; **~ por** sehr besorgt sein um (*acus o* wegen *gen*)
desvelo M **1** (*insomnio*) Schlaflosigkeit *f* **2** *fig* (*cuidado*) Sorge *f*; Fürsorge *f*; **~s** *mpl* schlaflose Nächte *fpl*
desvencijado ADJ *muebles viejos* wackelig; (*destartalado*) klapprig; (*aflojado, desunido*) ausgeleiert; **desvencijar** **A** VT auseinanderreißen **B** VR **desvencijarse** aus dem Leim (*o* aus den Fugen) gehen, auseinanderfallen
desvendar VT die Binde (ab)nehmen (*dat o* von *dat*)
desventaja F Nachteil *m*, Schaden *m*; **~ competitiva** Wettbewerbsnachteil *m*; **desventajoso** ADJ unvorteilhaft; nachteilig, ungünstig; **desventura** F Unglück *n*; Unheil *n*; **desventuradamente** ADV unglücklicherweise; leider; **desventurado** **A** ADJ **1** (*infeliz*) unglücklich **2** (*avaro*) geizig **B** M, **-a** F **1** (*desdichada*) Unglückliche *m/f*; (*imbécil*) Trottel *m* **2** (*tacaño*) Geizkragen *m*
desvergonzado ADJ schamlos; unverschämt, frech; **desvergonzarse** VR ⟨1f *y* 1n⟩ unverschämt werden (**con** zu *dat*, gegenüber *dat*, gegen *acus*); **desvergue** M *Salv pop* Saustall *m*, Durcheinander *n*; **desvergüenza** F Schamlosigkeit *f*; Unverschämtheit *f*, Frechheit *f*
desvertebrar VT **1** (*desnucar*) *j-m* das Genick brechen **2** *fig red de espías, grupo de terroristas* zerschlagen; *argumentos* widerlegen
desvestir **A** VT ⟨3l⟩ entkleiden, ausziehen **B** VR **desvestirse** sich ausziehen, sich entkleiden
desviable ADJ ablenkbar
desviación F **1** *espec* FÍS, TEC *y fig* (*divergencia*) Abweichung *f*; Ablenkung *f*; *de una aguja*: Ausschlag *m*; FÍS **~ de fase** Phasenhub *m*; **~ de la luz** Lichtbrechung *f*; **~ magnética** Magnetabweichung *f*; AVIA **~ de mando** Steuerausschlag *m* **2** MED *de los huesos*: Verkrümmung *f*; PSIC **~ sexual** sexuelle Abart *f* **3** *transporte*: **~ (del tráfico)** Umleitung *f*
desviacionismo M POL Abweichlertum *n*; Abweichung *f*; **desviacionista** POL **A** ADJ abtrünnig, von der Parteilinie abweichend **B** M/F Abweichler *m*, -in *f*; **desviado** ADJ **1** AUTO *manejo* ausgeschlagen **2** PSIC **conducta** *f* **desviada** abartiges Verhalten; **desviador** M *Am* FERR Weiche *f*
desviar ⟨1c⟩ **A** VT **1** ablenken; umleiten (*tb transporte*); *cauce* ableiten; (*desplazar*) verschieben, verlagern; FÍS *los rayos de luz* brechen; MAR **~ del rumbo** vom Kurs abbringen **2** *fig* (*disuadir*) **~ de** abbringen von (*dat*) **3** *esgrima*: parieren **B** VR **desviarse** **1** TEC *aguja* ausschlagen **2** MAR, AVIA (*perder el rumbo*) abgetrieben werden **3** (*salirse del camino*) vom Wege abkommen (*tb fig*); *fig* auf Abwege geraten
desvinculado ADJ **estar ~** alleinstehen ; ohne Bindungen sein
desvincular **A** VT **1** *de un cargo*: entbinden **2** *RPl* → amortizar **B** VR **desvincularse** (*separarse*) sich trennen; aufgeben; **~ de las** *o* **sus amistades** seine Freundschaften aufgeben
desvío M **1** (*desviación*) Abweichung *f*; Ablenkung *f* **2** *transporte*: Umleitung *f* **3** (*ramal*) Ab-

zweigung *f*; FERR Ausweichgleis *n* 4 TEL ~ **de llamadas** Rufumleitung *f* 5 *fig (repulsión)* Abneigung *f*, Kälte *f*; *(repugnancia)* Widerwille *m*
desvirgamiento M Entjungferung *f*; **desvirgar** V/T entjungfern *(tb fig)*; **desvirgue** M → desvirgamiento
desvirolado ADJ *Am Mer fam* bekloppt, bescheuert *fam*
desvirtuar ⟨1e⟩ A V/T die Eigenschaft(en) *einer Sache* verderben; *fig tesis, prueba* entkräften; *argumento* widerlegen, zerpflücken *fam* B V/R **desvirtuarse** seine Kraft (*o* seine Eigenschaft) verlieren; *comestibles, etc* sich zersetzen
desvitaminizar V/T Vitamine entziehen; **desvitrificar** V/T ⟨1g⟩ entglasen
desvivirse V/R ~ **por** vor Sehnsucht nach *etw (dat)* vergehen; sehr erpicht auf *etw (acus)* sein; alle Hebel in Bewegung setzen, um zu *(inf)*; ~ **por alg** alles für j-n tun
desvolvedor M TEC Windeisen *n*
desyerbar V/T jäten; abgrasen
desyugar V/T ⟨1h⟩ ausjochen
detalladamente ADV im Einzelnen; genau, umständlich; **detallado** ADJ ausführlich; mit (*o* in) allen Einzelheiten; genau; **detallar** V/T & V/I 1 *(describir minuciosamente)* ausführlich beschreiben; einzeln aufführen; die einzelnen Punkte aufzählen 2 COM *(al por menor)* im Kleinen (*o* en détail) verkaufen
detalle M 1 *(parte, fragmento)* Einzelheit *f*; Detail *n*; *(pequeñez)* Kleinigkeit *f*; PINT (Bild)Ausschnitt *m*; **al** ~ im Detail; **en** *o* **con** ~ ausführlich, im Einzelnen; **con todo lujo de ~s** in allen Einzelheiten; **entrar en ~(s)** ins Detail gehen, (bis) ins Einzelne gehen; sehr ausführlich sein (*o* behandeln) 2 COM **comercio** *m* **al** ~ *(al por menor)* Einzelhandel *m* 3 *de una factura, lista*: Einzelaufführung *f*, Spezifikation *f* 4 *fig (gesto)* (schöner) Zug *m*, (nette *o* großzügige) Geste *f*; *(atención)* Aufmerksamkeit *f*
detallista M/F 1 *persona*: Perfektionist *m*, -in *f*; *desp* Kleinigkeitskrämer *m*, -in *f* 2 COM *(comerciante)* Einzelhändler *m*, -in *f*
detartraje M ODONT Zahnsteinentfernung *f*
detasa F FERR Frachtrabatt *m*
detección F Auffinden *n*; RADIO Detektion *f*, Gleichrichtung *f*; MED ~ **precoz** Früherkennung *f*; **detectabilidad** F *espec Am* Nachweisbarkeit *f*; **detectable** ADJ erkennbar; **detectar** V/T *espec* TEC auffinden, registrieren; MED *enfermedad* erkennen; **detective** M/F Detektiv *m*, -in *f*; **agencia** *f* **de ~s** Detektei *f*; **detectivesco** ADJ detektivmäßig
detector M FÍS, RADIO, TEC Detektor *m*; ~ **de galena** Kristalldetektor *m*; ~ **de humos** Rauchmelder *m*; ~ **de metales** Metalldetektor *m*; ~ **de mentiras** Lügendetektor *m*; MIL ~ **de minas** Minensuchgerät *n*; ~ **de movimientos** Bewegungsmelder *m*
detención F 1 *(arresto)* Festnahme *f*, Verhaftung *f*; Haft *f*; ~ **ilegal** Freiheitsberaubung *f*; JUR ~ **precautoria/preventiva** Schutz-/Untersuchungshaft *f*; JUR **orden** *f* **de** ~ Haftbefehl *m* 2 *(retraso)* Verzögerung *f*; An-, Auf-, Zurückhalten *n*; Hemmung *f*; Stillstand *m*; ~ **en ruta** Fahrtunterbrechung *f*; *adv* **sin** ~ unverzüglich 3 *fig (prolijidad)* Ausführlichkeit *f*, Gründlichkeit *f*
detener ⟨2l⟩ A V/T 1 *(interrumpir)* an-, aufhalten; *(impedir)* hemmen; *(retrasar)* verzögern; *(parar)* stoppen; MAR *vía de agua* abdichten; ~ **la marcha** *tb* laufende Maschine abstellen; ~ **el paso** *(ir más despacio)* langsamer gehen; stehen bleiben 2 *(retener)* einbehalten, zurückbehalten; in Gewahrsam haben 3 *(arrestar)* festnehmen, verhaften B V/R **detenerse** stehen bleiben; zum Stillstand kommen; *coche tb* anhalten; ~ **a hacer a/c** sich damit aufhalten, etw zu tun; *fig* **no ~ ante nada** vor nichts haltmachen; ~ **con** *o* **en** bei (*o* von) *(dat)* aufgehalten werden; bei *(dat)* verweilen; ~ **en** *tb* lange (Zeit) brauchen für *(acus)*; ~ **en el examen de a/c** etw genau überprüfen
detenidamente ADV lange; gründlich, eingehend, ausführlich, aufmerksam; **leer a/c** ~ etw aufmerksam lesen; **detenido** A ADJ 1 *(lento)* langsam, zögernd 2 *(minucioso)* eingehend, gründlich 3 *(indeciso)* unentschlossen; gehemmt, ängstlich 4 *(avaro)* geizig 5 **llevar** ~ *delincuente* abführen B M, **-a** F Häftling *m*, Verhaftete *m/f*; Gefangene *m/f*; **queda usted** ~ Sie sind verhaftet
detenimiento M Ausführlichkeit *f*; *adv* **con** ~ → detenidamente
detentación F JUR unrechtmäßiger Besitz *m*; Vorenthaltung *f*; **detentador** M, **-ora** F unrechtmäßiger Besitzer *m*, unrechtmäßige Besitzerin *f*; **detentar** V/T JUR zu Unrecht einbehalten (*o* besitzen); ~ **la herencia de alg** j-m das Erbe vorenthalten
detentor M TEC Halter *m*; Spannring *m*
detergente A ADJ reinigend; **poder** *m* ~ Reinigungskraft *f* B M Reinigungs-, Wasch-, Spülmittel *n (tb* QUÍM, TEC*)*
deterger V/T ⟨2c⟩ MED *herida* säubern
deterioración F → deterioro; **deteriorado** ADJ *tb* COM, TEC fehlerhaft; beschädigt, schadhaft; *comestibles, etc* verdorben; **deteriorar** V/T *(dañar)* beschädigen; *comestible, etc* verderben; *dientes, metal* angreifen
deterioro M *(daño)* Beschädigung *f*, Schaden *m*; *(empeoramiento)* Verschlechterung *f*; *(desvalorización)* Wertminderung *f*; *de comestibles, etc*: Verderb *m*; **de fácil** ~ leicht verderblich; **sin ~ de** unbeschadet *(gen)*
determinable ADJ bestimmbar *(tb* MAT*)*
determinación F 1 *(fijación)* Bestimmung *f*, Festlegung *f*; ~ **de la edad** Altersbestimmung *f*; MAR, AVIA ~ **del rumbo** Kursbestimmung *f*; ~ **de la posición** Ortung *f* 2 *(decisión)* Beschluss *m*; Entschluss *m*; **tomar una** ~ einen Entschluss fassen 3 *(osadía, valor)* Entschlossenheit *f* 4 FIL Determiniertheit *f*
determinado ADJ 1 *(decidido)* entschlossen 2 *(definido)* bestimmt 3 *(valiente)* mutig, kühn; **determinante** A ADJ entscheidend; bestimmend (**de** für *acus*); GRAM **palabra** *f* ~ Bestimmungswort *n* B M GRAM Bestimmungswort *n* C F MAT Determinante *f*
determinar A V/T 1 *(fijar)* festlegen, -setzen; bestimmen *(tb* MAT*)*; *tb* MAT ~ **la posición (de)** orten *(acus)* 2 ~ **hacer a/c** beschließen, etw zu tun; ~ **a alg a hacer a/c** j-n dazu bewegen (*o* veranlassen), etw zu tun 3 *(comprobar)* feststellen 4 *(causar)* verursachen, bestimmend sein für *(acus)* B V/R **~se a (hacer) a/c** sich zu etw *(dat)* entschließen, sich entschließen, etw zu tun
determinativo ADJ *espec* GRAM determinativ, bestimmend
determinismo M FIL Determinismus *m*; **determinista** A ADJ FIL deterministisch B M/F Determinist *m*, -in *f*
detersión F Reinigung *f*; **detersivo, detersorio** ADJ reinigend; MED **(medicamento** *m***)** ~ reinigend(es Mittel *n*)
detestable ADJ abscheulich; **detestación** F Abscheu *m*; Hass *m*; **detestar** V/T *(aborrecer)* verabscheuen, hassen, nicht ausstehen können; *(tener asco)* sich ekeln vor *(dat)*; *(maldecir)* verwünschen
detonación F Detonation *f*, Explosion *f*, Knall *m*; AVIA ~ **supersónica** Knall *m* beim Durchbrechen der Schallmauer
detonador A ADJ **pistola** *f* **~a** Schreckschusspistole *f* B M 1 *(cápsula fulminante)* Sprengkapsel *f*, Zünder *m*; ~ **de tiempo** Zeitzünder *m* 2 *fig (desencadenante)* Auslöser *m*, auslösendes Moment *n*
detonante A ADJ **mezcla** *f* ~ Sprengmischung *f* B M Zündsatz *m*; Zünder *m*
detonar[1] A V/I detonieren, explodieren; krepieren *(Geschoss)* B V/T zur Explosion bringen, zünden
detonar[2] V/I *(humillar)* demütigen
detorsión F *(espec* Muskel*)*Zerrung *f*
detracción F Herabsetzung *f*, Verleumdung *f*, üble Nachrede *f*; **detractor** A ADJ verleumderisch B M, **detractora** F Verleumder *m*, -in *f*, Lästerer *m*, Lästerin *f*
detraer V/T ⟨2p⟩ 1 *(sustraer)* abziehen 2 *méritos, honor* herabsetzen, schmälern; verleumden, schlechtmachen
detrás A ADV *(atrás)* hinten, dahinter; *(después)* hinterher; *(hacia atrás)* zurück; **por** ~ von hinten; *fig* hinterrücks; **estar** ~ dahinter stehen (*o* stecken) *(tb fig)*; *tb* MIL **el que está** ~ Hintermann *m* B PREP ~ **de** hinter *(dat o acus)*; ~ **de mí/de ti** hinter (*o* nach) mir/dir; **uno ~ de otro** einer hinter dem anderen, hintereinander; *tb fig* **correr ~ de alg** j-m nachlaufen; *fig* **estar ~ de a/c** hinter etw *(dat)* stehen; **hablar (por) ~ de alg** hinter j-s Rücken *(dat)* sprechen; **ir** *o* **andar ~ de a/c** hinter etw*(dat)* her sein; **ir ~ de alg** hinter j-m hergehen; *fam fig* j-m nachsteigen *fam (z. B. einer Frau)*
detrimento M Schaden *m*, Nachteil *m*; **en ~ suyo** zu seinem Schaden; **en ~ de la calidad** auf Kosten der Qualität
detrítico ADJ 1 GEOL **capa** *f* **-a** *o* **formación** *f* **-a** Trümmer-, Verwitterungsschicht *f*, -formation *f* 2 BIOL, MED Detritus...
detrito M 1 *sólido en descomposición*: Trümmer *pl*, Zerfallsmasse *f*; Bodensatz *m*; *fig (desecho)* Ausschuss *m*; GEOL **~s** *pl* Trümmergestein *n*; **~s** *pl* **animales** tierische Abfälle *mpl* 2 BIOL, MED Detritus *m*, *de tejido*: Gewebstrümmer *pl*
detritus M *t/t* → detrito
deturpación F Verfälschung *f*; **deturpar** V/T verfälschen
detuvo → detener
deuda F Schuld *f (tb fig)*; Verschuldung *f*; ~ **activa** (Schuld)Forderung *f*; ~ *f* **exterior** Auslandsschuld *f*, -verschuldung *f*; ~ **flotante** schwebende (Staats)Schuld *f*; ~ **pública** *o* ~ **del Estado** Staatsschuld *f*; **cargado de ~s** hoch verschuldet; **libre de ~s** schuldenfrei; **cobrar ~s** Schulden eintreiben; *fig* **contraer una** ~ eine Verpflichtung eingehen; **contraer ~s** Schulden machen; *espec fig* **estar en ~ con alg** in j-s Schuld *(dat)* stehen; *fig* **saldar una ~ pendiente** eine alte Schuld begleichen
deudo M 1 *(parientes)* Verwandte *m/f* 2 **~s** *pl (parentela)* Verwandtschaft *f*; *Am reg frec* Verwandtschaft *f eines Verstorbenen*
deudor A ADJ schuldend; schuldig; Schuldner...; ECON Soll..., Debet...; ECON *y fig* **anotar en la cuenta ~a** auf der Debetseite verbuchen B M, **deudora** F Schuldner *m*, -in *f*; ~ **de un** ~ Drittschuldner; ~ **solidario** Gesamtschuldner *m*
deuterio M QUÍM Deuterium *n*; **óxido** *m* **de** ~ schweres Wasser *n*
Deuteronomio M *Biblia*: Deuteronomium *n das 5. Buch Mose*
devalar V/I MAR abtreiben
devaluación F ECON Abwertung *f*, Devalvation *f*; **devaluar** V/T ⟨1e⟩ abwerten; **devaluatorio** ADJ ECON abwertend; Abwertungs...; **devalúo** M → devaluación
devanadera F Haspel *f*; Aufspulgerät *n*; Garnwinde *f*; Spule *f*; **devanado** M 1 TEC *acción*: Haspeln *n* 2 ELEC *(bobinado)* Wicklung *f*; ~ **de inducido** Ankerwicklung *f*; **devana-**

D

dor M **1** *(rollo)* (Papier)Rolle *f zum Garnwickeln* **2** *obrero*: Haspler *m*; **devanadora** F **1** TEC *instrumento*: Haspel *f* **2** *obrera*: Hasplerin *f*
devanar **A** VT abspulen, abwickeln; *hilo, alambre* haspeln **B** VR **devanarse** **1** *fig* ~ **los sesos** sich *(dat)* den Kopf zerbrechen **2** *Cuba, Méx* ~ **de dolor/risa** sich vor Schmerz/Lachen krümmen
devanear VI fantasieren, faseln, spinnen *fam*; **devaneo** M **1** *(hilandería)* Spinnerei *f*; Hirngespinst *n* **2** ~**s** *mpl (amorío)* Liebelei *f* **3** *(distracción)* Zeitvertreib *m*, Spielerei *f*
devastación F Verwüstung *f*, Verheerung *f*; **devastado** ADJ verwüstet; **devastador** ADJ verwüstend, verheerend; **devastar** VT verwüsten, verheeren
devatiado ADJ ELEC **corriente** *f* **-a** Blindstrom *m*
develación F *Am Centr* Enthüllung *f (eines Denkmals)*
develador ADJ enthüllend; **develar** VT *secreto, etc* entschleiern, enthüllen; *Am tb monumento* enthüllen
devengado ADJ *intereses* angefallen; **devengar** VT ⟨1h⟩ Anrecht (*o* Anspruch) haben auf *(acus)*; einbringen, beziehen; *intereses* abwerfen, einbringen; **devengo** M ~ **de intereses** Zinsertrag *m*; **con** ~ **de intereses** verzinslich
devenir **A** VI ⟨3s⟩ FIL, *liter* werden (**en** zu *dat*); ~ **poeta** Dichter werden **B** M FIL Werden *n*
deveras ADV *Méx fam* wirklich, echt *(bes in Fragesätzen)*; **¿lo dices ~?** ist das dein Ernst?
deviación F *espec* ASTRON Abweichung *f*
devisa F HIST Erbsitz *m*
devisar VT *Méx* → divisar; *pop* → atajar
devoción F **1** REL *(recogimiento)* Andacht *f*, Frömmigkeit *f*; *p. ext (veneración)* Verehrung *f*, Anbetung *f*; *adv* **con** ~ andächtig; *fig* ehrfürchtig, hingebungsvoll; **libro** *m* **de** ~ → devocionario; **objetos** *mpl* **de** ~ Devotionalien *fpl* **2** *(lealtad)* Ergebenheit *f*; Zuneigung *f*; **estar a la ~ de alg** j-m bedingungslos ergeben sein; **fingir** ~ frömmeln; **hacer a/c con** ~ etw mit Hingabe tun; **tener por** ~ *(inf)* die (feste) Gewohnheit haben, zu *(inf)*
devocionario M Gebets-, Andachtsbuch *n*
devolución F **1** *(restitución)* Rückgabe *f*; Zurückerstattung *f*; COM **artículo** *m* **de** ~ Kommissionsartikel *m* **2** JUR *herencia*: Anfall *m (einer Erbschaft)*; **devolutivo, devolutorio** ADJ JUR (zurück)erstattend; Rückerstattungs...
devolver ⟨2h; *pp* → devuelto⟩ **A** VT **1** *(restituir)* zurückgeben, -schicken; herausgeben; ~ **el cambio** *o Perú* **el vuelto** das Wechselgeld herausgeben; **devuélvase al remitente** *carta* zurück an Absender **2** *de un pago*: zurückzahlen; *gastos* erstatten **3** *(colocar en su sitio)* zurückstellen; wieder *an seinen Platz* stellen **4** *fig (desquitarse)* vergelten, heimzahlen; *gracias, visita, etc* erwidern; ~ **bien por mal** Böses mit Gutem vergelten **5** *fig (retornar)* wiedergeben; ~ **la vida a** wieder beleben *(acus)* **6** *fam comidas* erbrechen *(tb abs)* **B** VR **devolverse** *Am (regresar)* umkehren; *(volver)* zurückgehen; *(ir hacia atrás)* zurückkommen, -kehren
devoniano, devónico GEOL **A** ADJ devonisch **B** M Devon *n*
devorador ADJ verzehrend; gefräßig; **hambre** *f* **~a** Heißhunger *m*; **devorante** ADJ → devorador
devorar VT **1** *animal*: (auf)fressen; zerreißen; ver-, hinunterschlingen **2** *fig libro* verschlingen; *lágrimas* hinunterschlucken; *fam* ~ **kilómetros** Kilometer fressen *fam*; ~ **a alg con los ojos** j-n mit den Augen (*o* Blicken) verschlingen **3** *fig (destruir)* vernichten, ruinieren; verzehren; **el fuego devoró el bosque** das Feuer vernichtete den Wald; **le devora la envidia** der Neid frisst an ihm; **le devora la impaciencia** er vergeht vor Ungeduld
devotería F *fam* → beatería
devoto **A** ADJ **1** *imagen, templo, lugar*: Andachts...; **imagen** *f* **-a** Heiligenbild *n* **2** *(piadoso)* andächtig, fromm **3** *(entregado)* ergeben; untertänig, devot **B** M, **-a** F **1** *(que tiene devoción)* Andächtige *m/f* **2** *(admirador[a])* Verehrer *m*, -in *f*, Anhänger *m*, -in *f* (**de** von *dat*) *(tb desp)*; **los ~s** *mpl* **del volante** die Autonarren *mpl* (*o* Autofans *mpl*) **C** M *(objeto de devoción)* Gegenstand *m* der Verehrung
devuelto ADJ zurückgegeben; **mercancía** *f* **-a** Retoure *f*; *correos*: ~ **al remitente** zurück an Absender
dexteridad F Geschick(lichkeit *f*) *n*
dextrina F QUÍM Dextrin *n*
dextrocardia F MED Dextrokardie *f*
dextrogirismo M *letra*: Rechtsläufigkeit *f*; **dextrógiro** ADJ *letra* rechtsläufig; QUÍM rechtsdrehend; **dextrorrotación** F TEC, *t/t* Rechtsdrehung *f*; Rechtsdrall *m*; **dextrorso** ADJ *t/t y liter* rechtsdrehend
dextrosa F QUÍM Dextrose *f*
dey M HIST Dey *m (Algerien)*
deyección F **1** MED *(defecación)* Stuhlgang *m*; **-ones** *fpl* Stuhl *m*; Kot *m*; Exkremente *npl* **2** GEOL **-ones** *fpl de un volcán*: Auswurf *m eines Vulkans*
dezmable ADJ zehntpflichtig; **dezmar** VT ⟨1k⟩ → diezmar; **dezmero** M → diezmero
D.F. ABR (Distrito Federal) *Bezirk der Hauptstadt Mexiko*
DGP M ABR (diagnóstico genético preimplantacional o preimplantatorio) PID *f (Präimplantationsdiagnostik)*
DGT F ABR (Dirección General de Tráfico) *Esp corresponde a*: Hauptabteilung *f* für Verkehr
di → dar, decir
día M **1** Tag *m*; *(tiempo)* Zeit *f*; *(momento determinado)* Zeitpunkt *m*; *(lapso)* Zeitabschnitt *m*; **el ~ 12 de octubre** am 12. Oktober; ~ **de campo** Landpartie *f*; ECON ~ **de cierre/cómputo** Schluss-/Abrechnungstag *m*; ~ **civil/festivo** Kalender-/Feiertag *m*; ~ **de entresemana** Wochentag *m*; ~ **franco** *o* **libre** freier Tag *m*; Ausgang *m*; ~ **de fiesta entera/de media fiesta** voller/halber Feiertag *m*; ~ **laborable** *o* **hábil** Werktag *m*; ~ **de la Madre/del Padre** Mutter-/Vatertag *m*; ~ **de puertas abiertas** Tag *m* der offenen Tür; *Am* ~ **de la Raza** *o Esp* ~ **de la Hispanidad** Tag *m* der Hispanität *(12. Oktober)*; JUR ~ **de respiro** Verzugstag *m*; ~ **de San Juan** Johannistag *m*; ~ **de San Valentín** Valentinstag *m*; ~ **de suerte** Glückstag *m*; REL ~ **de vigilia** Fastentag *m*; **un** ~ eines Tages, einmal; **algún** ~ eines Tages; einst; später (einmal); **un ~ de estos** *o* **uno de estos ~s** dieser Tage, bald; *irón* nie; **un ~ es un ~** einmal ist keinmal; **un ~ sí y otro no** einen Tag um den anderen, jeden zweiten Tag; **a ~s** gelegentlich; **al** ~ *(al corriente)* auf dem Laufenden; auf dem neuesten Stand; *adv (a diario)* täglich, pro Tag; **al otro ~** *o* **al ~ siguiente** am nächsten Tag; **a los pocos ~s** wenige Tage später; **el ~ antes/después** tags zuvor/darauf; **dos ~s después** am übernächsten Tag; *adv* **durante el** ~ tagsüber; **cada** ~ jeden Tag, (tag)täglich; **cada dos ~s** jeden zweiten Tag; **de** ~ bei (*o* am) Tage; **de unos ~s acá** *o* **de unos ~s a esta parte** seit einiger Zeit; seit geraumer Zeit; **de ~ en ~** von Tag zu Tag; **de un** ~ eintägig; **de quince ~s** vierzehntägig; **del** ~ vom Tage, ganz neu; *(recién terminado)* soeben fertig, *(fresco)* frisch; *noticia* aktuell; **(durante) ~s enteros** tagelang; **en su** ~ zu gegebener Zeit; rechtzeitig; **hoy (en)** ~ heutzutage; **de hoy en ocho ~s** heute in acht Tagen; **el ~ a ~** das tägliche Einerlei; *fig* **el ~ de mañana** in (der) Zukunft; **el mejor** ~ eines schönen Tages; **el ~ menos pensado** ehe man sichs versieht, ganz unerwartet; **el otro** ~ neulich, kürzlich; *irón* **¡otro ~!** ein andermal!; morgen!; **mañana será otro** ~ morgen ist auch noch ein Tag; **por ~s** tageweise; ~ **por** ~ Tag für Tag; *Am* ~ **por medio** einen Tag um den anderen, jeden zweiten Tag; **todo el santo** ~ den lieben langen Tag; **todos los ~s** täglich, jeden Tag; ~ **tras** ~ Tag für Tag; **aplazar de ~ en ~** *o* **de un ~ para otro** von einem Tag auf den andern verschieben; **crecer de ~ en ~** immer größer werden; **estar al** ~ auf dem Laufenden sein; auf der Höhe des Tages sein; *fam fig* **¡tal ~ hará** *o* **hizo un año!** ich pfeife was darauf! *fam*; *tb* darauf kannst du lange warten! *fam*; **poner al** ~ auf den neuesten Stand bringen, aktualisieren; **poner(se) al** ~ (sich) auf dem Laufenden halten; (sich) einarbeiten; MED *y fig* **tener sus ~s** seine Tage haben; **trabajar al** ~ tagelöhnern **2** *de día*: Tag *m (im Gegensatz zur Nacht)*; Tageslicht *n*; ~ **lunar** Mondtag *m*; **abre** *o* **despunta** *o* **rompe el** ~ der Tag bricht an; **hacerse (de)** ~ Tag werden; hell werden; **ya es de** ~ es wird schon hell, es ist schon Tag; **antes del** ~ frühmorgens, vor Tagesanbruch **3** METEO Wetter *n*; **hace buen/mal** ~ es ist schönes/schlechtes Wetter **4** *saludo*: **(dar los) buenos ~s** Guten Morgen (*o* Tag) (wünschen); *fig* **no darse los buenos ~s** verfeindet sein; **¡hasta otro ~!** bis bald! **5** *de vida*: Leben(stage *mpl*) *n*; **tiene los ~s contados** seine Tage sind gezählt; **al fin de sus ~s** (kurz) vor seinem Tod; **en mis ~s** zu meiner Zeit; **¡no en mis ~s!** nie!; *fig* **por él no pasan los ~s** an ihm geht die Zeit spurlos vorbei
diabasa F GEOL Grünstein(schiefer) *m*
diabetes F MED Diabetes *m*, Zuckerkrankheit *f*; **diabético** MED **A** ADJ diabetisch, zuckerkrank **B** M, **-a** F Diabetiker *m*, -in *f*; **diabeto** M FÍS Tantalusbecher *m*
diabla F **1** *(diablo hembra)* Teufelin *f (tb fig)*; *adv fam* **a la** ~ verteufelt schlecht, miserabel **2** TEAT *luces*: Kulissenlicht *n* **3** TEC (Reiß)Wolf *m*; **diablejo** M Teufelchen *n*; **diablesa** F Teufelsweib *n*; **diablesco** ADJ → diabólico; **diablillo** M **1** *máscara*: Teufelsmaske *f (tb persona)* **2** *niño*: Teufelchen *n*; Range *f*, Lausejunge *m*; **diablito** M Teufelchen *n*
diablo M **1** *espíritu del mal*: Teufel *m*; ~ **(de hombre)** Teufelskerl *m*; **estos niños son el (mismísimo)** ~ das sind (die reinsten) Teufelsrangen; ~ **cojuelo** *liter* hinkender Teufel; *fig* Kobold *m*, Schelm *m*; Störenfried *m*; **un pobre** ~ ein armer Teufel *m* (*o* Schlucker *m*); *fam fig* **el ~ predicador** der Teufel als Sittenprediger, der Wolf im Schafspelz; **tener un pacto con el** ~ mit dem Teufel im Bund stehen; **no tiene el ~ por donde cogerle** er ist der reinste Teufel; er ist ein Ausbund von Lastern **2** *en comparaciones*: **como el** *o* **un** ~ wie ein Irrer; wie der Teufel; teuflisch, höllisch; **correr como el** *o* **un** ~ wie ein Irrer rennen; **eso pesa como el** ~ das wiegt verteufelt schwer; *fam* **más que el** ~ verdammt viel *fam*; **de mil ~s** *o* **de (todos) los ~s** höllisch *(fig)*; **hay un barullo de mil ~s** das ist ja ein Heidenlärm **3** *fig* **anda el ~ suelto** der Teufel ist los; **darse al** ~ *o* **a todos los ~s** sich mächtig aufregen, außer sich *(dat)* sein; wüst schimpfen; *fam* **irse al** ~ zum Teufel (*o* vor die Hunde) gehen *fam*; **mandar al ~ a alg** j-n zum Teufel schicken *fam*; j-n rausschmeißen *fam*; *fam* **ya que nos lleva el ~, que sea en coche** wenn uns schon der Teufel holt, dann bitte mit Glanz und Gloria; **tener el ~ en el cuerpo** den Teufel im Leib haben; *Am Mer* **donde el ~ perdió del poncho** wo sich

Fuchs und Hase Gute Nacht sagen; *prov* **el ~, harto de carne, se metió a fraile** wenn der Teufel alt wird, wird er fromm 4 INT **¡diablo(s)!** (zum) Teufel!, Donnerwetter!; **¡al ~ con …!** zum Teufel mit …!; **¡un ~!** *(Ausdruck des Widerwillens gegen eine Arbeit etc) corresponde a:* den Teufel werde ich tun!; **¿cómo ~s lo ha hecho?** wie hat er das nur fertig gebracht?; **¡el ~ que lo entienda!** das versteht kein Mensch!, das soll der Teufel verstehen!; **¡guárdate del ~!** sei auf der Hut!; überlege dir genau, was du tun willst; **¡qué ~(s)!** zum Teufel!; das fehlte gerade noch!; verflucht noch einmal! *fam;* **¿qué ~s va a decir?** was zum Teufel wird er sagen?; **¡que el ~ cargue con él!** der Teufel soll ihn holen!; **¡que se lo lleve el ~!** hol's der Teufel!; **¡vete al ~!** scher dich zum Teufel! 5 *Am reg* **~s** *mpl* **azules** *(delirio)* Säuferwahn *m* 6 *billar:* Billardstockauflage *f* 7 TEX *(abridor de lana)* Reißwolf *m* 8 *Chile carruaje:* Ochsenwagen *m für Langholz* 9 *Chile (desclavador)* Nagelzieher *m* 10 *pez:* **~ marino** Drachenkopf *m;* **~ de mar** Teufelsrochen *m*, Manta *m* 11 *jerga del hampa (cárcel)* Gefängnis *n*, Knast *m fam*

diablura F 1 *(travesura)* Teufelei *f;* Streich *m* 2 *(malicia)* Mutwille *m;* **diabólico** ADJ 1 *(del diablo)* teuflisch 2 *fig (enrevesado)* vertrackt, verteufelt

diábolo M *juego:* Diabolo(spiel) *n*

diacitrón M → acitrón; **diacodión** M *t/t* Mohnsaft *m*

diaconado, diaconato M Diakonat *n;* **diaconía** F Diakonatsbezirk *m;* **diaconisa** F Diakonisse *f*

diácono M Diakon *m*

diacrítico ADJ FON, *t/t* diakritisch; **acento** *m* **~** unterscheidender Akzent *m;* **diacronía** F LING Diachronie *f;* **diacrónico** ADJ LING diachronisch

diacústica F FÍS Diakustik *f*

diadema F Diadem *n;* Stirnband *n; fig* Herrscherkrone *f*

diado ADJ anberaumt *(Tag, Termin)*

diadoco, diádoco M HIST *y fig* Diadoche *m*

diafanidad F Durchsichtigkeit *f;* Lichtdurchlässigkeit *f*

diáfano ADJ durchsichtig; -scheinend; *t/t* diaphan; *fig* klar; offen

diafanoscopia F MED Durchleuchtung *f;* **diafanoscopio** M MED Diaphanoskop *n*

diaforético ADJ MED → sudorífero

diafragma M 1 ANAT *músculo:* Zwerchfell *n* 2 FÍS, TEC, QUÍM, ELEC *(membrana)* Membran *f;* durchlässige Zwischenwand *f* 3 FOT Blende *f;* **~ de disco** Scheibenblende *f;* **~ giratorio/iris** Revolver-/Irisblende *f* 4 MED Pessar *n*, Diaphragma *n*

diafragmar VT & VI FOT abblenden

diagnosis F BOT, ZOOL, MED Diagnostik *f;* **diagnosticar** VT ‹1g› MED diagnostizieren

diagnóstico A ADJ 1 MED diagnostisch 2 *signo* charakteristisch B M MED 1 *determinación:* Diagnose *f (tb fig)*, Befund *m;* **~ diferencial/precoz** Differenzial-/Frühdiagnose *f;* **~ erróneo** *o* **equivocado** Fehldiagnose *f;* **~ por el iris** Augendiagnose *f* 2 *conocimiento:* Diagnostik *f;* **~ genético preimplantacional** (*o* **preimplantatorio**) Präimplantationsdiagnostik *f*

diagonal A ADJ diagonal, schräg (laufend); **en ~** schräg verlaufend; quer B F 1 *(línea oblicua)* Diagonale *f* 2 TEX *tejido:* Diagonal *m (schräg gestreifter Stoff)*

diágrafo M Diagraf *m (Zeichengerät)*

diagrama M Diagramm *n*, Schaubild *n;* Skizze *f*, Abriss *m;* INFORM **~ de barras** Säulendiagramm *n;* **~ de flujo** Flussdiagramm *n*

dial M 1 RADIO *(escala)* Stationsskala *f* 2 TEL *para discar:* Nummernscheibe *f*, Wählscheibe *f*

dialectal ADJ LING mundartlich, dialektal; Dialekt…

dialéctica F FIL Dialektik *f;* **dialécticamente** ADV dialektisch; **dialéctico** FIL A ADJ dialektisch; **materialismo** *m* **~** dialektischer Materialismus *m* B M, **-a** F Dialektiker *m*, -in *f*

dialectismo M LING Dialektform *f*, -ausdruck *m;* **dialecto** M LING Dialekt *m*, Mundart *f;* **dialectología** F LING Dialektologie *f*, Mundartenkunde *f;* **dialectólogo** M, **-a** F LING Dialektologe *m*, Dialektologin *f*

diálisis F MED, QUÍM Dialyse *f*

dialogado ADJ LIT dialogisch; dialogisiert, in Gesprächsform; **dialogador** ADJ gesprächsfreudig; **dialogal** ADJ dialogisch; **dialogante** A ADJ gesprächsbereit B M/F, Gesprächspartner *m*, -in *f;* **dialogar** ‹1h› A VT LIT in Gesprächsform abfassen B VI *(conversar)* ein Zwiegespräch führen, sich unterhalten; **dialogismo** M LIT Dialogismus *m*, Darstellung *f* in Dialogform; **dialogístico** ADJ dialogisch, Dialog…; in Dialogform dargestellt; **dialogizar** VI ‹1f› → dialogar

diálogo M Dialog *m;* Zwiegespräch *n;* (Wechsel)Gespräch *n;* **es un ~ entre sordos** sie reden aneinander vorbei

dialoguista M/F LIT Dialogautor *m*, -in; FILM *tb* Dialogbearbeiter *m*, -in *f;* Dialogregisseur *m*, -in *f*

diamantado ADJ diamantartig; **diamantar** VT Diamantglanz geben *(dat)*

diamante M 1 *piedra preciosa:* Diamant *m;* **~ (en) bruto** Rohdiamant *m*, ungeschliffener Diamant *m (tb fig persona);* **~ rosa** Rosette *f;* **~ de vidriero** *o* **cristalero** (Glaser)Diamant *m;* **punta** *f* **de ~** *fonotecnia:* Saphir *m; joyas:* Diamantnadel *f;* TEC Glaserdiamant *m* 2 *fig* **bodas** *fpl* **de ~** diamantene Hochzeit *f* 3 TIPO Brillant *f (3-Punkt-Schrift);* **edición** *f* **~** Diamantausgabe *f* 4 *juego de cartas, corresponde a:* Karo *n* 5 *Esp vulg (prepucio)* Vorhaut *f; vulg* **darle al ~** *(joder)* vögeln, bumsen *vulg*

diamantífero ADJ diamantenhaltig; Diamanten…; **diamantino** ADJ diamanten, aus Diamanten; *fig* stahlhart, ehern; unerschütterlich; **diamantista** M/F *(labrador[a] de diamantes)* Diamantenschleifer *m*, -in *f; comerciante:* Diamantenhändler *m*, -in *f*

diametral ADJ diametral; **línea** *f* **~** Durchschnittslinie *f;* **diametralmente** ADV **~ opuesto** diametral entgegengesetzt; genau entgegengesetzt

diámetro M Durchmesser *m;* AUTO **~ de giro** Wendekreis(durchmesser) *m;* MIL **~ del cañón** Rohrweite *f*

diana F 1 MIL **(toque** *m* **de) ~** Wecken *n;* Weckruf *m;* **tocar a ~** zum Wecken blasen 2 *del blanco:* *(das* Schwarze *der)* Zielscheibe *f;* **dar en la ~** *o* **hacer ~** ins Schwarze treffen *(tb fig)* 3 *(impacto completo)* Volltreffer *m (tb fig)*

dianche, diantre M *fam* Teufel *m;* → *tb* diablo

diapasón M MÚS 1 *de los instrumentos de cuerda:* Griffbrett *n* 2 **~ (normal)** *instrumento:* Stimmgabel *f; p. ext tb tono:* Kammerton *m* 3 *(extensión de una voz o un instrumento)* Stimm- (o Ton)umfang *m; fam* **bajar/subir el ~** leiser/lauter sprechen; *fig* **fallar el ~** sich im Ton vergreifen, aus der Rolle fallen

diapente M MÚS Quint(e) *f*

diapositiva F, *Perú* **diapositivo** M FOT Dia(positiv) *n*

diaprea F BOT *Art* Pflaume *f*

diarero M, **-a** F *Arg, Chile* Zeitungsverkäufer *m*, -in *f;* **diariamente** ADV täglich; **diariero** M, **-a** F *Chile* Zeitungsverkäufer *m*, -in *f*

diario A ADJ täglich; Tages… B M 1 *(relación histórica)* Tagebuch *n;* COM *tb* Journal *n;* MAR **~ de navegación/de a bordo** Schiffstage-/Logbuch *n; Am* **~ oficial** Amtsblatt *n* 2 **a ~** *(todos los días)* täglich; **de ~** Alltags… 3 *periódico:* (Tages)Zeitung *f;* RADIO **~ hablado** Nachrichten *fpl* 4 *conjunto de gastos:* Tagesaufwand *m* 5 *Perú (compra diaria)* täglicher Einkauf *m*

diarismo M *Am* Journalismus *m;* **diarista** M/F *Am* Journalist *m*, -in *f;* Zeitungsverleger *m*, -in *f*

diarquía F POL Biarchie *f*

diarrea F MED Durchfall *m*, Diarrhö *f;* **diarreico** ADJ Durchfall…

diartrosis F ‹*pl inv*› ANAT Kugelgelenk *n*, Diarthrose *f*

diarucho M *Am reg fam desp* Käseblatt *n fam*

diáspora F REL Diaspora *f*

diaspro M MINER *Art* Jaspis *m*

diastasa F 1 QUÍM Diastase *f* 2 → diástasis; **diástasis** F MED Diastase *f*, Auseinandertreten *n* von Knochen (*o* Muskeln); **diástole** F MED, *métrica:* Diastole *f*, Diatribe *f;* **diastólico** ADJ MED diastolisch; **diastrático** ADJ LING diastratisch; **diastrofia** F MED Verrenkung *f;* Verzerrung *f*

diatérmano ADJ FÍS diatherman; **diatermia** F MED Diathermie *f;* **diatérmico** ADJ MED diathermisch, Diathermie…

diatesarón M MÚS Quart *f*

diátesis F ‹*pl inv*› MED Diathese *f*

diatomeas FPL BOT Kieselalgen *fpl*

diatómico ADJ QUÍM zweiatomig; **diatónica** F MÚS Diatonik *f;* **diatónico** ADJ MÚS diatonisch

diatriba F Schmähschrift *f*, -rede *f;* Invektive *f*

diávolo M → diábolo

dibujante M/F Zeichner *m*, -in *f;* **~ de Artes Gráficas** Grafiker *m*, -in *f;* **~ de construcción/prensa** Bau-/Pressezeichner *m*, -in *f;* **~ de productos industriales y comerciales** Gebrauchsgrafiker *m*, -in *f;* **~ publicitario** *o* **de publicidad** Werbegrafiker *m*

dibujar A VT & VI zeichnen *(tb fig)* B VR **dibujarse** *fig* sich abzeichnen; allmählich hervortreten

dibujo M 1 *acción:* Zeichnen *n;* **de ~** Zeichen…; **~ industrial** *o* **técnico** technisches Zeichnen *n;* **~ lineal** lineares Zeichnen *n;* **~ publicitario** Werbegrafik *f;* **papel** *m* **de ~** Zeichenpapier *n* 2 *imagen:* Zeichnung *f; (trazado)* Entwurf *m*, Skizze *f;* **~s** *mpl* **animados** Zeichentrickfilm *m;* **~ a la tiza/a lápiz/a mano/a pluma** Kreide/Bleistift-/Hand-/Federzeichnung *f;* **~ en sección** Schnitt(zeichnung *f*) *m;* **~ topográfico** (topografische) Aufnahme *f;* **libro** *m* **de ~s** Bilderbuch *n* 3 *(diseño)* Gewebemuster *n*, Dessin *n;* **con ~s** *género* gemustert; **sin ~** uni (farben) 4 AUTO **~ (de la banda de rodadura)** (Reifen)Profil *n* 5 *fig (relato)* Schilderung *f; fam* **no meterse en ~s** nicht mehr sagen, als nötig ist

dicaz ADJ *poco usado:* scharfzüngig, bissig

dicción F 1 *(manera de expresarse)* Ausdrucksweise *f*, Art *f* des Vortrags, Diktion *f;* **clases** *fpl* **de ~** Sprecherziehung *f* 2 *(palabra)* Wort *n*

diccionario M Wörterbuch *n*, Lexikon *n;* **~ de aprendizaje** Lernwörterbuch *n;* **~ bilingüe** zweisprachiges Wörterbuch *n;* **~ de bolsillo** Taschenwörterbuch *n;* **~ etimológico** etymologisches Wörterbuch *n*, Herkunftswörterbuch *n;* **~ ideológico** *o* **analógico** Begriffswörterbuch *n;* **~ de sinónimos** Synonym(en)wörterbuch *n;* **consultar el** *o* **un ~** im Wörterbuch nachschlagen; **buscar una palabra en el ~** ein Wort im Wörterbuch nachschlagen; *fig* ser un ~ ein wandelndes Lexikon sein

diccionarista M/F Wörterbuchautor *m*, -in *f*

dice → decir

díceres MPL *Am* Gerüchte *npl*

dicha F Glück *n*; Glückseligkeit *f*; *adv* **por ~** zum Glück, glücklicherweise; zufällig(erweise); *Col* **¡qué ~!** wie gut!, wie schön!, wie herrlich!; *prov* **nunca es tarde si la ~ es buena** besser spät als nie

D

dicharachero ADJ *fam* **persona** *f* **-a** Zotenreißer *m*; Witzbold *m*; **dicharacho** M *fam* Zote *f*

dichero ADJ *reg fam* witzig, schlagfertig

dicho A PP → decir B ADJ besagt, genannt; **-a casa** die genannte Firma; **~ y hecho** gesagt, getan; **lo ~** das Gesagte, das Erwähnte; **¡lo ~!** habe ich gesagt!; es bleibt dabei!; wie besprochen!; **lo ~, ~** was man versprochen hat, muss man auch halten; ich stehe zu meinem Wort; **dejar ~** mündlich hinterlassen; **está ~** das ist schon alles erledigt; es bleibt dabei; **¡haberlo ~!** hätte ich (*o* hätten Sie *etc*) das (nur) eher gesagt!; **mejor ~** besser gesagt; **~ (sea) de paso** nebenbei bemerkt; **no ser para ~** unsäglich (*o* unbeschreiblich) sein C M 1 (*expresión*) Ausdruck *m*; Ausspruch *m*; Redensart *f*; (*ocurrencia chistosa*) Witzwort *n*; (*aforismo*) Sinnspruch *m*, (*sentencia*) Sentenz *f*; **es un ~** man sagt das so; es ist (nur) eine Redensart; *fam* **soltarle a alg cuatro ~s** j-m ein paar Frechheiten an den Kopf werfen; *prov* **del ~ al hecho hay mucho trecho** Versprechen und Halten ist zweierlei 2 JUR *de un testigo*: (Zeugen)Aussage *f* 3 TEAT **~s** *mpl* die Vorigen (*Bühnenanweisung*) 4 *reg al contraer matrimonio*: *Ehebereitschaftserklärung vor der geistlichen Behörde*; **tomarse los ~s** sich förmlich verloben; **toma** *f* **de ~s** Verlobung *f*

dichón ADJ *RPl* → dicaz

dichoso ADJ 1 (*feliz*) glücklich, glückselig; *liter* **-a soledad** *f* selige Einsamkeit *f* 2 INT **¡~s los ojos (que te ven)!** wer kommt denn da!; sieht man dich auch einmal wieder 3 *fam* (*molesto*) leidig; verflixt *fam*, verdammt *pop*

diciembre M Dezember *m*; **en (el mes de) ~** im (Monat) Dezember; **el 4 de ~** am 4. Dezember

diciendo → decir

dicotiledóneo ADJ BOT zweikeimblättrig

dicotomía F FIL, LING, BOT Dichotomie *f*

dicroísmo M Dichroismus *m* (*bei Kristallen*); **dicromático** ADJ zweifarbig

dictado M 1 (*acción de dictar*) Diktat *n* (*tb fig*); **escribir al ~** nach Diktat schreiben 2 *fig* (*inspiración*) Eingebung *f*, innere Stimme *f*; **~ de la conciencia** Gewissensgebot *n* 3 (*título*) Titel *m*, (Bei)Name *m*

dictador M, **dictadora** F POL Diktator *m*, -in *f*; **dictadura** F POL Diktatur *f*

dictáfono® M Diktafon *n*; Diktiergerät *n*

dictamen M (*opinión*) Ansicht *f*, Meinung *f*; (*juicio*) Urteil *n*; (*peritaje*) Gutachten *n*; (*instrucción*) Vorschrift *f*; **~ facultativo** *o* **médico** ärztliches Gutachten *n*; **~ forense** gerichtsmedizinisches Gutachten *n*; **emitir un ~** → dictaminar

dictaminar VI ein Gutachten abgeben; **~ (acerca) de** *o* **sobre a/c** etw begutachten

díctamo M BOT Eschenwurz *f*

dictar VT 1 *hacer escribir*: diktieren 2 (*dar órdenes*) befehlen; vorschreiben; *leyes* erlassen; JUR **~ (la) sentencia** das Urteil fällen 3 *discurso* halten; *Am reg* **~ clase** eine (Unterrichts)Stunde halten, unterrichten 4 *fig* (*inspirar*) eingeben; **hará lo que le dicta** *o* **dicte la conciencia** er/sie wird nach seinem Gewissen handeln

dictatorial ADJ diktatorisch, gebieterisch; **dictatorio** ADJ auf den Diktator bezogen; HIST **dignidad** *f* **-a** Würde *f* des Diktators

dicterio M Schmähung *f*

didacta M/F Lehrer *m*, -in *f*; Dozent *m*, -in *f*

didáctica F 1 (*arte de enseñar*) Didaktik *f* 2 *persona*: Didaktikerin *f*

didáctico A ADJ didaktisch, Lehr...; **material** *m* **~** Lehrmittel *npl*; **método** *m* **~** Unterrichtsmethode *f*, Lehrmethode *f*; **poesía** *f* **-a** Lehrgedicht *n* B M, **-a** F Didaktiker *m*, -in *f*

didascalia F Unterrichten *n*

didelfos MPL ZOOL Beuteltiere *npl*

diecinueve NUM neunzehn; **el siglo ~** das neunzehnte Jahrhundert; **diecinueveavo** NUM Neunzehntel *n*; **dieciochavo** NUM Achtzehntel *n*; **dieciocheno** NUM achtzehnte(r, -s); **dieciochismo** M *estilo, moda, etc*: Eigenart *f* des 18. Jh.; **dieciochista** ADJ zum 18. Jh. gehörig; typisch 18. Jh.; **dieciocho** NUM achtzehn; **dieciséis** NUM sechzehn; **dieciseisavo** NUM Sechzehntel *n*; **dieciseiseno** NUM sechzehnte(r, -s); **diecisiete** NUM siebzehn; **diecisieteavo** NUM Siebzehntel *n*

diedro ADJ GEOM **ángulo** *m* **~** von zwei sich schneidenden Ebenen gebildeter Winkel *m*

Diego M 1 NPR Jakob *m*; *fam fig* **hacer el Don ~** den Unwissenden spielen 2 BOT **diego** → dondiego

dieléctrico FÍS A ADJ dielektrisch B M Dielektrikum *n*

diencéfalo M ANAT Zwischenhirn *n*

diente M 1 *dentadura*: Zahn *m*; **~s** *mpl* Zähne *mpl*, Gebiss *n*; **~s anteriores** Vorderzähne *mpl*; **~ canino** *o* **columelar** Eckzahn *m*; **~ molar** Backenzahn *m*; **~ empotrado** *o* **de espiga** Stiftzahn *m*; *fam* **~s de embustero** auseinanderstehende Zähne *mpl*; **~ incisivo** Schneidezahn *m*; **~ inferior/superior** oberer/unterer Zahn *m*; ZOOL *de peces*: **~ laríngeo** Schlundzahn *m*; **~s de leche** Milchzähne *mpl*; **~s permanentes** bleibendes Gebiss *n*; **~ postizo** künstlicher Zahn *m*; **~ venenoso** Giftzahn *m*; **hilera** *f* **de ~s** Zahnreihe *f*; **me duelen los ~s** ich habe Zahnschmerzen; **echar los ~s** Zähne bekommen, zahnen; *fig* wütend sein; *tb fig* **enseñar los ~s** die Zähne zeigen 2 *fig* **de ~s afuera** (*hipócrita*) heuchlerisch, unaufrichtig; **alargársele a alg los ~s** *etw* schrecklich gern haben wollen; großen Appetit bekommen; **armado hasta los ~s** bis an die Zähne bewaffnet; **dar ~ con ~** mit den Zähnen klappern; **decir** *o* **hablar entre ~s** in den Bart brummen, brabbeln; **no haber para untar un ~** *o* **no tener para un ~** nichts zu brechen und zu beißen haben; *Ec, Méx, P. Rico, Ven* **pelar el ~** kokett lächeln; j-n anhimmeln; **poner los ~s largos a alg** j-m den Mund wässerig machen; **romperse los ~s con** sich (*dat*) die Zähne ausbeißen an (*dat*); **tener buen ~** ein guter Esser sein; **traer entre ~s a alg** j-n nicht ausstehen können; j-n schlechtmachen 3 TEC Zacken *m*, Zinke *f*; *rueda dentada*: Zahn *m* 4 BOT **~ de ajo** (Knoblauch)Zehe *f*; **~ de león** Löwenzahn *m*; **~ de muerto** Platterbse *f*; **~ de perro** Hundszahn *m*, Quecke *f* 5 GEOG Zacke *f*

dientecillo M Zähnchen *n*; **dientimellado** ADJ zahnlückig; **dientudo** ADJ → dentudo

diéresis F ⟨*pl inv*⟩ *t/t* 1 FON, *métrica*: Diärese *f* (*tb* MED), Trennung *f* von Diphthongen 2 FON *signo*: Trema *n*

diero M *Hond* Tagelöhner *m*

diesel, diésel M 1 TEC *motor*: Dieselmotor *m* 2 AUTO Diesel *m* 3 *aceite*: Diesel(öl) *n*; **dieseleléctrico** ADJ dieselelektrisch; **dieselización** F FERR Umstellung *f* auf Dieselbetrieb; **dieselizar** VT ⟨1f⟩ auf Dieselbetrieb umstellen

diesi F MÚS Erhöhung(szeichen *n*) *f*, Kreuz *n*

diestra F *mano*: rechte Hand *f*, Rechte *f*; *persona*: Rechtshänderin *f*

diestro A ADJ 1 (*del lado derecho*) recht(r, -s); (*de mano derecha*) rechtshändig 2 (*hábil*) geschickt, gewandt; anstellig; (*astuto*) schlau, (*ágil*) wendig; **~ en hablar** gewandter Sprecher; *adv* **a -a y siniestra** aufs Geratewohl, drauflos B M 1 *persona*: Rechtshänder *m* 2 TAUR Matador *m* 3 *equitación*: (*riendas*) Zaum *m*, Halfter *n/m*

dieta[1] F *régimen*: Diät *f*, Kranken-, Schonkost *f*; (*forma de alimentarse*) Ernährungsweise *f*; **~ adelgazante** Schlankheitsdiät *f*; **~ cruda** Rohkost *f*; **~ disociativa** Trenndiät *f*; **~ láctea** Milchdiät *f*, -kur *f*; **estar a ~ (rigurosa)** (strenge) Diät halten (müssen); auf schmale Kost gesetzt sein; **poner a ~ a alg** j-m Diät verordnen, j-n auf Diät setzen; *fig* **tener a ~ a alg** j-n kurz- *o* knapphalten

dieta[2] F POL 1 *asamblea*: Landtag *m*; HIST Reichstag *m*; **~ federal** Bundestag *m* 2 **~s** *fpl de funcionarios*: Tagegelder *npl*, *de diputados*: Diäten *fpl*; (*expensas*) Spesen *pl*; *de los testigos*: Zeugengelder *npl*; **~s de asistencia** Anwesenheits-, Sitzungsgelder *npl*

dietario M 1 *libro de gastos*: Haushalts-, Abrechnungsbuch *n* (*Einnahmen und Ausgaben*); (*agenda*) Merk-, Notizbuch *n* 2 *reg* HIST (*crónica*) Chronik *f*

dietética F Diätetik *f*, Ernährungskunde *f*, -wissenschaft *f*; **dietético** MED A ADJ diätetisch, Diät... B M, **-a** F Diätassistent *m*, -in *f*

dietista M/F Diätberater *m*, -in *f*; Diätspezialist *m*, -in *f*; Diätassistent *m*, -in *f*

dietoterapia F MED Diättherapie *f*

diez A NUM zehn; **el ~ de setiembre** am zehnten September; **son las ~ (y cuarto)** es ist zehn Uhr (fünfzehn); **a las ~** um zehn Uhr; **contar hasta ~** bis (*o* auf) zehn zählen B M 1 Zehn *f*; *enseñanza y* UNIV **sacar un ~** die Bestnote bekommen, *corresponde a*: eine Eins bekommen 2 *Chile moneda*: Zehncentavostück *n* 3 *euf* (*Dios*) Gott *m*

diezmar A VI HIST den Zehnten zahlen (*o* eintreiben) B VT HIST *y fig* dezimieren; aufräumen unter (*dat*); **diezmero** M HIST *que paga el diezmo*: Zehntentrichter *m*; *que percibe el diezmo*: Zehntempfänger *m*; **diezmesino** ADJ zehnmonatig

diezmilésimo NUM Zehntausendstel *n*; **diezmilímetro** M Zehntelmillimeter *m/n*

diezmo M HIST Zehntabgabe *f*, Zehnt *m*

difamación F Verleumdung *f*, üble Nachrede *f*; Lästerung *f*; **difamador** A ADJ verleumderisch, diffamierend B M, **difamadora** F Verleumder *m*, -in *f*; Ehrabschneider *m*, -in *f*

difamar VT verleumden, diffamieren; entehren, schmähen; **difamatorio** ADJ verleumderisch, ehrenrührig

difásico ADJ TEC zweiphasig, Zweiphasen...

diferencia F 1 (*disimilitud*) Unterschied *m*, Verschiedenheit *f*; (*distancia*) Abstand *m*; **~ de clase (social)** Standesunterschied *m*; **~ de (la) edad** Altersunterschied *m*; **~ horaria** Zeitunterschied *m*; **~ de nivel** Gefälle *n*; **~ en más/menos** Plus-/Minusdifferenz *f*; **a ~ de** zum Unterschied von (*dat*), im Unterschied zu (*dat*); **una ~ como del día a la noche** ein Unterschied wie Tag und Nacht; **hacer (una) ~ (entre)** unterscheiden (zwischen *dat*); **¡va una gran ~!** das ist etwas ganz anderes! 2 MAT (*residuo*) Rest *m*; Differenz *f* 3 ECON (*resto*) Rest(betrag) *m*; Fehlbetrag *m* 4 *fig de opinión*: Meinungsverschiedenheit *f*, Streit *m*, Differenz *f*; **partir la ~** beiderseits nachgeben, sich (*dat*) auf halbem Wege entgegenkommen

diferenciable ADJ unterscheidbar; differenzierbar
diferenciación F Differenzierung *f* (*tb* MAT); **diferencial** A ADJ Ausgleichs...; Differenz..., Differenzial...; MAT **cálculo** *m* ~ Differenzialrechnung *f*; ECON **tarifa** *f* ~ Differenzialtarif *m* B M AUTO (**engranaje** *m*) ~ Differenzial *n*, Ausgleichsgetriebe *n* C F MAT Differenzial *n*
diferenciar ‹1b› A VT unterscheiden; *t/t* differenzieren; ~ **A de B** A von B unterscheiden; ~ **la comida** das Essen abwechslungsreich gestalten B VI uneinig sein; ~ **en opiniones** verschiedener Meinung sein C VR **diferenciarse** 1 (*hacer distinción*) sich unterscheiden (**de** von *dat*; **por** durch *acus*); abweichen 2 *fig* (*distinguirse*) sich auszeichnen 3 BIOL sich differenzieren
diferendo M *espec Am* Streit *m*; Streitfall *m*
diferente ADJ 1 (*distinto*) unterschiedlich; verschieden; abweichend; anders; **ser** ~ **de** verschieden sein von (*dat*); **ser** ~ **en** verschieden sein in (*dat*) 2 *vor sust*: ~**s** *pl* (*algunos*) mehrere, manche, verschiedene
diferir ‹3i› A VT (*postergar*) auf-, hinausschieben; verschieben (**a** auf *acus*); verzögern; vertagen B VI (*divergir*) (voneinander) abweichen; verschieden sein; *opiniones* auseinandergehen, differieren; ~ **de los demás** anders sein (*o* denken) als die Übrigen; ~ **(de alg) en opiniones** eine andere Meinung haben (als j-d)
difícil ADJ 1 (*complicado*) schwer, schwierig; (*trabajoso*) beschwerlich; knifflig *fam*; **es** ~ (*inf*) es ist (*o* hält) schwer, zu (*inf*); ~ **de decir** schwer zu sagen; ~ **de hacer** schwer zu tun (*o* zu machen); **es** ~ **que venga** er wird wohl kaum kommen; **libros** *mpl* ~**es de leer** schwer lesbare Bücher *npl*; **ponerlo** *o* **ponérselo** ~ **a alg** es j-m schwer machen; **lo veo** *o* **me parece** ~ das halte ich für unwahrscheinlich; das wird wohl kaum gehen; *prov* **los comienzos siempre son** ~**es** aller Anfang ist schwer 2 *situación* heikel; *persona* schwer zufrieden zu stellen(d); schwierig, widerspenstig; **(él) es** ~ **de llevar** es ist schwer, mit ihm auszukommen 3 *rostro* verunstaltet, hässlich
difícilmente ADV schwer; schwerlich, kaum
dificultad F 1 (*contrariedad*) Schwierigkeit *f*; (*obstáculo*) Hindernis *n*; (*esfuerzo*) Mühe *f*; ~ **de manejo** Bedienungsschwierigkeit *f* (*tb* TEC); ~ **de oído** Schwerhörigkeit *f*; ~ **respiratoria** Atemnot *f*; ~ **de visibilidad** Sichtbehinderung *f*; *fam* **Don** ~**es** → dificultador B; **estoy en** ~**es** ich bin in (momentaner) Verlegenheit; ich habe Schwierigkeiten; **poner** ~**es** Schwierigkeiten bereiten (*o* machen); *adv* **con** ~ (nur) schwer; schwerlich, kaum; *adv* **sin la menor** ~ ohne Weiteres, anstandslos, glatt 2 (*reparo*) Bedenken *npl*, Einwand *m*
dificultador A ADJ erschwerend B M, **dificultadora** F Umstandskrämer *m*, -in *f fam*
dificultar VT erschweren, behindern; schwierig(er) machen; **dificultoso** ADJ 1 (*difícil*) schwierig, mühsam; (*dudoso*) bedenklich 2 *fam cara* auffallend; (*deformado*) verunstaltet 3 → dificultador
difluente ADJ zerfließend; **difluir** VI ‹3g› sich auflösen, zerfließen
diforme ADJ *incorr* → deforme
difracción F FÍS Difraktion *f*, Beugung *f*; ~ **(de la luz)** Lichtbeugung *f*; **difractar** VT ÓPT beugen
difteria F MED Diphtherie *f*; **diftérico** ADJ MED Diphtherie..., diphtherisch
difum(in)ar VT TIPO, *gráfica* verlaufen lassen, schummern; schattieren
difundido ADJ bekannt, verbreitet
difundir A VT 1 *líquidos* ausschütten; (*esparcir*) versprühen 2 (*divulgar*) bekannt geben; *noticias* verbreiten; RADIO (*transmitir*) senden, übertragen B VR **difundirse** sich ausbreiten; bekannt werden
difuntear VT *Am pop* abmurksen *pop*, umlegen *fam*; **difunto** A ADJ tot, verstorben B M, **-a** F Verstorbene *m/f*; **día** *m* **de (los fieles)** ~**s** Allerseelentag *m*
difusión F 1 (*propagación*) Aus-, Vergießen *n*; (*rocío*) Versprühen *n* 2 (*mezcla*) Mischung *f*, Verschmelzung *f* 3 (*diseminación*) Streuung *f* (*tb* FÍS), Verbreitung *f*; RADIO ~ **de programas** Programmübertragung *f* 4 *fig* (*verbosidad*) Weitschweifigkeit *f*; **difuso** ADJ 1 (*dilatado*) ausgedehnt; weit(läufig) 2 (*impreciso*) diffus, verschwommen, zerstreut; **luz** *f* **-a** Flutlicht *n* 3 *fig discurso* weitschweifig; (*poco concreto*) verschwommen; **difusor** M 1 FÍS, TEC Diffusor *m*; *en fábricas de azúcar*: Absüßer *m* 2 *para perfumes, etc*: Zerstäuber *m* 3 AUTO Vergaserdüse *f* 4 TEAT, FILM *iluminación*: Streufilter *m*
diga, dígame → decir
digerible ADJ verdaulich; **fácilmente** ~ leicht verdaulich
digerir ‹3i› A VT & VI FISIOL verdauen B VT 1 QUÍM (*degradar*) ausziehen, -laugen 2 *fig* (*meditar cuidadosamente*) genau überdenken; innerlich verarbeiten; *desgracia, etc* verschmerzen, verwinden; *fam* **no poder** ~ **a alg** j-n nicht ausstehen können, j-n im Magen haben *fam*
digestibilidad F Verdaulichkeit *f*; **digestible** ADJ (leicht) verdaulich
digestión F 1 FISIOL *de la comida*: Verdauung *f*; **de difícil** ~ schwer verdaulich; *fam* **cortarse la** ~ sich (*dat*) den Magen verderben; *fam fig* **ser de mala** ~ unausstehlich sein 2 QUÍM (*lixiviar*) Auslaugen *n*
digestivo A ADJ Verdauungs...; verdauungsfördernd; **aparato** *m* ~ Verdauungsapparat *m*; **licor** *m* ~ Magenlikör *m* B M FARM verdauungsförderndes Mittel *n*
digestor M QUÍM, TEC Dampfkochtopf *m*; Papintopf *m*
digicam ['dixikam] F FOT, INFORM Digicam *f*
digitación F MÚS Fingersatz *m*; **digitado** ADJ ZOOL, BOT gefingert; fingerförmig; **digital** A ADJ 1 TEC, *espec* INFORM digital, Digital..., Ziffern... 2 *de los dedos*: Finger...; MED digital B F BOT Fingerhut *m*; FARM Digitalis *n*; **digitalina** F QUÍM Digitalin *n*; **digitalizador** M INFORM Digitizer *m*; **digitalizar** VT ‹1f› INFORM digitalisieren
digitígrados MPL ZOOL Zehengänger *mpl*
dígito A ADJ MAT einstellig B M 1 INFORM Ziffer *f*; ~ **binario** Bit *n* 2 MAT (**número** *m*) ~ *cifra*: einstellige Zahl *f*; **de dos** ~**s** zweistellig 3 ASTRON Zwölftel *n des Sonnen- o Monddurchmessers*
digitopuntura F Akupressur *f*
digitoxina F FARM Digitoxin *n*
diglosia F LING Diglossie *f*
dignación F *poco usado* Herablassung *f*; **dignamente** ADV würdig, mit Würde
dignarse VR ~ **(a)** (*inf*) geruhen (*o* sich herablassen *o* die Güte haben) zu (*inf*); **Su Majestad se dignó recibirla** Ihre Majestät geruhte(n), sie zu empfangen; **dígnese** (*inf*) wollen Sie bitte (*inf*); *fam frec irón* geruhen Sie (bitte), zu (*inf*)
dignatario M, **-a** F Würdenträger *m*, -in *f*; **alto** *o* **gran** ~ hoher Würdenträger *m*
dignidad F 1 (*excelencia*) Würde *f*; ~ **humana** *o* **del hombre** Menschenwürde *f* 2 (*decencia*) Anstand *m*, würdiges Benehmen *n*; *adv* **con** ~ würdig, würdevoll, in Würde 3 (*cargo*) (Ehren)Amt *n*; (Amts)Würde *f*; *tb persona*: Würdenträger *m*; *espec* CAT **rentas** *fpl* **de la** ~ Pfründe(ngelder *npl*) *f*; **Su Dignidad** Seine Ehrwürden, Seine Eminenz
dignificante ADJ würdig machend; **dignificar** VT ‹1g› würdig machen; zu einer Würde erheben
digno ADJ 1 (*majestuoso*) würdevoll, würdig; ehrenwert 2 (*adecuado*) angemessen, passend; ~ **de** würdig (*gen*); ~ **de atención** beachtens-, bemerkenswert; ~ **de compasión** bemitleidenswert; ~ **de confianza** vertrauenswürdig; ~ **de fe** glaubwürdig; ~ **de consideración** beachtlich, beachtenswert; ~ **de mención/verse** erwähnens-/sehenswert; **con un empeño** ~ **de mejor causa** mit einem Eifer, der einer besseren Sache würdig (gewesen) wäre
digo → decir
digrafía F ECON doppelte Buchführung *f*
dígrafo M LING Digraf *m*
digresión F Abschweifung *f*, Abweichung *f*; Exkurs *m*
dije[1] → decir
dije[2] M *joya*: Anhänger *m*; *fig persona*: Perle *f*, Juwel *n*
dijo → decir
dilaceración F 1 (*despedazamiento*) Zerfleischung *f* 2 *fig* (*deshonra*) Entehrung *f*; **dilacerante** ADJ *dolor* reißend; **dilacerar** VT 1 (*despedazar*) zerreißen, -fleischen 2 *fig honra* verletzen; *orgullo* brechen
dilación F Verzögerung *f*; Aufschub *m*; **sin** ~ unverzüglich; **sin más dilaciones** ohne weiteren Verzug
dilapidación F Verschwendung *f*, Vergeudung *f*; **dilapidador** A ADJ verschwenderisch B M, **dilapidadora** F Verschwender *m*, -in *f*; **dilapidar** VT verschwenden, vergeuden; *herencia, fortuna* durchbringen
dilatabilidad F FÍS Dehnbarkeit *f*; Ausdehnungsvermögen *n*; **dilatable** ADJ (aus)dehnbar; **dilatación** F 1 (*ampliación*) Erweiterung *f* (*tb* MED), Ausweitung *f* 2 FÍS (*extensión*) Ausdehnung *f* 3 *fig* (*serenidad*) ~ **(del ánimo)** innere Ruhe *f* (*o* Freude *f*)
dilatado ADJ ausgedehnt; weit; *tb fig* **con las aletas de la nariz -as** mit geblähten Nüstern; **dilatador** M MED *músculo e instrumento*: Dilatator *m*
dilatar A VT 1 (*expandir*) (aus)dehnen, erweitern (*tb fig*); ausweiten (*tb* TEC) 2 *fig corazón* erheben 3 *Am liter* (*postergar*) verzögern, hinausziehen; (zeitlich) verlängern 4 (*propagar*) verbreiten, bekannt machen B VR **dilatarse** 1 (*extenderse*) sich (aus)dehnen, sich erweitern 2 *fig en un discurso, etc*: sich verbreiten, weitschweifig werden 3 *temporal*: sich in die Länge ziehen
dilatoria F Aufschub *m*; **andar con** *o* **en** ~**s** *etw* auf die lange Bank schieben; **dilatorio** ADJ JUR aufschiebend, Verzögerungs..., Verschleppungs...
dilección F *liter y hum* aufrichtige Liebe *f*; **dilecto** ADJ *liter y hum* (innig) geliebt
dilema M Dilemma *n*
díler M/F *espec Am fam drogas* Dealer *m*, -in *f*, Drogenverkäufer *m*, -in *f*
diletante A ADJ dilettantisch (*tb desp*) B M/F Dilettant *m*, -in *f* (*tb desp*), Amateur *m*, -in *f*; **teatro** *m* **de** ~**s** Liebhaberbühne *f*; **diletantismo** M Kunstliebhaberei *f*; Dilettantismus *m*; *desp* Stümperei *f*
diligencia F 1 (*aplicación*) Fleiß *m*, (*empeño*) Eifer *m*; (*cuidado*) Sorgfalt *f*; (*rapidez*) Schnelligkeit *f* 2 (*medida*) Maßnahme *f*; (*negocio*) Geschäft *n*; *espec Am* (*trámite*) Besorgung *f*, Behördengang *m*; ~**s** *fpl* Schritte *mpl*, Maßnahmen *fpl*; JUR *tb* (polizeiliche) Ermittlungen *fpl*; JUR **abrir** ~**s contra alg** gegen j-n ermitteln; **hacer** ~**s** *tb* die notwendigen Schritte unternehmen 3 ADMIN *actuación*: Amtshandlung *f*, behördliche Maßnahme *f*, Veranlassung *f*; JUR Ge-

richtsakt *m* 4 HIST *de correo*: Postkutsche *f* 5 *Cuba euf* **hacer una ~** (*hacer sus necesidades*) austreten (müssen), seine Notdurft verrichten *fam*

diligenciar VT ⟨1b⟩ *espec* ADMIN betreiben, in die Wege leiten; erledigen, bearbeiten; **diligenciero** M, **-a** F *espec Am corresponde a*: Agent *m*, -in *f* für Bearbeitung von Schrift- und Behördensachen (*auch freiberuflich*); **diligente** ADJ (*asiduo*) fleißig; (*esmerado*) sorgfältig; (*cumplidor*) zuverlässig; (*ágil*) flink; **~ para cobrar** rasch im Kassieren

dilucidación F Aufklärung *f*; Erläuterung *f*; **dilucidar** VT aufklären, erläutern, erhellen

dilución F Verdünnung *f*; **diluente** M Verdünnungsmittel *n*; **diluir** ⟨3g⟩ A VT verdünnen; auflösen; vermischen; *fig* verwässern; **sin ~** unverdünnt B VR **diluirse** sich auflösen; *fig* verschwimmen

diluvial ADJ 1 (*relativo al diluvio*) sintflutlich 2 GEOL alluvial, Schwemm...; **diluviano** ADJ sintflutartig; Sintflut...; **diluviar** VI ⟨1b⟩ in Strömen regnen, schütten

diluvio M 1 *Biblia*: **~** *o* **Diluvio Universal** Sintflut *f*; *fig* **detrás de mí el ~** nach mir die Sintflut 2 *fig* (*lluvia copiosa*) Sintflut *f*; (*abundancia*) Flut *f*, Schwall *m*; **~ de balas** Kugelhagel *m* 3 GEOL Diluvium *n*

diluyente M → diluente

dimanación F Ausströmung *f*; Ausströmen *n*; *fig* Ursprung *m*; **dimanar** VI herrühren, sich herleiten (**de** von *dat*); **su éxito dimana de su voluntad** den Erfolg verdankt er seinem Willen

dimensión F Ausdehnung *f*, Ausmaß *n*, Dimension *f*; **de grandes dimensiones** großen Ausmaßes; TV **~ de la imagen** Bildumfang *m*

dimensional ADJ dimensional, Ausdehnungs...; **dimensionar** VT TEC dimensionieren, bemessen

dimes MPL *fam* **~ y diretes** Hin und Her *n*, Rede und Widerrede *f*; Gerede *n*; **andar en ~ y diretes** sich herumstreiten, herumdiskutieren

dimicado M *Arg* durchbrochene Stickerei *f*

diminutamente ADV 1 (*escasamente*) spärlich; kärglich 2 (*por menor*) einzeln, ausführlich; **diminutivamente** ADV verkleinernd; **diminutivo** LING A ADJ verkleinernd; **sufijo** *m* **~** Diminutivsuffix *n* B M Diminutiv(um) *n*, Verkleinerungswort *n*; **diminuto** ADJ winzig; MÚS vermindert

dimisión F Rücktritt *m*, Demission *f*; *espec del rey, etc*: Abdankung *f*, Verzicht *m*; **presentar su ~** seinen Rücktritt (*o* Abschied) einreichen; **hacer ~ de** verzichten auf (*acus*)

dimisionario ADJ 1 (*renunciante*) zurücktretend; rücktrittswillig 2 (*que renunció*) zurückgetreten; **dimisorias** FPL REL Dimissoriale *n*; *fig* **llevar(se) ~** auf die Straße gesetzt werden; eine Abfuhr erhalten; **dimitente** ADJ → dimisionario

dimitir A VT *cargo* aufgeben, niederlegen; **~ del cargo de presidente** von der Präsidentschaft zurücktreten B VI zurücktreten

dimorfo ADJ *t/t* dimorph

dimos → dar

din M *fam* **el ~ y el don** Geld und Macht

dina F FÍS Dyn *n*

DINA ABR (Dirección de Inteligencia Nacional) *chilenische Geheimpolizei*

dinacho M *Chile* BOT *essbare Araliazee*

Dinamarca F Dänemark *n*

dinamarqués A ADJ dänisch B M, **-esa** F Däne *m*, Dänin *f* C M *lengua*: Dänisch *n*

dinamia F → kilográmetro

dinámica F FÍS, MÚS, *fig* Dynamik *f*; **~ de grupo** Gruppendynamik *f*; **dinámico** ADJ dynamisch (*tb fig*); kraftvoll, energisch; schwungvoll

dinamismo M 1 FIL *doctrina metafísica*: Dynamismus *m* 2 *fig* (*actividad, presteza*) Dynamik *f*, Schwung *m*

dinamita F Dynamit *n*; **dinamitación** F Sprengung *f* (*mit Dynamit*); **dinamitar** VT mit Dynamit sprengen; **dinamitazo** M Dynamitsprengung *f*; **dinamitero** A ADJ Dynamit... B M, **-a** F 1 *profesión*: Sprengmeister *m*, -in *f* 2 *terrorista*: Sprengstoffattentäter *m*, -in *f*

dínamo, dinamo F ELEC Dynamo *m*, Dynamomaschine *f*; AUTO Lichtmaschine *f*

dinamoeléctrico ADJ dynamoelektrisch; **dinamómetro** M Dynamometer *n*, Kraftmesser *m*; **dinamotor** M ELEC Motorgenerator *m*

dinar M *moneda*: Dinar *m*

dinasta A ADJ **miembro** *m* **~ de la Casa Real de España** Mitglied *n* des spanischen Königshauses B M Dynast *m*

dinastía F Dynastie *f* (*tb fig*); Herrschergeschlecht *n*, -haus *n*

dinástico ADJ dynastisch

dinerada F Menge *f* Geld; **dineral** A ADJ **pesa** *f* **~** Geldwaage *f* B M große Menge Geld, Heidengeld *n fam*; *fam* **costar un ~** eine Stange Geld kosten *fam*; **dinerario** ADJ geldlich, Geld...; **dinerillo** M *fam* Sümmchen *n*

dinero M 1 *moneda corriente*: Geld *n*; **~ bancario** *o* **en cuentas** *o* **blanco** Buch-, Silbergeld *n*; **~ de bolsillo** Taschengeld *n*; **~ en caja** Kassen-, Geldbestand *m*; *fig* **~ caliente** heißes Geld *n*; **~ al contado** *o* **~ contante** *o* **~ en metálico** *o* **~ en efectivo** Bargeld *n*; **~ contante y sonante** klingende Münze *f*; **~ metálico** Hartgeld *n*; **~ negro** *o Méx* **~ sucio** Schwarzgeld *n*; **~ plástico** Plastikgeld *n*; **~ suelto** Klein-, Wechselgeld *n*; CAT **~ de San Pedro** Peterspfennig *m*; *fig* **cambiar el ~** ohne Gewinn verkaufen; **estar mal con su ~** schlecht mit seinem Geld umgehen; **estar** *o* **andar mal de ~** kein Geld haben; **hacer ~** (viel) Geld verdienen (*o* machen); **~ llama ~** wo Geld ist, kommt Geld zu; **el ~ no hace la felicidad** Geld (allein) macht nicht glücklich; *fam fig* **nadar en ~** im Geld schwimmen; *fam* **podrido de ~** steinreich, betucht 2 HIST *Bezeichnung verschiedener Münzen*

dingo M ZOOL Dingo *m*

dingolondangos MPL *fam* Schmeicheleien *fpl*, Zärtlichkeiten *fpl*, Hätschelei *f*

dingui M MAR Dingi *n*, Beiboot *n*

dinosaurio M ZOOL, *prehistoria*: Dinosaurier *m*

dintel M ARQUIT Oberschwelle *f*, Tür-, Fenstersturz *m*; *frec incorr* (*umbral*) Türschwelle *f*

dintorno M PINT, ARQUIT Umriss *m*, Figur *f*

diñarla VI *pop* sterben, abkratzen *fam*, krepieren *pop*

dio → dar

diocesano A ADJ REL diözesan; CAT **consejo** *m* **~** Ordinariat *n* B M Diözesan *m*

diócesis F REL Diözese *f*, Sprengel *m*

diodo M ELEC Diode *f*

dioico ADJ BOT zweihäusig

dionea F BOT Venusfliegenfalle *f*

dionisíaco *o* **dionisiaco** ADJ MIT *y fig* dionysisch

dioptra F ÓPT Diopter *m* (*Zielgerät*); **dioptría** F ÓPT Dioptrie *f*

dióptrica F ÓPT Lehre *f* von der Lichtbrechung *f*, Dioptrik *f*; **dióptrico** ADJ ÓPT dioptrisch

diorama M Diorama *n*

dios M (*deidad pagana*) heidnischer Gott *m*, Gottheit *f*; (*ídolo*) Götterbild *n*, -statue *f*; Abgott *m*, Götze *m*; **~ del sol** Sonnengott *m*; **Dioses** *mpl* **domésticos** Hausgötter *mpl*

Dios M Gott *m*; **el Buen ~** der liebe Gott; **~ Hombre** der Mensch gewordene Gott, Gottmensch *m*; **a ~** → adiós; **¡ay ~!** *o* **¡oh ~!** ach Gott!, o Gott!; **¡~ (mío)!** (mein) Gott!; **¡por ~!** um Gottes willen!; aber ich bitte dich!; *fig* **cada mañana de ~** jeder (*o* jeden) Morgen (, den Gott gibt); *fam* **todo ~** jeder, alle; **¡alabado sea ~!** gottlob!; Gott sei gelobt!; gelobt sei Jesus Christus! (*Gruß beim Eintreten*); **¡~ nos asista!** *o* **¡~ nos coja confesados!** *o* **¡~ nos tenga de su mano!** Gott steh uns bei!, um Gottes (*o* um Himmels) willen!; **¡~ te ayude!** helf Gott!, wohl bekomm's! (*beim Niesen*); **¡~ te bendiga!** Gott segne dich!; **¡bendito sea ~!** gelobt sei Gott!, Gott befohlen!; *fam* um Gottes willen!; *fam* **armar la de ~ (es Cristo)** einen Mordskrach machen; *fam* **a la buena de ~** aufs Geratewohl, ins Blaue hinein; *fam* **costar(le a alg) ~ y (su) ayuda** (j-m) alle Kraft kosten; **creer en ~** an Gott glauben; CAT **darle a ~ a alg** j-m die (letzte) Wegzehrung spenden; **darse a ~ y a los santos** *rogar*: zu allen Heiligen flehen; sehr besorgt sein; (*maldecir terriblemente*) fürchterlich fluchen; *fam* **~ te, se,** *etc* **la depare buena** wir wollen das Beste hoffen; **digan que de ~ dijeron** lasst sie doch reden; um ihr Gerede kümmere ich mich nicht; **~ dirá** das liegt in Gottes Hand, das steht bei Gott; **como ~ le da a entender** so gut er's eben versteht; **estaba de ~** Gott hat es so gewollt, es war eine Fügung Gottes; **estar con ~** *o* **gozar de ~** bei Gott (*o* im Himmel) sein, selig sein; **¡~ te guarde!** Gott schütze dich!; *fam* **para él no hay más ~ (ni Santa María) que el juego** das Spiel ist sein Ein und Alles; **~ me, le,** *etc* **habló** es war eine Eingebung Gottes; **de menos nos hizo ~** *corresponde a*: trotz allem hoffe ich, es (mit meinen bescheidenen Mitteln *o* Kräften) fertigzubringen; **¡~ nos libre!** Gott behüte!; Gott steh uns bei!; **~ le ha llamado** Gott hat ihn zu sich gerufen, er ist gestorben; *fam fig* **llamar a ~ de tú** allzu unverfroren sein (*bes mit Höhergestellten*); *fig* **como ~ manda** wie es sich gehört, anständig *fam*; **~ mediante** so Gott will; *fam* **necesitar ~ y (su) ayuda** vor einer äußerst schwierigen Aufgabe stehen; **ofender a ~** Gott beleidigen; sich versündigen; **¡~ te oiga!** der Herr erhöre dich!, hoffentlich!, dein Wort in Gottes Ohr!; **~ se lo pague** vergelt's Gott!; **pedir por ~** betteln; **~ me perdone, pero ...** Gott verzeih mir, aber ...; **poner a ~ por testigo (de a/c)** Gott zum Zeugen anrufen (für etw *acus*); **ponerse a bien con ~** beichten; **si ~ quiere** so Gott will; **¡no (lo) quiera ~!** da sei Gott vor!; CAT **recibir a ~** kommunizieren; **sabe ~** Gott weiß; vielleicht; **~ sabe que digo la verdad** Gott weiß (*o* Gott ist mein Zeuge), dass ich die Wahrheit sage; *fam* **no servir a ~ ni al diablo** zu gar nichts taugen; **si ~ es servido** *o* **como ~ sea servido** wie (*o* so) Gott will, wenn es zur Ehre Gottes geschieht; **tentar a ~** Gott versuchen (*fig*); **¡válgame ~!** Gott steh mir bei!; um Gottes willen!; **¡vaya por ~!** wie Gott will!; *fam* stell dir vor!, so etwas!, es ist nicht zu fassen *fam*; **¡vete/vaya bendito de ~!** *o* **¡vete/vaya con ~!** behüte dich/Sie Gott, ade!; *irón* nun geh/gehen Sie schon endlich!; *tb* hör/hören Sie bloß auf damit!; lass/lassen Sie mich endlich in Ruhe!; **venir ~ a ver a alg** unversehens Glück haben, eine unerwartete Freude erleben; **¡venga ~ y véalo!** das ist himmelschreiend! (*Unrecht, Fehler etc*); **vivir como ~ (en Francia)** wie Gott in Frankreich leben; *liter* **¡vive ~!** bei Gott!; **voto a ~** *liter* das schwöre ich (bei Gott); *pop* verdammt noch mal *fam*; verflixt (und zugenäht) *fam*; *prov* **~ los cría y ellos se juntan** Gleich und Gleich gesellt sich gern; *fam* **si ~ de ésta me escapa,**

nunca me cubrirá tal capa *corresponde a:* wenn Gott mir nur diesmal noch heraushilft, werde ich mich nie mehr in eine solche Sache einlassen
diosa F Göttin *f*
dioscuros MPL MIT Dioskuren *mpl*
diostedé M *Am* ORN schwefelgelber Tyrann *m (Name verschiedener Tukanarten)*
dióxido M QUÍM Dioxid *n;* **~ de azufre** Schwefeldioxid *n;* **~ de carbono** Kohlendioxid *n*
dioxina F QUÍM Dioxin *n*
dipétalo ADJ BOT zweiblättrig
diplococos MPL BIOL Diplokokken *mpl*
diploma M Diplom *n;* Zeugnis *n;* Urkunde *f;* **diplomacia** F Diplomatie *f (tb fig); fig* Verhandlungsgeschick *n;* kluge Berechnung *f;* **diplomado** A ADJ diplomiert; Diplom… B M, **-a** F Inhaber *m*, -in *f* eines Diploms; **diplomar** V/T diplomieren; **diplomática** F 1 *estudio:* Diplomatik *f*, Urkundenlehre *f* 2 *persona:* Diplomatin *f (tb fig);* **diplomáticamente** ADV diplomatisch; **diplomático** A ADJ 1 *(relativo a la diplomacia)* diplomatisch *(tb fig);* Diplomaten…; **Cuerpo** *m* **~** Diplomatisches Korps *n* 2 *título:* Diplom… B M, **-a** F Diplomat *m*, -in *f (tb fig);* **diplomatura** F *grado universitario:* Diplomabschluss *m; estudios:* Diplomstudiengang *m*
dipolar ADJ ELEC Dipol…
dipolo, dípolo M ELEC Dipol *m*
dipsomanía F MED Trunksucht *f;* **dipsomaníaco, dipsómano** A ADJ MED trinksüchtig B M, **-a** F Trinker *m*, -in *f*
díptero A ADJ *t/t* **(insecto** *m***) ~** Zweiflügler *m* B M 1 ARQUIT Gebäude *n* mit doppelter Säulenreihe 2 *insectos:* **~s** *mpl* Zweiflügler *mpl*
díptica F 1 HIST *tablas plegables:* Klappschreibtafel *f* 2 REL *frec* **~s** *pl* Bischofs- und Spenderliste *f einer Diözese;* **díptico** M 1 *(folleto)* Faltblatt *n;* PINT Diptychon *n* 2 → díptica 1
diptongación F FON Diphthongierung *f;* **diptongar** V/I ⟨1h⟩ FON diphthongieren; **diptongo** M FON Diphthong *m;* **~ creciente/decreciente** steigender/fallender Diphthong *m*
diputación F 1 *(delegación)* Abordnung *f*, Deputation *f; duración:* Dauer *f* eines Mandats 2 **~ provincial** *corresponde a:* Provinzialland-, Kreistag *m* 3 *Méx (ayuntamiento)* Rathaus *n*
diputado M, **-a** F Abgeordnete *m/f* **(por X** von X); **~ del Congreso** Kongress-, Parlamentsabgeordnete *m/f;* **~ provincial** *corresponde a:* Kreistagsabgeordnete *m/f*
diputar V/T abordnen; als Vertretung wählen; POL ins Parlament (*o* in den Bezirkstag *etc*) entsenden; **~ para** bestimmen für *(acus);* **~ apto a alg** j-n für geeignet halten
dique M 1 *(muro para contener las aguas)* Damm *m;* Deich *m* 2 *(dársena)* Dock *n;* **~ flotante** Schwimmdock *n;* **~ de carena** *o* **~ seco** Trockendock *n;* **meter en ~** (ein)docken 3 *Am (presa)* Talsperre *f* 4 MIN *zutage tretendes* Taubflöz *n* 5 *fig (barrera)* Schutz(wall) *m;* **poner ~s** a Einhalt tun *(dat);* einen Schutzwall errichten gegen *(acus)*
diquelar V/T *pop* 1 *(ver)* sehen 2 *(comprender)* kapieren *fam*, spannen *fam*
dirá, diré → decir
dirección 1 *(conjunto de directores, gerencia)* (Geschäfts)Leitung *f;* Oberaufsicht *f;* Direktorium *n;* Direktion *f;* **Dirección General** Generaldirektion *f (eines Unternehmens)* 2 *(liderato, gestión)* Leitung *f*, Führung *f;* TEAT, FILM **~ (artística)** Regie *f*, künstlerische Leitung *f;* TEAT, FILM **~ escénica** Regie *f;* **~ de obra** Bauleitung *f;* **bajo la ~ de** unter der Leitung von; **llevar la ~ de a/c** die Leitung einer Sache *(gen)* innehaben 3 *(línea de movimiento)* Richtung *f;* **~ contraria** Gegenrichtung *f;* MIN **~ del filón** Fallrichtung *f eines Flözes;* **~ de la marcha** Marschrichtung *f;* Fahrtrichtung *f;* **~ obligatoria** vorgeschriebene Fahrtrichtung *f;* **~ opuesta** Gegenrichtung *f;* **calle** *f* **de ~ única** Einbahnstraße *f;* **con ~ a (Madrid)** *tren* nach (Madrid); **salir con ~ a** abreisen nach *(dat);* **en ~ a** in Richtung auf; **en ~ longitudinal/transversal** in Längs-/Querrichtung; **en ~ sur** nach Süden 4 AUTO *(manejo)* Steuerung *f*, Lenkung *f;* **~ asistida** Servolenkung *f;* TEC **~ a distancia** Fernsteuerung *f*, -lenkung *f* 5 *(domicilio)* Anschrift *f*, Adresse *f;* **~ de correo electrónico,** *fam* **~ electrónica** E-Mail-Adresse *f;* **~ (de) Internet** Internetadresse; **~ fortuita** *o* **~ (en caso) de necesidad** *(domicilio provisional)* Notadresse *f;* **poner la ~** die Adresse schreiben
direccionabilidad F AUTO Lenkbarkeit *f*
direccional ADJ Richtungs…; *Perú* AUTO **luz** *f* **~** Blinker *m;* **direccionales** FPL *Am* AUTO Blinker *mpl*
directa F AUTO direkter (*o* vierter) Gang *m;* **directiva** F 1 *(instrucción)* Direktive *f*, Weisung *f*, Anleitung *f;* **~s** *fpl* Leitsätze *mpl*, Richtlinien *fpl* 2 *(junta directiva)* Vorstand *m* 3 *(alta empleada)* leitende Angestellte *f;* Führungskraft *f;* Managerin *f; (miembro femenino de la junta directiva) (weibliches)* Vorstandsmitglied *n*
directivo A ADJ leitend; **junta** *f* **-a** Vorstand *m;* **miembro** *m* **~** Vorstandsmitglied *n* B M *(alto empleado)* leitender Angestellter *m;* ; Führungskraft *m;* Manager *m;* POL Führer *m; (miembro masculino de la junta directiva) (männliches)* Vorstandsmitglied *n;* **alto ~** Topmanager *m;* **quiere hablar con un ~** er/sie möchte mit einem (der) leitenden Herr(e)n sprechen
directo A ADJ 1 *(derecho)* gerade; *(en línea recta)* in gerader Richtung; geradlinig 2 *(inmediato)* unmittelbar; direkt *(tb* POL *elección);* ohne Umschweife; **camino** *m* **~** kürzester Weg *m;* GRAM **complemento** *m* **~** Akkusativobjekt *n; t/t* **método** *m* **~** direkte Methode *f;* RADIO, TV **(re)transmisión** *f* **en ~** Direktübertragung *f*, Livesendung *f;* FERR **tren** *m* **~** Schnellzug *m;* **ir ~ al asunto** (*o* **al grano**) gleich zur Sache kommen B M *fam boxeo:* Gerade *f;* **~ a la mandíbula** Kinnhaken *m*
director A ADJ leitend B M, **directora** F Leiter *m*, -in *f;*Vorsteher *m*, -in *f;* Direktor *m*, -in *f;* TEAT, FILM **~ artístico** Regisseur *m;* FILM **~ de arte** Filmarchitekt *m;* **~ comercial** kaufmännischer Direktor *m;* **~ de escuela** Schulleiter *m;* REL **~ espiritual** Beichtvater *m*, Seelsorger *m;* **~ general** Generaldirektor *m;* ADMIN *corresponde a:* Ministerialdirektor *m;* **~ intelectual de un crimen** Schreibtischtäter *m;* ECON **~ de márketing** Marketingleiter *m;* **~ médico** *del balneario, etc:* Kurarzt *m;* ARQUIT **~ de la obra** Bauleiter *m;* MÚS **~ de orquesta** (Orchester)Dirigent *m;* Kapellmeister *m;* **~ técnico** technischer Direktor *m;* UNIV **~ de tesis** Doktorvater *m;* COM **~ de ventas** Verkaufsleiter *m*
directorado M Direktorat *n;* **directoral** ADJ direktorial
directorio A ADJ → directivo B M 1 *(dirección)* Leitung *f*, Führung *f; (junta directiva)* Direktorium *n;* Verwaltungsrat *m* 2 *(regla)* Richtschnur *f; (instrucción)* Anleitung *f* 3 *espec Am (guía)* Adressbuch *n; Am* **~ telefónico** Telefonbuch *n* 4 INFORM *(registro)* Verzeichnis *n* 5 HIST **Directorio** *das* Directoire *(Frankreich)*
directriz ⟨*pl* -ices⟩ A ADJ **idea** *f* **~** Leitgedanke *m* B F 1 *(superiora)* Direktorin *f*, Vorsteherin *f* 2 *(norma)* Richtlinie *f;* GEOM Leitlinie *f*
dirigente A ADJ leitend, führend B M/F leitende Persönlichkeit *f*, Leiter *m*, -in *f*, Führer *m*, -in *f;* POL Machthaber *m*, -in *f;* **los ~s del partido** die Parteiführer *mpl*
dirigible ADJ lenk-, steuerbar; **globo** *m* **~** lenkbares Luftschiff *n;* Zeppelin *m*
dirigir ⟨3c⟩ A V/T 1 *(manejar)* lenken, leiten, führen *(auch Unternehmen);* AVIA steuern; **~ una película** bei einem Film Regie führen 2 *(enfocar)* richten (**a** an *acus*, auf *acus*); **~ la palabra a alg** das Wort an j-n richten; **~ una pregunta a alg** j-m eine Frage stellen 3 *carta* adressieren (**a** an *acus*) B V/R **dirigirse** 1 *a una persona:* sich richten (**a** an *acus*), sich wenden (**a** an *acus*); *fig* **no ~ la palabra** nicht (mehr) miteinander sprechen 2 *(ir)* sich begeben (**a** nach *acus*); **~ a** *o* **hacia …** Richtung auf … *(acus)* nehmen; zugehen (*o* zufahren) auf …; **la brújula se dirige al norte** der Kompass zeigt nach Norden 3 *fig* **~ por** *(orientarse)* sich richten nach *(dat)*
dirigismo M ECON Dirigismus *m;* **dirigista** ADJ ECON dirigistisch
dirimente ADJ JUR die Ehe aufhebend; **impedimento** *m* **~** Ehehindernis *n;* **dirimir** V/T *matrimonio* trennen *(wegen eines Ehehindernisses); controversia* schlichten
dirt-track [dirt'trak] M DEP Dirt-Track-Rennen *n*, Aschenbahnrennen *n*
disagio M FIN Disagio *n*, Abschlag *m*
disarmonía F MED *y fig* Disharmonie *f*
discado M *Am* TEL Wählen *n;* **~ directo** Direkt-, Durchwahl *f*
discantar V/T 1 *poco usado, versos* rezitieren (*o* dichten) 2 *fig poco usado (comentar)* kommentieren, erläutern; **discante** M MÚS Diskantgitarre *f*
discapacidad F (Körper)Behinderung *f;* **con ~ auditiva** hörbehindert; **con ~ visual** sehbehindert
discapacitado A ADJ körperbehindert; **~ auditivo** hörbehindert B M, **-a** F Behinderte *m/f*
discar V/T & V/I ⟨1g⟩ *Am* TEL wählen
discente M/F Lernende *m/f*, Lerner *m*, -in *f*
discernimiento M 1 *(acción de discernir)* Unterscheidung *f*, Sonderung *f* 2 *(capacidad de discernir)* Unterscheidungsvermögen *n*, Einsicht(s-vermögen *n*) *f; (juicio)* Urteilskraft *f; (razonamiento)* Überlegung *f;* **edad** *f* **de ~** zurechnungsfähiges Alter *n;* **sin ~** unzurechnungsfähig 3 JUR *(poder del juzgado)* gerichtliche Ermächtigung *f für die Übernahme eines Amtes*
discernir ⟨3i⟩ A V/T & V/I 1 *(diferenciar)* unterscheiden (können), erkennen 2 *(otorgar)* zuerkennen B V/T JUR *j-n mit einer Vormundschaft* betrauen
disciplina F 1 *(orden, rigor)* Disziplin *f*, Zucht *f;* POL **~ de voto** Fraktionszwang *m;* **~ militar** Disziplin *f*, Manneszucht *f;* ADMIN **consejo** *m* **de ~s** Disziplinarrat *m* 2 *(facultad, ciencia) (wissenschaftliches)* Lehrfach *n*, Disziplin *f (tb* DEP); Fachrichtung *f* 3 REL *(regla de una orden)* Ordensregel *f;* Beobachtung *f* der Regel, Klosterzucht *f* 4 *(férula)* Zuchtrute *f; tb* **~s** *fpl* (Buß)Geißel *f;* CAT **darse las ~s** sich geißeln
disciplinable ADJ folgsam, fügsam; **disciplinado** ADJ 1 *(que observa el orden y las leyes)* diszipliniert 2 BOT *(jaspeado)* gesprenkelt; **disciplinal** ADJ disziplinarisch
disciplinar A V/T 1 *(imponer disciplina)* in Zucht nehmen (*o* halten), disziplinieren; *obs* geißeln 2 *(instruir)* unterrichten 3 *(azotar)* geißeln B V/R **disciplinarse** 1 *(adoptar disciplina)* Disziplin annehmen 2 CAT *(macerarse)* sich kasteien
disciplinario ADJ disziplinarisch; Disziplinar…; MIL **batallón** *m* **~** Strafbataillon *n;* **castigo** *m* **~** Disziplinarstrafe *f;* **derecho** *m* **~** Disziplinarrecht *n;* **medida** *f* **-a** Disziplinarmaß-

D

nahme *f*, disziplinarische Maßnahme *f*; **pena** *f* **-a** Disziplinar-, Dienststrafe *f*; **procedimiento** *m* **~** Disziplinarverfahren *n*
discipulado M Schülerschaft *f*; **discípulo** M, **-a** F 1 *(alumno, -a)* Schüler *m*, -in *f* 2 *fig de un maestro famoso*: Schüler *m*, -in *f eines berühmten Meisters etc*; Anhänger *m*, -in *f* 3 M *Biblia y fig* Jünger *m*
disc jockey [dis 'jɔkɛi] M Discjockey *m*
discman® ['diskman] M Discman® *m*
disco A M 1 Scheibe *f*; TEL Wählscheibe *f*; *Esp transporte*: *(semáforo)* (Verkehrs)Ampel *f*; **~ de algodón** *cosmética*: Wattepad *n*; ANAT **~ intervertebral** Bandscheibe *f*; AUTO **~ de control (de horario)** Parkscheibe *f*; AUTO **~ del embrague** Kupplungsscheibe *f*; AUTO **~ de freno** Bremsscheibe *f*; AUTO **~ de llanta** Radkappe *f*; *transporte*: **~ (de señales)** Befehlsstab *m*; Signalscheibe *f* 2 ASTRON **~ solar/lunar** Sonnen-/Mondscheibe *f* 3 *fonotecnia*: (Schall)-Platte *f*; *fam fig discurso*: langweilige Rede *f etc*, ewig gleiches Gerede *n*, alte Leier *f fam*; **~ compacto** Compact Disc *f*, CD *f*; **~ microsurco** *o* **~ de larga duración** Langspielplatte *f*; **~ pirata** (CD-)Raubkopie *f*; *fam fig* **cambiar de ~** eine andere Platte auflegen; *tb fig* **¡ponga otro ~!** legen Sie eine andere Platte auf! 4 INFORM **~ duro** *o Am* **rígido** Festplatte *f*; **~ magnético** Magnetplatte *f* 5 DEP *plancha circular*: Diskus *m*; **~ lanzador** Frisbeescheibe® *f* 6 BOT *parte de la hoja*: Blattfläche *f* 7 **(pez** *m***) ~** Diskusfisch *m* B F *fam* Disko *f*
discóbolo M, **-a** F DEP Diskuswerfer *m*, -in *f*
discografía F 1 *relación*: Diskografie *f*, Schallplattenverzeichnis *n* 2 *técnica*: Plattenpressen *n* (*o* -schneiden *n*); **discográfica** F Schallplattenfirma *f*; **discográfico** ADJ (Schall)-Platten...; **compañía** *f* **-a** (Schall)Plattenfirma *f*; **industria** *f* **-a** Schallplattenindustrie *f*
discoidal ADJ TEC, *t/t* scheibenförmig
díscolo ADJ widerspenstig, ungezogen
discoloro ADJ BOT *hoja* zweifarbig
disconforme ADJ 1 *(inadecuado)* nicht passend 2 *(no conforme)* nicht einverstanden; uneins; **disconformidad** F Nichteinverständnis *n*; Uneinigkeit *f*; Disharmonie *f*
discontinuar VT ⟨1e⟩ unterbrechen; **discontinuidad** F Ungleichförmigkeit *f*; Unterbrechung *f*; Diskontinuität *f*; **discontinuo** ADJ unterbrochen, aussetzend, abreißend; MAT unstetig; **línea** *f* **-a** gestrichelte Linie *f*
disconvenir VI ⟨3s⟩ nicht passen; nicht zusagen; nicht behagen
discordancia F 1 MÚS Missklang *m*, falsche Stimmung *f* 2 *fig (diversidad)* Verschiedenheit *f*; *(disconformidad)* Meinungsverschiedenheit *f*, Unstimmigkeit *f*, *(disonancia)* Misston *m*; **discordante** ADJ *(divergente)* abweichend; *(disonante)* unharmonisch (*tb fig*), misstönend; *fig* **dar la** *o* **una nota ~ (en)** die Harmonie stören, einen Misston bringen (in *acus*)
discordar VI ⟨1m⟩ 1 MÚS nicht stimmen, disharmonisch klingen 2 *(no coincidir)* nicht übereinstimmen (**de** mit *dat*); *(no armonizar)* nicht zusammenpassen; *(tener opiniones diferentes)* verschiedener Meinung sein; **discorde** ADJ verstimmt; disharmonisch, misstönend; *fig* uneinig; **discordia** F Zwietracht *f*, Uneinigkeit *f*, Zwist *m*
discoteca F 1 *colección*: Schallplattensammlung *f*; Diskothek *f* 2 *local*: Diskothek *f*, Disco *f fam* 3 *mueble*: Schallplattenschrank *m* 4 *Perú tb tienda*: Schallplattenladen *m*; **discotequero** M, **discotequera** F Discogänger *m*,, -in *f*
discreción F 1 *(juicio)* Urteilskraft *f*, Verstand *m*; *(tacto)* Takt *m*, Feingefühl *n*; *adv* **con ~** klug, umsichtig; taktvoll, rücksichtsvoll 2 *(criterio)* Ermessen *n*, Belieben *n*; *adv* **a ~** nach Belieben, nach Gutdünken; COM *en ofertas*: auf Wunsch; wahlweise; **pan a ~** *en restaurantes*: Brot nach Belieben; MIL **entregarse a ~** sich auf Gnade oder Ungnade ergeben 3 *(sigilo)* Verschwiegenheit *f*, Diskretion *f*; *adv* **bajo ~** vertraulich
discrecional ADJ beliebig; JUR **facultad** *f* **~** Ermessen(sfreiheit *f*) *n*; *transporte*: **parada** *f* **~** Bedarfshaltestelle *f*; *transporte*: **«servicio ~»** Sonderfahrt *(Busse)*
discrepancia F 1 *(diferencia)* Unterschied *m*; Diskrepanz *f*; TEC Abweichung *f* 2 *de opinión*: Meinungsverschiedenheit *f*; **discrepante** ADJ nicht übereinstimmend (**de** mit *dat*); abweichend (**de** von *dat*); auseinandergehend; diskrepant, divergierend; **discrepar** VI 1 *(diferenciarse)* sich unterscheiden, voneinander abweichen 2 *(tener una opinión diferente)* verschiedener Meinung sein
discretear VI geistreich reden, *frec desp* geistreicheln; **discreteo** M 1 *(burla)* Witzeln *n*, Geistreichelei *f* 2 *(cuchicheo)* Zischeln *n*
discreto A ADJ 1 *(reservado)* zurückhaltend, taktvoll, verschwiegen, diskret 2 *(inteligente)* klug, gescheit; geistreich 3 *(mediocre)* (mittel)-mäßig 4 **a lo ~** → discreción 2 5 MAT unstetig B M Stellvertreter *m* eines Ordensoberen
discriminación F Unterscheidung *f*; *desp* Diskriminierung *f*; **~ racial** Rassendiskriminierung *f*; **~ de la mujer/de la tercera edad** Frauen-/Altersdiskriminierung *f*
discriminador A ADJ diskriminierend B M ELEC Diskriminator *m*; **discriminante** ADJ → discriminativo; **discriminar** VT 1 *(diferenciar)* unterscheiden 2 POL *personas* diskriminieren; **discriminativo, discriminatorio** ADJ diskriminierend
discromatopsia F MED Farbenblindheit *f*
discromía F MED Hautverfärbung *f*
disculpa F Entschuldigung *f*, Rechtfertigung *f*; *tb (pretexto)* Ausrede *f*; **en mi ~** zu meiner Entschuldigung; **pedir ~s a alg** sich bei j-m entschuldigen; j-n um Entschuldigung bitten; **en tono de ~** als (*o* zur) Entschuldigung; **no hay ~ (que valga)** *o* **no valen ~s** es gibt keine Entschuldigung; **no tener ~** unentschuldbar sein
disculpable ADJ entschuldbar; **disculpablemente** ADV verzeihlicherweise
disculpadamente ADV aus verzeihlichen Gründen
disculpar A VT *(perdonar)* entschuldigen, verzeihen; *(tolerar)* Nachsicht haben mit (*dat*); **~ a alg de una falta** j-n wegen eines Fehlers entschuldigen; j-m einen Fehler verzeihen; **~ a/c por** etw mit (*dat*) entschuldigen; **le disculpan sus pocos años** man muss ihm seine Jugend zugutehalten B VR **~se con** *o* **ante alg por** *o* **de a/c** sich bei j-m für etw (*acus*) (*o* wegen etw *gen*) entschuldigen; **se disculpó de asistir a la fiesta** er entschuldigte sich für sein Fernbleiben (vom Fest)
discurrir A VI 1 *(andar, correr)* umhergehen, -laufen; *río* fließen 2 *tiempo, vida* verstreichen, verlaufen, ablaufen 3 *(discutir)* erörtern, abhandeln 4 *(reflexionar)* **~ (sobre)** nachdenken, sich (*dat*) den Kopf zerbrechen (über *acus*); **~ poco** seinen Kopf (*o* Verstand) wenig gebrauchen; **no está mal discurrido** nicht unvernünftig gedacht, recht vernünftig B VT *fam* sich ausdenken, aushecken *fam*
discursear VI *fam irón, tb desp* große Reden schwingen; **discursero** M *Col*, **discursera** F → discursista; **discursista** M/F *Esp* Schwätzer *m*, -in *f*, Vielredner *m*, -in *f*; **discursivo** ADJ 1 *(pensativo)* nachdenklich 2 *(elocuente)* redselig; weitschweifig 3 *t/t* diskursiv, schlussfolgernd; **facultad** *f* **-a** Urteilskraft *f*
discurso M 1 *(alocución)* Rede *f*; **~ de apertura** Eröffnungsrede *f*; **~ de clausura** Schlussrede *f*; **~ electoral** Wahlrede *f*; **~ inaugural** Antrittsrede *f*; **primer ~** erste Rede; Jungfernrede *f* 2 *(disertación)* Abhandlung *f* 3 *(razonamiento)* Gedankengang *m*, Überlegung *f* 4 LING Diskurs *m*
discusión F Besprechung *f*, Erörterung *f*; Diskussion *f*; **sin ~** ohne Zweifel, unumstritten; **entablar/concluir la ~** die Diskussion eröffnen/abschließen; **entrar en -ones** sich in Erörterungen einlassen; **esto no admite ~** darüber gibt's keine Diskussion, das ist indiskutabel
discutible ADJ bestreitbar, fraglich, anfechtbar; **eso sería ~** darüber ließe sich reden; **discutidor** ADJ **hombre** *m* **~** Rechthaber *m*; (leidenschaftlicher) Diskutierer *m*
discutir A VT 1 *(conferenciar)* besprechen, erörtern, diskutieren 2 *(negar)* bestreiten, in Abrede stellen; widersprechen (*dat*); **ser muy discutido** sehr umstritten sein B VI diskutieren, verhandeln, streiten (**de, sobre, por** über *acus*)
disecación F *de animales*: Ausstopfen *n*; *de plantas*: Trocknen *n*; **disecador** M → disector
disecar VT ⟨1g⟩ 1 ANAT, MED *(dividir en partes)* sezieren 2 *(preparar) animales, plantas* präparieren; *animales tb* ausstopfen, *plantas tb* trocknen 3 *fig (analizar cuidadosamente)* genau untersuchen; **disección** F 1 ANAT, MED *(acción de disecar)* Sezierung *f*; Sezieren *n*, Sektion *f* 2 *fig (desglose)* Zergliederung *f*; genaue Untersuchung *f*; **diseccionar** VT ANAT, MED sezieren; **disector** M, **disectora** F 1 ANAT, MED Prosektor *m* 2 *para animales, plantas*: Präparator *m*
diseminación F Aus-, Verstreuung *f*; *de noticias*: Weiterverbreitung *f*; **diseminado** ADJ verstreut, verteilt (**por** über *acus*); **diseminador** A ADJ verbreitend B M, **diseminadora** F Verbreiter *m*, -in *f*; **diseminar** A VT umher-, ausstreuen; verbreiten (*tb noticias*) B VR **diseminarse** sich verbreiten
disensión F, **disenso** M Uneinigkeit *f*, Zwist *m*, Unfrieden *m*
disentería F MED Dysenterie *f*, Ruhr *f*; **~ amebiana** Amöbenruhr *f*
disentimiento M Meinungsverschiedenheit *f*, JUR Dissens *m*; **disentir** VI ⟨3i⟩ anderer Meinung sein (**de** als *nom*), nicht zustimmen (**de** *dat*); **disiento de tu opinión** ich bin nicht deiner Meinung
diseñador M, **diseñadora** F Zeichner *m*, -in *f*; *espec* AUTO Designer *m*, -in *f*; TEC Konstrukteur *m*, -in *f*; **~(a)** *f* **de moda** Modedesigner *m*, -in *f*; **~(a) (de páginas) web** Webdesigner *m*, -in *f*; **~(a) publicitario** *o* **de publicidad** Werbegrafiker *m*, -in *f*
diseñar VT & VI 1 *(dibujar)* zeichnen 2 *(bosquejar)* skizzieren; umreißen 3 *(proyectar)* entwerfen; gestalten
diseño M 1 *(dibujo)* Zeichnung *f*; **~ industrial** Planzeichnen *n*; **~ publicitario** Werbegrafik *f* 2 *(bosquejo)* Entwurf *m*, Skizze *f (tb fig)* 3 *(proyecto)* Design *n (tb* AUTO*)*; *(muestra)* Muster *n*; **~ (de páginas) web** Webdesign *n*; **~ de producto** Produktdesign *n*; Produktgestaltung *f*; **de ~** Designer...
disertación F (wissenschaftliche) Abhandlung *f*; *discurso*: Vortrag *m*; **disertante** A ADJ dozierend B M/F Redner *m*, -in *f*, Vortragende *m/f*; **disertar** VI **~ sobre a/c** einen Vortrag halten (*o* eine Abhandlung schreiben) über etw (*acus*); **diserto** ADJ rede-, wortgewandt
disfasia F MED Dysphasie *f*

disformar V/T verunstalten; verformen; **disforme** ADJ missgestaltet, ungestalt; unförmig; **disformidad** F Unförmigkeit *f*; Hässlichkeit *f*

disfraz M ⟨*pl* -aces⟩ 1 (*traje de máscara*) Verkleidung *f*, Maskierung *f*; (Masken)Kostüm *n* 2 MIL (*camuflaje*) Tarnung *f* 3 *fig* (*desfiguración*) Verstellung *f*, Maske *f*; *adv* **sin ~** offen; **presentarse sin ~** sein wahres Gesicht zeigen

disfrazado ADJ maskiert (**de** als *nom*); verkleidet; vermummt; *fig* getarnt (**de** als *nom*); verkappt; **disfrazar** ⟨1f⟩ A V/T 1 (*enmascarar*) verkleiden, maskieren; MIL tarnen; MAR **~ el navío** unter falscher Flagge segeln 2 *fig* (*ocultar*) verbergen, verhehlen; *hechos* verhüllen, kaschieren B **~se** sich verkleiden, sich maskieren, *fig* sich tarnen (**de** als *nom*)

disfrutar A V/T & V/I 1 (*gozar*) sich vergnügen; **~ de a/c** etw (*acus*) genießen, sich einer Sache (*gen*) erfreuen 2 (*tener*) haben; *cargo* innehaben; **~ de vacaciones** Urlaub haben 3 (*aprovechar*) **~ (los productos de) una finca** die Nutznießung eines Landguts haben; **~ una mujer** mit einer Frau schlafen B V/I *abs* (*sentir placer*) sich (*irgendwie*) wohlfühlen; **~ con a/c** etw genießen

disfrute M Genuss *m*; Nutzung *f*; JUR Nutznießung *f*

disfunción F MED *y fig* Funktionsstörung *f*; **disfuncional** ADJ MED *y fig* funktionsstörend; **disfuncionalidad** F MED, TEC Dysfunktion *f*, Funktionsstörung *f* (*tb fig*)

disgregación F 1 (*dispersión*) Zersprengung *f*; Zerstreuung *f* 2 (*descomposición*) Zerlegung *f*, Zersetzung *f* (*tb* BIOL, QUÍM); FISIOL Aufschließung *f*, GEOL Verwitterung *f*; **disgregador** A ADJ zersetzend B M TEC Desintegrator *m*; **disgregante** ADJ trennend; zersetzend

disgregar ⟨1h⟩ A V/T 1 (*dispersar*) zersprengen; zerstreuen; (*desarmar*) zerlegen; JUR *von der Erbschaft* absondern 2 FISIOL *etc* aufschließen, abbauen 3 *multitudes, etc* trennen, auflösen; MIL *tropas* auseinanderziehen B V/R **disgregarse** 1 (*separarse*) auseinandergehen, (*disolverse*) sich auflösen 2 (*descomponerse*) sich zersetzen (*tb* QUÍM, *etc*); FISIOL abgebaut (*o* aufgeschlossen) werden 3 (*enojarse*) **~ por a/c** sich über etw (*acus*) ärgern, wegen etw (*gen, fam dat*) einschnappen; **disgregativo** ADJ zerstörend, zersetzend; auflösend

disgustado ADJ unwillig, verärgert; verdrießlich; **estar ~ con alg** auf j-n böse sein

disgustar A V/T 1 (*causar enfado*) verstimmen, (ver)ärgern 2 (*causar disgusto*) nicht gefallen, missfallen B V/R **disgustarse** sich ärgern (**de, con, por** wegen *gen*, über *acus*); **~ con alg** sich mit j-m überwerfen (*o* verfeinden)

disgusto M 1 (*enojo*) Ärger *m*, Verdruss *m*; (*pesadumbre*) Kummer *m*; (*fastidio*) Missstimmung *f*; (*molestia*) Unannehmlichkeit *f*, Scherereí *f*; *adv* **a** *o* **con ~** widerwillig; **dar un ~ a alg** j-m Kummer machen; j-n enttäuschen; **estar a ~** unzufrieden sein; **llevarse un ~** Unannehmlichkeiten (*o* Scherereien) bekommen; **sentirse** (*o* **estar**) **a ~** sich unbehaglich fühlen; **te voy a dar un ~** mach dich auf etwas gefasst (*warnend*); **tener (un) ~** Ärger haben; missgestimmt sein 2 (*contienda*) Streit *m*, Zank *m*; **tener un ~ con alg** mit j-m aneinandergeraten

disgustoso ADJ 1 (*con mal sabor*) nicht schmackhaft 2 (*fastidioso*) ärgerlich, unangenehm

disidencia F POL, REL Abfall *m*, Abtrünnigkeit *f*; Spaltung *f*; Zwist *m*; **disidente** A ADJ REL, POL abtrünnig B M/F Abtrünnige *m/f*; Dissident *m*, -in *f*; **disidir** V/I **~ (de)** sich trennen; abfallen (von *dat*); anderer Meinung sein

disilábico, disílabo → bisilábico

disimetría F Asymmetrie *f*; **disimétrico** asymmetrisch

disímil ADJ ungleich, verschieden

disimilación F *t/t* Dissimilation *f*; **disimilar** V/T FON, FISIOL dissimilieren; **disimilitud** F Verschiedenheit *f*

disimulación F 1 (*ocultación*) Verheimlichung *f*, Verhehlen *n*, JUR Dissimulation *f* 2 (*disimulo*) Verstellung *f*, Heucheln *n* 3 (*tolerancia*) Nachsicht *f*; **disimulada** ADV **a la ~** heimlich, versteckt; **disimulado** ADJ 1 (*ser*) (*alevoso*) hinterhältig, heimtückisch 2 **hacerse el ~** (*hacerse el tonto*) sich dumm (*o* unwissend) stellen; **disimulador** A ADJ verhehlend B M, **disimuladora** F Heimlichtuer *m*, -in *f*; Duckmäuser *m*, -in *f*, Schleicher *m*, -in *f*

disimular A V/T 1 (*ocultar*) verstecken, verbergen; **el jarabe disimula lo amargo de la poción** der Sirup überdeckt den bitteren Geschmack der Arznei 2 (*solapar*) **~ a/c** etw verheimlichen, etw verhehlen; sich (*dat*) etw nicht anmerken lassen; *fig* etw tarnen; JUR *ganancia* etw verschleiern; **no ~ a/c** kein(en) Hehl aus etw (*dat*) machen 3 (*perdonar*) (nachsichtig) übersehen; verzeihen, vergeben B V/I sich verstellen, heucheln; sich (*dat*) nichts anmerken lassen; **¡disimule usted!** *tb* machen Sie sich (*dat*) nichts daraus!

disimulo M 1 (*fingimiento*) Verstellung *f*; Verschleierung *f*; *adv* **con ~** (*discreto*) unauffällig; (*en secreto*) heimlich; (*alevoso*) heimtückisch 2 (*tolerancia*) Nachsicht *f*

DISIP F ABR (Dirección de los Servicios de Inteligencia y Prevención) *Kriminalpolizei in Venezuela*

disipación F 1 (*diseminación*) Zerstreuung *f*, Auflösung *f* 2 (*derroche*) Verschwendung *f*, Vergeudung *f*; **~ (de esfuerzos)** Verzettelung *f* 3 (*relajamiento moral*) flottes Leben *n*; Ausschweifung *f*; **disipado** ADJ **llevar una vida -a** ein ausschweifendes Leben führen; → *tb* disipador

disipador A ADJ verschwenderisch; flott, ausschweifend B M, **disipadora** F Verschwender *m*, -in *f*, Prasser *m*, -in *f*; **disipar** A V/T 1 (*disolver*) auflösen (*tb fig*); zerstreuen (*tb dudas, etc*) 2 (*derrochar*) verschwenden, vergeuden B V/R **disiparse** sich zerstreuen, sich auflösen; zerrinnen, sich verflüchtigen, verschwinden

diskette M INFORM → disquete

disk jockey [dis ˈdʒɔkɛi] M Discjockey *m*

dislalia F MED Sprachstörung *f*

dislate M Unsinn *m*; Irrtum

dislexia F MED Legasthenie *f*

disléxico A ADJ legasthenisch B M, **-a** F Legastheniker *m*, -in *f*

dislocación, dislocadura F 1 MED *de un hueso*: Aus-, Verrenkung *f*; *de un órgano*: Verlagerung *f*; **~ del maxilar** Kiefer- (*o fam* Maul)sperre *f* 2 GEOL Verwerfung *f* 3 *fig* (*desfiguración*) Verzerrung *f* 4 *Arg fam* (*desorden*) Durcheinander *n*

dislocar ⟨1g⟩ A V/T 1 MED *de los huesos* aus-, verrenken 2 GEOL verschieben, verwerfen 3 *fig hechos* entstellen, verzerren B V/R **dislocarse** 1 (*separarse*) auseinandergehen (*tb* TEC); sich verschieben (*zwei Teile*) 2 MED *huesos*: **~ a/c** sich (*dat*) etw ausrenken *o* verrenken; sich (*dat*) etw auskugeln; **~ el brazo** sich (*dat*) den Arm ausrenken

disloque M *fam fig* Höhepunkt *m*, Gipfel *m*; **aquello fue el ~** das war nicht mehr zu überbieten

dismenorrea F MED Dysmenorrhö *f*, Menstruationsbeschwerden *fpl*

disminución F Verminderung *f*; *del precio*: Rückgang *m*, Senkung *f* (*tb de gastos*); *de la fiebre*: Abklingen *n*; *de las fuerzas, etc*: Nachlassen *n*; ARQUIT Verjüngung *f*; **ir en ~** (*reducción*) abnehmen, sich verringern; *salud* schlechter werden; ARQUIT sich verjüngen

disminuido A ADJ 1 (*reducido*) vermindert (*tb* MÚS) 2 MED (*discapacitado*) behindert B M, **-a** F Behinderte *m/f*; **~ m, -a f física** Körperbehinderte *m/f*

disminuir ⟨3g⟩ A V/T 1 (*reducir*) vermindern, verkleinern; *precios, etc* herabsetzen, senken 2 ARQUIT (*rejuvenecer*) verjüngen B V/I (*reducir*) abnehmen; zurückgehen; weniger werden; *viento* abflauen, nachlassen; **~ de precio** im Preis sinken; **ir disminuyendo** *días* kürzer werden

dismnesia F MED Gedächtnisschwäche *f*

disnea F MED Atemnot *f*; **disneico** ADJ MED kurzatmig

disociable ADJ QUÍM (auf)spaltbar, trennbar; **disociación** F QUÍM *y fig* Trennung *f*, (Auf)-Spaltung *f*; *t/t* Dissoziation *f*; **disociar** ⟨1b⟩ A V/T (*separar*) trennen, absondern; QUÍM (auf-, ab)spalten B V/R **disociarse** zerfallen; sich trennen (**de** von *dat*)(*tb fig*)

disolubilidad F *espec* QUÍM Auflösbarkeit *f*; **disoluble** ADJ löslich, auflösbar

disolución F 1 QUÍM (Auf)Lösung *f*; **~ acuosa** wässerige Lösung *f*; **~ salina** Salzlösung *f* 2 (*acción de disolver*) Auflösung *f*, Trennung *f*; *de un matrimonio*: Scheidung *f*; **~ del Parlamento** Auflösung *f* des Parlaments 3 *fig* (*decaimiento moral*) Ausschweifung *f*; (sittlicher) Verfall *m*

disolutamente ADV liederlich, ausschweifend; **disoluto** A ADJ (*desenfrenado*) zügellos, hemmungslos; ausschweifend; **tener una vida -a** ein ausschweifendes Leben führen B M (*libertino*) Lebemann *m*; Wüstling *m*

disolvente A ADJ (auf)lösend (*tb* QUÍM); zersetzend B M QUÍM Lösungs-, Verdünnungsmittel *n*

disolver ⟨2h; *pp* disuelto⟩ A V/T (auf)lösen (*tb fig*); zersetzen; trennen; zerrütten; *manifestación* auflösen; **~ un matrimonio** eine Ehe auflösen B V/R **disolverse** sich auflösen

disón M MÚS → disonancia 1

disonancia F 1 MÚS (*sonido desagradable*) Missklang *m*, Dissonanz *f* 2 *fig* (*falta de conformidad*) Unstimmigkeit *f*; (*desproporción*) Missverhältnis *n*; **disonante** ADJ MÚS dissonant, unharmonisch (*tb fig*); *fig* unschön; abstoßend; **disonar** V/I ⟨1m⟩ MÚS *y fig* dissonieren; *instrumento* nicht stimmen; *fig* störend wirken; **~ de** *o* **en** nicht im Einklang stehen mit (*dat*); nicht passen zu (*dat*)

dispar ADJ ungleich, verschieden

disparada F 1 *Am reg* (*huida precipitada*) Auseinanderstieben *n*; plötzliche Flucht *f* 2 **~ (de precios)** Hochschnellen *n* der Preise; *adv* **a la ~** Hals über Kopf; **disparadamente** ADV 1 (*precipitado*) überstürzt 2 *fam* (*desatinado*) unsinnig; **disparadero** M Abzug *m*, Drücker *m*; *fig* **está en el ~** jetzt geht er gleich hoch, jetzt kocht er

disparado ADJ *fam fig* **salir ~** davonrennen; **disparador** M 1 (*tirador*) Schütze *m* 2 *de un arma*: Abzug *m* 3 TEC, FOT Auslöser *m*; **~ automático** Selbstauslöser *m*

disparar A V/T *piedra* schleudern; *flecha, fusil* abschießen, *pieza de artillería* abfeuern; *tiro* abgeben; *fuegos artificiales* abbrennen; *fotografía* knipsen, schießen; TEC einrücken; **~ los precios** die Preise in die Höhe treiben B V/I 1 (*tirar*) schießen; feuern, abdrücken 2 *fig* → disparatar 3 FOT fotografieren, knipsen *fam* 4 MAR (*anclar*) vor Anker gehen C V/R **dispa-**

rarse 1 *arma* losgehen 2 *fig (correr sin dirección)* Hals über Kopf davonrennen; *caballo, motor* durchgehen; *(enfurecerse)* wütend werden; *al hablar:* losbrüllen 3 *precios, alquileres, etc* in die Höhe schießen

disparatado ADJ 1 *(irracional)* unsinnig, ungereimt; unüberlegt 2 *fam fig (desmesurado)* ungeheuer *fam*, irrsinnig *fam*, fabelhaft; **disparatador** ADJ Unsinn redend, faselnd; **disparatar** VI 1 *(hablar disparates)* Unsinn reden, irrereden 2 *(hacer tonterías)* Dummheiten begehen (*o* machen)

disparate M *frec* **~s** PL Dummheit *f*, Unsinn *m*; Blödsinn *m*, Quatsch *m fam*, Blech *n fam*; *fam* **¡qué ~!** was für ein Unsinn!; **un ~** *tb cantidad enorme:* irrsinnig viel (groß *etc*) *fam*; **costar un ~** wahnsinnig viel kosten

disparatero *Am* → disparatador; **disparatorio** M unsinniges Gerede *n* (*o* Geschreibsel *n*)

disparejo ADJ → dispar; **disparidad** F Ungleichheit *f*; Verschiedenheit *f*; ECON Gefälle *n*, Disparität *f*; **~ (entre … y …)** Unterschied *m* (zwischen … *dat* und … *dat*); Gefälle *n* (von … *dat* zu … *dat*)

disparo M Schuss *m* (*tb fútbol*); Abfeuern *n*; TEC, FOT Auslösung *f*; *de un resorte:* Losschnellen *n*; **~ al aire** *o* **~ de advertencia** *o* **~ de aviso** *o* **~ intimidatorio** Schuss *m* in die Luft, Warnschuss *m*; **~ en la nuca** Genickschuss *m*; *fútbol:* **~ al poste** Latte *f*; DEP **~ de salida** Startschuss *m*

dispendio M *(derroche)* Verschwendung *f*; *(gastos)* Aufwand *m*; **dispendioso** ADJ kostspielig, aufwendig; verschwenderisch

dispensa F 1 *excepción:* Dispens *m/f*; Erlassung *f*, Befreiung *f*; CAT **~ matrimonial** Ehedispens *f* 2 *escrito:* Dispensschein *m*, Befreiungszeugnis *n*; **dispensable** ADJ erlassbar; entschuldbar; **dispensador** M *para cinta adhesiva:* Abroller *m*; *para jabón, etc:* Spender *m*

dispensar A VT 1 *(donar)* spenden (*tb aplauso*); *ayuda* gewähren; zuteilwerdenlassen; *beneficios* erweisen 2 *(distribuir)* verteilen; aus-, abgeben 3 *(eximir)* **~ a alg de** j-m etw erlassen; j-n befreien von (*dat*); j-n dispensieren von (*dat*); MIL j-n *vom Militärdienst* freistellen B VT & VI *(excusar)* verzeihen, entschuldigen; **¡usted dispense!** entschuldigen Sie bitte! C VR **~se de a/c** auf etw (*acus*) verzichten, sich (*dat*) etw schenken *fam*; **~se de** (*inf*) darauf verzichten zu (*inf*); **no poder ~se (de** *inf*) nicht umhinkönnen (zu *inf*)

dispensaría F *Chile, Perú*, **dispensario** M MED Ambulanz *f*, Poliklinik *f*; ärztliche Beratungsstelle *f*

dispepsia F MED Verdauungsstörung *f*; **dispéptico** ADJ MED dyspeptisch

dispersar A VT 1 *(diseminar)* zerstreuen; FÍS, QUÍM, MIL streuen; *tropas* (auseinander)sprengen 2 *fig* **~ sus esfuerzos** *(malgastar sus energías)* sich verzetteln B VR **dispersarse** sich zerstreuen; MIL ausschwärmen

dispersión F (Zer)Streuung *f* (*tb* TEC, *t/t*), Dispersion *f*; *fig* **~ de esfuerzos** Kräftezersplitterung *f*; **~ de presos** Auseinanderlegen *n* von Häftlingen; ELEC **círculo** *m* **de ~** Streuungskreis *m*

dispersivo ADJ zerstreuend; Streuung bewirkend; **disperso** ADJ zerstreut; MIL versprengt

display [dis'pleı] M INFORM Display *n*, Anzeige *f*

displicencia F Unfreundlichkeit *f*; Unlust *f*, üble Laune *f*; *adv* **con ~** unfreundlich; verdrießlich; **displicente** ADJ unfreundlich, ungnädig; mürrisch, verdrießlich

disponente ADJ disponierend

disponer ⟨2r⟩ A VT 1 *(ordenar)* (an-, ein)ordnen; *enseñanza:* **~ por filas** reihenweise aufstellen (*o* setzen *etc*) 2 *(preparar)* vorbereiten; **~ a/c para a/c** etw für etw (*acus*) herrichten 3 *(mandar)* anordnen, verfügen; MIL *el ataque* ansetzen; **la ley dispone que …** das Gesetz sieht vor (*o* bestimmt), dass … B VI **~ de a/c** *decidir:* über etw (*acus*) verfügen; *poseer:* etw (zur Verfügung) haben, etw besitzen; *abs* **~ a su antojo** nach Belieben (*o* willkürlich) schalten und walten C VR **~se a** *o* **para** sich anschicken zu (*inf*), sich vorbereiten auf (*acus*); im Begriff sein zu (*inf*); **~se a aterrizar** (die) Landevorbereitungen treffen

disponibilidad F 1 *de una cosa o persona:* Verfügbarkeit *f*; **en ~** verfügbar; **~ de servicio** Betriebsbereitschaft *f* 2 ECON **~es** *fpl de dinero, mercancía:* Bestand *m*; **~es en efectivo** Barbestand *m*, -vermögen *n*

disponible ADJ verfügbar; COM *mercancía* vorrätig, auf Lager; *capital* flüssig; MIL zur Disposition stehend; einsatzbereit

disposición F 1 *(colocación)* Anordnung *f*, Aufstellung *f*; *(distribución)* Aufteilung *f*; Gliederung *f*, Disposition *f*; *de un edificio:* Gliederung *f*, Lage *f*; **~ clara** Übersichtlichkeit *f* 2 JUR *y gener (determinación)* Bestimmung *f*, Verfügung *f*; **~ legal** gesetzliche Bestimmung; **-ones** *pl* **de la ley** gesetzliche Bestimmungen *fpl*; **última ~** *o* **~ testamentaria** letztwillige Verfügung *f*; **derecho** *m* **de ~** Verfügungsrecht *n*; **estar a la ~ de alg** j-m zur (*o* zu j-s) Verfügung stehen; JUR **pasar a ~ judicial** dem Gericht überstellt werden; **poner a ~ (de alg)** (j-m) zur Verfügung stellen; **tener a su ~** verfügen über (*acus*); **tomar las -ones necesarias** die notwendigen Vorkehrungen treffen; **a ~ de usted** gern; ganz wie Sie wollen; **de libre ~** zur freien Verfügung 3 TEC *(dispositivo)* Vorrichtung *f*; Einrichtung *f*; **~ de servicio** Betriebsbereitschaft *f* 4 *(don)* Veranlagung *f*; *(habilidad)* Fähigkeit *f*; Talent *n*, Begabung *f* (**para** für *acus*); *(propensión)* Neigung *f*, Lust *f*; *(buena voluntad)* Bereitschaft (**a** zu *dat*); **estar en ~ de** (*inf*) in der Lage sein, zu (*inf*), bereit sein, zu (*inf*) 5 *(estado de salud)* Gesundheitszustand *m*; **~ (de ánimo)** Verfassung *f*; Stimmung *f*

dispositivo M 1 TEC *(aparato)* Vorrichtung *f*, Gerät *n*, Einrichtung *f*, Apparat *m*, Apparatur *f*, Anlage *f*; **~ adicional** Zusatzgerät *n*; **~ de ajuste** Einstellvorrichtung *f*; **~ antirrobo** Diebstahlschutz *m*; **~ giratorio** Drehvorrichtung *f*; **~ fonométrico** Schallmessgerät *n*; MED **~ intrauterino** Intrauterinpessar *n*, Spirale *f fam* *(zur Empfängnisverhütung)*; **~ de mando** Steuergerät *n*, -vorrichtung *f*; ELEC **~ de cortocircuito** Kurzschließer *m*; TEL **~ de conferencia simultánea** Rundspruchanlage *f* 2 **~ de seguridad** *(medidas policiales)* (polizeiliche) Sicherheitsmaßnahmen *fpl* 3 MIL **~ de marcha** Marschgliederung *f*, -folge *f*

desproporcionalidad F ECON Disproportionalität *f*

dispuesto A PP → disponer B ADJ 1 *(listo)* fertig, bereit; *comida* angerichtet; **estar ~ a** *o* **para** (*inf*) *(estar listo)* bereit sein, zu (*inf*); *(estar decidido)* entschlossen sein, zu (*inf*); **~ para la impresión** druckfertig; *tb* FOT **~ para disparar** schussbereit; **~ a todo** zu allem fähig 2 *(inclinado)* geneigt, *(obediente)* willig; **bien ~** wohlgesinnt, gut gesonnen; **favorablemente ~** günstig gesonnen; **mal ~** übel gesinnt (*o* gesonnen) 3 *de buen o mal humor:* gelaunt; **estar bien/mal ~** gut/schlecht aufgelegt sein 4 *(talentoso)* begabt (**para** für *acus*); *(capaz)* fähig

disputa F *(debate)* Wortstreit *m*, Disput *m*; *(riña)* Zank *m*; *fam* Krach *m fam*; *adv* **sin ~** unbestreitbar, zweifellos; **disputable** ADJ strittig, problematisch; **disputado** ADJ umstritten; **no ~** unbestritten, unumstritten; **disputador** A ADJ streitsüchtig B M, **disputadora** F Zänker *m*, -in *f*

disputar A VT 1 *(contender)* bestreiten; streitig machen 2 DEP *juego, campeonato, etc* austragen; kämpfen um B VI 1 *(debatir)* disputieren, ein Streitgespräch führen; **~ con alg sobre** *o* **de** *o* **por a/c** mit j-m über (*o* um) etw (*acus*) streiten 2 *(reñir)* streiten, zanken (**por** wegen *dat*) C VR **~se a/c** sich um etw (*acus*) streiten; sich um etw (*acus*) reißen; sich (*dat*) etw streitig machen; DEP *tb* um etw (*acus*) kämpfen; *fig* miteinander um etw (*acus*) wetteifern; **~se a golpes a/c** sich um etw (*acus*) schlagen (*o* raufen *fam*)

disquera F *Perú* Schallplattenfabrik *f*

disquería F *Am* Schallplattengeschäft *n*

disquete M INFORM Diskette *f*; **~ de arranque** Startdiskette *f*; **~ de seguridad** Sicherungs-, Sicherheitsdiskette *f*

disquetera F 1 INFORM Diskettenlaufwerk *n* 2 *contenedor:* Diskettenbox *f*

disquisición F Untersuchung *f*, Studie *f*, Abhandlung *f*; *fam* **-ones** *fpl* überflüssige Kommentare *mpl*

distancia F 1 *(espacio entre dos puntos)* Entfernung *f*, Abstand *m*, Distanz *f*; **~ entre ejes** Achsabstand *m*; AUTO Radstand *m*; ÓPT **~ focal** Brennweite *f*; *transporte:* **~ de frenado** Bremsweg *m*; **~ de seguridad** Sicherheitsabstand *m*; FERR **~ entre vías** Gleisabstand *m*; **~ visual** Seh-, Sichtweite *f*; **a ~** weit, fern; in (*o* aus) der Ferne; von fern; **a corta ~** in (*o* aus) der Nähe; in (*o* aus) kurzer Entfernung; **a larga ~** auf weite (*o* in weiter) Entfernung; **a una ~ de 50 kms.** in (*o* auf) 50 km Entfernung, 50 km entfernt; *tb irón* **a respetable ~** in (*o* aus) respektvoller Entfernung; **acortar ~s** aufholen (*tb fig*) 2 *fig (alejamiento)* Abstand *m*, Distanz *f*; *(diferencia)* Unterschied *m*; **guardar (las) ~s** Distanz wahren; **tener a ~** auf Abstand halten, sich (*dat*) vom Leibe halten *fam* 3 ADV *Perú* **llamada telefónica a larga ~** Ferngespräch *n* 4 → distanciamiento

distanciación F 1 *(acción de apartarse)* Distanzierung *f* (*tb fig*) 2 *(rezago)* Zurückbleiben *n*; *(abandono)* Zurücklassen *n* 3 LIT, TEAT Verfremdung *f*; **distanciado** ADJ 1 *(distante)* entfernt 2 *fig (alejado)* entfremdet, distanziert; **estar ~(s)** einander fremd sein, nicht mehr befreundet sein 3 LIT, TEAT verfremdet; **distanciamiento** M 1 *en una relación:* Distanzierung *f*; Entfremdung *f* 2 LIT, TEAT Verfremdung *f*; **distanciar** ⟨1b⟩ A VT (voneinander) entfernen; trennen; *espec* DEP hinter sich (*dat*) lassen; abhängen *fam* B VR **distanciarse** 1 *(alejarse)* sich entfernen (**de** von *dat*); MIL sich *vom Feind* absetzen 2 *fig (apartarse)* sich distanzieren (**de** von *dat*); *amigos:* auseinanderkommen, einander fremd werden

distante ADJ entfernt, fern (*tb temporal*); weit, abgelegen

distar VI 1 *(estar lejos)* entfernt sein (**de** von *dat*); **~ mucho de** (*inf*) weit davon entfernt sein, zu (*inf*); **la lista dista mucho de ser exhaustiva** das Verzeichnis ist bei Weitem nicht erschöpfend 2 *(ser diferente)* verschieden sein

distender VT ⟨2g⟩ 1 *(dilatar)* dehnen; strecken, auseinanderziehen 2 TEC *(relajar)* entspannen, lockern 3 MED zerren; **distendido** ADJ locker, entspannt (*tb fig*); **distensible** ADJ dehnbar; **distensión** F 1 *(extensión)* Streckung *f* 2 TEC, POL *(deshielo)* Entspannung *f* 3 MED Zerrung *f*; Dehnung *f*

dístico M LIT *verso:* Distichon *n*

distinción F 1 *(diferenciación)* Unterscheidung

f; **sin ~ de persona** ohne Ansehen der Person **2** *(certeza)* Bestimmtheit *f*, Deutlichkeit *f* **3** *(diferencia)* Unterschied *m*; **a ~ de** zum Unterschied von *(dat)*; *adv* **sin ~** ohne Unterschied; blindlings, rücksichtslos; **hacer (una) ~ (entre)** unterscheiden (zwischen) **4** *(señorío, nobleza)* Vornehmheit *f*; **de ~** vornehm, distinguiert; hervorragend **5** *(condecoración)* Auszeichnung *f*; **ser** *o* **hacer objeto de muchas -ones** vielfach ausgezeichnet werden; **tratar a alg con ~** j-n mit großer Hochachtung behandeln; sehr höflich sein zu j-m

distingo M **1** *(restricción sutil) (oft* subtile) Unterscheidung *f* **2** *(reparo)* Einwand *m*, Vorbehalt *m*; **distinguible** ADJ unterscheidbar; erkennbar; **distinguido** ADJ fein, ausgezeichnet; vornehm, distinguiert; **~ amigo** *en cartas*: verehrter Freund

distinguir ⟨3d⟩ **A** VT **1** *(conocer la diferencia)* unterscheiden (können) (**de** von *dat*); auseinanderhalten; *(ver)* erkennen, ausmachen **2** *(caracterizar)* kennzeichnen; mit Kennzeichen versehen; **la razón distingue al hombre** die Vernunft ist das unterscheidende Merkmal des Menschen **3** *(apreciar)* hoch schätzen, mit Auszeichnung behandeln; **~ con** auszeichnen mit *(dat)* **B** VI **saber ~** Urteilsvermögen besitzen; **~ entre** einen Unterschied machen, unterscheiden (können) zwischen *(dat)*; *fig* **saber ~ de colores** klarsehen können; sich auskennen; Gespür (*o* Fingerspitzengefühl) haben **C** VR **distinguirse 1** *(diferenciarse)* sich unterscheiden **2** *(sobresalir)* sich auszeichnen, hervorragen; sich hervortun **3** *(verse, reconocerse)* sichtbar werden, zu erkennen sein

distintamente ADV **1** *(de modo distinto)* verschieden **2** *(nítido)* deutlich, *(claramente)* klar; **distintivo A** ADJ unterscheidend **B** M **1** *(característica)* Merkmal *n* **2** *(insignia)* Abzeichen *n*, Erkennungszeichen *n*; MIL Rangabzeichen *n*; **~ honorífico** Ehrenzeichen *n*; AVIA **~ de nacionalidad** Hoheitszeichen *n*

distinto ADJ **1** *(diferente)* verschieden, unterschiedlich; **¿~ de qué?** worin verschieden?; **ser ~ de** anders sein als *(nom)*; **estar ~** verändert aussehen; **(eso) es ~** das ist etwas (ganz) anderes **2 ~s** *pl vor sust*: *(algunos)* mehrere, einige, verschiedene; **de -as clases** verschiedene(rlei) **3** *(claro)* klar, *(nítido)* deutlich, *(comprensible)* verständlich

distonía F MED Dystonie *f*

distorsión F **1** FÍS Verzerrung *f*; ÓPT, TV **~ de la imagen** Bildverzerrung *f* **2** MED Verstauchung *f*; Zerrung *f*; **distorsionar** VT verzerren; MED verstauchen

distracción F **1** *(descuido)* Unachtsamkeit *f*, Geistesabwesenheit *f*, Zerstreutheit *f*; **por ~** aus Versehen **2** *(desviación de la atención)* Ablenkung *f*; *(diversión)* Zerstreuung *f*, Vergnügen *n*

distraer ⟨2p⟩ **A** VT **1** *(divertir)* unterhalten, zerstreuen; auf andere Gedanken bringen; ablenken (**de** von *dat*) **2** *euf (malversar)* unterschlagen; klauen *fam* **B** VR **distraerse 1** *(divertirse)* sich vergnügen, sich unterhalten, sich *(dat)* die Zeit vertreiben **2** *(descuidarse)* nicht aufpassen, nicht Acht geben; unaufmerksam sein; **distraídamente** ADV zerstreut, in Gedanken; **distraído** ADJ **1** *(despistado)* zerstreut, *(ausente)* geistesabwesend; *(descuidado)* achtlos, unaufmerksam; **hacerse el ~** den Zerstreuten spielen **2** *(desenfrenado)* zügellos **3** *(divertido)* vergnügt; *juego* unterhaltsam **4** *Chile, Méx (andrajoso)* abgerissen, zerlumpt; verwahrlost

distribución F **1** *(entrega de mercancía)* Verteilung *f*, Austeilung *f*, Zuteilung *f*; *(aprovisionamiento)* Versorgung *f*; *reg tb correos*: Zustellung *f* **2** *(disposición)* Anordnung *f*, Einteilung *f* **3** COM *(venta)* Vertrieb *m*; FILM (Film)Verleih *m*; *de libros*: Auslieferung *f*; COM **~ exclusiva** Alleinvertrieb *m* **4** TEAT *(reparto)* Rollenverteilung *f* **5** TEC *(conducción)* Steuerung *f*; Schaltung *f*; Verteilung *f*; ELEC **cuadro** *m* **de ~** Schalttafel *f* **6** RET *(enumeración)* Aufzählung *f* **7** TIPO Ablegen *n des Satzes*

distribuidor M **1** *(que distribuye)* Verteiler *m* **2** COM *(agente)* Vertreter *m*, Auslieferer *m*; Agent *m*; FILM Filmverleiher *m*; *drogas* **~ de droga al menudeo** Kleindealer *m* **3 ~ (automático)** *máquina*: (Waren)Spender *m*, Automat *m* **4** TEC, ELEC Verteiler *m*; *hidráulica*: Schieber *m*; ELEC *tb* Schalter *m*; AUTO **~ de chispas** *o* **~ de ignición** Zündverteiler *m* **5** AGR → distribuidora 1

distribuidora F **1** AGR *máquina*: Düngerstreumaschine *f* **2** FILM *de películas*: Filmverleih *m (Firma)* **3** COM *(agente femenino)* Vertreterin *f*, Agentin *f*, Auslieferin *f*; FILM Filmverleiherin *f*

distribuir A VT ⟨3g⟩ **1** *(repartir)* aus-, verteilen; ECON *dividendos* ausschütten **2** *(ordenar)* ein-, abteilen; *(colocar)* anordnen **3** TIPO *composición* ablegen; **~ en grupos** in Gruppen einteilen **B** VR **distribuirse** sich verteilen; **distributivo** ADJ **1** verteilend; zerlegend **2** GRAM *adjetivo numeral* distributiv

distrito M Bezirk *m*, Distrikt *m*; Kreis *m*; **~ electoral** Wahlkreis *m*, -bezirk *m*; **Distrito Federal**: Bundesbezirk *m*, Bundesgebiet *n (Stadtgebiet von Mexiko-Stadt bzw Buenos Aires)*; **~ forestal** Forstamt *n*, -revier *n*; **~ fronterizo** Grenzbezirk *m*; **~ militar** Wehrbereich *m*; **~ postal** Post-, Zustellbezirk *m*

distrofia F MED Dystrophie *f*

disturbar VT stören; **disturbio** M Störung *f*; **~s** *mpl* RADIO (Empfangs)Störungen *fpl*; POL Unruhen *fpl*; **~s callejeros/raciales** Straßen-/Rassenunruhen *fpl*

disuadir VT POL, MIL abschrecken; *gener* **~ a alg de** j-n von *etw (dat)* abbringen; j-m etw ausreden; j-m abraten, zu *(inf)*; j-n umstimmen; **disuasión** F **1** *(hacer desistir)* Abraten *n*, Ausreden *n* **2** POL *(intimidación)* Abschreckung *f*; **disuasivo, disuasorio** ADJ **1** *(que disuade)* abratend; Überredungs... **2** POL, MIL *(intimidante)* abschreckend, Abschreckungs...

disuelto PP → disolver

disuria F MED erschwerte, schmerzhafte Harnentleerung *f*; *t/t* Dysurie *f*

disyunción F Trennung *f*; **disyuntiva** F Alternative *f*; **disyuntivo** ADJ GRAM disjunktiv, ausschließend *(Bindewort)*; **disyuntor** M ELEC Trennschalter *m*, Unterbrecher *m*; AUTO Zündverteiler *m*

dita F **1** *reg (garante)* Bürge *m*; *(prenda)* Pfand *n* **2** *Chile, Guat* **~s** *fpl (deudas)* Schulden *fpl*

ditirámbico ADJ LIT, HIST dithyrambisch; *fig* trunken, überschwänglich; **ditirambo** M LIT, HIST Dithyrambe *f*; *fig* Loblied *n*

DIU M ABR (Dispositivo Intrauterino) MED Spirale *f (zur Empfängnisverhütung)*

diuresis F MED Diurese *f*; **diurético A** ADJ harntreibend; **bebida** *f* **-a** harntreibendes Getränk *n* **B** M harntreibendes Mittel *n*

diurno A ADJ täglich; Tages...; **luz** *f* **-a** artificial künstliches Tageslicht *n*; ZOOL **animal** *m* **~** Tagtier *n* **B** M CAT Diurnale *n*, Tagzeitenbrevier *n*

diva F *poét* Göttin *f*; FILM, TEAT Diva *f*; **caprichos** *mpl* **de ~** Starallüren *fpl*

divagación F *(desviación)* Abschweifung *f*; *(vaniloquio)* Gefasel *n*, Gequassel *n fam*; **divagar** VI ⟨1h⟩ **1** *(desviarse del tema)* abschweifen, vom Thema abkommen; **¡no ~!** zur Sache! **2** *(hablar en desatinos)* ungereimtes Zeug reden

diván M Diwan *m (tb fig)*

divergencia F **1** *(diferencia)* Abweichung *f*; Divergenz *f (tb fig)*; *fig de opiniones, etc*: Meinungsverschiedenheit *f* **2** TEX Webfehler *m* **3** ELEC Kraftfeld *n*

divergente ADJ auseinanderlaufend, abweichend; *fig (opuesto)* gegensätzlich; ÓPT **lente** *f* **~** Zerstreuungslinse *f*; MAT **números** *mpl* **~s** divergierende Zahlenreihen *fpl*

divergir VI ⟨3c⟩ auseinanderstreben; (voneinander) abweichen; divergieren *(tb fig)*; *fig en las opiniones*: verschiedener Meinung sein

diversamente ADV verschieden, unterschiedlich; verschiedentlich; **diversidad** F **1** *(diferencia)* Verschiedenheit *f*; *(heterogeneidad)* Verschiedenartigkeit *f* **2** *(variedad)* Mannigfaltigkeit *f*; ZOOL **~ de especies** Artenvielfalt *f*; **(una) gran ~ de libros** eine bunte Menge von Büchern

diversificar A VT ⟨1g⟩ *(variar)* verschieden machen; *(estructurar en forma múltiple)* mannigfaltig gestalten; *(romper la monotonía)* Abwechslung bringen in *(acus)*; *oferta, etc* breit(er) fächern **B** VR **diversificarse** sich verschieden entwickeln; **diversión** F **1** *(pasatiempo)* Vergnügen *n*; Zeitvertreib *m*; *(cambio)* Abwechslung *f*; **servir de ~** *tb* zum Ziel des Spottes werden; **por ~** zum Zeitvertreib **2** MIL *y fig (distracción)* Ablenkung *f*; **maniobra** *f* **de ~** Ablenkungsmanöver *n*

diversivo A ADJ ablenkend, Ablenkungs... **B** M MED ableitendes Mittel *n*

diverso ADJ **1** *(desemejante)* verschieden **2** *(diferente)* anders **3 ~s** *pl (algunos)* einige; *(varios)* mehrere; **-as cosas** Verschiedene(s) *n*

divertículo M MED Divertikel *n*; **diverticulosis** F MED Divertikulose *f*

divertido ADJ **1** *(ser) (alegre)* lustig; unterhaltsam; *(estar)* vergnügt, in guter Stimmung; **¡estamos ~s!** das ist eine schöne Bescherung!, da haben wir den Salat! *fam*; *frec irón* **¡está ~!** das ist (ja) lustig (*o* heiter *fam*)! **2** *RPl, Chile (embriagado)* beschwipst

divertimiento M **1** *(pasatiempo)* Vergnügen *n*, Zeitvertreib *m* **2** *(distracción)* Ablenkung *f (der Aufmerksamkeit)*

divertir ⟨3i⟩ **A** VT **1** *(entretener)* unterhalten, vergnügen, zerstreuen, aufheitern **2** MIL *enemigo* ablenken **3** MED ableiten **B** VR **divertirse** *(entretenerse)* sich gut unterhalten, sich amüsieren, sich ablenken; sich vergnügen (**con** mit *dat*); **¡que te diviertas!** viel Vergnügen!; **~ a costa de alg** sich auf j-s Kosten *(acus)* lustig machen (*o* amüsieren)

dividendo M **1** MAT Dividend *m* **2** ECON *de una acción*: Dividende *f*; **reparto** *m* **de ~s** *o* **del ~** Dividendenausschüttung *f*; **dividero** ADJ zu teilen(d), aufzuteilen(d)

dividir A VT **1** *(repartir)* (ab-, ver-, auf)teilen; **~ por la mitad** *o* **por mitades** halbieren **2** MAT teilen, dividieren; **12 dividido por** *o* **entre 6 igual a 2 (12: 6 = 2)** 12 geteilt durch 6 ist 2 **3** *fig (desunir)* entzweien, auseinanderbringen **B** VR **dividirse** sich teilen, sich gliedern (**en** in *acus*)

dividivi M BOT Dividivi *m*

divieso M MED Furunkel *m*

divinamente ADV *fig* großartig; **divinatorio** ADJ Wahrsage...; seherisch; **divinidad** F **1** *(naturaleza divina)* Göttlichkeit *f* **2** *(Dios)* Gottheit *f* **3** *fig (persona o cosa hermosa)* göttliche Schönheit *f*; wunderbar schönes Stück *n*; **divinizar** VT ⟨1f⟩ vergöttlichen; heiligen; *fig* vergöttern

divino ADJ **1** *(relativo a Dios)* göttlich; überirdisch, himmlisch; *(sagrado)* heilig, erhaben; LIT **La Divina Comedia** die Göttliche Komödie; **hablar de lo ~ y lo humano** über Gott und die Welt reden **2** *fam fig (excelente)* großartig, himmlisch *fam*

divisa F 1 *señal*: Kennzeichen *n*; Rangabzeichen *n*; TAUR Kennzeichen *n der Stierzüchtereien (meist bunte Bänder)* 2 *(lema)* Wahlspruch *m*, Devise *f*, Motto *n*; *heráldica*: Wappenspruch *m* 3 ECON **~s** *fpl monedas extranjeras*: Devisen *fpl*; **~ única** Einheitswährung *f*; **tráfico** *m* **(ilegal) de ~s** Devisenschiebung *f* 4 *Col (vista)* Panorama *n*, Blick *m (über eine Landschaft)*

D

divisar A VT 1 *(ver)* erblicken; in der Ferne ausmachen (können); sehen (können), (noch) wahrnehmen (können) 2 *heráldica*: mit einem Wappenspruch versehen B VR **divisarse** erscheinen, zu sehen sein, auftauchen

divisibilidad F Teilbarkeit *f*; **divisible** ADJ teilbar (**por** durch *acus*)

división F 1 *(reparto)* Teilung *f*, Einteilung *f*; **~ celular** Zellteilung *f*; **~ en grados** Gradeinteilung *f*; **~ en tres partes** Dreiteilung *f* 2 ADMIN *(sección)* Abteilung *f*; DEP *fútbol*: Liga *f*; *fig* Kategorie *f*, Klasse *f* 3 *(clasificación)* Gliederung *f*; *(separación)* Trennung *f* (*tb* LING); LING, TIPO *(guión)* Trennungs-, Teilungsstrich *m* 4 MAT Division *f*, Teilung *f* 5 MIL Division *f*; **~ acorazada** *o* **blindada** Panzerdivision *f* 6 *fig (discordia)* Zwist *m*; *(desunión)* Auseinanderbringen *n* 7 *(tabique)* Trennwand *f*

divisionario ADJ Teilungs...; **moneda** *f* **-a** Scheidemünze *f*; **divisor** A ADJ teilend, trennend B M 1 TEC Teiler *m* 2 MAT Teiler *m*, Divisor *m*; **máximo común ~** größter gemeinsamer Teiler *m*

divisoria F **~ (de aguas)** Wasserscheide *f*; **~ meteorológica** Wetterscheide *f*

divisorio ADJ teilend, trennend; Grenz..., Scheide...; **línea** *f* **-a** Trennungslinie *f*; **línea** *f* **-a de aguas** Wasserscheide *f*

divo A ADJ *poét (divino)* göttlich B M *(estrella)* Star *m (Sänger, Schauspieler)*

divorciado ADJ *matrimonio* geschieden; *fig* getrennt; **~ de la realidad** wirklichkeits-, weltfremd

divorciar ⟨1b⟩ A VT *matrimonio* scheiden; *fig tb (separar)* trennen B VR **~se de alg** sich von j-m scheiden lassen; **divorcio** M 1 *de un matrimonio*: (Ehe)Scheidung *f*; JUR **demanda** *f* **de ~** Scheidungsklage *f* 2 *fig (separación)* Trennung *f*

divorcista M/F 1 *recomendante*: Befürworter *m*, -in *f* der Ehescheidung 2 **(abogado** *m*, **abogada** *f***) ~** Scheidungsanwalt *m*, -anwältin *f*

divulgación F 1 *(proclamación)* Bekanntmachung *f*, Verbreitung *f*; **~ de información** Verbreitung *f* von Informationen 2 *(popularización)* allgemein verständliche Darstellung *f*; Popularisierung *f*; **de ~** populärwissenschaftlich; **libros** *mpl* **de ~** Sachbücher *npl*

divulgador A ADJ bekannt machend; verbreitend B M, **divulgadora** F Verbreiter *m*, -in *f*; **divulgar** ⟨1h⟩ A VT verbreiten, bekannt machen; *rumores* verbreiten B VR **divulgarse** sich verbreiten, bekannt werden

divulgativo ADJ populärwissenschaftlich

Dixie M, **Dixieland** ['diksilænd] M MÚS Dixie *m*

dizque *Am* es heißt, man sagt

Djibouti M Djibouti *n*

Dn. ABR *espec Am* (Don) Herr *(Anrede vor männlichen Vornamen)*

DNA M ABR BIOL (ácido desoxirribonucleico) DNA *f*

DNI M ABR *Esp, Arg* (Documento Nacional de Identidad) (amtlicher) Personalausweis *m*

Dña. ABR *espec Am* (Doña) Frau *(Anrede vor weiblichen Vornamen)*

do M ⟨*pl* does⟩ MÚS C *n*; **~ sostenido** Cis *n*; **~ bemol** Ces *n*; **~ de pecho** hohes C

D.O. F ABR (Denominación de Origen) Herkunftsbezeichnung *f*

dóberman(n) M *perro*: Dobermann *m*

dobla F 1 HIST *moneda*: *spanische Goldmünze* 2 *juego*: **jugar a la ~** mit verdoppeltem Einsatz spielen 3 *Chile* MIN *pago*: Tagesschürflohn *m*; *fam (comida gratis)* Gratisessen *n*

dobladas FPL *Cuba* Abendläuten *n*; **dobladillar** VT *Col* TEX säumen; **dobladillo** M TEX 1 (Kleider)Saum *m* 2 *hilo*: Strickzwirn *m*

doblado A ADJ 1 *(duplicado)* verdoppelt 2 *terreno* uneben 3 *estatura* gedrungen, kräftig 4 *fig (falso)* falsch, verschlagen; hinterlistig 5 FILM synchronisiert 6 *pop (muerto)* hin, tot B M TEC *(doblamiento)* Biegen *n*; Falzen *n*; TEX Doppelung *f*; **doblador** A M TEC *aparato*: Biegegerät *n*; Falzapparat *m* B M, **dobladora** F FILM Synchronsprecher *m*, -in *f*; **dobladura** F 1 *(acción de doblar) espec* TEC (Ver)Biegung *f*; Falzung *f*; TEX Faltenbruch *m* 2 *(pliegue)* Falte *f* 3 MIL, HIST *caballo*: Ersatzpferd *n*

doblaje M FILM Synchronisation *f*; **actor** *m*, **actriz** *f* **de ~** Synchronsprecher *m*, -in *f*

doblamiento M 1 *(plegadura)* Falten *n* 2 *(curvatura)* Biegung *f* 3 *(duplicación)* Verdopplung *f*

doblar A VT 1 *(duplicar)* verdoppeln; **~le a alg la edad** doppelt so alt sein wie *(nom)*; **me dobla la edad** er/sie ist doppelt so alt wie ich; **~ el paso** sehr schnell gehen 2 *(curvar)* biegen, beugen, krümmen; *(plegar)* zusammenfalten; TEC (ab-, durch)biegen; *chapa* falzen; TEX dublieren; **~ la cabeza** den Kopf neigen; *fig (morir)* sterben 3 **~ la esquina** um die Ecke biegen 4 FILM **~ una película** einen Film synchronisieren 5 *fam* **~ a palos** *(dar una paliza)* vertrimmen *fam*, windelweich schlagen *fam* 6 MAR umschiffen, umfahren 7 *Méx (derribar de un tiro)* niederschießen B VI 1 TEAT *(hacer dos papeles)* eine Doppelrolle spielen; *espec* FILM *(sustituir a un actor)* doubeln 2 **~ (por alg)** (j-n) zu Grabe läuten; **~ a muerto** die Totenglocke läuten 3 **~ a** *o* **hacia la derecha/izquierda** nach rechts/links abbiegen 4 CAT zwei Messen an einem Tag lesen 5 TAUR *giro*: eine Wendung machen C VR **doblarse** 1 *(curvarse)* sich biegen; sich durchbiegen; sich krümmen 2 *(duplicarse)* sich verdoppeln 3 *fig (someterse)* sich fügen, sich beugen

doble A ADJ 1 *(dos veces)* doppelt, Doppel...; **columnas** *fpl* **~s** ARQUIT Doppelsäulen *fpl*; TIPO Doppelspalten *fpl*; MÚS **~ cuerda** *f* Doppelgriff *m*; **cuerda** *f* **~** Doppelsaite *f*; **~ fondo** *m de un barco, de una maleta, etc*: Doppelboden *m*; *fig* **de ~ fondo** hinterhältig; zweideutig; FERR **~ vía** *f* Doppelgleis *n*; **jugar ~ contra sencillo** zwei gegen eins wetten 2 BOT *clavel, etc* gefüllt 3 *fig (falso)* doppelzüngig, heuchlerisch B M/F Doppelgänger *m*, -in *f*; TEAT, FILM Double *n*; FILM **~ de luces** Lichtdouble *n* C M 1 *(duplicado)* Doppelte(s) *n*; COM Duplikat *n*; *dominó*: Pasch *m*; LING Dublette *f*; **al ~** noch einmal so viel; *Am reg fig* **estar a tres ~s y un repique** auf dem letzten Loch pfeifen 2 *cerveza*: Halbe *f* 3 *difunto*: Grab-, Totengeläut *n* 4 DEP *frec* **~s** *mpl tenis*: Doppel *n* D ADV doppelt

doblegable ADJ biegsam; faltbar; **doblegar** ⟨1h⟩ A VT 1 *(curvar)* biegen; krümmen 2 *fig a un adversario*: beugen; nachgiebig machen; **difícil de ~** *carácter* unnachgiebig B VR **doblegarse** sich biegen; *fig* nachgeben

doblemente ADV doppelt; *fig* falsch, hinterhältig

doblete M Dublette *f* (*tb* LING); *(piedra falsa)* Edelsteinimitation *f*; *billar*: Dublee *n*

doblez A M ⟨*pl* -eces⟩ TEX Doppelung *f*; Falte *f (in der Kleidung)* B M/F *fig* Falschheit *f*, Scheinheiligkeit *f*

doblón M HIST *moneda*: Dublone *f*

doce NUM zwölf; **a las ~ y media** um halb eins; **el siglo ~** das zwölfte Jahrhundert *n*

DOCE M ABR (Diario Oficial de las Comunidades Europeas) *tägliches* Amtsblatt *n* der Europäischen Gemeinschaften

doceañista ADJ HIST **grupo** *m* **~** Gruppe *f* der Anhänger der Verfassung von Cádiz *(1812)*; **doceavo** NUM Zwölftel *n*

docena F Dutzend *n*; *fam* **la ~ del fraile** dreizehn Stück; **a ~s** dutzendweise; **una ~ de rosas** ein Dutzend Rosen; **vender por ~(s)** im Dutzend verkaufen

docenal ADJ im Dutzend

docencia F Lehrtätigkeit *f*

docente A ADJ lehrend, unterrichtend, Lehr...; **centro** *m* **~** (Lehr)Institut *n*, (Unterrichts)Anstalt *f*; Schule *f*; **cuerpo** *m* **~** Lehrkörper *m* B M/F Unterrichtende *m/f*; Lehrer *m*, -in *f*; Dozent *m*, -in *f*

dócil ADJ 1 *(fácil de enseñar)* gelehrig; *(sumiso)* gefügig, willig; *(apacible)* artig; **~ (a)** *(obediente)* gehorsam *(dat)* 2 *(flexible)* geschmeidig, biegsam; *(fácil de labrar)* gut zu bearbeiten(d)

docilidad F 1 *(inteligencia)* Gelehrigkeit *f* 2 *(sumisión)* Fügsamkeit *f*, Nachgiebigkeit *f* 3 *(flexibilidad)* Geschmeidigkeit *f*

dócilmente ADV fügsam, willig; gelehrig

docto ADJ gelehrt; kenntnisreich; bewandert (**en** in *dat*)

doctor M 1 *espec* UNIV Doktor *m*; **~es** *mpl* **de la Iglesia** Kirchenlehrer *mpl*; *Biblia*: **~es** *mpl* **de la ley** Schriftgelehrte(n) *mpl*; **~ en ciencias** Doktor *m* der Naturwissenschaften, Dr. rer. nat.; **~ en filosofía y letras** Doktor *m* der Philosophie, Dr. phil.; **~ honorario** *o* **~ honoris causa** Ehrendoktor *m*, Dr. h. c.; **investir a alg ~ honoris causa** j-m die Ehrendoktorwürde verleihen; **~ por la Sorbona** Doktor *m* der Sorbonne; **grado** *m* **de ~** Doktorgrad *m* 2 *fam (médico)* Arzt *m*, Doktor *m*

doctora F 1 *espec* UNIV Doktorin *f* 2 *(médica)* Ärztin *f* 3 *fam (mujer del médico)* Frau *f* eines Arztes; **doctorado** M 1 UNIV *título*: Doktortitel *m*, -würde *f*; Promotion *f* 2 *fig conocimiento de una ciencia*: vollendete Kenntnis *f* eines Fachgebiets; **doctoral** ADJ 1 UNIV Doktor...; **tesis** *f* **~** Dissertation *f*, Doktorarbeit *f* 2 *(erudito)* gelehrt; *desp* schulmeisterlich; **doctoramiento** M Promotion *f*; **doctorando** M, **-a** F Doktorand *m*, -in *f*; **doctorarse** VR 1 UNIV promovieren, seinen Doktor machen 2 TAUR *fam* als Stierkämpfer zugelassen werden

doctrina F 1 *(sabiduría)* Lehre *f*, Doktrin *f*; Lehrmeinung *f*; FIL *tb* Schule *f*; **~s económicas** volkswirtschaftliche Lehrmeinungen *fpl*; JUR **~ legal vigente** geltende Rechtslehre *f* 2 REL Doktrin *f*; **~ (cristiana)** Glaubenslehre *f*; Katechismus *m* 3 *Am* HIST Ordenspfarre *f*; christianisierte Indianergemeinde *f*

doctrinal A ADJ *(didáctico)* belehrend, Lehr... B M REL *y desp* Lehrbuch *n*; **doctrinario** A ADJ doktrinär B M, **-a** F Doktrinär *m*, -in *f*; *fig* Prinzipienreiter *m*, -in *f fam*; **doctrinarismo** M Doktrinarismus *m*; **doctrinero** M Katechet *m*; *Am* HIST Indianerpfarrer *m*; **doctrino** M schüchterner, gehemmter Mensch *m*

docudrama M FILM, RADIO, TEAT, TV Dokumentardrama *n*

documentación F 1 *(acción de documentar)* Dokumentation *f*, Beurkundung *f* 2 *(documentos)* Unterlagen *fpl*; *de identidad*: (Ausweis)Papiere *npl*; **~ falsa** falsche Papiere *npl*; AUTO **~ del coche** Wagenpapiere *npl*; **~ fotográfica** Bildmaterial *n*

documentado ADJ 1 *(comprobado)* beurkundet; belegt 2 *(bien informado)* genau unterrichtet 3 *(dotado de documento de identidad)* mit Ausweispapieren versehen; **documental** A

ADJ dokumentarisch, urkundlich; durch Urkunden belegt (*o* gestützt); JUR **prueba** *f* ~ Urkundenbeweis *m* **B** M FILM Dokumentarfilm *m*; Kulturfilm *m*; **documentalista** M/F **1** (*especialista en documentos*) Dokumentar *m*, -in *f* **2** FILM, TV Dokumentarist *m* -in *f*; **documentalmente** ADV dokumentarisch; urkundlich; an Hand von Dokumenten; aktenmäßig

documentar **A** VT beurkunden; belegen, dokumentarisch nachweisen **B** VR **~se (sobre)** sich (*dat*) Unterlagen verschaffen (über *acus*)

documento M Urkunde *f*, Dokument *n*; (*prueba*) Beweis *m*, Beleg *m*; INFORM **~ adjunto** Anlage *f*, Attachment *n*; COM **~s** *mpl* **de aduana/de envío** Zoll-/Versandpapiere *npl*; *Esp* **~ nacional de identidad** Personalausweis *m*; **~ notarial/público** notarielle/öffentliche Urkunde *f*; JUR **~ privado** Privaturkunde *f*

docuserie F TV Dokumentarserie *f*

dodecaedro M GEOM Dodekaeder *n*; **dodecafonía** F, **dodecafonismo** M MÚS Zwölftonmusik *f*, -system *n*; **dodecágono** **A** ADJ GEOM zwölfeckig **B** M Zwölfeck *n*

dogal M (Hals)Strick *m*; Schlinge *f*; *fig* **poner** *o* **echar a alg el ~ al cuello** j-n unterkriegen; j-n an die Kandare nehmen; *fig* **está con el ~ al cuello** das Wasser steht ihm bis zum Hals

dog-cart ['dɔɣ-kart] M Dogcart *m* (*Wagen*)

dogma M Dogma *n*; Lehrsatz *m*; **dogmático** **A** ADJ dogmatisch (*tb fig*), die Glaubenslehre betreffend; *fig* lehrhaft **B** M, **-a** F Dogmatiker *m*, -in *f*; **dogmatismo** M Dogmatismus *m*; **dogmatizador, dogmatizante** ADJ dogmatisierend; **dogmatizar** ⟨1f⟩ **A** VT dogmatisieren; zum Dogma erheben **B** VI schulmeisterlich reden (*o* schreiben); Dogmen aufstellen

dogo M ZOOL Dogge *f*; *fam fig* Rausschmeißer *m fam*

dogre M MAR Dogger(boot *n*) *m*

doladera F Böttcherbeil *n*; **dolador** M Fasshobler *m*; **doladura** F Hobelspäne *mpl*

dolar VT ⟨1m⟩ (ab)hobeln

dólar M Dollar *m*; **~ estadounidense** US-Dollar *m*; **~ oro** Golddollar *m*

dolarización F POL, ECON Ausrichtung *f* am Dollar; Dollarisierung *f*

dolencia F Leiden *n*, Krankheit *f*

doler ⟨2h⟩ **A** VI **~ a alg** j-m wehtun, j-n schmerzen (*tb fig*); *fig* j-m leidtun; **le duele el vientre** er hat Leibschmerzen; **me duele que** (*subj*) es schmerzt mich, dass (*ind*); *fam fig* **ahí (le) duele** da drückt Sie der Schuh!; das ist der Haken **B** VR **~se de a/c** über etw (*acus*) klagen; *tb* (*arrepentirse*) etw bereuen; **~se con alg** j-m sein Leid klagen

dolicocéfalo MED **A** ADJ langschädelig **B** M Langschädel *m*

dolido ADJ **estar ~ de** *o* **por** sich beleidigt fühlen durch (*acus*)

doliente **A** ADJ **1** (*enfermo*) leidend, krank; *fam* pimpelig *fam* **2** (*que sufre*) leidtragend, trauernd (*espec Angehöriger*) **B** M/F Leidtragende *m/f*, Trauernde *m/f*

dolly ['dɔli] M FILM, TV Kamerawagen *m*

dolmen M Dolmen *m* (*Hünengrab*)

dolo M JUR (*premeditación*) Vorsatz *m*; (*malicia*) Arglist *f*, arglistige Täuschung *f*; (*engaño*) Betrug *m*

dolobre M TEC Spitzhaue *f*

dolomía, dolomita F MINER Dolomit *m*, Braunspat *m*

Dolomitas FPL GEOG Dolomiten *pl*

dolor **1** *sensación*: Schmerz *m*; *fig tb* Leid *n*; (*arrepentimiento*) Reue *f*; **~ de barriga** Bauchschmerzen *mpl*; *tb fig* **~ de cabeza** Kopfschmerzen *mpl*; *fig* **dar ~es de cabeza a alg** j-m Kopfschmerzen bereiten; **~ de espalda/de garganta/de muelas** Rücken-/Hals-/Zahnschmerzen *mpl*; **¡ay, qué ~!** das tut weh!; **sin ~(es)** schmerzlos; **~es de parto** Wehen *fpl*; **estar con (los) ~es** in den Wehen liegen; **(no) sentir ~(es) a la presión** (nicht) druckempfindlich sein; **sufrir grandes ~es** große Schmerzen erleiden **2** CAT **la Virgen de los ~es** (Mater) Dolorosa *f*, Schmerzensmutter *f*

dolorido ADJ **1** (*penoso*) schmerzhaft, schmerzend **2** (*lleno de dolores*) schmerzerfüllt; traurig; klagend; **dolorosa** F *fam hum* **la ~** die Rechnung (*bes in Restaurants*); REL **Dolorosa** (Mater) Dolorosa *f*, Schmerzensmutter *f*; **doloroso** ADJ **1** (*con dolores*) schmerzhaft; schmerzlich **2** (*deplorable*) kläglich, beklagenswert

doloso ADJ JUR (*fraudulento*) betrügerisch, arglistig; (*premeditado*) vorsätzlich

dom M Dom *m* (*Titel der Ordensgeistlichen bei Benediktinern, Kartäusern etc*)

doma F Zähmung *f* (*tb fig*); *de caballos*: Dressur *f*; **~ clásica** klassische Dressur *f*; **~ vaquera** *spanische Reitweise*, *Art* Westernreiten *n*

domable ADJ zähmbar; *fig tb* bezwingbar; **domador** M Tierbändiger *m*, Dompteur *m*; **~ de leones** Löwenbändiger *m*; **~ de potros** Zureiter *m*

domadora F Tierbändigerin *f*; Dompteuse *f*, Dompteurin *f*; **domadura** F Zähmung *f*; (*adiestramiento*) Dressur *f*, Abrichtung *f*; *fig tb* Bezwingung *f*

domar VT zähmen (*tb fig*), bändigen; *potro* zureiten; *fig* bezwingen

dombo M → domo

domeñable ADJ zähmbar; **domeñar** VT *liter* zähmen; bezwingen, unterwerfen

doméstica F *Am reg* Hausangestellte *f*, -mädchen *n*, Dienstbotin *f*

domesticable ADJ zähmbar; zu bändigen(d); **domesticación** F Zähmung *f*; (*adiestramiento*) Abrichtung *f*; **domesticado** ADJ gezähmt; **domesticar** VT ⟨1g⟩ *animales* zähmen; domestizieren (*tb plantas*); (*adiestrar*) dressieren; *fig personas* bändigen; *persona áspera* sänftigen

doméstico **A** ADJ häuslich, Haus...; **trabajo** *m* **~** Heimarbeit *f*; *enseñanza*: **ejercicios** *mpl* **~s** Hausaufgaben *fpl* **B** M Hausdiener *m*; Dienstbote *m*

domiciliación F FIN **1** **~ (de pagos)** Einzugsermächtigung *f*, Abbuchungsauftrag *m* **2** ECON *de una letra de cambio*: Domizilierung *f*; **domiciliado** ADJ **1** (*residente*) wohnhaft, ansässig (**en** in *dat*); **estar ~ en** seinen festen Wohnsitz haben in (*dat*) **2** ECON **letra** *f* -a Domizilwechsel *m*

domiciliar ⟨1b⟩ **A** VT **1** (*asentar*) ansiedeln **2** FIN (*autorizar pagos*) die Einzugsermächtigung erteilen; abbuchen lassen; ECON *letra de cambio* domizilieren **B** VR **domiciliarse** (*tomar domicilio*) seinen (festen) Wohnsitz nehmen, ansässig werden

domiciliario **A** ADJ ortsansässig; Haus...; Heim...; Wohnsitz...; JUR **registro** *m* **~** Haussuchung *f* **B** M Ortsansässige *m/f*

domicilio M **1** (*vivienda*) Wohnung *f*, Haus *n*; (*lugar de residencia*) Wohnort *m*, -sitz *m*; **(derecho** *m* **de) ~** Wohn-, Niederlassungsrecht *n*; JUR **~ forzoso** Zwangsaufenthalt *m*; **establecer** *o* **fijar su ~** (seinen) Wohnsitz nehmen, sich niederlassen; **sin ~ fijo** ohne festen Wohnsitz, wohnsitzlos **2** COM **~ (social)** *de una empresa*: Sitz *m* (*einer Firma*); **recogido a ~** ab Haus, wird abgeholt; **entregado** *o* **llevado a ~** frei Haus; wird (ins Haus) gebracht; **servicio** *m* **a ~** Lieferung *f* frei Haus **3** ECON *de una letra de cambio*: Domizil *n*, Zahlungsort *m*

dómina F Domina *f* (*Masochismus*)

dominable ADJ beherrschbar; **dominación** F **1** (*dominio*) (Ober)Herrschaft *f*; Beherrschung *f*; **~ extranjera** Fremdherrschaft *f* **2** BIOL Dominanz *f*; **dominado** ADJ beherrscht; unterworfen; **dominancia** F BIOL Dominanz *f*; **dominante** **A** ADJ **1** (*que domina*) (vor)herrschend; dominierend; beherrschend *tb fig* **2** *persona* herrschsüchtig **B** F **1** *t/t carácter*: Dominante *f*, vorherrschendes Merkmal *n* **2** MÚS Dominante *f* **C** M ASTROL Herrscher *m*, Dominant *m*

dominar **A** VT **1** (*tener dominio*) beherrschen; (*doblegar*) bezwingen; *tarea* meistern; *fig* (*reprimir*) eindämmen **2** *fig* (*conocer a fondo*) gut können, beherrschen; **~ una lengua** eine Sprache beherrschen, einer Sprache mächtig sein **3** (*sobresalir*) überragen; **~ (con la vista)** überblicken; **el castillo domina el pueblo** die Burg liegt hoch über der Ortschaft **B** VI **1** (*gobernar*) herrschen, (*predominar*) vorherrschen; dominieren **2** **~ sobre** *montaña, edificio* hoch aufragen über (*acus*), emporragen über (*acus*) **C** VR **dominarse** sich beherrschen

dómine M *fam* **1** *desp o irón maestro*: Schulmeister *m*, Pauker *m* **2** *fig desp* (*pedante*) Pedant *m* **3** HIST (*maestro de latín*) Lateinlehrer *m*

domingada F sonntägliches Fest *n*; Sonntagsvergnügen *n*; **domingas** FPL *Esp pop* Titten *fpl pop*

domingo M Sonntag *m*; **~ in albis** Weißer Sonntag *m*; **~ de Pascua** *o* **de Resurrección** Ostersonntag *m*; **~ de Ramos** Palmsonntag *m*; **el ~** am Sonntag; **(todos) los ~s** (immer) sonntags; **el ~ por la tarde** (*o* **noche**) am Sonntagabend; **los ~s por la tarde** (*o* **noche**) sonntagabends; **los ~s y días festivos** an Sonn- und Feiertagen; *fig* **hacer ~** blauen Montag machen; **ir de ~** den Sonntagsstaat anhaben, sonntäglich gekleidet sein

dominguejo M → dominguillo; **dominguero** **A** ADJ sonntäglich, Sonntags...; **traje** *m* **~** Sonntagsanzug *m*, -kleid *n* **B** M, **-a** F AUTO *fam* Sonntagsfahrer *m*, -in *f fam*

dominguillo M Stehaufmännchen *n*; **traer a alg como un ~** j-n herumhetzen, j-n in Atem halten *fam*

domínica F REL **1** (*domingo*) Sonntag *m* **2** *en el oficio divino*: Sonntagsperikope *f*

dominical **A** ADJ sonntäglich, Sonntags...; **descanso** *m* **~** Sonntagsruhe *f* **B** M *diario*: Sonntagsbeilage *f*; Sonntagsblatt *n*

dominicano **A** ADJ **1** GEOG dominikanisch; **República Dominicana** Dominikanische Republik *f* **2** → dominico A **B** M, **-a** F Bewohner *m*, -in *f* der Dominikanischen Republik

dominico **A** ADJ CAT dominikanisch, Dominikaner... (*Orden*) **B** CAT M, **-a** F Dominikaner *m*, -in *f* **C** M *Am Centr* BOT *especie de plátano*: kleine Banane(nart) *f*

dominio M **1** (*poder*) Herrschaft *f*, Macht *f*; (*derecho de propiedad*) Eigentum(sgewalt *f*) *n*; JUR **~ útil** Nutzeigentum *n*; **bienes** *mpl* **comunes de ~ público** öffentliches Eigentum *n*, Gemeingut *n*; **~ de sí mismo** Selbstbeherrschung *f*; **ser del ~ público** Staatseigentum (*o* Gemeingut) sein; *fig* allgemein bekannt sein **2** (*territorio*) Bereich *m* (*tb fig*); Gebiet *n*; **~ lingüístico** Sprachgebiet *n*; **~ de uso** Anwendungsgebiet *n* (*tb* INFORM) **3** POL (*territorio*) Gebiet *n*; **~ colonial** Kolonialreich *n*; **los ~s británicos** die britischen Dominions *npl* **4** INFORM Domain *f*, Domäne *f*

dómino M, **dominó** M **1** *disfraz*: Domino *m* (*Maske*) **2** *juego*: Domino(spiel) *n* **3** *Esp pop* (*preservativo*) Pariser *m pop*

domo M ARQUIT Kuppel *f*; TEC Dom *m*

domótica F Haushaltstechnik *f*

dompedro M BOT Wunderblume *f*

D

don[1] M 1 *tratamiento*: Don, Herr (*nur vor den Vornamen; respektvoll intimere Anrede; abr* **D.**); **Don Juan Carlos** König Juan Carlos; **Don Felipe de Borbón** Prinz Felipe Borbon; *fig* **~ Juan** Frauenheld *m*, Herzensbrecher *m*; **es un ~ nadie** er ist ein Habenichts, er ist eine Null 2 *fam* (*jefe de la mafia*) Mafiaboss *m*

don[2] M 1 (*dádiva*) Gabe *f*, Geschenk *n*; **hacer ~ de a/c a alg** j-m etw schenken 2 (*habilidad*) Begabung *f*, Gabe *f*; *irón tb* Talent *n*; **~ de lenguas** Sprachbegabung *f*; **tener el ~ de lenguas** sprachbegabt sein; **tener (el) ~ de gentes** gewandt im Umgang mit Menschen sein; **~ de mando** Gabe *f* der Menschenführung; **~ natural** Naturbegabung *f*; Gabe *f* der Natur; **tener el ~ de la palabra** wortgewandt sein; Rednergabe haben

dona F *Chile* Geschenk *n*; **~s** *fpl* Hochzeitsgabe *f* des Bräutigams

donación F Schenkung *f* (*tb* JUR), Zuwendung *f*; Spende *f*; **~ entre vivos** Schenkung *f* unter Lebenden; MED **~ de sangre** Blutspende *f*

donada F REL Laienschwester *f*; **donado** M Laienbruder *m*; **donador** M, **donadora** F Spender *m*, -in *f*, Geber *m*, -in *f*; Stifter *m*, -in *f*; MED → donante

donaire M 1 (*discreción, gracia*) Anmut *f*; gewandtes Auftreten *n* 2 (*chiste*) Scherz *m*, Scherzwort *n*, Witz *m* 3 (*lisonja*) Schmeichelei *f*, Kompliment *n*; **donairoso** ADJ witzig, geistreich

donante M/F Stifter *m*, -in *f*; Schenker *m*, -in *f*; Geber *m*, -in *f*; MED **~ de órganos** Organspender *m*, -in *f*; MED **~ de sangre** Blutspender *m*, -in *f*

donar VT schenken; stiften, spenden; **donatario** M, **-a** F JUR Beschenkte *m/f*; **donativo** M Schenkung *f*; Stiftung *f*; Geschenk *n*; Gabe *f*, Spende *f*

doncel A M 1 HIST (*joven noble*) Edelknabe *m*; Junker *m*; Knappe *m* 2 *liter* (*joven*) Jüngling *m* B ADJ *vino, etc* mild, lieblich; *pimiento* süß

doncella F 1 *liter* (*virgen*) Jungfrau *f*; Mädchen *n*; Zofe *f*; **~ de honor** Ehren- (*o* Braut)jungfer *f* 2 (*criada*) Kammermädchen *n*, Zofe *f* 3 *pez*: Meerjunker *m* 4 BOT **hierba** *f* **~** Immergrün *n* 5 *Perú* BOT (*mimosa*) Mimose *f*

doncellez F Jungfräulichkeit *f*

donde A ADV wo; **a ~** wohin; **hacia ~** *o* **para ~** wohin (*Richtung*); **hasta ~** wohin (*Ziel*); **de ~** woher, von wo; woraus; **en ~** wo; **por ~** woher, woraus; worüber; **aquí ~ usted me ve ...** so wahr ich hier stehe ..., ob Sie es glauben oder nicht ...; **allí es ~ se encuentra** dort befindet er/sie sich; **está (en) ~ sus padres** er ist bei seinen Eltern; **el país ~ nació** sein Heimatland; **el lugar por ~ pasamos** der Ort, über den wir fahren; **la sala ~ estamos** der Raum, in dem (*o* wo) wir uns befinden; **~ quiera** → dondequiera B PREP *Am* zu (*dat*); bei (*dat*); **~ José** bei Josef; **vamos ~ el dentista** gehen wir zum Zahnarzt

dónde A ADV **¿~?** wo?; **¿a ~?** wohin?; **¿de ~?** woher? von wo?; **¿en ~?** wo?; **¿hacia ~?** wohin?, in welche(r) Richtung?; **¿por ~?** woher?; durch welchen Ort?; warum?, weshalb?; **¿por ~ se va a** *o* **por ~ queda ese pueblo?** wie kommt man zu dieser Ortschaft?; **sé ~ está** ich weiß, wo er/sie/es ist B M **el ~ y el cuándo** das Wo und Wann

dondequiera ADV überall; **~ que llegó** überall, wohin er kam; **~ que llegara** wohin auch immer er kommen mochte; **~ que sea** wo(hin) immer es auch sei

dondiego M, **don Diego** M BOT **~ de día** dreifarbige Winde *f*; **~ de noche** Wunderblume *f*

donjuán M, **don Juan** M 1 *fig seductor de mujeres*: Don Juan *m*, Weiberheld *m*, Schürzenjäger *m*; Casanova *m* 2 BOT Wunderblume *f*

donjuanesco ADJ Don-Juan-...; **donjuanismo** M Art *f* und Wesen *n* des Don Juan, Donjuanismus *m*

donosidad F → donosura; **donoso** ADJ anmutig, nett; witzig, drollig

Donostia N PR *baskischer Name von San Sebastian*

donostiarra A ADJ aus San Sebastián B M/F Einwohner *m*, -in *f* von San Sebastián

donosura F Anmut *f*, Grazie *f*; Witz *m*

donprisas M ⟨*pl inv*⟩ *fam* Mensch *m*, der es immer eilig hat

doña F Frau (*vor dem Vornamen*); **~ Inés** Frau Agnes; **Doña Sofía** Königin Sofia

doñear VI *fam* ein Schürzenjäger sein

dopaje M Dopen *n*, Doping *n*

dopante A ADJ aufputschend; Doping... B M 1 ELEC Dotierungsmittel *n* 2 Aufputschmittel *n*

dopar A VT dopen B VR **doparse** sich dopen; sich aufputschen *mit Drogen*

doquier(a) *liter* → dondequiera

dorada F 1 *pez*: Goldbrasse *f*; GASTR **~ a la sal** Goldbrasse *f* im Salzmantel 2 *Cuba insecto*: (*giftige*) Goldfliege *f*; **doradillo** A ADJ *RPl caballo* honigfarben B M 1 *hilo*: dünner Messingdraht *m für Fassungen* 2 ORN Bachstelze *f*

dorado A ADJ 1 (*de oro*) golden, Gold ...; *color*: goldgelb; MIT *y fig* **edad** *f* **-a** goldenes Zeitalter *n*; goldenes Alter *n*; goldene Jahre *npl*; **pez** *m* **~** Goldfisch *m* 2 (*cubierto de oro*) vergoldet; **~ a fuego** feuervergoldet B M 1 (*doradura*) Vergoldung *f*; **~s de encuadernación** Fileten *npl*, Goldverzierung *f auf dem Einband* 2 *pez*: Goldmakrele *f*; *Arg, Par* ***eine Raubfischart*** (*Salminus maxillosus*) 3 (*bronceadura*) (Sonnen)Bräune *f* 4 **El Dorado** Eldorado *n*

dorador M, **doradora** F Vergolder *m*, -in *f*; **doradura** F Vergoldung *f*

dorar A VT 1 (*cubrir con oro*) vergolden 2 GASTR *hornear*: goldbraun (heraus)backen (*o* werden lassen) 3 *fig* (*cohonestar*) beschönigen, bemänteln; **~ la píldora** die Pille versüßen B VR **dorarse** 1 GASTR goldbraun werden 2 *liter a la luz del sol, etc*: golden (auf)leuchten

dórico A ADJ dorisch; *arte*: **orden** *m* **~** dorische Säulenordnung *f* B M dorischer Dialekt *m*

dorífora F *insecto*: Kartoffelkäfer *m*

dorio M HIST Dorer *m*

dormán M TEX Dolman *m*

dormida F 1 *del gusano de seda*: Erstarrung *f* (*der Seidenraupen*) 2 *de ciertos animales*: Nachtlager *n* (*der Tiere, Vögel*) 3 *fam* (*siestecita*) Nickerchen *n* 4 *Am reg lugar*: Schlafstätte *f*; (*pernoctación*) Übernachtung *f*; **dormidera** F 1 BOT Mohn *m*; *Cuba, C. Rica tb* Mimose *f* 2 *fam* **tener buenas ~s** (*dormirse fácilmente*) leicht einschlafen können; **dormidero** A ADJ einschläfernd B M *de las reses*: Lager *n des Viehs*; *del venado*: Schlafplatz *m des Wildes*

dormido ADJ schläfrig, schlaftrunken; **estar ~** schlafen (*tb fig*); **medio ~** verschlafen, halb im Schlaf

dormilón A ADJ (*soñoliento*) schläfrig, verschlafen; schlafmützig B M 1 Langschläfer *m*, Schlafmütze *f* 2 *terrorista, espía*: Schläfer *m*; **dormilona** F 1 *mujer*: Langschläferin *f*, Schlafmütze *f* 2 (*aretes*) Ohrgehänge *n* 3 *butaca*: Schlafsessel *m* 4 *S.Dgo, Ven* (*camisa de dormir*) Nachthemd *n* 5 *Am Centr, Cuba* BOT Mimose *f*

dormir ⟨3k⟩ A VI schlafen (*tb fig*); **~ como un leño** *o* **tronco** *o* **lirón** wie ein Murmeltier schlafen; **~ con alg** mit j-m schlafen; **~ la siesta** Mittagsschlaf halten; **~ a pierna suelta** wie ein Murmeltier schlafen; **~ de un tirón** durchschlafen; **~ en (la paz de) Dios** in Gott ruhen; **~ sobre a/c** eine Sache be-, überschlafen; **dejar ~** *asunto* ruhen lassen B VT 1 (*adormecer*) einschläfern; MED betäuben 2 *fam* **~ la borrachera** seinen Rausch ausschlafen C VR **dormirse** 1 (*quedarse dormido*) einschlafen (*tb miembros*); **~ sobre** *o* **en los laureles** auf seinen Lorbeeren ausruhen; **se me durmió la pierna** mein Bein ist eingeschlafen 2 *fig* (*perderse una oportunidad*) eine Gelegenheit versäumen 3 MAR *aguja de la brújula* sich nicht mehr bewegen; *barco* krängen

dormirlas M Versteckspiel *n*

dormitar VI im Halbschlaf liegen, dösen *fam*, duseln *fam*; **dormitivo** A ADJ schlafbringend B M Schlafmittel *n*; **dormitorio** M Schlafzimmer *n*; Schlafsaal *m*

dornajo M Trog *m*, Kübel *m*

dorsal A ADJ 1 (*de la espalda*) Rücken...; MED dorsal 2 FON dorsal, Zungenrücken...; **sonido** *m* **~** Dorsal *m* B M DEP Start-, Rückennummer *f*

dorso M (*espalda*) Rücken *m*; *de una hoja, de un formulario, etc*: Rückseite *f*; **al** *o* **en el ~** auf der (*o* auf die) Rückseite; **~ de la mano/nariz** Hand-/Nasenrücken *m*

dos A NUM zwei; (*segundo*) zweite(r, -s); **~ a ~** zwei zu zwei (*tb* DEP *tanteo*); (*de a dos*) jeweils zwei zusammen; **son las ~ (y cuarto)** es ist zwei Uhr (fünfzehn); **a las ~** um zwei Uhr; **de ~ en ~** immer zwei, paarweise; **~ tantos** doppelt (so viel); *fútbol*: zwei Tore *npl*; **los ~** alle zwei, (alle) beide; **los ~ podemos decir** wir beide können sagen; *fam* **a ~ por tres** ohne viel Federlesens, geradezu; **(a) cada ~ por tres** alle Augenblicke, ständig, dauernd; *fam* **en un ~ por tres** im Nu; **tan cierto como ~ y ~ son cuatro** so sicher wie zwei mal zwei vier ist, bombensicher *fam*; **entre los ~** unter vier Augen; **romper en ~** entzweibrechen B M 1 *guarismo*: Zwei *f*, Zweier *m* (*reg*) 2 *del mes*: der Zweite des Monats 3 MÚS **~ por cuatro** Zweivierteltakt *m*

dosado M TEC Dosierung *f*

dosaje M Dosierung *f*, Zumessung *f*; *Perú* **examen de ~ etílico** Alkoholprobe *f*

dosañal ADJ (*de dos años*) zweijährig; (*cada dos años*) zweijährlich; **doscientos** NUM zweihundert

dosel M 1 (*baldaquín*) Thronhimmel *m*, Baldachin *m* 2 (*pabellón*) Betthimmel *m*; **cama** *f* **con ~** Himmelbett *n*

dosificable ADJ dosierbar; **dosificación** F *tb* MED, QUÍM, TEC *y fig* Dosierung *f*, Zumessung *f*; **~ excesiva** Überdosis *f*; **dosificador** M *aparato*: Spender *m* (*für Seife etc*); **dosificadora** F Dosiermaschine *f*; **dosificar** VT ⟨1g⟩ dosieren (*tb fig*); QUÍM titrieren

dosimetría F MED Dosimetrie *f*

dosímetro M MED Dosimeter *n*

dosis F ⟨*pl inv*⟩ Dosis *f* (*tb* MED *y fig*); Gabe *f*, Menge *f*; MED **~ de choque** *o* **~ terapéutica** *de penicilina, etc*: Stoß *m*; **en pequeñas ~** in kleinen Gaben (*o* Dosen); **~ letal** tödliche Dosis *f*; **~ máxima** Maximaldosis *f*; *fig* **tener una buena ~ de paciencia** eine ganze Menge Geduld haben

dossier M Dossier *n*

dotación F 1 (*equipamiento*) Ausstattung *f*; (*dote*) Aussteuer *f* 2 (*regalo*) Schenkung *f*, (*donación*) Stiftung *f* 3 MAR (*tripulación*) Bemannung *f*, Besatzung *f*; MIL **~ de un cañón** Geschützbedienung *f*; **~ de policía** Polizeieinheit *f* 4 *conjunto de individuos*: Personal *n* 5 **~ de un príncipe**, *etc* Apanage *f* 6 PSIC (*talento*) Begabung *f*

dotado ADJ begabt (**para** für *acus*); **~ para las lenguas** sprachbegabt

dotal ADJ Mitgift...; JUR **régimen** *m* ~ Dotalgüterstand *m*; **bienes** *mpl* ~**es** Heiratsgut *n*, Mitgift *f*
dotar VT **1** *(equipar)* ausstatten, ausrüsten, versehen (**con, de** mit *dat*); *novia* aussteuern; MAR, MIL bemannen **2** *(donar)* stiften **3** *premio* dotieren (**con** mit *dat*)
dote **A** F, *tb* M Mitgift *f*; Aussteuer *f*; **dar/recibir en** ~ in die Ehe mitgeben/mitbekommen **B** ~**s** FPL Gabe *f*, Begabung *f*; ~**s de mando** Führungseigenschaften *fpl*; ~**s de observación** Beobachtungsgabe *f* **C** M *en el juego*: Anzahl *f* Spielmarken *zu Spielbeginn*
dovela F ARQUIT Keilstein *m*; Gewölbeformstein *m*; Schlussstein *m*
doy → dar
dozavo NUM Zwölftel *n*; **edición** *f* **en** ~ Duodezausgabe *f*
Dr. ABR (Doctor) Dr. (Doktor)
dra. ABR (derecha) rechts *(bei Adressenangaben)*
Dra. ABR (Doctora) Doktor *(bei Frauen)*
dracma F HIST Drachme *f*
draconiano ADJ drakonisch; **medidas** *fpl* **-as** drakonische Maßnahmen *fpl*
DRAE M ABR (Diccionario de la Real Academia Española) Wörterbuch *n* der spanischen Sprachakademie
draga F (Nass)Bagger *m*; ~ **de cadena** Kettenbagger *m*; ~ **de cangilones** Becherwerk *n*
dragado M TEC (Aus)Baggern *n*; **dragador** ADJ **buque** *m* ~ Baggerschiff *n*; **dragaminas** M ⟨*pl inv*⟩ MAR Minensuchboot *n*, -räumboot *n*; **dragante** M *heráldica*: Drachenkopf *m*;
dragar VT & VI ⟨1h⟩ (aus)baggern
drago M BOT Drachen(blut)baum *m*
dragomán M Dragoman *m*
dragón M **1** MIT *animal fabuloso*: Drache *m*; *fam fig* ~ **de seguridad** Anstandswauwau *m* *(fam hum)* **2** ZOOL ~ **(volante)** Flugdrache *m*; *pez*: ~ **(marino)** Drachenfisch *m*; Leierfisch *m* **3** MIL, HIST Dragoner *m* **4** BOT Drachenkraut *n* **5** TEC *altos hornos*: Speiseloch *n am Hochofen* **6** ASTRON **Dragón** Drache *m*
dragona F **1** MIT *(dragón hembra)* Drachenweibchen *n* **2** MIL *(charretera)* Achselschnur *f*; *Chile, Méx (fiador de la espada)* Portepee *n* **3** MÚS Dragonermarsch *m* **4** *Méx (capa)* Art Umhang *m*
dragoncilla F BOT Schlangenkraut *n*; **dragoncillo** M BOT Estragon *m*; ~**s** *mpl* Drachenkraut *n*
dragonear VI *fam* **1** *Am (ejercer sin título)* ein Amt ohne Qualifikation ausüben **2** *(hacer alarde)* sich aufspielen (**de** als *nom*); sich brüsten (**de** mit *dat*) **3** *RPl (coquetear)* flirten; **dragoneo** M *RPl* Flirt *m*; **dragonete** M *heráldica*: → dragante
dragontea F *Esp* BOT Gemeine Schlangenwurz *f*
dralón® M TEX Dralon® *n*
drama M TEAT Drama *n* (*tb fig*); Schauspiel *n*, Bühnenstück *n*; ~ **lírico** lyrisches Drama *n*; Musikdrama *n*; *fig* **hacer un** ~ **de** *o* **por a/c** ein Drama aus etw machen, wegen etw (ein) Theater machen; **hacerle un** ~ **a alg** j-m eine Szene machen
dramática F *arte*: Dramatik *f*, dramatische (Dicht)Kunst *f*
dramático ADJ **1** TEAT dramatisch, Schauspiel..., Bühnen...; **actor** *m* ~ Tragöde *m*; **actriz** *f* **-a** Tragödin *f*; **escritor** *m* ~, **escritora** *f* **-a** Dramatiker *m*, -in *f*; **autor** *m* ~, **autora** *f* **-a** Dramatiker *m*, -in *f*, Bühnendichter *m*, -in *f* **2** *fig (teatral)* dramatisch, *(estremecedor)* erschütternd; *tb (sensacional)* sensationell
dramatismo M Dramatik *f* (*tb fig*); **dramatizar** VT ⟨1f⟩ dramatisieren (*tb fig*), für die Bühne bearbeiten; **dramaturgia** F Dramaturgie *f*; **dramaturgo** M, **-a** F **1** *autor*: Dramatiker *m*, -in *f* **2** *(director artístico)* Dramaturg *m*, -in *f*
dramón M *fam desp* Schauerdrama *n*; FILM Kolossalschinken *m fam*
drapeado M TEX *fam* drapiert; **drapear** VT drapieren
draque M *Am Mer Getränk aus Wasser, Muskatnuss, Zucker und Schnaps*
drástico **A** ADJ drastisch (*tb fig*) **B** M FARM starkes Abführmittel *n*
drawback ['droβak] M COM Zollrückvergütung *f*
dren M Drain *m*; **drenable** ADJ MED, TEC drainierbar; **drenaje** M MED *frec* Drainage *f*; MED ~ **linfático** Lymphdrainage *f*; TEC, AGR Dränung *f*, Drainage *f*; **drenar** VT MED, TEC dränen, drainieren, AGR, TEC entwässern
Dresde M Dresden *n*
dría(da), dríade F MIT Dryade *f*, Waldnymphe *f*
driblar VI DEP dribbeln; **dribling** M DEP Dribbeln *n*
dril M **1** TEX Drillich *m* **2** ZOOL *mono*: Drill *m*, Mandrill *m*
drino M ZOOL grüne Baumschlange *f*
driver ['draïβεr] M **1** *golf*: Schlag *m* **2** INFORM Driver *m*
driza F MAR Leine *f*, Hisstau *n*; **drizar** VT ⟨1f⟩ MAR **1** *(izar)* hissen **2** *(arriar)* niederholen
droga F **1** Droge *f*; *(estupefaciente)* Rauschgift *n*; ~ **blanda/dura** weiche/harte Droge *f*; ~ **de diseño** Designerdroge *f*; ~ **sintética** synthetische Droge *f* **2** *fig (embuste)* Schwindel *m* **3** *(molestia)* Unannehmlichkeit *f*; **ser (una)** ~ unangenehm (*o* lästig) sein **4** *Chile, Méx, Perú (deuda)* (Geld)Schuld *f*
drogadicto **A** ADJ drogensüchtig **B** M Drogensüchtige *m/f*; **drogar** ⟨1h⟩ **A** VT unter Drogen setzen, Drogen verabreichen **B** ~**se** VR sich dopen, Aufputschmittel nehmen; Rauschgift (*o* Drogen) nehmen; **drogata** M/F *leng. juv* Junkie *m*; **drogodependencia** F Drogenabhängigkeit *f*; **drogodependiente** M/F, **drogota** M/F *fam* Drogenabhängige *m/f*
droguería F Drogerie *f*; *Col, Ec (farmacia)* Apotheke *f*; **droguero** M, **-a** F, **droguista** M/F Drogist *m*, -in *f*
dromedario M ZOOL Dromedar *n*; *fig desp* Kamel *n (Beschimpfung)*
dron M *pop* **1** *(camino)* Weg *m*, Straße *f* **2** *Am Centr cubo*: Blechtonne *f*; **dronista** M *pop* **1** *(camionero)* Fernfahrer *m* **2** *(autoestopista)* Autostopper *m*, Tramper *m*
drope M *fam desp* Kerl *m*, Knilch *m fam*
drosera F BOT Sonnentau *m*; **drosófila** F *insecto*: Taufliege *f*; **drosómetro** M METEO Drosometer *n*, Taumessgerät *n*
druida M HIST Druide *m*
drupa F BOT Steinfrucht *f*
drusa F MINER (Kristall)Druse *f*
dual **A** ADJ dual; MAT dyadisch **B** M GRAM Dual *m*, Zweizahl *f*; **dualidad** F Dualität *f*; Zweiheit *f*; **dualismo** M Dualismus *m* (*tb* FIL); **dualista** **A** ADJ dualistisch **B** M/F Dualist *m*, -in *f*
duatlón M DEP Duathlon *m*
dubitable ADJ zweifelhaft; **dubitación** F RET rhetorische Zweifelsfrage *f*, Dubitation *f*; Zweifel *m*; **dubitativo** ADJ zweifelnd, unschlüssig; GRAM; *t/t* dubitativ; **conjunción** *f* **-a** Dubitativkonjunktion *f*
dublé M Dublee *n*
dublinense, dublinés ADJ aus Dublin
ducado M **1** *territorio*: Herzogtum *n*; *dignidad*: Herzogswürde *f*; **Gran Ducado** Großherzogtum *n* **2** HIST *moneda*: Dukaten *m*; **ducal** ADJ herzoglich, Herzogs...; **palacio** *m* ~ Herzogspalast *m*
ducentésimo NUM Zweihundertstel *n*
ducha[1] F *tela*: farbiger Streifen *m im Stoff*
ducha[2] F *instalación*: Dusche *f*; Brause(bad *n*) *f*; ~ **de aire caliente** Heißluftdusche *f*; ~ **bucal** Mundddusche *f*; MED ~ **nasal** Nasendusche *f*; **dar(se) una** ~ (sich) duschen, (sich) abbrausen; **tomar una** ~ sich duschen, eine Dusche nehmen; *tb fig* ~ **(de agua) fría** kalte Dusche *f*
duchador M *Arg* Dusch-, Brausekopf *m*
duchar **A** VT (ab)duschen; abbrausen **B** VR **ducharse** sich (ab)duschen; sich abbrausen
duchero M *Ur* Dusch-, Brausekopf *m*
ducho ADJ erfahren, bewandert, versiert (**en** in *dat*); **es muy** ~ **en la materia** er ist ein guter Sachkenner; ~ **en negocios** geschäftstüchtig
duco M Spritz-, Nitrozelluloselack *m*; **pintado al** ~ spritzlackiert
ductibilidad F Dehnbarkeit *f*; Biegsamkeit *f*
dúctil ADJ dehnbar; geschmeidig; TEC *tb* hämmerbar; streckbar; *fig* nachgiebig, gefügig
ductilidad F **1** *(maleabilidad)* Dehnbarkeit *f*, Streckbarkeit *f*; Duktilität *f* **2** *fig (elasticidad)* Nachgiebigkeit *f*
ductor M MED Führungssonde *f*
duda F Zweifel *m*; *(falta de conocimiento)* Ungewissheit *f*; *(escepticismo)* Skepsis *f*; *adv* **sin** ~ zweifellos, sicher; allerdings, freilich; *adv* **sin** ~ **alguna** zweifelsohne, unstreitig; *fam* **por (si) las** ~**s** auf alle Fälle; **abrigar** ~**s** Zweifel hegen; **no admitir** ~ keinem Zweifel unterliegen; **no cabe la menor** ~ *o* **sin lugar a** ~**s** ganz zweifellos; es besteht nicht der geringste Zweifel; **no cabe** ~ **(de) que** ... es unterliegt keinem Zweifel, dass ..., zweifellos ...; **¿qué** ~ **cabe** *o Am* **tiene?** das ist nicht anzuzweifeln; wirklich und wahrhaftig; **dejar en** ~ offen (*o* in der Schwebe) lassen; **estar en** ~ zweifeln; unschlüssig sein; **estar fuera de toda** ~ außer Zweifel stehen, ganz unzweifelhaft (*o* über jeden Zweifel erhaben) sein; **no hay** ~ es ist gewiss; **¿hay todavía** ~**s?** hat j-d noch Fragen?; **poner en** ~ in Zweifel ziehen, infrage stellen; **sacar de** ~**s** *o* **de la** ~ Gewissheit geben; **salir de** ~**s** *o* **de la** ~ aufhören zu zweifeln, Gewissheit erlangen; **tener sus** ~**s** (so) seine Zweifel haben, nicht sicher sein
dudar **A** VI zweifeln (**de** an *dat*); Bedenken tragen; *(vacilar)* unschlüssig sein; ~ **de alg** an j-m zweifeln; *(sospechar de alg)* j-n verdächtigen, j-n in Verdacht haben; ~ **en hacer a/c** sich zu etw *(dat)* nicht entschließen können; ~ **de hacerlo** Bedenken haben (*o* tragen), es zu tun; **no hay que** ~ da darf man nicht zögern, man muss sich rasch entschließen; **dudo mucho (de) que venga** ich bezweifle sehr, dass er kommt; **no dudo que es honrado** er ist gewiss ein ehrenwerter Mann; **no dudo que sea honrado (pero** ...**)** an seiner Ehrenhaftigkeit möchte ich nicht zweifeln(, aber ...) **B** VT bezweifeln; **lo dudamos** wir bezweifeln es, wir zweifeln daran; **¡no lo dudes!** da kannst du sicher sein
dudosamente ADV zweifelhaft; schwerlich, kaum
dudoso ADJ **1** *(poco probable, inseguro)* zweifelhaft, fragwürdig; *(sospechoso)* verdächtig, dubios; **cliente** *m* ~ unsicherer Kunde *m*, Kunde *m* von zweifelhafter Zahlungsfähigkeit *f*; **es muy** ~ das ist recht fraglich **2** *(indeciso)* unschlüssig, schwankend
duela F (Fass)Daube *f*; **duelaje** M Weinschwund *m im Fass*
duele → doler
duelista M Duellant *m*; *fig* Raufbold *m*
duelo[1] M *(combate entre dos)* Duell *n*, Zweikampf *m*; **batirse en** ~ sich duellieren; ~ **a pistola**

D

Pistolenduell n; **provocar** (o **retar**) **a ~ a alg** j-n fordern

duelo² M 1 (luto) Trauer f; (tristeza) Traurigkeit f; **~ nacional** Staatstrauer f; **(manifestación** f **de) ~** Beileidsbezeigung f; **estar de ~** in Trauer sein, tb fig trauern (**por** um acus) 2 (entierro) Leichenbegängnis n; (cortejo fúnebre) Trauerzug m, -gefolge n; **el ~ se despide (en la calle de …)** das Trauergefolge wird (in der …-straße) verabschiedet; **presidir el ~** den Trauerzug führen; als Vertreter der Leidtragenden das Beileid entgegennehmen 3 frec **~s** mpl (sufrimiento) Leid n, Kummer m; adv **sin ~** maßlos, unmäßig 4 GASTR **~s y quebrantos** mpl Geflügel- (o Hammel)klein n; Hirn n mit Rührei

duende M 1 (gnomo) Kobold m, Poltergeist m; **~ de las imprentas** o **~ de los tipógrafos** Druckfehlerteufel m; **hay ~s** es spukt 2 fig **tener ~** (gracia) Anmut (o Charme o das gewisse Etwas fam) haben

duendo ADJ zahm; **bovino** m **~** Hausrind n

dueña F 1 (propietaria) Eigentümerin f; Herrin f; **~ de la casa** Hausherrin f; → tb dueño 2 HIST en una casa principal: Wirtschafterin f; Anstandsdame f; Erzieherin f; **~ de honor** Ehrendame f; fig **poner a alg cual** o **como digan** o **no digan ~s** j-n sehr heruntermachen; sehr schlecht über sie reden

dueño M (propietario) Eigentümer m, Besitzer m; (tabernero) Wirt m; (señor) Herr m (**de** über acus); (patrón) Arbeitgeber m; **~ de la casa** Hausherr m; **el ~ de una** o **de la imprenta** der Druckereibesitzer m; **hacerse ~ de a/c** sich (dat) etw aneignen, sich zum Herren von etw (dat) machen; **ser (muy) ~ de hacer a/c** etw (ganz) nach Belieben tun können; **es usted muy ~** ganz wie Sie wollen; **no ser ~ de sus actos** nicht zurechnungsfähig sein; **no ser ~ de sí mismo** sich nicht beherrschen können; außer sich (dat) sein; nicht mehr Herr seiner selbst sein; **ser ~ de la situación** Herr m der Lage sein; **sin ~** espec cosa herrenlos; **cual el ~, tal el perro** wie der Herr, so's Gescherr

duermevela M Halbschlaf m, unruhiger Schlaf m, Duseln n fam

duermo → dormir

duerna F Backtrog m; **duerno** M 1 TIPO Lage f von zwei Bogen 2 → duerna

duetista M/F MÚS cantante: Duettsänger m, -in f; instrumentista: Duospieler m, -in f; **dueto** M espec Am MÚS Duett n; → tb dúo

dugo M Am Centr **correr** o **echar buenos/malos ~s** j-m behilflich/hinderlich sein; Hond **de ~** unentgeltlich

duis ADJ jerga del hampa zwei

dula F AGR 1 porción de tierra: Bewässerungparzelle f 2 terreno comunal: Gemeindeweide f, Allmende f

dulcamara F BOT Almenraute f

dulce A ADJ 1 sabor: süß; **agua** f **~** Süßwasser n; **jamón** m **~** gekochter Schinken m; liter **de ~ sabor** angenehm schmeckend; **de sabor ~** süß schmeckend; tb fig **~ como la miel** zuckersüß; tb fig **entre ~ y amargo** bittersüß 2 fig (blando) weich (tb hierro); zart (tb color); sanft; lieblich; **~ vida** f Dolce Vita f B M GASTR Süßigkeit f; Süßspeise f; (compota) Kompott n; **~s** mpl Süßigkeiten fpl; Nachspeisen fpl; **~ de almíbar** Früchte fpl in Sirup; Am **~ de leche** o Col **~ del Valle** Art Karamellmasse f; **~ de membrillo** Quittengelee n; Quittenbrot n; **~ de platillo** o **~ seco** kandierte Früchte fpl; fig **a nadie le amarga un ~** etwas Angenehmes hat man (o hört man) immer gern; **(el) mucho ~ empalaga** allzu viel ist ungesund

dulcedumbre F → dulzura

dulcera F 1 recipiente: Einmachgefäß n; bandeja: Kompottschale f; bote de mermelada: Marmeladendose f; (confitera) Konfektschale f 2 Am reg profesión: Konfiseurin f; Zuckerbäckerin f 3 fam (golosa) Naschkatze f fam; **dulcería** F Am reg → confitería; **dulcero** A ADJ naschhaft B M Am reg 1 profesión: Konfiseur m; Zuckerbäcker m 2 fam (goloso) Naschkatze f fam

dulcificante ADJ (ver)süßend; **dulcificar** V/T ⟨1g⟩ süßen; versüßen (tb fig); fig mildern

dulcinea F Herzensdame f, Dulzinea f fam

dulero M pastor: Gemeinhirt m; guarda: Flur-, Weidewächter m

dulimán M TEX Dolman m

dulzaina F 1 MÚS (tipo de chirimía) Dolzflöte f, Art Schalmei f; Am reg (armónica) Mundharmonika f 2 desp dulces: billiges Zuckerzeug n; Übersüßigkeit f; **dulzainero** M, **-a** F Dolzflötenspieler m, -in f; **dulzaino** ADJ fam widerlich süß; **dulzamara** F BOT → dulcamara; **dulzarrón** ADJ desp widerlich süß; **dulzón** ADJ desp übersüß; süßlich (tb fig); música schmalzig;

dulzor M liter → dulzura; **dulzura** F 1 (calidad de dulce) Süße f (tb fig), Süßigkeit f 2 (gracia) Lieblichkeit f; Anmut f 3 (suavidad) Milde f, Sanftmut f

duma F POL Duma f

dummy ['dumi] M (imitación) Dummy m

dumping ['dumpin] M ECON Dumping n; **~ salarial** Lohndumping n

duna F Düne f; **~ móvil** Wanderdüne f

dundera F Am Centr fam Dummheit f

dundo ADJ Am Centr dumm

Dunquerque M Dünkirchen n

dúo M MÚS de instrumentos: Duo n; de voces: Duett n

duodécima F MÚS Duodezime f; **duodécimo** A NUM zwölfte(r, -s) B M Zwölftel n

duodenal ADJ ANAT Zwölffingerdarm…; **duodeno** M ANAT Zwölffingerdarm m

duomesino ADJ zweimonatig

dupleta F Perú Art Rennwette f

dúplex M Maisonettewohnung f

dúplica F JUR Duplik f, Gegenerwiderung f

duplicación F Verdoppelung f

duplicado A ADJ (ver)doppelt; **por ~** in doppelter (o zweifacher) Ausfertigung B M Zweitschrift f, Duplikat n; **hecho por ~ y a un solo efecto** doppelt für einfach (gültig); en números de casa: **número 18 ~** Nr. 18 A

duplicador M Duplikator m; **duplicar** ⟨1g⟩ A V/T verdoppeln B V/I JUR auf die Replik antworten

duplicidad F 1 (calidad de doble) Duplizität f 2 (falsedad) Doppelzüngigkeit f

duplo A ADJ doppelt B M Doppelte(s) n

duque M 1 título de nobleza: Herzog m; **los ~s** das Herzogspaar; **Gran Duque** Großherzog m; HIST en Rusia: Großfürst m 2 MAR **~ de alba** Duckdalbe f

duquesa F Herzogin f; **Gran Duquesa** Großherzogin f

durabilidad F Dauerhaftigkeit f; Haltbarkeit f; **durable** ADJ dauerhaft, haltbar; bienes langlebig

duración F Dauer f, Zeitdauer f; TEC Lebensdauer f; Dauerhaftigkeit f; **~ (de empleo)** Gebrauchsdauer f; **~ del frenado/de (la) oscilación** Brems-/Schwingungsdauer f; **de ~ ilimitada** unverwüstlich; **~ de la trayectoria** proyectil, cohete: Flugzeit f; **de larga ~** langwierig; bienes langlebig; **disco** m **de larga ~** Langspielplatte f

duradero ADJ dauerhaft; dauernd; nachhaltig

duraluminio® M Duralumin® n

duramadre F ANAT harte Hirnhaut f, Dura f Mater

duramen M BOT Kernholz n eines Baumes

durante PREP während (gen); **~ dos años** während zweier Jahre; zwei Jahre lang; **~ un año** ein Jahr lang; **~ mucho tiempo** eine lange Zeit; **~ su ausencia** während (o in) seiner Abwesenheit; **~ el viaje** während (o auf) der Reise; unterwegs; **~ la vida** zeitlebens

durar V/I 1 (permanecer) (fort-, an)dauern, währen; (aguantar) (aus)halten, durchhalten; **el traje le duró muchos años** den Anzug hat er lange Jahre tragen können; **la escoba me ha durado dos días** nach zwei Tagen war der Besen kaputt; **¡que dure!** mögte es von Dauer sein!; liter **lo que duran las rosas** er (o sie etc) lebt nicht lange; das hält nicht lange; das bleibt nicht lange schön, etc 2 (mantenerse) (ver)bleiben; tb sich halten können (z. B. in einer Stellung)

durativo M GRAM Durativ m

duraznal M Am AGR Pfirsichplantage f

duraznero M BOT Herzpfirsichbaum m; Am Pfirsichbaum m; **duraznillo** M BOT Flohkraut n; Arg, Col, Ven ein Fieberkraut; **durazno** M BOT Herzpfirsich m (árbol y fruto); Am (melocotón) jede Art Pfirsich m

durdo M pez: Lippfisch m

Durero N PR M Dürer m

dureza F 1 (resistencia) Härte f, (tenacidad) Zähigkeit f; **~s** fpl Verhärtungen fpl (tb MED); **~ de oído** Schwerhörigkeit f; MÚS schlechtes Gehör n; **~ de vientre** Hartleibigkeit f 2 fig (rigurosidad) Strenge f; Härte f; (falta de piedad) Unbarmherzigkeit f, Gefühllosigkeit f; **~ de corazón** Hartherzigkeit f

durillo M BOT 1 arbusto: Steinlorbeer m 2 fruta: Kornelkirsche f

durmiente A ADJ schlafend B M/F Schlafende m/f; **la Bella Durmiente (del bosque)** Dornröschen n C M TEC (Grund)Schwelle f; Tragbalken m; Am FERR (Eisenbahn)Schwelle f

duro A ADJ 1 hart (tb agua, droga); (rígido) fest, zäh; (resistente) widerstandsfähig; **~ como (el) acero** stahlhart; **~ como (la) piedra** steinhart 2 fig (difícil) schwierig; schwer; **es ~** (inf) es ist hart, zu (inf); **a -as penas** mit knapper Not; **~ de entendederas** o **~ de mollera** schwer von Begriff; **~ de oído** schwerhörig; MÚS mit schlechtem Gehör; **lo más ~ está hecho** das Schwerste ist getan; das Schlimmste liegt hinter uns; fam fig **ser (un hueso) ~ de pelar** eine harte Nuss sein, haarig sein fam 3 (severo) streng, hart(herzig); rau (tb clima); (rudo) schroff, barsch; **~ de rasgos** rostro hart 4 (tenaz) hartnäckig, eigensinnig 5 (avaro) geizig 6 Méx, Bol, Ur pop (borracho) besoffen 7 Esp vulg **esto me la pone -a** darauf steh ich pop B ADV kräftig, tüchtig, ordentlich fam; fam **¡dale ~!** schlag zu!, gib ihm Saures! fam; Am **hablar ~** laut sprechen C M 1 HIST moneda: Duro m (Münze, 5 Peseten) 2 MAR (viento fuerte) starker Wind m 3 fig héroe: **un ~ de película** ein (Film)Held m; ein Sieger(typ) m

durómetro o **duroscopio** M TEC Härteprüfer m

dux HIST Doge m

duz ADJ ⟨pl duces⟩ liter raro süß

DVD [deuβe'ðe] M (Digital Video Disc, Digital versatile Disc) 1 DVD f 2 reproductor: DVD-Player m

DVD-ROM [deuβe'ðe'rrɔm] M INFORM DVD-ROM f

E

E[1], **e** F E, e *n*

e CJ und (*statt „y" vor nicht diphthongiertem „i" oder „hi", jedoch nicht im Anlaut von Frage- und Rufsätzen*); **Carmen ~ Inés** Carmen und Inés; (*aber*: **¿y Inés?** und Inés?); **padre ~ hijo** Vater und Sohn

E[2] ABR (Este) O (Ost[en])

ea INT nun!, auf!, los!; ach was!; aus!, fertig!; oder etwa nicht!

EA M ABR 1 (*Ejército del Aire*) *Esp* spanische Luftwaffe *f* 2 (*Eusko Alkartasuna*) Baskische Solidarität *f* (*baskische nationalistische Partei*)

easonense ADJ *liter* aus San Sebastián

EAU MPL ABR (Emiratos Árabes Unidos) VAE *pl* (Vereinigte Arabische Emirate)

ebanista M/F *oficio*: Möbel-, Kunsttischler *m*, -in *f*; **ebanistería** F 1 *taller*: Möbel-, Kunsttischlerei *f* 2 (*trabajos de ebanista*) Tischlerarbeit(en) *f(pl)*, Möbel *npl*

ébano M *árbol*: Ebenholzbaum *m*; *madera*: Ebenholz *n*; *poét* **de ~** schwarz wie Ebenholz

EBE F ABR (Encefalopatía Bovina Espongiforme) BSE *f* (bovine spongiforme Enzephalopathie)

ebenáceas FPL BOT Ebenholzgewächse *npl*

ebonita F QUÍM *caucho*: Ebonit *n* (*Hartgummi*)

ebriedad F *liter* Trunkenheit *f*; Rausch *m* (*tb fig*); **ebrio** ADJ *liter* betrunken; *fig* berauscht, trunken (**de** vor *dat*); (*ofuscado*) blind (**de** vor *dat*)

ebullición F 1 (*hervor*) Aufwallen *n*, Sieden *n* (*tb fig*); **de fácil ~** leicht siedend; **punto** *m* **de ~** Siedepunkt *m*; **entrar en ~** den Siedepunkt erreichen (*tb fig*) 2 POL (*agitación*) Unruhe(n) *f(pl)*

ebullómetro M FÍS Siedepunktmesser *m*;

ebulloscopio M FÍS Ebullioskop *n*

ebúrneo ADJ *poét* elfenbeinern

e-business [eˈβisnes] M INFORM E-Business *n*

ebusitano ADJ *liter* aus Ibiza

ecarté M *juego de cartas*: Ekarté *n*

Ecce Homo, eccehomo M REL, *arte*: Christus *m* mit der Dornenkrone; *fig* **estar hecho un ~** jämmerlich (*o* wie das Leiden Christi *fam*) aussehen

eccema M, *tb* F MED Ekzem *n*, (Flechten)Ausschlag *m*; **eccematoso** ADJ ekzematös

ecco INT *Arg, Ur* genau so ist es!, stimmt!

ECG M ABR (Electrocardiograma) EKG *n* (Elektrokardiogramm)

echacantos M ⟨*pl inv*⟩ *fam* 1 (*fanfarrón*) Angeber *m*, Prahlhans *m* 2 (*gilipollas*) Null *f fam*, Flasche *f fam*; **echacuervos** M ⟨*pl inv*⟩ *fam* 1 (*alcahuete*) Kuppler *m* 2 (*granuja*) Gauner *m*, Taugenichts *m*

echada F 1 (*tiro*) Wurf *m*, Werfen *n* 2 *medida*: Manneslänge *f* (*als Maß*) 3 *Méx, RPl* (*fanfarronada*) Prahlerei *f*; *Méx* (*mentira*) Lüge *f* 4 *Col* (*despido*) Entlassung *f von Arbeitnehmern*; **echadero** M (*lugar de reposo*) Lager *n*, Ruheplatz *m*; *sitio para descansar*: Schlafstelle *f*; **echadizo** A ADJ 1 weggeworfen; *trastos, etc* zum Wegwerfen, unbrauchbar 2 *libro, documento* unecht, falsch B M, **-a** F Schnüffler *m*, -in *f*; Ausstreuer *m*, -in *f eines Gerüchts* C M (*desecho*) Ausschuss *m*

echado A ADJ 1 (*acostado*) liegend; **estar ~** liegen; *Am Centr, Méx fig* es bequem haben; einen gut bezahlten Posten haben 2 *fig* **~ para atrás** (*soberbio*) hochmütig, hochnäsig; **~ para adelante** beherzt, mutig; unternehmungslustig B M MIN Neigung *f eines Flözes*

echador M 1 (*que echa*) Schleuderer *m*, Werfer *m* 2 (*mozo de café*) Schenkkellner *m für den Ausschank von Kaffee und Milch am Tisch* 3 *Cuba, Méx fam* (*fanfarrón*) Angeber *m*; **echadora** F **~ de cartas** Kartenlegerin *f*; **echadura** F *clueca*: Sichsetzen *n* zum Brüten; **echamiento** M *acción*: Werfen *n*, Schleudern *n*; (*tiro*) Wurf *m*

echar

A verbo transitivo B verbo intransitivo C verbo reflexivo

— A verbo transitivo —

1 (*tirar, lanzar*) werfen (**en, a** in *o* auf *acus*); (*catapultar*) schleudern; (*arrojar*) wegwerfen, -schütten; *ancla* werfen; *red* auswerfen; *carta* einwerfen; *mirada* werfen (**a, sobre** auf *acus*); **~ abajo** *edificio* nieder-, abreißen; *puerta* einschlagen, eintreten; *fig* (*destruir*) zerstören, zunichte machen; (*rechazar*) ablehnen; **~ al agua** ins Wasser werfen; MAR vom Stapel laufen lassen; **~ el cuerpo a un lado** ausweichen; MIL **~ cuerpo a tierra** in Deckung gehen; **~ por tierra** zunichte machen 2 (*expulsar*) **~ (fuera)** *tb* vertreiben; hinauswerfen; weg-, verjagen; (*despedir*) entlassen; **~ de casa** aus dem Haus werfen (*o* jagen) 3 (*expresar*) von sich (*dat*) geben; (*emitir*) ausstrahlen; (*emanar*) ausströmen; *fam olor* verbreiten; *humo* ausstoßen; *fuego, llamas* speien; *chispas* sprühen 4 *un líquido* (ein)gießen, (ein)schütten, (ein)füllen; *bebida tb* einschenken; *sal, arena* streuen; **~ de beber (a alg** j-m**)** einschenken; **~ de comer (a)** Futter geben (*dat*); *animales* füttern; AUTO **~ gasolina** tanken; **¡échese más leche!** nehmen Sie mehr Milch! 5 (*tomar*) (zu sich *dat*) nehmen; *trago* tun; *cigarrillo* rauchen 6 (*meter, poner*) setzen, stellen, legen, stecken; **~ el cerrojo** den Riegel vorschieben 7 *palabra, amenaza, maldición* ausstoßen; *castigo* aufbrummen *fam*; **~ un discurso** eine Rede halten (*o* schwingen *fam*); **~ en cara a/c a alg** j-m etw vorwerfen 8 *pelos, dientes, barba* bekommen; *capullos, hojas, etc* treiben; *raíces* schlagen; *grasa, carne* ansetzen, *una panza* bekommen 9 (*conjeturar*) *edad, peso* schätzen; *culpa* zuschieben, geben; *edad* zuschreiben (**a alg** j-m); **¿cuántos años me echas?** für wie alt hältst du mich?; **¿qué edad le echa?** für wie alt halten Sie ihn? 10 (*jugar*) spielen; *cartas* legen; **~ una partida** ein Spiel spielen; **~ una partida de …** eine Partie … spielen; **~ (las) cartas** Karten legen; FILM spielen, geben; TEAT *obra* aufführen, geben; **¿qué película echan?** was für ein Film läuft (*o* wird gegeben)? 11 (*comprender*) aufnehmen, auffassen; **~ a broma** als Scherz auffassen (*o* nehmen); *espec Esp* **~ de menos** *o* **~ en falta** vermissen; sich sehnen nach (*dat*); **~ de ver a/c** (*ver, notar a/c*) etw sehen; etw bemerken; (*reconocer a/c*) etw einsehen 12 *animales* paaren; **~ el perro a la perra** die Hündin (vom Rüden) decken lassen 13 (*proclamar*) veröffentlichen; *día festivo, fiesta* bekannt geben 14 *tributos* erheben

— B verbo intransitivo —

1 (*ir*) (*in einer bestimmten Richtung*) gehen; **~ por la izquierda** nach links gehen 2 **~ a** (*inf*) (*comenzar*) beginnen, zu (*inf*), anfangen, zu (*inf*); **~ a correr** losrennen 3 **¡echa, echa!** sieh mal an!; ach!; nanu!; **~ por mayor** *o* **por quintales** *o* **por arrobas** reichlich übertreiben

— C verbo reflexivo —

echarse 1 (*arrojarse, precipitarse*) sich stürzen (**sobre** auf *acus*); **~ atrás** sich zurückwerfen; zurückweichen; *fig* (*retractarse*) von seinem Wort abgehen, einen Rückzieher machen; **~ al agua** ins Wasser springen; *fig* sich plötzlich (*zu einer schwierigen Sache*) entschließen, ins kalte Wasser springen (*fam fig*); **~ de la cama** aus dem Bett springen; **~ al suelo** sich hinwerfen; *fig* **~ encima de alg** über j-n herfallen (*fig*), auf j-n losgehen 2 (*acostarse*) sich hinlegen; **~ en la cama** sich ins Bett legen; **¡~!** hinlegen! (*tb* MIL); *al perro*: kusch!; **~ a dormir** sich (angekleidet) zum Schlafen hinlegen; *fig* sich um nichts kümmern, alles vernachlässigen 3 **~ a** (*inf*) (*comenzar a*) beginnen, zu (*inf*), anfangen, zu (*inf*); **~ a llorar (temblar** *etc***)** zu weinen (zittern *etc*) anfangen 4 **~(se) un cigarrillo** sich (*dat*) eine Zigarette anstecken, eine Zigarette rauchen; **~(se) una copita** sich (*dat*) ein Gläschen genehmigen 5 *fam* (*proveerse*) **~ a/c** sich (*dat*) etw anschaffen (*o* zulegen); **~ una amiga** *o* **una novia** sich (*dat*) eine Freundin zulegen *fam* 6 (*dedicarse*) sich *einem Beruf* widmen 7 **echárselas de (músico)** sich als (Musiker) aufspielen; *Col* **¡écheselas!** nun mal fix!, Tempo, Tempo! 8 **~ (una capa) sobre los hombros** sich (*dat*) (einen Umhang) über die Schultern werfen 9 MAR *viento* sich legen 10 *pájaro* sich zum Brüten setzen

echarpe M/F Schulterschal *m*; *Am* Schärpe *f*

echazón F Wurf *m*; MAR Seewurf *m der Ladung*; MIL Not(ab)wurf *m*

eche INT *Col* na so was!; nein, das geht nicht!

echona F *Arg, Bol, Chile, Perú* AGR Sichel *f*

eclampsia F MED Eklampsie *f*

eclecticismo M FIL *t/t* Eklektizismus *m*;

eclecticista ADJ → ecléctico

ecléctico A ADJ eklektisch B M, **-a** F Eklektiker *m*, -in *f*

eclesial ADJ Kirchen …

Eclesiastés *Biblia*: **el ~** der Prediger *m* (Salomo)

eclesiástico A ADJ kirchlich, Kirchen … B M Geistliche *m*

Eclesiástico M *Biblia* (das Buch) Jesus Sirach

eclímetro M TEC Neigungsmesser *m*

eclipsar A VT 1 ASTRON verfinstern, verdunkeln 2 *fig* (*poner a la sombra*) **~ a alg** j-n in den Schatten stellen B V/R **eclipsarse** 1 (*oscurecerse*) sich verfinstern 2 *fig* (*ausentarse*) (ver)schwinden; sich aus dem Staube machen

eclipse M 1 ASTRON (*oscuridad*) Finsternis *f*; Verfinsterung *f*; **~ lunar** *o* **de luna** Mondfinsternis *f*; **~ solar** *o* **de sol** Sonnenfinsternis *f* 2 *fig* (*oscurecimiento*) Verdunkelung *f*; (*desaparición*) Verschwinden *n*

eclíptica F ASTRON Ekliptik *f*; **eclíptico** ADJ ekliptisch

eclisa F FERR Lasche *f einer Schiene*

eclosión F Aufbrechen *n*, Aufblühen *n*; *fig* Werden *n*; **eclosionar** VI 1 BOT (*florecimiento*) (auf)blühen 2 ZOOL (*salir del huevo*) ausschlüpfen 3 *fig* (*desenvolverse*) sich entfalten

eco M 1 (*sonido reflejado*) Echo *n*, Widerhall *m*; Nachhall *m* (*tb fig*); *fig* **hacer ~** Aufsehen erregen; *fig* **hacer ~ a a/c** *o* **hacerse ~ de a/c** etw weiterverbreiten, etw weitergeben; *fig* **ser el ~ de otro** j-m (bedenkenlos) nachreden (*o* nachbeten); *fig* **tener** *o* **encontrar ~** Widerhall (*o* Anklang) finden 2 *prensa*: **~s** *mpl* **de sociedad** (*noticias sociales*) Nachrichten *fpl* aus der Gesellschaft 3 LIT *versos*: Echo *n*, Echoverse *mpl* 4 *Am reg int* **¡~!** (*¡estupendo!*) prima!; Donnerwetter (*Überraschung*)

ecocardiografía F MED Echokardiografie *f*

ecoetiqueta F ECOL Umweltzeichen *n*, Ökolabel *n*

ECOFIN F POL Ecofin-Rat *m*

ecogoniómetro M TEC Echopeilgerät *n*;

ecografía F MED Sonografie *f*, Ultraschalluntersuchung *f*

ecógrafo M MED, TEC Ultraschallgerät *n*

ecoico ADJ Echo …; LIT **poesía** *f* **-a** → eco 3

ecolocación F ZOOL *de los murciélagos*:

Echoorientierung *f*
ecología F Ökologie *f*; **ecológico** ADJ ökologisch, Umwelt ...; **ecologismo** M Umwelt(schutz)bewegung *f*; **ecologista** A ADJ Umweltschutz ... B M/F Umweltschützer *m*, -in *f*; POL *tb* Grüne *m/f*
ecólogo M, **-a** F Ökologe *m*, Ökologin *f*; Umweltforscher *m*, -in *f*
ecómetro M TEC Echolot *n*
ecónoma F (Vermögens)Verwalterin *f*
economato M 1 *(puesto administrativo)* Verwalterstelle *f* 2 *(sociedad de consumo)* Konsumverein *m*; **econometría** F Ökonometrie *f*; **econométrico** ADJ ökonometrisch
economía F 1 Wirtschaft *f*; **~ agraria** o **agrícola** o **agropecuaria** Agrar-, Landwirtschaft *f*; **~ dirigida** o **planificada** gelenkte Wirtschaft *f*, Planwirtschaft *f*; **~ doméstica** Hauswirtschaft (slehre) *f*; **~ de la(s) empresa(s)** Betriebswirtschaft(slehre) *f*; **~ industrial** gewerbliche Wirtschaft *f*; **~ de mercado (social)** (soziale) Marktwirtschaft *f*; **~ nacional** einheimische (o nationale) Wirtschaft *f*; **~ política** Volkswirtschaft(slehre) *f*; **~ subterránea** o **sumergida** Schattenwirtschaft *f* 2 *(rentabilidad)* Wirtschaftlichkeit *f*, Sparsamkeit *f*; *(ahorro)* Einsparung *f*; *(buena distribución)* Zweckmäßigkeit *f in der Anordnung*; **~s** *fpl* Ersparnisse *fpl*; **~ de tiempo** Zeitersparnis *f*; **medidas** *fpl* **de ~** Sparmaßnahmen *fpl*; **hacer ~s** Einsparungen machen; sparen; sparsam leben 3 LING **~ lingüística** Sprachökonomie *f* 4 FISIOL **~ hídrica** Wasserhaushalt *m*
económicamente ADV 1 *(financiero)* finanziell 2 *(ahorrativo)* wirtschaftlich; sparsam; **económicas** FPL *ciencia*: Volkswirtschaftslehre *f*
economicidad F Sparsamkeit *f*
económico ADJ 1 *(relativo a la economía)* wirtschaftlich, Wirtschafts...; finanziell; **actividades** *fpl* **-as** Wirtschaftstätigkeit *f*; -leben *n*; **pretensiones** *fpl* **-as** Gehaltsansprüche *mpl*; **situación** *f* **-a** finanzielle Lage *f*; Wirtschaftslage *f* 2 *(ahorrador)* haushälterisch; sparsam; *(poco costoso)* wirtschaftlich, Spar... 3 *(barato)* billig, preiswert
economista M/F Volkswirt(schaftler) *m*, -in *f*; Wirtschaftswissenschaftler *m*, -in *f*; Wirtschaftsexperte *m*, -expertin *f*; **economizador** M TEC Spargerät *n*, Sparer *m*; **economizar** V/T & V/I ‹1f› (er-, ein)sparen; *abs* sparen; sparsam (o gut) wirtschaften; **~ esfuerzos** mit seinen Kräften Haus halten; **no ~ esfuerzos** keine Mühe scheuen
ecónomo M 1 *(administrador)* (Vermögens)Verwalter *m*, -in *f* 2 REL **cura** *m* **~** Pfarrverweser *m*
ecoparque M ECOL Recyclinghof *m*, Wertstoffhof *m*; **ecosistema** M ECOL Ökosystem *n*
ecosonda F Echolot *n*
ecotasa F Ökosteuer *f*; **ecotest** M Ökotest *m*, Umweltverträglichkeitsprüfung *f*; **ecotienda** F Öko-, Bioladen *m*; **ecoturismo** M Ökotourismus *m*; **ecoturista** M/F Ökotourist *m*, -in *f*
ecrasita F Ekrasit *n* *(Sprengstoff)*
ectasia F MED Ektasie *f*
ectodermo M BIOL Ektoderm *n*
ectoplasma M 1 BIOL Ektoplasma *n* 2 *parapsicología*: Teleplasma *n*
ecuación F MAT Gleichung *f*; **~ de segundo grado** Gleichung *f* zweiten Grades
ecuador M **~ (terrestre)** (Erd)Äquator *m*, MAR Linie *f*; **~ celeste** Himmelsäquator *m*; *fig* **paso** *m* **del ~** Äquatortaufe *f*; *fig* **pasar el ~** *estudio, trabajo, etc*: die Hälfte hinter sich *(dat)* haben, Bergfest feiern *fam*
Ecuador M Ecuador *n*; *tb* **~ (terrestre)** (Erd)Äquator *m*
ecualizador M *fonotecnia*: Equalizer *m*
ecuánime ADJ gleichmütig; gelassen, ruhig
ecuanimidad F 1 *(serenidad)* Gleichmut *m*, Gelassenheit *f* 2 *(imparcialidad)* Unparteilichkeit *f*
ecuatoguineano A ADJ aus Äquatorialguinea B M, **-a** F Äquatorialguineer *m*, -in *f*
ecuatorial A ADJ Äquator(ial) ... B M ASTRON *instrumento*: Äquatorial *n*; **ecuatorianismo** M Spracheigentümlichkeit *f* Ecuadors; **ecuatoriano** A ADJ ecuadorianisch, aus Ecuador B M, **-a** F Ecuadorianer *m*, -in *f*
ecuestre ADJ Reiter ...; **arte** *m* **~** Reitkunst *f*; **estatua** *f* **~** Reiterstandbild *n*
ecuménico ADJ *espec* REL ökumenisch; **concilio** *m* **~** ökumenisches Konzil *n*; **ecumenismo** M REL ökumenische Bewegung *f*, Ökumene *f*
eczema M MED → eccema
ed. ABR (edición) Aufl., Ausg. (Auflage, Ausgabe)
e.d. ABR (es decir) d. h. (das heißt)
edad F 1 *de una persona*: (Lebens)Alter *n*; Altersstufe *f*; **~ adulta** Erwachsenenalter *n*, Vollreife *f*; **~ avanzada** höheres Alter; **~ ingrata** o *fam* **~ del pavo** o **~ burral** o *Méx fam* **~ de la punzada** Flegeljahre *npl*; **~ de jubilación** Rentenalter *n*; **~ de merecer** heiratsfähiges Alter *n*; **~ temprana** frühes Alter *n*, Jugend *f*; **la tercera ~** das Alter, der Lebensabend; **(las personas** *fpl* **de) la tercera ~** die Senioren *mpl*, die Alten *mpl*; **tierna ~** zartes Alter *n*, Kindheit *f*; **~ tope** Höchstalter *n*; **~ viril** Mannesalter *n*; **¿qué ~ tiene?** wie alt sind Sie (o wie alt ist er/sie)?; **tiene más ~ que tú** er ist älter als du; **me dobla la ~** er ist doppelt so alt wie ich; *con prep*: **a la ~ de** im Alter von *(dat)*; **a mi ~** in meinem Alter; **avanzado de ~** vorgerückten Alters, recht alt; **de cierta ~** älter; **de corta ~** *niño* (noch) sehr jung; **de mediana ~** in mittlerem Alter; **una señora de ~** eine ältere Dame; **es de mi ~** er ist (etwa) so alt wie ich; **son cosas de su ~** das ist typisch für sein Alter; **son cosas de la ~** das sind (typische) Alterserscheinungen; **en ~ escolar** schulpflichtig; **en ~ fértil** im gebärfähigen Alter; **en ~ penal** strafmündig; **entrar en ~** alt werden; **estar en ~ para ...** das richtige Alter haben, um zu ... 2 *época*: Zeit(alter *n*) *f*; **~ antigua** Altertum *n*; **~ geológica** Erdzeitalter *n*; **~ de piedra/cobre** Stein-/Kupferzeit *f*; **~ del bronce/hierro** Bronze-/Eisenzeit *f*; **(Alta) Edad Media** (Hoch-) Mittelalter *n*; **~ moderna** Neuzeit *f*; *poét* **~ de oro** o **~ áurea** o **~ dorada** goldenes Zeitalter *n*
edáfico ADJ AGR, GEOL Boden...
edafología F Bodenkunde *f*; **edafológico** ADJ bodenkundlich
edecán M 1 MIL *(ayudante de campo)* Adjutant *m* 2 *fam fig (acompañante)* Adlatus *m (fam fig)*; *(ayudante)* Gehilfe *m* 3 *Am reg (cuidador)* Betreuer *m (von Besuchern)*
edelweiss M BOT Edelweiß *n*
edema M MED Ödem *n*; **~ pulmonal** Lungenödem *n*; **edematoso** ADJ ödematös
edén M (Garten *m*) Eden *n*, Paradies *n (tb fig)*; **edénico** ADJ paradiesisch, Eden ...
edición F 1 *de un libro, etc: (impresión)* Ausgabe *f*; *(conjunto de ejemplares)* Auflage *f*; *(publicación)* Herausgabe *f*; **~ de bolsillo/completa/popular** Taschenbuch-/Gesamt-/Volksausgabe *f*; *espec de diarios*: **~ extraordinaria** Sonder-, Extraausgabe *f*; **~ de lujo** Prachtausgabe *f*; **~ pirata** Raubdruck *m*; **~ príncipe** o **princeps** Erstausgabe *f alter Werke*, Editio *f* princeps; **segunda ~ corregida y aumentada** zweite, verbesserte und erweiterte Auflage *f*; *diario*: **~ de la mañana** Morgenausgabe *f*, -blatt *n*; *diario*: **~ vespertina/de la noche** Abend-/Nachtausgabe *f*; RADIO, TV **~ de la mañana** o **matutina** Morgennachrichten *fpl*; RADIO, TV **~ vespertina** o **de la tarde/de la noche** o **nocturna** Abend-/Spätnachrichten *fpl*; *fig* **ser la segunda ~ de ...** *(ser una copia)* genauso aussehen wie ... *(nom)*, *desp* ein Abklatsch von ... *(dat)* sein; *(repetirse)* zum zweiten Mal stattfinden 2 *sistema*: Verlagswesen *n*; *(librerías editoriales)* Verlagsbuchhandel *m*
edicto M 1 JUR *(notificación pública)* Aufgebot *n* 2 ADMIN *(decreto)* Verordnung *f*, Erlass *m* 3 HIST Edikt *n*
edícula F, **edículo** M ARQUIT *(templete)* Grabkapelle *f*
edificabilidad F Bebaubarkeit *f*; **edificable** ADJ bebaubar; baureif; **edificación** F 1 *(construcción)* Errichtung *f*, Erbauung *f*; **permiso** *m* **de ~** Baugenehmigung *f* 2 *(obra)* Bau *m*, *(edificio)* Gebäude *n* 3 *fig del ánimo*: Erbauung *f*; **edificador** A ADJ 1 *relativo a la construcción*: Bau... 2 *fig* → edificante B M, **edificadora** F Erbauer *m*, -in *f*; **edificante** ADJ erbaulich, lehrreich; **poco ~** unerquicklich; *chiste* nicht ganz salonfähig (o stubenrein *fam*); **edificar** ‹1g› A V/T 1 *(construir)* (er)bauen; errichten, aufführen 2 *fig (entusiasmar)* erbauen, *(instruir)* belehren B V/I *abs* bauen C V/R **edificarse** *fig* sich erbauen **(con** an *dat*); **edificativo** ADJ erbaulich; **edificatorio** ADJ Bau...
edificio M 1 *(construcción)* Bau *m (tb fig)*, Gebäude *n*, Bauwerk *n*; **~ de apartamentos** Apartmenthaus *n*; **~ de nueva construcción** o **planta** Neubau *m*; **~ escolar** Schulgebäude *n*; **~ monumental** Monumentalbau *m*; **~ de viviendas** o **de pisos** Wohnhaus *n* 2 *(bloque de pisos)* Hochhaus *n*; **~ de oficinas** Bürohochhaus *n*
edil A M HIST *magistrado*: Ädil *m* B M, **edil(a)** F *(concejal)* Gemeinderat *m*, -rätin *f*; *de una ciudad*: Stadtrat *m*, -rätin *f*, Ratsherr *m*, -in *f*; **edilicio** ADJ kommunal
Edimburgo M Edinburg *n*
edimburgués A ADJ aus Edinburg B M, **-esa** F Bewohner *m*, -in *f* von Edinburg
edípico ADJ PSIC *auf den Ödipuskomplex bezogen*
Edipo M Ödipus *m*; PSIC **complejo** *m* **de ~** Ödipuskomplex *m*
editable ADJ *escritos, libros* verlegbar; editierbar (*tb* INFORM); **editar** V/T 1 *escritura* herausgeben, herausbringen; verlegen 2 INFORM editieren; **editor** A ADJ Verlags... B M, **editora** F Verleger *m*, -in *f*; Herausgeber *m*, -in *f* C M INFORM Editor *m*
editorial A ADJ Verlags...; verlegerisch; **contrato** *m* **~** Verlagsvertrag *m*; **gran éxito** *m* **~** großer Bucherfolg *m* B M Leitartikel *m* C F Verlag(shaus *n*) *m*; **~ comisionista** Kommissionsverlag *m*
editorialista M/F Leitartikler *m*, -in *f*; **editorializar** V/I ‹1f› Leitartikel schreiben
edredón M 1 *plumón*: Eiderdaune *f* 2 *(colcha de plumas)* Federbett *n*, Plumeau *n*; Daunendecke *f*
educabilidad F Erziehbarkeit *f*; **educable** ADJ erziehbar; bildungsfähig
educación F 1 *(formación)* Erziehung *f*, Bildung *f*; *profesional*: Ausbildung *f*; **~ de adultos** Erwachsenenbildung *f*; **~ cívica** Staatsbürger-, Gemeinschaftskunde *f*; **~ especial** Sonderschulwesen *n*; **~ física** Sport(unterricht) *m*; **~ preescolar** Vorschulerziehung *f*; **~ primaria** Grundschulwesen *n*; **~ secundaria** Sekundarschulwesen *n*; **~ sexual** Sexualkunde *f*; **~ via-**

ria Verkehrserziehung *f*; *Esp* **Ministerio** *m* **de Educación y Ciencia** Unterrichtsministerium *n* **2** (*conducta*) (gutes) Benehmen *n*; **falta** *f* **de ~** Mangel *m* an Benehmen; Ungezogenheit *f*; **con mucha ~** sehr höflich; **sin ~** ungebildet; ungezogen; **no tener ~** ungebildet sein; kein Benehmen (*o* eine schlechte Kinderstube) haben

educacional ADJ Erziehungs…, Bildungs…; **educacionista** ADJ → educador; **educado** ADJ erzogen; **(bien) ~** wohlerzogen; höflich; gebildet; **mal ~** schlecht erzogen, ungezogen; *perro, gato* stubenrein

educador **A** ADJ erziehend; lehrend **B** M, **educadora** F Erzieher *m*, -in *f*; *p. ext* (*maestro*) Lehrer *m*, -in *f*; **~** *m*, **~a** *f* **de enseñanza especial** Sonderschullehrer *m*, -in *f*

educando M, **-a** F Zögling *m*; Schüler *m*, -in *f*

educar VT ⟨1g⟩ erziehen; (*instruir*) ausbilden, unterrichten; (*enseñar*) schulen (*tb oído, vista, etc*); **~ la mano** die Hand(fertigkeit) ausbilden; **~ en la limpieza** zur Sauberkeit erziehen

educativo ADJ erzieherisch, Lehr…, Erziehungs…; **política** *f* **-a** Bildungspolitik *f*; **sistema** *m* **~** Erziehungssystem *n*; Bildungswesen *n*

edulcorante M FARM Süßstoff *m*; **edulcorar** VT FARM (ver)süßen; *fig* mildern; in rosigem Licht (*o* rosig) darstellen

EEB F (Encefalopatía Espongiforme Bovina) BSE *f* (*Rinderwahn[sinn]*)

EEE M ABR (Espacio Económico Europeo) EWR *m* (Europäischer Wirtschaftsraum)

EEG M ABR (Electroencefalograma) EEG *n* (Elektroenzephalogramm)

EE.UU. MPL ABR (Estados Unidos de Norte América) USA *pl* (United States of America), Vereinigte Staaten *pl* (von Amerika)

efe F F *n* (*Name des Buchstabens*)

efectismo M Effekthascherei *f*; **efectista** ADJ auf Wirkung ausgehend (*o* angelegt); *desp* effekthascherisch

efectivamente ADV wirklich, tatsächlich, in der Tat; **efectividad** F **1** (*realidad*) Wirklichkeit *f*, Tatsächlichkeit *f* **2** (*efecto*) Auswirkung *f*, Wirksamkeit *f*; **tener ~** wirksam werden **3** ADMIN (*contratación definitiva*) endgültige (*o* planmäßige) Anstellung *f*; MIL aktive Verwendung *f* **4** TEC *valor*: Effektivwert *m*

efectivo **A** ADJ **1** (*real, verdadero*) wirklich, tatsächlich, Effektiv… (*tb* TEC); **hacer ~** in die Tat umsetzen, verwirklichen; *pago* leisten; *dinero* einziehen; *cheque* einlösen **2** (*que hace efecto*) wirksam; effektiv **3** ADMIN *contratación* definitiv; *funcionario* planmäßig; *miembro* ordentlich (*o* aktiv) **B** M **1** (*existencia*) Bestand *m*; MIL Truppenstärke *f*; **~ real** Istbestand *m*, Iststärke *f*; **~ teórico** *o* **previsto** Sollbestand *m*, Sollstärke *f*; MIL **~ de combate** Gefechtsstärke *f*; **~s** *mpl* **de guerra** Kriegsstärke *f*; MIL **~ reglamentario** Sollstärke *f* **2** COM *en metálico*: Bargeld *n*; Barbestand *m*; COM **en ~** (in) bar, in barem Geld; **pago en ~** Barzahlung *f*; **pagar en ~** bar zahlen; COM **~ en caja** Kassenbestand *m*; INFORM **~ electrónico** Electronic Cash *n*

efecto M **1** (*consecuencia*) Wirkung *f*; Effekt *m*; (*resultado*) Ergebnis *n*, Folge *f*; **~ cáustico** Ätzwirkung *f*; **de ~ directo** unmittelbar wirkend; **~ explosivo** Sprengwirkung *f*; ECOL, METEO **~ (de) invernadero** Treibhauseffekt *m*; **~ a largo plazo** Langzeitwirkung *f*; AUTO **~ látigo** Peitscheneffekt *m*; **~ recíproco** Wechselwirkung *f*; MED, FARM **~ secundario** Nebenwirkung *f*; TEC *y gener* **~ útil** Nutzleistung *f*, -effekt *m*; MED **~ yoyó** *m* Jo-Jo-Effekt *m*; **al ~** zu diesem Zweck, dazu; **con ~** wirksam; (*exitoso*) erfolgreich; JUR **a** *o* **para los ~s de (la ley)** im Sinne des (Gesetzes); JUR **con ~ retroactivo** rückwirkend; **de doble ~** doppelt wirkend; **de gran** *o* **mucho ~** von großer (*o* starker) Wirkung; eindrucksvoll; *adv* **en ~** in der Tat, wirklich; *adv* **para los ~s** eigentlich, praktisch, sozusagen; **dejar sin ~** (*inválido*) ungültig (*o* unschädlich) machen; (*sin considerar*) nicht berücksichtigen; **hacer ~** wirken, Wirkung haben (**a, sobre** auf *acus*); **llevar a ~** zustande bringen, verwirklichen; **producir ~** Erfolg haben; wirken; **ser de mal ~** einen schlechten Eindruck machen; **tener ~** stattfinden **2** **~s** *mpl* (*objetos*) Sachen *fpl*; **~s** *pl* **personales** persönliche Gebrauchsgegenstände *npl*; *Cuba* **~s** *pl* **electrodomésticos** Elektrogeräte *npl* **3** ECON (*valores*) Wechsel *m*; Wertpapier *n*; **~ de comercio** Handelswechsel *m*; **~ bancario/financiero** Bank-/Finanzwechsel *m*; FIN **~s** *mpl* **en cartera** Wechselbestand *m*; ECON **~s** *mpl* **a cobrar** Wechselforderungen *fpl*; **~s** *mpl* **públicos** Staatspapiere *npl*

efectuar ⟨1e⟩ **A** VT (*ejecutar*) ausführen, verwirklichen; (*emprender*) unternehmen, machen; *negocio* tätigen; *acciones oficiales* vornehmen; *movimiento* ausführen **B** VR **efectuarse** sich vollziehen, geschehen; stattfinden; erfolgen; zustande kommen

efélide F MED Sommersprosse *f*

efeméride F denkwürdiges Ereignis *n* (*o* Datum *n*); **~s** *fpl* Tagebuch *n*; ASTRON Ephemeriden *fpl*, astronomisches Jahrbuch *n*

efémero M BOT Sumpfschwertlilie *f*

eferencia F MED Efferenz *f*; **eferente** ADJ MED von einem Organ herkommend, efferent

efervescencia F (Auf)Brausen *n*, Brodeln *n*; *fig* Erregung *f*; Aufruhr *m*; QUÍM **hacer ~** sprudeln

efervescente ADJ QUÍM *y fig* aufbrausend; **polvos** *mpl* **~s** Brausepulver *n*; **tableta** *f* **~** Brausetablette *f*

efesio M *Biblia*: **la Epístola a los Efesios** der Epheserbrief

eficacia F Effizienz *f*, Wirksamkeit *f*, Wirkung *f*; Leistungsfähigkeit *f*; **de gran ~ publicitaria** sehr werbewirksam; **eficaz** ADJ ⟨*pl* -aces⟩ wirksam, wirkungsvoll, erfolgreich; leistungsfähig; **eficiencia** F Effizienz *f*, Wirksamkeit *f*; Leistungsfähigkeit *f*; Tüchtigkeit *f*; **eficiente** ADJ wirksam, effizient; *argumento* schlagkräftig; *persona* leistungsfähig, tüchtig

efigie F **1** *imagen*: Bild(nis) *n*, Abbild(ung *f*) *n*; **quemar en ~** in effigie verbrennen **2** *fig* (*representación*) Bild *n*, Verkörperung *f*

efímera **A** ADJ MED **(fiebre** *f***) ~** Eintagsfieber *n* **B** F *insecto*: Eintagsfliege *f*

efimeridad F *liter raro* Kurzlebigkeit *f*

efímero ADJ vergänglich, flüchtig, kurzlebig, ephemer

eflorecerse VR ⟨2d⟩ MINER, QUÍM ausblühen, auswittern; **eflorescencia** F MINER, QUÍM, MED Effloreszenz *f*; **eflorescente** ADJ auswitternd

efluvio M Ausfluss *m*, Ausströmung *f* *feinster Teilchen*; *fig* Fluidum *n*; ELEC Glimmen *n*, Glimmentladung *f*

efusión F **1** (*derramamiento*) Vergießen *n*, Ausströmen *n*; MED Erguss *m*; **~ de sangre** Blutvergießen *n* **2** *fig* (*intimidad*) Innigkeit *f*, Zärtlichkeit *f*; *adv* **con ~** → efusivamente

efusivamente ADV herzlich; **efusividad** F Herzlichkeit *f*; **efusivo** ADJ überströmend; zärtlich, innig; herzlich

E.G.B. F ABR (Educación General Básica) *Esp* (*bis 1997*) *die 7 Jahre der spanischen Gesamt- und Hauptschule*

Egeo M **(Mar** *m***) ~** Ägäis *f*, Ägäisches Meer *n*

égida, egida F Ägide *f*; *fig* **bajo la ~ de** unter der Schirmherrschaft (*o* Ägide) von (*dat*)

egipciaco, egipcíaco, egipciano, egipcio **A** ADJ ägyptisch; TIPO **letra** *f* **-a** Egyptienne *f* **B** M; **-a** F Ägypter *m*, -in *f* **C** M *dialecto del árabe*: Ägyptisch *n*

Egipto M Ägypten *n*

egiptología F Ägyptologie *f*; **egiptólogo** M, **-a** F Ägyptologe *m*, Ägyptologin *f*

égloga F LIT Ekloge *f*

ego M FIL **el ~** das Ich; **egocéntrico** **A** ADJ egozentrisch **B** M, **-a** F Egozentriker *m*, -in *f*; **egocentrismo** M Egozentrik *f*; **egoísmo** M Egoismus *m*, Selbstsucht *f*; **egoísta** **A** ADJ egoistisch, selbstsüchtig **B** M/F Egoist *m*, -in *f*; **egolatría** F Egolatrie *f*, Selbstverherrlichung *f*; **egotismo** M PSIC Ichbetonung *f*, Egotismus *m*; **egotista** **A** ADJ selbstisch **B** M/F Egotist *m*, -in *f*

egregio ADJ edel, erlaucht; hervorragend

egresado M *Am* (*bachiller*) Abiturient *m*; UNIV Hochschulabgänger *m*; **egresar** VI *Am* seine Schul- (*o* UNIV Hochschul)ausbildung abschließen; **egreso** M **1** ECON (*gasto*) Ausgabe *f* **2** *Am* (*fin de estudios*) Schulabschluss *m*; UNIV Studienabschluss *m*

eh INT ¡~! he!; ¿~? was?; wie?; **¡que no se le olvide aquello, ¡~!** vergessen Sie die Sache nur nicht!; *fam* **es bueno, ¿~?** das ist gut, nicht (wahr)?

EH M ABR HIST (Euskal Herritarrok) *Esp baskische radikale Koalition*

éider M ORN Eiderente *f*

eje M **1** MAT, *fig* (*línea de giro*) Achse *f*; *fig tb* Angelpunkt *m*; MAT **~ de abscisas/de ordenadas** Abszissen-/Ordinatenachse *f*; POL **~ del mal** Achse *f* des Bösen; POL, HIST **(las potencias d)el Eje** die Achse(nmächte) *f(pl)*; *fig* **partir a alg por el ~** j-n zugrunde richten; kaputtmachen; *Cuba pop* **partido por el ~** schwul **2** TEC (*árbol*) Achse *f*, Welle *f*; AUTO **~ delantero/trasero** Vorder/Hinterachse *f*; **~ oscilante** Schwingachse *f*, AUTO Pendelachse *f*; **~ tándem** Doppelachse *f*; **carga** *f* *o* **peso** *m* **por ~** Achslast *f* **3** *Méx* (*calle principal*) Hauptverkehrsstraße *f*

ejecución F **1** (*realización*) Ausführung *f*, Durchführung *f*, Erledigung *f*; TEC, ECON Bauart *f*, Ausführung *f*; **~ especial** Sonderausführung *f*; -anfertigung *f*; **~ de una orden** Auftragserledigung *f*; Durchführung *f* eines Befehls; **no ~** Nichterfüllung *f*; **en vías de ~** in Bearbeitung; **poner en ~** ausführen **2** MÚS Vortrag *m*; TEAT (*puesta en escena*) Aufführung *f* **3** JUR *procedimiento*: Vollstreckung *f*; **~ (forzosa)** Zwangsvollstreckung *f* **4** (*ajusticiamiento*) Hinrichtung *f*, Exekution *f*

ejecutable **A** ADJ aus-, durchführbar; *espec* INFORM ausführbar; MÚS spielbar; JUR einklagbar; **fichero** *m* **(programa** *m***) ~** EXE-Datei *f* **B** M ausführbares Programm *n*; EXE-Datei *f*

ejecutante **A** ADJ **1** (*que ejecuta*) ausführend **2** JUR **acreedor** *m* **~** Vollstreckungsgläubiger *m* **B** M/F TEAT, MÚS vortragender Künstler *m*, vortragende Künstlerin *f*; RADIO Ausführende *m/f*

ejecutar VT **1** (*efectuar*) ausführen (*tb* INFORM), durchführen; vollziehen **2** JUR (*proceder, embargar*) vollstrecken; (aus)pfänden **3** (*ajusticiar*) **~ a alg** j-n hinrichten **4** TEAT, MÚS (*poner en escena*) spielen; **ejecutiva** F **1** *órgano* **(junta** *f***) ~** Vorstand *m* **2** *persona* Managerin *f*, leitende Angestellte *f*, Führungskraft *f*; **alta ~** Topmanagerin *f*

ejecutivo **A** ADJ **1** *persona* ausführend; ausübend **2** JUR (*que puede ser ejecutado*) vollstreckbar; Vollstreckungs…; Exekutiv…; **agente** *m* **~** Gerichtsvollzieher *m*; Vollzugsbeamte *m*; **título** *m* **~** Vollstreckungstitel *m*; **juicio** *m* **~** (*ejecución forzosa*) Zwangsvollstreckung *f*; *juicio basado en documentos*: Urkundenprozess *m* **3** (*apremiante*)

E

dringend, drängend 4 POL **poder** *m* ~ *(gobierno)* Exekutive *f*, vollziehende *o* ausübende Gewalt *f* B M Manager *m*, leitender Angestellter *m*, Führungskraft *f*; **alto** ~ Topmanager *m*

ejecutor A ADJ ausführend B M, **ejecutora** F Ausführende *m/f*; Vollzieher *m*, -in *f*; Vollstrecker *m*, -in *f*; JUR Gerichtsvollzieher *m*, -in *f*; ~ **testamentario** Testamentsvollstrecker *m*

ejecutoria A F 1 JUR *orden*: Vollstreckungsbefehl *m*; *documento*: vollstreckbares Urteil *n* 2 *(acción heroica)* Helden-, Ruhmestat *f* B ADJ **(carta** *f*) ~ **(de hidalguía)** Adelsbrief *m*; **ejecutoría** F ausführende Behörde *f*; JUR Gerichtsvollzieherei *f*; Vollstreckungsbehörde *f*; **ejecutorio** ADJ JUR vollstreckbar; *(con fuerza de ley)* rechtskräftig

ejem INT *onom* (a)hem!, hm! *(Räuspern)*

ejemplar A ADJ 1 *(que sirve como modelo)* muster-, beispielhaft, vorbildlich 2 *castigo* exemplarisch, abschreckend B M Exemplar *n*; Muster *n*; Belegstück *n*; **sin** ~ beispiellos, unerhört; ~ **gratuito** *o* **libre** Freiexemplar *n*; ~ **para la reseña** Rezensionsexemplar *n*

ejemplaridad F 1 *(modelo)* Vorbildlichkeit *f*, Mustergültigkeit *f*, Beispielhaftigkeit *f* 2 *(mal ejemplo)* abschreckendes Beispiel *n*; **ejemplarismo** M Beispielhaftigkeit *f*; **ejemplarizante** ADJ abschreckend; **ejemplarizar** ⟨1f⟩ A VI ein Beispiel geben, mit gutem Beispiel vorangehen B VT *incorr* → ejemplificar; **ejemplarmente** ADV 1 *(de modo ejemplar)* exemplarisch, zur Abschreckung 2 *(ideal)* vorbildlich

ejemplificante ADJ beispielhaft; richtungsweisend; **ejemplificar** VT ⟨1g⟩ durch Beispiele erläutern; mit Beispielen belegen

ejemplo M Beispiel *n*; Vorbild *n*, Muster *n*; **a** ~ **de** nach dem Vorbild *(dat)*; ~ **clásico** Schulbeispiel *n*; **por** ~ *o* **a título de** ~ zum Beispiel; **sin** ~ beispiellos; unvergleichlich; **el** ~ **cunde** das Beispiel macht Schule; **dar (buen/mal)** ~ ein (gutes/schlechtes) Beispiel geben; **poner de** ~ als Beispiel anführen (*o* hinstellen); **predicar con el** ~ mit gutem Beispiel vorangehen; **tomar** ~ **de** als Beispiel nehmen; sich *(dat)* ein Beispiel nehmen an *(dat)*

ejercer ⟨2b⟩ A VT 1 *profesión, un arte* ausüben; *cargo* bekleiden; *negocio* betreiben; *beneficencia* üben 2 *presión* ausüben; *influencia* ausüben, haben **(sobre, en** auf *acus)* 3 *(practicar)* üben, schulen B VI 1 *(tener una actividad)* tätig sein **(de** als *nom*); *médico* praktizieren; seinen Beruf ausüben 2 MIL exerzieren

ejercicio M 1 *(práctica)* Übung *f*, *(entrenamiento)* Training *n*; Bewegung *f*; **~s** *mpl* **con aparatos** Geräteturnen *n*; **~s de dedos** Fingerübungen *fpl*; **~s físicos** Leibesübungen *fpl*, Turnen *n*; MED **~s de rehabilitación** Heilgymnastik *f*; **~s de relajación** Entspannungsübungen *fpl*; **~s respiratorios** Atemübungen *fpl*; **hacer** ~ sich *(dat)* Bewegung machen 2 *enseñanza*: Übung *f*, Aufgabe *f*; *(tema de examen)* Prüfungsaufgabe *f* 3 MIL *con armas*: Waffenübung *f*; **~s** *mpl* Exerzieren *n* 4 *(práctica de una profesión)* Ausübung *f eines Berufes*, Beschäftigung *f*; **con** ~ dienstverpflichtet; **en** ~ *médico* praktizierend; *funcionario, etc* amtierend 5 ECON, ADMIN *(año económico)* Geschäfts-, Wirtschafts-, Rechnungsjahr *n* 6 CAT **~s** *mpl* **(espirituales)** Exerzitien *pl*

ejercitado ADJ geübt, bewandert **(en** in *dat*); **ejercitante** A ADJ (ein)übend B M/F 1 *(examinando)* Prüfungsteilnehmer *m*, -in *f* 2 CAT Teilnehmer *m*, -in *f* an Exerzitien

ejercitar A VT 1 *profesión* ausüben, *cargo* bekleiden, *negocio* betreiben 2 *(instruir)* schulen, üben; unterweisen; *intensivamente*: drillen *fam*; MIL *tb* exerzieren lassen; *músculos, etc* trainieren 3 JUR *derecho* ausüben; geltend machen; ~ **una acción** einen Anspruch gerichtlich geltend machen B V/R **ejercitarse** sich üben **(en** in *dat*)

ejército M 1 MIL Heer *n*; Armee *f*; *(fuerzas armadas)* Streitkräfte *fpl eines Landes*; ~ **de Tierra, Mar y Aire** Heer *n*, Marine *f* und Luftwaffe *f*; ~ **permanente** stehendes Heer *n*; ~ **de liberación** Befreiungsarmee *f*; ~ **popular** Volksarmee *f*; ~ **profesional** Berufsarmee *f* 2 REL **Ejército de Salvación** Heilsarmee *f* 3 *fig (muchedumbre)* Heer *n*, Menge *f*

ejidatario M, **-a** F *Am* Mitglied *n* eines Ejido, → ejido 2; **ejido** M 1 *(campo común)* Gemeindeweide *f*; -anger *m* 2 *Am* Ejido *m* *(landwirtschaftliches genossenschaftliches Nutzungssystem)*

ejión M ARQUIT Knagge *f*, Querholz *n bei Gerüsten*

ejote M *Am Centr, Méx* BOT grüne Bohne *f*

el A ART der *(bestimmter männlicher Artikel; vor Wörtern, die mit betontem „a" oder „ha" beginnen [außer Eigennamen], auch weiblicher Artikel*: ~ **agua** *f* das Wasser; ~ **hambre** *f* der Hunger*)* B PR REL ~ **que** der

él PRON er; **esto es para** ~ das ist für ihn

elaborable ADJ *(producible)* herstellbar; *(trabajable)* be-, verarbeitbar; **elaboración** F *(tratamiento)* Be-, Verarbeitung *f*; *(producción)* Herstellung *f*, Zubereitung *f*; *de un plan, etc*: Ausarbeitung *f*; ~ **de(l) pan** Brotbacken *n*; ~ **del petróleo** Erdölaufbereitung *f*; ~ **del queso** Käsebereitung *f*; ~ **ulterior** Weiterverarbeitung *f*; *fig* ~ **del pasado** Aufarbeitung *f* der Vergangenheit

elaborado ADJ verarbeitet; *estilo* ausgefeilt, geschliffen; **no** ~ unverarbeitet; **elaborador** ADJ *espec* TEC verarbeitend

elaborar VT 1 *plan, etc* ausarbeiten, anfertigen; *(producir)* herstellen; *materias primas* be-, verarbeiten 2 FISIOL *comestibles* verarbeiten

elástica F Unterhemd *n*, -jacke *f*; T-Shirt *n*; DEP Trikot *n*; **elásticas** *Ven* Hosenträger *mpl*

elasticidad F Elastizität *f (tb fig)*, Spannkraft *f*

elástico A ADJ elastisch, dehnbar *(tb fig)*; geschmeidig; *tb fig* **ser** ~ geschmeidig sein; federn; **artículo** *m* **demasiado** ~ Kautschukparagraf *m fam* B M 1 *(goma elástica)* Gummiband *n*, -zug *m* 2 *Arg colchón*: Sprungfedermatratze *f*

ELA-STV ABR (Eusko Langille Alkartasuna – Solidaridad de Trabajadores Vascos) *Esp* baskische Gewerkschaft *f*

elativo M GRAM Elativ *m*

Elba M 1 *río*: Elbe *f* 2 **(isla** *f* **de)** ~ Elba *n*

Eldorado M Eldorado *n*

ele F L, l *n (Name des Buchstabens)*; **en** ~ *edificio, etc* in L-Form

eléboro M BOT Nieswurz *f*

elección F 1 *(acción de elegir)* Wahl *f*; *(selección)* Auswahl *f*; **a** ~ wahlweise, nach Belieben, nach Wunsch; **de** ~ Wahl...; **libre** ~ **de médico** freie Arztwahl *f*; **no me queda otra** ~ mir bleibt keine andere Wahl 2 POL *(comicios)* Wahl *f*; ~ **por lista(s)** Listenwahl *f*; *Esp* **-ones** *pl* **autonómicas** Regionalwahlen *fpl*; **-ones** *pl* **europeas** Europawahlen *fpl*; **-ones** *pl* **generales** allgemeine Wahlen *fpl*; *en el parlamento*: Parlamentswahlen *fpl*; **-ones** *pl* **libres** freie Wahlen *fpl*; **-ones** *pl* **legislativas** Parlamentswahlen *fpl*; **-ones** *pl* **municipales** Gemeinde-, Kommunalwahlen *fpl*; ~ **presidencial** Präsidentenwahl *f* 3 REL Auserwählung *f*

eleccionario ADJ *Am* → electoral; **electivo** ADJ Wahl...; **electo** ADJ POL gewählt *(aber noch nicht im Amt)*; **elector** A ADJ 1 *(con derecho a votar)* wahlberechtigt 2 HIST **príncipe** *m* ~ Kurfürst *m* B M, **electora** F Wähler *m*, -in *f*; Wahlberechtigte *m/f*; **electorado** M 1 *(conjunto de electores)* Wählerschaft *f* 2 HIST Kurfürstentum *n*

electoral ADJ 1 POL Wahl..., Wähler...; Wahlrechts...; **año** *m* ~ Wahljahr *n*; **discurso** *m* **(de propaganda)** ~ Wahlrede *f*; **ley** *f* ~ Wahlgesetz *n*; **programa** *m* ~ Wahlprogramm *n*; **victoria** *f* ~ Wahlsieg *m* 2 HIST kurfürstlich; Kur...

electoralista ADJ POL auf den Wahlkampf zugeschnitten; Wahlkampf...; **electorero** POL *desp* A ADJ Wahlschwindel... B M, **-a** F Wahlmanipulierer *m*, -in *f*

electricidad F Elektrizität *f*; ~ **por frotamiento** Reibungselektrizität *f*; **electricista** M/F Elektriker *m*, -in *f*

eléctrico A ADJ 1 elektrisch 2 *fig (exaltante)* elektrisierend B M → electricista

electrificación F Elektrifizierung *f*; **electrificar** VT ⟨1g⟩ elektrifizieren; **electrizable** ADJ elektrisierbar; **electrización** F Elektrisieren *n*, Elektrisierung *f*; *fig* Begeistern *n*; Beleben *n*; **electrizador** ADJ elektrisierend; **electrizante** ADJ elektrisierend *(tb fig)*; **electrizar** ⟨1f⟩ A VT elektrisieren *(tb fig)*; ELEC *tb* aufladen; *fig* entflammen, begeistern B V/R **electrizarse** sich elektrisieren; *fig* sich begeistern **(con** an *dat*)

electro M 1 *(ámbar)* Bernstein *m* 2 *(aleación de oro y plata)* Elektron *n (Gold-Silber-Legierung)* 3 MED *fam* Elektrokardiogramm *n*, EKG *n*; **electroacústica** F TEC, FÍS Elektroakustik *f*; **electroacústico** ADJ elektroakustisch

electrocardiograma M MED Elektrokardiogramm *n*, EKG *n*; ~ **de esfuerzo** Belastungselektrokardiogramm *n*, Belastungs-EKG *n*;

electrochoque M MED Elektroschock *m*

electrocución F Tötung *f* durch elektrischen Strom; **electrocutar** A VT auf dem elektrischen Stuhl hinrichten; **morir electrocutado** durch einen Stromstoß getötet werden B V/R **electrocutarse** durch einen elektrischen (Strom)Schlag getötet werden

electrodinámica F Elektrodynamik *f*; **electrodinámico** ADJ elektrodynamisch

electrodo M ELEC Elektrode *f*

electrodoméstico A ADJ **(aparato** *m*) ~ Elektrogerät *n*, elektrisches Haushaltsgerät *n* B **~s** MPL Elektrogeräte *npl*; elektrische Haushaltsgeräte *npl*; **tienda** *f* **de ~s** Elektrogeschäft *n*

electroencefalograma M MED Elektroenzephalogramm *n*, EEG *n*

electrófono M Koffergrammofon *n*, Phonokoffer *m*; **electróforo** M *instrumento*: Elektrophor *m*; **electrógeno** ADJ elektrizitätserzeugend; **grupo** *m* ~ Stromaggregat *n*

electroimán M Elektromagnet *m*

electrólisis F QUÍM Elektrolyse *f*; **electrolítico** ADJ elektrolytisch; **electrolito, electrólito** M Elektrolyt *m*; **electrolizador** M Elektrolyseur *m*

electromagnético ADJ elektromagnetisch; **electromagnetismo** M Elektromagnetismus *m*; **electromecánico** ADJ elektromechanisch; **electrometalurgia** F TEC Elektrometallurgie *f*

electrometría F FÍS Elektrizitätsmessung *f*; **electrómetro** M Elektrometer *m*; **electromotor** M Elektromotor *m*; **electromotriz** A ADJ **fuerza** *f* ~ elektromotorische Kraft *f* B F elektrische Lokomotive *f*, E-Lok *f*; **electromóvil** M Elektroauto *n*

electrón M FÍS Elektron *n*; **~-voltio** Elektronenvolt *n*; **electronegativo** ADJ elektronegativ

electrónica F Elektronik *f*; ~ **de ocio** *o* **de consumo** Unterhaltungselektronik *f*

electrónico ADJ elektronisch, Elektronen...;

calculadora *f* -a Elektronenrechner *m;* **cerebro** *m* ~ Elektronen(ge)hirn *n;* **correo** *m* ~ E-Mail *f;* **de mando** ~ elektronisch gesteuert
electropositivo ADJ elektropositiv; **electroquímica** F Elektrochemie *f;* **electroquímico** ADJ elektrochemisch; **electroscopio** M FÍS Elektroskop *n*
electrostática F FÍS Elektrostatik *f;* **electrostático** ADJ elektrostatisch; **máquina** *f* -a Elektrisiermaschine *f;* **electrotecnia** F Elektrotechnik *f;* **electrotécnico** ADJ elektrotechnisch; **electroterapia** F MED Elektrotherapie *f;* **electrotipia** F TIPO Elektro-, Galvanotypie *f*
elefancía F MED → elefantiasis
elefanta F ZOOL Elefantenkuh *f*
elefante M 1 ZOOL Elefant *m;* ~ **marino** See-Elefant *m; fig* **tener memoria de** ~ ein Gedächtnis wie ein Elefant haben; *fig* **como un** ~ **en una cacharrería** wie ein Elefant im Porzellanladen 2 *Chile, Méx, Perú, RPl fam fig* ~ **blanco** *(artículo de lujo)* Luxusgegenstand *m;* höchst kostspieliges und unnützes Unternehmen *n;* weißer Elefant *m fam*
elefantiasis F MED Elefantiasis *f;* **elefantino** ADJ Elefanten...
elegancia F Eleganz *f*, Anmut *f; (buen gusto)* Geschmack *m; (fineza)* Feinheit *f;* ~ **espiritual** vornehmes Wesen *n*
elegante A ADJ elegant, anmutig; *(de buen gusto)* geschmackvoll; *(fino)* fein; *(noble)* vornehm B M/F Modenarr *m*, -närrin *f;* **elegantemente** ADV elegant; geschmackvoll; **elegantizar** V/T ⟨1f⟩ elegant machen; **elegantón** *fam*, **elegantoso** ADJ *fam* elegant, piekfein *fam*
elegía F Elegie *f*, Klagelied *n;* **elegíaco** ADJ elegisch; *fig* schwermütig
elegibilidad F Wählbarkeit *f;* **elegible** ADJ wählbar; **elegido** ADJ 1 *(electo)* gewählt; ausgesucht 2 REL *(escogido)* auserwählt
elegir ⟨3c *y* 3l⟩ V/T 1 *(escoger)* aussuchen, (aus)wählen; **a** ~ nach Wahl 2 POL *(nombrar por elección)* durch Abstimmung wählen; ~ **a alg (presidente)** j-n (zum Präsidenten) wählen
elementa F *Esp fam desp* Weibsstück *n fam*, Luder *n fam; (prostituta)* Nutte *f*
elemental ADJ 1 *(básico)* grundlegend, Elementar...; elementar; *fig (inicial)* uranfänglich; **curso** *m* ~ Grundkurs *m;* **nivel** *m* ~ Anfängerniveau *n;* **nociones** *fpl* ~**es** Grundbegriffe *mpl* 2 *(sobrentendido)* selbstverständlich, elementar
elementarse V/R *Chile* sich wundern
elemento M 1 Element *n (tb* QUÍM, ELEC, TEC); *(componente)* Bestandteil *m (tb* TEC); Baustein *m;* Faktor *m;* ELEC Zelle *f;* TEC ~ **(constructivo)** Bau-, Konstruktionsteil *m;* ~ **activo** wirksamer Bestandteil *m*, aktives Element *n (tb fig);* NUCL ~**s combustibles** Brennelemente *npl;* ~ **esencial** Hauptbestandteil *n; poét* **el líquido** ~ das nasse Element *n* 2 *(base)* Grundlage *f;* ~**s** *mpl (términos básicos)* Grundbegriffe *mpl* 3 ~**s** *mpl (fuerzas naturales)* Elemente *npl*, Naturgewalten *fpl; fig* **estar en su** ~ in seinem Element sein 4 *frec desp (individuo)* Person *f*, Individuum *n (fam desp);* POL ~**s** *mpl* **subversivos** subversive Elemente *npl;* **está hecho un** ~ er ist ein zweifelhaftes (*o* verdächtiges) Subjekt *(desp)* 5 *Perú, Chile (bobo)* Einfaltspinsel *m*
elenco M 1 TEAT *(conjunto de actores)* Besetzung *f;* Ensemble *n* 2 *(registro)* Verzeichnis *n*
eleno M *Col* Guerillero *m* des Ejército de Liberación Nacional, → ELN
elepé M Langspielplatte *f*, LP *f*
elevación F 1 *acción:* Heben *n*, Anhebung *f; (aumento)* Steigerung *f; de una bomba:* Förderung *f* 2 *(encumbramiento)* Erhebung *f zu einer Würde;* ~ **al trono** Thronerhebung *f*, -besteigung *f* 3 MAT ~ **a potencia(s)** Potenzierung *f* 4 *(altura)* Boden-, Geländeerhebung *f*, Anhöhe *f* 5 MIL Richthöhe *f;* **(dar la)** ~ Erhöhung (geben) 6 CAT *(transustanciación)* Wandlung *f* 7 *(sublimidad)* Erhabenheit *f;* ~ **de sentimientos** hohe Gesinnung *f*, Edelmut *m* 8 *(embelesamiento)* Verzückung *f*
elevacoches M AUTO Hebebühne *f*
elevado ADJ 1 hoch *(tb precio);* erhöht; *estilo* gehoben 2 MAT **siete** ~ **a la quinta (potencia)** sieben hoch fünf
elevador A M TEC Hebezeug *n;* AGR Elevator *m; Méx (ascensor)* Aufzug *m*, Lift *m;* TEC ~ **(hidráulico)** Hebebühne *f;* ~ **de cangilones** Becherwerk *n;* ~ **de horquilla** Gabelstapler *m* B ADJ ANAT **músculo** *m* ~ Heber *m*
elevadora F TEC ~ **de rosario** Eimerkettenbagger *m;* **elevadorista** M *Méx* Liftboy *m;* **elevalunas** M ⟨*pl inv*⟩ AUTO Fensterheber *m;* **elevamiento** M → elevación
elevar A V/T 1 *(levantar)* (empor)heben; erheben; *cargas* heben, (hoch)winden, hieven *fam; bomba, rueda hidráulica:* fördern; *monumento* errichten 2 *(aumentar)* erhöhen, steigern; *precio, etc* anheben 3 MAT ~ **al cuadrado** zum (*o* ins) Quadrat erheben; ~ **a potencia(s)** potenzieren, zur Potenz erheben 4 *(enaltecer) zu einer Würde* erheben; ~ **a los altares** seligsprechen, heiligsprechen; ~ **a la tiara** zum Papst krönen; ~ **al trono** auf den Thron erheben 5 *solicitud* einreichen (a bei *dat*) B V/R **elevarse** 1 *(distinguirse)* sich erheben; (auf)steigen; ~ **sobre el vulgo** über der Masse stehen 2 ECON ~ **a** *importe* betragen *(acus)*, sich belaufen auf *(acus)* 3 *fig (embelesarse)* in Verzückung geraten; in höheren Regionen schweben 4 *(engreírse)* hochmütig (*o* eingebildet) werden
elevavidrios M ⟨*pl inv*⟩ *Am* AUTO Fensterheber *m*, Scheibenheber *m*
elfa M MIT Elfe *f*
elfo M MIT Elf *m*, Elfe *f*
elidir V/T FON elidieren, abstoßen
eliminación F Beseitigung *f*, Entfernung *f; espec* POL *de una persona:* Ausschaltung *f; de una asociación:* Ausschließung *f;* MED Ausscheidung *f;* ~ **de desechos** Abfallbeseitigung *f;* ELEC ~ **de perturbaciones** Entstörung *f*
eliminador A ADJ verdrängend; ELEC entstörend B M 1 *espec* ELEC *de perturbaciones:* Entstörer *m* 2 MED ~ **de bacilos** Bazillenausscheider *m*
eliminar V/T 1 *(extirpar)* beseitigen, ausmerzen, eliminieren *(tb* MAT), entfernen *(tb* INFORM); *de una asociación, etc:* ausschließen; *falla, error* beheben; ECON *competencia* verdrängen 2 MED *(excretar)* ausscheiden 3 INFORM *(borrar)* löschen; **eliminatoria** F DEP Ausscheidungskampf *m;* Vorrunde *f;* **eliminatorio** ADJ *espec* DEP Ausscheidungs...
elipse F GEOM Ellipse *f;* **elipsis** F FON Ellipse *f*, Auslassung *f;* **elipsógrafo** M Ellipsenzirkel *m;* **elipsoide** M GEOM Ellipsoid *n*
elíptico ADJ GEOM, FON elliptisch, Ellipsen...
elíseo A ADJ MIT elysisch B M **Elíseo** Elysium *n;* **los Campos Elíseos** MIT die Elysischen Gefilde *npl; en París:* die Champs Elysées
elisión F FON Elision *f*
élite F Elite *f*
elitista ADJ elitär
élitro M *de insectos:* Deckflügel *m*
elixir, elíxir M Elixier *n*, Heiltrank *m;* ~ **bucal** *o* **dentífrico** Mundwasser *n;* ~ **estomacal** Magentropfen *mpl*
ella PRON sie; *dat:* ihr; **con** ~ mit ihr; *fam* **¡ahora es** ~! da haben wir die Geschichte!; jetzt geht's los!; **¡después será** ~! dann wird's krachen!; ~**s** *pl* sie *pl; dat:* ihnen
elle F FON Doppel-l *n (Name des spanischen Buchstabens)*
ello PRON es; **con** ~ damit; **de** ~ davon; darüber; **para** ~ dazu; **por** ~ darum; **¡a** ~! nur zu!, drauf!; **estar en** ~ *(participar en algo)* schon dabei sein; *(entender algo)* es verstehen; **estar para** ~ drauf und dran sein; **estar por** ~ dafür sein; willens sein; ~**s** *pl* sie *pl; dat:* ihnen; **¡a** ~**s!** drauf!, packt sie!
ELN M ABR (Ejército de Liberación Nacional) *Col älteste kolumbianische Guerillaorganisation*
elocución F Ausdrucksweise *f*, Vortragsart *f;* **elocuencia** F Beredsamkeit *f;* **elocuente** ADJ beredt *(tb fig); fig* vielsagend
elogiable ADJ lobenswert; **elogiar** V/T ⟨1b⟩ loben, rühmen, preisen
elogio M Lob *n*, Lobrede *f;* Belobigung *f;* **hacer** ~**s de a/c/alg** etw/j-n loben; etw/j-n rühmen; **recibir** ~**s** Lob ernten
elogioso ADJ lobend
elongación F 1 FÍS, ASTRON Elongation *f* 2 MED Dehnung *f*, Zerrung *f*
elote M 1 *Am Centr, Méx* GASTR *(mazorca de maíz)* zarter Maiskolben *m* 2 *Hond, C. Rica fam fig* **pagar los** ~**s** *(pagar el pato)* etw ausbaden müssen
eloxar V/T TEC eloxieren
elucidación F Aufklärung *f*, Erläuterung *f;* **elucidar** V/T auf-, erklären; **elucidario** M Erläuterungsschrift *f*
elucubración F fleißiges Studium *n;* **elucubrar** V/T fleißig studieren
eludir V/T *dificultades* umgehen; *obligaciones* ausweichen *(dat);* ~ **una ley** ein Gesetz umgehen; ~ **una pregunta** einer Frage ausweichen (*o* aus dem Weg gehen); ~ **la respuesta** sich um eine Antwort drücken; **tratar de** ~ **a alg** (versuchen,) j-m aus dem Weg (zu) gehen
elusión F Umgehen *n;* Ausweichen *n;* **elusivo** ADJ ausweichend
elzevir(io) M TIPO Elzevirausgabe *f;* **elzeviriano** ADJ TIPO Elzevir...
E.M. ABR (Estado Mayor) MIL Stab *m*
emaciación F MED Abmagerung *f;* **emaciado** ADJ MED abgemagert
e-mail ['imel] M INFORM E-Mail *f;* ~ **gratuito** Freemail *f;* **mandar un** ~ **a alg** j-m eine E-Mail schicken
emanación F Ausströmung *f*, Ausdünstung *f; de un líquido:* Ausfluss *m;* FIL, *liter* Emanation *f;* ~ **de gas** Gasausbruch *m;* **emanante** ADJ ausströmend; **emanantismo** M FIL Emanationslehre *f;* **emanar** V/I ausfließen, -strömen; *manantial* entspringen; *(derivar)* herrühren, ausgehen (**de** von *dat*)
emancipación F 1 *(liberación)* Freilassung *f;* Freimachung *f;* Befreiung *f;* HIST **la Emancipación de las Américas** die Befreiung Amerikas *(durch Loslösung von den Mutterländern)* 2 *espec de la mujer:* Emanzipation *f*, Gleichstellung *f* 3 JUR *(declaración de mayoridad)* Volljährigkeitserklärung *f*, Mündigsprechung *f;* **emancipador** ADJ befreiend
emancipar A V/T 1 *(liberar)* befreien; *esclavos* freilassen 2 *(equiparar)* gleichstellen, emanzipieren 3 JUR *declaración de mayoridad:* für volljährig erklären, mündigsprechen B V/R **emanciparse** sich selbstständig (*o* unabhängig) machen; sich emanzipieren; sich frei machen (**de** von *dat*); *fig* flügge werden; **emancipatorio** ADJ Emanzipations...
emascular V/T MED *y liter* entmannen; kastrieren
embabiamiento M *fam* Geistesabwesenheit *f*
embadurnador A ADJ klecksend, schmierend B M, **embadurnadora** F Schmierer *m*, -in *f*, Kleckser *m*, -in *f;* **embadurnar** V/T 1 *(untar)* be-, über-, verschmieren 2 *desp*

(*pintarrajear*) (an)malen, (be)klecksen, schmieren

embaimiento M LIT Blendwerk *n*

embaír V/T *liter* an-, beschwindeln

embajada F 1 POL *cargo y edificio*: Botschaft *f*; *los miembros*: Botschaftsangehörige(n) *mpl* 2 (*mensaje*) Botschaft *f*, Nachricht *f*; *fam* **¡brava ~!** eine schöne Bescherung!; verrücktes Ansinnen!

embajador M 1 POL Botschafter *m* (**ante** bei *dat*); **~ de España** spanischer Botschafter *m*; **~ extraordinario** Sonderbotschafter *m*; **~ volante** fliegender Botschafter *m* 2 (*emisario*) (geheimer) Bote *m*, Sendbote *m*

embajadora F 1 POL Botschafterin *f* (*tb fig*), (weiblicher) Botschafter *m* 2 (*mujer del embajador*) Frau *f* des Botschafters

embalado A ADJ 1 *Cuba* (*lascivo*) scharf, geil 2 *espec Perú* (*precipitado*) **llegar ~** überstürzt (*o* mit vollem Karacho *fam*) ankommen; **salir ~** davon-, losschießen B M AUTO Hochdrehen *n des Motors*; **embalador** M Packer *m*; **embaladora** F 1 *máquina*: Verpackungsmaschine *f* 2 *persona*: Packerin *f*; **embaladura** F *Chile* → embalaje

embalaje M 1 Verpackung *f*; **~ de presentación** Schaupackung *f*; **~ transparente** Klarsichtpackung *f*; **sin ~** unverpackt 2 *costes*: Verpackungskosten *pl*

embalar A V/T 1 (*empaquetar*) (ver)packen 2 AUTO *motor* auf Touren bringen B V/I *Am. reg fam* rasen C V/R **embalarse** *motor* auf Touren kommen (*tb fam fig*); *fam fig* sich begeistern (**por** für *acus*)

embaldosado M 1 *colocación de baldosas*: Fliesenlegen *n* 2 *pavimento*: Fliesenboden *m*, -belag *m*; **embaldosar** V/T mit Fliesen (*o* Platten) belegen, fliesen

embale M *Arg, Ur fam* irres Tempo *n*, Affenzahn *m fam*

emballenado A M Fischbeinstäbe *mpl* B ADJ mit Fischbeinstäben (versehen)

embalsadero M Sumpf(lache *f*) *m*, Tümpel *m*; **embalsado** A ADJ *agua, río, etc* (an)gestaut B M *Arg* dichte Pflanzendecke *auf Lagunen, Teichen etc*

embalsamado ADJ einbalsamiert; parfümiert; **embalsamador** M, **embalsamadora** F (Ein)Balsamierer *m*, -in *f*; **embalsamamiento** M Einbalsamieren *n*; **embalsamar** V/T 1 (*preservar cuerpos muertos*) (ein)balsamieren 2 (*perfumar*) mit Wohlgeruch erfüllen; parfümieren

embalsar A V/T *agua* stauen B V/R **embalsarse** *en una presa*: sich (an)stauen

embalse M 1 *acción*: Anstauen *n*, Stau *m* 2 (*balsa artificial*) Stausee *m*, -becken *n* 3 (*presa*) Stauwehr *n*, -damm *m*

embalumar A V/T überladen B V/R **embalumarse** sich (*dat*) zu viel zumuten, sich übernehmen

embanastar V/T (*encestar*) in einen Korb legen; (*embalar en cestos*) in Körbe verpacken; *fig gente* zusammenpferchen

embancarse V/R ⟨1g⟩ 1 MAR *embarcación* auflaufen 2 *Chile, Ec río, lago* verlanden

embanderar A V/T mit Fahnen schmücken B V/R **embanderarse** *Arg, Ur* POL beitreten (*dat*), sich anschließen an (*acus*)

embaquetar V/T *Méx fam* mit Gehsteigen versehen

embarajar V/I *Cuba* sich dumm stellen; herumdrucksen

embarazada A ADJ schwanger (**de seis meses** im 6. Monat) B F Schwangere *f*; **embarazado** ADJ verlegen; gehemmt

embarazar ⟨1f⟩ A V/T 1 (*estorbar*) behindern, hemmen; versperren 2 (*confundir*) verwirren, (*desconcertar*) verlegen machen 3 (*dejar embarazada*) schwängern B V/R **embarazarse** 1 (*hallarse demorado*) gestört werden; aufgehalten werden (**con** bei *dat*, mit *dat*) 2 (*desconcertarse*) in Verlegenheit geraten; verlegen werden 3 (*quedar embarazada*) schwanger werden

embarazo M 1 (*impedimento*) Hindernis *n*, Hemmung *f*; Störung *f*; **poner ~s a** hemmen (*acus*), behindern (*acus*) 2 (*confusión*) Verwirrung *f*, Verlegenheit *f* 3 (*gravidez*) Schwangerschaft *f*; **interrupción** *f* **del ~** Schwangerschaftsunterbrechung *f*

embarazosamente ADV schwer, schwierig; **embarazoso** ADJ 1 (*molesto*) hinderlich, lästig; COM **mercancías** *fpl* **-as** Sperrgut *n* 2 (*desagradable*) peinlich

embarbecer V/I ⟨2d⟩ einen Bart bekommen; **embarbillar** V/T & V/I CONSTR verzahnen; fugen

embarcable ADJ verschiffbar; **embarcación** F 1 (*barco*) Schiff *n*, (Wasser)Fahrzeug *n*; *pequeña*: Boot *n*; **~ menor** kleines (Wasser)Fahrzeug *n*; Hafenboot *n*; Schlepper *m* 2 (*tiempo de viaje*) Fahrt(dauer) *f* 3 → embarco;

embarcadero M MAR *para carga*: Ladeplatz *m* (*tb* FERR); *para descargar*: Löschplatz *m*; *para pasajeros*: Landungsbrücke *f*; *p. ext* FERR Abfahrtsbahnsteig *m*; **embarcador** M Verlader *m*

embarcar ⟨1g⟩ A V/T MAR einschiffen, an Bord nehmen; FERR, MIL verladen; *fam fig* hineinziehen (**en** in *acus*) B V/I MAR an Bord gehen; einchecken; AVIA *tb* einsteigen C V/R **embarcarse** MAR an Bord gehen; reisen (**para** nach *dat*); *fig* sich einlassen (**en** auf *acus*);

embarco M MAR Einschiffung *f* (*von Personen*); An-Bord-Gehen *n*; MIL, FERR Verladung *f*

embargable ADJ JUR pfändbar; beschlagnahmbar

embargar V/T ⟨1h⟩ 1 JUR (*retener*) beschlagnahmen; (aus)pfänden; MAR, POL mit (einem) Embargo belegen 2 (*paralizar*) stören, hemmen, behindern 3 *fig* (*cautivar*) in Bann schlagen, gefangen nehmen (*fig*); in Beschlag nehmen

embargo M JUR (*retención de bienes*) Pfändung *f*; Beschlagnahme *f*; POL Embargo *n*; **~ de armas** Waffenembargo *n*; **~ petrolero** Erdölembargo *n*; *adv* **sin ~** jedoch, trotzdem, nichtsdestoweniger; dagegen; *liter prep* **sin ~ de que** obwohl, trotzdem

embarnecer V/I (*an Körpergewicht*) zunehmen

embarnizar V/T ⟨1f⟩ firnissen; lackieren

embarque M 1 MAR *de mercancías*: Verschiffung *f*, Verladung *f* (*tb* FERR); **documentos** *mpl* **de ~** Schiffspapiere *npl*; **talón** *m* **de ~** Schiffszettel *m* 2 AVIA Einsteigen *n*; **puerta** *f* **de ~** Flugsteig *m*; **tarjeta** *f* **de ~** Bordkarte *f*; **zona** *f* **de ~** Abflugbereich *m* 3 *Cuba* (*fracaso*) Reinfall *m*

embarrada F 1 *Arg, Col, Chile, P. Rico* (*tontería*) Albernheit *f*, Dummheit *f* 2 *Perú pop* (*error manifiesto*) (*selbst verschuldete*) äußerst peinliche Situation *f*; **embarrador** M, **embarradora** F Schwindler *m*, -in *f*; Ränkeschmied *m*, -in *f*

embarrancamiento M MAR Stranden *n*, Auflaufen *n*; **embarrancar** ⟨1g⟩ V/I *y* V/R **~se** MAR *buque* auf Grund laufen, auflaufen, stranden

embarrar A V/T 1 (*untar con barro*) (mit feuchter Erde *etc*) beschmieren 2 *Arg, Chile* (*calumniar*) *j-n* anschwärzen 3 *Am Centr, Méx* (*liar en un asunto sucio*) in eine schmutzige Sache verwickeln 4 *Col, Perú fam* **~la** (*estropear*) *etw* verpatzen *fam*; ins Fettnäpfchen treten B V/R **embarrarse** sich beschmutzen; sich mit Schlamm beschmieren

embarrilar V/T 1 (*meter en barriles*) auf Fässer füllen 2 *Cuba pop* (*matar*) umlegen *pop*, killen *pop*

embarullador A ADJ pfuschend, hudelnd B M, **embarulladora** F Pfuscher *m*, -in *f*, Hudler *m*, -in *f*; **embarullar** A V/T 1 (*confundir*) durcheinanderbringen, verwirren; verwechseln 2 (*trabajar sin orden ni cuidado*) hastig (und unordentlich) machen, hinhauen *fam* B V/R **embarullarse** durcheinandergeraten

embasamiento M ARQUIT (Haus)Sockel *m*

embastar V/T TEX mit großen Stichen nähen, (an)heften; absteppen; **embaste** M TEX Heftnaht *f*; **embastecer** ⟨2d⟩ A V/I (*engordar*) dick werden B V/R **embastecerse** (*ponerse grosero*) grob werden

embasurar V/T mit Abfällen bedecken (*o* überhäufen); (*estercolar*) düngen

embate M 1 (*choque*) Anprall *m*, heftiger Angriff *m*; *de viento*: Windstoß *m*; heftiger Seewind *m*; **~ (de las olas)** Wellenschlag *m*; (starke) Brandung *f* 2 *fig sentimiento*: (Gefühls)Ausbruch *m*

embaucador A ADJ betrügerisch B M, **embaucadora** F Schwindler *m*, -in *f*; Betrüger *m*, -in *f*; **embaucamiento** M Schwindel *m*, Betrug *m*; **embaucar** V/T ⟨1g⟩ betrügen, umgarnen, beschwatzen

embaular V/T 1 (*meter en un baúl*) *in einen Koffer* einpacken 2 *fam fig* (*llenarse de comida*) sich voll stopfen mit (*dat*)

embazar ⟨1f⟩ A V/T 1 (*teñir de color pardo*) braun färben 2 (*estorbar*) hindern, hemmen 3 *fig* (*pasmar*) in Erstaunen versetzen B V/R **embazarse** 1 (*tener punzadas*) Seitenstechen bekommen 2 **~ (de a/c)** (*estar fastidiado*) (einer Sache *gen*) überdrüssig werden

embebecer A V/T ⟨2d⟩ begeistern, mitreißen B V/R **embebecerse** begeistert werden, entzückt sein; **embebecido** ADJ 1 (*encantado*) entzückt, begeistert 2 (*distraído*) geistesabwesend

embeber A V/T 1 (*absorber*) (*Feuchtigkeit*) auf-, einsaugen; (*empapar*) tränken (**de** mit *dat*); (*sumergir*) (ein)tauchen (**en** in *acus*) 2 (*introducir*) hineinstecken, versenken; (*incorporar*) eingliedern 3 TIPO *überstehenden Zeilenschluss* einbringen B V/I 1 *tela* einlaufen; einschrumpfen 2 *líquido* durchschlagen C V/R **embeberse** 1 (*empaparse*) sich voll saugen (**de** mit *dat*) (*tb fig*) 2 *fig* (*absorberse en*) sich vertiefen (*o* versenken) (**en** in *acus*); sich gründlich vertraut machen (**de** mit *dat*)

embebido ADJ ARQUIT **columna** *f* **-a** Halbsäule *f*

embejucarse V/R *Col fam persona* sauer werden *fam*, sich ärgern

embelecar V/T ⟨1g⟩ betrügen, beschwindeln; **embeleco** M 1 (*engaño*) Betrug *m*, Schwindel *m* 2 *fam fig* (*persona molesta*) lästige Person *f* 3 (*baratija*) Tand *m*; **embelesamiento** M → embeleso; **embelesar** A V/T & V/I berücken, bezaubern B V/R **embelesarse** sich begeistern (**con, en** an *dat*); **embeleso** M Entzücken *n*, Begeisterung *f*; Wonne *f*

embellecedor A ADJ verschönernd B M AUTO Radzierkappe *f*; **~ de escape** Auspuffblende *f*; **embellecer** ⟨2d⟩ A V/T verschönern B V/R **embellecerse** 1 (*ponerse bello*) schöner werden 2 (*arreglarse*) sich schön machen, sich zurechtmachen, das Make-up erneuern; **embellecimiento** M Verschönerung *f*

emberrenchinarse, emberrincharse V/R *fam* einen Wutanfall bekommen *fam*, in die Luft gehen *fam*

emberretinarse V/R *Arg fam* stur ein Ziel verfolgen; sich begeistern; sich hineinsteigern

embestida F Angriff *m*; *fig* **le dio una ~** er

überfiel ihn mit seiner Bitte

embestir ⟨3l⟩ **A** VT angreifen (*tb* MIL), anfallen; *fig j-m* zusetzen (**con** mit *dat*) **B** VI *abs espec toro* angreifen; **~ contra** anrennen gegen (*acus*); fahren gegen (*acus*)

embetunar VT (*poner betún*) teeren; *zapatos* einkremen

embichar **A** VT *Arg* verhexen **B** VR **embicharse** (*agusanarse*) wurmstichig werden; *heridas de los animales*: von Würmern befallen werden

embigotado ADJ schnurrbärtig

embijar VT *Hond, Méx* beschmieren, beschmutzen

embiste M TAUR Stoß *m mit den Hörnern*

emblandecer ⟨2d⟩ **A** VT erweichen **B** VI *viento, etc*: nachlassen **C** VR **emblandecerse** *fig* weich werden; sich rühren lassen

emblanquecer ⟨2d⟩ **A** VT weiß färben; *pared, etc* weißen, tünchen; *ropa* bleichen **B** VR **emblanquecerse** *cabello* weiß werden

emblema M Sinnbild *n*, Emblem *n*; Wahrzeichen *n*; Kennzeichen *n*; **~ (nacional)** Hoheitszeichen *n*; **emblemático** ADJ sinnbildlich

embobado ADJ erstaunt, verblüfft; **embobamiento** M **1** (*estupefacción*) Verblüffung *f*, Erstaunen *n* **2** (*entontecimiento*) Verdummung *f*; **embobar** **A** VT **1** (*dejar perplejo*) verblüffen, erstaunen, verwirren **2** (*entontecer*) dumm machen **B** VR **embobarse** (*estar perplejo*) verblüfft sein, erstaunt sein; (*estar bajo suspenso*) gebannt sein; *fam* (*estar chiflado*) ganz vernarrt sein (**con, de, en** in *acus*)

embobecer ⟨2d⟩ **A** VT dumm machen, verdummen **B** VI dumm werden, verdummen

embobinadora F Spulmaschine *f*

embocadero M Mündung *f*, Öffnung *f*; (*entrada*) Einfahrt *f*; (*cuello de botella*) Engpass *m*; **embocado** ADJ *vino* süffig; **embocadura** F **1** Mündung *f*; MÚS, TEC Mundstück *n*; MÚS *tb* Ansatz *m*; *equitación*: Gebiss *n*; *del vino*: Geschmack *m*, Süffigkeit *f*; **tener buena ~** *caballo* zügelfromm sein; MÚS einen guten Ansatz haben **2** (*talento*) Begabung *f* (**para** für *acus*)

embocar ⟨1g⟩ **A** VT **1** (*meter por la boca*) in den Mund stecken; *fam* (*devorar*) (hinunter)schlingen; *perro* schnappen (*nach einem Bissen*) **2** (*introducir*) hineinstecken, -treiben, -zwängen; TEC einführen; MÚS *instrumento* ansetzen; *juego del golf, billar*: einlochen **3** (*comenzar*) einleiten, beginnen **4** *fam falsedades* weismachen **B** VI *y* VR **~se** (hin)einfahren (**por** in *acus*)

embochinchar VT *Arg fam* durcheinanderbringen

embodegar VT ⟨1h⟩ einkellern

emboinado ADJ eine Baskenmütze tragend

embolada F **1** TEC Kolbenspiel *n*; (Doppel)Hub *m* **2** *Col* (*lustrada de zapatos*) Schuheputzen *n*

embolado M **1** TAUR Stier *m* mit Schutzkugeln auf den Hörnern **2** *fam fig* (*artificio engañoso*) Vorspiegelung *f*, Lüge *f*, Ente *f* **3** TEAT *y fig* (*papel corto*) unbedeutende Nebenrolle *f* **4** *Ven fam* (*desorden*) Durcheinander *n*; **embolador** M *Col* Schuhputzer *m*; **embolar** **A** VT *zapatos* putzen **B** VR **embolarse** **1** ORN sich aufplustern **2** *Am Cent, Méx* (*emborracharse*) sich betrinken **3** *Arg* (*aburrirse*) sich langweilen; **embole** M *Arg fam* Langeweile *f*

embolia F MED Embolie *f*; **~ gaseosa/pulmonar** Luft-/Lungenembolie *f*

embolismar VT verhetzen, Unfrieden stiften zwischen (*dat*); **embolismo** M *t/t* Embolismus *m*; *fig* Wirrwarr *m*; Klatsch *m*, Intrige *f*

émbolo M **1** TEC *cilindro*: Kolben *m*; **~ de bomba** Pumpenkolben *m*, -stock *m*; **~ giratorio/rotatorio** Dreh-/Kreiskolben *m* **2** MED (*coágulo*) Embolus *m*, Pfropf *m*

embolsar VT *y* VR **~se** einpacken; *dinero* einnehmen; einstecken

embonar **A** VT **1** MAR spiekern **2** *Am reg* (*abonar*) düngen **B** VI *Cuba, Méx* (*ajustar*) gut passen; **embono** M MAR Spiekerhaut *f*

emboque M **1** DEP (*tanto*) Durchlauf *m einer Kugel durch ein Tor*; *fig* Passieren *n eines engen Durchlasses* **2** *fam* (*engaño*) Täuschung *f*, Betrug *m*; **emboquillado** **A** ADJ **cigarrillos** *mpl* **~s** Filterzigaretten *fpl*; Zigaretten *fpl* mit Mundstück **B** M Mundstück *n* (*o* Filter *m*) (*einer Zigarette*); **emboquillar** VT **1** *cigarrillos* mit Mundstück (*o* Filter) versehen **2** MIN vorbohren

embore *Cuba* Verräter *m*

emborrachacabras F ⟨*pl inv*⟩ BOT Gerbermyrte *f*; **emborrachador** ADJ berauschend; **emborrachamiento** M *fam* Rausch *m*

emborrachar **A** VT **1** (*embriagar*) betrunken machen **2** *fig* (*aturdir*) betäuben **3** GASTR mit Wein (*o* Likör) tränken **B** VR **emborracharse** **1** (*embriagarse*) sich betrinken; betrunken werden **2** *fig* (*aturdirse*) betäubt werden **3** *colores* ineinanderlaufen

emborrar VT **1** (*rellenar*) ausstopfen, polstern **2** *fam* (*embocar*) gierig verschlingen

emborrascar ⟨1g⟩ **A** VT *fam* (*fastidiar*) ärgern, reizen **B** VR **emborrascarse** **1** METEO stürmisch werden **2** *fig* (*echarse a perder*) zunichte werden; **emborrazar** VT ⟨1f⟩ GASTR *aves* spicken

emborricarse VR ⟨1g⟩ *fam* **1** (*estar aturdido*) verblüfft sein, dastehen wie der Ochs vorm Berg *fam* **2** (*enamorarse perdidamente*) sich bis über beide Ohren verlieben

emborronar VT (*hacer garrapatos*) (hin-, ver)schmieren; (*manchar*) beklecksen; **~ cuartillas** *o* **papel** ein schlechter Journalist (*o* Schriftsteller) sein; *desp* ein Schreiberling sein

emborrullarse VR *fam* sich herumzanken, lärmen, streiten

emboscada F Hinterhalt *m*; *fig* Falle *f*; Intrige *f*; **poner** *o* **tender una ~** einen Hinterhalt legen; **emboscado** M Heckenschütze *m*; **emboscar** ⟨1g⟩ **A** VT in einen Hinterhalt legen; *fig* tarnen **B** VR **emboscarse** sich in einen Hinterhalt (*o* auf die Lauer) legen; *fig* **~ en a/c** sich hinter etw (*dat*) verschanzen

embotado ADJ abgestumpft, stumpf (*tb fig*); *Perú* **sentirse ~** sich vollgefressen fühlen *fam*; **embotamiento** M Abstumpfen *n* (*tb fig*); MED **~ sensorial** Benommenheit *f*; **embotar** **A** VT **1** (*hacer perder el filo*) abstumpfen (*tb fig*), stumpf machen **2** (*enlatar*) in eine Büchse füllen **B** VR **embotarse** stumpf werden, abstumpfen

embotellado **A** ADJ **1** (*envasado en botellas*) auf Flaschen gefüllt, abgefüllt; **vino** *m* **~** Flaschenwein *m* **2** *fig discurso, etc* vorbereitet, nicht aus dem Stegreif gesprochen **3** *tránsito* stockend **B** M Abfüllen *n auf Flaschen*; **embotelladora** F (Flaschen)Abfüllmaschine *f*; **embotellamiento** M **1** (*envase en botellas*) Abfüllen *n in Flaschen* **2** *transporte: fig* (*atasco*) Stau *m*, Verkehrsstockung *f*

embotellar VT **1** (*envasar*) abfüllen, auf Flaschen ziehen; *vino* abziehen **2** *tránsito* stauen, behindern, aufhalten, blockieren; *negocio* stören, hemmen; MAR die Ausfahrt verlegen (*dat*) **3** *fig* (*acorralar*) *j-n* in die Enge treiben **4** (*estudiar de memoria*) auswendig lernen, sich (*dat*) eintrichtern *fam*

embotijarse VR *fam* **1** (*hincharse*) sich aufblähen; MED anschwellen; aufgedunsen werden **2** (*enojarse*) wütend werden

embovedar VT **1** (*poner en una bóveda*) ins Gewölbe schließen **2** (*arquear*) wölben; (*cubrir con bóveda*) überwölben

embozalar VT den Maulkorb anlegen (*dat*);

embozar ⟨1f⟩ **A** VT verhüllen; vermummen, verschleiern (*tb fig*); *fig* (*ocultar*) bemänteln; *reg* (*obstruir*) verstopfen **B** VR **embozarse** **1** (*disfrazarse*) sich vermummen, sich in den Mantel (*o* in die Decke) hüllen **2** TEC *tubo* verstopft werden

embozo M Verhüllung *f* (*tb fig*), Hülle *f*; *de la sábana*: Überschlag *m einer Bettdecke*; *fam fig* **quitarse el ~** die Maske fallen lassen (*fig*)

embragar **A** VT ⟨1h⟩ *peso* anseilen; TEC, AUTO (ein)kuppeln **B** VI AUTO kuppeln; **embrague** M TEC **1** *mecanismo*: Kupplung *f* (*tb* AUTO); Getriebeschaltung *f* **2** *acción*: Einrücken *n*, (Ein)Kuppeln *n*

embravecer ⟨2d⟩ **A** VT in Wut bringen **B** VR **embravecerse** in Wut geraten, wüten, toben (*tb de los elementos*); **embravecido** ADJ wütend, aufgebracht; tobend (*tb fig*); **mar** *m* **~** hochgehende See *f*; **embravecimiento** M Wut *f*, Toben *n*

embravuconarse VR den wilden Mann spielen

embrazadura F Handgriff *m am Schild*; **embrazar** VT ⟨1f⟩ *den Schild* ergreifen

embreado M Teeren *n*; **embrear** VT teeren; HIST **~ y emplumar** teeren und federn

embriagado ADJ betrunken, berauscht (*tb fig*); *fig* trunken; **embriagador** ADJ, **embriagante** ADJ berauschend; **embriagar** ⟨1h⟩ **A** VT berauschen; *fig* entzücken, hinreißen **B** VR **embriagarse** sich betrinken, sich berauschen (**con** mit *dat*); **embriaguez** F ⟨*pl* **-eces**⟩ Trunkenheit *f*, Rausch *m* (*tb fig*); *fig* Taumel *m*; Betäubung *f*; **en estado de ~** betrunken (*tb fig*)

embridar VT **1** *caballo* (auf)zäumen **2** TEC (*sujetar*) befestigen, anflanschen **3** *fig sentimientos* unterdrücken, im Zaum halten

embriogenia F BIOL Embryogenese *f*; **embriología** F BIOL Embryologie *f*

embrión M **1** BIOL Embryo *m* **2** *fig* (*germen*) Keim *m*, Keimzelle *f*; Anfang *m*; **en ~** im Keim; **embrionario** ADJ embryonal, Embryonal…, Keim…; *fig plan* (noch) nicht ausgereift; BIOL **estado** *m* **~** Embryonalstadium *n*; *fig* **en estado ~** im Anfangsstadium; im Keim

embrocar VT **1** *líquido* umfüllen **2** *hilo* aufspulen **3** *Am reg fam vestido* über den Kopf anziehen

embrollado ADJ wirr; **embrollador** **A** ADJ (*confuso*) verwirrend; (*molesto*) störend **B** M, **embrolladora** F (*cabeza de chorlito*) Wirrkopf *m*; (*perturbador, -a*) Störenfried *m*; Unruhestifter *m*, -in *f*; **embrollar** **A** VT **1** (*liar*) verwirren, verwickeln **2** (*molestar*) stören, Unruhe stiften unter (*dat*); (*dividir*) entzweien **B** VR **embrollarse** sich verwickeln; **la situación se embrolla cada vez más** die Situation wird immer verzwickter; **embrollista** ADJ *Am* → embrollón

embrollo M **1** (*confusión*) Verwirrung *f*, (*desorden*) Wirrwarr *m*, Durcheinander *n*; *fig* (*aprieto*) Patsche *f fam* **2** (*engaño*) Betrug *m*, Schwindel *m*; **~s** *mpl* Ränke *pl*, Intrigen *fpl*; **embrollón** **A** ADJ (*desconcertante*) verwirrend **B** M, **-ona** F **1** (*cabeza de chorlito*) Wirrkopf *m* **2** (*embustero, -a*) Schwindler *m*, -in *f*, Lügner *m*, -in *f* **3** (*intrigante*) Intrigant *m*, -in *f*; **embrolloso** ADJ *fam* **1** (*confuso*) verworren **2** (*desconcertante*) verwirrend; Unruhe stiftend

embromado ADJ **1** *Am Mer* (*fastidiado, perjudicado*) in Schwierigkeiten steckend **2** *fam* (*molesto*) lästig; **embromador** **A** ADJ belästigend, auf die Nerven gehend **B** M, **embromadora** F Spaßmacher *m*, -in *f*; **embro-**

E

mar VT 1 *(tomar el pelo)* narren, verulken 2 MAR *fugas* (ver)stopfen 3 *Am (robar el tiempo)* die Zeit stehlen *(dat)*; *(molestar)* belästigen, auf die Nerven gehen 4 *Col j-m (dañar)* schaden

embroncar *Am reg fam* A VT ärgern, auf die Palme bringen *fam* B VR **embroncarse** wütend werden, auf die Palme gehen *fam*

embrujador ADJ verzaubernd *(tb fig)*; **embrujamiento** M Be-, Verhexung *f*; **embrujar** VT verhexen, verzaubern *(tb fig)*; *fig hombre* bezirzen; **embrujo** M *poét* Zauber *m*; Verzauberung *f*

embrutecer ⟨2d⟩ A VT verrohen (lassen) B VR **embrutecerse** verrohen; abstumpfen; **embrutecido** ADJ verroht; verdummt; **embrutecimiento** M Verrohung *f*; *(entontecimiento)* Verdummung *f*, Stumpfsinn *m*

embuchado A ADJ *Am reg (indigestión)* voll gefressen *fam* B M 1 GASTR *Art* Presssack *m (Wurst)* 2 *fig (maniobra de distracción)* Ablenkungsmanöver *n*; *(fraude electoral)* Wahlschwindel *m (Hineinmogeln von Stimmzetteln in die Wahlurne)* 3 TEAT Extempore *n* 4 TIPO Einschaltung *f in den Text*; **embuchar** A VT 1 *embutido* stopfen; *aves* stopfen, kröpfen 2 *fig (engullir)* gierig schlingen 3 *fig (memorizar) etw* einpauken 4 CAZA weidwund schießen B VR **embucharse** 1 **~ un libro** ein Buch verschlingen 2 *Am reg fam (llenarse de comida o bebida)* sich vollfressen, sich volllaufen lassen

embudar VT 1 *(poner un embudo)* einen Trichter aufsetzen auf *(acus)* 2 *fig (engañar)* betrügen 3 CAZA *Wild* einkreisen

embudo M 1 *instrumento*: Trichter *m*; MIL **~ de bomba** Bombentrichter *m* 2 *fig (engaño)* Schwindel *m*, Mogelei *f fam*; **ley** *f* **del ~** Behördenwillkür *f*; Schikane *f*; zweierlei Maß *n*

embullar *Cuba fam* A VT begeistern, mitreißen B VR **embullarse** sich begeistern

emburujar A VT verfilzen, zusammenknäueln B VR **emburujarse** *Antillas, Col, Méx* sich einmumme(l)n

embuste M Betrug *m*, Schwindel *m*; *fig* **~s** *mpl* Flitterkram *m*; **embustería** F 1 *(artificio)* Trick *m*, Kniff *m* 2 *fam* → embuste; **embustero** A ADJ lügnerisch, verlogen B M, **-a** F Lügner *m*, -in *f*, Betrüger *m*, -in *f*, Schwindler *m*, -in *f*; *prov* **antes se coge al ~ que al cojo** Lügen haben kurze Beine

embute M *Méx fam* Bestechung *f*

embutido M 1 TEC *(taracea)* eingelegte Arbeit *f*, Intarsie *f* 2 GASTR Wurst *f*; **~s** *mpl* Wurstwaren *fpl* 3 *Am* TEX *(entredós)* Spitzeneinsatz *m*

embutir A VT 1 *tripas, acolchados* füllen, stopfen; voll stopfen; **~ carne** Wurst machen 2 *(apretar hacia dentro)* hineinpressen, -drücken, -stopfen; *fig (engullir)* gierig (ver)schlingen 3 TEC *trabajo en madera, etc* einlegen; *metal* treiben; *remache* einlassen; *chapas* drücken, *cuerpo hueco* ziehen; **~ marfil en la madera** das Holz mit Elfenbein einlegen B VR **~se en un pantalón** sich in eine (enge) Hose zwängen; **~se de comida** sich vollfressen; Essen verschlingen

eme F 1 M *n (Name des Buchstabens)* 2 *pop euf (mierda)* **mandar a alg a la ~** j-n zum Teufel schicken *fam*

emergencia F 1 *(surgimiento)* Auftauchen *n* 2 *(urgencia)* (unerwartetes) Vorkommnis *n*; Notfall *m*; **de ~** Not…; MAR, AVIA **caso** *m* **de ~** Notfall *m*; **estado** *m* **de ~** Notstand *m*;

emergente ADJ 1 auftauchend; entstehend; *seguros: daño* eintretend 2 SOCIOL *(ascendente)* aufsteigend *(Gesellschaftsschicht)*; **país** *m* **~** Schwellenland *n* 3 ADMIN, JUR **año** *m* **~** Anfangsjahr *n einer Zeitrechnung*

emerger VI ⟨2c⟩ *del agua, etc*: auftauchen *(tb fig)*; *sobre una superficie*: hervorragen, emporragen; *fig* entspringen

emeritense A ADJ aus Mérida B M/F Einwohner *m*, -in *f* von Mérida

emérito A ADJ ausgedient; UNIV emeritiert B M HIST *römischer* Veteran *m*, Emeritus *m*

emerretista M/F *Perú* Mitglied *n* der Guerillaorganisation Movimiento Revolucionario Túpac Amaru, → MRTA

emersión F 1 ASTRON Wiederhervortreten *n eines Gestirns* 2 *p. ext cuerpo en un líquido*: Emportauchen *n*

emesis F MED Erbrechen *n*

emético A ADJ MED emetisch B M Brechmittel *n*

emetrés M *Ven* AUTO Kraftfahrzeugschein *m*

E.M.G. M ABR (Estado Mayor General) MIL Generalstab *m*

emigración F Auswanderung *f*; POL Emigration *f*; SOCIOL Abwanderung *f*; **emigrado** M, **-a** F Ausgewanderte *m/f*; SOCIOL Abgewanderte *m/f*; POL Emigrant *m*, -in *f*; **emigrante** A ADJ auswandernd; emigrierend; SOCIOL abwandernd B M/F Auswanderer *m*, Auswanderin *f*; SOCIOL Abwanderer *m*, Abwanderin *f*; Emigrant *m*, -in *f*; **emigrar** VI auswandern; POL emigrieren; SOCIOL abwandern; *aves migratorias* fortziehen; **emigratorio** ADJ Auswanderungs…; SOCIOL Abwanderungs…

emilio M *pop* Mail *f fam*

eminencia F 1 *(altura)* Anhöhe *f*, Bodenerhebung *f* 2 ANAT *(joroba)* Höcker *m*, Vorsprung *m* 3 *fig (excelencia)* Erhabenheit *f*; Vorzüglichkeit *f* 4 *virtud*: hervorragende Persönlichkeit *f*; **~ gris** graue Eminenz *f*; **Su Eminencia** *título*: Seine Eminenz

eminente ADJ hervorragend, eminent; **eminentemente** ADV FIL wesentlich; **eminentísimo** *sup* → eminente; **Eminentísimo Señor** *título*: Euer Eminenz

emir M Emir *m*; **emirato** M Emirat *n*; **Emiratos** *mpl* **Arabes Unidos** Vereinigte Arabische Emirate *npl*

emisaria F Emissärin *f*, Sendbotin *f*; **emisario** M 1 *persona*: Emissär *m*, Sendbote *m* 2 *canalización*: Abflussrohr *n (bes für Abwässer)*

emisión F 1 ECON Emission *f*, Ausgabe *f*; *de una factura*: Ausstellung *f*; **~ de billetes (de banco)** (Bank)Notenausgabe *f*; **~ de acciones** Aktienausgabe *f*; **~ de valores** Emissionsgeschäft *n*; **tipo** *m* **de ~** Ausgabekurs *m* 2 RADIO, TV *(programa)* Sendung *f*; **~ (radio)agrícola** Landfunk *m*; **~ colectiva** Gemeinschaftssendung *f*; **~ en directo** Livesendung *f*; **~ escolar** Schulfunk *m*; **~ infantil** Kinderfunk *m*; **~ perturbadora** Störsendung *f*; **~ publicitaria/radiofónica** Werbe-/Rundfunksendung *f*; **~ de sobremesa** Mittagssendung *f*; **~ televisiva** *o* **de televisión** Fernsehsendung *f*; **derechos** *mpl* **de ~** Fernsehrechte *npl* 3 TEC, FÍS *(radiación)* Abgabe *f*; Ausstrahlung *f*, Emission *f*; MED **~ de bacilos** Bazillenausscheidung *f*; **~ de calor** Wärmeabgabe *f*; **~ contaminante** *o* **de sustancias nocivas** Schadstoffausstoß *m*; ECOL **de baja ~ contaminante** schadstoffarm; **~ de ruidos (acústicos)** *o* **acústica** Geräuschemission *f*

emisor A ADJ 1 RADIO Sende… 2 ECON Ausgabe…; **banco** *m* **~** Notenbank *f* B M 1 ECON Ausgeber *m*, Emittent *m*; *de una factura*: Aussteller *m* 2 ELEC *aparato*: Sender *m*

emisora A ADJ **estación** *f* **~** Sendeanlage *f*, Sender *m* B F Funkstelle *f*; **~ clandestina** Schwarzsender *m*; **~ interceptora** *o* **perturbadora** Störsender *m*; **~ de ondas ultracortas** UKW-Sender *m*; **~ pirata/de radioaficionados** Piraten-/Amateursender *m*; **~ de radio(difusión)/de televisión** Rundfunk-/Fernsehsender *m*

emitir VT 1 *(emanar)* von sich *(dat)* geben, abgeben, entsenden, ausstoßen; FÍS *(irradiar)* ausstrahlen, emittieren; *calor* ab-, ausstrahlen; **~ rayos** Strahlen entsenden, strahlen 2 ECON *acciones, valores, billetes* ausgeben, emittieren; in Umlauf bringen; *empréstito* auflegen 3 *peritaje, opinión, juicio, voz* abgeben; ADMIN *reglamento* erlassen; *sonidos* hervorbringen (*o* ausstoßen) 4 RADIO, TV *programa* ausstrahlen, senden, geben

em(m)ent(h)al M GASTR Emmentaler *m*

emoción F 1 *(alteración del ánimo)* (Gemüts)Bewegung *f*; Ergriffenheit *f*; Rührung *f*; *t/t* Emotion *f*; **con honda** *o* **profunda ~** tief bewegt 2 *(excitación)* Erregung *f*, Aufregung *f*

emocionable ADJ leicht erregbar; gefühlsbetont; **emocionado** ADJ ergriffen, gerührt; aufgeregt; **emocional** ADJ emotional, Gemüts…; **emocionante** ADJ 1 *(conmovedor)* bewegend, (herz)ergreifend, rührend 2 *(excitante)* aufregend; *película, etc* spannend; **emocionar** A VT 1 *(conmover)* zu Herzen gehen *(dat)*, bewegen, rühren, ergreifen 2 *(excitar)* aufregen B VR **emocionarse** 1 *(ser conmovido)* gerührt werden 2 *(excitarse)* sich aufregen

emoliente A ADJ aufweichend B M QUÍM, TEC Aufweichmittel *n*; MED Emolliens *n*

emolumento M, *frec* **~s** MPL Einkünfte *pl*; Bezüge *mpl*

emoticono M INFORM Emoticon *n*

emotividad F PSIC Emotivität *f*; Erregbarkeit *f*; **emotivo** ADJ 1 *(relativo a las emociones)* Gemüts…, Erregungs… 2 *(sensible)* empfindsam; leicht erregbar 3 *(conmovedor)* erregend, aufregend

empacar ⟨1g⟩ A VT in Bündel (*o* Ballen) verpacken; bündeln; *espec Am gener* verpacken B VR **empacarse** störrisch werden, sich auf *etw (acus)* versteifen; *Am caballo* bocken

empachadamente ADV linkisch; **empachado** A ADJ 1 *(torpe)* plump, ungeschickt 2 **estar ~** einen verdorbenen Magen haben; *fig* verlegen sein, sich schämen B M *Cuba* sturer Bock *m*; **empachar** A VT 1 *(estorbar)* (be)hindern 2 *estómago* überladen; verderben 3 *(encubrir)* verhehlen, verhüllen B VR **empacharse** verlegen werden; *al hablar*: stecken bleiben *in der Rede*; **empacho** M 1 *(indigestión)* Magenverstimmung *f* 2 *(vergüenza)* Verlegenheit *f*, Befangenheit *f*; *adv* **sin ~** ungezwungen, frei von der Leber weg *fam*; **empachoso** ADJ 1 *comida* schwer (verdaulich) 2 *fig (vergonzoso)* hemmend; beschämend 3 *(empalagoso)* schmalzig, süßlich

empacón ADJ *RPl, Perú caballo* störrisch

empadrarse VR seine Eltern übermäßig lieben

empadronador M, **empadronadora** F ADMIN Listenführer *m*, -in *f (Steuerregister etc)*; **empadronamiento** M ADMIN 1 *inscripción* Eintragung *f* in das Steuerregister; listenmäßige Erfassung *f* 2 *(registro)* Register *n*; **empadronar** VT ADMIN in die (Volkszählungs-, Steuer-, Wahl- *etc*) Liste eintragen

empajada F Häcksel *m/n*; **empajar** VT mit Stroh füllen (*o* bedecken); *Am reg fam techo* mit Stroh decken

empalagamiento M → empalago

empalagar ⟨1h⟩ A VT **~ a alg** j-m Ekel verursachen, j-n anekeln; j-m lästig (*o* zuwider) sein; *(repugnar)* j-m widerstehen B VI widerlich süß sein; ekelhaft sein *(tb fig)* C VR **empalagarse** Widerwillen empfinden; **empalago** M Überdruss *m*; Ekel *m*; **empalagoso** ADJ widerlich süß; *fig* süßlich; lästig, zudringlich; ekelhaft

empalar VT pfählen *(Todesstrafe)*

empalidecer VI ⟨2d⟩ erbleichen

empalizada F Palisade *f*, Pfahlwerk *n*; **~ contra la nieve** Schneezaun *m*

empalmado ADJ **1** *pop (lascivo)* scharf *fam*, geil *fam* **2** *Méx (negligente)* nachlässig; **empalmadura** F Zusammenfügung *f*

empalmar **A** VT **1** *(conectar)* (miteinander) verbinden; TEC an den Enden zusammenfügen; ELEC, TEL anschließen (**con** an *acus*); *cables* (ver)spleißen **2** *fig conversación* anknüpfen **3** DEP **~ un tiro** ein Tor erzielen **B** VI **1** *transporte*: Anschluss haben (**con** an *acus*); *fig* **~ con a/c** an etw anknüpfen **2** *calles, canales* abzweigen (**con** nach *dat*); sich treffen (*o* kreuzen) **3** *Cuba vulg (morir)* abkratzen *pop* **C** VR **empalmarse** **1** *jerga del hampa (tomar un arma)* zur Waffe greifen **2** *vulg (tener una erección)* einen Ständer haben *vulg*; *pene* stehen *pop*

empalme M **1** *(conexión)* Zusammenfügung *f*; TEC Verbindung(sstelle) *f*; Anschluss *m* (*tb* ELEC, TEL); CONSTR **~ a hebra** Stoß(verbindung *f*) *m*; **~ de tubería** Rohrabzweigung *f* **2** *transporte*: *(punto de enlace)* Knotenpunkt *m*; (**estación** *f* **de**) **~** Verbindungs-, Umsteigestation *f*

empalomado M Stauwehr *n im Fluss*

empamparse VR *Am Mer* sich in der Pampa verirren; **empampirolado** ADJ *fam* prahlerisch; hochnäsig

empanada F **1** GASTR *pastel*: (Fleisch-, Fisch- *etc*) Pastete *f in Teighülle*; **~ asturiana** Pastete *f* mit Hackfleisch und Paprikawurst; **~ gallega** galicische Fleisch- (*o* Fisch)pastete *f*; **~ mallorquina** Pastete *f* mit Lammfleisch und Paprikawurst; **~ santiaguesa** Fleischpastete *f* **2** *fig (embuste)* Schwindel *m*; Vertuschen *n*; *fam* **~ mental** Verwirrung *f*

empanadilla F Pastetchen *n*; **~ de chorizo** Pastetchen *n* mit Paprikawurst; **empanado** ADJ GASTR paniert; **empanar** **A** VT GASTR panieren; in Teig wickeln, einbacken **B** VR **empanarse** AGR ersticken *(weil zu dicht gesät)*

empandar VT ARQUIT durchbiegen

empanizar VT *Am Centr, Cuba* GASTR panieren

empantanar **A** VT in einen Sumpf verwandeln; *fig (detener)* stoppen; *fig* **dejar empantanado a alg** j-n im Stich lassen **B** VR **empantanarse** *terreno* versumpfen; *persona* durchnässt werden; *fig (estancarse)* sich festfahren; ins Stocken kommen

empañado ADJ *voz* verschleiert; trübe, *vidrio, metal, colores* matt; *vidrio* beschlagen; *ojos* feucht; **empañar** **A** VT **1** *niño* wickeln **2** *brillo* trüben; *vidrios, cristal tb* beschlagen; *madera, etc* mattieren **3** *fig (oscurecer)* trüben, *(manchar)* beflecken; *fama* verdunkeln **B** VR **empañarse** *(enturbiar)* trüb werden; *cristal, vidrio, metal* anlaufen, sich beschlagen; *ojos* feucht werden

empañetar VT *Col, C. Rica, Ec, Ven* tünchen

empapado ADJ durchnässt; **~ en sudor** schweißgebadet; **empapador** M Windelhöschen *n*; **empapar** **A** VT **1** *(humedecer, sumergir)* eintauchen; tränken, (ein)tunken (**en** in *acus*) **2** *(absorber)* aufsaugen; sich voll saugen mit (*dat*) **B** VR **empaparse** **1** *(humedecer, remojar)* durchweichen; sich voll saugen (**de, en** mit *dat*) (*tb fig*); *fig* **~ bien en el asunto** sich eingehend mit der Angelegenheit beschäftigen **2** *fig (concentrarse)* sich ganz versenken (**en** in *acus*) **3** *fam fig (ahitarse)* sich überessen; *fam fig* **¡para que te empapes!** ätsch!; siehste! *fam*

empapayarse VR *Cuba vulg* sich verknallen *fam*

empapelado M **1** *de una pared*: Tapezieren *n* **2** *papel*: Tapeten *fpl*; **empapelador** M, **empapeladora** F Tapezierer *m*, -in *f*; **empapelar** VT **1** *de una habitación*: tapezieren **2** *de un objeto*: in Papier packen; *(mit Papier)* bekleben **3** *fam fig (abrir expediente judicial)* gerichtlich verfolgen

empapirotar *fam* **A** VT herausputzen **B** VR **empapirotarse** sich herausputzen

empapuciar ⟨1b⟩, **empapujar, empapuzar** ⟨1f⟩ *fam* **A** VT voll stopfen, nudeln (*tb gansos, etc*) **B** VI mampfen *fam*

empaque[1] M **1** *(apariencia)* Aussehen *n*; Aufmachung *f* **2** *(gravedad)* (gespreizte) Würde *f*, Gravität *f*; *adv* **con ~** gespreizt **3** **poner todo el ~ para** *(inf) (usar todos los medios)* alles daransetzen, um zu *(inf)* **4** *Am reg (descaro)* Frechheit *f* **5** *Am de un animal*: Bocken *n eines Tiers*

empaque[2] M **1** *acción*: Einpacken *n* **2** *(embalaje)* Verpackung *f*; Packmaterial *n* **3** *Am* TEC *(obturación)* Dichtung *f*; Dichtungsring *m*; **empaquetado** M Ein-, Verpacken *n*; **empaquetador** M Packer *m*; **empaquetadora** F **1** *máquina*: Verpackungsmaschine *f* **2** *persona*: Packerin *f*; **empaquetadura** F TEC Packung *f*, Dichtung *f*; Dichtungsring *m*; **~s** *fpl* Dichtungsmaterial *n*; **empaquetar** **A** VT **1** *(embalar)* ein-, verpacken **2** *personas* zusammenpferchen **3** TEC *(obturar)* (ab)dichten **4** *fam fig (emperejilar)* herausputzen, auftakeln *fam* **B** VI *abs* packen

emparamarse VR **1** *Am reg (helarse)* im Ödland (→ **páramo**) erfrieren; *fig* erstarren *vor Kälte* **2** *Col (mojarse) vom Regen* nass werden; *niño* sich nass machen

emparar VT *Perú pop* fangen, schnappen; *fig chiste, etc* verstehen, nachvollziehen (können)

emparchar VT be-, verpflastern; *manguera* flicken

emparedado **A** ADJ eingeschlossen **B** M GASTR belegte Doppelschnitte *f*, Sandwich *n*; **~ de jamón/atún** Sandwich *n* mit Schinken/Thunfisch; **emparedamiento** M Einmauerung *f*

emparedar **A** VT **1** *(encerrar entre paredes)* einmauern *(Büßer, Sträflinge)* **2** *(encerrar)* einschließen (*tb fig*); *(ocultar)* verbergen **B** VR **emparedarse** *fig* sich abkapseln

emparejamiento M **1** *(formación de pareja)* Bildung *f* von Paaren **2** DEP *asignación*: Zuteilung *f* eines Gegners

emparejar **A** VT **1** *(formar una pareja)* paaren; paarweise zusammenstellen **2** *(poner a nivel)* ausrichten, auf eine Höhe setzen (**con** mit *dat*); angleichen **3** *puerta, ventana* anlehnen **B** VI gleich(artig) sein; **~ con** *(igualar) j-m* gleichkommen; *(alcanzar)* j-n einholen **C** VR **emparejarse** **1** *(formar pareja) (ein Paar bzw Paare)* bilden **2** *Méx (conseguir) etw* erlangen

emparentar VI sich verschwägern; **estar emparentados** miteinander verschwägert sein; *fam* **estar bien emparentado** gute (Familien)Beziehungen haben; in eine gute Familie eingeheiratet haben

emparrado M (Wein)Laube *f*; Laubengang *m*; **emparrillado** M **1** TEC *(rejilla)* Rost *m*; Feuerrost *m* **2** MAR *(reja protectora)* Schutzgitter *n*; Gräting *f*; **emparrillar** VT **1** *asar*: auf dem Rost braten; grillen **2** ARQUIT *(zampear)* verpfählen

emparvar VT AGR *Getreide zum Dreschen auf der Tenne ausbreiten*

empastado M **1** PINT Impasto *n*, dicker Farbenauftrag *m* **2** *(encuadernación)* Binden *n (von Büchern)*; **empastador** **A** M PINT Impastierpinsel *m* **B** M, **empastadora** F *Am* Buchbinder *m*, -in *f*

empastar[1] **A** VT **1** *(llenar de pasta)* einschmieren, verkleben, verkitten **2** *libro* kartonieren; *Am tb (encuadernar)* binden **3** ODONT *dientes* füllen, plombieren **4** PINT impastieren, pastös malen **B** VI schmieren

empastar[2] VT *Am reg* AGR *terreno* zu Weideland machen

empaste[1] M **1** ODONT *acción*: Plombieren *n*; *material*: Plombe *f*, Füllung *f*; **~ de oro** Goldplombe *f* **2** *(enmasillar)* Einschmieren *n*, Verkitten *n* **3** PINT Impasto *n*, dicker Farbenauftrag *m*

empaste[2] M *Arg* VET Trommelsucht *f des Viehs*

empastelar VT **1** *fig asunto* heillos verwirren, durcheinanderbringen **2** *(enmasillar)* (ver)kleben; *fig* kitten

empatado ADJ *elección, juego* unentschieden; *carrera* tot

empatar **A** VT **1** *decisión, proceso* aussetzen, hemmen, aufhalten **2** *Am (empalmar)* verbinden, zusammenfügen **3** DEP *(igualar en tantos)* den Ausgleich erzielen **B** VI DEP *resultado*: unentschieden ausgehen (*tb* POL *elección*); **~ a tres (tantos)** 3:3 unentschieden spielen **C** VR *fam* **~se con alg** j-n aufreißen *fam (kennenlernen)*

empate M **1** *espec* DEP *(igualado)* Unentschieden *n*; **gol** *m* **de ~** Ausgleichstor *n*; **terminar en ~** unentschieden enden (*o* ausgehen) **2** POL *de una elección*: Stimmengleichheit *f*; **en caso de ~** bei Stimmengleichheit **3** *fig (igualdad)* Gleichstand *m*; Gleichziehen *n*; **~ nuclear** nukleares Patt *n*

empatía F PSIC Empathie *f*

empavar VT *fam espec Am* **~ a alg** j-m Pech bringen

empavesada F **1** HIST *(atrincheramiento)* Verschanzung *f* **2** MAR *protección*: Schanzkleid *n*; *(conjunto de banderas)* Beflaggung *f*; **empavesado** **A** ADJ MAR über die Toppen geflaggt **B** M **1** HIST *(escudado)* Schildgewappnete *m* **2** MAR Flaggengala *f*; **empavesar** VT **1** MAR, MIL *(embanderar)* beflaggen, MAR Flaggengala anlegen (*dat*) **2** *un monumento*: verhüllen *(Denkmal vor der Einweihung)*

empavonar VT TEC brünieren; *vidrio* mattieren, undurchsichtig machen; *v/r* **~se** *Am reg* sich herausputzen

empecatado ADJ störrisch; eigensinnig; bösartig; unverbesserlich; nichtsnutzig

empecinado **A** ADJ zäh, hartnäckig **B** M Pechsieder *m*; **empecinamiento** M Hartnäckigkeit *f*, Sturheit *f*; **empecinar** **A** VT aus-, verpichen **B** VR **empecinarse** hartnäckig bleiben; **~ en** sich versteifen auf (*acus*), eisern festhalten an (*dat*)

empedarse VR *Am reg vulg* sich besaufen *pop*

empedernido ADJ **1** *(obstinado)* hart(herzig), *(implacable)* unerbittlich; *(cruel)* grausam **2** *(arraigado)* eingefleischt; hartgesotten; *bebedor, etc* unverbesserlich; *pecador* verstockt; **fumador** *m* **~** Kettenraucher *m*; **solterón** *m* **~** eingefleischter Junggeselle *m*

empedernirse VR (stein)hart werden

empedrado M (Straßen)Pflaster *n*; Pflasterung *f*; **empedrador** M Pflasterer *m*; **empedrar** VT ⟨1k⟩ pflastern; GASTR *y fig* **~ de** spicken mit (*dat*); **empedregar** VT pflastern; mit Steinen bedecken

empegar VT ⟨1h⟩ *barriles* pichen; mit Pech überziehen; *manguera* verpichen; *ganado* mit einem Pechmal versehen

empeine M **1** ANAT *parte del pie*: Rist *m*, Spann *m*; *parte inferior del vientre*: Leistengegend *f* **2** *del calzado*: Vorderblatt *n*; Oberleder *n* **3** MED *dermatosis*: Impetigo *m* **4** BOT Leberkraut *n*

empelar VI **1** *(echar pelo)* Haare bekommen **2** *animales de silla* gleichhaarig sein

empella F **1** *del calzado*: Oberleder *n* **2** *Col, Chile, Méx (manteca)* (Schweine)Schmalz *n*; **empellar** VT stoßen, schubsen; **empellón** M Stoß *m*, Schubs *m fam*, Puff *m fam*; **a -ones** stoßweise, ruckweise; mit Gewalt

empelotar A VT ~ a alg j-n nackt ausziehen B VR **empelotarse** *fam* 1 *(confundirse)* sich verwirren; in Streit geraten 2 *(desnudarse)* sich nackt ausziehen 3 *Cuba, Méx (enamorarse perdidamente)* sich unsterblich verlieben

empenachado ADJ mit (einem) Federbusch

empenaje M AVIA Leitwerk *n*

empeñadamente ADV nachdrücklich; **empeñado** ADJ 1 *riña, disputa* erbittert, heftig 2 *(adeudado)* verschuldet; *fam* ~ **hasta el cuello** bis über die Ohren verschuldet *fam* 3 **estar ~ en** *(inf)* hartnäckig darauf bestehen, zu *(inf)*; sich nicht davon abbringen lassen, zu *(inf)*

empeñar A VT 1 *(dejar como garantía de pago)* verpfänden, versetzen (**en 1000 euros** für 1000 Euro); *fig sein Wort* verpfänden 2 *(poner como medianero)* als Vermittler gebrauchen, vorschieben 3 MIL *tropas* einsetzen 4 *(comprometer)* verpflichten, *(obligar)* zwingen (**a, para** zu *dat*) 5 *discusión, lucha* beginnen B VR **empeñarse** 1 *(endeudarse)* Schulden machen (**en** in Höhe von *dat*); *fam* ~ **hasta la camisa** sich bis über beide Ohren verschulden *fam* 2 ~ **por** *o* **con alg** *(interceder)* für j-n einstehen; sich für j-n einsetzen 3 ~ **(en)** *(insistir)* darauf bestehen (, zu *inf*) 4 *(comenzar)* beginnen; ~ **en a/c** sich in etw *(acus)* einlassen; etw beginnen 5 *(comprometerse)* sich verpflichten 6 MAR *(peligrar)* in Gefahr kommen *(zu stranden)*

empeñero M, **-a** F *Méx* Pfand-, Geldleiher *m*, -in *f*

empeño M 1 *de un objeto*: Verpfändung *f*; **casa** *f* **de ~s** Pfandhaus *n*, Versatzamt *n*; **en ~** als Pfand, als Sicherheit 2 *(tesón y constancia)* Eifer *m*, Bemühung *f*; Bestreben *n*; Beharrlichkeit *f*; *adv* **con ~** beharrlich; eifrig; **hacer un ~** sich anstrengen; **tener** *o* **poner ~ en a/c** sich auf etw *(acus)* versteifen; sich um etw *(acus)* bemühen 3 *(empresa)* Unternehmen *n*, Unterfangen *n* 4 *(obligación)* Verpflichtung *f*; **hacer ~ de a/c** sich *(dat)* etw zur Pflicht machen 5 **~s** *pl (relaciones)* (gute) Beziehungen *fpl* 6 MAR *(peligro)* Gefahr *f* 7 *(enredo)* Verwicklung *f* 8 *Méx (casa de empeño)* Pfandhaus *n*

empeñoso ADJ *Am reg* fleißig, eifrig

empeoramiento M Verschlimmerung *f*, Verschlechterung *f*; **empeorar** A VT verschlimmern, verschlechtern B VI *y* VR **~se** sich verschlechtern, schlimmer (*o* schlechter) werden

empepado ADJ *drogas* high

empequeñecer VT ⟨2d⟩ verkleinern *(tb fig)*; *fig* herabsetzen; **empequeñecimiento** M Verkleinerung *f*

emperador M 1 *soberano*: Kaiser *m*; Imperator *m*; *fig* Herrscher *m* 2 *pez*: Schwertfisch *m*; **emperatriz** F ⟨*pl* -ices⟩ Kaiserin *f*; *fig* Herrscherin *f*

emperchar A VT an einen Kleiderhaken hängen B VR **empercharse** *Col, Ven fam* sich in Schale werfen *fam*, sich schick anziehen

emperejilar *fam* A VT herausputzen, schmücken B VR **emperejilarse** sich herausputzen, sich in Schale werfen *fam, desp* sich auftakeln *fam*

emperezar ⟨1f⟩ A VT auf-, hinausschieben B VI *y* VR **~se** faul (*o* träge) werden

empergaminar VT in Pergament binden

empericarse VR *Col, Ec fam* sich besaufen *fam*

emperifollar *fam* A VT herausputzen, schmücken B VR **emperifollarse** sich fein machen, sich in Schale werfen *fam*

empero CJ *liter* indes, hingegen; aber, jedoch

emperolarse VR *Ven fam* sich in Schale werfen *fam*

emperramiento M *fam* Halsstarrigkeit *f*, Sturheit *f fam*; **emperrarse** VR *fam* eigensinnig (*o* stur *fam*) sein; sich hartnäckig widersetzen

empestillarse VR auf seiner Meinung beharren, nicht nachgeben

empetro M BOT Seefenchel *m*

empezar VT & VI ⟨1f *y* 1k⟩ anfangen, beginnen (zu *inf* **a** *inf*); ~ **por hacer a/c** etw anfangs tun, etw zunächst (*o* zuerst) tun; **al ~** zu Beginn, anfangs; **para ~** zunächst einmal; erstens, als Erstes; **empezando por ...** angefangen bei ...

empicarse VR ⟨1g⟩ *Méx* verrückt sein (**por** nach *dat*)

empiece M, **empiezo** M *Am reg* Anfang *m*

empilcharse VR *Arg fam* sich (schick) anziehen; sich in Schale werfen *fam*

empiltrarse VR *fam* sich aufs Ohr hauen *fam*

empinada F **irse a la ~** *animal* sich aufbäumen; **empinado** ADJ 1 *(muy alto)* hoch 2 *(escarpado)* steil, abschüssig 3 *fig persona* hoch stehend; *(orgulloso)* stolz, hochmütig

empinar A VT 1 *(enderezar)* steil aufrichten 2 *(levantar)* empor-, hochheben 3 *fam fig* **~la** *o* **~ el codo** *(beber mucho)* (allzu) gern einen heben *fam* B VR **empinarse** 1 *caballo* sich aufbäumen 2 *en puntas de pie*: sich auf die Fußspitzen stellen 3 *(sobresalir)* emporragen 4 *vulg pene* stehen *pop*, steif werden *pop*

empinchado ADJ *Perú pop* verärgert sein (*o* stocksauer *fam* sein); **empincharse** VR *Perú pop* sich (maßlos) ärgern

empingarse VR *Cuba vulg* auf die Palme gehen

empingorotado ADJ *fam persona* hochgestellt, hoch stehend; *desp* dünkelhaft, hochnäsig; **empingorotar** VT *fam* obenauf stellen

empiñonado M Pinienkernkuchen *m*

empipada F *Am fam* Fresserei *f*

empipar A VT *pop* einlochen B VR **empiparse** sich überessen; sich voll stopfen

empíreo A ADJ himmlisch B M FIL Empyreum *n*; *liter* Himmel *m*

empireuma M Brandgeruch *m organischer Substanzen*

empiria F FIL Erfahrung *f*; **empírico** A ADJ empirisch; erfahrungsgemäß; **investigación** *f* **-a** empirische Untersuchung *f* B M, **-a** F Empiriker *m*, -in *f*; **empirismo** M 1 *método*: Empirie *f* 2 *doctrina*: Empirismus *m*, Erfahrungswissenschaft *f*; **empirista** A ADJ empiristisch B M/F Anhänger *m*, -in *f* des Empirismus

empitonar VT TAUR auf die Hörner nehmen *(tb fig)*

empiyamar VT *Col* einen Schlafanzug anziehen *(dat)*

empizarrado M Schieferdach *n*; **empizarrar** VT mit Schiefer decken

emplastador M, **emplastadora** F *Am reg* Buchbinder *m*, -in *f*; **emplastar** A VT 1 *(poner emplastos)* ein Pflaster auflegen *(dat)*; *fig* zurechtmachen; ein Schönheitspflästerchen (auf)legen auf *(acus)* 2 *negocio* behindern B VR **emplastarse** sich vollschmieren, sich einschmieren

emplaste M Gips *m*; **emplastecer** VT ⟨2d⟩ spachteln *(tb* PINT*)*

emplástico ADJ 1 *(pegajoso)* klebrig 2 MED *(supurativo)* eiterableitend

emplasto M 1 MED *(parche medicinal)* Pflaster *n*; **~ adhesivo** *o* **aglutinante** Heft-, Klebepflaster *n* 2 *fig (chapucería)* Flickwerk *n*, unzulängliche Ausbesserung *f*; halbe Arbeit *f*; *fam* **estar hecho un ~** in jämmerlichem Zustand sein 3 TEC *pasta*: Spachtelkitt *m*

emplatar VT GASTR (auf dem Teller) anrichten

emplazamiento M 1 *(lugar)* Platz *m*, Lage *f*; Standort *m*; MIL Stellung *f*; Geschützstand *m*; **~ económico/industrial** Wirtschafts-/Industriestandort *m* 2 *(colocación)* Aufstellung *f* 3 JUR *(citación)* (Vor)Ladung *f*; *(convocatoria)* Anberaumung *f eines Termins*

emplazar VT ⟨1f⟩ 1 *industria* ansiedeln; MIL in Stellung bringen, aufstellen 2 JUR (vor)laden; *cita* anberaumen

empleada F Angestellte *f*; **~ (del hogar)** Hausangestellte *f*; **~ (del hogar) externa** Tagesmädchen *n*

empleado A ADJ angestellt; **dar por bien ~** *(seine Schritte, seine Opfer etc)* nicht bereuen; *fam* **te está bien ~** es ist dir (ganz) recht geschehen B M Angestellte *m*; **~ a tiempo parcial** Teilzeitbeschäftigte *m*; **~s** *mpl* Angestellte(n) *mpl*, Personal *n*

empleador M, **empleadora** F *espec Am* Arbeitgeber *m*, -in *f*

emplear A VT 1 *(aplicar)* anwenden; einsetzen; *(usar)* verwenden, benutzen; **~ todas las fuerzas** sich sehr anstrengen; alle Hebel in Bewegung setzen 2 *(dar empleo) j-n* anstellen, beschäftigen 3 *dinero* aufwenden (**en** für *acus*), anlegen (**en** in *dat*); *tiempo* verwenden (**en, por** für *acus*), zubringen (**con** mit *dat*) B VR **emplearse** 1 **~ como** *(tomar trabajo)* eine Arbeit annehmen als 2 **~ en a/c** *(ocuparse)* sich in etw *(dat)* betätigen; sich mit etw *(dat)* beschäftigen; **~ a fondo** *etw* gründlich machen; hart arbeiten; sein Bestes geben

empleo M 1 *(uso)* Anwendung *f*; Verwendung *f*, Gebrauch *m*; Einsatz *m*; *(destino)* Verwendungszweck *m*; **modo** *m* **de ~** Gebrauchsanweisung *f*; **(no) tener ~ para** (keine) Verwendung haben für *(acus)* 2 *(ocupación)* Beschäftigung *f*; Stelle *f*, Stellung *f*, Posten *m*; Amt *n*; *fam* **~ basura** Billigjob *m fam*; *Esp* **~ comunitario** Gemeinschaftsarbeiten *fpl (zur Arbeitsbeschaffung)*; **pleno ~** Vollbeschäftigung *f*; **~ a tiempo completo** Vollzeitbeschäftigung *f*; **creación** *f* **de ~** Schaffung *f* von Arbeitsplätzen; **plan** *m* **de ~** Arbeitsbeschaffungsprogramm *n* 3 *de dinero*: Geldanlage *f*; Aufwand *m von Mitteln*

emplomadura F 1 TEC Verbleien *n* 2 ADMIN, COM *sellar con plomo*: Plombierung *f*, Verplombung *f* 3 *Arg, Par, Ur* ODONT (Zahn)-Plombe *f*; **emplomar** VT 1 TEC *(poner plomo)* verbleien 2 ADMIN, COM *(precintar)* plombieren, verplomben 3 *Arg, Par, Ur* ODONT *diente* plombieren

emplumado M Gefieder *n*; **emplumar** A VT 1 mit Federn schmücken 2 *como castigo*: teeren und federn 3 *Cuba (echar)* hinauswerfen; *Ec, Ven* strafverschicken 4 *Cuba, Guat (engañar)* betrügen, einseifen *fam* B VI 1 *Am Mer* Reißaus nehmen 2 → emplumecer; **emplumecer** VI ⟨2d⟩ ORN Federn ansetzen; flügge werden

empobrecer ⟨2d⟩ A VT arm machen B VI verarmen, arm werden; **empobrecimiento** M Verarmung *f*; *del suelo y fig*: Auslaugung *f*; MIN Erschöpfung *f einer Mine*

empollado ADJ *fam* **estar ~ en a/c** *o* **tener ~ a/c** etw (mächtig) gepaukt haben *fam*; **empollar** A VT 1 ORN aus-, bebrüten 2 *fig (estudiar un asunto)* brüten über *(dat)* B VT & VI *fam enseñanza*: büffeln *fam*, pauken *fam*, ochsen *fam* C VI *abejas*: Eier legen D VR **~se a/c** *fam* (sich *dat*) etw einpauken *fam*

empollón M, **empollona** F *fam* Büffler *m*, -in *f fam*, Streber *m*, -in *f*

empolvar A VT mit Staub bedecken, bestauben B VR **empolvarse** 1 *(cubrirse de polvo)* einstauben, staubig werden; **~ los zapatos** staubige Schuhe bekommen 2 *(ponerse polvos)* sich pudern 3 *Méx (perder la práctica)* aus der Übung kommen, einrosten *fam*

empolvoramiento M Bestauben *n*, Einstauben *n*; *con polvo*: Pudern *n*; **empolvorar, empolvorizar** VT ⟨1f⟩ → empolvar

emponchado ADJ *Am reg fam* gerissen; scheinheilig; **emponcharse** VR *Am reg* sich (*dat*) einen Poncho überziehen

emponzoñador A ADJ giftig (*espec fig*) B M, **emponzoñadora** F Giftmischer *m*, -in *f*; *fig* Verderber *m*, -in *f*; **emponzoñamiento** M Vergiftung *f*; **emponzoñar** VT vergiften (*tb fig*); *fig* verderben; **copa** *f* **emponzoñada** Giftbecher *m*

empopar VI MAR 1 (*volver la popa al viento*) das Heck in den Wind drehen 2 (*calar de popa*) stark hecklastig sein

emporcar VT ⟨1g *y* 1m⟩ beschmutzen, besudeln

emporio M 1 (*centro comercial*) Handelszentrum *n*; (*centro cultural*) Kulturzentrum *n*; HIST Stapelplatz *m* 2 *Am* (*gran almacén*) großes Warenhaus *n*

emporrado ADJ *drogas fam* high *fam*; **emporrarse** VR *drogas fam* Hasch rauchen *fam*, kiffen *fam*, haschen *fam*

empotrable ADJ Einbau…; **cocina** *f* **~** Einbauküche *f*; **empotrado** ADJ TEC eingemauert, eingebaut; unter Putz; **armario** *m* **~** Einbau-, Wandschrank *m*; **empotrar** A VT TEC einlassen, einmauern; einkeilen; **~ con hormigón** einbetonieren B VR **empotrarse** (*coche*) prallen (**con** gegen *acus*)

empotrerar VT *Arg* AGR *vacunos* in eine Koppel führen

empozar ⟨1f⟩ A VT 1 (*arrojar a un pozo*) in einen Brunnen werfen 2 *cáñamo* rösten B VI *y* VR **~se** *Am* Lachen bilden C VR **empozarse** *fig* ins Stocken geraten; vergessen werden

emprendedor A ADJ unternehmungslustig; **espíritu** *m* **~** Unternehmungsgeist *m* B M, **emprendedora** F Unternehmer *m*, -in *f*

emprender VT unternehmen; an *etw* (*acus*) herangehen, *etw* in Angriff nehmen, *etw* beginnen; *encargo* übernehmen; **~ camino** *o* **marcha a** *o* **~la para** sich aufmachen nach (*dat*), aufbrechen nach (*dat*); *fam* **~la** an die Sache herangehen; *fam* **~la con alg** mit j-m streiten; *fam* **~la a golpes con alg** eine Prügelei mit j-m anfangen; *fam* **~la a tiros (con alg)** (auf j-n) schießen; eine Schießerei (mit j-m) anfangen

empreñar A VT *fam* schwängern B VR **empreñarse** *mujer* schwanger werden; *animal* trächtig werden

empresa F 1 (*intento*) Unternehmung *f*, Vorhaben *n*; **~ arriesgada** Wagnis *n* 2 ECON *establecimiento*: Unternehmen *n*, Betrieb *m*; **gran ~** Großbetrieb *m*, -unternehmen *n*; **mediana/pequeña ~** Mittel-/Kleinbetrieb *m*; **~ constructora** *o* **~ de la construcción** Bauunternehmen *n*; **~ estatal** Staatsbetrieb *m*; **~ fantasma** Schein-, Briefkastenfirma *f*; **~ industrial** Industrieunternehmen *n*, -firma *f*; *Cuba* **~ mixta** *staatliches Unternehmen mit ausländischer Beteiligung*; **~ modelo** Musterbetrieb *m*; **~ multinacional** multinationales Unternehmen *n*; **~ de seguridad y vigilancia** Wach- und Sicherheitsunternehmen *n*; **~ de servicios** Dienstleistungsunternehmen *n*; **~ tapadera** Tarnfirma *f*; **~ de trabajo temporal** Zeitarbeitsvermittlung *f*, Personal-Leasing-Unternehmen *n*; **~ de transportes** Transportunternehmen *n*; **~ de transportes públicos** öffentliche Verkehrsbetriebe *mpl*; **~ de venta por correo** Versandhaus *n* 3 MÚS, TEAT *dirección*: Konzert-, Theaterdirektion *f* 4 (*lema*) Devise *f*, Wahlspruch *m*

empresaria F (*emprendedora*) Unternehmerin *f*; (*empleadora*) Arbeitgeberin *f*; TEAT Impresaria *f*; **empresariado** M *col die* Unternehmer *mpl*; **empresarial** ADJ Betriebs…, Unternehmens…, unternehmerisch; **régimen** *m* **~** Betriebsordnung *f*, -verfassung *f*; **empresariales** FPL (**ciencias** *fpl*) **~** *materia de estudio*: Betriebswirtschaft(slehre) *f*; **empresario** M 1 (*emprendedor*) Unternehmer *m*; (*empleador*) Arbeitgeber *m* 2 MÚS, TEAT Theater-, Konzertunternehmer *m*; Impresario *m*; **empresarismo** M Unternehmertum *n*

empréstito M ECON Anleihe *f* (**contraer** aufnehmen); **~ amortizable/estatal** Tilgungs-/Staatsanleihe *f*

empringar VT ⟨1h⟩ *pop* beschmieren

empujar A VT & VI stoßen, schieben; drücken; *fig* (an)treiben; **~ hacia arriba** hinaufschieben; **~ hacia atrás** zurückstoßen; **¡~!** *o* **¡empujad!** drücken! (*an Türen*) B VT 1 (*desplazar*) vertreiben, verdrängen 2 *fig* (*animar*) aufmuntern, anstoßen

empuje M 1 (*arranque*) Stoß *m*; Druck *m*; TEC Schub *m*; Wucht *f*; TEC **~ ascendente** Auftrieb *m*; **(fuerza** *f* **de) ~** Schubkraft *f* 2 *fig* (*brío*) Schwung *m*; Nachdruck *m*; **de ~** *persona* tatkräftig, energisch

empujón M heftiger Stoß *m*; (*codazo*) Rippenstoß *m*, Schubs *m*; Puff *m fam*; *fig* (*tirón*) Ruck *m* (*rasches Vorwärtskommen bei einer Arbeit*); **a -ones** (*intermitente*) stoßweise; (*con interrupciones*) mit Unterbrechungen; **dar un ~ a alg** j-n anstoßen; *fig* j-m Auftrieb geben

empuñadura F 1 (*mango*) Griff *m*; (Stock-, Schirm)Knauf *m*; **hasta la ~** bis zum Griff, bis ans Heft 2 *fig de una narración*: einleitende Wendung *f einer Erzählung etc*; **empuñar** VT 1 (*agarrar*) ergreifen, packen; am Griff fassen 2 *fig* (*controlar*) in den Griff bekommen 3 *ocupación, posición* bekommen

empurpurarse VR knallrot werden

emputecer A VT *vulg* auf die Palme bringen B VR **emputecerse** sich prostituieren; **emputecido** ADJ *vulg* **estar ~** außer sich (*dat*) sein; stinksauer sein *fam*

EMT F ABR (Empresa Municipal de Transportes) *Esp* Städtische Verkehrsbetriebe *mpl*

emú M ORN Emu *m*

emulación F Wetteifer *m*; Nacheiferung *f*; **emular** VT **~ a alg** j-m nacheifern

emulgente A ADJ 1 QUÍM, FISIOL emulgierend 2 ANAT **arterias y venas** *fpl* **~s** Nierenarterien und -venen *fpl* B M QUÍM, FISIOL Emulgens *n*

émulo A ADJ *liter* wetteifernd B M, **-a** F Nacheiferer *m*, -eiferin *f*; Rivale *m*, Rivalin *f*

emulsión F Emulsion *f*; *acción*: Emulgierung *f*; **emulsionar** VT QUÍM, FARM emulgieren

en PREP 1 *local, lugar*: in, auf, an, aus (*dat*); *dirección*: in, auf, an (*acus*); aus (*dat*); **~ la calle** *lugar*: auf (*o* in) der Straße; *dirección*: auf die Straße; **~ el cielo** im (*o* am) Himmel; **~ la cuenta** *lugar*: auf dem Konto; **depositar ~ una cuenta** *dirección*: auf ein Konto einzahlen; **~ la ciudad** in der Stadt; **~ España (Madrid)** in Spanien (Madrid); **~ la mesa** auf dem Tisch; **~ la pared** *lugar*: an der Wand; *dirección*: an die Wand; **~ el sobre** auf dem Umschlag; (*dentro del sobre*) in dem Umschlag; **beber ~ un vaso** aus einem Glas trinken; **caer ~ el agua** ins Wasser fallen; **sentarse ~ la silla** sich auf den Stuhl setzen 2 *temporal*: in; **~ seis horas** in sechs Stunden; **~ un mes** in einem Monat; **de día ~ día** von Tag zu Tag; **~ breve** in kurzem, bald; **~ verano/otoño** im Sommer/Herbst; **~ 2009** (im Jahre) 2009 3 *modal e instrumental*: **~ alemán** auf Deutsch; **~ absoluto** gänzlich; überhaupt; *negativo*: durchaus nicht; keineswegs; **~ broma** im Scherz, zum Spaß; **~ (forma de) espiral** spiralförmig; **~ español** (auf) Spanisch; **~ mi provecho** zu meinem Vorteil; **~ traje de calle** im Straßenanzug; **aumentar ~ un 10 %** um 10 % erhöhen; **calcular ~ diez euros** auf zehn Euro schätzen; **ir ~ coche/tranvía/tren** mit dem Wagen/der Straßenbahn/dem Zug fahren; **ir en avión** fliegen; **vivir ~ la miseria** im Elend leben; **dar ~ prenda** als Pfand geben; **tener ~ poco** gering (ein)schätzen 4 *relación*: an (*dat*); **fértil ~ recursos** erfinderisch; **rico ~** reich an (*dat*); **abundar ~ a/c** Überfluss an etwas (*dat*) haben; **pensar ~ alg** an j-n denken 5 *con ger anticuado* sobald, sowie, als; **~ diciendo esto** indem man dies sagt (*o* sagte)

enaceitar A VT schmieren, (ein)ölen B VR **enaceitarse** sich einölen

enacerar VT stählen (*tb fig*)

enagua(s) F(PL) TEX (Frauen)Unterrock *m*

enaguachar VT 1 *estómago* durch zu viel Flüssigkeit verderben 2 → enaguar; **enaguar** VT ⟨1i⟩ verwässern; **enaguazar** VT ⟨1f⟩ schlammig machen

enagüillas FPL 1 (*taparrabo*) Lendenschurz *m* (*bes auf Christusdarstellungen*) 2 **~ (escocesas)** Schottenrock *m*, Kilt *m* 3 *de los griegos*: Fustanella *f der Griechen*

enajenable ADJ veräußerlich; **enajenación** F 1 (*venta*) Veräußerung *f*, Verkauf *m* 2 (*éxtasis*) Verzückung *f*; Geistesabwesenheit *f*; **~ mental** Geisteskrankheit *f* 3 (*distanciamiento*) Entfremdung *f*; **enajenado** A ADJ verrückt; **~ mental** geisteskrank B M, **-a** F Verrückte *m/f*; Geisteskranke *m/f*; **enajenamiento** M → enajenación

enajenar A VT 1 (*vender*) veräußern, weggeben 2 (*apartar*) entfremden; **~ a alg a/c** j-n um etw (*acus*) bringen 3 (*extasiar*) entrücken, verzücken; von Sinnen bringen B VR **enajenarse** 1 (*perder la razón*) den Verstand verlieren; außer sich (*dat*) geraten 2 (*perder*) **~ a/c** sich (*dat*) etw verscherzen; **~ a alg** sich (*dat*) j-s Sympathien verscherzen 3 (*alejarse*) sich zurückziehen (**de alg** vom Umgang mit j-m); **~ de alg** *tb* sich j-m entfremden

enalbardar VT 1 *equitación*: (*poner la albarda*) den (Pack)Sattel auflegen (*dat*) 2 GASTR (*mechar*) spicken; (*rebozar*) panieren

enaltecer VT ⟨2d⟩ 1 (*engrandecer*) erheben, erhöhen; *dignidad* verleihen 2 (*alabar*) preisen, verherrlichen, rühmen; **enaltecimiento** M *cult* Lobpreisung *f*

enamoradizo ADJ liebebedürftig; leicht entflammt

enamorado A ADJ verliebt (**de** in *acus*) B M, **-a** F Freund *m*, -in *f*, Bewunderer *m*, Bewunderin *f*, Anhänger *m*, -in *f* (**de** *gen*); **los ~s** *mpl* das Liebespaar

enamorador A ADJ liebreizend, entzückend B M, **enamoradora** F Liebhaber *m*, -in *f*; **enamoramiento** M Verliebtheit *f*; Liebelei *f*

enamorar A VT Liebe einflößen (*dat*); (*galantear*) den Hof machen (*dat*), umwerben (*acus*) B VR **~se (de)** sich verlieben (in *acus*); lieb gewinnen (*acus*), Gefallen finden (an *dat*)

enamoriscarse VR ⟨1g⟩ *fam* sich verlieben, Feuer fangen *fam*

enana F Zwergin *f*; Kleine *f fam*

enanismo M BIOL Zwergwuchs *m*

enano A ADJ zwergenhaft, Zwerg…; winzig B M Zwerg *m*; Kleine *m fam*; **enan(it)o** *m* **de jardín** Gartenzwerg *m*

enantes ADV *Am reg pop.* vorher; früher

enarbolado M ARQUIT Gerüst *n*, Gebälk *n* (*eines Turms, Gewölbes*)

enarbolar A VT aufrichten, aufpflanzen; *bandera* hissen; *arma* schwingen; *fig* **~ la bandera de alg** für j-n Partei ergreifen B VR **enarbolarse** 1 *caballo* sich (auf)bäumen 2 (*enfadarse*) zornig werden

enarcar ⟨1g⟩ A VT 1 *toneles, etc* bereifen 2

E

(dar forma de arco) (rund) biegen; **~ las cejas** die Augenbrauen hochziehen B VR **enarcarse** sich ducken; *gato* einen Buckel machen; *Méx caballo* sich bäumen
enardecer ⟨2d⟩ A VT *fig* entzünden, entflammen; schüren; *sexualmente*: scharf machen, aufgeilen *fam* B VR **enardecerse** *persona* sich erhitzen, sich entzünden *(tb* MED*)*; sich begeistern (**por** für *acus*); **enardecimiento** M Erhitzung *f*; Begeisterung *f*
enarenar A VT mit Sand bestreuen B VR **enarenarse** 1 MAR *barco* stranden, auflaufen 2 *río* versanden
enarmonar VT **~ a/c** etw aufrichten
enarmónico ADJ MÚS enharmonisch; **cambio** *m* **~** enharmonische Verwechslung *f*
enartrosis F ANAT Enarthrose *f*
enastar VT *herramienta* stielen
enastrado ADJ ZOOL Hörner tragend, geweihtragend
encabado M, **-a** F hässlicher Kerl *m*, hässliches Weib *n*
encabalgamiento M 1 *(armazón)* Traggerüst *n* 2 LIT Enjambement *n*; **encabalgar** ⟨1h⟩ A VT mit Pferden versehen B VI aufliegen
encaballar A VT *ladrillos, etc* übereinanderlegen; TIPO *molde* verschieben B VI aufliegen
encabestrar A VT 1 *equitación*: (an)halftern 2 *fig reses* einfangen, in Schlepp nehmen *fam* B VR **encabestrarse** sich im Halfter verfangen
encabezado M 1 *Am reg (título)* Überschrift *f* 2 INFORM Kopfleiste *f*, -zeile *f*; **encabezamiento** M 1 *de escritos*: Kopf *m (Brief, Urkunde, Kapitel)*; *(fórmula inicial)* Eingangsformel *f* 2 ADMIN *(registro)* Einschreibung *f*, Registrierung *f* 3 *impuestos*: Steuerrolle *f*; Steuerquote *f*
encabezar ⟨1f⟩ A VT 1 *(registrar)* einschreiben, eintragen 2 *(poner una cuota)* mit einer Kopfquote belegen; zu Abgaben veranlagen 3 *(titular)* überschreiben, die Überschrift *eines Briefes etc* setzen 4 *(iniciar una lista)* einleiten; als Erster auf *einer Liste* stehen; *Am* (an)führen 5 *vino* verschneiden 6 CONSTR *madero* an den Enden verbinden B VR **encabezarse** *fig* das kleinere Übel auf sich *(acus)* nehmen
encabritarse VR *animal de silla* sich bäumen; AUTO, AVIA bocken; *fig (enfadarse)* wütend werden; auf die Palme gehen
encabronarse VR *vulg* durchdrehen *fam*; in Rage geraten; stinksauer werden *fam*
encachado A M TEC, CONSTR Bettung *f*, Befestigung *f (eines Kanals, Brückenpfeilers)* B ADJ *Chile fam* nett, sympathisch
encachar A VT befestigen; *cuchillo* mit einem Heft versehen B VR **encacharse** *Chile fam* sich in Schale werfen *fam*
encachorrarse VR *Col fam* sauer werden; auf die Palme gehen
encadenado A ADJ 1 LIT verkettet; **verso** *m* **~** Kettenvers *m* 2 *en cadenas*: angekettet B M 1 ARQUIT *(maderamen)* Traggebälk *n*; Widerlager *n* 2 MIN Abstrebung *f* 3 FILM *(superposición)* Überblendung *f*; **encadenamiento** M 1 *(concatenación)* Verkettung *f* 2 *(acción de poner en cadenas)* Ankettung *f*; **encadenar** A VT 1 *(engrilletar)* in Ketten legen, fesseln; anketten; *perro* an die Kette legen 2 *fig (concatenar)* verketten; (miteinander) verknüpfen 3 *fig (impedir)* hemmen, hindern 4 MAR *entrada del puerto* mit Ketten sperren B VR **encadenarse** *fig sucesos* ineinandergreifen
encajadura F 1 TEC *(inserción)* Einfügung *f*, Einpassung *f* 2 *de una piedra preciosa*: Fassung *f eines Edelsteins*
encajar A VT 1 *(incorporar)* einfügen, einpassen *(tb* TEC*)*; einlassen, einlegen; ineinanderfügen 2 *golpe* versetzen, verpassen *fam*; *injurias, etc* an den Kopf werfen; **nos encajó un chiste** er hat da einen *(äußerst unangebrachten)* Witz losgelassen 3 *falsedades* weismachen; *mercancía, dinero falso* aufhängen, andrehen *fam*; **~ a/c a otro** einem andern etw zuschieben (*o* aufbürden) 4 *fam fig (terminar con a/c)* mit *etw (dat)* fertig werden; *insulto, etc* schlucken *fam*; DEP *gol, derrota* einstecken *fam* B VI 1 *(ensamblar)* ineinanderpassen, schließen; TEC *(engranar)* einrasten 2 *(encuadrar)* passen (**en** auf *acus*; **con** zu *dat*) *(tb fig)*; *fig* übereinstimmen (**con** mit *dat*) 3 *fig (conformarse)* sich schicken C VR **encajarse** 1 *(entrometerse)* sich eindrängen; sich aufdrängen; sich hineinzwängen 2 *(vestirse con)* **~ a/c** sich *(dat)* etw anziehen; *gafas, sombrero* etw aufsetzen
encaje M 1 *acción*: Einfügen *n*; Einpassen *n* 2 ECON *(dinero en caja)* Kassenbestand *m*; *Am* FIN **~ legal** Mindestreserve *f*; **~ (oro)** Goldreserve *f* 3 TEC *(rebajo)* Falz *m*, *(ranura)* Nut *f*, *(fuga)* Fuge *f*; Sitz *m bei Passungen*; *(ensambladura)* Einsatz *m*, Eingriff *m* 4 *(taracea)* eingelegte Arbeit *f* 5 *(suplemento)* Beilage *f einer Zeitung* 6 *heráldica*: **~s** *mpl* Dreiecksfelder *npl* 7 TEX Spitze *f*; **~(s) de bolillos** Klöppelspitzen *fpl*; **~ de la camisa** Hemdenspitze *f*, -krause *f*, Passe *f* 8 *fig* **tener capacidad de ~** *(tomar bien los golpes)* hart im Nehmen sein
encajera F Spitzenklöpplerin *f*; **encajetarse** VR *Arg, Ur vulg* sich verknallen *fam*
encajetillar VT *tabaco* in Packungen abfüllen;
encajonado M Lehmmauer *f*; **encajonamiento** M 1 *(puesta en cajón)* Verpacken *n* in Kisten 2 *fig (empotramiento)* Hineinzwängen *n*; Hineinpferchen *n*; **encajonar** A VT 1 *(poner en cajón)* in Kisten packen 2 *(introducir por fuerza)* einzwängen; einpferchen; *fig* einengen 3 ARQUIT *muro* abstützen; *construcción hidráulica*: *(das Fundament)* in Senkkästen mauern B VR **encajonarse** *curso del agua, etc* eine Enge bilden; *viento* sich verfangen
encalabozar VT ⟨1f⟩ ins Verlies (*o* ins Loch *fam*) stecken; **encalabrinar** A VT 1 *vino, olor*: benebeln 2 *(enojar)* auf die Palme bringen B VR **~se con a/c** sich *(dat)* etw in den Kopf setzen, erpicht sein auf *(acus)*
encalado M Tünchen *n*, Weißen *n*; **encalador** M 1 *persona*: Tüncher *m* 2 *cuba de cal*: Kalkbottich *m der Gerber*; **encalambrarse** VR *Am* einen Krampf bekommen; **encalar** VT weißen, tünchen; kalken *(tb curtidor)*
encalladero M MAR Sandbank *f*; *fig* Patsche *f fam*; **encalladura** F, **encallamiento** M MAR Stranden *n*
encallar A VI MAR stranden; *fig negocio* (sich) festfahren, stocken; TEC *(rosca)* sich festfressen B VR **encallarse** GASTR hart werden
encallecer ⟨2d⟩ A VI schwielig werden B VR **encallecerse** *fig* hart werden; verhärten; sich abhärten; **encallecido** ADJ schwielig; verkrustet; *fig* abgehärtet; abgestumpft; **encallejonar** VT in eine enge Gasse treiben *(z. B. Stiere)*
encalmado ADJ windstill; *fig bolsa, negocio* flau; **encalmarse** VR 1 *viento* abflauen 2 *caballería* sich überanstrengen; *p. ext fam (fatigarse)* ermatten, schlappmachen *fam*
encalvecer VI ⟨2d⟩ kahl werden
encamado ADJ bettlägrig; **encamar** A VT ins Bett stecken B VR **encamarse** 1 *fam por enfermedad*: sich (krank) ins Bett legen; *pop* **~ con alg** *coito*: mit j-m schlafen 2 AGR *cereales* sich legen 3 CAZA *venado* sich niedertun
encamburarse VR *Ven fam (durch Beziehungen)* einen Posten *(mit wenig Arbeit)* bekommen
encaminado ADJ angebahnt; **ir ~ a** *(inf)* darauf abzielen, zu *(inf)*
encaminar A VT 1 *(enseñarle el camino)* den Weg zeigen; *(poner en camino)* auf den Weg bringen; *carta, paquete* befördern; *fig* **~ sus energías a** seine Kraft verwenden auf *(acus)* 2 *(dirigir)* j-n (hin)leiten, (hin)lenken B VR **encaminarse** sich begeben, sich aufmachen (**a, hacia** nach *dat*); zugehen (**a** auf *acus*)
encamisar VT 1 *vestir*: das Hemd anziehen *(dat)*; *cojín, etc* beziehen 2 *fig (tapar)* verdecken 3 TEC *(revestir)* ummanteln
encamotarse VR *Am reg fam* sich verknallen *fam*
encampanado ADJ glockenförmig; *Méx, P. Rico* **dejar a alg ~** j-n im Stich lassen; **encampanar** VT 1 *Am reg fam (dejar plantado)* im Stich lassen 2 TAUR den Kopf herausfordernd heben *(Stier)*
encanado M *Arg pop* Knastbruder *m*
encanalar, encanalizar VT ⟨1f⟩ kanalisieren
encanallarse VR verlottern, verludern, verkommen
encanar A VT *fam Am* in den Knast stecken *fam*, einbuchten *fam* B VR **encanarse** nicht mehr können vor Weinen (*o* Lachen)
encandelillar VT *Col, Perú* blenden *(tb fig)*
encandilado ADJ 1 *ojos* leuchtend 2 *fam (erguido)* aufrecht; groß, hoch 3 *(enamorado)* verknallt, verschossen
encandilar A VT 1 *(deslumbrar)* blenden *(tb fig)*; *fam fig (hechizar)* bezaubern; *(tomar el pelo)* hinters Licht führen; *erótico*: scharf machen *fam* 2 *fuego* anfachen B VR **encandilarse** *(avivar la lumbre)* (auf)leuchten, glühen; *ojos* glänzen; **se encandiló con el vino** seine Augen begannen vom Wein zu glänzen
encanecer ⟨2d⟩ VI y VR **~se** ergrauen, grau werden; *fig (envejecer)* alt werden; *pan* schimmelig werden
encanijado ADJ kränklich; **encanijar** A VT verkümmern lassen B VR **encanijarse** 1 *(estar enfermizo)* kränkeln, verkümmern *(bes Kinder)* 2 *Ec, Perú (pasmarse de frío)* vor Kälte erstarren
encanillar VT spulen
encantado ADJ 1 *(hechizado)* ver-, bezaubert; Zauber...; *folclore*: verwunschen 2 *(cautivado)* entzückt; *(entusiasmado)* begeistert; **~ (de conocerle)** es freut mich sehr(, Sie kennenzulernen), sehr angenehm *fam*; **¡~!** sehr gerne!, mit Vergnügen!; *fam* **¡~ de la vida!** das ist prima!
encantador A ADJ 1 *(haciendo actos de magia)* zaubernd 2 *fig (cautivador)* bezaubernd, *(fascinante)* entzückend, reizend B M, **encantadora** F Zauberer *m*, -in *f*; **~ de serpientes** Schlangenbeschwörer *m*; **encantamiento** M Zauber *m (tb fig)*, Zauberei *f*; *fig* Entzücken *n*; Bezauberung *f*, Verzauberung *f*
encantar VT 1 *(hechizar)* verzaubern, beschwören 2 *fig (cautivar)* bezaubern, entzücken; **me encanta el chocolate** ich esse sehr gern Schokolade; **me encanta tu vestido** dein Kleid gefällt mir sehr; **me encanta que** *(subj)* ich freue mich sehr, dass *(ind)* 3 *jerga del hampa (engañar)* betrügen
encanto M Zauber *m (tb fig)*; *fig (gracia)* Liebreiz *m*, Charme *m*; *(embeleso)* Entzücken *n*, Wonne *f*; **como por ~** wie durch Zauber(hand); **se ha roto el ~** der Bann ist gebrochen; **es un ~ (de persona** *o* **de gente)** er/sie ist sehr nett; **¡~!** Liebling!, Schätzchen!
encanutar VT 1 *labios* schürzen 2 *Arg fam (encarcelar)* in den Knast stecken
encañada F Engpass *m*; **encañado** M TEC Röhrenleitung *f*; Drainage *f*; AGR Rohrspalier *n*; **encañar** VT 1 *agua* durch Röhren leiten;

AGR entwässern, drainieren 2 AGR, BOT (*poner cañas de sostén*) mit einem Stützrohr versehen 3 TEX *seda* spulen
encañizado M ARQUIT Stuckaturmatte *f*
encañonado ADJ 1 eingeengt; *viento, etc* durch einen Engpass strömend 2 (*doblado*) gefältelt; **encañonar** VT 1 (*transmitir por tubos*) in Röhren leiten 2 (*apuntar*) aufs Korn nehmen, zielen (*o* anlegen) auf (*acus*) 3 *tela, papel* fälteln
encapotado ADJ *cielo* bedeckt; **encapotamiento** M *fig* finstere Miene *f*; **encapotarse** VR *cielo* sich zuziehen (*o* bedecken); *fig* ein finsteres Gesicht machen
encaprichamiento M Halsstarrigkeit *f*; Laune *f*; **encapricharse** VR ~ **con** *o* **en a/c** etw durchaus (*o* hartnäckig) wollen, auf etw (*acus*) versessen sein; *fam* ~ **de alg** *fam* sich blindlings in j-n verlieben, einen Narren an j-m gefressen haben *fam*
encapsulado ADJ eingekapselt, verkapselt; **encapsular** VT FARM in Kapseln abfüllen
encapuchado A ADJ *persona* vermummt B M, **-a** F *en una procesión*: Kapuzenträger *m*, -in *f*; *en una manifestación, un robo*: Vermummte *m/f*;
encapullado ADJ in der Knospe eingeschlossen; *oruga* eingesponnen
encarado ADJ **bien** ~ hübsch; **mal** ~ hässlich; *fig* ungezogen; **encaramar** A VT 1 (*levantar*) empor-, hinaufheben; hinaufstellen 2 *fig* (*alabar*) herausstreichen, verherrlichen *fam* B VR **encaramarse** (hinauf)klettern (**en, a, sobre** auf *acus*); *fig* sehr hoch steigen
encaramiento M 1 (*confrontación*) Gegenüberstellung *f* 2 *de un arma*: Anschlag
encarar A VT 1 *arma* anlegen (**a alg** auf j-n); in Anschlag bringen 2 (*carear*) einander gegenüberstellen 3 (*enfrentar*) ~ **a/c/a alg** einer Sache/j-m ins Auge sehen; einer Sache/j-m die Stirn bieten; ~ **a a/c** *tb* etw meistern 4 *problema* anpacken B VI *y* VR ~**(se) con alg** j-m gegenübertreten; j-m widerstehen; ~**se con a/c** *problema, etc* ins Auge sehen
encarcelación F → encarcelamiento; **encarcelado** ADJ (*encerrado*) eingesperrt, im Gefängnis, inhaftiert; MED *fractura* eingeklemmt; **encarcelamiento** M Einsperren *n*, Einweisung *f* in eine Haftanstalt; Inhaftierung *f*; **encarcelar** VT 1 (*meter en la cárcel*) einsperren, ins Gefängnis werfen, inhaftieren 2 ARQUIT (*tapiar*) einlassen; vermauern
encarecedor ADJ 1 (*que hace subir los precios*) preissteigernd 2 (*que alaba*) rühmend
encarecer ⟨2d⟩ A VT 1 (*hacer más caro*) verteuern 2 (*alabar*) loben, (an)preisen; ~ **a/c a alg** j-m etw sehr ans Herz legen; j-m etw sehr empfehlen; ~ **a alg que** (*subj*) j-n inständig bitten, zu (*inf*) B VI teuer (*o* teurer) werden C VR **encarecerse** sich verteuern
encarecidamente ADV inständig, nachdrücklich, eindringlich; **recomendar** ~ wärmstens empfehlen; **encarecimiento** M 1 *de precios*: Verteuerung *f*; Preissteigerung *f* 2 (*elogio*) Anpreisung *f*, Lob *n*; Nachdruck *m*; **con** ~ → encarecidamente
encargada F Beauftragte *f*; ADMIN Sachbearbeiterin *f*; (*gerente*) Geschäftsführerin *f*; ~ **de la defensa de los derechos de la mujer** Frauenbeauftragte *f*; ~ **del servicio** *o* **de los servicios (higiénicos)** Toilettenfrau *f*
encargado A ADJ beauftragt B M Beauftragte *m*; Sachwalter *m*; ADMIN Sachbearbeiter *m*; (*gerente*) Geschäftsführer *m*; Disponent *m*; ~ **de curso** Lehrbeauftragte *m*; ~ **de gasolinera** Tankwart *m*; POL ~ **de negocios** Geschäftsträger *m*
encargar ⟨1h⟩ A VT auftragen, beauftragen; (*pedir*) bestellen (*tb* COM); ~ **a/c a alg** *o* ~ **a alg de a/c** j-m etw (*acus*) auftragen, j-n mit etw (*dat*) beauftragen; j-n mit etw (*dat*) betrauen; j-m etw (*acus*) anvertrauen; ~ **a alg que** (*subj*) j-m den Auftrag geben, zu (*inf*); ~ **a un técnico** einen Techniker heranziehen B VR ~**se de a/c** etw übernehmen; sich um etw (*acus*) kümmern; **yo me encargo de eso** *tb* das mache ich schon
encargo M 1 (*pedido*) Auftrag *m*, Bestellung *f* (*tb* ECON); **de** ~ auf Bestellung; **por** ~ **de** im Auftrag (*o* auf Veranlassung) von (*dat*); **tener** ~ **de** beauftragt sein von (*dat*); UNIV ~ **de curso** Lehrauftrag *m*; *fam fig* **como (hecho) de** ~ wie auf Bestellung, wie gerufen; tadellos 2 *fam* **hacer** ~**s** (*hacer recados*) Besorgungen erledigen 3 (*encomienda*) bestellte Ware *f*, Sendung *f* 4 *Am reg fam* **estar de** ~ (*estar embarazada*) schwanger sein
encariñar A VT Zuneigung erwecken bei (*dat*) B VR ~**se con alg/a/c** j-n/etw lieb gewinnen, sich mit etw/j-m befreunden (*o* anfreunden)
encarnación F 1 REL Fleischwerdung *f*, Inkarnation *f* (*tb fig*); Verkörperung *f* 2 PINT *color*: Fleischfarbe *f*; **encarnado** A ADJ 1 *color*: fleischfarben, inkarnat; (*rojo*) rot 2 REL fleischgeworden; *fig* leibhaftig 3 *uña* eingewachsen B M PINT Fleischfarbe *f*, Inkarnat *n*; **encarnadura** F 1 MED Heilungstendenz *f des Gewebes* 2 *de un arma*: Eindringen *n* ins Fleisch 3 *jauría*: Sichverbeißen *n*
encarnar A VT 1 (*personificar*) verkörpern (*tb* TEAT, FILM *y fig*), darstellen 2 PINT im Fleischton malen 3 CAZA *die Jagdhunde vom Fleisch des erlegten Wildes fressen lassen* 4 *anzuelo* mit einem Köder versehen B VI 1 REL Fleisch werden 2 MED *herida* heilen 3 *perros* sich verbeißen C VR **encarnarse** *fig* miteinander verschmelzen, eins werden; verwachsen; *uña* einwachsen
encarnecer VI ⟨2d⟩ Fleisch ansetzen
encarnizadamente ADV erbittert; **encarnizado** ADJ *herida* rot entzündet; *ojos* blutunterlaufen; *fig* (*exasperado*) erbittert, verbissen; wild, blutig; **encarnizamiento** M Erbitterung *f*; Blutgier *f*, Grausamkeit *f*; *fig* Leidenschaft *f*; MED ~ **terapéutico** *corresponde a*: lebensverlängernde Maßnahmen *fpl*
encarnizar ⟨1f⟩ A VT erbittern; wütend machen; *jauría y fig* scharfmachen B VR **encarnizarse** *perros* sich verbeißen; *animales de presa* die Beute zerreißen; *fig* (*enfurecerse*) wütend werden; ~ **en** *o* **con alg** seine Wut an j-m auslassen
encaro M 1 (*observación*) aufmerksames Beobachten *n*, (An)Starren *n* 2 (*acción de apuntar un arma*) Anlegen *n*, Anschlag *m der Waffe* 3 *de la escopeta*: Kolbenwange *f am Gewehr*
encarpado ADJ *Chile, Col, Perú* (*mit einem Zelt*) überdacht
encarpetar VT *expedientes* einheften, in Mappen legen; *Am reg fig* (*dar carpetazo*) ad acta legen
encarretadora F TEX Spulmaschine *f*
encarrilar A VT FERR aufgleisen; *fig* in die Wege leiten, einfädeln *fam*; einrenken *fam* B VR **encarrilarse** *fig* ins (rechte) Gleis kommen, sich einrenken *fam*
encarrujado ADJ gekräuselt, geringelt; *Méx terreno* uneben
encartado A ADJ beschuldigt, angeklagt B M, **-a** F Beschuldigte *m/f*, Angeklagte *m/f*; **encartar** A VT *j-m* den Prozess machen B VI *juego de cartas*: in die Hand spielen C VR ~**se con a/c** *Col fam* sich auf etw (*acus*) einlassen
encartonado A ADJ kartoniert B M Kartonierung *f*; **encartonar** VT kartonieren; einfalzen
encascotar VT mit Schutt auffüllen
encasillado M Einteilung *f* in Felder; Fächerwerk *n*; Kästchen *npl*; **encasillar** A VT 1 *clasificar*: in Felder (*o* Fächer) einteilen; *fig* einreihen, einordnen 2 *persona* in ein Klischee pressen, auf eine bestimmte Tätigkeit festlegen (*z. B. Schauspieler auf bestimmte Rollen*) 3 POL (*poner como candidato*) *regierungsseitig* auf die Wahlliste setzen B VR ~**se (en a/c)** sich (für etw *acus*) festlegen, sich (einer Sache *dat*) anschließen (*espec* POL)
encasquetar A VT 1 *sombrero* aufstülpen, tief in die Stirn drücken; *fig* ~ **a/c a alg** j-m etw aufhalsen 2 *fig golpe* versetzen; *fig* einreden, einhämmern B VR ~**se a/c** *o* **encasquetársele a/c a alg** sich (*dat*) etw in den Kopf setzen
encasquillador M *Am* Hufschmied *m*; **encasquillar** A VT 1 TEC (*poner casquillos*) einbuchsen 2 *Am caballo* beschlagen B VR **encasquillarse** 1 *arma* Ladehemmung haben; TEC stecken bleiben (*beweglicher Teil*) 2 *orador* sich verhaspeln
encastar VT *animales* (durch Zucht) veredeln;
encastillado ADJ 1 *fig* (*obstinado*) verbohrt 2 (*soberbio*) hochmütig; **encastillar** A VI *abejas* die Weiselzelle bauen B VR **encastillarse** sich verschanzen (*tb fig*); *fig* ~ **en a/c** sich in etw (*acus*) verrennen, hartnäckig auf etw (*dat*) bestehen
encastrar VT TEC verzahnen
encauchado M Gummileinwand *f*; **encauchar** VT mit Gummi überziehen
encausar VT verklagen, gerichtlich belangen
encauste M PINT Enkaustik *f*; **encáustico** PINT A ADJ enkaustisch B M Polierwachs *n*; Beize *f*; **encausto** M → encauste
encauzamiento M Eindeichung *f*; Flussregulierung *f*; **encauzar** VT ⟨1f⟩ 1 *río* regulieren; eindeichen, eindämmen 2 *fig* (*encaminar*) in die Wege leiten; *conversación, opiniones* lenken; eine bestimmte Richtung geben (*dat*)
encebollado ADJ GASTR Zwiebel…, mit Zwiebeln; **atún** *m* ~ Thunfisch *m* mit Zwiebeln; **encebollar** VT GASTR mit Zwiebeln zubereiten
encefálico ADJ ANAT Gehirn…; **encefalitis** F MED Gehirnentzündung *f*; *t/t* Enzephalitis *f*; **encéfalo** M ANAT Gehirn *n*; **encefalografía** F MED Enzephalographie *f*; **encefalograma** M MED Enzephalogramm *n*; **encefalopatía** F ~ **espongiforme bovina** Rinderwahn(sinn) *m*, BSE *n*
enceguecer A VT 1 (*deslumbrar*) blenden 2 *fig* (*ofuscar*) verblenden B VR **enceguecerse** erblinden
encelado ADJ 1 (*celoso*) eifersüchtig 2 ZOOL (*en celo*) brünstig, brunftig; **encelajarse** VR *cielo* sich mit Schleierwolken überziehen; **encelar** A VT eifersüchtig machen B VR **encelarse** 1 ZOOL brünstig werden 2 (*ponerse celoso*) eifersüchtig werden (**de** auf *acus*)
enceldar VT in eine Zelle einschließen
encenagado ADJ verschlammt; kotig; *fig* verkommen; **estar ~ en a/c** in etw (*Negatives*) verwickelt sein; **encenagar** ⟨1h⟩ A VT beschmutzen (*tb fig*) B VR **encenagarse** verschlammen; *fig* versumpfen, verkommen
encendaja(s) F(PL) Reisig *n* zum Feuermachen
encendedor M Anzünder *m*; Feuerzeug *n*; AUTO Zigarren-, Zigarettenanzünder *m*; ~ **de bolsillo** Taschenfeuerzeug *n*; ~ **de gas** Gasfeuerzeug *n*; -anzünder *m*; ~ **de mesa** Tischfeuerzeug *n*
encender ⟨2g⟩ A VT 1 (*inflamar*) entzünden; in Brand stecken; *fuego, vela, cigarrillo* anzünden; *luz, iluminación* anmachen, andrehen; *estufa*

(ein)heizen; AUTO zünden 2 *fig deseo, pasión* anfachen, entflammen, -fachen; erhitzen B VR **encenderse** 1 *(inflamarse)* sich entzünden, zünden; aufflammen; *fig* **~ en ira** zornig werden 2 *fig (ruborizarse)* erröten, rot werden (**de** vor *dat*)

encendido A ADJ 1 ELEC an-, eingeschaltet; *luz* an 2 *fig de color muy subido*: brennend, stark gerötet, hochrot 3 *(fogoso)* hitzig B M 1 *de un motor*: Zündung *f* (*tb* AUTO); **~ defectuoso/retardado** Fehl-/Spätzündung *f*; **~ de magneto/transistorizado** Magnet-/Transistorzündung *f*; **avanzar el ~** den Zündzeitpunkt vorverlegen 2 TEC *de una caldera*: Anheizen *n eines Kessels*

encenizar VT ‹1f› mit Asche bedecken

encentar VT anschneiden *(Brot, Kuchen etc)*

encentrar VT TEC zentrieren

encepar A VT 1 *fusil* schäften 2 HIST *castigo*: in den Block spannen B VI BOT tiefe Wurzeln treiben; **encepe** M BOT Ver-, Anwurzeln *n*

encerado A ADJ *color*: wachsfarben; *muebles, entarimado* gewachst; *piso* gebohnert B M 1 *(pizarra)* Wand-, Schultafel *f*; ARQUEOL Wachstafel *f* 2 *tejido*: Wachstuch *n*; MAR Persenning *f* 3 *papel*: Wachspapier *n* 4 MED *emplasto*: Wachspflaster *n* 5 *acción*: (Ein)Wachsen *n*; *del piso*: Bohnern *n*; **encerador** M Bohnerbesen *m*; **enceradora** F Bohnermaschine *f*; **enceramiento** M Wachsen *n*; *del piso*: Bohnern *n*; **encerar** VT (ein)wachsen; *piso* bohnern; *botas* wichsen

encerrada F *Am* Einschließen *n*; **encerradero** M Pferch *m*; Stierzwinger *m*; **encerramiento** M → encierro

encerrar ‹1k› A VT 1 *(cerrar, encarcelar)* einschließen, einsperren 2 *fig (contener)* ein-, umschließen, in sich *(dat)* fassen, *(incluir)* enthalten; **~ entre paréntesis** in Klammern gesetzt 3 *ajedrez y fig* mattsetzen B VR **encerrarse** sich verschließen; sich zurückziehen; **~ en un convento** sich ins Kloster zurückziehen

encerrona F *fam* 1 **hacer la ~** *(retirarse)* sich für einige Zeit zurückziehen *aus dem gesellschaftlichem Verkehr* 2 TAUR *privater* Stierkampf *m* 3 *fig (encrucijada)* Zwickmühle *f*, Zwangslage *f* 4 *en la cárcel*: Sitzen *n (Gefängnis)* 5 *(emboscada)* Hinterhalt *m*, Falle *f*; **preparar una ~ a alg** j-m eine Falle stellen 6 *Perú (fiesta)* großes (Trink)-Fest *f (bis zum Morgengrauen)*

encespedar VT mit Rasen bedecken *o* einsäen

encestador M, **encestadora** F DEP *baloncesto*: Torjäger *m*, -in *f*; **encestar** VT & VI 1 in einen Korb legen 2 DEP *baloncesto*: in den Korb treffen

encetar VT *pan, etc* anschneiden, -brechen

enchapado M 1 *madera*: Furnier(holz) *m* 2 **~ de** *o* **en oro** Golddublee *m*

encharcada F Lache *f*, Stehwasser *n*; **encharcado** ADJ sumpfig; **encharcar** ‹1g› A VT unter Wasser setzen; in einen Sumpf verwandeln B VR **encharcarse** versumpfen

enchicharse VR *Am reg fam* sich mit Chicha betrinken

enchilada F *Méx* GASTR *mit Fleisch, Zwiebeln und Chilisoße gefüllte Tortilla*; **enchilarse** VR *Am Centr* wütend werden; **enchiloso** ADJ *Méx* scharf, pikant

enchinar VT *Méx* **~ a alg** j-m Locken drehen

enchiparse VR *Bol, Col* sich einrollen

enchiquerar VT 1 *toros* einzeln einsperren 2 *fam* → enchironar; **enchironar** VT *pop* einlochen *fam*, einbuchten *fam*

enchuecar VT ‹1g› *Méx* (ver)drehen, (ver)biegen

enchufado A ADJ *tubos* ineinandergesteckt; *manguera y* ELEC angeschlossen; verbunden B M, **-a** F *fam desp* Pöstcheninhaber *m*, -in *f*; Drückeberger *m*, -in *f*

enchufar A VT 1 *tubos* ineinanderstecken; *manguera y* ELEC anschließen; verbinden 2 *fam fig (conseguirle a alg un puesto de trabajo)* j-m einen Posten verschaffen B VR **enchufarse** *fam durch Beziehungen* zu einer Anstellung (*o* zu Vorteilen) kommen

enchufe M 1 TEC *(manguito)* Muffe *f*; ELEC Steckdose *f*; ELEC **~ (macho)** Stecker *m*; **~ doble/múltiple** Doppel-/Mehrfachstecker *m*; RADIO **~ de la antena** Antennenbuchse *f*; Antennenstecker *m*; **~ para cables** Kabelmuffe *f* 2 *fam fig (buenas relaciones)* gute Beziehung(en) *f(pl)*; **tener ~(s)** gute Beziehungen (*o fam* Vitamin B) haben

enchufismo M *fam* Vetternwirtschaft *f*; (Ausnutzung *f* von) Beziehungen *fpl*

enchufle M *Am* → enchufe

enchulada ADJ F **estar ~ con alg** für j-n *(als Prostituierte)* anschaffen; **enchularse** VR *hombre*: Zuhälter werden; *mujer*: sich mit einem Zuhälter liieren

encía F, *frec* **~s** FPL Zahnfleisch *n*

encíclica F REL Enzyklika *f*

enciclopedia F Enzyklopädie *f*; Konversationslexikon *n*; **~ práctica** Sachwörterbuch *n*; Bildungsbuch *n*; *fam fig* **ser una ~ (viviente** *o* **andante)** ein wandelndes Lexikon sein

enciclopédico ADJ enzyklopädisch, umfassend; **diccionario** *m* **~** Enzyklopädie *f*; **enciclopedismo** M HIST Lehre *f* der französischen Enzyklopädisten; **enciclopedista** M/F 1 HIST Enzyklopädist *m* 2 Verfasser *m* einer Enzyklopädie

encierro M 1 *(acción de encerrar)* Einschließen *n*, *(encarcelamiento)* Einsperren *n*; TAUR Eintreiben *n der Stiere* 2 *(arresto)* Haft *f*, Einschließung *f*; *Esp tb como protesta*: (freiwillige) Einschließung *f als Protestkundgebung* 3 *(retraimiento)* Zurückgezogenheit *f*; Klausur *f* 4 *fig (lugar remoto)* abgelegener Ort *m*; Weltabgeschiedenheit *f* 5 CAZA *de liebres, etc*: Bau *m*

enciguatarse VR *Cuba* sich *(dat)* eine Fischvergiftung holen

encima A ADV *(arriba)* oben; darauf; *además* obendrein; **de ~** *adv* von oben; *adj inv* obere; **lo de ~** der ober(st)e Teil; **por ~** darüber; hinüber; *fig* obenhin, oberflächlich; **por ~ de** über *(dat)*; über … hinweg *(acus)*; **dar ~** *o Chile* **dar de ~** darüber hinaus (*o* zusätzlich) geben, dazugeben; **echarse a/c ~** etw auf sich *(acus)* nehmen, etw übernehmen; **echarse ~ de alg** j-n überfallen; **la noche se nos echó encima** die Nacht überraschte uns; **estar ~** *(tener éxito)* oben(auf) sein; *(estar a la vista, faltar poco)* in Sicht sein, bevorstehen; *peligro, etc* ganz nahe sein; *(ocuparse uno mismo)* sich (selbst) um alles kümmern; **llevar ~** bei sich *(dat)* haben; **ponerse a/c ~** sich *(dat)* etw überziehen, etw anziehen; *cj* **~ (de) que llega tarde, viene regañando** erst (*o* da) kommt er zu spät und dann schimpft er auch noch B PREP **~ de** auf; über; **por ~ de la casa** über das (*o* dem) Haus; **por ~ de él** gegen seinen Willen, ihm zum Trotz; **por ~ de todo** auf jeden Fall, unbedingt; vor allem, in erster Linie; **echarse ~ de alg** sich auf j-n stürzen; sich über j-n werfen; **estar por ~ de alg** j-m überlegen sein; **estar por ~ de a/c** über etw *(dat)* stehen; **está por ~ de nuestras posibilidades** das geht über unsere Möglichkeiten

encimar VT 1 *(colocar arriba)* obenauf stellen (*o* legen) 2 *(amontonar)* übereinanderstellen 3 *juego de cartas*: den Einsatz erhöhen um *(acus)* 4 *Col, Chile, Perú (añadir)* zusätzlich geben

encime M *Esp reg* Zugabe *f*; **encimera** F 1 *(aparador de cocina)* Arbeitsfläche *f (der Einbauküche)* 2 *mueble*: Schrankaufsatz *m*

encina F BOT Steineiche *f*; **encinal, encinar** M Steineichenwald *m*, -bestand *m*

encinta ADJ schwanger; **estar/quedar ~** schwanger sein/werden; **dejar ~** schwängern

encintado M Bordschwelle *f*; **encintar** VT bebändern (*tb* TEC); CONSTR Randsteine setzen an *(acus)*

encismar, encizañar VT entzweien, Zwietracht stiften zwischen *(dat)*

enclaustramiento M Absonderung *f*; Zurückgezogenheit *f*; **enclaustrar** VT in ein Kloster stecken; *fig* verbergen, verstecken

enclavado ADJ eingeschlossen, eingefügt;

enclavadura F CONSTR Zapfennut *f*; **enclavamiento** M 1 TEC *(cerramiento)* Verriegelung *f*; *(obstrucción)* Sperrung *f* 2 MED *de huesos*: (Knochen)Nagelung *f*

enclavar VT 1 vernageln (*tb* TEC); *(cerrar)* verriegeln, sperren; *(incluir)* einfügen, einschließen 2 *(agujerear)* durchbohren 3 *fam fig (engañar)* hinters Licht führen, hintergehen

enclave M Enklave *f*

enclavijar VT 1 TEC einstöpseln; ineinanderstecken; verklammern 2 MÚS mit Wirbeln versehen

enclenque ADJ schwächlich, kränklich; *fig* mickrig

enclítico ADJ LING enklitisch

enclocar ‹1g *y* 1m› VI *y* VR **~se** glucken; **enclochar** VT *Col, Ven* AUTO (ein)kuppeln; **encloquecer** ‹2d› → enclocar

encobar VT bebrüten

encobrar VT verknüpfen

encocorar *fam* A VT ärgern B VR **encocorarse** sich ärgern

encofrado M Verschalen *n*; **encofrar** VT CONSTR ein-, verschalen (*tb* MIN)

encoger ‹2c› A VT 1 *miembro del cuerpo* an-, einziehen; zurückziehen; **~ los hombros** die Achseln zucken 2 *(contraer)* zusammenziehen, verkürzen 3 *fig (apocar)* einschüchtern B VI *tela* einlaufen; (ein)schrumpfen (*tb fig*) C VR **encogerse** 1 *(reducir el tamaño)* (zusammen)-schrumpfen; sich zusammenziehen; *hormigón* kriechen; *fig* **~ de hombros** die Achseln zucken; **se me encoge el corazón** das Herz schnürt sich mir zusammen 2 *fig (ponerse tímido)* schüchtern (*o* kleinlaut) werden

encogido ADJ scheu, verlegen; gehemmt; linkisch; **encogimiento** M 1 *de una tela*: Einlaufen *n (eines Stoffes)* 2 *fig (timidez)* Schüchternheit *f*, Befangenheit *f*; Ängstlichkeit *f* 3 **~ de hombros** Achselzucken *n*

encojar VI *y* VR **~se** *fam* krank werden; sich krank stellen

encolado M 1 *(encolamiento)* Verleimung *f*; Leimen *n*; Aufkleben *n* 2 *del vino*: Abklären *n*;

encoladura F PINT Leimen *n bei Tempera*; **encolamiento** M Leimen *n*; Kleben *n*; **encolar** A VT 1 *(aglutinar)* (ver)leimen; (an)kleben; PINT aufleimen 2 *vino* klären 3 TEX *tejido* schlichten B VR **encolarse** an eine schwer zugängliche Stelle geraten *(geworfener Gegenstand)*

encolerizado ADJ zornig, wütend; **encolerizar** ‹1f› A VT erzürnen B VR **encolerizarse** in Zorn geraten, aufbrausen

encomendar ‹1k› A VT 1 *(encargar)* **~ a/c a alg** j-n mit etw *(dat)* beauftragen; j-m etw übertragen; j-m etw anvertrauen; **~ en manos de alg** in j-s Hände *(acus)* legen (*o* geben) 2 *(recomendar)* j-n empfehlen (**a alg** j-m) 3 *orden de caballería y* HIST zum Komtur machen B VR **encomendarse** 1 **~ a alg** *(confiarse a alg)* sich j-m anvertrauen; sich in j-s Schutz *(acus)* begeben; *fig* **sin ~ ni a Dios ni al diablo**

ohne Überlegung 2 *(despedirse)* **me encomiendo** ich empfehle mich *(Abschied)*

encomendera F *Am reg* Krämerin *f*, Inhaberin *f* eines (kleinen) Lebensmittelladens; **encomendería** F *Am reg* (kleines) Lebensmittelgeschäft *n*; **encomendero** M 1 HIST Kommendeninhaber *m* 2 *Am reg (tendero)* Krämer *m*, Inhaber *m* eines (kleinen) Lebensmittelladens

encomiable ADJ lobenswert; **encomiador** A ADJ→ encomiable B M, **encomiadora** F Lobredner *m*, -in *f*

encomiar VT ⟨1b⟩ loben, preisen, rühmen; **encomiástico, encomiativo** ADJ Lob(es)...; lobrednerisch

encomienda F 1 *(encargo)* Auftrag *m* 2 *(recomendación)* Empfehlung *f* 3 *(protección)* Schutz *m* 4 HIST Kommende *f*; *orden de caballería:* Komturei *f*; Komturwürde *f* 5 *Am* **~ (postal)** Postpaket *n*

encomio M *liter* Lob *n*, Lobeserhebung *f*

enconado ADJ *fig* erbittert; verbissen; **enconamiento** M 1 MED Vereiterung *f einer Wunde* 2 *fig* → encono

enconar A VT 1 *(empeorar)* verschlimmern 2 *(enojar)* erzürnen, erbittern; *enemistad* schüren 3 *conciencia (durch eine böse Tat)* belasten 4 MED *herida* infizieren B VR **enconarse** 1 *(empeorarse)* sich verschlimmern; *fig* sich verschärfen 2 *(enojarse)* sich erzürnen; **~ con** *o* **contra alg** gegen j-n aufgebracht sein 3 MED *herida* eitern, sich entzünden

encono M Groll *m*, Erbitterung *f*; Verbissenheit *f*; **enconoso** ADJ 1 MED *herida* schwärend 2 *fig (rencoroso)* nachtragend

encontradamente ADV entgegengesetzt; **encontradizo** ADJ **hacerse el ~ con alg** so tun, als begegne man j-m zufällig; **encontrado** ADJ *opinión, tesis* entgegengesetzt; gegenteilig

encontrar ⟨1m⟩ A VT 1 *(dar con otra persona o cosa)* finden *(acus)*; treffen *(acus)*, begegnen *(dat)*; stoßen auf *(acus)*; **~ el camino a casa** nach Hause finden; **~ dificultades** in Schwierigkeiten geraten, auf Schwierigkeiten stoßen; **no ~ dificultades con alg** mit j-m leichtes Spiel haben; **~ todas las puertas cerradas** vor verschlossenen Türen stehen; **~ trabajo** Arbeit finden; **imposible de ~** unauffindbar; **no encuentro palabras** ich finde keine Worte 2 *(opinar)* meinen, finden; **no le encuentro ningún sabor** ich finde, das hat überhaupt keinen Geschmack B VI *y* VR **~se** *(chocar)* zusammenstoßen, aufeinanderstoßen C VR **encontrarse** 1 *(tener una reunión)* sich treffen; einander begegnen, zusammentreffen; **~ (con) alg** j-n (zufällig) treffen; **~ con a/c** etw vorfinden; auf etw stoßen; *fig* **~ a sí mismo** zu sich *(dat)* selbst finden; **encontrárselo todo hecho** alles bereits erledigt vorfinden 2 *(hallarse)* sein, sich befinden *(tb de salud)*; **no me encuentro bien** mir geht es nicht gut; **~ con** *o* **ante un hecho** vor einer Tatsache stehen

encontrón M unerwartete Begegnung *f*; **encontronazo** M Zusammenstoß *m (tb fig)*; Aufprall *m*

encoñado ADJ *vulg hombre* verknallt, (einer Frau) hörig; **encoñar** *vulg* A VT 1 *hombre* scharf machen *fam*, aufgeilen *pop* 2 *(sacar a alg de quicio)* auf die Palme bringen *fam* B VR **encoñarse** *hombre* sich verknallen **(de** in *acus)*; *abs* sich mit Weibern einlassen *fam*

encoparse VR *Chile fam* sich betrinken

encopetado ADJ eingebildet, stolz; hochgestochen; **encopetar** A VT erheben B VR **encopetarse** stolz werden, sich aufblähen

encorajinar A VT *fam* auf die Palme bringen B VR **encorajinarse** *fam* in Wut geraten, wütend werden, hitzig werden

encorbatado ADJ mit Krawatte; **encorbatarse** VR *fam* eine Krawatte anziehen

encorchar VT 1 *botellas* zukorken 2 *enjambre de abejas* in den Bienenstock tun

encordadura F MÚS Besaitung *f*; **encordar** ⟨1m⟩ A VT 1 MÚS *instrumento* besaiten 2 *(atar)* umschnüren, zusammenschnüren B VI *reg (tocar a muerto)* für einen Toten läuten; **encordonar** VT mit Schnüren besetzen (*o* versehen)

encoriocos MPL *Cuba* Latschen *fpl*

encornado ADJ **bien ~** mit guter Gehörnbildung; **encornar** VT ⟨1m⟩ 1 *herir:* auf die Hörner nehmen und verletzen 2 *fam fig (hacer cornudo a alg)* j-m Hörner aufsetzen *fam*; **encorsetar** A VT j-m ein Korsett anlegen; in ein Korsett zwängen B VR **encorsetarse** sich (ein)schnüren; **encortinar** VT mit Vorhängen versehen; zuhängen

encorvado ADJ 1 *(curvado)* gekrümmt; (durch)gebogen; krumm 2 *persona* gebeugt, krumm, mit gebeugtem Rücken; **encorvadura** F 1 *(doblamiento)* Krümmen *n*, Biegen *n* 2 *(curvatura)* (Ver)Krümmung *f*; **encorvar** A VT krümmen, biegen; (nieder)beugen; verkrümmen B VR **encorvarse** sich krümmen, sich biegen; *cabello* einen Buckel machen; *persona* einen Buckel bekommen

encostalado ADJ *in einen Sack* verpackt; **encostalar** VT *Ven fam* einsacken *(bes Kaffee)*

encrespado ADJ *cabello* kraus (*o* gesträubt); *olas* schäumend; **encrespar** A VT kräuseln B VR **encresparse** 1 *cabello* sich kräuseln; sich sträuben; *pájaro* sein Gefieder sträuben 2 *mar* schäumen; *ondas* anschwellen; *fig (enfurecerse)* aufbrausen; wütend werden 3 *(dificultarse)* schwierig werden

encriptación F INFORM Verschlüsselung *f*; **encriptado** M INFORM Verschlüsselung *f*; **encriptar** VT verschlüsseln

encristalar VT *puerta, ventana* verglasen

encrucijada F 1 *(cruce)* Kreuzung *f*; *fig* Scheideweg *m*; *fig* **estar en una ~** am Scheideweg stehen 2 *(emboscada)* Hinterhalt *m*, Falle *f*

encrudecer ⟨2d⟩ A VT roh machen; *fig* erbittern, reizen B VR **encrudecerse** 1 *herida* sich entzünden 2 *fig (enfurecerse)* wütend werden; erbittert werden

encuadernación F 1 *de libros:* (Ein)Binden *n*; (Ein)Band *m*; **~ en rústica** Papp(ein)band *m*; **~ en cuero** *o* **de piel** (Ganz)Leder(ein)band *m*; **~ de lujo** Pracht-, Luxus(ein)band *m*; **~ de media pasta** Halbleder(ein)band *m*; **~ de tela** Leinen(ein)band *m* 2 *taller:* Buchbinderei *f*

encuadernador M 1 *profesión:* Buchbinder *m* 2 *(sujetador)* Heftklammer *f*; Musterklammer *f* 3 *(cinta adhesiva)* Haftstreifen *m*; **encuadernadora** F 1 *máquina:* Buchbindemaschine *f* 2 *persona:* Buchbinderin *f*; **encuadernar** VT *libros* (ein)binden **(en** in *acus)*

encuadrar VT (ein-, um)rahmen *(tb fig)*; einpassen; **encuadre** M FILM, FOT Bildausschnitt *m*

encubar VT in (*o* auf) Fässer füllen

encubierta F Hehlerei *f*; **encubierto** A PP → encubrir B ADJ verdeckt, verblümt; **encubridor** A ADJ hehlerisch B M, **encubridora** F Hehler *m*, -in *f*; **encubrimiento** M Verheimlichen *n*; JUR Hehlerei *f*; Begünstigung *f*; **encubrir** VT ⟨*pp* encubierto⟩ verhehlen, verheimlichen; verdecken; JUR hehlen; begünstigen, decken

encuentro M 1 *de personas:* Begegnung *f (tb fig)*; Treffen *n*, Zusammenkunft *f (tb* POL*)*; **ir** *o* **salir al ~ de alg** *(acercarse)* j-m entgegengehen; j-n abholen; *(oponerse)* sich j-m entgegenstellen 2 MIL *(batalla)* Treffen *n*, Gefecht *n* 3 DEP Begegnung *f*, Spiel *n* 4 *(choque)* Zusammenstoß *m*; *fig (discordia)* Uneinigkeit *f*, Streit *m* 5 *(resistencia)* Widerstand *m*, Widerspruch *m* 6 *billar:* Abprallen *n* 7 ANAT *(axila)* Achselhöhle *f*; ORN Flügelansatz *m (tb* GASTR*)* 8 ARQUIT *ángulo en el maderamen:* Winkel *m von zusammentreffendem Gebälk* 9 TIPO **~s** *mpl (vacíos)* Aussparungen *fpl*

encuerado ADJ *Am reg fam* nackt; **encuerar** A VT *espec Am* (nackt) ausziehen B VR **encuerarse** 1 *Am reg (desnudarse)* sich (nackt) ausziehen 2 *Ven (amancebarse) mit j-m* in wilder Ehe leben

encuesta F *(investigación)* Nachforschung *f*, Untersuchung *f*; *conjunto de preguntas:* Umfrage *f*; **~ demoscópica** Meinungsumfrage *f*; **~ por muestreo** *o* **sondeo** Repräsentativbefragung *f*; **hacer** *o* **realizar una ~** eine Meinungsumfrage durchführen

encuestador M, **encuestadora** F Meinungsforscher *m*, -in *f*; **encuestar** VT befragen; zu *etw (dat)* eine Umfrage durchführen; **~ a alg** über j-n Ermittlungen anstellen

encularse VR *Am reg vulg* 1 *(ponerse furioso)* in Rage geraten 2 *Méx (enamorarse)* sich verlieben, sich verknallen *fam*

encumbrado ADJ hochgestellt; hervorragend; **encumbramiento** M 1 *(engrandecimiento)* Emporheben *n* 2 *(elevación)* Bodenerhebung *f* 3 *fig (ascenso)* Aufstieg *m* 4 *(ensalzamiento)* Lobeserhebung *f*; **encumbrar** A VT 1 *(engrandecer)* erhöhen, erheben 2 *fig (alabar)* loben, rühmen B VT & VI *montaña* ersteigen, auf den Gipfel steigen C VR **encumbrarse** 1 *(sobresalir)* hochragen, emporragen 2 *fig (ascender)* aufsteigen, emporkommen 3 *fig desp (envanecerse)* sich aufspielen, sich wichtigmachen

encurdarse VR *pop* sich besaufen

encurtidos MPL GASTR Essiggemüse *n*, Mixed Pickles *pl*; **encurtir** VT in Essig einlegen

ende ADV *cult* **por ~** daher, deswegen, folglich

endeble ADJ schwächlich, kraftlos; schwach *(tb fig)*; **endeblez** F Kraftlosigkeit *f*; Schwäche *f (tb fig)*; **endeblucho** ADJ *fam* schwächlich, mickerig *fam*

endécada F Zeitraum *m* von elf Jahren; **endecasílabo** A LIT ADJ elfsilbig B M Elfsilb(n)er *m (Vers)*

endecha F 1 *(canción triste)* Klagelied *n* 2 *métrica:* Endecha *f (Strophe aus vier Fünf-, Sechs- oder Siebensilbern)* 3 *Weihnachtslied von den Kanarischen Inseln*; **endechar** VT Klagelieder singen auf *(acus)*, beklagen

endehesar VT *ganado* auf die Weide bringen

endemia F MED Endemie *f*; **endémico** ADJ endemisch

endemoniada F Besessene *f*; **endemoniadamente** ADV *fam* gräulich, fürchterlich *fam*; **endemoniado** A ADJ 1 *(poseído)* (vom Teufel) besessen; *(diabólico)* teuflisch 2 *fig situación, persona* furchtbar, unerträglich; äußerst schwierig; sehr schlecht 3 *fam (endiablado)* verflixt *fam*, verteufelt *fam* B M 1 *(poseído)* Besessene *m* 2 *(diablo)* Teufel *m (fig)*

endenante(s) ADV *Am pop* vor Kurzem; früher

endentado ADJ *heráldica:* gezahnt; **endentar** VT ⟨1k⟩ TEC verzahnen

endentecer VI *niño* zahnen

enderezado ADJ zweckmäßig, günstig

enderezar ⟨1f⟩ A VT 1 *(poner derecho)* aufrichten *(tb* TEC*)*; gerade richten (*o* biegen *o* machen); ausrichten; *avión* abfangen 2 *(corregir)* in Ordnung bringen; berichtigen 3 *(castigar)* züchtigen, strafen 4 **~ a** *o* **hacia** lenken (*o* richten) auf *(acus)*; *seine Schritte* lenken nach *(dat)*

E

B VR **enderezarse** sich aufrichten
ENDESA F ABR (Empresa Nacional de Electricidad, Sociedad Anónima) spanische Elektrizitätsgesellschaft *f*
endeudado ADJ verschuldet; **endeudamiento** M Verschuldung *f*; **~ exterior** Auslandsverschuldung *f*; **endeudarse** VR Schulden machen, sich verschulden (**con** bei *dat*)
endiablado ADJ **1** *(diabólico)* teuflisch **2** *fam (endemoniado)* verteufelt, verflixt *fam*, verdammt *fam*; grässlich **3** *fig situación, persona* furchtbar; unerträglich; äußerst schwierig; **endiablar** **A** VT *fam* verführen; verderben **B** VR **endiablarse** wütend werden
endibia F BOT Chicorée *m/f*
endilgar VT ⟨1h⟩ *fam* **1** in die Wege leiten, einfädeln **2** *mentiras* auftischen; *golpe* verpassen; **~ a/c a alg** j-m etw aufhängen (*o* aufhalsen) *fam* **3** *(encaminar rápidamente)* rasch erledigen, hinhauen *fam*
endino ADJ *fam* (abgründig) schlecht
endiñar VT *pop* aufhängen *fam*, aufhalsen *fam*; *golpe, etc* verpassen *fam*
endiosado ADJ stolz, hochmütig; **endiosamiento** M Vergötterung *f* (*tb fig*); *irón (envanecimiento)* Hochmut *m*; *fig (embeleso)* Verzückung *f*; **endiosar** **A** VT vergöttern (*tb fig*) **B** VR **endiosarse** **1** *(embelesarse)* in Verzückung geraten **2** *(sentirse sublime)* sich über alles erhaben fühlen
endivia F → endibia
endocardio M ANAT Endokard *n*, Herzinnenhaut *f*; **endocarditis** F MED Endokarditis *f*
endocrino ADJ ANAT endokrin; Drüsen…; **sistema** *m* **~** endokrines System *n*, Hormonsystem *n*; **endocrinología** F MED Endokrinologie *f*; **endocrinólogo** M, **-a** F MED Endokrinologe *m*, -krinologin *f*
endodoncia F MED Endodontie *f*; **endogamia** F BIOL Endogamie *f*; *desp* Inzucht *f*
endógeno ADJ *t/t* endogen
endomingado ADJ sonntäglich herausgeputzt, im Sonntagsstaat; **endomingarse** VR ⟨1h⟩ *espec irón* sich sonntäglich herausstaffieren
endosable ADJ ECON indossierbar, durch Indossament übertragbar; **endosante** M/F ECON Indossant *m*, Girant *m*; **~ anterior** Vormann *m*; **endosar** VT **1** ECON *letra de cambio, cheque* indossieren, girieren **2** *fam* **~ a/c a alg** j-m etw aufhängen (*o* aufhalsen) *fam*; **endosatario** M, **-a** F ECON Indossatar *m*, -in *f*, Giratar *m*, -in *f*
endoscopia F MED Endoskopie *f*; **endoscopio** M MED Endoskop *n*
endose M → endoso
endósmosis, endosmosis F FÍS Endosmose *f*
endoso M ECON Indossament *n*, Indosso *n*, Giro *n*, Übertragungsvermerk *m*
endospermo M BIOL Endosperm *n*; **endotelio** M BIOL Endothel(ium) *n*; **endovenoso** ADJ MED intravenös
endriago M MIT Drache *m*
endrina F BOT Schlehe *f*; **endrino** **A** ADJ schwarzblau **B** M BOT Schlehdorn *m*
endrogarse VR ⟨1h⟩ **1** *Am (tomar drogas)* Drogen nehmen **2** *Méx (endeudarse)* Schulden machen
endulzante M QUÍM Süßmittel *n*; Süßstoff *m*; **endulzar** VT ⟨1f⟩ süßen; *fig* versüßen
endurecedor M **~ de uñas** Nagelfestiger *m*, Nagelhärter *m*
endurecer ⟨2d⟩ **A** VT **1** *(poner duro)* härten (*tb* TEC); verhärten (*tb fig*); *condiciones, etc* verschärfen **2** *(robustecer)* abhärten (**a** gegen *acus*) **B** VR **endurecerse** **1** hart werden (*tb fig*) **2** *(robustecerse)* sich abhärten (**con, por** durch *acus*)
endurecimiento M **1** TEC *(acción de endurecer)* Härtung *f* **2** *(obstinación)* Verhärtung *f* (*tb fig*); Verstocktheit *f*; *de las condiciones*: Verschärfung *f* (*von Bedingungen*) **3** *(fortalecimiento)* Abhärtung *f*
ene F N *n* (*Name des Buchstabens*); *fam fig* **~ de palo** Galgen *m*
ENE ABR (Estenordeste) ONO (Ostnordost)
enea F BOT Kolbenschilf *n*; Bast(rohr *n*) *m*
eneágono **A** ADJ MAT neuneckig **B** M Neuneck *n*
eneas ADJ *inv Ven fam* schwierig, hart; despotisch
Eneas N PR M Äneas *m*
eneasílabo ADJ LIT neunsilbig
enebrina F BOT Wacholderbeere *f*; **enebro** M BOT Wacholder *m*
eneldo M BOT Dill *m*
enema M MED Einlauf *m*; **~ de contraste** *o* **opaco** Kontrasteinlauf *m*
enemiga F **1** *(enemistad)* Feindschaft *f*, *(odio)* Hass *m*; **ganarse la ~ de alg** sich (*dat*) j-s Feindschaft zuziehen **2** *mujer*: Feindin *f*
enemigo **A** ADJ feindlich, Feindes…; **tierra** *f* **-a** Feindesland *n* **B** M Feind *m*; Gegner *m*; **el ~ (malo)** der böse Feind, der Teufel; **~ del Estado** Staatsfeind *m*; **~ jurado** Erzfeind *m*; **~ mortal** Todfeind *m*; **soy ~ de cualquier cambio** ich bin gegen jede Veränderung
enemistad F Feindschaft *f*; **ganarse la ~ de alg** sich (*dat*) j-s Feindschaft zuziehen; **enemistar** **A** VT verfeinden **B** VR **~se con alg** sich mit j-m verfeinden (*o* überwerfen)
éneo ADJ *poét* ehern
energética F *ciencia*: Energetik *f*; **energético** **A** ADJ energetisch; Energie…; **abastecimiento** *m* **~** Energieversorgung *f*; **ahorro** *m* **~** Energieeinsparung *f*; **crisis** *f* **-a** Energiekrise *f*; **demanda** *f* **-a** Energiebedarf *m*; **economía** *f* **-a** Energiewirtschaft *f*; **política** *f* **-a** Energiepolitik *f*; **sector** *m* **~** Energiesektor *m* **B** **~s** MPL Energiequellen *fpl*; -träger *mpl*
energía F Energie *f* (*tb* FÍS), Kraft *f*; *fig (vigor)* Tatkraft *f*; *(tesón)* Strenge *f*; **~ absorbida** Leistungsaufnahme *f*; **~ alternativa** Alternativenergie *f*; **~ atómica** *o* **nuclear** Atom-, Kernenergie *f*, -kraft *f*; FÍS **~ cinética** Bewegungsenergie *f*; **consumo** *m* **de ~** Energieverbrauch *m*; **~ eólica** Windkraft *f*, Windenergie *f*; **falta** *f* **de ~** Kraftlosigkeit *f*, Schwäche *f*; **~ geotérmica** Erdwärme *f*; **~ hidráulica** Wasserkraft *f*; **~ primaria** Primärenergie *f*; **producción** *f o* **generación** *f* **de ~** Energieerzeugung *f*; ECOL **~ renovable** erneuerbare Energie *f*; **~ solar** Sonnen-, Solarenergie *f*; **~ térmica** Wärmeenergie *f*; *adv* **con ~** tatkräftig; nachdrücklich; energisch; **con toda ~** mit aller Macht; **sin ~** kraftlos; ohne Nachdruck; **abastecer de** *o* **con ~** mit Energie versorgen; **ahorrar/derrochar ~** Energie sparen/verschwenden
enérgico ADJ *persona* energisch, tatkräftig; nachdrücklich; *medio* kräftig
energizar VT mit Energie versorgen (*tb* FÍS)
energúmeno M, **-a** F Rasende *m/f*, Besessene *m/f* (*tb fig*); *fig* **como un ~** wie ein Irrer, wie verrückt
enero M Januar *m*, *Austr* Jänner *m*; **en (el mes de) ~** im (Monat) Januar; **el 6 de ~** am 6. Januar
enervación F, Entkräftung *f*, Schwächung *f*; **enervador** ADJ schwächend; **enervamiento** M → enervación; **enervante** ADJ entnervend; nervenaufreibend; nervtötend
enervar **A** VT *(debilitar)* entnerven, schwächen; *argumento* entkräften; *fig (poner nervioso)* nervös machen; auf die Nerven gehen (*dat*) **B** VR **enervarse** nervös werden, die Nerven verlieren; sich aufregen
enésimo ADJ MAT n-ter; *fam* **por -a vez** zum x-ten Mal
enfadadizo ADJ reizbar; schnell beleidigt
enfadado ADJ ärgerlich; verärgert; **estar ~ (con alg)** (j-m *o* auf j-n *o* mit j-m) böse sein
enfadar **A** VT ärgern **B** VR **enfadarse** sich ärgern, zornig werden (über j-n **con** *o* **contra alg**); **~ por poco** sich über jede Kleinigkeit ärgern
enfado M *(fastidio)* Ärger *m*, Verdruss *m*; *(afán)* Mühe *f*, Plackerei *f*; **enfadoso** ADJ ärgerlich; lästig
enfajar **A** VT einbinden **B** **~se** VR eine Leibbinde anlegen
enfangar ⟨1h⟩ **A** VT beschmutzen (*tb fig*) **B** VR **enfangarse** *fig* sittlich verkommen
enfardadora F Packmaschine *f*; **enfardarse** VR *Cuba fam* sich in Schale werfen *fam*; **enfard(el)ar** VT zu Ballen zusammenpacken; *mercancías* (ein)packen
énfasis M Emphase *f*; Eindringlichkeit *f*; Nachdruck *m*; *adv* **con ~** eindringlich
enfático ADJ emphatisch; nachdrücklich, eindringlich
enfatizar VT ⟨1f⟩ nachdrücklich betonen (*o* aussprechen); besonderen Nachdruck legen auf (*acus*)
enfebrecer **A** VT Fieber verursachen **B** **~se** VR Fieber bekommen; **enfebrecido** ADJ fieberhaft
enfermar **A** VT krank machen; *(debilitar)* schwächen **B** VI erkranken, krank werden (**con** durch *acus*); **~ del hígado** sich (*dat*) ein Leberleiden zuziehen, an der Leber erkranken **C** VR **enfermarse** **1** *(ponerse enfermo) Am* krank werden, erkranken **2** *Perú fam mujer* ihre Periode bekommen
enfermedad F Krankheit *f*, Leiden *n*; Erkrankung *f*; **por ~** krankheitshalber; **~ adictiva** Suchtkrankheit *f*; **~ de las alturas** Berg-, Höhenkrankheit *f*; MED **~ de la civilización** Zivilisationskrankheit *f*; **~ contagiosa** *o* **infecciosa** Infektionskrankheit *f*, ansteckende Krankheit *f*; **~ infantil** Kinderkrankheit *f*; **~ del legionario** Legionärskrankheit *f*; **~ mental/profesional** Geistes-/Berufskrankheit *f*; **~ orgánica** Organerkrankung *f*; organisches Leiden *n*; **~ del sueño** Schlafkrankheit *f*; **~ tropical** Tropenkrankheit *f*; **~ de las vacas locas** Rinderwahn(sinn) *m*; **~ venérea** Geschlechtskrankheit *f*
enfermera F Krankenschwester *f*, -pflegerin *f*; Arzthelferin *f*; **~ diplomada** *o* **titulada** geprüfte (*o* examinierte) Krankenschwester *f*; **~ jefe/de noche** Ober-/Nachtschwester *f*; **~ jefe de planta** Stationsschwester *f*
enfermería F Krankenzimmer *n*, -station *f*; TAUR Unfallstation *f*; MIL Revier *n*; **enfermero** M Krankenpfleger *m*, -wärter *m*; **enfermizo** ADJ kränklich, schwächlich; krankhaft (*tb fig*)
enfermo **A** ADJ krank (*tb fig* **de** vor *dat*); **gravemente ~** schwer krank; **estar ~** krank sein; *Am fam* **está -a** sie hat ihre Tage (*Menstruation*); **~ del hígado** leberkrank; **~ mental** geisteskrank; **~ de muerte** tod-, sterbenskrank; **caer** *o* **ponerse ~** krank werden, erkranken (**de** an *dat*) **B** M, **-a** F Kranke *m/f*; Patient *m*, -in *f*; **~ mental** Geisteskranker *m*; **~ psíquico** Gemütskranker *m*; **~ terminal** Patient *m* im Endstadium
enfermoso ADJ *Am reg*, **enfermucho** ADJ *fam* kränklich
enfervorizar **A** VT ⟨1f⟩ begeistern, erwär-

men **B** VR **~se por a/c** sich für etw *(acus)* begeistern

enfielar VT *balanza* ins Gleichgewicht bringen

enfiestarse VR *Am reg* sich vergnügen, sich amüsieren; euphorisch werden

enfilar **A** VT **1** *(poner en hilera)* aneinanderreihen, aufreihen; in eine Linie bringen; *(ensartar)* einfädeln **2** *(dirigir, apuntar)* visieren, anpeilen; MIL (der Länge nach) bestreichen **B** VI AUTO fahren (**hacia** nach *dat*); einfahren in *(acus)*; *persona* sich begeben nach *(dat)* **C** VR **enfilarse** sich einreihen; *transporte:* sich einordnen

enfirolado ADJ *Ven fam* schick angezogen

enfisema M MED Emphysem *n*; **~ pulmonar** Lungenemphysem *n*

enfiteusis F JUR *corresponde a:* Erbpacht *f*; HIST Emphyteuse *f*; **enfiteuta** M/F *corresponde a:* Erbpächter *m*, -in *f*

enfitéutico ADJ Erb(pacht)...; **censo** *m* **~** *corresponde a:* Erb(pacht)zins *m*; **contrato** *m* **~** *corresponde a:* Erbpachtvertrag *m*

enflaquecer ⟨2d⟩ **A** VT *(debilitar)* schwächen **B** VI **1** *(adelgazar)* abmagern **2** *fig (aflojar)* erschlaffen; mutlos werden; **enflaquecimiento** M **1** *(debilitación)* Entkräftung *f*, Schwäche *f* **2** *(perdida de peso)* Abmagerung *f*

enflatarse *fam* VR **1** *Am reg (apenarse)* traurig werden **2** *Am reg (tener miedo)* Manschetten kriegen *fam* **3** *Cuba, Méx (ponerse de mal humor)* sauer werden

enflautada F Dummheit *f*, Unsinn *m*; **enflautado** ADJ *fam* geschwollen *(fig)*; **enflautar** VT **1** *fam (inflar)* aufblasen **2** *(engañar)* täuschen, *j-n* anführen **3** *(alcahuetear)* verkuppeln **4** *Col (encajar) j-m etw* aufhalsen *fam*, andrehen *fam*

enfocado M FOT Einstellung *f*; **enfocador** M ÓPT, FOT Sucher *m*; **enfocar** VT ⟨1g⟩ **1** ÓPT, FOT einstellen, fokussieren **2** *(iluminar)* beleuchten, anstrahlen **3** *fig cosa, problema* angehen; untersuchen, beleuchten

enfollonar *pop* **A** VT **1** *(enliar)* in eine (unangenehme) Sache verwickeln (*o* hineinziehen) **2** *(confundir)* verwirren **B** VR **~se en a/c** in etw *(acus)* hineingezogen werden

enfoque M ÓPT *y fig* Einstellung *f*; *fig (punto de vista)* Betrachtungsweise *f*; *los puntos esenciales:* (Frage-, Problem)Stellung *f*; ÓPT **~ nítido** Scharfeinstellung *f*

enfoscar **A** VT CONSTR *pared* verputzen **B** VR **enfoscarse** **1** *cielo* sich verdunkeln, sich zuziehen **2** *(molestarse) fig* sich ärgern

enfrailar **A** VT zum Mönch machen **B** VI Mönch werden

enfrascar ⟨1g⟩ **A** VT *(envasar)* in Flaschen (*o* in eine Flasche) füllen **B** VR *fig* **~se en** sich versenken (*o* vertiefen) in *(acus)*; **~se en la política** ganz in der Politik aufgehen

enfrenar VT **1** *equitación:* (auf)zäumen; zügeln *(tb fig)* **2** TEC verlaschen

enfrentado ADJ verfeindet, gegnerisch; **enfrentamiento** M Zusammenstoß *m (espec fig)*; Konfrontation *f*; **~ verbal** Wortgeplänkel *n*

enfrentar **A** VT (einander) gegenüberstellen; konfrontieren; **~ a/c** sich einer Sache *(dat)* stellen **B** VR **~se con** (*o* **a**) **alg** j-m gegenübertreten *(tb fig)*; j-m die Stirn bieten

enfrente ADV gegenüber; *prep* **~ de** gegenüber *(dat)*; **la casa de ~** das Haus gegenüber; **estar ~ del cine** dem Kino gegenüberliegen; *fig* **tener a alg ~** j-n gegen sich *(acus)* haben

enfriadera F Kühlgefäß *n*, -krug *m*; **enfriadero** M **1** *sala:* Kühlraum *m* **2** TEC *aparato:* Kühlgerät *n*; **enfriador** M TEC Kühler *m*; Kühlbox *f*, -truhe *f*; **enfriamiento** M **1** *(acción de enfriarse)* Abkühlung *f (tb fig)*; Kaltwerden *n* **2** *(refrigeración)* Kühlung *f* **3** MED *(resfriado)* Erkältung *f*

enfriar ⟨1c⟩ **A** VT & VI **1** *(refrigerar)* (ab)kühlen *(tb fig)*; *tb* TEC **~ bruscamente** abschrecken **2** *sentimientos* erkalten lassen **3** *fam fig (matar)* kaltmachen *fam*, killen *fam* **B** VR **enfriarse** **1** *(ponerse frío)* (sich) abkühlen, erkalten *(tb fig)*; kalt werden *(tb* TEC, GASTR); METEO kühler werden **2** MED *(resfriarse)* sich erkälten

enfullinarse VR *Méx fam* auf die Palme gehen

enfundar **A** VT in eine (Schutz)Hülle (*o* einen Überzug *o* ein Futteral) stecken; *diente* überkronen **B** VR **~se (en su traje)** (in seinen Anzug) schlüpfen

enfurecer ⟨2d⟩ **A** VT wütend machen **B** VR **enfurecerse** wütend werden (über *acus*,**por** wegen *gen*; **con, contra** auf *acus*); toben *(tb mar, etc)*; **enfurecido** ADJ wütend; tobend; **enfurecimiento** M Wut *f*; Toben *n*, Rasen *n*

enfurruñado ADJ *fam* mürrisch; bockig; **enfurruñamiento** M *fam* Murren *n*; miese Laune *f fam*; **enfurruñarse** VR *fam* **1** *espec niños* böse werden, bocken **2** *cielo* trüb werden

engaitar VT *fam* überlisten; einwickeln *fam*, beschwatzen

engalanado M MAR Flaggengala *f*; **engalanar** **A** VT schmücken, putzen; verzieren **B** VR **engalanarse** sich schmücken, sich herausputzen, sich schön machen *fam*

engallado ADJ stolz; **engallador** M *equitación:* Gebissriemen *m*; **engallarse** VR *equitación: y fig* den Kopf hoch tragen; *fig* sich in die Brust werfen

engalletarse VR *Ven* ins Stocken geraten; *transporte:* einen Stau bilden

enganchador M MIL Werber *m*; MAR Heuerbaas *m*

enganchar **A** VT **1** *(colgar)* ein-, anhaken, anhängen; TEC an-, verkoppeln; FERR koppeln; *animal de tiro* einspannen **2** MIL *(reclutar) (mittels Handgeld)* anwerben; *Am obreros* einstellen **3** TAUR auf die Hörner nehmen **4** *fam* **~ a alg** *(conquistar)* j-n einfangen, (sich *dat*) j-n kapern *fam*; *(convencer)* j-n überreden, j-n bequatschen *fam* **5** *Esp pop* **~ a alg** *con drogas:* j-n drogenabhängig machen **B** VR **engancharse** **1** *(agarrar con un gancho)* sich festhaken, hängen bleiben; sich verheddern **2** *fam (volverse adicto)* süchtig werden **3** MIL *(dejarse reclutar)* sich anwerben lassen

enganche M **1** *acción:* Festhaken *n*; Ankoppeln *n* **2** TEC, FERR *pieza:* (Haken)Kupplung *f*; *de un órgano:* Koppel *f einer Orgel* **3** MIL *(reclutamiento)* Anwerbung *f*; MAR *(enrolamiento)* Anheuerung *f* **4** *equitación:* Gespann *n* **5** *Arg fam persona:* Eroberung *f (Partner)*; **enganchón** M (Riss *m* durch) Hängenbleiben *n*

engangrenarse VR MED brandig werden

engañabobos M/F ⟨*pl inv*⟩ **1** *(embaucador)* Bauernfänger *m*, -in *f*, Betrüger *m*, -in *f*; **juegos** *mpl* **de ~** Bauernfängerei *f* **2** ORN Ziegenmelker *m*; **engañadizo** ADJ leicht zu betrügen(d); **engañador** **A** ADJ täuschend; betrügerisch **B** M, **engañadora** F → engañamundo(s); **engañamundo(s)** M/F Betrüger *m*, -in *f*; Hochstapler *m*, -in *f*; **engañapastores** M ⟨*pl inv*⟩ ORN Ziegenmelker *m*; **engañapichanga** F *Arg, Ur fam* Mogelei *f*; Trugbild *n*

engañar **A** VT betrügen; täuschen; beschummeln *fam*, hereinlegen; überlisten; **~ el hambre** den ärgsten Hunger stillen; nur einen Happen essen; **las apariencias engañan** *o* **la vista engaña** der Schein trügt **B** VR **engañarse** sich irren, sich täuschen (**en** in *dat*); sich *(dat)* etwas vormachen; **si no me engaño** wenn ich (mich) nicht irre

engañifa F *fam* Betrug *m*, Hinterhältigkeit *f*

engaño M Betrug *m*; Täuschung *f*; *(equivocación)* Irrtum *m*; *fam* **es ~** das ist erlogen, das ist nicht wahr; **llamarse a ~** sich betrogen fühlen; sich auf Betrug (*o* Irrtum) berufen; **no te llames a ~** mach dir nichts vor

engañoso ADJ *(mentido)* betrügerisch, erlogen; *(ilusorio)* trügerisch, täuschend, irreführend

engarabitar VI *y* VR **~se** **1** *(trepar)* klettern, steigen **2** *fam fig (encorvarse)* sich krümmen; *dedos* klamm werden

engarce M *de perlas:* Aufreihen *n*; *de piedras preciosas:* Fassung *f*; *(conexión)* Verkettung *f (tb fig)*

engarrotarse VR *Col fam* jämmerlich frieren

engarzar VT ⟨1f⟩ **1** aufreihen; *piedras preciosas* fassen (**de** in *acus*); *(enlazar)* verketten *(tb fig)* **2** *cabello* kräuseln

engastador M, **engastadora** F Schmuckarbeiter *m*, -in *f*; **engastar** VT **1** *piedra preciosa* fassen **2** TEC *(encajar) zwei Teile* einpassen (*o* ineinanderpassen); **engaste** M **1** *(engarce)* (Schmuck)Fassung *f* **2** *(perla chata)* Flachperle *f*

engatado ADJ diebisch (veranlagt); **engatar** VT *fam* → engatusar

engatillar **A** VT TEC bördeln; einklinken; CONSTR verklammern **B** VR **engatillarse** sich verklemmen *(Abzug einer Waffe)*

engatusador **A** ADJ schmeichelnd **B** M, **engatusadora** F Schmeichler *m*, -in *f*; **engatusamiento** M Schmeicheln *n*; **engatusar** VT *fam* umschmeicheln, einwickeln *fam*, einseifen *fam*; bezirzen *fam*

engavetar VT in eine Schublade legen; *expedientes* unbearbeitet liegen lassen

engavillar VT AGR in Garben binden

engayolar VT *Arg, Ur fam* einbuchten *fam*, in den Knast stecken *fam*

engendramiento M Zeugung *f*

engendrar VT **1** *(procrear)* zeugen **2** *(generar)* erzeugen; hervorbringen, bewirken; verursachen

engendro M **1** *(criatura deforme)* Missgeburt *f (tb fig)*; *col desp* Brut *f* **2** *fig (quimera)* Ausgeburt *f der Fantasie*, Hirngespinst *n*; *(mamarracho)* Machwerk *n* **3** *fig fam* **mal ~** *(inútil)* Taugenichts *m*, Früchtchen *n fam*

englobado ADJ *Col fam* zerstreut, geistesabwesend; **englobador** ADJ umfassend; zusammenfassend; **englobar** VT **1** *(incluir)* einbegreifen; umfassen **2** *(resumir)* zusammenfassen

engolado ADJ **1** *(con gola)* mit Halskrause **2** *fig (altanero)* hochtrabend, schwülstig **3** *(encopetado)* hochnäsig

engolar **A** VT schreien **B** VR **engolarse** *Cuba fam* Schulden machen

engolfar **A** VI MAR auf hohe See gehen **B** VR *fig* **~se en** sich vertiefen in *(acus)*, sich versenken in *(acus)*

engolillado ADJ steif, altfränkisch

engolondrinarse VR **1** *(envanecerse)* vornehm tun **2** *(enamoriscarse)* sich verlieben

engolosinar **A** VT (ver)locken; *j-m* den Mund wässerig machen **B** VR **~se con** Geschmack finden an *(dat)*; erpicht sein auf *(acus)*

engomado **A** ADJ **1** *(gomoso)* gummiert, Klebe... **2** *fig Chile (presumido)* geckenhaft **B** M → engomadura; **engomadura** F Gummierung *f*; **engomar** VT gummieren; *cabello* pomadisieren

engominar VT *cabello* pomadisieren

engorda F *Chile, Méx* **1** *(ceba)* Mast *f* **2** *animales:* Mastvieh *n*; **engordar** **A** VT mästen **B** VI dick werden, zunehmen; dick machen

engorde M Mast *f*; **de ~** Mast... *(tb* MED, AGR); **ganado** *m* **de ~** Mastvieh *n*

engorro M Hemmung *f*; Belästigung *f*; Schwierigkeit *f*; **engorroso** ADJ umständlich; lästig; mühselig, mühsam

engrampadora F *Am reg* Heftmaschine *f* (*im Büro*); **engrampar** VT *Am reg papel* heften, mit Klammern befestigen; **engramparse** VR *Col fam* Schulden machen

engranaje M TEC *y fig* Getriebe *n*, Räderwerk *n*; Verzahnung *f*; *fig* Ineinandergreifen *n*, Zusammenhang *m*; TEC **~ planetario** Planetengetriebe *n*; **~ recto** Stirnradgetriebe *n*

engranar A VT verzahnen; verbinden B VI TEC eingreifen; ineinandergreifen (*tb fig*)

engrandar VT vergrößern; **engrandecer** ⟨2d⟩ A VT vergrößern; *fig* (*exaltar*) erhöhen; verherrlichen, preisen; (*exagerar*) übertreiben B VR **engrandecerse** sich vergrößern; sich erhöhen; aufsteigen (*fig*); **engrandecimiento** M Vergrößerung *f*; *fig* (*glorificación*) Lobpreisung *f*; (*ascenso*) Rangerhöhung *f*, Aufstieg *m*

engrapadora F *Am reg* Heftmaschine *f*; **engrapar** VT **1** *sujetar*: mit Klammern befestigen; TEC verklammern; *Am reg papel* heften **2** *Cuba* (*agarrar*) schnappen, erwischen

engrasado M → engrase 1; **engrasador** M TEC **1** *recipiente*: Fett-, Schmierbüchse *f*; Öler *m*; Schmiergerät *n* **2** (*boquilla de engrase*) Schmiernippel *m*; **engrasar** VT **1** (*untar*) beschmieren **2** TEC (*aceitar*) einfetten, ölen, schmieren; AUTO abschmieren **3** AGR (*abonar*) düngen **4** *fam* (*sobornar*) bestechen, schmieren *fam*

engrase M **1** *acción*: Einfetten *n*; Schmierung *f*; AUTO Abschmieren *n*; **~ por circulación** Umlaufschmierung *f*; **fosa** *f o* **foso** *m o* **pozo** *m* **de ~** Abschmiergrube *f* **2** (*medio de engrase*) Schmiermittel *n*; Öl *n*, Fett *n*

engreído ADJ dünkelhaft, eingebildet; *fam* **¡es más ~!** der gibt (vielleicht) an! *fam*; **engreimiento** M Einbildung *f*, Dünkel *m*

engreír ⟨3m⟩ A VT eingebildet machen; *Perú* (*mimar*) verhätscheln B VR **engreírse** sich in die Brust werfen; sich rühmen (**de** *gen*), prahlen (**con** mit *dat*); *Perú* **~ con alg** j-n lieb gewinnen

engrescar A VT ⟨1g⟩ auf-, verhetzen, (gegeneinander) aufstacheln B VR **engrescarse** sich (*dat*) in die Haare geraten

engrifada ADJ *heráldica*: stilisiert (*Adler*); **engrifado** ADJ *drogas fam* rauschgiftsüchtig; high *fam*; **engrifar** A VT sträuben B VR **engrifarse** *equitación*: sich bäumen; **engrillar** VT Fußschellen anlegen (*dat*); **engrilletar** VT Fußschellen anlegen

engringarse VR ⟨1h⟩ *Am* die Lebensweise der Ausländer (*bes der US-Amerikaner*) annehmen, sich wie ein Gringo benehmen

engriparse VR *Am Mer fam* sich (*dat*) eine Grippe holen

engrosar ⟨1m⟩ A VT **1** (*engordar*) dick machen; verdicken **2** *fig* (*aumentar*) vermehren, vergrößern; (*exagerar*) übertreiben B VI *y* VR **~se 1** (*incrementar de peso*) dick(er) werden; zunehmen **2** (*crecer*) wachsen, sich vergrößern

engrudar VT kleistern; **engrudo** M Kleister *m*

engruesar VT **1** *cifra* erhöhen **2** → engrosar

engrupido ADJ dünkelhaft, eingebildet; **engrupir** VT *Arg fam* begaunern, hereinlegen

engualichar VR *Arg fam* verhexen, bezirzen

enguantado ADJ behandschuht; **enguantarse** VR die Handschuhe anziehen

enguaracarse VR *Am Centr* sich verstecken

enguarrar *pop* A VT *Esp* verschmutzen, verdrecken B VT **~se** *fam* sich schmutzig machen

enguatar VT (aus)wattieren

enguayabado ADJ *Col fam* verkatert

enguedejado ADJ mit langen Haaren, langhaarig; *cabello* (lang)strähnig

enguijarrar VT (be)schottern

enguirnaldar VT mit Girlanden behängen

engullir VT & VI ⟨3h⟩ (ver)schlingen, (ver)schlucken; *desp* fressen *pop*; *fig* schlucken

engusanarse VR *Arg herida* von Würmern befallen werden

enharinar VT mit Mehl bestäuben

enhebillar VT zu-, festschnallen

enhebrar VT einfädeln; auffädeln

enhestar VT ⟨1k⟩ auf-, emporrichten

enhiesto ADJ gerade (aufgerichtet), steil (aufragend)

enhorabuena F Glückwunsch *m*; **¡~!** (*¡felicitaciones!*) ich gratuliere!, meinen Glückwunsch!; (*¡por mí!*) von mir aus!, meinetwegen!; **dar la ~ a alg** j-n beglückwünschen, j-m gratulieren; **estar de ~** Glück haben, sich gratulieren können; **¡(que) sea ~!** viel Glück!

enhoramala INT **¡~!** zum Teufel!

enhornar VT in den Ofen schieben; **enhorquetar** *Cuba, Méx, P. Rico, RPl* A VT *niños* auf dem Rücken tragen B VR **~se en la bicicleta** sich aufs Rad schwingen

enhuesar VT *Col fam* **~ a/c a alg** j-m etw andrehen

enigma M Rätsel *n* (*tb fig*); **enigmático** ADJ rätselhaft, geheimnisvoll

enjabonada F *Col fam* Anpfiff *m*, Standpauke *f*; **enjabonado** M, **-a** F Einseifen *n*; Abseifen *n*; **enjabonar** VT **1** einseifen; abseifen **2** *fam fig* (*adular*) Honig ums Maul schmieren (*dat*) *fam*, schmeicheln (*dat*) **3** (*reprender*) den Kopf waschen (*dat*) *fam*, zusammenstauchen *fam*

enjaezado ADJ *pop* hochelegant

enjaezar VT ⟨1f⟩ *equitación*: **1** (*poner los jaeces*) anschirren **2** *Am* (*ensillar*) satteln

enjalbegado M Tünchen *n*; **enjalbegador** M Tüncher *m*; **enjalbegadura** F Weißen *n*, Tünchen *n*; **enjalbegar** VT ⟨1h⟩ weißen, tünchen

enjalma F leichter Saumsattel *m*; **enjalmar** VT *animal de carga* satteln

enjambradera F Weiselzelle *f*; **enjambrar** A VI **1** ZOOL *abejas* schwärmen **2** *fig* wimmeln B VT **1** *enjambre de abejas* einfangen **2** *fig* (*salir en gran número*) in Menge(n) hervorbringen; **enjambrazón** F Schwärmen *n der Bienen*; **enjambre** M **1** ZOOL *de abejas*: (Bienen)Schwarm *m* **2** *fig* (*cantidad grande*) große Menge *f*; Schwarm *m*

enjaranarse VR *Am reg fam* Schulden machen

enjarciar VT ⟨1b⟩ MAR auftakeln; **enjaretado** A ADJ **dejar ~** fertig(gemacht) haben B M MAR Gräting *f*

enjaretar VT **1** *cinta* durchziehen **2** *fam fig* (*hacer de mala manera*) eilig (fertig) machen, zusammenhudeln *fam*; *discurso* herunterleiern **3** *fam* **~ a/c a alg** (*encajar a/c a alg*) j-m etw aufhalsen *fam*

enjaular VT **1** (*meter en una jaula*) in einen Käfig sperren **2** *fam* (*encarcelar*) (*ins Gefängnis*) einsperren) einbuchten *fam*

enjetarse VT *Arg fam* auf die Palme gehen

enjibador M *Esp jerga del hampa* Zuhälter *m*, Lude *m pop*

enjoyar VT mit Juwelen besetzen (*o* schmücken); *fig* verschönern; **enjoyelado** ADJ **oro** *m* **~** Schmuckgold *n*; **enjoyelador** M, **enjoyeladora** F Schmuckarbeiter *m*, -in *f*; Goldschmied *m*, -in *f*

enjuagadientes M ⟨*pl inv*⟩ Mundwasser *n*; *fig* Schluck *m*

enjuagar ⟨1h⟩ A VT **1** *con agua limpia*: (ab-, aus)spülen; (kurz) durchwaschen **2** *la boca*: den Mund ausspülen B VR **~se (la boca)** sich (*dat*) den Mund (aus)spülen; **enjuagatorio** M **1** (*agua dentífrica*) Mundwasser *n* **2** (*fregado*) Spülen *n*; **enjuague** M **1** Spülen *n*; *de la boca*: Mundspülung *f*; TEC Spülung *f* **2** *Am* **~ (bucal)** Mundwasser *n* **3** *fig* (*intrigas*) Intrigen *fpl*, dunkle Machenschaften *fpl*; krumme Sache *f*

enjugadero M **1** (*secadero*) Trockenplatz *m* **2** → enjugador; **enjugador** M Trockengestell *n*, -ständer *m*; QUÍM Abtropfschale *f*; **enjugamanos** M ⟨*pl inv*⟩ *Am* Handtuch *n*; **enjugar** ⟨1h⟩ A VT **1** (*secar*) (ab)trocknen; ab-, aufwischen **2** *fig deuda* löschen, streichen B VR **enjugarse** sich (ab)trocknen

enjuiciable ADJ JUR gerichtlich verfolgbar; **enjuiciamiento** M **1** (*dictamen*) Beurteilung *f* **2** JUR *inicio de juicio*: Einleitung *f* des Gerichtsverfahrens; Prozess *m*; **ley** *f* **de ~ civil/criminal** Zivil-/Strafprozessordnung *f*; **enjuiciar** VT ⟨1b⟩ **1** (*dictaminar*) beurteilen, ein Urteil fällen über (*acus*); *fig* (*criticar*) kritisieren **2** JUR **~ a alg** (*hacerle juicio a alg*) j-m den Prozess machen; (*abrir el juicio*) das Verfahren gegen j-n eröffnen; (*o* anhängig machen); (*fallar*) das Urteil fällen über j-n

enjundia F **1** (*grasa animal*) *tierisches* Fett *n* **2** *fig* (*contenido*) Gehalt *m*, Kraft *f*; Substanz *f*; **de ~** bedeutend; substanzreich; **de poca ~** belanglos; **enjundioso** ADJ **1** (*grasoso*) fettreich **2** *fig* (*sustancioso*) markig, kernig; substanzreich

enjunque M MAR Ballast *m*

enjutar A VT **1** CONSTR *cal* abtrocknen lassen **2** *Arg, Chile* (*secar*) trocknen B VR **enjutarse** *Am reg* abmagern

enjuto A ADJ (*seco*) trocken, dürr; **~ (de carnes)** dürr, hager; *adv* **a pie ~** trockenen Fußes B **~s** MPL **1** GASTR (*bocados*) (*pikante*) *Happen zum Getränk* **2** (*leña menuda*) dürres Reisig *n*

enlabiar VT ⟨1b⟩ beschwatzen, betören; **enlabio** M Beschwatzen *n*

enlace M **1** (*unión, contacto*) Verbindung *f*, Verflechtung *f*, Verknüpfung *f*; (*conexión*) Zusammenhang *m*; *liter* **~ (matrimonial)** Hochzeit *f*; **~ radiofónico** Funksprechverbindung *f*; MIL **oficial** *m* **de ~** Verbindungsoffizier *m* **2** *transporte*: Anschluss(linie *f*, -bahn *f*) *m*; FERR *tb* (*vagón directo*) Kurswagen *m*; **~ aéreo** Flugverbindung *f*; **~ ferroviario** Bahnanschluss *m*; **tener ~** Anschluss haben (**a** nach *dat*) **3** INFORM Link *n*, Verknüpfung *f* **4** ELEC, TEL (*toma*) Anschluss *m*; **~ telefónico** Telefonverbindung *f*, -anschluss *m* **5** QUÍM (*ligazón*) Bindung *f* **6** *persona*: Verbindungsmann *m*; MIL Melder *m*

enlaciar ⟨1b⟩ A VT welk machen B VR **enlaciarse** *verduras, etc* welken

enladrillado M Backsteinpflaster *n*; **enladrillador** M → solador; **enladrilladura** F Backsteinpflaster *n*; Plattenboden *m*; **enladrillar** VT mit Backsteinen pflastern

enlagunada F *Col* Alkoholismus *m* mit Gedächtnislücken; **enlagunar** VT überschwemmen

enlardar VT GASTR spicken

enlatados MPL *Am* (Lebensmittel)Konserven *fpl*

enlatar VT **1** (*envasar en latas*) in Büchsen füllen; *fam* **música** *f* **enlatada** Musik *f* aus der Konserve **2** *Am reg* (*cubrir con latas*) mit Latten decken

enlazadora F TEC Verschnürmaschine *f*; **enlazadura** F, **enlazamiento** M Verknüpfung *f*

enlazar ⟨1f⟩ A VT **1** (*atar*) festbinden, verschnüren **2** (*conectar*) (ver)knüpfen; verbinden; anknüpfen (**con** an *acus*); ELEC, TEL, *transporte*:

anschließen; INFORM (ver)linken (**con** auf *acus*, zu) **3** *Am* (*cazar con el lazo*) mit dem Lasso (ein)fangen **B** V/I sich anschließen (**con** an *acus*); FERR Anschluss haben (**con** an *acus*) **C** V/R **enlazarse** sich verbinden; sich vermählen; in verwandtschaftliche Beziehungen treten

enlegajar V/T *expedientes* bündeln

enlentecer **A** V/T verlangsamen **B** V/R **enlentecerse** langsamer werden, sich verlangsamen

enligarse V/R ⟨1h⟩ *pájaro* auf den Leim gehen

enlistar V/T *Méx* **~ a/c** eine Liste von etw aufstellen, etw auf eine Liste setzen

enlistonado M ARQUIT Sims(werk) *n*, Leiste *f*

enllantar V/T mit Felgen versehen; *Col, Ec neumático* aufziehen

enlobreguecer V/T verdunkeln, verdüstern

enlodar, enlodazar V/T ⟨1f⟩ **1** (*ensuciar*) beschmutzen (*tb fig*) **2** ARQUIT (*tapar con barro*) mit Lehm bewerfen **3** MIN *agujero de mina* verstopfen

enloquecer ⟨2d⟩ **A** V/T verrückt machen; der Vernunft berauben; *fig* betören; **me enloquece el chocolate** ich bin versessen auf Schokolade **B** V/I *y* V/R **~se** den Verstand verlieren, verrückt werden; *fig* aus dem Häuschen geraten

enloquecimiento M Verrücktheit *f*; Wahnsinn *m*

enlosado M Fliesenboden *m*; **~ de piedra** Pflasterboden *m*; **enlosador** M, **enlosadora** F Platten-, Fliesenleger *m*, -in *f*; **enlosar** V/T & V/I (mit) Fliesen (be)legen, fliesen; **enlosetado** M Fliesenboden *m*; **enlosetador** M, **enlosetadora** F Fliesenleger *m*, -in *f*; **enlosetar** V/T & V/I (mit) Fliesen belegen, fliesen

enlozar V/T *Am* emaillieren

enlucido M (Gips)Verputz *m*, Bewurf *m*; **enlucidor** M, **enlucidora** F Gipser *m*, -in *f*; **enlucir** V/T ⟨3f⟩ verputzen

enlutado ADJ in Trauer(kleidung); *papel* mit Trauerrand; **enlutar** **A** V/T verdüstern; betrüben; mit Trauer erfüllen **B** V/R **enlutarse** Trauer anlegen

enmabitar V/T *Ven* **~ a alg** j-m Unglück bringen

enmacetado ADJ *Cuba* betucht *fam*

enmaderar V/T mit Holz verkleiden; *pared* täfeln

enmadrado ADJ **niño** *m* **~** Muttersöhnchen *n*; **enmadrarse** V/R eine starke Mutterbindung haben; *niño* immer am Rockzipfel der Mutter hängen

enmallarse V/R *pez* in den Maschen hängen bleiben; **enmalle** M Fischfang *m mit dem Stellnetz*

enmaniguarse V/R *Cuba* von Gestrüpp überwuchert werden

enmarañado ADJ wirr, verworren; **enmarañamiento** M Verwirrung *f*, Verwicklung *f*; **enmarañar** **A** V/T verwirren, verwickeln (*tb fig asunto*); *pelo* verfilzen **B** V/R **enmarañarse** sich verwirren

enmararse V/R MAR in See stechen

enmarcación F Einrahmung *f*; (Ein-)Rahmen *n*; **enmarcar** **A** V/T ⟨1g⟩ um-, einrahmen, umranden **B** V/R **enmarcarse** *fig* sich in einen Rahmen fügen

enmascarado M **1** *persona*: Maskierte *m*, Maske *f* **2** TIPO Maskenverfahren *n*; **enmascaramiento** M Maskierung *f*; Verkleidung *f*; *fig* Tarnung *f* (*tb* MIL); **enmascarar** V/T **1** (*disfrazar*) verkleiden, maskieren (*tb* TIPO *reproducción*) **2** MIL *y fig* (*camuflar*) tarnen; verschleiern

enmasillar V/T verkitten; *vidrios* einkitten

enmelado **A** ADJ mit Honig bestrichen **B** M Honiggebäck *n*; **enmelar** ⟨1k⟩ **A** V/T mit Honig bestreichen; *fig* versüßen **B** V/I *abejas* Honig erzeugen

enmendable ADJ verbesserungsfähig

enmendar ⟨1k⟩ **A** V/T **1** (*mejorar*) (ver)bessern; *error* beseitigen, ausmerzen; *daño* gutmachen; MAR *rumbo* berichtigen; *fig* **~ la plana (a alg)** (j-n) kritisieren, (alles) besser machen wollen (als j-d) **2** POL *ley, etc* abändern, novellieren; JUR *sentencia* berichtigen **B** V/R **enmendarse** sich (moralisch) bessern

enmerdar *vulg* → enmierdar

enmicado M *Am reg fam* Plastikhülle *f* (*für Papier*); **enmicar** V/T *Am reg* plastifizieren

enmienda F **1** (*mejoramiento*) (Ver)Besserung *f*; (*indemnización*) Entschädigung *f*; **no tener ~** unverbesserlich sein **2** POL Abänderung *f*; *propuesta de variante*: Abänderungs-, Zusatzantrag *m*; *de una ley*: Novellierung *f*; JUR Berichtigung *f* **3** AGR *frec* **~s** *fpl* (*abono mineral*) (Mineral)Dünger *m*

enmierdar V/T *pop* **~ a alg** j-n in etw (Schmutziges) hineinziehen

enmohecer ⟨2d⟩ **A** V/T **1** (*oxidar*) rostig machen **2** (*cubrir de moho*) schimmelig machen **B** V/R **enmohecerse** **1** (*corromperse*) vermodern; (ein-, ver)rosten (*tb fig*) **2** (*formar hongos*) (ver)schimmeln; *madera* schwammig werden;

enmohecimiento M **1** (*oxidación*) (Ver)Rosten *n* **2** (*cubrimiento con moho*) (Ver)Schimmeln *n*

enmoquetado M Teppichboden *m*; **enmoquetador** M, **enmoquetadora** F Teppichbodenverleger *m*, -in *f*; **enmoquetar** V/T mit Teppichboden auslegen

enmozado ADJ in wilder Ehe lebend

enmudecer V/I ⟨2d⟩ **A** V/T zum Schweigen bringen; verstummen lassen **B** V/I verstummen; schweigen; **enmudecimiento** M Verstummen *n*; Schweigen *n*

enmugrar V/T *Am reg* beschmutzen, verdrecken

enmulatarse V/R *Arg pop* stocksauer werden

ennegrecer ⟨2d⟩ **A** V/T **1** (an-, ein)schwärzen **2** *pipa* anrauchen **B** V/R **ennegrecerse** schwarz werden; *fig* sich verfinstern; **ennegrecimiento** M Schwärzen *n*; Schwarzwerden *n*

ennoblecer V/T ⟨2d⟩ **1** (*mejorar*) veredeln, erhöhen **2** (*otorgar nobleza*): adeln (*tb fig*); **ennoblecimiento** M **1** (*mejoramiento*) Veredlung *f* **2** (*otorgamiento de nobleza*) Adeln *n*

ennoviarse V/R *fam* sich (*dat*) eine Freundin/einen Freund (*Am tb* einen Verlobten/eine Verlobte) zulegen

enojadizo ADJ reizbar, jähzornig; **enojado** ADJ ärgerlich; böse

enojar **A** V/T ärgern, kränken; Kummer machen (*dat*) **B** V/R **enojarse** *Esp liter, Am gener* sich ärgern (über etw *acus* **de** *o Am reg* **por a/c**); **~ con** *o* **contra alg** auf j-n böse sein

enojo M Ärger *m*, Kummer *m*; Unmut *m*; **con ~** verärgert; unwillig; **enojón** ADJ *Chile, Méx* → enojadizo; **enojoso** ADJ ärgerlich; unangenehm, lästig

enología F Önologie *f*, Wein(bau)kunde *f*; **enológico** ADJ önologisch, weinkundlich

enólogo M, **-a** F Önologe *m*, Önologin *f*, Weinfachmann *m*, -fachfrau *f*

enorgullecer ⟨2d⟩ **A** V/T stolz machen **B** V/R **enorgullecerse** stolz werden (**de** auf *acus*); **enorgullecimiento** M Stolz(werden *n*) *m*

enorme ADJ **1** (*desmedido*) ungeheuer, riesig, enorm **2** (*abominable*) abscheulich, ungeheuerlich; **enormemente** ADV enorm, ungeheuer; **enormidad** F **1** (*tamaño desmedido*) (enormes) Ausmaß *n*; (*exceso*) Übermaß *n*; *fam* riesig viel *fam*; **me costó una ~** es hat mich große Mühe (*o* ein Heidengeld) gekostet *fam* **2** (*exceso de maldad*) Ungeheuerlichkeit *f* **3** *fig* (*absurdo*) Ungereimtheit *f*

enotecnia F (Lehre *f* von der) Weinbereitung *f*

enquiciar V/T ⟨1b⟩ *puerta, etc* einhängen; *fig asunto* in Ordnung bringen, einrenken *fam*

enquistado ADJ MED *y fig* ein-, abgekapselt; **enquistarse** V/R MED *y fig* sich ab-, einkapseln; MED eine Zyste bilden

enrabiar ⟨1b⟩ **A** V/T wütend machen **B** V/R **enrabiarse** wütend werden

enrabietarse V/R *fam* bockig werden

enraizado ADJ verwurzelt (*tb fig*); **enraizar** V/I ⟨1f⟩ Wurzel(n) schlagen (*tb fig*)

enramada F Laubdach *n*; *cobertizo*: Laubhütte *f*; **enramado** M MAR Spanten *mpl*, Schiffsrippen *fpl*; **enramar** **A** V/T **1** (*tapar con ramas*) mit Zweigen bedecken (*o* schmücken) **2** MAR **~ un buque** die Spanten eines Schiffes zusammenbauen **B** V/I *y* V/R **~se** *árbol* Zweige bekommen; sich belauben

enranciarse V/R ⟨1b⟩ ranzig werden

enrarecer ⟨2d⟩ **A** V/T **1** *gases, aire* verdünnen **2** *fig* (*escasear*) selten machen; verknappen **3** *fig clima, etc* verschlechtern, vergiften **B** V/R **enrarecerse** **1** *aire* dünn werden **2** *fig* (*hacerse raro*) selten(er) werden; knapp werden;

enrarecido ADJ **1** *aire* verbraucht, dünn **2** *fig relaciones* getrübt, gespannt; **enrarecimiento** M **1** (*dilución*) Verdünnung *f* **2** *fig* (*escasez*) Verknappung *f* **3** POL (*empeoramiento*) Verschlechterung *f der Beziehungen*

enrasar V/T CONSTR, TEC ab-, ausgleichen; CONSTR bündig machen

enratonarse V/R *Ven fam* einen Kater (*o* Katzenjammer) bekommen

enredadera F BOT Schling-, Kletterpflanze *f*; **enredado** ADJ verwirrt, durcheinander; chaotisch; **enredador** **A** ADJ **1** (*chismoso*) ränkevoll; klatschsüchtig **2** *niños* unruhig, zu Unfug aufgelegt **B** M, **enredadora** F Ränkeschmied *m*, -in *f*, Intrigant *m*, -in *f*; Quertreiber *m*, -in *f*

enredar **A** V/T **1** (*liar*) verwickeln (**en** in *acus*) (*tb fig*); verstricken; durcheinanderbringen; (*engatusar*) umgarnen **2** (*meter discordia*) verhetzen, entzweien **3** CAZA (*prender con red*) mit Netzen fangen; *red* legen **4** *Méx fam una mujer* herumkriegen *fam*; verführen **B** V/I **1** (*hacer travesuras*) Unfug treiben **2** (*azuzar*) hetzen **C** V/R **enredarse** **1** (*engancharse*) sich verfangen (in *dat*), hängen bleiben (**en, con, a** in, an *dat*); sich verwickeln, sich verheddern; sich verstricken (**en** in *acus*); **no te enredes en eso** lass die Finger von dieser Sache **2** *fam* (*vivir en concubinato*) in wilder Ehe leben; ein Verhältnis eingehen (**con** mit *dat*)

enredijo M *fam* → enredo; **enredista** **A** ADJ *espec Am* intrigant **B** M/F Intrigant *m*, -in *f*

enredo M **1** (*maraña*) wirrer Knäuel *m*, Wirrwarr *m* **2** (*confusión*) Verwicklung *f*, Verwirrung *f*; LIT, TEAT Schürzung *f* des Knotens **3** (*intriga*) Intrige *f*; **~s** *mpl* Machenschaften *fpl* **4** (*aprieto*) missliche Lage *f* **5** (*concubinato*) Verhältnis *n*, wilde Ehe *f*; Techtelmechtel *n fam* **6** **~s** *mpl* (*trastos*) Kram *m*, Zeug *n*, Sachen *fpl*; **enredoso** ADJ verwickelt, verworren; heikel; *Chile, Méx* → enredador

enrejado M **1** (*reja*) Gitter *n*, Gitterwerk *n*; *de alambre o caña*: (Draht-, Rohr)Geflecht *n*; *celosía*: Gitterladen *m* **2** TEC (*emparrillado*) Rost *m*; MAR Gräting *f* **3** TEX Netzarbeit *f*, Filet *n* **4** *jerga del hampa* (*preso*) Gefangene *m*; **enrejar** **A** V/T **1** (*poner rejas*) vergittern; (*encercar*) einzäunen; (*en-*

trelazar) (ver)flechten **2** *(apilar)* kreuzweise übereinanderschichten (*o* -stapeln) **3** *jerga del hampa (encarcelar)* einbuchten *fam* **B** VT & VI *Méx (zurcir)* flicken, stopfen

enrevesado ADJ **1** *(confuso)* verworren, verwickelt; *(ilegible)* unleserlich **2** *(travieso)* ausgelassen, *(intencional)* mutwillig; *(recalcitrante)* störrisch, widerspenstig

enriar VT ⟨1c⟩ *cañamo, lino* rösten

enriquecer ⟨2d⟩ **A** VT **1** *(hacer rico)* bereichern; reich machen **2** QUÍM *(aumentar el contenido)* anreichern (**con, de** mit *dat*) **3** *fig (embellecer)* verschönern; auszeichnen **B** VI *y* VR **~se** reich werden; **enriquecido A** ADJ reich geworden **B** M, **-a** F Neureiche *m/f*; **enriquecimiento** M **1** *(aumentar la fortuna)* Bereicherung *f* (*tb* JUR) **2** QUÍM *(aumento en el contenido)* Anreicherung *f* (**con** mit *dat*)

enriscado ADJ felsig; steil; **enriscar** ⟨1g⟩ **A** VT *fig* erheben, erhöhen **B** VR **enriscarse** *venado* in (*o* auf) die Felsen flüchten

enristrar VT **1** *fig (ir derecho a la meta)* auf *ein Ziel* losgehen; *(acabar con una dificultad)* mit *einer Schwierigkeit* schließlich fertig werden **2** *cebollas, etc* zu Schnüren zusammenbinden

enrizar VT ⟨1f⟩ kräuseln

enrocar ⟨1g⟩ **A** VT & VI *ajedrez*: **~ (el rey)** rochieren **B** VR **enrocarse** *sedal* sich am Fels verhängen

enrodar VT ⟨1m⟩ HIST *suplicio*: rädern

enrojar VT rot glühend machen; *estufa* einheizen; **enrojecer** ⟨2d⟩ **A** VT **1** *(dar color rojo)* röten; rot färben **2** *(poner rojo con el fuego)* rot glühend machen **B** VI *y* VR **~se** erröten; rot werden; **enrojecimiento** M **1** *(rubor)* Erröten *n*; Rotwerden *n* **2** *(rubefacción)* Rötung *f*, Röte *f*

enrolar A VT MIL erfassen, mustern; MAR anheuern, anmustern **B** VR **enrolarse** MIL sich anwerben lassen; MAR sich anmustern lassen; anheuern; **~ en un partido** einer Partei beitreten

enrollar A VT **1** *(envolver)* (ein-, auf)rollen; zusammenrollen; einwickeln **2** *fam fig (confundir)* verwirren, durcheinanderbringen; *fam (convencer)* bequatschen; **dejarse ~** sich einwickeln lassen **3** *fam (gustar mucho)* irre gefallen *fam (dat)*; *fam* **esa música me enrolla** *tb* ich steh auf diese Musik *fam* **B** VR **enrollarse 1** *(arrollarse)* sich ein-, zusammenrollen; sich wickeln (**a, en, alrededor de** um *acus*) **2** *fam fig (no tener fin)* kein Ende finden *(beim Reden etc)*, wie ein Wasserfall reden; *fam* **se enrolla como las persianas** er tötet einem den Nerv (mit seinem Geschwätz) *fam* **3** *(entablar conversación)* sich in ein Gespräch verwickeln (lassen)

enronquecer ⟨2d⟩ **A** VT heiser machen **B** VI *y* VR **~se** heiser werden

enroque M *ajedrez*: Rochade *f*

enroscar ⟨1g⟩ **A** VT **1** *(enrollar)* spiralförmig zusammenrollen **2** TEC *rosca, tornillo* ein-, festschrauben **B** VR **enroscarse 1** *(arrollarse)* sich zusammenrollen, sich winden (um etw *acus* **en a/c**) **2** *Cuba* faulenzen

enrostrar VT *Am* **~ a/c a alg** j-m etw vorwerfen *(fig)*

enrubiar ⟨1b⟩ **A** VT blond färben **B** VR **enrubiarse** blond werden; **enrubio** M Blondfärbemittel *n*

enrudecer ⟨2d⟩ **A** VT vergröbern **B** VR **enrudecerse** verrohen; verbauern

enrular VT *Am Mer fam cabello* in Locken legen

enrumbar VT *Am reg* eine Richtung einschlagen; **~ hacia América** nach (Latein)Amerika fahren

enrutador M INFORM Router *m*

ensabanar VT **1** *(cubrir con sábanas)* mit Laken verhüllen **2** ARQUIT *(enyesar)* gipsen

ensacar VT ⟨1g⟩ in Säcke füllen, einsacken

ensaimada F GASTR Blätterteigschnecke *f aus Mallorca*

ensalada F **1** GASTR Salat *m*; **~ catalana** *grüner Salat mit Wurst und Schinken*; **~ de lechuga** Kopfsalat *m*; **~ mixta** gemischter Salat; **~ de patata** Kartoffelsalat *m*; **~ de pepino** Gurkensalat *m*; **~ del tiempo** Salat *m* der Saison; **~ de tomate** Tomatensalat *m*; **en ~** kalt (*o* als Salat) serviert **2** *fig (mezcla)* Mischmasch *m*, Salat *m fam*; *fig* **hacer una ~** ein heilloses Durcheinander anrichten, einen schrecklichen Salat machen *fam* (**de** aus *dat*) **3** LIT *poesía*: Mischgedicht *n* **4** *Cuba bebida*: *Erfrischungsgetränk mit Ananas und Zitrone* **5** *fam* **~ de tiros** *(tiroteo)* wilde Schießerei *f*

ensaladera F **1** *recipiente*: Salatschüssel *f* **2** DEP *fam fig* Daviscup *m*

ensaladilla F **1** GASTR **~ (rusa)** *Kartoffel-, Gemüsesalat mit Mayonnaise und Thunfisch* **2** *(mezcla)* Gemisch *n* **3** *Cuba, Ven (versos de burla)* Spottverse *mpl*

ensalivar VT einspeicheln; (ab)lecken

ensalmador M Knocheneinrenker *m*; Gesundbeter *m*; **ensalmar** VT & VI *huesos* einrenken; *(curar con ensalmos)* gesundbeten; **ensalmo** M Besprechen *n einer Krankheit*; Beschwörung(sformel) *f*; **(como) por ~** wie durch Zauber; **desaparecer como por ~** wie weggezaubert sein

ensalzamiento M (Lobes)Erhebung *f*; Verherrlichung *f*; **ensalzar** VT ⟨1f⟩ loben, preisen, rühmen; verherrlichen

ensamblado M → ensamblaje; **ensamblador** M **1** INFORM Assembler *m* **2** *(montador)* Monteur *m*

ensambladura F TEC Verbindung *f*; Verfugung *f*; CONSTR **~ de espiga** Zapfenverband *m*; **~ a diente** Verzahnung *f*

ensamblaje M Zusammenbau *m*, Montage *f*; **ensamblar** VT *(juntar)* zusammenfügen (*tb fig*), verbinden (*tb fig*); *madera* verzapfen; *(montar)* zusammenbauen, montieren; **ensamble** M Verbindung *f*; → *tb* ensambladura, ensamblaje

ensanchador M (Hand)Schuhausweiter *m*; TEC Rohraufweiter *m*; **ensanchamiento** M Erweiterung *f*; Verbreiterung *f*; Ausdehnung *f*

ensanchar A VT erweitern; weiter machen, ausweiten; ausdehnen; vergrößern; *fig* **se le ensanchó el corazón** das Herz wurde ihm weit **B** VR **ensancharse 1** *(ampliarse)* weiter werden; sich (aus)dehnen; *fam fig (ocupar más lugar)* sich breitmachen *fam* **2** *(hacerse rogar)* sich bitten lassen **3** *(envanecerse)* sich *(dat)* groß vorkommen; sich *(dat)* etwas einbilden

ensanche M **1** *(ampliación)* Erweiterung *f*; Ausweitung *f*; Ausbau *m* (*tb fig*), Ausdehnung *f* **2** TEX Einschlag *m zum Auslassen an Kleidung* **3** *de la ciudad*: Stadterweiterung *f*; Neustadt *f*; Außenbezirk *m*

ensangrentar ⟨1k⟩ **A** VT mit Blut beflecken; **ensangrentado** blutüberströmt; blutbefleckt **B** VR **ensangrentarse** wütend werden; **~ con** (*o* **contra**) **alg** grausam vorgehen gegen j-n

ensañamiento M Erbitterung *f*, verbissene Wut *f*; **ensañar A** VT erbittern **B** VR **~se en** *o* **con alg** seine Wut an j-m auslassen

ensartar VT **1** *perlas, etc* auf eine Schnur (auf)reihen, auffädeln; *fig* aneinanderreihen **2** *(espetar)* an-, aufspießen **3** *aguja* einfädeln

ensayador M, **ensayadora** F Münzprüfer *m*, -in *f*

ensayar A VT **1** *(probar)* versuchen; (aus)probieren; TEAT *etc* proben, üben (*tb abs*); TEAT, MÚS **están -ando** sie sind bei der Probe **2** TEC erproben, testen; *metal, monedas* prüfen **3** *(enseñar)* **~ a/c a alg** j-m etw beibringen, j-n etw lehren **B** VR **ensayarse** sich (ein)üben

ensaye M Metallprobe *f*; **ensayista** M/F LIT Essayist *m*, -in *f*

ensayo M **1** *(tentativa)* Versuch *m*; *(prueba)* Probe *f* (*tb* TEAT); Test *m*; *(experimento)* Versuch *m*, Experiment *n*; AUTO **~ de choques** Crashtest *m*; TEAT **~ general** Generalprobe *f*; **~ en** (*o* **a**) **gran escala** Großversuch *m*; **banco** *m o* **puesto** *m* **de ~** Prüfstand *m*; **campo** *m* **de ~s** Versuchsfeld *n*; **a modo** *o* **a título** *o* **por vía de ~** probeweise **2** *(prueba de metal)* Metall-, Münzprobe *f* **3** LIT Essay *m*

ensebar VT mit Talg einschmieren

en seguida, enseguida ADV sofort

ensenada F **1** MAR *(bahía)* Bucht *f* **2** *RPl* AGR *(corral)* eingefriedete Koppel *f*; **ensenarse** VR MAR in eine Bucht einfahren

enseña F Fahne *f*, Feldzeichen *n*; *(insignia patria)* Landesfarben *fpl*; **enseñable** ADJ lehrbar

enseñado ADJ **bien/mal ~** gut/schlecht erzogen; **nadie nace ~** keiner kann alles wissen

enseñamiento M Unterweisung *f*; **enseñante A** ADJ *persona* unterrichtend, lehrend **B** M/F Lehrer *m*, -in *f*

enseñanza F **1** *(clase)* Unterricht *m*; *sistema*: Unterrichtswesen *n*; Schul-, Bildungswesen *n*; *(formación)* Bildung *f*; **~ de adultos** Erwachsenen(fort)bildung *f*; **~ básica** Grund- und Hauptschulwesen *n*; **~ por correspondencia** *o* **~ a distancia** Fernunterricht *m*; **~ elemental/especial** *o Arg* **~ diferencial** Grund-/Sonderschulwesen *n*; *Esp* **~ general básica** Gesamtschule *f (bis 1997)*; **~ individual** Einzelunterricht *m*; **~ media** Sekundarschulwesen *n*; **~ obligatoria** Schulzwang *m*; **~ postescolar** Fortbildungsschulwesen *n*; **~ preescolar** Vorschulwesen *n*; **~ primaria** *o* **primera ~** Grundschulwesen *n*; **~ (de formación) profesional** Berufs-, Fachschulwesen *n*; **~ radiofónica** Rundfunkunterricht *m*; **~ religiosa** Religionsunterricht *m*; **~ secundaria** *o* **segunda ~** Sekundarschulwesen *n*; **~ superior** *o* **universitaria** Hochschulwesen *n*; **~ técnica** Fachschulwesen *n*; -unterricht *m*; **~ por televisión** TV--Studienprogramm *n*; **centro** *m* **de ~** Schule *f*; **inspector** *m* **de ~** Schulrat *m*, -inspektor *m*; **instituto** *m* **de ~ media** *staatliches* Gymnasium *n*; **dedicarse a la ~** im Lehrberuf tätig sein **2** *(ejemplo)* (belehrendes) Beispiel *n*; *(lección)* Lehre *f*; **sacar una ~ de a/c** eine Lehre aus etw ziehen; **le servirá de ~** das wird ihm eine Lehre sein

enseñar A VT **1** *(educar)* **~ a/c a alg** j-n etw lehren, j-n in etw *(dat)* unterrichten, j-m etw beibringen; j-m etw zeigen; **~ alemán** Deutschunterricht geben; **~ a escribir a alg** j-n das Schreiben lehren; **~ a leer a alg** j-m das Lesen beibringen; jemanden lesen lehren; **~ en una escuela** an einer Schule unterrichten; **la vida os enseñará** das Leben wird es euch (noch) lehren **2** *(mostrar)* vorzeigen, vorführen **B** VI Unterricht geben, unterrichten; **~ con el ejemplo** mit gutem Beispiel vorangehen **C** VR **~se en** sich üben in *(dat)*; sich gewöhnen an *(acus)*

enseñorearse VR **~ de a/c** sich einer Sache *(gen)* bemächtigen

enseres MPL Gerätschaften *fpl*, Sachen *fpl*, Gerät *n*; Einrichtung(sgegenstände *mpl*) *f*; **~ de casa** *o* **~ domésticos** Hausgerät(e) *n(pl)*; **~ de labor** Ackergerät(e) *n(pl)*, landwirtschaftliches Gerät *n*; **~ de pesca** Fischereigerät *n*; Angel-

zeug *n*
enseriarse VR ⟨1b⟩ *Am reg* ernst werden
ENSIDESA F ABR (Empresa Nacional Siderúrgica Sociedad Anónima) Staatliches spanisches Stahlunternehmen
ensiforme ADJ schwertförmig
ensilaje M 1 *(ensilado)* Einsilieren *n* 2 *(forraje ensilado)* Silofutter *n*; **ensilar** VT (ein)silieren
ensillada F (Gebirgs)Sattel *m*; **ensillado** ADJ *equitación:* satteltief; *fig persona* mit hohlem Kreuz; **ensilladura** F 1 *equitación:* Satteln *n* 2 ANAT *encorvadura: natürliche* Krümmung *f* der Lendenwirbelsäule; **ensillar** VT 1 *equitación:* satteln 2 *Méx (molestar)* belästigen
ensimismado ADJ in Gedanken versunken; gedankenverloren; nachdenklich; geistesabwesend; **ensimismamiento** M In-sich--versunken-Sein *n*, *(cavilación)* Nachdenklichkeit *f*; Grübelei *f*; **ensimismarse** VR 1 *(perderse en pensamientos)* seinen Gedanken nachhängen, grübeln 2 *Col, Chile, Ec (ser engreído)* eingebildet sein
ensoberbecer ⟨2d⟩ A VT *(hacer soberbio)* stolz machen B VR **ensoberbecerse** 1 hochmütig werden 2 *mar* toben; *ondas* hochgehen
ensobrador ADJ **(máquina** *f***) ~a** Kuvertierer *m*; **ensobrar** VT *cartas* kuvertieren
ensogar VT ⟨1h⟩ 1 anseilen, festbinden 2 *botella, etc* mit einem Geflecht überziehen
ensombrecer ⟨2d⟩ A VT überschatten, verdüstern *(tb fig)* B VR **ensombrecerse** *fig* melancholisch werden; sich verdüstern; **ensombrecimiento** M Überschatten *n*
ensombrerado ADJ *fam* mit einem Hut bedeckt
ensoñación F Träumerei *f*; *adv* **ni por ~** nicht mal im Traum; **ensoñado** ADJ träumerisch; träumend; **ensoñador** A ADJ träumerisch B M Träumer *m*, Schwärmer *m*; **ensoñamiento** M → ensoñación
ensoñar VI (er)träumen; schwärmen
ensopado ADJ *Am reg* durchnässt; patschnass; **ensopar** A VT 1 *(empapar)* eintauchen, -tunken *(Brot etc)* 2 *Am reg (calar)* durchnässen B VR **ensoparse** *Am reg* patschnass werden
ensordecedor ADJ (ohren)betäubend
ensordecer ⟨2d⟩ A VT 1 *(causar sordera)* betäuben, taub machen 2 *(atenuar)* dämpfen; FON stimmlos machen B VI *y* VR **~se** 1 *(volverse sordo)* taub werden, ertauben 2 FON stimmlos werden
ensortijado ADJ **cabello** *m* **~** Ringellocken *fpl*; Kraushaar *n*; **ensortijar** A VT 1 *(rizar)* kräuseln, ringeln 2 *animal* mit einem Nasenring versehen B VR **ensortijarse** *cabello* sich kräuseln; sich ringeln
ensuciamiento M Verschmutzung *f*; **ensuciar** ⟨1b⟩ A VT beschmutzen, beflecken, besudeln *(tb fig)*; *fig (deshonrar)* schänden; *pop* **~la** die Sache versauen *pop* B VR **ensuciarse** 1 *(ponerse sucio, mancharse)* sich schmutzig machen *(tb fig)*; *fam (hacerse en la cama, etc)* ins Bett (*o* in die Hose) machen *fam* 2 *fig (dejarse sobornar)* sich bestechen lassen
ensueño M 1 *(sueño)* Traum *m* 2 *(ilusión)* Träumerei *f*; Illusion *f*; *fam adj* **de ~** Traum..., traumhaft 3 *(engaño)* Täuschung *f*, Wahn *m*
entablación F 1 *(revestimiento)* Täfelung *f* 2 *inscripción:* In-, Aufschrift *f in Kirchen etc*; **entablado** M 1 *revestimiento de madera:* Täfelung *f* 2 *(entarimado)* Bretterboden *m* 3 *(andamio)* Gerüst *n*; Podium *n*; **entablamento** M ARQUIT Sims *n*
entablar A VT 1 *(revestir con tablas)* dielen; täfeln 2 *fig proceso* einleiten; *juicio* anstrengen; *discusión, combate* beginnen; *pregunta* anschneiden; *relaciones* aufnehmen, anknüpfen 3 *figuras de ajedrez, etc* aufstellen 4 MED *(entablillar)* schienen 5 *Arg caballos* daran gewöhnen, truppweise zu gehen B VI *en el ajedrez, etc:* unentschieden spielen C VR **entablarse** 1 *conversación, lucha* beginnen *(Guat, Méx tb lluvia, etc)* 2 *viento* sich versteifen 3 *equitación: caballo* sich nicht seitlich wenden wollen
entable M 1 *ajedrez, etc:* Aufstellung *f auf dem Schachbrett* 2 *revestimiento:* Täfelung *f*; **entablerarse** VR TAUR *toro* sich ans Schutzgeländer drücken; **entablillar** VT MED schienen
entalegar VT ⟨1h⟩ 1 *(meter en talegos)* einsacken; in Beutel stecken 2 *dinero* sparen, anhäufen 3 *pop (encarcelar)* in den Knast stecken, einbuchten
entallado ADJ TEX tailliert; **abrigo** *m* **~** Taillenmantel *m*; **entalladura** F, **entallamiento** M 1 Kerbe *f*; Einschnitt *m* 2 TEX *del vestido:* Taillierung *f*
entallar A VT 1 *(grabar)* (ein)kerben *(tb* TEC*)*; einschneiden; *en piedra:* ein-, ausmeißeln; *en madera:* schnitzen 2 *vestido* auf Taille arbeiten B VI *y* VR **~se** in der Taille anliegen; **el traje entalla bien** der Anzug sitzt auf Taille
entalle M Holzschnitzerei *f*; **entallecer** ⟨2d⟩ VI *y* VR **~se** BOT Stängel (*o* Schösslinge) treiben
entapetar VT *Col* mit Teppichboden auslegen
entapizar VT ⟨1f⟩ mit Teppichen belegen (*o* behängen); **entapujar** A VT *espec fig* (zu)decken; vertuschen B VI die Wahrheit verbergen
entarimado M 1 *(suelo de madera)* Parkett *n*, Parkettboden *m*; **~ de barritas** Stabparkett *n* 2 *(estrado)* Podium *n*, Tritt *m*; MAR Bodenplatte *f*; **entarimador** M, **entarimadora** F Fußboden-, Parkettleger *m*, -in *f*; **entarimar** VT & VI täfeln; (mit) Parkett (aus)legen
entarugado M Holzpflaster *n*; **entarugar** VT ⟨1h⟩ mit Holz pflastern
éntasis F ARQUIT Entasis *f einer Säule*
ente M 1 FIL *(ser)* Wesen *n*; Gebilde *n*; **el ~** das Seiende 2 *fam (persona ridícula)* Sonderling *m*, (komischer) Kauz *m fam*; Trottel *m* 3 ADMIN, POL Amt *n*, Behörde *f*; *(organismo)* Körperschaft *f*; *Esp* **~ autonómico** autonome Regionalkörperschaft *f*; **~ público** öffentliche Körperschaft *f*
enteco ADJ kränklich, schwächlich; sehr mager
entejar VT *Am* (mit Ziegeln) decken
entelequia F FIL Entelechie *f*
entena F MAR → antena 3
entendederas FPL *fam* Verstand *m*, Grips *m fam*; **ser corto de ~** *o* **tener malas ~** schwer von Begriff sein, eine lange Leitung haben *fam*; **entendedor** A ADJ verständnisinnig B M, **entendedora** F Kenner *m*, -in *f*; **al buen ~, pocas palabras** *corresponde a:* Sie verstehen (schon); ich brauche nicht deutlicher zu werden
entender ⟨2g⟩ A VT 1 *(comprender)* verstehen, begreifen *(tb abs)*; **si entiendo bien** wenn ich recht verstehe, wenn ich (mich) nicht irre; **~ mal** schlecht verstehen; missverstehen; **ya (le) entiendo** ich verstehe schon; ich weiß schon; ich sehe schon, worauf Sie hinauswollen; **¿qué entiendes por hiperestesia?** was verstehst du unter Hyperästhesie?; **a** *o* **por lo que entiendo yo** meiner Meinung nach; **para ~nos** *o* **para que me entiendas** um es deutlich zu sagen; **~ por** verstehen unter *(dat)*; **dar a ~** zu verstehen geben, durchblicken lassen; **hacerse ~** sich verständlich machen 2 *(saber)* verstehen, können; **~ el alemán** Deutsch verstehen (*o* können); **no entiendo el alemán** ich verstehe kein Deutsch; **~lo** sich gut auskennen, sein Handwerk verstehen 3 *(creer)* meinen, glauben, annehmen; **entendemos que sería mejor** *(inf)* wir würden es für besser halten, zu *(inf)*; → *tb* entendido B 4 *(tener intención de)* **~** *(inf)* beabsichtigen, zu *(inf)*, vorhaben, zu *(inf)* B VI 1 **~ en a/c** *(saber como hacer algo)* sich auf etw *(acus)* verstehen; JUR **~ en una causa** für eine Sache zuständig sein; in einer Sache *(dat)* erkennen 2 *(ser experto)* **~ de a/c** von einer Sache *(dat)* etwas verstehen; **~ de mujeres** sich auf Frauen verstehen C VR **entenderse** 1 **~ con alg** sich mit j-m verstehen, mit j-m gut auskommen; sich mit j-m verständigen **(sobre** über *acus)*; *fam (tener una relación)* mit j-m ein Verhältnis haben; **¡entendámonos!** *o* **¡entiéndase bien!** wohlverstanden!; **los precios se entienden al contado** die Preise verstehen sich gegen bar 2 *(saber lo que uno quiere)* wissen, was man will; **yo me entiendo** ich weiß, was ich sage; ich weiß Bescheid; ich habe meine Gründe; **¡él se las entienda!** das ist seine Sache!, da muss er selbst zusehen! D M Meinung *f*; **a mi ~** meiner Meinung nach, meines Erachtens
entendido A ADJ 1 *(perito)* sachverständig; beschlagen, bewandert **(en** in *dat*); *(sabio)* klug, gescheit; *(diestro)* gewandt, geschickt; **no darse por ~** sich dumm stellen 2 *(de acuerdo)* einverstanden; **¿~?** verstanden?; **¡~(s)!** einverstanden!, gut! 3 *(se sobreentiende)* selbstverständlich; **bien ~ que ...** *o* **queda ~ que ...** es ist selbstverständlich, dass ... B PART **tener ~** meinen, (fest) annehmen, davon ausgehen **(que ...** dass ...); wissen; **tenga ~ que ...** berücksichtigen (*o* bedenken) Sie, dass ... C M, **-a** F Kenner *m*, -in *f*; **~** *m*, **-a** *f* **(en la materia)** Insider *m*, -in *f*
entendimiento M 1 *(facultad comprensiva)* Begriffsvermögen *n*; *(cordura)* Verstand *m*; *(comprensión)* Verständnis *n*; **de ~** verständig, gescheit 2 *(acuerdo)* Verständigung *f*; Vereinbarung *f*; *fig* **buen ~** Eintracht *f*, Harmonie *f*
entenebrecer ⟨2d⟩ A VT verfinstern B VR **entenebrecerse** sich verfinstern
entente F POL Einverständnis *n*, Bündnis *n*
enteradillo M, **-a** F *fam* Besserwisser *m*, -in *f*
enterado ADJ 1 *(experimentado)* erfahren, gewandt 2 **estar ~ (de)** *(saber)* auf dem Laufenden sein (über *acus*), im Bilde sein (über *acus*); Bescheid wissen (in *dat*, über *acus*); TEL *y* MIL **¡~!** verstanden!; **no darse por ~** sich unwissend (*o* dumm) stellen
enteramente ADV ganz, gänzlich; vollständig
enterar A VT 1 *(informar)* **~ a alg de a/c** j-n über etw *(acus)* informieren, j-n von etw *(dat)* benachrichtigen 2 *Arg, Chile (completar) eine Summe* voll machen 3 *C. Rica, Hond, Méx dinero* (ein)zahlen B VR **~se de a/c** etw erfahren, von etw *(dat)* Kenntnis erhalten, über etw *(acus)* unterrichtet werden; *fam* **¡para que te enteres!** damit du (das) endlich kapierst! *fam*
entercarse VR **~ en a/c** sich auf etw *(acus)* versteifen
entereza F 1 *(totalidad)* Vollständigkeit *f*; *fig (perfección)* Vollkommenheit *f* 2 *(firmeza)* (Charakter)Festigkeit *f*, Standhaftigkeit *f*; *(honradez)* Rechtschaffenheit *f*, Unbescholtenheit *f*; **~ de ánimo** fester Sinn *m*; Geistesgegenwart *f*; *adv* **con ~** fest, beharrlich
entérico ADJ MED Darm...
enterísimo ADJ *sup* ganz vollkommen
enteritis F ⟨*pl inv*⟩ MED Darmkatarrh *m*, Entzündung *f* des Dünndarms; *t/t* Enteritis *f*
enterizo A ADJ aus einem Stück; vollständig B M *Bol, Perú* Arbeitsanzug *m*, Overall *m*

enternecer ‹2d› A VT auf-, erweichen; *fig* rühren B VR **enternecerse** weich werden (*tb fig*); *fig* gerührt werden; **enternecido** ADJ *fig* gerührt; zärtlich; **enternecimiento** M Rührung *f*; Zärtlichkeit *f*

entero A ADJ 1 (*completo, íntegro*) ganz; völlig; voll(ständig, -zählig); ungeteilt; *adv* **por ~** ganz, gänzlich; voll(ständig); **años** *mpl* **~s** jahrelang; **horas** *fpl* **-as** stundenlang; MAT **número** *m* **~** ganze Zahl *f*; **partir por ~** MAT durch eine ganze Zahl teilen; *fam fig* bei einer Teilung alles für sich (*acus*) nehmen, alles an sich (*acus*) reißen 2 (*firme*) fest (*tb voz*); standhaft, unbeugsam; beharrlich; **un hombre ~** ein ganzer Mann; ein redlicher Mensch 3 (*ileso*) unversehrt, heil; gesund; kräftig 4 (*virginal*) jungfräulich 5 *animal* unverschnitten 6 BOT *hoja* ganzrandig 7 *Guat, Perú, Ven* (*muy parecido*) sehr ähnlich; (*idéntico*) ganz gleich B M 1 *número*: ganze Zahl *f*, Ganze(s) *n*; DEP *y* ECON *bolsa*: Punkt *m*; *correos:*, *filatelia*: **~ postal** → enteropostal 2 *Col, C. Rica, Chile, Méx* (*pago en caja*) (Ein)Zahlung *f*

enteropostal M *correos:* Ganzsache *f* (*Postkarten mit aufgedruckter Marke*)

enterorragia F MED Darmblutung *f*

enterrador M 1 Totengräber *m* (*tb insecto*) 2 TAUR Gehilfe *m*, *der unter Umständen den Fangstoß gibt*; **enterramiento** M 1 (*entierro*) Begräbnis *n*; Grablegung *f*; Vergraben *n* 2 (*sepultura*) Grab *n*

enterrar ‹1k› A VT 1 (*dar sepultura*) begraben, bestatten 2 (*soterrar*) ver-, eingraben; verscharren 3 *fig esperanzas, enemistad, etc* begraben; vergessen (lassen) 4 *clavo, piquete* einschlagen 5 *fig* (*sobrevivir*) **~ a todos sus amigos** alle seine Freunde überleben; **él nos enterrará a todos** er wird uns alle überleben B VR *fig* **~se en vida** sich lebendig begraben (*fig*), sich *von den Menschen* abschließen

enterratorio M *Am Mer* Friedhof *m* (*bes von Indios*)

entibación F CONSTR, MIN Abstützung *f*; CONSTR *tb* Verzimmerung *f*; MIN *tb* (Strecken)Ausbau *m*; **entibador** M MIN (Gruben)Zimmermann *m*; **entibar** VT CONSTR abstützen; verzimmern; MIN ausbauen

entibiar ‹1b› A VT 1 (*templar*) abkühlen (*tb fig*); lauwarm machen 2 *fig* (*apaciguar*) mäßigen, mildern; *sentimientos* erkalten lassen B VR **entibiarse** abkühlen (*tb fig*); lauwarm werden

entibo M MIN Grubenholz *n*, Stempel *m*; CONSTR *y fig* Stütze *f*

entidad F 1 (*ser*) Wesen *n*; FIL Wesenheit *f*, Entität *f*; *liter* **de ~** (*esencial*) wesentlich, wichtig 2 (*colectividad*) Vereinigung *f*; ADMIN, COM Körperschaft *f*, Unternehmen *n*, Firma *f*; Stelle *f*, Amt *n*; **~ bancaria** Bank *f*; **~ jurídica** Körperschaft *f*; **~ recreativa** Geselligkeitsverein *m*; **~ local** Ortsverein *m*; örtliche Stelle *f* (*Amt*)

entierro M 1 (*sepelio*) Begräbnis *n*, Beerdigung *f*, Bestattung *f*; **~ civil** nicht kirchliches Begräbnis *n*; **cara** *f* **de ~** Trauermiene *f*; *folclore*: **~ de la sardina** *corresponde a*: Karnevals-, Löffelbegräbnis *n am Aschermittwoch* 2 (*comitiva fúnebre*) Leichenzug *m* 3 *sitio*: Grab(stätte *f*) *n* 4 *espec Am* (*tesoro enterrado*) vergrabener Schatz *m* 5 (*acción de enterrar*) Vergraben *n*, Einscharren *n*

entiesar VT steifen; straffen

entigrecer ‹2d› A VT wütend machen B VR **entigrecerse** wütend werden

entintar 1 VT (*manchar con tinta*) mit Tinte beschmieren; *fig* färben 2 TIPO einfärben

entirriarse VR ‹1b› *fam* wütend werden, einschnappen *fam*

entizar VT ‹1f› *taco de billar* einkreiden

entlo. ABR (entresuelo) Hochparterre *n*

entoldado M *techo*: Sonnendach *n*; *lugar*: Bier-, Fest-, Tanzzelt *n*; **entoldar** A VT (*cubrir con un toldo*) mit einem Sonnendach versehen; (*instalar un toldo*) ein Zelt spannen über (*acus*) B VR *poco usado* **~se** 1 *cielo* sich bewölken 2 *fig* (*enorgullecerse*) stolz werden

entomatado ADJ GASTR mit Tomaten zubereitet; **entomatar** VT mit Tomaten zubereiten

entomófago ADJ *planta, animal* insektenfressend; **entomofauna** F Welt *f* der Insekten; **entomología** F Entomologie *f*, Insektenkunde *f*; **entomológico** ADJ entomologisch; **entomólogo** M, **-a** F Insektenforscher *m*, -in *f*, Entomologe *m*, Entomologin *f*

entomostráceos MPL ZOOL niedere Krebse *mpl*

entonación F 1 MÚS, FON Intonation *f*; MÚS Anstimmen *n*; FON Tonfall *m*; **~ interrogativa** Frageton *m* 2 PINT Abtönung *f* 3 *fig* (*pretensión*) Anmaßung *f*, Dünkel *m*

entonado ADJ 1 (*presuntuoso*) anmaßend, dünkelhaft 2 MÚS wohlklingend; **entonador** A ADJ (*fortaleciente*) stärkend, kräftigend B M, **entonadora** F 1 (*primer cantor*) Vorsänger *m*, -in *f* 2 *del órgano*: Bälgetreter *m*, -in *f der Orgel*; **entonamiento** M → entonación

entonar A VT 1 MÚS, FON intonieren; MÚS *canción* anstimmen; (*dar el tono*) den Ton angeben (*tb fig*); (*afinar*) (Orgelpfeifen) nachstimmen 2 PINT (*matizar*) (Farbe) abtönen 3 MED kräftigen B VI 1 MÚS (*mantener el tono*) den Ton halten *beim Singen* 2 *fig* (*armonizar*) harmonieren (**con** mit *dat*), passen (**con** zu *dat*) 3 *del órgano*: die Bälge treten *bei der Orgel* C VR **entonarse** *fig* (*avivarse*) in Stimmung (*o* in Schwung) kommen; ECON *coyuntura* anziehen, sich beleben; *desp* (*engreírse*) anmaßend (*o* großspurig) auftreten, sich wichtigmachen

entonces ADV damals; dann, da; **de ~** damalig; **desde ~** seitdem; **en** *o* **por aquel ~** damals, zu jener Zeit; **hasta ~** bis dahin; **¡pues ~ …!** ja dann …!; **¿y ~ qué?** na und!; was denn?; also was nun?; **~ me voy** dann gehe ich also; **~ fue cuando debió hacerlo** damals musste er es tun; damals hätte er es tun müssen

entonelar VT aufs Fass füllen; eintonnen

entongar VT *Arg fam* hereinlegen, begaunern

entono M 1 (*arrogancia*) Selbstbewusstsein *n*, Dünkel *m* 2 → entonación

entontar *Am*, **entontecer** ‹2d› A VT dumm machen, verdummen B VI *y* VR **~se** verdummen, verblöden *fam*

entorarse VR *Am reg* ZOOL *vaca* stierig werden

entorchado M TEX Gold-, Silberfaden *m*, -tresse *f*; -stickerei *f auf Uniformen*

entorilar VT TAUR *toros* in den Zwinger sperren

entornar VT 1 *ojos* halb öffnen; *ventana, puerta* anlehnen 2 *a un costado*: seitwärts neigen, kippen; **entorno** M Umgebung *f* (*tb* INFORM); *fig* Umfeld *n*

entorpecedor ADJ (*retardante*) hemmend, verzögernd, behindernd; (*molesto*) störend; (*paralizador*) lähmend

entorpecer ‹2d› A VT (*dificultar*) behindern, hemmen, verzögern; (*molestar*) stören; (*paralizar*) lähmen; *fig* (*embotar*) abstumpfen, betäuben B VR **entorpecerse** *persona* schwerfällig (*o* unbeholfen) werden; *fig* stumpf werden; **entorpecimiento** M (*retardación*) Hemmung *f*; Hindernis *n*, Behinderung *f*; (*paralización*) Lähmung *f*; *fig* (*aturdimiento*) Benommenheit *f*; MIL Ladehemmung *f*

entrada F 1 *acción*: Eintritt *m*, Eintreten *n*; MIL Einmarsch *m*, -zug *m*; *de un tren*: Einfahrt *f*; *en un país*: Einreise *f*; (*acceso*) Zutritt *m*; MAR **~s** eingelaufene Schiffe *npl*; TEAT *y fig* **~ en escena** Auftritt *m*; **~ prohibida** *o* **se prohibe la ~** Eintritt verboten; *fig* **dar ~ a alg** j-n zulassen (*acus*); j-n aufnehmen; **tener ~ en** eingeführt sein bei (*dat*), Zutritt haben zu (*dat*); **tener ~ con alg** (jederzeit) Zutritt bei j-m haben, bei j-m ein und aus gehen *fam*; **hacer su ~ (en la ciudad)** seinen Einzug (in die Stadt) halten, (in die Stadt) einziehen (*o* MIL einrücken); **hacer su ~ en la sociedad/el mundo** zum ersten Mal in der Gesellschaft/Öffentlichkeit erscheinen (*o* auftreten), debütieren; *adv* **de ~** zunächst, vorläufig; als Erstes; **de primera ~** im ersten Anlauf, auf Anhieb 2 *lugar*: Eingang *m*; Zugang *m*; *para coches, etc*: Zufahrt *f*; (*vestíbulo*) Diele *f*; (*explanada*) Vorplatz *m*; TEAT **~ de artistas** Bühnen-, Künstlereingang *m*; **~ de** *o* **a la autopista** Autobahnauffahrt *f*; **~ del puerto** Hafeneinfahrt *f*; **~ de servicio** *o* **~ trasera** Hintereingang *m* 3 TEAT, FILM (*billete*) (Eintritts)Karte *f*; **~ gratuita** Freikarte *f*, freier Eintritt *m*; **~ libre** Eintritt frei 4 (*público*) Zuschauer *mpl*, Besucher *mpl*; *número*: Besucherzahl *f*; MED **~s** *fpl en el hospital*: Zugänge *mpl*; TEAT **gran/media ~** voll/halb besetztes Haus *n* 5 TEC Eintritt *m*, Einlass *m*; Einführung *f*; Zufuhr *f*; MIL, AVIA **(abertura** *f* **de) ~** Einstieg *m* 6 (*comienzo*) Beginn *m*, Anfang *m*; **~ del año** Jahresanfang *m*; **~ en funciones** Amtsübernahme *f*, -antritt *m*; **~ en servicio** Dienstantritt *m*, -beginn *m*; **~ en vigor** Inkrafttreten *n*; **¡feliz** *o* **buena ~ de año!** Prosit Neujahr!; ein glückliches neues Jahr! 7 ECON Eingang *m*; *de correos*: Einlauf *m*; *fecha*: Eingangsdatum *n*; *de dinero*: Einnahme *f*; *pago*: Anzahlung *f*, erste Rate *f*; **~ en caja** Kasseneingang *m*; **~ de pedidos** Auftragseingang *m*; **~s y salidas** ECON Ein- und Ausgänge *mpl*; Einnahmen und Ausgaben *fpl*; *fig* geheime Abmachungen *fpl*, Machenschaften *fpl*; *fig* **irse ~ por salida** sich ausgleichen, sich die Waage halten 8 COM (*importación*) Einfuhr *f*; *derechos*: Einfuhrzoll *m* 9 INFORM Eingabe *f* 10 GASTR Vorspeise *f*; Zwischengericht *n* 11 ARQUIT Einsprung *m einer Mauer*; Balken-, Pfeilerende *n* 12 *de un libro, etc*: (*introducción*) Einleitung *f*, -führung *f*; (*titular*) Titelseite *f* 13 MIN Schicht *f* 14 MÚS Einsatz *m* 15 **~s** *fpl de la frente*: Geheimratsecken *fpl fam* 16 TAUR Angriff *m*; *Cuba, Méx* (*asalto*) Überfall *m*; Prügelei *f* 17 *en el diccionario*: Stichwort *n* (*tb* TEAT); Eintrag *m*, Artikel *m*

entrado ADJ **~ en años** schon älter, bejahrt; **~ en carnes** dick, beleibt; **(hasta) bien -a la noche** (bis) spät in der (die) Nacht

entrador ADJ 1 *Am reg* (*locuaz*) kontaktfreudig; gesprächig 2 *Chile* (*entrometido*) zudringlich, aufdringlich

entramado M ARQUIT Fachwerk *n*; **~ del tejado** Dachstuhl *m*; **entramar** VT ARQUIT in Fachwerk bauen

entrambos ADJ *liter* (alle) beide

entrampar A VT 1 (*atraer a una trampa*) in eine Falle locken; *fig* (*engañar*) überlisten, beschummeln *fam* 2 (*gravar con deudas*) mit Schulden belasten; **estar entrampado hasta las cejas** bis über beide Ohren verschuldet sein B VR **entramparse** 1 (*endeudarse*) sich in Schulden stürzen 2 (*caer en una trampa*) in eine Falle gehen

entrante A ADJ 1 *semana, mes, año* kommend 2 *ángulo* einspringend B M 1 (*ensenada*) Einbuchtung *f* 2 GASTR (*entrada*) Vorspeise *f*

entraña(s) F(PL) 1 (*vísceras*) Eingeweide *npl*; *fig* Inner(st)e(s) *n*; Herz *n*, Gemüt *n*; **de malas ~s** *o* **sin ~s** herzlos; **de buenas ~s** (herzens)gut; **hijo** *m* **de mis ~s** mein Herzenssohn, liebster

Junge; *fam fig* **echar las ~s** (stark) erbrechen, wie ein Reiher kotzen *pop*; **no tener ~s** kein Herz (im Leibe) haben; *fig* **sacar las ~s a alg** *(partirle el alma a alg)* j-m das Herz aus dem Leibe reißen; *(maltratar a alg)* j-n übel zurichten; *(sacarle todo a alg)* alles von j-m bekommen, j-n bis aufs Hemd ausziehen *fam* **2** *(el corazón de a/c)* Kern *m*, Innere(s) *n*; **las ~s de la tierra** das Erdinnere; **las ~s del universo** die Geheimnisse *npl* des Weltalls

entrañable ADJ *amistad, etc* innig, herzlich, tief; (innig) geliebt, Herzens...; **entrañablemente** ADV herzlich, innig *f*

entrañar **A** VT **1** *(llevar a lo más profundo)* ins Inner(st)e führen **2** *(llevar consigo)* mit sich *(dat)* bringen, in sich *(dat)* schließen; (in sich *dat*) bergen **B** VR **~se con alg** in tiefer Freundschaft verbunden sein mit j-m; sich mit j-m sehr befreunden

entraparse VR *Col fam* patschnass werden

entrar **A** VI **1** *(pasar de fuera adentro)* eintreten (**en** in *acus*), hineingehen, -fahren, -kommen; MAR einlaufen; MIN, FERR einfahren; MIL einrücken, einmarschieren; eindringen (**en** in *acus*); INFORM sich einloggen; *dinero, (envío postal)* eingehen; *en una asociación, etc*: eintreten (**en** in *acus*), beitreten (**en** *dat*), aufgenommen werden (**en** in *acus*); **¡entre(n)!** herein!; **~ en** *o Am* **a la sala** in den Raum (ein)treten, den Raum betreten; **~ como socio** als Teilhaber eintreten, Teilhaber werden; **~ en los sesenta años** ins sechzigste Lebensjahr treten; in die Sechziger kommen; **entra en calor** ihm/ihr wird warm *(tb fig)*; er/sie gerät in Hitze; ZOOL **~ en celo(s)** brünstig werden; MIL **~ en campaña** ins Feld rücken; **~ en consideración** in Betracht kommen; **~ en detalles** auf Einzelheiten eingehen; *fig* **~ en sí mismo** *o* **~ dentro de sí** in sich *(acus)* gehen; **~ en posesión de a/c** in den Besitz einer Sache *(gen)* kommen; **~ en relaciones (con)** Beziehungen aufnehmen (mit *dat o* zu *dat*); **~ en (el) servicio** in Dienst treten, den Dienst antreten; **~ por la ventana** durch das Fenster einsteigen **2** *(pertenecer)* **~ (en)** (hinein)gehören (in *acus*); gehören (zu *dat*); *(caber)* (hinein)passen (in *acus*), (hin)eingehen (in *acus*); **no entra nada más** es geht nichts mehr (hin)ein; **~ en el número** zu der Zahl gehören; in die Zahl *(der Mitglieder etc)* aufgenommen werden; **~ en un partido** *etc* einer Partei *etc* beitreten; **no me entra (en la cabeza)** das will mir nicht in den Kopf; das begreife ich nicht; **en un kilo entran ocho naranjas** auf ein Kilo kommen acht Orangen, acht Orangen wiegen ein Kilo; **la llave no entra** der Schlüssel passt nicht; **el pantalón no me entra** ich passe nicht in die Hose hinein; **en este vestido entra mucho paño** für dieses Kleid braucht man viel Stoff; **tres sustancias entran en esta mezcla** diese Mischung besteht aus drei Stoffen (*o* setzt sich aus drei Stoffen zusammen); **estos zapatos entran fácilmente** *o* **me entran muy bien** diese Schuhe passen mir sehr gut, ich komme in diese Schuhe gut hinein; *fig* **este tipo no me entra** ich kann diesen Kerl nicht ausstehen, dieser Typ liegt mir nicht **3** *(tener que ver con a/c)* **~ en a/c** etw mit einer Sache *(dat)* zu tun haben; *fam* **no ~ ni salir en a/c** mit etw *(dat)* überhaupt nichts zu tun (*o* zu schaffen) haben; sich aus etw *(dat)* heraushalten **4** INFORM sich einloggen; **~ en Internet** sich ins Internet einloggen, ins Internet gehen **5** *(comenzar)* beginnen, anfangen; MÚS einsetzen; **~ (a trabajar) a las ocho** um acht Uhr anfangen (zu arbeiten); **al ~ el día** bei Tagesanbruch; **al ~ el otoño** bei Beginn des Herbstes; **el año que entra** das kommende Jahr; im kommenden Jahr; das gerade beginnende Jahr **6** *fiebre* befallen (**a** *acus*); **me entra (el) sueño** ich werde schläfrig; **me entra un mareo** mir wird schlecht; **me entró miedo** mir wurde angst **7** TAUR, DEP *(atacar)* angreifen **B** VT **1** *fam (hacer entrar)* hineinbringen, -stecken; -führen, -fahren; einreihen (**en** in *acus*); hineintreiben (**en** in *acus*); INFORM eingeben; TIPO *línea* einziehen; **~ datos** Daten eingeben **2** *liter castillo, ciudad* angreifen; erobern; MAR *barco perseguido* (allmählich) einholen **3** COM *mercancías* einführen **4** *fig* **a Pedro no hay por dónde ~le** Peter hat keine Stelle, an der man ihn packen könnte, an Peter kommt man einfach nicht ran *fam* **C** VR **entrarse** *liter y fam* eindringen (**en** in *acus*); erscheinen

entrazado ADJ *Arg, Ur fam* **bien/mal ~** gut/schlecht angezogen

entre PREP zwischen *(dat, acus)*; unter *(dat)*; bei *(dat)*; **por ~** durch *(acus)* (hindurch); **~ Madrid y Berlín** zwischen Madrid und Berlin; **~ las seis y las siete** zwischen sechs und sieben (Uhr); **~ día** tagsüber, den Tag über; **~ semana** die Woche über; **~ ellos** unter ihnen; untereinander; **~ nosotros** unter uns; **~ tanto** unterdessen; **~ todos** alle gemeinsam, mit vereinten Kräften; **contar ~ sus amigos** zu seinen Freunden zählen; **ser costumbre ~ pescadores** unter Fischern üblich sein, Fischerbrauch sein; **~ tres** zu dreien, zu dritt; **~ tú y yo** zwischen uns beiden, unter uns beiden; *(nosotros dos)* wir beide; **~ usted y yo lo haremos** wir beide werden es tun; **~ la inundación y la sequía perdimos la cosecha** Überschwemmung und Dürre (miteinander) führten zum Verlust der Ernte; **200 ~ hombres y mujeres** 200, teils Männer, teils Frauen; **la llevaban ~ tres** sie trugen sie zu dritt; MAT **sesenta y tres ~ siete son nueve (63 : 7 = 9)** 63 (geteilt) durch 7 ist (*o* ergibt) 9; **~ dulce y agrio** süßsauer; **~ rojo y azul** rötlich blau, violett; **~ sí y no** unschlüssig; **el peor (de) ~ todos** der Schlechteste von (*o* unter) allen; **el oso salió de ~ las malezas** der Bär brach aus dem Gestrüpp hervor; **~ tanto que no se lo diga** solange er/sie es Ihnen nicht sagt

entreabierto ADJ halb offen; **entreabrir** VT ein wenig (*o* halb) öffnen, halb aufmachen

entreacto M **1** TEAT *(intermedio)* Zwischenakt *m*; *música*: Zwischenaktmusik *f* **2** *(cigarro puro)* kleine Zigarre *f*; **entrebarrera(s)** F(PL) TAUR Gang *m zwischen der Schranke und den ersten Sitzen*; **entrecano** ADJ grau meliert; **entrecavar** VT & VI AGR überackern; **entrecejo** M **1** *(espacio entre las cejas)* Raum *m* zwischen den Augenbrauen **2** *(ceño)* Stirnrunzeln *n*; **entrecerrar** VT ‹1k› *Am puerta, ventana* anlehnen; *ojos* halb schließen; **entrechocar** VI *y* VR ‹1g› **~se** aneinanderstoßen; aufeinanderprallen; *vasos*: anstoßen; **entrecinta** F ARQUIT Querbalken *m*, Pfette *f*; **entreclaro** ADJ halb hell, dämmerig; **entrecó** M → entrecot(e); **entrecoger** VT ‹2c› packen, ergreifen; *fig* in die Enge treiben; **entrecomar** VT LING zwischen Kommas setzen; **entrecomillar** VT zwischen Anführungsstriche setzen; **entrecoro** M ARQUIT Zwischenchor *m/n*

entrecortado ADJ *aliento* stoßweise; *voz, palabras* stockend; *voz, suspiro* erstickt; **con la voz -a (por las lágrimas)** mit (tränen)erstickter Stimme; **entrecortar** **A** VT einschneiden; unterbrechen **B** VR **entrecortarse** stockend sprechen; **entrecorteza** F SILV Ring-, Kernfäule *f*

entrecot(e), entrecôte M GASTR Lendenschnitte *f*; Rumpsteak *n*; Entrecôte *n*; **~ de ternera** Kalbslende *f*

entrecruzado ADJ über Kreuz (verlaufend); kreuzweise; **entrecruzamiento** M Kreuzung *f (tb* BIOL, ANAT*)*; Überschneidung *f*; **entrecruzar** ‹1f› **A** VT kreuzen *(tb* BIOL*)*; über Kreuz gehen lassen (*o* flechten) **B** VR **entrecruzarse** kreuzweise übereinander liegen

entrecubierta(s) MAR F(PL) Zwischendeck *n*

entredicho M Verbot *n*; CAT (Kirchen)Bann *m*; Interdikt *n*; **estar en ~** angezweifelt werden; *fig* verboten sein; in Verruf sein; *fig* **poner a/c en ~** etw in Zweifel ziehen, sich *(dat)* sein endgültiges Urteil über etw *(acus)* noch vorbehalten

entredoble ADJ *tejido* mittelfein; **entredós** M **1** TEX *(tira bordada)* (Spitzen)Einsatz *m* **2** *mueble*: Konsoltisch *m*; Wandschränkchen *n zwischen zwei Fenstern* **3** TIPO Korpus *f (10-Punkt-Schrift)*; **entrefilete** M TIPO **1** *en un periódico*: Zeitungsnotiz *f* **2** *(cita)* (typografisch hervorgehobenes) Zitat *n* im Text; **entrefino** ADJ mittelfein

entrega F **1** *(pase)* Abgabe *f*, Übergabe *f*, Überreichung *f*, Aushändigung *f*; DEP **~ (del balón)** Ballabgabe *f*, Zuspiel *n*; **~ de equipajes** Gepäckausgabe *f*; **~ de libros** Buchausgabe *f*; Buchannahme *f*; **contra ~** gegen Aushändigung; **hacer ~ de a/c** etw aushändigen; etw abgeben; etw überreichen; COM etw (ab)liefern; etw zustellen **2** COM *(suministro)* (An)Lieferung *f*, Zustellung *f*; *(pago)* (Ein-, Aus-)Zahlung *f*; **a la ~** bei Lieferung; **~ inmediata** sofortige Lieferung *f*; sofort lieferbar; *Col correos*: Eilzustellung *f*; **~ a domicilio** Lieferung *f* (*o* Zustellung *f*) ins Haus; **~ franco (a) domicilio** Lieferung frei Haus; **~ cif/fob** Cif/Fob-Lieferung *f*; **~ en la** *o* **desde la fábrica** Lieferung *f* ab Werk; **nota** *f o* **talón** *m* **de ~** Lieferschein *m*; **plazo** *m* **de ~** Lieferfrist *f* **3** MIL *(rendición)* Übergabe *f*; *gener tb (aflojamiento)* Nachgeben *n* **4** *fig (abnegación)* Hingabe *f* **5** LIT *(cuaderno impreso)* (Teil)Lieferung *f eines Werkes*; **novela** *f* **por ~s** Fortsetzungsroman *m*

entregable ADJ lieferbar; abzugeben(d); **entregado** ADJ **~ por** überreicht durch *(acus)*; **entregador** M, **entregadora** F *Arg, Ur* Verräter *m*, -in *f*, Denunziant *m*, -in *f*; **entregamiento** M → entrega

entregar ‹1h› **A** VT **1** *(poner en manos de otro)* ein-, aushändigen, über-, abgeben; überreichen; COM (ab-, aus)liefern; *persona* ausliefern *(tb* JUR*)*; COM **~ a domicilio** ins Haus liefern; zustellen; *fam* **~la** ins Gras beißen *fam*, sterben; **(para) ~ a** abzugeben bei *(dat)*; zu Händen von *(dat)* **2** *(sacrificar)* hingeben, opfern *(tb fig)* **3** MIL *fuerte, etc* übergeben; *armas* strecken **B** VR **entregarse** sich ergeben (**a alg** j-m); *delincuentes* sich stellen; *mujer* sich hingeben (**a alg** j-m); **~ a los estudios** sich ganz dem Studium widmen; **~ a un vicio** einem Laster frönen (*o* verfallen), sich einem Laster ergeben; **~ en manos de alg** sich in j-s Hand *(acus)* geben; j-m völlig vertrauen

entreguerra(s) F Zwischenkriegszeit *f*

entreguismo M POL (übermäßige) Nachgiebigkeit *f*; Verzichtpolitik *f*; **entreguista** **A** ADJ POL weich, nachgiebig **B** M/F Politiker *m*, -in *f* der weichen Linie

entrejuntar VT *Cuba puerta* anlehnen; **entrelargo** ADJ halblang, ziemlich lang; **entrelazado** ADJ verschränkt; verwebt; *poét y fig* verwoben; **entrelazar** ‹1f› **A** VT verflechten; ineinanderweben (*o* -schlingen); verschränken **B** VR **entrelazarse** sich verflechten *(tb fig)*; *fig* ineinandergreifen

entrelínea F TIPO Zeilenabstand *m*, Durchschuss *m*; **entrelinear** VT zwischen die Zeilen *eines Textes* schreiben; **entreliño** M AGR Gang *m* zwischen Ölbaum- (*o* Reben)reihen; **entrelucir** VI ‹3f› durchschimmern

entremedias ADV dazwischen; inzwischen;

entremedio M *Am* Zwischenzeit *f*, -raum *m*
entremés M **1** LIT, TEAT Zwischenspiel *n*; Einakter *m*; Posse *f* **2** GASTR *frec* **entremeses** *mpl (entradas)* Vorspeise(n) *f(pl)*; Zwischengericht *n*
entremesera F Horsd'œuvreschale *f*; **entremesil** ADJ Zwischenspiel…
entremeter → entrometer; **entremetido** ADJ → entrometido; **entremetimiento** M → entrometimiento
E
entremezclado ADJ gemischt *(tb fig)*; **entremezclar** VT (unter-, ver)mischen
entrenado ADJ DEP, *etc* **(no)** ~ (un)trainiert, (un)geübt
entrenador M **1** DEP *persona*: Trainer *m*; ~ **de fútbol** Fußballtrainer *m* **2** ~ **de vuelo** *aparato*: Flugtrainer *m*; *Am* Schulflugzeug *n*
entrenadora F DEP Trainerin *f*
entrenamiento M Training *n*; (Ein)Übung *f*; Ausbildung *f*; MIL Drill *m*; PSIC ~ **autógeno** autogenes Training *n*; DEP **curso** *m* **de** ~ Übungskurs *m*; ~ **deportivo** Sporttraining *m*; DEP ~ **fraccionado** Intervalltraining *n*
entrenar **A** VT trainieren, (ein)üben; schulen **B** VR **entrenarse** trainieren; sich üben **(en** *in dat)*
entreno M DEP Training *n*
entreoír VT ⟨3q⟩ undeutlich hören; munkeln hören *fam*; **entrepanes** MPL AGR Brachfelder *npl zwischen bestellten Äckern*; **entrepaño** M **1** ARQUIT *artesonado*: Paneel *n*, Wandverkleidung *f*; *de la puerta*: Türfüllung *f*; *(espacio enre columnas)* Säulenweite *f* **2** *de muebles*: Fach *n in Möbeln*; **entreparecerse** VR ⟨2d⟩ durchscheinen, -schimmern; **entrepaso** M *equitación*: Mittelgang *m*
entrepierna(s) F(PL) **1** *(parte interior de los muslos)* Innenseite *f* der Oberschenkel **2** TEX *cuadradillo*: (Hosen)Zwickel *m*; *Chile fam (traje de baño)* Badehose *f* **3** *fam (órganos genitales)* Geschlechtsorgane *npl* **4** *vulg* **pasarse a/c por la** ~ *(despreciar a/c)* etw verachten, auf etw pfeifen *fam*
entrepiso M MIN Zwischensohle *f*; ARQUIT → entreplanta; **entreplanta** F ARQUIT Zwischenstock *m*; **entrepuente** M MAR Zwischendeck *n*
entrerrenglonar VT & VI zwischen die Zeilen *eines Textes* schreiben; **entresacar** VT ⟨1g⟩ aus-, heraussuchen; herausgreifen **(de** aus *dat)*; *cabello* ausdünnen; AGR ausputzen, *árbol* ausästen; *bosque* lichten
entresiglos: **en la época de** ~ zur Zeit der Jahrhundertwende
entresijo M **1** ANAT *(mesenterio)* Netz *n*, Gekröse *n* **2** *fig* ~**s** *mpl (cosa oculta)* Innere(s) *n*; geheime(n) Winkel *mpl*; **tener muchos** ~**s** *cosa* seine Haken *(o* Mucken *fam)* haben; *persona* schwer zu durchschauen sein
entresuelo M ARQUIT Zwischenstock *m*; Hochparterre *n*; TEAT erster Rang *m*; **entresueño** M Halbschlaf *m*; **entresurco** M AGR Acker-, Furchenbeet *n*
entretalla(dura) F Flachrelief *n*; **entretallar** VT **1** *(esculpir en bajo relieve)* als Flachrelief (aus)arbeiten **2** *(grabar) in Holz, Stein, Metall* schneiden **3** TEX *tela* auszacken **4** *fig (estorbar)* aufhalten, behindern
entretanto **A** ADV inzwischen, unterdessen **B** M Zwischenzeit *f*
entretecho M *Am reg* Dachboden *m*; **entretejer** VT ein-, verweben; verflechten; einflechten *(tb fig)*; **entretela** F TEX Zwischenfutter *n*; Steifleinen *n*; *fig* ~**s** *fpl* Innerste(s) *n des Herzens*
entretener ⟨2l⟩ **A** VT **1** *(retardar)* aufhalten; *hambre* beschwichtigen **2** *(distraer)* ablenken, zerstreuen; unterhalten; *j-m* Spaß machen **3** *máquina* warten; *mujer* aushalten **4** *(dejar esperar)* hinhalten, vertrösten; *(demorar) etw* hinauszögern **B** VR **entretenerse** **1** *(distraerse)* sich *(dat)* die Zeit vertreiben **(en** *inf o* **con** *o ger* mit *dat)*; sich unterhalten, sich vergnügen, sich amüsieren **2** *(demorarse)* sich aufhalten lassen; aufgehalten werden
entretenida F (ausgehaltene) Geliebte *f*;
entretenido ADJ **1** *(divertido)* unterhaltsam, kurzweilig **2** *(alegre)* aufgeräumt, vergnügt **3** *(muy lento)* zeitraubend, Zeit raubend, langwierig; **entretenimiento** M **1** *(diversión)* Unterhaltung *f*, Zeitvertreib *m* **2** *(demora)* Verzögerung *f*, Hinhalten *n* **3** *(mantenimiento)* Instandhaltung *f*; AUTO, TEC Wartung *f*; **sin** ~ wartungsfrei
entretiempo M Übergangszeit *f (Frühjahr, Herbst)*; Vor- *(o* Nach)saison *f*; **abrigo** *m* **de** ~ Übergangsmantel *m*
entreventana F ARQUIT Raum *m* zwischen zwei Fenstern; **entrever** VT ⟨2v⟩ undeutlich sehen; *fig* ahnen; *intenciones* durchschauen; **hacer** *o* **dejar** ~ durchblicken lassen; **entreverado** ADJ **1** *carne, tocino* durchwachsen **2** *fig Cuba (mediocre)* mittelmäßig **3** *Am reg (loco)* verrückt, wirr; **entreverar** VT unter-, vermengen; durcheinanderwerfen; **entrevero** M *Arg, Chile* Unordnung *f*, Verwirrung *f*; *Arg* Vermengung *f*; **entrevía** F FERR Gleisabstand *m*
entrevista F *(conferencia)* Zusammenkunft *f*, Begegnung *f*; Besprechung *f*; *periodismo*: Interview *n*; ~ **personal** *o* **de trabajo** Vorstellungsgespräch *n*; **conseguir una** ~ **(de trabajo)** zu einem Vorstellungsgespräch eingeladen werden; **dar** *(o* **conceder) una** ~ **a alg** j-m ein Interview geben *(o* gewähren); **hacer una** ~ **a alg** j-n interviewen
entrevistador M, **entrevistadora** F Interviewer *m*, -in *f*; **entrevistar** **A** VT interviewen; ausfragen **B** VR ~**se (con)** sich treffen, zusammenkommen (mit *dat*); ~**se con alg** *tb* sich mit j-m besprechen
entripado **A** ADJ Bauch…; Leib… **B** M *fig* verbissener Grimm *m*, Groll *m*; **entripar** **A** VT *Col, Ec fam* ärgern **B** VR **entriparse** *Cuba* nass werden
entristecer ⟨2d⟩ **A** VT betrüben, traurig machen **B** VR **entristecerse** traurig werden; **entristecimiento** M Traurigkeit *f*
entrometer **A** VT einschieben, -stecken **B** VR **entrometerse** sich einmischen **(en** in *acus)*; **entrometido** **A** ADJ zudringlich; vorwitzig, naseweis **B** M, **-a** F Naseweis *m*, Schnüffler *m*, -in *f*; **entrometimiento** M Aufdringlichkeit *f*; Vorwitz *m*; Einmischung *f*
entromparse VR *fam* **1** *(emborracharse)* sich betrinken, sich *(dat)* einen ansäuseln *fam* **2** *Am reg fam (sacar de quicio)* auf die Palme gehen
entrón ADJ *Méx fam* schneidig; kokett
entroncar ⟨1g⟩ **A** VI **1** *(tener parentesco)* verwandt sein **(con** mit *dat)*; sich verschwägern **(con** mit *dat)* **2** *Cuba, Méx, P. Rico transporte: (tener conexión)* Anschluss haben **B** VT ~ **a alg con** j-s Verwandtschaft mit *(dat) (o* j-s Abstammung von *dat)* nachweisen
entronización F Thronerhebung *f*; Thronbesteigung *f*; **entronizar** VT ⟨1f⟩ auf den Thron erheben; *fig* in den Himmel heben
entronque M **1** *(parentesco)* Verwandtschaft *f*; Verschwägerung *f* **2** *Am transporte: (empalme)* Verbindung *f*, Anschluss *m*; *Méx (cruce)* (Straßen)Kreuzung *f*
entropía F FÍS Entropie *f*
entruchado M Intrige *f*, Verschwörung *f*; **entruchar** VT *fam* beschwindeln, hereinlegen
entrullar VT *pop* in den Knast stecken *fam*, einbuchten *fam*
entubar VT **1** TEC *(poner tubos)* verrohren **2** MED *persona*: intubieren
entuerto M **1** *(injusticia)* Unrecht *n*; Ungerechtigkeit *f*; Beleidigung *f*; *fam* **deshacer el** ~ das Unrecht wiedergutmachen **2** MED ~**s** *mpl (dolores puerperales)* Nachwehen *fpl*
entullecer ⟨2d⟩ **A** VT *fig* lähmen, lahmlegen **B** VR **entullecerse** gelähmt werden
entumecer ⟨2d⟩ **A** VT *miembro* lähmen **B** VR **entumecerse** **1** starr werden, erstarren; *miembro* einschlafen **2** *aguas* anschwellen;
entumecido ADJ **1** *miembro* erstarrt, steif; taub **2** *río* angeschwollen; **entumecimiento** M Erstarren *n*; Taubheit *f eines Gliedes*
enturbiamiento M Trüben *n*; Trübung *f*;
enturbiar ⟨1b⟩ **A** VT trüben *(tb fig)* **B** VR **enturbiarse** trüb werden; *fig sentimientos, etc* nachlassen
entusiasmar **A** VT & VI begeistern; entzücken **B** VR **entusiasmarse** sich begeistern, schwärmen **(con, por** für *acus)*; **entusiasmo** M Begeisterung *f*, Enthusiasmus *m*;
entusiasta **A** ADJ begeistert, enthusiastisch; schwärmerisch **B** M/F Enthusiast *m*, -in *f*; begeisterte(r) Anhänger *m*, -in *f* **(de** *gen)*
entusiástico ADJ → entusiasta
enumeración F Aufzählung *f*; **enumerar** VT aufzählen, aufführen
enunciación F Äußerung *f*; kurze Mitteilung *f*; **enunciado** M **1** *(exposición)* (Kurz)Darlegung *f*, Exposition *f eines Problems*; LING Aussage *f* **2** *(texto)* Wortlaut *m*, Text *m*;
enunciar VT ⟨1b⟩ kurz äußern, darlegen; aussprechen; GRAM aussagen; **enunciativo** ADJ aussagend; GRAM **oración** *f* **-a** Aussagesatz *m*
enuresis F MED (Harn)Inkontinenz *f*
envainar VT **1** *espada* in die Scheide stecken; einstecken **2** *Col, Perú, Ven fam (enredar en problemas)* in Probleme *(o* in Schwierigkeiten) verwickeln
envalentonar **A** VT ermutigen **B** VR **envalentonarse** sich als Held aufspielen; großtun; ~ **con alg** sich mit j-m anlegen
envanecer ⟨2d⟩ **A** VT stolz machen **B** VR **envanecerse** stolz sein **(con, de** auf *acus)*; sich *(dat)* (auf *eine Sache acus)* etwas einbilden;
envanecido ADJ stolz; eitel, überheblich;
envanecimiento M Eitelkeit *f*; Stolz *m*
envarado **A** ADJ steif, (er)starr(t); *fig* hochnäsig **B** M Potentat *m*, Bonze *m*; **envaramiento** M Starre *f*; **envararse** VR steif *(o* starr) werden; *fig* eingebildet werden
envasado M Abfüllen *n*, Verpacken *n*; **envasador** **A** ADJ verpackend; **empresa** ~**a** Verpackungsfirma *f* **B** M **1** *obrero*: Packer *m*; Abfüller *m* **2** *embudo*: Abfülltrichter *m*; **envasadora** F **1** *máquina*: Abfüllgerät *n*, -maschine *f* **2** *persona*: Packerin *f*; Abfüllerin *f*; **envasar** **A** VT *espec líquido* ab-, einfüllen; in Behälter ab-, verpacken **B** VT & VI *fig (beber exageradamente)* übermäßig trinken
envase M **1** *acción*: Ab-, Einfüllen *n*; *(embalaje)* Verpackung *f*; ~ **automático** automatische Abfüllung *f*; ~ **de origen** *o* ~ **original** Originalabfüllung *f*, -verpackung *f* **2** *(recipiente)* Behälter *m*, Gefäß *n*; (Ver)Packung *f*; ~ **ahorro** Sparverpackung *f*; ~ **desechable** Einwegflasche *f*, Wegwerfpackung *f*; ~ **recuperable** *o* **retornable** Mehrwegverpackung *f*; Mehrwegflasche *f*; ~**s** *mpl* **de vuelta** Leergut *n*
envasijar VT → envasar
envedijarse VR **1** *pelos, lana* sich verheddern; verfilzen **2** *fig (reñir con alg)* in Streit geraten;
envegarse VR *Chile* versumpfen; **envejecer** ⟨2d⟩ **A** VT alt machen **B** VI *y* VR ~**se** **1** *(volverse viejo)* altern; alt werden **2** *fig (acostumbrarse)* zur Gewohnheit werden **(en**

alg j-m); **envejecido** ADJ **1** (vuelto viejo) gealtert **2** fig (anticuado) veraltet; althergebracht; **~ en** ergraut (o geübt) in (dat); **envejecimiento** M Altwerden n; Ver-, Überalterung f; Alterung f (tb TEC)
envenenado ADJ vergiftet (tb fig); Ven AUTO fam frisiert (Motor); **envenenador** **A** ADJ vergiftend **B** M, **envenenadora** F Giftmischer m, -in f; **envenenamiento** M Vergiftung f; **~ por setas** Pilzvergiftung f; **envenenar** VT vergiften (tb fig)
enverar VI AGR espec uvas sich färben, rot werden; **enverdecer** VI ⟨2d⟩ grünen, grün werden
envergadura F **1** ORN Flügelweite, Spannweite f (tb AVIA y fig); MAR Segelbreite f **2** fig (importancia) Bedeutung f, Wichtigkeit f, Umfang m; **de gran ~** o **de mucha ~** sehr bedeutend
envergar VT ⟨1h⟩ MAR vela anschlagen; p. ext einschäkeln; **envergues** MPL MAR cabo: Seising n (Tau); **enverjado** M Gitter(werk) n; **enverjar** VT vergittern
enverracarse VR Col fam **1** (enfurecerse) in Rage geraten **2** (entusiasmarse) sich für etw (acus) begeistern (o anstrengen)
envés M Rückseite f; fig Schatten-, Kehrseite f; **en el ~** auf der Rückseite (**de** von dat)
enviado M, **-a** F Abgesandte m/f, Bote m, Botin f; POL **~ m extraordinario** Sonderbotschafter m; außerordentlicher Gesandter m; **~ m especial** Sonderberichterstatter m, -korrespondent m
enviar VT ⟨1c⟩ **1** cosa: (ab-, ver)senden, schicken; **~ a/c a alg** j-m etw zusenden (o zuschicken); COM j-m etw zustellen; **~ por** o fam **a por a/c** etw holen lassen; **~ una postal/un e-mail** etc **a alg** j-m eine Postkarte/E-Mail etc schicken **2** persona: entsenden, schicken; fam **~ a alg a paseo** o **a pasear** j-n zum Teufel schicken; **~ por alg** nach j-m schicken
enviciado ADJ schlecht, verbraucht; **enviciar** ⟨1b⟩ **A** VT moralisch verderben **B** VI AGR ins Kraut (o ins Laub) schießen **C** VR **enviciarse** sittlich verkommen; **~ en** o **con** (einem Laster etc) verfallen, frönen
envidada F juego de cartas: Bieten n, Reizen n; **envidar** VI juego de cartas: bieten, reizen; tb fig **~ en** o **de falso** bluffen
envidia F Neid m, Missgunst f; **~ profesional** Brot-, Konkurrenzneid m; **dar ~** beneidenswert sein; **dar ~ a alg de a/c** Lust bekommen auf etw (acus), etw gern haben wollen; **tener ~ a alg** j-n beneiden (um etw acus **por a/c**); **tener ~ de a/c** neidisch auf etw acus sein
envidiable ADJ beneidenswert; zu beneiden(d)
envidiar VT ⟨1b⟩ **~ a/c** auf etw (acus) neidisch sein; **~ a/c a alg** o **~ a alg por a/c** j-n um etw (acus) beneiden; j-m etw missgönnen; fig **no tener nada que ~ a alg** j-m nicht nachstehen (dat), nicht schlechter sein als (nom); tb irón **no se lo envidio** ich gönne es ihm
envidioso **A** ADJ missgünstig; neidisch (**de** auf acus) **B** M, **-a** F Neider m, -in f
envigado(s) M(PL) ARQUIT Gebälk n
envilecer ⟨2d⟩ **A** VT **1** (despreciar) herabwürdigen, erniedrigen **2** (denigrar) abwerten **B** VR **envilecerse** sich erniedrigen; **envilecimiento** M **1** (degradación) Erniedrigung f; Verkommenheit f **2** (devaluación) Abwertung f
envinar VT **1** agua mit Wein vermischen **2** Méx GASTR plato dulce mit Likör zubereiten
envío M **1** (cosa enviada) Sendung f; (acción de enviar) Ab-, Ver-, Übersendung f, Versand m; **~ de** en encomiendas: Absender; correos: **~ certificado** Einschreibsendung f; correos: **~ contra rembolso/por correo aéreo** Nachnahme-/Luftpostsendung f; **~ masivo** Postwurfsendung f; **~ rehusado** Annahme verweigert; **aviso** m **de ~** Versandanzeige f; **gastos** mpl **de ~** Versandkosten pl; **nota** f **de ~** Versandschein m, -erklärung f; **hacer un ~ de a/c** etw (ver)senden, (ver)schicken **2** poét (dedicatoria) Zueignung f
envión M fam Stoß m; Arg, Col Anstrengung f; Ruck m
envite M **1** Bieten n, juego de cartas tb Reizen n; fig (oferta) (An)Gebot n, Anerbieten n **2** fig (empujón) Stoß m; Sprung m; adv **al primer ~** gleich zu Beginn, von Anfang an; auf Anhieb
enviudar VI Witwe (o Witwer) werden
envolatar VT Col zur Eile antreiben, (ab)hetzen
envoltijo M Ec, **envoltorio** M Bündel n; Packen m; COM (Um)Verpackung f
envoltura F **1** (capa exterior) Hülle f (tb fig), Packung f; Verpackung f; **~ hermética** luftdichte Hülle f; Frischhaltepackung f **2** TEC (revestimiento) Hülle f, Umhüllung f; Mantel m; **~ tubular** Rohrmantel m, -hülle f **3** MED (compresa) Wickel m, Packung f; **~ de lodo** o **de fango** Fangopackung f; **~ torácica** Brustwickel m **4** **~(s)** f(pl) (pañales) Windeln fpl
envolvedero M Wickeltisch m; **envolvedor** M **1** obrero: Packer m **2** (fajero) Wickeltuch n **3** mesa: Wickeltisch m; **envolvedora** F obrera: Packerin m; **envolvente** **A** ADJ ein-, umhüllend; vestimenta weit; MAT (**curva** f) **~** Hüllkurve f **B** F ELEC **~ moduladora** Modulationskurve f **C** M TEC Mantel m, Verkleidung f
envolver ⟨2h⟩ **A** VT **1** (empacar) (ein)wickeln, einpacken, einhüllen (**con, en** in acus); fig (ocultar) verhüllen, verbrämen **2** (enrollar) umwickeln (tb TEC); TEC ummanteln **3** borde, tela einschlagen; hilo aufrollen, aufwickeln **4** MIL (rodear) umfassen, umzingeln **5** fig (complicar) verwickeln, verwirren; (involucrar) hineinziehen (**en** in acus) **6** (significar) bedeuten, (mit) beinhalten **B** VR **envolverse** **1** (meterse en) sich einlassen (**en** in acus) **2** (amancebarse) in wilder Ehe leben
envuelta F Umhüllung f, Hülle f; TEC Be-, Umwicklung f; Verkleidung f; Mantel m, Gehäuse n; → tb envoltura 1; **envuelto** **A** PP → envolver; **verse ~ en un accidente** in einen Unfall verwickelt sein **B** M fam → envoltijo; Méx GASTR gefüllte Maisrolle f
enyerbar **A** VT Chile, Col, Méx verhexen (mit einem Zaubertrank) **B** VR **enyerbarse** **1** Am reg AGR (cubrirse de yerba) verunkrauten, von Unkraut überwuchert werden **2** Am Centr, Méx fam (enamorarse) sich verknallen fam
enyesado M (Ein-, Ver)Gipsen n; MED Gipsverband m; **enyesar** VT (ein)gipsen (tb MED); übergipsen; Am reg MED **tener el brazo enyesado** den Arm in Gips haben
enyuyarse VR Arg, Ur von Unkraut überwuchert werden
enzarzar ⟨1f⟩ **A** VT **1** muros mit einer Dornenschicht versehen **2** fig (enredar) verwickeln, verstricken (**en** in acus) **B** VR **enzarzarse** **1** (enredarse) sich verwickeln, sich verstricken (**en** in acus); **~ en una conversación** o **discusión** vom Hundertsten ins Tausendste kommen **2** (enemistarse) sich verfeinden (**con** mit dat); aneinandergeraten; **~ con alg** sich mit j-m in die Haare geraten
enzima F QUÍM Enzym n; **enzimático** ADJ Enzym..., enzymatisch
enzolvarse VR Méx tubos sich verstopfen
enzootia F VET Viehseuche f
enzurizar VT ⟨1f⟩ (gegeneinander) aufhetzen
eñe F Ñ n (Name des Buchstabens)
eoceno M GEOL Eozän n
E.O.I. ABR (Escuela Oficial de Idiomas) Esp Staatliche Sprachenschule f
eólico, eolio **A** ADJ äolisch; Wind...; **energía** f **-a** Windkraft f, Windenergie f **B** M Äolier m
eón M Äon m
eonismo M Transvestismus m; **eonista** M Transvestit m
epa INT Méx, Ven he!, hallo!; Chile auf!, los!
EPA F ABR (Encuesta de Población Activa) Umfrage f über den Beschäftigungsstand der Bevölkerung
epatante ADJ verblüffend; blendend; **epatar** VT hum verblüffen
epazote M Guat, Méx, Salv BOT Pazote m
EpC F ABR (Educación para la Ciudadanía) Esp escuela: Staatsbürgerkunde f
E.P.D. ABR (en paz descanse) er ruhe in Frieden
epéntesis F FON Epenthese f
épica F LIT Epik f, erzählende Dichtung f
epicardio M ANAT Epikard n; **epicarpio** M BOT Epikarp n; **epiceno** ADJ GRAM artículo für beide Geschlechter geltend; **epicentro** M Epizentrum n; **epiciclo** M MAT, ASTRON Epizykel m; **epicicloide** F MAT Epizykloide f
épico LIT **A** ADJ episch, erzählend; **poesía** f **-a** Epik f; **poema** m **~** Epos n **B** M (**poeta** m) **~** Epiker m, epischer Dichter m
epicureísmo M FIL y fig Epikureismus m; **epicúreo** FIL y fig **A** ADJ epikur(e)isch **B** M, **-a** F Epikureer m, -in f
epidemia F Epidemie f, Seuche f; **epidémico** ADJ epidemisch, Seuchen...; **epidemiología** F MED Epidemiologie f; **epidérmico** ADJ MED epidermal, Oberhaut...; **epidermis** F ANAT, BOT Epidermis f, (Ober)Haut f; **epidiáscopo, epidiascopio** M Epidiaskop n; **epidídimo** M ANAT Nebenhoden m; **epidural** ADJ ANAT epidural; **anestesia** f **~** MED Epidural-, Rückenmarkanästhesie f
epifanía F REL Dreikönigsfest n, Ephiphanie f
epífisis F ANAT Epiphyse f; **epífitas** FPL BOT Epiphyten mpl
epigastrio M ANAT Epigastrium n, Magengrube f; **epiglotis** F ANAT Kehldeckel m, Epiglottis f
epígono M Epigone m; fig (schwacher) Nachahmer m; **epígrafe** M **1** (inscripción) Epigraf m; Aufschrift f, Inschrift f **2** (título) Überschrift f **3** (lema) Motto n
epigrafía F Inschriftenkunde f, Epigrafik f; **epigráfico** ADJ epigrafisch; **epigrafista** M/F Epigrafiker m, -in f; **epigrama** M Epigramm n; **epigramático** ADJ epigrammatisch; fig kurz; treffend, geistreich, witzig; **epigramatista** M/F Epigrammatiker m, -in f
epilepsia F MED Epilepsie f, Fallsucht f; **epiléptico** MED **A** ADJ epileptisch **B** M, **-a** F Epileptiker m, -in f
epilogación F → epílogo; **epilogal** ADJ zusammengefasst, kurz; **epilogar** VT ⟨1h⟩ (in einem Nachwort) zusammenfassen; das Nachwort schreiben zu
epílogo M Epilog m, Nachwort n
epiplón M ANAT (großes) Netz n
episcopado M Bischofsamt n; Episkopat m; **episcopal** **A** ADJ bischöflich, Bischofs...; Episkopal...; **Conferencia** f **Episcopal** Bischofskonferenz f; **sede** f **~** Bischofssitz m **B** M Episkopale n, Ritenbuch n
episcopalismo M Episkopalismus m
episcopio M Episkop n
episódico ADJ episodisch, vorübergehend, nebensächlich; **episodio** M **1** (suceso secundario) Episode f (tb MÚS y fig) **2** TEAT y fig (hecho de poca importancia) Nebenhandlung f **3** LIT,

TEAT, FILM (*parte de una serie*) Teil *m* einer Reihe, Episode *f*; ~ **piloto** TV Pilotfilm *m* 4 RET (*digresión*) Abschweifung *f*
epispermo M BOT Samenhüllen *fpl*
epistaxis F MED Nasenbluten *n*
epistemología F FIL Epistemologie *f*, Erkenntnistheorie *f*
epístola F REL Epistel *f*; *Biblia*, LIT Brief *m*
epistolar ADJ Brief..., brieflich; LIT **novela** *f* ~ Briefroman *m*; **epistolario** M 1 (*libro de cartas*) Briefsammlung *f* 2 REL Epistolarium *n*, Epistelbuch *n*
epitafio M Grabschrift *f*; Epitaph *m*; **epitalamio** M Hochzeitsgedicht *n*
epitelial ADJ ANAT Epithel...; **epitelio** M ANAT Epithel *n*; ~ **cilíndrico/plano** Zylinder-/Plattenepithel *n*
epitético ADJ LING epithetisch
epíteto M Epitheton *n*, Beiwort *n*; **epítome** F LIT, *retórica*: Epitome *f*; Auszug *m*, Abriss *m*
epizoario M BIOL Schmarotzer *m*, -tier *n*; *t/t* Epizoon *n*; **epizootia** F VET Tierseuche *f*
e.p.m. ABR (en propia mano) persönlich übergeben
época F 1 *espacio de tiempo*: Zeitabschnitt *m*, Zeitraum *m*, Epoche *f*; (*era*) Zeitalter *n*; Zeit *f*; ~ **moderna** Neuzeit *f*; Moderne *f*; ~ **de lluvias** Regenzeit *f*; **en aquella** ~ zu jener Zeit; damals; AUTO **coche** *m* **de** ~ Oldtimer *m*; CAZA, *pesca*: ~ **de veda** Schonzeit *f*; **trajes** *mpl* **de** ~ zeitgenössische (*o* historische) Trachten *fpl* 2 *fam fig* **de** ~ (*fabuloso*) großartig; **hacer** ~ Epoche machen; **que hace** ~ Epoche machend
epónimo A ADJ eponym B M, **-a** F Eponym(us) *m*, Namengeber *m*, -in *f*
epopeya F, **epos** M Epos *n*
EPS F ABR (Electric Power Steering) AUTO EPS *f* (*elektrische Servolenkung*)
épsilon, epsilón F Epsilon *n* (*griechischer Buchstabe*)
epsomita F MINER Bittersalz *n*
epulón M 1 (*que come mucho*) starker Esser *m* 2 (*pudiente*) reicher (*o* wohlhabender) Mann *m*
equiángulo ADJ GEOM gleichwinklig
equidad F 1 (*justicia natural*) Recht *n* und Billigkeit *f*; Gerechtigkeit *f* 2 (*igualdad de ánimo*) Gleichmut *m*, Mäßigung *f*; **equidistante** ADJ gleich weit (voneinander) entfernt; **distribución** *f* ~ gleichmäßige Verteilung *f*; **equidistar** V/I gleich weit entfernt sein (**de** von *dat*)
équidos MPL ZOOL Equiden *mpl*
equilátero ADJ GEOM gleichseitig
equilibrado A ADJ ausgeglichen; FÍS, TEC ausgewuchtet B M TEC Auswuchten *n*; **equilibrar** A V/T ausgleichen, ins Gleichgewicht bringen (*tb fig*); AUTO *neumáticos* auswuchten; *balanza* tarieren; AVIA trimmen B V/R **equilibrarse** ins Gleichgewicht kommen; sich ausgleichen; **equilibratorio** ADJ ausgleichend, Ausgleichs...
equilibrio M 1 (*estabilidad*) Gleichgewicht *n* (*tb fig*); Ausgleich *m*; ~ **ecológico** ökologisches Gleichgewicht *n*; *tb fig* ~ **de fuerzas** Gleichgewicht *n* der Kräfte; POL ~ **nuclear** atomares Gleichgewicht *n*; POL ~ **del** *o* **por el terror** Gleichgewicht *n* des Schreckens; **mantener/perder el** ~ das Gleichgewicht halten/verlieren 2 *del ánimo*: Ausgeglichenheit *f*; Ausgewogenheit *f*; **falta** *f* **de** ~ Unausgeglichenheit *f* 3 ~**s** *mpl del malabarista*: Ausgleichsversuche *mpl*; *desp* Seiltänzerkunststücke *npl* (*fig*); **hacer** ~**s** als Vermittler (*o* vermittelnd) eingreifen; die Gegensätze auszugleichen versuchen
equilibrista M/F Äquilibrist *m*, -in *f*, Seiltänzer *m*, -in *f* (*tb fig*)
equimolecular ADJ FÍS äquimolekular
equimosis F ⟨*pl inv*⟩ MED Ekchymose *f*
equino A ADJ Pferde... B M ZOOL 1 (*erizo marino*) Seeigel *m* 2 (*caballo*) Pferd *n* 3 ARQUIT *del capitel dórico*: Echinus *m*, Säulenwulst *m*
equinoccial ADJ Äquinoktial...; tropisch; **línea** *f* ~ Äquator *m*; **tormentas** *fpl* ~**es** Äquinoktialstürme *mpl*
equinoccio M Tagundnachtgleiche *f*, Äquinoktium *n*
equinococo M MED Echinokokkus *m*; **equinodermo** M ZOOL Stachelhäuter *m*
equipaje M (Reise)Gepäck *n*; ~ **libre** *o* **franco** Freigepäck *n*; ~ **de mano** Handgepäck *n*; **talón** *m* **de** ~ Gepäckschein *m*
equipamiento M Ausstattung *f*; AUTO ~ **base** Grundausstattung *f*; AUTO ~ **de serie** serienmäßige Ausstattung *f*
equipar V/T 1 (*proveer*) ausrüsten, ausstatten, versehen (**de, con** mit *dat*); MIL *tb* bestücken; *barco* ausrüsten (*o* bemannen) 2 (*aprovisionar*) verproviantieren
equiparable ADJ vergleichbar, gleichstellbar
equiparación F, **equiparamiento** M Gleichstellung *f*; ~ **de oportunidades** Recht *n* auf gleiche Bedingungen; ~ **salarial** Gleichstellung *f* beim Gehalt
equiparar V/T gleichstellen, -setzen; vergleichen (**a, con** mit *dat*)
equipo M 1 (*conjunto de utensilios*) Ausrüstung *f*, Ausstattung *f*; TEC Gerät *n*, Anlage *f*; Einheit *f*; ~ **de aire comprimido** Pressluftgerät *n*; ~ **de alta fidelidad** Hi-Fi-Anlage *f*; ~ **de buceo** Taucherausrüstung *f*; ~ **de esquiar** Skiausrüstung *f*; ~ **de escucha** Abhöranlage *f*; ~ **de novia** Brautausstattung *f*, Aussteuer *f*; ~ **de oficina** Büroausstattung *f*; ~ **de sonido** Stereoanlage *f*; ~ **de video** Videogerät *n* 2 DEP, MAR, MIL, TEC, AVIA *y fig* Mannschaft *f*; DEP *y fig* Team *n*; MAR (Schiffs)Besatzung *f*; *de trabajadores*: Arbeitsgruppe *f*; Schicht *f*; ~ **de fútbol** Fußballmannschaft *f*; ~ **nacional** Nationalmannschaft *f*; ~ **de noche** Nachtschicht *f*; ~ **investigador** Forschungsteam *n*; DEP ~ **local/visitante** Heim-/Gastmannschaft *f*; ~ **de rescate** Rettungsmannschaft *f*; **carrera** *f* **por** ~**s** Mannschaftsrennen *n*; **trabajo** *m* **en** ~ Teamarbeit *f*; *fam fig* **caerse con todo el** ~ auf der ganzen Linie versagen; *fam* **ser del otro** ~ ein warmer Bruder sein *fam*
equis F 1 X *n* (*Name des Buchstabens*) (*tb* MAT); FÍS **rayos** *mpl* ~ Röntgenstrahlen *mpl*; **marcar con una** ~ ankreuzen; *fam* **hecho una** ~ betrunken 2 *fam fig* **en** ~ **días** in x Tagen, irgendwann; **gasto** *m* **de** ~ **euros** Ausgabe *f* von soundso viel Euro; **el señor** ~ Herr Soundso 3 *Esp drogas fam* Ecstasy *n*; Ecstasytablette *f*, -pille *f* 4 *Col, Ven* ZOOL Lanzenotter *f*
equiseto M BOT Schachtelhalm *m*, Zinnkraut *n*
equitación F Reiten *n*; Reitkunst *f*; Reitsport *m*; **escuela** *f* **de** ~ Reitschule *f*; **equitador** A ADJ **jinete** *m* ~ *fam* (schulgerechter) Reiter *m* B M, **equitadora** F Reiter *m*, -in *f*
equitativamente ADV billigerweise; gerechterweise; **equitativo** ADJ 1 *asunto* recht und billig; gerecht 2 *persona* rechtlich denkend
equivalencia F Gleichwertigkeit *f*, Äquivalenz *f*; **equivalente** A ADJ gleichwertig (**a** *dat o* mit *dat*), entsprechend; äquivalent B M Äquivalent *n*; Entsprechung *f*; (*contravalor*) Gegenwert *m*, Ersatz *m*
equivaler V/I ⟨2q⟩ ~ (**a**) gleichwertig sein (*dat o* mit *dat*), gleichkommen (*dat*); *t/t* äquivalent sein; *fig* bedeuten (*acus*); **lo que equivale a decir que no** was auf ein Nein hinausläuft
equivocación F Irrtum *m*, Verwechslung *f*; Missverständnis *n*; **por** ~ → equivocadamente; **equivocadamente** ADV irrtümlich (erweise), versehentlich, aus Versehen; **equivocado** ADJ irrtümlich; falsch; verfehlt; **estar** ~ sich irren, im Irrtum sein
equivocar ⟨1g⟩ A V/T verwechseln; *camino, etc* verfehlen; (*malinterpretar*) missdeuten; ~ **a alg** j-n durcheinanderbringen B V/R **equivocarse** sich irren (**de, en** in *dat*); ~ **con alg** sich in j-m täuschen; ~ **de a/c** etw verwechseln; ~ **de autobús** in den falschen Bus einsteigen; ~ **de camino** den falschen Weg einschlagen, sich verirren, sich verlaufen; ~ **en el cálculo** sich verrechnen; ~ **al escribir** sich verschreiben; **si no me equivoco** wenn ich mich nicht irre; wenn mich nicht alles täuscht
equivocidad F Zweideutigkeit *f* (*tb* LING)
equívoco A ADJ 1 (*de doble sentido*) doppelsinnig; *fig* zweideutig, verdächtig 2 *fig* (*lascivo*) schlüpfrig 3 *fam incorr* (*falso*) irrig, falsch B M 1 *de una palabra*: Doppelsinn *m*; *fig* (*ambigüedad*) Zweideutigkeit *f* 2 (*juego de palabras*) Wortspiel *n* 3 *Am* → equivocación
equivoquista M/F wer sich in Wortspielen (*o* Zweideutigkeiten) gefällt
era[1] → ser
era[2] F (*época*) Zeitalter *n* (*tb* GEOL); Ära *f*; Zeitrechnung *f*; ~ **atómica** Atomzeitalter *n*; ~ **cristiana** *o* **vulgar** christliches Zeitalter *n*
era[3] F 1 AGR *espacio descubierto*: Tenne *f* 2 *espec Am* AGR (*cuadro de tierra*) Beet *n* 3 ARQUIT Mörtelmischplatz *m*
eral M einjähriger Stier *m*
erario M ~ (**público**) Staatskasse *f*, Fiskus *m*; HIST Ärar *n*
ERC F ABR (Esquerra Republicana de Catalunya) *katalanische Linkspartei*
ere F R *n* (*Name des Buchstabens*)
erebo M MIT *liter* Erebos *m*
erección F 1 (*edificación*) Errichtung *f*; Gründung *f* 2 FISIOL Erektion *f*
eréctil ADJ erektionsfähig, erektil; aufrichtbar
erecto ADJ (*tieso*) steif; (*enderezado*) aufrecht; senkrecht, steil (emporragend); **erector** A ADJ aufrichtend; errichtend B M, **erectora** F Errichter *m*, -in *f*
eremita M/F Einsiedler *m*, -in *f*, Eremit *m*, -in *f*; **eremítico** ADJ einsiedlerisch, Eremiten...; **eremitorio** M Einsiedelei *f*
eres → ser
Ereván N PR Eriwan
ergio M FÍS Erg *n*
ergo CJ *fam* daher, also, ergo
ergonomía F Ergonomie *f*; **ergonómico** ADJ ergonomisch; **ergoterapeuta** M/F Ergotherapeut *m*, -in *f*; **ergoterapia** F Ergotherapie *f*
ergotina F QUÍM Ergotin *n*; **ergotismo** M 1 AGR *enfermedad del centeno*: Kornstaupe *f*; MED *intoxicación*: Ergotismus *m* 2 (*espíritu de contradicción*) Rechthaberei *f*; **ergotista** A ADJ rechthaberisch B M/F Rechthaber *m*, -in *f*; **ergotizante** ADJ rechthaberisch; **ergotizar** V/I ⟨1f⟩ alles besser wissen wollen
erguido ADJ aufrecht; aufgerichtet; **mantenerse** ~ aufrecht stehen
erguido ADJ aufrecht; aufgerichtet; *fig* (*inflado*) aufgeblasen; **erguir** ⟨3n, yergo *o* irgo⟩ A V/T auf-, errichten; emporrichten; (er)heben B V/R **erguirse** sich aufrichten; sich erheben; *fig* (*ser presuntuoso*) sich aufblasen, eingebildet sein
erial A ADJ brach(liegend); öde, wüst B M Ödland *n*, Brache *f*, Brachfeld *n*
eriazo ADJ → erial
erica, érica F BOT Heide(kraut *n*) *f*, Erika *f*
erigir ⟨3c⟩ A V/T 1 (*edificar*) errichten; gründen 2 *fig* ~ **en** *persona* erheben zu (*dat*), ernennen zu (*dat*); (*convertir*) umwandeln in (*acus*) B

VR **~se en** sich erklären zu *(dat)*; auftreten als *(nom)*; *desp* sich aufwerfen zu *(dat)*; **~se en árbitro** sich zum Schiedsrichter aufwerfen; **~se en (el) centro** sich in den Vordergrund drängen, (überall) der Mittelpunkt sein wollen

erina F MED Hakenpinzette *f*

eringe F, **eringio** M BOT Disteldolde *f*

erinia F MIT Erinnye *f*

erisipela F **1** MED *enfermedad*: (Wund)Rose *f*, Erysipel *n* **2** *Perú (quemadura del sol)* Sonnenbrand *m*

eritrocito M BIOL Erythrozyt *m*, rotes Blutkörperchen *n*

erizado ADJ borstig, stachelig; *pelo, púas* gesträubt; *fig* **~ de** starrend von *(dat)*, gespickt mit *(dat)*; **~ de dificultades** sehr schwierig, heikel

erizar ‹1f› **A** VT **1** *pelos, pellejo* sträuben, aufrichten; *fam* **~ la pelambrera** die Haare zu Berge stehen lassen **2** *fig (mechar)* spicken (**de** mit *dat*) **B** VR **erizarse** *pelos, pellejo* sich sträuben; **se le eriza el pelo de horror** *o* **su pelo se eriza de horror** sein Haar sträubt sich vor Entsetzen

erizo **A** M **1** ZOOL *mamífero*: Igel *m*; **~ marino** *o* **de mar** Seeigel *m* **2** *fam fig persona*: Kratzbürste *f fam* **3** MIL *de una muralla*: Mauerbewehrung *f* **4** BOT *de la castaña*: Stachelhülle *f der Kastanien etc*; *planta*: Igelkraut *n* **B** ADJ *Méx fam* **1** *(muy enfadado)* stocksauer **2** *(arruinado)* abgebrannt *fam*, pleite *fam*

erizón M BOT Stachelginster *m*

ermita F Einsiedelei *f*, Eremitage *f*; *capilla*: Wallfahrtskapelle *f*; **ermitaña** F Einsiedlerin *f*, Eremitin *f*; **ermitaño** M **1** *persona*: Einsiedler *m*, Eremit *m* **2** ZOOL *crustáceo*: Einsiedlerkrebs *m*

erogar VT ‹1h› aus-, verteilen *(Geld oder Gut)*; *Méx pop gastos* verursachen

erógeno ADJ erogen; **zona** *f* **-a** erogene Zone *f*

eros M PSIC Eros *n*

Eros M MIT, *liter* Eros *m*

erosión F **1** GEOL, TEC Erosion *f* **2** MED *de la piel*: Hautabschürfung *f* **3** *fig (desgaste)* Abnutzung *f*; Schwund *m*; **erosionar** VT **1** *(desgastar)* auswaschen, erodieren **2** *fig (debilitar)* abschwächen; **erosivo** ADJ GEOL Erosions…

erostratismo M Herostratentum *n*

erótica F Erotik *f*; **erótico** ADJ erotisch; Liebes…; **poesía** *f* **-a** Liebesdichtung *f*; **teléfono** *m* **~** *o* **línea** *f* **-a** Sexhotline *f*

erotismo M Erotik *f*; **erotización** F Erotisierung *f*; **erotizar** VT ‹1f› erotisieren; **erotomanía** F Erotomanie *f*; **erotómano** M, **-a** F Erotomane *m*, Erotomanin *f*

ERP M ABR (Ejército Revolucionario del Pueblo) *argentinische Untergrundorganisation*

erque M *Arg, Bol* MÚS *tiefes Blasinstrument aus einem langen Rohr mit Trichteröffnung*

errabundo ADJ umherirrend, -schweifend;

errada F *billar*: Fehlstoß *m beim Billard*; *fig* Fehlschuss *m*, -wurf *m*; **erradamente** ADV irrtümlich, fälschlich

erradicación F Ausrottung *f*; Ausreißen *n*; **erradicar** VT ‹1g› ausrotten; *plantas* entwurzeln, ausreißen

erradizo ADJ umherschweifend; **errado** ADJ irrig, verfehlt, unrichtig; **tiro** *m* **~** Fehlschuss *m*; **ir** *o* **andar ~** im Irrtum sein; **andas ~** du bist im Irrtum

erraj M AGR zermahlene Olivenkerne *zum Heizen*

errante ADJ umherirrend, -schweifend; unstet

errar ‹1l› **A** VI **1** *(andar vagando)* umherschweifen, -irren; irren **2** *(equivocarse)* (sich) irren **B** VT verfehlen; **~ el blanco** das Ziel verfehlen; vorbeischießen *(tb fig)*; *fig* danebenhauen *fam*; **~ el cálculo** sich verrechnen; **~ el camino** den Weg verfehlen; *fig* auf dem Holzweg sein *fam*; **~ el golpe** danebenschlagen *(o* -hauen); **~ el tiro** vorbeischießen

errata F Schreib-, Druckfehler *m*; **fe** *f* **de ~s** Druckfehlerverzeichnis *n*

errático ADJ wandernd *(tb* MED *dolor)*; → *tb* errante; GEOL **roca** *f* **-a** erratischer Block *m*, Findling *m*

erre F R *n (Name des Buchstabens)*; *fig adv* **~ que ~** hartnäckig; stur; immer wieder

erróneamente ADV irrtümlich; fälschlich; **erróneo** ADJ irrig; falsch; Fehl…; MED **diagnóstico** *m* **~** Fehldiagnose *f*; **doctrina** *f* **-a** Irrlehre *f*; **juicio** *m* **~** Fehlurteil *n*, irrige Ansicht *f*

error M **1** *(equivocación)* Irrtum *m*, irrige Meinung *f*; *(falla)* Fehler *m*, Versehen *n*; **~ de cálculo** Rechenfehler *m*; TIPO **~ de caja/de pluma** Satz-/Schreibfehler *m*; **un craso ~** ein schwerer Irrtum; **~ humano** menschliches Versagen; JUR **~ judicial** Justizirrtum *m*; MED **~ de diagnóstico** Fehldiagnose *f*; MED **~ médico** ärztlicher Kunstfehler *m*; INFORM **~ de sistema** Systemfehler *m*; TIPO **~ tipográfico** Druckfehler *m*; INFORM **~ de transmisión** Übertragungsfehler *m*; **fuente** *f* **de ~es** Fehlerquelle *f*; **caer en un ~** einem Irrtum verfallen; **estar en un ~** im Irrtum sein; sich irren; **inducir a ~** irreführen, täuschen, trügen; **por ~** irrtümlich, versehentlich **2** *(falta)* Verfehlung *f*; Verirrung *f (fig)*

ertzaina M *Polizist der autonomen Region Baskenland*; **ertza(i)ntza** F *Polizei der autonomen Region Baskenland*

erubescente ADJ errötend; schamrot

eructar VI aufstoßen, rülpsen *fam*; **eructo** M, *frec* **~s** MPL Aufstoßen *n*, Rülpsen *n fam*

erudición F Gelehrsamkeit *f*; **erudito** **A** ADJ gebildet; gelehrt; bewandert, beschlagen (**en** in *dat*) **B** M, **-a** F Gelehrte *m/f*; *fam* **~ a la violeta** Halb-, Pseudogebildete *m*

erupción F **1** GEOL *y fig (emisión de materias sólidas)* Ausbruch *m*, Eruption *f*; **~ volcánica** Vulkanausbruch *m*; **entrar en ~** *volcán* ausbrechen; **estar en ~** *volcán* tätig (*o* aktiv) sein **2** MED Durchbrechen *n der Zähne*; **~ cutánea** Hautausschlag *m*

erupcionar VI *volcán* ausbrechen; **eruptivo** ADJ **1** GEOL eruptiv; **rocas** *fpl* **-as** Eruptivgestein *n* **2** MED **enfermedad** *f* **-a** mit Ausschlag verbundene Krankheit *f*

es → ser

esa PR DEM F → ese[2]

esbeltez F Schlankheit *f*; schlanker Wuchs *m*; **esbelto** ADJ schlank(wüchsig)

esbirro M Büttel *m*, Scherge *m*

esbozar VT ‹1f› skizzieren *(tb fig)*; umreißen, andeuten; **~ una sonrisa** leicht lächeln; **esbozo** M Skizze *f*, Entwurf *m*; *fig* **~ de una sonrisa** Anflug *m* eines Lächelns

escabechado **A** ADJ **1** GASTR mariniert (und kalt serviert) **2** *fam (maquillado)* geschminkt, bemalt *fam* **3** *(con pelo teñido)* mit gefärbten Haaren **B** M → escabeche 1; **escabechar** VT **1** GASTR *pescado, carne* marinieren; beizen **2** *fam (matar)* umlegen *fam*, killen *pop*; abmurksen *pop* **3** *enseñanza*: im Examen durchfallen lassen **4** *cabello* tönen **5** *Esp fam (destrozar)* zerstören, verpfuschen

escabeche M **1** GASTR *adobo*: Marinade *f*, Beize *f*; *carne*: mariniertes Fleisch *n*; **en ~** mariniert; **codornices** *fpl* **en ~** marinierte Wachteln *fpl* **2** *para teñir el pelo*: Haarfärbemittel *n* **3** *Arg (fruto encurtido)* Essigfrüchte *fpl*

escabechina F *fam* **1** *(estrago)* Katastrophe *f*; Verwüstung *f*; Gemetzel *n*; Massaker *n* **2** *fig enseñanza*: *Prüfung mit einer Menge von Durchgefallenen*, Schlachtfest *n fam*; **hacer una ~** bei einer Prüfung viele durchfallen lassen

escabel M **1** *(taburete)* (Fuß)Schemel *m* **2** *fig (relación, circunstancia favorable)* Beziehung *f*, Sprungbrett *n (fig)*

escabezar VI *Ven fam* ein Nickerchen machen

escabiarse VR *Arg fam* sich betrinken; **escabio** M *fam* alkoholisches Getränk *n*

escabiosa F BOT Skabiose *f*

escabro M VET Schafräude *f*; BOT Baumkrebs *m*; **escabrosidad** F **1** *(desigualdad del terreno)* (Gelände)Unebenheit *f*, Holprigkeit *f* **2** *(dificultad)* Schwierigkeit *f* **3** *fig (indecencia)* Schlüpfrigkeit *f*; **escabroso** ADJ **1** uneben, *(áspero)* holprig; *(rocoso)* felsig **2** *asunto* schwierig; heikel **3** *(indecente)* anstößig, schlüpfrig

escabullir ‹3h› VI *y* VR **~se** entwischen, entgleiten; **la anguila se me escabulló** der Aal entschlüpfte meinen Händen; **~se (por) entre la muchedumbre** (ungesehen) in der Menge verschwinden

escachalandrado ADJ *Am reg fam* **1** *(mal vestido)* schlecht angezogen, zerlumpt **2** *(roto)* zerbrochen, kaputt

escachar **A** VT zertreten, zerschlagen **B** VR **escacharse** *fam* in die Brüche gehen

escacharrar **A** VT *vajillas* zerbrechen; *fig asunto* verpfuschen **B** VR **escacharrarse** kaputtgehen; *fig* sich zerschlagen, misslingen

escachifollar **A** VT *fam* **1** *(burlarse)* zum Narren halten **2** *(romper)* kaputt machen **B** VR **escachifollarse** *fam* kaputtgehen

escafandra F **1** *(vestidura de buceador)* Taucheranzug *m*; **~ autónoma** Tauchgerät *n*; Unterwasseratemgerät *n* **2** **~ (espacial)** Raumanzug *m*

escafandrista M/F Sporttaucher *m*, -in *f*; **escafandro** M → escafandra

escafoides ADJ ‹*pl inv*› ANAT **(hueso** *m*) **~** Kahnbein *n*

escajo M Brachland *n*

escala F **1** *para medir*: Skala *f*; *(serie)* Reihe *f*; *(graduación)* Einteilung *f*; *(línea graduada)* Maßstab *m (tb de un mapa)*; POL *fig* Ebene *f*; **~ de altura** Höhenskala *f (o* -einstellung *f)*; **~ de colores** Farbenreihe *f*, -skala *f*, -tafel *f*; **~ graduada** Stufenleiter *f*; Gradeinteilung *f*; Einstellskala *f*; **~ móvil de salarios** gleitende Lohnskala *f*; **~ óptica** optische Skala *f*; MED Sehprobentafel *f*; FON **~ de sonidos** Lautreihe *f*, -tafel *f*; **~ de valores** Wertskala *f*; **a ~** maßstabgetreu; **a ~ de 1: 400.000** im Maßstab von 1:400 000; **a ~ mundial** weltweit; *fig* **en** *o* **a gran ~** in großem Umfang (*o* Maßstab), im Großen, Groß… **2** MÚS **~ (musical)** Tonleiter *f*; **~ de do mayor** C-Dur-Tonleiter *f*; **hacer ~s** Tonleitern (*o* Läufe) üben **3** *(escalera de mano)* Leiter *f*; **~ de asalto** Sturmleiter *f (z. B. der Feuerwehr)*; **~ de cuerda** Strickleiter *f*; MAR **~ de gato** *o* **de viento** Jakobsleiter *f*, Fallreep *n*; **~ telescópica** ausziehbare Leiter *f* **4** MAR, AVIA Zwischenlandung *f*; **(puerto** *m* **de) ~** MAR Anlaufhafen *m*; AVIA Anflughafen *m*; AVIA **vuelo** *m* **sin ~** Nonstop-Flug *m*; AVIA **~ técnica** technische Zwischenlandung *f*; **hacer ~ (en)** MAR einen Hafen anlaufen *(acus)*; AVIA zwischenlanden (in *dat*); *fig* rasten; **hacer ~ en Alicante** AVIA in Alicante zwischenlanden; MAR den Hafen von Alicante anlaufen; **sin ~** ohne Zwischenlandung *f* **5** *espec* MIL *(escalafón)* Rangliste *f*; **~ de reserva** Stammrolle *f* der Reserve

escalabrar VT *persona* verletzen; *cosa* beschädigen

escalada F **1** *(subida)* Ersteigen *n*; Erklettern *n*; Aufstieg *m*; MIL Erstürmen *n* **2** *(alpinismo)* Bergsteigen *n*; Klettertour *f*; DEP **~ libre** Freiklettern *n*, Freeclimbing *n* **3** *en edificios*: Einsteigen *n (in ein Gebäude)* **4** ECON *de precios*: Anstieg *m*; (schnelles) Ansteigen *n* (*der Preise etc*) **5** POL Eskalation *f*; **escalador** **A** ADJ erstürmend **B** M, **escaladora** F **1** (*alpinista*) Bergsteiger *m*, -in *f*; Kletterer *m*, Kletterin *f*; *ciclismo*: Bergfahrer *m*, -in *f* **2** *ladrón*, *-ona*: Fassadenkletterer *m*, -kletterin *f*; Einsteigedieb *m*, -in *f* **3** *de prendas*: Änderungsschneider *m*, -in *f*; **escalafón** M Rang-, Beförderungsliste *f*; Besoldungsgruppe *f*; **escalamiento** M (*acción de trepar*) Klettern *n*; (*alpinismo*) Bergsteigen *n*; *ladrón*: Einsteigen *n*

escálamo M MAR Auslegerstrebe *f* (*Rudern*)

escalar **A** VT **1** (mit Leitern) ersteigen; *montaña* erklettern, besteigen; MIL erstürmen **2** *fig* (*subir*) aufsteigen zu; **~ un alto puesto** sich zu einem höheren Posten hocharbeiten; **~ posiciones** die soziale Stufenleiter hinaufsteigen **3** *ladrón* einbrechen in (*acus*), einsteigen in (*acus*) **B** VI **1** (*trepar montañas*) bergsteigen **2** *fig* (*ascender*) (*im Rang*) aufsteigen

escalatorres M/F ⟨*pl inv*⟩ Fassadenkletterer *m*, -kletterin *f*

Escalda M Schelde *f*

escaldado ADJ **1** *fig* (*escarmentado*) abgeschreckt, (*taimado*) durchtrieben; (*curtido*) abgebrüht, *mujer* schamlos **2** MED *piel* wund, gereizt; **escaldadura** F, **escaldamiento** M **1** (*introducción en agua hirviente*) Abbrühen *n* **2** (*incandescencia*) Glühen *n* **3** MED Verbrühung *f*; (*intertrigo*) Wolf *m*; **escaldar** **A** VT **1** (*introducir en agua hirviendo*) abbrühen (*tb* GASTR); heiß machen **2** MED verbrühen; wund reiben **3** *fig* (*herir*) verletzen, verwunden **4** (*poner al rojo*) glühend machen **B** VR **escaldarse** sich verbrennen; sich verbrühen

escaldo M LIT Skalde *m*

escaleno **A** ADJ GEOM *triángulo* ungleichseitig **B** M ANAT *músculo*: Skalenus *m*

escalera F **1** Treppe *f*; *tb* (*caja de la escalera*) Treppenhaus *n*; **~ automática** *o* **mecánica** Rolltreppe *f*; **~ de caracol/exterior** Wendel-/Außentreppe *f*; **~ de honor** *o* **~ monumental** Freitreppe *f*; **~ de desván/de servicio** Boden-/Hintertreppe *f*; **~s arriba y abajo** treppauf, treppab; **subir (por) la ~** (über) die Treppe hinaufgehen **2** **~ (de mano)** Leiter *f*; **~ de bomberos/de cuerda** Feuerwehr-/Strickleiter *f*; **~ extensible** *o* **telescópica** Ausziehleiter *f*; **~ de incendios** Feuerleiter *f*; **~ de tijera** *o* **~ doble** Bock-, Stehleiter *f*; **~ plegable** *o* **plegadiza** Klappleiter *f* **3** (*andamio*) Klettergerüst *n* **4** *en el cabello*: Stufe *f* (*im Haar*)

escalerilla F Trittleiter *f*; AVIA Gangway *f*; **en ~** treppen-, staffelförmig; **escalerón** M Baumleiter *f* (*Stamm mit Aststummeln*); **escaleta** F Hebezeug *n*, Achsheber *m*

escaléxtric® M *juego*: Rennbahn *f* mit ferngesteuerten Autos

escalfado ADJ **1** *huevo* pochiert **2** *pared*: schlecht getüncht, blasig; **escalfador** M Wärmeplatte *f*; Wasserwärmer *m*; **escalfar** **A** VT *huevos* pochieren **B** VR **escalfarse** *pan, pintura* blasig werden; **escalibada** F GASTR *Art katalanische Ratatouille*

escalibar VT *fuego* schüren

escalinata F Freitreppe *f*

escalio M Brach-, Neuland *n*

escalivada VT → escalibada; **escalivar** VT → escalibar

escalo M **1** (*subida*) Klettern *n*; Hinaufsteigen *n* **2** *de un edificio*: Einsteigen *n in ein Gebäude*; Eindringen *n*

escalofriado ADJ fiebernd, fröstelnd; **escalofriante** ADJ *fig* schaurig, schaudererregend; **escalofrío** M MED Schüttelfrost *m*; *fig* Schauder *m*, Schaudern *n*; **dar ~s** schaudern lassen; **tengo ~s** ich habe Schüttelfrost; *fig* es überläuft mich (heiß und) kalt

escalón M **1** (*peldaño*) Stufe *f* (*tb fig y* TEC); *de una escalera de mano*: (Leiter)Sprosse *f*; (*descansillo*) stufenförmiger Absatz *m*; **en -ones** stufenweise; **de dos -ones** zweistufig; **sin -ones** stufenlos; **cortar el pelo en -ones** Treppen ins Haar schneiden; MIL **subir un ~** befördert werden **2** MIL (*fracción de tropa*) Staffel *f*, Trupp *m*; **a -ones** staffelweise; in Wellen; **~ de combate** Gefechtsstaffel *f*, Haupttrupp *m* **3** *transporte*: **~ lateral** (*arcén*) Randstreifen *m* **4** *fig* (*trampolín*) Sprungbrett *n*

escalonado ADJ abgestuft, gestaffelt; stufenförmig; ARQUIT **frontón** *m o* **frontis(picio)** *m* **~** Treppengiebel *m*; TEC **engranaje** *m* **~** Stufengetriebe *n*

escalonamiento M (Ab)Stufung *f*; Staffelung *f*; **escalonar** VT **1** (*graduar*) abstufen (*tb fig*); stufen **2** (*situar de trecho en trecho*) gestaffelt (*o* in Abständen) aufstellen

escalonia ADJ BOT **cebolla** *f* **~** → escaloña; **escaloña** F BOT Schalotte *f*

escalopa F, **escalope** M GASTR Schnitzel *n*; *espec Am* **~ a la milanesa** (*o* **a la vienesa**), **~ milanés, -esa** (*o* **vienés, -esa**) Wiener Schnitzel *n*; **~ de pavo** Putenschnitzel *n*

escalpar VT skalpieren; **escalpelo** M **1** MED Skalpell *n* **2** CONSTR Stecheisen *n*

escama F **1** ZOOL, BOT (*placa*) Schuppe *f*; **~ de pez** Fischschuppe *f* **2** *de hierro*: (Panzer)Schuppe *f* **3** TEC **~s de laminación** Walzsinter *m* **4** *fig* (*recelo*) Argwohn *m*, Misstrauen *n*; Groll *m*; *fam* **tener ~s** *o* **tener más ~s que un besugo** verschlagen (*o* misstrauisch) sein **5** *Ven drogas* Kokain *n*, Koks *m fam*

escamado **A** M **1** (*conjunto de escamas*) Schuppung *f* **2** *obra*: Schuppenwerk *n*, -geflecht *n* **3** *pez*: Steinbutt *m* **B** ADJ **1** ZOOL, BOT schuppig **2** *fig* (*receloso*) misstrauisch; (*listo*) gewitzt, gerissen; abgebrüht; **escamar** **A** VT **1** *pescado* schuppen **2** (*cubrir con escamas*) mit Schuppen besetzen **3** *fig* (*poner receloso*) argwöhnisch (*o* stutzig) machen **B** VR **escamarse** misstrauisch (*o* stutzig) werden

escamochar VT *hojas* abreißen (*von Salat etc*); *fig* verschwenden; **escamocho** M Speisereste *mpl*

escamón ADJ *fam* misstrauisch, argwöhnisch

escamondar VT *árboles* ausästen

escamonea F **1** BOT Purgierwinde *f*, Skammonie *f* **2** FARM Purgierharz *n*; **escamonearse** VR *fam* → escamar B

escamoso ADJ schuppig, geschuppt

escamoteable ADJ AVIA *tren de aterrizaje* einziehbar; TEC versenkbar; **escamoteador** **A** ADJ wegzaubernd; beseitigend **B** M, **escamoteadora** F geschickter Dieb *m*, geschickte Diebin *f*; Taschenspieler *m*, -in *f*; **escamotear** VT verschwinden lassen, wegzaubern; (weg)stibitzen; *fig dificultad* mit leichter Hand beseitigen (*o* wegzaubern *fam*); **~(le) a alg la novia** j-m die Freundin ausspannen *fam*; **escamoteo** M **1** (*juego de manos*) Taschenspielertrick *m*; Gaukelei *f* **2** (*ocultación*) Verbergen *n*; (*defraudación*) Unterschlagen *n*

escampada F METEO Aufklaren *n*; **escampado** ADJ *tierra* kahl; öde; nicht bebaut; **escampar** **A** VT räumen **B** VI *Col* sich (*bei Regen*) unterstellen **C** V/IMP METEO **escampa** es hört auf, zu regnen, es klart auf; **escampavía** F MAR Erkundungsschiff *n*; Zollkutter *m*

escanciador M Schankkellner *m*; Weinkellner *m*; HIST Mundschenk *m*; **escanciar** ⟨1b⟩ **A** VT aus-, einschenken, kredenzen **B** VI Wein trinken

escanda F BOT Spelt *m*, Spelz *m*

escandalera F *fam* Lärm *m*, Radau *m*; *fam* **armar ~** Krach schlagen; **escandalizado** ADJ entrüstet; **escandalizador** ADJ → escandaloso; **escandalizar** ⟨1f⟩ **A** VT Anstoß (*o* Ärgernis) erregen bei (*dat*); empören, schockieren **B** VI lärmen, Radau machen **C** VR **escandalizarse** Anstoß nehmen (**de**, *tb* **con, por** an *dat*); sich empören, sich entrüsten (**de** über *acus*); schockiert sein (**de** über *acus*)

escandallar VT **1** MAR (*sondar*) loten **2** ECON (*tomar muestras*) Stichproben entnehmen (*dat*); **escandallo** M **1** MAR (*sonda*) Lot *n*; **echar el ~** loten **2** COM (*muestra*) Stichprobe *f*; Probe(entnahme) *f* **3** ECON (*determinación del precio*) Preis-, Kostentaxierung *f*

escándalo M Skandal *m*; Ärgernis *n* (*espec Biblia*); Tumult *m*, Krach *m*, Lärm *m*; JUR **~ público** öffentliches Ärgernis *n*; **armar un ~** einen Skandal (*o* Tumult) verursachen; **dar ~** Ärgernis (*o* Anstoß) erregen; **hacer un ~** einen Skandal (*o* eine Szene) machen; Krach schlagen; **es un ~** es ist ein Skandal; **piedra** *f* **de(l) ~** Stein *m* des Anstoßes

escandalosa F MAR Gaffeltoppsegel *n*; **escandalosamente** ADV **1** (*en modo escandaloso*) auf skandalöse Weise **2** *fam* (*terriblemente*) äußerst, toll *fam*, schrecklich

escandaloso ADJ **1** (*indecente*) anstößig, empörend; schockierend; skandalös; unerhört; **proceso** *m* **~** Skandalprozess *m*; *fam* **ojos** *mpl* **de un azul ~** unverschämt blaue Augen *npl* **2** (*ruidoso*) lärmend

Escandinavia F Skandinavien *n*

escandinavo **A** ADJ skandinavisch **B** M, **-a** F Skandinavier *m*, -in *f*

escandir VT *versos* skandieren

escaneado M INFORM (Ein)Scannen *n*; **escanear** VT INFORM (ein)scannen

escáner M INFORM Scanner *m*; **~ en color** Farbscanner *m*; INFORM **~ de virus** Virenscanner *m*

escanografía F MED Tomografie *f*

escantillar VT gegeneinader abmessen; vergleichsmessen; **escantillón** M TEC Vergleichsmaß *n*, Endmaß *n*; Schablone *f*

escaño M **1** (*banco con respaldo*) (Sitz)Bank *f* mit Lehne; *Am* (Promenaden)Bank *f* **2** POL *en el parlamento*: Abgeordnetenbank *f*; *fig* Sitz *m im Parlament*; **escañuelo** M Fußbank *f*

escapada F **1** (*huida*) Entwischen *n*, Flucht *f*, Ausreißen *n*; **en una ~** eiligst, im Nu **2** DEP *ciclismo*: Ausbrechen *n aus dem Feld*; Ausreißversuch *m* **3** *fig* (*evasiva*) Ausflucht *f*, Hintertür *f* **4** *fig* (*vuelta*) Abstecher *m*; Eskapade *f*; **escapadita** F *fam* **1** (*respiro*) kurze Pause *f* (*bei der Arbeit*); Verschnaufpause *f fam* **2** (*viajecito*) kurze Reise *f* (*o* Fahrt *f*); **escapadizo** ADJ entschlüpfend; entweichend

escapar **A** VI *y* VR **~se** entwischen, entweichen, sich davonmachen, entrinnen, entkommen; (*huir*) ausreißen, durchbrennen *fam*; davonkommen; *palabra* entfahren, herausrutschen *fam*; *lengua, mano* ausrutschen; *oportunidad* entgehen; **~se de casa** von zu Hause weglaufen; **~ de** *o* **a la muerte** dem Tod entrinnen; **dejar ~ a/c** sich (*dat*) etw entgehen lassen; **se le escapó una lágrima** ihm/ihr trat eine Träne ins Auge; **se le escapó una risa nerviosa** er/sie lachte nervös auf; **dejó ~** *o* **se le escapó un suspiro** ihm entfuhr ein Seufzer; **se le escapó un grito** er schrie unwillkürlich auf; **se me ha escapado el tren** ich habe den Zug verpasst; **se me escapó la verdad** die Wahrheit rutschte mir heraus; **no se te escapa nada** dir entgeht nichts **B** VT **1** *caballo* abhetzen **2** (*librar*) *aus einer Not etc* befreien, retten **C** VR **escaparse** **1** TEC *vapor, gases* entweichen (**de** aus *dat*); *manivela, picaporte* nicht einrasten **2** *líquido* lecken, (aus)rinnen

escaparate M **1** (*vidriera*) Auslage *f*; Schaufenster *n* **2** *Am reg* (*mueble de vidrio*) Glasschrank m **3** Am (ropero) Kleiderschrank m; **escaparatismo** M Schaufenstergestaltung f, -dekoration f; **escaparatista** M/F Schaufensterdekorateur m, -in f

escapatoria F **1** (pretexto) Vorwand m, Ausflucht f; Ausweg m **2** (escape) Entrinnen n, Ausreißen n **3** (aventura) Eskapade f; fam fig Seitensprung m

escape M **1** (huida precipitada) eilige Flucht f; Entrinnen n, Entweichen n; fig (salida) Ausweg m, Hintertür f (fam fig); adv **a ~** eilig(st), schleunigst; **no hay** o **no tiene ~** es gibt kein Entrinnen **2** TEC de un tubo: Undichtigkeit f; de gas, de líquido: Entweichen n, Ausströmen n, Austritt m, Auslass m; de humo, etc: Abziehen n; AUTO Auspuff m; **~ de(l) aire** Luftabzug m, Entlüftung f; **gas** m **de ~** Abgas n; AUTO Auspuffgas n; AUTO **tubo** m o Arg **caño** m **de ~** Auspuffrohr n; **válvula** f **de ~** Ablassventil n **3** del reloj: Hemmung f

escapero M Perú, Ven Dieb m; **escapista** M/F Entfesselungskünstler m, -in f

escapo M BOT Blütenschaft m; ARQUIT Säulenschaft m

escápula F ANAT Schulterblatt n

escapular[1] ADJ ANAT Schulter...; **cintura** f **~** Schultergürtel m

escapular[2] VT MAR umschiffen

escapulario M CAT Skapulier n

escaque M **1** (Schach)Feld n; **~s** mpl Schach(spiel) n **2** heráldica: Feld n, Raute f; **escaqueado** ADJ muestra schachbrettartig; gewürfelt; **escaquear** **A** VT schachbrettförmig anlegen **B** VR **~se de a/c** sich vor etw (dat) drücken, einer Sache (dat) aus dem Weg gehen

escara F MED (Wund)Schorf m

escarabajear **A** VI **1** insectos krabbeln **2** (hormiguear) kribbeln **3** (escribir mal) kritzeln **B** VT (inquietar) besorgt (o kribbelig fam) machen; wurmen fam; conciencia zwicken; **escarabajeo** M **1** de insectos: Krabbeln n **2** fig (aflicción) Gram m, Kummer m

escarabajo M **1** insecto: Käfer m; **~ (pelotero)** Pillendreher m, Skarabäus m (tb arte); **~ de la patata** Kartoffelkäfer m; **~ sanjuanero** Maikäfer m **2** fam fig AUTO (VW-)Käfer m **3** fig persona: Knirps m; fam desp Vogelscheuche f **4** imperfección: TEX Webfehler m; TEC Gießfehler m **5** **~s** mpl (garabatos) Gekritzel n

escarabajuelo M insecto: Reb(en)käfer m

escaramucear VI MIL plänkeln, scharmützeln

escaramujo M **1** BOT planta: Hagebutte(nstrauch m) f, Heckenrose f **2** fruto: Hagebutte f **3** ZOOL Entenmuschel f

escaramuza F MIL y fig Geplänkel n, Scharmützel n; **escaramuzar** VI ⟨1f⟩ plänkeln

escarapela F **1** (divisa) Kokarde f **2** (riña) Rauferei f **3** juego de cartas: falsche Dreierkombination f im Tresillo; **escarapelar** **A** VT **1** Méx fruta schälen **2** Col (manosear) betasten, befummeln fam **3** Perú (crispar los nervios) nerven **B** VR **escarapelarse** Perú eine Gänsehaut bekommen

escarbadientes M ⟨pl inv⟩ espec Am Zahnstocher m; **escarbador** M Kratzeisen n; **escarbadura** F Scharren n, Kratzen n; Stochern n

escarbar **A** VT **1** (rascar el suelo) in der Erde scharren, den Boden aufwühlen; con los dedos: herumstochern (**en** in dat), aufkratzen **2** fuego schüren **3** fig (explorar) auskundschaften **B** VI fig stochern (**en** in dat), schnüffeln **C** VR **~se a/c** sich (dat) etw (die Zähne, die Ohren etc) säubern; **~se la nariz** in der Nase popeln fam

escarbo M → escarbadura

escarcela F Gürteltasche f; Jagdtasche f; **escarceo** M **1** del mar: Wellenspiel n **2** (giro) Kreiswendung f; del caballo: Tänzeln n; **hacer ~s** tänzeln **3** **~ amoroso** Anbändeln n; kurzes Liebesabenteuer n **4** **~s** mpl (divagación) Umschweife mpl; fig (tanteo) Gehversuche mpl; Probearbeiten fpl

escarcha F **1** METEO (rocío congelado) (Rau)Reif m; **hay ~** es hat gereift; **formarse ~** reifen **2** (azúcar cristalizado) kristallisierter Zucker m in Likören

escarchada F BOT Art Zaserblume f

escarchado **A** ADJ **1** METEO bereift **2** GASTR kandiert; **anís** m **~** Art Anislikör m; **yemas** fpl **-as** mit Zucker geschlagenes Eigelb n **B** M TEX Art Gold- (o Silber)stickerei f; **escarchar** **A** VIMP **1** METEO reifen **2** (cristalizar) kristallisieren **B** VT **1** METEO bereifen **2** GASTR kandieren **3** TEC barro schlämmen; mit Talkum (o Glasstaub) bestreuen (Schnee-, Flittereffekt)

escarcho M pez: Rotbart m

escarda F AGR **1** (acción de desherbar) Jäten n; Jätzeit f **2** instrumento: kleine Jäthacke f; **escardadera** F Jäthaue f; **escardador** M, **escardadora** F Jäter m, -in f; **escardar** VT AGR jäten; fig auslesen, säubern; **escardilla** F Jäthacke f; **escardillar** VT → escardar; **escardillo** M **1** AGR instrumento: Jäthacke f **2** de luz: Widerschein m, Lichtreflex m; Sonnenkringel m

escariador M TEC Reibahle f; **escariar** VT ⟨1c⟩ TEC (mit der Reibahle) aufreiben; perforación ausweiten

escarificación F **1** MED (formación de costra) Verschorfung f **2** MED Skarifikation f; **escarificador** M **1** AGR instrumento: Messeregge f **2** MED instrumento: Schröpfschnepper m; **escarificadora** F **1** TEC máquina: Straßenaufreißmaschine f **2** AGR Vertikutierer m; **escarificar** VT ⟨1g⟩ **1** MED (hacer incisiones) Einschnitte in die Haut machen; (quitar la escara) Wunde vom Schorf säubern **2** AGR (césped) vertikutieren **3** TEC calle aufreißen

escarlata **A** F **1** color: Scharlach m/n; Scharlachrot n; tela: Scharlachtuch n **2** MED enfermedad: Scharlach m **B** ADJ inv **(de color) ~** scharlachfarben; **escarlatina** F **1** tela: Scharlachtuch n **2** MED enfermedad: Scharlach m

escarmenar VT **1** (desenredar) etw entwirren; lana auskämmen **2** MIN minerales sieben **3** fig **~ a alg** j-n kurzhalten; j-m den Kopf zurechtsetzen; **escarmentado** ADJ gewitzigt, klug (o vorsichtig) geworden; abgeschreckt (**de** von dat); **han quedado ~s** sie haben daraus gelernt

escarmentar ⟨1k⟩ **A** VT hart strafen (zur Abschreckung) **B** VI gewitzigt werden (**con** durch acus); aus Erfahrung lernen, Lehrgeld zahlen; **~ en cabeza ajena** durch fremden Schaden klug werden

escarmiento M **1** (castigo) (harte, abschreckende) Strafe f; (schlimme) Erfahrung f, Lehre f; **hacer un ~** ein Exempel statuieren (**de alg** an j-m) **2** (listeza) Gewitztheit f

escarnecer VT ⟨2d⟩ liter verhöhnen, verspotten; **escarnecimiento, escarnio** M Hohn m, Spott m; Verhöhnung f; **hacer ~ de alg** j-n verhöhnen; **en** o **por ~** aus Hohn, zum Spott

escaro **A** ADJ krummbeinig **B** M pez: Papageienfisch m; **escarola** F BOT Endivie(nsalat m) f; **escarolado** ADJ kraus; gefältelt; **cuello** m **~** Halskrause f; **escarolar** VT kräuseln, fälteln

escarótico ADJ MED leicht ätzend

escarpa F Abhang m, Steilhang m; Böschung f (tb MIL); **escarpado** ADJ abschüssig; steil, schroff, jäh (Abhang); **escarpadura** F Abhang m; (peña) Felswand f; **escarpar** VT **1** terreno abböschen **2** (raspar) abraspeln; **escarpe** M **1** (declive) abschüssiger Hang m **2** MAR Laschung f

escarpelo M CONSTR y ESCUL Raspel f; **escarpia** F TEC Hakennagel m; **escarpiador** M Rohrhaken m; **escarpidor** M weiter Kamm m; **escarpín** M **1** calzado: leichter Schuh m, Tanzschuh m **2** (calcetín) Füßling m, Überstrumpf m **3** Am reg para bebés: Babyschuh m

escarza F VET Hufzwang m; **escarzano** ADJ ARQUIT **arco** m **~** Flach-, Stichbogen m; **escarzar** VT ⟨1f⟩ panal zeideln; **escarzo** M **1** acción: Zeideln n **2** (panal sucio) verschmutzte Wabe f **3** (yesca) Feuerschwamm m, Zunder m

escasamente ADV spärlich; knapp; kaum

escasear **A** VT knapp bemessen; seltener werden lassen; knausern mit (dat) fam; **~ las visitas** die Besuche seltener werden lassen **B** VI spärlich vorhanden sein; knapp sein (o werden); selten (o spärlicher) werden; mangeln an; **escasean los víveres** es mangelt an Lebensmitteln

escasero ADJ fam knauserig, knickerig fam

escasez F ⟨pl -eces⟩ **1** (carencia) Knappheit f, Mangel m; Verknappung f; **~ de dinero** Geldmangel m; -verknappung f; ECON **~ de dólares** Dollarlücke f; **~ de viviendas** Wohnungsnot f; adv **con ~** dürftig, kärglich **2** (tacañería) Knauserei f, Geiz m

escaso ADJ **1** knapp; spärlich; (raro) selten; ECON demanda gering; **un kilo ~** knapp ein Kilo; **tres días ~s** kaum (o knapp o nicht ganz) drei Tage; **estar ~** tb nicht (aus)reichen; **~ de luces** unwissend, beschränkt; **andar ~ de dinero** knapp bei Kasse sein **2** (tacaño) geizig, knauserig **3** Ven fam (limitado) (geistig) beschränkt, dämlich fam **4** Méx adv **a ~** (apenas) kaum, knapp

escatimar VT **1** (cercenar) schmälern, kürzen; sparen mit (dat); **~ a/c a alg** j-m etw vorenthalten; **no ~ esfuerzos** keine Anstrengung scheuen **2** fig palabras, sentido verdrehen

escatimoso ADJ poco usado hinterhältig

escatología[1] F REL Eschatologie f

escatología[2] F Benutzung f von Fäkalsprache

escatológico[1] ADJ REL eschatologisch

escatológico[2] MED auf die Exkremente bezogen, fäkal; **lenguaje ~** Fäkalsprache f

escay M Skai n (Kunstleder)

escayola F **1** yeso: Feingips m; (estuco) Stuckgips m **2** MED Gips(verband) m; **escayolar** VT **1** (enyesar) (ver)gipsen; stuckatieren **2** MED (ein)gipsen; **llevar el pie escayolado** den Fuß in Gips haben; **escayolero** M, **-a** F → escayolista

escayolista M/F Gipsarbeiter m, -in f; Stuckateur m, -in f

escena F **1** TEAT y fig Bühne f; **dirección** f **de ~** Spielleitung f, Regie f; **director** m **de ~** Spielleiter m, Regisseur m; **puesta** f **en ~** Inszenierung f; **aparecer en (la) ~** auf der Bühne erscheinen, auftreten; fig in Erscheinung treten; **desaparecer de (la) ~** abtreten; fig sterben; von der Bildfläche verschwinden; tb fig **entrar en ~** o **salir a ~** auftreten; **llamar a ~** herausrufen; **llevar a la ~** obra auf die Bühne bringen; **poner en ~** inszenieren; fig in Szene setzen; durchführen, verwirklichen; **robarle a alg la ~** TEAT j-m an die Wand spielen; fig j-m die Schau stehlen **2** parte de una obra teatral: Auftritt m, Szene f (tb fig); fig Schauspiel n; **~ callejera** Straßenszene f, -bild n; **~ de celos** Eifersuchtsszene f; **~ final** Schlussauftritt m; Aktschluss m; fig **hacer una ~** eine Szene machen **3** arte: Bühnen-, Schauspielkunst f **4** lugar: Schauplatz m, Szene f

E

escenario M 1 *teatro*: Bühne *f*; Bühnenraum *m*; **~ al aire libre** Freilichtbühne *f*; **~ giratorio/radiofónico** Dreh-/Rundfunkbühne *f* 2 *(decoración)* (Bühnen)Dekoration *f*, Szenerie *f* *(tb fig)*; *fig* Schauplatz *m*; Szenario *n* 3 *(entorno)* Rahmen *m*, Umgebung *f* 4 *(indicación escénica)* Bühnenanweisung *f*, Szenar(ium) *n*

escenarista M/F FILM Szenenregisseur *m*, -in *f*; Drehbuchbearbeiter *m*, -in *f*

escénico ADJ szenisch, Bühnen...; **arte** *m* **~** Bühnenkunst *f*; Schauspielkunst *f*; **efecto** *m* **~** Bühnenwirksamkeit *f*; **miedo** *m* **~** Lampenfieber *n*; **palco** *m* **~** *(zona del escenario)* Bühnenraum *m*; *(platea)* vordere Parkettloge *f*

escenificación F 1 *(puesta en escena)* Inszenierung *f* 2 *de una obra literaria*: Dramatisierung *f*; **escenificar** V/T ⟨1g⟩ 1 *(poner en escena)* inszenieren 2 *obra literaria* dramatisieren; **escenografía** F 1 TEAT Bühnenmalerei *f*; Bühnenbild *n*; *de una revista musical, etc*: Ausstattung *f* 2 PINT perspektivische Zeichnung *f*; **escenográfico** ADJ 1 TEAT bühnenbildmäßig 2 PINT perspektivisch; **escenógrafo** M, **-a** F Bühnenmaler *m*, -in *f*; -bildner *m*, -in *f*; **escenotecnia** F Bühnentechnik *f*

escepticismo M Skepsis *f*; FIL Skeptizismus *m*

escéptico A ADJ skeptisch, zweifelnd B M, **-a** F Skeptiker *m*, -in *f*

Escila F MIT Skylla *f*; *fig* **entre ~ y Caribdis** zwischen Skylla und Charybdis

escinco M ZOOL 1 *reptil*: Skink *m* 2 *reptil más pequeño*: Sandeidechse *f*

escindible ADJ spaltbar; **escindir** A V/T (auf)spalten *(tb* FÍS *y* QUÍM*)*; teilen; *fig* spalten B V/R **escindirse** sich aufspalten **(en** in *acus)*; POL, ECON sich abspalten

escisión F Spaltung *f*; BIOL Teilung *f*; POL, ECON Abspaltung *f*

escita HIST A ADJ skythisch B M/F Skythe *m*, Skythin *f*

esclarecedor ADJ erhellend; aufklärend; **esclarecer** ⟨2d⟩ A V/T 1 *(iluminar)* erleuchten 2 *fig (explicar)* erklären; *crimen* aufklären 3 *(dar brillo)* Glanz verleihen *(dat)* B V/IMP **esclarece** es wird hell, es tagt; **esclarecido** ADJ vornehm, edel; berühmt, erlaucht; **esclarecimiento** M 1 *(aclaración)* Aufklärung *f*; Erhellung *f*; Klarheit *f* 2 *(resplandor)* Glanz *m*, *(gloria)* Ruhm *m*

esclava F 1 *(brazalete)* (glatter) Armreif *m* 2 *persona*: Sklavin *f*; **esclavatura** F *Am* HIST Sklaven *mpl eines Landgutes*; **esclavina** F Pelerine *f*; Pilgermantel *m*; Schulterkragen *m*; **esclavista** A ADJ Sklaven... B M/F Anhänger *m*, -in *f* der Sklaverei; **esclavitud** F 1 *(opresión, falta de libertad)* Sklaverei *f (tb fig)*; *fig* Unterjochung *f*; **reducir a (la) ~** zu(m) Sklaven machen 2 CAT *(hermandad)* Bruderschaft *f* *(Ordensgemeinschaft)*; **esclavizar** V/T ⟨1f⟩ versklaven; *fig* unterjochen; **tener esclavizado a alg** j-n tyrannisieren

esclavo A ADJ sklavisch; versklavt; Sklaven... B M 1 *persona*: Sklave *m (tb fig)*; **~ del tabaco** dem Nikotin verfallen 2 CAT *(miembro de una orden)* Mitglied *n* einer Ordensgemeinschaft

escleroma M MED Sklerom *n*; **esclerosado** ADJ MED sklerotisch, verkalkt; **esclerosarse** V/R MED sklerotisch werden, verkalken; **esclerósico** ADJ → esclerosado

esclerosis F MED Sklerose *f*; **~ arterial** Arterienverkalkung *f*; **~ múltiple** multiple Sklerose *f*

escleroso ADJ → esclerosado; **esclerótica** F ANAT Sklera *f*, Lederhaut *f des Auges*; **esclerótico** ADJ MED sklerotisch

esclusa F Schleuse *f*; **~ de aire** Luftschleuse *f*; MIL **~ antigás** Gasschleuse *f*; **cámara** *f* **de ~** Schleusenkammer *f*; **puerta** *f* **de ~** Schleusentor *n*

escoba F 1 *instrumento para barrer*: Besen *m*; **palo** *m* **de ~** Besenstiel *m*; **pasar la ~** auskehren, -fegen; *fig* **es para la ~** das lassen wir liegen; der Rest ist für die Armen; **no vender una ~** (überhaupt) keinen Erfolg haben 2 *(escobillón)* Schrubber *m*, Scheuerbesen *m* 3 BOT Besenginster *m*

escobada F **dar una ~ (a a/c)** (etw) flüchtig auskehren; **escobajo** M 1 *(escoba vieja)* alter Besen *m* 2 BOT Traubenkamm *m*

escobar[1] M BOT Besenginsterfeld *n*

escobar[2] V/T *(barrer)* kehren

escobazo M *fig* **echar a alg a ~s** j-n hochkantig rauswerfen; j-n (hinaus)feuern *fam*; **escobén** M MAR (Anker)Klüse *f*; **escobera** F 1 BOT Besenginster *m* 2 *fabricante*: Besenbinderin *f*; *vendedora*: Besenhändlerin *f*; **escobero** M 1 *fabricante*: Besenbinder *m*; *vendedor*: Besenhändler *m* 2 *mueble*: Besenschrank *m*; **escobeta** F kleine Bürste *f*

escobilla F 1 *(escoba pequeña)* Handbesen *m*, -feger *m*; *(cepillo)* Bürste *f*; *para fregar*: Scheuerbürste *f*; *de la ropa*: Kleiderbürste *f*; **~ (de retrete)** Klobürste *f*; **~ limpiapipas** Pfeifenreiniger *m*; **~ metálica** Stahlbürste *f* 2 ELEC Stromabnehmer *m*; Bürste *f*; TEC Raukratze *f* 3 AUTO Wisch(er)blatt *n* 4 MÚS (Jazz)Besen *m* 5 BOT *brezo*: Besenheide *f*; *(cardencha)* Weberkarde *f*; **~ de ámbar** Bisamblume *f*

escobillar A V/T & V/I fegen; bürsten B V/I *Bol, Chile, Perú, RPl folclore*: in rascher Folge aufstampfen *(bei bestimmten Volkstänzen)* C V/R **escobillarse** zerbrechen, bersten; **escobillón** M 1 *para botellas*: Flaschenbürste *f*; TEC, MIL *para cañones*: Rohrwischer *m*; MÚS (Flöten- *etc*) Wischer *m* 2 *para fregar el suelo*: Schrubber *m* 3 *Perú (escoba grande)* großer Besen *m (mit langem Stiel)*

escobina F TEC Feilspäne *mpl*; Bohrmehl *n*; **escobón** M grober Besen *m*; Kaminbesen *m*; Handfeger *m*

escocedura F Brennen *n*, Stechen *n*; **escocer** ⟨2b *y* 2h⟩ A V/I brennen, jucken, stechen; *fig* ärgern B V/R **escocerse** sich wund reiben; sich röten; *fig* sich ärgern

escocés A ADJ schottisch; **falda** *f* **-esa** Kilt *m*, Schottenrock *m*; **tela** *f* **-esa** Schotten(stoff) *m* B M, **-esa** F Schotte *m*, Schottin *f* C M *dialecto*: Schottisch *n*

escocia F ARQUIT Hohlkehle *f*

Escocia Schottland *n*

escocimiento M → escocedura

escoda F TEC Spitzhammer *m*; Krönel(eisen) *n*; **escodadero** M CAZA Fegebaum *m*; **escodar** V/T 1 ARQUIT *piedras* kröneln 2 CAZA *cornamenta* fegen

escofina F (Holz)Raspel *f*

escogencia F *Col, Ven* Auswahl *f*

escoger V/T & V/I ⟨2c⟩ 1 *(elegir)* (aus)wählen, aussuchen **(de** aus *dat*, **[de] entre** unter *dat)* 2 *(seleccionar)* aussortieren *(tb* TEC*)*; AGR verlesen; **escogida** F *Cuba (espec* Tabak*)*Verlesung *f*; **escogidamente** ADV ausgesucht; treffend

escogido A ADJ (aus)erlesen, (aus)erwählt; vornehm; COM **mercancías** *fpl* **-as** Waren *fpl* erster Wahl; LIT **obras** *fpl* **-as** ausgewählte Werke *npl*; *fam* **estas naranjas están ya muy -as** die besten Orangen sind schon verkauft *(o* weg *fam)* B M Auslese *f*

escogimiento M Auslese *f*, (Aus)Wahl *f*

escolanía F CAT Chor-, Sängerknaben *mpl*; **escolano** M Chor-, Sängerknabe *m*; **escolapio** CAT A ADJ Piaristen... B M, **-a** F Piarist *m*, -in *f*

escolar A ADJ Schul...; **año** *m* **~** Schuljahr *n*; **población** *f* **~** schulpflichtige Kinder *npl*; **en edad ~** schulpflichtig B M/F Schüler *m*, -in *f*; **de ~** Schüler...

escolaridad F 1 *(formación escolar)* Schulbildung *f*, -unterricht *m*; **libro** *m* **de ~** Zeugnisheft *n*; **~ obligatoria** Schulpflicht *f* 2 *(años escolares)* Schulzeit *f*; Studienzeit *f*

escolarización F Einschulung *f*; **escolarizar** V/T einschulen

escolástica F 1 *(escolasticismo)* Scholastik *f* 2 *persona*: Scholastikerin *f*; *desp* Wortklauberin *f*, Tüftlerin *f*; **escolasticismo** M Scholastik *f*; Scholastizismus *m*; *desp* übertriebene Spitzfindigkeit *f*; **escolástico** A ADJ scholastisch B M Scholastiker *m*; *desp* Wortklauber *m*, Tüftler *m*

escoleta F *Méx* MÚS 1 *banda*: Amateurkapelle *f* 2 *ensayo*: (Musik-, Tanz)Probe *f*

escoliar V/T ⟨1b⟩ mit Glossen versehen; **escolio** M Scholie *f*, Glosse *f zu einem Text*

escoliosis F ⟨*pl inv*⟩ MED Skoliose *f*, (seitliche) Wirbelsäulenverkrümmung *f*

escollar V/I 1 MAR *barco* auflaufen, stranden 2 *Arg fig (fracasar)* scheitern; **escollera** F Steinschutzwall *m*; Damm *m*; *en el mar*: Wellenbrecher *m*; **escollo** M Riff *n*, Klippe *f (tb fig)*; *fig* **evitar (o salvar) los ~s** die Klippe umschiffen

escolopendra F 1 *t/t insecto*: Skolopender *m* 2 BOT Hirschzunge *f*

escolta A F 1 MIL *(acompañamiento)* Eskorte *f*, Geleitschutz *m*, Bedeckung *f*; Leibwache *f*; **barco** *m* **de ~** Geleitboot *n*; **buque** *m* **~** Geleitschiff *n* 2 *fig (séquito)* Geleit *n*, Begleitung *f*; Gefolge *n*; **dar ~ a alg** j-n begleiten B M/F Begleitperson *f*

escoltar V/T 1 *(acompañar)* geleiten, eskortieren; bewachen; begleiten 2 *fig (hacer la corte)* den Hof machen *(dat)*

escombra F (Weg-, Aus)Räumen *n*; **escombrar** V/T 1 ab-, ausräumen; *cascotes* räumen; *fig* säubern 2 *pasas* klauben; **escombrera** F Schuttabladeplatz *m*, -halde *f*; MIN Schlackenhalde *f*; **escombrero** M, **-a** F *Arg fam* Übertreiber *m*, -in *f*

escombro[1] M 1 *frec* **~s** *mpl (cascotes)* (Bau-)Schutt *m*; Trümmer *pl (tb fig)*; MIN Abraum *m*; **reducir a ~s** zerschlagen, in Trümmer schlagen 2 *(pasa menuda)* zu kleine *(o* missratene*)* Rosinen *fpl* 3 *Arg fam* **armar ~** Krach schlagen *fam*

escombro[2] M *pez*: Makrele *f*

escondedero M → escondrijo

esconder A V/T verstecken, verbergen **(de** vor *dat)*; verdecken; verheimlichen B V/R **esconderse** sich verstecken; **escondidas** A FPL *Am reg* Versteckspiel *n*; **jugar a las ~** Versteck(en) spielen B ADV **a ~** versteckt, heimlich; im Geheimen; **a ~ de alg** ohne j-s Wissen *(acus)*

escondidizo ADJ scheu, zurückgezogen; **escondido** A ADJ verborgen; geheim B M *C. Rica, Salv* Versteckspiel *n*; **escondimiento** M Verbergen *n*; Verstecken *n*

escondite M 1 **(juego** *m* **del) ~** Versteckspiel *n*; **jugar al ~** Versteck(en) spielen 2 → escondrijo

escondrijo M Versteck *n*, Schlupfwinkel *m*

escoñado ADJ *vulg* kaputt, hin; erledigt; **escoñar** *pop* A V/T verpatzen, verhunzen *fam*, vermurksen *fam* B V/R **escoñarse** 1 *(irse al diablo)* zum Teufel gehen *fam*; in den Eimer *fam (o* in die Hose *pop)* gehen 2 *(lastimarse)* sich verletzen

escopeta F 1 *arma de fuego*: Flinte *f*; **~ de aire comprimido** Luftgewehr *n*; **~ de cañones paralelos** Doppelflinte *f*, Zwilling *m*; **~ de caño-**

nes recortados abgesägte Schrotflinte *f*; **~ de cañones superpuestos** Doppelbockflinte *f*; **~ de caza** Jagdgewehr *n*, -flinte *f*; **~ de postas** Schrotflinte *f*; *fam* **aquí te quiero (ver), ~** jetzt wird's schwierig, jetzt wird's ernst **2** **~ negra** (*cazador profesional*) Berufsjäger *m* **3** *vulg* (*pene*) Schwanz *m vulg*

escopetazo M **1** (*tiro*) (Flinten)Schuss *m*; (*alcance de tiro*) Schussweite *f*; *herida*: Schussverletzung *f* **2** *fam fig* (*noticia desagradable*) (unangenehme) Nachricht *f*, Bombe *f* (die platzt) *fam*; **escopetear** **A** VT & VI wiederholt schießen (auf *acus*); **~ a alg** *Méx* sticheln; *Ven* j-m barsch antworten **B** VR **escopetearse** *cumplimientos*: sich mit Komplimenten überschütten; *insultos*: sich gegenseitig beleidigen; **escopetería** F **1** (*escopetazos*) Gewehrfeuer *n* **2** *gente*: Schützen *mpl*; **escopetero** M **1** *profesión*: Büchsenmacher *m* **2** (*tirador*) Schütze *m*

escopl(e)ar VT ausmeißeln; stemmen; **escoplo** M (Holz)Meißel *m*; Stemm-, Stecheisen *n*

escora F MAR **1** (*inclinación del buque*) Krängung *f*; Schlagseite *f* **2** (*anchura*) größte Schiffsbreite *f* **3** (*puntal*) Stützbalken *m*; **escorar** MAR **A** VT *costado de un buque* abstützen **B** VI **1** (*tb v/r* **~se**) *buque* krängen; Schlagseite haben **2** *marea* den tiefsten Stand erreichen (*Ebbe*)

escorbuto M MED Skorbut *m*

escorchador M, **escorchadora** F *fam Arg* Störenfried *m*; lästiger Kerl *m*, lästige Person *f*; **escorchar** VT **1** *piel* abschürfen **2** *Arg* (*fastidiar*) ärgern; belästigen; **escorchón** M Kratzer *m*, (Haut)Abschürfung *f*

escordio M BOT Knoblauchgamander *m*

escoria F **1** *fundición de metales*: Schlacke *f*, Zunder *m* **2** *fig* (*cachivaches*) Ramsch *m*, Schund *m*; Abschaum *m*; **escoriación** F → excoriación; **escorial** M (Schlacken)Halde *f*; **escoriar** ⟨1b⟩ **A** VT abschürfen, wund reiben **B** VR **escoriarse** schuften

escornar VT ZOOL Hörner abnehmen

escorpena, escorpera, escorpina F *pez*: kleiner roter Drachenkopf *m*

Escorpio, Escorpión M ASTRON Skorpion *m*

escorpión M **1** ZOOL Skorpion *m* **2** *pez*: Petermännchen *n*

escórpora F *pez*: kleiner roter Drachenkopf *m*

escorrentía F **1** TEC (*rebosadero*) Überlauf *m* **2** GEOL (*derrubio*) Ausspülung *f*

escorrocho M *C. Rica fam* Vogelscheuche *f fam* (*hässliche Person*)

escorsana F *pez*: violetter Stechrochen *m*

escorzar VT ⟨1f⟩ PINT (perspektivisch) verkürzen; **escorzo** M **1** PINT *perspectiva*: perspektivische Verkürzung *f* **2** (*posición oblicua*) schiefe Stellung *f*, Schräglage *f* **3** *fig* (*vista general*) Überblick *m*, Abriss *m*; **escorzonera** F BOT Schwarzwurzel *f*

escota F MAR Schot *f*, Segelleine *f*; **escotado** **A** ADJ **1** (*escotadura*) ausgeschnitten, dekolletiert; **muy ~** tief ausgeschnitten (*o* dekolletiert); mit tiefem Dekolleteé **2** BOT *an der Spitze* ausgezackt **B** M → escotadura; **escotadura** F **1** TEX Ausschnitt *m am Kleid* **2** (*cortadura*) Aussparung *f* (*tb* TEC); Ausschnitt *m*; TEAT große Versenkung *f* **3** ANAT (*arruga*) Furche *f*; Kerbe *f*; **escotar** **A** VT **1** *vestido* ausschneiden **2** TEC (*dejar libre*) aussparen **3** *gastos* umlegen **B** VI seinen Anteil zahlen **C** VR **escotarse** sich (*dat*) das Dekolleteé (*o* den Kragen) öffnen

escote M **1** *de un vestido*: (Hals-, Ärmel)Ausschnitt *m*; Dekolleteé *n*; **~ en pico** V-Ausschnitt *m* **2** TEC Aussparung *f*; Ausklinkung *f* (*Blech*) **3** (*parte*) Anteil *m bei gemeinsamen Ausgaben*; *adv* **a ~** anteilmäßig, durch Umlage

escotilla F (Schiffs)Luke *f*; **escotillón** M Falltür *f*; TEAT Versenkung *f*; *fam fig* **aparecer/desaparecer por (el) ~** überraschend auftauchen/spurlos verschwinden

escozor M Brennen *n*, Jucken *n*; *fig* Schmerz *m*, Gram *m*; Groll *m*

escrachar VT *Arg, Ur fam* **1** (*romper*) *etw* kaputt machen **2** (*dar una paliza*) *j-n* verprügeln; **escrachear** VT & VI MÚS *pop* scratchen; **escracho** M *fam* Vogelscheuche *f fam* (*hässliche Person*); **escratchear** → escrachear

escriba M *Biblia*: Schriftgelehrte *m*; **escribanía** F **1** (*cancillería*) Kanzlei *f*; *Am reg y* HIST Notariat *n* **2** *utensilios*: Schreibzeug *n*; Schreibtischgarnitur *f*; **escribano** M *insecto*: Ammer *f*; **~ del agua** Wasser-, Taumelkäfer *m*; **~ cerillo** Goldammer *f*

escribido ADJ *fam* **~ y leído** *frec irón* halbgebildet; **escribidor** M, **escribidora** F *fam* schlechter Schriftsteller *m*, schlechte Schriftstellerin *f*, Schreiberling *m fam*; **escribiente** M/F Schreiber *m*, -in *f*

escribir ⟨*pp* escrito⟩ **A** VT & VI schreiben; niederschreiben; verfassen; **arte** *m* **de ~** Schreibkunst *f*; **~ música** (*componer*) Musik schreiben, komponieren; *notas*: Noten schreiben; **~ a mano** mit der Hand schreiben; **~ a máquina** mit (*o* auf) der (*o* in die) Maschine schreiben; **ser perezoso para ~** schreibfaul sein; **no saber ~ su nombre** sehr unwissend sein, nicht bis drei zählen können *fam* **B** VI *abs* schriftstellern **C** VR **escribirse** sich (*dat*) schreiben, miteinander im Briefwechsel stehen, korrespondieren; **¿cómo se escribe esto?** wie wird das geschrieben?

escriño M **1** AGR (*cesto*) Korb *m für Getreide etc*; Futter-, Fresskorb *m für Zugtiere* **2** (*cajón*) Kasten *m*, Kassette *f* (*bes für Schmuck*)

escrita F *pez*: Engelfisch *m*; **escritillas** FPL Hammelhoden *mpl*

escrito **A** PP → escribir **B** ADJ geschrieben; beschrieben; **lo ~** das Geschriebene; **lo ~ vale** was geschrieben ist, gilt; **~ a mano** handschriftlich; **~ a máquina** maschinegeschrieben; *fig* **estaba ~** es war Schicksal; es hat so sein sollen; *fig* **sobre esto no hay nada ~** darüber kann man streiten; *fig* **tiene la cobardía -a en la frente** die Feigheit steht ihm auf die Stirn geschrieben; *fig* **~ en el agua** in den Wind geredet **C** M **1** (*documento*) Schrift(stück *n*) *f*; Schreiben *n*; JUR Schrift(satz *m*) *f*; Antrag *m*; *adv* **por ~** schriftlich **2** (*obra literaria*) Schrift *f*, (literarisches) Werk *n*

escritor M, **escritora** F **1** LIT (*autor[a]*) Schriftsteller *m*, -in *f*, Verfasser *m*, -in *f* **2** *persona que escribe*: Schreiber *m*, -in *f*

escritorio M **1** (*oficina*) Büro *n*; Geschäftszimmer *n*; **objetos** *mpl o* **artículos** *mpl* **de ~** Büroartikel *mpl* **2** *mueble*: Schreibtisch *m*; -pult *n*; **juego** *m* **de ~** Schreibtischgarnitur *f* **3** INFORM Arbeitsoberfläche *f*, Desktop *m*

escritorzuelo M, **-a** F *desp* Schreiberling *m fam*

escritura F **1** (*escrito*) Schrift *f*, Schriftart *f*; (*letra*) Handschrift *f*; **~ de adorno** Zierschrift *f*; **~ de Braille** *o* **~ (en relieve) de los ciegos** Blindenschrift *f*; **~ cuneiforme** Keilschrift *f*; **~ española** (leicht verschnörkelte) Zierschrift *f*; **~ inglesa** Kurrentschrift *f*; **~ invertida** *o* **de espejo** Spiegelschrift *f*; **~ de palo seco** Blockschrift *f*; **~ recta** *o* **~ vertical** Steilschrift *f* **2** *arte*: Schreiben *n*; Schreibkunst *f*; **clase** *f* **de ~** Schreibunterricht *m* **3** (*documento*) Schriftstück *n*; Urkunde *f*; JUR **~ privada** Privaturkunde *f*; **~ pública** öffentliche (*o* notarielle) Urkunde *f* **4** (*obra*) Schrift *f*, Buch *n*, Werk *n*; **Sagrada Escritura** *o* **Sagradas Escrituras** Heilige Schrift *f*

escrituración F JUR (notarielle) Beurkundung *f*; **escriturar** VT JUR urkundlich beglaubigen, (notariell) beurkunden; **escriturario** **A** ADJ **1** ADMIN amtlich ausgefertigt, Amts…; notariell **2** REL Bibel…, Schrift… **B** M, **-a** F REL Bibelkenner *m*, -in *f*, Schriftforscher *m*, -in *f*; **escriturismo** M Schriftforschung *f*; **escriturista** M/F → escriturario B

escrófula F MED Skrofel *f*

escrofularia F BOT Knotenbraunwurz *f*; **escrofulismo** M, **escrofulosis** F MED Skrofulose *f*, Skrofeln *fpl*; **escrofuloso** ADJ MED skrofulös

escroto M Hodensack *m*, Skrotum *n*

escrupulizar VI ⟨1f⟩ *poco usado* Skrupel haben (**en** bei, in *dat*); Bedenken tragen (**en** zu *inf*)

escrúpulo M **1** (*dudas, recelos*) Skrupel *m*, Bedenken *n(pl)*, Besorgnis *f*; (*esmero*) Gewissenhaftigkeit *f*; **falta** *f* **de ~s** Skrupel-, Gewissenlosigkeit *f*; **~(s) de conciencia** (Gewissens)Skrupel *mpl*; **con ~** gewissenhaft; **sin ~s** skrupel-, gewissenlos; **no tener ~s en** *o* **no hacer ~ de** keine Bedenken tragen, zu (*inf*), keine Skrupel haben, zu (*inf*) **2** (*asco*) Ekel *m*, Widerwille *m*; **me da ~** (*inf*) ich ekle mich (ein wenig) davor, zu (*inf*) **3** ASTRON (Kreis-, Bogen)Minute *f* **4** *en el calzado*: Steinchen *n im Schuh* **5** FARM, HIST *medida de peso*: Skrupel *m*

escrupulosamente ADV peinlich genau (*o* gewissenhaft); **escrupulosidad** F Genauigkeit *f*; Skrupel *mpl*; **escrupuloso** ADJ **1** (*minucioso*) gewissenhaft, peinlich genau **2** (*dudoso*) bedenklich, Bedenken erregend

escrutador **A** ADJ forschend **B** M, **escrutadora** F POL Stimm(en)zähler *m*, -in *f bei Wahlen*; **escrutar** VT **1** POL *votos* zählen **2** (*indagar*) untersuchen; mustern; **escrutinio** M **1** POL (*acción de votar*) Wahlgang *m*; Stimmenzählung *f*; *p. ext* (*elección*) Wahl *f* **2** (*investigación*) Untersuchung *f*

escuadra F **1** *instrumento de dibujo*: Winkelmaß *n*; Zeichendreieck *n*; **a** *o* **de ~** rechtwinklig; **~ de acero** *o* **de hierro** Winkeleisen *n*; **~ de albañil** Richtscheit *n*; CONSTR **~ falsa** *o* **plegable** Stellwinkel *m*, Schmiege *f* **2** MIL (*tropa*) Gruppe *f*, Trupp *m*; Korporalschaft *f* **3** MAR (*flota*) (Kriegs)Flotte *f*; Geschwader *n* (MIL) **4** DEP *Am* (*equipo*) Mannschaft *f* **5** ASTRON Winkelmaß *n* (*Sternbild*)

escuadrar VT TEC rechtwinklig zuschneiden (*o* behauen); **escuadreo** M **1** (*agrimensura*) Flächenvermessung *f* **2** (*superficie medida*) Flächenausmaß *n*, (gemessene) Fläche *f*; **escuadrilla** F **1** MAR (*flotilla*) (Halb)Flotille *f*; AVIA Staffel *f* **2** (*tropel*) Trupp *m*; **~ de construcción** Bautrupp *m*

escuadro M *pez*: Engelfisch *m*

escuadrón M MIL Schwadron *f*; AVIA Geschwader *n*; MIL **~ de caza** Jagdgeschwader *n*; POL, MIL **~ de la muerte** Todesschwadron *f*

escualidez F **1** (*debilidad*) Schwäche *f* **2** (*descuido*) Verwahrlosung *f*; (*suciedad*) Schmutz *m*; **escuálido** **A** ADJ **1** (*adelgazado*) abgemagert, schwach **2** (*descuidado*) verwahrlost, (*sucio*) schmutzig **B** MPL **~s** ZOOL Haifische *mpl*; **escualo** M ZOOL Hai(fisch) *m*

escucha **A** M MIL (*centinela*) Horchposten *m*, Späher *m*; TEL, ELEC Abhörposten *m* **B** M/F *persona*: Horcher *m*, -in *f*, Lauscher *m*, -in *f*; (Zu)Hörer *m*, -in *f* (*tb* RADIO) **C** F (Ab)Hören *n*; TEC **~ (radar)** Radargerät *n*; **servicio** *m* **de ~** Abhördienst *m*; **estar a la** *o* **en ~** lauschen, aufmerksam zuhören, horchen, auf der Lauer stehen

escuchar **A** VT **1** (*prestar atención a la palabra*) **~ a alg** j-n (an)hören (*acus*), j-m zuhören (*dat*); j-n belauschen (*acus*); **~ la radio** Radio hören

E

2 (*dar oído*) erhören (*acus*), Gehör schenken (*dat*); auf *j-n o etw* hören **B** VI (zu)hören; TEL mithören; **¡escucha!** hör mal!, pass auf! **C** VR **escucharse** sich gern reden hören
escuchimizado ADJ *fam* ganz heruntergekommen *fam*, *persona* schwächlich; *planta* welk
escuchita(s) F(PL) Tuscheln *n*, Getuschel *n*; **escuchón** M, **escuchona** F unerwünschter Zuhörer *m*, unerwünschte Zuhörerin *f*
escudar **A** VT (mit dem Schild) schützen; *fig* decken, (be)schützen; tarnen **B** VR **escudarse** in Deckung gehen; *fig* sich wappnen (**con, de** mit *dat*); *fig* **~ en** *o* **con a/c** sich hinter etw (*dat*) verschanzen, etw vorschützen
escuderaje M HIST (Schild)Knappendienst *m*; **escudería** F *motorismo*: Rennstall *m*; **escudero** M **1** HIST *paje*: (Schild)Knappe *m*; *hidalgo*: Mann *m* von schlichtem Adel **2** CAZA Jungkeiler *m* **3** (*fiel acompañante*) treuer Begleiter *m*; **escuderón** M *desp* Prahlhans *m*
escudete M **1** TEX Nahtverstärkung *f*, Keil *m* (*Wäsche*) **2** TEC *de la cerradura*: Schlüssel(loch)blech *n* **3** BOT Seerose *f* **4** AGR Pfropfauge *n* **5** (*pequeño escudo*) kleiner (Schutz)Schild *m*
escudilla F (Suppen)Napf *m*; TEC Saugnapf *m* *bei Patentwandhaken etc*; **escudillar** **A** VT *sopa* ausschöpfen **B** VI nach Willkür schalten und walten
escudo M **1** *de protección*: Schild *m* (*tb* TEC *y fig*); *fig* Schutz *m*; **~ protector** Schutzschild *m* **2** TEC *de la cerradura*: Schlossblech *n* **3** **~ (de armas)** Wappen(schild *m/n*) *n* **4** COM **~ de la marca** Markenschild *n* **5** (*bólido*) Meteorstein *m* **6** MAR Rückenlehne *f im Bootsheck* **7** *antigua moneda*: *Münzen in Portugal, Chile*; *Esp* HIST *corresponde a*: Taler *m*
escudriñador **A** ADJ forschend **B** M, **escudriñadora** F Erforscher *m*, -in *f*; Prüfende *m/f*; **escudriñamiento** M Ausforschung *f*, Durchsuchung *f*; Ergründung *f*; **escudriñar** VT & VI (durch)forschen; ab-, durchsuchen; auskundschaften; nachforschen (*abs o* **nach** *dat*)
escuela F **1** Schule *f*; *edificio*: Schulgebäude *n*; (*enseñanza*) Schulwesen *n*; (*clase*) Schulunterricht *m*; **~ de agricultura** Landwirtschaftsschule *f*; **~ de arquitectura/de arte dramático** Baufach-/Schauspielschule *f*; **~ de artes y oficios** *o* **~ industrial** Gewerbeschule *f*; Fortbildungsschule *f*; **~ de aviación** *o* **de pilotos** Fliegerschule *f*; **~ de Bellas Artes** Kunstakademie *f*; **~ de comercio** Handelsschule *f*; *Am* **~ de conductores** *o* **de choferes** Fahrschule *f*; **~ de educación especial** Sonderschule *f*; *Esp* HIST **~ de EGB** Grund- und Hauptschule *f* (*bis 1997*); **~ elemental** Grundschule *f*; **~ de formación profesional** berufsbildende Schule *f*; Fortbildungsschule *f*; **~ de hostelería** Hotelfachschule *f*; **~ de idiomas** Sprachenschule *f*; **~ de ingenieros** Ingenieurschule *f*, (Poly)Technikum *n*; *Am* **~ de manejo** Fahrschule *f*; **~ maternal** Kinderkrippe *f* (*2–4 Jahre*); **~ mixta** koedukative Schule *f*; **~ de música** Musikschule *f*; **~ náutica** Segelschule *f*; **~ naval/superior** Marine-/Hochschule *f*; **~ de niños** Knabenschule *f*; **~ normal** *corresponde a*: pädagogische Hochschule *f*; **~ de párvulos** Kindergarten *m* (*4–6 Jahre*); **~ de periodismo** Journalistenschule *f*; **~ primaria** Grundschule *f*; Volksschule *f fam*; **~ privada** Privatschule *f*; **~ profesional/rural** Berufs-/Landschule *f*; *Esp* **~ técnica superior** *corresponde a*: technische Fachhochschule *f*; *Esp* **~ universitaria** *corresponde a*: Fachhochschule *f* **2** FIL, *arte*: Schule *f*; **formar ~** eine Schule bilden; **hacer** *o* **crear ~** Schule machen; *fig* **(un caballero) de la vieja ~** (ein Kavalier) der alten Schule **3** (*formación*) Schulung *f*, Ausbildung *f*; Übung *f*
escuelante M/F *Am reg* **1** (*colegiante*) Schüler *m*, -in *f*; Schulkind *n* **2** (*maestro, -a*) (Schul)Lehrer *m*, -in *f*; **escuelero** M, **-a** F **1** *Am reg pop* (*maestro, -a de escuela*) Schulmeister *m*, -in *f* **2** *Arg, Ven* (*escolar*) Schulkind *n*
escuerzo M ZOOL Kröte *f* (*tb fig*); *fig* unansehnliches Geschöpf *n*; Scheusal *n*
escuetamente ADV in dürren Worten; **escueto** ADJ (*sencillo*) schlicht, einfach; (*sin adornos*) schmucklos, kahl; *estilo* dürr, knapp, trocken
escuincla F *Méx* kleines Mädchen; **escuincle** M *Méx* **1** (*niño*) kleiner Junge *m* **2** *Ven fam* (*persona débil*) schwächliche Person *f*
esculcar VT *Col* durchsuchen, durchwühlen (*bes die Taschen*)
esculpir VT & VI *piedra, etc* meißeln, behauen; *madera* schnitzen; **~ a cincel** mit dem Meißel (*o* Stichel) (heraus)arbeiten
esculque M *Ven* Durchsuchen *n* (*bes von Taschen*)
escultismo M Pfadfinderbewegung *f*; **escultista** **A** ADJ Pfadfinder... **B** M/F Pfadfinder *m*, -in *f*
escultor M, **escultora** F Bildhauer *m*, -in *f*; Bildschnitzer *m*, -in *f*; **~ en cera** Wachsbildner *m*; **escultórico** ADJ → escultural; **escultura** F **1** *arte*: Bildhauerkunst *f* **2** *obra*: Skulptur *f*, Plastik *f*; **escultural** ADJ Bildhauer...; bildhauerisch; plastisch; **de belleza ~** bildschön
escupidera F *recipiente*: Spucknapf *m*; **escupidero** M *fig* missliche (*o* entwürdigende) Lage *f*; **escupido** **A** ADJ *fam* **es ~ el padre** er ist dem Vater wie aus dem Gesicht geschnitten **B** M → escupo; **escupidor** **A** ADJ oft (aus)spuckend **B** M *Am reg* Spuckschale *f*; **escupidura** F **1** (*saliva*) Speichel *m*, Auswurf *m* **2** *excoriación*: Fieberausschlag *m am Mund*
escupiña F ZOOL *Art* Venusmuschel *f*
escupir **A** VI speien, (aus)spucken; *fig* **~ al cielo** gegen den Wind spucken, sich (*dat*) ins eigene Fleisch schneiden **B** VT **1** ausspucken; anspucken (*tb fig*); *fig llamas, lava, etc* speien; auswerfen, schleudern, sprühen; **~ (la) bilis** Gift und Galle speien; **~ fuego** *volcán* Feuer speien; **~ a alg a la cara** j-m ins Gesicht spucken; *fig* j-n verhöhnen, j-m etw an den Kopf werfen (*fig*) **2** (*exudar*) ausschwitzen, absondern **3** *fam* (*desembuchar*) auspacken (mit *dat*) *fam*, ausplaudern
escupitajo M, **escupitina** F, **escupitinajo** M → escupo
escupo M (ausgeworfener) Speichel *m*, Auswurf *m*
escurialense ADJ aus El Escorial
escurreplatos M ⟨*pl inv*⟩ Abtropfbrett *n*, Geschirrständer *m*; **escurrevasos** M ⟨*pl inv*⟩ Trockengestell *n für Gläser*; **escurreverduras** M ⟨*pl inv*⟩ Abtropfsieb *n für Gemüse*
escurribanda F *fam* **1** (*diarrea*) Durchfall *m*; (*flujo*) Ausfluss *m* **2** (*paliza*) Tracht *f* Prügel; Hiebe *mpl* **3** (*huida*) Flucht *f*; **escurridera** F, **escurridero** M Trockengestell *n*; **escurridizo** ADJ schlüpfrig, glatt; *fig* aalglatt; AUTO windschlüpf(r)ig
escurrido **A** ADJ **1** (*esmirriado*) schmächtig; **~ de caderas** schmalhüftig; **~ de carnes** mager **2** *Cuba, Méx, P. Rico* (*avergonzado*) verlegen **3** BOT *hoja* stiellos **B** M Schleudern *n* (*von Wäsche*)
escurridor M **1** (*colador*) Abtropfsieb *n*, Durchschlag *m* **2** → escurreplatos **3** FOT Trockenständer *m*; **escurriduras, escurrimbres** FPL *fam* letzte Tropfen *mpl*, Rest *m*; Bodensatz *m*; **escurrimiento** M Ablaufen *n*, -tropfen *n*
escurrir **A** VT ganz auslaufen (*o* abtropfen) lassen; *botella, jarra, etc* bis zur Neige leeren; *esponja* ausdrücken; *ropa, etc* auswringen; *fam* **~ el bulto** *o* **el hombro** sich drücken, kneifen *fam* **B** VI *y* VR **~se** ab-, auslaufen; ab-, austropfen; rinnen **C** VR **escurrirse** **1** (*resbalarse*) ausrutschen (*tb fam fig*); AVIA abrutschen **2** (*escaparse*) entkommen, entwischen; entschlüpfen; **se me ha escurrido una falta** mir ist ein Fehler unterlaufen **3** (*decir demás*) mehr sagen (*o* geben) als man sollte (*o* wollte), sich verplappern *fam*
escusado ADJ → excusado
escúter M Motorroller *m*; Scooter *m*
escutismo M → escultismo
esdrújula F auf der drittletzten Silbe betontes Wort *n* (*z. B.* **teléfono**)
esdrújulo **A** ADJ FON mit betonter drittletzter Silbe **B** M auf der drittletzten Silbe betontes Wort *n*, Proparoxytonon *n*
ese[1] F S *n* (*Name des Buchstabens*); **~s** *fpl* Zickzack *m*; **hacer ~s** im Zickzack (*o* in Schlangenlinien) fahren; **ir haciendo ~s** torkeln (*Betrunkene etc*)
ese[2], esa, eso, esos, esas ⟨*alleinstehend oder stark betont*: ése, ésa, ésos, ésas; *gemäß der letzten Rechtschreibreform der Real Academia von 1999 kann der Akzent wegfallen, wenn keine Verwechslung möglich ist*⟩ PR DEM **1** diese(r, -s), dies; dieser da; **ese libro que tienes a tu lado** das Buch da (neben dir); *fam* **dame esa mano** gib mir deine Hand **2** *colocado detrás, frec desp*: **el hombre ese** dieser Kerl da; **no soy de ésos/ésas** ich bin nicht so einer/eine **3** *solo y elíptico*: **¡a ése!** auf ihn!; haltet ihn!; **¡ni por ésas!** unter gar keinen Umständen, auf gar keinen Fall! **4** **eso: ¡eso es!** (*sí por cierto*) jawohl!, ganz richtig!, das stimmt!; *tb* POL (sehr) richtig!; **eso mismo** genau das; **eso sí** das allerdings; **eso sí, pero ...** das stimmt schon, aber ...; **a eso** hierauf; hierzu; **a eso de (las tres)** gegen (*o* ungefähr um) (drei Uhr); **con eso** damit; hiermit; dabei; **con eso de** wegen (*gen*); **aun con eso** trotzdem; **con eso de ser él su tío** weil er sein Onkel ist; **en eso** hierin; inzwischen, da; **por eso** deshalb, deswegen; **no por eso** nichtsdestoweniger; **para eso** dafür; **¿qué es eso?** was soll das?, was geht hier vor?, was ist (denn) das?; **¿eso, qué?** na, und?; **¿y eso?** *o* **¿cómo es eso?** wieso?; **y eso que ...** und dabei ..., obwohl ...
ESE ABR (Estesudeste) OSO (Ostsüdost)
esecilla F Haken *m*; Öse *f* (*Verschluss*)
esencia F **1** FIL (*naturaleza de a/c*) Essenz *f*, Wesen(heit *f*) *n*; *das* Sein; Wesentliche(s) *n*; **ser de ~** zum Wesen gehören; wesentlich sein **2** FARM, QUÍM (*extracto líquido*) Essenz *f*; (ätherisches) Öl *n*; **~ de trementina** Terpentinöl *n*
esencial ADJ **1** (*sustancial*) unerlässlich; wesentlich (*tb fig*); **en lo ~** im Wesentlichen; **no ~** unwesentlich; nicht unbedingt notwendig; **lo ~ es que ...** (die) Hauptsache ist, dass ... **2** QUÍM (*etéreo*) ätherisch
esencialismo M FIL Essenzialismus *m*; **esencialmente** ADV im Wesentlichen; dem Wesen nach; **esenciero** M **1** (*frasquito de perfume*) Riechfläschchen *n* **2** (*fumívoro*) Rauchverzehrer *m*
esfenoidal ADJ, **esfenoides** ADJ *inv* ANAT **hueso** *m* **~** Keilbein *n*
esfera F **1** GEOM (*globo*) Kugel *f*; **~ celeste** Himmelskugel *f*; **~ solar** Sonnenball *m*; **~ terrestre** Erdball *m*; Globus *m*; **en forma de ~** kugelförmig **2** *del reloj*: Zifferblatt *n*; *de un instrumento*: Skalenscheibe *f*; **~ luminosa** *o* **fosforescente** Leuchtzifferblatt *n* **3** PSIC *y fig* (*ámbito*) Bereich *m*, Sphäre *f*; **~ de acción** *o* **~ de actividad(es)** Lebens-, Wirkungs-, Tätigkeitsbereich *m*; POL **~ de influencia** Einfluss-

sphäre *f*; ~ **íntima** Intimsphäre *f*; *fig* **las altas** ~ die höheren Kreise; **las ~s de la sociedad** die Gesellschaftsschichten *fpl*

esferal ADJ → esférico

esfericidad F Kugelform *f*, -gestalt *f*

esférico A ADJ kugelförmig, rund; Kugel…; sphärisch B M DEP *fam* Fußball *m*, Leder *n fam*

esfero M, **esferógrafo** M *Col, Ec* Kugelschreiber *m*

esferoidal ADJ GEOM kugelähnlich; **esferoide** M GEOM Sphäroid *n*

esferómetro M Sphärometer *n*

esfigmógrafo M MED Sphygmograf *m*

esfinge F 1 MIT Sphinx *f*; *fig* geheimnisvolle (*o* undurchdringliche) Person *f* 2 *mariposa*: Nachtfalter *m*

esfínter M ANAT Schließmuskel *m*, Sphinkter *m*

esforzadamente ADV kräftig; mutig; **esforzado** ADJ *liter* mutig, wacker

esforzar ‹1f *y* 1m› A VT 1 (*fortalecer*) kräftigen; verstärken 2 (*hacer un esfuerzo*) anstrengen; beanspruchen 3 (*alentar*) ermutigen B VR **esforzarse** sich anstrengen; sich (*dat*) zu viel zumuten; ~ **en** (*inf*) *o* **por** (*inf*) sich bemühen, zu (*inf*), danach streben, zu (*inf*)

esfuerzo M 1 (*vigor*) Anstrengung *f*; Bemühung *f*, Mühe *f*; *adv* **sin** ~ mühelos; **hacer un** ~ sich anstrengen; sich zusammenreißen; **hacer ~s (para)** sich bemühen, sich anstrengen (um zu *inf*); **hacer el último** ~ auch das Letzte (*o* das Unmögliche) versuchen 2 ~ **(económico)** (finanzielles) Opfer *n* (**hacer** bringen); **hacer un ~ (económico) para** (*inf*) tief in die Tasche greifen (müssen), um zu (*inf*) 3 TEC Kraft *f*; Aufwand *m*; Beanspruchung *f*; *estática*: Spannung *f*; ~ **del material** Material-, Werkstoffbeanspruchung *f*; ~ **tensor** Spannkraft *f* 4 (*valor*) Mut *m*; (*fuerza*) Kraft *f*

esfumado ADJ verwischt, verschwommen; unscharf; **esfumar** A VT PINT, FOT, *gráfica* verwischen, verlaufen lassen; abtönen B VR **esfumarse** verschwimmen, verlaufen; in der Ferne entschwinden; *fig nubes, etc* sich auflösen; *fam persona* verschwinden, verduften *fam*

esfuminar VT PINT, *gráfica* → esfumar; **esfumino** M PINT Wischer *m*

esgrafiado M PINT Sgraffito *n*; **esgrafiar** VT ‹1b› PINT sgraffieren

esgrima F Fechtkunst *f*; Fechten *n*; Fechtart *f*; ~ **de espada/florete/sable** Degen/Florett/Säbelfechten *n*; **maestro** *m* **de** ~ Fechtlehrer *m*, -meister *m*

esgrimidor M, **esgrimidora** F Fechter *m*, -in *f*; **esgrimir** A VT 1 (*espada*) *etc* schwingen, *armas* ziehen; *fig* (*manotear*) mit *etw* (*dat*) herumfuchteln (*tb fig*) 2 *fig* (*usar como arma*) *etw* ausspielen, ins Feld führen; *motivos* anführen B VI fechten; **esgrimista** M/F *espec Am*→ esgrimidor

esguazar VT ‹1f› durchwaten

esguín M *pez*: Junglachs *m*

esguince M 1 *ademán*: ausweichende Bewegung *f*; (*gesto de disgusto*) abweisende (*o* verächtliche) Gebärde *f* 2 MED (*torcedura*) Verstauchung *f*; Verrenkung *f*

esgunflar VT *Arg, Ur fam* belästigen

eskái M, **eskay** M → escay

eslabón M 1 *de una cadena*: Kettenring *m*; (Ketten)Glied *n* (*tb fig*); QUÍM (Ring)Glied *n*; *fig* (*nexo de unión*) Bindeglied *n*; **el ~ perdido** das Missing Link, das fehlende Bindeglied 2 (*chaira*) Feuerstahl *m*; Wetzstahl *m* 3 ZOOL *arácnido*: schwarzer Skorpion *m*; **eslabonar** A VT verketten, verknüpfen (*tb fig*); MAR schäkeln B VR **eslabonarse** sich aneinanderfügen, im Zusammenhang stehen (*tb fig*)

eslálom M, **eslalon** M → slalom

eslavismo M Slawismus *m*; **eslavista** M/F LING Slawist *m*, -in *f*; **eslavística** F Slawistik *f*; **eslavístico** ADJ slawistisch; **eslavo** A ADJ slawisch; **lengua** *f* **-a** slawische Sprache *f* B M, **-a** F Slawe *m*, Slawin *f* C M LING *familia de lenguas*: Slawisch *n*; **eslavófilo** A ADJ slawophil B M, **-a** F Slawophile *m/f*

eslinga F Haken-, Lastenschlinge *f*

eslip M TEX 1 (*calzoncillo*) Slip *m* 2 (*bañador*) Badehose *f*

eslizón M ZOOL *Art* Erdschleiche *f*

eslogan M Slogan *m*

eslora F MAR Schiffs-, Kiellänge *f*

eslovaco A ADJ slowakisch; **República Eslovaca** slowakische Republik *f* B M, **-a** F Slowake *m*, Slowakin *f* C M *lengua*: Slowakisch *n*

Eslovaquia F Slowakei *f*

Eslovenia F Slowenien *n*

esloveno A ADJ slowenisch B M, **-a** F Slowene *m*, Slowenin *f* C M *lengua*: Slowenisch *n*

esmachetado ADJ *Ven fam* rasend schnell

esmaltación F Emaillierung *f*; **esmaltado** A ADJ emailliert, Email…; *cerámica* glasiert; *fig* ~ **de** *o* **con flores** blumengeschmückt B M Emaillierung *f*; **esmaltador** M, **esmaltadora** F Emailleur *m*, -in *f*; **esmaltar** VT 1 emaillieren; *cerámica* glasieren; ~ **de blanco** weiß emaillieren 2 *fig* (*adornar*) (aus)schmücken (**con, de** mit *dat*)

esmalte M 1 *barniz*: Email *n*, Emaille *f*; ~ **de laca** *o* **laca** *f* **de** ~ Emaillack *m*; ~ **(de uñas)** Nagellack *m* 2 *trabajo*: Emailarbeit *f* 3 (*vasijas de esmalte*) Emailgeschirr *n* 4 ANAT (Zahn)Schmelz *m* 5 PINT → esmaltín 6 *heráldica*: **~s** *mpl* Wappenfarben *fpl* 7 *fig* (*resplandor*) Glanz *m*; Schmuck *m*

esmaltín M Kobaltblau *n*; **esmaltina, esmaltita** F MINER Smaltin *m*

esmerado ADJ 1 *cosa* sorgfältig (*gearbeitet*), tadellos 2 *persona, modo de trabajar* gewissenhaft, sorgfältig 3 (*bien cuidado*) gepflegt

esmeralda A F Smaragd *m*; ~ **oriental** Korund *m* B ADJ *inv* smaragdgrün; **esmeraldero** M, **-a** F *Am reg* 1 *buscador(a)*: Smaragdsucher *m*, -in *f* 2 *comerciante*: Smaragdhändler *m*, -in *f*; **esmeraldino** ADJ smaragdfarben

esmerar A VT polieren; putzen B VR **esmerarse** Hervorragendes leisten; sich (*dat*) die größte Mühe geben; ~ **en (hacer) a/c** etw mit größter Sorgfalt verrichten

esmerejón M ORN Merlin *m* (*Falke*)

esmeril M Schmirgel *m*; **papel** *m* **de** ~ Schmirgelpapier *n*

esmerilado A ADJ geschliffen; **vidrio** *m* ~ Mattglas *n*; FOT **cristal** *m* ~ **(para enfocar)** Mattscheibe *f* B M Schmirgeln *n*; (Ab)Schleifen *n*, Schliff *m*

esmerilar A VT (ab)schmirgeln; (ab-, ein)schleifen B VR **esmerilarse** sich abschleifen; *máquina* sich einlaufen

esmero M Sorgfalt *f*, Gewissenhaftigkeit *f*; Gründlichkeit *f*; *adv* **con** ~ sorgfältig, gewissenhaft; tadellos

Esmirna F HIST Smyrna *n*, *nombre actual*: Izmir *n*

esmirriado ADJ *fam* verkümmert, mick(e)rig *fam*

esmoquin M Smoking *m*

esnifada F *drogas fam* Schnupfen *n* (*von Kokain*); **esnifar** VT & VI *drogas fam cocaína, etc* schnupfen, sniffen *fam*

esnob A ADJ snobistisch; versnobt B M/F Snob *m*; **esnobismo** M Snobismus *m*; **esnobista** A ADJ snobistisch B M/F Snob *m*

esnórquel M (U-Boot)Schnorchel *m*

eso PR DEM N SG das, dies(es); → ese[2]

ESO F ABR (Educación Secundaria Obligatoria) *Esp corresponde a*: Sekundarstufe I *f* (*seit 1998*)

esófago M ANAT Speiseröhre *f*, Ösophagus *m*

esópico ADJ LIT äsopisch

Esopo N PR M Äsop *m*

esos PR POS DEM MPL → ese[2]

esotérico ADJ esoterisch; (*oculto*) geheim; **esoterismo** M Esoterik *f*; **esoterista** M/F Esoteriker *m*, -in *f*

espabilado ADJ munter, aufgeweckt *fam*, clever *fam*, helle *fam*; (*sobrio*) nüchtern; **espabilar** A VT (*animar*) aufmuntern, in Schwung bringen; *pop* (hinaus)feuern *fam* B VI *y* VR **~se** 1 (*salir del sueño*) munter werden 2 *fam* sich durchschlagen, sich (*dat*) zu helfen wissen 3 (*apurarse*) sich beeilen, schnell machen; **¡espabila!** beeil dich!; nun mach schon!

espachurrar *fam* A VT 1 (*aplastar*) zerquetschen, platt drücken 2 *fig* (*taparle la boca a alg*) den Mund stopfen (*dat*) B VR **espachurrarse** schiefgehen *fam*, in den Eimer gehen *fam*

espaciado A ADJ TIPO *letras* gesperrt (gedruckt); *líneas* mit Durchschuss, durchschossen B M TIPO Zwischenraum *m*, INFORM *tb* Blank *m*; *entre líneas*: Durchschuss *m*; **espaciador** M *ordenador*: Leertaste *f*

espacial ADJ 1 (*del espacio*) räumlich; **visión** *f* ~ räumliches Sehen *n* 2 (*relativo al cosmos*) (Welt)Raum…; **vehículo** *m* ~ Raumfahrzeug *n*; **viaje** *m* ~ Weltraumreise *f*

espaciar ‹1b› A VT 1 (*hacer lugar*) auseinanderrücken, auseinanderziehen) 2 *fig* (*hacer más raramente*) *etw* seltener tun; *etw* seltener werden lassen, *etw* auf längere Zeiträume verteilen B VT & VI TIPO *letras* sperren, spationieren; *líneas* durchschießen C VR **espaciarse** *fig* sich weitläufig ergehen, sich verbreiten (**en** über *acus*)

espacio A M 1 Raum *m*; *intermedio* Zwischenraum *m*; *espec* ASTRON Weg *m*; ~ **aéreo** Luftraum *m*; ~ **cósmico** *o* **interplanetario** *o* **sideral** Weltraum *m*; **Espacio Económico Europeo** europäischer Wirtschaftsraum *m*; INFORM ~ **en blanco** Leerzeichen *n*; ~ **hueco** Hohlraum *m*; ~ **libre** freier Raum *m*; TEC Spielraum *m*; AUTO, MIL Bodenfreiheit *f*; MIL freies Schussfeld *n*; ~ **muerto** toter Raum *m*; MIL toter Winkel *m*; ~ **natural** Naturschutzgebiet *n*; ~ **necesario** *o* **requerido** Platz-, Raumbedarf *m*; ~ **público** öffentlicher Raum *m*; FÍS **~-tiempo** Raum-Zeit-; ~ **virtual** virtueller Raum *m*, Cyberspace *m*; ~ **vital** BIOL, SOCIOL Lebensraum *m*; TEC freier Raum *m*; **ordenación** *f* **del** ~ Raumordnung *f* 2 ~ **(de tiempo)** Zeitraum *m*; **en el ~ de tres meses** innerhalb von drei Monaten; **por el ~ de una hora** eine Stunde lang; **por ~ de muchos años** während vieler Jahre 3 (*superficie*) Fläche *f*; ~ **al aire libre** Freigelände *n bei Ausstellungen*; **~s** *mpl* **verdes** Grünflächen *fpl* 4 MÚS *entre las rayas*: Raum *m* zwischen den Notenlinien 5 TIPO Spatium *n*; *ordenador*: **con ~s compensados** mit automatischem Randausgleich; **poner ~s** sperren, spationieren 6 TV (*tiempo de difusión*) Sendezeit *f*; -reihe *f*; Sendung *f*; RADIO, TV ~ **informativo** Nachrichtensendung *f* B ADV *reg* → espaciosamente

espaciosamente ADV langsam, gemächlich; **espaciosidad** F Geräumigkeit *f*; **espacioso** ADJ 1 (*vasto*) geräumig, weit 2 (*lento*) langsam 3 **~-temporal** räumlich und zeitlich

espada A F 1 *arma blanca*: Degen *m*; Schwert *n*; ~ **blanca** Degen *m*, Schwert *n*, blanke Waffe *f*; *fig* ~ **de Damocles** Damoklesschwert *n*; *fig* ~ **de dos filos** (*o* **de doble filo**) zweischneidiges Schwert *n*; ~ **de esgrima** *o* **negra** Schläger *m*, Rapier *n*; *fig* ~ **de la justicia** (ganze) Schärfe *f*

E

des Gesetzes; **asentar la ~** *esgrima*: den Degen ablegen; *fig* (*abandono de un objetivo*) die Sache aufgeben; (*jubilarse*) in den Ruhestand treten; HIST **ceñir la ~ a alg** j-n mit dem Schwerte gürten (*Ritterschlag*); *fig* **estar entre la ~ y la pared** in der Klemme stecken; in einer Zwickmühle sein; *fig* **poner entre la ~ y la pared** in die Enge treiben; *esgrima*: **tender la ~** ausfallen 2 *p. ext y fig* (*buen esgrimador*) guter Fechter *m*; *tb fig* **ser buena ~** eine gute Klinge führen; TAUR **media ~** zweiter Stierkämpfer *m* 3 *juego de cartas, corresponde a*: Pik *n*; **~s** *fpl* Pik *n* (*als Farbe*); **(as** *m* **de) ~s** Pikass *n* 4 **(pez** *m***) ~** Schwertfisch *m* 5 *jerga del hampa* (*ganzúa*) Dietrich *m*, Nachschlüssel *m* B M **(primer) ~** TAUR Matador *m*; *fig* Könner *m*, Meister *m seines Fachs*

E

espadachín M tüchtiger Fechter *m*; *fig* Haudegen *m*, Raufbold *m*

espadaña F 1 BOT Rohr-, Teichkolben *m* 2 ARQUIT (*campanario*) Glockenwand *f*; **espadar** VT *lino, cáñamo* schwingen

espadarte M *pez*: Schwertfisch *m*; **espadazo** M Degenstoß *m*; Schwerthieb *m*; **espadería** F Waffenschmiede *f*; **espadero** M Waffenschmied *m*; **espadilla** F 1 *Abzeichen der Ritter des Santiagoordens* 2 AGR, TEX Schwinge *f*; Schwingmesser *n* 3 MAR (*timón provisional*) Wriggriemen *m*; Notruder *n* 4 *juego de cartas*: Pikass *n* 5 BOT Siegwurz *f*; **espadillar** VT AGR, TEX *lino, cáñamo* schwingen; **espadín** M 1 *decorativo* Zierdegen *m* 2 FERR **~ (de aguja)** Weichenzunge *f* 3 *pez*: Sprotte *f*; **espadista** M/F 1 (*esgrimidor*) Degenfechter *m* 2 *jerga del hampa* (*delincuente*) Einbrecher *m*; **espadón** M 1 *desp* plumper Degen *m* 2 *fam fig persona*: hohes Tier *n fam*; *desp* Haudegen *m*; (*camorrista*) Raufbold *m*

espagueti(s) MPL *col* Spag(h)etti *pl*

espalar VT & VI (Schnee) schaufeln

espalda F 1 ANAT *tb* **~s** *pl* Rücken *m*; *de una cosa, un edificio*: Rück-, Kehrseite *f*; DEP **(estilo** *m***) ~** Rückenschwimmen *n*; *adv* **a ~s (vueltas)** hinter dem Rücken, heimlich; *tb fig* **a ~s de alg** hinter j-s Rücken (*dat*); **a la(s) ~(s)** auf dem (*o* den) Rücken; im Rücken; auf der Rückseite; **ancho de ~s** breitschultrig; **de ~s a** mit dem Rücken nach (*o* zu *dat*); **de ~s al muro** mit dem Rücken an der Wand; *fig tb* in die Enge getrieben; *tb fig adv* **por la ~** von hinten; *fig* hinterrücks; **dar las ~s (al enemigo)** die Flucht ergreifen, fliehen; *fig* **dar** *o* **volver la(s) ~(s) a alg** j-m die kalte Schulter zeigen; **dar** *o* **caer** *o fig* **caerse de ~s** auf den Rücken fallen (*tb fig*); **cubrirse las ~s** sich (*dat*) Rückendeckung verschaffen; **echarse a/c a la(s) ~(s)** *o Am reg* **echarse el alma a la(s) ~(s)** sich um etw (*acus*) nicht (mehr) kümmern; *fig* **echarse a/c sobre las ~s** eine Sache übernehmen; für etw (*acus*) die Verantwortung übernehmen; sich (*dat*) etw auf den Buckel laden *fam*; *fig* **guardarse las ~s** sich (*dat*) (den Rücken) decken; *fig* **tener bien guardadas** *o* **cubiertas** *o* **seguras las ~s** eine gute Rückendeckung (*o* gute Beziehungen) haben; *fam fig* **medirle a alg las ~s** j-n verprügeln; *fam* **donde la ~ pierde su honesto nombre** der Allerwerteste *fam*; *fig* **tener buenas ~s** *o* **las ~s anchas** einen breiten Rücken (*o* ein dickes Fell *fam*) haben; **tener muchos años sobre las ~s** eine Menge Jahre auf dem Buckel haben *fam*; *fam* **tirar a alg de ~s** j-n umwerfen (*Überraschung, Erstaunen*); **volver la ~ a la realidad** sich der Wirklichkeit verschließen 2 GASTR Schulter *f*; Vorderkeule *f* 3 TEX Schulter(stück *n*) *f*, Rücken(teil) *m* (*an Kleid, Anzug*) 4 → espaldar 1 5 *espec Am* **~s** *pl* **mojadas** illegale Einwanderer *mpl* (in die USA); *espec Cuba* Bootsflüchtlinge *mpl*

espaldar M 1 *de la silla*: Rückenlehne *f beim Stuhl etc* 2 ZOOL Rückenpanzer *m der Schildkröte etc* 3 MAR Spant *m* 4 → espaldera 5 → espaldón; **espaldarazo** M Schlag *m* mit der flachen Klinge (*o* Hand) auf den Rücken; HIST Ritterschlag *m*; *fig* (*ayuda*) Rückendeckung *f*, Unterstützung *f*; HIST **dar el ~ a** j-n zum Ritter schlagen; *fig* j-n (in die Gruppe) aufnehmen; j-n als gleichberechtigt anerkennen; **espaldear** VT MAR gegen das Heck des Schiffs branden; **espaldera** F 1 AGR *pared*: Spalier (-wand *f*) *n*; **árbol** *m* **de ~** Spalierbaum *m* 2 **~s** *mpl gimnasia*: Sprossenwand *f*; **espaldero** M *Ven* Leibwächter *m*; **espaldilla** F ANAT Schulterblatt *n*; GASTR, ZOOL (Vorder)Bug *m*; **espaldista** M/F DEP Rückenschwimmer *m*, -in *f*; **espaldón** A M MIL Schulter-, Schutzwehr *f*; *tb* Schutzbarriere *f* B ADJ *Col* → espaldudo; **espaldudo** ADJ breitschultrig

espalto M PINT Bister *m/n*

espantable ADJ → espantoso; **espantada** F Scheuwerden *n*, Ausbrechen *n von Tieren*; *fig* **le dio una ~** er schreckte (davor) zurück; **espantadizo** ADJ schreckhaft, furchtsam; *caballo* scheu; **espantador** ADJ erschreckend; *Col, RPl caballo* scheu; **espantaflojos** M *Col fam* leichter Regenschauer *m*; **espantagustos** M/F ⟨*pl inv*⟩ Spaßverderber *m*, -in *f*; **espantajo** M 1 (*espantapájaros*) Vogelscheuche *f* (*tb fig*) 2 *fig* (*fantasma*) Schreckgespenst *n*; Popanz *m*

espantalobos M ⟨*pl inv*⟩ BOT Blasenstrauch *m*; **espantamoscas** M ⟨*pl inv*⟩ Fliegenwedel *m*; Fliegennetz *n für Pferde*; Fliegenfänger *m*; **espantapájaros** M ⟨*pl inv*⟩ Vogelscheuche *f* (*tb fig*)

espantar A VT 1 (*asustar*) erschrecken, entsetzen 2 *caballo* scheu machen; vertreiben, verscheuchen; **~ la caza** CAZA das Wild vergrämen; *fig* seinen Zweck verfehlen; die Pferde scheu machen (*fig*) 3 (*asombrar*) in Erstaunen setzen B VR **espantarse** erschrecken (**de** über *acus*; **por, ante** vor *dat*); *caballo* scheuen

espanto M 1 (*susto*) Schreck(en) *m*, Entsetzen *n*; Schauder *m*, Grauen *n*; *fam fig* **de ~** entsetzlich, schauderhaft; *fam fig* riesig, fürchterlich, schrecklich; **causar ~ (a alg)** (j-m) einen Schrecken einjagen; (j-m) Grauen einflößen; *Perú* **dar un ~** *caballo* scheuen; **¡qué ~!** wie schrecklich! 2 (*asombro*) Erstaunen *n*; *fam fig* **estar curado de ~(s)** sich über nichts (mehr) wundern, abgebrüht sein *fam* 3 MED Angstschock *m* 4 *Am reg* (*fantasma*) Gespenst *n*

espantosidad F *Am reg* Grauen *n*, Schauder *m*; **espantoso** ADJ 1 (*horrible*) entsetzlich, grauenhaft; ungeheuer (*tb fig*) 2 (*maravilloso*) erstaunlich; wunderbar

España F Spanien *n*; HIST **Nueva ~** Neuspanien *n* (*Mexiko in der Kolonialzeit*); **la ~ de pandereta (y castañuelas)** das folkloristische (, verzerrte) Spanien(bild) *für Touristen*

español A ADJ spanisch; **la lengua ~a** die spanische Sprache B M, **española** Spanier *m*, -in *f* C M *lengua*: Spanisch *n*; **el ~ de Cuba** das Kubaspanische; **el ~ de México/Perú** *etc* das mexikanische/peruanische *etc* Spanisch

españolada F *frec desp* verzerrtes Spanienbild *n*; das typisch Spanische; **dar la ~** sich spanisch gebärden; **españolado** ADJ *extranjero* wie ein Spanier wirkend; **españolar** VT → españolizar; **españolear** VI *fam* Spanien (übertrieben) loben (*o* verherrlichen); **españolería** F Spaniertum *n*; **españoleta** F 1 MÚS, *baile*: Spagnolette *f* (*altspanischer Tanz*) 2 (*falleba*) Tür-, Fensterriegel *m*; **españolidad** F urspanisches Wesen *n*, spanischer Charakter *m* (*oft im Gegensatz zum Regionalismus*); → *tb* españolismo; **españolismo** M 1 Spaniertum *n*; spanisches Wesen *n*; Spanienliebe *f* (*besonders bei Nichtspaniern*) 2 LING spanische Spracheigentümlichkeit *f*; **españolista** M/F *Esp* Anhänger *m*, -in *f* der Einheit Spaniens (*gegen Regionalismus etc*); **españolización** F Hispanisierung *f*; **españolizar** ⟨1f⟩ A VT hispanisieren, dem spanischen Wesen (*o* LING der spanischen Sprache) anpassen B VR **españolizarse** hispanisiert werden; zum Spanier werden

esparadrapo M (Heft)Pflaster *n*; **esparaván** M VET Spat *m* (*der Pferde*); **esparavel** M 1 (*red redonda*) rundes Wurfnetz *n der Fischer* 2 CONSTR *tabla*: Mörtelbrett *n*

esparceta F BOT Süßklee *m*

esparcidamente ADV stellenweise, hier und da; **esparcido** ADJ verstreut; *fig* aufgeräumt, vergnügt; **esparcilla** F BOT Spörgel *m*, Spergel *m*; **esparcimiento** M Ver-, Ausstreuen *n*; *t/t*, TEC Streuung *f*; *fig* (*diversión*) Zerstreuung *f*, Vergnügen *n*; Freizeitbeschäftigung *f*

esparcir ⟨3b⟩ A VT 1 (*dispersar*) (ver-, aus)streuen; verteilen; *fig* **~ el ánimo** sich zerstreuen; **polvo** *m* **para ~** Streupulver *n* 2 *noticia* verbreiten B VR **esparcirse** 1 (*extenderse*) sich ausbreiten; sich verbreiten 2 (*divertirse*) sich zerstreuen (*tb fig*); sich vergnügen

esparragado M GASTR Spargelgericht *n*; **esparragal** M AGR Spargelfeld *n*, -beet *n*; **esparragar** VT & VI ⟨1h⟩ AGR Spargel stechen (*o* anbauen) (**en** auf *dat*)

espárrago M 1 BOT Spargel *m*; **~ común** Gemüsespargel *m*; GASTR **~s** *pl* **amargueros** grüne Spargelspitzen *fpl* in saurer Soße; **~s** *pl* **a la crema** Spargel *m* mit Bechamelsoße; **~s largos** Stangenspargel *m*; **~ triguero/verde** wilder/grüner Spargel *m*; **~s** *pl* **dos salsas** Spargel *m* mit Mayonnaise und Essig-Öl-Soße; *fam* **mandar a freír ~s** zum Teufel schicken; *fam* **¡vete a freír ~s!** scher dich zum Kuckuck! *fam*, hau ab! *pop* 2 *tienda de campaña*: Zeltstange *f*; *fam fig* Bohnen-, Hopfenstange *f fam* 3 MIN Fahrt *f*; *escalera*: Leiter *f* (*Pfahl mit Querleisten*) 4 TEC (*perno*) Stift *m*, Bolzen *m*; Stiftschraube *f*

esparraguera F 1 BOT (*espárrago*) Spargel *m*; AGR *bancal*: Spargelbeet *n*; GASTR *plato*: Spargelschüssel *f* 2 *persona*: Spargelzüchterin *f*; -verkäuferin *f*; **esparraguero** A ADJ Spargel... B M Spargelzüchter *m*; -verkäufer *m*

esparrancado ADJ breitbeinig; spreizbeinig (*tb* TEC); *p. ext* auseinanderliegend; **esparrancarse** VR ⟨1g⟩ *fam* die Beine spreizen

Esparta F HIST Sparta *n*

espartal M Espartofeld *n*

espartano A ADJ spartanisch B M, **-a** F Spartaner *m*, -in *f*; **espartaquista** POL A ADJ Spartakus... B M/F Spartakist *m*, -in *f*

espartar VT *reg* mit Esparto umflechten; **espartero** M, **-a** F *obrero*: Espartoarbeiter *m*, -in *f*; *comerciante*: Espartohändler *m*, -in *f*; **espartilla** F *equitación*: *Art* Striegel *m*; **espartizal** M Espartofeld *n*

esparto M BOT Espartogras *n*; **espartoso** ADJ *cabello* strähnig

espasmo M MED Krampf *m*, Spasmus *m*; **espasmódico** ADJ krampfartig, spasm(od)isch; **espasmolítico** ADJ FARM **jarabe** *m* **~** krampflösender Saft *m*, Spasmolytikum *n*

espatarrarse VR *fam* die Beine spreizen

espático ADJ MINER spathaltig; Spat...

espato M MINER Spat *m*; **~ calizo/flúor** Kalk-/Flussspat *m*; **~ de Islandia** Doppelspat *m*

espátula F 1 TEC Spachtel *f/m*; MED, FARM

Spatel m; GASTR Wender m; fam fig **estar como una ~** sehr dürr sein **2** ORN **~ (común)** (weißer) Löffler m

especia F Gewürz n; **~s** fpl Gewürze npl; Gewürzwaren fpl; **de ~** Gewürz...

especial ADJ besonder, speziell; eigentümlich; Fach..., Spezial...; Sonder...; **caso** m **~** Spezialfall m; **tren** m **~** Sonderzug m; **unidad** f **~** MIL, *policía*: Spezialeinheit f; adv **en ~** vor allem; **nada en ~** nichts Besonderes

especialidad F **1** *(particularidad)* Besonderheit f, Eigentümlichkeit f; Spezialität f; GASTR **~ de la casa** Spezialität f des Hauses **2** *área de conocimiento*: Fach(gebiet) n; Spezialgebiet n; Spezialität f; ECON Geschäftszweig m; **es (de) su ~** das ist (o schlägt in) sein Fach

especialísimamente sup ADV ganz besonders

especialista **A** ADJ **de ~** fachmännisch; **médico** m **~** Facharzt m **B** M/F **1** Fachmann m, -frau f, Spezialist m, -in f **(en** für**)**; **~ (en la materia)** Sachverständige m/f; fig **~ en discusiones** j-d, der ständig diskutiert; leidenschaftlicher Diskutierer m; **asesoramiento** m **por ~s** fachmännische Beratung f **2** MED Facharzt m, -ärztin f; **mandar al ~** zum Facharzt überweisen **3** FILM Stuntman m, Stuntgirl n **4** INFORM **~ en redes** Netzwerkspezialist m, -in f

especialización F Spezialisierung f; **especializado** ADJ spezialisiert; Fach...; **especializar** ⟨1f⟩ **A** V/T auf ein Fach (o einen Zweck) begrenzen **B** V/R **especializarse** sich spezialisieren **(en** auf *dat o acus*, in *dat*); **especialmente** ADV insbesondere, besonders, vor allem

especie F **1** Art f, *(naturaleza común)* Spezies f (tb BIOL); COM Warengattung f; Sorte f; **una ~ de** eine Art von *(dat)*; **animales** mpl **de todas las ~s** Tiere npl aller Arten, allerart Tiere; **la ~ humana** das Menschengeschlecht; **bajo ~ de** in Gestalt von *(dat)*; BIOL **propio de la ~** arteigen; COM **en ~(s)** in Naturalien; **prestación** f **en ~(s)** Sachleistung f **2** *(asunto)* Angelegenheit f, Sache f; *(materia)* Gegenstand m, Stoff m **3** *(pretexto)* Vorwand m, Schein m **4** MÚS *voz*: (Einzel-, Orchester)Stimme f *einer Komposition* **5** *esgrima*: Finte f **6** *(rumor)* Gerücht n; Zeitungsente f **7** *espec Am (condimento)* Gewürz n

especiería F Gewürzhandlung f; **especiero** **A** M, **-a** F Gewürzhändler m, -in f **B** M Gewürzregal n, Gewürzschränkchen n; Gewürzbehälter m

especificación F **1** *(detalles particulares)* (Einzel)Angabe f, (Einzel)Anführung f, (Einzel)Aufführung f; JUR, ADMIN, FARM Spezifizierung f; **-ones** fpl Einzelheiten fpl **2** *(relación)* Verzeichnis n, Liste f **3** JUR Umbildung f; Spezifikation f; **especificadamente** ADV im Einzelnen; genau; **especificado** ADJ (einzeln) aufgeführt; genau bestimmt; JUR *acción punible* spezifiziert

especificar V/T ⟨1g⟩ einzeln (o im Einzelnen) an-, aufführen; genau bestimmen, spezifizieren; erläutern; **especificativo** ADJ bezeichnend; eigentümlich; GRAM *adjetivo* unterscheidend

específico **A** **1** ADJ *(característico)* spezifisch (tb FÍS, MED, *aduana*); unterscheidend **2** MED **medicamento** m **~** Spezifikum n **B** M FARM Fertigpräparat n

espécimen M ⟨pl **especímenes**⟩ **1** *(ejemplar)* Exemplar n **2** *(muestra)* Muster n, Probe f; TIPO (Beleg)Exemplar n

especioso ADJ **1** *(aparente)* (äußerlich) bestechend, Schein... **2** *(hermoso)* schön, vortrefflich

espectacular ADJ aufsehenerregend, spektakulär; **espectacularidad** F **1** *(suntuosidad)* spektakulärer Charakter m; Pomp m **2** *(función pública sensacional)* aufsehenerregendes Schauspiel n

espectáculo M Schauspiel n (tb fig); Darbietung f, Vorstellung f; Schau f; fig Anblick m; **sala** f **de ~s** Raum m für Theateraufführungen; **~s** mpl **públicos** öffentliche Vergnügungsstätten fpl; **~ de variedades** Varietéprogramm n; **dar (el** o **un) ~** Aufsehen erregen; (unliebsam) auffallen; fam **dar el ~** tb eine Szene machen fam; **dar un triste ~** einen traurigen Anblick bieten

espectador M, **espectadora** F Zuschauer m, -in f; **ser ~ del juego** beim (o dem) Spiel zusehen

espectral ADJ **1** *(fantasmal)* gespenstisch, geisterhaft; Geister..., Gespenster... **2** FÍS Spektral...; **análisis** m **~** Spektralanalyse f; **color** m **~** Spektralfarbe f

espectro M **1** *(fantasma)* Gespenst n (tb fig), Geist m; fig **el ~ de la guerra** das Gespenst des Krieges **2** FÍS *de la luz*: Spektrum n; **del ~** Spektral...; **~ cromático** o **~ luminoso** Farbenspektrum n; **~ solar** Sonnenspektrum n; fig **un amplio ~** ein breites Spektrum **3** FARM **de amplio ~** Breitband...

espectrograma M Spektrogramm n; **espectrometría** F Spektrometrie f; **espectrómetro** M Spektrometer n; **espectroscopia** F Spektroskopie f; **espectroscopio** M Spektroskop n

especulación F Spekulation f (tb FIL, ECON y fig); Berechnung f, Mutmaßung f; **especulador** **A** ADJ spekulierend **B** M, **especuladora** F ECON, FIL y fig Spekulant m, -in f; ECON **~ de bolsa** Börsenspekulant m

especular **A** ADJ spiegelnd; Spiegel...; **imagen** f **~** Spiegelbild n **B** V/T MED spiegeln, (mit dem Spiegel) untersuchen **C** V/I **1** *(reflexionar)* nachsinnen, -grübeln **(en, sobre** über *acus*) **2** ECON *(jugar a la bolsa)* spekulieren **(en** in, mit *dat*); handeln **(en** mit *dat*); **~ al** o **sobre el alza** auf Hausse spekulieren **3** **~ con a/c** *(contar con a/c)* mit etw *(dat)* (o auf etw *acus*) rechnen, auf etw *(acus)* spekulieren

especulativa F Denkfähigkeit f; **especulativo** ADJ **1** *(teórico)* spekulativ, theoretisch **2** ECON spekulativ, Spekulations...

espéculo M MED Spiegel m, Spekulum n

espejado ADJ **1** *(resbaladizo)* spiegelglatt; spiegelblank **2** *(reflejante)* spiegelnd; **espejar** V/T & V/I → espejear; **espejear** **A** V/T spiegeln, reflektieren **B** V/I glitzern, gleißen **C** V/R **espejearse** liter sich spiegeln; **espejeo** M liter Flimmern n; Luftspiegelung f; **espejero** M, **-a** F *fabricante*: Spiegelmacher m, -in f; *comerciante*: Spiegelhändler m, -in f; **espejismo** M Luftspiegelung f, Fata Morgana f; fig Sinnestäuschung f; Blendwerk n

espejo M **1** Spiegel m (tb fig); **~ cóncavo** Konkav-, Hohlspiegel m; **~ convexo** Konvexspiegel m; **~ de cuerpo entero** Toilettenspiegel m; **~ deformante** Zerr-, Vexierspiegel m; AUTO **~ exterior** Außenspiegel m; **~ de mano** Handspiegel m; **~ parabólico/de radar** Radar-/Parabolspiegel m; **~ plano** Planspiegel m; MAR **~ de popa** Spiegel m; AUTO **~ retrovisor** Rückspiegel m; **(limpio) como un ~** spiegelblank; **dejar a/c limpio como un ~** etw spiegelblank putzen (o machen); **(liso) como un ~** spiegelglatt; **mirar(se) al ~** in den Spiegel schauen; sich im Spiegel betrachten; fig **mirarse en alg como en un ~** j-n anbeten; j-n als Vorbild verehren **2** CAZA Spiegel m; **~s** mpl *en el pecho de los caballos*: Haarwirbel m **3** fig *imagen*: Spiegelbild n

espejuelo M **1** MINER *(yeso)* Strahlgips m; *placa transparente*: Marienglas n **2** *de la madera* Maserung f **3** GASTR Glaskürbis m **4** ARQUIT Giebelluke f **5** *Cuba, Méx* **~s** mpl *(anteojos)* Brille f **6** CAZA *(señuelo)* Lockvogel m *der Vogelfänger*

espeleología F Höhlenforschung f, Speläologie f; **espeleológico** ADJ speläologisch; **espeleólogo** M, **-a** F Höhlenforscher m, -in f, Speläologe m, Speläologin f

espelta F BOT Spelz m, Dinkel m

espeluzar V/T ⟨1f⟩ *cabello* zerzausen; zu Berge stehen lassen

espeluznante ADJ fig haarsträubend, grauenhaft; **espeluznar** **A** V/T *pelos* sträuben; fig entsetzen **B** V/R *(oponerse)* sich sträuben; fig *(espantarse)* sich entsetzen; **espeluzno** M Schauer m

espera F **1** Warten n; *(expectación)* Erwartung f; **en la ~** inzwischen; **en ~ de sus noticias** in Erwartung Ihrer Nachrichten *(Briefstil)*; **una tensa ~** gespannte Erwartung f; **entretener la ~** sich *(dat)* die Wartezeit verkürzen; **estar en ~ de a/c** auf etw warten; **estar a la ~ de a/c** etw abwarten **2** *(paciencia)* Geduld f, Ruhe f **3** *(plazo)* Aufschub m; Frist f; **no tener ~** keinen Aufschub haben **4** CAZA *puesto*: Ansitz m, Anstand m

esperantista M/F Esperantist m, -in f; Kenner m, -in f (o Anhänger m, -in f) des Esperanto; **esperanto** M *idioma artificial*: Esperanto n

esperanza F Hoffnung f; Erwartung f; **~ de vida** Lebenserwartung f; **contra toda ~** wider alles Erwarten, ganz unerwartet; **en estado de (buena) ~** guter Hoffnung, schwanger; *Arg fam* **¡qué ~!** kommt nicht infrage!, nicht im Traum!; **joven** m **de (grandes) ~s** ein (sehr) hoffnungsvoller junger Mann; **alimentarse** o **vivir de ~s** sich eitlen Hoffnungen hingeben; **cumplir la ~** der Erwartung entsprechen, günstig ausfallen; **dar ~(s) a alg** j-m Hoffnung(en) machen; **poner** o **fundar ~s en alg** auf j-n Hoffnungen setzen

esperanzado ADJ voller Hoffnung; zuversichtlich; **esperanzador** ADJ verheißungsvoll, vielversprechend; **esperanzar** V/T ⟨1f⟩ Hoffnung machen *(dat)*

esperar **A** V/T **1** erwarten; *(confiar)* erhoffen; hoffen auf *(acus)*; *(suponer)* annehmen, voraussetzen; **~ un hijo** ein Kind erwarten; **(así) lo espero** das will ich hoffen; **(nos) lo esperábamos** das haben wir erwartet, darauf waren wir gefasst; **contra (todo) lo esperado** unverhofft, wider Erwarten; **según se espera** wie man hofft (o annimmt); hoffentlich; voraussichtlich; fam **de aquí te espero** fam toll; riesig; **estar esperando** in anderen Umständen (o liter guter Hoffnung) sein **2** *(aguardar)* **~ a alg** auf j-n warten; **~ a/c** auf etw *(acus)* warten **B** V/I **1** *(aguardar)* warten; abwarten; **hacer ~** warten lassen; **hacerse ~** auf sich *(acus)* warten lassen; **esperamos hasta** o **a que venga** wir warten (so lange), bis er kommt; **esperamos hasta que vino** wir warteten, bis er kam; fam **~ sentado** vergeblich warten; **ya puedes ~ sentado** da kannst du lange warten **2** *(confiar)* hoffen; **~ en Dios** auf (o zu) Gott hoffen; **es de ~ que ...** es ist zu erwarten (o zu hoffen), dass ..., voraussichtlich ...; **~ contra toda esperanza** trotz allem die Hoffnung nicht aufgeben; **espero que no** das will ich nicht hoffen; ich hoffe nicht; **espero que venga** hoffentlich kommt er; **espero que vendrá pronto** ich nehme an, dass er bald kommt, voraussichtlich kommt er bald; prov **quien espera, desespera** Hoffen und Harren macht manchen zum Narren

esperma M/F **1** BIOL *(semen)* Samen m, Sperma n; FARM **~ (de ballena)** Walrat m **2** *Col (vela)* Kerze f **3** *Ven (cera)* Kerzenwachs n; **esper-**

matocito M Spermatozyt *m*; **espermato(zo)ides, espermatozoos** MPL Spermatozoen *npl*, Samenfäden *mpl*

espermicida M MED, FARM Spermizid *n*

esperón M MAR (Ramm)Sporn *m*; HIST Schiffsschnabel *m*

esperpéntico ADJ grotesk, absurd; **esperpento** M *fam* 1 *persona*: Vogelscheuche *f* (*fam fig*); komischer Kauz *m* 2 (*absurdo*) Blödsinn *m fam*, Quatsch *m fam*

espesado M *Bol, Perú* GASTR *Art Eintopf mit Kartoffeln, Mehl, Paprika, Fleisch*; **espesador** M, **espesante** M QUÍM, GASTR Verdickungsmittel *n*, Bindemittel *n*

espesar A VT 1 *líquido* ein-, verdicken; *tejido* dichter machen; *al hacer punto*: engmaschiger stricken 2 (*concentrar*) verdichten, verstärken; (*comprimir*) zusammenpressen B VI y VR **~se** *líquido* dicker werden; *tejido, bosque, etc* dichter werden C M dichteste Stelle *f* eines Waldes

espeso ADJ 1 (*denso*) dicht, dick 2 *líquido* dick (flüssig), zähflüssig; (*grasoso*) fettig; *aire* schlecht 3 (*apretado*) dicht (gedrängt); *tejido* engmaschig 4 (*grueso*) massig, dick 5 *fam* (*sucio*) schmutzig 6 *Perú fam persona* unsympatisch, unerträglich; **espesor** M Dicke *f*, Stärke *f*; MIN Mächtigkeit *f eines Flözes*; **de poco ~** (*fino*) dünn; **espesura** F 1 (*grueso*) Dicke *f* 2 (*impermeabilidad*) Dichte *f*, Dichtigkeit *f* 3 (*matorral*) Dickicht *n* 4 *del cabello*: dichtes Haar *n* 5 (*suciedad*) Schmutz *m*

espetaperro ADV **a ~** Hals über Kopf, eiligst;

espetar A VT 1 *con el asador*: aufspießen, auf den Bratspieß stecken; durchbohren 2 *fam fig* (*echar en cara*) an den Kopf werfen (*fig*); **le espetó un sermoncito** er hielt ihm eine Standpauke B VR **espetarse** sich in die Brust werfen

espetera F 1 (*tabla de la cocina*) Küchenbrett *n mit Haken zum Aufhängen verschiedener Küchenutensilien* 2 (*utensilios metálicos de cocina*) Küchengeräte *npl*; Töpfe *mpl*, Pfannen *fpl* 3 *fam pecho de mujer*: Mordsbusen *m fam* 4 *Guat, Hond* (*pretexto*) Ausrede *f*, Vorwand *m*; **espeto** M GASTR Bratspieß *m*; **espetón** M 1 (*asador*) (Brat)Spieß *m*; *del horno*: Schürhaken *m*; (*estoque*) Stoßdegen *m* 2 (*alfiler grande*) lange Anstecknadel *f* 3 *pez*: Pfeilhecht *m*

espía A M/F Spion *m*, -in *f*; Spitzel *m*; **~ m/f doble** Doppelagent *m*, -in *f*; **avión** *m* **~** Spionageflugzeug *n* B F MAR *acción*: Verholen *n*; *cabo*: Verholleine *f*

espiantar *fam Arg* A VT klauen *fam*, stibitzen *fam* B VI abhauen *fam*, verduften *fam*

espiar ⟨1c⟩ A VT ausspionieren; bespitzeln; auskundschaften B VI 1 (*observar disimuladamente*) spionieren 2 MAR (*halar*) verholen, warpen

espibia F, **espibio** M, **espibión** M → estibia

espicanardi F, **espicanardo** M BOT Spieke *f*; FARM Nardenwurzel *f*

espichar *fam* A VT 1 (*punzar*) stechen, pieken *fam*; *Col, Ven* AUTO **~ una llanta** aus einem Reifen die Luft herauslassen 2 *Chile dinero* herausrücken 3 *Col* (*aplastar*) (zer)drücken B VI **~(la)** sterben, abkratzen *pop* C VR **espicharse** 1 *Arg líquido* auslaufen 2 *Col, Guat* (*atemorizarse*) Angst bekommen 3 *Cuba, Méx fam* (*adelgazar*) abmagern

espiche M 1 *arma o instrumento*: spitzes Instrument *n*; Spieß *m*; MAR Spiekerpinne *f* 2 (*tapón*) Pfropfen *m* 3 *pop* (*muerte*) Tod *m* 4 *Am* (*discurso*) (*meist langweilige*) Rede *f* 5 *Ven* (*sermón*) Standpauke *f*, Anpfiff *m fam*; **espichón** M Stich(-wunde *f*) *m*

espídico ADJ *drogas fam* high *fam*

espiedo M *Arg* GASTR (Brat)Spieß *m*; **pollo** *m* **al ~** Brathühnchen *n*

espiga F 1 BOT Ähre *f*; (*injerto*) Pfropfreis *n*; **~ de trigo** Weizenähre *f*; **dibujo** *m* **de ~** Fischgrätenmuster *n* 2 TEC (*tapón*) Zapfen *m*, Stift *m*; (*perno*) Bolzen *m*; (*púa*) Dorn *m*; MIL (*espoleta*) (Schlag)Zünder *m* 3 (*badajo*) Glockenschwengel *m* 4 MAR *del palo*: Topp *m*; *vela*: Toppsegel *n* 5 ASTRON **Espiga** Spica *f*

espigadilla F BOT Mauergerste *f*; **espigado** ADJ 1 *fig persona* hoch aufgeschossen 2 *forma*: ährenförmig

espigar ⟨1h⟩ A VT CONSTR verzapfen B VT & VI 1 AGR (*recoger espigas*) Ähren lesen 2 *fig de libros, etc*: sammeln, zusammensuchen, zusammentragen (*Daten etc aus Büchern etc*) C VI BOT Ähren ansetzen D VR **espigarse** 1 AGR (*echar mucha hierba*) ins Kraut (*o* in Samen) schießen 2 *fig* (*crecer rápidamente*) schnell wachsen, in die Höhe schießen

espigón M 1 *de la aguja, cuchillo*: (Nadel-, Messer- *etc*) Spitze *f*; Zacke *f*; Dorn *m* 2 BOT Granne *f der Ähren*; (*mazorca*) (Mais)Kolben *m*; **~ de ajo** Knoblauchzehe *f* 3 *del cerro*: (kahler, spitzer) Bergkegel *m* 4 ARQUIT, MAR (Leit)Damm *m*; Mole *f*; **espigueo** M Ährenlese *f*; **espiguilla** F 1 (*manojo*) Ährenbüschel *n* (*flor del álamo*) Pappelkätzchen *n* 2 TEX Fischgrätmuster *n* 3 BOT *planta*: Rispengras *n*

espín ADJ ZOOL **puerco** *m* **~** Stachelschwein *n*

espina F 1 *espec* BOT Dorn *m*, Stachel *m*; (*astilla*) (Holz)Splitter *m*; BOT (**uva** *f*) **~** Stachelbeere *f* 2 ANAT Stachel *m*; Dorn *m*; **~ (dorsal)** Rückgrat *n* (*tb fig*) 3 **~ (de pescado)** (Fisch)Gräte *f*; TEX Fischgrätenmuster *n* 4 *fig* (*pesar*) nagender Kummer *m*; **(mala) ~** (*sospecha*) Verdacht *m*, Argwohn *m*; **este asunto me da buena ~** die Sache sieht ganz gut aus; **este hombre me da mala ~** ich traue diesem Menschen nicht, der Mann ist mir verdächtig; *fig* **sacarse la** *o* **una ~** seinen Verlust wieder wettmachen, *espec en el juego*: sich revanchieren *fam*; **tener una ~ en el corazón** großen Kummer haben

espinaca F BOT (GASTR *frec* **~s** FPL) Spinat *m*; GASTR **~s** *pl* **a la catalana** Blattspinat *m* mit Rosinen und Pinienkernen; GASTR **~s** *pl* **a la crema** Rahmspinat *m*; GASTR **~s** *pl* **frescas** frischer (Blatt)Spinat *m*

espinal ADJ ANAT Rückgrat..., spinal; **médula** *f* **~** Rückenmark *n*

espinapez M CONSTR Fischgrätenparkett *n*

espináquer M DEP Spinnacker *m* (*Segel*)

espinar A M 1 (*conjunto de espinos*) Dorngebüsch *n* 2 *fig* (*dificultad*) Schwierigkeit *f*, haarige Angelegenheit *f fam* B VT 1 (*punzar*) (mit Dornen) stechen 2 AGR *proteger*: mit Dornenranken schützen 3 *fig con palabras hirientes*: gegen *j-n* sticheln, *j-m* Nadelstiche versetzen; **espinazo** M 1 ANAT (*columna vertebral*) Rückgrat *n*; *fam fig* **doblar el ~** kein Rückgrat haben, zu Kreuze kriechen 2 ARQUIT Schlussstein *m* (*eines Gewölbes, eines Bogens*)

espinela F 1 LIT *métrica*: Dezime *f* (*nach dem Dichter Vicente Espinel*) 2 MINER Spinell *m*

espíneo ADJ Dorn(en)...

espineta F MÚS Spinett *n*

espingarda F 1 HIST *artillería*: Feldschlange *f* 2 *escopeta*: lange Araberflinte *f* 3 *fig persona*: Bohnenstange *f*; lange, dürre Person *f*

espinilla F 1 *dim* → espina 2 *de la pierna*: Schienbein(kamm *m*) *n* 3 (*comedón*) Mitesser *m*; **espinillera** F DEP, TEC Schienbeinschutz *m*; HIST Beinschiene *f* (*der Rüstung*)

espino M BOT **~ (blanco)** *o* **~ albar** Weißdorn *m*; **~ cerval** *o* **hediondo** Kreuzbeere *f*; **~ negro** Schwarz-, Schlehdorn *m*

espinoso A ADJ 1 (*con espinas*) dornig, stach(e)lig, Dorn(en)..., Stachel... 2 *pescado* voller Gräten 3 *fig* (*difícil*) dornenreich; heikel, schwierig B M *pez*: Stichling *m*

espiocha F Pickel *m*

espionaje M Spionage *f*; **~ económico/industrial** Wirtschafts-/Werkspionage *f*; **red** *f* **de ~** Spionagering *m*, -netz *n*; **servicio** *m* **de ~** Nachrichtendienst *m*

espira F 1 GEOM *línea curva*: Spirale *f*; → *tb* espiral 2 BIOL *caracol*: Schneckenwindung *f* 3 TEC *tornillo*: (Schrauben-, Spiral-, Spulen)Windung *f*; **~s en zigzag** Zickzackwindungen *fpl* 4 ARQUIT Schaftgesims *n*

Espira F Speyer *n*

espiración F 1 *acción*: Ausatmen *n* 2 *efecto*: Ausatmung *f*; Ausdünstung *f*

espiral A ADJ spiralförmig; Spiral... B F 1 *línea curva*: Spirale *f* (*tb fig y* MED); Spiral-, Schneckenlinie *f*; **en ~** spiralförmig; **~ de precios y salarios** Lohn-Preis-Spirale *f* 2 *de un reloj*: Spiralfeder *f*

espirante F FON Spirans *f*, Spirant *m*;

espirar A VI (aus)atmen; *poét viento* sanft wehen B VT (*exhalar*) ausatmen, -hauchen, -strömen; **espiratorio** ADJ *t/t* exspiratorisch, beim Ausatmen

espirea F BOT Spierstrauch *m*

espirilo M MED Spirille *f*

espiritado ADJ *fam* abgemagert, ausgemergelt; **espiritismo** M Spiritismus *m*; **espiritista** A ADJ spiritistisch; **sesión** *f* **~** (spiritistische) Séance *f* B M/F Spiritist *m*, -in *f*; **espiritoso** ADJ lebhaft, feurig; geistsprühend; **bebidas** *fpl* **-as** Spirituosen *fpl*; → espirituoso

espíritu M 1 (*mente*) Geist *m*; (*alma*) Seele *f*; (*don*) Gabe *f*, Veranlagung *f*; (*carácter*) Wesen *n*; **~ de profecía** Sehergabe *f* 2 (*ánimo*) Geist *m*, (*razón*) Verstand *m*; (*gracia*) Witz *m*, Scharfsinn *m*; (*vigor*) Energie *f*, Tatkraft *f*; **hombre** *m* **de ~** Mann *m* von Geist; tatkräftiger (*o* mutiger) Mann *m*; **levantar el ~ a alg** j-m Mut machen; **pobre de ~** arm an Geist; ängstlich; *Biblia*: arm im Geiste; *desp* kleinmütig; **sin ~** geistlos 3 (*sentido*) Empfinden *n*, Gefühl *n*; Sinn *m*; **~ aventurero** Abenteuerlust *f*; **~ de contradicción** Widerspruchsgeist *m*; **~ de cuerpo** Korpsgeist *m*; **~ de la época** Zeitgeist *m*; **~ de sacrificio** Opferbereitschaft *f* 4 FARM, QUÍM (*extracto*) Geist *m*, Extrakt *m*; Spiritus *m*; **~ de sal** (konzentrierte) Salzsäure *f*; TEC *tb* Lötwasser *n*; **~ de vino** Weingeist *m* 5 REL, *folclore*: Geist *m*; **los ~s (del aire** *etc*) die Geister (der Luft *etc*); **~ (mal[ign]o)** Teufel *m*, böser Geist *m*; REL **el Espíritu Santo** der Heilige Geist *m*; **el mundo de los ~s** die Geisterwelt 6 FON Hauch *m* 7 *fam* **quedarse en el ~** *persona* zaundürr sein; **~ de la golosina** (zaundürre) Naschkatze *f*

espiritual A ADJ 1 (*inmaterial*) geistig, spirituell 2 REL geistlich, religiös 3 (*ingenioso*) geistvoll, geistreich; vergeistigt B M MÚS Spiritual *n*; **espiritualidad** F 1 (*naturaleza de lo espiritual*) Geistigkeit *f* 2 REL (*vida espiritual*) geistliches Leben *n*; **espiritualismo** M FIL Spiritualismus *m*; **espiritualista** A ADJ FIL spiritualistisch B M/F Spiritualist *m*, -in *f*; **espiritualizar** ⟨1f⟩ A VT 1 (*hacer espiritual*) vergeistigen; Geist einhauchen (*dat*), (*animar*) beseelen 2 *bienes* zu kirchlichem Besitz machen B VR **espiritualizarse** *fam* mager werden;

espiritualmente ADV 1 (*clerical*) geistlich 2 (*inmaterial*) geistig

espirituoso ADJ **bebidas** *fpl* **-as** Spirituosen *fpl*

espirómetro M MED Spirometer *n*; **espiroqueta** F, **espiroqueto** M MED Spirochäte *f*

espita F 1 *de un tonel, etc*: Fass-, Zapfhahn *m*; TEC *grifo*: kleiner Hahn *m*; *pop* **¡cierra la ~!** halt

die Schnauze! *pop;* **poner la ~** → espitar **2** *fam fig (bebedor)* Trinker *m*, Säufer *m fam*
espitar VT *tonel* anzapfen
esplacnología F MED Splanchnologie *f*
esplendente ADJ strahlend, leuchtend; **esplender** VI *poét* glänzen, leuchten
esplendidez M **1** *(ostentación)* Glanz *m*, Pracht *f*, Herrlichkeit *f* **2** *(generosidad)* Freigebigkeit *f*
espléndido ADJ **1** *(magnífico)* prächtig, herrlich, prunkvoll; *fig* strahlend, glänzend **2** *(generoso)* freigebig
esplendor M Glanz *m (espec fig);* Pracht *f*, Herrlichkeit *f;* **esplendoroso** ADJ *espec fig* strahlend, glänzend, leuchtend; glanzvoll, prächtig
espléníco ANAT **A** ADJ Milz… **B** M → esplenio; **esplenio** M ANAT Splenius *m (Halsmuskel);* **esplenitis** F MED Milzentzündung *f*
espliego M BOT Lavendel *m*, Speik *m*
esplín M *(tedio de la vida)* Lebensüberdruss *m; (excentricidad)* Schrulligkeit *f; (chifladura)* Grille *f*, Spleen *m*
espolada F, **espolazo** M *equitación:* Spornstich *m; fig* Ansporn *m;* **espolear** VT *equitación:* die Sporen geben *(dat)*, anspornen, (an)treiben *(tb fig); fig (estimular)* beleben; **espoleo** M Anspornen *n*
espoleta F **1** ORN Brustbein *n der Vögel* **2** MIL *(detonador)* Zünder *m;* **~ de percusión** Aufschlagzünder *m;* **~ graduada** *o* **de tiempo** *o* **de relojería** Zeitzünder *m*
espolín M **1** *equitación: (espuela)* Anschlagsporn *m* **2** TEX geblümter Seidenbrokat *m;* **espolio** M CAT Spolien *npl;* **espolique** M **1** HIST *ayudante de jinete:* Fußlakai *m eines Reiters; p. ext* Helfer *m*, Begleiter *m* **2** *en el juego:* Fersenschlag *m beim Bockspringen*
espolón M **1** ORN Hahnensporn *m; fam* **tener -ones** *o* **tener más -ones que un gallo** *hum persona* alt sein **2** TEC *(espuela)* Sporn *m;* MAR Rammsporn *m;* Schiffsschnabel *m* **3** *(malecón)* Kai *m;* Dammweg *m;* (Ufer)Promenade *f* **4** ARQUIT Strebepfeiler *m;* Widerlager *n einer Brücke* **5** MED **~ (calcáneo)** (Fersen)Sporn *m* **6** *de la cordillera:* Gebirgsausläufer *m*
espolonada F Reiterangriff *m;* **espolonazo** M **1** *del gallo de pelea:* Spornstoß *m des Kampfhahns* **2** MAR Rammstoß *m*
espolvoreador M Bestäuber *m*, Bestäubungsgerät *n;* **espolvorear** VT (ein)pudern; bestäuben; bestreuen **(de, con** mit *dat);* **~ a/c sobre a/c** etw mit etw *(dat)* bestreuen; **espolvoreo** M (Be)Stäuben *n;* **espolvorizar** VT ⟨1f⟩ → espolvorear
espondaico ADJ *métrica:* spondeisch; **espondeo** M Spondeus *m (Versfuß)*
espondilosis F MED Spondylose *f*
espongiarios MPL ZOOL Schwämme *mpl*
esponja F **1** ZOOL Schwamm *m* **2** COM *(masa esponjosa)* Schwamm *m;* schwammige Substanz *f;* **~ de caucho** *o* **~ de goma** Gummischwamm *m;* **goma** *f* **~** Schaumgummi *m; fig* **beber como una ~** saufen wie ein Loch *fam; fig* **pasar la ~ sobre a/c** etw vergeben und vergessen, etw begraben (sein lassen); *fig* **tirar la ~** aufgeben, das Handtuch werfen **3** TEX *género:* Frottee *n/m* **4** *fig (gorrón)* Schmarotzer *m*, -in *f*
esponjado **A** ADJ schwammig; aufgeplustert **B** M GASTR *reg* Plundergebäck *n;* Schaumzuckerbackwerk *n;* **esponjadura** F TEC Schwamm *m im Guss;* **esponjar** **A** VT **1** *(inflar)* aufblähen; anschwellen lassen **2** *(aflojar)* auflockern **B** VR **esponjarse** **1** *(hincharse)* aufquellen; *masa* aufgehen **2** *fam fig (envanecerse)* sich aufplustern **3** *fam (tener vigor y robustez)* vor Gesundheit strotzen; **esponjera** F Schwammbehälter *m;* **esponjosidad** F Schwammigkeit *f;* **esponjoso** ADJ schwammig, MED *tb* spongiös; *piedra* porös
esponsales MPL *liter* Verlobung *f*, JUR Verlöbnis *n; fiesta:* Verlobungsfeier *f;* **esponsalicio** ADJ Verlobungs…
espónsor M Sponsor *m;* **esponsorización** F Sponsern *n;* **esponsorizar** VT sponsern
espontáneamente ADV von selbst, spontan; *(voluntariamente)* aus freien Stücken; **espontanearse** VR aus sich *(dat)* herausgehen, sich eröffnen; JUR ein freiwilliges Geständnis ablegen; **espontaneidad** F **1** *(calidad de voluntario)* Freiwilligkeit *f;* Spontanität *f* **2** *(originalidad)* Ursprünglichkeit *f eines Gedankens etc;* **espontáneo** **A** ADJ **1** *(voluntario)* freiwillig, aus eigenem Antrieb (kommend) **2** *(repentino)* aus plötzlichem Antrieb handelnd, spontan; *movimiento* unwillkürlich **3** *(natural)* natürlich, *(original)* ursprünglich **4** BIOL, FISIOL spontan, Spontan…, selbst…; von selbst entstanden; *planta* wild wachsend **B** M, **-a** F TAUR Zuschauer *m*, -in *f*, der, die unbefugterweise in die Arena springt, um gegen den Stier zu kämpfen
espora F BOT Spore *f*
esporádico ADJ sporadisch, vereinzelt (auftretend)
esporangio M BOT Sporenschlauch *m;* **esporozo(ari)os** MPL BIOL Sporentierchen *npl*
esportear VT in Körben befördern; **esportilla** F kleiner Korb *m;* → *tb* espuerta; **esportón** M großer Korb *m; fig* **a -ones** in rauen Mengen
esposa F **1** *(mujer)* Gattin *f*, Gemahlin *f;* CAT **~ del Señor** *(monja)* Nonne *f* **2** **~s** *fpl (manillas de hierro)* Handschellen *fpl;* **esposado** ADJ *(sujetado con esposas)* in Handschellen; **esposar** VT *j-m* Handschellen anlegen
esposo M Gatte *m*, Gemahl *m;* **~s** *mpl* Ehepaar *n*, -leute *pl*
espot M TV **~ (publicitario)** Werbespot *m*
espray M Spray *n/m; envase:* Sprühdose *f*
esprint M → sprint; **esprintar** VI DEP sprinten; **esprínter** M/F DEP Sprinter *m*, -in *f*
espuela F **1** *equitación:* Sporn *m; fig (estímulo)* Antrieb *m;* Anreiz *m;* HIST **calzar(se) la ~** zum Ritter geschlagen werden; **dar ~s** *o* **dar de ~(s)** *o* **hincar ~s** *caballo* anspornen, die Sporen geben *(dat); fig* **sentir la ~** den Stachel spüren, unter Druck geraten **2** *Canarias, Am* ORN *(espolón)* Hahnensporn *m; Arg, Chile (espoleta)* Brustbein *n der Vögel* **3** BOT **~ de caballero** Gartenrittersporn *m*
espuel(e)ar VT *Am* anspornen
espuerta F (Henkel)Korb *m;* Tragkorb *m für Saumtiere; fig* **a ~s** haufenweise, im Überfluss; *fam fig* **(boca** *f* **de) ~** großer (hässlicher) Mund *m*
espulgar VT ⟨1h⟩ (ab)flöhen, (ent)lausen; *fig* genau prüfen; **espulgo** M Abflöhen *n*, Entlausen *n; fig* Durchsuchen *n*
espuma F **1** Schaum *m; de las olas:* Gischt *m der Wellen;* **~ de afeitar** Rasierschaum *m;* **~ moldeadora (o fijadora)** Schaumfestiger *m; fig* **crecer (o subir) como la ~** *persona* schnell wachsen; *cosa* rapide zunehmen **2** QUÍM **~ de nitro** Mauersalpeter *m;* MINER **~ de mar** Meerschaum *m* **3** *tejido esponjoso:* Schaum(stoff) *m*
espumadera F Schaumlöffel *m (tb* TEC*);* **espumaje** M reiche Schaumbildung *f;* viel Schaum *m;* **espumajear** VI schäumen *(tb fig);* **espumajo** M → espumarajo; **espumajoso** ADJ *desp* → espumoso; **espumante** ADJ schäumend; Schaum…; Schaum bildend; **vino** *m* **~** Schaumwein *m;* Sekt *m;*
espumar **A** VT abschäumen, den Schaum abschöpfen von *(dat)* **B** VI (auf)schäumen; *fig (crecer rápidamente)* rasch wachsen; *(avanzar rápidamente)* schnell vorankommen, gedeihen;
espumarajo M Geifer *m*, Speichel *m;* Schaum *m vor dem Mund; fig* **echar ~s** vor Wut schäumen; **espumilla** F **1** TEX *(crespón)* feiner Krepp *m* **2** *Esp reg, Ec, Hond* GASTR Meringe *f;* **espumillón** M Lametta *n;* **espumoso** ADJ schaumig; schäumend; Schaum…; **vino** *m* **~** Schaumwein *m*, Sekt *m*
espurio ADJ **1** *(bastardo)* unehelich; **hijo** *m* **~** Bastard *m* **2** *fig (falso)* falsch, unecht; gefälscht
espurrear VT bekleckern *fam (bes Kinder)*
esputar VT & VI (aus)spucken; aushusten; MED Auswurf haben; **esputo** M MED Auswurf *m*, Sputum *n; (saliva)* Speichel *m*
esqueixada F *Catalonia:* **~ de bacalao** *Salat aus rohem Stockfisch, Tomaten und Zwiebeln*
esqueje M AGR Steckling *m*
esquela F **1** *(carta breve)* kurzes Schreiben *n* **2** *(tarjeta)* Kartenbrief *m mit Vordruck; gedruckte* Anzeige *f;* **~ fúnebre** *o* **mortuoria** *o* **de defunción** Todesanzeige *f;* **~ de invitación** *gedruckte* Einladung(skarte) *f*
esquelético ADJ Skelett…; *fig* zum Skelett abgemagert, spindeldürr
esqueleto M **1** ANAT Skelett *n; fam fig* **menear** *o* **mover el ~** tanzen, herumhopsen *fam*, das Tanzbein schwingen *fam;* **ser un ~** *o* **estar en el ~** zum Skelett abgemagert sein **2** TEC *(armazón)* Gerüst *n*, Skelett *n;* (Schiffs)Gerippe *n; fig* (wandelndes) Skelett *n;* CONSTR **~ arquitectónico** Rohbau *m* **3** *fig (bosquejo)* Skizze *f;* Plan *m;* Schema *n* **4** *Am reg (formulario)* Vordruck *m zum Ausfüllen*
esquema M Schema *n*, Plan *m; (imagen)* Bild *n; (cuadro sinóptico)* Übersicht(stafel) *f;* ELEC **~ de conexiones** Schaltschema *n;* **en ~** schematisch
esquemático ADJ schematisch; **esquematismo** M Schematismus *m;* **esquematizar** VT ⟨1f⟩ schematisieren
esquenanto M BOT Kamelgras *n*
esquí M *aparato:* Ski *m*, Schi *m; deporte:* Skisport *m;* Skilaufen *n*, -fahren *n;* **~ acuático** *o* **náutico** *deporte:* Wasserskilaufen *n; aparato:* Wasserski *m;* **~ alpino** alpiner Skilauf *m;* **~ carving** *aparato:* Carvingski *m;* **~ de descenso** *deporte:* (Ski)Abfahrtslauf *m; aparato:* Abfahrtsski *m;* **~ de fondo** *deporte:* (Ski)Langlauf *m; aparato:* Langlaufski *m;* **salto** *m* **en** *o* **de ~(s)** Skispringen *n*
esquiador M, **esquiadora** F Skiläufer *m*, -in *f;* **~** *m*, **~a** *f* **de descenso** Abfahrtsläufer *m*, -in *f;* **~** *m*, **~a** *f* **de fondo** Langläufer *m*, -in *f*
esquiar VI ⟨1c⟩ Ski laufen, Ski fahren
esquicio M PINT Skizze *f*, Entwurf *m*
esquife M MAR Beiboot *n;* DEP Skiff *n*, Renneiner *m*
esquijama M hochgeschlossener Schlafanzug *m*
esquila F **1** *(cencerro)* Kuh-, Viehglocke *f* **2** *(campana pequeña)* Glocke *f in Klöstern oder Schulen* **3** *(esquileo)* Schafschur *f* **4** ZOOL *(camarón)* Garnele *f; insecto:* Wasserkäfer *m* **5** BOT Meerzwiebel *f*
esquilador M *de ovejas:* (Schaf)Scherer *m; de perros:* Hundetrimmer *m; fam fig* **ponerse como el chico del ~** futtern, gewaltig einhauen *fam;*
esquiladora F *aparato:* Schermaschine *f; persona:* (Schaf)Schererin *f;* **esquilar** VT *ovejas* scheren; *perros* trimmen; **esquileo** M *(acción de esquilar)* Scheren *n*, Schur *f; tiempo:* Schurzeit *f; lugar:* Schurstall *m*
esquilimoso ADJ *poco usado fam* zimperlich

esquilmación F Ernten *n*; **esquilmador** ADJ *(agotador)* auslaugend; *(explotador)* ausbeutend; **esquilmar** V/T **1** AGR *y fig (cosechar)* (ab)ernten **2** *plantas den Boden* auslaugen **3** *fig (explotar)* aussaugen, arm machen; ausbeuten; *fam fig* **dejar esquilmado a alg** j-n bis aufs Hemd ausziehen *fam*; **esquilmo** M Ertrag *m*, Ernte *f*

esquilón M (große) Kuhglocke *f*

esquimal **A** ADJ Eskimo... **B** M/F Eskimo *m*, Eskimofrau *f* **C** M *lengua*: Eskimosprache *f*

E

esquina F Ecke *f (außen)*; *de una casa*: Straßen-, Hausecke *f*; *(canto)* Kante *f*; **de** *o* **en ~** Eck...; **a la vuelta de la ~** (gleich) um die Ecke; **hacer ~** eine Ecke (*o* einen scharfen Winkel) bilden; **doblar la ~** um die Ecke gehen, fahren *etc*; **hacer ~ a** *o* **con la calle X** an der Ecke zur X-Straße liegen; *fig* **darse contra** *o* **por la(s) ~(s)** mit dem Kopf durch die Wand wollen; *fig* **estar de** *o* **en ~** entzweit sein

esquinado ADJ **1** *(angular)* eckig, kantig **2** *fig (inaccesible)* unzugänglich, schroff, barsch; *(mal humorado)* übel gelaunt, verstimmt; **estar ~** über(s) Kreuz sein, entzweit sein

esquinar **A** V/T **1** CONSTR im Eck verlegen; winklig anlegen **2** *(poner en una esquina)* in eine Ecke legen **3** *fig (dividir)* entzweien; *(disgustar)* verärgern; *(no hacer caso)* links liegen lassen **B** V/I eine Ecke bilden **C** V/R **~se con alg** sich mit j-m überwerfen; sich verfeinden

esquinazo M **1** *fam* scharfe Ecke *f*; *fig* **dar (el) ~** *(dar paso a alg)* j-m aus dem Weg gehen; *(dejar plantado)* j-n versetzen; *perseguidores* abhängen **2** *Arg, Chile (serenata)* Ständchen *n*; *(alboroto)* Tumult *m*; **esquinera** F *espec Am reg* Eckschrank *m*; Eckmöbel *n*; **esquinero** **A** ADJ Eck... *(bes Möbel)* **B** M *Am reg* Eckschrank *m*; **esquinudo** ADJ *fam* eckig, kantig

esquirla F (Knochen-, Glas- *etc*) Splitter *m*

esquirol M/F Streikbrecher *m*, -in; **esquirolaje** M Streikbrechen *n*

esquisto M MINER Schiefer *m*; **esquistoso** ADJ schieferartig, blättrig; Schiefer...; **macizo** *m* **~** Schiefergebirge *n*

esquite M *Am Centr, Méx* GASTR Puffmais *m*, Popcorn *n*

esquiva F DEP ausweichende Bewegung *f*; **esquivar** **A** V/T ausweichen *(dat)*; umgehen, (ver)meiden **B** V/R **esquivarse** sich (vor *etw dat*) drücken; **esquivez** F Sprödigkeit *f*, Schroffheit *f*; *adv* **con ~** abweisend; spröde; **esquivo** ADJ spröde, abweisend; schroff

esquizofrenia F MED Schizophrenie *f*; **esquizofrénico** **A** ADJ schizophren **B** M, **-a** F Schizophrene *m/f*

esquizomiceto M BIOL Spaltpilz *m*

esta PR DEM F → este²

está → estar

estabilidad F **1** *(duración)* Haltbarkeit *f*, *(firmeza)* Festigkeit *f* **2** *(permanencia)* Standfestigkeit *f*, Standsicherheit *f*; Gleichgewicht(slage *f*) *n*; ECON, MAR, AVIA, TEC *y fig* Stabilität *f*; MAR **~ lateral** Seitenstabilität *f*; **~ de precios** Preisstabilität *f*; **de gran ~** *motor* von großer Laufruhe; *vehículo* mit guter Straßenlage **3** *(constancia)* Beständigkeit *f*, Festigkeit *f*; TEC, ELEC, ELEC *tb* Konstanz *f*

estabilización F Stabilisierung *f*; **estabilizador** M TEC, ELEC, MAR Stabilisator *m*; ELEC Konstanthalter *m*; AVIA **~es** *mpl* Leitwerk *n*; **~es** *mpl* **de aletas** Flossenleitwerk *n (von Raketen)*; **estabilizante** M QUÍM Stabilisator *m*

estabilizar ⟨1f⟩ **A** V/T stabilisieren *(tb moneda)*, festigen; festmachen; *(compensar)* ausgleichen, MAR, AVIA trimmen **B** V/R **estabilizarse** sich stabilisieren, sich festigen; *situación, etc* sich normalisieren; *tiempo* beständig(er) werden

estable ADJ *(permanente)* beständig *(tb tiempo)*, Dauer...; *(durable, firme)* stabil, fest; standfest; **~ a la luz** lichtbeständig; **huésped** *m* **~** Dauergast *m*

establecer ⟨2d⟩ **A** V/T **1** *(fundar)* (be)gründen, errichten; *comisión, etc* einsetzen; *puesto, récord* aufstellen; *negocio* eröffnen; *campamento* aufschlagen; *moda* einführen, aufbringen; *conexión* herstellen, verbinden (**con** mit *dat*) *(tb* TEL*)*; *relaciones comerciales* aufnehmen, herstellen, aufbauen; **~ su bufete en** sich als Anwalt niederlassen in *(dat)* **2** *(ordenar)* festlegen, -setzen; *(decretar)* verordnen, *reglas, leyes, etc* aufstellen, erlassen; **~ que** *(subj)* bestimmen, dass *(ind)* **B** V/R **establecerse** **1** *(asentarse)* sich niederlassen; sich ansiedeln **2** *un negocio*: ein Geschäft *etc* eröffnen; sich selbstständig machen; **~ como** sich niederlassen als *(nom)*

establecimiento M **1** *(fundación)* Errichtung *f*, Gründung *f* **2** *(colocación)* Niederlassung *f*; *(negocio)* Geschäft *n*, Laden *m*; *(empresa)* Unternehmen *n*; *(institución)* Anstalt *f*; **~ asistencial** Fürsorgeanstalt *f*, -einrichtung *f*

establemente ADV fest; beständig; dauernd, bleibend

establishment [es'taβlismen(t)] M SOCIOL Establishment *n*

establo M *(espec* Rinder)Stall *m*; **estabulación** F AGR Stallhaltung *f*; Stallaufzucht *f*; **estabular** V/T AGR *animales* einstallen; im Stall aufziehen

estaca F **1** *(palo)* Pfahl *m*, Pflock *m*; *de un cercado*: Zaunpfahl *m*; *(garrote)* Stock *m*, Knüppel *m*; *(listón)* Latte *f*; *para tiendas*: Zeltpflock *m*, Hering *m*; *fig* MAR **clavar** *o* **plantar ~s** *buque* stampfen; **estar a la ~** in einer erbärmlichen Lage sein; *Cuba* **estar de ~** abgrundtief hässlich sein **2** CONSTR *clavo*: Balkennagel *m* **3** AGR Steckling *m* **4** *(tabaco grueso)* grober Tabak *m* **5** CAZA Spieß *m (bei Hirschen)*

estacada F **1** *(obra de estacas)* Pfahlwerk *n*; Stangen-, Lattenzaun *m*; Gatter *n*; MIL Verhau *m* **2** *plaza*: Kampf-, Turnierplatz *m*; *fig* **dejar a alg en la ~** j-n im Stich lassen; *tb fig* **quedarse en la ~** auf dem Platze bleiben; den Kürzeren ziehen

estacado M **1** *(obra de estacas)* Pfahlwerk *n* **2** *(palenque)* abgestecktes Gebiet *n*

estacar ⟨1g⟩ **A** V/T AGR *animal* anpflocken, tüdern *(al.d.N)*; *terreno, etc* abstecken; einzäunen; *Am pieles* spannen **B** V/R **estacarse** *fig (vor Kälte etc)* steif werden; **estacazo** M **1** *(golpe)* Schlag *m* mit einem Knüppel **2** *fig (gran disgusto)* großer Verdruss *m* **3** *fam fig (engripamiento)* Grippeanfall *m*

estacha F MAR Verhol-; Harpunenleine *f*

estación F **1** *(época)* Zeitpunkt *m*, Zeit *f*; **~ (del año)** Jahreszeit *f*; Saison *f*; **~ avanzada** vorgerückte (*o* späte) Jahreszeit *f*; **~ de las lluvias** Regenzeit *f*; *Am* **(abrigo** *m etc*) **de media ~** Übergangs(mantel *etc*); **ir con la ~** *vestimenta, etc* sich nach der Jahreszeit richten **2** *transporte:*, *espec* FERR Bahnhof *m*; **~ (de ferrocarriles)** Bahnstation *f*, Bahnhof *m*; **~ central (de ferrocarriles)** Hauptbahnhof *m*; **~ (central) de autobuses** *o* **de autocares** Busbahnhof *m*; **~ de destino/de origen** Bestimmungs-/Abgangsbahnhof *m*; **~ de maniobras** Rangier-, Verschiebebahnhof *m*; **~ de mercancías** Güterbahnhof *m*; **~ de metro** U-Bahn-Station *f*; **~ terminal** *transporte:* Endstation *f*; TEL Endstelle *f*; **~ de tra(n)sbordo** Umschlagstelle *f* **3** *de observación*: (Beobachtungs)Stelle *f*, Station *f*; *(instituto)* Anstalt *f*; *(planta)* Anlage *f*; **~ agronómica** landwirtschaftliche Versuchsstation *f*; TEL **~ base** Basisstation *f*; **~ de bombeo** Pumpstation *f*; **~ espacial** *o* **orbital** (Welt)Raumstation *f*; *Col fam* **~ de bomberos** Feuerwache *f*; **~ de inspección técnica de vehículos** technische Fahrzeugüberprüfungsstelle *f*; *RFA corresponde a*: TÜV *m*; **~ meteorológica** Wetterwarte *f*; **~ de peaje** *autopista*: Zahl-, Mautstelle *f*; *Col, Méx* **~ de policía** Polizeirevier *n*; *Am* RADIO **~ de radio** *o* **radial** Sender *m*; AVIA **~ terrestre** Bodenstelle *f*; RADIO **~ receptora/transmisora** Empfangs-/Sendestelle *f*; **~ de servicio** (Groß)Tankstelle *f* **4** *de veraneo*: Kur-, Ferienort *m*; **~ climática** Luftkurort *m*; **~ de esquí** Skiort *m*, -gebiet *n*; **~ de invierno** Wintersportplatz *m*; Winterkurort *m*; **~ veraniega** Sommerfrische *f* **5** *(lugar)* Stelle *f*, Stätte *f*; *(lugar del hallazgo)* Fundstätte *f*; BIOL Standort *m*, Aufenthalt(sort) *m*; *espec Am* **hacer ~** haltmachen, Rast machen **6** INFORM **~ de trabajo** Arbeitsplatz *m*, Workstation *f* **7** REL *visita devocional*: Station *f*; Stationsgebete *npl*; **andar las -ones** *fam fig* die Kneipen (der Reihe nach) abklappern *fam*; *fam tb* seine üblichen Gänge erledigen **8** ASTRON *(detención aparente de un planeta)* scheinbarer Stillstand *m* der Planeten

estacional ADJ jahreszeitlich bedingt; der Jahreszeit entsprechend; saisonbedingt, saisonal, Saison...; **estacionalidad** F ECON Saisonabhängigkeit *f*

estacionamiento M **1** *(parada)* Stehenbleiben *n*; Rast *f*, Halt *m (tb* MIL*)*; MIL Stationierung *f*; *de agua*: Stau *m* **2** AUTO *(aparcamiento)* Parken *n*; *espec Am* Parkplatz *m*; *Perú* **playa** *f* **de ~** Parkplatz *m*, Parkhaus *n*; **~ prohibido** Parkverbot *n*; **~ vigilado** bewachter Parkplatz *m*

estacionar **A** V/T **1** *(depositar)* aufstellen; abstellen; MIL stationieren **2** *espec Am* AUTO *(aparcar)* parken **3** *ovejas*: die Böcke zu den Schafen lassen **B** V/R **estacionarse** **1** *(detenerse)* stehen bleiben; stocken, gleich bleiben **2** *espec Am* AUTO parken; **estacionario** ADJ **1** *(lugar permanente)* ortsfest, ortsgebunden; MED *tratamiento* stationär **2** *(en el mismo estado) espec* MED gleichbleibend; ECON *(paralizado)* stagnierend

estada F *Am reg* Aufenthalt *m*; **estadero** M *Col* Ausflugsrestaurant *n*; *euf* Stundenhotel *n*; **estadía** F **1** MAR *tiempo*: Liegetage *mpl*; *derechos*: Liegegebühren *fpl* **2** *Am reg (estancia)* Aufenthalt *m*

estadidad F *P. Rico* Statehood *(Eingliederung als Bundesstaat in die USA)*

estadio M **1** DEP *lugar*: Stadion *n*; **~ de fútbol** Fußballplatz *m*, -stadion *n*; **~ olímpico** Olympiastadion *n* **2** MED *y fig (etapa)* Stadium *n*

estadista M/F **1** POL *(alto funcionario)* Staatsmann *m*, -männin *f* **2** *(perito en estadística)* Statistiker *m*, -in *f*; **estadística** F **1** *ciencia*: Statistik *f* **2** *mujer*: Statistikerin *f*; **estadístico** **A** ADJ statistisch **B** M Statistiker *m*

estadizo ADJ *aguas* stehend; *aire* verbraucht; GASTR **la carne está -a** das Fleisch hat einen Stich

estado M **1** *(situación)* Lage *f*, Situation *f*, *espec* ADMIN Stand *m*, Zustand *m*; *(fase)* Stadium *n*; JUR *tb (estatus)* Status *m*; **en buen/mal ~** in gutem/schlechtem Zustand; **~ actual** (heutiger) Stand *m*; augenblicklicher Zustand *m*; MIL *y fig* **~ de alarma** *o* **de alerta** Alarmzustand *m*; **~ de ánimo** (Gemüts)Verfassung *f*, Stimmung *f*; **~ civil** Personenstand *m*; **~ de cosas** (Sach)Lage *f*; **en tal ~ de cosas** bei dieser Lage (der Dinge), unter diesen Umständen; FIN **~ de la cuenta** Kontostand *m*; POL **~ de emergencia** Notstand *m*; **~ de buena esperanza** *o* **~ interesante** Schwangerschaft *f*; **estar en ~ (interesante)** in anderen Umständen sein; schwanger sein; POL **~ de excepción** Ausnahmezustand *m*; **~ físico** *o* **de salud** Gesundheitszustand *m*, körperliches Befinden *n*;

MED ~ **general** Allgemeinzustand *m*, -befinden *n*; **en ~ de guerra** im Kriegszustand; *fig* auf Kriegsfuß; ~ **intermediario** Zwischenzustand *m*; Zwischenstadium *n*; JUR ~ **de necesidad** Notstand *m*; **en ~ de paz** im Frieden (szustand); ~ **sanitario** Krankenstand *m*, Erkrankungsziffer *f*; *Perú* hygienischer Zustand *m* (*Küche, Toilette, etc*); ~ **de sitio** Belagerungszustand *m*; verschärfter Not-, Ausnahmezustand *m*; ~ **de soltero** Junggesellenstand *m*, lediger Stand *m*; *espec* JUR **causar** ~ *sentencia, decisión* endgültig sein, endgültige Verhältnisse schaffen; **estar en ~ de** (*inf*) imstande (*o* fähig) sein zu (*inf*) *o dat*; **tomar** *o* **mudar de** ~ (*contraer matrimonio*) in den Stand der Ehe treten; REL in einen Orden eintreten; MIL in den (Offiziers- *etc*) Stand treten 2 FÍS ~ **de agregación** *o* ~ **físico** Aggregatzustand *m*; ~ **gaseoso/líquido/sólido** gasförmiger/flüssiger/fester Aggregatzustand *m* 3 SOCIOL, POL (*clase*) Stand *m*, (*rango*) Rang *m*; HIST **Estados** *pl* **Generales** Generalstände *mpl*; HIST **Estado llano** *o* **Estado común** *o* **Estado general** *o* **Tercer Estado** einfacher Stand *m*, dritter Stand *m*; Bürgerstand *m*; **el cuarto** ~ der vierte Stand, die Arbeiter; *fig* (*la prensa*) die Presse; **de los ~s** ständisch 4 (*cuadro sinóptico*) Aufstellung *f*, Tabelle *f*, Übersicht *f* 5 *medida de superficie*: 49 Quadratfuß 6 *medida de longitud*: Mannslänge *f* (*ca. 7 Fuß*)

Estado M 1 POL Staat *m*; ~ **administrador** *o* **mandatario** Treuhand-, Mandatarstaat *m*; ~ **de(l) bienestar** Wohlfahrtsstaat *m*; ~ **constitucional** Verfassungsstaat *m*; ~ **de derecho** Rechtsstaat *m*; ~ **federal** Bundesstaat *m*; ~ **limítrofe/multinacional** Nachbar-/Vielvölkerstaat *m*; ~ **(no) miembro** (Nicht)Mitgliedsstaat *m*; ~ **policíaco/satélite** Polizei-/Satellitenstaat *m*; **~-providencia** Wohlfahrtsstaat *m*; ~ **signatario/sucesor** Unterzeichner-/Nachfolgestaat *m*; ~ **tapón/unitario** Puffer-/Einheitsstaat *m*; **~s Unidos de América** Vereinigte Staaten *mpl* von Amerika; **de(l)** ~ staatlich, Staats…; **Jefe** *m* **de(l)** ~ Staatsoberhaupt *n* 2 MIL ~ **Mayor** Stab *m* (*tb fig*); ~ **Mayor General** Generalstab *m*; ~ **Mayor de la Marina** Admiralstab *m*

estadounidense A ADJ aus den USA; US-amerikanisch B M/F US-Amerikaner *m*, -in *f*

estafa F Betrug *m*, Schwindel *m*; Gaunerei *f*, Schwindelei *f*; **estafador** M, **estafadora** F Betrüger *m*, -in *f*; Schwindler *m*, -in *f*, Gauner *m*, -in *f*; Hochstapler *m*, -in *f*; **estafar** V/T & V/I *j-n* betrügen, (be)schwindeln, begaunern, prellen; *etw* ergaunern; *dinero* veruntreuen; ~ **a/c a alg** j-m etw abgaunern

estafermo M *fam* Tropf *m*, Einfaltspinsel *m*; Schießbudenfigur *f fam*

estafeta F 1 *Esp correos*: (Neben)Postamt *n*; MIL Feldpost *f* 2 POL (*correo especial*) *persona*: Kurier *m*; *correo*: Kurierpost *f* 3 MIL (*soldado de enlace*) Meldegänger *m*

estafilococo M MED Staphylokokkus *m*

estafisagria F BOT Wolfskraut *n*

estalactita F GEOL Stalaktit *m*; **estalagmita** F GEOL Stalagmit *m*

estalinismo M POL, HIST Stalinismus *m*; **estalinista** POL, HIST A ADJ stalinistisch B M/F Stalinist *m*, -in *f*

estallante M Knallkörper *m*

estallar V/I 1 (*explotar*) bersten, zerspringen, (zer)platzen; explodieren; in die Luft fliegen *fam*; **hacer** ~ in die Luft sprengen, absprengen; *fig* ~ **de alegría** vor Freude außer sich (*dat*) sein; *fig* ~ **de envidia/risa** platzen vor Neid/Lachen; ~ **en lágrimas** in Tränen ausbrechen; *fam* **está que estalla** gleich geht er in die Luft *fam* 2 *guerra, fuego* ausbrechen; *tormenta* losbrechen 3 (*detonar*) knallen, krachen

estallido M 1 (*detonación*) Knall *m*, Krach(en *n*) *m* 2 (*explosión*) Zerspringen *n*, Explosion *f* 3 *fig de la guerra, etc* Ausbruch *m*; *fam* **está para dar un** ~ die Lage ist zum Bersten gespannt, bald gibt's einen großen Knall *fam*

estambrado M *Art* Kammgarn *n*; **estambre** M 1 TEX *hilo*: Kamm-, Wollgarn *n*; *tela*: Kammgarnstoff *m* 2 BOT Staubgefäß *n*

Estambul M Istanbul *n*

estamental ADJ ständisch, Stände…; **estamento** M 1 SOCIOL (*clase*) Stand *m*, (Gesellschafts-)Schicht *f*; Kreis *m* (*von Personen*); **los ~s sociales** die Gesellschaftsschichten *fpl* 2 HIST Stand *m bei den Cortes von Aragonien*; gesetzgebende Körperschaft *f des Estatuto Real*

estameña F TEX Etamin *n*

estaminífero ADJ BOT Staubfäden tragend

estampa F 1 (*imagen*) Bild *n*; (*imprenta*) (Farben)Druck *m*; (*grabado*) Stich *m*; *de un santo*: *gedrucktes* Heiligenbild *n*; **gabinete** *m* **de ~s** Kupferstichkabinett *n*; **libro** *m* **de ~s** Bilderbuch *n*; **dar a la ~** in Druck geben; *fam* **¡maldita sea su ~!** der Teufel soll ihn holen! *fam* 2 TEC *máquina*: Stanze *f*, Presse *f*; *Schmiede*: Gesenk *n* 3 (*huella*) Abdruck *m*, (Fuß- *etc*) Spur *f* 4 *fig* (*apariencia*) Aussehen *n*, Gepräge *n*; **de buena ~** *hombre* gut aussehend; stattlich; *caballo* rassig 5 *fig* (*figura*) Gestalt *f*, Figur *f*, (Muster)Beispiel *n*; Ebenbild *n*; **ser la viva ~ de alg** j-s Ebenbild sein

estampación F 1 TEC (*estampado*) Stanzung *f*, Prägung *f* 2 TEX (Be)Drucken *n*, Aufdruck *m* (*auf Stoff*); **estampado** A ADJ 1 TEC gestanzt, gepresst 2 TEX bedruckt; gemustert 3 TIPO ~ **en oro** mit Goldprägung, in Golddruck B M 1 (*impresión*) Druck *m*, Aufdruck *m* 2 TEC Stanzen *n*, Prägung *f*; **estampador** M *persona*: Präger *m*, Drucker *m*; **estampadora** F 1 *máquina*: Stanzmaschine *f* 2 *persona*: Prägerin *f*; Druckerin *f*

estampar A V/T 1 TIPO (*imprimir*) drucken; ein-, auf-, bedrucken (*tb* TEX); *con relieve*: aufprägen; (*sellar*) stempeln; ~ **su firma (en un documento)** seine Unterschrift (unter ein Dokument) setzen; TIPO ~ **relieves** prägen 2 TEC (*prensar*) stanzen, prägen, pressen 3 *huellas* abdrücken (*o* hinterlassen) 4 *fig* (*grabar*) einprägen, aufdrücken, *en la memoria*: eingraben 5 *fam* (*desaprovechar*) verpassen *fam*, (*dar un plantón*) versetzen; ~ **una bofetada a alg** j-m eine knallen *fam*; ~ **un beso a alg** j-m einen Kuss aufdrücken *fam* 6 *fam* (*arrojar*) werfen, knallen *fam* (**contra, en** an, auf *acus*) B V/R **estamparse** prallen (**en, contra** gegen *acus*); aufeinanderprallen, zusammenstoßen

estampía ADV **de ~** (ur)plötzlich; auf Knall und Fall; **salir de ~** lossausen; AUTO los-, abbrausen

estampido M Knall *m*, Krachen *n*; Donnerschlag *m*; **dar un ~** knallen; *fam fig* (*caer como una bomba*) Aufsehen erregen, wie eine Bombe einschlagen *fam*; (*fracasar*) platzen, scheitern

estampilla F 1 *sello* (Gummi)Stempel *m*; Faksimilestempel *m*; *p. ext firma*: Stempelunterschrift *f* 2 *Am* (*außer Méx*) (*sello de correos*) Briefmarke *f*; **estampillar** V/T *Wertpapiere etc* abstempeln

estampita F 1 *jerga del hampa* (*billete falso*) falscher Geldschein *m*, Blüte *f fam* 2 (*pequeña imagen*) kleines Bild *n*; *de un santo*: kleines gedrucktes Heiligenbild *n*; *grabado*: kleiner Stich *m*

estancación F *espec* MED Stauung *f*, Stockung *f*; Stillstand *m*; → *tb* estancamiento

estancado ADJ 1 (*paralizado*) stockend, stagnierend; *fig* festgefahren; **aguas** *fpl* **-as** stehende Gewässer *npl*; **quedar ~** *agua* gestaut werden; *fig* stecken bleiben, ins Stocken geraten 2 ECON *monopolio*: Regie…, Monopol…; **mercancías** *fpl* **-as** Regiewaren *fpl*

estancamiento M 1 (*detención*) Hemmung *f*, Stockung *f*, Stagnation *f*, Stillstand *m*; TEC (*obturación*) Abdichtung *f* 2 (*congestión*) Stauung *f* (*tb* MED) 3 ECON ~ **de la economía** Wirtschaftsstagnation *f*; **estancar** ⟨1g⟩ A V/T 1 *agua, etc* stauen; *fig* hemmen, zum Stocken bringen; TEC (*obturar*) abdichten (**a, contra** gegen *acus*) 2 ECON *mercancías* monopolisieren B V/R **estancarse** sich stauen; stocken, nicht vorwärts kommen

estancia F 1 (*permanencia*) Aufenthalt *m*; *lugar*: Aufenthaltsort *m* 2 MED *en el hospital*: Pflegezeit *f im Krankenhaus etc*; *dinero*: Pflegegeld *n* 3 *espec* ADMIN *tiempo*: Verweildauer *f* 4 (*aposento*) großer Wohnraum *m*; *Méx* (*habitación*) Zimmer *n* 5 *Am* (*hacienda de campo*) Viehgroßfarm *f* 6 *Cuba, Ven* (*casa de campo*) Landhaus *n* 7 LIT (Strophe *f* einer) Stanze *f*; **estanciero** M, **-a** F *RPl* Viehfarmer *m*, -in *f*, Viehzüchter *m*, -in *f*; Estanziero *m*

estanco A ADJ MAR wasserdicht, fugendicht; TEC dicht; ~ **a la inmersión** tauchdicht B M 1 MAR *wasserdichtes* Schott *n*; **llenar los ~s** *submarino* fluten 2 ECON Monopol *n*, Alleinverkauf *m*; *tienda*: Regieladen *m*; *Esp* Tabak- und Briefmarkenladen *m*, *Austr* Trafik *f*

estándar A ADJ Standard… B M Standard *m* (*tb* LING)

estandar(d)ización F Standardisierung *f*, Normung *f*; **estandar(d)izar** V/T ⟨1f⟩ standardisieren, normen

estandarte M Standarte *f*

estanflación F ECON Stagflation *f*

estannífero ADJ MINER, QUÍM zinnhaltig

estanque M Teich *m*, Weiher *m*; Wasserbecken *n*; ~ **clarificador** *o* **de decantación** Klärbecken *n*; **estanqueidad** F → estanquidad; **estanqueizar** V/T ⟨1f⟩ abdichten; **estanquero** M, **-a** F *Esp* Tabakhändler *m*, -in *f*, *Austr* Trafikant *m*, -in *f*; **estanquidad** F Wasserundurchlässigkeit *f*; **estanquillo** M 1 *Méx* (*tenducho*) Kramladen *m* 2 *Ec* (*taberna*) Kneipe *f*

estante A ADJ fest, bleibend, ortsfest B M 1 *mueble*: Regal *n* 2 *para libros*: Bücherbrett *n*; -ständer *m* 3 (*poste*) Ständer *m*; **estantería** F 1 (*armazón*) Gestell *n*; Regal *n*; Büchergestell *n*; ~ **de colgar** Hängeregal *n* 2 *de una tienda*: Regale *npl*, Ladeneinrichtung *f*

estantigua F 1 (*aparición de fantasmas*) Geistererscheinung *f*, -zug *m*, Spuk *m* 2 *fig persona*: Vogelscheuche *f* (*fig*), Scheusal *n*

estantío ADJ 1 stockend; *aguas* stehend 2 *fig* (*apático*) träge, apathisch

estañado A ADJ verzinnt; ~ **al fuego** feuerverzinnt B M Verzinnung *f*; **estañador** A ADJ Zinn… B M Verzinner *m*; **estañar** V/T & V/I 1 TEC (*estañar*) verzinnen; mit Zinn löten 2 *Ven* (*herir*) verletzen; *asalariados* entlassen;

estañero M Zinngießer *m*

estaño M QUÍM Zinn *n*; **hoja** *f* **de ~** *o* **~ en hojas** Stanniol *n*; **papel** *m* **de ~** Stanniolpapier *n*

estaquero M CAZA einjähriger Damhirsch *m*, Spießer *m*

estaquilla F kleiner Pflock *m*; Holznagel *m*

estaquillar V/T anpflöcken

estar

A verbo intransitivo B verbo reflexivo
C masculino

— A verbo intransitivo —

1 *local*: sein, sich befinden; da sein; **ya estoy** ich bin schon da; ich bin bereit; *fig* **¿dónde estábamos?** wo waren wir stehen geblieben?; **mi padre no está** mein Vater ist nicht da;

¿**está el Sr. Althaus?** ist Herr Althaus zu Hause (*o* da)? **2** *denominación de un estado o de una cualidad pasajera*: sein; (*sentirse*) sich fühlen; **¡ahí está!** da haben wir's!, daran liegt es!; **¡ya está!** schon erledigt!, (wieder) in Ordnung!; fertig!; **¿como estás?** wie geht es dir?; **estoy bien/mal** es geht mir gut/schlecht; **~ (a) bien/mal (con alg)** sich (mit j-m) gut/schlecht verstehen, auf gutem/gespanntem Fuß (mit j-m) stehen; **¡está bien!** *tb* (*¡perfecto!*) gut so!, in Ordnung!; (*¡déjémoslo así!*) lassen wir's dabei!, lass gut sein! *fam*; **no está mal** nicht übel; **estoy mejor** es geht mir besser; **bien está que** (*subj*) es ist gut, dass (*ind*); *prov* **ni están todos los que son, ni son todos los que están** nicht alle Narren tragen Kappen **3** *con part o adj*: **~ cambiado** ganz verändert sein, wie ausgewechselt sein; **~ contento** zufrieden sein; **está tan nervioso que ...** er ist so nervös, dass ...; **~ sentado** sitzen; **~ situado** *o Am* **ubicado** *lugar, edificio* liegen, gelegen sein **4** *fig* (*comprender*) verstehen, begreifen; **ya estoy** ich verstehe schon; **¿estamos?** (*¿comprendido?*) verstanden?; (*¿de acuerdo?*) einverstanden? **5** *vestimenta* stehen, sitzen, passen; **el traje te está ancho** der Anzug ist dir zu weit; **el vestido te está bien** das Kleid steht dir gut **6** *con ger, indicación de una acción*: **~ haciendo a/c** gerade etw tun; **estoy escribiendo** ich schreibe gerade, ich bin beim Schreiben; **estoy leyendo** ich lese gerade **7** *con prep y cj*: **~ a** *o* **bajo la orden de alg** unter j-s Befehl (*dat*) stehen; j-m gehorchen (müssen); **~ a todo** für alles einstehen, die volle Verantwortung übernehmen; **el vino está a dos euros el litro** der Liter Wein kostet zwei Euro; **¿a cuántos estamos?** den Wievielten haben wir heute?; **estamos a seis de junio** wir haben den sechsten Januar, heute ist der sechste Juni; **he estado a ver al Sr. López** ich habe Herrn López aufgesucht (*o* besucht); **~ con a/c** mit etw (*dat*) beschäftigt sein; **~ con alg** (*acompañar a alg*) bei j-m sein; mit j-m zusammen sein; (*encontrarse con alg*) j-n (*o* sich mit j-m) treffen; (*vivir con alg*) bei j-m wohnen; *fig* (*estar del lado de alg*) auf j-s Seite (*dat*) stehen; (*estar de acuerdo con alg*) mit j-m einer Meinung sein; **ahora estoy con Vd.** jetzt stehe ich zu Ihrer Verfügung; **~ con fiebre** Fieber haben; **~ con** *o* **de permiso** Urlaub haben; **~ con prisa** es eilig haben; **~ con la puerta abierta** die Tür offen haben; **~ de cajero (en Madrid)** (*vorübergehend*) als Kassierer (in Madrid) tätig sein (*o* arbeiten); **~ de caza** auf der Jagd sein; **~ de compras** Einkäufe machen; **~ de charla** plaudern, ein Schwätzchen halten; **~ del corazón** es am Herzen haben; **~ de luto** Trauer haben (*o* tragen); **~ de más** überflüssig sein; **~ de cinco meses** im fünften Monat (schwanger) sein; **~ de partida** vor der Abreise stehen, reisefertig sein; **~ de pie** stehen; **~ de prisa** Eile haben; **está de usted** es ist Ihre Sache, es liegt an Ihnen; **~ de vacaciones** in Ferien sein, Ferien haben; **~ en a/c** (*entender de a/c*) etw verstehen (*o* begreifen); über etw Bescheid wissen; (*estar ocupado con a/c*) gerade dabei sein (, etw zu tun), an etw (*dat*) arbeiten; (*basar en a/c*) bestehen in etw (*dat*), beruhen auf etw (*dat*); **~ en que ...** überzeugt sein, dass ..., der Meinung sein, dass ...; **~ en sí** bei Sinnen sein; **~ en todo** (*hacerse cargo de todo*) für alles sorgen, sich um alles kümmern; (*comprender todo*) alles verstehen, durchblicken *fam*; **~ para** (*inf*) im Begriff sein, zu (*inf*); gleich (*inf o futuro*); **~ para a/c** zu etw (*dat*) aufgelegt sein; **~ para alquilar** zu vermieten sein; für eine Vermietung bestimmt sein; **~ para ello** in (der rechten) Stimmung sein; **está para llegar** er muss gleich kommen; **~ para morir** sich sterbenskrank fühlen; im Sterben liegen; **~ por alg** für j-n sein, zu j-m halten, auf j-s Seite (*dat*) stehen; **~ por a/c** für etw (*acus*) sein, für etw (*acus*) eintreten; **~ por alquilar** zu vermieten sein, noch nicht vermietet sein; **~ por hacer** noch zu tun (*o* zu erledigen) sein, noch nicht getan sein; noch geschehen müssen; **~ por suceder** (unmittelbar) bevorstehen; **estoy por escribir** ich möchte (beinahe) schreiben, ich habe Lust zu schreiben; **~ que ...** in einem Zustand sein, dass ...; **estoy que me ahogo** ich ersticke gleich, ich kriege keine Luft mehr; *fig* ich bin fürchterlich aufgeregt, gleich trifft mich der Schlag *fam*; **~ sin a/c** etw nicht haben; **~ a/c sin hacer** etw noch nicht getan sein; **~ sin miedo** furchtlos sein, keine Angst kennen; **~ sobre alg/a/c** (eifrig) hinter j-m/etw her sein; **~ sobre sí** (*contenerse*) sich in der Hand haben, sich beherrschen; (*prestar atención*) wachsam sein

— **B** verbo reflexivo —

estarse sein, sich aufhalten; (*quedarse*) bleiben; (*comportarse*) sich verhalten; **¡estáte quieto!** sei ruhig!, sei still!; **~ de palique** ein Schwätzchen halten; **~ de más** untätig dastehen; **se está muriendo** er liegt im Sterben; *fig* **~ donde se estaba** nicht weitergekommen sein

— **C** masculino —

Aufenthalt *m*; Dasein, Dabeiein, Darinsein *n*; Sichbefinden *n*

estarcido M PINT *técnica*: Schablonentechnik *f*; *muestra*: Schablonenmuster *n*; **estarcir** V/T ⟨3b⟩ mit der Schablone malen (*Buchstaben etc*)

estaribel M *jerga del hampa* Knast *m fam*

estárter M AUTO Anlasser *m*, Starter *m*

estatal ADJ staatlich, Staats...; **estatalismo** M POL → estatismo; **estatalista** ADJ staatsmännisch; **estatalización** F POL Verstaatlichung *f*; **estatalizador** ADJ POL verstaatlichend; **estatalizar** V/T verstaatlichen

estática F Statik *f*; **estático** **A** ADJ **1** (*fijo*) ruhend, statisch **2** *fig* (*paralizado*) starr, (*mudo*) sprachlos **B** M Statiker *m*

estatificación F POL Verstaatlichung *f*; **estatificador** ADJ POL verstaatlichend; **estatificar** V/T verstaatlichen

estatina F FARM Statin *n*

estatismo M **1** (*inmovilidad*) Unbeweglichkeit *f* **2** POL *referente al estado*: Etatismus *m*; **estatización** F *espec Am* Verstaatlichung *f*; **estatizar** V/T ⟨1f⟩ *espec Am* verstaatlichen

estatua F Statue *f*, Standbild *n*, Bildsäule *f*; **~ de sal** Salzsäule *f* (*tb fig*); *fig* **merecer una ~** sich (*dat*) große Verdienste erworben haben; *fig* **quedarse hecho una ~** zur Bildsäule (*o* zur Salzsäule) erstarren

estatuaria F Bildhauerkunst *f*; **estatuario** ADJ statuarisch, statuenhaft, Statuen...; **palidez** *f* **-a** Marmorblässe *f*; **estatuilla** F Statuette *f*

estatuir V/T ⟨3g⟩ verordnen, bestimmen

estatura F Gestalt *f*, Wuchs *m*, Statur *f*; **de baja ~** klein(wüchsig); **de mediana ~** mittelgroß

estatus M POL, SOCIOL Status *m*; **(alcanzar) ~ de culto** Kultstatus *m* (erreichen)

estatutario ADJ satzungs-, statutengemäß, Satzungs...

estatuto M JUR **1** (*norma legal*) Statut *n*; **~s** *mpl* Satzung *f*, Statuten *npl*; *Esp* POL, ADMIN **~ de autonomía** Autonomiestatut *n* (*einer Region*); **~ de ocupación** Besatzungsstatut *n*; POL **~ de personal** Personalstatut *n in internationalen Organisationen* **2** (*régimen jurídico*) Status *m einer Person* **3** HIST *Esp* **Estatuto Real** *spanische Verfassung von 1834/36*

estay M MAR Stag *n*

este[1] M Osten *m*; MAR Ost *m* (*tb viento*); **al ~ de** östlich von (*dat*)

este[2], **esta, esto, estos, estas** ⟨*allein stehend oder stark betont*: éste, ésta(s), éstos; *nach den neuen Normen der Real Academia von 1999 kann der Akzent wegfallen, wenn keine Verwechslung möglich ist*⟩ PRON dieser, diese, dies(es), diese; **esta casa** dieses Haus; mein (*o* unser) Haus; *puesto detrás*: *desp* **la casa esta** *corresponde a*: das Haus hier; **esta tarde** heute Nachmittag; **con esto** damit; dabei; deswegen; **con estas manos** mit diesen Händen (hier); **en esta universidad** an der hiesigen (*o* an unserer) Universität; **en esto** dabei; darin; *temporal*: inzwischen, währenddessen, auf einmal; **(en) este año** in diesem Jahr, heuer; **por esto** deshalb, deswegen, dadurch; **esto es** das heißt, das ist, nämlich; *fam* **¡ésta sí que es buena!** das ist wirklich gelungen!, das ist einfach toll! *fam*; **a todo esto** übrigens; **a todas estas** währenddessen; *fam* **y éste no dice nada** und der da sagt gar nichts *fam* (*von einem Anwesenden*); **hablar de esto y aquello** über dies und jenes sprechen

esteárico ADJ QUÍM Stearin...; **estearina** F QUÍM Stearin *n*; *fam reg vela*: Stearinkerze *f*;

esteatita F MINER Steatit *m*, Speckstein *m*

estela F **1** MAR Kielwasser *n*; AVIA Kondensstreifen *m*; *p. ext* (*rastro*) Spur *f*; **~ luminosa** Leuchtspur *f* **2** *monumento*: Stele *f*, Grabsäule *f*; Grabplatte *f* **3** *fig* (*huella*) Spur *f*; (*efecto*) Folge *f*; Nachwirkung *f*

estelar ADJ Stern(en)...; *fig* **figura** *f* **~** Star *m*; *fig* **momento** *m* **~** Sternstunde *f*

estelaria F BOT Frauenmantel *m*; **estelífero** ADJ *poét* gestirnt

estemple M MIN (Gruben)Stempel *m*

esténcil M *espec Am* (Wachs)Matrize *f*

estenocardia F MED Stenokardie *f*; **estenografía**, *etc* → taquigrafía, *etc*; **estenosis** F MED Stenose *f*; **estenotipia** F Maschinenkurzschrift *f*; **estenotipo** M Stenomaschine *f*

estentóreo ADJ **voz** *f* **-a** Stentorstimme *f*

estepa F **1** (*llano*) Steppe *f* **2** BOT weiße Zistrose *f*; **estepario** ADJ Steppen...; **estepilla** F BOT rosa Zistrose *f*

estequiometría F QUÍM Stöchiometrie *f*

éster M QUÍM Ester *m*

estera F (Esparto-, Schilf- *etc*) Matte *f*; Fußabstreifer *m* (*tb fig*); **~ de coco** Kokosmatte *f*; **esterado** M Bodenbelag *m aus Schilf, Esparto etc*

esterar **A** V/T mit Matten aus- (*o* be)legen **B** V/I *fam* sich (schon sehr früh) winterlich ausstaffieren *fam*

estercoladura F, **estercolamiento** M **1** AGR Düngen *n* **2** *de animales*: Misten *n*; **estercolar** **A** V/T AGR düngen **B** V/I *animales* misten; **estercolero** M Mistgrube *f*; Dunghaufen *m*

estéreo[1] M *unidad de medida*: Ster *m* (Holzmaß)

estéreo[2] *fonotecnia*: **A** ADJ *inv* Stereo... **B** M Stereo *n*

estereofonía F *fonotecnia*: Stereofonie *f*; **estereofónico** ADJ stereofon(isch); Stereo...; **disco** *m* **~** Stereoplatte *f*; **estereográfico** ADJ stereografisch; **estereometría** F MAT Stereometrie *f*; **estereométrico** ADJ stereometrisch; **estereoscópico** ADJ stereoskopisch; **estereoscopio** M Stereoskop *n*; **estereotipado** ADJ TIPO *y fig* stereotyp; **estereotipar** V/T & V/I TIPO stereotypieren; **estereotipia** F TIPO Stereotypie *f*; **estereotipo** M TIPO *y fig* Stereotyp *m*

estéril ADJ unfruchtbar (*tb fig*); *piedras, fruto* taub; MED steril (*tb fig*); *fig* (*improductivo*) unergiebig

esterilidad F Unfruchtbarkeit *f* (*tb fig*); (*incapacidad de fecundar*) Zeugungsunfähigkeit

f; (ausencia de gérmenes) Sterilität f; **esterilización** F Unfruchtbarmachen n; MED Sterilisierung f; Entkeimung f; **esterilizador** M Sterilisator m; **esterilizar** V/T ‹1f› unfruchtbar machen; sterilisieren; keimfrei machen
esterilla F 1 (estera pequeña) kleine Matte f; (felpudo) Fußabstreifer m; ~ **eléctrica** (elektrisches) Heizkissen n; ~ **de playa** Strandmatte f 2 (cañamazo) Art Stramin m 3 Arg (trenzado de paja) Strohgeflecht n für Stuhlsitze
esternón M ANAT Brustbein n
estero M terreno: breite Flussmündung f; Überschwemmungsland n einer Flussmündung; RPl (terreno cenagoso) Sumpfniederung f; Chile, Ec (arroyo) Bach m; Ec (cauce seco) trockenes Flussbett n
estertor M Röcheln n; MED tb Rasseln n, Rasselgeräusch n; **~es** mpl **crepitantes** Knisterrasseln n; fig **estar dando los últimos ~es** in den letzten Zügen liegen
estertoroso ADJ röchelnd
estesudeste M Ostsüdost m
esteta A M/F Ästhet m, -in f; p. ext y fig desp Immoralist m, -in f B M fam Schwule m, Tunte f pop
estética F 1 Ästhetik f (tb FIL) 2 (cosmética) Kosmetik f; **centro** m **de** ~ Kosmetikstudio n, -salon m
esteticista M/F Kosmetiker m, -in f
estético A ADJ 1 ästhetisch; schöngeistig; **sentimiento** m ~ o **sensibilidad** f **-a** Schönheits- (o Kunst)sinn m; **placer** m ~ Kunstgenuss m, ästhetischer Genuss m 2 ciencia del arte: kunstwissenschaftlich B M FIL Ästhetiker m
estetoscopio M MED Stethoskop n, Hörrohr n
estevado ADJ o-beinig
estiaje M Niedrigwasser n der Seen, Flüsse; periodo: Zeit f des Niedrigwassers, Dürre(periode) f
estiba F MAR (Ver)Stauen n; Trimm(en n) m; **estibador** M MAR Stauer m; TEC **(carro** m**)** ~ → estibadora; **estibadora** F TEC Stapler m; ~ **por horquilla** Gabelstapler m
estibar V/T 1 espec MAR (ver)stauen, stapeln; lastre, carga trimmen 2 lana einsacken
estibia F VET Genickverrenkung f
estibina F MINER Antimonglanz m; **estibio** M QUÍM Antimon n
estiércol M Dung m, Mist m; FARM ~ **del diablo** Stinkasant m
Estigia F MIT Styx m
estigio ADJ MIT stygisch; poét Höllen…, Unterwelt(s)…
estigma M 1 (cicatriz) Narbe f; Brandmal n; MED, BOT, ZOOL y fig Stigma n 2 REL **~s** mpl de Cristo: Wundmale npl (Christi); **estigmatizado** M Stigmatisierte m; **estigmatizar** V/T ‹1f› REL stigmatisieren; espec fig brandmarken, fig geißeln
estilar A V/T escrito abfassen, formulieren B V/I ~ (inf) die Angewohnheit haben, zu (inf); **estila dar un paseo después de comer** er hat die Angewohnheit, nach dem Essen spazieren zu gehen C V/R **estilarse** üblich (o gebräuchlich o Mode) sein; **ahora se estila así** das ist jetzt (o heutzutage) so üblich
estilete M 1 puñal: Stilett n 2 TEC (punzón) Stichel m 3 de un instrumento: Instrumentennadel f; de la brújula: Pinne f; del reloj de sol Zeiger m der Sonnenuhr 4 HIST (pizarrín) Griffel m zum Schreiben auf Wachstäfelchen 5 MED Knopfsonde f
estilismo M übertriebene Eleganz f des Stils; **estilista** M/F 1 LIT (ausgezeichnete[r]) Stilist m, -in f; orador(a): gewandte(r) Redner m, -in f 2 del cabello: Hairstylist m, -in f; **estilística** F Stilistik f; **estilístico** ADJ stilistisch; Stil…
estilita ADJ HIST, REL **eremita** m ~ Säulenheilige m
estilización F Stilisierung f; **estilizado** ADJ 1 dibujo stilisiert 2 fig (delgado) schlank; **estilizar** V/T ‹1f› stilisieren
estilo M 1 LIT Stil m, Schreibart f; arte, ARQUIT, MÚS Stil m, Manier f; gener (manera) Art f, Weise f; (uso) (Ge)Brauch m, Mode f; ~ **epistolar** Briefstil m; ~ **mixto** Mischstil m; ~ **de vida** Lebensart f; **al ~ de** im Stil (o nach Art) (gen o von dat); **por el ~** dergleichen; ähnlich; **y otras cosas por el ~** und dergleichen mehr; fam **y así por el ~** und so weiter; **por ese ~** ungefähr 2 GRAM ~ **(in)directo** (in)direkte Rede f 3 DEP ~ **(de natación)** Schwimmstil m, -art f, -lage f; ~ **libre** Freistil m; ~ **a la marinera** Seitenlage f, Seitenschwimmen n; ~ **mariposa** Delfin schwimmen n, Schmetterlingsstil m; ~ **pecho** Brustschwimmen n 4 almanaque: ~ **antiguo/nuevo** alte/neue Zeitrechnung f 5 para escribir: (Schreib)Griffel m 6 TEC → estilete 2; ~ **de acero** Stahlgriffel m; Stichel m 7 BOT (pistilo) Griffel m
estilóbato M ARQUIT Stylobat m, Säulensockel m
estilográfica ADJ **pluma** f ~ Füllfeder(halter m) f, Füller m fam; **estilográfico** M Am reg Drehbleistift m
estilógrafo M Col, Nic Füllhalter m
estiloideo ADJ, **estiloides** ADJ inv t/t griffelförmig
estiloso ADJ stilvoll
estima F 1 (aprecio) Schätzung f; Wertschätzung f; Achtung f, Ansehen n; **tener a alg en gran** o **mucha** ~ j-n hoch achten, j-n hoch schätzen 2 MAR de posición: Gissung f, Standortschätzung f
estimable ADJ 1 (tasable) (ein)schätzbar, taxierbar 2 (apreciable) achtens-, schätzenswert; beachtlich
estimación F 1 (evaluación) (Ab)Schätzung f, Bewertung f; **hacer la ~ de a/c** → estimar A; **propia** ~ o ~ **propia** Selbsteinschätzung f, -achtung f 2 (valoración) (Wert)Schätzung f, (Hoch)Achtung f, Ansehen n; **gran** ~ Hochschätzung f
estimado ADJ geehrt, geschätzt; ~ **amigo** verehrter (o lieber) Freund; **valor** m ~ Schätzwert m
estimador ADJ (ab)schätzend
estimar A V/T 1 (apreciar) (ab)schätzen, taxieren; ~ **en … auf …** (acus) schätzen (o veranschlagen) 2 (valorar) (hoch) achten, schätzen, würdigen; ~ **en poco** gering schätzen; **se lo estimo mucho** ich rechne es Ihnen hoch an 3 (opinar) meinen, (creer) glauben; ~ **conveniente** (inf) es für angebracht halten zu (inf); **como mejor lo estime** ganz nach Ihrem Belieben (o Gutdünken) B V/R, V/IMP **~se** 1 mutuamente: sich gegenseitig schätzen (o achten) 2 (tener respeto de sí mismo) etwas auf sich (acus) halten, Selbstachtung haben 3 (ser apreciado) geschätzt werden
estimativa F 1 (capacidad intelectual) Urteilsvermögen n 2 de los animales: Naturtrieb m, Instinkt m; **estimativo** ADJ geschätzt; annähernd; Schätz…; **estimatorio** M Schätz(ungs)…
estimulación F MED Reizung f, Stimulierung f; **estimulador** A ADJ reizend, an-, erregend B M MED Stimulator m; **estimulante** A ADJ anregend, stimulierend; ~ **de(l) apetito** appetitanregend B M MED Stimulans n, Anregungsmittel n; fig Anreiz m; **~s** mpl Genussmittel npl
estimular V/T MED y fig anregen, reizen, stimulieren; fig ~ **(a)** anregen, anspornen, antreiben, ermutigen (zu dat o inf); **estimulativo** ADJ MED → estimulante
estímulo M MED y fig Reiz m, Anregung f; fig Ansporn m, Antrieb m, Anreiz m; Triebfeder f
estinco M ZOOL Sandeidechse f
estío M liter Sommer m
estipendio M 1 (remuneración) Bezahlung f, Lohn m; Vergütung f 2 REL de la iglesia: (Mess)Stipendium n
estíptico ADJ 1 MED (estreñido) verstopft 2 MED (astringente) zusammenziehend, adstringierend 3 fig (avaro) geizig, schäbig
estípula F BOT Nebenblatt n
estipulación F 1 (cláusula) Klausel f, Vertragsbestimmung f 2 (convenio verbal) (mündliche) Vereinbarung f; **estipulante** ADJ vereinbarend; **las partes ~s** die vertragschließenden Parteien
estipular V/T vereinbaren, festlegen, (vertraglich) bestimmen, abmachen; **lo estipulado** die Bestimmungen fpl
estirable ADJ dehnbar; **estiradamente** ADV 1 (apenas) knapp, kärglich 2 (a la fuerza) mit Gewalt
estirado A ADJ 1 TEC gezogen 2 (alto) groß, hoch aufgeschossen 3 (bien vestido) fein gekleidet, geschniegelt fam 4 (orgulloso) stolz, hochnäsig 5 (avaro) knauserig, filzig fam B M 1 TEC Ziehen n 2 fam (lifting) Lifting n; **hacerse un ~** sich liften lassen
estiraj(e)ar V/T fam dehnen, strecken, ziehen; **estirajón** M fam → estirón; **estiramiento** M 1 (acción de estirar) (Aus)Ziehen n, (Aus)Strecken n; Dehnung f (tb MED); Streckung f; ~ **facial** Face-Lifting n 2 Am reg (presunción) Dünkel m
estirar A V/T 1 (dilatar) (aus)ziehen, dehnen, spannen, strecken; brazos, cuerpo recken (und strecken); fam fig ~ **la pata** sterben, abkratzen fam; ~ **las piernas** die Beine ausstrecken; fig sich (dat) die Beine vertreten 2 fig (alargar) in die Länge ziehen; fig ~ **el dinero** knausern 3 ropa glatt ziehen, glatt streichen; (planchar ligeramente) leicht überbügeln 4 TEC strecken; alambre, tubos ziehen B V/R **estirarse** 1 (extenderse) sich dehnen; sich strecken (tb fig); sich recken (und strecken), sich rekeln 2 fig en el tiempo: sich in die Länge ziehen 3 fig (ufanarse) sich in die Brust werfen
estirazar V/T ‹1f› fam → estirar A 1
Estiria F Steiermark f
estirio A ADJ steirisch B M, **-a** F Steirer m, -in f, Steiermärker m, -in f
estirón M fam Ruck m; fam fig **dar un ~** aufschießen, schnell wachsen; **dar un ~ de orejas (a alg)** (j-n) an den Ohren ziehen
estirpe F Stamm m, Geschlecht n; Ab-, Herkunft f; **de (noble) ~** vornehmer Abkunft, adlig
estival ADJ Sommer…; **época** f ~ Sommerzeit f
esto PR DEM N → este[2]
estocada F 1 golpe: Degenstoß m, -stich m; **dar** o **tirar una ~** zustechen; einen Degenstoß versetzen (**a** dat) 2 fig (réplica dura) scharfe Erwiderung f
Estocolmo M Stockholm n
estofa F desp Art f, Sorte f; **gente** f **de baja ~** Pack n, gemeines Volk n
estofado A ADJ 1 TEX (adornado) staffiert; fig (engalanado) herausgeputzt 2 GASTR guiso gedünstet, geschmort; **carne** f **-a** → estofado B B M GASTR Schmorbraten m; -gericht n, Ragout n; ~ **de cordero/ternera** Lamm-/Kalbsragout n
estofar V/T & V/I 1 GASTR (guisar) schmoren, dünsten 2 TEX (adornar) staffieren
estoicismo M 1 FIL Stoa f 2 FIL y fig Stoizismus m, stoische Haltung f; **estoico** A ADJ FIL y fig stoisch; fig gelassen B M, **-a** F Stoiker m, -in f

estola F Stola f (tb HIST y CAT)
estolidez F Torheit f, Dummheit f
estólido ADJ dumm, einfältig
estolón M BOT Ausläufer m, Ablegerranke f
estoma M BIOL Stoma n; **estomacal** A ADJ Magen..., MED stomachal B M magenstärkendes Mittel n, Magenbitter m; **estomagante** ADJ 1 fam (pesado) lästig, unausstehlich; unerträglich 2 MED (empachoso) Völlegefühl verursachend; **estomagar** V/T ⟨1h⟩ fam ärgern, auf die Nerven (o auf den Geist fam) gehen (dat)
estómago M ANAT Magen m; **dolor** m **de ~** Magenschmerz(en) m(pl); fam **sello** m **del ~** kleine (aber herzhafte) Vorspeise f, Appetithappen m; **enfermo del ~** magenkrank; pop **echarse a/c al ~** etw verdrücken fam, sich (dat) etw reinziehen fam; fam **me ladra el ~** mir knurrt der Magen, mein Magen knurrt (vor Hunger); fig **revolver** o **levantar el ~ a alg** j-m den Magen umdrehen; **se me revuelve el ~** mir dreht sich der Magen um; fig **(ser hombre) de ~** ausdauernd (sein), geduldig (sein); fig **tener (buen** o **mucho) ~** viel vertragen können, ein dickes Fell haben fam; **tener revuelto el ~** sich (dat) den Magen verdorben haben; fam fig **tengo el ~ en los talones** der Magen hängt mir in den Kniekehlen; fam fig **tener a alg sentado en (la boca d)el ~** j-n nicht riechen (o nicht verknusen) können fam
estomático ADJ MED Magen...
estomatitis F MED Entzündung f der Mundschleimhaut, Stomatitis f; **estomatología** F MED Stomatologie f; **estomatólogo** M, **-a** F MED Stomatologe m, Stomatologin f; **estomatomicosis** F MED Soor m
Estonia F Estland n
estoniano ADJ → estonio
estonio A ADJ estnisch B M, **-a** F Este m, Estin f C M lengua: Estnisch n
estop M 1 Esp transporte: señal de tráfico: Halteschild n 2 Col AUTO (luz de freno) Bremslicht n
estopa F Werg n; Putzwolle f; **~ de coco** Kokosbast m; fig **fino como la ~** superfein, raffiniert; fig fam **dar ~ a alg** j-n ohrfeigen; j-n verprügeln
estopada F Quantum n Werg; **estopar** V/T TEC abdichten; **estoperol** M Am Zier-, Polsternagel m; **estopilla** F TEX Leinengaze f; gewöhnlicher Baumwollstoff m; **estopón** M grobes Werg n; Sackleinen n; **estopor** M MAR (Ketten)Stopper m
estoque M 1 (espada angosta) Stoßdegen m, Rapier n 2 BOT rote Schwertlilie f; **estoqueador** M TAUR Matador m; **estoquear** V/T & V/I mit dem Degen treffen, töten; **estoqueo** M Degenstich m, Zustechen n mit dem Degen
estor M TEX Store m
estoraque M BOT árbol: Storaxbaum m; bálsamo: Storax n (Harz)
estorbar A V/T stören, behindern; den Durchgang etc hemmen (o verlegen); fig **~ le a uno lo negro** nicht lesen können; nicht gern lesen B V/I stören, hinderlich sein, im Wege stehen; **¿estorbo?** störe ich?; darf ich eintreten?; darf ich Platz nehmen?
estorbo M Störung f; Hindernis n, Hemmung f, Behinderung f; fig persona: lästiger Mensch m; Störenfried m; **estorboso** ADJ störend, hemmend
estornino M 1 ORN Star m 2 pez: Blasenmakrele f
estornudar V/I niesen; fig **cada uno estornuda como Dios le ayuda** corresponde a: jeder macht's, so gut er (eben) kann; **estornudo** M Niesen n; **estornutatorio** A ADJ zum Niesen reizend; Nies... B M Niespulver n
estos PR DEM MPL → este[2]
estotro PR DEM = **este otro**; liter y reg dieser andere
estoy → estar
estrábico A ADJ MED schielend B M, **-a** F Schieler m, -in f
estrabismo M MED Schielen n; **estrabotomía** F MED Schieloperation f
estracilla F kleiner Fetzen m; **(papel** m **de) ~** dünneres Packpapier n
estradivario M MÚS violín: Stradivari f
estrado M (tarima) Estrade f, Podium n; JUR **~ de testigos** Zeugenstand m
estrafalario ADJ 1 con la vestimenta: nachlässig, salopp 2 fig (extravagante) ausgefallen, extravagant; verschroben, skurril
estragado ADJ verwüstet; fig (arruinado) zerrüttet; fig gusto verdorben, schlecht; **estragador** ADJ verderblich, verderbend; **estragamiento** M → estrago; **estragar** V/T ⟨1h⟩ verheeren, verwüsten, zerstören; verderben
estrago M, frec **~s** MPL Verheerung f, Verwüstung f, Zerstörung f (tb fig); schwerer Schaden m; **hacer** o **causar ~s** Verwüstungen (o Unheil) anrichten
estragón M BOT Estragon m
estrallado ADJ Cuba blank, abgebrannt fam
estramador M Méx fam Kamm m
estrambote M LIT an ein Sonett angehängte Verse mpl; **estrambótico** ADJ fam verschroben, extravagant, wunderlich, sonderbar
estramonio M BOT Stechapfel m
estrangulación F 1 (acción de estrangular) Erwürgen n, Erdrosselung f 2 (obstrucción) Abschnürung f (tb MED, TEC); Ab-, Einklemmung f; TEC, AUTO (Ab)Drosselung f; **estrangulado** ADJ TEC (ab)gedrosselt; MED fractura eingeklemmt; **estrangulador** A ADJ würgend B M, **estranguladora** F Würger m, -in f C M TEC Drossel f; **estrangulamiento** M 1 construcción hidráulica: (Ab)Drosselung f 2 ECON (cuello de botella) (wirtschaftlicher) Engpass m; de la producción, etc: Drosselung f
estrangular A V/T 1 (ahogar) erwürgen, erdrosseln; die Luft abschnüren (dat), würgen (acus) 2 MED miembro abschnüren; arteria abklemmen 3 TEC (ab)drosseln; tubo flexible abquetschen B V/R **estrangularse** sich verengen; **~ con una cuerda** sich (mit einem Seil) erhängen
estranguria F MED Harnzwang m, schmerzhaftes Wasserlassen n; t/t Strangurie f
estrapalucio M fam Klirren n; Krach m, Radau m
estraperlear V/I fam Schwarzhandel treiben, schieben fam; **estraperlista** M/F Schwarzhändler m, -in f, Schieber m, -in f; **estraperlo** M Schwarzhandel m; schwarzer Markt m; fam **de ~** hintenherum, schwarz
estrapontín M FILM, FERR, AUTO Not-, Klappsitz m
estrás M Strass m
Estrasburgo M Straßburg n
estrasburgués A ADJ aus Straßburg B M, **-esa** F Straßburger m, -in f
estratagema F Kriegslist f (tb fig); Streich m
estratega M/F Stratege m, Strategin f (tb fig); **estrategia** F Strategie f (tb fig); **~ de defensa/expansión** Verteidigungs-/Expansionsstrategie f; **estratégicamente** ADV strategisch; **estratégico** ADJ strategisch (tb fig)
estratificación F GEOL Schichtung f; Ablagerung f; **estratificar** ⟨1g⟩ GEOL A V/T schichten B V/R **estratificarse** Schichten bilden; **estratigrafía** F GEOL, METEO Stratigrafie f
estrato M 1 GEOL, SOCIOL, t/t (capa) Schicht f 2 METEO de nubes: Schichtwolke f, Stratus m; **~ social** Gesellschaftsschicht f; **estratocúmulo** M METEO Stratokumulus m; **estratosfera** F Stratosphäre f; **estratosférico** ADJ Stratosphären...
estrave M JUR Vordersteven m
estraza F Stoffabfall m, Lumpen m(pl); TEX Flockseide f; **papel** m **de ~** (grobes) Packpapier n
estrechamente ADJ 1 (angostamente) eng (tb fig); (escasamente) knapp; kärglich 2 (exactamente) genau; **estrechamiento** M Verengung f (tb de una calle); Einengung f; Verschmälerung f
estrechar A V/T 1 (hacer más angosto) verengen, enger machen; schmäler machen 2 fig (unir, acercar) eng(er) verbinden; relaciones, etc enger gestalten 3 (abrazar fuertemente) fest umfassen, umklammern; mano drücken; **~ en o entre los brazos** in die Arme schließen, umarmen; fig **~ a alg** in j-n dringen; j-n in die Enge treiben B V/R **estrecharse** 1 (juntarse, contraerse) sich zusammenziehen; enger werden (tb fig); (apretarse) zusammenrücken 2 fig (hacer amistad) enge Freundschaft (miteinander) schließen; **~ a** sich (an)schmiegen an (acus) 3 fig en los desembolsos: sich einschränken; **~ en los gastos** seine Ausgaben einschränken
estrechez F ⟨pl -eces⟩ 1 Enge f; MED Verengung f; fig (amistad íntima) enge Freundschaft f; fig **~ de miras** Engstirnigkeit f 2 (escasez) **~ (de medios** mpl**)** Knappheit f (der Mittel npl); de tiempo: Zeitmangel m; de lugar: Raummangel m; Beengtheit f; **~ (económica)** Geldmangel m; (pobreza) Not f, Armut f; **vivir en** o **con gran ~** sehr karg leben; **pasar estrecheces** Not leiden; in Geldnöten sein; Geldsorgen haben
estrecho A ADJ 1 (angosto) schmal, eng; fig **~ (de miras)** kleinlich, engstirnig, borniert; **estábamos** o **ibamos ~s** wir waren sehr beengt, wir hatten kaum Platz; **el vestido me queda ~** das Kleid ist mir zu eng 2 (escaso) knapp, beschränkt; **~ de medios** fast mittellos; **hacérselas pasar -as a alg** j-n in Schwierigkeiten bringen (bes finanziell) 3 fig amistad eng; amigo vertraut; pariente nah 4 (avaro) geizig, knauserig 5 (estricto) streng; (rígido) peinlich genau; fam desp (melindroso) spröde, brav (Mädchen, aus der Sicht der Männer) B M 1 GEOG Meerenge f, MAR Straße f; **el Estrecho de Gibraltar** die Straße von Gibraltar; **el Estrecho de Magallanes** die Magellanstraße 2 fig (aprieto) Bedrängnis f, Not f, Klemme f fam
estrechón M MAR Schlagen n, Killen n des Segels; **estrechura** F 1 (estrechez) Enge f; Engpass m 2 fig (amistad íntima) enge Freundschaft f 3 (urgencia) Notlage f; Dürftigkeit f
estregadera F 1 cepillo: Borsten-, Wurzelbürste f 2 (felpudo) Fußabstreifer m; **estregadero** M de los animales: Reib-, Schuppfahl m; CAZA Malbaum m; **estregadura** F, **estregamiento** M Bürsten n; Reiben n
estregar ⟨1h y 1k⟩ A V/T (ab)reiben; bürsten, scheuern B V/R **estregarse** sich reiben; sich kratzen
estrelicia F BOT Strelitzie f, Paradiesvogelblume f
estrella A F 1 ASTRON Stern m; **~ fija/errante** Fix-/Wandelstern m; **~ fugaz** Sternschnuppe f; **~ matutina/vespertina** Morgen-/Abendstern m; **~ polar** o **del Norte** Polar-, Nordstern m; **~ de rabo** Komet m; **~ temporaria** Nova f; **levantarse con las ~s** sehr früh aufstehen; fig fam **querer contar las ~s** etwas Unmögliches wollen; fig **ver las ~s** Sterne sehen (vor Schmerz) 2 figura: Stern m; REL, POL **~ de David** Davidstern m; **~ de ocho puntas** achtstrahliger (o achtzackiger) Stern m; ARQUIT **bóveda** f **en**

~ Sterngewölbe *n*; **hotel** *m* **de tres ~s** Dreisternehotel *n* **3** *fig* (*destino*) Stern *m*; **buena ~** Glücksstern *m*; **nació con buena/mala ~** er ist unter einem günstigen Stern/Unglücksstern geboren; **tener buena/mala ~** Glück/Pech haben; *prov* **unos nacen con ~ y otros (nacen) estrellados** die einen haben Glück, die andern immer Pech **4** *fig persona*: Star *m*; **~ de la pantalla** *o* **de cine** Filmstar *m* **5** ZOOL **~ de mar** Seestern *m* **6** ELEC, TEC Stern *m* **7** MAR Windrose *f* **8** BOT **~ de Navidad** Weihnachtsstern *m*; **~ de las nieves** Edelweiß *n* **9** *equitación*: (*lunar*) Blesse *f*, weißer Fleck *m* **B** ADJ Star..., Haupt...

estrelladera F GASTR Eierheber *m*; **estrelladero** M GASTR Eierpfanne *f*

estrellado ADJ **1** (*lleno de estrellas*) gestirnt, Sternen...; *cielo, noche* stern(en)klar; **cielo** *m* **~** Sternenhimmel *m*, Sternenzelt *n* **2** *forma*: sternförmig; GASTR **huevos** *mpl* **~s** Spiegeleier *npl* **3** **caballo** *m* **~** (Pferd *m* mit) Blesse *f* **4** PP → estrellar

estrellamar F **1** ZOOL Seestern *m* **2** BOT Sternwegerich *m*

estrellar **A** VT **1** GASTR *huevos* in die Pfanne schlagen **2** (*hacer pedazos*) zerschlagen, zertrümmern, zerschmettern (**contra, en** an *dat*) **B** VR **estrellarse** **1** *cielo* sich mit Sternen bedecken **2** (*chocarse*) zerschellen (**contra, en** an *dat*) (*tb* AVIA); in Stücke gehen; *transporte*: **~ contra ...** gegen ... (*acus*) fahren **3** (*encontrar fuerte resistencia*) auf stärksten Widerstand stoßen; (*fracasar*) scheitern

estrellato M Starruhm *m*; Starkult *m*; **lanzar a alg al ~** j-m zum Starruhm verhelfen, j-n zum Star machen

estrellería F Sterndeuterei *f*; **estrellero** **A** ADJ *caballo* den Kopf zu hoch tragend **B** M Sternendeuter *m*

estrellón M **1** *de una película*: Filmstar *m* **2** *fuegos artificiales*: Feuerwerksstern *m* **3** *sobre el altar*: Stern *m über dem Hochaltar etc* **4** *Arg, Chile, Hond* (*golpe*) Stoß *m*, Ruck *m*; Zusammenstoß *m*, Aufprall *m*; **estrellona** F (*weiblicher*) Filmstar *m*

estremecedor ADJ erschütternd

estremecer ⟨2d⟩ **A** VT erschüttern (*tb fig*), erbeben lassen; (*conmover*) erschauern lassen; **hacer ~** schaudern machen **B** VR **estremecerse** (er)zittern, beben; (*sobresaltarse*) zusammenfahren; (*temblar*) schaudern (**de** vor *dat*); (*estar conmovido*) erschüttert sein (*o* werden)

estremecimiento M **1** (*temblor*) Zittern *n*; Erschütterung *f*; (*escalofrío*) Schauder *m*, Schauer *m*; **~ de alegría** Freudenschauer *m*, -rausch *m* **2** MED Schwirren *n*, Fremitus *m*; **estremezón** M *Col, Ven* Beben *n*, Zittern *n*; *tb* (*terremoto*) Erdbeben *n*

estrena F (*atención*) kleines Geschenk *n*, Aufmerksamkeit *f*

estrenar **A** VT **1** (*hacer primer uso*) zum ersten Mal gebrauchen, einweihen *fam*; *edificio* einweihen, seiner Bestimmung übergeben; *automóvil* zum ersten Mal fahren; *en una casa*: als erster (*Mieter etc*) einziehen; **sin ~** neu, ungebraucht **2** TEAT, FILM zum ersten Mal aufführen **B** VR **estrenarse** **1** *un cargo* ein Amt (*o* eine Arbeit) antreten; *comerciante*: die erste Einnahme (des Tages) haben **2** TEAT, FILM *etc* zum ersten Mal auftreten, debütieren; sein Debüt geben (*tb fig*); **~ (con)** sich einführen (mit *dat*), an die Öffentlichkeit treten (mit *dat*)

estrenista M/F TEAT, FILM Premierenbesucher *m*

estreno M **1** (*primer intento*) erster Versuch *m*; (*primer uso*) erste Benutzung *f*, Einweihung *f*; *fig* (*comienzo*) Anfang *m* **2** TEAT, FILM Erstaufführung *f*, Premiere *f*; *de un actor*: Debüt *n*, erstes Auftreten *n*; **~ mundial** Welturaufführung *f*; **riguroso ~** *o* **~ absoluto** Uraufführung *f*

estreñido ADJ MED verstopft; *fig* geizig; **estreñimiento** M MED (Stuhl)Verstopfung *f*; **causar ~** (ver)stopfen, verstopfend wirken

estreñir VT & VI MED (ver)stopfen, zu Verstopfung führen

estrepada F MAR (*arranque*) Ruck *m am Tau*; (*repentina aceleración*) (plötzliche) Beschleunigung *f eines Schiffes*; **halar a ~s** fieren und holen

estrépito M Getöse *n*, Lärm *m*, Krach *m*, Gepolter *n*; *fig* Aufsehen *n*; **estrepitoso** ADJ lärmend, geräuschvoll; rauschend, tosend; *fig* **éxito** *m* **~** Riesenerfolg *m*; **risa** *f* **-a** schallendes Gelächter *n*

estreptococo M MED, BIOL Streptokokke *m*, Streptococcus *m*; **estreptomicina** F FARM Streptomycin *n*

estrés M Stress *m*; **reducción** *f* **de ~** Stressabbau *m*

estresado ADJ gestresst; **estresante** ADJ Stress..., stressig *fam*

estresar VT überbeanspruchen, stressen

estría F **1** ARQUIT (*canaladura*) Rinne *f*, Rille *f*; *de una columna*: **~s** *pl* Kannelierung *f*; **2** (*raya*) Streifen *m*, Strieme *f*; **~s** *pl* MED (Dehnungs)Streifen *mpl espec* Schwangerschaftsstreifen *mpl*; *t/t* Striae *fpl*; ÓPT streifenförmige Schlieren *fpl*; **estriación** F MED Streifen *mpl*; → *tb* estriado B; **estriado** **A** ADJ **1** gerillt; *columna* kanneliert **2** (*rayado*) gestreift; ANAT *músculo* quer gestreift; *t/t* striär **B** M **1** ARQUIT *de una columna*: Kannelierung *f*; CONSTR Kehlung *f*; **estriar** VT ⟨1c⟩ *espec* TEC riefeln; ARQUIT *columna* kannelieren; CONSTR kehlen

estribación F Ausläufer *m*, Vorberg *m*; **estribadero** M Stütze *f*, Auf-, Unterlage *f*; **estribar** **A** VI **~ en** (*estar apoyado*) ruhen auf (*dat*), sich stützen auf (*acus*) (*tb fig*); *fig* (*basar en*) beruhen auf (*dat*); bestehen in (*dat*) **B** VT (*soportar*) abstützen (*tb* TEC), abfangen **C** VR **estribarse** sich stemmen; sich (auf)stützen;

estribillo M Kehrreim *m*, Refrain *m*; *fig* Lieblingswort *n*; Lieblingssatz *m*; stereotype Redensart *f*; *fam* **¡y dale con el ~!** immer die alte Leier! *fam*

estribo M **1** *equitación*: Steigbügel *m* (*tb* ANAT *del oído medio*); *fig* **estar con un pie en el ~** (*listo para salir*) reisefertig (*o* schon beim Weggehen) sein; (*cercano a la muerte*) dem Tode nahe sein; *fig* **estar** *o* **andar sobre los ~s** sich in Acht nehmen; **mantenerse firme en los ~s** *equitación*: fest in den Bügeln stehen; *fig* fest im Sattel sitzen (*fig*); *fig* **perder los ~s** die (Selbst)Beherrschung verlieren; Unsinn reden, faseln; **hacer ~ a alg** j-m Handschutz geben; **hacer perder los ~s a alg** j-m auf die Nerven gehen, j-n auf die Palme bringen *fam* **2** AUTO, TEC Trittbrett *n*; *en la motocicleta*: Fußraste *f* **3** ARQUIT (*apoyo*) Stütze *f*; *muro*: Stützmauer *f*; *madero*: Strebepfeiler *m*; (*contrafuerte*) Widerlager *n*; *de un puente*: Landstoß *m* **4** TEC, ELEC Bügel *m* **5** GEOG Ausläufer *m*, Vorberg *m*

estribor M MAR Steuerbord *n*; **¡todo a ~!** hart Steuerbord!

estricnina F FARM Strychnin *n*

estricote **A** M *Ven* unordentliches Leben *n* **B** *fam* ADV **al ~** im Kreis herum, ringsherum

estrictamente ADV streng; unbedingt; **estrictez** F *Arg, Chile, Perú* Genauigkeit *f*; Strenge *f*; **estricto** ADJ streng, strikt; genau

estrictura F MED Striktur *f*; Verengung *f* (eines Körperorgans)

estridencia F Schrillheit *f*; *fig* Extrem *n*; **estridente** ADJ gellend, schrill, durchdringend; **estridor** M Schrillen *n*, Gellen *n*; Pfeifen *n*; **estridular** VI *cigarras* schrill zirpen

estrige F ORN Eule *f*

estrilar VI *Arg, Perú, Ur* wütend werden

estripazón M *Am Centr* **1** (*apretura*) Gedränge *n* **2** (*destrozo*) Zerstörung *f*

estro M **1** *poét* (*inspiración*) göttlicher Funke *m*; dichterischer Schwung *m* **2** ZOOL (*celo*) Brunst *f*

estroboscópico ADJ Stroboskop...

estrofa F Strophe *f*

estrofantina F FARM Strophantin *n*

estrógeno M FISIOL Östrogen *n*

estrolar VT *Arg* werfen, stoßen (*gegen etw*)

estroncio M QUÍM Strontium *n*

estropajo M **1** *p. ext trapo*: Topfkratzer *m*; *Am reg* Putzlappen *m* **2** BOT Luffa *f*, Schwammgurke *f* **3** *fig* (*cosa inútil*) wertloser Plunder *m*; *fig* **poner a alg como un ~** j-n herunterputzen, j-n abkanzeln; **estropajosamente** ADV *fam* lallend, stammelnd; **estropajoso** ADJ **1** (*andrajoso*) zerlumpt, abgerissen **2** *carne* zäh, faserig; *cabello* struppig; *lengua, voz* rau

estropear **A** VT **1** (*dañar*) beschädigen; zerschlagen (*tb fig*), kaputt machen *fam* **2** (*lastimar*) verletzen, verstümmeln **3** (*malograr*) verpfuschen *fam*, verderben; *plan* vereiteln **B** VR **estropearse** entzwei-, kaputtgehen *fam*; verderben; *plan, etc* scheitern; **~ la vista** sich (*dat*) die Augen verderben

estropicio M *fam* **1** (*trastorno ruidoso*) (Scherben)Geklirr *n*; Radau *m*, Lärm *m*; (*daño*) Schaden *m*; **ha hecho un ~ en la cocina** in der Küche hat's gescheppert *fam* **2** *fig* (*griterío*) Geschrei *n*, Lärm *m* um nichts, Trara *n fam*

estructura F **1** (*armadura, agrupamiento*) Struktur *f*, Gefüge *n*, Gliederung *f*, Aufbau *m*, Bau *m*; **~ cristalina** Kristallstruktur *f*; **~ demográfica** Bevölkerungsaufbau *m*; **~ económica** Wirtschaftsgefüge *n*; **~ de la empresa/organización** Unternehmens-/Organisationsstruktur *f*; **~ de los precios** Preisgefüge *n*; LING **~ profunda** Tiefenstruktur *f*; **~ superficial** Oberflächenstruktur *f* **2** (*construcción*) Bauwerk *n*; **~s** *fpl* **metálicas** Stahl(hoch)bauten *mpl*

estructuración F Strukturierung *f*; Gestaltung *f*; Gliederung *f*

estructural ADJ *t/t* strukturell; Struktur...; **cambio** *m* **~** Strukturwandel *m*; **estructuralismo** M FIL, LING Strukturalismus *m*; **estructuralista** FIL, LING **A** ADJ strukturalistisch **B** M/F Strukturalist *m*, -in *f*; **estructuralmente** ADV strukturell

estructurar **A** VT strukturieren, gestalten **B** VR **estructurarse** sich gliedern (**en** in *acus*)

estruendo M **1** (*ruido grande*) Donnern *n*, Getöse *n*, Krachen *n* **2** (*tumulto*) Getümmel *n* **3** *fig* (*pompa*) Prunk *m*, Pomp *m*; **estruendoso** ADJ **1** (*ruidoso*) donnernd; lärmend **2** *fig* (*pomposo*) prunkvoll, pompös

estrujado M (Aus)Pressen *n*; Quetschen *n*; **estrujadora** F Obst-, Saftpresse *f*; **estrujadura** F, **estrujamiento** M Quetschen *n*, Auspressen *n*; (*arrugamiento*) Zerknüllen *n*

estrujar **A** VT **1** *naranja, limón* ausdrücken **2** (*aplastar*) zerdrücken; (zer)quetschen **3** (*arrugar*) zerknittern, zerknüllen, zusammenknüllen **4** *fig* (*exprimir*) aussaugen, auspressen **B** VR **estrujarse** sich fürchterlich drängen (*Menge*); **~ la cabeza** *o* **el cerebro** sich (*dat*) den Kopf zerbrechen

estrujón M Zerdrücken *n*; Auspressen *n*; AGR Tresterkelterung *f*

estruma F MED Struma *f*, Kropf *m*; **estrumectomía** F MED Kropfoperation *f*

estuación F MAR Flut *f*; **estuario** M GEOG breite Flussmündung *f*

estucado M ARQUIT Stuckieren *n*; Stuckatur *f*; **estucador** M, **estucadora** F Stucka-

E

teur *m*, -in *f*; **estucar** VT ⟨1g⟩ ARQUIT stuckieren; verputzen
estuchar VT *in Tüten* abfüllen, abpacken
estuche M 1 *(envoltura)* Futteral *n*, Etui *n*; *(cajita)* Kästchen *n* 2 *fam fig (genio)* Genie *n*, Tausendkünstler *m*
estuchería F *col* Etuis *npl*
estuco M Stuck *m*; Gipsmarmor *m*; **trabajo** *m* **de ~** Stuckatur *f*
estudiado ADJ einstudiert, gemacht, erkünstelt; **estudiantado** M *col* Studentenschaft *f*; Studenten *mpl*
estudiante M/F Student *m*, -in *f*; *fam* Schüler *m*, -in *f*; **los ~s** die Studentenschaft; **~ de medicina** Medizinstudent *m*
estudiantil ADJ studentisch, Studenten...; **estudiantina** F 1 *cuadrilla de estudiantes*: Studenten(musik)kapelle *f* 2 *estudiantes en fiestas populares*: Studentengruppe *f in alter Tracht, bei Volksfesten*; **estudiantón** M *desp* (geistig minderbemittelter) Büffler *m fam*, ewiger Student *m*
estudiar ⟨1b⟩ A VT & VI studieren; lernen; **~ en la universidad** an (*o* auf) der Universität studieren; **~ para abogado** Jura studieren; **~ es una cosa, y saber otra** Theorie und Praxis sind verschiedene Dinge, Lernen und Wissen ist zweierlei B VT 1 *(memorizar)* einstudieren, auswendig lernen; einüben; *tarea* lernen 2 *(examinar)* untersuchen, (über)prüfen; durcharbeiten 3 TEAT **~ a/c a alg** mit j-m *eine Rolle etc* einstudieren
estudio M 1 *(acción de estudiar)* Lernen *n*; Studium *n*, *(examen)* Prüfung *f*, Untersuchung *f*; **~ de mercado(s)** Marktforschung *f*; **hallarse en ~** (zurzeit) geprüft (*o* überprüft) werden 2 UNIV *frec* **~s** *pl* Studium *n*; **~s** *pl* **universitarios** Universitäts-, Hochschulstudium *n*; **~(s** *pl*) **general(es)** Studium *n* generale; HIST Universität *f*; **años** *mpl* **de ~s** Studienzeit *f*, -jahre *npl*; **dar ~s a alg** j-n studieren lassen, j-m das Studium bezahlen; **tener ~s** studiert haben, Akademiker sein; *p. ext* sehr gebildet sein; **para fines de ~(s)** zu Studienzwecken; **sin ~(s)** ohne (akademische) Ausbildung *f* 3 *(investigación)* Untersuchung *f*, Studie *f*; *(informe)* Bericht *m*; **~ de campo** Feldstudie *f*; **~ de factibilidad** Machbarkeitsstudie *f* 4 *(aplicación)* Fleiß *m*; *adv* **con ~** *(aplicado)* mit Hingabe, fleißig; *(intencionado)* absichtlich 5 PINT *(esbozo)* Studie *f*, Entwurf *m*, Skizze *f* 6 MÚS Etüde *f* 7 *cuarto*: PINT (Maler) Atelier *n*; FOT (Foto)Atelier *n*, Studio *n* (*tb* RADIO, FILM, TV); *(departamento)* (Einzimmer)-Appartement *n* 8 *Am reg de abogados*: Anwaltskanzlei *f*
estudiosidad F Lerneifer *m*, Fleiß *m*; **estudioso** A ADJ lernbegierig, fleißig, eifrig B M, **-a** F Gelehrte *m/f*, Forscher *m*, -in *f*
estufa F 1 *calefacción*: Ofen *m*; *Col, Méx (hogar)* (Koch)Herd *m*; **~ de azulejos** Kachelofen *m*; **~ de carbón/de baño** Kohlen-/Badeofen *m*; **~ eléctrica** Elektroofen *m*, elektrischer Heizofen *m*; *Col, Méx* **~ de gas** Gasherd *m*, Gasofen *m* 2 AGR *(invernadero)* Treib-, Gewächshaus *n*; **criar en ~** AGR im Treibhaus (auf)ziehen; *fig* verzärteln, verweichlichen 3 MED, TEC *para secar*: Trockenofen *m*, Trockner *m*; **~ de cultivos** Brutschrank *m*; **~ de desinfección** Sterilisator *m* 4 *en baños termales*: Schwitzbad *n*; *fam fig* Schwitzkasten *m*
estufador M GASTR Schmortopf *m*; **estufar** VT *Arg, Par, Ur fam* belästigen; **estufero** M → estufista; **estufilla** F 1 *(calientapiés)* Fußwärmer *m*; kleines Kohlenbecken *n* 2 *(manguito)* Muff *m*; **estufista** M/F Ofensetzer *m*, -in *f*
estulticia F *liter* Dummheit *f*; **estulto** ADJ *liter* töricht, dumm
estupa M/F *fam* Drogenfahnder *m*, -in *f*
estupefacción F Sprachlosigkeit *f*, großes Erstaunen *n*; Bestürzung *f*; **estupefaciente** A ADJ berauschend; betäubend B M Rauschgift *n*, Betäubungsmittel *n*; **tráfico** *m* **de ~s** Rauschgifthandel *m*; **estupefactivo** ADJ berauschend, betäubend; **estupefacto** ADJ starr *(vor Staunen)*, sprachlos; wie betäubt, bestürzt (**ante, por** über *acus*); **dejar ~** verblüffen; sprachlos machen
estupendo ADJ erstaunlich; fabelhaft, großartig, klasse *fam*, toll *fam*, super *fam*
estupidez F ⟨*pl* -eces⟩ Stumpfsinn *m*, Blödsinn *m*; Dummheit *f*; Beschränktheit *f*; **estupidización** F Verdummung *f*, Verblödung *f*
estúpido A ADJ stumpfsinnig, dumm; unsinnig, stupid; *fam* **¡qué individuo más ~!** so ein hirnverbrannter (*o* vernagelter) Kerl! *fam* B M, **-a** F Dummkopf *m*; Blöde *m/f fam*
estupor M MED Benommenheit *f*, Stupor *m*; *fig* maßloses Staunen *n* (*o* Entsetzen *n*); Betäubung *f*
estuprar VT *Esp* JUR schänden, verführen *(Minderjährige)*; **estupro** M Schändung *f*; Verführung *f*; *Esp* JUR Verführung *f* Minderjähriger
estuque M → estuco; **estuquería** F Stuckatur *f*; **estuquista** M/F Stuckateur *m*, -in *f*; Stuckarbeiter *m*, -in *f*
esturión M *pez*: Stör *m*
estuve, estuvo → estar
ésula F BOT *Art* Wolfsmilch *f*
esvástica F Hakenkreuz *n*
ET M ABR (Ejército de Tierra) MIL Landstreitkräfte *fpl*
eta F Eta *n (griechischer Buchstabe)*
ETA F ABR (Euskadi Ta Askatasuna) *Esp* Baskisches Vaterland und Freiheit *(baskische Terrororganisation)*
etalaje M TEC Rast *f*, Gestell *n bei Hochöfen*
etano M QUÍM Äthan *n*
etapa F 1 *de un recorrido*: Abschnitt *m*, Etappe *f* (*tb* DEP), (Teil)Strecke *f*; *fig (fase)* Stufe *f*, Phase *f*, Etappe *f*; *adv* **por ~s** schritt-, stufenweise; **de varias ~s** mehrstufig; DEP **ganar una ~** Etappensieger sein; *fig* **quemar ~s** Zwischenstufen überspringen 2 MIL *(cuartel)* (Marsch)Quartier *n*; *(lugar de parada)* Rast-, Lagerplatz *m* 3 *(ración)* (Verpflegungs)Ration *f*, Marschverpflegung *f*
etarra A ADJ *auf die ETA bezogen* B M/F Mitglied *n* der ETA, → ETA
ETB ABR (Euskal Telebista) baskisches Fernsehen *n*
etc. ABR (etcétera) usw. *(und so weiter)*
etcétera und so weiter, et cetera; **y un largo ~** und vieles andere mehr
éter M QUÍM *y fig* Äther *m*; QUÍM, MED **~ dietílico** Narkoseäther *m*
etéreo ADJ QUÍM *y fig* ätherisch, Äther...; *fig* Himmel(s)...
eterificar VT ⟨1g⟩ QUÍM veräthern; **eterización** F MED Äthernarkose *f*; **eterizar** VT ⟨1f⟩ 1 MED *narcotizar*: *j-m* eine Äthernarkose geben 2 QUÍM *impregnar*: mit Äther versetzen
eternal ADJ *liter* ewig; **eternamente** ADV ewig; **eternidad** F Ewigkeit *f (tb fig)*; **desde la ~** von Ewigkeit(en) her; seit unvordenklichen Zeiten; **durar/esperar una ~** eine Ewigkeit dauern/warten; **eternizar** ⟨1f⟩ A VT 1 *(perpetuar)* verewigen 2 *fig (hacer durar demasiado)* endlos hinziehen (*o* verschleppen) B V/R **eternizarse** eine Ewigkeit dauern; *tb* eine Ewigkeit brauchen
eterno ADJ ewig (*tb fig*); *(inmortal)* unsterblich; *(infinito)* unendlich; REL **el (Padre) Eterno** der Ewige Vater, Gott *m*; *fam fig* **la -a canción** die alte Leier *fam*
ethos M Ethos *n*
ética F 1 FIL Ethik *f* 2 *(moral)* Ethos *n*; **~ profesional** Berufsethos *n* 3 *persona*: Ethikerin *f*
ético[1] A ADJ ethisch, sittlich, Sitten... B M Ethiker *m*
ético[2] ADJ → hético
etileno M QUÍM Äthylen *n*
etílico ADJ QUÍM Äthyl...; **intoxicación** *f* **-a** Alkoholvergiftung *f*
etilismo M Alkoholismus *m*; Alkoholvergiftung *f*
etilo M QUÍM Äthyl *n*
étimo M LING Etymon *n*
etimología F LING Etymologie *f*; **~ popular** Volksetymologie *f*; **etimológico** ADJ etymologisch; **etimologista** M/F, **etimólogo** M, **etimóloga** F Etymologe *m*, Etymologin *f*
etiología F FIL, MED Ätiologie *f*; MED *p. ext* Krankheitsursache *f*; **etiológico** ADJ ätiologisch
etíope A ADJ äthiopisch B M/F Äthiopier *m*, -in *f*
Etiopía F Äthiopien *n*
etiópico ADJ → etíope
etiqueta F 1 *(rótulo)* Etikett *n*; *de precio*: Preisschild *n*; **~ adhesiva** Klebeetikett *n*; **~ autoadhesiva** Aufkleber *m*; **~ (colgante)** Anhänger *m*; **~ ecológica** Umweltzeichen *n*, Ökolabel *n*; **poner ~s (a)** etikettieren *(acus)*, Preisschilder anbringen (an *acus*); *mercancías* auszeichnen 2 *(usos y costumbres)* Etikette *f*, Förmlichkeit *f*; **traje** *m* **de ~** Gesellschaftsanzug *m*; **de rigurosa ~** im Abendanzug; *fig* **estar de ~** (nur noch) förmlich miteinander verkehren; **ir** *o* **vestir de ~** elegant angezogen sein; **visita** *f* **de ~** Höflichkeitsbesuch *m* 3 *actos oficiales*: Etikette *f*, Hofsitte *f*; **~ palaciega** *o* **de palacio** Hofetikette *f*
etiquetado M Etikettieren *n*; Etikettierung *f*; Auszeichnen *n (von Waren)*; **etiquetadora** F Etikettier-, Auszeichnungsmaschine *f*; **etiquetar** VT etikettieren; **etiquetero** ADJ sehr förmlich
etmoides M ⟨*pl inv*⟩ ANAT Siebbein *n*
etnia F Sprach- und Kulturgemeinschaft *f*, Ethnie *f*; Volkstum *n*; Volksgruppe *f*
étnico ADJ *relativo a una raza*: ethnisch, Volks...; LING **nombre** *m* **~** Ethnikum *n*, Volksname *m*
etnocidio M *espec Am* Völkermord *m*; *t/t* Ethnozid *m/n*; **etnografía** F Ethnografie *f*; **etnográfico** ADJ ethnografisch; **museo** *m* **~** Museum *n* für Völkerkunde
etnógrafo M, **-a** F Ethnograf *m*, -in *f*; **etnolingüística** F Ethnolinguistik *f*; **etnología** F Ethnologie *f*, Völkerkunde *f*; **etnológico** ADJ ethnologisch, völkerkundlich; **etnólogo** M, **-a** F Ethnologe *m*, Ethnologin *f*
etología F Ethologie *f*, Verhaltensforschung *f*
etrusco HIST A ADJ etruskisch B M, **-a** F Etrusker *m*, -in *f* C M *lengua*: Etruskisch *n*
ETS F ABR (Escuela Técnica Superior) *correspon-de a*: technische Fachhochschule *f*
ETT F ABR (Empresa de Trabajo Temporal) Zeitarbeitsvermittlung *f*; Zeitarbeitsfirma *f*
etusa F BOT Gartenschierling *m*
EU ABR (Escuela Universitaria) *Spanische Universitäten, angegliederte Fachschulen und Fachhochschulen*
eucalipto M BOT Eukalyptus *m*; FARM **aceite** *m o* **esencia** *f* **de ~** Eukalyptusöl *n*
eucaristía F REL Eucharistie *f*, Abendmahl *n*; **eucarístico** ADJ REL eucharistisch
euclideo ADJ, **euclidiano** ADJ *espec* GEOM euklidisch
eudiómetro M QUÍM Eudiometer *n*
eufemismo M Euphemismus *m*; **eufemístico** ADJ euphemistisch
eufonía F Wohlklang *m*, Eufonie *f*; **eufónico** ADJ wohllautend, eufonisch

euforbio M BOT Euphorbie *f*, Euphorbia *f*
euforia F MED *y fig* Euphorie *f*; **eufórico** ADJ MED *y fig* euphorisch; *fig* beschwingt
eugenesia F MED Eugenik *f*; **eugenésico** ADJ eugen(et)isch
eugénica F → eugenesia; **eugénico** ADJ → eugenésico
eunuco M Eunuch *m*
Euráfrica F Eurafrika *n*
Eurasia F Eurasien *n*
eurasiático A ADJ eurasiatisch B M, **-a** F Eurasier *m*, -in *f*
eurásico ADJ → eurasiático
eureka INT heureka!
euritmia F 1 *t/t* Eurhythmie *f*; Ebenmaß *n* 2 MED *(pulso regular)* regelmäßiger Puls *m*; **eurítmico** ADJ ebenmäßig, im Ebenmaß
euro[1] M *moneda*: Euro *m*; **billete** *m* **de veinte ~s** Zwanzigeuroschein *m*; **moneda** *f* **de un ~** (Ein)Eurostück *n*; **tres ~s la unidad, la docena** drei Euro das Stück, das Dutzend; **pagar en ~s** in Euro bezahlen; **unos diez ~s** ungefähr zehn Euro
euro[2] M *poét* Ostwind *m*
euroasiático ADJ → eurasiático
eurocalculadora F Eurorechner *m*
Eurocámara F POL Europaparlament *n*
eurocéntrico ADJ eurozentristisch; **eurocentrismo** M Eurozentrismus *m*; **eurocentrista** ADJ POL eurozentristisch; **eurocheque** M FIN Euroscheck *m*
eurocomisario M, **-a** F Mitglied *n* der Europäischen Kommission
eurocomunismo M Eurokommunismus *m*; **eurocomunista** A ADJ eurokommunistisch B M/F Eurokommunist *m*, -in *f*
euroconector M TV Eurostecker *m*; **euroconvertidor** M Euroumrechner *m*
Eurocopa F DEP Europapokal *m*
eurocracia F Eurokratie *f*; **eurócrata** M/F Eurokrat *m*, -in *f*
Eurocuerpo M MIL Eurokorps *n*
eurodiputado M, **-a** F Europaabgeordnete *m/f*
eurodivisa F Euro(pa)währung *f*; **eurodólar** M Eurodollar *m*; **euroescéptico** M, **-a** F Euroskeptiker *m*, -in *f*; **euromercado** M Euromarkt *m*
Europa F Europa *n*; **(la) ~ Central** Mitteleuropa *n*
europarlametario M, **-a** F Europarlamentarier *m*, -in *f*
europea F Europäerin *f*; **europeísmo** M POL Europabewegung *f*, -gedanke *m*; **europeísta** A ADJ **idea** *f* **~** Europagedanke *m* B M/F Anhänger *m*, -in *f*, Befürworter *m*, -in *f* des Europagedankens; **europeización** F Europäisierung *f*; **europeizar** ⟨1f⟩ A V/T europäisieren B V/R **europeizarse** europäische Sitten annehmen; die Vorstellungen und Normen Europas übernehmen; **europeo** A ADJ europäisch B M Europäer *m*
europesimismo M Europessimismus *m*
Europol M ABR (policía europea) Europol *f* *(Europäisches Polizeiamt)*
eurosocialismo M Eurosozialismus *m*; **eurosocialista** ADJ eurosozialistisch
eurotúnel M Eurotunnel *m*
Eurovisión F TV Eurovision *f*
eurozona F Euroland *n*, Eurozone *f*, Euroraum *m*
euscaldún, -una ADJ A ADJ *(vasco)* baskisch sprechend B M, **-una** F, Baskischsprechende *m/f*
Euskadi M Baskenland *n*
euskera, eusquera LING A ADJ baskisch B M baskische Sprache *f*
Eustaquio ANAT **trompa** *f* **de ~** Ohrtrompete *f*, eustachische Röhre *f*
eutanasia F MED Euthanasie *f*, Sterbehilfe *f*; **~ activa/pasiva** aktive/passive Sterbehilfe *f*
eutrapelia F *t/t* 1 *(moderación)* Mäßigung *f im Vergnügen* 2 *(diversión inofensiva)* harmloser Spaß *m* 3 *(prontitud en la réplica)* Schlagfertigkeit *f*
Eva N PR F Eva *f*; *fam fig* **las hijas de ~** die Evastöchter *fpl*, die Frauen *fpl*; **en traje de ~** im Eva(s)kostüm, nackt
evacuación F 1 *(desalojamiento)* Räumung *f* *(tb* ADMIN, JUR, MIL*)*; ADMIN, MIL Evakuierung *f* 2 TEC *(eliminación)* Beseitigung *f*; Abführung *f*, Ablass *m* 3 MED Entleerung *f*; Ausräumung *f*; **~ (intestinal** *o* **de vientre)** Darmentleerung *f*, Stuhlgang *m*
evacuante ADJ → evacuativo
evacuar V/T ⟨1d⟩ 1 *(desalojar)* räumen *(tb* ADMIN, MIL*)*; ADMIN, MIL evakuieren; verlagern 2 TEC ablassen, *caldera tb* abblasen; abführen 3 *(vaciar)* (ent)leeren *(tb* MED*)*, ausräumen; **~ el vientre** den Darm entleeren, Stuhlgang haben 4 ADMIN, JUR *asunto, formalidad* erledigen; *conferencia* abhalten; **evacuativo** MED A ADJ abführend B M Abführmittel *n*; **evacuatorio** A ADJ → evacuativo B M Bedürfnisanstalt *f*
evadir A V/T *(evitar)* vermeiden, umgehen; ausweichen *(dat)*, entgehen *(dat)*; sich um *etw (acus)* drücken *fam* B V/R **evadirse** *(escaparse)* fliehen, entweichen; entkommen; *de la cárcel*: ausbrechen; *fam fig (zafarse)* sich drücken *fam*; *fig* **se evadió** er wich aus
evaluable ADJ abschätzbar; **evaluación** F 1 *(estimación)* Ab-, Einschätzung *f*, Bewertung *f* 2 *(valoración)* Auswertung *f*
evaluar V/T ⟨1e⟩ 1 *(estimar)* bewerten; veranschlagen, schätzen **(en** auf *acus***)** 2 *(valorar)* auswerten
evanescente ADJ verblassend; verschwimmend; schwindend
evangeliario M Evangeliar(ium) *n*; **evangélico** ADJ evangelisch *(tb iglesia)*
evangelio M REL Evangelium *n (tb fig)*; **el ~ según San Juan** das Johannesevangelium; *fam fig* **lo que dice es el ~** *(él/ella dice la pura verdad)* er/sie sagt die reine Wahrheit; *(se le cree ciegamente)* seine/ihre Worte werden unbesehen geglaubt; *fig* **hacer ~ de a/c** etw zum Dogma erheben
evangelista M 1 *Biblia*: Evangelist *m* 2 *cantante*: Evangeliensänger *m* 3 *Méx (memorialista)* Schreiber *m für Analphabeten*; **evangelización** F Verkündigung *f* des Evangeliums; **evangelizar** V/T & V/I ⟨1f⟩ *j-m* das Evangelium predigen; *j-n* zum Christentum bekehren
evaporable ADJ verdunstbar; **evaporación** F Verdunstung *f*, Verdampfung *f*; Verflüchtigung *f*; **~ del agua** Wasserentziehung *f (durch Verdampfen)*; **evaporador** M TEC Verdampfer *m*; **evaporar** A V/T verdunsten lassen; eindampfen B V/R **evaporarse** 1 *(disiparse)* verdampfen, verdunsten; sich verflüchtigen *(tb fig)* 2 *fig (esfumarse)* verduften *fam*; **evaporizar** ⟨1f⟩ zum Verdunsten bringen
evasión F 1 Entweichen *n*, Flucht *f*; *de la cárcel*: Ausbruch *m*; **~ de capitales/fiscal** Kapital-/Steuerflucht *f*; *fig* **~ de la realidad** Flucht *f* aus der Wirklichkeit 2 *(distracción)* Ablenkung *f*, Zerstreuung *f*; **literatura** *f* **de ~** (reine) Unterhaltungsliteratur *f* 3 → evasiva
evasiva F *respuesta* ausweichende Antwort *f*; Ausrede *f*, Ausflucht *f*; **evasivamente** ADV **responder ~** ausweichend antworten; **evasivo** ADJ ausweichend; ablenkend; **literatura** *f* **-a** Unterhaltungsliteratur *f*
evasor A ADJ fliehend B M, **evasora** F Ausbrecher *m*, -in *f*; **~ fiscal** *o* **tributario** Steuerhinterzieher *m*, Steuerflüchtling *m*
evento M *espec Am* Ereignis *n*, Begebenheit *f*, Fall *m*; *fiesta*: Event *m/n*; **a todo ~** auf jeden Fall; für alle Fälle
eventual A ADJ 1 *(posible)* etwaig, möglich, eventuell; JUR Eventual…; **en caso ~** gegebenenfalls 2 *(oportuno)* gelegentlich; **personal** *m* **~** Aushilfspersonal *n*; **trabajo** *m* **~** Gelegenheitsarbeit *f* 3 **emolumentos** *mpl* **~es** → eventual B B M Sonder-, Nebenbezüge *mpl von Beamten*
eventualidad F Möglichkeit *f*, Eventualität *f*; **eventualmente** ADV unter Umständen, eventuell, gegebenenfalls
evicción F JUR Entwehrung *f*; **saneamiento** *m* **por ~** Rechtsmängelhaftung *f*
evidencia F Offenkundigkeit *f*, Augenscheinlichkeit *f*, Evidenz *f (tb* FIL*)*; **poner en ~** einleuchtend darlegen, klar beweisen; **poner en ~ a alg** j-n bloßstellen, j-n blamieren; *fig* **quedar en ~** unangenehm auffallen; sich lächerlich machen; *fig* **rendirse ante la ~** sich den Tatsachen beugen
evidenciar V/T ⟨1b⟩ offenlegen, zeigen, deutlich machen
evidente ADJ offensichtlich, offenkundig, unleugbar, klar, evident; **es ~ que …** es leuchtet ein, dass …, es stimmt, dass …, es liegt auf der Hand, dass …; **evidentemente** ADV offensichtlich, offenbar
evisceración F Ausnehmen *n (von toten Tieren)*; **eviscerar** V/T ausnehmen
evitabilidad F Vermeidbarkeit *f*; **evitable** ADJ vermeidbar; **evitación** F Vermeidung *f*; Verhütung *f*, Abwendung *f*; **en ~ de mayores males** um Schlimmeres zu verhüten
evitar A V/T *(prevenir)* verhüten, abwenden; *(precaver)* vorbeugen *(dat)*; (ver)meiden; *(esquivar)* ausweichen *(dat)*, aus dem Weg gehen *(dat)*; *(ahorrarle a/c a alg) j-m etw* ersparen; **para ~ errores** zur Vermeidung von Irrtümern B V/R **evitarse** *(impedir a/c)* sich vermeiden lassen; *(ahorrarse a/c)* sich *(dat)* selbst *etw* ersparen
eviterno ADJ REL ewig *(doch mit einem Anfang in der Zeit)*
evo M REL, *poét* Ewigkeit *f*
evocación F 1 *de espíritus*: (Geister)Beschwörung *f* 2 *(recuerdo)* Erinnerung *f* **(de** an *acus***)**, Zurückdenken *n* **(de** an *acus***)**;
evocador ADJ Erinnerungen heraufbeschwörend; **~ de** erinnernd an *(acus)*
evocar V/T ⟨1g⟩ 1 *muertos* anrufen; *espíritus* beschwören 2 *recuerdos* wachrufen, wecken; *pasado* heraufbeschwören, erinnern; **evocativo** ADJ → evocador
evolución F 1 *(desarrollo)* Entwicklung *f*; Verlauf *m (tb* MED*)*; *fig (transformación)* Wandel *m*; BIOL, POL Evolution *f*; **grado** *m* **de ~** Entwicklungsstufe *f* 2 MIL *de tropas*: Aufmarsch *m*; **-ones** *fpl* MAR, MIL Schwenkungen *fpl*, Manöver *npl*; *p. ext (pasos de baile)* (Tanz)Schritte *mpl*, Figuren *fpl*; AVIA, MAR **hacer -ones** schwenken, manövrieren
evolucionar V/I 1 sich (weiter-, fort)entwickeln; *(cambiar lentamente)* sich (allmählich) ändern; *(moverse)* sich bewegen 2 MED *enfermedad* verlaufen 3 MIL *(desplegar)* aufmarschieren, Schwenkungen ausführen, schwenken *(tb* MAR, AVIA*)*; MAR, AVIA manövrieren; **evolucionismo** M FIL Evolutionismus *m*; BIOL Evolutionstheorie *f*; **evolucionista** A ADJ Evolutions… B M/F Evolutionist *m*, -in *f*; **evolutivo** ADJ Entwicklungs…
evónimo M BOT Pfaffenhütchen *n*
ex A PREF *vor sust*: ehemalig, gewesen, Ex…; **~ ministro** ehemaliger (o gewesener) Minister *m*, Exminister *m*; **mi ~ marido** mein Exmann,

mein Ex *fam* **B** M/F Ex *m/f fam*
exabrupto **A** ADV plötzlich, unvermutet **B** M *dicho*: unbedachte Äußerung *f*; *respuesta*: barsche Antwort *f*; (*ira repentina*) plötzlicher Wutanfall *m*; **contestó con un ~** er gab eine scharfe Antwort
exacción F JUR **1** *de impuestos*: Erhebung *f* von Steuern (*o* Gebühren); **~ ilegal** Gebührenübererhebung *f* **2** (*impuesto*) Abgabe *f*, Steuer *f*
exacerbación F **1** (*irritación*) Reizung *f* **2** MED (*empeoramiento*) Verschlimmerung *f*; **exacerbar** **A** V/T **1** (*irritar*) reizen; (v)erbittern **2** (*empeorar*) verschlimmern **B** V/R **exacerbarse** **1** (*empeorarse*) sich verschlimmern; sich steigern **2** *fig* (*enfurecerse*) in heftigen Zorn geraten
exactamente ADV genau, richtig; *int* **¡~!** stimmt (genau)!; **más ~** genau gesagt; **exactitud** F (*precisión*) Genauigkeit *f*; (*puntualidad*) Pünktlichkeit *f*; (*veracidad*) Richtigkeit *f*
exacto ADJ genau, exakt; (*correcto*) richtig; (*puntual*) pünktlich; (*confiable*) zuverlässig, sorgfältig; **¡~!** richtig!, (das) stimmt!; **~ al milímetro** millimetergenau; **no es ~** (**que** *subj*) es stimmt nicht (, dass *ind*)
exactor M, **exactora** F Steuereinnehmer *m*, -in *f*
exageración F Übertreibung *f*; **exagerado** ADJ übertrieben; *precio* überhöht; *reacción* überzogen; **¡eres un ~!** du übertreibst mal wieder!; **no seas tan ~** übertreibe nicht so sehr
exagerador **A** ADJ übertreibend; aufschneidend **B** M, **exageradora** F Aufschneider *m*, -in *f*
exagerar V/T & V/I (*llevar al extremo*) übertreiben; aufbauschen; (*sobrestimar*) überschätzen; zu hoch (ver)anschlagen
exaltación F **1** (*enaltecimiento*) Erhebung *f*, Erhöhung *f*; (*glorificación*) Verherrlichung *f*, Lobpreisung *f*; **~ al trono** Thronerhebung *f* **2** (*entusiasmo*) Begeisterung *f* **3** (*excitación*) Erregung *f* (*tb* MED); Exaltiertheit *f* **4** PSIC (*aumento*) Steigerung *f*
exaltado ADJ **1** *fig* (*sobrexcitado*) überspannt, exaltiert, überschwänglich; **cabeza** *f* **-a** Wirr-, Feuerkopf *m*, Schwärmer *m*, Schwarmgeist *m* **2** POL (*radical*) radikal
exaltar **A** V/T **1** (*enaltecer*) erheben, erhöhen; (*glorificar*) verherrlichen, preisen **2** (*excitar*) (auf)reizen; (*entusiasmar*) begeistern **3** PSIC (*aumentar*) steigern **B** V/R **exaltarse** **1** (*ir en aumento*) sich steigern **2** (*entusiasmarse*) in Begeisterung geraten (**por** für *acus*); schwärmen (**por** für *acus*); *fig* in Hitze geraten
examen M ⟨*pl* **exámenes**⟩ **1** (*prueba*) Prüfung *f*, Examen *n*; **hacer** *o* **pasar un ~** eine Prüfung ablegen; *Méx* **pasar** *o* **aprobar un ~** eine Prüfung bestehen; **suspender un ~** eine Prüfung nicht bestehen, bei einer Prüfung durchfallen *fam*; **presentarse a un ~** sich zu einer Prüfung anmelden; **~ de admisión** *o* **~ de ingreso** Aufnahme-, Zulassungsprüfung *f*; **~ anual** Jahresprüfung *f*; **~ de conducir** *o* **de conductor** *o Am reg* **de manejo** Fahrprüfung *f*; **~ de Estado** *gener* staatliche Prüfung *f*; *Am* (*licenciatura*) Staatsexamen *n*; *Esp* (*bachillerato*) Abitur *n*; **~ final/intermedio** Abschluss-/Zwischenprüfung *f*; **~ oral** *o* **verbal** mündliche Prüfung *f*; **~ (por) escrito** schriftliche Prüfung *f*; **~ de recuperación** (*o fam* **de repesca**) Wiederholungsprüfung *f*; *Esp* **~ de selectividad** (schriftliche) Aufnahmeprüfung *f für die Universität* **2** (*inspección*) (Nach-, Über)Prüfung *f*, Untersuchung *f* (*tb* MED); Einsicht *f* (**de in** *acus*); **~ de conciencia** Gewissensprüfung *f*; REL Gewissenserforschung *f*; REL **libre ~** freie Forschung *f*; Gewissensfreiheit *f*; **~ radiológico** *o* **~ por/de rayos** X Röntgenuntersuchung *f*; **someterse a un ~** sich einer Untersuchung unterziehen, sich untersuchen lassen
examinador **A** ADJ untersuchend, prüfend; Untersuchungs...; Prüfungs... **B** M, **examinadora** F Prüfer *m*, -in *f*; Prüfende *m/f*; Examinator *m*, -in *f*; **examinando** M, **-a** F Prüfling *m*, Kandidat *m*, -in *f*
examinar **A** V/T (*inspeccionar*) prüfen; (*comprobar*) nach-, überprüfen, untersuchen (*tb* MED); (*controlar*) kontrollieren; (*observar*) aufmerksam betrachten, mustern; *expedientes, etc* einsehen, Einsicht nehmen in (*acus*); *conciencia* erforschen; MED **~ por radioscopia** *o* **por rayos X** durchleuchten **B** V/R **examinarse** eine Prüfung ablegen (*o* machen), geprüft werden (**de** in *dat*); **~ de ingreso** die Aufnahmeprüfung ablegen
exangüe ADJ **1** (*desangrado*) blutleer, ausgeblutet; *fig* (*sin fuerzas*) matt, kraftlos **2** (*muerto*) leblos, tot
exánime ADJ leblos, entseelt; *fig* (*desmayado*) kraftlos; mutlos, niedergeschlagen
exantema M MED Exanthem *n*, Hautausschlag *m*; **exantemático** ADJ: **tifus** *m* **~** Flecktyphus *m*
exarca M HIST, REL Exarch *m*
exasperación F (*ira*) Erbitterung *f*; Wut *f*; (*desesperación*) Verzweiflung *f*; **exasperado** ADJ (*amargado*) erbittert; äußerst gereizt; wütend; (*agravado*) verschärft; **exasperante** ADV erbitternd; zum Verzweifeln
exasperar **A** V/T sehr reizen; aufbringen, in Wut (*o* zur Verzweiflung) bringen; (v)erbittern **B** V/R **exasperarse** (*enfurecerse*) in Wut geraten; *enemistad* sich sehr verschärfen; *enfermedad* sich sehr verschlimmern
Exca. ABR (Excelencia) Exzellenz
excarcelar V/T aus der Haft (*o* aus dem Gefängnis) entlassen
ex cát(h)edra ADV CAT *y fig* ex cathedra; *fam fig* autoritär, schulmeisterlich
excavación F **1** (*desentierro*) Ausgrabung *f* (*tb* ARQUEOL); CONSTR Ausbaggerung *f*, Ausschachtung *f*; AGR Auflockern *n*; **~ por gradas** Strossenbau *m* (*Tunnel*) **2** (*ahondamiento*) Vertiefung *f*, Höhlung *f*; GEOL **-ones** *fpl* Hohlräume *mpl*, Höhlenbildungen *fpl*
excavadora F TEC Bagger *m*; **~ (con cadena) de cangilones** Eimer(ketten)bagger *m*; **~ de cuchara/de orugas** Löffel-/Raupenbagger *m*; MIN **~-zapadora** Schrämmaschine *f*
excavar V/T **1** (*desenterrar*) ausgraben (*tb* ARQUEOL) **2** (*cavar*) aufgraben, -wühlen; CONSTR ausheben, -schachten; ausbaggern; MIN schürfen; (ab)teufen **3** AGR *suelo* auflockern; BOT häufeln
excedencia F ADMIN **1** *de un funcionario*: Wartestand *m*; längere Beurlaubung *f* (*o* Freistellung *f*) *von einer Planstelle* **2** *haber de un funcionario*: Wartegeld *n*; **excedentario** ADJ überschüssig, Überschuss...; **excedente** **A** ADJ **1** (*sobrante*) überzählig; ADMIN zur Wiederverwendung; *funcionario* im Wartestand **2** ECON, TEC (*en exceso*) überschüssig; TEC als Reserve (vorhanden) **B** M Überschuss *m*; (*sobrepeso*) Übergewicht *n*; *de longitud*: Überlänge *f*; *de una suma*: Mehr(betrag *m*) *n*; **~ de cereales** Getreideüberhang *m*; TEC **~ de potencia** Leistungsreserve *f*
exceder **A** V/T & V/I (*sobrepasar*) übersteigen, überschreiten (**en** um *acus*); (*superar*) übertreffen (**en** an *dat*), überragen; **~ de** hinausgehen über (*acus*); übersteigen (*acus*); hinausreichen über (*acus*); **esto excede a sus fuerzas** das geht über seine Kraft (hinaus); **~ a toda ponderación** über jedes Lob (*o* über jede Kritik) erhaben sein **B** V/R **excederse** sich (*dat*) viel herausnehmen; zu weit gehen; **~ con alg (en atenciones)** j-n mit Gunstbeweisen überschütten; **~ en sus facultades** seine Befugnisse überschreiten; seinen Fähigkeiten zu viel zutrauen; **~ a sí mismo** sich selbst übertreffen
excelencia F **1** *frec* **~s** *fpl* (*superior calidad*) Vortrefflichkeit *f*, Vorzüglichkeit *f*; **por ~** im wahrsten Sinne des Wortes, schlechthin **2** (**Su** *o* **Vuestra**) **Excelencia** (Seine, Euer) Exzellenz *f*
excelente ADJ vortrefflich, ausgezeichnet; großartig, hervorragend; **excelentísimo** M, **-a** F *título*: **Excelentísimo Sr. Don ...** Seine(r) Exzellenz Herr(n) ...; **Excelentísimo Señor** Exzellenz
excelsamente ADV voller Erhabenheit *f*; **excelso** ADJ **1** (*eminente*) hochragend **2** (*sublime*) erhaben, groß; (*exquisito*) auserlesen, ausgezeichnet
excéntrica F **1** TEC Exzenter *m* **2** (*excentricidad*) Exzentrik *f* **3** *mujer*: Exzentrikerin *f*
excentricidad F **1** TEC Exzentrizität *f* (*tb* MAT); Außermittigkeit *f*; Unrundsein *n*, Schlag *m* **2** *fig* (*extravagancia*) Exzentrizität *f*; Überspanntheit *f*, Spinnerei *f fam*
excéntrico **A** ADJ **1** TEC exzentrisch; außermittig; unrund **2** *fig* (*extravagante*) exzentrisch; überspannt **B** M Exzentriker *m*
excepción F **1** (*cosa excluida*) Ausnahme *f*; COM (Zoll)Befreiung *f*, Franchise *f*; **a ~ de** *o* **~ hecha de** ausgenommen (*acus*), mit Ausnahme von (*dat*); *adv* **de ~** außergewöhnlich; **por ~** ausnahmsweise; **sin ~** ausnahmslos, ohne Ausnahme; **hacer ~ de a/c** etw ausnehmen; **hacer una ~** eine Ausnahme machen; **la ~ de (o a) la regla** die Ausnahme von der Regel; **no hay regla sin ~** keine Regel ohne Ausnahme, Ausnahmen bestätigen die Regel; **trato** *m* **de ~** Vorzugsbehandlung *f* **2** JUR (*alegato*) Einrede *f*; **~ dilatoria/perentoria** dilatorische/peremptorische Einrede *f*
excepcional ADJ außerordentlich, Ausnahme..., Sonder...; **a título ~** ausnahmsweise; **(en) caso** *m* **~** (im) Ausnahmefall *m*; **excepcionalmente** ADV ausnahmsweise; äußerst, ganz besonders; **exceptivo** ADJ JUR Ausnahme...
excepto ADV ausgenommen, außer (*dat*); **~ que ...** außer, dass ...; **estábamos todos, ~ ella** wir waren alle da, nur sie nicht
exceptuación F Ausnahme *f*; **exceptuar** ⟨1e⟩ **A** V/T ausnehmen, ausschließen; entbinden (**de** von *dat*); **-ando lo dicho** Besagtes ausgenommen **B** V/R **exceptuarse** sich ausschließen; nicht mitmachen wollen
excesivamente ADV im Übermaß; **excesivo** ADJ übermäßig; maßlos; übertrieben; Über...; *precio* überhöht
exceso M **1** (*lo que está demás*) Übermaß *n*; Zuviel *n*; ECON Überschuss *m*, Überhang *m*; **~ de celo** Übereifer *m*; ECON **~ de demanda** Nachfrageüberhang *m*; **~ de equipaje** Übergepäck *n*; ECON **~ de oferta(s)** Überangebot *n*; **~ de peso** Mehr-, Übergewicht *n*; **~ de trabajo** Übermaß *n* an Arbeit; *transporte*: **~ de velocidad** Geschwindigkeitsüberschreitung *f*; **con** *o* **en** *o* **por ~** übermäßig, übertrieben; **con ~ de personal** überbesetzt; **evitar ~s** maßhalten; *fig* **pecar por ~** des Guten zu viel tun; **más vale pecar por ~ que por defecto** lieber zu viel als zu wenig **2** (*abuso*) Exzess *n*; **~s** *mpl tb* Ausschreitungen *fpl*; Ausschweifungen *fpl*
excipiente M FARM Excipiens *n*, Lösemittel *n*; Grundmasse *f*; Vehikel *n*
excisión F MED Exzision *f*
excitabilidad F Reizbarkeit *f*; **excitable** ADJ reizbar; **excitación** F Reiz *m*, Anregung

f; Erregung f (tb ELEC); fig (instigación) Aufhetzung f; **excitado** ADJ erregt, gereizt; **excitador** A ADJ erregend B M ELEC Erreger m; **excitante** A ADJ anregend; erregend B M MED Anregungsmittel n

excitar A V/T & V/I anregen; erregen (tb ELEC); fig erregen; aufregen, reizen; pasiones schüren; an-, aufstacheln (a zu dat); (instigar) aufhetzen B V/R **excitarse** sich aufregen, in Zorn (o Erregung) geraten; **excitativo** ADJ anregend, erregend; (provocativo) aufreizend, verführerisch

exclamación F 1 (voz, grito) Ausruf m; ~ **de júbilo** Jubelschrei m 2 LING (**signo** m **de**) ~ Ausrufezeichen n; **exclamar** V/T & V/I (aus)rufen, (aus)schreien; **exclamativo, exclamatorio** ADJ voz kraftvoll tönend; **tono** m ~ Rufton m, Tonfall m des Ausrufs

exclaustrado M aus einem Orden entlassener Geistlicher; **exclaustrar** V/T aus einem Orden entlassen

exclave M JUR Exklave f; ~ **aduanero** Zollausschluss m, Zollausschlussgebiet n

excluidor ADJ ausschließend

excluir ⟨3g⟩ A V/T ausschließen (**de** von, aus dat); (eliminar) aussondern, ausscheiden; (rechazar) verwerfen B V/R **excluirse** sich ausschließen; **exclusión** F Ausschluss m; (expulsión) Ausscheidung f, Ausstoßung f; **con** ~ **de** unter Ausschluss von (dat), mit Ausnahme von (dat)

exclusiva F 1 privilegio: Allein(vertretungs)recht n; prensa: Exklusivbericht m; COM ~ (**de venta** o **para la venta de un producto**) Alleinverkauf(srecht n) m; ~ **cinematográfica** Verfilmungsrechte npl 2 REL Exklusive f

exclusivamente ADV ausschließlich, allein; **exclusive** ADV ausschließlich; mit Ausschluss von (dat); nicht inbegriffen; **exclusividad** F Exklusivität f; **exclusivismo** M 1 (exclusividad) Ausschließlichkeit f; Einseitigkeit f 2 (privacidad) Exklusivität f; Cliquengeist m; **exclusivista** A ADJ Exklusivitäts..., restaurante, etc exklusiv; **espíritu** m ~ Kasten-, Cliquengeist m B M/F Anhänger m, -in f der Exklusivität

exclusivo ADJ ausschließlich, Exklusiv..., Allein...; **derecho** m ~ **de venta** Alleinverkaufsrecht n; **foto** f **-a** Exklusivfoto n; **representante** m ~ Alleinvertreter m

Excmo., Excma. ABR (Excelentísimo, -a) *Anrede für hochgestellte Persönlichkeiten*

excombatiente M/F Kriegsveteran m, -in f

excomulgado M, **-a** F A Exkommunizierte m/f B ADJ fig abgrundtief schlecht, teuflisch; **excomulgar** V/T ⟨1h⟩ exkommunizieren; fig ächten

excomunión F Exkommunikation f; edicto: Bannbrief m

excoriación F MED Scheuerwunde f; Hautabschürfung f; **excoriar** ⟨1b⟩ MED A V/T aufscheuern, wund scheuern B V/R **excoriarse** sich (dat) die Haut aufscheuern, wund werden

excrecencia F Auswuchs m, Wucherung f; **excreción** F FISIOL Ausscheidung f; **excrementar** V/I den Darm (o Darm und Blase) entleeren; **excrementicio** ADJ Kot..., Exkrement...; **excremento** M Kot m; tb ~**s** mpl Ausscheidung(en) f(pl), Exkrement(e) n(pl); CAZA Losung f; **excretar** V/T & V/I 1 FISIOL → excrementar 2 (deponer excrementos) ausscheiden, aussondern; **excretor(io)** ADJ ANAT Ausscheidungs...

exculpable ADJ entschuldbar; zu rechtfertigen(d); **exculpación** F Entschuldigung f; Rechtfertigung f; JUR Entlastung f; **exculpar** A V/T von Schuld befreien; entschuldigen; rechtfertigen; JUR entlasten B V/R **exculparse** sich entschuldigen; sich rechtfertigen

excursión F Ausflug m; t/t Exkursion f; ~ **(a pie)** Wanderung f; ~ **(en coche)** Autotour f; **ir de** ~ einen Ausflug (o t/t eine Exkursion) machen

excursionear V/I fam Ausflüge machen; wandern; **excursionismo** M Wandersport m; Ausflugsbetrieb m; **excursionista** M/F Ausflügler m, -in f; Wanderer m, Wanderin f; t/t Exkursionsteilnehmer m, -in f

excusa F Entschuldigung f; JUR Rechtfertigung f; (pretexto) Ausrede f; **dar** o **presentar sus** ~**s (a alg)** sich (bei j-m) entschuldigen; **le presento mis** ~**s** entschuldigen Sie bitte

excusable ADJ entschuldbar; **excusadamente** ADV überflüssiger-, unnötigerweise

excusado A ADJ 1 (superfluo) überflüssig, unnötig 2 de impuestos: steuerfrei 3 (secreto) geheim, verborgen; **puerta** f **-a** Geheimtür f B M 1 (retrete) Toilette f 2 HIST impuesto: Königszehnt m (Abgabe); **excusador** M Stellvertreter m, Ersatzmann m

excusar A V/T 1 (disculpar) entschuldigen (**con** bei dat) 2 (evitar) vermeiden; ~ **a alg a/c** j-m etw ersparen (o erlassen); **no** ~ **gastos** keine Kosten scheuen; ~ (inf) nicht (erst) zu (inf) brauchen; **excuso decirte ...** ich brauche dir nicht erst zu sagen ...; **le llamas por teléfono y excusas ir** ruf ihn doch an, dann brauchst du nicht hinzugehen 3 (rechazar) verweigern, ablehnen 4 HIST de impuestos: von Abgaben befreien B V/R **excusarse** sich entschuldigen (**de, por** inf dafür, dass ind); ~ **de asistir a la sesión** sich für sein Fernbleiben entschuldigen; ADMIN, JUR ~ **de** cargo ablehnen

excusión F JUR **beneficio** m **de** ~ Einrede f der Vorausklage

execrable ADJ abscheulich, verdammenswert; **execración** F 1 REL Exsekration f 2 (maldición) Verfluchung f, Verwünschung f; Fluch m 3 (repulsión) Abscheu m; **execrando** ADJ → execrable; **execrar** V/T 1 REL exsekrieren 2 (condenar) verdammen, verfluchen 3 (abominar) verabscheuen; **execratorio** ADJ Fluch...

exedra F ARQUIT Exedra f

exégesis F, **exegesis** F Exegese f, (Bibel)Auslegung f

exegeta, exégeta M/F Exeget m, -in f; p. ext Ausleger m, -in f, Deuter m, -in f; **exegético** ADJ exegetisch; deutend

exención F Befreiung f von Verpflichtungen; MIL Freistellung f vom Wehrdienst; ~ **de derechos de aduana** Zollfreiheit f; ~ **de impuestos** Steuerfreiheit f

exentar → eximir

exento ADJ 1 ~ **de** frei (o befreit) von (dat); en palabras compuestas: ...frei; ~ **de cargas** lastenfrei; **estar** ~ **de la jurisdicción local** der örtlichen Gerichtsbarkeit entzogen sein; ~ **de toda responsabilidad** aller Verantwortung enthoben 2 ARQUIT columna, edificio frei stehend

exequátur M 1 POL Exequatur n 2 JUR Vollstreckbarkeitserklärung f bei Zwangsvollstreckung

exequial ADJ Exequien...; **exequias** FPL Begräbnisfeierlichkeiten fpl, Exequien pl

exfoliación F 1 MINER, CONSTR de piedras, revoque, etc: Abblättern n 2 MED Exfoliation f 3 cosmética: Peeling n, Schälkur f; **exfoliador** M Am reg calendario: Abreißkalender m; bloc: Abreißblock m; **exfoliante** M cosmética: Peelingmittel n

exfoliar ⟨1b⟩ A V/T abblättern B V/R **exfoliarse** abblättern; abschilfern; piel sich abschuppen

exhalación F 1 (transpiración) Ausdünstung f, Ausströmung f; (aroma) Duft f 2 (estrella fugaz) Sternschnuppe f; (relámpago) Blitz m; fig liter **en una** ~ im Nu

exhalar A V/T (emanar) ausdünsten, ausströmen; suspiros, quejas ausstoßen; ~ **el último suspiro** sterben B V/R **exhalarse** fig laufen, enteilen; (schnell) verschwinden

exhaustivamente ADV vollständig, gründlich; erschöpfend; **exhaustividad** F (totalidad) Vollständigkeit f; Gründlichkeit f; (agotamiento) Erschöpfung f (tb fig); **exhaustivo** ADJ (que agota) erschöpfend (tb fig); (completo) vollständig; **exhausto** ADJ erschöpft (tb fig); matt, kraftlos; **exhaustor** M TEC Exhaustor m

exheredar V/T poco usado enterben

exhibición F 1 Vorlegen n, Vorlage f; JUR Vorlage f (o Beibringung f) von Beweisen 2 (muestra en público) Ausstellung f, Schau f; (exposición) Vorführung f; ~ **de cuadros** Gemäldeausstellung f; ~ **individual** Einzelauftritt m, patinaje sobre hielo: Einzelschaulauf m, Solo n; **-ones** fpl **artísticas** teatro de variedades, circo: Artistik f 3 PSIC Exhibition f

exhibicionismo M PSIC Exhibitionismus m; fig (krankhafte) Sucht f, (um jeden Preis) aufzufallen; **exhibicionista** M/F PSIC Exhibitionist m, -in f

exhibidor M, **exhibidora** F Vorführer m, -in f; FILM ~ **cinematográfico, ~a cinematográfica** Filmvorführer m, -in f

exhibir A V/T 1 documentos, JUR tb pruebas, etc vorzeigen, -legen, -weisen 2 mercancías ausstellen; vorführen (tb FILM); zur Schau stellen (tb fig desp) B V/R **exhibirse** sich zeigen, sich zur Schau stellen; uso pasivo: película gezeigt werden

exhortación F Ermahnung f, Aufforderung f, Zureden n; ~ **a la penitencia** Mahnung f zur Buße, Bußpredigt f; **exhortar** V/T (er)mahnen, aufmuntern; ~ **a alg a a/c** j-n zu (dat) etw auffordern o ermuntern; ~ **a alg a** (inf) j-n auffordern o ermahnen zu (inf); **exhortativo, exhortatorio** ADJ Ermahnungs..., Mahn...; GRAM **oración** f **-a** Aufforderungssatz m; **exhorto** M JUR (Rechtshilfe-)Ersuchen n an ein gleichgeordnetes Gericht

exhumación F Exhumierung f, Ausgrabung f; **exhumar** V/T cadáver exhumieren; fig (recordar) ~ **a/c** (sich) an etw (acus) wieder erinnern

exigencia F 1 (reclamación) Forderung f, Anspruch m; ~ **(exagerada)** Zumutung f; **tener muchas** ~**s** sehr anspruchsvoll sein, viele Ansprüche stellen 2 (necesidad) Erfordernis n, Bedarf m; Anforderung f

exigente ADJ anspruchsvoll; unbescheiden; **ser** ~ (große) Ansprüche stellen; **no seamos** ~**s** verlangen wir nicht zu viel

exigible ADJ ECON, JUR einklagbar, eintreibbar; fällig; **exigido** ADJ hombre, animal, máquina stark beansprucht

exigir V/T ⟨3c⟩ 1 (pedir, demandar) fordern, verlangen; impuestos eintreiben; ~ **a/c de** o **a alg** bei j-m auf etw (acus) dringen, j-n an etw (acus) mahnen; etw von j-m fordern 2 (hacer necesario) erfordern, nötig sein; ~ **mucha energía** einen hohen Aufwand an Energie erfordern

exigüidad F Geringfügigkeit f; Winzigkeit f; **exiguo** ADJ (zu) klein, winzig; geringfügig; kärglich

exil(i)ado A ADJ landesverwiesen B M, **-a** F Landesverwiesene m/f; **exil(i)ar** A V/T des Landes verweisen B V/R **exil(i)arse** ins Exil gehen; **exilio** M Exil n; **en (el)** ~ im Exil

eximente ADJ JUR straf- o schuldausschließend; **circunstancias** fpl ~**s** Schuldausschlie-

E

ßungsgründe *mpl*
eximio ADJ **1** (*muy conocido*) sehr bekannt, berühmt **2** (*excelente*) vortrefflich, ausgezeichnet; großartig, hervorragend
eximir **A** V/T **~ a alg (de una obligación)** j-n (von einer Pflicht) befreien, j-n (einer Verpflichtung) entheben; **~ a alg de una responsabilidad** j-n einer Verantwortung entheben, j-n aus einer Haftung entlassen **B** V/R **~se de a/c** sich einer Sache (*dat*) entziehen, sich von etw (*dat*) frei machen

E

existencia F **1** (*hecho de existir*) Dasein *n*, Existenz *f*, Vorhandensein *n*; (*vida*) Leben *n* **2** COM **~s** *fpl mercancías*: Bestände *mpl*; (Waren)Vorrat *m*; **en ~** vorrätig; **~ de piezas de recambio** Ersatzteilhaltung *f*; **hasta que se agoten las ~s** *o* **en tanto queden ~s** solange der Vorrat reicht; **vender** *o* **agotar las ~s** das Lager räumen
existencial ADJ existenziell; Existenzial…; **existencialismo** M FIL, LIT Existenzialismus *m*; **existencialista** **A** ADJ existenzialistisch **B** M/F Existenzialist *m*, -in *f*; **existente** **A** ADJ bestehend, vorhanden, existent **B** M/F FIL Daseiende *m/f*
existir V/I existieren, da sein, vorhanden sein, bestehen; geben; (*vivir*) leben; **no existe** das (*o* den *etc*) gibt es nicht
exitazo M *fam* Riesen-, Bombenerfolg *m fam*
éxito M Erfolg *m*; MÚS **~ (músical)** (Erfolgs)Schlager *m*, Hit *m*; *adv* **con (buen) ~** erfolgreich, mit Erfolg; **sin ~** erfolglos; TV **~ de audiencia** Zuschauererfolg *m*; *emisión tb* Quotenhit *m*; **~ de taquilla** *o* **~ taquillero** Kassenerfolg *m*, -schlager *m*; **~ de venta** Verkaufsschlager *m*, Renner *m fam*; MÚS *disco*: Hit *m*; **tener un gran ~ de risa** Lachstürme hervorrufen
exitoso ADJ erfolgreich
exlibris M, **ex libris** M Exlibris *n*, Buchzeichen *n*
éxodo M *Biblia y fig* Exodus *m*; *fig* Auszug *m*; **~ rural** Landflucht *f*
exoesqueleto M BIOL Hautskelett *n*
exoftalmia F, **exoftalmía** F MED Exophthalmus *m*
exogamia F BIOL Exogamie *f*
exógeno ADJ *t/t* exogen
exoneración F **1** *de impuestos*: Entlastung *f*, Befreiung *f* **2** *de un cargo*: Enthebung *f*, Absetzung *f*
exonerar V/T **~ de** befreien, entlasten von (*dat*); **~ del cargo** des Amtes entheben
exorbitación F, **exorbitancia** F Übermaß *n*; **exorbitante** ADJ übertrieben, unmäßig, exorbitant; *precios* überhöht, unerschwinglich
exorcismo M Geisterbeschwörung *f*, Exorzismus *m*; **exorcista** **A** M/F Geisterbeschwörer *m*, -in *f* **B** M CAT Exorzist *m*; **exorcizar** V/T ⟨1f⟩ *espíritus, diablos* beschwören, austreiben
exordio M *liter* Einleitung *f*, Exordium *n*; **exornar** V/T *liter espec discursos* ausschmücken
exorreísmo M Abfluss *m* der Flüsse (eines Gebiets) ins Meer
exosmosis F, **exósmosis** F QUÍM Exosmose *f*
exosto M *Col* AUTO Auspuff *m*
exotérico ADJ *t/t* exoterisch; allgemein verständlich; **exotérmico** ADJ QUÍM exotherm, Wärme freigebend
exoticidad F → exotismo
exótico ADJ exotisch; fremd(artig)
exotismo M **1** (*calidad de exótico*) Exotik *f*; Fremdartigkeit *f* **2** *preferencia*: Vorliebe *f* für Exotik; Exotismus *m*
expandir **A** V/T ausdehnen; *fig* verbreiten **B** V/R **expandirse** sich ausdehnen; sich ausbreiten; **expansibilidad** F (Aus)Dehnbarkeit *f*; **expansible** ADJ (aus)dehnbar; *t/t* expansibel
expansión F **1** POL, ECON, FÍS, TEC (*dilatación*) Ausdehnung *f*, (*aumento*) Ausweitung *f*; Expansion *f*; ECON **en ~** *empresa* expandierend; POL, HIST **~ hacia el Este** Drang *m* nach Osten; **estar en ~** expandieren **2** (*carácter comunicativo*) Mitteilsamkeit *f*; Gefühlserguss *m*, Überschwang *m* **3** (*relajación*) Entspannung *f*, Ablenkung *f*
expansionarse V/R **1** ECON expandieren **2** *asentamiento, etc* sich ausbreiten; sich ausdehnen; sich erweitern **3** *fig* (*hablar con franqueza*) sich aussprechen; sein Herz ausschütten; (*divertirse*) sich amüsieren; **expansionismo** M Expansionsdrang *m* (*espec* POL, ECON); **expansivo** ADJ **1** (*que se dilata*) (sich) ausdehnend, expansiv; Ausdehnungs…; **fuerza** *f* **-a** Ausdehnungs-, Spannkraft *f* **2** *fig* (*franco, comunicativo*) mitteilsam, offen; herzlich; (*exaltado*) überschwänglich
expatriación F (*expulsión del país*) Landesverweisung *f*; (*emigración*) Auswanderung *f*; **expatriar** ⟨1b⟩ **A** V/T des Landes verweisen **B** V/R **expatriarse** außer Landes gehen
expectación F Erwartung *f*; **lleno de ~** erwartungsvoll; **causar mucha ~** großes Interesse wecken
expectante ADJ **1** (*que espera*) erwartungsvoll; abwartend (*tb* MED) **2** JUR zu erwarten(d), anstehend
expectativa F sichere Erwartung *f*; Anwartschaft *f* (**de auf** *acus*); **estar a la ~** sich abwartend verhalten; *etw* erwarten; **estar en la ~ de** Anwärter sein auf (*acus*); **responder a las ~s** den Erwartungen entsprechen; **tener buenas ~s** gute Aussichten haben
expectoración F MED Auswurf *m*; Aushusten *n*; **expectorante** **A** ADJ schleimlösend **B** M MED schleimlösendes Mittel *n*, Expectorans *n*; **expectorar** V/T & V/I MED (aus)husten, auswerfen
expedición F **1** (*transporte*) Beförderung *f*; (*despacho*) Versand *m*, Versendung *f*; Sendung *f*; **~ por carretera/por tierra** Versand *m* per Achse/auf dem Landweg; **~ por ferrocarril** Versand *m* mit der Eisenbahn; **casa** *f* **de ~** (*agencia de transportes*) Speditionsfirma *f*; *empresa de ventas por correo*: Versandhaus *n*, -firma *f*; **pronto** *o* **listo para la ~** versandbereit **2** *de un documento*: Ausfertigung *f* **3** (*excursión*) Expedition *f*; **~ (militar)** Feld-, Kriegszug *m*; Militärexpedition *f*; **~ (científica)** (wissenschaftliche) Expedition *f*, Forschungsreise *f* **4** CAT Schreiben *n* der römischen Kurie **5** (*habilidad*) Geschicklichkeit *f*, Fixigkeit *f fam*
expedicionario **A** ADJ Expeditions… **B** M, **-a** F Expeditionsteilnehmer *m*, -in *f*; **cuerpo** *m* **~** Expeditionskorps *n*; **expedidor** M, **expedidora** F **1** (*remitente*) Versender *m*, Absender *m*, -in *f* **2** *de un documento*: Aussteller *m*, -in *f*
expedientar V/T JUR **~ a alg** gegen j-n ein Verfahren eröffnen
expediente M **1** (*protocolo*) Akte(n) *f(pl)*; Protokoll *n*; **~ personal** Personalakten *fpl*; **~ profesional** beruflicher Werdegang *m* **2** (*acta*) Aktenvorgang *m*; ADMIN Verwaltungssache *f*; JUR Rechtssache *f*; **gastos** *mpl* **de ~** Bearbeitungsgebühr *f*; **formar** *o* **instruir** *o* **abrir ~ a alg** gegen j-n eine amtliche Untersuchung einleiten; **instruir (un) ~** *tb* alles Nötige veranlassen; sich (*dat*) alle Unterlagen verschaffen; **dar ~ a a/c** etw rasch erledigen **3** (*petición*) Eingabe *f*, Gesuch *n*; Antrag *m* (**de auf** *acus*); **formar ~** einen Antrag stellen **4** (*facilidad*) Hilfsmittel *n*, Behelf *m*, Ausweg *m*; (*pretexto*) Vorwand *m*, Ausflucht *f*; *fig* **cubrir el ~** nur das Nötigste tun, den Schein wahren, sich (*dat*) kein Bein ausreißen *fam* **5** (*habilidad*) Geschicklichkeit *f*
expedienteo M *desp* Akten-, Papierkram *m*; Papierkrieg *m*
expedir V/T ⟨3l⟩ **1** (*remitir*) ab-, versenden; (ab-, ver)schicken; (*despachar*) verfrachten, -laden; (*embarcar*) verschiffen; ADMIN abfertigen **2** *asunto* erledigen **3** JUR, ECON *de un documento*: ausstellen, ausfertigen; MED *receta* ausschreiben; **expeditar** V/T *Am* rasch erledigen; **expeditivo** ADJ schnell, ohne Umstände; findig; fix *fam*; **procedimiento** *m* **~** Schnellverfahren *n*; **expedito** ADJ **1** (*desembarazado*) schnell (zupackend) *bei der Arbeit*; rasch entschlossen **2** *camino, etc* frei
expeler V/T **1** (*echar*) vertreiben, verjagen **2** *líquido* ausspritzen; *humo, etc* ausstoßen; TEC auswerfen (*tb* MED *sangre, flema*); **~ los excrementos** den Darm entleeren
expendedor M **1** *persona*: Verkäufer *m*; JUR **~ m (de moneda falsa)** Verbreiter *m* von Falschgeld **2** *Am reg* **(aparato** *m*) **~ de estampillas** Briefmarkenautomat *m*
expendedora F **1** *Esp* **(máquina** *f*) **~ automática** (Waren)Automat *m*; **~ de bebidas** Getränkeautomat *m*; **~ de billetes** Fahrkartenautomat *m*; **~ de tabaco** Zigarettenautomat *m* **2** *persona*: Verkäuferin *f*
expendeduría F Verkauf(sstelle *f*) *m*, Ausgabe(stelle) *f*; **~ de tabacos** Tabakgeschäft *n*, *Austr* Trafik *f*
expender V/T **1** *mercancía* verkaufen **2** JUR *dinero falso* in Verkehr bringen; **expendición** F Abgabe *f*, Ausgabe *f*, Verkauf *m*; JUR *de dinero falso*: In-Verkehr-Bringen *n*; **expendio** M *Am* Tabak- und Getränkeverkauf *m*; Laden *m*
expensas FPL (Gerichts)Kosten *pl*; **a ~ de** auf Kosten (*gen o* von *dat*)
experiencia F **1** (*práctica, pericia*) Erfahrung *f*; **~s** *pl* **personales** persönliche (*o* eigene) Erfahrungen *fpl*; **~ profesional** Berufserfahrung *f*; **de ~** erfahren; **(saber) por ~** aus Erfahrung (wissen); **sin ~** unerfahren **2** (*experimento*) Versuch *m*
experimentación F Experimentieren *n*; (empirische) Forschung *f*; **experimentado** ADJ **1** (*que tiene experiencia*) erfahren (**en** in *dat*); **no ~** unerfahren **2** (*probado*) erprobt, bewährt; **es cosa -a que …** es ist eine alte Erfahrung, dass …
experimentador M, **experimentadora** F **1** *persona*: Experimentator *m*, -in *f* **2** *fig* (*innovador*) Erste *m/f*, Bahnbrecher *m*, -in *f*; **experimental** ADJ experimentell; Experimental…, Versuchs…; **física** *f* **~** Experimentalphysik *f*; **experimentalmente** ADV **1** (*por experimentos*) experimentell, durch Versuche **2** (*por experiencia*) durch Erfahrung
experimentar **A** V/T **1** (*probar*) erproben, (aus)probieren **2** (*vivir, sufrir*) erfahren, erleben; erleiden; **los precios experimentan un alza/una baja** die Preise steigen/fallen **3** (*sentir*) empfinden, fühlen, spüren; **~ mejoría** sich besser fühlen **B** V/I experimentieren
experimento M Experiment *n*, Versuch *m*; **~ con animales** Tierversuch *m*; **hacer ~s** experimentieren
experto **A** ADJ erfahren, sachkundig **B** M, **-a** F Fachmann *m*, Fachfrau *f*, Sachverständige *m/f*, Experte *m*, Expertin *f*; **~s** *mpl* Fachleute *pl*; **~ m en …** …-Sachverständige *m*, …-Fachmann *m*
expiación F Sühne *f* (**de** für *acus*); *de una pena*: Ab-, Verbüßen *n*
expiar V/T ⟨1c⟩ sühnen; *culpa* ab-, verbüßen; büßen für (*acus*); **expiatorio** ADJ Sühn(e)…;

fig **chivo** *m* ~ Sündenbock *m*

expiración F 1 *de un plazo*: Ablauf *m*; **a la ~ del plazo** bei Ablauf der Frist 2 *(extinción)* Erlöschen *n*, Schluss *m*; *(muerte)* Tod *m*; **expirante** ADJ erlöschend; *plazo* ablaufend; **expirar** V/I 1 *(morir)* sterben 2 *(caducar)* erlöschen; *tono* verklingen 3 *plazo* ablaufen

explanación F 1 *(aplanamiento)* Einebnung *f*, Nivellierung *f*, Planierung *f* 2 *(explicación)* Erläuterung *f*, Erklärung *f*; **explanada** F *(terreno aplanado)* (eingeebnetes) Gelände *n*; (freier) Platz *m*, Vorplatz *m*, Esplanade *f*; *Am reg* **~ universitaria** Campus *m*; **explanadora** F TEC Flachbagger *m*

explanar V/T 1 *(nivelar)* einebnen, nivellieren 2 *(explicar)* erläutern, erklären

explayado ADJ *heráldica*: mit ausgebreiteten Schwingen *(Doppeladler)*

explayar A V/T 1 *(extender)* ausdehnen, -breiten; *vista* schweifen lassen 2 *(exponer)* darlegen B V/R **explayarse** 1 *(extenderse)* sich ausdehnen, sich ausbreiten 2 *al hablar*: sich verbreiten *(beim Reden)*; sich aussprechen

expletivo ADJ LING expletiv, Füll…; **partícula** *f* **-a** Füllwort *n*

explicable ADJ erklärlich; **explicación** F Erklärung *f*, Erläuterung *f*; **-ones** *fpl* Genugtuung *f*; **dar -ones** sich rechtfertigen; **sin dar -ones** ohne Begründung, ohne Angabe von Gründen; **pedir -ones a alg** j-n zur Rede stellen

explicaderas FPL *fam* **tener buenas ~** ein gutes Mundwerk haben *fam*

explicar ⟨1g⟩ A V/T erklären, erläutern; *teoría, motivos, plan* darlegen; *(interpretar)* deuten; *materia de enseñanza* unterrichten, vortragen; *lecciones* halten, lesen B V/R **explicarse** 1 *(llegar a comprender)* **~ a/c** sich *(dat)* etw erklären können, etw begreifen; **no me lo explico** das ist mir unbegreiflich; **¿me explico?** ist das klar? 2 *(expresar)* sich äußern, seine Meinung kundtun (**sobre** über *acus*); **explícate mejor** drücke dich deutlicher (o verständlicher) aus

explicativo ADJ erläuternd; **nota** *f* **-a** erklärende Anmerkung *f*; Fußnote *f*; Erläuterung *f*

explícitamente ADV ausdrücklich; *t/t* explizite

explicitar V/T verdeutlichen

explícito ADJ ausdrücklich; explizit

exploración F 1 *(investigación)* Erforschung *f*; Forschung *f*; **~ del cosmos** o **del espacio** o **espacial** (Welt)Raumforschung *f*; **viaje** *m* **de ~** Erkundungsfahrt *f*; Entdeckungs-, Forschungsreise *f* 2 MIL *(reconocimiento)* Erkundung *f*; Aufklärung *f*; **~ aérea** Luftaufklärung *f*; **~ (foto)gráfica** Bildaufklärung *f* 3 MIN *(excavación)* Schürfung *f*; Prospektion *f* 4 ELEC Abtastung *f* 5 MED Untersuchung *f*

explorador A M, **exploradora** F 1 *(investigador[a])* Forscher *m*, -in *f* 2 *(boy-scout)* Pfadfinder *m*, -in *f* 3 MIL *soldado*: Aufklärer *m*, -in *f*; Späher *m*, -in *f*; Kundschafter *m*, -in *f* B M *Internet*: Browser *m*

explorar V/T 1 *(investigar)* erforschen, untersuchen *(tb* MED*)*; *(averiguar)* ausforschen 2 MIL *(reconocer)* erkunden, auskundschaften, aufklären; **exploratorio** A ADJ Forschungs…; *fig* Sondierungs…; MED Untersuchungs…: MED **examen** *m* **~** orientierende (Erst)Untersuchung *f* B M MED Untersuchungsgerät *n*; Sonde *f*

explosión F 1 *gener* Explosion *f*, Bersten *n*; Sprengung *f*; **~ nuclear** Kernexplosion *f*, Atomexplosion *f*; **~ tardía** o **retardada** AUTO Spätzündung *f*; MIL Spätzünder *m*; **hacer ~** zünden *(tb* AUTO*)*; explodieren 2 *fig* Explosion *f*, Ausbruch *m*; **~ de cólera** o **de ira** Zorn(es)-, Wutausbruch *m*; **~ demográfica** Bevölkerungsexplosion *f*

explosionar A V/I explodieren B V/T sprengen; zur Explosion bringen; **explosivo** A ADJ 1 explosiv; Spreng…, Explosiv…; **fuerza** *f* **-a** Sprengkraft *f* 2 FON **consonante** *f* **-a** Verschlusslaut *m* B M Sprengmittel *n*, -körper *m*;

explosor M MIN Zünder *m*

explotable ADJ nutzbar; AGR urbar, anbaufähig; TEC betriebsfähig; MIN abbaufähig

explotación F Ausnutzung *f*, Ausbeutung *f* *(tb fig desp)*; MIN Abbau *m*; TEC Betrieb *m*, Nutzung *f*; **~ agrícola** *(utilización del campo)* landwirtschaftliche Nutzung *f*; *(establecimiento rural)* landwirtschaftlicher Betrieb *m*; **~ abusiva** Raubbau *m*; MIN **~ subterránea/a cielo abierto** Untertage-/Tagebau *m*; **en ~** in Betrieb

explotador A ADJ ausbeutend B M, **explotadora** F Nutzer *m*, -in *f*; *desp* Ausbeuter *m*, -in *f* *(tb fig)*

explotar A V/T 1 *(utilizar)* (aus)nutzen, ausbeuten; betreiben, bewirtschaften; *mina* betreiben 2 *fig (aprovechar)* ausnutzen; *desp* ausbeuten, aussaugen B V/I explodieren *(tb fig de ira)*; *proyectil* krepieren; *fig* **~ de alegría** vor Freude an die Decke springen *(fam fig)*, vor Freude außer sich *(dat)* sein

Expo F *fam* Expo *f fam*, (Welt)Ausstellung *f*

expoliación F Ausplünderung *f*; **expoliar** V/T ⟨1b⟩ berauben, ausplündern; **expolio** M 1 → expoliación 2 *fam* Kram *m*, Lärm *m*, Durcheinander *n*

exponencial ADJ MAT, ELEC Exponential…

exponente A ADJ darlegend B M 1 MAT *y fig* Exponent *m* *(tb fig)*, Hochzahl *f* 2 *fig (prototipo)* Maßstab *m*, Gradmesser *m* C M/F JUR Antragsteller *m*, -in *f*

exponer ⟨2r⟩ A V/T 1 *(poner de manifiesto)* darlegen, vortragen; *(explicar)* erklären 2 *niño* aussetzen; *a la luz, a un peligro, etc*: aussetzen; FOT **~ (a la luz)** belichten; **~(se) a la intemperie** (sich) Wind und Wetter aussetzen 3 *(poner en peligro)* gefährden, in Gefahr bringen; *(poner en juego)* aufs Spiel setzen B V/T & V/I *(exhibir)* ausstellen; CAT *tb abs* **~ (el Santísimo Sacramento)** das Allerheiligste aussetzen

exportable ADJ COM exportfähig, ausführbar; **exportación** F COM Ausfuhr *f*, Ausfuhrhandel *m*, Export *m*; **-ones** *fpl* Export *m*, ausgeführte Güter *npl*; **exportador** COM A ADJ Ausfuhr… B M, **exportadora** F Exporteur *m*, -in *f*; **exportar** V/T & V/I COM ausführen, exportieren *(tb* INFORM*)*

exposición F 1 *(exhibición)* Ausstellung *f*; **~ agrícola** Landwirtschaftsausstellung *f*; **~ ambulante** o **itinerante** Wanderausstellung *f*; **~ artística** o **de Bellas Artes** Kunstausstellung *f*; **~ industrial** Gewerbe-, Industrieausstellung *f*; **~ canina/de jardinería y horticultura** Hunde-/Gartenbauausstellung *f*; **~ mundial** o **universal** Weltausstellung *f*; **~-venta** Verkaufsausstellung *f* 2 *(informe)* Darstellung *f*, -legung *f*; Exposee *n*; Bericht *m*; TEAT, MÚS Exposition *f*; JUR Eingabe *f* 3 *(ubicación)* Lage *f* (o Ausrichtung *f*) *im Verhältnis zu den Himmelsrichtungen* 4 *(riesgo)* Einsatz *m*, *(puesta en peligro)* Gefährdung *f*; *(comprometimiento)* Bloßstellung *f* 5 **~ (de un niño)** Kindesaussetzung *f* 6 FOT Belichtung (szeit) *f*; **(sacar una) foto con ~** (eine) Zeitaufnahme (machen); **tabla** *f* **de -ones** Belichtungstabelle *f* 7 CAT Aussetzung *f* des Allerheiligsten

exposímetro M FOT Belichtungsmesser *m*;

expositivo ADJ darlegend, erläuternd

expósito ADJ **niño** *m* **~** Findelkind *n*; **casa** *f* **de (niños** *mpl***) ~s** Findelhaus *n*

expositor A ADJ darlegend; erklärend B M, **expositora** F 1 *(que explica)* Erklärer *m*, -in *f*, Ausleger *m*, -in *f* 2 *(exhibidor)* Aussteller *m*, -in *f*

exprés A ADJ → expreso; **café** *m* **~** Espresso *m*; *Esp* **carta** *f* **~** Eilbrief *m*; **tren** *m* **~** Schnellzug *m* B M *Méx* Transportfirma *f*

expresado ADJ genannt, erwähnt; **expresamente** ADV 1 *(explícito)* ausdrücklich, expressis verbis 2 *(adrede)* eigens; extra; absichtlich

expresar A V/T äußern, aussprechen; ausdrücken, zum Ausdruck bringen B V/R **expresarse** sich äußern; sich ausdrücken; **~ bien** sich gut (o verständlich) ausdrücken; *estilo de carta*: **según abajo se expresa** wie (weiter) unten angeführt

expresión F 1 *(acción de expresar)* Ausdruck *m* *(tb* MÚS, PINT*)*; *(declaración)* Äußerung *f*; **~ de la cara** Gesichtsausdruck *m*; **sin ~** ausdruckslos 2 *(término)* Ausdruck *m*, Redensart *f*, *(dicho)* Redewendung *f* 3 MAT Ausdruck *m*, (Glied *n* einer) Formel *f*; **~ radical** Wurzelausdruck *m* 4 *(acción de exprimir)* Auspressen *n*, Ausdrücken *n*

expresionismo M *arte*: Expressionismus *m*; **expresionista** *arte*: A ADJ expressionistisch B M/F Expressionist *m*, -in *f*; **expresivamente** ADV ausdrucksvoll; **expresividad** F Expressivität *f*, Ausdrucksstärke *f*; **expresivo** ADJ ausdrucksvoll; *(cordial)* herzlich

expreso A ADJ 1 *(explícito)* ausdrücklich 2 **tren** *m* **~** Schnellzug *m*, Express *m* B M *correos: mensajero*: Eilbote *m*; *carta*: Eilbrief *m*; **por ~** durch Eilboten; als Eilgut C ADV absichtlich

exprimidor M, **exprimidora** F Frucht-, Saft-, Zitronen-, Orangenpresse *f*, Entsafter *m*

exprimir V/T 1 *(prensar)* ausdrücken, -pressen 2 *fig (explotar)* ausbeuten, -nutzen; aussaugen

ex profeso ADV mit Bedacht, eigens; absichtlich

expropiación F Enteignung *f*, SOCIOL Expropriation *f*; JUR **~ forzosa** Zwangsenteignung *f*; **expropiador** A ADJ Enteignungs…, enteignend B M, **expropiadora** F JUR Enteigner *m*, -in *f*; SOCIOL Expropriateur *m*

expropiar V/T ⟨1b⟩ enteignen; SOCIOL expropriieren

expuesto A PP → exponer B ADJ *(peligroso)* gefährlich; *a un peligro*: gefährdet; *(abandonado)* ausgesetzt, preisgegeben; TEC **~ a perturbaciones** störanfällig; FOT **(no) ~** (un)belichtet; **estar ~ al público** *lista, etc* aufliegen; **es ~** *(inf)* es ist gefährlich (o riskant), zu *(inf)*

expugnable ADJ HIST, MIL *y liter* einnehmbar; **expugnación** F Erstürmung *f*; **expugnar** V/T MIL, HIST *fortaleza, etc* erobern, erstürmen

expulsado M, **-a** F Vertriebene *m/f*

expulsar V/T 1 *de un lugar* vertreiben; *de una institución, etc*: ausstoßen (**de** aus *dat*); DEP vom Platz stellen; JUR ausweisen, abschieben; entfernen (**de** aus *dat*); UNIV *estudiantes* relegieren; **~ del colegio** von der Schule verweisen 2 TEC *(expeler)* ausstoßen, -werfen 3 MED *(repeler)* abstoßen; **expulsión** F 1 *de un lugar*: Vertreibung *f*; *de una institución, etc*: Ausschluss *m*; JUR Ausweisung *f*; UNIV Relegation *f*; **~ de la sala** Verweisung *f* aus dem Saal 2 TEC *(eyección)* Auswerfen *n*, Ausstoßen *n*, Ausstoß *m* 3 MED *(repelencia)* Abstoßung *f*, Abgang *m*

expulso PP → expeler, expulsar; **expulsor** M TEC Ausstoßer *m*, -werfer *m*

expurgador M, **expurgadora** F Zensor *m*, -in *f*

expurgar V/T ⟨1h⟩ *fig* reinigen; *libro* zensieren, *partes indecentes* streichen, ausmerzen; **edición** *f* **expurgada** zensierte Fassung *f* (o Ausgabe *f*); **expurgatorio** A ADJ reinigend B M CAT Index *m* (librorum prohibitorum); **expurgo** M *fig* Säuberung *f*, Reinigung *f*

expuso → exponer

exquisitez F 1 *(excelencia)* Vorzüglichkeit *f*, Köstlichkeit *f* 2 *(manjar)* Leckerbissen *m*; **exquisito** ADJ vortrefflich, erlesen, köstlich, ausgezeichnet

extasiar ⟨1b⟩ A VT verzücken, entrücken; hinreißen B VR **extasiarse** in Verzückung geraten, schwärmen

éxtasis M 1 *(arrobamiento)* Verzückung *f*, Ekstase *f* 2 *droga*: Ecstasy *n*; ~ **líquido** Liquid Ecstasy *n*

E

extático A ADJ ekstatisch, verzückt, entrückt; schwärmerisch B M, **-a** F Verzückte *m/f*, Ekstatiker *m*, -in *f*

extatismo M Ekstase(n) *f(pl)*

extemporal ADJ, **extemporáneo** ADJ unzeitgemäß; unpassend, unangebracht

extender ⟨2g⟩ A VT 1 *(esparcir)* ausbreiten (**sobre** auf *dat*), breiten (**sobre** über *acus*); *(alargar)* recken, (aus)strecken, (aus)dehnen 2 *fig (ampliar)* erweitern, ausdehnen (**a** auf *acus*); ~ **la vista** in die Ferne blicken, weit hinaus sehen 3 *pintura* verstreichen; *mantequilla, etc* streichen; verteilen 4 ADMIN *documento* ausfertigen; *pasaporte, cheque, etc* ausstellen B VR **extenderse** 1 *(desplegarse)* sich erstrecken, sich ausbreiten, sich ausdehnen (**hasta** bis zu *dat o* bis an *acus*); **sus atribuciones no se extienden a eso** dafür ist er nicht (mehr) zuständig, das fällt nicht (mehr) in seinen Zuständigkeitsbereich 2 *(difundirse)* sich ausbreiten; sich verbreiten 3 *(explayarse)* ~ **(sobre a/c)** sich (über etw *acus*) verbreiten; ~ **en** *(explicaciones, etc)* sich verlieren in *(acus)*

extendidamente ADV weit ausholend, umständlich; **extendido** ADJ 1 *conexiones, etc* weit, ausgedehnt, weit verzweigt, verbreitet 2 *(detallado)* ausführlich, umständlich 3 ADMIN, ECON ~ **a nombre de …** ausgestellt auf den Namen …, auf den Namen … lautend

extensamente ADV weitläufig, ausführlich; **extensible** ADJ 1 *(dilatable)* dehn-, streckbar; ausdehnbar 2 *(telescópico)* ausziehbar; **mesa** *f* ~ Ausziehtisch *m*; **extensificación** F AGR Extensifizierung *f*, Umstellung *f* auf extensive Bewirtschaftung

extensión F 1 *acción*: Dehnung *f*, Streckung *f* *(tb* MED); Ausdehnung *f*; **-ones** *pl* **de pelo** Haarverlängerung *f*; MED **vendaje** *m* **de** ~ Streckverband *m* 2 *(dimensión)* Ausdehnung *f*, Umfang *m*; *(superficie)* Fläche *f*; *(medida de espacio)* (räumliche) Verbreitung *f*; *(duración)* Dauer *f*, Länge *f*; **por** ~ in weiterem Sinne; **de gran** *o* **de mucha** ~ sehr ausgedehnt, sehr umfangreich; weit verzweigt; **en toda la** ~ **de la palabra** im weitesten Sinne des Wortes 3 TEL Nebenstelle *f* 4 ~ **agrícola** landwirtschaftlicher Beratungsdienst *m*

extensivo ADJ extensiv; ausdehnbar; AGR **cultivo** *m* ~ Extensivkultur *f*; *fig* **hacer** ~ **a** ausdehnen auf *(acus)*; *saludos, gracias* auch richten (*o* weitergeben) an *(acus)*

extenso ADJ *(amplio)* weit, ausgedehnt; *(detalladamente)* eingehend, ausführlich; *adv* **por** ~ ausführlich, genau; umständlich; **extensor** A ADJ Streck…; ANAT **músculo** *m* ~ Streckmuskel *m*, Strecker *m* B M 1 DEP Expander *m* 2 TEC Spreizhebel *m*

extenuación F Erschöpfung *f*, Entkräftung *f*; **extenuado** ADJ ausgemergelt, erschöpft; **extenuante** ADJ erschöpfend, aufreibend; **extenuar** ⟨1e⟩ A VT entkräften, erschöpfen, schwächen B VR **extenuarse** sich erschöpfen; sich aufreiben; **extenuativo** ADJ erschöpfend

exterior A ADJ äußerlich; äußere(r); Außen…; **aspecto** *m* ~ *o* **lo** ~ → exterior B; COM **comercio** *m* ~ Außenhandel *m*; ECON **deuda** *f* ~ Auslandsschuld *f*, -verschuldung *f*; POL **ministra** *f* **del Exterior** Außenministerin *f*; **política** *f* ~ Außenpolitik *f*; **servicio** *m* ~ Außendienst *m*; Auslandsdienst *m* B M 1 Äußere(s) *n*; *(apariencia)* äußerer Anblick *m*, Aussehen *n*; **al** ~ äußerlich; außerhalb; nach außen 2 **Exterior** Ausland *n* 3 FILM ~**es** *mpl* Außenaufnahmen *fpl*

exterioridad F (reine) Äußerlichkeit *f*; Formalität *f*; ~**es** *fpl* äußeres Gepränge *n*; **exteriorizar** VT ⟨1f⟩ äußern, zum Ausdruck bringen; *(hacer visible)* sichtbar machen; **exteriormente** ADV äußerlich; nach außen hin

exterminación F → exterminio; **exterminador** ADJ ausrottend, vernichtend; REL *y fig* **ángel** *m* ~ Würgengel *m*; **exterminar** VT vernichten, ausrotten, vertilgen; **exterminio** M Vernichtung *f*, Ausrottung *f*; **campo** *m* **de** ~ Vernichtungslager *n*

externado M Externat *n*; **externalización** F Outsourcing *n*; **externalizar** VT outsourcen; **externamente** ADV äußerlich; nach außen; **externo** A ADJ äußerlich, äußere(r), Außen…; **alumno** *m* ~ Externe *m*, Außenschüler *m* B M, **-a** F Externe *m/f*

extinción F 1 *de fuego*: Löschen *n* 2 ECON Löschung *f*, *de una deuda tb* Tilgung *f*; *de un contrato*: Auslaufen *n* 3 BOT, ZOOL Aussterben *n*; **en** ~ aussterbend; **en vías** (*o* **en peligro**) **de** ~ im Aussterben begriffen; vom Aussterben bedroht 4 *(exterminación)* Ausrottung *f* 5 JUR *(pérdida)* Untergang *m einer Sache*

extinguido ADJ ECON *empresa* erloschen; **extinguidor** M ~ **(de incendios)** *Am* Feuerlöscher *m*; **extinguir** ⟨3d⟩ A VT 1 (aus)löschen, *llama, brasa tb* ersticken 2 ECON *deudas* tilgen 3 *raza* ausrotten 4 *fig (amortiguar)* dämpfen, (ab)schwächen B VR **extinguirse** erlöschen *(tb* ECON, JUR *y fig)*; *tono* verklingen; abnehmen, zu Ende gehen; abklingen

extinto A PP → extinguir B ADJ 1 *volcán* erloschen 2 BOT, ZOOL ausgestorben 3 *Arg, Chile tb (muerto)* tot, verschieden C M, **-a** F *liter* Tote *m/f*, Verschiedene *m/f*; Verstorbene *m/f*

extintor A ADJ Lösch… B M ~ **(de incendios)** Feuerlöscher *m*, -löschgerät *n*; ~ **manual** Handfeuerlöscher *m*; ~ **seco/de espuma** Trocken-/Schaumlöscher *m*

extirpable ADJ ausrottbar, auszurotten(d); **extirpación** F 1 *(exterminación)* Ausrottung *f* 2 MED Entfernung *f*, Exstirpation *f*; **extirpador** ADJ AGR **aparato** *m* ~ (Tiefen)Grubber *m*; **extirpar** VT 1 *(exterminar)* ausrotten *(tb fig)* 2 MED entfernen, exstirpieren, ausräumen 3 *fig abuso* abstellen

extornar VT ECON rückbuchen; stornieren; **extorno** M ECON Rückbuchung *f*; Rückvergütung *f*

extorsión F 1 *(chantaje)* Erpressung *f* 2 *fig (perturbación)* Störung *f*, Beeinträchtigung *f*; **extorsionador** A ADJ Erpresser…; **carta** *f* ~**a** Erpresserbrief *m* B M, **extorsionadora** F Erpresser *m*, -in *f*; **extorsionar** VT 1 ~ **a/c a alg** j-m etw abpressen, j-n um etw *(acus)* erpressen 2 *(perturbar)* stören; beeinträchtigen; **extorsionista** M/F Erpresser *m*, -in *f*

extra A PREP außer (**de** *dat*) B ADJ *inv* außergewöhnlich; Sonder…, Extra…; **es cosa** ~ das ist etwas (ganz) Besonderes; *fam* **horas** *fpl* ~ Überstunden *fpl*; *fam* **trabajo** *m* ~ Nebenjob *m fam* C ADV außerdem, zusätzlich; extra… D M 1 *(gratificación)* Sondervergütung *f*; (Lohn)Zulage *f*; Sonderleistung *f* 2 *espec Am (gastos extraordinarios)* Sonderspesen *pl* 3 AUTO *etc* Zusatzeinrichtung *f*, Extra *n fam* 4 *diario*: Extraausgabe *f* E M/F 1 FILM Statist *m*, -in *f* 2 *fam (camarero ayudante)* Aushilfskellner *m*, -in *f*

extracción F 1 *(acción de extraer)* Herausziehen *n*; ODONT *de un diente*: Ziehen *n*, Extraktion *f*; MED ~ **del contenido gástrico** Magenausheberung *f*; ~ **de sangre** Blutentnahme *f*; *fig* **de baja** ~ von niederer Herkunft 2 QUÍM Ausziehen *n*, Extraktion *f*; Gewinnung *f*; *(sustracción)* Entzug *m*, Entziehung *f (tb* TEC) 3 MIN Förderung *f*, Gewinnung *f*; ~ **por fusión** Ausschmelzverfahren *n* 4 MAT ~ **de la raíz** Wurzelziehen *n* 5 *lotería*: Ziehung *f*

extrachato ADJ *Am reg aparato, reloj* extraflach

extracomunitario ADJ außerhalb der EU; nicht der EU angehörig; **extraconyugal** ADJ außerehelich; **extracorrientes** FPL ELEC Extraströme *mpl*

extractar VT exzerpieren, aus *einem Buch, Aufsatz, etc* Auszüge machen; *(resumir)* zusammenfassen; resümieren; **extractivo** ADJ Extraktiv…; Förder…

extracto M 1 *de un escrito*: (Text)Auszug *m*; ECON (Rechnungs-, Konto)Auszug *m*; ~ **bancario** Bank-, Kontoauszug *m*; **en** ~ im Auszug, auszugsweise; zusammengefasst; **hacer el** ~ **de una cuenta** einen Kontoauszug machen 2 QUÍM, FARM *de una sustancia*: Extrakt *m*; GASTR ~ **de carne** Fleischextrakt *m*; ~ **de café** Kaffee-Extrakt *m*

extractor M 1 TEC *aparato*: Abzieher *m*; Absauger *m*; ~ **de humo(s)** Rauchabzug *m* 2 AGR *(centrífuga)* Schleuder *f* 3 MED Extrakteur *m*

extradición F JUR Auslieferung *f (von Verbrechern)*; **tratado** *m* **de** ~ Auslieferungsvertrag *m*; **extradir** VT, **extraditar** VT JUR ausliefern

extradós M 1 ARQUIT *superficie*: Bogen-, Gewölberücken *m* 2 AVIA *de un ala*: Oberflügel *m*, Oberseite *f eines Flügels*

extraer VT ⟨2p⟩ 1 *(sacar)* herausziehen; *billete de lotería, diente* ziehen; *dinero* abheben; *líquido* abziehen; *(cuerpo extraño)* entfernen 2 FARM, QUÍM ausziehen, extrahieren; gewinnen; ~ **por sifón** ab-, aushebern 3 *libro, etc* exzerpieren 4 MAT ~ **la raíz** die Wurzel ziehen (**de** aus *dat*) 5 MIN fördern

extraescolar ADJ außerschulisch; **extraeuropeo** ADJ außereuropäisch; **extrafino** ADJ extra-, hochfein

extraíble ADJ herausnehmbar

extrajudicial ADJ außergerichtlich; **extralaboral** ADJ außerhalb der Arbeit; **extralegal** ADJ außergesetzlich

extralimitación F Überschreitung *f* von Befugnissen (*o* des Erlaubten); **extralimitarse** VR seine Befugnisse überschreiten; sich *(dat)* zu viel herausnehmen; zu weit gehen; über die Stränge schlagen *fam*

extramatrimonial ADJ außerehelich; **extramundano** ADJ außerhalb der Erde; außerirdisch; **extramuros** ADV außerhalb der Stadt; in der Vorstadt

extranjería F 1 *referente a los extranjeros*: Ausländertum *n*; Ausländerstatus *m* 2 *policía*: Fremdenpolizei *f*; **oficina** *f* **de** ~ Ausländeramt *n*; **extranjerismo** M 1 LING Fremdwort *n* 2 *preferencia*: Vorliebe *f* für alles Fremde; **extranjerizar** ⟨1f⟩ A VT ausländische Sitten *etc* einführen in *(dat)*, überfremden B VR **extranjerizarse** sich *(dat)* ausländische Sitten aneignen; *(aclimatarse)* im Ausland heimisch werden

extranjero A ADJ fremd, ausländisch; Auslands…; **sección** *f* **-a** *de un banco, etc*: Auslandsabteilung *f*; *policía*: Fremdenpolizei *f*; *autoridad*: Ausländeramt *n*; **política** *f* **-a** Außenpolitik *f* B M, **-a** F Fremde *m/f*, Ausländer *m*, -in *f*; JUR **derecho** *m* **de** ~**s** *mpl* Fremdenrecht *n* C M Ausland *n*; **representación en el** ~ Auslandsvertretung *f*; **ayuda** *f* **al** ~ Auslandshilfe *f*; **ir al**

~ ins Ausland gehen
extranjía F fam → extranjería; fam **de ~** (extranjero) fremd, ausländisch; (extraño) sonderbar, unerwartet, seltsam; **extranjis** ADV fam **de ~** heimlich, verstohlen; fam (extranjero) fremd, ausländisch; (extraño) sonderbar, unerwartet, seltsam
extranumerario ADJ außerordentlich (Mitglied einer Körperschaft)
extrañamente ADV sonderbar, seltsam, merkwürdig; **extrañamiento** M 1 (distanciamiento) Entfremdung f; Befremden n, Verwunderung f 2 (destierro) Verbannung f (aus dem Staatsgebiet)
extrañar A VT 1 JUR (desterrar) verbannen 2 (estar asombrado) erstaunt sein über (acus); **(no) lo extraño** ich wundere mich (nicht) darüber 3 Am (echar de menos) vermissen 4 (no estar acostumbrado) nicht gewöhnt sein an (acus); **extraño esta cama** ich bin nicht an dieses Bett gewöhnt B VI wundern, befremden; seltsam vorkommen (dat); **no es de ~** das ist nicht verwunderlich; **no me extrañaría** das sollte mich nicht wundern; **me extraña que** (subj) ich bin erstaunt, dass (ind) C VR **~se de** sich wundern über (acus), erstaunt sein über (acus)
extrañeza F 1 (asombro) Erstaunen n, Verwunderung f; Befremden n 2 (rareza) Seltsamkeit f 3 (distanciamiento) Entfremdung f
extraño A ADJ fremd, fremdartig; (raro) sonderbar, seltsam; **ser ~ a a/c** mit etw (dat) nichts zu tun haben; **no es ~ que** (subj) es ist (gar) kein Wunder, dass (ind) B M, **-a** F Fremde m/f C M plötzliche Bewegung f; **hacer un ~** caballo zusammenschrecken
extraoficial ADJ außeramtlich; inoffiziell; bolsa: nachbörslich
extraordinariamente ADV außerordentlich; **extraordinario** A ADJ 1 (fuera de lo común) außerordentlich; außergewöhnlich, ungewöhnlich; **presupuesto** m **~** außerordentlicher Haushalt m, Sonderbudget n 2 (extraño) seltsam, merkwürdig 3 (adicional) Sonder..., Extra...; **horas** fpl **-as** Überstunden fpl B M 1 diario: Extrablatt n, Sonderausgabe f 2 comida: Extragericht n, zusätzliche Speise f 3 correos: (carta urgente) Eilbotensendung f 4 Am reg (propina) Trinkgeld n C **(paga** f) **-a** f corresponde a: Weihnachtsgeld n
extraparlamentario ADJ POL außerparlamentarisch; **extrapolación** F MAT Extrapolierung f; **extrapolar** VT MAT extrapolieren; **extrarradio** M 1 (suburbio) Außenbezirk m 2 de taxi: Taxifahrt f außerhalb des Stadtgebietes; **extrarrápido** ADJ TEC, ECON extra-, überschnell; **extrasensorial** ADJ übersinnlich
extraterrestre ADJ außerirdisch; **los (seres** mpl) **~s** Wesen npl von anderen Planeten, die Außerirdischen mpl; **extraterritorial** ADJ POL exterritorial; **extraterritorialidad** F POL Exterritorialität f
extrauterino ADJ MED **embarazo** m **~** Bauchhöhlenschwangerschaft f
extravagancia F Überspanntheit f, Extravaganz f; **extravagante** A ADJ überspannt, extravagant, verstiegen; wunderlich B M/F extravagante Person f; komischer Kauz m, Spinner m, -in f fam
extravasar MED A VI ausfließen B VR **extravasarse** ins Zellgewebe austreten; **extravenarse** VR MED aus den Blutgefäßen austreten
extraversión F → extroversión
extraviado ADJ 1 (perdido) verirrt; fig vom rechten Weg abgekommen; fig **andar ~** auf dem Holzweg sein fam 2 objeto verloren; perro entlaufen 3 lugar abgelegen
extraviar ⟨1c⟩ A VT 1 (desviar del camino) irreführen, vom Wege abbringen 2 objeto verlegen, verkramen fam 3 vista ins Unbestimmte schweifen lassen B VR **extraviarse** 1 (perderse) sich verirren; sich verlaufen; fig auf Abwege geraten 2 objeto abhandenkommen, verloren gehen; perro entlaufen; **se me ha extraviado la carta** ich habe den Brief verlegt, der Brief ist mir abhandengekommen
extravío M 1 (desvío) Irregehen n; fig Abkommen n vom rechten Weg; (desenfrenos) Ausschweifungen fpl 2 (pérdidas) Abhandenkommen n; Verlust m 3 fam fig (incomodidad) Unbequemlichkeit f, Störung f
extremadamente ADV überaus; übertrieben; **extremado** ADJ übermäßig; übertrieben, extrem
Extremadura F Estremadura f, Extremadura f
extremamente ADV äußerst; übermäßig
extremar A VT übertreiben; auf die Spitze treiben; verschärfen; **~ las atenciones** sich (fast) überschlagen vor Liebenswürdigkeit, übertrieben zuvorkommend sein; **~ las medidas** es (in seinen Maßnahmen) übertreiben; **~ las precauciones** die Vorsichtsmaßnahmen verschärfen; **~ sus súplicas** eindringlich (o inständig) flehen (o bitten) B VI **~ tanto que ...** es so weit treiben, dass ... C VR **~se (en)** sich aufs Äußerste anstrengen (bei dat o zu inf)
extremaunción F CAT Letzte Ölung f
extremeño ADJ aus der Extremadura; GASTR **huevos** mpl **a la -a** mit Gemüsecreme überbackene Eier npl
extremidad F 1 (última parte) Äußerste(s) n; (punta) Spitze f, Ende n 2 ANAT **~es** fpl **(inferiores/superiores)** (untere/obere) Extremitäten fpl, Gliedmaßen fpl; **extremis** fam fig **está in ~** er liegt in den letzten Zügen; bei ihm ist Matthäi am Letzten fam
extremismo M POL Extremismus m; **extremista** A ADJ POL extremistisch, radikal B M/F POL Extremist m, -in f; Radikale m/f
extremo A ADJ 1 äußerst, extrem, hoch (gradig); (máximo) höchst; (último) letzt; **en caso ~** im Notfall, wenn es nicht anders geht; POL **la -a derecha/izquierda** die äußerste Rechte/Linke, die Rechts-/Linksextremen mpl 2 (opuesto) entgegengesetzt, gegensätzlich B M 1 (fin) Ende n; Extrem n; **a tal ~** so weit; **con** o **en** o **por ~** aufs Äußerste, im höchsten Grade; außerordentlich; übermäßig; **de ~ a ~** von einem Ende zum anderen; von Anfang bis zu Ende; **en último ~** wenn alle Stricke reißen fam; **generoso al** o **hasta el ~ de** (inf) so großzügig, dass (ind); **llegar al último ~** bis zum Äußersten kommen; **pasar** o **ir de un ~ a otro** von einem Extrem ins andere verfallen; tiempo plötzlich umschlagen; **los ~s se tocan** Gegensätze ziehen sich an 2 (punto de negociación) (Verhandlungs)Punkt m 3 **~s** mpl (circunstancias) Umstände mpl; **hacer ~s** viel Aufhebens machen, sich schrecklich anstellen fam 4 DEP delantero: Außenstürmer m; **~ derecha/izquierda** Rechts-/Linksaußen m 5 **~s** mpl MAT Außenglieder npl einer Formel 6 AGR Winterweide f der Wanderherden
extremoso ADJ übereifrig; überspannt; überzärtlich
extrínseco ADJ äußerlich; nicht wesentlich; ECON **valor** m **~** Nennwert m
extroversión F PSIC Extraversion f; **extrovertido** ADJ extra-, extrovertiert
exuberancia F Überfülle f, Üppigkeit f; fig überschäumende Lebenskraft f; **~ verbal** Wortschwall m; **exuberante** ADJ üppig, wuchernd; strotzend (de vor dat)
exudación F Ausschwitzen n; **exudado** M MED Exsudat n; **exudar** VT & VI (aus)schwitzen; **exudativo** ADJ MED exsudativ
exulcerarse VR MED schwären
exultación F Frohlocken n, Jubel m; **exultar** VI frohlocken
exvoto M REL Votivbild n, -tafel f, Weihgeschenk n
eyaculación F FISIOL Ejakulation f, Samenerguss m; **eyacular** VT FISIOL ausspritzen, ejakulieren
eyección F Herausschleudern n; TEC Auswerfen n; Ausstoß m; **eyectar** VT herausschleudern; ausstoßen; **eyectiva** F FON Knacklaut m
eyector M 1 de algunas armas: Auswerfer m 2 TEC (bomba) Strahlpumpe f; **~ de agua** Wasserwerfer m; **~-aspirador** Strahlsauger m
eyrá M Am ZOOL Eyra f (eine Wildkatze)
EZLN M ABR (Ejército Zapatista de Liberación Nacional) *mexikanische Untergrundbewegung (Zapatisten)*
ezpatadanza F MÚS baskischer Schwertertanz m

F

F, f F F, f n; → tb efe
F-2 ABR Col *kolumbianische Geheimpolizei*
fa M MÚS F n; **~ sostenido** Fis n; **~ mayor** F-Dur; **~ menor** f-Moll
FA FPL ABR (Fuerzas Armadas) Esp Streitkräfte fpl
fabada F GASTR **~ asturiana** Eintopf m aus dicken weißen Bohnen, Paprikawurst, Blutwurst und Speck (Asturien)
fabes MPL dicke Bohnen fpl für die Fabada (Asturien)
fábrica F 1 establecimiento: Fabrik f, Werk n; COM **en ~** o **ex ~** ab Werk; **~ de azúcar** Zuckerfabrik f; **~ de cal** Kalkbrennerei f; **~ de cerveza** Brauerei f; **~ de harina** Mehlmühle f; fig FILM **~ de ilusiones** o **de sueños** Traumfabrik f; **~ de jabón** o **de jabones** Seifenfabrik f, -siederei f; **~ matriz** Stammwerk n; **~ proveedora** Lieferwerk n; **~ de tejidos** Weberei f; **marca** f **de ~** Fabrikmarke f, -stempel m 2 (construcción) Bau m, Bauwerk n; (mampostería) Mauerwerk n; **de ~** gemauert; **obra** f **de ~** gemauertes Bauwerk n 3 (reserva) Rücklage f für Bau, Erhaltung und Kultus einer Kirche; Baufonds m einer Kirche
fabricación F Fabrikation f, Herstellung f; Anfertigung f; **~ a gran escala** Massenherstellung f, -fertigung f; **~ en serie** Serienproduktion f; Serienfertigung f
fabricador A ADJ fig fabrizierend B M, **fabricadora** F Hersteller m, -in f; **~ m, ~a f de hielos** Eis(würfel)maschine f; **~a f de pasta** Nudelmaschine f
fabricante M/F Fabrikant m, -in f, Hersteller m, -in f; **fabricar** VT ⟨1g⟩ 1 (producir) herstellen, (an)fertigen, produzieren; cerveza brauen 2 fig mentiras, etc fabrizieren, erfinden
fabril ADJ Fabrik(s)..., fabrikmäßig; Industrie...; **centro** m **~** Industriezentrum n
fábula F 1 LIT (ficción alegórica) (Tier)fabel f 2 (mito, leyenda) Sage f; **la Fábula** die Mythologie f 3 TEAT die Fabel eines Dramas 4 (cuento) Märchen n; (mentira) Lüge f (tb fig); (rumor) Gerücht n 5 fam fig **de ~** (de ensueño) traumhaft, fabelhaft
fabulación F Fabulieren n (tb fig); **fabulador** M, **fabuladora** F 1 LIT autor: Fabel-

dichter *m*, -in *f* 2 *fam fig* Fabulierer *m*, -in *f* Aufschneider *m*, -in *f*; **fabular** A VI fantasieren B VT erfinden; erdichten *(tb fig)*; **fabulario** M Fabelsammlung *f*; Sagenbuch *n*; **fabulesco** ADJ fantastisch; **fabulista** M/F Fabeldichter *m*, -in *f*; **fabulístico** ADJ → fabulesco
fabuloso ADJ fabelhaft, sagenhaft *(tb fig)*; *(poco probable)* unwahrscheinlich; **animal** *m* ~ Fabeltier *n*; **país** *m* ~ Märchen-, Wunderland *n*
faca F krummes Messer *n*; *Art* Fahrtenmesser *n*
facción F 1 *(pandilla)* Rotte *f*, Bande *f*; *(agrupación)* Zusammenrottung *f* 2 POL Partei (gruppe) *f* 3 MIL **estar de** ~ *guardia*: Dienst tun; Wache stehen 4 **-ones** *fpl (rasgos)* Gesichtszüge *mpl*; **faccionario** A ADJ Partei... B M, **-a** F Parteigänger *m*, -in *f*; **faccioso** A ADJ aufrührerisch B M, **-a** F 1 *(rebelde)* Aufrührer *m*, -in *f*, Rebell *m*, -in *f* 2 *(partidario)* Parteigänger *m*, -in *f*
faceta F Facette *f (tb fig)*; *fig* Aspekt *m*, Seite *f*; *fig* **tener muchas ~s** viele Seiten haben; (sehr) schillern *(fig)*; *de insectos*: **ojos** *mpl* **con ~s** Facetten-, Netzaugen *npl*
facetada F *Am reg* fader Witz *m*; alberner Streich *m*; **facetado** ADJ geschliffen; **facet(e)ar** VT facettieren, schleifen
facha A F 1 *fam (aspecto)* Aussehen *n*; Aufzug *m fam*; **tener buena** ~ gut aussehen; **tener mala** ~ übel (*o* verdächtig) aussehen; **estar hecho una** ~ schlecht (*o* lächerlich) aussehen 2 MAR **ponerse en** ~ *(fachear)* beidrehen; *fam fig (ponerse en posición favorable)* sich in Positur stellen B M/F 1 *desp (fascista)* Faschist *m*, -in *f* 2 *Arg fam (fanfarrón, -ona)* Angeber *m*, -in *f*, Fatzke *m*
fachada F *(aspecto exterior)* Vorder-, Außenseite *f*, Fassade *f (tb fig)*; ~ **principal** *de un edificio*: Straßenseite *f*, -front *f*; **la casa hace ~ a la plaza** das Haus liegt dem Marktplatz gegenüber; *fam* **tener buena** ~ gut (*o* stattlich) aussehen
fachar VT *Cuba* klauen, stibitzen *fam*
fachear VI MAR beidrehen
fachenda F *fam* Eitelkeit *f*; Prahlerei *f*, Angabe *f fam*; **fachendear** VI *fam* prahlen, protzen, angeben *fam*; **fachendista** M/F, **fachendón** M, **fachendona** F, **fachendoso** M, **fachendosa** F Aufschneider *m*, -in *f*, Angeber *m*, -in *f fam*
fachero *Arg fam* A ADJ angeberisch B M Angeber *m*; Laffe *m*; **fachín** M *Cuba* Langfinger *m*
fachismo M → fascismo; **fachista** → fascista
facho M/F 1 *Cuba fam (robo)* Diebstahl *m* 2 *Am reg desp (fascista)* Faschist *m*, -in *f*, Fascho *m fam*
fachoso ADJ *fam* 1 *(de mala facha)* hässlich; lächerlich (aussehend) 2 *Chile, Méx (fachendoso)* prahlerisch 3 *Perú (elegante)* anmutig; glänzend
fachudo ADJ → fachoso 1; lächerlich gekleidet
facial ANAT A ADJ Gesichts...; *t/t* Facialis...; **cirugía** *f* ~ Gesichtschirurgie *f*; **parálisis** *f* ~ Gesichtslähmung *f* B M **(nervio** *m*) ~ Facialis (nerv) *m*
facies F ⟨*pl inv*⟩ ANAT Gesicht *n*
fácil ADJ 1 *(sencillo)* leicht (zu machen); *(sin esfuerzo)* mühelos, bequem; *(simple)* einfach; **es ~ (que venga)** wahrscheinlich (*o* möglicherweise) (kommt er); **es ~ hacerlo** es ist leicht (,das) zu machen; **no es** ~ es ist nicht leicht; wohl kaum, schwerlich; **eso se dice** ~ das ist leicht gesagt; ~ **de aprender** leicht zu erlernen; ~ **de digerir** leicht verdaulich; ~ **de entender** leicht zu verstehen; ~ **de manejar** *o* **de ~ manejo** leicht zu handhaben; *(manejable)* handlich; *coche* wendig; ~ **de usar** benutzerfreundlich; ~ **de vender** *mercancía* gängig, gut gehend; **dinero** ~ leicht zu verdienendes Geld *n*; **ponerlo/ponérselo ~ a alg** es j-m leicht machen; **sería lo más** ~ das wäre das Einfachste 2 *(dócil)* gefügig; (leicht) zugänglich; ~ **en creer** leichtgläubig 3 *(liviano)* leichtfertig
facilidad F 1 *(ligereza)* Leichtigkeit *f*, Mühelosigkeit *f*; **con (gran)** ~ (sehr) leicht; (ganz) mühelos, mit Leichtigkeit; ~ **de manejo** *o* **de uso** Benutzerfreundlichkeit *f*; **hablar con** ~ geläufig sprechen 2 *(don, talento)* Fähigkeit *f*, Begabung *f*, Talent *n* (**para** zu *dat*, für *acus*); **tiene ~ para los idiomas** er ist sehr sprachbegabt; ~ **de palabra** Redegewandtheit *f* 3 *frec* **~es** *fpl (facilitación)* Erleichterung(en) *f(pl)*, Entgegenkommen *n*; COM **~es** *fpl* **de pago** Zahlungserleichterungen *fpl*; **dar (toda clase de) ~es** (in jeder Hinsicht) entgegenkommen
facilillo ADJ *irón* nicht eben leicht; **facilísimo** ADJ *sup* ganz leicht, kinderleicht; **facilitación** F Gewährung *f*, Bereitstellung *f von Kapital etc*; Beschaffung *f*; **facilitar** VT 1 *(posibilitar)* erleichtern; ermöglichen, fördern 2 *(poner a disposición)* be-, verschaffen, besorgen, zur Verfügung stellen
fácilmente ADV leicht; mühelos
facilón ADJ *fam hum* allzu leicht; bequem; kinderleicht; **facilongo** ADJ → facilón
facineroso A ADJ ruchlos B M, **-a** F Verbrecher *m*, -in *f*; Bösewicht *m*
facistol A M 1 REL Chorpult *n* 2 *Cuba, P. Rico (bromista)* Witzbold *m* B ADJ *Antillas, Méx, Ven fam* eingebildet, anmaßend
facocero M ZOOL Warzenschwein *n*
facón M *RPl Art* fest stehendes Messer *n der Gauchos*
facóquero M ZOOL Warzenschwein *n*
facsímil(e) M *(copia)* Faksimile *n*
factibilidad F Durchführbarkeit *f*; Machbarkeit *f*; **factible** ADJ möglich, aus-, durchführbar; machbar; **facticio** ADJ künstlich; Schein...; unnatürlich, ge-, erkünstelt
fáctico ADJ faktisch, tatsächlich, wirklich
factitivo ADJ LING faktitiv
factor A M Faktor *m (tb* BIOL, MAT*)*; Moment *n*, Umstand *m*; ~ **hereditario** Erbfaktor *m*; ~ **de protección** *de la crema solar*: Schutzfaktor *m*; ~ **Rhesus** Rhesusfaktor *m*; ~ **de riesgo** Risikofaktor *m* B M/F 1 COM Agent *m*, -in *f*, Bevollmächtigte *m/f* 2 FERR *(encargado del equipaje)* Gepäckmeister *m*, -in *f*
factoría F 1 *(fábrica)* Werk *n*, Fabrik *f* 2 *Perú (taller de autos)* Autowerkstatt *f*; **factorial** F MAT Fakultät *f*; **factoring** M COM Factoring *n*
factótum M Faktotum *n*, Mädchen *n* für alles *fam*; rechte Hand *f (fig)*
factual ADJ faktisch
factura F 1 COM *(cuenta detallada de una venta)* (Waren)Rechnung *f*, *Austr, Suiza tb* Faktura *f*; ~ **de envío** *o* **de expedición** Versandrechnung *f*; ~ **modelo** Modellrechnung *f*; ~ **proforma** Pro-forma-Rechnung *f*; ~ **de teléfono** Telefonrechnung *f*; **precio** *m* **de** ~ Rechnungspreis *m*; **extender la** ~ die Rechnung stellen; **pagar** *o* **cancelar** *o* **saldar una** ~ eine Rechnung begleichen; **pasar (la) ~ (a alg)** (j-m) die Rechnung vorlegen; *fig* (j-m) die Rechnung präsentieren 2 *espec* PINT *(ejecución)* Ausführung *f* 3 *Arg* GASTR *(bollo de leche) Art* Milchbrötchen *n*
facturación F 1 COM *(elaboración de una factura)* Berechnung *f*, Fakturierung *f*; ~ **telefónica** Telefonabrechnung *f* 2 FERR, AVIA (Gepäck)Aufgabe *f*; AVIA *tb* Einchecken *n*; **facturar** VT 1 COM *(hacer la cuenta)* fakturieren, eine Rechnung ausstellen über *(acus)*; berechnen; *p. ext (vender)* umsetzen, einen Umsatz von ... haben 2 FERR, AVIA *equipaje* aufgeben; AVIA *tb* einchecken
fácula F ASTRON Sonnenfackel *f*
facultad F 1 *(capacidad)* Fähigkeit *f*; Befähigung *f*; Kraft *f*; **~es** *fpl* Geistesgaben *fpl*; Begabung *f*, Talent *n*; Können *n*; ~ **auditiva** Hörfähigkeit *f*; **(no) estar en plena posesión de sus ~es** (nicht) im vollen Besitz seiner geistigen Kräfte sein 2 *(derecho)* Berechtigung *f*, *(autorización)* Befugnis *f*; **está en su** ~ *(inf)* er ist (dazu) berechtigt, zu *(inf)*, er kann *(inf)*; **tener ~ para** *o* **de** *(inf)* befugt sein zu *(dat) o (inf)* 3 UNIV Fakultät *f*; ~ **de Filosofía y Letras** philosophische Fakultät *f*
facultar VT ~ **a alg para** *(inf)* j-n ermächtigen (*o* befähigen *o* befugen) zu *(dat) o (inf)*; **facultativamente** ADV 1 *(conforme a las reglas)* fachgerecht; wissenschaftlich richtig 2 *(médico)* ärztlich, medizinisch 3 *(a gusto)* nach Belieben; **facultativo** A ADJ 1 *(voluntario)* fakultativ, beliebig, freiwillig; *enseñanza*: wahlfrei 2 *(médico)* ärztlich, medizinisch 3 UNIV Fakultäts..., Fach... 4 *relativo al poder*: Ermächtigungs... B M, **-a** F Arzt *m*, Ärztin *f*, Mediziner *m*, -in *f*
faculto *Ven fam* A ADJ erfahren, sachkundig B M Fachmann *m*, Kenner *m*; **facultoso** ADJ *Cuba fam* frech, kess
facundia F Redegewandtheit *f*; Redseligkeit *f*; **facundo** ADJ redegewandt; beredt; redselig
fading ['faðin] M RADIO Schwund *m*, Fading *n*
fadista M/F MÚS Fadosänger *m*, -in *f*
fado M MÚS Fado *m (portugiesisches Volkslied)*
faena F 1 *(trabajo) (bes* körperliche*)* Arbeit *f*; *fig* harte Arbeit *f*, Plackerei *f*; **~(s** *fpl* **domésticas)** Hausarbeit *f*; **~s** *fpl* **agrícolas** Land-, Feldarbeit *f*; **mujer** *f* **de ~s** Putzfrau *f* 2 TAUR Muletaarbeit *f (Phase des Stierkampfs)* 3 *(mala pasada)* **hacer una ~ a alg** j-m einen üblen Streich spielen, j-m übel mitspielen 4 *Cuba, Guat, Méx* AGR *(horas extraordinarias)* Zusatzarbeit *f*, Sonderschicht *f* 5 *Arg (matanza)* Schlachten *n von Großvieh* 6 *Chile* **~s** Bauarbeiten *fpl*
faenar A VT *RPl ganado* schlachten B VI *Esp pesca*: auf Fischfang gehen; **faenero** M, **-a** F *Am reg* AGR Ernte-, Landarbeiter *m*, -in *f*
faenza F Fayence *f*
fagina F *Arg* Abwasserkanal *m*
fagocitos MPL MED Phagozyten *mpl*
fagot(e) M MÚS 1 *instrumento*: Fagott *n* 2 → fagotista; **fagotista** M/F Fagottist *m*, -in *f*
Fahrenheit ADJ FÍS Fahrenheit
FAI F ABR (Federación Anarquista Ibérica) *Esp anarchistische Organisation in Spanien*
fail M *Cuba* Aktendeckel *m*
faisán M ORN, GASTR Fasan *m*; GASTR ~ **a la crema** Fasan *m* in Sahnesoße; **faisana** F ORN Fasanenhenne *f*; **faisandé** M GASTR Hautgout *m*
faja F 1 *tira de tela*: Binde *f*; Band *n*; *prenda interior*: Mieder *n*, Hüfthalter *m*; Leibbinde *f*; *(banda)* Schärpe *f*; *(ceñidor)* Gurt *m*; *de cigarros*: Zigarrenbinde *f*; **~braga** Miederhöschen *n*; **~s** *fpl* **(para las piernas)** Wickelgamaschen *fpl* 2 *(tira)* Streifen *m*; *(segmento)* Abschnitt *m*; ~ **luminosa** Lichtstreif *m*; ~ **de tierra** Landstrich *m*; ~ **de terreno** Geländestreifen *m*, -abschnitt *m* 3 *correos*: Streif-, Kreuzband *n*; *de un libro*: Bauchbinde *f*; *correos*: **bajo** ~ unter Kreuzband *n* 4 *transporte*: *(carril)* Fahrstreifen *m*, Spur *f* 5 ARQUIT *(moldura)* Fries *m*; Leiste *f*; Band(gesims) *n* 6 *heráldica*: Balken *m*
fajada F *fam* 1 *Arg (paliza)* Prügel *mpl* 2 *Cuba (pelea)* Schlägerei *f*
fajado A M MIN Stempel *m*, Grubenholz *n* B ADJ *fam* 1 *(devoto)* hingebungsvoll, *(diligente)* eifrig 2 *Col (sobresaliente)* hervorragend; **fajador** A ADJ *(camorrero)* raufustig; DEP hart im Neh-

men (*tb fig*) **B** M (*camorrista*) Raufbold *m*

fajar **A** V/T **1** (*envolver con fajas*) mit Binden umwickeln; *lactante* wickeln **2** *fam golpe* versetzen, verpassen *fam* **3** *P. Rico fam* (*pedir prestado*) anpumpen **B** V/I **~ con alg** j-n anfallen, j-n angreifen **C** V/R **fajarse** *Am* sich herumschlagen, sich balgen

fajatina F *Cuba* Rauferei, Balgerei *f* (*von Kindern*)

fajero M Nabelbinde *f für Säuglinge*

fajilla F *Am correos:* Kreuzband *n*

fajín M (Amts-, Generals-, Diplomaten)Schärpe *f*

fajina F **1** (*haz de leña*) Reisigbündel *n*; *de mies:* Garbenhaufen *m auf der Tenne*; Faschine *f* (*tb* MIL) **2** *Ven fam* (*cuadrilla de trabajo*) (Arbeits)Trupp *m* **3** *Am Mer* (*faena dura*) harte Arbeit *f*; **fajinada** F MIL Faschinen(werk *n*) *fpl*

fajitas FPL *Am* GASTR Streifen *mpl*: **~ de pollo** *in Streifen geschnittenes und mit Zwiebeln und Paprika gebratenes Hühnerfleisch, oft in einer Tortilla*

fajo M **1** (*atado*) Bündel *n* (*Papier etc*); **~s** *mpl* Windeln *fpl* **2** *Am reg* (*trago*) Schluck *m* Schnaps

fajol M BOT Buchweizen *m*

fajón M ARQUIT Fenster-, Türgesims *n*

fakir M Fakir *m*

falacia F Trug *m*; Betrug *m*

falange F **1** MIL, HIST *y fig* Phalanx *f*; *fig liter* Heer *n*,Heerschar *f* **2** ANAT *de la mano:* Fingerglied *f*; *del pie:* Zehenglied *n* **3** HIST *Esp* **Falange (Española)** Falange *f* (*rechtsgerichtete spanische Partei; unter Franco Staatspartei, 1933–1976*)

falangeta F ANAT drittes Finger- (*o* Zehen)glied *n*; **falangina** F ANAT zweites Finger- (*o* Zehen)glied *n*; **falangio** M *insecto:* Schneider *m*; **falangista** HIST **A** ADJ falangistisch **B** M/F Falangist *m*, -in *f*

falaris F ⟨*pl inv*⟩ ORN Blässhuhn *n*

falaz ADJ ⟨*pl* –aces⟩ (be)trügerisch; **falazmente** ADV täuschend; betrügerisch; gleisnerisch (*liter*)

falca F **1** MAR *tabla:* Setzbord *n* **2** (*calza*) (Brems-)Keil *m* **3** *Ven* (*bote*) (größeres) Boot *n*; **falcado** ADJ sichelförmig; HIST, MIL **carro** *m* **~** Sichelwagen *m*; **falcar** V/T ⟨1g⟩ verkeilen; **falcata** F HIST Krummschwert *n der Iberer*

falciforme ADJ sichelförmig; **falcinelo** M ORN Sichelreiher *m*

falcónidas FPL ORN Falkenvögel *mpl*

falda F **1** TEX *vestido:* Rock *m*; **~ acampanada** Glockenrock *m*; **~ escocesa** Schottenrock *m*; **~-pantalón** Hosenrock *m*; **~ plisada** Plisseerock *m*; **~ recta** enger Rock *m*; **~ tableada** Faltenrock *m*; **~ tubo** Bleistiftrock *m*, enger Rock *m*; *fam fig* **estar pegado a las ~s de su madre** an den Rockschößen seiner Mutter hängen, ein Muttersöhnchen sein *fam* **2** *de una montaña:* Berghang *m*; Fuß *m eines Berges* **3** (*ala del sombrero*) (breite) Hutkrempe *f* **4** GASTR *carne:* Bauch(fleisch *n*) *m* **5** TEC (*manguito*) Stulp *m*, Manschette *f*; TIPO Seitensteg *m* **6** *fam* **~s** *pl* (*mujeres*) Frauen *fpl*; **un asunto de ~s** eine Weibergeschichte *f*; **ser muy aficionado a las ~s** ein (großer) Schürzenjäger (*o* Frauenheld) sein

faldamenta F, **faldamento** M *fam desp* langer (und unschöner) Rock *m*

faldellín M **1** (*falda corta*) kurzes Röckchen *n*; (kurzer) Überrock *m* **2** *Ven* (*faldón de bautizo*) Taufumhang *m*; **faldeo** M *Arg, Chile* Berglehne *f*, -flanke *f*

faldero **A** ADJ **niño** *m* **~** Schürzenkind *n*; **perro** *m* **~** Schoßhündchen *n* **B** M *fam* (**hombre** *m*) **~** Schürzenjäger *m*, Frauenheld *m*

faldeta F TEAT Kulissenvorhang *m*

faldillas FPL Schößchen *n an Kleidern*

faldón M **1** *aumentativo* → falda **2** (*caída de la falda*) Rock-, Kleider-, Frackschoß *m*; (*dobladillo*) Saum *m*, unterer Teil *m eines Behangs*; *fig fam* **agarrarse a los -ones de alg** sich unter j-s Schutz (*acus*) stellen, sich an j-s Rockzipfel (*acus*) hängen *fam* **3** *equitación:* **~ (lateral)** Seitenblatt *n am Sattel* **4** ARQUIT *de un tejado:* Abdachung *f*; *de la chimenea:* Kaminrahmen *m*

faldriquera F → faltriquera

faldulario M Schleppkleid *n*

falena F *insecto:* Nachtfalter *m*

falencia F **1** (*engaño*) Täuschung *f*, Irrtum *m* **2** *Arg, Chile, Hond* ECON (*quiebra*) Konkurs *m* **3** *Arg, Perú* (*defecto*) Fehler *m*; (*carencia*) Fehlen *n*; Mangel *m*; Nicht-vorhanden-Sein *n*

falibilidad F Fehlbarkeit *f*; **falible** ADJ fehlbar; trügerisch

fálico ADJ phallisch, Phallus...; **símbolo** *m* **~** Phallussymbol *n*

falismo M Phalluskult *m*

falla F **1** *del material:* (Material-, Web)Fehler *m*; TEC Störung *f*; *de un arma:* Ladehemmung *f* **2** GEOL Bruch *m*, Verwerfung *f* **3** *Am* (*fracaso*) Fehlschlag *m*; *espec Am* TEC *y fig* (*no funcionamiento*) Versagen *n*; *espec Am* (*incumplimiento*) Nichteinhalten *n*; *espec Am* (*error*) Fehler *m*, Irrtum *m*; (*omisión*) Auslassung *f*, Lücke *f*; *espec transporte:* **~ humana** menschliches Versagen *n*; *espec Am* INFORM **~ del sistema** Systemfehler *m*; **tener una ~** misslingen, fehlschlagen; versagen; **no tener ~(s)** ganz sicher sein, nicht schiefgehen können **4** *reg figuras:* Falla *f* (*Figurengruppe, die am Abend der Fallas abgebrannt wird*); → Fallas

fallado ADJ *producto y fig* fehler-, mangelhaft; *Arg fam mercancía* mit Fabrikationsfehlern

fallanca F Regenleiste *f an Tür oder Fenster*

fallar **A** V/T **1** JUR (*decidir por sentencia*) durch Urteil entscheiden **2** *juego de cartas:* abtrumpfen, mit Trumpf stechen **B** V/I **1** JUR (*sentenciar*) entscheiden, das Urteil fällen **2** (*desgarrarse*) reißen; (*romperse*) (ab)brechen; *muro de apoyo* nachgeben; *espec* TEC (*no funcionar*) versagen, nicht funktionieren; *tiro* danebengehen; **no falla** das ist (ganz) sicher, das ist (bestens) erprobt; **no falla nunca** das versagt nie; **sin ~** unfehlbar; zuverlässig; **si las matemáticas no fallan** wenn die Rechnung stimmt **3** (*fracasar*) scheitern, misslingen, fehlschlagen

Fallas FPL *fiesta popular:* Volksfest *n* in Valencia am 19. März

falleba F Tür-, Fensterriegel *m*; Drehriegel *m*

fallecer V/I ⟨2d⟩ **1** (*morir*) sterben, verscheiden; **falleció en el acto** er war sofort (*o* auf der Stelle) tot **2** (*terminar*) aufhören, enden; **fallecido** M, **-a** F Verstorbene *m/f*; **fallecimiento** M Tod *m*, Hinscheiden *n*

fallero **A** ADJ **1** *reg* zu den Fallas gehörig (→ Fallas) **2** *Chile* (*de poca confianza*) unzuverlässig **B** M, **-a** F Mitglied *n* eines Falla-Vereins; Teilnehmer *m*, -in *f* an den Fallas (→ Fallas); **-a** *f* **mayor** Falla-Königin *f*

fallido ADJ **1** (*fracasado*) fehlgeschlagen, gescheitert **2** *deuda* uneintreibbar **3** (*quebrado*) in Konkurs geraten, zahlungsunfähig, bankrott

fallir V/I ⟨3h⟩ *Ven* Bankrott machen

fallo M **1** JUR (*sentencia*) Urteil *n*, Entscheidung *f*; **~ arbitral** Schiedsspruch *m* **2** (*error*) Fehler *m*, Irrtum *m*; (*omisión*) Auslassung *f*; Lücke *f*; TEC, MED Versagen *n*; (*baja de un servicio*) Ausfall *m*; MIL **~ por atascamiento** Ladehemmung *f*; MED **~ cardíaco** Herzversagen *n*; *espec transporte:* **~ humano** menschliches Versagen *n*; *espec Am* INFORM **~ del sistema** Systemfehler *m*; **cuando se produce un ~** wenn der Computer (*o* das Programm) abstürzt; **tener un ~** misslingen, fehlschlagen; versagen; **no tener ~** ganz sicher sein, nicht schiefgehen können **3** *juego de cartas:* Fehlfarbe *f*; **estar** *o* **tener ~ a oros** keine Karo(karte) haben

fallón ADJ **1** (*perezoso*) faul **2** *Am* (*que falta a su palabra*) wortbrüchig; **fallutear** V/I *Arg fam* wortbrüchig werden; **fallutería** F *Am reg* Scheinheiligkeit *f*; Heuchelei *f*; **falluto** ADJ *Am Mer fam* scheinheilig; heuchlerisch; wortbrüchig

falo M Phallus *m*; **falocracia** F Männerherrschaft *f*

falopa F *Arg drogas fam* Stoff *m*; **falopearse** V/R *Arg drogas fam* kiffen

Falopio ANAT **trompas** *fpl* **de ~** Eileiter *mpl*

falsamente ADV falsch; fälschlich(erweise);

falsario **A** ADJ fälschend **B** M, **-a** F **1** (*falsificador[a]*) Fälscher *m*, -in *f*; Betrüger *m*, -in *f* **2** (*mentiroso, -a*) Lügner *m*, -in *f*, Verleumder *m*, -in *f*; **falsarregla** F **1** (*falsa escuadra*) (verstellbarer) Winkel *m zum Zeichnen* **2** → falsilla

falseable ADJ fälschbar; **falseador** **A** ADJ verfälschend **B** M, **falseadora** F (Ver)Fälscher *m*, -in *f*; **falseamiento** M (Ver-)Fälschung *f*; Verdrehung *f*

falsear **A** V/T **1** *verdades, hechos, etc* verfälschen, verdrehen, entstellen **2** **~ las guardas** *una llave:* einen Nachschlüssel anfertigen; MIL die Wachen bestechen **3** ARQUIT *construcción desviada de la perpendicular:* nicht lotrecht bauen **B** V/I **1** ARQUIT *pared* vom Lot abweichen; *suelo* sich senken, nachgeben **2** MÚS verstimmt sein

falsedad F Falschheit *f*; Unwahrheit *f*; JUR (*falsificación*) Fälschung *f* (*Sache*); **~ en documento(s)** Urkundenfälschung *f*; **~ material** Falschbeurkundung *f*

falseo M ARQUIT (*desviación de la perpendicular*) Abweichung *f* von der Senkrechten; *de un madero:* schiefer Schnitt *m eines Balkens etc*

falseta F MÚS Überleitung *f bei Gitarrenbegleitung von Volksweisen*; **falsete** M **1** MÚS Falsett *n*; Falsettstimme *f*; **cantar en** *o* **de ~** Falsett singen **2** *puerta:* Verbindungs-, Tapetentür *f* **3** (*tapón de cuba*) (Fass)Spund *m*

falsía F Falschheit *f*; Heimtücke *f*

falsificación F Fälschung *f* (*tb cosa falsificada*); Verfälschung *f*; **~ de documentos** Urkundenfälschung *f*; **falsificador** M, **falsificadora** F Fälscher *m*, -in *f*; **~** *m* **de moneda** Falschmünzer *m*; **falsificar** V/T ⟨1g⟩ fälschen

falsilla F Linienblatt *n*

falso **A** ADJ **1** (*equivocado*) falsch, verkehrt; (*contrario a la verdad*) unrichtig, unwahr; **¡~!** das ist nicht wahr!; das stimmt nicht!; **totalmente ~** grundfalsch; grundverkehrt; **en ~** falsch; *golpe* ins Leere; (*aparentemente*) nur zum Schein; **moneda** *f* **-a** *o* **billetes** *mpl* **~s** Falschgeld *n*; **noticia** *f* **-a** Falschmeldung *f*; **dar un paso en ~** einen Fehltritt tun; **~ testimonio** REL falsches Zeugnis (**levantar** ablegen); JUR falsche Zeugenaussage *f*; **jurar en ~** falsch schwören; **declarar en ~** eine Falschaussage machen **2** (*postizo*) falsch, unecht; Fehl..., Schein..., Doppel...; **alarma** *f* **-a** falscher Alarm *m*; **argumento** *m* **~** Scheinbeweis *m*; **llave** *f* **-a** Nachschlüssel *m*, Dietrich *m*; *equitación:* **-a rienda** *f* Beizügel *m*; CONSTR **~ pilote** *m* Hilfs-, Stützpfeiler *m*; ARQUIT **~ techo** *m* Zwischendecke *f*; **edificar sobre ~** nicht auf festen Grund bauen **3** *esperanza* falsch, trügerisch **4** (*engañoso*) falsch, unaufrichtig; (*fingido*) geheuchelt; (*infiel*) treulos; (*alevoso*) heimtückisch **5** *situación* zweideutig **6** (*torpe*) ungeschickt **7** *Chile reg* (*cobarde*) feige, ängstlich **B** M falscher Saum *m*; Stoßband *n*

falta F **1** (*escasez*) Mangel *m* (**de an** *dat*), (*ausencia*) Fehlen *n*; Nicht-vorhanden-Sein *n*; *de una persona:* Fernbleiben *n*, Abwesenheit *f*; **~ de**

agua Wassermangel *m*; **~ de aprecio** Nichtachtung *f*; **~ de atención** Unaufmerksamkeit *f*; Unachtsamkeit *f*; **~ de calidad** mangelnde Qualität *f*; **~ de carácter** Charakterlosigkeit *f*; **~ de confianza** Misstrauen *n*; **~ de consideración** Rücksichtslosigkeit *f*; Unhöflichkeit *f*; **~ de costumbre** mangelnde Gewöhnung *f*; Ungewohntheit *f*; **~ de cultura** Unkultur *f*; **~ de delicadeza** *o* **de tacto** Taktlosigkeit *f*; **~ de disciplina** Disziplinlosigkeit *f*; **~ de dinero** Geldmangel *m*; **~ de educación** schlechtes Benehmen *n*; Ungezogenheit *f*; **~ de equilibrio** Unausgeglichenheit *f*; **~ de escrúpulos** Skrupellosigkeit *f*; **~ de expectativas** Perspektiv-, Aussichtslosigkeit *f*; *correos*: **~ de franqueo** ungenügende Frankierung *f*; **~ de fuerzas** Kräftemangel *m*, Kraftlosigkeit *f*; **~ de imaginación** Fantasielosigkeit *f*; **~ de interés** Desinteresse *n*; **~ de liderazgo** Führungsschwäche *f*; **~ de mano de obra** Arbeitskräftemangel *m*; **~ de medios** *o* **de recursos** Mittellosigkeit *f*; **~ de memoria** Vergesslichkeit *f*; **~ de palabra** Wortbruch *m*; **~ de puntualidad** Unpünktlichkeit *f*; **~ de respeto** Respektlosigkeit *f*; Rücksichtslosigkeit *f*; **~ de sueño** Schlaflosigkeit *f*; Schlafdefizit *n*; **~ de tiempo** Zeitmangel *m*, -not *f*; **~ de trabajo** Arbeitsmangel *m*; Erwerbslosigkeit *f*; **~ de valor** Mutlosigkeit *f*; **~ de voluntad** Willenlosigkeit *f*; Nichtwollen *n*; **a** *o* **por ~ de** *o* **debido a la ~ de** mangels (*gen*), aus Mangel an (*dat*); **sin ~** ganz sicher; bestimmt; unbedingt; JUR **por ~ de capital** mangels Masse; COM **por ~ de pago** mangels Zahlung; JUR **por ~ de pruebas** mangels Beweisen; **echar en ~** vermissen; **hacer ~** fehlen; nötig sein; **hace ~ mucho dinero** es ist viel Geld nötig; man braucht viel Geld; **hace mucha ~** *cosa*: es fehlt sehr (daran); *persona*: er (*o* sie *etc*) wird dringend benötigt; **hace ~ que vaya** er/sie muss gehen; **me hace ~ dinero** ich brauche Geld; **no hace ~** das ist nicht nötig; *fam* **buena ~ me hace** das kann ich gut brauchen; *fam* **ni ~ que hace** das ist auch absolut nicht nötig; *fam* **ni ~ que me hace** *tb* das hab ich auch gar nicht nötig; *prov* **a ~ de pan, buenas son tortas** in der Not frisst der Teufel Fliegen 2 (*error*) Fehler *m*; (*equivocación*) Irrtum *m*; **~ de ortografía** Rechtschreibfehler *m*; **~ leve** leichter Fehler *m*, Schnitzer *m*; **~ grave** schwerer Fehler *m*; **libre** *o* **exento de ~s** fehlerfrei; **coger** *o* **pillar a alg en ~** j-n bei einem Fehler ertappen; **poner ~s** a etwas auszusetzen haben an (*dat*) 3 JUR Übertretung *f*, Verstoß *m*; Verfehlung *f*; REL (*pecado*) Sünde *f*; (*culpa*) Schuld *f*; JUR **juicio** *m* **de ~s** Bagatellsache *f*; **caer en ~** einen Fehltritt begehen; in einen Fehler verfallen 4 DEP (*infracción*) Fehler *m*, Minuspunkt *m*; **es ~** das verstößt gegen die Regel, das ist ein Foul; **doble ~** Doppelfehler *m*; **hacer ~** sich regelwidrig verhalten, foulen; **lanzar una ~** einen Freistoß ausführen; **pitar una ~** einen Freistoß pfeifen 5 TEC (*defecto*) Versagen *n*; Mangel *m*, Defekt *m* 6 *en monedas*: Fehlgewicht *n bei Münzen*

faltante ADJ fehlend; abwesend

faltar VI 1 (*estar ausente*) fehlen; nicht (mehr) vorhanden sein; (*escasear*) knapp sein; **le faltaba pan** er/sie hatte kein (*o* zu wenig) Brot; **le faltaron fuerzas** seine/ihre Kräfte versagten; **¡lo que faltaba!** das hat gerade noch gefehlt!; auch das noch!; **¡no faltaba** *o* **faltaría más!** (*¡sólo faltaba eso!*) das fehlte gerade noch!, das wäre ja noch schöner!; auch das noch!; *como consentimiento*: aber selbstverständlich; **por mí no ha de ~** an mir soll's nicht fehlen (*o* nicht liegen); **por si faltaba algo** als wäre das noch nicht genug; noch obendrein, noch dazu; **~le a alg tiempo para** (*inf*) nichts Eiliges zu tun haben, als zu (*inf*); **falta poco** es fehlt nicht mehr viel; es dauert nicht mehr lange; **falta poco para las diez** es ist fast zehn (Uhr); **poco faltaba para que se cayera** beinahe wäre er gefallen; es fehlte nicht viel und er wäre gefallen 2 (*ser necesario*) nötig sein; **falta por saber (si)** erst müsste man wissen (, ob); **faltan dos días para la sesión** bis zur Sitzung sind (*o* dauert es) noch zwei Tage; **falta aprendiz** Lehrling gesucht 3 (*estar ausente*) nicht erscheinen; abwesend sein (**de** von *dat*); **~ a** bei *etw* (*dat*) fehlen, fernbleiben (*dat*); **~ a clase** den Unterricht versäumen; **~ a la cita** die Verabredung nicht einhalten 4 (*no cumplir*) **~ a** verstoßen gegen (*acus*); *obligación* verletzen; **~ a su palabra** sein Wort nicht halten; **~ a la verdad** lügen 5 **~ a alg** (*ofender a alg*) j-n beleidigen; es j-m gegenüber an Achtung fehlen lassen 6 *arma de fuego* versagen; *tiro* das Ziel verfehlen 7 (*cometer un error*) einen Fehler machen; **~ gravemente** sich schwer vergehen (an *dat* **a**)

faltista M/F *Méx* Abwesende *m/f*, Fehlende *m/f*

falto ADJ mangelhaft, unzureichend; **~ de** ohne (*acus*), bar (*gen*), in Ermangelung (*gen* *o* von *dat*); **~ de imaginación** fantasielos; **~ de juicio** *o* **~ de razón** unvernünftig; verrückt; **~ de recursos** *o* **de medios** mittellos

faltón ADJ *fam* 1 (*de poca confianza*) unzuverlässig; wortbrüchig 2 *Cuba* (*insolente*) frech

faltriquera F (Rock)Tasche *f*; Gürteltasche *f unterm Kleid*

falúa F MAR Hafenbarkasse *f*

falucho M 1 MAR Feluke *f* 2 *Arg sombrero*: Zweispitz *m*

fama F 1 Ruf *m*; Ruhm *m*, Berühmtheit *f*; **de ~** bekannt, berühmt; **de mala ~** anrüchig, berüchtigt; **de ~ universal** *o* **mundial** weltbekannt, -berühmt; von Weltruf; **dar ~ a alg** j-n bekannt (*o* berühmt) machen; *prov* **unos tienen** *o* **llevan la ~ y otros cardan la lana** der eine tut die Arbeit, der andere hat den Ruhm 2 (*rumor*) Gerücht *n*; **es ~ que ...** man sagt, dass ... 3 *Col* (*carnicería*) Fleischerei *f*, Metzgerei *f*

famélico ADJ ausgehungert, Hunger leidend

familia F 1 Familie *f* (*tb* ZOOL, BOT); (nächste) Verwandtschaft *f*; (*estirpe*) Geschlecht *n*, Sippe *f*; **~ acogedora** *f* Gastfamilie *f*; **~ homoparental** Familie *f* mit gleichgeschlechtlichen Eltern; **~ monoparental/reconstituida** *f* Eineltern-/Patchworkfamilie *f*; **~ numerosa** kinderreiche Familie *f*; **padre** *m* **de ~** Familienvater *m*, -oberhaupt *n*; **ser de la ~** zur Familie gehören; **en ~** in der Familie; *fig* im engsten Kreise; im Vertrauen, unter uns 2 (*descendientes*) Kinder *npl*, Nachkommen *mpl*, -schaft *f*; **estar esperando ~** Familienzuwachs erwarten 3 *fig* (*origen*) Herkunft *f*; **ser de buena ~** aus gutem Hause sein 4 *fig* **la ~ humana** die Menschheit 5 LING **~ de palabras/lenguas** Wort-/Sprachfamilie *f* 6 *Esp* POL (*agrupación*) Gruppe *f* (*o* Tendenz *f*) innerhalb einer Partei 7 *Chile de abejas*: Bienenschwarm *m*

familiar A ADJ 1 Familien...; **vida** *f* **~** Familienleben *n*; **dioses** *mpl* **~es** Hausgötter *mpl*; COM **envase** *m* **~** Familienpackung *f* 2 (*con confianza*) familiär, ungezwungen; vertraulich; (*sencillo*) schlicht; **estilo** *m* **~** umgangssprachlicher Stil *m*; **tono** *m* **~** vertraulicher Ton *m*; **trato** *m* **~** vertraulicher (*o* freundschaftlicher) Umgang *m* 3 (*conocido*) vertraut, bekannt; geläufig; **encontrar una cara ~** einem bekannten Gesicht (*o* einem Bekannten) begegnen; **ser** *o* **resultar ~ a alg** j-m bekannt vorkommen; **el trabajo le es ~** er kennt die Arbeit gut, er ist mit der Arbeit vertraut B M/F 1 (*parientes*) Familienangehörige *m/f*, Verwandte *m/f*; **~ cercano** naher Verwandter *m*; **~ lejano** entfernter Verwandter *m* 2 *amigo*: gute(r) Freund *m*, -in *f der Familie* C M 1 *en un monasterio*: Gehilfe *m*, Diener *m*; *de un obispo*: Hauskaplan *m*; **~es** *mpl* Dienerschaft *f* und Gefolge *n eines Bischofs etc* 2 HIST *en la inquisición*: Spitzel *m*, Gehilfe *m*

familiaridad F Vertraulichkeit *f*; Vertrautheit *f*; **familiarizar** ⟨1f⟩ A VT **~ a alg con** j-n an etw (*acus*) gewöhnen; j-n mit etw (*dat*) vertraut machen B V/R **~se con** vertraut werden mit (*dat*); sich gewöhnen an (*acus*); sich einarbeiten in (*acus*); sich hineinfinden in (*acus*); **familiarmente** ADV vertraulich, ungezwungen

familión M *fam* große Familie *f*

famosamente ADV vortrefflich

famoso A ADJ 1 (*célebre*) berühmt; *fam* (*magnífico*) ausgezeichnet, großartig 2 (*de mala fama*) berüchtigt 3 *fam* (*estupendo*) toll *fam*, gewaltig; **~ disparate** *m* gewaltiger Unsinn *m*, Stuss *m fam* B M, **-a** F *persona*: Berühmtheit *f*; **los ~s** *mpl* die berühmten Leute

fámula F *fam* Hausmädchen *n*; Magd *f*; **fámulo** M Diener *m*, Gehilfe *m* (*bes im Kloster*)

fan M/F Fan *m*

fana F *Cuba* Scheiße *f vulg*

fanal M 1 (*farol de barco*) Schiffs-, Hafenlaterne *f*; Leuchtfeuer *n* 2 (*campana de cristal*) Lampenglocke *f*; Glasglocke *f*, -sturz *m* 3 *fig* (*señal*) Fanal *n*

fanático A ADJ fanatisch, unduldsam; schwärmerisch B M, **-a** F Fanatiker *m*, -in *f*; Fan *m*

fanatismo M Fanatismus *m*; **fanatizar** VT ⟨1f⟩ fanatisieren, auf-, verhetzen

fandango M 1 MÚS *baile*: Fandango *m* 2 *fig* (*bullicio*) Durcheinander *n*, Krach *m fam*; **fandanguero** M, **-a** F 1 *bailador(a)*: Fandangotänzer *m*, -in *f* 2 *fig aficionado, -a*: Freund *m*, -in *f* von Tanz und Unterhaltung

fané ADJ *fam* 1 (*marchito*) verblüht; faltig, runzelig 2 (*de mal gusto*) geschmacklos 3 *Arg vulg* (*cansado*) müde, abgespannt

faneca F *pez*: Franzosendorsch *m*

fanega A F 1 *medida para áridos*: *Getreidemaß* (*in Kastilien etwa 55,5 l, in Aragón 22,4 l*) 2 **~ de tierra** → fanegada B **~s** M ⟨*pl inv*⟩ Dummkopf *m*

fanegada F *Feldmaß* (*in Kastilien etwa 64,6 Ar*); **a ~s** in Hülle und Fülle

fanerógamas FPL BOT Samen-, Blütenpflanzen *fpl*

fanfa ADJ *fam hum* → fanfarrón A; **fanfarrear** VI → fanfarronear; **fanfarria** F 1 (*jactancia*) Aufschneiderei *f*, Angeberei *f fam* 2 *conjunto musical*: Blaskapelle *f*; Fanfarenzug *m*; **fanfarrón** A ADJ prahlerisch, angeberisch *fam* B M, **-ona** F Aufschneider *m*, -in *f*, Angeber *m*, -in *f*, Maulheld *m*, -in *f*; **fanfarronada** F → fanfarronería; **fanfarronear** VI aufschneiden, prahlen, großtun, den Mund voll nehmen; **fanfarronería** F Aufschneiderei *f*, Prahlerei *f*, Angabe *f fam*, Dicktun *n fam*, Großtuerei *f*

fangal, fangar M Schlammloch *n*, Morast *m*

fango M Schlamm *m*; MED **~ medicinal** Fango *m*; MED **aplicación** *f* **de ~** Fangotherapie *f*; **baños** *mpl* **de ~** Schlamm-, Moorbäder *npl*; **envoltura** *f* **de ~** Fangopackung *f*; *fig* **arrastrar por el ~** in den Schmutz (*o* durch den Dreck *fam*) ziehen; *fig* **cubrir** *o* **llenar a alg de ~** j-n mit Schmutz bewerfen

fangoso ADJ schlammig, morastig; **fangote** M *Arg fam* Unmenge *f*, Haufen *m*; **fangoterapia** F MED Fangotherapie *f*

fantaseador ADJ *persona* fantasierend; **fantasear** A VI 1 (*dejar correr la imaginación*) fantasieren (*tb* MED); der Einbildungskraft freien

Lauf lassen 2 (*vanagloriarse*) prahlen (**con** mit *dat*); fantasieren, faseln (**de** von *dat*) 3 V/T *suerte, etc* erträumen; **fantaseo** M Fantasiererei f

fantasía F 1 (*imaginación*) Fantasie *f*, Einbildungskraft *f* 2 (*visión*) Traumbild *n*; Träumerei *f*, Fantasie *f* 3 (*bisutería*) Modeschmuck *m*; COM **de ~** Mode...; **artículos** *mpl* **de ~** Galanterie-, Modewaren *fpl*; **géneros** *mpl* **de ~** Modestoffe *mpl*, modische Stoffe *mpl* 4 MÚS Fantasie *f* 5 *fam* (*ilusión*) Einbildung *f*, Dünkel *m*

fantasioso *fam* A ADJ 1 (*imaginativo*) fantasievoll 2 (*engreído*) eingebildet B M, **-a** F Fantast *m*, -in *f*

fantasma A M 1 (*visión quimérica*) Erscheinung *f*, Trugbild *n*; Phantom *n*; Gespenst *n* (*tb fig*) 2 *fig* (*espantapájaros*) Vogelscheuche *f* B M/F *fig* Angeber *m*, -in *f*; Prahler *m*, -in *f*; **fantasmada** F *fam* Aufschneiderei *f*; **fantasmagoría** F Fantasmagorie *f*; Blendwerk *n*, Gaukelei *f*, Trug *m*; **fantasmagórico** ADJ fantasmagorisch, gauklerisch; **fantasmal** ADJ gespenstisch, Gespenster...; **fantasmón** A ADJ *fam* eingebildet, großtuerisch B M, **-ona** F Angeber *m*, -in *f*; Prahler *m*, -in *f*; Fantast *m*, -in *f*

fantástico ADJ 1 (*fantasmal*) fantastisch; (*espectral*) gespenstisch, Gespenster..., Geister...; Fantasie...; **literatura** *f* **-a** Fantasyliteratur *f* 2 (*entusiasta*) schwärmerisch, fantastisch 3 *fam fig* (*estupendo*) toll *fam*, unglaublich, fantastisch *fam*

fantochada F *desp* dummer Streich *m*; Unsinn *m*; **fantoche** M Marionette *f*; *desp* Hampelmann *m*, Hanswurst *m* (*tb fig*)

fanzine ['fansin(e)] M Comicheft *n*; Fanmagazin *n*

fañar V/T *Ohren des Viehs* einkerben

faquín M Träger *m*, Dienstmann *m*

faquir M Fakir *m*

fara M *Col* ZOOL Opossum *n*

farad(io) M FÍS Farad *n*; **faradización** F MED Faradisation *f*

faralá M ⟨*pl* -aes⟩ TEX Falbel *f*; Faltenbesatz *m*; *fam fig* Firlefanz *m*, Flitterkram *m*; **traje** *m* **de faralaes** Rüschenkleid *n der Flamencotänzerinnen*

farallón M 1 (*roca*) Klippe *f* 2 MIN (*crestón*) oberer Teil *m eines Flözes*

faramalla F *fam desp* bloßer Schein *m*, Prahlerei *f*; **faramallear** V/I *Méx* prahlen

farándula F 1 (*arte de la comedia*) Komödiantentum *n*; TEAT, HIST wandernde Schauspielertruppe *f*; **el mundo de la ~** das Showbusiness 2 (*farsantería*) Beschwatzen *n*, Betrug *m*

farandulear V/I *fam* angeben *fam*, wichtigtun; **farandulero** A ADJ 1 (*relativo a la farándula*) *auf das Komödiantentum bezogen* 2 (*falaz*) betrügerisch B M, **-a** F TEAT, HIST wandernde(r) Komödiant *m*, -in *f*; *fig* (*timador[a]*) Bauernfänger *m*, -in *f*, Gauner *m*, -in *f*

faraón M 1 HIST Pharao *m* 2 *liter* (*gitano*) Zigeuner *m* 3 *juego de cartas*: Pharao *n*; **faraóna** F 1 HIST Pharaonin *f* 2 *liter* (*gitana*) Zigeunerin *f*; **faraónico** ADJ pharaonisch, Pharaonen...

faraute M 1 HIST (*mensajero*) Dolmetsch *m* 2 HIST, TEAT (*locutor*) Sprecher *m des Prologs*

FARC FPL ABR (Fuerzas Armadas Revolucionarias de Colombia) *kolumbianische Guerrillaorganisation*

farda F Bündel *n*; *pop* (*ropa*) Wäsche *f*; **fardada** F *fam* Angeberei *f*; **fardaje** M → fardería; **fardar** V/I *fam* 1 (*presumir*) angeben *fam*, Eindruck schinden *fam* 2 (*estar bien vestido*) gut gekleidet sein; **fardel** M 1 (*bolsa*) Beutel *m*, (*mochila*) Rucksack *m*; (*envoltorio*) Bündel *n* 2 *fam fig persona*: Vogelscheuche *f*, Gestell *n fam*;

fardería F Bündel *npl*; (*equipaje*) Gepäck(stücke *npl*) *n*; FERR Stückgut *n*

fardo M 1 (*bulto*) Ballen *m*; Packen *m*, Last *f*; COM **a** *o* **por ~s** ballenweise; **en ~s** in Ballen; (**mercancías** *fpl* **en**) **~s** Stückgut *n*; *pop* **descargar el** *o* **su ~** entbinden, ihr Päckchen loswerden *pop*; **echar el ~ a alg** j-m den schwarzen Peter zuspielen, j-n zum Sündenbock machen 2 *fam persona*: Dickwanst *fam m*

fardón ADJ *fam persona* schnieke *fam*, piekfein *fam*; *cosa* fabelhaft, super

farero M, **-a** F Leuchtturmwärter *m*, -in *f*

farfante M/F, **farfantón** M, **farfantona** M *fam* Aufschneider *m*, -in *f*, Angeber *m*, -in *f*

fárfara F 1 BOT Huflattich *m* 2 *del huevo*: Eihäutchen *n*; *fig* **en ~** halb fertig; unfertig

farfolla F 1 *del maíz*: Hülse *f* 2 *fam fig* (*pura aparencia*) (leeres) Protzen *n*, reine Angabe *f fam*

farfulla A F 1 (*balbuceo*) Stammeln *n*; Stottern *n* 2 *Am reg* (*fanfarronada*) Aufschneiderei *f* B ADJ → farfullero; **farfullar** V/T & V/I 1 (*balbucear*) stammeln; stottern; nuscheln *fam* 2 *fam fig* (*chapucear*) hudeln, (ver)pfuschen *fam*;

farfullero M, **-a** F 1 (*tartamudo*) Stammler *m*; Stotterer *m* 2 *fam fig* (*chapucero*) Pfuscher *m*, -in *f fam* 3 *Am reg* (*fanfarrón*) Aufschneider *m*, -in *f*

fargallón A ADJ *fam* nachlässig, schlampig B M, **-ona** F Pfuscher *m*, -in *f fam*

faria F *einfache spanische Zigarrenmarke*

farináceo A ADJ mehlig; Mehl... B **~s** MPL 1 COM (*productos de harina*) Mehlprodukte *npl* 2 GASTR *comidas*: Mehlspeisen *fpl*

faringe F ANAT Rachen *m*; Schlund *m*; *t/t* Pharynx *f*

faríngea F FON Rachenlaut *m*; **faríngeo** ADJ Rachen...

faringitis F ⟨*pl inv*⟩ MED Rachenentzündung *f*, Pharyngitis *f*

fariña F *Am Mer* Maniokmehl *n*

fario M *fam* **mal ~** Pech *n*

farisaico ADJ pharisäisch (*tb fig*); *fig* heuchlerisch; **farisea** F *fig* Heuchlerin *f*; **fariseísmo** M pharisäische Lehre *f*; *fig* Pharisäertum *n*; Heuchelei *f*; **fariseo** M Pharisäer *m* (*tb fig*); *fig* Heuchler *m*

farlopa F *fam* Koks *m fam*

farmaceuta M/F *Col, Ven* Apotheker *m*, -in *f*;

farmacéutico A ADJ pharmazeutisch; **industria** *f* **-a** Pharmaindustrie *f*; **productos** *mpl* **~s** Arzneimittel *npl* B M, **-a** F 1 *profesión*: Pharmazeut *m*, -in *f* 2 *dueño, -a de una farmacia*: Apotheker *m*, -in *f*

farmacia F 1 *ciencia*: Pharmazie *f* 2 *tienda*: Apotheke *f*; **~ de guardia** *o* **de turno** dienstbereite Apotheke *f*

fármaco M MED Pharmakon *n*, Arzneimittel *n*

farmacodependencia F Medikamentenabhängigkeit *f*; **farmacología** F Pharmakologie *f*; **farmacológico** ADJ pharmakologisch; **farmacólogo** M, **-a** F Pharmakologe *m*, Pharmakologin *f*; **farmacopea** F Arzneibuch *n*

faro M 1 MAR *torre*: Leuchtturm *m*; *farol*: Leuchtfeuer *n*; MAR, AVIA *baliza*: (Leucht-, Feuer)Bake *f*; **~ flotante** Feuerschiff *n* 2 *espec* AUTO Scheinwerfer *m*; **~ antiniebla trasero** Nebelschlussleuchte *f*; **~ de enfoque** *o* **móvil** Suchscheinwerfer *m*; **~ halógeno** Halogenscheinwerfer *m* 3 DEP (*posición sobre los hombros*) Kerze *f* 4 *fig* (*luz*) Licht *n*, Leuchte *f*; (*guía*) Führer *m*; (*señal*) Fanal *n*

farol M 1 Laterne *f*; *Am reg callejero*: Straßenlaterne *f*; *p. ext poste*: Laternenpfahl *m*; **~ de gas** Gaslaterne *f*; MAR **~ de popa/de situación** Heck-/Positionslaterne *f*; **~ de papel** Lampion *m*; *fam fig* **¡adelante con los ~es!** vorwärts! 2 TAUR *acción del torero*: Lampion *m*, Fächer *m* (*Capafigur*) 3 *juego de cartas*: Bluff *m*; **hacer un ~** bluffen 4 (*fanfarronada*) Angabe *f fam*, Protzen *n*; **echar ~es** angeben *fam*; **tirarse un ~** sich blamieren, ins Fettnäpfchen treten 5 (*fanfarrón*) Angeber *m fam*

farola F 1 *de la calle*: Straßenlaterne *f*; Lichtmast *m* 2 *Col* AUTO Scheinwerfer *m*; **farolazo** M 1 *golpe o señal*: Schlag *m* (*o* Zeichen *n*) mit einer Laterne 2 *Am Centr, Méx* (*trago fuerte*) kräftiger Schluck *m* Schnaps; **farolear** V/I *fam* wichtigtun, angeben *fam*, protzen; **faroleo** M *fam* Angeberei *f fam*, Protzerei *f*; **farolera** F *fam fig* Angeberin *f fam*; **farolería** F 1 MAR *armario*: Lampenspind *n* 2 *fam* (*presunción*) Wichtigtuerei *f*, Angabe *f fam*; **farolero** M, **-a** F *fam fig* Angeber *m*, -in *f fam*

farolillo M 1 **~ (a la veneciana)** *farol de papel*: Lampion *m*; *fig* **ser el ~ rojo** das Schlusslicht sein 2 BOT Glockenblume *f*

farolón M, **farolona** F *fam* Angeber *m*, -in *f*, Wichtigtuer *m*, -in *f*

farpa F Spitze *f eines Saums, eines Fahnentuchs*; **farpado** ADJ ausgezackt

farra F 1 *pez*: Schnabeläsche *f* 2 *fam* **irse de ~** (*juerga*) einen draufmachen

fárrago M Plunder *m*, Kram *m*; Wust *m*, Durcheinander *n*, Wirrwarr *m*

farragoso ADJ wirr; verworren; überladen;

farraguista M/F Wirrkopf *m*

farrear V/I ausgiebig feiern; blaumachen *fam*;

farrista M → juerguista

farruca F MÚS *Art* Flamencomusik *f*; **farruco** *fam* A ADJ draufgängerisch, kess; agressiv; **ponerse ~ (con alg)** sich (j-m gegenüber) auf die Hinterbeine stellen (*fig*); (j-m) die Zähne zeigen B M *reg Spitzname für einen gerade ausgewanderten Galicier oder Asturier m*; *desp* Provinzler *m*

farsa F TEAT Posse *f*, Schwank *m*; *fig* Farce *f*, Komödie *f* (*fig*); **farsante** M/F HIST, TEAT Komödiant *m*, -in *f*; *fig* Heuchler *m*, -in *f*; Schwindler *m*, -in *f*; **farsista** M/F Possenschreiber *m*, -in *f*

fas ADV *fam* **por ~ o por nefas** mit Recht oder mit Unrecht, auf jeden Fall, auf Biegen oder Brechen; aus dem einen oder andern Grund

FAS FPL ABR (Fuerzas Armadas) Streitkräfte *pl*

fasc. ABR (fascículo) Heft *n*, Faszikel *m*

fasces FPL HIST Liktorenbündel *n*; **fascia** F ANAT Faszie *f*; **fascículo** M 1 TIPO (*cuaderno impreso*) Faszikel *m*; Heft *n*, Lieferung *f* 2 BOT (*haz*) Büschel *n* 3 ANAT *de fibras musculares*: Bündel *n*, Strang *m*

fascinación F Faszination *f*; (*encanto*) Bezauberung *f*, Zauber *m*; (*deslumbramiento*) Verblendung *f*; **fascinador** ADJ faszinierend, bezaubernd; **fascinar** A V/T & V/I faszinieren, bezaubern; (*cautivar*) fesseln, in Bann halten; (*deslumbrar*) (ver)blenden B V/R **fascinarse** begeistert sein, hingerissen sein

fascismo M POL Faschismus *m*; **fascista** POL A ADJ faschistisch B M/F Faschist *m*, -in *f*; **fascistoide** ADJ faschistoid

fase F (Entwicklungs-, Durchgangs)Stufe *f*; Phase *f* (*tb* ELEC); Abschnitt *m*, Stadium *n*; **~ final** End-, Schlussphase *f*; DEP Play-off *n*, Play-off-Runde *f*; **~ lunar** Mondphase *f*; **~ preliminar** Vorlaufzeit *f*; **~ preparatoria** Vorbereitungsphase *f*; **~ previa** Vorstufe *f*; TEC **~ de operación** *o* **de trabajo** Arbeitstakt *m*; Arbeitsgang *m*; **de tres ~s** *cohete* dreistufig; ELEC dreiphasig; ASTRON **~s** *fpl* **de la luna** Mondphasen *fpl*

faso M *Ur fam* Glimmstängel *m fam*

fast food ['fastfuð] M 1 *comida*: Fast Food *n* 2 *establecimiento*: Fast-Food-Restaurant *n*

fastidiado ADJ verärgert; genervt *fam*; (*aburrido*) gelangweilt; *fam* **estoy ~** *tb* ich fühle mich mies *fam*; *fam* **¡la hemos ~!** da haben wir den Salat *fam* (*o* die Bescherung)!; **fastidiar** ⟨1b⟩ **A** VT (*molestar*) ärgern, belästigen, lästig sein (*dat*); auf die Nerven gehen (*dat*); (*aburrir*) anöden, langweilen; *fam* **no me fastidies!** was du nicht sagst! **B** VR **fastidiarse** (*molestarse*) sich ärgern (**con, de** über *acus*); (*aburrirse*) sich langweilen; (*aguantarse*) sich (zähneknirschend) fügen (*o* damit abfinden), es (hinunter)schlucken *fam*; *fam* **¿no te fastidia?** hast du Töne?; *fam* **¡~!** *o* **¡fastídiate!** *o* **¡para que te fastidies!** ätsch!; scher dich zum Teufel!

fastidio M (*asco*) Ekel *m*, Widerwille *m*; (*disgusto*) Verdruss *m*, Ärger *m*, Unannehmlichkeit *f*; **¡qué ~!** (*¡que desagradable!*) wie unangenehm!; so ein Ärger!; *persona*: was für ein langweiliger Kerl!, der (Kerl) geht mir auf die Nerven!; **fastidioso** ADJ (*asqueroso*) ekelhaft, widerwärtig; (*importuno*) ärgerlich, lästig; (*aburrido*) langweilig

fasto **A** ADJ *liter* glücklich, Glücks... **B** M **1** (*suntuosidad*) Pracht *f* **2** **~s** *mpl* Chronik *f*, Annalen *fpl*; **fastuosidad** F Pracht *f*, Prunk *m*; **fastuoso** ADJ prunkvoll; prachtliebend; *desp* protzig

fatal ADJ **1** (*funesto*) verhängnisvoll, unselig; (*mortal*) todbringend, tödlich; **golpe** *m* **~** Todesstoß *m*; **mujer** *f* **~** Femme fatale *f* **2** (*inevitable*) unabwendbar, schicksalhaft; fatal; entscheidend **3** *fam* (*inaceptable*) unmöglich (*fig*), (*espantoso*) schauerlich *fam*; **estar ~** *tb* alles verkehrt machen; *fam* **lo he pasado ~** es ist mir dreckig gegangen; *fam* **me siento ~** ich fühle mich ganz mies

fatalidad F **1** (*destino*) Schicksal *n*, Fatum *n* **2** (*desgracia*) Verhängnis *n*; Missgeschick *n*, Fatalität *f*; **fatalismo** M Fatalismus *m*, (blinder) Schicksalsglaube *m*; **fatalista** **A** ADJ fatalistisch **B** M/F Fatalist *m*, -in *f*; **fatalmente** ADV **1** (*inevitable*) unvermeidlich, zwangsläufig **2** (*nefasto*) unseligerweise **3** (*muy malo*) sehr schlecht

fático ADJ LING phatisch

fatídico ADJ **1** (*que vaticina el porvenir*) Unheil kündend; *liter* weissagend **2** (*siniestro*) Unheil bringend, unselig, unheilvoll; schicksalhaft; **número** *m* **~** Unglückszahl *f*

fatiga F **1** (*cansancio*) Ermüdung *f*, Erschöpfung *f*, Müdigkeit *f*; (*disnea*) Atemnot *f*; TEC Ermüdung *f*; **sin ~** mühelos; TEC ermüdungsfrei; TEC **~ de(l) material** Materialermüdung *f*; MED **~ primaveral** Frühjahrsmüdigkeit *f*; **dar ~ a** ermüden (*acus*); *fam* (*fastidiar*) ärgern (*acus*) **2** *frec* **~s** *fpl* (*esfuerzos*) Mühen *fpl*, Mühsal *f*; Strapaze(n) *f(pl)* **3** *Esp fam* (*recelos*) **me da ~ hacer esto** ich scheue mich (*o* schäme mich), das zu tun

fatigable ADJ ermüdbar; **fatigadamente** ADV mühsam, mühselig; **fatigado** ADJ müde; abgespannt; **fatigador** ADJ, **fatigante** ADJ ermüdend; lästig; **fatigar** ⟨1h⟩ **A** VT **1** (*cansar*) ermüden (*tb* TEC); anstrengen, strapazieren **2** (*molestar*) belästigen, plagen; lästig werden (*dat*) **B** VR **fatigarse** **1** müde werden; ermüden; (*quedarse sin aliento*) außer Atem kommen **2** (*esforzarse*) sich abmühen; **fatigoso** ADJ **1** (*penoso*) mühsam, beschwerlich; ermüdend, lästig **2** (*corto de respiración*) kurzatmig

fato M *Arg fam* **1** (*embuste*) krumme Sache *f*, Schwindel *m* **2** (*lío amoroso*) heimliches (Liebes)Verhältnis *n*

fatuidad F Eitelkeit *f*, Aufgeblasenheit *f*; Albernheit *f*

fatuo **A** ADJ eitel, eingebildet, aufgeblasen, albern; **fuego** *m* **~** Irrlicht *n* **B** M, **-a** F Narr *m*, Närrin *f*; Geck *m*; Dummkopf *m*

fauces FPL ANAT Schlund *m*

fauna F Fauna *f*, Tierwelt *f*; **faunesco** ADJ Fauns...

fáunico ADJ Tier(welt)...

fauno M **1** MIT Faun *m*; *fig hombre*: lasziver Mensch *m* **2** *Am* (*animal*) Tier *n*

fausto **A** ADJ Glück bringend; Glücks... **B** M Pracht *f*, Prunk *m*, Pomp *m*

fautor M, **fautora** F Anstifter *m*, -in *f*, Drahtzieher *m*, -in *f*; *incorr tb de un hecho*: Täter *m*, -in *f*

fauvismo M PINT Fauvismus *m*; **fauvista** ADJ PINT fauvistisch

favela F Hütte *f*, Baracke *f*

favila F *poét* Asche *f*

favor M **1** (*gracia*) Gunst *f*, Gefälligkeit *f*, Gefallen *m*; **a ~ de** (*ayuda*) mithilfe (*gen*), durch (*acus*), vermöge (*gen*); (*en beneficio de*) zugunsten (*gen*), für (*acus*); *tb* COM **a mi/su ~** zu meinen/Ihren Gunsten; **en ~ de** zugunsten (*gen*); **por ~** bitte; **¡~!** Hilfe!; **estar a ~ de alg** für j-n sein, auf j-s Seite (*dat*) stehen; **hacer un ~** einen Gefallen tun; **hacer el ~ de ...** so freundlich sein, zu ...; **hágame el ~ de la sal** reichen Sie mir bitte das Salz; **páseme el libro, haga el ~** geben Sie mir bitte das Buch; **a ~ de la oscuridad** im Schutz(e) der Dunkelheit; **navegar a ~ de la corriente/del viento** mit der Strömung/mit dem Winde segeln; **pedir un ~ a alg** j-n um einen Gefallen bitten; **se lo pido por ~** ich bitte Sie höflichst darum; **tener a su ~** etw für sich (*acus*) verbuchen können; mit j-m rechnen können **2** (*protección*) Begünstigung *f*, Bevorzugung *f*; Gunst *f*; **~es** *mpl* Gunstbeweise *mpl* **3** *juego de cartas*: Trumpffarbe *f*

favorable ADJ **1** (*propicio*) günstig, vorteilhaft (**a, para** für *acus*) **2** **~ (a)** (*inclinado*) geneigt, gewogen (*dat*); wohlwollend; **favorablemente** ADV günstig; **favorecedor** **A** ADJ vorteilhaft; begünstigend **B** M, **favorecedora** F Gönner *m*, -in *f*, Beschützer *m*, -in *f*

favorecer VT ⟨2d⟩ **1** (*apoyar*) begünstigen, fördern; Vorschub leisten (*dat*); helfen (*dat*); **~ el debate** die Diskussion vorantreiben **2** *vestir*: vorteilhaft kleiden (*acus*); gutstehen (*dat*); *imagen* schmeicheln (*dat*); **este jersey te favorece** dieser Pullover steht dir; **en la foto ha salido favorecido** das Foto schmeichelt Ihnen **3** COM *con pedidos*: beehren

favorecido ADJ begünstigt; **número** *m* **~** *lotería*: Glückszahl *f*; Treffer *m*; **el ~ de la suerte** das Glückskind

favorita F Favoritin *f*, Mätresse *f*; **favoritismo** M Günstlingswirtschaft *f*; **favorito** **A** ADJ Lieblings...; **plato** *m* **~** Leibspeise *f*, Leibgericht *n* **B** M, **-a** F Günstling *m*, Favorit *m*, -in *f* (*tb* DEP); Liebling *m des Publikums*

fax M Fax *n*; **enviar** (*o* **mandar**) **un ~ a alg** j-m ein Fax schicken; **mandar a/c por ~** j-m etw faxen; **faxear** VT & VI faxen, ein Fax schicken

fax-módem M TEL Faxmodem *n*

faya F TEX ripsartiges Seidengewebe *n*, Faille *f*

fayenza F Fayence *f*

fayuca F *fam* **1** *Méx* (*contrabando*) Schmuggel *m*; Schmuggelware *f* **2** *Col* (*charla insustancial*) Geschwätz *n*; **fayuquero** M, **-a** F *Méx fam* Hehler *m*, -in *f*

faz F ⟨*pl* faces⟩ **1** *liter* (*rostro*) Antlitz *n*, Gesicht *n*; CAT **la Santa** *o* **Sacra Faz** das heilige Antlitz, das Schweißtuch der Veronika; **en** *o* **a la ~ de** angesichts (*gen*); vor (*dat*) **2** Vorderseite *f*; *de un tejido*: rechte Seite *f*; *de una moneda*: Bildseite *f*; (*superficie*) Oberfläche *f* **3** *fig* (*aspecto*) Seite *f*; Aspekt *m*, Gesichtspunkt *m*

f/c ABR (ferrocarril) Eisenbahn *f*

FC M ABR (Fútbol Club) FC *m* (Fußballklub)

Fco. ABR (Francisco) *Vorname*

fdo. ABR (firmado) gezeichnet, unterschrieben

fe F **1** (*creencia*) Glaube *m* (**en** an *acus*), (*confianza*) Vertrauen *n* (**en** in *acus*, zu *dat*); **~ pública** öffentlicher Glaube *m*; **buena ~** (*honradez*) Ehrlichkeit *f*, Redlichkeit *f*; guter Glaube *m*; JUR Treu und Glauben; (*credulidad*) Leichtgläubigkeit *f*; **de buena ~** aufrichtig, ehrlich; guten Glaubens; mit guter Absicht; gutgläubig (*tb* JUR); **mala ~** Unredlichkeit *f*; böser Wille *m*; JUR böser Glaube *m*; **de mala ~** mit böser Absicht; unaufrichtig, unehrlich; böswillig; JUR bösgläubig; **dar ~ a** (*confiar*) Glauben schenken (*dat*), für wahr halten (*acus*); **tener ~ en** Vertrauen haben in (*acus*) *o* zu (*dat*), vertrauen (*dat*) **2** REL Glaube *m*; **~ del carbonero** Köhlerglaube *m*; *Biblia*: **la ~ mueve montañas** der Glaube versetzt Berge **3** (*palabra*) Wort *n*, Versprechen *n*; **a** *o* **de ~** wahrhaftig, wirklich; *liter* **a ~ mía** mein Wort darauf, ganz bestimmt, ganz gewiss **4** (*certificado*) Zeugnis *n*, Urkunde *f*, Schein *m*; **~ de bautismo** Taufschein *m*; TIPO **~ de erratas** Druckfehlerverzeichnis *n*; **~ de matrimonio** Trauschein *m*; **~ de nacimiento** Geburtsschein *m*; **~ de vida** Lebensnachweis *m*; ADMIN **en ~ de lo cual** zu Urkund dessen; **dar ~ de** ADMIN beglaubigen, beurkunden; (*testimoniar*) bezeugen; (*evidenciar*) zeugen von; **hacer ~** beweiskräftig sein; *espec* POL gelten, maßgebend sein **5** **~ conyugal** eheliche Treue *f*

FE F ABR (Falange Española) *Esp* HIST *Einheitspartei unter dem Francoregime*

fea F hässliche Frau *f*; **~ agradecida** hässliche, aber charmante Frau *f*

fealdad F Hässlichkeit *f* (*tb fig*); *fig* Gemeinheit *f*; *de un niño*: Ungezogenheit *f*; **feamente** ADV hässlich (*tb fig*); *fig* ungezogen, gemein

febeo ADJ MIT Phöbus..., Sonnen...; **feble** ADJ *moneda, aleación* von minderem Gewicht (*o* Gehalt)

febrerillo M **~ el loco** der (*wegen seines wechselnden Wetters*) unberechenbare Februar

febrero M Februar *m*, *Austr tb* Feber *m*; **en (el mes de) ~** im (Monat) Februar; **el 5 de ~** am 5. Februar

febricitante ADJ MED fieberkrank

febrícula F MED leichtes Fieber *n*; **febrífugo** ADJ fiebersenkend(es Mittel *n*)

febril ADJ **1** MED *relativo a la fiebre*: fiebrig; fieberartig; Fieber...; **estar ~** Fieber haben **2** *fig* (*ardoroso*) fieberhaft, hektisch; **febrilmente** ADV *fig* fieberhaft, hastig, hektisch

fecal ADJ Kot...; **materias** *fpl* **~es** Fäkalien *pl*

fecha F (*día determinado*) Datum *n*; (*vencimiento*) Termin *m*; **~ de caducidad** *o* **de expiración** *o* *Am reg* **de vencimiento** Verfallsdatum *n*; *rótulo en comestibles*: haltbar bis ...; **~ de entrada** Eingang(stag) *m*; **~ de expedición** Ausstellungsdatum *n*; **~ de factura** Rechnungsdatum *n*; **~ límite** *o* **tope** äußerster (*o* letzter) Termin *m*; **~ de nacimiento** Geburtsdatum *n*; **~ de pago** Zahlungstermin *m*; **a ~ fija** zum bestimmten Datum; am festgesetzten Termin; **a partir de esta ~** von diesem Tage an; seit damals; **con (la) ~ de hoy** *o* **con esta ~** unter dem heutigen Datum, heute; **en ~ breve** bald(igst); **de larga ~** seit Langem; längst; **hasta la ~** bis heute, bis jetzt; ECON bis dato; **sin ~** undatiert; **~ ut supra** Datum wie oben; **a estas ~s** (*ahora*) jetzt; (*hasta ahora*) bis jetzt; (*entretanto*) inzwischen; **en estas ~s** in diesen Tagen; **pasada esta ~** nach Ablauf dieser Frist; **poner ~ adelantada/atrasada** vor-/zurückdatieren; **poner la ~ (en a/c)** das Datum (auf etw *acus*) setzen; etw datieren

fechable ADJ datierbar; **fechador** M Datumsstempel *m*; Poststempel *m*

fechar VT datieren; **fechado el ...** mit Datum

vom...; **su carta -ada el 3 de mayo de 2004** Ihr Brief vom 3. Mai 2004

fecho M HIST Erledigungsvermerk *m* in Urkunden; **fechoría** F Untat *f*, Missetat *f*

fécula F Stärke *f*, Stärkemehl *n*

feculento ADJ stärkehaltig; hefig

fecundación F BIOL Befruchtung *f*; **~ artificial** künstliche Befruchtung *f*; BIOL **~ in vitro** Befruchtung *f* in vitro, In-vitro-Fertilisation *f*

fecundamente ADV fruchtbar; **fecundante** ADJ befruchtend; **fecundar** V/T 1 *(engendrar)* befruchten 2 *(hacer fecundo)* fruchtbar machen; **fecundidad** F Fruchtbarkeit *f*; reiche Vermehrung *f*; *fig* Ergiebigkeit *f*; Fülle *f*; **fecundizar** V/T ⟨1f⟩ *espec suelo* fruchtbar (*o* ertragreich) machen

fecundo ADJ 1 *(fértil)* fruchtbar (*tb fig y suelo*); *(capaz de reproducirse)* fortpflanzungsfähig 2 *fig (productivo)* ertragreich, ergiebig; *(abundante)* üppig; reich (**en** an *dat*)

FED M ABR (Fondo de Desarrollo Europeo) EEF *m* (Europäischer Entwicklungsfonds)

fedatario M, **-a** F Urkundsbeamte *m*, -beamtin *f*; Notar *m*, -in *f*

fedayín M ⟨*pl* -ines⟩ Fedajin *m*

FEDER M ABR (Fondo Europeo de Desarrollo Regional) Europäischer Regionalentwicklungsfonds *m*

federación F 1 POL *(confederación)* Föderation *f*, Staatenbund *m* 2 *(asociación)* Bund *m*, Verband *m*, Zusammenschluss *m*; **~ central** Dach-, Spitzenverband *m*; **Federación Europea de Bolsa** Europäischer Börsenverein *m*; **~ mundial** Weltbund *m*

federado ADJ POL föderiert; Bundes...; **estado ~** Bundesland *n*

federal A ADJ POL föderativ, Bundes...; bundesstaatlich; *Suiza* eidgenössisch; **Estado** *m* **~** Bundesstaat *m*; **república** *f* **~** Bundesrepublik *f* B M *Méx* Bundespolizist *m*; **federalismo** M Föderalismus *m*; **federalista** A ADJ föderalistisch B M/F Föderalist *m*, -in *f*; **federar** A V/T verbünden; zu einem Bund zusammenschließen B V/R **federarse** sich verbünden; sich verbinden; sich zu einem Bund zusammenschließen; POL *(formar un estado federal)* einen Bundesstaat bilden; **federativo** ADJ föderativ, Bundes...; **sistema** *m* **~** bundesstaatliches System *n*

feed(-)back M ELEC, MEC Feed-back *n*

feeling M Gefühl *n*

FEF F ABR (Federación Española de Fútbol) Spanischer Fußballverband *m*

féferes MPL 1 *Antillas, Am Centr, Col, Méx (trastos)* Krimskrams *m*, Plunder *m*, Siebensachen *pl* 2 *Cuba (comida)* Essen *n*, Futter *n fam*

fehaciente ADJ *(digno de fe)* glaubhaft, glaubwürdig; *(concluyente)* beweiskräftig

feijoa F BOT Ananasguave *f*, Feijoa *f*

felacio, felación F Fellatio *f*, Oralverkehr *m*; **felator** M, **felatriz** F Oralverkehr Praktizierende *m/f*

feldespato M MINER Feldspat *m*

feldmariscal M MIL Feldmarschall *m*

feliciano M *Esp pop* **echar un ~** bumsen *pop*, vögeln *pop*

felicidad F Glück *n*; Glückseligkeit *f*; *(satisfacción)* Zufriedenheit *f*; *adv* **con ~** ohne Zwischenfall, glücklich *fam*; **~es** *fpl* Glücksgüter *npl*; **¡~es!** herzlichen Glückwunsch!; *Am reg fam tb* auf Wiedersehen, alles Gute!; **desear muchas ~es** viel Glück wünschen; **traer la ~ a alg** j-n glücklich machen

felicísimo *sup* ADJ überglücklich

felicitación F 1 *(congratulación)* Glückwunsch *m*, Gratulation *f*; **~ de Año Nuevo** Neujahrs(glück)wunsch *m* 2 *tarjeta*: Glückwunschkarte *f*

felicitar A V/T *(congratular)* j-n beglückwünschen, j-m gratulieren (**por** zu *dat*); **¡te felicito!** meinen Glückwunsch!, ich gratuliere (dir)! B V/R **felicitarse** sich freuen, sich glücklich schätzen (, dass *ind* **de que** *subj*); *fam* **poder ~** sich (*dat*) gratulieren können

félidos MPL ZOOL Katzen *fpl (Familie)*

feligrés M, **feligresa** F Pfarrkind *n*; **-eses** *mpl* Gemeinde *f*; **feligresía** F 1 *(parroquia rural)* Kirchspiel *n*, Sprengel *m* 2 *conjunto de feligreses*: Gemeinde *f*

felino ZOOL A ADJ Katzen...; katzenhaft, -artig B **~s** MPL Katzen *fpl*

felipillo M *Perú fam fig* Verräter *m*; **felipismo** M *Politik des spanischen Sozialisten Felipe González (Regierungschef 1982–1996)*; **felipista** A ADJ *auf Felipe González bezogen* B M/F Anhänger *m*, -in *f* von Felipe González

feliz ADJ glücklich; glückselig; *(exitoso)* erfolgreich; **memoria** *f* **~** gutes (*o* treues) Gedächtnis *n*; **¡~ viaje!** glückliche Reise!; **los felices años 20** die goldenen Zwanzigerjahre; **¡Feliz Año Nuevo!** ein glückliches neues Jahr!, prosit Neujahr!; **hacer ~ a alg** j-n beglücken, j-n glücklich machen; **no me hace ~ pensar que ...** ich bin nicht gerade beglückt darüber, dass ...

felizmente ADV glücklich(erweise)

fellatio F → felacio

felón A ADJ treulos, treubrüchig B M, **-ona** F Wortbrüchige *m/f*, Verräter *m*, -in *f*; **felonía** F Treuebruch *m*; Verrat *m*; *(deslealtad)* Gemeinheit *f*; **felony** M *P. Rico* JUR schweres Verbrechen *n*

felpa F 1 TEX *tejido*: Plüsch *m*; Felbel *m*; **oso** *m* **de ~** Plüschteddy *m* 2 *fig (paliza)* (Tracht *f*) Prügel *pl*, Keile *pl* 3 *(reprimenda)* Rüffel *m*, Anschnauzer *m fam*; **felpar** V/T mit Plüsch überziehen; *tela* beflocken; **felpeada** F *Arg* → felpa 3; **felpear** V/T 1 *Arg (reprender)* anschnauzen *fam* 2 *Am reg (apalear)* verprügeln; **felpilla** F TEX Chenille *f*, Raupengarn *n*

felpo M Kokosmatte *f*; **felposo** ADJ plüschartig; **felpudo** A ADJ samt-, plüschartig B M Kokosmatte *f*; (Fuß)Matte *f*

femenil ADJ weiblich; *desp* weibisch; **femenino** A ADJ weiblich; Frauen...; feminin (*tb* LING); **el eterno ~** das Ewigweibliche B M LING Femininum *n*, Wort *n* weiblichen Geschlechts

fementido ADJ *liter* falsch; treulos; unecht

fémina F *fam en sentido positivo*: Klassefrau *f fam*; *desp* Weibsstück *n*

femin(e)idad F Weiblichkeit *f*; **feminismo** M Feminismus *m*, Frauenbewegung *f*; **feminista** A ADJ feministisch B M/F Feminist *m*, -in *f*, Frauenrechtler *m*, -in *f*; **feminización** F Feminisierung *f*; **feminizar** V/T feminisieren; **feminoide** ADJ *desp hombre* weibisch

femoral ADJ ANAT Oberschenkel...

FEMP F ABR (Federación Española de Municipios y Provincias) Spanischer Verband *m* der Gemeinden und Provinzen

fémur M ANAT Oberschenkelknochen *m*, Femur *m*; **fractura** *f* **del cuello del ~** (Ober)Schenkelhalsbruch *m*

fenacetina F QUÍM Phenacetin *n*

fenecer ⟨2d⟩ A V/T abschließen, beenden B V/I *(terminar)* aufhören, enden; *(morir)* sterben; **el -cido** der Verschiedene; **fenecimiento** M *(fin)* Beendigung *f*; Abschluss *m*; *(muerte)* Sterben *n*

feneco M ZOOL Fen(n)ek *m*, Wüstenfuchs *m*

feng shui M Feng-Shui *n*

fenicio HIST A ADJ phönizisch B M, **-a** F Phönizier *m*, -in *f*

fénico ADJ QUÍM Karbol...; **ácido** *m* **~** Karbolsäure *f*

fenilo M QUÍM Phenyl *n*

fénix M 1 MIT *ave fabulosa*: Phönix *m* 2 *fig (exquisitez)* einzigartige Erscheinung *f*; **el ~ de los ingenios** *Beiname Lope de Vegas*

fenogreco M BOT Bockshornklee *m*

fenol M QUÍM Phenol *n*

fenomenal ADJ 1 FIL Phänomen... 2 *fam fig (estupendo)* wunderbar, phänomenal *fam*, großartig; **fenomenalismo** M FIL Phänomenalismus *m*; **fenomenalista** FIL A ADJ phänomenalistisch B M/F Phänomenalist *m*, -in *f*; **fenoménico** ADJ FIL Phänomen...; Erscheinungs...; **imagen** *f* **-a** Erscheinungsbild *n*

fenómeno A M 1 Phänomen *n* (*tb* MED); Erscheinung *f*, Vorgang *m*; *natural*: Naturerscheinung *f*; **~ atmosférico** Wettererscheinung *f*; Meteor *m* 2 *fig (abnormidad)* Abnormität *f*, Monstrum *n* 3 *fig (genio)* Phänomen *n*, Genie *n*; toller Bursche *m fam* B ADJ *inv* 1 *fam (fantástico)* toll *fam*, *(enorme)* großartig, enorm *fam* 2 *fam* **estar ~** sich sehr wohl fühlen, in guter Verfassung sein

fenomenología F FIL Phänomenologie *f*; **fenomenológico** ADJ phänomenologisch; **fenomenólogo** M, **-a** F Phänomenologe *m*, -login *f*

fenotipo M BIOL Phänotyp(us) *m*, Erscheinungsbild *n*

feo A *adj carencia de hermosura*: hässlich; *fig (vergonzoso)* schändlich; *(desagradable)* unangenehm; **dejar ~ a alg** j-n bloßstellen, j-n in eine peinliche Lage bringen, j-n blamieren; j-n Lügen strafen; **la cosa se pone fea** die Sache sieht schlecht aus, die Sache fängt an zu stinken *fam*; **quedar ~** schlecht wegkommen; in ungünstigem Licht erscheinen; *fam* **ser más ~ que Picio** *o* **que el pecado** *o* **ser ~ como un susto** *o pop* **con avaricia** hässlich wie die Nacht (*o* potthässlich) sein B M, **fea** F Hässliche *m/f* C M *fig* Kränkung *f*, Brüskierung *f*; Gehässigkeit *f*; **hacer un ~ a alg** j-n kränken, j-n vor den Kopf stoßen

FEOGA M ABR (Fondo Europeo de Orientación y Garantía Agrícola) EAGFL *m* (Europäischer Ausrichtungs- und Garantiefonds für die Landwirtschaft)

feón *fam*, **feote** *fam*, **featón** ADJ *fam* potthässlich *fam*

feracidad F Fruchtbarkeit *f*

feraz ADJ ⟨*pl* -aces⟩ *suelo* fruchtbar

FERE ABR (Federación Española de Religiosos de Enseñanza) *Arbeitgeberverband der kirchlichen Privatschulen in Spanien*

féretro M *liter* Sarg *m*; Bahre *f*

feria F 1 Jahrmarkt *m*; *fiesta*: Volksfest *n*; Kirchweih *f*; Kirmes *f*; *Arg tb* Stadtmarkt *m*; **~ de ganado** Viehmarkt *m*; **puesto** *m* **de ~** Jahrmarktsbude *f*; **~s** *fpl* **mayores** großer Jahrmarkt *m* 2 COM *(exposición)* Messe *f*; **~ de antigüedades** Antiquitätenmesse *f*; **~ del libro/de muestras** Buch-/Mustermesse *f*; **~ industrial/monográfica** Industrie-/Fachmesse *f* 3 *Méx (cambio)* Klein-, Wechselgeld *n*; *C. Rica (propina)* Trinkgeld *n*; *Arg fam* **cien pesos y ~** 100 Pesos und ein paar Zerquetschte *fam*

feriado ADJ **día** *m* **~** Feier-, Ruhetag *m*; **día** *m* **medio ~** halber Feiertag *m*

ferial A ADJ Jahrmarkts..., COM Messe... B M *lugar*: Kirmes-, Rummelplatz *m*; *(mercado)* Jahrmarkt *m*; **feriante** M/F 1 *que compra*: Jahrmarkts-, Messebesucher *m*, -in *f* 2 *que vende*: (Messe)Aussteller *m*, -in *f*; *(expositor[a])* Schausteller *m*, -in *f*; *Austr* Fierant *m*, -in *f*; **feriar** ⟨1b⟩ A V/T 1 *comprar*: auf dem (Jahr)Markt kaufen 2 *vender*: auf dem (Jahr)Markt verkaufen B V/I *(suspender el trabajo)* feiern, Arbeitsruhe halten

ferino ADJ tierisch; MED **tos** *f* **-a** Keuchhusten

F

m

fermata F MÚS Fermate *f*; Orgelpunkt *m*

fermentable ADJ gärbar, gär(ungs)fähig; **fermentación** F Gärung *f*, Fermentation *f*; Vergärung *f*; **de alta/baja ~** *cerveza* ober-/untergärig; **fermentar** A V/T vergären, gären lassen; fermentieren B V/I gären (*tb fig*); fermentieren, säuern; *masa* (auf)gehen; **no fermentado** unvergoren; **fermentativo** ADJ BIOL Gärungs…

fermento M Gärstoff *m*; (*levadura*) Hefe *f*; MED, QUÍM Ferment *n*

fernandino HIST A ADJ *auf Ferdinand VII. bezogen* B M, **-a** F Anhänger *m*, -in *f* Ferdinands VII.

ferocidad F Wildheit *f*; Grausamkeit *f*

feromona F BIOL Pheromon *n*

feróstico ADJ *fam* 1 (*irritable*) reizbar; (*díscolo*) störrisch 2 (*muy feo*) potthässlich

feroz ADJ ⟨*pl* **-oces**⟩ 1 (*salvaje*) wild, grausam 2 *fam fig* (*enorme*) gewaltig, schrecklich, fürchterlich *fam*; **ferozmente** ADV wild; grausam

ferralla F Eisenschrott *m*; **ferrallista** M Schrotthändler *m*

ferrar V/T ⟨1k⟩ mit Eisen beschlagen; *reg caballo* beschlagen

ferrarense, ferrarés ADJ aus Ferrara (*Italien*)

férreo ADJ eisern (*tb fig*); Eisen…; *fig* (*duro*) hart, (*terco*) stur *fam*; **vía** *f* **-a** Eisenbahn *f*

ferrería F Eisenhütte *f*

ferretear V/T 1 (*ferrar*) mit Eisen beschlagen 2 (*labrar con hierro*) mit einem Eisen bearbeiten; **ferretería** F 1 (*artículos de ferretería*) Eisenwaren *fpl* 2 *tienda*: Eisenwarenhandlung *f*; **ferretero** M, **-a** F *comerciante*: Eisenwarenhändler *m*, -in *f*

férrico ADJ QUÍM Eisen(III)-, Ferri…

ferrífero ADJ 1 eisenhaltig 2 MIN Eisen führend 3 QUÍM **metales** *mpl* **no ~s** Nichteisen-, NE-Metalle *npl*

ferrito F QUÍM, TEC Ferrit *n*

ferro M MAR Anker *m*; **ferrobús** M *espec Arg transporte*: Schienenbus *m*

ferrocarril M Eisenbahn *f*; **~ aéreo** *o* **colgante** *o* **suspendido** Hänge-, Schwebebahn *f*; **~ aéreo por cable** Seilschwebebahn *f*; **~ de cremallera** Zahnradbahn *f*; **~ elevado** Hochbahn *f*; **~ metropolitano** Stadtbahn *f*; *Esp espec* (*metro*) U-Bahn *f*; **~ de montaña** Bergbahn *f*; **~ de sangre** Pferdebahn *f*; **~ subterráneo** (*Arg abr* **subte** *m*) Untergrundbahn *f*, U-Bahn *f*; **~ suburbano** Vorortbahn *f*; **~ urbano** Stadtbahn *f*; **~ de vía** *o Chile, Rpl* **de trocha ancha/estrecha/normal** Breit-/Schmal-/Normalspurbahn *f*; **red** *f* **de ~es** Eisenbahnnetz *n*; **Red Nacional de Ferrocarriles Españoles** Spanische Staatsbahn *f*; **enviar** *o* **expedir por ~** mit der Eisenbahn (*o espec* COM per Bahn) senden; **ir en ~** mit der Eisenbahn fahren

ferrocarrilero A ADJ *Am* Eisenbahn… B M, **-a** F Eisenbahner *m*, -in *f*

ferrocromo M QUÍM Ferro-, Eisenchrom *n*; **ferrolano** ADJ aus El Ferrol (*La Coruña*); **ferromagnético** ADJ FÍS eisen-, ferromagnetisch; **ferromanganeso** M MINER Eisen-, Ferromangan *n*; **ferrometales** MPL Eisenlegierungen *fpl mit Edelmetallen*; **ferromoza** F *Cuba* FERR Zugbegleiterin *f*

ferroso ADJ stark eisenhaltig; **sal** *f* **-a** Ferrosalz *n*

ferrotipia F FOT Ferrotypie *f*

ferrovía F Eisenbahn *f*

ferroviario A ADJ Eisenbahn…; **compañía** *f* **-a** Eisenbahngesellschaft *f*; **huelga** *f* **-a** Eisenbahnerstreik *m*; **red** *f* **-a** Eisenbahnnetz *n*; **tráfico** *m* **~** Eisenbahnverkehr *m* B M, **-a** F Eisenbahner *m*, -in *f*; Eisenbahnarbeiter *m*, -in *f*

ferruginoso ADJ *agua mineral, medicina* eisenhaltig; **medicamento** *m* **~** Eisenpräparat *n*

ferry(boat) [ˈfɛrriβɔʊt] M Fährschiff *n*, Auto-, Eisenbahnfähre *f*

fértil ADJ 1 *ser vivo* fruchtbar (*tb fig*); *tierra tb* ergiebig, ertragreich; **en edad ~** *mujer* im gebärfähigen Alter 2 *fig* (*creativo*) schöpferisch; **~ en recursos** erfinderisch; sehr gewandt, gerissen

fertilidad F AGR *y fig* Fruchtbarkeit *f*; Ergiebigkeit *f*; **fertilización** F 1 AGR *de la tierra*: Düngung *f*; **~ excesiva** Überdüngung *f* 2 MED **~ in vitro** In-vitro-Fertilisation *f*

fertilizante AGR A ADJ (*fecundante*) düngend B M Düngemittel *n*; **~s** *mpl* **minerales** Mineraldünger *m*; **fertilizar** V/T ⟨1f⟩ fruchtbar machen; AGR düngen

férula F 1 (*palmeta*) Stock *m*, Rute *f*; *fig* **estar bajo la ~ de alg** unter j-s Fuchtel (*dat*) stehen 2 MED *tratamiento de fracturas*: Schiene *f* 3 BOT Harz-, Steckenkraut *n*

ferventísimo *sup* ADJ glühend; feurig(st)

férvido ADJ inbrünstig; feurig; heiß

ferviente ADJ eifrig; inbrünstig

fervor M Hingabe *f*, Inbrunst *f*; Glut *f*; (Feuer)Eifer *m*; *adv* **con ~** inbrünstig; hingebungsvoll, eifrig; **fervorar** → fervorizar; **fervorín** M Stoßgebet *n*; **fervorizar** ⟨1f⟩ A V/T aneifern B V/R **fervorizarse** sich ereifern; **fervoroso** ADJ eifrig; inbrünstig, leidenschaftlich; begeistert

fesa ADJ *Arg fam* dumm; naiv

festejador A ADJ *hombre* umwerbend; verehrend B M, **festejadora** F Gastgeber *m*, -in *f* C M Verehrer *m*, Galan *m*; **festejar** A V/T 1 (festlich) bewirten 2 (*galantear*) *einer Frau* den Hof machen 3 (*celebrar*) festlich begehen, feiern 4 *Méx* (*apalear*) verprügeln B V/R **festejarse** sich (*dat*) einen lustigen Tag machen; sich amüsieren; **festejo** M 1 (*fiesta*) Fest *n*, Lustbarkeit *f*; **~s** *mpl* öffentliche Lustbarkeiten *fpl* 2 (*agasajo*) festliche Bewirtung *f*, gastliche Aufnahme *f* 3 (*galanteo*) Umwerben *n*; **festero** ADJ → fiestero

festín M Festschmaus *m*, Gelage *n*; Bankett *n*

festinar V/T 1 *Am* (*apresurar*) beschleunigen, zur Eile antreiben; (*precipitar*) überhasten 2 *Am Centr* (*agasajar*) bewirten

festival M Festspiele *npl*; Festival *n*; **~ aeronáutico** Flugtag *m*; **~ de la canción** Schlagerfestival *n*; **~ cinematográfico** Filmfestspiele *npl*; **~ folklórico** Volks-, Trachtenfest *n*; **~ gimnástico** Turnfest *n*; **~ de música** Musikfestspiele *npl*

festivalero ADJ Festspiel…; **festividad** F 1 (*fiesta*) Festlichkeit *f*; REL (Kirchen)Fest *n*; *día*: Festtag *m* 2 (*alegría*) Witz *m*; Fröhlichkeit *f*

festivo ADJ 1 *solemnidad* festlich, Fest…; **día** *m* **~** Fest-, Feiertag *m* 2 (*chistoso*) witzig, humoristisch, komisch; TEAT **comedia** *f* **-a** Lustspiel *n*

festón M Girlande *f*; ARQUIT, TEX Feston *n*

festonado ADJ gekerbt; **feston(e)ar** V/T bekränzen; ARQUIT, TEX festonieren; *fig* säumen, sich am Rande (*gen*) entlangziehen; **festorro** M *fam* großes Fest *n*

FET F ABR (Falange Española Tradicionalista) HIST *Staatspartei unter Franco in Spanien*

feta F *Arg* Wurstscheibe *f*

fetal ADJ MED fötal, fetal, Fötus…

fetén A ADJ *fam* (*verdadero*) echt; wahr; (*estupendo*) super *fam*, irre *fam*, toll *fam*; **de ~** tatsächlich B F **la ~** die Wahrheit; **es la pura ~** das ist die reine Wahrheit

fetiche M Fetisch *m*; **fetichismo** M Fetischdienst *m*, Fetischismus *m* (*tb* MED); *fig* blinde Verehrung *f*; **fetichista** A ADJ festischistisch; Fetisch… B M/F Fetischist *m*, -in *f*

feticida A ADJ abtreibend B M FARM Abtreibungsmittel *n* C M/F *persona*: Abtreibende *m/f*;

feticidio M Abtreibung *f*, Abtötung *f* der Leibesfrucht

fetidez F Gestank *m*, Stinken *n*; **~ de la boca** übler Mundgeruch *m*

fétido ADJ stinkend, übel riechend, MED fötid

feto M Fötus *m*, Fetus *m*, Leibesfrucht *f*

fet(t)uccini M *o* MPL GASTR Fetuccini *n*

feúco, feúcho ADJ *fam* (recht) hässlich

feudal ADJ feudal, Lehns…; **caballero** *m* **~** Lehnsritter *m*; Vasall *m*; **señor** *m* **~** Lehnsherr *m*

feudalismo M Lehnswesen *n*, Feudalsystem *n*; Feudalismus *m*; **feudatario** A ADJ Feudal…, Lehn(s)…, lehnspflichtig B M Lehnsmann *m*

feudo M 1 HIST *contrato de posesión*: Lehen *n*; Lehnsgut *n*; **dar (a/c) en ~ a alg** j-m (etw *acus*) zu Lehen geben; j-n (mit etw *dat*) belehnen 2 DEP (*campo propio*) (eigenes) Spielfeld *n* 3 POL (*bastión*) Hochburg *f*

FEVE MPL ABR (Ferrocarriles Españoles de Vía Estrecha) staatliche spanische Schmalspur-Eisenbahngesellschaft *f*

fez M ⟨*pl* **feces**⟩ Fez *m*, Fes *m* (*Kopfbedeckung*)

FF.AA. FPL ABR (Fuerzas Armadas) Streitkräfte *pl*

FF.CC. MPL ABR (Ferrocarriles) Eisenbahn(en) *f(pl)*

fiabilidad F Zuverlässigkeit *f*; TEC Betriebssicherheit *f*; **fiable** ADJ zuverlässig

fiaca F *Arg, Bol, Chile fam* Faulheit *f*

fiacre M HIST Mietkutsche *f*, *Austr* Fiaker *m*

fiacún ADJ *fam* faul, arbeitsscheu

fiado A ADJ geborgt; *adv* **(al) ~** auf Kredit, auf Pump *fam* B ADJ zuversichtlich

fiador M 1 (*garante*) Bürge *m*; Gewährsmann *m*; POL Vorschlagende *m*, Wahlbürge *m bei Kandidatenlisten*; ECON **~ (de letra)** Wechselbürge *m*; **dar ~** einen Bürgen stellen; **salir ~ por alg** für j-n bürgen, für j-n Bürgschaft leisten 2 (*pasador*) Sicherheitsverschluss *m*; TEC *tb* Sperrklinke *f*; Raste *f*; *en la puerta*: Riegel *m*; *en el brazalete*: Sicherheitskettchen *n*; *en el cuello o la capa*: Heftel *n* 3 *en la tienda de campaña*: Seilzug *m*; *en el sable*: Lederschlaufe *f*; *en la montura*: Faustriemen *m*; *Chile, Ec en el casco, sombrero*: Sturmriemen *m* 4 *fam fig* (*nalgas de niño*) (Kinder)Popo *m fam*

fiadora F Bürgin *f*; Gewährsfrau *f*

fiambre A ADJ 1 *comida* kalt 2 *fig* (*pasado*) abgestanden; *noticia* alt, überholt; **discurso** *m* **~** nicht mehr aktuelle Rede *f*, kalter Kaffee *m fam* B M 1 GASTR (*embutidos*) Aufschnitt *m*, Wurstwaren *fpl*; GASTR **~s** *mpl* kalte Vorspeisen *fpl* (*Wurst und Schinken*) 2 *pop* (*cadáver*) Leiche *f*

fiambrera F 1 *cestón*: Picknickdose *f* 2 *pop* (*coche fúnebre*) Leichenwagen *m*; **fiambrería** F 1 *Arg tienda*: Wurstladen *m* 2 *Ur* (*tienda de comestibles finos*) Feinkostgeschäft *n*

fiana *fam* A M *Cuba* Bulle *m*, Polyp *m* B F 1 *Cuba* (*policía*) Polente *f* 2 *Ven* (*cárcel*) Knast *m*

fianza A F (*garantía*) Bürgschaft *f*; (*caución*) Kaution *f*, Sicherheitsleistung *f*; **~ bancaria** Bankbürgschaft *f*; **~ hipotecaria** hypothekarische Sicherheit *f*; **bajo ~** gegen Kaution; **dar ~** eine Kaution stellen (*o* hinterlegen) B M/F Bürge *m*, Bürgin *f*

fiar ⟨1c⟩ A V/T 1 (*avalar*) bürgen für (*acus*); sich verbürgen für (*acus*) 2 **~ a/c a alg** (*confiarle a/c a alg*) j-m etw anvertrauen 3 (*dar crédito*) auf Kredit (*o* auf Borg) geben 4 *Chile* (*pedir a crédito*) auf Kredit haben wollen B V/I 1 **~ en … auf …** (*acus*) vertrauen; Vertrauen haben zu … (*dat*); **~ en Dios** auf Gott vertrauen; **es (persona) de ~** man kann ihm trauen, er ist zuverlässig 2 *abs tendero* anschreiben C V/R **~se de** sich verlassen auf (*acus*), vertrauen (*dat*); **no se fíe de las apariencias** der Schein trügt

fiasco M Misserfolg *m*, Fiasko *n*

fibra F 1 Faser *f* (*tb* ANAT), Fiber *f*; *tejido*: Fasergewebe *n*; *Méx* ~ **metálica** Stahlwolle *f*; ~ **muscular/nerviosa** Muskel-/Nervenfaser *f*; ~ **sintética** *o* **artificial** *o* **química** Kunst-, Chemiefaser *f*, synthetische Faser *f*; ~ **textil** Textilfaser *f*; ~ **de vidrio**, TEL ~ **óptica** Glasfaser *f*; ~ **vegetal** Pflanzenfaser *f*; ~ **vulcanizada** *o* **roja** Vulkanfiber *f* 2 BOT (*raíz filiforme*) Faserwurzel *f* 3 MED (*materia fibrosa*) Ballaststoffe *mpl* 4 *fig* (*vigor, energía*) Kraft *f*

fibrilación F MED Flimmern *n*; ~ **auricular/ventricular** Vorhof-/Kammerflimmern *n*; **fibrilla** F BOT, ANAT Fibrille *f*; **fibrina** F QUÍM, FISIOL Fibrin *n*, Faserstoff *m*

fibrocartílago M ANAT Faserknorpel *m*; **fibrocélula** F BIOL Faserzelle *f*; **fibroma** M MED Fibrom *n*, Fasergeschwulst *f*; **fibrosis** F MED Fibrosis *f*; **fibroso** ADJ faserig; faserartig; Faser...; MED fibrös

fíbula F 1 Fibel *f*, Spange *f* 2 ANAT Wadenbein *n*; *t/t* Fibula *f*

ficción F 1 (*fingimiento*) Verstellung *f*, Vorspiegelung *f* 2 (*invento*) Erdichtung *f*, Fiktion *f*; ~ **poética** dichterische Erfindung *f*; **ficcional** ADJ fiktional; **ficcionar** V/T fiktionalisieren

ficha F 1 *de juego*: Spielmarke *f*, Jeton *m*; *en el dominó, etc*: Stein *m* 2 (*vale*) Bon *m*; (Garderoben)Marke *f*; TEL Münze *f* (*für Automaten*) 3 *de cartulina*: Karteikarte *f*, Zettel *m*; ~ **antropométrica** *policía*: Erkennungsbogen *m*; ~ **de catálogo** Katalogkarte *f*; INFORM **~-chip** Chipkarte *f*; **~-guía** Leitkarte *f einer Kartei*; ~ **perforada** Lochkarte *f*; INFORM ~ **de sonido** Soundkarte *f*; **sacar ~s** Karteikarten ausschreiben 4 *Am reg* (*pillo*) Gauner *m*, Galgenstrick *m*; *fam desp* **ser una mala ~** ein ausgemachter Gauner sein 5 *Chile fronteriza* Pfahl *m zur Grenzmarkierung* 6 ELEC Stecker *m*

fichado ADJ karteimäßig erfasst; *delincuente* polizeibekannt; **estar ~** in der Kartei stehen; **X está ~** *policía, espionaje*: über X liegen Erkenntnisse vor; **la policía le tiene ~** er ist bei der Polizei registriert; *fam fig* **le tengo ~** ich habe ihn auf dem Kieker *fam*, ich habe ihn mir vorgemerkt

fichaje M DEP Verpflichtung *f* eines Spielers für (*o* Einkauf *m* eines Spielers durch) einen Klub; **fichar** A V/T 1 (*registrar*) registrieren, erfassen; (in eine Kartei) aufnehmen; BIOL kartieren 2 (*vigilar*) ~ **a alg** j-n überwachen, j-n beschatten 3 DEP *futbolista* j-n verpflichten, j-n unter Vertrag nehmen; *Arg* (*mirar*) j-n anschauen, j-n mustern B V/I 1 DEP *futbolista* einen Vertrag abschließen (**por** bei *dat*); sich *für einen Klub* verpflichten 2 *obrero* stempeln (*an der Stechuhr*)

fichero M 1 *mueble para fichas*: Kartei *f*, Kartothek *f*; Zettelkasten *m*; ~ **de delincuentes** Verbrecherkartei *f* 2 INFORM (*archivo*) Datei *f*; ~ **adjunto** Anlage *f*, Attachment *n*

ficticio ADJ erdichtet, erdacht, fiktiv; fingiert, Schein...

ficto PP → fingir

ficus M BOT Ficus *m*

fidedigno ADJ glaubwürdig

fideicomisario JUR A ADJ fideikommissarisch B M, **-a** F Treuhänder *m*, -in *f*; Fideikommisserbe *m*, -erbin *f*; **fideicomiso** M JUR Fideikommiss *n*, unveräußerliches Erbgut *n*; **fideicomitido** ADJ POL **territorio** *m* ~ Treuhandgebiet *n*

fideísmo M REL Fideismus *m*

fidelidad F Treue *f*; (*honradez*) Ehrlichkeit *f*; (*fiabilidad*) Zuverlässigkeit *f*; (*exactitud*) Genauigkeit *f*; **juramento** *m* **de ~** Treueid *m*; TIPO *fonotecnia*: ~ **(de reproducción)** (original)getreue Wiedergabe *f*, *fonotecnia*: Klangtreue *f*; **alta ~** HiFi *f*; **guardar ~ a alg** j-m treu bleiben, j-m die Treue halten

fidelísimo *sup* ADJ (aller)getreuester

fidelista POL A ADJ *auf die Regierung Fidel Castros bezogen* B M/F Castrist *m*, -in *f*, Anhänger *m*, -in *f* Fidel Castros (*Regierungschef Cubas seit 1959*)

fidelización F ECON ~ **(del cliente)** Kundenbindung *f*; **fidelizar** V/T COM (bei der Stange) halten (*Kunden etc*)

fideo M 1 GASTR *pasta*: (*bes* Faden)Nudel *f*; **~s** *mpl* **para sopa** Suppennudeln *fpl*; **~s** *pl* **a la catalana** *Nudelsuppe mit Fleisch, Tomaten, Pinienkernen, Haselnüssen*; **sopa** *f* **de ~s** Nudelsuppe *f* 2 *fam fig persona*: Bohnenstange *f fam*, sehr magere Person *f* 3 *Arg fam* **agarrar a alg para el ~** (*burlarse*) sich über j-n lustig machen

fideuá F GASTR *Art Nudelpaella mit Fischbrühe*

Fidji M → Fiji

fiducia F Vertrauen *n*; **fiduciario** ADJ JUR fiduziarisch, treuhänderisch, Treuhand...; **circulación** *f* **-a** (Bank)Notenumlauf *m*; **sociedad** *f* **-a** Treuhandgesellschaft *f*

fiebre F MED *y fig* Fieber *n*; VET ~ **aftosa** Maul- und Klauenseuche *f*; ~ **alta** hohes Fieber *n*; ~ **amarilla** Gelbfieber *n*; ~ **del heno** Heuschnupfen *m*, -fieber *n*; ~ **intermitente** Wechselfieber *n*; ~ **de Malta/del Mediterráneo** Malta-/Mittelmeerfieber *n*; ~ **nerviosa/tropical** Nerven-/Tropenfieber *n*; *fig* ~ **del oro** Goldfieber *n*, -rausch *m*; MED ~ **puerperal** Kindbettfieber *n*; *fig* **le ha dado la ~ por …** er hat das …fieber bekommen, er hat (auf einmal) eine Leidenschaft für … (*acus*); **tener ~** Fieber haben, fiebern

fiel A ADJ 1 treu; (*honrado*) ehrlich; (*confiable*) zuverlässig; ~ **a su deber** pflichtgetreu; **memoria** *f* ~ treues (*o* zuverlässiges) Gedächtnis *n*; ~ **a** *o* **con** *o* **para (con) sus amigos** treu zu seinen Freunden, seinen Freunden treu 2 (*veraz*) wahrheitsgemäß; getreu; *traducción* sinngetreu; ~ **al original** originalgetreu; **copia** *f* ~ genaue Abschrift *f* (*o* Nachbildung *f*) 3 REL (*creyente*) gläubig; ~ **en su creencia** fest in seinem Glauben B M 1 (*aguja*) Zünglein *n an der Waage*; Zeiger *m an Messinstrumenten*; **estar en (el) ~** im Gleichgewicht sein; *fig* **inclinar el ~ (de la balanza)** den Ausschlag geben 2 (*inspector*) ~ **contraste** Eichmeister *m*; ~ **de muelle** Hafenwaagemeister *m*; ~ **de romana** Waagemeister *m im Schlachthof* C M/F REL Gläubige *m/f*

fielato M Stadtzoll-, Akzisenamt *n*; *reg* Mauthäuschen *n*

fielmente ADV treu; genau

fieltro M *material*: Filz *m*; *almohadilla*: Filzunterlage *f*; **(sombrero** *m* **de) ~** Filzhut *m*, Filz *m fam*

fiera F Raubtier *n*; Bestie *f* (*tb fig*); **casa** *f* **de ~s** Raubtierhaus *n*; Zoo *m*; **exposición** *f* **de ~s** Menagerie *f*; *fam fig* **ser una ~ en** *o* **para** unermüdlich sein bei (*dat*); ein toller Bursche sein; nicht kleinzukriegen sein bei (*dat*); **estar hecho una ~** fuchsteufelswild sein

Fierabrás M 1 (*gigante*) Riese *m aus den Ritterromanen* 2 *fig* **fierabrás** *niño*: Range *f*, ungezogenes Kind *n*

fieramente ADV grausam; unmenschlich

fierecilla, fierecita F *fig* kleines wildes Biest *n*; **fiereza** F 1 *de animales*: Wildheit *f* 2 *fig de personas*: Grausamkeit *f* 3 (*fealdad*) Hässlichkeit *f*, Scheußlichkeit *f*

fiero A ADJ 1 *animal* wild 2 *fig* (*cruel*) grausam; (*impetuoso*) ungestüm 3 *fam* (*espantoso*) schrecklich *fam*, furchtbar *fam*, ungeheuer *fam* 4 *pop* (*feo*) hässlich B M *frec* **~s** MPL (*amenaza*) Drohung *f*, Einschüchterungsversuch *m*; (*jactancia*) Prahlerei *f*

fierro M 1 *Am* (*hierro*) Eisen *n*; **de ~** aus Eisen *n*; DEP *fam* **hacer ~s** Gewichte *npl* heben 2 *Am reg para marcar el ganado*: Brandeisen *n* 3 *Méx fam* (*dinero suelto*) Kleingeld *n* 4 **~s** *mpl Ec* (*herramientas*) Werkzeug *n*

fiesta F 1 (*festividad*) Fest *n*; Feier *f*; **(día** *m* **de) ~** Feiertag *m*, Festtag *m*; ~ **benéfica** Wohltätigkeitsfest *n*; ~ **civil** nicht kirchlicher Feiertag *m*; ~ **doble** hoher Feiertag *m*; *fam* Fest *n* mit zwei aufeinanderfolgenden Feiertagen; CAT Duplex *n*, Feiertag *m* mit zwei Vespern; ~ **de la espuma** Schaumparty *f*; ~ **fija/movible** unbewegliches/bewegliches Fest *n*; CAT ~ **de guardar** *o* **de precepto** gebotener Feiertag *m*; ~ **mayor** Kirchweih(fest *n*) *f*; Patronatsfest *n*; ~ **nacional** Staatsfeiertag *m*; *Esp* TAUR *tb* Stierkampf *m*; ~ **popular** Volksfest *n*; ~ **religiosa** kirchlicher Feiertag *m*; ~ **de San Nicolás** Nikolaustag *m*; **¡felices ~s!** frohes Fest!; *en Navidad*: frohe Weihnachten!; *adv* **de ~** festlich; *fam fig* **se acabó la ~** Schluss damit!; **aguar la ~** den Spaß verderben; **se aguó la ~** die ganze Freude war dahin; *fig* **amargar la ~ a alg** j-m das Leben schwer machen; **dejar la ~ en paz** *etw* (*Unangenehmes*) vergessen, *etw* nicht mehr zur Sprache bringen; **estar de ~** feiern, lustig sein; gut aufgelegt (*o* guter Dinge) sein; **estar de** *o* **en ~s** ein Volksfest feiern; *fig* **no estar para ~s** nicht zum Scherzen aufgelegt sein, übler Laune sein; **hacer ~** feiern; blaumachen *fam*; schulfrei haben; *fam* **¡tengamos la ~ en paz!** bitte, keinen Streit!; Ruhe, bitte!, immer mit der Ruhe! *fam*; seid friedlich! *fam* 2 (*caricia*) Liebkosung *f*, Schmeicheln *n*; **hacer ~s a** *j-m* schöntun, *j-m* um den Bart gehen; *perro, gato* streicheln, kraulen; **el perro hace ~s a su amo** der Hund springt um sein Herrchen herum (*o* will sich bei seinem Herrchen einschmeicheln)

fiestecita F *fam fig* Auseinandersetzung *f*, Tanz *m fam*, Krach *m*; **fiestero** A ADJ vergnügungssüchtig B M, **-a** F Freund *m*, -in *f* von Festen und Vergnügungen

FIFA F ABR (Federación Internacional de Fútbol Asociaciones) FIFA *f* (*Internationaler Fußballverband*)

fifar A V/I 1 *Ven fam* **no ~** (*no funcionar*) nicht funktionieren, nicht hinhauen *fam* 2 *Arg pop* (*joder*) vögeln, bumsen *vulg* B V/R **fifarse** *Arg j-n* vernaschen *pop*, bumsen *vulg*

fifí M *Am reg* Playboy *m*, Fatzke *m*

fifiriche ADJ *Am Centr, Méx fam* schwächlich

fígaro M 1 (*barbero*) Barbier *m*, Figaro *m fam* 2 (*chaquetilla*) kurzes Wams *n*

figle M MÚS Ophikleide *f*, tiefes Klapphorn *n*

figón M Garküche *f*, Speisewirtschaft *f*; typisches Restaurant *n*; **figonero** M, **-a** F Garkoch *m*, -köchin *f*

figulino ADJ tönern; **arcilla** *f* **-a** Töpferton *m*

figura A F 1 Figur *f* (*tb* TEAT, GEOM, *baile*); (*forma*) Gestalt *f*; (*apariencia*) Aussehen *n*; ~ **de cerámica** Keramik *f*; ~ **de yeso** Gipsfigur *f*; *fig* ~ **decorativa** stumme Rolle *f*; Statist *m*; **hacer ~** eine Rolle spielen; sich aufspielen, wichtigtun; *fig* **hacer buena/mala ~** eine gute/schlechte Figur machen 2 (*imagen*) Bild *n*, Abbildung *f*; (*símbolo*) Symbol *n*, Sinnbild *n*; *juego de cartas*: Figur *f*, Bild *n*; PSIC, SOCIOL ~ **paterna** Vaterfigur *f*; **en ~** in bildlicher Darstellung; bildhaft, symbolisch 3 MÚS Figur *f* 4 (*personalidad*) Persönlichkeit *f* 5 (*rostro*) Gesicht *n*; **hacer ~s** Grimassen schneiden; sich lächerlich gebärden 6 ASTRON ~ **celeste** Bild *n* des Sternhimmels; Sternstand *m* 7 RET ~ **de construcción** grammatische (*o* syntaktische) Figur *f*; ~ **retórica** Redefigur *f*, rhetorische Figur *f* 8 JUR ~ **de delito** *o* ~ **delictiva** Tatbestand *m* B M *fam* Wichtigtuer *m*

F

figurable ADJ vorstellbar; **figuración** F 1 (*formación*) Bildung *f*, Gestaltung *f* 2 (*imaginación*) Vorstellung *f*, Meinung *f* 3 FILM (*comparsería*) Statisterie *f*; **figuradamente** ADV in übertragenem Sinn

figurado ADJ figürlich, bildlich; sinnbildlich; MÚS **canto** *m* **~** Mensuralmusik *f*; **lenguaje** *m* **~** Bildersprache *f*; **sentido** *m* **~** übertragene Bedeutung *f*

figurante M/F TEAT, FILM *y fig* Statist *m*, -in *f*, Figurant *m*, -in *f*

figurar A VT 1 (*representar*) darstellen; bilden 2 (*aparentar*) vorgeben; vortäuschen; mimen; **figuraron no conocerle** sie taten, als kennten sie ihn nicht B VI 1 TEAT, FILM eine Rolle spielen; **~ de** *o* **como** auftreten als (*nom*), *etw* sein 2 (*aparecer*) vorkommen, erscheinen; *en un escrito, un libro, etc tb* aufgeführt sein; **~ en una lista** auf einer Liste stehen; **~ en el orden del día** auf der Tagesordnung stehen; **~ en el partido** in der Partei sein, zur Partei gehören 3 (*sobresalir*) sich *bei etw* (*dat*) hervortun (*o* auszeichnen) C VR **~se a/c** sich (*dat*) etw vorstellen; etw glauben, sich (*dat*) etw einbilden; **me figuro que …** ich glaube (*o* vermute), dass …; **se me figura que …** es scheint mir, dass …; **¿qué te has figurado?** wo denkst du hin?; **¡ya me lo figuraba yo!** das habe ich mir gleich gedacht; **¡figúrate!** stell dir (nur) vor!

figurativismo M *arte*: gegenständliche Kunst *f*; **figurativo** ADJ figürlich, (sinn)bildlich; *arte* gegenständlich

figurería F Grimasse *f*; Faxen *fpl*, Ziererei *f*; **figurero** M, **-a** F 1 *profesión*: Figurenmacher *m*, -in *f*; *vendedor*: Figurenverkäufer *m*, -in *f* 2 (*bromista*) Faxenmacher *m*, -in *f*; **figurilla** F 1 *pequeña estatua*: Statuette *f* 2 *fig* (*enano*) Knirps *m*, kleine, unansehnliche Person *f*; **figurín** M 1 TEAT Figurine *f*, Kostümbild *n* 2 *moda*: Modeschnitt *m*; Mode(n)zeichnung *f* 3 *fig mujer*: Modepuppe *f*, *hombre*: Modenarr *m*, Modegeck *m*; **figurinista** M/F 1 TEAT Kostümbildner *m*, -in *f* 2 *moda*: Modezeichner *m*, -in *f*; **figurón** M 1 (*fanfarrón*) Aufschneider *m*, Angeber *m fam* 2 MAR **~ de proa** (*mascarón*) Gal(l)ionsfigur *f*; **figuroso** ADJ auffällig angezogen

fija F 1 CONSTR (*paleta*) Fugenkelle *f* 2 *RPl* (*arpón*) (dreizackige) Harpune *f* 3 *Col fam adv* **a la ~** (*sin duda*) auf Nummer sicher (*gehen*)

fijacarteles M/F ⟨*pl inv*⟩ Plakatkleber *m*, -in *f*

fijación F 1 TEC (*afianzamiento*) Befestigung *f*; Feststellung *f*; Anbringung *f*; *con pegamento*: Aufkleben *n*; *con clavos*: Annageln *n* 2 (*determinación*) Festsetzung *f*, Festlegung *f*, Bestimmung *f*; **~ del precio** Preisfestsetzung *f*; **~ de un plazo** Fristsetzung *f* 3 FOT, *microscopía*: Fixierung *f* 4 QUÍM Verdichtung *f*; Bindung *f*; (*poso*) Bodensatz *m* 5 *de los esquíes*: Bindung *f*

fijado M FOT Fixieren *n*; **fijador** A ADJ (be)festigend B M 1 *del cabello*: (Haar)Festiger *m*; FOT Fixiermittel *n*; PINT Fixativ *n* 2 TEC (*sujetador*) Feststeller *m* 3 CONSTR *operario*: Fenster-, Türeinsetzer *m*; Verfuger *m*; **fijamente** ADV fest; (*firme*) sicher, bestimmt; (*atento*) aufmerksam; **la miraba ~** er sah sie starr an

fijante ADJ MIL **fuego** *m* **~** im Ziel liegendes Feuer *n*; **fijapelo** M Haarfestiger *m*; Frisiercreme *f*

fijar A VT 1 (*afianzar*) befestigen, festmachen, fixieren (*tb* TEC); *ajuste de un aparato*: arretieren; (*adherir*) anheften; (*sujetar*) einspannen; *carteles* (an)kleben 2 *vista, atención* richten (**en** auf *acus*) 3 *fig fecha, precio, condición, etc* festlegen, festsetzen; **~ la hora** die Stunde bestimmen; **~ un plazo** eine Frist setzen; **~ la residencia** festen Wohnsitz nehmen, sich niederlassen (**en** in *dat*); **~ el sentido de un refrán** den Sinn eines Sprichworts bestimmen 4 CONSTR *juntas* verfugen, vergießen; *ventanas, puertas* einsetzen 5 PINT, FOT, *peluquero*: fixieren B VR **fijarse** 1 *dolor* sich festsetzen 2 (*prestar atención*) Acht geben; aufpassen; **~ en alg/en a/c** j-n/etw bemerken; auf j-n/etw achten; **¡fíjate!** nein, so was!, es ist kaum zu glauben!; stell dir (nur) vor!; **fíjate en lo que digo** hör gut zu; gib Acht auf meine Worte; **¡fíjate bien!** pass gut auf!, sei recht aufmerksam!; hör gut zu!; schreib's dir hinter die Ohren! *fam*; **no me he fijado en sus palabras** ich habe nicht recht hingehört 3 (*convenir*) **se ha fijado que …** es ist vereinbart worden, dass …

fijativo M PINT Fixativ *n*

fijeza F Sicherheit *f*; Festigkeit *f*, Beharrlichkeit *f*; *adv* **con ~** fest; beharrlich; starr (*anblicken*)

Fiji M Fidschiinseln *fpl*

fijiano A ADJ fidschianisch B M, **-a** F Fidschianer *m*, -in *f*

fijo A ADJ 1 (*firme*) fest; (*seguro*) gewiss, sicher; **cantidad** *f* **-a** Fixum *n*; **precio** *m* **~** Festpreis *m*; **puesto** *m* **~** *o* **colocación** *f* **-a** feste Stelle *f*; **a punto ~** zuverlässig, sicher; *adv* **de ~** *o Arg, Col, Chile* **a la -a** sicher, bestimmt, gewiss 2 (*tieso*) unbeweglich, starr (*tb* TEC); TEC (*inmóvil*) ortsfest, stationär; **eje** *m* **~** starre Achse *f*; **idea** *f* **-a** fixe Idee *f*; **mirar ~** anstarren, fixieren B M Fixum *n*

fila F 1 (*hilera*) Reihe *f*; **de dos/tres ~s** zwei-/dreireihig; *fig* **de primera/segunda ~** erst-/zweitrangig; **en ~** der Reihe nach, ordnungsgemäß; in Reih und Glied (*tb* MIL); *transporte*: **en doble ~** in zweiter Reihe (*parken*); **en ~ india** im Gänsemarsch; **en primera ~** in die erste (*o* in der ersten) Reihe; *fig* im (*o* in den) Vordergrund; *fig* **cerrar ~s** die Reihen schließen; zusammenstehen, -halten; *fig* **cerrar ~s en torno a alg** sich hinter j-n stellen, geschlossen hinter j-m stehen; **marchar en ~ india** im Gänsemarsch gehen; MIL in Einerreihe marschieren 2 MIL Glied *n*; **por ~s** gliedweise; **entrar en ~s** einberufen werden, Soldat werden; **llamar a ~s** einberufen; **romper ~** wegtreten; **¡rompan ~s!** weggetreten! 3 *fam* **tener ~ a alg** j-n nicht leiden können, einen Pik auf j-n haben *fam* 4 *pop* (*rostro*) Gesicht *n*, Visage *f pop*

filadelfas FPL BOT Pfeifenstrauchgewächse *npl*

filamento M (*fibra*) Faser *f*; (*hilo*) Faden *m*; (*alambre*) Draht *m*; BOT Staubfaden *m*; ELEC Glüh-, Heizfaden *m*; **filamentoso** ADJ faserig, gefasert; fadenförmig

filandria F VET Fadenwurm *m der Vögel*

filantropía F Menschenliebe *f*, -freundlichkeit *f*, Philanthropie *f*; **filantrópico** ADJ menschenfreundlich, philanthropisch

filántropo M, **-a** F Menschenfreund *m*, -in *f*, Philanthrop *m*, -in *f*

filar A VI MAR (weg)fieren B VT *pop j-n* beobachten, *j-n* beschatten; *j-n* durchschauen

filaria F MED Fadenwurm *m*

filarmonía F Philharmonie *f*; **filarmónica** F 1 *orquesta*: philharmonisches Orchester *n* 2 *persona*: Philharmonikerin *f* 3 *Am reg* (*acordeón*) Ziehharmonika *f*

filarmónico A ADJ philharmonisch; **orquesta** *f* **-a** philharmonisches Orchester *n*; **sociedad** *f* **-a** Musikverein *m* B M Philharmoniker *m*

filástica F MAR Kabelgarn *n*

filatelia F Philatelie *f*, Briefmarkenkunde *f*; **filatélico** A ADJ philatelistisch, Briefmarken… B M, **-a** F → filatelista; **filatelista** M/F Philatelist *m*, -in *f*, Briefmarkensammler *m*, -in *f*

file [faĭl] M *Cuba* Aktendeckel *m*

filete M 1 GASTR *de carne*: Scheibe *f* Fleisch; *de pescado*: (Fisch)Filet *n*; **~ empanado** (*o* **milanesa**) paniertes Schnitzel *n*; **~ de lenguado/merluza** Seezungen-/Seehechtfilet *n*; **~ de pavo** Putenschnitzel *n*; **~ ruso** Frikadelle *f*, deutsches Beefsteak *n*; **~ de ternera** Kalbsschnitzel *n* 2 ARQUIT (*moldura*) Leiste *f*; TIPO Zier-, Stanzlinie *f*; **~ cortante** Schneid-, Stanzlinie *f*; **~ de perforar** Perforierlinie *f*; **~ sacalíneas** Setzlinie *f* 3 TEX Filet *n* 4 *espec heráldica*: Streif *m* 5 TEC *del tornillo*: Gewinde *n*, -gang *m*; **~ múltiple** mehrgängiges Gewinde *n* 6 MAR *velero*: Geitau *n für Segel* 7 ANAT *ramificación de nervios*: Faden *m* 8 *equitación*: (*bridón*) Trense *f* 9 (*corriente de aire*) (kalter) Luftzug *m*

fileteado M 1 *adornado*: Leisten-, Linienverzierung *f*; **con ~ dorado** mit Goldstreifen (*Zierlackierung*) 2 TEC *de roscas* Gewindeschneiden *n*; Gewindegänge *mpl*; **filetear** A VT 1 (*ribetear*) einsäumen; mit Streifen (*o* Leisten) absetzen 2 GASTR *pescado, fruta, etc* filetieren B VI TEC gewindeschneiden

filfa F *fam* Flunkerei *f*, Betrug *m*; Plunder *m*; **de ~** wertlos, nutzlos

filiación F 1 (*procedencia*) Abstammung *f*, Herkunft *f*; *fig* **~ de ideas** Verwandtschaft *f* der Ideen (*o* der Gedankenwelt) 2 (*señas personales*) Personalien *pl*; Personenbeschreibung *f*; **tomar la ~** die Personalien aufnehmen 3 (*afiliación*) Mitgliedschaft *f bei einer Partei*; Parteizugehörigkeit *f* 4 MIL *anotación*: Eintragung *f* in die Stammrolle

filial A ADJ kindlich, Kindes…; **amor** *m* **~** Kindesliebe *f* B F 1 ECON *empresa*: Tochterfirma *f*; Filiale *f* 2 REL *de la iglesia*: Tochtergemeinde *f*; **filialmente** ADV mit kindlicher Liebe; **filiar** VT ⟨1b⟩ **~ a alg** j-s Personalien aufnehmen

filibusterismo M HIST Unabhängigkeitsbewegung *f in den spanischen Kolonien Amerikas*; **filibustero** M HIST Freibeuter *m*, Flibustier *m*; Pirat *m*

filicida M/F *liter* Kindesmörder *m*, -in *f*; **filicidio** M Kindesmord *m*

filícula F BOT gemeiner Tüpfelfarn *m*

filiforme ADJ fadenförmig

filigrana F 1 *obra*: Filigran(arbeit *f*) *n*; *fam fig* **no te metas en ~s** verkünstle dich nicht!; red nicht so viel drum herum! 2 (*marca de agua*) Wasserzeichen *n im Papier* 3 (*algo tierno, fino*) etwas Zartes, Feines; **hacer ~s** TAUR kunstvolle Figuren vorführen; *fam fig* Wunderwerke vollbringen 4 *Cuba* BOT *Art fruto*: Kandelbeere *f*

fililí M *fam* Schönheit *f*, Vollkommenheit *f*

filípica F Philippika *f*, Strafrede *f*

filipina F 1 *persona*: Filipina *f* 2 *Cuba* TEX Drillichjacke *f*

Filipinas FPL Philippinen *pl*

filipino A ADJ 1 philippinisch, von den Philippinen 2 *fig* **punto** *m* **~** (*tipo capaz de todo*) Kerl *m*, der zu allem fähig ist B M Filipino *m*

filis F *liter* Anmut *f*, Liebreiz *m*; Geschicklichkeit *f*

filisteísmo M Spießbürgertum *n*; **filisteo** M, **filistea** F 1 HIST, *Biblia*: Philister *m*, -in *f* (*tb fig*); *fig* (*persona vulgar*) Banause *m*, Banausin *f*, Spießbürger *m*, -in *f* 2 *fig* (*gigante*) Riese *m*, Riesin *f*, ungeschlachter Kerl *m*, ungehobeltes Weib *f fam*

filistrín M *Ven* Geck *m*, Laffe *m*

filloas FPL *en Galicia*: **~ de leche** mit Eiercreme gefüllte Pfannkuchen *mpl*

film(e) M Film *m*; → *tb* película; **filmación** F Verfilmung *f*; Filmen *n*; **filmadora** F *espec Am* Filmkamera *f*; *tb* Videokamera *f*; **filmar** A

VT (ver)filmen **B** VI filmen
fílmico ADJ Film…
filmín M, **filmina** F Bildstreifen *m; tb* Diapositiv *n*
filmlet M Werbekurzfilm *m*
filmología F Filmwissenschaft *f*; **filmoteca** F Filmarchiv *n*
filo M **1** *(corte)* Schneide *f*, Schärfe *f*; **al** *o* **por ~** genau; *Col adv* **de ~** direkt, entschlossen; **sin ~** stumpf; **al ~ de (la) medianoche** genau um Mitternacht; **~ de la mano** Handkante *f*; *fig* **arma** *f o* **espada** *f* **de dos ~s** zweischneidiges Schwert *n*; *fig* **darse un ~ a la lengua** scharf werden; *j-m* Übles nachsagen; *Arg fam* **hacer el ~ a alg** j-n anmachen; j-n bequatschen; **sacar ~ a a/c** etw schärfen; *fig* **estar en el ~ de la navaja** auf des Messers Schneide stehen **2** *(línea divisora)* Halbierungslinie *f*; *fig* äußerster Rand *m* **3** MAR **~ del viento** Windrichtung *f* **4** *Col, Méx, Am Centr (hambre)* Hunger *m*
filogénesis F → filogenia; **filogenético** ADJ phylogenetisch, stammesgeschichtlich; **filogenia** F Phylogenese *f*, Phylogenie *f*
filología F Philologie *f*; **~ clásica** klassische Philologie *f*, Altphilologie *f*; **~ germánica** Germanistik *f*; **~ hispánica** Hispanistik *f*; **~ moderna** Neuphilologie *f*; **~ románica** Romanistik *f*
filológico ADJ philologisch; **filólogo** M, **-a** F Philologe *m*, Philologin *f*
filomático ADJ *Cuba* stoßweise
filomela, filomena F *poét* Nachtigall *f*
filón M **1** MIN Erzader *f*; Flöz *n* **2** *fig (muy buen negocio)* Goldgrube *f*, tolles Geschäft *n fam*; gefundenes Fressen *n (z. B. für die Presse) fam*
filosa F BOT *Art* Zistrose *f*; **filoseda** F TEX Halbseide *f*; **filoso** ADJ *Am reg* scharf, geschliffen; spitz
filosofador ADJ philosophierend; **filosofal** ADJ **piedra** *f* **~** Stein *m* der Weisen *(tb fig)*; **filosofar** VI philosophieren, nachsinnen, grübeln (**sobre** über *acus*); **filosofastro** M, **-a** F *desp* Pseudophilosoph *m*, -in *f*, Philosophaster *m*, -in *f*
filosofía F **1** *ciencia*: Philosophie *f*; **~ moral** Moralphilosophie *f*, Ethik *f*; **~ natural** Naturphilosophie *f*; **Facultad** *f* **de Filosofía y Letras** philosophische Fakultät *f* **2** *fig (sosiego)* Gelassenheit *f*, Ruhe *f*; **llevar** *o* **tomar con ~ a/c** etw gefasst hinnehmen, etw gelassen ertragen, sich in etw *(acus)* schicken
filosófico ADJ philosophisch; **filosofismo** M Schein-, Pseudophilosophie *f*
filósofo M, **-a** F Philosoph *m*, -in *f*, Denker *m*, -in *f*; Weise *m/f*; *fam fig* Lebenskünstler *m*, -in *f*
filoxera F **1** *insecto*: Reblaus *f* **2** *pop fig (borrachera)* Rausch *m*, Besäufnis *f fam*
filtración F **1** *de un líquido*: Filtrieren *n*; Filtern *n*; *en la tierra, etc*: Ein-, Versickern *n*; **~ de ruidos** Schalldämmung *f*, -dämpfung *f* **2** *fig de noticias, etc*: Durchsickern *n fam*; **filtrado** **A** ADJ *Arg fam* hundemüde **B** M → filtración 1; **filtrador** M Filtriergerät *n*
filtrar **A** VT **1** *líquido* filtrieren, filtern **2** *fig información* durchsickern lassen; heimlich weitergeben **B** VI *y* VR **~se** **1** *líquido* versickern (**en** in *dat*), einsickern (**en** in *acus*); sickern (**por** durch *acus*) **2** *fig noticias* durchsickern; *errores* sich einschleichen **3** *dinero, etc* verschwinden, zerrinnen
filtro M **1** TEC, FOT Filter *m/n*; **~ amarillo** Gelbfilter *m*; **~ antipolen** Pollenfilter *n*; **~ cromático** *o* **de color** Farbfilter *m*; **~ solar** Sonnen-, Lichtschutzfilter *m*; **~ de sonidos** Tonfilter *m*; **cigarrillo** *m* **de ~** Filterzigarette *f*; **papel** *m* **(de) ~** Filter-, Filtrierpapier *n* **2** AUTO **~ de aceite** Ölfilter *n*; **~ de(l) aire** Luftfilter *n*; **~ de gasolina** Benzinfilter *n*; **~ de partículas** Partikelfilter *n*, Rußfilter *m* **3** *folclore*: **~ (mágico)** Liebestrank *m*, Zaubertrank *m*
filudo ADJ *espec Am* messerscharf
filustre M *fam* Feinheit *f*; Eleganz *f*; Benimm *m fam*
fimbria F Saum *m* an langen Gewändern
fimosis F MED Vorhautverengung *f* des Penis; *t/t* Phimose *f*
fin M **1** *(intención)* Ziel *n*, Absicht *f*, Zweck *m*; **a ese ~** dazu, deshalb, zu diesem Zweck; **a** *o* **con el ~ de** *(inf)* um zu *(inf)*; **a** *o* **con el ~ de que** *(subj)* damit *(ind)*; **¿con qué ~?** wozu?, zu welchem Zweck?; **para ~es benéficos** zu Wohltätigkeitszwecken; **para ~es pacíficos** für friedliche Zwecke; **sin ~es lucrativos** gemeinnützig; **el ~ justifica los medios** der Zweck heiligt die Mittel **2** *(terminación)* Ende *n*, Beendigung *f*; (Ab)Schluss *m*; Ausgang *m*; *(muerte)* Tod *m*; **~ de fiesta** Abschiedsvorstellung *f (tb fig)*; Ausklang *m*; **(el/para el) ~ de semana** (am/bis zum) Wochenende *n*; **~ de siglo** Fin *n* de Siècle; **a ~es de junio** Ende Juni; **a ~es de mes** Ende des Monats, am Monatsende; **al** *o* **por ~** endlich, schließlich; **al ~ y al cabo** *o* **al ~ y a la postre** letzten Endes, schließlich und endlich; **en ~** endlich, schließlich; kurz und gut, kurzum; **sin ~** endlos *(tb* TEC*)*; unendlich; unzählig; *fig* **al ~ de la jornada** schließlich; zu guter Letzt; zuallerletzt, ganz am Schluss; **al ~ del mundo** bis ans Ende der Welt; am Ende der Welt, ganz weit (weg); **dar ~** zu Ende gehen; **dar ~ a a/c** etw abschließen, etw vollenden; **dar ~ de a/c** etw verzehren, etw durchbringen; **llevar a buen ~** glücklich abschließen, zu gutem Ende führen; **poner ~ a a/c** etw *(acus)* beend(ig)en; mit etw *(dat)* Schluss machen; einer Sache *(dat)* ein Ende setzen; **tocar a su ~** zu Ende gehen
finado M, **-a** F *Esp liter, Am reg fam* Verstorbene *m/f*, Verschiedene *m/f*
final **A** ADJ **1** *(al fin)* schließlich, End…, Schluss…; **discurso** *m* **~** Schlussrede *f*; abschließende Rede *f*; **letra** *f* **~** Endbuchstabe *m*; *transporte*: **estación** *f o* **parada** *f o Perú* **paradero** *m* **~** Endstation *f*, Endhaltestelle *f* **2** *(motivo)* final *(tb* GRAM*)*, zweckbestimmt; FIL **causa** *f* **~** Final-, Zweckursache *f*; GRAM **oración** *f* **~** Final-, Absichtssatz *m* **B** M *(fin)* Ende *n*, Schluss *m*, Ausgang *m*; *(parte final)* Schlussteil *m*, Endstück *n*; MÚS Finale *n*; **al ~** am Ende, zum Schluss; zu guter Letzt; **~ feliz** glückliches Ende *n*, glücklicher Ausgang *m*; **a ~es de mayo** Ende Mai **C** F DEP Finale *n*, Endspiel *n*, Schlussrunde *f*
finalidad F Zweck *m*, Absicht *f*; *t/t* Finalität *f*
finalista **A** ADJ DEP **equipo** *m* **~** Endkampf-, Schlussrundenmannschaft *f*; **participante** *m/f* **~** Teilnehmer *m*, -in *f* am Finale, Endkampf-, Schlussrundenteilnehmer *m*, -in *f* **B** M/F Endspielteilnehmer *m*, -in *f*, Finalist *m*, -in *f*
finalización F Beendigung *f*; Abschluss *m*;
finalizar ⟨1f⟩ **A** VT beenden, abschließen **B** VI zu Ende gehen; ablaufen; **finalmente** ADV schließlich, endlich; kurz und gut
finamente ADV **1** *(con finura)* fein; *(con elegancia)* elegant **2** *fam (con astucia)* schlau
financiable ADJ finanzierbar
financiación F Finanzierung *f*; **~ ajena** Fremdfinanzierung *f*; **~ con fondos propios** Eigenfinanzierung *f*; **~ mixta** Mischfinanzierung *f*
financiamiento M Finanzierung *f*; **financiar** VT ⟨1b⟩ finanzieren; **financiero** **A** ADJ finanziell, Finanz…; **sociedad** *f* **-a** Finanz(ierungs)gesellschaft *f* **B** M, **-a** F Finanzier *m*;
financista M/F *Am* Finanzier *m*; **finanzas** FPL Finanzen *fpl*
finar VI *liter* sterben, verscheiden
finca F **1** *(terreno)* Grundstück *n*; *(granja)* Bauernhof *m*, *Am* Plantage *f*; *Col* **~ raíz** Grundstück *n*; Grundbesitz *m*; **~ rústica** Landgut *n*; **~ urbana** Grundstück *n* in der Stadt; **~ de recreo** Wochenendhaus *m mit großem Garten* **2** *Col (depósito)* Flaschenpfand *n*
fincar ⟨1g⟩ **A** VI *Am reg* **~ en** beruhen auf *(dat)* **B** VI *y* VR **~se** Grundstücke erwerben
finchado ADJ hochgestochen
finés **A** ADJ finnisch **B** M, **-esa** F Finne *m*, Finnin *f*; HIST Urfinne *m*, -finnin *f* **C** M *lengua*: Finnisch *n*
fineza F **1** *(delicadeza)* Feinheit *f*; Zartgefühl *n* **2** *(amabilidad)* Liebenswürdigkeit *f*; Zärtlichkeit *f* **3** *(atención)* Aufmerksamkeit *f*, kleines Geschenk *n*
fínger M AVIA Fluggastbrücke *f*, Finger *m fam*
fingido ADJ erheuchelt, vorgespiegelt; fingiert, Schein…; **fingidor** **A** ADJ simulierend **B** M, **fingidora** F Heuchler *m*, -in *f*, Simulant *m*, -in *f*; **fingimiento** M Vorspiegelung *f*, Vortäuschung *f*; Verstellung *f*, Heuchelei *f*
fingir ⟨3c⟩ **A** VT vortäuschen, vorgeben; (er)heucheln, fingieren; **finge dormir** er tut, als ob er schliefe **B** VR **~se amigo** vorgeben, ein Freund zu sein; **~se enfermo/dormido** sich krank/schlafend stellen, simulieren
finiquitar VT ECON *factura* saldieren, liquidieren; *fig (acabar)* abschließen; **finiquito** M ECON Rechnungsabschluss *m*; Ausgleich *m eines Saldos*; Quittung *f*; **dar ~ a una deuda** eine Schuld endgültig begleichen
finir VI & VT (be)enden; *fig* sterben
finisecular ADJ aus der (*o* zur) Zeit der Jahrhundertwende
finísimo *sup* ADJ hochfein; allerfeinste(r)
finito ADJ begrenzt; MAT, FIL endlich; LING **forma** *f* **-a** finite Form *f*; **finitud** F Endlichkeit *f*
finlandés **A** ADJ finn(länd)isch **B** M, **finlandesa** F Finne *m*, Finnin *f* **C** M *lengua*: Finnisch *n*
Finlandia F Finnland *n*
fino **A** ADJ **1** fein, dünn; *(tierno)* zart; *(delicado)* zierlich, fein gebaut **2** *(selecto)* fein, auserlesen, von ausgezeichneter Qualität; **oro** *m* **~** Feingold *n*; **gusto** *m* **~** hervorragender Geschmack *m* **3** *sentidos* fein, scharf, gut; **oído** *m* **~** feines Gehör *n*; **paladar** *m* **~** feiner Gaumen *m* **4** *(sensible)* feinfühlig, fein(sinnig), taktvoll; *(amable)* liebenswürdig, höflich, aufmerksam **5** *(listo)* klug; schlau, listig; geschickt; **~ ingenio** *m* scharfer Verstand *m* **B** M trockener, leichter Sherry *m*
finolis **A** ADJ *inv fam desp* geziert; **ser ~** den feinen Mann spielen; **estar ~** picobello angezogen sein *fam* **B** M Lackaffe *m fam*
fino(-)ugrio ADJ LING finnougrisch
finquero M, **-a** F *Am reg* Gutsbesitzer *m*, -in *f*
finta F Finte *f (tb fig)*; **fintar** VI DEP fintieren, eine Finte ausführen
finura F *(delicadeza)* Feinheit *f*; *(cortesía)* Liebenswürdigkeit *f*, Höflichkeit *f*; **~ de espíritu** Feingeistigkeit *f*, Feinsinnigkeit *f*
finústico ADJ *fam* übertrieben höflich
fiñe M *Am reg* kleines Kind *n*
fioca M *Arg fam* Zuhälter *m*, Lude *m fam*
fiord(o) M Fjord *m*
fique M *Am* Agavenfaser *f*; *Col tb* Agave *f*
firma F **1** *en un escrito*: Unterschrift *f*; Unterzeichnung *f*; **~ en blanco** Blankounterschrift *f*; **~ electrónica** elektronische Unterschrift *f*; **media ~** Unterschrift *f* ohne Vornamen; **echar una ~** *fam* unterzeichnen; *pop fig (hacer sus necesidades)* seine Notdurft verrichten; **estampar** *o* **poner su ~ (en a/c)** (etw) unterzeichnen, unterschreiben; **recoger ~s** Unterschriften sam-

F

meln **2** *(documentos a ser firmados)* unterzeichnete (o zu unterzeichnende) Schriftstücke *npl*; UNIV Testat *n* **3** ECON *(empresa)* Firma *f*; Unternehmen *n* **4** *fig (escritor)* Schriftsteller *m* **5** *(poder)* Vollmacht *f*, ECON Prokura *f*; **dar la ~ a alg** j-m Vollmacht *(o* ECON Prokura) erteilen

firmamento M Firmament *n*; *poét* Sternenzelt *n*

firmante M/F Unterzeichner *m*, -in *f*; **el abajo ~** *m* der Unterzeichnete

firmar V/T & V/I unterzeichnen, unterschreiben

firme **A** ADJ *(constante)* fest, beständig, standhaft, feststehend; *(seguro)* sicher; *(estable)* stabil; JUR *sentencia* rechtskräftig; ECON **en ~** verbindlich, fest; **carácter** *m* **~** fester *(o* zuverlässiger) Charakter *m*; COM **compra** *f* **en ~** fester Kauf *m*; **mano** *f* **~** feste *(o* sichere) Hand *f*; **tierra** *f* **~** Festland *n*; *adv* **a pie ~** unerschütterlich, standhaft, unbeirrt; MIL **¡~s!** stillgestanden!; Augen geradeaus!; **estar en lo ~** seiner Sache *(dat)* sicher sein; **estar** *o* **mantenerse ~ en su decisión** bei seinem Entschluss bleiben; **ser ~ en sus convicciones** feste Überzeugungen haben; **ponerse ~** fester *(o* stärker) werden; erstarken **B** ADV **(de) ~** stark, kräftig; tüchtig, gehörig, gründlich; **hablar (de) ~** entschlossen *(o* mit Festigkeit) sprechen; **llueve (de) ~** es regnet tüchtig; *fig* **pisar ~** entschlossen auftreten; **poner ~ a alg** j-n strammstehen lassen; **trabajar de ~** tüchtig arbeiten, gehörig zupacken **C** M Straßendecke *f*; → *tb* pavimento; fester Baugrund *m*; **~ asfáltico** Asphaltdecke *f*

firmemente ADV fest, standhaft, entschlossen; **firmeza** F Festigkeit *f*; *(tesón)* Beständigkeit *f*, Beharrlichkeit *f*; *(seguridad)* Sicherheit *f*; *(voluntad)* Entschlossenheit *f*; **~ de carácter** Charakterfestigkeit *f*; Charakterstärke *f*

firmón M, **-ona** F *fam desp* Unterschriftsleister *m*, -in *f*, Strohmann *m*, -frau *f*; **abogado** *m* **~** Rechtsanwalt *m*, der seinen Namen (dazu) hergibt; Rechtsverdreher *m*

firulete M *frec* **~s** MPL Putz *m*, Schmuck *m*; *desp* Geschnörkel *n*, Firlefanz *m*; **firuletear** V/T *Arg* verzieren

FIS M (Frente Islámico de Salvación) *Argelia* Islamische Heilsfront *f*

fiscal **A** ADJ **1** *(relativo al fisco)* fiskalisch, Fiskus..., Finanz..., Steuer...; **defraudación** *f* **~** Steuerhinterziehung *f*; **Derecho** *m* **~** Steuerrecht *n*; **derechos** *mpl* **~es** Finanzzölle *mpl*; **régimen** *m* **~** Steuerwesen *n*; Steuerordnung *f*; **sistema ~** Steuersystem *n* **2** JUR *(relativo a la fiscalía)* Staatsanwalts...; **ministerio** *m* **~** Staatsanwaltschaft *f* **B** M, **fiscal(a)** F **1** JUR *persona*: Staatsanwalt *m*, -anwältin *f*; **~ general (del Estado)** Generalstaatsanwalt *m*; *fam* **~ jefe** Chefankläger *m*; **primer ~** erster Staatsanwalt *m*; *RFA tb* Oberstaatsanwalt *m*; **~ togado** Vertreter *m* der Anklage vor Militärgerichten **2** *(funcionario de hacienda)* Finanzbeamte *m*, -beamtin *f*; Beamte *m*, Beamtin *f* der Finanzkontrolle

fiscalía F JUR Staatsanwaltschaft *f*; **fiscalización** F Überwachung *f*, Überprüfung *f*, Kontrolle *f*; **fiscalizar** ⟨1f⟩ **A** V/I JUR staatsanwaltliche Befugnisse ausüben **B** V/T **1** *control de hacienda*: steuerlich prüfen; kontrollieren, überwachen **2** *fig (criticar)* kritisieren, tadeln

fisco M **1** *(hacienda pública)* Fiskus *m*, Staatskasse *f*; Steuerbehörde *f*; **defraudar al ~** den Fiskus betrügen, Steuern hinterziehen **2** *Esp fam adv* **un ~** *(un poco)* ein bisschen, etwas; **estar un ~ cansado** ein bisschen *(o* etwas) müde sein **3** *Ven (moneda de cobre)* Kupfermünze *f* (¼ Centavo)

fiscorno M MÚS *Art* Bügelhorn *n*

fisga F **1** *(arpón)* *Art* Harpune *f*, Fischspeer *m* **2** *fam fig (burla)* Spott *m*, Ulk *m*; *(sonrisa irónica)* höhnisches Grinsen *n* **3** *Guat, Méx* Banderilla *f*

fisgar ⟨1h⟩ **A** V/I *pescar*: mit dem Fischspeer fischen **B** V/T **1** *fam (husmear)* herumschnüffeln in *(dat)*; *j-n* belauern **2** *(burlarse) j-n* verulken

fisgón *fam* **A** ADJ herumschnüffelnd **B** M, **-ona** F **1** *(husmeador[a])* Schnüffler *m*, -in *f*, *perro*: Spürhund *m fam* **2** *(burlón, -ona)* Spötter *m*, -in *f*; **fisgonear** V/T & V/I *fam* **1** *curiosear por costumbre*: (immer) herumschnüffeln (in *dat*) **2** *(burlarse)* verulken; **fisgoneo** M *fam* **1** *(husmeo)* Schnüffelei *f* **2** *(burla)* (heimlicher) Spott *m*

fisiatría F Naturheilkunde *f*

fisibilidad F FÍS Spaltbarkeit *f*; **fisible** ADJ FÍS spaltbar

física F **1** *ciencia*: Physik *f*; **~ cuántica** Quantenphysik *f*; **~ nuclear** Kernphysik *f* **2** *persona*: Physikerin *f*

físicamente ADV **1** *(corporalmente)* körperlich, physisch **2** FÍS physikalisch

físico **A** ADJ **1** *(del cuerpo)* körperlich, physisch; **educación** *f* **-a** Sport(unterricht) *m*; **fuerza** *f* **-a** Körperkraft *f*; **esfuerzo** *m* **~** körperliche Anstrengung *f*; **el mundo ~** die Welt der Materie **2** *ciencia*: physikalisch **B** M **1** *persona*: Physiker *m*; **~ nuclear** Kern-, Atomphysiker *m* **2** *apariencia*: Aussehen *n*, Äußere(s) *n*; **tener un ~ agradable** angenehm *(o* nett *o* sympathisch) aussehen

fisicoculturismo M → fisiocultura; **fisicoquímica** F Physikochemie *f*, physikalische Chemie *f*; **fisicoquímico** ADJ physikochemisch

fisio M/F *fam* → fisioterapeuta

fisiocracia F *t/t* Physiokratismus *m*; **fisiocultura** F, **fisioculturismo** M Bodybuilding *n*; **fisioculturista** M/F Bodybuilder *m*, -in *f*; **fisiognomía** F, **fisiognómica** F Physiognomie *f*; **fisiognómico** ADJ physiognomisch; **fisiognomista** M/F Physiognom *m*, -in *f*; **fisiografía** F Physiografie *f*; **fisiográfico** ADJ physiografisch; **fisiología** F Physiologie *f*; **fisiológico** ADJ physiologisch; **fisiologista** M/F → fisiólogo

fisiólogo M, **-a** F Physiologe *m*, Physiologin *f*

fisión F **1** FÍS **~ (nuclear)** Kernspaltung *f* **2** BIOL *(división)* Teilung *f*; **fisionable** ADJ *Am* spaltbar

fisionomía F → fisonomía; **fisioterapeuta** M/F Physiotherapeut *m*, -in *f*; **fisioterapéutico** ADJ physiotherapeutisch; **fisioterapia** F MED Physiotherapie *f*; **fisioterápico** ADJ → fisioterapéutico

fisípedos MPL ZOOL Zweihufer *mpl*

fisirrostros MPL ORN Spaltschnäbler *mpl*

fisonomía F Physiognomie *f*; Gesichtsausdruck *m*; *fig* Gepräge *n*; **fisonómico** ADJ physiognomisch; **(ciencia** *f***) -a** *f* Physiognomik *f*; **fisonomista** M/F **ser buen ~** sich gut an Gesichter erinnern können

fisónomo M Physiognom(iker) *m*

fistol M *Méx* Krawattennadel *f*

fístula F **1** MED *conducto anormal*: Fistel *f* **2** *liter (tubo)* Röhre *f*, Rinne *f* **3** MÚS *(dulzaina)* Schalmei *f*, Rohr(pfeife *f*) *n*

fistulación F Fistelbildung *f*; **fistular** ADJ MED fistelartig, Fistel...; **fistulización** F → fistulación; **fistuloso** ADJ MED fistelartig; fistelnd, Fistel...

fisura F **1** *(hendidura)* Spalt *m*, Riss *m*, Schrunde *f*; MINER *(grieta)* Sprung *m*, Riss *m im Gestein*; *fig* **sin ~s** nahtlos **2** MED **~ (anal)** Afterschrunde *f*, Analfissur *f*; **~ (ósea)** Spaltbruch *m eines Knochens*

fito PREF Pflanzen...

fitófago ADJ ZOOL pflanzenfressend; **fitógeno** ADJ *t/t* phytogen

fitografía F *t/t* Pflanzenbeschreibung *f*; **fitología** F Phytologie *f*, Pflanzenkunde *f*; **fitopatología** F Phytopathologie *f*; **fitosanitario** ADJ AGR Pflanzenschutz...; **producto** *m* **~** Pflanzenschutzmittel *n*; **fitoterapia** F Pflanzenheilkunde *f*, Phytotherapie *f*; **fitotomía** F Phytotomie *f*, Pflanzenzergliederung *f*; **fitozo(ari)os** MPL BIOL Phytozoen *npl*, Pflanzentiere *npl*

FIV F ABR (Fecundación in vitro) IVF *f* künstliche Befruchtung *f* im Reagenzglas, In-vitro-Fertilisation *f*

fixing M ECON Fixing *n*

flabeliforme ADJ fächerförmig; **flabelo** M Fliegenwedel *m*

Flaca F *pop* **la ~** der Tod

flacamente ADV schwach; **flac(c)idez** F Schlaffheit *f*, Erschlaffung *f*; Schwäche *f*

fláccido ADJ *(sin consistencia)* schlaff, erschlafft; *piel* welk

flaco **A** ADJ **1** *(delgado)* mager, dürr, hager; *fig* **las (vacas) -as** die mageren Jahre **2** *fig (flojo)* schlaff; *(débil)* schwach, dürftig; **argumento** *m* **~** schwaches Argument *n*; **~ en matemáticas** schwach in Mathematik; **ser ~ de estómago/de memoria** einen schwachen Magen/ein schwaches Gedächtnis haben, vergesslich sein; **(un) ~ servicio me has prestado** du hast mir einen Bärendienst erwiesen **B** M Schwäche *f*, schwache Seite *f*; **conocerle a uno el ~** j-s schwache Seite kennen; **mostrar su ~** sich *(dat)* eine Blöße geben

flacuchento ADJ *Am* **flacucho** ADJ *fam frec desp (flojo)* schlapp, schlaff; *persona*: klapperdürr *fam*; **flacura** F **1** *(delgadeza)* Magerheit *f* **2** *(fatiga)* Erschlaffung *f*, Mattigkeit *f*; Schwäche *f*

flagelación F *disciplinas*: Geißelung *f (tb* REL *y arte)*; PSIC Flagellation *f*; Auspeitschung *f*; **flagelado** BIOL **A** ADJ geißeltragend; Geißel... **B** **~s** MPL Geißeltierchen *npl*; **flagelador** **A** ADJ auspeitschend, geißelnd *(tb fig)* **B** M Auspeitscher *m*; **flagelante** M REL, HIST Flagellant *m*, Geißler *m*; **flagelar** V/T auspeitschen, geißeln *(tb fig)*; **flagelo** M **1** *(plaga)* Geißel *f (tb fig)* **2** BIOL **~s** *mpl* Geißeln *fpl*

flagrante ADJ **1** JUR **delito** *m* **~** soeben begangenes Delikt *n*; **coger** *o* **sorprender en ~** auf frischer Tat *(o* in flagranti) ertappen *(o* überraschen) **2** *poét (ardiente)* glühend, flammend, glänzend **3** *(nuevo)* neu, gegenwärtig, frisch

flagrar V/I *poét* glühen, flammen, funkeln

flama F *(llama)* Flamme *f*; *(reflejo)* Abglanz *m*; **flamante** ADJ funkelnagelneu; glänzend, strahlend; **flambear** V/T GASTR flambieren; **flameante** ADJ *arte*: **gótico** *m* **~** Spätgotik *f*, Flamboyantstil *m*; **flamear** **A** V/I **1** *(despedir llamas)* flammen, Flammen sprühen; lodern **2** *bandera* im Winde flattern **B** V/T abflammen; GASTR flambieren

flamen M HIST, REL Flamen *m*

flamenco **A** ADJ **1** *(de Flandes)* flämisch, flandrisch; PINT **escuela** *f* **-a** flandrische Schule *f* **2** *(gitanesco)* zigeunerhaft *(neg!)*; *p. ext (andaluz)* andalusisch; MÚS Flamenco...; **cante** *m* **~** Flamenco *m* **3** *fam fig (intrépido)* forsch, dreist; *pop* **mujer** *f* **-a** (fesches und) resolutes Frauenzimmer *n fam*; *fam* **está muy -a para su edad** sie ist für ihr Alter noch sehr rüstig *(o* gut in Form); *Esp* **ponerse ~** unangenehm *(o* frech) werden **4** *(achulado)* volkstümlich elegant; **va** *o* **viste muy ~** er kleidet sich sehr auffällig *nach volkstümlicher Manier* **5** *Am reg (delgado)* mager, hager **B** M, **-a** F Flame *m*, Flämin *f* **C** M **1** MÚS Flamenco *m* **2** ORN Flamingo *m*

flamencología F Flamencokunde *f*, -wis-

senschaft *f*; **flamencólogo** *M*, **-a** *F* Flamencokundige *m/f*; **flamenquería** *F* *fig* Prahlerei *f*, Angeberei *f*
flamenquilla *F* **1** (*plato mediano*) kleine (Servier)Platte *f* **2** BOT (*caléndula*) Ringelblume *f*
flamenquismo *M* *estilo*: Flamencostil *m*; *afición*: Leidenschaft für den Flamenco
flamígero *ADJ* Flammen sprühend; ARQUIT **estilo** *m* **gótico ~** (französische) Spätgotik *f*
flámula *F* *espec* MAR Wimpel *m*
flan *M* **1** GASTR *dulce*: (Karamell)Pudding *m*, Flan *m*; **~ (al caramelo)** *o* **clásico** Karamellpudding *m*; **~ con nata** Pudding *m* mit Sahne; **~ de la casa** hausgemachter (Karamell-) Pudding *m*; **~ al ron** Rumpudding *m* **2** (*cospel*) Münzplatte *f zum Prägen* **3** *Esp fam* **estar hecho un ~** (*muy nervioso*) sehr aufgeregt (*o* ein Nervenbündel *fam*) sein; *Méx fam* **ser un ~** *persona*: problemlos im Umgang sein
flanco *M* **1** MIL Flanke *f*; **ataque** *m* **de ~** Flankenangriff *m*; *adv* **de ~** seitlich; **atacar por el ~** einen Flankenangriff machen **2** ANAT Seite *f*, Flanke *f*, Weiche *f*; *equitación*: **~s** *mpl* Weichen *fpl* **3** ARQUIT (*ala lateral*) Seitenflügel *m* **4** *heráldica*: Schildflanke *f*
Flandes *M* Flandern *n*
flanera *F*, **flanero** *M* Puddingform *f*
flanquear *V/T* **1** (*estar al lado*) flankieren, neben ... (*dat*) sein **2** MIL *proteger*: seitlich decken, flankieren; *atacar*: von der Seite angreifen; die Flanke ... (*gen*) beherrschen; *pieza de artillería* seitlich bestreichen; **flanqueo** *M* MIL (*cobertura lateral*) Flankendeckung *f*; *ataque*: Flankenangriff *m*
flap *M* AVIA Flügelklappe *f*
flaquear *V/I* **1** (*aflojar*) nachgeben, wanken; **~ por los cimientos** in den Fundamenten nachgeben **2** (*debilitarse*) nachlassen, schwach (*o* schwächer) werden; (*fallar*) versagen; **su memoria flaquea** sein Gedächtnis lässt nach **3** (*perder fuerza*) nachgeben, weichen; verzagen, kleinmütig werden
flaquencia *F* *Am Centr, Méx* Magerkeit *f*; **flaqueo** *M* Flankieren *n*; **flaqueza** *F* **1** (*delgadez*) Magerkeit *f* **2** (*debilidad*) Schwäche *f* (*espec fig*); *fig* (*error*) Fehler *m*
flas, flash *M* **1** FOT Blitzlicht(gerät) *n*; **~ electrónico** Elektronenblitz(gerät *n*) *m*; **~ estroboscópico** Stroboskopblitz *m* **2** *fig noticia*: Blitznachricht *f* **3** *drogas* (*euforia*) Abheben *n*, Flash *m fam* **4** **¡qué ~!** *sorpresa*: was für eine Überraschung!, Mensch!
flash-back ['flasβak] *M* FILM Rückblende *f*
flato *M* **1** (*ventosidad*) Blähung *f* **2** *Am Centr, Col, Méx, Ven* (*melancolía*) Schwermut *f*; **flatoso** *ADJ* an Blähungen leidend; **flatulencia** *F* MED Blähsucht *f*, Flatulenz *f*; **flatulento** *ADJ* **1** (*que causa flatos*) blähend **2** → flatoso
flauta **A** *F* **1** MÚS *instrumento de viento*: Flöte *f*; **~ dulce** *o* **de pico** Blockflöte *f*; **~ de Pan** Panflöte *f*; **~ travesera** Querflöte *f*; **la Flauta Mágica** *o* **Encantada** *ópera*: die Zauberflöte; **tocar la ~** Flöte spielen; *fam fig* **hoy te da por pitos y mañana por ~s** du weißt nicht, was du willst; **y sonó la ~ (por casualidad)** *corresponde a*: es hat halt geklappt; Glück muss der Mensch haben **2** *jerga del hampa* (*prostituta*) Prostituierte *f*, Nutte *f fam* **3** *Am reg* Stangenweißbrot *n*, Baguette *n* **4** *Arg pop* **¡la gran ~!** verdammter Mist! *pop* **5** *pop* (*pene*) Schwanz *m* **B** *M/F* *persona*: Flötist *m*, -in *f*
flautado **A** *ADJ* flötenähnlich **B** *M* Flötenregister *n der Orgel*; **flautero** *M*, **-a** *F* Flötenmacher *m*, -in *f*; **flautillo** *M* Hirtenflöte *f*, Rohrpfeife *f*; **flautín** *M* **A** Pikkoloflöte *f* **B** *M/F* Pikkolospieler *m*, -in *f*; **flautista** *M/F* Flötist *m*, -in *f*; **el ~ de Hamelin** der Rattenfänger von Hameln
flavo *ADJ* *liter* (honig-, gold)gelb
flébil *ADJ* *poét* traurig, bejammernswert
flebitis *F* ⟨*pl inv*⟩ MED Venenentzündung *f*, Phlebitis *f*
flecha **A** *F* **1** (*saeta*) Pfeil *m*; **~ (indicadora)** (Hinweis)Pfeil *m* (*tb* TIPO); AUTO Fahrtrichtungsanzeiger *m*; **como una ~** pfeilschnell; *Esp* HIST **el yugo y las ~s** Joch *n* und Pfeile *mpl* (*Falangeemblem*) **2** ARQUIT *de una torre*: Turmspitze *f*; *de un arco o bóveda*: Bogenhöhe *f*, Stich *m* **3** GEOM (*sagita*) Bogen-, Sehnenhöhe *f*; MAT *en el sistema de coordenadas*: Ordinate *f im Koordinatensystem* **4** TEC *del balcón, etc*: Durchbiegung *f*; *de alambres, etc*: Durchhang *m* **5** *fig* (*tormento*) Qual *f*, Pein *f*, Schmerz *m* **B** *M* *Esp* HIST Mitglied *n* der falangistischen Jugendorganisation
flechado *ADJ* *fam* **está ~** er hat sich verliebt, den hat's erwischt *fam*; **flechador** *M*, **flechadora** *F* Pfeil-, Bogenschütze *m*, -schützin *f*
flechar **A** *V/T* **1** *espec Am* (*tirar con flechas*) mit Pfeilen beschießen (*o* töten) **2** *fam* (*cautivar los sentidos*) j-m den Kopf verdrehen, *j-n* anmachen *fam* **3** *Arg piel* verbrennen **B** *V/T & V/I* (*estirar el arco*) (den Bogen) spannen **C** *V/R* **~se con alg** sich in j-n verknallen *fam*; **flechaste** *M* MAR Webeleine *f* (*als Sprossen zum Aufentern benutzt*); **flechazo** *M* Pfeilschuss *m*; *fam fig* **fue un ~** es war Liebe auf den ersten Blick
flechería *F* Pfeile *mpl*; Pfeilhagel *m*; **flechero** *M*, **-a** *F* Pfeilschütze *m*, -schützin *f*
flechilla *F* *Arg* AGR kräftiges Weidefutter *n*
fleco *M* **1** (*franja*) Franse *f*; Quaste *f*, Troddel *f* **2** (*flequillo*) Stirnlocke *f* **3** (*borde deshilachado*) ausgefranster Rand *m* **4** **~s** *mpl espec* POL (*asuntos pendientes*) unerledigte Punkte *mpl* (*bei Verhandlungen*); letzte Details *npl*
fleje *M* Bandeisen *n*; Eisen-, Stahlband *n*
flema *F* **1** *mucosidad*: (Rachen)Schleim *m* **2** *temperamento*: Phlegma *n*, Trägheit *f*; **tener** *o* **gastar ~** sehr phlegmatisch sein **3** QUÍM Rohalkohol *m*, Schlempe *f*; **flemático** **A** *ADJ* phlegmatisch, träge, schwerfällig, pomadig *fam*; (*de sangre fría*) kaltblütig **B** *M*, **-a** *F* *persona*: Phlegmatiker *m*, -in *f*; **flemón** *M* MED Phlegmone *f*, eitrige Entzündung *f*; *p. ext* Zahngeschwür *n*, dicke Backe *f*; **flemoso** *ADJ* schleimig; **flemudo** *ADJ* phlegmatisch
fleo *M* BOT Lieschgras *n*
flequillo *M* Stirnlöckchen *n*; Pony(fransen *fpl*) *m*
fleta *F* *Am Centr* Prügel *pl*
fletador *M* MAR, AVIA Befrachter *m*; Charterer *m*; **fletamento** *M* Befrachtung *f*; Charter *f*; **contrato** *m* **de ~** Chartervertrag *m*; **póliza** *f* **de ~** Charte(r)partie *f*
fletán *M* *pez*: Heilbutt *m*
fletante *M* MAR Verfrachter *m*; *Am reg* Vermieter *m von Lasttieren, Wagen oder Schiffen*
fletar **A** *V/T* **1** (*alquilar*) chartern; (*cargar*) befrachten; *Am reg coche, animales de carga* vermieten; **avión** *m* **fletado** Charterflugzeug *n* **2** *Chile, Perú fig golpe* versetzen; *insultos* ins Gesicht schleudern **B** *V/R* **fletarse** *Arg* sich einschmuggeln; *Chile, Méx* auf und davon gehen
flete *M* **1** MAR, AVIA (*acción de fletar*) Charterung *f*; (*carga de un buque*) Fracht *f*; *tasa*: Frachtgebühr *f*; **~ aéreo/marítimo** Luft-/Seefracht *f*; **~ de retorno** Rückfracht *f*; *fig* **andar de ~** untätig sein, kein festes Ziel haben **2** *Am gener* (*carga*) Fracht(gut *n*) *f* **3** *RPl* (*caballo ligero*) schnelles, ausdauerndes Pferd *n* **4** *Cuba fam prostitución*: Strich *m fam*
fletera *F* *Cuba fam* Nutte
flex® *M* *Esp fam hum* Bett *n*
flexar *V/T* *metal, etc* biegen; **flexibilidad** *F* Biegsamkeit *f*, Geschmeidigkeit *f* (*tb fig*); *fig* Anpassungsfähigkeit *f*; **flexibilización** *F* Verbesserung *f*; Vereinfachung *f*; *euf* **~ de plantillas** Personalabbau *m*; **flexibilizar** *V/T* ⟨1f⟩ flexibel machen (*o* gestalten); (*simplificar*) vereinfachen
flexible **A** *ADJ* biegsam, geschmeidig, flexibel (*tb fig*); *fig* anpassungsfähig; **sombrero** *m* **~** weicher Hut *m* **B** *M* ELEC (Leitungs)Draht *m*, Schnur *f*
flexión *F* Biegung *f* (*tb* TEC), Beugung *f*; GRAM, MED *tb* Flexion *f*; DEP **~ de cintura** (tiefe) Rumpfbeuge *f*; **~ de rodillas** Kniebeuge *f*; **~ en el suelo** Liegestütz *m*
flexional *ADJ* GRAM, MED Flexions...; **flexionar** *V/T* biegen; beugen
flexo *M* Lampe *f* mit biegsamem Hals, Schlauchlampe *f*
flexor *ADJ* ANAT **músculo** *m* **~** Beugemuskel *m*, Flexor *m*
flexuoso *ADJ* wellig, gewunden
flipado *ADJ* *fam* high *fam*; ausgeflippt *fam*; hingerissen (**por** von *dat*); **flipar** *fam* **A** *V/T* **1** (*entusiasmar*) ausflippen lassen *fam* **2** (*drogar*) anmachen *fam*, antörnen *fam* **B** *V/I* *espec drogas* berauscht (*o* bedröhnt *fam*) sein; *fam* **~ con alg/a/c** von j-m/etw ganz hin (*o* weg) sein **C** *V/R* **fliparse** **1** (*exaltarse*) ausflippen **2** (*entusiasmarse*) sich begeistern (**por** für *acus*)
flipe *M* *Esp fam* **1** *drogas* Trip *m* **2** (*entusiasmo*) Begeisterung *f*
flirt *M* → flirteo; **flirtear** *V/I* **~ (con alg)** (mit j-m) flirten, kokettieren, tändeln; **~ con a/c** mit etw liebäugeln; **flirteo** *M* Flirt *m*, Liebelei *f*; Flirten *n*, Kokettieren *n*
FLN *M ABR* (Frente de Liberación Nacional) Nationale Befreiungsfront *f* (*in verschiedenen Ländern*)
flocadura *F* Fransenbesatz *m*
floculación *F* QUÍM (Aus)Flockung *f*; **floculante** *M* QUÍM Flockungsmittel *n*; **flocular** *V/T & V/I* QUÍM ausflocken
flóculo *M* QUÍM Flocke *f*
flojamente *ADV* **1** (*débil*) schwach **2** (*negligente*) nachlässig; **flojear** *V/I* (*debilitarse*) schwächer werden; nachlassen; (*tambalear*) wanken, wackeln (*tb fig*); TEC *tornillo, etc* sich lockern; **flojedad** *F* **1** (*debilidad*) Schwäche *f*, Kraftlosigkeit *f*; Schlappheit *f* **2** *fig* (*pereza*) Faulheit *f*, (*negligencia*) Nachlässigkeit *f*; **flojel** *M* (Tuch)Flocken *fpl*; Flaum(federn *fpl*) *m der Vögel*; **flojera** *F* **1** *fam* (*flojedad*) Faulheit *f*; Schlappheit *f* **2** (*nerviosidad*) weiche Knie *npl*, Lampenfieber *n*; **flojito** *ADJ* **1** *dim* → flojo **2** MAR *viento* flau
flojo **A** *ADJ* **1** schlaff (*tb resorte*); locker (*tb tornillo*); *tejido, papel* lappig; ÓPT, FOT unscharf; *fundamento, terreno* weich, nachgiebig; *piedras* abbröckelnd; *viento, negocio, mercado* flau; **seda** *f* **-a** ungezwirnte Rohseide *f* **2** (*débil*) kraftlos, schwach; **ser ~ de piernas** schlecht auf den Beinen sein, ein schlechter Fußgänger sein **3** (*perezoso*) nachlässig, träge, faul; *trabajo* schlampig gemacht, schlecht; *libro, obra de teatro* schwach; minderwertig **4** *bebida* dünn, *vino* leicht **5** *Am* (*cobarde*) feige **6** *vulg* **¡eso me la trae -a!** (*¡me da igual!*) das interessiert mich nicht die Bohne!; das ist mir scheißegal! *vulg* **B** *M* *Cuba* warmer Bruder *m fam*
floppy, floppy disc, floppy disk *M* INFORM Floppy Disk *f*
flor **A** *F* **1** BOT *planta*: Blume *f*; *parte floreciente*: Blüte *f* (*tb fig*); *tiempo*: Blütezeit *f* (*tb fig*); **~ de amor** (*amaranto*) Fuchsschwanz *m*; (*margarita*) Gänseblümchen *n*; **~ de ángel** Osterglocke *f*; **~es** *fpl* **de Bach** Bachblüten *pl*; **~ campestre** Feldblume *f*; **~es** *fpl* **cortadas** Schnittblumen

F

fpl; Am **~ del Inca** *o* **~ de los incas** Inkablume *f;* **~ de lis** Jakobslilie *f; heráldica:* Wappenlilie *f;* **~ de maravilla** Tigerblume *f; fam fig* Wetterfahne *f (fig); Am trop* **~ de muerto** Samt-, Toten-, Studentenblume *f;* **~ de nieve** Edelweiß *n; Esp* **~ de (la) Pascua** Christstern *m*, Weihnachtsstern *m;* **~ de la pasión** Passionsblume *f; S.Dgo* **~ del sol** Sonnenblume *f;* **~ del viento** Küchenschelle *f;* **echar ~es** Blüten treiben, knospen *(fig → 2); fam* **como una ~** wunderschön; *fam fig* **como (unas) mil ~es** glänzend; **de ~es** geblümt; **en ~** blühend, in (der) Blüte; **árboles** *mpl* **en ~** Baumblüte *f;* **estar en ~** blühen, in Blüte stehen; *fig* blühen, gedeihen; florieren; *fig* **en la ~ de la vida** in der Blüte seiner/ihrer Jahre, in seinen/ihren besten Jahren; *fig* **caer en ~** (zu) früh sterben; BOT; *fig* **pasársela en ~es** auf Rosen gebettet sein; keine Sorgen kennen **2** *(fórmula de cortesía)* Kompliment *n*, Schmeichelei *f;* **echar ~es** Komplimente machen **3** *(lo seleccionado) das* Beste, *die* Auslese; *die* Elite; *fam* **la ~ de la canela** das Beste, das Feinste; **~ de harina** Blütenmehl *n;* **la ~ y nata (de la sociedad)** die Creme (der Gesellschaft); **pan** *m* **de ~** feinstes Weißbrot *n* **4** *(superficie)* Oberfläche *f;* **a ~ de** dicht über *(dat)*, auf gleicher Höhe mit *(dat);* **a ~ de agua** hart an der Oberfläche des Wassers; MAR an der Wasserlinie; **a ~ de piel** oberflächlich, äußerlich; **mis nervios están a ~ de piel** meine Nerven sind zum Zerreißen gespannt; **a ~ de tierra** zu ebener Erde; hart an der Erdoberfläche; MIN zutage liegend; CONSTR **(ajustado) a ~** bündig (eingelassen) **5** *sobre las frutas:* Hauch *m*, Reif *m; del vino:* Flor *m*, Kahmhaut *f* **6** *del cuero:* Narbenseite *f*, Haarseite *f* **7** QUÍM, MINER *(brillo)* Blüte *f*, Glanz *m;* METAL metallische Bläue *f*, Irisieren *n des abgeschreckten Eisens;* **~ de cinc** Zinkblüte *f*, Zinkoxid *n* **8** *(virginidad)* Jungfräulichkeit *f* **9** *juego de cartas:* Dreiblatt *n;* drei Karten der gleichen Farbe **10** CAT **~(es)** *f(pl)* **de mayo** Maiandacht *f* **11** GASTR **~es** *fpl* **de sartén** Ölkringel *mpl* **12** **dar en la ~ de** *(tomar una mala costumbre)* die (schlechte) Gewohnheit annehmen, zu *(inf)* **B** ADJ *inv Arg campo* fruchtbar; *fam* ausgezeichnet

flora F **1** *conjunto de plantas:* Flora *f (tb* FISIOL); FISIOL **~ intestinal** Darmflora *f* **2** MIT **Flora** Flora *f;* **floración** F *(florecimiento)* Blühen *n;* Blüte(zeit) *f;* **segunda ~** Nachblüte *f;* **floral** ADJ Blumen…, Blüten…; LIT **juegos** *mpl* **~es** Blumenspiele *npl (Dichterwettbewerb);* **florar** VI BOT blühen, Blüten ansetzen

floreado ADJ *tela* geblümt; *estilo* blumig

florear **A** VT **1** *(adornar con flores)* mit Blumen schmücken; *fig una mujer* Komplimente machen **2** *(sacar la harina más sútil) das Blütenmehl* aussieben; *fig (sacar lo mejor)* das Beste (*o* den Rahm) abschöpfen von *(dat)* **B** VI **1** *punta de la espada* zittern, vibrieren **2** MÚS *la guitarra* (auf der Gitarre) tremolieren **3** *Am fam (florecer)* blühen **C** VR **florearse** *Arg, Bol, Chile, Ur fam* angeben, protzen

florecer ⟨2d⟩ **A** VI blühen *(tb fig);* **~ en reich** sein an *(dat)* **B** VR **florecerse** (an)schimmeln; MINER auswittern; **florecido** ADJ schimmelig, verschimmelt; **floreciente** ADJ blühend; *fig* florierend; aufstrebend; **florecilla** F Blümchen *n;* **florecimiento** M Blühen *n (tb fig); fig* Florieren *n;* Wachsen *n*, Gedeihen *n*

Florencia F Florenz *n*

florentino **A** ADJ florentinisch; *fig* **discusión** *f* **-a** Scheindiskussion *f* **B** M, **-a** F Florentiner *m*, -in *f*

floreo M **1** *(dicho superfluo)* (überflüssiger) Wortschwall *m*, Floskeln *fpl; (piropos)* Komplimente *npl*, Schmeichelei *f; fam* **andar en ~s** *(lisonjería)* Süßholz raspeln; *(evasivas)* Ausflüchte machen **2** MÚS *de la guitarra:* Tremolo *n*, Tremolieren *n (auf der Gitarre)* **3** *(pirueta) Art* Pirouette *f beim Volkstanz* **4** *(vibración de la punta de la espada)* Vibrieren *n der Degenspitze*

florera F **1** *(florista)* Blumenhändlerin *f* **2** *(charlatana)* Schwätzerin *f;* **florería** F *espec Am reg* Blumengeschäft *n*, -kiosk *m;* **florero** M **1** *(vaso para las flores)* Blumenvase *f; (maceta)* Blumentopf *m* **2** *(florista)* Blumenhändler *m* **3** PINT Blumenstück *n* **4** *(lisonjero)* Komplimentenmacher *m;* Schwätzer *m;* **florescencia** F **1** *(florecimiento)* Blühen *n; (floración)* Blütezeit *f* **2** QUÍM, MINER Auswittern *n;* **floresta** F **1** *(bosque)* Forst *m*, Hain *m* **2** LIT Blütenlese *f*, Anthologie *f;* **floreta** F *baile:* Florettschritt *m*

floretazo M **1** *golpe con el florete:* Florettstoß *m* **2** *Méx fam (sablazo de dinero)* Anpumpen *n fam*

florete **A** M Florett *n*, Stoßdegen *m* **B** ADJ **azúcar** *m* **~** feiner Puderzucker *m;* **papel** *m* **~** feinstes Papier *m*, Florpost *f*

floretear **A** VT mit Blumen verzieren **B** VI mit dem Florett fechten; **floretista** M/F (Florett)Fechter *m*, -in *f*

floricultor M, **floricultora** F Blumenzüchter *m*, -in *f;* **floricultura** F Blumenzucht *f*

floridamente ADV anmutig, elegant; **floridano** ADJ aus Florida *(USA);* **floridez** F Blumen-, Blütenfülle *f; fig del estilo:* Blumigkeit *f*, Schwülstigkeit *f*

florido ADJ **1** *(floreciente)* blühend; *adornado:* blumengeschmückt **2** *(escogido)* erlesen, kostbar **3** *estilo* blumig, geziert, schwülstig, verschnörkelt; *arte:* **gótico** *m* **~** Schnörkelgotik *f* **4** **lo más ~ de** *(lo mejor)* das Beste von …, die Auslese von …, das Feinste von …

florífero ADJ Blumen (*o* Blüten) tragend

florilegio M LIT Blütenlese *f*, Anthologie *f*

florín M Gulden *m*

floripondio M **1** *Am trop* BOT *arbusto:* Riesenstechapfel *m* **2** *desp (adorno de mal gusto)* kitschiger (Blumen)Schmuck *m;* große, hässliche Blume *f*

florista M/F Blumenhändler *m*, -in *f;* Florist *m*, -in *f;* **floristería** F Blumengeschäft *n*, -kiosk *m*

florituras FPL MÚS Fiorituren *fpl; fig* Schnörkel *mpl;* **no andarse con ~** sich nicht zieren

florón M **1** ARQUIT *adorno:* Rosette *f* **2** *heráldica:* Blumenwerk *n* **3** *fig (hecho que honra)* große Tat *f*

flósculo M BOT Einzelblüte *f einer Komposite*

flota F **1** MAR *(conjunto de barcos)* Flotte *f;* **~ aérea** Luftflotte *f;* **~ de guerra** Kriegsflotte *f;* **~ cisterna** Tankerflotte *f;* **~ mercante/pesquera** Handels-/Fischereiflotte *f;* **~ petrolera** Tankerflotte *f* **2** *Am fam (jactancia)* Prahlerei *f;* **echar ~s** prahlen **3** *Chile (multitud)* Menge *f* **4** *Col (autobus)* Überlandbus *m*

flotabilidad F **1** FÍS Auftrieb *m* **2** MAR *(capacidad de flotar)* Schwimmfähigkeit *f;* **flotable** ADJ schwimmfähig; *aguas* flößbar; **flotación** F **1** *(acción de flotar)* Schwimmen *n;* MAR **línea** *f* **de ~** Wasserlinie *f* **2** *(conducción de almadías)* Flößen *n* **3** ECON *de una moneda:* Floating *n einer Währung* **4** TEC *de minerales:* Flotation *f von Erzen*

flotador **A** ADJ *cuerpo* schwimmend **B** M **1** TEC, MAR, AVIA Schwimmer *m;* MAR *tb* Kork *m* **2** *pesca:* (Kork)Schwimmer *m (des Fischnetzes oder der Angel)* **3** *(salvavidas)* Schwimmgürtel *m*, -ring *m* **4** *Arg, Ur fam en la panza:* Fettwulst *m (am Bauch)*, Schwimmgürtel *m (fam fig)*

flotadura F **flotamiento** M **1** *(conducción de almadías)* Flößen *n* **2** AUTO *de las ruedas:* Flattern *n*

flotante **A** ADJ **1** *(que flota)* schwimmend; treibend, Treib…; MAR flott; FÍS **cuerpo** *m* **~** schwimmender Körper *m*, Schwimmkörper *m;* MAR **carga** *f* **~** schwimmende Ladung *f;* **madera** *f* **~** Treibholz *n*, treibendes Holz *n;* ADMIN **población** *f* **~** fluktuierende Bevölkerung *f* **2** *(aleteante)* flatternd **B** M *Col fam (fanfarrón)* Prahler *m*, Schwadroneur *m*

flotar **A** VI **1** *sobre el agua:* (obenauf) schwimmen, treiben; **hacer ~** *madera* flößen **2** *en el aire:* *(in der Luft)* schweben; wehen, flattern **3** ECON *moneda* floaten **B** VT **1** *madera* flößen **2** MIN *minerales* (auf)schwemmen **3** MAR *barco* flottmachen

flote M **a ~** flott; *fig* **mantenerse a ~** sich über Wasser halten; **poner** *o* **sacar a ~** MAR abbringen, flottmachen *(tb fig); fig j-n* wieder auf die Beine bringen; **salir a ~** MAR freikommen; *fig* aus einer schwierigen Lage herauskommen

flotilla F MAR Flottille *f;* AVIA Geschwader *n; Am reg* Fuhrpark *m;* MAR **~ en remolque** Schleppzug *m*

flox M BOT Phlox *m*

fluctuación F **1** *(vacilación)* Schwankung *f*, Fluktuation *f;* ECON **-ones** *pl* **coyunturales** Konjunkturschwankungen *fpl;* ECON **-ones** *pl* **del cambio/de los precios** Wechselkurs-/Preisschwankungen *fpl* **2** *fig (irresolución)* Schwanken *n*

fluctuante ADJ fluktuierend; *fig* schwankend; unschlüssig

fluctuar VI ⟨1e⟩ **1** *(vacilar)* fluktuieren, schwanken, raschem Wechsel unterliegen **2** *fig (dudar)* schwanken **(entre** zwischen *dat)* **3** *fig (estar en riesgo)* wanken, in Gefahr schweben *(Sache)* **4** *sobre las aguas* auf den Wogen treiben (*o* schwanken)

fluctuoso ADJ → fluctuante

fluencia F **1** *(flujo)* Fließen *n* **2** *(emanación)* Ausfluss(stelle *f*) *m;* **fluente** ADJ fließend

fluidez F **1** FÍS Flüssigkeit *f*, Fließen *n (tb transporte)*, Fluidität *f;* TIPO **~ de la tinta** Fließgüte *f* der Farbe **2** *fig del estilo:* Flüssigkeit *f; hablar una lengua:* **con ~** fließend; **hablar/escribir con ~** flüssig sprechen/schreiben

fluidificar ⟨1g⟩ FÍS, TEC **A** VT verflüssigen **B** VR **fluidificarse** flüssig werden

fluido **A** ADJ flüssig *(tb fig estilo)*, fließend; **muy ~** dünnflüssig **B** M *(líquido)* Flüssigkeit *f;* FÍS Fluidum *n;* QUÍM, FARM Fluid *n;* **~ (eléctrico)** elektrischer Strom *m*

fluir VI ⟨3g⟩ fließen, rinnen; ausfließen

flujo M **1** *movimiento:* Fluss *m (tb* TEC), Fließen *n;* ECON **~ de caja** Cashflow *m;* **~ de información** Informationsfluss *m;* FÍS **~ magnético** magnetischer Fluss *m* **2** MAR *(corriente)* Strömung *f;* **~ (y reflujo** *m)* (Ebbe *f* und) Flut *f* **3** MED Ausfluss *m;* **~ blanco** Weißfluss *m* **4** *fig (aluvión)* Schwall *m;* Strom *m;* **~ de palabras** Wortschwall *m;* **~ de sangre** Blutung *f*

flúor M QUÍM Fluor *n*

fluorado ADJ fluorhaltig, fluoriert; **sal** *f* **-a** Fluorsalz *n;* **fluorar** VT fluorieren

fluorclorocarbonado M QUÍM Fluorkohlenwasserstoff *m*

fluorescencia F Fluoreszenz *f;* **fluorescente** ADJ fluoreszierend; **tubo** *m* **~** Leucht(stoff)röhre *f;* **luz** *f* **~** Glühlicht *n*

fluorhídrico ADJ QUÍM **ácido** *m* **~** Flusssäure *f;* **fluorina, fluorita** F MINER Flussspat *m;* **fluoruro** M QUÍM Fluorid *n*

fluvial ADJ Fluss…; **inspección** *f* **~** Wasser-, Strompolizei *f;* **navegación** *f* **~** Fluss-, Binnenschifffahrt *f*

fluviátil ADJ **1** BIOL in fließendem Wasser lebend **2** GEOL fluviatil; **fluviómetro** M Pegel *m*, Wasserstandsmesser *m*

flux M **1** *juego de cartas:* Sequenz *f*, Serie *f* **2**

Ven (traje) (Herren)Anzug *m mit Weste* 3 *Am, espec Arg fig* **quedarse a ~ o hacer ~** *(quebrar)* sich ruinieren, Bankrott machen

fluxión F MED Fluxion *f*, Blutandrang *m*; Stauung *f*

fluyente ADJ fließend

flyer ['flaja] M Handzettel *m*, Flyer *m*

FM F ABR (Frecuencia Modulada) UKW *f* (Ultrakurzwelle)

FMI M ABR (Fondo Monetario Internacional) IWF *m* (Internationaler Währungsfonds)

FMLN M ABR (Frente Farabundo Martí para la Liberación Nacional) *linksgerichtete Befreiungsbewegung in El Salvador*

FN ABR 1 FPL *(Fuerzas Navales) Esp* MIL *(marina de guerra)* Kriegsmarine *f* 2 F *(Fuerza Nueva) Esp* HIST *rechtsradikale Organisation in Spanien*

FND M ABR (Frente Nacional Democrático) *Ven politische Partei in Venezuela*

fo INT pfui!

fo. ABR (folio) Blatt *n*

foam [foam] M synthetischer Schaum *m*

FOB FPL ABR (Fuerzas de Orden Público) *Esp* Sicherheitskräfte *fpl*

fobia F 1 MED *(temor morboso)* Phobie *f*, krankhafte Angst *f* 2 *(aversión apasionada)* Widerwille *m (tb fig)*; heftige Abneigung *f* (**a** gegen *acus*)

fóbico ADJ Angst...

foca F 1 ZOOL Robbe *f*; Seehund *m*; **~ común** Hundsrobbe *f*; **~ fraile** *o* **monje** Mönchsrobbe *f*; **~ leopardo** Seeleopard *m* 2 *peletería*: Seal *m/n* 3 *fam (mujer gorda)* dicke Frau *f*, Pummel *m fam*

focal ADJ FÍS, ÓPT, MAT, MED fokal; Brenn(punkt)...; MED Herd...; ÓPT **distancia** *f* **~** Brennweite *f*

focalizar V/T fokussieren; *fig* konzentrieren

foceifiza F *arte*: maurisches Glassplittermosaik *n*

focha F ORN **~ común** Blässhuhn *n*

foche *fam* A ADJ *Chile* stinkend B M *Chile* vergammelter Typ *m*

foco M 1 FÍS, GEOM *(punto de concentración)* Brennpunkt *m*, Fokus *m* 2 *fig (centro)* Brennpunkt *m*, Mittelpunkt *m*; **~ de interés** Blickpunkt *m*; **~ de propaganda** Propagandazentrum *n* 3 TEAT, TV *faro*: Scheinwerfer *m*; AUTO **~s** *mpl* Scheinwerfer *mpl*; **~ direccional** Suchscheinwerfer *m*; **~ de luz** Lichtkegel *m*; Lichtquelle *f* 4 MED *y fig (hogar)* Herd *m*; *fig (punto de partida)* Ausgangspunkt *m*, Brutstätte *f*; **~ infeccioso** Infektionsherd *m*; POL **~ de tensión** Spannungsherd *m* 5 *Am reg (bombilla)* Glühbirne *f*

fodongo ADJ *Méx fam* schmutzig, schlampig

foehn M METEO Föhn *m*

fofadal M *Arg* Morast *m*

fofez F Weichheit *f*, Schwammigkeit *f*

fofo ADJ schwammig, weich, schwabbelig *fam*, aufgedunsen

fogarada F Lohe *f*; **fogaril** M Feuerzeichen *n*; Signalfeuer *n*; **fogata** F 1 *fuego*: hell flackerndes Feuer *n*, Lohe *f*; *(hoguera)* Lagerfeuer *n* 2 MIL, MIN *(mina explosiva)* Sprengmine *f*; MIL Land-, Flatter-, Tellermine *f*

fogón M 1 *(sitio de fuego)* (offenes) Herdfeuer *n*; (Küchen)Herd *m*; Feuerstelle *f* 2 TEC *de máquinas de vapor*: Feuerung *f* 3 MIL *de una pieza de artillería*: Zündloch *n*; *de la munición*: Zündkanal *m* 4 *Arg, Chile, C. Rica (hoguera)* Lagerfeuer *n*; *Arg reunión*: Runde *f* am Lagerfeuer

fogonadura F 1 MAR *(agujero para el mástil)* Mastloch *n* 2 ARQUIT Balkenloch *n*; *Am* eingelassener Teil *m eines Balkens*; **fogonazo** M Aufblitzen *n*; Pulverblitz *m*; Stichflamme *f*; *de un arma de fuego*: Mündungsfeuer *n*; **fogonero** M Heizer *m*

fogosidad F Heftigkeit *f*, Ungestüm *n*, Feuer *n*; **fogoso** ADJ feurig; hitzig, ungestüm; **espíritu** *m* **~** Feuergeist *m*

fogueado ADJ *Am reg* routiniert, abgebrüht; **foguear** A V/T 1 MIL an das Feuer gewöhnen 2 *fig (fortalecer)* abhärten 3 *arma* durch Abschießen reinigen B V/R **foguearse** sich an alles gewöhnen, sich abhärten; **fogueo** M MIL Gewöhnung *f* ans Feuer

foie-gras M [fũa'gras] **(paté** *m* **de) ~** Gänseleberpastete *f*

foja F 1 ORN Blässhuhn *n* 2 *(hoja)* Folio *n*, Blatt *n eines Aktenstücks*

folclor(e) M Volkskunde *f*; Folklore *f*, Brauchtum *n*; **folclórico** ADJ volkskundlich; folkloristisch; **folclorista** A ADJ folkloristisch B M/F Volkskundler *m*, -in *f*, Folklorist *m*, -in *f*

fólder ['fɔldɛr] M *Am reg* Aktendeckel *m*

folgo M Fußsack *m*

folía F MÚS *kanarische Volksweise*

foliáceo ADJ blattartig; blätterig; **foliación** F 1 BOT Blattansatz *m*; Blätterstand *m* 2 TIPO Paginieren *n*; **foliado** ADJ BOT, MINER blätterig; **foliar** A V/T ⟨1b⟩ TIPO paginieren, foliieren B ADJ BOT Blatt...; **foliatura** F → foliación

fólico ADJ **ácido** *m* **~** Folsäure *f*

folicular ADJ 1 ANAT Follikel... 2 BOT schlauchartig

folículo M 1 ANAT Follikel *m* 2 BOT Samenhülle *f*, -kapsel *f*

folio M 1 TIPO *(formato grande)* Großformat *n*, Folio *n*; **~ francés** Großoktav(format) *n*; **~ español** Quart(format) *n*; **~ imperial** *o* **~ atlántico** *o* **~ mayor** Großfolio *n*; **en ~** in folio, im Folioformat; *fig* **de a ~** riesengroß, gewaltig 2 *(hoja)* (Buch- *etc*) Blatt *n*, Folio *n*

foliolo M, **folíolo** M BOT Fieder *f eines zusammengesetzten Blattes*

folklore, folklórico, *etc* → folclor(e), folclórico, *etc*

follá F *Esp vulg* → follada 2

follable ADJ *pop* sexuell anziehend; sexy *pop*; geil *pop*; **follación** F *vulg* Vögelei *f pop*, Bumserei *f pop*; Fickerei *f vulg*; **follada** F 1 GASTR Blätterteigpastete *f* 2 *vulg (acción de joder)* Vögelei *f pop*, Bumserei *f pop*; Fickerei *f vulg*; **follador** M, **folladora** F A *vulg* Vögler *m*, -in *f vulg*; Bumser *m*, -in *f vulg*; Ficker *m*, -in *f vulg* B M *en la fragua*: Balgtreter *m*

follaje M 1 BOT Laub(werk) *n*; *adorno*: Laubgewinde *n* 2 *fig (palabrería)* überflüssiges Beiwerk *n*; leeres Geschwätz *n* 3 *pop* Fick *m vulg*

follar[1] V/T *(formar en hojas)* blattförmig zusammenlegen (*o* -falten)

follar[2] ⟨1m⟩ A V/T 1 *en la fragua*: mit dem Blasebalg anfachen 2 *vulg (joder)* vögeln *pop*; bumsen *pop*, ficken *vulg* B V/I *vulg* **~ a alg** j-n vögeln *pop*; j-n bumsen *pop*, j-n ficken *vulg* C V/R *vulg* **~se a una mujer** eine Frau vernaschen *fam*

folle M, **folleteo** M *Esp vulg* Bumserei *f pop*

folletín M Feuilleton *n*; *desp* Schundroman *m*; **folletinesco** ADJ Feuilleton...; *fig* Sensations..., spektakulär; **folletinista** M/F Feuilletonist *m*, -in *f*; **folletista** M/F Broschüren-, Pamphletschreiber *m*, -in *f*; **folleto** M Broschüre *f*; COM (Falt)Prospekt *m*; Flugblatt *n*; **~ informativo** Informationsblatt *n*; **folletón** M → folletín

follisca F *Col, Ven fam* Streit *m*, Schlägerei *f*

follón A ADJ 1 *(perezoso)* faul, arbeitsscheu 2 *(cobarde)* feige 3 *(insolente)* frech, angeberisch B M 1 *(inútil)* Taugenichts *m* 2 *cohete*: geräuschloser Feuerwerkskörper *m*; *pop ventosidad sin ruido*: leiser Furz *m pop* 3 *pop (ruido)* Krach *m*, Wirbel *m*; Durcheinander *n*; **armar un ~** Krach schlagen, Radau machen *fam*

follonero M, **-a** F Randalierer *m*, -in *f*; Radaubruder *m*, -schwester *f*

fome ADJ *fam* langweilig

fomentador A ADJ fördernd B M, **fomentadora** F Förderer *m*, Förderin *f*, Begünstiger *m*, -in *f*

fomentar V/T 1 *(promocionar)* fördern, begünstigen; *(proteger)* schützen; *desp disturbios, etc* schüren 2 MED *(aplicar fomentos)* feuchtwarme Umschläge machen (*dat o* **auf** *acus*) 3 *Cuba, P. Rico negocio* aufbauen

fomento M 1 *(promoción)* Förderung *f*, Unterstützung *f*; *(estimulación)* Belebung *f*; *desp de disturbios, etc*: Schüren; **~ de (los) estudios** Studienförderung *f*; *Am* **Ministerio** *m* **de Fomento** Entwicklungs-, Aufbauministerium *n* 2 *(calentamiento)* Erwärmung *f*, Weitergabe *f* belebender Wärme 3 MED **~s** *mpl paños*: feuchtwarme Umschläge *mpl*

fon M Phon *n*

fonación F Stimm-, Lautbildung *f*, Phonation *f*

fonda F Gasthaus *n*, -hof *m*; *Am reg desp* Spelunke *f*, Kneipe *f*

fondable ADJ MAR zum Ankern geeignet; **fondado** ADJ *tonel* mit verstärktem Boden; **fondeadero** M Ankerplatz *m*; **fondeado** ADJ *Am* gut situiert, wohlhabend

fondeador ADJ MAR **buque** *m* **~ de minas** Minenleger *m*; **fondeaminas** MAR **submarino** *m* **~** Minenunterseeboot *n*

fondear A V/T 1 MAR *(reconocer el fondo)* (aus)loten 2 *fig (examinar)* gründlich durchsuchen (*o* untersuchen); *einer Frage* auf den Grund gehen B V/I MAR *(anclear)* ankern C V/R **fondearse** *Am reg* reich werden; **fondeo** M 1 MAR Ankern *n* 2 *fig (revisación)* Durchsuchen *n*; **fondero** M, **-a** F *Am frec desp* Gastwirt *m*, -in *f*; **fondillo** M *Cuba* Hintern *m*; **fondillón** M 1 Fassneige *f* 2 *vino*: alter Alicantewein *m*; **fondillos** MPL Hosenboden *m*, Gesäß(teil) *n einer Hose*; **fondín** M *Arg fam* schlechte Gaststätte *f*, Abspeise *f fam*

fondista M/F 1 *(dueño, -a de una fonda)* Gastwirt *m*, -in *f*; Besitzer *m*, -in *f* eines Gasthofs; *fam y desp* Hotelbesitzer *m*, -in *f* 2 DEP *de larga distancia*: Langstreckenläufer *m*, -in *f*; *esquí de fondo*: Langläufer *m*, -in *f*

fondo M 1 *(piso)* Grund *m*, Boden *m (tb de una vasija, un río, etc)*; *(parte más baja)* (Tal)Sohle *f*; MAR *de un barco*: Schiffsboden *m*; MAR *frec* **~s** *mpl* Unterwasserschiff *n*; GASTR **~ de alcachofa** Artischockenboden *m*; **~ de botella/del barril** Flaschen-/Fassboden *m*; **doble ~** doppelter Boden *m (tb fig)*; **~ marino** Meeresboden *m*, -grund *m*; **hielo** *m* **de ~** Grundeis *n*; **~s de pesca** Fischereigründe *mpl*; **sin ~** bodenlos; unergründlich; grundlos; MAR **dar ~** ankern; MAR *y fig* **irse a ~** untergehen, (ver)sinken; **tocar (el) ~** MAR Grundberührung haben, den Grund berühren; *fig* den Tiefpunkt erreichen 2 *(profundidad)* Tiefe *f (tb de un edificio, de un convoy)*; **de poco ~** *aguas* seicht, flach; **de a tres en ~** *convoy, etc*: in Dreierreihen; **bajo ~** Untiefe *f* 3 *fig (esencia)* Grundlage *f*; Gehalt *m*, Kern *m*; *(carácter)* Wesen(sart *f*) *n*; *adv* **a ~** *(profundo)* gründlich, eingehend; von Grund auf; *(enérgico)* energisch; *fig* **de ~** *(principal)* Haupt...; *(formado)* gebildet *(fig)*; JUR materiell; **en el ~** im Grunde (genommen), eigentlich; **~ de bondad** Veranlagung *f* zur Güte, guter Kern *m*; *fig* **los bajos ~s** *mpl* die Unterwelt *f*; **de bajos ~s** *Ausdruck* der niederen Volkssprache; **hombre** *m* **de buen ~** im Grunde kein schlechter Mensch; gutmütiger Mensch *m*; gebildeter Mensch *m*; **conocer a/c a ~** etw gründlich (*o* in- und auswendig) kennen; **emplearse a ~** alle Hebel in Bewegung setzen; es gründlich machen, sein Bestes geben; **ir al ~ de a/c** einer Sache *(dat)* auf den Grund gehen;

zum Kern einer Sache *(gen)* kommen; **tener buen ~** *persona* einen guten Kern haben **4** *de una capa de pintura, de un tejido*: Grund *m*; **color** *m o* **capa** *f* **de ~** Maluntergrund *m*, Grundfarbe *f*; Grundierung *f*; **~ de tul** Tüllspitzengrund *m* **5** *(trasfondo)* Hintergrund *m* *(tb* TEAT, PINT, FOT*)*; ANAT **~ del ojo** Augenhintergrund *m*; **~ musical** Musikuntermalung *f*, Hintergrundmusik *f*; **ruido** *m* **de ~** *o* **~ sonoro** Geräuschkulisse *f*; **al ~ (de)** hinten; **al ~ de la sala** hinten im Saal; **del ~ del alma** aus tiefstem Herzen **6** ECON *inversión*: Fonds *m*; **~s** *mpl* Gelder *npl*, Geldmittel *npl*, Kapital *n*; **~ de acciones** Aktienfonds *m*; **~ de amortización** Abschreibungsrücklage *f*; **~ de ayuda** Hilfsfonds *m*; **~ de compensación** Ausgleichsfonds *m*; **~ de cohesión** Kohäsionsfonds *m (der EU)*; **~ de desarrollo** Entwicklungsfonds *m*; **~ de garantía** Garantiefonds *m*; **~ inmobiliario** *o* **de inversión inmobiliaria** Immobilienfonds *m*; **~ de inversión** *o* **mobiliaria** Investmentfonds *m*; **Fondo Monetario Internacional** Internationaler Währungsfonds *m*; **~ de pensiones** Pensionsfonds *m*; **~s públicos** öffentliche Gelder *npl*; Staatspapiere *npl*; **~s de reserva** Rücklagen *fpl*; ADMIN **~s reservados** Reptilienfonds *m*; **~ de solidaridad** Solidaritätsfonds *m*; **sin ~s** *cheque* ungedeckt; **a ~ perdido** à fonds perdu, verloren; **estar en ~s** über Geld verfügen, bei Kasse sein *fam*; **estar mal de ~s** schlecht bei Kasse sein *fam*, kein Geld haben **7** *biblioteca, editorial, museo, etc*: Bestand *m*, Fonds *m*; **libros** *mpl* **de ~** Verlagsbücher *npl* **8** DEP **carrera** *f* **de ~** *larga distancia*: Langstreckenlauf *m*; *natación*: Langstreckenschwimmen *n*; *esquí*: Langlauf *m*; *ciclismo*: Steherrennen *n*; **carrera** *f* **de medio ~** Mittelstreckenlauf *m*; **esquí** *m* **de ~** Skilanglauf *m* **9** *Am reg* TEX *(enaguas)* Unterrock *m*, -kleid *n*; **medio ~** Halb(unter)rock *m*

fondón **A** M **1** *de un brocado*: Grund *m für Brokatstickerei* **2** *(poso del tonel)* Fassneige *f* **B** ADJ mit dickem Gesäß; *(gordo)* rundlich; dick; plump

fonducho M *desp* miese Gastwirtschaft *f (o* Kneipe *f) fam*

fondue F GASTR Fondue *f*

fonema M FON Phonem *n*; **fonemática** F FON Phonologie *f*

fonendoscopio M MED Hörrohr *n*, Stethoskop *n*

fonética F FON Phonetik *f*; **~ sintáctica** Satzphonetik *f*; **fonético** ADJ Laut..., phonetisch; **escritura** *f* **-a** Lautschrift *f*

fonetismo M (Buchstaben)Lautschrift *f*; **fonetista** M/F Phonetiker *m*, -in *f*

foniatra M/F MED, PSIC Phoniater *m*, -in *f*; **foniatría** F MED, PSIC Phoniatrie *f*, Sprachheilkunde *f*

fónico ADJ phonisch, Schall..., Laut...

fonio M FÍS Phon *n*

fono M **1** → fonio **2** *Chile* TEL *(auricular)* Hörer *m*

fonoabsorbente ADJ schallschluckend, -dämmend; **fonoamplificador** M Schallverstärker *m*; **fonoaudiología** F *Am* Logopädie *f*; **fonocaptor** M Tonabnehmer *m*;

fonografía F Schallaufnahme *f*

fonógrafo M **1** *instrumento*: Grammofon *n* **2** HIST Phonograf *m*

fonograma M **1** *grabación*: Laut- (o Schall)aufzeichnung *f* **2** *símbolo gráfico*: Lautzeichen *n*; **fonología** F FON Phonologie *f*; **fonológico** ADJ FON phonologisch; **fonometría** F Phonometrie *f*, Schallmessung *f*

fonómetro M Phonometer *n*, Lautstärkemesser *m*, Schallmessgerät *n*

fonoteca F Phonothek *f*

fonotecnia F Schalltechnik *f*

fontana F *liter* Quell *m (liter)*; Springbrunnen *m*; **fontanal** **A** ADJ Quell... **B** M quellenreiche Stelle *f*; → fontanar; **fontanar** M Quelle *f*; **fontanela** F ANAT Fontanelle *f*; **fontanería** F Installation *f* von Rohren und Brunnen; **fontanero** **A** ADJ Brunnen...; Quell(en)... **B** M, **-a** F **1** TEC *(instalador[a])* Installateur *m*, -in *f*; Klempner *m*, -in *f* **2** POL Kanalarbeiter *m*, -in *f*; **fontezuela** F Brünnlein *n*

footing ['futin] M Jogging *n*; **hacer ~** joggen

foque M **1** MAR Klüver *m*; **~ volante** Flieger *m (Segel)* **2** *fam (marquesota)* Vatermörder *m fam*

foqui-foqui M *vulg* Vögeln *n pop*, Bumsen *n pop*

forajido M, **-a** F Straßenräuber *m*, -in *f*, Bandit *m*, -in *f*

foral **A** ADJ JUR auf Sonderrechte (→ fuero 1) bezogen, sonderrechtlich **B** M *reg* Gut *n* in Erbpacht; **foralidad** F *Esp* JUR Zugehörigkeit *f* zu einem Partikularrechtssystem *(z. B. Navarra)*; **foralmente** ADV nach den Sonderrechten (→ fuero 1), nach örtlich geltendem Recht

foráneo ADJ fremd

forastero **A** ADJ fremd; ausländisch; auswärtig **B** M, **-a** F Fremde *m/f*; Ausländer *m*, -in *f*; Auswärtige *m/f*

forcej(e)ar V/I **1** *(esforzarse)* sich verzweifelt anstrengen, alle Kräfte einsetzen; MAR gegen Wind und Wetter ankämpfen **2** *(luchar)* (miteinander) ringen, rangeln **3** *(resistir)* sich heftig sträuben; sich kräftig wehren; **forcej(e)o** M **1** *(lucha)* Ringen *n*; Gerangel *n*; starke Kraftanstrengung *f* **2** *(resistencia)* Widerstand *m*; **forcejón** M heftige Anstrengung *f*, Ruck *m*; **forcejudo** ADJ kräftig

fórceps M ⟨*pl inv*⟩ MED Geburtszange *f*; *t/t* Forzeps *m/f (pl Forzipes)*

forense **A** ADJ gerichtlich, Gerichts...; **lenguaje** *m* **~** Rechtssprache *f*, juristische Fachsprache *f* **B** ADJ gerichtsmedizinisch; **médico** *m* **~** Gerichtsarzt *m*, -mediziner *m*

forero ADJ auf ein Sonderrecht (→ fuero 1) bezüglich; nach geltendem Sonderrecht (→ fuero 1)

foresta F *liter* Wald *m*; **forestación** F Aufforstung *f*

forestal ADJ Forst..., Wald...; **economía** *f* **~** Forstwirtschaft *f*; **gestión** *f* **~** Forstwirtschaft *f*; **masa** *f* **~** Waldbestand *m*

forestar V/T *espec Am* aufforsten

forfait [fɔr'faĭ(t), fɔr'fe] M **1** *(importe global)* Pauschalsumme *f*; **viaje** *m* **a ~** Pauschalreise *f* **2** DEP *espec ciclismo*: Nichtteilnahme *f*

forillo M TEAT Zwischenvorhang *m* im Mittelausgang der hinteren Dekoration

forja F **1** *taller*: Schmiede *f* **2** *(ferrería)* Erz-, Eisenhütte *f* **3** *acción*: Schmieden *n*; **~ en caliente/frío** Warm-/Kaltschmieden *n* **4** CONSTR *(argamasa)* Mörtel *m*; **forjable** ADJ schmiedbar; **forjado** **A** ADJ geschmiedet, Schmiede...; **~ a mano** handgeschmiedet **B** M **1** *(acción de forjar)* Schmieden *n* **2** ARQUIT *(maderaje)* Fachwerk *n*; **~ (de piso)** Decke *f*; **forjador** M, **forjadora** F **1** *profesión*: (Kunst)Schmied *m*, -in *f* **2** *fig (causante)* Anstifter *m*, -in *f*, Urheber *m*, -in *f*; **~ de su suerte** seines Glückes Schmied *m*; **forjadura** F **1** *(acción de forjar)* Schmieden *n* **2** *trabajos, obra*: Schmiedearbeit *f*

forjar **A** V/T **1** *trabajar el metal*: schmieden; **~ en caliente/frío** warm/kalt schmieden **2** *fig planes, intrigas* schmieden; ausdenken, ersinnen, *desp* ausbrüten; **~ embustes** lügen; aufschneiden **3** CONSTR *(mampostear)* mauern; *(revocar)* verputzen, grobtünchen **B** V/R **forjarse** ausgebildet werden; **~ ilusiones** sich *(dat)* Illusionen machen (o hingeben)

forma F **1** *(apariencia externa)* Form *f*, Gestalt *f*, Äußere(s) *n*; **cobrar ~** Gestalt annehmen *(tb fig)*; **de bella ~** formschön; **de bellas ~s** von guter Figur; **dar ~ a a/c** *(ordenar)* etw ordnen, etw in Ordnung bringen; *(ejercitar)* etw aus-, durchführen; etw gestalten, etw formen; **en ~ de** *en palabras compuestas*: ...förmig **2** *(modo)* Form *f*; (Art *f* und) Weise *f*; **~s** *fpl (modales)* (Umgangs)Formen *fpl*; **~ de gobierno** Regierungsform *f*; **en (buena) ~** in geziemender Form; **en (su) debida ~** ordnungsgemäß, vorschriftsmäßig; nach Gebühr; JUR **de ~** prozessual, Verfahrens...; Form...; **de alguna ~** *o* **en cierta ~** gewissermaßen; in gewisser Hinsicht; **de cualquier ~** irgendwie; auf jeden Fall; **de ninguna ~** auf keinen Fall; **de ~ que ...** sodass ...; **de todas ~s** *o* **de una ~ o de otra** jedenfalls; **en toda ~** in aller Form; **guardar** *o* **cubrir la(s) ~(s)** die Form(en) wahren; **no hay ~ de** *(inf)* es ist nicht möglich, zu *(inf)*; **no hay ~ de conseguirlo** man kann es unmöglich erreichen; **es pura** *o* **mera ~** es ist eine reine Formsache; JUR **se anula por vicio de ~** *sentencia, etc* wird wegen eines Formfehlers aufgehoben **3** *(molde)* (Guss- *etc*) Form *f*; TIPO **~ de imprimir** Druckform *f* **4** *(formato)* (Buch)Format *n* **5** CAT Sakramentsformel *f*; **la Sagrada Forma** die heilige Hostie **6** *espec* DEP **estar en (plena) ~** *(bien entrenado)* in (Hoch)Form sein, (top)fit sein; **mantenerse en ~** sich fit halten, sich trimmen

formable ADJ formbar; bildsam; TEC verformbar

formación F **1** *acción*: Gestaltung *f*, Bildung *f*; **~ de agua de condensación** Kondenswasserbildung *f*; ÓPT **~ de imágenes** Bilderzeugung *f*; **~ de una sociedad** Gründung *f* einer Gesellschaft; FERR **~ de un tren** Zusammenstellung *f* eines Zuges **2** GEOL *(conjunto de rocas)* Formation *f*; **~ calcárea/sedimentaria** Kalk-/Sedimentformation *f* **3** MIL *(conjunto de soldados)* Formation *f*, Aufstellung *f*, Gliederung *f*; **en ~** in Reih und Glied; **en -ones** in Verbänden **4** *(forma)* Form *f*; **~ octaédrica** *de cristales*: oktaedrische Form *f* **5** *profesional*: (Aus)Bildung *f*; **~ de adultos** Erwachsenenbildung *f*; *Esp* HIST **~ política** Gemeinschaftskunde *f*; **~ de los jóvenes** Heranbildung *f* des Nachwuchses; **~ del profesorado** Lehrerbildung *f*; **~ en la misma empresa** innerbetriebliche Ausbildung *f*; **~ universitaria** Universitäts-, Hochschulbildung *f*; **alumno de ~ profesional** Berufsschüler *m*

formado ADJ **1** *(capacitado)* ausgebildet **2** *(mayor)* erwachsen, *(maduro)* reif

formal ADJ **1** *(relativo a la forma)* formal **2** *(oficial)* förmlich, formell; *(serio)* ernsthaft, ernstlich; **orden** *f* **~** MIL dienstlicher Befehl *m*; COM feste Bestellung *f* **3** *(sólido)* solide, seriös *(tb* ECON*)*; *niño* zuverlässig; artig

formaldehido M QUÍM Formaldehyd *n*

formalidad F **1** *del comportamiento*: Förmlichkeit *f*; *requisito indispensable*: Formalität *f*, Formvorschrift *f*; **por mayor ~** der Ordnung halber; **~es** *fpl* **aduaneras** Zollformalitäten *fpl* **2** *(fiabilidad)* Zuverlässigkeit *f*, Ernsthaftigkeit *f*; *(exactitud)* Genauigkeit *f*; *(puntualidad)* Pünktlichkeit *f*; COM *(honradez)* Ehrlichkeit *f*; (geschäftliche) Anständigkeit *f*; **persona** *f* **de poca ~** unzuverlässige Person *f*

formalina F QUÍM Formalin *n*

formalismo M Formalismus *m*, *desp* Umstandskrämerei *f*; **es puro ~** das ist reine Formsache; **formalista** **A** ADJ formalistisch; umständlich **B** M/F Formalist *m*, -in *f*; Formenmensch *m*; *desp* Umstandskrämer *m*, -in *f fam*

formalizar ⟨1f⟩ **A** V/T die vorgeschriebene Form geben *(dat)*; offiziell gestalten; *contrato* ordnungsgemäß ausfertigen; ~ **un expediente** einen Vorgang ordnungsgemäß erledigen; ~ **las relaciones** den Beziehungen eine gesetzliche Form geben; ~ **una oposición** Einspruch erheben B VR **formalizarse** 1 (*ponerse serio*) ernst werden; formell werden; (*entrar en razón*) Vernunft annehmen 2 (*ofenderse*) Anstoß nehmen (**por** an *dat*), beleidigt sein

formalmente ADV 1 (*formal*) formell, förmlich 2 (*en serio*) ernstlich, im Ernst 3 (*puntual*) pünktlich; (*serio*) seriös

formalote ADJ *fam* sehr ordentlich, sehr genau

formar A VT 1 (*dar forma*) formen, bilden; gestalten; ~ **parte de** gehören zu (*dat*), einen Teil bilden von (*dat*); ~ **un proyecto** einen Plan entwerfen; POL **recibir el encargo de ~ gobierno** mit der Regierungsbildung beauftragt werden 2 (*educar*) ausbilden, erziehen 3 JUR ~ **causa a alg** gegen j-n gerichtlich vorgehen, j-n verklagen; ein Verfahren gegen j-n einleiten; ~ **queja** Beschwerde einlegen 4 FERR *tren* zusammenstellen; rangieren 5 MIL (*agrupar*) formieren, aufstellen B VI y VR **~se** MIL *soldados* antreten; Aufstellung nehmen; **¡~(se)!** antreten! C VR **formarse** 1 (*tomar forma*) sich bilden, entstehen; zusammentreten 2 (*ser capacitado*) ausgebildet werden 3 ~ **idea de** (*imaginarse a/c*) sich (*dat*) einen Begriff machen von (*dat*); eine Vorstellung haben von (*dat*)

formatear VT INFORM formatieren; **formateo** M INFORM Formatierung *f*; Formatieren *n*; **formativo** ADJ bildend, Bildungs..., Gestaltungs...

formato M Format *n*; INFORM ~ **de caracteres/de impresión** Zeichen-/Druckformat *n*; ~ **vertical** Hochformat *m*; **de gran/pequeño ~** in Groß-/Kleinformat

formica® F, **fórmica®** F *corresponde a*: Resopal® *n*

fórmico ADJ QUÍM **ácido** *m* ~ Ameisensäure *f*

formidable ADJ 1 (*temible*) furchtbar, schrecklich 2 *fam* (*estupendo*) großartig, toll *fam*, (*gigantesco*) riesig *fam*

formol M QUÍM Formol *n*

formón M TEC Stemm-, Stecheisen *n*; CONSTR (Stech)Beitel *m*

fórmula F Formel *f* (*tb* QUÍM, MAT); FARM (*receta*) Rezept *n*, Rezeptformel *f*; *automovilismo*: ~ **1** Formel 1; ~ **de cortesía** Höflichkeitsformel *f*; ~ **final** *en cartas*: Schlussformel *f*; ~ **magistral** *farmacia*: Magistralformel *f*; **por** ~ der Form halber, um den Schein zu wahren; **es pura** ~ es ist eine reine Formalität; **por pura** ~ der Form halber

formulación F Formulierung *f*

formular VT aufsetzen, abfassen, formulieren; *quejas, etc* äußern, vorbringen; *medicamento* verschreiben; ~ **reclamaciones** Beschwerden vorbringen

formulario A ADJ formell, förmlich B M 1 ~ (**impreso**) Formular *n*, Vordruck *m*; *Esp* **rellenar** *o Am* **llenar un** ~ ein Formular ausfüllen 2 (*libro con fórmulas*) Formel-, Formblatt-, Mustersammlung *f*; FARM Rezept-, Arzneibuch *n*; *adjunto*: Formelanhang *m zu einem Buch*

formulismo M Formalismus *m*; **formulista** M/F Formenmensch *m*; Umstandskrämer *m*, -in *f fam*

fornicación F Hurerei *f*, Unzucht *f*; **fornicador** A ADJ unzüchtig, Huren... B M Hurenbock *m*; **fornicar** VI ⟨1g⟩ huren, Unzucht treiben; **fornicario, fornicatorio** ADJ hurend, Unzucht treibend; **fornicio** M *liter* → fornicación

fornido ADJ stark; stämmig, kräftig; **fornitura** F 1 TIPO Satz *m* Lettern 2 MIL **~s** *fpl* (*correaje y cartuchera*) Lederzeug *n*

foro M 1 Forum *n*; *fig y sala de tribunales*: Gericht(ssaal *m*) *n*; (*colegio de abogados*) Anwaltschaft *f*; ~ **de charla** *Internet*: Chatforum *n*; ~ **de discusión** Diskussionsforum *n*; **Foro Económico Mundial** Weltwirtschaftsforum *n*; ~ **de lectores** Leserforum *n* 2 HIST *plaza*: Forum *n*; **Foro Romano** Forum *n* Romanum 3 TEAT (*trasfondo*) Hintergrund *m*; *fam* **irse** *o* **desaparecer por el** ~ unbemerkt verschwinden, verduften *fam* 4 JUR *contrato*: *Art* Erbpacht(vertrag *m*) *f*; *canon*: Pachtzins *m*

forofo M, **-a** F *fam* Fan *m fam*, Freak *m fam*

forrado A ADJ 1 TEX *abrigo* gefüttert (**de** mit *dat*); ~ **de piel** pelzgefüttert 2 (*revestido*) ausgeschlagen, verkleidet (*tb* TEC); umhüllt 3 *fam fig* ~ (**de dinero**) (*rico*) reich, betucht B M MAR Schalung *f*

forraje M 1 *Esp* AGR *pasto*: Grünfutter *n*; *Am espec* Trockenfutter *n*; ~ **mixto** Mischfutter *n*; **echar** ~ **al ganado** dem Vieh Futter geben 2 (*acción de forrajear*) Futtermahd *f* 3 *fam fig* (*fárrago*) Wust *m*

forrajear VI AGR Futter mähen; **forrajero** ADJ Futter...; **plantas** *fpl* **-as** Futterpflanzen *fpl*

forrar A VT 1 TEX *animales* füttern (**con, de** mit *dat*); (*revestir*) aus-, beschlagen; überziehen; *libro* einschlagen 2 *fam* (*apalear*) verprügeln B VR 1 *fam* **~se (de dinero)** Geld wie Heu verdienen 2 *Guat, Méx fam* (*comer bien*) tüchtig essen (*vor dem Aufbruch*); *fam* (*hartarse de comer*) sich (*dat*) den Bauch vollschlagen

forro M 1 TEX Futter *n*; (*cubierta*) Überzug *m*, Bezug *m*; Hülle *f*; *de un libro*: (Buch)Umschlag *m*; ~ **de borreguillo** Lammfutter *n*; TEX ~ **desmontable** ausknöpfbares Futter *n*; *fam* **ni por el** ~ überhaupt nicht, nicht im Mindesten; auf keinen Fall 2 TEC (*revestimiento*) (Aus)Fütterung *f*, Futter *n*, Verkleidung *f*; Beschlag *m*; Belag *m*; AUTO ~ **de(l) freno** Bremsbelag *m* 3 (*encofrado*) Verschalung *f*; MAR Beplankung *f*; Außenhaut *f des Schiffes*; **falso** ~ Innenbeplankung *f* 4 *Am reg fam* (*preservativo*) Pariser *m fam* 5 *Arg pop* (*escroto*) Hodensack *m* 6 *vulg* **me lo paso por el ~ (de los cojones)** (*me da igual*) das ist mir scheißegal *vulg* 7 *Méx fam* (*mujer formidable*) Klassefrau *f*

fortacho ADJ *Arg, Chile*, **fortachón** A ADJ *fam* (*fuerte*) kräftig, handfest; (*fornido*) stämmig B M, **-ona** F starker Mann *m*, starke Frau *f*

fortalecedor ADJ stärkend, kräftigend; **fortalecer** ⟨2d⟩ A VT 1 (*dar vigor*) stärken, kräftigen; (*alentar*) ermutigen 2 (*sujetar*) befestigen B VR **fortalecerse** erstarken; stärker werden; sich kräftigen; **fortalecimiento** M 1 (*restauración de las fuerzas*) Kräftigung *f*, Stärkung *f*; (*endurecimiento*) Abhärtung *f* 2 *vuelta de las fuerzas*: Erstarkung *f*; **fortaleza** F 1 *de los ánimos*: Seelenstärke *f*; Stärke *f*, Kraft *f*; Mut *m* 2 MIL (*recinto fortificado*) Festung *f*; AVIA ~ **volante** Fliegende Festung *f* 3 *Chile* (*hedor*) Gestank *m* 4 *Chile Art juego*: Klickerspiel *n*

forte MÚS A ADV forte B M Forte *n*

forte INT MAR halt!, stopp! *beim Arbeiten*

fortificación F 1 (*afianzamiento*) Befestigung *f*; Festung(swerk *n*) *f* 2 *obra*: Festungsbau *m* 3 (*fortalecimiento*) Stärkung *f*; **fortificante** A ADJ kräftigend B M Stärkungsmittel *n*; **fortificar** ⟨1g⟩ A VT 1 (*fortalecer*) stärken, kräftigen; (*corroborar*) bestärken; (*reforzar*) verstärken 2 MIL befestigen; *posición* ausbauen; ~ **con estacas** einpfählen B VR **fortificarse** 1 MIL (*atrincherarse*) sich verschanzen 2 (*robustecerse*) sich abhärten

fortín M MIL Schanze *f*, Bunker *m*; kleines Fort *n*

fortísimo *sup* ADJ äußerst stark

fortuito ADJ zufällig

fortuna F 1 (*destino*) Schicksal *n*, Geschick *n*; (**buena**) ~ Glück *n*, gütiges Geschick *n*; **mala** ~ Unglück *n*, Pech *n fam*; **bienes** *mpl* **de** ~ Glücksgüter *npl*; *adv* **con (buena)** ~ glücklich; *adv* **por** ~ glücklicherweise; **hacer** ~ sein Glück machen; **probar (la)** ~ sein Glück versuchen; **no tener** ~ nicht ankommen, keinen Erfolg haben 2 (*bienes, capital*) Vermögen *n* 3 (*casualidad*) Zufall *m* 4 **de** ~ *emergencia*: Not...; MAR **palo/timón de** ~ Notmast/-ruder 5 MAR (*tempestad*) Sturm *m*; **correr** ~ in einen Sturm (*o* in Seenot) geraten

Fortuna F MIT Fortuna *f*, *die* Glücksgöttin

fortunón M *fam* 1 (*suerte considerable*) Riesenglück *n fam*, Mordsschwein *n fam* 2 (*gran cantidad de dinero*) großes Vermögen *n*, Menge *f* Geld

fórum M Forum *n*

forúnculo M Furunkel *m*

forzadamente ADV 1 (*a la fuerza*) mit Gewalt 2 (*obligado*) gezwungen

forzado A ADJ 1 (*forzoso*) gezwungen, zwangsweise; erzwungen; Zwangs...; **a marchas -as** im Eilmarsch, im Gewaltmarsch; **trabajos** *mpl* **~s** Zwangsarbeit *f* 2 (*inevitable*) zwangsläufig; FÍS, TEC **movimiento** *m* ~ zwangsläufige Bewegung *f* B M Sträfling *m*; HIST Galeerensträfling *m*

forzador M 1 (*violador*) Vergewaltiger *m* 2 MAR ~ **de bloqueo** Blockadebrecher *m*; **forzal** M Kammrücken *m*; **forzamiento** M 1 (*violencia*) Zwang *m*; (gewaltsamer) Durchbruch *m* 2 (*violación*) Vergewaltigung *f*

forzar ⟨1f *y* 1m⟩ A VT 1 (*obligar*) ~ **a alg a** (*inf*) *o* **a que** (*subj*) j-n zwingen zu (*dat*) *o* (*inf*) 2 *puerta, cerradura, etc* aufbrechen; (*penetrar*) (gewaltsam) eindringen in (*acus*), einbrechen in (*acus*); MIL ~ **el paso** durchbrechen 3 (*conseguir por la fuerza*) forcieren, erzwingen; (*agilizar*) steigern, vorantreiben; ~ **la marcha** den Marsch beschleunigen 4 (*sobrecargar*) überlasten, überanstrengen; ~ **la máquina** das Äußerste aus der Maschine herausholen; ~ **la voz** die Stimme überanstrengen (*o* forcieren) 5 (*exagerar*) übertreiben, entstellen 6 (*violar*) notzüchtigen, vergewaltigen 7 MIL *fortaleza* erobern, einnehmen; *bloqueo* (durch)brechen B VR **forzarse** (*obligarse*) sich zwingen, sich (*dat*) Zwang antun

forzosamente ADV unbedingt, zwangsläufig; **forzoso** ADJ 1 (*necesario*) notwendig, unvermeidlich, unumgänglich; zwingend; **es ~ que vengas** du musst (unbedingt) kommen; es ist notwendig, dass du kommst; **visita** *f* **-a** nicht zu umgehender Besuch *m*; **situación** *f* **-a** Zwangslage *f* 2 (*inevitable*) notgedrungen, zwangsläufig

forzudo ADJ sehr stark, gewaltig

fosa F 1 (*pozo*) Grube *f*, Schacht *m*; MIL ~ **antitanque** Panzergraben *m*; ~ **séptica** Versitzgrube *f*; *fig* **cavar su propia** ~ sein eigenes Grab schaufeln 2 GEOL Graben *m*; ~ **marina** ozeanischer Graben *m* 3 (*sepultura*) Grab *n*; ~ **común** *o* **comunitaria** Massengrab *n*; **~-nicho** Nischengrab *n*; Grabnische *f* 4 ANAT Grube *f*; ~ **craneal** Schädelgrube *f*; **~s** *fpl* **nasales** Nasenhöhlen *fpl* 5 *Arg* TEAT (*concha del apuntador*) Souffleurkasten *m*

fosar VT mit einem Graben umgeben

fosca F Nebel *m*; **fosco** ADJ 1 (*fusco*) finster, dunkel 2 (*hosco*) mürrisch 3 *cabello* zerzaust

fosfatado ADJ phosphathaltig; **fosfatar** VT mit Phosphaten anreichern; *hierro, seda* phosphatieren; **fosfático** ADJ Phosphat...; **fosfatina** F *pop* **hacerse** ~ (vollkommen) verbrennen, verkohlen, zerstören; **fosfato** M QUÍM Phosphat *n*; ~ **de cal** Kalziumphosphat *n*

fosforecer VI ⟨2d⟩ phosphoreszieren; **fos-**

F

forera F 1 *cajita*: Streichholzschachtel *f*; *Col, Cuba, Ec* (*encendedor*) Feuerzeug *n* 2 *vendedora*: Streichholzverkäuferin *f*; **fosforero** A ADJ **empresa** *f* **-a** Streichholzfabrik *f* B M Streichholzverkäufer *m*; **fosforescencia** F Phosphoreszenz *f*; **fosforescente** ADJ phosphoreszierend; **fosforescer** VI → fosforecer

fosfórico ADJ QUÍM Phosphor...; **fosforita** F MINER Phosphorit *m*

fósforo M 1 QUÍM Phosphor *m* 2 *espec Am* (*cerilla*) Zünd-, Streichholz *n* 3 *Col de un arma de fuego*: Zündhütchen *n*; **Fósforo** ASTRON Morgenstern *m*

fosforoso ADJ phosphorig; **fosfuro** M QUÍM Phosphid *n*; **fosgenita** F MINER Bleihornerz *n*; **fosgeno** M QUÍM Phosgen *n*

fósil A ADJ *prehistoria*: versteinert, fossil B M 1 *prehistoria*: (*petrificación*) Versteinerung *f*, Fossil *n* 2 *fam fig persona*: rückständiger Mensch *m*, Fossil *n fam*

fosilización F Versteinerung *f*; **fosilizarse** VR ⟨1f⟩ 1 *prehistoria*: (*petrificarse*) versteinern, fossilieren 2 *fam fig* (*anquilosarse*) erstarren; verknöchern

foso M 1 (*zanja*) Graben *m*; *de una fortaleza*: Festungsgraben *m*; MIL **~ antitanque** Panzergraben *m*; **~ de defensa** MIL Verteidigungsgraben *m*; *en el zoológico, etc*: Absperrgraben *m* 2 (*hoyo*) Grube *f* (*tb* TEC); AUTO **~ (de engrase)** Abschmiergrube *f* 3 DEP *para los saltos*: Sprunggrube *f* 4 TEAT (*hundimiento*) Versenkung *f*; **~ de la orquesta** Orchestergraben *m*

foto F *fam* Foto *n*; → *tb* fotografía 1; **fotocalco** M Lichtpause *f*; **fotocélula** F Fotozelle *f*; **fotocomposición** F TIPO Foto-, Lichtsatz *m*; **máquina** *f* **de ~** Fotosetzmaschine *f*; **fotocopia** F Fotokopie *f*; **fotocopiadora** F Fotokopiergerät *n*, Fotokopierer *m*; **fotocopiar** VT & VI ⟨1b⟩ fotokopieren; **~ en ambas caras** doppelseitig kopieren; **fotocromía** F TIPO Fotochromie *f*, Lichtfarbdruck *m*; **fotoeléctrico** ADJ fotoelektrisch; **fotoenvejecimiento** M MED lichtbedingte Hautalterung *f*; **fotofija** A F FILM Standbild *n*, -foto *n* B M/F Standfotograf *m*, -in *f*; **foto(-)finish** M DEP Fotofinish *n*; **fotofobia** F MED Lichtscheu *f*, Fotophobie *f*

fotófono M Lichttongerät *n*; **fotogenia** F Fotogenität *f*; **fotogénico** ADJ 1 (*generado por la luz*) vom Licht erzeugt (*chemische Veränderungen*) 2 FOT (*que sale bien*) bildwirksam, fotogen; **fotógeno** ADJ Licht erzeugend

fotograbado M TIPO Foto-, Heliogravüre *f*; Chemigrafie *f*; **taller** *m* **de ~** chemigrafische Anstalt *f*, Klischieranstalt *f*

fotografía F 1 *imagen*: Fotografie *f*, Foto *n fam*, Lichtbild *n*, Aufnahme *f*; *arte*: Fotografie *f*; **tomar** *o* **sacar ~s** Aufnahmen machen, fotografieren; **~ aérea** Luftaufnahme *f*, -bild *n*; **~s** *fpl* **de aficionados** Liebhaber-, Amateuraufnahmen *fpl*; **~ en blanco y negro** Schwarz-Weiß-Fotografie *f*; *Esp* **~ de carné** *o* **carnet** Passbild *n*, -foto *n*; **~ en color** Farbfotografie *f*; Farbaufnahme *f*; **~ infrarroja** Infrarotfotografie *f*; DEP **~ de llegada** Zielfoto *n*; **~ de medio cuerpo** Brustbild *n*; **~ en perfil** Profilaufnahme *f*; **~-robot** Phantombild *n*; **~ submarina** Unterwasseraufnahme *f*, -fotografie *f* 2 *estudio*: Fotoatelier *n*

fotografiar VT & VI ⟨1c⟩ fotografieren; *fig* (*describir con exactitud*) genauestens beschreiben; **fotográfico** ADJ fotografisch, Foto...; **máquina** *f* **-a** *o* **aparato** *m* **~** Fotoapparat *m*

fotógrafo M, **-a** F Fotograf *m*, -in *f*; **~ de prensa** Pressefotograf *m*

fotograma M 1 *imagen*: Photogramm *n* 2 FILM (*imagen singular*) Einzelaufnahme *f eines bewegten Films*; **fotogrametría** F Fotogrammetrie *f*, Bildauswertung *f*; **fotolitografía** F TIPO Fotolithografie *f*; **fotomatón**® Fotoautomat *m*; **fotomecánico** ADJ fotomechanisch; **fotometría** F Fotometrie *f*

fotómetro M Belichtungsmesser *m*

fotomontaje M Fotomontage *f*; **fotomural** M Wandfotografie *f*

fotón M FÍS Photon *n*, Lichtquant *m*

fotonovela F Foto-, Bildroman *m*; **fotoperiodismo** M Bildjournalismus *m*; **fotoquímica** F Fotochemie *f*; **fotosensible** ADJ lichtempfindlich; **fotosfera** F ASTRON Fotosphäre *f*; **fotosíntesis** F BIOL Fotosynthese *f*; **fototeca** F Bildarchiv *n*, Fotothek *f*; **fototerapia** F MED Lichttherapie *f*; **fototipia** F Lichtdruck *m*, Fototypie *f*; **fototipografía** F Lichtdruck(verfahren *n*) *m*; **fototropismo** M BOT Fototropismus *m*; **fotovoltaico** ADJ ELEC Fotovoltaik...

fotuto A M 1 *Cuba, Ven caracola*: Muschelhorn *n* 2 *Am Mer instrumento de viento*: große Panflöte *f* 3 *Cuba* (*claxón*) (Auto)Hupe *f* B ADJ *Am reg* (*arruinado*) pleite

fovismo M PINT Fauvismus *n*

fox(-)terrier M *perro*: Foxterrier *m*

foxtrot M MÚS Foxtrott *m*

foyer M TEAT Foyer *n*

FP F ABR 1 (*Formación Profesional*) Berufsausbildung *f* 2 (*Federación Progresista*) *Esp* POL *linksgerichtete Gruppierung*

frac M Frack *m*

fracasado M, **-a** F gescheiterte Existenz *f*, Versager *m*, -in *f*; **~ escolar** *m* Schulversager *m*; **fracasar** VI versagen; scheitern (*tb barco*); misslingen, fehlschlagen; TEAT durchfallen

fracaso M Versagen *n*; Scheitern *n*; Misslingen *n*; Fehlschlag *m*; Misserfolg *m*, Fiasko *n*; Schlappe *f fam* (*tb* DEP, MIL); **~ electoral** POL Wahlschlappe *f*; Wahldebakel *n*; **~ escolar** Schulversagen; **condenado al ~** zum Scheitern verurteilt; **ser un ~** *persona*: ein Versager sein

fracción F 1 (*rotura*) Brechen *n*; REL **~ del pan** Brotbrechen *n* 2 (*parte*) Bruchstück *n*; Bruchteil *m* 3 MAT Bruch *m*; **~ decimal** Dezimalbruch *m* 4 QUÍM Fraktion *f* 5 POL Flügel *m einer Partei*

fraccionamiento M 1 (*desontaje*) Zerlegung *f*; Auf-, Zersplitterung *f*; Gliederung *f* (*tb* MIL) 2 QUÍM Fraktionieren *n*; **fraccionar** A VT 1 (*desarmar*) (in Teile) zerlegen; aufsplittern; teilen; zerstückeln 2 QUÍM (*subdividir*) fraktionieren B VR **fraccionarse** sich aufsplittern (en in *acus*); POL sich in Gruppen aufspalten; **fraccionario** ADJ MAT Bruch...; **número** *m* **~** Bruchzahl *f*; **moneda** *f* **-a** Kleingeld *n*

fractura F 1 (*quebranto*) (Auf)Brechen *n*; JUR **robo** *m* **con ~** Einbruchdiebstahl *m* 2 MED *de un hueso*: (Knochen)Bruch *m*, Fraktur *f*; **~ de la base del cráneo** Schädelbasisbruch *m*; **~ complicada** komplizierter Bruch *m* 3 MINER, TEC (*ruptura*) Bruch *m*; MINER **~ concoidea** Schalenbruch *m*

fracturado ADJ gebrochen; aufgebrochen; **fracturar** A VT 1 (*quebrantar*) auf-, zerbrechen 2 *puerta, armario* auf-, erbrechen; *caja fuerte tb* knacken *fam* B VR **fracturarse** (zer)brechen; **~ una pierna** sich (*dat*) ein Bein brechen

fraga F steiler Hang mit Dickicht

fragancia F Wohlgeruch *m*, Duft *m*; **fragante** ADJ 1 (*perfumado*) wohlriechend 2 JUR → flagrante 1

fragaria F BOT Erdbeerpflanze *f*

fragata F 1 MAR *velero*: Fregatte *f* 2 ORN Fregattvogel *m*

frágil ADJ 1 (*quebradizo*) zerbrechlich; brüchig (*tb relación*); *material tb* spröde; *rótulo*: ¡~! zerbrechlich! 2 *fig* (*débil*) zart, schwach; *por la edad*: gebrechlich, hinfällig; (*perecedero*) vergänglich 3 *fig carácter* (charakter)schwach 4 *Méx pop* (*pobre*) arm

fragilidad F 1 *del cristal*: Zerbrechlichkeit *f*; Brüchigkeit *f* 2 *fig* (*ternura*) Zartheit *f*; (*transitoriedad*) Vergänglichkeit *f*; (*caducidad*) Gebrechlichkeit *f* 3 *fig del carácter*: (Charakter)Schwäche *f*

fragmentación F Zerstückelung *f*; *en muchos pequeños pedazos*: Zersplitterung *f* (*tb fig*); *de una roca, de un muro, etc*: Abbröckeln *n*; **fragmentar** A VT zerstückeln, zersplittern, teilen B VR **fragmentarse** sich (zer)teilen; (*hacerse astillas*) zerplittern; (*desmoronarse*) abbröckeln; **fragmentario** ADJ fragmentarisch, in Bruchstücken; (*escombros*) Trümmer...; **fragmento** M Bruchstück *n*, Fragment *n*; (*astilla*) Splitter *m*; **fragmentoso** ADJ *Am fam* → fragmentario

fragor M Krachen *n*, Gepolter *n*, Getöse *n*; *del fuego, lluvia*: Prasseln *n*, Geprassel *n*; *de vidrio rompiéndose, metal contra metal, etc*: Klirren *n*; *de una tormenta, del mar*: Brausen *n*; **en el ~ del combate** im Lärm des Kampfes; *fig* im Eifer des Gefechts; **fragoroso** ADJ *fuego, lluvia* prasselnd; *vidrio rompiéndose, metal contra metal*: klirrend; *tormenta, mar* brausend; *torrente* tosend

fragosidad F Unwegsamkeit *f*; Wildnis *f*, unwegsames Gelände *n*; **fragoso** ADJ 1 (*intrincado*) unwegsam, (*áspero*) rau 2 → fragoroso

fragua F *taller*: Schmiede *f*; (*chimenea*) Esse *f*; *fig* **~ de mentiras** Lügenfabrik *f*; **fraguado** M TEC Abbinden *n*; **fraguador** M, **fraguadora** F Anstifter *m*, -in *f*; Ränkeschmied *m*, -in *f*; **fraguar** ⟨1i⟩ A VT (*forjar*) schmieden (*tb fig*); *fig* (*idear*) aushecken, ausbrüten *fam*; *amistad* festigen B VI TEC *argamasa, cemento* abbinden; *plástico* härten C VR **fraguarse** *fig* sich festigen; Gestalt annehmen

fraile M 1 (*monje*) Mönch *m*; **~ mendicante** Bettelmönch *m* 2 (*doblez de un talar*) Talarfalte *f* 3 *de la chimenea*: Wandeinschnitt *m am Kamin* 4 *pez*: Engelrochen *m*

frailecillo M 1 ORN Dompfaff *m*; *tb* (*ave fría*) Kiebitz *m* 2 (*zoquetillo*) Stützfüße *mpl am Seidenspinnrad*; **frailecito** M 1 *Cuba, P. Rico* ORN *Art* Brachvogel *m* 2 *Perú* ZOOL Goldhaaräffchen *n* 3 *Cuba* BOT *eine Wolfsmilchstaude*; **frailero** ADJ mönchisch, Mönchs...; **sillón** *m* **~** Armsessel *m mit Ledersitz*; **frailesco** ADJ *fam* → frailero

frailillos MPL BOT Mönchskappe *f*; **frailuno** ADJ *desp* pfäffisch (*fam desp*)

frambuesa F BOT Himbeere *f*; **frambueso** M BOT Himbeerstrauch *m*

frame [freɪm] M INFORM Frame *m*

francachela F *fam* Gelage *n*, Schlemmerei *f*; **estar de ~** feiern, einen draufmachen *fam*, ein Gelage veranstalten

francalete M Riemen *m* mit Schnalle

francamente ADV offen gesagt; frei heraus, ganz offen; (*inequívoco*) eindeutig; **~ bueno** wirklich gut

francés A ADJ französisch; HIST **el Camino ~** der Pilgerweg nach Santiago de Compostela; **a la -esa** nach französischer Art; *fam* **despedirse a la -esa** sich auf Französisch empfehlen B M, **-esa** F Franzose *m*, Französin *f* C M *lengua*: Französisch *n*

francesada F 1 HIST *die Invasion unter Napoleon* 2 *frec desp etwas typisch Französisches*; **francesilla** F 1 BOT *planta ranunculácea*: Scharfer Hahnenfuß *m*; *especie de ciruela*: *Art* Damaszenerpflaume *f* 2 GASTR *panecillo*: längliches Brötchen *n*

Fráncfort M **~ (del Meno)** Frankfurt *n* (am Main)

franchute M, **franchuta** F *desp* Franzose *m*, Franzmann *m fam;* Französin *f*
Francia F Frankreich *n*
franciscano A ADJ CAT franziskanisch B M, **-a** F CAT Franziskaner *m*, -in *f*
francisco ADJ → franciscano A
Francisco N PR M Franz *m;* REL Franziskus *m*
francmasón M Freimaurer *m;* **francmasonería** F Freimaurerei *f*
franco A ADJ 1 *(libre)* frei; Frei...; **~ de todo gasto** kostenfrei; es entstehen keine Unkosten; *Perú, tb* MIL **estar de (día** *m***)** ~ einen freien Tag (*o* einen Urlaubstag) haben; COM **~ (a) domicilio** frei Haus; **puerto** *m* ~ Freihafen *m;* **zona** *f* **-a** (Zoll)Freizone *f;* **~ en almacén** ab Lager; **~ en fábrica** ab Werk; **~ de porte** porto-, frachtfrei; **~ de servicio** dienstfrei 2 *(sincero)* freimütig, offen(herzig); aufrichtig; **ser ~ a** *o* **(para) con** offen sein zu *(dat)* 3 *(claro)* klar, eindeutig, entschieden 4 *(dadivoso)* freigebig; großzügig 5 HIST, GEOG fränkisch; **lengua** *f* **-a** Lingua *f* franca 6 *en palabras compuestas: (francés)* französisch; **~-alemán** deutsch-französisch; **convenio** *m* **~-español** französisch-spanisches Abkommen *n* 7 **piso** *m* **~** konspirative Wohnung *f* B M, **-a** F HIST, GEOG Franke *m*, Fränkin *f* C M *moneda: Suiza:* Franken *m;* HIST *Bélgica, Francia:* Franc *m*
francobordo M MAR Freibord *m;* **franco-canadiense** A ADJ frankokanadisch B M/F Frankokanadier *m*, -in *f*
francófilo ADJ frankophil, franzosenfreundlich; **francófobo** ADJ franzosenfeindlich; **francófono** A ADJ französischsprachig, frankofon B M, **-a** F Französischsprecher *m*, -in *f*
francolín M ORN Haselhuhn *n*
Franconia F Franken *n*
francote ADJ *fam* sehr freimütig
francotirador M Freischärler *m;* Heckenschütze *m*
franela F 1 TEX *tejido:* Flanell *m;* **~ de algodón** Biber *m* 2 *Am reg (camiseta)* Unterhemd *n* 3 *Arg fam (pelmazo)* Nervensäge *f*, lästige Person *f* 4 *Perú* → franelero
franelear V/T *Arg fam* befummeln *fam*, betatschen *fam*
franelero *Perú fam* A ADJ schmeichlerisch B M, **-a** F Schmeichler *m*, -in *f*, *desp* Schleimer *m*, -in *f fam*
frangollar V/T *fam* verpfuschen, verkorksen *fam*
frangollo M 1 *para el ganado:* Viehfutter *n aus Gemüse und Schrot* 2 *Arg* GASTR *puchero:* Maisschroteintopf *m* 3 *Cuba, P. Rico dulce:* Süßspeise *f aus zerriebenen Bananen* 4 *fam desp (comida mal hecha)* Schlangenfraß *m fam* 5 *fam fig (mamarracho)* Machwerk *n*, Pfuscherei *f fam*, Murks *m fam;* **frangollón** M, **frangollona** F *Am fam* Pfuscher *m*, -in *f fam*, Hudler *m*, -in *f*
franja F 1 TEX *(fleco)* Franse *f* 2 *(tira)* Streifen *m;* GEOG **~ costera** Küstenstreifen *m;* TV **~ horaria** Sendezeit *f*
franj(e)ar V/T mit Fransen besetzen
frankfurt M *Esp* GASTR **salchichas** *fpl* **de** (*o* **tipo) ~** Frankfurter Würstchen *npl;* **frankfurtería** F *Esp* Würstchenbude *f*
franqueable ADJ passierbar; **franqueadora** F: **~ automática** Frankiermaschine *f;*
franqueamiento M → franqueo
franquear A V/T 1 *correos: cartas* frankieren, freimachen; **sin ~** unfrankiert; **«a ~ en (su) destino»** Porto zahlt Empfänger 2 *(libertar)* befreien **(de** von *dat); esclavos* freilassen 3 *(conceder)* frei machen, freigeben; *(obligar)* erzwingen; **~ la entrada** den Eintritt freigeben; *(penetrar)* den Eintritt erzwingen, eindringen; **~ el paso** den Durchgang (*o* Übergang) erzwingen 4 *(atravesar)* überschreiten, -queren, -springen; *(obstáculo)* nehmen; **~ un río** über einen Fluss setzen B V/R **franquearse** 1 *(ser complaciente)* sich willfährig zeigen 2 *(desahogarse)* sein Herz ausschütten **(con** *dat***)**
franqueo M 1 *correos: de cartas:* Freimachen *n;* (Brief- *etc*) Porto *n; Hond (sello postal)* Briefmarke *f;* **sin gastos de ~** portofrei; ohne Portokosten 2 *(liberación)* Freilassung *f eines Sklaven*
franqueza F 1 *(sinceridad)* Offenheit *f*, Freimütigkeit *f;* **con toda ~** in aller Offenheit, unumwunden; **hablando con ~** offen gesagt, offen gestanden 2 *(generosidad)* Großmut *f;* Großzügigkeit *f*
franquía F **en ~** MAR seeklar; *fig* frei; MAR **ponerse en ~** seeklar gemacht werden
franquicia F 1 *(exención de derechos)* (Abgaben)Freiheit *f;* **~ (aduanera)** Zollfreiheit *f;* **~ postal** Portofreiheit *f;* **en ~** *envío* zollfrei; **~ de equipaje** Freigepäck *n* 2 *seguros:* Selbstbeteiligung *f;* Selbstbehalt *m* 3 ECON Franchising *n* 4 MIL *(día de licencia)* Urlaubstag *m*
franquiciado M, **-a** F ECON Franchisenehmer *m*, -in *f;* **franquiciador** M, **franquiciadora** F ECON Franchisegeber *m*, -in *f*
franquismo M HIST Francozeit *f;* Frankismus *m;* **franquista** HIST A ADJ Franco..., frankistisch; **dictadura** *f* **~** Franco-Diktatur *f* B M/F Francoanhänger *m*, -in *f*
frasca F 1 *(botella)* Flasche *f (für Wein)* 2 *(hojarasca)* dürres Laub *n*, Reisig *n* 3 *Méx (bulla)* Lärm *m*, Tohuwabohu *n*
frasco M 1 *(pequeño recipiente de vidrio)* kleine Flasche *f*, Flakon *m; Am reg (vaso)* Glas *n (für Marmelade, Gemüse, etc);* **~ cuentagotas** Tropfflasche *f;* **~-petaca** Taschenflasche *f*, Flachmann *m fam* 2 *anticuado:* Pulverflasche *f*, -horn *n*
frase F 1 *(oración)* Satz *m* 2 *(dicho)* Ausspruch *m;* (geflügeltes) Wort *n;* Ausdruck *m*, Wendung *f;* **~ hecha** Redewendung *f*, stehende Wendung *f;* Schlagwort *n;* **~ proverbial** sprichwörtliche Redensart *f;* **~ sacramental** (Eides-, Sakraments)Formel *f* 3 *desp frec* **~s** *fpl (palabras sin valor)* Phrasen *fpl*, leeres Gerede *n* 4 MÚS **~ (musical)** Phrase *f*
frasear V/I & V/T 1 *(formar oraciones)* Sätze bilden 2 *desp (hablar en frases)* Phrasen machen (*o* dreschen *fam*) 3 MÚS phrasieren; **fraseología** F 1 LING Phraseologie *f (tb libro);* Ausdrucksweise *f* 2 *desp (demasía de palabras)* Phrasendrescherei *f*, Geschwätz *n;* **fraseológico** ADJ LING phraseologisch; **fraseologismo** M LING Phraseologismus *m*
frasqueta F TIPO Papierrahmen *m der Handpresse*
fratás M CONSTR Reibebrett *n zum Verputzen*
fraternal ADJ brüderlich; Bruder...; geschwisterlich; **amor** *m* **~** Bruderliebe *f;* **fraternidad** F Brüderlichkeit *f;* Bruderliebe *f;* **fraternizar** V/I ⟨1f⟩ sich verbrüdern; enge Freundschaft (miteinander) schließen; POL fraternisieren; **fraterno** ADJ brüderlich; Bruder..., Geschwister...
fratría F 1 BIOL *col (hijos de una misma pareja)* alle Abkömmlinge *mpl* vom gleichen Elternpaar 2 *(hermandad)* Bruderschaft *f*
fratricida A ADJ brudermörderisch; **guerra** *f* **~** Bruderkrieg *m* B M/F Bruder- (*o* Schwester)mörder *m*, -in *f;* **fratricidio** M Bruder (*o* Schwester)mord *m*
fraude M Täuschung *f*, Betrug *m;* Unterschleif *m;* **~ fiscal** Steuerhinterziehung *f*, -betrug *m;* **~ alimentario** Lebensmittelfälschung *f;* **~ electoral** Wahlfälschung *f;* Wahlbetrug *m*
fraudulencia F Betrug *m*, Täuschung *f;* **fraudulento** ADJ betrügerisch, in betrügerischer Absicht; Schwindel...
fraxinela F BOT Diptam *m*, Spechtwurzel *f*
fray M (Kloster)Bruder *m (nur vor den Vornamen gebräuchlich);* **~ Martín** Bruder Martin
frazada F 1 *Am reg (manta de lana)* Wolldecke *f* 2 *Cuba (trapo de limpieza)* Putzlumpen *m*, Scheuerlappen *m*
freak [frik] M/F Freak *m*
freático ADJ **agua** *f* **-a** Grundwasser *n;* **capa** *f* **-a** Grundwasserspiegel *m*
frecuencia F 1 *con repeticiones:* Häufigkeit *f*, (häufige) Wiederholung *f;* **con (mucha) ~** (sehr) oft; FERR **~ de los trenes** Zugfolge *f* 2 FÍS, ELEC, LING, MED *(ciclos por segundo)* Frequenz *f; adv* ELEC **alta/baja ~** Hoch-/Niederfrequenz *f;* **~ acústica** Tonfrequenz *f;* RADIO **~ modulada** Ultrakurzwelle *f;* MED **~ del pulso** Pulsfrequenz *f;* MED **~ respiratoria** Atemfrequenz *f*
frecuencímetro M ELEC Frequenzmesser *m;* **frecuentable** ADJ frequentierbar; **no es ~** da darf man nicht hingehen; mit dem darf man nicht verkehren; **frecuentación** F Verkehr *m;* Umgang *m;* häufiger Besuch *m;* Zulauf *m;* **frecuentado** ADJ *calle, etc* belebt; (gut) besucht; **frecuentador** ADJ **persona** *f* **~a** *o* **visitante** *m* **~** häufige(r) Besucher *m*, -in *f;* Stammgast *m*
frecuentar V/T 1 *(visitar a menudo)* häufig besuchen; *colegio* besuchen; verkehren mit *(dat)*(*o* in *dat*); **~ el teatro** häufig ins Theater gehen; **~ los sacramentos** (regelmäßig) zur Kommunion gehen 2 *camino* (üblicherweise) gehen
frecuentativo ADJ GRAM **verbo** *m* **~** Frequentativ(um *n*) *m*
frecuente ADJ häufig; rasch; *pulso, oscilaciones* schnell; **frecuentemente** ADV oft, häufig
free-lance(r) ['fri'lansɛr] M/F Freelancer *m*, -in *f;* freie(r) Mitarbeiter *m*, -in *f*
fregada F *Méx fam* **de la ~** mies, miserabel; *Méx fam* **mandar a la ~** zum Teufel schicken
fregadera F 1 *(pila)* Spülbecken *n*, -stein *m* 2 *Méx fam (porquerías)* Mist *m (fig)*, Gelumpe *n fam* 3 *Col, Perú fam (molestia)* Belästigung *f; Perú fam* **¡qué ~!** so eine Zumutung! 4 *Méx fam (estafa)* Betrug *m;* **fregadero** M Spülbecken *n*, -stein *m*
fregado A ADJ 1 *Am (fastidioso)* ärgerlich 2 *Am reg (pesado)* schwierig, lästig 3 *Am reg fam* **estamos ~s** wir sind aufgeschmissen *fam* B M 1 *limpiada:* Scheuern *n; (lavado)* Abwaschen *n*, Spülen *n; Am reg* (Auto-, Wagen-)Wäsche *f; fam fig* **meterse en un ~** sich in eine üble Sache einlassen 2 *Am fam (persona difícil)* schwieriger Typ *m*
fregador M 1 *(bayeta)* Scheuerlappen *m* 2 *(pila)* Spülbecken *n*, -stein *m;* **fregadora** F: **~ automática** Geschirrspülmaschine *f;* **fregamiento** M → fricción; **fregandera** F *Méx* Putzfrau *f;* **fregaplatos** M → friegaplatos
fregar ⟨1h *y* 1k⟩ A V/T & V/I 1 *(restregar)* scheuern; kräftig (ab)reiben 2 *(lavar)* abwaschen, spülen; **agua** *f* **de ~** Abwasch-, Spülwasser *n* B V/T 1 *Am fam (fastidiar)* ärgern, belästigen 2 *Perú* **~ a alg** *(mentir a alg)* j-n anlügen; *(estafar a alg)* j-n betrügen, *(poner a alg en una situación difícil)* j-n in eine schwierige Lage versetzen C V/R **fregarse** *Am fam* 1 sich ärgern 2 *Perú fam (entrar en una situación difícil)* in eine schwierige Lage geraten 3 *(irse al diablo)* zum Teufel gehen *fam*
fregasuelos M → friegasuelos; **fregazo** M *Méx fam* (heftiger) Schlag *m; adv* **de un ~** auf einen Schlag, auf einmal
fregón ADJ *fam* 1 *Ven (pesado)* lästig, aufdringlich 2 *Méx (destacado)* begabt, *(hábil)* geschickt
fregona F 1 *desp criada:* Scheuerfrau *f;* Putzfrau *f; fam fig (mujer de poca cultura)* ordinäres

Weib *n* **2** *utensilio*: Wischmopp *m*; **fregotear** VT *fam* oberflächlich abreiben, nachlässig abwaschen

freidora F GASTR Fritteuse *f*; Frittiertopf *m*; **freidura** F Braten *n in der Pfanne*; **freiduría** F Fischbraterei *f*; (typisches) Fischrestaurant *n*; ~ **(callejera)** einfaches Restaurant *n*; Garküche *f*

freír ⟨3m; *pp irr* frito; *poco usado* freído⟩ **A** VT **1** GASTR *en la sartén*: braten, backen **2** *pop fig* (*matar a balazos*) erschießen, abknallen *pop* **3** *fam* (*mortificar*) ärgern, auf die Nerven gehen (*dat*) *fam*; ~ **a alg a preguntas** j-n ausquetschen *fam*, j-n mit Fragen bombardieren *fam* **B** VR **freírse** *fam fig* braten, umkommen *vor Hitze*

frejol M *Perú* BOT, GASTR (kleine) weiße Bohne *f*

fréjol M → fríjol

frémito M **1** *poét* (*bramido*) Gebrüll *n*, Brüllen *n* **2** MED Fremitus *m*, Schwirren *n*

frenada F *Am*, **frenado** M *espec Esp* **1** (*aplicación del freno*) Bremsen *n*; **(camino** *m* **de la)** ~ Bremsweg *m* **2** (*freno*) Bremsvorrichtung *f*; **frenaje** M Bremsen *n*; ~ **en V** Schneepflug *m beim Skifahren*

frenar **A** VT & VI bremsen (*tb fig*); *fig* zurückhalten, hemmen; ~ **en seco** scharf (ab)bremsen **B** VR **frenarse** *fig* sich zurückhalten, sich bremsen, sich zügeln

frenazo M scharfes Bremsen *n*

frenesí M Tobsucht *f*; *fig* Raserei *f*; **frenético** ADJ tobsüchtig; *fig* rasend, tobend, frenetisch; **frenetismo** M Rasen *n*, irre Begeisterung *f*

frénico ADJ ANAT Zwerchfell…; **nervio** *m* ~ Phrenikus(nerv) *m*

frenillo M **1** ANAT *de la lengua*: (Zungen)Bändchen *n* **2** *p. ext correa*: Maulkorbriemen *m*; *fam fig* **no tener ~ en la lengua** kein Blatt vor den Mund nehmen **3** MAR Jochleine *f* **4** *Am Mer* ODONT Zahnspange *f*

freno M **1** TEC *mecanismo*: Bremse *f*; Bremsvorrichtung *f*; ~ **de aceite** Öldruckbremse *f*; AVIA ~ **aerodinámico** Bremsklappe *f*; ~ **de alarma** (*o* **de emergencia**) Notbremse *f*; AUTO ~ **asistido** Servobremse *f*; ~ **por cable** Seilzugbremse *f*; ~ **de contrapedal** Rücktrittbremse *f*; ~ **de disco** Scheibenbremse *f*; AUTO ~ **de doble circuito** Zweikreisbremse *f*; ~ **hidráulico** hydraulische Bremse *f*; ~ **de mano** Handbremse *f*; ~ **sobre el mecanismo** Getriebebremse *f*; ~ **neumático** Luftdruckbremse *f*; ~ **de pie** *o* **de pedal** Fußbremse *f*; ~ **sobre la rueda** Radbremse *f*; ~ **de** *o* **sobre las cuatro ruedas** Vierradbremse *f*; ~ **de socorro** Notbremse *f*; ~ **de tambor** Trommelbremse *f*; **accionar/apretar el ~** die Bremse betätigen/ziehen; **pisar el ~** auf die Bremse treten **2** *equitación*: (*brida*) Zaum *m*, Kandare *f*; Trense *f*; *fig* (*refrenamiento*) Zaum *m*, (*rienda*) Zügel *m*; ~ **acodado** *o* **gascón** leichte Kandare *f*, Fohlenkandare *f*; *fig* **correr sin ~** ein zügelloses Leben führen; *fig* **echar (un) ~ a la lengua** die Zunge im Zaum halten; *fig* **perder el ~** den Halt verlieren; *fig* **morder** *o* **tascar el ~** seinen Zorn (*o* seinen Ärger) verbeißen; *fig* **poner ~ a a/c** einer Sache (*dat*) Einhalt gebieten (*o* einen Riegel vorschieben); *fig* **soltar el ~ a su imaginación** seiner Einbildungskraft die Zügel schießen lassen **3** *Arg fam* Hunger *m*

frenología F HIST, PSIC Phrenologie *f*; **frenológico** HIST, PSIC ADJ phrenologisch; **frenopático** M psychiatrische Klinik *f*

frente **A** F ANAT Stirn *f*; *fig* (*semblante, cara*) Angesicht *m*, Antlitz *n*; ~ **a** ~ (einander) gegenüber, von Angesicht zu Angesicht, Auge in Auge; *fig* **con la ~ levantada** *o* **alta** *o* **erguida** erhobenen Hauptes, stolz; *fig* **lo lleva escrito en la ~** es steht ihm auf der Stirn geschrieben; *fig* **con el sudor de su ~** im Schweiße seines Angesichts **B** M **1** (ARQUIT *tb f*) (*parte delantera*) Vorderseite *f*; Vorderteil *n*; (*semblante*) Stirnseite *f*; *de un edificio*: Fassade *f*, Front *f*; (*punta*) Spitze *f*; *de una moneda*: Vorderseite *f*; FERR ~ **de un túnel** Tunneleingang *m*; MIN ~ **de ataque** *o* **de explotación** Abbaufront *f*; **de ~** von vorn; nach vorn; MIL **¡de ~!** frei weg!; *fig* **acometer (a/c) de ~** *etw* mutig angehen; den Stier bei den Hörnern packen (*fam fig*); **estar al ~ de** an der Spitze (*gen*) stehen; **hacer ~ a** (*ofrecer resistencia*) Widerstand leisten (*dat*), widerstehen (*dat*), die Stirn bieten (*dat*), trotzen (*dat*); *a una obligación, etc*: nachkommen; **ponerse al ~ (de)** sich an die Spitze (*gen o* von *dat*) setzen; die Leitung (*gen o* von *dat*) übernehmen; **seguir de ~** geradeaus (weiter)gehen (*o* weiterfahren) **2** METEO, MIL, POL Front *f*; METEO ~ **cálido/frío** Warm-/Kalt(luft)-front *f*; *Esp* HIST **Frente de Juventudes** *falangistische Jugendorganisation*; POL, HIST **Frente Popular** Volksfront *f*; POL, HIST **Frente Único** Einheitsfront *f* **C** PREP ~ **a** gegenüber (*dat*); gegen (*acus*) **D** ADV *Perú* **de ~** geradeaus

frentepopulista ADJ POL, HIST Volksfront…

frentón ADV *Chile* **de ~** **1** (*directo*) direkt **2** (*real*) wirklich, tatsächlich

freo M MAR Meerenge *f*

fresa **A** F **1** BOT *fruto*: Erdbeere *f*; GASTR **~s** *pl* **con helado** Erdbeeren *fpl* mit Eis; GASTR **~s** *pl* **con nata** Erdbeeren *fpl* mit Schlagsahne; GASTR **~s** *pl* **con vino tinto** Erdbeeren *fpl* mit Rotwein; GASTR **~s** *pl* **con zumo de naranja** Erdbeeren *fpl* mit Orangensaft **2** TEC (*avellanador*) Fräser *m*, Fräse *f*; ODONT Bohrer *m*; ~ **combinada** Fräs-, Messerkopf *m* **B** ADJ *inv* **color (rosa)** ~ erdbeerfarben, fraise

fresado M TEC Fräsen *n*; gefräste Arbeit *f*; **fresador** M *persona*: Fräser *m*; **fresadora** F **1** TEC *máquina*: Fräsmaschine *f* **2** *persona*: Fräserin *f*; **fresadura** F, **fresaje** M TEC Fräsen *n*; **fresal** M AGR Erdbeerpflanzung *f*; **fresar** VT & VI TEC (aus)fräsen

fresca F (Morgen-, Abend)Kühle *f*; frische Luft *f*; **salir (por la mañana) con la ~** ganz früh aufbrechen; *fig* **soltarle a alg cuatro ~s** j-m gewaltig aufs Dach steigen *fam*, j-m gehörig die Meinung sagen; → *tb* fresco c

frescachón ADJ *fam persona* frisch und gesund, kräftig; *viento* stürmisch; **frescal** ADJ *conserva de pescado* wenig gesalzen; **frescales** ⟨*pl inv*⟩ *fam* Frechling *m*, Frechdachs *m*

fresco **A** ADJ **1** (*moderadamente frío*) frisch, kühl; **hace ~** es ist kühl; **viento** *m* **~** frischer Wind *m*, kräftige Brise *f*; **conservar en lugar ~** kühl aufbewahren **2** (*acabado de hacer, coger, etc*) frisch, neu; **huevo** *m* **~** Frischei *n*; **pescado** *m* **~** Frischfisch *m*; **noticias** *fpl* **-as** neue Nachrichten *fpl* **3** (*descansado*) frisch, gesund, munter **4** *vestimenta* leicht **5** (*sereno*) kühl, gelassen; (*ligero*) leichtfertig; (*insolente*) dreist, frech, unverschämt; **¡no sea usted ~!** werden Sie nicht unverschämt (*o* frech)!; *fig* **dejar ~ a alg** j-n (gewaltig) hereinlegen; j-n an der Nase herumführen; *fam fig* **¡estamos ~s!** da haben wir die Bescherung (*o* den Salat *fam*)!, das hat uns gerade noch gefehlt!; **quedarse tan ~ (con)** sich nicht erschüttern lassen; sich nicht (im Mindesten) aus der Ruhe bringen lassen (durch *acus o* bei *dat*); *fam* **eso me trae ~** (*me da igual*) das ist mir egal; das lässt mich kalt **B** M **1** (*frescura*) Frische *f*, Kühle *f*; **tomar el ~** frische Luft schnappen; **dormir al ~** im Freien schlafen **2** PINT Freske *f*, Fresko *n*; **pintar al ~** a fresco malen, Fresken malen **3** TEX (*tela liviana*) leichtes Tuch *n für Sommerkleidung*, Fresko *m* **4** *Am* (*refresco*) Erfrischung(sgetränk *n*) *f* **C** *fam* M, **-a** F (*persona fresca*) Frechdachs *m*; unverschämte Person *f*

frescor M **1** (*frescura*) Kühle *f* **2** PINT *color*: rosige Fleischfarbe *f*; **frescote** ADJ *fam* blühend, frisch und rund; **frescura** F **1** (*fresco*) Kühle *f*, Frische *f* **2** (*insolencia*) Frechheit *f*, Unverschämtheit *f*; Schnoddrigkeit *f fam*

fresera F BOT Erdbeerpflanze *f*; **fresilla** F BOT Walderdbeere *f*

fresnal ADJ Eschen…; **fresneda** F Eschenwald *m*; **fresnillo** M BOT Eschenwurz *f*

fresno M BOT Esche *f*

fresón M BOT große Gartenerdbeere *f*; GASTR **~ con helado** Erdbeeren *fpl* mit Eis; GASTR **~ con nata** Erdbeeren *fpl* mit Schlagsahne; GASTR **~ con vino tinto** Erdbeeren *fpl* mit Rotwein; GASTR **~ con zumo de naranja** Erdbeeren *fpl* mit Orangensaft

fresquedal M grüne Stelle *f* im ausgedörrten Land; **fresquera** F **1** *armario*: Fliegenschrank *m*; Kühlkasten *m*; Speisekammer *f* **2** *caja*: Frischhaltebox *f* **3** *pop* (*cárcel*) Knast *m fam*, Kittchen *n fam*; **fresquería** F *Am* Erfrischungsstand *m*; (*heladería*) Eisdiele *f*; **fresquilla** F BOT *Art* (Früh)Pfirsich *m*; **fresquillo** M Kühle *f*

fresquista M/F PINT Freskomaler *m*, -in *f*

fresquito ADJ (angenehm) kühl; *viento* mäßig

freudiano PSIC **A** ADJ Freud… **B** M, **-a** F Freudianer *m*, -in *f*, Anhänger *m*, -in *f* Freuds; **freudismo** M freudsche Theorie *f* (*o* Methode *f*)

freza F **1** (*desove*) Laichen *n der Fische*; *tiempo*: Laichzeit *f*; (*huevos de los peces*) Laich *m*; (*cría de los peces*) Fischbrut *f* **2** *del gusano de seda* Fresszeit *f der Seidenraupe* **3** CAZA *hoyo*: Wühlloch *n*; *excrementos*: Hirschlosung *f*; **frezada** F Wolldecke *f*; **frezar** VI ⟨1f⟩ **1** *pez* laichen **2** *gusano de seda* fressen **3** CAZA (*hozar*) den Boden aufwühlen; (*estercolar*) misten

fría F *Ven fam* Bier *n*

friabilidad F Bröckeligkeit *f*, Brüchigkeit *f*; **friable** ADJ bröck(e)lig, mürbe, brüchig, krümelig

frialdad F **1** (*frío*) Kälte *f* **2** *de emociones*: Gefühlskälte *f*; (*indiferencia*) Gleichgültigkeit *f* **3** MED *del hombre*: Impotenz *f*; *de la mujer*: Frigidität *f*

fríamente ADV *fig* kalt, kühl, ohne Wärme, eiskalt

Friburgo (en Brisgovia) M Freiburg *n* (im Breisgau)

frica F *Chile* Tracht *f* Prügel; **fricación** F Reiben *n*; FON Reibung *f*; Reibegeräusch *n*

fricandó M GASTR Frikandeau *n*

fricasé M GASTR Frikassee *n*

fricativo **A** ADJ FON frikativ **B** M **(sonido** *m***)** ~ FON Reibelaut *m*, Frikativ *m*

fricción F **1** (*frotamiento*) Ab-, Einreibung *f*; **dar una ~ a** ab-, einreiben (*acus*) (**con** mit *dat*) **2** TEC (*rozamiento*) Reibung *f* (*tb fig*), Friktion *f*, **calor** *m* **de ~** Reibungswärme *f* **3** *fig* (*desacuerdo*) Reiberei *f*; **sin ~** (*o* **-ones**) reibungslos

friccionar VT ab-, einreiben; frottieren; **frictómetro** M TEC Reibungsmesser *m*

friega F **1** (*frotamiento*) Ab-, Einreiben *n*; **dar ~s de** *o* **con** mit (*dat*) einreiben **(a alg** j-n**)** **2** *Am reg fam* (*molestia*) Ärger *m*, Belästigung *f* **3** *Am reg* (*reprimenda*) Verweis *m* **4** *Am reg* (*zurra*) Tracht *f* Prügel, Abreibung *f* (*fam fig*)

friegaplatos M/F ⟨*pl inv*⟩ **1** (*lavaplatos*) Tellerwäscher *m*, -in *f*, Spüler *m*, -in *f* **2** *Am reg máquina*: Geschirrspülmaschine *f*; **friegasuelos** M **1** *para el piso*: (Boden)Putzmittel *n* **2** *aparato*: Bodenwischer *m*

friera F Frostbeule *f*
frigidaire® M, **frigider** M *Am reg* Kühlschrank *m*
frigidez F Kälte *f*; MED Frigidität *f*; **frigidísimo** *sup* ADJ eiskalt
frígido ADJ *poét* kalt, eisig; MED frigid
frigio ADJ phrygisch (*tb* MÚS); **gorro** *m* ~ Jakobinermütze *f*
frigo M *Esp fam* Kühlschrank *m*
frigorífico A ADJ Kälte erzeugend, Kühl...; QUÍM Kälte...; **barco** *m o* **buque** *m* ~ Kühlschiff *n*; **instalación** *f* **-a** Kühlanlage *f*; **red** *f* **-a** Kühlkette *f*; FERR **vagón** *m* ~ Kühlwagen *m* B M 1 (*nevera*) Kühlschrank *m*; ~ **de compresor** Kompressorkühlschrank *m* 2 *Am establecimiento*: Gefrierfleischfabrik *f* 3 *Perú* (*almacén frigorífico*) Kühlhaus *n*
frigorista ADJ **técnico** *m*, **técnica** *f* ~ Kältetechniker *m*, -in *f*
fríjol M, **frijol** M BOT Gemeine Gartenbohne *f*; Stangenbohne *f*; *Am reg fam fig* **no ganar para los ~es** nicht (einmal) das Notwendigste zum Leben verdienen
frijolar M Bohnenfeld *n*; **frijolillo** M *Am* BOT *verschiedene Bäume*
frío A ADJ 1 *temperatura*: kalt (*tb color*); *adv* **en ~** kalt, in kaltem Zustand; *fig* mit kühlem Kopf; TIPO **estampar relieves en ~** kaltprägen 2 *fig* (*indiferente*) gleichgültig, kühl, ungerührt; (*impertinente*) kaltschnäuzig *fam*; **estar ~ con respecto a a/c** einer Sache (*dat*) kühl gegenüberstehen; **eso le deja ~** das ist ihm gleichgültig; das lässt ihn kalt; **se quedó ~** *sin emoción*: es ließ ihn völlig gleichgültig (*o* kalt); *asustado*: es verschlug ihm den Atem, er war sprachlos 3 (*insensible*) kaltherzig, seelenlos, kalt; **más ~ que el hielo** eiskalt, völlig gefühllos 4 *fig* (*desabrido*) frostig; *fig* **están ~s** ihre Beziehungen haben sich abgekühlt 5 *fam fig* (*muerto*) **estar ~** tot sein; *fam* **dejar a alg ~** j-n umlegen *fam*, töten 6 *mujer* frigid; *hombre* impotent B M 1 *temperatura*: Kälte *f*; **~ polar** polare Kaltluft *f*; *fam* **un ~ que pela** *o vulg* **un ~ de cojón de mico** *o vulg* **un ~ de cojones** eine Hundekälte *fam*; **hace ~** es ist kalt; **tengo ~** ich friere, mir ist kalt; *fig* **no les da ni ~ ni calor** das ist ihnen ganz gleichgültig 2 MED (*resfrío*) Erkältung *f*; **coger ~** sich erkälten 3 *Am* MED **~s** *mpl* (*fiebre intermitente*) *mit Kältegefühl beginnendes* Wechselfieber *n*
friolento ADJ *Am* (*congelado*) erfroren; (*muy sensible al frío*) kälteempfindlich; **friolera** F *fam* Kleinigkeit *f*, Lappalie *f*; *irón* (*una gran cantidad*) **costar la ~ de 10.000 euros** die Kleinigkeit von 10.000 Euro kosten; **friolero** ADJ *fam* verfroren, sehr kälteempfindlich
frisa F 1 TEX *tela*: Fries *m*, Friese *f*; *Chile pelo de la felpa*: haarige Oberfläche *f von Plüsch etc*; *P. Rico* (*manta de lana*) (Woll)Decke *f* 2 MAR Dichtung *f* 3 MIL (*estacada*) Palisadenhindernis *n auf dem Wallabsatz*; **frisado** M TEX aufgerautes Seidenzeug *n*; **frisador** M TEX *persona*: Rauer *m*; **frisadura** F TEX Rauen *n*, Ratinieren *n*
frisar A VT 1 TEX *tela* (auf)rauen, ratinieren 2 MAR (*cerrar herméticamente*) abdichten B VI 1 (*congeniar*) (miteinander) verkehren 2 (*acercarse*) herankommen (**con, en** an *acus*); **~ (en) los setenta (años)** nahe an den Siebzigern sein
frisca F *Chile* Prügel *pl*
fríser, frízer M *Am* Kühlfach *n* (*des Kühlschranks*)
Frisia F Friesland *n*; MIL **caballo** *m* **de ~** spanischer Reiter *m*
frisio ADJ → frisón
friso M ARQUIT Fries *m*; **~ pintado** gemalter Sockel *m*
frísol M → fríjol
frisón A ADJ friesisch, friesländisch; **caballo** *m* ~ Ostfriese *m* (*Pferd*) B M, **-ona** F Friese *m*, Friesin *f*, Friesländer *m*, -in *f* C M *lengua*: Friesisch *n*
frisuelo M *Art* Pfannengericht *n*; BOT → fríjol
frita F TEC Fritte *f*, Schmelze *f*; **fritada** F GASTR Frittüre *f*, in der Pfanne Gebackene(s) *n*; **fritanga** F 1 *desp Esp* (*frito*) *in zu viel Fett* Gebratene(s) *n*, (*bazofia*) Fraß *m fam* 2 *Perú* (*carne con asaduras*) Fleisch *n* mit Innereien 3 *Col* (*casa de comidas*) Garküche *f*; **fritanguería** F *Am* Garküche *f*, Stand *m* (*o* Bude *f*), wo Frittiertes verkauft wird; **fritanguero** M, **-a** F *Am* Koch *m*, Köchin *f* (*o* Besitzer, -in) einer Garküche (*o* Frittierbude); **fritar** VT 1 TEC fritten 2 *Arg, Col, Salv pop* (*freír*) braten, in der Pfanne backen; **fritería** F *Col* 1 (*freidora*) Frittürepfanne *f* 2 (*casa de comidas*) Garküche *f*; **fritillas** FPL *reg Art* Pfannengericht *n*
frito A PP → freír B ADJ 1 *in Öl* gebacken, *in Öl* gebraten; GASTR **boquerones** *mpl* **~s** gebackene Sardellenfische *mpl*; **calamares** *mpl* **~s** gebackene Tintenfischringe *mpl*; **~ extremeño** Ziegenragout *n* mit Wein und Zwiebeln; **~ mallorquín** *Mallorca*: verschiedene gebratene Fische *mpl* 2 *fam fig* **estar ~** die Nase (*o* die Schnauze *fam*) voll haben (**de** von *dat*); *fam* **estamos ~s** wir sind aufgeschmissen *fam*; *Ven fam* **ganarse el ~** seine Brötchen verdienen; *fam* **quedarse ~** (*dormirse*) einschlafen; einnicken *fam*; (*morirse*) abkratzen *pop*; **me tiene** *o* **me trae ~** ich kann den Kerl nicht ausstehen; er fällt mir auf die Nerven (*o* auf den Wecker *fam*); **me tiene ~ con sus tonterías** seine Dummheiten gehen mir auf die Nerven (*o* auf den Geist *fam*)
fritura F GASTR Gebackene(s) *n*, Frittüre *f*; **~ de pescado** gebackene Fische *mpl*
frívolamente ADV leichtfertig
frivolear VI tändeln, in den Tag hinein leben; **frivolidad** F Frivolität *f*; (*ligereza*) Leichtfertigkeit *f*; (*nulidad*) Nichtigkeit *f*, (*futilidad*) Gehaltlosigkeit *f*; **frivolizar** A VT *etw* leichtnehmen *o* nicht ernst nehmen B VI *persona*: leichtfertig werden; *cosa*: unbedeutend werden
frívolo ADJ frivol; (*ligero*) leichtfertig; (*insustancial*) nichtig, gehaltlos
fronda F 1 BOT (*hoja*) Blatt *n*; (*follaje*) Laub(werk) *n*; *del helecho*: Wedel *m der Farne* 2 MED *vendaje*: Schlinge *f*, Schleuder *f* (*Verband*) 3 POL, HIST *y fig* Fronde *f*; scharfe politische Opposition *f*; **frondosidad** F dichte Belaubung *f*, Blätterreichtum *m*; Laubwerk *n*; **frondoso** ADJ *árbol* dicht belaubt; *arbusto* buschig; *bosque* dicht
frontal A ADJ Stirn... (*tb* TEC, ANAT); frontal, Frontal... (*tb* MIL); TEC auf der Stirnseite; *transporte*: **choque** *m* **~** Frontalzusammenstoß *m* B M 1 ANAT (**hueso** *m*) **~** Stirnbein *n* 2 CAT *del altar*: Frontale *n*, Vorderblatt *n* 3 MÚS Kapodaster *m*, Gitarrenbund *m* 4 CONSTR Binder *m* 5 *Col, Ec, Méx equitación*: → frontalera
frontalera F 1 *equitación*: *correa*: Stirnriemen *m* 2 CAT *del altar*: Altarbehang *m*; *cofre*: Paramenttruhe *f*; **frontenis** M DEP Pelotaspiel *n* mit Tennisschläger
frontera F (Landes)Grenze *f* (*tb fig*); **de ~** Grenz...; **~ aduanera** Zollgrenze *f*; **~ lingüística** Sprachgrenze *f*; **~ nacional** Staatsgrenze *f*; **~ triple, triple ~** Dreiländereck *n*
fronterizo A ADJ angrenzend (**de** *o* **con** an *acus*); Grenz...; **ciudad** *f* **-a** Grenzstadt *f*; **incidente ~** Grenzzwischenfall *m*; **región** *f* **-a** Grenzgebiet *n*; **paso** *m* **~** Grenzübergang *m*; **trabajador ~** Grenzgänger *m* B M *lengua*: spanisch-portugiesische Mischsprache *f* (*an der brasilianisch-uruguayischen Grenze*)
frontero A ADJ gegenüberliegend (**a** *dat*) B M HIST Grenzkommandant *m*
frontil M Jochkissen *n der Zugochsen*; **frontino** ADJ *animal* mit einem Stirnmal; **frontis** M ARQUIT → frontispicio
frontispicio M 1 ARQUIT (*fachada*) Vorder-, Giebelseite *f*; Giebelwand *f* 2 TIPO Frontispiz *n* 3 *fam* (*cara*) Gesicht *n*
frontón[1] M 1 ARQUIT Giebel(wand *f*) *m*; Aufsatz *m*, Abschluss *m* 2 DEP *lugar o pared*: Platz *m* (*o* Wand *f*) *für verschiedene Ballspiele mit Schläger*
frontón[2] M DEP *juego*: Pelota *f* (*baskisches Ballspiel mit Schläger*)
frontudo ADJ mit breiter Stirn
frotación F 1 → frotadura 2 *Perú* MED *solución*: Lösung *f zum Einreiben*; **frotador** A ADJ reibend, Reib... B M FÍS Reiber *m*, Reibkissen *n*; **frotadura** F, **frotamiento** M Reiben *n*; MED Einreibung *f*
frotar A VT & VI reiben; ab-, einreiben; frottieren B VR **frotarse** sich reiben; **~ las manos** sich (*dat*) die Hände reiben (*tb fig*)
frote M 1 (*frotamiento*) Reiben *n*; Ab-, Einreiben *n*; Frottieren *n*; TEC (Ab)Reibung *f* 2 MED → frotis; **frotis** M MED Abstrich *m*; Ausstrich *m*
fructífero ADJ 1 BOT (*fértil*) fruchtbringend, fruchttragend; Frucht... 2 *fig* (*útil*) nutzbringend; ertragreich; **fructificación** F 1 BOT (*formación de frutos*) Fruchtbildung *f* 2 *fig* (*rendimiento*) Ertrag *m*, Fruchttragen *n*; **fructificar** VI ⟨1g⟩ BOT *y fig* Frucht tragen; *fig* (*dar rendimiento*) einträglich sein; **hacer ~** *fortuna* zinsbringend anlegen; **fructosa** F Fruktose *f*, Fruchtzucker *m*; **fructuario** ADJ 1 (*en productos naturales*) in Naturalien 2 → usufructuario; **fructuoso** ADJ 1 (*que da fruto*) fruchtbringend 2 *fig* (*útil*) einträglich; nützlich, fruchtbar
fru-fru, frufrú M *onom* Knistern *n*
frugal ADJ 1 (*parco*) genügsam, mäßig 2 (*simple*) einfach; (*escaso*) spärlich, frugal; **frugalidad** F Mäßigkeit *f*, Bescheidenheit *f*, Genügsamkeit *f*, Frugalität *f*
frugívoro ADJ ZOOL fruchtfressend
fruición F *cult* Genuss *m*, Wonne *f*; Vergnügen *n*; **con ~** genüsslich
fruir VI ⟨3g; *fast nur im inf gebräuchlich*⟩ genießen; REL **~ de Dios** Gott anschauen
frunce, fruncido M 1 TEX (*pliegues*) Falte(n) *f(pl)*; (*volante*) Rüsche(n) *f(pl)* 2 (*arruga*) Runzel *f*; **fruncimiento** M 1 TEX Falten *n*, Kräuseln *n eines Stoffes* 2 *de la frente*: (Stirn)Runzeln *n* 3 *fig* (*fingimiento*) Verstellung *f*; (*embuste*) Betrug *m*
fruncir VT ⟨3b⟩ 1 TEX *de la tela*: fälteln, kräuseln 2 *labios* aufwerfen; *boca* verziehen; *frente, cejas* runzeln; **~ el ceño** *o* **la frente** die Stirn runzeln; **~ el entrecejo** finster blicken; **ceño** *m* **fruncido** düstere Miene *f* 3 (*arrugar*) zerknittern, zerknüllen
fruslería F Lappalie *f*; Firlefanz *m*; **fruslero** ADJ belanglos; wertlos
frustración F 1 (*privación*) Vereitelung *f*; (*fracaso*) Scheitern *n* 2 (*desilusión*) Enttäuschung *f*, Frustration *f*; *fam* Frust *m*; **frustrado** ADJ 1 (*fracasado*) gescheitert; *intento* vergeblich 2 ge-, (*desengaño*) enttäuscht; frustriert; **frustráneo** ADJ *espec* MED vergeblich; *t/t* frustran; **frustrante** ADJ frustrierend; **frustrar** A VT 1 (*privar, hacer fracasar*) vereiteln, zum Scheitern bringen; *expectativa, esperanza* täuschen, nicht erfüllen; *planes* zunichtemachen 2 *a una persona*: j-n frustrieren B VR **frustrarse** scheitern, fehlschlagen, misslingen; sich zerschlagen; **frustre** M *fam* Frust *m fam*
fruta F Frucht *f*; *col* (frisches) Obst *n*; *Arg tb* (*albaricoque*) Aprikose *f*; **~ confitada** kandierte Früchte *fpl*; **~ en almíbar** Obst *n* im eigenen Saft *o* in Sirup; Kompott *n*; *Antillas* **~ bomba** Papaya *f*; *fig* **~ del cercado ajeno** Kirschen *fpl* aus

Nachbars Garten; *Méx* **~s** *pl* **escarchadas** kandierte Früchte *fpl*; **~ de horno** Feingebäck *n*; **~ de hueso** *o* **de pepita** Stein-, Kernobst *n*; **~ nueva** junges Obst *n*; **~ de mesa** *o* **de postre** Tafelobst *n*; *fig* **~ prohibida** verbotene Frucht *f*; GASTR **~ de sartén** Pfannengericht *n*; Pfannkuchen *m*; Auflauf *m*; **~ seca/tardía/temprana** Dörr-/Spät-/Frühobst *n*; **~s** *pl* **silvestres** Waldfrüchte *fpl*; Wildfrüchte *fpl*; **~(s** *pl*) **del tiempo** frisches Obst *n*; *fig* das Übliche der (entsprechenden) Jahreszeit (*z. B Grippe*)

frutaje M PINT Fruchtstück *n*; **frutal** ADJ Obst...; **árbol** *m* **~** Obstbaum *m*; **frutería** F Obstladen *m*, -handlung *f*; **frutero** A ADJ Obst...; **buque** *m* **~** Obstdampfer *m*; **cuchillo** *m* **~** Obstmesser *n* B M, **-a** F Obsthändler *m*, -in *f* C M 1 *bandeja*: Obstschale *f* 2 PINT Fruchtstück *n*

frútice M BOT Strauch *m*; Staude *f*

frutícola ADJ Obst(bau)...

fruticultor M, **fruticultora** F Obstbauer *m*, -bäuerin *f*; **fruticultura** F Obst(an)bau *m*; **frutilla** F 1 *de un rosario*: Rosenkranzperle *f* 2 *Am* BOT *fresa*: Chileerdbeere *f*; **frutillar** M *Am reg* AGR Erdbeerpflanzung *f*

fruto M 1 BOT Frucht *f*; **~s** *pl* **secos** Trockenfrüchte *fpl* (*Nüsse, Mandeln etc*); GASTR **~s** *pl* **del mar** Meeresfrüchte *fpl*; *tb fig* **dar** *o* **llevar ~** Früchte (*o* Frucht) tragen 2 *fig* (*rendimiento*) Ertrag *m*, Ausbeute *f*; (*provecho*) Nutzen *m*, Gewinn *m*; (*resultado*) Ergebnis *n*, Folge *f*; JUR **~s** *pl* **civiles** Rechtsfrüchte *fpl*; **sacar ~ de a/c** aus etw Nutzen ziehen; einen Vorteil aus etw haben; (einen) Gewinn aus etw erzielen; **sin ~** ergebnislos, zwecklos 3 *fig* (*feto*) Leibesfrucht *f*

FSE M ABR (Fondo Social Europeo) Europäischer Sozialfonds *m*

FSLN M ABR (Frente Sandinista de Liberación Nacional) *Nic* Sandinistische Nationale Befreiungsfront *f*

FSM F ABR (Federación Sindical Mundial) WGB *m* (Weltgewerkschaftsbund)

fu M *onom* Fauchen *n der Katze*; **¡~!** pfui!, pff!, pah! (*Verachtung*); *fam* **hacer ~** *gato* fauchen, aber nicht kratzen; *fig* (*salir huyendo*) Reißaus nehmen; **ni ~ ni fa** (*indiferente*) weder Fisch noch Fleisch; (*mediocre*) mittelmäßig, so lala *fam*

fuagrás [fŭa'gras] M Leberpastete *f*

Fúcares MPL HIST **los ~** die Fugger *mpl*

fucilar VI wetterleuchten; *fig* glitzern; **fucilazo** M Wetterleuchten *n*

fuco M Lederalge *f*, Tang *m*

fucsia A F BOT Fuchsie *f* B M Violettrosa *n* C ADJ *inv* violettrosa; pink; **fucsina** F QUÍM Fuchsin *n*

fucú M *Col, Ven fam* (*mala suerte*) Pech *n*; (*ave de mal agüero*) Unglücksbringer *m*

fudre M großes Weinfass *n*

fue → ir, ser

fuego M 1 Feuer *n* (*tb fig*); (*incendio*) Brand *m*; **¡~!** Feuer!; *adv* **a ~** mithilfe des Feuers, feuer...; GASTR **a ~ lento/vivo** auf kleiner/großer Flamme; bei schwacher/starker Hitze; **grito** *m* **de ~** Feueralarm *m*; **el sagrado** *o* **sacro ~** das heilige Feuer; die heilige Flamme; **a sangre y ~** *o* **a ~ y hierro** mit Feuer und Schwert; GEOG **Tierra** *f* **del Fuego** Feuerland *n*; **atizar el ~** das Feuer schüren (*tb fig*); **echar** *o* **vomitar ~** *volcán, pieza de artillería* Feuer speien; *fig* **arrojar** *o* **echar ~ por las narices** Feuer schnauben; *fig* **echó ~ por los ojos** seine Augen blitzten (*o* sprühten) *vor Zorn*; *fig* **echar leña al ~** *o* **apagar el ~ con aceite** Öl ins Feuer gießen; **hacer ~** Feuer machen; *fig* **huir del ~ y caer en las brasas** vom Regen in die Traufe kommen; *fig* **matar a alg a ~ lento** j-m das Dasein zur Hölle machen; *fig* **jugar con (el) ~** mit dem Feuer spielen; *fig* **meter** *o* **poner la(s) mano(s) en el ~ por alg** für j-n die Hand ins Feuer legen; **pegar** *o* **prender ~ a a/c** etw in Brand setzen; **poner al ~** *comida* aufsetzen; **tocar a ~** Feueralarm geben; die Feuerglocke läuten; *prov* **donde ~ se hace, humo sale** wo Rauch ist, ist auch Feuer 2 MIL *de artillería*: (Geschütz)Feuer *n*; **¡~!** Feuer!; **~ cruzado** Kreuzfeuer *n*; *tb fig* **abrir** *o* **romper el ~** das Feuer eröffnen; **dar** *o* **hacer ~** feuern, Feuer geben; *tb fig* **estar entre dos ~s** zwischen zwei Feuer geraten sein, von beiden Seiten angegriffen werden 3 *artificial*: künstliches Feuer *n*; *para iluminar*: Leuchtfeuer *n*; *para dar señales*: Feuerzeichen *n*; **~s** *mpl* **artificiales** *o* **~s de artificio** Feuerwerk *n* 4 METEO **~ fatuo** Irrlicht *n*; **~ de San Telmo** Elmsfeuer *n* 5 *fig* (*ardor del ánimo*) Hitze *f*, Leidenschaft *f*, Feuer *n*; **en el ~ de la disputa** im Eifer des Gefechts 6 MED (*pústulas erimatosas*) Hitzpocken *fpl*; **~ pérsico** Gürtelrose *f*

fueguino GEOG A ADJ feuerländisch B M, **-a** F Feuerländer *m*, -in *f*

fuel M → fuel-oil

fuelle M 1 *para soplar*: (Blase)Balg *m*; **~s** *mpl de un herrero*: Gebläse *n einer Schmiede*; MÚS *del órgano*: Orgelbälge *mpl*; **dar al ~** den Balg treten 2 (*pieza plegable*) *en carteras, etc*: Dehnfalte *f*; FOT Balgen *m einer Kamera*; *de la gaita*: Dudelsackbalg *m*; FERR Faltenbalg *m*, Verbindungsstück *n von Zugwagen*; AUTO faltbares Wagenverdeck *n* 3 (*arruga del vestido*) Kleiderfalte *f* 4 *fam fig* (*aliento*) Puste *f*; **perdió ~** ihm ging die Puste aus 5 *fam fig* (*soplón*) Denunziant *m*, Zuträger *m*

fuel-oil, fuelóleo M Heizöl *n*

fuente F 1 (*manantial*) Quelle *f* (*tb fig*), Brunnen *m*; (*surtidor*) Springbrunnen *m*, Fontäne *f*; **~ de agua potable** Trinkwasserbrunnen *m*; **~ de información** Informationsquelle *f*; **~ medicinal** Mineralquelle *f*, -brunnen *m*; **~ de eterna juventud** *o* **~ rejuvenecedora** Jungbrunnen *m*; ARQUIT **~ monumental** Springbrunnen *m*; *fig* **de buena ~** aus guter Quelle; *fig* **beber en buena(s) ~(s)** aus guter Quelle schöpfen 2 (*bandeja*) Schüssel *f*; Platte *f*; **~ para asados** Stielkasserolle *f*; **~ para ensaladas** Salatschüssel *f*; **~ para fiambre** Aufschnittplatte *f*; **~ de gratinar** Auflaufform *f* 3 INFORM (*tipo de imprenta*) Schriftart *f*, Font *m* 4 *Am reg* **~ de soda** (*quiosco de bebidas*) Cafeteria *f*, Snackbar *f*, Imbissstube *f*

fuentecilla, fuentezuela F *fam* DIMINUTIVO → fuente

fuer CJ **a ~ de** als (*nom*); **a ~ de amigo tuyo** als dein Freund, da ich dein Freund bin

fuera A → ir, ser B ADV *lugar*: außen; draußen; außerhalb; *dirección*: auswärts; hinaus; heraus, hervor; MAR seewärts; auf See; **de ~** von außen; *persona* nicht von hier, auswärtig; (*del extranjero*) aus dem Ausland; **por ~** außen; außerhalb, äußerlich; **con la lengua ~** mit (heraus)hängender Zunge; MAR **~ (de) bordo** außenbords; **¡~!** raus!, hinaus!; TEAT buh!; **¡~ de aquí!** weg da!; **¡~ con esto!** weg damit!; **¡~ el sombrero!** Hut ab!, herunter mit dem Hut! *fam*; **echar ~** hinauswerfen C PREP **~ de** außer (*dat*), ausgenommen (*acus*); außerhalb (*gen*); **~ del caso** nicht dazugehörig; unangebracht; *tb* DEP **~ de concurso** außer Konkurrenz; **~ de eso** außerdem; **~ de toda esperanza** ganz hoffnungslos; wider alle Hoffnungen; **~ de lugar** fehl am Platz; unangebracht; **~ de propósito** verfehlt, nicht angebracht; **~ de juicio** unsinnig, verrückt; **~ de serie** außer Serie, außer der Reihe (*herstellen*); **~ de servicio** außer Betrieb; **~ de sí** außer sich, fassungslos; wild, blindlings; **~ de tiempo** zur Unzeit, unzeitgemäß; **~ de(l) turno** außer der Reihe (*vorlassen*); DEP **balón** *m* **~ de banda** Ausball *m*; DEP **~ de juego** im Aus; *fig* **ir ~ de camino** irren D CJ *cult* **~ de que ...** abgesehen davon, dass ... E M 1 DEP Aus *n*; **~ de juego** *fútbol*: Abseits *n* 2 *espec Am* **~ de lugar** (*ofensa*) Fauxpas *m*

fueraborda, fuera borda ADJ **motor** *m* **~** Außenbordmotor *m*

fuereño A ADJ *Méx* (orts)fremd B M, **-a** F (Orts)Fremde *m/f*

fuero M 1 (*privilegio*) Vorrecht *n*, Sonderrecht *n*; **Fuero** Fuero *m*, Sammlung *f* von Sonderrechten; *Esp* HIST (*Francoregime*) **Fuero del Trabajo** Gesetz *n* zur Ordnung der Arbeit; HIST (*Francoregime*) **Fuero de los Españoles** *corresponde a*: Grundgesetz *n* der Spanier 2 (*jurisdicción*) Rechtsprechung *f*; Gerichtsstand *m*; Gerichtsbarkeit *f*; **~ eclesiástico** kirchliche Gerichtsbarkeit *f*; **de ~** von Rechts wegen; **~ de la conciencia** Gewissen *n*; *fig* **en su ~ interno** im Herzen; im Innern; **volver por los ~s de** für etw (*acus*) eintreten (*o* einstehen) 3 *frec* **~s** *mpl* (*presunción*) Überhebung *f*, Anmaßung *f*

fuerte A ADJ 1 stark, kräftig; (*poderoso*) mächtig; (*resistente*) widerstandsfähig; **moneda** *f* **~** harte (*o* starke) Währung *f*; *espec* POL **el hombre ~** der starke Mann; **voz** *f* **~** laute Stimme *f*; **hacerse ~** sich verschanzen (*tb* MIL); *fig* nicht nachgeben, hartnäckig bestehen (*o* sich versteifen) (**en auf** *dat*) 2 (*firme*) fest(sitzend); (*estable*) stabil; *nudo* fest(gezogen) 3 *fig* (*pesado*) schwer, hart; **golpe** *m* **~** schwerer Schlag *m*, großes Unglück *n*; *fam* **¡qué ~!** *o* **¡esto es muy ~!** das ist stark (*o* ein starkes Stück)! 4 (*capaz*) tüchtig, (*ducho*) bewandert; **está ~ en física** Physik ist seine Stärke, in Physik ist er gut; **estoy ~ en idiomas** Sprachen sind meine Stärke; **estar ~ de a/c** viel von etw (*dat*) haben 5 FON *vocal* stark; GRAM **formas** *fpl* **~s** stammbetonte Formen *fpl des Verbs* 6 *vino* schwer; *olor* stark; *medicamento* stark (wirkend) 7 *capital, fortuna* groß 8 *palabra* grob, hässlich 9 *motivo* triftig B ADV 1 *ruido* laut, kräftig; **gritar ~** laut schreien; **hablar ~** laut sprechen 2 (*mucho*) kräftig, (*como es debido*) gehörig; **desayunar ~** kräftig frühstücken; **sacudir ~** gut schütteln; durchrütteln 3 **jugar ~** hoch spielen; einen großen Einsatz wagen (*tb fig*) C M 1 (*lado fuerte*) starke Seite *f*, Stärke *f* 2 *fig* (*punto culminante*) Höhepunkt *m* 3 MIL (*recinto fortificado*) Werk *n*, Fort *n*; **~ avanzado** Außenwerk *n* 4 *persona*: Starke *m*; **el derecho del más ~** das Recht des Stärkeren, das Faustrecht

fuertemente ADV 1 (*vigoroso*) stark, kräftig 2 (*insistente*) nachdrücklich

fuerza F 1 (*vigor*) Stärke *f*, Kraft *f*; (*poder*) Gewalt *f*, Macht *f*; **~ animal** *o* **~ de sangre** tierische (Zug)Kraft *f*; AUTO **~ de arranque** Anzugskraft *f*; AVIA **~ ascensional** Auftriebskraft *f*; **~ aspiradora** Saugkraft *f*; **~ atractiva** Anziehungskraft *f* (*tb fig*); **~ bruta** rohe Gewalt *f*, Brachialgewalt *f*; **~ de la costumbre** Macht *f* der Gewohnheit; **~ elemental** Urkraft *f*; **~ explosiva** Sprengkraft *f*; **~ expresiva** *o* **de expresión** Ausdruckskraft *f*; **~ física** Körperkraft *f*; **~ de gravedad** Schwerkraft *f*; JUR (**caso** *m* **de**) **~ mayor** (Fall *m*) höhere(r) Gewalt *f*; **~s** *fpl* **naturales** Naturkräfte *fpl*; Elementarkräfte *fpl*; **~ de persuasión** Überzeugungskraft *f*; FÍS **~ de tracción** Zugkraft *f*; **~ útil** Nutzkraft *f*; **~ del viento** Windstärke *f*; **~ de voluntad** Willenskraft *f*, -stärke *f* 2 *con prp*: **de ~** gewichtig; **a la ~** *o* **por (la) ~** (*con violencia*) mit Gewalt, gewaltsam; (*necesariamente*) notwendigerweise, notgedrungen; zwangsläufig; **a ~ de** (*inf*) *o* (*subst*) durch (viel) (*acus*), mit viel (*dat*), durch ein Übermaß von (*dat*); **a ~ de entrenamiento** durch hartes Training, durch lange Übung; a

~ **de voluntad** durch die Kraft des Willens; **a viva** ~ *o* **con toda la** ~ mit aller Kraft; TEC **a toda** ~ mit voller Kraft; **con todas sus ~s** unter Aufbietung all(er) seiner Kräfte; *fam* **de por** ~ *o Méx* **de** ~ mit Gewalt; notgedrungen **3** *fig* **cobrar** ~ Gestalt annehmen; **(re)cobrar (las) ~s** (wieder) zu Kräften kommen; **por lo que esté en mis ~s** soweit es in meinen Kräften steht; **hacer** ~ sich anstrengen; kräftig drücken, zufassen *etc*; **hacer ~ a alg** j-n zwingen; j-m Gewalt antun; *fig* j-n unter Druck setzen; **es** ~ (*inf*) man muss (*inf*), es ist notwendig, zu (*inf*); ~ **es reconocer ...** man muss anerkennen ...; **donde ~ viene, el derecho se pierde** Macht geht vor Recht; **sacar ~s de flaqueza** aus der Not eine Tugend machen; sich aufraffen, sich ermannen **4** MIL *y policía*: **~s** *fpl* **(armadas)** Streitkräfte *fpl*; ~ **activa** *o* **efectiva** Iststärke *f*; **~s** *pl* **aéreas/navales** Luft-/Seestreitkräfte *fpl*; **~s** *pl* **anfibias** Amphibienstreitkräfte *fpl*; **~s** *pl* **blindadas** Panzerkräfte *fpl*; **~s** *pl* **de choque** Stoßkräfte *fpl*, -truppen *fpl*; ~ **de intervención** *o* **reacción rápida** schnelle Eingreiftruppe *f*; **~s** *pl* **navales** Seestreitkräfte *fpl*; ~ **pública** *o* **~s** *pl* **de orden público** öffentliche Sicherheitsorgane *npl*, Polizei *f*; **~s** *pl* **de refresco** Verstärkung *f*; **~s** *pl* **de seguridad** Sicherheitskräfte *fpl*; **~s** *pl* **unidas** Gesamtmacht *f*; *fig* **~s** *pl* **vivas** HIST kampffähige Bevölkerung *f*; *fig* (in) Handel *m* und Industrie *f* (tätige Bevölkerung *f*); *die* Honoratioren *pl* **5** ELEC *fam* (*corriente de fuerza*) Kraftstrom *m*

fuese → ir, ser

fuet M GASTR dünne (katalanische) Hartwurst *f*

fuetazo M *Am* Peitschenhieb *m*; **fuete** M *Am* Peitsche *f*; Reitgerte *f*; **fuetear** VT *Antillas, Méx, RPl* (aus)peitschen; **fuetera** F *Col* Auspeitschen *n*

fufar VI *gato* fauchen

fufú M *Am reg* GASTR *Brei aus Bananen, Yamswurzel oder Kürbis*

fuga F **1** (*huida*) Flucht *f*; ~ **de capitales** Kapitalflucht *f*; *fig* ~ **de cerebros** Brain-Drain *m*, Abwanderung *f* wissenschaftlicher Führungskräfte; JUR, AUTO ~ **del conductor** Fahrerflucht *f*; MED ~ **epiléptica** epileptische Absence *f*; *fig* ~ **hacia adelante** Flucht *f* nach vorn; ~ **masiva** Massenflucht *f*; **darse a la** ~ fliehen, die Flucht ergreifen; sich aus dem Staub machen *fam*; JUR, AUTO Fahrerflucht begehen; **poner en ~ a alg** j-n in die Flucht schlagen **2** ELEC, TEC (*escape*) undichte Stelle *f*, Leck *n*; ~ **de gas** Gasentweichung *f*; **hay una ~ de gas** es strömt Gas aus; **tener (una)** ~ undicht sein, leck sein **3** MÚS Fuge *f*

fugacidad F QUÍM *y fig* Flüchtigkeit *f*; *fig* Vergänglichkeit *f*; **fugada** F **1** (*ráfaga*) Bö(e) *f*, Windstoß *m* **2** (*fugitiva*) Ausbrecherin *f*, entflohener Häftling *m*; **fugado** M (*fugitivo*) Ausbrecher *m*, entflohener Häftling *m*

fugarse VR ⟨1h⟩ fliehen, flüchten; entfliehen, ausbrechen (**de** aus *dat*); ~ **con** durchbrennen mit (*dat*); ~ **de casa** *niños, adolescentes* ausreißen

fugaz ADJ ⟨*pl* -aces⟩ QUÍM *y fig* flüchtig; *fig* vergänglich; **fugazmente** ADV flüchtig; rasch enteilend

fugitivo **A** ADJ fliehend; flüchtig (*tb fig*); *fig* vergänglich **B** M, **-a** F Flüchtling *m*; Flüchtige *m/f*, Ausbrecher *m*, -in *f*

fuguillas M/F ⟨*pl inv*⟩ *fam* Heißsporn *m*; Wirrkopf *m*; Schwärmer *m*; **fuguista** M/F Ausbrecher *m*, -in *f*

fui, fuimos → ir, ser

fuina F ZOOL Steinmarder *m*

ful *pop* **A** ADJ *inv* (*estropeado*) verkorkst *fam*, missraten; (*falso*) falsch, unecht; (*malo*) mies *fam*; *Am reg fam* **a todo** ~ kräftig; heftig; mit Karacho *fam* **B** M *drogas* Hasch *n fam*, Shit *m/n fam*, Pot *n fam*, Kif *m fam*

fulana F *fam* Nutte *f fam*, Hure *f*; **fulanito** M → fulano

fulano M *desp* Kerl *m fam*, Typ *m fam*; ~ *o* **Don Fulano de Tal** Herr Soundso; **fulano y zutano, mengano y perengano** X und Y, Hinz und Kunz

fular M TEX Foulard *m*

fulastre ADJ *pop* → fulero A

fulbito M DEP *Art* Hallenfußball *m*; *Perú tb* Tischfußball *m*

fulcro M TEC Unterstützungspunkt *m eines Hebels*

fulero **A** ADJ *fam* (*chapucero*) pfuscherhaft, stümperhaft, schlecht **B** M, **-a** F → fullero

fulgente, fúlgido ADJ *liter* glänzend, leuchtend, schimmernd, funkelnd

fulgir VI ⟨3c⟩ *liter* strahlen, schimmern; blitzen, funkeln; **fulgor** M Schimmer *m*, Glanz *m*; Blitzen *n*, Strahlen *n*; **fulguración** F Blitzen *n*, Aufleuchten *n*; **fulgurante** ADJ glänzend (*tb fig*); *fam fig* (*rasante*) rasant; *dolor* stechend; **fulgurar** VI (auf)blitzen, aufleuchten; funkeln; **fulgúreo** ADJ → fulgente; **fulgurita** F MINER *y explosivo*: Fulgurit *m*; **fulguroso** ADJ strahlend, funkelnd, blitzend

fúlica F ORN Wasserhuhn *n*; ~ **negra** Blässhuhn *n*

fuliginosidad F Rußigkeit *f*; Rußschwärze *f*; **fuliginoso** ADJ *cult* rußig, ruß-artig, -farbig; *liter* tiefschwarz

fuligo M **1** (*hollín*) Ruß *m* **2** MED (*sarro*) Zungenbelag *m*

fullería F **1** (*trampa*) Mogeln *n*, Mogelei *f beim Spiel*; *fig* Gaunerei *f*; **hacer ~s** mogeln, betrügen **2** *Col* (*ostentación*) Angabe *f fam*; **fullero** M, **-a** F **1** (*tramposo, -a*) Mogler *m*, -in *f*; Gauner *m*, -in *f*; Falschspieler *m*, -in *f* **2** *Arg* (*chapucero, -a*) Pfuscher *m*, -in *f* **3** *Col* (*fanfarrón, -ona*) Aufschneider *m*, -in *f* **4** *Col* (*niño gracioso*) drolliges (*o* ausgelassenes) Kind *n*

fullona F *fam* Streit *m*, Gezänk *n*

full-time ['fultaɪm] ADV **trabajar (a)** ~ Vollzeit arbeiten

fulmicotón M Schießbaumwolle *f*

fulminación **1** (*caída del rayo*) Blitzen *n*, Blitzschlag *m* **2** (*relampagueo*) Aufblitzen *n* **3** (*estallido*) Detonation *f* **4** *fig* Verdammung *f*, Schleudern *n* des Bannstrahls; (*aniquilación*) Vernichtung *f*; **fulminador** ADJ blitzend; *liter* Blitze schleudernd; *fig* verdammend

fulminante **A** ADJ **1** (*de efecto muy rápido*) blitzartig; fulminant; *enfermedad* plötzlich (auftretend), von schnellem Verlauf; **apoplejía** *f* ~ Schlag *m* **2** *sustancia* zündend; QUÍM Knall...; **gas** *m* ~ Knallgas *n* **3** *fig* (*amenazante*) drohend; Blitz..., Donner..., Verdammungs...; **mirada** *f* ~ flammender Blick *m*; **respuesta** *f* ~ Antwort *f*, auf die es keine Erwiderung gibt **B** M Sprengsatz *m*; Zündhütchen *n*; **~s** *mpl* **de papel** Zündblättchen *npl für Spielzeugwaffen*

fulminar **A** VT **1** (*matar con rayos*) durch Blitzschlag töten; *liter rayos* schleudern **2** *fig* (*derribar*) niederschmettern; *castigo* verhängen; *adversario* vernichtend schlagen (*tb* DEP) **B** VI *fig persona* wettern, toben

fulminato M QUÍM Fulminat *n*

fulmíneo ADJ blitzartig, Blitz...; **fulmínico** ADJ QUÍM **ácido** *m* ~ Knallsäure *f*

fulo ADJ *Arg fam* eingeschnappt, sauer

fumable ADJ rauchbar; **fumada** F **1** (*bocanada de humo*) Zug *m beim Rauchen* **2** *Arg* (*burla*) Streich *m*; **fumadera** F *Am reg* Gequalme *n*; **fumadero** M Rauchzimmer *n*; ~ **de opio** Opiumhöhle *f*

fumador **A** ADJ rauchend **B** M, **fumadora** F Raucher *m*, -in *f*; **yo no soy** ~ ich bin Nichtraucher; **no** ~ Nichtraucher *m*; FERR **departamento** *m* **de (no) ~es** (Nicht)Raucherabteil *n*; ~ **pasivo** Passivraucher *m*

fumante ADJ rauchend; QUÍM **ácido** *m* **nítrico** ~ rauchende Salpetersäure *f*

fumar **A** VT & VI rauchen; **papel** *m* **de** ~ Zigarettenpapier *n* **B** VT *Arg* (*tomar el pelo*) zum Narren halten, betrügen **C** VR **fumarse** **1** *fam* (*faltar*) ~ **a/c** zu etw (*dat*) nicht hingehen, *irgendwo* fehlen, etw schwänzen *fam*; ~ **la clase** den Unterricht schwänzen **2** (*gastar*) ~ **a/c** etw restlos ausgeben, etw auf den Kopf hauen *fam*, etw verjuxen *fam*

fumarada F **1** (*porción de humo*) Rauchwolke *f* **2** (*pipa con tabaco*) Pfeife *f* voll Tabak

fumaria F BOT Feldraute *f*

fumarola F GEOL Fumarole *f*, vulkanische Gasausströmung *f*

fumata F **1** *leng. juv drogas* (*tomar droga*) Kiffen *n* **2** CAT *elección del Papa*: weiße Rauchwolke *f bei der Papstwahl*

fumeta M/F *Esp fam drogas* Hascher *m*, -in *f fam*, Kiffer *m*, -in *f fam*

fumífero ADJ *liter* rauchend

fumigación F Ausräuchern *n*; **fumigador** M **1** *persona*: Kammerjäger *m* **2** *aparato*: Desinfektor *m*; AGR, MIL Nebelerzeuger *m*; **fumigadora** F Kammerjägerin *f*; **fumigar** VT ⟨1h⟩ ausräuchern, einnebeln, vergasen; **fumigatorio** **A** ADJ Räucher... **B** M Räucherpfanne *f*

fumígeno ADJ Rauch entwickelnd, Rauch..., *espec* MIL Nebel...

fumista M/F **1** *profesión*: Ofensetzer *m*, -in *f* **2** (*burlón*) Spaßvogel *m*; **fumistería** F Ofenhandlung *f*; Werkstatt *f* eines Ofensetzers

fumívoro **A** ADJ Rauch verzehrend (*o* abführend) **B** M Rauchverzehrer *m*

fumoso ADJ rauchig; qualmend

funambulesco ADJ seiltänzerisch; *fig* verstiegen, extravagant; **funambulista** M/F Seiltänzer *m*, -in *f*

funámbulo M, **-a** F → funambulista

funcar VI *Arg, Ur fam aparatos* funktionieren

funche M *Am* dicke Maissuppe *f*

función F **1** *de una persona*: Funktion *f*; (*cargo*) Amt *n*, Tätigkeit *f*; (*tarea*) Aufgabe *f*; **en** ~ *o* **en -ones** amtierend; **en ~ de** in Abhängigkeit von; je nach; **en ~ de sus aptitudes** entsprechend seinen Fähigkeiten; **cesar en las** (*o* **sus**) **-ones** die Tätigkeit einstellen; sein Amt niederlegen; **entrar en -ones** (s)ein Amt antreten; tätig werden **2** TEC, MED, MAT Funktion *f*, TEC *tb* (*tarea*) Aufgabe *f*; MED *tb* Tätigkeit *f der Organe*; **estar en** ~ in Tätigkeit sein; in Betrieb sein; **hacer las -ones de** die Funktionen von (*dat*) übernehmen **3** (*fiesta*) Feier *f*; TEAT, FILM Vorstellung *f*; ~ **benéfica** Wohltätigkeitsveranstaltung *f*; REL ~ **divina** Gottesdienst *m*; ~ **especial** Sondervorstellung *f*; ~ **infantil** Kindervorstellung *f*; ~ **matinal** Matinee *f*; ~ **de sobremesa** Nachmittagsvorstellung *f*; ~ **de tarde/noche** Abend-/Nachtvorstellung *f*; **hoy no hay** ~ heute keine Vorstellung; *fam fig* **habrá** ~ es wird Krach (*o* Zoff *fam*) geben **4** *liter* (*acción bélica*) Kriegshandlung *f*

funcional ADJ funktionell, funktional; Betriebs..., Tätigkeits...; (*útil*) zweckmäßig; (*económico*) wirtschaftlich, rationell; ARQUIT **arquitectura** *f* ~ funktionelle Architektur *f*, Zweckbau *m*; MAT **ecuación** *f* ~ Funktionsgleichung *f*; **muebles** *mpl* **~es** Anbaumöbel *npl*

funcionalidad F Funktionsfähigkeit *f*; (*utilidad*) Zweckmäßigkeit *f*; **funcionalismo** M Funktionalismus *m*

funcionamiento M **1** (*calidad de funcionar*) Funktionieren *n*; (*marcha*) Betrieb *m*, Tätigkeit *f*; TEC *de una máquina tb* Gang *m*, Lauf *m*; (*modo* de funcionar) Arbeitsweise f (eines Mechanismus); TEC ~ **(completamente) automático** (voll) automatische Arbeitsweise f, Automatik f; **en (perfecto) estado de ~** betriebssicher; betriebsfähig; **entrar en ~** máquina anlaufen, sich einschalten; **poner en ~** in Betrieb setzen (o nehmen) B (acto oficial) Amtsverrichtung f

funcionar V/I A máquina, etc funktionieren; arbeiten, gehen, in Betrieb sein; **en condiciones de ~** betriebsfähig; **no funciona** außer Betrieb B persona sein Amt ausüben

funcionariado M Beamtenschaft f; Beamtentum n; **funcionario** M, **-a** F A ADMIN Beamte m, Beamtin f; ~ m **público** Staatsbeamte m B POL Funktionär m, -in f; **funcionarismo** M desp Bürokratie f, Amtsschimmel m; **funcionarización** F Verbeamtung f; **funcionarizar** V/T ⟨1f⟩ verbeamten

F

funda F A (cubierta) Überzug m, Bezug m; (envoltura) Hülle f, Futteral n; ODONT (Zahn)Krone f; ~ **de almohada** Kissenbezug m; ~ **de automóvil** Abdeckplane f, -haube f; ~ **axilar** (Pistolen)Halfter m; MAR ~ **de lona** Persenning f; S.Dgo ~ **de papel** (Papier)Tüte f; Esp, Ec, S.Dgo ~ **plástica** Plastikbeutel m; ~ **portadocumentos** Prospekthülle f; ~ **protectora** Schonbezug m, Schoner m; ~ **transparente** Klarsichthülle f; **poner la ~ a** almohadilla, etc überziehen B Col, Cuba (falda) Rock m

fundación F A (establecimiento) Gründung f B (donación) Stiftung f C TEC (base) Fundament n, Unterbau m; **fundacional** ADJ Gründungs...; Stiftungs...; **acto ~** Gründungsfeier f; **miembro ~** Gründungsmitglied n

fundadamente ADV begründeterweise; sicher; **fundado** ADJ (wohl) begründet; **fundador** A ADJ gründend B M, **fundadora** F A (creador[a]) Gründer m, -in f B (donador[a]) Stifter m, -in f

fundamental ADJ grundlegend, wesentlich, fundamental, Grund...; POL **ley** f ~ Grundgesetz n; MAT **línea** f ~ Grundlinie f; ARQUIT **piedra** f ~ Grundstein m (tb fig)

fundamentalismo M POL, REL Fundamentalismus m; **fundamentalista** POL, REL A ADJ fundamentalistisch B M/F Fundamentalist m, -in f; **fundamentalmente** ADV grundsätzlich; im Wesentlichen; von Grund aus

fundamentar A V/T stützen (tb fig), eine sichere Grundlage geben (dat), untermauern; fig begründen B V/R **fundamentarse** sich stützen, basieren (**en, sobre** auf acus)

fundamento M A Grundlage f, Fundament n; ARQUIT frec **~s** mpl Fundament n, Grundmauern fpl B Grund m, Begründung f; fig (fiabilidad) Verlässlichkeit f, Ernst m; **con ~** begründet(erweise); auf reiflicher Überlegung beruhend; **sin ~** unbegründet; grundlos; **carecer de ~** infundado: unbegründet sein; de poca confianza: unzuverlässig sein C **~s** mpl de una arte o ciencia: Grundkenntnisse fpl

fundar A V/T A (establecer) gründen, errichten B (donar) stiften C afirmación, etc (be)gründen, stützen (**en** auf acus) B V/R **~se en** ARQUIT ruhen auf (dat); fig beruhen auf (dat), fußen auf (dat), sich stützen auf (acus), sich gründen auf (acus)

fundente A ADJ material schmelzend B M A TEC Fluss-, Schmelzmittel n B MED medicamento: Mittel n zum Einschmelzen von Geschwülsten; **fundible** ADJ schmelzbar, gießbar

fundición F A (acción de fundir) Gießen n; Guss m; ~ **(de hierro)** Eisenguss m; (hierro colado) Gusseisen n; ~ **artística** Kunst-, Zierguss m; ~ **en bruto** Rohguss m; ~ **blanca** Weißeisen n; ~ **dulce** Weichguss m; ~ **dura** Hartguss m; ~ **en frío** Kaltguss m; ~ **maciza** Kern-, Vollguss m; ~ **en molde** Schalenguss m; **pieza** f **de ~** Gussstück n B (fusión) Schmelzung f, Schmelzen n C fábrica: Gießerei f; ~ **de acero (fino)** (Edel)Stahlgießerei f D TIPO (surtido de tipos) Sortiment n Schriften

fundido A ADJ geschmolzen; GASTR Schmelz...; **hierro ~** Gusseisen n; **queso** m ~ Schmelzkäse m B M A TEC Gießen n; **~ en una (sola) pieza** in einem Stück gegossen B FILM, fonotecnia: (transición de imágenes) Überblendung f; ~ **en negro** Ausblendung f

fundidor M, **fundidora** F Gießer m, -in f; Schmelzer m; ~ **de bronce** Erz-, Gelbgießer m; **fundillo** M A Am (fondillo) Hosenboden m B Méx fam (trasero) Hintern m

fundir A V/T & V/I A (derretir) schmelzen; einschmelzen B (dar forma en moldes) gießen; ~ **en frío** kalt gießen; **cazo** m **de ~** Gießkelle f C fig (fusionar) vereinigen; (miteinander) verschmelzen D TV, FILM (superponer imágenes) überblenden B V/R **fundirse** A (derretirse) schmelzen; ELEC durchbrennen, durchschmelzen B fig (juntarse) sich zusammenschließen, ECON tb fusionieren C Am (arruinarse) sich ruinieren

fundo M JUR Am reg (finca rústica) Bauernhof m; Landgut n

fúnebre ADJ Leichen..., Grab..., Grabes..., Trauer...; fig (muy triste) traurig, düster; **canto** m ~ Grab-, Trauergesang m; **cara** f ~ Trauermiene f; **coche** m ~ Leichenwagen m; **comitiva** f o **cortejo** m ~ Leichenzug m, Trauergeleit n; **marcha** f ~ Trauermarsch m; **oración** f ~ Grabrede f; **pompas** fpl **~s** → funeraria

funebrería F Arg Bestattungsinstitut n

funeral A ADJ Begräbnis... B M Begräbnis (zeremoniell) n; **~es** mpl Trauergottesdienst m; Totenfeier f; ~ **estatal** (o **de Estado**) Staatsbegräbnis n

funerala ADV MIL **a la ~** mit gesenkten Waffen; in Trauerparade; fam fig **ojo** m **a la ~** blaues (o blutunterlaufenes) Auge n

funeraria F A empresa: Beerdigungs-, Bestattungsinstitut n B **(caja** f**)** ~ Sterbekasse f; **funerario** ADJ Grab..., Begräbnis...; **columna** f -a Totensäule f; **empresa** f o Am reg **agencia** f -a Beerdigungs-, Bestattungsinstitut n

funéreo ADJ poét → fúnebre

funesto ADJ unheilvoll, verhängnisvoll; unglückselig; todbringend

fungible ADJ JUR vertretbar, fungibel (Sachen)

fungicida M Mittel n gegen Pilzbefall, Fungizid n; **fungiforme** ADJ pilzförmig

fungir V/I ⟨3c⟩ Am reg A (desempeñar un cargo) ein Amt ausüben B (suplir provisionalmente) als Stellvertreter tätig sein C fam (inmiscuirse) sich einmischen

fungo M MED Fungus m, flache Geschwulst f; **fungosidad** F MED schwammiger Auswuchs m; **fungoso** ADJ espec MED schwammig; t/t fungös

funicular ADJ **ferrocarril** m ~ (Draht)Seilbahn f, Schwebebahn f; Hängebahn f; ~ **terrestre** Bodenseilbahn f

funyi M Arg fam Hut m

fuñique ADJ fam A (torpe) linkisch, täppisch B (meticuloso) zimperlich, pingelig fam

fuñir Ven fam A V/T auf den Wecker gehen B V/R **fuñirse** kaputtgehen

furaré M Chile ORN Art Drossel f

furcia F fam Hure f, Nutte f fam

furente ADJ liter wütend, rasend, tobend

furfuráceo ADJ t/t kleienartig; MED Schuppen...

furgón M A FERR vagón: geschlossener Güterwagen m; ~ **(de correos)** Postwagen m; ~ **(de equipajes)** Gepäckwagen m B AUTO (camioneta) großer Lieferwagen m, Kastenwagen m; Transporter m; ~ **celular** Gefangenentransportwagen m; ~ **de mudanzas** Möbelwagen m

furgoneta F AUTO Lieferwagen m; Kleintransporter m

furia F A (ira exaltada) Wut f, Raserei f, Toben n; **acceso** m o **arrebato** m **de ~** Tobsuchts-, Wutanfall m; **a** o **con toda ~** mit aller Kraft; in größter Eile; (wie) wild B MIT y fig Furie f; **estar hecho una ~** toben, rasen, wüten C Méx copete: wirrer Haarschopf m

furibundo ADJ wütend, rasend; **furioso** ADJ rasend, tobend, wütend; tobsüchtig; **ponerse ~** wütend werden

furo M A orificio: Einfüllöffnung f der Form für Zuckerhüte B Méx (punta del pan de azúcar) Spitze f des Zuckerhuts

furor M A (furia) Raserei f, Wüten n; Toben n (tb MED); ~ **del juego** Spielwut f, -leidenschaft f; ~ **popular** Volkszorn m; ~ **uterino** Mannstollheit f, Nymphomanie f B (entusiasmo) Begeisterung f; **hacer** o **causar ~** Furore machen C fam fig (prisa) rasende Schnelligkeit f

furriel M A MIL **(cabo** m**)** ~ Quartiermacher m; Furier m B HIST (encargado real de las caballerizas) königlicher Oberstallmeister m

furrio Ven → furris

furris ADJ inv reg fam erbärmlich, elend, schlecht; verpfuscht

furruco M Ven Hirtentrommel f

furrusca F Col fam Streit m

furtivismo M Wilderei f; **furtivo** ADJ heimlich, verstohlen; **cazador** m ~ Wilderer m

furular V/I Esp TEC fam funktionieren

furúnculo M MED Furunkel m; **furunculosis** F MED Furunkulose f

fusa F MÚS Zweiunddreißigstelnote f

fusado ADJ heráldica: mit Spindeln

fusco ADJ schwärzlich, dunkel

fuseau M TEX Steghose f

fuselaje M AVIA Rumpf m

fusibilidad F Schmelzbarkeit f

fusible A ADJ schmelzbar B M ELEC Sicherung f; ~ **de plomo** Bleisicherung f; ~ **principal** Hauptsicherung f; ~ **automático** Sicherungsautomat m

fusiforme ADJ spindelförmig

fusil M Gewehr n; DEP ~ **acuático** o **lanzaarpones** o **submarino** Unterwassergewehr n; ~ **automático** Selbstladegewehr n; ~ **de repetición** Repetiergewehr n, Mehrlader m

fusilamiento M MIL Erschießung f; ~ **en masa** Massenerschießung f

fusilar V/T A MIL (ejecutar con fusiles) standrechtlich erschießen, füsilieren B fam fig (plagiar) plagiieren, abschreiben, abkupfern fam; libro tb zusammenstoppeln fam; **fusilazo** M Gewehrschuss m; **fusilería** F MIL A Gewehrfeuer n; Infanteriefeuer n B (conjunto de fusiles) Gewehre npl C (tiradores) Schützen mpl; **fusilero** M MIL Infanterist m; Schütze m; HIST Füsilier m, Musketier m

fusión F A (fundición) Schmelzen n; Schmelze f; FÍS ~ **nuclear** Kernfusion f, -verschmelzung f; **punto** m **de ~** Schmelzpunkt m; METAL ~ **reductora** Frischen n von Stahl B fig (unión) Verschmelzung f; (asociación) Zusammenschluss m; ECON, POL Fusion f

fusionar A V/T (ver)schmelzen; fig zusammenschließen B V/R **fusionarse** verschmelzen; fig sich zusammenschließen, ECON tb fusionieren

fuso M heráldica: Raute f

fusta F A látigo: (Kutscher)Peitsche f; Reitgerte f B (leña menuda) Reisig n; **fustado** ADJ heráldica: geschäftet; **fustal, fustán** M A TEX tela: Barchent m B Am (enaguas) Unterrock m; **fustazo** M Peitschenhieb m

fuste M A (palo) Stange f; (varilla) Gerte f, Rute

f; (asta) (Lanzen)Schaft m **2** ARQUIT de una columna: Säulenschaft m **3** equitación: Sattelbaum m; poét (silla) Sattel m **4** fig (núcleo) Kern m, (contenido) Gehalt m; **de ~** wichtig, bedeutend; gewichtig; **de poco ~** unbedeutend
fustero M reg Drechsler m; Zimmermann m;
fustete M BOT Färberbaum m
fustigación F Auspeitschung f; **fustigador** **A** ADJ persona peitschend **B** M, **fustigadora** F Auspeitscher m, -in f; **fustigar** V/T ‹1h› (aus)peitschen; fig geißeln
fut M Am Centr fam Fußball m
futbito M Art Hallenfußball m
fútbol, futbol M Fußball m; Fußballspiel n; DEP **~ americano** American Football m; **~ sala** o espec Am **salón** Hallenfußball m
futbolero ADJ Am Fußball...; **futbolín** M Tischfußball m; **futbolista** M/F Fußballspieler m, -in f, Fußballer m, -in f fam; **futbolístico** ADJ Fußball...
futesa, futeza F Lappalie f, Bagatelle f; Firlefanz m
fútil ADJ nichtig; geringfügig; belanglos, nichtssagend
futilidad F Geringfügigkeit f, Belanglosigkeit f; Nichtigkeit f
futón M Futon m
futre M Am Mer Modenarr m, Geck m, Stutzer m
futura F **1** (candidatura) Anwartschaft f **2** TIPO Futura f (Schrift) **3** fam (novia) Braut f, Zukünftige f fam; **futurable** ADJ fam eventuell (zu)künftig (eintretend); **los ministros ~s son ...** als Minister kommen eventuell infrage ...; **futurario** ADJ Anwartschafts...; **futurible** **A** ADJ möglich; eventuell **B** M Anwärter m; **futurismo** M arte: Futurismus m; **futurista** **A** ADJ futuristisch **B** M/F Futurist m, -in f
futuro **A** ADJ künftig; **en lo ~** in Zukunft; REL **la vida -a** das künftige Leben, das Leben im Jenseits **B** M **1** (porvenir) Zukunft f; **en el ~** in Zukunft, künftig; **en un próximo ~** in naher Zukunft, bald; **leer** o **adivinar el ~** wahrsagen **2** GRAM **~ (imperfecto)** Futur I n, einfache Zukunft f; **~ perfecto** Futurum n exactum, Futur II n, vollendete Zukunft f; **~ condicional** bedingte Zukunft f **3** fam (novio) Bräutigam m, Zukünftige m, fam **4** ECON **contrato de ~s** Futures-Kontrakt m
futurología F Futurologie f; **futurólogo** M, **-a** F Futurologe m, Futurologin f; Zukunftsforscher m, -in f

G

G, g F G, g n; → tb **ge**
gabacho fam desp **A** ADJ französisch **B** M, **-a** F desp Franzose m, Franzmann m, Französin f **C** M lenguaje: mit Gallizismen durchsetztes Spanisch n
gabán M espec Am Mantel m; Überzieher m; **~ de pieles** Pelzmantel m
gabanear **A** V/T Am Centr stehlen **B** V/I Méx fliehen
gabanero M Garderobe f
gabardé M jerga del hampa Franzose m
gabardina F **1** TEX tela: Gabardine m/f **2** (sobretodo impermeable) (imprägnierter) Popelinemantel m; Trenchcoat m **3** Esp fam (preservativo) Kondom n **4** GASTR **en ~** im Teigmantel; **gambas** fpl **en ~** Krabben fpl im Teigmantel
gabarra F MAR Schute f; Last-, Frachtkahn m; Leichter m; **~ tanque** Tankleichter m; **gabarrero** M **1** MAR (conductor) Kapitän m eines Lastkahns **2** (leñador) Holzhauer m
gabarro M **1** MINER (nódulo mineral) Steinknoten m **2** TEX (defecto en un tejido) Webernest n (Webfehler) **3** VET enfermedad de caballerías: Hufgeschwür n **4** fig (obligación) (lästige) Verpflichtung f **5** fig (error en cuentas) Fehler m in einer Rechnung
gabasa F Esp fam Prostituierte f, Hure f pop
gabato M, **-a** F CAZA Rehkitz n; Wildkalb n
gabazo M → **bagazo**
gabela F **1** (impuesto) Abgabe f **2** fig (carga) Last f, Belastung f **3** Am reg (ventaja) Vorteil m, Gewinn m
gabinete M **1** (oficina) Arbeits-, Studierzimmer n; (despacho) Büro n; (sala anexa) Nebenraum m; MED Behandlungsraum m; Am reg **~ de cocina** Einbauküche f; **~ de lectura** Lesesaal m; Leihbibliothek f; **~ (de señora)** Ankleidezimmer n; kleiner (eleganter) Damensalon m; **poeta** m **de ~** Schreibtischpoet m **2** (lugar de exposición) Kabinett n; (colección) Sammlung f; **~ de estampas** Kupferstichkabinett n; **~ de figuras de cera** Wachsfigurenkabinett n; **~ de física** physikalischer Versuchsraum m; physikalische Sammlung f **3** POL (cuerpo de ministros) Kabinett n; Regierung f; Ministerium n; **~ de crisis** Krisenstab m; **~ de prensa** Pressestelle f; **~ de oposición** o **en la sombra** Schattenkabinett n; **plantear la cuestión de ~** die Kabinetts- (o Vertrauens)frage stellen (tb fig) **4** Cuba (caseta) Behausung f; Bude f
gablete M ARQUIT Giebel(abschluss) m
Gabón M Gabun n
gabonés **A** ADJ gabunisch **B** M, **-esa** F Gabuner m, -in f
gabrieles MPL fam fig Kichererbsen fpl im Eintopf → **cocido** B
gacel M ZOOL Gazellenbock m; **gacela** F ZOOL Gazelle f; **~ saltarina** Springbock m
gaceta F **1** Am (boletín oficial) Amtsblatt n; Staatsanzeiger m; (Fach)Zeitung f **2** fig (correveidile) Klatschmaul n **3** TEC (caja refractaria) Brennkasten m für Kacheln etc; **gacetero** M, **-a** F **1** (vendedor de diarios) Zeitungsverkäufer m, -in f **2** (periodista) Zeitungsschreiber m, -in f; fig Neuigkeitskrämer m, -in f; **gacetilla** F en el diario: Vermischte(s) n; Kurznachrichten fpl; **~ teatral** Theaterteil m einer Zeitung; **gacetillero** M, **-a** F Zeitungsschreiber m, -in f; **gacetista** M/F fam **1** (lector apasionado) eifriger Zeitungsleser m, -in f **2** (persona interesada en novedades) Neuigkeitskrämer m, -in f
gacha F **1** masa blanda: Brei m; breiartige Masse f; **~s** fpl (Mehl-, Milch)Brei m; GASTR **~s de miel** Milch-Honig-Brei m **2** Col, Ven (recipiente de barro) irdener Napf m
gachapanda ADV **a la ~** Am heimlich, still und leise
gaché M **1** *Zigeunername für Andalusier* **2** fam (tipo) Kerl m, Typ m fam
gacheta F **1** (engrudo) Kleister m **2** TEC palanquita: Zuhaltung f im Schloss
gachí F pop Mädchen n, Puppe f fam, Zahn m pop
gacho ADJ **1** (inclinado) gesenkt, gebeugt orejas, etc (herab)hängend; cuernos nach unten gebogen; **orejas** fpl **-as** perro: Schlappohren npl; **con la cabeza -a** mit gesenktem Kopf; fig **con las orejas -as** mit hängendem Kopf; **(andar) a -as** auf allen vieren (kriechen) **2** Méx (feo) hässlich; (de mal gusto) geschmacklos **3** Méx (revelador) verräterisch
gachó M pop Mann m, Kerl m fam, Typ m fam
gachón ADJ **1** (gracioso) niedlich, hübsch **2** niño verwöhnt; **gachonada** fam, **gachonería** F fam Anmut f, Liebreiz m
gachuela F **1** (pasta) Brei m **2** (masilla) Kitt m
gachumbo M Am holzartige Schale f (z. B. der Kokosnuss)
gachupín M, **gachupina** F Am Centr, Méx desp Spanier m, -in f
gacilla F C. Rica, Nic fam Sicherheitsnadel f
gadejo M Col fam Lust f zu streiten (o belästigen)
gadget M ['gaðʒɛt] *technische Spielerei*
gaditano ADJ aus Cádiz
gado M pez: Dorsch m
gaélico ADJ gälisch
gafa F **1** **~s** pl (anteojos) Brille f; **~s** pl **al aire** randlose Brille f; **~s** pl **auditivas** Hörbrille f; **~s** pl **bifocales** Zweistärkengläser npl, Bifokalgläser npl; **~s** pl **protectoras** Schutzbrille f; **~s** pl **de bucear** Taucherbrille f; **~s** pl **de concha** Hornbrille f; **~s** pl **de inmersión/de sol** Taucher-/Sonnenbrille f; **~s** pl **de alta graduación** starke Brille f; **~s** pl **de lectura** Lesebrille f; obs **~s** pl **de pinza** Kneifer m, Zwicker m; **~s** pl **de piscina** Schwimmbrille f; **~s** pl **de** (o **para**) **ver (de) lejos** Fernbrille f; **llevar ~s** eine Brille tragen; **ponerse las ~s** seine Brille aufsetzen; **hacerse el de las ~s** etw absichtlich übersehen **2** TEC (grapa) Klammer f, Krampe f **3** de la ballesta: Armbrustspanner m **4** MAR Hakenstropp m, Schenkelhaken m
gafado ADJ vom Pech verfolgt; **gafar** V/T verklammern; fam fig Unglück bringen
gafe M/F fam (cenizo) Unglücksbringer m, -in f; (aguafiestas) Spielverderber m, -in f; fam **¡no seas ~!** mach keinen Quatsch! fam; **romper su ~** m seine Pechsträhne überwinden
gafo ADJ MED krallenfingrig; **gafotas** M/F fam desp Brillenschlange f (fam fig); **gafotos** M/F fam Brillenträger m, -in f; **gafudo** fam **1** ADJ bebrillt **2** M, **-a** F persona: Brillenträger m, -in f
gag M FILM, TEAT Gag m
gagá **A** ADJ kindisch, vertrottelt, gaga fam; Perú fam **gente** f **~** feine Gesellschaft f, fam Schickeria f **B** M/F Perú fam Trottel m
gago ADJ Am reg stotternd; **gaguear** V/I Am reg stottern; näseln
gaita **A** F **1** MÚS Art Schalmei f; **~ (gallega)** Dudelsack m; **~ (zamorana)** Dreh-, Bauernleier f; fig **alegre como una ~** munter, lustig; **estar de ~** vergnügt sein; fig fam **templar ~s** Frieden stiften; Rücksicht nehmen; **tocar la ~** Dudelsack spielen **2** fam fig (pescuezo) Nacken m, Genick n **3** fam (cosa fastidiosa) Unannehmlichkeit f, Vergnügen n (irón) **4** Arg pop (sirvienta gallega) galicische Magd f **B** M/F Arg fam desp Spanier m, -in f
gaitero **A** ADJ **1** fam (ridículamente alegre) aufgekratzt, vergnügt **2** vestimenta, etc grellbunt, knallig fam **B** M, **-a** F; músico: Dudelsackspieler m, -in f; **gaito** M Cuba frec desp Spanier m
gaje M Arg BOT fam Setzling m
gajes MPL (Neben)Einnahme(n) f(pl); irón **~ del oficio** Freuden fpl des Berufs (irón)
gajo M **1** (rama quebrada) (abgebrochener) Ast m, Zweig m **2** (racimo) Büschel n; de plátanos: Bündel n **3** de una naranja, etc: Schnitz m **4** BOT (lóbulo) Lappen m **5** AGR (diente) Zinke f, Zacken m eines Rechens etc **6** GEOG de la cordillera: Gebirgsausläufer m **7** Am Centr, Col (mechón) Locke f **8** Am reg (mentón) Kinn n **9** Col fam **ser del ~ de arriba** (pertenecer a la clase alta) zur höheren Gesellschaftsklasse zählen
gajoso ADJ vielästig, viel geteilt
gal M FÍS Gal n (cm/s^2)
GAL MPL ABR Esp HIST (Grupos Antiterroristas de Liberación) antiterroristische Befreiungsgruppen fpl (spanische Terrorgruppe)
gala[1] F **1** TEAT Gala f; **de ~** Fest..., Gala...;

función *f* **de ~** Fest-, Galavorstellung *f* **2** *vestimenta:* Festkleidung *f*; **~s** *fpl* Festkleidung *f*, -schmuck *m*; **de ~** Fest..., Gala...; MIL **uniforme** *m* **de ~** Parade-, Galauniform *f*; MIL **uniforme** *m* **de media ~** *corresponde a:* Ausgehuniform *f*; *tb fig* **haberse puesto todas sus ~s** in vollem Schmuck prangen; **vestirse de ~** sich festlich anziehen; Gala tragen **3** *fig (lo más selecto)* Zierde *f*; *(gracia)* Anmut *f*; **cantar la ~ (de)** rühmen *(acus)*; **hacer ~ de** *o* **tener a ~ a/c** etw zur Schau tragen, mit etw *(dat)* prahlen; sich einer Sache *(gen)* rühmen; **llevarse la ~** am meisten glänzen, den Vogel abschießen *fam* **4** Beste *n*; *fig* **ser la ~ de** der (*o* die *o* das) Beste (*o* der Stolz) sein von *(dat)* **5** *Antillas, Méx (propina)* Trinkgeld *n* **6** BOT **~ de Francia** → **balsamina**

gala[2] *F* Gallierin *f*; *fig* Französin *f*

galáctico *ADJ* ASTRON Milchstraßen...; galaktisch

galactómetro *M* Milchmesser *m*; **galactosa** *F* QUÍM Galaktose *f*

galaico *ADJ* galicisch; **galaico(-)portugués** *ADJ* galicisch-portugiesisch

galalita *F* QUÍM Galalith *n*

galán *M* **1** *hombre:* Galan *m fam*, Verehrer *m*; Liebhaber *m*; *fam fig* **conozco al ~** ich kenne den sauberen Vogel **2** TEAT **~ (joven)** *(amante joven)* (jugendlicher) Liebhaber *m* **3** **~ de noche** *mueble:* stummer Diener *m*

galanamente *ADV* elegant; prächtig anzuschauen; **galancete** *M* TEAT jugendlicher Liebhaber *m*; **galano** *ADJ* **1** *(bien vestido)* schön gekleidet; *(adornado)* geschmückt **2** *fig (elegante)* elegant; *(bien proporcionado)* wohl geformt; *(ingenioso)* geistreich **3** *Cuba ganado* gefleckt

galante *ADJ* **1** *hombre* galant; fein, höflich; aufmerksam, zuvorkommend **2** *mujer* kokett; **mujer** *f* **~** Kokotte *f*; **galanteador** **A** *ADJ* schmeichlerisch **B** *M* Charmeur *m*; **galantear** *V/T* umwerben, den Hof machen *(dat)*; schmeicheln *(dat)*; *fig* sich sehr bemühen um *(acus)*; **galantemente** *ADV* galant; **galanteo** *M* Liebeswerben *n*; **galantería** *F* **1** *(amabilidad)* Höflichkeit *f*; Aufmerksamkeit *f*, Galanterie *f* **2** *(altruismo)* Uneigennützigkeit *f*, Freigebigkeit *f* **3** *en las cosas:* Schick *m*, guter Geschmack *m*

galantina *F* GASTR Galantine *f (kalte Fleisch- oder Geflügelpastete in Aspik)*

galanura *F* Anmut *f*; Eleganz *f*; **~ de estilo** glänzender Stil *m*

galápago *M* **1** ZOOL Süßwasserschildkröte *f*; *fig* **tener más conchas que un ~** mit allen Wassern gewaschen sein *fam*; es faustdick hinter den Ohren haben *fam* **2** AGR *del arado:* Scharstock *m am Pflug* **3** TEC *para soldar:* Flachkloben *m*; (Blei- *etc*) Barren *m zum Löten* **4** CONSTR *(molde para hacer tejas)* Dachziegelform *f* **5** MAR *(tojino)* Klampe *f* **6** *equitación:* Wulstsattel *m*; *Am Mer (silla de montar de la bicicleta)* Fahrradsattel *m* **7** MED Schleuderverband *m* **8** VET *enfermedad de caballerías:* Frosch *m* **9** HIST, MIL Sturmdach *n*

galapaguera *F* Schildkrötensumpf *m*, -weiher *m*

galardón *M* Belohnung *f*, Auszeichnung *f*, Preis *m* (**de, por** für *acus*); **galardonado** **A** *ADJ* ausgezeichnet **B** *M*, **-a** *F* Preisträger *m*, -in *f*; **galardonar** *V/T* belohnen; auszeichnen, ehren (**con** mit *dat*)

gálatas *MPL* Galater *mpl*

galato *M* QUÍM Gallat *n*

galaxia *F* ASTRON Galaxis *f*; Milchstraße *f*; *fig* **guerra** *f* **de las ~s** Krieg *m* der Sterne; **galaxial, galáxico** *ADJ* → galáctico

galbana *F fam* Faulheit *f*, Trägheit *f*; **galbanado** *ADJ* gelblich grau; **galbanear** *V/I* faulenzen; **galbanero, galbanoso** *ADJ fam* träge, arbeitsscheu

galdosiano *ADJ* LIT *auf den spanischen Schriftsteller Pérez Galdós bezogen*

galeaza *F* MAR Galeasse *f*; **galega** *F* BOT Geißraute *f*; **galena** *F* MINER Bleiglanz *m*, Galenit *m*; RADIO **detector** *m* **de ~** Kristalldetektor *m*; **galeno** **A** *M liter, irón* Doktor *m fam*, Arzt *m* **B** *ADJ* MAR **viento** *m* **~** leichte Brise *f*

galeón *M* MAR, HIST Galeone *f*; **galeota** *F* MAR Kuff *n*, Galeote *f*; **galeote** *M* HIST Galeerensträfling *m*

galera *F* **1** MAR, HIST *embarcación:* Galeere *f*; **~s** *fpl* Galeerenstrafe *f*; **condenado** *m* **a ~s** Galeerensträfling *m* **2** *(carro cubierto)* (überdachter) Last- *o* Reisewagen *m* **3** ZOOL *crustáceo:* Heuschreckenkrebs *m* **4** TIPO großes Setzschiff *n* **5** METAL *(fila de hornos)* Frischofenbatterie *f* **6** CONSTR lange Raubank *f* **7** MAT Trennungsstrich *m zwischen Dividend und Divisor* **8** *(sala de enfermos)* Krankensaal *m* **9** *Hond, Méx (cobertizo)* Schuppen *m* **10** *Arg, Chile fam sombrero:* Zylinder(hut) *m* **11** *Col, Méx* TIPO Korrekturfahne *f*

galerada *F* TIPO Fahnen-, Bürstenabzug *m*; **~s** *fpl* Korrekturfahnen *fpl*

galería *F* **1** (bedeckter) Gang *m*; Galerie *f*; *(mirador)* Veranda *f*; COM **~s comerciales** Einkaufs-, Ladenpassage *f* **2** TEAT Galerie *f*; *tb público:* Galeriepublikum *n*; *fig* **para la ~** *o* **de cara a la ~** für die breite Masse; für das Publikum; *fig* POL **hablar cara a la ~** zum Fenster hinaussprechen, für die Galerie sprechen **3** **~ (de pinturas)** Gemälde-, Bildergalerie *f*; **~ de arte** Kunstgalerie *f* **4** *de un ómnibus:* Omnibusverdeck *n* **5** MIL, TEC, MIN Stollen *m*; **~ transversal** Querschlag *m*; **~ (principal) de transporte** (Haupt)Förderstrecke *f* **6** *en estaciones termales:* Trinkhalle *f*

galerín *M* TIPO Setzschiff *n*; **galerista** *M/F* Galerist *m*, -in *f*

galerna *F*, **galerno** *M steifer Nordwestwind an der spanischen Nordküste*

galerón *M* **1** *Am Mer* MÚS Ballade *f*; Romanze *f* **2** *Am Centr (cobertizo)* Schuppen *m*; Vordach *n*

Gales *M* (**País** *m* **de**) **~** Wales *n*

galés **A** *ADJ* walisisch **B** *M*, **-esa** *F* Waliser *m*, -in *f* **C** *M lengua:* Walisisch *n*

galga *F* **1** ZOOL *perra:* Windhündin *f* **2** *(piedra grande)* Stein *m*, Felsbrocken *m (bei Steinschlag)* **3** *de molino:* Mühlstein *m*, Läufer *m* **4** *del calzado:* kreuzförmiges Sandalenband *n* **5** *freno:* Bremsknüppel *m*, Hemmschuh *m* **6** MED *(sarna)* Halskrätze *f* **7** *(andas)* Trage *f*, Bahre *f* **8** TEC *(calibre)* Lehre *f*, Kaliber *n*; **~ de alambre** Drahtlehre *f*

galgo **A** *ADJ Col y reg* naschhaft **B** *M* **1** ZOOL **(perro** *m***) ~** Windhund *m* **2** *fam fig* **echarle a alg los ~s** j-n bedrängen; **¡échale un ~!** das (*o* den *etc*) siehst du nicht wieder!, den erwischst du niemals!; das kannst du abschreiben!; **¡váyase a espulgar un ~!** scheren Sie sich zum Kuckuck (*o* zum Teufel)!

galgódromo *M* Windhundrennbahn *f*; **galguear** *V/I* **1** *Am fam (tener hambre)* Hunger haben *(tb fig)* **2** *Am reg (gulusmear)* futtern; naschen; **galguita** *F* Windspiel *n*

gálgulo *M* ORN Blauelster *f*

Galia(s) *F(PL)* HIST Gallien *n*

gálibo *M* **1** MAR Mall *n* **2** FERR Durchfahrts-, Lichtraumprofil *n*; **~ de carga** Ladehöheprofil *n*; AUTO **luces** *fpl* **de ~** Begrenzungsleuchten *fpl* **3** *fig (patrón)* (Aus)Maß *n* **4** *(elegancia)* Eleganz *f*

galicanismo *M* REL Gallikanismus *m*; **galicano** *ADJ* gallikanisch

Galicia *F* **1** *Esp* Galicien *n* **2** *en Europa oriental:* Galizien *n*

galicismo *M* LING Gallizismus *m*, französische Spracheigentümlichkeit *f*; **galicista** **A** *ADJ* gallizistisch **B** *M/F* Freund *m*, -in *f* von Gallizismen

gálico **A** *ADJ* **1** gallisch; *liter (francés)* französisch **2** QUÍM **ácido** *m* **~** Gallussäure *f* **B** *ADJ* HIST **morbo** *m* **~** Lustseuche *f* (HIST), Syphilis *f*

galicursi *ADJ fam* → galicista

galilea *F* **1** *(pórtico de iglesias)* Kirchenvorhof *m* **2** *mujer:* Galiläerin *f*; **galileo** **A** *ADJ* galiläisch **B** *M hombre:* Galiläer *m*

galillo *M* ANAT Zäpfchen *n*; *p. ext fam (gaznate)* Schlund *m*, Kehle *f*; **(el trago) me ha dado en el ~** ich habe mich (daran) verschluckt

galimatías *M* Unsinn *m*, Kauderwelsch *n*

galináceas → gallináceas

galindo *ADJ pop* geschlechtskrank

galiparla *F* mit Gallizismen gespickte Sprache *f*

galipot *M* FARM Gallipotharz *n*; **galipote** *M* MAR Teer *m zum Kalfatern*

galla *F* HIST *pop* Fünfpesetenstück *n*; **gallada** *F fam* **1** *reg y Chile (frescura)* Frechheit *f*; Prahlerei *f*, Angabe *f fam* **2** *Chile (chusma)* Gesindel *n* **3** *Col fam (rasgo de valor)* Draufgängertum *n*; mutige Tat *f* **4** *Col, Perú (pandilla)* Gang *f*, Bande *f*

galladura *F* Hahnentritt *m im Ei*; **gallar** *V/T* → gallear I

gallarda *F* **1** MÚS Gaillarde *f* **2** TIPO Petit *f (8-Punkt-Schrift)* **3** *Esp fam (masturbación)* Masturbation *f*, Selbstbefriedigung *f*

gallardear *V/I* **1** *(ostentar valor)* Mut beweisen **2** *(jactarse)* prahlen (**de** mit *dat*)

gallardete *M* MAR (Signal)Wimpel *m*; Stander *m*; **gallardetón** *M* MAR Kommandostander *m*

gallardía *F* **1** *(esplendor)* Stattlichkeit *f*; Würde *f*; Stolz *m* **2** *(valor)* Kühnheit *f*, Mut *m*, Schneid *m fam* **3** *(gracia)* Anmut *f*; **gallardo** **A** *ADJ* **1** *(espléndido)* stattlich; würdevoll **2** *(valiente)* mannhaft; kühn, schneidig *fam* **3** *(guapo)* schmuck; *fig (excelente)* großartig, schön **B** *M Cuba* Kaffee *m*

gallareta *F* ORN Wasserhuhn *n*; **gallarón** *M* ORN Strandläufer *m*

gallear **A** *V/T gallo* treten **B** *V/I* **1** *(enfurecerse con gritos)* schreien, (los)brüllen **2** *(presumir)* sich aufspielen, angeben *fam*

gallega *F* **1** *mujer:* Galicierin *f* **2** *Arg, Ur frec desp (española)* Spanierin *f*; **gallegada** *F* **1** *folclore* galicischer Brauch *m*; MÚS galicischer Volkstanz *m* **2** *Arg, Ur fam desp (acción típica española)* typisch spanische Handlungsweise, Ausdrucksweise *etc* **3** *Arg, Ur (españoles)* Gruppe *f* von Spaniern

gallego **A** *ADJ* galicisch; LING **~-portugués** galicisch-portugiesisch; GASTR **caldo** *m* **~** *Suppentopf mit Rindfleisch, Kohl und Kartoffeln*; GASTR **pote** *m* **~** *Eintopf mit weißen Bohnen oder Kohl, Paprikawürsten etc*; GASTR **vieiras** *fpl* **a la –a** überbackene Jakobsmuscheln *fpl* **B** *M* **1** *hombre:* Galicier *m* **2** *lengua:* Galicisch *n* **3** *Arg, Ur, Cuba frec desp (español)* Spanier *m* **4** *fam (cicatero)* Knauser *m*, Knicker *m fam* **5** *viento:* Nordwestwind *m*

galleguismo *M* LING galicische Spracheigentümlichkeit *f*; Lehnwort *n* aus dem Galicischen; **galleguizar** *V/T Esp* gallegisieren

galleo *M* **1** *(aspereza de una superficie)* Oberflächenrauheit *f bestimmter Metalle* **2** TAUR *eine Capafigur (Ausweichbewegung)*

gallera *F Am* **1** *(lugar de riña de gallos)* Hahnenkampfplatz *m* **2** *(gallinero)* Kampfhahnstallung *f*

gallerbo *M pez:* Pfauenschleimfisch *m*

gallería F Cuba 1 *cría de gallos*: Kampfhahnzucht *f* 2 → gallera 1; **gallero** M Am 1 *dueño*: Kampfhahnhalter *m* 2 *lugar de riña*: Hahnenkampfarena *f* 3 *aficcionado*: Liebhaber *m* von Hahnenkämpfen

galleta F 1 *(bizcocho)* Keks *m*; (Schiffs)Zwieback *m*; Kleingebäck *n*; Am GASTR **~s** *pl* **de soda** Crackers *pl*; **~s** *pl* **para perros** Hundekuchen *m* 2 *carbón*: Würfelkohle *f* 3 *fam (cachete)* Schlag *m*, Ohrfeige *f* 4 *Internet*: Cookie *n* 5 ELEC Flachspule *f*; Kontaktplatte *f* 6 *Arg (recipiente para mate)* Mategefäß *n* 7 *RPl fam* **colgar la ~ a alg** j-n feuern *fam* 8 *Chile (pan negro)* Schwarzbrot *n* 9 *Ven fam* (Verkehrs-)Stau *m*

galletazo *fam* M Ohrfeige *f*; *fam* **dar el ~** aufprallen; **galletear** V/T *RPl fam empleado* feuern *fam*; **galletera** F 1 *fabricante*: Keksbäckerin *f* 2 *Chile (lisonjera)* Schmeichlerin *f*; **galletería** F Keksfabrik *f*; **galletero** M 1 *fabricante*: Kekshersteller *m*, -bäcker *m* 2 *recipiente*: Keksdose *f*; *plato*: Gebäckteller *m* 3 *Chile fam (lisonjero)* Schmeichler *m*; **galletitas** FPL Am reg GASTR Feingebäck *n*

gallina A F 1 ORN Huhn *n*, Henne *f*; **~ de Guinea** Perlhuhn *n*; **~ de agua** Wasserhuhn *n*; **~ clueca** Glucke *f*; **~ ponedora** *f* Legehenne *f*; **~ sorda** Waldschnepfe *f*; **cría** *f* **de ~s** Hühnerzucht *f*; **paso** *m* **de ~** Gänsemarsch *m*; *tb fig* **pecho** *m* **de ~**, GASTR **pechuga** *f* **de ~** Hühnerbrust *f*; **acostarse con las ~s** mit den Hühnern zu Bett gehen; *pop* **cantar la ~** klein beigeben, den Schwanz einziehen *pop*; **estar como ~ en corral ajeno** sich höchst unbehaglich (*o* fehl am Platze) fühlen; *fig* **matar la ~ de los huevos de oro** das Huhn, das goldene Eier legt, schlachten; *pop* **cuando meen las ~s** nie im Leben *fam*, überhaupt nicht 2 *pez*: **~ de mar** Knurrhahn *m* 3 **~ ciega** *juego*: Blindekuh *f* B M *fam* Feigling *m*, Memme *f*

gallinacear V/I *Col* flirten; (den) Mädchen nachsteigen; **gallináceas** FPL ORN Hühnervögel *mpl*; **gallinaza** F 1 *estiércol*: Hühnermist *m* 2 → gallinazo; **gallinazo** M 1 *Am reg* ORN Rabengeier *m* (*Coragyps atratus*); Truthahngeier *m* (*Cathartes aura*); **~ rey/rey** *m* **de ~s** Königsgeier *m* 2 *Col fig (mujeriego)* Don Juan *m*, Schürzenjäger *m*; **gallinejas** FPL *Esp* GASTR *Gericht aus Hühnerkaldaunen*; **gallinería** F 1 *(conjunto de gallinas)* Hühnervolk *n* 2 *(cobardía)* Feigheit *f*

gallinero M 1 *(corral)* Hühnerhof *m*; -stall *m*; *fam* **estar más sucio que el palo de un ~** vor Dreck starren 2 TEAT *fam* Olymp *m fam* 3 *fam fig desp (lugar bullicioso)* Ort *m*, wo es lautstark zugeht, Hühnerstall *m fam*; **gallineta** F 1 ORN Wasserhuhn *n*; Schnepfe *f*; *Arg, Chile, Col, Ven (gallina de Guinea)* Perlhuhn *n* 2 *pez*: Blaumaul *n*; **~ nórdica** Rot- (*o* Gold)barsch *m*; **gallinita** F **~ ciega** Blindekuh *n*; **gallipato** M ZOOL Rippenmolch *m*; **gallipavo** M, **-a** F ORN Truthahn *m*, Truthenne *f*; **gallipuente** M *reg* Brücke *f* ohne Geländer

gallístico ADJ Hahnen(kampf)...; Kampfhahn...; **circo** *m* **~** Hahnenkampfarena *f*

gallito M 1 *fig irón presuntuoso*: Held *m* des Tages; Hahn *m* im Korb; Musterknabe *m*; Angeber *m fam*; **ponerse ~** widerborstig werden 2 *pez*: **~ del rey** Meerjunker *m* 3 *C. Rica (libélula)* Libelle *f* 4 *Am Mer* ORN **~ de roca** Felsenhahn *m* 5 *Esp reg* ORN **~ de campo** *o* **de marzo** Wiedehopf *m*

gallo M 1 ORN Hahn *m*; **~ de abedul** Birkhahn *m*; *Col, Perú, Ven* **~ de peñasco** *o* **de roca** rotes Felshuhn *n*; **~ silvestre** Auerhahn *m*; **~ de pelea** Kampfhahn *m*; **pelea** *f* **de ~s** Hahnenkampf *m*; **entre ~s y media noche** zu nachtschlafender Zeit; *fig* **andar de ~** die Nacht durchmachen; ein Nachtschwärmer sein; *fig* **bajarle a alg el ~** j-m den Kamm stutzen; **engreído como ~ de cortijo** stolz wie ein Hahn (*o* wie Graf Koks *fam*); *Col fam* **mamar ~** *j-n* auf den Arm nehmen *fam*; *Méx, P. Rico, Ven* **matarle a alg el ~** j-m den Wind aus den Segeln nehmen; **en menos (de lo) que canta un ~** im Nu; **otro ~ me/te**, *etc* **cantar(í)a si ...** es wäre ganz anders gekommen, wenn ...; *Am pop* **pelar ~** *(largarse)* abhauen *fam*; *(morir)* abkratzen *pop*; *Antillas, Méx* **(aquí) hay ~ tapado** hier stimmt etw nicht, da steckt etw dahinter 2 *fig (ergotista)* Rechthaber *m*, Angeber *m*; *fam* **alzar** *o* **levantar el ~** große Töne spucken; sich aufspielen, angeben *fam* 3 *Am fam (todo un hombre)* Mann *m*, Kerl *m fam* 4 *pez*: Rotzunge *f* 5 MÚS *(nota falsa)* falscher Ton *m*; Kickser *m fam*; **dar** *o* **soltar un ~** (mit der Stimme) umkippen; kicksen *fam* 6 *boxeo*: **(peso** *m***) ~** Federgewicht *n* 7 **misa** *f* **del ~** Christmette *f*; Mitternachtsmesse *f* 8 *Antillas, Col (flecha de plumas)* Federpfeil *m* 9 *Chile, Perú de los bomberos*: Schlauchwagen *m der Feuerwehr* 10 *Méx (ropa usada)* gebrauchte Sachen *fpl (bes Kleidung)* 11 *fam (expectoración)* Auswurf *m*, Sputum *n* 12 *Bol (nuez)* Adamsapfel *m*

gallocresta F BOT Hahnenkamm *m*; Großer Scharlei *m*

gallofa F Suppenkraut *n*, -gemüse *n*; *fam fig (chisme)* Geschwätz *n*, Klatsch *m*; **andar a la ~** → gallof(e)ar; **gallof(e)ar** V/I herumlungern, -streunen; betteln

gallopinto M *Am Centr* GASTR *Gericht aus Reis mit schwarzen Bohnen*

galludo M *pez*: Dornhai *m*

galo A ADJ gallisch; *fig* französisch B 1 M *lengua*: gallische Sprache *f* 2 M, **-a** F *persona*: Gallier *m*, -in *f*; *fig* Franzose *m*, Französin *f*

galocha F Überschuh *m*; Galosche *f*; *(calzado de madera)* Holzschuh *m*; **galocho** ADJ *reg* liederlich, ausschweifend

galófilo A ADJ franzosenfreundlich B M, **-a** F Franzosenfreund *m*, -in *f*; **galofobia** F Franzosenhass *m*; **galófobo** A ADJ franzosenfeindlich B M, **-a** F Franzosenfeind *m*, -in *f*

galón M 1 *medida*: Gallone *f* 2 TEX Borte *f*, Paspel *m/f*; Tresse *f*, Litze *f*; Hosen-, Ärmelstreifen *m* (*tb* MIL) 3 *Col, Hond, Méx, P. Rico, Salv (recipiente para bencina)* (Benzin)Kanister *m*; **galonado** ADJ, **galoneado** ADJ *uniforme, etc*: mit Borte (*o* Tressen) besetzt

galoneadura F Tressenbesatz *m*; **galonear** V/T mit Tressen besetzen

galonera F *Bol, Perú* (Benzin)Kanister *m*

galonista M MIL *fam* Rangkadett *m*

galop M, **galopa** F MÚS, *baile*: Galopp *m*; **galopada** F *equitación*: Galopp(reiten *n*) *m*; (längerer) Ritt *m* im Galopp; *carrera*: Galopprennen *n*; **galopante** ADJ galoppierend; MED **tisis** *f* **~** galoppierende Schwindsucht *f*; **galopar** V/I galoppieren

galope M *equitación*: Galopp *m*; **~ corto** kurzer Galopp *m*; **a** *o* **al ~** im Galopp; **a ~ tendido** in gestrecktem Galopp; *fig* in aller Eile, schleunigst; **lanzar al ~** *caballo* in Galopp setzen

galopeado *fam* A ADJ gehudelt, verpfuscht *fam*; Pfusch... B M Tracht *f* Prügel; **galopear** V/I galoppieren; *fig* schnell machen, hudeln

galopín M *(niño callejero)* Gassenjunge *m*; *(pilluelo)* Schlingel *m*; Gauner *m*; *(pinche de cocina)* Küchenjunge *m*; MAR Schiffsjunge *m*

galorrománico A ADJ galloromanisch B M *lengua*: Galloromanisch *n*; **galorromano** ADJ galloromanisch

galpón M 1 *Am Mer (cobertizo)* Schuppen *m* 2 *Cuba (bofetada)* Ohrfeige *f*

galúa F *pez*: Springmeeräsche *f*

galucha F *C. Rica, Cuba, P. Rico, Ven* Galopp *m*

galupe M *pez*: Goldmeeräsche *f*

galvánico ADJ FÍS galvanisch

galvanismo M FÍS, MED Galvanismus *m*;

galvanización F MED Galvanisation *f*; TEC Galvanisierung *f*; *(aplicación de cinc)* Verzinkung *f*; **galvanizado** A ADJ verzinkt B M Verzinkung *f*; **galvanizador** M Galvaniseur *m*; **galvanizar** V/T ⟨1f⟩ 1 FÍS, MED, TEC galvanisieren; TEC *(aplicar cinc)* verzinken 2 *fig (avivar)* beleben, elektrisieren

galvano M TIPO Galvano *n*; **galvanocaustia** F MED Galvanokaustik *f*; **galvanómetro** M FÍS Galvanometer *n*; **galvanoplastia** F TEC, TIPO Galvanoplastik *f*; **galvanoscopio** M ELEC Galvanoskop *n*; **galvanotécnica** F TEC Galvanotechnik *f*; **galvanoterapia** F MED Galvanotherapie *f*; **galvanotipia** F TIPO Galvanoplastik *f*, -typie *f*; **galvanotipo** M TIPO → galvano

gama[1] F ZOOL Damtier *n*

gama[2] F MÚS Tonleiter *f*; *fig* Bereich *m*; Skala *f*; Palette *f*, Spektrum *n*, Reihe *f*; FÍS **~ audible** Hörbereich *m*; **~ (de colores)** Farbenskala *f*; *fig* Farbenspiel *n*; **~ de productos** Produktpalette *f*

gama[3] F → gamma

gamada ADJ **cruz** *f* **~** Hakenkreuz *n*

gamba F 1 ZOOL Garnele *f*, Krevette *f*; GASTR *tb* Krabbe *f*; **~s** *pl* **al ajillo** Garnelen *fpl* in Knoblauchöl; **~s** *pl* **a la plancha** gegrillte Garnelen *fpl* 2 *Arg fam (pierna)* Bein *n (bes von Frauen)* 3 *fam fig* **meter la ~** einen Fauxpas begehen, ins Fettnäpfchen treten

gambado ADJ *Antillas* krummbeinig; **gambaina** M/F *fam* Null *f fam*, Niete *f fam*, Flasche *f fam*; **gambalúa** M/F *reg fam* langer Kerl *m*, Schlaks *m fam*; dürre Person *f*

gámbaro M ZOOL Granatkrebs *m*; GASTR winzige Garnelen *fpl*

gamberrada F *fam* Halbstarkenstreich *m*; Gaunerei *f*; **gamberrear** V/I sich rowdyhaft benehmen; randalieren; **gamberrismo** M Rowdytum *n*; Halbstarkentum *n*

gamberro M, **-a** F Halbstarke *m/f*; **~ de (la) carretera** Verkehrsrowdy *m*; *fam* **hacer el ~** sich rüpelhaft benehmen

gambeta F 1 *equitación*: Kurbette *f* 2 *baile*: Kreuzsprung *m* 3 *Am (movimiento de desviación)* Ausweichbewegung *f* (*tb* DEP) 4 *RPl fig (excusa)* Ausrede *f*; **gambetear** V/I 1 *equitación*: kurbettieren 2 *baile*: Kreuzsprünge machen 3 *Am (hacer regates)* ausweichen (*tb* DEP); **gambeto** M (langer) Umhang *m*

Gambia F Gambia *n*

gambiano A ADJ gambisch B M, **-a** F Gambier *m*, -in *f*

gambito M 1 *ajedrez*: Gambit *n* 2 *fig (holgazán)* Faulpelz *m*, Herumtreiber *m*; **gamboa** F BOT *Art* Quitte *f*; **gambota** F MAR Heckpfeiler *m*

gamela F *Esp* kleines Fischerboot *n*

gamelán M, **gamelang** M indonesisches Orchester *n*

gamella F 1 *(artesa)* großer Trog *m*, Kübel *m*; Bütte *f* 2 AGR *(arco del yugo)* Jochbogen *m*; *surco*: Furchenrücken *m* 3 TEX → camelote[1] 4 MIL *(batería de cocina)* Kochgeschirr *n*; **gamellón** M → gamella 1

gameto M BIOL Gamet *m*

gamezno M ZOOL Damhirschkalb *n*

gamín M *Col* sozial marginalisiertes Kind *n*, Gassenjunge *m*

gamma F Gamma *n*; FÍS **rayos** *mpl* **~** Gammastrahlen *mpl*; **gammaglobulina** F FISIOL Gammaglobulin *n*

gamo M ZOOL Damhirsch *m*; **correr como un ~** schnell wie der Wind sein

gamón M BOT Affodill *m*, Asphodill *m*; **gamonal** M **1** *pradera*: mit Affodill bestandene Wiese *f* **2** *(cacique) Am* Kazike *m (indianischer Ortsvorsteher)* **3** *Guat, Salv (derrochador)* Verschwender *m*; **gamonalismo** M *Am* → caciquismo

gamulán M *Arg, Ur* Lammfell-Langjacke *f*

gamusino M *Esp hum* Fabeltier *n (von Jägern gegenüber Nichtjägern zum Verulken gebraucht; entspricht etwa dem Wolpertinger in Bayern)*

gamuza F **1** ZOOL Gämse *f* **2** **(color** *m* **de)** ~ Gämsfarbe *f*; **(piel** *f* **de)** ~ Gämsfell *n*; *espec Am cuero*: Wild-, Sämischleder *n*; *para limpiar vidrios*: Auto-, Fensterleder *n* **3** TEX *(flanela) Art* Flanell *m* **4** BOT Semmelstoppelpilz *m*

gamuzado ADJ **1** *color*: gämsfarben **2** *(especie de gamuza)* wildlederartig

gana F Wunsch *m*; Lust *f*, Verlangen *n*; **~(s) (de comer)** Appetit *m*; *fam* **¡las ~s!** denkste! *fam*, hat sich was! *fam*, Fehlanzeige *f fam*; **de buena ~** gerne, willig; **de mala ~** *o* **sin ~s** ungern, widerwillig; **ya se me están abriendo las ~s** ich bekomme schon Lust darauf; ich kriege schon Appetit *fam*; *fam* **no me da la (real) ~** ich habe (eben) keine Lust; ich will (einfach) nicht; **me dan** *o* **me entran ~s de** ich kriege (auf einmal) Lust zu *(inf) (o* auf *acus)*; *fam* **me entraban unas ~s locas de llorar** mir war fürchterlich zum Heulen zumute *fam*; **estoy sin ~s** ich habe keine Lust; **las ~s no faltan ...** Lust hätte ich *(o* hätten wir *etc)* schon ...; **hace lo que le da la ~** er tut, was ihm passt; **quedarse con las ~s** leer ausgehen, in die Röhre gucken *fam*; **(no) tener ~s de** *(inf)* (keine) Lust haben, zu *(inf)*; **tener ~s (de ir al servicio)** auf die Toilette müssen; *fam* **tenerle ~s a alg** j-n auf dem Kieker haben *fam*; **tengo ~s de fiesta** ich möchte mir ein paar lustige Stunden machen; *tb irón* ich möchte den ganzen Krempel hinschmeißen *fam*; *prov* **donde hay ~, hay maña** wo ein Wille ist, ist auch ein Weg

ganadería F **1** *(existencias de ganado)* Viehbestand *m* **2** *cría*: Viehzucht *f* **3** *comercio*: Viehhandel *m*; **ganadero** **A** ADJ Vieh...; **explotación** *f* **-a** Viehbetrieb *m* **B** M, **-a** F Viehzüchter *m*, -in *f*; (Vieh)Farmer *m*, -in *f*

ganado M **1** Vieh *n*; *Am (vacuno)* Rinder *npl*; *de abejas*: Volk *n*; **~ bovino** *o* **vacuno** Rinder *npl*, Rindvieh *n*; **~ bravo** Kampfstiere *mpl*; **~ caballar** *o* **equino** Pferde *npl*; **~ cabrío** Ziegen *fpl*; **~ de cerda** *o* **~ porcino** *o fam* **~ moruno** Schweine *npl*; **~ de cría** Zuchtvieh *n*; **~ lanar** *o* **ovejuno** *o* **ovino** Wollvieh *n*, Schafe *npl*; **~ de matadero** *o* **de carne** Schlachtvieh *n*; **~ mayor** Großvieh *n*; **~ menor** Kleinvieh *n*; **~ para el mercado** (Markt)Auftrieb *m*; *espec Am* **~ en pie** Lebendgewicht *n* **2** *pop fig* **el ~** *(los presentes)* alle Anwesenden, das ganze Volk *fam*; *pop* **¿cómo está el ~?** *fiesta popular, baile*: wie sind denn die Mädels? *fam*; *fam fig* **conozco mi ~** ich kenne meine Pappenheimer

ganador **A** ADJ gewinnend; siegreich; *lotería*: **número** *m* **~** Gewinnzahl *f* **B** M, **ganadora** F Gewinner *m*, -in *f*; Sieger *m*, -in *f*

ganancia F **1** ECON *(rendimiento)* Gewinn *m*; Ertrag *m*; Verdienst *m*; **~ accesoria** Nebengewinn *m*; **~ bruta** Roh-, Bruttogewinn *m*; **~ líquida** *o* **neta** Rein-, Nettogewinn *m*; **margen** *m* **de ~(s)** Gewinnspanne *f*; **parte** *f* **de la ~** Gewinnanteil *m*; *fig* **andar de ~** Glück *(o* eine Glückssträhne) haben; *fig* **no le arriendo la ~** ich möchte nicht in seiner Haut stecken; **dar** *o* **arrojar ~s** Gewinn abwerfen; **dejar** *o* **traer mucha(s) ~(s)** *negocio* viel einbringen; **hacer** *o* **sacar ~s fabulosas** tolle Summen verdienen *(o* gewinnen); **tener ~(s)** gewinnen **(de bei** *dat)*; Gewinn ziehen **(de** aus *dat)* **2** TEC, ELEC Gewinn *m*, Verstärkungsgrad *m* **3** *Guat, Méx en las compras*: Zugabe *f*

ganancial **A** ADJ Gewinn ...; JUR **bienes** *mpl* **~es** in der Ehe erworbene Güter *npl*, Zugewinn *m* **B** M JUR **sociedad** *f* **de ~es** Errungenschafts-, Zugewinngemeinschaft *f*

ganancioso **A** ADJ gewinnbringend, einträglich; *(exitoso)* erfolgreich **B** M, **-a** F Gewinner *m*, -in *f*

ganapán M **1** *desp (trabajador eventual)* Gelegenheitsarbeiter *m*; Handlanger *m*; *fig (grosero)* Grobian *m* **2** *(sustento)* Broterwerb *m*; **ganapanería** F *fam desp* (reiner) Broterwerb *m*

ganapierde M *juego, corresponde a*: Schlagdame *f (Spiel, bei dem gewinnt, wer zuerst alle Steine verliert)*

ganar **A** V/T **1** gewinnen; *(obtener sueldo)* verdienen; **~ dinero** Geld verdienen; **~ 100 euros con un trabajo** 100 Euro mit einer Arbeit verdienen; **~ 50 euros en el juego** 50 Euro im *(o* beim) Spiel gewinnen; **le he ganado diez euros** ich habe zehn Euro von ihm gewonnen, ich habe ihm zehn Euro abgeknöpft *fam*; **~ a alg** j-n besiegen; **~ la batalla** die Schlacht gewinnen *(tb fig)*; COM *y fig* **no hay nada que ~ con** *o* **en esto** dabei ist nichts zu verdienen; dabei kommt nichts heraus; **~ el partido de fútbol (por tres a cero)** das Fußballspiel (mit drei zu null) gewinnen (a gegen *acus)* **2** *(conseguir)* erreichen, erlangen, gewinnen; **~ a alg para** *o* **a a/c** j-n für etw *(acus)* gewinnen; **~ a alg en a/c** j-n in *o* an etw *(dat)* übertreffen; j-m bei etw *(dat)* den Rang ablaufen; **a trabajador no le gana nadie** niemand ist arbeitsamer als er; **~le la boca a alg** j-n überreden; **~ la costa/la frontera/la puerta/la orilla** die Küste/die Grenze/die Tür/das Ufer erreichen; **~ la delantera** die Oberhand gewinnen; **~le a alg el lado flaco** j-n bei seiner schwachen Seite packen; **~le a alg por la** *o Rpl* **de mano** j-m über sein *fam*; j-n einwickeln *fam*; **~ tierra** Land gewinnen, sich der Küste nähern **3** *jerga del hampa (robar)* stehlen **B** V/I *(cobrar)* verdienen, gewinnen; **~ al ajedrez** beim Schach gewinnen; **~ en categoría** an Bedeutung *(o* Rang) gewinnen; **~ por dos a uno** zwei zu eins gewinnen; **~ (sólo) para vivir** gerade das Notwendigste verdienen, sein Leben fristen; **~ en su empleo** in seiner Stellung vorwärtskommen; **llevar las de ~** alle Trümpfe in der Hand haben; eine Glückssträhne haben; **~ con el tiempo** mit der Zeit *(o* allmählich) gewinnen; *prov* **lo ganado por lo gastado** wie gewonnen, so zerronnen **C** V/R **ganarse** **1** **~ a alg** *(granjearse)* j-n für sich *(acus)* gewinnen; **~ el pan** *o* **la vida** *o fam* **el garbanzo** *o Am fam* **el puchero** seinen Lebensunterhalt *(o* seine Brötchen *fam)* verdienen; **~ la voluntad de alg** j-s Wohlwollen erwerben; j-n für sich *(acus)* gewinnen; *pop* **~ una** *o* **ganársela** Prügel beziehen *fam*, Keile kriegen *fam*, eine fangen *fam*; **te has ganado unas vacaciones** du hast Ferien verdient **2** *Am reg* **¿dónde se ha ganado?** wo mag er nur stecken?, wo ist er abgeblieben?

ganchada F *Arg fam* **hacer una ~ a alg** j-m einen Gefallen erweisen

ganchera F *Arg* Fleischhakenleiste *f*; **ganchero** M **1** *reg (balsero)* Flößer *m* **2** *Arg (ayudante)* Helfer *m*, Hilfe *f (Person)* **3** *Chile (trabajador eventual)* Gelegenheitsarbeiter *m* **4** *Ec caballo*: Damenreitpferd *n* **5** *fam desp (alcahuete)* Kuppler *m*; *en sentido positivo*: Ehestifter *m*

ganchete **1** **a medio ~** *(a medio hacer)* halb fertig; **estar sentado a medio ~** auf der Stuhlkante sitzen; *Am* **de medio ~** *(a punto de caer)* geneigt, am Kippen **2** *Am reg* **ir de ~** Arm in Arm gehen **3** *Ven* **al ~** *(de reojo)* verstohlen; von oben herab

ganchillero, M **ganchillera** F Häkler *m*, -in *f*

ganchillo M **1** TEX *aguja*: Häkelnadel *f*; **(labor** *f* **de) ~** Häkelarbeit *f*; **~ (para croché)** Häkelnadel *f*; **hacer ~** häkeln **2** *Am reg horquilla*: Haarnadel *f*

ganchito M **1** *Am reg (horquilla del pelo)* Haarnadel *f* **2** *(pequeña comida) Art* kleine Vorspeise *f*

gancho M **1** Haken *m (tb boxeo)*; TEC *tb.* Greifer *m (tb en máquinas de coser)*; TEC **~ de apoyo** Auflagehaken *m*; **~ de pared** Mauer-, Wandhaken *m* **(echar** einschlagen); TEC **~ de seguridad** Sicherheitshaken *m*; MAR **~ de escape** Schlipphaken *m*; **~ de carabina** Karabinerhaken *m* **2** *(rasgo hecho con la pluma)* Strich *m*, Kratzer *m (mit der Feder)* **3** *árbol*: Aststumpf *m* **4** *(horquilla) Am* Haarnadel *f*; *Am reg (grapa)* Heftklammer *f*; *Am reg* **~ de nodriza** Sicherheitsnadel *f* **5** *Col, Méx (percha)* Kleiderbügel *m* **6** *Arg, Guat (ayuda)* Hilfe *f*; **hacer ~** helfen, unterstützen **7** *Ec (silla de montar femenina)* Damensattel *m* **8** *fig* **tener ~** *(ser atractivo)* gut aussehen, (sehr) attraktiv sein *(besonders Frau)*; Pepp haben *fam*; **echar a alg el ~** j-n sehr anziehen, j-n umgarnen **9** *fam fig (señuelo)* Lockvogel *m*, Anreißer *m fam*

ganchoso ADJ **1** *forma*: hakenförmig **2** *(con ganchos)* mit Haken versehen; **ganchudo** ADJ gebogen; hakenförmig; Haken...; **nariz** *f* **-a** Hakennase *f*; **ganchuelo** M Häkchen *n*

gandalla *fam* **A** ADJ *Méx* **1** *(descarado)* kess, unverschämt **2** *(falso)* unehrlich, falsch **B** M/F Mistkerl *m fam*, Luder *f fam*

gándara F brachliegendes Land *n*

gandaya F *fam* Faulenzerei *f fam*, Gammelei *f fam*; Lotterleben *n*; **ir por la ~** *o* **correr la ~** (herum)gammeln *fam*, dem lieben Herrgott den Tag stehlen

gandido ADJ *Am* ausgehungert; gefräßig

gandinga F **1** MIN (Erz)Schlich *m* **2** *P. Rico Cuba* GASTR *ein Schweinelebergericht* **3** *Cuba (indiferencia)* Gleichgültigkeit *f*

gandío M *Am reg* Vielfraß *m*

gandola F *Ven* AUTO Sattelschlepper *m*

gandul **A** ADJ faul **B** M Faulenzer *m*, Tagedieb *m*; **gandula** F **1** *(holgazana)* Faulenzerin *f*, Tagediebin *f* **2** *fam (tumbona)* Liegestuhl *m*; **gandulear** V/I faulenzen, bummeln; **ganduleo** M Faulenzerei *f fam*; **gandulería** F Faulenzerei *f fam*, Bummelei *f*; **gandumbas** ADJ *inv fam* → gandul

ganforro M *fam* Gauner *m*, Ganove *m*

gang M Bande *f*, Gang *f*

ganga F **1** MIN taubes Gestein *n*; Ganggestein *n* **2** ORN Haselhuhn *n* **3** *fam fig (suerte)* Glücksfall *m*; *(ocasión)* Gelegenheitskauf *m*, gutes Geschäft *n*, Schnäppchen *n fam*; **es una verdadera ~** das ist ein richtiges Schnäppchen; **no es ninguna ~** das ist kein Zuckerlecken; **andar a (la) caza de ~s** guten Geschäften nachjagen; leicht verdienen *(bes* ein Geschäft ohne Einsatz machen) wollen **4** *Méx (burla)* Spott *m* **5** *Col fam (albondiguilla)* (Nasen)Popel *m fam*; **sacar las ~** popeln *fam*

gangarria F *Cuba* Plunder *m*; Kitsch *m*

ganglio M **1** ANAT *células nerviosas*: Ganglion *n*, Nervenknoten *m*; *(nodo linfático)* Lymphknoten *m* **2** → ganglión; **ganglión** M MED Überbein *n*; **ganglionar** ADJ MED Ganglien...

gangosear V/I näseln; **gangosidad** F Näseln *n*; **gangoso** **A** ADJ näselnd **B** ADV **hablar ~** näseln

gangrena F **1** MED Brand *m*, Gangrän *f/n*; **~ gaseosa** Gasbrand *m*; **~ senil** Altersbrand *m* **2** *fig (mal)* Übel *n*; Krebsschaden *m (fig)*

gangrenarse V/R brandig werden; **gangrenoso** ADJ MED brandig, gangränös

gángster M Gangster *m*

gangsteril ADJ Gangster…; **banda** *f* ~ Gangsterbande *f*; **gangsterismo** M Gangstertum *n*, -unwesen *n*

ganguear VI näseln; **gangueo** M Näseln *n*; **ganguero** M, **-a** F *fam* Glückspilz *m*

ganguil[1] M *jerga del hampa* Fingerring *m*

ganguil[2] M, **gánguil** M MAR Baggerprahm *m*

ganguista M/F → ganguero

ganoso ADJ begierig (**de** nach *dat*); scharf *fam* (**de** auf *acus*); ~ **de poder** machtgierig; **estar** ~ **de a/c** etw (herbei)wünschen; **estar** ~ **de tener éxito** den Erfolg herbeiwünschen

gansa F 1 ORN weibliche Gans *f* 2 *fam fig* **ser muy** ~ (*ser tonta*) ein blödes Stück sein; **gansada** F *fam* Albernheit *f*, Dummheit *f*, Eselei *f fam*; **gansarón** M 1 ORN Junggans *f* 2 *fam fig persona*: lange (*o* dürre) Latte *f fam*, Bohnenstange *f fam*; **gansear** VI *fam* Dummheiten sagen (*o* machen); **gansería** F *fam* → gansada

ganso M 1 Gans *f* ~ (**macho**) Gänserich *m*, Ganter *m*; **~s silvestres** *o Am* **bravos** Wildgänse *fpl*; ~ **gris** *o* **de marzo** Graugans *f*; GASTR ~ **ahumado** Spickgans *f*, geräucherte Gans *f*; ~ **cebado** Mastgans *f*; **menudillos** *mpl* **de** ~ Gänseklein *n* 2 *fig* (*tonto*) Dummkopf *m*, Tölpel *m*; Flegel *m*, Grobian *m*; *fam* **hacer el** ~ sich albern (*o* blöde) aufführen; *fam* **ser muy** ~ ein Blödmann sein; *fam* **¡me canso ~!** aber natürlich!; *fam* **hablar por boca de** ~ für j-d anderen sprechen 3 *Cuba fam* (*homosexual*) warmer Bruder *m*

gánster M → gángster

gansterismo M → gangsterismo

Gante M Gent *n*

gantés ADJ aus Gent

ganzúa F 1 (*garfio*) Dietrich *m*, Nachschlüssel *m* 2 *fam fig* (*atracador*) Einbrecher *m* 3 *jerga del hampa* (*verdugo*) Henker *m*

gañán M *fig* (*mal educado*) Rüpel *m*, Lümmel *m fam*

gañido M *perro*: Winseln *n*, Jaulen *n*, Heulen *n*; *pájaro*: Krächzen *n*; *persona*: Keuchen *n*; **gañiles** MPL 1 (*garganta*) Kehle *f eines Tiers* 2 (*agallas*) Kiemen *fpl des Thunfischs*; **gañir** VI ⟨3h⟩ *perro, etc* jaulen, heulen; *pájaro* krächzen (*fam tb persona*); *fam persona* schnaufen, keuchen *fam*

gañón M, **gañote** M *fam* Gurgel *f*, Schlund *m*; *fam* **de** ~ umsonst, auf anderer Leute Kosten

gap F (*vacío entre dos cosas*) Kluft *f*

gapardo F *pez*: Makrelenhecht *m*

GAR ABR (Grupo Antiterrorista Rural) *Esp Sondereinheit der spanischen Guardia Civil zur Bekämpfung des Terrorismus auf dem Lande*

garabatear A VI (*trabajar con ganchos*) mit Haken arbeiten; *fam fig* (*inventar pretextos*) Ausflüchte machen B VT & VI (*garapatear*) kritzeln; **garabateo** M Kritzeln *n*; Gekritzel *n*; **garabato** M 1 (*gancho*) Haken *m*; (*gancho del carnicero*) Fleischerhaken *m*; *de incendio*: Feuerhaken *m* 2 *fig de una mujer*: Anziehungskraft *f*, Liebreiz *m* 3 *Chile* (*palabrota*) Schimpfwort *n* 4 **~s** *mpl* (*garapatos*) Gekritzel *n* 5 **~s** *mpl* (*serie de ademanes*) heftiges Gebärdenspiel *n*, Gefuchtel *n*; **garabatoso** ADJ *letra* kritzlig

garabito M 1 *en el mercado*: Stand *m*, Bude *f* 2 *Arg* (*vagabundo*) Landstreicher *m*, Stromer *m*

garaje M Garage *f*; ~ (**de reparaciones**) Autowerkstatt *f*; ~ **subterráneo** Tiefgarage *f*

garajista M/F 1 (*poseedor de un garaje*) Garagenbesitzer *m*, -in *f*; *de una gasolinera*: Tankstelleninhaber *m*, -in *f* 2 *empleado*: Angestellte *m/f* in einer Garage 3 (*mecánico*) Automechaniker *m*, -in *f*

garambaina F *fam* 1 (*adorno de mal gusto*) Flitterkram *m*, Nippes *pl* 2 **~s** *fpl* (*garapatos*) Gekritzel *n* 3 **~s** *fpl* (*muecas*) Grimassen *fpl*; Getue *n* 4 **~s** *fpl* (*habladurías*) leeres Gerede *n*

garamón, garamond M TIPO Garamond *f* (*Schriftart*)

garandar VI *jerga del hampa* herumlungern, streunen; **garandumba** F 1 *Am Mer* (*balsa*) Floß *n* 2 *fam fig Arg* (*mujer gorda*) großes, dickes Weibsbild *n fam*

garante M/F Bürge *m*, Bürgin *f*, Garant *m*, -in *f*; Gewährsmann *m*, -frau *f*; **salir** ~ Bürgschaft leisten; haften (**de** für *acus*)

garantía F 1 (*aval*) Bürgschaft *f*, Sicherheit *f*, Garantie *f*; (*caución*) Kaution *f*; ~ **por defectos** Mängelhaftung *f*; ECON ~ **de depositos** Einlagensicherung *f*; ~ **de financiación** Finanzierungszusage *f*; **dar en** *o* **como** ~ als Sicherheit (*o* Garantie) geben; **dar (una)** ~ (eine) Garantie geben; (eine) Bürgschaft stellen (*o* leisten); **estar con** *o* **bajo** ~ unter Garantie stehen; COM **sin** ~ (**ni responsabilidad**) ohne Gewähr 2 POL Garantie *f*; ~ **mutua** gegenseitiges Garantieversprechen *n*; **~s** *pl* **constitucionales** verfassungsmäßige Garantien *fpl* (**suspender** aufheben, außer Kraft setzen)

garantir VT 1 → garantizar 2 (*conservar*) bewahren, schützen (**de, contra** vor *dat*); **garantizador** M, **garantizadora** F Bürge *m*, Bürgin *f*

garantizar VT ⟨1f⟩ ~ **a/c** etw gewährleisten, etw garantieren; für etw (*acus*) bürgen (*o* die Verantwortung übernehmen); ~ **la máquina por dos años** zwei Jahre Garantie auf die Maschine geben

garañón M 1 (*asno macho*) Eselhengst *m*; *Am p. ext* (*semental*) (Deck-, Zucht)Hengst *m* 2 *pop* (*cabrón*) (Huren)Bock *m pop* 3 *Méx pop* (*dueño de un prostíbulo*) Bordellwirt *m fam*; **garapacho** M ZOOL Schildkrötenpanzer *m*, Rückenschild *n*

garapiña F 1 (*semicongelado*) Halbgefrorene(s) *n* 2 *Cuba, Méx, Chile, P. Rico bebida*: *Eisgetränk aus Ananasschalen* 3 TEX Borte *f*, Tresse *f*; **garapiñar** VT GASTR 1 (*dejar congelarse*) (halb) gefrieren lassen 2 (*escarchar*) kandieren; glasieren; **almendras** *fpl* **garapiñadas** gebrannte Mandeln *fpl*; **garapiñera** F Eiskübel *m für die Garapiña*

garapito M *insecto*: Wasserwanze *f*; **garapullo** M 1 (*rehilete*) Federpfeil *m* 2 TAUR Banderilla *f* (*kleiner Spieß mit Widerhaken*)

garatusa F *fam* Schmeichelei *f*, Schöntuerei *f*

garbanceo M *fam* Lebensunterhalt *m*; **garbancero** ADJ 1 (*de garbanzos*) Kichererbsen… 2 *fam* (*cotidiano*) Alltags…; **garbanzal** M Kichererbsenfeld *n*; *Perú fam fig* **estar en su** ~ in seinem Element sein; auf seine Kosten kommen

garbanzo M 1 BOT Kichererbse *f*; GASTR **~s** *pl* **a la catalana** *Kichererbsen mit Tomaten, Pinienkernen und Bratwurst*; *fig* **ese** ~ **no se ha cocido en su olla** das ist nicht auf seinem Mist gewachsen *fam*; **contar los ~s** sehr knauserig sein; am falschen Ende sparen; **ser el** ~ **negro** das schwarze Schaf sein *fam*; **tropezar en un** ~ an jeder Kleinigkeit Anstoß nehmen; **un** ~ **más no revienta una olla** ein bisschen mehr macht das Kraut auch nicht fett *fam* 2 *fam* **~s** *mpl* (*sustento*) Lebensunterhalt *m*; **ganarse los ~s** (sich *dat*) seine Brötchen verdienen *fam* 3 *Méx fam* (*sirvienta*) Magd *f*

garbear A VI 1 (*presentarse con conciencia de su valía*) selbstbewusst auftreten 2 *pop* (*robar*) stehlen B VI *y* VR **~se** *fam* (herum)bummeln; sich durchschlagen

garbeo M *fam* (*kurzer*) Spaziergang *m*; **darse un** ~ *o* **irse de** ~ spazieren gehen; einen Bummel machen *fam*; (*pasearse*) herumfahren, herumreisen

garbillar VT *cereales, minerales* sieben; **garbillo** M 1 (*colador*) Sieb *n* 2 MIN Kleinerz *n*

garbino M *Esp reg* METEO Südostwind *m*

garbo M 1 (*gracia*) Anmut *f*; Eleganz *f*; Grazie *f* 2 (*generosidad*) Großzügigkeit *f*

garbón M ORN Rebhahn *m*

garboso ADJ 1 (*gracioso*) anmutig; graziös, elegant 2 (*generoso*) großzügig

garbullo M *fam* Radau *m*; Wirrwarr *m*

garceta F 1 ORN Edelreiher *m* 2 (*rizo*) Schläfenlocke *f*

garcha F *Arg vulg* (*pene*) Schwanz *m fam*; **garchar** VT & VI *pop* bumsen *pop*, ficken *vulg*

garciamarquezco, garciamarquiano ADJ LIT *auf den Schriftsteller García Márquez bezogen*

garcilasista ADJ LIT *auf den Dichter Garcilaso de la Vega bezogen*

garcilla F ORN ~ (**bueyera**) Kuhreiher *m*

garçon [gar'sõ:]: **corte** *m* (**del pelo**) **a lo** ~ Bubikopf *m*

garçonnière [garsɔ'niɛ:r] F *espec Ar, Ur* Junggesellenwohnung *f*

gardenia F BOT Gardenie *f*

garden-party [xxx] M Gartenfest *n*

gardo M *jerga del hampa* Bursche *m*, Kerl *m*; **garduña** F 1 ZOOL Haus-, Steinmarder *m* 2 *fam fig* (*ladrona hábil*) geschickte Diebin *f*; **garduño** M *fam fig* (Brieftaschen)Marder *m*, Taschendieb *m*

garete: **ir(se) al** ~ MAR (vorm Winde) treiben; *fig* (*extraviarse*) vom Weg abkommen; sich treiben lassen; (*fallar*) schiefgehen

garfa F → garra; **garfear** VI Haken einschlagen; **garfiña** F *jerga del hampa* Diebstahl *m*; **garfiñar** VT *jerga del hampa* stehlen

garfio M 1 (*gancho*) Haken *m* (**echar** einschlagen); TEC Krampe *f*; (*trepadores*) Steigeisen *n*; MAR ~ **de abordaje** Enterhaken *m* 2 *Arg fam hum* (*dedos*) Finger *m*

gargajear VI (aus)spucken; **gargajiento** → gargajoso; **gargajo** M Schleim *m*, Auswurf *m*; **gargajoso** A ADJ verschleimt B M, **-a** F *fam* Spucker *m*, -in *f fam*

garganta F 1 (*gaznate*) Kehle *f*; Gurgel *f*; (*cuello*) Hals *m*; **mal** *m* (*o* **dolor** *m*) **de** ~ Halsweh *n*; Halsschmerzen *mpl*; **me duele la** ~ ich habe Halsschmerzen; **tener un nudo en la** ~ nicht sprechen können (*vor Schreck, Rührung etc*), einen Kloß im Hals haben *fam* 2 *fig* (*voz*) Stimme *f*; ~ **de oro** goldene Kehle *f*, hervorragende Stimme *f* 3 *del pie*: Fußrist *m* 4 *fig* (*estrecho*) Engpass *m*; Schlucht *f* 5 TEC Kehlnut *f*; Seilnut *f*

gargantada F ~ **de esputo** starker Auswurf *m*; ~ **de sangre** quellender Blutstrahl *m*

gargantear A VI 1 *cantar*: trillern; Koloratur singen 2 *jerga del hampa* (*confesar*) ein Geständnis ablegen, singen *fam* B VT MAR stroppen; **garganteo** M Triller *mpl*; Trillern *n*; Koloratur *f*; **gargantilla** F Halsband *n*; **gargantúa** A ADJ gefräßig B M/F gefräßige Person *f*

gárgara F *frec* **~s** PL Gurgeln *n*; **hacer ~s** gurgeln; *fam fig* **mandar a hacer ~s** zum Teufel schicken *fam*

gargarear VI *Am reg* gurgeln

gargarismo M 1 *acción*: Gurgeln *n* 2 *líquido*: Gurgelwasser *n*; **gargarizar** VI ⟨1f⟩ gurgeln (**con** mit *dat*)

gárgol A ADJ **huevo** *m* ~ *o* **gargol** Windei *n* B M (*ranura*) Nut *f*, Kerbe *f*; **gárgola** F 1 Wasserspeier *m* (*an Brunnen, Dächern etc*) 2 BOT Leinsame *m*

garguero *pop*, **gargüero** M *pop* Kehle *f*; Rachen *m*; Gurgel *f*

garibaldino M, **-a** F HIST Anhänger *m*, -in *f* Garibaldis

garifo ADJ 1 → jarifo 2 *Arg* (*vívido*) 3 *C. Rica*,

Ec, Perú (hambriento) hungrig, verhungert *fam*
garita F 1 *(portería)* Pförtnerloge *f*; Kontrollhäuschen *n* 2 MIL Schilderhaus *n*, Torwache *f* 3 FERR Bahnwärterhaus *n*; ~ **(del guardafrenos)** Bremserhaus *n*; Handbremsstand *m*; ~ **de señales** Stellwerk *n*
garitero M, **-a** F 1 *(dueño, -a de un garito)* Inhaber *m*, -in *f* einer Spielhölle 2 *visitante:* Besucher *m*, -in *f* einer Spielhölle 3 *jerga del hampa (perista)* Hehler *m*, -in *f*; **garito** M 1 *(lugar de juegos)* Spielhölle *f* 2 *(ganancia del juego)* Spielgewinn *m*
garla F *fam* Schwatz *m*, Schwätzchen *n*; **garlador** *fam* A ADJ geschwätzig B M, **garladora** F Schwätzer *m*, -in *f*; **garlar** VI *fam* plaudern, schwatzen
garlito M (Fisch)Reuse *f*; *fig* Falle *f*; *fig* **caer en el ~** in die Falle gehen; **coger a alg en el ~** j-n *bei etw* erwischen (*o* ertappen)
garlopa F TEC Langhobel *m*, Raubank *f*; **garlopín** M TEC Kurzhobel *m*
garloso ADJ *Col* hungrig; gefräßig
garnacha F 1 *vestidura:* Talar *m* 2 *persona:* Talar-, Amtsrobenträger *m* 3 *Hond* **a la ~** *(con fuerza)* mit Gewalt 4 *uva:* Grenache-Traube *f*
garneo M *pez:* Meerleier *f*, Pfeifenfisch *m*
garnica F *Bol* scharfer Pfeffer *m*
Garona M Garonne *f*
garra F 1 ZOOL Klaue *f*; Kralle *f*; **~s** *pl de aves de rapiña tb* Fänge *mpl*; **~s** *pl* **de astracán** Persianerklaue *f (Pelz)* 2 *fam fig de personas:* Pfote *f*; Kralle *f*; **caer en las ~s de alg** in j-s Fänge *acus*geraten; **echarle a uno la ~** j-n beim Schlafittchen packen *fam*; **gente** *f* **de la ~** Raubgesindel *n* 3 TEC *(grapa)* Klammer *f*; Klaue *f*, Kralle *f*; Spannbacke *f* 4 *Am* **~s** *pl (harapos)* Fetzen *mpl*, Lumpen *mpl* 5 *fam fig (fuerza)* Kraft *f*, (Nach)Druck *m*, Pep *m fam*; **tener ~** Pfiff (*o* Pep) haben *fam*; *fig* **con ~** packend; **una novela con ~** ein spannender (*o* packender) Roman 6 *Am reg pop* **venir de ~** *(reñir)* raufen, streiten
garrafa F Karaffe *f*; Korbflasche *f*; **whisky** *m* **de ~** schlechter, billiger Whisky *m*; Fusel *m*; *Arg, Bol, Par, Ur* **~ de gas** Gasballon *m*
garrafal ADJ 1 BOT **guinda** *f* **~** große Herzkirsche *f* 2 *fam fig (exorbitante)* gewaltig, ungeheuer; **error** *m* **~** Riesenirrtum *m*
garrafiñar VT *fam* greifen, grapschen *fam*; klauen *fam*; **garrafón** M 1 *(damajuana)* Korbflasche *f*; Glasballon *m*; *fam* **vino** *m* **de ~** Fusel *m fam* 2 *fam (aguardiente malo)* Fusel *m*
garrancha F *fam* Degen *m*, Plempe *f fam*; **garrancho** M 1 *del árbol:* (Ast)Splitter *m* 2 *Cuba* AUTO alte Kiste *f*
garrapata F 1 *insecto:* Zecke *f* 2 *fam fig (rocín)* Schindmähre *f*; **garrapatear** VT & VI kritzeln; *desp* (hin)schmieren; **garrapateo** M Gekritzel *n*; *desp* Geschreibsel *n*; **garrapato** M Gekritzel *n*; **~s** *mpl* Krickelkrackel *n*; **garrapatoso** ADJ *letra* kritzlig
garrapiñar 1 *fam* → garrafiñar 2 *golosinas:* kandieren; glasieren; **almendras** *fpl* **garrapiñadas** gebrannte Mandeln *fpl* 3 *Arg fam (derrochar)* verschwenden 4 *fam (robar)* klauen, stibitzen; **garrapiñera** F → garapiñera
garrar VI MAR vor schleppendem Anker treiben; **garraspera** F → carraspeo
garrear VI 1 *Arg (vivir a expensas de otro)* auf Kosten anderer leben 2 MAR → garrar
garrero M *Arg fam* Schnorrer *m fam*, Nassauer *m fam*
garrido ADJ schick, fesch; schneidig
garriga F Strauchheide *f*
garro M *Hond* Zigarre *f*
garrocha F 1 *espec* TAUR Pike *f*; **salto** *m* **de la ~** Sprung *m* über den Stier 2 *Am* DEP Sprungstab *m*; **salto** *m* **de ~** Stabhochsprung *m*
garrochador M TAUR Pikador *m*; **garrochazo** M mit der Pike versetzter Stich *m*; **garroch(e)ar** VT → agarrochar; **garrochista** M/F *Am* DEP Stabhochspringer *m*, -in *f*; **garrochón** M TAUR Stachelpike *f der Stierkämpfer zu Pferde*
garrofa F *reg* → algarroba
garrón M *Am* Hachse *f*
garrota F → garrote; **garrotazo** M Schlag *m* mit einem Knüppel; **¡~ y tentetieso!** immer feste drauf! *fam*
garrote M 1 *(palo grueso)* Knüppel *m*, Prügel *m* 2 *(estaca del olivo)* Olivensetzreis *n* 3 *para estrangular a condenados:* HIST Würgschraube *f*; Garrotte *f*; **dar ~ (vil) a alg** j-n garrottieren 4 MED *(torniquete)* Knebelpresse *f* 5 *Méx (galga para frenar)* Bremsscheit *n* 6 → pandeo
garrotero A ADJ *Cuba, Chile* knickerig B M 1 *Méx* FERR Bremser *m* 2 *Cuba fig (usurero)* Halsabschneider *m* 3 *Méx fam (vigilante)* Wächter *m*, Wachmann *m*; **garrotillo** M MED Diphtherie *f*; **garrotín** M *ein andalusischer Tanz vom Ende des 19. Jahrhunderts*
garrucha F 1 TEC *(polea)* Blockrolle *f*; Flasche *f des Flaschenzugs; p. ext (aparejo)* Flaschenzug *m* 2 MAR Taukloben *m*; **garrucho** M MAR Eisenring *m*; Holzring *m*
garrudo ADJ *Méx* stark, kräftig
garrulería F Geschwätz *n*, Geschnatter *n*;
garrulidad F Geschwätzigkeit *f*
garrulo ADJ *fam persona* geschwätzig
gárrulo ADJ 1 *pájaro* zwitschernd 2 *fig poét persona* geschwätzig; *arroyo* murmelnd; *viento, follaje* flüsternd
garsina F *jerga del hampa* Diebstahl *m*; **garsinar** VT *jerga del hampa* stehlen
garúa F *Am* MAR Sprühregen *m*; **garuar** V/IMP ⟨1e⟩ *Am* nieseln
garufa F *fam Arg* **ir de ~** einen draufmachen
garuga F *Chile, Arg* Sprühregen *m*
garulla F 1 *(uva desgranada)* entkernte Traube *f* 2 *fam fig (gentío desordenado)* Pöbelhaufen *m*; Menschenauflauf *m* 3 *(mezcla de nueces)* Nussmischung *f*; **garullada** F *fam* Menschenauflauf *m*; Krawall *m*
garza F 1 ORN Reiher *m*; **~ cendrada** Graureiher *m*; **~ real** *o* **común** Fisch- (*o* Grau)reiher *m* 2 *Chile fig persona:* langhalsige Person *f* 3 *Col fam fig* **saber donde ponen las ~s** *(ser un viejo zorro)* ein alter Hase (*o* Fuchs) sein
garzo ADJ bläulich; blaugrau; hellblau
garzón M 1 *Bol, Chile (camarero)* Kellner *m* 2 *(niño)* Kind *n*
garzota F 1 ORN Buschreiher *m* 2 *(airón)* Reiherbusch *m am Hut*
gas M 1 *gener* Gas *n*; **con/sin ~** *agua mineral* mit/ohne Kohlensäure; **~ de alto horno** Gicht-, Hochofengas *n*; **~ de alumbrado** *o Am* **~ iluminante** Leuchtgas *n*; **~ carbónico** Kohlenmonoxid *n*; **~ ciudad** *o Chile* **de cañería** Stadtgas *n*; **~ de escape** *o* **~ perdido** AUTO Auspuff-, Abgas *n*; TEC Abdampfgas *n*; QUÍM **~ fulminante** *o* **detonante** *o* **oxhídrico** Knallgas *n*; **~ hilarante** Lachgas *n*; **~ impulsor** *o* **propulsor** *en vaporizadores:* Treibgas *n*; ECOL **~ (de efecto) invernadero** Treibhausgas *n*; **~ irritante** Reizgas; **~ natural** Erd-, Naturgas *n*; QUÍM **~ noble** *o* **raro** Edelgas *n*; **~ pobre** Gas *n* von geringem Heizwert; **~ propelente/público** Treib-/Stadtgas *n*; **~ de la risa** Lachgas *n*; **~ sofocante** *o* **asfixiante** *o* **tóxico** Giftgas *n*, Stickgas *n*; **~es de reacción** *en cohetes, etc:* Rückstoßgase *npl*; **~es residuales** Abgase *npl*; **fábrica** *f* **de ~** Gaswerk *n*, -anstalt *f* 2 AUTO **dar (más) ~** Gas geben, beschleunigen; **cortar** *o* **quitar el ~** Gas wegnehmen; **pisar el ~ (a fondo)** *o* **dar (pleno) ~** (Voll)Gas geben, auf die Tube drücken *fam*; *fig* **perder ~** an Kraft (*o* Schwung) verlieren; *adv fig* **a medio ~** mit halber Kraft; halbherzig; **a todo ~** mit Vollgas; *fig* mit aller Kraft 3 MIL **~ (de combate)** Kampfstoff *m*, Gas *n*; **~ cruz amarilla** *o* **~ (de) mostaza** Gelbkreuz(gas) *n*, Senfgas *n*; **~ nervioso** Nervengas *n*
gasa F 1 *para heridas:* Gaze *f*; Mull *m*; **~ metálica** *o* **de alambre** Drahtgaze *f*; MED **~ esterilizada** keimfreier Verbandmull *m* 2 *(banda de luto)* Flor *m*; Trauerflor *m*
gascón A ADJ gaskognisch B M, **-ona** F Gaskogner *m*, -in *f* C M *dialecto:* Gaskognisch *n*; **gasconada** F *fam* Aufschneiderei *f*
Gascuña F (die) Gascogne
gaseado ADJ gaskrank; vergast; **gaseamiento** M *de personas, animales:* Vergasung *f*
gasear VT 1 *personas, animales* vergasen 2 *una bebida* Kohlensäure zusetzen; **gaseiforme** ADJ gasförmig; **gaseoducto** M *incorr* → gasoducto; **gaseosa** F weiße (Zitronen)Limonade *f*; **gaseosero** M, **-a** F Limonadenverkäufer *m*, -in *f*; **gaseoso** ADJ gashaltig; gasförmig; **bebida** *f* **gaseosa** kohlensäurehaltiges Getränk *n*; Limonade *f*
gasfíter, gásfiter M *Chile* Klempner *m*, Spengler *m*, Installateur *m*
gasfitería F *Chile, Perú* Klempnerei *f*; Installationsbetrieb *m*; Spenglerei *f*; **gasfitetero** M *Perú* → gasfíter
gasificación F FÍS Vergasung *f*, Übergang *m* in den gasförmigen Zustand; **gasificar** VT ⟨1g⟩ 1 FÍS *(convertir en gas)* vergasen 2 *(disolver anhídrido carbónico)* mit Kohlensäure versetzen
gasista M Gasinstallateur *m*
gasmoña ADJ *Ven fam mujeres* schüchtern, kontaktarm
gasoducto M Fern-, Erdgasleitung *f*
gasógeno A ADJ Gas bildend B M Gasgenerator(anlage *f*) *m*; AUTO **(coche** *m* **a) ~** Holz(ver)gaser *m*
gas-oil, gasoil, gasóleo M Diesel-, Gasöl *n*
gasolero ADJ *Am* mit Dieselantrieb, Diesel…
gasolina F (Auto)Benzin *n*; **~ de marca** Markenbenzin *n*; **~ normal** *o Am reg* **corriente** *o Pan, Salv, Ven* **regular** Normalbenzin *n*; **~ con plomo** verbleites Benzin *n*; **~ súper** *o Am reg* **~ extra** Super(benzin) *n*; **~ sin plomo** bleifreies Benzin *n*; AUTO **puesto** *m o* **estación** *f* **de ~** Tankstelle *f*; **echar** *o* **reponer (la) ~** tanken
gasolinera F 1 *(depósito de gasolina)* Tankstelle *f* 2 MAR Motorboot *n* 3 *persona:* Tankwartin *f*;
gasolinero M Tankwart *m*; **gasometría** F QUÍM Gasanalyse *f*
gasómetro M Gasometer *m*; Gasbehälter *m*; Gasuhr *f*
gastadero M *fam* Ursache *f* von Ausgaben; *fig* **~ de paciencia** Geduldsprobe *f*, Nervensäge *f fam*; **gastado** ADJ abgenutzt, verbraucht; *vestimenta* abgetragen; *neumáticos* abgefahren; *fig chiste, etc* abgedroschen; **gastador** A ADJ *(derrochador)* verschwenderisch B M, **gastadora** F Verschwender *m*, -in *f* C M 1 MIL *(zapador)* Schanz(arbeit)er *m*; Pionier *m* 2 *(condenado a trabajos forzosos)* zu(r) Zwangsarbeit Verurteilter *m*; **gastadura** F Verschleiß *m*;
gastamiento M Verbrauch *m*; Abnutzung *f*
gastar A VT 1 *(consumir)* verbrauchen; verausgaben, ausgeben; aufwenden (**en** für *acus*); **~ fuerzas** *o* **energías** Kräfte aufwenden (*o* einsetzen); **~ una hora en un trabajo** für eine Arbeit eine Stunde brauchen 2 *(derrochar)* vergeuden, verschwenden; **~ palabras** seine Worte verschwenden, umsonst reden; **~ el tiempo** (die) Zeit verschwenden (*o* vertun) 3 *(deteriorarse)* verschleißen, abnutzen; **traje** *m* **a medio ~** abgetragener Anzug *m* 4 *(usar)* (gewohnheitsmäßig) tragen, haben, be-

sitzen; ~ **anteojos/barba** Brille/Bart tragen; ~ **tabaco negro** dunklen Tabak rauchen 5 *fig* ~ **una broma** einen Scherz machen; ~ **bromas** (gern) einen Spaß machen; **no ~ bromas** keinen Spaß verstehen; ~ **ceremonias** viele Umstände machen; ~ **mal humor** (stets) übler Laune (*o* ein Griesgram) sein; *fam* **¡gasta unos humos!** der ist vielleicht schlechter Laune *fam*, der hat (ja) eine nette Laune! (*fam irón*); *fam* ~ **mucha salud** kerngesund sein; **ya sé cómo (se) las gasta** ich weiß genau, was das für ein Kerl ist; **¡así las gasto yo!** so bin ich nun mal 6 *Arg fam* (*dar una paliza*) (kräftig) verprügeln B V/R **gastarse** 1 sich abnutzen, verschleißen; *piedras, etc* verwittern; *persona* sich aufreiben 2 *dinero* ausgeben

gasterópodos MPL ZOOL Bauchfüßer *mpl*, Gastropoden *mpl*

gasto M 1 (*desembolso*) Ausgabe *f*; Aufwand *m*; Verbrauch *m*; ~ **de agua/energía** Energie-/Wasserverbrauch *m*; ~ **de la casa** Haushalts-, Wirtschaftsgeld *n*; ~ **de tiempo/trabajo** Zeit-/Arbeitsaufwand *m*; *fig* **hacer el ~ de la conversación** die Kosten (*o* die Last) der Unterhaltung tragen; *fam fig* **es lo que hace el ~** das ist der springende Punkt; darauf kommt es an; *fig* **pagar el ~** die Zeche zahlen 2 ECON **~s** *mpl* (*expensas*) Auslagen *fpl*, Kosten *pl*; Spesen *pl*; Unkosten *pl*; **a ~s comunes** auf gemeinsame Kosten; **libre de ~s** spesenfrei; **sin ~s** kostenlos, -frei; ohne Kosten; *letra de cambio* ohne Protest; **~s** *pl* **de correo** Portokosten *pl*; **~s** *pl* **de descarga** Abladegebühr *f*; MAR Löschgebühr *f*; **~s** *pl* **de explotación** Betriebskosten *pl*; FERR **~s** *pl* **de ferrocarril** Fracht-, Bahnkosten *pl*; **~s** *pl* **fijos** Festkosten *pl*; **~s** *pl* **generales** Gemeinkosten *pl*; allgemeine Unkosten *pl*; **~s** *pl* **por hora de máquina** Maschinenstundenkosten *pl*; **~s** *pl* **por hora de servicio** Betriebsstundenkosten *pl*; **~s** *pl* **de mantenimiento** Wartungskosten *pl*; **~s** *pl* **mayores/menores** größere/kleinere Auslagen *fpl*; **~s** *pl* **de personal** Personalkosten *pl*; **~s** *pl* **de producción** Produktions-, Herstellungskosten *pl*; **~s** *pl* **de propaganda** Werbekosten *pl*; **~s** *pl* **públicos** Ausgaben *fpl* der öffentlichen Hand; **~s** *pl* **de representación** Aufwandsentschädigung *f*; **~s** *pl* **de sepelio** Bestattungskosten *pl*; **~s** *pl* **sociales** Sozialausgaben *pl*; **~s** *pl* **de viaje** *o* **por desplazamiento** Reisespesen *pl*, Reisekosten *pl*; **contribución** *f* **a los ~s** Unkostenbeitrag *m*; **cubrir ~s** die Kosten decken; kostendeckend sein; **meterse en ~s** sich in Unkosten stürzen; **pagar los ~s** für die Kosten aufkommen 3 *de una fuente, etc*: Durchflussmenge *f*; *t/t* Schüttung *f*

gastoso ADJ verschwenderisch; aufwendig

gastralgia F MED Magenschmerz *m*; **gastrectomía** F MED Magenresektion *f*

gástrico ADJ Magen...; **acidez** *f* **-a** Magensäure *f*; **jugo** *m* ~ Magensaft *m*; **mucosa** *f* **-a** Magenschleimhaut *f*

gastritis F MED Magenschleimhautentzündung *f*, Gastritis *f*

gastrodiafanoscopia F MED Magendurchleuchtung *f*; **gastroenteritis** F MED Magen-Darm-Entzündung *f*; **gastroenterología** F MED Gastroenterologie *f*; **gastroenterólogo** M, **-a** F MED Gastroenterologe *m*, -login *f*; **gastrointestinal** ADJ MED Magen-Darm...

gastrólogo M, **-a** F MED Gastrologe *m*, Gastrologin *f*

gastronomía F Gastronomie *f*, Kochkunst *f*; **gastronómico** ADJ gastronomisch; Feinschmecker...

gastrónomo M, **-a** F 1 (*dueño, -a de un restaurante, etc*) Gastronom *m*, -in *f* 2 (*aficionado a la buena comida*) Feinschmecker *m*, -in *f*

gastroscopia F MED Gastroskopie *f*, Magenspiegelung *f*; **gastrosofía** F Gastrosophie *f*; **gastrotomía** F MED Magenschnitt *m*

gata F 1 ZOOL *hembra*: weibliche Katze *f*; **hacerse la ~ (muerta** *o* **ensogada)** sich harmlos (*o* bescheiden) stellen; *adv* **a ~s** (*a cuatro patas*) auf allen vieren; *RPl* (*apenas*) kaum, nur mit großer Mühe 2 *fam fig* (*madrileña*) Madriderin *f*; *fam tb* (*mujerzuela*) durchtriebenes Frauenzimmer *n*; *fam* ~ **parida** hagere (*o* sehr schmächtige) Person *f* 3 BOT Hauhechel *f* 4 *pez*: Großgefleckter Katzenhai *m* 5 *fig* (*nubecilla*) kleine Wolke *f am Berg* 6 *Chile, Perú* AUTO (*gato*) Wagenheber *m* 7 *Méx fig* (*sirvienta*) Dienstmädchen *n* 8 *Arg fam* (*mujer estupenda*) Klassefrau *f*

gatada F 1 *fam fig* (*estafa*) Betrug *m*, Gaunerei *f*; Falle *f* 2 CAZA **dar ~s** *liebre* Haken schlagen; **gatallón** M *fam* Schlauberger *m*, Gauner *m*; **gatatumba** F *fam* Schöntuerei *f*, Getue *n* *fam*; **gatazo** M 1 ZOOL großer Kater *m* 2 (*bribonada*) übler Streich *m*, Gaunerei *f*

gateado A ADJ katzenfarbig; *mármol* getigert B M *Am* *ein stark gemasertes Holz*

gatear A V/T 1 *gato* kratzen 2 *fam* (*hurtar*) mausen *fam*, mopsen *fam* B V/I 1 (*trepar*) klettern 2 *a cuatro patas*: auf allen vieren kriechen, krabbeln (*tb niño*) 3 *Méx fam en aventuras amorosas*: hinter den Dienstmädchen her sein *fam*; **gatera** A F 1 (*agujero de gatos*) Katzentür *f*, Katzenloch *n* 2 MAR (*espec* Anker)Klüse *f* 3 (*aficionada a los gatos*) Katzenfreundin *f* 4 *Bol* (*mujer del mercado*) Marktweib *n* B M/F *fam fig* Taugenichts *m*, Windhund *m*; **gatería** F 1 *col* Katzen *fpl*; (*reunión de gatos*) Katzenversammlung *f* 2 *fam fig* (*reunión de adolescentes*) Halbstarkenansammlung *f* 3 *fam fig* (*cobardía*) Duckmäuserei *f*; **gatero** A ADJ Katzen... B M (*aficionado a los gatos*) Katzenfreund *m*; **gatesco** ADJ *fam* Katzen...

gatillar V/I abdrücken, schießen; **gatillazo** M *escopeta*: Einschnappen *n* des Drückers; *fam fig* **dar ~** sein Ziel nicht erreichen; **gatillero** M *fam* Killer *m*

gatillo M 1 *arma de fuego*: Abzug *m*; **apretar el ~** abdrücken 2 ODONT Zahnzange *f* 3 TEC (*picaporte*) Klinke *f*; ~ **(de trinquete)** Sperrhaken *m* 4 CONSTR (*grapa*) Klammer *f* 5 *fam fig* (*ratero*) Spitzbube *m* 6 ZOOL Widerrist *m*

gato M 1 ZOOL Katze *f*; *macho*: Kater *m*; ~ **de algalia** Zibetkatze *f*; ~ **de Angora** Angorakatze *f*; ~ **atigrado** Tigerkatze *f*; ~ **cerval** Serval *m* (*große Wildkatze*); **el ~ con botas** *cuento de niños*: der Gestiefelte Kater; ~ **callejero** streunende (*o* herrenlose) Katze *f*; ~ **doméstico** Hauskatze *f*; *pez*: ~ **marino** Großgefleckter Katzenhai *m*; ~ **persa/siamés** Perser-/Siamkatze *f*; ~ **montés** *o* **silvestre** Wildkatze *f*; *fig* ~ **viejo** alter Fuchs *m* (*fig*) 2 *fam fig* **asistieron cuatro ~s** (*pocas personas*) nur ein paar Leute waren gekommen *fam*; **como ~ mojado** wie eine nasse Katze; **correr** *o* **ir** *o* **pasar como ~ por ascuas** wie ein Verrückter (davon)laufen; *fam* **dar ~ por liebre a alg** j-n übers Ohr hauen *fam*, j-n übertölpeln; *fam* **no había ni un ~** kein Mensch (*o* kein Schwein *fam*) war da; **(aquí) hay ~ encerrado** da stimmt (doch) was nicht, da ist etwas faul *fam*, das geht nicht mit rechten Dingen zu; *fig* **jugar al ~ y al ratón** Katz(e) und Maus spielen; **lavarse a lo ~** Katzenwäsche machen; *fig* **llevar(se) el ~ al agua** den Vogel abschießen; **llevarse como perro(s) y ~(s)** *o* **como el perro y el ~** sich wie Hund und Katze vertragen; *fam fig* **(esto es) para el ~** das ist für die Katz *fam*; *prov* ~ **escaldado del agua fría huye** (ein) gebranntes Kind scheut das Feuer; *prov* **de noche todos los ~s son pardos** bei Nacht sind alle Katzen grau 3 *fig* (*bolsa*) Geldbeutel *m*; *p. ext* Ersparnisse *fpl* 4 TEC (Hand)Hebezeug *n*; AUTO Wagenheber *m*; *herramienta de carpinteros*: Schreiner-, Schraubzwinge *f*; *espec Am* ~ **a chicharra** Ratschenwinde *f*; ~ **de tracción** Zugwinde *f* 5 *fam fig* (*madrileño*) Madrider *m*, Madrilene *m*; *tb* (*ladrón astuto*) gerissener Dieb *m*; schlaue Person *f* 6 *Arg, Bol baile*: *Art Volkstanz* 7 *Méx* (*sirviente*) Diener *m*; (*propina*) Trinkgeld *n*

gatuno ADJ Katzen...; **gatuña** F BOT Hauhechel *f*; **gatuperio** M Mischmasch *m*; *fam fig* Intrige *f*; undurchsichtige Angelegenheit *f*

gaucha F *Arg* Mannweib *n*; **gauchada** F 1 *RPl* (*comportamiento de gaucho*) typisches Verhalten *n* eines Gauchos; *RPl, Chile, Perú* (*bribonada astuta*) gerissener Streich *m* 2 *Arg, Perú* (*favor*) Freundschaftsdienst *m* 3 *Arg* (*improvisación versificada*) Stegreifvers(e) *m(pl)* 4 *Arg* (*habladuría*) Gerede *n*, Klatsch *m*; **gauchaje** M *RPl, Chile* Gauchotrupp *m*; *desp* Gesindel *n*

gauchear V/I *Arg* sich wie ein Gaucho verhalten; *fig* freundlich sein

gauchesco ADJ Gaucho...

gauchismo¹ M Gaucholiteratur *f*

gauchismo² M *Esp* POL Gauchismus *m*, Linksextremismus *m*; **gauchista** M/F POL Gauchist *m*, -in *f*, Linksextremist *m*, -in *f*; **gauchita** F *Arg* 1 MÚS Gauchoweise *f* 2 *fam* (*mujer hermosa*) hübsche Frau *f*

gaucho A M 1 Gaucho *m*; *RPl fig* **ser buen ~** ein zuverlässiger Freund sein 2 *Arg, Chile* (*buen jinete*) guter Reiter *m* 3 *Ec* (*sombrero*) breitkrempiger Hut *m* 4 *Chile* ORN *Art* Königswürger *m* B ADJ 1 **(a lo) ~** gauchohaft 2 *Arg, Chile* (*valiente*) tapfer, verwegen; (*astuto*) gerissen; (*hábil*) geschickt 3 *Arg* (*magnífico*) stattlich 4 *Arg* (*grosero*) rau, grob

gaudeamus M *fam* Vergnügen *n*, Fest *n*; **andar de ~** feiern

gaullismo M POL Gaullismus *m*; **gaullista** M/F Gaullist *m*, -in *f*

gausio M, **gauss** M FÍS Gauß *n*

gavanza F BOT Wildrose *f*; **gavanzo** M Heckenrosenstrauch *m*

gavera F (Flaschen)Träger *m*

gaveta F 1 (*cajón corredizo*) Schublade *f*; Schubfach *n* 2 (*cofrecillo*) Schatulle *f* 3 *Arg, Ur* AUTO Handschuhfach *n*

gavia F 1 MAR *vela*: Marssegel *n*; (*cofa*) Mastkorb *m der Galeeren* 2 AGR (*zanja*) Abzugsgraben *m* 3 HIST (*jaula*) Holzkäfig *m für Geisteskranke* 4 *jerga del hampa* (*casco*) Helm *m*; **gavial** M ZOOL Gavial *m* (*Krokodilart*); **gaviero** M MAR Marsgast *m*

gavilán M 1 ORN Sperber *m* 2 BOT Distelblüte *f* 3 *en la escritura*: Schnörkel *m*; *de la pluma de escribir*: **-anes** *mpl* Spitzen *fpl einer Schreibfeder* 4 *de la espada*: Degenkreuz *n* 5 *Am Centr, Méx uñero*: eingewachsener Nagel *m*

gavilla F 1 AGR Garbe *f* 2 *espec Am* (*pandilla*) (Räuber-, Diebes)Bande *f*, Gesindel *n*; **gavillada** F *jerga del hampa* Diebesbeute *f*, Sore *f* (*jerga del hampa*); **gavillador** M *jerga del hampa* Gangsterboss *m*; **gavilladora** F AGR Mähbinder *m*

gavillar → agavillar

gavillero M AGR Getreideschober *m*; Garbenreihe *f*

gaviota F ORN Möwe *f*; ~ **argéntea** Silbermöwe *f*; ~ **reidora** Lachmöwe *f*; **gaviotín** M ORN Seeschwalbe *f*

gavota F MÚS Gavotte *f*

gay A ADJ gay, schwul *fam* B M Gay *m*, *fam* Homo *m fam*, Schwule *m fam*

gaya F 1 (*banda de color*) farbiger Streifen *m* 2 *jerga del hampa* (*prostituta*) Dirne *f*; **gayado** A ADJ bunt gestreift B M *Cuba caballo*: weiß gesprenkelter Hellbrauner *m*; **gayano** M *pez*: Streifenlippfisch *m*

gayo ADJ 1 (*alegre*) fröhlich; bunt 2 LIT **-a**

ciencia *f o* **doctrina** *f* Minnesang *m*; Poesie *f*; **gayola** F 1 *fam (cárcel)* Knast *m fam* 2 *Arg, Ur vulg (masturbación)* Wichsen *n vulg*
gayón M *jerga del hampa* Zuhälter *m*, Lude *m fam*
gayuba F BOT Bärentraube *f*
gayumbos MPL *fam* Unterhose *f*
gaza F 1 MAR Stropp *m* 2 *jerga del hampa (hambre)* Kohldampf *m fam*; **gazapa** F *fam* Schwindel *m*, Lüge *f*
gazapera F 1 *(madriguera de conejos)* Kaninchenbau *m* 2 *fam fig (escondrijo)* Schlupfwinkel *m* 3 → gazapina; **gazapina** F *fam* 1 *(reunión de malhechores)* Versammlung *f* von Gesindel; Diebskonvent *m* 2 Schlägerei *f*; **gazapo** M 1 ZOOL *(conejo nuevo)* junges Kaninchen *n* 2 *fam fig (yerro)* Versprecher *m*; **echar un ~** einen Schnitzer machen 3 *(bulo)* (Zeitungs)Ente *f* 4 *(cuco)* Schlaukopf *m*, -meier *m* 5 JUR *(cómplice)* Komplize *m eines Einbrechers*

G

gazmiar ⟨1c⟩ A VI naschen B VR **gazmiarse** *fam* sich beklagen
gazmoñada F, **gazmoñería** F Scheinheiligkeit *f*; Heuchelei *f*; **gazmoñero, gazmoño** A ADJ prüde; heuchlerisch, scheinheilig B M, **-a** F Heuchler *m*, -in *f*; Frömmler *m*, -in *f*
gaznápiro A ADJ einfältig, dumm B M, **-a** F Dummkopf *m*, Einfaltspinsel *m*; **gaznatada** F *Am reg* Ohrfeige *f*; **gaznate** M Kehle *f*, Schlund *m*; *pop* **mojar** *o* **refrescarse el ~** sich *(dat)* die Kehle anfeuchten *(o* ölen *o* schmieren) *fam*
gazpacho M GASTR Gazpacho *m (kalte Suppe aus rohem Gemüse, Öl, Essig, Brot und Wasser)*
gazuza F *fam* Bärenhunger *m fam*
GCR MPL ABR (Guerrilleros de Cristo Rey) *Esp spanische rechtsextreme Organisation*
ge F G *n (Name des Buchstabens)*
gea F physische Geografie *f* eines Landes *(o* einer Region)
Gea N PR F MIT Gaia *f*, Gäa *f*, Mutter *f* Erde
geco M ZOOL (asiatischer) Gecko *m*
gecónidos MPL ZOOL Haftzeher *mpl*, Geckos *mpl*
géiser M Geiser *m*, Geysir *m*
geisha ['ge:ʃa] F Geisha *f*
gel M QUÍM, FARM Gel *n*; **~ de baño** Badegel *n*; **~ de ducha** Duschgel *n*
gelatería F *Méx* Eisdiele *f*
gelatina F Gelatine *f*; Gallert *m*; Sülze *f*; QUÍM, TEC **~ animal** Tierleim *m*; GASTR **~ seca** Trockengelatine *f*
gelatinización F Gelatinierung *f*; Gelieren *n*; **gelatinizarse** VR ⟨1f⟩ gelieren; gelatinieren; **gelatinobromuro** M QUÍM, FOT Bromsilbergelatine *f*; **gelatinoso** ADJ gallertartig
gelidez F *poét* Kälte *f*; *espec fig* Gefühlskälte *f*
gélido ADJ *poét* eisig kalt
gelificarse VR ⟨1g⟩ gelieren
gema F 1 *(piedra preciosa)* Gemme *f*; Edelstein *m* 2 BOT *(brote)* Knospe *f* 3 MINER **(sal** *f*) **~** Steinsalz *n*; **gemación** F BIOL Knospung *f*
gemebundo ADJ *liter* tief aufseufzend; schmerzlich klagend
gemelación F **~ de ciudades** Städtepartnerschaft *f*; **gemelado** ADJ Doppel…, Zwillings…; **eje** *m* **~** Doppelachse *f*; **gemelar** ADJ BIOL **parto** *m* **~** Zwillingsgeburt *f*
gemelo A ADJ Doppel…, Zwillings…; AUTO **ruedas** *fpl* **-as** Zwillingsreifen *mpl*; **hermanos** *mpl* **~s** *mpl gener* Zwillinge *mpl*; Zwillingsgeschwister *pl*; *de niños*: Zwillingsbrüder *mpl*; **hermanas** *fpl* **-as** Zwillingsschwestern *fpl*; ANAT **músculo** *m* **~** Zwillingsmuskel *m* B **~s** *mpl*, **-as** FPL (eineiige) Zwillinge *pl*; **~s bivitelinos** zweieiige Zwillinge *pl*; **~s siameses** siamesische Zwillinge *pl*; **~s univitelinos** eineiige Zwillinge *pl* C **~s** MPL 1 *(botones iguales)* Manschettenknöpfe *mpl* 2 **~s (binóculos de campaña)** Feldstecher *m*; **~s (de teatro)** Opernglas *n* 3 ASTRON → Géminis
gemido M Ächzen *n*, Wimmern *n*; Stöhnen *n*, Klagen *n*; *fig viento*: Heulen *n*, Brausen *n*; **gemidor** ADJ ächzend, stöhnend; wimmernd, klagend; *fig viento* heulend, brausend
geminación F 1 *(duplicación)* Verdoppelung *f* 2 BIOL Teilung *f*; **geminada** F FON Doppelkonsonant *m*; **geminado** ADJ 1 *(doble)* Doppel…, Zwillings… *(tb* ARQUIT); BOT gepaart 2 BIOL geteilt 3 LING geminiert; **geminifloro, geminífloro** ADJ BOT paarig blühend
Géminis M ASTRON Zwillinge *pl*
gemiquear VI *Chile* → gimotear; **gemiqueo** M *Chile* → gimoteo
gemir VI ⟨3l⟩ ächzen, seufzen; stöhnen, klagen; wimmern, winseln; *fig viento* sausen, brausen; *madera, etc* knarren
gemología F Gemmologie *f* *(Edelsteinkunde)*; **gemólogo** M, **-a** F Gemmologe *m*, Gemmologin *f*
gen M BIOL Gen *n*
gena F Henna *n*
genciana F BOT Enzian *m*
gendarme M *Arg* Grenzpolizist *m*; **gendarmería** F *Arg* Grenzpolizei *f*
gene M *Méx* BIOL Gen *n*; **genealogía** F 1 *(serie de ascendientes)* Genealogie *f*; *ciencia*: Geschlechter-, Familienkunde *f* 2 *(descendencia)* Abstammung *f* 3 *libro*: Stammtafel *f*; **genealógico** ADJ genealogisch; **árbol** *m* **~** Stammbaum *m*; **genealogista** M/F Genealoge *m* -login *f*
generable ADJ erzeugbar
generación F 1 BIOL *(engendramiento)* Zeugung *f*; **~ alternante** Generationswechsel *m*; **~ espontánea** Urzeugung *f* 2 FÍS, QUÍM, TEC, ELEC Erzeugung *f*, Entwicklung *f*; **~ de energía** Energieerzeugung *f*; ECON **~ de empleo** Arbeitsbeschaffung *f*, Schaffung *f* von Arbeitsplätzen 3 *conjunto de personas*: Generation *f*; *sucesión*: Geschlechterfolge *f*; LIT **la ~ del 98** die 98er Generation 4 *(vida humana)* Menschenalter *n*
generacional ADJ Generations…, Generationen…; **cambio** *m o* **relevo** *m* **~** Generationswechsel *m*
generador A ADJ erzeugend, bewirkend (etw *acus* **de a/c**); Zeugungs…; BIOL *y fig* **fuerza** *f* **~a** Zeugungskraft *f*; bewirkende Kraft *f* B M, **generadora** F Erzeuger *m*, -in *f* C M TEC, ELEC Generator *m*; Dynamo *m*; ELEC **~ de arco** Lichtbogengenerator *m*; TV **~ de barrido** Zeilengenerator *m*; AUTO **~ (eléctrico)** Lichtmaschine *f*; **~ de vapor** Dampferzeuger *m*, -kessel *m*
general A ADJ 1 *(en común)* allgemein, umfassend; generell; gewöhnlich; *adv* **en** *o* **por lo ~** im Allgemeinen, überhaupt; **hablar de un modo (más bien) ~** (mehr) in allgemeinen Zügen sprechen; **de uso ~** allgemein gebräuchlich; **de** *o* **para el uso ~** zum Allgemeingebrauch; **de validez ~** allgemeingültig; allgemein verbindlich 2 General…, Haupt…, Ober…; *tb* COM **depósito ~** Hauptlager *n*; **dirección** *f* **~ de correos** *für das Postwesen zuständige Behörde im spanischen Innenministerium*; **norma** *f* **~** Allgemeinregel *f*; Norm *f*; AUTO **repaso** *m o* **reglaje** *m o* **revisión** *f* **~** Generalüberholung *f* B M 1 MIL *rango*: General *m*; **~ de artillería** General *m* der Artillerie; **~ de brigada** Generalmajor *m*; Brigadegeneral *m*; **~ de un cuerpo de ejército** kommandierender General *m*; **~ de división** Generalleutnant *m*; Divisionsgeneral *m*; **~ en jefe** Oberbefehlshaber *m*; Heerführer *m*; *fig* **el General invierno** General Winter 2 REL *de una orden*: Ordensgeneral *m* 3 *jerga del hampa (jergón de paja)* Strohsack *m* C FPL JUR **las ~es de la ley** allgemeine Fragen zur Person
generala F 1 MIL Generalin *f*; *esposa*: Generalsgattin *f* 2 MIL, MÚS *toque*: Generalmarsch *m*; **tocar a ~** den Generalmarsch blasen; **generalato** M MIL 1 *rango*: Generalsrang *m*, -würde *f (tb* REL) 2 *(conjunto de generales)* Generalität *f*; **generalicio** ADJ *fam* Generals…
generalidad F 1 *(el común de las gentes)* Allgemeinheit *f*; **la ~ (de los hombres)** die meisten (Menschen) 2 *(validez universal)* Allgemeingültigkeit *f*; Allgemeine(s) *n*; *(vaguedad)* Unverbindlichkeit *f*; **~es** *fpl* allgemeine Angaben *fpl (o* Informationen *fpl)*; *en escritos*: Allgemeine(s) *n*; *(trivialidades)* allgemeine Redensarten *fpl*, Allgemeinplätze *mpl* 3 JUR *(cláusula general)* Generalklausel *f* 4 POL → Generalitat
generalísimo M MIL Generalissimus *m*; Oberbefehlshaber *m*; *Esp* HIST **el Generalísimo** *Titel Francos*
Generalitat F *Esp* POL *Regierung in den autonomen Regionen Katalonien und Valencia*
generalizable ADJ verallgemeinerungsfähig; **generalización** F 1 *(acción de hacer común)* Verallgemeinerung *f* 2 *(divulgación)* allgemeine Verbreitung *f*; **generalizador** ADJ verallgemeinernd
generalizar ⟨1f⟩ A VT 1 *(universalizar)* verallgemeinern; **generalizando puede decirse …** ganz allgemein darf man sagen … 2 *(divulgar)* verbreiten B VR **generalizarse** allgemein werden; (zum) Allgemeingut werden
generalmente ADV im Allgemeinen, allgemein; meistens; **generalote** M *desp* General *m*
generar VT QUÍM FÍS, *fig* (er)zeugen; schaffen; hervorrufen; **~ empleo** Arbeitsplätze schaffen; **generativismo** M LING generative Grammatik *f*; **generativo** ADJ BIOL Zeugungs…; LING generativ; **generatriz** ADJ 1 MAT **línea** *f* **~** Mantellinie *f* 2 → generador
genérico A ADJ 1 *(común a muchas especies)* Gattungs…; allgemein; LING, BIOL **nombre** *m* **~** Gattungsname *m* 2 LING Genus… B M 1 FILM Vorspann *m*; **~s de fin** Nach-, Abspann *m* 2 MED **~s** *mpl* Generika *npl*
género M 1 *(especie)* Gattung *f (tb* BIOL); Geschlecht *n*; **~ humano** Menschengeschlecht *n*; BIOL **~s** *mpl* **y especies** *fpl* Gattungen *fpl* und Arten *fpl* 2 LING Genus *n*; **~ ambiguo** Doppelgeschlecht *n (z. B. el oder la mar)*; **~ común** gemeinsame Form *f* für Femininum und Maskulinum *(z. B. el oder la testigo)* 3 LIT Gattung *f*; **~ chico** *(meist lustiges)* kurzes Volksstück *n*; Posse *f*; **~ dramático** dramatische Gattung *f*, Drama *n*; **~ frívolo** leichte Muse *f*, Kleinkunst *f*; **~ lírico** → zarzuela[2] 4 COM *(mercancía)* Ware *f*; *(tela)* Stoff *m*, Gewebe *n*; **~s de primera calidad** Qualitätsware *f*; *(tela de calidad)* Qualitätsstoffe *mpl*; **~s de punto** Trikotagen *fpl*; Wirkwaren *fpl*; **~s de moda** Modewaren *fpl*; **~ a un lado y dinero a otro** hier die Ware, da das Geld 5 *(clase)* Art *f*; Sorte *f*; *(modo, manera)* Art und Weise *f*; **~ de vida** Lebensart *f*, -weise *f*; **de mal ~** unangebracht, unpassend; **sin ningún ~ de duda** (ganz) zweifellos 6 PINT *y* ESCUL **de ~** Genre…; **cuadro** *m* **de ~** Genrebild *n*; **pintura** *f* **de ~** Genremalerei *f*
generosidad F 1 *(magnanimidad)* Großmut *f*, Edelmut *m*, Seelengröße *f* 2 *(liberalidad)* Großzügigkeit *f*, Freigebigkeit *f*
generoso ADJ 1 *(magnánimo)* großmütig, edelmütig; **~ en sus acciones** großmütig handelnd 2 *(liberal)* großzügig, freigebig (j-m ge-

genüber **con** *o* **para** *o* **para con alg)** 3 *(ardiente)* feurig, edel *(tb caballo)*; *tierra* fruchtbar; **vino** *m* ~ Dessertwein *m*

genesiaco, genesíaco ADJ kosmogonisch; Schöpfungs...

genésico ADJ FISIOL Geschlechts...; Zeugungs...; genetisch; **instinto** *m* ~ Geschlechtstrieb *m*

génesis F Entstehung *f*, Werden *n*; Entwicklung *f*; Werdegang *m*; *t/t*, MED Genese *f*

Génesis M *Biblia*: Genesis *f*, Schöpfungsgeschichte *f*

genética F BIOL Genetik *f*, Erblehre *f*; **genéticamente** ADV der Entstehung nach; BIOL **~ alterado** *o* **manipulado** *o* **modificado** genmanipuliert, gentechnisch verändert

geneticista M/F → genetista

genético ADJ BIOL *y fig* genetisch; mit Bezug auf Herkunft (*o* Entstehung); **terapia** *f* **–a** Gentherapie *f*

genetista M/F Genetiker *m*, -in *f*

genetliaca F ASTROL Horoskop *n*

Gengis Jan N PR M HIST Dschingis Khan

genial ADJ 1 *(de gran talento)* genial; hochbegabt 2 *(ingenioso)* geistvoll, witzig; toll *fam*; **¡es to es ~!** das ist super! *fam*; **lo pasamos ~** wir haben uns toll amüsiert 3 *(propio)* eigentümlich; **genialidad** F 1 *(ingeniosidad)* Genialität *f*, geniales Wesen *n*; *(rasgo de ingenio)* Geniestreich *m* 2 *(particularidad)* Eigentümlichkeit *f*; **tener ~es** seine Eigenheiten *fpl* (*o fam* seine Schrullen *fpl*) haben; **geniazo** M *fam* aufbrausendes Temperament *n*; *persona tb* überragender (*o* genialer) Kopf *m*

génico ADJ BIOL Gen...; **terapia** *f* **génica** Gentherapie *f*

geniecillo M MIT Kobold *m*, Zaubergeist *m*, Zauberzwerg *m*

genio M 1 *(mentalidad)* Geistes-, Gemütsart *f*; Temperament *n*; (geniale) Veranlagung *f*; **de buen ~** gutmütig; **de mal ~** jähzornig; immer mürrisch; *fam* **no puede con el ~** er ist nicht aufzuhalten; die Pferde gehen mit ihm durch *fam*; *fam* **llevarle a uno el ~** j-m nachgeben, j-m nicht widersprechen; **ser corto de ~** geistig minderbemittelt sein *fam*; keinen Schwung haben; **tener ~** Schwung haben; genial sein; **tener mucho** *o* **mal ~** *niño* trotzig (*o* aufsässig) sein; jähzornig sein; **tener el ~ vivo** ein lebhaftes (*o* aufbrausendes) Temperament haben; **tener el ~ de la literatura/de los negocios** literarisch hochbegabt/der geborene Geschäftsmann sein; *prov* **~ y figura hasta la sepultura** niemand kann über seinen Schatten springen 2 *persona*: Genie *n*, großer Geist *m*, **ser un ~** ein Genie (*o* ein genialer Kopf *m*) sein 3 REL *y folclore* Genius *m*, Geist *m*; **~** *m* **tutelar** Schutzgeist *m* 4 *(carácter escencial)* (innerstes) Wesen *n*, Geist *m* *(z. B. einer Sprache)*

genital ADJ Zeugungs..., Geschlechts...; **órganos** *mpl* **~es** Geschlechtsorgane *npl*, Genitalien *npl*

genitivo[1] M GRAM Genitiv *m*

genitivo[2] ADJ *(que puede engendrar)* zeugungsfähig; **genitor** M, **genitora** F *cult* Erzeuger *m*, -in *f*; Schöpfer *m*, -in *f*

genitourinario ADJ MED Geschlechts- und Harnorgane betreffend

genocida A ADJ völkermordend, Völkermord... B M/F Völkermörder *m*, -in *f*; **genocidio** M Völkermord *m*

genoma M BIOL Genom *n*; MED **~ humano** menschliches Genom *n*, Humangenom *n*; MED **análisis** *m* **del ~ humano** Humangenomanalyse *f*

genoterapia F MED Gentherapie *f*; **genotípico** ADJ BIOL genotypisch; **genotipo** M BIOL Genotyp(us) *m*

Génova F Genua *n*

genovés A ADJ genuesisch, aus Genua B M, **-esa** F Genuese(r) *m*, Genues(er)in *f*

gente A F 1 *(personas)* Leute *pl*; Volk *n*; **~ de alpargata** Bauern *mpl*; MIL **~ de armas** Kriegsvolk *n*, Soldaten *mpl*; **~ baja** *o* **de escalera abajo** niederes Volk *n*; Pöbel *m*; **buena ~** *o* **~ de bien** rechtschaffene (*o* anständige) Leute *pl*; **ser buena ~** ein guter Mensch sein; **~ bien** *o* **~ copetuda** *o fam* **~ gorda** *die* oberen Zehntausend, *die* großen Tiere *npl fam*; MIL **~ de a caballo** Berittene(n) *mpl*; **~ de color** Farbige(n) *mpl*; **~ decente** *o Chile* **~ de chape** bessere Leute *pl*; *fam fig* **~ gorda** hohe Tiere *npl*; **la ~ guapa** *o Chile* **la ~ linda** die Schickeria; **~ de mal vivir** Pack *n*, Gesindel *n*; **~ de mar** Seeleute *pl*; **la ~ menuda** *(niños)* die Kinder *npl*; *(plebe)* das einfache Volk; **¡~ de paz!** gut Freund!; **la ~ mayor** die alten Leute, die Alten; **~ de medio pelo** der kleine Mittelstand; **~ perdida** *o fam* **~ non sancta** liederliches Volk *n*; Stromer *mpl*; **~ de poco más o menos** Durchschnittsmenschen *mpl*; kleine Leute *pl*; **~ de trato** Geschäftsleute *pl*; *fig* **conocer a su ~** seine Pappenheimer kennen *fam*; **al decir de la ~** wie man so hört; *fam fig* **hacer ~** (die) Leute anlocken; Aufsehen erregen 2 *Col, Chile, Méx, P. Rico de clase superior*: bessere (*o* feine) Leute *pl*; **ser ~** zur Gesellschaft gehören; *tb* gesellschaftsfähig sein 3 *fam (familiares)* Angehörige(n) *mpl*; **mi ~** meine Familie 4 *(empleados)* Personal *n*; MAR *(tripulación)* Besatzung *f* B **~s** FPL 1 *(paganos)* Heiden *mpl*; **el Apóstol de las ~s** der Apostel Paulus 2 *jerga del hampa (orejas)* Ohren *npl*

gentecilla, gentezuela F *frec desp* Gesindel *n*

gentil A ADJ 1 *(hermoso)* hübsch, anmutig; *irón* **~ disparate** *m* blühender Unsinn *m* 2 *(bueno)* artig, nett, liebenswürdig 3 *(pagano)* heidnisch B M/F Heide *m*, Heidin *f*; **gentileza** F Anmut *f*, Liebenswürdigkeit *f*, Anstand *m*; **gentilhombre** M ‹*pl* gentileshombres› HIST Edelmann *m*, Adlige *m*

gentilicio ADJ **nombre** *m* **~** Volks- (*o* Orts)zugehörigkeitsname *m*

gentílico ADJ heidnisch; **gentilidad** F, **gentilismo** M Heidentum *n*; *die* Heiden *mpl*

gentilmente ADV nett, liebenswürdig; netter-, freundlicherweise

gentío M Menschenmenge *f*; Gedränge *n*

gentleman ['jɛntəlman] M Gentleman *m*; *equitación*: **~ rider** *m* Herrenreiter *m*; POL **gentlemen's agreement** *m* Gentlemen's Agreement *n*

gentry ['jɛntri] F *Am* niederer Adel *m*; Großbürgertum *n*

gentualla, gentuza F Gesindel *n*, Pack *n*

genuflexión F Kniebeuge *f*, -fall *m*; **genuflexo** ADJ 1 *(arrodillado)* knieend 2 *Arg, Chile fig (servil)* servil, unterwürfig

genuino ADJ *(auténtico)* echt, *(natural)* unverfälscht; naturgemäß; *(innato)* angeboren

GEO M ABR *Esp* 1 *(Grupo Especial de Operaciones)* *Sondereinsatztruppe der spanischen Polizei* 2 *persona*: *Mitglied der Sondereinsatztruppe der spanischen Polizei*

geobotánica F Pflanzengeografie *f*, Geobotanik *f*; **geobotánico** ADJ pflanzengeografisch

geocéntrica F Geozentrik *f*; **geocéntrico** ADJ geozentrisch

geodesia F Geodäsie *f*, Vermessungskunde *f*; **geodésico** ADJ geodätisch; **geodesta** M/F Geodät *m*, -in *f*, Vermessungsbeamte *m*, -beamtin *f*

geodinámica F Geodynamik *f*; **geodinámico** ADJ geodynamisch

geofísica F Geophysik *f*; **geofísico** A ADJ geophysikalisch B M, **-a** F Geophysiker *m*, -in *f*

geognosia F Gebirgs-, Erdschichtenkunde *f*;

geognosta M/F → geólogo

geografía F 1 Erdkunde *f*, Geografie *f*; **~ económica** Wirtschaftsgeografie *f*; **~ física** physische Geografie *f*; **~ humana** Anthropo-, Humangeografie *f*; **~ lingüística** Sprachgeografie *f*; **~ política** politische Geografie *f*; **en toda la ~ española** überall in Spanien, in ganz Spanien 2 *libro*: erdkundliches Werk *n*; Geografiebuch *n*

geográfico ADJ geografisch

geógrafo M, **-a** F Geograf *m*, -in *f*

geología F Geologie *f*; **geológico** ADJ geologisch

geólogo M, **-a** F Geologe *m*, Geologin *f*

geomagnético erdmagnetisch; **geomagnetismo** M Erdmagnetismus *m*

geómetra A M/F Geometer *m*, -in *f* B M *insecto*: Großer Frostspanner *m*

geometría F Geometrie *f*; **~ descriptiva/analítica** darstellende/analytische Geometrie *f*; **~ del espacio/plana** Geometrie *f* des Raumes/der Ebene

geométrico ADJ geometrisch; MAT **lugar** *m* **~** geometrischer Ort *m*

geomorfología F Geomorphologie *f*

geopolítica F 1 Geopolitik *f* 2 *mujer*: Geopolitikerin *f*; **geopolítico** A ADJ geopolitisch B M Geopolitiker *m*

georama M Georama *n*, großformatige Darstellung *f* der Erdoberfläche

Georgia F 1 *Estado en el Cáucaso*: Georgien *n* 2 *Estado federal de EE.UU.*: Georgia *n*

georgiano A ADJ georgisch B M, **-a** F Georgier *m*, -in *f* C *lengua*: Georgisch *n*

georgina F BOT Georgine *f*, Seerosendahlie *f*

geoterapia F MED Geotherapie *f*, klimatische Heilbehandlung *f*

geotérmico ADJ geothermisch, Erdwärme...; **energía** *f* **–a** Erdwärme(energie) *f*

geranio M BOT Geranie *f*

gérbera, gerbera F BOT Gerbera *f*

gerbo M ZOOL → jerbo

gerencia F COM Geschäftsführung *f*; Verwaltung *f*; **gerenciar** V/T ‹1b› *Am (administrar)* verwalten

gerente M/F *(poco frec* **gerenta** F*)* 1 COM Geschäftsführer *m*, -in *f*; Leiter, -in *f*; Verwalter *m*, -in *f*; **~ de ventas** Verkaufsleiter *m*, -in *f*; **director ~** *m* geschäftsführender Direktor *m* 2 MAR Korrespondenzreeder *m*, -in *f*

geriatra M/F MED Facharzt *m*, -ärztin *f* der Geriatrie, Geriater *m*, -in *f*; **geriatría** F Geriatrie *f*, Altersheilkunde *f*; **auxiliar** *m/f* **de ~** Altenpfleger *m*, -in *f*; **geriátrico** A ADJ geriatrisch B M Geriatrikum *n*

gerifalte M 1 ORN Jagdfalke *m*; Gerfalke *m* 2 *fam fig (mandamás)* Bonze *m fam*; Boss *m fam*; *jerga del hampa (ladrón)* Dieb *m*

germana F 1 *liter, fig (alemana)* Deutsche *f*; Germanin *f* 2 *jerga del hampa (prostituta)* Hure *f*

germanesco ADJ Gauner...

Germania F HIST Germanien *n*; *fig* Deutschland *n*

germanía F 1 *jerga*: *ältere spanische Gaunersprache* 2 *reg* HIST Zunftbruderschaft *f*

germánico A ADJ germanisch; *fig* deutsch B M, **-a** F Germane *m*, Germanin *f*; *fig* Deutsche *m/f* C M *lengua*: Germanisch *n*

germanio M QUÍM Germanium *n*

germanismo M Germanismus *m*; **germanista** M/F Germanist *m*, -in *f*; **germanística** F Germanistik *f*; **germanización** F Germanisierung *f*; Eindeutschung *f*; **germanizante** ADJ *frec desp* germanisierend; **germanizar** V/T ‹1f› germanisieren; eindeutschen; **germano** A ADJ germanisch; *fig* deutsch B M *liter, fig* Germane *m*; Deutsche *m*; **germanofederal** ADJ bundesdeutsch; **germanofilia** F Deutschfreundlichkeit *f*; **germanófilo** A ADJ deutschfreundlich B M, **-a** F Deutschenfreund *m*, -in *f*; **germanofobia** F Deutschfeindlichkeit *f*; **germanófobo** A ADJ deutschfeindlich B M, **-a** F Deutschenfeind *m*, -in *f*; **germanooccidental** ADJ westdeutsch; **germanooriental** ADJ ostdeutsch

germen M BIOL, MED *y fig* Keim *m*; Ursprung *m*; **~ morboso** *o* **patógeno** Krankheitskeim *m*; **gérmenes de soja/de trigo** Soja-/Weizenkeime *mpl*

germicida A ADJ keimtötend B M keimtötendes Mittel *n*; **germinación** F BIOL Keimen *n*; *fig* Entstehen *n*; Werden *n*; **germinal** ADJ Keim...; **célula** *f* **~** Keimzelle *f*; **germinar** V/I BIOL keimen; sprießen; *fig* sich entwickeln, werden; **germinativo** ADJ BOT keimfähig

gerocultor M, **gerocultora** F *Esp* Altenpfleger *m*, -in *f*; **gerocultura** F Altenpflege *f*

Gerona N PR F *spanische Stadt, Provinz*

gerontocracia F POL Gerontokratie *f*; **gerontología** F MED Gerontologie *f*; **gerontólogo** M, **-a** F MED Gerontologe *m*, -login *f*

gerundense ADJ aus Gerona

gerundiada F *fam* schwülstige Ausdrucksweise *f eines Predigers*; **gerundiano** ADJ *fam* schwülstig, pathetisch

gerundio M GRAM Gerundium *n*

gesta F Heldentat(en) *f(pl)*; **cantar** *m* **de ~** Heldenepos *n*

gestación F Schwangerschaft *f*; ZOOL Trächtigkeit *f*; *fig* Entstehung *f*, Werden *n*, Ausreifen *n*; Entstehungsprozess *m*; **en ~** ZOOL trächtig; *fig* im Werden; **en avanzado estado de ~** hochschwanger

gestante A ADJ *mujer* schwanger; *animal* trächtig B F Schwangere *f*

gestar A V/T hervorbringen B V/R **gestarse** sich entwickeln

gestatorio ADJ **silla** *f* **-a** Tragsessel *m*

gestear V/I → gesticular; **gestero** A ADJ Grimassen schneidend B M, **-a** F Fratzenschneider *m*, -in *f*

gesticulación F 1 *de la cara*: Mienenspiel *n*; Gesichterschneiden *n* 2 *de los manos*: Gestik *f*; Gestikulieren *n*; Gebärdenspiel *n*; **gesticular** V/I Gebärden machen, gestikulieren; **gesticulero** ADJ *fam desp* viel gestikulierend

gestión F 1 Betreiben *n*, Betreibung *f* (*einer Sache*); (*medida*) Maßnahme *f*; Management *n*; **~ de residuos** Abfallentsorgung *f*, Abfallwirtschaft *f*; **hacer las -ones necesarias** die nötigen Schritte unternehmen (, um zu *inf* para *inf*) 2 (*gerencia*) (Geschäfts)Führung *f*; Leitung *f*; (*administración*) Verwaltung *f*; **~ de empresa** *o* **empresarial** Unternehmensführung *f*; **~ medioambiental** *espec asignatura*: Umweltmanagement *n*; JUR **~ de negocios (ajenos)** Geschäftsführung *f* ohne Auftrag; **~ de patrimonios** Vermögensverwaltung *f*; **~ de personal** *o* **de recursos humanos** Personalführung *f*; INFORM **~ de sistemas** Systemadministration *f*; **mala ~** Misswirtschaft *f*

gestionar A V/T 1 (*tramitar*) betreiben; in die Wege leiten; besorgen; *fam* **~ a/c para alg** für j-n etw bearbeiten (*o* in die Wege leiten) 2 (*administrar*) verwalten; *desechos* entsorgen B V/R **~se un empleo** sich (*dat*) durch Beziehungen eine Stelle verschaffen

gesto M 1 (*semblante*) Miene *f*, Gesichtsausdruck *m*; **hacer ~s** *tb* Grimassen schneiden; **afirmar con el ~** schweigend bejahen 2 (*ademán*) Gebärde *f*, Geste *f*; **lenguaje** *m* **por ~s** Gebärdensprache *f* 3 *fig* (*acto noble*) Geste *f*; **tener un buen ~ con alg** j-m gegenüber großzügig handeln

gestor A ADJ geschäftsführend; Vermittler...; **agencia** *f* **~a** → gestoría B M, **gestora** F Geschäftsführer *m*, -in *f*; *de una sociedad*: geschäftsführende(r) Teilhaber *m*, -in *f*; Inhaber *m*, -in *f* einer → gestoría; INFORM **~ de redes** Netzwerkadministrator *m* C M INFORM **~ de correo** Mailmanager *m*

gestoría F *Esp* Agentur *f* zur Erledigung amtlicher Formalitäten

gestual ADJ Gebärden...; **lenguaje** *m* **~** Gebärdensprache *f*; **gestualidad** F Gestik *f*

gestudo ADJ *fam* schmollend; sauertöpfisch

géyser M Geiser *m*, Geysir *m*

Ghana M Ghana *n*

ghaneano A ADJ ghanaisch B M, **-a**, Ghanaer *m*, -in *f*; **ghanés** M → ghaneano

ghetto M → gueto

giba F 1 *del camello*: Höcker *m* 2 *de una persona*: Buckel *m* 3 *fig* (*contrariedad*) Unannehmlichkeit *f*; **gibado** ADJ bucklig, höckerig; **gibar** A V/T 1 (*corcovar*) krümmen, bucklig machen 2 *fam fig* (*jorobar*) ärgern, plagen, auf die Nerven gehen; belästigen; **¿no te giba?** hast du Töne? *fam* B V/R **gibarse** *fam* sich ärgern

gibelino M, **-a** F HIST G(h)ibelline *m/f*

gibón M ZOOL *mono*: Gibbon *m*

gibosidad F MED Buckel *m*, Gibbus *m*; **giboso** ADJ buck(e)lig

Gibraltar M Gibraltar *n*; **Peñón** *m* **de ~** Felsen *m* von Gibraltar *n*

gibraltareño A ADJ gibraltarisch; aus Gibraltar B M, **-a** F Gibraltarer *m*, -in *f*

gigabyte ['xiɣaβaĭt] M INFORM Gigabyte *n*

giganta F 1 MIT, *fig* Riesin *f* 2 BOT Sonnenblume *f*

gigante A ADJ riesig B M/F Riese *m*, -in *f*; *fig*, MIT Gigant *m*, -in *f*; **un ~ con pies de barro** ein Koloss auf tönernen Füßen; *fam* **~ en tierra de enanos** Knirps *m*, abgebrochener Riese *m fam*; *fig* **a paso de ~** mit Riesenschritten; *folclore*: **~s** *mpl* **y cabezudos** *mpl* Riesen *mpl* und Masken *fpl* mit großen Köpfen (*auf spanischen Volksfesten*)

gigantea F BOT Sonnenblume *f*; **gigantesco** ADJ gigantisch, gewaltig (*tb fig*); **gigantez** F Riesengestalt *f*; riesige Größe *f*; **gigantilla** F 1 (*figura grotesca*) groteske Figur *f*, *Art* Schwellkopf *m* 2 *fam fig* (*mujer gruesa y baja*) fettes Weibsbild *n fam*; **gigantismo** M MED Riesenwuchs *m*, Gigantismus *m*; **gigantografía** F TIPO 1 *proceso*: Gigantografie *f* 2 *cartel*: Groß(flächen)plakat *n*; **gigantomanía** F Gigantomanie *f*; **gigantón** M 1 *en procesiones*: Riesenfigur *f* 2 *Am reg* BOT Sonnenblume *f*

gigoló M Gigolo *m*

gigote M GASTR Hackfleischgericht *n*; *fam fig* **hacer ~** zerstückeln, zu Kleinholz machen *fam*

Gil N PR M Ägidius *m*

gilí ADJ ⟨*pl* -ís⟩ *fam* blöd, dämlich *fam*, bescheuert *fam*; **no seas ~** sei kein Idiot!

gilipollas M ⟨*pl inv*⟩ *vulg* Flasche *f fam*, Blödmann *m fam*; **gilipollear** V/I *vulg* sich dämlich (*o* idiotisch) anstellen *fam*; **gilipollez** F *vulg* Quatsch *m*, Blödsinn *m*, Blödheit *f*; **gilipuertas** M *fam* → gilipollas

gillette® F *Am reg* Rasierklinge *f*

gilún M *Arg fam* blöder Kerl *m*

gimnasia F Turnen *n*; Gymnastik *f*; **~ con aparatos** Geräteturnen *n*; **~ sin aparatos** Freiübungen *fpl*; **~ de mantenimiento** Fitnessgymnastik *f*; **~ artística** Kunstturnen *n*; **~ maternal** *o* **preparto** Schwangerschaftsgymnastik *f*; **~ de la mente** geistige Gymnastik *f*, Gedächtnisgymnastik *f*; **~ pública** Schauturnen *n*; **~ rítmica** rhythmische Sportgymnastik *f*; **~ terapéutica** Heilgymnastik *f*; **sala** *f* **de ~** Turnhalle *f*; **hacer (ejercicios de) ~** turnen, Turnübungen machen

gimnasio M Turnhalle *f*; Fitnessstudio *n*; **gimnasta** M/F Turner *m*, -in *f*; **~s** *mpl* Turnerschaft *f*

gimnástica F *espec Am* Gymnastik *f*; **gimnástico** ADJ Turn...; **aparatos** *mpl* **~s** Turngeräte *npl*; **paso** *m* **~** Laufschritt *m*

gímnico ADJ *liter* Turn..., Athletik...

gimnospermas FPL BOT Gymnospermen *pl*

gimnote, gimnoto M *pez*: Zitteraal *m*

gimo → gemir

gimotear V/I *fam* winseln; wimmern; greinen; **gimoteo** M *fam* Gewimmer *n*; Greinen *n*

gin M Gin *m*; **fizz** *m* Ginfizz *m*; **~ tonic** Gin Tonic *m*

gincana F Gymkhana *n* (*Geschicklichkeitswettbewerb*)

gindama F *jerga del hampa* → jinda(ma)

ginebra F 1 *ein Kartenspiel* 2 *fam fig* (*confusión*) Wirrwarr *m*, Tohuwabohu *n fam* 3 *bebida alcohólica*: Gin *m*

Ginebra F Genf *n*; JUR, POL **Convención** *f* **de ~** Genfer Konvention *f*

ginebrino A ADJ genferisch B M, **-a** F Genfer *m*, -in *f*

gineceo M 1 HIST Frauengemach *n* 2 BOT Stempel *m*

ginecocracia F POL, *liter* Weiberherrschaft *f*

ginecología F MED Gynäkologie *f*; **ginecológico** ADJ gynäkologisch; **ginecólogo** M, **-a** F Gynäkologe *m*, Gynäkologin *f*, Frauenarzt *m*, -ärztin *f*; **ginecomastia** F MED Brustbildung *f* bei Männern

ginger ale, ginger-ale M Ginger-Ale *n*

gingival ADJ Zahnfleisch...; **gingivitis** F MED Zahnfleischentzündung *f*, Gingivitis *f*

ginkgo M BOT Ginkgo *m*

ginsén, ginseng M BOT Ginseng *m*

gira F Rundreise *f*; Ausflug *m*; MÚS, TEAT Tournee *f*; **~ de conferencias** Vortragsreise *f*; TEAT **ir** *o* **salir de ~** auf Tournee gehen

girada F Pirouette *f*; **giradiscos** M ⟨*pl inv*⟩ Plattenspieler *m*

girado M, **-a** F ECON *de una letra de cambio*: Bezogene *m/f*, Trassat *m*, -in *f*; **girador** M, **giradora** F ECON *de una letra de cambio*: Aussteller *m*, -in *f*, Trassant *m*, -in *f*

giralda F Wetterfahne *f* (*in Menschen- oder Tiergestalt*); **la Giralda** *Turm der Kathedrale von Sevilla*; **giraldilla** F 1 (*veleta pequeña*) kleine Wetterfahne *f* 2 *baile*: *asturischer Volkstanz*

girándula F 1 *fuegos artificiales*: Feuerrad *n* 2 (*candelabro*) mehrarmiger Leuchter *m*

girar A V/I 1 sich drehen (*tb fig*), kreisen, umlaufen; rotieren; *coche* abbiegen; **~ en círculo** *o* **en torno** sich im Kreise (herum)drehen; **~ a la derecha** *coche* nach rechts abbiegen; **~ hacia la izquierda** sich nach links drehen; *coche* nach links ein- (*o* ab)biegen; **~ alrededor de** sich drehen um (*acus*), kreisen um (*acus*); *fig* **la conversación gira sobre** *o* **en torno a** die Unterhaltung dreht sich um (*acus*); TEC **~ loco** *o* **en vacío** leerlaufen; **~ (en) redondo** rund laufen 2 ECON **~ contra** *o* **a cargo de alg** *letra de cambio* auf j-n ziehen B V/T 1 (*virar*) (um)drehen 2 FIN *dinero* überweisen; ECON *letra de cambio* ziehen, ausstellen; **~ una letra (de cambio) sobre Barcelona** einen Wechsel auf Barcelona ziehen

girasol M 1 BOT Sonnenblume *f* 2 MINER (gelblicher) Opal *m*

giratoria F drehbares Bücherregal *n*; **giratorio** ADJ kreisend, rotierend; Kreis..., Dreh...; **estante** *m* **~** Drehregal *n*, -ständer *m*

girl F Revuetänzerin *f*, -girl *n*
giro¹ M **1** *(circulación)* Kreislauf *m*, -bewegung *f*; *(vuelta)* Drehung *f*; *(cambio de rumbo)* Wendung *f (tb fig)*; **~ a la derecha/izquierda** *transporte:* Rechts-/Linksabbiegen *n*; POL Rechts-/Linksruck *m*; *transporte:* **~ obligatorio** Kreisverkehr *m*; **efectuar un ~ alternativo** eine wechselweise Drehung ausführen (*o* bewirken); *fig* **tomar otro ~** *asunto, etc* eine andere Wendung nehmen; *fig* **tomar mal ~** sich zum Schlechten wenden; **tomar un ~ favorable** eine günstige Wendung nehmen **2** FIN *(transferencia)* Überweisung *f*; **~ bancario** Bankanweisung *f*; **~ postal** Postanweisung *f*; **mandar un ~** Geld überweisen **3** ECON *de una letra de cambio:* Ziehung *f*; *(letra girada)* gezogener Wechsel *m*, Tratte *f*; **aviso** *m* **de ~** Trattenavis *n* **4** COM *de una empresa:* Umsatz *m*, Absatz *m*; **~ anual** Jahresumsatz *m*; **empresa** *f* **de mucho ~** Unternehmen *n* mit hohem Umsatz **5** *(frase)* Redewendung *f* **6** *fig (amenaza)* Drohung *f*; *(fanfarronada)* Prahlerei *f*
giro² ADJ *Esp reg, Am gallo (matizado de amarillo)* gelblich; *Arg, Col, Chile (matizado de blanco y negro)* schwarz-weiß getüpfelt
girobús M *transporte:* Gyrobus *m*; **giroclinómetro** M AVIA Wendezeiger *m*; **girocompás** M Kreiselkompass *m*
giroflé M BOT Gewürznelkenbaum *m*
girola F ARQUIT Chorumgang *m*
girómetro M FÍS Gyrometer *n*
Girona [dʒi'rona] N PR F *spanische Stadt, Provinz (katalanischer Name)*
Gironda, Gironde M Gironde *f*
girondinos HIST **los ~** die Girondisten *mpl*
giropiloto M AVIA Selbststeuergerät *n*; **giroplano** M AVIA Tragschrauber *m*; **giroscópico** ADJ gyroskopisch, Kreisel...; **giroscopio** M *espec* FÍS → giróscopo
giróscopo M *espec* TEC Kreisel *m*; MAR **~ de buque** Schiffskreisel *m*
giróstato, girostato M FÍS Gyrostat *m*
gis M **1** *(clarión)* Malerkreide *f* **2** *Col (pizarrín)* Griffel *m* **3** *Col, Méx (tiza)* (Schreib)Kreide *f*
giste M Bierschaum *m*
gitanada F **1** Zigeunerstreich *m*; raffinierter Trick *m* **2** → gitanería; **gitanear** V/I **1** *(lisonjear)* schmeicheln **2** *(actuar astutamente)* gerissen vorgehen; **gitanería** F **1** *fig (mimo interesado)* (listige) Schmeichelei *f* **2** *(grupo de gitanos)* Zigeunertruppe *f* **3** *(vida de gitanos)* Zigeunerleben *n* **4** *(travesura)* Schelmenstreich *m*; **gitanesco** ADJ **1** *(de gitanos)* zigeunerisch; zigeunerhaft *(neg!)* **2** *fig (astuto)* schlau; verschmitzt; **gitanismo** M Zigeunerart *f*; -tum *n (neg!)*; LING Zigeunerwort *n*
gitano **A** ADJ **1** *(de gitanos)* zigeunerisch, zigeunerhaft *(neg!)* **2** *fig (astuto)* schlau, verschmitzt; *ojos* verführerisch *(frec desp)* **B** M, **-a** F **1** Zigeuner *m*, -in *f (neg!)* **2** *fig (persona astuta)* schlauer (*o* durchtriebener) Mensch *m*
glabro ADJ *liter* kahl
glacé **A** ADJ GASTR glasiert **B** M → glasé 1;
glaceado ADJ *Ur* GASTR glasiert
glaciación F GEOL Gletscherbildung *f*; Vereisung *f*; *época:* Eiszeit *f*; **glacial** ADJ eisig *(tb fig)*, eiskalt; Eis...; **período** *m* *o* **época** *f* **~** Eiszeit *f*;
glaciar M Gletscher *m*; **lago** *m* **~** Gletschersee *m*
glacis M MIL Glacis *n*; **~ de seguridad** Vorfeld *n*
gladiador M HIST Gladiator *m*; *fig* Raufbold *m*
gladiolo, gladíolo M BOT Gladiole *f*
glamoroso ADJ *espec Am* glamourös; glänzend; betörend
glamour ['glɛ:mər] M *espec Am* Glamour *m/n*;
glamuroso → glamoroso
glande M ANAT Eichel *f*; **glandífero, glandígero** ADJ BOT Eicheln tragend
glándula F ANAT Drüse *f*; **~s** *pl* **endocrinas** *o* **~s** *pl* **de secreción interna** endokrine Drüsen *fpl*; **~s** *pl* **exocrinas** Drüsen *fpl* äußerer Sekretion; **~ lagrimal/mamaria** Tränen-/Brustdrüse *f*; **~s** *pl* **mucosas/salivales** Schleim-/Speicheldrüsen *fpl*; **~ sebácea/sudorípara** Talg-/Schweißdrüse *f*; **~ suprarrenal** Nebenniere *f*
glandular ADJ ANAT Drüsen...; **glanduloso** ADJ drüsenartig, -förmig; Drüsen...
glano M *pez:* Wels *m*, Waller *m*
glas¹ ADJ GASTR **azúcar** *m* **~** Puderzucker *m*; Glasierzucker *m*
glas² ADJ *Ven jerga del hampa* schwul *fam*
glasé M **1** TEX Glanztaft *m* **2** *Am (charol)* Lackleder *n*; **glasear** V/T **1** GASTR glasieren **2** *papel* satinieren
glasnost F POL Glasnost *f*
glasto M BOT Färberwaid *m*
Glauber: **sal** *f* **de ~** Glaubersalz *n*
glauberita F Glaubersalz *n*
glauco **A** ADJ *liter* meergrün; BOT hellgrün **B** M ZOOL (blaue) Raspelmuschel *f*
glaucoma M MED Glaukom *n*, grüner Star *m*
gleba F **1** (Erd)Scholle *f (tb fig)* **2** HIST **siervos** *mpl* **de la ~** Leibeigene(n) *mpl*
glicemia F → glucemia
glicerina F QUÍM Glyzerin *n*
glicina F **1** QUÍM Glycin *n* **2** BOT → glicinia;
glicinia F BOT Glyzin(i)e *f*
glicol M QUÍM Glykol *n*
glicosuria F MED Zuckerharnen *n*
glifo M ARQUIT Glyphe *f*
glíptica F *arte:* Glyptik *f*, Steinschneidekunst *f*
gliptoteca F Glyptothek *f*
global ADJ Pauschal...; Gesamt...; global; *(mundialmente)* weltweit; **globalidad** F Gesamtheit *f*; **globalismo** M Globalismus *m*; **globalización** F Globalisierung *f*; **globalizar** V/T ⟨1f⟩ globalisieren; im Ganzen nehmen; pauschal beurteilen; ECON **globalizado** als Globalkontingent; **globalmente** ADV global; insgesamt genommen (*o* betrachtet)
globero M, **-a** F **1** *(vendedor[a] de globos)* Luftballonverkäufer *m*, -in *f* **2** *(aficionado, -a al ciclismo)* Radrennfan *m*
globito M **1** ZOOL Zwergsepia *f* **2** *fig de cómics, etc:* Sprechblase *f*
globo M **1** *(bola)* Kugel *f*, Ball *m*; *(receptáculo flexible para gas)* Luftballon *m*; AUTO **~ de aire** Airbag *m* **2** *(esfera)* **~ celeste** Himmelskugel *f*; **~ terráqueo** *o* **~ terrestre** Erdball *m*, -kugel *f*; Globus *m* **3** ANAT **~ (del ojo)** Augapfel *m* **4** AVIA **~ (aerostático)** Ballon *m*; MIL **~ de barrera** Sperrballon *m*; **~ de aire caliente** Heißluftballon *m*; **~ cautivo** Fesselballon *m*; **~ sonda** Mess-, Registrierballon *m*; *fig* **lanzar un ~sonda** (*o* **de ensayo**) einen Versuchsballon steigen lassen **5** *de cómics, etc:* Sprechblase *f* **6** **en ~** *(en total)* im Ganzen; in Bausch und Bogen; **estar en ~** *tb* gefährdet sein **7** **~ (de luz)** Kugelleuchte *f* **8** *Arg, Cuba (mentira)* Lüge *f*; Falschmeldung *f*
globoso ADJ kugelig; kugelförmig
globular ADJ **1** *forma:* kugelförmig **2** MED Blutkörperchen...
globulina F FISIOL Globulin *n*
glóbulo M Kügelchen *n*; Pille *f*; FISIOL **~s sanguíneos** Blutkörperchen *npl*; **~s blancos/rojos** weiße/rote Blutkörperchen *npl*; MED **~s** *pl* **homeopáticos** (homöopathische) Globuli *mpl (Arzneimittel in Form von kleinen Kügelchen)*
glogló, glo-gló M *onom* Gluckgluck *n*; Plätschern *n*; *pavo real:* Kollern *n*
glomérulo M Knäuel *n*; ANAT Gefäßknäuel *n*
gloria **A** F **1** *(fama)* Ruhm *m*, Ehre *f*; **sin ~** ruhmlos; *iron* **cubrirse de ~** sich mit Ruhm bekleckern; **dar ~** herrlich sein; eine Freude sein; **hacer ~ de a/c** mit etw *(dat)* prahlen; **ser la ~ de su país** der Ruhm (*o* Stolz) seines Landes sein **2** REL *y fig* Herrlichkeit *f*; Glanz *m*; Seligkeit *f*; *fam fig persona:* **pedazo** *m* **de ~** *corresponde a:* Prachtstück *n*, Goldkind *n fam*; **mi padre que Dios tenga en la ~** *o* **que en ~ esté** mein Vater, Gott hab ihn selig; mein verstorbener (*o* *reg* mein seliger) Vater; *fig* **estar en la ~** *o* **en sus ~s** im siebenten Himmel sein, überglücklich sein; *fig* **saber a ~** köstlich schmecken; **tocar a ~** Ostern einläuten; *p. ext* jubeln, einen Sieg (*o* Erfolg) feiern **3** PINT Glorie *f*, Heiligenschein *m* **4** TEX Gloriaseide *f* **5** GASTR *Gebäck aus Mandeln mit Süßkartoffelfüllung* **6** TEAT *(alza del telón para el aplauso)* Vorhang *m (Aufziehen des Vorhangs für den Beifall)* **B** M REL Gloria *n (Teil der Messe)*
gloriado M *Am Art* Punsch *m*
gloria patri M REL Gloria *n*
gloriarse V/R ⟨1c⟩ **~ de a/c** sich einer Sache *(gen)* rühmen; auf etw *(acus)* stolz sein, sich *(dat)* etw auf etw *(acus)* einbilden
glorieta F **1** *transporte: (encrucijada de calles)* runder Platz *m* mit Kreisverkehr; Rondell *n* **2** *(cenador)* Gartenlaube *f*, -häuschen *n*
glorificación F Verherrlichung *f*; REL Verklärung *f*; Glorifizierung *f (tb desp)*; **glorificar** ⟨1g⟩ **A** V/T verherrlichen; rühmen, preisen **B** V/R **glorificarse** → gloriarse
glorioso ADJ **1** *(digno de gloria)* ruhm-, glorreich; ehrenvoll; herrlich **2** REL glorreich, verklärt; **cuerpo** *m* **~** REL verklärter Leib *m*; *fam fig* Heilige *m*, Asket *m*; **de -a memoria** seligen Angedenkens
glosa F **1** *(nota)* Vermerk *m*, Erläuterung *f*; Glosse *f*; **~ (marginal)** Randbemerkung *f* **2** LIT Glosse *f*; *(spanische Gedichtform)* **3** MÚS freie Variation *f*; **glosador** M, **glosadora** F **1** LIT Glossator *m*, -in *f* **2** *(comentador)* Kommentator *m*, -in *f*; *(interpretador)* Ausleger *m*, -in *f*;
glosar V/T & V/I glossieren, kommentieren; auslegen; *fig (poner reparos)* (be)kritteln; **glosario** M Glossar *n*
glose M Glossieren *n*; Eintragung *f* von Vermerken *in Urkunden etc*
glosilla F TIPO Kolonel *f (7-Punkt-Schrift)*
glosopeda F VET Maul- und Klauenseuche *f*
gloss M *Kosmetik:* Lipgloss *m/n*
glótico ADJ ANAT Stimmritzen...
glotis F ANAT Glottis *f*
glotón **A** ADJ gefräßig **B** M Vielfraß *m (tb* ZOOL*)*; **glotonear** V/I gierig essen; schlingen, fressen *fam*; **glotonería** F Gefräßigkeit *f*, Gier *f*; Fresserei *f fam*
gloxínea F BOT Gloxinie *f*
glucemia F MED Blutzucker(gehalt *m*, -spiegel *m*) *m*, Glykämie *f*; **glucogénico** ADJ FISIOL Glykogen...; **glucógeno** M FISIOL Glykogen *n*; **glucómetro** M QUÍM Glykometer *n*; MED Blutzuckermessgerät *n*
glucosa F Traubenzucker *m*, Glukose *f*; MED **~ basal** Blutzucker *m*; **glucosuria** F MED Glykosurie *f*, Zuckerharnen *n*
gluglú, glu-glu M **hacer ~** **1** *agua* gluckern, glucksen **2** *pavo* kollern
glutamato M Glutamat *n*
glutámico ADJ QUÍM **ácido** *m* **~** Glutaminsäure *f*; **glutamina** F QUÍM Glutamin *n*
gluten M Klebstoff *m*; BIOL, QUÍM Gluten *n*, Kleber *m*; **sin ~** glutenfrei
glúteo **A** ADJ Gesäß..., gluteal **B** MPL **~s** Gesäß *n*
glutinoso ADJ klebrig; leimartig, -haltig
gneis M MINER Gneis *m*
gnéisico ADJ MINER Gneis...
gnómico LIT **A** ADJ gnomisch **B** M, **-a** F Gnomiker *m*, -in *f*, Spruchdichter *m*, -in *f*
gnomo M MIT Gnom *m*, Kobold *m*

gnomon M Gnomon *m*, Sonnenzeiger *m* (*einer Sonnenuhr*)

gnosis F REL, FIL Gnosis *f*; **gnosticismo** M REL, FIL Gnostizismus *m*

gnóstico REL, FIL A ADJ gnostisch B M, **-a** F Gnostiker *m*, -in *f*

Go. ABR (Gonzalo) *spanischer Vorname*

goalaverage, goal-average M → golaverage

gobelino M Gobelin *m*, Wandteppich *m*

gobernabilidad F Regierbarkeit *f*; **gobernable** ADJ (*dirigible*) lenk-, leitbar; POL regierbar; **gobernación** F 1 Regieren *n*; HIST Statthalterschaft *f*; *Esp* HIST (**Ministerio** *m* **de la**) **Gobernación** Innenministerium *n* 2 *Am fam cargo*: Amt *n* eines Gouverneurs

gobernador A ADJ regierend B M POL Gouverneur *m*; *de instituciones*: Staats-, Regierungskommissar *m*; HIST Statthalter *m*; **~ civil/militar** Zivil-/Militärgouverneur *m*; **gobernadora** F 1 Gouverneurin *f*; *de instituciones*: Staats-, Regierungskommissarin *f*; HIST Statthalterin *f* 2 (*mujer del gobernador*) Frau *f* des Gouverneurs

gobernalle M MAR Steuer *n*

gobernanta F 1 *espec RPl* (*aya*) Gouvernante *f* (*Esp desp*) 2 *en hoteles*: Beschließerin *f* 3 *fam* (*patrona de burdel*) Puffmutter *f*

gobernante A M/F Herrscher *m*, -in *f*; *Am reg* (Staats)Präsident *m*, -in *f*; **los ~s** die Regierenden *mpl* B F *fam* Bordellwirtin *f*, Puffmutter *f fam*

gobernar ⟨1k⟩ A VT 1 (*dirigir un país*) regieren; (*conducir*) lenken, leiten, vorstehen (*dat*); (*dominar*) beherrschen; *barco* steuern; *procesión, etc* anführen; *hogar* führen 2 *RPl niños* strafen B VI 1 (*ejercer el poder*) regieren; *fig* **llegar a ~** ans Ruder kommen; *prov* **~ es poblar** *o* **prever** Regieren heißt besiedeln (*o* voraussehen) 2 *fig* (*llevar la palabra*) das (große) Wort führen 3 MAR *barco* dem Steuer gehorchen; manövrierfähig sein C V/R **gobernarse** sich in der Gewalt haben; **gobernárselas** zurechtkommen, sich (*dat*) zu helfen wissen

gobierna F Wetterfahne *f*

gobierno M 1 POL Regierung *f*; (*forma de gobierno*) Regierungsform *f*; *edificio*: Regierungsgebäude *n*; *tiempo*: Regierungszeit *f*; **~ de coalición** Koalitionsregierung *f*; **~ de concentración** Regierung *f* der nationalen Einheit; *fam* **~ de faldas** Weiberherrschaft *f* (*desp*); **~ en funciones** amtierende Regierung *f*; **~ fantasma** *o* **~ en la sombra** Schattenkabinett *n*; **~ fantoche** *o* **títere** Marionettenregierung *f*; **~ miembro** Mitgliedsregierung *f*; **~ militar** Militärregierung *f*; **~ de transición** Übergangsregierung *f*; **programa** *m o Am* **plataforma** *f* **del ~** Regierungsprogramm *n*; **reorganización** *f* **del ~** Regierungsumbildung *f*; *fam* **mentir más que el ~** lügen wie gedruckt 2 (*cargo de gobernador*) Gouvernement *n*; Amt *n* eines Gouverneurs *n*; **~ civil** Zivilverwaltung *f*, Präfektur *f* 3 (*administración*) Verwaltung *f*, Haushaltung *f*; **~ doméstico** *o* **de la casa** Haushaltsführung *f* 4 MAR *de barco*: Manövrierfähigkeit *f*; Steuerung *f*; **de buen ~** manövrierfähig; AVIA **~ auxiliar** Zusatzsteuerung *f* 5 *fig* (*norma*) Richtschnur *f*, Norm *f*; Führung *f*; **para su ~** zu Ihrer Orientierung; *fam fig* **mirar contra el ~** schielen

gobio M *pez*: Gründling *m*

goce M 1 (*placer*) Genuss *m*, Vergnügen *n*; Lust *f*; **entregarse al ~ de** schwelgen in (*dat*) 2 JUR *de beneficios*: Genuss *m*, Nutznießung *f*; *Méx* **~ de sueldo** Lohnfortzahlung *f*

gocho M *fam* Schwein *n*

godarria F *Ven fam* Hautevolée

godizo ADJ *jerga del hampa* reich

godo A ADJ 1 gotisch 2 *jerga del hampa* (*distinguido*) vornehm B M, **-a** F 1 *persona*: Gote *m*, Gotin *f* 2 *espec Am* POL *desp* Konservative *m* 3 *Am y Canarias* HIST *desp* Spanier *m*, -in *f* C M *lengua*: Gotisch *n*

goecia F schwarze Magie *f*

gofio M *Canarias, Ven* Brot *n* aus geröstetem Mais- *oder* Weizenmehl

gofo ADJ PINT zwergenhaft

gofrar VT (*Muster*) aufprägen

gofre M GASTR Waffel *f*

go-go F (**chica** *f*) **~**, **~(-girl)** *f* Go-go-Girl *n*

gogó ADV *fam* **a ~** (*a gusto*) nach Lust und Laune; (*mucho*) viel; (*en exceso*) im Übermaß

go-kart M Gokart *m*

gol M DEP Tor *n*; **~ de empate** Ausgleichstor *n*; **~ cantado** einmalige (verpasste) Torchance *f*; **~ de oro** Golden Goal *n*; **~ de plata** Silver Goal *n*; **marcar** *o* **meter un ~** ein Tor schießen; *fam fig* **meter un ~ a alg** j-n hereinlegen

gola F 1 (*garganta*) Kehle *f*; Schlund *m* 2 MAR (*embocadura del puerto*) enge Hafeneinfahrt *f* (*o* Flussmündung *f*); Seegatt *n* 3 ARQUIT Karnies *n* 4 MIL (*insignia*) Brustschild *n*; Dienstabzeichen *n* 5 MIL (*entrada a una fortificación*) Zugang *m zu einer Bastion* 6 HIST *de una armadura*: Halskrause *f*; Halsstück *n einer Rüstung*

golaverage, gol-average, golaveraje M DEP Torverhältnis *n*

golazo M DEP *fam* Traumtor *n*, Bombentor *n fam*

golden M AGR *manzana*: Golden Delicious *m*

gole M *jerga del hampa* Stimme *f*

goleada F DEP große Anzahl von Toren; Schützenfest *n fam*; Kantersieg *m fam*; **goleador** M, **goleadora** F *fam* DEP Torschütze *m*, -schützin *f*, Torjäger *m*, -in *f*

golear VI DEP *fam* 1 (*hacer goles*) Tore schießen 2 *al adversario* haushoch schlagen

goleta F MAR Schoner *m*

golf M DEP Golf *n*; **campo** *m* **de ~** Golfplatz *m*

golfa F 1 *pop* (*prostituta*) Nutte *f fam*, Hure *f pop* 2 *Esp reg* FILM Mitternachtsvorstellung *f*

golfán M BOT Seerose *f*

golfanta F *fam* Schlampe *f fam*; **golfante** *fam* M Gauner *m*; *en admiración*: Schlingel *m*; **golfear** VI sich herumtreiben; **golfería** F 1 (*conjunto de golfos*) Straßenjugend *f*; Streuner und Ganoven *mpl* 2 *acción*: Gaunerei *f*; Flegelei *f*; **golfilla** F kesse Göre *f fam*; **golfillo** M (Vorstadt)Bengel *m*; Straßenjunge *m*; **golfista** M/F DEP Golfspieler *m*, -in *f*; **golfito** M DEP Minigolf *n*

golfo[1] M (*pilluelo*) Straßenjunge *m*; Ganove *m*, Strolch *m*

golfo[2] M (*bahía*) Golf *m*, Meerbusen *m*; **corriente** *f* **del Golfo** Golfstrom *m*

golfo[3] M *juego de cartas*: Golf *n*

Gólgota *Biblia*: **el ~** Golgatha *n*

goliardesco, goliárdico ADJ ausschweifend, zügellos

goliat M *insecto*: Goliathkäfer *m*

Goliat N PR M *Biblia*: Goliath

golilla A F 1 (*cuello de los togados*) Halskrause *f* 2 *Canarias, Am* (*plumas del gallo*) Halsfedern *fpl des Hahns* 3 *RPl* (*pañuelo*) Halstuch *n der Gauchos* 4 *Cuba* (*deuda*) (Geld)Schuld *f* 5 *Ven* **abrir ~** (*presentarse a un problema*) sich (einem Problem) stellen B M *Am reg* Zivilist *m*

golista M DEP Torschütze *m*

gollería F 1 (*manjar exquisito*) Leckerbissen *m* (*tb fig*) 2 *fam fig* (*algo superfluo*) etwas Überflüssiges *n* (*o* Unerschwingliches *n*)

golletazo M 1 *a una botella*: Abschlagen *n* eines Flaschenhalses 2 TAUR Halsstich *m* 3 (*término violento*) abrupte Beendigung *f* einer Sache (*gen*)

gollete M 1 (*gaznate*) Kehle *f*; *fam fig* **estar hasta el ~** die Nase voll haben *fam* 2 CONSTR Zapfen *m* 3 (*cuello estrecho*) Flaschenhals *m* 4 CAT Halskragen *m der Laienbrüder eines Klosters* 5 *Arg pop* (*pene*) Schwanz *m pop*; **dar ~ a a/c** etw abrupt beenden

golliz(n)o M Verengung *f*; Enge *f* (*tb* GEOG)

golondrera F *jerga del hampa* Trupp *m* Soldaten

golondrina F 1 ORN Schwalbe *f*; **~ de mar** Seeschwalbe *f*; *prov* **una ~ no hace verano** eine Schwalbe macht noch keinen Sommer 2 *reg, espec Barcelona* Motorschiff *n für Hafenrundfahrten etc* 3 *Arg fam* (*trabajador temporero*) Saisonarbeiter *m*

golondrino M 1 ORN junge Schwalbe *f* 2 *fig* (*vagabundo*) Landstreicher *m*, Stromer *m* 3 MIL (*desertor*) Deserteur *m* 4 MED *fam* (Achsel)Drüsengeschwulst *f*

golosear VI *liter* naschen; **golosina** F 1 (*apetito de una cosa*) Naschsucht *f*, Nascherei *f* 2 (*manjar exquisito*) Naschwerk *n*; Leckerbissen *m*; Delikatesse *f*; *fig* **tener muchas ~s** begehrenswert (*o* attraktiv) sein; **golosin(e)ar** VI naschen, naschhaft sein

goloso A ADJ 1 naschhaft; (*voraz*) gefräßig; *fig* **~ de** mit Appetit auf (*acus*); (*ávido de*) gierig nach (*dat*) 2 (*tentador*) verlockend B M, **-a** F Leckermaul *n*; Feinschmecker *m*, -in *f*

golpada F, **golpazo** M 1 (*golpe fuerte*) heftiger Schlag *m* 2 *fig* (*multitud*) Menge *f*

golpe M 1 (*porrazo*) Schlag *m* (*tb fig*), Stoß *m*; Hieb *m*; (*pinchazo*) Stich *m*; DEP *certero* Treffer *m*; MÚS **~ de arco** Bogenstrich *m*, -führung *f*; *boxeo*: **~ bajo** Tiefschlag *m* (*tb fig*); **~ de calor** Hitzschlag *m*; **~ duro** schwerer (Schicksals)-Schlag *m*; **~ en falso** *o* **en vago** Schlag *m* ins Leere, Fehlschlag *m*; **~ de fortuna** *o* **de suerte** Glücksfall *m*; DEP **~ franco** Freistoß *m*; **~ de gracia** Gnadenstoß *m*; **~ de ira** Wutausbruch *m*; **~ de mar** Sturzsee *f*, Brecher *m*; **~ de pedal** Tritt *m* aufs Pedal; **~ de risa** Auflachen *n*, laute Lache *f fam*; **~ de sol** Sonnenstich *m*; MAR **~ de timón** Kurswechsel *m*; **~ de tos** Hustenanfall *m*; **~ de viento** Windstoß *m*; **al primer ~ de vista** auf den ersten Blick; **andar a ~s** (sich) dauernd schlagen; **dar ~s** *coche, etc* ruckeln; **dar (de) ~s a alg** j-n verprügeln; **dar ~ en bola** Erfolg haben, gut wegkommen; *fig* **dar un ~ de timón** das Steuer herumreißen; **darse ~s en el pecho** sich (*dat*) an die Brust schlagen (*vor Reue etc*); *fig* **devolver los ~s** zurückschlagen; **ha errado el ~** der Schlag ging daneben 2 (*jugada*) Handlung *f*, Streich *m*; Coup *m*; POL **~ de Estado** Staatsstreich *m*; Putsch *m*; **~ maestro** Meisterstück *n*; **~ de mano** Handstreich *m* (*tb* MIL); Überfall *m*; **~ militar** Militärputsch *m*; **dar un ~** einen Schlag versetzen; *jerga del hampa* einen Coup landen, ein Ding drehen *pop*; *fam* **dar un buen ~ a la comida** ganz schön zulangen *fam*; *fig* **dar el último ~ a** letzte Hand anlegen an (*acus*); *fam* **no dar (ni) ~** nichts (*o* keinen Schlag) tun; faulenzen 3 (*efecto*) Wirkung *f*, Effekt *m*; (*gracia*) Witz *m*, Reiz *m*; (*ocurrencia*) genialer Einfall *m*; *espec* POL **~ de efecto** Knalleffekt *m*; **~ de teatro** Theatercoup *m*; **dar (el) ~** Aufsehen erregen; (wie eine Bombe) einschlagen 4 TEC *pestillo*: Schnappriegel *m* 5 TEX *cartera*: (Taschen)Klappe *f*; (*adorno*) Besatz *m* (*an Kleidung*); *Col* (*solapa*) Revers *n* 6 ADV **a ~s** mit Schlägen; (*con interrupciones*) mit Unterbrechungen; stoßweise; **a ~ seguro** sicher, ganz bestimmt; **de ~** auf einmal, auf einen Schlag; auf Anhieb; **de ~ y porrazo** *suceso*: ganz plötzlich, unversehens; *acción*: kurzerhand, unüberlegt 7 (*multitud*) (große) Menge *f* 8 *Méx* (*martillo*) Schlägel *m*, Klöppel *m*

golpeadero M 1 *ruido*: Schlagen *n*, Klopfen *n* 2 *de una cascada*: Auftreffstelle *f eines Wasser-*

falls; **golpeado** A ADJ geschlagen; (ab)geklopft B M *jerga del hampa* Tür *f*; **golpeador** M 1 *Am Mer (aldaba)* Türklopfer *m* 2 *Arg (hombre que pega a su mujer) Mann, der seine Frau schlägt;* **golpeadura** F Schlag *m*; Schlagen *n*; Klopfen *n*

golpear A VT & VI schlagen; (ab)klopfen; *fig* heimsuchen; **~ en la puerta** anklopfen; **~ el suelo (con los pies)** auf den Boden stampfen; *fam* **~ a alg** j-n bestürmen, j-n beknien *fam*, j-n löchern *fam* B VI TEC *eje en su soporte* schlagen; *motor* nageln C VR **golpearse** sich stoßen (en an *dat*); **~ la cabeza** *con la cabeza:* mit dem Kopf anstoßen; *en la cabeza:* sich an den Kopf schlagen; **~ los hombros** sich *(dat)* (gegenseitig) auf die Schulter klopfen

golpeo M Schlagen *n*, Klopfen *n (tb ruido)*; AUTO *motor:* Nageln *n*; **golpetazo** M heftiger Schlag *m*; **golpete** M Anschlag *m*, Hebel *m (zum Offenhalten von Tür- oder Fensterflügeln)*;

golpetear VT & VI wiederholt schlagen, stoßen *etc; con un martillo:* hämmern; **golpeteo** M wiederholtes Klopfen *n*, *con un martillo:* Hämmern *n*; **golpetón** M → golpada

golpismo M POL Putschistentum *n*; **golpista** A ADJ POL Putsch... B M/F Putschist *m*, -in *f*

golpiza F *Am* Prügel *pl*

goma F 1 Gummi *m/n*; *(caucho)* Kautschuk *m*; **~ acacia** *o* **arábiga** Gummiarabikum *n*; **~ (de borrar)** Radiergummi *m*; *Esp* **~-dos** *o* **~-2** *explosivo:* Plastiksprengstoff *m*; **~ elástica** Kautschuk *m*; **~ espuma** Schaumgummi *m*; **~ guta** Gummigutt *n*; **~ laca** Schellack *m*; **~ líquida** Gummilösung *f*, Klebstoff *m*; **~ de mascar/maciza/plástica** Kau-/Voll-/Knetgummi *m* 2 **(cinta** *f o* **tira** *f* **de)** **~** Gummiband *n*; Gummizug *m* 3 *pop (preservativo)* Präservativ *n*, Gummi *m fam* 4 *Am Centr fig* **estar de ~** *(tener una resaca)* einen Kater haben 5 MED Gumma *n*, Gummigeschwulst *f* 6 BOT Gummifluss *m der Bäume* 7 *Arg, Cuba, S.Dgo* AUTO *(neumático)* (Reifen)Decke *f*, Mantel *m*

gomecillo M *fam* → lazarillo

gomería F *Am reg* AUTO Reifenwerkstatt *f*

gomero¹ M 1 *Am persona:* Kautschukzapfer *m*; *negociante:* Gummihändler *m* 2 BOT *árbol:* Gummi-, Kautschukbaum *m*

gomero² ADJ von der Insel Gomera

gomia F 1 *(tarasca)* Untier *n (bei Fronleichnamsprozessionen)* 2 *fam fig (glotón)* Vielfraß *m fam* 3 *fig (parásito)* Parasit *m*, Blutsauger *m fig*

gomina F Haargel *n*; Pomade *f*

gominola F **(osito** *m* **de)** **~** Gummibärchen *n*

gomista M/F Gummiwarenhändler *m*, -in *f*

gomita F *fam drogas* guter Stoff *m fam*

gomón M *Ur* Schlauchboot *n*

gomorresina F FARM Gummiharz *n*; **gomoso** A ADJ 1 *(de goma)* gummihaltig; gummiartig 2 MED gummös B M *fam* Geck *m*, Stutzer *m*; *fam* **ser un ~** ein aufdringlicher Kerl sein

gónada F BIOL Keimdrüse *f*, Gonade *f*

gonadotrófico ADJ BIOL gonadotrop; **gonadotrópico** ADJ die Keimdrüsen anregend; **gonadótropo** ADJ MED gonadotrop

góndola F 1 *(barquilla)* Gondel *f* 2 *Am reg* Autobus *m* 3 *Méx* MINER *(vagoneta)* Hund *m (Grubenwagen)* 4 *Ven* AUTO *(remolque de plataforma baja)* Tieflader *m*

gondolero M Gondoliere *m*

gonfalón M → confalón

gong(o) M Gong(schlag) *m*

gongorino ADJ LIT *estilo* schwülstig; **gongorismo** M LIT Gongorismus *m (nach Luis de Góngora y Argote, 1561–1627)*; **gongorista** M/F LIT Gongorist *m*, -in *f*; **gongorizar** VI ‹1f› nach der Art Góngoras (o im Schwulststil) schreiben

goniometría F Goniometrie *f*, Winkelmessung *f*; **goniómetro** M ÓPT Winkelmesser *m*; AVIA Peilkompass *m*; MIL Richtkreis *m*

gonococo M MED Gonokokkus *m*, Trippererreger *m*; **gonorrea** F MED Tripper *m*, Gonorrhö *f*; **gonorreico** ADJ Tripper..., gonorrhoisch

gorda F 1 *Esp* HIST *moneda:* 10-Céntimos-Münze *f*; *fam* **estar sin ~** abgebrannt sein *fam*, keinen roten Heller haben 2 *fam* **se va a armar la ~** das wird einen Mordskrach (o Riesenskandal) geben *fam*; *fam* **no veo ni ~** ich sehe überhaupt nichts 3 *Méx (tortilla de maíz)* dicker Maisfladen *m*

gordal ADJ sehr dick *(Sachen)*; **gordana** F tierisches Fett *n*; Rindertalg *m*

gordezuelo ADJ dicklich, drall, füllig

gordiano ADJ **cortar el nudo ~** den Gordischen Knoten durchhauen

gordinflo, gordi(n)flón ADJ *fam* dick, rund, pummelig; pausbäckig

gordo A ADJ 1 *persona* dick, beleibt; *(obeso)* fett; *(carnoso)* fleischig; **~ de talle** breithüftig 2 *(muy grande)* dick, groß; *tejido* grob 3 *fam (rico)* reich, mächtig; *fam* **los peces ~s** die hohen (o großen) Tiere *npl fam*; *fig* **tenerlas buenas y -as** *(los buenos años)* in den fetten Jahren sein 4 *fam fig* **caerle ~ a alg** j-n nicht riechen können *fam*; j-m unsympathisch sein; *fig* **hacer(se el de) la vista -a** ein Auge zudrücken *(fig)*; *fam* **pasa** *o* **sucede algo ~** da ist eine tolle Sache (o Geschichte) im Gange *fam*; *Esp* HIST **perra** *f* **-a** 10-Céntimo-Münze; *fam fig* **¡ésta sí que es -a!** das ist wirklich ein starkes Stück B M 1 *(grasa)* Fett *n*, Speck *m* 2 M/F *persona:* Dicke *m/f* 3 *fig* **el ~** *lotería:* das große Los; **me ha caído** *o* **tocado el ~** ich habe das große Los gewonnen *(fig gezogen)*

gordolobo M BOT Königskerze *f*

gordote ADJ *fam* dicklich; *desp* feist; **gordura** F 1 *(grasa)* Fett *n* 2 *(obesidad)* Fettleibigkeit *f*, Korpulenz *f* 3 *RPl (nata)* Sahne *f*

gorgojo M 1 *insecto:* Kornwurm *m* 2 *fam fig (enano)* Knirps *m*, Zwerg *m fam*, Winzling *m fam*

Gorgonas FPL MIT Gorgonen *fpl*

gorgonzola M *queso:* Gorgonzola *m*

gorgorita F 1 *(burbuja pequeña)* Bläschen *n* 2 *fam (gorgorito)* Triller *m*; **gorgoritear** VI *fam* trillern, trällern; **gorgorito** M *frec* **~s** MPL *(quiebro)* Triller *m*; *fam* MÚS Koloratur *f*; *fam* **hacer ~s** trällern; *tb (gargarizar)* gurgeln; **gorgorotada** F (schneller) Schluck *m*; **gorgotear** VI 1 *(burbujear)* Blasen werfen, *agua, barro:* brodeln, gurgeln 2 *ruido:* gluckern; **gorgoteo** M *ruido:* Gurgeln *n*, Brodeln *n*; Gluckern *n*

gorgotero M Hausierer *m*

gorguera F 1 *(adorno del cuello)* Halskrause *f* 2 *de una armadura:* Halspanzer *m*

gorigori M *fam* Trauer-, Grabgesang *m*; *fam* **armar el ~** Krawall machen; Krach schlagen; *fam* **pronto le cantarán el ~** der macht's auch nicht mehr lange *fam*

gorila M 1 ZOOL Gorilla *m (tb fig guardaespaldas)* 2 *Arg, Ur* POL *(reaccionario)* Reaktionär *m*

gorja F Kehle *f*; **gorjal** M Priesterkragen *m*

gorjear A VI trillern; *pájaro* zwitschern; *alondra* tirilieren B VR **gorjearse** *niño pequeño* lallen, brabbeln *fam*; **gorjeo** M *(quiebro)* Triller *m*; *(canturreo)* Trällern *n*; *de pájaros:* Zwitschern *n*; *de niños pequeños:* Lallen *n*, Brabbeln *n fam*

gorobetearse VR *Col fam* sich krümmen; **gorobeto** ADJ *Col fam* krumm, gekrümmt

gorra A F Mütze *f*; Kappe *f*; **~ (de plato)** Tellermütze *f*; MIL Dienstmütze *f*; **~ de visera** Schirmmütze *f*; **hablarse de ~** sich (wortlos) durch Ziehen der Mütze grüßen; *fig* **de ~** umsonst, gratis; *fig* **andar de ~** *o pop* **pegar la ~** herumschmarotzen *fam*, nassauern *fam* B M Schmarotzer *m*, Nassauer *m fam*

gorrazo M *fam* **dar el ~ a alg** bei j-m schnorren (o nassauern) *fam*

gorrear VI *fam* schnorren, schmarotzen; **gorrero** M, **-a** F *fam fig (parásito)* Schmarotzer *m*, -in *fam*; **gorretada** F Mützenziehen *n (zum Gruß)*

gorrilla M/F *fam (meist illegale[r])* Parkhelfer *m*, -in *f*

gorrín M → gorrino

gorrinada F *fig* Schweinerei *f*; **gorrinera** F Schweinestall *m*; **gorrinería** F *fig* Schweinerei *f*; Zote *f*; **gorrino** M Spanferkel *n*; *fig* Schwein *n*, Ferkel *n*

gorrión M ORN Sperling *m*, Spatz *m*; *fam* **comer como un ~** essen wie ein Spatz; **gorrionera** F *fam fig* Schlupfwinkel *m*; **gorrista** M/F → gorrero

gorro M 1 *(birrete)* runde Kappe *f*; Mütze *f*; MIL Schiffchen *n*, Feldmütze *f*; **~ de bufón** Narrenkappe *f*; **~ de dormir** Schlaf-, Zipfelmütze *f*; **~ frigio** Jakobinermütze *f*; **~ de baño (o de natación)** Bademütze *f*; *Arg, Bol, Ven fig* **apretarse el ~** ausreißen, die Beine in die Hand nehmen; *fam* **estar hasta el ~ de a/c** von etw die Nase voll haben; **llenársele a alg el ~** die Geduld verlieren; **poner el ~ a alg** *(dar chasco a alg)* j-n hereinlegen; *al marido:* j-m Hörner aufsetzen 2 BOT *hongo:* Grünschuppiger Täubling *m*

gorrón M 1 *(guijarro)* (runder) Kieselstein *m* 2 TEC (Achsen-, Lager)Zapfen *m* 3 MAR Spillspake *f* 4 *fam fig* Schmarotzer *m*; Schnorrer *m fam* 5 *fig (chicharrón)* (Speck)Griebe *f*

gorrona F 1 Dirne *f* 2 *fam fig* Schmarotzerin *f*; Schnorrerin *f fam*; **gorronear** VI *fam* schmarotzen, schnorren *fam*, nassauern *fam*;

gorronería F Schnorrerei *f*, Schmarotzen *n*, Nassauern *n fam*; JUR Zechprellerei *f*

gospel M MÚS, REL Gospel *n*

gota F 1 *de agua:* Tropfen *m*; FARM **~s** *fpl* (Arznei)Tropfen *mpl*; **a ~s** *o* **~ a ~** tropfenweise *(tb fig)*; **una ~ de** ein bisschen; *fig* **una ~ en el mar** ein Tropfen auf den heißen Stein; **ni ~** nichts, kein bisschen; **~ fría** *plötzlich einsetzende starke Regenfälle im trockenen Mittelmeerraum;* **~s de miel** *tb* Honigdrops *pl*; **café** *m* **con ~s** Kaffee *m* mit Anis (o Rum); **hasta la última ~** bis zur Neige *(tb fig)*; *fig* **la ~ que colma** *o* **desborda el vaso** der Tropfen, der das Fass zum Überlaufen bringt; *fam* **han caído cuatro ~s** es hat ein bisschen getröpfelt *fam*; **parecerse como dos ~s de agua** sich *(dat)* ähnlich sehen wie ein Ei dem andern; *fig* **no le quedó ~ de sangre en las venas** er erstarrte *(vor Entsetzen)*; *fig* **sudar la ~ gorda** Blut (und Wasser) schwitzen; **no ver (ni) ~** nichts sehen; *prov* **~ a ~ se llena la bota** steter Tropfen höhlt den Stein 2 MED Gicht *f*; **~ caduca** *o* **~ coral** Epilepsie *f*; **~ serena** Amaurose *f* 3 ARQUIT Tropfenornament *n*

goteado ADJ bespritzt; gesprenkelt

gotear A VI tröpfeln *(tb fig)*; tropfen **(de** von **...** *dat* herunter) B V/IMP tröpfeln *(Regen)*

goteo M 1 Tröpfeln *n*; Tropfen *n* 2 MED Tropf *m*; **gotera** F 1 *(canalón)* Traufe *f*, Dachrinne *f* 2 *(filtración de agua)* undichte Stelle *f (im Dach)*; *p. ext (manchas)* Flecken *mpl (durch eindringendes Regenwasser)* 3 AGR *(griseta)* Wasserfäule *f der Bäume* 4 **~s** *fpl fam fig (achaque)* Gebrechen *npl*; *fig* **es una ~** es ist schon ein Kreuz; das hört überhaupt nicht auf 5 *Col fam (oportunidad de gorrear)* Möglichkeit *f* zu nassauern

goterear VI *Col* tröpfeln *(beginnender Regen)*;

goterero M *Col fam* Nassauer *m fam*, Schnorrer *m fam*; **gotero** M 1 MED Tropf *m* 2 *Am* (*cuentagotas*) Tropfenzähler *m*; **goterón** M 1 dicker Tropfen *m* 2 ARQUIT Wassernase *f*

gótica F TIPO Fraktur *f*; gotische Schrift *f*; **gótico** A ADJ 1 gotisch; *arte*: **estilo** *m* ~ Gotik *f* 2 TIPO Fraktur... 3 *fam fig* (*joven presuntuoso*) **niño** *m* ~ eingebildeter Schnösel *m* B M 1 *lengua*: Gotisch *n* 2 *arte*: Gotik *f*; ~ **tardío** Spätgotik *f*

Gotinga F Göttingen *n*

gotoso MED A ADJ gichtkrank B M, **-a** F Gichtkranke *m/f*

gouache M PINT Gouache *f*; Gouachemalerei *f*

gourmet [gur'me] M/F Feinschmecker *m*, -in *f*

goyesco ADJ *auf den Maler Francisco Goya bezogen*

gozada F Wonne *f*; großes Vergnügen *n*; Hochgenuss *m*; ein wahrer Genuss *m*; *para la vista*: eine Augenweide *f*; *para el oído*: ein Ohrenschmaus *m*

gozar ⟨1f⟩ A V/T & V/I 1 (*poseer*) besitzen, (*deleitarse*) genießen; sich erfreuen (*gen* de); *fam* **~la** Freude haben an; es genießen *fam*; ~ **de buena reputación** einen guten Ruf haben (*o* genießen); ~ (*ger*) *o* ~ **con** (*subst*) sich freuen an (*dat*), froh sein über (*acus*) 2 *sexual*: ~ **a alg** mit j-m schlafen, j-n vernaschen *fam* B V/R *liter* **~se en** (*subst*) *o* (*inf*) seine Freude haben an (*dat*), schwelgen in (*dat*), sich freuen an (*dat*)

gozne M TEC Scharnier *n*, Gelenk *n*; *en la puerta*: Angel *f*

gozo M 1 (*alegría*) Freude *f*, Vergnügen *n*, Wonne *f*; (*júbilo*) Jubel *m*; *fam* **el ~ en un pozo** alles ist aus; es ist alles Essig *fam*; **no caber en sí de ~** vor Freude außer sich (*dat*) sein 2 *fig* (*llamarada*) Aufflackern *n des Feuers* 3 **~s** *mpl* CAT (*cántico*) Lobgesang *m*

gozoso ADJ freudig, froh; fröhlich, vergnügt

gozque M *Col* Straßenköter *m*; Promenadenmischung *f fam*

GPS M *Abk* (Global Positioning System) GPS *n*; *fam* Navi *n*

gr. ABR (gramo) g (Gramm)

grabable ADJ *CD, DVD* beschreibbar; **grabación** F 1 *de sonidos, imágenes*: Aufnahme *f*, Aufzeichnung *f*; ~ **en cinta** Tonbandaufnahme *f*; ~ **en disco** *o* **discográfica** Schallplattenaufnahme *f*; ~ **con equipo de Hi-Fi** *o* **de alta fidelidad** Hi-Fi-Aufnahme *f*; ~ **de vídeo** Videoaufzeichnung *f* 2 TIPO → grabado 3

grabado M 1 *arte*: Gravierkunst *f*; *obra*: Stich *m*; Gravüre *f*; ~ **en acero** Stahlstich *m*; ~ **al agua fuerte** *o* **al humo** Radierung *f*; ~ **en cobre** Kupferstich *m*; ~ **en madera** Holzschnitt *m*; ~ **en piedra** Steindruck *m*; ~ **en (talla) dulce** Kupferdruck *m* 2 (*ilustración*) Illustration *f*, Bild *n*, Abbildung *f* 3 TIPO ~ **al ácido** Ätzung *f*; ~ **de línea(s)** Strichätzung *f*

grabador M 1 *arte*: Graveur *m*, (Bild-, Kupfer)Stecher *m*; ~ **en cobre** Kupferstecher *m* 2 *fonotecnia*: Aufnahmegerät *n*; *Am* ~ **de cinta** Tonbandgerät *n*; **~(-reproductor)** Kassettenrekorder *m* 3 TIPO Klischier-, Ätzgerät *n*

grabadora F 1 *aparato*: Aufnahmegerät *n*; *Am* Kassettenrekorder *m*; ~ **de CD/DVD** CD-/DVD-Brenner *m*; TEL ~ **de voz** *f* Voicerekorder *m* 2 *persona*: Graveurin *f* 3 TIPO Ätzmaschine *f*

grabadura F *arte*: Gravieren *n*

grabar V/T & V/I 1 (*labrar sobre madera o metal*) gravieren; (ein)schneiden; (ein)ritzen 2 *arte*: stechen; *en madera*: schneiden; ~ **al agua fuerte** ätzen, radieren; ~ **en madera** in Holz schneiden 3 TIPO ~ **al ácido** ätzen 4 *disco, vídeo, etc* aufnehmen, aufzeichnen; *CD* brennen; ~ **en disco/en vídeo** auf Platte/Video aufnehmen 5 INFORM speichern 6 *fig* (*memorizar*) ~ **a/c en su mente** sich (*dat*) etw gut einprägen (*o* merken); **esto se graba (en la memoria)** das prägt sich ein

gracejada F *Am Centr, Méx* schlechter Scherz *m*; **gracejar** V/I 1 (*hablar con gracia*) sich gewandt ausdrücken 2 (*hacer chistes*) witzeln; **gracejo** M Anmut *f*; Witz *m*; Schlagfertigkeit *f*; Mutterwitz *m*

gracia F 1 (*donaire*) Anmut *f*, Grazie *f*; Witz *m*; *adv* **con ~** anmutig, reizend; schalkhaft; spaßig, drollig; **lleno de ~** voller Anmut; **~ de niño** drolliges Tun *n* eines Kindes; **dar en la ~ de** (*inf*) in die Gewohnheit verfallen, zu (*inf*); **decir ~s** geistreiche Einfälle vorbringen; witzeln; *fam* **decirle a uno dos ~s** j-m gehörig die Meinung sagen; **hacer una ~** *perro* Männchen machen; *niño, corresponde a*: zeigen, was es kann; *fam* **¡maldita la ~!** das hat gerade noch gefehlt! *fam*; **por ~** zum Scherz; **¡qué poca ~!** so was Dummes!, zu albern!; *fam irón* **¡qué ~!** das ist ja reizend! *fam*; **¡tiene ~!** reizend!; *frec irón* die Sache ist gut!, äußerst witzig!, nett, was?; *irón* **tiene ~ que** es ist ein Witz, dass; **no tiene ~** da fehlt das gewisse Etwas; das ist nichts Besonderes; **eso no tiene la menor ~** das ist überhaupt nicht witzig; *fam* **reírle a alg la ~** j-m ironisch Beifall spenden; *fam* **es una triste ~** scheußlich *fam*, (es ist) zum Heulen *fam* 2 (*merced*) Gnade *f* (*tb* REL); Begnadigung *f*; Verzeihung *f*; **de ~** umsonst; **derecho** *m* **de ~** Begnadigungsrecht *n*; *fam* **a la ~ de Dios** auf gut Glück; **por la ~ de Dios** von Gottes Gnaden; **¡por la ~ de Dios!** um Gottes Willen!; **en estado de ~** im Stand der Gnade (*tb fig*); *cult* **hacerle a alg ~ de a/c** j-m etw erlassen (*o* ersparen); j-n verschonen mit etw (*dat*); *Esp* HIST **(Ministerio** *m* **de) Gracia y Justicia** Justizministerium *n*; **solicitud** *f* **de ~** Gnadengesuch *n*; CAZA **tiro** *m* **de ~** Fangschuss *m* 3 (*favor*) Gunst *f*; Gewogenheit *f*; **caer en ~** gefallen, Anklang finden (**a alg** bei j-m); **estar en ~ cerca de alg** bei j-m in Gunst stehen; j-s Schützling sein; **hacer ~ a alg** j-m gefallen, j-n freuen, j-n amüsieren; *iron* j-m missfallen 4 **~s** *fpl* (*agradecimiento*) Dank(sagung *f*) *m*; **¡~s!** danke!; **¡muchas** (*o* **muchísimas** *o* **un millón de) ~s!** vielen (Tausend) Dank!; **¡~s igualmente!** danke, gleichfalls!; **mensaje** *m* **de ~s** Dankadresse *f*; *prep* **~s a** dank (*dat o gen*); *cj* **~s a que** weil; *prep* JUR **en ~ de** *o* **a** in Anbetracht (*gen*), unter Berücksichtigung (*gen*); **¡~s a Dios!** Gott sei Dank!; **dar las ~s (a alg)** (j-m) danken; sich (bei j-m) bedanken; *formal* **le doy mis ~s más expresivas** ich spreche Ihnen meinen verbindlichsten Dank aus; **¡y ~s!** und damit hat sich's 5 MIT Grazie *f*

graciable ADJ 1 (*propicio*) gnädig, huldreich 2 ADMIN (*fácil de otorgar*) leicht zu bewilligen(d)

grácil ADJ *persona* zierlich, grazil

gracilidad F Zierlichkeit *f*, Grazilität *f*

graciola F BOT Gnaden-, Gichtkraut *n*

graciosa F 1 TEAT Soubrette *f*; Naive *f* 2 (*bromista*) Spaßmacherin *f*; Possenreißerin *f*; **graciosamente** ADV 1 (*con gracia*) graziös 2 (*por merced*) gnädig 3 (*sin premio*) unentgeltlich, gratis; **graciosidad** F Liebreiz *m*, Anmut *f*, Grazie *f*; **gracioso** A ADJ 1 (*agradable a la vista*) anmutig, graziös 2 (*chistoso*) witzig, drollig; *irón* **¡muy ~!** sehr witzig! 3 (*gratuito*) kostenlos, gratis B M 1 (*bromista*) Spaßmacher *m*, Witzbold *m* 2 TEAT (*bufón*) lustige Person *f*, Narr *m*; **hacer(se) el ~** den Hanswurst spielen (*tb fig*)

grada¹ F 1 (*escalón*) (Treppen)Stufe *f*; *del altar*: Altarstufe *f*; TEAT Rangreihe *f*; TAUR Sitzreihe *f*; *en el estadio*: Stufensitz *m*; **~s** *fpl* **del trono** Stufen *fpl* des Throns; *fig* (*poder*) Macht *f* (des Herrschers) 2 **~s** *fpl* (*escalinata*) Freitreppe *f*; *Chile, Perú* (*pórtico*) Vorhalle *f*, -hof *m* 3 MAR Helling *f*, Stapel *m*; ~ **del Estado** Marinewerft *f*; ~ **de construcción de botes** Bootswerft *f*

grada² F AGR Egge *f*

gradable ADJ abstufbar; **gradación** F 1 (*escalonamiento*) Abstufung *f*; Reihenfolge *f* 2 GRAM, MÚS Steigerung *f* 3 FOT, *retórica*: Gradation *f* 4 TEC Staffelung *f*; **gradado** ADJ abgestuft; gestaffelt

grad(e)ar V/T AGR eggen; **gradeo** M Eggen *n*

gradería F, **graderío** M 1 (*conjunto de gradas*) Stufenreihen *fpl*; Ränge *mpl* 2 (*público*) Publikum *n* (*auf den Rängen*); **gradiente** M 1 MAT, METEO Gradient *m* 2 *Arg, Chile, Ec* (*declive*) Abhang *m*, Gefälle *n*; **gradilla** F 1 (*escalerilla portátil*) tragbare Treppe *f* 2 QUÍM *para probetas*: Reagenzglasständer *m*

grado¹ M 1 (*nivel*) Grad *m* (*tb* MAT), Stufe *f*; GRAM Steigerungsgrad *m*; ECON ~ **de aprovechamiento** *o* **de utilización** Auslastungsgrad *m*; **de ~ en ~** *o* **por ~s** von Stufe zu Stufe, stufenweise; nacheinander; **en alto/sumo ~** in hohem/höchstem Maße 2 (*calidad o contenido de a/c*) (Einteilungs)Grad *m*; Gehalt *m*; ~ **de alcohol** Alkoholgehalt *m*; **35 ~s centígrados** 35 Grad Celsius (35°C); **diez ~s bajo/sobre cero** zehn Grad (10°) unter/über Null (**marcar** anzeigen); ~ **de ebullición** Siedegrad *m*; GEOG ~ **de latitud/longitud** Breiten-/Längengrad *m*; **~(s) por mil** Promillegehalt *m*; **de primer ~** ersten Grades (*tb quemaduras*) 3 (*rango, clase*) Rang *m*, Einstufung *f*, Stufe *f*; *en la escuela*: (Schul)Klasse *f*; UNIV *título*: akademischer Grad *m*; UNIV ~ **de doctor** Doktortitel *m*, Doktorgrad *m*; UNIV *fam* **sacar un ~** einen akademischen Grad erwerben 4 *parentesco*: Verwandtschaftsgrad *m*; **parentesco** *m* **de primer ~** Verwandtschaft *f* ersten Grades 5 JUR (*instancia*) Instanz *f*

grado² M (*voluntad*) Wille *m*, Belieben *n*; *adv* **de (buen) ~** gutwillig, gern; **de mal ~** ungern, widerwillig; **de ~ o por fuerza** wohl oder übel; *liter y reg* **(a) mal de mi/tu**, *etc* ~ ungern, wider meinen/deinen *etc* Willen

graduable ADJ abstufbar; ein-, verstellbar, graduierbar; **graduación** F 1 Gradeinteilung *f*; (*escala*) Graduierung *f*; Abstufung *f* 2 *vino, etc*: Alkoholgehalt *m*; **de alta ~** hochprozentig 3 TEC Einstellung *f*; ÓPT ~ **de gafas** Brillenbestimmung *f* 4 (*rango*) Rangstufe *f*, -ordnung *f*; MIL Dienstgrad *m*

graduado A ADJ graduiert, abgestuft; Grad..., Mess... B M, **-a** F Graduierte *m/f*; ~ *m* **(universitario)** Hochschulabsolvent *m*; **-a** *f* **en ciencias empresariales** graduierte Betriebswirtin *f*; *Esp* ~ *m*, **-a** *f* **escolar** *corresponde a*: Hauptschulabgänger *m*, -in *f*; ~ *m*, **-a** *f* **de enseñanza secundaria (obligatoria)** *Esp corresponde a* Realschulabgänger *m*, -in *f*; *Am* **~, -a (universitario, universitaria)** Hochschulabsolvent *m*, -in *f* C M MIL Dienstgrad *m*

gradual A ADJ allmählich, graduell; stufenweise B M CAT Graduale *n*; **graduando** M, **-a** F Kandidat *m*, -in *f für einen akademischen Grad*

graduar ⟨1e⟩ A V/T 1 (*escalonar*) abstufen, abmessen; abschätzen 2 TEC ein-, verstellen; (*contrastar*) eichen; QUÍM titrieren; ~ **las gafas** *o* **la vista** eine Brille bestimmen 3 UNIV (*otorgar un título universitario*) *j-m* einen akademischen Grad verleihen; MIL ~ **de capitán** *j-n* zum Hauptmann ernennen B V/R **graduarse** UNIV einen akademischen Grad erwerben; *Am* ~ **de licenciado** das Staatsexamen machen

grafema M FON Graphem *n*

graffiti MPL → grafitos

grafía F Graphie *f*, Schreibweise *f*

gráfica F Schema *n*, grafische Darstellung *f*;

Diagramm *n*; *estadística*: Kurve *f*; **~ de la fiebre** Fieberkurve *f*

gráfico A ADJ 1 (*escrito*) Schrift...; Schreib... 2 (*ilustrado*) grafisch; illustriert; **artes** *fpl* **-as** grafisches Gewerbe *n*; **talleres** *mpl* **~s** grafischer Betrieb *m*, Druckerei *f* 3 *fig* (*expresivo*) anschaulich, plastisch B M 1 (*imagen*) Bild *n*; grafische Darstellung *f*; *tb* INFORM Grafik *f* 2 *persona*: Grafiker *m*

grafioles MPL GASTR *Art Honigspritzgebäck in S-Form*

grafismo M 1 (*particularidad de una letra*) Schreibung *f*; Schreibweise *f* 2 (*diseño publicitario*) Werbegrafik *f*; **grafista** M/F **~ publicitario, -a** Werbegrafiker *m*, -in *f*; **grafitero** M, **-a** F Graffitisprayer *m*, -in *f*

grafiti MPL Graffiti *npl*, Wandkritzeleien *fpl*

grafítico ADJ grafitartig; Grafit...; **grafito** M Grafit *m*; **grafitos** PL Graffiti *mpl*; Wandkritzeleien *fpl*

grafología F Grafologie *f*; **grafológico** ADJ grafologisch; **grafólogo** M, **-a** F Grafologe *m*, Grafologin *f*; **grafomanía** F Schreibwut *f*

grafómetro M Winkelmessgerät *n*

gragea F Dragee *n*

graja F ORN Krähenweibchen *n*; **grajear** V/I ORN krächzen

grajo M 1 ORN Saatkrähe *f*; *fig* **más feo que un ~** potthässlich *fam*, hässlich wie die Nacht *fam* 2 *fig* (*charlatán*) Schwätzer *m* 3 *Am reg* (*sobaquina*) Schweiß-, Achselgeruch *m*

Gral. ABR (General) General *m*

grama F 1 BOT Wuchergras *n* 2 *Am Centr, Méx, P. Rico* (*césped*) Rasen *m*; **gramal** M 1 *campo*: Feld *n* voller Unkraut 2 *Am* (*césped*) Rasen *m*;

gramalote M *Col, Ec, Perú* BOT → camalote

gramática F 1 Grammatik *f*; **~ descriptiva** deskriptive Grammatik *f*; **~ generativa** Transformationsgrammatik *f*; **~ histórica** historische Grammatik *f*; **~ normativa** *o* **preceptiva** normative Grammatik *f*; *fig* **~ parda** Schläue *f* 2 *mujer*: Grammatikerin *f*

gramatical ADJ grammati(kali)sch; **gramaticalizar** V/T ⟨1f⟩ grammatikalisieren; **gramático** A ADJ grammati(kali)sch B M Grammatiker *m*; **gramatiquería** F *fam desp* grammatische Haarspalterei *f*

gramilla F 1 AGR *tabla*: Schlagholz *n zum Flachs- o Hanfbrechen* 2 *Am* BOT Futtergras *n* 3 *Arg, Ur* (*césped*) Rasen *m*

gramíneas FPL BOT Gramineen *fpl*, Gräser *npl*; **gramíneo** ADJ Gras...

gramo M Gramm *n*; **diez ~s** *pl* **de sal** zehn Gramm Salz

gramófono M Grammofon *n*

grampa F 1 *Cuba* (*abrazadera*) Krampe *f* 2 *Am reg* (*sujetapapeles*) Heftklammer *f*

gran ADJ (**grande** *delante de sust sg*) 1 *fig* groß, Groß...; (*importante*) bedeutend, wichtig; (*fuerte*) stark; (*bueno*) gut; *fam* (*grandioso*) großartig; **~ bebedor** *m* großer (*o* starker) Trinker *m*; *desp* Säufer *m*; **~ capitalista** *m* Großkapitalist *m*; **~ casa** großes (*o* vornehmes) Haus; ECON *tb* bedeutende Firma *f*; **~ empresa** *f* Großunternehmen *n*; **~ pícaro** *m* Erzschelm *m*; **~ potencia** *f* Großmacht *f*; **~ reserva** *Bezeichnung für Qualitätsweine*; **no conseguir gran cosa** nicht viel erreichen; es zu nichts Bedeutendem bringen; **no es gran cosa** das ist nichts Besonderes 2 *título*: **Gran Mogol** *m* Großmogul *m*; **gran duque** *m* Großherzog *m*; *en Rusia*: Großfürst *m*

grana F 1 BOT (*semilla*) Same *m* 2 → granazón 1 3 *insecto*: Koschenille *f* (*Schildlaus*) 4 *color*: Scharlach *m*; Scharlachfarbe *f* 5 *jerga del hampa* → granuja

granada F 1 BOT *fruta*: Granatapfel *m* 2 MIL *explosivo*: Granate *f*; **~ de mano/con mango/de mortero** Stiel-/Hand-/Mörsergranate *f*

Granada N PR F 1 *spanische Stadt, Provinz* 2 → Grenada

granadera F MÚS Grenadiermarsch *m*; **granadero** M MIL Grenadier *m*; *fig* großer Mensch *m*, Person *f* mit Gardemaß *fam*

granadilla F BOT 1 *fruto*: Passionsfrucht *f*, Grenadille *f* 2 *Am flor*: Passionsblume *f*, Passiflore *f*; **granadillo** M BOT Grenadill(holz *n*) *m*

granadina F 1 TEX *y bebida*: Grenadine *f* 2 MÚS → granaína; **granadino** A ADJ 1 aus Granada (*Städte in Spanien, Kolumbien, Nicaragua*) 2 aus Grenada (*Karibikinsel*) 3 MÚS *nach Art des Komponisten Enrique Granados* B M BOT Granatblüte *f*

granado A ADJ 1 (*granular*) körnig 2 *fig* (*maduro*) reif, (*juicioso*) erfahren 3 *fam* (*espigado*) hoch aufgeschossen 4 *fig* (*ilustre*) erlesen, vornehm; **lo más ~ (de la sociedad)** die Creme (der Gesellschaft) B M BOT Granat(apfel)baum *m*

granaína F *Esp* MÚS *andalusischer Tanz und Gesang, bes aus der Stadt Granada*

granalla F Metallschrot *m*; **en ~** *mineral* granuliert

granangular ADJ FOT **objetivo** *m* **~** Weitwinkelobjektiv *n*

granar A V/I Körner ansetzen; *pop fig* reich werden; *fam fig* **esto va que grana** das geht (ja) wie geschmiert *fam*, das flutscht nur so *fam* B V/T *pólvora* körnen

granate A M 1 MINER Granat(stein) *m* 2 *color*: Granatfarbe *f* B ADJ *inv* granatrot

granazón F 1 (*formación de granos*) Körner-, Samenbildung *f* 2 *fig* (*maduración*) Reifen *n*, Reife *f*

grancanario A ADJ von der Insel Gran Canaria B M, **-a** F Einwohner *m*, -in *f* von Gran Canaria

grande A ADJ (*vor subst* SG: → gran); 1 *tamaño*: groß; **~ de talla** hochgewachsen; **casa ~** geräumiges Haus; **el vestido me está** *o* **me viene ~** das Kleid ist mir zu groß 2 *fig* groß, Groß...; (*importante*) bedeutend, wichtig; (*fuerte*) stark; (*bueno*) gut; *fam* (*grandioso*) großartig; **es ~ por sus dotes pedagógicas** er ist pädagogisch hochbegabt; **el cargo le viene ~** er ist dem Amt nicht gewachsen 3 (*generoso*) großzügig; (*distinguido*) vornehm; luxuriös; **vivir a lo ~** in großem Stil (*o* auf großem Fuß) leben; *adv* **en ~** im Großen und Ganzen; *tb* (*a lo grande*) auf großem Fuß; **hacer a/c en ~** etw in großem Stil betreiben; **pasarlo en ~** sich großartig amüsieren; **¡es ~!** das ist gelungen!; *irón* das ist ein starkes Stück! 4 (*mayor de edad*) erwachsen; *Méx* (*de cierta edad*) (schon) älter; *Méx* **papá** *m*/**mamá** *f* **~** Großvater *m*/Großmutter *f* B M/F 1 Große *m/f*; **un ~** ein Erwachsener, ein Großer *fam*; **~s y pequeños** *o* **~s y chicos** Groß und Klein; Hoch und Niedrig 2 **Grande (de España)** (spanischer) Grande *m* C F *Arg, Ur fam* **la ~** das große Los

grandecito ADJ *fam* ziemlich groß; *niño* schon größer *fam*; **grandemente** ADV recht, sehr; außerordentlich, äußerst; **grandevo** ADJ *liter* hochbetagt

grandeza F 1 (*tamaño*) Größe *f* (*fig*); Erhabenheit *f*; Wichtigkeit *f*; Grandezza *f*; **~ de alma** Seelengröße *f*; **delirio** *m* **de ~s** (*o* **delirios** *mpl*) **de ~** Größenwahn *m*; **darse aires de ~** sich wichtigmachen 2 (*dignidad de un Grande*) Würde *f* eines Granden

grandillón A ADJ *fam* hoch aufgeschossen B M, **-ona** F hochgewachsene Person *f*; langer Lulatsch *m fam*

grandilocuencia F geschwollene (*o* hochtrabende) Ausdrucksweise *f*

grandilocuente ADJ, **grandílocuo** ADJ *estilo* geschwollen, hochtrabend

grandiosidad F Großartigkeit *f*; Pracht *f*, Prunk *m*; Erhabenheit *f*; **grandioso** ADJ großartig, herrlich, prächtig, grandios

grandísimo ADJ *sup fam* sehr groß, riesig; **grandísono** ADJ *poét* hochtönend

grandor M Größe *f*; **grandote** ADJ *fam* riesengroß, enorm; **grandullón** M *fam desp* langer Lulatsch *m*

graneado ADJ *pólvora* gekörnt; (*moteado*) gesprenkelt; *cuero* genarbt; MIL **fuego ~** Trommelfeuer *n*; **granear** V/T 1 AGR (aus)säen 2 *pólvora* körnen 3 *grabado en cobre, etc*: granieren

granel ADV, ADJ **a ~** COM unverpackt, lose; offen; *fig* haufenweise, im Überfluss; MAR, FERR **carga** *f* **a ~** Schüttgut *n*, -ladung *f*; *fig* **hubo palos a ~** hageldicht fielen die Hiebe

granero M Kornspeicher *m*, Kornkammer *f* (*tb fig*); (*desván*) Dachboden *m*

granífugo ADJ **cañón** *m* **~** Hagelkanone *f*

granilla F 1 TEX Füllhaar *n* 2 *de la uva*: Traubenkern *m*; **granillo** M 1 (*semilla menuda*) Körnchen *n* 2 VET Pickel *m*; Darre *f der Kanarienvögel*; **granilloso** ADJ pick(e)lig

granitado ADJ granitartig; **granítico** ADJ Granit...; granitartig; **granito** M 1 MINER Granit *m* (*tb fig*) 2 *dim fig* → grano 4

granívoro ADJ körnerfressend

granizada F 1 METEO Hagelschauer *m* 2 *fig* (*multitud de cosas*) Hagel *m*, Menge *f* 3 *bebida*: (Eis)Sorbet(t) *m/n*

granizado M Getränk *n* mit zerstoßenem Eis; **~ de café** kalter Kaffee *m* mit zerstoßenem Eis und Zucker; **~ de limón** Zitronensaft *m* mit zerstoßenem Eis

granizal M *Col* Hagelschauer *m*; **granizar** ⟨1f⟩ A V/IMP, *fig tb* V/I hageln B V/T GASTR ein Getränk mit gestoßenem Eis zubereiten

granizo M Hagel *m* (*tb fig*); METEO **~ menudo** Graupelkorn *n*; **cae ~ menudo** es graupelt; **cae ~** es hagelt

granja F 1 (*finca*) Gutshof *m*; Bauernhof *m*; Farm *f*; **~ avícola** Geflügelfarm *f*; **~ de pollos** Hühnerfarm *f*; **~ escolar** Landschulheim *n*; **~ marina** Fischzuchtfarm *f*; **~ experimental** Versuchsgut *n* 2 *de productos lácteos*: Milchbar *f*, -stube *f*

granjear A V/I 1 MAR Fahrt machen 2 (*comerciar*) mit etw (*dat*) handeln B V/R **granjearse** erwerben; für sich (*acus*) gewinnen; **~ la amistad de alg** sich (*dat*) j-s Freundschaft erwerben; **~ la voluntad de alg** j-s Wohlwollen gewinnen, j-n für sich (*acus*) einnehmen

granjeo M Ertrag *m*; Gewinn *m*; **granjería** F 1 AGR (*rendimiento*) Ertrag *m* aus landwirtschaftlichem Betrieb; Bewirtschaftung *f* 2 *fig* (*ganancia*) Gewinn *m*; **granjero** M, **-a** F Landwirt *m*, -in *f*, Farmer *m*, -in *f*

grano M 1 Korn *n*; (*semilla*) Samenkorn *n*; (Kaffee- *etc*) Bohne *f*; *de la fruta*: (Frucht)Kern *m*; (*baya*) Beere *f*; **~s** *mpl* Getreide *n*; **tratante** *m* **en ~s** Getreidehändler *m*; **~ de uva** Weinbeere *f*; *fig* **apartar** *o* **separar el ~ de la paja** die Spreu vom Weizen trennen 2 *p. ext* (*textura*) Korn *n*, Feingefüge *n*; *del cuero*: Narben *m*; FILM, FOT **~ de la trama** Rasterkorn *n*; **de ~ fino** feinkörnig, *cuero* feingenarbt; **de ~ grueso** *o* **basto** grobkörnig, *cuero* grob genarbt 3 MED (*espinilla*) Pickel *m*, Mitesser *m*; *Arg* **~ malo** Karbunkel *m* 4 *fig* **un ~** (*un poco*) ein bisschen; **no ser ~ de anís** nicht so einfach sein; wichtig sein; **aportar su ~** *o* **granito de arena** *o* **de anís** sein Scherflein beisteuern; einen Beitrag leisten; **ir al ~** zur Sache (*o* auf den Punkt) kommen; **¡(vamos) al ~!** (kommen wir) zur Sa-

che!; **con su ~ de sal** cum grano salis, mit entsprechender Einschränkung **5** FARM *peso:* Gran *n; de piedras preciosas:* ¼ Karat **6** *de una oruga:* Raupenei *n*
granoso ADJ körnig; gekörnt; *superficie* rau
granuja **A** F Traubenkamm *m* **B** M *fam fig* Gauner *m*, Lump *m;* Halunke *m*, Schuft *m;* Straßenjunge *m;* **granujada** F Lumperei *f*, Gemeinheit *f*, Schurkerei *f;* **granujado** ADJ **1** *(lleno de granos)* pickelig **2** *(granular)* körnig, gekörnt; **granujería** F **1** *(gentuza)* Gesindel *n* **2** → granujada; **granujiento** ADJ **1** *(con granos)* pick(e)lig **2** *superficie* rau; **granujilla** M *fam* Spitzbube *m;* **granujo** M *fam* Pickel *m;* **granujoso** → granujiento
granulación F Granulierung *f;* Körnung *f;* MED Granulationsgewebe *n;* **granulado** **A** ADJ körnig, gekörnt; *cuero* narbig **B** M QUÍM Granulat *n*
granular[1] VT körnen
granular[2] ADJ körnig
gránulo M Körnchen *n*
granuloma M MED Granulom *n;* **granuloso** ADJ körnig; granulös, gekörnt
granza F **1** BOT Färberkrapp *m* **2** METAL **~s** *fpl* Metallschlacke *f* **3** → granzón; **granzón** M **1** *(tamo)* Spreu *f* **2** METAL Schlich *m*
grañón M Körner- (*o* Weizen)grieß *m*
grao M **1** *(desembarcadero)* Landungsplatz *m* **2** *(puerto)* Hafen *m (in Katalonien und Valencia, bes in Eigennamen)*
grapa F **1** Klammer *f;* *(clip)* Heftklammer *f;* Krampe *f* **2** GASTR Grappa *f*, Tresterschnaps *m;* **grapadora** F *oficina:* Heftmaschine *f*, Hefter *m*
grapar VT heften
grapefruit M *Am* Grapefruit *f*
GRAPO M ABR **1** *(Grupo de Resistencia Antifascista Primero de Octubre) Esp* ***linksgerichtete spanische Terrororganisation*** **2** ***Mitglied der GRAPO***
grappa F GASTR *italienischer* Grappa *m*
gras M *Perú* Rasen *m*
grasa F **1** Fett *n;* **~s** *fpl* **alimenticias** (*o* **alimentarias**) Speisefette *npl;* **~s animales/vegetales** tierische/pflanzliche Fette *npl;* **~ corporal** Körperfett *n;* **bajo en ~** fettarm; **echar ~s** Fett ansetzen; **tener muchas ~s** fett sein **2** *para coches:* (Wagen)Schmiere *f;* Schmutz *m* **3** *Méx de zapatos:* Schuhcreme *f* **4** MIN **~s** *fpl (escoria)* Schlacke *f*
grasera F Fettgefäß *n;* **grasero** M MIN Schlackenhalde *f;* **graseza** F Fettigkeit *f*
grasiento ADJ fettig; schmierig
graso ADJ fett; fettig; schmierig; QUÍM **ácido** *m* **~** Fettsäure *f;* MED **embolia** *f* **-a** Fettembolie *f;* **grasones** MPL GASTR fette (süße) Mehl- *o* Grießsuppe *f;* **grasoso** ADJ fettig
gratén GASTR **al ~** gratiniert, überbacken
gratificación F Gratifikation *f;* Sondervergütung *f;* Zuwendung *f;* Belohnung *f;* *(recompensa)* Finderlohn *m;* **~ anual** Jahresprämie *f;* **gratificante** ADJ lohnend, einträglich; **gratificar** VT ⟨1g⟩ **1** *(recompensar)* belohnen (**a alg con a/c** j-n mit etw); vergüten; eine Sondervergütung gewähren *(dat)* **2** *(complacer)* erfreuen
gratinado ADJ GASTR gratiniert, überbacken; **langosta -a** mit Käse und Béchamelsoße überbackene Languste *f;* **gratinar** VT GASTR gratinieren, überbacken
gratis ADV unentgeltlich, umsonst, gratis; **~ y libre de porte** gratis und franko
gratitud F Dankbarkeit *f;* Erkenntlichkeit *f;* **falta** *f* **de ~** Undank *m*
grato ADJ **1** *(agradable)* angenehm; **~ al paladar** (wohl) mundend; **~ al oído** *o* **de escuchar** angenehm anzuhören; **~ de recordar** woran man sich gerne erinnert; *Briefstil:* **me es ~ (comunicarle)** ich freue mich (, Ihnen mitzuteilen) **2** *(oportuno)* erwünscht, willkommen; POL **persona** *f* **(no) -a** Persona *f* (non) grata
gratuidad F **1** *(sin pago)* Unentgeltlichkeit *f;* **~ de los libros de texto** Lernmittelfreiheit *f;* **~ de la enseñanza** Schulgeldfreiheit *f* **2** *fig (sin fundamento)* Grundlosigkeit *f*, Unbegründetheit *f*
gratuito ADJ **1** *(gratis)* unentgeltlich, kostenfrei, kostenlos; umsonst **2** *fig (infundado)* grundlos, willkürlich; unbegründet; *excusa* billig; **acción** *f* **-a** Willkürhandlung *f;* *fig* **no ser ~** nicht von ungefähr kommen
gratulación F *poco usado* Glückwunsch *m*, Gratulation *f;* **gratular** VT *poco usado* beglückwünschen (zu *dat* por); **gratulatorio** ADJ *poco usado* Glückwunsch...
grauvaca F MINER Grauwacke *f*
grava F Kies *m;* Schotter *m;* Kiesel *mpl*
gravable ADJ besteuerbar; **gravación** F Besteuerung *f;* Last *f;* Belastung *f*
gravamen M Last *f*, Belastung *f* (*tb* JUR); Auflage *f;* Besteuerung *f;* **libre** *o* **exento de gravámenes** lasten-, abgaben-, hypothekenfrei
gravar **A** VT belasten (*tb* JUR); bedrücken, beschweren; **~ (con impuestos)** besteuern **B** VR **gravarse** *Am Centr* schlimmer werden;
gravativo ADJ *poco usado* belastend; lästig
grave ADJ **1** *(que pesa)* schwer; *(de importancia)* wichtig, erheblich; *(serio)* ernst; *(peligroso)* gefährlich, bedenklich; *estilo* feierlich; **estar ~** schwer krank sein; **hombre** *m* **~** *(hombre serio)* ernster Mensch *m;* *(persona de confianza)* zuverlässiger Mensch *m;* **lesión** *f* **~** schwere Verletzung *f;* **ser algo ~** etwas Wichtiges (*o* Ernstes) sein **2** FÍS **los (cuerpos) ~s** die (schweren) Körper **3** *tono* tief; **sonidos** *mpl* **~s** Tieftöne *mpl* **4** FON **acento** *m* **~** Gravis *m;* **palabra** *f* **~** auf der vorletzten Silbe betontes Wort *n*, Paroxytonon *n*
gravear VI lasten, drücken
gravedad F **1** *(peso)* Schwere *f*, Ernst *m;* *(importancia)* Wichtigkeit *f*, Bedeutung *f;* *(dignidad)* Würde *f;* **hablar con afectada ~** mit gespieltem Ernst sprechen; **enfermo de ~** schwer krank **2** FÍS **~ terrestre** Schwerkraft *f* der Erde; **centro** *m* **de ~** Schwerpunkt *m*
gravedoso ADJ *poco usado* mit gespieltem Ernst (*o* mit Amtsmiene) auftretend; **gravemente** ADV schwer, ernst; **~ enfermo** schwer krank; **~ herido** schwer verletzt
gravera F Kiesgrube *f*
gravidez F *cult* Schwangerschaft *f;* **gravídico** ADJ MED Schwangerschafts...
grávido ADJ MED schwanger; *t/t* gravid; *fig poét* trächtig
gravilla F Fein-, Perlkies *m;* *transporte:* **~ (suelta)** Rollsplitt *m*
gravimetría F Gravimetrie *f;* Gewichts-, Messanalyse *f;* **gravímetro** M FÍS Schwerkraftmesser *m*, Gravimeter *n*
gravitación F FÍS Massenanziehung *f*, Schwerkraft *f*, Gravitation *f;* **~ terrestre** Erdanziehung *f;* **gravitar** VI **1** FÍS dem Schwerpunkt zustreben; **~ alrededor de** um ... *(acus)* (herum)kreisen **2** *fig (descansar)* ruhen, lasten (**sobre** auf *dat*); **gravitatorio** ADJ Gravitations...
gravoso ADJ **1** *(engorroso)* lästig; drückend; *(costoso)* kostspielig **2** *(silíceo)* kieshaltig
graznar VI *cuervo, corneja* krächzen; *ganso, pato* schnattern; *pato tb* quaken; **graznido** M Krächzen *n*, Gekrächz(e) *n* (*tb fig desp*); Schnattern *n*, Quaken *n*
greca F **1** *adorno:* Mäander *m*, -band *n* **2** ® *Am (cafetera)* Kaffeemaschine *f*
Grecia F Griechenland *n*
grecismo M Gräzismus *m;* **grecizar** VT ⟨1f⟩ gräzisieren, griechische Form geben *(dat)*
greco... PREF griechisch; **greco(-)chipriota** ADJ griechisch-zypriotisch; **grecolatino** ADJ griechisch-lateinisch; **grecorromano** ADJ griechisch-römisch
greda F Kreide *f*, feiner weißer Ton *m;* **gredal** M **1** *pozo:* Kreidegrube *f* **2** *yacimiento:* Kreidevorkommen *n;* **gredoso** ADJ kreidig
gregal[1] M *Esp reg* Nordost(wind) *m*
gregal[2] ADJ Herden...; **ganado** *m* **~** Herdenvieh *n;* **gregario** ADJ gewöhnlich; Durchschnitts...; Massen...; **espíritu** *m* **~** → gregarismo; **gregarismo** M Herdengeist *m*, -trieb *m*
gregoriano ADJ gregorianisch; **canto** *m* **~** gregorianischer Gesang *m*
greguería F geistreicher Ausspruch *m;* LIT *Art* Aperçu *n*
greifú M *Ven*, **gre(i)frut** M *Col* BOT Grapefruit *f*
grelo(s) M(PL) GASTR zarte Steckrübenblätter *npl;* *Galicia:* **lacón** *m* **con ~s** gepökelter Schinken *m* mit Steckrübenblättern
gremial **A** ADJ Innungs..., Zunft...; genossenschaftlich; *Arg* Gewerkschafts... **B** M/F Mitglied *n* einer Innung *etc* → gremio **C** M CAT Gremiale *n;* **gremialista** M/F *RPl* Gewerkschaft(l)er *m*, -in *f*
gremio M **1** *(asociación)* Verband *m;* Genossenschaft *f;* *de artesanos:* Innung *f;* UNIV Lehrkörper *m;* HIST *y fig* Zunft *f* **2** *RPl (sindicato)* Gewerkschaft *f* **3** REL Schoß *m* der Kirche
Grenada F Grenada *n (Insel[staat] in der Karibik)*
grenetina F *Méx* Gelatine *f*
greña F zerzaustes Haar *n;* wirrer Haarschopf *m;* *fam* **andar a la ~** (sich) raufen, sich (herum)balgen; **greñudo** ADJ zerzaust, mit wirrem Haar; zottig
gres M (Töpfer)Ton *m;* Steingut *n;* MINER Sandstein *m*
gresca F Lärm *m*, Tumult *m;* Schlägerei *f;* **armar ~** Krach schlagen
grévol M ZOOL Haselhuhn *n*
grey F **1** *(rebaño)* Herde *f* **2** *fig de personas:* Gruppe *f;* *frec desp* Klub *m* **3** REL *(comunidad)* Gemeinde *f* der Gläubigen
Grial M MIT **el Santo ~** der Heilige Gral
griego **A** ADJ griechisch **B** M, **-a** F Grieche *m*, Griechin *f* **C** M *lengua:* Griechisch *n;* **~ clásico** *o* **antiguo** Altgriechisch *n;* **~ moderno** Neugriechisch *n;* *fam fig* **hablar en ~** unverständlich reden; *fam fig* **eso es ~ para mí** das ist chinesisch für mich
grieta F **1** Spalte *f;* Riss *m;* *en la piel, tb* Schrunde *f;* *en un recipiente, etc:* Sprung *m;* **~ de ventisquero** Gletscherspalte *f* **2** METAL Lunker *m;*
grietado ADJ rissig, schrundig; zerklüftet;
griet(e)arse VR rissig werden, Risse bekommen; **grietoso** ADJ voller Risse
grifa F **1** *drogas* Marihuana *n;* *p. ext gener* Rauschgift *n* **2** *Ur* TEX (Kleider-)Etikett *n*, Markenetikett *n*
grifería F **1** *(guarnición)* Armaturen *fpl (im Bad etc)* **2** *tienda:* Armaturenhandlung *f;* **grifero** M *Perú* Tankwart *m*
grifo **A** ADJ **1** *pelo:* kraus, wirr **2** *Méx* berauscht; betrunken; *(adicto)* rauschgiftsüchtig **3** *Col (farolero)* angeberisch **B** M **1** TEC (Wasser- *etc*) Hahn *m* (**abrir** aufdrehen); **~ maestro** Haupthahn *m;* **~ mezclador** Mischbatterie *f;* **agua** *f* **del ~** Leitungswasser *n* **2** MIT, *heráldica* Greif *m* **3** *Perú (gasolinera)* Tankstelle *f* **4** *Perú (chichería)* Chichakneipe *f*
grifón M **1** TEC *(grifo grande)* großer (Wasser)Hahn *m* **2** ZOOL *perro:* Griffon *m*
grifota M/F *drogas fam* Haschischraucher *m*, -in *f*, Kiffer *m*, -in *f fam*
grill M Grillrestaurant *n*

grilla F 1 *insecto*: Grillenweibchen *n*; *fam fig* **¡ésa es ~ (y no canta)!** das kannst du einem andern erzählen! 2 *Cuba* minderwertiger Kautabak *m*
grillado ADJ *fam* bescheuert, verrückt; **grillarse** V/R 1 BOT (*espigarse*) auswachsen 2 *fam* (*volverse loco*) verrückt werden, durchdrehen, überschnappen *fam*; **grillera** F 1 (*cueva de grillos*) Grillenloch *n*; *jaula*: Grillenkäfig *m* 2 *fam* (*lugar bullicioso*) Lärm *m*, Stimmengewirr *n*; Tollhaus *n*; **grillete** M 1 *de presidiario* Fußeisen *n*, Fußfessel *f* 2 MAR *ancla del barco*: Schäkel *m*
grillo M 1 *insecto*: Grille *f* (*tb fig*); **~ doméstico** Heimchen *n*; **~ cebollero** *o* **real** *o* **topo** → grillotalpa; *fig* **olla** *f* **de ~s** heilloses Durcheinander; *fig* **andar a ~s** die Zeit vertrödeln; *fig* **coger ~s** Grillen fangen; *fig* **estar como un ~** bescheuert sein *pop* 2 BOT (*germen*) Keim *m*, Spross *m* 3 *Cuba* (*fam fig*) (*mujer fea*) *dürre Frau* 4 **~s** *mpl de presidiario*: Fußfesseln *fpl*
grillotalpa M *insecto*: Maulwurfsgrille *f*
grill-room M *Am* Grillroom *m*
grima F 1 (*escalofrío*) Schauder *m*; Grausen *n*; **dar ~** schauderhaft sein; auf die Nerven gehen 2 *Col* **en ~** (*solitario*) einsam, allein; **grimoso** ADJ grausig, schaurig
grímpola F *espec* MAR Wimpel *m*
gringa F *Am desp* Yankee *f*; *RPl tb* Ausländerin *f* (*nordeuropäischer Abstammung*); **gringada** F *Am fam* 1 *acción típica*: typisch (US-)amerikanische Handlung, Denkweise, Reklame *etc* 2 (*grupo de americanos*) Gruppe *f* von (US-)Amerikanern
gringo M 1 *Am desp* Yankee *m*; *RPl tb* Ausländer *m* (*nordeuropäischer Abstammung*) 2 *fam lenguaje*: Kauderwelsch *n*
griñón M 1 (*toca de monjas*) (Nonnen)Schleier *m* 2 BOT *fruto*: Mandelpfirsich *m*
gripa F *Col, Méx* MED Grippe *f*; **gripal** ADJ MED Grippe…; grippal; **griparse** V/R AUTO *motor, rodamiento* sich (fest)fressen; **gripazo** M *fam* **pegarle el ~ a alg** j-m eine Grippe anhängen
gripe F MED Grippe *f*; **~ aviar** Vogelgrippe *f* (*tb* VET); **~ intestinal** Darmgrippe *f*; **con ~** grippekrank, vergrippt; **estar con ~** Grippe haben
griposo A ADJ MED grippekrank B M, **-a** F Grippekranke *m/f*
gris A ADJ 1 *color*: grau; **~ azulado** blaugrau; **~ claro** hellgrau; **~ oscuro** dunkelgrau; **~ perla** perlgrau; **~ pizarra** schiefergrau; **~ plata** silbergrau 2 *fig* (*sombrío*) grau, trüb; gedämpft, verhangen B M 1 *color*: Grau *n* 2 ZOOL Feh *n*; **piel** *f* **de ~** Feh *n*, Grauwerk *n* 3 *fam fig* (*viento frío*) kalter Wind *m*; Kälte *f*; *fam* **corre un ~ que pela** es geht ein schneidender Wind 4 *Esp* HIST *desp* **los ~es** *Angehörige der Nationalpolizei während des Franco-Regimes*
grisáceo ADJ gräulich, ins Graue gehend; **grisalla** F *Méx* TEC Schrott *m*; **grisapa** F *Ven* Krach *m*; Geschrei *n*; **griseta** F 1 TEX Grisaille *f* (*Seidenstoff*) 2 AGR → gotera 3 3 Grisette *f*
grisly M ZOOL → grizzli
grisón A ADJ graubündnerisch B M, **-ona** F Graubündner *m*, -in *f* C M 1 *lengua*: Bündnerisch *n* (*rätoromanischer Dialekt*) 2 ZOOL Grison *m* (*Marderart*)
Grisones MPL Graubünden *n*
grisú M MIN Grubengas *n*; **explosión** *f* **de ~** schlagende Wetter *npl*; **grisúmetro** M MIN Grubengasanzeiger *m*
grisura F *liter* graues Wetter *n*, trübe Stimmung *f*
grita F Geschrei *n*, Gekreisch *n*; *fam* **dar ~ a alg** hinter j-m herjohlen *fam*; **gritadera** F *Am reg* Geschrei *n*, Gezeter *n*
gritar A V/I schreien; rufen; (*chillar*) kreischen B V/T 1 (*llamar*) j-n anrufen, j-m etw zufenrufen; (*reprender*) j-n anschreien; *fam* **~ a/c a los cuatro vientos** etw ausposaunen *fam* 2 TEAT *desaprobación*: auszischen, auspfeifen, niederschreien; **gritería** F, **griterío** M Geschrei *n*, Gekreisch *n*
grito M 1 (*voz alta*) Schrei *m*; Ruf *m*; **~ de alerta** Alarm-, Warnruf *m*; **~ de guerra** Kriegsgeschrei *n*; Schlachtruf *m*; **~ de la libertad** Freiheitsruf *m*; **~ de socorro** Hilferuf *m*; *adv* **a ~ limpio** *o* **pelado** *o* **a voz en ~** mit lautem (*o* großem) Geschrei; lauthals; **alzar** *o* **levantar el ~** losschreien; **andar a ~s** sich dauernd anschreien; **dar ~s** schreien; **estar en un ~** ununterbrochen schreien (*o* jammern); *fig* **pedir a/c a ~s** nach etw schreien; **poner el ~ en el cielo** herumlamentieren *fam*, Zeter und Mordio schreien *fam*; sich (künstlich) aufregen *fam* 2 *fig* **el último ~ (de la moda)** der letzte Schrei *fam*; *espec RPl* **estar en ~** (sehr) bekannt sein
gritón A ADJ *fam moda, color*: auffallend (*tb fig*); **niño** *m* **~** Schreihals B *fam* M, **-ona** F Schreihals *m fam*
grizzli M ZOOL Grizzly(bär) *m*
groenlandés A ADJ grönländisch B M, **-esa** F Grönländer *m*, -in *f*
Groenlandia F Grönland *n*
groera F MAR Kabelgatt *n*; Speigatt *n*
grofa F *jerga del hampa* Dirne *f*
grog M Grog *m*
groggy, grogui ADJ *inv* 1 *boxeo*: groggy 2 (*aturdido*) benommen
gronchada F *Arg fam* ordinäres Volk *n*; mieses Pack *n fam*; **gronchado** ADJ *Arg desp* ordinär, geschmacklos
grosella F BOT Johannisbeere *f*; **~ espinosa** Stachelbeere *f*; **grosellero** M BOT **~ (rojo)** Johannisbeerstrauch *m*
grosería F 1 (*tosquedad*) Grobheit *f*; Plumpheit *f* 2 (*impertinencia*) Flegelei *f*; Zote *f*; **grosero** A ADJ *persona* grob, flegelhaft; unflätig; ungebildet, plump; *trabajo* grob, kunstlos B M, **-a** F Grobian *m*, flegelhafte Person *f*; **grosísimo** ADJ *sup* → grueso A; **groso** ADJ *tabaco* körnig; **grosor** M Dicke *f*, Stärke *f*
grosso modo ADV grosso modo, im Großen und Ganzen
grosura F 1 (*grasa*) Fett *n* 2 GASTR Pfoten *fpl* und Gekröse *n* 3 CAT Fleisch *n* (*im Gegensatz zu Fastenessen*)
grotesca F TIPO Groteskschrift *f*; **grotesco** ADJ 1 (*extravagante*) grotesk; seltsam, überspannt; **danza** *f* **-a** Grotesktanz *m* 2 (*de mal gusto*) grob, geschmacklos
groupie M/F Groupie *n*
grúa F TEC Kran *m*; MAR Winsch *f*; AUTO Abschlepp-, Kranwagen *m*; **~ de carga** *o* **para obras** Lade-, Baukran *m*; **~ estibadora/flotante** Stapel-/Schwimmkran *m*; **~ oscilante giratoria** Drehwippkran *m*; **~ corredera** Laufkran *m*
gruero M *Ven* TEC Kranführer *m*
gruesa F COM Gros *n*, 12 Dutzend; **gruesamente** ADV in Bausch und Bogen; grob
grueso A ADJ dick (*tb cabo, etc*); *persona* beleibt; (*tosco*) grob (*tb mar*); MÚS *cuerda* tief; **~ de vientre** fettleibig; MED **intestino** *m* **~** Dickdarm *m*; *fig* **de entendimiento ~** schwer von Begriff B M 1 (*espesor*) Stärke *f*, Dicke *f* (*Dinge u* GEOM); **de 2 mm de ~** 2 mm stark (*o* dick); **en ~** im Großen; COM en gros 2 MIL (*parte principal*) Gros *n*, Hauptmacht *f* 3 *letra*: Grundstrich *m*; TIPO Schriftkegel *m*
gruir V/I ⟨3g⟩ *grulla* schreien
gruista M/F TEC Kranführer *m*, -in *f*
grujidor M Krösel *m der Glaser*
grulla F 1 ZOOL Kranich *m*; **~ coronada** Kronenkranich *m* 2 *fam fig* (*mujer fea*) hässliches Weib *n fam* 3 *Méx fam* (*persona astuta*) gerissene Person *f*
grullo A ADJ *Méx caballo* aschgrau B M 1 *Am reg moneda*: Silberpeso *m*; *Bol* (*dinero*) Geld *n* 2 *Arg* (*semental fuerte*) kräftiger Hengst *m* 3 *jerga del hampa* (*esbirro*) Häscher *m*
grumete M MAR Schiffsjunge *m*; **~ de cámara** Kajütenjunge *m*
grumo M 1 Klümpchen *n*, Flocke *f* (*in Flüssigkeiten*); Krume *f*; MED (Blut)Gerinnsel *n*; **hacerse ~s** verklumpen; gerinnen; **sin ~s** *papel*: faserfrei 2 BOT (*yema*) Auge *n*; *col, lechuga*: Herz *n*
grumoso ADJ klumpig, verklumpt; flockig
gruñido M 1 *del cerdo*: Grunzen *n*; *del oso*: Brummen *n*; *del perro*: Knurren *n* 2 *fam fig* (*refunfuño*) Murren *n*, Schimpfen *n*, Knurren *n*, Brummen *n*
gruñir V/I ⟨3h⟩ 1 *cerdo* grunzen, *oso* brummen, *perro* knurren 2 *fam fig persona* murren, schimpfen, knurren, brummen; *puerta* knarren, quietschen; **~ a alg** j-n anknurren; **gruñón** A ADJ brummig, mürrisch B M, **-ona** F *fig* Brummbär *m*, Griesgram *m*
grupa F Kruppe *f des Pferdes*; **a la ~** auf dem Rücken des Pferdes, reitend; **volver ~s** *o* **la ~** *equitación*: eine Kehrtwendung machen; *p. ext* (*volver*) kehrtmachen, umkehren; *fig* (*darse vuelta*) den Rücken kehren
grupada F *de lluvia*: Wolkenbruch *m*; *de viento*: heftige Bö(e) *f*; **grupera** F *equitación*: Schwanzriemen *m*; Sattelkissen *n*
grupo M 1 (*conjunto*) Gruppe *f* (*tb* QUÍM, SOCIOL); Zirkel *m* (*fig*); ECON *tb* Konsortium *n*; *adv* **en ~** *o* **por ~s** gruppenweise; QUÍM **~ ácido** Säuregruppe *f*; **~ de autoayuda** Selbsthilfegruppe *f*; DEP **~ de clasificación** Qualifikationsgruppe *f*, Vorrundengruppe *f*; **~ de coristas** Tanztruppe *f*; ECON, SOCIOL **~ de destino** Zielgruppe *f*; *Esp* **~ escolar** einklassige Volksschule *f*; **~ étnico** Volksgruppe *f*; **~ de noticias** *Internet*: Newsgroup *f*; MÚS **~ rockero** Rockgruppe *f*; POL **~ parlamentario** Fraktion *f*; POL, ECON **~s de presión** Interessengruppen *fpl*; MED **~ sanguíneo** Blutgruppe *f*; **~ de trabajo** Arbeitsgruppe *f*; **~ de turistas** Reisegruppe *f* 2 MIL (*conjunto de soldados*) Gruppe *f*; Abteilung *f*; Verband *m*; **~ de ejércitos** Heeresgruppe *f* 3 ELEC, TEC (*unidad*) Aggregat *n*; TEC (Maschinen)Gruppe *f*, Einheit *f*; Satz *m*; **~ compresor** Kompressoranlage *f*; **~ convertidor** Umformeraggregat *n*; **~ electrógeno** Stromaggregat *n*; AVIA **~ motopropulsor** Triebwerk *n* 4 FON **~ fonético** Sprechtakt *m* 5 *Arg fam* (*mentira*) Lüge *f*, Schwindel *m*
grup(p)et(t)o M MÚS Doppelvorschlag *m*
grupúsculo M POL Splittergruppe *f*
gruta F Grotte *f*, Höhle *f*
grutesco A ADJ → grotesco B *arte*: **los ~s** MPL die Grotesken *fpl* (*z. B. der Renaissanceornamentik*)
gruyère M Greyerzer (Käse) *m*, Gruyère *m*; *p. ext* Schweizer Käse *m*
gua M 1 *juego*: Murmelspiel *n*, Schussern *n* (*al.d.S*) 2 *agujero*: Loch *n* für Murmelspiel
gua, guah INT oh!, ah!; ach!; pfui! (*Bewunderung, Furcht; auch Ironie*)
guaba, guabá[1] F *Am Centr, Andes, Col, P. Rico, Ven* BOT → guama
guabá[2] F *Antillas* Vogelspinne *f*; **guabina** F 1 *Antillas, Col, Méx, Ven pez*: Guavina *f* (*Art Schläfergrundel*) 2 *baile*: *ein kolumbianischer Volkstanz*; **guabinear** V/I *Ven fam* sich vor Schwierigkeiten drücken
guaca F 1 *Am steinerner Grabhügel präkolumbischer Indianerkulturen* 2 *Am reg* (*tesoro escondido*) vergrabener Schatz *m* 3 *fig*

(*alcancía*) Sparbüchse *f* 4 *Ven fam fig* (*vieja fea*) hässliche alte Jungfer *f*; **guacal** M 1 *Am Cent* BOT Kalebassenbaum *m* 2 *andas*: Traggestell *n* für Schulterlasten

guacamaya F *Col, Ven*, **guacamayo** M *Am* ORN Ara *m*; **guacamol(e)** M *Am Cent, Cuba, Méx* Avocadopaste *f*; Avocadopüree *n*, -creme *f*

guacha F 1 PINT Gouachemalerei *f* 2 *Arg pop* (*pene*) Schwanz *m pop*; **guachada** F *fam* Gemeinheit *f*; **guachafita** F *Col, Ven fam* Rabatz *m*, Krach *m*; **guachapear** V/T & V/I 1 im Wasser plätschern 2 *fam fig* (*chapucear*) hudeln 3 (*matraquear*) klappern, scheppern; **guacharaca** F *Am* MÚS Rumbagurke *f*

guácharo ADJ A kränklich B M ORN Fettschwalm *m* (*Tropenvogel*)

guache M 1 PINT Gouache *f*; **pintura al ~** Gouachemalerei *f* 2 *Col, Ven* Flegel *m*, Rüpel *m*; **guachimán** M *Am reg* Wächter *m*

guacho A ADJ *Am Mer* (*desmadrado*) verwaist; hilflos B M 1 *Vogeljunge(s) o anderes junges Tier, das vom Menschen geraubt wurde, um es zu zähmen* 2 *Arg* (*muchacho formidable*) toller Bursche *m*, (*granuja*) Schlingel *m*, *desp* Mistkerl *m* 3 (*huérfano*) Waise *f*

guaco M 1 BOT *Am verschiedene Pflanzen* 2 *Col, Ec* ORN *Art* Fasan *m* 3 *Am Mer aus einem präkolumbischen Indianergrab stammender Keramikgegenstand* → guaca

guadal M *RPl* ausgetrockneter Sumpf(boden) *m*

Guadalajara NPR F *spanische Stadt, Provinz; mexikanische Stadt*

guadamací M → guadamecí; **guadamacilería** F Goldlederverarbeitung *f*; **guadamecí, guadamecil** M weiches, gepunztes Leder *n*

guadaña F Sense *f*; **guadañadora** F AGR Mähmaschine *f*; **guadañar** V/T & V/I (ab)mähen; **guadañero** M, **guadañil** M Mäher *m*, Schnitter *m*; **guadaño** M *Méx, Cuba* kleines Boot *n*

guadapero M BOT Holzbirne *f*

guadarnés M *equitación*: 1 (*lugar para guardar las guarniciones*) Geschirrkammer *f* 2 *oficio*: Schirrmeister *m*

guadijeño M *Art* fest stehendes Messer *n*

guagua[1] F 1 (*cosa baladí*) Lappalie *f*; *adv fam* **de ~** umsonst 2 *Canarias, Antillas fam* (*autobus*) (Auto)Bus *m*

guagua[2] F *Chile* Säugling *m*

guagüero M *Canarias, Cuba* Busfahrer *m*

guaja M/F *fam* Gauner *m*, -in *f*

guajalote *Méx* A M Truthahn *m* B M/F Dummkopf *m*

guájara(s) F(PL) unwegsames Gelände *n im Gebirge*

guaje M *Méx* 1 BOT Flaschenkürbis *m* 2 *fig* (*tonto*) Dummkopf *m*

guajiro A ADJ *Am* bäurisch B M, **-a** F *Cuba* Bauer *m*, Bäuerin *f*

guajolote M *Méx* ORN Truthahn *m*, Puter *m*

gualá INT bei Gott!, das walte Gott!

gualda F BOT Färberwau *m*; **gualdo** ADJ goldgelb; **la bandera roja y -a** *die spanische Flagge*; **gualdrapa** F Schabracke *f*; *fam fig* Fetzen *m*, Lumpen *m*; **gualdrapear** V/I MAR *vela* killen

gualicho M *Am Mer fam* 1 (*maldición*) Fluch *m*, Verwünschung *f* 2 (*talismán*) Talisman *m*

guama F *Col, Ven* Frucht *f* des Guamo; **guamazo** M *Col, Méx fam* Ohrfeige *f*; Schlag *m*; **guamo** M BOT *Schattenbaum für Kaffeepflanzungen*

guampa F *Am Mer* (Tier)Horn *n*

guanábana F BOT Sauerapfel *m*, Annone *f*; *Ven* **estar en la ~** eine Glückssträhne haben; **guanábano** M BOT *Art* Annone *f*

guanaco M 1 ZOOL Guanako *n* (*Wildform des Lamas*) 2 *Am fig* (*tonto*) Dummkopf *m*; **guanajo** M 1 *Antillas* ORN (*pavo*) (lebender) Truthahn *m* 2 *Antillas, Méx* (*tonto*) Dummkopf *m*

guanche A M/F Guanche *m*, Guanchin *f* (*Ureinwohner der Kanarischen Inseln*) B M *lengua*: Guanche *n*; **guanchismo** M LING Substratelement *n* des Guanche im Spanischen

guanera F *Am* Guanofundstätte *f*, -lager *n*; **guanero** M 1 *Am barco*: Guanoschiff *n* 2 *transportador*: Guanofahrer *m*

guango ADJ *Méx* lose, locker; verrufen; *fam* **me viene ~** das ist mir egal

guano M 1 *abono*: Guano *m* (*Vogeldünger*) 2 *artificial*: Kunstguano *m* 3 *Cuba, P. Rico fam fig* (*dinero*) Kohle *n fam fig* 4 *Cuba* (*nombre general de palmeras de abanico*) Fächerpalme *f*

guantada F, **guantazo** M Ohrfeige *f*; Schlag *m* mit der flachen Hand

guante M Handschuh *m*; **~s** *mpl* **de ante** *o* **de gamuza** Wildlederhandschuhe *mpl*; **~s de boxeo/de piel** Box-/Lederhandschuhe *mpl*; **~s forrados de piel** Pelzhandschuhe *mpl*; **~s de goma** Gummihandschuhe *mpl*; **~s de rejilla** Netzhandschuhe *mpl*; *tb* TEC **~s protectores** Schutzhandschuhe *mpl*; *fam* **colgar los ~s** aus dem (aktiven) Boxsport ausscheiden; *fig* aus dem Berufsleben ausscheiden; *fam* **de ~ blanco** äußerst korrekt, sehr etepetete *fam*; *fam* **como un ~** sanft, fügsam; **ir como un ~** *vestimenta, etc* wie angegossen sitzen; *fig* **poner a alg como un ~** j-n kleinkriegen; *fig* **arrojar el ~ a alg** j-n herausfordern, j-m den Fehdehandschuh hinwerfen; *fig* **recoger el ~** die Herausforderung annehmen; *fam fig* **echar el ~ a alg** j-n festnehmen (*o* verhaften); *fam* **echar un ~** eine Sammlung machen; *fig* **quedarse más suave que un ~** lammfromm werden *fam*; *fig* **tratar a alg con ~(s) de seda** j-n mit Samthandschuhen anfassen

guantear V/T *fam* ohrfeigen; **guantelete** M großer Stulphandschuh *m*; HIST Panzerhandschuh *m*; **guantera** F 1 AUTO Handschuhfach *n* 2 *persona*: Handschuhmacherin *f*; **guantería** F *fábrica*: Handschuhmacherei *f*; *tienda*: Handschuhgeschäft *n*; **guantero** M Handschuhmacher *m*; **guantón** M *Am* → guantada

guapa F Hübsche *f*, Schöne *f*

guapamente ADV *fam* sehr gut; mutig (erweise); **guapear** V/I *fam* keck auftreten; den vornehmen Herrn (*o* die vornehme Dame) spielen; **guaperas** M *fam* Beau *m*; *desp* Schönling *m*; **guapería** F 1 (*jactancia*) Großtuerei *f* 2 (*la gente chic*) Schickeria *f* 3 *Cuba* (*impertinencia*) Flegelei *f*; **guapetón** ADJ *fam* sehr hübsch, schneidig *fam*, fesch *fam*; **guapeza** F *fam* 1 (*de apariencia bonita*) hübsches Aussehen *n*; (robuste) Schönheit *f* 2 *desp en la vestimenta*: Geckenhaftigkeit *f*; Angabe *f fam* 3 (*valentonería*) Mut *m*, Schneid *m fam*

guapo A ADJ 1 hübsch; schick; fesch *fam* 2 *desp* angeberisch, großtuerisch 3 *Esp reg y Am* (*valiente*) tapfer 4 *Cuba* (*furioso*) wütend B M 1 hübscher Junge *m*; *desp* Gigolo *m*; *fam como tratamiento*: Hübscher *m*, Liebling *m* 2 (*farolero*) Angeber *m*; Raufbold *m*; **echarla de ~** angeben *fam*, prahlen

guapoí M *Arg* BOT → higuerón

guapote ADJ gutmütig; recht hübsch; **guapura** F *fam* Schönheit *f*; Kessheit *f*

guaquear V/I *Am tesoros* suchen; **guaquero** M, **-a** F *Am* Schatzgräber *m*, -in *f*, Schatzsucher *m*, -in *f*; Grabräuber *m*, -in *f*

guará M *RPl* ZOOL Pampaswolf *m*

guaraca F *Am reg* Steinschleuder *f*

guaracha F *Cuba, P. Rico* MÚS *Art Volkstanz*; **guarachar** V/I *Cuba* sich amüsieren

guaraches MPL *Méx* (rustikale) Sandalen *fpl*

guaraná F BOT Paullinie *f*; *bebida*: Getränk *n aus den Samen*

guarandinga F *Ven fam* Dingsda *n*; **guarango** *Am reg* A ADJ derb, grob B M Flegel *m*, Rohling *m*

guaraní ⟨*pl* -í[e]s⟩ A ADJ *auf den Stamm der Guaraniindianer in Paraguay bezogen*; Guarani... B M/F Guaraniindio *m*, -indianerin *f*; Guarani *m/f* C M 1 *lengua*: Guarani *n* 2 *Par unidad de moneda*: Guarani *m*; **guaranismo** M Guaraniwort *n*

guarapo M 1 *zumo*: Zuckerrohrsaft *m* 2 *bebida alcohólica*: berauschendes Getränk aus Zuckerrohrsaft 3 *Ven* ZOOL (*renacuajo*) Kaulquappe *f*

guarda A M/F 1 (*vigilante*) Wächter *m*, -in *f*; Aufseher *m*, -in *f*; **~ *m* de campo** *o* **rural** Feldhüter *m*; **~ forestal** Förster *m*, -in *f*; **~ *m* de caza** Jagdaufseher *m*; **~ *m* jurado** amtlich bestellter Wächter *m*; **~ de vista** Aufpasser *m*, -in *f*, Bewacher *m*, -in *f* 2 *Arg* (*revisor*) Bus-, Straßenbahnschaffner *m* B F 1 (*centinela*) Wache *f*, Aufsicht *f*; (*protección*) Schutz *m* 2 (*guardamano*) Degengefäß *n*; Säbelkorb *m* 3 **~s** *fpl del abanico*: Außenstäbe *mpl eines Fächers*; *de la cerradura*: Zuhaltungen *fpl eines Schlosses*; *de la llave*: Schlüsselprofil *n* 4 TIPO Vorsatz(papier *n*) *m* 5 JUR **~ de la persona del hijo** Personensorge *f*; **~ de los bienes del hijo** Vermögenssorge *f*; **derecho *m* de ~** Sorgerecht *n*

guarda INT Vorsicht!, aufgepasst!

guardaagujas M → guardagujas; **guardabarreras** M/F ⟨*pl inv*⟩ FERR Schrankenwärter *m*, -in *f*; **guardabarros** M ⟨*pl inv*⟩ *de la bicicleta*: Schutzblech *n*; AUTO Kotflügel *m*; **guardabicicletas** M ⟨*pl inv*⟩ Fahrradständer *m*; **guardabosque(s)** M *corresponde a*: Waldhüter *m*; Jagdschutzbeamte *m*; **guardabrazo** M Armschiene *f einer Rüstung*; **guardabrisa(s)** M 1 *farol*: Sturmlaterne *f* 2 AUTO Windschutzscheibe *f*; **guardacabo** M MAR Kausche *f*; **guardacadena** M TEC Kettenschutz *m* (*tb en la bicicleta*); **guardacalor** M ⟨*pl inv*⟩ 1 Kaminschacht *m*; MAR Maschinenschacht *m* 2 *para la cafetera*: Kaffeewärmer *m*; *para los huevos*: Eierwärmer *m*; **guardacantón** M Prellstein *m*; **guardacarril** M *transporte*: Leitplanke *f*; **guardachoque** M *Bol* AUTO Schutzblech *n*; **guardacoches** M/F ⟨*pl inv*⟩ Parkwächter *m*, -in *f*; **guardacostas** M ⟨*pl inv*⟩ Strandwächter *m*; Küstenwache *f*; *buque*: Küstenwachschiff *n*; **guardacuerpo** M FERR Schutzgitter *n*, -geländer *n*

guardador A ADJ 1 bewachend; *reglas* beachtend 2 (*cuidadoso*) vorsichtig 3 (*miserable*) knauserig B M, **guardadora** F 1 (*cuidador*) Beschützer *m*, -in *f*; Wächter *m*, -in *f* 2 (*titular*) Halter *m*, -in *f* (*eines Gebots etc*)

guardaesclusa M Schleusenwärter *m*; **guardaespaldas** M ⟨*pl inv*⟩ Leibwächter *m*; **guardafaldas** M ⟨*pl inv*⟩ Fahrradnetz *n*; **guardafango** M *Am* AUTO Kotflügel *m*; **guardafaro** M *Arg, Ur* Leuchtturmwärter *m*; **guardafrenos** M ⟨*pl inv*⟩ FERR Bremser *m*; **guardafuego** M Ofen-, Feuerschutzblech *n*; MAR Feuerschirm *m*; **guardagujas** M/F ⟨*pl inv*⟩ FERR Weichensteller *m*, -in *f*; **guardajoyas** M ⟨*pl inv*⟩ Schmuckkassette *f*; **guardalado** M Brückengeländer *n*; **guardalápiz** M Bleistifthalter *m*; **guardallamas** M ⟨*pl inv*⟩ TEC Zündsicherung *f*; **guardalmacén** M COM Lagerverwalter *m*; MIL Kammerunteroffizier *m*

guardalobo M BOT Wolfskerze *f*

guardalodos M ⟨*pl inv*⟩ *Am* → guardabarros; **guardamano** M Stichblatt *n*; Säbelkorb *m*; Degengefäß *n*; **guardamateriales**

M ‹pl inv› Material-, Magazinverwalter *m*; **guardameta** M/F DEP Torwart *m*, -in *f*; **guardamonte(s)** M 1 *en el rifle*: Abzugbügel *m* 2 *(capote de campo)* Wetterumhang *m*; *Arg* Lederschutz *m für die Beine des Reiters* 3 → guardabosque(s); **guardamuebles** M ‹pl inv› Möbellager *n*; **guardapesca** M 1 *bote*: Fischereischutzboot *n* 2 *supervisor*: Fischereiaufseher *m*; **guardapolvo** M 1 *sobretodo*: Staubmantel *m* 2 *para muebles*: (Möbel)Überzug *m* 3 *(tapa de reloj)* Staubdeckel *m einer Uhr*; **guardapuerta** F Türvorhang *m*, Portiere *f*; **guardapuntas** M ‹pl inv› Bleistifthülse *f*

guardar A VT 1 *(cuidar)* bewachen; beaufsichtigen, hüten; *(proteger)* (be)schützen; behalten; bewahren; **~ a alg de a/c** j-n vor etw *(dat)* bewahren (*o* schützen); *fig* **~ entre algodones** in Watte packen; **~ cama** das Bett hüten; **Dios guarde a usted (muchos años)** *veraltete Schlussformel im Behördenstil*; **~ las espaldas de alg** j-s Leibwächter sein; **~ de vista a alg** j-n nicht aus den Augen lassen 2 *leyes, reglas* (ein)halten, beachten; (be)wahren; *palabra* halten; **~ las distancias** Abstand (*o* Distanz) wahren; zurückhaltend sein; **~ miramientos a** Rücksicht nehmen auf *(acus)*; **~ silencio** schweigen 3 *(retener)* zurück-, beibehalten; (auf)sparen; verwahren; *coche* ein-, unterstellen; *espec Am (ordenar)* aufräumen; **~ en el armario** im Schrank aufbewahren; in den Schrank legen; *fig* **~ el céntimo** ein Pfennigfuchser sein *fam*; **~ bajo** *o* **con llave** unter Verschluss halten; **~ en la memoria** (im Gedächtnis) behalten; **~lo para saborearlo** das Beste kommt zuletzt 4 INFORM abspeichern B V/R **guardarse** sich hüten, sich in Acht nehmen (**de** vor *dat*); **~ de hacer a/c** sich hüten, etw zu tun; **~ contra** sich verwahren gegen *(acus)*; **me guardaré muy mucho** ich werde mich schwer hüten *fam*; **¡guárdeselo para sí!** behalten Sie es für sich!; bewahren Sie Schweigen darüber!; **guardársela a alg** mit j-m noch ein Hühnchen zu rupfen haben *fam*

guardarraíl M Leitplanke *f*

guardarrayas M *Am* Grenzstreifen *m zwischen zwei Grundstücken*

guardarropa A M 1 *(ropería)* Kleiderkammer *f*; Kleiderschrank *m*; Garderobe *f*; TEAT, Kleiderablage *f* 2 *persona*: Garderobier *m*, Kleiderwart *m* 3 *(indumentaria)* Garderobe *f*, Vorrat *m* an Kleidungsstücken 4 BOT Eberraute *f* B F Garderobenfrau *f*; **guardarropía** F Garderobe *f*; TEAT Kleider- und Requisitenkammer *f*; **de ~** Schein...

guardarruedas M ‹pl inv› 1 *(guardacantón)* Prellstein *m* 2 AUTO Radverkleidung *f*, -kasten *m*; **guardasilla** F Wandleiste *f zum Schutz gegen Stuhllehnen*; **guardatemperaturas** M ‹pl inv› TEC Temperaturwächter *m*; **guardatrén** M *Arg* FERR Zugführer *m*; **guardavalla(s)** M *Am* DEP Torwart *m*; **guardavía** M FERR Bahn-, Streckenwärter *m*

guardería F 1 *cargo*: Wächteramt *n* 2 *(asilo)* Heim *n*, Anstalt *f*; **~ (infantil)** Kindertagesstätte *f*, -hort *m*, -krippe *f*; **~ canina** Hundeheim *n*

guardesa F Wächterin *f*, Wärterin *f*; Wärtersfrau *f*

guardia A F 1 *(centinela)* Wache *f*; *(defensa)* Schutz *m*; *Esp* HIST *(während der spanischen Republik)* **~ de asalto** *corresponde a*: Bereitschaftspolizei *f*; *Esp* **~ civil** *corresponde a*: Landpolizei *f*; HIST **~ de corps** Leibwache *f*; **~ de honor** Ehrenwache *f*; **~ municipal** *o* **urbana** Gemeinde-, Stadtpolizei *f*; **~ nacional** Nationalgarde *f*; **~ de orden público** *o* **de seguridad** Schutz-, Ordnungspolizei *f*; **~ del príncipe** Prinzengarde *f (tb en el carnaval)*; **la Guardia Roja** *China*: die Rote Garde; **~ de la sala** Saalschutz *m*, -ordner *mpl*; **~ suiza** Schweizergarde *f (des Papstes)*; *fig* **de la vieja ~** *o* **de la ~ vieja** von der alten Garde; **de ~** dienstbereit, diensttuend; **¡en ~!** Achtung!, Vorsicht!; **bajar la ~** *boxeo*: die Deckung fallen lassen; *fig* unvorsichtig sein, sich *(dat)* eine Blöße geben; **dar ~ a (un féretro)** Wache halten an (einem Sarg); **estar de ~** *farmacia, etc*: (Nacht)Dienst haben; *fig* **estar en ~** auf der Hut sein (**contra** vor *dat*); **poner en ~ a alg** j-n warnen; **ponerse en ~** Vorsichtsmaßnahmen treffen (**contra** gegen *acus*), auf der Hut sein 2 MIL *puesto* Wache *f*, Posten *m*; Schildwache *f*; **~ del flanco** Seitendeckung *f*; MAR **~ media** Mittelwache *f*; **jefe** *m* **de ~** Wachoffizier *m*; **estar de ~** *o* **hacer ~** auf Wache stehen, Wache schieben *fam*; MAR Wache gehen; **¡formar ~!** Wache heraus!; **montar la ~** auf Wache ziehen 3 *(cuidado)* Obhut *f*, Bewachung *f*, Gewahrsam *m*; Schutz *m*, Schirm *m* 4 **~ de Tívoli** *en el circo*: Zirkuskapelle *f* 5 *esgrima*: Auslage *f*; **ponerse en ~** auslegen 6 *(puesto de guardia)* Wachlokal *n* 7 *(policía femenina)* Polizistin *f*; *(guardiana)* Wächterin *f*; *(supervisora)* Aufseherin *f* B M 1 MIL *(puesto)* Posten *m*, Wache *f*; Gardesoldat *m*; **~ marina** → guardiamarina 2 *(policía)* Polizist *m*; **~ municipal** *o* **urbano** Stadtpolizist *m*, Schutzmann *m fam*; **~ de tráfico** Verkehrspolizist *m* 3 *fam pez*: **~ civil** Hammerhai *m*

guardiamarina M MAR Seekadett *m*, Fähnrich *m* zur See

guardián A ADJ **perro** *m* **~** Wachhund *m* B M 1 Wächter *m*; Aufseher *m*; (Be)Hüter *m*; Wärter *m*; **~ de(l) jardín zoológico** Zoowärter *m*; TEAT **~ de accesorios** Requisiteur *m* 2 CAT **~ (de franciscanos)** Franziskanerobere *m*, Guardian *m* 3 MAR Lieger *m*, Trosse *f*

guardiana F Wächterin *f*; Aufseherin *f*; (Be)Hüterin *f*; Wärterin *f*; **guardianía** F Wache *f*

guardilla F 1 *(desván)* Dachstube *f*, -kammer *f* 2 *(ventana)* Dachluke *f*, -fenster *n*; **guardillón** M 1 *(secadero)* Hängeboden *m* 2 *(desván miserable)* (elende) Dachkammer *f*

guardín M MAR Ruderkette *f*

guardoso ADJ 1 *(ahorrador)* sparsam, geizig 2 *(rencoroso)* nachtragend, rachsüchtig

guarecer ‹2d› A VT 1 *(guardar)* verwahren, aufbewahren 2 *(asegurar)* schützen, bewahren (**de** vor *dat*) 3 *(dar refugio) j-m* Obdach gewähren; *j-m* Beistand leisten; *(cuidar) j-n* pflegen B V/R **guarecerse** Schutz suchen, flüchten (**de** vor *dat*); **~ de la lluvia** sich unterstellen

guarguero, guargüero M *Am pop* Kehle *f*, Schlund *m*

guaricandilla F *Cuba* leichtes Mädchen *n*, *desp* Schlampe *f*

guaricha, guariche F 1 *Col, Ec, Ven* Schlampe *f fam*, Dirne *f* 2 *local*: Bruchbude *f*

guarida F 1 *de un animal*: Höhle *f*, Bau *m eines Tieres*; Wildlager *n* 2 *fig (cueva)* Versteck *n*, Schlupfwinkel *m*; **~ de bandoleros** Räuberhöhle *f* 3 *fam (lugar favorito)* Lieblingsplatz *m*; Stammlokal *n*

guarín ADJ *Méx pop* dämlich *fam*, dumm

guarisapo M *Chile* 1 ZOOL *(renacuajo)* Kaulquappe *f* 2 *fam fig persona*: schäbiger Knilch *m fam*

guarismo M Ziffer *f*, Zahl(zeichen *n*) *f*; **no tener ~** in Zahlen nicht auszudrücken sein *(tb fig)*

guarnecer VT ‹2d› 1 *(adornar)* garnieren *(tb* GASTR*)*; schmücken, (ver)zieren; *vestido* besetzen 2 TEC *(revestir)* auslegen (**de** mit *dat*); verkleiden; beschlagen; (aus)füttern; CONSTR *pared* verputzen 3 *(proveer, equipar)* versehen, versorgen (**de, con** mit *dat*); *fuerte, barco* ausrüsten;

guarnecido M ARQUIT Mauerverblendung *f*; CONSTR Tünche *f*, Verputz *m*

guarnés M *equitación*: → guadarnés

guarnición F 1 *(adorno)* Verzierung *f*, Zierrat *m*; *en la vestimenta*: Besatz *m*; *de piedras preciosas*: (Ein)Fassung *f*; GASTR Beilage *f*, Garnierung *f*; GASTR **con ~** garniert; mit Beilage 2 TEC Beschlag *m*; *(accesorios)* Zubehör *n*; *(obturación)* (Ab)Dichtung *f*; *(revestimiento)* Futter *n*; **-ones** *fpl* Beschläge *mpl*; Armaturen *fpl*; **~ de caucho** Gummidichtung *f*; *tb* AUTO **~ de freno/fricción** Brems-/Kupplungsbelag *m* 3 MIL Garnison *f*, Besatzung *f*; **(ciudad con) ~** Garnison(sstadt) *f*, (Truppen)Standort *m*; **estar de ~** in Garnison liegen; **poner ~** → guarnicionar 2 4 *equitación*: Geschirr *n*; **-ones** Zaumzeug *n* 5 → guardamano

guarnicionar VT MIL 1 *tropas* in Garnison legen 2 *ciudad* mit Garnison belegen; **guarnicionería** F Sattlerei *f*; **guarnicionero** M, **-a** F Sattler *m*, -in *f*

guaro M 1 ORN *Art* Sittich *m*; *Ven* Papagei *m* 2 *Am Centr aguardiente*: Zuckerrohrschnaps *m*

guarrada F *fam* → guarrería

guarrear VT *fam* 1 *(ensuciar)* verdrecken *fam*, besudeln 2 *fig* hinpfuschen *fam*, hinschludern;

guarrería F *fam* Schmutz *m*; Dreck *m*; Saustall *m fam*; *fig* Schweinerei *f fam*

guarro A ADJ *fam* schweinisch; dreckig B M, **-a** F Schwein *n*; *fig* Schmutz-, Mistfink *m*

guarumo M *Antillas, Am Centr, Méx* BOT *großer Baum*

guarura M *Méx fam* Gorilla *m fam (Leibwächter)*

guasa F 1 *fam (broma)* Scherz *m*; **de ~** im Scherz; **tener mucha ~** ein Witzbold sein 2 *Chile (campesina)* Bäuerin *f*; **guasada** F *Am* Ungeschliffenheit *f*; Flegelei *f*; **guasca** F 1 *Am Mer, Antillas (látigo)* Peitsche *f* 2 BOT, GASTR Franzosenkraut *n*, kleinblütiges Knopfkraut *n*; **guasearse** V/R *fam* witzeln, sich lustig machen (**de** über *acus*); **guasería** F *Arg, Chile* → guasada

guásima F *Antillas*, **guásimo** M *Am reg* BOT *Baumart*

guaso A M *Chile* Bauer *m*; (chilenischer) Gaucho *m*, Guaso *m* B ADJ 1 *auf den Guaso bezogen* 2 *Arg, Cuba, Chile, Ec (tosco)* bäurisch, grob, tölpelhaft; **guasón** A ADJ *fam* spaßig; scherzhaft; spottend B M, **-ona** F Spaßvogel *m*, Spötter *m*, -in *f*

guasquear VT *Am Mer* mit der Riemenpeitsche schlagen

guata F 1 *(algodón)* Watte *f*; Wattierung *f* 2 TEX Flor *m* 3 *Cuba (mentira)* Lüge *f*, Schwindel *m* 4 *Chile, Perú fam (vientre)* Bauch *m* 5 *Chile* GASTR Kaldaunen *fpl*

guataca F *Cuba* 1 *instrumento del jardín*: *Art* Jäthacke *f* 2 *fam (oreja grande)* großes Ohr *n*; **guataco** ADJ 1 *Cuba fig (grosero)* ungehobelt 2 *Am Mer* ZOOL Basilisk *m*

guatapique M *Chile* Knallfrosch *m*

guateado ADJ 1 *(acolchado)* wattiert, mit Watte (aus)gepolstert 2 *fig (moderado)* mäßig, gemäßigt; **guatear** VT wattieren, mit Watte (aus)polstern

Guatemala F/M Guatemala *n*; *fam* **salir de ~ y entrar en (o ir de ~ a) Guatepeor** vom Regen in die Traufe kommen

guatemalteco A ADJ aus Guatemala; guatemaltekisch B M, **-a** F Guatemalteke *m*, Guatemaltekin *f*

guateque M *fam anticuado* (Tanz)Party *f*, Schwof *m fam*; *Antillas, Méx* (lärmendes) Familienfest *n*; **guatequear** VI *fam* feiern, einen draufmachen *fam*

guatín M *Col, Ec* ZOOL Aguti *n*, Goldhase *m*;
guatón ADJ *Am reg fam* dickbäuchig

guatusa F *Am Centr, Ec* ZOOL *Art* Paka *n*; **guatuso** ADJ *Am Centr* blond

guau *onom* ¡~! ¡~! wau wau
guay[1] ADJ *leng. juv* super, (echt) stark, cool, geil; ~ **del Paraguay** supercool *fam;* ober(affen)geil *pop*
guay[2] INT *liter* ¡~! wehe!; **tener muchos ~es** viel Weh erleiden; *fam irón* viele Wehwehchen haben *fam*
guaya F Klage *f*, Wehklage *f*
guayaba F **1** BOT Guave *f*, Guajave *f; jalea:* Guajavagelee *n* **2** *Am reg fig (mentira)* Lüge *f;* Schwindel *m* **3** *Am fam* → guayabo 2; **guayabear** V/I *fam* **1** *Am* gern zu jungen Mädchen gehen **2** *RPl (mentir)* lügen; **guayabeo** M *Am fam* junge Mädchen *npl;* **guayabera** F *Am* Buschhemd *n; tb Art* leichtes, lockeres (Sommer)Hemd *n;* **guayabero** ADJ *Am* verlogen; schwindlerisch; **guayabo** M **1** BOT *árbol:* Guajavabaum *m* **2** *fam fig (niña bonita)* hübsches junges Mädchen *n* **3** *Col (tipo tosco)* grober Kerl *m* **4** *Col fam (resaca)* Katzenjammer *m*, Kater *m fam* **5** *Ven fam (tristeza)* Moralischer *m fam*, *(penas de amor)* Liebeskummer *m*
guayaca F **1** *Arg, Bol, Chile (bolsa)* Beutel *m* **2** *fig (amuleto)* Amulett *n;* **guayacán** M, **guayaco** M **1** BOT *árbol:* Guajakbaum *m* **2** *madera:* Guajakholz *n;* **resina** *f* **de ~** Guajakharz *n*
guayacol M FARM Gu(a)jakol *n*
Guayana F Guayana *n;* ~ **Francesa** Französisch-Guayana *n*
guayanés ADJ aus Guayana
guayar V/T *Cuba* **1** *(rallar)* raspeln, schälen **2** *(trabajar)* arbeiten, schuften
guayín M *Méx* AUTO *fam* Lieferwagen *m*
guayo M **1** *Cuba (rallador)* Reibeisen *n; p. ext* MÚS *(güiro)* Kürbisrassel *f; fig (música ratonera)* Katzenmusik *f* **2** *Cuba (borrachera)* Rausch *m* **3** *Col calzado:* Turn-, Sportschuh *m; fam fig* **colgar los ~s** abkratzen *fam*, ins Gras beißen *fam*
guayuco M *Am Mer* Lendenschurz *m der Indios*
guazubirá M *RPl* ZOOL Guazuhirsch *m*
gubernamental A ADJ **1** *(del gobierno)* Regierungs...; **en círculos ~es** in Regierungskreisen **2** *(cercano al gobierno)* der Regierung nahe stehend, regierungsfreundlich **B** **~es** MPL Regierungsanhänger *mpl*
gubernativamente ADV regierungsseitig; von Regierungsseite; **gubernativo** ADJ Regierungs...; Verwaltungs...; **funcionario** *m* ~ Regierungsbeamte *m;* **policía** *f* **-a** *corresponde a:* Ordnungspolizei *f*
gubernista *Am* A ADJ regierungsfreundlich **B** M/F Regierungsanhänger *m*, -in *f*
gubia F TEC Hohlmeißel *m*, Hohleisen *n*
gudari M baskischer Soldat *m (während des Spanischen Bürgerkrieges 1936–1939)*
güecho M *Am Centr* Kropf *m*
guedeja F *(mechón)* (Haar)Strähne *f; del león:* (Löwen)Mähne *f*
güegüecho A ADJ *Am Centr, Col* dumm, schwachsinnig **B** M *Am Centr, Méx* Kropf *m*
güelde M BOT Zwergholunder *m*
güeldo M Fischköder *m*
güelfo HIST A ADJ welfisch **B** M Welfe *m*
guepardo M ZOOL Gepard *m*
güero ADJ *Am Centr, Méx* blond
guerra F **1** Krieg *m (tb fig); fig (lucha)* Kampf *m*, Streit *m*, Fehde *f;* **de ~** kriegsmäßig, Kriegs...; ~ **aérea/atómica** Luft-/Atomkrieg *m;* ~ **de agresión** *o* ~ **ofensiva** Angriffskrieg *m;* ~ **biológica** biologische Kriegführung *f;* ~ **defensiva** Verteidigungskrieg *m;* ~ **caliente/fría** heißer/kalter Krieg *m;* ~ **civil/económica** Bürger-/Wirtschaftskrieg *m;* ~ **de independencia/de liberación** Unabhängigkeits-/Befreiungskrieg *m;* ~ **estabilizada** *o* **de posiciones** *o* **de trincheras** Stellungskrieg *m;* ~ **de exterminio/fronteras** Vernichtungs-/Grenzkrieg *m;* ~ **de las galaxias** Krieg *m* der Sterne; **Guerra del Golfo** Golfkrieg *m;* ~ **marítima** *o* **naval** Seekrieg *m;* ~ **de movimiento(s)/de nervios** Bewegungs-/Nervenkrieg *m;* ~ **mundial** Weltkrieg *m;* ~ **de precios** Preiskampf *m;* **primera Guerra mundial** *o* **Gran Guerra** *o* **Guerra europea** Erster Weltkrieg *m;* ~ **preventiva/relámpago** Präventiv-/Blitzkrieg *m;* ~ **(p)sicológica** psychologische Kriegführung *f;* ~ **submarina** U-Boot-Krieg *m;* ~ **sucia** schmutziger Krieg *m;* HIST ~ **de sucesión** Erbfolgekrieg *m;* ~ **terrestre** Landkrieg *m;* **atrocidades** *fpl* **de (la) ~** Kriegsgräuel *mpl;* **cansancio** *m* **de la ~** Kriegsmüdigkeit *f;* **daños** *mpl* **de ~** Kriegsschäden *mpl;* **derecho** *m* **de ~** Jus *n* in Bello, Kriegs(völker)recht *n;* **empréstito** *m* **de ~** Kriegsanleihe *f;* **Escuela** *f* **de Guerra** *früher:* Kriegsschule *f; heute:* Offiziersschule *f;* **instigación** *f* **a la ~** Kriegshetze *f;* HIST **Ministerio** *m* **de Guerra** Kriegsministerium *n;* **mutilado** *m* **de ~** Kriegsversehrte *m; fig* **nombre** *m* **de ~** Deckname *m;* **oficio** *m* **de la ~** Kriegshandwerk *n;* **responsabilidad** *f* **de la ~** Kriegsschuld *f;* **teatro** *m* **de la ~** Kriegsschauplatz *m;* **víctima** *f* **de la ~** Kriegsopfer *n;* **viuda** *f* **de ~** Kriegerwitwe *f;* **armar en ~** für den Krieg ausrüsten; *espec buque* als Hilfskreuzer ausstatten (*o* umrüsten); **estar en pie de ~ con** *o* **hacer la ~ a** Krieg führen mit *(dat); fig* mit j-m auf Kriegsfuß stehen; *fam* **armar ~** Krach machen *fam; fam* **buscar ~** Streit suchen; **tener (la) ~ declarada a alg** j-s erklärter Feind (*o* Todfeind) sein **2** *(fastidio)* Ärger *m*, Mühe *f;* **dar ~ a alg** j-m Ärger (*o* Mühe) machen; j-m zu schaffen machen **3** ~ **de bolas** *o* **de palos** *Art* Billard *n*
guerreador A ADJ kriegerisch **B** M, **-a** F Krieger *m*, -in *f*
guerrear V/I *liter* Krieg führen; *fig* streiten;
guerrera F MIL **1** *vestimenta:* Uniformjacke *f;* HIST Waffenrock *m* **2** *mujer:* Kriegerin *f;*
guerrero A ADJ **1** kriegerisch; Kriegs...; **espíritu** *m* ~ Kampfgeist *m* **2** *fig (molesto)* lästig; aufdringlich; streitsüchtig **B** M Krieger *m*
guerrilla F **1** *(grupo de partisanos)* Partisanengruppe *f;* Guerilla *f;* ~ **urbana** Stadtguerilla *f* **2** **(guerra** *f* **de) ~(s)** Kleinkrieg *m;* Guerillakrieg *m;* Partisanenkampf *m*
guerrillear V/I Kleinkrieg führen; als Partisan (*o* Guerillero) kämpfen; **guerrillerismo** M Guerillabewegung *f;* **guerrillero** M, **-a** F Freischärler *m*, -in *f;* Guerillakämpfer *m*, -in *f*, Guerillero *m*, Guerillera *f*
gueto M G(h)etto *m (tb fig)*
guía A M/F *persona:* Führer *m*, -in *f*, *turístico:* Fremdenführer *m*, -in *f; (maestro)* Lehrmeister *m*, -in *f;* DEP Schrittmacher *m*, -in *f;* ~ **escolar (de tráfico)** Schülerlotse *m*, -lotsin *f;* ~ **intérprete** sprachkundige(r) Reise- (*o* Fremden)führer *m*, -in *f;* ~ **de montaña** Bergführer *m*, -in *f;* ~ **turístico, -a** Reiseleiter *m*, -in *f* **B** M **1** MIL Flügelmann *m;* Vordermann *m* **2** *(animal conductor)* Leitpferd *n;* Leittier *n* **3** *Cuba, P. Rico, S.Dgo.* AUTO *(volante)* Lenkrad *n* **C** F **1** *(regla de conducta)* Richtschnur *f*, -linie *f*, Leitfaden *m* **2** *(manual)* Handbuch *n*, Führer *m; (horario)* Fahrplan *m; fichero:* Leitkarte *f;* ~ **(turística)** Reiseführer *m (Buch);* ~ **de bolsillo** Taschenfahrplan *m;* ~ **de camping(s)** Campingführer *m;* ~ **comercial** Adressbuch *n;* ~ **de ferrocarriles** Kursbuch *n*, Fahrplan *m;* ~ **de hoteles** Hotelführer *m;* ~ **de pertenencia de armas** Waffenbesitzkarte *f;* ~ **telefónica** Telefonbuch *n;* COM ~ **de tránsito** Zollbegleitschein *m* **3** *bicicleta:* Lenkstange *f;* Lenker *m fam* **4** TEC Lenkung *f;* Führung *f;* Leitschiene *f;* Gleitbahn *f (tb pieza de artillería);* ~ **del carro** *máquina herramienta:* Schlittenführung *f;* ~ **de ondas HF** Wellenleiter *m; radar:* Hohlleiter *m;* **~película** Filmführung *f* **5** MAR Wurfleine *f* **6** *(directiva)* Anweisung *f;* Plan *m;* ~ **de engrase** Schmierplan *m* **7** MÚS ~ **principal** führende Stimme *f* **8** **~s** *fpl (extremos del bigote)* Schnurrbartspitzen *fpl*
guiadera F TEC Führungsstück *n;* Leitschiene *f;* Führungsnut *f;* **guiado** ADJ COM mit Zollbegleitschein versehen; *fig* ~ **del** *o* **por el deseo** von dem Wunsche geleitet (*o* beseelt);
guiador A ADJ führend **B** M, **guiadora** F Führer *m*, -in *f;* **guiaondas** M ⟨*pl inv*⟩ ELEC Wellen führende Leitung *f*
guiar ⟨1c⟩ A V/T führen, leiten *(tb fig); caballos, carruaje* lenken; BOT ziehen **B** V/I führen, vorangehen, -fahren *etc* **C** V/R **guiarse** sich leiten lassen (**por** von *dat*); sich richten (**por** nach *dat*); **guiavirutas** M ⟨*pl inv*⟩ TEC Spanführung *f*
guija F **1** *(guijarro)* Kiesel(stein) *m* **2** BOT Platterbse *f;* **guijarral** M kieselreiche Stelle *f;* Schotterebene *f;* **guijarreño** ADJ kiesig, Kiesel...; **guijarro** M Kiesel(stein) *m;* GEOL **~s** *mpl* Geröll *n;* **guijarroso** ADJ kieselreich;
guijeño ADJ **1** *(de canto rodado)* kies(el)artig; schotterartig **2** *fig (empedernido)* hart; grausam;
guijo M **1** *(canto rodado)* Kies *m;* Schotter *m* **2** TEC *(uña)* Dorn *m*, Zapfen *m;* **guijoso** ADJ Kiesel...; kieselreich; (stein)hart
güil M *Esp fam* Zaster *m fam*, Kohle *f fam;* **güila** F *Méx fam* **1** *(bicicleta)* Fahrrad *n*, Drahtesel *m fam* **2** *(prostituta)* Nutte *f fam*
guildivia F *Am* Rumdestillerie *f*
guilla F reiche Ernte *f; fig* **de ~** in Hülle und Fülle; **guillado** ADJ *fam* bescheuert *fam*, bekloppt *fam; fig* ~ **por** verknallt in *(acus) fam;*
guilladura F *fam* Verrücktheit *f*
guillame M TEC Falzhobel *m*
guillarse V/R *fam* **1** *(volverse loco)* verrückt werden, durchdrehen *fam* **2** ~ *o* **guillárselas** *(escaparse)* abhauen *fam*, verduften *fam*
guillín M *Cuba* Armband *n*
güillín M → huillín
guillomo M BOT Felsbirne *f*, -mispel *f*
guillotina F **1** Guillotine *f*, Fallbeil *n* **2** TEC *para papel:* Papierschneidemaschine *f;* Tafelschere *f;* **ventana** *f* **de ~** (auf- und abwärts zu schiebendes) Schiebefenster *n;* **guillotinar** V/T **1** *(decapitar)* guillotinieren **2** TEC *papel, etc* schneiden
güilo ADJ *Méx* lahm; kränklich; **güilon** ADJ *Am fam* feig
guimbalete M Pumpenhebel *m*, -schwengel *m;* **guimbarda** F TEC Grundhobel *m*
güimo M *P. Rico* ZOOL Meerschweinchen *n*
güincha F *Chile* Band *n;* Haarband *n;* (Metall)-Band *n*
guinche, güinche M *Am* Kran *m*, Winde *f;* MAR Winsch *f*
güinchero M *Am reg* Kranführer *m*
guincho M **1** *(pincho)* Stachel *m*, Spitze *f eines Stocks* **2** *Cuba* ORN Fischsperber *m*
guinda[1] F BOT Sauerkirsche *f; Perú* GASTR *Art* Sauerkirschlikör *m*
guinda[2] F MAR Flaggen-, Masthöhe *f*
guindada F Sauerkirschgetränk *n;* **guindado** M *Am Mer* GASTR Sauerkirschlikör *m; Art* Maraschino *m*
guindal M **1** → guindo **2** → guindalera;
guindalera F Sauerkirschpflanzung *f;*
guindaleza F MAR Trosse *f;* **guindamaina** F MAR Flaggengruß *m*
guindar V/T **1** *(enarbolar)* aufwinden; hissen, MAR heißen **2** *fam fig (atrapar)* angeln *fam*, ergattern *fam;* klauen *fam* **3** *pop (colgar)* (auf)hängen
guindaste M MAR Schiffs(lade)winde *f;* AVIA Ballonwinde *f*
guindilla F **1** BOT *(fruto del guindillo de Indias)* *Art* Sauerkirsche *f* **2** BOT scharfe rote *(pimiento)* Pfefferschote *f*, Peperoni *f* **3** *fam fig*

(policía) Polizist m, Polyp m fam; **guindillo** M BOT ~ **de Indias** Pfeffer(kirschen)baum m;
guindo M BOT Sauerkirschbaum m; fam fig **caerse del ~** wieder den Faden finden
guindola F MAR (aparato salvavidas) Rettungsboje f; **guindón** M 1 Esp fam Räuber m, -in f 2 Perú (getrocknete) Pflaume f
guinea F HIST moneda inglesa: Guinee f
Guinea F Guinea n; **~-Bissau** Guinea-Bissau n; **~ Ecuatorial** Äquatorialguinea n
guineano ADJ auf Guinea bezogen; aus Guinea; **guineo** A ADJ aus Guinea; Guinea… B M, **-a** F Guineer m, -in f C M 1 BOT fruto: Guineabanane f; P. Rico, Ven gener Banane f 2 MÚS baile: *schwarzafrikanischer Tanz*
guinga F TEX Gingham m, Gingan m (Schürzenstoff)
guinja F, **guinjo** M BOT Brustbeere f; **guinjolero** M BOT Brustbeerbaum m
guiñada F 1 (guiño) (Zu)Blinzeln n; (Zu)Zwinkern n; Wink m mit den Augen 2 MAR Gieren n; **dar ~s** gieren 3 AVIA Schrauben n; **guiñador** A ADJ (zu)blinzelnd; (zu)zwinkernd B M Bol AUTO pop Blinker m
guiñapo M Lumpen m, Fetzen m (tb fig); **estar hecho un ~** sehr heruntergekommen sein; **ponerle a alg como un ~** j-n fürchterlich heruntermachen, j-n runterputzen fam
guiñaposo ADJ zerlumpt; fig heruntergekommen
guiñar A VT & VI 1 blinzeln; **~ los ojos** mit den Augen zwinkern; **~ a alg el** (o **un**) **ojo** j-m zublinzeln 2 MAR gieren 3 pop **~la(s)** → diñarla B VR **guiñarse** fam Reißaus nehmen, verduften fam
guiño M Blinzeln n, Zwinkern n; Grimasse f; **hacer ~s** (mit den Augen) zwinkern; **hacer ~s a alg** j-m zublinzeln
guiñol M 1 títere: Puppenspielfigur f; **muñeco** m **de ~** Kasperlepuppe f; **(teatro** m**) ~** Kasperletheater n 2 fig (payaso) Kasperle n, Hanswurst m
guiñolesco ADJ Kasperle… (tb fig); **guiñolista** M/F Puppenspieler m, -in f
güio M Am Mer ZOOL Boa f constrictor; **~ negro** Anakonda f
guión M 1 persona: Führer m 2 REL Tragkreuz n; Kirchen-, Prozessionsfahne f; MIL Standarte f; MAR Stander m; HIST Königsbanner n 3 LING signo ortográfico: Bindestrich m; Trennungsstrich m; Gedankenstrich m 4 RADIO, TV (manuscrito) Manuskript n, Skript n; RADIO **~ radiofónico** Hörspiel n; FILM **~ (técnico)** Drehbuch n, Skript n 5 MIL del rifle: Korn n zum Zielen 6 MAR **~ del remo** Riemenholm m 7 CAZA (perro guía) Leithund m 8 ORN **~ de codornices** Wachtelkönig m
guionista M/F FILM, TV Drehbuchautor m, -in f; Skriptverfasser m, -in f
guipar VT & VI pop sehen, (be)merken, spannen pop
Guipúzcoa N PR F *spanische Provinz*
guipuzcoano A ADJ aus Guipuzcoa B M, **-a** F Guipuzcoaner m, -in f C M dialecto: Guipuzcoanisch n (baskischer Dialekt)
güira F Am, espec Antillas BOT árbol: Kalebassenbaum m; fruto: Baumkürbis m
guiri M A 1 HIST (in den Karlistenkriegen) desp Liberale m 2 jerga del hampa, pop (policía) Polyp m fam, Bulle m fam B M/F Esp pop Ausländer m;
guirigay M fam 1 (lenguaje ininteligible) Kauderwelsch n 2 (griterío) Geschrei n, lärmendes Durcheinander n, Krach m
guirizapa F Ven pop Krawall m
guirlache M Turrón m (Art weißer Nougat aus Mandeln und Karamell)
guirnalda F 1 (corona de flores) Girlande f; Kranz m 2 BOT Roter Amarant m 3 MAR Stoßtau n; Fender m
güiro M 1 Antillas BOT Flaschenkürbis m, MÚS *Volksinstrument, hergestellt aus dem Flaschenkürbis* 2 Cuba fig (relación amorosa secreta) heimliches Verhältnis n, Techtelmechtel n fam; fam fig **coger (el) ~** etw Heimliches entdecken 3 (cabeza) pop Kopf m, Birne f fam
guisa F **a ~ de** nach Art (gen), nach Art von (dat); als, wie; **de tal ~** derart, dergestalt; **a ~ de prólogo** als Vorwort, anstatt eines Vorworts
guisado M GASTR *ein Schmorgericht*; **~ de carne** Schmorbraten m *Art Gulasch*; **guisador, guisandero** A ADJ kochend B M, **-a** F Koch m, Köchin f
guisantal M Erbsenacker m
guisante M (Garten)Erbse f; BOT **~ de América** Giftbohne f; GASTR **crema** f **de ~s** Erbsencremesuppe f; GASTR **~s** pl **con jamón** gebratene Erbsen fpl mit Schinken; BOT **~ de olor** Gartenwicke f; GASTR **~s** mpl **(verdes)** grüne Erbsen fpl; **~s secos** gelbe (o getrocknete) Erbsen fpl; **~s secos molidos en conserva** Erbswurst f
guisar VT & VI 1 (cocinar) kochen; schmoren; zubereiten; fig **ellos se lo guisan, y ellos se lo comen** wer sich die Suppe eingebrockt hat, soll sie auch auslöffeln 2 fig (preparar) herrichten, zurechtmachen; fam plan aushecken
güisclacuachi M Méx ZOOL Stachelschwein n
guiso M Gericht n; Geschmorte(s) n; warm zubereitete Speise f mit Soße; fam desp → guisote; **guisote** M fam (Schlangen)Fraß m fam
güisque M Méx pop Schnaps m; **güisquelite** M Méx Art Artischocke f
güisqui M Esp Whisky m
guita F 1 (hilo) Bindfaden m, Schnur f 2 fam (dinero) Geld n, Moneten fpl fam
guitarra A F 1 MÚS Gitarre f; **~ baja/solista** Bass-/Sologitarre f; **~ eléctrica** elektrische Gitarre f; fig **sonar como ~ en un entierro** völlig unpassend (o fehl am Platz) sein 2 TEC para moler yeso: Gipsschlägel m 3 MAR desp (carraca) altes Schiff n, Seelenverkäufer m 4 Ven (traje de fiesta) Feiertagsstaat m B M/F MÚS Gitarrist m, -in f
guitarrazo M Schlag m mit einer Gitarre; **guitarrear** VI frec desp auf der Gitarre klimpern; **guitarreo** M desp Gitarrengeklimper n; **guitarrería** F Gitarrenmacherei f, -geschäft n; **guitarrero** M, **-a** F 1 Gitarrenmacher m, -in f 2 → guitarrista A; **guitarresco** ADJ fam Gitarren…; **guitarrillo** M kleine, vierseitige Gitarre f; **guitarrista** A M/F (Berufs)Gitarrenspieler m, -in f, Gitarrist m, -in f B M jerga del hampa MP-Schütze m; **guitarro** M → guitarrillo; **guitarrón** M 1 MÚS instrumento de cuerdas: Bassgitarre f 2 fam fig (tipo astuto) gerissener Kerl m, Gauner m
güito M fam 1 (sombrero) steifer Hut m, Melone f fam 2 pop (cabeza) Kopf m, Birne f fam, De(e)z m fam
guizacillo M Am trop BOT Art Tropengras n
guizque M Hakenstange f
gula A F Völlerei f; Schlemmerei f; Gefräßigkeit f B M Fresssack m; Fresser m
gulasch M GASTR Gulasch n
gulden M HIST moneda: Gulden m
gules MPL heráldica Rot n; **campo** m **de ~** rotes Feld n
gullería F → gollería
gulusmear VI naschen; **gulusmero** ADJ naschhaft
gúmena F MAR Ankertau n
gumía F leicht gekrümmter maurischer Dolch m
gumífero ADJ Gummi…
gumo M Esp fam Disko(theken)fan m, Discofreak m fam
gura F jerga del hampa Justizbehörde f
gurbia F Col fam Kohldampf m fam
gurbio ADJ MÚS instrumento de metal: gekrümmt, gebogen
gurbión M TEX Kordonettseide f; Stoff m aus gedrehter Seide
gurí M Arg (Indianer- o Mestizen)Knabe m
guripa M 1 fam (tipo) Typ m, Kerl m 2 jerga militar gemeiner Soldat m, Landser m fam 3 Esp jerga del hampa (policía) Bulle m, Polyp m
gurisa F Arg (Indianer- o Mestizen)Mädchen n
guro M jerga del hampa Polyp m fam, Bulle m fam
gurriato[1] M 1 ORN junger Spatz m 2 pop fig (chiquillo) Küken n, Kleine m
gurriato[2] ADJ → escurialense
gurrina F Esp pop (pene) Schwanz m pop
gurrufero M fam Schindmähre f
gurrumina F 1 fam (sumisión) Unterwürfigkeit f, Schlappschwänzigkeit f fam des Ehemannes 2 Ec, Guat, Méx (disgusto) Ärger m, Verdruss m 3 Col (melancolía) Schwermut f, Traurigkeit f 4 Am Centr, Méx (bagatela) Lappalie f 5 Bol (gente cursi) Angeber mpl; Lackaffen mpl; **gurrumino** fam A ADJ elend, erbärmlich; mick(e)rig fam B M 1 (calzonazos) Pantoffelheld m 2 Am (cobarde) Schwächling m, Feigling m 3 Am Centr fam (niño) Kind n
gurrupear VI Antillas, Méx als Croupier tätig sein; **gurrupié** M → gurupié
guru, gurú M REL Guru m
gurullada F fam Haufen m Pöbel; jerga del hampa Häscher mpl
gurullo M → burujo; **gurupa** F → grupa; **gurupera** F → grupera
gurupí M Arg Strohmann m bei Auktionen; **gurupié** M Am Cent, Méx Croupier m
gusa F pop Kohldampf m fam
gusanear VI kribbeln; wimmeln; brodeln; **gusanera** F 1 (sitio donde se crían gusanos) Wurm-, Raupennest n 2 fam fig (semillero) Brutstätte f; **gusaniento** ADJ wurmstichig
gusanillo M 1 (pequeño gusano) Würmchen n 2 fam fig (afición o deseo) heftiges Verlangen n; starker Wunsch m; **ya me está picando el ~** ich habe (einen gehörigen) Appetit; **matar el ~** einen Schnaps auf nüchternen Magen trinken; den gröbsten Hunger stillen 3 TEX Wäschebesatz m, -stickereien fpl
gusano M 1 ZOOL (lombriz) Wurm m (tb fam fig); como cebo tb Made f; pop (oruga) Raupe f; **~ de arena** Sandwurm m; **~ (de tierra)** Regenwurm m; **~ blanco** Engerling m; **~ de harina** Mehlwurm m; **~ de luz** Leuchtkäfer m, Glühwürmchen n; **~ de seda** Seidenraupe f 2 fig **~ de la conciencia** Gewissenswurm m, quälende Reue f; **matar el ~** → gusanillo 2 3 INFORM internet: Wurm m 4 Cuba desp (anticastrista) castrofeindlicher Exilkubaner m
gusanoso ADJ wurmig, madig
gusarapiento ADJ 1 (lleno de gusanos) voller Maden 2 fam fig (sucio) schmutzig, unflätig;
gusarapo M 1 ZOOL (Wasser)Made f 2 desp (tipo inmundo) elender Wicht m
gusgo ADJ Méx gierig
gusla F → guzla
gustación F poco usado Kosten n, Schmecken n; **gustadura** F poco usado Kosten n; Auskosten n
gustar A VT 1 (probar) probieren, kosten; al cocinar: abschmecken 2 (gozar) genießen; auskosten B VT & VI (agradar) gefallen; mögen; gernhaben; comida schmecken; **~ de hacer a/c** etw gern tun; **le gustan las patatas** er/sie mag (gern) Kartoffeln; **no le gustan las sorpresas** er/sie mag keine Überraschungen; **¿te gusta?** gefällt es/er/sie dir?; **gusta de bro-**

G

mas er/sie versteht einen Spaß; er/sie scherzt gern; **les gusta leer** *o* **la lectura** sie lesen gern; **¡así me gusta!** das gefällt mir!, das ist ganz mein Fall!; *irón* das hab ich gern!; **me gustaría** *(inf)* ich möchte (*o* würde) gerne *(inf)*; **¡cuando guste!** wann Sie wollen!; **como gustes** (ganz) wie du willst; **le gustan todas** er ist ein großer Schürzenjäger; **¿usted gusta?** *o* **¿si gusta?** darf ich Ihnen etwas anbieten?, wollen Sie mitessen? *(meist rhetorisch gemeint)*; **si usted gusta** *(como le parezca)* wenn es Ihnen recht ist; *(gustosamente)* bitte, recht gern

gustativo ADJ Geschmacks...; **nervios** *mpl* **~s** Geschmacksnerven *mpl*; **gustazo** M Riesenfreude *f*; *espec fam (alegría del mal ajeno)* Schadenfreude *f*; diebische Freude *f fam*; *(gran diversión)* Mordsspaß *m fam*; **gustillo** M Beigeschmack *m*; Nachgeschmack *m*

gusto M 1 *(sabor)* Geschmack *m*; Geschmackssinn *m*; **chocolate** *m* **al ~ francés** Schokolade *f* nach französischer Art 2 *fig (placer)* Geschmack *m*; Gefallen *m* (**por** an *dat*); Vorliebe *f*; Vergnügen *n*; **cuestión** *f* **de ~(s)** Geschmackssache *f*; Frage *f* des Geschmacks; **a ~** *(de propia voluntad)* nach Belieben; *(confortable)* behaglich; *(con ganas)* gerne; **a su ~** ganz nach Ihrem Belieben; **a(l) ~ del consumidor** für jedermanns Geschmack; nach Belieben; **cogerle ~ a a/c** an etw *(dat)* Geschmack finden; **con mucho ~** sehr gern; **dar ~** gefallen, Spaß machen *(dat)*; **darle a alg el ~** j-m eine Freude machen; j-m einen Gefallen tun; **darle a alg el ~ de** *(inf)* j-m den Gefallen tun, etw zu machen; **da gusto** *(inf)* es macht Freude zu *(inf)*; **da ~ hacerlo** man hat Freude an dieser Arbeit; **da ~ oírlo** man hört es gern, es ist Musik für die Ohren; **darse el ~** sich *(dat)* etwas (Besonderes) leisten; **darse el ~ de** *(inf)* es sich *(dat)* leisten, zu *(inf)*; **hablar al ~ de alg** j-m nach dem Mund reden; in j-s Kerbe *(acus)*hauen *fam*; **hacer su ~** sich's bequem (*o* einfach) machen; nach Belieben handeln; *fam* **hay ~s que merecen palos** Geschmäcker gibt's! *fam*; *fam* **éste no es plato de mi ~** das ist absolut nicht mein Fall; **sentirse** *o* **estar a ~** sich wohlfühlen; **tener el ~ de** *(inf)* das Vergnügen haben, zu *(inf)*; **tener ~ en** *(inf) etw* gerne tun; **tener ~ por a/c** Sinn für etw *(acus)* haben; **tener ~ para** *(inf) o subst* für *etw (acus)* Geschmack haben; **tomar** *o* **sacar ~ a a/c** Geschmack finden an etw *(dat)*; bei etw *(dat)* auf den Geschmack kommen; *adv* **por ~** *(a pedir de boca)* nach Herzenslust; *(sin motivo)* grundlos; **por mi/tu**, *etc* **~** (nur) aus (*o* zum) Spaß; **en la variedad está el ~** in der Abwechslung liegt der Reiz; *prov* **sobre ~s no hay nada escrito** *o* **para cada ~ se pintó un color** *o* **sobre ~s y colores no han escrito los autores** über Geschmack lässt sich nicht streiten 3 **el buen ~** der gute Geschmack; **de buen ~** geschmackvoll; **de mal ~** geschmacklos; kitschig; taktlos 4 *al presentarse*: **mucho** *o* **tanto ~** sehr erfreut, freut mich; **el ~ es mío** freut mich auch, ganz meinerseits

gustosamente ADV gern, mit Vergnügen; **gustoso** ADJ 1 *(sabroso)* schmackhaft 2 *(agradable)* behaglich 3 *(de buena gana)* gern, bereitwillig

gut M MED Darm *m (zum Vernähen von Operationswunden)*

gutagamba F 1 BOT *árbol*: Garcinia *f* hanburyi 2 QUÍM Gummigutt *m/n*; FARM Gutti *n*; **gutapercha** F Guttapercha *f*

gutíferas FPL BOT Johanniskrautgewächse *npl*

gutural A ADJ kehlig, Kehl...; guttural; FON **sonido** *m* **~** Kehllaut *m* B F Kehllaut *m*

Guyana F Gu(a)yana *n*

guyanés ADJ aus Gu(a)yana

guzgo ADJ *Méx fam* gefräßig

guzla F MÚS Gusla *f*

g/v ABR (gran velocidad) Eilgut *n*

gym-jazz ['jim'jas] M Jazzgymnastik *f*

gymkhana [xiŋ'kana] M DEP Gymkhana *n*

H, h F H, h *n*; MIL *y fig* **la hora H** die Stunde X; → *tb* hache

h ABR (hora[s]) h (Uhr; Stunde[n])

ha¹ → haber¹; *liter* **treinta años ~** dreißig Jahre ist es her, vor dreißig Jahren

ha² INT ah!, ach!

ha, ha INT haha!; aha! so ist's recht!; schau, schau!

haba F 1 BOT Bohne *f*; *del cacao*: Kakaobohne *f*; *del café*: Kaffeebohne *f*; **~ (común)** dicke Bohne *f*, Puff-, Saubohne *f*; GASTR **~s** *pl* **a la catalana** *Saubohnen mit Gemüse, Speck und Blutwurst*; GASTR **~s** *pl* **con jamón** *gebratene weiße Bohnen mit Schinken*; GASTR **~s** *pl* **salteadas** *gedünstete weiße Bohnen mit Schinken*; **~ de San Ignacio** *o* **de los Jesuitas** Ignatiusstrauch *m*; FARM Ignatiusbohne *f*; **~ de las Indias** Gartenwicke *f*; **~ tonca** (*o Am Mer* **tunca**) Tonka-, Tongabohne *f*; *fam fig* **(eso) son ~s contadas** das ist ein ganz klarer Fall; darauf kannst du Gift nehmen *fam*; *fig* **lo que tiene son ~s contadas** er muss mit dem Pfenning rechnen; **en todas partes (se) cuecen ~s** es wird überall mit Wasser gekocht 2 MINER Steinknoten *m* 3 MED Quaddel *f*; VET Gaumengeschwulst *f (der Pferde)* 4 *Méx fam* **¡puras ~s!** *(tonterías)* alles Quatsch! *fam*

Habana N PR: **La ~** Havanna *n*

habanera F 1 MÚS *baile*: Habanera *f*; Seemannslied *n* 2 *persona*: Einwohnerin *f* von Havanna; **habanero** A ADJ aus Havanna B M Einwohner *m* von Havanna; **habanitos** MPL *Arg, Ur* GASTR *mit Karamellmasse und Schokolade gefüllte längliche Kekse*; **habano** A ADJ 1 *(de Havanna)* aus Havanna; *p. ext* aus Kuba 2 *color del tabaco*: hellbraun B M Havanna (zigarre) *f*; *Am reg gener* Zigarre *f*

habar M AGR Bohnenfeld *n*

hábeas corpus M JUR Habeas-Corpus-Akte *f*

habemus V/T *fam hum* wir haben; **morir ~** wir werden sterben; der Mensch ist sterblich

haber¹
⟨2k⟩

A verbo auxiliar B verbo impersonal
C verbo transitivo D verbo reflexivo

— **A** verbo auxiliar —

1 haben, sein *(zur Bildung der zusammengesetzten Zeiten aller spanischen Verben)* **me he caído** ich bin gefallen; **lo he oído** ich habe es gehört; *fam* **¡~lo sabido!** hätte ich das (nur früher) gewusst! 2 **~ de** *(inf) necesidad, obligación*: müssen, sollen; *alta probabilidad*: (ganz sicher) werden; **habrá de hacerse** es wird (wohl) geschehen müssen

— **B** verbo impersonal —

1 **hay** es gibt, es ist (*o* sind) vorhanden; es ist; **había mucha gente** es waren viele Leute; **ya no hay más** das ist alles; mehr gibt es nicht; **ya no hay pan** es ist kein Brot mehr da (*o* vorhanden); **¿qué hay?** *(¿qué ocurre?)* was gibt's?, was ist los?; *(¿cómo van las cosas?)* wie geht's?; **¿qué hay de aquello?** wie steht es damit?; **no hay quien se atreva** keiner wagt es; **hay quien(es) no lo cree(n)** manche glauben es nicht; **no hay (nada) que hacer** da kann man nichts machen, da ist nichts zu machen; **algo habrá** (irgend)etwas muss schon dran sein; es wird schon seinen Grund haben; **¡habrá canalla!** gibt es einen schlimmeren Schurken (als ihn)?; **no hay tal (cosa)** das gibt's nicht!, das stimmt nicht!, keineswegs!; **¡gracias! – ¡no hay de qué!** danke! – keine Ursache!, bitte!, gern geschehen!; **es guapa, si las hay** sie ist ganz unvergleichlich hübsch; **esto es de lo que no hay** *(esto no se repite tan rápido)* sowas gibt's (so schnell) nicht wieder, so etwas findet man selten; *(¡qué cosas!)* Sachen gibt's, die gibt's gar nicht *fam*, man sollte es nicht für möglich halten; **no hay por qué** es ist kein Grund vorhanden; **no hay como** es geht nichts über *(acus)*, es gibt nichts Besseres als *(acus o* zu *inf)* 2 **lo habido y por ~** *(pasado y futuro)* Gehabte(s) und Zukünftige(s) *n*; alles; **todos los políticos habidos y por ~** alle gewesenen und kommenden Politiker 3 **hay que** *(inf)* man muss *(inf)*; **no hay que** *(inf) (no es necesario)* man braucht nicht zu *(inf)*; es ist nicht nötig, zu *(inf)*; *(no se puede)* man darf nicht *(inf)*; **no hay más que** *(inf)* man braucht nur zu *(inf)*, man muss nur *(inf)*; **no hay que decir que ...** es ist selbstverständlich, dass ...

— **C** verbo transitivo —

anticuado: haben, bekommen; *liter* **¡mal haya!** er/sie sei verflucht!; JUR **los hijos habidos en el primer matrimonio** die Kinder aus erster Ehe

— **D** verbo reflexivo —

haberse sich benehmen; **habérselas con alg** *(ponerse en relación)* es mit j-m zu tun haben (*o* bekommen); *(meterse con alg)* sich mit j-m anlegen, mit j-m Streit anfangen

haber² M 1 ECON *contabilidad*: Haben *n*; *cuenta*: Guthaben *n*; **debe y ~** Soll und Haben *n*; **el ~ a nuestro favor** unser Guthaben; **pasar al ~** *o* **poner en el ~** gutschreiben 2 *frec* **~es** *mpl (caudales)* Vermögen *n*; Habe *f*, Hab und Gut *n* 3 **~es** *mpl (salario)* Bezüge *pl*, Gehalt *n*

habichuela F BOT 1 *Esp blanca*: weiße Bohne *f* 2 *Col, Pán, P. Rico verde*: grüne Bohne *f*

habido → haber¹

habiente ADJ JUR **derecho ~** Berechtigte *m*

hábil ADJ 1 *(capaz)* fähig, geschickt; *(apto)* tauglich, geeignet (**para** für *acus*) 2 JUR berechtigt (**para** zu *dat*); **días** *mpl* **~es** Werk-, Arbeitstage *mpl*; **horas** *fpl* **~es** Öffnungszeiten *fpl (einer Behörde)*; **~ para testar** testierfähig; CAZA **época** *f* **~** Jagdzeit *f*

habilidad F 1 *(destreza)* Geschick *n*, Geschicklichkeit *f*; Tüchtigkeit *f*, Gewandtheit *f*; Kunstfertigkeit *f* 2 *(artificio)* Kunstgriff *m*, Trick *m*, Kniff *m*; **habilidoso** ADJ geschickt; begabt, befähigt

habilitación F 1 *(facultad)* Befähigung *f*, Berechtigung *f*; Ermächtigung *f* (*tb* JUR) 2 MIL *cargo*: Zahlmeisteramt *n*; Zahlmeisterei *f* 3 UNIV Habilitation *f*; **habilitado** A ADJ berechtigt, befugt (**para** zu *inf o dat*); befähigt (**para** zu *dat*) B M, **-a** F 1 Bevollmächtigte *m/f* 2 *(pagador[a])* Kassenleiter *m*, -in *f*; Zahlmeister *m*, -in *f*; UNIV Quästor *m*, -in *f*

habilitar A V/T 1 *(autorizar)* befähigen; ermächtigen (**para** zu *inf o dat*); bevollmächtigen; JUR, ADMIN **~ días para actuaciones judiciales** Tage als rechtsgültig für gerichtliche Handlungen erklären; JUR **~ a un menor para contraer matrimonio** einem Minderjährigen die (amtliche) Erlaubnis zur Eheschließung erteilen 2 *(equipar)* ausrüsten, versorgen (**de** mit dat); *edificio* einrichten, herrichten; vorbereiten (**para** für *acus*); MAR *barco* klarieren **3** ECON mit Kapital versehen; *capital* bereitstellen **B** VR **habilitarse** **1** (*equiparse*) sich ausrüsten (**de** mit *dat*) **2** (*calificarse*) sich qualifizieren (*fig*) (**para** für *acus*)

hábilmente ADV geschickt

habiloso ADJ *Chile* **1** (*astuto*) schlau, gerissen, durchtrieben **2** (*diestro*) geschickt

habitabilidad F Bewohnbarkeit *f*; AUTO Größe *f* des Innenraums; **habitable** ADJ bewohnbar

habitación F **1** (*vivienda*) Wohnung *f*; (*espacio habitable*) Wohnraum *m*, Zimmer *n*; (*dormitorio*) Schlafzimmer *n*; **~ doble/individual** Doppel-/Einzelzimmer *n*; **~ triple** Dreibettzimmer *n*; **~ de invitados** Gästezimmer *n*; (**derecho de**) **~** Wohnrecht *n* **2** BIOL → hábitat

habitáculo M **1** AVIA (*cabina*) Raum *m*, Kabine *f* **2** AUTO (*interior*) Innenraum *m*, Fahrgastzelle *f*; **habitante** M/F Bewohner *m*, -in *f*; Einwohner *m*, -in *f*; **habitar** **A** VT bewohnen **B** VI wohnen; leben

hábitat M BIOL (natürlicher) Lebensraum *m*, Habitat *n*; Biotop *n*; **en su ~ natural** in seinem natürlichen Lebensraum

hábito M **1** (*costumbre*) Gewohnheit *f* **2** (*dependencia*) MED Sucht *f*; **crear ~** süchtig machen **3** REL *vestimenta*: Ordenskleid *n*; **~** (**de penitente**) Büßer-, Bußgewand *n*; **caballero** *m* **de(l) ~ de ...** Ritter *m* des Ordens von ... (*o* des ...ordens); *fig* **ahorcar** *o* **colgar los ~s** die Kutte ablegen; *p. ext* seinen Beruf an den Nagel hängen; REL **tomar el ~** eingekleidet werden; *p. ext* ins Kloster gehen; *prov* **el ~ no hace al monje** die Kutte macht noch keinen Mönch, der Schein trügt; **el ~ hace al monje** Kleider machen Leute

habituación F Gewöhnung *f*; **habituado** ADJ **1** gewöhnt **2** MED (*adicto*) süchtig, abhängig; **habitual** **A** ADJ gewöhnlich, üblich; gebräuchlich; gewohnt, Gewohnheits... **B** M (**cliente** *m*) **~** Stammgast *m*; **habitualmente** ADV gewohnheitsmäßig, für gewöhnlich, in der Regel; **habituar** ⟨1e⟩ **A** VT gewöhnen (**a** an *acus*) **B** VR **~se a a/c** sich an etw (*acus*) gewöhnen; **~se a** (*inf*) sich daran gewöhnen, zu (*inf*); **habitué** M *Arg, Ur Hotel, restaurante*: Stammgast *m*; *negocio*: Stammkunde *m*; *teatro, etc*: regelmäßiger Besucher *m*

habla F **1** (*idioma*) Sprache *f*; (*modo de hablar*) Sprechweise *f*; LING Sprachgebrauch *m*; (*dialecto*) Mundart *f*; **de ~ española/alemana** Spanisch/Deutsch sprechend, spanischsprachig/deutschsprachig; **perder el ~** die Sprache verlieren (*tb fig*) **2** (*acción de hablar*) Sprechen *n*; (*conversación*) Gespräch *n*; TEL **¡al ~!** (selbst) am Apparat; **estar al ~ con alg** mit j-m im Gespräch sein, mit j-m verhandeln; **ponerse al ~ con alg** mit j-m Rücksprache nehmen, sich mit j-m in Verbindung setzen

hablachento *Ven fam* **A** ADJ redselig **B** M, **-a** F Quasselstrippe *f fam*; **habladera** F *Am* Gerede *n*

hablado ADJ **1 bien ~** (*elocuente*) beredt, eloquent; höflich; **mal ~** grob im Ausdruck; unflätige Reden führend **2** (*oral*) mündlich; **en el uso ~** im mündlichen Gebrauch; in der gesprochenen Sprache

hablador **A** ADJ gesprächig; geschwätzig; *Méx* (*fanfarrón*) prahlerisch **B** M, **habladora** F Schwätzer *m*, -in *f*; Klatschbase *f*, -maul *n*; Plappermaul *n fam*; **habladuría** F Geschwätz *n*; **~s** *fpl* Klatsch *m*, Gerede *n*, Tratsch *m*

hablanchín *fam* → hablador

hablante **A** ADJ sprechend **B** M/F Sprecher *m*, -in *f*

hablar **A** VT & VI sprechen, reden; **~ (el) alemán** Deutsch sprechen (können); **~ en alemán** deutsch sprechen; **~ a/c** etw besprechen; *fam* **~ (en) cristiano** verständlich reden; *fam* **¡no hables en chino!** rede kein unverständliches Zeug! **B** VI **1** (*conversar*) sprechen, reden; miteinander sprechen; **~ a** *o* **con alg** mit j-m sprechen, j-n sprechen; **no ~ a alg** mit j-m nicht (mehr) sprechen; **~ a alg de** mit j-m von (*dat*) (*o* über *acus*) sprechen; (*interceder en favor de alg*) bei j-m ein gutes Wort einlegen für (*acus*); **~ de** *o* **sobre** *o* **acerca de** über (*acus*) (*o* von *dat*) sprechen; **~ de tú/usted a alg** j-n duzen/siezen; **~ por ~** ins Blaue hineinreden; **~ claro** deutlich sprechen; *fig* deutlich werden; **~ consigo mismo** *o* **~ entre** *o* **para sí** Selbstgespräche führen, mit sich (*dat*) selbst reden; **~ entre dientes** etwas in seinen Bart brummen *fam*, brummeln; **~ como un libro** wie ein Buch reden; **~ mal** (*tener mala expresión*) nicht korrekt sprechen, sich falsch ausdrücken; (*usar palabrotas*) grobe Ausdrücke gebrauchen; **~ mal de alg** von j-m (*o* über j-n) schlecht sprechen; **~ sin parar** wie ein Wasserfall reden; **¡eso es ~ en plata!** das sind goldene Worte!, das hört man gern!; **~ poco y bien** kurz und bündig sprechen; **por** *o* **para no ~ de ...** ganz zu schweigen von ...; **~ por señas** sich durch Zeichen verständigen; *fig* **~ por sí mismo** *o* **solo** für sich (*acus*) selbst sprechen; **¡mira quién habla!** das musst du gerade sagen!; **sin más ~** ohne Weiteres, kurzerhand; *fam* **~ de trapos** von der (*o* über) Mode sprechen; **dar que ~** Aufsehen erregen; Anlass zu(m) Gerede geben; **hacer ~ a alg** j-n zum Reden (*o* zum Sprechen) bringen; **no me hagas ~** lass dir nicht alles zweimal sagen; **no querer oír ~ de alg/a/c** von j-m/etw nichts mehr hören (*o* wissen) wollen; **¡no hablemos más de eso** (*o* **del asunto**)! Schwamm darüber!; **ni ~** (**de eso** *o* **del asunto** *o* **del peluquín**) *fam* auf keinen Fall; kommt nicht infrage; *fig* **hace ~ al violoncelo** das Cello singt unter seinen Händen; **toda la prensa habla de este escándalo** die ganze Presse schreibt über diesen Skandal; **hablando se entiende la gente** man muss nur (*o* immer) mit den Leuten reden; *prov* **quien mucho habla, mucho yerra** besser ein Wort zu wenig als ein Wort zu viel **2** **~ de** *tema* behandeln (*acus*), handeln von (*dat*) **3** **estar hablando** *imagen* sprechend ähnlich sein **4** *liter* **~ de** (*referir*) künden von (*dat*) **C** VR **hablarse** sich sprechen; sich besprechen; **no ~** nicht (mehr) miteinander sprechen, miteinander verkracht sein *fam*; **~ de tú/usted** sich duzen/siezen

hablilla F Gerede *n*, Gerücht *n*, Klatsch *m*; (leeres) Geschwätz *n*; **hablista** M/F gewandte(r) Redner *m*, -in *f*; Redekünstler *m*, -in *f*

habón M MED Quaddel *f*

Habsburgo HIST **los ~** MPL die Habsburger *mpl*

habsburgués ADJ Habsburger..., habsburgisch

hacedero ADJ ausführbar, möglich; **hacedor** M **1** (*autor*) Täter *m*; Urheber *m*, Schöpfer *m*; (**Supremo**) **Hacedor** Schöpfer *m*, Gott *m* **2** *Arg administrador*: Haziendaverwalter *m*; **hacedora** F **1** (*autora*) Urheberin *f*; Täterin *f* **2** *Perú* (*vendedora de chicha*) Chichaverkäuferin *f*

hacendado **A** ADJ begütert **B** M, **-a** F **1** (*estanciero, -a*) Großgrundbesitzer *m*, -in *f*; Gutsbesitzer *m*, -in *f* **2** *RPl* (*dueño, -a de una hacienda*) Besitzer *m*, -in *f* einer (großen) Viehfarm; **hacendar** ⟨1k⟩ **A** VT Grundstücke übertragen an (*acus*) **B** VR **hacendarse** sich ankaufen, Grundbesitz erwerben; **hacendera** F Gemeinde-, Nachbarschaftsarbeit *f*; **hacendero** **A** ADJ → hacendoso **B** M, **-a** F *Am* Farmer *m*, -in *f*; **hacendista** M/F Finanzfachmann *m*, -fachfrau *f*, Staatswirtschaftler *m*, -in *f*; **hacendístico** ADJ Staatswirtschafts..., Staatsfinanz...; Haushalts...; **hacendoso** ADJ arbeitsam, tüchtig; haushälterisch

hacer

⟨2s *pp* → hecho⟩

A verbo transitivo B verbo intransitivo
C verbo impersonal D verbo reflexivo

— **A verbo transitivo** —

1 *gener* machen, tun; (*producir*) (er)schaffen, herstellen, anfertigen; (*llevar a cabo*) erledigen; vollbringen; *café, té* machen; *casa* bauen; *comida* kochen, zubereiten, machen; *pan, torta* backen; *fam* **~ (alg) una** einen tollen Streich vollführen; sich sehr danebenbenehmen *fam*; *fam* **~la buena** etwas Schönes anrichten; **¡buena la he hecho!** da bin ich schön hereingefallen!, da habe ich was Schönes angerichtet!; **haces bien** du handelst richtig; es ist recht so; du hast Recht; **~ bien** *ger o* **~ bien en** (*inf*) gut daran tun, zu (*inf*); **~ bien a alg** j-m gut tun; **~ mal** falsch handeln; es falsch machen; **haces mal en decírselo** es ist nicht gut, wenn du es ihm sagst; **me hace mal** es tut mir weh; **~lo mal y excusarse peor** seinen Fehler noch schlimmer machen, die Sache noch verschlimmern; **~ a un lado** beiseiteschaffen; **no ~ más que** (*inf*) nichts anderes tun als (*inf*); (immer) nur (*inf*); **¡no haces más que molestarme!** musst du mich denn dauernd belästigen!, du gehst mir allmählich auf die Nerven!; **dar que ~** (**a alg**) (j-m) zu schaffen machen; (j-m) schwerfallen; **dejar ~** tun (*o* gewähren) lassen (**a alg** j-n); **déjame ~ a mí** lass mich nur machen; **¡qué le vamos a ~!** was will man da machen!, da ist nichts zu machen!, das lässt sich nicht ändern!; **tener que ~** (**mucho**) (viel) zu tun haben; **no hay nada que ~** da ist nichts zu machen; *fam* **¿hace?** einverstanden?, o. k.? **2** *con ciertos sustantivos*: *cama* machen; *factura* ausstellen, schreiben; *maletas* packen; *examen* ablegen, machen; *gestos* machen; *servicio* erweisen; *servicio militar* ableisten; *visita* abstatten, machen; MAR **~ agua** (*cargar agua*) Wasser tanken; *vía de agua*: lecken, leck sein; **~ blanco** *o* **diana** einen Volltreffer erzielen; treffen; **~ burla de alg** j-n verspotten; MAR **~ carbón** Kohle übernehmen (*o* bunkern); **~ cuesta** abschüssig sein; **~ daño a alg** j-m Schaden zufügen, j-m schaden; **~ dinero** Geld verdienen (*o* machen *fam*); **~ explosión** explodieren; **~ un favor a alg** j-m einen Gefallen tun; **~ humo** rauchen, qualmen; **~ memoria** sich besinnen; sich erinnern; **~ una mueca** eine Grimasse schneiden, das Gesicht verziehen; **~ su negocio** ein gutes Geschäft (dabei) machen; **~ una pregunta** eine Frage stellen; *fam fig* **~ tiempo** sich (*dat*) die Zeit vertreiben; (die rechte Zeit) abwarten; MAR **~ vela** die Segel setzen **3** (*causar*) bewirken, verursachen; *olor* verursachen, hinterlassen; *desgracia* bringen, verursachen; *maravillas* wirken, tun, verrichten; **~ efecto** wirken, Wirkung haben (**a, sobre** auf *acus*) **4** **~ como que** (*ind*) *o* **como si** (*subj*) so tun, als ob (*subj*); **hace como que duerme** *o* **como si durmiera** er stellt sich schlafend; er tut, als ob er schliefe; **~ que hacemos** so tun, als ob (man etwas täte) **5** (*ocasionar*) lassen, veranlassen; **~ que** (*subj*) veranlassen, dass, bewirken, dass (*ind*); **esto hace que** (*subj*) so kommt es, dass (*ind*); **~ actuar** *o* **funcionar la alarma** (den) Alarm auslösen; **~ andar** *reloj, etc* in Gang

H

bringen; **¡hágale entrar!** führen Sie ihn herein!, lassen Sie ihn (bitte) eintreten!; **~ llegar a/c a alg** j-m etw zukommen lassen; **~ reír (a alg)** (j-n) zum Lachen bringen; **~ saber a/c a alg** j-n etw wissen lassen, j-n von etw *(dat)* verständigen; **~ venir** kommen lassen **6** TEAT, FILM *papel* spielen; **~ (el papel) de malo** die Rolle des Bösewichts spielen; den Bösewicht geben **7** *(convertir)* verwandeln in *(acus)*; **~ pedazos** *o* **añicos** in Stücke (*o* kurz und klein) schlagen **8** **~ a alg a** *(acostumbrar a alg)* j-n gewöhnen an *(acus)*; **~ a alg con** *o* **de** j-n ausstatten mit *(dat)*, j-n versehen mit *(dat)* **9** *(creer)* glauben; **le hacía en Roma** ich glaubte, er sei in Rom **10** *(ser)* sein; werden; **harás un buen marido** du wirst einen guten Ehemann abgeben; **hará buen médico** er wird (einmal) ein guter Arzt sein; **~ las delicias de alg** j-s ganze Freude sein; **hoy hago veinte años** heute werde ich zwanzig (Jahre) **11** *cantidad, suma* ausmachen; **siete y tres hacen diez** sieben und drei ist (*o* gibt) zehn **12** *contenido*: fassen, enthalten; **esta botella hace un litro** in diese Flasche geht ein Liter

— **B** verbo intransitivo —

1 *(actuar)* handeln; *(trabajar)* arbeiten, schaffen **2** *(ascender a)* betreffen, ausmachen; **por lo que hace a …** was … *(acus)* angeht, was … *(acus)* betrifft; **~ al caso** zur Sache gehören, etwas damit zu tun haben; **no ~ al caso** nicht zur Sache gehören, nichts damit zu tun haben; **esto no le hace** darauf kommt es nicht an; das ändert nichts daran **3** *(armonizar)* passen (**con** zu *dat*), harmonieren (**con** mit *dat*); **~ feo** hässlich aussehen; nicht passen (zu *dat* con) **4** **~ de** *(trabajar como)* arbeiten als, fungieren als; *(servir como)* dienen als; **~ de árbitro** als Schiedsrichter fungieren; **~ de mesa** als Tisch dienen *o* fungieren **5** **~ por** *o* **~ para** *(molestarse en)* sich bemühen um *(acus)*; sich anstrengen, zu *(inf)*; versuchen, zu *(inf)*; **~ por la vida** sich *(dat)* etwas (für das leibliche Wohl) leisten; *fam* essen; trinken **6** *defecación*: **~ del cuerpo** *o* **del vientre** Stuhlgang haben

— **C** verbo impersonal —

1 **hace bien/mal** das tut gut/das (*o* es) tut weh **2** METEO **hace calor/frío** es ist heiß/kalt; **hace aire** es ist windig; **hace buen tiempo** *o* **bueno** es ist gutes Wetter, es ist schön; **hace sol** die Sonne scheint **3** *tiempo*: her sein; **hace tres días/un año** vor drei Tagen/einem Jahr; **desde hace un año** seit einem Jahr; **hace un año que está aquí** seit einem Jahr ist er hier; **ayer hizo tres meses** gestern waren es drei Monate; **hace poco** vor Kurzem, unlängst

— **D** verbo reflexivo —

hacerse **1** **~ obedecer** sich *(dat)* Gehorsam verschaffen; seinen Willen durchsetzen; **~ odioso** sich verhasst machen; **~ servir** sich (gern) bedienen lassen; **~ un vestido** sich *(dat)* ein Kleid machen (lassen) **2** *uso impersonal*: **se hace lo que se puede** man tut, was man kann; **se está haciendo tarde** es wird (allmählich) spät; **¡esto no se hace!** das (*o* so etwas) tut man nicht!; *(¡no resultará!)* daraus wird nichts!; **¡qué se ha de ~!** da kann man nichts machen! **3** *(nacer de algo)* werden; entstehen; **~ a/c** zu etw *(dat)* werden; sich in etw *(acus)* verwandeln; **se ha hecho solo** er ist aus eigener Kraft etwas geworden, er ist ein Selfmademan; **~ viejo** alt werden; *uso pasivo*: **¿qué se hizo de aquello?** was ist daraus geworden? **4** *(moverse)* sich bewegen; **~ a** *o* **hacia un lado** zur Seite treten; MAR **~ a la mar** in See stechen **5** *fig (simular) etw* spielen; **~ el interesante** sich interessant machen, auffallen wollen **6** **hacérsele a alg que …** j-m vorkommen, als ob …, der Meinung sein, dass …; **se me hace que está lloviendo** ich glaube, es regnet **7** **~ a** *o* **con** *(acostumbrarse)* sich gewöhnen an *(acus)*, sich einstellen auf *(acus)*, sich anpassen an *(acus)* **8** **~ con a/c** *(apropiarse)* sich *(dat)* etw verschaffen, sich *(dat)* etw aneignen; **~ con el poder** (mit Gewalt) die Macht ergreifen

hacha[1] F *(vela)* große Wachskerze *f*; **~ (de viento)** (Wind)Fackel *f*

hacha[2] F **1** *herramienta*: Axt *f*; Beil *n*; *tb fig* **desenterrar/enterrar el ~ de (la) guerra** das Kriegsbeil ausgraben/begraben **2** *fam fig* **ser un ~** ein Genie (*o* ein Ass *fam*) sein **3** *pez*: **~ de plata** Silberbeil *n*

hachar VT *Arg* hacken; zerhacken; **hachazo** M **1** *golpe*: Axt-, Beilhieb *m*; *Am p. ext (herida profunda)* tiefe Wunde *f* **2** *de un toro*: Hornstoß *m*

hache F H *n (Name des Buchstabens)*; *fam fig* **por ~ o por be** aus dem einen oder andern Grund; *fam* **llámele usted ~** das kommt auf dasselbe heraus, das ist gehupft wie gesprungen *fam*

hachear **A** VT mit der Axt bearbeiten; (ab)hacken **B** VI mit der Axt hacken

hachemí ADJ, **hachemita** ADJ haschemitisch

hachepé M ABR *(euf vulg für HP = hijo de puta)* Scheißkerl *m vulg*

hachero M *espec Am reg* **1** *(leñador)* Holzfäller *m* **2** *candelero*: Fackelständer *m*; *(candelabro de gran tamaño)* großer Standleuchter *m*

hachis, hachís[1] M Haschisch *n*

hachís[2] INT hatschi!

hachón[1] M große Axt *f*

hachón[2] M **1** *(antorcha)* (Teer-, Pech)Fackel *f* **2** HIST Flammenmal *n*, *espec* Freudenfeuer *n*;

hachote M MAR Windlicht *n*

hachuela F, **hachuelo** M Handbeil *n*

hacia PREP **1** *local*: auf, nach, gegen, zu … *(dat)* hin; **~ abajo** abwärts, nach unten; **~ (a)delante** vorwärts, nach vorn; **~ (a)dentro** nach innen; landeinwärts; **~ (a)fuera** nach außen; **~ allá** dorthin; **~ acá** *o* **~ aquí** hierher; **~ arriba** aufwärts, hinauf; **~ atrás** rückwärts, nach hinten; **~ la casa** zum Hause hin, auf das Haus zu **2** *temporal*: gegen; **~ el año (de) 1900** gegen 1900, um das Jahr 1900; **~ la tarde** gegen nachmittag, gegen abend; **~ las ocho** gegen (*o* etwa um) acht Uhr **3** *fig* zu *(dat)*; **amor ~ alg** Liebe zu j-m

hacienda F **1** *(finca)* Landgut *n*, Farm *f*, Besitzung *f*; *Am* Hazienda *f* **2** *(patrimonio)* Vermögen *n*; Besitz *m* **3** **Hacienda (pública)** Finanzwesen *n*; Staatshaushalt *m*; Finanzverwaltung *f*; **Delegación** *f* **de Hacienda** Finanzamt *n*; **Ministerio** *m* **de Hacienda** Finanzministerium *n* **4** *Arg (existencia de ganado)* Rinderbestand *m*

hacina F *p. ext (montón)* Haufen *m*; **hacinamiento** M **1** *(aglomeración)* Anhäufen *n*; Haufenbildung *f* **2** *de personas*: Zusammenpferchen *n*, Zusammendrängen *n*; Gedränge *n*; **hacinar** **A** VT **1** AGR *haces* aufschichten **2** *p. ext (acumular)* zusammentragen, sammeln; zusammenpferchen **B** V/R **hacinarse** sich (zusammen)drängen

hackear VT *Internet*: **~ a/c** sich in etw *(acus)* hacken

hacker M/F INFORM Hacker *m*, -in *f*

hada F Fee *f*; **el ~ madrina** *o* **el ~ buena** die gute Fee; **cuento** *m* **de ~s** Märchen *n*

hadado ADJ vom Schicksal verhängt; **mal ~** unglückselig; **hadar** VI das Schicksal künden

hado M Schicksal *n*, Los *n*

haga → hacer

haganería F *fam* Faulenzerei *f*

hagiografía F Hagiografie *f*

hagiógrafo M, **-a** F Hagiograf *m*, -in *f*

hago → hacer

Haití F Haiti *n*

haitiano **A** ADJ aus Haiti, haiti(ani)sch **B** M -a F Haiti(an)er *m*, -in *f*

hala INT **1** *(¡vamos!)* heda!, auf!, los! **2** *(¡qué cosa!)* na so was! *fam*

halagador ADJ **1** *(adulante)* schmeichelnd, schmeichlerisch **2** *(prometedor)* verheißungsvoll, vielversprechend; **halagar** VT ⟨1h⟩ **1** *(adular) j-m* schmeicheln, *j-m* schöntun **2** *(alegrar a alg) j-n* freuen; **me halaga que** *(subj)* es freut mich, dass *(ind)*; **halago** M **1** *(lisonja)* Schmeichelei *f*; Schmeicheln *n* **2** *(gusto, placer)* Lust *f*, Vergnügen *n*; Genuss *m*;

halagüeño ADJ **1** *(lisonjero)* schmeichelhaft **2** *(tentador)* verlockend, vielversprechend; **halaleva** M/F *fam desp* Speichellecker *m*, -in *f fam*

halalí M CAZA Halali *n*

halar **A** VT **1** MAR *cabo* (ver-, auf-, an)holen **2** *Am Mer gener (tirar hacia sí)* ziehen; zu sich *(dat)* herziehen; *Ven* straffen **3** *Col (robar)* stehlen *(bes Autos)* **B** VI *Ven (largarse)* abhauen, Leine ziehen *fam*

halcón M ORN Falke *m (tb fig* POL*)*; **~ abejero** Wespenbussard *m*; **~ peregrino** Wanderfalke *m*; **halconear** VI *mujer* auf Männerjagd gehen, sich herausfordernd benehmen; **halconera** F CAZA Falkengehege *n*; **halconería** F Falkenbeize *f*; -jagd *f*; **halconero** M Falkner *m*

halda F *(arpillera)* Sackleinen *n*

hale INT → hala

haleche M *pez*: Sardelle *f*

halibut M *pez*: Heilbutt *m*

halieto M ORN Seeadler *m*

hálito M *cult* Hauch *m*; Atem *m*, Odem *m (liter)*; *poét* **~ de vida** Lebenshauch *m*

halitosis F MED (übler) Mundgeruch *m*

hall [xɔl] M (Hotel)Halle *f*; Eingangshalle *f*

hallaca F *Ven* GASTR → hayaca; **hallaco** M *Ven* Finderlohn *m*

hallado ADJ **bien/mal ~** zufrieden/unzufrieden; **hallador** M **1** *persona*: Finder *m* **2** MAR Berger *m*; **halladora** F Finderin *f*

hallar **A** VT **1** *(descubrir)* finden; ausfindig machen; **~ su cuenta (en a/c)** (bei etw *dat*) auf seine Rechnung kommen **2** *(encontrar)* vorfinden, (an)treffen; **~ buena acogida** gut (*o* freundlich) empfangen werden; Billigung (*o* Anklang) finden **3** *(concebir)* (er)finden, ausdenken **4** **~ que** *cult (opinar)* finden, dass; meinen, dass **B** V/R **hallarse** **1** *(encontrarse)* sich befinden, sein; sich einfinden; **~ presente** zugegen (*o* anwesend) sein **2** *(sentirse)* sich fühlen; **no ~** sich unbehaglich fühlen **3** **~ con a/c** *(tener algo)* etw haben; **~ con una dificultad** auf eine Schwierigkeit stoßen

hallazgo M **1** *(descubrimiento)* Auffinden *n*; Entdeckung *f*; Fund *m (tb fig)*; JUR *objeto*: Fundgegenstand *m* **2** MED *(resultado del reconocimiento)* Befund *m*

halo M **1** ASTRON Halo *m*, Hof *m*; ÓPT, FOT Lichthof *m* **2** *fig (aureola)* Aureole *f*, Nimbus *m*

halófilo ADJ BIOL halophil, im salzreichen Milieu lebend; **halófito** M BOT Halophyt *m*, Salzpflanze *f*; **halógeno** QUÍM **A** ADJ halogen, Salz bildend **B** M Halogen *n*; **haloideo** QUÍM **A** ADJ **sal** *f* **-a** Haloid *n* **B** M Haloid *n*

halón **1** M ASTRON Hof *m*; Korona *f* **2** *Col, Ven (tirón)* Ruck *m*

haltera **A** F → halterio **B** M/F *fam* DEP Gewichtheber *m*, -in *f*; **halterio** M DEP Hantel *f*; **halterofilia** F DEP Gewichtheben *n*; **halterofilista** M/F, **halterófilo** M, **halterófila** F DEP Gewichtheber *m*, -in *f*

hamaca F Hängematte *f*; Liegestuhl *m*; *Am reg* Schaukel *f*; *RPl* Schaukelstuhl *m*; **~-columpio** Hollywoodschaukel *f*; **hamacar** ⟨1g⟩ VT *Am* → hamaquear

hamadría(da), hamadríade F MIT Drya-

de *f*, Waldnymphe *f*
hámago M 1 *de abejas*: Bienenpech *n* 2 *fig* *(fastidio)* Ekel *m*, Überdruss *m*
hamamelis F BOT Hamamelis *f*, Zaubernuss *f*
hamaquear A V/T 1 *Am (mecer)* schaukeln; wiegen 2 *Am reg* **~(lo) a alg** *(hacer esperar)* j-n immer wieder vertrösten 3 *Cuba (agitar)* schütteln 4 *Cuba (crispar los nervios)* auf den Wecker gehen *fam* B V/R **hamaquearse** 1 in der Hängematte schaukeln 2 *Arg fig* **tener que ~** sich mächtig anstrengen müssen, sich durchschaukeln müssen *fam*
hamaquero M 1 *fabricante*: Hängemattenhersteller *m* 2 *Am en transportes*: (Hängematten)Träger *m* 3 *Am (gancho)* Haken *m (für Hängematten)*
hambre F 1 Hunger *m*; *(escasez de alimentos)* Hungersnot *f*; *fam* **~ de lobo** *o* **de tres semanas** Mordshunger *m fam*; **matar el ~** den (*o* seinen) Hunger stillen; **matar de ~** verhungern lassen *(tb fig)*; **morir** *o* **perecer de ~** verhungern, *liter* Hungers sterben; *fig* **morirse de ~** *o* **andar muerto de ~** vor Hunger umkommen *(fig)*, ganz ausgehungert sein; **pasar ~** Hunger leiden; *fig* **ser más listo que el ~** sehr schlau (*o* sehr gewitzt) sein; **ser un muerto de ~** ein Hungerleider sein; MIL **sitiar** *o* **rendir por (el) ~** aushungern; **tengo ~** ich habe Hunger, ich bin hungrig; *fam* **tengo un ~ que no veo** ich habe einen Mordshunger *fam*; *prov* **a buen(a) ~ no hay pan duro** Hunger ist der beste Koch 2 *fig (deseo vehemente)* heftiges Verlangen *n*, Streben *n*, Gier *f* (**de** nach *dat*)
hambreador M, **hambreadora** F *Chile, Perú fam* Ausbeuter *m*, -in *f*; **hambrear** A V/T hungern lassen; aushungern; *fig reg* ausbeuten B V/I hungern; *p. ext* bettelarm sein; **hambriento** ADJ hungrig; *fig* begierig (**de** nach *dat*); **hambrón** *fam* A ADJ 1 *(muy hambriento)* sehr hungrig, ausgehungert 2 *fig (ávido)* gierig, unersättlich B M, **-ona** F *persona*: Nimmersatt *m* C M *Am reg (hambre canina)* Bärenhunger *m*; **hambruna** F Hungersnot *f*; **hay mucha ~** es herrscht (eine) schwere Hungersnot
Hamburgo M Hamburg *n*
hamburgués A ADJ hamburgisch B M Hamburger *m*; **hamburguesa** F 1 *persona*: Hamburgerin *f* 2 GASTR Hamburger *m*; **hamburguesería** F Hamburgerlokal *n*, -stand *m*
hamletiano ADJ LIT Hamlet...; auf Hamlet bezogen
hammudí ADJ → hamudí
hampa F Gaunertum *n*; (**gente** *f* **del**) **~** Gesindel *n*; Gauner *mpl*, Ganoven *mpl*, Unterwelt *f*; **jerga** *f* **del ~** Gaunersprache *f*
hampesco ADJ Gesindel..., Gauner...; Ganoven...; **hampón** M Strolch *m*, Ganove *m*, Gauner *m*
hámster M, **hamster** M ZOOL Hamster *m*
hamudí ADJ auf die Hammudiden bezogen; **hamudíes** MPL Hammudiden *mpl (spanisch-arabisches Herrscherhaus, 11. Jh.)*
handball M DEP *espec Am* Handball *m*
hándicap M DEP *y fig* Handicap *n*
hangar M AVIA (Flugzeug)Halle *f*, Hangar *m*
Hansa F HIST Hanse *f*
hanseático A ADJ hanseatisch; Hanse...; **ciudad** *f* **-a** Hansestadt *f* B M, **-a** F Hanseat *m*, -in *f*
haplología F LING Haplologie *f*
happening ['xapenin] M Happening *n*
haragán A ADJ faul; **vida** *f* **-ana** Lotterleben *n* B M, **-ana** F Faulenzer *m*, -in *f*, Tagedieb *m*, -in *f*; Stromer *m*, -in *f*; **haraganear** V/I faulenzen, ein Lotterleben führen; **haraganeo** M Faulenzen *n*, Faulheit *f*; **haraganería** F Faulheit *f*; Müßiggang *m*
harakiri M → haraquiri
haram M REL Gebetsraum *m* einer Moschee
harambel M Fetzen *m*, Lumpen *m*; **harapiento** ADJ zerlumpt, abgerissen; **harapo** M 1 *(trapo)* Fetzen *m*, Lumpen *m* 2 *aguardiente*: Nachlauf *m*, letzter Abguss *m*; **haraposo** ADJ → harapiento
haraquiri M Harakiri *n*; *fam fig* **hacerse el ~** sich *(dat)* ins eigene Fleisch schneiden
haras M *Arg, Bol, Ur, Ven* AGR Gestüt *n*
harca F HIST *Trupp marokkanischer Aufständischer während der Zeit des spanischen Protektorats*
hardware ['xar(d)ŭɛr] M INFORM Hardware *f*
harem, harén M Harem *m*
harija F Staubmehl *n*
harina F 1 *(grano molido)* Mehl *n*; **~ blanca/morena** Weiß-/Schwarzmehl *n*; **~ de flor/extrafina** Blüten-/Auszugsmehl *n*; **~ integral** Vollkornmehl; **~ de maíz** Maismehl *n*; **~ de pescado** Fischmehl *n*; **~ de trigo** Weizenmehl *n*; **fábrica** *f* **de ~** Kunstmühle *f*; *fig* **estar metido en ~** bis über die Ohren in der Arbeit stecken; voll in etwas drinstecken *fam*; *fig* **eso es ~ de otro costal** das ist etwas ganz anderes; das steht auf einem anderen Blatt; *fam* **estar metido en ~** voll in etw drinstecken *fam* 2 *fam (polvo)* Pulver *n*; Puder *m*; MINER **~ fósil** Kieselgur *m*; **hacer a/c ~** etw (völlig) kaputt machen; *fam* **hacerse ~** zerbrechen, -splittern
harinado M dünner Mehlbrei *m*; **harinear** V/I nieseln; **harinero** A ADJ Mehl...; Mahl...; **industria** *f* **-a** Mehlindustrie *f*; Mehl verarbeitende Industrie *f*; **molino** *m* **~** Getreidemühle *f* B M, **-a** F Mehlhändler *m*, -in *f* C M Mehlkasten *m*
harinoso ADJ *parecido a la harina*: mehlig; *(farináceo)* mehlhaltig
harka F → harca
harma F BOT Harmelkraut *n*
harmonía *etc* → armonía *etc*
harnear V/I *Am* (aus)sieben; **harnero** M weitmaschiges Sieb *n*
harpa F → arpa; **harpado** ADJ → arpado
harpía F ORN, MIT *y fig* Harpyie *f*
harpillera F 1 *en trabajos de marquetería*: Auflegebrett *n für Laubsägearbeiten* 2 *(tejido de yute)* Sackleinwand *f*, Rupfen *m*
harre → arre A
hartada F *fam* reichliche Portion *f*; *fam fig* **pegarse una ~ de a/c** etw im Übermaß tun
hartar A V/T 1 *(saciar)* sättigen; *fig en exceso*: übersättigen; überhäufen (**de** mit *dat*); **me harta** *(inf)* ich habe es satt, zu *(inf)*; **~ de palos** verprügeln; **me harta con sus bobadas** ich habe seine Dummheiten satt 2 *(satisfacer)* befriedigen B V/R **hartarse** sich satt essen; *en exceso*: sich überessen (**con, de** an *dat*); *fig* **~ de a/c** etw satthaben, von etw *(dat)* genug haben; **no ~ de mirar** sich nicht sattsehen können an *(dat)*; **hasta ~** bis zum Überdruss; **~ de** *(inf)* nach Herzenslust *(inf)*; **~ de dormir** nach Herzenslust schlafen
hartazgo M Übersättigung *f*; *fig* Überdruss *m*; **darse un ~** sich überessen (**de** an *dat*); **hartazón** M Übersättigung *f*, Übermaß *n*; **tiene ~ de estudiar** er hat das Studieren (*o* Lernen) satt
harto A ADJ 1 satt *(tb fig)*; *en exceso*: übersatt; *fig (cansado de algo)* überdrüssig; **~ de vivir** lebensmüde, -überdrüssig; **estar harto de a/c** etw satthaben, etw leid sein 2 PL, *vorangestellt*: **-as ganas tengo de** *(inf)* ich habe große Lust, zu *(inf)* 3 *espec Am reg (mucho)* viel B ADV genug, übergenug, allzu; sehr; **~ sé que ...** ich weiß wohl (*o* zur Genüge), dass ...
hartón A ADJ *Am Centr* gefräßig B M *Col, Méx, P. Rico* BOT große Kochbanane *f* C M, **-ona** F *Am Centr fam* Vielfraß *m*, Fresser *m fam*, -in *f*;
hartura F 1 *(sobresaturación)* Übersättigung *f* 2 *en exceso*: Überfluss *m*; Übermaß *n*; *adv* **con ~** (über)reichlich
has M *fam*, **hasch(isch)** M *fam*, **hashish** M *fam* → hachís
hasta A PREP *y* CJ bis; **~ aquí** bis hierher; bis jetzt; **desde aquí ~ allí** von hier bis dort; **~ ahora** bisher, bis jetzt; *Am reg tb* erst jetzt; **¿~ cuándo?** wie lange?; bis wann? **¡~ otra!** bis bald!; **¡~ nunca!** auf Nimmerwiedersehen!; **¡~ siempre!** *corresponde a*: ich freue mich immer, wenn wir uns sehen; **~ tanto** so weit; bis; **~ que** bis (dass); **~ qué punto** inwieweit; wie weit; **¡~ luego!** *o* **¡~ después!** bis nachher!, auf Wiedersehen!; **¡~ la vista!** auf Wiedersehen!; *espec Am reg* **~ hoy** erst heute; **no levantarse ~ las diez** nicht vor (*o* erst um) 10 Uhr aufstehen; **los torturaron ~ matarlos** sie folterten sie zu Tode B ADV sogar, selbst; **~ Juan lo escribe** sogar (*o* selbst) Juan schreibt es; **~ un niño podría hacerlo** sogar ein Kind könnte das; **le insultó y ~ llegó a pegarle** er beleidigte ihn, schlug ihn sogar
hastiado ADJ gelangweilt; angewidert; widerwillig
hastial M 1 ARQUIT Giebel *m*; Giebelwand *f* 2 MIN Seitenstoß *m eines Schachts* 3 *fig (hombrón grosero)* grob(schlächtig)er Mann *m*
hastiar ⟨1c⟩ A V/T langweilen; anwidern, anekeln B V/R **~se de a/c** einer Sache *(gen)* überdrüssig werden, etw leid werden; etw satthaben; **hastío** M Widerwille *m*, Ekel *m*; Überdruss *m*
hatajo M 1 *de ganado*: kleine Herde *f* 2 *fam fig (grupo de cosas o personas)* Menge *f*, Haufen *m*
hatería F *Verpflegung und Ausrüstung für Hirten, Tagelöhner und Bergleute*
hatero M, **-a** F *Cuba* Viehzüchter *m*, -in *f*
hatillo M Paket *n*, Bündel *n*
hato[1] M 1 *(porción de ganado)* (kleinere) Herde *f* 2 *(pastizal)* Weideplatz *m* 3 → hatería 4 *fig (multitud)* Haufen *m*; Menge *f* 5 *desp de personas*: Bande *f*, Haufen *m* 6 *Cuba, Col, Ven (hacienda)* (Vieh)Farm *f*
hato[2] M *de ropa*: Kleider)Bündel *n*; Wäsche *f* und Ausstattung *f (für den täglichen Bedarf)*; *fig* **andar con el ~ a cuestas** oft die Wohnung wechseln; ständig unterwegs sein; **liar el ~** sein Bündel schnüren
havaganería F *Guat* Faulenzerei *f*
hawai(i)ana F *Am reg* Sandalen *fpl*; Bade-, Strandsandalen *fpl*, Flip-Flops *pl*; **hawai(i)ano** M A ADJ hawaiisch B M, **-a** F Hawaianer *m*, -in *f*
hay → haber[1] B
haya F BOT Buche *f*; *madera*: Buchenholz *n*
Haya: **La ~** Den Haag *n*; **el Tribunal de La ~** das Haager Tribunal
hayaca F *Ven* GASTR *mit Speck oder Hackfleisch gefüllte, in Bananenblätter eingewickelte Maispastete*
hayal M, **hayedo** M, **hayucal** M Buchenwald *m*; **hayuco** M Buchecker *f*
haz[1] F ⟨*pl* haces⟩ *fig (cara)* Vorderseite *f*, Oberfläche *f*; **~ y envés** Vorder- *f* und Rückseite *f*; Ober- *f* und Unterfläche *f*; *liter* **sobre la ~ de la tierra** auf dem (weiten) Erdenrund *(liter)*
haz[2] M ⟨*pl* haces⟩ 1 *(atado)* Garbe *f*, Büschel *n*, Bündel *n*; **~ de leña** Reisigbündel *n*; **~ de mieses** Getreidegarbe *f* 2 TEC, ELEC Bündel *n*, Strahl *m*; Garbe *f (tb* MIL*)*; ELEC **~ catódico** Kathodenstrahl *m*; ELEC **~ direccional** Leitstrahl *m*; AVIA **~ (de) guía** Leitstrahl *m*; ELEC **~ de electrones** Elektronenbündel *n*, -strahl *m*; **~ de láser** Laserstrahl *m*; **~ de luz** Lichtkegel

H

m; Lichtbündel n 3 ANAT ~ **nervioso** Nervenbahn f, -strang m; ~ **piramidal** Pyramidenbahn f 4 HIST **haces** mpl Liktorenbündel n

hazaña F Großtat f, Ruhmestat f; Heldentat f (tb irón); **hazañoso** ADJ heldenhaft, heldenmütig

hazmerreír M fam komische Figur f; **es el ~ de la gente** er ist das Gespött der Leute

HB ABR (Herri Batasuna) HIST, POL Einiges Volk n (radikal separatistische baskische Partei)

he A ADV ~ **aquí** hier ist; sieh da; **hétele aquí** da ist er B → haber[1]

head-hunter [xeð'xanter] M/F Headhunter m, -in f

hearing ['xĩerin] M Hearing n

hebdomadario A ADJ liter wöchentlich B M 1 (semanario) Wochenzeitung f; Wochen(zeit)schrift f 2 REL Hebdomadar(ius) m

hebén ADJ uva groß und weiß; fig belanglos, gehaltlos

hebijón M Dorn m einer Schnalle; **hebilla** F Schnalle f; Schließe f; ~ **(de zapato)** Schuhschnalle f, -spange f; **sujetar con ~s** zuschnallen

H

hebra F 1 (hilo) Faden m (tb fig); fam fig **pegar la ~** ein Gespräch anknüpfen; Chile, Méx **de una ~** in einem (Atem)Zug; GASTR **estar en punto de ~** jarabe anfangen, Fäden zu ziehen 2 (fibra) Faser f (tb TEX); Fiber f; ~ **de carne** Fleischfaser f; **tabaco** m **de ~** Fasertabak m, Art Feinschnitt m 3 poét **~s** fpl (cabello) Haare npl

hebraico ADJ hebräisch; **hebraísmo** M 1 Hebraismus m; Judentum n 2 uso de la lengua: hebräischer Sprachgebrauch m; **hebraísta** M/F Hebraist m, -in f; **hebraizante** ADJ zum Judentum neigend; **hebraizar** VI ‹1c y 1f› Hebraismen verwenden; **hebreo** A ADJ hebräisch B M, **-a** F 1 persona: Hebräer m, -in f 2 fam fig (comerciante) Kaufmann m, -frau f 3 fam desp (regatón, -ona) Schacherer m, Schacherin f; Wucherer m, Wucherin f C M lengua: Hebräisch n

Hébridas FPL Hebriden pl

hebroso ADJ, **hebrudo** ADJ espec Am faserig, Faser...

hecatombe F Hekatombe f (tb fig); fig Gemetzel n

hecha ADV **de esta ~** von nun an, seitdem

hechicera F Zauberin f, Hexe f; **hechicería** F Zauberei f; **hechicero** A ADJ Zauber...; fig bezaubernd B M Zauberer m, Hexenmeister m; etnología: Medizinmann m; **hechizante** ADJ bezaubernd (tb fig); **hechizar** ‹1f› A VT verzaubern (tb fig), ver-, behexen; fig bezirzen fam B VI zaubern, hexen; **hechizo** A ADJ 1 (postizo) künstlich, falsch; ventana, puerta blind 2 Am reg (hecho en el lugar) im Lande hergestellt B M 1 (magia) Zauber m (tb fig), Bann m; **romper el ~** den Bann brechen 2 (fórmula mágica) Zauberspruch m; (filtro mágico) Zaubertrank m

hecho A PP → hacer B ADJ 1 (acabado) gemacht, getan; (cumplido, listo) vollendet, fertig; (maduro) reif; persona geworden (zu etw); **¡~!** einverstanden!, ja(wohl)!; erledigt!, in Ordnung!; **¡bien ~!** recht so!; in Ordnung! fam; **tres años bien ~s** drei volle Jahre (und noch mehr); **cuerpo** m **bien ~** wohl gestalteter (o gut proportionierter) Körper m; **cosa** f **-a** vollendete Tatsache f; **¡cosa -a!** abgemacht!; **a cosa -a** (con éxito asegurado) mit sicherem Erfolg; (intencionadamente) absichtlich; ~ **y derecho** vollendet; desp ausgemacht; **un hombre ~ y derecho** ein ganzer Mann; **¡mal ~!** schlecht!, schlecht gemacht!; **traje** m ~ Konfektionsanzug m, Anzug m von der Stange fam; **a lo ~, pecho o lo ~**, ~ **está** geschehen ist geschehen, was passiert ist, ist passiert; **hallárselo o encontrárselo todo ~** keinerlei Schwierigkeiten haben; sich ins gemachte Bett legen (fig) 2 fam **estar ~ ...** (tener apariencia de ...) aussehen wie ... (nom); der (o die) vollendete (o reinste fam) ... sein; zu ... (dat) werden; **está ~ una fiera o un tigre** er schäumt vor Wut 3 ~ **a** (acostumbrado a) gewöhnt an (acus); ~ **para** geschaffen für (acus) C M 1 (acción) Tat f, Handlung f; (acontecimiento) Geschehnis n, Ereignis n; Biblia: **Hechos** mpl **de los Apóstoles** Apostelgeschichte f; ~ **de armas** Waffentat f; ~ **delictivo** Straftat f; ~ **sangriento** Bluttat f; JUR **agravio** m **de ~** tätliche Beleidigung f; JUR **vías** fpl **de ~** Tätlichkeit(en) f(pl); **por vías de ~** tätlich 2 (la realidad) Tatsache f; JUR **~s** mpl derecho civil: Sachverhalt m; derecho penal: Tatbestand m; **de ~** tatsächlich; im Grunde (genommen), eigentlich; faktisch, in Wirklichkeit; JUR de facto; **de ~ y de derecho** von Rechts wegen; **el ~ es que ...** die Sache ist die, dass ..., Tatsache ist, dass ...; jedenfalls ...; **el ~ de que ...** (subj) die Tatsache (o der Umstand), dass ... (ind); **es un ~** es ist (eine) Tatsache; daran ist nichts zu ändern; ~ **consumado** vollendete Tatsache f; **colocar a alg ante el ~ consumado** j-n vor vollendete Tatsachen stellen

hechor M 1 Am Mer AGR (garañón) Zuchthengst m 2 Chile (malhechor) Übeltäter m

hechura F 1 (elaboración) Anfertigung f; Verfertigung f 2 (estilo) Machart f, (forma) Fasson f; (apariencia externa) Äußere(s) n, Aussehen n; **a ~ de** nach Art von (dat), ganz ähnlich wie (nom); **dar ~ a** formen (acus), gestalten (acus) 3 pago: Macherlohn m; pago del sastre: Schneiderlohn m 4 fig (criatura) Geschöpf n, Kreatur f (tb desp); (favorito) Günstling m; **somos ~ de Dios** wir sind Geschöpfe Gottes; Gott hat uns geschaffen 5 (escultura) Standbild n; Plastik f 6 Chile (invitación a beber) Einladung f zum Trinken

hectárea F Hektar n

héctico ADJ MED → hético

hectiquez F MED zehrendes Fieber n; Schwindsucht f

hecto... PREF hundert

hectografiar VT & VI ‹1c› vervielfältigen, hektografieren; **hectógrafo** M Hektograf m; **hectogramo** M Hektogramm n; **hectolitro** M Hektoliter n/m; **hectómetro** M Hektometer n/m; **hectovatio** M ELEC Hektowatt n

hedentina F Gestank m; **hedentino** ADJ stinkend; ekelhaft

heder VI ‹2g› cult stinken (nach dat a), übel riechen; fig unerträglich sein; **hediondez** F 1 (inmundicias) Unrat m 2 (mal olor) Gestank m; **hediondo** A ADJ stinkend; ekelhaft B M 1 BOT Stinkbaum m 2 Arg ZOOL Stinktier n; Col pop **¡~!** widerlicher Kerl! fam, so ein Stinktier! fam

hedonismo M FIL Hedonismus m; **hedonista** A ADJ hedonistisch B M/F Hedonist m, -in f

hedor M Gestank m; Aas-, Verwesungsgeruch m

hegelianismo M hegelsche Philosophie f; **hegeliano** A ADJ hegelianisch; Hegel... B M, **-a** F Hegelianer m, -in f

hegemonía F Hegemonie f, Vorherrschaft f

hégira, héjira F REL islamismo: Hedschra f

heidelbergués ADJ aus Heidelberg

helada F Frost m; ~ **(blanca)** Reif m; ~ **nocturna** Nachtfrost m

Hélade F Hellas n

heladera F 1 Am, espec RPl (refrigerador) Kühlschrank m 2 reg (champanero) Sektkühler m 3 vendedora: Eisverkäuferin f; propietaria: Eisdielenbesitzerin f 4 pop (cárcel) Knast m fam; **heladería** F 1 establecimiento de venta: Eisdiele f; Eiscafé n 2 fabricación: (Speise)Eisherstellung f; **heladero** M vendedor: Eisverkäufer m; propietario: Eisdielenbesitzer m; **heladizo** ADJ leicht gefrierend

helado A ADJ agua, etc gefroren, vereist; (muy frío) eiskalt, eisig (tb fig); (con temperatura de hielo) eisgekühlt; fig sonrisa starr, erstarrt; **se quedó ~ o le dejó ~** es verschlug ihm die Sprache, er erstarrte B M GASTR (Speise)Eis n; Arg, Ur ~ **de palito** Eis n am Stiel; ~ **de vainilla/chocolate/limón** Vanille-/Schokoladen-/Zitroneneis n; ~ **mantecado (o de nata)** Sahneeis n; ~ **variado** gemischtes Eis n; **copa** f **de ~(s)** Eisbecher m

helador ADJ vereisend; eisig; **heladora** F Eismaschine f; **heladura** F 1 MED (congelación) Erfrierung f 2 AGR Frostschaden m; **helamiento** M Frieren n; Gefrieren n; Erfrieren n

helar ‹1k› A VT 1 (congelar) einfrieren, zum Gefrieren bringen; vereisen; vino frappieren; p. ext vor Frost erstarren lassen 2 fig (dejar pasmado) verblüffen; (desalentar) entmutigen, einschüchtern, erstarren lassen (de vor dat); **el aspecto le heló la sangre** der Anblick ließ sein Blut gerinnen B V/IMP **hiela** es friert, es herrscht Frost C VR **helarse** gefrieren; aguas zufrieren; erstarren (tb fig)

helechal M mit Farn(kraut) bestandenes Gelände n; **helecho** M BOT Farn m; Farnkraut n; ~ **arborescente** Baumfarn m

helena F Griechin f; Hellenin f

helénico ADJ hellenisch; griechisch

helenio M BOT Alant m

helenismo M Hellenismus m; LING Gräzismus m; **helenista** M/F Hellenist m, -in f; Gräzist m, -in f; **helenística** F Gräzistik f; **helenístico** ADJ hellenistisch; gräzistisch; **helenización** F Hellenisierung f; **helenizar** ‹1f› A VT hellenisieren B VR **helenizarse** sich hellenisieren; griechisches Vorbild nachahmen

heleno A ADJ hellenisch; griechisch B M, **-a** F Hellene m, Hellenin f; Grieche m, Griechin f

helera F 1 VET Darre f der Kanarienvögel 2 Arg (refrigerador) Kühlschrank m; **helero** M 1 GEOL (glaciar) Gletscher m; **embudo** m **de ~** Gletschermühle f 2 del ventisquero: Firn-, Gletschereis n

helgado ADJ zahnlückig; **helgadura** F Zahnlücke f

heliantina F QUÍM Helianthin n; **helianto** M BOT Sonnenblume f, Helianthus m

hélice F 1 (línea helicoidal) Schraubenlinie f 2 del barco: (Schiffs)Schraube f; AVIA Propeller m; ~ **sustentadora** Tragschraube f

helicicultura F Schneckenzucht f

helicoidal ADJ schraubenförmig; Spiral..., spiralig; TEC **engranaje** m ~ Schneckengetriebe n; **helicoide** M MAT Schrauben-, Schneckenlinie f; **helicón** M MÚS Helikon n

helicóptero M AVIA Hubschrauber m, Helikopter m; MIL ~ **de combate** Kampfhubschrauber m; ~ **de rescate o de salvamento** Rettungshubschrauber m

helio M QUÍM Helium n

helio... PREF Sonne...; solar...; **heliocéntrico** ADJ ASTRON heliozentrisch; **heliofísica** F Solarphysik f

heliogábalo M 1 (glotón) Fresser m 2 (libertino cruel) grausamer Wüstling m

heliograbado M TIPO Lichtdruck(verfahren n) m, Heliogravüre f; **heliografía** F 1 ASTRON Sonnenbeschreibung f 2 MIL Blinkspruchsystem n 3 TIPO → heliograbado; **he-**

liógrafo M 1 ASTRON Heliograf *m* 2 MIL Blinkgerät *n*; **heliograma** M MIL Blinkspruch *m*; **heliolatría** F REL Sonnenanbetung *f*; **heliómetro** M ASTRON Heliometer *n*; **helión** M FÍS Heliumkern *m*

Helios M MIT Sonnengott *m*, Helios *m*

helioscopio M ASTRON Helioskop *n*; **helióstato** M ASTRON Heliostat *m*; **helioterapia** F MED Heliotherapie *f*; **heliotropio** M BOT → heliotropo; **heliotropismo** M Heliotropismus *m*; **heliotropo** M 1 BOT (*colorante*) Farbstoff; *geodesia*: Heliotrop *n* 2 MINER Heliotrop *m*

helipuerto M Hubschrauberlandeplatz *m*, Heliport *m*

Helvecia F HIST Helvetien *n*

helvecio ADJ, **helvético** A ADJ helvetisch; schweizerisch B M, **-a** F Helvetier *m*, -in *f*; Schweizer *m*, -in *f*

hemático ADJ MED Blut...; **cuadro** *m* ~ Blutbild *n*

hematíe M FISIOL rotes Blutkörperchen *n*; **hematites** F ‹*pl inv*› MINER Hämatit *m*, Blutstein *m*; ~ **parda/roja** Braun-/Roteisenstein *m*; **hematoblasto** M FISIOL Blutplättchen *n*; **hematógeno** ADJ hämatogen; **hematología** F Hämatologie *f*; **hematoma** M MED Hämatom *n*, Bluterguss *m*; **hematuria** F MED Hämaturie *f*, Blutharnen *n*

hembra A F 1 ZOOL Weibchen *n*; **el águila** *f* ~ das Adlerweibchen 2 *fam* (*mujer*) Weib *n*, Frau *f*; **una real** ~ eine Klassefrau *f fam* 3 BOT **flores** *fpl* **~s** weibliche Blüten *fpl* 4 (*ojal*) Öse *f*; TEC (*tuerca*) (Bolzen)Mutter *f*; (*hueco*) Loch *n*, Buchse *f*; ~ **cuadrada** Vierkantloch *n* B ADJ dünn, schütter

hembraje M *Am* 1 ZOOL *alle weiblichen Tiere einer Herde* 2 *fam desp* (*conjunto de mujeres*) Weibervolk *n fam*; **hembrear** VI 1 (*engendrar muchas hembras*) (fast) nur Weibchen zur Welt bringen 2 (*estar en celo*) brünstig sein; **hembrilla** F TEC Ösenschraube *f*; Schrauben-, Bolzenmutter *f*; ELEC Buchse *f*

hemerálope, hemeralope ADJ MED nachtblind

hemeroteca F Zeitungsarchiv *n*

hemiciclo M 1 (*medio círculo*) Halbkreis *m*; Halbrund *n* 2 *sala*: halbkreisförmiger Saal *m* 3 *Esp fig* (*sala del Congreso*) Parlament *n*, Parlamentssaal *m*; **hemicránea** F MED Hemikranie *f*, Migräne *f*; **hemiedro** A ADJ *cristal* halbflächig B M MAT Hemieder *n*; **hemiplejía** F, **hemiplejia** F MED Hemiplegie *f*, halbseitige Lähmung *f*; **hemipléjico** A ADJ MED halbseitig gelähmt B M, **-a** F Hemiplegiker *m*, -in *f*; halbseitig Gelähmte *m/f*

hemisférico ADJ halbkugelförmig; Hemisphären..., hemisphärisch; **hemisferio** M Hemisphäre *f* (*tb* POL, ANAT), Halbkugel *f*; GEOG Erdhalbkugel *f*; ~ **ártico** *o* **boreal** nördliche Hemisphäre *f*; ~ **antártico** *o* **austral** südliche Hemisphäre *f*; ~ **norte/sur** nördlich/südliche Halbkugel; **en el** ~ **norte** auf der nördlichen Halbkugel

hemistiquio M LIT *métrica*: Halbvers *m*

hemocito M FISIOL Blutkörperchen *n*, Hämozyt *m*; **hemodiálisis** F MED Blutwäsche *f*, Dialyse *f*; **hemofilia** F MED Bluterkrankheit *f*, Hämophilie *f*; **hemofílico** A ADJ bluterkrank B M MED Bluter *m*; **hemoglobina** F FISIOL Hämoglobin *n*; **hemolisis** F MED Hämolyse *f*; **hemopatía** F MED Blutkrankheit *f*; **hemoptisis** F MED Blutspucken *n*

hemorragia F MED Hämorrhagie *f*, Blutung *f*; ~ **cerebral** Hirnblutung *f*; ~ **gástrica** Magenblutung *f*; ~ **intestinal** Darmblutung *f*; ~ **nasal** Nasenbluten *n*

hemorrágico ADJ MED hämorrhagisch; **hemorroidal** ADJ MED hämorr(ho)idal; **hemorroides** FPL MED Hämorr(ho)iden *fpl*; **hemostasia, hemostasis** F MED Blutstillung *f*, Hämostase *f*; **hemostático** ADJ MED blutstillend(es Mittel *n*); **pinza** *f* **-a** Gefäßklemme *f*

henal M Heuboden *m*; **henar** M Heuwiese *f*

henchido ADJ bauschig; geschwollen; aufgeblasen (*tb fig*); *fig* strotzend (**de** von *dat*); **henchidura** F Schwellung *f*

henchir ‹3l *y* 3 h; *pret* hinchó, hincheron; *ger* hinchendo› A VT 1 (*rellenar*) (an-, auf)füllen, ausstopfen; voll stopfen; *almohada* füllen; ~ **de lana** *tb* mit Wolle polstern 2 (*inflar*) anschwellen lassen; aufblasen B VR **henchirse** 1 (*inflarse*) anschwellen 2 (*hartarse de comida*) sich (*mit Essen*) voll stopfen

hendedura F → hendidura

hender ‹2g› A VT spalten; aufschlitzen; (zer)teilen; aufreißen; *liter* ~ **el aire** durch die Luft fliegen; *fig* ~ **la muchedumbre** sich (*dat*) einen Weg durch die Menge bahnen B VR **henderse** (auf)reißen; bersten; sich spalten

hendible ADJ spaltbar; **hendido** ADJ gespalten; BOT *hoja* geteilt; **hendidura** F 1 (*resquebrajadura*) Riss *m*, Sprung *m*; Spalt *m*; Spalte *f*, Schlitz *m*; Einschnitt *m* 2 TEC (*ranura*) Falz *m*; Fuge *f*, Kerbe *f*; **hendija** F *Am* Spalt *m*, Ritze *f*; **hendimiento** M *acción*: Spalten *n*; Aufschlitzen *n*; -reißen *n*; (*hendidura*) Riss *m*

hendir VT ‹3i› → hender

henequén M BOT amerikanische Agave *f*

henificación F AGR Heuen *n*; **henificar** VT & VI ‹1g› AGR Heu machen, heuen; **henil** M Heuboden *m*

heno M Heu *n*; **fiebre** *m* **del** ~ Heuschnupfen *m*; **hacer** ~ Heu machen, heuen

heñir ‹3h *y* 3l› VT *masa* kneten

hepática F BOT Leberblume *f*; **hepático** ADJ MED Leber...; leberkrank; **cólico** *m* ~ Gallenkolik *f*

hepatitis F ‹*pl inv*› MED Leberentzündung *f*, Hepatitis *f*

heptacord(i)o M MÚS Heptachord *m/n*; **heptaedro** GEOM A ADJ heptaedrisch, siebenflächig B M Heptaeder *n*

heptagonal ADJ siebeneckig; **heptágono** M Siebeneck *n*

heptasílabo A ADJ siebensilbig B M Siebensilb(n)er *m*; **heptateuco** M *Biblia*: Heptateuch *m*; **heptatleta** M/F DEP Siebenkämpfer *m*, -in *f*; **heptatlón** M DEP Siebenkampf *m*

héptodo M ELEC Heptode *f*

heráldica F Wappenkunde *f*, Heraldik *f*; **heráldico** ADJ heraldisch, Wappen...; **animal** *m* ~ Wappentier *n*

heraldista M/F Heraldiker *m*, -in *f*

heraldo M Herold *m*; *fig* Vorbote *m*

herbáceo ADJ BOT krautig, krautartig; Gras...; **herbada** F BOT Seifenwurz *f*; **herbaje** M 1 AGR Futtergras *n*, Weide *f* 2 TEX, *espec* MAR (*lana impermeable*) wasserdichtes Wollzeug *n*; **herbaj(e)ar** A VT auf die Weide treiben B VI weiden, grasen; **herbario** M Herbarium *n*; **herbazal** M Wiese *f*, Weide *f*; **herbecer** VI ‹2d› *hierbas* (hervor)sprießen; **herbicida** M Pflanzen-, Unkrautvertilgungsmittel *n*, Herbizid *n*; **herbívoro** A ADJ BIOL pflanzenfressend B M Pflanzenfresser *m*; **herbolario** A M, **-a** F 1 Kräutersammler *m*, -in *f* 2 *fam fig* (*botarate*) Narr *m*, Spinner *m fam* B M *tienda*: Kräuterladen *m*; **herborista** M/F Kräutersammler *m*, -in *f*; **caja** *f* **de** ~ Botanisiertrommel *f*; **herboristería** F Kräuterladen *m*; **herborizar** VT & VI ‹1f› Kräuter sammeln; botanisieren; **herboso** ADJ grasreich, grasig

herciano ADJ ELEC → hertziano; **herciniano** ADJ GEOL herzynisch

hercio M FÍS Hertz *n*

hercúleo ADJ herkulisch, Riesen... (*tb fig*)

Hércules M Herkules *m* (*tb fig*)

herculino 1 MIT herkulisch, auf Herkules bezogen 2 *liter* aus La Coruña

heredabilidad F Vererbbarkeit *f*; BIOL Erblichkeit *f*; **heredable** ADJ vererbbar; erblich

heredad F 1 (*terreno*) Grundstück *n* 2 (*patrimonio heredado*) Stamm-, Erbgut *n* 3 (*finca*) Landgut *n*; **heredado** A ADJ 1 vererbt; ererbt 2 (*acaudalado*) begütert B M, **-a** F Begüterte *m/f*; **heredar** VT ~ **a/c** etw erben (**de** von *dat*) (*tb* BIOL); ~ **a alg** (*recibir herencia*) j-n beerben; (*poner como heredero*) j-n als Erben einsetzen

heredera F Erbin *f*

heredero A ADJ erbberechtigt; → hereditario B M Erbe *m*; ~ **forzoso** Zwangs-, Noterbe *m*; Pflichtteilsberechtigte *m*; ~ **del trono** Thronerbe *m*; ~ **universal** Allein-, Universalerbe *m*; **príncipe** *m* ~ Erb-, Kronprinz *m*; **instituir (por)** ~ **a alg** j-n als Erben einsetzen

heredípeta M/F Erbschleicher *m*, -in *f*

hereditario ADJ erblich, Erb...; vererbbar; ererbt (*tb fig costumbre*); **derecho** *m* ~ Erbanspruch *m*; **enfermedad** *f* **-a** Erbkrankheit *f*; BIOL **factor** *m* ~ Erbfaktor *m*; BIOL **masa** *f* **-a** Erbmasse *f*

hereje M/F (F *tb* **hereja**) 1 REL Ketzer *m*, -in *f* (*tb fig*), Irrgläubige *m/f* 2 *fig* (*sinvergüenza*) unverschämter Mensch *m*; **cara** *f* **de** ~ Gaunervisage *f*; unverschämter Kerl *m*; **herejía** F 1 REL Häresie *f*, Irrlehre *f*, Ketzerei *f* (*tb fig*); **acusar de ~(s)** der Ketzerei anklagen; *fig* verketzern 2 *fig* (*tontería*) Unsinn *m*, Dummheit *f*

herencia F 1 (*lo que se hereda*) Erbschaft *f*; Erbe *n* (*tb fig*); Nachlass *m*; **dejar en** ~ hinterlassen, vererben; **adquirir por** ~ (er)erben 2 BIOL Erbanlage *f*

hereque ADJ *Ven* MED pockenkrank; pockennarbig

heresiarca M/F REL *y fig* Häresiarch *m*; Haupt *n* einer Sekte

herético ADJ häretisch; sektiererisch, ketzerisch (*tb fig*)

herida F (*lesión*) Verletzung *f*, Verwundung *f*; Wunde *f* (*tb fig*); *fig* (*ofensa*) Beleidigung *f*, Kränkung *f*; ~ **abierta** offene Wunde *f* (*tb fig*); ~ **de bala** Schussverletzung *f*, -wunde *f*; ~ **contusa/incisa** Quetsch-/Schnittwunde *f*; ~ **punzante** Stich(verletzung *f*) *m*; *fig* **renovar la** ~ alte Wunden (wieder) aufreißen; *fig* **respirar por la** ~ (ungewollt) seine Gefühle (*o* seine geheimen Gedanken) (*durch eine Äußerung*) verraten; **sufrir ~s de gravedad** schwer verletzt werden; *fig* **tocar a alg en la** ~ j-s wunden Punkt berühren

herido A ADJ verletzt (*tb fig*), *espec* MIL verwundet; getroffen; **como** ~ **por un rayo** wie vom Blitz getroffen; **mal** *o* **gravemente** ~ *o* ~ **de gravedad** schwer verletzt (*o* verwundet); ~ **leve** leicht verletzt, leicht verwundet (*tb* MIL); ~ **de muerte** tödlich getroffen; tödlich verwundet; *fig* **sentirse** ~ verletzt sein B 1 M, **-a** F *persona*: Verletzte *m/f*, *espec* MIL Verwundete *m/f*; ~ **grave/leve** Schwer-/Leichtverletzte *m*; ~ **de guerra** Kriegsverletzte *m*, -versehrte *m* 2 M *Chile* (*zanja*) (Abfluss)Graben *m*

herir VT ‹3i› 1 (*lesionar*) verwunden, verletzen (*tb fig*); *fig* (*ofender*) kränken, beleidigen; *fig* (*acertar*) treffen; eine tiefe Wirkung haben auf (*acus*); ~ **de bala** anschießen 2 MÚS *liter cuerdas* anschlagen 3 *sol* bescheinen, scheinen auf (*acus*); *rayo* treffen (*acus o* auf *acus*); ~ **los oídos** das Ohr treffen; ins Ohr schrillen (**a alg**

H

j-m); **~ la vista** blenden; grell in die Augen stechen; *fig* das Auge beleidigen; **~ el suelo con el pie** auf den Boden stampfen 4 TAUR **~ al miedo** *(impávido)* furchtlos sein

herma F Herme(ssäule) *f*

hermafrodita A ADJ zweigeschlechtig, Zwitter…; BOT **flores** *fpl* **~s** Zwitterblüten *fpl* B M Hermaphrodit *m*, Zwitter *m*; **hermafroditismo** M BIOL Hermaphroditismus *m*, Zweigeschlechtigkeit *f*; **hermafrodito** M → hermafrodita

hermana F 1 Schwester *f*; **~ de leche** Milchschwester *f*; **media ~** Halbschwester *f*; **~ política** Schwägerin *f* 2 REL Ordensschwester *f*; **~ de la Caridad** Vinzentinerin *f* 3 *jerga del hampa (camisa)* Hemd *n*; **~s** *pl (orejas)* Ohren *npl*

hermanable ADJ passend (**con** zu *dat*); vereinbar (**con** mit *dat*); **hermanado** ADJ *(armonizante)* zusammenpassend; *espec* BOT *(mellizo)* Zwillings…; **ciudad** *f* **-a** Partnerstadt *f*; **hermanamiento** M Verbrüderung *f*; **~ de ciudades** Städtepartnerschaft *f*

hermanar A V/T vereinen; zusammenschließen; zusammenstellen; verbinden B V/R **hermanarse** 1 *(unirse)* sich verbrüdern; sich verein(ig)en 2 *(encajar unos con otros)* zueinander passen; sich miteinander vereinbaren lassen 3 **~ con …** *entre ciudades*: eine Städtepatenschaft errichten mit …

hermanastra F Stiefschwester *f*; **hermanastro** M Stiefbruder *m*; **hermanazgo** M Bruderschaft *f*; Verbrüderung *f*

hermandad F 1 *(congregación)* Bruderschaft *f* (*tb fig y* REL); *(confraternidad)* Verbrüderung *f*, innige Freundschaft *f*; *(fraternidad)* Brüderlichkeit *f*; **~ oficial de ciudades** Städtepartnerschaft *f*; **~ de sangre** Blutsbrüderschaft *f* 2 *Esp espec* AGR *(cooperativa)* *Art* Genossenschaft *f*; **Hermandad de Labradores** Bauerngenossenschaft *f* 3 *Esp* HIST **Santa Hermandad** Wegepolizei *f*, Gendarmerie *f*

hermano A M 1 Bruder *m*; **~s** *sólo muchachos*: Brüder *mpl*; *hermano(s) y hermana(s)*: Geschwister *pl*; **~ de leche** Milchbruder *m*; **medio ~** Halbbruder *m*; **~ político** Schwager *m*; **~s** *pl* **siameses** siamesische Zwillinge *mpl*; **~ uterino** *o* **de madre** Halbbruder *m* mütterlicherseits; **¡~!** *Col, Am reg fam* (hallo) Kumpel! *fam*; ECON **López Hermanos** Gebrüder López 2 REL Ordensbruder *m*; **~s Musulmanes** Moslembrüder *mpl* B ADJ Bruder…; Schwester…; **pueblo** *m* **~** Brudervolk *n*

hermenéutica F *t/t* Hermeneutik *f*; **hermenéutico** ADJ hermeneutisch

herméticamente ADV **~ cerrado** luftdicht, hermetisch verschlossen; **hermeticidad** F Dichtigkeit *f*; *fig* → hermetismo; **hermético** ADJ 1 *(impenetrable)* undurchlässig; hermetisch (*tb fig*); *al aire*: luftdicht; *al agua*: wasserdicht; **con cierre ~** hermetisch verschlossen 2 *fig (cerrado)* verschlossen 3 *fig (incomprensible)* unverständlich; **hermetismo** M Unnahbarkeit *f*, Verschlossenheit *f*, Unverständlichkeit *f*; **hermetizar** V/T hermetisch verschließen

hermosamente ADV schön, vortrefflich, großartig; **hermoseamiento** M Verschönerung *f*; **hermosear** V/T verschönern, schön(er) machen; ausschmücken; **hermosísimo** ADJ *sup* bild-, wunderschön

hermoso ADJ 1 *(lindo)* schön; *hombre* stattlich; **¡qué día más ~!** was für ein schöner Tag!; la **-a** die Schöne, die schöne Frau 2 *fig* vortrefflich, großartig

hermosura F Schönheit *f* (*tb fig mujer*); *fig* Pracht *f*; **~ de manzana** prachtvoller Apfel *m*

hernia F MED Bruch *m*, Hernie *f*; **~ discal** *o* **intervertebral** Bandscheibenvorfall *m*; **~ inguinal/umbilical** Leisten-/Nabelbruch *m*

herniado ADJ bruchleidend; **herniario** ADJ MED Bruch…; **tumor** *m* **~** Bruchgeschwulst *f*; **herniarse** V/R ‹1b› sich *(dat)* einen Bruch zuziehen; *pop fig* **no ~** sich *(dat)* kein Bein ausreißen *fam*; **hernioso** ADJ MED → herniado

hernista M/F MED Facharzt *m*, -ärztin *f* für Bruchoperationen (*o* -leiden)

Herodes M *Biblia*: Herodes *m*; *fig* **ir de ~ a Pilatos** *(ir de la Ceca a la Meca)* von Pontius zu Pilatus laufen; *(saltar de la sartén y dar en las brasas)* vom Regen in die Traufe kommen

herodiano ADJ Herodes…

héroe M Held *m* (*tb* TEAT); MIT Heros *m*

heroica F *Arg, Méx pop drogas* Horse *n pop* *(Heroin)*

heroicamente ADV heldenhaft, heroisch; **heroicidad** F 1 *(heroísmo)* Heldenmut *m* 2 *(hazaña)* Heldentat *f*

heroico ADJ 1 heldenmütig, heroisch; **acción** *f* **-a** Heldentat *f*; **acto** *m* **~** *tb* aufopferndes Handeln *n*; **poema** *m* **~** Heldengedicht *n*; **tiempos** *mpl* **~s** Heldenzeitalter *n* 2 *(de efecto drástico)* stark wirkend (*tb* FARM); aufputschend

heroína F 1 *mujer*: Heldin *f*; TEAT Heroine *f* 2 FARM, *droga*: Heroin *n*; **heroinómano** M, **-a** F Heroinsüchtige *m/f*, -abhängige *m/f*

heroísmo M Heroismus *m*; Heldentum *n*

herpe M *o* F MED (*frec pl* **~s**) (Bläschen)Ausschlag *m*, Herpes *m*; **~s zoster** Gürtelrose *f*; *t/t* Herpes *m* Zoster; **herpético** ADJ MED Herpes…

herpetología F ZOOL Herpetologie *f*, Kriechtierkunde *f*

herrada F Bottich *m*, Kübel *m*

herradero M 1 *del ganado*: Brandmarken *n* 2 *p. ext lugar*: Ort *m* (und Zeit *f*) der Brandmarkung 3 *fig (corrida de toros irregular)* Stierkampf *m* mit regelwidrigem Verlauf; **herrador** M Hufschmied *m*; **herradura** F 1 *de los caballos*: Hufeisen *n*; Hufbeschlag *m*; **en forma de ~** hufeisenförmig; **camino** *m* **de ~** Saumpfad *m*; **curva** *f* **en ~** Haarnadelkurve *f* 2 ZOOL *murciélago*: Hufeisennase *f*

herraje(s) M(PL) Beschlag *m*, Beschläge *mpl*; **herramental** A ADJ Werkzeug… B M 1 *estuche*: Werkzeugtasche *f*; **~ para el montaje** Montagekasten *m* 2 *(conjunto de herramientas)* Werkzeug *n*; **herramienta** F 1 *(instrumento de trabajo)* Werkzeug *n*; Gerät *n*; INFORM Tool *n*; **~s** *fpl* Arbeitsgerät *n*, Handwerkszeug *n*; **~s de minero** Bergmannsgeräte *npl*, Gezähe *n*; **máquina ~** *o* **~ mecánica** Werkzeugmaschine *f* 2 *fig* ZOOL *(cornamenta)* Gehörn *n der Tiere* 3 *fam (dentadura)* Gebiss *n* 4 *fam (navaja de muelle)* Klappmesser *n* 5 *pop (pene)* Schwanz *m pop*

herrar V/T ‹1k› 1 *caballos, etc* (mit Hufeisen) beschlagen 2 *ganado* mit Brandzeichen versehen

herreño GEOG A ADJ *auf (die Kanareninsel) Hierro bezogen* B M, **-a** F Einwohner *m*, -in *f* von Hierro

herrera F *pez*: Marmorbrasse *f*

herrería F Schmiede *f*; Hammerwerk *n*; *fig* Getöse *n*, Tumult *m*

herrerillo M ORN **~ (común)** Blaumeise *f*; **~ capuchino** Haubenmeise *f*

herrero M Schmied *m*; **~ de grueso** Grobschmied *m*; *prov* **en casa de ~, cuchillo de palo** der Schuster trägt (oft) die schlechtesten Schuhe

herrial ADJ **uva** *f* **~** *großbeerige dunkelrote Traubenart*

Herri Batasuna HIST, POL Einiges Volk *n verbotene radikal separatistische baskische Partei*

herrumbrarse V/R rosten; **herrumbre** F 1 *(óxido de hierro)* (Eisen)Rost *m* 2 *(gusto a hierro)* Eisengeschmack *m* 3 BOT *(roya)* Rost *m*; **herrumbroso** ADJ rostig

hertz(io) M FÍS Hertz *n*; **hertziano** ADJ FÍS Hertz…; **ondas** *fpl* **-as** hertzsche Wellen *fpl*

hervidero M 1 *(ebullición)* Sieden *n*, Brodeln *n* 2 *fig de personas, insectos*: Gewühl *n*, Gewimmel *n*; *fam fig* **esto es un ~** hier geht es zu wie im Taubenschlag; **hervido** A ADJ (auf)gekocht B M 1 *Am* GASTR Eintopf *m* 2 (Auf)Kochen *n*; Sieden *n*; **hervidor** M Kocher *m*; TEC Siederohr *n*; **~ eléctrico sumergible** Tauchsieder *m*; **hervidora** F **~ de agua** Wasserkocher *m*

hervir ‹3i› A V/I 1 *(bullir)* aufkochen, wallen; *p. ext* sprudeln; **hirviendo** kochend (heiß) 2 *mar* wild bewegt sein; *mosto* gären 3 *fig pasiones* toben; **le hierve la sangre** sein Blut gerät in (heftige) Wallung; **~ en deseos** sich in glühenden Wünschen verzehren 4 *(pulular)* **~ en** *o* **de** wimmeln von *(dat)* B V/T (auf)kochen (lassen); auskochen

hervor M 1 Sieden *n*, Kochen *n*; *p. ext* Wallen *n* (*tb fig*), Brausen *n*; **dar un ~ al agua** das Wasser aufkochen (*o* aufwallen) lassen 2 *fig (calor)* Hitze *f*, Feuer *n*, Ungestüm *n*; **hervoroso** ADJ 1 *(hirviendo)* kochend; *p. ext* sprudelnd 2 *fig (ardiente)* feurig, ungestüm

hesitar V/I *liter* schwanken, zögern

hespérides FPL 1 MIT Hesperiden *fpl* 2 ASTRON Siebengestirn *n*, Plejaden *pl*

hesperidio M BOT *eine Zitrusfrucht*

Héspero M *poét* Abendstern *m*; MIT Hesperos *m*

Hesse F Hessen *n*

hetaira F, **hetera** F HIST Hetäre *f*

hetera F HIST Hetäre *f*

hetero M/F *fam* Heterosexuelle *m/f*; Hetero *m/f* *fam*; Hete *f pop*

heterocíclico ADJ BOT, QUÍM heterozyklisch; **heteróclito** ADJ 1 *t/t (irregular)* heterogen, uneinheitlich, ungleichartig 2 LING regelwidrig 3 *fig (extraño)* auffallend, seltsam; **heterodoxia** F REL *y fig* Heterodoxie *f*, Andersgläubigkeit *f*; **heterodoxo** ADJ andersgläubig, heterodox; **heterogeneidad** F *t/t* Heterogenität *f*, Uneinheitlichkeit *f*; Verschiedenartigkeit *f*; **heterogéneo** ADJ *t/t* heterogen, uneinheitlich; ungleichartig; **heteromancia, heteromancía** F Wahrsagung *f* aus dem Flug der Vögel; **heteromorfo** ADJ *t/t* heteromorph; **heteronimia** F LING Heteronymie *f*; **heterónimo** LING A ADJ heteronym B M Heteronym *n*; **heterónomo** ADJ ZOOL heteronom; **heteroplastia** F MED Heteroplastik *f*; **heteroscios** MPL *liter* Bewohner *mpl* der gemäßigten Zonen; **heterosexual** ADJ heterosexuell

hético ADJ MED schwindsüchtig; *fig* abgezehrt

hevea M/F BOT Kautschuk-, Gummibaum *m*

hexa… PREF *t/t* hexa…, sechs…

hexacordo M MÚS Hexachord *m/n*; **hexaédrico** ADJ MAT hexaedrisch, sechsflächig; **hexaedro** M MAT Hexaeder *n*; **hexagonal** ADJ sechseckig; TEC Sechskant…

hexágono M GEOM Sechseck *n*; **hexámetro** M LIT *métrica*: Hexameter *m*; **hexápodo** ADJ *insecto* sechsfüßig

hez F ‹*pl* heces› 1 *(poso)* Bodensatz *m* 2 *fig (espuma)* Abschaum *m* 3 MED **heces** *fpl* **(fecales)** Fäkalien *pl*, Faeces *pl*; *fig* **hasta las heces** bis zur Neige

Hezbolá M Hisbollah *f*

H.H. ABR (Hermanos) Gebrüder *pl*

hialino ADJ glasartig, durchsichtig (*wie Glas*), *espec* MED, GEOL hyalin

hiato M FON, MED Hiatus *m*; Spalt *m* (*tb fig*)

hibernación F 1 BIOL Winterschlaf *m*, Überwintern *n* 2 MED Heil-, Dauerschlaf *m*; Hibernation *f*; Unterkühlung(stherapie) *f*; **hibernal** ADJ Winter…; **hibernar** V/I Winterschlaf halten

hibernés, hibérnico ADJ *liter* → irlandés
hibisco M BOT Hibiskus *m*, Eibisch *m*
hibridación F BIOL, AGR Kreuzung *f*, Bastardierung *f*; **hibridar** V/T BIOL, AGR hybridisieren; bastardieren; **hibridez** F, **hibridismo** M Hybridismus *m*
híbrido BIOL *y fig* **A** ADJ hybrid, Bastard...; AGR **maíz** *m* ~ Hybridenmais *m*; LING **palabra** *f* **-a** Worthybride *f*, Mischbildung *f* **B** M Hybride *f*, Bastard *m*
hicaco M BOT → icaco
hicotea F *Col, Cuba, Méx* ZOOL Schmuckschildkröte *f* (*Pseudemys scripta, Trachemys scripta*); Fransenschildkröte *f* (*Chelus fimbriatus*)
hidalga F Edelfrau *f*, Adlige *f*; **hidalgamente** ADV ritterlich
hidalgo **A** ADJ adelig (*tb fig*); *fig* edel, vornehm; großzügig **B** M Edelmann *m*, Adlige *m*; ~ **rústico** Landjunker *m*; *fig irón* ~ **pobre** heruntergekommener (*o* verarmter) Adliger *m*
hidalguez, hidalguía F (niedriger) Adel *m*; *fig* (*nobleza*) Edelmut *m*; ~ **de ejecutoria** Briefadel *m*; ~ **de sangre** Geburtsadel *m*
hidra F ZOOL **1** *culebra*: *giftige Pazifikschlange* **2** *pólipo*: Hydra *f*, Süßwasserpolyp *m*
Hidra F MIT, ASTRON *y fig* Hydra *f*
hidrante M *Am* Hydrant *m*
hidrargírico ADJ quecksilbern; **hidrargirio** M *liter* Quecksilber *n*
hidrartrosis F MED Gelenkwassersucht *f*
hidratación F QUÍM Hydra(ta)tion *f*, Hydratbildung *f*; **hidratante** ADJ Feuchtigkeit spendend; **crema** *f* ~ Feuchtigkeitscreme *f*; **hidratar** V/T QUÍM mit Wasser verbinden, hydratisieren; **hidrato** M QUÍM Hydrat *n*; **~s** *pl* **de carbono** Kohlenhydrate *npl*
hidráulica F Hydraulik *f*; **hidráulico** **A** ADJ hydraulisch; Wasser...; Wasserbau...; **obras** *fpl* **-as (agrícolas)** (landwirtschaftlicher) Wasserbau *m*; **reservas** *fpl* **–as** Wasserreserven *fpl*, -vorräte *mpl*; **rueda** *f* **-a** Wasserrad *n* **B** M Wasserbauingenieur *m*; Hydrauliker *m*
hídrico ADJ Wasser...
hidro M Wasserflugzeug *n*
hidroala M Tragflügelboot *n*; **hidroavión** M Wasserflugzeug *n*; **hidrobiología** F Hydrobiologie *f*; **hidrocarburo** M QUÍM Kohlenwasserstoff *m*; **hidrocefalia** F MED Wasserkopf *m*, Hydrozephalus *m*; **hidrocéfalo** ADJ MED wasserköpfig; **hidrocele** F MED Wasserbruch *m*, Hydrozele *f*; **hidrocultivo** M, **hidrocultura** F BOT Hydrokultur *f*; **hidrodinámica** F FÍS Hydrodynamik *f*, Strömungslehre *f*; **hidroeléctrico** ADJ **central** *f* **-a** Wasserkraftwerk *n*
hidrofilia F BIOL, QUÍM Hydrophilie *f*; **hidrofílico** ADJ, **hidrófilo** ADJ hydrophil; BIOL wasserliebend; QUÍM wasseranziehend, Wasser anziehend; MED **algodón** *m* ~ Verbandwatte *f*; **hidrofobia** F **1** (*horror al agua*) Wasserscheu *f* **2** MED (*rabia*) Tollwut *f*; **hidrófobo** ADJ **1** (*miedo al agua*) wasserscheu **2** MED (*rabioso*) tollwütig; **hidrófugo** ADJ **1** BIOL wassermeidend **2** TEX (*que rechaza la humedad*) Wasser abweisend
hidrogenación F QUÍM Hydrierung *f*; Verflüssigung *f*; **hidrogenado** ADJ wasserstoffhaltig; **hidrogenar** V/T QUÍM hydrieren
hidrógeno M QUÍM Wasserstoff *m*
hidrogeología F Hydrogeologie *f*; **hidrogeólogo** M, **-a** F Hydrogeologe *m*, -geologin *f*; **hidrografía** F **1** *ciencia*: Gewässerkunde *f*, Hydrografie *f* **2** (*las aguas*) Gewässer *npl*; **hidrográfico** ADJ hydrografisch, Gewässer...; **mapa** *m* ~ Seekarte *f*; **hidrógrafo** M, **-a** F Hydrograf *m*, -in *f*; **hidrojardinera** F BOT Pflanzkasten *m* für Hydrokultur; **hidrólisis** F QUÍM Hydrolyse *f*; **hidrología** F Hydrologie *f*; **hidrólogo** M, **-a** F Hydrologe *m*, Hydrologin *f*; **hidromasaje** F (Unter)Wassermassage *f*; **hidrometría** F FÍS Hydrometrie *f*; **hidrómetro** M Hydrometer *n*; **hidromiel** M Honigwasser *n*; **hidrónimo** M Gewässername *m*; **hidropesía** F MED Wassersucht *f*, Hydropsie *f*; **hidrópico** **A** ADJ **1** MED wassersüchtig **2** *fig persona* sehr durstig; *sed* unersättlich **B** M, **-a** F MED Wassersüchtige *m/f*; **hidroplaneador** M AVIA Wassersegelflugzeug *n*; **hidroplano** M **1** MAR Gleitboot *n* **2** AVIA Wasserflugzeug *n*; **hidroquinona** F QUÍM, FOT Hydrochinon *n*; **hidrosfera** F Hydrosphäre *f*; **hidrosol** M Hydrosol *n*; **hidrosoluble** ADJ wasserlöslich; **hidrostática** F Hydrostatik *f*; **hidrostático** ADJ hydrostatisch; **hidrotecnia** F Wasserbautechnik *f*; **hidroterapia** F MED Wasserheilkunde *f*, Hydrotherapie *f*; **hidroterápico** ADJ hydrotherapeutisch; **tratamiento** *m* ~ Wasserkur *f*; **hidrovelero** M Wassersegelflugzeug *n*; **hidróxido** M QUÍM Hydroxid *n*
hiedra F BOT Efeu *m*
hiel F **1** (*bilis*) Galle *f* (*tb fig*); *fig* (*amargura*) Bitterkeit *f*; Erbitterung *f*; *fig* **echar** *o* **sudar la** ~ hart arbeiten, sich sehr plagen; **estar hecho de** ~ galle(n)bitter sein; *fig* sehr gallig sein; **no tener** ~ *o* **ser una paloma sin** ~ ein friedliches Gemüt haben **2** BOT ~ **de (la) tierra** Tausendgüldenkraut *n*
hielera F Behälter *m* für Eiswürfel
hielo M **1** Eis *n*; ~**(s** *pl***) flotante(s)** Treibeis *n*; ~ **(resbaladizo)** Glatteis *n*; ~ **seco** Trockeneis *n*; *fig* **romper el** ~ das Eis brechen **2** (*helada*) Frost *m*; *fig* Kälte *f*; *fig* **estar hecho un** ~ eiskalt sein; (völlig) gefühllos sein
hiemal **A** ADJ *t/t* → invernal **B** M **(solsticio** *m***)** ~ Wintersonnenwende *f*
hiena F ZOOL *y fig* Hyäne *f*
hierático ADJ *escritura* hieratisch; *fig* (*solemne*) ernst, feierlich; zeremoniös
hierba F **1** BOT (*pasto*) Gras *n*; Kraut *n*; **~s** *fpl* Kräuter *npl*; (Futter)Gras *n*; ~ **ballestera** Nieswurz *f*; ~ **buena** → hierbabuena; ~ **caballar** *o* **cana** Vogelkreuzkraut *n*; ~ **de los canónigos** Feldsalat *m*; ~ **centella** Butterblume *f*; ~ **de las coyunturas** *Art* Meerträubchen *n*; ~ **giganta** Bärenklau *m*; ~ **luisa** Zitronenkraut *n*; ~ **medicinal** Heilkraut *n*; ~ **sagrada** Eisenkraut *n*, Verbene *f*; ~ **de San Juan** Johanniskraut *n*; ~ **de las siete sangrías** Steinsame *m*; ~ **de Santa María** Rainfarn *m*; ~ **tora** Sommerwurz *f*; **mala** ~ Unkraut *n*; **en** ~ *siembra* noch grün, jung; *fam* **... y otras ~s** ... und so weiter; *fig* **sentir** *o* **ver crecer la** ~ das Gras wachsen hören; *prov* **mala** ~ **nunca muere** Unkraut vergeht nicht **2** *drogas fam* Gras *n fam*, Marihuana *n* **3** **~s** *fpl veneno*: Gifttrank *m*; Kräutertrank *f*
hierbabuena F BOT Minze *f*; **hierbajo** M *desp* Kraut *n*; Unkraut *n*; **hierbal** M Grasfeld *n*; **hierbaluisa** F BOT Zitronenstrauch *m*, Zitronenverbene *f*; **hierbasana** F BOT Minze *f*; **hierbatero** M, **-a** F *Am reg* Kräutermann *m*, -frau *f*, Heilkundige *m/f*
hiero M BOT → yero
hierocracia F Hierokratie *f*
hieroglífico ADJ → jeroglífico; **hierosolimitano** ADJ → jerosolimitano
hierra F *Am* Brennen *n*, Brandmarken *n des Viehs*; **hierrillos** MPL MÚS Triangel *m*
hierro M **1** Eisen *n*; **de** ~ eisern; ~ **bruto** *o* **tocho** Roheisen *n*; ~ **colado** *o* **fundido** Gusseisen *n*; ~ **forjado** Schmiedeeisen *n*; ~ **magnético/perfilado** Magnet-/Profileisen *n*; ~ **en T** T-Eisen *n* **2** *p. ext* (*herramienta de hierro*) eisernes Werkzeug *n*; *para marcar ganado*: Brandeisen *n*; *fig* (*arma*) Waffe *f*; **~s** *mpl* **de armado** Moniereisen *n*; **a** ~ **y fuego** mit Feuer und Schwert; *fig* **quitar** ~ **a a/c** etw herunterspielen; *fam* **quítale** ~ halb so wild *fam*, nun mach's mal halblang *fam* **3** *Cuba* (*mujer estupenda*) Klassefrau *f fam* **4** *Cuba vulg* (*pene*) Schwanz *m* **5** *fig* **~s** *mpl* (*cadenas*) Fesseln *fpl*, Ketten *fpl*
hifa F BIOL Pilzfaden *m*, Hyphe *f*
hifi ['ifi] ADJ *inv* Hi-Fi...
higa F **1** (*amuleto*) Amulett *n gegen den bösen Blick* **2** (*gesto de desprecio*) *Gebärde der Verachtung*; *pop* **me importa una** ~ *o* **se me da una** ~ das ist mir schnuppe *fam*
higadilla F, **higadillo** M **1** (*hígado de aves*) (Geflügel)Leber *f* **2** *Cuba* VET Leberkrankheit *f des Geflügels*
hígado M **1** ANAT Leber *f* **2** *fig* (*valentía*) Mut *m*; **echar los ~s** sich abrackern; *Méx, Am Centr* **ser un** ~ lästig (*o* aufdringlich) sein; **tener malos ~s** böswillig sein; **tener** *o fam* **ser de muchos ~s** sehr mutig sein, Mumm haben *fam*
higadoso *fam* langweilig, lästig; aufdringlich
higiene F Hygiene *f*; Gesundheitspflege *f*; Gesundheitslehre *f*; ~ **bucal** Mundpflege *f*; ~ **corporal** *o* **personal** Körperpflege *f*; ~ **pública** Gesundheitswesen *n*; ~ **sexual** Sexualhygiene *f*
higiénico ADJ hygienisch; gesund; **papel** *m* ~ Toilettenpapier *n*; **higienista** M/F Hygieniker *m*, -in *f*; **higienización** F Hygienisierung *f*, Anpassung *f* an die gesundheitspolizeilichen Vorschriften; **higienizar** **A** V/T hygienisieren; sanieren **B** V/R **higienizarse** *Arg pop* sich waschen
higo M **1** *fruto*: Feige *f*; ~ **boñigar** *Art* breite Feige *f*; ~ **chumbo** *o* **de tuna** Kaktus-, Nopalfeige *f*; ~ **melar** Honigfeige *f*; ~ **paso** (*o* **seco**) getrocknete Feige *f*, Trockenfeige *f*; *adv* **de ~s a brevas** nur selten; *fig* **hecho un** ~ ganz zerdrückt; total kaputt *fam*; *persona* runzlig **2** *fig* (*nada*) nichts; *fam* **(a mí) me importa un** ~ *o* **no se me da un** ~ das ist mir schnuppe *fam* **3** *pop* (*vulva*) Muschi *f fam*, Möse *f pop*
higrómetro M Hygrometer *n*, Feuchtigkeitsmesser *m*
higroscópico ADJ hygroskopisch; **higroscopio** M Hygroskop *n*, Feuchtigkeitsmesser *m*
higuera F Feigenbaum *m*; ~ **chumba** *o* **de Indias** *o* **de pala** *o* **de tuna** Feigenkaktus *m*, Nopal *m*; ~ **del infierno** Rizinus *m*; *fam fig* **estar en la** ~ geistig abwesend (*o* weggetreten *fam*) sein, dösen
higuereta, higuerilla F BOT Rizinus *m*; **higuerón** M *Am trop*, **higuerote** M *Méx* BOT Riesengummibaum *m*
hija F Tochter *f*; ~ **política** Schwiegertochter *f*; ~ **única** einzige Tochter *f*; Einzelkind *n*
hijaputa F *vulg* Miststück *n*; **hijastra** F Stieftochter *f*; **hijastro** M Stiefsohn *m*
hijo M Sohn *m* (*tb fig*); *p. ext y fig* Kind *n*; **sin ~s** kinderlos; ~ **de (Madrid)** geboren in (Madrid); COM **Serrano Hijos** Serrano & Söhne; ~ **adoptivo** Adoptivsohn *m*;; ~ **bastardo** uneheliches Kind *n*; CAT ~ **espiritual** Beichtkind *n*; *Biblia*: **el** ~ **del Hombre** der Menschensohn; ~ **ilegítimo** uneheliches Kind *n*; ~ **de (su) madre** (ganz) der Sohn seiner Mutter, (ganz) wie die Mutter; *pop desp* Hurensohn *m pop*; *vulg* ~ **de (la) mala madre** Hurensohn *m vulg*; ~ **de mamá** Muttersöhnchen *n*; ~ **de papá** (verwöhnter) junger Mann aus reichem Hause; ~ **político** (*yerno*) Schwiegersohn *m*; (*hijastro*) Stiefsohn *m* ~ **predilecto** Ehrenbürger *m*; *vulg* ~ **de (la gran) puta** *o* ~ **de tal** Hurensohn *m vulg*, Scheißkerl *m vulg*; ~ **único** einziger Sohn *m*; Einzelkind *n*; *fam* **cada** *o* **cualquier** ~ **de vecino** jeder (Beliebige), jedermann
hijodalgo M ⟨*pl* hijosdalgo⟩ HIST Edelmann *m*; **hijoputa** **A** M *espec Am vulg* Schweine-

hund *m*, Mistkerl *m* **B** F *vulg* Miststück *n*, Luder *n*; **hijoputada** F, **hijoputez** F *vulg* Sauerei *f pop*, Hundsgemeinheit *f pop*

hijuela F **1** *dim* → hija **2** JUR Erbteilungsschein *m*; *(cuota hereditaria)* Erbteil *n* **3** *de un canal*: Stichkanal *m*; Bewässerungsrinne *f*; *de un camino*: Nebenweg *m* **4** *(sucursal)* Neben-, Zweigstelle *f* **5** *correos*: Landzustellung *f* **6** TEX Einsatz *m zum Weitermachen an Kleidungsstücken* **7** CAT Palla *f* **8** *Chile (bienes formados por división)* durch Teilung eines größeren Besitzes geschaffenes Gut *n*; **hijuelo** M **1** *dim* → hijo **2** BOT Trieb *m*, Schössling *m*; **hijuemadre** M *Col vulg* Schweinehund *m*, Mistkerl *m*

hila[1] F **1** *(fila)* Reihe *f*; **a la ~** einer hinter dem andern **2** *(tripa delgada)* dünner Darm *m*

hila[2] F TEX Spinnen *n*; **~s** *fpl* Scharpie *f* **(hacer** zupfen); **hilacha** F Faser *f*, Fussel *f*; *fig* **mostrar la ~** sein wahres Gesicht zeigen; *Col fam* **~s** *fpl* Lumpen *mpl*, Lumpenkleider *npl*

hilachiento *Am* ADJ **1** *(fibroso)* faserig, fusselig **2** *Am (vestido con trapos)* in Lumpen gekleidet; **hilacho** M → hilacha; *Méx fam* **~s** MPL Lumpen *mpl*; **hilachoso** → hilachiento

hilada F Reihe *f*; Lage *f*, Schicht *f*; **~ de ladrillos** Backsteinlage *f*, Ziegelreihe *f*; **hiladillo** M TEX Florettseide *f*; **hiladizo** ADJ (ver)spinnbar

hilado M TEX **1** Spinnen *n*; **~ a máquina** *o* **~ mecánico** Maschinenspinnerei *f* **2** TEC Gespinst *n*; **~s** *mpl* Spinnstoffwaren *fpl* **3** *(hilo)* Faden *m*, Garn *n*; **~ de algodón** Baumwollgarn *n*

hilador M TEX Spinner *m*; **hiladora** F **1** *mujer*: Spinnerin *f* **2** *máquina*: Spinnmaschine *f*; **hilandera** F Spinnerin *f*; **hilandería** F **1** *(acción de hilar)* Spinnen *n* **2** *fábrica*: Spinnerei *f*; Zwirnerei *f*; **hilandero** M Spinner *m*

hilar V/T & V/I **1** TEX spinnen; verspinnen **2** *fig conversación* anknüpfen; *intrigas* spinnen; *fig* **~ delgado** *o* **muy fino** es sehr genau nehmen, sehr pedantisch (*o* vorsichtig) sein

hilarante ADJ erheiternd; sehr lustig; zum Lachen; **gas** *m* **~** Lachgas *n*; **hilaridad** F Heiterkeit *f*; **provocar la ~ general** allgemeine Heiterkeit hervorrufen

hilatura F TEX **1** *(arte de hilar)* Verspinnen *n*; *procedimiento*: Spinnverfahren *n* **2** *(tejido)* Gewebe *n*; **~ a mano** Handspinnen *n*

hilaza F *(hilado)* Gespinst *n*; *(fibra gruesa)* grobe Faser *f*; **~ de vidrio** Glasfaser *f*, -gespinst *n*; *fam fig* **descubrir la ~** sein wahres Gesicht zeigen

hilera F **1** *(fila)* Reihe *f*; MIL Glied *n*; **~ de casas** Häuserreihe *f*; **de tres ~s** dreireihig; MIL **~ doble** Doppelreihe *f* **2** ZOOL Spinndrüse *f* **3** TEC *tobera*: Spinndüse *f*; *herramienta*: (Draht)Zieheisen *n*; *para producir alambre*: Drahtziehbank *f* **4** ARQUIT Firstbalken *m*

hilero M MAR Stromstrich *m*; Nebenströmung *f*

hilio M ANAT Hilus *m*

hilo M **1** *(hebra)* Faden *m (tb fig)*; Garn *n*; Schnur *f*; **~ (retorcido)** Zwirn *m*; **~ de bordar** Stickgarn *n*; *fig* **el ~ conductor** der rote Faden; **~ dental** Zahnseide *f*; **~ de Egipto** Makogarn *n*; **~ de goma** Gummifaden *m*; **~ de punto/de seda** Strick-/Seidengarn *n*; **~ de telaraña** Spinngewebsfaden *m*; **~ de trama/urdimbre** Schuss-/Kettfaden *m*; **~ de yute** Jutegarn *n*; *fig* **~ de la vida** (alltäglicher) Lebensablauf *m*; Lebensfaden *m*; **a ~** ununterbrochen; parallel; *adv* **~ a ~** langsam, aber stetig *(fließend)*; *fig* **coger el ~ de a/c** etw erfassen; *fig* **colgar** *o* **estar colgado** *o* **pender** *o* **estar pendiente de un ~** an einem (seidenen) Faden hängen; **cortar al ~** TEX fadengerade schneiden; *madera* in Faserrichtung schneiden; *fig* **cortar el ~ de la conversación** die Unterhaltung unterbrechen; *fig* **mover los ~s** die Puppen tanzen lassen; *fig* **se le cortó el ~** *o* **perdió el ~ (del discurso)** er hat den Faden verloren; *Col fam* **mantener a alg al ~** j-n auf dem Laufenden halten; *fam* **pegar el ~** ein Gespräch anknüpfen; *fig* **tomar el ~** den Faden wieder aufnehmen **2** TEX *(tejido de cañamo)* Hanfzeug *n*; (weißes) Leinen(zeug) *n*; **(ropa** *f* **de) ~** Leinenwäsche *f* **3** TEC *(alambre fino)* feiner Draht *m*; ELEC **~ (conductor)** Leitungsdraht *m*; **~ de platino** Platinfaden *m*; **~ de zapatero** Pechdraht *m* **4** *(rayo fino)* (feiner) Strahl *m*; **~ de agua** dünner Wasserstrahl *m* **5** *fig* **un ~ de voz** *(voz fina)* eine dünne Stimme; **~ musical** Musikberieselung *f*

hilomorfismo M FIL Hylemorphismus *m*; **hilozoismo** M FIL Hylozoismus *m*

hilván M TEX Heftnaht *f*; *Chile* Heftfaden *m*; **hilvanar** V/T **1** TEX heften **2** *fig (unir)* verbinden; verknüpfen; **no podía ~ una frase** er brachte keinen zusammenhängenden Satz heraus **3** *fam fig (precipitar)* überstürzen

Himalaya M Himalaya *m*

himaláyico ADJ, **himalayo** ADJ auf den Himalaya bezogen

himen M **1** ANAT Jungfernhäutchen *n*, Hymen *n* **2** MIT **Himen** → himeneo; **himeneo** M *liter* Hymen(äus) *m*; *fig* Hochzeit *f*

himenópteros MPL ZOOL Hautflügler *mpl*, Hymenopteren *pl*

himnario M Hymnensammlung *f*; REL Hymnar(ium) *n*

himno M Hymne *f*; REL Hymnus *m*; **~ nacional** Nationalhymne *f*

himplar V/I *jaguar, pantera* brüllen

hincada F **1** *de un palo, etc*: Einschlagen *n* **2** *Am reg (flexión de rodilla)* Kniebeuge *f* **3** *P. Rico (dolor)* stechender Schmerz *m* **4** *Ven (herida punzante)* Stichwunde *f*; **hincapié** M Aufstemmen *n* des Fußes; *fig* **hacer ~ en** beharren auf *(dat)*, sich versteifen auf *(acus)*; Nachdruck legen auf *(acus)*

hincar ⟨1g⟩ **A** V/T & V/I **1** *palo, clavo* einschlagen; *pie* aufstemmen; *fam fig* **~ el pico** sterben, ins Gras beißen *fam* **2** *fam fig* **~ el diente** *al comer*: hineinbeißen; zugreifen, reinhauen *fam*; **~ el diente a a/c** an etw *(acus)* herangehen; **~ el diente en ...** Schmu machen mit ... *(dat)*; **~ el diente en alg** j-n angreifen, j-n verleumden **3** *Cuba fam (joder)* bumsen, ficken *vulg* **B** V/R **hincarse** eindringen; **~ de rodillas** niederknien

hincha *fam* **A** F **tener ~ a alg** j-n nicht riechen können *fam* **B** M/F (Fußball-, Eishockey- *etc*) Fan *m*; **hinchable** **A** ADJ aufblasbar **B** **~s** MPL Aufblasartikel *mpl*; **hinchabolas** M/F *RPl pop* lästige Person *f*, Nervensäge *f fam*; **hinchada** F *col* **la ~** die Fans *mpl*; **hinchado** ADJ **1** *(inflado)* geschwollen; bauschig; aufgeblasen **2** *fig comportamiento* stolz; *desp* aufgeblasen *(fig)*; *estilo* schwülstig **3** *mar* hochgehend; **hinchador** M Blasebalg *m für Luftmatratzen etc*; **hinchahuevos** M ⟨*pl inv*⟩ *Chile, RPl pop* lästiger Kerl *m fam*; **hinchamiento** M **1** TEC *(hinchazón)* Aufschwellung *f*; *de la madera, etc*: Quellen *n* **2** MED *(inflamación)* Schwellung *f*

hinchar **A** V/T **1** *espec* TEC *(inflar)* aufblasen, -pumpen; *espec* MED (auf)blähen, auftreiben, anschwellen lassen **2** *fig (exagerar)* aufbauschen, übertreiben; **~ el perro** maßlos übertreiben **3** *reg fam (fastidiar)* ärgern, belästigen **B** V/R **hincharse** **1** anschwellen; **~ (por la humedad)** quellen **2** *(comer en exceso)* sich voll stopfen, viel essen **3** *(enriquecerse)* viel Geld verdienen, reich werden **4** *fig (engreírse)* sich aufblasen, sich aufblähen, dick(e) tun *fam*

hinchazón F **1** *acción de hincharse*: (An)Schwellen *n*; Quellen *n* **2** *(tumor)* Schwellung *f*, Beule *f* **3** *fig comportamiento*: Aufgeblasenheit *f*; *del estilo*: Schwulst *m*, Schwülstigkeit *f*

hincón M **1** *poste*: Anlegepfahl *m in Gewässern* **2** *(dolor punzante)* stechender Schmerz *m*, Stich *m*

hindi M LING Hindi *n*

hindostaní ADJ hindustanisch

hindú **A** ADJ ⟨*pl* -úes⟩ hinduistisch **B** M/F Hindu *m/f*; *p. ext* Inder *m*, -in *f*; **hinduismo** M Hinduismus *m*

hiniesta F BOT Ginster *m*

hinojal M Fenchelpflanzung *f*

hinojo M **1** BOT Fenchel *m*; **~ marino** Meerfenchel *m* **2** *liter* **de ~s** kniend; **hincarse** *o* **postrarse de ~s** niederknien

hioides M ⟨*pl inv*⟩ ANAT Zungenbein *n*

hipar V/I **1** *(tener hipo)* den Schluckauf haben; *perro* japsen **2** *fig (trabajar como un negro)* sich abarbeiten; *fam fig* **~ por** versessen sein auf *(acus) fam*

hipato ADJ *Am reg vulg* kränklich

híper M ⟨*pl* -es, -s *o inv*⟩ *fam* (großer) Supermarkt *m*

hiperacidez F MED Übersäuerung *f*; **hiperactividad** F Überaktivität *f*; Hyperaktivität *f*; **hiperactivo** ADJ überaktiv, hyperaktiv

hipérbaton M RET Hyperbaton *n*; **hipérbola** F GEOM Hyperbel *f*; **hipérbole** F RET Hyperbel *f*, Übertreibung *f*

hiperbólicamente ADV übertreibend; **hiperbólico** ADJ GEOM hyperbolisch; hyperbelartig; **hiperbolizar** ⟨1f⟩ V/I RET Hyperbeln verwenden; **hiperboloide** M MAT Hyperboloid *n*

hiperbóreo **A** ADJ MIT, *liter* hyperboreisch, Nord... **B** M Hyperboreer *m*

hiperclorhidria F MED Superazidität *f*, Hyperchlorhydrie *f*; **hipercorrección** F LING Ultrakorrektion *f*, Hyperkorrektheit *f*; **hipercrítica** F allzu scharfe Kritik *f*; **hipercrítico** ADJ über-, hyperkritisch; **hiperenlace** M INFORM Hyperlink *n*; **hiperestesia** F MED Hyperästhesie *f*; **hiperfunción** F MED Überfunktion *f*; **hiperglucemia** F MED Überzuckerung *f*; *t/t* Hyperglykämie *f*; **hipermercado** (großer) Supermarkt *m*; **hipermetría** F LIT *métrica*: Hypermetrie *f*; **hipermétrope** ADJ MED weit-, übersichtig; **hipermetropía** F MED Weit-, Übersichtigkeit *f*; **hipersaturación** F Übersättigung *f*

hipersensibilidad F Überempfindlichkeit *f*; **hipersensible** ADJ überempfindlich

hipersusceptibilidad F Überempfindlichkeit *f*; **hipersusceptible** ADJ überempfindlich

hipertensión F MED (Blut)Hochdruck *m*; **hipertenso** ADJ MED mit hohem Blutdruck; **hipertensor** M FARM blutdruckerhöhendes Medikament *n*; **hipertexto** M INFORM Hypertext *m*; **hipertiroidismo** M MED Hyperthyreose *f*; **hipertrofia** F BIOL *y fig* Hypertrophie *f*; **hipertrofiado, hipertrófico** ADJ hypertroph(iert), zu stark entwickelt; **hipervínculo** M INFORM Hyperlink *n*

hípica F Reitsport *m*; **hípico** ADJ Pferde...; **concurso** *m* **~** Reit-, Fahrturnier *n*; **deporte** *m* **~** Pferde-, Reitsport *m*

hipido M Aufschluchzen *n*

hipismo M Pferde-, Reitsport *m*

hipnosis F MED Hypnose *f*; **hipnótico** **A** ADJ hypnotisch **B** M Schlafmittel *n*; **hipnotismo** M Hypnose *f*; Hypnoselehre *f*; **hipnotizador** **A** ADJ hypnotisierend **B** M, **hipnotizadora** F Hypnotiseur *m*, -in *f*; **hipnotizar** V/T ⟨1f⟩ hypnotisieren *(tb fig)*, in Hypnose versetzen

hipo M **1** Schluckauf *m*; Aufschlucken *n*; *fam*

fig **que quita el ~** toll *fam*, großartig; **eso le quitó el ~** da war er platt *fam*; das verschlug ihm die Sprache **2** *fig (deseo intenso)* heftiges Verlangen *n* (**de** nach *dat*) **3** *fig (enojo)* Wut *f*, Pik *m fam* (**con** auf *acus*)

hipoacusia F MED Schwerhörigkeit *f*; **hipoalergénico** ADJ, **hipoalérgico** ADJ MED hypoallergen; **hipoalimentación** F Unterernährung *f*; **hipocalórico** ADJ kalorienarm

hipocampo M ZOOL Seepferdchen *n*

hipocentro M GEOL Hypozentrum *n*

hipocondría F, **hipocondria** F MED Hypochondrie *f*; **hipocondríaco, hipocondriaco** A ADJ hypochondrisch B M, -a F Hypochonder *m/f*; **hipocóndrico** ADJ **1** ANAT am seitlichen Oberbauch **2** → hipocondríaco; **hipocondrio** M ANAT Hypochondrium *n*

hipocorístico M LING Hypokoristikum *n*, Kosename *m*; Verkleinerungsform *f*

hipocrás M Gewürzwein *m*

hipocrático ADJ hippokratisch; **juramento** *m* **~** hippokratischer Eid *m*

hipocresía F Heuchelei *f*; Scheinheiligkeit *f*; Verstellung *f*; **hipócrita** A ADJ falsch; heuchlerisch, scheinheilig B M/F Heuchler *m*, -in *f*, Pharisäer *m*, -in *f (fig)*

hipodérmico ADJ MED subkutan

hipódromo M Rennbahn *f*; Hippodrom *m*

hipófisis F ⟨*pl inv*⟩ ANAT Hypophyse *f*, Hirnanhangsdrüse *f*

hipofunción F FISIOL Unterfunktion *f*; **hipogastrio** M ANAT Unterbauch *m*, Hypogastrium *n*; **hipogénico** ADJ unterirdisch; **hipogeo** M ARQUEOL unterirdische Kapelle *f*; unterirdisches Gewölbe *m*; Hypogäum *n*

hipogloso M *pez*: Heilbutt *m*

hipoglucemia F MED Unterzuckerung *f*; *t/t* Hypoglykämie *f*

hipogrifo M *poét* Hippogryph *m*

hipólogo M Pferdekenner *m*

hipopótamo M ZOOL Fluss-, Nilpferd *n*; *fam fig injuria corresponde a*: Rhinozeros *n fam*

hiposo ADJ **1** *(tragando)* schluckend **2** *(sollozante)* aufschluchzend **3** **estar ~** Schluckauf haben

hiposoluble ADJ fettlöslich

hipostasiar VT *liter* hypostasieren; **hipóstasis** F FIL, REL, MED Hypostase *f*; **hipostático** ADJ FIL, REL, MED hypostatisch; FIL hypostasierend

hipotáctico ADJ GRAM hypotaktisch, unterordnend; **hipotálamo** M ANAT Hypothalamus *m*; **hipotaxis** F GRAM Hypotaxe *f*

hipoteca F ECON Hypothek *f (tb fig)*; **hipotecable** ADJ (mit einer Hypothek) belastbar; **hipotecar** VT ⟨1g⟩ **1** ECON mit einer Hypothek belasten **2** *fig (cuestionar)* infrage stellen, gefährden

hipotecario ADJ ECON hypothekarisch, Hypotheken…, Hypothekar…; **acreedor** *m* **~** Hypothekengläubiger *m*; **operaciones** *fpl* **-as** Hypothekenverkehr *m*

hipotensión F MED Hypotonie *f*, niedriger Blutdruck *m*; **hipotenso** ADJ MED mit niedrigem Blutdruck; **hipotensor** M FARM blutdrucksenkendes Medikament *n*; **hipotenusa** F GEOM Hypotenuse *f*; **hipotermia** F MED Untertemperatur *f*; Unterkühlung *f*; **morir de ~** an Unterkühlung sterben

hipótesis F Hypothese *f*, Annahme *f*; Unterstellung *f*; **hipotético** ADJ hypothetisch; GRAM **período** *m* **~** Bedingungssatz *m*

hipotiroidismo M MED Hypothyreose *f*; **hipotónico** A ADJ MED hypotonisch *(tb solución)* B M, -a F Hypotoniker *m*, -in *f*; **hipotrofia** F BIOL Hypotrophie *f*, Unterentwicklung *f*; **hipovitaminosis** F Hypovitaminose *f*

hippie A ADJ Hippie…; **movimiento** *m* **~** Hippiebewegung *f* B M/F Hippie *m*

hipsograma M Höhendiagramm *n*; **hipsometría** F Höhenmessung *f*; **hipsómetro** M Höhenmesser *m*

hiriente ADJ verletzend *(espec fig)*; beleidigend

hirsutismo M MED starker Haarwuchs *m*, Hirsutismus *m*; **hirsuto** ADJ struppig, borstig; BOT stachel(haar)ig; *fig* rau, widerborstig

hirudíneos, hirudínidos MPL ZOOL Blutegel *mpl*

hirviendo *ger* → hervir; **hirviente** ADJ kochend

hisopada F CAT Besprengung *f* mit Weihwasser; **hisopar** VT → hisopear; **hisopazo** M **1** *fam* → hisopada **2** *golpe*: Schlag *m* (*o* Schwenken *n*) mit dem Weihwedel; **hisopear** VT & VI mit Weihwasser (be)sprengen; **hisopillo** M **1** BOT wilder Ysop *m* **2** MED Tränkläppchen *n für Kranke*; **hisopo** M **1** BOT Ysop *m* **2** CAT Weihwedel *m* **3** *Arg, Col, Chile, Méx fam (bastoncillo de algodón)* (großer) Pinsel *m*; Wattestäbchen *n*

hispalense A ADJ *liter* sevillanisch B M/F Sevillaner *m*, -in *f*

hispana F **1** *(española)* Spanierin *f* **2** *en los EE.UU.*: in den USA lebende Hispanoamerikanerin *f*

hispánico ADJ (hi)spanisch

hispanidad F Hispanität *f*, Spaniertum *n*; spanisches Wesen *n*; **Día de la Hispanidad** Feiertag *m* zum Gedenken an die Entdeckung Amerikas *(12. Oktober 1492)*; **hispanismo** M **1** LING spanische Spracheigentümlichkeit *f*, Hispanismus *m* **2** *(amor a España)* Liebe *f* zu Spanien (*o* zur hispanischen Kultur); **hispanista** M/F Hispanist *m*, -in *f*; **hispanística** F Hispanistik *f*; **hispanizar** VT ⟨1f⟩ hispanisieren, spanisch machen

hispano A ADJ *liter* spanisch; *en palabras compuestas*: **~(-)…** hispano-…, spanisch-…; **~-alemán** spanisch-deutsch *(wenn die Selbstständigkeit jedes Wortteils betont wird, mit Bindestrich, sonst ohne Bindestrich)* B M **1** *(español)* Spanier *m* **2** *en los EE.UU.*: in den USA lebender Hispanoamerikaner *m*

Hispanoamérica F Spanisch-Amerika *n*

hispanoamericanismo M **1** LING spanisch-amerikanische Spracheigentümlichkeit *f* **2** *Verbundenheit zwischen den spanisch--amerikanischen Ländern untereinander und mit Spanien*; **hispano(-)americano** A ADJ spanisch-amerikanisch; hispanoamerikanisch B M, -a F Hispanoamerikaner *m*, -in *f*; **hispanofilia** F Liebe *f* zu Spanien

hispanófilo A ADJ spanienfreundlich B M, -a F Spanienfreund *m*, -in *f*; **hispanófobo** ADJ spanienfeindlich; **hispanófono** ADJ Spanisch sprechend, spanischsprachig

hispano(-)hablante, hispano(-)parlante A ADJ Spanisch sprechend, spanischsprachig B M/F Spanischsprechende *m/f*

híspido ADJ borstig; stachelig

histamina F FISIOL Histamin *n*

histerectomía F MED Hysterektomie *f*, operative Entfernung *f* der Gebärmutter

histeria F Hysterie *f*; **histérico** A ADJ hysterisch B M, -a F Hysteriker *m*, -in *f*; **histerismo** M Hysterie *f*

histología F MED Histologie *f*; **histológico** ADJ histologisch; **histólogo** M, -a F Histologe *m*, Histologin *f*; **histoquímica** F Histochemie *f*

historia F **1** Geschichte *f (tb fig)*; Erzählung *f*; *fig* **~s** *fpl (chismes)* Klatsch *m*; *(excusas)* Ausreden *fpl*, Vorwände *mpl*; *(agitación)* Aufregung *f*, Wirbel *m fam*; **~(s** *pl*) **de alcoba** Bettgeschichte(n) *f(pl)*; **~ del arte** *o* **de las artes** Kunstgeschichte *f*; **~ antigua** alte Geschichte *f*; MED **~ clínica** Krankengeschichte *f*; **~ contemporánea** Zeitgeschichte *f*; **~ cultural** *o* **de la civilización** Kulturgeschichte *f*; **~ de la Edad Media/Moderna** Geschichte *f* des Mittelalters/der Neuzeit; **~ de la Edad Contemporánea** Neuere (*o* Neueste) Geschichte *f*; **~ de la Iglesia/literatura** Kirchen-/Literaturgeschichte *f*; **~ natural** Naturgeschichte *f*; Naturkunde *f*; **~ de nunca acabar** unendliche Geschichte *f*; **~ sacra** *o* **sagrada** Heilsgeschichte *f*; biblische Geschichte *f*; **~ universal** Weltgeschichte *f*; *fig* **de ~** verrufen, mit (einer bewegten) Vergangenheit; *fam* **¡déjate de ~s!** mach doch keine Geschichten!; lass die dummen Ausreden!; *irón* **¡así se escribe la ~!** so geht man um mit der Wahrheit!; und das soll wahr sein!; **hacer ~** Geschichte machen; *(relatar)* **hacer ~ de** berichten (über *acus*); *fig* **la ~ de siempre** immer die alte Geschichte, immer das gleiche Lied *fam*; **pasar a la ~** in die Geschichte eingehen *(tb fig)*; **haber pasado a la ~** eine alte Geschichte sein; längst überholt sein **2** *obra*: Geschichtswerk *n* **3** PINT Geschichtsbild *n*, Historiengemälde *n*; **pintor** *m* **de ~** Historienmaler *m*

historiado ADJ **1** TIPO *iniciales* verziert **2** *fig (recargado)* überladen, kitschig **3** PINT gut angeordnet *(Figuren im thematischen Zusammenhang)*

historiador M, **historiadora** F Historiker *m*, -in *f*; **~ *m*, ~a *f* del arte** Kunsthistoriker *m*, -in *f*; **~ *m*, ~a *f* de la literatura** Literarhistoriker *m*, -in *f*

historial A ADJ geschichtlich, historisch B M geschichtlicher Rückblick *m*; ADMIN Personalakte *f*; Lebenslauf *m*; **~ (de una casa de comercio)** Firmengeschichte *f*; JUR **~ delictivo** Vorstrafenregister *n*; MED **~ médico** Krankengeschichte *f*; **~ profesional** beruflicher Werdegang *m*

historiar ⟨1b⟩ A VT **1** *relato exacto*: eine genaue Schilderung geben von *(dat)*; einen geschichtlichen Überblick geben über *(acus)* **2** *Am (desconcertar)* durcheinanderbringen, verwirren B VI *abs* Geschichten erzählen (*o* schreiben)

historicidad F Geschichtlichkeit *f*; **historicismo** M *t/t* Histor(iz)ismus *m*; **histórico** ADJ geschichtlich, historisch; Geschichts…; **tiempos** *mpl* **~s** historische Zeiträume *mpl*; GRAM **tiempo** *m* **~** historische Zeit *f*, Tempus *n* historicum

historieta F **1** LIT kurze Geschichte *f*; Kurzgeschichte *f* **2** *de dibujos*: Comic Strip *m*; **historietista** M/F Autor *m*, -in *f* von Kurzgeschichten; **historiografía** F Historiografie *f*; Geschichtsschreibung *f*

historiógrafo M, -a F Historiograf *m*, -in *f*, Geschichtsschreiber *m*, -in *f*

histrión M **1** *liter (actor)* Mime *m*, Schauspieler *m* **2** *fig (payaso)* Hanswurst *m*, Spaßvogel *m*; **histriónico** ADJ *liter* theatralisch *(tb desp)*; **histrionisa** F Schauspielerin *f*; **histrionismo** M **1** *(arte teatral)* Komödiantentum *n*; *desp* Effekthascherei *f* **2** *col (comediantes)* Komödianten *mpl*

hit M Hit *m*

hita F CAZA Ende *n*, Sprosse *f am Hirschgeweih*

hitita HIST A ADJ hethitisch B M/F Hethiter *m*, -in *f*

hitleriano ADJ HIST auf Adolf Hitler bezogen; **hitlerismo** M Hitlerismus *m*

hito A ADJ **1** *calle, casa* angrenzend **2** *(fijo, firme)* fest; *adv* **a ~** fest, unverrückbar **3** *caballo negro* in der Färbung makellos B M **1** *(mojón)* Grenz-, Markstein *m*; *(meta)* Ziel(punkt

H

m) n; fig **dar en el ~** den Nagel auf den Kopf treffen; *fig (piedra miliar)* Meilenstein *m; fig* **marcar (un) ~** einen Markstein bilden; **mirar de ~ en ~** j-n scharf ansehen; anstarren **2** *juego:* Wurfspiel *n*

Hno. ABR (Hermano) Bruder *m*

Hnos. ABR (Hermanos) Gebrüder *pl*

hoacín M *Am* ORN Schopf-, Zigeunerhuhn *n*

hobachón ADJ *fam* dick und träge

hobby M Hobby *n*

hobo M BOT → jobo 1

hocicada F Schubs *m* mit der Schnauze (*o* dem Maul)

hocicar ⟨1g⟩ **A** VT **1** *(hozar)* (mit dem Rüssel) aufwühlen **2** *fam (besuquear)* abküssen, abschmatzen *fam* **B** VI **1** *(tropezar)* auf die Nase fallen **2** *fam con un obstáculo:* auf ein (unüberwindliches) Hindernis stoßen; (es) aufgeben **3** *fam (olfatear)* herumschnüffeln **4** MAR mit dem Bug tief im Wasser liegen

hocico M **1** *de animales:* Schnauze *f; del cerdo:* Rüssel *m* **2** *fam (labios abultados)* stark aufgeworfene Lippen *fpl* **3** *fam fig (cara)* Gesicht *n*, Visage *f (desp); pop* **~s** *mpl* Maul *n pop*, Schnauze *f pop; fam* **caer** *o* **dar de ~s en el suelo** auf die Nase fallen; **estar de** *o* **con ~** maulen, schmollen; **quitar** *o* **romperle a alg los ~s** j-m den Hals umdrehen, j-m den Schädel einschlagen *pop;* **poner ~** *o* **torcer el ~** den Mund verziehen, die Nase rümpfen; *fam* **sacar ~** einen Schmollmund machen **4** ANAT **~ de tenca** Muttermund *m*

hocicón ADJ **1** *(poniendo mala cara)* schmollend **2** → hocicudo; **hocicudo** ADJ **1** *animal* mit großer Schnauze; *persona* mit aufgeworfenen Lippen **2** *Am reg (de mal humor)* schmollend, schlecht gelaunt

hocino M **1** *instrumento de corte:* Gärtner-, Rebmesser *n* **2** *en un valle o río:* Talschlucht *f;* Engstelle *f eines Flusses;* Flussdurchbruch *m*

hociquear **A** VT & VI → hozar **B** VT *(dar con el hocico)* mit der Schnauze anstoßen; *(olfatear)* beschnüffeln; **hociquera** F *Cuba, Perú* Maulkorb *m*

hockey M DEP **~ (sobre hierba)** (Rasen)Hockey *n;* **~ sobre hielo** Eishockey *n;* **~ sobre patines (de ruedas)** Roll(schuh)hockey *n*

hodierno ADJ *liter* heutig

hogaño ADV *liter* in diesem Jahr, heuer; jetzt

hogar M **1** *de la cocina:* Herd *m*, Feuerstelle *f* **2** *fig* **~ (familiar)** Heim *n;* Leben *n* im Kreis der Familie; **~ sindical** *corresponde a:* Gewerkschaftshaus *n;* **~ unipersonal** Einpersonen-, Singlehaushalt *m; fig* **volver al ~** heimkehren **3** Tagesstätte *f;* **~ de jubilados** (*o* **pensionistas**) Seniorentagesstätte *f* **4** TEC *(caja de fuego)* Feuerung *f;* Feuerraum *m*

hogareño ADJ häuslich; Haus...; Herd...; **hogaza** F **1** *(pan)* Laib *m* Brot; Bauernbrot *n* **2** *(pan de salvado)* Kleienbrot *n*

hoguera F **1** *(pira)* Scheiterhaufen *m* **2** *(fuego al aire libre)* Freuden-, Lagerfeuer *n;* **~ de San Juan** Johannisfeuer *n*

hoguío M *Méx* Atemnot *f*

hoja F **1** BOT Blatt *n; de flores:* Blumenblatt *n; de coníferas:* Nadel *f;* **~s** *fpl* Laub *n*, Belaubung *f;* **~ de parra** Weinblatt *n; fig* Feigenblatt *n*, schamhafte Verhüllung *f;* **~ de trébol** Kleeblatt *n;* **de cuatro ~s** vierblättrig; **de ~ perenne** immergrün; **árboles** *mpl* **de ~ caduca** Laubhölzer *npl; fig* **poner a alg como ~ de perejil** j-n fertigmachen *fam*, kein gutes Haar an j-m lassen; **temblar como las ~s en el árbol** wie Espenlaub zittern **2** *de papel:* Blatt *n;* Bogen *m; (formulario)* Formular *n;* MED **~ de asistencia** Krankenblatt *n;* INFORM **~ de cálculo** Tabellenkalkulation *f;* FARM **~ informativa adjunta** Beipackzettel *m;* **~ de inscripción** Anmeldeschein *m;* **~ de instrucción** Merkblatt *n;* **~ de pedido** Bestellschein *m;* **~ de registro** *en hoteles, etc:* Merkzettel *m;* **~ de ruta** COM Laufzettel *m;* FERR Begleitschein *m;* MIL Aufzeichnung *f* der Marschroute; Marschbefehl *m;* ADMIN **~ de servicios** Personalakte *f;* **~s** *pl* **sueltas** lose Blätter *npl; fam* **~ de vida** Lebenslauf *m;* **~ volante** Flugblatt *n; fig* **desdoblar la ~** das unterbrochene Gespräch (*o* das Thema) wieder aufnehmen; **doblar** *o* **volver la ~** das Blatt (um)wenden; *fig (cambiar de opinión)* seine Meinung ändern; *(faltar a su palabra)* sein Versprechen nicht halten; einen Rückzieher machen; *(cambiar de tema)* das Thema wechseln, von etwas anderem reden; *fig* **la cosa no tiene vuelta de ~** das ist nun mal so (*o* sicher); das steht eindeutig fest **3** *(laminilla)* (dünne) Metallplatte *f*, Folie *f;* **~ de aluminio** Alu(minium)folie *f;* **~ de lata** Blech *n;* **batir ~** *oro, etc* schlagen *(bei der Blattgoldherstellung)* **4** *de una ventana, puerta, etc:* (Fenster-, Tür)Flügel *m; de un altar:* Altarflügel *m;* **de tres ~s** *pantalla, etc* dreiteilig; CONSTR **~ de madera** Furnier (holz) *n* **5** *de un cuchillo:* (Messer)Klinge *f;* (Scher- *o* Säge)Blatt *n;* **~ de afeitar** Rasierklinge *f;* Rasiermesser *n* **6** **~ de tocino** Speckseite *f* **7** TEX Blatt *n*, Teil *n beim Schneidern* **8** AGR Brachfeld *n* **9** **vino** *m* **de dos/tres ~s** zwei-/dreijähriger Wein *m*

hojalata F Weißblech *n;* Blech *n;* **hojalatería** F Klempnerei *f*, Spenglerei *f;* **hojalatero** M, **-a** F Klempner *m*, -in *f*, Spengler *m*, -in *f*

hojalde M, **hojaldra** F *reg, espec Col, Ven* → hojaldre; **hojaldrado** ADJ blätterteigartig; blätterig; **hojaldrar** VT zu Blätterteig verarbeiten; **hojaldre** M/F Blätterteig *m*

hojaranzo M BOT → ojaranzo

hojarasca F **1** *(follaje)* dürres Laub *n* **2** *fig (parloteo)* leeres Geschwätz *n*, Gewäsch *n fam*

hojear **A** VT durchblättern **B** VI **1** *follaje* sich bewegen, rauschen **2** *Col, Guat árbol, etc* Blätter treiben

hojoso, hojudo ADJ belaubt; blattreich

hojuela F **1** *hoja pequeña:* Blättchen *n* **2** BOT Teilblättchen *n;* Kelchblatt *n* **3** GASTR *Art* dünner Fladen *m; gebackene Teigblättchen in Honig; Cuba, Guat* → hojaldre; *fam fig* **es miel sobre ~s** das ist ja großartig, das ist noch besser, das ist des Guten beinahe zu viel **4** TEC Blättchen *n im Metall* **5** *(orujo)* (Öl)Trester *m*

hola INT **1** *fam* hallo!, guten Tag!, servus! *(reg fam)* **2** *(¡qué extraño!)* hoppla!; nanu!, sowas! **3** *Arg, Par, Ur en el teléfono:* Hallo!, Ja, bitte?

holanda F **1** TEX feines Wäscheleinen *n* **2** *(aguardiente) Art* Branntwein *m*

Holanda F Holland *n*

holandés **A** ADJ holländisch; **a la -esa** nach holländischer Art; TIPO **encuadernación** *f* **a la -esa** Halbfranzband *m* **B** M, **-esa** F Holländer *m*, -in *f;* MÚS, MIT **el Holandés errante** der Fliegende Holländer

holandeta, holandilla F TEX Futterleinwand *f*, -leinen *n*

holding ['xɔldin] M ECON Holding (gesellschaft) *f*

holgachón ADJ *fam* arbeitsscheu, faul; **holgadamente** ADV bequem; **holgado** ADJ **1** *vestimenta* weit, bequem; *(amplio)* geräumig **2** *(agradable)* behaglich, sorgenfrei; müßig; **holganza** F **1** *(ociosidad)* Müßiggang *m;* Muße *f;* Ruhepause *f* **2** *(diversión)* Vergnügen *n*

holgar ⟨1h *y* 1m⟩ **A** VI **1** *(estar ocioso)* müßig sein; nichts tun; blaumachen *fam* **2** *(estar fuera de función)* stillstehen, nicht in Betrieb sein **3** *(ser superfluo)* überflüssig (*o* unnötig) sein, sich erübrigen; **huelgan los comentarios** Kommentar überflüssig; **huelga decir** es erübrigt sich, zu sagen **B** V/R **holgarse** sich amüsieren; sich freuen (**de, por** über *acus*)

holgazán **A** ADJ träge, faul **B** M, **-ana** F Müßiggänger *m*, -in *f*, Faulenzer *m*, -in *f*, Tagedieb *m*, -in *f;* **holgazanear** VI faulenzen, herumlungern; **holgazanería** F Müßiggang *m*, Faulenzerei *f*, Nichtstun *n*

holgón ADJ vergnügungssüchtig; **holgorio** M *fam* lärmendes Vergnügen *n*, Rummel *m fam*, Budenzauber *m fam;* **pasar la noche de ~** die Nacht durchfeiern

holgura F **1** *(extensión)* Weite *f;* Geräumigkeit *f;* Spielraum *m;* TEC Spiel *n* **2** *(comodidad)* Behaglichkeit *f; adv* **con ~** bequem, leicht; **vivir con ~** behaglich leben, sein gutes Auskommen haben

holillo M *Nic* Bast *m*

holladero ADJ *camino* viel betreten, viel begangen; **holladura** F **1** *(acción de pisar a/c)* Betreten *n* **2** *(pisoteo)* Niedertreten *n*

hollar VT ⟨1m⟩ **1** *(pisar)* betreten **2** *(pisotear)* zer-, niedertreten **3** *fig cult (patear, humillar)* mit Füßen treten; demütigen; schänden *(fig)*

hollejo M (Trauben-, Bohnen)Schale *f*

hollín M **1** *(tizne)* Ruß *m;* **cubrirse de ~** verrußen **2** *fam fig* → jolgorio

holocausto M **1** POL Holocaust *m* **2** REL HIST Brandopfer *n;* Sühneopfer *n (tb fig);* **en ~** als (*o* zum) Sühneopfer (**de, por** für *acus*);

holoceno M GEOL Holozän *n*, Alluvium *n;*

holografía F FOT Holografie *f;* **holográfico** ADJ holografisch

hológrafo ADJ → ológrafo

holograma M Hologramm *n*

holómetro M Höhenwinkelmessgerät *n*

holostérico ADJ **barómetro** *m* **~** Aneroidbarometer *n*

holoturia F ZOOL Holothurie *f*, Seegurke *f*

hombracho M *(tb desp)*, **hombrachón** M *fam* großer kräftiger Mann *m*, Schrank *m (fam fig);* **hombrada** F (mutige) Mannestat *f*, Tat *f* eines ganzen Kerls; *irón* Prahlerei *f* (mit Heldentaten)

hombre[1] M **1** *(ser humano)* Mensch *m;* **~ bueno** guter Mensch *m;* **~ medio** Durchschnittsmensch *m; prov* **de ~ a ~ no va nada** *Sinn meist:* im Grunde genommen kommt es nur auf das Glück (*o* auf die Umstände) an; *prov* **el ~ propone y Dios dispone** der Mensch denkt, Gott lenkt **2** *(varón)* Mann *m;* **~ de acción** Mann *m* der Tat, Tatmensch *m;* JUR **~ bueno** Vermittler *m*, Schiedsmann *m;* **buen ~** guter Kerl *m fam;* armer Schlucker *m;* **~ de bien** rechtschaffener Mann *m;* **el ~ de la calle** der kleine Mann, der Mann von der Straße, Normalverbraucher *m fam;* **~ de campo** *m* Landmann *m*, Bauer *m; fig* **el ~ para el caso** der rechte Mann am rechten Platz; **~ de ciencia** Wissenschaftler *m; fig* **~ clave** Schlüsselfigur *f;* **~ de confianza** Vertrauensmann *m; fig* **el ~ del día** der Held des Tages; **~ de Estado** POL Staatsmann *m;* HIST *tb* Höfling *m;* **gran ~** großer (*o* großartiger *o* bedeutender) Mann *m;* **~ hecho** *(adulto)* erwachsener Mann *m; con experiencia:* erfahrener Mann *m;* **~ hecho de sí mismo** Selfmademan *m;* **~ de letras** Literat *m*, Intellektuelle *m;* **~ de mundo** Weltmann *m*, Mann *m* von Welt; **~ de negocios** Geschäftsmann *m; fig* **~ de paja** Strohmann *m;* **~ de palabra** Mann *m*, der zu seinem Wort steht; *fam* **~ de pelo en pecho** ein ganzer Kerl *m fam;* **~ para poco** ängstlicher (*o* schwungloser) Mensch *m;* **~ de pro (vecho)** rechtschaffener (*o* redlicher) Mann *m;* **~ pobre** mittelloser Mann *m;* **pobre ~** armer Kerl *m;* **~ público** Politiker *m; adv fig* **ser ~ al agua** (ein) verloren(er Mann) sein; *Méx fam* hilflos dastehen; **ser mucho ~** (ein Mann) von echtem Schrot und Korn sein; **ser muy ~** *o* **ser todo un ~** ein ganzer Mann sein; **ser poco ~** wenig mannhaft sein; **hacerse** *o* **llegar a ser ~** ins Mannesalter treten, ein Mann werden; **mañana serán ~s** aus Kindern werden Leute; **como un solo ~** wie ein Mann, geschlossen, einstimmig; **de ~ a ~** von Mann zu Mann; unter vier Augen; ganz offen **3** *fam (marido)* (Ehe)Mann *m* **4** INT **¡~!** Mensch!, Menschenskind!; mein Lieber!; um Himmels willen!; na sowas!; nanu!; MAR **¡~ al agua!** *o* **¡~ a la mar!** Mann über Bord! **5 el (abominable) ~ de las nieves** der Schneemensch, der Yeti; MIT **~-lobo** Werwolf *m*; **~ del saco** *o Arg* **~ de la bolsa** der böse Mann *(Kinderschreck)*

hombre² M *juego de cartas:* Lomber *n*

hombre-anuncio M *publicidad:* Sandwichmann *m*

hombrear¹ **A** VI *(echárselas de hombre)* den starken Mann spielen (wollen) **B** V/R **hombrearse** *fig* es andern gleichtun wollen

hombrear² **A** VI *(hacer fuerza con los hombros)* die Schultern anstemmen **B** VT *Col, Méx* (unter)stützen, fördern

hombre-bomba M POL menschliche Bombe *f*

hombrecillo M **1** Männchen *n* **2** BOT Hopfen *m*

hombre-pájaro M Drachenflieger *m*

hombrera F **1** *del uniforme, etc:* Achselstück *n* **2** *de la chaqueta, etc:* Schulterpolster *n*

hombre-rana M Froschmann *m*; MIL Kampfschwimmer *m*; **hombre-serpiente** M Schlangenmensch *m*

hombretón M dicker Mann *m*; **hombrezuelo** M Männchen *n*

hombría F Männlichkeit *f*; **~ de bien** Redlichkeit *f*, Rechtschaffenheit *f*

hombro M Schulter *f*; **arrimar el ~** die Schulter anstemmen; *fig* sich anstrengen; sich tüchtig ins Zeug legen; **echar al ~** auf die Schulter nehmen, schultern; *fig* **echarse a/c al ~** etw übernehmen, etw auf sich *(acus)* nehmen; **encogerse de ~s** *o tb* **alzar** *o* **levantar los ~s** die Achseln zucken; **llevar a ~s** auf der Schulter tragen; *Col fam* **estar con el ~ al ~** schlecht gelaunt sein; **mirar a alg por encima del ~** *o* **sobre el ~** j-n über die Schulter ansehen; j-n geringschätzig behandeln; **sacar a ~s a alg** j-n auf den Schultern tragen; MIL **¡al ~ – ar(mas)!** das Gewehr – über!; *adv fig* **~ a ~** Schulter an Schulter, gemeinsam

hombrón M grobschlächtiger Kerl *m*, Klotz *m fam*; **hombruno** ADJ *desp* **mujer** *f* **-a** Mannweib *n*

homenaje M **1** *(acto de honor)* Huldigung *f*, Ehrung *f*; *(respeto)* Ehrerbietung *f*; **~ (dedicado) a** Festschrift für *(acus)*; **en ~ de** zu Ehren *(gen)*; **rendir ~ a alg** j-m huldigen; j-m eine Huldigung darbringen; j-m Achtung zollen *(tb fig)* **2** HIST Lehnseid *m*; **torre** *f* **del ~** Bergfried *m*, Hauptturm *m*

homenajeado M, **-a** F Jubilar *m*, -in *f*; Gefeierte *m/f*; **homenajear** VT feiern, ehren

homeópata M/F Homöopath *m*, -in *f*; **homeopatía** F Homöopathie *f*; **homeopático** ADJ homöopathisch *(tb fig)*; **medicamento** *m* **~** homöopathisches Arzneimittel *n* (o Medikament *n*); **tratamiento** *m* **~** homöopathische Behandlung *f*

homeostático ADJ homöostatisch; **homeotermo** ADJ BIOL homöotherm

home page ['ɔmpedʒ] F *Internet:* Homepage *f*

homérico ADJ homerisch; **risa** *f* *o* **carcajada** *f* **-a** homerisches Gelächter *n*

homicida **A** ADJ Totschlag(s)..., Mord...; mörderisch; **arma** *f* **~** Mordwaffe *f* **B** M/F *persona:* Totschläger *m*, -in *f*

homicidio M Totschlag *m*, Tötung(sdelikt *n*) *f*; JUR **~ imprudente** *o* **involuntario** *o* **culposo** fahrlässige Tötung *f*

homilía F REL Homilie *f*; *fam fig* Moralpredigt *f*

hominal ADJ BIOL Menschen..., menschlich; **hominicaco** M *fam desp* Männchen *n*, (erbärmlicher) Wicht *m*

homínida ADJ, **homínido** ADJ ZOOL hominid; **hominización** F Hominisation *f*; **hominizar** VI *y* V/R **~se** hominisieren; **hominoide** ADJ hominoid

homo ADJ *fam* homosexuell, homo *fam*

homocigótico ADJ BIOL homozygot(isch)

homofilia F Homophilie *f*

homofonía F FON, MÚS Homofonie *f*; **homófono** ADJ FON, MÚS homofon

homogeneidad F *t/t* Homogenität *f*, Gleichartigkeit *f*; **homogeneización** F Homogenisierung *f*; **homogeneizar** VT ⟨1f⟩ homogenisieren; **homogéneo** ADJ homogen, gleichartig

homógrafo ADJ FON **palabra** *f* **-a** Homograph *n*

homologación F **1** JUR *(ratificación)* Bestätigung *f*; Ratifizierung *f*; Vollziehung *f* **2** DEP *de un récord:* Anerkennung *f*; *de un coche de carrera:* (Typ)Prüfung *f*, Freigabe *f*; **homologar** VT ⟨1h⟩ anerkennen *(tb récord)*, ADMIN, JUR amtlich bestätigen; genehmigen, freigeben; **homología** F *espec* FIL, BIOL Homologie *f*

homólogo M, **-a** F **A** Amtskollege *m*, -kollegin *f* **B** ADJ homolog, übereinstimmend; entsprechend

homonimia F Homonymie *f* *(tb* LING*)*; **homónimo** **A** ADJ LING homonym, gleichlautend **B** M **1** LING Homonym *n* **2** *(tocayo)* Namensvetter *m*

homopétalo ADJ BOT mit gleichen Kronenblättern; **homoplasia** F MED Homo(io)plastik *f*

homópteros MPL ZOOL Gleichflügler *mpl*, Homopteren *pl*

homosexual **A** ADJ homosexuell **B** M/F Homosexuelle *m/f*

homosexualidad F Homosexualität *f*; **hacer pública la ~ de alg** j-n (als homosexuell) outen *fam*; **relevar su ~** sich (als homosexuell) outen *fam*; **homosexualismo** M → homosexualidad

homozigótico ADJ → homocigótico

homúnculo M **1** Homunkulus *m* **2** *desp* Männlein *n*, Wicht *m*

honda F Schleuder *f*; **lanzar** *o* **tirar con ~** *piedra* schleudern; **hondada** F → hondazo; **hondamente** ADV tief; *fig tb* ergreifend; **hondazo** M Wurf *m* (o Schuss *m*) mit der Schleuder; **hondear** VT & VI **1** *con la sonda:* loten; ausloten **2** *barco* entladen, leichtern **3** *jerga del hampa (espiar)* (Gelegenheit) auskundschaften, (aus)baldowern *(jerga del hampa)*; **hondero** M Schleuderer *m*; **hondillos** MPL TEX Hosenzwickel *m*, Schritt *m*

hondo **A** ADJ **1** tief; *fig (profundo)* tief (gehend); heftig; **lo más ~** die tiefste Stelle, die Tiefe **2** *Cuba río* angeschwollen **B** M Tiefe *f*; **hondón** M **1** *(fondo)* Boden *m (eines Behälters etc)* **2** *(ojo de la aguja)* Nadelöhr *n* **3** *equitación:* Fußraste *f* (o Schuh *m*) *des Steigbügels* **4** → hondonada; **hondonada** F Niederung *f*, Mulde *f*; Schlucht *f*, Hohlweg *m*; **hondura** F Tiefe *f*; *fam fig* **meterse en ~s** den Neunmalklugen spielen, klug daherreden

Honduras F Honduras *n*

hondur(eñ)ismo M LING Spracheigentümlichkeit *f* von Honduras; **hondureño** **A** ADJ aus Honduras; honduranisch **B** M, **-a** F Honduraner *m*, -in *f*

honestidad F **1** *(decencia)* Anständigkeit *f*, Ehrlichkeit *f*; Rechtschaffenheit *f* **2** *(castidad)* Sittsamkeit *f*, Keuschheit *f*; **honesto** ADJ **1** *(honrado)* ehrlich, anständig; rechtschaffen, zuverlässig; **razones** *fpl* **-as** ehrenwerte Gründe *mpl* **2** *(honorable)* ehrbar; *(casto)* sittsam, keusch

hongkonés ADJ aus Hongkong

Hongkong, Hong(-)Kong M Hongkong *n*

hongo M **1** BOT Pilz *m (tb fig)*; Schwamm *m*; **~ de cultivo** Zuchtpilz *m*; **~ de la madera** Holzschwamm *m*; **~ venenoso** Giftpilz *m*; *fig* **brotar** *o* **darse como ~s** wie Pilze aus dem Boden schießen; *fam fig* **más solo que un ~** mutterseelenallein **2** *fam sombrero:* Melone *f fam*, steifer Hut *m* **3** ZOOL **~ marino** Seeanemone *f*

honkonés ADJ → hongkonés

honor M Ehre *f*; Ehrgefühl *n*; *(agasajo)* Ehrung *f*; *cargo:* Ehrenamt *n*; *título:* Ehrentitel *m*; **~es** *mpl* Ehrung *f*; Ehrenerweisung *f*, Ehrenbezeigung *f*; **en ~ de** zu Ehren *(gen)*; **en ~ a la verdad** (um) der Wahrheit die Ehre zu geben; **por el ~** um der Ehre willen, ehrenhalber; MIL **guardia** *f* **de ~** Ehrenwache *f*; **~ militar** Soldatenehre *f*; **punto** *m* *o* **cuestión** *f* **de ~** Ehrensache *f*; **tribunal** *m* **de ~** Ehrengericht *n*; DEP **vuelta** *f* **de ~** Ehrenrunde *f*; **es un ~ para mí** es ist mir eine Ehre; **hacer ~ a** Ehre antun *(dat)*; **hacer el ~ de** *(inf)* die Ehre erweisen, zu *(inf)*; **hacer los ~es de la casa** die Gäste begrüßen, die Honneurs machen *fam*; **rendir ~es militares a alg** j-m die militärischen Ehren erweisen; **tener a mucho ~** sich *(dat)* eine Ehre daraus machen, seine Ehre dareinsetzen; **tengo el ~ de ...** ich habe die Ehre, zu ...; **tributarle a alg los últimos ~es** j-m die letzte Ehre erweisen

honorabilidad F Ehrenhaftigkeit *f*; Ehrbarkeit *f*; **honorable** ADJ ehrenwert, ehrenhaft; ehrbar; **honorablemente** ADV auf ehrenhafte Weise; würdig

honorario **A** ADJ Ehren..., Honorar...; **ciudadano** *m* **~** Ehrenbürger *m*; **miembro** *m* **~** Ehrenmitglied *n*; **profesor** *m* **~** Honorarprofessor *m* **B** **~s** MPL Honorar *n*; Bezahlung *f*; Gehalt *n*; **~s notariales** Notariatsgebühren *fpl*

honorem: **ad ~** ehrenhalber; **honorífico** ADJ ehrenvoll; *espec Am* Ehren...; **mención** *f* **-a** ehrenvolle Erwähnung *f*; Auszeichnung *f*; **a título ~** ehrenamtlich

honoris causa ehrenhalber, honoris causa, *abr* **h. c.**

honra F **1** *(sentimiento del honor)* Ehrgefühl *n*; Ehre *f*; **¡a mucha ~!** allerdings (und ich bin stolz darauf)!; eine große Ehre für mich! **2** *(prestigio)* Ansehen *n*, guter Ruf *m*; Ehrbarkeit *f* **3** **~s** *fpl* **(fúnebres)** Trauerfeier *f*; CAT Totenamt *n*

honradamente ADV redlich, anständig; **honradez** F Rechtschaffenheit *f*, Anständigkeit *f*, Ehrlichkeit *f*; Ehrbarkeit *f*; **falta** *f* **de ~** Unredlichkeit *f*; **honrado** ADJ anständig, ehrlich, redlich, rechtschaffen; ehrbar; COM redlich, reell

honrar **A** VT **1** *(rendir homenaje)* ehren, auszeichnen **2** *(venerar)* ehren; verehren; in Ehren halten; **~ a Dios** Gott die Ehre geben **3** COM *letra de cambio, etc* honorieren, einlösen **B** V/R **~se de** *o* **con a/c** sich *(dat)* etw zur Ehre anrechnen, etw als eine Ehre ansehen

honrilla F **(negra) ~** falsches Ehrgefühl *n*; **por la negra ~** aus falschem Ehrgefühl; des Scheines wegen

honroso ADJ ehrenvoll; würdig

hontanal, hontanar M Quellgrund *m*; *fig liter* Quelle *f*, Quell *m (liter)*

hopa¹ F Armssünderhemd *n*; langer Kittel *m*

hopa² INT *Col, Guat, Ur* → hola

hopalanda F **1** *de los estudiantes:* Talar *m* **2** *fig*

H

(tapadera) Deckmantel *m*

hopo[1] M buschiger Schweif *m*; Fuchsschwanz *m*

hopo[2] INT weg (hier)!, fort!

hora F 1 Stunde *f*; *adv* **~s enteras** stundenlang; **~ y media** anderthalb Stunden; **cada dos ~s** zweistündlich; alle zwei Stunden; **cada media ~** halbstündlich; ADMIN **~ de cierre** Polizeistunde *f*; *fig* **~ hache** *o* **~ H** die Stunde X, der entscheidende Moment *m*; *enseñanza*: **~ lectiva** Unterrichtsstunde *f*; *fig* **~ suprema** Todes-, Sterbestunde *f*; *fig* **la ~ de la verdad** die Stunde der Wahrheit; *fig* **le ha llegado su ~** seine Stunde hat geschlagen; *fig* **tiene sus ~s contadas** seine Tage sind gezählt 2 ECON **~s** *pl* **extraordinarias** *o fam* **~s extra(s)** Überstunden *fpl*; **~ feliz** *en un bar*: Happy Hour *f*; **~s** *pl* **de negocio (o de oficina)** Geschäftsstunden *fpl*; *transporte*: **~s** *pl* **punta** *o Am* **~s** *pl* **pico** Stoßzeit(en) *f(pl)*; Hauptverkehrszeit *f*; TEL, ELEC **~s** *pl* **valle** Schwachlastzeit *f*; **20 euros por ~** 20 Euro die (*o* in der) Stunde 3 *del reloj*: Uhrzeit *f*; **~ del día** Tageszeit *f*; **¿qué ~ es?** *o Am* **¿qué ~s son?** wie spät ist es?, wie viel Uhr ist es?; **dar la ~** *reloj* schlagen; *fig* pünktlich (*o* zuverlässig) sein; *fam fig* **esto da la ~ (y quita los cuartos)** das ist sehr gut, das ist prima *fam*; **poner en ~** *reloj* stellen 4 *(tiempo)* Zeit *f*; *(momento)* Zeitpunkt *m*; **~ americana** amerikanische Zeit *f*; **~ civil** Normalzeit *f*; **~ de (la) Europa Central** mitteleuropäische Zeit *f*; **~ de llegada/salida** Ankunfts-/Abfahrtszeit *f*; **~ local** Ortszeit *f*; **~s** *pl* **de ocio** *o* **~s muertas** Mußestunden *fpl*, Freizeit *f*; *fig* **se pasa las ~ muertas leyendo** beim Lesen vergeht (ihm) die Zeit wie im Flug (*o* vergisst er die Zeit); **ya es ~** es ist (an der) Zeit, es ist höchste Zeit; **ya es ~ de** *o* **ya va siendo ~ de** es ist schon an der Zeit zu; **ya es ~ (de) que lo hagas** du musst es jetzt tun, es ist (höchste) Zeit (für dich); **¡que la ~ sea corta!** alles Gute! *(zu einer Frau vor der Entbindung)* 5 *con prp*: **a la ~** pünktlich; *adv* **a altas ~s de la noche** spät in der Nacht; **a buena ~** recht-, frühzeitig; *fig* **a buenas ~s (mangas verdes)** zu spät; die Gelegenheit ist vorbei; **a estas ~s** jetzt, zurzeit; **a todas ~s** zu jeder Zeit, immer, dauernd, ständig; **a última ~** in letzter Stunde; im letzten Augenblick; schließlich, endlich; **a última ~ de la tarde** am Spätnachmittag; **de ~ en ~** stündlich; *adv* **en buena ~** *(a tiempo)* rechtzeitig, zur rechten Zeit; *(por mí)* meinetwegen; von mir aus; **¡en mala ~!** zum Teufel!; **en una ~ tonta** im falschen Moment, zur Unzeit; **comer entre ~s** zwischendurch essen; **por ~s** für Stunden, stundenweise; nach Zeit; **a 120 kms por ~** mit 120 Stundenkilometern 6 *cita*: **«~s convenidas»** Sprechstunde nach Vereinbarung; **dar ~** eine Zeit bestimmen; einen Termin geben; **pedir** *o* **tomar ~** sich *(dat)* einen Termin geben lassen; **tener ~** einen Termin haben, bestellt sein 7 CAT Stundengebet *n*, Hore *f*; **(libro** *m* **de) ~s** Gebetbuch *n* *(mit Marienmesse und andern Andachtsübungen)* 8 MIT **Horas** *fpl* Horen *fpl*

horaciano ADJ horazisch

Horacio N PR M Horatius *m*; Horaz

horadar V/T durchbohren; durchlöchern; lochen; **horado** M 1 *(agujero)* Loch *n* 2 *(caverna)* Höhle *f*

horario A ADJ stündlich, Stunden...; **cuadro** *m* **~** Aushangfahrplan *m* B M 1 *gener* Zeitplan *m*; **~ de comidas** Essenszeiten *fpl*; **~ de verano/invierno** Sommer-/Winterzeit *f* 2 FERR **~ (de trenes)** Fahrplan *m*; AVIA **~ (del servicio aéreo)** *o* **~ de vuelos** Flugplan *m* 3 ADMIN, COM **~ de apertura** *o* **de atención al público** Öffnungszeiten *fpl*; **~ comercial** Geschäftszeit *f*; *Am reg* **~ corrido** durchgehende Arbeitszeit *f*; **~ flexible** gleitende Arbeitszeit *f*, Gleitzeit *f*; **~ móvil** gleitende Arbeitszeit *f*; **~ de trabajo** *o* **laboral** Arbeitszeit *f*; *espec* MED **~ de visitas** Besuchszeit *f*; **con ~ continuado** *o* **permanente** durchgehend (*o* rund um die Uhr) geöffnet 4 *enseñanza*: **~ (escolar)** Stundenplan *m* 5 TV, RADIO **~ de emisión** Sendezeit *f*; **~ estelar** Prime Time *f*, Hauptsendezeit *f* 6 *del reloj*: Stundenzeiger *m* 7 *(reloj)* Uhr *f*

horca F 1 *(patíbulo)* Galgen *m*; *fig* **¡carne de ~!** du Galgenvogel!; ihr Galgenvögel! 2 AGR *para levantar la paja*: Heu-, Mistgabel *f*; **~ pajera** Strohgabel *f* 3 *(ristra)* Schnur *f mit Zwiebeln etc* 4 **las ~s caudinas** das kaudinische Joch

horcado ADJ gegabelt; **horcadura** F Gabelung *f*; Verästelung *f*, Abzweigung *f*; **horcajad(ill)as** ADV **a ~** rittlings; **horcajo** M 1 AGR *para las mulas de trabajo*: Gabeljoch *n für Arbeitstiere* 2 *(confluencia de ríos)* Zusammenfluss *m von Flüssen*; *(punto de unión de montañas)* Vereinigungspunkt *m von Bergketten*

horchata F **~ (de chufa)** Erdmandelmilch *f*; **~ de arroz** *Am Mer* Reismilch *f*; **~ de coco** *Am Mer* Kokosmilch *f*; *fig* **tener sangre de ~** Fischblut (in den Adern) haben

horchatería F Horchata-Trinkhalle *f*

horco M → horca 3; **horcón** M 1 AGR Gabel *f* 2 *Am reg* CONSTR *(sostén)* Stütze *f für das Dachgebälk*; **horconadura** F *Méx* Dachgebälk *n*

horda F Horde *f*, Bande *f*, Schar *f*

horero M *Am reg* Stundenzeiger *m*; **horita** F Stündchen *n*

horizontal A ADJ horizontal, waag(e)recht; GEOM **plano** *m* **~** Horizontalebene *f* B F Horizontale *f*, Waag(e)rechte *f*; *fam fig* **tomar la ~** sich in die Horizontale begeben *fam*

horizontalidad F waagerechte Lage *f*; Horizontalität *f*

horizonte M Horizont *m* *(tb fig)*, Gesichtskreis *m*; ASTRON, MAR, AVIA **~ artificial** künstlicher Horizont *m*; *fig* **~(s)** *m(pl)* **estrecho(s)** *o* **~(s) limitado(s)** enger Horizont *m*; *fig* **de ~s estrechos** engstirnig

horma F 1 *(molde)* Form *f*; *de los sombrereros*: Hutform *f*; *de los zapateros*: (Schuh)Leisten *m*; *(extendedor de zapatos)* Schuhspanner *m*; **poner en (la) ~** auf (*o* über) den Leisten schlagen (*o* spannen); *fam fig* **encontrar** *o* **hallar la ~ de su zapato** *(encontrar lo que se busca)* genau das finden, was man sucht; bekommen, was man verdient *(auch Denkzettel, Strafe)* 2 → hormaza

hormado M Formen *n*, Formgebung *f*; **hormaza** F CONSTR Wand *f* aus Trockenmauerwerk

hormiga F *insecto*: Ameise *f*; **~ blanca** Termite *f*; **~ gigante/tejedora** Riesen-/Weberameise *f*; **~ león** Ameisenlöwe *m*; **~ reina** Ameisenkönigin *f*; **colonia** *f* **de ~s** Ameisenkolonie *f*; *fig* **ser una ~** sehr emsig sein; *Arg pop fig* **descular ~s** sich *(dat)* für nichts große Mühe geben

hormigón M Beton *m*; **~ acabado/armado** Fertig-/Stahlbeton *m*; **~ pretensado/hidráulico** Spann-/Unterwasserbeton *m*; **~ ligero** *o Am* **liviano** Leichtbeton *m*; **~ no revestido** Sichtbeton *m*

hormigonado M TEC, ARQUIT Betonierung *f*; **hormigonar** V/T betonieren; **hormigonera** F Betonmischmaschine *f*; **~ y mezcladora** Beton- und Mörtelmischer *m*; **hormigos** MPL 1 *plato de repostería*: Art Mandelhonigspeise *f* 2 *(cebada mondada)* Graupengrütze *f*

hormiguear V/I kribbeln; jucken; *fig* wimmeln; **hormigueo** M 1 *(picazón)* Kribbeln *n*, Jucken *n* 2 *fig (hervidero)* Gewimmel *n*; **hormiguero** A ADJ Ameisen...; **oso** *m* **~** Ameisenbär *m* B M 1 *(conjunto de hormigas)* Ameisenhaufen *m*; Ameisenbau *m* 2 *p. ext* AGR *(montón de hierbas inútiles)* Unkrauthaufen *m* (, *der auf dem Feld abgebrannt wird, zur Düngung)* 3 *fig de personas*: Menschengewimmel *n*

hormiguilla F → hormigueo; **hormiguillo** M 1 *(prurito)* Hautjucken *n*; *fam fig* **tener ~** nervös (*o* kribbelig *fam*) sein 2 VET Hufgrind *m der Pferde* 3 *fig (línea de gente)* Kette *f* von Arbeitern *(zum Weiterreichen von Baumaterial)*

hormona F FISIOL Hormon *n*; **~ del crecimiento** Wachstumshormon *n*; **~ folicular/tiroidea** Follikel-/Schilddrüsenhormon *n*

hormonal ADJ hormonal; **hormonoterapia** F MED Hormontherapie *f*

hornablenda F MINER Hornblende *f*

hornacho M Grube *f*; **hornachuela** F Hütte *f*; **hornacina** F ARQUIT Mauernische *f für Statuen etc*

hornada F 1 Backofen *m* voll, Schub *m* 2 *cerámica*: Brennzeit *f*, Brand *m* 3 *fig (año)* Jahrgang *m*; **de la nueva ~** frischgebacken *(tb fig)*; **hornalla** F *Am reg* 1 *(parrilla)* (Ofen)Rost *m* 2 *(horno)* Ofen *m*; **hornaza** F 1 *de plateros*: Schmiedeesse *f*; kleiner Werkstattofen *m* 2 *vidriado*: gelbe Töpferglasur *f*;

hornazo M GASTR Eierschnecke *f*; **hornblenda** F → hornablenda; **horneada** F *Am reg* → hornada; **hornear** A V/I Bäcker sein, backen B V/T backen; im Rohr braten;

hornera F (Brot)Bäckerin *f*; **hornero** M 1 *(panadero)* (Brot)Bäcker *m* 2 ORN **~ (rojo)** Töpfervogel *m*

hornillo M 1 *(hervidor)* Kocher *m*; Kochplatte *f*; **~ eléctrico** elektrische Kochplatte *f*; Elektrowärmer *m*; **~ de gas/petróleo** Gas-/Petroleumkocher *m* 2 *(horno pequeño)* kleiner Ofen *m* 3 MIL *(carga explosiva)* Sprengladung *f*; *de una mina*: Sprengkammer *f*

horno M 1 *gener para hornear*: (Back-, Brat)Ofen *m*; Herd *m*; Bratröhre *f*; **~ de convección (o convector)** Umluftherd *m*; **~ (de) microondas** Mikrowellenherd *m*; **~ de panadero** Backofen *m*; GASTR **al ~** im Ofen, in der Röhre; GASTR **a ~ moderado** bei mäßiger Hitze; *fam fig* **¡qué ~!** so eine Bruthitze!, ein Brutofen!; **¡no está el ~ para bollos** *o* **para tortas!** jetzt ist nicht der richtige Augenblick (zum Scherzen)!; jetzt ist da nichts zu machen!; **recién sacado (o salido) del ~** frisch gebacken *(tb fig)*, ofenfrisch 2 TEC *(estufa)* Ofen *m*; **~ de afino** Frischherd *m*; **alto ~** Hochofen *m*; **~ de cuba** *o* **de cubilote** Schachtofen *m*; **~ de fundición** Gie-ß(erei)ofen *m*; **~ de fusión** Schmelzofen *m*; **~ de ladrillos/de mufla** Ziegel-/Muffelofen *m*; **~ de reverbero** Flammofen *m*; **~ de vacío/de vidrio** Vakuum-/Glasschmelzofen *m*

horóscopo M Horoskop *n* **(sacar** stellen)

horqueta F 1 AGR *para frutales*: Gabelstütze *f für Obstbäume* 2 *de una rama de árbol*: (Ast)Gabelung *f*; *p. ext* spitzwinkliger Einschnitt *m* 3 *Chile* AGR Worfelgabel *f* 4 *Arg, Ur de un río*: Fluss-, Bachwinkel *m*; **horquilla** F 1 *(soporte)* gabelförmige Stütze *f*; TEC Gabel *f*; MAR Dolle *f* 2 AGR Gabel *f*, Forke *f* 3 *para sujetar el pelo*: Haarnadel *f*

horrendo ADJ → horroroso

hórreo M *reg* AGR Kornboden *m*; Scheuer *f*

horrero M Wächter *m* einer Kornscheuer

horribilísimo ADJ *sup* ganz entsetzlich; **horrible** ADJ schrecklich, grauenvoll, furchtbar;

horridez F Entsetzlichkeit *f*, Scheußlichkeit *f*

hórrido ADJ *liter*, **horrífico** ADJ → horroroso

horripilación F 1 *(espeluznamiento)* Haarsträuben *n*; *fig* Schaudern *n*, Entsetzen *n* 2 MED *fiebre*: Fieberschauer *m*; **horripilante** ADJ haarsträubend; scheußlich, schauerlich,

entsetzlich; **horripilar** A VT die Haare sträuben *(dat)*; *fig* mit Entsetzen erfüllen B VR **horripilarse** (er)schaudern
horrísono ADJ *liter* schaurig hallend
horro ADJ 1 *(liberado)* (be)frei(t) (**de** von *dat*); *esclavo* freigelassen; *fig* **~ de instrucción** ungebildet, ohne Bildung 2 *yegua, etc* unfruchtbar 3 *tabaco* minderer Qualität
horror M 1 *(pánico)* Schrecken *m*; Schauder *m*, Grauen *n*; Horror *m*; *(espanto)* Entsetzen *n*; *(asco)* Abscheu *m*; *(atrocidad)* Scheußlichkeit *f*; **~es** *mpl* Schandtaten *fpl*; Gräuel *mpl*; *fig* grässliche Worte *npl*, Schauergeschichten *fpl*; **¡qué ~!** (wie) grässlich!, (wie) schrecklich!, entsetzlich!; **me da ~ pensar en** mir graust beim Gedanken an *(acus)*; **decir ~es de alg** Schauermärchen über j-n erzählen; **tener ~ a** verabscheuen *(acus)*; einen Horror haben vor 2 *fam* **un ~ (de)** *(gran cantidad)* furchtbar viel; *fam adv* **un ~** *o* **~es** großartig; sehr; schrecklich *(fam fig)*; *fam* **divertirse ~es** sich köstlich amüsieren; **me gusta ~es** das finde ich prima
horrorizar ⟨1f⟩ A VT mit Entsetzen erfüllen; schaudern machen B VR **horrorizarse** sich entsetzen (**de** über *acus*); **horrorosamente** ADV 1 *(espantoso)* schauerlich, entsetzlich 2 *fam fig (siniestro)* sehr, unheimlich *fam*, wahnsinnig *fam*; **horroroso** ADJ erschreckend; entsetzlich, grauenerregend; abscheulich
hortaliza F Gemüse *n*; Grünzeug *n*; **~s** *fpl* **secas** Trockengemüse *n*; **horteismo** M → horterada; **hortelano** A ADJ Gartenland… B M, **-a** F Gemüsegärtner *m*, -in *f* C M 1 ORN Gartenammer *f* 2 BOT **amor** *m* **de ~** Klette(nkraut *n*) *f*; **hortense** ADJ Garten…; **hortensia** F BOT Hortensie *f*; **hortera** A F hölzerner (Suppen)Napf *m* B M *fam desp* Schnösel *m fam* C ADJ *inv* geschmacklos; ordinär; vulgär; **horterada** F *fam* Geschmacklosigkeit *f*; Vulgarität *f*; **horterismo** M *fam* Vulgarität *f*; **hortícola** ADJ Garten(bau)…; **productos** *mpl* **~s** Gartenbauerzeugnisse *npl*; **horticultor** M, **horticultora** F (Obst-, Gemüse)Gärtner *m*, -in *f*; Handelsgärtner *m*, -in *f*; **horticultura** F 1 Gartenbau *m* 2 *(jardinería)* (Handels)Gärtnerei *f*; **hortofrutícola** ADJ Obst…, Garten…; Gartenbau…
hosan(n)a REL A M Hosianna *n*; *fig* **cantar el ~** Hosianna singen, frohlocken B INT **¡~!** hosianna!
hosco ADJ 1 *(moreno oscuro)* schwärzlich 2 *fig persona* finster, mürrisch; abweisend; **hoscoso** ADJ 1 *(áspero)* struppig, rau 2 *(rojizo)* ins Rötliche spielend
hospedaje M 1 *acción*: Beherbergung *f* 2 *lugar*: Herberge *f* 3 *(pensión)* Kostgeld *n*; **hospedante** A ADJ beherbergend B M BIOL Wirt *m*; **hospedar** A VT beherbergen; unterbringen; bewirten B VR **hospedarse** Unterkunft finden; unterkommen; *en el hotel, etc*: absteigen; **hospedería** F Herberge *f*; Gastzimmer *n in Klöstern*; **hospedero** A M, **-a** F Wirt *m*, -in *f* B ADJ BIOL **planta** *f* **-a** Wirtspflanze *f*
hospiciano M, **-a** F *Col, Méx* **hospiciante** M/F 1 *(pobre)* Armenhäusler *m*, -in *f* 2 *(huérfano)* Waisenkind *n*; **hospicio** M 1 *(albergue de pobres)* Armenhaus *n* 2 *de huérfanos*: Waisenhaus *n* 3 *de enfermos*: Hospiz *n*
hospital M Krankenhaus *n*, Hospital *n*; **~ militar** Lazarett *n*; **~ municipal** städtisches Krankenhaus *n*; Gemeindekrankenhaus *n*; **~ (p)siquiátrico** Nervenheilanstalt *f*; **~ de campaña** Feldlazarett *n*; *fam fig* **esta casa parece** *o* **es un ~** das ist hier ja das reinste Krankenhaus
hospitalario ADJ 1 gastlich, gastfreundlich, gastfrei 2 Krankenhaus…; **gestión** *f* **-a** Krankenhausverwaltung *f*; **hospitalicio** ADJ gastfreundlich; **hospitalidad** F Gastfreundschaft *f*; **derecho** *m* **de ~** Gastrecht *n*;
hospitalismo M MED Hospitalismus *m*;
hospitalización F Einweisung *f* in ein Krankenhaus; **hospitalizar** VT ⟨1f⟩ in ein Krankenhaus einweisen
hosquedad F finsteres (*o* mürrisches) Wesen *n*; Düsterheit *f*, -keit *f*; **con ~** mürrisch
hostal M Gasthaus *n*; Hotel *n*; **hostelería** F Gaststätten- und Beherbergungsgewerbe *n*;
hostelero A ADJ Gaststätten… B M, **-a** F Hotelier *m*, Hotelbesitzer *m*, -in *f*; Gastwirt *m*, -in *f*; **hostería** F Gasthaus *n*
hostia F 1 CAT Hostie *f*; GASTR Oblate *f* 2 *vulg (bofetada)* Ohrfeige *f*, Hieb *m*; **¡~s!** *o* **¡la ~!** *vulg* Scheiße! *vulg*, Mensch! *fam*; *vulg* **de la ~** riesig, Mords…; *vulg* **mala ~** mieser Charakter *m*; *vulg* **a toda ~** mit einem Affenzahn *fam*, rasend schnell; *(a todo volumen)* mit voller Lautstärke; *vulg* **dar** *o* **pegar una ~ a alg** j-m eine runterhauen, j-m eine kleben *pop*; *vulg* **darse una ~** sich stoßen
hostiario M CAT Hostienbehälter *m (für nicht konsekrierte Hostien)*; **hostiera** F Hostien-, Oblatenbäckerin *f*; **hostiero** M 1 Hostien-, Oblatenbäcker *m* 2 → hostiario
hostigamiento M 1 *(tormento)* Quälerei *f*; Belästigung *f*; **~ psicológico** Mobbing *n* 2 MIL Feuerüberfall *m*; **hostigante** ADJ 1 *(hostil)* feindlich 2 *Am reg (empalagoso)* (widerlich) süß, übersüß
hostigar ⟨1h⟩ A VT 1 *(azotar)* mit der Peitsche antreiben; *p. ext* züchtigen 2 *fig (fastidiar)* belästigen, bedrängen; quälen; *en el trabajo*: mobben 3 MIL *(hostilizar)* mit Störfeuer belegen B VI *Am reg* widerlich süß schmecken
hostil ADJ feindlich; feindselig; **hostilidad** F Feindschaft *f*; Feindseligkeit *f*; MIL **romper/suspender las ~es** die Feindseligkeiten eröffnen/einstellen; **hostilizar** VT ⟨1f⟩ anfeinden; Schaden zufügen *(dat)*
hotel M 1 Hotel *n*; *Arg* **~ por horas** Stundenhotel *n* 2 *(chalet)* Villa *f*; **hotelero** A ADJ Hotel…, Beherbergungs…; **industria** *f* **-a** Hotelgewerbe *n* B M, **-a** F Hotelier *m*, Hotelbesitzer *m*, -in *f*; **hotelito** M Einfamilienhaus *n*; Villa *f*
hotentote A ADJ 1 hottentottisch 2 *fam desp (ordinario)* gemein und dumm B M/F Hottentotte *m*, Hottentottin *f*
hotline ['ɔtlaĭn] F *espec* TEL Hotline *f*
hover(-)craft M Luftkissenboot *n*
hoy ADV heute; jetzt; **~ (en) día** heutzutage; **~ mismo** heute noch; **de ~** heutig; **de ~ en adelante** von heute an; **por ~** für heute; **~ por ~** vorläufig, im Augenblick, einstweilen; *en cartas*: **sin más por ~** für heute; *fam* **~ por mí, mañana por ti** eine Hand wäscht die andere; jeder braucht einmal Hilfe; *fam* **¡que es para ~!** nun mach schon!
hoya F 1 *(fosa)* Grube *f*; Mulde *f* 2 *(llano entre montañas)* von Bergen eingeschlossene Ebene *f*; *Col, Chile, Perú (cuenca de un río)* Flussbecken *n* 3 AGR *(almáciga)* (Treib)Beet *n* 4 *(sepultura)* Grab *n*; **hoyada** F Niederung *f*; Bodensenke *f*; **hoyanca** F *fam* Gemeinschaftsgrab *n*, Sammelgrab *n*; **hoyar** VT Löcher graben
hoyitos MPL 1 *Cuba, Chile juego*: **(los tres) ~** *Art* Grübchenspiel *n* 2 *Am reg fam (hoyuelo)* (Wangen-, Kinn)Grübchen *npl*
hoyo M 1 *(pozo)* Grube *f*; Loch *n*; Vertiefung *f* 2 *(sepultura)* Grab *n*, Gruft *f*; *jerga del hampa* **mandar al ~** umlegen *pop*, abservieren *pop*; *fig* **estar con un pie en el ~** mit einem Bein im Grab stehen 3 *de la viruela*: Blatternarbe *f* 4 DEP *golf*: Loch *n* 5 *Chile (bache)* Schlagloch *n*
hoyuela F ANAT Kehlgrube *f*; **hoyuelo** M 1 *en la mejilla o en el mentón*: (Wangen-, Kinn)Grübchen *n* 2 *juego*: Grübchenspiel *n (mit Münzen oder Kugeln)*
hoz F ⟨*pl* hoces⟩ 1 AGR *herramienta de corte*: Sichel *f*; **en forma de ~** sichelförmig; *fam fig* **de ~ y de coz** voll und ganz; *desp* rücksichtslos; POL **~ y martillo** Hammer und Sichel 2 *(angostura)* Engpass *m*, Talenge *f*; Klamm *f*
hozada F Hieb *m* mit der Sichel
hozar ⟨1f⟩ A VT mit dem Rüssel aufwühlen B VI in der Erde wühlen
huacal M *Méx* (Obst-, Gemüse)Steige *f*; **huacalón** ADJ *Méx* dick; **huacatay** M *Am* BOT *Art* Minze *f*
huacha F *Perú* 1 TEC *(arandela)* Beilagscheibe *f* 2 *pop (vulva)* Muschi *f fam*, Möse *f pop*; **huachafería** F *pop* Geschmacklosigkeit *f*; Kitsch *m*; **huachafo** ADJ *Perú pop* geschmacklos; kitschig; **huachimán** M → guachimán
huaco A ADJ *Am reg* zahnlos B M 1 *Am reg (guaco)* Keramikgegenstand *m (aus präkolumbischen Kulturen)* 2 *Perú fam fig (anciano)* alter Mensch *m*
huaflera F *Perú* Waffeleisen *n*
huaico M *Arg, Perú* Gesteins-, Erdrutsch *m*
huaquear VI *Perú* → guaquear; **huaquero** M *Perú* → guaquero M
huaraca F → guaraca
huaraches MPL *Méx* (rustikale) Sandalen *fpl*
huarique M *Perú* 1 *(escondrijo)* Versteck *n*; heimlicher Treffpunkt *m* 2 *(quiosco de bebidas)* Trinkbude *f*
huasca F *Perú fam* Rausch *m*
huaso M, **-a** F *Chile* (typisch chilenische[r]) Bauer *m*, Bäuerin *f*
huastecas, huaxtecas MPL Huaxteken *mpl*
huayco M *Perú* Gesteins-, Erdrutsch *m*
huayno M *Perú* MÚS, *etnología*: *ein Volkstanz und Volkslied aus dem Andengebiet*
hucha F Sparbüchse *f*; Sammelbüchse *f*; *fig* Ersparnisse *fpl*, Notpfennig *m*
hueco A ADJ 1 *(concavo)* hohl, *(vacío)* leer *(tb fig)*; **acero** *m* **~** Hohlstahl *m* 2 *vestimenta* locker; weit 3 *ruido* hohl; *voz* hallend 4 *fig (vanidoso)* eitel; **ponerse ~** sich geschmeichelt fühlen, sich aufblasen *fam* 5 *estilo* schwülstig B M 1 *(concavidad)* Hohlraum *m*, Höhlung *f*, Vertiefung *f*, Lücke *f (tb fig)*; *transporte*: Parklücke *f*; **~ de la mano** hohle Hand *f*; ECON **~ de mercado** Marktlücke *f*; **~ del túnel** Tunnelröhre *f*; *fig* **hacer (un) ~** Platz machen; *Cuba* **irse para el ~** sich aufs Ohr hauen *fam*; *fig* **llenar un ~** eine Lücke schließen; *Chile* **ocupar mucho ~** viel Platz einnehmen 2 ARQUIT *(caja)* (Treppen)Schacht *m*; *del ascensor, etc*: Fahrschacht *m*; *(nicho)* (Fenster)Nische *f* 3 TEC, TIPO *(vacío)* Aussparung *f* 4 *Col (bache)* Schlagloch *n*
huecograbado M TIPO Tiefdruck *m*
huecú M *Chile* *grasbewachsenes Moor in den Kordilleren*
huelebraguetas M *pop* Schnüffler *m fam*, (Privat)Detektiv *m*; **hueleculo** M *Cuba vulg* Arschkriecher *m vulg*
huelga[1] F 1 *(paro)* Streik *m*, Ausstand *m*; **~ de advertencia/de brazos caídos** Warn-/Sitzstreik *m*; **~ de celo/general** Bummel-/Generalstreik *m*; **~ por cuestión de salarios** Lohnstreik *m*; **~ de hambre** Hungerstreik *m*; **~ salvaje** wilder Streik *m*; **día** *m* **de ~** Streiktag *m*; *fig* blauer Montag *m fam*; MED fieberfreier Tag *m*; **declararse en ~** *o* **hacer ~** *o* **estar en ~** in den Streik treten, streiken 2 *(recreación)* Erholung *f*
huelga[2] SÓLO EN: **~ decir** → holgar A, 3
huelgo M Lücke *f*; Weite *f*, Spiel(raum *m*) *n*;
huelguear VI *Perú fam* streiken; **huelguista** M/F Streikende *m/f*; **huelguístico** ADJ Streik…
huella F 1 *(rastro)* Spur *f (tb fig)*; Fährte *f*; Fußstapfen *m*; **~ ecológica** ökologischer Fußab-

H

druck; **registrar las ~s dactilares** *o* **digitales** die Fingerabdrücke (am Tatort) aufnehmen; *fig* **seguir las ~s de alg** in j-s Fußstapfen *(acus)* treten; *fig* **dejar ~s** Spuren hinterlassen 2 *(escalón)* (Treppen-, Tritt)Stufe *f* 3 *(marca)* Abdruck *m*; Delle *f*; Einkerbung *f*

huello M 1 *(sendero trillado)* Wegspur *f*, Trampelpfad *m* 2 *del casco de los animales*: Sohlenplatte *f des Hufs*

huelo → oler

Huelva N PR F *spanische Stadt, Provinz*

huelveño ADJ aus Huelva

huemul M *espec Arg, Chile* ZOOL Gabelhirsch *m*

huerco M *Méx* Kind *n*, Junge *m*

huérfano A ADJ verwaist B M, **-a** F Waise *f*; **~ de padre/madre** vater-/mutterlose Waise *f*, Halbwaise *f*; **~ de padre y madre** *o* **~ total** Vollwaise *f*; **~ del sida** *f* Aidswaise *f*; **quedar ~** verwaisen; *fam fig* **~ de enchufes** ohne Beziehungen

huero ADJ 1 **huevo** *m* **~** *de cáscara blanda*: Windei *n* 2 *fig (vacío)* leer *(tb palabras)*, inhaltslos; eitel 3 *Am (podrido)* faul *(bes Ei)*

huerta F AGR Obst- und Gemüsegarten *n*; *Esp reg* bewässertes Gartenland *n*; **huertano** M, **-a** F Gemüsebauer *m*, -bäuerin *f*; Besitzer *m*, -in *f* einer Huerta (→ huerta); **huertero** A ADJ *Chile* → hortense B M, **-a** F *Arg, Perú, reg* → huertano; **huerto** M Obstgarten *m*; Gemüsegarten *m*; **~ familiar** Schrebergarten *m*

huesa F Grab *n*, Gruft *f*

Huesca N PR F *spanische Stadt, Provinz*

huesear VI *Am Centr* betteln; **huesecillo** M Knöchelchen *n*; **huesera** F 1 *Chile, Esp reg* → osario 2 *Perú (ensalmadora)* Gesundbeterin *f*, *(curandera)* Quacksalberin *f*; **huesero** M 1 *Perú (curandero)* Gesundbeter *m*, Quacksalber *m* 2 *Ven fam (osamenta)* Gebeine *npl*; **huesillo** M *Am Mer* Dörrpfirsich *m*; **~s** *pl* **de Béjar** *längliches Gebäck mit Zucker bestreut*

hueso M 1 Knochen *m*; **~s** *mpl* Gebeine *npl*; **~ frontal/nasal** Stirn-/Nasenbein *n*; **~ maxilar** Kieferknochen *m*; *fam fig* **la sin ~** die Zunge; **calado** *o* **mojado hasta los ~s** nass bis auf die Haut (*o* bis auf die Knochen), patschnass *fam*; *fam* **dar con sus ~s en el santo suelo** lang hinschlagen; *fam* **dar con sus ~s en la cárcel** im Gefängnis landen *fam*; *fig* **no dejar a alg (un) ~ sano** kein gutes Haar an j-m lassen; **estar en los ~s** klapperdürr (*o* nur noch Haut und Knochen) sein; **pinchar en ~** TAUR auf den Knochen stechen; *fam fig* Pech haben; sich *(dat)* die Zähne *an etw (acus)* ausbeißen; **romperle** *o* **moler a alg los ~s** j-n zusammenschlagen *fam*; *pop* **¡suelta la sin ~!** pack schon aus! *fam*; **(ya) tiene los ~s duros (para eso)** er ist (schon) zu alt (dafür); die alten Knochen machen nicht mehr mit; *fig* **tener los ~s molidos** wie gerädert sein 2 *de frutas*: Obstkern *m*, Stein *m*; *tb gener* Kern *m*; *fig (cosa difícil o trabajosa)* schwere Arbeit *f*, Schwierigkeit *f*, harte Nuss *f*; **~ de aceituna** Olivenkern *m*; **darle a alg un ~ que roer** j-m eine harte Nuss zu knacken geben; *enseñanza*: **ese profesor es un ~** dieser Lehrer (*o* Professor) prüft sehr scharf 3 *fig* GASTR **~s** *pl* **de santo** gefüllte Marzipanröllchen *npl* 4 *(cosa de poco valor)* minderwertiger Kram *m* 5 *Col fam* COM *(artículo invendible)* Ladenhüter *m*

huesoso ADJ knöchern; knochig; Knochen…

huésped A M/F Gast *m*; Kostgänger *m*, -in *f*; **casa** *f* **de ~es** (Familien)Pension *f* B M MED, BIOL Wirt *m*; **~ intermediario** Zwischenwirt *m*

huéspeda F *poco usado* Hauswirtin *f*; *fig* **echar la cuenta sin la ~** *o* **no contar con la ~** die Rechnung ohne den Wirt machen

hueste F 1 *liter (legión)* Heerschar *f* 2 *fig col* *(partidario)* Anhänger *mpl*, Mitläufer *mpl*

huesudo ADJ (stark)knochig

hueva F 1 *de los pescados*: Fischeier *npl*, Rogen *m*; **~s** *fpl* **de esturión** (echter) Kaviar *m*, Störrogen *m* 2 *Cuba, Guat, Méx (pereza)* Faulheit *f*;

huevada F *Am reg vulg* Dummheit *f*; **huevear** VI *Am reg vulg* Dummheiten machen; sich *(dat)* die Zeit vertreiben; **huevecillo** M kleines Ei *n*, *espec* Insektenei *n*; **huevera** F 1 *utensilio*: Eierbecher *m* 2 *mujer*: Eierfrau *f*; **huevería** F Eierhandlung *f*; **huevero** M 1 *comerciante*: Eierhändler *m* 2 *utensilio*: Eierbehälter *m*, -becher *m* 3 ORN Eierstock *m der Vögel*

huevo M 1 BIOL, GASTR Ei *n*; **~ batido** geschlagenes Ei *n*; **~ de cría** *o* **para incubar** Brutei *n*; **~ en cáscara** *o* **~ pasado por agua** *o Col* **~ tibio** weiches (*o* weich gekochtes) Ei *n*; **~ duro** hartes (*o* hart gekochtes) Ei *n*; **~ estrellado** *o* **frito** Spiegelei *n*; **~ de gallina** Hühnerei *n*; **~ al plato** Setzei *n*; *fig* **ir (como) pisando ~s** wie auf Eiern gehen; *fam fig* **límpiate, que estás de ~** du träumst wohl?, nicht dran zu denken! *fam*; **parecerse como un ~ a otro** sich ähneln wie ein Ei dem andern; *adv fam* **a ~** billig 2 GASTR *platos*: *Am* **~s** *pl* **chimbos** *o* **quimbos** *Süßspeise aus Eigelb*; **~s** *pl* **a la flamenca** Spiegeleier *npl* mit Schinken und Gemüse; **~s** *pl* **rancheros** *Méx* Tortillas *fpl* mit Spiegeleiern und Tomaten; **~s** *pl* **revueltos** *o Col* **~s** *pl* **pericos** Rührei(er) *n(pl)*; **~s** *pl* **al vaso** Eier *npl* im Glas; **~s** *pl* **verdes** harte Eier *npl* mit Spinat 3 TEX *para zurcir*: Stopfei *n*; *del zapatero*: Sohlenholz *n*, -former *m* 4 *fam* AUTO *(coche pequeño)* Klein(st)wagen *m*; Kabinenroller *m* 5 *vulg (testículo)* **~s** *pl* Eier *npl vulg*; *vulg* **costar un ~** sündhaft teuer sein; *Méx pop* **echar ~s a a/c** *(abordar a/c enérgicamente)* etw energisch (*o* mutig) anpacken; *(soportar pacientemente a/c)* etw geduldig über sich *(acus)* ergehen lassen; *vulg* **estar hasta los ~s** die Schnauze voll haben *pop*; *vulg* **tener ~s** Mut haben; *Esp vulg* **por mis ~s** weil ich es (einfach) so will

huevón ADJ *vulg* 1 *Méx (perezoso)* faul, langweilig 2 *Am reg vulg (tonto)* dumm

hugonote A ADJ hugenottisch B M/F Hugenotte *m*, Hugenottin *f*

huichol *Méx* A ADJ der Huichol-Indianer, Huichol… B M/F Huichol-Indianer *m*, -in *f* *(in Nordmexiko)*

huida F 1 *(fuga)* Flucht *f*; AUTO, JUR **~ del conductor (en caso de accidente)** Fahrerflucht *f*; **poner en ~** in die Flucht schlagen 2 *fig (subterfugio)* Ausflucht *f* 3 *equitación*: *del caballo*: Ausbrechen *n*

huidizo ADJ flüchtig *(tb fig)*; scheu; fliehend;

huido A ADJ entflohen; flüchtig; *fig* **andar ~** menschenscheu (geworden) sein B M, **-a** F Flüchtige *m/f*; **huidor** ADJ flüchtig, fliehend

huillín M ZOOL chilenischer Fischotter *m*

huilón ADJ *Am fam* feige

huincha F *Perú* Stirnband *n*; **huinche** M *Am* TEC Winde *f*

huipil M *Méx Art* Poncho *m*

huir ⟨3g⟩ A VI 1 *(escapar)* fliehen, flüchten; **~ de** meiden *(acus)*, aus dem Weg gehen *(dat)*; *fig* **~ de la quema** (vor einer Gefahr) Reißaus nehmen 2 *liter tiempo, etc* dahinfliehen, enteilen B VT fliehen *(acus)*; (ver)meiden *(acus)*; aus dem Weg(e) gehen *(dat)*

huiro M → güiro

hulado M *Méx, Am Cent* Wachstuch *n*

hule M 1 *(tela al óleo)* Wachstuch *n*; Ölleinwand *f* 2 *fam fig* **habrá ~** es wird Krach geben *fam*; TAUR, MED der Operationstisch wird wohl benutzt werden (müssen) 3 *Am, espec Méx (caucho)* Kautschuk *m*

hulero M *Am* Kautschukarbeiter *m*

hulla F Steinkohle *f*; **~ blanca** *(fuerza hidráulica)* weiße Kohle *f*; **~ coquizable** Kokskohle *f*; **hullero** ADJ Steinkohlen…; **cuenca** *f* **-a** (Stein)Kohlerevier *n*, -becken *n*

humada F Rauchzeichen *n*

humanal ADJ *liter* → humano; **humanamente** ADV menschlich; human; **hacer lo ~ posible** das Menschenmögliche tun; **humanar** A VT → humanizar B V/R **humanarse** menschlich werden; REL Mensch werden

humanidad F 1 *(género humano)* Menschheit *f*; *fam fig (muchedumbre)* Menschenmenge *f* 2 *(naturaleza humana, compasión)* Menschlichkeit *f*; **tratar con ~** menschlich behandeln 3 **~es** *(las letras humanas)* *fpl* Humanwissenschaft *f*; alte Sprachen *fpl*, humanistische Bildung *f* 4 *fam (obesidad)* Wohlbeleibtheit *f*

humanismo M Humanismus *m*; **humanista** M/F Humanist *m*, -in *f*; **humanístico** ADJ humanistisch; **humanitario** ADJ menschenfreundlich, humanitär; **ayuda** *f* **-a** humanitäre Hilfe *f*; **humanitarismo** M Menschenfreundlichkeit *f*; humanitäre Bestrebungen *fpl*; **humanización** F Humanisierung *f*; Vermenschlichung *f*; **humanizar** ⟨1f⟩ A VT humanisieren; gesittet machen, zivilisieren B V/R **humanizarse** Kultur annehmen; *(desenojarse)* freundlicher werden; *(calmarse)* sich besänftigen lassen

humano A ADJ 1 menschlich, Menschen…; **género** *m* **~** Menschengeschlecht *n*; **el ser ~** *(pertenecer al género humano)* das Menschsein; *(el hombre)* der Mensch 2 *(compasivo)* human, menschlich; *(filantrópico)* menschenfreundlich B **~s** MPL Menschen *mpl*

humanoide ADJ humanoid

humarazo M → humazo; **humareda** F Rauchwolke *f*; **humazo** M 1 (dichter) *(humo denso)* Qualm *m* 2 *para ahuyentar insectos*: Ausräuchern *n von Ungeziefer*

humear A VI 1 *(echar humo)* rauchen, qualmen; *(echar vapor)* dampfen; *(producir hollín)* blaken 2 *fig enemistad, etc* schwelen, noch bestehen 3 *(jactarse)* prahlen B VT *Am (fumigar)* ausräuchern

humectación F Be-, Anfeuchten *n*; Benetzen *n*; TEX **~ por vapor** Dämpfung *f*; **humectador** M Luftbefeuchter *m*; **humectante** A ADJ anfeuchtend B **~s** MPL Netzmittel *npl*;

humectar VT TEC *liter* be-, anfeuchten, (be)netzen

humedad F Feuchtigkeit *f*; **~ del aire** *o* **~ atmosférica** Luftfeuchtigkeit *f*; **humedal** M ECOL Feuchtbiotop *n*; **humedecer** ⟨2d⟩ A VT be-, anfeuchten, netzen B V/R **humedecerse** feucht werden *(tb ojos)*

húmedo ADJ feucht; dunstig; **bosque** *m* **~** Regenwald *m*; TIPO **impresión** *f* **~ en ~** Nass-in-Nass-Druck *m*

humera F *fam* Rausch *m*; **humeral** A ADJ ANAT Oberarm(knochen)… B M CAT Humerale *n*; **humero** M Rauchfang *m*

húmero M ANAT Oberarmknochen *m*, Humerus *m*

humidificador M **~ (de aire)** Luftbefeuchter *m*; **humidificar** VT befeuchten

humífero ADJ Humus…; **humificación** F Humifikation *f*, Humusbildung *f*, Vermoderung *f*

humildad F 1 *(modestia)* Demut *f*; Bescheidenheit *f*; **~ de garabato** falsche Demut *f* 2 **~ (de nacimiento)** niedrige Herkunft *f*

humilde ADJ 1 *(sumiso)* demütig, unterwürfig; bescheiden 2 *(bajo)* unbedeutend, gering, niedrig

humillación F Demütigung *f*, Erniedrigung *f*; Unterwerfung *f*; **humilladero** M CAT We-

gekreuz *n*; Bilderstock *m* (*an Ortseingängen*); **humillador** ADJ, **humillante** ADJ erniedrigend, demütigend; kränkend; **humillar** A VT 1 (*avergonzar*) demütigen, erniedrigen; kränken; beschämen 2 (*inclinar*) beugen, ducken B VR **humillarse** 1 (*rebajarse*) sich beugen; sich erniedrigen, sich demütigen 2 TAUR *toro* den Kopf senken
humillo M 1 VET (*erisipela*) *Art* Rotlauf *m der Ferkel* 2 *fig frec* **~s** *mpl* (*presunción*) Dünkel *m*
humita F *Arg, Bol, Chile, Perú* GASTR *gewürzter Maisteig in Mais- oder Bananenblätter gewickelt*
humo M 1 Rauch *m*; (*vapor*) Dunst *m*; **columna** *f* **de ~** Rauchsäule *f*; **(de) color ~** rauchfarben; **libre de ~** rauchfrei, nikotinfrei; **echar ~** rauchen, qualmen; dampfen; *fig* wütend sein 2 *fig* **a ~ de pajas** leichtfertig; **hablar a ~ de pajas** etwas (nur) so dahinsagen; *fam* **me echa ~ la cabeza** mir raucht der Kopf *fam*; **gastar ~s** wütend sein; **hacerse ~** sich in nichts auflösen; *fam* sich verkrümeln *fam*, verduften *fam*; **se fue todo en ~** alles ist vorbei; alles hat sich in (eitel) Dunst aufgelöst; *fig* **quedar en ~ (de pajas)** sich in Rauch auflösen; **subírsele a alg el ~ a las narices** wütend werden, die Wut kriegen *fam*; *fam* **tener muchos ~s** eingebildet sein *fam*; **tomar la del ~** Reißaus nehmen 3 **~s** *mpl* (*vanidad*) Eitelkeit *f*, Dünkel *m*; **bajarle los ~s a alg** j-n demütigen, j-n ducken; **darse ~s de** sich aufspielen als (*nom*); *fig* **se le han subido los ~s (a la cabeza)** er ist hochnäsig geworden
humor M 1 MED (*líquido del cuerpo*) (Körper)Flüssigkeit *f*, Saft *m*; Humor *m* (*liter*); **~ ácueo** *o* **acuoso** *en el ojo*: Kammerwasser *n des Auges*; **~ vítreo** Glaskörper *m* 2 (*talante*) (Gemüts)Stimmung *f*, Laune *f*; **estar de buen/mal ~** guter/schlechter Laune sein; **estar de ~ para** aufgelegt sein für (*acus*); *fam* **~ de mil diablos** *o* **de perros** miese Laune *f fam*, Stinklaune *f fam*; **seguirle a alg el ~** auf j-s Laune (*acus*)eingehen 3 (*facultad del humorista*) Humor *m*; **~ macabro** *o* **negro** schwarzer Humor *m* 4 *Perú fam* (*sudor de las axilas*) Achselschweiß *m*
humoracho M *fam* Stinklaune *f fam*; **humorada** F witziger Einfall *m*; **humorado** ADJ **bien/mal ~** gut/schlecht gelaunt; **humoral** ADJ MED Humoral…; **humorismo** M 1 Humor *m* 2 MED Humoralpathologie *f*; **humorista** M/F Humorist *m*, -in *f*; Spaßmacher *m*
humorístico ADJ humoristisch; **artículo** *m* **~** Scherzartikel *m*; **dibujo** *m* **~** humoristische Zeichnung *f*; Karikatur *f*; **periódico** *m* **~** Witzblatt *n*
humoso ADJ rauchig; rauchend
humus M Humus *m*
hundible ADJ versenkbar; **hundido** ADJ eingesunken; versenkt; eingefallen (*tb hombros*); *ojos* tief liegend; **hundimiento** M 1 MAR (*echar a pique*) Versenken *n*; (Ver)Sinken *n*; Untergang *m* 2 (*desmoronamiento*) Einsturz *m*; Einsinken *n*; *de un dique*: Absacken *n*; **~ de tierra** Erdrutsch *m* 3 *fig* (*caída*) Zusammenbruch *m*; Untergang *m*
hundir A VT 1 *barco* versenken 2 *gener* (*meter en lo hondo*) (ein)senken, stecken, tauchen (**en** in *acus*); *a la fuerza*: eintreiben, einrammen; **le hundió el puñal en el pecho** er stieß ihm den Dolch tief in die Brust 3 (*destruir, arruinar*) zerstören, vernichten (*tb fig*); *fig* ruinieren, erledigen *fam* B VR **hundirse** 1 (*sumergirse*) (ver)sinken; einsinken 2 (*derrumbarse*) zusammenbrechen, einstürzen, zusammenfallen; *piso, etc* sich senken; absacken 3 *fig* (*ir a la ruina*) untergehen, sich auflösen; *fam* plötzlich verschwinden; *fig* **se hunde el mundo** die Welt geht unter
húngaro A ADJ ungarisch B M, **-a** F Ungar *m*, -in *f* C M 1 *lengua*: Ungarisch *n* 2 ORN Reisvogel *m*
Hungría F Ungarn *n*
huno A ADJ hunnisch B M, **-a** F Hunne *m*, Hunnin *f*
hupe M Baum-, Holzschwamm *m*
huracán M Orkan *m*; **huracanado** ADJ orkanartig; **huracanarse** VR zum Orkan werden
huraña F mürrisches (*o* ungeselliges) Wesen *n*; Menschenscheu *f*; **huraño** ADJ mürrisch, ungesellig; menschenscheu
hurgador M Schüreisen *n*; **hurgandilla** F *Hond* Schnüffler *m*
hurgar ⟨1h⟩ A VT & VI 1 (*revolver*) **~ (en)** stochern (in *dat*), wühlen (in *dat*) 2 *fig* (*fisgar*) schnüffeln (**en** in *dat*) 3 *fig* (*incitar*) aufwühlen; reizen, aufstacheln B VR **~se las narices** in der Nase bohren
hurgón M Schürhaken *m*, -eisen *n*; *fam hum* Degenstich *m*; **hurgonada** F Schüren *n*; **hurgonazo** M Schlag *m* mit dem Schüreisen; **hurgonear** VT & VI (das Feuer) schüren; *fam hum* mit dem Degen stechen; **hurguete** M/F *Arg, Chile* Schnüffler *m*, -in *f*; **hurguetear** VT *Arg, Chile* herumschnüffeln in (*dat*)
hurí F ⟨*pl* -íes⟩ *islamismo*: Huri *f*
hurón M 1 ZOOL Frettchen *n* 2 *fig* (*husmeador*) Schnüffler *m*; **hurona** F ZOOL weibliches Frettchen *n*; **huronear** VI 1 CAZA mit dem Frettchen jagen, frettieren 2 *fig* (*husmear*) herumschnüffeln; **huronera** F 1 ZOOL Frettchenbau *m* 2 *fig* (*escondrijo*) Schlupfwinkel *m fam*; *desp* Bruchbude *f*, Dreckloch *n fam*
hurra A INT ¡~! hurra! B M ~ Hurraruf *m*
hurtadillas ADV **a ~** heimlich, verstohlen; **hurtador** A ADJ stehlend B M, **hurtadora** F Stehler *m*, -in *f*, Dieb *m*, -in *f*
hurtar A VT 1 *cult*, JUR (*robar*) stehlen 2 *río*: wegschwemmen; *orilla* annagen 3 (*ocultar*) verstecken, verheimlichen; **~ el cuerpo** ausweichen (*tb fig de un peligro*); *fig* **~ el hombro** sich drücken B VI betrügen; stehlen C VR **hurtarse** sich drücken, kneifen *fam*; **~ a** sich entziehen (*dat*), ausweichen (*dat*)
hurto M Diebstahl *m*; Diebesgut *n*; *adv* **a ~** heimlich, verstohlen
húsar M Husar *m*
huserón M CAZA *ciervo*: Spießer *m*
husillo M 1 TEC (*pivote*) Spindel *f*; Pressschraube *f*; AUTO **~ de dirección** Lenkspindel *f* 2 (*alcantarilla*) Abzugsrinne *f*
husky ['xaski] M *raza de perros*: Husky *m*
husma F CAZA Witterung *f*; *fig* **andar a la ~ de a/c** einer Sache (*dat*) (heimlich) nachgehen; **husmar** VT → husmear; **husmeador** A ADJ nachspürend B M, **husmeadora** F Spürnase *f*; Schnüffler *m*, -in *f*; **husmear** A VT 1 (*olfatear*) wittern (*tb fig*) 2 *fig* (*fisgar*) herumschnüffeln in (*dat*) B VI anfangen, übel zu riechen; miefen *fam*, muffeln *fam*; **husmeo** M Wittern *n*; Schnüffeln *n* (*tb fig*); *fig* Schnüffelei *f*; **husmo** M muffiger Geruch *m* (*von verderbendem Fleisch*); *fam* **estar al ~** auf der Lauer liegen
huso M 1 TEC, TEX, BIOL (*árbol*) Spindel *f*; *fig* **ser más derecho que un ~** kerzengerade sein; schlank und rank wie eine Tanne sein; GEOM **~ esférico** Kugelzweieck *n*; ASTRON **~ horario** Zeitzone *f*; ANAT **~ muscular** Muskelspindel *f* 2 *heráldica*: schmale Raute *f*
huta F Jagdhütte *f*
hutía F *Antillas* ZOOL Waldratte *f*
huy INT hui!; pfui!; au!
huyente ADJ fliehend
huyuyuy INT 1 *admiración*: toll! *fam* 2 *dudas*: na, na!

I

I, i F I, i *n*; **i griega** *o* **i larga** Ypsilon *n*; *fig* **poner los puntos sobre las íes** das Tüpfelchen auf das i setzen; (*ser un pedante*) ein Pedant sein
IAE M ABR (Impuesto de Actividades Económicas) *Art* Gewerbesteuer *f*
iba → ir
ibahay M *RPl* BOT *Myrtengewächs, gelbe Frucht*
IBAN M ABR (International Bank Account Number) FIN IBAN *f*
ibana M *Cuba vulg* Schwule *m pop*
ibaró M *RPl* BOT *Art* Seifenbaum *m*
ibérico ADJ iberisch; *fig tb* spanisch; **Península** *f* **Ibérica** Pyrenäenhalbinsel *f*
iberio ADJ → ibérico; **iberismo** M *espec* LING Iberismus *m*; iberisches Substrat *n*
ibero, íbero A ADJ iberisch; *liter, frec desp* spanisch B M, **-a** F Iberer *m*, -in *f*
Iberoamérica F Iberoamerika *n*
iberoamericano A ADJ iberoamerikanisch B M, **-a** F Iberoamerikaner *m*, -in *f*
IBEX M ABR (Iberia Index): **~ 35** IBEX 35 *m* (*spanischer Aktienindex; ≈ DAX®*)
IBI M ABR (Impuesto sobre Bienes Inmuebles) *Esp* Immobilien- *o* Grundsteuer *f*
íbice M ZOOL Algensteinbock *m*
ibicenco A ADJ von/aus Ibiza, ibizenkisch B M, **-a** F Ibizenker *m*, -in *f*
ibídem ADV ebenda, ibidem
ibis F ⟨*pl inv*⟩ ORN Ibis *m*
Ibiza F Ibiza *n*
ibón M *reg* Gebirgssee *m in den Pyrenäen*
icaco M *Am* BOT *árbol*: Icacobaum *m*; *fruto*: Icacopflaume *f*
icáreo *o* **icario** MIT *y fig* A ADJ Ikarus…; **juegos** *mpl* **~s** Akrobatik *f* am Hochtrapez B M Hochakrobat *m*
Ícaro M MIT Ikarus *m*
iceberg [iθe'βεr] M Eisberg *m*; *fig* **la punta del ~** die Spitze des Eisbergs; **lechuga** *f* **~** Eis(berg)salat *m*; **icefield** M Eisfeld *n* (*Treibeis*)
ICEX M ABR (Instituto Español de Comercio Exterior) Spanisches Außenhandelsinstitut *n*
ichíntal M *Am Centr* BOT Wurzel *f* der Stachelgurke (→ chayotera); *fam fig* **echar ~** Altersspeck ansetzen *fam*
icho, ichu , ichú M *Andes* BOT Punagras *n*, Ichu *n*
ICI M ABR (Instituto de Cooperación Iberoamericana) Institut *n* für Iberoamerikanische Zusammenarbeit
icneumón M 1 ZOOL (*mangosta*) Ichneumon *n* 2 *insecto*: Schlupfwespe *f*
icnografía F ARQUIT Bauplan *m*; Grundriss *m*
ICO M ABR (Instituto de Crédito Oficial) *Esp* Öffentliche Kreditanstalt *f*
I.C.O.N.A. M ABR (Instituto Nacional para la Conservación de la Naturaleza) spanisches Naturschutzinstitut *n*
icónico ADJ bildlich, bildhaft, Bild(er)…
icono, *poco usado* **ícono** M 1 REL Ikone *f* 2 INFORM Symbol *n*, Icon *n*
iconoclasta A ADJ ikonoklastisch (*tb fig*) B M/F Bilderstürmer *m*, -in *f*, Ikonoklast *m*, -in *f*; **iconoclastia** F Ikonoklasmus *m*; **icono-**

grafía F *t/t* Ikonographie *f*; Bilderkunde *f*; *colección*: Sammlung *f* von Bildnissen *berühmter Persönlichkeiten*; **iconográfico** ADJ ikonographisch; **iconólatra** M/F REL Bilderverehrer *m*, -in *f*; **iconolatría** F Ikonolatrie *f*, Bilderverehrung *f*; **iconología** F *t/t* Ikonologie *f*; **iconómetro** M FOT Rahmensucher *m*; **iconostasio** M REL Ikonostas(e) *m(f)*, Bilderwand *f*
icopor® M *corresponde a*: Styropor® *n*
icor M MED Wundflüssigkeit *f*
icosaedro M MAT Zwanzigflächner *m*
icotea F → hicotea
ictericia F MED Gelbsucht *f*, Ikterus *m*; **ictericiado** ADJ → ictérico
ictérico A ADJ MED gelbsüchtig, Gelbsucht…, ikterisch B M, **-a** F Gelbsucht-, Ikteruskranke *m/f*
ictícola ADJ ZOOL Fisch…
ictio… PREF *t/t* Fisch…, Ichthyo…; **ictiocola** F Fischleim *m*; **ictiófago** ADJ *t/t* Fisch essend; *animales* fischfressend; **ictiol** M FARM Ichthyol *n*; **ictiología** F Ichthyologie *f*, Fischkunde *f*; **ictiólogo** M, **-a** F Ichthyologe *m*, Ichthyologin *f*; **ictiosaur(i)o** M ZOOL Ichthyosaurier *m*; **ictiosis** F MED Fischschuppenkrankheit *f*, Ichthyose *f*; **ictiosmo** M MED Fischvergiftung *f*
ictus M *métrica y* MED Iktus *m*; MED **~ apoplético** Schlaganfall *m*
ICV-EA F ABR (*catalán*: Iniciativa per Catalunya Verds - Esquerra Unida y Alternativa) *katalanisches Parteienbündnis*
I + D ABR (Investigación y Desarrollo) Forschung *f* und Entwicklung *f*
ida F 1 (*viaje de ida*) Hinweg *m*; Hinfahrt *f*; **~s y venidas** *fpl* Hin-und-her-Laufen *n*; **~ y vuelta** Hin- und Herweg *n*; Hin- und Rückreise *f*; **billete** *m* **de ~ y vuelta** Rückfahrkarte *f*; **¿~ y vuelta?** hin und zurück? 2 CAZA (*huella*) Spur *f*, Fährte *f* 3 *esgrima y fig* Ausfall *m*, Angriff *m*; *fig* (*impulso repentino*) plötzliche Anwandlung *f*; **tener unas ~s terribles** furchtbare (Wut)Ausbrüche haben
idea F 1 (*pensamiento*) Gedanke *m*, Idee *f*; (*ocurrencia*) *tb* Einfall *m*; **~ directriz** Leitgedanke *m*; **~ (fundamental)** Grundgedanke *m*; **~-fuerza** Machtgedanke *m*; Gedanke *m* von großer Kraft; **una gran ~** eine großartige Idee *f*; **una ~ de bombero** *fam* eine Schnapsidee *fam*; **hacerse a la ~ de que** sich an den Gedanken gewöhnen, dass …; **le dio la ~ de** (*inf*) er kam (plötzlich) auf die Idee, zu (*inf*); **¡qué ~!** *o* **¡vaya una ~!** ist das (vielleicht) ein Einfall!, so eine Schnapsidee! *fam* 2 (*imaginación*) Vorstellung *f*, Idee *f*; (*imagen*) Bild *n*; (*noción*) Begriff *m*; FIL Idee *f*; PSIC **~ fija** Zwangsvorstellung *f*; **~ general** allgemeiner Überblick *m*; Grundwissen *n*; **dar (una) ~ de a/c** einen Begriff von etw geben, etw veranschaulichen; **formarse (una) ~ de a/c** sich (*dat*) von etw (*dat*) einen Begriff machen, sich (*dat*) ein Urteil über etw (*acus*) bilden; **no tener (ni) ~** keine Ahnung haben; **no tengo ni la más remota** *o* **pálida ~ de** ich habe keine blasse Ahnung (*o* keinen blassen Schimmer) von (*dat*) *fam*; *fam* **no tengo ni pajolera** *o vulg* **ni puta ~ de** ich habe null Ahnung von (*dat*) *pop*; **no tienes** *o* **no puedes hacerte una ~ de lo malo que es** du kannst dir nicht vorstellen, wie schlecht er ist 3 (*concepto*) Anschauung *f*; Ansicht *f*, Meinung *f*; **cambiar de ~** es sich (*dat*) anders überlegen; **eso te hará cambiar de ~(s)** das wird deine Meinung ändern; **tener sus ~s** sich (*dat*) seine Gedanken machen, seine Meinung haben (**acerca de** über *acus*) 4 (*ilusión*) falsche Ansicht *f*, Einbildung *f*; *Col fam* **cogerle ~ a alg** einen Pik auf j-n haben, j-n nicht leiden können; **¡son ~s tuyas!** das bildest du dir nur ein! 5 (*intención*) Absicht *f*, Plan *m*; (*proyecto*) Plan *m*, Entwurf *m*; **tener** *o* **llevar (la) ~ de** (*inf*) beabsichtigen, zu (*inf*); *adv* **de (o con) mala ~** böswillig 6 (*facultad intelectual*) schöpferische Gedankenkraft *f*, Geist *m*; **ser hombre de ~** ein eigenständiger Geist sein
ideación F 1 (*formación de ideas*) Herausbildung *f* der Gedanken 2 (*invento*) Ausdenken *n*, Erfinden *n*; **ideador** ADJ planend, entwerfend
ideal A ADJ 1 (*perfecto*) ideal, vollkommen, vorbildlich; **caso** *m* **~** Idealfall *m*; *fam* **lo ~** das Beste; das Passendste 2 (*sin existencia física*) ideell, (nur) gedacht B M Ideal *n*; Vorbild *n*;
idealidad F Idealität *f*; **idealismo** FIL *y fig* M Idealismus *m*; **idealista** A ADJ idealistisch; *fig tb* (*fuera de la realidad*) weltfremd B M/F Idealist *m*, -in *f*; **idealización** F Idealisierung *f*; **idealizador** ADJ idealisierend; **idealizar** V/T ⟨1f⟩ idealisieren (*tb fig*); *fig* verklären; **idealmente** ADV 1 (*perfecto*) ideal, vollkommen 2 (*en la idea*) ideell, in der Idee
idear V/T (*inventar*) ersinnen, (sich *dat*) ausdenken; (*proyectar*) planen, entwerfen; **ideario** M 1 (*repertorio de ideas*) Gedankengut *n*; Gedankenwelt *f* 2 → ideología
ideático ADJ schrullig; extravagant
ídem ADV desgleichen, ebenso, idem
idéntico ADJ 1 (*igual*) identisch, völlig gleich, übereinstimmend; **es ~ a su padre** er ist genau wie sein Vater 2 (*parecido*) ganz ähnlich (**a** *dat*)
identidad F 1 (*igualdad*) Identität *f*, völlige Gleichheit *f*, Übereinstimmung *f*; JUR **prueba** *f* **de ~** Identitätsnachweis *m* 2 ADMIN Personalien *pl*; **carné** *m* **de ~**, *Esp tb* **documento** *m* **(nacional) de ~**, *Am tb* **cédula** *f* **de ~** Personalausweis *m*; **probar su ~** sich ausweisen, sich legitimieren
identificable ADJ identifizierbar; erkennbar; **identificación** F 1 (*reconocimiento*) Identifizierung *f*; *Am* MIL **ficha** *f* **de ~** Erkennungsmarke *f* 2 INFORM Kennung *f* 3 PSIC Identifikation *f*
identificar ⟨1g⟩ A V/T 1 (*reconocer*) identifizieren (**como** als *acus*); ADMIN **~ a alg** j-s Personalien feststellen; **un cadáver sin ~** eine nicht identifizierte Leiche 2 (*equiparar*) identifizieren, gleichsetzen B V/R **identificarse** 1 **~ con** (*tomar como propio*) sich identifizieren mit (*dat*); ganz aufgehen in (*dat*), eins werden mit (*dat*); **~ con las ideas de alg** j-s Gedanken (*acus*) übernehmen 2 ADMIN (*presentar sus documentos*) sich ausweisen
identificativo, identificatorio ADJ identifizierend (*tb* MED)
ideografía F Bilderschrift *f*, Ideografie *f*; **ideográfico** ADJ ideografisch; **escritura** *f* **-a** Bilderschrift *f*; **ideograma** M Ideogramm *n*, Begriffszeichen *n*
ideología F 1 FIL Ideologie *f*, Ideen-, Begriffslehre *f* 2 POL Ideologie *f*, Weltanschauung *f*; **ideológico** ADJ ideologisch; *desp* rein theoretisch, weltfremd; **ideologización** F Ideologisierung *f*; **ideologizar** V/T ⟨1f⟩ ideologisieren
ideólogo M, **-a** F Ideologe *m*, Ideologin *f*; *p. ext* (*entusiasta*) Schwärmer *m*, -in *f*
ideoso ADJ *Col* schrullig, extravagant
idílico ADJ idyllisch; *fig* friedlich, einfach; **en un entorno ~** in idyllischer Umgebung
idilio M 1 *arte*: Idylle *f*, *espec* LIT Schäferdichtung *f* 2 *fig* (*romance*) Idyll *n*; romantische Liebe *f*; Romanze *f*
idiolecto M LING Idiolekt *m*
idioma M (*lengua*) Sprache *f*; Idiom *n*; **~ auxiliar universal** Welthilfssprache *f*; **~ mixto** Mischsprache *f*; **~ oficial** Amtssprache *f*; **~s** *mpl* **extranjeros** Fremdsprachen *fpl*; **escuela** *f* **de ~s** Sprach(en)schule *f*, Sprachinstitut *n*
idiomático ADJ idiomatisch, Sprach…; **idiomatismo** M LING → idiotismo 2; **idiopático** ADJ MED idiopathisch, ohne erkennbare Ursache
idiosincrasia F 1 (*particularidad*) Eigenart *f*, Charakter *m*, Wesen *n* 2 BIOL, MED *y fig* Idiosynkrasie *f*; **idiosincrásico, idiosincrático** ADJ 1 MED idiosynkratisch, überempfindlich 2 (*propio*) eigentümlich, Charakter…, Temperaments…
idiota A ADJ idiotisch; blödsinnig (*tb* MED) B M/F Idiot *m*, -in *f* (*tb* MED); **idiotada** F *Col fam* Eselei *f*, Dummheit *f*; **idiotez** F Idiotie *f* (*tb* MED); *fig* Blödsinn *m*, Dummheit *f*; **idiótico** ADJ *idioma* reich an Eigenheiten; **idiotipo** M BIOL Idiotypus *m*, Erbanlage *f*; **idiotismo** M 1 (*estupidez*) Dummheit *f*, Stumpfsinn *m*; MED Idiotie *f* 2 LING Spracheigentümlichkeit *f*, Idiotismus *m*; **idiotizar** A V/T ⟨1f⟩ idiotisch (*o* blödsinnig) machen B V/R **idiotizarse** verblöden
ido A PP → ir B ADJ 1 *fam* (*estar*) **~ (de la cabeza)** verrückt, verdreht, beknackt *fam* 2 *Am* (*ebrio*) (be)trunken 3 *Cuba, Méx fam* (*distraído*) zerstreut, geistesabwesend; unbesonnen
idólatra A ADJ REL Götzen…; *fig* abgöttisch (verehrend) B M/F REL Götzendiener *m*, -in *f*; *fig* Verehrer *m*, -in *f*; abgöttisch Liebende *m/f*
idolatrar V/T abgöttisch verehren (*tb fig*); vergöttern (*tb fig*); **idolatría** F REL Götzendienst *m*; Vergötterung *f* (*tb fig*); *fig* abgöttische Liebe *f*; **idolátrico** ADJ abgöttisch (*tb fig*); **culto** *m* **~** Götzenkult *m*; **idolatrismo** M Götzenverehrung *f*, -dienst *m*; **idolización** F *espec Am* Vergötterung *f*; Erhebung *f* zum Idol; **idolizar** V/T ⟨1f⟩ *espec Am* zum Idol machen (*o* erheben), idolisieren
ídolo M REL Götze *m*, Götzenbild *n*; *fig* Idol *n*
idoneidad F Tauglichkeit *f*; Eignung *f*, Fähigkeit *f*; **idóneo** ADJ tauglich, geeignet (**para** für *acus*); fähig
idus MPL HIST Iden *pl*; **los ~ de marzo** die Iden des März
IEE M ABR (Instituto Español de Emigración) *Auswanderungsbehörde im spanischen Arbeitsministerium*
IEM M ABR (Instituto de Enseñanza Media) *Esp corresponde a*: Gymnasium *n*
IES M ABR (Instituto de Educación Secundaria) *corresponde a*: Gymnasium *n*
igarapé(s) M(PL) *Am* Seitenarm *m*, -kanal *m eines Flusses im Amazonasbecken*
igelita F QUÍM Igelit *n*
iglesia F 1 *edificio*: Kirche *f*; **~ conventual** Klosterkirche *f* 2 (*congregación de fieles*) Kirche *f*, christliche Gemeinde *f*; **la Iglesia (católica)** die katholische Kirche *f*; REL **~ militante** streitende Kirche *f*; HIST **Estado(s)** *m(pl)* **de la ~** Kirchenstaat *m*; **hombre** *m* **de ~** Kirchenmann *m*, Geistliche *m*; **Príncipe** *m* **de la Iglesia** Kirchenfürst *m*; **casarse por la ~** kirchlich heiraten; *fig* **no comulgamos en la misma ~** *fam* wir passen nicht zueinander 3 (*clero*) Geistlichkeit *f*
iglesiero M, **-a** F *Am desp* Betbruder *m*, -schwester *f*
iglú M ⟨*pl* -úes⟩ 1 *de los esquimales*: Iglu *m/n* 2 *Esp* ECOL *contenedor*: Altglascontainer *m*
ignaciano ADJ REL 1 *auf Ignatius von Loyola bezogen* 2 *den Jesuitenorden betreffend*
ignaro ADJ unwissend, ungebildet
ígneo ADJ 1 (*de fuego*) feurig, Feuer…; **roca** *f* **-a** Eruptivgestein *n* 2 *color*: feuerfarben
ignición F 1 (*estar candente*) Glühen *n*; (*combustión*) Verbrennen *n*; **en ~** glühend 2

AUTO Zündung *f*; **ignícola** M/F Feueranbeter *m*, -in *f*; **ignífero** ADJ *poét* Feuer sprühend; **ignífugo** A ADJ feuerbeständig, -fest B M Flammschutzmittel *n*; **ignipotente** ADJ *poét* über (das) Feuer gebietend; **ignito** ADJ feurig; glühend; **ignívomo** ADJ *liter* Feuer speiend

ignominia F Schmach *f*, Schande *f*; Entehrung *f*; **ignominioso** ADJ schmachvoll, schändlich

ignorancia F Unwissenheit *f*, Unkenntnis *f*; Ignoranz *f*; **no pecar de ~** wohl wissen, was man tut; *prov* **~ no quita pecado** Unkenntnis schützt vor Strafe nicht

ignorante A ADJ unwissend B M/F Unwissende *m/f*; Ignorant *m*, -in *f*; **ignorantismo** M System *n* der Volksverdummung; **ignorantón** M, **ignorantona** F *fam* Riesendummkopf *m fam*

ignorar V/T 1 *(no saber)* nicht wissen, nicht kennen; **no ~** sehr wohl wissen; **ignoro su paradero** sein Aufenthaltsort ist mir unbekannt 2 *(no hacer caso)* ignorieren

ignoto ADJ *liter* unbekannt

igual A ADJ 1 *(indiferente)* gleich; *(constante)* gleichbleibend; gleichförmig; gleichmäßig; **ser ~** *tb* einerlei *o* eins sein; **es ~ a su padre** er/sie ist genau wie sein/ihr Vater; **sus fuerzas no eran ~es a su intento** seine Kräfte waren seinem Vorhaben nicht gewachsen; *fam fig* **me quedo ~** ich versteh (immer) nur Bahnhof *fam* 2 *(parejo)* eben; gleichmäßig; **terreno** *m* **~** ebenes Gelände *n* 3 MAT gleich(wertig); **cinco más seis ~ a once** fünf plus sechs gleich elf 4 *(en el mismo nivel)* auf gleicher Stufe stehend, gleichrangig 5 *(es lo mismo)* gleich(gültig), egal; **es ~ o da ~** das ist gleich; **me da ~ (que venga hoy o mañana)** es ist mir egal (*o* gleich) (, ob er heute oder morgen kommt); **¿te daría ~ mandarle ahora mismo un e-mail?** würde es dir etwas ausmachen, ihm sofort eine E-Mail zu schicken? 6 *fam adv* **al ~** *o* **por ~** *o fam* **~** *(del mismo modo)* ebenso (gut); gleicherweise; desgleichen; **al ~ de** (*o* **que**) ebenso wie *(nom)*; **en ~ de** statt *(gen)*; **~ que** *o* **como yo** genau wie ich 7 *(quizá)* **~ vengo mañana** vielleicht komme ich morgen B M/F 1 *(lo mismo) der, die, das* Gleiche 2 *(de igual condición)* Ebenbürtige *m/f*; Gleichberechtigte *m/f*; Gleichgestellte *m/f*; **su ~** *(su semejante)* seinesgleichen *m*/ihresgleichen *f*, *de usted*: Ihresgleichen; **sus ~es** ihresgleichen; **de ~ a ~** von Gleich zu Gleich; INFORM *tb.* Peer-to--Peer-…; **tratar a alg de ~ a ~** j-n wie seinesgleichen behandeln; **sin ~** unvergleichlich, unerreicht; **ser sin ~** *o* **no tener ~** unvergleichlich sein, nicht seinesgleichen haben C M MAT *signo*: Gleichheitszeichen *n*

iguala F 1 Vereinbarung *f*; *(pago acordado)* vereinbarte Zahlung *f* 2 CONSTR Messstock *m der Maurer*; **igualable** ADJ vergleichbar; **igualación** F *(equiparación)* Gleichsetzung *f*; *(adaptación)* Anpassung *f*; *(compensación)* Ausgleich *m*; **~ hombre-mujer** Gleichstellung *f* von Mann und Frau; **igualada** F DEP *fam* 1 *(empate)* Unentschieden *n* 2 *(igualación)* Ausgleich *m*; Ausgleichstor *n*; **igualado** ADJ ausgeglichen; *fig* unbefangen; **igualador** ADJ gleichmachend; SOCIOL gleichmacherisch; **igualadora** F TEC Egalisiermaschine *f*; **igualamiento** M 1 *(nivelación)* Angleichung *f*; Ausgleichung *f* 2 TEC *(aplanamiento)* Planierung *f*; Egalisierung *f*

igualar A V/T 1 *(nivelar)* gleichmachen, an-, ausgleichen 2 *(equiparar)* gleichstellen, für gleichwertig halten 3 *terreno, camino* ebnen, planieren, nivellieren 4 *cabello* stutzen B V/I 1 *(acordar)* eine Vereinbarung treffen 2 DEP *(empatar)* unentschieden spielen; *(conseguir el empate)* den Ausgleich erzielen 3 *(parecerse)* gleichen, gleichkommen (**a, con** *dat*) C V/R **igualarse** sich (an)gleichen

igualdad F 1 Gleichheit *f*; *(uniformidad)* Gleichmäßigkeit *f*; *(conformidad)* Übereinstimmung *f*; **~ de ánimo** Gleichmut *m*, Ruhe *f*; **~ de derechos** Gleichberechtigung *f*; **~ de oportunidades** Chancengleichheit *f*; **en ~ de condiciones** unter gleichen Bedingungen; *adv* **en pie de ~** gleichberechtigt; **tratar en pie de ~** wie seinesgleichen behandeln 2 *de un terreno*: Ebenheit *f* 3 GEOM *(congruencia)* Kongruenz *f*; MAT **signo** *m* **de la ~** Gleichheitszeichen *n*

igualitario POL A ADJ egalitär B M, **-a** F Egalitarist *m*, -in *f*; Verfechter *m*, -in *f* des Prinzips der Gleichheit (vor dem Gesetz); **igualitarismo** M POL Lehre *f* von der Gleichheit aller Menschen, Egalitarismus *m*; *desp* Gleichmacherei *f*

igualmente ADV ebenfalls, gleichfalls, auch; **¡(gracias,) ~!** danke, gleichfalls!

iguana F 1 ZOOL Leguan *m* 2 *Méx* MÚS *(guitarra) Art* Gitarre *f*; **iguánidos** MPL ZOOL Leguanähnliche(n) *pl*; **iguanodón, iguanodonte** M ZOOL Iguanodon *n*

igüedo M ZOOL (Ziegen)Bock *m*

IIP M ABR (Instituto Internacional de la Prensa) IPI *n* (Internationales Presseinstitut)

ijada F 1 ANAT Weiche *f*; *p. ext* MED Seitenstechen *n*; *fam fig* **la cosa tiene su ~** die Sache hat (auch) eine schwache Seite 2 *Ven fam (dolores de menstruación)* Menstruationsbeschwerden *fpl*; **ijadear** V/I keuchen

ijar M ANAT → ijada

ijujú INT juchhe(i)!

ikastola F *Esp baskische Schule mit Baskisch als Unterrichtssprache*

ikebana M Ikebana *n*

ikurriña F baskische Flagge *f* (*o* Fahne *f*)

ilación F RET (Gedanken)Verbindung *f*; FIL (Schluss)Folgerung *f*

ilang-ilang M BOT Ylang-Ylang *m*

ilativo A ADJ folgernd; GRAM **conjunción** *f* **-a** konsekutive Kunjunktion *f* B M GRAM Illativ *m*

ilegal ADJ ungesetzlich, gesetzwidrig, illegal; **ilegalidad** F Gesetzwidrigkeit *f*, Illegalität *f*; **ilegalizar** V/T ⟨1f⟩ für ungesetzlich erklären; **ilegalmente** ADV wider Recht und Gesetz, illegal

ilegibilidad F Unleserlichkeit *f*; Unlesbarkeit *f* (*tb fig*); **ilegible** ADJ unleserlich

ilegitimar V/T für unrechtmäßig erklären; *(declarar ilegítimo)* für unehelich erklären; **ilegitimidad** F Unrechtmäßigkeit *f*; *de un niño*: Unehelichkeit *f*; **ilegítimo** ADJ ungesetzlich, illegitim; unrechtmäßig; *niño* unehelich, außerehelich; *producto* unecht, verfälscht

íleo M MED Ileus *m*, Darmverschluss *m*

ileocecal ADJ ANAT **región** *f* **~** Blinddarmgegend *f*

íleon M ANAT 1 *intestino*: Krummdarm *m*, Ileum *n* 2 → ilion

ilerdense A ADJ aus Lérida B M/F Einwohner *m*, -in *f* von Lérida; **ilergetes** MPL HIST Ilergeten *mpl (altspanische Völkerschaft)*

ileso ADJ unverletzt; *fig* **salir ~** mit heiler Haut davonkommen

iletrado ADJ ungelehrt, ungebildet; analphabetisch

ilíaco, iliaco A ADJ 1 ANAT iliakal; **hueso** *m* **~** Hüftbein *n* 2 MIT, HIST aus Ilium (*o* Troja) B M, **-a** F MIT, HIST Trojaner *m*, -in *f*

Ilíada F LIT HIST Ilias *f*

iliberal ADJ POL illiberal

ilicíneas FPL BOT Stechpalmgewächse *npl*

ilicitano A ADJ aus Elche *(Provinz Alicante)* B M, **-a** F Einwohner *m*, -in *f* von Elche

ilícito A ADJ unerlaubt, nicht statthaft, (gesetzlich) verboten B M *Am* Vergehen *n*, Straftat *f*

ilicitud F Unerlaubtheit *f*; Unerlaubte(s) *n*

ilimitable ADJ nicht beschränkbar; **ilimitado** ADJ unbeschränkt, unbegrenzt; schrankenlos; *dominio, poder* unumschränkt

ilion M ANAT Darmbein *n*

ilíquido ADJ unerledigt, *factura* unbezahlt

ilírico HIST A ADJ illyrisch B M, **-a** F Illyr(i)er *m*, -in *f*

iliterato ADJ *poco usado* ungebildet

Ilmo. M, **Ilma.** M/F ABR (Ilustrísimo M, -a *f*) *Anrede vor bestimmten Titeln*

ilocalizable ADJ unauffindbar

ilógico ADJ unlogisch

ilogismo M Mangel *m* an Logik; Unlogische(s) *n*, Unlogik *f*

ilota M HIST *y fig* Helot *m*; *fig* Entrechtete *m*, Paria *m*; *desp* Sklavenseele *f*

ilote M *Am Centr* grüner Maiskolben *m*

ilotismo M HIST *y fig* Helotentum *n*

ilu F *Esp fam* Illusion *f*

iluminación F 1 *(luz)* Beleuchtung *f* (*tb* TEC, TEAT, FILM); *festiva*: festliche Beleuchtung *f*; ÓPT Ausleuchtung *f*; MAR, AVIA Befeuerung *f* 2 *fig (aclaración)* Aufklärung *f* 3 REL *y fig (inspiración)* Erleuchtung *f* 4 *(ilustración)* Ausmalung *f von Handschriften und Büchern*; **iluminado** A ADJ 1 *de fiesta*: festlich beleuchtet, illuminiert; *edificio* angestrahlt 2 *fig (instruido)* aufgeklärt 3 REL *y fig (alumbrado)* erleuchtet B M, **-a** F 1 REL Erleuchtete *m/f* 2 *fig (entusiasta)* Schwärmer *m*, -in *f* 3 HIST Illuminat *m*, -in *f*; **iluminador** A ADJ erleuchtend B M, **iluminadora** F 1 TEAT, FILM Beleuchter *m*, -in *f* 2 *de libros, etc*: Ausmaler *m*, -in *f*, Kolorist *m*, -in *f*; **iluminancia** F FÍS Lichteinfall *m* (*je sec/m*[2] *der beleuchteten Fläche*)

iluminar V/T 1 beleuchten, erleuchten, *espec* ÓPT ausleuchten; *de fiesta*: festlich beleuchten, illuminieren; *monumento etc* anstrahlen 2 REL *y fig* erleuchten 3 *libros, etc*: ausmalen, kolorieren; **iluminaria** F *frec* **~s** PL Festbeleuchtung *f*; **iluminativo** ADJ erleuchtend; **iluminismo** M HIST Illuminatentum *n*, Bewegung *f* und Lehre *f* der Illuminaten

ilusa F Schwärmerin *f*, Träumerin *f* (*tb desp*); **ilusamente** ADV trügerischerweise

ilusión F 1 *(engaño de los sentidos)* (Sinnes)Täuschung *f*; Illusion *f*; **~ óptica** optische Täuschung *f* 2 *(autoengaño)* Illusion *f*; Selbstbetrug *m*; **hacerse** *o* **forjarse -ones** sich *(dat)* Illusionen machen 3 *(alegría anticipada)* große Erwartung *f*; (Vor)Freude *f*; *fam* **me hace mucha ~** ich freue mich sehr darauf 4 *(juego de magos)* Zauberkunststück *n*

ilusionante ADJ vielversprechend; *(encantador)* traumhaft, zauberhaft

ilusionar A V/T 1 *(esperanzar)* **~ a alg con** j-m (falsche) Hoffnungen machen auf *(acus)* 2 **me ilusiona (este viaje)** ich freue mich sehr auf (diese Reise) B V/R **ilusionarse** 1 sich *(dat)* Illusionen machen 2 **~ con a/c** *(desear fuertemente)* sich *(dat)* etw sehr wünschen; *(alegrarse en forma anticipada)* sich sehr auf (*o* über) etw *(acus)* freuen

ilusionismo M 1 FIL Illusionismus *m* 2 *(prestidigitación)* Zauberkunst *f*; Zaubern *n*; **ilusionista** A ADJ FIL illusionistisch, illusionär B M/F 1 FIL Illusionist *m*, -in *f* 2 *(prestidigitador[a])* Zauberkünstler *m*, -in *f*

iluso A ADJ *(engañado)* getäuscht, betrogen; *(desilusionado)* enttäuscht B M Schwärmer *m*, Träumer *m*; **pobre ~** armer Irrer *fam*; **ilusorio** ADJ trügerisch; illusorisch

ilustración F **1** *(imagen, dibujo)* Illustration *f*; Abbildung *f*; Bebilderung *f* **2** *libro, revista:* illustriertes Werk *n*; illustrierte Zeitschrift *f* **3** *fig (formación)* Bildung *f*; Aufklärung *f* **4** HIST **la Ilustración** die Aufklärung *f*; **ilustrado** **A** ADJ **1** *(formado)* gebildet **2** *(con imágenes)* bebildert, illustriert; **revista** *f* **-a** Illustrierte *f* **B** M HIST **los ~s** die Aufklärer *mpl*; **ilustrador** **A** ADJ illustrierend; lehrreich **B** M, **ilustradora** F Illustrator *m*, -in *f*

ilustrar **A** V/T **1** *(adornar con imágenes)* illustrieren, bebildern **2** *(aclarar)* erläutern, veranschaulichen **3** *(instruir)* bilden, aufklären, belehren **4** *(alumbrar)* erleuchten (*tb* REL) **5** *(hacer ilustre)* berühmt machen **B** V/R **ilustrarse** **1** *(instruirse)* sich bilden, zu Kenntnissen kommen **2** *(hacerse ilustre)* sich auszeichnen, berühmt werden; **ilustrativo** ADJ **1** *(aclarativo)* erklärend; anschaulich; bildend **2** *(edificante)* erbaulich, erleuchtend

ilustre ADJ berühmt; erlaucht; **ilustrísimo** **A** ADJ *sup* → ilustre **B** M, **Ilustrísim, Ilustrísima** M/F *Titelanrede an Bischöfe, Konsuln etc*

imagen F **1** *(retrato, figura)* Bild *n*, Bildnis *n*; **~ de archivo** Archivbild *n*; **~ especular** Spiegelbild *n*; INFORM **~ fija** Standbild *n*; **~ invertida** Kehrbild *n*; *fig* **~ pública** *o* **de marca** Image *n*; FILM **imágenes** *fpl* **por segundo** Bildwechsel *m*; FOT **~ visada** Sucherbild *n*; **cambiar de ~** sich (ver)ändern; ÓPT, *tb fig* **dar una ~** ein Bild erzeugen **2** *(fiel retrato)* Ebenbild *n*; Abbild *n*; *fig* **la viva ~ de** das Ebenbild von *o (gen)* **3** REL *de un santo:* Heiligenbild *n*, -statue *f*; *fig* **quedarse para vestir imágenes** *fam* unverheiratet bleiben, keinen Mann abbekommen *fam*

imaginable ADJ denkbar, vorstellbar, erdenklich

imaginación F Einbildung(skraft) *f*, Fantasie *f*; Vorstellung *f*; **lleno de ~** fantasievoll; **pasar por la ~** in den Sinn kommen; **no pasársele (a alg) por la ~** j-m nicht in den Sinn kommen

imaginar **A** V/T **1** *(representar mentalmente)* ausdenken, ersinnen; erfinden **2** *(presumir, sospechar)* verfallen auf *(acus)*, kommen auf *(acus)*, vermuten, sich *(dat)* vorstellen; **¡ni ~lo (siquiera)!** kein Gedanke daran! **B** V/R **imaginarse** sich *(dat)* vorstellen, sich *(dat)* denken; annehmen, vermuten; **¡imagínese (usted)!** stellen Sie sich *(dat)* nur vor!, denken Sie bloß (einmal)!; **me lo imagino** das kann ich mir denken

imaginaria MIL **A** F **1** *vigilancia:* Ersatz-, Bereitschaftswache *f*; Nachtwache *f* **2** *Ven* ADMIN *fam (caja negra)* schwarze Kasse *f* **B** M *en el cuartel:* Wache *f in der Kaserne*; **imaginario** ADJ **1** *(no real)* erdacht, eingebildet, erfunden, imaginär (*tb* MAT); **mundo** *m* **~** Traumwelt *f*; **paisaje** *m* **~** Fantasielandschaft *f* **2** *relativo a la imagen:* Bild…; **imaginativa** F **1** *fuerza:* Einbildungs-, Vorstellungskraft *f* **2** *(sentido común)* gesunder Menschenverstand *m*; **imaginativo** ADJ einfallsreich, erfinderisch, fantasievoll

imaginería F **1** *(bordado)* Bildstickerei *f* **2** REL, ESCUL *taller y arte:* Bildschnitzerei *f*; *arte:* religiöse Bildhauerkunst *f*; PINT Malerei *f* von Heiligenbildern; **imaginero** M, **-a** F REL, ESCUL Bildschnitzer *m*, -in *f*; Bildhauer *m*, -in *f*; PINT Maler *m*, -in *f* von Heiligenbildern

imago M BIOL, PSIC, REL Imago *f*

imam M → imán²

imán¹ M Magnet *m* (*tb fig*); **~ de barra** Stabmagnet *m*; **~ elevador/permanente** Hub-/Dauermagnet *m*; **~ inductor** Feldmagnet *m*; **~ separador** Magnetscheider *m*

imán² M REL Imam *m*

iman(t)able ADJ magnetisierbar; **iman(t)ación** F Magnetisierung *f*; **iman(t)ado** ADJ magnetisch, magnetisiert; **iman(t)ar** V/T magnetisieren, magnetisch machen

imbatibilidad F Unschlagbarkeit *f*; **imbatible** ADJ unschlagbar, unbesiegbar; **imbatido** ADJ unbesiegt, ungeschlagen

imbebible ADJ nicht trinkbar, ungenießbar

imbécil **A** ADJ schwachsinnig, blödsinnig (*tb* MED); *fam fig* blöd *fam* **B** M/F Geistesschwache *m/f*; *fam* Dummkopf *m*; MED Schwachsinnige *m/f*; **imbecilidad** F Schwachsinn *m* (*tb* MED); Blödsinn *m* (*tb fig*)

imberbe ADJ bartlos; *fig hombre* sehr jung, grün *(fam desp)*

imbibición F Vollsaugen *n* *(z. B. eines Schwamms)*

imbíbito ADJ *Guat, Méx pop* (mit) einbegriffen

imbore *Cuba* **A** ADJ verräterisch **B** M/F Verräter *m*, -in *f*

imbornal M **1** MAR Speigatt *n* **2** *(boca de agua)* Wasserabzugsrinne *f* **3** *Col, Méx, fam P. Rico, Ven* **irse por los ~es** *(decir disparates)* faseln, spinnen *fam*

imborrable ADJ unverwischbar, unauslöschlich, untilgbar

imbricación F schuppenförmige Anordnung *f*, Überlappung *f*; ARQUIT Dachziegelverband *m*; **imbricado** ADJ, **imbricante** ADJ schuppenförmig (*o* dachziegelartig) angeordnet; **imbricar** **A** V/T dachziegel- (*o* schuppen)förmig anordnen **B** **~se** sich überlappen; *fig* ineinandergreifen

imbuido PP → imbuir; **~ en** *o* **de** durchdrungen von *(dat)*; geprägt von *(dat)*; eingenommen von *(dat)*; **imbuir** ⟨3g⟩ **A** V/T *fig* einflößen; einprägen, beibringen; erfüllen (**de** mit *dat*); **~ a alg en** *o* **de ideologías ajenas** j-m fremde Ideologien einprägen **B** V/R **~se de a/c** sich *(dat)* etw einprägen

imbunchar V/T *Chile* **1** *(hechizar)* verhexen **2** *fig (estafar)* be-, erschwindeln; **imbunche** M *Chile* **1** *(brujería)* Hexerei *f*, böser Zauber *m* **2** *fig (enredo)* verwickelte Angelegenheit *f*, Durcheinander *n*

IMC M ABR (índice de masa corporal) BMI *m* (Body-Mass-Index)

IME M ABR HIST (Instituto Monetario Europeo) EWI *n* (Europäisches Währungsinstitut)

imilla F *Bol, Perú* indianische Magd *f*

imitable ADJ nachahmbar; nachahmenswert

imitación F Nachahmung *f*, Imitation *f*; **~ de cuero** *o* **cuero** *m* **de ~** Kunstleder *n*, Lederimitation *f*; **a ~ de** nach (dem Beispiel *o* Vorbild von) *(dat)*; **de ~** unecht, imitiert; REL **~ de Jesucristo** Nachfolge *f* Christi

imitado ADJ nachgeahmt, nachgemacht; nachgebildet; *(falso)* unecht, imitiert; **imitador** **A** ADJ nachahmend; **ser muy ~** alles nachmachen wollen; *desp* alles nachäffen **B** M, **imitadora** F Nachahmer *m*, -in *f*, Imitator *m*, -in *f*; *liter* Epigone *m*, Epigonin *f*; **imitamonos** M/F *fam* Nachäffer *m*, -in *f*

imitar V/T nachahmen; nachmachen; nachbilden; imitieren, kopieren (*tb* TEC); **imitativo** ADJ nachahmend; Nachahmungs…

impaciencia F Ungeduld *f*; *adv* **con ~** ungeduldig; *fig tb (irritado)* gereizt; *(lleno de expectación)* erwartungsvoll, neugierig; **impacientar** **A** V/T ungeduldig machen **B** V/R **impacientarse** ungeduldig werden, die Geduld verlieren; **impaciente** ADJ ungeduldig; begierig (**por** auf *acus*)

impactante ADJ wirkungsvoll, wirkungsstark; **impactar** V/I MIL *proyectil* einschlagen; *fig* wirken; *fig* stark beeindrucken

impacto M **1** TEC Aufprall *m*; MIL Einschlag *m*, Aufschlag *m*; *de una bala:* Einschuss *m*; *tb fig* Treffer *m*; **~ completo** Volltreffer *m*; *astronáutica:* **~ de meteoros** Meteoreinschlag *m* **2** *fig (efecto)* (Aus)Wirkung *f* (**sobre, en** auf *acus*); *(fuerte impresión)* starker Eindruck *m*; **~ ecológico** *o* **(medio)ambiental** Umweltbelastung *f*; **estudio** *m* **de ~ ambiental** Umweltverträglichkeitsstudie *f*; **evaluación** *f* **del ~ (medio)ambiental** Umweltverträglichkeitsprüfung *f*; **hacer ~** starke Wirkung zeigen

impagable ADJ unbezahlbar, nicht zu bezahlen(d) (*tb fig*); **impago** M **1** COM Nichtbezahlung *f* **2** *Am reg acreedor:* unbefriedigter Gläubiger *m*

impala M ZOOL Impala *f*

impalpabilidad F Unfühlbarkeit *f*; **impalpable** ADJ *(imperceptible)* unfühlbar, nicht greifbar; *(que apenas se puede sentir)* kaum spürbar; *substancia tb* staubartig; *Perú* **azúcar** *m* **~** Puderzucker *m*

impar ADJ ungleich; *número* ungerade; BIOL *órganos* unpaarig; *liter* einzig(artig); unvergleichlich

imparable ADJ unaufhaltsam

imparcial ADJ unparteiisch, objektiv, gerecht; **imparcialidad** F Unparteilichkeit *f*; Unvoreingenommenheit *f*; **con entera ~** ganz unparteiisch, völlig objektiv

imparidad F Ungleichheit *f*; Ungeradheit *f*; **imparidígito** ADJ ZOOL **animal** *m* **~** Unpaarhufer *m*, -zeher *m*; **imparisílabo** ADJ FON ungleichsilbig

impartible ADJ unteilbar; **impartición** F MIL **~ de una orden** Befehlserteilung *f*; **impartícipable** ADJ → incomunicable

impartir V/T **1** ADMIN *(otorgar)* gewähren, bewilligen **2** *bendición, clase* erteilen

impasable *Am reg fam* **1** GASTR nicht genießbar **2** nicht zulässig

impasibilidad F **1** *(insensibilidad)* Unempfindlichkeit *f* **2** *(serenidad)* Gleichmut *m*, Unerschütterlichkeit *f*, Gelassenheit *f*; **impasible** ADJ **1** *(insensible)* unempfindlich, gefühllos **2** *(tranquilo)* gleichmütig, gelassen, unerschütterlich

impasse [im'pas] M Sackgasse *f (fig)*

impavidez F Unerschrockenheit *f*; **impávido** ADJ **1** *(impertérrito)* unerschrocken, furchtlos **2** *Am Mer (descarado)* dreist, frech

impecabilidad F Fehlerlosigkeit *f*, Vollkommenheit *f*; **impecable** ADJ tadellos, fehlerlos, -frei, einwandfrei; *estilo* vollkommen

impecune ADJ *liter* mittellos, arm; **impecunia** F *liter* Armut *f*, Mittellosigkeit *f*

impedancia F ELEC Scheinwiderstand *m*, Impedanz *f*; **de alta ~** hochohmig

impedido **A** ADJ gelähmt, körperbehindert **B** M, **-a** F Körperbehinderte *m/f*; **impedidor** ADJ hindernd, hemmend, störend; **impedimenta** F MIL Tross *m*

impedimento M Hindernis *n* (*tb* JUR); Hemmung *f*; JUR Ehehindernis *n*; JUR **~ dirimente/impediente** trennendes/aufschiebendes Ehehindernis *n*; MED **~ físico** Körperbehinderung *f*; *transporte:* **~ de tráfico** Verkehrshindernis *n*; **vendrá si no hay ~** er wird kommen, wenn nichts dazwischenkommt

impedir V/T ⟨3l⟩ (ver)hindern; *(dificultar)* erschweren, hemmen; *(molestar)* stören; *(imposibilitar)* unmöglich machen; **~ que** *(subj)* (daran) hindern zu *(inf)*; **~ el paso** den Weg versperren; den Verkehr behindern

impeditivo ADJ hinderlich; hemmend, störend; (Ver)Hinderungs…

impelente ADJ antreibend, bewegend; anstoßend; **bomba** *f* **~** Druckpumpe *f*; **impeler** V/T TEC *y fig* (an)treiben, bewegen; *(dar empuje)* stoßen, schieben; **~ a escribir** zum Schreiben drängen; zu schreiben veranlassen; **impelido** ADJ **~ por** *o* **de** getrieben von *(dat)*, ge-

zwungen durch *(acus)*
impenetrabilidad F Undurchdringlichkeit *f*; FÍS, TEC Undurchlässigkeit *f*; *fig (inexplorabilidad)* Unerforschlichkeit *f*; **impenetrable** ADJ undurchdringlich *(tb fig)*; FÍS, TEC undurchlässig, dicht; *tanque* schussfest; *fig (inexplorable)* unerforschlich, undurchschaubar
impenitencia F REL Unbußfertigkeit *f*; Verstocktheit *f*; **impenitente** A ADJ unverbesserlich; REL unbußfertig; verstockt B M/F verstockte Person *f*
impensa(s) F(PL) JUR *poco usado* Aufwand *m zur Aufrechterhaltung eines Besitzes*
impensable ADJ undenkbar, unvorstellbar;
impensado ADJ unerwartet, unvermutet, plötzlich, unverhofft
impepinable ADJ *fam* bombensicher; **eso es ~** das ist bombensicher *fam*, daran ist nicht zu rütteln
imperante ADJ (vor)herrschend; ASTROL *tb* dominierend; **imperar** V/I 1 *(dominar)* herrschen, Kaiser sein 2 *fig (predominar)* vorherrschen; **imperativo** A ADJ gebieterisch; *(obligatorio)* zwingend, bindend B M 1 GRAM, FIL Imperativ *m* 2 *fig (mandamiento)* Gebot *n*; (Sach)Zwang *m*; **imperator** M HIST Imperator *m*; **imperatoria** F BOT **~ romana** Kaiserwurz *f*; **imperatorio** ADJ imperatorisch, kaiserlich
imperceptibilidad F fehlende Wahrnehmbarkeit *f*; Unfühlbarkeit *f*; **imperceptible** ADJ unmerklich, nicht *(o* kaum) wahrnehmbar
imperdible A ADJ unverlierbar B M Sicherheitsnadel *f*; **imperdonable** ADJ unverzeihlich
imperecedero ADJ unvergänglich, ewig; **gloria** *f* **-a** unvergänglicher Ruhm *m*; REL ewige Herrlichkeit *f*
imperfección F Unvollkommenheit *f*; **imperfectamente** ADV unvollkommen, unzureichend; TEC **~ circular** unrund; **imperfectibilidad** F mangelnde Vervollkommnungsfähigkeit *f*; **imperfectible** ADJ nicht vervollkommnungsfähig
imperfecto A ADJ unvollendet; unvollkommen, mangelhaft B M GRAM **(pretérito** *m***)** **~** Imperfekt *n*
imperforable ADJ nicht durchbohrbar, MED imperforabel; **imperforado** ADJ MED verwachsen, nicht offen *(Körperöffnung)*
imperial A ADJ 1 *(relativo al emperador)* kaiserlich, Kaiser...; *(relativo al imperio)* das Imperium betreffend, imperial 2 *Ven fam (fabuloso)* super, sagenhaft B F 1 *del autobús*: Oberdeck *n* 2 BOT Kaiserkrone *f* C MPL HIST **los ~es** die Kaiserlichen *mpl*; **imperialismo** M Imperialismus *m*; **imperialista** A ADJ imperialistisch B M/F Imperialist *m*, -in *f*
impericia F Unerfahrenheit *f*; Unfähigkeit *f*
imperio M 1 Kaiserreich *n*; Imperium *n*; Reich *n*; **el Imperio Británico** das (britische) Empire; **el Imperio Romano** das Römische Reich; **el Sacro Imperio Romano** das Heilige Römische Reich (Deutscher Nation); **el Imperio del Sol Naciente** das Reich der aufgehenden Sonne; **el ~ de las tinieblas** das Reich der Finsternis; *arte*: **estilo** *m* **~** Empirestil *m* 2 *dignidad*: Kaisertum *n* 3 *p. ext (dominio)* Herrschaft *f*; *fig* **bajo el ~ de alg** unter j-s Fuchtel *(dat)* 4 *fig (orgullo)* Stolz *m* 5 *espec Am* MIL *(comedor de oficiales)* Kasino *n für Offiziere und Unteroffiziere*
imperioso ADJ 1 *(autoritario)* gebieterisch 2 *(urgente)* dringend
impermeabilidad F Undurchlässigkeit *f*; **impermeabilización** F Imprägnierung *f*; **impermeabilizante** ADJ **líquido** *m* **~** Imprägniermittel *n*; **impermeabilizar** V/T ⟨1f⟩ imprägnieren, wasserdicht machen; abdichten
impermeable A ADJ undurchdringlich; undurchlässig, dicht; **~ al agua** wasserdicht; **~ al aceite** öIundurchlässig; **~ a la luz** lichtundurchlässig B M Regenmantel *m*
impermutable ADJ nicht vertauschbar; MAT nicht permutabel
impersonal ADJ 1 *tratamiento*: unpersönlich *(tb* GRAM) 2 *Ven fam (ebrio)* betrunken; **impersonalidad** F 1 *carácter*: Unpersönlichkeit *f* 2 *deficiencia*: Mangel *m* an Persönlichkeit; **impersonalizar** V/T ⟨1f⟩ GRAM als unpersönliches Verb verwenden; **impersonar** V/T *Méx espec* TEAT darstellen, verkörpern
impertérrito ADJ unerschrocken, furchtlos
impertinencia F Ungehörigkeit *f*, Frechheit *f*, Impertinenz *f*; **impertinente** A ADJ 1 *(inoportuno)* unangebracht, unpassend, nicht dazugehörig 2 *(insolente)* ungehörig, dreist, unverschämt, impertinent, frech B M/F unverschämte Person *f*; Flegel *m*
imperturbabilidad F Unerschütterlichkeit *f*; **imperturbable** ADJ unerschütterlich
impétigo M MED Eiterflechte *f*, Impetigo *f*
impetración F Erlangung *f durch Bitten*; **impetrador** M, **impetradora** F, **impetrante** M/F Bittende *m/f*, Ersuchende *m/f*; **impetrar** V/T 1 *(suplicar)* erbitten, erflehen, flehen um *(acus)* 2 *(obtener)* erlangen, erwirken
ímpetu M Heftigkeit *f*; Wucht *f*, Schwung *m*; Ungestüm *n*
impetuosidad F Ungestüm *n*, Heftigkeit *f*; **impetuoso** ADJ heftig, ungestüm; wuchtig
impíamente ADV gottlos; unbarmherzig
impiedad F 1 *(falta de religión)* Gottlosigkeit *f*; Ruchlosigkeit *f* 2 *(falta de piedad)* Herzlosigkeit *f*; Unbarmherzigkeit *f*; **impío** ADJ 1 *(falto de religión)* gottlos; ruchlos 2 *(insensible)* herzlos, unbarmherzig, *(cruel)* grausam
implacabilidad F Unerbittlichkeit *f*; Unversöhnlichkeit *f*; **implacable** ADJ unerbittlich, unversöhnlich; unnachgiebig, unbarmherzig, eisern
implantable ADJ MED implantierbar; **implantación** F 1 MED Implantation *f*, Einpflanzung *f* 2 *(introducción)* Einführung *f*; *fábrica, etc*: Errichtung *f*; *bloqueo, toque de queda*: Verhängung *f*; **implantar** A V/T 1 MED implantieren, einpflanzen 2 *novedad* einführen; *fábrica, etc* errichten B V/R **implantarse** sich einbürgern
implante M MED Implantat *n*; **~ dental** Zahnimplantat *n*
implementación F INFORM Implementierung *f*; **implementar** V/T implementieren;
implemento M 1 *(instrumento)* Gerät *n*, Ausstattung *f*, Zubehör *n*; Werkzeug *n*; **~s** *pl* Instrumentarium *n*; Werkzeug *n*; *Méx* **~s** *pl* **de labranza** Ackergerät *n* 2 GRAM direktes Objekt *n*, Akkusativ *n*
implicación F 1 *(inclusión)* Einbeziehung *f*, Verwicklung *f* 2 FIL Implikation *f*; *p. ext (contradicción)* Widerspruch *m* 3 JUR *(participación)* Teilnahme *f an einem Delikt*; Verwicklung *f*; **implicancia** F *Am* JUR 1 *(incompatibilidad)* Unvereinbarkeit *f* 2 *(parcialidad)* Befangenheit *f*; **implicante** ADJ enthaltend; *t/t* implizierend
implicar ⟨1g⟩ A V/T 1 *(enredar)* verwickeln **(en** in *acus*), hineinziehen **(en** in *acus*) 2 *(contener)* mit einschließen, bedeuten; *t/t* implizieren; voraussetzen 3 *(llevar en sí)* mit sich *(dat)* bringen, führen zu *(dat)* B V/I widersprüchlich sein; ein Hindernis darstellen C V/R **implicarse** sich verwickeln, sich hineinziehen lassen **(en** in *acus*); **~ con alg** sich mit j-m einlassen; **implicatorio** ADJ 1 *(llevar consigo)* mit sich bringend 2 *(contradictorio)* widersprüchlich, unvereinbar
implícito ADJ mit einbegriffen; stillschweigend, unausgesprochen; *espec* FIL implizit
imploración F flehentliche Bitte *f*; **implorante** ADJ flehend; **con voz ~ suplicó** flehentlich bat er/sie; **implorar** V/T anflehen; flehen um *(acus)*
implosión F FÍS, FON Implosion *f*; **implosionar** V/I implodieren; **implosivo** ADJ FON implosiv
implume ADJ federlos, ungefiedert
impolítico ADJ unklug; unhöflich, unfein
impoluto ADJ *liter* unbefleckt, makellos, rein
imponderabilidad F FÍS *y fig* Unwägbarkeit *f*; **imponderable** A ADJ 1 *(que no se puede pesar o valorar)* unwägbar 2 *(incomparable)* unvergleichlich B M **~s** MPL Unwägbarkeiten *fpl*, Imponderabilien *pl*
imponedor ADJ → imponente; **imponencia** F 1 *Chile (grandeza)* imponierende Größe *f* 2 *Col (buena apariencia)* gutes Aussehen *n*; *(soberbia)* Arroganz *f*; **imponente** A ADJ gewaltig, eindrucksvoll, Ehrfurcht gebietend, imposant; *fam* großartig, toll *fam* B M/F COM Absender *m*, -in *f*; FIN Einleger *m*, -in *f*
imponer ⟨2r⟩ A V/T 1 auferlegen; *impuestos, derechos* erheben; *orden, cargo* geben; *trabajo, carga, opinión* aufdrängen, aufzwingen; *bloqueo, toque de queda* verhängen; *silencio, respeto* gebieten; **~ su autoridad** seine Autorität durchsetzen 2 *(instruir)* unterweisen **(en** in *dat*); *en el cargo, en obligaciones, etc*: einweisen 3 *nombre* geben 4 *dinero* einlegen, einzahlen 5 *manos* auflegen 6 *(impresionar)* beeindrucken; *respeto* einflößen; *miedo* einjagen 7 TIPO ausschießen B V/I Eindruck machen, imponieren *fam* C V/R **imponerse** 1 *(importunar)* sich aufdrängen; *(hacerse necesario)* sich aufzwingen; unvermeidlich sein 2 *la voluntad propia* sich durchsetzen, die Oberhand gewinnen; sich behaupten; **~ de** *o* **en a/c** Einsicht nehmen in etw *(acus)*, sich vertraut machen mit etw *(dat)*
imponible ADJ belastbar, besteuerbar; ECON **base** *f* **~** Steuerbemessungsgrundlage *f*
impopular ADJ unbeliebt; nicht volkstümlich, unpopulär; **impopularidad** F Unbeliebtheit *f*
importable ADJ einführbar, importierbar
importación F 1 COM *de mercancías*: Einfuhr *f*, Import *m*; Einfuhrgeschäft *n*; **-ones** *fpl* **invisibles** unsichtbare Einfuhr *f*; **~ sin pago o compensación** unentgeltliche Einfuhr *f*; **volumen** *m* **de -ones** Einfuhrvolumen *n* 2 MED *de enfermedades*: Einschleppung *f einer Krankheit*
importador COM A ADJ einführend, Einfuhr..., Import... B M, **importadora** F Importeur *m*, -in *f*
importancia F Wichtigkeit *f*, Bedeutung *f*; **carecer de ~** belanglos sein; **dar (mucha) ~ a** (großen) Wert legen auf *(acus)*; viel Aufhebens machen von *(dat)*; **darse ~** sich wichtigmachen; **restar** *o* **quitar ~ a a/c** etw herunterspielen; **no tiene ~** das macht nichts; **de ~** bedeutend, wichtig; groß, mächtig, einflussreich; MED *herida* schwer; **sin ~** unwichtig, unerheblich, belanglos
importante ADJ wichtig, bedeutend; mächtig, groß, einflussreich; *herida* schwer; **lo ~ es que ...** wichtig ist, dass ..., es kommt darauf an, dass ...; **hacerse el** *o* **la ~** wichtigtun
importar A V/I *y* V/IMP wichtig sein (j-m *o* für j-n **a alg**); **importa que ...** es ist wichtig, dass ...; **importa que lo hagas** es ist wichtig (*o* es kommt darauf an), dass du es tust; **no importa** das macht nichts, das hat nichts zu (be)sagen; es kommt nicht darauf an; **eso a ti no te importa** das geht dich nichts an; **¿qué impor-**

ta? was liegt (schon) daran?; **¿a mí qué (me importa)?** was geht's (denn) mich an?; **no importa quién** irgendjemand, irgendwer; **¿te importaría que pase por tu casa?** würde es dir etwas ausmachen, wenn ich bei dir vorbeikäme? **B** VT **1** *(tener valor o interés)* bedeuten; *fam* **me importa un bledo** (*o* **un comino** *o* **un rábano**) das ist mir wurscht *o* schnuppe) *fam* **2** *suma, monto* betragen, sich belaufen auf *(acus)* **3** *mercancías, modas, costumbres* einführen, *mercancías tb* importieren; *enfermedades* einschleppen **4** INFORM importieren **5** *(llevar consigo)* mit sich *(dat)* bringen

importe M Betrag *m*, Summe *f*; **~ de la factura** Rechnungsbetrag *m*; **~ total** Gesamtsumme *f*, -betrag *m*

importunación F Belästigung *f*; **importunar** VT belästigen, behelligen; zudringlich sein zu *(dat)*; **importunidad** F **1** *(impertinencia)* Zudringlichkeit *f*; Aufdringlichkeit *f* **2** *(molestia)* Belästigung *f*; **importuno** ADJ **1** *(molesto)* lästig, unbequem, ungelegen **2** *(impertinente)* aufdringlich

imposibilidad F Unmöglichkeit *f*; **estar en la ~ de** *(inf)* nicht in der Lage sein, zu *(inf)*; **imposibilitado** ADJ *(espec* körperlich*)* behindert; gelähmt (**de** an *dat*); **imposibilitar** **A** VT **1** *(impedir)* unmöglich machen, verhindern, vereiteln **2** *(hacer inservible)* unbrauchbar machen; unfähig machen; *espec Am persona* zum Invaliden machen **B** VR **imposibilitarse** *Am* gelähmt werden, invalide werden

imposible **A** ADJ **1** *(irrealizable)* unmöglich *(tb fig)*; *fig (insoportable)* unerträglich, unausstehlich; **hacer lo ~** alles aufbieten, alles in Bewegung setzen; *fig* **hacer la vida ~ a alg** j-m das Leben sauer machen **2** *Col, Chile, P. Rico* **estar ~** *(muy enfermo)* schwer krank sein; invalide sein; *(sucio)* schmutzig (*o* verkommen) sein; abstoßend sein **B** M Unmöglichkeit *f*; **pedir ~s** Unmögliches verlangen

imposición F **1** *(acción de imponer)* Auferlegung *f*; Belastung *f*; *de un bloqueo, del toque de queda:* Verhängung *f*; *(obligación)* Zwang *m* **2** *(tributación)* Besteuerung *f*; **~ doble** *o* **doble ~** Doppelbesteuerung *f* **3** ECON *(depósito)* Einlage *f*; **-ones** *fpl* **de ahorro** Spareinlagen *fpl*; **-ones** *fpl* **a plazo/a la vista** Termin-/Sichteinlagen *fpl* **4** **~ de manos** Handauflegung *f* **5** *de un nombre:* Verleihung *f* **6** TIPO Ausschießen *n*

impositivo ADJ Steuer...; **tipo** *m* **~** Steuersatz *m*; **impositor** M, **impositora** F **1** TIPO Seiteneinrichter *m*, -in *f* **2** FIN *(depositador[a])* Einleger *m*, -in *f*; Sparer *m*, -in *f*

imposta F ARQUIT Fries *m*, *horizontales* Band *n*; **impostado** ADJ gekünstelt

impostergable ADJ unaufschiebbar, nicht zurückstellbar; *de una promoción:* nicht übergehbar

impostor **A** ADJ betrügerisch **B** M, **impostora** F *(estafador)* Betrüger *m*, -in *f*; Hochstapler *m*, -in *f*; *(hipócrita)* Heuchler *m*, -in *f*; *(calumniador)* Verleumder *m*, -in *f*; **impostura** F *(estafa)* Betrug *m*; *(mentira)* Lüge *f*; *(hipocresía)* Heuchelei *f*; *(calumnia)* Verleumdung *f*

impotable ADJ nicht trinkbar; **agua** *f* **~** kein Trinkwasser *n*

impotencia F **1** *(incapacidad)* Unvermögen *n*, Machtlosigkeit *f*, Ohnmacht *f*; **reducir a la ~** entmachten, bezwingen **2** MED *en lo sexual:* Impotenz *f*, Zeugungsunfähigkeit *f*

impotente ADJ **1** *(sin poder)* machtlos (**contra** gegen *acus o* gegenüber *dat*); kraftlos; unfähig (**para** *inf* zu *inf*) **2** MED impotent

impoventas M *Col* Umsatzsteuer *f*

Impr. ABR (Imprenta) Druckerei *f*

impracticabilidad F **1** *de un proyecto:* Undurchführbarkeit *f* **2** *de ir por un camino:* Unwegsamkeit *f*; **impracticable** ADJ **1** *(inejecutable)* nicht ausführbar, undurchführbar **2** *(intransitable)* unwegsam; ungangbar; *camino* nicht befahrbar

imprecación F Verwünschung *f*; **imprecar** VT ⟨1g⟩ verwünschen, verfluchen; **imprecatorio** ADJ Verwünschungs..., Fluch...

imprecisión F Ungenauigkeit *f*; **impreciso** ADJ ungenau, unbestimmt

impredecible ADJ nicht voraussagbar

impregnable ADJ imprägnierbar; **impregnación** F QUÍM, TEC Imprägnierung *f*; (Durch)Tränkung *f*; *fig* Durchdringung *f*; **~ por inmersión** Tauchimprägnierung *f*; **impregnado** ADJ imprägniert; **impregnante** M QUÍM Imprägnierungs-, Schutzmittel *n*

impregnar **A** VT **1** *(empapar)* imprägnieren; (durch)tränken (**de, en** mit *dat*); **~ de aceite** (ein)ölen **2** *fig (influir profundamente)* erfüllen, durchdringen **B** VR **impregnarse** sich voll saugen (**de, con** mit *dat*) *(tb fig)*

impremeditación F Unüberlegtheit *f*; **impremeditado** ADJ unüberlegt, unbedacht; absichtslos

imprenta F TIPO Buchdruck *m*; *oficina:* (Buch)Druckerei *f*; *(impresión)* Druck *m*; *p. ext (impreso)* Gedruckte(s) *n*; **error** *m* **de ~** Druckfehler *m*; **dar a la ~** in Druck geben; **listo para la ~** druckfertig

imprescindible ADJ unumgänglich; unerlässlich, unentbehrlich

imprescriptibilidad F JUR Unverjährbarkeit *f*; **imprescriptible** ADJ JUR unverjährbar

impresentable ADJ nicht vorzeigbar; **estás** *o* **vas ~ con este abrigo** in diesem Mantel kannst du dich nicht zeigen

impresión F **1** *(marca, huella)* Abdruck *m*; Aufdrücken *n*; Eindellung *f*; **~ dactilar** *o* **digital** Fingerabdruck *m*; **~ del sello** Aufdrücken *n* des Siegels; Stempelabdruck *m* **2** *fig (efecto al ánimo)* Eindruck *m*; **~ sensorial** Sinneseindruck *m*; **causar (buena/mala) ~** (einen guten/schlechten) Eindruck machen (**a** auf *acus*); **tener la ~ (de) que...** den Eindruck haben, dass ... **3** TIPO Druck *m* *(das Drucken, Gedrucktes)*; INFORM Ausdruck *m*; **~ artística** Kunstdruck *m*; **~ en color** Farbdruck *m*; INFORM Farbausdruck *m*; **~ en cuatro colores** Vierfarbendruck *m*; **~ de obras/de remiendos** Werk-/Akzidenzdruck *m* **4** *fonotecnia: (grabación)* Aufnahme *f*

impresionabilidad F (leichte) Beeindruckbarkeit *f*, Empfänglichkeit *f*, Sensibilität *f*; **impresionable** ADJ **1** *(sensible)* **(fácilmente) ~** leicht zu beeindrucken, sensibel; empfindsam **2** TIPO druckbar; INFORM ausdruckbar; **impresionante** ADJ *fam* eindrucksvoll; aufregend; großartig; **impresionar** **A** VT **1** FOT *película* belichten; *disco, cinta magnética* bespielen **2** *(causar impresión)* beeindrucken, Eindruck machen auf *(acus)* **B** VR **impresionarse** beeindruckt sein

impresionismo M PINT Impressionismus *m*; **impresionista** PINT **A** ADJ impressionistisch **B** M/F Impressionist *m*, -in *f*

impreso **A** PP → imprimir **B** gedruckt; bedruckt; eingedruckt **C** M **1** TIPO Druck *m* *(Druckerzeugnis, Druckwerk)* **2** *(formulario)* Vordruck *m*, Formular *n* **3** *correos:* **~s** *mpl* Drucksache *f* **4** INFORM Ausdruck *m*

impresor **A** ADJ **mecanismo** *m* **~** Druckwerk *n* *(einer Druckmaschine)*; **máquina** *f* **~a de billetes** Fahrkarten-, Fahrscheindrucker *m* **B** M *aparato y persona:* Drucker *m*; **~ (de) offset** Offsetdrucker *m*

impresora F **1** INFORM Drucker *m*, Printer *m*; **~ de (o en) color** Farbdrucker *m*; **~ de inyección (o de chorro) de tinta** Tintenstrahldrucker *m*; **~ láser** Laserdrucker *m*; **~ matricial** Matrixdrucker *m* **2** *Am reg* Druckmaschine *f* **3** *persona:* Druckerin *f*

imprestable ADJ nicht ausleihbar

imprevisible ADJ nicht voraussehbar; **imprevisión** F Mangel *m* an Voraussicht; Unvorsichtigkeit *f*; **imprevisor** ADJ nicht vorausschauend; unvorsichtig; **imprevisto** **A** ADJ unvorhergesehen, unvermutet **B** M unerwartetes Ereignis *n*; **~s** *mpl (imponderabilidades)* Unwägbarkeiten *fpl*; *gastos:* unvorhergesehene Ausgaben *fpl*

imprimación F PINT Grundierung *f*; **imprimadera** F PINT Grundierspachtel *m/f*; **imprimador** M, **imprimadora** F PINT Grundierer *m*, -in *f*; **imprimar** VT PINT grundieren

imprimátur M REL, TIPO Imprimatur *n*; **imprimible** ADJ druckbar

imprimir VT ⟨pp impreso⟩ **1** *(estampar)* aufdrücken; eindrücken; *fig* einprägen; **~ en la memoria** ins Gedächtnis prägen **2** TIPO drucken; ab-, eindrucken; **máquina** *f* **de ~** Druckmaschine *f* **3** *movimiento* übertragen (**a** auf *acus*), mitteilen (**a** *dat*)

improbabilidad F Unwahrscheinlichkeit *f*; **improbable** ADJ unwahrscheinlich; **improbación** F → desaprobación; **improbar** VT ⟨1m⟩ *Am* nicht billigen, verwerfen

improbidad F Unredlichkeit *f*

ímprobo ADJ **1** *(desleal)* unredlich **2** *trabajo* mühselig, hart

improcedencia F Unzweckmäßigkeit *f*; JUR Unzulässigkeit *f*; **improcedente** ADJ unangebracht, unzweckmäßig; *espec* JUR unzulässig; unbegründet

improductividad F Unproduktivität *f*; Unergiebigkeit *f*; **improductivo** ADJ unergiebig *(tb fig)*; unproduktiv; unfruchtbar; *(antieconómico)* unwirtschaftlich; *capital* tot

impromptu M MÚS Impromptu *n*

impronta F Abdruck *m*; Abguss *m*; *fig* Gepräge *n*, Eigenart *f*; **improntar** VT *huellas, etc* hinterlassen

impronunciable ADJ *sonido, palabra* nicht aussprechbar, unaussprechbar, unaussprechlich; **improperio** M **1** Schmähung *f* **2** CAT **~s** *mpl* Improperien *pl*

impropiedad F **1** *(incorrección)* Unrichtigkeit *f*, Ungenauigkeit *f* *(in Wortwahl und Stil)* **2** *(indecencia)* Unschicklichkeit *f* **3** *(ineptitud)* Untauglichkeit *f*, Ungeeignetheit *f* **4** FIL Uneigentlichkeit *f*; **impropio** ADJ **1** *(incorrecto)* unrichtig, nicht passend; *expresión* falsch angewandt; *(inepto)* ungeeignet (**para** für *acus*); unzweckmäßig **2** *(indecente)* unschicklich **3** MAT *fracción* unecht **4** *t/t (ajeno)* uneigentlich

improrrogable ADJ nicht verlängerbar; unaufschiebbar

improvisación F **1** Improvisation *f* **2** *poco usado:* schnelle Karriere *f*, Glück *n*; **improvisado** ADJ improvisiert; behelfsmäßig; **improvisador** **A** ADJ improvisierend **B** M, **improvisadora** F Improvisator *m*, -in *f*; **improvisamente** ADV überraschend, plötzlich; **improvisar** VT improvisieren; aus dem Stegreif darbieten; **improviso** ADJ unvorhergesehen; *adv* **de** *o* **al ~** unversehens, überraschend, plötzlich; **improvisto** ADJ → improviso; **a la -a** überraschend, plötzlich

imprudencia F Unvernunft *f*; Unbesonnenheit *f*; *(descuido)* Unvorsichtigkeit *f*; JUR Fahrlässigkeit *f*; **~ temeraria** grobe Fahrlässigkeit *f*; **lesión** *f* **por ~** fahrlässige Körperverletzung *f*; **es (una) ~ increíble** es ist (ein) bodenloser Leichtsinn

imprudente ADJ unklug, unvernünftig; un-

überlegt; (*incauto*) unvorsichtig; JUR fahrlässig; **impúber** A ADJ (noch) nicht mannbar, unreif; JUR unerwachsen, nicht mündig B M/F Unreife *m/f*, Unerwachsene *m/f*; **impublicable** ADJ nicht zur Veröffentlichung geeignet
impudencia F Schamlosigkeit *f*; **impudente** ADJ schamlos; unverschämt; **impudi(ci)cia** F Schamlosigkeit *f*
impúdico A ADJ unzüchtig, unsittlich; schamlos B M, **-a** F unsittlicher Mensch *m*
impudor M 1 (*falta de vergüenza*) Schamlosigkeit *f* 2 (*cinismo*) Zynismus *m*, (schamlose) Frechheit *f*; **impudoroso** ADJ → impúdico
impuesto A PP → imponer; **~ de** auf dem Laufenden über (*acus*) B M Steuer *f*; Abgabe *f*; Gebühr *f*; **~s** *mpl* Steuern *fpl*; Steuerlast *f*; Steuerwesen *n*; *Esp* **~ de actividades económicas** Gewerbesteuer *f*; *Esp* **~ sobre bienes immuebles** Grundsteuer *f*; **~ sobre las bebidas** Getränkesteuer *f*; **~ sobre los beneficios** Gewinnabgabe *f*; **~ sobre el café (el té,** *etc*) Kaffeesteuer *f* (Teesteuer *f etc*); **~ sobre el capital** Vermögenssteuer *f*; *Esp* **~ de circulación** Kraftfahrzeugssteuer *f*; **~ eclesiástico** *o* **de culto** *o* **sobre los cultos** Kirchensteuer *f*; **~ ecológico** Ökosteuer *f*; *Esp* **~ sobre el incremento del valor de los terrenos de naturaleza urbana** *o* **~ de plusvalía** (Gemeinde-)Wertzuwachssteuer *f*; **~ de lujo** *o* **~ suntuario** Luxussteuer *f*; *Am reg* **~ predial** Grundsteuer *f*; **~ sobre el patrimonio** Vermögen(s)steuer *f*; *Esp* **~ sobre las primas del seguro** Versicherungssteuer *f*; *Esp* **~ sobre la renta (de las personas físicas)** Einkommen(s)steuer *f*; **~ sobre las rentas del capital** Kapitalertragssteuer *f*; **~ sobre los salarios** Lohnsteuer *f*; POL **~ revolucionario** Revolutionssteuer *f*; **~ de sociedades** Körperschaftssteuer *f*; **~ sobre sucesiones** Erbschaftssteuer *f*; *Esp* **~ sobre transmisiones patrimoniales** Grunderwerbssteuer *f*; **~ del timbre** Stempelgebühr *f*; *Esp* **~ (general) sobre el tráfico de empresas** Umsatzsteuer *f*; *Esp* **~ de utilidades** Einkommensteuer *f*; **~ sobre las utilidades del capital** Kapitalertragssteuer *f*; **~ sobre el valor añadido** *o Am* **agregado** Mehrwertsteuer *f*; **~ sobre los vehículos de motor** *o* **sobre los automóviles** Kraftfahrzeugsteuer *f*; **categoría** *f* **de ~s** Steuerklasse *f*; **exento** *o* **libre de ~s** steuerfrei
impugnable ADJ anfechtbar (*tb* JUR); **impugnación** F Anfechtung *f* (*tb* JUR); Bestreitung *f*; Einwand *m*; **impugnador** A ADJ bestreitend B M, **impugnadora** F Gegner *m*, -in *f*, Bestreiter *m*, -in *f*; **impugnar** V/T anfechten; bestreiten; bekämpfen
impulsador M, **impulsadora** Vorführer *m*, Vorführdame *f* (*bes in Kaufhäusern*)
impulsar V/T (an)treiben; bewegen, in Bewegung setzen; *fig* vorantreiben; fördern; **impulsión** F Antrieb *m*; (An)Stoß *m*; → *tb* impulso; **impulsividad** F Impulsivität *f*; **impulsivo** A ADJ 1 (*estimulante*) anstoßend; treibend, Treib... 2 (*impetuoso*) impulsiv; lebhaft B M, **-a** F impulsiver Mensch *m*
impulso M 1 FÍS, TEC (*golpe*) Stoß *m*, Antrieb *m*; Schubkraft *f*; Impuls *m* (*tb* ELEC), ELEC *tb* Stromstoß *m*; ELEC **~ de la corriente de carga** Ladestromstoß *m* 2 *fig* (*tracción*) Antrieb *m*, Anregung *f*, (*incentivo*) Anreiz *m*; Impuls *m*; Schwung *m*; **dar ~ a** beleben; **dar nuevos ~s a a/c** einer Sache (*dat*) Auftrieb geben; etw wieder in Schwung bringen; **ceder al ~ de su corazón** der Regung seines Herzens folgen; **tomar ~** Schwung holen; Anlauf nehmen
impulsor A ADJ antreibend, Antriebs..., Trieb...; **mecanismo** *m* **~** Triebwerk *n* B M 1 *persona*: Antreiber *m*; Förderer *m*; *desp* Anstifter *m*, treibende Kraft *f* 2 TEC (*transportador*) Förderer *m*; Rutsche *f*; **~ de vibración** Schüttelrinne *f*; **impulsora** F Antreiberin *f*; Förderin *f*; *desp* Anstifterin *f*
impune ADJ straflos, straffrei; **salir ~** straffrei ausgehen; **impunidad** F Straflosigkeit *f*, Straffreiheit *f*
impuntual ADJ unpünktlich; **impuntualidad** F Unpünktlichkeit *f*
impureza F Unreinheit *f*; Verunreinigung *f* (*tb* QUÍM); **~s** *fpl* Verschmutzung *f*; **impurificación** F Verunreinigung *f* (*tb* TEC); **impurificar** V/T ⟨1g⟩ unrein machen; verunreinigen, verschmutzen; **impuro** ADJ unrein (*tb fig*); verschmutzt; *metal* nicht gediegen; *fig* (*impúdico*) unzüchtig
imputabilidad F Anrechnungsfähigkeit *f*; **imputable** ADJ 1 ECON, JUR anrechnungsfähig (*tb prisión preventiva*); zuzuschreiben(d); ... **es ~ al deudor** der Schuldner hat ... (*acus*) zu vertreten 2 (*atribuible*) zuzuschreiben(d) (**a** *dat*)
imputación F 1 ECON, JUR (*atribución*) Anrechnung *f* 2 (*acusación*) Beschuldigung *f*; Bezichtigung *f*; **imputador** A ADJ 1 ECON, JUR anrechnend 2 bezichtigend B M, **imputadora** F *persona*: Bezichtiger *m*, -in *f*
imputar V/T 1 *culpa* zuschreiben, beimessen, zur Last legen; **~ a/c a alg** j-m die Schuld an etw (*dat*) geben; j-n einer Sache (*gen*) bezichtigen 2 ECON (*computar*) verbuchen (**a** auf *acus*); JUR anrechnen
imputrescible ADJ unverweslich; fäulnissicher; nicht verfaulbar
IMSERSO M ABR (Instituto de Migraciones y Servicios Sociales) Institut *n* für Migration und soziale Dienstleistungen
in ADJ *fam* **la moda** *f* **~** die aktuelle Mode; **término** *m* **~** Modewort *n*
inabarcable ADJ nicht umfassbar; nicht begreifbar; unermesslich; **inabordable** ADJ unzugänglich (*tb fig*); *fig persona* unnahbar
inacabable ADJ unendlich, endlos; **inacabado** ADJ unvollendet
inaccesibilidad F Unzugänglichkeit *f* (*tb fig*); **inaccesible** ADJ unerreichbar; unzugänglich (*tb fig*); *fig persona* unnahbar
inacción F Nichtstun *n*, Untätigkeit *f*; *de una máquina*: Stillstand *m*
inacentuado ADJ unbetont; FON *tb* ohne Akzent; **inaceptable** ADJ unannehmbar; **inacostumbrado** ADJ nicht gewohnt, ungewohnt
inactivado ADJ QUÍM passiviert; **inactivar** V/T inaktivieren; **inactividad** F Untätigkeit *f*; *t/t* Inaktivität *f*; QUÍM, FARM Unwirksamkeit *f*; **inactivo** ADJ untätig; QUÍM, TEC, INFORM inaktiv; FARM unwirksam; **quedar ~** untätig bleiben
inactual ADJ nicht aktuell
inadaptabilidad F mangelnde Anpassungsfähigkeit *f*; **inadaptable** ADJ 1 (*no aplicable*) nicht anwendbar (**a** auf *acus*) 2 *persona* nicht anpassungsfähig; *niño* schwer erziehbar; **inadaptación** F 1 *de una persona*: Mangel *m* an Anpassungsfähigkeit; Unangepasstheit *f* 2 *de una cosa*: Nichtpassen *n*
inadaptado ADJ 1 *persona o ser vivo* nicht angepasst; unangepasst 2 (*de pocas relaciones sociales*) kontaktarm; *niño* verhaltensgestört; **niños** *mpl* **física y psíquicamente ~s** körperlich und geistig behinderte Kinder *npl*
inadecuado ADJ unangemessen; ungeeignet, unsachgemäß
inadmisibilidad F Unzulässigkeit *f*; **inadmisible** ADJ unzulässig; **inadmisión** F Nichtzulassung *f*
inadoptable ADJ unannehmbar; *niño* nicht adoptierbar
inadvertencia F Unachtsamkeit *f*; **por ~** aus Versehen
inadvertido ADJ 1 (*desatento*) unachtsam 2 (*sin ser visto*) unbemerkt; **pasar ~** übersehen (*o* nicht bemerkt) werden; **pasó el tiempo ~** man merkte gar nicht, wie die Zeit verging
INAEM M ABR (Instituto Nacional de las Artes Escénicas y de la Música) Staatliches Institut *n* für Bühnenkunst und Musik
inaferrable ADJ nicht greifbar; **inagotable** ADJ unerschöpflich; **inaguantable** ADJ unerträglich; **inajenable** ADJ unveräußerlich›; **inalambrado** ADJ *Méx* TEL schnurlos; **inalámbrico** ADJ ELEC drahtlos; TEL schnurlos
in albis ADV *fam* **dejar ~ a alg** (*no decir nada*) j-m nichts sagen (*o* mitteilen); (*dejar a alg con las ganas*) j-n leer ausgehen lassen; **estar ~** keinen blassen Schimmer haben *fam*; **quedarse ~** (*no estar informado*) nicht im Bilde sein (**de** über *acus*), nichts erfahren (**de** von *dat*); nichts begreifen (**de** von *dat*); (*quedarse con las ganas*) leer ausgehen, in die Röhre gucken *fam*
inalcanzable ADJ unerreichbar
inalienabilidad F Unveräußerlichkeit *f*; **inalienable** ADJ unveräußerlich
inalterable ADJ unveränderlich; (immer) gleichbleibend; *fig* (*imperturbable*) unerschütterlich; **~ al aire** luftbeständig; **inalterado** ADJ unverändert, beständig
inamistoso ADJ unfreundlich
inamovible ADJ *funcionario* unabsetzbar; *empleado* unkündbar; *fig* unverrückbar; **inamovilidad** F Unabsetzbarkeit *f*; Unkündbarkeit *f*; Unverrückbarkeit *f*
inán M *Cuba vulg* Arsch *m vulg*
inanalizable ADJ nicht analysierbar; unzerlegbar
inane ADJ leer, gehaltlos, wesenlos; **inania** F → inanidad; **inanición** F MED Erschöpfung *f*, Entkräftung *f*; (*morirse de hambre*) Verhungern *n*; **inanidad** F Nichtigkeit *f*; Wesenlosigkeit *f*
inanimado ADJ 1 (*muerto*) leblos, tot (*tb fig*) 2 (*desmayado*) ohnmächtig
inánime ADJ *cult* → inanimado
inapagable ADJ nicht (aus)löschbar
inaparente ADJ *momento, etc* unpassend
inapeable ADJ hartnäckig, halsstarrig; **inapelabilidad** F JUR Unanfechtbarkeit *f*; Unwiderruflichkeit *f* (*tb fig*); *fig* Endgültigkeit *f*; **inapelable** ADJ JUR unanfechtbar; unwiderruflich (*tb fig*); *fig* endgültig; **la sentencia es ~** gegen das Urteil kann keine Berufung eingelegt werden
inapercibido ADJ unbemerkt
inapetencia F MED Appetitlosigkeit *f*; **inapetente** ADJ appetitlos
inaplazable ADJ unaufschiebbar; dringlich
inaplicabilidad F Unanwendbarkeit *f*; **inaplicable** ADJ unanwendbar; **inaplicación** F Trägheit *f*, Faulheit *f*; **inaplicado** ADJ träge, faul
inapreciable ADJ 1 (*inestimable*) unschätzbar (*tb fig*) 2 (*imperceptible*) nicht wahrnehmbar; (*insignificante*) unbedeutend
inaprehensible ADJ *liter*, **inaprensible** ADJ nicht greifbar
inapropiado ADJ ungeeignet
inaprovechado ADJ ungenutzt
inaptitud F Unfähigkeit *f*; Ungeeignetheit *f*, Untauglichkeit *f*; **inapto** ADJ unfähig; ungeeignet, untauglich
inarmónico ADJ un-, disharmonisch
inarrugable ADJ TEX knitterfrei
inarticulable ADJ *sonido* unaussprechbar; **inarticulado** ADJ unartikuliert
in artículo mortis JUR auf dem Sterbebett

inasequible ADJ unerreichbar; *(demasiado caro)* unerschwinglich, zu teuer; **inasible** ADJ nicht greifbar; **inasimilable** ADJ *t/t* nicht assimilierbar

inasistencia F 1 *(ausencia)* Fernbleiben *n*; **~ a clase** Fernbleiben *n* vom Unterricht 2 *en el cuidado:* Mangel *m* an Pflege; **inasistente** ADJ *persona* abwesend

inastillable ADJ *vidrio* splitterfrei

inatacabilidad F Unangreifbarkeit *f*; **inatacable** ADJ unangreifbar; QUÍM, TEC **~ por los ácidos** säurefest

inatención F Unaufmerksamkeit *f*

inaudible ADJ unhörbar; **inaudito** ADJ unerhört; noch nicht (*o* noch nie) da gewesen

inauguración F *de un edificio, etc:* Einweihung *f*; *de un acto:* Eröffnung *f*; **discurso** *m* **de ~** Festrede *f*; *para una puesto tb* Antrittsrede *f*

inaugural ADJ Einweihungs...; Eröffnungs...; Antritts...; **acto** *m* **~** Eröffnungsfeierlichkeit *f*; **discurso** *m* **~** Eröffnungsrede *f*; *para una puesto tb* Antrittsrede *f*; **sesión** *f* **~** Eröffnungssitzung *f*

inaugurar V/T *edificio, escultura, etc* einweihen; *acto* eröffnen; *fig* beginnen

inautenticidad F Unechtheit *f*; **inauténtico** ADJ unecht

inaveriguable ADJ unlösbar; unerforschlich

INC M ABR 1 *Esp (Instituto Nacional de Consumo)* Staatliches Institut *n* für Verbraucherschutz 2 *Perú (Instituto Nacional de Cultura)* Staatliches Kulturinstitut *n*

inca A M 1 HIST Inka *m*; *p. ext* Bewohner *m* des Inkareiches 2 *Perú moneda: Münze (20 soles)* B ADJ → incaico

incaíble M *Méx vulg* Haarklemme *f*

incaico ADJ Inka...; **dinastía** *f* **-a** Inkadynastie *f*

incalculable ADJ unberechenbar; unermesslich; unschätzbar; **incalificable** ADJ 1 unqualifizierbar, *(indescriptible)* unbeschreiblich; *(inaudito)* unerhört 2 *(infame)* niederträchtig; schmählich

incambiable ADJ nicht (aus)tauschbar

incanato M *Perú* Inkazeit *f*

incandescencia F Weißglut *f*; Glühen *n*; Glut *f (tb fig)*; ELEC **lámpara** *f* **de ~** Glühlampe *f*; **incandescente** ADJ (weiß)glühend, Glüh...

incansable ADJ unermüdlich

incapacidad F 1 *de un recipiente, una sala:* Mangel *m* an Fassungsvermögen 2 *de una persona:* Unfähigkeit *f*; Untauglichkeit *f*; *(limitación)* Beschränktheit *f*; JUR **~ (de, para contratar)** Geschäftsunfähigkeit *f*; **~ laboral (transitoria)** (zeitweilige *o* vorübergehende) Arbeitsunfähigkeit *f*; **~ mental** geistige Behinderung *f*; **~ parcial para el trabajo** eingeschränkte Arbeitsfähigkeit *f*, teilweise Arbeitsunfähigkeit *f*; **~ permanente** Dauerinvalidität *f*

incapacitación F JUR Entmündigung *f*; **incapacitado** ADJ 1 SOCIOL *persona* nicht (voll) eingliederungsfähig; *mentalmente* geistig beschränkt; *(minusválido)* körperlich behindert; **~ para el trabajo** arbeitsunfähig 2 JUR für unfähig erklärt *(z. B. ein Amt zu bekleiden)*; *bajo tutela:* entmündigt

incapacitar V/T 1 *(hacer incapaz)* unfähig machen 2 JUR *(prohibir)* für unfähig erklären; entmündigen

incapaz ADJ ⟨*pl* –aces⟩ 1 *(inepto)* unfähig *(tb* JUR*)*, *(inutilizable)* unbrauchbar; **~ para un cargo** unfähig, ein Amt zu bekleiden; JUR **~ de contratar** geschäftsunfähig; JUR **~ de heredar/de testar** erb-/testierunfähig; **ser ~ de hacer a/c** unfähig (*o* nicht in der Lage) sein, etw zu tun 2 *(ingenuo)* einfältig, *(limitado)* beschränkt, dumm 3 *Guat, Méx (inaguantable)* unerträglich, unleidlich

incario M HIST Inkareich *n*

incasable ADJ **esta muchacha es ~** dieses Mädchen wird keinen Mann finden (*o* wird [wohl] nicht heiraten)

incásico ADJ *espec Am* → incaico

incatalogable ADJ nicht katalogisierbar

incausado ADJ ungegründet; grundlos

incautación F JUR Sicherstellung *f*; Beschlagnahme *f*; **incautarse** JUR V/R **~ de a/c** etw sicherstellen; etw beschlagnahmen

incauto ADJ 1 *(sin cautela)* unbedacht; unvorsichtig 2 *(cándido)* naiv, leichtgläubig

incendiar A V/T ⟨1b⟩ *(prender fuego)* anzünden; in Brand stecken B V/R **incendiarse** sich entzünden; in Brand geraten

incendiario A ADJ 1 Brand...; MIL **bomba** *f* **-a** Brandbombe *f* 2 *fig (revoltoso)* aufrührerisch, aufwiegelnd, Hetz..., Brand...; **discurso** *m* **~** Hetz- (und Brand)rede *f* B M, **-a** F Brandstifter *m*, -in *f*; *fig (alborotador)* Unruhestifter *m*, -in *f*, Hetzer *m*, -in *f*

incendio M Brand *m*; Feuer *n (tb fig)*; *liter* Feuersbrunst *f*; **~ forestal** Waldbrand *m*; JUR **~ provocado** *o* **intencionado** Brandstiftung *f*; **avisador** *m* **de ~s** Feuermelder *m*; **aparato** *m* **detector y de alarma de ~s** Feuermeldegerät *n*; **seguro** *m* **contra ~s** Feuerversicherung *f*; **se declaró un ~** es brach Feuer aus

incensación F Räuchern *n* mit Weihrauch *etc*; *fig* Beweihräucherung *f*; **incensar** V/T ⟨1k⟩ (ein)räuchern; *fig* beweihräuchern; **incensario** M Weihrauchkessel *m*; *fam fig* **romperle a alg el ~ en las narices** j-m Honig um den Bart schmieren *fam*, j-m in den Hintern kriechen *pop*

incensurable ADJ tadelfrei

incentivación F Schaffung *f* von Anreizen; **incentivar** V/T einen Anreiz schaffen für *(acus)*; **incentivo** M Anreiz *m*, Ansporn *m*; *(premio)* Leistungsprämie *f*; FARM Reizmittel *n*; **no tener ~** keinen Anreiz bieten

incertidumbre F Ungewissheit *f*, Zweifel *m*

incesable, incesante ADJ unablässig; unaufhörlich

incesto M Blutschande *f*, Inzest *m*; **incestuoso** A ADJ blutschänderisch, inzestuös, Inzest... B M, **-a** F Person *f*, die Inzest begeht

incidencia F 1 *(consecuencia)* Auswirkung *f*, Folge *f*; MED Auftreten *n* 2 *(incidente)* Zwischenfall *m*; Vorfall *m*; *adv* **por ~** beiläufig; zufällig 3 MAT, FÍS Einfall *m*, Auftreffen *n*; **ángulo** *m* **de ~** Einfallswinkel *m*; **incidental** ADJ beiläufig; nebensächlich

incidente A ADJ 1 MAT, FÍS, ÓPT einfallend; *rayo tb* auftreffend 2 *fig (entre)* Zwischen...; Neben... B M 1 *(acontecimiento)* Vorfall *m*; Zwischenfall *m*; **~ fronterizo** Grenzzwischenfall *m*; **~ parlamentario** Zwischenfall *m* im Parlament 2 JUR Zwischenstreit *m*; **incidentemente** ADV beiläufig

incidir V/I 1 *(afectar)* sich auswirken **(en** auf *acus)*; **~ en una falta** in einen Fehler verfallen 2 MED einschneiden; schneiden

incienso M 1 *en ceremonias religiosas:* Weihrauch *m*; *fig (lisonja)* Lobhudelei *f*; **dar ~ a alg** j-n beweihräuchern 2 *Am* BOT *verschiedene aromatische Pflanzen*

incierto ADJ ungewiss; unsicher

incinerable ADJ zur Verbrennung bestimmt; **incineración** F Einäscherung *f*; Verbrennung *f*; **~ (de cadáveres)** Feuerbestattung *f*; **~ de basuras** Müllverbrennung *f*

incinerador M, **incineradora** F Verbrennungsanlage *f*; **(planta** *f***) ~a** *f* **de basuras** (*o* **residuos)** Müllverbrennungsanlage *f*

incinerar V/T (zu Asche) verbrennen; *cadáver* einäschern

incipiente ADJ beginnend, angehend

incircunciso ADJ REL, MED unbeschnitten;

incircunscri(p)to ADJ nicht umschrieben; unbegrenzt

incisión F 1 *(corte)* (Ein)Schnitt *m*, MED *tb* Inzision *f* 2 *t/t, métrica: (cesura)* Zäsur *f*; **incisivo** ADJ 1 *(cortante)* schneidend, Schneide...; **diente** *m* **~** Schneidezahn *m* 2 *fig (sarcástico)* schneidend, bissig; *crítica* scharf

inciso A ADJ **herida** *f* **-a** Schnittwunde *f* B M 1 *de un escrito, de una ley:* Abschnitt *m*; TIPO Absatz *m* 2 GRAM *(frase intercalada)* Einschub *m im Satz*; *(coma)* Komma *n*; **incisura** F MED Einschnitt *m*, Inzisur *f*

incitación F Antrieb *m*; Anstiftung *f*, Aufstachelung *f* (a zu *dat*); **incitador** A ADJ aufreizend B M, **incitadora** F Anstifter *m*, -in *f*; **incitante** ADJ antreibend; aufstachelnd; **incitar** V/T antreiben; an-, aufstacheln, aufreizen, aufhetzen **(a, para** zu *dat*); **~ a la rebelión** zum Aufruhr anstiften; **incitativo** A ADJ anreizend B M Anreiz *m*

incívico ADJ → incivil

incivil ADJ 1 *(inculto)* unzivilisiert; ungebildet 2 *(grosero)* unhöflich; rücksichtslos; **incivilidad** F Ungeschliffenheit *f*, Unhöflichkeit *f*; Grobheit *f*; **incivilizado** ADJ → incivil

inclasificable ADJ nicht klassifizierbar

inclaustración F Eintritt *m* ins Kloster (*o* in einen Klosterorden)

inclemencia F 1 Ungnade *f* der Götter; Unbarmherzigkeit *f* 2 *frec* **~s** *fpl del clima, etc:* Rauheit *f*; Witterungsunbilden *pl*; **inclemente** ADJ 1 ungnädig; unbarmherzig 2 *tiempo, clima* unfreundlich, rau

inclinable ADJ neigbar; *aparato* (nach oben oder/und unten) schwenkbar

inclinación F 1 *(declive)* Neigung *f*, Gefälle *n* 2 *(reverencia)* Verneigung *f*, Verbeugung *f* 3 *(simpatía)* Zuneigung *f* 4 MAR *(escora)* Schlagseite *f* 5 ASTRON *etc* Neigungswinkel *m* 6 FÍS, *de una balanza, etc:* Ausschlag *m*; GEOG **~ (de la aguja) magnética** Inklination *f* der Magnetnadel; **brújula** *f* **de ~** Magnetkompass *m* 7 *fig (tendencia)* Neigung *f* **(por, hacia** zu *dat*); Veranlagung *f*; Tendenz *f*; **tener ~ a** *(inf)* dazu neigen, zu *(inf)*

inclinado ADJ gebeugt; gebückt; geneigt *(tb fig)*; *superficie, etc tb* schräg; **estar ~ a** geneigt sein zu *(dat o inf)*; **inclinador** ADJ neigend; **inclinante** PART (sich) neigend; **inclinar** A V/T 1 *(desviar)* neigen; beugen; (auf- und ab)schwenken 2 *fig (persuadir)* geneigt machen, veranlassen (zu *inf* **a** *inf*) 3 *fig (hacer cambiar de opinión)* (um)stimmen (a zu *dat o inf*) B V/R **inclinarse** 1 *(dar las reverencias)* sich (ver)beugen 2 *fig (tener una tendencia)* neigen (a zu *dat o inf*)

inclinatorio M MAR Magnetkompass *m*; **inclinómetro** M Neigungsmesser *m*

ínclito ADJ berühmt

incluir V/T ⟨3g⟩ 1 *(contener)* einschließen; beinhalten; umfassen; **porte** *m* **incluido** einschließlich Porto 2 *(adjuntar)* beilegen, beifügen; *en una lista, etc:* aufnehmen; **~ en una carta** einem Brief beilegen

inclusa F *Esp obs* Findelhaus *n*, Waisenhaus *n* für Findelkinder; **inclusero** ADJ *Esp* **niño** *m* **~** im Findelhaus aufgezogenes Kind *n*; Findelkind *n*

inclusión F 1 *(inserción)* Einschluss *m (tb* TEC*)*; GEOL Einlagerung *f* 2 *fig (incorporación)* Einbeziehung *f*; Aufnahme *f*; **inclusivamente, inclusive** ADV einschließlich, inklusive; *tb (hasta, aun)* sogar, selbst; **incluso** A ADJ 1 *(incluido)* eingeschlossen; beigeschlossen, beiliegend 2 *(contenido)* einschließlich, inklusive B ADV, PREP *(hasta)* sogar, selbst

incoación F JUR Eröffnung *f*, Einleitung *f eines Verfahrens*; Einleitungsbeschluss *m*

incoagulable ADJ ungerinnbar

incoar VT 1 JUR *juicio* anstrengen; *proceso* einleiten 2 *gener (comenzar)* anfangen, beginnen; **incoativo** ADJ LING inchoativ

incobrable ADJ *deuda, etc* nicht eintreibbar; **incoercible** ADJ *(incontenible)* unbezwingbar, nicht unterdrückbar; MED *hemorragia, vómito* unstillbar

incógnita F MAT *y fig* Unbekannte *f*; **incógnito** A ADJ unbekannt B ADV **de ~** inkognito C M Inkognito *n*; **guardar el ~** das (o sein) Inkognito wahren

incognoscible ADJ FIL unerkennbar

incoherencia F Zusammenhanglosigkeit *f*; **incoherente** ADJ unzusammenhängend; lose, locker

incoloro ADJ farblos *(tb fig)*

incólume ADJ unversehrt, heil; **salir ~** heil davonkommen; **salir ~ de a/c** etw heil überstehen

incombinable ADJ nicht kombinierbar; **incombustible** ADJ un(ver)brennbar; feuersicher; *fig* unverwüstlich

incomestible, incomible ADJ nicht essbar, ungenießbar

incomodador ADJ beschwerlich; lästig; **incomodar** A VT belästigen *(acus)*, lästig sein *(dat)*; stören; unangenehm berühren, ärgern B VR **incomodarse** sich ärgern **(con, por** über *acus*); **incomodidad** F Unbequemlichkeit *f*; Beschwerlichkeit *f*; Unannehmlichkeit *f*; Verdruss *m*; **incomodo** M Unbequemlichkeit *f*

incómodo ADJ 1 *persona o cosa (ser)* unbequem; unbehaglich; *(desagradable)* unangenehm; *(pesado)* lästig 2 **estar ~** *(no sentirse a gusto)* sich nicht wohl (in seiner Haut) fühlen

incomparable ADJ unvergleichlich; **incomparecencia** F JUR Nichterscheinen *n*; **incompartible** ADJ nicht (mit andern) teilbar; **incompasible** ADJ herzlos; **incompatibilidad** F Unverträglichkeit *f*; Unvereinbarkeit *f (tb* JUR); Unzulässigkeit *f*; **incompatible** ADJ unverträglich; unvereinbar **(con** mit *dat*); INFORM inkompatibel

incompetencia F 1 *(falta de jurisdicción)* Unzuständigkeit *f (tb* JUR) 2 *(ineptitud)* Unfähigkeit *f*, Inkompetenz *f*; **incompetente** ADJ 1 *(no competente)* unzuständig, nicht kompetent 2 *(incapaz)* unfähig, inkompetent

incomplejo ADJ einfach, unkompliziert; *t/t* nicht komplex; **incompleto** ADJ unvollständig; unvollkommen; unfertig, lückenhaft; **incomplexo** ADJ → incomplejo; **incomprehensible** ADJ FIL, PSIC → incomprensible

incomprendido ADJ unverstanden *(tb fig)*; *fig* verkannt; **incomprensibilidad** F Unverständlichkeit *f*; Unfassbarkeit *f*; **incomprensible** ADJ unverständlich, unbegreiflich; unfassbar; **incomprensión** F Verständnislosigkeit *f*; **incomprensivo** ADJ verständnislos

incompresibilidad F FÍS Nichtpressbarkeit *f*; **incompresible** ADJ nicht (zusammen)pressbar

incomprobable ADJ nicht nachprüfbar; nicht nachvollziehbar

incomunicable ADJ nicht übertragbar; **incomunicación** F 1 *(aislamiento)* Absonderung *f*; Isolierung *f*; *de una conexión*: Unterbrechung *f*; *fig* Kontaktlosigkeit *f* 2 JUR *(confinamiento solitario)* Einzelhaft *f*

incomunicado ADJ 1 *(sin conexión)* ohne Verbindung; *tb fig* **estamos ~s** wir sind von der Außenwelt abgeschnitten 2 JUR *(aislado)* isoliert, in Einzelhaft; **poner ~** in Einzelhaft legen, isolieren

incomunicar ⟨1g⟩ A VT 1 *(aislar)* absondern, isolieren; die Verbindung zu *(dat o* mit *dat)* unterbrechen 2 JUR *preso* Einzelhaft verhängen über *(acus)* B VR **incomunicarse** *(aislarse)* sich absondern

inconcebible ADJ unfassbar; unbegreiflich; **inconciliable** ADJ 1 *(implacable)* unversöhnlich 2 *(incompatible)* unvereinbar; **inconcluso** ADJ unvollendet; **inconcreción** F Ungenauigkeit *f*; **inconcreto** ADJ ungenau; vage; **inconcuso** ADJ unbestreitbar; unbestritten

incondicional A ADJ bedingungslos; unbedingt B M/F bedingungslose(r) Anhänger *m*, -in *f (o* Freund *m*, -in *f*); **incondicionalismo** M *Am* unbedingte Ergebenheit *f*; Unterwürfigkeit *f*; **incondicionalmente** ADV bedingungslos; auf Gnade oder Ungnade

inconducta F *Arg espec* ADMIN Fehlverhalten *n*

inconexamente ADV unzusammenhängend; **inconexión** F Beziehungslosigkeit *f*; Zusammenhanglosigkeit *f*; **inconexo** ADJ unzusammenhängend

inconfesable ADJ schändlich; unaussprechlich; **inconfesado** ADJ nicht eingestanden; **inconfeso** ADJ REL ohne Beichte; JUR nicht geständig

inconforme ADJ *espec* POL nicht einverstanden; **inconformidad** F mangelndes Einverständnis *n*, Ablehnung *f*; **inconformista** A ADJ nicht konformistisch B M/F Nonkonformist *m*, -in *f*

inconfortable ADJ unbequem; ohne Komfort; **inconfundible** ADJ unverwechselbar; unverkennbar

incongruencia F Unstimmigkeit *f*; Missverhältnis *n*; Zusammenhangslosigkeit *f*; **incongruente** ADJ zusammenhangslos; unpassend; **incongruo** ADJ → incongruente

inconmensurable ADJ MAT inkommensurabel; *fig* unermesslich; **inconmovible** ADJ unerschütterlich; *fig* fest; unverrückbar; **inconmutable** ADJ unveränderlich; unvertauschbar; **inconquistable** ADJ uneinnehmbar; *fig* unerbittlich

inconsciencia F 1 *(falta de conocimiento)* Ahnungslosigkeit *f* 2 MED *(desmayo)* Bewusstlosigkeit *f* 3 *fig (imprudencia)* Leichtfertigkeit *f*

inconsciente A ADJ 1 *(involuntario)* unbewusst; unwillkürlich; **lo ~** das Unbewusste 2 MED *(desmayado)* bewusstlos 3 *(imprudente)* leichtfertig, unbedacht B M PSIC *das* Unbewusste; **inconscientemente** ADV unbewusst; unwillkürlich; *fig* leichtfertig

inconsecuencia F Inkonsequenz *f*, Unbeständigkeit *f*; Widerspruch *m*; **inconsecuente** ADJ inkonsequent, nicht folgerichtig; wankelmütig, unbeständig

inconsideración F 1 *(irreflexión)* Gedankenlosigkeit *f*, Unbesonnenheit *f* 2 *(falta de respeto)* Rücksichtslosigkeit *f*; **inconsiderado** ADJ 1 *(irreflexivo)* unbedacht, gedankenlos, unbesonnen 2 *(sin miramientos)* rücksichtslos

inconsistencia F Unbeständigkeit *f (tb fig)*; *fig* Haltlosigkeit *f*; **inconsistente** ADJ unbeständig *(tb fig)*, veränderlich; *fig* haltlos, nicht haltbar

inconsolable ADJ untröstlich

inconstancia F *(inestabilidad)* Unbeständigkeit *f (tb* TEC), *(veleidad)* Wankelmut *m*; **inconstante** ADJ unbeständig; schwankend *(tb fig)*; *(veleidoso)* wankelmütig

inconstitucional ADJ verfassungswidrig; **inconstitucionalidad** F Verfassungswidrigkeit *f*

incontable ADJ 1 *(innumerable)* unzählbar 2 *historias* nicht erzählbar; **incontaminado** ADJ nicht verseucht; nicht verunreinigt; **incontenible** ADJ uneindämmbar; *deseo, etc* unbezähmbar; MIL *ofensiva* unaufhaltsam; **incontestable** ADJ unzweifelhaft, unstreitig, unbestreitbar; *decisión* unumstößlich; **incontestado** ADJ 1 *carta* unbeantwortet 2 *derecho* unbestritten

incontinencia F 1 *(desenfreno)* Hemmungslosigkeit *f*; mangelnde Enthaltsamkeit *f*; Unkeuschheit *f* 2 MED **~ (urinaria)** Inkontinenz *f*; **~ (nocturna)** Bettnässen *n*; **incontinente** ADJ 1 *(sin escrúpulos)* hemmungslos; unkeusch; MED inkontinent 2 MED an Inkontinenz leidend

incontrastable ADJ unüberwindlich; unwiderlegbar; unumstößlich

incontrolable ADJ unkontrollierbar; nicht beherrschbar; **incontrolado** A ADJ unkontrolliert; sich *(dat)* selbst überlassen; hemmungslos B M/F Gewalttätige *m/f*; **incontrovertible** ADJ unbestreitbar; nicht anfechtbar

inconvenible ADJ unpassend, nicht angebracht; **inconveniencia** F 1 *(impropiedad)* Unschicklichkeit *f*, Ungehörigkeit *f* 2 *(contrariedad)* Unannehmlichkeit *f*

inconveniente A ADJ unpassend *(tb fig)*, unangebracht; *fig (indebido)* ungehörig B M Nachteil *m*; Hindernis *n*, Schwierigkeit *f*, Haken *m fam*; **no tener ~ en** *(inf)* nichts dagegen haben, zu *(inf)*, gerne bereit sein, zu *(inf)*; **no tengo ~** ich habe nichts dagegen

inconvertible ADJ ECON *moneda* nicht konvertierbar

incoordinación F fehlende Koordinierung *f*; **incoordinado** ADJ nicht koordiniert

incordiador, incordiante ADJ *Esp* ärgerlich; lästig; **incordiar** *fam* VT ⟨1b⟩ belästigen, ärgern; stören; **incordio** M *fam* 1 MED → **bubón** 2 *Esp fig (engorro)* Ärger *m*, Schererei *f*; *persona*: lästige Person *f*, Nervensäge *f fam*; **incordioso** ADJ → incordiador

incorporación F 1 *(anexión)* Einverleibung *f*; Eingliederung *f*; *en un grupo*: Aufnahme *f* 2 TEC *(instalación)* Einbau *m* 3 *espec Am* MIL *(llamamiento)* Einberufung *f*; **incorporado** ADJ 1 TEC eingebaut; INFORM integriert 2 eingegliedert; *en una comunidad*: aufgenommen; **incorporal** ADJ → incorpóreo

incorporar A VT 1 einverleiben; einfügen; TEC *tb* einbauen; *en un grupo*: aufnehmen; *empleado* einstellen; GASTR *clara de huevo, etc* unterziehen; **~ a** *o* **en** eingliedern in *(acus)* 2 *parte superior del cuerpo* aufrichten B VR **incorporarse** 1 *(ponerse derecho)* sich aufrichten 2 *(adherirse)* sich anschließen **(a** *dat o* an *acus)* 3 **~ a** *cargo, etc* antreten; MIL *tb* sich melden bei *(dat)*; MIL **~ a (las) filas** den Wehrdienst antreten; **~ a la vida activa** ins Berufsleben eintreten

incorporeidad F Unkörperlichkeit *f*; **incorpóreo** ADJ unkörperlich

incorrección F 1 *(falsedad)* Unrichtigkeit *f*, Fehlerhaftigkeit *f* 2 *(falta)* Verstoß *m*; Unhöflichkeit *f*; **incorrecto** ADJ 1 *(falso)* unrichtig, fehlerhaft; nicht korrekt 2 *(descortés)* unhöflich

incorregibilidad F Unverbesserlichkeit *f*; **incorregible** ADJ unverbesserlich; *desp* verstockt

incorrosible ADJ TEC korrosionsfest

incorruptibilidad F Unverderblichkeit *f*; *(insobornabilidad)* Unbestechlichkeit *f*; **incorruptible** ADJ *cosa, comestible* unverweslich; unverderblich; unzerstörbar; *persona* unbestechlich

incorrupto ADJ 1 *(no putrefacto)* unverwest 2 *fig (no pervertido)* unverdorben

incoterms PL ABR (international commercial terms) COM Incoterms *mpl*
increado ADJ *espec* REL ungeschaffen
increción F MED Inkret *n*
incredibilidad F Unglaublichkeit *f*; Unglaubwürdigkeit *f*; **incredulidad** F Ungläubigkeit *f*; Unglaube(n) *n*
incrédulo ADJ ungläubig (*tb fig*)
increencia F Ungläubigkeit *f*
increíble ADJ unglaublich; **increíblemente** ADV unglaublich
incrementar A VT wachsen lassen; vergrößern; verstärken B VR **incrementarse** zunehmen, (an)steigen
incremento M Zuwachs *m*; Anwachsen *n*, Zunahme *f*, Vergrößerung *f*; LING, MAT Inkrement *n*; ~ **de temperatura** Temperaturanstieg *m*
increpación F scharfer Verweis *m*, Zurechtweisung *f*; (*insulto*) Beschimpfung *f*; **increpar** VT scharf zurechtweisen, rügen; beschimpfen
incriminación F Beschuldigung *f*; **incriminar** VT beschuldigen, bezichtigen (**a alg de a/c** j-n einer Sache); *fig* angreifen, inkriminieren
incruento ADJ unblutig (*tb* REL)
incrustación F 1 (*formación de costras*) Verkrustung *f* 2 (*capa de cal*) (Kalk)Belag *m*; *en calderas*: Kesselstein *m* 3 *artesanía*: Einlegen *n*, Inkrustation *f*; *trabajo*: Einlegearbeit *f* 4 MED Inlay *n*; **incrustado** ADJ eingelegt; ~ **de ... mit ...** eingelegt; ~ **en** INFORM eingebettet in (*acus*)
incrustar A VT *arte*: einlegen, inkrustieren; einbetten; TEC ver-, bekleiden, überziehen (**con** mit *dat*) B VR **incrustarse** 1 (*depositarse*) sich ansetzen 2 (*formar costra*) verkrusten 3 *fig* (*fijarse*) sich einnisten, sich festsetzen; ~ **en la memoria** sich tief ins Gedächtnis einprägen
incubación F 1 (*empollar*) Brüten *n*, Aus-, Bebrüten *n*; *período*: Brutzeit *f*; AGR ~ **artificial** künstliches Brüten *n* 2 MED (**período** *m* **de**) ~ Inkubationszeit *f*; **incubador** M AGR Brutapparat *m*, -schrank *m*; Inkubator *m*; **incubadora** F MED Brutkasten *m*; **incubar** A VT ausbrüten (*tb fig*) B VI brüten C VR **incubarse** *fig* sich entwickeln
íncubo M Inkubus *m*
incuestionable ADJ (*indiscutible*) unbestreitbar; (*indudable*) fraglos
inculcación F Einprägung *f*; **inculcar** A VT ⟨1g⟩ ~ **a/c a alg** j-m etw einprägen, beibringen; einschärfen; j-m etw eintrichtern *fam* B VR ~**se en** sich versteifen auf (*acus*)
inculpabilidad F Schuldlosigkeit *f*; JUR **veredicto** *m* **de** ~ Freispruch *m* (*der Geschworenen*);
inculpación F Beschuldigung *f*; Anschuldigung *f*; **inculpado** A ADJ beschuldigt B M, **-a** F Beschuldigte *m/f*, Angeschuldigte *m/f*; **inculpar** VT ~ **a alg de a/c** j-n einer Sache (*gen*) beschuldigen (*o* bezichtigen), j-m etw zur Last legen
incultivable ADJ AGR nicht anbaufähig
inculto ADJ 1 AGR (*sin cultivar*) unbebaut 2 *fig persona* ungebildet; unkultiviert; **incultura** F Unkultur *f*; Unbildung *f*
incumbencia F Obliegenheit *f*; Zuständigkeit *f*; **no es (asunto) de su** ~ das ist nicht seine Sache; das fällt nicht in seine Zuständigkeit (*o* sein Ressort), dafür ist er nicht zuständig
incumbir VI ~ **a alg** j-m obliegen; **no te incumbe a ti** (*inf*) es ist nicht deine Sache (*o* nicht deine Aufgabe), zu (*inf*); es steht dir nicht zu, zu (*inf*)
incumplible ADJ nicht erfüllbar; *espec* JUR nicht vollziehbar; **incumplido** ADJ *Am reg* unzuverlässig; **incumplidor** ADJ unzuverlässig; **incumplimiento** M Nichterfüllung *f*; Nichteinhaltung *f*; ~ **contractual** Vertragsbruch *m*; **incumplir** VT *contrato* nicht erfüllen; *ley, promesa* nicht halten; ~ **el plazo** die Frist nicht einhalten
incunable M TIPO Inkunabel *f*, Wiegendruck *m*
incurable ADJ unheilbar (*tb fig*); *fig* **eres** ~ dir ist nicht zu helfen; **incuria** F Sorglosigkeit *f*, Nachlässigkeit *f*, Unachtsamkeit *f*
incurrir VI verfallen (**en** in *acus*); ~ **en (una) falta** einen Fehler begehen; sich (*dat*) etw zuschulden kommen lassen
incursión F MIL Einfall *m*; AVIA Einflug *m*; **incursionar** VI MIL, *fig* einfallen, angreifen; *espec Am* ~ **en** eindringen in (*acus*); COM einsteigen in (*acus*)
indagación F Nachforschung *f*; **-ones** *fpl* Ermittlungen *fpl*; **indagar** VT ⟨1h⟩ erforschen, forschen nach (*dat*); auskundschaften; *espec* JUR ermitteln
indagatoria F JUR (uneidliche) Aussage *f des Beschuldigten*; **indagatorio** ADJ JUR Untersuchungs..., Ermittlungs...
indayé M *RPl* ORN *Art* Sperber *m*
indebido ADJ (*improcedente*) ungebührlich, ungehörig; (*injustificado*) ungerechtfertigt; (*ilegítimo*) unrechtmäßig; **indecencia** F Unanständigkeit *f*; Unschicklichkeit *f*; Ungebührlichkeit *f*; (*infamia*) Gemeinheit *f*; **indecente** ADJ unanständig; unschicklich; ungebührlich; (*infame*) gemein; unmöglich *fam*; **indecible** ADJ unsagbar, unaussprechlich
indecisión F Unentschlossenheit *f*; **indeciso** ADJ 1 (*indefinido*) unentschieden; unbestimmt; **dejar** ~ dahingestellt sein lassen 2 (*irresoluto*) unschlüssig
indeclinable ADJ 1 (*no rechazable*) unabweisbar; (*ineludible*) unumgänglich 2 GRAM undeklinierbar, indeklinabel; **indecoroso** ADJ unanständig, unpassend, ungehörig
indefectible ADJ unausbleiblich, unfehlbar;
indefectiblemente ADV unfehlbar, ganz sicher
indefendible ADJ unhaltbar (*tb fig*); **indefensión** F Wehrlosigkeit *f* (*tb fig*); Schutzlosigkeit *f*; **indefenso** ADJ wehrlos; schutzlos
indefinible ADJ unbestimmbar, undefinierbar; (*inexplicable*) unerklärlich; **indefinidamente** ADV auf unbestimmte Zeit; unbestimmt
indefinido A ADJ unbestimmt (*tb* GRAM); unbegrenzt; **contrato** *m* ~ unbefristeter Vertrag *m* B M GRAM (**pretérito** *m*) ~ historisches Perfekt *n*, Indefinido *n*
indeformabilidad F Nichtverformbarkeit *f*; **indeformable** ADJ *espec* TEC nicht verformbar, formbeständig; *fig* unverwüstlich
indehiscente ADJ BOT **fruto** *m* ~ Schließfrucht *f*
indeleble ADJ unauslöschlich; **tinta** *f* ~ Urkundentinte *f*; **indelegable** ADJ unauslöschlich
indeliberado ADJ unüberlegt
indelicadeza F Taktlosigkeit *f*; **indelicado** ADJ unfein; taktlos
indemne ADJ schadlos; heil; unverletzt; **salir** ~ heil davonkommen; **indemnidad** F JUR, POL Indemnität *f*, Schadloshaltung *f*; **indemnizable** ADJ entschädigungsfähig; **indemnización** F Entschädigung *f*, Schadenersatz *m*; Abfindung *f*; ~ **de guerra** Kriegsentschädigung *f*; **indemnizar** VT ⟨1f⟩ ~ **a alg** j-n entschädigen; j-n abfinden; ~ **a alg (de) a/c** j-n für etw (*acus*) entschädigen, j-m etw ersetzen
independencia F Unabhängigkeit *f*; Selbstständigkeit *f*; Freiheit *f*; **con** ~ **de** unabhängig von; **independentismo** M POL Unabhängigkeitsstreben *n*; Unabhängigkeitsbewegung *f*; **independentista** A ADJ Unabhängigkeits...; Freiheits...; **movimiento** *m* ~ Unabhängigkeitsbewegung *f* B M/F Anhänger *m*, -in *f* der Unabhängigkeitsbewegung; Freiheitskämpfer *m*, -in *f*
independiente A ADJ unabhängig; frei; selbstständig; ~ **de la temperatura** temperaturunabhängig B ADV → independientemente; **independientemente** ADV unabhängig (**de** von *dat*); ohne Rücksicht (**de** auf *acus*)
independizar ⟨1f⟩ A VT unabhängig (*o* selbstständig) machen; (*liberar*) befreien (**de** von *dat*) B VR **independizarse** sich befreien; die Unabhängigkeit (*o* die Freiheit) erringen
indescifrable ADJ nicht zu entziffern(d); unleserlich; **indescriptible** ADJ unbeschreiblich (*tb fig*)
indeseable A ADJ unerwünscht B M/F unerwünschtes Element *n*; **indesgastable** ADJ verschleißfest; **indesignable** ADJ nicht (*o* schwer) zu bezeichnen(d)
indesmallable ADJ TEX maschenfest; **indesmentible** ADJ unleugbar, unbestreitbar; **indesmontable** ADJ nicht abmontierbar; **indestructible** ADJ unzerstörbar
indetectable ADJ nicht erkennbar; nicht zu entdecken; **indetenible** ADJ nicht zurückhaltbar
indeterminable ADJ unbestimmbar; **indeterminación** F 1 (*vaguedad*) Unbestimmtheit *f* 2 (*indecisión*) Unschlüssigkeit *f*; **indeterminado** ADJ 1 (*indefinido*) unbestimmt (*tb* MAT); FIL undeterminiert 2 (*indeciso*) unschlüssig; **indeterminismo** M FIL Indeterminismus *m*
índex M → índice
indexación F ECON Indexierung *f*, Indexbildung *f*; **indexar** VT indexieren
India F (**la**) ~ Indien *n*; HIST **las** ~**s** Spanisch-Amerika *n* (*der Kolonialzeit*); **las** ~**s Occidentales** Westindien *n*; HIST **Consejo** *m* **de** ~**s** Indienrat *m*
indiada F *Am frec desp* (Menge *f*) Indianer *mpl*; Indianergruppe *f*; **indiana** F TEX Chintz *m*; **indianidad** F Indianertum *n*; **indianismo** M POL (*movimiento indio*) indianische Bewegung *f in Kultur und Politik*; **indianista** M/F Indologe *m*, -in *f*
indiano M *in Amerika reich gewordener und in die Heimat zurückgekehrter Spanier*
indicación F 1 (*dato, informe*) Anzeige *f*; Angabe *f* (*tb en instrumentos de medición*) 2 (*señal*) Hinweis *m*, Fingerzeig *m*; (*orden*) Anweisung *f*; (*observación*) Vermerk *m*; Anmerkung *f* 3 MED Indikation *f* 4 *Chile* (*propuesta*) Vorschlag *m*; (*consejo*) Rat *m*; **indicado** ADJ angezeigt; (*apropiado*) geeignet, zweckmäßig; MED indiziert
indicador A ADJ anzeigend, Anzeige... B M 1 Anzeiger *m*; (*manecilla*) Zeiger *m*, Zeigegerät *n*; ~ **(de camino)** Wegweiser *m*; AUTO ~ **de combustible** Benzinuhr *f*; AUTO ~ **de (cambio de) dirección** Fahrtrichtungsanzeiger *m*; TEL ~ **de duración de llamada** Gesprächsdaueranzeige *f*; TEL ~ **nacional** Landeskennzahl *f* 2 (*regla graduada*) Maßstab *m*; Indikator *m* (*tb* QUÍM, ECON) 3 (*listado*) Verzeichnis *n*; ~ **de comercio** Branchenadressbuch *n*, -verzeichnis *n*
indicar VT ⟨1g⟩ 1 (*señalar*) (an)zeigen; angeben; (*dar a entender*) hinweisen auf (*acus*); schließen lassen auf (*acus*) 2 MED indizieren
indicativo A ADJ bezeichnend; anzeigend; hinweisend; ~ **de** hinweisend auf (*acus*) B M 1 GRAM Indikativ *m*; **el presente de** ~ der In-

dikativ Präsens **2** (*indicación*) Hinweis *m*; (*cartel*) Hinweisschild *n* **3** TEL Vorwahl(nummer) *f*; **~ de país** Länderkennzahl *f* **4** RADIO (*señal de sintonía*) Pausenzeichen *n*; TV Erkennungszeichen *n*

indicción F REL Ankündigung *f*; Vorschrift *f*; **bula** *f* **de ~** Einberufungsbulle *f eines Konzils*

índice M **1** (*indicio*) Anzeichen *n*; Merkmal *n* **2** (*lista*) Verzeichnis *n*; Register *n*; *de un libro*: Inhaltsverzeichnis *n*; *en bibliotecas*: Katalog *m*; Register *m*; **~ alfabético** alphabetisches Register *n*; **~ digital** *o* **estriado** Daumenregister *n*; **~ de materias** Inhaltsverzeichnis *n*; COM **~ de mercancías** Warenverzeichnis *n* **3** (**dedo** *m*) **~** Zeigefinger *m* **4** TEC (*manecilla*) Zeiger *m* (*tb del reloj*); *del reloj de sol*: Stab *m* **5** CAT, POL Index *m*; **meter** *o* **incluir** *o* **poner en el ~** auf den Index setzen **6** MAT, *estadística*, ECON Index *m*; (Index)Zahl *f*; MAT, TEC *tb* Kennziffer *f*; MAT (*exponente*) (Wurzel)Exponent *m*; QUÍM **~ de acidez** Säurezahl *f*; RADIO, TV **~ de audiencia** Einschaltquote *f*; ECON **~ búrsatil** Börsenindex *m*; **~ del coste de la vida** Lebenshaltungsindex *m*; MED **~ de masa corporal** Body-Mass--Index *m*; AUTO **~ de octano(s)** Oktanzahl *f*; ECON **~ de paro** Arbeitslosenquote *f*; METEO **~ pluviométrico** Regenindex *m*; ECON **~ de precios** Preisindex *m*; COM **Índice de Precios al Consumo** (*o* **al Consumidor**) Verbraucherpreisindex *m*; **~ de siniestralidad** Unfallquote *f*; *seguros*: Schadenshäufigkeit *f*

indiciado ADJ JUR verdächtig; **indiciar** V/T ⟨1b⟩ anzeigen, hinweisen auf (*acus*), schließen lassen auf (*acus*); **indiciario** ADJ JUR **prueba** *f* **-a** Indizienbeweis *m*; **indicio** M Anzeichen *n* (**de** von *dat*, für *dat*), Indiz *n* (**de** für *dat*); JUR **~s** *mpl* Indizien *npl*

índico ADJ indisch; aus Indien; **océano** *m* **Índico** Indischer Ozean *m*

indiferencia F Gleichgültigkeit *f*; Indifferenz *f* (*tb* TEC); **indiferente** ADJ gleichgültig (**a, con** gegenüber *dat*); teilnahmslos; indifferent (*tb* TEC); **indiferentismo** M *espec* REL Gleichgültigkeit *f*, Indifferentismus *m*

indígena **A** ADJ eingeboren; einheimisch **B** M/F Ureinwohner *m*, -in *f*; Einheimische *m/f*

indigencia F Armut *f*; Bedürftigkeit *f*

indigenismo M *Am* Indigenismo *m*, *politische Bewegung, die für die Rechte der lateinamerikanischen Ureinwohner und die Wahrung ihrer kulturellen Identität eintritt*

indigente **A** ADJ arm, bedürftig **B** M/F Arme *m/f*, Bedürftige *m/f*

indigerible ADJ unverdaulich (*tb fig*)

indigestarse V/R schwer im Magen liegen (*tb fig*); **se le indigestó la carne** das Fleisch ist ihm nicht bekommen; **indigestible** ADJ → indigesto; **indigestión** F MED verdorbener Magen *m*; Verdauungsstörung *f*; *fig* Übersättigung *f*

indigesto ADJ unverdaulich (*tb fig*); *fig* wirr, konfus

indignación F Entrüstung *f*, Empörung *f*; **indignado** ADJ entrüstet; empört; **indignante** ADJ empörend; **indignar** **A** V/T empören, aufbringen **B** V/R **indignarse** sich entrüsten; **indignidad** F Unwürdigkeit *f*; Schändlichkeit *f*, Niederträchtigkeit *f*; **indigno** ADJ unwürdig; unehrenhaft; schändlich, niederträchtig

índigo M Indigo *m/n*; **azul ~** Indigoblau *n*

indino *Méx fam* **A** ADJ gemein, schurkisch, boshaft **B** M Schurke *m*, gemeiner Kerl *m*

indio **A** ADJ **1** *India*: indisch **2** *América*: indianisch **B** M, **-a** F **1** *India*: Inder *m*, -in *f* **2** *América*: Indianer *m*, -in *f* **3** *fam fig* **hacer el ~** (*hacer el tonto*) sich dumm stellen; (*hacer burradas*) herumalbern, herumblödeln *fam* **4** *Ven fam* **estar ~** (*no entender nada*) überhaupt nichts verstehen **C** M QUÍM *el elemento*: Indium *n*

indiófilo **A** ADJ indianerfreundlich **B** M, **-a** F Indianerfreund *m*, -in *f*

indirecta F Anspielung *f*; Wink *m*; Seitenhieb *m*; *fam* **la ~ del Padre Cobos** ein Wink mit dem Zaunpfahl; **echar ~s** Anspielungen machen; **soltar una ~** einen Seitenhieb loslassen; **hablar por** (*o* **con**) **~s** durch die Blume sprechen; mit dem Zaunpfahl winken *fam*

indirecto ADJ indirekt (*tb* GRAM), mittelbar; **luz** *f* **-a** indirekte Beleuchtung *f*

indiscernible ADJ (*indistinguible*) nicht unterscheidbar; (*irreconocible*) nicht erkennbar

indisciplina F Disziplinlosigkeit *f*; Ungehorsam *m*; **indisciplinado** ADJ undiszipliniert; ungehorsam; **indisciplinarse** V/R die Disziplin verletzen; ungehorsam sein

indiscreción F **1** Indiskretion *f*, (*falta de tacto*) Taktlosigkeit *f* **2** (*imprudencia*) Unklugheit *f*; **indiscreto** ADJ **1** indiskret, (*falto de tacto*) taktlos **2** (*imprudente*) unklug, unvorsichtig; **indiscriminado** ADJ unterschiedslos; wahllos; undifferenziert

indisculpable ADJ unentschuldbar

indiscutible ADJ unbestreitbar; unbestritten, unzweifelhaft; **indiscutiblemente** ADV unbestreitbar, fraglos; **indiscutido** ADJ unbestritten

indisimulado ADJ (*abiertamente*) nicht verstellt; **indisociable** ADJ (*inseparable*) untrennbar

indisolubilidad F Unauflösbarkeit *f*; **indisoluble** ADJ **1** *substancia* unlöslich **2** *fig* unauflösbar, unauflöslich; (*inseparable*) unzertrennlich

indispensable ADJ unerlässlich, unumgänglich; unentbehrlich

indisponer ⟨2r⟩ **A** V/T **1** (*incapacitar*) unfähig machen; (*enfermar*) **~ a alg** j-n krank machen; *comida* j-m nicht bekommen **2** *fig* (*disgustar*) **~ a alg** j-n verstimmen, verärgern; (*malquistar*) verfeinden, entzweien (**con** mit *dat*) **B** V/R **indisponerse** **1** (*sentirse mal*) krank (*o* unpässlich) werden **2** (*enemistarse*) **~ con alg** sich mit j-m entzweien, mit j-m in Streit geraten

indisponible ADJ nicht verfügbar, indisponibel; unabkömmlich; **indisposición** F **1** (*malestar*) Unwohlsein *n* **2** (*incapacidad*) Unfähigkeit *f*; **indispuesto** ADJ **1** (*que siente indisposición*) unwohl, unpässlich **2** (*de mal humor*) nicht aufgelegt (**para** zu *dat*), verstimmt **3** (*enfadado*) entzweit, verfeindet (**con** mit *dat*)

indisputable ADJ unbestreitbar

indistintamente ADV **1** (*sin excepción*) ohne Unterschied; unterschiedslos **2** (*vago*) undeutlich; **indistinto** ADJ **1** (*vago*) undeutlich **2** (*igual*) nicht verschieden, gleich

individua F *pop* Weibsstück *n fam*; **individuación** F **1** PSIC, FIL Individuation *f* **2** → individualización

individual **A** ADJ **1** (*que corresponde al individuo*) individuell; persönlich; einzeln; Einzel...; JUR **derechos** *mpl* **~es** Rechte *npl* der Person, menschliche Grundrechte *npl* **2** *Col, Chile, Ven* → idéntico **B** M DEP Einzel(spiel) *n*

individualidad F **1** (*personalidad*) Individualität *f*, Eigenart *f*; Persönlichkeit *f* **2** (*trato personal*) individuelle Behandlung *f*; **individualismo** M Individualismus *m*; **individualista** **A** ADJ individualistisch **B** M/F Individualist *m*, -in *f*; *p. ext desp* Egoist *m*, -in *f*; **individualización** F Individualisierung *f*; **individualizar** V/T ⟨1f⟩ **1** (*distinguir cualidades individuales*) individualisieren; (*formar individualmente*) individuell gestalten **2** *trato individual*: einzeln behandeln (*o* aufzählen); (*especificar*) spezifizieren

individualmente ADV individuell; einzeln; **individuar** V/T ⟨1e⟩ → individualizar

individuo **A** ADJ **1** (*indivisible*) unteilbar **2** (*persona por persona*) individuell **B** M **1** (*persona*) Einzelwesen *n*, Individuum *n*; Person *f*; *de una clase, corporación, etc*: Mitglied *n*; *fam fig* **cuidar bien de su ~** gut für sich (*acus*) selbst sorgen **2** *desp* (*tipo*) Kerl *m*, Individuum *n* (*desp*)

indivisibilidad F Unteilbarkeit *f*; **indivisible** ADJ unteilbar; **indivisión** F Ungeteiltheit *f*; JUR Gemeinschaft *f*; **indiviso** **A** ADJ ungeteilt; gemeinschaftlich (*tb* JUR) **B** M JUR Gemeinschaft *f*; **pro ~** zur gesamten Hand

indo **A** ADJ indisch **B** M, **-a** F Inder *m*, -in *f*; **indoamericanismo** M LING Indoamerikanismus *m*; **indoamericano** ADJ indoamerikanisch

indoblegable ADJ unbiegsam

Indochina F Indochina *n*

indochino ADJ aus Indochina

indócil ADJ unfolgsam, ungehorsam; ungelehrig

indocilidad F Ungehorsam *m*; Starrsinn *m*, Unbeugsamkeit *f*; Ungelehrigkeit *f*

indocto ADJ ungelehrt

indoctrinamiento M POL Indoktrination *f*; politische Schulung *f*; **indoctrinar** V/T POL indoktrinieren

indocumentado ADJ **1** **estar ~** keine Ausweispapiere haben **2** *fig persona* kaum bekannt, obskur **3** *fam* (*ignorante*) unwissend

indoeuropeísta M/F Indogermanist *m*, -in *f*; **indoeuropeo** **A** ADJ LING indoeuropäisch, indogermanisch **B** M **los ~s** MPL die Indogermanen *mpl* **C** M *lengua*: Indoeuropäisch, Indogermanisch *n*; **indogermánico** M, **indogermano** ADJ indogermanisch, indoeuropäisch

índole F Wesen *n*, Veranlagung *f*; Art *f*, Beschaffenheit *f*; Natur *f*; **de esta** *o* **de tal ~** derartig; **de toda ~** jeder Art

indolencia F Trägheit *f*; Indolenz *f*; Unempfindlichkeit *f*; **indolente** ADJ gleichgültig, teilnahmslos, indolent, apathisch (*tb* MED); **indoloro** ADJ schmerzlos

indomable ADJ un(be)zähmbar, unbezwingbar; unbeugsam; **indomado** ADJ ungebändigt, wild; **indomesticable** ADJ unzähmbar

indómito ADJ ungebärdig, widerspenstig; unbeugsam

Indonesia F Indonesien *n*

indonésico ADJ, **indonesio** **A** ADJ indonesisch **B** M, **-a** F Indonesier *m*, -in *f* **C** M *lengua*: Indonesisch *n*

Indostán M Hindustan *n*

indostanés **A** ADJ hindustanisch; indisch (*im Ggs zu pakistanisch*) **B** M, **-esa** F Inder *m*, -in *f* (*im Ggs zum Pakistaner*); **indostaní** M *lengua*: Hindustani *n*; **indostánico** ADJ aus Hindustan; **indostano** ADJ → indostanés

indubitable ADJ unzweifelhaft

inducción F **1** (*instigamiento*) Anstiftung *f*, Verleitung *f* **2** (*consecuencia*) Folgerung *f*, FIL Induktion *f* **3** ELEC Induktion *f*; **inducido** M ELEC Anker *m*, Rotor *m*, Läufer *m*

inducir V/T ⟨3o⟩ **1** (*instigar*) anstiften, verleiten (**a, en** zu *dat*), dazu bringen (zu *inf* **a** *inf*); **~ en** *o* **a error** irreführen **2** *Am* (*provocar*) provozieren **3** (*deducir*) folgern (**de** aus *dat*) **4** ELEC induzieren **5** MED *el parto* einleiten

inductancia F ELEC Induktanz *f*; **inductividad** F ELEC Induktivität *f*; **inductivo** ADJ FIL, ELEC induktiv; **inductor** **A** ADJ anstiftend; ELEC induzierend **B** M ELEC Induktor *m*, Induktionsapparat *m*, Feldmagnet *m* **C** M, **inductora** F JUR Anstifter *m*, -in *f* (*von Straftaten*)

indudable ADJ zweifellos, unzweifelhaft
indulgencia F 1 *(tolerancia)* Nachsicht *f*, *(benevolencia)* Milde *f*; Schonung *f* 2 REL *(remisión)* Ablass *m*; **indulgente** ADJ nachsichtig, milde
indultar A VT begnadigen; **~ a alg de a/c** j-m etw erlassen; j-n von etw *(dat)* befreien B VR **indultarse** *Bol* → entrometer B; **indulto** M JUR Begnadigung *f*; Straferlass *m*; REL Indult *m*; **derecho** *m* **de ~** Begnadigungsrecht *n*
indumenta F → indumento; **indumentaria** F 1 *(vestimenta)* Kleidung *f*; *(traje regional)* Tracht *f* 2 *(conocimiento de la vestimenta)* Trachtenkunde *f*; **indumentario** ADJ Kleidungs...; **indumento** M Kleidung *f*
induración F MED Induration *f*, Verhärtung *f*
industria F 1 *gener* Industrie *f*; Gewerbe *n*; **~ auxiliar** Zulieferindustrie *f*; **~ base** *o* **básica** Grundstoffindustrie *f*; **~ clave** Schlüsselindustrie *f*; **~ doméstica** Heimindustrie *f*; **~ del futuro** Zukunftsindustrie *f*; **~ ligera/pesada** Leicht-/Schwerindustrie *f*; **~ mercantil/pequeña** Handels-/Kleingewerbe *n*; **~ de perfeccionamiento** Veredelungsindustrie *f*; **~ subsidiaria** Zulieferindustrie *f*; **~ transformadora** *o* **de transformación** verarbeitende Industrie; ADMIN **ejercer una ~** ein Gewerbe ausüben 2 *(industria especializada)* **~ aeronáutica/de armamento(s)** Luftfahrt-/Rüstungsindustrie *f*; **~ del automóvil** *o* **automovilística**, *espec Am* **~ automotriz** *o* Auto(mobil)-, Kraftfahrzeugindustrie *f*; **~ del carbón y del acero** Montanindustrie *f*; **~ de la construcción** Bauindustrie *f*; **~ eléctrica** *o* **electrónica** Elektroindustrie *f*; **~ hotelera** Beherbergungsgewerbe *n*, Hotellerie *f*; **~ láctea** Milch verarbeitende Industrie *f*; **~ del libro** Buchgewerbe *n*; **~ metalúrgica** Metallindustrie *f*; **~ del mueble** Möbelindustrie *f*; **~ del ocio** Freizeitindustrie *f*; **~ petrolífera** Mineralölindustrie *f*; **~ relojera** Uhrenindustrie *f*; **~(s) subsidiaria(s) de la construcción** Baunebengewerbe *n*; **~ textil** Textilindustrie *f*; **~ del transporte** Transportgewerbe *n*; **~ turística** Tourismusindustrie *f*; **~ del vestido** *o* **~ del vestir** *o* **~ de la confección** Bekleidungsindustrie *f*; **~ del vidrio** Glasindustrie *f* 3 *(empresa)* Betrieb *m*; Unternehmen *n* 4 *(laboriosidad)* Betriebsamkeit *f*; Fleiß *m*; Geschicklichkeit *f*
industrial A ADJ industriell; Industrie...; Gewerbe...; Werk(s)...; **arte** *m* **~** Kunstgewerbe *n*; **cantidad(es)** *f* **~(es)** Riesenmenge *f*; **escuela** *f* **~** Gewerbeschule *f*; **explotación** *f* **~** Gewerbebetrieb *m*; **ramo** *m* **~** Industriezweig *m*; Gewerbezweig *m*; **sector** *m* **~** Industriesektor *m*; **tecnología** *f* **~** Industrietechnik *f*; **trabajo** *m* **~** (industrielle) Verarbeitung *f*; Industriearbeit *f*; **vía** *f* *o* **ferrocarril** *m* **~** Werksbahn *f* B M/F Gewerbetreibende *m/f*; Industrielle *m/f*
industrialismo M Industrialismus *m*; **industrialista** M *Am reg*, *espec RPl* Industrielle *m*; **industrialización** F Industrialisierung *f*; **industrializado** ADJ Industrie..., industrialisiert; **industrializador** ADJ Industrialisierungs...; **industrializar** VT ⟨1f⟩ industrialisieren
industriárselas VR ⟨1b⟩ *fam* sich *(dat)* zu helfen wissen; **industrioso** ADJ fleißig, emsig; geschickt
INE M ABR (Instituto Nacional de Estadística) *Esp* Staatliches Institut *n* für Statistik
inecuación F MAT Ungleichung *f*
inédito ADJ 1 *libro, autor* (noch) unveröffentlicht 2 *fig (nuevo)* neu, noch nicht bekannt
ineducación F Mangel *m* an Erziehung (*o* Bildung); Ungezogenheit *f*; **ineducado** ADJ unerzogen; ungezogen
INEF M ABR (Instituto Nacional de Educación Física) *Esp corresponde a*: Sporthochschule *f*
inefable ADJ unaussprechlich, unsagbar
inefectivo ADJ unwirksam; fruchtlos; nutzlos
ineficacia F Unwirksamkeit *f*; Ineffizienz *f*; **ineficaz** ADJ ⟨*pl* –aces⟩ unwirksam, wirkungslos, ineffizient; *persona* unfähig, ineffizient; **ineficiencia** F Ineffizienz *f*; **ineficiente** ADJ ineffizient
inejecutable ADJ undurchführbar
inelegancia F mangelnde Eleganz *f*; **inelegante** ADJ unelegant; taktlos; **inelegible** ADJ nicht wählbar
ineluctable ADJ unvermeidlich, unabwendbar; **ineludible** ADJ unumgänglich
INEM M ABR *Esp* (Instituto Nacional del Empleo) Staatliches Arbeitsbeschaffungsinstitut *n* *(entspricht etwa der Bundesagentur für Arbeit)*
I.N.E.M. M ABR (Instituto Nacional de Enseñanza Media) *Col* Sekundarschule *f*
inembargable ADJ beschlagnahmefrei; keinem Embargo unterworfen; **inenarrable** ADJ nicht erzählbar; unsagbar, unaussprechlich; **inencogible** ADJ TEX nicht einlaufend; **inencontrable** ADJ unauffindbar
inepcia F *espec Am* Albernheit *f*; *liter* → ineptitud; **ineptitud** F Unfähigkeit *f*
inepto A ADJ *(incapaz)* untüchtig, unfähig; *(incompetente)* ungeeignet B M, **-a** F Niete *f* *(fam fig)*
inequívoco ADJ eindeutig
inercia F FÍS Beharrungsvermögen *n*; *gener y* FÍS Trägheit *f*; **inercial** ADJ FÍS Trägheits...
inerme ADJ waffenlos; BIOL dorn- (*o* stachel)los; *fig* wehrlos; **inerrante** ADJ nicht verfehlend; **inerte** ADJ leblos, tot; regungslos; träge (*tb* FÍS)
inervación F FISIOL, ANAT Innervation *f*; **inervar** VT ANAT innervieren
inescindible ADJ nicht spaltbar
inescrupuloso ADJ *Am reg* skrupellos; **inescrutable** ADJ unerforschlich; *espec fisonomía* unergründlich
inescudriñable ADJ *espec liter*, REL unerforschlich; **inespecífico** ADJ *espec* MED unspezifisch; **inesperado** ADJ unerwartet, unverhofft
inestabilidad F Unbeständigkeit *f*; Instabilität *f*, Labilität *f* (*tb* FÍS, TEC); Schwankung *f*; **inestable** ADJ unbeständig (*tb* QUÍM); FÍS, TEC, METEO instabil, labil; *fig* unsicher
inestético ADJ unästhetisch; **inestimable** ADJ unschätzbar; **inevitable** ADJ unvermeidlich, unausbleiblich
inexactitud F 1 *(imprecisión)* Ungenauigkeit *f* 2 *(falsedad)* Unrichtigkeit *f*; **inexacto** ADJ 1 *(impreciso)* ungenau; unscharf 2 *(falso)* unrichtig, falsch; **inexcusable** ADJ 1 *(indisculpable)* unentschuldbar, unverzeihlich 2 *(inevitable)* unabweisbar; unumgänglich
inexhaurible *liter*, **inexhaustible** ADJ unerschöpflich; **inexhausto** ADJ unerschöpft
inexigibilidad F Uneintreibbarkeit *f*; Unverlangbarkeit *f*; **inexigible** ADJ *deuda* uneintreibbar; unverlangbar
inexistencia F Nichtvorhandensein *n*, Inexistenz *f*; Fehlen *n*; **inexistente** ADJ nicht bestehend, nicht vorhanden, inexistent; *fig (insignificante)* unbedeutend
inexorabilidad F Unerbittlichkeit *f*; **inexorable** ADJ unerbittlich; **ser ~** *tb* sich nicht erweichen lassen
inexperiencia F Unerfahrenheit *f*; **inexperimentado** ADJ *espec Am* 1 *(sin probar)* noch nicht erprobt 2 → inexperto
inexperto ADJ *(novicio)* unerfahren, neu
inexpiable ADJ unsühnbar
inexplicable ADJ unerklärlich, unbegreiflich; **inexplicablemente** ADV unbegreiflich(erweise)
inexplorable ADJ unerforschlich; **inexplorado** ADJ unerforscht
inexplotable ADJ nicht verwertbar; MIN nicht abbaufähig; **inexplotado** ADJ nicht in Betrieb (befindlich)
inexportable ADJ nicht exportierbar
inexpresable ADJ unaussprechlich, unbeschreiblich, unsagbar; **inexpresividad** F Ausdruckslosigkeit *f*; **inexpresivo** ADJ ausdruckslos, nichtssagend
inexpugnable ADJ MIL uneinnehmbar; *fig* unüberwindlich; **inextensible** ADJ nicht ausdehnungsfähig; nicht dehnbar; **inextenso** ADJ ausdehnungslos; **inextinguible** ADJ nicht (aus)löschbar; unauslöschlich; *sed* unstillbar; **inextirpable** ADJ unausrottbar (*tb fig*)
in extremis ADV kurz vor dem Tod; auf dem Sterbebett
inextricable ADJ unentwirrbar; *fig* verworren; undurchdringlich
infalibilidad F Unfehlbarkeit *f* (*tb* REL); absolut sichere Wirkung *f*; **infalible** ADJ untrüglich; unfehlbar (*tb* REL); nie versagend (*tb* TEC); bombensicher *fam*
infalsificable ADJ fälschungssicher; unverfälschbar; **infaltable** ADJ *Am reg* 1 *(indispensable)* unentbehrlich 2 *(siempre presente)* stets vorhanden
infamación F Entehrung *f*; Verleumdung *f*; **infamador** A ADJ verleumdend B M, **infamadora** F Verleumder *m*, -in *f*; Ehrabschneider *m*, -in *f*; **infamante** ADJ schimpflich; entehrend; schändlich; HIST **pena** *f* **~** entehrende Strafe *f*; **infamar** VT entehren, schänden; verleumden; **infamatario** ADJ Verleumdungs..., verleumderisch; **infame** ADJ schmählich, schändlich, niederträchtig, gemein, infam, fies *fam*; **¡~!** Schuft!, Fiesling! *fam*; **infamia** F 1 *(vergüenza)* Schande *f*, Schmach *f* 2 *(vileza)* Verruchtheit *f*; Gemeinheit *f*, Niederträchtigkeit *f*
infancia F 1 *(niñez)* Kindheit *f*; **primera ~** frühe Kindheit *f* 2 *fig (comienzo)* Anfang *m*, Beginn *m* 3 *col (niños)* Kinder *npl*; **enfermedades** *fpl* **de la ~** Kinderkrankheiten *fpl*; *Perú* **jardín de (la) ~** Kindergarten *m*
infanta F 1 *(hija del rey)* Infantin *f* 2 *poét, liter (niña pequeña)* kleines Mädchen *n*; **infantado** M HIST Gebiet *n* (*o* Titel *m*) eines Infanten
infante M 1 *(hijo del rey)* Infant *m* 2 *liter niño pequeño)* kleiner Knabe *m*; **~ (de coro)** Chor-, Sängerknabe *m*; *Arg* **jardín de ~s** Kindergarten *m* 3 MIL *soldado*: Infanterist *m*; **~ de marina** Marineinfanterist *m*
infantería F MIL Infanterie *f*; **~ blindada** Panzergrenadiere *mpl*; **~ ligera** leichte Infanterie *f*; **~ de marina** Marineinfanterie *f*
infanticida M/F Kindesmörder *m*, -in *f*; **infanticidio** M Kindestötung *f*
infantil ADJ 1 *(relativo a la infancia)* kindlich; Kinder... (*tb* MED); **amor** *m* **~** Kindesliebe *f*; **juegos** *mpl* **~es** Kinderspiele *npl* 2 *desp comportamiento* kindisch; infantil 3 JUR **abuso** *m* **~** Kindesmissbrauch *m*
infantilismo M MED Infantilismus *m*
infanzón M HIST *Art erbeingesessener Landedelmann*, Infanzón *m*
infartarse VR *Am* MED einen Infarkt bekommen
infarto M MED Infarkt *m*; **~ cardíaco** *o* **de(l) miocardio** Herzinfarkt *m*; **~ cerebral** Gehirnschlag *m*; *fam fig* **de ~** aufregend, spannend; *noticia* unglaublich; **una alegría de ~** eine Riesenfreude *fam*

infatigable ADJ unermüdlich

infatuación F Selbstgefälligkeit *f*; **infatuar** ‹1e› A VT eingebildet machen B VR **infatuarse** sich *(dat)* etw einbilden (**con** auf *acus*)

infausto ADJ unglücklich; unheilvoll

infebril ADJ fieberlos

infección F MED Infektion *f*, *(contagio)* Ansteckung *f*; ~ **viral** Virusinfektion *f*; **infeccionar** VT 1 MED → infectar A 2 *(contaminar)* verseuchen, kontaminieren 3 *fig (corromper) (moralisch)* anstecken, infizieren, befallen (**por, de** mit *dat*); **infeccioso** ADJ ansteckend, infektiös; Infektions…; **foco** *m* ~ Infektionsherd *m*

infectado ADJ infiziert; verseucht; **infectar** MED A VT *(contagiar)* anstecken, infizieren; verseuchen B VR **infectarse** sich anstecken; *herida, etc* sich entzünden

infecto ADJ *(contaminado)* verseucht *(tb fig)*; *(sucio)* schmutzig *(tb fig)*; *(hediondo)* stinkend; *fig (repugnante)* abstoßend, widerlich, ekelhaft

infecundidad F Unfruchtbarkeit *f*; *fig* Unergiebigkeit *f*; **infecundo** ADJ fruchtlos; unfruchtbar *(tb fig)*; *fig* unergiebig

infelicidad F Unglück *n*; Unglückseligkeit *f*; **infeliz** ‹*pl* -ices› A ADJ 1 *(desgraciado)* unglücklich, arm, bedauernswert 2 *fig (funesto)* unselig; *(sin malicia)* arglos B M/F *fam desp (pobre diablo)* armer Tropf *m*; gutmütiger Trottel *m*; **infelizmente** ADV unglücklicherweise

inferencia F (Schluss)Folgerung *f*

inferior A ADJ 1 *(de abajo)* untere(r, -s); niedere(r, -s); Unter…; Nieder…; **labio** *m* ~ Unterlippe *f* 2 *compar (menor)* niedriger, geringer (**a** als *nom*) 3 *(de menor valor)* minderwertig; **ser ~ a alg** *(estar subordinado a alg)* j-m untergeordnet sein; *(no estar a la altura de alg)* j-m unterlegen sein B M/F Untergeordnete *m/f*; Untergebene *m/f*

inferioridad F Unterlegenheit *f*; Minderwertigkeit *f*; ~ **numérica** zahlenmäßige Unterlegenheit *f*; **inferiormente** ADV in geringerem Maße

inferir ‹3i› A VT 1 *(deducir)* folgern, schließen (**de, por** aus *dat*) 2 *ofensa, lesión, etc* zufügen B VR **~se de** hervorgehen aus *(dat)*

infernáculo M *Art* Hüpfspiel *n*, Himmel und Hölle

infernal ADJ höllisch, Höllen… *(tb fig)*; *fig* **calor** *m* ~ Bruthitze *f fam*; MED **piedra** *f* ~ Höllenstein *m*; *fig* **ruido** *m* ~ Höllenlärm *m*; **infernar** VT ‹1k› 1 REL in die Hölle bringen 2 *fig (irritar)* reizen; *(enfadar)* wütend machen; **infernillo** M → infiernillo

ínfero ADJ BOT unterständig

infértil ADJ unfruchtbar *(tb fig)*; zeugungsunfähig; **infertilidad** F Unfruchtbarkeit *f (tb fig)*

infestación F MED, AGR *y fig* Verseuchung *f*; Befall *m*; *fig (plaga)* Heimsuchung *f*; **infestado** ADJ verseucht; AGR *tb* befallen; ~ **de piojos** verlaust; **infestar** VT ‹1a› MED, AGR *y fig* anstecken, verseuchen, befallen; *fig (devastar)* heimsuchen, verheeren; *fig (invadir)* überschwemmen *(fig)*; unsicher machen

infesto ADJ *poét* schädlich

infeudación F HIST Belehnung *f*; **infeudar** VT HIST belehnen

inficionar VT MED *y fig* anstecken, infizieren; verseuchen; verderben; → *tb* infectar

infidelidad F 1 *(deslealtad)* Untreue *f (tb* JUR*)*; Seitensprung *m fam*; JUR Veruntreuung *f*; ~ **en la custodia de presos** Entweichenlassen *n* von Gefangenen 2 *de una descripción, etc*: Ungenauigkeit *f* 3 REL *(falta de fe)* Unglaube *m*

infiel A ADJ 1 *(desleal)* untreu; treulos 2 *fig descripción, etc* nicht getreu, ungenau 3 REL *(no creyente)* ungläubig B M/F REL Ungläubige *m/f*

infiernillo M Spirituskocher *m*; Gaskocher *m*

infierno M 1 Hölle *f (tb fig)*; MIT *frec* **~s** *mpl* Unterwelt *f*; **pena** *f* **de** ~ Höllenstrafe *f*; *fam fig* **irse al** ~ zum Teufel gehen; *fam fig* **mandar a alg al** ~ j-n zum Teufel schicken; *fam fig* **vivir en el quinto** ~ ganz weit draußen (*o* am Ende der Welt *fam*) wohnen; **¡~s!** zum Teufel! 2 *Cuba ein Kartenspiel*

infigurable ADJ nicht vorstellbar

infijo M LING Infix *n*

infiltración F 1 *de líquidos*: Einsickern *n*; **aguas** *fpl* **de** ~ Sickerwasser *n* 2 POL *(penetración)* Einschleusung *f*; Unterwanderung *f*; Infiltration *f* 3 MED *(inyección)* Infiltration *f*; *sustancia*: Infiltrat *n*; **infiltrado** M *policía, espionaje*: Maulwurf *m*, verdeckter Ermittler *m*

infiltrar A VT 1 *líquido* einflößen; einsickern lassen *(tb fig)* 2 POL einschleusen, infiltrieren B VR **infiltrarse** 1 *(penetrar)* einsickern, eindringen (**en** in *acus*) 2 POL **~ en a/c** etw unterwandern

ínfimo ADJ 1 *sup (el más bajo)* unterste(r, -s), niedrigste(r, -s) 2 *(muy bajo)* äußerst gering; äußerst niedrig; winzig 3 *fig (de mínimo valor)* minderwertigste(r, -s)

infinidad F Unendlichkeit *f*; *fig* Unmenge *f*; ~ **de veces** unendlich oft; **infinitamente** ADV unendlich; **infinitesimal** ADJ 1 *(pequeñísimo)* unendlich klein 2 MAT Infinitesimal…; **cálculo** *m* ~ Infinitesimalrechnung *f*;

infinitivo GRAM A ADJ Infinitiv… B M Infinitiv *m*

infinito A ADJ unendlich *(tb* ÓPT, FOT*)*; endlos; grenzenlos; zahllos; **lo** ~ die Unendlichkeit; das Unendliche; **por tiempo** ~ endlos lang; ewig B M 1 *(lo ilimitado) das* Unendliche 2 *fig (universo)* Universum *n* 3 MAT Zeichen *n* der Unendlichkeit (∞) C ADV *(extremadamente)* äußerst, sehr, unendlich *fam*

infinitud F Unendlichkeit *f*

infirmar VT JUR → invalidar 2; **infirme** ADJ *liter* schwach

inflable ADJ aufblasbar, zum Aufblasen; **inflación** F 1 *(hinchazón)* Aufblähung *f (tb* MED*)*; *de un balón*: Aufblasen *n* 2 *fig (engreimiento)* Aufgeblasenheit *f*, Dünkel *m* 3 ECON *de precios*: Inflation *f*, Geldentwertung *f*; **tasa de** ~ Inflationsrate *f*

inflacionario ADJ → inflacionista; **inflacionismo** M ECON Inflationspolitik *f*; **inflacionista** ECON A ADJ inflationär, inflationistisch, Inflations…; **espiral** *f* ~ Inflationsspirale *f* B M/F Anhänger *m*, -in *f* einer inflationistischen Wirtschaftspolitik

inflado A ADJ 1 *(hinchado)* aufgebläht *(tb fig)* 2 *Méx (engreído)* aufgeblasen, eingebildet B M Aufblasen *n*; *de un neumático, etc*: Aufpumpen *n*; **inflador** M Luftpumpe *f*; *espec Am reg para globos*: Aufblase-, Füllgerät *n*

inflamabilidad F Entzündbarkeit *f*; **inflamable** ADJ entzündbar, feuergefährlich; *fig* leicht entflammt; **inflamación** F Entzündung *f (tb* MED*)*; ~ **espontánea** Selbstentzündung *f*; MED ~ **de las amígdalas** Mandelentzündung *f*

inflamar A VT entzünden *(tb* MED*)*; entflammen *(tb fig)* B VR **inflamarse** sich entzünden *(tb* MED*)*; *fig* **~ de** *o* **en ira** in Zorn geraten;

inflamatorio ADJ MED entzündlich

inflar A VT 1 aufblähen; *con la boca*: aufblasen; *con una bomba*: aufpumpen 2 *fig (exagerar)* übertreiben; aufbauschen 3 *fig (engreír)* hochmütig machen 4 *Arg, Ur fam (molestar)* belästigen, nerven *fam* B VR **inflarse** sich aufblähen *(tb fig)*; *fig* sich aufspielen *fam*; ~ **de** sich vollstopfen mit *(dat)*

inflexibilidad F 1 Inflexibilität *f*; Unbiegsamkeit *f* 2 *fig (entereza)* Unbeugsamkeit *f*; *(intransigencia)* Unnachgiebigkeit *f*; **inflexible** ADJ 1 *(rígido)* unbiegsam, steif, starr 2 *fig (inexorable)* unbeugsam, unnachgiebig

inflexión F 1 *(torcimiento)* Biegung *f*; Beugung *f*; MAT *y fig* **punto** *m* **de** ~ Wendepunkt *m*; ~ **de la tendencia** Trendwende *f* 2 ~ **(de la voz)** Tonfall *m*, Modulation *f* 3 GRAM Flexion *f*, Beugung *f*; ~ **(verbal)** Umlaut *m* 4 FÍS *(desviación)* Ablenkung *f*, Brechung *f*

infligir VT ‹3c› *castigo, etc* auferlegen; *derrota* bereiten, beibringen; *gastos* verursachen; *daños* zufügen

inflorescencia F BOT Blütenstand *m*

influencia F 1 *(influjo)* Einfluss *m*; **~s** *fpl* **atmosféricas** Witterungseinflüsse *mpl*; **tener** ~ Einfluss haben (**sobre** auf *acus*); (gute) Beziehungen haben (**con alg** zu j-m); einflussreich sein; **bajo la ~ del alcohol** unter Alkoholeinfluss 2 FÍS Influenz *f*

influenciable ADJ beeinflussbar; **influenciar** VT ‹1b› *espec Am* → influir; **influente** ADJ beeinflussend; **influenza** F MED Influenza *f*

influir ‹3g› A VT beeinflussen B VI ~ **en** *o* **sobre** beeinflussen *(acus)*, Einfluss haben auf *(acus)*, einwirken auf *(acus)*; **dejarse** ~ sich beeinflussen lassen; **influjo** M 1 *(influencia)* Einfluss *m* 2 *de la marea*: Flut *f*; **influyente** ADJ einflussreich

infografía F Computergrafik *f*

infolio M TIPO Folioband *m*; Foliant *m*

información F 1 Information *f*; Auskunft *f*; *en un rótulo indicador*: **-ones** Auskunft; ~ **bancaria** Bankauskunft *f*; BIOL ~ **genética** genetische Information *f*; TEL ~ **horaria** Zeitansage *f*; ~ **privilegiada** Insiderwissen *n*; ~ **telefónica** Telefonauskunft *f*; **oficina** *f* **de** ~ *o* **-ones** Auskunftsbüro *n*, Auskunft *f fam* 2 *(noticia)* Nachricht *f*; Meldung *f*; ~ **gráfica** Bildbericht *m*; ~ **sobre el estado de las carreteras** Straßenzustandsbericht *m*; **cubrir la** ~ die Berichterstattung übernehmen 3 *oficina*: Auskunft *f*, Auskunftsstelle *f*, Information *f* 4 JUR *(investigación)* Untersuchung *f*; JUR **abrir una** ~ ein Untersuchungsverfahren einleiten

informador A ADJ informierend B M, **informadora** F 1 *gener* Informant *m*, -in *f* 2 *periodismo*: Berichterstatter *m*, -in *f*; Reporter *m*, -in *f*; ~ *m* **gráfico** Bildberichterstatter *m*

informal ADJ 1 *(sin formalidades)* unförmlich, ungezwungen; formlos; zwanglos; Umgangs…; **lenguaje** *f* ~ Umgangssprache *f* 2 *(de poca confianza)* unzuverlässig 3 *ropa* lässig, leger, Freizeit…; **informalidad** F 1 *(espontaneidad)* Ungezwungenheit *f* 2 *(falta de seriedad)* Unzuverlässigkeit *f*; unreelles Verhalten *n*

informante M/F Informant *m*, -in *f (tb t/t)*; Gewährsmann *m*, -frau *f*

informar A VT 1 *(poner al corriente)* informieren, unterrichten (**de, sobre** über *acus*) 2 FIL Form (*o* Gestalt) geben *(dat)* B VI 1 Bericht erstatten; *perito* ein Gutachten stellen 2 JUR plädieren C VR **informarse** sich informieren; sich erkundigen (**de** nach *dat*); Erkundigungen einziehen (**sobre** über *acus*)

informática F 1 *ciencia*: Informatik *f* 2 *mujer*: Informatikerin *f*; **informático** A ADJ Informatik… B M, **-a** F Informatiker *m*, -in *f*

informativo A ADJ informativ, unterrichtend; Berichts…; **folleto** *m* ~ Informationsblatt *n*; **libro** *m* ~ Ratgeber *m (Buch)* B M TV, RADIO Nachrichtensendung *f*; Nachrichten *fpl*

informatización F 1 *(introducción de la informática)* Umstellung auf elektronische Datenverarbeitung (*o* EDV) 2 *(entrada de datos)* Dateneingabe *f*; **informatizado** ADJ *técnica, siste-*

ma computergestützt; *datos, catálogo, etc* digitalisiert, elektronisch (verfügbar); **informatizar** VT ‹1f› **1** *(introducir la informática)* auf elektronische Datenverarbeitung umstellen **2** *(entrar datos)* in den Computer eingeben

informe[1] M **1** *(relación)* Bericht *m*; *(peritaje)* Gutachten *n*; *(información)* Auskunft *f*; **~ anual** Jahresbericht *m*; **~ médico** ärztliches Gutachten *n*; **~ mensual** Monatsbericht *m*; **~ pericial** Sachverständigengutachten *n*; *tb* MIL, ECON **~ sobre la situación** Lagebericht *m*; **~ de transmisión** *del fax*: Sendebericht *m*; **dar ~s** Auskunft geben (**sobre, acerca de** über *acus*); **pedir ~s a alg** j-n um Auskunft bitten; **tomar ~s** Erkundigungen einziehen **2** JUR **~ (oral)** *de abogados*: Plädoyer *n* **3** **~s** *mpl en ofertas de empleo*: Referenzen *fpl*

informe[2] ADJ formlos, unförmig, ungestalt; **informidad** F Unförmigkeit *f*

informulado ADJ nicht formuliert

infortunadamente ADV unglücklicherweise; **infortunado** ADJ unglücklich; unglückselig; **infortunio** M Unglück *n*; Schicksalsschlag *m*

infracción F JUR strafbare Handlung *f*, Straftat *f*; Verstoß *m* (**de, a** gegen *acus*); **~ a las normas de (la) circulación** Verkehrsübertretung *f*; **infractor** **A** ADJ zuwiderhandelnd **B** M, **infractora** F Zuwiderhandelnde *m/f*; Rechtsbrecher *m*, -in *f*

infradesarrollado ADJ unterentwickelt; **infradesarrollo** M Unterentwicklung *f*; **infradotado** **1** ECON, TEC *(mal equipado)* nicht genügend ausgestattet **2** *Arg fam (imbécil)* schwachsinnig; **infraestructura** F **1** TEC *(base)* Unterbau *m* **2** MIL, ECON Infrastruktur *f*

infraganti, in fraganti ADV auf frischer Tat, in flagranti; **sorprender ~** auf frischer Tat, in flagranti ertappen

infrahumano ADJ nicht mehr erträglich (*o* zumutbar), menschenunwürdig

infrangible ADJ unzerbrechlich; **infranqueable** ADJ unpassierbar, unüberschreitbar; *fig* unüberwindlich

infraoctava F CAT Infraoktav *f*

infrarrojo ADJ Infrarot..., infrarot; **luz** *f* **-a** Infrarot(licht) *n*; **rayos** *mpl* **~s** Infrarotstrahlen *mpl*

infrascri(p)to **A** ADJ darunter geschrieben **B** M, **-a** F Unterzeichnete *m/f*

infraseguro M Unterversicherung *f*; **infrasónico** ADJ Infraschall...; **infrasonido** M FÍS Infraschall *m*

infrautilización F Nichtauslastung *f*; ungenügende Auslastung *f*; **infrautilizado** ADJ nicht ausgelastet; *hotel* unterbelegt; **infrautilizar** VT ‹1f› ungenügend auslasten

infravaloración F ECON Unterbewertung *f*, -schätzung *f*; **infravalorar** VT unterbewerten

infravivienda F menschenunwürdige Behausung *f*

infrecuencia F Seltenheit *f*; **infrecuente** ADJ selten

infringir VT ‹3c› JUR *ley etc* **~ a/c** gegen etw *(acus)*verstoßen, etw übertreten, einer Sache *(dat)* zuwiderhandeln

infructífero ADJ unfruchtbar (*tb fig*); *fig* nutzlos; **infructuosidad** F Nutzlosigkeit *f*; **infructuoso** ADJ unnütz, nutzlos; **búsqueda** *f* **-a** ergebnislose (*o* nutzlose) Suche *f*

infrutescencia F BOT Infruteszenz *f*

ínfula F **1** CAT *y* HIST Inful *f* **2** *fig* **~s** *fpl (presunción)* Anmaßung *f*, Einbildung *f*; **darse ~s** *o* **tener muchas ~s** sich *(dat)* sehr viel einbilden; **tener ~s de músico** sich *(dat)* einbilden, ein guter Musiker zu sein

infumable ADJ **1** *tabaco* nicht rauchbar **2** *fam fig (inaceptable)* nicht akzeptabel

infundado ADJ grundlos; unbegründet

infundia F *Am* → enjundia

infundíbulo M ANAT Trichter *m*, Infundibulum *n*

infundio M Gerücht *n*; Lüge *f*, Ente *f (fig)*; **infundioso** ADJ lügnerisch; lügenhaft; **infundir** VT *confianza, miedo, etc* einflößen; **~ sospechas** Verdacht erregen

infusible ADJ unschmelzbar; **infusión** F **1** Aufguss *m*; *bebida*: (Kräuter)Tee *m* **2** MED Infusion *f* **3** REL *en el bautismo*: Aufgießen *n* des Wassers *bei der Taufe*; **infuso** ADJ **1** REL eingegossen, eingegeben **2** *fig conocimiento, propiedad* angeboren, naturgegeben; **infusorio** M BIOL Aufgusstierchen *n*; **~s** *mpl* Infusorien *npl*

ing. ABR (Ingeniero) Ing. (Ingenieur)

ingá M *Am trop* BOT Zuckerhülsenbaum *m*

ingencia F Größe *f*

ingeniar ‹1b› **A** VT ersinnen, ausdenken **B** VR **ingeniarse** sich *(dat)* zu helfen wissen, zurechtkommen; **~** *o* **ingeniárselas para** *(inf)* *tb* es schaffen zu *(inf)*

ingeniera F Ingenieurin *f*; → *tb* ingeniero 1

ingeniería F Ingenieurtechnik *f*; Ingenieurwissenschaft *f*; **~ agrícola** Landmaschinenbau *m*; **~ genética** Gentechnik *f*; **~ hidráulica** Wasserbau *m*; **~ social** *f* Sozialtechnik *f*; **licenciado** *m* **en ~** Diplom-Ingenieur *m*

ingeniero M **1** *profesión*: Ingenieur *m*; **~ aeronáutico** Luftfahrtingenieur *m*; **~ agrónomo** *o* *Am* **~ agrícola** Diplom-Landwirt *m*; *Esp* **~ de caminos, canales y puertos** Straßenbau-, Tiefbauingenieur *m*; **~ civil** (Zivil)Ingenieur *m*; *Esp* **~ industrial** Wirtschaftsingenieur *m*; **~ (en) jefe** Chefingenieur *m*, Oberingenieur *m*; **~ mecánico** Maschinenbauingenieur *m*; **~ de minas** *corresponde a*: Berg(bau)ingenieur *m*; *Esp* **~ naval** Schiffsbauingenieur *m*; **~ químico** *corresponde a*: Chemotechniker *m*; **~ de redes** Netzwerkingenieur *m*; **~ de sonido** Toningenieur *m*, Tonmeister *m*; **~ técnico** *corresponde a*: Maschinenbauingenieur *m*; *Esp* **~ de telecomunicación** Fernmeldeingenieur *m*; **~ de vuelos** Flugingenieur *m* **2** MIL **~s** *mpl* **(militares)** Pioniertruppe *f* **3** *Esp* **~ de montes** *corresponde a*: Förster *m*

ingenio M **1** *(lucidez)* Geist *m*, Witz *m*; Erfindungsgabe *f*; **afilar** *o* **aguzar el ~** seinen Geist anstrengen **2** *persona*: Genie *n*, großer Geist *m*; **golpe** *m* **de ~** Geniestreich *m* **3** *(artificio)* Kunstgriff *m* **4** TEC *(conjunto de aparatos)* Anlage *f*, Apparatur *f*, Vorrichtung *f*; TIPO Beschneidemaschine *f* **5** *Am* **~ (de azúcar)** Zuckerfabrik *f* **6** MIL *(proyectil)* Geschoss, *Austr* Geschoß *n*; *(explosivo)* Sprengkörper *m*

ingeniosidad F Scharfsinn *m*; Erfindungsgeist *m*; Einfallsreichtum *m*; Genialität *f*; *irón* Verstiegenheit *f*; **ingenioso** ADJ **1** *(inventivo)* erfinderisch, findig *fam*; geistreich, witzig **2** *(bien concebido)* sinnreich, durchdacht

ingénito ADJ angeboren; von Natur aus vorhanden; **ingente** ADJ ungeheuer groß, gewaltig

ingenua F TEAT Naive *f*; **ingenuidad** F Treuherzigkeit *f*; Naivität *f*; **ingenuista** M/F PINT Maler *m*, -in *f* der naiven Schule; **ingenuo** ADJ arglos; einfältig, naiv

ingerencia F → injerencia; **ingerir** ‹3i› **A** VT (hinunter)schlucken; zu sich *(dat)* nehmen; MED einnehmen, schlucken **B** VR **ingerirse** → injerir; **ingestión** F (Hinunter)Schlucken *n*; Einnahme *f*

Inglaterra F England *n*

ingle F ANAT Leiste *f*, Leistenbeuge *f*

inglés **A** ADJ englisch **B** M, **-esa** F Engländer *m*, -in *f* **C** M *lengua*: Englisch *n*; **hablar ~** Englisch sprechen; **en ~** auf Englisch; **traducir en/del ~** ins Englische/aus dem Englischen übersetzen; **no entiende ~** er/sie versteht kein Englisch

inglesismo M → anglicismo

inglete M **1** TEC, CONSTR Gehrung *f* **2** GEOM *ángulo*: Winkel *m* von 45 Grad

ingobernabilidad F Unregierbarkeit *f*; *fig* Unlenkbarkeit *f*; **ingobernable** ADJ nicht zu regieren(d), unregierbar; *fig* unlenkbar

ingratitud F Undankbarkeit *f*; **ingrato** ADJ *hombre, tarea, tierra laborable* undankbar; unangenehm; *prov* **de ~s está el mundo lleno** Undank ist der Welt Lohn

ingravidez F FÍS *y fig* Schwerelosigkeit *f*; **ingrávido** ADJ schwerelos; *fig* leicht

ingrediente M **1** *(componente)* Bestandteil *m* (*tb* FARM); Zutat *f*; **~s** *mpl* Ingredienzen *fpl* (*tb* GASTR); **lista** *f* **de ~s** Zutatenliste *f* **2** *RPl* GASTR *(tapa)* kleine pikante Vorspeisen *fpl*

ingresar **A** VI **1** eintreten (**en** in *acus*) **2** MED *en el hospital*: eingeliefert werden; **~ en el hospital** ins Krankenhaus eingeliefert werden; **~ cadáver en la clínica** bei Einlieferung in die Klinik bereits tot sein **3** ECON **~ en caja** *dinero* eingehen, hereinkommen; *cheque* einreichen, einlösen **B** VT **1** ECON **~ dinero en una cuenta** Geld auf ein Konto einzahlen **2** MED einweisen; *en el hospital*: einliefern; **~ a alg en el hospital** j-n ins Krankenhaus einliefern

ingreso M **1** *(entrada)* Eintritt *m*; *espec* UNIV **examen** *m* **de ~** Aufnahmeprüfung *f* **2** MED Einlieferung *f*; Aufnahme *f* **3** ECON *de dinero*: Eingang *m*; Einnahme *f*; FIN *(pago)* Einzahlung *f* **4** **~s** *pl* Einkommen *n*, Einkünfte *pl*; **~s** *pl* **accesorios** Nebeneinnahmen *fpl*, Nebeneinkünfte *fpl*; **~s** *pl* **fiscales** *o* **impositivos** Steueraufkommen *n*; **~s** *pl* **mensuales** Monatseinkommen *n*

íngrimo ADJ *Am* (ganz) allein, einsam, verlassen

inguinal ADJ MED Leisten...; **hernia** *f* **~** Leistenbruch *m*

ingurgitar VT (hinunter)schlucken, verschlingen

INH M ABR (Instituto Nacional de Hidrocarburos) *Esp* Staatliches Institut *n* für Kohlenwasserstoffe

inhábil ADJ unfähig, ungeschickt; JUR **día** *m* **~** Feiertag *m*

inhabilidad F Unfähigkeit *f*, Ungeschicklichkeit *f*, Untauglichkeit *f*; **inhabilitación** F JUR Erklärung *f* der Unfähigkeit *(für Ämter, als Zeugen etc)*; **~ absoluta** Aberkennung *f* der bürgerlichen Ehrenrechte; **~ profesional** Berufsverbot *n*; **inhabilitar** JUR **A** VT für unfähig erklären **B** VR **~se para el empleo** seine Amtsbefugnisse verlieren

inhabitable ADJ unbewohnbar; **inhabitado** ADJ unbewohnt

inhabitual ADJ ungewohnt

inhalación F MED Inhalation *f*, Einatmung *f*; **inhalador** M MED Inhaliergerät *n*, Inhalationsapparat *m*, Inhalator *m*; **inhalar** **A** VT inhalieren, einatmen **B** VI CAT in Kreuzesform hauchen *(Ölweihe)*

inhallable ADJ unauffindbar

inherencia F Verbundenheit (**a** mit *dat*); *t/t*, TEC Inhärenz *f*; **inherente** ADJ **~ (a)** verbunden, verknüpft (mit *dat*); innewohnend *(dat)*; *t/t*, TEC inhärent *(dat)*

inhesión F → inherencia

inhibición F **1** BIOL, PSIC Hemmung *f* **2** JUR Untersagung *f*; *de un juez*: Ablehnung *f*; **inhibido** ADJ gehemmt, voller Hemmungen

inhibidor M **1** MED, BIOL Hemmer *m*; **~ del apetito** Appetitzügler *m*; MED **~ de colesterol** Cholesterinhemmer *m*; **~ de (la) proteasa** Pro-

teasehemmer *m* 2 TEC **~ de corrosión** Korrosionshemmer *m*
inhibir A V/T *(prohibir)* untersagen; BIOL, PSIC hemmen B V/R **inhibirse** 1 *(abstenerse)* **~ de a/c** sich aus etw *(dat)* heraushalten 2 JUR *juzgado* sich für unzuständig erklären
inhibitoria F JUR Geltendmachung *f* der Unzuständigkeit des Gerichts; **inhibitorio** ADJ 1 *(obstructor)* hemmend 2 JUR *(relativo a una prohibición)* Verbots…; Untersagungs…
inhospitalario ADJ ungastlich; unwirtlich; **inhospitalidad** F Ungastlichkeit *f*
inhóspito ADJ → inhospitalario
inhumación F Beerdigung *f*, Beisetzung *f*; **inhumanidad** F Unmenschlichkeit *f*; **inhumano** ADJ unmenschlich; **inhumar** V/T beerdigen, beisetzen
INI M ABR (Instituto Nacional de Industria) *Dachorganisation der staatlichen spanischen Industrien*
inia F ZOOL Amazonasdelfin *m*
iniciación F 1 *(consagración)* Einweihung *f*, *(introducción)* Einführung *f* **(a, en** in *acus)*; REL, *etnología*: Initiation *f* 2 *(comienzo)* Beginn *m*, Inangriffnahme *f*; FÍS **~ de las vibraciones** Schwingungserregung *f*; **iniciado** A ADJ eingeweiht B M, **-a** F Eingeweihte *m/f*; **iniciador** A ADJ einführend; *(pionero)* bahnbrechend B M, **iniciadora** F Förderer *m*, Förderin *f*; Initiator *m*, -in *f* C M *balística*: **~es** MPL Zündstoffe *mpl*; **inicial** A ADJ anfänglich, Anfangs…; **velocidad** *f* **~** Anfangsgeschwindigkeit *f* B F Anfangsbuchstabe *m*, Initiale *f*; **inicializar** V/T ⟨1f⟩ INFORM booten
iniciar ⟨1b⟩ A V/T 1 *(comenzar)* beginnen, anfangen; einleiten, anbahnen 2 *(introducir)* einführen **(en** in *acus)*, vertraut machen **(en** mit *dat)*; einweihen **(en** in *acus)* B V/R **iniciarse** 1 *(familiarizarse)* **~ en a/c** sich mit etw *(dat)* vertraut machen 2 *(comenzar)* beginnen; seinen Anfang nehmen; **iniciativa** F Anregung *f*, Anstoß *m*; Initiative *f*; POL **~ popular** Volksbegehren *n*; **a** *(o* **por)** **~ de** auf Anregung von *(dat)*; **tener mucha ~** unternehmungslustig sein; viel Initiative haben; **tomar la ~ de** den Anstoß geben zu *(dat)* *(o* für *acus)*, die Initiative ergreifen zu *(dat)*
inicio M Anfang *m*, Beginn *m*; INFORM **~ en caliente** Warmstart *m*; **estar todavía en los ~s** noch in den Anfängen stecken
inicuo ADJ ungerecht; ruchlos
inidentificable ADJ nicht identifizierbar; nicht erkennbar
inigualable ADJ unvergleichbar; **inigualado** ADJ *espec récord* unerreicht
inimaginable ADJ unvorstellbar; unglaublich; **inimitable** ADJ unnachahmlich; **inimpugnable** ADJ unanfechtbar
inimputabilidad F Nichtanrechnungsfähigkeit *f*; **inimputable** ADJ nicht anrechnungsfähig
ininflamable ADJ nicht entzündbar; nicht brennbar; feuerfest
ininteligente ADJ unintelligent; **ininteligibilidad** F *(incomprensibilidad)* Unverständlichkeit *f*; *de la letra*: Unleserbarkeit *f*; **ininteligible** ADJ *(incomprensible)* unverständlich; *(indescifrable)* unleserlich
ininterrumpido ADJ ununterbrochen
iniquidad F Ungerechtigkeit *f*; Unbilligkeit *f*; Gemeinheit *f*
injerencia F Einmischung *f* **(en** in *acus)*; **injerir** ⟨3i⟩ A V/T 1 *sonda, etc* einführen; **~ cemento en las grietas** die Spalten mit Zement ausfüllen 2 *fig (incluir)* mit einbegreifen B V/R **injerirse** sich einmischen **(en** in *acus)*
injertar V/T 1 AGR pfropfen, okulieren 2 MED *tejido* übertragen, ein-, verpflanzen 3 TEC *tubo* ein-, ansetzen; **injertera** F AGR Baumschule *f*; **injerto** M 1 AGR *acción*: Pfropfen *n*; Okulieren *n*; *(púa)* Pfropfreis *n* 2 MED *acción*: Transplantation *f*; *(trasplante)* Transplantat *n* 3 TEC Abzweigrohr *n*
injuria F Beleidigung *f* *(tb* JUR*)*; Beschimpfung *f*; JUR **~ de obra/de palabra** Real-/Verbalinjurie *f*; **tomar a/c a ~** etw als Beleidigung auffassen
injuriador A ADJ → injurioso B M, **injuriadora** F Beleidiger *m*, -in *f*; **injuriante** ADJ beleidigend; **injuriar** V/T ⟨1b⟩ beleidigen; beschimpfen; **injurioso** ADJ beleidigend; ausfallend, ausfällig
injustamente ADV ungerecht
injusticia F Ungerechtigkeit *f*; Unrecht *n*; **injustificable** ADJ nicht zu rechtfertigen(d); **injustificado** ADJ ungerechtfertigt
injusto ADJ ungerecht; *(inicuo)* ungerechtfertigt *(tb* JUR*)*; *(ilegal)* widerrechtlich, unberechtigt
INM M ABR (Instituto Nacional de Meteorología) Staatliches Institut *n* für Meteorologie
inmaculado ADJ unbefleckt; makellos; CAT **la Inmaculada Concepción** die Unbefleckte Empfängnis; *arte*: **la Inmaculada** die Immaculata
inmadurez F Unreife *f*; **inmaduro** ADJ unreif *(tb fig)*; **inmamable** ADJ *Col fam* unangenehm, äußerst schwierig; **inmancable** ADJ *Ven fam* unfehlbar, todsicher; **inmanejable** ADJ 1 *(no manipulable)* unhandlich 2 *fig (indócil)* unlenksam, störrisch
inmanencia F FIL Immanenz *f*; **inmanente** ADJ FIL immanent; innewohnend
inmarcesible, inmarchitable ADJ unverwelklich; *fig* unvergänglich, ewig
inmaterial ADJ FIL, JUR immateriell; unstofflich, unkörperlich; *p. ext* geistig; **inmaterialidad** F Unkörperlichkeit *f*; **inmaterialismo** M FIL Immaterialismus *m*; **inmaterializar** V/T ⟨1f⟩ entmaterialisieren; vom Stofflichen befreien
inmediación F 1 *(cercanía inmediata)* (unmittelbare) Nähe *f*; **-ones** *fpl* nächste Umgebung *f* 2 JUR *(sucesión inmediata)* unmittelbare Rechtsnachfolge *f (im Erbrecht)*; **inmediata** F *fam* unmittelbare Folge *f*; **inmediatamente** ADV unmittelbar; sofort, unverzüglich; **inmediatez** F, **inmediatividad** F Unmittelbarkeit *f*; **inmediato** ADJ 1 *(directo)* direkt, unmittelbar; unverzüglich; sofortig; *Arg, Bol adv* **de ~** auf der Stelle 2 *(próximo)* nächst(gelegen); angrenzend **(a** an *acus)*; **~ a … neben …** *(dat)* gelegen
inmedicable ADJ unheilbar; **inmejorable** ADJ einwandfrei; unübertrefflich, vorzüglich
inmemorable, inmemorial ADJ uralt; weit zurückliegend; **desde tiempos inmemoriales** seit Menschengedenken, seit unvordenklichen Zeiten
inmensidad F Unermesslichkeit *f*; unermessliche Weite *f*; *fig* ungeheure Menge *f*; **inmenso** ADJ unermesslich; überaus groß; **inmensurable** ADJ unmessbar; *fig* kaum messbar
inmerecido ADJ unverdient
inmergir V/T ⟨3c⟩ eintauchen; TEC tauchen; **inmersión** F 1 ASTRON, FÍS, MED, TEC Immersion *f*; Eintauchen *n* 2 MAR Eintauchtiefe *f*; **inmerso** ADJ versunken *(espec fig)* **(en** in *dat*)
inmigración F Einwanderung *f*; **inmigrante** M/F Immigrant *m*, -in *f*, Einwanderer *m*, Einwanderin *f*; **inmigrar** V/I einwandern **(a** in *acus*, nach *dat)*; **inmigratorio** ADJ Einwanderungs…; **corriente** *f* **-a** Einwandererstrom *m*
inminencia F nahes Bevorstehen *n*; drohende Nähe *f*; **~ del peligro** unmittelbar bevorstehende Gefahr *f*; **inminente** ADJ nahe bevorstehend, *peligro* drohend; **ser ~** nahe bevorstehen, drohen
inmiscible ADJ unmischbar; **inmiscuir** ⟨inmiscúo, inmiscúes … *o* 3g⟩ A V/T mischen B V/R **inmiscuirse** *fig* sich einmischen **(en** in *acus)*
inmisericorde ADJ erbarmungslos, unerbittlich
inmisión F ECOL Immission *f*
inmobiliaria F Immobilienfirma *f*, Maklerbüro *n*; **inmobiliario** ADJ Grundstücks…, Immobilien…, Boden……; **agente** *m/f* **~** Immobilienmakler *m*, -in *f*
inmoderación F Unmäßigkeit *f*; Maßlosigkeit *f*; **inmoderado** ADJ unmäßig, maßlos; übermäßig; **inmodestia** F Unbescheidenheit *f*; **inmodesto** ADJ unbescheiden
inmódico ADJ unmäßig; übermäßig
inmodificable ADJ unveränderbar
inmolación F Opferung *f*; *fig* Aufopferung *f*; **inmolar** A V/T REL *y fig* opfern B V/R **inmolarse** sich (auf)opfern **(por** für *acus)* *(tb fig)*
inmoral ADJ unsittlich; unmoralisch; anstößig; **hombre** *m* **~** ausschweifender Mensch *m*; Wüstling *m*; **inmoralidad** F Sittenlosigkeit *f*; Immoralität *f*; Unmoral *f*; **inmoralismo** M FIL Immoralismus *m*
inmortal A ADJ unsterblich; unvergänglich B M/F Unsterbliche *m/f* C F BOT Immortelle *f*; **inmortalidad** F Unsterblichkeit *f*; **inmortalizar** V/T ⟨1f⟩ unsterblich machen; verewigen
inmotivado ADJ grundlos, unmotiviert; unberechtigt; **inmovible** ADJ bewegungsunfähig; unbeweglich; **inmóvil** ADJ unbeweglich; bewegungslos; fest
inmovilidad F Unbeweglichkeit *f*; Bewegungs-, Regungslosigkeit *f*; **inmovilismo** M Fortschrittsfeindlichkeit *f*; Starrheit *f des Denkens*; **inmovilista** A ADJ fortschrittsfeindlich B M/F Fortschrittsgegner *m*, -in *f*; **inmovilización** F 1 Festlegung *f*, Fixieren *n*; *de un vehículo, etc*: Stilllegung *f* 2 ECON *capital*: feste Anlage *f*; **-ones** *fpl* Anlagevermögen *n*, -kapital *n* 3 MED Ruhigstellung *f* 4 JUR Immobilisierung *f*; Einschränkung *f* des Rechts auf Veräußerung; **inmovilizado** M ECON Anlagevermögen *n*, unbewegliches Vermögen *n*; **inmovilizador** M AUTO **~ (antirrobo)** Wegfahrsperre *f*
inmovilizar V/T ⟨1f⟩ 1 unbeweglich machen; *vehículo, etc* stilllegen; TEC feststellen, -legen, fixieren; *fig* lähmen; einfrieren 2 ECON *capital* (fest) anlegen 3 MED ruhigstellen, stilllegen 4 JUR *bienes muebles* immobilisieren
inmueble JUR A ADJ *bienes* unbeweglich B M Immobilie *f*; *(terreno)* Grundstück *n*; *(edificio)* Gebäude *n*; **~s** *mpl* Grundstücke *npl*, Immobilien *pl*
inmundicia F Schmutz *m*, Unrat *m* *(tb fig)*; **inmundo** ADJ unrein, schmutzig *(tb fig)*; REL **espíritu** *m* **~** unreiner Geist *m*, Teufel *m*
inmune ADJ 1 *a una enfermedad*: immun **(a, contra** gegen *acus)*; *fig* unantastbar 2 *de cargos, gravámenes, etc*: befreit **(de** von *dat)*; **inmunidad** F 1 MED, POL, JUR Immunität *f*; *gener* Unverletzbarkeit *f*; Unantastbarkeit *f*; POL **levantar la ~** die Immunität aufheben 2 *de gravámenes, etc*: Befreiung *f*; **~ fiscal** Steuerfreiheit *f* *(der Diplomaten)*; **inmunitario** ADJ Immun…; MED **sistema** *m* **~** Immunsystem *n*; **inmunización** F MED Immunisierung *f*; **inmunizar** V/T ⟨1f⟩ MED immunisieren, immun machen **(contra** gegen *acus)* *(tb fig)*; *gener* unempfänglich machen **(contra** für *acus)*; **inmu-**

nodeficiencia F MED Immunschwäche f; síndrome de ~ adquirida Aids n; **inmunología** F Immunologie f; **inmunológico** ADJ immunologisch; **inmunólogo** M, -a F Immunologe m, -login f; **inmunoterapia** F Immun(o)therapie f

inmutabilidad F Unveränderlichkeit f; **inmutable** ADJ unveränderlich, unwandelbar; stets gleich(bleibend); unerschütterlich

inmutación F 1 (alteración) Veränderung f, Wandlung f 2 (consternación) Bestürzung f; **inmutar** A V/T 1 (alterar) verändern, umwandeln 2 (agitarse) aufregen B V/R **inmutarse** verstört werden; **sin ~** ohne sich erschüttern zu lassen, gelassen

innatismo M FIL Nativismus m; **innato** ADJ angeboren; Erb…

innatural ADJ unnatürlich; **innavegable** ADJ nicht schiffbar; **innecesario** ADJ unnötig; **innegable** ADJ unleugbar; unbestreitbar; **innegociable** ADJ ECON nicht handelsfähig; bolsa de valores: nicht börsenfähig

innivación F Beschneiung f; **innivar** V/T beschneien

innoble ADJ gemein, niedrig; **innocuidad** → inocuidad; **innocuo** ADJ → inocuo

innombrable ADJ, **innominable** ADJ nicht benennbar; **innominado** ADJ namenlos; unbenannt; ANAT **hueso** m ~ Hüftbein n

innovación F Neuerung f; Innovation f; Neuheit f (tb TEC); **innovador** A ADJ neuartig, bahnbrechend, innovativ B M, **innovadora** F Neuerer m, Neuerin f; **innovar** V/T erneuern; Neuerungen (o Neuheiten) einführen (in o bei dat); Neues bringen

innumerable ADJ unzählig, zahllos; unzählbar; **innúmero** ADJ liter unzählbar

inobediencia F Ungehorsam m; Nichtbefolgung f; **inobediente** ADJ ungehorsam (a gegen acus); nicht Folge leistend (a dat)

inobjetable ADJ unwiderleglich; unbestritten; **inobservancia** F Nichtbeachtung f; Nichtbefolgung f; **inobservar** V/T nicht beachten

inocencia F (falta de culpa) Unschuld f; (inocuidad) Harmlosigkeit f; **inocentada** F 1 palabra: naives Wort n; comportamiento: naives Verhalten n 2 folclore: Scherz m (am 28. Dezember, dem Aprilscherz vergleichbar); **gastar** o **hacer ~s** o **una ~** corresponde a: in den April schicken

inocente A ADJ 1 (sin culpa) unschuldig; schuldlos; **~ de a/c** einer Sache (gen) nicht schuldig 2 (inocuo) harmlos; einfältig, naiv B M/F Unschuldige m/f; REL **día de los (Santos) Inocentes** Fest n der Unschuldigen Kinder (28. Dezember)

inocentón A ADJ fam dämlich fam, einfältig B M, **-ona** F Einfaltspinsel m fam, Naivling m fam

inocuidad F Unschädlichkeit f; Harmlosigkeit f

inoculable ADJ MED (über)impfbar; **inoculación** F MED Inokulation f; (Über)Impfung f; Einimpfung f (tb fig); **inocular** V/T MED inokulieren; fig **~ a alg a/c** j-m etw einimpfen; (inducir a alg) j-n mit etw (dat) anstecken

inocultable ADJ nicht zu verbergen(d)

inocuo ADJ unschädlich; harmlos

inodoridad F Geruchlosigkeit f; **inodoro** A ADJ geruchlos B M Geruchsbeseitiger m (im WC); p. ext WC n

inofensivo ADJ harmlos (tb fig), unschädlich (tb QUÍM); **inoficioso** ADJ 1 JUR testamento unter Umgehung der gesetzlichen Erbfolge errichtet 2 Am reg (inservible) nutzlos, unwirksam; überflüssig 3 Col (perezoso) faul; **inolvidable** ADJ unvergesslich; **inope** ADJ liter arm; mittellos

inoperable ADJ MED inoperabel; **inoperancia** F Wirkungslosigkeit f; Versagen n; **inoperante** ADJ wirkungslos; JUR prueba ungeeignet; **inoperativo** ADJ unwirksam; wirkungslos; Perú máquina defekt, außer Betrieb

inopia F Mittellosigkeit f, Not f; fig **estar en la ~** zerstreut sein

inopinable ADJ nicht (als Auffassung) vertretbar; **inopinado** ADJ unerwartet, unvermutet; unvorhergesehen

inoportunidad F 1 (inconveniencia) Unzweckmäßigkeit f 2 (destiempo) ungelegene Zeit f; **inoportuno** ADJ ungelegen; unpassend, unangebracht; **ser ~** ungelegen kommen

inorgánico ADJ 1 elementos anorganisch (tb QUÍM) 2 (no orgánico) unorganisch

inoxidable ADJ rostfrei, nicht rostend; **acero** m ~ rostfreier Stahl m

input M INFORM Input m/n

inquebrantable ADJ 1 (irrompible) unzerbrechlich 2 fig fidelidad, lealtad unverbrüchlich; voluntad eisern

inquietador, inquietante ADJ beunruhigend; besorgniserregend, bedrohlich

inquietar A V/T beunruhigen, (aus der Ruhe) aufstören; besorgt machen B V/R **inquietarse** sich sorgen, sich (dat) Gedanken machen (**con, de, por** wegen gen); sich (dat) Sorgen machen (**por** um, wegen acus); **¡no ~!** ruhig bleiben!

inquieto ADJ 1 (intranquilo) unruhig; ruhelos; (preocupado) ängstlich, besorgt 2 Am Centr pop → aficionado A, propenso; **inquietud** F 1 (preocupación) Unruhe f; Beunruhigung f, Besorgnis f 2 espec Am (inclinación, interés) starkes Interesse n: **tener (gran) ~ por la música** sich (sehr) für Musik interessieren; ein (großer) Musikliebhaber sein

inquilina F Mieterin f; **inquilinaje** M Chile, **inquilinato** M 1 (alquiler) Mietzins m; (**impuesto** m **de**) ~ Hauszinssteuer f 2 Arg (casa de vecindad) (meist großes, altes) Mietshaus n

inquilino M 1 persona: Mieter m, -in f 2 Am → habitante 3 Chile (arrendatario) Pachtbauer m (der gegen Arbeitsleistung Haus und Grund zur Nutzung erhält)

inquina F Abneigung f; Groll m; **tener ~ a alg** j-n nicht ausstehen können, einen Pik auf j-n haben fam

inquirente → inquiridor; **inquiridor** A ADJ forschend; untersuchend B M/F, **~a** F Nachforscher m, -in f; Untersuchende m/f; **inquirir** V/T ⟨3i⟩ 1 (examinar) untersuchen 2 (enterarse) herausbekommen, erfahren

inquisición F 1 (indagación) Nachforschung f, Untersuchung f 2 HIST, CAT **Inquisición** Inquisition f; **inquisidor** A ADJ forschend, prüfend B M HIST, CAT Inquisitor m; **Gran Inquisidor** Großinquisitor m; **inquisitivo** ADJ forschend; **inquisitorial, inquisitorio** ADJ Inquisitions…, inquisitorisch (tb fig)

INRI M ABR (Iesus Nazarenus Rex Iudaeorum) inscripción en la cruz: I. N. R. I. n; fig **para más inri** um den Schaden (o das Unglück) voll zu machen; fig **ponerle a alg el inri** j-n verhöhnen (o schmähen)

insaciable ADJ unersättlich (tb fig)

insaculación F Ziehung f (von Losen, Stimmzetteln aus einer Urne); **insacular** V/T billete, papeleta (in einer Urne) sammeln

insai M Cuba geheime Absicht f

insalivar V/T einspeicheln

insalubre ADJ ungesund; gesundheitsschädlich; **insalubridad** F mangelnde Hygiene f; Gesundheitsschädlichkeit f

INSALUD M ABR (Instituto Nacional de la Salud) oberste spanische Gesundheitsbehörde

insalvable ADJ obstáculo unüberwindlich

insanable ADJ unheilbar; **insania** F Wahnsinn m; **insano** ADJ (demente) wahnsinnig; (malsano) ungesund

insatisfacción F Unzufriedenheit f; **insatisfactorio** ADJ unbefriedigend, unzulänglich; **insatisfecho** ADJ nicht zufrieden; unzufrieden

insaturable ADJ unersättlich

inscribir ⟨3a; pp inscri(p)to⟩ A V/T 1 (anotar) eintragen (**en** in acus); (matricular) einschreiben, anmelden (**para** zu dat); ECON tb buchen 2 MAT ein(be)schreiben; **inscri(p)to** einbeschrieben B V/R **inscribirse** sich eintragen; sich anmelden; sich einschreiben

inscripción F 1 (rótulo) Inschrift f; **~ funeraria** Grab(in)schrift f 2 (anotación) Einschreiben n, Eintragung f; (matriculación) Anmeldung f 3 MAT Einbeschreibung f; **inscriptor** M ELEC Schreiber m, Schreibgerät n

inscrito ADJ 1 rótulo beschrieben 2 (matriculado) eingeschrieben, angemeldet

insecticida A ADJ Insekten tötend; **polvos** mpl **~s** Insektenpulver n; Insekten tötendes Mittel n B M Insektizid n; **insectífugo** ADJ Insekten vertilgend; **insectívoro** A ADJ BIOL insektenfressend B M Insektenfresser m

insecto M Insekt n; **insectología** F Insektenkunde f

inseguridad F Unsicherheit f; (titubeo) Schwanken n, Zweifel m; **inseguro** ADJ unsicher; (inestable) unbeständig, schwankend

inseminación F BIOL ~ **(artificial)** (künstliche) Befruchtung f; VET Besamung f; **inseminar** V/T BIOL (künstlich) befruchten; VET besamen

insenescente ADJ liter zeitlos

insensatez F Unsinn m; Verrücktheit f; **insensato** ADJ unvernünftig; verrückt, unsinnig

insensibilidad F Unempfindlichkeit f; Gefühllosigkeit f (tb fig); MED **~ total** vollständige Empfindungslosigkeit f; TEC **~ a los choques** Stoßunempfindlichkeit f; **insensibilizador** M MED Betäubungsmittel n; **insensibilizar** V/T ⟨1f⟩ unempfindlich (o gefühllos) machen; MED tb betäuben

insensible ADJ 1 (impasible) empfindungslos; unempfindlich, gefühllos (a gegen acus) (tb fig); TEC **~ a los golpes** schlagunempfindlich; **~ a la luz** lichtecht 2 (imperceptible) kaum wahrnehmbar (o merklich); unmerklich; **insensiblemente** ADV unmerklich; (nur) allmählich

inseparable ADJ untrennbar; unzertrennlich; **inseparablemente** ADV **~ unidos** untrennbar (o unzertrennlich) verbunden

insepulto ADJ unbestattet

inserción F Einschaltung f; Einrücken n; en un periódico: Annoncieren n, Inserieren n; (anuncio) Inserat n; ANAT Ansatz m

INSERSO M ABR (Instituto Nacional de Servicios Sociales) Staatliches Institut n für Soziale Dienstleistungen

insertar A V/T einschalten; einfügen; einrücken (tb engranaje); **~ un anuncio** eine Anzeige aufgeben B V/R **insertarse** BIOL einwachsen; ANAT ansetzen; **inserto** ADJ eingerückt; BIOL ein-, angewachsen

inservible ADJ unbrauchbar

insidia F Hinterlist f, Heimtücke f; **~s** fpl Ränke pl, Intrigen fpl; **insidiar** V/T ⟨1b⟩ poco usado j-m nachstellen; **insidioso** ADJ hinterlistig, hinterhältig, heimtückisch

insigne ADJ berühmt; vorzüglich, ausgezeichnet; **insignia** F Abzeichen n; Ehrenzeichen *n; (pin)* Button *m; (bandera)* Flagge *f;* **~s** *fpl* Insignien *pl*

insignificancia F Geringfügigkeit *f;* Bedeutungslosigkeit *f;* **insignificante** ADJ geringfügig; unbedeutend; nichtssagend

insinceridad F Unaufrichtigkeit *f;* **insincero** ADJ unaufrichtig, treulos, falsch

insinuación F 1 *(alusión)* Andeutung *f,* Anspielung *f;* Unterstellung *f* 2 *(congraciamiento)* Einschmeichelung *f; (intento de acercamiento)* Annäherungsversuch *m;* **insinuante** ADJ einschmeichelnd, einnehmend, verführerisch

insinuar ⟨1e⟩ A V/T andeuten, nahelegen, zu verstehen geben; *desp* unterstellen, insinuieren B V/I eindringlich fragen, nachfassen C V/R **insinuarse** 1 *(vislumbrarse)* sich abzeichnen 2 *fig (congraciarse)* sich einschmeicheln; Annäherungsversuche machen; **insinuativo** ADJ 1 *(congraciador)* einschmeichelnd, verführerisch 2 *(que insinúa)* andeutend

insipidez F Schalheit *f,* Geschmacklosigkeit *f (tb fig);* **insípido** ADJ schal, fade, geschmacklos *(tb fig);* **insipiente** ADJ unwissend; dumm

insistencia F Drängen *n;* Nachdruck *m;* Bestehen *n* (**en** auf *dat*); **con ~** mit Nachdruck, nachdrücklich; **pedir a/c con ~** etw nachdrücklich fordern; **insistente** ADJ beharrlich; nachdrücklich, eindringlich

insistir V/I *abs* insistieren, darauf bestehen (*o* beharren); *(preguntar con énfasis)* eindringlich fragen; nachhaken, -fassen *fam;* **~ en a/c** auf etw *(dat)* bestehen; *fig* etw betonen; *fam* **ya que usted insiste** wenn Sie darauf bestehen(, *nehme ich es*); **¡no insistas tanto!** *a un niño:* jetzt hör endlich auf (mit der Quengelei *fam*)!

insobornable ADJ unbestechlich

insociabilidad F Ungeselligkeit *f;* **insociable, insocial** ADJ ungesellig

insolación F 1 *efecto del sol:* Sonneneinwirkung *f;* Sonneneinstrahlung *f* 2 MED Sonnenstich *m;* **insolar** A V/T dem Sonnenlicht aussetzen; besonnen B V/R **insolarse** MED einen Sonnenstich erleiden; *en la piel:* einen Sonnenbrand bekommen

insoldable ADJ TEC nicht lötbar; nicht schweißbar

insolencia F Unverschämtheit *f;* Anmaßung *f;* **¡qué ~!** was für eine Unverschämtheit!; **insolentar** A V/T unverschämt machen B V/R **insolentarse** unverschämt werden (**con alg** j-m gegenüber); **insolente** ADJ unverschämt, frech, patzig *fam*

insolidario ADJ unsolidarisch; **insólito** ADJ ungewohnt; ungewöhnlich; **insoluble** ADJ 1 *(sin solución)* unlösbar 2 QUÍM unlöslich; **~ en alcohol** nicht alkohollöslich

insolvencia F Zahlungsunfähigkeit *f,* Insolvenz *f;* **insolvente** ADJ zahlungsunfähig, insolvent

insomne ADJ schlaflos; **insomnio** M Schlaflosigkeit *f;* **noche** *f* **de ~** schlaflose Nacht *f*

insondable ADJ nicht auslotbar; *fig* unergründlich

insonorización F FÍS, TEC Schalldämmung *f,* -isolierung *f;* **insonorizado** ADJ schalldicht; **insonorizar** ⟨1f⟩ V/T FÍS, TEC schalldicht machen

insonoro ADJ ton-, klanglos; TEC schalldicht; FON → sordo; **insoportable** ADJ unerträglich; **insoslayable** ADJ unvermeidbar; unumgänglich

insospechable ADJ kaum zu vermuten(d), überraschend; unvorhersehbar; **insospechado** ADJ unvermutet, unerwartet

insostenible ADJ unhaltbar *(b fig)*

inspección F 1 *(revista)* Besichtigung *f,* Beschau *f; espec* TEC (Über)Prüfung *f,* Inspektion *f;* MIL Musterung *f;* ADMIN **~ aduanera** Zollbeschau *f;* VET **~ de la carne** Fleischbeschau *f;* **~ fiscal** Steuerprüfung *f;* TEC **~ funcional** Funktionsprüfung *f;* JUR **~ ocular** Augenschein *m;* Lokaltermin *m;* **~ radiográfica** Durchleuchtung *f;* AUTO **~ técnica de vehículos** technische Fahrzeugüberprüfung *f, RFA corresponde a:* TÜV *m* 2 *oficina:* Aufsicht *f* 3 *Am de policía:* Kommissariat *n*

inspeccionar V/T besichtigen, inspizieren; MIL mustern; *espec* TEC überprüfen; überwachen; *por ext* untersuchen

inspector M, **inspectora** F Aufseher *m,* -in *f;* Inspektor *m,* -in *f;* **~ de ferrocarriles/de policía** Eisenbahn-/Polizeiinspektor *m,* -in *f;* MIN **~** *m* **minero** Steiger *m;* **~** *m* **de matadero** Fleischbeschauer *m,* -in *f*

inspectoría F *Chile* Kommissariat *n*

inspiración F 1 *(respiración)* Einatmung *f,* Atemzug *m;* MED Inspiration *f* 2 *fig artística:* Inspiration *f,* Eingebung *f;* **inspirador** A ADJ 1 inspirierend; *(entusiasmante)* begeisternd 2 ANAT **músculo** *m* **~** Atemmuskel *m* B M, **inspiradora** F Anreger *m,* -in *f,* Inspirator *m,* -in *f;* **inspirante** ADJ inspirierend

inspirar A V/T 1 *(inhalar)* einatmen 2 *fig (administrar)* einflößen, eingeben; *sentimiento tb* (er)wecken 3 *(entusiasmar)* begeistern, anregen, inspirieren B V/R **~se en** sich *(dat)* Anregung holen bei *(dat);* sich inspirieren lassen von *(dat);* **inspirativo** ADJ 1 ANAT Einatmungs... 2 *fig (entusiasmante)* inspirierend, anregend

INSS M ABR (Instituto Nacional de la Seguridad Social) *Esp* Staatliche Sozialversicherungsanstalt *f*

instable ADJ → inestable

instalación F 1 *(montaje)* Einrichtung *f (tb* TEC); Aufstellung *f;* Einbau *m* 2 *en un cargo:* Einführung *f,* Einweisung *f; de un eclesiástico:* Installation *f* 3 TEC *(dispositivo)* Anlage *f,* Installation *f;* Vorrichtung *f,* Gerät *n;* Einrichtung *f;* Ausstattung *f;* **-ones** *pl* **portuarias** *fpl* Hafenanlagen *fpl;* **instalador** M, **instaladora** F *(montador[a])* Monteur *m,* -in *f;* Installateur *m,* -in *f;* **~** *m* **electricista** Elektroinstallateur *m*

instalar A V/T 1 *vivienda, etc* einrichten 2 *(alojar) j-n* unterbringen 3 TEC *(montar)* einrichten; aufstellen; einbauen, installieren; **al ~ el dispositivo** beim Einbau des Geräts 4 *en un cargo:* einführen, einsetzen (**en** in *acus*) B V/R **instalarse** sich einrichten; sich niederlassen

instancia F 1 *(solicitud)* Gesuch *n;* Eingabe *f;* Ersuchen *n;* **hacer** *o* **elevar** *o* **presentar una ~** ein Gesuch einreichen; **a ~ de** auf Ersuchen von *(o gen);* JUR **a ~ de parte** auf Antrag von *(o gen)* 2 *(ruego)* dringende Bitte *f;* **a ~s de** auf inständiges Bitten von *(o gen);* auf Betreiben von *(o gen)* 3 JUR *(recurso)* Instanz *f;* **resolver en última ~** in letzter Instanz entscheiden; *fam fig* **en última ~** wenn alle Stricke reißen *(fam fig);* letztlich, letzten Endes

instantánea F FOT Momentaufnahme *f;* Schnappschuss *m;* **instantáneo** ADJ augenblicklich; plötzlich, sofortig; plötzlich eintretend; **causar la muerte -a** den Tod auf der Stelle herbeiführen; *Am reg* **café** *m* **~** löslicher (Bohnen)Kaffee *m*

instante M Augenblick *m;* **a cada ~** immer wieder, ständig, dauernd; **al ~** sofort; **en un ~** im Nu; **por ~s** unaufhörlich; schnell

instar A V/T *(rogar)* **~ a** *o* **para que** *(subj)* dringend bitten, drängen, zu *(inf)* B V/I 1 *(urgir)* dringend (*o* eilig) sein, eilen; *v/imp* **insta que escribas** du musst sofort schreiben 2 **~ para a/c** *(solicitar con urgencia)* dringend um etw *(acus)* ersuchen; **~ por** *(inf)* darauf dringen, zu *(inf)*

instauración F Errichtung *f;* Begründung *f,* Einführung *f; (restauración)* Wiederherstellung *f;* **instaurador** A ADJ → instaurativo B M, **instauradora** F Begründer *m,* -in *f;* **instaurar** V/T errichten, begründen; *ley* einführen; *orden* stiften; **instaurativo** ADJ Begründungs...; Einsetzungs...; Erneuerungs...

instigación F Anstiftung *f* (**a** zu *dat*); **instigador** A ADJ aufhetzend B M, **instigadora** F Anstifter *m,* -in *f;* **instigar** ⟨1h⟩ V/T anstiften (**a** zu *dat*), aufhetzen (**a** zu *dat*); antreiben (**a** zu *dat*)

instilación F Einträufeln *n;* **instilador** M Tropfenzähler *m;* **instilar** V/T (ein)träufeln

instintivo ADJ instinktiv; unwillkürlich

instinto M 1 Instinkt *m, (impulso natural)* (Natur-)Trieb *m;* **~ de conservación** Selbsterhaltungstrieb *m;* **~ gregario** Herdentrieb *m;* **~ de libertad** Freiheitsdrang *m;* **~ del ritmo** angeborenes Gefühl für (den) Rhythmus; **~ sexual** Sexual-, Geschlechtstrieb *m; adv* **por ~** aus Instinkt; instinktiv; unwillkürlich 2 *(talento)* Begabung *f,* Talent *n* (**para** für *acus*)

institución F 1 *(organización)* Ein-, Errichtung *f; (fundación)* Stiftung *f,* Gründung *f; (colocación)* Einsetzung *f (tb* JUR *en un cargo);* JUR **~ de heredero** Erbeinsetzung *f;* REL **~ de un sacramento** Einsetzung *f* eines Sakraments 2 *(establecimiento)* Anstalt *f;* Institution *f,* Einrichtung *f;* **-ones** *fpl* (staatliche) Institutionen *fpl*

institucional ADJ *espec* JUR, POL institutionell; **institucionalización** F Institutionalisierung *f;* **institucionalizar** V/T ⟨1f⟩ institutionalisieren

instituidor A ADJ stiftend, gründend B M, **instituidora** F Stifter *m,* -in *f,* (Be)Gründer *m,* -in *f;* **instituir** V/T ⟨3g⟩ 1 *(fundar)* er-, einrichten; stiften, gründen 2 *(colocar)* einsetzen; *(nombrar)* ernennen; **~ a alg (por) heredero** j-n zum (*o* als) Erben einsetzen

instituto M 1 *gener* Institut *n; espec* ADMIN Anstalt *f;* POL **~(s)** *m(pl)* **armado(s)** bewaffnete Macht *f (als Verfassungsinstrument);* **~ bancario** Bankinstitut *n;* **~ de investigación (científica)** (wissenschaftliches) Forschungsinstitut *n;* HIST **Instituto Monetario Europeo** Europäisches Währungsinstitut *n; Esp* **Instituto Nacional de Empleo** *fam* Staatliches Arbeitsamt *n; corresponde en RFA a:* Bundesagentur *f* für Arbeit 2 *enseñanza* Institut *n,* Schule *f; Esp* **~ de bachillerato** *(staatliches)* Gymnasium *n;* **~ de educación secundaria** weiterführende Schule *f,* Gymnasium *n* 3 **~ de belleza** Schönheits-, Kosmetiksalon *m* 4 REL Gesellschaft *f,* Kongregation *f;* **~ religioso** Ordensgesellschaft *f; escuela:* konfessionelle Schule *f*

institutor A ADJ → instituidor B M *Col* Volksschullehrer *m;* **institutriz** F Erzieherin *f,* Gouvernante *f;* **instituyente** ADJ → instituidor

instrucción F 1 *(enseñanza)* Schulung *f,* Unterricht *m;* Ausbildung *f (tb* MIL); MIL **~ básica** Grundausbildung *f;* **~ cívica** Bürger-, Gemeinschaftskunde *f;* JUR **~ jurídica** Rechtsbelehrung *f;* **~ primaria** *(enseñanza básica)* Anfangsunterricht *m; en el colegio primario:* Grundschulunterricht *m* 2 *(formación científica)* (wissenschaftliche) Bildung *f; (conocimientos)* Wissen *n,* Kenntnisse *fpl;* **sin ~** ungebildet 3 *(orden)* Anweisung *f,* Vorschrift *f;* ADMIN, POL Weisung *f,* Instruktion *f; frec pl:* **-ones** *pl* **de servicio** *o* **para el manejo** Bedienungsanleitung *f;* **-ones** *pl* **de uso** Gebrauchsanweisung *f;* **dar -ones** Anweisungen geben (*o* erteilen) 4 INFORM Befehl *m* 5 JUR *(investigación)* Untersuchung *f;* **~ previa** (gerichtliche) Voruntersuchung *f*

instructivo ADJ belehrend; lehrreich, inst-

ruktiv; **instructor** A ADJ unterweisend; JUR Untersuchungs...; **juez** *m* ~ Untersuchungsrichter *m* B M, **instructora** F Lehrer *m*, -in *f*, *espec* MIL Ausbilder *m*, -in *f*; Instrukteur *m*, -in *f*; AVIA ~ *m* **de vuelo** *o* **de pilotaje** Fluglehrer *m*
instruido ADJ gebildet
instruir ⟨3g⟩ A VT 1 *(dar orden)* anweisen, instruieren; JUR *(aconsejar)* belehren 2 *(enseñar)* unterweisen, unterrichten; schulen, ausbilden *(tb* MIL*)* B VT & VI JUR *juez* tätig werden; ~ **el sumario** *o* ~ **(las) diligencias** Ermittlungen anstellen (*o* in die Wege leiten) C VR **instruirse** sich bilden; ~ **de a/c** sich über etw *(acus)* informieren
instrumentación F MÚS Instrumentierung *f (tb fig)*; **instrumental** A ADJ 1 MÚS Instrumental...; **música** *f* ~ Instrumentalmusik *f* 2 JUR dokumentarisch, Urkunds... B M 1 *(aparatos)* Instrumente *npl*, Arbeitsgerät *n*; MED Instrumentarium *n*; Besteck *n* 2 MÚS *de la orquesta*: Orchesterbesetzung *f* 3 GRAM Instrumentalis *m*; **instrumentalizar** VT ⟨1f⟩ instrumentalisieren; **instrumentar** VT 1 MÚS instrumentieren 2 *fig campaña difamatoria, etc* organisieren; **instrumentista** M/F 1 MÚS Instrumentalist *m*, -in *f*, Spieler *m*, -in *f* 2 TEC *fabricante*: Instrumentenmacher *m*, -in *f* 3 MED Operationsassistent *m*, -in *f*
instrumento M 1 Instrument *n*, *(herramienta)* Werkzeug *n*, Gerät *n*; AVIA **~s** *mpl* **de a bordo** Bordinstrumente *npl* 2 MÚS Musikinstrument *n*; ~ **de arco/de cuerda** Streich-/Saiteninstrument *n*; ~ **de percusión/de viento** Schlag-/Blasinstrument *n* 3 JUR *(documento)* Urkunde *f*, Dokument *n*; ~ **público** öffentliche Urkunde *f*; ~ **de prueba** Beweisstück *n* 4 *fam (pene)* Penis *m*
insubordinación F Widersetzlichkeit *f*, Gehorsamsverweigerung *f (tb* MIL*)*; **insubordinado** ADJ widersetzlich, ungehorsam; **insubordinar** A VT zur Widersetzlichkeit führen B VR **insubordinarse** den Gehorsam verweigern
insubsanable ADJ nicht wieder gutzumachen(d); *fig* nicht heilbar
insubstancial ADJ → insustancial; **insubstancialidad** F → insustancialidad
insubstituible ADJ → insustituible
insuficiencia F Unzulänglichkeit *f*; Mangel *m*; *espec* MED Insuffizienz *f*; MED ~ **cardiaca/renal** Herz-/Niereninsuffizienz *f*; ~ **coronaria** Koronarinsuffizienz *f*; **insuficiente** ADJ unzulänglich; nicht ausreichend, ungenügend
insuflación F MED Insufflation *f*; **insuflar** VT MED einblasen; *fig* einflößen; **insufrible** ADJ unerträglich; unausstehlich
ínsula F *liter* 1 *(isla)* Insel *f* 2 *fig* kleines Reich *n (in Anspielung auf Sancho Panzas ‚Insel' im „Don Quijote")*
insular ADJ Insel...; **cabildo** *m* ~ Inselregierung *f*; **insularidad** F Insellage *f*
insulina F FISIOL, FARM Insulin *n*; **insulinoterapia** F MED Insulinbehandlung *f*
insulsez F Fadheit *f*, Geschmacklosigkeit *f (tb fig)*; **insulso** ADJ fade, geschmacklos *(tb fig)*; *(insípido)* abgeschmackt
insultada F *Am* (Serie *f* von) Beleidigungen *fpl*; **insultador** A ADJ beleidigend B M, **insultadora** F Beleidiger *m*, -in *f*; **insultante** ADJ beleidigend; **insultar** VT beleidigen
insulto M Beleidigung *f*, Beschimpfung *f*
insumable ADJ nicht zusammenzählbar; nicht zusammenfassbar; **insumergible** ADJ MAR unsinkbar; **insumir** VT ECON *tiempo, dinero* aufwenden
insumisión F 1 *(renitencia)* Widerspenstigkeit *f* 2 *Esp* MIL *en el servicio militar*: Totalverweigerung *f (von Wehr- und Ersatzdienst)*; **insumiso** A ADJ widerspenstig; ungehorsam B M, **-a** F *Esp* MIL Totalverweigerer *m*, -verweigerin *f (von Wehr- und Ersatzdienst)*
insumo M ECON Aufwand *m (tb* AGR *de semillas, fertilizante)*; (Geld)Anlage *f*; **~s** *mpl* Input *n/m*
insuperable ADJ unüberwindlich; *fig* unübertrefflich
insurgencia F Aufstand *m*; **insurgente** A ADJ aufständisch B M/F Aufständische *m/f*; **insurrección** F Aufstand *m*, Erhebung *f*, Empörung *f*, Insurrektion *f*; **insurreccional** ADJ Aufstands...; **insurreccionar** A VT zum Aufstand treiben B VR **insurreccionarse** sich erheben (**contra** gegen, wider *acus*); **insurrecto** A ADJ aufständisch B M, **-a** F Aufständische *m/f*, Insurgent *m*, -in *f*; Revolutionär *m*, -in *f*
insustancial ADJ substanzlos, gehaltlos; unbedeutend; **insustancialidad** F Substanz-, Gehaltlosigkeit *f*; Leere *f*, Bedeutungslosigkeit *f*
insustituible ADJ unersetzlich; **intachable** ADJ tadellos, einwandfrei; **intacto** ADJ unberührt; unversehrt
intangibilidad F Unberührbarkeit *f (tb fig)*; *fig* Unantastbarkeit *f*; **intangible** ADJ unberührbar; unantastbar
integérrimo *sup* → íntegro; *carácter* ganz makellos
integrable ADJ MAT *y fig* integrierbar; **integración** F MAT, POL Integrierung *f*, Integration *f (tb* ECON, SOCIOL*)*; *transporte*: (**sistema** *m* **de**) ~ **tarifaria** *corresponde a*: Verbundsystem *n*; **integracionista** A ADJ Integrations... B M/F POL Gegner *m*, -in *f* der Rassentrennung
integral A ADJ 1 *(completo)* vollständig; **pan** *m* ~ *Art* Vollkornbrot *n* 2 MAT Integral...; **cálculo** *m* ~ Integralrechnung *f*; **signo** *m* ~ Integralzeichen *n* B F MAT Integral *n*; ~ **principal** Grundintegral *n*
íntegramente ADV vollständig, ganz
integrando M MAT Integrand *m*; **integrante** A ADJ integrierend; wesentlich; **parte** *f* ~ (integrierender) Bestandteil *m*; wesentlicher Teil *m (des Ganzen)* B M/F Mitglied *n*, Angehörige *m/f (einer Kollektivität)*
integrar A VT 1 *(importar)* ausmachen, bilden; **que integran ...** *tb* aus denen ... besteht 2 MAT, POL, SOCIOL integrieren; *fig* einfügen (**en** in *acus*), zusammenfassen (**en** in *acus*) B VR **integrarse** sich eingliedern, sich integrieren
integridad F 1 *(totalidad)* Vollständigkeit *f*; Unversehrtheit *f (tb fig)* 2 *(honradez)* Unbescholtenheit *f*; Rechtschaffenheit *f*, Redlichkeit *f*, Integrität *f*; **integrismo** M Fundamentalismus *m*; **integrista** M/F A ADJ fundamentalistisch B M/F *espec* REL Fundamentalist *m*, -in *f*; **~s** *pl* **islámicos** islamische Fundamentalisten *mpl*
íntegro ADJ 1 *(completo)* vollständig, ganz; unversehrt 2 *(honrado)* integer, unbescholten
intelectivo ADJ Verstandes...; **intelecto** M Intellekt *m*; Verstand *m*
intelectual A ADJ intellektuell, geistig; Verstandes..., Geistes...; **facultad** *f* ~ geistige Kraft *f*, geistige Fähigkeit *f*; **trabajador** *m* ~ Geistesarbeiter *m* B M/F Intellektuelle *m/f*; Verstandesmensch *m*; **intelectualidad** F 1 Intellektualität *f*, Verstandesmäßigkeit *f* 2 *col personas*: *fam* Intellektuelle(n) *mpl*, Intelligenz *f*; **intelectualismo** M FIL, PSIC Intellektualismus *m*; **intelectualista** A ADJ intellektualistisch B M/F Intellektualist *m*, -in *f*; **intelectualizar** VT ⟨1f⟩ intellektualisieren; *tb* durchgeistigen; **intelectualmente** ADV geistig, intellektuell
inteligencia F 1 Intelligenz *f*; Klugheit *f*, Verstand *m*; FIL, REL Geist *m*, geistiges Wesen *n*; ~ **artificial** künstliche Intelligenz *f*; **cociente** *m* **de** ~ Intelligenzquotient *m* 2 *(entendimiento)* Verstehen *n*, Begreifen *n*; *(comprensión)* Einsicht *f*, Verständnis *n*; **llegar a la** ~ **de a/c** die Bedeutung (*o* den Sinn) einer Sache erfassen 3 *(acuerdo)* Einvernehmen *n*; Verständigung *f*; **llegar a una** ~ sich einigen, zu einer Verständigung gelangen; **tener ~s con el enemigo** mit dem Feind in Verbindung stehen 4 POL **servicio** *m* **de** ~ *(servicio secreto)* Geheimdienst *m*, Nachrichtendienst *m*
inteligenciárselas VR *Chile fam* sich *(dat)* zu helfen wissen, zurechtkommen
inteligente ADJ 1 *(dotado de inteligencia)* denkend, mit Verstand (*o* Intelligenz) begabt, intelligent 2 *(razonable, sensato)* einsichtig, verständnisvoll; *(sabio)* intelligent, klug, gescheit; *(versado)* bewandert (**en** in *dat*); **inteligibilidad** F Verständlichkeit *f*; **inteligible** ADJ *(comprensible)* verständlich; vernehmlich
intemperancia F Unbeherrschtheit *f*; Maßlosigkeit *f*; **intemperante** ADJ zügellos, maßlos; **intemperie** F Unbilden *pl* der Witterung; *adv* **a la** ~ im Freien, unter freiem Himmel; bei Wind und Wetter; **a prueba de** ~ wetterfest; **intemperismo** M Verwitterung *f*
intempestivamente ADV zur Unzeit; *Perú tb* (ur)plötzlich, unerwartet, überraschenderweise; **intempestivo** ADJ unzeitgemäß; zu unpassender Zeit; *Perú tb* (ur)plötzlich, unerwartet, überraschend
intemporal ADJ zeitlos, ewig; **intemporalidad** F Zeitlosigkeit *f*
intención F 1 *(propósito)* Absicht *f*; Vorhaben *n*, Plan *m*; *(objetivo)* Zweck *m*; FIL *t/t* Intention *f*; **-ones** *fpl* **para el futuro** Zukunftspläne *mpl*; **tener (la)** ~ **de** *(inf)* beabsichtigen, zu *(inf)*; **tener malas -ones** böse Absichten haben; böswillig sein 2 **doble** *o* **segunda** ~ Hintergedanke *m*; Hinterhältigkeit *f* 3 *adverbialmente*: **con** ~ absichtlich; **con (la)** ~ **de** *(inf)* in der Absicht, zu *(inf)*, damit *(ind)*, um zu *(inf)*; **con mala/buena** ~ in guter/böser Absicht; *fam* **con primera** ~ offen; **con segunda** ~ hinterhältig; **de primera** ~ vorläufig, fürs Erste; **sin** ~ unabsichtlich; unwillkürlich 4 CAT **decir una misa a la** ~ **de alg** für j-n eine Messe lesen 5 *desp (socarronería)* Verschlagenheit *f*, Tücke *f*; **de** ~ *caballo* bösartig
intencionado ADJ vorsätzlich *(tb* JUR*)*; absichtlich; **bien** ~ guten Willens, wohlwollend; *(sincero)* ehrlich, aufrichtig; **mal** ~ böswillig;
intencional ADJ absichtlich; FIL intentional;
intencionalidad F Absichtlichkeit *f*; Vorbedacht *m*
intendencia F 1 *(administración)* Verwaltung *f*; MIL Intendantur *f*; Beschaffungsamt *n* 2 *Arg, Par, Ur de las ciudades*: Rathaus *n*; *en pequeños pueblos*: Gemeindeamt *n*
intendente M/F 1 *(administrador)* Verwalter *m*, -in *f*; Verwaltungsbeamte *m*, -beamtin *f*; Intendant *m*, -in *f*; MIL Verwaltungsoffizier *m*, -in *f* 2 *Esp* ~ **mercantil** Betriebsberater *m*, -in *f*; Betriebswirt *m*, -in *f* 3 *Am reg (alcalde)* Bürgermeister *m*, -in *f*
intensidad F Intensität *f*, Stärke *f*; Nachdruck *m*; TEC Kraft *f*; FERR Streckenbelastung *f*; ELEC ~ **(de la corriente)** Stromstärke *f*; ELEC ~ **de campo** Feldstärke *f*; ELEC (**corriente** *f* **de**) ~ **baja** Schwachstrom *m*; FON ~ **del sonido** *o* ~ **sonora** Lautstärke *f*
intensificación F Verstärkung *f*; Intensivierung *f*; *del comercio*: Ausbau *m*; **intensificador** A ADJ verstärkend B M Verstärker *m*;
intensificar A VT ⟨1g⟩ verstärken, stei-

gern, intensivieren B VR **intensificarse** sich verstärken; zunehmen; **intensivista** M/F MED Intensivmediziner *m*, -in *f*
intensivo ADJ 1 *(intenso)* Intensiv...; AGR **cultivo** *m* ~ intensive Bewirtschaftung *f*; **curso** *m* ~ Intensivkurs *m*; **horario** *m* ~ *o* **jornada** *f* **-a** durchgehende Arbeitszeit *f* 2 *(reforzante)* verstärkend
intenso ADJ nachdrücklich; *sentimiento* stark, tief, intensiv; *miedo* groß, heftig; *tormenta* heftig; *color* grell
intentar VT 1 ~ *(inf)* *(proyectar)* beabsichtigen, vorhaben, versuchen (zu *inf*); FIL intendieren 2 JUR ~ **un juicio** eine Klage anstrengen
intento M *(propósito)* Absicht *f*, Vorsatz *m*; Vorhaben *n*; *(tentativa)* Versuch *m*; ~ **de asesinato** Mordversuch *m*; ~ **de escapada** *ciclismo:* Ausreißversuch *m*; ~ **de evasión** *o* **de fuga** Fluchtversuch *m*; ~ **de fraude/robo** versuchter Betrug *m*/Raub *m*; ~ **de golpe** POL Putschversuch *m*; ~ **de suicidio** Selbstmordversuch *m*; *adv* **de** ~ absichtlich
intentona F POL ~ **(golpista)** Putschversuch *m*
ínter A ADV **en el** ~ inzwischen B PREP *fam* ~ **nos** unter uns, unter vier Augen
interacción F Wechselwirkung *f*; Interaktion *f* (*tb* MED, SOCIOL); **interaccionar** VI interagieren; Wechselwirkungen hervorrufen; **interactividad** F Interaktivität *f*; **interactivo** ADJ interaktiv; **interactuar** VI interagieren; **interalemán** ADJ HIST deutsch-deutsch; **interaliado** ADJ interalliiert; verbündet; **interamericano** ADJ interamerikanisch; **interandino** ADJ interandin; **comercio** *m* ~ Handel *m* zwischen den Andenländern; **interarticular** ADJ in (*o* zwischen) den Gelenken liegend; **interastral** ADJ ASTRON interastral; **interatómico** ADJ interatomar, zwischen (den) Atomen; **interbancario** ADJ Interbank...; zwischen Banken; **interbrigadista** M/F *Esp* HIST Kämpfer *m*, -in *f* der Internationalen Brigaden (→ brigada A,1)
intercadente ADJ ungleichmäßig; *pulso* unregelmäßig; **intercalar** A ADJ eingeschaltet; eingeschoben; Schalt...; **día** *m* ~ Schalttag *m* B VT ⟨1a⟩ einschalten, -schieben; TEC *engranaje* einrücken; ELEC, TEC vor-, zwischenschalten
intercambiable ADJ austauschbar; **intercambiador** M 1 *transporte:* Umsteigestation *f*; Verkehrsknotenpunkt *m* 2 TEC ~ **térmico** Wärmetauscher *m* 3 *Ec* AUTO Fahrtrichtungswechsel *m*
intercambio M Austausch *m*; ~ **comercial** Handel(saustausch) *m*; ~ **cultural** Kulturaustausch *m*; ~ **de opiniones** *o* **de pareceres** Meinungsaustausch *m*; ~ **de datos** Datenaustausch *m*; ~ **de parejas** Partnertausch *m*
interceder VI sich einsetzen, sich verwenden (**por** für *acus*); **intercelular** ADJ BIOL interzellulär; **intercepción** F Abfangen *n*; Unterbrechung *f*; MIL **cohete** *m* **de** ~ Abfangrakete *f*; **interceptación** F 1 *de una carta, un avión, una noticia:* Abfangen *n*; TEL Abhören *n* 2 *(obstrucción)* Sperrung *f*, Unterbrechung *f* *(einer Verbindung)* 3 FÍS *(traba)* Hemmen *n*, Auffangen *n* *(einer Bewegung)*; **interceptar** VT 1 *(interrumpir)* unterbrechen, stoppen; *(obstruir)* sperren 2 *cartas, avión, cohete* abfangen; TEL abhören 3 FÍS *movimiento* auffangen; **interceptor** M 1 MIL **(avión** *m* *o* **caza** *m***)** ~ Abfangjäger *m* 2 TEC ~ **de retroceso de la llama** Rückschlagsicherung *f* 3 *Am* ELEC *frec* → interruptor
intercesión F Vermittlung *f*, Fürsprache *f*; JUR Interzession *f*; **intercesor** M, **intercesora** F Vermittler *m*, -in *f*, Fürsprecher *m*, -in *f*; **intercesoriamente** ADV vermittelnd
intercity M FERR Intercity *m*
intercolu(m)nio M ARQUIT Säulenweite *f*; **intercomunal** ADJ zwischengemeindlich, interkommunal
intercomunicación F wechselseitige Verbindung *f*; TEL ~ **(en dúplex)** Gegensprechanlage *f*; **intercomunicador** M TEL Gegensprechanlage *f*; **intercomunicar** VT miteinander verbinden
interconectar VT ELEC, TEC zusammenschalten; miteinander verbinden; **interconexión** F (Zwischen)Verbindung *f*; Verbund *m*; ELEC Verbundschaltung *f*; **interconfesional** ADJ REL inter-, überkonfessionell; **intercontinental** ADJ interkontinental; **intercostal** ADJ ANAT Interkostal..., Zwischenrippen...; **intercultural** ADJ interkulturell; **competencia** *f* ~ interkulturelle Kompetenz *f*; **relaciones** *fpl* **~es** Beziehungen *fpl* zwischen den Kulturen; **intercurrente** ADJ MED hinzukommend, interkurrierend; **interdental** A ADJ MED, FON interdental B F FON Interdental *m*, Zwischenzahnlaut *m*; **interdepartamental** ADJ *Col, Ur* zwischen zwei Departements; **bus** ~ Überlandbus *m*
interdependencia F gegenseitige Abhängigkeit *f*, Verflechtung *f*; **interdependiente** ADJ *política, precios* voneinander abhängig
interdicción F 1 *(prohibición)* Untersagung *f*; Verbot *n* 2 JUR ~ **civil** Strafentmündigung *f*; **interdicto** M 1 *(prohibición)* Verbot *n*; CAT Interdikt *n* 2 JUR *persona:* Entmündigte *m*; **interdigital** ADJ ZOOL *(entre los dedos)* zwischen den Fingern; *del pie:* zwischen den Zehen; **membrana** *f* ~ Schwimmhaut *f*; **interdisciplinar(io)** ADJ interdisziplinär; **equipo** *m* ~ interdisziplinäre Arbeitsgruppe *f*; **inter-empresa** F **relaciones** *fpl* **(de)** ~ zwischenbetriebliche Beziehungen *fpl*; **interempresarial** ADJ zwischenbetrieblich
interés[1] M 1 Interesse *n* (**por** für *acus*); Anteilnahme *f*; **despertar** ~ Interesse erwecken, Aufmerksamkeit erregen; **mostrar** ~ **por a/c** für etw Interesse zeigen; **sentir** *o* **tener** ~ **por** Gefallen finden an *(dat)*; **tener** ~ **en** *o* **por a/c** an etw *(dat)* interessiert sein, sich für etw *(acus)* interessieren; **tener** ~ **en** *(inf)* daran interessiert sein, zu *(inf)*; **tengo (mucho)** ~ **en que** *(subj)* *tb* es liegt mir (viel) daran, dass *(ind)*; *adv* **con** ~ interessiert, aufmerksam; **de** ~ **particular** von besonderem Interesse; **sin** ~ *(indiferente)* teilnahmslos, uninteressiert 2 *(importancia)* Bedeutung *f*, Wichtigkeit *f*; Interesse *n*; *(beneficio)* Nutzen *m*; ~ **general** allgemeines Interesse *n*; Interesse *n* der Allgemeinheit, Gemeinnutz *m*; ~ **vital** Lebensinteresse *n*; **en** ~ **público** im öffentlichen Interesse; **libro** *m* **de gran** ~ sehr bedeutendes Buch *n*; **es de** *o* **tiene** ~ **para usted** es ist wichtig für Sie; **es de vital** ~ es ist lebenswichtig; **sin** ~ unwichtig, uninteressant 3 ~ **(personal** *o* **particular)** Interesse *n*, Eigennutz *m*; JUR ~ **en una causa** Befangenheit *f*; **-eses creados** Interessenverknüpfung *f*, -verflechtung *f*; **defender los -eses de alg** j-s Interessen *(acus)* vertreten; **obrar por** ~ eigennützig handeln; **está en su** ~ es liegt in Ihrem Interesse 4 ECON *(participación)* Beteiligung *f*, **tener** ~ **en a/c** an etw *(dat)* beteiligt sein 5 *seguros:* ~ **asegurado** Versicherungswert *m* 6 *(encanto)* Reiz *m*; **el** ~ **de esta música está en la instrumentación** der Reiz dieser Musik liegt in der Instrumentierung
interés[2] M FIN 1 SG Zins *m*; ~ **básico** Leitzins *m*; ~ **compuesto** Zinseszins *m*; ~ **efectivo** Effektivverzinsung *f*; ~ **fijo** fester Zins *m*; ~ **legal** gesetzlicher Zins *m*; ~ **nominal** Nominalzinsen *mpl*; ~ **simple** einfacher Zins *m*; **tipo** *m* **de** ~ Zinssatz *m*, Zinsfuß *m*; → *tb* tipo 5; **abonar un** ~ **del 6%** 6% Zinsen vergüten; **dar** *o* **producir** *o* **arrojar** *o* **devengar** ~ Zinsen tragen (*o* abwerfen); **a** ~ *adj* verzinslich; *adv* auf Zins; **dar/tomar dinero a** ~ Geld auf Zinsen ausleihen/aufnehmen; **sin** ~ zinslos; unverzinslich 2 PL **-eses** MPL Zinsen *mpl*; **-eses** *mpl* **acreedores** Haben-, Passivzinsen *mpl*; **-eses** *mpl* **deudores** Soll-, Aktivzinsen *mpl*; **-eses crecidos** hohe Zinsen *mpl*; **-eses moratorios** *o* **de demora** Verzugszinsen *mpl*; **cómputo** *m* *o* **cálculo** *m* **de -eses** Zinsrechnung *f*; **cupón** *m* **de -eses** Zinsschein *m*; **tabla** *f* **de -eses** Zinstabelle *f*
interesable ADJ gewinnsüchtig
interesado A ADJ 1 interessiert; betroffen; *(participante)* beteiligt; JUR **parte** *f* **-a** Beteiligte *m/f*; Betroffene *m/f*; Vertragschließende *m/f*; **empleado** *m* ~ (am Geschäft) beteiligter Angestellter *m*, Teilhaber *m*; MED **órgano** *m* ~ betroffenes Organ *n*; **estar** ~ **en a/c** an etw *(dat)* interessiert sein; *(tener participación)* an etw *(dat)* beteiligt sein; ECON ~ **en comprar** kauflustig 2 *desp* *(egoísta)* eigennützig, selbstsüchtig B M, **-a** F 1 Interessent *m*, -in *f*; *(las partes)* Beteiligte *m/f*; Betroffene *m/f*; ECON *(socio, -a)* Teilhaber *m*, -in *f*; *en formularios:* **firmado por el** ~ eigenhändige Unterschrift *f*, eigenhändig unterschrieben 2 *(aficionado, -a)* Amateur *m*, -in *f*, Liebhaber *m*, -in *f*
interesante ADJ interessant; wichtig, bedeutsam; *fam* **hacerse el** ~ sich wichtigmachen
interesar A VT 1 *(dejar participar)* interessieren, Anteil nehmen lassen; Teilnahme erwecken bei *(dat)*; ~ **a alg a favor de** *o* **a a/c** j-n für etw *(acus)* interessieren; j-n für etw *(acus)* (zu) gewinnen (suchen) 2 *(afectar)* angehen, betreffen; **esta lesión interesa los riñones** diese Verletzung zieht die Nieren in Mitleidenschaft 3 *(apasionar)* interessieren; reizen, packen, mitreißen 4 ECON *dinero* anlegen (**en** in *dat*); ~ **a alg en a/c** j-n an etw *(dat)* beteiligen B VI interessieren; spannend (*o* interessant) sein; *v/impers* **interesa que** *(subj)* es ist wichtig, dass *(ind)* C VR **~se por a/c** sich für etw *(acus)* interessieren; für etw *(acus)* Anteilnahme zeigen; *espec* ECON auf etw *(acus)* reflektieren; **~se por a/c/alg** *tb* sich nach etw/j-m erkundigen
interesencia F persönliche Anwesenheit *f*; **interestatal** ADJ *espec* POL, ADMIN zwischenstaatlich; **interestelar** ADJ ASTRON interstellar; **interfase** F *t/t*, TEC Zwischenphase *f*; **interfaz** F ⟨*pl* -aces⟩ INFORM Schnittstelle *f*, Interface *n*; **interfecto** A ADJ JUR getötet, ermordet B M, **-a** F Ermordete *m/f*; *fig* Besagte *m/f* *fam*
interferencia F 1 FÍS, LING Interferenz *f*; ELEC *tb* Schwebung *f* 2 *fig* *(intromisión)* Einmischung *f*; *de derechos, patentes, etc:* Überschneidung *f*
interferir ⟨3i⟩ A VI 1 FÍS interferieren 2 *fig* *(inmiscuirse)* sich einmischen B VT *(interponerse)* überlagern; überschneiden; RADIO, TV *transmisor* stören; *teléfono* anzapfen, überwachen C VR **interferirse** sich überlagern
interferón M MED Interferon *n*; **interfluvio** M GEOG Wasserscheide *f*; **interfoliar** VT ⟨1b⟩ *libro* (mit Papier) durchschießen; **interfono** M Sprechanlage *f*; ~ **de portería** Türsprechanlage *f*; **intergaláctico** ADJ ASTRON intergalaktisch; **interglaciar** ADJ GEOL Zwischeneiszeit...; **período** *m* ~ Zwischeneiszeit *f*; **intergubernamental** ADJ zwischen den Regierungen, Regierungs...;

zwischenstaatlich; **interhumano** ADJ zwischenmenschlich, unter den Menschen
ínterin A M Zwischenzeit *f*; Interim *n*; **en el ~** zwischenzeitlich, inzwischen B ADV inzwischen
interina F Hausgehilfin *f*; Stellvertreterin *f*; **interinato** M *Arg, Chile, Hond* → interinidad
interindividual ADJ interindividuell
interinidad F 1 *(provisionalidad)* Vorläufigkeit *f* 2 *(ínterin)* Interimslösung *f*; Interim *n*; *de un cargo*: vorübergehende Vertretung *f*; **interino** A ADJ stellvertretend; einstweilig; Interims…; Zwischen… B M, **-a** F Stellvertreter *m*, -in *f*
interinstitucional ADJ zwischeninstitutionell
interior A ADJ innere(r, -s); Innen…; Binnen…; **comercio** *m* **~** Binnenhandel *m*; **ropa** *f* **~** Unterwäsche *f*; **vida** *f* **~** Innenleben *n* B M 1 *(parte de adentro)* **das** Innere; ARQUIT, TEC, FOT **en ~es** in Innenräumen; **fotografía** *f* **en ~** Innenaufnahme *f*; FILM **(fotografías** *fpl* **de) ~es** Innenaufnahmen *fpl*; **en el ~** im Innern; **en el ~ del país** im Landesinneren 2 *del país*: Inland *n*; **Ministerio** *m* **del Interior** Innenministerium *n*; **política** *f* **~** Innenpolitik *f* 3 DEP **~ izquierda/izquierdo** Halblinke *m* 4 *espec Am* Landesinnere(s) *n*; **viajar al ~ (del país)** ins Landesinnere reisen
interiorano M, **-a** F *Col* Einwohner *m*, -in *f* des Landesinneren *(aus der Sicht der Karibikanlieger)*; **interioridad** F Innerlichkeit *f*; **~(es)** *f(pl)* private (o interne) Angelegenheiten *fpl*; Intimsphäre *f*; **interiorismo** M Innenausstattung *f*, -architektur *f*; **interiorista** M/F Innenarchitekt *m*, -in *f*; Raumausstatter *m*, -in *f*; **interiorización** F Verinnerlichung *f*; **interiorizar** V/T ⟨1f⟩ verinnerlichen
interiormente ADV innen; innerlich
interjección F GRAM Interjektion *f*; **interjectivo** ADJ GRAM als Interjektion, Interjektions…
interlínea F Zeilenabstand *m*; TIPO Durchschuss *m*; **interlineación** F TIPO Durchschießen *n*; Durchschuss *m*; **interlineal** ADJ zwischen den Zeilen; *t/t* interlinear; **traducción** *f* **~** Interlinearübersetzung *f*; **interlinear** V/T 1 *(entrerrenglonar)* Eintragungen zwischen den Zeilen machen 2 TIPO durchschießen
interlocutor M, **interlocutora** F Gesprächs-, Ansprech-, Verhandlungspartner *m*, -in *f*; ECON **~es** *mpl* **sociales** Sozialpartner *mpl*; **interlocutorio** JUR A ADJ **sentencia** *f* **-a** Zwischenurteil *n* B M Zwischenurteil *n*
interludio M MÚS kurzes Zwischenspiel *n (tb fig)*; **interlunio** M Neumond *m*
intermediar V/I vermitteln (**entre** zwischen *dat*); **intermediario** A ADJ Zwischen…; Mittel…; **comercio** *m* **~** Zwischenhandel *m* B M, **-a** F COM Zwischenhändler *m*, -in *f*; *(mediador, -a)* Vermittler *m*, -in *f*; **intermedio** A ADJ dazwischenliegend; Zwischen…; *t/t* intermediär B M Zwischenzeit *f*; TEAT, MÚS Zwischenspiel *n (tb fig)*, Einlage *f*; TEAT *tb* Pause *f*; **por ~ de** durch Vermittlung *(gen)*, über *(acus)*
intermezzo M TEAT, MÚS *y fig* Zwischenspiel *n*, Intermezzo *n*
interminable ADJ endlos *(tb fig)*; *fig* **historia** *f* **~** unendliche Geschichte *f*
interministerial ADJ interministeriell; **intermisión** F Unterbrechung *f*, Aussetzen *n*; **intermiso** ADJ unterbrochen; **intermitencia** F kurze Unterbrechung *f*; MED zeitweiliges Aussetzen *n*; Fieberpause *f*
intermitente A ADJ aussetzend, intermittierend *(tb* MED*)*; **fiebre** *f* **~** Wechselfieber *n*; **luz** *f* **~** Blinklicht *n* B M AUTO Blinker *m*
intermunicipal ADJ interkommunal
internación F 1 *(importación) espec Am* Einfuhr *f*, Import *m* 2 *Méx (entrada)* Einreise *f (von Ausländern)* 3 → internamiento
internacional A ADJ international, *(interestatal)* zwischenstaatlich; TEL **conferencia** *f* **~** Auslandsgespräch *n*; DEP **partido** *m* o **encuentro** *m* **~** Länderspiel *n*; POL, JUR **derecho** *m* **~ (público)** Völkerrecht *n* B F POL **la Internacional** die Internationale *f (Organisation und Lied)* C M/F DEP Internationale *m/f*
internacionalidad F Internationalität *f*, Überstaatlichkeit *f*; **internacionalismo** M Internationalismus *m*; **internacionalista** A ADJ internationalistisch B M/F POL Internationalist *m*, -in *f*; JUR Völkerrechtler *m*, -in *f*;
internacionalización F Internationalisierung *f*; **internacionalizar** V/T ⟨1f⟩ internationalisieren
internada F 1 *alumna*: Internatsschülerin *f* 2 MIL, POL *(detenida)* Internierte *f*; **internado** A ADJ MIL, POL interniert; *enfermo mental* in einer geschlossenen Anstalt untergebracht B M 1 *establecimiento*: Internat *n* 2 *alumno*: Internatsschüler *m* 3 MIL, POL *(detenido)* Internierte *m*; **~ civil** Zivilinternierte *m* 4 *Arg* ADMIN *vehículo*: Dienstfahrzeug *n*; **internamiento** M 1 MIL, POL Internierung *f* 2 MED *en una clínica, etc*: Einweisung *f* 3 *(traslado al interior)* Verbringung *f* ins Landesinnere
internar A V/T 1 MIL, POL *(encerrar)* internieren 2 MED *en una clínica*: einweisen 3 *en un internado*: in ein Internat geben 4 *(trasladar al interior)* ins Innere eines Landes verbringen B V/R **internarse** eindringen (**en** in *acus*) *(tb fig)*; sich vertiefen (**en** in *acus*)
internauta M/F INFORM Internetsurfer *m*, -in *f*
Internet F *(tb* M*, sin art)* Internet *n*; **(tener) acceso** *m* **a ~** (einen) Internetzugang *m* (haben); **buscar a/c en ~** etw im Internet suchen; **navegar por ~** im Internet surfen
internético ADJ Internet…
internista A M/F MED Internist *m*, -in *f* B ADJ internistisch
interno A ADJ innere(r, -s); innerlich; intern; MED **enfermedades** *fpl* **-as** innere Krankheiten *fpl* B M, **-a** F 1 *alumno, -a*: Internatsschüler *m*, -in *f*, Interne *m/f* 2 MED *(médico, -a asistente)* Assistenzarzt *m*, -ärztin *f im Krankenhaus* 3 *(aprendiz[a])* Lehrling *m* (o Angestellte *m/f*) *(der/die beim Arbeitgeber wohnt)* 4 *(recluso, -a)* Häftling *m*, Gefängnisinsasse *m*, -insassin *f*
internunciatura F POL Internuntiatur *f*; **internuncio** M POL Internuntius *m*; **interoceánico** ADJ interozeanisch, die Weltmeere verbindend; **interparlamentario** ADJ interparlamentarisch
interpelación F 1 POL Große Anfrage *f*, Interpellation *f* 2 JUR *derecho procesal*: Vorhalt *m*; *derecho de obligaciones*: Mahnung *f*; **interpelado** M, **-a** F zur Stellungnahme Aufgeforderte *m/f*; Interviewte *m/f*; **interpelante** A ADJ Fragen stellend *(tb* POL*)* B M/F Fragesteller *m*, -in *f*; Interpellant *m*, -in *f*; **interpelar** A V/T JUR *einem Zeugen* einen Vorhalt machen B V/I POL interpellieren; parlamentarisch anfragen
interpenetración F gegenseitige Durchdringung *f*; **interpersonal** ADJ zwischenmenschlich; **interplanetario** ADJ interplanetarisch, Weltraum…
Interpol F *(frec sin art)* POL Interpol *f*
interpolación F MAT, LING Interpolation *f*; **interpolar** V/T MAT, LING interpolieren; *p. ext* einschalten, einfügen
interponer ⟨2r⟩ A V/T 1 *(intercalar)* einschieben; dazwischenstellen, -setzen, -legen 2 *fig (hacer valer)* geltend machen, einsetzen 3 JUR *solicitud* stellen; *recurso* einlegen; **~ (recurso de) apelación** Berufung einlegen B V/R **interponerse** dazwischentreten; *fig* **~ en el camino de alg** sich j-m in den Weg stellen
interposición F 1 *(intercalación)* Einschiebung *f*; Zwischenstellung *f* 2 *fig (intervención)* Eingreifen *n* 3 JUR Einlegung *f*; **interpretable** ADJ auslegbar, interpretierbar, deutbar; MÚS, TEAT spielbar
interpretación F 1 Interpretation *f (tb* MÚS*)*, *de un texto, etc*: Auslegung *f (tb* JUR*)*, *(explicación)* Deutung *f*; TEAT, FILM Darstellung *f*, Spiel *n (tb* MÚS*)*; **~ extensiva/restrictiva** weite/enge Auslegung *f* 2 *(traducción oral)* Dolmetschen *n*; Verdolmetschung *f*; **~ consecutiva** Konsekutivdolmetschen *n*; **~ simultánea** Simultandolmetschen *n*
interpretador A ADJ deutend B M, **interpretadora** F Ausleger *m*, -in *f*, Deuter *m*, -in *f*; **interpretar** V/T 1 *(explicar)* auslegen, deuten, interpretieren *(tb* MÚS*)*; TEAT, FILM darstellen, spielen *(tb* MÚS*)*; **~ mal** falsch verstehen; *fig* missverstehen; übel nehmen 2 *(traducir oralmente)* (ver)dolmetschen; **interpretariado** M Dolmetscherberuf *m*; -wesen *n*; **interpretativo** ADJ Interpretations…; Deutungs…; TEAT, FILM darstellerisch
intérprete M/F 1 *(traductor oral)* Dolmetscher *m*, -in *f*; **~ de conferencias** Konferenzdolmetscher *m*, -in *f*; **~ jurado** *corresponde a* öffentlich vereidigte(r) Dolmetscher *m*, -in *f* 2 MÚS Interpret *m*, -in *f*; **~ de la canción moderna** Schlagersänger *m*, -in *f* 3 TEAT, FILM Darsteller *m*, -in *f*; *fig* Sprecher *m*, -in *f* 4 *de sueños etc*: Deuter *m*, -in *f*, Interpret *m*, -in *f*, Ausleger *m*, -in *f*
interprofesional ADJ überberuflich; **interprovincial** ADJ *Perú* **ómnibus** *m* **~** Überlandbus *m*; **interpuesto** 1 PP → interponer 2 ADJ eingeschoben; dazwischenliegend; **interregional** ADJ interregional; JUR *tb* interlokal; **interregno** M Interregnum *n*, Zwischenherrschaft *f*
interrelación F Wechselbeziehung *f*; **interrelacionado** ADJ verknüpft, verbunden (**con** mit *dat*); **interrelacionar** A V/T in Beziehung setzen B V/R **interrelacionarse** zusammenhängen; *personas* Beziehungen knüpfen
interreligioso ADJ interreligiös
interrogación F 1 *(pregunta)* Frage *f*; *acción*: Fragen *n* 2 **(signo** *m* **de) ~** Fragezeichen *n*; **~ inicial/final** Fragezeichen *n* am Anfang/Ende *des Satzes*
interrogador A ADJ fragend, prüfend; JUR verhörend B M, **interrogadora** F Fragensteller *m*, -in *f*; **interrogante** A ADJ fragend B M/F 1 *(signo de interrogación)* Fragezeichen *n* 2 *(problema no aclarado)* (offene) Frage *f*; *tb (factor de inseguridad)* Unsicherheitsfaktor *m*
interrogar V/T ⟨1h⟩ aus-, befragen; JUR *de testigos* vernehmen; *de acusados* verhören; **interrogativo** ADJ fragend; GRAM Frage…, Interrogativ…; **oración** *f* **-a** Fragesatz *m*; **pronombre** *m* **~** Fragepronomen *n*; **interrogatorio** M JUR *testigos*: Vernehmung *f*, Einvernahme *f*; *acusados*: Verhör *n*; *(acta)* Protokoll *n* des Verhörs; **~ contradictorio** o **cruzado** Kreuzverhör *n*
interrumpido ADJ unterbrochen; **interrumpir** V/T unterbrechen; abbrechen; ELEC ausschalten; **interrupción** F Unterbrechung *f*; Störung *f*; Abbruch *m*; ELEC Ab-, Ausschaltung *f*; MED **~ del embarazo** Schwangerschaftsabbruch *m*; **sin ~** ununterbrochen
interruptor M TEC, ELEC Unterbrecher *m*;

Schalter; ~ **de botón** Druck(knopf)schalter *m*; ~ **de aceite** Ölschalter *m*; ~ **diferencial** Differenzialschalter *m*; ~ **de grupos** Serienschalter *m*; ~ **automático/basculante** Selbst-/Kippschalter *m*; ELEC ~ **general** Hauptschalter *m*; ~ **giratorio** Drehschalter *m*; ~ **a distancia/de tiro** Fern-/Zugschalter *m*

intersecarse V/R ⟨1g⟩ MAT sich schneiden; **intersección** F 1 MAT Schnitt *m*; Schnittpunkt *m*; Schnittlinie *f* 2 *transporte:* Kreuzung *f*

intersexual ADJ BIOL, MED, PSIC intersexuell; **intersexualidad** F BIOL, MED, PSIC Intersexualität *f*

intersideral ADJ ASTRON zwischen den Sternen; Weltraum...

intersticial ADJ BIOL in den Zwischenräumen liegend; *t/t* interstitiell; **intersticio** M Zwischenraum *m*, Spalt *m*

intersubjetividad F FIL, *gener* Intersubjektivität *f*; **intersubjetivo** ADJ FIL, *gener* intersubjektiv

interterritorial ADJ interterritorial, zwischenstaatlich; **intertrigo, intértrigo** M MED Intertrigo *f*; **intertropical** ADJ GEOG zwischen den Wendekreisen (gelegen)

interurbano ADJ Überland..., Fern...; *transporte:* **autobús** *m o* **bus** *m* ~ Überlandbus *m*; TEL **conferencia** *f* **-a** (Inlands)Ferngespräch *n*; *transporte:* **tráfico** *m* ~ Überlandverkehr *m*

intervalo M 1 *en el tiempo:* Zwischenzeit *f*; *en el espacio:* Zwischenraum *m*, Abstand *m*; MÚS, MAT *y fig* Intervall *n*; **a ~s** in Abständen; von Zeit zu Zeit; **a ~s regulares** in regelmäßigen Abständen; **en el ~ de** während *(gen)*, während eines Zeitraums von *(dat)* 2 MED **~s lúcidos** *mpl* lichte Momente *mpl* 3 METEO **~s nubosos** *mpl* wechselnde Bewölkung *f*

intervención F 1 *(acción de intervenir)* Eingreifen *n*, Dazwischentreten *n*; JUR, POL Intervention *f*; ECON, MED Eingriff *m* 2 *(mediación)* Vermittlung *f* 3 TEL *(interceptación)* Abhören *n*, Überwachung *f* 4 *oficina:* Aufsichtsbüro *n*; **intervencionismo** M POL Interventionismus *m*; **intervencionista** A ADJ interventionistisch B M/F Interventionist *m*, -in *f*

intervenir ⟨3s⟩ A V/I 1 *(interponerse)* eingreifen, intervenieren; *desp* sich einmischen (**en** in *acus*); ~ **(en la conversación)** mitreden 2 *(mediar) espec* POL *schlichtend* vermitteln (**en** in, bei *dat*); sich verwenden (**por** für *acus*) 3 *(acontecer)* eintreten, sich ereignen; dazwischenkommen B V/T 1 *factura* prüfen; *administración* überprüfen, kontrollieren; *aduana: bienes* beschlagnahmen; *cuenta* sperren 2 MED *(operar)* ~ **a alg** j-n operieren, einen Eingriff an j-m vornehmen; **ser intervenido de a/c** an etw *(dat)* operiert werden 3 TEL *(interceptar)* anzapfen, abhören, überwachen; *carta* abfangen

interventor A ADJ intervenierend; eingreifend B M, **interventora** F 1 Kontrolleur *m*, -in *f* (*tb* FERR), Inspektor *m*, -in *f*; Prüfer *m*, -in *f*; COM Rechnungsprüfer *m*, -in *f*; POL Wahlprüfer *m*, -in *f* 2 JUR Intervenient *m*, -in *f*; ~ *m* **en caso de necesidad** Notadressat *m*

interview, interviú F Interview *n*; **interviuvar** V/T interviewen; **intervocálico** ADJ FON intervokalisch

intestado ADJ JUR ohne ein Testament zu hinterlassen

intestinal ADJ ANAT Darm..., Eingeweide...

intestino A ADJ innere(r, -s); *fig* intern; **guerra** *f* **-a** Bruderkrieg *m* B M ANAT Darm *m*; ~ **ciego** Blinddarm *m*; ~ **delgado/grueso** Dünn-/Dickdarm *m*; ~ **recto** Mastdarm *m*, Rektum *n*; **~s** *mpl* Eingeweide *n*, Gedärm *n*

inti M *Perú* 1 *palabra quechua:* Sonne *f* 2 HIST *moneda:* Inti *m* *(Währungseinheit, von 1985 bis 1992)*

intifada F POL Intifada *f*

intima F *fam*, **intimación** F 1 *(aviso)* Ankündigung *f*; *(requerimiento)* Mahnung *f*, Aufforderung *f*; JUR Vorladung *f* 2 *Perú (amenaza)* Bedrohung *f*

íntimamente ADV innigst, eng; zuinnerst

intimar A V/T 1 *(requerir)* ankündigen; auffordern, mahnen (zu *inf* **a que** *subj*); ~ **a/c (a alg)** etw (von j-m) fordern 2 *Perú (amenazar)* bedrohen; ~ **a alg con una pistola** j-n mit einer Waffe bedrohen B V/I (enge) Freundschaft schließen (**con** mit *dat*) C V/R **intimarse** 1 *(hacer amistad)* sich anfreunden 2 *(infiltrarse)* einsickern, eindringen; durchtränken

intimatorio ADJ JUR Mahn...; Aufforderungs...

intimidación F Einschüchterung *f*

intimidad F Intimität *f*; *(profunda amistad)* enge Freundschaft *f*; *(confianza)* Vertraulichkeit *f*; *(interioridades)* Intim-, Privatsphäre *f*; *(comodidad)* Gemütlichkeit *f*, *(informalidad)* Zwanglosigkeit *f*; **en la ~** im engsten Kreis; **en la ~ de su corazón** im tiefsten Herzen

intimidar V/T einschüchtern; **intimidatorio** ADJ Einschüchterungs...; **intimista** ADJ LIT *corresponde a:* Gefühls- und Bekenntnis...

íntimo ADJ 1 *(más interno)* innerste(r, -s); **lo más ~** das Innerste 2 *amistad* innig, eng; vertraut; intim *(tb sexual)*; *(acogedor)* gemütlich; **somos ~s** wir sind die besten Freunde; **relaciones** *fpl* **-as** intime Beziehungen *fpl*; Intimverkehr *m*

intitular V/T betiteln

intocable A ADJ unberührbar; *fig* unantastbar *(tb persona)* B M/F *en la India:* **los/las ~s** die Unberührbaren *(Parias)*; **intocado** ADJ → intacto

intolerabilidad F MED, FARM Unverträglichkeit *f*; **intolerable** ADJ 1 *(insoportable)* unerträglich; unausstehlich 2 MED unverträglich; **intolerancia** F Unduldsamkeit *f*, Intoleranz *f*; **intolerante** ADJ unduldsam, intolerant

intomable ADJ *Am reg fam* nicht trinkbar

intonso ADJ 1 *cabello* ungeschoren 2 TIPO unbeschnitten 3 *fig (ignorante)* einfältig, dumm

intoxicación F Vergiftung *f*; ~ **alcohólica** Alkoholvergiftung *f*; ~ **alimentaria** Lebensmittelvergiftung *f*; ~ **por carne/por humo** Fleisch-/Rauchvergiftung *f*

intoxicador, intoxicante ADJ giftig; **intoxicar** V/T ⟨1g⟩ vergiften

intraatómico ADJ FÍS intraatomar; **intracardíaco, intracardiaco** ADJ MED intrakardial; **intracelular** ADJ BIOL, MED intrazellular, intrazellulär; **intracomunitario** ADJ ECON, POL innergemeinschaftlich, innerhalb der EU; **intracraneal** ADJ MED intrakraniell

intradós M ARQUIT Laibung *f*

intraducible ADJ unübersetzbar

intraempresarial ADJ ECON innerbetrieblich

intragable ADJ ungenießbar *(tb fig)*

intramundano ADJ FIL intramundan, innerweltlich; **intramuros** ADV innerhalb der Mauern *einer Stadt*; *fig* hier, bei uns; **intramuscular** ADJ MED intramuskulär

intranet F INFORM Intranet *n*

intranquilidad F Unruhe *f*; **intranquilizador** ADJ beunruhigend; **intranquilizar** V/T ⟨1f⟩ beunruhigen; **intranquilo** ADJ unruhig, ängstlich; besorgt

intranscendencia F → intrascendencia; **intranscendental, intranscendente** ADJ → intrascendental

intransferible ADJ nicht übertragbar

intransigencia F Unnachgiebigkeit *f*; Unversöhnlichkeit *f*; **intransigente** ADJ unnachgiebig, hart; unversöhnlich; unduldsam;

intransitable ADJ unwegsam; nicht befahrbar; **intransitivo** ADJ GRAM intransitiv; **verbo** *m* ~ intransitives Verb *n*; **uso** *m* ~ intransitiver Gebrauch *m*

intransmisible ADJ unübertragbar; **intransparente** ADJ undurchsichtig *(tb fig)*; *fig* glatt

intranuclear ADJ FÍS intranuklear; **intraocular** ADJ MED intraokular

intrascendencia F Unwichtigkeit *f*; **intrascendental, intrascendente** ADJ unwichtig

intrasferible ADJ → intransferible

intratable ADJ 1 *(insociable)* unzugänglich, abweisend; ungenießbar *(fam fig)* 2 MED *enfermedad* unbehandelbar

intrauterino ADJ MED intrauterin; **intravenoso** ADJ MED intravenös

intrepidez F Unerschrockenheit *f*, Verwegenheit *f*; **intrépido** ADJ unerschrocken, beherzt, verwegen

intricado ADJ *liter* → intrincado

intriga F 1 Intrige *f*; **~s** *fpl* Ränke *pl*, Machenschaften *fpl* 2 *(enredo)* Verwicklung *f*; **intrigante** A ADJ 1 *persona* intrigant, ränkevoll 2 *(de suspenso)* spannend B M/F Ränkeschmied *m*, -in *f*, Intrigant *m*, -in *f*; **intrigar** ⟨1h⟩ A V/I intrigieren, Ränke schmieden B V/T *(inquietar)* beunruhigen, keine Ruhe lassen; *(generar curiosidad)* neugierig machen; **estoy intrigado por (saber) lo que ...** ich möchte wirklich wissen, was ...

intrincación F Verwirrung *f*; **intrincado** ADJ 1 *bosque* dicht, unwegsam 2 *fig (confuso)* verworren, verwickelt; **intrincar** V/T ⟨1g⟩ verwickeln; verwirren *(tb fig)*; *fig* verkomplizieren *fam*

intríngulis M ⟨*pl inv*⟩ *fam* geheime Absicht *f*; des Pudels Kern *m*; Haken *m*, Schwierigkeit *f*;

intrínseco ADJ innerlich; eigentlich; wesentlich; **valor** *m* ~ innerer Wert *m*; Eigenwert *m*

introducción F 1 Einführung *f* (**a** in *acus*); *en un libro, etc:* Einleitung *f*, Vorwort *n*; MÚS Vorspiel *n* 2 *(inserción)* Einführung *f* (*tb* TEC); *(metida)* Hineinschieben *n*; *(entrada)* Zufuhr *f*; INFORM ~ **de datos** Dateneingabe *f* 3 *(comienzo)* Anfang *m*; Eröffnung *f* 4 JUR *(presentación de la demanda)* (Klage)Erhebung *f*;

introducido ADJ *fam* bestens eingeführt, hier zu Hause

introducir ⟨3o⟩ A V/T 1 *(meter)* hineinstecken, -schieben; einführen; TEC zuführen; ~ **un clavo en la pared** einen Nagel in die Wand schlagen (*o* treiben) 2 *moda, mercancía etc* einführen; **~ a alg en la casa de ...** j-n bei ... einführen 3 INFORM *datos* eingeben 4 *(causar)* hervorrufen, verursachen; *discordia* säen B V/R **introducirse** eindringen; *fig* sich aufdrängen

introductivo ADJ einführend; einleitend;

introductor A ADJ einführend; einleitend B M, **introductora** F Einführer *m*, -in *f*; *Esp* POL ~ *m* **de embajadores** Chef *m* des Protokolls; **introductorio** ADJ einführend; einleitend

introito M CAT Introitus *m*; *fig* Anfang *m*; Vorspiel *n*; **intromisión** F Einmischung *f*; Einführung *f*; **introspección** F Innenschau *f*, Introspektion *f*, Selbstbeobachtung *f*; **introspectivo** ADJ introspektiv; **introversión** F PSIC Introversion *f*; **introvertido** A ADJ introvertiert B M, **-a** F Introvertierte *m/f*

intruismo M ständige Einmischung *f*; POL Einmischungspolitik *f*; **intrusión** F *(penetración ilegal)* (unberechtigtes) Eindringen n; (intervención ilícita) unbefugter Eingriff m; **intrusismo** M 1 MED (curandería) Kurpfuscherei f 2 ~ **(profesional)** (ejercicio ilícito de la profesión) unerlaubte Berufsausübung f; **intruso** M, **intrusa** F Eindringling m; Störenfried m; ungebetener Gast m; INFORM ~ m **informático** Hacker m

intubación F MED Intubation f; **intubar** VT MED intubieren

intuible ADJ intuitiv erfassbar; **intuición** F 1 Intuition f; Einfühlungsvermögen n 2 REL Anschauung f Gottes; **intuir** VT ⟨3g⟩ 1 reconocer: intuitiv erkennen (o erfassen) 2 (sospechar) ahnen; **intuitivo** ADJ intuitiv; anschaulich; **enseñanza** f -a Anschauungsunterricht m

intumescencia F Schwellung f; **intumescente** ADJ anschwellend

inuit M/F Inuit m/f, Inuk m/f (Selbstbezeichnung der Eskimos)

ínula F BOT Alant m

inundación F Überschwemmung f, Überflutung f (tb fig); Hochwasser n; MIN Absaufen n einer Grube; **inundadizo** ADJ Am häufig überschwemmt; **inundar** VT überschwemmen, überfluten (tb fig **de** mit dat)

inurbano ADJ unhöflich; ungeschliffen; **inusitado, inusual** ADJ ungebräuchlich, ungewöhnlich; **inútil** A ADJ 1 persona unnütz; unbrauchbar, untauglich (tb MIL) 2 cosa wertlos, unbrauchbar; zwecklos B M/F Taugenichts m

inutilidad F 1 de un proyecto, plan, etc: Nutz-, Zwecklosigkeit f 2 de un consejo, etc: Unbrauchbarkeit f; (ineptitud) Untauglichkeit f; **inutilizar** VT ⟨1f⟩ 1 (hacer inútil) unbrauchbar machen; wertlos machen; sello entwerten 2 fig (derrotar) ~ **a alg** j-m eine Niederlage bereiten, j-n vernichtend schlagen

inútilmente ADV nutzlos; umsonst, vergeblich

invadir VT 1 (atacar) überfallen; einfallen in (acus); eindringen in (acus) 2 p. ext agua y fig überfluten; enfermedad, parásitos, tristeza befallen; plaga, epidemia heimsuchen; sentimiento überkommen; AUTO ~ **el carril contrario** auf die Gegenfahrbahn geraten

invaginación F MED, BIOL Invagination f, Einstülpung f; **invaginar** VT MED einstülpen

invalidación F Ungültigmachen n; **invalidar** VT 1 la capacidad de trabajar: arbeitsunfähig machen 2 JUR (anular) ungültig machen; für ungültig erklären; negocio, contrato rückgängig machen; **invalidez** F 1 (incapacidad de trabajar) Invalidität f, Arbeitsunfähigkeit f; ~ **permanente** Dauerinvalidität f; **pensión** f **de** ~ Invalidenrente f 2 JUR (nulidad) Ungültigkeit f

inválido A ADJ 1 invalide; trabajador arbeitsunfähig; dienstuntauglich 2 ADMIN, JUR ungültig B M, -a F Invalide m, Invalidin f; ~ **de guerra** Kriegsversehrte m

invaluable ADJ von unermesslichem Wert, unschätzbar

invariabilidad F Unveränderlichkeit f; **invariable** ADJ unveränderlich; **invariante** M MAT Invariante f

invasión F 1 (conquista) Invasion f; Einfall m; Eindringen n (tb fig) 2 HIST **Invasión de los bárbaros** Völkerwanderung f 3 Am (colonización ilegal) wilde Siedlung f (auf einem fremden Grundstück); **invasivo** ADJ MED invasiv; **mínimamente** ~ minimalinvasiv; **invasor** A ADJ eindringend B M, **invasora** F 1 Eindringling m; Invasor m 2 (atacante) Angreifer m, -in f 3 Am (colono ilegal) wilde(r) Siedler m, -in f

invectiva F discurso: Schmähschrift f, -rede f; (ofensa) Beleidigung f, Schmähung f; **invencible** ADJ unbesiegbar; fig unüberwindlich

invención F Erfindung f (tb fig); **privilegio** m **de** ~ Musterschutz m; fam **no es de su propia** ~ das hat er nicht selbst erfunden, das ist nicht auf seinem Mist gewachsen fam

invendible ADJ unverkäuflich

inventar A VT erfinden (tb fig); historia sich ausdenken, erdichten B VR **inventarse** pop erfinden, erdichten

inventariar VT ⟨1b⟩ den Bestand aufnehmen von (dat); (tb v/i) Inventur machen; **inventario** M 1 (asiento de bienes) Bestandsaufnahme f, Inventur f; **hacer** ~ Inventur machen 2 (equipo mobiliario) Inventar n 3 (registro sucesorio) Nachlassverzeichnis n

inventiva F Erfindungsgabe f, Einfallsreichtum m; **inventivo** ADJ erfinderisch; **invento** M Erfindung f; **inventor** A ADJ Erfinder...; **genio** m ~ Erfindergeist m B M, **inventora** F Erfinder m, -in f

inverecundia F liter Unverschämtheit f; Schamlosigkeit f; **inverecundo** ADJ liter unverschämt; schamlos

inverificable ADJ nicht überprüfbar

inverna F Perú → invernada 2; **invernación** F BIOL, ZOOL → **hibernación**; **invernáculo** M Treibhaus n, Gewächshaus n; **invernada** F 1 temporada: Winter(s)zeit f; MAR Überwintern n der Schiffe 2 Am AGR pastoreo: Winterweide f; espec Arg cebadura: (Zeit f der) Wintermast f

invernadero M 1 AGR Treibhaus n, Gewächshaus n; parte de una casa: Wintergarten m; AGR ~ **de plástico** Folientunnel m, Foliengewächshaus n; **efecto** m ~ Treibhauseffekt m; **gas** m **(de efecto)** ~ Treibhausgas n 2 pastoreo: Winterweide f 3 sitio para el ganado: Winterquartier n

invernaje M bote, etc: Einwintern n; **invernal** ADJ winterlich; Winter...; **estación** f ~ temporada: Winter(s)zeit f; estación climática: Winterkurort m; **sueño** m ~ Winterschlaf m; **invernante** A ADJ überwinternd B M/F Wintergast m; **invernar** VI ⟨1k⟩ 1 (pasar el invierno) überwintern 2 BIOL, ZOOL → **hibernar**; liter v/imp **invierna** es ist Winterszeit; **inverne** M Arg AGR (Vieh)Mast f; **invernizo** ADJ winterlich, Winter...

inverosímil ADJ 1 (improbable) unwahrscheinlich; nicht glaubhaft, unglaublich 2 fam hum (indiferente) gleichgültig; **me es** ~ es ist mir gleichgültig; **inverosimilitud** F Unwahrscheinlichkeit f; Unglaubwürdigkeit f

inversamente ADV umgekehrt (tb MAT)

inversión F 1 (vuelta) Umkehrung f, Umstellung f; ÓPT ~ **de imagen** Bildumkehr f; TEC ~ **de marcha** Gangumkehrung f; Umsteuerung f; ~ **de (una) tendencia** Trendwende f 2 MÚS, QUÍM, MED, GRAM Inversion f 3 ECON (Geld)Anlage f, Investition f; **fondo** m **de -ones** Investmentfonds m; ~ **en el extranjero** Auslandsinvestition f 4 de tiempo: Zeitaufwand m

inversionista M/F espec Am ECON Investor m, -in f, Anleger m, -in f; **inversivo** ADJ Umkehr...; Umstellungs...

inverso ADJ umgekehrt; entgegengesetzt; MAT **función** f **circular** -a Umkehrfunktion f; MAT **valor** m ~ Kehrwert m; adv **a la** -a umgekehrt; im Gegensatz **(de zu** dat); MAT **en razón** -a im umgekehrten Verhältnis; **en sentido** ~ in Gegenrichtung, in umgekehrter Richtung

inversor M A ELEC Umschalter m; Stromwender m; ~ **de fase** Phasenschieber m; TEC ~ **de marcha** Wendegetriebe n B M, **inversora** F Investor m, -in f, Anleger m, -in f

invertebrado A ADJ 1 ZOOL wirbellos 2 fig ohne Rückgrat B ZOOL ~**s** MPL Evertebraten mpl, Invertebraten mpl

invertido A ADJ 1 (al revés) umgekehrt; QUÍM **azúcar** m ~ Invertzucker m 2 homosexuell (männlich), andersrum fam B M (männlicher) Homosexuelle m

invertir A VT ⟨3i⟩ 1 (volver) umkehren; umdrehen, umwenden 2 dinero, capital anlegen, investieren; (gastar) aufwenden, brauchen **(en** für dat) (tb tiempo) 3 INFORM invertieren B VR **invertirse** sich ins Gegenteil verwandeln

investidura F 1 REL, POL Investitur f; ~ **del gobierno** Regierungsbildung f 2 HIST Belehnung f

investigación F 1 ciencia: Forschung f; Untersuchung f; ~ **básica** Grundlagenforschung f; ~ **genética** Genforschung f; MIN ~ **minera** Schürfarbeiten fpl; ECON, TEC ~ **operativa** Verfahrensforschung f 2 JUR (averiguación) Ermittlung f

investigador A ADJ forschend; Forschungs... B M, **investigadora** F 1 (científico) Forscher m, -in f; ~ **atómico** Atomforscher m 2 JUR, policía: Ermittler m, -in f; ~ **privado** Privatdetektiv m

investigar ⟨1h⟩ A VT 1 (explorar) (er)forschen; untersuchen, prüfen; periodista: recherchieren 2 JUR (averiguar) ~ **a/c** in etw (dat) ermitteln B VI forschen, Forschung(en) treiben

investir VT ⟨3l⟩ auszeichnen **(de, con** mit dat); de una dignidad: ~ **a alg de a/c** j-m etw verleihen

inveterado ADJ eingewurzelt; eingefleischt; **inveterarse** VR zur festen Gewohnheit werden

inviabilidad F Undurchführbarkeit f; **inviable** ADJ undurchführbar, impraktikabel

invicto ADJ unbesiegt

invidencia F tb fig (geistige) Blindheit f; **invidente** A ADJ tb fig (geistig) blind B M/F Blinde m/f

invierno M 1 estación: Winter m; ~ **nuclear** nuklearer Winter f; **cereales** mpl **de** ~ Wintergetreide n; **deportes** mpl **de** ~ Wintersport m; **fruta** f **de** ~ Winter-, Lagerobst n; poét **contar 80 ~s** 80 Jahre alt sein 2 Am Cent, Col, Ec, Ven (temporada de lluvia) Regenzeit f 3 Ven (aguacero) Regenguss m

inviolabilidad F Unverletzlichkeit f; **inviolable** ADJ unverletzlich; unverletzbar; **inviolado** ADJ unversehrt; **secreto** m ~ wohl bewahrtes Geheimnis n

invisibilidad F Unsichtbarkeit f; **invisible** ADJ unsichtbar

invitación F 1 (convite) Einladung f; Aufforderung f; **cursar una** ~ eine Einladung ergehen lassen 2 fig (incitación) Veranlassung f 3 tarjeta: Einladungsschreiben n; **invitado** M, -a F Eingeladene m/f, Gast m; fam ~ **de piedra** unwillkommener Gast m; **invitador** A ADJ einladend B M, **invitadora** F Gastgeber m, -in f; **invitante** → invitador

invitar VT 1 (convidar) einladen **(a** zu dat o inf); auffordern **(a** inf zu inf) 2 fig veranlassen, ermuntern; **invitatorio** M REL Antifon f der Frühmesse

invite M Aufforderung f; Einladung f

in vitro ADV BIOL in vitro, im Reagenzglas (durchgeführt); **fertilización** f ~ In-vitro-Fertilisation f; **in vivo** ADV BIOL am lebenden Objekt (durchgeführt)

invocación F Anrufung f (der Heiligen, der Musen etc); **invocar** VT ⟨1g⟩ 1 (llamar) anrufen 2 JUR (alegar) vorbringen, geltend machen; sich berufen auf (acus); **invocatorio** ADJ Anrufungs...

involución F MAT, BIOL, FIL Rückbildung f, Involution f; **involucionar** VI sich zurückbilden; **involucrado** ADJ 1 BOT mit einer

Hülle versehen **2** **estar ~** *(implicado) (in eine Situation, Lage, etc)* verwickelt sein; **involucrar** VT verwickeln (**en** in *acus*); mit einbeziehen, berücksichtigen; RET in die Rede einflechten; **involucro** M BOT Hülle *f*

involuntario ADJ unfreiwillig; unabsichtlich;

involutivo ADJ rückschrittlich

invulnerabilidad F Unverwundbarkeit *f*, Unverletzlichkeit *f*; **invulnerable** ADJ unverwundbar, unverletzlich

inyección F **1** MED Injektion *f*, Spritze *f*; **poner una ~** eine Injektion (*o* eine Spritze) geben **2** TEC Injektion *f*, Einspritzung *f* (*tb* AUTO); AUTO **~ de gasolina** Benzineinspritzung *f*; **motor** *m* **de ~** Einspritzmotor *m*

inyectable MED **A** ADJ injizierbar **B** M Ampulle *f*; Injektionsmittel *n*; **inyectado** ADJ *ojos* entzündet; **~ de sangre** *ojos* blutunterlaufen; **inyectar** **A** VT **1** MED (ein)spritzen, injizieren **2** AUTO *combustible* einspritzen (*tb* CONSTR *cemento*) **3** *fig valor, etc* einflößen **B** VR *fam drogas* **~se** fixen *fam*; **inyector** M TEC, AUTO Einspritzdüse *f*; Injektor *m*

iñiguista ADJ → jesuita

iodo M → yodo

ion, ión M FÍS Ion *n*; **migración** *f* **de ~es** Ionenwanderung *f*

ionio M QUÍM Ionium *n*

ionización F FÍS Ionisation *f*; **ionizador** M Ionisator *m*; **ionizante** ADJ ionisierend; **ionizar** VT ⟨1f⟩ ionisieren

ionosfera F Ionosphäre *f*

iota F Jota *n*; **iotacismo** M FON Jotazismus *m*

IPC M ABR (Indice de Precios al Consumo) *Esp* Verbraucherpreisindex *m*

ipecacuana F BOT Brechwurz *f*

iperita F QUÍM, MIL Senfgas *n*

ípsilon M Ypsilon *n*

ipso facto, *Arg* **ipso pucho** ADV *fam* sofort, auf der Stelle

ir

⟨3t⟩

A verbo intransitivo **B** verbo reflexivo **C** masculino

— **A** verbo intransitivo —

1 gehen; sich begeben (**a** nach *dat*, in *acus*); *en coche, etc*: fahren; *(viajar)* reisen; **~ y venir** kommen und gehen, hin- und hergehen; **¿quieres ~?** willst du (hin)gehen?; willst du (mit)kommen?; **~ al dentista** zum Zahnarzt gehen; **~ a la escuela** in die Schule gehen; **~ a España/a Madrid** nach Spanien/Madrid fahren (*o* reisen); **~ a más** zunehmen; **~ con alg** mit j-m (mit)gehen; *fig* es mit j-m halten; **~ contra el enemigo** gegen den Feind ziehen; **~ de acá para allá** herumgehen, herumlaufen; **~ de compras** Einkäufe machen; **~ de viaje** verreisen; **~ hacia a/c** auf etw (*acus*) zugehen; **~ por la ciudad** durch die Stadt gehen; **~ por** (*o Esp fam* **a por**) **a/c** etw holen (gehen); **voy por su amigo** ich hole Ihren Freund; **~ tras alg** j-m nachgehen; j-n nicht aus den Augen verlieren; j-m nachlaufen (*tb fig*); **¡(ya) voy!** ich komme (schon)!, ich bin gleich da!; **¿quién va?** MIL (halt!,) wer da?; *p. ext* wer ist draußen (an der Tür)? **2** *manera de locomoción*: **~ a caballo** reiten; **~ a pie** zu Fuß gehen; **~ en avión** fliegen, mit dem Flugzeug reisen; **~ en bicicleta** Rad fahren; **~ en barco/coche/tren** mit dem Schiff/Wagen/Zug fahren **3** *fig* **está ido** er ist ganz und gar nicht mehr dabei; er ist eingenickt; **el no va más** das Höchste; das Nonplusultra *n*; **un tipo que no va ni viene** ein ganz unschlüssiger Mensch; jemand der nie weiß, was er will; *con prep*: **~ a su bola** sich nur um sich (*acus*) selbst kümmern *fam*; **~ a una** einig sein; das gleiche Ziel verfolgen; **a eso voy** darauf will ich hinaus; das ist (auch) meine Meinung; **así no iremos a ninguna parte** so kommen wir überhaupt nicht weiter; **~ con tiento** *o* **con ojo** auf der Hut sein; **va de por sí** das ist selbstverständlich; **¡lo que va de ayer a hoy!** wie sich die Zeiten ändern!; **lo que va del padre al hijo** wie ungleich (doch) Vater und Sohn sind; **va para abogado** er wird Rechtsanwalt; **ya va para cinco años** es ist schon fünf Jahre her; **iba para los 15 años** er war (schon) bald 15 Jahre alt; **~ para viejo** alt werden; **~ para hombre** heranreifen, -wachsen; (ein) Mann werden; **~ tras a/c** auf etw (*acus*) hinarbeiten **4** *inf*: *(disponerse a)* **~ a hacer a/c** etw gleich tun (werden); im Begriff sein (*o* sich anschicken), etw zu tun; etw tun wollen; **~ a buscar** *o* **a recoger a alg** j-n abholen; **~ a comer** essen gehen; **te lo voy a decir** *o* **voy a decírtelo** ich will dir's sagen; **¡no se lo vayas a decir!** sage es ihm (nur) nicht!; **va a llover** es wird regnen; **le iba a pedir un favor** ich hätte Sie gern um einen Gefallen gebeten; **~ a ver a alg** j-n besuchen; **vamos a ver** (wir wollen) mal sehen **5** *ger*: **va amaneciendo** es wird Tag; **ya va anocheciendo** es wird allmählich dunkel; **ya lo iré aprendiendo** ich werde es schon allmählich lernen; **~ corriendo** laufen; **(ya) voy comprendiendo** ich komme langsam dahinter; **~ volando** fliegen; *voladura*: in die Luft fliegen **6** *(estar)* sein, sich befinden (*tb de la salud*); **¿de qué va (el libro)?** wovon handelt (das Buch)?; *con adj*: **~ bien/mal** *aparato, etc* gut/schlecht funktionieren; *reloj* richtig/falsch gehen; **va/voy bien** es geht ihm/mir gut; *fig* **vamos bien** *o* **me, te,** *etc* **va bien** wir sind auf dem richtigen Weg; **~ cansado** müde sein; **~ equipado con** ausgerüstet sein mit (*dat*); **~ sentado** sitzen; **~ de azul/de uniforme,** *etc* blau/eine Uniform tragen **7** *(valer)* **¡eso va por mi cuenta!** das geht auf meine Rechnung!; *fam* **eso va por ti** das geht auf dich, das gilt dir; **va mucho en eso** es hängt viel davon ab; **va en broma** es ist ein Scherz; **nada le va en esto** das geht Sie nichts an; **te va la vida en eso** dabei setzt du dein Leben aufs Spiel **8** *pájaros, nubes* ziehen; *camino* führen (**a** in *acus*, nach, zu *dat*); *límite, cordillera, etc* verlaufen, sich erstrecken **9** *(encajar)* passen, recht sein (**a alg** j-m); *vestimenta, peinado, etc* stehen, passen; **~ a alg** *tb* (gut) zu j-m passen; (gut) für j-n sein; **el traje te va bien** der Anzug steht (*o* passt) dir gut; *(gustar)* **ella no me va** sie liegt mir nicht; **el clima no me va** das Klima bekommt mir nicht; **no me va ni me viene** das lässt mich kalt **10** *en una apuesta*: **¿cuánto va?** was (*o* wie viel) gilt die Wette?; **van (apostados) mil euros a que …** ich wette tausend Euro, dass … **11** **¡vamos!** (*¡adelante!*) los!, vorwärts!; gehen wir!; (*¡pero, por favor!*) aber ich bitte Sie!; na, hören Sie mal!; **¡vamos despacio!** immer mit der Ruhe!; immer schön langsam; **¡vaya!** los!, auf!; *frec irón* na so was!; sieh mal (einer) an!; **¡vaya jaleo!** ein schönes Durcheinander!; ein toller Wirbel!; **¡vaya una pregunta!** was für eine Frage!; *irón* **¡vaya (una) sorpresa!** eine schöne (*o* nette) Überraschung!; **¡vaya tío!** ein toller Bursche!; ein unverschämter Kerl!; **¡ahí va!** Vorsicht!; *fig la gracia, etc*: jetzt kommt's!; **¡qué va!** ach was!; ach wo!

— **B** verbo reflexivo —

irse **1** *(partir)* (weg)gehen; *(salir de viaje)* abreisen; *en coche, etc*: davonfahren; **¡vámonos!** los!, gehn wir!; *fam* **es la de vámonos** es ist Zeit zum Aufbruch, wir müssen gehen; **¡vete!** hau ab!; **¡vete al diablo** *o* **a paseo** *o* **a freír espárragos!** scher dich zum Teufel! **2** *fig* **me voy a dormir** ich gehe schlafen; **~ abajo** abstürzen; hinunterstürzen; *fig* zunichtewerden; **~ por ahí** *o* **para allá** einen Bummel machen; **~ por esos mundos (de Dios)** auf und davon gehen **3** *(desaparecer)* verschwinden; *(disminuir)* weniger werden; *(morir)* sterben, im Sterben liegen **4** *(escurrirse)* entgleiten (**de** *dat*) (*tb fig*); ausrutschen; **~ de la memoria** dem Gedächtnis entfallen; **se me fueron los pies** ich bin ausgeglitten *o* gestürzt; **se le fue un suspiro** ihm entfuhr ein Seufzer **5** *líquido* auslaufen; *gas* ausströmen; *(evaporarse)* verdunsten, verfliegen; *recipiente* lecken, nicht dicht sein **6** *fam (desgarrarse)* zerreißen; *(romperse)* zerbrechen; *(gastarse)* sich abnützen **7** *pop (mearse)* in die Hose machen; *(echarse un pedo)* einen fahren lassen *pop* **8** *juego de cartas*: **~ de un palo** eine Farbe abwerfen

— **C** masculino —

el ~ y venir das Kommen und Gehen

ira F Zorn *m*, Wut *f*; **~ sorda** dumpfer Zorn *m*

iraca F *Am* BOT Irakapalme *f*

iracundia F Jähzorn *m*; Zorn(es)ausbruch *m*; **iracundo** ADJ jähzornig; sehr zornig, äußerst gereizt

Irak M Irak *m*

irakí ADJ → iraquí

Irán M Iran *m*

iranés M, **iranesa** F *Am* → iraní; **iraní** ⟨*pl* -íes⟩ **A** ADJ iranisch **B** M/F Iraner *m*, -in *f*; **irani(an)o** **A** ADJ altiranisch **B** M, **-a** F Altiraner *m*, -in *f* **C** M *lengua*: **el ~** das (Alt)Iranische

Iraq M Irak *m*

iraqués M, **iraquesa** F *Am* → iraquí; **iraquí** ⟨*pl* -íes⟩ **A** ADJ irakisch **B** M/F Iraker *m*, -in *f*

irascible ADJ jähzornig; REL zornmütig

irguiendo → erguir

iribú M *RPl* ORN *amerikanischer Geier*

iridáceas FPL BOT Schwertliliengewächse *npl*

íride F BOT Stinkschwertel *f*, Sumpflilie *f*

iridiagnosis F MED Augendiagnose *f*

iridio M Iridium *n*

iridiscente ADJ irisierend; **iridología** F MED Augendiagnostik *f*

irire M *Bol* *Art Kürbis* (*Trinkgefäß für Maisschnaps*)

iris M ⟨*pl inv*⟩ **1** BOT Iris *f* **2** ANAT Iris *f*, Regenbogenhaut *f* **3** (**arco** *m*) **~** Regenbogen *m* **4** FOT **diafragma** *m* **~** Irisblende *f*

irisación F Irisieren *n*; Schillern *n*, Farbenspiel *n*; **irisado** ADJ schillernd, irisierend; **irisar** **A** VI schillern; irisieren **B** VT schillern lassen; **iritis** F MED Regenbogenhautentzündung *f*, Iritis *f*

Irlanda F Irland *n*; **~ del Norte** Nordirland *n*

irlandés **A** ADJ irisch **B** M, **-esa** F Ire *m*, Irin *f* **C** M *lengua*: Irisch *n*

ironía F Ironie *f*; **~ de la suerte** Ironie *f* des Schicksals

irónico ADJ ironisch; spöttisch

ironista M/F Ironiker *m*, -in *f*, ironischer Mensch *m*, Spötter *m*, -in *f*; **ironizar** ⟨1f⟩ **A** VI ironisch werden; hämisch bemerken **B** VT ironisieren, ins Lächerliche ziehen

iroqués **A** ADJ irokesisch **B** M, **-esa** F Irokese *m*, Irokesin *f*

IRPF M ABR (Impuesto sobre la Renta de las Personas Físicas) *Esp corresponde a*: Einkommensteuer *f*

irracional **A** ADJ irrational (*tb* MAT), vernunftwidrig; *p. ext (insensato)* unvernünftig **B** M nicht mit Vernunft begabtes Wesen *n*, Tier *n*; **irracionalidad** F Vernunftwidrigkeit *f*; *t/t* Irrationalität *f* (*tb* MAT); **irracionalismo**

M FIL Irrationalismus *m*; **irracionalista** M/F Anhänger *m*, -in *f* des Irrationalismus

irradiación F Ausstrahlung *f*; Strahlung *f*; Bestrahlung *f*; MED **~ postoperatoria** Nachbestrahlung *f*; **irradiador** M **~ acústico/térmico** Schall-/Wärmestrahler *m*; **irradiar** ⟨1b⟩ A VT 1 FÍS ausstrahlen (*tb fig dolor, etc*); bestrahlen 2 *Am reg* RADIO, TV (*transmitir*) senden B VI strahlen

irrayable ADJ kratzfest

irrazonable ADJ unvernünftig

irreal A ADJ FIL, GRAM irreal; nicht wirklich, unwirklich B M GRAM Irrealis *m*; **irrealidad** F Irrealität *f*; Nichtwirklichkeit *f*; **irrealizable** ADJ undurchführbar, nicht zu verwirklichen(d)

irrebatible ADJ unwiderleglich; **irreconciliable** ADJ unversöhnlich; **irreconocible** ADJ unerkennbar; nicht wiederzuerkennen; **irrecuperable** ADJ unwiederbringlich; **irrecusable** ADJ unabweislich

irredentismo M POL Irredentismus *m*; **irredentista** A ADJ POL, HIST *y fig* irredentistisch B M/F Irredentist *m*, -in *f*; **irredento** ADJ POL unbefreit (*Gebiet, das aus geschichtlichen oder ethnischen Gründen beansprucht wird*)

irredimible ADJ REL unerlösbar; **irreducible** ADJ *t/t* nicht reduzierbar; MAT *quebrado* unkürzbar; MED irreponibel; **irreductible** ADJ 1 *enemigo* nicht zu unterwerfen(d) 2 (*incompatible*) nicht miteinander vereinbar 3 (*inflexible*) unbeugsam, hart; **irreemplazable** ADJ unersetzlich

irreflexión F Unüberlegtheit *f*, Unbesonnenheit *f*; **irreflexivo** ADJ unüberlegt, unbesonnen

irreformable ADJ JUR, ADMIN unabänderlich; **irrefrenable** ADJ nicht zu zügeln(d); zügellos; unaufhaltsam; **irrefutable** ADJ unwiderlegbar, unleugbar; unumstößlich

irregular ADJ 1 (*desordenado*) unregelmäßig (*tb* GRAM); ungleichmäßig; irregulär; (*sin regla*) ungeregelt; (*en contra de las reglas*) regelwidrig 2 (*desigual*) uneben; **irregularidad** F Unregelmäßigkeit *f*; Ungleichmäßigkeit *f*; (*anomalía*) Regelwidrigkeit *f*; *p. ext* (*falta*) Verfehlung *f*; JUR Ordnungswidrigkeit *f*

irrelevancia F Irrelevanz *f*; **irrelevante** ADJ irrelevant, unbedeutend, belanglos

irreligión F Unglaube *m*; **irreligiosidad** F unreligiöses Verhalten *n*; nicht religiöse Einstellung *f*; **irreligioso** A ADJ irreligiös; ungläubig B M, **-a** F Religionslose *m/f*; *p. ext* Freidenker *m*, -in *f*

irremediable ADJ unheilbar; *fig* nicht wieder gutzumachen(d); unabänderlich; **irremisible** ADJ (*imperdonable*) unverzeihlich; **irrenunciable** ADJ unabdingbar; unverzichtbar; **irreparable** ADJ nicht wieder gutzumachen(d); unersetzlich; **irrepetible** ADJ nie wiederkehrend, einmalig; nicht wiederholbar; **irreprensible** ADJ untadelig; **irrepresentable** ADJ 1 (*inimaginable*) nicht vorstellbar 2 TEAT nicht aufführbar; **irreprimible** ADJ ununterdrückbar; **irreprochable** ADJ tadellos, einwandfrei; **irreproducible** ADJ nicht wiederholbar; **irresistible** ADJ unwiderstehlich

irresoluble ADJ unauflöslich; unlösbar; **irresolución** F Unentschlossenheit *f*; **irresoluto** ADJ 1 (*indecidido*) unentschlossen 2 (*no solucionado*) ungelöst

irrespetar VT *Col* nicht respektieren; **irrespetuoso** ADJ unehrerbietig, respektlos

irrespirable ADJ nicht zu atmen(d); stickig

irresponsabilidad F 1 (*acto irresponsable*) Unverantwortlichkeit *f*; Verantwortungslosigkeit *f* 2 (*inimputabilidad*) Unzurechnungsfähigkeit *f*; **irresponsable** ADJ 1 (*no imputable*) nicht verantwortlich, nicht haftbar (**de** für *acus*); unzurechnungsfähig 2 (*irreflexivo*) leichtfertig, unbedacht, verantwortungslos

irrestañable ADJ 1 MED *hemorragia* unstillbar 2 *fig* (*incontenible*) unaufhaltsam; **irrestricto** ADJ *liter derechos, uso, etc* uneingeschränkt, unbegrenzt

irresuelto ADJ ungelöst

irreverencia F Unehrerbietigkeit *f*; Respektlosigkeit *f*; **irreverente** ADJ unehrerbietig; respektlos

irreversibilidad F Unumkehrbarkeit *f*, Irreversibilität *f*; **irreversible** ADJ MED, QUÍM, FÍS, BIOL, *t/t* nicht umkehrbar, irreversibel

irrevocabilidad F Unwiderruflichkeit *f*; **irrevocable** ADJ unwiderruflich

irrigación F AGR Bewässerung *f*; TEC, MED Spülung *f*; MED Durchblutung *f*; QUÍM Wässerung *f*; MED **~ (sanguínea)** Durchblutung; **~ intestinal** Darmeinlauf *m*; **irrigador** M MED Irrigator *m*; **irrigar** VT ⟨1h⟩ 1 MED (aus)spülen 2 AGR bewässern

irrisible ADJ → risible; **irrisión** F (*burlona*) Hohnlachen *n*; (*burla*) Spott *m*; *fig* **es la ~ de toda la ciudad** er ist das Gespött der ganzen Stadt; **irrisorio** ADJ lächerlich, lachhaft; **precio** *m* **~** Spottpreis *m*

irritabilidad F Reizbarkeit *f* (*tb* FISIOL); **irritable** ADJ reizbar (*tb* FISIOL); **irritación** F Reizung *f* (*tb* BIOL, MED); (*enojo*) Gereiztheit *f*; Zorn *m*, Wut *f*; **irritado** ADJ gereizt (*tb* BIOL, MED); **estar ~** gereizt (*o* böse) sein; **irritante** A ADJ irritierend; reizend, Reiz...; (*excitante*) erregend; (*fastidioso*) sehr ärgerlich B M Reizmittel *n*

irritar A VT 1 (*provocar*) irritieren, reizen (*tb* BIOL, MED); (*excitar*) erregen 2 (*fastidiar*) (ver)ärgern, aufregen; erbittern B V/R **irritarse** 1 (*enfadarse*) in Zorn geraten (**con** über *acus*); gereizt werden; böse werden (**contra** auf *acus*) 2 *mar* sehr unruhig werden

irrogación F Schadenszufügung *f*; **irrogar** A VT ⟨1h⟩ *daño* verursachen B V/R **irrogarse** sich anmaßen; **~ alg el derecho de hacer a/c** sich (*dat*) das Recht nehmen, etw zu tun; sich (*dat*) anmaßen, etw tun zu können (*o* dürfen)

irrompible ADJ unzerbrechlich; *fig* unverbrüchlich; **irrumpir** VI einbrechen, einfallen; **~ en el cuarto** ins Zimmer gestürzt kommen

irrupción F feindlicher Einfall *m*; Einbruch *m*; (*entrada violenta*) Hineinstürzen *n in einen Raum*; MIN **~ de aguas** Wassereinbruch *m*; HIST **~ de los moros** Maureneinfall *m*; **hacer ~** eindringen (**en** in *acus*)

irse V/R → ir B

irupé M *Arg, Par* BOT Victoria regia *f*

Isabel N PR F Isabella *f*, Elisabeth *f*; HIST **~ la Católica** Isabella von Spanien

isabelino A ADJ 1 auf Isabella II. von Spanien bezogen; **estilo** *m* **~** spanischer Empirestil *m* 2 auf Elisabeth von England bezogen 3 *color*: isabellfarben B M, **-a** F HIST Anhänger *m*, -in *f* Isabellas II.

isagoge F RET Isagoge *f*, Einführung *f*

isidoriano ADJ *auf St. Isidor von Sevilla bezogen*

Isidro N PR M Isidor; **San ~ (Labrador)** *Schutzpatron von Madrid*; **Fiesta de San ~** *Madrider Volksfest, 15. Mai*

isla F Insel *f* (*tb fig*)

Islam M Islam *m*

islámico ADJ Islam..., islamisch

islamismo M Islam(ismus) *m*; **islamista** ADJ POL, REL **~ radical** radikalislamisch; **islamita** A ADJ POL, REL islamistisch B M/F Islamist *m*, -in *f*; **islamización** F Islamisierung *f*; **islamizar** VT ⟨1f⟩ islamisieren, zum Islam bekehren

islamología F Islamwissenschaft *f*; **islamólogo** M, **-a** F Islamwissenschaftler *m*, -in *f*

islandés A ADJ isländisch B M, **-esa** F Isländer *m*, -in *f* C M *lengua*: Isländisch *n*

Islandia F Island *n*

islándico ADJ isländisch

islario M Inselkarte *f*; -beschreibung *f*; **isleño** A ADJ Insel... B M, **-a** F Inselbewohner *m*, -in *f*; **isleta** F 1 kleine Insel *f* 2 *transporte*: Verkehrsinsel *f*; **islote** M (Felsen)Eiland *n*

ismaelita M/F Ismaelit *m*, -in *f*

isobara, isóbara F METEO Isobare *f*

isobárica ADJ **línea** *f* **~** Isobare *f*

isocromático ADJ isochrom(atisch)

isócrono ADJ FÍS isochron

isogamia F BIOL Isogamie *f*

isógono ADJ MAT gleichwinklig

isómero ADJ QUÍM isomer

isométrico ADJ isometrisch

isomorfo ADJ FÍS, QUÍM isomorph

isósceles ADJ *inv* MAT gleichschenklig

isoterma F METEO Isotherme *f*; **isotérmico** ADJ isotherm; **vagón** *m* **~** Kühlwagen *m*; **isotermo** ADJ FÍS isotherm; METEO (**línea** *f*) **-a** *f* Isotherme *f*

isótopo M FÍS Isotop *n*; **~s** *pl* **(in)estables** (in)stabile Isotope *npl*; **~s** *pl* **radiactivos** radioaktive Isotope *npl*; **isótropo** ADJ FÍS isotrop

isquemia F MED Ischämie *f*, Blutleere *f*

ísquion M ANAT Sitzbein *n*, Ischium *n*

Israel M Israel *n*

israelí ⟨*pl* **-íes**⟩ A ADJ israelisch; aus dem Staat Israel B M/F Israeli *m/f*, Staatsbürger *m*, -in *f* des Staates Israel; **israelita** A ADJ hebräisch, jüdisch; israelitisch B M/F Hebräer *m*, -in *f*, Israelit *m*, -in *f*; Jude *m*, Jüdin *f*; **israelítico** ADJ hebräisch, jüdisch; israelitisch

istmo M 1 GEOG (*estrecho*) Landenge *f*, Isthmus *m* 2 ANAT Enge *f*; **~ de la aorta** Aortenenge *f*

itabo M *Ven* Verbindungskanal *m* (*zwischen zwei Gewässern*); **itacate** M *Am reg* Proviant *m*

Italia F Italien *n*

italianini M *fam desp* Itaker *m fam desp*, Spag(h)ettifresser *m fam desp*; **italianismo** M LING Italianismus *m*; **italianizar** VT ⟨1f⟩ italianisieren

italiano A ADJ italienisch B M, **-a** F Italiener *m*, -in *f* C M *lengua*: Italienisch *n*; **hablar ~** Italienisch sprechen; **en ~** auf Italienisch; **traducir en/del ~** ins Italienische/aus dem Italienischen übersetzen; **no entiende ~** er/sie versteht kein Italienisch

itálico A ADJ 1 HIST (*de la antigua Italia*) italisch 2 (*italiano*) italienisch 3 TIPO Kursiv...; **letra** *f* **-a** Kursive *f* B M, **-a** F HIST Italiker *m*, -in *f*

ítalo ADJ *poét* italienisch

I.T.E. M ABR (Impuesto sobre el Tráfico de Empresas) *Esp* HIST *spanische Umsatzsteuer bis 1985*

ítem A ADV ebenso, desgleichen, item B M (*pregunta*) Fragepunkt *m* (*eines Fragebogens*)

iteración F MAT *etc* Wiederholung *f*; **iterar** VT MAT *etc* wiederholen; *t/t* iterieren; **iterativo** A ADJ wiederholend; wiederholt, nochmalig; LING, MAT iterativ B M LING Iterativ *m*

iterbio M QUÍM Ytterbium *n*

itinerancia F TEL Roaming *n*

itinerante ADJ Wander...; **embajador** *m* **~** fliegender Botschafter *m*; **exposición** *f* **~** Wanderausstellung *f*

itinerario A ADJ Reise... B M 1 (*ruta*) (Reise-, Marsch)Route *f*; Reiseplan *m*; (*trayecto*) (Weg)Strecke *f*; AVIA (Flug- *etc*)Weg *m*; *trans-*

porte: ~ **alternativo** o **de descongestión** o **de desvío** Entlastungs-, Umleitungsstrecke f; ~ **natural** o **didáctico** o **pedagógico** (Natur)Lehrpfad m 2 (descripción de un viaje) Reisebeschreibung f; guía: Reiseführer m (Buch)

ITV F ABR (Inspección Técnica de Vehículos) Esp Kraftfahrzeugüberwachungsamt n; corresponde en RFA a: TÜV m (Technischer Überwachungsverein)

IU F ABR (Izquierda Unida) Esp Vereinigte Linke f (kommunistisches Parteienbündnis)

IVA M ABR Esp (Impuesto sobre el Valor Añadido), Am (Impuesto sobre el Valor Agregado) MwSt f (Mehrwertsteuer)

ixtle M Méx BOT Agave f; p. ext Pflanzenfaser f

izada F 1 Hissen n (der Fahne) 2 Am Aufstand m

izar ‹1f› A VT vela, bandera hissen, heißen; vela tb setzen; MAR **¡iza bandera!** heißt Flagge! B VR **izarse** 1 vela, bandera gehisst werden 2 DEP ~ **a pulso** sich hochstemmen, einen Klimmzug machen

izcuinche M Méx fam 1 niño: Straßenkind n 2 perro: streunender Hund m, Straßenköter m

izote M Am Centr, Méx BOT *yukkaähnliche Palme*

izq. ABR (izquierda) links (bei Adressenangaben)

izquierda F 1 linke Hand f, Linke f; **a** o **por la** ~ links; DEP **el extremo** ~ der Linksaußen 2 fig POL **~(s)** f(pl) die Linke; **la nueva Izquierda** die Neue Linke

izquierdazo M DEP boxeo: linker Haken m; **izquierdear** VI vom geraden Weg abweichen (fig), nicht richtig handeln; **izquierdista** POL A ADJ linksgerichtet, linke(r, -s) B M/F Linke m/f; **izquierdo** ADJ 1 linke(r, -s) 2 (zurdo) linkshändig 3 equitación: x-beinig 4 fig (tortuoso) krumm; **izquierdoso** ADJ fam POL nach links tendierend, rötlich angehaucht fam

J

J, j F J, j n; → tb jota[1]

ja A INT **¡~ ~!** risa: ha ha B ADV iwo!, nee! fam

jaba F 1 Am Flechtkorb m; (cajón enrejado) Lattenkiste f 2 Cuba (bolsa de compras) Einkaufstasche f 3 Ven fig (miseria) Armut f, Elend n; fam (hambre) Kohldampf m fam; **jaba(d)o** M Cuba *blauäugiger Mulatte mit hellem Haar*

jabalcón M ARQUIT Strebe f

jabalí M ‹pl -íes› ZOOL Wildschwein n; Keiler m; Am tb Nabel- (o Bisam)schwein n; **jabalina** F 1 ZOOL Wildsau f, Bache f 2 DEP (lanza) Speer m; **lanzamiento** m **de** ~ Speerwerfen n; **jabalinista** M/F DEP Speerwerfer m, -in f

jabardillo M 1 de insectos: summender Insektenschwarm m; de pájaros: lärmender Vogelschwarm m 2 fig (multitud) (Menschen)Menge f

jabato M 1 ZOOL (cría de jabalí) Frischling m 2 fam fig persona: Draufgänger m, toller Kerl m fam

jabear VT Guat fam klauen fam

jábega F MAR 1 red: großes Zug-, Schleppnetz n 2 barca: (Fischer)Boot n

jabeguero M Schleppnetzfischer m

jabeque M 1 MAR velero: Schebeke f (algerischer Dreimaster) 2 fam (tajo) Schmiss m

jabí M ‹pl –íes› BOT Art kleiner Wildapfel m; Am Art Kopaivabaum m

jabilla F, **jabillo** M Am BOT Knallschotenbaum m; fruto: Knallschote f

jabirú M Am ORN Riesenstorch m

jable M Canarias Sand m

jabón M 1 Seife f; ~ **de afeitar** Rasierseife f; ~ **blando** o **verde** Schmierseife f; ~ **graso** Schmierfett f; ~ **en escamas** Seifenflocken fpl; ~ **líquido** flüssige Seife f; ~ **de olor** parfümierte Seife f; ~ **en polvo** Seifenpulver n; ~ **de sastre** Schneiderkreide f; ~ **de tocador** Toiletten-, Feinseife f; **dar ~ a alg** j-n ein- (o ab)seifen; fig j-m schmeicheln, j-m um den Bart gehen, j-n einseifen fam; fig **dar un ~ a alg** j-n zusammenstauchen fam 2 Méx, P. Rico, RPl (susto) Schrecken m, Angst f; Arg fam **tener ~** ängstlich sein

jabonada F Chile → jabonado; Méx fam fig Abreibung f (fam fig); **jabonado** M (jabonadura) Einseifen n; **jabonadura** F 1 ropa a lavar: Einseifen n; fig **darle a alg una ~** j-n (scharf) zurechtweisen, j-m eine Abreibung verpassen fam 2 espuma: Seifenschaum m; **~s** fpl Seifen-, Spülwasser n; **jabonar** A VT 1 abseifen; barba, ropa einseifen 2 fam fig **~ a alg** j-n zusammenstauchen fam B VR **jabonarse** Arg, Ur fam erschrecken v/i

jaboncillo M 1 (jabón perfumado) Stück n parfümierte Seife; fam fig **dar ~ a alg** j-m schmeicheln, j-m um den Bart gehen 2 (jabón de sastre) Schneiderkreide f 3 BOT árbol: Seifenbaum m; fruto: Seifenbeere f 4 Perú (agua enjabonada) Seifenwasser n 5 Chile (jabón líquido) flüssige Seife f; en polvo: Seifenpulver n; **jabonera** F 1 recipiente: Seifenschale f, -behälter m 2 BOT (saponaria) Seifenkraut n; **jabonería** F fábrica: Seifensiederei f; tienda: Seifenladen m; **jabonero** A ADJ color: schmutzig weiß B M, **-a** F fabricante: Seifensieder m, -in f; comerciante: Seifenhändler m, -in f C M BOT Seifenbaum m; **jaboneta** F, **jabonete** M → jaboncillo 1; **jabonoso** ADJ seifig, Seifen...

jabuco M Cuba Einkaufstasche f; **jabudo** ADJ Ven fam (hambriento) ausgehungert; **jabugo** M *feiner roher Schinken aus Jabugo*

jaca F 1 (yegua) Stute 2 (caballito) kleines Reitpferd n; (jamelgo) Klepper m fam 3 Esp fam (mujer estupenda) Klassefrau f fam

jacal M Guat, Méx, Ven Hütte f, Schuppen m; **jacalón** M Méx Schuppen m; Bude f; Kiosk m

jácara F 1 MÚS gesungene Romanze f 2 fam fig (historieta) Geschichtchen n; (mentira) Lüge f, Ente f fam

jacaranda, jacarandá M Am trop BOT Jakarandabaum m; madera: Palisander m, -holz n;

jacarandoso ADJ fam lustig, fidel

jacarear A VI 1 (cantar jácaras) Romanzen singen 2 fam fig (alborotar) lärmend durch die Straßen ziehen; randalieren B VT fam fig belästigen; **jacarero** A ADJ fam aufgeräumt, lustig B M, **-a** F fideles Haus n fam

jácaro A ADJ prahlerisch B M, **-a** F Prahler m, -in f, Großmaul n fam

jácena F ARQUIT Binder(balken) m

jachalí M ‹pl –íes› Am Mer BOT Art Flaschenbaum m

jache, jachi M Bol Kleie f

jachudo ADJ Ec stark, muskulös

jacilla F Spur f, Abdruck m

jacinto M 1 MINER Hyazinth m 2 BOT Hyazinthe f

jacket M Méx MED Jacketkrone f

jaco M 1 (jamelgo) Klepper m fam, Schindmähre f fam 2 pop drogas (heroína) Horse n pop

jacobeo ADJ *auf den Apostel Jakob bezogen*; **ruta** f **-a** Jakobsweg m (Pilgerweg nach Santiago de Compostela); **jacobinismo** M HIST y fig Jakobinertum n; **jacobino** A ADJ HIST y fig jakobinisch, Jakobiner... B M, **-a** F HIST y fig Jakobiner m, -in f; **jacobita** REL, HIST A ADJ *auf die Jakobiten bezogen* B M/F Jakobit m, -in f

jacote M Am BOT → jocote

jactancia F Prahlerei f, Angabe f; **jactancioso** A ADJ prahlerisch, großsprecherisch; angeberisch B M, **-a** F Angeber m, -in f; Großmaul n fam

jactarse VR ~ **(de)** prahlen (mit dat)

jacú M 1 Bol (vianda menuda) Beikost f, Beilage f (Brot, Yuccafladen oder Bananen) 2 Arg ORN → yacú

jaculatoria F Stoßgebet n; **jaculatorio** ADJ kurz und inbrünstig; **oración** f **-a** Stoßgebet n

jacuzzi® M Whirlpool m (der Marke Jacuzzi®)

jade M MINER Jade m

jadeante ADJ keuchend; **jadear** VI keuchen; **jadeo** M Keuchen n; **jadeoso** ADJ keuchend, schnaufend

jaecero M Schirrmacher m, Sattler m

jaén ADJ AGR **uva** f ~ *eine Traubenart*

Jaén N PR M *spanische Stadt, Provinz*

jaenero A ADJ aus Jaén B M, **-a** F Einwohner m, -in f von Jaén

jaenés → jaenero

jaez M ‹pl –eces› 1 equitación: (adorno de caballerías) Pferdegeschirr n 2 fig (carácter) Art f; Eigenart f; **del mismo ~** vom gleichen Schlag; **jaezar** VT ‹1f› → enjaezar

jagua F Am Mer BOT Genipabaum m

jaguar M ZOOL Jaguar m; **jaguareté** M RPl → jaguar; **jaguarundi** M Am ZOOL Jaguarundi m, Marderkatze f; **jaguarzo** M BOT Art Zistrose f

jagüel M (pozo) Süßwasserloch n am Strand; p. ext artificial: künstliches Wasserloch n; (cisterna) Zisterne f; **jagüey** M Am 1 → jagüel 2 Cuba BOT *verschiedene Ficusarten*; **jagüilla** F 1 Antillas BOT Art Genipabaum m 2 Hond, Nic ZOOL (jabalí) Wildschwein n

jaharrar VT pared kalken, weißen; mit Gips verputzen; **jaharro** M Weißen n; Gipsverputz m

jahuel M Arg, Bol, Chile → jagüel

jai F 1 pop (mujer joven y atractiva) flotte Biene f fam, Schnecke f pop 2 Col, Ven **la ~** die oberen Zehntausend; **jai-alai** M *baskisches Pelotaspiel*

jaiba F 1 Am ZOOL (cangrejo) Krebs m 2 Antillas, Méx fam fig (astuto) **ser una ~** sehr gerissen sein;

jaibero M 1 Chile Art Krebsreuse f 2 Cuba TEC Baggerführer m; **jaibón** M Chile junger Mann m aus gutem Haus

jaique M Haik m (*mantelartiger Überwurf der Berber und Araber*)

ja, ja INT ha, ha!

jal(e) M Méx 1 (piedra pómez) Art Bimsstein m 2 arena: goldhaltiger Schwemmsand m

jala F Col Rausch m; **jalada** F 1 Méx (exageración) Übertreibung f 2 al fumar: Zug m (beim Rauchen); **jalado** ADJ 1 Am (borracho) betrunken 2 Am Centr, Col apariencia de enfermo: krank und bleich aussehend 3 Méx (exagerado) übertrieben 4 Perú fam (suspendido) durchgefallen; **estar ~ en matemática** in Mathe durchgefallen sein 5 Perú fam (con rasgos asiáticos) mit asiatischen Gesichtszügen

jalapa F BOT Jalape(nwinde) f; FARM Jalapenwurzel f; **jalapina** F FARM Jalapenharz n

jalar A VT 1 fam (tirar) ziehen, zu sich (dat) herziehen; más fuerte: zerren 2 pop (comer) mampfen fam; futtern fam 3 Col fam klauen fam (bes Autos) 4 Perú fam candidato, estudiantes durchfallen lassen 5 Ec fam **~ dedo** per Anhalter fahren, trampen fam B VI 1 Am Centr, Méx fam (flirtear) flirten, kokettieren (**con** mit dat); **~le al aguardiente** den Schnaps lieben, ein Trinker sein 2 Esp, Bol, P. Rico, Ven fam (ponerse en marcha) aufbrechen, losziehen fam; abhauen fam; p. ext (ponerse a trabajar) sich ans Werk machen, loslegen fam C VR **jalarse** 1 Am (emborracharse) sich beschwipsen 2 Méx **no ~**

J

con alg (*no entenderse con alg*) sich mit j-m schlecht vertragen
jalbegar V/T ⟨1h⟩ tünchen, weißen; **jalbegue** M Kalktünche *f*
jalca F *Perú* Erhebung *f*, Spitze *f* (*im Gebirge*)
jalde ADJ hochgelb
jalea F 1 FARM, GASTR Gelee *n*; **~ de membrillo** Quittengelee *n*; FARM **~ real** Gelée *n* royale 2 *Perú* GASTR *gebratener Fisch mit frischen Zwiebeln, Salat und Tomaten*
jalear V/T 1 *bailarines y cantores* anfeuern (*durch Händeklatschen und Zurufe*); *perros* hetzen 2 *Chile* (*molestar*) belästigen; verspotten
jaleo M 1 *de bailarines y cantores*: Anfeuern *n* 2 *fam fig* (*alboroto*) Lärm *m*, Krach *m fam*, Radau *m fam*; **armar ~** Krach machen; *fig* **armarse un ~** sich gewaltig irren *fam*, danebenhauen *fam* 3 (*jarana*) Rummel *m*, Trubel *m*; (*desorden*) Durcheinander *n*, Wirrwarr *m*; **hay ~** es geht hoch her 4 *baile*: *andalusischer Volkstanz* 5 *de los perros*: Hetzen *n*
jaleoso ADJ *fam* lärmend, laut
jaletina F GASTR (Obst)Gelee *n*; Sülze *f*
jalifa M HIST *oberster Vertreter der Marokkaner im ehemaligen spanischen Protektorat*, „Kalif" *m*; **jalifato** M HIST Würde *f* und Herrschaftsbereich *m* des Jalifa
jalisco M *Méx* Jaliscohut *m* (*großer Strohhut*)
jallipear V/T *jerga del hampa* gierig hinunterschlingen; **jallipén** M *jerga del hampa* Essen *n*; **jallipí** M *jerga del hampa* Hunger *m*; Durst *m*
jalocote M BOT mexikanische Königspinie *f*
jalón[1] M 1 (*vara para medir*) Vermessungsstange *f*; Fluchtstab *m* 2 *fig* (*mojón*) Markstein *m* 3 *Bol, Chile, Méx* (*trecho*) längeres Stück *n* Weges, Strecke *f*, Tagesreise *f*
jalón[2] M *fam* 1 *Am* (*tirón*) Zug *m*, Ruck *m*; **de un ~** auf einmal, an einem Stück 2 *Am Centr* (*pretendiente*) Verehrer *m* 3 *Méx* (*trago*) kräftiger Schluck *m* (*Schnaps etc*); **jalona** ADJ *Am Centr* → coqueta; **jalonar** V/T 1 *camino, límites, etc* abstecken 2 *fig* (*marcar*) säumen (*fig*); **su vida está jalonada de éxitos** ihr/sein Weg ist von Erfolg gesäumt
jaloque M *Esp reg* Südostwind *m*
jamaica F 1 *Méx* BOT *Art* Hibiskus *m*; *bebida*: Hibiskustrank *m* 2 *Méx* (*fiesta de beneficencia*) Wohltätigkeitsfest *n*
Jamaica F Jamaika *n*
jamaicano, *Antillas* **jamaiquino** A ADJ jamaikanisch; aus Jamaika B M, **-a** F Jamaikaner *m*, -in *f*
jamán M *Méx* TEX weißes Zeug *n*
jamancia F *fam* Essen *n*, Futter *n fam*
jamar V/T *y* V/R **~se** *fam* futtern *fam*, mampfen *fam*, verdrücken *fam*
jamás ADV nie(mals); je(mals); **¿has visto ~ algo parecido?** hast du je so etwas gesehen (*o* erlebt)?; **nunca ~** nie und nimmer; **para siempre ~** auf ewig; *fam* **(en) ~ de los jamases** nie und nimmer, unter gar keinen Umständen
jamazón F *Cuba* Fresserei *f*
jamba F *de la ventana*: Fensterpfosten *m*; *de la puerta*: Türpfosten *m*; **jambaje** M ARQUIT Tür-, Fenster-, Kaminrahmen *m*
jambarse V/R *Méx* sich vollstopfen, schlingen; **jambazón** M *Méx pop* Essen *n*; Übersättigung *f*
jámbico *etc* → yámbico
jambo M, **- a** F *Esp fam* Mann *m*, Frau *f*
jamelgo M *frec desp* Schindmähre *f fam*
jamerdana F Abfallgrube *f in Schlachthöfen*
jamiche M *Col* Schotter *m*
jamón M 1 GASTR Schinken *m*; **~ arrollado** Rollschinken *m*; **~ dulce** *o* **~ York** *o Am* **~ cocido** *o Perú* **~ inglés** *o Chile, Cuba* **~ planchado** gekochter Schinken *m*; **~ ibérico, ~ de pata negra** luftgetrockneter (Qualitäts-)Schinken *m* (*vom iberischen Schwein*); **~ serrano**, *Am* **~ crudo** roher Schinken *m*; **~ de pavo** Putenschinken *m* 2 *fam pierna*: (stämmiges) Bein *n*; *fam* Hachse *f* 3 *fam fig* **¡y un ~ (con chorreras)!** daraus wird nichts!, (das) kommt nicht in die Tüte! *fam*, denkste! *fam*; *fam Esp* **estar ~** prima (*o* super) sein *fam* 4 *Ven fam adquisición*: Schnäppchen *n fam*
jamona A ADJ **estar ~** *mujer* mollig sein B F *fam* 1 (*gordita*) rundliche Frau *f* mittleren Alters 2 *Antillas* (*solterona*) alte Jungfer *f*; **jamonada** F *Perú* GASTR *Art* Lyoner *f*, *Art* Bierwurst *f*
jamoncillo M *Méx* Karamellmasse *f*
jamonear V/T *Cuba mujer* befummeln, betatschen; **jamonería** F *Esp fam* Schinkenhandlung *f*
jampón ADJ 1 *Guat fam* → orondo 2 *Guat, Hond* → obsequioso
jamurar V/T 1 MAR *agua* ausschöpfen 2 *Col ropa* auswringen
jan M *Cuba* (*estaca*) (Zaun)Pfahl *m*
janano ADJ *Guat, Salv* hasenschartig
jándalo *fam* A ADJ andalusisch B M, **-a** F *Cantabria Person, die andalusische Sitten und den andalusischen Dialekt angenommen hat*
janear *Cuba* A V/T (*empalizar*) mit Pfählen einzäunen B V/R **janearse** (plötzlich) stehen bleiben
janes MPL *Cuba fam* (*dinero*) Zaster *m*, Knete *f fam*
jangada F 1 *fam* (*idea necia*) dummer Einfall *m*; übler Streich *m* 2 MAR (*balsa*) Rettungsfloß *n*; *Arg, Par, Ur* Floß *n*
janiche ADJ *Am Centr* → janano
jansenismo M REL Jansenismus *m*; **jansenista** A ADJ jansenistisch B M/F Jansenist *m*, -in *f*
Japón M Japan *n*
japonés A ADJ japanisch B M, **-esa** F Japaner *m*, -in *f* C M *lengua*: Japanisch *n*; **en ~** auf Japanisch
japuta F *pez*: Bläuel *m*
jaque M 1 *ajedrez*: Schach *n*; **dar ~** Schach bieten; **(dar) ~ mate (a alg** j-n**)** schachmatt (setzen); **¡~ al rey!** Schach (dem König)!; *fig* **tener en ~** in Schach halten 2 *fig* (*fanfarrón*) Maulheld *m fam*
jaqué M *Am* TEX Cut(away) *m*
jaquear V/T Schach bieten (*tb fig*)
jaqueca F *frec* **~s** FPL Kopfschmerzen *mpl*, Migräne *f*; *fam fig* **dar ~ a alg** j-n belästigen, j-n fertigmachen *fam*; **jaquecoso** ADJ an Migräne leidend; *fig* lästig
jaquel M *heráldica* Feld *n*; **jaquelado** ADJ *heráldica* schachbrettartig
jaquet M *Am* TEX *fam* Cutaway *m*
jaquetón M 1 *fam* (*fanfarrón*) Maulheld *m*; Angeber *m fam* 2 ZOOL Weißer Hai *m*, Weißhai *m*; **jaquetona** F Angeberin *f fam*
jáquima F 1 (*cabestro*) Halfter *m/n* 2 *Am Centr* (*borrachera*) Rausch *m*
jaquimazo M 1 *golpe*: Schlag *m* mit dem Halfter 2 *fig* (*travesura*) übler Streich *m*; (*disgusto*) schwerer Ärger *m*; **jaquimero** M Halftermacher *m*; **jaquimón** M 1 *Cuba cordel*: Halfterstrick *m* 2 *Chile* → jáquima 1
jara F 1 BOT Zistrose *f* 2 *Guat, Méx* (*flecha*) Pfeil *m* 3 *Bol* (*pausa*) Rast *f*, Marschpause *f*
jarabe M 1 *bebida*: Sirup *m* (*tb* FARM); *fam fig* **~ de pico** Geschwätz *n*; leere Versprechen *npl*; *fam fig* **dar ~ a alg** j-m Honig ums Maul schmieren *fam* 2 *Méx baile*: Jarabe *m* 3 *fam fig* (*paliza*) **dar a alg ~ de palo** j-m eine Tracht Prügel verpassen
jaracatal M *Guat* Menge *f*, Haufen *m*; **jaracate** M *Guat* BOT *ein gelb blühender Baum, der sich sehr rasch vermehrt*; **jaragua** F BOT *Rubiazee* (*Phyllanthus stillans*)
jaral M 1 *terreno con jaras*: mit Zistrosen bestandenes Gelände *n*; *p. ext* (*matorral*) Gestrüpp *n* 2 *fig* (*revoltijo*) Wirrwarr *m*, Dickicht *n*
jaramago M BOT *Art* Doppelsame *m*; **jaramugo** M kleiner Fisch *m*, Köderfisch *m*
jarana F *fam* 1 (*diversión bulliciosa*) lärmende Fröhlichkeit *f*, Rummel *m*; Remmidemmi *n*; *p. ext* (*tumulto*) Krach *m*, Radau *m*; Streit *m*, Zank *m*; *fam fig* (*patraña*) Lug und Trug *m*; **hay ~** es geht hoch her; **andar de ~** lärmen, Krach machen 2 *Am reg baile*: volkstümliches Tanzvergnügen *n*, Schwof *m fam*; *Perú fig* **¡qué buena ~!** *corresponde a*: was für eine Frechheit!, das ist ja ein Ding!; *Perú* MÚS **canto** *m* **de ~** *volkstümliche Gesangsart aus Lima* 3 *Am Mer, Antillas* (*burla*) Scherz *m*, Ulk *m*, Streich *m* 4 *Am Centr* (*deuda*) (*nicht bezahlte*) Schuld *f* 5 *Méx* (*pequeña guitarra*) kleine Gitarre *f*
jaranear *fam* A V/I 1 (*hacer ruido*) lärmen, Krach machen 2 *Bol, Perú, P. Rico* (*bailar*) tanzen, schwofen *fam* 3 *Cuba, Chile* (*bromear*) scherzen, Spaß machen 4 *Guat* (*endeudarse*) Schulden machen B V/T 1 *Am Centr, Col* (*engañar*) betrügen 2 *Col* (*molestar*) belästigen; **jaranero** A ADJ 1 (*jocoso*) immer lustig, stets zum Vergnügen aufgelegt 2 (*camorrero*) rauflustig, streitsüchtig B M 1 *Esp* (*camorrista*) Krawallbruder *m*, Raufbold *m* 2 *Am Centr* (*embustero*) Schwindler *m*, Gauner *m*; **jaranita** F *Méx* → jarana 5; **jarano** M *sombrero*: weißer (*o* grauer) Filzhut *m*
jarca F 1 (*multitud*) Menschenmenge *f*; (*barullo*) Rummel *m* 2 *leng juv* (*pandilla*) Clique *f*, Bande *f* 3 *Bol* BOT *Art* Akazie *f*
jarcha F LIT Jarcha *f* (*mozarabische Schlussstrophe eines arabischen bzw hebräischen Gedichts*)
jarcia F 1 MAR (*soga*) Seil *n*, Tau *n*; **~s** *fpl* (*cordaje*) Takelwerk *n*; *para pescar*: Fischfangausrüstung *f* (*Netze etc*) 2 *fig* Haufen *m* 3 *Cuba, Méx* → cordel; **jarciar** V/T ⟨1b⟩ → enjarciar
jarcor M *leng juv* Hardcore *m*
jardín M 1 (Zier-)Garten *m*; **~ botánico** botanischer Garten *m*; **~ delantero** Vorgarten *m*; **~ de infancia** *o Arg* **de infantes** Kindergarten *m*; **~ zoológico** zoologischer Garten *m*; **los jardines colgantes de Babilonia** die Hängenden Gärten der Semiramis; *leng juv* **ir al ~** aufs Klo gehen *fam* 2 *en esmeraldas*: Flecken *m auf Smaragden* 3 MAR (*retrete*) Schiffsabort *m*
jardinear V/I im Garten arbeiten, gärtnern; **jardinera** F 1 *mujer*: Gärtnerin *f*; GASTR **a la ~** nach Gärtnerinart 2 (*macetero*) Blumenkasten *m*; Blumengestell *n*; **jardinería** F Gärtnerei *f*; Gartenarbeit *f*; **jardinero** M 1 *oficio*: Gärtner *m*; **~ paisajista** Landschaftsgärtner *m* 2 *Arg, Ur* (*pantalón con peto*) Latzhose *f*
jarear A V/I *Bol* eine Rast einlegen B V/R **jarearse** *Méx* 1 (*huir*) fliehen 2 (*bambolearse*) schaukeln 3 (*morir de hambre*) umkommen vor Hunger; **jareta** F 1 TEX (*dobladillo*) Saum *m* (*zum Durchziehen eines Gummis etc*); Biese *f*; *fam fig* **dar ~** viel reden, drauflosschwatzen 2 MAR (*cabo*) Verstärkungstau *n* 3 *Ven* (*molestia*) Belästigung *f*; Widerwärtigkeit *f*; **jarete** M *Ven* Paddel *n*
jargueta F *pez*: Streifenbrasse *f*
jarife M → jerife; **jarifo** ADJ *fam* stattlich, prächtig; prunkvoll
jarilla F *Arg, Chile* BOT Jarillastaude *f* (*Zaccagnia punctata*); **jarillo** M BOT Aronstab *m*
jaripeo M 1 *Bol* (*montar un toro*) Ritt *m* auf einem Stier (*Bauernsport*) 2 *Méx* Rodeo *n*
jaro[1] M BOT → jarillo
jaro[2] M Dickicht *n*
jarocho A ADJ *reg* barsch; grob B M, **-a** F *Méx* HIST Bewohner *m*, -in *f* des Küstenlands bei Veracruz
jarope M *fam* (Arznei-)Sirup *m*; *fam fig* Gesöff *n*

fam; **jaropear** VT & VI *fam* (Hustensäfte *etc*) schlucken; **jaropeo** M *fam* (häufiges) Einnehmen *n* von Hustensäften *etc*

jarra F (zweihenkliger) Tonkrug *m*; Wasserkrug *m*; **~ de cerveza** Bierkrug *m*; Halbliterkrug *m* Bier; **~ termo** Isolierkanne *f*, Thermoskanne® *f*; **en** *o* **de ~s** die Arme in die Seiten gestemmt; **ponerse en ~s** die Arme in die Seiten stemmen

jarrai F *País vasco* ***extrem nationalistische baskische Jugendorganisation***; **jarraitxu** M/F Mitglied *n* der Jarrai

jarrazo M 1 großer Krug *m* 2 *golpe*: Schlag *m* mit einem Krug; **jarrear** VI 1 (*sacar un líquido*) mit dem Krug schöpfen 2 (*dar jarrazos*) mit einem Krug zuschlagen 3 *fam* (*llover*) in Strömen regnen, schütten *fam*, gießen *fam*; **jarrero** M Krugmacher *m*; **jarreta** F kleiner Krug *m*; **jarretar** VT schwächen, entmutigen; **jarrete** M 1 (*corva*) Kniekehle *f* 2 GASTR Hachse *f*, Haxe *f* (*reg*); **~ de ternera** Kalbshachse *f*; **jarretera** F Strumpfband *n*; **Orden** *f* **de la Jarretera** Hosenbandorden *m*

jarro M 1 (einhenkliger) Krug *m*; Kanne *f*; **a ~s** im Überfluss; → *tb* jarra 2 *fig* **un ~ de agua fría** eine kalte Dusche; **echarle a alg un ~ de agua fría** j-m einen Dämpfer aufsetzen *o* geben

jarrón M 1 (*florero*) Blumenvase *f*; großer Zierkrug *m*; **~ de piedra** Steinvase *f* (*in einem Park*) 2 *adorno*: Ornament *n* in Vasen- *o* Urnenform

jartera F *Col* Überdruss *m*

Jartum M Khartum *n*

jasar VT → sajar

jaspe M MINER Jaspis *m*; **jaspeado** ADJ marmoriert, gesprenkelt; **jaspear** VT marmorieren; TEX jaspieren

jaspia F *Guat fam* das tägliche Brot; **jaspiar** VT ⟨1b⟩ *Guat fam* essen

jata F *Cuba* BOT *Art* Palmichepalme *f*; **jateada** F *Perú fam* → jato 3; **jatear** VI *Perú fam* pennen *fam*; **jatía** F *Cuba* BOT ***großer Baum mit schwammigem Holz***; **jatico** M *Cuba, Guat* Babykörbchen *n*

jato M 1 ZOOL (*ternero*) Kalb *n* 2 *fam* (*casa*) Haus *n*, Bude *f fam* 3 *Perú fam* (*dormir*) Pennen *n*, *fam* Schlafen *n*; *fam* **tirar ~** *fam* pennen *fam*

jau INT ***Ruf zum Antreiben von Tieren, bes Stieren***

jauja F *fig* Schlaraffenland *n*

jaula F 1 *para animales*: Käfig *m* (*tb* TEC); *para pájaros*: Vogelbauer *n*; *fig* **~ de grillos** Narrenhaus *n fam* 2 (*cajón enrejado*) Lattenkiste *f* 3 *del ascensor*: Fahrstuhlkorb *m*, -kabine *f*; MIN Förderkorb *m* 4 *en garajes*: Box *f* 5 (*para niños: parque*) Laufstall *m für Kleinkinder* 6 FERR Viehwagen *m* 7 *P. Rico fam para presos*: Gefangenenwagen *m*, grüne Minna *f fam* 8 *pop* (*cárcel*) Knast *m*

jauría F CAZA Meute *f* (*tb fig*)

Java F Java *n*

javanés A ADJ javan(es)isch B M, **-esa** F Javaner *m*, -in *f*

jayán M, **jayana** F Riese *m*, Riesin *f*; große (*o* ungeschlachte) Person *f*

jayares FPL *Esp fam* Zaster *n fam*, Kohle *mpl fam*

jáyaro ADJ *Ec* grob, ungebildet

jazmín M BOT Jasmin *m*; **jazmíneas** FPL BOT Jasmingewächse *npl*

jazz [jas] M MÚS Jazz *m*; **banda** *f o* **grupo** *m* **de ~** Jazzband *f*, -kapelle *f*; **jazzero** M, **-a** F, **jazzista** M/F, Jazzmusiker *m*, -in *f*, Jazzer *m*, -in *f fam*; **jazzman** M Jazzmusiker *m*, Jazzer *m fam*

J.C. ABR (Jesucristo) Jesus Christus

jean(s) [jin(s)] M(PL) *Am* Jeans *pl*; **jeanería** F *Am reg* Jeansladen *m*

jebe M 1 → alumbre 2 *Chile, Ec, Perú* (*goma*) Gummi *m*, Kautschuk *m* 3 *Perú fam* (*preservativo*) Kondom *n*, Gummi *m fam* 4 *Esp vulg* (*trasero*) Hintern *m fam*, Arsch *m vulg*; *persona*: Arschloch *n vulg*

jebo M, **-a** F baskischer Bauer *m*, baskische Bäuerin *f*

jediondo M *Col, Ven pop* Mistkerl *m pop*

jefa F Chefin *f*, Leiterin *f*; **~ de departamento** Abteilungsleiterin *f*; MED **~ de enfermeras** Oberschwester *f*; **~ de Estado** Staatschefin *f*; → *tb* jefe

jefatura F (obere) Behörde *f*; Leitung *f*; **~ del Estado** Amt *n* des Staatschefs; **~ forestal** Forstamt *n*; **~ de policía** Polizeidirektion *f*, -präsidium *n*; *Esp* **~ de tráfico** oberste Straßenverkehrsbehörde *f*

jefazo M *fam* Boss *m fam*; *desp* **el gran ~** der Obermacker *fam*

jefe A M Chef *m*, Leiter *m*; Vorsteher *m*; Vorgesetzte *m*; Führer *m*; MIL Stabsoffizier *m*; **~ de almacén** Lagerverwalter *m*; **~ de bomberos** Feuerwehrhauptmann *m*; **~ de compras** Chefeinkäufer *m*; **~ de departamento** Abteilungsleiter *m*; FERR **~ de estación** Bahnhofsvorstand *m*; **~ de Estado** Staatsoberhaupt *n*; MIL **~ de Estado Mayor** Generalstabschef *m*; **~ de exportación** Exportleiter *m*; **~ de gobierno** Regierungschef *m*; **~ ideológico** Chefideologe *m*; MIL **~ inferior** *o* **subalterno** Unterführer *m*; **médico** *m* **~** Chefarzt *m*; Oberarzt *m*; leitender Arzt *m*; POL **~ de partido** Parteichef *m*, Parteiführer *m*; **~ de personal** Personalchef *m*; **~ de producto** Produktmanager *m*; **~ de publicidad/de sección** Werbe-/Abteilungsleiter *m*; **~ de rango** *hotel*: Chef *m* de rang; **~ superior de policía** Polizeipräsident *m*; **~ de recepción** Empfangschef *m*; **~ de ruta** Reiseleiter *m*; **~ de taller** Werkmeister *m*; FERR **~ de tren** Zugführer *m*; *etnología*: **~ tribal** Stammeshäuptling *m*; **~ de ventas** Verkaufsleiter *m*, -chef *m* B F *Col* Chefin *f*, Leiterin *f*; Vorgesetzte *f*

jegüite M *Méx* Gestrüpp *n*; Futtergras *n*

Jehová M REL → Yahvé; REL **Testigos de ~** Zeugen *mpl* Jehovas

jehovismo M REL Doktrin *f* der Zeugen Jehovas; **jehovista** M/F REL Anhänger *m*, -in *f* der Zeugen Jehovas

¡je, je, je! *onom risa*: ha, ha, ha!

jején M 1 *Am insecto*: ***eine Stechmücke*** *f*; *Cuba, P. Rico* **saber donde el ~ puso el huevo** supergescheit sein 2 *Méx* (*abundancia*) Menge *f*

JEM ABR (Jefe de[l] Estado Mayor) *Esp* MIL Generalstabschef *m*

jema F *Perú pop* (*mujer*) Tante *f fam*, Tussi *f fam*

jeme M *medida de mano*: Spanne *f*; *fam fig* **tener muy buen ~** *mujer* ein hübsches Gesichtchen haben

jemer M/F Khmer *m/f*

jemiquear VI *Chile* → gimotear

jengibre M BOT Ingwer *m*; *fig* **saber a ~** unangenehm sein

jeniquén M BOT → henequén

jeque M Scheich *m*; *fam* **~ del petróleo** Ölscheich *m fam*

jerarca M/F Hierarch *m*, -in *f*; *fig* hohe(r) Würdenträger *m*, -in *f*; *desp* Bonze *m*; Oberboss *m fam*; **jerarquía** F Hierarchie *f*, Rangordnung *f*; *fig* (*categoría*) Rang *m*, Einstufung *f*; **jerárquico** ADJ hierarchisch; Rang...; ADMIN **vía** *f* **-a** Dienstweg *m*

jerarquización F Hierarchisierung *f*; **jerarquizar** VT ⟨1f⟩ nach Rang (*o* Bedeutung) einstufen; hierarchisieren

jerbo M ZOOL Springmaus *f*

jeremiada F *fam fig* Klagelied *n*; **~s** *fpl* REL Klagelieder *npl* des Jeremia; *fig* Jammerreden *fpl*, Jammern *n*; **jeremías** M/F *fam fig* ewig jammernde(r) Zeitgenosse *m*, -genossin *f*; **jeremiquear** VI *Am, espec Cuba, Chile, P. Rico* klagen, jammern; **jeremiqueo** M *Am fam* Gejammere *n fam*

jerez M (**vino** *m* **de**) **~** Sherry *m*; **jerezano** A ADJ aus Jerez de la Frontera B M, **-a** F Einwohner *m*, -in *f* von Jerez

jerga[1] F 1 (*tela de lana gruesa*) grobes Wollzeug *n* 2 *Arg, Chile* (*mantilla*) Satteldecke *f*

jerga[2] F LING Jargon *m*; Kauderwelsch *n*; **~ estudiantil** Schüler- und Studentensprache *f*; **~ del hampa** Gaunersprache *f*; **~ militar** Soldatenjargon *m*; **~ profesional** Fachsprache *f*, -jargon *m*

jergal ADJ Jargon...

jergón[1] M 1 (*colchón de paja*) Stroh-, Bettsack *m* 2 *fam fig* (*vestido mal hecho*) schlecht sitzende Kleidung *f*, Sack *m* (*fam fig*) 3 *fam fig* (*persona gorda*) Dickwanst *m*

jergón[2] M MINER grüner Zirkon *m*; **jerguilla** F TEX leichteres Zeug *n aus Seide oder Wolle*

jeribeque M Grimasse *f*; **hacer ~s** Grimassen schneiden; gestikulieren

jerife M Scherif *m* (***Nachkomme Mohammeds***); **jerifiano** ADJ Scherifen...; **su majestad -a** ***Titel des Königs von Marokko***

jerigonza F 1 (*jerga*) Kauderwelsch *n*; Gaunersprache *f* 2 *fam fig* (*acción ridícula*) lächerliches Treiben *n*

jeringa F 1 MED (Injektions-)Spritze *f*; *para enemas*: Klistierspritze *f* 2 GASTR *para tortas*: Krem-, Tortenspritze *f*; *al hacer chorizos*: Stopftrichter *m* 3 *fam fig* **¡qué ~!** wie lästig!; wie langweilig!; **jeringador** ADJ *fam* lästig, nervtötend *fam*

jeringar ⟨1h⟩ A VT 1 (*inyectar*) einspritzen; *j-m* eine Spritze geben 2 *fam* (*fastidiar*) ärgern, auf den Wecker gehen *fam* B VR **jeringarse** 1 *fam fig* (*aburrirse*) sich langweilen 2 *fam* (*disgustarse*) sich ärgern 3 *fam* (*romperse*) kaputtgehen; **jeringazo** M (*inyección*) Einspritzung *f*, Spritze *f*; (*hilo, chorro*) Strahl *m* aus der Spritze; **jeringón** ADJ *Am reg pop* lästig, ärgerlich; **jeringoso** ADJ *fam* ärgerlich; **jeringuear** VT *Am* ärgern, belästigen; **jeringuilla** F 1 MED *instrumento*: Injektionsspritze *f* 2 BOT Wilder Jasmin *m*

jerma F *Perú fam* (*mujer*) Puppe *f*, Tante *f fam*

jeroglífico A ADJ **escritura** *f* **-a** Hieroglyphenschrift *f* B M Hieroglyphe *f*; *fig* Bilderrätsel *n*

jerónimo REL A ADJ Hieronymiten... B M, **-a** F Hieronymit *m*, -in *f*

jerosolimitano A ADJ aus Jerusalem, jerusalemitisch B M, **-a** F Einwohner *m*, -in *f* Jerusalems, Jerusalemit *m*, -in *f*

jerpa F AGR unfruchtbare Rebe *f*

jerrycan M *großer* Benzinkanister *m* (*espec* MIL)

jerséi M, **jersey** M ⟨*pl* ~s⟩ *Esp* Pullover *m*, Pulli *m fam*; **~ cuello cisne** Rollkragenpullover *m*, Rolli *m fam*; **~ de lana** Wollpullover *m*

Jerusalén M Jerusalem *n*

jeruza F *Guat, Hond fam* Gefängnis *n*, Kittchen *n fam*

Jesucristo M N PR Jesus Christus *m*

jesuita A ADJ Jesuiten... B M Jesuit *m*; **jesuítico** ADJ jesuitisch (*tb frec fig desp*); *fig desp* hinterhältig; **jesuitismo** M Jesuitentum *n*; *fig desp* Hinterhältigkeit *f*, Heuchelei *f*

Jesús M N PR Jesus *m*; **¡~!** *int sorpresa, susto*: um Gotteswillen!; (Herr-)jemine! *fam*; *al estornudar*: Gesundheit!; *fam* **en un (decir) ~** im Nu; *fam fig* **hasta verte, ~ mío** bis zum letzten Tropfen

jet [jɛt] A M *Am* AVIA Jet *m* B F Jetset *m*

jeta F *fam* 1 (*labios abultados*) dicke Lippe *f* 2 ZOOL (*hocico del cerdo*) (Schweins-)Rüssel *m*; Schnauze *f* 3 *pop* (*boca*) Maul *n pop*, Schnauze *f pop*; **poner ~** eine Schnute machen *fam* 4 *pop* (*cara*) Fratze *f pop*, Visage *f pop*; *pop* **no asomes la ~ por aquí** lass dich hier bloß nicht

blicken **5** *Esp reg vulg (vulva)* Muschi *f pop*, Fotze *f vulg*
jetazo M *Ven fam reg* → mojicón 2
jeteador M, **jeteadora** F *Arg, Ur fam* Schnorrer *m*, -in *f*, Pumper *m*, -in *f fam*; **jetear** VI *Arg, Ur fam dinero* schnorren; pumpen *fam*; **jetero, jetón** ADJ *fam* → jetudo
jet lag ['jɛt laɣ] M Jetlag *m*
jet set ['jɛt sɛt] F, **jet-society** ['jɛt-so'saĭti] F Jetset *m*
jetudo ADJ *fam persona* dicklippig; *animal* mit vorspringender Schnauze
jí INT ¡~, ~! hihi!
jíbaro[1] *Am* **A** ADJ **1** *espec Cuba, Méx, P. Rico animal* wild; verwildert **2** *(campesino)* vom Lande; bäurisch; *(huraño)* ungesellig, menschenscheu **B** M **1** *Hond (hombre fuerte)* kräftiger Mann *m* **2** *P. Rico (persona del campo)* Mann *m* vom Lande, Bauer *m*
jíbaros[2] MPL Jivaros *mpl*, *z. T. noch wenig zivilisierte Indianer, heute noch in Ec, Col., Chile, Perú*
jibia F **1** ZOOL Tintenfisch *m*, Sepia *f* **2** → jibión; **jibión** M Kalkschulp *m des Tintenfisches*
jícama F *Am Centr, Méx* BOT *eine essbare Knollenfrucht*
jícara F **1** *(tacita)* Schokoladentässchen *n* **2** *Am* BOT *fruto*: Frucht des Kürbisbaums; *vasija*: Trinkgefäß *n* aus der Kürbisbaumfrucht **3** TEC *(aislante)* Isolator *m an Telegrafenstangen* **4** *Méx fam (calvo)* Glatzkopf *m fam*
jicarazo M *espec Méx* **1** *golpe*: Schlag *m* mit einer Kürbisbaumfrucht (→ jícara 2) **2** *medida*: eine Tasse voll *(Maß beim Ausschank von Agavenschnaps)* **3** **dar ~ a alg** j-n vergiften
jícaro M *Am Centr, Méx* BOT Kürbis-, Kalebassenbaum *m*
jicote M *Am Centr, Méx insecto*: *Art* Hornisse *f*; *Méx (avispa)* Wespe *f*; **jicotea** F *Col, Cuba, Méx* ZOOL → hicotea; **jicotera** F **1** *Am Centr, Méx (nido de avispas)* Hornissen-, Wespennest *n* **2** *Méx fig (zumbar)* Summen *n*; **armar una ~** Krach (*o* Krawall) machen
jien(n)ense **A** ADJ aus Jaén **B** M/F Einwohner *m*, -in *f* von Jaén
jifa F Abfall *m beim Schlachten*; **jifería** F Schlächterhandwerk *n*; **jifero** **A** ADJ **1** *(relativo al matadero)* Schlachthof... **2** *fam fig (sucio)* schmutzig, dreckig *fam* **B** M **1** *(carnicero)* Schlächter *m* **2** *(cuchillo de matarife)* Schlachtmesser *n*
jifia F *pez*: Schwertfisch *m*
jigua F *Col, Ven* Stoffbeutel *m*, Basttasche *f*
jiguagua F *Cuba Fischart (Caranx carangus)*
jigüe M *Cuba folclore*: Wasserkobold *m*, Nix *m*; **jigüera** F *Cuba* **1** BOT → güira **2** *(calabaza)* Kalebasse *f*
jijallo M BOT Geißklee *m*
jilguero M ORN Distelfink *m*, Stieglitz *m*
jilibioso ADJ *Chile* **1** *(remilgado)* zimperlich; weinerlich **2** *caballo* unruhig
jilmaestre M MIL Schirrmeister *m*
jilosúchil M *Méx* BOT Engelshaar *n*
jilote M *Am Centr, Méx* grüner Maiskolben *m*; **jilotear** VI *Am Centr, Méx maíz* anfangen, zu reifen
jimaguas MPL *Cuba* Zwillinge *mpl*
jimbo ADJ *Méx fam* betrunken
jimelga F MAR (Mast-)Schalung *f*
jinda(ma) F *fam* Bammel *m fam*, Schiss *m pop*
jineta[1] F ZOOL Ginsterkatze *f*
jineta[2] F **1** *arte de montar*: Reiten *n* mit kurzen Steigbügeln **2** *Arg* MIL *(galón)* Tresse *f*
jinete M **1** Reiter *m*; **~ de doma** Dressurreiter *m* **2** *(buen caballo)* gutes Reitpferd *n* **3** *fam fig Cuba* → sablista; **jinetear** **A** VI reiten **B** VT *Am Centr, Méx caballos, etc* zureiten **C** VR **jinetearse** *Col equitación*: aufsitzen; **jinetero** M, **-a** F *desp Cuba* Prostituierte *m/f*; Stricher *m fam*, Nutte *f fam (für ausländische Touristen)*
jinglar VI schaukeln; schwanken
jingle M TV, RADIO Jingle *m*
jingoísmo M *desp* Hurrapatriotismus *m*; **jingoísta** M/F Hurrapatriot *m*, -in *f*, Chauvinist *m*, -in *f*
jínjol M BOT Brustbeere *f*
jiña F *vulg* Scheiße *f*; **jiñar** **A** VI *vulg* scheißen *vulg* **B** VR **jiñarse** *vulg* Schiss kriegen *pop*, die Hosen voll haben *fam*
jiote M *Am Centr, Méx* **1** MED → impétigo **2** BOT *eine Terebinthe*
jipa F *Am*, **jipi** M *fam* → jipijapa
jipi M Hippie *m*
jipiar VI ⟨1c⟩ seufzen, schluchzen; *cantar*: schluchzend singen
jipijapa M Panamahut *m*
jipioso ADJ zerlumpt; **jipismo** M Hippiebewegung *f*
jiquilete *Cuba*, **jiquilite** M *Antillas, Méx* BOT *y Farbstoff*: Indigo *m*
jira F **1** *(merienda campestre)* Landpartie *f*, Picknick *n* **2** TEX *tela*: Stoffbahn *f*
jirafa F **1** ZOOL Giraffe *f* **2** *fam mujer*: Bohnenstange *f fam*; **jiráfico** ADJ Giraffen...
jirel M Schabracke *f*
jirón M **1** *(trozos)* Fetzen *m*; **-ones** *pl* **de niebla** Nebelfetzen *mpl*; **hacer -ones** zerfetzen **2** *heráldica*: Ständer *m* **3** *Perú (calle estrecha)* (enge) Straße *f*; **jironado** ADJ **1** *(destrozado)* zerfetzt **2** *heráldica*: geständert
jitomate M *Méx* BOT Tomate *f*
jiu-jitsu M DEP Jiu-Jitsu *n*
JJ.OO. MPL ABR (Juegos Olímpicos) Olympische Spiele *npl*
jo INT ¡~! he da!, Mensch!; ¡~ ~! ha, ha!
Job N PR M *Biblia*: Hiob *m*; *fig* **ser un job** *o* **ser paciente como ~** (alles) mit Engelsgeduld tragen
jobar VI *euf* → joder B; **jobillo** M *P. Rico fam* **irse de ~** die Schule schwänzen *fam*
jobo M **1** *Am Cent, Méx* BOT → jocote **2** *Méx, Guat aguardiente*: *Art* Schnaps *m*
JOC F ABR (Juventud Obrera Católica) Katholische Arbeiterjugend *f*
joche M *Bol* ZOOL Aguti *n*, Goldhase *m*
jockey M Jockey *m*
joco ADJ *Am Centr* sauer, scharf
jocó M ZOOL Orang-Utan *m*
jocoque M *Méx* Sauermilchcreme *f*
jocoserio ADJ halb im Spaß, halb im Ernst; **jocosidad** F Spaß *m*; Schäkerei *f*; **jocoso** ADJ spaßig; scherzend; lustig
jocosúchil M *Méx* BOT Tabascopfeffer *m*; **jocote** M *Am Cent* BOT *amerikanischer* Kirschbaum *m*
jocundidad F Fröhlichkeit *f*; **jocundo** ADJ fröhlich, munter, heiter
joda F *vulg* **1** *Am reg (porquería)* Mist *m fam*, lästige Sache *f* **2** *Arg (broma, diversión)* lärmendes Fest *n* **3** *Col (molestia)* Belästigung *f*; **jodedera** F *Col, Ven vulg (molestia)* (ständige) Belästigung *f*
joder **A** VI *vulg* bumsen *vulg*, ficken *vulg* **B** VT *pop fig* **1** *(fastidiar)* **~ a alg** j-n ärgern; *cosa* j-n ankotzen *pop*; **¡ya no me jode más!** von Ihnen lasse ich mir das nicht mehr bieten!; Sie können mich mal! *pop*; *vulg* **la hemos jodido** wir haben sie verärgert; *vulg* **¡no me jodas!** so was (gibt's ja gar nicht)! **2** **~ a/c** *(estropear)* etw vermasseln; etw versauen *pop*; *(destrozar)* etw kaputt machen *fam*; *vulg* **le ha jodido el puesto** sie hat ihn um seinen Arbeitsplatz (*o* Job *fam*) gebracht **3** *vulg* **¡~!** verdammt noch mal! *fam*, Scheiße! *pop* **C** VR **joderse** *vulg fig* sich belästigen lassen müssen; sich abrackern; *vulg* **¡que se jodan!** zum Teufel mit ihnen!; *vulg* **¡hay que ~!** ist das zu fassen?; *irón* na toll!
jodido ADJ *vulg* beschissen *pop*; **estar ~** aufgeschmissen sein; **jodienda** F *vulg* **1** *(coito)* Koitus *m*, Fick *m vulg* **2** *vulg fig trabajo*: Plackerei *f*, Schinderei *f*; **jodón** **A** ADJ *Col, Méx vulg fam* lästig; ärgerlich **B** M *vulg* **1** *Col (pelmazo)* Nervensäge *f* **2** *Arg, Ur (chistoso)* Witzbold *m*, Spaßvogel *m*
joer INT *euf* → joder
jofaina F Waschschüssel *f*
jogging ['joɣin] M **1** *espec Am* DEP Joggen *n*, Jogging *n*; **hacer ~** joggen **2** *Am* TEX *vestimenta*: Trainingsanzug *m*
johannesburgués ADJ aus Johannesburg
joint(-)venture [jo̯ĭn(-)βɛntĭur] F/M ECON Joint Venture *n*
jojoba F BOT Jojoba *f*; **aceite** *m* **de ~** Jojobaöl *n*
jojoto M *Ven* BOT, GASTR grüner Maiskolben *m*
jóker M *juego de cartas*: Joker *m*
jolgorio M *fam* Rummel *m*; Jubel *m*, Trubel *m*, Heiterkeit *f fam*
jolín, jolines INT *pop* verflixt und zugenäht! *fam*
jollín M *fam* → jolgorio
jolongo M *Cuba* Bündel *n*
jondo ADJ **cante ~** *andalusische Volksweise*
jónico ADJ ionisch; ARQUIT **orden** *m* **~** ionischer Stil *m*; **Mar** *m* **Jónico** Ionisches Meer *n*
jonio ADJ ionisch
J.O.N.S. FPL ABR (Juntas de Ofensiva Nacional-Sindicalista) *Esp* HIST *spanische faschistische Partei, die später in die Falange einging*
jopo M **1** → hopo[1] **2** *Bol (alfiler grande)* große Haarnadel *f*
jora F *Am Mer* vergorener Mais *m zur Chichabereitung*
Jordania F Jordanien *n*
jordano **A** ADJ jordanisch **B** M, **-a** F Jordanier *m*, -in *f*
jorfe M **1** *(muro)* Trockenmauerwerk *n* **2** *(peñasco)* steiler Fels *m*, Wand *f*
jornada F **1** *(día de trabajo)* (Arbeits-)Tag *m*; Arbeitszeit *f*; **~ intensiva** *o* **continua** durchgehende Arbeitszeit *f*; **~ flexible** gleitende Arbeitszeit *f*; **~ laboral** Arbeitstag *m*; **~ semanal** Wochenarbeitszeit *f*; **~ (de trabajo) de ocho horas** Achtstundentag *m*; **hacer ~ reducida** kurzarbeiten **2** *enseñanza*: **~ escolar** Schultag *m*; **~ lectiva** Unterrichtszeit *f* **3** *lotería, etc*: Spieltag *m* **4** *(viaje de un día)* Tagereise *f* **5** **~ de puertas abiertas** Tag *m* der offenen Tür **6** **~s** *fpl (congreso)* Tagung *f* **7** TEAT, LIT *(acto)* Akt *m*
jornadista M/F Tagungsteilnehmer *m*, -in *f*; **jornal** M **1** *(pago por día)* Tagelohn *m* **2** AGR *medida agraria*: Tag(e)werk *n*; **jornalero** M, **-a** F Tagelöhner *m*, -in *f*
joroba F **1** *(corcova)* Buckel *m* **2** *fig (impertinencia)* Zudringlichkeit *f*; Belästigung *f*; *fam* **¡~!** verflixt! *fam*; **jorobado** **A** ADJ **1** *(corcovado)* buck(e)lig **2** *fam fig (pesado)* lästig; übel dran; **estar ~** aufgeschmissen sein **B** M, **-a** F Buck(e)lige *m/f*; **jorobar** *fam* **A** VT **1** *(molestar)* belästigen, ärgern, nerven *fam*; versauen *fam* **2** *euf* → joder B **B** VR **jorobarse** **1** *(disgustarse)* sich ärgern **2** *(resignarse)* an sich *(acus)* halten; sich abfinden (**con** mit *dat*) **3** *(irse al diablo)* zum Teufel gehen *fam* **4** *euf* → joder C
jorongo M *Méx Art* Poncho *m*
joropo M *Col, Ven* MÚS *ein Volkstanz*
jorra F *Col* unfruchtbares Tier *n*
jorrar VT MAR *red* schleppen; **red** *f* **de ~** → jorro; **jorro** M Grundschleppnetz *n*
jorungo M *fam* **1** *Ven* → gringo **2** *Cuba (persona fastidiosa)* langweiliger (*o* lästiger)

Mensch *m*
jota[1] F 1 Jot *n (Name des Buchstabens)* 2 *fig (pequeñez)* Jota *n*, Winzigkeit *f*; **no le falta una ~** es fehlt nicht das Geringste daran; **no saber (ni) ~** keine Ahnung haben; **no ver ni ~** nichts sehen können
jota[2] F MÚS, *folclore* Jota *f (spanischer Volkstanz)*
jota[3] F GASTR *Art* Gemüseeintopf *m*
jota[4] F *Am* → ojota
jote M *Arg, Chile, Perú* ORN Rabengeier *m (Coragyps atratus)*; Truthahngeier *m (Cathartes aura)*
jotero A ADJ MÚS Jota... B M, **-a** F Jotasänger *m*, -in *f*, Jotatänzer *m*, -in *f*
joto A M 1 *Méx (homosexual)* warmer Bruder *m pop* 2 *Col (atado)* Bündel *n* B ADJ *Méx pop* feige
joule M FÍS Joule *n*
joven A ADJ jung B M/F junger Mann *m*, *liter* Jüngling *m*; junges Mädchen *n*, junge Frau *f*; **los jóvenes** die jungen Leute *pl*; **jovenado** M CAT Noviziat *n*; **jovencito** M, **-a** F, **jovenzuelo** M, **-a** F 1 *dim* → joven 2 *desp (mocoso)* Grünschnabel *m fam*
jovial ADJ heiter, aufgeräumt; jovial; **jovialidad** F Heiterkeit *f*; Jovialität *f*
joviano ADJ Jupiter...
joya F 1 *(alhaja)* Juwel *n (tb fig)*, Kleinod *n*; *fig* Perle *f*, Kostbarkeit *f*; *irón* (sauberes) Früchtchen *n fam*; **~ de la corona** Kronjuwel *n*; **~s** *fpl* Schmuck-, Wertsachen *fpl* 2 ARQUIT Säulenring *m*
joyante ADJ **seda** *f* **~** Glanzseide *f*
joyel M kleines Schmuckstück *n*; **joyera** F Juwelierin *f*, Schmuckhändlerin *f*; **joyería** F Juwelierladen *m*; **joyero** M 1 *oficio*: Juwelier *m*, Schmuckhändler *m* 2 *estuche*: Schmuckbehälter *m*, -schatulle *f*
joyo M BOT Lolch *m*
joyolina F *Guat fam* Kittchen *n fam*
joy(-)stick [ʤɔı̆(-)stik] M Joystick *m*
juagar V/T *Col* mit Seife waschen
Juan M NPR Johann(es) *m*, Hans *m*; *Biblia*: **~ Bautista** Johannes *m* der Täufer; *fig* **~ Español** *der Durchschnittsspanier, vergleichbar dem „deutschen Michel"*; **~ Lanas** gutmütiger Trottel *m*, Pantoffelheld *m*; *desp (blandengue)* Schwächling *m*, Wasch-, Jammerlappen *m*; *desp* **~ Palomo** Flasche *f fam*, Niete *f*; **~ Pérez** der Mann auf der Straße, Otto Normalverbraucher *fam*; **Don ~ (Tenorio)** Don Juan *m*
juana F *fig* → damajuana; **~s** FPL Handschuhspanner *m der Handschuhmacher*
juanero M *Esp jerga del hampa* Opferstockdieb *m*
Juanes N PR HIST *berühmter toledanischer Waffenschmied*; *liter* **la de ~** Schwert *n*
juanete M 1 ANAT *(pómulo)* vorstehender Backenknochen *m*; MED Hallux *m* valgus 2 MAR Bram-, Toppsegel *n* 3 *Hond* → cadera; **juanetero** M MAR Toppgast *m*; **juanetudo** ADJ mit vorspringenden Backen; MED mit Hallux *m* valgus
juanito M *Esp jerga del hampa* Opferstock *m*
juarista M/F *Méx* HIST Anhänger *m*, -in *f* des Benito Juárez
jubilación F 1 *(paso a retiro)* Versetzung *f* in den Ruhestand; *de funcionarios*: Pensionierung *f*; UNIV Emeritierung *f*; **~ anticipada** Frühpensionierung *f*, Vorruhestand *m*; **~ forzosa** Zwangspensionierung *f* 2 *(renta)* Rente *f*; *de funcionarios*: Pension *f*, Ruhegehalt *n*; **jubilado** A ADJ 1 *(en retiro)* im Ruhestand; *funcionario* pensioniert; *espec* MIL außer Dienst; UNIV emeritiert 2 *Cuba (sagaz)* erfahren, gerissen 3 *Col (loco)* nicht (mehr) ganz gescheit B M, **-a** F Rentner *m*, -in *f*; *antiguo funcionario*: Pensionierte *m/f*; **~ m anticipado** Frührentner *m*, Frühpensionär *m*, -in *f*
jubilar[1] A V/T in den Ruhestand versetzen, verrenten; *funcionario* pensionieren B V/I *liter* frohlocken, jubilieren C V/R **jubilarse** 1 *(retirarse de una actividad)* in den Ruhestand versetzt werden, in Rente gehen; *funcionario* in Pension gehen; MIL seinen Abschied nehmen 2 *Col (venir a menos)* herunterkommen *(fig)* 3 *Cuba, Méx (juntar experiencias)* Erfahrungen sammeln 4 *Guat, Ven (hacer novillos)* blaumachen
jubilar[2] ADJ Jubiläums...; REL **año** *m* **~** Jubeljahr *n*
jubileo M Jubiläum *n*; REL Jubeljahr *n*; CAT *tb* Jubiläumsablass *m*; *fam fig* **parece que hay ~ aquí** hier geht's zu wie in einem Taubenschlag
júbilo M Jubel *m*, Freude *f*; REL, *liter* Frohlocken *n*
jubiloso ADJ jubelnd
jubón M Wams *n*
júcaro M *Antillas* BOT *Baum, Kombretazee*
juco A M *Ec* Rohr *n*, hohler Stängel *m der Gräser* B ADJ *Hond* → joco
judaico ADJ jüdisch; **judaísmo** M Judentum *n*; Judaismus *m*; **judaización** F REL Judaisierung *f*; Annahme *f* des jüdischen Glaubens; **judaizante** ADJ REL jüdischem Brauchtum folgend; **judaizar** ⟨1f⟩ REL A V/I 1 *(adoptar la religión judía)* die jüdische Religion annehmen 2 *(seguir las costumbres religiosas)* den jüdischen Religionsbräuchen folgen B V/T judaisieren, jüdisch machen
judas M ⟨*pl inv*⟩ 1 *fig (traidor)* Verräter *m*, Lump *m* 2 *folclore*: ***Strohpuppe, die am Karfreitag verbrannt wird*** 3 *Méx fam (día del Santo)* Namenstag *m* 4 *en la puerta*: Guckloch *n*, Spion *m (fam fig)*
Judas N PR M *Biblia*: **~ Iscariote** Judas Ischariot *m*; **beso** *m* **de ~** Judaskuss *m*
Judea F GEOG, HIST Judäa *n*
judeoconverso M, **-a** F jüdische(r) Konvertit *m*, -in *f*, getaufter Jude *m*, getaufte Jüdin *f*; **judeocristiano** ADJ judenchristlich; **judeoespañol** A ADJ judenspanisch B M, **judeoespañola** F spanischer Jude *m*, spanische Jüdin *f*, Spaniole *m*, Spaniolin *f*
judería F 1 *barrio*: Judenviertel *n* 2 HIST *impuesto*: Kopfsteuer *f* der Juden 3 *Arg* → judiada
judía[1] F *Esp* BOT Bohne *f*; GASTR *reg* **~s** *fpl* **blancas con jamón** weiße Bohnen *fpl* mit Schinken; **~s encarnadas** *o* **rojas** rote Bohnen *fpl*; **~s pintas** gefleckte Bohnen *fpl*; GASTR **~s tiernas** *fpl*, **~ verdes (con tomate)** grüne Bohnen *fpl* (mit Tomatensoße)
judía[2] F Jüdin *f*
judiada F (gemeiner) Streich *m*; **judiar** M AGR Bohnenacker *m*
judicatura F 1 *(dignidad de juez)* Richteramt *n*, -gewalt *f*; Richterstand *m* 2 *(jurisdicción)* Gerichtsbarkeit *f*
judicial ADJ *(del juez)* richterlich; *(del juzgado)* gerichtlich; **derecho** *m* **~** Gerichtsverfassungsrecht *n*; **error** *m* **~** Justizirrtum *m*; **gastos** *mpl* **~es** Gerichtskosten *pl*; **por vía ~** auf dem Rechtswege
judiciario A ADJ Sterndeuter...; astrologisch B M, **-a** F Sterndeuter, -in *f*; Astrologe *m*, Astrologin *f*
judío A ADJ jüdisch B M Jude *m*
judión M BOT große weiße Bohne
judo M DEP Judo *n*; **judoca** M/F, **judoka** M/F Judoka *m/f*, Judosportler *m*, -in *f*
juego[1] M 1 Spiel *n (tb fig)*; *acción*: Spielen *n*; **~ de azar/de dados** Glücks-/Würfelspiel *n*; **~ de destreza/didáctico/de entretenimiento** Geschicklichkeits-/Lern-/Unterhaltungsspiel *n*; **~ electrónico** Computerspiel *n*; **~ del escondite** Versteckspiel *n*; **~s** *pl* **de ingenio** Rätsel *npl*; Geduldsspiele *npl*; **~ de mesa** Gesellschaftsspiel *n*; **~ de niños** *fig* Kinderspiel *n*; **~ de naipes** Kartenspiel *n*; **~ de rol** Rollenspiel *n*; **~s** *pl* **de sociedad** *o Am reg* **de salón** Gesellschaftsspiele *npl*; **terreno** *m* **de ~** Spielplatz *m*; **por ~** im Spiel, im Scherz; *tb fig* **ser un ~ de niños** ein Kinderspiel sein; **no es cosa de ~** das ist nicht zum Lachen; *naipes*: **no tener ~** nicht ausspielen können 2 DEP **~ limpio** Fair Play *n*; **~s** *pl* **olímpicos** Olympische Spiele *npl*; **~s** *pl* **paralímpicos** *o* **paraolímpicos** *o* **parolímpicos** Paralympics *pl*, Behindertenolympiade *fam f*; **fuera de ~** abseits 3 *fig* **~ de aguas** Wasserspiele *npl*; *fig* **~ doble** *o* **doble ~** Doppelspiel *n*; **~s** *pl* **florales** Dichterwettbewerb *m*; **~ de luces** Lichterspiel *n (fig)*; TEX Schillern *n*, Changieren *n*; *fig* **~ de manos** Taschenspielertrick *m*; **~ de palabras** Wortspiel *n*; **conocerle** *o* **verle a alg el ~** j-s Spiel *(o* j-n) durchschauen *(tb fig)*; *fig* **echar** *o* **tomar a ~** nicht ernst nehmen; *fig* **entrar en ~** mit im Spiel sein; auftreten, in Aktion treten; *fig* **no dejar entrar en ~ a alg** j-n nicht zum Zuge kommen lassen; *fig* **estar en ~** auf dem Spiel stehen; *fig* **hacerle a alg el ~** j-s Spiel spielen; *tb fig* **poner en ~** ins Spiel bringen; einsetzen, aufbieten; *fig* **seguirle el ~ a alg** auf j-s Taktik *(acus)* eingehen 4 *(surtido)* Satz *m*, Garnitur *f*; Set *n/m*; MAR **~ de banderas** Stell *n* Flaggen; TEC **~ de bolas** Kugellager *n*; **~ de café** Kaffeeservice *n*; **~ de cama** Bettzeug *n*; INFORM **~ de caracteres** Zeichensatz *m*; **~ de maquillaje** Schminkset *n*; **~ de mesa** Tafelgeschirr *n*, (Speise-)Service *n*; **~ de té** Teeservice *n*; **hacer ~** *o* **estar** *o* **ir a ~** passen (**con** zu *dat*); zueinanderpassen; einen Satz *(o* eine Garnitur) bilden; sich ergänzen 5 *espec* TEC *(margen de movimiento)* Spiel *n*; Spielraum *m*; **exento de ~** *dirección, engranaje, etc* spielfrei, ohne Spiel; **tener ~** Spiel haben
juego[2] → jugar
juerga F *(jarana)* lärmendes Vergnügen *n*, Rummel *m*; Sauferei *f fam*; *fig (revuelto)* Durcheinander *n*, Saustall *m fam*; **estar** *o* **irse de ~** sich amüsieren, feiern; einen draufmachen *fam*; **correrse una ~** eine Orgie veranstalten, einen draufmachen *fam*; **ser una ~** eine Gaudi sein; *fam* **tomar a ~ a/c** etw nicht ernst nehmen
juerguear V/I *fam* einen draufmachen *fam*; **juergueo** M *fam* → juerga; **juerguista** M/F Bummler *m*, -in *f*, Nachtschwärmer *m*, -in *f fam*, Spaziergänger *m*, -in *f*
jueves M ⟨*pl inv*⟩ Donnerstag *m*; REL **Jueves Santo** Gründonnerstag *m*; **el ~** am Donnerstag; **(todos) los ~** (immer) donnerstags; **el ~ por la tarde** *(o* **noche)** am Donnerstagabend; **los ~ por la tarde** *(o* **noche)** donnerstagabends; *fam* **no es cosa** *o* **nada del otro ~** das ist nichts Besonderes *(o* Welterschütterndes *fam)*
juez M/F ⟨*pl* **-eces**⟩ 1 JUR Richter *m*, -in *f (tb fig)*; **~ familiar/de menores** Familien-/Jugendrichter *m*, -in *f*; **~ de instrucción** *o* **instructor** Ermittlungs-, Untersuchungsrichter *m*, -in *f*; **~ municipal** *corresponde a*: Gemeinde-, Stadtrichter *m*, -in *f*; **~ de primera instancia** *corresponde a*: Amtsrichter *m*, -in *f*; **~ de paz** Friedensrichter *m*, -in *f*; *Esp* **~ togado** Militärrichter *m*, -in *f*; **~ unipersonal** Einzelrichter *m*, -in *f* 2 DEP *y fig (árbitro)* Schiedsrichter *m*, -in *f*; **~ de línea** *o* **de banda** *obs* Linienrichter *m*, -in *f fam*, → *tb* árbitro *(asistente)*; **~ de llegada** *o* **de meta** *o Arg* **~ de raya** Zielrichter *m*, -in *f*; **~ de salida** Starter *m*
jueza F Richterin *f*; → *tb* juez
jugada F (Spiel-)Zug *m*; *fig (jugarreta)* (übler) Streich *m*; DEP **~ individual** *o* **personal** Alleingang *m*; **hacerle una mala ~ a alg** j-m übel mitspielen; **¡una ~ feliz!** ein glücklicher Wurf!; ein geschickter Schachzug! *(tb fig)*

jugador M, **jugadora** F Spieler m, -in f (tb DEP); de azar: Glücksspieler m, -in f; ~ m, ~a f **de ajedrez/de tenis** Schach-/Tennisspieler m, -in f; ~ m, ~a f **internacional/profesional** Nationalspieler m, -in f/Berufsspieler m, -in f, Profi m fam; ~ **de manos** Taschenspieler m; ~ m, ~a f **titular** Stammspieler m, -in f; ~ **de ventaja** juego de azar: Falschspieler m

jugar ⟨1h y 1o⟩ A VI 1 spielen; (bromear) scherzen (tb fig); ~ **fuerte** hoch spielen; DEP y fig ~ **limpio/sucio** fair/unfair spielen; ~ **al ajedrez/a las damas** Schach/Dame spielen; ~ **al fútbol** Fußball spielen; tb fig ~ **con alg/a/c** mit j-m/etw spielen; ~ **con a/c** tb etw spielend beherrschen; ~ **con las cartas boca arriba** die Karten auf den Tisch legen; DEP ~ **de defensa** Verteidiger spielen; ~ **del vocablo** ein Wortspiel machen; ~ **en a/c** an etw (dat) beteiligt sein, eine Rolle bei etw (dat) spielen 2 ECON ~ **a la bolsa** (an der Börse) spekulieren; ~ **al alza** auf Hausse spekulieren 3 (funcionar) gehen, funktionieren; **la puerta no juega** die Tür geht nicht 4 (armonizar) zueinanderpassen 5 Esp fam euf (copular) koitieren B VT 1 partido, juego spielen; carta ausspielen; verspielen; fig (arriesgar) aufs Spiel setzen; ~ **una carta** eine Karte ausspielen (tb fig); ~ **dinero** um Geld spielen; p. ext Geld aufs Spiel setzen, Geld riskieren; fig ~ **un papel** eine Rolle spielen 2 fig (manejar) einsetzen, spielen lassen; sable schwingen C V/R **jugarse** einsetzen, wetten; fig (arriesgar) aufs Spiel setzen, riskieren; **se juega hoy** lotería: es wird heute ausgespielt; heute ist Ziehung; fig **jugársela a alg** j-m einen Streich spielen, j-n hereinlegen; j-n schikanieren; fam **me juego la cabeza (a) que ...** ich wette meinen Kopf, dass ...; **jugárselo (todo) a una (sola) carta** alles auf eine Karte setzen; ~**(se) el todo por el todo** alles riskieren; ~ **la vida** o fam **el pellejo** sein Leben riskieren, Kopf und Kragen riskieren fam

jugarreta F Streich m, Schabernack m; **hacerle una ~ a alg** j-m einen Streich spielen

juglar M 1 (arlequín) Gaukler m, Spaßmacher m 2 HIST Spielmann m, Troubadour m; **juglaresa** F Gauklerin f; Spaßmacherin f; **juglaresco** ADJ Gaukler...; Spielmanns...; **poesía** f -a Spielmannsdichtung f

juglaría F 1 (juego de manos) Gaukelei f 2 HIST oficio: Spielmannsberuf m

jugo M espec Am 1 Saft m; ~ **de fruta(s)** Frucht-, Obstsaft m; ~ **de limón** Zitronensaft m; tb fig **sin** ~ saftlos 2 GASTR Saft m, Brühe f; ~ **de carne** Fleischsaft m 3 FISIOL Saft m; ~ **digestivo/gástrico** Verdauungs-/Magensaft m 4 fig Kern m, Substanz f; Am fig **sacar ~ a a/c** etw ausnützen; aus etw Nutzen ziehen; **sacar el ~ a alg** j-n ausbeuten; **sacarle el ~ a un libro** einem Buch das Wesentliche entnehmen

jugosidad F Saftigkeit f; **jugoso** ADJ 1 (con mucho jugo) saftig 2 fig (sustancioso) substanzreich; kernig; echt; color kräftig; negocio sehr gut

juguera F Arg, Chile Entsafter m; **juguería** F Perú Fruchtsaftstand m, -bar f

juguete M 1 para niños: Spielzeug n (tb fig); ~ **bélico** Kriegsspielzeug n; ~ **educativo** Lehrspielzeug n, Lernspielzeug n; ~**s** mpl **para niños** Kinderspielzeug n; fig **ser (un) ~ de las olas** ein Spielball der Wellen sein; **ser ~ de los caprichos de alg** Wachs in j-s Händen (dat) sein 2 TEAT Schwank m

juguetear VI spielen (tb fig); (chancear) schäkern, tändeln; **jugueteo** M Spielerei f; Herumspielen n, Tändelei f; **juguetera** F Spielwarenfabrik f; **juguetería** F 1 col Spielzeug n; Spielwaren fpl 2 tienda: Spielwarenladen m 3 comercio: Spielwarenhandel m; industria: Spielwarenindustrie f; **juguetero** A ADJ Spielzeug... B M, -a F 1 comerciante: Spielwarenhändler m, -in f 2 fabricante: Spielwarenhersteller m, -in f C M Spielzeugschrank m, -truhe f; **juguetón** ADJ spielerisch; niño verspielt

juicio M 1 JUR (sentencia) Urteil n; ~ **equivocado** Fehlurteil n; ~ **(in)justo** (un)gerechtes Urteil n; HIST y fig ~ **de Dios** Gottesurteil n; **emitir un** ~ ein Urteil abgeben; ein Urteil sprechen 2 JUR acto: Verhandlung f; por ext Prozess m; fecha: Verhandlungstermin m; ~ **oral** proceso penal: Hauptverhandlung f; causa civil: mündliche Verhandlung f; ~ **contencioso** Streitsache f; (Zivil-)Prozess m; ~ **rápido** o **sumario** Schnellverfahren n; MIL ~ **sumarísimo** Standgericht (sverfahren) n; **en** ~ vor Gericht; **pedir en** o **llevar a** ~ vor Gericht fordern 3 (opinión) Urteil n; Meinung f; ~ **de valor** Werturteil n; **hacer(se) un** ~ ein Urteil fällen, sich (dat) ein Urteil bilden (**sobre** über acus); **a mi** ~ o **a** ~ **mío** meiner Meinung (o Ansicht) nach; **lo dejo a su** ~ ich überlasse Ihnen die (o es Ihrer) Entscheidung 4 (discernimiento, razón) Urteilskraft f, Vernunft f; **de (buen)** ~ verständig, klug, gescheit; ANAT **muela** f **del** ~ Weisheitszahn m; **estar en su cabal** o **entero** o **sano** ~ bei gesunden Sinnen sein, bei vollem Verstande sein; **estar fuera de** ~ von Sinnen sein; fig verblendet sein; **perder el** ~ den Verstand verlieren; **volver** o **trastornar** o **quitar el** ~ **a alg** j-m den Kopf verdrehen 5 REL ~ **final** o **universal** Jüngstes Gericht n

juicioso ADJ vernünftig, verständig; klug

JUJEM F ABR (Junta de Jefes de Estado Mayor) Esp MIL *Junta der Stabschefs der spanischen Streitkräfte*

juke-box [juke-'βɔys] M Jukebox f

julái, julay M pop 1 (jefe) Patron m; Wirt m 2 (incauto) unvorsichtiger Mensch m 3 Esp (tío, tipo) Typ m fam, Kerl m fam

julepe M 1 *ein Kartenspiel* 2 fam fig (reprimenda) Tadel m, Strafe f; (palos) Prügel pl; **dar (un) ~ a alg** j-m eine Tracht Prügel verabreichen 3 Am (miedo) Angst f 4 Am (faena) Arbeit f, Plackerei f fam 5 (desgaste) übermäßiger Verschleiß m 6 Esp fam **tener mucho** ~ (ser astuto) gerissen sein fam 7 (poción) Arzneitrank m

julepear A VT 1 Am (asustar) erschrecken 2 Am Cent, Col, Méx (impulsar) anstrengen; antreiben B V/R **julepearse** Arg fam einen Schrecken bekommen

julia F pez: Meerjunker m, Pfauenfisch m

juliana A F BOT Nachtviole f B ADJ GASTR **cortar en** ~ in feine Streifen schneiden; **sopa** f ~ Julienne(suppe) f; **juliano** ADJ calendario julianisch

julias ADJ Arg **Fiestas Julias** *argentinischer Unabhängigkeitstag* (*9. Juli 1816*)

julio M 1 mes: Juli m; **en (el mes de)** ~ im (Monat) Juli; **el 8 de** ~ am 8. Juli 2 FÍS Joule n

juma F fam Schwips m; **jumarse** V/R espec Am fam sich beschwipsen

jumbo A ADJ sehr groß; überdimensional B M AVIA Jumbo-Jet m, Großraumflugzeug n

jume M Chile 1 pez: Blauhai m 2 BOT Salpeterbusch m 3 lejía: Aschenlauge f (aus diesem Busch)

júmel ADJ TEX **algodón** ~ Makobaumwolle f

jumento M Esel m (tb fig)

jumera F fam Rausch m; pop **papar una** ~ sich besaufen fam, sich volllaufen lassen fam

jumilla M Wein aus Jumilla; **jumillano** ADJ aus Jumilla

jumo M P. Rico fam Schwips m; **junar** VT & VI Arg, Esp, Ur pop schauen, gucken

juncal A ADJ 1 BOT Binsen... 2 reg (gracioso) anmutig, stattlich B M → juncar; **juncar** M Binsengebüsch n; binsenbestandenes Gelände n; **juncia** F BOT Zypergras n; fam fig **vender** ~ prahlen; **junciera** F Riechtopf m (für wohlriechende Kräuter); **junción** F Chile → confluencia

junco M 1 BOT Binse f; ~ **(de Indias)** Spanisches Rohr n; ~ **oloroso** Zitronengras n; **muebles** mpl **de** ~ Rohrmöbel npl 2 MAR Dschunke f; **juncoso** ADJ mit Binsen bestanden

jundo M, **jundunar** M fam Soldat m

jungla F Dschungel m; fig ~ **de asfalto** Asphalt-, Großstadtdschungel m

junio M Juni m; **en (el mes de)** ~ im (Monat) Juni; **el 4 de** ~ am 4. Juni

júnior A M/F ⟨pl juniores⟩ Junior m, -in f (tb DEP) B ADJ Junior(en)...; **equipo** m ~ Juniorenmannschaft f

junípero M BOT Wacholder m

junquera F BOT 1 Binse f 2 → juncar; **junqueral** M → juncar; **junquillo** M 1 BOT Spanisches Rohr n, Rotang m; ~ **oloroso** Jonquille f 2 ARQUIT feines Stuckgesims n; tb gener y AUTO Zierleiste f; Stäbchen n; AUTO ~ **de cromo** Chromzierleiste f

junta F 1 (asamblea) Versammlung f; Rat m; Kommission f; (conferencia) Sitzung f; ~ **directiva** de asociaciones y asambleas: Vorstand m; ~ **electoral** Wahlausschuss m; tb ECON ~ **general (de accionistas)** Haupt-, Generalversammlung f; ~ **militar** Militärjunta f; POL ~ **de portavoces** Sprecherrat m; MIL ~ **de reclutamiento** Musterungskommission f; ECON ~ **de socios** Gesellschafterversammlung f 2 TEC (unión) Fuge f; Verbindung f; ~ **soldada** Schweißfuge f 3 TEC (empaquetadura) Dichtung f; ~ **de goma** Gummidichtung f; **poner ~s a a/c** etw (acus) abdichten 4 ~**s** fpl Antillas, Arg, Col → confluencia

juntado ADJ Arg, Ur (eheähnliches) Zusammenleben n; **juntamente** ADV zusammen; gleichzeitig

juntar A VT 1 (unir) zusammenbringen; puerta, ventana anlehnen; ~ **las manos** die Hände falten 2 TEC zusammenfügen; pieza de trabajo verbinden, ineinanderfügen; ~ **con remaches** vernieten 3 (reunir) versammeln; ~ **dinero** Geld aufbringen (**para** inf um zu inf) B V/R **juntarse** 1 (reunirse) zusammenkommen; sich treffen 2 (unirse) sich verbinden; sich zusammentun; sich vereinigen (tb sexual); ~ **con alg** tb sich j-m anschließen 3 fam pareja zusammenziehen, sich zusammentun

juntera F CONSTR Kanthobel m; **juntero** ADJ persona einem Rat angehörend; **juntillas** ADV **a pie(s)** ~ saltar, etc: mit beiden Füßen zugleich; fig creer: felsenfest

junto A ADJ 1 espec TEC verbunden; **bailar ~s** miteinander tanzen; aneinandergeschmiegt tanzen 2 (unidos) vereint; (reunidos) versammelt; ~**s** zusammen, gemeinsam; Am incorr. → ambos; **todo** ~ (alles) zusammen; **todos ~s** alle miteinander (o gemeinsam) 3 manos gefaltet 4 (cerca) nahe; (al lado) nebeneinander; **las dos familias viven muy -as** die beiden Familien wohnen sehr nahe beieinander B ADV 1 (a la vez) zugleich; zusammen; ~ **con** zusammen mit; **en** ~ insgesamt; im (Großen und) Ganzen; **(de) por** ~ im Ganzen; alles in allem; **reía y lloraba todo** ~ er/sie lachte und weinte in einem Atem 2 (cerca) in der Nähe; reg **aquí** ~ nebenan 3 ~ **a** (en la cercanía de) neben, nahe bei, in der Nähe von; ~ **a Barcelona** bei Barcelona; ~ **a la puerta** an (o bei) der Tür; neben der Tür; **se fue ~ a ella** er trat zu ihr hin

juntura F 1 espec TEC (articulación) Gelenk n; (bisagra) Scharnier n 2 (unión) Verbindung f; TEC Fuge f; CONSTR Stoß m 3 MAR ~ **de cabos** Spleißung f

jupa F 1 Am Centr (calabaza) Kürbis m; fam fig (ca-

J

beza) Kopf *m*, Birne *f fam* **2** *Esp pop fig* **darse una ~** schuften *fam*, sich totarbeiten *fam*; **jupata** F *Esp pop* Jackett *n*
jupiteri(a)no ADJ MIT Jupiter...; jupiterhaft
juque M *Am Centr* → zambomba
jura F Eid *m*; Treueid *m*; MIL **~ de la bandera** Fahneneid *m*; **~ del cargo** Amtseid *m*; POL **~ de la Constitución** Eid *m* auf die Verfassung
Jura M GEOG **el ~** der Jura
jurado **A** ADJ geschworen; vereidigt; beeidigt (*tb perito*); *fig* **enemigo** *m* **~** geschworener Feind *m*, Todfeind *m* **B** M, **-a** F **1** JUR *persona*: Geschworene *m/f*; **tribunal** *m* **de ~s** Schwurgericht *n* **2** *persona*: Juror *m*, -in *f* **C** M **~ (calificador)** Jury *f*, Prüfungs-, Preisgericht *n*
jurador M, **juradora** F **1** *por costumbre*: gewohnheitsmäßig Fluchende *m/f* **2** JUR (*que jura*) Schwörende *m/f*
juramentación F *Am reg* Vereidigung *f*; **juramentado** M eidlich Verpflichteter *m*; **juramentar** **A** VT vereidigen **B** VR **juramentarse** sich eidlich verpflichten
juramento M **1** Eid *m*, Schwur *m*; **bajo ~** unter Eid, eidlich; **~ declarativo (de insolvencia)** Offenbarungseid *m*; **~ falso** Meineid *m* **2** (*maldición*) Fluch *m*; **soltar ~s** fluchen, Verwünschungen ausstoßen
jurar **A** VT schwören; beschwören; MIL **~ (la) bandera** den Fahneneid leisten; **~ el cargo** den Amtseid leisten; *fam* **jurárselas a alg** j-m Rache schwören; *fam fig* **me la tiene jurada** er/sie hat es auf mich abgesehen, er/sie hat einen Pik auf mich **B** VI **1** schwören; **~ por (el nombre de) Dios** bei Gott schwören; **~ sobre la Biblia** auf die Bibel schwören; **~ en falso** falsch schwören; **te lo juro** ich schwöre es dir **2** (*maldecir*) fluchen; **~ como un carretero** fluchen wie ein Fuhrmann
jurásico ADJ GEOL Jura...; **formación** *f* **-a** Juraformation *f*; **período** *m* **~** Jura *m*
jurel M **1** *pez*: Stöcker *m* **2** *fam fig* (*embriaguez*) Rausch *m* **3** *Cuba* (*miedo*) Angst *f*
jurero M *Chile* falscher Zeuge *m*
jurgo M *Col* Menge *f*, Haufen *m*; **jurgonera** F *Col fam* Bruchbude *f*, miese Behausung *f*
juridicidad F *espec* POL *y* SOCIOL strenge Bindung *f* an das Recht
jurídico ADJ juristisch, rechtlich, Rechts...; JUR **capacidad** *f* **-a** Rechtsfähigkeit *f*...; **vocabulario** *m* **~** Rechtswortschatz *m*
juriola F *pez*: Fliegender Fisch *m*
jurisconsulto M, **-a** F Rechtsgelehrte *m/f*, -kundige *m/f*; **jurisdicción** F **1** (*autoridad de los jueces*) Rechtsprechung *f*; Gerichtsbarkeit *f*; **~ civil/penal** Zivil-/Strafgerichtsbarkeit *f*; *fig* **tener ~ sobre** Macht (*o* Gewalt) haben über (*acus*) **2** *territorio*: Gerichtsbezirk *m*; **jurisdiccional** ADJ Gerichts...; Rechtsprechungs...; **aguas** *fpl* **~es** Hoheitsgewässer *npl*; **jurisperito** M, **-a** F Rechtskundige *m/f*; **jurisprudencia** F *ciencia*: Rechtswissenschaft *f*; Jurisprudenz *f*; *norma*: Rechtsnorm *f*
jurista M/F Jurist *m*, -in *f*
juro M festes Eigentumsrecht *n*
justa F **1** HIST Lanzenstechen *n*, (*torneo*) Turnier *n* **2** *fig* (*competición*) Wettstreit *m*; **~ literaria** literarischer Wettbewerb *m*; **justamente** ADV genau; gerade, eben
just(e)ar VI HIST im Turnier kämpfen; **justedad** F Genauigkeit *f*; Knappheit *f*; **justeza** F Genauigkeit *f*; Richtigkeit *f*
justicia **A** F **1** Gerechtigkeit *f*, (*derecho*) Recht *n*; **deber** *m* **de ~** (moralische) Pflicht *f*; **sentido de (la) ~** Gerechtigkeitssinn *m*; **hacer ~ a alg** j-m Gerechtigkeit widerfahren lassen; j-m gerecht werden; **pedir** *o* **reclamar ~** Gerechtigkeit (*o* sein Recht) fordern; *fig* **usted no se hace ~** Sie sind zu bescheiden; **tomarse la ~ por su mano** *o* **por su cuenta** Selbstjustiz üben, sich (*dat*) selbst sein Recht verschaffen; sich rächen; **de ~** von Rechts wegen; gerechterweise; **es (de) ~** es ist recht und billig; *adv* **en ~** gerecht; gerechterweise, ganz objektiv **2** *administración*: Rechtspflege *f*; Justiz *f*; (*tribunal*) Justizbehörde *f*, Gericht *n*; **administrar ~** Recht sprechen **3** *fam fig* (*ejecución*) Hinrichtung *f* **B** M HIST **Justicia Mayor** *Oberrichter des Königreichs Aragonien*
justiciable ADJ der Gerichtsbarkeit (*o* dem Gesetz) unterworfen; **justicialismo** M *Arg* POL Justizialismus *m* (*politische und soziale Doktrin unter Perón*); **justiciar** VT ⟨1b⟩ *Am* → ajusticiar; **justiciero** ADJ streng rechtlich; gerechtigkeitsliebend
justificable ADJ zu rechtfertigen(d); vertretbar; **justificación** F **1** (*exculpación*) Rechtfertigung *f* **2** (*prueba*) Beweis *m*, Nachweis *m* **3** TIPO (*ajuste*) Justierung *f*; (*largo de los renglones*) Zeilenlänge *f*; **justificado** **A** ADJ gerechtfertigt; gerecht; berechtigt **B** TIPO **in** *o* im Blocksatz, bündig; **~ a la derecha** rechtsbündig; **~ a la izquierda** linksbündig; **justificante** **A** ADJ rechtfertigend **B** M Beleg *m*; Beweisstück *n*
justificar ⟨1g⟩ **A** VT **1** (*exculpar*) rechtfertigen; (*comprobar*) nachweisen; dokumentarisch belegen; **el fin justifica los medios** der Zweck heiligt die Mittel **2** TIPO (*ajustar*) justieren **B** VR **justificarse** sich rechtfertigen; (*comprobar la inocencia*) seine Unschuld nachweisen;
justificativo ADJ Rechtfertigungs...; Beweis...; **documento** *m* **~** Beleg *m*
justillo M TEX Mieder *n*
justipreciación F Abschätzung *f*; ECON, *seguros*: **~ de averías** Dispache *f*, Schadensberechnung *f* (*bei Seeschäden*); **justipreciar** VT ⟨1b⟩ abschätzen; **justiprecio** M Bewertung *f*, Taxierung *f*
justo **A** ADJ **1** gerecht; (*correcto*) richtig; (*exacto*) genau; **~ y cabal** völlig richtig; **~ y equitativo** recht und billig; **no me parece ~** es erscheint mir nicht gerecht (*o* richtig) **2** **lo ~** das unbedingt Notwendige **3** (*apretado*) knapp, eng (anliegend); **este vestido me está muy ~** dieses Kleid ist sehr eng **B** M, **-a** F Gerechte *m/f* **C** ADV **1** (*exacto*) genau; richtig; **¡~!** stimmt! **2** (*al punto*) gerade; knapp; **~ a tiempo** gerade noch rechtzeitig; **~ después** gleich danach; ECON **calcular muy ~** scharf kalkulieren
jutía F *Cuba* ZOOL Waldratte *f*
jutlandés ADJ aus Jütland
Jutlandia F Jütland *n*
juvenil ADJ jugendlich; Jugend...; **juventud** F Jugend(zeit) *f*; **la eterna ~** die ewige Jugend *f*
juvia F *Am trop* BOT Paranussbaum *m*
juzgado M **1** *cargo*: Richteramt *n* **2** *tribunal*: (unteres) Gericht *n*; *Esp* **~ de familia** Familiengericht *n*; **~ municipal** *corresponde a*: Gemeinde-, Stadtgericht *n*; **~ de primera instancia e instrucción** *corresponde a*: Amtsgericht *n*; **~ de paz** Friedensgericht *n* **3** *territorio*: Gerichtsbezirk *m*
juzgamiento M *Arg* JUR Aburteilung *f*
juzgar ⟨1h⟩ **A** VT **1** JUR richten; aburteilen **2** (*valorar*) beurteilen; **~ (como)** ansehen als (*acus*), halten für (*acus o adj*); **~ bien/mal** richtig/falsch beurteilen; **a ~ por ...** nach ... zu urteilen; **~ a alg capaz de hacer a/c** j-n für fähig halten, etw zu tun **B** VI urteilen; (*creer*) glauben, annehmen, meinen; **a ~ ...** *dem* (*bzw der etc*) ... nach zu urteilen; **a ~ por las apariencias** anscheinend, dem Anschein nach

K

K, k F K, k *n*; → *tb* ka
ka F K *n* (*Name des Buchstabens*)
kabila F, **kábila** F *etnología*: Berberstamm *m*
kabileño ADJ kabylisch, Berber...
kafkiano ADJ kafkaesk
kaftán M Kaftan *m*
kainita F QUÍM Kainit *n*
káiser M HIST Kaiser *m* (*frec* Wilhelm II.)
kaki → caqui
kale borroka F *País vasco*: Straßenkampf *m von Jugendlichen*, Straßenterrorismus *m*
kaleidoscopio M → calidoscopio
kali M BOT gemeines Salzkraut *n*
kamikaze M MIL *y fig* Kamikaze *m*
kan M → khan
kanguro M → canguro
kantiano FIL **A** ADJ auf Kant bezüglich; kantisch **B** M Kantianer *m*; **kantismo** M FIL Philosophie *f* Kants
kaolín M Kaolin *n*
kapok M Kapok *m*
kappa F Kappa *n* (*griechischer Buchstabe*)
kaput(t) ADJ kaputt (*tb fig*)
karakul M ZOOL Karakulschaf *n*
karaoke M Karaoke *n*
karate, kárate M DEP Karate *n*
karateca M/F Karateka *m/f*, Karatekämpfer *m*, -in *f*
kárdex M *Col, Ven* (Hänge-)Kartei *f*; Karteikasten *m*
karma M Karma *n*
karst M GEOL Karst *m*
kart M DEP Gokart *n*; **karting** M DEP Gokartfahren *n*; **kartódromo** M Gokartbahn *f*
KAS F ABR (vasco: Koordinadora Abertzale Sozialista) *Esp baskisches radikalsozialistisches Parteienbündnis*
kasajo **A** ADJ kasachisch **B** M, **-a** F Kasache *m*, Kasachin *f*
Kasajstán M Kasachstan *n*
kayac, kayak M Kajak *n/m*
kayakista M/F Kajakfahrer *m*, -in *f*
kazaj ADJ kasachisch
Kazajstán M Kasachstan *n*
kazako ADJ aus Kasachstan, kasachisch
kechua ADJ → quechua
kefia F Kopftuch *n* der Araber
kéfir, kefir M Kefir *m*
kelper M/F Bewohner *m*, -in *f* der Falklandinseln
kelvin M FÍS Kelvin *n*
kena F → quena
Kenia F Kenia *n*
keniano **A** ADJ kenianisch **B** M, **-a** F Kenianer *m*, -in *f*; **keniata** ADJ → keniano
kénosis F REL Kenosis *f*
Kenya F → Kenia
kenyano, kenyata → keniano
kepí, kepis M *Art* Schirmmütze *f*
keratina F FISIOL Keratin *n*; **keratitis** F MED Keratitis *f*
kerigma M REL Kerygma *n* (*Verkündigung des Evangeliums*)
kermes M ZOOL (Kermes-)Schildlaus *f*
kermés F, **kermes(s)e** F **1** (*fiesta popular*) Kirchweih(fest *n*) *f*, Kirmes *f* **2** (*fiesta de beneficencia*) Wohltätigkeitsfest *n*
keroseno, kerosene, kerosén M Kerosin *n*
ketchup ['kɛtʃup] M GASTR Ket(s)chup *m*
kg ABR (kilogramo) kg (Kilogramm)
khan M Khan *m*; **khanato** M Khanat *n*

khmer A ADJ ⟨pl inv⟩ Khmer… B M/F ⟨pl -s⟩ Khmer m/f C M *lengua*: Khmer n
kib(b)utz M Kibbuz m
kickboxing M DEP Kickboxen n
kick-starter M Kickstarter m
kidnapper M *Am* Kindesentführer m, Kidnapper m; **kidnapping** M *Am* Menschen-, *espec* Kindesraub m, Kidnapping n
kieselgur M MINER Kieselgur f; **kieserita** F MINER Kieserit m
kif M, **kifi** M *fam droga*: Kif m (*Art Marihuana*)
kikos MPL geröstete Maiskörner npl
kilate M Karat n
kilim M *alfombra*: Kelim m
kilo M Kilo n; **un ~ de cebollas** ein Kilo Zwiebeln; **medio ~** Pfund n; **medio ~ de azúcar** ein Pfund Zucker; **kilobyte** M INFORM Kilobyte m; **kilocaloría** F Kilokalorie f; **kilociclo** M ELEC Kilohertz n; **kilográmetro** M FÍS Meterkilogramm n; **kilogramo** M Kilogramm n; *fam* Kilo n; **kilohercio** M, **kilohertz** M ⟨pl inv⟩ Kilohertz n; **kilolitro** M Kiloliter n/m; **kilometraje** M 1 *medición de distancias*: Kilometermessung f; *distancia*: Entfernung f in Kilometern 2 AUTO Kilometerzahl f, -stand m; *de neumáticos, etc*: Kilometerleistung f; **kilometrar** V/T 1 (*medir en km*) nach Kilometern (ver)messen 2 (*señalar los km*) kilometrieren, mit Kilometersteinen versehen; **kilométrico** ADJ Kilometer…
kilómetro M Kilometer m/n; **~ cuadrado** Quadratkilometer m; **~ cúbico** Kubikkilometer m; **a (una velocidad de) cien ~s por hora** *o* **~s/hora** mit (einer Geschwindigkeit von) 100 Stundenkilometern; mit 100 km/h
kilopondio M FÍS Kilopond n; **kilotón** M, **kilotonelada** F Kilotonne f; **kilovatímetro** M ELEC **~ registrador** Kilowattstundenschreiber m; **kilovatio** M ELEC Kilowatt n; **~-hora** m Kilowattstunde f; **kilovoltio** M ELEC Kilovolt n; **kilowatt** M → kilovatio
kilt M TEX Kilt m, Schottenrock m
kimono M TEX Kimono m; **mangas** *fpl* **(de) ~** Kimonoärmel mpl
kinder M, *Am*, **kindergarten** M *espec Am* Kindergarten m; **kindergarterina** F *Chile* Kindergärtnerin f
kinesiología F Kinesiologie f; **kinesiólogo** M, **-a** F Kinesiologe m, -login f; Bewegungstherapeut m, -in f; **kinesiterapia** F Kinesiotherapie f; Bewegungstherapie f
kiosko M → quiosco
kirguís A ADJ kirgisisch B M/F Kirgise m, Kirgisin f
Kirguistán M Kirgisien n, Kirgistan n, Kirgisistan n
kirguiz, kirguizio ADJ, → kirguís
Kirguizistán M → Kirguistán
kirguizo ADJ → kirguís
kirial M CAT Kyriale n
kirie REL **~ (eleison)** Kyrieeleison n; *fam fig* **cantar el ~** um Gnade bitten
kirsch M *aguardiente*: Kirschwasser n, Kirsch m
kismet M Kismet n
kit M TEC Bestückung f; Satz m; Set n; **~ de construcción** Bausatz m; TEL **~ de manos libres** Freisprechanlage f
kitchen M *P. Rico*, **kitchenet** M *Chile, Ven*, **kitchenette** F *Arg, Perú, Ur* Kochnische f
kitsch A ADJ kitschig B M Kitsch m
kivi, kiwi M 1 ORN Kiwi m 2 BOT Kiwi f
klaxon M Hupe f
kleenex® [klinɛγs] M Papiertaschentuch n
km ABR (kilómetro) km (Kilometer)
km/h ABR (kilómetros por hora) km/h (Stundenkilometer)
knes(s)et F POL Knesset f
knickers MPL *Arg, Ur* Knickerbocker pl, Pumphose f
knock-out [nɔkʔaʊt] A ADV knock-out, k. o.; **vencer a alg por ~** j-n k. o. schlagen B M DEP *y fig* Knock-out m, K. o. m/n
know-how [noʊʔxaʊ] M Know-how n
k.o. M ABR → knock-out
koala M ZOOL Koala m, Beutelbär m
kodiak M ZOOL Kodiakbär m
kokotchas FPL *vasco* GASTR Fischbäckchen npl
kola F BOT *árbol*: Kolabaum m; *nuez*: Kolanuss f
koljos M HIST *en la ex Unión Soviética*: Kolchose f; **koljosiano** M Mitglied n einer Kolchose
Kominform F POL, HIST Kominform n;
Komintern M POL, HIST Komintern f
komsomol M HIST *en la ex Unión Soviética*: Komsomol m
kopek M *moneda rusa*: Kopeke f
kosher [koːʃər] ADJ *inv* REL, GASTR koscher
kp ABR (kilopondio) kp (Kilopond)
Kremlin M Kreml m
kril(l) M GASTR, ZOOL Krill m
kuchen [kuːxən] M *Chile* GASTR Apfelkuchen m
kummel M *aguardiente*: Kümmel m
kumquat M BOT *fruta*: Kumquat f
kung-fu M DEP Kung-Fu n
Kurdistán M Kurdistan n
kurdo A ADJ kurdisch B M, **-a** F Kurde m, Kurdin f C M *idioma*: Kurdisch
kuskús M → cuscús[1]
Kuwait M, **Kuweit** M Kuwait n, Kuweit n
kuwaití A ADJ kuwaitisch B M/F Kuwaiter m, -in f
kV ABR (kilovoltio) kV (Kilovolt)
kW ABR (kilovatio) kW (Kilowatt)
kyrie M → kirie

L

L, l F L, l n; → *tb* ele
l ABR (litro[s]) l (Liter)
la A ART die B PR PERS FSG 1 (*ella*) sie 2 *elliptische Verwendung in Redensarten*: **¡me ~(s) pagarás!** das wirst du mir büßen! 3 *incorr* (*vosotros*) ihr (*dat*); → *tb* laísmo C PR REL **~ que** die D M MÚS A n; **~ sostenido** Ais n; **~ bemol** As n
lábaro M ARQUEOL Labarum n
label M Label n, Markenzeichen n
laberíntico ADJ labyrinthisch; *fig* verworren;
laberinto M Labyrinth n (*tb fig y* ANAT)
labia F *fam* Zungenfertigkeit f; *fam* **tener mucha** *o* **buena ~** ein gutes Mundwerk haben;
labiadas FPL BOT Lippenblütler mpl; **labial** A ADJ Lippen…; labial B F FON Labial m, Lippenlaut m; **labializar** V/T ⟨1f⟩ FON labialisieren, runden
labiérnaga F, **labiérnago** M BOT *Art* Steinlinde f
labihendido ADJ mit gespaltener Lippe; hasenschartig
lábil ADJ schwankend, unsicher (*tb fig*); FÍS, TEC, QUÍM labil (*tb fig*), instabil
labilidad F Labilität f
labio M 1 Lippe f; *de los animales*: Lefze f; *p. ext* (*boca*) Mund m; ANAT **~ inferior/superior** Unter-/Oberlippe f; MED **~ leporino** Hasenscharte f; **de ~s de alg** aus j-s Munde (*dat*); **cerrar los ~s** schweigen; **no despegar los ~** keinen Ton von sich (*dat*) geben; **morderse los ~s** sich auf die Lippen beißen; **sellar los ~s a alg** j-n zum Schweigen zwingen 2 (*reborde*) Rand m; *espec* MED Wundrand m 3 ANAT **~s** *mpl* **(vulvares** *o* **de la vulva)** Schamlippen fpl
labiodental FON A ADJ labiodental B F Labiodental m, Lippenzahnlaut m; **labioso** ADJ 1 *Am* (*muy hablador*) mit tüchtigem Mundwerk 2 *Ec* (*lisonjero*) schmeichelnd, schöntuerisch
labor F 1 (*trabajo*) Arbeit f; Werk n; **~ doméstica** *o* **de la casa** *o* **del hogar** Hausarbeit f; **sus ~es** Hausfrau (*Angabe auf Formularen unter „Beruf"*) 2 AGR **~es** *fpl* **(agrícolas)** Land-, Feldarbeit f; **tierra** *f* **de ~** Ackerland n; **dar una ~ al campo** das Feld (um-)pflügen 3 TEX (weibliche) Handarbeit f; **~ de ganchillo** Häkelarbeit f; **~ de punto** Strickarbeit f, Strickerei f; **profesora** *f* **de ~es** Handarbeitslehrerin; **hacer ~(es)** handarbeiten f 4 *fam* **no estar por la ~ (de hacer a/c)** (*no estar dispuesto*) nicht bereit sein (etw zu tun) 5 *Esp de tabaco*: **~es** *fpl* Zigarren fpl 6 *Am Centr, Méx* (*pequeña granja*) kleiner Bauernhof m
laborable ADJ 1 **día** *m* **~** Arbeits-, Werktag m 2 AGR *tierra* kultivierbar, bestellbar; **laborado** ADJ TEC **no ~** roh, unbearbeitet; **laboral** ADJ Arbeits…; **conflicto** *m* **~** Arbeitskampf m; **derecho** *m* **~** Arbeitsrecht n; **relación** *f* **~** Arbeitsverhältnis n; **relaciones** *fpl* **~es** Beziehungen fpl zwischen den Sozialpartnern; **laboralista** M/F **(abogado** *m*, **abogada** *f*) **~** Arbeitsrechtler m, -in f; **laborante** M, **laboranta** F 1 (*ayudante de laboratorio*) Laborant m, -in f; (*obrero*) Arbeiter m, -in f 2 (*conspirador*) Konspirant m, -in f, Intrigant m, -in f; **laborar** A V/T → labrar B V/I 1 (*esforzarse*) sich bemühen **(por** um *acus*); *frec* intrigieren 2 *Am liter* (*trabajar*) arbeiten; **laboratorio** M Labor(atorium) n; **~ dental** Zahnlabor n; **~ fotográfico** Fotolabor n; **~ lingüístico** *o* **de idiomas** Sprachlabor n; **laboratorista** M/F *Ven* Laborant m, -in f
laborear A V/T 1 AGR → labrar A 2 2 MIN schürfen; abbauen B V/I MAR *cable, soga* über eine Rolle laufen; **laboreo** M 1 AGR (*labranza*) Feldbestellung f 2 MIN (*explotación*) Abbau m; Bergbau m; **laborero** M *Bol, Perú, Chile* MINER Vorarbeiter m
laboriosidad F Fleiß m, Arbeitsamkeit f; **laborioso** ADJ 1 (*trabajador*) arbeitsam, fleißig 2 (*penoso*) schwierig, mühsam; langwierig
laborismo M POL *Inglaterra*: Labourbewegung f; **laborista** POL A ADJ Labour…; **Partido** *m* **~** Labourpartei f B M/F Mitglied n der Labourpartei
laborterapia F Arbeitstherapie f
labra F TEC Bearbeitung f; **labrable** ADJ bearbeitbar; **labrada** F AGR umgepflügtes Brachland n; **labradero, labradío** ADJ → labrantío; **labrado** A ADJ TEC bearbeitet; *diamante* geschliffen; *tela* gemustert B M AGR Ackerland n; **labrador** AGR A ADJ ackernd B M Landmann m, Bauer m; *Méx* (*leñador*) Holzfäller m; **labradora** F Bäuerin f
labradorita F MINER Labradorit m
labrantín M Kleinbauer m; **labrantío** A ADJ angebaut; anbaufähig B M Ackerland n;
labranza F 1 AGR (*cultivo del campo*) Ackerbau m; Feldbestellung f, -arbeit f 2 **(casa** *f* **de) ~** Landgut n, (Bauern-)Hof m
labrar A V/T 1 (*formar*) gestalten, formen; (*elaborar*) bearbeiten, zurichten (*tb* TEC); *piedras* behauen; *tela* besticken; **sin ~** unverarbeitet; unbearbeitet 2 AGR (*arar*) ackern, pflügen; *campo* bestellen; *Méx árboles* fällen 3 *fig* (*activar*) betreiben; herbeiführen, bewirken; hinarbeiten auf (*acus*); **~ la felicidad de alg** j-n glücklich machen (wollen) B V/I *fig* (großen) Eindruck machen **(en** auf *acus*), stark wirken C V/R **~se un porvenir** sich (*dat*) eine Stellung im Leben schaffen
labriego M, **-a** Bauer m, Bäuerin f
labrusca F BOT wilder Wein m
laburador M, **laburadora** F *Arg, Ur fam* Ar-

beiter *m*, -in *f*

laburar VI *Arg, Ur fam* malochen *fam*, arbeiten; **laburo** M *Arg, Ur fam* Maloche *f fam*, Arbeit *f*

laca F 1 *(barniz)* Lack *m*; Harzlack *m*; Lackfirnis *m*; PINT **~ amarilla** *o* **verde** *o* **de Venecia** Gelblack *m*; **~ mate/zapón** Matt-/Zaponlack *m*; **~ nitrocelulósica** Nitro(zellulose)lack *m*; **~ (para uñas)** Nagellack *m* 2 *(spray)* Haarspray *n/m*; **poner** *o* **echar(se) ~ (en el pelo)** Haarspray (aufs Haar) sprühen; **lacado** M Lackieren *n*; *entarimado:* Versiegeln *n*; **lacador** M, **lacadora** F Lackierer *m*, -in *f*

lacar ⟨1g⟩ VT lackieren

lacayo A M Lakai *m (tb fig)* B ADJ unterwürfig; **lacayuno** ADJ *desp* Lakaien…, Knechts…

laceada F *Arg* Schlag *m* mit dem Lasso; **laceador** M *Am* Lassowerfer *m*; **lacear** VT 1 *(adornar con lazos)* mit Bändern schmücken (o schnüren) 2 CAZA mit Schlingen fangen 3 *Arg (azotar con el lazo)* mit dem Lasso peitschen 4 *Chile* → lazar

lacedemón, lacedemonio A ADJ lakedämonisch, spartanisch B M, **-a** F Lakedämonier *m*, -in *f*, Spartaner *m*, -in *f*

laceración F *(daño)* Schädigung *f*; *(herida)* Verletzung *f*; **lacerado** ADJ *liter* unglücklich, elend; **lacerante** ADJ *fig dolor* reißend; *grito* gellend; **lacerar** VT *(dañar)* schädigen *(tb fig)*; *(herir)* verletzen *(tb fig)*; *(aplastar)* quetschen; *(desgarrar)* zerreißen

lacería F Bandwerk *n*, Bänder *npl (tb* ARQUIT *como ornamento)*; **lacerío** M *Arg* Schleifen *fpl*; Schlingen *fpl*; **lacero** M Lassowerfer *m*; CAZA Schlingenleger *m*; *p. ext de perros vagabundos:* Hundefänger *m*

lacértidos MPL ZOOL Eidechsen *fpl*

lacha F 1 *pez:* Alse *f* 2 *fam fig (vergüenza)* Scham *f*; **tener poca ~** unverschämt sein 3 *Chile, Perú pop (amada)* Geliebte *f*

lacho M *Chile, Perú pop* Liebhaber *m*

lacio ADJ 1 *(marchito)* welk; *(flojo)* schlaff; kraftlos 2 **pelo** *m* **~** glattes Haar *n*

lacón M GASTR (geräucherter) Vorderschinken *m*

lacónicamente ADV lakonisch; **lacónico** ADJ lakonisch; *estilo* gedrängt, knapp; *persona* wortkarg

laconio A ADJ HIST lakonisch B M, **-a** F Lakonier *m*, -in *f*; **laconismo** M lakonische Ausdrucksweise *f*, Lakonik *f*; *del estilo:* Kürze *f*; *de una persona:* Wortkargheit *f*

La Coruña F → A Coruña

lacra F 1 *(defecto físico)* Gebrechen *n*; Mangel *m*, Defekt *m* 2 *(deshonra)* Schandfleck *m*; Missstand *m*; Übel *n* 3 *Arg, Perú, P. Rico de una herida:* Wundschorf *m*; *Am reg (llaga)* (schwärende) Wunde *f*

lacrar VT 1 *(cerrar con lacre)* versiegeln 2 *(dañar)* schädigen, beeinträchtigen; **lacre** M 1 *(pasta de lacre)* Siegellack *m* 2 *Cuba* BOT *árbol:* Siegellackbaum *m*

lacrimal ADJ Tränen…; ANAT **glándulas** *fpl* **~es** Tränendrüsen *fpl*; **lacrimatorio** M ARQUEOL Tränenkrug *m als Grabbeigabe*; **lacrimógeno** ADJ Tränen erregend; *fig* rührselig; **gas** *m* **~** Tränengas *n*; **lacrimosidad** F *fig* Rührseligkeit *f*; **lacrimoso** ADJ 1 *(que da lágrimas)* tränend; tränenreich 2 *(conmovedor)* zu Tränen rührend; *desp persona* weinerlich

lactación F 1 FISIOL Milcherzeugung *f* 2 *(amamantamiento)* Stillen *n*; Säugen *n*; Ernährung *f* mit Milch; **lactalbúmina** F QUÍM Milcheiweiß *n*; **lactancia** F 1 *periodo, edad:* Säugezeit *f*, Stillperiode *f* 2 → lactación; **lactante** A ADJ stillend B M/F Säugling *m*

lactar A VT *(criar con leche)* stillen, säugen; mit Milch aufziehen B VI 1 MED, BIOL *(segregar leche)* Milch absondern 2 *(mamar)* gesäugt werden; sich von Milch ernähren; **lactario** A ADJ → lácteo B MPL **~s** BOT *hongos:* Milchlinge *mpl*; **lactasa** F QUÍM Laktase *f*; **lactato** M QUÍM Laktat *n*

lacteado ADJ milchhaltig; *Am* **harina** *f* **-a** Säuglingsnahrung *f auf Milchpulverbasis*

lácteo ADJ milchig; Milch…; **(productos** *mpl***) ~s** Milchprodukte *npl*; ASTRON **vía** *f* **-a** Milchstraße *f*

lactescencia F QUÍM, BIOL milchige Beschaffenheit *f*, Lakteszenz *f*; **lacticíneo** A ADJ aus Milch, Milch… B M *Esp* Milchprodukt *n*

láctico ADJ QUÍM Milch(säure)…; **ácido** *m* **~** Milchsäure *f*

lactífero ADJ ANAT **conductos** *o* **vasos** *mpl* **~s** Milchgänge *mpl*; **lactodensímetro** M Milchmesser *m*; **lactosa** F FISIOL Laktose *f*, Milchzucker *m*; **lactosuero** M Molke *f*

lactumen M MED Milchschorf *m der Säuglinge*

lacustre ADJ See…; HIST **construcciones** *fpl* **~s** Pfahlbauten *mpl*; **vía** *f* **~** Beförderung *f* über einen (Binnen-)See

ladea F *Méx* Jäten *n*

ladeado ADJ seitlich geneigt; (wind-)schief; **ladear** A VT 1 zur Seite neigen; *(torcer, inclinar)* verkanten *(tb armas)* 2 *fig* **~ a alg** *(ignorar a alg)* j-m die kalte Schulter zeigen, j-n ignorieren; j-m aus dem Weg gehen B VI 1 *(esquivar)* ausweichen 2 *(desviarse)* vom geraden Weg abkommen C VR **ladearse** 1 *(inclinarse)* sich zur Seite neigen; *fig* **~ con alg** sich auf j-s Seite *(acus)* stellen 2 *Arg* → pervertir B 3 *Chile* → enamorar B; **ladeo** M Neigung *f*; *de un fusil, etc:* Verkantung *f*; **ladera** F 1 *(declive)* Abhang *m*; Berglehne *f*, Flanke *f*; **~ pedregosa** *f* Berghalde *f* 2 *Col de un río:* Ufer *n*; **ladero** M 1 *Am caballo:* Stangenpferd *n* 2 *Arg, Ur fam (acompañante)* Begleitperson *f*

ladilla F 1 ZOOL Filzlaus *f* 2 *Am reg fam (persona molesta)* lästige Person *f*; **ladillado** *fam fig* **estar ~ de a/c** von etw die Schnauze voll haben; **ladillar** VT *j-m* auf den Wecker gehen *fam*; **ladillo** M TIPO Randtitel *m*

ladino A ADJ 1 *fig (astuto)* verschmitzt; schlau, pfiffig; abgefeimt 2 *(que domina idiomas)* in Sprachen bewandert 3 LING *en Tirol del Sur:* ladinisch; *en Suiza:* rätoromanisch; *(judeoespañol)* jüdisch-spanisch 4 *Am indios, negros* Spanisch sprechend B M 1 LING *en Tirol del Sur:* Ladinisch *n*; *en Suiza:* Rätoromanisch *n*; *(judeoespañol)* jüdisch-spanischer Dialekt *m* 2 *Am Centr, Méx (mestizo)* Mestize *m*

lado M 1 *gener* Seite *f*; **~ inferior/superior** Unter-/Oberseite *f*; **~ interior/exterior** Innen-/Außenseite *f*; **el ~ de abajo/arriba** die obere/untere Seite; **~ a ~** Seite an Seite, nebeneinander; **al ~** nebenan; daneben; **al ~ de** neben *(dat, dirección: acus)*; **el señor de al ~** der Herr (von) nebenan; **al otro ~** jenseits; *en el libro:* umstehend; **al otro ~ de** jenseits *(gen o von dat)*; **a un ~** seitlich; seitwärts; **hacerse a un ~** zur Seite treten (o rücken); **mirar a otro ~** wegsehen; *fig* **¡bromas a un ~!** Scherz beiseite!; **de ~** seitlich; von der Seite; **de cuatro ~s** vierseitig; **de este ~** diesseits; **de mi ~** auf meiner Seite *(tb fig)*; **(andar) de un ~ a** *o* **para otro** hin und her (gehen); **ir de ~ a ~** hin und her gehen (fliegen, schwingen *etc)*; ÓPT, TIPO, TEC **de ~s invertidos** seitenverkehrt; **en ambos ~s** beidseitig; **por el ~ paterno** väterlicherseits; **por ese ~** dahinaus, diesen Weg; **por este ~** diesseits; in dieser Hinsicht; **¡por este ~!** herbei!; **echar** *o* **irse por otro ~** einen andern Weg einschlagen; **cada uno va por su ~** jeder geht seiner Wege; **por todos ~s** von allen Seiten; ringsum; überall 2 *fig de una persona:* **está de tu ~** er steht auf deiner Seite; **ponerse del ~ de alg** für j-n Partei ergreifen, für j-n eintreten, sich auf j-s Seite *(acus)* schlagen 3 *fig* **~ bueno** richtige Seite *f*; TEX Tuchseite *f*; *del cuero:* Narbenseite *f*; *fig* **~ malo** falsche Seite *f*; TEX linke Seite *f* 4 *fig* **dar de ~ a alg** j-m den Rücken kehren; j-n links liegen lassen; **dejar** *o* **echar a un ~** *o* **dejar de ~** beiseitelassen; *problemas* ausklammern; *fig* **ir de ~** sich vertun, falschliegen *fam*; *fig* **mirar a alg de (medio) ~** j-n schief (o scheel *fam*) ansehen; **por otro ~** andererseits; **por el ~ político** vom politischen Gesichtspunkt (o Standpunkt) aus; **por un ~ …, por otro ~ …** einerseits …, andererseits … 5 *fig (zona)* Gegend *f*; **hacer ~** Platz machen 6 MAT Seite *f*; Kante *f*; Schenkel *m*

ladra F Gebell *n*; **ladrador** ADJ bellend; **ladrar** VI 1 *perro* bellen 2 *fig (amenazar sin acometer)* drohen *(aber nicht handeln)*, kläffen *(fam fig)*; **ladrerío** M *Am reg* Gebell *n*; **ladrido** M Bellen *n*; Gebell *n*

ladrillado M Ziegelpflaster *n*

ladrillar[1] M *espec Col* Ziegelei *f*

ladrillar[2] VT → enladrillar; **ladrillazo** M Stoß mit einem Ziegel(stein); kräftiger Hieb *m*; **ladrillera** F 1 *molde:* Ziegelform *f* 2 *Perú fábrica:* Ziegelfabrik *f*, -brennerei *f* 3 *fabricante:* Ziegel(stein)brennerin *f*; *vendedora:* Ziegelverkäuferin *f*; **ladrillero** M *fabricante:* Ziegelbrenner *m*; *vendedor:* Ziegelverkäufer *m*

ladrillo M 1 *elemento de construcción:* Ziegel(stein) *m*; **color** *m* **~** ziegelrot; **~ (recocho)** Backstein *m*; **~ espumoso de escoria** Leichtbaustein *m*; **~ hueco/perforado** Hohl-/Lochziegel *m*; **~ recocido** Klinker *m*; **~ visto** Zierstein *m*, Sichtziegel *m*; **~ vítreo** *o* **de vidrio** Glasziegel *m* 2 *fam fig libro, etc:* Schinken *m fam*; *fig chocolate:* dicke Tafel *f*

ladrón A ADJ diebisch; spitzbübisch B M, **-ona** F Dieb *m*, -in *f*; Räuber *m*, -in *f*; Gauner *m*, -in *f*; **~ m de tumbas** Grabräuber *m* C M 1 *Biblia:* Schächer *m* 2 *Esp fam* ELEC *(enchufe intermedio)* Zwischenstecker *m*; Adapter *m*; *(enchufe múltiple)* Mehrfachstecker *m* 3 *(dispositivo para toma clandestina de electricidad)* Vorrichtung *f* zu heimlicher Stromentnahme 4 → ladronera 3

ladronada F *espec Am reg* Diebesstreich *m*; **ladronamente** ADV wie ein Dieb; verstohlen; **ladronear** VI *espec Am reg* als Dieb umherziehen; **ladronera** F 1 *escondite:* Diebesnest *n*; Räuberhöhle *f* 2 *(ratería)* Dieberei *f* 3 AGR heimliche Wasserableitung *f bei einer Stauanlage* 4 *fam fig (alcancía)* Sparbüchse *f* 5 MIL → matacán; **ladronería** F → latrocinio; **ladronesca** F *fam* diebisches Gesindel *n*; **ladronesco** ADJ *fam* Diebs…, Räuber…; **ladronzuelo** M, **-a** F 1 *(ratero)* Dieb *m*, -in *f* 2 *fam (bandido)* Schlingel *m fam*

lagaña F *Am* FISIOL Augensekret *n*, Augenbutter *f fam*

lagar M Weinkelter *f*; **lagarero** M, **-a** F Kelterarbeiter *m*, -in *f*

lagarta F 1 ZOOL Eidechse *f (Weibchen)* 2 *fam fig (pájara)* Luder *n fam* 3 *insecto:* Art Seidenspinner *m*; **lagartear** A VI *Am Centr* Eidechsen fangen B VT *Col* belästigen; **lagartera** F Eidechsenhöhle *f*; **lagartija** F ZOOL **~ roquera** Mauereidechse *f*; **~ de turbera** Bergeidechse *f*; **lagartijero** ADJ 1 ORN **cernícalo** *m* **~** *m* Turmfalke *m* 2 TAUR **media (estocada** *f***) -a** kurzer, tödlicher Degenstoß *m*; **lagartijo** M 1 ZOOL → lagartija 2 *fam fig Méx* junger Geck *m*, Stutzer *m*

lagarto M 1 ZOOL Echse *f*; (große) Eidechse *f*; **~ ágil** Zauneidechse *f*; **~ verde** Smaragdeidechse *f*; *Am* **~ (de Indias)** → caimán; **~ ocelada** Perleidechse *f* 2 *fig (vivo)* Schlauberger *m*, *(pillo)* Filou *m fam* 3 *fig int* **¡~!** unberufen!, toi

L

toi toi! 4 *Ec comerciante*: Händler *m*, der teuer verkauft; **lagartón** M *fam* gerissener Kerl *m*; **lagartona** F *fam* Luder *n fam*, gerissenes Weibsstück *n fam*

lager M Straflager *m*

lago M See *m*; ~ **Balatón** Plattensee *m*; ~ **de Constanza** Bodensee *m*; ~ **de los Cuatro Cantones** Vierwaldstätter See *m*; ~ **Lemán** Genfer See *m*; ~ **Mayor** Lago Maggiore; Maggiore; ~ **Titicaca** Titicacasee *m*

lagotería F *fam* (hinterhältige) Schmeichelei *f*; **lagotero** M, **-a** F Schmeichler *m*, -in *f*

lágrima F 1 *(gota de humor)* Träne *f*; **~s** *fpl* **de alegría** Freudentränen *fpl*; **~s de Batavia** Glasträne *f*, Knallglas *n*; *fig* **~s de cocodrilo** Krokodilstränen *fpl*; **arrancar ~s** j-n zu Tränen rühren; **deshacerse en ~s** *o* **estar hecho un mar de ~s** in Tränen zerfließen; **llorar (con) ~s de sangre** blutige Tränen weinen; **llorar a ~ viva** heiße Tränen vergießen; **saltársele a alg las ~s** in Tränen ausbrechen 2 *fam fig* **una ~ de aguardiente** *(un tragito)* ein Schlückchen *n* Schnaps 3 *de árboles etc*: **~s** *fpl* Ausfluss *m von Pflanzen nach Verletzungen* 4 BOT **~s de David** *o* **de Job** Tränengras *n*

lagrimal A ADJ MED Tränen...; **glándula** *f* ~ Tränendrüse *f*; **saco** *m* ~ Tränensack *m* B M 1 ANAT Tränenwinkel *m des Auges* 2 AGR Baumgeschwür *n in angerissenen Astgabelungen*; **lagrimar** VI weinen; **lagrimear** VI MED tränen; **lagrimeo** M Tränen *n*; Tränenfluss *m*; **lagrimillo** M *Chile* frisch gärender Most *m*; **lagrimones** MPL dicke Tränen *fpl*; **lagrimoso** ADJ *(que da lágrimas)* tränend; *(lloroso)* verweint; *(llorón)* weinerlich

lagua F *Bol, Perú* Brei *m* aus Kartoffelmehl; **laguer** M *Cuba* Bier *n*

laguna F 1 Lagune *f*; (Salzwasser-)Teich *m*; *p. ext (pantano)* Sumpf *m* 2 *fig en textos, etc*: Lücke *f*; ~ **legal** Gesetzeslücke *f* 3 *fig en la memoria*: Gedächtnislücke *f*; **lagunero** ADJ Lagunen...; **lagunoso** ADJ lagunenreich; *(pantanoso)* sumpfig

La Habana F *Hauptstadt Kubas*

laical ADJ weltlich; antiklerikal; **estado** *m* ~ Laienstand *m*; **laicidad** F Weltlichkeit *f*; Freiheit *f* von kirchlicher Bindung; **laicismo** M POL Laizismus *m*; **laicización** F Laizisierung *f*; Verweltlichung *f*, Befreiung *f* von kirchlichem Einfluss; **laicizar** VT ⟨1f⟩ vom geistlichen Einfluss befreien; **laico** A ADJ Laien...; weltlich B M, **-a** F Laie *m*, Laiin *f*

lairén A ADJ **uva** *f* ~ *dickschalige und großkernige Traubenart* B M *Ven* BOT *eine essbare Wurzel*

laísmo M LING *Verwendung von „la(s)" anstelle von „le(s)" für das weibliche Dativobjekt*; **laísta** M/F *Person, die „la(s)" für das Dativobjekt verwendet*

laizar VT → laicizar

laja F 1 *(lancha)* glatter Stein *m* 2 *Cuba cuerda*: dünner Agavenfaserstrick *m*

lama¹ F 1 *(lodo)* (Gruben-)Schlamm *m* 2 *(hierba de mar)* Seegras *n* 3 *Col (moho)* dichtes, grünes Moos *n*

lama² M REL Lama *m*; **lamaico** ADJ lamaistisch, Lama...; **lamaísmo** M Lamaismus *m*; **lamaísta** M/F Lamaist *m*, -in *f*; **lamasería** F Lamakloster *n*

lambada F *baile*: Lambada *f*

lambarear VI *Cuba* sich herumtreiben; **lambarero** *Cuba* A ADJ faul B M, **-a** F Tagedieb *m*, -in *f*, Herumtreiber *m*, -in *f*

lambda F *letra griega*: Lambda *n*; **lambdacismo** M LING Lambdazismus *m*

lamber VT *reg y Am fam* → lamer; **lambido** A ADJ 1 *Am Centr* → relamido 2 *Col, Ec* → descarado B M *reg* → lamido; **lambistón** ADJ *fam* naschhaft; **lambón** M, **lambona** F *Col, Méx, Perú fam* Schmeichler *m*, -in *f*, Speichellecker *m*, -in *f (desp)*

lambrequín M *heráldica*: Helm-, Wappenzier *f*; Zackenbehang *m*, Lambrequin *m*

lamé M ~ **dorado** *o* **de oro** Goldlamé *m*; ~ **de plata** Silberlamé *n*

lameculos M/F ⟨*pl inv*⟩ *vulg* Speichellecker *m*, -in *f*, Arschkriecher *m*, -in *f vulg*; **lamedal** M Morast *m*; **lamedero** M *Arg* AGR Salzlecke *f*; **lamedor** A ADJ leckend B M Sirup *m*; **lamedura** F Lecken *n*

lamelibranquios MPL ZOOL Blattkiemer *mpl*; **lameliforme** ADJ *t/t* lamellenförmig

lamentable ADJ kläglich; jämmerlich; bedauerlich; **lamentación** F Wehklage *f*; **-ones** *fpl fam* Gejammer *n*; **lamentar** A VT beklagen; bejammern; bedauern; **lo lamento (mucho)** es tut mir (sehr) leid B VR **~se (de** *o* **por)** jammern (über *acus*), sich beklagen (über *acus*); **lamento** M Wehklagen *n*; **lamentoso** ADJ 1 *(deplorable)* kläglich; jämmerlich 2 *(quejumbroso)* jammernd

lameplatos M ⟨*pl inv*⟩ *fam* 1 *(pobre diablo)* armer Schlucker *m*; *desp tb* Schmarotzer *m* 2 *fam fig (goloso)* Leckermaul *n fam*

lamer A VT (ab-)lecken; *fig (tocar suavemente)* leicht berühren; *fig liter* **las olas lamen el litoral** die Wellen schlagen (sanft) ans Gestade; j-n schlimm zurichten; *vulg* ~ **el culo a alg** j-m in den Hintern *pop* (*o* in den Arsch *vulg*) kriechen B VR **lamerse** *animales* sich lecken

lamerón ADJ *(goloso)* naschhaft; **lametear** VT *(lamer)* ablecken, abschlecken *fam*; **lametón** M (gieriges) Lecken *n*

lamia F 1 MIT Lamia *f (Schreckgestalt)* 2 ZOOL Stierhai *m*

lamido A ADJ 1 *(flaco y pálido)* dünn und blass 2 *fig (acicalado)* geschniegelt, wie geleckt *fam* B M Lecken *n*

lámina F 1 TEC *(plancha delgada)* (dünne) Platte *f*; *(laminilla)* Folie *f*; *(chapa)* Blech *n*; *(hoja)* Blatt *n*; Lamelle *f*; ~ **adhesiva/transparente** Klebe-/Klarsichtfolie *f*; ELEC ~ **de contacto** Kontaktfeder *f* 2 *en libros*: Abbildung *f*, Tafel *f*; ~ **a todo color** Farbbildtafel *f*

laminable ADJ TEC auswalzbar; **laminación** F TEC Walzung *f*; **tren** *m* **de** ~ Walzstraße *f*; **laminado** A ADJ *(guarnecido con láminas)* lamelliert; *(cubierto con planchas)* mit Platten belegt; TEC gewalzt; **cristal** *m* ~ Verbundglas *n* B M TEC *(aplanar)* Walzen *n*; **laminador** M TEC 1 *obrero*: Walzwerksarbeiter *m* 2 **(tren)** ~ *fábrica*: Walzwerk *n*; **laminadora** F 1 TEC *máquina*: Walzmaschine *f*, -werk *n* 2 *obrera*: Walzwerksarbeiterin *f*

laminar¹ ADJ *estructura* blätterig, Folien...; *corriente* laminar

laminar² VT 1 TEC *(aplanar)* (aus-)walzen; platt drücken *(tb fig)*; ~ **en caliente** warmwalzen 2 *(cubrir con planchas)* mit Platten (*o* Folien) belegen; laminieren; *espec Am documentos* plastifizieren

laminaria F BOT Riementang *m*; **laminero** A ADJ naschhaft B M, **-a** F Leckermaul *n*, Naschkatze *f*; **laminilla** F Blättchen *n*; Lamelle *f*; kleine Blattfeder *f*; **~(s)** *f(pl)* Flitter *m*; **laminoso** ADJ *estructura* schichtig, geblättert

lamiscar VT ⟨1g⟩ *fam* (eifrig) (ab-)lecken; schlecken

lamoso ADJ schlammig; **lampa** F 1 *Am Mer* AGR *(azada)* Hacke *f* 2 *Perú (pala)* Schaufel *f*; **lampacear** VT MAR aufwischen, schwabbern; **lampalagua** M 1 *Am* ZOOL Boa *f* 2 *Chile* MIT *Ungeheuer, das die Flüsse leer säuft*; *fam fig* Nimmersatt *m*

lampar VI *fam* betteln

lámpara F 1 *para dar luz*: Lampe *f*; Leuchte *f*; Röhre *f (tb* RADIO, TV*)*; ~ **amplificadora** Verstärkerröhre *f*; ~ **de aviso** Warnleuchte *f*; ~ **biplaca** Doppeldiode *f*; ~ **de cabecera** Nachttischlampe *f*; ~ **colgante** Hängelampe *f*; ~ **fluorescente** Leucht(stoff)röhre *f*; ~ **halógena** Halogenlampe *f*; ~ **de luz brillante** Starklichtlaterne *f*, -lampe *f*; ~ **de mesa** Tischlampe *f*; ~ **de minero** *o* **de seguridad** Grubenlampe *f*; ~ **para soldar** Lötlampe *f*; ~ **de pared** Wandlampe *f*; ~ **de pie** Stehlampe *f*; REL ~ **del Santísimo** ewiges Licht *n*; ~ **de (sobre)mesa** Tischlampe *f*; ~ **solar** Höhensonne *f*; ~ **de techo** Deckenleuchte *f*; *fam fig* **atizar la** ~ noch einen einschenken, noch einen auf den Docht gießen *fam* 2 *(mancha de aceite)* Ölfleck *m in der Kleidung*

lamparazo M → lamparillazo

lamparero M, **-a** F *fabricante*: Lampenmacher *m*, -in *f*; *vendedor(a)*: Lampenverkäufer *m*, -in *f*; **lamparilla** F 1 *(pequeña lámpara)* Lämpchen *n*; Nachtlicht *n* 2 BOT *árbol*: Zitterpappel *f* 3 *fam (copita)* Gläschen *n* Schnaps; **lamparillazo** M *fam* kräftiger Schluck *m* Schnaps; **lamparín** M 1 REL Lampenring *m*, -halter *m* 2 *Perú de petróleo*: Petroleumlampe *f*; **lamparita** F ~ **de control** Kontrolllämpchen *n*; *Ur* Glühbirne *f*; ~ **de noche** Nachttischlampe *f*; **lamparo** ADJ *Col* abgebrannt, ohne Geld; **lamparón** M großer Fettfleck *m in der Kleidung*; **-ones** *mpl* MED Skrofeln *pl*; VET Rotz *m*

lampazo M 1 M BOT Purpurklette *f*; MED *fam* **~s** *pl* Hitzblattern *fpl* 2 *fig* MAR *(escobón)* Schiffsbesen *m* 3 *Col (golpe)* Schlag *m*; *Perú* Schlag *m* mit einer Schaufel

lampiño ADJ 1 *(sin barba)* bartlos 2 BOT *(pelado)* haarlos, kahl; **lampista** M/F *reg* (Elektro-)Installateur *m*, -in *f*; **lampistería** F kleines Elektrogeschäft *n*; **lampo** M *poét* Aufleuchten *n*, Blitz *m*; **lampón** M *Col fam* Hungerleider *m*; **lamprea** F 1 *pez*: Lamprete *f*, Neunauge *n* 2 *Ven (herida ulcerosa)* schwärende Wunde *f*; **lampuga** F ZOOL Goldmakrele *f*

LAN F ABR (Línea Aérea Nacional) 1 *chilenische Fluggesellschaft* 2 *peruanische Fluggesellschaft*

lana¹ A F 1 TEX Wolle *f*; *tela*: Wollstoff *m*; ~ **de angora/merino/oveja** Angora-/Merino-/Schafwolle *f*; ~ **de borra** Ausschusswolle *f*; ~ **en bruto** Rohwolle *f*; ~ **esquilada/sucia** frisch geschorene/ungewaschene Wolle *f*, Schweißwolle *f*; ~ **estambrera** *o* **peinada** Kammgarnwolle *f*; **pura ~ virgen** reine Schurwolle *f*; ~ **de vicuña** Vicuñawolle *f*; ~ **de cordero** Lammwolle *f*; *fig* **cardarle a alg la ~** *fam* j-m gewaltig den Kopf waschen *fam* 2 TEC ~ **de acero** Stahlwolle *f*; ~ **de madera** Holzwolle *f*; ~ **de roca** Steinwolle *f*; ~ **de vidrio** Glaswolle *f* 3 *espec Méx fam (dinero)* Moneten *fpl fam*, Zaster *m fam*; **no tener ~** blank (*o* abgebrannt) sein *fam* B M *Am Centr* Mann *m* aus dem Volk; Schwindler *m*

lana² M *Guat, Hond persona*: Mann *m* aus dem Pöbel; Stromer *m*

lanada F MIL Wischstock *m für Feuerwaffe*; **lanado** ADJ bewollt; wollig; **lanar** ADJ **ganado** *m* ~ Wollvieh *n*; Schafe *npl*; **lanaria** F BOT Seifenkraut *n*

lanario M ORN **(halcón** *m***)** ~ Lannerfalke *m*

lance M 1 *(tiro)* Werfen *n* 2 *pesca*: Auswerfen *n (des Netzes)*; *p. ext (lo pescado)* Netz *n* voll, Fang 3 *(suceso)* Vorfall *m*, Vorkommnis *n*; *(coincidencia)* Zufall *m*; *(aventura)* Abenteuer *n*; **de** ~ *(casualmente)* zufällig; COM aus zweiter Hand; *libro* antiquarisch; **compra de** ~ Gelegenheitskauf *m*; *liter* ~ **amoroso** Liebesabenteuer *n*; ~ **de fortuna** unerwartetes Ereignis *n*; Zufallsglück *n*; *Arg fam* **tirarse un** ~ sein

Glück versuchen **4** *en el juego*: Wurf *m*; Zug *m*; *tb fig* **echar uno su ~** sein Glück versuchen **5** **~ (apretado)** *(situación difícil)* schwierige (*o* gefährliche) Lage *f*, kritische Situation *f* (*o* Sache) **6** *(riña)* Streit *m*; Zusammenstoß *m*; **~ de honor** Ehrenhandel *m*, Duell *n* **7** *de una ballesta*: Bolzen *m einer Armbrust* **8** TAUR Capafigur *f* *(Täuschung des Stiers)* **9** *Arg (serie)* Reihe *f*, Serie *f* **10** *Chile (movimiento de desviación)* Ausweichbewegung *f*

lanceado ADJ → lanceolado; **lancear** **A** V/T **1** *(herir con la lanza)* mit der Lanze verletzen **2** TAUR *den Stier* mit der Capa bearbeiten **B** V/I *Méx* AGR *sembrado de maíz* sprießen; **lanceolado** ADJ BOT lanzettförmig, Lanzett...; **lancera** F Lanzenständer *m*; **lancero** M **1** MIL *soldado a caballo*: Lanzenreiter *m*, Ulan *m* **2** *Arg (aventurero)* Abenteurer *m*; **lanceta** F **1** MED Lanzette *f*; Schnäpper *m fam* **2** ZOOL *pez*: Lanzettfischchen *n* **3** *Chile, Méx, Perú* → aguijón; **lancetada** F, **lancetazo** M MED Schnitt *m* (*o* Einstich *m*) (mit) einer Lanzette; **lancetero** M MED Lanzettenetui *n*

lancha F **1** *(piedra grande y lisa)* flacher Stein *m*, dünne Steinplatte *f* **2** *(bote)* Boot *n*; Schaluppe *f*; Barkasse *f*; *tb* Leichter *m*; MIL **~ de asalto/de desembarco** Sturm-/Landungsboot *n*; **~ de carga/a remolque** Last-/Schleppkahn *m*; **~ motora** *o* **de motor** Motorboot *n*; **~ rápida (de alas flotadoras)** (Tragflügel-)Schnellboot *n*; MIL **~ rápida torpedera** Torpedoschnellboot *n* **3** *Ec (neblina)* Nebel *m*; *(escarcha)* (Rau-)Reif *m*

lanchar[1] M Steinbruch *m*, *in dem Platten gebrochen werden*

lanchar[2] V/I *Ec (nublarse)* sich bewölken; *(estar nubloso)* neblig sein; *(escarchar)* reifen; **lanchero** M **1** *dueño*: Bootseigner *m*; Bootsführer *m* (→ lancha) **2** *Cuba contrabandista*: Bootsschmuggler *m*; **lanchón** M MAR Leichter *m*

lancinante ADJ *dolor* stechend, reißend; **lancinar** **A** V/T stechen; zerreißen **B** V/I MED *dolor, herida* stechen, klopfen

land M (deutsches Bundes-)Land *n*

landa F Heide *f*, Ödland *n*

landgrave M HIST *en Alemania*: Landgraf *m*;

landó M **1** HIST *coche*: Landauer *m* **2** *Perú* MÚS *afroperuanischer Tanz und Gesang*

landrecilla F Drüse *f bei Schlachttieren*; **~ de ternera** Kalbsbrieschen *n*

landrilla F VET Finne *f*; **landrilloso** ADJ VET finnig

lanería F **1** *(mercancías de lana)* Wollwaren *fpl* **2** *tienda*: Wollwarengeschäft *n*

lanero **A** ADJ wollen, Woll... **B** M, **-a** F Wollwarenhändler *m*, -in *f*

lángaro **A** M **1** *Am Centr* → vagabundo **2** M *C. Rica* → larguilucho **B** ADJ *Méx* → hambriento

langor M → languidez

langosta F ZOOL **1** *insecto*: Grashüpfer *m*, Heupferd *n*; **~ (migratoria)** (Wander-)Heuschrecke *f*; *fig* **~** (zerstörende) Plage *f*; **nube** *f* **de ~s** Heuschreckenschwarm *m*; **plaga** *f* **de (la) ~** *o* **plaga** *f* **de ~s** Heuschreckenplage *f* **2** *crustáceo*: Languste *f*

langostero M Langustenfischer *m*; **langostín, langostino** M ZOOL Kaisergranat *m*; Shrimp *m*; GASTR *frec* Langustenschwanz *m*, Riesengarnele *f*; **~s** *pl* **a la plancha** gegrillte (Riesen-)Garnelen *fpl*; **~s** *pl* **al vino blanco** (Riesen-)Garnelen *fpl* in Weißweinsoße; GASTR;

langostón M ZOOL Baumhüpfer *m*

languedociano ADJ *auf die französische Region Languedoc bezogen*

languidecer V/I ⟨2d⟩ schmachten; dahinsiechen, -welken; verkümmern; **~ de amor** sich in Liebe verzehren; **languideciente** ADJ schmachtend, dahinsiechend; **languidez** F ⟨*pl* -eces⟩ Mattigkeit *f*; Kraftlosigkeit *f*; Dahinwelken *n*; ECON Flaute *f*

lánguido ADJ **1** *(flojo)* schlaff, matt, *(cansado)* müde **2** *(desanimado)* mutlos, niedergeschlagen

lanificación F Wollverarbeitung *f*; **lanilla** F feiner Wollstoff *m*; Wollflor *m*

lanolina F FARM Lanolin *n*, Wollfett *n*; **lanosidad** F Wolligkeit *f*; **lanoso** ADJ wollig; flaumig

lansquenete M HIST Landsknecht *m*

lantana F BOT Wandelröschen *n*; **lanterno** M BOT → aladierna

lanudo ADJ **1** *(con lana)* wollig; zottig **2** *Ec, Ven fig (tosco)* grob, ungeschlacht; **lanuginoso** ADJ *espec* BIOL wollartig; mit feinem Flaum besetzt; **lanugo** M BIOL Lanugo *f*

lanza F **1** *arma*: Lanze *f*; **media ~** kurze Lanze *f*, *Art* Spieß *m*; **~ para pescar** Fischspeer *m*; HIST *en el torneo*: **correr ~s** Lanzen brechen; *fig* **romper una ~ por alg** für j-n eine Lanze brechen; *fig* **~ en ristre** kampfbereit **2** *fig* HIST *combatiente*: Lanzenkämpfer *m*; -reiter *m*; HIST **~ castellana** Lanzenritter *m* mit seinem Schildknappen und seinem Jungen **3** **~ (de coche)** Deichsel *f* **4** *manga de agua*: Mundstück *n einer Spritze*; Strahlwerfer *m* **5** HIST **~s** *fpl Abgabe an den König anstatt Stellung von Soldaten*

lanzabombas M ⟨*pl inv*⟩ MIL Bombenträger *m*; Bombenabwurfvorrichtung *f*; **lanzacabos** M ⟨*pl inv*⟩ Seilwerfer *m (Gerät)*; **lanzacohetes** M ⟨*pl inv*⟩ MIL Raketenwerfer *m*; **buque** *m* **~** Raketenschiff *n*; **lanzada** F Lanzenstoß *m*; -stich *m*

lanzadera F **1** TEX Weberschiffchen *n*; *fig (persona inquieta)* unruhiger Mensch *m* **2** *transporte*: Pendelbus *m*; Shuttle *m*; **~ espacial** Raumfähre *f*; **servicio** *m* **de ~** Pendelverkehr *m* **3** MIL **~ (móvil)** *rampa*: (mobile) Abschussrampe *f*

lanzadero M TEC Rutsche *f*, Schurre *f*; **lanzadestellos** M ⟨*pl inv*⟩ Blinklicht *n an Krankenwagen etc*; **lanzadiscos** M/F *Col* Discjockey *m*; **lanzado** ADJ kess, entschlossen, draufgängerisch

lanzador M Schleuderer *m*; Werfer *m*; **~ de cuchillos** Messerwerfer *m*; DEP **~ de disco/de jabalina/de martillo** Diskus-/Speer-/Hammerwerfer *m*; DEP **~ de peso** *o* *Am* **~ de bola** Kugelstoßer *m*

lanzadora F **1** *mujer*: Werferin *f*; Schleuderin *f* **2** TEC *(catapulta)* Schleuder *f*, Schleudergerät *n*; **lanzafuego** M MIL, HIST Lunte *f für Geschütze*; **lanzagranadas** M ⟨*pl inv*⟩ MIL Granatwerfer *m*; **lanzallamas** M ⟨*pl inv*⟩ MIL Flammenwerfer *m*

lanzamiento M **1** *(tiro)* Werfen *n*; Schleudern *n*; **~ de cuchillo** Messerwerfen *n*; DEP **~ de disco/de jabalina/de martillo** Diskus-/Speer-/Hammerwerfen *n*; DEP **~ de peso** *o* *Am* **~ de bola(s)** Kugelstoßen *n* **2** *(despegue)* Abschuss *m*, Start *m*; AVIA **~ por catapulta** Katapultstart *m*; **~ de cohetes** Raketenabschuss *m*, -start *m* **3** MIL *(derribo)* Abschuss *m*; Abwurf *m*; **~ de bombas** Bombenabwurf *m*; **~ inactivo** *o* **sin eficacia** Blindwurf *m* **4** COM **~ (al mercado)** *(introducción)* Lancierung *f*, Markteinführung *f eines Produkts* **5** *Am reg* JUR *(desalojo)* Zwangsräumung *f*

lanzaminas M ⟨*pl inv*⟩ MIL Minenwerfer *m*; MAR, MIL Minenleger *m*; **lanzamisiles** M Raketenwerfer *m*

lanzar ⟨1f⟩ **A** V/T **1** *(tirar)* werfen (**a, en** auf, in *acus*); *(arrojar)* schleudern (**contra** gegen, wider *acus*); DEP *jabalina* werfen; *bola* stoßen; CAZA *halcones, perros* loslassen; **~ miradas orgullosas** stolze Blicke werfen (**a** auf *acus*); **~ un grito** einen Schrei ausstoßen **2** MIL *bombas* abwerfen; *cohetes* abschießen, starten; MAR *torpedos* abfeuern; *minas* auslegen **3** *fig rumor* in Umlauf setzen, lancieren; *moda* aufbringen; COM **~ (al mercado)** auf den Markt werfen (*o* bringen) **4** MAR **~ al agua** vom Stapel lassen **5** TEC *gases* abblasen., ausstoßen **6** *Am (expulsar)* (hin)austreiben; JUR exmittieren; *inquilinos* zwangsräumen; *(expropiar)* enteignen; **~ del puesto** aus der Stellung werfen (*o* vertreiben), hinauswerfen **B** V/I *Arg fam (vomitar)* brechen, sich übergeben **C** V/R **1** **~se** sich stürzen (**a, en, sobre** auf *acus o* in *acus*); **~se al agua** sich ins Wasser stürzen; ins Wasser springen; **~se con (el) paracaídas** mit dem Fallschirm abspringen; **~se por la vertiente** den Hang hinunterrennen **2** *fig* **~se a** *o* **en especulaciones** sich in Spekulationen einlassen; **~se a hacer a/c** sich entschließen (*o* es wagen), etw zu tun

lanzaroteño **A** ADJ aus Lanzarote **B** M, **-a** F Bewohner *m*, -in *f* von Lanzarote

lanzatorpedos M ⟨*pl inv*⟩ MIL, AVIA Torpedoträger *m*; MAR **tubo** *m* **~** Torpedoausstoßrohr *n*

lanzazo M → lanzada

lanzón M ZOOL Sandaal *m*

laña F Metallklammer *f*; **lañar** V/T **1** *(unir con grapas)* mit Klammern verbinden (*o* befestigen) **2** *pop fig (robar)* klauen *fam*

lao M *jerga del hampa* Wort *n*

laociano → laosiano

Laos M Laos *n*

laosiano **A** ADJ laotisch **B** M, **-a** F Laote *m*, Laotin *f*

lapa F **1** ZOOL Napfschnecke *f* **2** BOT Klettenlabkraut *n*; *fam fig (persona pegajosa)* aufdringliche Person *f*, Klette *f fam*; **bomba** *f* **~** Haftbombe *f*; *fam fig* **pegarse como una ~ a alg** sich wie eine Klette an j-n hängen **3** *(telilla)* Kahm *m*, Schimmel *m auf Wein etc* **4** *Chile (concubina de un soldado)* Soldatenliebchen *n* **5** *Ec sombrero*: Hut *m* mit flachem Kopf **6** *Am Centr* → guacamaya; **lapachar** M versumpftes Gelände *n*

laparoscopia F MED Bauchspiegelung *f*, Laparoskopie *f*; **laparotomía** F MED Bauchschnitt *m*, Laparotomie *f*

La Paz F *Hauptstadt Boliviens*

lapear V/T TEC läppen

lapicera F *Chile, RPl (portaplumas)* Federhalter *m*; *Am* **~ fuente** Füllhalter *m*; **lapicero** M **1** *para lápices*: Bleistifthalter *m* **2** *(lápiz)* Bleistift *m*; PINT Pastellstift *m* **3** *Arg, Perú (pluma estilográfica)* (Füll-)Federhalter *m*; *tb gener (bolígrafo)* Kugelschreiber *m*

lápida F Steintafel *f*; **~ conmemorativa** Gedenktafel *f*, -stein *m*; **~ (sepulcral** *o* **funeraria)** Grabstein *m*

lapidación F *castigo*: Steinigung *f*; **lapidar** V/T **1** steinigen **2** *Am reg piedras preciosas* schleifen; **lapidario** **A** ADJ **1** Edelstein... **2** *fig (corto y preciso)* lapidar; kurz (und bündig) **B** M, **-a** F *oficio*: Edelsteinschleifer *m*, -in *f*; *comerciante*: Edelsteinhändler *m*, -in *f*

lapídeo ADJ *espec t/t* steinern; steinartig

lapidificar V/T ⟨1g⟩ QUÍM versteinern

lapilli MPL GEOL Lapilli *pl*

lapislázuli M MINER Lapislazuli *m*; Lasurstein *m*

lápiz M ⟨*pl* -ices⟩ (Blei-)Stift *m*; **~ adhesivo** Klebestift *m*; **~ de alumbre** Alaunstift *m*; **~ de cejas** Augenbrauen-, Schminkstift *m*; **~ de cera** Wachsmalstift *m*; **~ de color** Farb-, Buntstift *m*; **~ de dibujo** Zeichenstift *m*; TEC **~ eléctrico** Elektroschreiber *m*; **~ fluorescente** Leuchtstift *m*; **~ de labios** *o* **labial** Lippenstift *m*; **~ litográfico** Lithostift *m*, -kreide *f*; **~ de ojos** Kajalstift *m*; *Chile* **~ pasta** Kugelschreiber m; ~ **pastel** Pastellstift m; ~ **de pizarra** Griffel m; ~ **rojo** Rötel m; ~ **de tinta** o ~ **de copia** o ~ **copiativo** Kopierstift m; ~ **de tiza** Kreidestift m; ~ **vidriográfico** Glasschreiber m, Fettstift m

lapizar[1] VT ⟨1f⟩ mit Bleistift zeichnen

lapizar[2] M MIN Graphitgrube f

lapo M fam 1 (golpe) Schlag m mit Riemen (o Gerte); p. ext (bofetada) Ohrfeige f 2 (trago) Schluck m 3 (saliva) Spucke f fam 4 Ven (imbécil) leichtgläubiger Trottel m

lapón A ADJ lappländisch B M, **-ona** F Lappe m, Lappin f C M lengua: Lappisch n

Laponia F Lappland n

lapso M 1 (intervalo) Zeitraum m; -intervall n 2 → lapsus 3 HIST, REL (caído en delito) Abgefallene m; **lapsus** M Lapsus m; **tener un ~** sich versprechen; ~ **calami** Schreibfehler m; ~ **linguae** Lapsus Linguae m cult, Versprecher m; ~ **freudiano** freudsche Fehlleistung f

laptop ['laptɔp] M INFORM Laptop m

laque M Chile Wurfkugel f, Bola f; **laqueado** M Lackieren n; **laquear** VT lacken, lackieren

lar M 1 MIT **~es** mpl Laren mpl 2 fig (hogar) Herd m; **~es** mpl Haus und Hof; Heim(stätte f) n

LAR ABR (Lloyd Aéreo Boliviano) *bolivianische Fluggesellschaft*

lard(e)ar VT GASTR spicken; p. ext mit Fett übergießen; **lardero** ADJ 1 CAT folclore **jueves** m ~ Donnerstag m vor Fastnachtssonntag, (Alt-)Weiberfastnacht f, fetter Donnerstag m 2 GASTR **aguja** f **-a** Spicknadel f

lardo M Speck m; Fett n; **lardón** M TIPO fam 1 imprenta: nicht ausdruckende Stelle f 2 (adición) Korrektur f; **lardoso** ADJ speckig, fett

larga F 1 **a la ~** auf die Dauer; **a la corta o a la ~** über kurz oder lang; mit der Zeit; **dar ~s a a/c** etw in die Länge ziehen (o auf die lange Bank schieben fam) 2 AUTO fam **las ~s** das Fernlicht 3 (vara de billar) langer Billardstock m 4 LING, métrica: lange Silbe f; **largada** F Am 1 fam (soltura) Loslassen n, Nachlassen n 2 DEP carrera: Start m; **largamente** ADV lange; reichlich; ausführlich; ausgiebig; umständlich; **tener con qué pasarlo ~** sein gutes Auskommen haben

largar ⟨1h⟩ A VT 1 (soltar) losmachen; loslassen; laufen lassen; palomas mensajeras aufsteigen lassen, auflassen; soga ablaufen lassen; **¡larga!** lass los!; locker lassen! 2 fam fig (divulgar) etw ausplappern; discurso, etc vom Stapel lassen 3 bofetada, golpe versetzen 4 fig **~ a alg** j-n rauswerfen; (mandar a paseo a alg) j-m den Laufpass geben 5 MAR bote fieren; velas beisetzen; bandera zeigen B VI 1 viento umschlagen 2 fam (parlotear) schwätzen, quatschen C VR **largarse** 1 MAR in See gehen; fam fig (irse) sich auf und davon machen, abhauen fam; **¡lárgate (de aquí)!** fort von hier!; hau ab! fam; fig **~ con viento fresco** mit vollen Segeln (o schleunigst) Reißaus nehmen 2 Am (comenzar a/c) etw beginnen; **~ a hacer a/c** sich daran machen, etw zu tun

largo A ADJ 1 lang; (amplio) weit; **a paso ~** mit großen Schritten; fig eilends; **~ de pelo** langhaarig; **cayó cuan ~ era** er fiel der Länge nach hin; **ir** o **vestir de ~** ein langes Kleid tragen; fam **ser más ~ que un día sin pan** hoch aufgeschossen (o ein langer Lulatsch fam) sein; fig **es ~ de manos** die Hand rutscht ihm leicht aus, er schlägt gleich zu; fam fig **ser ~ de uñas** ein Langfinger sein; **¡~ (de aquí)!** weg da!, fort von hier!, raus! 2 fig (con detalles) ausführlich; weitläufig; (abundante) reichlich; tb persona: großzügig; fig **ser muy ~** sehr großzügig sein; fam **ser ~ como pelo de huevo** sehr knickerig sein fam 3 temporal: lang; (de larga duración) langwierig, zeitraubend; **durante ~s años** während langer (o vieler) Jahre; **esto va para ~** das wird lange dauern, das wird eine langwierige Sache 4 con prep: **a lo ~** der Länge nach; längs (**de** gen o dat), entlang (**de** dat); **a lo ~ de muchos años** viele Jahre lang; **a lo ~ y a lo lejos** weit und breit; **de ~ a ~** der ganzen Länge nach; **pasar de ~** weitergehen, vorübergehen, vorbeifahren; fig unbeachtet lassen; übersehen, überspringen; **poner de ~** (junge Mädchen) in die Gesellschaft einführen; **por ~** ausführlich; umständlich 5 MAR **el cabo está ~** das Tau ist lose (o schlecht gespannt) 6 (ingenioso) geistreich, scharfsinnig B ADV 1 (distante) weit (entfernt); **~ (y tendido)** ausführlich, lang und breit 2 MÚS largo C M 1 (largura) Länge f; **tener dos metros de ~** zwei Meter lang sein; DEP **le lleva dos ~s** er ist ihm um zwei Längen voraus 2 MÚS Largo n

largometraje M FILM Spielfilm m; **largón** M, **largona** F fam Schwätzer m, -in f; Lästermaul n; **largor** M Länge f (z. B. einer Straße); **largucho** ADJ Am → larguilucho; **largueado** ADJ (längs) gestreift; **larguero** M 1 carpintería: Holm m; TEC tb Längsträger m 2 de la balanza: Waagenbalken m 3 DEP del arco: Querlatte f 4 almohada: großes längliches Kopfkissen n; **largueza** F Freigebigkeit f; **larguilucho, larguirucho** ADJ fam lang und dünn, schlaksig fam; **largura** F Länge f

lárice M BOT Lärche f

laringe F ANAT Kehlkopf m; **laríngea** F FON Kehl(kopf)laut m; **laringectomía** F Laryngektomie f; **laríngeo** ADJ Kehlkopf...; **laringitis** F MED Kehlkopfentzündung f; **laringófono** M Kehlkopfmikrofon n; **laringología** F MED Laryngologie f; **laringólogo** M, **-a** F MED Laryngologe m, -login f; **laringoscopia** F MED Kehlkopfspiegelung f; **laringoscopio** M MED Kehlkopfspiegel m, Laryngoskop n; **laringotomía** F MED Kehlkopfschnitt m

larva F BIOL Larve f; **larvado** ADJ MED larviert, versteckt, ohne typische Merkmale; **larval, larvario** ADJ BIOL larval, Larven...

lasaña F GASTR Lasagne f

lasca F 1 (cascos) Steinsplitter m 2 Cuba (lonja) dünne Scheibe f (von etw); **lascar** VT ⟨1g⟩ 1 MAR (aflojar) lockern 2 Méx (herir) verletzen

lascivia F Geilheit f, Wollust f; Unzüchtigkeit f; Schlüpfrigkeit f; **lascivo** A ADJ wollüstig, geil, lüstern, lasziv B M, **-a** F Lüsterne m/f

láser M FÍS Laser m; **rayo** m ~ Laserstrahl m; **técnica** f ~ Lasertechnik f

laserpicio M BOT Laserkraut n

laserterapia F MED Lasertherapie f

lasitud F Ermattung f; Schlaffheit f

laso ADJ 1 (flojo) matt, kraftlos, schwach 2 hilo ungezwirnt

Las Palmas PL *Hauptstadt von Gran Canaria und Provinz auf den Kanarischen Inseln*

lástex® M TEX Lastex® n

lástima F 1 (compasión) Mitleid n; Bedauern n; **dar ~** leidtun; **(me) da ~ verlo** o **el aspecto (me) da ~** der Anblick tut (mir) weh 2 (miseria) Jämmerlichkeit f, Jammer m; **estar hecho una ~** (deplorable) erbärmlich (o jämmerlich) aussehen; (dañado) beschädigt (o kaputt) sein; **es una ~** es ist ein Jammer; es ist jammerschade; **(es) ~ que** (subj) (wie) schade, dass (ind); **¡qué ~!** wie schade! 3 frec **~s** fpl (lamento) Jammer m, (queja) Klage f; Gejammer n fam

lastimadura F Verletzung f; **lastimar** A VT (herir) verletzen B VR **lastimarse** 1 (herirse) sich verletzen (**con** mit dat) 2 (compadecer) Mitleid haben (**de** mit dat); **lastimero** ADJ klagend; kläglich; mitleiderregend; **lastimoso** ADJ bedauernswert; bejammernswert; traurig, elend

lastra F Steinplatte f; **lastrar** A VT 1 (poner pesas) mit Ballast versehen; belasten; beschweren 2 (cubrir de gravilla) (be-)schottern B VI MAR Ballast einnehmen

lastre M 1 (carga inútil) Ballast m (tb fig); **soltar ~** Ballast abwerfen; fig **no tener ~ en la cabeza** unreif (im Urteil) sein 2 Schotter m

lata F 1 (hojalata) Blech n 2 (caja) Büchse f, Dose f; (conserva) Konservendose f; fig **meter la mano en la ~** (anvertrautes) Geld veruntreuen 3 fam fig (tontería) Quatsch m fam, Blech n fam; **dar la ~ a alg** j-n anöden; j-m auf den Wecker fallen fam, j-m auf den Geist gehen fam; **es una ~** es ist sterbens- (o stink)langweilig; **¡qué ~!** wie lästig! 4 (larguero) Dachlatte f 5 Am reg (bidón) (Benzin-)Kanister m 6 Col **quedarse en la ~** (no salir de la miseria) aus dem Elend nicht herauskommen

latania F BOT Art Fächerpalme f

lataz M ZOOL nordpazifischer Pelzotter m

latazo M fam 1 (tontería) Dummheit f, lästige Angelegenheit f 2 (persona fastidiosa) lästige Person f, Nervensäge f fam; fam **dar el ~ a alg** j-m auf die Nerven gehen, j-n nerven fam; fam **ser un ~** (ser pesado) lästig sein; (ser aburrido) stinklangweilig sein

latear A VT Arg, Chile, P. Rico anöden, auf den Wecker fallen fam B VI Arg schwatzen

latente ADJ verborgen, latent (tb MED)

lateral A ADJ seitlich; Seiten...; **parentesco** m ~ Verwandtschaft f in der Seitenlinie B M 1 transporte: *parallel zu einer Hauptstraße verlaufende Fahrspur oder verlaufender Gehweg* 2 DEP ~ **derecho/izquierdo** fútbol: Rechts-/Linksaußenverteidiger m

lateranense ADJ Lateran..., des Lateran

latería F Am reg Klempnerei f; **laterías** FPL Cuba Konserven fpl; **latero** M Am reg Klempner m

látex M BOT, QUÍM Latex m, Milchsaft m

latido M 1 Klopfen n (tb dolor), Pulsieren n; ~ **cardiaco** Herzschlag m 2 de perros: Anschlagen n

latifundio M Großgrundbesitz m; **latifundista** M/F Großgrundbesitzer m, -in f

latigazo M 1 golpe: Peitschenhieb m; ruido: Peitschenknall m; fig del destino: (Schicksals-)Schlag m 2 fam fig (reprimenda) Rüffel m, Anschnauzer m fam 3 pop (trago) Schluck m (Alkohol); fam **atarse un ~** sich (dat) einen hinter die Binde gießen fam

látigo M 1 (azote) Peitsche f; (Reit-)Gerte f 2 Ven ZOOL Riemennatter f 3 pop (pene) Schwanz m pop

latiguear A VI mit der Peitsche knallen B VT Am reg (aus)peitschen; **latiguera** F Perú Auspeitschen n; **latiguillo** M 1 (expresión favorita) Lieblingsredensart f, -redewendung f; (muletilla) Füllwort n, Floskel f 2 TEAT, TAUR fam fig **de ~** auf Effekt berechnet; TAUR **caída** f **de ~** Sturz m eines Pikadors auf den Rücken 3 BOT → estolón

latín M Latein n; **bajo ~** o **~ tardío** Spätlatein n; **~ clásico** klassisches Latein n; **~ de cocina** o **macarrónico** Küchenlatein n; **~ vulgar** Vulgärlatein n; fam **latines** mpl lateinische (o latinisierende) Ausdrücke mpl; fam fig **saber (mucho) ~** gerissen sein

latinajo M fam Küchenlatein n; **~s** mpl lateinische Brocken mpl; **latinamente** ADV auf Lateinisch; **latinear** VI → latinizar B; **latinidad** F Latinität f; **Baja Latinidad** spätlateinische Zeit f; Spätlatein n, Latein n der Verfallszeit; **latiniparla** F desp halblateinisches Kauderwelsch n; **latinismo** M Latinismus *m;* **latinista** M/F Latinist *m*, -in *f*; **latinización** F Latinisierung *f*; **latinizante** ADJ latinisierend; **latinizar** ⟨1f⟩ **A** V/T latinisieren **B** V/I *fam* viel Latein in seine Sprache mischen

latino **A** ADJ lateinisch (*tb* MAR *vela*); HIST lateinisch; *fig* LING romanisch; **América** *f* **Latina** Lateinamerika *n* **B** M/F **1** HIST Latiner *m*, -in *f* **2** Lateinkenner *m*, -in *f*, Lateiner *m fam* **3** *Am* Latino *m*, Latina *f* **C** M *lengua*: Lateinisch *n*, Latein *n*

Latinoamérica F Lateinamerika *n*

latinoamericano **A** ADJ lateinamerikanisch **B** M, **-a** F Lateinamerikaner *m*, -in *f*

latir **A** V/I **1** *corazón, pulso* schlagen, pochen; *de una herida tb* klopfen; *sangre* pulsieren **2** *perro* anschlagen, bellen **3** *Méx* (*presentir*) **me late que** … ich habe so eine Ahnung, dass … **B** V/T **1** *Ven fam* (*aburrir*) anöden, auf den Wecker gehen *fam* **2** CAZA *perro das Wild* verbellen

latitud F **1** Breite *f* (*tb* GEOG); GEOG **~ norte** nördliche Breite *f* **2** *de un país*: Ausdehnung *f*; *fig de una noción, de un concepto*: Weite *f*; **latitudinal** ADJ Breiten…; **latitudinario** ADJ REL, HIST latitudinarisch

lato ADJ breit; weit; *fig* **en sentido ~** im weiteren Sinne

latón M **1** *aleación*: Messing *n*; **~ blanco** Gelbguss *m*; **~ fundido** Messingguss *m* **2** *P. Rico* (*bidón*) (Benzin-)Kanister *m*

latonería F **1** TEC *fundición*: Messinggießerei *f* **2** COM *mercancías*: Messingwaren *fpl* **3** *Am reg* AUTO (*empresa de carrocerías*) Karosseriebetrieb *m*; **latonero** M, **-a** F *fundidor(a)*: Messinggießer *m*, -in *f*; *comerciante*: Messingwarenhändler *m*, -in *f*

latoso ADJ *fam* lästig; langweilig; unausstehlich

latría F CAT Anbetung *f* Gottes

latrocinio M Diebstahl *m*; Raub *m*

latvio **A** ADJ lettisch **B** M, **-a** F Lette *m*, Lettin *f* **C** M *lengua*: Lettisch *n*

LAU F ABR (Ley de Arrendamientos Urbanos) *spanisches Mietgesetz*

lauca F *Chile* Haarausfall *m*; *p. ext* (*calvo*) Kahlkopf *m*; **laucar** V/T ⟨1g⟩ *Chile* (kahl) scheren;

laucha **A** F **1** *Bol, Chile, RPl* (*ratón*) Maus *f* **2** *fig* (*alambre*) Stahldraht *m* **3** *Chile fam fig* **aguaitar la ~** eine günstige Gelegenheit abwarten **B** M **1** *Arg* (*persona astuta*) gerissener Mensch *m* **2** *Bol* → **baquiano** **3** *Chile* (*muchacho delgado*) schmächtiger Bursche *m*;

lauco ADJ *Chile* (*calvo*) kahl

laúd M **1** MÚS Laute *f* **2** MAR Feluke *f* **3** ZOOL Lederschildkröte *f*

laudable ADJ lobenswert

láudano M FARM Laudanum *n*

laudar V/T JUR durch Schiedsspruch entscheiden, schlichten; **laudatoria** F RET Laudatio *f*; **laudatorio** ADJ Lob…; **laudes** FPL CAT Laudes *fpl*; **laudista** M/F MÚS Lautenspieler *m*, -in *f*, Lautenist *m*, -in *f*; **laudo** M JUR **~ (arbitral)** Schiedsspruch *m*

launa F MINER Magnesiumtonerde *f*

lauráceo ADJ BOT lorbeerartig

Laureada F **la ~ de San Fernando** *spanische Tapferkeitsauszeichnung*

laureado ADJ lorbeerbekränzt; *fig* preisgekrönt; **laurear** V/T mit Lorbeer bekränzen; *fig* mit einem Preis auszeichnen; **lauredal** M Lorbeerhain *m*

laurel M **1** BOT *arbusto*: Lorbeer *m*; Lorbeerbaum *m*; **hoja** *f* **de ~** Lorbeerblatt *n*; **~ rosa** Lorbeerrose *f* **2** *fig* (*triunfo*) Lorbeer *m*; Siegerkranz *m*; **dormirse en** (*o* **sobre**) **los ~es** sich auf seinen Lorbeeren ausruhen

láureo ADJ Lorbeer…

lauréola, laureola F **1** *corona*: Lorbeerkranz *m* **2** → aureola **3** BOT Lorbeerkraut *n*; **laurisilva** F *espec Canarias* Lorbeerwald *m*; **lauro(s)** M(PL) *fig* Ruhm *m*; **lauroceraso** M BOT Kirschlorbeer *m*

Lausana F Lausanne *n*

lauto ADJ *liter* reich; üppig

lava[1] F Lava *f*

lava[2] F MIN Erzwäsche *f*

lavable ADJ (ab)waschbar; **seda** *f* **~** Waschseide *f*

lavabo M **1** *recipiente*: Waschbecken *n*; (*palanganero*) Waschtisch *m* **2** (*retrete*) Waschraum *m*; Toilette *f*; **encargada** *f* **del ~** Toilettenfrau *f* **3** CAT Lavabo *n*; **lavacara** M *Ec* Waschbecken *n*; **lavacoches** ⟨*pl inv*⟩ AUTO **A** M/F *persona*: Wagenwäscher *m*, -in *f* **B** M Wagenwaschanlage *f*; **lavacristales** M **A** M/F *persona*: Fensterputzer *m*, -in *f* **B** M **1** *aparato*: Fensterputzer *m*; *espec* AUTO Scheibenwaschanlage *f* **2** *producto de limpieza*: Fensterputzmittel *n*; **lavada** F *Am* Waschen *n*, Wäsche *f*; **lavadero** M **1** *lugar de lavar ropa*: Waschplatz *m*; Waschküche *f* **2** MIN (Erz-)Aufbereiter *m*; Aufbereitungsort *m*; TEC Waschanlage *f*, Wäsche *f* **3** *buscadores de oro*: Goldwaschplatz *m*

lavado **A** ADJ *Cuba ganado* rötlich weiß **B** M **1** (*lavamiento*) Waschen *n*; Waschung *f* (*tb* MED); TEC Wässerung *f*, Spülung *f* (*tb* MED); Auswaschen *n*; AUTO **~ automático** Waschanlage *f*; **~ en seco** chemische Reinigung *f*; *fig* **~ de cerebro** Gehirnwäsche *f*; *fig* **~ de dinero** Geldwäsche *f*; MED **~ de(l) estómago** *o* **gástrico** Magenspülung *f* **2** **de fácil ~** pflegeleicht; PINT einfarbige Guache *f*; Tuschen *n*

lavador **A** ADJ *espec* TEC waschend **B** M **1** *persona*: Wäscher *m* **2** *Perú* (*tina*) Waschschüssel *f* **3** *Bol, Perú recipiente*: Waschbecken *n*; **lavadora** F **1** *máquina*: Waschmaschine *f*; **~ automática** Waschautomat *m* **2** *persona*: Wäscherin *f*; **lavadura** F **1** (*acción de lavar*) Wäsche *f*, Wäschewaschen *n* **2** TEC (*lavandería*) Wascherei *f*; Aufbereitung *f von Erzen* **3** → lavazas; **lavafaros** M ⟨*pl inv*⟩ Scheinwerferscheibenwischer *m*; **lavafrutas** M ⟨*pl inv*⟩ Obstwaschschale *f*

lavaje M **1** *de lana*: Wollwäsche *f* **2** MED Auswaschen *n von Wunden etc*; **lavalimpialuneta** M AUTO Scheibenwaschanlage *f*; **~ trasero** Heckscheibenwaschanlage *f*; **lavamanos** M ⟨*pl inv*⟩ **1** *recipiente*: Handwaschbecken *n*; *Col* Waschschüssel *f* **2** *pasta*: Handwaschmittel *n*; **lavamiento** M Waschen *n*; → lavativa

lavanco M ORN → somormujo

lavanda F BOT Lavendel *m*

lavandera F **1** Wäscherin *f* **2** ORN **~ blanca** Bachstelze *f*; **~ boyera** Schafstelze *f*; **lavandería** F Wäscherei *f*; **~ de autoservicio** Waschsalon *m*; **lavandero** M Wäscher *m*;

lavandina F *Am reg* Chlorreiniger *m*

lavándula F BOT → lavanda

lavaojos M ⟨*pl inv*⟩ MED Augenschale *f für Augenbäder*; **lavaparabrisas** M ⟨*pl inv*⟩ AUTO Scheibenwaschanlage *f*; **lavapiés** M ⟨*pl inv*⟩ Fußwaschbecken *n*; **lavaplatos** ⟨*pl inv*⟩ **A** M/F Tellerwäscher *m*, -in *f*, Spüler *m*, -in *f* **B** M **1** (*lavavajillas*) Geschirrspülmaschine *f* **2** (*detergente*) Geschirrspülmittel *n* **3** *Chile* → fregadero

lavar **A** V/T & V/I **1** (*limpiar con agua*) waschen; abwaschen; auswaschen (*tb* TEC, QUÍM, MED); spülen (*tb* MED, TEC); *dientes* putzen; **agua** *f* **de ~** Waschwasser *n*; **~ los platos** Geschirr spülen, abwaschen; **~ la ropa** Wäsche waschen; **~ en seco** chemisch reinigen; **dar a ~** in die Wäsche geben; *fig* **~ los trapos sucios en casa** die schmutzige Wäsche in(nerhalb) der Familie waschen **2** *fig* reinigen; *deshonra* abwaschen; *estigma* tilgen; *fig* **~ con** *o* **en sangre** mit Blut sühnen **3** TEC ab-, ausschwemmen; schlämmen; *minerales* aufbereiten; *metales* läutern; *blanqueo* (*mit einem nassen Tuch*) abreiben **4** PINT *dibujo* in Aquarell ausmalen; **~ con tinta china** (an)tuschen **B** V/R **lavarse** sich waschen; **~ los dientes** die Zähne putzen; **~ las manos** sich (*dat*) die Hände waschen; *fig* seine Hände in Unschuld waschen; **trapo** *m* **para ~** Waschlappen *m*

lavarropas M ⟨*pl inv*⟩ *Am* Waschmaschine *f*;

lavaseco M *Chile* chemische Reinigung *f*;

lavativa F MED Klistier *n*, Einlauf *m*; *instrumento*: Klistierspritze *f*; **lavatorio** M **1** CAT Fußwaschung *f am Gründonnerstag* **2** *Am reg* (*lavabo*) Waschbecken *n*; **lavavajillas** M ⟨*pl inv*⟩ **1** *máquina*: Geschirrspülautomat *m*; **apto para ~** spülmaschinenfest **2** (*detergente*) (Geschirr-)Spülmittel *n*; **lavazas** FPL Abwasser *n*

lávico ADJ Lava…

lavotear V/T *fam* flüchtig waschen; **lavoteo** M *fam* Katzenwäsche *f fam*

laxación F Lockerung *f*; Erschlaffung *f*; **laxamiento** M Nachlassen *n*; Schlaffheit *f*; **laxante** **A** ADJ **1** (*que afloja*) lockernd **2** MED (*purgante*) abführend **B** M MED (leichtes) Abführmittel *n*

laxar V/T & V/I **1** (*aflojar*) lockern **2** MED (*purgar*) abführen; **laxativo** ADJ MED → laxante; **laxismo** M *teología moral*: Laxismus *m*; **laxitud** F Schlaffheit *f*, Laxheit *f* (*tb fig*)

laxo ADJ **1** (*flojo*) schlaff **2** *fig* nachsichtig; *costumbres* locker, lax *fam*

laya F **1** (*especie*) Art *f*, Gattung *f*; **de la misma ~** vom gleichen Schlag; **de toda ~** allerlei **2** AGR (*pala*) (Abstech-)Spaten *m*; zweizinkiger Gabelspaten *m* **3** *jerga del hampa, pop* → vergüenza **4** *jerga del hampa* (*joyas*) Schmuck *m*;

layar V/T mit dem Spaten abstechen (*o* umgraben)

lazada F Schleife *f*, Schlinge *f*; **lazador** M **1** *máquina de coser*: Greifer *m* **2** *Cuba persona*: Lassowerfer *m*; **lazar** V/T ⟨1f⟩ **1** (fest)binden **2** *Méx* → enlazar

lazareto M Quarantänestation *f*; **lazarillo** M *persona y perro*: Blindenführer *m*; **lazarino** ADJ aussätzig; **lazarista** M CAT Lazarist *m*

lázaro M **1** (*pobre andrajoso*) abgerissener Bettler *m*; **estar hecho un ~** mit Wunden bedeckt sein **2** → leproso

lazo M **1** (*nudo de cintas*) Schleife *f*; Schlaufe *f*; Schlinge *f*; *ornamento*: Schleifenornament *n*; **corbata** *f* **de ~** Fliege *f fam*; MAR **~ de cable** Stropp *m*; **~ corredizo** Laufschlinge *f*; **~ hecho** fertige Schleife *f* **2** CAZA (Fang-)Schlinge *f*; *espec Am* Lasso *m/n*; *fig* (*trampa*) Falle *f*; *fig* **caer en el ~** in die Falle (*o* auf den Leim) gehen; **cazar con ~** mit der Schlinge fangen; **cazar con el ~** mit dem Lasso jagen; **tender ~s** Schlingen legen; *fig Am* **tender un lazo a alg** j-m eine Falle stellen **3** *fig* **~s** *pl* (*conexión*) Bindung *f*, Verbindung *f*, Bande *npl*; **~s** *mpl* **de (la) sangre** Blutsbande *npl* **4** *Méx para secar la ropa*: Wäscheleine *f*

le PR PERS SG **1** (*dat*) ihm *m*; ihr *f*; *trato formal*: Ihnen *m/f* **2** (*acus*) ihn *m*; *trato formal*: Sie *m*

lea F *fam* Nutte *f fam*

leader ['liðɛr] → líder; **leadership** [-ʃip] M/F → liderato

leal ADJ loyal, treu; (*honrado*) ehrlich; fair; *espec* COM reell; **lealtad** F Loyalität *f*, Treue *f*; Ergebenheit *f*; (*honradez*) Ehrlichkeit *f*, Redlichkeit *f*

leasing ['lisin] M Leasing *n*

lebeche M Südwestwind *m im Mittelmeer*

leberquisa F MINER = *pirita magnética* → pirita

lebrada F GASTR *Art* Hasenpfeffer *m*; **lebrato, lebratón** M ZOOL Junghase *m*

lebrel ADJ **perro** *m* **~** Windhund *m*; **lebrero**

L

ADJ *perro* zur Hasenjagd abgerichtet
lebrillo M Napf *m*; Waschnapf *m*
lebrón M *fam fig* Hasenfuß *m*, Feigling *m*
lección F 1 *(lectura)* Lesen *n*; Verlesung *f*; *espec* REL Lesung *f* (aus *dat* **tomada de**) 2 *(clase)* (Lehr-, Unterrichts-)Stunde *f*; Unterricht *m*; UNIV Vorlesung *f*; **~ de alemán** Deutschstunde *f*; **~ inaugural** Antrittsvorlesung *f*; **~ magistral** Vorlesung *f*; **dar ~ a alg** j-m Unterricht (*o* Stunden) geben; **dar ~ con alg** bei j-m Unterricht nehmen 3 *material para la clase*: Lektion *f*, (Lehr-)Stoff *m*; **dar la ~** seine Lektion aufsagen; **tomar la ~ a alg** j-n seine Lektion hersagen lassen, j-n abhören 4 *instrucción*: Lehre *f*, Belehrung *f*; **la ~ de la Historia** die Lehre(n) der Geschichte 5 *(advertencia)* Lehre *f*, Warnung *f*; Verweis *m*; **dar una ~ a alg** j-m eine Lektion erteilen, j-m die Leviten lesen; **¡que le sirva (esto) de ~!** lassen Sie sich *(dat)* das eine Lehre sein! 6 *t/t* Lesart *f*
leccionario M CAT Lektionar *n*; **leccionista** M/F Privat-, Nachhilfelehrer *m*, -in *f*
lecha F Laich(beutel) *m der Fische*; **~s** *fpl* (Fisch-)Milch *f*; **lechada** F 1 CONSTR Mörtel(brei) *m*; QUÍM Aufschwemmung *f*; Brühe *f*; *fabricación de papel*: Masse *f*, Papierbrei *m*; CONSTR **~ (de cal)** Kalkmilch *f*; CONSTR **~ de cemento** Zementmilch *f* 2 *Perú vulg (eyaculación)* Ejakulieren *n*; Abspritzen *n vulg*
lechal A ADJ 1 ZOOL *(mamante)* saugend, Jung... 2 BOT milchhaltig B M 1 BOT Milchsaft *m* 2 ZOOL Sauger *m*; Sauglamm *n*
lechar¹ ADJ 1 → lechal A 1 2 Milch erzeugend; milchend; Milch...
lechar² V/T 1 *Am Mer* → ordeñar 2 *Méx* → enjalbegar; **lechaza** F → lecha; **lechazo** M GASTR Milchlamm *n*; **~ asado** Milchlammbraten *m*
leche F 1 ZOOL, GASTR Milch *f*; **~ de cabra/vaca** Ziegen-/Kuhmilch *f*; **~ condensada/entera** Kondens-/Vollmilch *f*; **~ cruda** Rohmilch *f*; **~ cuajada** *Art* Dickmilch *f*; **~ frita** *Milchschnitten mit Zucker und Zimt*; **~ desnatada** *o Am* **descremada** Magermilch *f*; **~ de manteca** Buttermilch *f*; **~ materna** *o* **de mujer** Muttermilch *f*; **~ en polvo** Milchpulver *n*; **~ semidescremada** *o Esp* **semidesnatada** fettarme Milch *f*; **~ U.H.T/uperizada** H-Milch *f*; *fig* **estar aún con la ~ en los labios** noch nicht trocken hinter den Ohren sein; *fig* **haberlo mamado (ya) en** *o* **con la ~** es schon mit der Muttermilch eingesogen haben; **no se puede pedir ~ a las cabrillas** man kann nichts Unmögliches verlangen 2 BOT Milch *f*; **~ de almendras** Mandelmilch *f*; **~ de pepinos** Gurkenmilch *f* 3 *cosmética*: Milch *f*; **~ bronceadora** *o* **para broncear** Bräunungsmilch *f*; **~ desmaquillante** *o* **limpiadora** Reinigungsmilch *f* 4 *fam fig* **como una ~** *asado, etc*: zart, mürb 5 *vulg (esperma)* Sperma *n*; *vulg* **echar ~s** Gift und Galle spucken; *vulg* **estar de mala ~** eine Saulaune haben *pop*; *vulg* **ser de mala ~** einen miesen Charakter haben; *vulg* **tener mala ~** ein Schweinehund sein *pop*, schlechte Absichten haben; *pop adv* **a toda ~** mit einem Affenzahn; *vulg* **¡es la ~!** so ein Mist!, das ist das Letzte!; **¡me cago en la ~!** *vulg* Scheiß drauf! *pop*; *vulg fig* **¡~(s)!** *o* **¡qué ~!** verdammte Scheiße! *vulg*, verfluchte Sauerei! *pop*; *vulg* **ni ~s!** von wegen! *fam*, kommt nicht in die Tüte *fam* 6 *vulg (bofetada)* Ohrfeige *f*; *vulg* **pegarle a alg una ~** j-m eine schmieren *pop* (*o* herunterhauen *fam o* langen *fam*)
lechecillas FPL 1 *(mollejas)* Kalbsmilch *f*; Bries *n*; GASTR Brieschen *pl* 2 *(asadura)* Gekröse *n* 3 **~ de pescado** → lecha; **lechera** F 1 Milchfrau *f*; *fig* **la cuenta de la ~** eine Milchmädchenrechnung 2 *recipiente*: Milchtopf *m*; *jarra*: Milchkanne *f* 3 BOT Kreuzblume *f* 4 *pez*: dreibärtelige Seequappe *f* 5 *jerga del hampa (coche celular)* Polizeiauto *n*, grüne Minna *f fam*; **lechería** F Milchgeschäft *n*; Molkerei *f*; **lechero** A 1 ADJ *corresponde a*: Milch...; **vaca** *f* **-a** Milchkuh *f*; *fig* Melkkuh *f*; **industria** *f* **-a** Milchwirtschaft *f* 2 *Perú fam (afortunado)* (viel) Glück habend B M 1 *persona*: Milchmann *m* 2 *transporte: Arg, Col fam* Bus *m*, der häufig hält; AVIA Flugzeug *n*, das viele Zwischenlandungen macht 3 *Perú fam* **ser un ~** *(afortunado)* ein Glückspilz sein; **lecherón** M *Arg* BOT *ein Baum, Wolfsmilchgewächs (Sapium aucuparium)*; **lecheruela, lechetrezna** F BOT Sonnenwolfsmilch *f*
lechigada F ZOOL *de perros*: Wurf *m*; *de conejos, etc*: Satz *m*; **lechiguana** F *Arg* wilde Honigwespe *f*
lechín M 1 BOT *Olivenart* 2 → lechino; **lechino** M VET *de la caballerías*: kleines Hautgeschwür *n der Reittiere*
lecho M 1 *liter (cama)* Bett *n*, Lager *n*; Ruhebett *n*, Lagerstatt *f*; **~ de muerte** Sterbe-, Totenbett *n*; **~ nupcial** Brautbett *n*; MIT *y fig* **~ de Procusto** *o* **de Procrustes** Prokrustesbett *n*, Folterbett *n*; *fig* **estar en un ~ de rosas** auf Rosen gebettet sein 2 *fig de un río*: Flussbett *n*; *del mar*: See-, Meeresgrund *m* 3 *(capa)* Lage *f*, Schicht *f* (*tb* GEOL); MIN Liegende(s) *n* 4 TEC *(base)* Bett *n*, *(fundamento)* Fundament *n*; ARQUIT Lager *n*
lechón M Spanferkel *n*; **~ asado** Spanferkelbraten *m*
lechosa F *Cuba, P. Rico, S.Dgo, Ven* BOT Papaya (frucht) *f*; **lechoso** A ADJ milchhaltig; milchig B M *Cuba, P. Rico, S.Dgo, Ven* BOT Papaya *f*, Melonenbaum *m*
lechucero M *Ec, Perú* → noctámbulo; **lechudo** M *Am reg fam* Glückspilz *m*
lechuga F 1 BOT Lattich *m*; AGR Kopfsalat *m*; **~ iceberg** Eisbergsalat; **~ roja** → achicoria 2 *fam fig* **como una ~** *(fresco y sano)* frisch und munter, strotzend vor Gesundheit; *fam* **estar fresquito como una ~** taufrisch sein; **ser más fresco que una ~** frech wie Oskar sein *fam*; *fam* **esa ~ no es de su huerto** das ist nicht auf seinem Mist gewachsen *fam* 3 → lechuguilla 2; **lechugado** ADJ *forma*: lattichartig; gekräuselt; **lechuguilla** F 1 BOT Wilder Lattich *m* 2 *(cabezón, puño de camisa)* HIST Hals- (*o* Ärmel-)krause *f* 3 *Cuba eine Flussalge* 4 *Méx eine Agave*; **lechuguina** F *fam desp* eingebildete Puppe *f*; **lechuguino** A ADJ angeberisch B M 1 AGR Salatsetzling *m* 2 *fig (presumido)* Gernegroß *m*; Angeber *m*, Fatzke *m fam*
lechuza F 1 ORN *y fig* (Schleier-)Eule *f* 2 *Méx, Antillas (ramera)* Dirne *f*, Nutte *f pop*; **lechuzo** M 1 *(botones)* Bote *m*, Vermittler *m (in nicht ganz einwandfreien Diensten)* 2 *fam fig (que se asemeja a la lechuza)* eulenartige Person *f*, Kauz *m*
lecitina F QUÍM Lezithin *n*
leco ADJ *Méx* dumm; verrückt
lectivo ADJ **día** *m* **~** Schul-, Unterrichts-, Vorlesungstag *m*; **día** *m* **no ~** schul-, unterrichtsfreier Tag *m*; **hora** *f* **-a** Schul-, Unterrichtsstunde *f*; *Esp* UNIV **año** *m* **~** Vorlesungsjahr *n*
lector M 1 *(que lee)* Leser *m*; *en voz alta*: Vorleser *m* 2 TEC *aparato*: Lesegerät *n*; **~ de banda** Tonabtaster *m beim Tonfilm*; **~ (de) CD-ROM** CD-ROM-Laufwerk *n*; **~ de DVD** DVD-Laufwerk *n*; **~ biométrico** biometrischer Sensor *m*; INFORM **~ de voz** Vorleseprogramm *n* 3 UNIV, *editorial*: Lektor *m* (*tb* REL); **lectora** F 1 UNIV, *editorial*: Lektorin *f* 2 INFORM Lesegerät *n*; **lectorado** M UNIV, *editorial*: Lektorat *n*; **lectoría** F REL Lektorat *n*; **lectura** F 1 *(acción de leer)* Lesen *n* (*tb* INFORM), Lektüre *f*; *en voz alta*: Vorlesen *n*; POL Lesung *f*; POL **en primera/segunda ~** in erster/zweiter Lesung; **dar ~ a a/c** etw vor- (*o* ver)lesen; *fig* **tener varias ~s** verschiedene Deutungen zulassen 2 *libros, revistas, etc*: Lektüre *f*, Lesestoff *m*; **~ amena** *o* **recreativa** Unterhaltungslektüre *f*; **~ de viaje** Reiselektüre *f* 3 TEC *de instrumentos*: Ablesen *n von Instrumenten*; **~ del contador (de la electricidad/del gas)** (Strom-/Gas-)Zählerablesung *f* 4 *(erudición)* Belesenheit *f*; **de mucha ~** belesen 5 TEAT Leseprobe *f*
leedor M, **leedora** F *espec Am* → lector 1
leer V/T & V/I ⟨2e⟩ *libros, planes, etc* lesen; INFORM *tb* einlesen; TEC *contador etc* ablesen; **~ (en voz alta)** (laut) vorlesen; *fam fig* **~ la cartilla a alg** j-m die Leviten lesen; *fig* **~ entre líneas** zwischen den Zeilen lesen; **~ (en) la mano** aus der Hand lesen; **~ música** Noten lesen
lefa F *vulg* Wichse *f vulg*, Sperma *n*
lega F CAT Laienschwester *f (für die Hausarbeit im Kloster)*
legación F POL Gesandtschaft *f*; CAT päpstliche Legation *f*; *edificio*: Gesandtschaftsgebäude *n*; **legado** M 1 CAT päpstlicher Legat *m* 2 JUR *y fig testamento*: Legat *n*, Vermächtnis *n*
legajador M *Am* Schnellhefter *m*; **legajar** V/T *Am Akten* bündeln; **legajo** M Aktenbündel *n*; Aktenstoß *m*; Faszikel *m*
legal ADJ gesetzmäßig; gesetzlich; legal; **adquirir fuerza ~** rechtskräftig werden; **asesinato** *m* **~** Justizmord *m*; **por vía ~** auf legalem Wege; **legalidad** F Gesetzmäßigkeit *f*; Rechtlichkeit *f*, Legalität *f*; **fuera de la ~** ungesetzlich; außerhalb der Legalität; **legalista** ADJ gesetzestreu; auf strenge Legalität achtend; **legalización** F Legalisierung *f*; ADMIN amtliche Beglaubigung *f*; **legalizar** V/T ⟨1f⟩ legalisieren; ADMIN (amtlich) beglaubigen
légamo M Schlamm *m*, Schlick *m*; AGR tonhaltige Erde *f*
legamoso ADJ schlammig, schlickig
legaña F FISIOL Augensekret *n*, Augenbutter *f fam*; **legañoso** ADJ triefäugig, Trief...
legar V/T ⟨1h⟩ 1 JUR *(heredar)* vermachen; hinterlassen (*tb fig*), vererben 2 *(delegar)* abordnen; entsenden; **legatario** M, **-a** F JUR Legatar *m*, -in *f*, Vermächtnisnehmer *m*, -in *f*
legendario A ADJ sagenhaft (*tb fig*); legendär; *fig* berühmt B M REL Legendensammlung *f (Heiligenleben)*
leggin(g)s MPL Leggings *pl*
legibilidad F Lesbarkeit *f*, Leserlichkeit *f*; **legible** ADJ leserlich; lesbar
legión F 1 MIL Legion *f*; **Legión Extranjera** Fremdenlegion *f*; **Legión de Honor** Ehrenlegion *f* 2 *fig (gran cantidad)* Unzahl *f*; große Menge *f*; **legionario** A ADJ Legions... B M Legionär *m*; MED **enfermedad** *f* **del ~** → legionela;
legionela F MED Legionärskrankheit *f*
legislable ADJ zum Gesetz erhebbar; **legislación** F Gesetzgebung *f*; **~ comercial/financiera/social** Handels-/Finanz-/Sozialgesetzgebung *f*; **~ sobre la competencia** Kartellrecht *n*; **~ de trabajo** Arbeitsgesetzgebung *f*, Arbeitsrecht *n*; **legislador** A ADJ gesetzgeberisch B M, **legisladora** F Gesetzgeber *m*, -in *f*; **legislar** V/I Gesetze erlassen (*tb fig*); **legislativo** ADJ gesetzgebend; **Poder** *m* **Legislativo** gesetzgebende Gewalt *f*, Legislative *f*; **legislatura** F 1 *período*: Legislaturperiode *f* 2 *Arg, Méx, Perú (parlamento)* Parlament *n*
legisperito M → jurisperito
legista M/F Rechtsgelehrte *m/f*; *fig* Jurist *m*, -in *f*; *(abogado, -a)* Rechtsanwalt *m*, -anwältin *f*
legítima F 1 JUR Pflichtteil *m/n* 2 *fam hum* **mi ~** *(esposa, esposo)* meine bessere Hälfte *f fam*
legitimación F 1 *(declaración de legalidad)* Rechtmäßigkeitserklärung *f*; Echtheitserklä-

rung *f*; Legitimierung *f* **2** *documento, carnet*: amtlicher Ausweis *m*, Legitimation *f*; Berechtigungsnachweis *m*; Beglaubigungsurkunde *f*; **legitimador** ADJ legitimierend; **legitimar** **A** VT für rechtmäßig erklären; legitimieren; ausweisen **B** VR **legitimarse** sich ausweisen; **legitimario** **A** ADJ JUR Pflichtteil(s)... **B** M, **-a** F Pflichtteilsberechtigte *m/f*; **legitimidad** F **1** Legitimität *f* **2** *(legalidad)* Gesetzmäßigkeit *f*; Rechtmäßigkeit *f* **3** *de un niño*: eheliche Geburt *f*, Ehelichkeit *f*; **legitimismo** M POL Legitimismus *m*; **legitimista** **A** ADJ POL legitimistisch **B** M/F Legitimist *m*, -in *f*

legítimo ADJ **1** *(legal)* legitim; rechtmäßig; berechtigt **2** *(matrimonial)* ehelich **3** *fig (real)* echt; *vino* rein, unverfälscht

lego **A** ADJ weltlich; *p. ext* ungeschult **B** M Laie *m (tb fig)*; **ser ~ en la materia** Laie auf dem Gebiet sein, nichts von der Sache verstehen

legón M Hacke *f*

legra F MED scharfer Löffel *m*; **legrado** M MED Auskratzung *f*, Ausschabung *f*

legrar VT MED ab-, ausschaben

legua F spanische Meile *f (5,5727 km)*; *p. ext* Wegstunde *f*; **~ marina** *o* **marítima** spanische Seemeile *f (5,555 km)*; *adv* **a cien ~s** von Weitem; **no hay mejor en diez ~s a la redonda** es gibt weit und breit nichts Besseres; **leguaje** M *Am* Reiseweg *m* in Meilen

legui M MIL Ledergamasche *f*

leguleyo M, **-a** F *desp* Winkeladvokat *m*, -in *f*

legumbre F BOT Hülsenfrucht *f*; *gener* Gemüse *n*; **legumina** F QUÍM Legumin *n*; **leguminosas** FPL BOT Hülsenfrüchtler *mpl*, Leguminosen *fpl*

lehendakari M *vasco Esp* POL Chef *m* der baskischen Regionalregierung

leíble ADJ lesbar; leserlich; **leída** F *fam* Lesen *n*; *Am* Lektüre *f*; **leído** **A** PP → leer **B** ADJ gelesen; *persona* belesen; *irón fam* **~ y escribido** gebüldet *(fam incorr)*

leísmo M LING *Verwendung des Pronomens „le" anstelle von „lo" für den Akkusativ Singular jedes männlichen Objekts*; **leísta** M/F *Person, die „le" für das Akkusativobjekt verwendet*

leitmotiv M MÚS *y fig* Leitmotiv *n*

leja F *Esp reg* Schrank-, Regalbrett *n*; **lejanamente** ADV **ni ~** nicht im Entferntesten; **lejanía** F Entfernung *f*; Ferne *f*; **lejano** ADJ entfernt *(tb fig)*, fern; entlegen; **~ de** weit von *(dat)*

lejía F Lauge *f (tb QUÍM)*; **~ de jabón** Seifenlauge *f*; **lejío** M Färberlauge *f*

lejísimos ADV *sup* sehr weit entfernt

lejitos ADV *fam* ziemlich weit

lejos **A** ADV fern; weit (weg); weit (entfernt); **de(sde) ~** von Weitem, aus der Ferne; **a lo ~** in der Ferne; **estar ~ (de aquí)** weit weg (von hier) sein; *fig* **estar (muy) ~ de** *(inf)* weit davon entfernt sein, zu *(inf)*; *fig* **está muy ~ de mí** *o* **de mi ánimo** es liegt mir sehr fern; *tb fig* **ir (demasiado) ~** (zu) weit gehen; *tb fig* **para no ir más ~** um nicht weiter zu gehen; **sin ir más ~** so zum Beispiel; *fig* **llegar ~** es weit bringen; **nada más ~ de mi intención** das habe ich nicht im Entferntesten beabsichtigt; nichts liegt mir ferner **(que als)** **B** M **1** *(distancia)* Ferne *f*; **tener buen ~** von Weitem gut aussehen **2** PINT *(fondo)* Hintergrund *m*, Tiefe *f*

lejura F Ferne *f*, große Entfernung *f*

lele ADJ *Am Centr, Chile*, **lelo** ADJ albern, blöde; kindisch; **está ~** er ist nicht ganz richtig im Kopf; **quedar ~** verblöden; *Chile* verblüfft sein

lema M **1** *(aforismo)* Sinnspruch *m*; Emblem *n* **2** *(contraseña)* Kennwort *n*; Motto *n* **3** MAT *(hipótesis)* zu beweisender Lehrsatz *m* **4** LING Lemma *n*; **lemanita** F MINER → jade

lem(m)ing M ZOOL Lemming *m*

lemniscata F MAT *curva*: Lemniskate *f*, liegende Acht *f*

lemosín, lemosino **A** ADJ limousinisch **B** M HIST **el ~** *p. ext* das Altprovenzalische; *poét tb* das Katalanische

lempira M *Hond unidad de moneda*: Lempira *m*

lempo *Col* **A** ADJ groß, ungeschlacht **B** M Stück *n*, Brocken *m*

lémur, lemur M **1** ZOOL Maki *m* **2** **~es** *mpl* MIT Lemuren *mpl*; *p. ext* Geister *mpl*

lencería F **1** *(conjunto de lienzos)* Leinen-, Weißwaren *fpl* **2** *tienda*: Wäschegeschäft *n*; Weiß- (und Kurz-)warenhandlung *f*; Damenunterwäschegeschäft *n* **3** *(ropa interior femenina)* Damenunterwäsche *f*; **lencero** M, **-a** F Weißwaren-, Wäschehändler *m*, -in *f*

lendakari M → lehendakari

lendrera F Nissenkamm *m*; **lendroso** ADJ nissig, verlaust

lene ADJ *liter* sanft, mild; leicht

lengua[1] **A** F **1** ANAT Zunge *f (tb GASTR)*; *fig* **~ afilada** *o* **de doble filo** scharfe Zunge *f*; **~ bífida** Spaltzunge *f der Schlangen*; MED **~ cargada** *o* **sucia** belegte Zunge *f*; GASTR **~ de ternera/de vaca** Kalbs-/Rindszunge *f*; **morderse la ~** *tb fig* sich *(dat)* auf die Zunge beißen; *fig* **no morderse la ~** kein Blatt vor den Mund nehmen; *adv* **con la ~ fuera** mit heraushängender Zunge; *fig* mit hängender Zunge; MED **sacar la ~** die Zunge zeigen; **sacar la ~ a alg** j-m die Zunge herausstrecken **2** *fig* **~ de estropajo** *o* **de trapo** Gestammel *n*; Gestotter *n*; Lallen *n*; *tb persona*: stotternder Mensch *m*; **~ de fuego** Feuerzunge *f*; **~ de víbora** *o* **viperina** *o* **de escorpión** giftige (*o* böse *o* spitze) Zunge *f*, Lästermaul *n*; **malas ~s** *pl* böse Zungen *fpl*; Gerede *n der Leute*; **media ~** kindliches Gestammel *n*; Stottern *n*; *tb (tartamudo)* Stotterer *m*; **largo de ~** dreist, frech, unverschämt; **ligero de ~** schwatzhaft; leichtfertig *im Reden*; **andar** *o* **ir en ~s** ins Gerede kommen; das Stadtgespräch sein; *fam* **darle a la ~** viel quatschen, quasseln *fam*; **desatar la ~ a alg** j-m die Zunge lösen; **echar la ~ (de un palmo) por** lechzen nach *(dat)*; *Col fam* **echar ~s** Sprüche klopfen *fam*, übertreiben; **hacerse ~s de alg** sich zu j-s Lobredner *(dat)* machen; **írsele a alg la ~** *o* **irse de la ~** *o* **echar la ~ al aire** sich verplappern; **perder la ~** die Sprache verlieren, stumm werden; **poner ~s en alg** *o* **llevar** *o* **traer en ~s a alg** j-n durchhecheln; **tener mucha ~** sehr gesprächig sein; *fam* **tener la ~ gorda** eine schwere Zunge haben, betrunken sein; **lo tengo en la punta de la ~** es liegt mir auf der Zunge; *fam* **no tener pelos en la ~** kein Blatt vor den Mund nehmen; *fam fig* **tirar de la ~ a alg** j-m die Würmer aus der Nase ziehen *fam*, bei j-m auf den Busch klopfen **3** GASTR *pastelería*: **~ de gato** Löffelbiskuit *m*; *chocolate*: Katzenzunge *f* **4** BOT **~ de buey** Ochsenzunge *f*; **~ cerval** Zungenfarn *m*; **~ de gato** *Art* Färberröte *f*; **~ de perro** *o* **~ canina** Venusfinger *m*; **~ de serpiente** Natterzunge *f*; **~ de suegra** *o S.Dgo.* **~ de vaca** Sansevieria *f* **5** **~ del agua** *(orilla)* Uferstreifen *m*; *(línea de flotación)* Wasserlinie *f eines schwimmenden Körpers*; **~ de tierra** Landzunge *f* **B** M/F HIST, *liter* Dolmetscher *m*, -in *f*

lengua[2] F *(lenguaje, idioma)* Sprache *f*; **~s** *pl* **antiguas/vivas/muertas** alte/lebende/tote Sprachen *fpl*; *tb* RET **~ clásica** klassische Sprache *f*; **~ cooficial** zweite Amts- *o* Landessprache *f (z. B. das Katalanische in Spanien oder das Quechua in Peru)*; **~ de cultura/especial** Kultur-/Sondersprache *f*; **~ de destino** *o* **de llegada** *o* **meta** Zielsprache *f*; **~ escrita** *o* **literaria** Schriftsprache *f*; **~ extranjera** Fremdsprache *f*; **~s** *pl* **hermanas** Schwestersprachen *fpl*; **~ madre** *o* **primitiva** Ursprache *f*; **~ materna** *o* **nativa** Muttersprache *f*; **~s** *pl* **modernas** neue(re) Sprachen *fpl*; **~ oficial** Landessprache *f*; Amtssprache *f*; offizielle Sprache *f (bei der UNO)*; **~ de origen** *o* **de partida** Ausgangssprache *f*; **~ popular** Volkssprache *f*; **~ de signos** Zeichensprache *f*; **~ vehicular** Verkehrssprache *f*

lenguado M *pez*: Seezunge *f*; GASTR **~ frito** gebackene Seezunge *f*

lenguaje M Sprache *f*; *facultad*: Sprachvermögen *n*; *estilo*: Ausdrucksweise *f*, Stil *m*; **~ culto/hablado** gebildete *o* gehobene/gesprochene Sprache *f*; **~ escrito/mímico** Schrift-/Gebärdensprache *f*; **~ de las flores/de los ojos** Blumen-/Augensprache *f*; **~ informático** Computersprache *f*; **~ de signos** Zeichensprache *f*; **~ técnico** Fachsprache *f*

lengualarga M/F *fam* Schwätzer *m*, -in *f*; Klatschmaul *n*, Klatschbase *f*; **lenguarada** F → lengüetada; **lenguaraz** **A** ADJ ‹*pl* -aces; *f inv*› *(charlatán)* geschwätzig; *(deslenguado)* scharfzüngig **B** M/F böse Zunge *f (fig)*; Schwätzer *m*, -in *f*

lengüeta F **1** ANAT Kehldeckel *m* **2** TEC Zunge *f (tb MÚS, balanza, en el calzado)*; *(hojita metálica)* Metallblättchen *n*; *carpintería*: Feder *f*; MÚS **~ de caña** Rohrblatt *n*; **doble ~** Doppelrohrblatt *n* **3** *Am (charlatán)* Schwätzer *m* **4** *Chile cuchillo*: Papiermesser *n* **5** *Méx* TEX *(flequillo)* Franse *f (Rockbesatz)*

lengüetada F, **lengüetazo** M Zungenschlag *m*; Lecken *n*; **beber a ~s** auflecken; **lengüetear** **A** VT *Am* (auf-, ab)lecken **B** VI *Am* schwatzen; **lengüetería** F MÚS Zungenpfeifen *fpl einer Orgel*

lengüicorto ADJ *fam* schüchtern im Sprechen, wortkarg; **lengüilargo** ADJ *fam* scharfzüngig

lengüón M, **lenguona** F *Am fam* Klatschmaul *n*, Klatschbase *f*; böse Zunge *f (fig)*

lenidad F Milde *f*, Nachsicht *f*; **lenificar** VT ‹1g› lindern, mildern

Leningrado M Leningrad *n*

leninismo M POL Leninismus *m*; **leninista** POL **A** ADJ leninistisch **B** M/F Leninist *m*, -in *f*

lenitivo **A** ADJ *espec* MED lindernd **B** M Linderungsmittel *n*

lenocinio M Kuppelei *n*; **casa** *f* **de ~** Bordell *n*

lente **A** M Augenglas *n*; **~s** *mpl* Brille *f*; **~s** *pl* **antirreflectivos** entspiegelte Gläser *npl*; **~s** *pl* **bifocales** bifokale Gläser *npl*, Doppelgläser *npl*; **~s** *pl* **fototrópicos** fotochromatische Gläser *npl*; **~s** *pl* **multifocales** *o* **progresivos** Gleitsichtgläser *npl*; Gleitsichtbrille *f*; *obs* **~s** *pl* **de pinza** Kneifer *m*, Zwicker *m*; **~ de sol** Sonnenbrille *f* **B** F *(tb M)* ÓPT, FOT Linse *f*; **~ de aumento** Lupe *f*, Vergrößerungsglas *n*; **~ supletoria**, FOT **~ de aproximación** Vorsatzlinse *f*; **~s** *fpl (Am reg mpl)* **de contacto** Kontaktlinsen *fpl*, Haftschalen *fpl*

lenteja F BOT Linse *f*; *tb Biblia*: **plato** *m* **de ~s** Linsengericht *n*; **~s** *pl* **con chorizo** GASTR Linsen *fpl* mit Paprikawurst; *fam fig* **ganarse las ~s** seine Brötchen verdienen *fam*; **lentejar** M AGR Linsenpflanzung *f*; **lentejuela** F Flitterplättchen *n*; **~s** *fpl* Pailletten *fpl*; **~s de oro** Goldflitter *m*

lenticular **A** ADJ linsenförmig; ÓPT **sistema** *m* **~** Linsensystem *n* **B** M ANAT **(hueso** *m***) ~** kleinstes Gehörknöchelchen *n*; **lentificar** VT verlangsamen; **lentigo** M Leberfleck *m*; MED **~ senil** *o* **solar** Altersfleck *m*; **lentilla** F ÓPT kleine Linse *f*; *Esp (lentes de contacto)* Kontaktlinse *f*

L

lentisco M BOT Mastixstrauch *m*

lentitud F Langsamkeit *f*; ECON **~ en los pagos** Säumigkeit *f* im Zahlen

lento[1] ADJ langsam; *(perezoso)* träge *(tb intelecto)*; schwerfällig; FARM schleimig; *fuego* gelind; *veneno* langsam wirkend; GASTR **a fuego ~** auf kleiner Flamme, bei schwacher Hitze; HIST *y fig* **quemar a fuego ~** bei langsamem Feuer rösten; *fig* langsam quälen, (lange) in die Zange nehmen *(fig)*; **ser ~ en resolverse** sich nur schwer entscheiden (können)

lento[2] MÚS A ADV lento B M Lento *n*

lentorro ADJ *fam* schwerfällig

leña F 1 *madera*: Brennholz *n*; **cortar** *o* **hacer ~** Holz machen (*o* fällen); *fig* **echar ~ al fuego** Öl ins Feuer gießen *(fig)* 2 *fam fig (paliza)* (Tracht *f*) Prügel *pl*; **cargar de ~ a alg** j-m den Buckel voll hauen; **dar ~ a alg** j-m Saures geben *fam*, j-m einheizen *fam*; *fam* **recibir ~** Prügel kriegen *fam (tb fig)*; **¡~!** gib ihm Saures! *fam*; scharf durchgreifen!; **leñador** M, **leñadora** F, **leñatero** M, **-a** F Holzfäller *m*, -in *f*; **leñazo** M *fam* 1 *(golpe fuerte)* kräftiger Schlag *m*; *fam* **darse un ~** sich stoßen 2 *(trago de aguardiente)* Schluck *m* Schnaps

leñe INT *pop euf* → leche zum Teufel (auch)! *fam*, verdammter Mist! *pop*

leñera F 1 *sitio*: (Brenn-)Holzschuppen *m*; Holzplatz *m* 2 *comerciante*: Holzhändlerin *f*; **leñero** A M 1 *comerciante*: Holzhändler *m* 2 → leñera 1 B ADJ DEP **jugador** *m* **~** Holzer *m fam*

leño M 1 *(trozo de árbol)* abgeästeter Baumstamm *m* 2 *(bloque de madera)* (Holz-)Scheit *n*; (Holz-)Kloben *m*; Klotz *m*; *fig* **dormir como un ~** wie ein Klotz schlafen *fam* 3 *fig poét (barco)* Schiff *n*, Floß *n* 4 *fam fig (tonto)* Dummkopf *m* 5 *jerga del hampa (policía)* Bulle *m pop*, Polyp *m fam*; **leñoso** ADJ holzig, holzartig

Leo M ASTRON Löwe *m*

león M ZOOL *y fig* Löwe *m*; *Am tb* Puma *m*; **~ marino** Seelöwe *m*; **domador** *m* **de -ones** Löwenbändiger *m*; *insecto*: **hormiga** *f* **~** Ameisenlöwe *m*; *fig* **parte** *f* **del ~** Löwenanteil *m*

León N PR M *spanische Stadt, Provinz*

leona F 1 ZOOL Löwin *f* 2 *fig (mujer valiente)* tapfere (*o* beherzte) Frau *f*; *pop (portera)* Portiersfrau *f*, Hausmeisterin *f*; **leonado** ADJ falb; fahlrot

leonera F 1 *jaula*: Löwenzwinger *m* 2 *fig (cuarto trastero)* Rumpelkammer *f fam*; Bruchbude *f fam*; *(garito)* Spielhölle *f* 3 *guardiana*: Löwenwärterin *f* 4 *Arg, Ec, P. Rico fam fig (calabozo)* Arrestzelle *f* 5 *Col, Chile (gentuza)* Gesindel *n*, Ganovenbande *f*; *Perú* lärmende Versammlung *f*; **leonero** A M 1 *guarda*: Löwenwärter *m* 2 *Bol* → matadero 3 *Méx (garito)* Spielhölle *f mit Bordell* B ADJ *Chile* → alborotador

leonés A ADJ leonesisch, *auf die Stadt oder Provinz León bezogen* B M, **-esa** F Leonese *m*, Leonesin *f* C M *dialecto*: Leonesisch *n*

leonina F MED Knotenlepra *f*; **leonino** ADJ löwenähnlich; Löwen…; JUR *y fig* **parte** *f* **-a** Löwenanteil *m*; JUR **contrato** *m* **~** Knebel(ungs)vertrag *m*

Leonor N PR F Leonore *f*; *prov* **renunciar a la mano de doña ~** edelmütig verzichten

leontina F kurze Uhrkette *f*

leopardo M ZOOL Leopard *m*; **~ de las nieves** Schneeleopard *m*

leotardos MPL Strumpfhose(n) *f(pl)*

lepe M *Ven* 1 *(golpe leve)* leichter Schlag *m*, Nasenstüber *m* 2 *(trago de aguardiente)* Schluck *m* Schnaps

Lepe *fam fig* **saber más que ~ (, Lepijo y su hijo)** ein wandelndes Lexikon sein

lépero ADJ 1 *Am Centr, Méx (soez)* pöbelhaft; Gesindel… 2 *Cuba (astuto)* verschlagen; gerissen 3 *Ec (arruinado)* heruntergekommen

lepidio M BOT Mauerkresse *f*; **lepidodendro(n)** M BOT Schuppenbaum *m*; **lepidóptero** M *insecto*: Schuppenflügler *m*; **lepidosirena** F ZOOL *ein Schuppenmolch des Amazonas*

lepisma F *insecto*: Silberfischchen *n*

lepóridos MPL *t/t* ZOOL Hasen *mpl*; **leporino** ADJ hasenartig; Hasen…; ANAT **labio** *m* **~** Hasenscharte *f*

lepra F MED Lepra *f*, Aussatz *m*; **leprocomio** M, **leprosario** M, **leprosería** F Leprastation *f*, Leprosorium *n*; **leproso** A ADJ aussätzig, leprös B M, **-a** F Aussätzige *m/f*, Leprakranke *m/f*; **leprosorio** M → leprocomio

leptonas FPL, **leptones** MPL FÍS Leptonen *npl (leichte Elementarteilchen)*

leptosomático ADJ MED leptosom, schlankwüchsig; **leptosomía** F MED Leptosomie *f*; **leptosómico** ADJ → leptosomático

lequeleque M *Bol* ORN *Art* Kiebitz *m*

lercha F Binse *f als Tragschnur für erlegte Vögel und Fische*

lerda F → lerdón; **lerdear** VI *y* VR **~se** *Am reg* träge sein; langsam machen; **lerdera** F *Am Centr (pereza)* Trägheit *f*; *(torpeza)* Ungeschicktheit *f*; *(limitación)* Beschränktheit *f*; **lerdo** ADJ 1 *(torpe)* schwerfällig, plump; langsam, träge 2 *jerga del hampa* → cobarde; **lerdón** M VET Kniegeschwür *n*

Lérida F → Lleida

leridano, leridense A ADJ *auf die Stadt oder Provinz Lérida bezogen* B M, **-a** F Einwohner *m*, -in *f* von Lérida

lerneo ADJ MIT **la hidra -a** die Lernäische Schlange

les PR PERS PL 1 *(dat)* ihnen; *trato formal* Ihnen 2 *(acus)* sie *mpl*; *trato formal*: Sie *mpl*; → *tb* leísmo

lesbia(na) F Lesbierin *f*; **lesbianismo** M lesbische Liebe *f*; **lesbiano** ADJ → lesbio

lésbico ADJ lesbisch

lesbio ADJ 1 GEOG aus Lesbos 2 *fig (homosexual)* lesbisch; **amor** *m* **~** lesbische Liebe *f*

lesera F *Chile* Albernheit *f*; Dummheit *f*; **¡~!** Quatsch! *fam*

lesión F Verletzung *f*; *fig* Schädigung *f*; *t/t* Läsion *f*; MED **~ cardíaca** Herzfehler *m*; **~ leve** leichte Verletzung *f*; **~ valvular** Herzklappenfehler *m*; JUR **~ de un contrato** Vertragsverletzung *f*; **lesionar** A VT verletzen *(tb fig contrato)*; *fig* schaden; *intereses* schädigen; *t/t* lädieren B VR **lesionarse** sich verletzen; **lesivo** ADJ verletzend; *fig* schädigend

lesnordeste M MAR Ostnordost *m (tb viento)*

leso ADJ 1 *(lastimado)* verletzt; **crimen** *m* **de -a majestad** Majestätsbeleidigung *f* 2 *Arg, Chile (tonto)* wirr im Kopf; dumm

Lesotho M Lesotho *n*

les(s)ueste M MAR Ostsüdost *m*

leste M MAR Ost *m*

letal ADJ tödlich; *t/t* letal; **arma** *f* **~** tödliche Waffe *f*; **inyección** *f* **~** Todesspritze *f*; **letalidad** F MED Letalität *f*

letanía F 1 CAT *plegaria*: Litanei *f*; *procesión*: Bittprozession *f*; **~ lauretana** *o* **de la Virgen** lauretanische Litanei *f* 2 *fam fig desp (enumeración larga)* langatmige Aufzählung *f*, Litanei *f*

letargia F → letargo; **letárgico** ADJ MED schlafsüchtig; lethargisch *(tb fig)*; **letargo** M MED Schlafsucht *f*; Lethargie *f (tb fig)*; BIOL **~ invernal** Winterschlaf *f*; **letargoso** ADJ Lethargie verursachend

leteo ADJ MIT Lethe…; **Leteo** M MIT Lethe *f*;

letífero ADJ todbringend

letificar VT ⟨1g⟩ *liter* erfreuen; erheitern; **letífico** ADJ erfreuend; erheiternd

letón A ADJ lettisch B M, **-ona** F Lette *m*, Lettin *f* C M *lengua*: Lettisch *n*

Letonia F Lettland *n*

letra F 1 Buchstabe *m (tb fig)*; *p. ext* FON Laut *m*; **a** *o* **al pie de la ~** buchstäblich, (wort)wörtlich; **~s** *fpl* **de imprenta** *o* **de molde** Druckbuchstaben *mpl*; **~ indicadora** *o* **de marcación** Kennbuchstabe *m*; *fig* **la ~ y el espíritu** Geist und Buchstabe; **escribir con ~ clara** deutlich schreiben; **escribir** *o* **poner en ~s** *números* (in Worten) ausschreiben; *fam* **poner dos** *o* **cuatro ~s** ein paar Zeilen schreiben; *pop* **saber** *o* **entender de ~s** lesen können 2 *(escritura)* Schrift *f*; Handschrift *f*; TIPO Letter *f*, Type *f*; **~ alemana/española** deutsche/spanische Schrift *f*; **~ griega/rusa** griechische/russische Schrift *f*; **~ normal/corriente** Normal-/Lateinschrift *f*; **~s** *fpl* **de relieve** erhabene Buchstaben *mpl*; Blindenschrift *f*; TIPO **~ de adorno** Zierschrift *f*; **~ fina/supernegra** magere/fette Schrift *f*; **~ florida** künstlerisch verzierte Initiale *f*; **~ gótica** Fraktur *f*; **~ de seis/ocho puntos** 6-/8-Punkt-Schrift *f*; **~ romana** Antiqua *f*; **tener buena/mala ~** eine schöne/schlechte Handschrift haben; *fig* **la ~ pequeña** *o* **menuda** *en contratos*: das Kleingedruckte 3 *fig (palabra)* Wort *n*, Worte *npl*; *(lema, divisa)* Wappenspruch *m*, Devise *f*; *(glosa)* Glosse *f*; **~ por ~** Wort für Wort; *fam fig* **tener mucha ~ menuda** sehr schlau sein; es faustdick hinter den Ohren haben *fam* 4 MÚS Text *m*; Textbuch *n* 5 ECON **~ (de cambio)** Wechsel *m*; **~ aceptada** Wechselakzept *n*; **~ aceptada por un banco** Bankakzept *n*; **~ en blanco** Blankowechsel *m*; **~ comercial** Handels-, Kundenwechsel *m*; **~ de favor/a día fijo** Gefälligkeits-/Tagwechsel *m*; **~ cruzada/trayecticia** Reit-/Distanzwechsel *m*; **~ a tantos días fecha/a tantos días vista** Dato-/Nachsichtwechsel *m*; **~ financiera** Finanzwechsel *m*; **~ girada** gezogener Wechsel *m*, Tratte *f*; **~ de Tesorería** *o Esp* **del Tesoro** Schatzwechsel *m* 6 *ciencia*: **~s** *fpl* Geisteswissenschaften *fpl*; **Bellas** *o* **Buenas Letras** schöne Wissenschaften *fpl*; **bellas ~s** Belletristik *f*, schöngeistige Literatur *f*; *fig* **las primeras ~s** die Grundkenntnisse, das Grundwissen; **estudiar ~s** *o liter* **seguir las ~s** Geisteswissenschaften studieren, sich einem geisteswissenschaftlichen Studium widmen; *fam fig* **tener ~s** gebildet sein 7 HIST, ADMIN *(nombramiento)* **~s** *fpl* **patentes** Ernennungsurkunde *f*

letrado A ADJ gelehrt; gebildet B M, **-a** F Gelehrte *m/f*; Rechtsgelehrte *m/f*; Rechtsanwalt *m*, -anwältin *f*; **~** *m* **defensor** Strafverteidiger *m*

Letrán M *en Roma*: Lateran *m*; POL, HIST **Tratado** *m* **de ~** Lateranverträge *mpl (1929)*

letrero M *(inscripción)* Aufschrift *f*; *(placa)* Tafel *f*, Schild *n*; *(etiqueta)* Etikett *n*

letrilla F Strophengedicht *n*

letrina F Latrine *f*

letrista M/F MÚS Textdichter *m*, -in *f*; Texter *m*, -in *f*

leu M *moneda rumana*: Leu *m*

leucemia F MED Leukämie *f*; **leucémico** A ADJ Leukämie… B M, **-a** F an Leukämie Leidende *m/f*

leucocito M FISIOL Leukozyt *m*, weißes Blutkörperchen *n*; **leucocitosis** F MED Leukozytose *f*; **leucopenia** F MED Leukopenie *f*;

leucorrea F MED Leukorrhö *f*, weißer (Aus-)Fluss *m*

leudar A VT *(fermentar)* säuern (*o* mit Hefe versetzen) B VR **leudarse** *masa* aufgehen;

leudo ADJ *masa* aufgegangen

leva F 1 MAR *partida*: Lichten *n* der Anker, Ausfahrt *f*; *palanca*: Handspeiche *f* 2 MIL Aushebung *f* 3 TEC Nocken *m*; **árbol** *m* **de ~s** No-

ckenwelle *f* 4 *Am* → levita[1] 5 *Am Cent, Col (engaño)* Schwindel *m*, Betrug *m* 6 *Col* **echar ~s** *(amenazar)* Drohungen ausstoßen
levadizo ADJ TEC abhebbar; **puente** *m* **~** Zugbrücke *f*
levadura F 1 *hongo*: Hefe *f*; *masa*: Sauerteig *m*; **~ de cerveza** Bierhefe *f*; **~ de panadero** Sauerteig *m*; **~ en polvo** Backpulver *n* 2 *fig (germen)* Keim *m*, Beginn *m*
levantador A ADJ 1 *(que levanta)* aufhebend; (er)hebend 2 *fig (amotinante)* aufwiegelnd 3 *Ven fam (atractivo)* attraktiv B M 1 *fig (amotinador)* Aufwiegler *m* 2 DEP **~ de pesas** *o* **de pesos** Gewichtheber *m*
levantadora F DEP **~ de pesas** *o* **de pesos** Gewichtheberin *f*
levantamiento M 1 *(elevación)* Heben *n*; Erhebung *f (tb fig)*; *(aumento)* Erhöhung *f (tb fig)*; *de la cama*: Aufstehen *n* 2 AVIA Abheben *n* 3 *de una prohibición, etc*: Aufhebung *f* 4 *(alzamiento)* Aufstand *m*, Aufruhr *m*; **~ popular** Volksaufstand *m* 5 *de un protocolo*: Anlage *f*; *de un plan*: Aufnahme *f* 6 **~ de un cadáver** *corresponde a*: Leichenschau *f* 7 DEP **~ de pesas** *o* **de pesos** Gewichtheben *n*
levantar A VT 1 heben; aufheben; errichten; erheben *(tb fig)*; *algo tirado o caído*: aufrichten *(tb fig)*; DEP *pesas* stemmen; *mano* erheben *(tb fig)*; *juego de cartas*: abheben; *vestido* hochheben, anheben; **~ el cuello** den Kragen auf-, hochschlagen; *tb fig* **~ en alto** emporheben; **~ la copa** das Glas erheben *(auf j-s Wohl)*; **~ los ojos** aufblicken; MIL **~ la puntería** den Zielpunkt höher legen; höher anschlagen; **~ la voz** die Stimme erheben; **~ la voz a alg** j-n anschreien; **~ el vuelo** davonfliegen 2 **~ la cortina** den Vorhang aufziehen; **~ la mesa** (den Tisch) abdecken, abräumen; **~ los manteles** die Tafel aufheben 3 *niño* wecken; **estar levantado** das Bett verlassen haben, auf sein *fam*; *fig* **~ las masas** die Massen aufwiegeln; MIL **~ tropas** Truppen ausheben 4 *fig polvo* aufwirbeln; *venado* auftun, aufstöbern; **~ una ampolla** eine Blase verursachen; **~ el ánimo** *o* **el espíritu** Mut zusprechen; Mut fassen; **~ el estómago** den Magen in Aufruhr bringen (*o* heben *fam*); *fig* **~ polvareda** Staub aufwirbeln; **~ protesta(s)** *persona*: Protest erheben (*o* einlegen); **~ muchas protestas** *cosa*: viele Proteste auslösen; **~ falso testimonio** falsches Zeugnis ablegen; **~ una falsa acusación** verleumderische Anklage erheben 5 TEC heben; anheben; abheben; *cargas* heben; *tapa* hochklappen; *casa* bauen; *edificio, monumento* errichten; *pared* (auf)mauern; *muro* hochziehen; *dique* anlegen; *pavimento* aufreißen; **~ sobre tacos** *coche* aufbocken 6 *bloqueo, castigo, prohibición* aufheben; *reunión* schließen, aufheben; *vivienda* aufgeben; *campamento, tienda de campaña* abbrechen; MIL *sitio* beenden 7 AGR *cosecha* einbringen; COM *capital* aufbringen, auftreiben 8 *informe, acta* anlegen; *protocolo* führen; **~ acta de a/c** etw zu Protokoll nehmen; **~ topográficamente** vermessen 9 *equitación: caballo* galoppieren lassen 10 *jerga del hampa Arg (robar)* klauen *fam* B VI *tiempo* aufklaren C VR **levantarse** 1 *persona* aufstehen, sich erheben *(tb fig rebelión)*; *fig* **~ contra a/c** sich gegen etw *(acus)* erheben, gegen etw *(acus)* revoltieren; **~ de la cama** aufstehen; das (Kranken-)Bett verlassen;; **~ con a/c** mit etw *(dat)* auf und davon gehen (*o* durchbrennen *fam*); *fig* **~ con el pie izquierdo** mit dem linken Fuß zuerst aufstehen 2 *sol, telón* aufgehen; *viento* aufkommen; *cielo* aufklaren; *tempestad* abziehen; **se levantan voces** es werden Stimmen laut; **el sol se levanta** die Sonne geht auf; **un viento se levanta** ein Wind kommt auf
levante[1] M 1 *(oriente)* Osten *m* 2 *viento*: Ostwind *m* 3 **el Levante** *die spanische Ostküste (bes die Provinzen Valencia und Murcia)* 4 *países del mediterráneo oriental*: Levante *f*
levante[2] M 1 **~ de viruta** Spanabhebung *f* 2 *Am Centr, P. Rico (calumnia)* Verleumdung *f*
levantino ADJ aus der Levante, levantinisch;
levantisco ADJ unruhig, aufsässig
levar VT MAR **~ anclas** die Anker lichten
leve ADJ *(de poca importancia)* leicht; gering; *falta, pecado* harmlos, verzeihlich; *castigo* mild, leicht;
levedad F Leichtigkeit *f*
leviatán M *fig* großer Waschtrog *m in Textilfabriken*
Leviatán M MIT Leviathan *m*
levigadero M QUÍM Absetzsumpf *m*; **levigar** VT ⟨1h⟩ *en líquidos*: absetzen, abklären
levirrostros MPL ORN Leichtschnäbler *mpl*
levístico M BOT Liebstöckel *m/n*
levita[1] F *moda*: Gehrock *m*; Überrock *m*; *fam fig* **cortar ~s a alg** j-n durch den Kakao ziehen *fam*
levita[2] M REL Levit *m*
levitación F REL *y parapsicología*: freies Schweben *n*, Levitation *f*; **tren** *m* **de ~ magnética** Magnetschwebebahn *f*
levítico ADJ levitisch; *fig* geistlich, klerikal
Levítico M *Biblia*: Levitikus *m*, 3. Buch *n* Mose
levógiro ADJ ÓPT, QUÍM linksdrehend; *t/t* laevogyr; **levulosa** F QUÍM Lävulose *f*, Fruchtzucker *m*
lexema M LING Lexem *n*
lexical ADJ lexikalisch; **lexicalización** F LING Lexikalisierung *f*; **lexicalizar** VT ⟨1f⟩ LING lexikalisieren
léxico A ADJ lexikalisch B M Lexikon *n*, Wörterbuch *n*; *(vocabulario)* Wortschatz *m*
lexicografía F Lexikografie *f*; **lexicográfico** ADJ lexikografisch; **lexicógrafo** M, **-a** F Lexikograf *m*, -in *f*; **lexicología** F Lexikologie *f*; Wortkunde *f*; **lexicológico** ADJ lexikologisch; **lexicólogo** M, **-a** F Lexikologe *m*, Lexikologin *f*; **lexicón** M Lexikon *n*
ley[1] F 1 *gener* Gesetz *n*; Gebot *n*; *(reglamento)* Satzung *f*; *espec* FIL Recht *n*; REL **la ~ antigua** *o* **de Moisés** das alte Gesetz, das Gesetz Moses; **~ del embudo** einseitige Anwendung *f* (*o* Auslegung *f*) des Gesetzes; **~ escrita** geschriebenes Gesetz *n*; *espec* REL die Zehn Gebote; **una ~ no escrita** ein ungeschriebenes Gesetz; **~ inexorable** Gesetzmäßigkeit *f*; **~ de la jungla** *o* **de la selva** Gesetz *n* des Dschungels; **~ del más fuerte** Recht *n* des Stärkeren, Faustrecht *n*; **~ natural** Naturrecht *n*; **~ del talión** Gesetz *n* der Vergeltung; **estudiar Leyes** Jura (*o* die Rechte) studieren; **contrario a la ~** gesetzwidrig; **en nombre de la ~** im Namen des Gesetzes; **aprobar/promulgar una ~** ein Gesetz verabschieden/verkünden; **ser de ~** recht und billig sein; **echar (toda) la ~ contra alg** die (ganze) Strenge des Gesetzes gegen j-n in Anwendung bringen; *prov* **hecha la ~, hecha la trampa** für jedes Gesetz findet sich eine Hintertür 2 JUR Gesetz *n*; **~ antibotellón** *Esp Gesetz über Alkoholkonsumverbot auf öffentlichen Plätzen*; **~ básica** (*o* **de bases**) ≈ Rahmengesetz *n*, Mantelgesetz *n*; **~ de Calidad** → LOCE; **~ de enjuiciamiento civil/criminal** Zivil-/Strafprozessordnung *f*; **~ de extranjería** Ausländergesetz *n*; POL, *espec RFA*: **~ fundamental** Grundgesetz *n*; **~ marco** Rahmengesetz *n*; **~ moral/penal** Sitten-/Strafgesetz *n*; **~ orgánica** *Esp* Verfassungsgesetz *n*; **~ de patentes** Patentgesetz *n*; **~ seca** Alkoholverbot *n*; HIST *EE.UU.*: Prohibition *f* 3 *fig* **~ del encaje** *fam* willkürlicher Spruch *m* des Richters; **dar la ~** eine Norm setzen; Vorbild sein; **hacer ~** als Norm gelten; **a ~ de caballero** *o* **de cristiano** auf mein Wort, auf Ehrenwort; **a toda ~** *o fam* **a la ~** sorgfältig, gehörig; nach allen Regeln der Kunst; *adv fam* **con todas las de la ~** ordnungsgemäß, wie es sich gehört; *por ext* ordentlich, gehörig, tüchtig 4 MIL **~ marcial** Standrecht *n*; Kriegsrecht *n* 5 FÍS **~ de caída** Fallgesetz *n*; **~ de la naturaleza** Naturgesetz *n* 6 FON **~ fonética** Lautgesetz *n*
ley[2] F *por ext de oro, plata*: Feingehalt *m*; **oro** *m* **de ~** Feingold *n*, reines Gold *n*; **plata** *f* **de ~** Feinsilber *n*; **bajo de ~** *monedas* nicht vollwichtig; minderwertig *(tb fig)*; **bajar/subir de ~** den Feingehalt *von Münzen* herab-/heraufsetzen; *fig* **de buena ~** gediegen; ehrbar; treu
leyenda F 1 *(mito)* Legende *f*; Sage *f*; *fig* **~ negra** *die spanienfeindliche Darstellung der spanischen Kolonialgeschichte* 2 *(inscripción)* Legende *f*, Zeichenerklärung *f*; *en gráficos, ilustraciones, etc*: Bildunterschrift *f* 3 *Arg (pintada)* Wandschmiererei *f*, -parole *f*
leyendo, leyó → leer
lezna F Ahle *f*; Schusterpfriem *m*
lía[1] F Espartostrick *m*
lía[2] F *frec* **~s** *fpl* **~s del vino** Weinhefe *f*; → *tb* hez 1
liana F BOT Liane *f*
liar ⟨1c⟩ A VT 1 *(atar)* binden; *(enrollar)* einwickeln; *Am tb (sujetar)* an-, festbinden; *cigarrillo* drehen 2 *fig asunto* verwickeln, komplizieren; *persona* verwirren; *(involucrar) in etw* mit hineinziehen B VR **liarse** 1 *(aturdirse)* durcheinanderkommen 2 sich einlassen *(meterse)* (**con** mit *dat*); *fam* **~ con alg** mit j-m (in einem eheähnlichen Verhältnis) zusammenleben; mit j-m ein Liebesverhältnis haben; **~ a palos** *o* **a golpes** *o* **a garrotazos con alg** sich mit j-m prügeln 3 *fam* **liárselas** *o* **~las** *(huir)* abhauen *fam*; *(morir)* sterben, abkratzen *pop*
lías M GEOL Lias *m/f*
liásico GEOL A ADJ Lias... B M Lias *m/f*
liaza F (Esparto-)Strick(e) *m(pl)*
libación F 1 REL Trankopfer *n*, Libation *f* 2 *(acción de sorber)* Schlürfen *n*, Nippen *n*; **libamen** M REL, HIST Opferguss *m*; Opferspende *f*
libanés A ADJ libanesisch B M, **-esa** F Libanese *m*, Libanesin *f*
Líbano M Libanon *m*
libar A VT *(sorber)* nippen an *(dat)*; schlürfen; saugen B VI REL eine Trankspende darbringen
libelista M/F Pamphletist *m*, -in *f*; **libelo** M Pamphlet *n*, Schmähschrift *f*
libélula F *insecto*: Libelle *f*
líber M BOT Bast *m*
liberable ADJ befreibar
liberación F 1 *(dar la libertad)* Befreiung *f*; Freilassung *f*; JUR **~ condicional** *espec Am* Entlassung *f* auf Bewährung; **~ de presos** Gefangenenbefreiung *f* 2 ECON *(descarga)* Entlastung *f*; *de acciones*: Einzahlung *f*; **~ total** *capital social*: Volleinzahlung *f* 3 *(recibo)* Quittung *f* 4 *Col* MED *(parto)* Entbindung *f*
liberado ADJ 1 *(exento)* befreit 2 *persona* freigelassen 3 ECON *capital social* einbezahlt; **liberador** A ADJ befreiend (**de** von *dat*) B M → libertador B
liberal A ADJ 1 *(tolerante)* liberal *(tb* POL*)*; freisinnig; freiheitlich 2 *(generoso)* großzügig, freigebig 3 *arte, profesión*: frei B M/F POL Liberale *m/f*; **liberalidad** F 1 *(generosidad)* Freigebigkeit *f*; Großzügigkeit *f*; Weitherzigkeit *f* 2 JUR *(donación)* Schenkung *f*; **liberalismo** M Liberalismus *m*; **liberalización** F Liberalisierung *f*; **liberalizar** VT ⟨1f⟩ liberalisieren; **liberalmente** ADV *Arg fam* → *tb* rápidamente
liberar A VT *(soltar)* befreien; *de un trabajo, etc*:

freistellen (**de** von *dat*); ECON *capital social* einzahlen B VR **~se de a/c** sich von etw (*dat*) frei machen; **liberatorio** ADJ JUR befreiend; entlastend
Liberia F Liberia *n*
liberiano A ADJ aus Liberia; liberi(ani)sch B M, **-a** F Liberi(an)er *m*, -in *f*
líbero M, **-a** F DEP *fútbol*: Libero *m*
libérrimo ADJ *sup* → libre
libertad F Freiheit *f*; *de prisioneros*: Befreiung *f*; (*puesta en libertad*) Freilassung *f*; *p. ext* (*libertad de acción*) Handlungsfreiheit *f*; (*informalidad*) Ungezwungenheit *f*; **~es** *fpl* Freiheiten *fpl*, (Vor-)Rechte *npl*; *fam fig* (*familiaridades*) Vertraulichkeiten *fpl*, (*impertinencias*) Frechheiten *fpl*; **con toda ~** ganz offen; völlig frei; unbefangen; **en ~** frei; **~ de acción/de movimiento** Handlungs-/Bewegungsfreiheit *f*; **~ del comercio y de la industria** (Handels- und) Gewerbefreiheit *f*; JUR **~ condicional/provisional** bedingte/vorläufige Haftentlassung *f*, Strafaussetzung *f* zur Bewährung; **~ de elección** Entscheidungsfreiheit *f*; REL, FIL freier Wille *m*; **~ de establecimiento** Niederlassungsfreiheit *f*; JUR **~ bajo fianza** Haftverschonung *f* gegen Kaution; **~ de los mares** Freiheit *f* der Meere; **~ de prensa** Pressefreiheit *f*; **dejar en ~** freilassen; **tomarse la ~ de** (*inf*) sich (*dat*) die Freiheit nehmen, zu (*inf*), sich (*dat*) erlauben zu (*inf*); **tomarse (unas) ~es** sich (*dat*) Freiheiten herausnehmen (*o* erlauben)
libertador A ADJ befreiend B M, **libertadora** F Befreier *m*, -in *f*
libertar VT 1 (*poner en libertad*) befreien (**de** von *dat*) 2 (*preservar*) bewahren (**de** vor *dat*); **libertario** A ADJ anarchistisch B M, **-a** F Anarchist *m*, -in *f*; **liberticida** M/F Freiheitsmörder *m*, -in *f*; **libertinaje** M 1 (*desenfreno*) Zügellosigkeit *f*, Liederlichkeit *f*, Ausschweifung *f* 2 HIST (*librepensamiento*) Freigeisterei *f*; **libertino** A ADJ 1 (*sin freno*) zügellos; liederlich; ausschweifend 2 (*liberal*) freigeistig B M, **-a** F 1 (*calavera*) Wüstling *m*; Libertin *m*; zügellose Frau *f* 2 HIST (*librepensador*) Freigeist *m*; **liberto** M, **-a** F HIST Freigelassene *m/f*
Libia F Libyen *n*
líbico ADJ HIST libysch
libidinal ADJ PSIC libidinös
libídine F *cult* Wollust *f*; Lüsternheit *f*
libidinosidad F Wollüstigkeit *f*; Geilheit *f*; **libidinoso** ADJ lüstern; wollüstig
libido F *t/t* Begierde *f*, Trieb *m*; MED, PSIC Libido *f*
libio A ADJ libysch B M, **-a** F Libyer *m*, -in *f*
liborio M *Cuba* 1 *Symbolname für die Kubaner* (*vergleichbar mit „Juan Español" oder dem „deutschen Michel"*) 2 *tabaco*: *ein kubanischer Qualitätstabak*
libra F 1 *peso*: Pfund *n* (*460 g*); **por** *o* **a ~s** pfundweise 2 *moneda*: **~ esterlina** Pfund *n* Sterling 3 *Cuba tabaco*: *Güteklasse III des kubanischen Tabaks*
Libra F ASTRON Waage *f*
libración F 1 FÍS (*oscilación*) Schwingung *f*, Ausschwingen *n* 2 ASTRON (*balanceo*) Schwankung *f der Achse eines Gestirns*
libraco M *desp* Schmöker *m*
librado M, **-a** F ECON *letra de cambio*: Bezogene *m/f*, Trassat *m*, -in *f*; **librador** M, **libradora** F ECON *de una letra de cambio*: Aussteller *m*, -in *f*, Trassant *m*, -in *f*; **libramiento** M 1 TEC *de un arma*: Entriegelung *f* 2 ECON → libranza; **librancista** M/F ECON Anweisungs-, Wechselempfänger *m*, -in *f*; **libranza** F ECON Zahlungsanweisung *f*; *de una letra de cambio*: Ausstellung *f*; *Am* (*giro postal*) Postanweisung *f*
librar A VT 1 (*poner en libertad*) befreien; (*salvar*) retten; JUR, ECON **~ de gravámenes** lastenfrei (*o* schuldenfrei) machen 2 *dinero* anweisen; *letra de cambio, cheque* ausstellen; *letra de cambio tb* ziehen (auf j-n **a cargo de** *o* **contra alg**) 3 JUR **~ sentencia** das Urteil ausfertigen 4 *batalla* liefern B VI 1 *fig* **~ bien/mal** *o* **salir bien/mal librado** gut/schlecht wegkommen 2 (*dar a luz*) entbinden, gebären 3 *monja aus der Klausur* in den Sprechraum treten C VR **librarse** sich befreien; **¡de buena nos hemos librado!** das ist noch einmal gut gegangen!, da sind wir mit einem blauen Auge davongekommen! *fam*
librazo M Schlag *m* mit einem Buch
libre ADJ 1 frei (**de** von *dat*); ungebunden; (*soltero*) ledig; **entrada** *f* **~** Eintritt frei; freier Eintritt *m*; **comercio** *m* **~** *o* **~ comercio** *m* freier Handel *m*; DEP **estilo** *m* **~** Freistil *m*; **~ de derechos** abgabenfrei; **~ de impuestos** steuerfrei; **~ de ruidos** geräuschlos; **~ de mantenimiento/de prejuicios** wartungs-/vorurteilsfrei; **~ de servicio** dienstfrei; **~ de trabas** der Fesseln ledig; unbehindert; **es ~ de** *o* **para** (*inf*) es steht ihm frei, zu (*inf*); **trabajar por ~** freiberuflich arbeiten 2 (*sincero*) freimütig 3 (*desenfrenado*) ungehindert; ungehemmt 4 (*atrevido*) dreist, frech 5 (*sin escrúpulos*) hemmungslos; zügellos
librea F 1 *traje*: Livree *f* 2 CAZA Gefieder *n*; Fell *n*, Balg *m*
librecambio M Freihandel *m*; **librecambismo** M Freihandelslehre *f*; -bewegung *f*; **librecambista** A ADJ Freihandels... B M/F Anhänger *m*, -in *f* des Freihandels, Freihändler *m*, -in *f*
libremente ADV frei
librepensador M, **librepensadora** F Freidenker *m*, -in *f*; **librepensamiento** M Freidenkertum *n*; Freigeisterei *f*
librera F Buchhändlerin *f*; **librería** F 1 *comercio*: Buchhandel *m*; *tienda*: Buchhandlung *f*; *Perú tb* (*papelería*) Schreibwarenladen *m*, -geschäft *n*; **~ de lance** *o* **de ocasión** Antiquariat *n* 2 (*biblioteca*) Bibliothek *f*; Bücherei *f* 3 *estante*: Bücherregal *n*; **~ mural** Bücherwand *f*; **librero** M 1 *comerciante*: Buchhändler *m*; **~ en comisión** Sortimenter *m*; **~ editor** Verlagsbuchhändler *m* 2 *Am estante*: Bücherregal *n*; **libresco** ADJ Buch...; *fig* trocken, tot; **ciencia** *f* **meramente -a** reines Bücherwissen *n*
libreta[1] F *cuaderno*: Schreibheft *n*; COM, FIN Kontobuch *n*; MIL Soldbuch *n*; **~ (de apuntes)** Notizbuch *n*; **~ de ahorros** Sparbuch *n*; **~ de anillas** Ringbuch *n*, Ringheft *n*; **~ de cerillas** Streichholzheft(chen) *n*; *Ur* AUTO **~ de chofer** Führerschein *m*
libreta[2] F *pan*: einpfündiges Brot *n*; *p. ext* Laib *m* Brot
libretista M/F MÚS Librettist *m*, -in *f*; **libreto** M MÚS Libretto *n*, Textbuch *n*
librillo M 1 *papel de fumar*: Päckchen *n* Zigarettenpapier 2 **~ de oro** Päckchen *n* Blattgold 3 ZOOL → libro 5
librista M/F DEP Freistilschwimmer *m*, -in *f*
libro M 1 *gener* Buch *n*; **~ de anillas** Ringbuch *n*; **~ de bolsillo/de cabecera** Taschen-/Lieblingsbuch *n*; **~ científico** *o* **técnico** Fachbuch *n*; **~ de cocina** Kochbuch *n*; **~ para colorear/de cuentos** Mal-/Märchenbuch *n*; **~ digital** INFORM Digital Book *n*; **~ de divulgación (científica** *o* **técnica)** Sachbuch *n*; **~ electrónico** E-Book *n*; **~ de familia** Familien(stamm)-buch *n*; REL **~ de horas** Stundenbuch *n*; **~ de fondo** Verlagswerk *n*; **~ infantil** Kinderbuch *n*; *Biblia*: **~ de Job** Buch *n* Hiob (*o* CAT Job); **~ de lectura(s)/juvenil** Lese-/Jugendbuch *n*; **~ sonoro** Hörbuch *n*; AUTO **~ de ruta** Fahrtenbuch *n*; REL **~s sagrados** Heilige Schrift *f*; **~ de surtido/de texto** Sortiments-/Schulbuch *n*; **~ (encuadernado) en tela** Leinenband *m*; **feria** *f* **del ~** Buchmesse *f*; **industria** *f* **del ~** Buchgewerbe *n* 2 POL *etc* **~ azul/amarillo/blanco** Blau-/Gelb-/Weißbuch *n*; **~ de oro** Goldenes Buch *n*; *obs* Adelskalender *m*; *enseñanza*: *Esp* **~ de escolaridad** Zeugnisheft *n* 3 *fig* **ahorcar** *o* **colgar los ~s** das Studium an den Nagel hängen; **hablar como un ~** sehr gut (und sachverständig) sprechen; wie ein Buch reden; *fig* **hacer ~ nuevo** ein neues Leben beginnen 4 ECON **~ de acciones** Aktienbuch *n*; COM **~ de almacén** *o* **de existencias** Lagerbuch *n*; **~ de balances/de caja** Bilanz-/Kassenbuch *n*; **~s de contabilidad** Geschäftsbücher *npl*; **~ de cuentas/de deudas** Rechnungs-/Schuldbuch *n*; *contabilidad*: **~ diario** Journal *n*; **~ mayor** Hauptbuch *n*; **~ de pedidos** Auftrags-, Bestellbuch *n*; **~ de reclamaciones** *o euf* **de sugerencias** Beschwerdebuch *n* 5 ZOOL Blättermagen *m der Wiederkäuer*
Lic(do). M, **Lic(da).** F (Licenciado, Licenciada) ABR UNIV *akademischer Grad*
liceal M/F *Ur* Gymnasiast *m*, -in *f*
liceísta M/F 1 *persona*: Mitglied *n* eines Lyzeums (→ liceo) 2 *Am* (*estudiante de bachillerato*) Gymnasiast *m*, -in *f* 3 *Esp fam* ***regelmäßiger Besucher des Opernhauses „Teatro del Liceo" in Barcelona***
licencia F 1 (*permiso*) Erlaubnis *f*; *espec* ADMIN Genehmigung *f*, Bewilligung *f*; *espec* ECON Lizenz *f*; *Am reg para conducir*: Führerschein *m*; **~ de armas/de caza** Waffen-/Jagdschein *m*; *espec Am* **~ de conducir**, *Méx tb* **~ de manejar** *o* **de manejo** Fahrerlaubnis *f*, Führerschein *m*; ARQUIT, TEC **~ de construcción** Baugenehmigung *f*; COM **~ de importación** Einfuhrgenehmigung *f*; TEC **~ de fabricación** Fertigungslizenz *f*; ARQUIT **~ de obra** Baugenehmigung *f*; **~ de pesca** Angelschein *m*; AVIA **~ de piloto** Flugschein *m*; **~ previa** Vorlizenz *f*; vorherige Genehmigung *f* 2 (*libertad*) Freiheit *f*; *p. ext abusiva*: Zucht-, Zügellosigkeit *f*; Ausschweifung *f*; RET **~ poética** dichterische Freiheit *f*; **tomar(se) demasiada ~** sich (*dat*) zu viel herausnehmen 3 (*vacaciones*) Urlaub *m*; MIL Ausgang *m*; **~ especial/de estudios**/Sonder-/Bildungsurlaub; **~ de maternidad** Mutterschaftsurlaub *m*, Erziehungsurlaub *m*, Elternzeit *f*; **~ sin sueldo** unbezahlter Urlaub *m*; **estar con ~** Urlaub haben 4 MIL (*licenciamiento*) Entlassung *f*, Abschied *m*; *documento*: Entlassungsschein *m*; **~ absoluta** Entlassung *f*; *tb* endgültige Freistellung *f* vom Wehrdienst; **solicitud** *f* **de ~** Abschiedsgesuch *n*; *pop* **dar la ~ a alg** j-n feuern *fam*
licenciado M, **-a** F 1 UNIV Lizenziat *m*, -in *f* (*tb* REL); Akademiker *m*, -in *f*, *der/die das Staatsexamen abgelegt hat*; *Col tb* Gymnasiallehrer *m*, -in *f* 2 MIL, *de la cárcel*: Entlassene *m/f*; MIL Verabschiedete *m/f*; **licenciador** M, **licenciadora** F Lizenzgeber *m*, -in *f*; **licenciamiento** M MIL Entlassung *f* (*aus dem Wehrdienst*); **licenciando** M, **-a** F UNIV Staatsexamenskandidat *m*, -in *f*
licenciar ⟨1b⟩ A VT 1 (*otorgar un permiso*) eine Genehmigung (*o* eine Lizenz) erteilen (*dat*) 2 UNIV den Grad eines Lizenziaten (→ licenciado) verleihen (*dat*) 3 MIL (*dar licencia temporal*) beurlauben; (*despedir*) entlassen; verabschieden B VR **licenciarse** sein Staatsexamen ablegen; **licenciatura** F 1 *título*: Titel *m* eines Lizenziaten (→ licenciado) 2 *examen*: Staatsexamen *n*; Magister *m*; Diplom *n* 3 *estudio*: Studium *n* zur Ablegung des Staatsexamens *o* der Magister- *o* Diplomprüfung; **licencioso** ADJ ausschweifend, liederlich

liceo M *en todos los significados*: Lyzeum *n*; *Am reg* Gymnasium *n*; *Arg* Mädchengymnasium *n*

lichí, lichi F BOT, GASTR Litschi *f*

licitación F 1 ECON Ausschreibung *f*; *en la subasta*: Bieten *n* 2 *espec Am (subasta)* Versteigerung *f*; *Am*; **licitador** M, **licitadora** F *(postor)* Bieter, -in *f*; *Am (subastador)* Versteigerer *m*, Versteigerin *f*; **licitante** M/F Bieter *m*, -in *f*; **licitar** VT 1 *(pujar)* bieten, steigern 2 *Am (subastar)* versteigern; ausschreiben; **licitatorio** ADJ *espec Am* Versteigerungs...; Ausschreibungs...

lícito ADJ erlaubt, zulässig, statthaft

licitud F Zulässigkeit *f*, Statthaftigkeit *f*

licopodio M BOT Bärlapp *m*

licor M 1 *(bebida espirituosa)* Likör *m*; **~ de hierbas** Kräuterlikör *m*; **~ de yema** Eierlikör *m* 2 QUÍM *(líquido)* Flüssigkeit *f*; FARM *tb* Tropfen *mpl*; **licorera** F 1 *utensilio de mesa*: Likörständer *m*; *garrafa*: Likörkaraffe *f* 2 *Col fábrica*: Schnapsfabrik *f*; **licorería** F Likörhandlung *f*; **licorista** M/F *fabricante*: Likörfabrikant *m*, -in *f*; *vendedor*: Likörverkäufer *m*, -in *f*; **licoroso** *vino* alkoholreich

licra F TEX Lycra *n*

licuable ADJ FÍS verflüssigbar; **licuación** F FÍS Verflüssigung *f*; **licuado** M *Am* GASTR Shake *m*; Mixgetränk *n*; **licuadora** F *Am aparato*: Entsafter *m*; Mixer *m*; **licuante** M FÍS Verflüssiger *m*

licuar A VT ⟨1d⟩ 1 *fruta* auspressen, entsaften 2 FÍS verflüssigen B VR **licuarse** flüssig werden

licuefacción F FÍS Verflüssigung *f*; **licuefactible** ADJ → licuable

lid F *liter* Kampf *m*, Streit *m*; **en buena ~** in ehrlichem Kampf

líder A M/F POL, SOCIOL *y fig* Führer *m*, -in *f*; DEP Tabellenführer *m*, -in *f*; **~ sindical** Gewerkschaftsführer *m*, -in *f* B M ECON *empresa*: führende Firma *f*, Marktführer *m*; *producto*: Spitzenprodukt *n*; FIN führendes Wertpapier *n* C ADJ *inv* führend; **empresa** *f* **~** führendes Unternehmen *n*; **empresa** *f* **~ en el** (*o* **de**) **mercado** Marktführer *m*

liderar VT leiten, (an)führen, der Führer (*o* der Spitzenmann) (*gen o* von *dat*) sein; **liderato, liderazgo** M POL Führertum *n*, Führung(srolle) *f*; ECON führende Marktposition *f*

lidia F Kampf *m*; TAUR Stierkampf *m*; **lidiadero** ADJ TAUR kampfreif; Kampf...; **lidiador** M, **lidiadora** F Kämpfer *m*, -in *f*; TAUR Stierkämpfer *m*, -in *f*

lidiar ⟨1b⟩ A VI kämpfen, streiten; *fig* sich herumschlagen (**con** mit *dat*); TAUR als Stierkämpfer auftreten B VT **~ un toro** mit einem Stier kämpfen

lidio ADJ HIST *y* MÚS lydisch; **lidioso** ADJ *Ven fam persona* schwierig

liebre F 1 ZOOL Hase *m* (*tb fig*); **caza** *f* **de ~s** *o* **de la ~** Hasenjagd *f*; ZOOL **~ marina** Seehase *m*; *Arg, Ur fam* **correr la ~** Hunger leiden; *fig* **levantar la ~** Staub aufwirbeln; *fig* **ser una ~ corrida** ein alter Hase (*o* alter Fuchs) sein; **(por) donde menos se piensa, salta la ~** unverhofft kommt oft 2 *Chile transporte: (autobús rápido)* Schnellbus *m*

Liechtenstein M Liechtenstein *n*

lied M MÚS Lied *n*

Lieja F Lüttich *n*

liendre F Nisse *f*; *pop fig* **cascarle** *o* **machacarle a alg las ~s** j-m eine gehörige Abreibung verpassen *fam*

lienzo M Leinwand *f*; Leinen *n*; *p. ext* PINT *(cuadro)* (Öl-)Gemälde *n*

lifting M MED Liften *n*, Lifting *n*; **~ facial** Gesichtsstraffung *f*, Facelifting *n*; **hacer(se) un ~** sich liften lassen

liga F 1 *(federación)* Bund *m*; Bündnis *n*; Liga *f*; **Liga Árabe** Arabische Liga *f*; **Liga Internacional de los Derechos del Hombre** Internationale Liga *f* für Menschenrechte; **~ nacional** Nationalliga *f*; **Liga de Fútbol profesional** *spanische Profiliga* 2 *(cinta)* Band *n*; *para medias, calcetines*: Sockenhalter *m*; Strumpfband *n* 3 *(mezcla)* Mischung *f*, *de metales*: Legierung *f* 4 DEP *(competición)* Liga *f* 5 *(jugo del muérdago)* Vogelleim *m* 6 BOT → **muérdago** 7 *Arg, Par (racha)* Glückssträhne *f beim Spiel*

ligación F 1 → ligadura 2 → liga 1; **ligado** A ADJ verbunden (**a** mit *dat*); QUÍM *y fig* **estar ~** gebunden sein B M 1 MÚS Legato *n* 2 TIPO Ligatur *f*; **ligadura** F 1 *(unión)* Bindung *f* (*tb esgrima*); Verbinden *n*; Verbindung *f*; *tb* Verschnürung *f* 2 *fig (atadura)* Fessel *f*, Band *f*, Behinderung *f* 3 MED Ligatur *f*; Ab-, Unterbindung *f*; **~ de trompas** Tubenligatur *f* 4 MÚS Ligatur *f*; **ligamen** M REL *vorhandene eheliche Bindung, die eine neue Eheschließung unmöglich macht*; **ligamento** M 1 ANAT Band *n*; **~s** *mpl* **del útero** Mutterbänder *npl* 2 TEX *(ligación)* Bindung *f*; **ligamentoso** ADJ ANAT mit Bändern versehen

ligar ⟨1h⟩ A VT 1 *(atar)* binden (*tb fig*); *(unir)* verbinden; verknüpfen 2 *metal* legieren 3 MÚS binden; verschleifen 4 GASTR *sopa, etc* legieren 5 *fig (obligar)* verpflichten, binden; *intereses* zusammenführen B VI 1 **~ (con alg)** (mit j-m) anbändeln *fam*, (j-n) aufreißen *pop* 2 *juego de cartas*: kombinieren C VR **ligarse** sich binden (*tb* QUÍM *y fig*); *(unirse)* sich verbinden; *(confederarse)* ein Bündnis schließen

ligazón F 1 *(unión)* Verbindung *f*; Zusammenfügung *f* 2 MAR Auflanger *m* 3 FON Bindung *f*

ligerear VI *Chile* eilen; **ligereza** F 1 *(prontitud)* Leichtigkeit *f* 2 *(agilidad)* Leichtfüßigkeit *f*; Schnelligkeit *f* 3 *fig desp (imprudencia)* Leichtfertigkeit *f*, Leichtsinn *m*

ligero A ADJ 1 *en peso*: leicht (*tb fig vestimenta, comida, té, herida, sueño, carácter, etc*) 2 *espec Am fig (ágil)* flink, hurtig, schnell 3 *fig desp persona: (superficial)* oberflächlich; leichtfertig; leichtsinnig; *costumbres* locker; **a la -a** leichtsinnig; obenhin, eilig; oberflächlich; **tomar a/c a la -a** etw auf die leichte Schulter nehmen; **~ de pies** leichtfüßig, schnell; **~ en afirmar** rasch mit einer Behauptung bei der Hand; **~ de ropa** leicht bekleidet, *hum* leicht geschürzt; **mano** *f* **-a** leichte (*o* geschickte) Hand *f* B ADV *Am* schnell, rasch

light [laɪt] ADJ GASTR light, leicht; **productos** *mpl* **~** Lightprodukte *npl*

lighter ['laɪtɛr] M *Pan, P. Rico* Feuerzeug *n*

lignario ADJ *t/t* Holz...; **lignificación** F Verholzung *f*; **lignificar** ⟨1g⟩ BOT A VT holzig werden lassen B VR **lignificarse** verholzen, holzig werden; **lignina** F QUÍM Lignin *n*; **lignito** M Braunkohle *f*; Lignit *m*

ligón M *Esp fam* Anbändler *m fam*, Anmacher *m pop*; **ligotear** VI *fam* Anschluss suchen; **ligoteo** *fam*, **ligue** M *fam* 1 Liebesverhältnis *n*, Techtelmechtel *n fam* 2 *persona*: Freund *m*, -in *f*

liguero M Strumpfhalter *m*

ligur ADJ ligurisch

ligurino A ADJ ligurisch B M, **-a** F Ligurer *m*, -in *f* C M *lengua*: Ligurisch *n*

ligustro M BOT Liguster *m*

lija F 1 *pez*: Katzenhai *m* 2 **(papel** *m* **de) ~** Sand-, Schmirgelpapier *n*; **lijado** M (Ab)Schmirgeln *n*; **lijadora** F TEC Schleifmaschine *f*

lijar VT (ab)schmirgeln, (ab)schleifen

lijoso ADJ *Cuba* eitel, aufgeblasen

lila A ADJ 1 *color*: lila 2 *fam (tonto)* blöd B F BOT Flieder *m* C M 1 *color*: Lila *n* 2 *fig (imbécil)* Trottel *m fam*, Depp *m fam*; *fam* **hacerse el ~** sich dumm stellen, den Trottel spielen *fam*

lilailas FPL *fam* Schliche *mpl*, Kniffe *mpl*

liliáceas FPL BOT Liliazeen *fpl*

liliputiense A ADJ liliputanisch, Liliputaner... B M/F Liliputaner *m*, -in *f*

lima F 1 TEC Feile *f*; *fig (corrección)* Ausfeilen *n*, Vollendung *f*; TEC **~ para agujeros** Lochfeile *f*; **~ chata** *o* **plana** Flachfeile *f*; **~ gruesa/redonda/triangular** Grob-/Rund-/Dreikantfeile *f*; **~ de uñas** Nagelfeile *f*; *fig* **comer como una ~** unermüdlich (*o* wie ein Scheunendrescher *fam*) essen; *fig* **ser una ~** aufreibend sein; langsam, aber sicher vernichtend sein (*tb persona*) 2 BOT süße Zitrone *f*, Limette *f*; **zumo** *m* **de ~** Limettensaft *m* 3 ARQUIT *(madero)* Dacheckbalken *m*; **~ tesa** (Dach-)Grat *m*

Lima F *Hauptstadt von Peru*

límaco M ZOOL Nacktschnecke *f*

limado A ADJ (aus)gefeilt (*tb fig*) B M Feilen *n*; **limador** M Feiler *m*; **limadora** F 1 TEC Feilmaschine *f* 2 *persona*: Feilerin *f*; **limadura** F TEC 1 *trabajo*: Feilen *n*; Feilarbeit *f* 2 **~s** *fpl (limalla)* Feilspäne *mpl*; **limalla(s)** F(PL) Feilspäne *mpl*

limanda F *pez*: Kliesche *f (Plattfisch)*

limar VT feilen; ausfeilen (*tb fig*); *fig (concluir)* vollenden; *fig (desbastar)* aufreiben; **limatón** M 1 *(lima gruesa)* grobe Schruppfeile *f* 2 *Am* → lima 3; **limaza** F 1 ZOOL Nacktschnecke *f* 2 *Ven* → limatón 1

limbo M 1 *(borde)* Rand *m*, Saum *m* 2 REL, BOT, TEC Limbus *m*; ASTRON Hof *m*; TEC **~ graduado** Skalenbogen *m*, Teilkreis *m*; *fam fig* **estar en el ~** geistesabwesend sein

limburgués ADJ aus Limburg

limense ADJ aus Lima; **limeño** A ADJ aus Lima B M, **-a** F Einwohner *m*, -in *f* von Lima

limeño ADJ aus Lima

limero M 1 TEC *persona*: Feilenhauer *m* 2 BOT *árbol*: Limettenbaum *m*

liminar ADJ einführend, einleitend

limitable ADJ begrenzbar

limitación F Begrenzung *f*; Beschränkung *f*; Einschränkung *f*; **~ del número de nacimientos** Geburtenbeschränkung *f*; TEC **~ de tipos** Typenbegrenzung *f*; *transporte*: **~ de velocidad** Geschwindigkeitsbeschränkung *f*

limitado ADJ beschränkt (*tb fig mentalmente*); begrenzt; endlich; *(escaso)* knapp; **limitador** M TEC, ELEC Begrenzer MIL **~ de fuego** Schusssperre *f*

limitar A VT begrenzen; beschränken (**a** auf *acus*); einschränken B VR **~se a** *(inf)* sich darauf beschränken zu *(inf)*; **limitativo** ADJ einschränkend

límite A M Grenze *f* (*tb fig*); ECON Limit *n*; *fig* Schranke *f*; MAT **(valor** *m***) ~** Grenzwert *m*, Limes *m*; **sin ~s** grenzenlos; BOT, GEOG **~ del arbolado** Baumgrenze *f*; ECON **~ de crédito** Kreditgrenze *f*, Limit *n*; **~ de detección** Nachweis(barkeits)grenze *f*; **bajo el ~ de detección** unter der Nachweisgrenze; **~ superior** Obergrenze *f*; **~ de velocidad** Tempolimit *n*; PSIC **situación** *f* **~** Grenzsituation *f*; *fig* **tener sus ~s** seine Grenzen (*o* Schranken) haben B ADJ Grenz...; **caso** *m* **~** Grenzfall *m*

limítrofe ADJ angrenzend; Grenz...; **países** *mpl* **~s** Nachbarländer *npl*, Anrainerstaaten *mpl*

limnología F Seenkunde *f*, Limnologie *f*; **limnológico** ADJ limnologisch; **limnólogo** M, **-a** F Limnologe *m*, -login *f*

limo M 1 *(barro)* Schlamm *m* 2 *Col, Chile* BOT → limero 2

limón A M *cítrico*: Zitrone *f*; **~ verde** Limone *f*; *fam fig* **-ones** *mpl* Titten *fpl fam* B ADJ *inv* zitronengelb

L

limonada F (Zitronen-)Limonade *f*; **limonar** M 1 AGR *plantación*: Zitronenpflanzung *f* 2 *Guat árbol*: Limonenbaum *m*; **limonero** A M BOT *árbol*: saurer Zitronenbaum *m*, Limonenbaum *m* B M/F Zitronenverkäufer *m*, -in *f*; **limonita** F MINER Brauneisenstein *m*, Limonit *m*

limosidad F 1 Schlammigkeit *f* 2 *p. ext de la dentadura*: Zahnbelag *m*, Zahnstein *m*

limosna F Almosen *n*; **pedir ~** betteln; **limosnear** V/I um Almosen betteln; **limosnera** F 1 REL *bolsa con dinero*: Klingelbeutel *m* 2 *persona*: Almosengeberin *f* 3 *Am reg (mujer que mendiga)* Bettlerin *f*; **limosnero** A ADJ wohltätig; Almosen spendend B M 1 *(persona que da limosna)* Almosengeber *m*; HIST Armenpfleger *m* 2 *Am reg (mendigo)* Bettler *m* 3 *Ec, Méx, Perú cepillo* Opferstock *m*

limoso ADJ schlammig; lehmig

limpia A F 1 Reinigung *f* 2 AGR Reinigen *n des Getreides*; Worfeln *n* B M *fam* → limpiabotas; **limpiabarros** M ⟨*pl inv*⟩ Fuß-, Sohlenabstreifer *m aus Metall*; **limpiaboquilla** M Mundstück-, Düsenreiniger *m*; **limpiabotas** M/F ⟨*pl inv*⟩ Schuhputzer *m*, -in *f*; **limpiabotellas** M ⟨*pl inv*⟩ Flaschenbürste *f*; **limpiabrisas** M *Col* AUTO Scheibenwischer *m*; **limpiachimeneas** M/F ⟨*pl inv*⟩ Kaminkehrer *m*, -in *f*; **limpiacoches** M/F ⟨*pl inv*⟩ Wagenputzer *m*, -in *f*; **limpiacristales** ⟨*pl inv*⟩ A M/F Fensterputzer *m*, -in *f* B M Fensterputzmittel *n*

limpiada F *Am* Reinigen *n*, Putzen *n*; **limpiadientes** M ⟨*pl inv*⟩ Zahnstocher *m*; **limpiado** M Reinigen *n*

limpiador A ADJ reinigend, Reinigungs... B M 1 *aparato*: Putzer *m*; Reiniger *m*; **~ de pipas** Pfeifenreiniger *m* 2 *(producto de limpieza)* Putz-, Reinigungsmittel *n*; **limpiadora** F 1 *máquina*: Putz-, Reinigungsmaschine *f* 2 *(mujer de la limpieza)* Putzfrau *f*; **limpiadura** F Reinigen *n*, Putzen *n*

limpiafaros M ⟨*pl inv*⟩ AUTO Scheinwerferscheibenwischer *m*; **limpiahogar** M Putzmittel *n*; **limpialavaluneta** M AUTO Heckscheibenwaschanlage *f*; **limpiamanos** M ⟨*pl inv*⟩ *Am* Handtuch *n*; **limpiamente** ADV sauber; *fam fig* ohne Weiteres, glattweg; **limpiametales** M ⟨*pl inv*⟩ Metallputzmittel *n*; -tuch *n*; **limpiamuebles** M Möbelpolitur *f*; **limpiaparabrisas** M ⟨*pl inv*⟩ AUTO Scheibenwischer *m*; **~ trasero** Heckscheibenwischer *m*; **limpiapiés** M ⟨*pl inv*⟩ Fußabstreifer *m*, Abstreifgitter *n*

limpiar ⟨1b⟩ A V/T 1 *(quitar la suciedad)* reinigen, säubern, sauber machen, putzen; *con escobas*: ausfegen; *con trapos*: ab-, wegwischen; **~ en seco** chemisch reinigen 2 *fig (purificar)* reinigen; reinwaschen (**de** von *dat*) 3 *fam fig (hurtar)* stehlen, klauen *fam* (**a alg** j-m); *en el juego*: im Spiel abgewinnen 4 *Arg pop (matar)* umlegen *pop*, killen *pop* 5 *fam fig* **¡límpiate!** kommt nicht in Frage!; kein Gedanke! B V/R **limpiarse** sich reinigen; **~ los dientes** (la nariz) sich *(dat)* die Zähne (die Nase) putzen

limpiasuelos M Bodenputzmittel *n*; **limpiaúñas** M ⟨*pl inv*⟩ Nagelreiniger *m*; **limpiaventanas** M/F ⟨*pl inv*⟩ Fensterputzer *m*, -in *f*; **limpiavías** M ⟨*pl inv*⟩ *tranvía*: Schienenräumer *m der Straßenbahn*

limpidez F *liter* Klarheit *f*; Reinheit *f*; Lauterkeit *f*

límpido ADJ *poét* klar *(tb cielo)*; durchsichtig; hell; rein; makellos

limpieza F 1 *(pulcritud)* Reinheit *f*; Reinlichkeit *f*; Sauberkeit *f*; *fig* **~ de corazón** Herzensreinheit *f*; Redlichkeit *f*; *fig* **~ de (las) manos** Redlichkeit *f*, Rechtlichkeit *f*; Unbestechlichkeit *f*; *espec* REL, HIST *inquisición*: **~ de sangre** Reinheit *f* des Blutes 2 *(fregado)* Putzen *n*, Reinigen *n*; Säuberung *f*; **~ de cutis** Gesichtsreinigung *f*; **~ de dientes** Zähneputzen *n*; **~ de edificios** Gebäudereinigung *f*; **~ étnica** POL ethnische Säuberung *f neg!*; **~ a fondo** *o* **~ general** Großreinemachen *n*, Hausputz *m*; **~ pública** Straßenreinigung *f*; **~ de ríos** Bachauskehr *f*; **~ en seco** chemische Reinigung *f*; **~ viaria** Straßenreinigung *f*; MIL **operación *f* de ~** Säuberungsaktion *f*; **hacer la ~** putzen, sauber machen

limpio A ADJ 1 rein; sauber; *(sin mancha)* fleckenlos; klar; **cara *f* -a** sauberes Gesicht *n (ohne Pickel etc)*; *fig* offenes *(o* ehrliches*)* Gesicht *n*; *tb fig* **manos *fpl* -as** saubere Hände *fpl*; **estar ~** sauber sein; **quedar(se) ~** sauber werden 2 *(puro)* rein; *(íntegro)* lauter; *(decente)* sauber; *(honrado)* redlich; **~ de corazón** reinen Herzens; **~ de toda sospecha** frei von jedem Verdacht; **estar ~** *fam* sauber sein *fam*, keine Vorstrafen haben; *fig* kein Geld mehr haben, blank sein *fam* 3 *fig* **a grito ~** mit großem Geschrei; **en ~** rein; im Reinen; COM netto; **poner en ~** *o* **pasar a ~** ins Reine schreiben; **ya lo he puesto en ~** nun bin ich damit im Reinen; **sacar en ~** klären; **no sacar nada en ~ de a/c** aus etw nicht schlau werden 4 *fam fig (como es debido)* regelrecht, gehörig; *drogas* clean; **juego *m* ~** Fair Play *n* B ADV 1 sauber 2 *fig* ehrlich; richtig 3 *espec* DEP korrekt, fair; **jugar ~** ehrlich spielen; DEP fair spielen; *fig* (ein) faires Spiel treiben

limpión M *fam* 1 *(limpiadura ligera)* flüchtige Reinigung *f*; **dar un ~ a a/c** etw schnell (und oberflächlich) sauber machen; *fam fig* **darse un ~** noch ein bisschen warten müssen *(weil man sein Ziel nicht erreicht hat)*; **¡date un ~!** *tb* lass gut sein!, lass es bleiben! 2 *Am Mer (paño)* Geschirrtuch *n*

limusina F AUTO Limousine *f*

lináceo ADJ BOT Flachs..., Lein...

linaje M Abstammung *f*; Geschlecht *n*; Gattung *f*; Sippe *f*; **linajudo** ADJ altadlig; aristokratisch

linar M AGR Flachsfeld *n*; **linaria** F BOT Leinkraut *n*; **linaza** F Leinsamen *m*; **aceite *m* de ~** Leinöl *n*

lince M ZOOL Luchs *m (tb fig)*; **ser un ~** schlau wie ein Fuchs sein; **tener ojos de ~** Luchsaugen haben

linchamiento M Lynchjustiz *f*

linchar V/T lynchen

lindante ADJ angrenzend; **lindar** V/I angrenzen (**con** an *acus*)

linde F/M Grenze *f*; Saum *m*; Markscheide *f*; Grenzrain *m*; **lindera** F Grenzen *fpl eines Geländes*; **lindero** A ADJ Grenz... B M Grenzweg *m*; **~s *mpl*** Grenze *f*, Rand *m (tb fig)*

lindeza F Zierlichkeit *f*; Niedlichkeit *f*, Schönheit *f*; Nettigkeit *f*; *fam fig irón* **~s *fpl*** Grobheiten *fpl*, Nickeligkeiten *fpl*

lindo A ADJ hübsch; zierlich, niedlich; nett *fam*; *espec Am (hermoso)* schön; *adv* **de lo ~** gründlich; *irón* gehörig, tüchtig, gewaltig, mächtig; *irón* **¡-as cosas me cuentan de usted!** von Ihnen hört man ja schöne Dinge!; **¡qué ~!** wie hübsch!; schön ist das! B M *fam* **Don Lindo** *o* **~ Don Diego** Fatzke *m fam*, Angeber *m*

lindura F → lindeza

línea F 1 *gener* Linie *f (tb* MAT, MIL *etc)*; **~ de carga** MAR Ladelinie *f*; *diagrama*: Belastungskurve *f*; MIL **~ de centinelas** Postenlinie *f*, -kette *f*; **~ cero** Nulllinie *f*; **~ de corte** Schnittlinie *f*; MIL, POL **~ de demarcación** Demarkationslinie *f*; **~ divisoria** Trennungslinie *f*; MAR **~ de flotación** *o* **~ de agua** Wasserlinie *f*; MAT **~ generatriz** Mantellinie *f*; MAT **~ de intersección** Schnittlinie *f*; DEP **~ de llegada/salida** Ziel-/Startlinie *f*; DEP **~ media** Mittellinie *f*; DEP **~ de meta** *o* **de portería** Torlinie *f*; ÓPT, MIL **~ de mira** Visierlinie *f*; MIL *tb* Schusslinie *f*; FÍS **~ de espacio(s) y tiempo(s)** Weg-Zeit-Linie *(o* -Kurve*) f*; MIL **~ principal de lucha** Hauptkampflinie *f*; **~ de puntos** punktierte Linie *f*; MAT **~ de quebrado** Bruchstrich *m*; **pasar la ~** die Linie *(o* MAR den Äquator*)* überschreiten; über die Grenze gehen 2 *(renglón)* Zeile *f (tb* INFORM*)*; **escribir *o* poner unas *o* dos *o* cuatro ~s** ein paar Zeilen schreiben; *fam* **ponle cuatro ~s** schreib ihm doch ein paar Zeilen 3 TEL, ELEC *(circuito)* Leitung *f*; TEL *tb* Verbindung *f*; **~ caliente** TEL Hotline *f*; *erótica*: Sextelefon *n*; **~ dedicada** Standleitung *f*; **~ directa** TEL direkte Verbindung *f*; **~ eléctrica** Stromleitung *f*; **~ erótica** Sextelefon *n*; **~ exterior** Amtsleitung *f*; ELEC **~ de alta tensión** Hochspannungsleitung *f*; ELEC **~ de toma** *ferrocarril*: Abnehmerleitung *f*; TEL **no tengo *o* no hay ~** die Leitung ist besetzt *(o* belegt*)*; **la ~ se ha cortado** die Leitung *(o* Verbindung*)* wurde unterbrochen; **en ~** INTERNET online; **fuera de ~** offline 4 *transporte*: Linie *f*, Strecke *f*; AVIA **~ aérea** Fluglinie *f*; **~ directa** *distancia*: Luftlinie *f*; *transporte*: *tb* direkte Verbindung *f*; **~ de enlace *o* de acarreo**, AVIA **~ intermedia** Zubringerlinie *f*; **~ férrea** Bahnlinie *f*; *Perú* **~ del ferrocarril** (Bahn-)Gleis *n*; **~ marítima** Schifffahrtslinie *f*; **~ principal/secundaria** Haupt-/Nebenlinie *f*, Haupt-/Nebenstrecke *f*; **autobús *m* *o* coche *m* de ~** Überlandbus *m* 5 *(serie)* Reihe *f*, Linie *f*; COM **~ de productos** Produktlinie *f*; COM **~ blanca** Haushaltsgeräte *npl* 6 *fig* **~ de conducta** Verhaltensregel *f*; POL **~ dura** harte Linie *f*; **político *m*, militar *m etc* de ~ dura** (politischer, militärischer *etc*) Hardliner *m*; POL **~ del partido** Parteilinie *f*; **~ de pensamiento** Denkart *f*, -weise *f*; **en ~ con** in Übereinstimmung mit *(dat)*; **en ~s generales** im Großen und Ganzen; **en toda la ~** auf der ganzen Linie *(tb fig)* 7 FIN **~ de crédito** Kreditlinie *f* 8 *de pesca*: Angelschnur *f*

lineal ADJ linienförmig; MAT; *t/t* linear; BOT *hoja*: lang und schmal; **dibujo *m* ~** Linearzeichnung *f*; **lineam(i)ento** M Umriss *m*; Gesichtszug *m*

linear[1] ADJ BOT → lineal

linear[2] V/T 1 *(tirar líneas)* lini(i)eren 2 → esbozar

linero ADJ Lein(en)...; **industria *f* -a** Leinenindustrie *f*

linfa F 1 FISIOL Lymphe *f* 2 *poét (agua)* Wasser *n*; **linfangioma** M MED Lymphangiom *n*; **linfangitis** F MED Lymphgefäßentzündung *f*; **linfático** ADJ MED lymphatisch; **linfocito** M FISIOL Lymphozyt *m*; **linfoma** M MED Lymphom *n*

linga M *liter* Penis *m*

lingotazo M *Esp fam* (kräftiger) Schluck Schnaps; *fam* **pegarse un ~** einen hinter die Binde gießen

lingote M (Metall-)Barren *m*; **~ de acero** Rohstahlblock *m*; **~ de oro** Goldbarren *m*; **lingotera** F TEC Gießform *f für Rohlinge*; Kokille *f*

lingual A ADJ Zungen... B F/M FON Lingual *m*, Zungenlaut *m*

linguete M MAR Pall *m*, Sperrklinke *f*

lingüiforme ADJ zungenförmig; **lingüista** M/F Linguist *m*, -in *f*, Sprachwissenschaftler *m*, -in *f*, Sprachforscher *m*, -in *f*

lingüística F Linguistik *f*, Sprachwissenschaft *f*; **~ aplicada** angewandte Sprachwissenschaft *f*; **~ comparada** vergleichende Sprachwissenschaft *f*; **~ general** allgemeine Sprachwissenschaft *f*; **~ histórica** historische

Sprachwissenschaft *f*; ~ **del texto** *o* ~ **textual** Textlinguistik *f*
lingüístico ADJ linguistisch, sprachwissenschaftlich; Sprach...; **atlas** *m* ~ Sprachatlas *m*
linier M DEP *obs* Linienrichter *m fam*
linimento M FARM Einreibemittel *n*, Liniment *n*
lino M 1 BOT *planta*: Flachs *m*, Lein *m* 2 TEX *materia textil*: Leinen *n*, Leinwand *f*; **linóleo** M Linoleum *n*; **linón** M TEX Linon *m*
linotipia F TIPO Linotype® *f*; **linotipista** M/F Maschinensetzer *m*, -in *f*, Linotypist *m*, -in *f*
linterna F Laterne *f* (*tb* ARQUIT); ~ **(de bolsillo)** Taschenlampe *f*; ~ **frontal** Stirnlampe *f*; ~ **mágica** Laterna *f* magica; ~ **sorda** Blendlaterne *f*
linyera M 1 *Arg* (*vagabundo*) Landstreicher *m*; Herumtreiber *m* 2 *Chile* (*trabajador eventual*) Gelegenheitsarbeiter *m*
liña F *Arg* Angelschnur *f*; **liño** M AGR (Baum-, Strauch-)Reihe *f*; **liñuelo** M Seilstrang *m*
lío M 1 (*envoltorio*) Bündel *n* 2 *fam fig* (*embrollo*) Durcheinander *n*; Rummel *m fam*; **armar** *o* **hacer un** ~ ein Durcheinander machen (*o* anrichten); **estar hecho un** ~ durcheinander sein; **hacerse un** ~ durcheinanderkommen; nicht mehr ein noch aus wissen; **¡menudo** ~! ein tolles Durcheinander!; **meterse en** ~**s** in Schwierigkeiten geraten 3 *fam fig* ~ **(amoroso)** (*relación*) Verhältnis *n*, Techtelmechtel *n fam*; ~**s** *mpl* **de faldas** Weibergeschichten *fpl*
liofilización F Gefriertrocknen *n*; **liofilizar** V/T ⟨1f⟩ gefriertrocknen
lionés ADJ aus Lyon
liorna F *fam fig* → alboroto
Liorna Livorno *n*
lioso ADJ *fam* verworren, wirr, verzwickt *fam*; *persona* (be)trügerisch; intrigant
lipa F *Ven fam* Bauch *m*, Wanst *m fam*
lipasa F QUÍM Lipase *f*
lipegüe M *Am Centr* → yapa
lipendi M *jerga del hampa*, *pop* armer Teufel *m*
lipes M *Am* **(piedra)** ~ Kupfersulfat *n* (*Erz*)
lipidia F *fam* 1 *Am Centr* (*miseria*) Elend *n*, Armut *f* 2 *Cuba*, *Méx* (*impertinencia*) Unverschämtheit *f* 3 *persona*: aufdringlicher Mensch *m* 4 *Chile* (*indigestión*) Magenverstimmung *f*
lípido M QUÍM Lipid *n*
lipoide QUÍM A M Lipoid *n* B ADJ → lipoideo; **lipoideo** ADJ lipoid, fettartig; **lipoma** M MED Fettgeschwulst *f*; *t/t* Lipom *n*
lipón ADJ *Ven* dickbäuchig
liposoluble ADJ FISIOL fettlöslich; **liposucción** F MED Fettabsaugung *f*
lique M *Esp fam* Fußtritt *m*; *fig* **dar el** ~ **a alg** j-n feuern
liquen M BOT, MED Flechte *f*
líquida F FON Fließlaut *m*; *t/t* Liquida *f*
liquidación F 1 ECON *de una empresa*: Abwicklung *f*; Auflösung *f*; Liquidation *f*; ~ **forzosa** Zwangsliquidierung *f*, -aufgabe *f*; JUR ~ **de la herencia** Erbauseinandersetzung *f*; ~ **de negocio** Geschäftsaufgabe *f* 2 COM *de una mercancía*: Ausverkauf *m*; ~ **de fin de temporada** Saisonschlussverkauf *m*, Ausverkauf *m fam*; ~ **total** Totalausverkauf *m*, Räumungsverkauf *m* 3 *fig* (*eliminación*) Beseitigung *f*, Liquidierung *f*; ~ **de un problema** Erledigung *f* einer Aufgabe 4 (*facturación*) Abrechnung *f*; Liquidation *f*; *de una factura*: Begleichung *f*; *de una deuda*: Abtragung *f*; ~ **total** Gesamtabrechnung *f*
liquidador M, **liquidadora** F JUR, ECON Liquidator *m*, -in *f*; Konkursverwalter *m*, -in *f*
liquidámbar M BOT Amberbaum *m*; FARM Amberbalsam *m*
liquidar A V/T 1 ECON abrechnen; *pago* ausgleichen; *factura*, *deuda* begleichen, liquidieren; ~ **una deuda (factura)** eine Schuld (Rechnung) begleichen 2 ECON *empresa* auflösen, liquidieren; *quiebra* abwickeln; *mercancía* ausverkaufen; ~ **las existencias** das Lager räumen 3 *fig* ~ **a alg** *fam* j-n erledigen; *euf* (*matar*) töten, liquidieren 4 TEC flüssig machen, verflüssigen B V/I ECON in Liquidation sein
liquidez F 1 FÍS *estado de agregación*: Flüssigkeit *f* 2 ECON Liquidität *f*, Flüssigkeit *f fam*
líquido A ADJ 1 FÍS flüssig; *poét* **el** ~ **elemento** das nasse Element 2 ECON *dinero* flüssig, verfügbar, liquid; *suma* Rein..., Netto...; *n*; **producto** *m* ~ Reinertrag *m* B M 1 Flüssigkeit *f*; MED ~ **amniótico** Fruchtwasser *n*; ~ **corrector** Korrekturlack *m*; *tb* AUTO ~ **de freno** Bremsflüssigkeit *f* 2 ~ **imponible** *impuestos*: zu versteuernder Betrag *m*
liquilique M *Ven* Bauernkittel *m*
lira F 1 MÚS Leier *f*, Lyra *f* 2 *moneda*: Lira *f* 3 *Guat* (*rocín*) Klepper *m*
lírica F 1 (*poesía*) Lyrik *f* 2 *persona*: Lyrikerin *f*; **lírico** A ADJ lyrisch; MÚS Opern...; **cantante** *m/f* ~, -a Opernsänger *m*, -in *f*; *Am reg fam fig* → utópico B M Lyriker *m*
lirio M 1 BOT Schwertlilie *f*; ~ **atigrado** Tigerlilie *f*; ~ **de los valles** Maiglöckchen *n* 2 *fam* (*tonto*) Dummkopf *m*
lirismo M 1 (*poesía*) Lyrik *f*; dichterische Sprache *f* 2 *fig* (*entusiasmo*) Begeisterung *f*, Schwärmerei *f*; Gefühlsduselei *f*; Utopie *f*
lirón M ZOOL *y fig* Siebenschläfer *m*; **dormir como un** ~ schlafen wie ein Murmeltier; ZOOL ~ **careto** Gartenschläfer *m*
lirondo → mondo
lis F *poét* Lilie *f*; *heráldica*: **flor** *f* **de** ~ (bourbonische) Wappenlilie *f*
lisa F 1 *pez*: Steinbeißer *m*; ~ **(negra)** Dicklippige Meeräsche *f*; ~ **dorada** Goldmeeräsche *f* 2 *fam* (*mujer de pecho plano*) flachbusige Frau *f*
lisamente ADV **lisa y llanamente** glatt, ohne Umschweife, schlicht und einfach
Lisboa F Lissabon *n*
lisboeta, **lisbonense** → lisbonés
lisbonés A ADJ aus Lissabon B M, **-esa** F Lissaboner *m*, -in *f*
lisérgico ADJ QUÍM **ácido** *m* ~ Lysergsäure *f*
lisiado A ADJ gebrechlich; verkrüppelt B M, **-a** F Krüppel *m*; **lisiar** V/T ⟨1b⟩ verletzen; zum Krüppel machen
lisis F MED *t/t* Lysis *f*; Auflösung *f*; Lösung *f*
liso A ADJ glatt, eben; *color*: einfarbig, uni; *papel* unbedruckt; *fig* schlicht, einfach; klar, deutlich; *pop fig mujer*: flachbusig; DEP **cien metros** ~**s** Hundertmeterlauf *m*; *fam* **es** ~ **y llano** es ist ganz einfach; es liegt (klar) auf der Hand B M GEOL größere ebene Felsfläche *f*
lisoformo M QUÍM Lysoform *n*
lisol M QUÍM Lysol *n*
lisonja F Schmeichelei *f*; **lisonjeador** A ADJ → lisonjero B M, **lisonjeadora** F Schmeichler *m*, -in *f*; **lisonjear** V/T *j-m* schmeicheln; *p. ext* ~ **al oído** dem Ohr schmeicheln, ins Ohr gehen *fam*; **lisonjero** A ADJ (ein)schmeichelnd; schmeichelhaft B M, **-a** F Schmeichler *m*, -in *f*
lista F 1 *gener* Verzeichnis *n*, Liste *f*; ~ **de asistentes** Anwesenheitsliste *f*; ~ **de boda** Liste *f* für (mögliche) Hochzeitsgeschenke, Hochzeitsliste *f*; ~ **civil** (*asignación estatal de un monarca*) Zivilliste *f*; ~ **de correo** INFORM Mailingliste *f*; ~ **de correos** postlagernd; COM ~ **de cotizaciones** Kurszettel *m*; ~ **de distribución** Verteilerliste *f*; INFORM Mailingliste *f*; AVIA ~ **de espera** Warteliste *f*; *fig* ~ **negra** schwarze Liste *f*; ~ **de platos** Speisekarte *f*; ~ **de precios/de presencia** Preis-/Anwesenheitsliste *f*; ~ **de sorteo** *lotería*: Gewinnliste *f*; **por orden de** ~ nach der Liste 2 (*tira*) Streifen *m* 3 *espec enseñanza y* MIL **pasar** ~ aufrufen (*Anwesenheitsfeststellung*)
listado A ADJ gestreift B M 1 (*relación*) Liste *f*, Aufstellung *f*, Verzeichnis *n*; INFORM Computerausdruck *m* 2 *pez*: Echter Bonito *m*; **listar** V/T auflisten; **listeado** ADJ → listado; **listear** V/T mit Streifen versehen
listel M ARQUIT schmale Leiste *f*
listeza F 1 (*sagacidad*) Lebhaftigkeit *f*; Gewandtheit *f* 2 (*agudeza*) Scharfsinn *m*; Schläue *f*
listillo *fam* A ADJ clever, schlau B M, **-a** F Schlauberger *m*, -in *f fam*, Schlaumeier *m*, -in *f fam*
listín M 1 kleine Liste *f*; *Esp* (*directorio*) Adressbuch *n*; TEL Teilnehmerverzeichnis *n*, Telefonbuch *n*; ECON ~ **de bolsa** Kurszettel *m*; *Perú* ~ **(cinematográfico)** Kinoprogramm *n* (*in der Zeitung*) 2 *S.Dgo* (*diario*) Zeitung *f*
listo ADJ 1 (*ser*) (*inteligente*) klug, aufgeweckt; (*hábil*) gewandt, geschickt; (*astuto*) gerissen, gerieben; (*escurridizo*) aalglatt; **pasarse de** ~ zu schlau sein wollen; *fam* **ser más** ~ **que el hambre** es faustdick hinter den Ohren haben 2 (*estar*) (*dispuesto*) fertig, bereit; MAR, AVIA klar; *fam fig* (*terminado*) fertig, erledigt; **(ya) está** ~ **(para salir)** er ist fertig (zum Ausgehen); *fam fig* **está** ~ er ist erledigt, es ist aus mit ihm, er ist aufgeschmissen; MAR **¡-a el ancla!** klar Anker!; AVIA ~ **para despegar** startklar; ~ **para su empleo** gebrauchsfertig; GASTR ~ **para freír/para servir** brat-/tafelfertig; TIPO ~ **para la imprenta** druckfertig, -reif
listón M A M 1 ARQUIT, CONSTR Leiste *f*; Latte *f* 2 DEP *salto de altura*: Latte *f*; *fig* **poner el** ~ **muy alto** die Ansprüche sehr hoch schrauben; hohe Maßstäbe setzen 3 TEX (*fingerbreites*) Seidenband *n* B ADJ TAUR *toro* mit weißem Streifen auf dem Rücken; **listonado** M CONSTR Lattenrost *m*
lisura F 1 (*llanura*) Glätte *f* 2 *fig* (*candidez*) Arglosigkeit *f*, Naivität *f* 3 *Am reg* (*insolencia*) Frechheit *f*, derber Ausdruck *m*
litargirio M MINER Bleiglätte *f*
litchi F BOT, GASTR Litschi *f*
litera F 1 *camas superpuestas*: Stock-, Etagenbett *n*; MAR Koje *f*; FERR Liegewagen(platz) *m* 2 HIST (*silla de manos*) Sänfte *f*
literal ADJ wörtlich; buchstäblich; **literalidad** F Buchstäblichkeit *f*; **literalmente** ADV buchstäblich; wortgetreu
literario ADJ literarisch; **literato** M, **-a** F Literat *m*, -in *f*, Schriftsteller *m*, -in *f*
literatura F Literatur *f*; Schrifttum *n*; Schriftstellerei *f*; ~ **(de) baja (estofa)** *o* ~ **barata** *o* **de pacotilla** Schundliteratur *f*; ~ **clásica** klassische Literatur *f*; ~ **fantástica** Fantasyliteratur *f*; ~ **de imaginación** Fiction *f*; ~ **infantil** Kinderliteratur *f*; ~ **juvenil** Jugendliteratur *f*; ~ **universal** Weltliteratur *f*; *fam fig* **hacer** ~ siebengescheit daherreden *fam*
litiasis F MED Steinleiden *n*, Lithiase *f*
lítico ADJ *t/t* 1 Stein... 2 MED lytisch
litigación F JUR Streiten *n vor Gericht*; **litigante** JUR A ADJ streitend; prozessführend B M/F Prozesspartei *f*; Mitkläger *m*, -in *f*
litigar V/I ⟨1h⟩ 1 JUR (*procesar*) streiten; prozessieren, einen Prozess führen **(con, contra** mit *dat*, gegen *acus*; **por** wegen *gen*; **sobre** über *acus*) 2 *fig* (*pelear*) streiten, hadern
litigio M Streit *m*; JUR *tb* Prozess *m*; **en** ~ strittig; **en caso de** ~ im Streitfall; ~ **de competencia** Zuständigkeitsstreit *m*; ~ **fronterizo** *o* **de frontera** Grenzstreit *m*; **entablar** ~ Streit anfangen; **litigioso** ADJ 1 *asunto* strittig 2 *persona* streitsüchtig
litina F QUÍM Lithiumoxid *n*; **litio** M QUÍM Li-

thium *n*

litis F ⟨*pl inv*⟩ JUR Streit *m*; Prozess *m*; **litisconsorcio** M JUR Streitgenossenschaft *f*; **litisconsorte** M/F JUR Streitgenosse *m*, -in *f*; **litisdenuncia** F JUR Streitverkündung *f*; **litisexpensas** FPL JUR Prozesskosten *pl*; **litispendencia** F JUR Rechtshängigkeit *f*

litocola F Steinkitt *m*; **litografía** F Steindruck *m*, Lithografie *f*; **litografiar** V/T ⟨1c⟩ auf Stein drucken, lithografieren; **litográfico** ADJ lithografisch

litógrafo M, **-a** F Lithograf *m*, -in *f*

litología F Gesteinskunde *f*

litoral A ADJ Küsten... B M Küstengebiet *n*; -streifen *m*; BIOL Strandzone *f*

litosfera F GEOL Lithosphäre *f*

lítote(s), litote(s) F RET Litotes *f*

litotricia F, **litotripsia** F MED Lithotripsie *f*, Steinzertrümmerung *f*; **litotri(p)tor** M MED Lithoklast *m*, -triptor *m*

litre M *Chile* 1 BOT *Art Terebinthe* (*Litraea venenosa*) 2 MED Litrekrankheit *f* (*Ekzem*)

litri ADJ *fam* eingebildet, affektiert

litro[1] M Liter *n/m*; **un ~ de vino** ein Liter Wein; **medio ~ de leche** ein halber Liter Milch

litro[2] M *Chile* TEX grobes Wollzeug *n*

litrona F *Esp fam botella*: Literflasche *f* (*Bier*)

Lituania F Litauen *n*

lituano A ADJ litauisch B M, **-a** F Litauer *m*, -in *f* C M *lengua*: Litauisch *n*

liturgia F Liturgie *f*

litúrgico ADJ liturgisch

liudo ADJ *Am reg* → flojo

liviandad F 1 Leichtfertigkeit *f* 2 Lüsternheit *f*; **liviano** A ADJ 1 *Am peso, comida, vestimenta*: leicht 2 leichtfertig, leichtsinnig 3 (*lascivo*) lüstern, geil B M *asno*: Leitesel *m*

lividez F Blässe *f*; **~ cadavérica** Leichenblässe *f*

lívido ADJ 1 dunkelviolett, schwarzblau; **~ de frío** blaugefroren 2 (*pálido*) fahl, bleich, blass; **~ como un cadáver** leichenblass; **~ de espanto** schreckensbleich

living(-room) M *Am reg* Wohnzimmer *n*

livonio A ADJ livländisch B M, **-a** F Livländer *m*, -in *f*

livor M *liter* 1 *color*: schwarze (*o* schwarzblaue) Farbe *f* 2 *fig* (*envidia*) Neid *m*; (*odio*) Hass *m*

lixiviar V/T ⟨1b⟩ QUÍM ab-, auslaugen; GEOL auswaschen

liza F Kampf-, Turnierplatz *m*; **entrar en ~** in die Schranken treten, zum Kampf antreten (*tb fig*)

lizarra F *pez*: Dünnlippige Meeräsche *f*

lizo M TEX (Schaft-)Litze *f*

Ll, ll F Doppel-L *n* (*Buchstabe des spanischen Alphabets*); → *tb* elle

llaca F *Arg, Chile* ZOOL *Art* Beutelratte *f* (*Didelphys elegans*)

llaga F 1 *herida*: offene (*o* schwärende) Wunde *f*; *fig* **renovar la ~** alte Wunden wieder aufreißen; *fig* **poner el dedo en la ~** den wunden Punkt berühren; den Finger auf die Wunde legen (*fig*) 2 CONSTR Ziegel-, Quaderfuge *f*

llagar ⟨1h⟩ A V/T verwunden, verletzen B V/R **llagarse** sich wund liegen; **llaguear** V/T CONSTR verfugen

llalla F *Chile* leichte Verletzung *f*; leichter Schmerz *m*

llama[1] F Flamme *f*; *fig* Feuer *n*; Leidenschaft *f*; **~ libre** offene Flamme *f*; MIL **~ piloto** Stichflamme *f* (an Gasöfen); **~s** *fpl* **(a la boca de un cañón)** Mündungsfeuer *n*; REL **las ~s eternas (del Infierno)** das ewige (Höllen-)Feuer

llama[2] F (*tb* M) ZOOL Lama *n*

llamada F 1 (*llamamiento*) Ruf *m*; Rufen *n*; **~ al orden** Ordnungsruf *m*; **~ de atención** Zurechtweisung *f*; Ordnungsruf *m*; **~ de socorro** Hilferuf *m* (*tb fig*) 2 *ademán*: Zuruf *m*; rufende Gebärde *f*; Herbeiwinken *n* 3 *a la puerta*: Klopfen *n an der Tür* 4 TEL **~ (telefónica)** Anruf *m*; Gespräch *n*; **~ de cobro revertido** R-Gespräch *n*; **~ internacional** Auslandsgespräch *n*; **~ interprovincial** *o* **interurbana** Inlandsgespräch *n*; *Am* **~ de** *o* **a larga distancia** Ferngespräch *n*; **~ urbana** Ortsgespräch *n*; **hacer una ~** anrufen 5 (*exhortación*) Aufruf *m*, Appell *m*; Abruf *m*; POL Abberufung *f*; TEAT Herausrufen *n*, Vor-die-Rampe-Rufen *n*; *fig* **la ~ de la sangre** die Stimme des Blutes; AVIA **¡última ~!** letzter Aufruf! 6 *en libros, etc*: Verweisungszeichen *n in einem Buch etc*; **~ de atención** Hinweis *m*

llamado A ADJ 1 (*ser nombrado*) gerufen; berufen; **estar ~ a** (*inf*) (*tener la vocación a*) zu *etw* (*dat*) berufen sein; die Aufgabe (*o* die Pflicht) haben, zu (*inf*) 2 (*alias*) sogenannt B M 1 *Am* (*proclamación*) Aufruf *m*, Appell *m* 2 *Am* TEL Anruf *m*; **llamador** M 1 *persona*: Rufer *m* (*tb* TEL) 2 (*aldaba*) Türklopfer *m*; (*timbre*) Klingel *f*, Klingelknopf *m* 3 CAZA (*señuelo*) Lockvogel *m*; **llamamiento** M 1 (*emplazamiento*) Aufruf *m*; Vorladung *f*; Appell *m*; POL **~ al orden** Ordnungsruf *m*; **~ a la paz** Friedensappell *m*; **hacer un ~** appellieren (**a** an *acus*) 2 *a un cargo, a la universidad*: Ruf *m*, Berufung *f* 3 MIL *servicio militar*: Aufgebot *n*; Appell *m*; Einberufung *f*; **~ a filas** Einberufung *f* (zum Wehrdienst)

llamar A V/T 1 (*nombrar*) rufen, nennen; JUR be-, ernennen; **le llaman Juan** er heißt Juan; **~ por nombre** bei (*o* mit) Namen nennen 2 *dar voces*: anrufen; aufrufen; herbeirufen; (*despertar*) (er)wecken, wachrufen; *animales* (an-, herbei)locken; TEL anrufen; *médico, ayuda, taxi* rufen, (herbei)holen; *en el hotel*: wecken; *reunión* einberufen; *a un cargo, a la universidad*: berufen; *diplomático* abberufen; **~ en ayuda** zu Hilfe rufen; **¿quién le ha llamado a usted?** wer hat Sie gerufen? (*tb fig*); *fig* niemand hat Sie nach Ihrer Meinung gefragt; **~ a juicio** vor Gericht laden B V/I *en la puerta*: *golpear* anklopfen; (*sonar el timbre*) läuten, klingeln; **llaman** es klingelt; man (*o* es) klopft; **¿quién llama?** wer ist da? C V/R **llamarse** 1 (*tener como nombre*) heißen; **¿cómo te llamas?** wie heißt du?; **como que me llamo Pedro** so wahr ich Pedro heiße; **¡esto se llama hablar!** das ist ein Wort!; **lo que se llama pega** das nennt man Pech; *fam fig* **así será, o no me llamo Meyer**, *etc* ich will Meyer *etc* heißen, wenn es anders kommt! 2 MAR *viento* umschlagen

llamarada F 1 plötzliches Aufflackern *n*; Flackerfeuer *n*; Lohe *f*; MIL Mündungsfeuer *n*; *fam fig* **~ (de estopa)** Strohfeuer *n*, flüchtige Begeisterung *f* 2 *fig* (*rubor*) (Scham-, Zornes-)Röte *f*; **llamativo** A ADJ (*muy vistoso*) auffällig; *color* grell B M Reiz-, Lockmittel *n*

llameante ADJ flammend; **llamear** V/I flammen; lodern; flackern

llamingo M *Ec* ZOOL Lama *n*

llamón ADJ *Méx* feige

llampo M *Chile* MIN Erzbrocken *m*; erzhaltiger Staub *m*

llampuga F *pez*: Rosskopffisch *m*

llana F 1 ARQUIT Kelle *f* 2 *de papel*: Blattseite *f* 3 → llanada; **llanada** F Flachland *n*; **llanamente** ADV schlicht

llanca F *Chile* blaugrünes Kupfererz *n*

llanero M, **-a** F Bewohner *m*, -in *f* des Tieflandes; **llaneza** F Einfachheit *f*, Schlichtheit *f*; Aufrichtigkeit *f*; **llanito** M, **-a** F A Spanisch sprechende(r) Einwohner *m*, -in *f* Gibraltars B M Mischsprache *f* in Gibraltar

llano A ADJ 1 (*plano*) eben; flach; FON **palabra** *f* **-a** Paroxytonon *n* 2 *fig* (*sencillo*) schlicht, einfach; deutlich, klar; glatt, einfach, nicht schwierig; *adv* **a la -a** schlicht; ohne Umstände; **es caso ~** das ist ein klarer Fall, es ist eine ausgemachte Sache 3 TEX *punto al tejer*: glatt B M 1 Ebene *f*, Flachland *n* 2 TEX **~s** *mpl al tejer*: Stellen *fpl* von gleicher Maschenzahl

llanote ADJ umgänglich

llanque M *Perú* Gummisandale *f*

llanta F 1 TEC *pieza de hierro*: Flacheisen *n* 2 AUTO Felge *f*; Radkranz *m*; **~ de aleación ligera** Leichtmetallfelge *f*; *Arg, Ur fam* **andar en ~** einen Platten haben *fam* 3 *Am* (*neumático*) Autoreifen *m*; **~ radial** Gürtelreifen *m* 4 *Perú* (*marquesina*) Sonnendach *n über einem Verkaufsstand* 5 *fam* (*corbata*) Krawatte *f* 6 *fam del zapato*: Schuhsohle *f*; **llantén** M BOT Wegerich *m*; **llantera** F *fam* Geschluchze *n*, Gegreine *n*; **llantería** F *Am*, **llanterío** M *Am* Weinen *n*; Klagen *n*; **llantina** F *fam* → llorera

llanto M 1 (*sollozo*) Weinen *n*, Klage *f*; **~ (fúnebre)** Totenklage *f*; **~s** *mpl* Wehklagen *n* 2 *Cuba* MÚS *schwermütige Volksweise*

llanura F Ebene *f*, Flach-, Tiefland *n*

llapango ADJ *Ec* barfüßig

llar M *reg* Herd *m mit offenem Feuer*; **llares** FPL Kesselhaken *m(pl) über dem Herdfeuer*; **llareta** F *Chile* BOT *ein Strauch, Doldengewächs* (*Lareta acaulis*)

llave F 1 *para abrir cerraduras*: Schlüssel *m*; TEC Schraubenschlüssel *m*; AUTO **~ de contacto** *o* **del encendido** Zündschlüssel *m*; **~ falsa** Nachschlüssel *m*; **~ maestra** Hauptschlüssel *m*, Passepartout *m fam*; *p. ext* **~ de la mano** (Hand-)Spanne *f*; ARQUIT *edificación*: **~ en mano** *o* **a ~ mano** schlüsselfertig; REL **~s** *fpl* **de San Pedro** Schlüssel *mpl* Petri; **~ de la puerta** *o* **~ de la casa** Hausschlüssel *m*; JUR **poder** *m* **de ~** Schlüsselgewalt *f*; **bajo ~** unter Verschluss; *fig* **debajo de** *o* **bajo** *o* **tras siete ~s** unter sieben Siegeln; **guardar (de)bajo (de) ~** unter Verschluss halten, einschließen; **cerrar con ~** ab-, zuschließen; *tb fig* **echar la ~** abschließen (etw *acus* **a a/c**); *fig* letzte Hand anlegen; *jerga del hampa* Erfolg haben 2 TEC *herramienta*: Schrauben(Schlüssel) *m*; **~ corrediza** Autozange *f*; **~ inglesa** *o Méx* **~ perica** Rollgabelschlüssel *m*, Engländer *m fam*, Franzose *m fam*; **~ tubular** *o* **~ de vaso** Steckschlüssel *m*; **~ para tuercas** Schraubenschlüssel *m* 3 TEC (Wasser-, Gas-)Hahn *m*; *tb tapón* Stöpsel *m*; (*tecla*) Taste *f*; ELEC *tb* (*conmutador*) Schalter *m*; **~ de cierre** Absperrhahn *m*; QUÍM *tb* Hahnstopfen *m*; **~ del gas** Gashahn *m*; **~ de paso** Haupthahn *m*; **~ de tres pasos** Dreiwegehahn *m* 4 ARQUIT Schlussstein *m eines Gewölbes* 5 MÚS **~ de templar** *del piano, etc*: Stimmschlüssel *m*; *en instrumentos de viento de madera*: Klappe *f*; *en instrumentos de metal*: Ventil *n* 6 DEP Griff *m*; *lucha*: **~ de brazo** Armschlüssel *m* (*Ringergriff*) 7 TIPO (*paréntesis*) eckige (*o* geschweifte) Klammer *f*

llavero M 1 (*tablero de llaves*) Schlüsselbrett *n*; *aparador*: Schlüsselschrank *m*; *anillo*: Schlüsselring *m*; Schlüsselanhänger *m*; *estuche*: Schlüsseletui *n*, Schlüsseltäschchen *n* 2 *persona*: *en la cárcel, etc*: Schließer *m*; **llavín** M kleiner, flacher Schlüssel *m* (*z. B. für Sicherheitsschloss*)

llegada F 1 (*acción de llegar*) Ankunft *f*; Eintreffen *n*; **la ~ a Bilbao** die Ankunft in Bilbao; **a la ~** bei der Ankunft 2 DEP (*meta*) Ziel *n*, Ziellinie *f*

L

llegar

⟨1h⟩

A verbo intransitivo B verbo transitivo C verbo reflexivo

— A verbo intransitivo —

1 *(alcanzar un lugar o destino)* ankommen; eintreffen; anlangen; gelangen; *(aproximar)* (heran)nahen; *tren* einfahren; *barco, correo* einlaufen; *tropas* anrücken, einrücken; **estar al ~** jeden Moment kommen; **¡llegamos!** (wir sind) angekommen!; wir haben es geschafft *(tb fig)*; **~ a pie (en coche, en tren** *etc*) zu Fuß (mit dem Auto, mit dem Zug *etc*) kommen; *fig* **¿adónde quiere ~?** worauf wollen Sie (damit) hinaus?; **está llegando** seine Ankunft steht bevor; er ist im Anmarsch; *fig* er ist im Kommen; **~ con retraso** *tren, etc*: Verspätung haben; **estar al ~** jeden Moment kommen; **está por ~ de un día a otro** er wird in den nächsten Tagen eintreffen, er muss jeden Tag kommen *fam*; **~ lejos** es weit bringen 2 *tiempo, oportunidad* kommen; *suceso* eintreten, geschehen; **~á un día** es wird eine Zeit kommen; *fig* **le llegó la hora** seine Stunde hat geschlagen, seine Uhr ist abgelaufen; *fig* **cuando llega** *o* **llegue la ocasión** wenn sich die Gelegenheit bietet; **llegado el caso** wenn es dazu kommt, wenn es so weit ist; **ha llegado el tiempo** *o* **el momento** *o* **la hora** die Zeit ist gekommen, es ist an der Zeit; es ist Zeit *fam* 3 *(alcanzar)* **~ a** heranreichen an *(acus)*; *suma* sich belaufen auf *(acus)*; **~ a** *o* **hasta** reichen bis (zu *dat*, an *acus*); **~ a a/c** zu etw *(dat)* kommen; *fig* es zu etw bringen; **~ a 100 metros** 100 Meter erreichen; **~ a un acuerdo** zu einer Vereinbarung gelangen (*o* kommen), sich einigen; **~ al alma** zu Herzen gehen; (tief) erschüttern; **llegó a su conocimiento** er brachte (es) in Erfahrung; es kam ihm zu Ohren; er hörte davon; *tb fig* **~ a la cumbre** den Gipfel erreichen; **~ a ministro/presidente** es (bis) zum Minister/Präsidenten bringen; **las naranjas ~án a medio kilo** die Apfelsinen wiegen vielleicht ein halbes Kilo; *Summe* **~ a ... euros** sich auf ... Euro belaufen; *fig* **no ~á a tanto** es wird nicht so weit kommen; es wird nicht ganz so schlimm werden; **no es necesario ~ a tanto** so weit braucht man nicht zu gehen; so weit braucht es nicht zu kommen; **(no) ~ a viejo** (nicht) alt werden; *fig* **~ a lo (más) vivo** j-n sehr treffen *(fig)*; den wunde(ste)n Punkt berühren; **~ a** *(inf)* dahin gelangen, zu *(inf)*; (es) erreichen (*o* schaffen), zu *(inf)*; endlich (*o* schließlich) *(inf)*; **~ a comprender** dahinterkommen; **~ a decir que ...** endlich (*o* sogar) sagen, dass ...; **~ a gastar 3.000 euros** nicht weniger als 3000 Euro ausgeben; **~ a saber** in Erfahrung bringen; (durch Zufall) erfahren; **~ a ser** (allmählich *o* endlich *o* schließlich) werden; **los víveres ~án hasta mañana** die Lebensmittel reichen bis morgen; **¡hasta ahí podíamos ~!** das wäre ja noch schöner!, so weit kommt's noch!

— B verbo transitivo —

reg (arrimar) heranbringen, -holen, -schaffen; heranrücken

— C verbo reflexivo —

llegarse *(ir al encuentro)* aufeinander zukommen; *(acercarse)* sich nähern; gelangen bis (a zu *dat*); **~ a alg** sich j-m anschließen; zu j-m stoßen; *tb* sich an j-n heranmachen; **~ a los alrededores del pueblo** einen Ausflug in die (nähere) Umgebung des Dorfes machen

Lleida N PR F *spanische Stadt, Provinz*

lleísmo M FON *Aussprache von ll als palatales l anstatt als y*; **lleísta** M/F *j-d, der ll als palatales l anstatt als y spricht*

llena F Anschwellen *n*, Über-die-Ufer-Treten *n eines Gewässers*; **llenado** A ADJ gefüllt; abgefüllt B M Füllen *n*, Füllung *f*; Abfüllen *n*; **llenador** ADJ 1 *(que produce saciedad)* (stark) sättigend 2 *Col fam (molesto)* aufdringlich, lästig; **llenadora** F (Ab)Füllmaschine *f*, -anlage *f*; **llenamente** ADV reichlich; vollauf

llenar A V/T 1 *(colmar)* füllen **(con, de,** *fig* **de** mit *dat*); (voll)stopfen; *pipa* stopfen; *vacío, tiempo, formulario* ausfüllen; **a medio ~** halb voll 2 *fig tarea* erfüllen; *defecto* abhelfen *(dat)*; *esperanza, deseo, anhelo* befriedigen 3 überhäufen **(de** mit *dat*) 4 *animales* decken; *fam (embarazar)* schwängern B V/R **llenarse** 1 sich füllen; *p. ext (cargarse)* sich vollstopfen *fam* **(de** mit *dat*) 2 *fig (perder la paciencia)* die Geduld verlieren, es satthaben *fam*; *fam* **~ el buche** *o* **el vientre** sich *(dat)* den Bauch vollschlagen 3 *Am (ensuciarse)* sich schmutzig machen; **llenazo** M TEAT *fam* volles Haus *n*; *fam* FILM, *discurso*: voller Saal *m*; *fam estadio, circo*: volle Ränge *mpl*

llene M → llenado

lleno A ADJ voll **(de** mit *dat*); gefüllt; *tren, sala, etc* (voll) besetzt; **cara** *f* **-a** volles (*o* fülliges) Gesicht *n*; *fam* **estar ~** satt sein; **~ a rebosar** zum Bersten (*o* zum Platzen) voll; **~ de ...** voll(er) ...; **~ de agradecimiento** dankerfüllt; **~ de envidia** neidvoll; **~ de errores** voller Irrtümer; **~ de sí** von sich *(dat)* selbst überzeugt; eingebildet; **de ~** völlig; *fig* zutiefst; **dar de ~** voll treffen; *viento*: ins Gesicht wehen; *sol, luz*: ins Gesicht scheinen; **meterse de ~ en a/c** ganz in etw aufgehen B M 1 *(abundancia)* große Fülle *f*; Überfülle *f* 2 TEAT volles Haus *n*; **hubo un ~ total** das Theater *etc* war restlos ausverkauft 3 *(luna llena)* Vollmond *m* 4 MÚS Tutti *n* 5 MAR **~s** *mpl* Rundung *f* des Schiffsbodens

llenura F Fülle *f*

lleva(da) F (Davon-)Tragen *n*; **llevadero** ADJ tragbar, erträglich; **llevador** ADJ tragend

llevar

A verbo transitivo B verbo reflexivo

— A verbo transitivo —

1 *(transportar)* tragen; *(guardar)* (bei sich *dat*) tragen, haben; *vestimenta* tragen, anhaben; *(sacar)* davontragen, fortschaffen; *a cierto lugar*: (hin)führen; (hin)bringen; **~ adelante** vorwärts führen; weiterführen; vorantreiben *(tb fig)*; **~ (consigo)** bei sich *(dat)* haben; mit sich *(dat)* führen; mit sich *(dat)* bringen; **~ corbata/gafas** einen Schlips/eine Brille tragen; **~ a cuestas** *o* **sobre las espaldas** auf der Schulter (*o* auf dem Rücken) tragen; **~ y traer** hin und her tragen; *fig* klatschen, ein Zuträger sein; **~ a la puerta** zur Tür bringen; hinausgeleiten; **~ de la mano** an der Hand führen; **~ tras sí** mit sich *(dat)* schleppen; nach sich *(dat)* ziehen *(tb fig)*; *fig* **~ por las narices** an der Nase herumführen; *fig* **te lleva la cabeza** er ist (um) einen Kopf größer als du 2 *gastos* tragen, bestreiten, übernehmen; *dinero* bei sich *(dat)* haben, dabeihaben 3 *fig (aguantar)* (er)tragen, dulden; *fig* **hay que ~lo (con paciencia** *o* **con resignación)** man muss es (geduldig) tragen 4 AGR **~ frutos** (Frucht) tragen 5 *con part*: haben; **~ una cosa bien estudiada** *o* **bien sabida** etw gut gelernt haben 6 *con indicación del tiempo*: sein; **ya llevo cinco años en España** ich bin schon fünf Jahre (*o* seit fünf Jahren) in Spanien; **~ tres semanas enfermo** seit drei Wochen krank sein; *fig* **te lleva un año** er ist ein Jahr älter als du 7 *fig vida, negocio, libros, contabilidad, correspondencia, etc* führen; *coche* fahren; *bienes etc* verwalten; **~ la casa** den Haushalt führen; JUR, ADMIN **~ un caso** einen Fall bearbeiten; ECON **~ la cuenta/la contabilidad** (die) Rechnung/die Bücher führen; *fig* **~ las de perder** den Kürzeren ziehen; nichts zu erhoffen haben; **el tren lleva retraso** der Zug hat Verspätung 8 *(hacer, acabar)* **~ a cabo** durchführen; ausführen, verwirklichen; **~ a efecto** zur Ausführung bringen; **~ a la práctica** in die Tat umsetzen; verwirklichen 9 *carta, pieza de dominó, etc* ziehen; *fig (aventajar)* **~ (a/c) a alg** j-m (etw) voraushaben; j-m voraus sein (in etw *acus*) 10 *(tirar)* **la bala le llevó un dedo** die Kugel riss ihm einen Finger ab; **~ detenido** abführen; *fig* **dejarse ~** sich hinreißen lassen **(de, por** von *dat*); *fig tb* sich gehen lassen; **~ por delante** mitreißen; *fam* **¿qué me lleva por ello?** wie viel verlangen Sie dafür? 11 *(ir)* **este camino lleva a la ciudad** dieser Weg führt in die Stadt; *fig* **~lo demasiado lejos** es zu weit treiben

— B verbo reflexivo —

llevarse 1 (mit)nehmen; *premio* gewinnen; *al comprar*: nehmen; *con violencia*: mitreißen, wegreißen; **¡que se lo lleve el demonio!** der Teufel soll's (*o* soll ihn) holen!; **~ una desilusión** eine Enttäuschung erleben; *prov* **lo que el viento se llevó** (das ist) alles in den Wind geredet, verlorene Liebesmüh(e); vom Winde verweht; **~ una medalla** eine Medaille gewinnen; *fig* **~ todo por delante** alles mitreißen; Leben in die Bude bringen *fam* 2 *(estar de moda)* (in) Mode sein, in sein *fam* 3 **~ bien con alg** mit j-m gut auskommen; sich mit j-m gut vertragen 4 *impers* **~ a cabo** *o* **a efecto** zustande kommen

llorador A ADJ weinend B M, **lloradora** F Weinende *m/f*

llorar A V/I weinen; klagen; *fam* **~ a lágrima viva** *o* **como una Magdalena** *o* **a moco tendido** Rotz und Wasser heulen *fam*, wie ein Schlosshund heulen *fam*; *fig* **~ con un ojo** Krokodilstränen weinen; **hacer ~** zum Weinen bringen, zu Tränen rühren; *prov* **quien no llora no mama** wer sich nicht meldet, geht leer aus B V/T beklagen, beweinen, trauern um *(acus)*

llorera F *fam* (hysterisches) Weinen *n*, Weinkrampf *m*; Geheule *n fam*, Geflenne *n fam*; **le entró una ~** sie heulte wie ein Schlosshund *fam*; **lloretas** ADJ *inv Col* → lloricón; **llorica** M/F *desp* Heulseuse *f*; **lloricón** ADJ *fam* weinerlich, Heul...; **lloriquear** V/I wimmern; winseln; flennen, greinen *fam*; **lloriqueo** M Weinen *n*; Geheule *n*, Geflenne *n fam*

lloro M Klage *f*; Weinen *n*; Tränen *fpl*; Geheule *n fam*; **llorón** A ADJ weinerlich; BOT **sauce** *m* **~** Trauerweide *f* B M 1 *persona*: weinerlicher Mensch *m*, Heulsuse *f fam* 2 BOT Trauerweide *f* 3 *penacho*: *herabhängender* Helmbusch *m*; **llorona** F 1 *mujer*: weinerliche Frau *f*, Heulsuse *f fam*; → *tb* plañidera 2 *Am* BOT *verschiedene trauerweidenähnliche Bäume und Sträucher* 3 *Chile (espuela)* (Reit-)Sporn *m*; **lloroso** ADJ *persona* weinend; weinerlich; *ojos* verweint

llovedero M *Arg* Dauerregen *m*; **llovedizo** ADJ Regen...; **agua** *f* **-a** Regenwasser *n*

llover ⟨2h⟩ A V/IMP regnen; **llueve a cántaros** *o* **a cubos** *o* **a chorros** *o* **a mares** *o* **a torrentes** es regnet in Strömen, es gießt (wie aus Kübeln *fam*); *fig* **escuchar** *o* **oír como quien oye ~** kein Gehör schenken, gar nicht hinhören; völlig uninteressiert sein; *fig* **~ sobre mojado** Schlag auf Schlag kommen; *fig* **nunca llueve a gusto de todos** man kann es nicht allen recht machen; *fig* **ha llovido mucho desde entonces** seitdem ist viel Wasser den Rhein hinunterge-

flossen **B** VI fig **llovían sobre su mujer las atenciones** seiner Frau wurde eine Aufmerksamkeit nach der andern erwiesen; fig **llovieron críticas** es hagelte Kritik **C** VR **el techo se llueve** es regnet durch (die Decke)
llovido **A** PP → llover **B** ADJ fig **~ del cielo** wie gerufen; **llovizna** F Sprühregen m; Nieselregen m; **lloviznar** V/IMP nieseln
llueco ADJ fam scharf, geil fam
llueve → llover
llullo M Chile Unkraut n
lluvia F **1** precipitación: Regen m; **~s** fpl Regenfälle mpl; ECOL **~ ácida** saurer Regen m; **~ monzónica** Monsunregen m; **de escasas ~s** regenarm; **ráfaga** f **de ~** Regenwand f **2** fig (abundancia) Unmenge f; Hagel m (fig); **~ de balas** Kugelhagel m; fig **~ de estrellas** ASTRON Sternschnuppen fpl; TEAT, TV Starparade f; **~ de ideas** Brainstorming n; **~ de oro** Goldregen m, großer Reichtum m; BOT Goldregen m; **~ de pedradas** Steinhagel m; **~ de proyectiles** Geschosshagel m **3** Arg, Chile (ducha) Dusche f
lluviar VI ⟨1b⟩ Perú regnen; **lluvioso** ADJ regnerisch; Regen...
lo **A** ART das; **~ bueno** das Gute; **~ dicho** das Gesagte; **~ uno** das eine; fam **~ del examen** die Sache mit dem Examen; fam **~ que es él, quiere ...** er (seinerseits) will ... **B** PR PERS SG es; ihn; **¿es usted alemán? – sí, ~ soy** sind Sie Deutscher? – ja, ich bin es; **~ he visto** ich habe ihn gesehen; **se ~ llevó** er hat es mitgenommen **C** PR REL **~ que** (das) was; **~ que es eso** was dies angeht
loa F liter **1** (alabanza) Lob n **2** TEAT HIST (drama breve) kurzes Festspiel n; **loable** ADJ löblich; rühmlich
loar VT loben, rühmen
loba F **1** ZOOL Wölfin f **2** pop (prostituta) Nutte f pop **3** AGR al arar: Furchenrain m; **lobado** **A** ADJ BOT, ANAT → lobulado **B** M VET Eitergeschwulst f; **lobanillo** M MED Talggeschwulst f, Grützbeutel m; **lobato** M **1** (lobo joven) junger Wolf m **2** Arg, Par (nutria) Fischotter m
lobby M POL Lobby f; **lobbysmo** M espec Am Lobbyismus m
lobear VI fig wie ein Wolf auf Beute lauern; **lobelia** F BOT Lobelie f; **lobera** F Wolfsversteck n; -schlucht f; **lobero** **A** ADJ wölfisch; Wolfs... **B** M Wolfsjäger m; **lobezno** M junger Wolf m
lobo M **1** ZOOL Wolf m; p. ext (perro lobo) Wolfshund m; Am Centr, Méx → coyote; fam fig **¡menos ~s!** übertreiben Sie nicht!; **~ canguro** o **marsupial** Beutelwolf m; **~ cerval** Luchs m; **el ~ feroz** der böse Wolf; **~ marino** Seehund m; fig **~ de mar** alter Seebär m; Chile tb ZOOL Seehund m; Seelöwe m; Am Mer **~ de río** Riesenotter m; Méx **~ rojo de Méjico** Mexikanischer Mähnenwolf m; fig **~ solitario** Einzelgänger m; **~s** pl **de la misma camada** Wölfe mpl eines Wurfs; fig Leute pl (frec desp Gesindel n) vom gleichen Schlag; fig **meterse en la boca del ~** sich in die Höhle des Löwen begeben; **un ~ con piel de cordero** o **de oveja** ein Wolf im Schafspelz **2** pez: Meergrundel f **3** TEX Reißwolf m **4** jerga del hampa (ladrón) Dieb m **5** fam (embriaguez) Rausch m; **desollar** o **dormir el ~** seinen Rausch ausschlafen
Lobo M ASTRON Wolf m
lóbrego ADJ **1** (tenebroso) düster, finster **2** fig (triste) traurig, elend
lobreguez F Dunkelheit f, Finsternis f
lobulado ADJ, **lobular** ADJ espec BOT, ANAT lappig; gelappt; MED lobulär
lóbulo M t/t Lappen m; ARQUIT **~ de un arco** vorspringender Bogenteil m; BOT **de tres ~s** hoja dreilappig; ANAT **~ (de la oreja)** Ohrläppchen n; radar: **~ principal de (la) radiación** Strahlungskeule f; ANAT **~ pulmonar/temporal** Lungen-/Schläfenlappen m
lobuno ADJ **1** wölfisch; Wolfs... **2** Arg caballo wolfsfarben
loca F **1** (chiflada) Verrückte f, Wahnsinnige f; Närrin f; Irre f **2** Arg fam fig (mal humor) schlechte Laune f; Wutanfall m **3** Arg (mujerzuela) Flittchen n fam, Schlampe f fam **4** Am reg (homosexual) warmer Bruder m fam; Tunte f fam
locación F JUR Verpachtung f; Vermietung f; **locador** M, **locadora** F Am reg Vermieter m, -in f; Verpächter m, -in f
local **A** ADJ örtlich; Orts...; Lokal...; **radio** m **(televisión** f**) ~** Lokalradio n (-fernsehen n) **B** M Lokal n; Raum m; **~ electoral** Wahllokal n; **~ nocturno** Nachtlokal n; **localidad** F **1** Örtlichkeit f; Lokalität f **2** (población) Ort m; Ortschaft f **3** TEAT (entrada) Eintrittskarte f; **~ de pie** Stehplatz m; **localismo** M **1** patriotismo: Lokalpatriotismus m; desp Kirchturmpolitik f **2** LING regionaler Ausdruck m, Mundartausdruck m; **localista** **A** ADJ lokalpatriotisch; heimattreu **B** M/F Lokalpatriot m, -in f; **localizable** ADJ lokalisierbar; auffindbar; **localización** F Lokalisierung f; Ortsbestimmung f; (hallazgo) Auffinden n; MIL, AVIA, ELEC Ortung f; (comprobación) Feststellung f; **localizador** M AVIA Landekurssender m
localizar VT ⟨1f⟩ **1** (determinar un lugar) lokalisieren; örtlich bestimmen; ausfindig machen; MIL, AVIA, ELEC orten; (comprobar) feststellen; fam **no logró ~te** er erkannte dich nicht, er wusste nicht, wo er dich hintun sollte fam; MED **~ un tumor** den Sitz einer Geschwulst feststellen **2** (limitar en el terreno) örtlich begrenzen; fuego eindämmen
locamente ADV **1** (con locura) verrückt, toll **2** fig (sin moderación) über alle Maßen, wie verrückt (fam fig)
locatario M, **-a** F Mieter m, -in f; Pächter m, -in f
locatis ADJ fam bescheuert, bekloppt fam
locativo M GRAM Lokativ m
LOCE F ABR (Ley Orgánica de Calidad de la Enseñanza) Esp Schulreformgesetz n
locería F Am reg Töpferei f; **locero** M, **-a** F Am reg Töpfer m, -in f
locha F **1** pez: (lobo) Grundel m; (brótola) Gabeldorsch m **2** Col fam (pereza) Faulheit f
locho[1] M Ven → soche
locho[2] ADJ Col → bermejo
loción F Lotion f; **~ bronceadora** Sonnenmilch f; **~ capilar/facial** Haar-/Gesichtswasser n; **~ corporal** Körperlotion f; **~ hidratante** Feuchtigkeitslotion f; **~ para después del afeitado** Aftershave n, Aftershave-Lotion f
lócker M Am Schließfach n
loco[1] **A** ADJ **1** gener verrückt; persona tb wahnsinnig; cosa tb närrisch, hirnverbrannt fam; fam (estupendo) toll; **suerte** f **-a** unwahrscheinliches (o tolles fam) Glück n; **~ de atar** o **de remate** völlig (o total fam) verrückt; **estar ~ de alegría** vor Freude außer sich (dat) sein, sich wahnsinnig freuen; fam **ser** o **estar medio ~** einen kleinen Sparren haben fam; **andar ~ por una chica** in ein Mädchen vernarrt sein fam; **estar ~ con** o **de** o **por** begeistert sein von (dat) (o über acus o für acus); **estar ~ por alg** verrückt nach j-m sein; **hacer el ~** verrücktspielen; fam fig **hacerse el ~** etw absichtlich übersehen; **volver a alg ~** j-n verrückt machen (tb fig), fig j-n zur Verzweiflung bringen; fam **¡me vuelvo ~!** ich werd' verrückt! fam; fam fig **es para volverse ~** es ist zum Verrücktwerden; fam adv **a lo ~** wie verrückt; überstürzt, Hals über Kopf **2** BOT (exuberante) wuchernd; fig zu üppig, zu geil **3** TEC lose; TEC **polea** f **-a** Losscheibe f, Leerlaufscheibe f **B** M Verrückte m, Wahnsinnige m; Narr m; Irre m; fig **casa** f **de ~s** Tollhaus n; **cada ~ con su tema** jedem Narren gefällt seine Kappe, jedem Tierchen sein Pläsierchen fam
loco[2] M Chile ZOOL Seeohr n
locomoción F Fortbewegung f; **medio** m **de ~** Beförderungsmittel n; **locomotor** ADJ fortbewegend; Fortbewegungs...; ANAT **aparato** m **~** Bewegungsapparat m; **locomotora** F Lokomotive f (tb fig); **~ de vapor/Diesel/eléctrica** Dampf-/Diesel-/Elektrolok(omotive) f; **~ de maniobras** Rangierlokomotive f; **locomotriz** ADJ espec t/t FÍS **fuerza** f **~** fortbewegende Kraft f; **locomovible** ADJ fortbewegungsfähig; **locomóvil** **A** ADJ fortbewegungsfähig **B** F Lokomobile f, fahrbare Dampfmaschine f
locona F Arg fam Nutte f fam
locotractora F FERR Rangierlok f
locro M Am Mer GASTR *Art Eintopf aus Maismehl, Fleisch, Kürbis, und Pfefferschoten*
locuacidad F Geschwätzigkeit f; Redseligkeit f; **locuaz** ADJ ⟨pl –aces⟩ geschwätzig; redselig; **locución** F **1** (expresión) Redensart f, Redewendung f; GRAM **~ adverbial** adverbialer Ausdruck m **2** (modo de hablar) Redeweise f **3** Perú RADIO, TV (presentación) Ansagen n, Sprechen n; **locuelo** ADJ fam leicht närrisch; → loco[1]; **locumba** Perú **A** ADJ jerga del hampa → loco[1] **B** M *ein Traubenschnaps aus Locumba*
locura F **1** (exaltación del ánimo) Wahn m; **~ amorosa** Liebeswahn m **2** (privación del juicio) Verrücktheit f, Wahnsinn m (tb fam fig); Irrsinn m; verrückter Einfall m; fam **de ~** traumhaft, sagenhaft; fam **hacer ~s** verrücktes Zeug treiben; (herum)albern; schäkern
locutor M, **locutora** F RADIO, TV Ansager m, -in f, Sprecher m, -in f
locutorio M **1** en monasterios y cárceles: Sprechzimmer n **2** TEL departamento: Sprechzelle f; **~ (público)** Sprechstelle f
lodazal M schlammige Stelle f; Morast m
LODE F ABR (Ley Orgánica del Derecho a la Educación) Esp Gesetz n über das Recht auf Erziehung
loden M TEX Loden m
lodo M (barro) Schlamm m; Morast m; (suciedad) Schmutz m, Dreck m (tb fig); **~ (medicinal)** Heilschlamm m, Fango m; **~s residuales** o **de depuración** Klärschlamm m; fig **arrastrar por el ~** durch den Schmutz ziehen; fig **cubrir de ~** mit Dreck bewerfen
lodoñero M Am BOT Persimone f
lodoso ADJ schlammig
loess M GEOL Löss, Löß m
LOFCA F ABR (Ley Orgánica de Financiación de las Comunidades Autónomas) Esp Gesetz n über die Finanzierung der autonomen Regionen
lofobranquios MPL ZOOL Büschelkiemer mpl
loganiáceas FPL BOT Logangewächse npl
logaritmación F Logarithmierung f; **logarítmico** ADJ logarithmisch; **papel** m **~** Logarithmenpapier n; **logaritmo** M Logarithmus m; **tabla** f **de ~s** Logarithmentafel f; **tomar el ~** logarithmieren
loggia ARQUIT F Loggia f
logia F Loge f, Freimaurerloge f
lógica F **1** razonamiento: Logik f; fig Denkweise f; Gedankengang m; **sin ~ alguna** ohne jede Logik; **carecer de ~** der Logik entbehren **2** mujer: Logikerin f
logicismo M FIL, MAT Logizismus m
lógico **A** ADJ logisch (tb fig); fig natürlich, selbstverständlich **B** M Logiker m

logismo M FIL Logismus *m*; **logística** F FIL, MIL 1 Logistik *f* 2 *mujer*: Logistikerin *f*; **logístico** A ADJ logistisch B M Logistiker *m*
logo M Logo *n*
logogrifo M Logogriph *m*, Buchstabenrätsel *n*; *fig* unverständliche Rede *f*; **logomaquia** F Wortstreit *m*; Wortklauberei *f*, Haarspalterei *f*; **logopatía** F MED Sprachstörung *f*; **logopeda** M/F MED Logopäde *m*, -pädin *f*; **logopedia** F MED Spracherziehung *f*, Logopädie *f*; **logopedista** M/F → logopeda
logos M FIL, REL Logos *m*; **logotipo** M ECON Logo *n*; TIPO *tb* Logotype *f*
lograr A V/T erreichen, erlangen, es schaffen; **logré** *(inf)* es gelang mir, zu *(inf)*; **~ que** *(subj)* bewirken, dass, (es) durchsetzen, dass B V/R **lograrse** gelingen, geraten
logrería F Wucher *m*; Wuchergeschäft *n*; **logrero** M, **-a** F A 1 *(usurero, -a)* Wucherer *m*, Wucherin *f*; Schieber *m*, -in *f fam*; Spekulant *m*, -in *f* 2 *Am (parásito)* Schmarotzer *m*, -in *f*; *(oportunista)* Opportunist *m*, -in *f* B ADJ opportunistisch
logro M 1 *(ganancia)* Gewinn *m*; Nutzen *m*, Vorteil *m* 2 *(éxito)* Gelingen *n*, Erfolg *m* 3 *(interés usurero)* Wucher(zins) *m*; **prestar a ~** *liter* auf Zins leihen; *desp* zu Wucherzinsen leihen
logroñés A ADJ aus Logroño, auf (die Stadt) Logroño bezogen B M, **-esa** F Einwohner *m*, -in *f* von Logroño
Logroño N PR M *spanische Stadt*
LOGSE F ABR (Ley de Ordenación General del Sistema Educativo) *Esp* Schulreformgesetz *n*
loica F *Chile* 1 ORN *Art* Star *m (Sturnella militaris)* 2 *fam fig (mentira)* Lüge *f*, Schwindel *m*
Loira M Loire *f*
loísmo M LING *Verwendung von „lo(s)" anstelle von „le(s)" für das männliche Dativobjekt*; **loísta** M/F *Person, die „lo(s)" für das Dativobjekt verwendet*
loja F *Cuba Art Erfrischungsgetränk (mit Honig oder Zucker und Gewürzen)*
lola F *Esp fam* (Frauen-)Busen *m*; (Frauen-)Brust *f*; **~s** *fpl fam* Titten *fpl fam*
loliáceas FPL BOT Lolchartige(n) *fpl*
lolita F *fam* Lolita *f*
loló A ADJ *jerga del hampa* → rojo B M *Arg fam* **hacer ~** das Kind in den Schlaf singen
loma F 1 *(altura)* Hügel *m*; Hügelkette *f*; Bergrücken *m* 2 *pop (garra)* Pfote *f fam*, Flosse *f fam*; **lomada** F *RPl* Bodenerhebung *f*; Bergrücken *m*; **lomaje** M *Chile* Hügellandschaft *f*
lombarda F 1 HIST, MIL Lombarde *f* 2 *persona*: Lombardin *f* 3 BOT **(col** *f***) ~** Rotkohl *m*; **~ a la segoviana** GASTR *Rotkohl mit Schinken und Knoblauch*
Lombardía F Lombardei *f*
lombardo A ADJ lombardisch B M 1 *persona*: Lombarde *m* 2 TAUR dunkelbrauner Stier *m* mit hellbraunem Rumpfoberteil
lombricera F → lombriguera; **lombricida** M FARM Wurmmittel *n*; **lombriguera** F 1 BOT Rainfarn *m* 2 *(sitio de lombrices)* Wurmloch *n*
lombriz F ⟨*pl* -ices⟩ ZOOL Wurm *m*; **~ (de tierra)** Regenwurm *m*; **~ (intestinal)** Spulwurm *m*; **~ blanca** Madenwurm *m*
lomear V/I *equitación*: den Rücken bewegen; **lomera** F 1 *equitación: correa*: Kreuzgurt *m* 2 TIPO Buchrücken *m* 3 ARQUIT Dachfirst *m*; **lomerío** M *Méx* Hügelkette *f*
lomienhiesto ADJ *mulo, etc* mit hohem Rücken; **lomillería** F *Am Mer tienda, taller*: Laden *m* für Riemenzeug; **lomillo** M 1 *aparejos de montar*: Sattelrücken *m*; **~s** *mpl* Packsattelgestell *n* 2 TEX *labor*: Kreuzstich *m* 3 GASTR → solomillo
lomo M 1 ZOOL, GASTR *carne*: Lende *f*; GASTR **~ de cerdo (adobado)** (marinierte) Schweinelende *f*; GASTR **~ de ciervo** Hirschrücken *m*; **~ de corzo** Rehrücken *m*; *Am* GASTR **~ chico** *o* **fino** Filet(steak) *n*; *Am* GASTR **~ grande** Lende *f* 2 ZOOL, *fig (espalda)* Rücken *m*; **a ~ de mula** auf Maultierrücken; *fam fig* **agachar** *o* **doblar el ~** sich abrackern; *fig* klein beigeben, sich demütigen; *espec Am fam fig* **pasar la mano por el ~** *o* **sobar el ~** *j-m* um den Bart gehen; schmeicheln; **enarcar el ~** *gato* einen Buckel machen; **sobarse** *o* **romperse los ~s** hart arbeiten; malochen *fam* 3 *fig* Rücken *m*; *del libro*: Buchrücken *m*; *del cuchillo*: Messerrücken *m*; AGR Furchenrücken *m*; *fam fig* **jugar de ~** sich besten Wohlseins erfreuen
lomudo ADJ mit mächtigem Rücken
lona F Segeltuch *n*; (Zelt-)Plane *f*; Leinwand *f*; *Méx, RPl tela fuerte de cáñamo*: Sackleinen *n*; **~ de bomberos** Sprungtuch *n*; *boxeo*: **besar la ~** *o* **ir a la ~** auf die Matte gehen; *Ven fam fig* **estar en la ~** außer Gefecht (*o* erledigt) sein
loncha F 1 *(tira)* Streifen *m*; *de embutidos, jamón*: Scheibe *f* 2 *piedra*: glatter Stein *m*; **lonchado** ADJ in Scheiben geschnitten; **lonche** M *Am* Imbiss *m*, Vesper *n/f*; **lonchera** F 1 *Am para el picnic*: Picknickdose *f* 2 *Perú para el desayuno*: Frühstückstasche *f der Schulkinder*; **lonchería** F *Am* Imbissstube *f*; **loncho** M *Col* → pedazo
lonco M *Chile* 1 *(cabeza)* Kopf *m*; *fig* Häuptling *m* 2 ZOOL *(bonete de los rumiantes)* Labmagen *m der Wiederkäuer*; **loncotear** V/T *Arg, Chile* an den Haaren zerren
londinense A ADJ aus London B M/F Londoner *m*, -in *f*
Londres M London *n*
loneta F 1 MAR leichtes Segeltuch *n* 2 *Chile (lona delgada)* dünnes Leintuch *n*
longa F MÚS *nota*: Longa *f*; **longánime** ADJ → longánimo; **longanimidad** F Langmut *f*; **longánimo** ADJ langmütig; hochherzig, großmütig
longaniza F 1 *Art embutido*: dünne Hartwurst *f*; *prov* **allí tampoco atan los perros con ~(s)** die führen auch kein Schlaraffenleben; es wird überall mit Wasser gekocht 2 *pop (pene)* Schwanz *m pop*; **longares** M ⟨*pl inv*⟩ *jerga del hampa* Feigling *m*
longevidad F Langlebigkeit *f*; **longevo** ADJ langlebig
longitud F Länge *f* (*tb* GEOG); FÍS **~ de onda** Wellenlänge *f*; **tener dos metros de ~** zwei Meter lang sein; **longitudinal** ADJ Längen…; Längs…; FÍS *tb* Longitudinal…; **en sentido ~** in Längsrichtung
longo² M *Ec* junger Indianer *m*
longobardo A ADJ langobardisch B M, **-a** F Langobarde *m*, Langobardin *f*; **longorón** M *Cuba* ZOOL Bohrmuschel *f*; **longueirón** M *Esp* ZOOL Messerscheide *f*; **longuera** F schmaler Streifen *m* Land; **longuería** F → dilación; **longuetas** FPL MED Verbandstreifen *mpl*; **longui(s)** M/F *fam* Feigling *m*; **hacerse el ~** sich dumm stellen, sich *(dat)* nichts anmerken lassen; sich drücken; sich aus der Affäre ziehen
lonja F 1 *(loncha)* Streifen *m*; *de embutido, jamón, etc*: Scheibe *f*, Schnitte *f* 2 COM (Waren-)Börse *f*; **~ de pescado** Fischmarkt *m* 3 *Arg von Haar- und Fleischteilen gesäubertes Fell*
lonjear V/T *Arg* 1 *piel* in Streifen schneiden 2 *fam* → azotar
lontananza F Fernsicht *f*; Ferne *f*; **en ~** fern, in der Ferne; **lontano** ADJ *liter* entfernt, fern; entlegen
look [luk] *m* Look *m*; Aussehen *n (einer Person)*
looping ['lupin] M AVIA Looping *m*
loor M REL, *liter* Lob *n*; REL **~es** *mpl* Loblieder *npl*, Laudes *fpl*
López M *fig* **ésos son otros ~** das ist etwas ganz anderes
lopista M/F LIT Kenner *m*, -in *f* Lope de Vegas; Lopeforscher *m*, -in *f*
loquear V/I 1 *(hacer locuras)* sich wie ein Narr aufführen; verrücktspielen 2 *fig (bromear)* schäkern; Quatsch machen *fam*; herumtollen; **loqueo** M Unsinn *m*, Lärm *m*, Herumtollen *n*; **loquera** F 1 *fam* Nervenärztin *f* 2 *Am reg* Krankenpflegerin *f in psychiatrischer Klinik* 3 *Am* → locura; **loquería** F *Am reg* psychiatrische Klinik *f*; **loquero** M 1 *fam* Nervenarzt *m* 2 *Am reg* Krankenpfleger *m in psychiatrischer Klinik*; **loquesco** ADJ *fam* → alocado
loquios MPL MED Lochien *pl*, Wochenfluss *m*
loquita F *fam* warmer Bruder *m fam*
lora F 1 ORN Papageienweibchen *n*; *Am* Papagei *m* 2 *Ven herida*: schwärende Wunde *f*
lorantáceas FPL BOT Mistelgewächse *npl*
lorcha F 1 MAR *velero*: chinesischer Schnellsegler *m* 2 *Perú fam (india) frec desp* Indianerin *f (aus dem Andengebiet)*; Bäuerin *f*; **lorcho** M *Perú fam frec desp* Indio *m (aus dem Andengebiet)*; Bauer *m*
lord M ⟨*pl* lores⟩ Lord *m*
lordosis F MED Lordose *f*
lorear V/I *fam* quasseln
Lorena F Lothringen *n*
lorenés A ADJ lothringisch B M, **-esa** F Lothringer *m*, -in *f*
loriga F HIST Schuppenpanzer *m*; Panzerhemd *n*; *para animales de silla*: Panzer *m*
loro M 1 ORN Papagei *m*; *Esp fam* **estar al ~** im Bilde (*o* auf dem Laufenden) sein; wissen, was läuft 2 *fam fig (mujer fea)* hässliche Frau *f*, Besen *m fam*
lorza F 1 TEX Querfalte *f* 2 *fam* Fettwulst *m*
los MPL A ART die; **se lo dije a ~ hombres** ich habe es den Männern gesagt B PRON *acus* sie; **~ puedo ver allá** ich kann sie dort sehen
losa F 1 *(piedra llana y fina)* Steinplatte *f*; Fliese *f*; **~ funeraria** Grabstein *m*, -platte *f* 2 *p. ext trampa*: *(aus Steinplatten gebaute)* Falle *f*; **losange** M *espec heráldica*: Raute *f*, Rhombus *m*; **losar** V/T → enlosar; **loseta** F kleine Fliese *f*; Kachel *f*; *fam fig* **cogerle a alg en la ~** j-m eine Falle stellen, j-n hereinlegen
lota F *pez*: Dreibärtige Seequappe *f*
lote M 1 *(parte)* Anteil *m*, Los *n*; Quantum *n*; **~ de Navidad** *weihnachtlicher Präsentkorb*; *Am terreno para construir*: Baugrundstück *n*; **~ de terreno** Parzelle *f* 2 COM Posten *m*, Partie *f* 3 *lotería*: Gewinn *m* 4 *Arg fam (imbécil)* Trottel *m fam* 5 *vulg* **darse el ~** *(besuquear)* knutschen
lotear V/T in Lose aufteilen; *terreno* parzellieren; **loteo** M *espec Am* Parzellierung *f*
lotería F Lotterie *f*; *Esp* **~ del Niño** *p. ext* Weihnachtslotterie *f*; *Esp* **~ primitiva** (Zahlen-)Lotto *n*; **Administración** *f* **de Loterías** Staatliche Lotterieverwaltung *f*; **lista** *f* **de la ~** Gewinnliste *f*; **caerle** *o* **tocarle a alg la ~** in der Lotterie gewinnen; *fig* Glück (*o* Schwein *fam*) haben; **le ha caído la ~** *fig tb* jetzt hat es ihn erwischt, jetzt ist er dran; **jugar a la ~** auslosen; in der Lotterie spielen
lotero M, **-a** F Lotterieeinnehmer *m*, -in *f*; Losverkäufer *m*, -in *f*
lotificación F *Am reg* Parzellierung *f*; **lotificar** V/T ⟨1f⟩ *Am reg* parzellieren
loto A M BOT Lotus *m*; **flor** *f* **de ~** Lotusblume *f*; **~ comestible** Lotusbaum *m* B F Lotto *n*
Lovaina F Leuven *n*, Löwen *n*
lovaniense ADJ aus Leuven (*o* Löwen)
loxodromia F MAR, AVIA Loxodrome *f*
loyar V/T *jerga del hampa* nehmen, greifen, packen
loza F Steingut *n*; Tonware *f*; *Am reg* Geschirr *n*;

L

~ **fina** Feinsteingut *n*; ~ **sanitaria** sanitäres Geschirr *n*; **de** ~ irden; *Am reg* **lavar la** ~ abspülen

lozanear VI 1 BOT *(multiplicarse rápidamente)* wuchern 2 *fig (tener vigor y robustez)* vor Kraft strotzen; munter sein; **lozanía** F BOT Wuchern *n*, üppige(r) Wuchs *m*; Üppigkeit *f (tb fig)*; *fig* Frische *f*; **lozano** ADJ üppig *(tb* BOT), kraftstrotzend, vollsaftig; *persona* jung und frisch, munter

LPAUT F ABR (Ley del Proceso Autonómico) *Esp* Gesetz *n* über Harmonisierung der Autonomie der Regionen

LRU F ABR (Ley de Reforma Universitaria) *Esp* Gesetz *n* über die Universitätsreform

Ltda. ABR *Am* (Limitada) ECON mbH (mit beschränkter Haftung)

lúa F Espartohandschuh *m zum Striegeln*

lubina F *pez*: Wolfs-, Seebarsch *m*; GASTR ~ **a la sal** Wolfsbarsch *m* in Salzkruste

lubricación *etc* → lubrificación *etc*

lubricante A ADJ Schmier... B M TEC Schmieröl *n*, Schmiermittel *n*; **lubricativo** ADJ (ein)schmierend, Schmier...; **lubricidad** F Schlüpfrigkeit *f*

lúbrico ADJ *espec fig* schlüpfrig, glatt; *fig* geil

lubrificación F TEC Einölen *n*; Schmierung *f*; Abschmieren *n*; ~ **por circulación de aceite** Ölumlaufschmierung *f*; **lubrificador** A ADJ schmierend, Schmier... B M Schmiervorrichtung *f*; -büchse *f*; -nippel *m*; **lubrificante** A ADJ Schmier... B M Schmiermittel *n*; **lubrificar** VT ⟨1g⟩ einölen; (ab)schmieren; einfetten

lubrigante M ZOOL Hummer *m*

luca F *Chile, Col, Ur fam* 1000 Pesos

lucano M *insecto*: Hornkäfer *m*

lucense ADJ aus Lugo

lucera F Dachfenster *n*; Giebelluke *f*; **lucerío** M *Ven* Lichtfülle *f*, Festbeleuchtung *f*

lucerna F Dachluke *f*

Lucerna F Luzern *n*

lucernario M 1 ARQUIT *(claraboya)* Dachluke *f* Oberlicht *f* 2 ARQUEOL Lichtschacht *m in Katakomben*

lucérnula F BOT Schwarzkümmel *m*

lucero M 1 ~ **del alba** *o* ~ **de la mañana** *o* ~ **matutino** Morgenstern *m*; ~ **de la tarde** *o* ~ **vespertino** Abendstern *m*;*poét* **los** ~**s** die Augen *npl* 2 *fig en caballos*: Stern *m*, Blesse *f* 3 ZOOL *ostra*: Sattelmuschel *f*

lucha F 1 Kampf *m*; *fig* Bekämpfung *f* (**contra** *gen o* von *dat*); ~ **antidroga** Kampf *m* gegen Drogenmissbrauch; ~ **a brazo partido** Handgemenge *n*, Rauferei *f fam*; ~ **callejera** Straßenkampf *m*; ~ **de clases** Klassenkampf *m*; ~ **contra el ruido** Lärmbekämpfung *f*; ~ **laboral** Arbeitskampf *m*; **listo para la** ~ *o* **pronto para** *o* **a la** ~ kampfbereit; ~ **por el poder** Machtkampf *m*; ~ **por la vida** *o* **por la existencia** Lebenskampf *m*; Kampf *m* ums Dasein 2 DEP Ringen *n*, Ringkampf *m*; ~ **de la cuerda** Tauziehen *n*; ~ **grecorromana** griechisch-römischer Ringkampf *m*; ~ **libre** Freistilringen *n*; ~ **de pie** Standkampf *m* 3 MED ~ **antituberculosa** Kampf *m* gegen die Tuberkulose; ~ **contra el cáncer** Krebsbekämpfung 4 MIL ~ **aérea** Luftkampf *m*; ~ **antisubmarina** U-Boot-Bekämpfung *f*

luchadero M MAR Kante *f*, Saum *m*; **luchador** M, **luchadora** F DEP Ringer *m*, -in *f*; MIL *y fig* Kämpfer *m*, -in *f*; *tb* MIL ~ **individual** Einzelkämpfer *m*, -in *f*

luchar VI DEP *y fig* ringen; kämpfen (**por** um *acus*) *(tb fig)*; streiten; ~ **encarnizadamente** erbittert ringen (**contra** gegen *acus*; **por** um *acus*)

lucharniego ADJ *perro* für die Nachtjagd abgerichtet

luche *Chile* M 1 *alga*: *essbare Alge* 2 *juego*: *Art* Hupfkastenspiel *n*; **luchicán** M *Chile* GASTR *ein Algengericht* (→ luche); **luchón** A M Draufgänger *m* B ADJ *Méx* geldgierig

lucidez F Klarheit *f*; Deutlichkeit *f*; Helle *f*; **lucido** ADJ glanzvoll, prächtig; glänzend; großartig; *irón* **quedarse** ~ sich schön blamieren

lúcido ADJ 1 *(con mucha luz)* licht, klar 2 *fig (claro en el razonamiento)* klar (im Kopf), bei klarem Verstand; *(sobrio)* nüchtern; **intervalo** *o* **momento** *m* ~ lichter Augenblick *m*

lucidor ADJ leuchtend; **luciente** ADJ leuchtend, strahlend *(tb colores)*; **luciérnaga** F *insecto*: Glüh-, Johanniswürmchen *n*, Leuchtkäfer *m*

Lucifer M Luzifer *m*; *fig tb* Morgenstern *m*

luciferino luziferisch, teuflisch

lucífero M Morgenstern *m*; **lucífugo** ADJ *poét* lichtscheu; **lucimiento** M Glanz *m*, Pracht *f*, Prunk *m*; Großartigkeit *f*; *fig* **quedar con** ~ gut abschneiden *(fig)*

lucio[1] M *pez*: Hecht *m*

lucio[2] A ADJ *(lúcido)* glänzend; *(liso)* glatt B M Strandlache *f*, Lagune *f*; **lución** M ZOOL Blindschleiche *f*; **lucioperca** F *pez*: Zander *m*

lucir ⟨3f⟩ A VI 1 *(resplandecer)* leuchten; scheinen, gleißen; glänzen 2 *fig (brillar)* glänzen; zur Geltung kommen; ~ **en sus estudios** ein glänzender (*o* hervorragender) Student sein; **Isabel luce entre sus amigas** Isabel sticht unter ihren Freundinnen hervor, Isabel glänzt unter ihren Freundinnen; *fam fig* **te va a** ~ **el pelo** das kann ins Auge gehen *fam* 3 *fig (rendir beneficio)* sich bezahlt machen; **el trabajo le luce** seine Arbeit lohnt sich B VT 1 *fig (manifestar las cualidades)* leuchten lassen; zur Schau stellen, prangen mit *(dat)*; *vestidos, joyas* tragen 2 ARQUIT → enlucir C VR **lucirse** sich hervortun; prunken mit; glänzend abschneiden; *irón* sich blamieren; **¡nos hemos lucido!** so eine Blamage (für uns)!

lucrar A VT erreichen, erzielen B VR **lucrarse** Nutzen ziehen (**de, con aus** *dat*); profitieren (**de von** *dat*); **lucrativo** ADJ einträglich; ECON gewinnbringend; lukrativ, rentabel

lucro M Gewinn *m*; Erwerb *m*; Nutzen *m*; **ánimo de** ~ Gewinnstreben *n*; **sin ánimo de** ~ ohne Gewinnstreben, gemeinnützig; JUR ~ **cesante** entgangener Gewinn *m*, Lucrum cessans

luctuosa F JUR, HIST Mortuarium *n*; **luctuoso** ADJ *liter* traurig; Trauer...

lucubración F *liter* geistige Nachtarbeit *f*; **lucubrar** VT *liter* mühsam (in schlaflosen Nächten) ausarbeiten; angestrengt nachdenken; spintisieren; ~ **sobre** Überlegungen anstellen über *(acus)*

lúcuma F *Andes* BOT *ein pflaumengroßer Breiapfel*; **lúcumo** M *Andes* BOT *Art* Breiapfelbaum *m (Lucuma obovata)*

ludibrio M Hohn *m*, Spott *m*; **hacer** ~ **de a/c** etw verspotten

lúdico ADJ Spiel...; spielerisch

ludo M *Arg, Ur, Perú ein Brettspiel, ähnlich dem „Mensch ärgere dich nicht"*; **ludomanía** F → ludopatía; **ludópata** M/F Spielsüchtige *m/f*; **ludopatía** F (krankhafte) Spielleidenschaft *f*; **ludoteca** F Spielothek *f*

luego A ADV 1 *(más tarde)* nachher; dann, darauf; später; **hasta** ~ bis nachher; **desde** ~ selbstverständlich 2 *Am reg (de vez en cuando)* ab und zu; **(muy)** ~ gleich, sofort; auf der Stelle; schnell; **díselo (muy)** ~ sage es ihm sogleich; *Méx* **¡**~ ~**!** sofort! 3 *Chile* → cerca[1] B CJ 1 *Am* ~ **de** *(inf)* nach; nachdem *(ind)*; ~ **que** sobald, sowie; **se lo diré (tan)** ~ **(como) que venga** ich sage es ihm, sobald er kommt 2 *(en consecuencia)* demnach, also, folglich

lueguito ADV *Am fam* **hasta** ~ bis nachher

luengo ADJ *liter* lang

lúes F MED Lues *f*, Syphilis *f*

luético MED A luetisch, syphilitisch B M, **-a** F Luetiker *m*, -in *f*

lufa F BOT Luffa *f*, Schwammgurke *f*

lugano M ORN Zeisig *m*

lugar M 1 *(sitio)* Ort *m*, Platz *m*, Stelle *f*; Stätte *f*; Örtlichkeit *f*; *p. ext (poblado)* Ortschaft *f*; Dorf *n*, Flecken *m*; JUR ~ **de autos** *o* **de los hechos** Tatort *m*; ~ **de cita** *o* **de encuentro** Treffpunkt *m*; *fig* ~ **común** Gemeinplatz *m*; ~ **del crimen** Tatort *m*; COM ~ **de cumplimiento/de destino/de entrega** Erfüllungs-/Bestimmungs-/Lieferort *m*; ~ **de nacimiento** Geburtsort *m*; ~ **de reunión** Versammlungs-, Tagungsort *m*; **los Santos** ~**es** die heiligen Stätten *fpl*; *fig* **un** ~ **al sol** ein Platz an der Sonne; **de este** ~ hiesig; **en** ~ **de** anstatt *(gen)*, anstelle von *(dat)*; **en primer** ~ an erster Stelle, erstens; **en segundo** ~ zweitens; **en todo** ~ überall, immer; *fig* **dejar a alg en mal** ~ ein schlechtes Licht auf j-n werfen; *fig* **estar en su** ~ angebracht sein; **estar fuera de** ~ unangebracht sein, fehl am Platz sein; **(yo) en tu** ~ (ich) an deiner Stelle; **póngase en mi** ~ versetzen Sie sich bitte in meine Lage; *fig* **poner a alg en su** ~ j-n in seine Schranken (ver)weisen; **poner las cosas en su** ~ eine Sache richtigstellen; **tener** ~ stattfinden 2 *fig (posición)* Stelle *f*, Rang *m*, Amt *n*, Würde *f*; **ocupar un alto** ~ eine hohe Stelle einnehmen; einen hohen Rang einnehmen 3 *fig (motivo)* Anlass *m*; **dar** ~ **a** Anlass geben zu *(dat)*; **esto dará** ~ **a que le castiguen** man wird ihn dafür bestrafen; **no hay** ~ **(de** *inf***)** es besteht kein Anlass (, zu *inf*); **sin** ~ **a dudas** (ganz) zweifellos, ohne (jeden) Zweifel

lugareño A ADJ dörflich; Dorf...; Provinz...; kleinstädtisch; Kleinstadt... B M, **-a** F Dorfbewohner *m*, -in *f*, Dörfler *m*, -in *f*; Kleinstädter *m*, -in *f*; Provinzler *m*, -in *f*

lugartenencia F Stellvertretung *f*; Stellvertreterschaft *f*; **lugarteniente** M/F Stellvertreter *m*, -in *f*

lugdunense A ADJ aus Lyon B M/F Lyoner *m*, -in *f*

luge ['luxe] F DEP Rodelschlitten *m*; Rennrodeln *n*; **lugear** VI rodeln

Lugo N PR M *spanische Stadt, Provinz*

lugre M MAR Lugger *m*

lúgubre ADJ *(triste)* traurig, Trauer...; düster; *(misterioso)* unheimlich; *(melancólico)* schwermütig, melancholisch; *(tenebroso)* finster, *(funesto)* unheilvoll

lugués ADJ aus Lugo

luir[2] VT ⟨3g⟩ 1 MAR *(frotar)* reiben 2 *Chile* → arrugar 3 *Chile alfarero* → bruñir

luis M HIST *moneda*: Louisdor *m*

luisa F BOT **(hierba** *f***)** ~ Melisse *f*; Melissenkraut *n*

lujación F → luxación

lujar VT *Am espec suela de los zapatos* polieren, glätten

lujo M Luxus *m*; Pracht *f*; großer Aufwand *m* (**de** an *dat*); ~ **asiático** übertriebener Luxus *m*; **de** ~ Pracht..., Luxus...; **con todo** ~ **de detalles** sehr ausführlich; TEC **ejecución** *f* **de** ~ Luxusausführung *f*; **permitirse el** ~ **de** ... es sich *(dat)* leisten zu ...; **no me puedo permitir el** ~ **(de** *inf***)** ich kann es mir nicht leisten (, zu *inf*)

lujoso ADJ 1 *(suntuoso)* prächtig; kostspielig, aufwendig; luxuriös 2 *(ostentoso)* prachtliebend

lujuria F Unzucht *f*; Geilheit *f*; Lüsternheit *f*; *(exceso)* Üppigkeit *f*; *Biblia*: Fleischeslust *f*; **lujuriante** ADJ *vegetación* üppig wuchernd; **lujú-**

riar VI ⟨1b⟩ *animales* sich paaren; *Biblia*: der Fleischeslust frönen; **lujurioso** A ADJ unzüchtig; geil; lüstern; wollüstig B M, **-a** F Lüstling *m*; lüsterne Frau *f*

luliano ADJ FIL lullianisch; **lulismo** M Lullismus *m*, Lehre *f* des Raimundus Lullus (Ramon Llull); **lulista** A ADJ lullistisch B M/F Lullist *m*, -in *f*, Anhänger *m*, -in *f* der Philosophie des Raimundus Lullus (Ramon Llull)

lullir VT ⟨3h⟩ *Am* → rozar

lulo A ADJ *Chile* 1 *(alto y delgado)* lang und dünn 2 *(soso)* fade; *(pavo)* dumm B M 1 *Chile (envoltorio cilíndrico)* zylindrische Verpackung *f*; Rolle *f* 2 *Chile fig rulo de la frente*: Stirnlocke *f* 3 *Col* BOT → naranjilla

lulú M *perro*: Spitz *m*

luma F *Chile* BOT *Art Myrtenbaum, bis 20 m hoch*; **lumaquela** F GEOL Lumachelle *f*

lumbago M, **lumbalgia** F MED Hexenschuss *m*, Lumbago *f*; **lumbar** ADJ ANAT Lenden…, Lumbal…; **región** *f* **~** Lendengegend *f*; **vértebra** *f* **~** Lendenwirbel *m*

lumbra(ra)da F Lohe *f*, Flackerfeuer *n*

lumbre F 1 *fuego*: (Holz-, Kohlen-)Glut *f*; (Herd-)Feuer *n*; Flamme *f*; **a(l amor de) la ~** am Kamin; am Herdfeuer; *fig* **a ~ mansa** nach und nach; *fig* **a ~ de pajas** kurz, flüchtig (wie ein Strohfeuer); *fam fig* **ni por ~** keineswegs; **encender/apagar la ~** (das) Feuer an-/ausmachen; *tb fig* **echar ~(s)** Funken sprühen; **dar ~** *fumador*: Feuer geben; **pedir ~** um Feuer bitten 2 *(luz)* Licht *n*; *p. ext (abertura en el techo)* Öffnung *f* für den Lichteinfall *(Fenster, Oberlicht, Luke, Tür etc)* 3 *fig (resplandor)* Glanz *m*, Schimmer *m*; Licht *n (fig)*; **~ de agua** Wasserspiegel *m*; **es la ~ de sus ojos** er liebt sie sehr, sie ist das Licht seiner Augen; **esto le va a tocar en la ~ de los ojos** das wird ihn sehr schmerzlich treffen 4 *Ven (umbral)* Schwelle *f*

lumbrera F 1 ARQUIT Dachfenster *n*; Dachluke *f*; Oberlicht *n*; *en cúpulas*: Ochsenauge *n*; **~ del campanario** Schallloch *n* 2 MAR *(portilla)* Oberlicht *n*; Bullauge *n* 3 *fig persona*: Leuchte *f (fig)*; **ser una ~** besonders begabt (*o* intelligent) sein 4 *(cuerpo luminoso)* leuchtender Körper *m* 5 TEC Fenster *n*, Schlitz *m*; *de una estufa*: Zugloch *n* 6 *Méx* TAUR *(palco)* Loge *f*

lumen M FÍS Lumen *n*

lumi(a) F *pop* 1 *(mujer)* Tante *f fam*, Tussi *f fam* 2 *(prostituta)* Nutte *f fam*, Hure *f pop*

luminar M Leuchte *f (fig)*; **luminaria** F 1 *en el altar*: Altarlicht *n* 2 *frec* **~s** *fpl en fiestas*: Festbeleuchtung *f*, Illumination *f* 3 *fig Am (estrella de cine)* (Kino-, Show-)Star *m*

lumínico ADJ FÍS Licht…

luminiscencia F FÍS Lumineszenz *f*; **luminiscente** ADJ lumineszierend; **luminosidad** F Leuchten *n*; Leuchtkraft *f*; Leuchtstärke *f*; ÓPT **~ de la imagen** Bildhelligkeit *f*; **luminoso** A ADJ glänzend *(tb fig)*; leuchtend, Licht…; Leucht…; FOT lichtstark; FÍS **potencia** *o* **intensidad** *f* **-a** Lichtstärke *f* B M Leuchtschild *n*; Leuchttafel; **luminotecnia** F TEC Beleuchtungstechnik *f*; **luminotécnico** A ADJ beleuchtungs-, lichttechnisch B M, **-a** F Licht-, Beleuchtungstechniker *m*, -in *f*; **luminotipia** F TIPO Lichtdruck *m*

lumpen M *desp* Pöbel *m*, Mob *m*; *tb col* Außenseiter *mpl*, Randgruppen *fpl (z. B. Punks etc)*

luna F 1 ASTRON Mond *m*; *p. ext (fase lunar)* Mondphase *f*, Mondwechsel *m*; **la Luna** der (Erd-)Mond; **~ creciente** zunehmender Mond *m*; **media ~** Halbmond *m*; *p. ext* REL Islam *m*; HIST *tb* Osmanisches Reich *n*; *Am* GASTR Hörnchen *n*; **Media Luna Roja** Roter Halbmond *m (entspricht in islamischen Ländern dem Roten Kreuz)*; **~ llena/nueva** Voll-/Neumond *m*; **~ menguante** abnehmender Mond *m*; *fig* **~ de miel** Flitterwochen *fpl*; *fig* **cara** *f* **de ~ llena** Vollmondgesicht *n*; **(a la) luz** *f* **de la ~** (im) Mondschein *m*; **noche** *f* **de ~** Mondnacht *f*; *fig* **estar** *o* **vivir en la ~** in den Wolken schweben; geistesabwesend (*o* nicht bei der Sache) sein; mit den Gedanken abschweifen; *fig* **ladrar a la ~** den Mond anbellen; *fig* **mirar la ~** gaffen; *fig* **pedir la ~** Unmögliches verlangen; *fig* **quedarse a la ~ de Valencia** *o Chile, Perú* **a la ~ de Paita** das Nachsehen haben; in die Röhre gucken *fam*; *fig* **dejar a la ~ de Valencia** leer ausgehen lassen 2 *fig (sonambulismo)* Mondsucht *f*; *(idea alocada)* verschrobener Einfall *m*; *fig* **estar de buena/mala ~** guter/schlechter Laune sein; **tener ~s** mondsüchtig sein; **tener sus ~s** wunderliche Einfälle haben 3 *(placa de vidrio)* (dicke) Glasplatte *f*, -scheibe *f*; *(cristal de un espejo)* Spiegelglas *n*; *en el armario*: Spiegeltür *f*, Schrankspiegel *m*; *(vidriera)* Schaufensterscheibe *f*; AUTO **~ trasera (térmica)** (heizbare) Heckscheibe *f*

lunación F Umlauf(s)zeit *f* des Mondes, Mondperiode *f*; **lunado** ADJ halbmondförmig

lunar A ADJ Mond…; *t/t tb* lunar(isch); **cuerno** *m* **~** Spitze *f* der Mondsichel B M 1 *mancha de la piel*: Muttermal *n* 2 *dibujo*: Tupfen *m (im Stoff)*; **de ~es** *tela* getupft, gepunktet 3 *fig (leve imperfección)* Schönheitsfehler *m*; *desp* Schandfleck *m*; **lunaria** F BOT Mondraute *f*; **lunario** ADJ *auf die Mondphasen bezogen*

lunático A ADJ 1 *(sonámbulo)* mondsüchtig 2 *fig (maniático)* launisch, verschroben; *(distraido)* geistesabwesend B M, **-a** F 1 *(sonámbula)* Mondsüchtige *m/f* 2 *fig (bicho raro)* verschrobener Kauz *m*

lunch M GASTR Lunch *m*; *Ec* Aufschnittplatte *f*

lunecilla F *adorno*: Halbmond *m (Schmuck)*; **lunel** M *heráldica*: vier vereinigte Halbmonde *mpl*

lunes M ⟨*pl inv*⟩ Montag *m*; **~ de carnaval** Rosenmontag *m*; **~ de Pascua** Ostermontag *m*; **el ~** am Montag; **(todos) los ~** (immer) montags; **el ~ por la mañana** am Montagmorgen; **los ~ por la mañana** montagmorgens; **no trabajar el ~** *o* **hacer ~** blauen Montag machen; *reg* **~ de los zapateros** blauer Montag *m*

luneta F 1 *adorno*: Halbmond *m (Schmuck, Zierfigur)* 2 ARQUIT, TEC, MIL Lünette *f* 3 AUTO **~ trasera (térmica)** (beheizte) Heckscheibe *f*; **luneto** M ARQUIT Lichtloch *n*, Lünette *f*

lunfa M *Arg pop* Dieb *m*; Gauner *m*

lunfardismo M LING argentinischer Slangausdruck *m*; **lunfardo** *Arg* A ADJ **expresión** *f* **-a** → lunfardismo B M 1 *(delincuente)* Gauner *m*, Ganove *m* 2 LING *habla de Buenos Aires*: Lunfardo *n*, argentinischer Slang *m*

lungo M, **-a** F *Col* Tagelöhner *m*, -in *f*, Handlanger *m*, -in *f*; **lunguear** VI *Col* als Tagelöhner arbeiten

lunícola M/F Mondbewohner *m*, -in *f*

lúnula F 1 ANAT *en la uña*: Möndchen *n an der Nagelwurzel* 2 CAT, MAT Lunula *f*

lupa F Lupe *f*; *fig* **mirar a/c con ~** etw unter die Lupe nehmen, etw genau prüfen

lupanar M Bordell *n*, Freudenhaus *n*

lupia[1] F MED Grützbeutel *m*

lupia[2] F METAL Luppe *f*

lupino A ADJ wölfisch; Wolfs…; BOT **uva** *f* **-a** Eisenhut *m* B M BOT Lupine *f*

lupulina F FARM Hopfenmehl *n*, Lupulin *n*; **lupulino** M BOT Gelber Klee *m*

lúpulo M BOT Hopfen *m*

lupus M MED Lupus *m*, Hauttuberkulose *f*

luquete M 1 GASTR *Zitronen- oder Orangenscheibe, die man in den Wein gibt* 2 *(cerilla de azufre)* Schwefelfaden *m* 3 ARQUIT Kalotte *f* 4 *Chile (calvicie)* (kreisförmige) Glatze *f*

lura F ZOOL Pfeilkalmar *m*

lusitanismo M LING Lusitanismus *m*, portugiesische Spracheigentümlichkeit *f*; **lusitano** → luso

luso A ADJ 1 HIST lusitanisch 2 *(portugués)* portugiesisch B M, **-a** F 1 HIST Lusitanier *m*, -in *f* 2 *persona*: Portugiese *m*, Portugiesin *f*; **lusoamericano** ADJ portugiesisch-amerikanisch; **lusofono** ADJ portugiesischsprachig

lustrabotas M/F ⟨*pl inv*⟩ *Am reg* Schuhputzer *m*, -in *f*; **lustrada** F *Am reg* Schuhputzen *n*; **lustrado** M *de muebles*: Polieren *n*; TEX Lüstrieren *n*; **lustrador** M *Am reg* Schuhputzer *m*; **lustradora** F 1 *Am reg máquina*: Bohnermaschine *f* 2 *de zapatos*: Schuhputzerin *f*

lustrar VT 1 (blank) putzen; glätten; *muebles, etc* polieren; *bota* wichsen; *Am reg entarimado* bohnern; TEX lüstrieren 2 REL, HIST *(purificar)* entsühnen

lustre M Glanz *m (tb fig)*; Politur *f*; *fig* Ansehen *n*; *fig* **dar ~** Glanz verleihen; **sacar ~** polieren

lustrín M *Chile* Schuhputzer *m*; **lustrina** F 1 TEX *(tela vistosa)* Lüster *m* 2 *Chile (betún para el calzado)* Schuhcreme *f*; **lustro** M Jahrfünft *n*; REL, HIST Lustrum *n*; **lustroso** ADJ glänzend; *fig* robust

lútea F ORN Pirol *m*

lutecio M QUÍM Lutetium *n*

lúteo[1] ADJ schlammig

lúteo[2] ADJ FISIOL **cuerpo** *m* **~** Gelbkörper *m*

luteranismo M PROT Luthertum *n*; **luterano** PROT A ADJ luther(an)isch B M, **-a** F Lutheraner *m*, -in *f*

Lutero M Luther *m*

luthería F Geigenbau *m*; **luthier** M Geigenbauer *m*

luto M Trauer *f*; **(traje** *m* **de) ~** Trauerkleidung *f*; **~ nacional** Staatstrauer *f*; **casa** *f* **con ~s** Haus *n* im Trauerschmuck; **medio ~** Halbtrauer *f*; **~ riguroso** tiefe (*o* strenge) Trauer *f*; **aliviar el ~** Halbtrauer anlegen; **estar de ~ por alg** um j-n trauern; **llevar ~** *o* **ir de ~** *o* **guardar ~** Trauer tragen **(por** für *acus o* wegen *gen)*

lutria F ZOOL → nutria

lux M FÍS Lux *n*

luxación F MED Verrenkung *f*, Luxation *f*; **luxar** VT MED ver-, ausrenken

Luxemburgo M Luxemburg *n*

luxemburgués A ADJ luxemburgisch B M, **-esa** F Luxemburger *m*, -in *f*

luz F ⟨*pl* luces⟩ 1 (Tages-)Licht *n*; *p. ext (lámpara)* Leuchte *f*, Lampe *f*; *(iluminación)* Beleuchtung *f*; *fig (brillo)* Glanz *m*, Schein *m*, Schimmer *m*; **(a la) ~ del día** (bei) Tageslicht *n*; **~ difusa** Flutlicht *n*; **~ estroboscópica** TEC Stroboskoplicht *n*; *RPl* **~ mala** Irrlicht *n*; **~ natural** natürliches Licht *n*; **~ de pared** Wandleuchte *f*; *transporte*: **~ roja** rotes Licht *n*, Rotlicht *n*; **~ de techo** Deckenbeleuchtung *f*; **primera ~** direktes Licht *n*; **a media ~** im Zwielicht; **a plena ~** in voller Beleuchtung; **a plena ~ del día** am helllichten Tage; **a prueba de ~** lichtundurchlässig, -dicht; *tb* lichtecht; **entre dos luces** in der Dämmerung, im Zwielicht; *fam fig (achispado)* beschwipst; **amortiguar la ~** (das Licht) abblenden; **apagar la ~** das Licht ausmachen; **dar ~** Licht geben; erhellen *(tb fig)*; **dar buena/mala ~** viel/wenig Licht einfallen lassen; **dar la ~** das Licht anmachen (*o* ELEC einschalten); **ver la ~** ans Tageslicht treten, *libro* erscheinen 2 AUTO, TEC Licht *n*, Leuchte *f*; TEC lichte Weite *f*; **~ de advertencia** *o* **de aviso** Warnlicht *n o* -leuchte *f*; *tb transporte*: **~ amarilla** *o* **ámbar** Gelblicht *n*, gelbes Licht *n*; *Am* **~ alta** Fernlicht *n*; **~ antiniebla (trasera)** Nebel(schluss)leuchte *f*; **~ de aparcamiento** Parkleuchte *f*; *Am* **~ baja** Abblendlicht *n*; **~ de ca-**

L

rretera *o* **larga** Fernlicht *n*; **~ corta** *o* **de cruce** Abblendlicht *n*; *Am reg* **~ direccional** Blinker *m*; **luces** *pl* **de emergencia** Notbeleuchtung *f*; **~ de estacionamiento** *o* **de posición** Standlicht *n*; **~ de fren(ad)o** Bremslicht *n*, -leuchte *f*; **~ intermitente** Blinker *m*; **~ intermitente de alarma** Warnblinkanlage *f*, -leuchte *f*; **~ libre** Bodenfreiheit *f*; **~ de marcha atrás** Rückfahrscheinwerfer *m*; *Am reg* **~ media** Abblendlicht *n*; *Chile, Nic* **~ normal** Abblendlicht *n*; *transporte*: **~ de parada** Stopplicht *n*; **luces** *pl* **de tráfico** Verkehrsampel(n) *f(pl)*; *Col* **~ plena** Fernlicht *n*; **~ posterior** *o* **trasera** Rücklicht *n*; Schlusslampe *f*; **dar la ~ de cruce** (das Licht) abblenden **3** MAR **~ de destello(s)** *tb* AVIA *faro, etc*: Blinkfeuer *n*; *tb* MIL Blinklicht *n* *(zur Nachrichtenübermittlung)*; *tb* AVIA **~ giratoria** Drehfeuer *n*; **~ del puerto** Hafenfeuer *n*; **~ de posición** *tb* AVIA Positionslicht *n*; **~ de situación** Positionslaterne *f*, -leuchte *f*; *pesca*: **~ de malla** Maschenweite *f eines Netzes* **4** FOT **~ anterior** *o* **de frente** Ausleuchtung *f* vorn; **débil/pasado de ~** unter-/überbelichtet; **exposición** *f* **a plena ~** Freilichtaufnahme *f* **5** ASTRON **~ de las estrellas** Sternenlicht *n*; **~ del Norte/del Sur** Nord-/Südlicht *n*; **~ polar** Polarlicht *n* **6** ÓPT **~ parásita** Streulicht *n*; **~ refleja** *o* **de reflexión** reflektiertes Licht *n*, Auflicht *n* **7** MED **baño** *m* **de ~** Lichtbad *n* **8** FÍS **~ compuesta** zusammengesetztes Licht *n* **9** ARQUIT *(apertura)* Öffnung *f*; Luke *f*; **edificio** *m* **de muchas luces** Gebäude *n* mit vielen Fenstern **10** *fig (cognición)* Erkenntnis *f*; Licht *n*; Leuchte *f (fig)*; **luces** *fpl* Bildung *f*; *(claridad mental)* Verstand *m*, Befähigung *f*, Talent *n*; **de pocas luces** geistig beschränkt, unterbelichtet *fam*; **hombre** *m* **de pocas luces** geistig beschränkter Mensch *m*; **siglo** *m* **de las luces** (Zeitalter *n* der) Aufklärung *f*; **a la ~ de la razón** vernünftig (*o* logisch) betrachtet; **a todas luces** allem Anschein nach; in jeder Hinsicht; **~ de mis ojos** mein Augenlicht; **arrojar ~ sobre a/c** Licht in etw bringen; etw aufklären; **dar ~ verde a** (*o* **para**) **a/c** einer Sache *(dat)* grünes Licht geben; **dar a ~ un libro** ein Buch veröffentlichen; **dar a ~ (a) un niño** einen Jungen gebären; **encender la ~** das Licht anmachen; **hacer ~ en** *o* **sobre a/c** Licht in eine Sache bringen, etw aufklären; **sacar a (la) ~** an den Tag (*o* ans Licht) bringen; *libro, etc* herausgeben; **salir a (la) ~** *(manifestarse)* ans Licht kommen, aufkommen, bekannt werden; *libro, etc* herauskommen, erscheinen; **ver la ~ del día** das Licht der Welt erblicken; *fam* **¡por la ~ que me alumbra …!** bei Gott …!, bei meinem Leben …! **11** *fam* Strom *m*; **cortar la ~** den Strom abstellen **12** *Am pop jerga del hampa (dinero)* Knete *f fam*, Zaster *m fam*, Kies *m fam*

M

M, m F **1** M, m *n*; → *tb* eme **2** *euf* → mierda

m ABR (metro[s]) m (Meter)

Mª. ABR (María) Maria

mabita *Ven* **A** F *folclore*: böser Blick *m* **B** M/F Unglücksbringer *m* -in *f*; Pechvogel *m*; **mabitoso** ADJ *Ven fam* Unheil bringend

mabra F *pez*: Marmorbrasse *f*

maca F **1** *en la fruta*: Druckstelle *f am Obst* **2** *p. ext (daño ligero)* (leichter) Fehler *m*, Makel *m* **3** *fig (vicio)* schlechte Angewohnheit *f*, Laster *n*; **macá** M *RPl* ORN *Art* Tauchente *f*; **macabeo** M **~ blanco** *Weißwein aus dem Rioja-Gebiet*; **macabeos** MPL REL Makkabäer *mpl*;

macabro ADJ makaber, schaurig; *arte*: **danza** *f* **-a** Totentanz *m*

macaca F **1** ZOOL *hembra*: Makakenweibchen *n* **2** *Chile fam fig (borrachera)* Rausch *m*, Schwips *m fam*

macaco **A** M **1** ZOOL *mono*: Makak *m*; Meerkatze *f* **2** *Am fam desp (tipo feo o deforme)* hässlicher Kerl *m* **3** *Hond moneda de plata*: Silberpeso *m* **B** ADJ *Cuba, Chile (feo)* hässlich

macadamia F **(nuez** *f* **de) ~** Makadamia (nuss) *f*

macadamizar VT ⟨1f⟩ CONSTR makadamisieren; **macadán** M Makadam *m*

macado ADJ *fruta* angestoßen

macagua F **1** *RPl* ORN Brasilfalke *m* **2** *Ven* ZOOL **~ (terciopelo)** *serpiente*: Lanzenotter *f* *(Bothrops colombiensis)*; **macagüita** F *Ven* BOT Dornenpalme *f und deren Frucht*

macana F *Am* **1** *(maza)* Keule *f*; Schlagstock *m* **2** *(disparate)* Unfug *m*; *(broma)* Scherz *m*; *(mentira)* Lüge *f*; Schwindel *m*; *(chapuza, trasto)* unnütze Sache *f*, Schrott *f fam* **3** TEX *vestimenta de los indios*: grobes Baumwollzeug *n der Indios*; **macanazo** M *Am* **1** *(golpe con la macana)* Keulenschlag *m*; *p. ext* Hieb *m mit einer Waffe* **2** *(macana grande)* riesige Keule *f* **3** *fam fig (lata)* langweilige Rede *f*, Sermon *m fam* **4** *Chile, RPl fam fig (tontería)* Quatsch *m fam* **5** *Ven fam (vaso)* Glas *n mit alkoholischem Getränk*

macaneador *Arg, Chile, Ven* **A** ADJ aufschneiderisch, verlogen **B** M, **macaneadora** F **1** *(macanero)* Aufschneider *m*, -in *f*; Lügner *m*, -in *f*; Schlawiner *m*, -in *f fam* **2** *(bromista)* Spaßmacher *m*, -in *f*; Spaßvogel *m*; **macanear** *fam* **A** VT **1** *Am (mentir)* belügen **2** *Arg (chapucear)* verpfuschen **B** VI **1** *Am (fanfarronear)* aufschneiden, lügen; *(hablar tonterías)* Unsinn reden **2** *fam fig (trabajar como un negro)* schuften *fam*; *negocio* gut führen; **macaneo** M *Arg fam* Gefasel *n fam*; **macanero** M, **-a** F *Arg, Chile* Lügner *m*; -in *f*; Schwindler *m*; -in *f*

macano M *Chile dunkler Farbstoff zum Wollfärben*

macanudo ADJ *fam* **1** *Arg, Cuba, P. Rico, Esp (estupendo)* prima, toll, super *fam* **2** *Arg, Esp (simpático)* nett, sympathisch

macao M ZOOL *Art* Einsiedlerkrebs *m*

Macao M Macao *n*

macaón M *mariposa*: Schwalbenschwanz *m*

macaquear **A** VT *Am Centr* klauen *fam* **B** VI *Arg* Grimassen schneiden wie ein Affe

macareno M, **-a** F *Einwohner, -in des Stadtviertels Macarena in Sevilla*

macareo M MAR Springflut *f an Flussmündungen oder Engen*

macarra *pop* **A** ADJ *persona* vulgär, geschmacklos **B** M *Esp (proxeneta)* Zuhälter *m*, Lude *m fam* **C** M/F *(chulo)* Angeber *m*, -in *f*

macarrón M **1** GASTR Makrone *f*; *pasta*: **-ones** *mpl* Makkaroni *pl* **2** TEC Isolierschlauch *m*; **macarrónico** ADJ *liter* makkaronisch; **latín** *m* **~** Küchenlatein *n*

macarse V/R ⟨1g⟩ *fruta* Druckstellen bekommen; faulen; **macaurel** F *Ven* ZOOL Buschmeister *m (Giftschlange)*

macear **A** VT *(martillear)* klopfen; hämmern **B** VI *fig* lästig werden

macedonia F **~ de fruta(s)** Obst-, Fruchtsalat *m*; **~ de verdura** Mischgemüse *n*

Macedonia F Mazedonien *n*, Makedonien *n*

macedónico, macedonio **A** ADJ mazedonisch **B** M, **-a** F Mazedonier *m*, -in *f*

maceo M Klopfen *n*; Hämmern *n*

maceración F **1** TEC, QUÍM *(reblandecimiento)* Einweichen *n*, Weichmachung *f*, Mazeration *f* **2** *fig (mortificación)* Kasteiung *f*

macerar VT **1** *(ablandar)* ein-, aufweichen **2** FARM, QUÍM, TEC auslaugen; mazerieren; *uvas* einmaischen; *(adobar)* einlegen **3** *fig (mortificar)* kasteien

macero M, **-a** F Träger *m*, -in *f* eines Zeremonienstabs *(z. B. im spanischen Parlament)*

maceta **A** F **1** *recipiente para plantas*: Blumentopf *m*; Blumenschale *f* **2** BOT *(umbela)* Dolde *f* **3** *Arg, Méx, Perú pop (cabeza)* Kopf *m*, *(cráneo)* Schädel *m fam* **4** *Chile (ramo de flores)* Blumenstrauß *m* **5** TEC *espec* MIN *(martillo)* Fäustel *m*; Holzhammer *m* **B** ADJ *Arg (lento)* langsam, schwerfällig

maceteado ADJ *Perú fam* bullig, kräftig; **macetero** M Blumentisch *m*; -ständer *m*; *Am reg (maceta)* Blumentopf *m*; **macetudo** ADJ *fam Arg, Ur* mit kurzen, dicken Beinen

macfarlán, macferlán M Pelerinenmantel *m*; Regenumhang *m*

mach M FÍS Mach *n*; **número** *m* **~** *o* **de Mach** Machzahl *f*

macha F **1** *(fanfarronada)* Aufschneiderei *f*; *(broma)* Scherz *m* **2** *Chile, Perú* ZOOL *molusco*: Messermuschel *f*

machaca **A** F *instrumento*: Stößel *m*, Stampfe *f (tb* TEC*)* **B** M/F *fig (persona pesada)* lästige Person *f*; **machacadera** F Stößel *m*; Stampfer *m*; GASTR (Kartoffel-)Presse *f*; **machacadora** F TEC Stampfwerk *n*; Steinbrechmaschine *f*; MIN Erzmühle *f*; **machacante** M **1** MIL *fam ordenanza*: Ordonnanz *f eines Feldwebels* **2** *Esp* HIST *fam moneda*: Münze *f*; Fünfpesetenstück *n*

machacar ⟨1g⟩ **A** VT **1** *(aplastar)* (zer)quetschen, zermalmen; *(quebrantar)* (zer)brechen, zerstoßen; *minerales, piedras* brechen, mahlen; *lino* brechen; *cebada* schroten; *cáñamo* schwingen; *papel* einstampfen; GASTR *carne* klopfen **2** *fig (vencer totalmente a alg)* j-n kaputtmachen *fam*, j-n fertigmachen *fam* **3** *fam fig (estudiar con ahínco)* einpauken; ständig wiederholen (*o* wiederkäuen *fam*) **B** VI **1** *(importunar)* lästig fallen; aufdringlich sein; *fam* **~ sobre** *(insistir)* herumreiten auf *(dat)* **2** *(empollar)* büffeln, pauken *fam* **C** V/R *vulg* **machacársela** *(masturbarse)* sich *(dat)* einen abwichsen *vulg*

machacón **A** ADJ aufdringlich **B** M, **-ona** F lästiger Mensch *m*; **machaconería** F **1** *(insistencia)* unablässiges Wiederholen *n*; Litanei *f (desp)* **2** *(pesadez)* Aufdringlichkeit *f*, Hartnäckigkeit *f*; **machada** F **1** *hato*: Bock(s)herde *f* **2** *fam fig (tontería)* Albernheit *f*, Unsinn *m*;

machado **A** ADJ *fam* betrunken; blau *fam* **B** M (Holzfäller) Axt *f*; **machamartillo**: **clavado a ~** fest an- (*o* zusammen)genagelt; **repetir a ~** unablässig wiederholen; **machaquear** VT *Am* → machacar; **machaqueo** M **1** *(trituración)* Zerstampfen *n*, Zerstoßen *n* **2** *fig (estudio intenso)* Paukerei *f* **3** *fig (molestia)* Belästigung *f* **4** *fig (tontería)* Quatsch *m fam*

machetazo M Hieb *m* mit einer Machete;

machete M **1** *cuchillo grande*: Buschmesser *n*, Machete *f*; CAZA Weidmesser *n*; MIL Seitengewehr *n* **2** *Arg enseñanza*: Spickzettel *m*; **machetear** **A** VT niedersäbeln; MAR *poste* einschlagen **B** VI **1** MAR *(arfar)* stampfen **2** *Col, Méx (chapucear)* pfuschen, hudeln **3** *Méx enseñanza*: büffeln; **machetero** M, **-a** F **1** *(leñador)* Holzhauer *m*, -in *f* **2** *de la caña*: Zuckerrohrschneider *m*, -in *f* **3** *Antillas espec* HIST *(revolucionario)* Revolutionär *m*; Guerillakämpfer *m* **4** *Méx (jornalero, -a)* Tagelöhner *m*, -in *f* **5** → patán **6** *enseñanza*: Büffler *m*, -in *f*

machihembrado M TEC Verzapfung *f*, Nut *f* und Feder *f*; **machihembrar** VT TEC spunden, verzapfen; nuten und falzen

machín M **1** MIT *dios del amor*: Cupido *m* **2** *(patán)* Kerl *m*; Grobian *m* **3** *Col, Ven* ZOOL *mono*:

Kapuzineräffchen *n*
machina F MAR Ankerwinde *f*; Kran *m*
machismo M Männlichkeitskult *m*, Machismo *m*, (männlicher) Chauvinismus *m*; **machista** A ADJ chauvinistisch B M Macho *m fam*, Chauvinist *m*, Chauvi *m fam*
macho¹ A M 1 ZOOL *(animal masculino)* männliches Tier *n*, Männchen *n*; *p. ext* BOT männliche Pflanze *f*; **~ cabrío** Ziegenbock *m*; **~ de parada** Leitbock *m einer Herde* 2 *fam fig (hombre)* Mann *m*, männlicher Typ *m*; *desp (falócrata)* Macho *m fam*; *Esp pop* **¡Hola, ~!** hey, Kumpel! 3 TEC *eindringender oder vorragender Teil eines Werkstücks oder Werkzeugs*; *(gancho)* Haken *m*; *(tornillo)* Schraube *f*; *(tapón)* Zapfen *m*; *(espiga)* Dorn *m*; MAR *(mástil)* Mast *m (im Gegensatz zur Stenge)*; TEC **~ de roscar** *o* **de (a)terrajar** Gewindeschneider *m*; MAR **~ del timón** Ruderhaken *m*, Fingerling *m* 4 ARQUIT *(pilar de sostén)* Stützpfeiler *m*; Strebemauer *f* 5 *fig (patán)* Tölpel *m* 6 *Cuba (puerco)* Mastschwein *n* 7 *C. Rica (extranjero rubio)* blonder Ausländer *m* B ADJ *inv* 1 *(necio)* dumm 2 *(fuerte)* stark; kräftig 3 *espec Am (viril)* (betont) männlich; mannhaft; **rana** *f* **~** Froschmännchen *n* 4 *p. ext (fuerte, robusto)* rau; grob, sehr groß
macho² M **~ (de forja)** Schmiedehammer *m*; **~ (de yunque)** Ambossblock *m*
macho³ M *(mulo)* Maulesel *m*
machón A M ARQUIT Widerlager *n* B ADJ 1 *Am* → marimacho 2 *Arg pop (borracho permanente)* (ewig) besoffen *fam*; **machona** F *Arg fam* Mannweib *n*
machorra F 1 *(hembra estéril)* unfruchtbares Tier *n*, CAZA Gelttier *n* 2 *Cuba fam (marimacho)* Mannweib *n*; **machorro** ADJ unfruchtbar, nicht tragend, CAZA gelt
machota¹ F *Arg, Méx (marimacho)* Mannweib *n*
machota² F, **machote¹** M *(mazo)* Schlägel *m*
machote² A ADJ *fam (viril)* sehr männlich B ADV unvermittelt, urplötzlich C M 1 *muy hombre*: echter Mann *m*, Mannsbild *n*, ganzer Kerl *m* 2 *Am Centr, Ec, Méx (modelo)* Modell *n*, Entwurf *m*
machucadura F, **machucamiento** M Zerquetschen *n*, Zerstoßen *n*; **machucante** M *Col fam* Person *f*, Subjekt *n (desp)*; *Perú vulg* **ella tiene su ~** sie hat ihren Stecher *vulg*
machucar ⟨1g⟩ A VT zerstampfen, zerquetschen B VR **machucarse** sich verletzen; sich zerquetschen *(bes Finger)*
machucho ADJ 1 *(sosegado)* gesetzt; verständig 2 *(entrado en días)* alt; altväterisch
machucón M Schlag *m*, Hieb *m*
macicez F Festigkeit *f*, Dicke *f*; Dichte *f*; Massivität *f*; **macilento** ADJ *(descolorido)* blass; *(apesadumbrado)* verhärmt; *(trasnochado)* übernächtigt; **macillo** M MÚS *del piano*: Hammer *m*; *del xilófono*: Schlägel *m*
macis F Muskatrinde *f*, -blüte *f*; **macizar** VT ⟨1f⟩ 1 *(rellenar)* ausfüllen; ausstopfen 2 *(tapar un hoyo)* zuschütten
macizo A ADJ 1 *(voluminoso)* massig, *(lleno)* voll; *(denso)* dicht, *(firme)* fest; *(masivo)* massiv; *persona* stämmig; **llanta** *f* **-a** Vollreifen *m* 2 *fig (de importancia)* gewichtig B M 1 GEOG, GEOL Massiv *n*; **~ montañoso** Gebirgsstock *m*, -massiv *n* 2 ARQUIT *(muro firme)* festes Mauerwerk *n*; *(manzana)* Häuser-, Gebäudeblock *m* 3 *(grupo de árboles)* Gruppe *f* von Bäumen (*o* Sträuchern *o* Zierpflanzen); **~ de flores** Blumenbeet *n* 4 MIN **~ de seguridad** *(pilar de sostén)* Stützpfeiler *m* 5 TEC *(bloque)* Klotz *m*, Quader *m*; Füllstück *n*
macla F *heráldica*: Raute *f* mit rautenförmiger Vertiefung im Zentrum
maco M *jerga del hampa* Knast *m fam*
macolla F BOT Ähren-, Stängel-, Blumenbüschel *n*; **macollar** VI BOT Büschel treiben;
macoroco M *Bol* BOT Rizinus *m*
macramé M Makramee *n*
macrí ADJ *Cuba desp* weiß, hellhäutig
macro M INFORM Makro *n*
macro... PREF TEC, *t/t* Makro..., Groß...; **macrobio** ADJ MED langlebig; **macrobiótica** F MED Makrobiotik *f*; **macrobiótico** ADJ makrobiotisch; **dieta** *f* **-a** makrobiotische Kost *f*
macrocefalia F MED Großköpfigkeit *f*, Makrozephalie *f*; **macrocéfalo** A ADJ großköpfig B M, **-a** F Makrozephale, Makrozephalin *f*; **macrocosmo(s)** M Makrokosmos *m*; **macroeconomía** F Makroökonomie *f*; **macroeconómico** ADJ makroökonomisch; gesamtwirtschaftlich; **macrofiesta** F *fam* Megaparty *f fam*, Megafete *f fam*; **macrofísica** F FÍS Makrophysik *f*; **macromolécula** F FÍS Makro-, Fadenmolekül *n*; **macroscópico** ADJ makroskopisch
macuarro M *Méx fam* 1 *(albañil)* Maurer *m* 2 *fig (persona sin cultura)* derber, ungebildeter Mensch *m*, Tölpel *m*
macuco, macucón ADJ 1 *Arg, Bol, Col (grande)* hoch aufgeschossen 2 *Arg, Chile, Perú (macanudo)* großartig, prima *fam* 3 *Chile, Perú (astuto)* schlau 4 *Ec (viejo)* alt; *(inútil)* unnütz 5 *Perú (mal educado)* unartig, ungesittet
macuenco ADJ *Cuba* mager; schwächlich;
macuito *Perú* A ADJ schwarz *(Hautfarbe)* B M Schwarzer *m*
mácula F 1 *t/t y liter (mancha)* Fleck(en) *m*; MED **~ lútea** gelber Fleck *m der Netzhaut*; ASTRON **~s** *fpl* **solares** Sonnenflecken *mpl* 2 *fig (deshonra)* Makel *m*, Fehler *m*; **sin ~** makellos 3 *fam fig (engaño)* Betrug *m*
macular VT *liter* → manchar; **maculatura** F TIPO Makulatur *f*
macutada F, **macutazo** M *jerga militar* Latrinenparole *f fam desp*; **macutear** VT *Am reg* bestechen, schmieren *fam*; **macuto** M *fam* 1 *(morral)* Ranzen *m*, Tornister *m*; *Col, Ven del mendigo*: Bettelsack *m* 2 *(joroba)* Buckel *m*
Madagascar M Madagaskar *n*
madagascareño A ADJ madagassisch B M, **-a** F Madagasse *m*, Madagassin *f*
madalena F → magdalena 1
madaleno M *jerga del hampa pop* Zivilfahnder *m*
madama F 1 *tratamiento irón*: Madame *f*; *pop (ama de burdel)* Puffmutter *f fam* 2 *RPl fam (partera)* Hebamme *f* 3 *Cuba* BOT → balsamina;
madapolán M TEX Madapolam *m*
madeja F 1 *hilo*: Strähne *f*, Strang *m*; *p. ext (ovillo)* Knäuel *n*; *(mechón)* Haarbüschel *n*; **hacer ~s** *vino, etc* Fäden ziehen; *fig* **~ sin cuenta** *asunto*: verworrene Angelegenheit *f*; *persona*: Wirrkopf *m*; *fig* **la ~ se enreda** die Sache wird immer verwickelter 2 *fig (persona negligente)* (nach)lässiger Mensch *m*; fauler Kerl *m fam*; *(blandengue)* Schlappschwanz *m fam*
madera¹ F 1 *material*: Holz *n*; **~ blanda** Weichholz *n*; **~ dura** Hartholz *n*; **~ de construcción** Bauholz *n*; **~s** *fpl* **de cuenta** Schiffsbauhölzer *npl*; **~ chapada** Furnierholz *n*; **~s** *fpl* **finas** *o* **nobles** Edelhölzer *npl*; **~ de fresno/de pino** Eschen-/Fichtenholz *n*; **~ de labrar** *o* **útil** Nutzholz *n*; **~ preciosa** Edelholz *n*, Tropenholz *n*; **~ rolliza** *o* **en rollo** Rundholz *n*; **~ serradiza** *o* **de sierra** Schnittholz *n*; **~ terciada** Sperrholz *n*; *fam* **¡hay que tocar ~!** man muss auf Holz klopfen!, toi, toi, toi! 2 *fig (postigo)* Fensterladen *m* 3 *(queratina)* Horn(substanz *f*) *n der Hufe (bei Pferden etc)* 4 *fig (talento)* Zeug *n*, Begabung *f*; Veranlagung *f*; **ser de** *o* **tener buena/mala ~** einen guten/schlechten Charakter haben; gute/schlechte Veranlagung(en) haben; *fig* **ser de la misma ~** aus dem gleichen Holz geschnitzt sein; **tener ~ de abogado** das Zeug zum Anwalt haben 5 *Esp pop (policía)* Bullen *mpl pop* 6 MÚS **la ~** *instrumentos*: das Holz, die Holzinstrumente *fpl*, die Holzbläser *mpl*
madera² M *vino*: Madeira(wein) *m*
maderable ADJ Nutzholz liefernd *(Baum, Wald)*; **maderada** F Flößholz *n*; **maderaje** M ARQUIT, CONSTR 1 → maderamen; Zimmerwerk *n*; Sparrenwerk *n*; Gerippe *n* 2 *construcción*: Holzbauweise *f*; **maderamen** M Fachwerk *n*; Gebälk *n*
maderería F Holzlager *n*, -handlung *f*; **maderero** A ADJ **industria** *f* **-a** Holzindustrie *f* B M 1 *comerciante*: Holzhändler *m* 2 *(balsero)* Holzflößer *m*
madero M 1 *pieza de madera*: Balken *m*; Langholz *n* 2 *fig (torpe)* Klotz *m fam*; Tölpel *m*; Dummkopf *m* 3 *poét (nave)* Schiff *n* 4 REL **el Santo Madero** das Kreuz Christi 5 *Esp pop (polizonte)* Bulle *m pop*, Polyp *m fam*
madona F Madonna *f*; **¡a la ~!** *Arg fam* nanu!, na so was!
mador M leichte Hautfeuchtigkeit *f*; Hautausdünstung *f*
madrás M TEX Madras *m*
madrastra F 1 *mujer*: Stiefmutter *f*; *desp (madre mala)* Rabenmutter *f* 2 *fig (que provoca daño)* Schädliche(s) *n* 3 *jerga del hampa (cárcel)* Knast *m fam*; **madraza** F (allzu) zärtliche Mutter *f*
madre A F 1 *mujer*: Mutter *f*; **~ alquilada** *o* **~ de alquiler** Leihmutter *f*; **~ de día** Tagesmutter *f*; REL **Madre de Dios** Gottesmutter *f*; **~ de familia** Hausherrin *f*; **~ de leche** Amme *f*; **la ~ naturaleza** Mutter Natur; *int* **¡~ mía!** mein Gott!; **¡~ mía, qué dolor!** au, tut das weh!; **~ política** Schwiegermutter *f*; REL **Reverenda Madre** *tratamiento*: ehrwürdige Mutter; **~ sola** allein erziehende Mutter *f*; *fam fig* **como su ~ le** *o* **lo echó al mundo** im Adamskostüm *fam*, splitternackt *fam*; *fig fam* **ciento y la ~** ein Haufen Leute; *Esp pop* **¡la ~ que la** *o* **lo parió!** *Ausdruck der Bewunderung, Entrüstung, Überraschung*; *vulg* **de puta ~** super *fam*, cool *fam*, geil *pop* 2 ZOOL Muttertier *n*; *fig* **¡ahí está la ~ del cordero!** da liegt der Hase im Pfeffer! 3 ANAT *(útero)* Gebärmutter *f* 4 *fig (origen)* Ursprung *m*; POL **~ patria** Mutterland *n*; *fig* **irse de ~** *vino* umschlagen 5 *(cauce)* Fluss-, Bachbett *n*; *(alcantarilla)* Hauptabzugsgraben *m*; **salirse de ~** *río* über die Ufer treten; *fig* über die Stränge schlagen; außer Kontrolle geraten; *fig* **sacar de ~ a alg** j-n erzürnen, j-n auf die Palme bringen 6 ARQUIT, TEC *madero*: Hauptträger *m*; Stütze *f*; MAR **~ del timón** Ruderspindel *f* 7 *(heces)* Bodensatz *m*, Hefe *f (von Wein, Essig)*; *de café*: Kaffeesatz *m* 8 *Cuba (carbonera)* Kohlenmeiler *m* 9 *Am Centr* BOT **~ de(l) cacao** *árbol*: Schattenbaum *m* B ADJ QUÍM **lejía** *o* **agua** *f* **~** Mutterlauge *f*; ARQUIT **viga** *f* **~** Hauptbalken *m*, Träger *m*
madrearse VR Fäden ziehen *(gärende Substanz)*; **madrecilla** F ORN Eierstock *m der Vögel*; **madreclavo** M BOT Mutternelke *f (Gewürznelke)*; **madreperla** F Perlmutt(er *f*) *n*
madrépora F ZOOL Steinkoralle *f*
madrero ADJ verhätschelt, verwöhnt; **niño** *m* **~** Muttersöhnchen *n*; **madreselva** F BOT Geißblatt *n*; **madrevieja** F *Andes* trockenes Flussbett *n*
Madrid M *spanische Hauptstadt und Region*; **Real ~** *Madrider Fußballklub*
madridista A ADJ *auf den Fußballklub Real Madrid bezogen* B M/F Mitglied *n* (*o* Fan *m*) des Fußballklubs Real Madrid; **madrigado** ADJ 1 *mujer* in zweiter Ehe verheiratet 2 ZOOL

(*Stier oder Bock*) der schon weibliche Tiere gedeckt hat **3** *fig* (*experimentado*) erfahren, bewandert; **madrigal** M MÚS, LIT Madrigal *n*; **madrigalesco** ADJ madrigalartig; Madrigal...; **madriguera** F **1** *cueva*: (Kaninchen-)Bau *m* **2** *fig para gente de mal vivir*: Schlupfwinkel *m*; Spelunke *f*; **~ de bandidos** Räuberhöhle *f*; **madrileñismo** M Madrider Wesensart *f*; **madrileño** A ADJ aus Madrid, Madrider *inv* B M, **-a** F Madrider *m*, -in *f*

madrina F **1** *bautismo*: Taufpatin *f* (*tb eines Schiffs etc*), Patentante *f*; *matrimonio*: Trauzeugin *f* **2** *fig* (*protectora*) Beschützerin *f*, Gönnerin *f* **3** (*yegua guía*) Leitstute *f*; (*mula*) Leittier *n* **4** (*correa*) Koppelriemen *m* **5** (*pilar de madera*) Holzpfeiler *m*; Stütze *f* **6** *Cuba maestra*: Klassenlehrerin *f*; **madrinazgo** M (weibliche) Patenschaft *f*; **madrino** M *Arg, Col* Leittier *n eines Maultierzugs*

madrona F **1** (*madraza*) verhätschelnde Mutter *f* **2** *fig* (*alcantarilla*) Hauptabzugsgraben *m*; **madroñal** M Erdbeerbaumpflanzung *f*; **madroñera** F **1** → madroñal **2** BOT → madroñero; **madroñero** M → madroño 1; **madroño** M **1** BOT *arbusto*: Erdbeerbaum *m* **2** *fig* (*borla*) Troddel *f*; Noppe *f*

madrugada F **1** (*amanecer*) Morgenfrühe *f*; früher Morgen *m*; **a la ~** bei Tagesanbruch; **a las tres de la ~** um drei Uhr nachts; **de ~** sehr früh am Morgen **2** (*acción de madrugar*) Frühaufstehen *n*; **madrugador** A ADJ **ser muy ~** (*gewöhnlich*) sehr früh aufstehen B M, **madrugadora** F Frühaufsteher *m*, -in *f*; **madrugar** V/I ⟨1h⟩ **1** (*levantarse temprano*) früh aufstehen; **a quien madruga, Dios le ayuda** Morgenstund hat Gold im Mund **2** *fam fig* (*levantarse más temprano*) früher aufstehen **3** *fam fig anticiparse*: *seinem Gegner* zuvorkommen; **madrugón** *fam* A ADJ früh aufstehend B M sehr frühes Aufstehen *n*; **darse un ~** *fam* früh aufstehen

madurable ADJ **1** *fruto* aus-, nachreifbar **2** *fig* TEC *metales* aushärtbar (*Leichtmetall*); **maduración** F (Aus)Reifen *n* (*tb fig*); Reifung *f* (*tb* TEC, QUÍM); **maduradero** M AGR Reifeboden *m*; **madurado** ADJ ausgereift (*tb fig*); (*bien pensado*) reiflich überlegt; **maduramente** ADV reiflich; **madurante** ADJ reifend

madurar A V/T **1** (*volver maduro*) reif machen, zur Reife bringen **2** *fig* (*meditar una idea*) reiflich überlegen B V/I **1** *frutos* reifen, reif werden (*tb fig*) **2** *fig* (*envejecer*) älter werden; (*crecer en juicio*) vernünftig werden

madurativo A ADJ die Reifung bewirkend (o beschleunigend) B M *medio*: Reifungsmittel *n*; **madurez** F Reife *f* (*tb fig*)

maduro ADJ **1** reif (*tb* MED); ausgereift (*tb fig*) **2** *fig* (*juicioso*) reif; reiflich; bedächtig; klug, gescheit **3** *fig* (*entrado en años*) reif, ausgewachsen; alt; **edad** *f* **-a** reife(re)s Alter *n*

maese M HIST Meister *m*

maestra F **1** *perita en una materia*: Meisterin *f* **2** *colegio primario*: Lehrerin *f*, Grundschullehrerin *f*; *fig tb* Lehrmeisterin *f*; *Ven* **~ normalista** Grundschullehrerin *f*; **~ de educación infantil**, *espec Am* **~ de preescolar** o **de párvulos** o *Perú* **de educación inicial** o *Arg, Par* **~ jardinera** Kindergärtnerin *f* **3** ARQUIT, CONSTR *de los albañiles*: Richtscheit *n*; **(línea** *f***) ~** Richtlinie *f* **4** MAR *vela*: Großsegel *n* **5** *abeja*: Bienenkönigin *f* **6** *jerga del hampa llave*: Dietrich *m*

maestranza F **1** HIST (*sociedad de caballeros*) Reiterklub *m* (*des Adels, bes 18. Jh.*) **2** MIL *talleres*: Werkstatt *f*, *espec* Artilleriewerkstatt *f*; MAR Werft *f*; *operarios*: Personal *n einer solchen Werkstatt* **3** *Chile, Méx* FERR *sindicato*: Eisenbahnwerkstatt *f*; **maestrazgo** M HIST **1** *dignidad*: Amt *n* (und Würde *f*) eines Ordensmeisters **2** *territorio*: Ordensgebiet *n eines Ritterordens*

maestre M **1** *de una orden*: Ordensmeister *m eines Ritterordens*; **gran ~** Großmeister *m* (*einer Freimaurerloge*); **Gran Maestre de Calatrava** Großmeister *m* des Calatravaordens; **Gran Maestre de la Orden Teutónica** Deutschmeister *m* **2** MAR, HIST *oficial*: *Art* Erster Offizier *m auf Handelsschiffen* **3** MIL, HIST **~ de campo** *oficial de la milicia*: Oberfeldmeister *m der alten spanischen Miliz*

maestresala M **1** *criado*: Saalkellner *m* **2** HIST *cargo*: **~ de Palacio** Truchsess *m*; **maestría** F **1** *arte, destreza*: Meisterhaftigkeit, Meisterschaft *f in einer Sache*; *fig* große Geschicklichkeit *f*, großes Können *n*, Brav(o)ur *f*; **con ~** meisterhaft, meisterlich **2** *dignidad*: Meisterwürde *f*; -titel *m*; **pieza** *f* **de ~** Meisterstück *n eines Handwerksgesellen* **3** *Am reg título*: Titel *m* (o Grad *m*) eines Magisters; **maestril** M Weiselzelle *f*; **maestrillo** M *desp* Schulmeister *m fam*

maestro A ADJ **1** (*perfecto*) meisterhaft, meisterlich, Meister...; Haupt...; **obra** *f* **-a** Meisterwerk *n*, -stück *n* **2** *perro de caza* abgerichtet B M **1** *perito*: Meister *m*; *que enseña su profesión*: Lehrmeister *m*; **~ de armas** o **de esgrima** Fechtmeister *m*, -lehrer *m*; **~ de ceremonias** Zeremonienmeister *m*; CAT **~ de novicios** Novizenmeister *m*; HIST **~ de postas** Postmeister *m*; *Esp* HIST **Maestro de Postas** spanischer Reichspostmeister *m* **2** *del colegio primario*: Lehrer *m*, Grundschullehrer *m*; *Am reg* UNIV Magister *m* (*tb* HIST); HIST **~ de** o **en artes** Magister *m* Artium; **~ de escuela** Schullehrer *m*; **~ de primera enseñanza** Grundschul- o *Austr* Volksschullehrer *m*; *Esp* HIST **~ nacional** Volksschullehrer *m*; **~ rural** Dorfschullehrer *m* **3** *artesano*: **~ (de oficio)** Handwerksmeister *m*; **~-albañil** Maurermeister *m*; *tb* Maurerpolier *m*; **~ de cocina** Küchenmeister *m*, Chefkoch *m*; **~ de obras** Bauleiter *m*; **~ industrial** Werkmeister *m* (*in einer Fabrik*); **~ de taller** Werkmeister *m* (*in einer Werkstatt*); **diploma** *m* **de ~** Meisterbrief *m* **4** MÚS (*compositor o director*) Meister *m*; Maestro *m*; **~ de capilla** Domkapellmeister *m*, Regens *m* (Chori); **~ concertador** Korrepetitor *m*, (Hilfs-)Kapellmeister *m* **5** MAR (*palo mayor*) Großmast *m* **6** *anticuado o reg tratamiento*: Meister (*reg*)

mafia F Mafia *f* (*tb fig*); **mafioso** A ADJ Mafia... B M Mafioso *m*

mafuco M *Cuba fam* Fusel *m fam*

magacín M TV, RADIO, *revista*: Magazin *n*

magalla F *Am Centr* Zigarettenstummel *m*, Kippe *f fam*

Magallanes GEOG **Estrecho** *m* **de ~** Magellanstraße *f*

magancear V/I *Chile* faulenzen; **maganto** ADJ niedergeschlagen, schwermütig; **maganzón** *Col, C. Rica* A ADJ faul B M, **-ona** F Faulenzer *m*, -in *f*, Nichtstuer *m*, -in *f*

magaña F **1** (*astucia*) List *f*; Verschlagenheit *f* **2** *defecto de fundición*: Fehler *m* im Guss (*eines Geschützrohrs*); **magarza** F BOT Mutterkraut *n*; **magarzuela** F BOT Hundskamille *f*

magazine [maɣa'sin] M TV, RADIO, *revista*: Magazin *n*

magdalena F **1** GASTR *bollo*: Madeleine *f* (*kleines Biskuitgebäck*) **2** *fig* **está hecha** o **llora como una Magdalena** sie weint jämmerlich (o wie ein Schlosshund)

magenta A M *color*: Anilinrot *n*, Magenta *n* B ADJ magenta(rot)

magia F Zauberei *f*; Magie *f*; *fig* Zauber *m*; Verführungskraft *f*; **~ blanca/negra** weiße/schwarze Magie *f*; TEAT, HIST **comedia** *f* **de ~** Zauberstück *n*

magiar A ADJ (*húngaro*) madjarisch, ungarisch B M Madjar *m*, -in *f*, Ungar *m*, -in *f*

mágica F **1** *arte*: Zauberkunst *f* **2** *mujer*: Zauberin *f*; **mágico** A ADJ magisch; zauberhaft; Zauber... B M Zauberer *m*; Magier *m*

magín M *fam* Verstand *m*, Köpfchen *n fam*; Fantasie *f*

magíster M *fam Am reg grado*: Magister *m*; *desp* Pedant *m*, -in *f*

magisterial ADJ Lehramts...; Lehrerschafts...; Lehrer...; **magisterio** M Lehramt *n*; Lehrerschaft *f*; Lehrkörper *m*

magistrado M, **-a** F höhere(r) Justizbeamte *m*, -beamtin *f*; (*juez de un tribunal colegiado*) Richter *m*, -in *f*; *Am* (*fiscal*) Staatsanwalt *m*, Staatsanwältin *f*

magistral ADJ **1** (*de maestro*) meisterhaft, meisterlich; Meister... **2** *desp* (*pedante*) schulmeisterhaft, pedantisch **3** FÍS *instrumento de control*: Präzisions... **4** FARM *medicamento* nach ärztlicher Vorschrift bereitet; **magistralía** F REL Pfründnerschaft *f* (*Domherr*); **magistralmente** ADV meisterhaft; **magistratura** F **1** *cargo*: Amt *n* (o Amtszeit *f*) *eines Richters oder Am tb Staatsanwalts* **2** HIST, ADMIN (*conjunto de magistrados*) Magistratur *f* **3** *Esp* HIST, JUR **Magistratura de(l) Trabajo** Arbeitsgericht *n* **4** *Am reg título*: Titel *m* (o Grad *m*) eines Magisters

maglev ABR (de levitación magnética) **tren** *m* **~** Magnetschwebebahn *f*

magma M GEOL Magma *n*

magnanimidad F Edelmut *m*; Großherzigkeit *f*; Seelengröße *f*; **magnánimo** ADJ großmütig, edelmütig, hochherzig; **magnate** M/F Magnat *m*, -in *f*; **~ de la prensa** Pressezar *m*

magnesia F QUÍM Magnesia *f*; **magnésico** ADJ Magnesium...; **magnesio** M QUÍM Magnesium *n*; **sulfato** *m* **de ~** Magnesiumsulfat *n*; **magnesita** F MINER Magnesit *m*; **magnético** ADJ magnetisch; Magnet...

magnetismo M **1** FÍS *fuerza de un imán*: Magnetismus *m*; **~ terrestre** Erdmagnetismus *m* **2** HIST, MED **~ animal** tierischer Magnetismus *m*, Mesmerismus *m*; **magnetita** F MINER Magnetit *m*, Magneteisenstein *m*; **magnetizable** ADJ magnetisierbar; **magnetización** F Magnetisierung *f* (*tb fig*); **magnetizador** A ADJ magnetisierend B M Magnetisiergerät *n*; Magnetiseur *m*; **magnetizar** V/T ⟨1f⟩ magnetisieren (*tb fig*); *fig* begeistern

magneto M Magnet *m*; AUTO Zündmagnet *m*; **magnetofón** Tonbandgerät *n*, Magnetofon *n/m*; **magnetofónico** ADJ Magnetofon ...; **cinta** *f* **-a** Tonband *n*; **magnetófono** M Tonbandgerät *n*, Magnetofon *n*; **magnetoscopio** M TV Videorecorder *m*; **magnetoterapia** F Magnetfeldtherapie *f*

magnicida M/F Attentäter *m*, -in *f*; **magnicidio** M Attentat *n*, Königs- (o Präsidenten)mord *m*

magníficamente ADV prächtig; großartig; ausgezeichnet; **magnificar** V/T ⟨1g⟩ REL, *liter* rühmen, (lob)preisen; **magníficat** M REL Magnifikat *n*; **magnificencia** F **1** (*esplendidez*) Pracht *f*; Herrlichkeit *f* **2** (*suntuosidad*) Pomp *m*; Prunk *m* **3** (*generosidad*) Freigebigkeit *f*; **magnificente** ADJ → magnífico 1,2; **magnificentísimo** *sup* → magnífico; **magnífico** ADJ **1** (*suntuoso*) prächtig; herrlich; großartig **2** (*generoso*) freigebig **3** *delante de un título*: Magnifizenz *f*; **magnitud** F **1** (*tamaño*) Größe *f* (*tb* MAT *y fig*); Größenordnung *f*; *fig* Umfang *m*; *de un terremoto*: Stärke *f eines Erdbebens* **2** *fig* (*sublimidad*) Erhabenheit *f*; **magno** ADJ *fig* groß; erhaben; gewaltig

M

magnolia F BOT Magnolie *f*; **magnoliáceas** FPL BOT Magnoliengewächse *npl*
magnolio M BOT Magnolienbaum *m*
mago M, **-a** F Magier *m*, -in *f*; Zauberer *m*, Zauberin *f*; **los Reyes Magos** die Heiligen Drei Könige; **los Magos de Oriente** die Weisen aus dem Morgenland
magosto M *reg* 1 *hoguera para asar castañas*: Feuer *n zum Kastanienrösten* 2 *(castañas asadas)* geröstete Kastanien *fpl*
magra F Schinkenschnitte *f*
magrear VT *vulg* befummeln *fam*, betatschen *fam*
Magreb M Maghreb *m*
magrebí ADJ ⟨*pl* –íes⟩ A ADJ aus dem Maghreb, maghrebinisch B M/F Maghrebiner *m*, -in *f*
magreo M *vulg* Befummeln *n fam*, Betatschen *n fam*
magret M GASTR Gänse- (*o* Enten)brust *f*
magrez F Magerkeit *f*; **magro** A ADJ mager; hager B M mageres Fleisch *n*; *espec* mageres Schweinekotelett *n*; **magrura** F → magrez
magua F *Cuba, P. Rico* Streich *m*; Reinfall *m fam*
maguey M *Méx, Ven* BOT amerikanische (*o* mexikanische) Agave *f*; **magueyal** M *Méx* Agavenpflanzung *f*; **maguillo** M BOT Holzapfel *m*; **magüira** F *Cuba* BOT *als Heiltee verwendete Pflanze* (*Capraria biflora*)
magulladura F, **magullamiento** M 1 *(efecto de magullar)* Quetschung *f* 2 *(acción de magullar)* Quetschen *n*; Zerdrücken *n*; **magullar** VT *(causar contusiones)* (zer)quetschen; zerdrücken; **magullón** M *Am fam* Quetschung *f*
Maguncia F Mainz *n*
maguntino A ADJ aus Mainz B M, **-a** F Mainzer *m*, -in *f*
maharajá M Maharadscha *m*; **maharani** F Maharani *f*
Mahoma N PR M REL HIST Mohammed *m*
mahometano A ADJ mohammedanisch B M, **-a** F Mohammedaner *m*, -in *f* (*neg!*); Moslem *m*, Moslemin *f*; **mahometismo** M Mohammedanismus *m*; **mahometizar** VT ⟨1f⟩ zum Islam bekehren, islamisieren
mahón M TEX Nanking *m*; **mahona** F türkische Lastgaleere *f*; **mahonesa** F 1 GASTR Mayonnaise *f* 2 BOT *Art* Levkoje *f*
maicena F *(harina de maíz)* feines Maismehl *n*; *papilla*: Maisbrei *m daraus*; **maicero** A ADJ Mais… B M, **-a** F 1 *cultivador(a)*: Maisbauer *m*, Maisbäuerin *f* 2 *comerciante*: Maishändler *m*, -in *f* 3 *Col habitante*: Einwohner *m*, -in *f* von Antioquía (*Spitzname*); **maicillo** M 1 *Am Cent, Méx* BOT *(mijo)* Hirse(art) *f* (*Paspalum stoloniferum*) 2 *Chile arena*: Kiessand *m*
mailbox ['mɛĭlβɔks] M INFORM Mailbox *f*
mailing ['mɛĭlin] M Mailing *n*; **lista** *f* **de ~** Mailingliste *f*
mailing list ['mɛĭlin list] M INFORM Mailingliste *f*
maillot [ma'jo, ma'jɔt] M *espec* DEP Trikot *n*; **el ~ amarillo** das Gelbe Trikot
maimón M 1 ZOOL *mono*: Mandrill *m* 2 *(traje de baño)* Badeanzug *m*
mainel M ARQUIT Zwischenpfeiler *m bei Fenstern*; **maitén** M *Chile* BOT *Art* Kerzenbaum *m*, Maiten *m*; **maitencito** M *Chile juego*: Blindekuhspiel *n*; **maitines** MPL REL Frühmette *f*
maître M **~ (d'hôtel)** Oberkellner *m*
maíz M Mais *m*; **cultivo** *m* **de ~** Maisanbau *m*; **harina** *f* **de ~** Maismehl *n*; **~ de Guinea** Mohrenhirse *f*; *Arg* **~ del agua** Victoria regia *f* (*große südamerikanische Seerose*)
maizal M Maisfeld *n*
maja¹ F *(niña guapa)* (hübsches) Mädchen *n*; Schönheitskönigin *f*, Miss *f*; **la ~ desnuda/vestida** die nackte/bekleidete Maja (*berühmte Bilder von Goya*)
maja² F *Am (mano de almirez)* Mörserkeule *f*
majá M *Cuba* 1 ZOOL *culebra*: kubanische Schlankboa *f* 2 *fam fig (holgazán)* Faulenzer *m*; **hacerse el ~ muerto** sich taub stellen
majada F 1 *(aprisco)* Pferch *m*; Schafhürde *f* 2 *estiércol*: Mist *m*; Schafmist *m* 3 *RPl manada*: Schafherde *f*; **majadear** A VI im Pferch übernachten B VT düngen; **majaderear** VT & VI *Am* plagen, belästigen; *j-m* zusetzen (**con** mit *dat*); **majadería** F Albernheit *f*; dummes Geschwätz *n*; Mumpitz *m fam*; **majaderillo** M TEX Klöppel *m für Spitzen*; **majadero** A ADJ 1 *(necio)* albern, dumm 2 *(pesado)* lästig B M *(pisón)* Stößel *m*; Klöppel *m* C M, **-a** F, *fam fig (imbécil)* Dummkopf *m*, Trottel *m fam*, lästige, alberne Person *f*; **majador** M Stampfer *m*; Stößel *m*, Mörserkeule *f*; **majagranzas** M ⟨*pl inv*⟩ *fam* Tölpel *m*; Einfaltspinsel *m*
majagua F BOT *Antillas verschiedene Arten* Eibisch *m*, *espec* Mandeleibisch *m*
majal M Fischschwarm *m*; **majandí** *Esp pop* **ponerse de mala ~** stinksauer werden *pop*;
majano M Steinhaufen *m auf einem Feld*
majar VT 1 *(machacar)* zerstoßen, zerstampfen; *Arg cereales* mahlen 2 *fig (molestar)* belästigen; **majareta** A ADJ *fam* beknackt *fam*, bescheuert *fam*, behämmert *fam* B M/F *fam* Verrückte *m/f*; **majarete** M *Antillas, Col, Ven* Mais- (*o* Reis)pudding *m*
majestad F Majestät *f* (*tb fig*); CAT **Su Divina Majestad** das Allerheiligste (*Altarsakrament*); Gott *m*; **majestuosidad** F Herrlichkeit *f*, Großartigkeit *f*, Erhabenheit *f*, Majestät *f* (*fig*);
majestuoso ADJ majestätisch; würdevoll; herrlich
majeza F *fam* 1 *(elegancia del campesino)* bäuerische Eleganz *f* 2 *(ostentación)* Großtuerei *f* 3 *(presunción)* Geckenhaftigkeit *f*
majo A ADJ 1 *(guapo)* schmuck, hübsch, fesch *fam* 2 *(simpático)* nett, sympathisch; kess *fam* 3 *(ataviado)* herausgeputzt 4 *fam (valiente)* **¿quién es el ~?** *o* **¿cualquiera es el ~?** wer ist der Mutige?; wer wagt es? B M 1 *(fatuo)* Geck *m*, Lackaffe *m* 2 *fig muchacho*: mutiger (*o* stattlicher) Bursche
majolar M AGR junge Rebpflanzung *f*; **majoleta** F BOT → marjoleta; **majoleto** M BOT → marjoleto
majorero ADJ aus Fuerteventura
majuela F BOT Hagebutte *f*
majuelo M 1 BOT *eingriffliger* Weißdorn *m* 2 AGR *reg viña*: junger Weinberg *m*; *vid*: *schon tragende* Jungrebe *f*
majunche ADJ *Ven fam* mies *fam*; unbrauchbar
majzén M (marokkanische) Regierung *f*; **maki** M ZOOL Maki *m*
mal A ADJ *delante de sust* MSG → malo B ADV 1 *gener* schlecht; *espec fig* übel; *(injusto)* unrecht; **muy ~** schlimm; **~ que bien** recht und schlecht; mittelmäßig; *fig* **dejar ~** schlechtmachen; blamieren; **(eso) está ~** das ist schlecht (*o* nicht richtig); das ist unrecht; **¡no está ~!** nicht übel!, nicht schlecht!; **la cosa no está ~** die Sache ist nicht übel; das hört (*o* lässt) sich ganz gut an; **no estaría ~** es wäre nicht übel; **estar** *o* **andar ~ de dinero** schlecht bei Kasse sein; **hablar ~ de alg** schlecht über j-n reden; **hacer ~** schlecht (*o* falsch *o* unrecht) handeln; *fig* **ponerle ~ a alg** j-n schlechtmachen; *fig* **quedar ~** schlecht ausfallen; schlecht dastehen; sich blamieren; **quedar ~ con alg** es mit j-m verderben; **salir ~** misslingen; missraten; übel ausgehen; **no va ~ (eso)** es geht gut, das klappt nicht schlecht *fam* 2 *salud*: **ponerse ~** krank werden; **el enfermo va** *o* **está ~** dem Kranken geht es schlecht; **se siente ~** ihm/ihr ist schlecht *o* übel 3 *con prep*: **a ~ dar** wenigstens; **echar** *o* **tomar** *o* **llevar a ~** übel nehmen; **estar a ~ con alg** mit j-m verfeindet (*o* verkracht) sein; **ponerse a ~ con alg** sich mit j-m verkrachen; **de ~ en peor** immer schlechter (*o* schlimmer), vom Regen in die Traufe; **ir de ~ en peor** immer schlimmer werden 4 **¡menos ~!** zum Glück!, Gott sei Dank!; **menos ~ que …** (noch) ein Glück, dass … C M 1 Böse(s) *n*; Übel *n*; *(daño)* Schaden *m*; **~es** *mpl* Übel *npl*; Ungemach *n*; **el ~ menor** das kleinere Übel; **un ~ necesario** ein notwendiges Übel; **devolver ~ por ~** Böses mit Bösem vergelten; **hacer ~ a alg** j-m schaden; *folclore*: **~ de ojo** böser Blick *m*; *Biblia*: **líbranos del ~** erlöse uns von dem Bösen; *prov* **no hay ~ que por bien no venga** es hat alles auch sein Gutes; *prov* **bien vengas ~, si vienes solo** ein Unglück kommt selten allein 2 MED *(enfermedad)* Krankheit *f*; Leiden *n*; **~ de (las) altura(s)** Höhen-, Bergkrankheit *f*; **~ de amores** Liebeskummer *m*; *fam* **~ de barriga** Bauchweh *n fam*; **~ del espacio** Raumkrankheit *f*; **~ de mar** Seekrankheit *f*; **~ de montaña** Höhen-, Bergkrankheit *f*; MED **~ de la piedra** Harnsteinleiden *n* 3 VET **~ rojo** Rotlauf *m der Schweine*; **~ de las vacas locas** Rinderwahnsinn *m*
mala F *juego de cartas*: zweithöchste Karte *f im Spiel*
malabar A ADJ 1 GEOG Malabar… 2 *p. ext* **juegos** *mpl* **~es** (Jongleur-)Kunststücke *npl*; **hacer juegos** *mpl* **~es** jonglieren B **~es** MPL *fig* Gaukeleien *fpl*; Balanceakte *mpl* (*tb* POL)
malabarismo M Jongleurkunst *f*; *fig* große Geschicklichkeit *f*; *desp* Gaukelei *f*; **malabarista** M/F Jongleur *m*, -in *f* (*tb fig*)
malacate M *espec* MIN Göpel(werk *n*) *m*
malacia F MED 1 *(reblandecimiento)* Erweichung *f*, Malazie *f* 2 *perversión del apetito*: krankhafter Hunger *m* auf Ungenießbares (*z. B. auf Kohle, Erde*)
malacitano *liter* → malagueño
malacodermo M ZOOL Weichtier *n*; **malacología** F ZOOL Malakologie *f*, Weichtierkunde *f*
malaconsejado ADJ schlecht beraten; **malacostumbrado** ADJ 1 *(de malos hábitos)* von schlechten Gewohnheiten 2 *(mimado)* verwöhnt
malacrianza F *Am* 1 *(mala educación)* schlechte Erziehung *f* 2 *(descortesía)* Ungezogenheit *f*; **malacuenda** F 1 *(hilaza de estopa)* grobes Werg *n* 2 → harpillera
málaga M Malaga(wein) *m*, *Süßwein aus der Region Málaga*
Málaga N PR F *spanische Stadt, Provinz*; **vino** *m* **de ~** Malaga(wein) *m*; *fam fig* **salir de ~ y entrar** *o* **meterse en Malagón** aus dem (*o* vom) Regen in die Traufe kommen
malagana F *fam* → desmayo
malagradecido ADJ undankbar
malagua F *Perú* ZOOL Qualle *f*; **malagueña** F MÚS *Volksweise aus Málaga*; **malagueño** A ADJ aus Málaga B M, **-a** F Einwohner *m*, -in *f* von Málaga; **malagueta** F BOT Nelkenpfeffer *m*; Piment *m/n*; **malaje** M *fam* 1 *(persona mala)* böser Mensch *m* 2 *(mala intención)* böse Absicht *f*; **malaleche** M/F *vulg* gemeine Person *f*
malambo M *Arg, Ur, Chile traditioneller Männertanz der Gauchos*
malamente ADV schlecht
malandante ADJ unglücklich; **malandanza** F Unglück *n*; **malandrín** M Bösewicht *m*; **malandro** M *Ven fam* Ganove *m*
malapata M/F *fam* Pechvogel *m*
malaquita F MINER Malachit *m*

malar A ADJ Wangen… B M → pómulo; **malaria** F MED Malaria *f*; **malarioterapia** F MED Malariabehandlung *f*
Malasia F Malaysia *n*
malasio A ADJ malaysisch B M, **-a** F Malaysier *m*, -in *f*
malasombra *fam* A ADJ gemein B M/F unangenehme Person *f*
Malaui M Malawi *n*
malauiano A ADJ malawisch B M, **-a** F Malawier *m*, -in *f*
malaúva M/F *fam* gemeiner Kerl *m fam*; gemeines Weibsbild *n fam*
malavenido ADJ unverträglich; **malaventura** F Unglück *n*; **malaventurado** ADJ unglücklich; **malaventuranza** F Unglück *n*, Unheil *n*
Malawi M → Malaui
malawiano A ADJ malawisch B M, **-a** F Malawier *m*, -in *f*
malaxar V/T MED kneten, malaxieren
malayo A ADJ malaiisch B M, **-a** F Malaie *m*, Malaiin *f*
Malaysia F → Malasia
malbaratador A ADJ verschwenderisch B M, **-a** F Verschwender *m*, -in *f*; **malbaratamiento** M Verschwendung *f*; **malbaratar** V/T verschleudern; verschwenden
malcarado ADJ übel aussehend; **malcasado** ADJ 1 *persona* schlecht (*o* unglücklich) verheiratet 2 (*que no cumple sus obligaciones matrimoniales*) seinen ehelichen Pflichten nicht nachkommend; **malcasar** V/T schlecht verheiraten
malcomer V/I schlecht (*o* wenig) essen; **malcomido** ADJ hungrig, schlecht genährt; **malconsiderado** ADJ → desconsiderado; **malcontentadizo** ADJ → descontentadizo; **malcontento** ADJ unzufrieden
malcriadez F *Am* Ungezogenheit *f*, Ungehörigkeit *f*; **malcriado** ADJ *niño* verzogen; ungezogen; unhöflich; **malcriar** V/T ⟨1c⟩ *niño* verziehen, schlecht erziehen
maldad F Bosheit *f*; Schlechtigkeit *f*
maldecidor A ADJ *poco usado* (*difamante*) lästernd; Übles nachsagend B M, **maldecidora** F Lästerer *m*, Lästerin *f*, Verleumder *m*, -in *f*; **maldecir** ⟨3p; *pp* maldecido; *Futur, Konditional und Imperativ nach* 3a⟩ A V/I (*echar maldiciones*) lästern; fluchen (**de** über *acus*); **~ de alg** j-n schlechtmachen B V/T (*anatematizar*) verfluchen; **maldiciente** A ADJ (*difamante*) lästerlich; verleumderisch B M/F (*difamador[a]*) Verleumder *m*, -in *f*, Lästermaul *n fam*; **maldición** F Fluch *m*; **echar una ~ contra** (*o* **a**) **alg** j-n verfluchen; *int* **¡~!** verdammt!; **maldigo, maldije,** *etc* → maldecir
maldispuesto ADJ 1 (*de mal humor*) schlecht gelaunt 2 → indispuesto
maldita A ADJ → maldito B F *fam* 1 *espec fam fig* (*lengua*) Zunge *f*; **soltar la ~** ein loses Mundwerk haben 2 *Cuba* (*grano*) Pickel *m*; (*úlcera*) Geschwür *n*
maldito A ADJ verflucht, verdammt; verflixt *fam*; **~ de Dios** von Gott verflucht; *fam* gottverdammt *fam*; *fam* **¡~ sea!** zum Teufel mit ihm!; *pop* **¡-a sea!** verdammt noch mal! *fam*; **~ el caso que le hacen** kein Hahn kräht nach ihm; man lässt ihn links liegen; **no sabe -a la cosa** er weiß rein gar nichts; **~ para lo que sirve** er taugt zu gar nichts; **-a la falta que hace** Sie haben uns gerade noch gefehlt!; **¡-a la gracia!** eine schöne Bescherung! B M, **-a** F Verfluchte *m/f*; *fam fig* schlechter Kerl *m*, böses Weib *f*; *fam* **el ~** der Teufel
Maldivas FPL Malediven *pl*
maleabilidad F Schmiedbarkeit *f*; Geschmeidigkeit *f*; **maleable** ADJ TEC *metal* hämmerbar, schmiedbar; *p. ext* (*dúctil*) knetbar; (*flexible*) geschmeidig; *fig* (*dócil*) anpassungsfähig, formbar; **hierro** *m* **~** Schmiedeeisen *n*;
maleado ADJ *espec Am* → pervertido; **maleador** ADJ → maleante; **maleante** A ADJ *fam* boshaft; hämisch B M/F Bösewicht *m*; Übeltäter *m*, -in *f*; Gauner *m*, -in *f*; **los ~s** *o* **la gente ~** das Gesindel
malear A V/T (*echar a perder*) verderben (*tb fig*); (*dañar*) schaden (*dat*) B V/R **malearse** schlecht werden; verderben; *fig* verkommen
malecón M 1 (*dique*) Damm *m*; Deich *m*; *murallón*: Wasserschutzmauer *f* 2 (*muelle*) Kai *m*; Mole *f*; Pier *m/f*; **maledicencia** F üble Nachrede *f*, Verleumdung *f*; **maleficencia** F *liter* boshafte Gesinnung *f*; **maleficente** ADJ → maléfico; **maleficiar** V/T ⟨1b⟩ 1 (*causar daño*) verderben; schaden (*dat*) 2 (*maldecir*) verwünschen, verhexen; **maleficio** M 1 (*daño*) Schaden *m*; Unheil *n* 2 (*brujería*) Verhexung *f*; Hexerei *f*; Zauber *m*
maléfico A ADJ schädlich; unheilvoll; verderblich B M → hechicero
malejo ADJ *desp fam* kränklich, nicht auf der Höhe *fam*
malentender ⟨2g⟩ V/T falsch verstehen; missverstehen; **malentendido** M Missverständnis *n*
maleolar ADJ ANAT Knöchel…; **maléolo** M ANAT (Fuß-)Knöchel *m*
malestar M 1 *del cuerpo*: Unwohlsein *n*; Übelsein *n* 2 *del ánimo*: Unbehagen *n*
maleta A F 1 (Hand-)Koffer *m*; *Am* **~ portafolios** Aktenkoffer *m*; **hacer la ~** den Koffer packen; *fam fig* sein Bündel schnüren; *fig* **echarse la ~ al hombro** (*aus seiner Heimat*) auswandern 2 AUTO Kofferraum *m* 3 *Am* (*lío de ropa*) Kleiderbündel *n* 4 *fam fig* (*torpe*) Tölpel *m*; Pfuscher *m* 5 *Am reg fam* (*joroba*) Buckel *m* 6 *Arg, Chile* → **alforja(s)** B M 1 *Esp* TAUR angehender Stierkämpfer *m* (*der mit Schwierigkeiten zu kämpfen hat*) 2 *Perú fam* (*inútil*) Niete *f fam*, Flasche *f fam*
maletera F *Chile, Perú* AUTO Kofferraum *m*; **maletero** M 1 *Esp* AUTO Kofferraum *m*; (*portaequipajes*) Gepäckträger *m* 2 *fabricante*: Koffermacher *m*; *vendedor*: Kofferhändler *m*; (*mozo de equipajes*) Gepäckträger *m* 3 *Chile* (*ratero*) Taschendieb *m*; **maletilla** M TAUR angehender Torero *m* (*der mit Schwierigkeiten zu kämpfen hat*); **maletín** M Köfferchen *n*; kleiner Handkoffer *m*; Aktenkoffer *m*; (*bolsa de viaje*) Reisetasche *f*; *para el picnic*: Picknickkoffer *m*; (*alforjas*) Satteltasche *f* (*tb en la bicicleta*); *para herramientas o instrumentos*: Werkzeug- (*o* Instrumenten)tasche *f*; *Am* **~ ejecutivo** Aktenkoffer *m*; **maletón** M 1 großer Koffer *m* 2 *Ec* (*saco de dormir*) Reisebettsack *m*; **maletudo** ADJ *Cuba fam* bucklig
malevo ADJ *Arg, Bol* bösartig; verbrecherisch; **malevolencia** F Böswilligkeit *f*, Übelwollen *n*; **malevolente** ADJ böswillig
malévolo A ADJ böswillig B M, **-a** F Missgünstige *m/f*
maleza F 1 (*hierbas malas*) (dichtes) Unkraut *n*; *p. ext* (*matorral*) Gestrüpp *n* 2 *Chile fam* → pus; **malezal** M *RPl* Gestrüpp *n*; Dickicht *n*
malformación F MED Miss-, Fehlbildung *f*; **malformado** ADJ fehlgebildet
malgache A ADJ madagassisch B M/F Madagasse *m*, Madagassin *f* C M *lengua*: Madagassisch *n*
malgastador A ADJ verschwenderisch B M, **-a** F Verschwender *m*, -in *f*; **malgastar** V/T verschwenden; **malgeniado** ADJ, **malgenioso** ADJ *Am* jähzornig; **malhablado** ADJ unverschämt, mit einem frechen Mundwerk; derbe Ausdrücke benutzend; **malhadado** ADJ unglücklich
malhaya INT er/sie/es sei verflucht! *fam*; *pop RPl* → *tb* ojalá
malhechor A ADJ übeltäterisch; verbrecherisch B M, **malhechora** F Übeltäter *m*, -in *f*; Verbrecher *m*, -in *f*; *Biblia*: Schächer *m*; **malherido** A ADJ schwer verletzt; schwer verwundet; *fig* angeschlagen B M, **-a** F Schwerverletzte *m/f*; Schwerverwundete *m/f*; **malherir** V/T ⟨3i⟩ schwer verwunden (*o* verletzen); **malhojo** M Abfall *m* (*Laub*); **malhuele** *fam* A ADJ stinkend B M/F Stinker *m*, -in *f fam*
malhumor M → humor 2; **malhumorado** ADJ schlecht gelaunt; **malhumorar** V/T *j-m* die Laune verderben
malí A ADJ aus Mali B M/F Malier *m*, -in *f*
Malí M Mali *n*
malicia F 1 (*maldad*) Bosheit *f*; (*malignidad*) Bösartigkeit *f*; (*perfidia*) Arglist *f*, Tücke *f*; **lo dijo sin ~** er sagte es ohne Hintergedanken 2 (*socarronería*) Verschmitztheit *f*; Geriebenheit *f fam*; (*sagacidad*) Scharfsinn *m*; **tener mucha ~** es faustdick hinter den Ohren haben 3 *fam* (*recelo*) *frec* **~s** *fpl* Argwohn *m*, Verdacht *m*
maliciar ⟨1b⟩ A V/T 1 *espec Méx* (*tener recelos*) argwöhnen 2 (*echarse a perder*) verderben B V/R **maliciarse** 1 (*pensar mal*) Schlechtes denken; Argwohn hegen 2 (*estropearse*) verderben (*tb fig*); **malicioso** ADJ 1 (*receloso*) argwöhnisch 2 (*socarrón*) verschmitzt 3 (*maligno*) boshaft; (*pérfido*) tückisch; *comentario, risa* hämisch, schadenfroh
málico ADJ *heráldica*: Apfel…
malignidad F Bösartigkeit *f* (*tb* MED); **malignizarse** V/R ⟨1f⟩ MED bösartig werden; **maligno** A ADJ böse; bösartig (*tb* MED) B M **el Maligno** der Teufel
malinchista ADJ *Méx desp* alles Fremde bewundernd (*o* nachahmend)
malintencionado ADJ übelwollend; heimtückisch
malinterpretar V/T falsch verstehen, falsch auslegen, missverstehen
malísimo ADJ ⌊*sup de* malo⌋ ganz schlecht, hundsmiserabel *fam*
malla F 1 TEX (*punto*) Masche *f*; TEX **tejido** *m* **de ~** Netz-, Trikotgewebe *n*, Gestrickte(s) *n*; **de ~(s) fina(s)** feinmaschig; **de grandes ~s** weitmaschig 2 TEC Masche *f*; **~ (de alambre)** Drahtnetz *n*, -geflecht *n*; **~ metálica** Metallgeflecht *n*; Maschendraht *m*; Fliegengitter *m*; INFORM **Malla Mundial** World Wide Web *n* 3 *vestido*: Trikot *n der Turner, Tänzer etc*; *pantalón*: Leggin(g)s *fpl*; *Am reg* (*leotardo*) Strumpfhose *f* 4 DEP **~s** *fpl* (Tor-)Netz *n*; DEP *int* **¡~s!** Tor! 5 *Am* (*traje de baño*) Badeanzug *m*
mallar V/I → enmallarse
mallazo M Draht-, Eisengitter *n*
mallo M 1 TEC (*mazo*) Fäustel *m*, Schlägel *m*; Holzhammer *m* 2 DEP → cricket
Mallorca F Mallorca *n*
mallorquín A ADJ mallorquinisch B M, **-ina** Mallorquiner *m*, -in *f* C *dialecto*: Mallorquinisch *n*
malmandado ADJ ungehorsam; **malmaridada** A ADJ ehebrecherisch B F 1 Ehebrecherin *f* 2 unglücklich verheiratete Frau *f*; **malmetedor** M, **malmetedora** F Unruhestifter *m*, -in *f*; **malmeter** V/T 1 (*malquistar*) entzweien 2 (*inducir a hacer mal*) auf den falschen Weg bringen, verleiten; **malmirado** ADJ 1 (*malquisto*) unbeliebt 2 (*inconsiderado*) rücksichtslos; (*descortés*) unhöflich
malnacido A ADJ *desp pop* gemein; schurkisch B M, **-a** F *desp pop* Schurke *m*, Schurkin *f*
malnutrición F Unterernährung *f*; falsche

M

Ernährung *f*; **malnutrido** ADJ unterernährt

malo A ADJ (*vor sust* MSG: **mal**) 1 (*contrario a bueno*) schlecht; schlimm; (*malvado*) übel, arg, böse; *fig tb* (*desagradable*) unangenehm; **mal humor** *m* schlechte Laune *f*; Verdrossenheit *f*; **-a memoria** *f* schlechtes Gedächtnis *n*; Vergesslichkeit *f*; MED **-a praxis** *f* ärztlicher Kunstfehler *m*; **de -a manera** schlimm; übel; gemein; **por -as** *o* **por la(s) -a(s)** *o* **mal a mal** mit Gewalt; **por las -as o por las buenas** im Guten oder im Bösen; freiwillig oder gezwungenermaßen; **andar** *o* **estar a -as con alg** mit j-m nicht auskommen, mit j-m auf gespanntem Fuß stehen; **asunto** *m* **~ de comprender** schwer begreifliche Sache *f*; *fam* **ni una -a palabra nos dijo** kein Sterbenswörtchen hat er uns gesagt; **echar a -a parte** verübeln; übel auslegen; **estar de -as** (*tener mal humor*) schlechte Laune haben; *espec al juego*: Pech haben; **venir de -as** böse Absichten haben; ungelegen kommen 2 MED **estar ~** *estado, condición*: in schlechtem Zustand; krank; **ponerse ~** erkranken 3 *moralmente*: schlecht, verdorben; boshaft; *niño* unartig 4 (*de mala calidad*) schlecht; (*inutilizable*) unbrauchbar; (*sin valor*) wertlos; (*sin talento*) unbegabt 5 (*perjudicial*) schädlich, nachteilig; (*peligroso*) gefährlich; **~ para la salud** gesundheitsschädlich 6 (*astuto*) schlau, gerissen *fam* B *sust* 1 **lo ~** (*lo dañino*) das Schlimme; (*lo desagradable*) das Übel; **lo ~ es que** das Schlimme ist, dass 2 **el ~** (*el maleante*) der Böse(wicht) *m*; *fam espec* (*el diablo*) der Böse, der Teufel

maloca F 1 *Bol, Col choza*: Indianerhütte *f* (*im Amazonasgebiet*) 2 *Arg, Chile* HIST *invasión*: bewaffneter Einfall *m* (von Indios *o* in das Indiogebiet)

malogrado ADJ 1 (*muerto prematuramente*) früh verstorben (*bes Künstler etc*) 2 (*fracasado*) gescheitert, misslungen; unglücklich 3 *Am* (*roto*) kaputt, (*dañado*) beschädigt; **malogramiento** M Misserfolg *m*; **malograr** A VT 1 (*no lograr*) versäumen; verfehlen; (*chapucear*) verpfuschen 2 *espec Am* (*dañar*) beschädigen, kaputt machen 3 *Ven fam* (*matar*) umlegen *fam*, killen *fam* B VR **malograrse** 1 (*fracasar*) misslingen; scheitern, fehlschlagen 2 (*morir prematuramente*) zu früh sterben 3 *Am* (*romperse*) kaputtgehen; **malogro** M Fehlschlag *m*; Scheitern *n*, Misslingen *n*

maloja F *Am*, **malojo** M *Ven* Futtermais *m*

maloliente ADJ übel riechend, stinkend

malón M 1 *Arg, Chile ataque*: Indianereinfall *m* 2 *Chile fam llegada de amigos*: *plötzliches Erscheinen von Gästen (die das Nötige zum Feiern mitbringen)*; **maloquear** VI *Am* Streifzüge *mpl* unternehmen

malparado ADJ übel zugerichtet; **salir ~** schlecht davonkommen

malparar VT übel zurichten

malparido ADJ *fam* → malnacido

malparir VI eine Fehlgeburt haben; **malparto** M Fehlgeburt *f*

malpensado A ADJ 1 (*receloso*) argwöhnisch; **ser ~** immer gleich das Schlechteste annehmen (*o* denken); immer an Zweideutigkeiten denken 2 *persona*: übelwollend B M, **-a** F argwöhnische Person *f*

malpigiáceas FPL BOT Malpighiengewächse *npl*

malqueda M/F unzuverlässiger (*o* nachlässiger) Mensch *m*

malquerencia F 1 (*mala voluntad*) Übelwollen *n* 2 (*repulsión*) Abneigung *f*; **malquerer** VT ⟨2u⟩ *j-m* übelwollen; **malquistar** A VT verfeinden, entzweien B VR **malquistarse** sich verfeinden (**con** mit *dat*); **malquisto** ADJ verfeindet (**con** mit *dat*); verhasst

malsano ADJ 1 (*insano*) ungesund; (*dañino*) schädlich 2 (*enfermo*) krankhaft; **malsonante** ADJ *palabra* anstößig, unanständig; **malsufrido** ADJ ungebärdig, ungeduldig

malta F 1 *cebada germinada*: Malz *n*; **~ triturada** Malzschrot *m* 2 *tostada*: Malzkaffee *m* 3 *espec Am cerveza*: Malzbier *n*

Malta F Malta *n*; MED **fiebre** *f* **de ~** Maltafieber *n*

maltaje M 1 *conversión de la malta*: Mälzen *n* 2 *establecimiento*: Mälzerei *f*; **malte** M 1 (*malta*) Malz *n* 2 → maltaje 1; **malteado** M Mälzen *n*; **maltear** VT mälzen

maltés A ADJ aus Malta B M, **maltesa** F Malteser *m*, -in *f* C M *lengua*: Maltesisch *n*

maltón M *Perú fam* voll entwickelter junger Mann; **maltosa** F QUÍM Maltose *f*

maltrabaja M **es un ~** er ist ein Faulpelz

maltratador M, **maltratadora** F Misshandler *m*, -in *f*; **maltratamiento** M Misshandlung *f*

maltratar VT misshandeln; *animales* quälen; *p. ext cosa* beschädigen; ruinieren; *fig tb* (*gritarle a alg*) anbrüllen; **~ de obra** tätlich misshandeln; **maltrato** M Misshandlung *f*

maltrecho ADJ übel zugerichtet

maltusianismo M POL Malthusianismus *m*

malucho ADJ *fam* kränklich, angeschlagen; unpässlich; **maluco** ADJ *fam* 1 *Col* → malucho 2 *Perú* (*de mala calidad*) von schlechter Qualität; **maluquearse** VR *Col fam* sich schlecht fühlen; ohnmächtig werden; krank werden

malva A F BOT Malve *f*; *fig* **estar criando ~s** tot sein; *fig* **ser (como) una ~** herzensgut (*o* lammfromm *fam*) sein B ADJ *inv* malvenfarben, blasslila, mauve; **malváceas** FPL BOT Malvengewächse *npl*

malvado A ADJ böse; verrucht B M, **-a** F Bösewicht *m*

malvar VT *reg* verfälschen

malvarrosa F BOT Gartenmalve *f*; **malvasía** A F 1 *uva*: Malvasiertraube *f* 2 *vino*: Malvasier(wein) *m* B M ORN Ruderente *f*; **malvavisco** M BOT Eibisch *m*

malvender VT verschleudern; **malversación** F **~ (de fondos)** Veruntreuung *f*; **malversador** A ADJ betrügerisch B M, **malversadora** F Betrüger *m*, -in *f*; **malversar** VT veruntreuen

Malvinas FPL Falklandinseln *fpl*, Malvinen *fpl*

malvinense, malvinés, malvinero, malvino ADJ falkländisch, malvinisch

malvís M ORN Singdrossel *f*

malvivir VI erbärmlich leben, dahinvegetieren

malvón M *Méx, RPl* BOT → geranio

malware M INFORM (*software malicioso*) Malware *f*

mama F 1 *de la mujer*: weibliche Brust *f* 2 ZOOL Brustdrüse *f*; *de la vaca*: Euter *n* 3 *Arg fam* (*borrachera*) Rausch *m* 4 *fam leng inf* Mama *f fam*

mamá F 1 *fam leng. inf* Mama *f fam*, Mutti *f fam* 2 *Am gener* (*madre*) Mutter *f*

mamada F 1 (*acción de mamar*) Saugen *n an der Mutterbrust*; (*leche mamada*) angesaugte Milchmenge *f* 2 *Am fam fig ventaja*: müheloser Gewinn *m* 3 *Arg fam* (*borrachera*) Rausch *m* 4 *vulg* Fellatio *f*; **mamadera** F 1 *instrumento*: Milchpumpe *f* 2 *Am* (*biberón*) Babyflasche *f* 3 *Am reg* (*tetina*) Sauger *m*; (*chupete*) Schnuller *m*; **mamado** ADJ *Arg, Perú, Ur, Esp fam* besoffen *fam*; *Arg fam* **¡ni ~!** kommt nicht in die Tüte! *fam*; **mamaíta** F Mutti *f*, Mami *f*; **mamantón** ADJ ZOOL saugend (*Tierjunges*)

mamar A VT & VI 1 *lactante* (*an der Mutterbrust*) saugen; **dar de ~** *Kind* nähren, stillen 2 *p. ext fam* (*engullir*) gierig schlucken (*o* schlingen) 3 *fam fig* (*embolsar*) einheimsen; *jerga del hampa* **~ 4 años** *cárcel*: 4 Jahre (im Knast) absitzen *fam*; *Col* **~ gallo** *j-n* übers Ohr hauen *fam*, *j-n* hereinlegen 4 *fam fig* **~la** (*dejarse engatusar*) sich einseifen lassen *fam* B VR **mamarse** 1 *fam* (*emborracharse*) sich betrinken *fam*, sich besaufen *fam*, sich volllaufen lassen *fam* 2 *fam* **~ a alg** (*doblegar a alg*) *j-n* unterkriegen; *espec Am* **~ el dedo** leicht betrogen werden, leichtgläubig sein 3 *vulg* **mamársela a alg** j-m einen blasen *vulg*; **mamario** ADJ Brust...; **glándulas** *fpl* **-as** Milchdrüsen *fpl*

mamarrachada F *fam* 1 (*pintarrajo*) Schmiererei *f*, Sudelei *f* 2 (*chapucería*) Pfuscherei *f* 3 (*gran tontería*) große Dummheit *f*; **mamarracho** M *fam* 1 (*garabateo*) Sudelei *f*, Schmiererei *f* 2 (*tonterías*) Schmarren *m*; Quatsch *m fam*; Kitsch *m* 3 (*persona ridícula*) Flasche *f fam*, Witzfigur *f*

mambo M *Cuba* MÚS Mambo *m* (*Tanz*)

mambrú M MAR Schornstein *m der Kombüse*

mameluco M 1 HIST *soldado*: Mameluck *m* 2 *fig* (*bobo*) Tölpel *m* 3 *Am mestizo*: brasilianischer Mestize *m* 4 *Am reg* TEX (*mono*) *Art* Overall *m*; *para niños*: Strampelhose *f* 5 (*esclavo*) Sklave *m* (*in den moslemischen Ländern*)

mamerto M, **-a** F *Esp fam* blöder Kerl *m fam*, Blödmann *m fam*, dumme Kuh *f fam*

mamey M BOT Mameybaum *m* (*Mammea americana*); *Perú* **estar de ~** *o* **estar como el ~** (*geschmacklich o vom Aussehen her*) hervorragend sein

mamíferos MPL Säugetiere *npl*; **mamila** F 1 (*tetilla*) *männliche Brustwarze f* 2 (*teta*) *weibliche Brust f* (*mit Ausnahme der Brustwarze*) 3 *Am reg* (*biberón*) Babyflasche *f*; **mamilar** ADJ Brust(warzen)...; **mamografía** F MED Mammografie *f*; **mamón** A ADJ (*que todavía mama*) saugend B M 1 ZOOL (*lactante*) Säugling *m*; Tierjunge(s) *n* 2 *de un árbol*: Wassertrieb *m an Bäumen* 3 *fam fig* (*tipo*) Knilch *m fam* 4 *Am fam* (*bebedor*) Säufer *m* 5 *Am* BOT *árbol*: *Art* Flaschenbaum *m und seine Frucht* 6 *Arg, Par, Ur* Papaya *f* 7 *Méx* GASTR *Art* Schaumbiskuit *n/m*; **mamona** F 1 *espec Col* GASTR Kalb *n* 2 *fam fig* verachtenswerte Frau *f o* Person *f*

mamotreto M 1 *fam libro*: Wälzer *m*, Schinken *m fam* 2 (*armatoste*) ungefüges Möbel *n*; Ungetüm *n fam*

mampara F Wandschirm *m*; spanische Wand *f*; **~ de baño** Duschwand *f*; **mamparo** M MAR Schott *n*

mamporro M *fam* Schlag *m*; Stoß *m*; Puff *m fam*, Knuff *m fam*; **darse un ~ contra a/c** sich an etw (*acus*) stoßen; **liarse a ~s** sich prügeln (**con** mit *dat*)

mampostería F festes Mauerwerk *n*; Ausmauerung *f* (*z. B. von Brunnen*); **mampostero** M *oficio*: Mörtelmaurer *m*; **mampuesto** M 1 ARQUIT (*piedras*) Füllstein(e) *m(pl)* 2 *p. ext* (*parapeto*) Brustwehr *f* 3 *Am para apoyar armas de fuego*: Auflage *f für Feuerwaffen*

mamúa F *Ur fam* Rausch *m*

mamujar VT & VI *niño, animal* (*oft absetzend*) saugen, nuckeln; **mamullar** VT & VI 1 (*hacer ruido al comer*) schmatzend essen 2 *fam fig* (*mascullar*) brummeln, murmeln *fam*

mamut M ZOOL, *prehistoria*: Mammut *n*; *fig* **empresa** *f* **~** Mammutunternehmen *n*

man M *Col leng. juv* Kerl *m*, Typ *m fam*

mana F *Am Centr, Col* Quelle *f*

maná M BOT *y Biblia*: Manna *n*

manaca F *Cuba, Hond* BOT *verschiedene Palmenarten*

manada[1] F *del ganado*: Herde *f*; *del venado*: Rudel *n*; *de personas*: Schar *f*; **a ~s** haufenweise, in Mengen

M

manada² F Handvoll *f (Ähren etc)*
manadero M, **-a** F Viehtreiber *m*, -in *f*; Hirt *m*, -in *f*
manager M Manager *m*, -in *f (tb* DEP*)*
Managua F *Hauptstadt Nicaraguas*
managüense A ADJ aus Managua B M/F Einwohner *m*, -in *f* von Managua
manantial A ADJ Quell... B M Quelle *f (tb fig)*; **~ acídulo** Sauerbrunnen *m*; **~ de agua(s) medicinal(es)** Heilquelle *f*; **~ (termal** *o* **de aguas termales)** Thermalquelle *f*
manar VT & VI *líquido* quellen; fließen *(tb sangre)*; sprudeln; entströmen *(tb fig)*; *fig (proceder)* herrühren
manatí M ⟨*pl* -íes⟩ ZOOL Seekuh *f*, Lamantin *m*
manaza F große Hand *f*, Pranke *f fam*
manazas M/F ⟨*pl inv*⟩ **ser un ~** zwei linke Hände haben, ein Tölpel sein
mancamiento M Verkrüppelung *f*
mancar ⟨1g⟩ A VT *miembro* verstümmeln B VI MAR *viento* sich legen; **mancarrón** M 1 *Am caballo*: Klepper *m*, Mähre *f*; *reg fam fig persona*: Invalide *m* 2 *Chile, Perú (presa)* Wehr *n zur Wasserableitung*
manceba F Konkubine *f*; **mancebía** F 1 HIST *(prostíbulo)* Bordell *n* 2 *(bajo mundo)* Halbwelt *f*; **mancebo** M 1 *liter (joven)* Jüngling *m* 2 *p. ext (soltero)* Junggeselle *m* 3 COM *(auxiliar de farmacia)* (Handlungs-, *bes* Apotheker-)Gehilfe *m*
mancera F AGR Pflugsterz *m*
mancha F 1 *(mácula)* Fleck *m (tb fig)*; Schmutzfleck *m*; **~ de aceite** Ölfleck *m*; *fig* **sin ~** tadel-, makellos; *fig* **la noticia se extendió** *o* **se difundió como (una) ~ de aceite** die Nachricht verbreitete sich wie ein Lauffeuer 2 TEX Tupfen *m*; *(punto)* Punkt *m* 3 ANAT, MED *(lunar)* Muttermal *n*; **~ del embarazo** *f* Schwangerschaftsfleck *m*; **~ solar, ~ de la vejez** *f* Altersfleck *m*; *Am* **tener la ~ de plátano** ein typischer Puerto-Ricaner sein 4 *fig (deshonra)* Schandfleck *m* 5 ASTRON **~ (solar)** Sonnenfleck *m* 6 PINT *(bosquejo a colores)* Farbskizze *f* 7 *Arg juego de marro*: *Art* Wurfspiel *n*; *Arg, Ur* **jugar a la ~** Fangen spielen 8 *RPl* VET *(carbunclo del ganado)* Milzbrandkarbunkel *m* 9 *Salv, Ven (enjambre de insectos)* Insekten- (*o* Heuschrecken)schwarm *m*; *(banco de peces)* Fischbank *f*
Mancha F **la ~** die Mancha; **Canal** *m* **de la ~** Ärmelkanal *m*
manchadizo ADJ leicht abfärbend; fleckenempfindlich; **manchado** ADJ 1 *(con manchas)* fleckig; *(sucio)* schmutzig; **~ de sangre** blutbefleckt 2 *(moteado)* gefleckt; *caballo, vaca* scheckig
manchar A VT & VI beflecken *(tb fig)*; *(ensuciar)* beschmutzen; *fig* abfärben (auf *acus*); PINT schattieren B VR **mancharse** sich beflecken, sich schmutzig machen
manchego A ADJ *(de la Mancha)* aus der Mancha; **(queso** *m***) ~** *m* Manchego(-Käse) *m* B M, **-a** F *habitante*: Einwohner *m*, -in *f* der Mancha
manchón M 1 *(mancha grande)* großer Fleck *m* 2 AGR *(zona tupida)* dicht bewachsene Stelle *f* 3 *Chile (manguito)* Muff *m*
manchú ⟨*pl* -úes⟩ A ADJ mandschurisch B M/F Mandschu *m/f* C *lengua*: Mandschu *n*
Manchuria F Mandschurei *f*
manchuriano → manchú
mancilla F (Schand-)Fleck *m*, Makel *m*; **sin ~** makellos
mancillar VT *fig* beflecken; **este asunto mancilla el honor de toda la familia** dieser Vorfall beschmutzt die Ehre der ganzen Familie
manco A ADJ 1 *(falto de un brazo o mano)* einarmig; einhändig; an der Hand verkrüppelt; *fig* **no ser ~** nicht ungeschickt sein, etwas können 2 *fig (deficiente)* mangelhaft, unvollständig; **no quedarse ~** nicht zurückstehen B M, **-a** F Einarmige *m/f*; LIT **el Manco de Lepanto** Cervantes
mancomún ADV **de ~** gemeinschaftlich;
mancomunar A VT *(unir)* vereinen, vereinigen; JUR *tb* gemeinschaftlich verpflichten B VR **mancomunarse** sich zusammentun;
mancomunidad F Gemeinschaft *f*; *espec* Zweckverband *m*; **Mancomunidad Británica** *das* (Britische) Commonwealth; **~ comarcal** Gemeindeverband *m*
mancorna F, *frec* **~s** FPL *Col* Manschettenknöpfe *mpl*; **mancornar** VT ⟨1m⟩ 1 *novillo* bei den Hörnern packen und zu Boden drücken 2 *vacunos* an den Hörnern zusammenbinden 3 *fam fig (unir)* zusammentun; koppeln, paaren; **mancornillas** FPL *Chile, C. Rica, Guat, Hond, Méx, Nic* Manschettenknöpfe *mpl*; **mancuerda** F HIST Seilfolter *f*; **mancuerna** F 1 DEP **~s** *fpl (pesas)* Hanteln *fpl* 2 *(pareja de reses)* an den Hörnern zusammengebundenes Vieh *n* 3 *p. ext (atados de a dos)* paarweise Zusammengebundene(s) *n* 4 *(correa)* Koppelstrick *m* 5 *Bol, Méx, Par* **~s** *fpl (gemelos)* Manschettenknöpfe *mpl*
manda F JUR Vermächtnis *n*, Legat *n*; **mandadero** M, **-a** F Botengänger *m*, -in *f*, Bote *m*, Botin *f*
mandado A PP → mandar; 1 *(ordenado)* befohlen 2 TEC *(manejado)* gesteuert B M *(mandamiento)* Auftrag *m*; Befehl *m*; **hacer un ~** eine Besorgung machen C M, **-a** F Befehlsempfänger *m*, -in *f*; **mandamás** M/F *fam* Obermacher *m*, -in *f fam*, Obermotz *m fam*;
mandamiento M 1 Gebot *n*; Befehl *m*; REL **los Diez Mandamientos** die Zehn Gebote; *fam fig* **los cinco ~s** die fünf Finger *mpl* 2 JUR **~ judicial** Vorladung *f*; **~ de pago** Mahnbescheid *m*, Zahlungsbefehl *m*
mandanga F 1 *fam (pachorra)* Trägheit *f*, Faulheit *f* 2 *fam* **~s** *fpl (tonterías)* Getue *n fam*; Blödsinn *m* 3 *Esp drogas pop* Marihuana *n*, Gras *m fam*
mandante M/F Auftraggeber *m*, -in *f*; JUR Vollmachtsgeber *m*, -in *f*, Mandant *m*, -in *f*
mandar A VT 1 *(imponer)* anordnen, befehlen; MIL befehligen, (an)führen; **así lo manda la ley** so verlangt es das Gesetz; **~ hacer** machen lassen; *fig* **~ a** *o* **de paseo** *j-m* eine Abfuhr erteilen 2 *(dirigir)* führen, leiten, lenken; TEC steuern; *equitación: das Pferd* fest im Griff haben; **~ a distancia** fernsteuern 3 *(enviar)* senden, (zu)schicken; entsenden; **~ un aviso a** warnen *(acus)*; Bescheid geben *(dat)* 4 JUR *(legar)* als Legat vermachen 5 *Am (dar)* geben; *golpe* versetzen; *(tirar)* werfen, schleudern B VI *(dar órdenes)* befehlen, gebieten; **¿mande?** wie bitte?; was steht zu Diensten?; **¡(y) a ~!** (stets) zu Ihren Diensten!; **~ por agua** Wasser holen lassen C VR **mandarse** 1 *(manejarse por sí mismo)* sich aus eigener Kraft bewegen können, sich *(dat)* selbst helfen können *(bes Kranker)* 2 *Arg* **~ mudar** *(irse)* weggehen, abziehen *fam* 3 *Cuba, Chile (huir)* sich davonmachen 4 *Méx fam (comer)* (auf)essen
mandarín M HIST Mandarin *m (tb fig)*; *fig* herrische Person *f*; Obermacher *m fam*, Bonze *m (desp)*
mandarina F Mandarine *f*
mandarinismo M Willkürherrschaft *f*
mandarino M BOT Mandarinenbaum *m*
mandatario M, **-a** F Beauftragte *m/f*; Bevollmächtigte *m/f*; JUR, POL Mandatar *m*, -in *f*, Sachwalter *m*, -in *f*
mandato M 1 *(orden)* Befehl *m*; Auftrag *m*; *(precepto)* Vorschrift *f*; JUR, POL Mandatierung *f*; **~ postal** Postauftrag *m*; JUR **~ de detención** Haftbefehl *m* 2 POL *periodo como mandatario*: Mandat *n*; **~ legislativo** Wahlmandat *n* 3 FIN Geldanweisung *f*
manderecha F rechte Hand *f*
mandíbula F Kinnlade *f*; *p. ext* TEC Backen *m*; **~ inferior** Unterkiefer *m*; *fam fig* **reír(se) a ~ batiente** sich kugeln vor Lachen; **mandibular** ADJ Kinnbacken...; Kiefer...
mandil M 1 *(delantal)* (Arbeits-)Schürze *f*, Schurz *m*; **~ (de los masones)** Freimaurerschurz *m* 2 *Am equitación: bayeta*: Flanelllappen *m zum Abreiben der Pferde* 3 *RPl (mantilla)* Satteldecke *f*; **mandilón** M *fam* Angsthase *m*
mandinga A M 1 **~s** *mpl grupo étnico*: *Eingeborenenvolk in Nordguinea* 2 *Am reg (negro)* Schwarzer *m*; *(mulato)* Mulatte *m* 3 *Am (diablo) der* Teufel B ADJ *inv Arg* Teufels...; gerissen, verschlagen
mandioca F *Am* 1 BOT Maniokpflanze *f* 2 *harina*: Maniokmehl *n*, Tapioka *f*
mandiocal M Maniokfeld *n*, -pflanzung *f*
mando M 1 *(poder)* Herrschaft *f*, Macht *f*; MIL Befehlsgewalt *f*, Kommando *n*; MIL **Alto Mando** *o* **Mando Supremo** Oberkommando *n*; **ejercer el ~** die Herrschaft ausüben; MIL das Kommando führen *(tb fig)*; **estar al ~ de** den Befehl (*o* das Kommando) haben über *(acus)* 2 TEC *(manejo)* Steuerung *f*; *(caja de cambios)* Schaltung *f*; *(tracción)* Antrieb *m*; *p. ext palanca*: Bedienungs-, Schalthebel *m*; *botón*: (Bedienungs-)Knopf *m*; AUTO **~ del cambio de velocidad** Getriebeschaltung *f*; TV **~-control** Fernbedienung *f*; **~ a distancia** Fernbedienung *f*, -steuerung *f*; **~ global** Globalsteuerung *f*; TV **~ universal** Universalfernbedienung *f*; **cuadro** *m* **de ~** AUTO Armaturenbrett *n*; AVIA Instrumentenbrett *n*, -tafel *f*; ELEC Schalttafel *f*; **eje** *m* **de ~** Antriebswelle *f* 3 *persona*: ECON Führungskraft *f*, Manager *m*; MIL Befehlshaber *m*; ECON **~s intermedios** mittleres Management *n*; ECON **~s superiores** Topmanagement *n*
mandoble M 1 *golpe con las dos manos*: mit beiden Händen geführter Hieb *m* 2 HIST *espada*: Zweihänder *m*
mandolina F MÚS Mandoline *f*
mandón A ADJ herrschsüchtig, herrisch B M, **-ona** F *fam* herrschsüchtige Person *f*
mandrágora F BOT Alraune *f*, Alraun *m*
mandria M *fam* Schwachkopf *m*; Memme *f*, Waschlappen *m fam*
mandril¹ M ZOOL *mono*: Mandrill *m*
mandril² M TEC 1 *del torno*: (Bohr-, Spann-)Futter *n* 2 *instrumento*: (Richt-, Drück-)Dorn *m*; MED Mandrin *m*; **mandrilar** VT ausbohren
manduca F *fam* Essen *n*, Futtern *n fam*; **manducación** F *fam* Essen *n*
manducar VT ⟨1g⟩ *fam* essen, futtern *fam*;
manducatoria F *fam* Essen *n*, Futter *n fam*
manea F → maniota; **maneador** M 1 *Am* → maniota 2 *Arg* → látigo
manear A VT *(maniatar)* die Vorderfüße fesseln *(dat)* B VR **manearse** *Méx (tener un desliz)* straucheln; *fig* sich verheddern
manecilla F 1 *de un reloj, de una escala*: Zeiger *m*; *p. ext (aguja de la brújula)* Kompassnadel *f*; **~ luminosa** Leuchtzeiger *m* 2 *(palanca, grifo)* kleiner Hebel (*o* Griff) *m* 3 *de un libro*: Verschlussspange *f an einem Buch* 4 BOT Rebranke *f* 5 TIPO *signo impreso*: Hinweiszeichen *n (weisende Hand)*
manejabilidad F Handlichkeit *f*; Wendigkeit *f*; **manejable** ADJ handlich; geschmeidig; wendig; **poco ~** unhandlich; **manejadera** F *Méx* AUTO Steuer *n*, Lenkrad *n*; **manejado** A PP → manejar B ADJ 1 PINT **bien/mal ~** gut/schlecht gemalt 2 TEC **~ a mano** handbedient; **manejador** M *Méx*

Kraftfahrer *m*

manejar **A** VT **1** handhaben; *instrumento, arma, pluma, pincel* führen; *máquinas* bedienen, betätigen; *mecanismo* betätigen; **¡~ con cuidado!** *rótulo*: Vorsicht! **2** *negocios, etc* führen, leiten; *espec Am* **~ el asunto (con cuidado** *o* **discreción)** das Thema (mit Vorsicht *o* diskret) angehen *o* behandeln **3** *caballo* (geschickt) reiten; *Am coche* fahren **B** VI *Am (conducir)* fahren; **saber ~** (Auto) fahren können **C** VR **manejarse** **1** *después de enfermo*: sich (wieder) selbst regen und bewegen *(nach Krankheiten)* **2** *p. ext y fig (desenvolverse con habilidad)* umgehen (*o* umzugehen wissen) mit *(dat)*; **se maneja muy bien con los niños** er/sie kann gut mit Kindern umgehen **3** **~** *o fam* **manejárselas** *(arreglárselas)* zurechtkommen, sich *(dat)* zu helfen wissen

manejo M **1** *(gobierno de un asunto)* Handhabung *f*; Betätigung *f*; Behandlung *f*; Bedienung *f*; **de fácil ~** benutzerfreundlich **2** INFORM Steuerung *f* **3** *de un caballo*: Lenken *n eines Pferdes*, *Am tb de un coche*: Autofahren *n* **4** *(administración)* Verwaltung *f*, *(dirección)* Leitung *f eines Geschäfts*; Management *n*; *Am* **~ ambiental** Umweltmanagement *n*; **~ de archivos** INFORM Dateienverwaltung *f*, Dateimanagement *n*; *Am* **~ de residuos** *o* **desechos** Abfallmanagement *n* **5** *fig* **~s** *mpl (intrigas)* Ränke *pl*, Machenschaften *fpl*, Intrigen *fpl*

manera F **1** *(modo)* Art *f*, Weise *f*; **~ de ser** Wesen *n*; **~ de ver** Betrachtungsweise *f*; **a ~ de** als; wie; **a la ~ de** nach Art *(gen)*; **a mi ~** auf meine Art, auf meine Weise **2** **de alguna ~** *(de algún modo)* irgendwie; in gewisser Weise; **de cualquier ~** irgendwie; jedenfalls; **de mala ~** gemein; übel; unhöflich; **de la misma ~ que** ebenso wie; **de ninguna ~** keineswegs, durchaus nicht; auf keinen Fall; **de otra ~** anders; andernfalls; sonst; **de todas ~s** jedenfalls, immerhin; **de una ~ o de otra** so oder so **3** *(medida)* **en gran ~** in hohem Maße, außerordentlich; **sobre ~** überaus; über die Maßen; **no hay ~ de** *(inf)* es ist nicht möglich zu *(inf)*; **no hay ~ de que** *(subj)* es ist nicht möglich, dass **4** **de ~ que** *(así que)* sodass; **hacer de ~ que** es so einrichten, dass; **de tal ~ que** derart, dass **5** *(comportamiento)* Benehmen *n*, Anstand *m*; **(buenas) ~s** *fpl* Manieren *fpl*

manes MPL MIT Manen *pl*

manezuela F **1** *(manita)* Händchen *n* **2** *fig (broche)* Bücherschloss *n*; Griff *m*

manflora, manflorita **A** ADJ **1** *(hermafrodita)* zwitterhaft **2** *(homosexual)* schwul **B** M *(homosexual)* Schwule *m*; weibischer Kerl *m*

manga¹ F **1** *parte del vestido*: Ärmel *m*; **~ corta/larga** kurzer/langer Ärmel *m*; **~ tres cuartos** Dreiviertelärmel *m*; **~ de farol** *o* **abombada** *o* **de globo** Puffärmel *m*; **de manga corta/larga** kurz-/langärmelig; **en ~s de camisa** in Hemdsärmeln; **sin ~(s)** ärmellos; *fig* **andar** *o* **ir ~ por hombro** drunter und drüber gehen; *fig* **hacer ~s y capirotes** die Dinge übers Knie brechen; *pop fig* **hacer un corte de ~s** *eine obszöne Geste machen, vergleichbar etwa mit Stinkefinger zeigen*; *fig* **ser de** *o* **tener ~ ancha** (allzu) weitherzig (*o* nachsichtig) sein; *fig* **bajo ~** unter der Hand, unter dem Ladentisch; *fam fig* **sacarse a/c de la ~** etw aus der Luft greifen; (plötzlich) etw aus dem Ärmel schütteln; *fig* **sacarse un as de la ~** einen Trumpf aus dem Ärmel ziehen, ausspielen *(fig)*; *fig* **traer a/c en la ~** etw in petto haben *fam*, etw aus dem Ärmel schütteln **2** *(tubo flexible)* Schlauch *m*; **~ de bombero** Feuerwehrschlauch; GASTR **~ pastelera** Teigspritze *f*; **~ de riego** Wasser-, Gartenschlauch *m* **3** *cosa parecida a una manga*: Schlauch- (*o* Sack)ähnliche(s) *n*; **~ de agua** Platzregen *m*, Wolkenbruch *m*; **~ de agua**, MAR **~ marina** Wasserhose *f*; **~ (del eje)** Achszapfen *m für das Rad am Wagen*; **~ de pesca** Kescher *m*; *tb (nasa)* Reuse *f*; AVIA **~ (indicadora) de(l) viento** Windsack *m*; **~ de viento** Windhose *f* **4** DEP *(vuelta)* Durchgang *m*; *tenis*: Set *m* **5** MAR *(anchura de un buque)* (größte) Schiffsbreite *f* **6** *RPl, Ven de ganado*: Herde *f*; *de insectos*: Schwarm; *de gente*: Menge *f* **7** *Cuba, Chile, RPl de un corral, etc*: Viehschleuse *f (Zaunreihen, die zum Korral etc führen)* **8** *Méx manta*: wasserdichter Poncho *m*

manga² F BOT *Art* Mango *f*; *árbol*: *Art* Mangobaum *m*

manga³ M *(tira cómica)* Manga *m/n*

mangajón ADJ *reg* zerlumpt

manganato M QUÍM Manganat *n*; **manganesa** F MINER Manganerz *n*; **manganeso** M QUÍM Mangan *n*; **manganga** *Am Mer fam* **A** ADJ lästig, aufdringlich **B** M/F lästige Person *f*, Nervensäge *f*; **mangánico** ADJ MINER, QUÍM manganhaltig; Mangan...

mangante M/F *pop* **1** *(mendigo, -a)* Bettler *m*, -in *f* **2** *fig (truhán, -ana)* Gauner *m*, -in *f*; *(ladrón, -ona)* Dieb *m*, -in *f*; Taugenichts *m*; **mangar** VT & VI ⟨1h⟩ *pop* klauen *fam*; **mangazón** *Ven, Perú fam* **A** ADJ *(perezoso)* faul **B** M *(haragán)* Faulpelz *m*

manglar M Mangrovensumpf *m*; **mangle** M BOT Mangrove *f*

mango¹ M Griff *m*; *de una sartén, etc*: Stiel *m*; *de un cuchillo*: (Messer-)Heft *n*; MÚS *del violín*: (Geigen-)Hals *m*; **~ aislante** Isoliergriff *m*; **~ de martillo/de pala** Hammer-/Schaufelstiel *m*

mango² M **1** BOT *árbol*: Mangobaum *m*; *fruto*: Mango *f* **2** *Arg fam (dinero)* Zaster *m fam*, Knete *f pop*

mangón M ZOOL Bohrmuschel *f*

mangonada F *fam* Armstoß *m*, Rempler *m fam*; **mangoneador** *fam* **A** ADJ *(pesado)* aufdringlich; *(que se entromete)* sich einmischend; *(mandón)* herrschsüchtig **B** M *fam* Boss *m*; **mangonear** *fam* **A** VT *j-n* manipulieren **B** VI sich einmischen, mitmischen *fam*; **mangoneo** M *fam* Einmischung *f*

mangosta F **1** ZOOL Ichneumon *m*, Manguste *f*, Mungo *m* **2** BOT Mangostane *f*

mangostán M BOT Mangostane *f*

mangue PRON *jerga del hampa* → yo

manguear VI **1** *Am el ganado*: Vieh (*o* CAZA Wild) zusammentreiben; *fam fig (atraer con maña)* geschickt locken **2** *Arg, Ur (mendigar)* betteln; *dinero* pumpen *fam*

manguera F **1** *(manga)* (Wasser-)Schlauch *m* **2** *Chile (coche de los bomberos)* Schlauchwagen *m der Feuerwehr* **3** *RPl (corral para el ganado)* großer Korral *m*; **manguero** M **1** *bombero*: Spritzenmeister *m* **2** *(planchamangas)* Ärmelbrett *n am Bügelbrett* **3** *Méx* BOT *árbol*: Mangobaum *m*

mangueta F **1** AUTO Achsschenkel *m* **2** *(tubo del retrete inodoro)* Klosettrohr *n* **3** *para enemas*: Spritzblase *f*

mangui *pop* M Kerl *m*; Dieb *m*

manguito M **1** *rollo de piel*: Muff *m*; *(mitón)* Pulswärmer *m*; **~ incandescente** Glühstrumpf *m (Gaslampe)* **2** TEC *(tubo)* Muffe *f*; Manschette *f*; Hülse *f*; **~ acodado** Rohrkrümmer *m* **3** **~s** *mpl (aletas)* Schwimmflossen *fpl*

mangurrino ADJ aus der Provinz Cáceres

mani F *fam* Demo *f fam*

maní M ⟨pl -ises⟩ **1** *espec Am Mer* BOT *(cacahuete)* Erdnuss *f* **2** *Cuba, P. Rico fam fig (dinero)* Geld *n*

manía F **1** MED *trastorno mental*: Wahn *m*; Manie *f*, Sucht *f (tb fig)*; **~ de grandezas/persecutoria** Größen-/Verfolgungswahn *m*; **dar en la ~ de** auf den (verrückten) Gedanken kommen zu *(inf)*; **tener ~ por a/c** in etw *(acus)* vernarrt sein **2** *fam fig (rencor)* Groll *m*, Feindschaft *f*; *fam* **tener ~ a alg** j-n nicht leiden können, einen Pik auf j-n haben *fam*

maniabierto **A** ADJ freigebig **B** M, **-a** F freigebige Person *f*

maníaco, maniaco **A** ADJ MED manisch; **locura** *f* **~-depresiva** manisch-depressives Irresein *n* **B** M, **-a** F Verrückte *m/f*; **~ sexual** Sexbesessene *m*

manialbo ADJ *caballo* weißfüßig; **maniatar** VT an den Händen fesseln; *animales* an den Vorderfüßen fesseln; *fig* **~ a alg** j-m die Hände binden

maniático **A** ADJ manisch; verrückt *(tb fig)*, wahnsinnig; *fig* sonderbar; schrullig; pingelig *fam* **B** M, **-a** F Verrückte *m/f (tb fig)*; *fig* Sonderling *m*, Kauz *m fam*; **manicero** M, **-a** F *Am reg* **1** *comerciante*: Erdnusshändler *m*, -in *f* **2** *cultivador*: Erdnussfarmer *m*, -in *f*; **manicomio** M Irrenanstalt *f*, Irrenhaus *n*

manicorto **A** ADJ *fam* knauserig **B** M, **-a** F *fam* geiziger Mensch *m*

manicura F *persona y actividad*: Maniküre *f*; **manicurar** VT & VI maniküren; **manicurista** M/F *Am persona*: Maniküre *f*, Handpfleger *m*, -in *f*; **manicuro** M Handpfleger *m*

manida F CAZA Lager *n*

manido ADJ *carne* abgehangen, mit leichtem Hautgout; *fruta* überreif; *fig asunto, tema* abgestanden, abgegriffen, abgedroschen

manierismo M *arte*: Manierismus *m*; **manierista** **A** ADJ *arte*: manieristisch **B** M/F *artista*: Manierist *m*, -in *f*

manifestación F **1** *(proclamación)* Äußerung *f*, Bekundung *f*; *(declaración)* Erklärung *f* **2** *(concentración pública)* Kundgebung *f*; Veranstaltung *f*; Demonstration *f*; **~ de protesta** Protestkundgebung *f*; **~ multitudinaria** Massendemonstration *f*, -kundgebung *f*

manifestante M/F Demonstrant *m*, -in *f*; Teilnehmer *m*, -in *f* an einer Kundgebung

manifestar ⟨1k⟩ **A** VT **1** *(dar a conocer)* zu erkennen geben, offenbaren; an den Tag legen, zeigen; CAT (das Allerheiligste) zur Anbetung aussetzen **2** *(declarar públicamente)* (öffentlich) erklären; äußern; bekunden **B** VI *y* VR **~se** POL demonstrieren; eine Kundgebung veranstalten **C** VR **manifestarse** **1** *(aparecer)* auftreten, erscheinen **2** *(expresarse)* sich äußern; *tb* sich bezeichnen als *(adj)*, sich zu erkennen geben als **3** *(dar señales de vida)* sich melden, von sich *(dat)* hören lassen

manifiesto **A** ADJ offenkundig; augenfällig, deutlich; **poner de ~** beweisen, zeigen; offenbaren **B** M Manifest *n (tb* MAR*)*; POL, HIST **el ~ Comunista** das Kommunistische Manifest

manigero M AGR Vorarbeiter *m*; **manigua** F *Cuba* Gestrüpp *n*; *Col, Ven* (dichter, sumpfiger) Urwald *m*; *fig* Unordnung *f*; **manija** F **1** *(mango)* Handstück *n*, Griff *m*; *de una puerta*: Türgriff *m*, Klinke *f* **2** *(abrazadera)* Klammer *f*, Zwinge *f* **3** *para caballos*: Fußfessel *f für Pferde* **4** *RPl (trenza del látigo)* Handschlinge *f der Peitsche*

manila TEC **papel** *m* **~** elektrotechnisches Papier *n*

manilargo **A** ADJ **1** *(de mano larga)* langhändig **2** *fig (generoso)* freigebig **B** M, **-a** F Langfinger *m fig*

manilla F **1** *(pulsera)* Armreif *m*; *p. ext* **~s** *fpl (esposas)* Handschellen *fpl* **2** TEC *(mango)* Griff *m*; Hebel *m*, Kurbel *f*; *en la motocicleta*: Lenker *m* **3** *de un reloj*: Uhrzeiger *m*

manillar M Lenkstange *f (am Fahrrad)*

maniobra F **1** *(operación manual)* Handhabung *f*; TEC Betätigung *f*; Bedienung *f*; **~ por relés** Relaissteuerung *f*; **manivela** *f* **de ~** Schaltkurbel *f (z. B. bei Straßenbahnen)* **2** MAR, MIL, TEC, AVIA *y fig* Manöver *n*; MIL *tb* Opera-

M

tion *f*; *fig* (*truco*) Kniff *m*, Trick *m*; **~ electoral** Wahlkampfmanöver *n*; *fig* **~s** (*intrigas*) Ränke *pl*; Machenschaften *fpl*; *tb transporte*: **~ de desviación** Ausweichmanöver *n*; **hacer ~s** manövrieren; MIL *tb* exerzieren; FERR rangieren; *fig* Ränke schmieden

maniobrabilidad F Manövrierfähigkeit *f*; Wendigkeit *f*; Lenkbarkeit *f*; TEC Bedienbarkeit *f*; **maniobrable** ADJ manövrierfähig, wendig; lenkbar; **maniobrar** VI 1 MIL, TEC *y fig* (*ejecutar maniobras*) manövrieren; FERR rangieren; *fig* (*intrigar*) Ränke schmieden 2 TEC (*manejar*) steuern; bedienen; (*manipular*) manipulieren; **maniobrero** ADJ MIL *tropa* gut eingeübt

maniota F Fußfessel *f für Pferde*

manipulable manipulierbar

manipulación F 1 (*trabajo con las manos*) Manipulation *f* (*tb* FARM *y fig*); **~ genética** Genmanipulation *f*; **-ones** *fpl* **electorales** Wahlfälschung *f* 2 (*manejo*) Handhabung *f*; Behandlung *f*; TEC *tb* Bedienung *f* 3 (*elaboración*) Verarbeitung *f*; Bearbeitung *f* 4 *fig* (*maquinación*) Machenschaft *f*; **manipulador** A M, **manipuladora** F Manipulant *m*, -in *f*; FARM Gehilfe *m*, Gehilfin *f* B M 1 TEC *aparato*: Betätigungsgriff *m* 2 ELEC (*pulsador*) (Morse-)Taster *m*

manipulados MPL **~ de alambre** Drahtwaren *fpl*; **manipular** VT manipulieren (*tb fig*); handhaben; betätigen (*tb* TEC); (*manosear*) herumhantieren an (*dat*); sich (*dat*) zu schaffen machen an (*dat*); *fam fig negocios* betreiben; ELEC tasten; **manipuleo** M *fam* Handhaben *n*; Betreiben *n* von Geschäften

manípulo M HIST *y* CAT Manipel *m*

maniqueo A ADJ REL manichäisch B M, **-a** F *persona*: Manichäer *m*, -in *f*

maniquí ‹*pl* -íes› A M Modellpuppe *f*; Schneiderpuppe *f* B F Mannequin *n*, Model *n*

M

manir A VT *carne* abhängen lassen B V/R **manirse** *carne, pescado* anfangen zu riechen

manirroto A ADJ (*derrochador*) verschwenderisch B M, **-a** F *persona*: Verschwender *m*, -in *f*

manisero M, **-a** F *Am Mer* 1 *cultivador(a)*: Erdnussfarmer *m*, -in *f* 2 *vendedor(a)*: Erdnussverkäufer *m*, -in *f*

manismo M Manismus *m*, Totenkult *m*

manita F 1 Händchen *n*; **hacer ~s** Händchen halten; *fig* **~s** *fpl* **de plata** *o* **de oro** sehr geschickte Hände *fpl*; **ser un ~s** geschickte Hände haben 2 GASTR **~s** *fpl* **de cerdo/cordero/ternera** Schweins-/Lamm-/Kalbsfüßchen *npl*

manito[1] M FARM Mannaextrakt *m* (*Abführmittel für Kinder*)

manito[2] M *Méx fam* (*compañero*) Kumpel *m*, Freund *m*

manivacío ADJ *fam* mit leeren Händen

manivela F 1 (*manija*) (Hand-)Kurbel *f*; AUTO **~ de arranque** Anlasskurbel *f*; **dar a la ~** kurbeln, die Kurbel drehen 2 *C. Rica* AUTO (*volante*) Lenkrad *n*

manjar M *liter o irón* Speise *f*; *Am* **~ blanco** Karamellmasse *f*; **manjarete** M *Cuba, Ven Art* Maispudding *m*

manjúa F *Cuba pez: Art* Sardine *f*

mano F 1 ANAT Hand *f*; *p. ext* (*puñado*) Handvoll *f*; **~ derecha/izquierda** rechte/linke Hand *f*; *hum* **~s** *pl* **blancas** Frauenhände *fpl*; TEL **kit** *m* **~s libres**, **sistema** *m* **de ~s libres** Freisprechanlage *f*; **de ~** Hand...; **andar cogidos de la ~** Hand in Hand gehen; **apretar la ~** *j-m* die Hand drücken; *fig* unter Druck setzen; auf *etw* dringen; **atar las ~s a alg** j-m die Hände binden (*tb fig*); *fig* j-n (*durch Geschenke etc*) verpflichten; **dar** *o* **alargar la ~** die Hand geben *o* reichen; *fig* (*ayudar*) *j-m* helfen; **escrito a ~** handschriftlich; **hecho a ~** handgearbeitet, handgemacht; **meter ~** betatschen *fam*; **hacer a/c a ~** etw von Hand machen; **retorcerse las ~s** die Hände ringen; **tener ~s libres para hacer a/c** freie Hand haben, etw zu tun; *tb fig* **tener las ~s limpias/sucias** reine (*o* saubere)/schmutzige Hände haben; MÚS **a cuatro ~s** vierhändig; **tocar a cuatro ~s** vierhändig spielen; **¡~s arriba!** Hände hoch! 2 (*ayuda*) hilfreiche Hand *f*, Beistand *m*; (*colaboración*) Mithilfe *f*, **dar la última ~ (a la obra)** letzte Hand anlegen (an *acus*); *fig* **echar una ~ a alg** j-m helfen; **¡eche usted una ~!** packen Sie mit an!, helfen Sie mit!; **meter ~ a a/c** etw in Angriff nehmen; **meter la ~ en a/c** ein gutes Geschäft machen bei einer Sache; *fig* **poner ~ en a/c** etw in Angriff nehmen; *fam* **poner ~s a la obra** Hand ans Werk legen; **poner la última ~ a a/c** letzte Hand an etw (*acus*) legen; **¡~s a la obra!** an die Arbeit!, packen wir's an! 3 *fig* **~ de azotes** Tracht *f* Prügel; **~ de obra** Arbeitskräfte *fpl*; **~ de obra especializada** Facharbeiter *mpl*, Facharbeiterinnen *fpl*; *fam* **~ de santo** Wundermittel *n*; **abrir la ~** *equitación*: die Zügel lockern; *fig* (*ser generoso*) freigebig sein; (*ser sobornable*) bestechlich sein; **alzar** *o* **levantar la ~ contra** *o* **a alg** die Hand gegen j-n erheben; *fig* **bajar la ~** im Preis nachgeben; *fig* **darse la ~** in Zusammenhang stehen (**a/c con otra** miteinander); *fig* **darse las ~s** (*reconciliarse*) sich versöhnen; **echar ~ a** greifen nach (*dat o* zu *dat*); packen (*acus*); **echar ~ de a/c** sich einer Sache (*gen*) bedienen; zu etw (*dat*) greifen; auf etw (*acus*) zurückgreifen; *fig* **frotarse las ~s** sich (*dat*) die Hände reiben; *fig* **se le fue la ~** die Hand rutschte ihm (*o* ihr) aus, er (*o* sie) schlug zu; *fig* **me lavo las ~s (en inocencia)** ich wasche meine Hände in Unschuld; **mojar la ~ a alg** j-n schmieren *fam*; **pedir la ~ (de la hija)** um die Hand (der Tochter) bitten; *fig* **poner la ~ en el fuego** die Hand ins Feuer legen (*fig*); *fig* **salir con una ~ atrás y otra delante** nichts erreichen; *fig* **sentar la ~ a alg** (*volverse agresivo*) handgreiflich werden gegen j-n; j-n schlagen; (*reprender rigurosamente*) j-n scharf maßregeln; *fig* **ser la ~ derecha de alg** j-s rechte Hand sein (*fig*); *fig* **tender la ~ a alg** j-m unter die Arme greifen; **tener a ~** (*tener a/c a disposición*) zur Hand haben; *fig* (*refrenar*) zügeln, kurzhalten *fam*; (*adiestrar*) zähmen, (*domar*) bändigen; *fig* **tengo las ~s atadas** mir sind die Hände gebunden; *fig* **tener las ~s largas** ein lockeres Handgelenk haben, gern schlagen; **tener ~ con alg** auf j-n Einfluss haben; **tener ~ en a/c** seine Hand im Spiel haben; mit dabei sein; **untar la(s) ~(s) a alg** j-n bestechen, j-n schmieren *fam*; **¡venga esa ~!** gut, schlag (*o* schlagen Sie) ein!; *prov* **una ~ lava la otra** eine Hand wäscht die andere 4 *fig, con prep*: **~ a ~** Hand in Hand; TAUR **corrida** *f* **~ a ~** Kampf *m*, in dem nur zwei Toreros auftreten; **a ~ airada** gewaltsam; **a ~ armada** mit Waffengewalt; **a (la) ~** zur Hand; **a ~ derecha/izquierda** rechts/links; rechter/linker Hand; *fig* **a ~s llenas** mit vollen Händen; *Am reg* **estar a ~(s)** quitt sein; **llegar** *o* **venir a las ~s** handgreiflich werden; *fig* **venir a alg a la(s) ~(s)** j-m (unverdient) in den Schoß fallen; **si a ~ viene** gegebenenfalls, vielleicht; **bajo (la) ~** unter der Hand, heimlich; **con larga ~** freigebig; **con las ~s vacías** mit leeren Händen; ergebnislos, erfolglos; **de ~ a ~** von Hand zu Hand; **de ~ en ~** von Hand zu Hand; *fig* von Generation zu Generation, durch Überlieferung; **de ~s a boca** plötzlich, unvermutet; **de ~ maestra** von Meisterhand; **de primera ~** aus erster Hand; **de** *o* **en propia ~** eigenhändig; *carta* persönlich zu übergeben; **de segunda ~** aus zweiter Hand, gebraucht; *libros* antiquarisch; **caerse de las ~s** *libro* unmöglich (*o* langweilig) sein; **dar de ~** *trabajo* aufgeben, liegen lassen; *persona j-n* fallen lassen (*o* aufgeben); **dejar de la ~** verlassen, aufgeben; *fig* **dejado de la ~ de Dios** von Gott verlassen (*tb fig*); *lugar* gottverlassen; *fig* **mudar de ~s** den Besitzer wechseln; **ser largo** *o* **suelto de ~s** schnell bei der Hand sein mit Ohrfeigen (*o* Schlägen); **andar en ~s de todos** gewöhnlich (*o* üblich) sein; **caer** *o* **dar en ~s de alg** in j-s Hände (*acus*) fallen; **lo dejo en sus ~s** das überlasse ich Ihnen; **estar en buenas ~s** in guten Händen sein; gut aufgehoben sein; **estar en la ~** auf der Hand liegen; allgemein bekannt sein; *fig* **tener a alg en su ~** auf j-n fest rechnen können; **traer(se) entre ~s** *etw* vorhaben, planen; *desp etw* aushecken; **por su (propia) ~** mit eigener Hand; **vivir de** *o* **por sus ~s** von seiner Hände Arbeit leben; **~ sobre ~** mit den Händen im Schoß; müßig; untätig 5 (*letra*) Handschrift *f*; **tener buena/mala ~** *letra* eine gute/schlechte Handschrift haben; eine glückliche/unglückliche Hand haben 6 *fam* (*destreza*) **tener (mucha) ~ izquierda** (sehr) geschickt zurechtzukommen wissen; (sehr) gerissen sein *fam* 7 ZOOL Vorderfuß *m*, -pfote *f*, -lauf *m*; **~ de cerdo** GASTR Schweinshaxe *f*; *p. ext* Rüssel *m des Elefanten*; *equitación*: **~ delantera** Vorhand *f* 8 TEC Stößel *m*; **~ de mortero** Mörserkeule *f* 9 (*manecilla*) Uhrzeiger *m* 10 *en el juego*: Vorhand *f*; *en el ajedrez*: erster Zug *m*; *juego de cartas tb* Partie *f* (**echar** spielen) 11 (*capa*) Schicht *f*; *espec* **~ (de pintura)** Anstrich *m*; **dar una ~ de cal** mit Kalk tünchen, kalken 12 TIPO **~ de papel** *resmas*: Buch *n* Papier (*100 Bogen*) 13 *Arg transporte*: (*sentido*) Fahrtrichtung *f*; **una ~** Einbahnstraße *f* 14 *Am* → lance 3, aventura 15 *Am cantidad*: *Anzahl von (gleichartigen) Dingen*: *Am Centr, Méx* fünf, *Chile* vier, *Ec* sechs

manojo M 1 Handvoll *f*; (*atado*) Bündel *n*, Bund *m/n*; **~ de llaves** Schlüsselbund *m/n*; *fig* **~ de nervios** Nervenbündel *n* 2 *Am reg* → palanca 3 *Perú* (*ocho docenas*) acht Dutzend

manoletina F TAUR *eine Finte (Muleta hinter dem Rücken des Matadors)*; **manoletinas** FPL *moda*: flache Schuhe *mpl*

manolito M Gassenjunge *m*

manométrico ADJ TEC manometrisch; **manómetro** M TEC Manometer *n*

manopla F 1 *guante*: Fausthandschuh *m*, Fäustling *m*; *para lavarse*: Waschhandschuh *m* 2 HIST *de la armadura*: Panzerhandschuh *m* 3 *látigo*: *kurze* Peitsche *f der Postillione* 4 *Arg, Chile* (*llave americana*) Schlagring *m*

manoseado ADJ abgegriffen; zerknittert; *libro* zerlesen

manosear VT greifen, betasten; befummeln *fam*

manoseo M Betasten *n*, Abgreifen *n*

manosuelta *Arg fam* A ADJ verschwenderisch B M/F Verschwender *m*, -in *f*

manotada F 1 (*puñado*) Handvoll 2 → manotazo; **manotazo** M *harter* Schlag *m* mit der Hand; **manotear** A VI (*gesticular*) mit den Händen fuchteln; gestikulieren B VT *Am reg* (*hurtar*) stehlen, klauen *fam*, stibitzen *fam*; **manoteo** M Gestikulieren *n*, Herumfuchteln *n*

manquedad F (*falta de un brazo*) Einarmigkeit *f*; (*falta de una mano*) Einhändigkeit *f*; *fig* (*defecto*) Mangel *m*, Fehler *m*

mansalva ADV **a ~** 1 *fam fig* in Mengen, massenhaft 2 (*sin peligro*) ohne eigene Gefahr; (*desde una emboscada*) aus dem Hinterhalt

mansarda F Mansarde *f*

mansedumbre F Sanftmut *f*, Milde *f*

mansión F *liter* Aufenthalt *m*; Wohnsitz *m*; (sehr) luxuriöses Haus

manso A ADJ sanft; mild; *animal* zahm; *aguas* still, ruhig B M Leithammel *m*; Leittier *n*; **mansurrón** ADJ *desp* allzu sanft

manta A F 1 *(colcha)* Decke *f*; *p. ext* Überwurf *m*; *Am frec (capa)* Umhang *m*, *Art* Poncho *m*; *fam fig (paliza)* Tracht *f* Prügel; **~ eléctrica** Heizdecke *f*; **~ de lana/de viaje** Woll-/Reisedecke *f*; *fig* **a ~(s)** im Überfluss, in Hülle und Fülle; *tb* sehr, feste *fam*; *fig* **liarse la ~ a la cabeza** ohne Hemmungen handeln; kurzen Prozess machen *fam*; *fig* **tirar de la ~** etwas *(Anstößiges oder Geheimes)* aufdecken; **tener la ~ de dinero** viel Geld haben 2 *pez*: Teufelsrochen *m* B M *Esp fam (tipo)* Knilch *m*, blöder Kerl *m*; *fam* **ser un ~** eine Null sein

manteado M *Am Cent, Méx* Sonnendach *n*; Zelt *n*; **mantear** V/T prellen, wippen, auf einer Decke emporschnellen

manteca F 1 *(grasa)* Fett *n*; **~ de cacahuete** Erdnussbutter *f*; **~ de cerdo** Schweineschmalz *n*; **~ de palma** Palmbutter *f*; **~ en rama** Flomen *m*; Flaum *m* 2 *Arg, Par, Ur (mantequilla)* Butter *f*; **~ de cacao** Kakaobutter *f* 3 *fam (pelas)* Zaster *m fam*, Moneten *pl fam*

mantecada F Butterkuchen *m*; **mantecado** M 1 *helado*: Vanille-Sahne-Eis *n* 2 *pastel*: *Art* Schmalzgebäck *n*; **~s** *pl* **de almendra** Butter-Mandel-Gebäck *n*; **mantecoso** ADJ fett(haltig); butterartig; fettig, schmierig

mantel M 1 *de la mesa*: Tischtuch *n*; *Am* **estar de ~ largo** Gäste *mpl* zum Essen haben 2 *del altar*: Altardecke *f*, -tuch *n*; **mantelería** F Tischzeug *n*, Tafelleinen *n*, Tischwäsche *f*; **manteleta** F Schultertuch *n*, Umhang *m*; **mantelete** M 1 REL *vestidura*: Chorumhang *m der Prälaten* 2 MIL *(tablero de protección)* Blende *f*

mantención F *Am* → manutención; **mantenedor** M, **mantenedora** F 1 *(sostenedor[a])* Unterhaltsleistende *m/f* 2 *(orador[a])* Redner *m*, -in *f* der Jury *bei einem literarischen Wettbewerb*

mantener ⟨2l⟩ A V/T 1 *(conservar)* (er)halten; instand halten ; *conversación, fuego* in Gang halten; **~ una conversación con alg** sich mit j-m unterhalten; **~ correspondencia con alg** im Briefwechsel mit j-m stehen 2 *(sustentar)* unterhalten; ernähren, beköstigen 3 *(sostener)* (fest)halten; stützen; *orden* aufrechterhalten; ECON *precio* halten; *derecho* behaupten; *opinión*: an *seiner Meinung* festhalten; *peso, presión* aushalten; **~ a distancia** fernhalten B V/R **mantenerse** 1 *(sustentarse)* seinen Lebensunterhalt bestreiten (**de** mit *dat*), leben (**de** von *dat*) 2 *(proseguir)* sich halten; sich behaupten; bleiben; **~ firme** standhalten; festbleiben; beharren (**en** auf *dat*)

mantenida F *pop* ausgehaltene Geliebte *f*; **mantenido** M *Méx pop (proxeneta)* Zuhälter *m*; **mantenimiento** M 1 *(conservación)* Erhaltung *f*; Aufrechterhaltung *f* 2 *(sustento)* Unterhalt *m* 3 TEC *(cuidado)* Pflege *f*, Wartung *f*; Instandhaltung *f*; Kundendienst *m*; Service *m*; **gastos** *mpl* **de ~** Wartungskosten *pl*

manteo M 1 *acción*: Hochwerfen *n* und Auffangen *n* auf einer Decke 2 *capa larga de los clérigos*: Mantel *m der Geistlichen*

mantequera F 1 *vasija para hacer mantequilla*: Butterfass *n*; -form *f*; *para la mesa*: Butterdose *f* 2 *comerciante*: Butterfrau *f*, -händlerin *f*; **mantequería** F Molkerei *f*; Feinkostgeschäft *n*; **mantequero** M Butterhändler *m*

mantequilla F (Tafel-)Butter *f*; **pan** *m* **con ~** Butterbrot *n*; **~ salada** gesalzene Butter *f*; **mantequillera** F *Am* Butterdose *f*; **mantequilludo** ADJ *Col* gebuttert, Butter…

mantero M *fam* (illegaler) Straßenhändler *m (verkauft CDs, DVDs etc)*

mantilla F 1 *prenda*: Mantille *f* 2 *para los lactantes*: Einschlagtuch *n für Säuglinge*; **~s** *fpl tb* Windeln *fpl*; *fig* **estar en ~s** noch in den Kinderschuhen stecken 3 TIPO *paño*: Drucktuch *n* 4 *equitación: para el caballo*: Satteldecke *f*; **mantillo** M AGR Gartenerde *f*, Humus *m*; **mantillón** M *Méx* Schabracke *f*; *fam fig* Schmarotzer *m*; **mantiquita** M/F *Arg fam* ängstliche Person *f*, Angsthase *m fam*

mantis F ZOOL **~ (religiosa)** Gottesanbeterin *f*

mantisa F MAT Mantisse *f*

manto M 1 *prenda*: weiter Mantel *m*; Umhang *m*; *p. ext (velo)* Schleier *f* 2 *(capa)* Schicht *f*; GEOL **~ (terrestre)** Erdmantel *m*; *fig (tapadera)* Deckmantel *m*; Vorwand *m*; **mantón** M Umschlagetuch *n*; Schultertuch *n*; **~ de Manila** großer (bestickter Seiden)Schal *m mit langen Fransen*

mantuve → mantener

manual A ADJ Hand…; handlich; **trabajo** *m* **~** Handarbeit *f* B M *libro*: Handbuch *n*; Lehrbuch *n*; **~ de instrucciones** Bedienungshandbuch *n*, -anleitung *f*; **manualidades** FPL *espec Am* (weibliche) Handarbeiten *fpl*; **manubrio** M 1 TEC *(manivela)* Kurbel *f* 2 *(manija)* Handgriff *m* 3 **(piano** *m* **de) ~** Drehorgel *f* 4 *Bol, Chile, Méx, Perú, Salv* AUTO *(volante)* Lenkrad *n* 5 *de la bicicleta*: Lenker *m*

manucodiata F ORN Paradiesvogel *m*

manudo ADJ *Am* mit großen Händen

manufactura F Manufaktur *f*; **manufacturados** MPL Erzeugnisse *npl*; Waren *fpl*; **manufacturar** V/T fabrizieren, herstellen, (ver)fertigen; **manufacturas** FPL Fertigwaren *fpl*; **manufacturero** ADJ Manufaktur…; gewerbetreibend

manumisión F HIST Freilassung *f von Sklaven*; **manumitir** V/T HIST *esclavos* freilassen; **manuscrito** A ADJ handschriftlich B M Handschrift *f*; Manuskript *n*; **manutención** F Unterhalt *m*; Verpflegung *f*

manyar V/T & V/I *Arg pop* 1 *(comer)* essen 2 *(ver)* sehen 3 *(adivinar)* erraten; *(observar)* bemerken

manzana F 1 BOT *fruto*: Apfel *m*; GASTR **~ asada** *o* **al horno** Bratapfel *m*; **~ reineta** Renettapfel *m*; *fig* **~ de la discordia** Zankapfel *m*; **sano como una ~** kerngesund 2 ARQUIT *(conjunto de casas)* Häuserblock *m* 3 *Am* **~ (de Adán)** Adamsapfel *m*

manzanal, manzanar M *plantación*: Apfelbaumpflanzung *f*; **manzanera** F BOT → maguillo; **manzanero** A ADJ *animal* Äpfel fressend B M *Ec* → manzano; **manzanil** ADJ apfelähnlich; **manzanilla** F 1 BOT Kamille *f*; **~ hedionda** *o* **fétida** Hundskamille *f* 2 **infusión** *f* **de ~** Kamillentee 3 *vino*: Manzanillawein *m*; **manzanillo** M 1 BOT *(variedad de olivo)* kleine Olivensorte *f* 2 *Col fam (político sin escrúpulos)* skrupelloser Politiker *m*; **manzano** M BOT Apfelbaum *m*

maña F *(habilidad)* Geschicklichkeit *f*; *fig (listeza)* Schlauheit *f*; List *f*; **~s** *fpl* schlechte Angewohnheit(en) *f(pl)*; **malas ~s** üble Tricks *mpl*; **darse ~** sich geschickt anstellen; **tener ~ para a/c** geschickt sein in etw *(dat)*

mañana A F Morgen *m*; Vormittag *m*; **de la ~ a la noche** von früh bis spät; **esta ~** heute Morgen; **muy de ~** sehr früh; **por** *o Am* **en la ~** am Morgen, morgens; vormittags B ADV morgen; **pasado ~** übermorgen; **~ por la ~** morgen früh; **~ será otro día** morgen ist auch noch ein Tag; **no dejes para ~ lo que puedes hacer hoy** was du heute kannst besorgen, das verschiebe nicht auf morgen C M Morgen *n*, Zukunft *f*; **mañanear** V/I gewohnheitsmäßig früh aufstehen; **mañanera** F *Col* Morgenrock *m*; **mañanero** A ADJ früh aufstehend; Morgen… B M, **-a** F Frühaufsteher *m*, -in *f*

mañanica, mañanita[1] F *(temprano)* früher Morgen *m*

mañanita[2] F 1 TEX *(manteleta de punto)* Bettjäckchen *n*; *Méx (camisón)* Nachthemd *n* 2 **~s** *fpl espec Méx* MÚS Morgenständchen *n*

mañero ADJ 1 *(astuto)* listig 2 *(bien manejable)* leicht zu handhaben(d), benutzerfreundlich 3 *Am (espantadizo)* scheu, störrisch *(Tier)* 4 *Arg (mañoso)* geschickt; *fig (tramposo)* betrügerisch

maño M A ADJ *(aragonés)* aragonesisch B M, **-a** F 1 *persona*: Aragonier *m*, -in *f* 2 *reg, Chile fam fig (mi cariño)* Liebling *m (Kosename)* 3 *fam* ¡~! → caramba

mañoso ADJ geschickt

maoísta POL A ADJ maoistisch B M/F Maoist *m*, -in *f*

maorí M/F ⟨*pl* ~[e]s⟩ Maori *m/f*

MAP M ABR *Esp* (Ministerio de Administraciones Públicas) Ministerium *n* für öffentliche Verwaltung

mapa M *representación gráfica*: Landkarte *f*; **~ de carreteras** Straßenkarte *f*; **~ cuadriculado** Gitter(netz)karte *f*; **~ genético** Genkarte *f*; **~ mudo** stumme Landkarte *f*; **~ mural** Wandkarte *f*; **~ náutico** Seekarte *f*; **~ del tiempo** Wetterkarte *f*; *fig* **el ~ político** die politische Landschaft; *pop* **borrar** *o* **eliminar del ~ a alg** j-n verschwinden lassen; j-n umlegen *fam*, j-n abservieren *fam*; *fam* **desaparecer del ~** verschwinden; *fam fig* **no estar en el ~** unbekannt sein

mapache M ZOOL Waschbär *m*; **mapamundi** M ⟨*pl inv*⟩ 1 *(mapa del mundo)* Weltkarte *f* 2 *fam fig (trasero)* Hintern *m fam*

mapanare F *Col, Ven* ZOOL Buschmeister *m*

mapuche A ADJ araukanisch B M/F Araukaner *m*, -in *f* C M *lengua*: Mapuche *n*, Araukanisch *n*; **mapuchín** M *Col* Homosexuelle *m*

maque M (Japan)Lack *m*

maquear V/T lackieren

maqueta F 1 *espec* ARQUIT *(modelo)* (verkleinertes) Modell *n (tb* TEC*)*; Attrappe *f*; Nachbildung *f*; **~ en madera** Holzmodell *n* 2 TIPO *(boceto de ilustración)* Lay-out *n*; Blindband *m*; **maquetar** TIPO V/T *libro etc* layouten, das Layout erstellen (für *acus*); **maquetista** M/F TIPO Layouter *m*, -in *f*

maqueto M *desp* Nichtbaske *m (aus der Sicht der Basken)*

maquiavélico A ADJ machiavellistisch *(tb fig)* B M, **-a** F Machiavellist *m*, -in *f*; **maquiavelismo** M Machiavellismus *m*

maquila F *Am* 1 *porción de grano*: Schüttung *f auf der Mühle* 2 *medida*: **Kornmaß** 3 *pago*: Mahlgeld *n*; **maquiladora** F *Méx* Montagewerk *n*, -fabrik *f*

maquillador M TEAT Maskenbildner *m*; Kosmetiker *m*; **maquilladora** F 1 Kosmetikerin *f*; TEAT Maskenbildnerin *f* 2 *Am reg* Fabrik *f*; **maquillaje** M Make-up *n*; TEAT Schminken *n*

maquillar V/T Make-up auflegen (*o* auftragen), schminken

máquina F 1 *espec* TEC Maschine *f (tb fig)*; AUTO *tb* Motor *m*; **~ herramienta** Werkzeugmaschine *f*; **~ de imprimir** Druckmaschine *f*; **~ universal** Mehrzweck-, Universalmaschine *f*; **~ de vapor** Dampfmaschine *f*; **a ~** maschinell; mit der Maschine; TIPO **composición** *f* **a ~** Maschinensatz *m*; **trabajo** *m* **a ~** Maschinenarbeit *f*; TEC **a media ~** mit halber Kraft; **a toda ~** TEC, MAR *y fig* mit voller Kraft, *fig* mit Volldampf; *(a todo volumen)* mit voller Lautstärke 2 *aparato*: Maschine *f*, Apparat *m*, Automat *m*; **~ de afeitar** Rasierapparat *m*; **~ de bebidas** Getränkeautomat *m*; **~ de cortar el pelo** Haarschneidemaschine *f*; **~ de coser** TEX Nähmaschine *f*; TIPO Heftmaschine *f*; *Am reg* **~ de dis-**

M

cos Jukebox *f*; **~ de escribir (portátil)** (Reise)Schreibmaschine *f*; **~ (generadora) de espuma** Schaumgenerator *m*, Schaumkanone *f*; **~ expendedora** Warenautomat *m*; **~ expendedora de bebidas/billetes** Getränke-/Fahrscheinautomat *m*; **~ (fotográfica)** Kamera *f*, Fotoapparat *m*; **~ de lavar** Waschmaschine *f*; **~ lanzaplatos** Wurfmaschine *f* (*für Tontauben*); **~ (recreativa)** Spielautomat *m*; **~ de tabaco** Zigarettenautomat *m*; **~ tocadiscos** Jukebox *f*; **~ tragaperras** Spielautomat *m*; **~ traganieves** Schneefräse *f* **3** FERR (*locomotora*) Lokomotive *f*, Lok *f* **4** *reg* (*automóvil*) Auto *n*; (*bicicleta*) Fahrrad *n*; (*avión*) Flugzeug *n etc* **5** *fig* (*maquinaria*) Maschinerie *f*; **~ electoral** Wahlmaschinerie *f* **6** *fig* (*organismo*) Organismus *m*; **la ~ del mundo** das All, der Weltenraum (*poét*) **7** *fig* (*edificio grande*) großes Bauwerk *n*; Bau *m* (*tb fig*) **8** TEAT (*tramoya*) Theatermaschine *f*; *fig* Deus *m* ex Machina

maquinación F Intrige *f*; **-ones** *fpl* Ränke *pl*, Machenschaften *fpl*; **maquinado** M TEC Bearbeitung *f* von Teilen; **maquinador** M, **maquinadora** F Intrigant *m*, -in *f*, Anstifter *m*, -in *f*; Ränkeschmied *m*, -in *f*; **maquinal** ADJ **1** TEC (*a máquina*) maschinell; Maschinen... **2** (*involuntario*) unwillkürlich; (*mecánico*) mechanisch; **maquinalmente** ADV mechanisch (*tb fig*); **maquinar** **A** V/T ersinnen, aushecken **B** V/I intrigieren, Ränke schmieden; **maquinaria** F **1** *conjunto*: Maschinen *fpl*; Maschinenpark *m* **2** (*mecanismo*) Maschinerie *f* **3** (*construcción de máquinas*) Maschinenbau(wesen *n*) *m*

maquinilla F **1** kleine Maschine *f*; Maschinchen *n*; **~ para cortar el pelo** Haarschneidemaschine *f*; **~ para liar cigarrillos** Zigarettenwickler *m* **2** **~ (de afeitar)** Rasierapparat *m*; **~ eléctrica** Elektrorasierer *m*

maquinismo M Maschinenzeitalter *n*; **maquinista** M/F **1** (*mecánico, -a*) Mechaniker *m*, -in *f* **2** *conductor(a)*: Maschinenführer *m*, -in *f*; FERR Lok(omotiv)führer *m*, -in *f*; TEAT Maschinist *m*, -in *f*

maquis M **1** BOT (*maleza*) Macchie *f*, Buschwald *m* **2** (*organización de rebeldes*) Widerstandsgruppe *f*; (*rebelde*) Untergrundkämpfer *m*

mar **A** M/F **1** *gener* Meer *n*; MAR, *reg* See *f*; **~ interior/marginal** Binnen-/Randmeer *n*; **la ~ libre** das offene Meer; **~ adentro** seewärts; **en alta ~** auf hoher See, auf offenem Meer; **por tierra y por ~** zu Lande und zur See (*o* zu Wasser); **echar agua en la** *o* **el ~** Eulen nach Athen tragen; **hacerse a la ~** in See stechen **2** *nombres propios*: **~ Muerto/Negro/Rojo** Totes/Schwarzes/Rotes Meer *n*; **~ del Norte** Nordsee *f*; **~ de los Sargazos** Sargassosee *f*; **los ~es del Sur** die Südsee **3** MAR (*oleaje*) **~ de fondo** Dünung *f*, Grundsee *f*; *fig* tiefe innere Unruhe *f*; **~ gruesa** grobe See *f*; **~ picada** hoher Seegang *m* **B** F *fam fig* **a ~es** in Strömen, reichlich(st); *fam* **la ~ de** (*gran cantidad*) eine Unmenge, jede Menge *fam*; *fam* **la ~ de cosas** ein Haufen Dinge; *fam* **la ~ de bien** wunderbar; *fam* **divertirse la ~** sich köstlich amüsieren *fam*; **ser la ~ de tonto** stockdumm sein

mara F *Am Centr fam* Bande *f*, Clique *f*

mará M *Arg, Chile* ZOOL Mara *m*, Pampashase *m*

marabú M ‹*pl* -úes› ORN Marabu *m*

marabunta F *fam* Ameisenplage *f*; *fig* Heer *n*; **~ turística** Touristeninvasion *f*

maraca F **1** MÚS *instrumento*: Kürbisrassel *f*; Rumbakugel *f* **2** *Chile, Perú* (*juego de dados*) *ein Würfelspiel* **3** *Chile* (*ramera*) Straßendirne *f*

maracuyá M BOT Passionsfrucht *f*, Maracuja *f*; **maragota** F *pez*: gefleckter Lippfisch *m*

marajá M Maharadscha *m*

maraña F Gestrüpp *n*; Dickicht *n*; *fig* Verwicklung *f*; Wirrwarr *m*; **marañero** M, **-a** F Intrigant *m*, -in *f*, Unruhestifter *m*, -in *f*, Ränkeschmied *m*, -in *f*

marañón M *Am trop* BOT Cashewbaum *m*

marasmo M MED Marasmus *m*, Kräfteverfall *m*; *fig* Verfall *m*, Niedergang *m*; Flaute *f*

marat(h)ón M, *Am tb* F DEP Marathonlauf *m*; *fig* Marathon *n*; **~ electoral** *fam* Wahlmarathon *m fam*; DEP **medio marat(h)ón** Halbmarathon *m*; POL **sesión** *f* **~** Marathonsitzung *f*; **maratoniano** **A** ADJ Marathon... **B** M, **-a** F Marathonläufer *m*, -in *f*; **maratonista** M/F → maratoniano B

maravedí M *alte Münze*; *fig* Heller *m*

maravilla F **1** (*milagro*) Wunder *n*; Wunderwerk *n*; **a** *o* **de ~** wunderbar; **a las mil ~s** wunderbar; herrlich; wie am Schnürchen; **las siete ~s del mundo** die sieben Weltwunder; **una ~ de hombre** ein großartiger Mensch *m*; *fig* **la octava ~** das achte Weltwunder **2** (*asombro*) Erstaunen *n* **3** BOT *planta trepadora*: Jalapawinde *f*; Efeuwinde *f*; (*caléndula*) Ringelblume *f*

maravillar **A** V/T in Bewunderung versetzen; wundern **B** V/R **maravillarse** sich wundern (de über *acus*); **maravilloso** ADJ wunderbar

marbellí **A** ADJ aus Marbella **B** M/F Einwohner *m*, -in *f* von Marbella

marbete M Aufklebezettel *m*, Etikett *n*

marca F **1** (*señal*) Merkzeichen *n*; Marke *f* (*tb* COM); **~ (de agua)** Wasserzeichen *n*; **~ cero** Nullmarke *f* (*z. B. am Pegel*); **~ de fuego** Brandzeichen *n*; **~ de párrafo** INFORM Absatzmarke *f* **2** COM Marke *f*, *obs tb* Warenzeichen *n*; **~ de calidad** Gütezeichen *n*; **~ de fábrica** Fabrikmarke *f*; **~ registrada** eingetragene Marke *f*; eingetragenes Warenzeichen *n*; eingetragene Schutzmarke *f*; **de ~** Marken...; *fam fig* erstklassig; ersten Ranges; *fam* **de ~ mayor** ganz besonders groß, Riesen... *fam* **3** DEP *cifra máxima*: Rekord *m*; **mejor ~** Bestzeit *f*; **~ mundial** Weltrekord *m*; **la segunda mejor ~** die zweitbeste Zeit; **batir** *o* **superar una ~** einen Rekord brechen; **igualar una ~** einen Rekord einstellen **4** (*zona fronteriza*) (Grenz)Mark *f*, Grenzgebiet *n* **5** MED Narbe *f*

marcación F **1** (*señalización*) Markierung *f* (*tb* ECON, TEC) **2** MAR (*sondeo*) Peilung *f* **3** TEL *de un número*: Wählen *n*; **~ rápida** TEL Kurzwahl *f*; **~ por voz** Wählen *n* via Spracherkennung; **marcado** **A** ADJ (*manifiesto*) deutlich; (*señalado*) (ge)kennzeichnet, markiert; charakterisiert **B** M **1** TIPO Anlage *f* **2** *del cabello*: Einlegen *n der Haare*; **marcador** M **1** (*que marca*) Markierer *m*; Abstempler *m* **2** (*inspector de pesas y medidas*) Eichmeister *m* **3** TEC *herramienta*: Markierschlägel *m*; TIPO Anleger *m*; AUTO **~ de gasolina** Benzinuhr *f* **4** DEP *de los resultados*: Totalisator *m*; Ergebnistafel *f*; **~ (del gol)** Torschütze *m* **5** (*rotulador*) (breiter) Filzstift *m*, Marker *m fam*; **~ fluorescente** Leuchtmarker *m* **6** INFORM Lesezeichen *n*; **marcadora** F Markiererin *f*; Abstemplerin *f*; **marcaje** M **1** DEP *fútbol*: Deckung *f* **2** COM Markierung *f*; **marcapasos** M ‹*pl inv*› MED Herzschrittmacher *m*

marcar ‹1g› **A** V/T **1** (*señalar*) kennzeichnen; bezeichnen; markieren; *ganado* brandmarken; *p. ext pelos* einlegen; TEL *número* wählen; *tacto* schlagen **2** (*calibrar*) eichen **3** TEC (*rotular*) markieren; TIPO *pliegos* anlegen **4** DEP *resultado* anzeigen **5** *fútbol*: *gol* schießen; *jugadores* decken **6** **que marca la ley** (*legal*) gesetzlich (vorgeschrieben) **7** *naipes* zinken **B** V/R **marcarse** ausführen; **~ unos pasos de baile** ein paar Tanzschritte machen

marcear V/I → marzo; **marceño** ADJ März...

marcescible ADJ *liter* verwelklich (*fig*)

marcha **A** F **1** (*caminata*) Marsch *m* (*tb* MIL, MÚS); MIL Abmarsch *m*; *p. ext* (*partida*) Abreise *f*, Weggang *m*; **~ de antorchas** Fackelzug *m*; DEP **~ atlética** *o* **de competición** (Wett)Gehen *n*; MÚS **~ fúnebre** Trauermarsch *m*; *fig* **la larga ~** der lange Marsch; MÚS **~ militar** Militärmarsch *m*; **~ nocturna** Nachtmarsch *m*; **~ nórdica** DEP Nordic Walking *n*; **~ de la paz** Friedensmarsch *m*; **~ a pie** Fußmarsch *m*; MÚS **Marcha Real** *die alte spanische Nationalhymne*; **~ silenciosa** Schweigemarsch *m*; **a ~s forzadas** MIL im Eilmarsch; *fig* im Eiltempo; *fig* **sobre la ~** in aller Eile; nebenbei; **poner en ~** MIL in Marsch setzen; *fig* in Gang bringen; **ponerse en ~** aufbrechen, losgehen **2** TEC (*curso*) Lauf *m*, Gang *m* (*tb* AUTO); (*servicio*) Betrieb *m*; (*funcionamiento*) Funktionieren *n*; *de vehículos*: Fahrt *f*, (Fahr)Geschwindigkeit *f*; (*viaje*) Fahren *n*; *tb* AUTO **~ adelante** Vorwärtsgang *m*; **~ atrás** AUTO Rückwärtsgang *m*; *fam fig* Coitus *m* interruptus, Aussteigen *n pop*; **~ en vacío** Leerlauf *m*; *tb fig* **a toda ~** mit voller Geschwindigkeit; mit Vollgas; **dar ~ atrás** rückwärtsfahren; *fig* einen Rückzieher machen; **acelerar la ~** schneller fahren; **aminorar la ~** langsamer fahren; **poner en ~** in Betrieb (*o* in Gang) setzen; **saltar del tren en ~** aus dem fahrenden Zug springen **3** *fig* (*transcurso*) Gang *m*; Verlauf *m*; **~ de los negocios** Geschäftsgang *m* **4** *fam* (*pujanza*) Schwung *m*, Pep *m fam*; **tener mucha ~** viel Schwung (*o* Pep *fam*) haben; *fam* **aquí hay mucha ~** hier geht es hoch her **5** *leng juv* Kneipentour *f fam*; *fam* **ir** (*o* **salir**) **de ~** einen draufmachen *fam* **6** *Méx fam* **dar ~ a alg** (*excitar*) j-n (sexuell) aufreizen **B** M *Arg fam* (*homosexual*) Schwule *m*

marchador **A** ADJ *Am* **1** (*caminante*) schnell (und unermüdlich) zu Fuß **2** ZOOL **(caballo) ~** *m* Passgänger *m* **B** M, **marchadora** F **1** DEP (*marcha atlética*) Geher *m*, -in *f* **2** *Am* (*andarín*) unermüdliche(r) Fußgänger *m*, -in *f*

marchamo M **1** (*precinto*) Zollplombe *f*; **poner ~ (a)** verplomben (*acus*) **2** *fig* (*marca*) Markenzeichen *n*; Gepräge *n* **3** *RPl derecho del matadero*: Schlacht(hof)gebühr *f*

marchanta F *Am fam* Stammkundin *f*; **marchantaje** M *Am reg* Kundschaft *f*; **marchante** M/F **1** *comerciante*: (*bes* Kunst)Händler *m*, -in *f* **2** *Am fam* (*cliente habitual*) Stammkunde *m*, -kundin *f*; *andal* Kunde *m*, Kundin *f*; **marchantería** F, **marchantía** *Am reg* F Kundschaft *f*

marchar **A** V/I **1** (*caminar*) marschieren; gehen (*tb fig negocio, etc*); (*adelantar*) vorwärtsgehen; fortschreiten; MIL **¡marchen!** vorwärts marsch!; *fig* **la cosa marcha (bien)** die Sache geht gut voran **2** (*ir*) (fort-, weg)gehen; abreisen; MIL abmarschieren, abrücken **3** TEC (*mover*) gehen, laufen; fahren; (*funcionar*) funktionieren; klappen; **el reloj no marcha** die Uhr geht (*o* funktioniert) nicht; **todo marcha sobre ruedas** es klappt alles wie am Schnürchen **B** V/R **marcharse** (*irse*) (fort-, weg)gehen; abreisen

marchista M/F Geher *m*, -in *f*

marchitamiento M Welken *n*; **marchitar** **A** V/T welk machen **B** V/R **marchitarse** (ver)welken, welk werden; *fig* kraftlos werden, erschlaffen; **marchitez** F Welken *n*; **marchito** ADJ welk

marchoso ADJ *fam* schwungvoll; flott; unternehmungslustig

marcial ADJ martialisch; kriegerisch; MIL **ley** *f* **~** Standrecht *n*; **marcialidad** F martialisches Wesen *n*; **marciano** ASTRON **A** ADJ Mars... **B** M, **-a** F Marsbewohner *m*, -in *f*

M

marco M 1 Rahmen *m* (*tb fig y* TEC); *de un cuadro*: Bilderrahmen *m*; *de una ventana*: Fensterrahmen *m*; (*cerco*) Einfassung *f*; (*armazón*) Gestell *n*; *de la puerta*: Türstock *m*; **ley** *f* ~ Rahmengesetz *n* 2 HIST ~ **(alemán)** *moneda*: (Deutsche) Mark *f*; HIST ~ **finlandés** Finnmark *f*; ~ **oro** Goldmark *f* 3 INFORM Frame *m* 4 *peso*: Mark *f* (*Gold- y Silbergewicht: 230 g*) 5 *patrón*: Eichmaß *n für Maße und Gewichte*

marea F 1 *de mar*: Ebbe und Flut *f*, Gezeiten *pl*; ~ **alta** Flut *f*; ~ **baja** *o* ~ **descendiente** Ebbe *f*; ~ **negra** Ölpest *f*; ~ **viva** Springflut *f* 2 *fig* (*flujo*) Flut *f* 3 MAR *viento*: Seewind *m*; **mareado** ADJ seekrank; benommen, schwindlig; **estoy** ~ mir ist schlecht; **mareaje** M MAR 1 (*navegación*) Seefahrt *f*; Schifffahrtskunde *f* 2 (*rumbo*) Schiffskurs *m*, Strich *m*; **mareal** ADJ Gezeiten…

marear A VT 1 MAR *ein Schiff* führen 2 (*enfermar*) krank machen; *p. ext* (*sentir mareo*) schwindlig machen 3 *fam fig* (*enervar*) ~ **a alg** j-m auf die Nerven gehen; j-n verwirren, j-n durcheinanderbringen; *fam fig* ~ **la perdiz** etwas unnötig hinziehen, eine Hinhaltetaktik betreiben B VR **marearse** 1 (*dar vueltas la cabeza*) see- (*o* luft)krank werden; schwindlig werden; **me mareo** *tb* mir wird schlecht (*o* übel) 2 (*estar medio embriagado*) sich (*dat*) einen (halben) Rausch antrinken 3 *mercancías* durch den Seetransport leiden; *Am tb vinos, etc* besser werden; **marejada** F 1 (*oleaje fuerte*) hoher Seegang *m* 2 *fig de una muchedumbre*: Brausen *n*, Tumult *m einer Menge*; **marejadilla** F leichter Seegang *m*; **maremagno** M, **maremágnum** M Mischmasch *m*; wirre Menge *f*; **maremoto** M Seebeben *n*

mareo M Seekrankheit *f*; Schwindel *m*; Übelkeit *f*; ~ **en viajes** Reisekrankheit *f*; **mareógrafo** M Pegel-, Flutmesser *m* (*am Meer*); **mareomotriz** ADJ ELEC **central** *f* ~ Gezeitenkraftwerk *n*; **marero** A ADJ MAR See… B M Seewind *m* (*vom Meer her*); **mareta** F 1 *del mar*: leichter Seegang *m* 2 *fig* (*rumor*) Brausen *n*, Stimmengewirr *n* 3 (*excitación*) Aufregung *f*; **maretazo** M Sturzsee *f*, Brecher *m*

marfil M 1 *del elefante*: Elfenbein *n*; **de** ~ aus Elfenbein; **(de color)** ~ elfenbeinfarbig; GEOG **Costa de Marfil** Elfenbeinküste *f* 2 ANAT (*dentina*) Zahnbein *n*; **marfilado, marfileño** ADJ 1 *liter* (*de marfil*) elfenbeinern; aus Elfenbein 2 GEOG von der Elfenbeinküste; **marfilero** M, **-a** F Elfenbeinschnitzer *m*, -in *f*; **marfilino** ADJ hell, weiß

marga[1] F *tela*: Sackleinen *n*

marga[2] F GEOL Mergel *m*

margal M 1 *terreno*: Mergelerde *f* 2 (*marguera*) Mergelgrube *f*

margar VT ⟨1h⟩ AGR mit Mergel düngen

margarina F Margarine *f*

margarita F 1 BOT Margerite *f*; (*margarita silvestre*) Gänseblümchen *n*; *fig* **deshojar la** ~ das Gänseblümchen entblättern 2 ZOOL *molusco*: Perlmuschel *f* 3 *fig* (*perla*) Perle *f*; **echar ~s a (los) puercos** *o* **cerdos** Perlen vor die Säue werfen 4 *Ec* BOT → **jacinto**

margay M *Am* ZOOL Margay *m*, Tigerkatze *f*

margen A M, *tb* F 1 (*borde*) Rand *m*; **al** ~ am Rande; (dr)außen; *fig* **mantener a alg al** ~ **de a/c** j-n aus etw heraushalten; *fig* **mantenerse al** ~ sich heraushalten 2 (*espacio*) Raum *m* (*tb* TEC), Spielraum *m* (*tb fig*), Bereich *m*; ~ **de juicio** Ermessensspielraum *m*; ~ **de maniobra** Spielraum *m* (*fig*); **dentro del** ~ **del programa** im Rahmen des Programms 3 *fig* (*motivo*) Handhabe *f*, Anlass *m*; **dar** ~ **para a/c** Anlass zu etw (*dat*) geben 4 *de un río, etc*: Ufer *n*; *de un campo*: Rain *m* B M COM Spanne *f*, Marge *f*; ~ **de beneficios** Gewinnspanne *f*; ~ **comercial** Handelsspanne *f*; ~ **de error** (zulässige) Fehlermenge *f*; Fehlergrenze *f*; ~ **de precios** Preisspanne *f*

marginación F SOCIOL, PSIC Marginalisierung *f*; Ausgrenzung *f*; *p. ext* Diskriminierung *f*; ~ **social** *tb* soziales Abseits *n*; **marginado** A ADJ 1 *pliego de papel*: mit Rand 2 BOT gerandet (*z. B. Stiel*) B M, **-a** F Außenseiter *m*, -in *f*; *fig* **los ~s sociales** die Randgruppen *fpl* der Gesellschaft; **marginador** M Randsteller *m* (*der Schreibmaschine*); **marginal** ADJ 1 Rand…; **nota** *f* ~ (*apostilla*) Randbemerkung *f* 2 *fig* (*insignificante*) nebensächlich, unbedeutend, Neben…; **marginalidad** F Marginalsituation *f*; soziales Abseits *n*; **marginar** VT PSIC, SOCIOL marginalisieren; ausgrenzen; *tb en un ascenso, etc*: übergehen; an den Rand (*o* ins soziale Abseits) drängen; *p. ext* diskriminieren; ~ **de a/c** von etw (*dat*) fernhalten

margoso ADJ mergelhaltig

margrave M Markgraf *m*; **margraviato** M Markgrafschaft *f*

marguay M *Am* ZOOL Margay *m*, Tigerkatze *f*

marguera F Mergelgrube *f*

maría F 1 → maruja 2 *drogas pop* (*marihuana*) Gras *n* 3 UNIV *fam* ***leicht zu bestehendes Fach*** 4 *Esp* **~s®** *fpl galletas*: runde Kekse *mpl*

María N PR F Maria; GASTR **baño** *m* **(de)** ~ (warmes) Wasserbad *n*; ASTRON **las tres ~s** die Gürtelsterne *mpl* des Orion

mariachi *Méx* M 1 Volksmusik *f* 2 Volksmusiker *m*; **grupo** *m* **de ~s** Musikgruppe *f* (*meist 5 Trompeten, 5 Geigen, 5 Gitarren und Bassgitarre*)

marianismo M CAT Marienverehrung *f*; **mariano** ADJ REL marianisch, Marien…

marica A F ORN Elster *f* B M 1 *vulg desp* (*homosexual*) Schwule *m fam*, Schwuchtel *f fam desp*, Tunte *f fam*, Homo *m fam*, warmer Bruder *m pop desp* 2 (*miedica*) Hosenscheißer *m pop*, Angsthase *m fam*

Maricastaña *fam* **en tiempos de** ~ anno dazumal, anno Tobak *fam*

maricón → marica; **¡~!** Saukerl! *vulg*; **mariconada** F *vulg desp* 1 Hundsgemeinheit *f*, Schweinerei *f desp* 2 Dummheit *f*; Kleinigkeit *f*; Lappalie *f*; **dejarse de ~s** Dummheiten sein lassen; *fam*; **mariconeo** M *vulg desp* schwules Getue *n fam desp*; **mariconera** F *fam* Herrentasche *f*, Handgelenktasche *f*

maridaje M Heirat *f*; *fig* Verbindung *f*; **maridar** A VI 1 (*contraer matrimonio*) heiraten 2 (*hacer vida marital*) in eheähnlicher Gemeinschaft leben B VT *fig* eng verbinden

marido M Ehemann *m*, (Ehe)Gatte *m*; **mi** ~ mein Mann

mariguana F, **marihuana** F Marihuana *n*

marimacha F *Perú fam* → marimacho; **marimacho** M 1 *fam* (*mujer muy masculina*) Mannweib *n* 2 *vulg desp* (*lesbiana*) Lesbierin *f*, Lesbe *f fam*; **marimandón** ADJ herrschsüchtig; **marimandona** F *fam* Dragoner *m fam*

marimba F 1 MÚS *tambor*: afrikanische Trommel *f* 2 *Am* MÚS *especie de xilófono*: Marimba *f* 3 *Arg fig* (*paliza*) Tracht *f* Prügel; **marimbero** M, **-a** F *Am* Marimbaspieler *m*, -in *f*

marimorena F *fam* Streit *m*, Krach *m*; **armar la** ~ Krawall machen *fam*

marina F 1 *conjunto de barcos*: Marine *f*; ~ **de guerra** Kriegsmarine *f*; ~ **mercante** Handelsmarine *f* 2 *zona junta al mar*: Küstengebiet *n* 3 (*navegadores*) Seeleute *pl* 4 PINT Seestück *n*; **marinada** F GASTR Marinade *f*; **marinar** VT 1 GASTR marinieren 2 *barco* bemannen; **marine** M (US- *o* britischer) Marineinfanterist *m*, Marine *m*; **marinera** F 1 TEX *vestimenta*: Matrosenbluse *f* 2 *Chile, Ec, Perú* MÚS *baile popular*: ***ein Volkstanz***; **marinería** F (*conjunto de marineros*) Seeleute *pl*; Matrosen *mpl*; **marinero** A ADJ 1 Marine…; See…; *buque* seetüchtig; seefest; *persona* seemännisch 2 GASTR **a la -a** mariniert; mit pikanter Soße B M (*hombre de mar*) Seemann *m*; Matrose *m*; *fig* ~ **de agua dulce** Landratte *f*; ~ **ordinario** Leichtmatrose *m*; ~ **de primera** Vollmatrose *m*

marinismo M LIT Marinismus *m*

marino A ADJ (*del mar*) See…, Marine…; (*del marinero*) Schiffer…, Matrosen…, Seemanns… B M 1 (*marinero*) Matrose *m*; Seemann *m* 2 *soldado*: Marineinfanterist *m*

marioneta F Marionette *f* (*tb fig*); **~s** *fpl* Marionettentheater *n*; *fig* **gobierno** *m* ~ Marionettenregierung *f*; **marionetista** M/F Marionettenspieler *m*, -in *f*, Puppenspieler *m*, -in *f*

mariposa F 1 *insecto*: Schmetterling *m*; ~ **blanca** *o* **de la col** Kohlweißling *m*; ~ **de la muerte** Totenkopf *m*; ~ **nocturna** Nachtfalter *m*; *fam* **a otra cosa,** ~ und Schluss damit 2 (*candelilla*) Nachtlicht *n* (*Öllämpchen*) 3 TEC *tuerca*: Flügelschraube *f*; (*corredera*) Schieber *m*, Klappe *f* 4 DEP *natación*: **estilo** *m* ~ Schmetterlingsstil *m* 5 *fam euf* → **marica** 6 *Cuba* ORN *Art* Buntfink *m*

mariposear VI (herum)flattern; *fig* flatterhaft sein; ~ **con alg** mit j-m flirten; **mariposón** *fam* A ADJ flatterhaft B M 1 *irón* (*galán*) Liebhaber *m*; Don Juan *m* 2 *Am desp* (*homosexual*) Schwule *m*

mariquita A F 1 *insecto*: Marienkäfer *m* 2 *Am* MÚS *baile popular*: ***ein Volkstanz*** B M *vulg desp* (*homosexual*) Schwule *m*; **marisabidillo** M, **-a** F *fam desp* Besserwisser *m*, -in *f desp*

mariscal M MIL Marschall *m*; ~ **de campo** (General)Feldmarschall *m*; **mariscalato** M, **mariscalía** F Marschallwürde *f*

mariscar VI ⟨1g⟩ Muscheln suchen

marisco M, *frec* **~s** PL Meeresfrüchte *fpl*; **cazuela** *f* **de ~s** in der Tonschale zubereitete Meeresfrüchte *fpl*; **salpicón** *m* **de ~s** Meeresfrüchtesalat *m*; **sopa** *f* **de ~s** Meeresfrüchtesuppe *f*

marisma F Marsch *f*, sumpfiges Küstengebiet *n*

marisqueo M Zucht *f* (*o* Fang *m*) von Meeresfrüchten; **marisquería** F ***auf Meeresfrüchte spezialisiertes Geschäft oder Restaurant***; **marisquero** M, **-a** F Verkäufer *m*, -in *f* von Meeresfrüchten

marista CAT A ADJ Maristen… B M/F Marist *m*, -in *f*

marital ADJ 1 (*del marido*) Gatten…, Ehemanns… 2 (*matrimonial*) ehelich; Ehe…; **hacer vida** ~ eheähnlich zusammenleben

maritata F 1 *Bol, Chile, Méx* MIN (*criba*) Erzsieb *n* 2 *Am Mer* **~s** *fpl* → maritates; **maritates** MPL *Am Centr, Méx* Kram *m*

marítimo ADJ Meer…, See…; **ciudad** *f* **-a** Küstenstadt *f*; **clima** *m* ~ Seeklima *n*; **derecho** *m* ~ Seerecht *n*; **puerto** *m* ~ Seehafen *m*; **museo** *m* ~ Meermuseum *n*; **transporte** *m* ~ Seetransport *m*; **por vía -a** auf dem Seeweg

maritornes F ⟨*pl inv*⟩ *fam hum* ***hässliches, männlich wirkendes Dienstmädchen***

marjal M sumpfiges Tiefland *n*, Feuchtgebiet *n*

marjoleta F Weißdornfrucht *f*; **marjoleto** M BOT eingriffliger Weißdorn *m*

marlo M *Bol, Perú* Maiskolben *m*

marmeja F *Méx fam* Zaster *m*, Moneten *pl*

marmita F Kochkessel *m*, Kochtopf *m*; *Am* MIL ~ **de campaña** Kochgeschirr *n*; **marmitón** M Küchenjunge *m*

mármol M 1 *piedra*: Marmor *m*; ~ **de Carrara** Carraramarmor *m*; ~ **estatuario** Bildhauermarmor *m*; schwarzer spanischer Marmor *m*; ~ **de Santiago** weiß geäderter, fleischroter Marmor *m*; ~ **de Toledo** grauer spanischer

Glanzmarmor *m* **2** ESCUL *obra*: Marmorbild(werk) *n*; Marmorskulptur *f* **3** *objeto*: Gegenstand *m* aus Marmor **4** TEC *y hogar*: Arbeitsplatte *f*, Arbeitstisch *m* **5** *fig* **ser de ~** kalt (und gefühllos) sein, ein Herz aus Stein haben (*fig*)

marmolería F **1** *obra*: Marmorarbeit *f* **2** *taller*: Marmorschleiferei *f* **3** *arte*: Bildhauerei *f*; **marmolista** M/F Marmorschleifer *m*, -in *f*; **marmóreo** ADJ marmorn; Marmor... (*tb fig*)

marmota F **1** ZOOL *y fig roedor*: Murmeltier *n* **2** *fam fig (dormilón)* Schlafmütze *f* **3** *fam fig criada*: (einfaches) Dienstmädchen *n*, Dienstbolzen *m fam*

marojo M BOT Olivenmistel *f* (*Viscum cruciatum*)

maroma F **1** (*cuerda*) Seil *n*; Trosse *f*; dicker (Hanf-)Strick *m* **2** *Am (volatín)* Seiltanzen *n*; *fig, tb* POL (*voltereta*) Seiltanz *m*, Balanceakt *m* **3** *Arg fam (dificultad)* Schwierigkeit *f*, Gefahr *f*; **maromear** V/I *Am* Seiltänze vollführen (*tb fig*); **maromero** M, **-a** F **1** *acróbata*: Seiltänzer *m*, -in *f* (*tb fig*) **2** *fam fig, espec* POL Opportunist *m*, -in *f*, Wendehals *m*; **maromo** M *fam* kräftiger Bursche *m*, Typ *m fam*, Kerl *m fam*

marqués M, **marquesa** F Marquis *m*, Marquise *f*; Markgraf *m*, -gräfin *f*

marquesado M **1** *territorio*: Markgrafschaft *f* **2** *título*: Titel *m* eines Marquis; **marquesina** F **1** *cobertizo*: Glasdach, Regendach *n* **2** (*toldo*) Markise *f*, Sonnendach *n*; **marquesote** M *Am Centr, Méx* GASTR feiner Mais- (*o* Reis)kuchen *m*

marqueta F **1** (*pan de cera*) Klumpen *m* Rohwachs **2** *Chile (fardo de tabaco)* Bündel *n* Rohtabak

marquetería F Intarsienarbeit *f*; Holzmosaik *n*; eingelegte (Holz)Arbeit *f*

marquilla F TIPO **papel** *m* **(de) ~** *spanisches Bogenformat (43,5 x 63 cm)*

marra F **1** (*almádena*) Schlägel *m*; (*pisón*) Stößel *m* **2** (*falta de algo*) Lücke *f*

marrajo **A** ADJ schlau, gerissen; *desp* tückisch **B** M **1** *persona*: heimtückischer Mensch *m* **2** *pez*: Heringshai *m*; Makrelenhai *m*, (Kurzflossen-)Mako *m*; **~ sardinero** Herinshai *m* **3** *toro*: heimtückischer Stier *m*

marramao M *onom* Miauen *n*; Maunzen *n*

marrana F **1** ZOOL (*cerda*) Mutterschwein *n*, Sau *f* **2** AGR *eje*: Achse *f des Schöpfrads* **3** *pop fig (mujer desaseada)* Schlampe *f fam*, Sau *f vulg*; *vulg* **joder la ~** auf die Nerven gehen *fam*; **marranada** F *fam* Schweinerei *f fam* (*tb fig*); Gemeinheit *f*; **marrano** **A** ADJ schweinisch; schmutzig **B** M **1** ZOOL (*cerdo*) Schwein *n* (*tb pop fig*) **2** HIST *converso*: *heimlich noch seinem alten Glauben anhängender jüdischer (Zwangs)Konvertit*

marraqueta F GASTR **1** *Chile, Bol, Col Art* Brotrad *n* **2** Kleiebrot *n*

marrar V/T & V/I *fam* verfehlen; fehlgehen; **~ la puntería** *o* **el tiro** danebenschießen; *fig* **~ el golpe** einen Bock schießen *fam*, danebenhauen *fam*

marras *fam* **de ~** der (*o* die *o* das) Bewusste (*o* Besagte); *hum, desp* wohl bekannt; **el día de ~** der bewusste Tag; der Tag X; **el problema de ~** das bewusste Problem; *fig* die alte Geschichte

marrasquino M Maraschino(likör) *m*

marrazo M **1** *Art (hacha de dos bocas)* Doppelaxt *f* **2** *Méx (bayoneta)* Bajonett *n*

marro **A** ADJ *Méx fam (avaro)* geizig **B** M **1** *juego*: Wurfspiel *n* **2** (*falta*) Fehler *m*, Schnitzer *m fam*

marrón[1] M *piedra*: Wurfstein *m beim Wurfspiel*

marrón[2] **A** ADJ *color*: braun **B** M **1** *Esp (castigo)* (Gefängnis)Strafe *f*, Verurteilung *f*; *fam fig* (*punto oscuro*) dunkler Punkt *m*; (*cosa desagradable*) lästige Aufgabe *f*, Arbeit *f*; unangenehme Sache *f*; *fam fig* **comerse un ~** eine Strafe absitzen; *fig* in den sauren Apfel beißen; *fig* eine Kröte schlucken *fam*; *fam* **meter un ~ a alg** j-n bestrafen; *fam* **meterse en un ~** im Dreck sitzen; *fam* **pillar de ~** auf frischer Tat ertappen; *fam* **tragarse un ~** verknackt werden *fam*; *etw* (für andere) in Kauf nehmen **2** *Ven café*: Kaffee *m* mit etwas Milch

marroquí ⟨*pl* -íes⟩ **A** ADJ marokkanisch **B** M/F Marokkaner *m*, -in *f* **C** M (*tafilete*) Saffianleder *n*, Saffian *m*; **marroquinería** F feine Lederwaren *fpl*; Lederwarenindustrie *f*

marrubio M BOT **~ (blanco)** Andorn *m*

marrueco M *Chile* Hosenschlitz *m*

Marruecos M Marokko *n*

marrullería F Schlauheit *f*; Verschmitztheit *f*; Gerissenheit *f*; **marrullero** **A** ADJ (*astuto*) schlau, gerissen; übertrieben freundlich **B** M, **-a** F (*vivo*) Schlauberger *m*, -in *f*

Marsella F Marseille *n*

marsellés **A** ADJ aus Marseille **B** M Marseiller *m*; **marsellesa** F **1** *himno*: Marseillaise *f* (*französische Nationalhymne*) **2** *persona*: Marseillerin *f*

marsop(l)a F *pez*: Tümmler *m*

marsupial ZOOL **A** ADJ Beutel... **B** **~es** MPL Beuteltiere *npl*

marta F ZOOL (Baum-, Edel-)Marder *m*; **~ cibelina/cebellina** Zobel *m*

Marte M ASTRON *y* MIT Mars *m*

martelé ADJ **esmalte** *m* **~** Hammerschlaglack *m*

martes M ⟨*pl inv*⟩ Dienstag *m*; **el ~** am Dienstag; **(todos) los ~** (immer) dienstags; **el ~ por la tarde** am Dienstagabend; **los ~ por la tarde** dienstagabends; **~ de Carnaval** Karnevals-, Fastnachts-, Faschingsdienstag *m*

martillar V/T hämmern; *fig* quälen; **martillazo** M Hammerschlag *m*; **martilleo** M **1** (*acción de martillear*) Hämmern *n*; Gehämmer *n* **2** TEC *motor*: Klopfen *n*; **martillero** M, **-a** F *Am Mer, espec RPl* Versteigerer *m*, Versteigerin *f*

martillo M **1** *herramienta*: Hammer *m* (*tb* DEP); **~ de adoquinar** Pflaster(er)hammer *m*; **~ apisonador** Stampfer *m*, Ramme *f*; **~ mecánico/neumático** Maschinen-/Presslufthammer *m*; **~ pilón** (Ramm)Bär *m*; **~ de remachar** Niethammer *m*; MED **dedo** *m* **en ~** Hammerzeh *m* **2** **pez** *m* **~** Hammerfisch *m*

martín M ORN **~ pescador** Eisvogel *m*; **~ de río** Nachtreiher *m*

Martín N PR M Martin *m*; **día** *m* **de San ~** Martinstag *m*

martinete[1] M **1** ORN Nachtreiher *m* **2** (*penacho de plumas*) Federbusch *m*

martinete[2] M **1** TEC (*mazo*) Pochhammer *m*; (*martillo de forja*) Schmiedehammer *m*; **~ a vapor** Dampfhammer *m* **2** MÚS *del piano*: (Klavier)Hammer *m* **3** MÚS *flamenco*: *andalusischer Klagegesang mit rhythmischen Schlägen*

martingala F **1** *juego de cartas*: Kombination *f im Montespiel* (→ **monte** 6) **2** *fam fig (truco)* Trick *m*, Dreh *m fam*

Martinica F Martinique *n*

mártir M/F Märtyrer *m*, -in *f*; *fig* Dulder *m*, -in *f*

martirial ADJ Märtyrer...; **martirio** M Märtyrertod *m*; Martyrium *n*, Marter *f* (*tb fig*); **martirizar** V/T ⟨1f⟩ martern (*tb fig*); *fig* quälen; **martirologio** M Märtyrerverzeichnis *n*

maruca F *pez*: Leng *m*

maruja F (biedere) Hausfrau *f*; *desp* Nurhausfrau *f*, Lieschen Müller *fam*

marxismo M Marxismus *m*; **~-leninismo** *m* Marxismus-Leninismus *m*; **marxista** **A** ADJ marxistisch **B** M/F Marxist *m*, -in *f*

marzo M März *m*; **en (el mes de) ~** im (Monat) März; **el 11 de ~** am 11. März; *Esp* **~ marcea** *corresponde a*: der April macht, was er will (*häufiger Wetterwechsel; in Spanien gilt der März als unbeständigster Monat*)

mas[1] M *reg katalanischer* Bauernhof *m* (*nur in Verbindung mit Eigennamen, z. B. Mas Pla*).

mas[2] CJ *liter* aber, jedoch; sondern

más

A adverbio B comparativo
C masculino

— **A adverbio** —

1 *aumento*: mehr; **~ acá** (weiter) hierher; diesseits (**de** *gen o* von *dat*); **~ allá** (weiter) dorthin; jenseits (**de** *gen o* von *dat*); **~ bien** eher, vielmehr; **~ o menos** mehr oder weniger; **poco ~ o menos** etwa, ungefähr; **el que ~ y el que menos** der eine mehr der andere weniger; **ni ~ ni menos** genauso, freilich, genau *fam*; **cada vez ~** *o* **~ y ~** mehr und mehr, immer mehr; immer stärker *etc*; **como el que ~** wie jeder andere (auch); **nadie ~** sonst niemand; *Am* **no ~** doch, mal (*Flickwort*); **ya no tenemos ~ esperanza** wir haben keine Hoffnung mehr; **ya no nos veremos ~** wir werden uns nicht wiedersehen; **a ~** außerdem, darüber hinaus, zusätzlich; **a cual ~** um die Wette; **a** *o* **todo lo ~** bestenfalls, (aller)höchstens; **a ~ y mejor** reichlich, tüchtig, gehörig, anständig *fam*; **cuando ~** höchstens; **cuanto ~ ..., tanto** je mehr ..., desto mehr; **cuanto ~ rápido, tanto ~ económico** je schneller, desto wirtschaftlicher; **de ~** noch dazu, mehr; zu viel; überflüssig; überzählig; **de lo ~** äußerst; überaus; **estar de ~** überflüssig sein; **(apreciar) en ~** höher (schätzen); **por ~ que** (*subj*) wie sehr auch, obwohl; (*ind*) auch wenn; **¿qué ~?** was noch?; **sin ~** ohne Weiteres; **sin ~ ni ~** mir nichts, dir nichts; **tanto ~ cuanto que** umso mehr als; **él te quiere ~** *compar* er liebt dich mehr; *sup* er liebt dich am meisten; **¿qué ~ quiere usted?** was wollen Sie noch? **2** MAT *en adiciones*: plus; **cinco ~ doce igual a diecisiete (5 + 12 = 17)** fünf plus zwölf gleich siebzehn; COM **~ el embalaje** Verpackung extra, plus Verpackung

— **B comparativo** —

compar **1** *reforzando*: **~ barato** billiger; **~ grande** größer; **~ lejos** weiter (entfernt) **2** *en números*: **~ de** mehr als; über; **no ~ que** nicht mehr als, nur; **~ de cuatro** mehr als vier; *fig* viele; **~ de una hora** länger als eine Stunde **3** *comparación de palabras*: **~ que** *o* **~ de lo que** mehr als; **no ~ que** nicht mehr als, nur; **¡(y) ahora ~ que nunca!** nun erst recht!; **gastar ~ de lo necesario** mehr als nötig ausgeben; **este coche es ~ rápido que el tuyo** dieser Wagen ist schneller als deiner; **esto me gusta ~** das gefällt mir besser; **ir a ~** zunehmen; sich verstärken; **nadie lo sabe ~ que tú** niemand weiß es außer dir **4** *preferencia*: lieber; **me gustaría ~ ...** es wäre mir lieber ... **5** *sup* **el/la/lo ~ grande** der/die/das größte; **lo ~ pronto posible** so bald wie möglich; **a ~ tardar** spätestens; **(ni) en lo ~ mínimo** nicht im Geringsten; **una obra de las ~ valiosas editadas en los últimos tiempos** eine sehr wertvolle neuere Veröffentlichung; *fam* **los ~ (de los) días** die meisten Tage; **(lo) ~** am meisten **6** (*muy, tan*) *exclamación*: was für, wie, so; **¡qué cosa ~ absurda!** so etwas Unsinniges!; **¡qué vestido ~ bonito!** was für ein hübsches Kleid!

— **C** masculino —
1 MAT *símbolo*: Plus(zeichen) *n* **2** *(aumento)* Mehr *n*, Plus *n*; COM Mehrertrag *m*, Überschuss *m*; **tener sus ~ y sus menos** seine Vorteile und seine Nachteile haben

masa F **1** *gener* Masse *f*; SOCIOL **la ~** die (breite) Masse; METEO **~s** *fpl* **de aire** Luftmassen *fpl*; TEC **~ aislante** Isoliermasse *f*; FÍS **~ atómica** Atommasse *f*; MED **~ encefálica** Hirnmasse *f*; **~ forestal** Waldbestand *m*; FÍS **~ molecular** Molekülmasse *f*; ECON **~ monetaria** Geldmenge *f*, -volumen *n*; MIL *y fig* **~ de maniobra** Manövermasse *f*; ECON **~ de la quiebra** Konkursmasse *f*; **~ salarial** Lohn- und Gehaltsaufkommen *n*; **de ~s** Massen...; **en ~** massenhaft, -weise; Massen...; **el pueblo en ~** das Volk in seiner Masse, das ganze Volk; COM **venta *f* en ~** Massenverkauf *m* **2** GASTR *(pasta)* Teig *m*; Paste *f*; **~ (panificable)** Brotteig *m*; *fig* **coger a alg con las manos en la ~** j-n auf frischer Tat ertappen **3** CONSTR *(argamasa)* Mörtel *m* **4** MÚS **~ coral** Chor, *m*, Chorvereinigung *f* **5** *reg* → masada

masacrar V/T massakrieren, niedermetzeln; **masacre** F Massaker *n*

masada F Meierhof *m*, Meierei *f*

masai M/F Massai *m/f*

masaje M Massage *f*; **~ completo** Ganzkörpermassage *f*; **~ chino** *o* **tui-na** Akupunkturmassage *f*; MED Akupressur *f*; **dar (un) ~** *o* **dar ~(s)** massieren; **darse un ~** sich massieren lassen; **~ facial** Gesichtsmassage; **~ subacuático** Unterwassermassage *f*

masajeador M Massagegerät *n*; **masajear** V/T massieren; *Am desp tb* befummeln *fam*; **masajista** M/F Masseur *m*, -in *f*

masato M *Am Mer gegorenes Getränk, bes aus Mais, Banane oder Maniok*

mascada F **1** *Chile (bocado)* Bissen *m*, Happen *m* **2** *Méx (pañuelo de seda)* Seidentuch *n der Rancheros* **3** *RPl (porción de tabaco)* Portion *f* Kautabak; **mascadura** F Kauen *n*

mascar **A** V/T ⟨1g⟩ **1** *la comida* kauen; *fig* vorkauen *(fig)* **2** *(murmurar)* murmeln **B** V/R **mascarse** spürbar sein, unmittelbar bevorstehen; **~ en el ambiente** in der Luft liegen

máscara **A** F **1** *(careta)* Maske *f* (*tb* TIPO, TEAT, MED, TEC, ETNOLOGÍA *y fig*); Larve *f*; *p. ext (disfraz)* Tarnung *f*; *fig (pretexto)* Deckmantel *m*, Vorwand *m*; **~s** *fpl tb* Maskerade *f*; **(traje *m* de) ~** Maske *f*, Verkleidung *f*; **~ facial** Gesichtsmaske *f (Kosmetik)*; **~ de gas** *o* **~ antigás** Gasmaske *f*; **~ de oxígeno** Sauerstoffmaske *f*; **quitarse la ~** die Maske ablegen; *fig* die Maske fallen lassen; *fig* **quitarle a alg la ~** j-m die Maske vom Gesicht reißen **2** MED *vendaje*: Gesichtsverband *m* **3** **~ (para pestañas)** *(rímel)* Wimperntusche *f* **B** M/F Maske *f*, *(enmascarados)* Maskierte *m/f*

mascarada F Maskerade *f*; Maskentreiben *n*; Mummenschanz *m*; **mascarilla** F **1** *(media máscara)* Halb-, Augenmaske *f* **2** *cosmética*: Packung *f*, Gesichtsmaske *f* **3** ESCUL *para muertos*: Totenmaske *f* **4** *aparato*: TEC, MED, TIPO Maske *f*; MED *tb (protector bucal)* Mundschutz *m*; **~ de oxígeno** Sauerstoffmaske *f*; **mascarón** M **1** große Maske *f* **2** ARQUIT *adorno*: Maske *f*; MAR **~ (de proa)** Galionsfigur *f* **3** *fig (cara grotesca)* Fratze *f*; hässlicher Mensch *m*

mascota F Maskottchen *n*, Talisman *m*; AUTO *tb* Kühlerfigur *f*

mascujar V/T *fam* schlecht kauen; *fig* → mascullar

masculinidad F Männlichkeit *f*; **masculinización** F Vermännlichung *f*; LING Maskulinisierung *f*; **masculinizar** V/T vermännlichen; **masculino** **A** ADJ männlich, GRAM maskulin **B** M GRAM Maskulinum *n*

mascullar V/T & V/I murmeln

masera F (Abdecktuch *n* für den) Backtrog *m*

masía F *typisch katalanischer* Bauernhof *m*

masificación F Vermassung *f*; **masificar** V/T ⟨1g⟩ vermassen *v/t*

masilla F *(espec* Glaser)Kitt *m*, Spachtelmasse *f*

masillar V/T spachteln, (ver)kitten

masitas FPL *Andes, RPl* Teegebäck *n*; **masitero** M *Arg* Feinbäcker *m*

masivo ADJ *crítica, amenaza* massiv; *(en gran cantidad)* in Massen (auftretend), Massen...

maslo M **1** ZOOL *de la cola*: Schwanzstummel *m* **2** BOT *(tallo)* Stängel *m*

masoca M/F *pop* Masochist *m*, -in *f*

masoco M *pop* → masoca

masón M Freimaurer *m*; **masonería** F Freimaurerei *f*; **masónico** ADJ Freimaurer...

masoquismo M Masochismus *m*; **masoquista** **A** ADJ masochistisch **B** M/F Masochist *m*, -in *f*

masoterapia F MED Massagebehandlung *f*

masovero M, **-a** F Pächter *m*, -in *f* auf einem katalanischen Hof (→ masía)

mastelero M MAR Toppmast *m*; Stenge *f*

máster M **1** UNIV *título*: Master *m* **2** *fonotecnia: (grabación original)* Masterband *n*

mástic M **1** *resina*: Mastix *m* **2** *(masilla)* (Spachtel)Kitt *m*

masticación F Kauen *n*; **masticador** M **1** ANAT *músculo*: Kaumuskel *m* **2** TEC *instrumento*: Mastikator *m*; **masticar** V/T ⟨1g⟩ kauen; **masticatorio** Kau...; **superficie** *f* **-a** Kaufläche *f*

mástil M **1** *(palo)* Pfahl *m*, Mast *m*; *p. ext para la bandera*: Fahnenmast *m*; *de la tienda de campaña*: Zeltmast *m*; *(torre de transmisión)* Fernsehmast *m*; *etnología*: **~ totémico** Totempfahl *m* **2** MAR *del barco*: Mast *m*; **~-grúa** *o* **de carga** Ladebaum *m* **3** BOT *(tallo grueso)* (dicker) Stiel *m*; Stamm *m* **4** MÚS *del violín*: Hals *m bei Geigen etc* **5** ORN *de una pluma*: Schaft *m einer Vogelfeder* **6** *pop (pene)* Penis *m*

mastín M, **-ina** F *perro*: großer Haus- (*o* Hirten)hund *m*

mástique M → mástic

mastitis F MED Brustdrüsenentzündung *f*, Mastitis *f*; **mastodonte** M ZOOL, *prehistoria*: Mastodon *n*; *fam fig persona*: bulliger Kerl *m fam*, Koloss *m fam*; **mastodóntico** ADJ riesig, enorm, gigantisch; **mastoides** F ANAT **(apófisis) ~** Warzenfortsatz *m des Schläfenbeins*

mastote M *C. Rica* BOT Milchbaum *m*

mastuerzo **A** M **1** BOT (Garten-)Kresse *f*; **~ marítimo** Duftsteinrich *m*; → *tb* berro **2** *fig (tonto)* Dummkopf *m*, blöder Kerl *m* **B** ADJ *fam (rudo)* derb, rüde

masturbación F MED Masturbation *f*; **masturbar** **A** V/T masturbieren **B** V/R **masturbarse** masturbieren, sich selbst befriedigen, onanieren

mata[1] F **1** BOT *(arbusto)* Strauch *m*, Busch *m*, Staude *f*; *(pie, rama)* Stock *m*; *Am tb (planta)* Pflanze *f*; **~s** *fpl* Buschwerk *n*; *fig* **~ de pelo** Haarschopf *m* **2** *Am (maceta)* Blumentopf *m*

mata[2] F **1** *Arg, Ec* → matadura **2** *juego de cartas*: → matarrata

matabuey M BOT Bitterkraut *n*; Hasenöhrchen *n*; **matacaballo** M **1** *Chile insecto*: große Schabe *f*; *fig* **a ~** überstürzt, in aller Eile **2** *Ec* ZOOL *serpiente*: Boa constrictor *f*; **matacán** M **1** MIL Pechnase *f* **2** BOT *(nuez vómica)* Brechnuss *f* **3** *veneno*: Hundegift *n* **4** ARQUIT *piedra grande*: großer Füllstein *m* **5** CAZA *erfahrener Hase, der es versteht, den Hunden ein Schnippchen zu schlagen*; **matacandelas** M ⟨*pl inv*⟩ Löschhütchen *n für Kerzen*; **matacandil** M BOT Glanzrauke *f*; **~es** *mpl* BOT Nickender Milchstern *m*; **matachín** M **1** *(matarife)* Schlächter *m* **2** *(camorrista)* Raufbold *m*; **matadero** M **1** *(desolladero)* Schlachthaus *n*, Schlachthof *m* **2** *fig (trabajo de negros)* Schinderei *f* **3** *Am fam (vivienda de soltero)* Junggesellenwohnung *f*; **matadolor** M *Méx* schmerzstillendes Mittel *n*

matador **A** ADJ tödlich **B** M, **matadora** F **1** *(homicida)* Totschläger *m*, -in *f*, Mörder *m*, -in *f* **2** *juego de cartas*: Trumpfkarte *f beim Lomber* **3** TAUR Matador *m*, -in *f*; **matadura** F *equitación*: Druckstelle *f*; **matafuego** M *espec Arg* Feuerlöscher *m*; **matagigantes** M *fam* Favoritenschreck *m*

matalahúga, matalahúva F BOT, GASTR Anis *m*

mátalas callando M *fam* Leisetreter *m*, Duckmäuser *m*

matalobos M ⟨*pl inv*⟩ BOT Gelber Eisenhut *m*; **matalón** M Schindmähre *f*, Klepper *m*; **matamata** F *Am Mer* ZOOL Fransenschildkröte *f*; **matambre** M *Arg* GASTR *(filete relleno)* Fleischroulade *f*; **matamoros** M/F ⟨*pl inv*⟩ *fam* Prahlhans *m fam*, Angeber *m*, -in *f*; **matamoscas** M ⟨*pl inv*⟩ Fliegenklatsche *f*; Fliegenfänger *m*

matancero M, **-a** F *Am reg* **1** *(carnicero, -a)* Fleischer *m*, -in *f*, Metzger *m*, -in *f* **2** *Cuba habitante*: Einwohner *m*, -in *f* von Matanzas

matanza F **1** *(acción de matar)* Töten *n*; *en una batalla, etc*: Schlachten *n (tb fig)*; Gemetzel *n*; **~ de zánganos** Drohnenschlacht *f der Bienen*; **hacer una ~** alles niedermetzeln **2** *carnicería*: Schlachten *n*; Schlachtung *f*; **~ casera** Hausschlachtung *f*; **mataperrada** F Gassenjungenstreich *m*; **mataperro(s)** M *Chile, Perú fam* Straßenjunge *m*; **matapieles** M ⟨*pl inv*⟩ Nagelhautentferner *m*; **matapiojos** M ⟨*pl inv*⟩ **1** *para combatir los piojos*: Läusemittel *n* **2** *insecto*: Libelle *f*; **matapolillas** M Mottenpulver *n*, Mottenspray *n*; **matapolvo** M *espec Am* Sprühregen *m*

matar **A** V/T **1** *(quitar la vida)* töten; ums Leben bringen, umbringen; *ganado* schlachten; *venado* erlegen, schießen; **~ a palos** totprügeln; **~ a puñaladas** erdolchen, erstechen; **~ a tiros** erschießen; **~ de un tiro** mit einem Schuss töten **2** *fig (arruinar)* zugrunde richten; *(destruir)* vernichten, zerstören, auflösen; *(acabar con alg)* j-n fertigmachen *fam*; **estar a ~ con alg** j-m spinnefeind sein; **a mata caballo** in aller Hast; übereilt; **un calor que mata** eine furchtbare Hitze; **¡que me maten si lo hago!** das tue ich unter keinen Umständen; **¡que me maten (si no lo hace)!** ich verwette meinen Kopf darauf (, dass er's tut); *fam* **~las callando** hinterhältig sein; **ser un mátalas callando** ein Schleicher (*o* Leisetreter) sein **3** *fig sed, fuego, cal* löschen; *esquinas, canto* abrunden, abschrägen; PINT *colores* dämpfen; *metales* matt machen; *hambre* stillen; *frío, sueño, etc* überwinden; *tiempo* totschlagen; *sello postal* abstempeln, entwerten **4** *juego de cartas*: stechen; *(marcar)* zinken **5** *(llagar) (einem Pferd oder Arbeitstier)* Druckstellen zufügen, wund scheuern *(acus)* **B** V/R **matarse** **1** *(suicidarse)* sich umbringen; ums Leben kommen; **se mató en un accidente** er kam bei einem Unfall um(s Leben) **2** *fig* **~ por** *(hacer todo por)* sich umbringen für *(acus)*; alles tun, um zu *(inf)*; **se mata a leer** er liest sich zu Tode *(fig)*; **~ (trabajando)** sich abschuften *fam*, sich abrackern *fam*

matarife M Schlächter *m*; **matarrata** F *juego de cartas*: Truquespiel *n*; **matarratas** M ⟨*pl inv*⟩ Rattengift *n*; *fam fig* Fusel *m fam*; **matasanos** M ⟨*pl inv*⟩ *fam irón* Arzt *m*, Quacksalber *m fam*; **matasellar** V/T & V/I (Briefmarken) abstempeln; **matasellos** M ⟨*pl inv*⟩ Briefstempel *m*; **~ especial** Sonderstempel *m*; **mata-**

siete(s) M fam Raufbold m; Prahlhans m; **matasuegras** M ⟨pl inv⟩ Luftrüssel m; Tröte f fam; (Papierspirale, die durch Anblasen hinausschnellt)
matate M Am Centr Netz(tasche f) n
matatora F Ven ZOOL Anakonda f; **matavivos** M fam → matasanos; **matazón** F Ven Gemetzel n
mate A ADJ glanzlos, matt; mattiert B M 1 ajedrez: Matt n; **dar jaque (y) ~** schachmatt setzen 2 BOT arbusto: Matestrauch m 3 bebida: Mate(tee) m; Bol, Perú **~ de coca** Kokatee m 4 Am Mer calabaza: Kürbisschale f; Mategefäß n; fam fig (cabeza) Kopf m, Schädel m fam, Kürbis m fam; **mateada** F Arg zubereiteter Matetee m
matear VI Arg Matetee trinken
matemáticas FPL Mathematik f; **~ puras** reine Mathematik f; **si las ~ no fallan** wenn die Rechnung stimmt, nach Adam Riese (hum); **matemático** A ADJ mathematisch B M, **-a** F Mathematiker m, -in f
matera F 1 Arg, Par, Ur bebedora de mate: Matetrinkerin f 2 Col (maceta) Blumenkasten m; Blumentopf m
materia F 1 FÍS opuesto al espíritu: Materie f, Stoff m 2 (sustancia) Substanz f; (materia prima) Material n; Werkstoff m; ECON tb Gut n; (medio) Mittel n; **~ fulminante** Zündstoff m, Zündmittel n; **~ gris** f ANAT graue Substanz f; fam fig Grips m fam; **~ plástica** Kunststoff m; **~ prima** o **primera ~** Rohstoff m; **~ reciclable** Wertstoff m 3 MED (pus) Eiter m 4 fig (asunto) Stoff m; Thema n; (especialidad) (Fach-, Sach)Gebiet n; enseñanza: (Schul)Fach n; **en ~ de** auf dem Gebiet (gen); hinsichtlich; **~ para reflexión** Denkanstoß m; **entrar en ~** zur Sache kommen
material A ADJ 1 (relativo a la materia) materiell (tb FIL); der Materie verhaftet 2 (sustancial) stofflich; Sach…; (objetivo) sachlich; **daño** m **~** Sachschaden m; **sentido** m **~** eigentlicher (o konkreter) Sinn m B M Material n; (materia prima) (Bau-, Werk)Stoff m; Gut n; (utillaje) Betriebsmaterial n; aparatos: Gerät n; **~ bélico** Kriegsmaterial n; **~ didáctico** o **docente** o **escolar** o **de enseñanza** Lehrmaterial n, Lehrmittel npl; **~es** mpl **de construcción** Baustoffe mpl, Baumaterial n; **~es reciclables** Wertstoffe mpl; FERR **~ móvil** o **rodante** rollendes Material n; MED **~ específico de riesgo** m BSE-Risikomaterial n; **~ usado** Altmaterial n
materialidad F Stofflichkeit f; **materialismo** M Materialismus m; **materialista** A ADJ materialistisch B M/F 1 persona: Materialist m, -in f 2 Méx (camionero, -a) LKW-Fahrer m, -in f, der/die Baumaterial transportiert; comerciante: Baumaterialienhändler m, -in f; **materialización** F Materialisierung f; Verwirklichung f; **materializar** A VT ⟨1f⟩ materialisieren; in Materie verwandeln; (realizar) verwirklichen B VR **materializarse** Wirklichkeit werden, sich verwirklichen, Gestalt annehmen; sueños, deseos in Erfüllung gehen; **materialmente** ADV wirklich, tatsächlich; **ser ~ imposible** ganz und gar (o völlig) unmöglich sein
maternal ADJ mütterlich, Mutter…; **amor** m **~** Mutterliebe f; **maternidad** F 1 estado de madre: Mutterschaft f; **protección** f **a la ~** Mutterschutz m 2 establecimiento: **(casa** f **de) ~** Entbindungsheim n; Geburtshaus n; **materno** ADJ mütterlich; Mutter…; **consultorio** m **~** Mütterberatung(sstelle) f; **seno** m **~** Mutterbrust f; **por parte -a** mütterlicherseits; **tía** f **-a** Tante f mütterlicherseits; **maternología** F Mutterschaftskunde f
matero M 1 Arg, Par, Ur persona: Matetrinker m, -in f 2 Col, Ven (maceta) Blumentopf m

matidez F 1 ÓPT (intransparencia) Undurchsichtigkeit f; Glanzlosigkeit f 2 MED (amortiguación) Dämpfung f
matinal A ADJ morgendlich; Morgen… B F Matinee f; **matiné(e)** F TEAT, FILM Vormittagsvorstellung f, Matinee f
matiz M ⟨pl -ices⟩ Färbung f; Schattierung f; Farbton m; fig Nuance f; **matización** F Nuancierung f; **matizado** ADJ nuanciert, mit feinen Unterschieden; **matizar** VT ⟨1f⟩ schattieren; abtönen; fig nuancieren
matojo M BOT *ein Gänsefußgewächs*; desp (matorral) Gestrüpp n; Col fam fig **saltar ~s** in Geldnöten sein
matón A M 1 (camorrista) Raufbold m; Schläger m; **~ de feria** Schlägertyp m; Rausschmeißer m 2 (guardaespaldas) Leibwächter m 3 **~ a sueldo** (que mata por dinero) gedungener Killer m B ADJ Méx (grosero) roh; (bruto) brutal; **matonismo** M brutale Streitsucht f, Rowdytum n
matorral M Gestrüpp n, Dickicht n; **matoso** ADJ mit Gebüsch bestanden
matraca F 1 instrumento de percusión: Knarre f; Klapper f 2 fig (burla, chasco) Stichelei f; **dar (la) ~** sticheln, ärgern 3 fam **~s** fpl (matemáticas) Mathe(matik) f; **matracalada** F wimmelnde (o tosende) Menge f; **matraquear** A VI fam rasseln, klappern B VT fig belästigen, ärgern, quälen
matraz M ⟨pl -aces⟩ (Glas)Kolben m; Phiole f; QUÍM **~ aforado** Messkolben m; **~ de destilación** Destillierkolben m
matrero ADJ 1 (astuto) schlau; (audaz) gerissen 2 (receloso) misstrauisch 3 Arg (prófugo) vor dem Gesetz (in die Wälder) flüchtend; Räuber…
matriarca F Matriarchin f; **matriarcado** M Matriarchat n; **matriarcal** ADJ matriarchalisch; **matricaria** F BOT Mutterkraut n; **matricida** M/F Muttermörder m, -in f; **matricidio** M Muttermord m
matrícula F 1 (registro) Register n; Matrikel f 2 AUTO Nummernschild n, polizeiliches Kennzeichen n 3 ADMIN, HIST tributaria: Steuerrolle f; MIL, HIST Stammrolle f 4 UNIV (inscripción) Einschreibung f; Immatrikulation f; p. ext (número de estudiantes) Studentenzahl f; **~ de honor** UNIV, enseñanza: mit Auszeichnung
matriculación F 1 Einschreibung f (tb UNIV); UNIV Immatrikulierung f 2 AUTO Anmeldung f, Zulassung f; **matricular** A VT 1 in das Register einschreiben 2 UNIV immatrikulieren B VR **matricularse** 1 sich anmelden, sich einschreiben (tb UNIV); UNIV sich immatrikulieren 2 AUTO zugelassen werden
matrimonial ADJ ehelich, Ehe…; **cama** f **~** Ehebett n, französisches Bett n; **matrimonialista** M **(abogado** m**) ~** JUR Fachanwalt m für Eherecht n
matrimonio M 1 sacramento: Heirat f; Ehe f; **~ en blanco** nicht vollzogene Ehe f; CAT **~ canónico** o **religioso** o **por la Iglesia** kirchliche Trauung f; **~ civil** standesamtliche Trauung f; **~ de conciencia** Gewissensehe f; **~ por conveniencia** o **por interés** Vernunftehe f; **~ mixto** Mischehe f; **consumar el ~** die Ehe vollziehen; **contraer ~** die Ehe schließen; **pedir a alg en ~** j-m einen Heiratsantrag machen 2 (marido y mujer) Ehepaar n; **cama** f **de ~** Ehebett n; Doppelbett n 3 fam fig mueble: Doppelbettcouch f
matritense ADJ liter aus Madrid
matriz A ADJ **casa** f **~** Stammhaus n Mutterhaus n B F 1 ANAT órgano femenino: Gebärmutter f; de la uña: (Nagel)Bett n 2 TIPO (clisé) Matrize f 3 TEC (molde) Gesenk n; Matrize f; **matrizar** VT ⟨1f⟩ TEC (im Gesenk) schlagen, pressen
matrona F Matrone f; Hebamme f

matules MPL Cuba Krempel m, Kram m, Siebensachen fpl
maturranga F 1 frec **~s** fpl (treta) Tricks mpl, (marrullería) Schwindel m 2 jerga del hampa (ramera) Hure f; **maturrango** ADJ 1 Arg (que jinetea mal) schlecht reitend 2 Chile (pesado) schwerfällig 3 Perú caballo schlecht
matute M 1 (contrabando) Schmuggel m; fam tb (estafa) Schwindel m, Schiebung f; adv **de ~** heimlich; **colar de ~** ein-, durchschmuggeln; **hacer ~** schmuggeln 2 mercancía: Schmuggelware f 3 casa de juegos: Spielhölle f
matutear VI fam schmuggeln; **matutero** M, **-a** F fam Schmuggler m, -in f
matutino ADJ Morgen…; Vormittags…; früh
maula[1] A F 1 (cosa inútil) Trödel m, Schund m; Ramsch m; COM tb **~s** fpl (artículo invendible) Ladenhüter mpl; schlechte Ware f 2 (artimaña) Schlich m, Kniff m; (engaño) Betrug m B M/F fam fig (persona mal pagadora) fauler Kunde m, faule Kundin f fam; (embustero, -a) Schwindler m, -in f; (inútil) Taugenichts m C ADJ Arg, Bol, Ur fam unentschlossen, feige
maula[2] M HIST *zum Islam bekehrter Christ unter der Araberherrschaft in Spanien*
maular fam → paular[1]; **maulear** VI Chile mogeln; **maulero** M, **-a** F Trödler m, -in f
maullar VI ⟨stammbetonte Formen -ú-⟩ miauen; **maullido** M Miauen n; **dar ~s** miauen
maúllo M → maullido
maulón M fam gerissener Kerl m fam
mauricia F BOT Mauritiuspalme f
Mauricio M GEOG Mauritius n
Mauritania F Mauretanien n
mauritano A ADJ mauretanisch B M, **-a** F Mauretan(i)er m, -in f
máuser M Mausergewehr n
mausoleo M Mausoleum n
maxilar ANAT A ADJ Kiefer… B M Kinnbacken m; **~ inferior** Unterkiefer m; **~ superior** Oberkiefer m
máxima F 1 (principio) Grundsatz m; Maxime f 2 METEO temperatura: Höchsttemperatur f
maximalismo M Radikalismus m; Extremismus m; **maximalista** M/F Radikale m/f, Extremist m, -in f
máxime ADV hauptsächlich; vor allem, besonders; **~ si** umso mehr wenn; **~ cuando** umso mehr als
maximizar ⟨1f⟩ maximieren
máximo A ADJ sehr groß; größte(r, -s); maximal; Maximal…, Höchst…; TEC **rendimiento** m **~** Höchstleistung f; TEC **~ accidente previsible** größter anzunehmender Unfall m; GAU m B M espec MAT, TEC Maximum n; Höchst-, Scheitelwert m; **como ~** höchstens; **máximum** M Maximum n; das Äußerste, das Höchste
maxi-single ['maɣsi-'siŋɛl] M MÚS Maxisingle f
maya[1] F 1 BOT Maßliebchen n, Gänseblümchen n 2 folclore: Maikönigin f
maya[2] A ADJ del pueblo indio: Maya…; **cultura** f **~** Mayakultur f; **templo** m **~** Mayatempel m B M/F Maya m/f; **los Mayas** die Mayas mpl C M lengua: Maya n
mayar VI miauen
mayate M Méx 1 insecto: *grüner Flugkäfer (verschiedene Arten)* 2 fam (homosexual) Schwule m fam
maybelline® M Cuba Wimperntusche f
mayear V/IMP Maiwetter sein
mayestático ADJ majestätisch
mayo M 1 mes: Mai m; **en (el mes de) ~** im (Monat) Mai; **el 10 de ~** am 10. Mai 2 palo adornado: Maibaum m 3 ramillete: Maistrauß m 4 **~s** mpl MÚS canto: Maiständchen n 5 Chile GASTR (mayonesa) Mayonnaise f

mayólica F Majolika *f*, Fayence *f*; **mayonesa** F GASTR Mayonnaise *f*

mayor A ADJ 1 *compar (más grande)* größer; *(más importante)* bedeutender, gewichtiger; *(más viejo)* älter; **dos años ~** zwei Jahre älter; **~ que** größer als *(tb* MAT*)*; *(de más edad que)* älter als 2 *sup (el más importante)* bedeutendste(r, -s); **el ~** der Größte; der Älteste; **la ~ parte** *(las más de las veces)* das meiste; *(la mayoría)* die meisten 3 *reforzando*: Ober...; Haupt...; Hoch...; Erz...; **cocinero** *m* **~** Chefkoch *m*; **iglesia** *f* **~** Hauptkirche *f*; MÚS **tono** *o* **modo** *m* **~** Dur *n*, Durtonart *f*; COM **al por ~** im Großhandel *m*, en gros; *fig* **alzarse** *o* **subirse a ~es** überheblich werden; ausfällig werden; *fig* **ir** *o* **pasar a ~es** schlimmer werden, sich verschlimmern 4 *(adulto)* erwachsen; **~ de edad** volljährig; großjährig; mündig; **ser (muy) ~** (sehr) alt sein B M 1 *(el superior)* Vorsteher *m*; *(jefe)* Chef *m*; MIL *rango*: Major *m* 2 *liter (mayor de edad)* Erwachsene *m*; **~es** *mpl (antepasados)* Vorfahren *mpl*; **los ~es** *(los ancianos)* die Alten, die alten Leute C F FIL Obersatz *m*

mayoral M Oberhirte *m*; Großknecht *m*; AGR Vorarbeiter *m*

mayorazga F Majoratserbin *f*; **mayorazgo** M 1 *derecho de primogénito*: Majorat *n* 2 *poseedor*: Majoratsherr *m*

mayordoma F Verwalterin *f*; Wirtschafterin *f*; **mayordomía** F Gutsverwaltung *f*; **mayordomo** M Haushofmeister *m*; Verwalter *m*; Gutsverwalter *m*; MAR Obersteward *m*; Butler *m*; **~ mayor** Hofmarschall *m*

mayoreo M *Bol, Hond, Méx, Nic, Salv* Großhandel *m*

mayoría F 1 *(los más)* Mehrheit *f*; Majorität *f*; **la ~ (de)** die meisten (von *dat*); POL **~ absoluta (cualificada)** absolute (qualifizierte) Mehrheit *f*; *fig* **~ silenciosa** schweigende Mehrheit *f*; **~ simple** *o* **relativa** einfache Mehrheit *f*; **~ de votos** Stimmenmehrheit *f*; **en la ~ de los casos** *o* **la ~ de las veces** meistens 2 **~ (de edad)** → mayoridad; **mayoridad** F Volljährigkeit *f*; Mündigkeit *f*; Großjährigkeit *f*

mayorista M/F COM Großhändler *m*, -in *f*

mayoritario ADJ Mehrheits..., mehrheitlich; majoritär; **apoyo** *m* **~** mehrheitliche Unterstützung *f*; **socio** *m* **~** ECON Mehrheitsaktionär *m*; **voto** *m* **~** POL Mehrheitsvotum *n*

mayormente ADV hauptsächlich; besonders; eigentlich, zumal

mayúscula F TIPO Großbuchstabe *m*; **escribir en ~s** großschreiben; **mayúsculo** ADJ riesig, enorm

maza F 1 *arma*: Keule *f*; DEP **~ de polo** Poloschläger *m* 2 *de ceremonias*: Zeremonienstab *m* 3 *(bloque)* Klotz *m (tb fig)*; Block *m* 4 TEC *(martinete)* Stößel *m* 5 *fam (persona pesada y molesta)* Nervensäge *f fam* 6 *Arg, Chile, Ur* AUTO *(cubo)* Radkappe

mazacote M 1 CONSTR Kalkmörtel *m*, Beton *m* 2 *fig comida*: trockene und zähe Speise *f*; Pamps *m fam*, Papp *m fam* 3 *(hombre pesado)* Klotz *m (fig)* 4 *Am (mezcla confusa)* Mischmasch *m*; **mazacotudo** ADJ *Am* plump

mazada F Keulenschlag *m*; **mazama** F *Arg, Chile* ZOOL Spießhirsch *m*, Mazama *m*; **mazamorra** F 1 MAR *(puré de galletas)* Zwiebackbrei *m*; *Am (calandraca)* dicke Maissuppe, Mehlsüßspeise oder Mehl(süß)brei *f* 2 *fig (cosa desmoronada)* Brocken *m(pl)* 3 VET *tumor de las patas*: Beingeschwulst *f bei Pferden* 4 *fam fig (mezcolanza)* Durcheinander *n*, Chaos *n*; **mazamorrero** M, **-a** F 1 *Ven vendedor(a)*: Maisbreiverkäufer *m*, -in *f* 2 *Perú fam apodo*: *Spitzname der Einwohner Limas*

mazapán M Marzipan *n*

mazar VT & VI ⟨1f⟩ *die Milch (im Schlauch)* buttern

mazas M *fam* Muskelprotz *m*; **mazazo** M 1 *(golpe)* Keulenhieb *m* 2 *fam fig (mala noticia)* schlechte Nachricht *f*, *(suceso impresionante)* schwerer Schlag *m fam*

mazdeísmo M REL Mazdaismus *m*

mazmorra F unterirdischer Kerker *m*, Verlies *n*

mazo M 1 *martillo*: (Holz)Hammer *m*; Schlägel *m*; *(machacadera)* Stampfer *m*; *del mortero*: Stößel *m des Mörsers*; TEC Rammklotz *m*; **~ (de madera)** Holzhammer *m*; GASTR **~ para carne** Fleischklopfer *m*; *prov* **a Dios rogando, y con el ~ dando** hilf dir selbst, so hilft dir Gott 2 *(atado)* Bündel *n*; *(ramo de flores)* (Blumen)Strauß *m* 3 *fig (persona pesada)* Klotz *m (fig)* 4 *de naipes*: Stoß *m*

mazonado ADJ *heráldica*: gemauert; **mazonería** F ARQUIT 1 *fábrica*: Mauerwerk *n* 2 *relieve*: Relief *n*

mazorca F 1 *(espiga de maíz)* Maiskolben *m* 2 *(baya del cacao)* Kakaoschote *f* 3 *Arg* HIST **la Mazorca** *volkstümlicher Name der Sociedad Popular Restauradora unter Rosas* 4 *Chile* HIST *fam (dictadura)* Diktatur *f*

mazorral ADJ plump; grob, mürrisch

mazurca F MÚS Masurka *f*

M.C. M ABR (Mercado Común) Gemeinsamer Markt *m*

me PRON mir; mich

meada F *pop acción*: Pissen *n pop*; *(orina)* Pisse *f pop*; *manchas*: Urinflecken *mpl*; *(charco de orina)* Urinlache *f*; *vulg* **echar una ~** pinkeln (gehen) *fam*; **meadero** M *pop* Pissoir *n*; **meados** MPL *pop* Pisse *f pop*, Urin *m*

meandro M *de un camino, río*: Krümmung *f*; Mäander *m (tb* PINT*)*

meaperros M ⟨*pl inv*⟩ BOT Bocksmelde *f*; **meapilas** M/F *vulg desp* Betbruder *m fam*, Betschwester *f fam*

mear *pop* A VI pinkeln *fam*, pissen *pop* B VR **mearse** sich *(dat)* in die Hose pinkeln *fam*; *fig* **~ de risa** sich totlachen *fam*

meato M ANAT Gang *m*; **~ acústico** *o* **auditivo** Gehörgang *m*; **~ nasal** Nasengang *m*; **~ urinario** Harnröhrenmündung *f*

MEC M ABR (Ministerio de Educación y Ciencia) *Esp* Ministerium *n* für Erziehung und Wissenschaft

meca F *fam* Tippse *f fam*

Meca F **La ~** Mekka *n*; *fig* **la ~ del cine** Hollywood

mecachis INT *fam* Himmeldonnerwetter! *fam*; verflixt! *fam*; na so was! *fam*

mecánica F Mechanik *f*; Maschinenbautechnik *f*; FÍS **~ cuántica** Quantenmechanik *f*; TEC **~ de precisión** Feinmechanik *f*

mecanicismo M FIL mechanistische Weltanschauung *f*

mecánico A ADJ mechanisch; maschinell B M, **-a** F *persona*: Mechaniker *m*, -in *f*; **~ de automóviles** Automechaniker *m*, -in *f*; **~ de aviación** Flugzeugmechaniker *m*, -in *f*; **~ dental** Zahntechniker *m*, -in *f*

mecanismo M Mechanismus *m*; Vorrichtung *f*; Gerät *n*; TIPO **~ impresor** Druckwerk *n*; **~ de relojería** Zeitzünder *m*; **mecanización** F Mechanisierung *f*; AGR **~ agrícola** Mechanisierung *f* der Landwirtschaft; **mecanizar** VT ⟨1f⟩ mechanisieren; mechanisch bearbeiten

mecano M (Metall)Baukasten *m*

mecanografía F Maschineschreiben *n*; **mecanografiar** VT & VI ⟨1c⟩ mit der Maschine schreiben; **mecanógrafo** M, **-a** F Stenotypist *m*, -in *f*; **mecanoterapia** F Mechanotherapie *f*

mecate M 1 *Am Centr, Méx (cuerda de pita)* Schnur *f* aus Pflanzenfasern 2 *Ven fam (lisonja)* Schöntun *n*, Schmeichelei *f*; **mecatero** M *Ven fam (lisonjero)* Schmeichler *m*, Süßholzraspler *m fam*

mecedor M Schaukel *f*; *Am reg* → *tb* mecedora; **mecedora** F Schaukelstuhl *m*; **mecedura** F Schaukeln *n*

mecenas M Mäzen *m*; **mecenazgo** M Mäzenatentum *n*

mecer ⟨2b⟩ A VT wiegen; schaukeln B VR **mecerse** (sich) schaukeln; sich wiegen

mecha F 1 *de una lámpara*: Docht *m* 2 *de un explosivo*: Lunte *f*; Zündschnur *f*; *adv* **a toda ~** eiligst; *fig* **aguantar (la) ~** geduldig ertragen, einen breiten Rücken haben *(fig)* 3 GASTR *(tocino)* Speck *m* zum Spicken 4 *del cabello*: Haarsträhne *f*; **hacerse ~s** sich *(dat)* Strähnchen (ins Haar) machen lassen 5 *Am reg (broma)* Spaß *m*, Scherz *m* 6 *Méx fam (miedo)* Angst *f*, Bammel *m fam*

mechado M GASTR 1 *acción*: Spicken *n* 2 *(asado mechado)* Spickbraten *m*; **mechador** M Spicknadel *f für Braten*

mechar VT spicken; **mechazo** M MIN Verpuffen *n*

mechera F 1 *fam ladrona en una tienda*: Ladendiebin *f* 2 **(aguja** *f***) ~** Spicknadel *f* 3 TEX *máquina en hilatura*: Vorspinnmaschine *f*, Flyer *m*

mechero M 1 *(encendedor)* Feuerzeug *n* 2 *a gas, etc*: Brenner *m*; **~ (de) Bunsen** Bunsenbrenner *m* 3 *fam (ladrón de tienda)* Ladendieb *m* 4 *boquilla*: Lampentülle *f*; **mechón** M Haarbüschel *n*; **mechoso** ADJ 1 *(lleno de mechones)* voller Büschel 2 *Col (haraposo)* zerlumpt; **mechudo** A ADJ *Col* langhaarig B M, **-a** F Langhaarige *m/f*

mecida F *fam*, **mecimiento** M Wiegen *n*; Schaukeln *n*

meconio M 1 *jugo de la adormidera*: Mohn(kopf)saft *m* 2 MED *(alhorre)* Kindspech *n*

mecual M *Méx* Agavenwurzel *f*

medalla F Medaille *f*; **~ de bronce** Bronzemedaille *f*; **~ de oro** Goldmedaille *f*; **~ de plata** Silbermedaille *f*; **~ militar** Orden *m*; **~ del valor** Tapferkeitsmedaille *f*

medallero M DEP Medaillenrangliste *f*; **medallista** M/F 1 DEP Medaillengewinner *m*, -in *f* 2 *profesión*: Stempelschneider *m*, -in *f*; **medallón** M Medaillon *n (tb* GASTR*)*; *(estuche)* Kapsel *f*; GASTR **-ones** *pl* **de merluza/ternera** Seehecht-/Kalbsmedaillons *npl*

medanal M *Chile, Méx, Ur* sumpfiges Gelände *n*

médano M 1 *(duna)* Düne *f*; *Am (duna movediza)* Wanderdüne *f* 2 *(banco de arena)* Sandbank *f*

medanoso ADJ voller Dünen, Dünen...

médaño M → médano

media A F 1 *(calcetín)* Strumpf *m*; *Am reg tb* Herrensocke *f*; **~ corta** *o* **de deportes**, *Col* **media ~** Kniestrumpf *m*; **~ de nailon** Nylonstrumpf *m*; **~ de rejilla** Netzstrumpf *m*; **~ de seda** Seidenstrumpf *m* 2 *(promedio)* Durchschnitt *m*; MAT Mittel *n*; **~ anual** Jahresmittel *n*; **~ aritmética** arithmetisches Mittel *n* 3 DEP *(velocidad promedio)* Durchschnittsgeschwindigkeit *f*; *fútbol*: *línea* Mittellinie *f*; *(medio campo)* Mittelfeld *n* 4 *(media hora)* eine halbe Stunde *f* B MPL *(medios de comunicación)* Medien *pl*

mediacaña F ARQUIT, CONSTR Hohlkehle *f*;

mediación F 1 *entre las partes*: Vermittlung *f*; **por ~ de** durch Vermittlung *(gen)*, über *(acus)* 2 *(conciliación)* Schlichtung *f*; *Esp* ECON **~ obligatoria previa** Schlichtung *f zur Abwendung eines Streiks*; **mediado** ADJ halb (voll); **a ~s de junio** Mitte Juni; **mediador** A ADJ vermittelnd B M, **mediadora** F Vermittler *m*, -in *f*; Mittelsmann *m*; *en el conflicto laboral*: Schlichter *m*, -in *f*; **~(a) escolar** Streitschlichter(in) *m(f)* (in der Schule); **mediagua** F *Chile*,

M

RPl Pultdach(haus) *n*
medial ADJ *(del medio)* mittig; medial; FON *consonante* im Wortinnern
medialuna F **1** Halbmond *m (tb símbolo musulmán)* **2** *Am* GASTR *(bollo)* Hörnchen *n*
mediana F **1** GEOM *línea*: Seitenhalbierende *f* **2** *transporte: de la calle*: Mittelstreifen *m* **3** *reg pan*: (kleines) Rundbrot *n*, Landbrot *n*; **medianejo** ADJ *desp fam* ziemlich schlecht; **medianería** F ARQUIT Trennmauer *f*; *espec* Brandmauer *f*; **medianero** **A** ADJ dazwischenliegend, Zwischen…; **pared** *f* **-a** Zwischenwand *f* **B** M, **-a** F **1** *(mediador[a])* Vermittler *m*, -in *f* **2** *propietario, -a*: Eigentümer *m*, -in *f der Hälfte eines Doppelhauses* **3** *Am (aparcero, -a)* Halbpächter *m*, -in *f*; **medianía** F Mittelmaß *n*; Mittelmäßigkeit *f*; **mediano** ADJ von mittlerer Größe, mittelgroß; *fam fig* mittelmäßig; **de -a edad** mittleren Alters; **medianoche** F **1** *punto opuesto al mediodía*: Mitternacht *f*; **a (la) ~** um Mitternacht **2** GASTR *(bollo)* Milchbrötchen *n*
mediante **A** ADJ **Dios ~** so Gott will **B** PREP mittels *(gen)* **C** F MÚS Mediante *f*
mediar VI ⟨1b⟩ **1** *(estar en el medio)* dazwischenliegen, in der Mitte liegen **2** *(interceder)* sich einsetzen (**por** für *acus*), vermitteln; *(conciliar)* schlichten **3** *tiempo* halb verflossen sein; verstreichen; *(ocurrir entremedio)* inzwischen geschehen; *(sobrevenir)* dazwischenkommen; **sin ~ palabras** ohne ein Wort zu sagen
mediateca F Mediothek *f*
mediático ADJ Medien…; **guerra** *f* **-a** Medienkrieg *m*; **mundo** *m* **~** Medienwelt *f*; **poder** *m* **~** Medienmacht *f*; **ser ~** mediengerecht *(tb* medienwirksam) sein
mediatización F Mediatisierung *f*
mediatizar VT ⟨1f⟩ POL mediatisieren; *fig* entscheidend beeinflussen
mediato ADJ mittelbar; angrenzend (**a** an *acus*); **mediatriz** F GEOM Mittelsenkrechte *f*
medible ADJ messbar
médica F Ärztin *f*; → *tb* **médico B**
medicación F MED Arzneiverordnung *f*, Medikation *f*; **medicamentar** VT *Am* MED mit Medikamenten versorgen; **medicamento** M Medikament *n*, Arznei *f*; **~s genéricos** Generika *npl*; **medicamentoso** ADJ heilkräftig; medikamentös
medicar ⟨1g⟩ **A** VT medikamentös behandeln **B** VR **medicarse** Medikamente nehmen; **medicastro** M, **-a** F *desp* Quacksalber *m*, -in *f*
medicina F Medizin *f*; Arznei *f*; **~ alternativa** Naturheilkunde *f*; **~ clásica** *o* **convencional** Schulmedizin *f*; **~ deportiva** Sportmedizin *f*; **~ homeopática** Homöopathie *f*; **~ forense** Gerichtsmedizin *f*; **~ general** Allgemeinmedizin *f*; **~ intensiva** Intensivmedizin *f*; **~ interna** innere Medizin *f*; **~ legal** *o Am* **~ legista** Gerichtsmedizin *f*; **~ natur(al)ista** Naturheilkunde *f*; **~ oficial** Schulmedizin *f*; **~ paliativa** Palliativmedizin *f*; **~ preventiva** Präventivmedizin *f*; **~ de la reproducción** Reproduktionsmedizin *f*; **medicinal** ADJ medizinisch, Medizin…; Heil…; **planta** *f* **~** Heilpflanze *f*; **propiedades** *fpl* **~es** Heilkräfte *fpl*, medizinische Wirkung *f*; **medicinar** VT Medizin geben (*o* verabreichen); medikamentös behandeln
medición F Abmessung *f*, Vermessung *f*; **~ errónea** Fehlmessung *f*
médico **A** ADJ ärztlich; Heil…; **examen** *m* **~ legal** gerichtsärztliche Untersuchung *f* **B** M Arzt *m*; **~ de accidentes** Unfallarzt *m*; **~ de cabecera** *o* **de familia** Hausarzt *m*; **~ de empresa** Betriebsarzt *m*; **~ de guardia** diensthabender Arzt *m*; **~ de medicina general** praktischer Arzt *m*, Arzt *m* für Allgemeinmedizin; **~-director** Kurarzt *m*; **~ forense** *o Am* **~ legista** Gerichtsmediziner *m*, -arzt *m*; **~ interno residente** Arzt *m* in der Facharztausbildung; **~-jefe** Chefarzt *m*,; **~ militar** Militärarzt *m*; **~ rural** Landarzt *m*; **~ natur(al)ista** Naturheilkundiger *m*; **~ neonatólogo** Neonatologe *m*; **~ de urgencia(s)** Notarzt *m*; **(inspector** *m*) **~ escolar** Schularzt *m*; **~s** *mpl* **Sin Fronteras** Ärzte *mpl* ohne Grenzen
medida F **1** *(dimensión)* Maß *n*; **~ de longitud** Längenmaß *n*; **a ~** nach Maß; **a ~ de** gemäß *(dat)*; **a ~ que** je nachdem; in dem Maße wie; FÍS **~ absoluta** absolutes Maßsystem *n*; *fig* **con ~** gemessen, maßvoll; **en mayor ~** in stärkerem Maße; **hecho a ~** maßgeschneidert; **tomar la(s) ~(s) a alg** bei j-m Maß nehmen **2** *(llamada al orden)* Maßregel *f*, *(disposición)* Maßnahme *f*; **tomar ~s** Maßnahmen ergreifen (*o* treffen); **medidor** M Messgerät *n*; Messer *m*; *Am Mer* (Gas-, Wasser-, Strom)Zähler *m*; **~ de agua** Wasseruhr *f*; AUTO **~ de gasolina** Benzinuhr *f*
mediería F *Arg, Ur tienda*: Strumpfgeschäft *n*; Kurzwarenhandlung *f*; **mediero** M, **-a** F **1** *fabricante*: Strumpfmacher *m*, -in *f*; *vendedor(a)*: Strumpfverkäufer *m*, -in *f* **2** *reg* AGR, JUR *(aparcero, -a)* Halbpächter *m*, -in *f*, Teilpächter *m*, -in *f*
medieval ADJ mittelalterlich; **castillo** *m* **~** mittelalterliche Burg *f*; **medievalidad** F Mittelalterlichkeit *f*; **medievalismo** M *t/t* Mediävistik *f*; **medievalista** M/F Mediävist *m*, -in *f*; **medievo** M Mittelalter *n*
medio **A** ADJ halb; hälftig; Mittel…; *(en promedio)* durchschnittlich; *(mediocre)* mittelmäßig; **a las dos y -a** um halb drei (Uhr); **dos horas y -a** zweieinhalb Stunden; **litro y ~** anderthalb Liter; PINT *y fig* **-as tintas** *fpl* Halbtöne *mpl* **B** ADV halb; **~ dormido** im Halbschlaf; **a -as** zur Hälfte; halb und halb; *fig* nur halb, oberflächlich; **a ~ cocer** halb gar; **a ~ hacer** halb fertig; **de ~ a ~** vollständig, ganz und gar, von A bis Z *fam*; **en ~ de** inmitten *(gen)*; mitten unter *(dat o acus)*; mitten in (*o* auf) *(dat o acus)*; zwischen *(dat o acus)*; *fig* **en ~ de todo** trotz alledem; **ir a -as** halbpart machen; *mit j-m* zur Hälfte teilen; **ponerse de por ~** sich ins Mittel legen; **quitar a/c/a alg de en ~** etw/j-n aus dem Weg räumen; sich *(dat)* etw/j-n vom Hals schaffen; *pop (matar)* umlegen, killen; **quitarse de en ~** *j-m* aus dem Weg gehen; *Am* **día por ~** jeden zweiten Tag **C** M **1** *(mitad)* Mitte *f*; TAUR **salir a los ~s** *(den Stier)* in der Mitte der Arena angreifen **2** *(ayuda)* (Hilfs)Mittel *n*; **~s** *pl financieros*: (Geld)Mittel *npl*; Vermögensverhältnisse *npl*; **por ~ de** mittels *(gen)*; **falta** *f* **de ~s** Mittellosigkeit *f*; **~s** *pl* **de comunicación (de masas)** *o* **~s informativos** (Massen)Medien *npl*; Kommunikationsmittel *npl*; **~s** *pl* **impresos** Printmedien *pl*; **~s** *pl* **de pago** Zahlungsmittel *npl*; ECON **~ de producción** Produktionsmittel *npl*; **~ de transporte (público)** (öffentliche) Verkehrsmittel *n*; **~s** *pl* **de vida** Lebensunterhalt *m*; **vivir (por) encima de sus ~s** über seine Verhältnisse leben **3** BIOL, SOCIOL *(medio ambiente)* Umwelt *f*, Milieu *n*; JUR, FÍS, ÓPT Medium *n*; **~ ambiente** *o* **circundante** Umwelt *f*; **~s** *pl* Kreise *mpl*; **~s** *pl* **artísticos/gubernamentales** Künstler-/Regierungskreise *mpl* **4** MAT *(promedio)* (Durch)Schnitt *m*, Mittel *n (tb* AGR) **5** *fútbol*: *(mediocampista)* Mittelfeldspieler *m*, -in *f*
medioambiental ADJ ECOL Umwelt…; **mediocampista** M/F DEP Mittelfeldspieler *m*, -in *f*
mediocre ADJ mittelmäßig; **mediocridad** F Mittelmäßigkeit *f*
mediodía M **1** *opuesto a la medianoche*: Mittag *m*; **a ~** mittags; um zwölf Uhr; **hacer ~** Mittagsrast halten **2** *(sur)* Süden *m*; **de(l) ~** Süd… **3** **el Imperio del Mediodía** *(China)* das Reich der Mitte; **medioevo** M → medievo; **mediofondista** M/F Mittelstreckenläufer *m*, -in *f*; **mediofondo** M *Col, Méx* Unterrock *m*; **mediopaño** M Halbtuch *n*; **mediopelo** **A** ADJ **1** *(mulato)* Mulatte…; Mischlings… **2** *Am reg desp* **ser de ~** *persona* halbseiden *(fig)* **B** M/F Mulatte *m*, Mulattin *f*; **mediopensionista** M **1** *huésped*: Gast *m* mit Halbpension **2** *en el internado*: Tagesschüler *m*, -in *f*
medir ⟨3l⟩ **A** VT **1** *(tomar medida)* abmessen, ausmessen, vermessen; *fam fig* **~ las costillas a alg** *(apalear a alg)* j-n verprügeln; *fig* **~ por el mismo rasero** über einen Kamm scheren **2** *fig (ponderar)* abwägen, (mit Vorsicht) wählen; bemessen; **~ sus palabras** seine Worte auf die Goldwaage legen **B** VI messen; **Juan mide dos metros** Juan ist zwei Meter groß, Juan misst zwei Meter; **la habitación mide cinco metros de largo por tres de ancho** das Zimmer ist fünf Meter lang und drei Meter breit **C** VR **medirse** *fig (moderarse)* sich mäßigen; vorsichtig sein (**en** mit *dat*)
meditabundo ADJ nachdenklich; **meditación** F Nachsinnen *n*; Betrachtung *f*; Meditation *f*; **meditador** ADJ betrachtend; meditierend
meditar VT & VI überlegen; meditieren; **~ (sobre)** nachdenken über *(acus)*; **meditativo** ADJ besinnlich
mediterráneo ADJ **1** *(relativo al Mar Mediterráneo)* mediterran; Mittelmeer…; **clima** *m* **~** Mittelmeerklima *n*, mediterranes Klima *n*; **cocina** *f* **-a** mediterrane Küche *f* **2** *Am (rodeado de tierra)* ohne Zugang zum Meer *(z. B. Bol, Par)*
Mediterráneo M **(Mar) ~** M Mittelmeer *n*; *fig* **descubrir el ~** längst Bekanntes entdecken (*o* erfinden)
médium M ⟨*pl* -(s)⟩ Medium *n (Spiritismus)*
medo HIST **A** ADJ medisch **B** M, **-a**, F Meder *m*, -in *f* **C** *lengua*: Medisch *n*
medra F Wachsen *n*, Gedeihen *n*; **medrar** VI *(crecer)* wachsen; gedeihen; *enfermo, niño* sich herausmachen *fam*; *fig (progresar)* vorwärtskommen; **medro** M **1** → medra **2** **~s** *mpl* Fortschritte *mpl*; Besserung *f*
medroso *liter* **1** *(miedoso)* furchtsam, ängstlich; scheu **2** *(terrible)* fürchterlich, furchterregend
médula, medula F Mark *n*; *fig* Kern *m*; ANAT **~ espinal** Rückenmark *n*; **~ oblongada** verlängertes Mark *n*; **~ ósea** Knochenmark *n*; *adv* **hasta la ~** völlig, heftig
medular ADJ ANAT Rückenmark(s)…; *fig* Kern…; *fig* **elemento ~** Kernstück, Kern-, Hauptelement; **lesión** *f* **~** Rückenmarksverletzung *f*
medusa F ZOOL Meduse *f*; Schirmqualle *f*
Medusa F MIT Meduse *f*; **cabeza** *f* **de ~** Medusenhaupt *n*
mefistofélico ADJ mephistophelisch, teuflisch
mefítico ADJ übel riechend, Pest…; mefitisch *(liter)*; *(venenoso)* giftig; Gift…; **aire** *m* **~** Stickluft *f*
megabit M INFORM Megabit *n*; **megabyte** M INFORM Megabyte *n*; **megaciclo** M RADIO, ELEC Megahertz *n*; **megafiesta** F Megaparty *f*, *fam* Megafete *f*
megafonía F MÚS Verstärkeranlage *f*; Lautsprecheranlage *f*
megáfono M Sprachrohr *n*, Megafon *n*, Flüstertüte *f fam*
megalítico ADJ Megalith…; **megalito** M ZOOL, *prehistoria*: Megalith *m*; **megalomanía** F Größenwahn *m*; **megalómano** **A**

ADJ größenwahnsinnig **B** M, **-a** F Größenwahnsinnige *m/f*; **megalópolis** F Megalopolis *f*, Riesenstadt *f*; **megaterio** M Megatherium *n*; **megatón** M FÍS Megatonne *f*; **megavatio** M ELEC Megawatt *n*
meiga F *Galicien* Hexe *f*
meiosis F **1** BIOL Meiose *f* **2** RET Meiosis *f*
mejicanismo M Mexikanismus *m* (*tb* LING);
mejicano **A** ADJ mexikanisch **B** M, **-a** F Mexikaner *m*, -in *f*
Méjico M Mexiko *n*
mejilla F Wange *f*; Backe *f*
mejillón M ZOOL Miesmuschel *f*, Pfahlmuschel *f*; **-ones** *pl* **al vapor** gedämpfte Miesmuscheln *fpl*; **-ones** *pl* **rellenos** gefüllte Miesmuscheln *fpl*
mejillonero **A** ADJ Miesmuschel... **B** M, **-a** F Miesmuschelzüchter *m*, -in *f*
mejor **A** ADJ **1** *compar* **~ que** besser als; **es ~ hacerlo** *o* **que lo haga** besser Sie tun es; *fig* **pasar a ~ vida** in ein besseres Leben hinübergehen (*fig*) **2** *sup* **el/la mejor** *persona*: der/die Beste; **el ~ de todos** der Beste von allen **3** **lo ~** (*supremo*) das Beste; das Bessere; **dar lo ~ de sí mismo** sein Bestes geben; **lo ~ es que le escribas** am besten schreibst du ihm; **lo ~ es (el) enemigo de lo bueno** das Bessere ist des Guten Feind **B** ADV **a cual ~** um die Wette; **de ~ en ~** *o* **cada vez ~** immer besser; **(tanto) ~** *o* **~ que ~** umso besser; **¡~ que ~!** umso besser!; großartig!; **~ para ti** umso besser für dich; **lo ~ posible** so gut wie möglich; bestmöglich; **a lo ~** womöglich, unter Umständen; vielleicht; **~ dicho** *o* **por ~ decir** besser gesagt; **estar ~** *enfermo* sich besser fühlen; **ir a ~** besser werden; sich verbessern; **como ~ pudo** so gut er konnte
mejora F **1** (*mejoramiento*) Verbesserung *f* **2** TEC *del acero*: Vergütung *f* **3** AGR *del suelo*: Melioration *f* **4** JUR (*donación*) Zuwendung *f* **5** *en una subasta*: höheres Gebot *n*; **mejorable** ADJ (ver)besserungsfähig; **mejoramiento** M Verbesserung *f*; Verbessern *n*; **~ de calidad** Qualitätssteigerung *f*
mejorana F BOT Majoran *m*
mejorar **A** V/T bessern; verbessern **B** V/I, V/R sich bessern; MED **¡que mejore pronto!** *o* **¡que se mejore!** gute Besserung!; *adv fam* **mejorandillo** allmählich etw besser; **mejoría** F **1** MED *del enfermo*: Besserung *f*; **experimenta (ha experimentado) una ~** es geht ihm besser **2** (*superioridad*) Überlegenheit *f* **3** → mejora
mejunje M **1** *desp* (*brebaje*) Gebräu *n*, Gesöff *n fam* **2** *fam fig* → chanchullo
melada F **1** *tostada de miel*: Honigschnitte *f* (*Brot*) **2** (*mermelada seca*) getrocknete Marmeladebrocken *mpl*; **melado** **A** ADJ *color*: honigfarben **B** M **1** (*almíbar*) eingedickter Zuckerrohrsaft *m* **2** *tortilla*: *Art* Honigküchlein *n*
melamina F Melamin *n*
melancolía F Schwermut *f*, Melancholie *f*; Trübsinn *m*; **melancólico** ADJ schwermütig, melancholisch; trübsinnig; **melancolizar** V/T ⟨1f⟩ schwermütig machen; *fig* eine düstere Färbung geben (*dat*) (*fig*)
Melanesia F Melanesien *n*
melanesio **A** ADJ melanesisch **B** M, **-a** F Melanesier *m*, -in *f*; **melanina** F BIOL Melanin *n*; **melanita** F MINER Melanit *m*; **melanoma** M MED Melanom *n*; **melanuria** F MED Melanurie *f*
melatonina F BIOL Melatonin *n*
melaza F Melasse *f*; Zuckerrohrsaft *m*; **~ de remolachas** Zuckerrübensirup *m*
melcocha F konzentrierter Honig *m*
melena[1] F MED *enfermedad*: Melaena *f*, Schwarzruhr *f*
melena[2] **A** F *del león*: Mähne *f*; Haarschopf *m*; **~ aleonada** Löwenmähne *f*; **media ~** halblange Haare *npl* **B** **~s** M ⟨*pl inv*⟩ *fam* Langhaarige *m*; **melenudo** **A** ADJ langhaarig **B** M, **-a** F Langhaarige *m/f*; *desp* Gammler *m*, -in *f*
melera F **1** BOT (*lengua de buey*) Ochsenzunge *f* **2** Honigverkäuferin *f*; **melero** M **1** *vendedor*: Honigverkäufer *m* **2** (*bote de miel*) Honigtopf *m* **3** (*aficionado a la miel*) Honigschlecker *m*; **melífero** ADJ **1** (*que contiene miel*) Honig enthaltend **2** *abeja* Honig erzeugend; **melificación** F Honigbereitung *f*; **melifluidad** F *fig* Süßigkeit *f*, Lieblichkeit *f*; **melifluo** ADJ honigsüß (*tb fig*); *fig* süßlich
Melilla F *spanische Enklave in Marokko*
melillense **A** ADJ aus Melilla **B** M/F Einwohner *m*, -in *f* von Melilla
melindre M **1** GASTR *fruta de sartén*: Honigpfannkuchen *m*; *dulce de mazapán*: Marzipanbaiser *n* **2** *fig* (*delicadeza afectada*) Ziererei *f*, Zimperlichkeit *f*; **andar(se) con ~s** → melindrear; **melindrear** V/I sich zieren; **melindroso** ADJ zimperlich; geziert
melisa F BOT Melisse *f*; **melisma** M MÚS Melisma *n*; **melito** M FARM Honigsirup *m*
mella F **1** (*hendidura*) Scharte *f* **2** *en la dentadura*: Zahnlücke *f* **3** *fig* (*rotura*) Schaden *m*; *fig* **hacer ~ a** *o* **en alg** auf j-n Eindruck machen;
mellado ADJ **1** (*falto de dientes*) zahnlückig **2** (*con hendiduras*) schartig
mellar V/T **1** (*dañar*) schartig machen **2** *fig prestigio, etc* mindern
mellizo **A** ADJ Zwillings... **B** M, **-a** F Zwilling *m*; **~s** *pl* (zweieiige) Zwillinge *pl*
melocotón M BOT Pfirsich *m*; GASTR **~ en almíbar** Pfirsichkompott *n*; **melocotonar** M Pfirsichpflanzung *f*; **melocotonero** M BOT Pfirsichbaum *m*
melodía F Melodie *f*; Weise *f*
melódico ADJ melodisch; Melodie...
melodioso ADJ melodiös; wohlklingend;
melodrama M Melodram(a) *n* (*tb fig*); **melodramático** ADJ melodramatisch
melojo M BOT *Art* Frühеiche *f*
melolonta M *insecto*: Maikäfer *m*
melómano M, **-a** F große(r) Musikliebhaber *m*, -in *f*, -freund *m*, -in *f*
melón **A** M **1** BOT *fruto*: (Zucker)Melone *f*; GASTR *espec* Honigmelone *f*; **~ con jamón serrano** Melone *f* mit rohem Schinken; *Cuba* **~ de agua, ~ colorado** Wassermelone *f*; *Cuba* **~ de Castilla** Zuckermelone *f* **2** *fam fig* (*cabeza*) Kopf *m*, Birne *f fam* **3** ZOOL *roedor*: Bilch *m* **B** M, **-ona** F *fam fig* (*tonto*) Dummkopf, Schafskopf *m*; **melonada** F *fig* Dummheit *f*; Tölpelei *f*;
melonar M Melonenfeld *n*; **meloncillo** M ZOOL Mungo *m*, Manguste *f*, Ichneumon *n*; **melonero** M, **-a** F Melonenverkäufer *m*, -in *f*
melopea F **1** *fam* (*embriaguez*) Rausch *m*, Affe *m fam* **2** MÚS (*entonación rítmica*) monotoner Gesang *m*
melosidad F Honigsüße *f*; Lieblichkeit *f*, Süße *f*; **meloso** ADJ honigsüß; lieblich; klebrig (süß); schmalzig *fam*
melva F *pez*: unechter Bonito *m*
mema F *Ur* Babyflasche *f*
membrana F Membran *f* (*tb* ELEC); Häutchen *n*; **membranoso** ADJ häutig
membrecía F *espec Méx* POL Mitgliedschaft *f*
membrete M (*encabezamiento*) Briefkopf *m*; **papel** *m* **de ~** *o* **papel membretado** Kopfbogen *m*
membrillero M BOT Quittenbaum *m*;
membrillo M **1** BOT *árbol*: Quittenbaum *m*; *fruto*: Quitte *f*; **(carne** *f* *o* **dulce** *m* **de) ~** Quittenbrot *n*, Quittenkäse *m* **2** *jerga del hampa* (*soplón*) Spitzel *m*, Denunziant *m*
membrudo ADJ stark, stämmig
memeches ADV *Guat* **a ~** rittlings
memela F *Méx* dicker Maisfladen *m*
memento M **1** REL Memento *n* **2** (*libro de apuntes*) Merkbuch *n* **3** (*libro de enseñanza*) Bildungsbuch *n*
memez F Dummheit *f*; **memo** **A** ADJ dumm; albern; blöd(e) **B** M, **-a** F Dummkopf *m/f*
memorable ADJ denkwürdig; **memorándum** M Memorandum *n*; **memorar** V/T *liter* ins Gedächtnis rufen
memoria F **1** *facultad*: Gedächtnis *n*; Erinnerungsvermögen *n*; **de ~** aus dem Gedächtnis; auswendig; im Kopf (*rechnen*); *fam* **~ de elefante** Elefantengedächtnis *n fam*; Mammutgedächtnis *n fam*; **si no me falla la ~** wenn ich mich recht erinnere; **falta** *f* **de ~** Gedächtnislücke *f*; schlechtes Gedächtnis *n*; **flaco de ~** vergesslich; **me falta la ~** mein Gedächtnis setzt aus, da versagt mein Gedächtnis; **hacer ~** nachdenken; sich erinnern (**de** an *acus*); sich besinnen (**de** auf *acus*); **hacer a/c de ~** etw auswendig können; **se le ha ido de la ~** es ist seinem Gedächtnis entfallen; **perder la ~** (*no acordarse más*) das Gedächtnis verlieren; (*olvidar*) vergessen (**de** etw *acus*); **traer a la ~** ins Gedächtnis rufen; in Erinnerung bringen; **aprender(se) a/c de ~** etw auswendig lernen; **saber(se) a/c/a alg de ~** etw/j-n gut kennen; **venir a la ~** einfallen **2** (*recuerdo*) Erinnerung *f*; Andenken *n*; **~s** *fpl* Memoiren *fpl* **3** *escrito*: Denkschrift *f*; *de una corporación, etc*: (Jahres)Bericht *m*; *de una reunión*: Sitzungsbericht *m*; **~ de patente** Patentschrift *f*; **~ escolar** Jahresbulletin *n einer Schule* **4** (*registro*) Verzeichnis *n* **5** INFORM Speicher *m*; **~ central** (*o* **principal**) Hauptspeicher *m*; **~ intermedia** Zwischenspeicher *m*; **~ RAM** RAM-Speicher *m*, Arbeitsspeicher *m*; **~ de trabajo** Arbeitsspeicher *m*; **~ USB** USB-Stick *m*; **~ virtual** virtueller Speicher *m*
memorial M **1** (*petición*) Bittschrift *f*; Eingabe *f* **2** *cuaderno de apuntes*: Gedächtnisstütze *f*, Merkzettel *m* **3** (*boletín*) Berichtsblatt, Mitteilungsblatt *n*; **memorión** M *fam* sehr gutes Gedächtnis *n*; **memorioso** ADJ ein gutes Gedächtnis habend; **memorismo** M Memoriersystem *n im Unterricht*; **memorista** M/F Person *f* mit gutem Gedächtnis; **memorístico** ADJ: **método** *m* **~** Memoriermethode *f*;
memorizar V/T ⟨1f⟩ **1** (*estudiar de memoria*) memorieren; auswendig lernen **2** INFORM speichern
Memory stick ['memori ɛs'tik] M INFORM Memory Stick *m*
mena[1] F MIN Erz *n*
mena[2] F *pez*: *Art* Laxierfisch *m*
ménade F MIT Mänade *f*
menaje M Hausrat *m*, Haushaltswaren *fpl*
mención F Erwähnung *f*; **~ honorífica** ehrenvolle Erwähnung *f*; **hacer ~ de** → mencionar; **mencionar** V/T erwähnen; **arriba mencionado** weiter oben erwähnt; **no dejar de ~** nicht unerwähnt lassen
menda **A** PRON *pop* (*el que habla, yo*) ich (*verbunden mit der 3. Person sg des Verbs*); **mi ~ no piensa fregar** ich denke überhaupt nicht daran zu spülen **B** M **el ~** (*el tipo*) der Typ *fam*, der Kerl *fam*
mendacidad F Lügenhaftigkeit *f*
mendaz ADJ ⟨*pl* -aces⟩ verlogen
mendelismo M BIOL mendelsche Vererbungslehre *f*
mendicante **A** ADJ Bettel... **B** M *liter* Bettler *m*; REL Bettelmönch *m*; **~s** *mpl* Bettelorden *m(pl)*; **mendicidad** F Bettelei *f*; *desp* Bettelunwesen *n*; **mendigar** V/T & V/I ⟨1h⟩ betteln

M

um; (er)betteln; **mendigo** M, **-a** F Bettler m, -in f

mendrugo M 1 (pedazo de pan) Stück n Brot 2 fam (torpe) Trottel m

menear A VT schwenken; schütteln; la cabeza schütteln; GASTR rühren; fig zurechtkommen mit (dat); **~ la cabeza afirmativamente** zustimmend nicken; **~ la cola** mit dem Schwanz wedeln; fam **~ el esqueleto** tanzen; fig **peor es meneallo** o **mejor no meneallo** besser nicht daran rühren B VR **menearse** 1 (moverse) wackeln (tb diente) 2 fig (apurarse) sich rühren; sich beeilen 3 vulg **meneársela** (masturbarse) sich (dat) einen abwichsen vulg

meneo M 1 (agitamiento) Schwenken n; (sacudida) Schütteln n; GASTR Rühren n 2 fig (movimiento) Bewegung f, Betrieb m 3 fam fig **dar un ~ a alg** (cantarle a alg las cuarenta) j-m den Kopf waschen (fam fig); (dar a alg una paliza) j-n verprügeln

menester M 1 (necesidad) Notwendigkeit f; **ser ~** nötig sein 2 **~es** mpl (obligaciones) Obliegenheiten fpl 3 **~es** mpl (cosas necesarias) Geräte npl; Handwerkszeug n; **menesteroso** A ADJ bedürftig; Not leidend B M, **-a** F Bedürftige m/f

menestra F 1 GASTR (guisado de hortalizas) Gemüseeintopf m; fig (comida) Essen n 2 **~s** fpl (legumbre seca) (trockene) Hülsenfrüchte fpl

menestral M, **-a** F Handwerker m, -in f;

menestral(er)ía F → artesanado

mengano → fulano

mengua F 1 (disminución) Abnehmen n, Verminderung f; Einbuße f; **sin ~** ohne Schmälerung 2 (daño) Schaden m; (escasez) Mangel m; **en ~ de** zum Schaden (gen o von dat) 3 (miseria) Not f; (pobreza) Armut f, Elend n 4 fig (descrédito) Nichtachtung f; Schande f; **menguado** A ADJ 1 (miserable) dürftig; erbärmlich 2 (mezquino) knauserig B M TEX abgenommene Masche f beim Stricken; **menguante** A ADJ abnehmend (tb luna) B F del agua: Fallen n; de la luna: Abnehmen n; MAR Ebbe f; fig (decrecimiento, decadencia) Rückgang m, Abnahme f, Verfall m

menguar ⟨1i⟩ A VI (disminuir) abnehmen; zurückgehen; fig (decaer) in Verfall geraten B VT 1 (reducir) schmälern, beeinträchtigen; verringern 2 TEX labor de punto: abnehmen beim Stricken

mengue M fam Teufel m

menhir M Menhir m

menina F HIST Edelfräulein n bei Hofe

meninge F ANAT Hirnhaut f; fam fig **estrujarse las ~s** sich (dat) das Gehirn zermartern; **meníngeo** ADJ ANAT Hirnhaut...; **meningitis** F MED Hirnhautentzündung f, Meningitis f

menisco M 1 ANAT Meniskus m 2 ÓPT vidrio cóncavo: Punktalglas n

Meno M Main m

menopausia F MED Menopause f, Wechseljahre npl, Klimakterium n; **menopaúsico** ADJ in den Wechseljahren, klimakterisch

menor A ADJ 1 compar geringer, kleiner; edad: jünger; **hermano** m **~** jüngerer Bruder m; **~ que** kleiner als (tb MAT); edad: jünger als 2 sup kleinste(r, -s); geringste(r, -s); **no hacer el ~ estorbo** nicht im Mindesten stören; **no tengo la ~ idea** ich habe nicht die geringste (o leiseste) Ahnung 3 (de menos) minder; Minder...; klein, nieder; **~ de edad** minderjährig; COM **al por ~** im Kleinhandel, im Einzelverkauf; en détail, stückweise; **comercio** m **al por ~** Einzelhandel m 4 MÚS **tono** m o **modo** m **~** Moll n, Molltonart f; **mi ~** e-Moll; **séptima** f **~** kleine Septime f B M/F 1 compar (más joven) Jüngere m/f; Minderjährige m/f; **~es** mpl **de veinte años** Jugendliche pl unter zwanzig Jahren 2 sup **el/la ~** der/die Kleinste; der/die Geringste; der/die Jüngste 3 CAT **~es** mpl orden religiosa: Minoriten mpl (Franziskaner)

Menorca F Menorca n

menoría F 1 de edad: Minderjährigkeit f 2 de rango: geringerer Rang m; **menorista** M Chile, Méx Einzelhändler m, -in f

menorquín A ADJ aus (o von) Menorca; menorquinisch B M, **-ina** F Menorquiner m, -in f C M dialecto: Menorquinisch n

menos A ADV 1 compar weniger; minder; **el ~ bueno** der weniger Gute; **~ de** weniger als (bei Zahlen); **son ~ de las siete** es ist noch nicht sieben Uhr; **de ~** zu wenig; **~ que** weniger als (bei sonstigem Vergleich); fam **en ~ (de lo) que se dice** im Nu, im Handumdrehen fam; **~ mal (que)** ein Glück noch(, dass); zum Glück; **tan ~ (que)** umso weniger (, als); **echar de ~** vermissen; **ir a ~** weniger werden; zurückgehen, abnehmen; **no poder ~ de** (inf), **no poder (por) ~ que** (inf) nicht umhin können, zu (inf), unbedingt (inf) müssen; fam **es listo ... pero ~** er ist klug, wenn auch nicht ganz so klug; **ya será ~** so schlimm wird es wohl nicht sein; **tener a ~** gering schätzen; **tener a alg en ~** wenig von j-m halten; **venir a ~** verarmen; fig herunterkommen (fig) 2 sup am wenigsten; **el ~ caro** der Preiswerteste; **lo ~** (mínimo) das Mindeste, das wenigste; am wenigsten; (como lo mínimo) wenigstens; mindestens; **lo ~ posible** möglichst wenig; **al** o **por lo ~** wenigstens, mindestens; **cuando ~** mindestens; **cuando ~ se lo imaginaba** als er gar nicht daran dachte, unvermutet; **¡~ a usted!** Ihnen am allerwenigsten!; **ni mucho ~** ganz und gar nicht; **no es para ~** das ist wohl nicht mehr als recht und billig; **eso es lo de ~** das ist das allerwenigste; darauf kommt es nicht an 3 MAT minus, weniger; espec COM abzüglich; **son las dos ~ diez** es ist zehn vor zwei B LOCUCIÓN CONJUNTIVA **a ~ que** (subj) falls nicht (ind); es sei denn (, dass) (subj); **por ~ que** (subj) sowenig auch (ind) C PREP (con excepción de) außer (dat); **todos ~ yo** alle außer mir; **cualquier cosa ~ esto** alles, nur das nicht D M MAT Minus(zeichen) n

menoscabar VT 1 (mermar) vermindern 2 (dañar) (be)schädigen; **menoscabo** M (disminución) Verminderung f; (merma) Beeinträchtigung f, Nachteil m; (daño) Schaden m, Verlust m; de valor: Wertminderung f; **sin ~ de** ohne Schmälerung (gen)

menospreciable ADJ verachtenswert; **menospreciador** M, **menospreciadora** F Verächter m, -in f

menospreciar VT ⟨1b⟩ unterschätzen; gering schätzen; verachten; **menospreciativo** ADJ geringschätzig; verächtlich; **menosprecio** M Geringschätzung f; Verachtung f

mensáfono M Pager m

mensaje M Botschaft f (tb POL); Nachricht f; Meldung f (tb INFORM); Durchsage f; TEL **~ corto** Kurznachricht f, SMS f; **~ de error** Fehlermeldung f; TEL **~ MMS** MMS f; RADIO **~ personal** Reiseruf m; Durchsage f; **~ publicitario** Werbespot m; **~ (de) radio** Funkspruch m; **~ de socorro** Notruf f, SOS n; RADIO **~ de urgencia** dringende Durchsage f (z. B. der Polizei); tb Reiseruf m; **dejar un ~ a alg** j-m eine Nachricht hinterlassen; **mensajería** F Boten-, Kurierdienst m; **mensajero** A ADJ Boten... B M, **-a** F Bote m, Botin f

menso ADJ Arg, Méx dumm, blöde

menstruación F FISIOL Menstruation f, Regel f, Periode f; **menstrual** ADJ Menstrual...; **menstruar** VI ⟨1e⟩ FISIOL menstruieren, die Regel, die Periode haben; **menstruo** M Menstruation f

mensual ADJ monatlich, Monats...; **mensualidad** F 1 pago: Monatsgeld n; Monatslohn m, -gehalt n 2 (cuota) Monatsrate f; Monatszins m

ménsula F ARQUIT Kragstein m, Konsole f

mensurabilidad F Messbarkeit f; **mensurable** ADJ messbar; **no ~** unmessbar; **mensuración** F Messung f

mensurar VT messen

menta F BOT Minze f; Pfefferminze f; bebida: Pfefferminztee m; licor: Pfefferminzlikör m; **infusión** f **de ~** Pfefferminztee m; **té** m **de ~** grüner Tee m mit Minze

mentado ADJ liter berühmt

mentagra F MED Kinnflechte f

mental ADJ 1 (en pensamientos) innerlich, in Gedanken; **cálculo** m **~** Kopfrechnen n; **oración** f **~** stilles Gebet n 2 espec MED (relativo a la mente) geistig, Geistes...; **enfermedades** fpl **~es** Geisteskrankheiten fpl; **higiene** f **~** Pflege f der geistigen Gesundheit f (o der Geisteskräfte); **someter a alg a un examen (de estado) ~** j-n auf seinen Geisteszustand untersuchen

mentalidad F Denkweise f; Mentalität f;

mentalizar A VT ⟨1f⟩ (influenciar) geistig (o seelisch) beeinflussen, voreingenommen machen B VR **~se de a/c** sich (dat) etw vergegenwärtigen; **mentalmente** ADV innerlich; geistig; im Geist; im Kopf; in Gedanken

mentar VT ⟨1k⟩ erwähnen; fam **~ la bicha** j-n (an etwas Unangenehmes) erinnern; fam **~ la madre a alg** j-n beschimpfen (durch Beschimpfung der Mutter)

mente F (espíritu) Geist m; Sinn m; (inteligencia) Verstand m; **tener en la ~** im Kopf haben; **no caber en la ~ a alg** etw nicht fassen können; **no se me va de la ~** es geht mir nicht aus dem Kopf

mentecatería, mentecatez F Torheit f, Unsinn m, Narretei f; **mentecato** A ADJ blöde, dumm; töricht B M, **-a** F (tonto) Schwachkopf m

mentidero M fam Klatschecke f; Klatschlokal n; diario: Klatschkolumne f

mentir VI ⟨3i⟩ (decir lo contrario a la verdad) lügen; fig heucheln; **~ a alg** j-n anlügen, j-n belügen; **miente más que habla** er lügt wie gedruckt; **¡miento!** Irrtum!, ich muss mich berichtigen!; **no me dejes ~** strafe mich nicht Lügen

mentira F (lo opuesto a la verdad) Lüge f; fig (ilusión) Wahn m, (apariencia) Schein m; **~ oficiosa** Notlüge f; **~ piadosa** fromme Lüge f; **¡parece ~!** unglaublich!; **de ~** → (de) mentirijillas

mentirijillas fam ADV **de ~** zum Scherz; zum Schein; nicht echt; **mentirilla** F fam kleine (unschuldige) Lüge f; **mentirón** M fam faustdicke Lüge f fam; **mentiroso** A ADJ lügenhaft, verlogen; trügerisch B M, **-a** F Lügner m, -in f

mentís M ⟨pl inv⟩ Dementi n; **dar un (rotundo) ~** dementieren, richtigstellen; **dar un ~ a alg** j-n Lügen strafen

mentol M QUÍM Menthol n; **mentolado** ADJ Menthol...

mentón M Kinn n; **doble ~** Doppelkinn n

mentor M, **mentora** F Mentor m, -in f

menú M 1 GASTR Speisekarte f; Menü n; **~ del día** Tagesmenü n; **~ turístico** Touristenmenü n 2 INFORM Menü n; **~ desplegable** Pull-down-Menü n; **~ (de) inicio** Startmenü n; **~ pop-up** Popup-Menü n

menudamente ADV umständlich; genau;

menudear A VT 1 (hacer a menudo) oft wiederholen; häufig tun 2 Am COM (vender por al menor) im Einzelhandel verkaufen B VI 1 (suceder a menudo) oft vorkommen 2 uno tras *otro*: rasch aufeinanderfolgen, sich jagen; *palos, etc* nur so hageln *fam* **3** *Am reg* COM *al por menor*: en détail verkaufen; **menudencia** F **1** (*pequeñez*) Kleinigkeit *f*; **~s** *fpl* Kleinkram *m* **2** (*minuciosidad*) Kleinlichkeit *f*; Pedanterie *f* **3** *Am* GASTR (*asaduras*) Geschlinge *n*; **~s** *fpl* (Schweine)Innereien *fpl*; *Méx* Geflügelinnereien *fpl*; **menudeo** M **1** (*repetición frecuente*) häufige Wiederholung *f*; häufiges Vorkommen *n* **2** *Am reg* COM (*comercio al por menor*) Einzelhandel *m*; **menudero** M, **-a** F Kuttelhändler *m*, -in *f*; **menudillo** M **1** VET Köte *f* **2** GASTR **~s** *mpl* (*asaduras*) Innereien *fpl* (*Geflügel, Wild*); **~s de ganso** Gänseklein *n*

menudo **A** ADJ **1** (*pequeño*) klein, winzig; (*de poca importancia*) geringfügig, unbedeutend; *lluvia* fein; *fam irón* (*formidable*) schön, riesig, toll *fam*; **ganado** *m* **~** Kleinvieh *n*; *fam* **~ susto me has dado** du hast mich ganz schön erschreckt *fam*; *fam* **¡~ lío!** so ein Verhau! *fam* **2** (*meticuloso*) kleinlich; (*pedante*) pedantisch; (*mezquino*) schäbig **3** **a ~** (*frecuentemente*) oft; **por ~** haarklein, haargenau; COM → (*al por*) **menor** **B** M **1** *espec Am* (*cambio*) Kleingeld *n* **2** (*carbonilla*) (Kohlen)Grus *m* **3** GASTR **~s** *mpl de las reses*: Innereien *fpl*; *de las aves*: Geflügelklein *n* **4** *Am fam* (*pene*) männliches Glied *n*, Pimmel *m fam*

meñique **A** ADJ *fam* winzig **B** M *dedo*: kleiner Finger *m*; *del pie*: kleiner Zeh *m*

meódromo M *pop hum* Pinkelbude *f fam*

meollo M **1** (*médula*) (Knochen)Mark *n*; (*encéfalo*) Hirn *n*; **~ de saúco** Holundermark *n* **2** *fig* (*contenido, sustancia*) Kern *m*, Gehalt *m*, *das* Wichtigste *n*; *fam fig* (*razón*) Verstand *m*, Grips *m fam*

meón *pop* **A** ADJ häufig urinierend **B** M, **-ona** F *pop* Pinkler *m*, -in *f fam*; Bettnässer *m*, -in *f*

mequetrefe M/F *fam* Hansdampf *m*; zudringlicher Trottel *m*; Lackaffe *m fam*, Pinkel *m fam*

MER M ABR (Material Específico de Riesgo) MED BSE-Risikomaterial *n*

meramente ADV nur, bloß

mercachifle M/F Hausierer *m*, -in *f*; *desp* Krämer *m*, -in *f*; *fig desp* Krämerseele *f*; **mercadear** V/I handeln; **mercadeo** M *espec Am* COM Marketing *n*; Marktforschung *f*; Vermarktung *f*; **mercader** M *liter* Händler *m*; LIT **el ~ de Venecia** der Kaufmann von Venedig; **mercadería** F *espec Am* (Handels)Ware *f*; *jerga del hampa* Diebesgut *n*, Sore *f* (*jerga del hampa*); **mercadillo** M Floh-, Trödelmarkt *m*

mercado M **1** *lugar*: Markt *m*; *plaza*: Marktplatz *m*; **~ (cubierto)** Markthalle *f*; **~ de ganado** Viehmarkt *m*; *Arg* **~ de hacienda** Rindermarkt *m*; **~ de pescado** Fischmarkt *m*; *espec Am* **~ de pulgas** Flohmarkt *m* **2** ECON Markt *m*; (*zona de venta*) Absatzgebiet *n*; **~ cambiario** Devisenmarkt *m*; **~ de capitales/de créditos** Kapital-/Kreditmarkt *m*; **~ de dinero** Geldmarkt *m*; **~ extraoficial** (Börsen-)Kulisse *f*; **~ gris** grauer Markt *m*; **~ interior** *o* **nacional** Inlandsmarkt *m*; Binnenmarkt *m*; **~ internacional** Weltmarkt *m*; **~ laboral** Arbeitsmarkt *m*; **~ negro** Schwarzmarkt *m*, Schwarzhandel *m*; **~ de renta fija** Rentenmarkt *m*; **~ del trabajo** Arbeitsmarkt *m*; **~ de valores** Wertpapiermarkt *m*; **análisis** *m* **de(l) ~** Marktanalyse *f*; **informe** *m* **de(l) ~** Marktbericht *m*; **economía** *f* **de ~** Marktwirtschaft *f*; **abrir** *o* **conquistar nuevos ~s** neue Märkte erschließen; **lanzar al ~** auf den Markt bringen; **salir al ~** auf den Markt kommen **3** POL **Mercado Común** Gemeinsamer Markt *m*; **Mercado Único Europeo** Europäischer Binnenmarkt *m*

mercadología F *espec Am* Marktforschung *f*; **mercadotecnia** F Marketing *n*

mercancía F Ware *f*; **~s** *fpl* Güter *npl*; **(tren** *m* **de) ~s** *m* Güterzug *m*; **~s** *fpl* **voluminosas** Sperrgut *n*; **mercante** ADJ Handels...; MAR **barco** *m* *o* **buque** *m* **~** Handelsschiff *n*, Frachter *m*; **mercantil** ADJ kaufmännisch; Handels...; **derecho** *m* **~** Handelsrecht *n*; **profesor** *m* **~** *corresponde a*: graduierter Betriebswirt *m*; **mercantilismo** M Merkantilismus *m*; **mercantilizar** V/T ⟨1f⟩ kommerzialisieren; **mercar** V/T ⟨1g⟩ *fam* erhandeln, (ab)kaufen

merced F **1** *liter* (*salario*) Lohn *m* **2** (*gracia*) Gnade *f*, (*bondad*) Güte *f*; *p. ext* (*arbitrio*) Gutdünken *n*, Willkür *f*; **~ a** dank (*dat*); **a ~** auf Gnade und Ungnade; **estar a ~ de** preisgegeben sein (*dat*) **3** (*prueba de simpatía*) Gunstbezeigung *f*; (*favor*) Gunst *f*, Gefälligkeit *f* **4** *tratamiento*: **su ~** HIST *höfliche Anrede*; *Col vertrauliche oder respektvolle Anrede*; HIST **vuestra Merced** Euer Gnaden **5** CAT **(Orden** *f* **de la) Merced** Orden *m* der Mercedarier

mercedario **A** ADJ Mercedarier... **B** M, **-a** F CAT Mercedarier *m*, -in *f*; **mercenario** **A** ADJ Söldner...; *liter* Lohn... **B** M **1** (*soldado asalariado*) Söldner *m* **2** *liter* (*obrero*) Lohnarbeiter *m*; Mietling *m* **3** CAT → **mercedario**

mercería F Kurzwaren *fpl*; *tienda*: Kurzwarengeschäft *n*

mercerizar V/T ⟨1f⟩ TEX merzerisieren

mercero M, **-a** F Kurzwarenhändler *m*, -in *f*

merchandising ['mɛrtʃandaisin] M Merchandising *n*

MERCOSUR, Mercosur M ABR (Mercado Común del Cono Sur) ECON *Gemeinsamer Markt des südlichen Teils Amerikas* (*Brasilien, Argentinien, Uruguay und Paraguay*)

mercromina® F FARM Mercurochrom *n* (*Desinfektionslösung für Wunden*); **mercurial** **A** ADJ **1** (*que contiene mercurio*) Quecksilber...; quecksilberhaltig; FÍS **mm** (*milímetros*) *mpl* **~es** Millimeter *pl* Quecksilbersäule **2** MIT, ASTRON *planeta*: Merkur... **B** M BOT Speckmelde *f*; **mercurialismo** M MED Quecksilbervergiftung *f*; **mercúrico** ADJ QUÍM Quecksilber...

mercurio M QUÍM Quecksilber *n*; **sulfuro** *m* **de ~** Quecksilbersulfid *n*

Mercurio M MIT, ASTRON Merkur *m*

mercurocromo M QUÍM Mercurochrom *n*, Quecksilber-Brom-Verbindung *f*

merdoso ADJ *pop* schmutzig, dreckig *fam*

merecedor ADJ verdienstvoll; würdig; **~ de confianza** vertrauenswürdig; **~ de crédito** kreditwürdig; **hacerse** *o* **ser ~ de a/c** etw verdienen (*fig*)

merecer ⟨2d⟩ **A** V/T & V/R **1** (*hacerse digno*) verdienen (*fig*); (*conseguir, lograr*) einbringen, eintragen; würdig sein (*gen*); **~ mucho** hohen Lobes würdig sein, große Verdienste haben; **no se lo merece** das hat er nicht verdient; **¡no se las merece!** nichts zu danken! **2** (*ser provechoso*) lohnen; **(no) merecer la pena** sich (nicht) lohnen **B** V/I sich verdient machen **(de** um *acus*); **~ bien de alg** j-n zu Dank verpflichten; **en edad de ~** im heiratsfähigen Alter

merecidamente ADV verdientermaßen; **merecido** **A** ADJ verdient; **bien ~ lo tiene** es geschieht ihm recht **B** M verdiente Strafe *f*; **llevaron su ~** es geschah ihnen recht; **merecimiento** M Verdienst *n* (*fig*); verdienstvolle Tat *f*

merendar ⟨1k⟩ **A** V/T & V/I vespern (*al.d.S*), die Nachmittagsmahlzeit einnehmen **B** V/R **merendarse** *fam fig* (*devorar*) verschlingen; einverleiben; (*ganar ampliamente*) haushoch besiegen; **merendero** Ausflugslokal *n*; **merendola** F, **merendona** F *fam festliches, reichhaltiges Picknick oder Imbiss am Nachmittag*

merengue M **1** GASTR *dulce*: *Art* Baiser *n*, Meringe *f* **2** *fam fig* DEP **los ~s** *der Fußballklub Real Madrid* **3** *baile*: Merengue *m* (*karibischer Tanz*) **4** *Arg, Ur fam* (*pocilga*) Saustall *m fam*, Durcheinander *n*

merequetengue M *Méx* Durcheinander *n*, Saustall *m fam*; Krach *m*

meretriz F ⟨*pl* -ices⟩ *liter* Dirne *f*, Freudenmädchen *n*

merey M *Col, P. Rico, Ven* BOT → **marañón**

mergánsar, mergo M ORN Gänsesäger *m*

Mérida N PR F *spanische Stadt*; *mexikanische Stadt*

meridano ADJ *Méx* aus Mérida; **merideño** ADJ *Esp* aus Mérida

meridiana F Diwan *m*; **meridiano** **A** ADJ Mittags... **B** M ASTRON, GEOG Meridian *m*; Mittagskreis *m*

merídiem *Am* **ante ~** vormittags; **post ~** nachmittags

meridional **A** ADJ mittäglich; südlich; Süd...; **África** *f* **~** südliches Afrika *n*; **Asia** *f* **(Europa** *f***) ~** Südasien *n* (-europa *n*) **B** M/F Südländer *m*, -in *f*

merienda F **1** *comida ligera*: Nachmittagsmahlzeit *f*; Vesper(brot) *n* (*al.d.S*), *al aire libre*: Picknick *n*; **~-cena** *ausgiebige Nachmittagsmahlzeit oder frühes Abendessen*; **bolsa** *f* **de ~** Lunchpaket *n*; **ir de ~ (campestre)** picknicken **2** *fam desp* **~ de negros** (*confusión, desorden*) wildes Durcheinander *n fam*, Kuddelmuddel *n fam*

merino **A** ADJ Merino...; **lana** *f* **-a** Merinowolle *f*; **(oveja** *f***) -a** Merinoschaf *n* **B** M, **-a** F *oveja*: Merinoschaf *n* **C** M TEX *género*: Merino(tuch *n*) *m*

meritísimo ADJ *sup liter* hochverdient

mérito M (*derecho a la recompensa*) Verdienst *n*; (*valor*) Wert *m*; **de ~** verdienstvoll; großartig; **hacer ~s** diensteifrig sein; sich (*dat*) die Sporen verdienen *fam*

meritorio **A** ADJ verdienstvoll **B** M, **-a** F Volontär *m*, -in *f*; Praktikant *m*, -in *f*; Angestellte *m/f* auf Probe (*ohne Entgelt*)

merlo M **1** ORN Seeamsel *f* **2** *pez*: Brauner Lippfisch *m*

merluza F **1** *pez*: Seehecht *m*; **~ a la vasca** Seehecht *m* auf baskische Art (*mit Spargel, Knoblauch, Petersilie*); **~ en salsa verde** Seehecht *m* in Petersiliensoße; **~ a la romana** *panierte, gebackene Seehechtscheiben* **2** *pop fig* **coger una ~** (*emborracharse*) sich besaufen *fam*, sich volllaufen lassen *fam*; **merluzo** M *fam desp* Knilch *m fam*, Blödmann *m fam*, Hammel *m fam*

merma F **1** (*reducción*) Verkürzung *f*; Verringerung *f*, Schmälerung *f*; (*quita*) Abzug *m* **2** (*disminución*) Abnahme *f*, Schwund *m*; (*pérdida*) Verlust *m*; **~ de peso** Gewichtsverlust *m* **3** COM (*déficit*) Fehlbetrag *m*; Kursverlust *m*

mermar **A** V/I *y* V/R **~se** abnehmen, schwinden **B** V/T (ver)kürzen; schmälern; herabsetzen (*tb fig, espec méritos*)

mermelada F Marmelade *f*; *Am fam fig* **brava ~** Riesendummheit *f*

mero **A** ADJ **1** (*puro, simple*) rein, bloß; **por el ~ hecho de que** einfach (*o* nur) weil **2** *Am Centr, Méx fam* (*propio*) eigentlich **B** ADV *Méx fam* → **pronto** **C** M *pez*: Brauner Zackenbarsch *m*

merodeador M, **merodeadora** F Plünderer *m*, Plünderin *f*; MIL Marodeur *m*

merodear V/I **1** MIL (*saquear*) plündern, (*vagar*) marodieren **2** *p. ext* (*vagabundear*) sich herumtreiben, herumlungern

merodeo M Plündern *n*, Marodieren *n*

merolico M *Cuba, Méx* Ausrufer *m*, Straßenhändler *m*

merovingio HIST **A** ADJ merowingisch **B** M, **-a** F Merowinger *m*, -in *f*

M

mes M 1 *parte del año*: Monat *m*; **al ~** im Monat, pro Monat; **en el ~ de mayo** im Monat Mai; **de seis ~es** halbjährig; **a principios/finales del ~** Anfang/Ende des Monats 2 *(mensualidad)* Monatsgeld *n* 3 *fam (menstruo)* Monatsblutung *f*, Regel *f*; *fam* **estar con el ~** seine Tage haben

mesa F 1 *mueble*: Tisch *m*; *espec para comer*: Tafel *f*; **de ~** Tisch...; *vino, fruta*: Tafel...; **~ auxiliar** Beistelltisch *m*; *Esp* **~ camilla** *runder Tisch mit einem Kohlenbecken darunter*; **~ (de) centro** Couchtisch *m*; **~ de despacho** Bürotisch *m*, Schreibtisch *m*; **~ de dibujo** Reißbrett *n*; **~ extensible** Ausziehtisch *m*; **~ plegable** Klapptisch *m*; MAR **~ de guarnición** Back *f*; **~ de juego** Spieltisch *m*; MED **~ de operaciones** Operationstisch *m*; *Arg, Ur* **~ de luz** Nachttisch *m*; POL *fig* **~ de negociaciones** Verhandlungstisch *m*; **~ de noche** Nachttisch *m*; *espiritismo*: **~ parlante** Tischrücken *n*; *Esp* **~ petitoria** Tisch *m* für Straßensammlung; *tb fig* **~ redonda** runder Tisch *m*; *fig* Gesprächsrunde *f*; POL Konferenz *f* am runden Tisch; *Cuba* **~ sueca** Selbstbedienungsbüffet *n*; **alzar** *o* **levantar la ~** die Tafel aufheben; **levantarse de la ~** vom Tisch aufstehen; **poner la ~** den Tisch decken; *fig* **a ~ puesta** ohne Arbeit, mühelos; gerade im richtigen Augenblick; **quitar la ~** den Tisch abdecken; **sentarse a la ~** sich zu Tisch setzen 2 *(comida)* Kost *f*, Verpflegung *f*; Essen *n* 3 ARQUIT *de una escalera*: Treppenabsatz *m* 4 POL *(junta directiva)* Vorstand *m*; Präsidium *n*; ADMIN, *espec* MIL *tb (sección)* Ressort *n*; **~ electoral** Wahlausschuss *m* 5 *espec Am* GEOG *(meseta)* Hochebene *f*, Tafelland *n*

mesada F Monatsgehalt *n*, -geld *n*; monatliche Zuwendung *f*

mesana F MAR 1 **(palo *m* de) ~** Besan(mast) *m* 2 *vela*: Besansegel *n*

mesar VT & V/R *pelo* ausreißen; **~(se) el pelo de rabia** (sich *dat*) vor Wut die Haare raufen

mescalina F QUÍM Meskalin *n*

mescolanza F Mischmasch *m*

mesenterio M ANAT Mesenterium *n*, Gekröse *n*

mesero M, **-a** F *Am reg* Kellner *m*, -in *f*

meseta F 1 *(descansillo)* stufenförmiger Absatz *m*; ARQUIT **~ (de escalera)** Treppenabsatz *m*; TAUR **~ de toril** Zuschauerplatz *m* über dem Stierzwinger 2 GEOG *elevación*: Hochebene *f*, Tafelland *n*; **meseteño** M, **-a** F Tafellandbewohner *m*, -in *f*

mesiánico ADJ REL *y fig* messianisch; **mesianismo** M REL Lehre *f* vom Messias; Messiaserwartung *f*; *espec fig* Messianismus *m*

Mesías M REL *y fig* Messias *m*

mesilla F Nachttisch *m*; **~ accesoria** Beistelltisch *m*; **~ de centro** Couchtisch *m*; **~ de ruedas** Teewagen *m*, Servierwagen *m*

mesita F Tischchen *n*; **~ auxiliar** Beistelltisch *m*; **~ de noche** Nachttisch *m*; **~ de ruedas** Teewagen, Servierwagen *m*

mesnada F HIST Heerhaufen *m*, bewaffnete Gefolgsleute eines Herrschers

meso... PREF *t/t* Meso..., Mittel...

Mesoamérica F *etnología*: Mesoamerika *n*

mesocarpio M BOT mittlere Fruchthaut *f*, Mesokarp(ium) *n*; **mesocracia** F (Herrschaft der) Mittelklasse *f*; **mesodermo** M ANAT Mesoderm *n*

mesón M Gaststätte *f*; (typisches) Restaurant *n*; HIST Herberge *f (für Reiter und Pferde)*

mesonero M, **-a** F Gastwirt *m*, -in *f*

Mesopotamia F Mesopotamien *n*

mesopotámico ADJ mesopotamisch; **mesozoico** M GEOL Mesozoikum *m*

Mesta F HIST kastilische Schafzüchtervereinigung *f*

mesteño ADJ 1 HIST von der Mesta 2 *animal* herrenlos

Mester M LIT **~ de clerecía** Klerikerdichtung *f*; LIT **~ de juglaría** Spielmannsdichtung *f*, Spielmannskunst *f*

mestizaje M 1 *(cruce de razas)* Rassenmischung *f*, Rassenkreuzung *f* 2 *col (descendientes de blancos e indios)* Mestizen *mpl*; **mestizar** VT ⟨1f⟩ *razas* kreuzen; **mestizo** A ADJ gemischtrassig; ZOOL *tb* mischrassig B M, **-a** F Mischling *m*; *(descendiente de blancos e indios)* Mestize *m*, Mestizin *f*

mestura F *Am reg* Weizenroggenmischung *f*

mesura F 1 *(compostura)* Gemessenheit *f* 2 *(moderación)* Maß *n*; Mäßigung *f* 3 *(buena educación)* Wohlerzogenheit *f*; **mesurado** ADJ 1 *(serio, grave)* gemessen; ernst 2 *(moderado)* gemäßigt 3 *(bien educado)* wohlerzogen

mesurar VT 1 *(moderar)* mäßigen 2 *Ec* → medir

meta A F 1 *(objetivo)* Ziel *n (tb fig)*; **fijarse una ~** sich *(dat)* ein Ziel setzen 2 *(portería)* Tor *n (Fußball)* B M *(portero)* Torwart *m*

meta... PREF *t/t* Meta...

metabolismo M FISIOL Stoffwechsel *m*; **metabolizar** ⟨1f⟩ umsetzen; **metacarpiano** ADJ ANAT Mittelhand...; **metacarpo** M ANAT Mittelhand *f*; **metacentro** M MAR Metazentrum *n*; **metadona** F FARM, *droga*: Methadon *n*; **programa *m* de ~** Methadonprogramm *n*; **metafísica** F FIL Metaphysik *f*; **metafísico** A ADJ metaphysisch B M, **-a** F Metaphysiker *m*, -in *f*; **metafonía** F FON Umlaut *m*

metáfora F RET Metapher *f*; **metafórico** ADJ metaphorisch; übertragen (*o* bildlich) gebraucht; **en sentido ~** in metaphorischer (*o* übertragener) Bedeutung

metal M 1 *sustancia*: Metall *n*; TEC **~ base** Grundmetall *n*; **~ blanco** Weißmetall *n*; **~ duro** Hartmetall *n*; **~ ligero** Leichtmetall *n*; **~ pesado** Schwermetall *n*; **~ no férreo** Nichteisenmetall *n*, NE-Metall *n*; **~ precioso** *o* **noble** Edelmetall *n*; *fig* **el vil ~** der schnöde Mammon 2 MÚS *instrumentos*: Blech *n* 3 **~ de voz** *(timbre)* Klangfarbe *f*

metalengua F LING Metasprache *f*

metalero ADJ *Bol, Chile* Metall..., metallhaltig

metálico A ADJ metallen, Metall... B M Hartgeld *n*; **(pagar) en ~** in bar (bezahlen); **metalífero** ADJ metallhaltig

metalizado ADJ 1 AUTO *lacado*: metallic; **pintura *f* -a** Metalliclackierung *f* 2 TEC metallisiert 3 *fig (materialista)* materialistisch; **metalizar** VT ⟨1f⟩ metallisieren; **metalografía** F Metallkunde *f*; **metaloide** M Metalloid *n*, Halbmetall *n*; **metalurgia** F Hüttenkunde *f*; **metalúrgico** A ADJ Metall...; Hütten...; **industria *f* -a** Metallindustrie *f*, Metall verarbeitende Industrie B M, **-a** F Metallurge *m*, Metallurgin *f*, Hüttenfachmann *m*, -frau *f*; Metallarbeiter *m*, -in *f*; **metalurgista** M → metalúrgico

metamorfosear A VT umgestalten, um-, verwandeln B V/R **metamorfosearse** sich verwandeln; **metamorfosis** F Ver-, Umwandlung *f*; Metamorphose *f (tb fig)*; *fig* Wandel *m*

metanero M *barco*: Erdgastanker *m*

metano M QUÍM Methan *n*; **metanol** M QUÍM Methanol *m*

metaplasmo M RET Redefigur *f*; **metapsíquica** F *t/t* Parapsychologie *f*; **metapsíquico** ADJ parapsychologisch

metástasis F MED Metastase *f*; *proceso*: Metastasenbildung *f*; **~ pulmonar** Metastasen(bildung) *f* in der Lunge

metatarso M ANAT Mittelfuß *m*

metate M *Méx etnología*: Stein *m zum Mahlen von Mais*

metátesis F LING Metathese *f*, Lautumstellung *f*

metazoos MPL BIOL Metazoen *npl*

metedura F *fam* Hineinstecken *n*; *fig* **~ de pata** Blamage *f*, Fauxpas *m*; **metegol** M *Arg* Tischfußball *n*; **metejón** ADJ *Arg fam* unsterblich verliebt; **metejonear** V/I *Arg fam* sich verlieben, sich verknallen *fam*

metempsícosis, metempsicosis F REL Seelenwanderung *f*

meteórico ADJ *t/t* meteorisch; *fig* kometenhaft; **ascenso *m* ~** kometenhafter Aufstieg *m*; **meteorismo** M MED Blähung *f*; *t/t* Meteorismus *m*; **meteorito** M ASTRON Meteorit *m*

meteoro, metéoro M ASTRON Meteor *m*

meteorología F Meteorologie *f*, Wetterkunde *f*; **meteorológico** ADJ Wetter...; **parte *m* ~** Wetterbericht *m*; **meteorologista** M/F, **meteorólogo** M, **meteoróloga** F Meteorologe *m* Meteorologin *f*; **meteorosensible** ADJ MED wetterfühlig

metepatas M/F ⟨pl inv⟩ *fam* Tollpatsch *m*, Elefant *m* im Porzellanladen *fam*

meter A VT *(introducir)* stecken; (hin)einstecken; *(poner)* (hinein)setzen, (hinein)stellen, (hinein)legen; *(entrar)* (hinein)bringen; (ein)schieben; (hinein)tun; *p. ext y fig miedo* einjagen; *petición* einreichen; *ruido* verursachen (*o* machen); *dinero* einzahlen; *fam bofetada, etc* verpassen; AUTO *marcha* einlegen; DEP *gol* schießen; **a todo ~** mit ganzer (*o* voller) Kraft; in aller Eile; **~ en el bolsillo** in die Tasche stecken; **~ en la maleta** in den Koffer packen; *fig* **~ en la cabeza** eintrichtern; **la llave está metida** der Schlüssel steckt; **¿quién le mete en eso?** was geht Sie das an? B V/R **meterse** 1 *(dirigirse)* sich begeben **(en** in *acus)*; *(entrometerse)* sich hineindrängen; *involuntariamente*: (hinein)geraten; **~ en cama** bettlägerig werden; **~ en la cama** ins Bett gehen; *fam* **~ en líos** sich in Ungelegenheiten bringen; **¿dónde se ha metido?** wo steckt er?; **no saber dónde meterse** (vor Scham) in den Boden sinken 2 *(prepararse)* **~ a hacer a/c** sich anschicken, etw zu tun; **se metió a bailar** er fing an zu tanzen 3 *(inmiscuirse)* sich einmischen; *(tirarse)* sich stürzen **(en** in *o* auf *acus)*; **~ con alg** mit j-m Streit anfangen; sich mit j-m anlegen *fam*; **~ (alg) donde no le llaman** *o* **~ (alg) en lo que no le toca** *o* **importa** sich in Dinge einmischen, die einen nichts angehen; **~ en vidas ajenas** sich um anderer Leute Dinge kümmern; *fig* **no ~ en nada** mit nichts zu tun haben wollen; **~ por medio** sich dazwischenwerfen; eingreifen 4 *en una discusión, relación, etc*: sich einlassen **(en** auf *acus)*; *(seguir una profesión)* sich versuchen als **(a** *nom)*, sein wollen **(a** *nom)*; *(hacerse)* werden; **~ a fraile** Mönch werden; **~ a monja** Nonne werden, ins Kloster gehen; *fam* **~ a finolis** den feinen Mann spielen 5 **~ un tiro** sich erschießen; *drogas pop* sich *(dat)* einen Schuss setzen *pop*

metiche ADJ *fam* zudringlich; vorlaut; naseweis

meticulosidad F Ängstlichkeit *f*; Kleinlichkeit *f*, Pedanterie *f*; **meticuloso** ADJ ängstlich; kleinlich, pedantisch, peinlich genau

metida F *Am reg fam* **~ de pata** Blamage *f*, Fauxpas *m*

metido A ADJ 1 *(apretado)* gedrängt; voll; **~ en años** hochbetagt; **~ en carnes** wohlbeleibt; gut gepolstert *fam*; **~ en sí** in sich gekehrt, still; *fig* **~ para dentro** verschlossen, introvertiert; *fig* **estar muy ~ con alg** sehr intim sein mit j-m; **estar muy ~ en a/c** sehr (*o* tief) in einer Sache drinstecken *fam* 2 TIPO *composi-*

M

ción kompress **3** *Am* (*pesado*) zudringlich; aufdringlich; neugierig **B** M **1** (*puñetazo*) Stoß *m* **2** *fam* (*reprensión*) Abfuhr *f*; Anpfiff *m fam*

metileno M QUÍM Methylen *n*; **metílico** ADJ QUÍM Methyl...; **metilo** M QUÍM Methyl *n*

metimiento M Hineinlegen *n*; Hineinstecken *n*

metódico ADJ methodisch

metodismo M REL Methodismus *m*; **metodista** REL **A** ADJ methodistisch **B** M/F Methodist *m*, -in *f*; **metodizar** V/T ⟨1f⟩ planmäßig betreiben

método M **1** (*manera de hacer las cosas*) Methode *f*; Verfahrensweise *f* **2** (*libro de texto*) Lehrbuch *n*; **~ de violín** Geigenschule *f*; **~ de guitarra** Gitarrenschule *f*

metodología F *t/t* Methodik *f*; **metodológico** ADJ methodisch

metomentodo M/F *fam* Schnüffler *m*, -in *f fam*

metonimia F RET Metonymie *f*; **metonímico** ADJ metonymisch; **metonomasia** F LING Metonomasie *f*

metopa[1] M *Esp* MIL Berufssoldat *m*

metopa[2], **métopa** F ARQUIT Metope *f*

METP M ABR (Militar de empleo y tropa profesional) *Esp* Berufssoldat *m*

metraje M **1** TEC *longitud*: laufende Meterzahl *f* **2** FILM Meterlänge *f eines Films*

metralla F **1** MIL *munición*: Schrapnell *n*, Kartätsche *f* **2** (*fragmentos*) Splitter *m(pl)* **3** *fam fig* (*cosas inútiles*) Krimskrams *m*; **metrallazo** M MIL Schrapnellfeuer *n*; *p. ext efecto*: Splitterwirkung *f*; **metralleta** F MIL Maschinenpistole *f*

metras FPL *Ven* Murmeln *fpl*, Schusser *mpl* (*al.d.S*)

métrica F Metrik *f*; **métrico** ADJ metrisch; **sistema** *m* **~** metrisches System

metrificación F → versificación

metritis F MED Gebärmutterentzündung *f*

metro M **1** *unidad de longitud*: Meter *m/n*; **~ cuadrado** Quadratmeter *m/n*; **~ cúbico** Kubikmeter *m/n*; **por ~s** meterweise **2** *para medir*: Metermaß *n*; **~ plegable** Zollstock *m*, (zusammenklappbarer) Meterstab *m* **3** LIT Versmaß *n*, Metrum *n* **4** *transporte*: (*subterráneo*) U-Bahn *f*; Untergrundbahn *f*; **~ aéreo** Hochbahn *f*

metrónomo M MÚS Metronom *n*

metrópoli F **1** (*capital*) Hauptstadt *f*; Metropole *f* **2** (*nación*) HIST Mutterland *n* (*während der Kolonialzeit*) **3** REL (*arzobispado*) erzbischöflicher Sitz *m*; **metropolitano** **A** ADJ **1** (*de la capital*) hauptstädtisch **2** REL (*del arzobispo*) erzbischöflich **B** M **1** (**tren** *m*) **~** → metro 4 **2** REL Metropolit *m*

meuro M *fam* (eine) Million *f* Euro; **cinco ~s** fünf Millionen Euro

mexcal M *Méx* **1** BOT Meskalagave *f* **2** *aguardiente*: Meskalschnaps *m*

mexicano **A** ADJ mexikanisch **B** M, **-a** Mexikaner *m*, -in *f*

México ['mexiko] M Mexiko *n*

mezanin(e) M *Col, Méx* Zwischenstock *m*

mezcal M *Méx* → mexcal

mezcla F **1** (*mixtura*) Mischung *f*; **tejido** *m* **de ~** Halbwollgewebe *n*; **sin ~** unvermischt **2** CONSTR (*argamasa*) Mörtel *m*; **mezclable** ADJ mischbar; **mezclador** **A** ADJ Misch...; **vaso** *m* **~** Mischbecher *m* **B** M **1** TEC *aparato*: Mischer *m* **2** FILM, TV *persona*: **~ (de sonido)** Mixer *m*, Tonmischer *m*; **mezcladora** F **1** TEC, CONSTR Mischmaschine *f*; **~ de hormigón** Betonmischmaschine *f* **2** FILM, TV *persona*: Mixerin *f*, Tonmischerin *f*; **mezclamiento** M Mischen *n*

mezclar **A** V/T **1** (*unir, combinar*) (ver)mischen; beimischen; *vino* verschneiden **2** CONSTR *hormigón* mischen **3** *fig* (*enredar*) j-n hineinziehen (en in *acus*) **B** V/R **~se en a/c** sich in etw (*acus*) einmischen

mezcolanza F *fam* Mischmasch *m*

mezquindad F **1** (*estrechez*) Dürftigkeit *f*; Kargheit *f* **2** (*tacañería*) Knauserei *f*; Schäbigkeit *f*; **mezquino** ADJ **1** (*escaso*) karg, dürftig **2** (*insignificante*) winzig, bedeutungslos **3** (*avaro*) geizig, knauserig; schäbig, kleinlich

mezquita F Moschee *f*

mezquite M *Méx* BOT **1** *árbol*: Mezquitebaum *m* **2** (**hierba** *f*) **~** Mezquitegras *n*

mezzosoprano F MÚS Mezzosopran *m*

mg ABR (miligramo[s]) mg (Milligramm)

mi[1] M MÚS E *n*; **~ bemol** Es *n*

mi[2], **mis** PR POS mein, meine

mí PRON (*nach* PREP) mir, mich; **¡a ~!** Hilfe!; *fam* **y a ~ qué** das ist mir egal (*o* schnuppe *fam*)

miaja F Krume *f*, Krüm(el)chen *n*; *fam* **una miaj(it)a** ein (ganz) klein wenig

mialgia F MED Muskelschmerz *m*

miasma M MED giftige Ausdünstung *f*, Miasma *n*

miau INT *onom* miau

mica F **1** MINER Glimmer *m*; **~ amarilla** Katzengold *n* **2** *Col, Méx fam* (*perico*) Nachttopf *m*, Pisspott *m fam* **3** *Am Cent fam* (*embriaguez*) Rausch *m*

micado M *liter* Mikado *m* (*japanischer Kaiser*)

micción F MED Harnen *n*, Urinieren *n*, Wasserlassen *n*; **miccionar** V/I urinieren

micelio M BOT Pilzgeflecht *n*

micha F *fam* → micho; **michelín** M *Esp pop frec* **-ines** MPL Fettwulst am Bauch *m*, Rettungsring *m* (*fam hum*); **michi** M *Perú*, **michino** M *fam* Katze *f*, *fam* Mieze *f*; **michirones** MPL *reg* GASTR Saubohnen *fpl*; **micho** M *fam* Katze *f*, Mieze *f fam*

micifuz M ⟨*pl* -uces⟩ *fam* Katze *f*, Mieze *f*

mico M ZOOL *langschwänziger* Affe *m*; *fam fig* **dar ~ a alg** j-n sitzen lassen; *fam fig* **estar con el ~ al hombro** schlecht gelaunt sein; **se quedó hecho un ~** er war der Dumme; er stand da wie ein begossener Pudel; *Am reg fam* **huele a ~** es stinkt *fam*, hier mieft es

micosis F MED Pilzerkrankung *f*, Mykose *f*

micra F Mikron *n*, My *n*

micrero M *Chile transporte*: Busfahrer *m*

micro **1** M *fam* (*micrófono*) Mikro(fon) *n* **2** *Am reg autobús*: (Mini-, Klein)Bus *m*; **microbiano** ADJ Mikroben...; **microbio** M Mikrobe *f*; **microbiología** F Mikrobiologie *f*; **microbús** M AUTO Kleinbus *m*; **microcefálico** ADJ MED mikrozephal; **microchip** M INFORM Mikrochip *m*; **microcircuito** M INFORM Mikroschaltkreis *m*; **microcirugía** F MED Mikrochirurgie *f*; **microclima** M Mikro-, Kleinklima *n*; **microcomputador** M, **microcomputadora** F Mikrocomputer *m*; **microcosmo** M FIL Mikrokosmos *m*; **microcrédito** M Kleinstkredit *m*; **microeconomía** F Mikroökonomie *f*; **microeconómico** ADJ mikroökonomisch; **microelectrónica** F Mikroelektronik *f*; **microespía** M Abhörmikrofon *n*, Wanze *f fam*; **microfauna** F ZOOL Kleintierwelt *f*; **microfibra** F Mikrofaser *f*; **microficha** F Mikrofiche *m/n*; **microfilm** M → microfilme; **microfilmar** V/T auf Mikrofilm aufnehmen; **microfilme** M Mikrofilm *m*; **microfísica** F Mikrophysik *f*

micrófono M Mikrofon *n*; **~ direccional** Richtmikrofon *n*; **~ laríngeo** Kehlkopfmikrofon *n*; **~ oculto** Abhörgerät *n*

microfotografía F Mikrofotografie *f*; **microfundio** M landwirtschaftlicher Kleinbesitz *m*, kleiner Betrieb *m*; **microlector** M Lesegerät *n* für Mikrofilm; **micrométrico** ADJ Mikrometer...; TEC **tornillo** *m* **~** Mikrometerschraube *f*

micrómetro M Mikrometer *n*, Mikrometerschraube *f*

micromotor M Kleinstmotor *m*

Micronesia F Mikronesien *n*

micronesio **A** ADJ mikronesisch **B** M, **-a** F Mikronesier *m*, -in *f*

microonda F Mikrowelle *f*; **microondas** M *fam* Mikrowellenherd *m*; **microordenador** M Mikrocomputer *m*; **microorganismo** M Mikrobe *f*, Mikroorganismus *m*; **microprocesador** M INFORM Mikroprozessor *m*; **microscopia** F, **microscopía** F Mikroskopie *f*; **microscópico** ADJ mikroskopisch; *fig* winzig klein; **microscopio** M Mikroskop *n*; **~ electrónico** Elektronenmikroskop *n*; **microsegundo** M Mikrosekunde *f*; **microsurco** M *fonotecnia*: Mikrorille *f*; *p. ext disco*: Langspielplatte *f*; **microtecnólogo** M, **-a** F Mikrotechnologe *m*, -in *f*

micrótomo M MED Mikrotom *m/n*

micuré M *Am Mer* ZOOL Beutelratte *f*

mide → medir

mido *etc* → medir

mieditis F *fam* Angst *f*, Manschetten *fpl fam*, Bammel *m fam*

miedo M Angst *f*, Furcht *f* (a vor *dat*); **~ cerval** panische Angst; **~ escénico** Lampenfieber *n*; **~ a los extraños** Fremdeln *n* (*Kinder*); **~ a volar** Angst *f* vorm Fliegen, Flugangst *f*; **de ~** vor Angst; *adj fam fig* (*estupendo*) toll *fam*, prima *fam*; *desp* (*pesado*) lästig; **por ~ de** aus Furcht vor (*dat*); **por ~ de que** (*subj*) aus Furcht davor, dass; **dar ~** Angst machen; Furcht erregen (*o* einflößen); **da ~ verlo** man fürchtet sich, es zu sehen; **le entra ~** Furcht befällt ihn; **meter ~** Angst einjagen; **tener ~ a alg** sich vor j-m fürchten; j-n fürchten; **miedoso** ADJ furchtsam, ängstlich

miel F Honig *m*; *espec Am* **~ de caña** Zuckermelasse *f*; **~ extraída** Schleuderhonig *m*; **~ de flores** Blütenhonig *m*; GASTR **~ sobre hojuelas** dünne Pfannkuchen mit Honig; *fig* **es ~ sobre hojuelas** *fam* das ist ja großartig; das ist des Guten beinahe zu viel; **de color ~** honigfarben; *fig* **hacerse de ~** übertrieben liebenswürdig sein, zuckersüß sein *fam*; *fig* **quedarse con la ~ en los labios** *fam* leer ausgehen, das Nachsehen haben

mielga F **1** BOT Luzerne *f* **2** *pez*: Dornhai *m* **3** AGR (*amelga*) Worfel *f*

mielitis F MED Myelitis *f*

mieludo ADJ *Hond* fettig, schmierig

miembro **A** M **1** ANAT *extremidades*: Glied *n* (*tb* MAT); **~s** *pl* Gliedmaßen *fpl*, Glieder *npl*; **~ (viril)** männliches Glied *n*, Penis *m* **2** (*socio*) Mitglied *n*; **Estado** *m* **~** Mitgliedstaat *m*; **país** *m* **~** Mitgliedsland *n* **B** F *poco usado*: weibliches Mitglied *n*

miente → mentir

mientes FPL **ni por ~** kommt nicht infrage; **pararse ~ en a/c** Acht geben (*o* achten) auf etw (*acus*); **sin parar ~ en** ohne zu bedenken, dass; **pasar por las ~** durch den Kopf gehen; **traer a las ~** an *etw* (*acus*) erinnern; **venir a las ~ a alg** j-m einfallen

mientras **A** PREP (*durante*) während (*gen*) **B** CJ während (*zeitlich*); solange; **~ que** während, wohingegen (*Gegensatz*) **C** ADV **~ (tanto)** unterdessen, inzwischen; **~ más ..., más** je mehr ..., desto mehr

miera F **1** *resina*: Rohharz *n* **2** *aceite*: Wacholderöl *n* **3** *trementina*: Fichtenterpentin *n*

miércoles M ⟨*pl inv*⟩ **1** *día de la semana*: Mittwoch *m*; **el ~** am Mittwoch; **(todos) los ~**

(immer) mittwochs; **el ~ por la mañana** am Mittwochmorgen; **los ~ por la mañana** mittwochmorgens; **~ de ceniza** Aschermittwoch *m*; **~ Santo** Mittwoch *m* vor Ostern **2** *fam euf* **¡~!** Scheibenhonig! *fam*

mierda *vulg* **A** F **1** *excremento*: Scheiße *f* (*tb fig*); **¡(a mí) me importa una ~!** das ist mir scheißegal *vulg*; **a la ~ con ...** zum Teufel mit ... *pop*; **irse a la ~** im Arsch sein *vulg*; **mandar a alg a la ~** j-n zum Teufel schicken *pop* **2** *Esp drogas pop* (*hachís*) Hasch *n fam*, Pot *n fam*, Shit *m/n fam* **B** M *vulg persona*: Scheißkerl *m vulg* **C** ADJ *inv vulg* beschissen *vulg*

mierdoso ADJ *vulg* beschissen *vulg*, Scheiß... *vulg*

mies F **1** (*cereal maduro*) reifes Korn *n*, reifes Getreide *n auf dem Halm*; **las ~es** die Saat *f*, die Felder *npl* **2** (*cosecha*) Ernte *f* (*tb fig*); *tiempo*: Erntezeit *f*

miga F **1** *de pan*: Brotkrume *f*; Krümel *m*; **~s** *fpl* GASTR *Gericht aus mit Öl, Knoblauch und Speck gebratenen Brotstückchen*; *fig* **ni una ~** gar nichts; *fig* **hacer buenas/malas ~s con alg** mit j-m gut/schlecht auskommen; *fig* **estar hecho ~s** hundemüde sein; **hacerse ~s** (zer)brechen, kaputtgehen **2** *fig* (*contenido*) Gehalt *m*; **de mucha ~** bedeutend; **tener ~** gehaltvoll sein; es in sich (*dat*) haben *fam*; **eso tiene ~** da ist etwas daran, das hat es in sich

migaja F Brotkrümel *m*; Stückchen *n*; **~s** *fpl* (Brot- *o* Speise)Reste *mpl*; *fig* Abfall *m*; **migajón** M **1** (*zoquete*) Brocken *m* Brot **2** *fig* (*escencia*) Kern *m*, Gehalt *m*; Mark *n*

migar V/T ⟨1h⟩ zerkrümeln; *pan* einbrocken in (*acus*)

migración F (Völker)Wanderung *f*; SOCIOL Abwanderung *f*; ORN Vogelzug *m*; SOCIOL, POL **~ interna** *f* Binnenwanderung *f*; FÍS **~ de iones** Ionenwanderung *f*

migraña F MED Migräne *f*

migratorio ADJ Wander...; ORN **ave** *f* **-a** Zugvogel *m*

mijo¹ M BOT Hirse *f*

mijo² M, **-a** F *Col, Méx* (mein) Liebling

mil **A** ADJ tausend; (*milésimo*) tausendste(r, -s); **~ millones** (eine) Milliarde; **~ veces** tausendmal; **el ~ doscientos** der zwölfhundertste; *fam* **llegar a las ~ y quinientas** mit einer Mordsverspätung ankommen *fam* **B** M Tausend *n*; **a ~es** zu Tausenden; **~es y ~es** Tausende und Abertausende

milagrería F (abergläubische) Wundergeschichte *f*; **milagrero** ADJ zum Wunderglauben neigend; *fam* wundertätig

milagro M Wunder *n*; *adv* **de ~** wie durch ein Wunder; *fig* **hacer ~s** wahre Wunder wirken (*o* tun); zaubern; *fig* **vivir de ~** *sin ingresos fijos*: kein festes Einkommen haben; *hum* (*vivir en peligro*) gefährlich leben; **milagroso** ADJ wunderbar (*tb fig*); wundertätig; *fig* erstaunlich; CAT **imagen** *f* **-a** Gnadenbild *n*

milamores F ⟨*pl inv*⟩ BOT Rote Spornblume *f*, Tausendliebchen *n*

Milán M Mailand *n*

milanés **A** ADJ mailändisch, Mailänder **B** M Mailänder *m*; **milanesa** F **1** (*mujer de Milán*) Mailänderin *f* **2** *Am* GASTR paniertes Schnitzel *n*

milano M ORN Milan *m*; **~ rojo** *o* **real** Gabelweihe *f*

mildeu, mildiu, mildiú M BOT Falscher Mehltau *m*

milenario **A** ADJ tausendjährig **B** M Jahrtausendfeier *f*; **milenarismo** M Chiliasmus *m*

milengrana F BOT Bruchkraut *n*

milenio M Jahrtausend *n*, Millennium *n*; **fin** *m* **de ~** Jahrtausendwende *f*

milenrama F BOT Schafgarbe *f*

milésima F Tausendstel *n*; **una ~ (de segundo)** eine tausendstel Sekunde; **milésimo** **A** ADJ tausendste(r) **B** M Tausendstel *n*; Tausendste *m*

milesio ADJ aus Milet, milesisch

mileurista [mileʊ̆'rista] M/F *fam Esp*: *jugendliche(r) Arbeitnehmer(in), der bzw. die trotz guter Ausbildung nicht mehr als 1000 Euro im Monat verdient*

milhojas M GASTR Blätterteiggebäck *n*

mili F *Esp fam* Wehrdienst *m*, Kommiss *m fam*, Barras *m fam*; **hacer la ~** (seinen) Wehrdienst machen; *RFA corresponde a*: beim Bund sein *fam*

mili... PREF Milli...

miliar ADJ **1** (*de mil*) Meilen...; **piedra** *f* **~** Meilenstein *m* (*tb fig*) **2** MED Miliar...; Friesel...

miliario ADJ → miliar 1

milibar(o) M METEO Millibar *n*

milicia F **1** *popular*: Bürgerwehr *f*; (*tropa*) Miliz *f* **2** (*servicio militar*) Wehrdienst *m*, Militär *n*; **miliciano** **A** ADJ Miliz... **B** M Milizangehörige *m*; Milizsoldat *m*

milico M *RPl, Bol, Chile, Perú desp* Soldat *m*; **los ~s** Militär *n*

miligramo M Milligramm *n*; **mililitro** M Milliliter *m*

milímetro M Millimeter *m/n*

militancia F POL Aktivismus *m*; **militante** **A** ADJ (*combatidor*) militant, kämpferisch; POL politisch aktiv **B** M/F (*adalid*) Vorkämpfer *m*, -in *f*; *espec* POL Aktivist *m*, -in *f*; (militantes) Mitglied *n*

militar¹ **A** ADJ militärisch; Militär...; Kriegs... **B** M/F Soldat *m*, -in *f*; *Esp* MIL, ADMIN **~ de empleo y tropa profesional** Berufssoldat *m*

militar² V/I (*abogar por*) sich einsetzen (**por** für *acus*); sprechen (**en pro de, en favor de** für *acus*); **militarismo** M Militarismus *m*; **militarista** **A** ADJ militaristisch **B** M/F Militarist *m*, -in *f*; **militronche** M, **militroncho** M *Esp desp* einfacher Soldat *m*

milla F Meile *f*; **~ marina** *o* **náutica** Seemeile *f* (*1852 m*); **millaje** M *espec Am* Entfernung *f* in Meilen

millar M Tausend *n*; **~es de** Tausende von; **millardo** M Milliarde *f*; **millón** F Million *f*; **millonada** F *fam* Batzen *m* Geld *n fam*; **millonario** M, **-a** F Millionär *m*, -in *f*; **millonésimo** **A** ADJ million(s)tel **B** M Million(s)tel *n*

milonga F **1** MÚS *baile popular*: Milonga *f* (*Volkstanz aus dem Río-de-la Plata-Gebiet*) **2** *fiesta*: Volksfest *n mit Tanz* (*Tango, Walzer, Milonga*) **3** *fam* (*mentira*) Schwindel *m*, Lüge *f*; **contar ~s** schwindeln, lügen

milord M ⟨*pl* **milores**⟩ englischer Lord *m*

milpa F *Am Centr, Méx* AGR Maispflanzung *f*; Maisfeld *n*; **milpero** M, **-a** F *Am Centr, Méx* Maisbauer *m*, Maisbäuerin *f*

milpiés M ⟨*pl inv*⟩ ZOOL Tausendfüß(l)er *m*

mimado ADJ verhätschelt; verwöhnt

mimar V/T verhätscheln; verwöhnen

mimbral M → mimbreral; **mimbre** M **1** BOT (*mimbrera*) Korbweide *f* **2** *tejido*: Weidengeflecht *n*; **muebles** *mpl* **de ~** Korbmöbel *npl*; **mimbrear** V/I sich geschmeidig hin und her bewegen; **mimbrera** F BOT **1** *árbol*: Korbweide *f* **2** → mimbreral; **mimbreral** M Weidengebüsch *n*; **mimbrería** F *espec Arg, Ur* Korbflechterei *f*; **mimbroso** ADJ **1** (*de mimbre*) aus Weiden **2** (*lleno de mimbre*) voller Weiden

mime M *Am insecto*: *Art* Stechmücke *f*

mimeografiar V/T ⟨1c⟩ *Am* vervielfältigen; **mimeógrafo** M *Am* Vervielfältigungsapparat *m*

mimesis F, **mímesis** F RET Mimesis *f*

mimético ADJ Nachahmungs...; Tarnungs...; **mimetismo** M Mimikry *f*, Tarnung *f*; **mimetizar** V/T ⟨1f⟩ nachahmen; tarnen

mímica F **1** *gestos y ademanes*: Gebärdenspiel *n*; Mimik *f* **2** (*pantomima*) Pantomime *f*; **mímico** ADJ mimisch

mimo M **1** TEAT, HIST Mimus *m*; Mime *m*; *p. ext* Pantomime *m* **2** *fig frec* **~s** *mpl* (*cariño*) Liebkosung *f*; Verhätschelung *f*; **con ~** liebevoll (*tb fig*); **hacer ~s a alg** j-m schöntun; **mimosa** F **1** BOT Mimose *f* (*tb fig*) **2** *Perú* (*compresa higiénica*) Monatsbinde *f*; **mimosear** V/T *RPl* → mimar; **mimoso** ADJ **1** (*cariñoso*) zärtlich **2** (*afectado*) verhätschelt; zimperlich

mina F **1** MINER Bergwerk *n*; Stollen *m*; Mine *f*; *fig* (*filón, cantera*) Fundgrube *f*; **~ de oro** Goldmine *f*; *fig* Goldgrube *f* **2** MIL *explosivo*: Mine *f*; **~ adhesiva** Haftmine *f*; **~ anticarro** Panzermine *f*; **~ antipersonal** Tretmine *f*, Antipersonenmine *f*; **~ de contacto** Kontaktmine *f*; Tretmine *f*; **~ a la deriva** Treibmine *f*; **~ flotante** Treibmine *f*; **~ terrestre** Landmine *f* **3** *de un lápiz*: (Bleistift- *etc*) Mine *f* **4** *Am Mer pop* (*amada*) Geliebte *f*; (*prostituta*) Dirne *f*

minado MIL **A** ADJ vermint; **campo ~** vermintes Feld *n* **B** M (*poner minas*) Verminen *n*; **minador** M **1** MIN Stollenbauer *m* **2** MIL (*pionero*) Mineur *m*; Pionier *m* **3** MAR *buque*: Minenleger *m*

minar V/T **1** MIN (*abrir una mina*) Stollen anlegen in (*dat*) **2** MIL (*colocar minas*) verminen; unterminieren (*tb fig*); *fig* untergraben

minarete M Minarett *n*

minera F *folclore*: *andalusisches Bergmannslied*

mineral **A** ADJ Mineral...; Erz...; **aceite** *m* **~** Mineralöl *n*; **agua** *f* **~** Mineralwasser *n* **B** M Mineral *n*; Erz *n*; MIN **~ en bruto** Roherz *n*; **~es** *mpl* **lapídeos** Steinmineralien *npl*

mineralización F GEOL Mineralisation *f*; MIN Erzführung *f*; **mineralizar** ⟨1f⟩ **A** V/T mineralisieren **B** V/R **mineralizarse** *agua* Mineralstoffe aufnehmen; **mineralogía** F Mineralogie *f*, Gesteinskunde *f*; **mineralógico** ADJ mineralogisch; **mineralogista** M/F Mineraloge *m*, Mineralogin *f*

minería F MIN Bergbau *m*; **~ de carbón** Kohlebergbau *m*; **minero** **A** ADJ bergmännisch; Bergbau... **B** M Bergmann *m*, Knappe *m*, Kumpel *m fam*

minga F *Arg, Bol, Col, Ec, Perú* Gemeinschaftsarbeit *f* (*für j-n, der meist das Essen stellt*)

mingitorio M Pissoir *n*

mini... PREF Mini..., Klein...

miniatura F Miniaturbild *n*; *fig* Miniaturausführung *f*; **en ~** im Kleinen; **miniaturista** M/F Miniaturenmaler *m*, -in *f*; **miniaturización** F TEC Miniaturisierung *f*

minibar M Minibar *f* (*in Hotels*); **minibús** M Kleinbus *m*

minicomputador M, **minicomputadora** F *espec Am* Mikrocomputer *m*

minidisco M **~ (compacto)** Minidisc *f*; **minifalda** F Minirock *m*; **minifundio** M AGR Zwergbetrieb *m*, Kleinstbesitz *m*; **minifundista** M/F Klein(st)bauer *m*, -bäuerin *f*; **minigolf** M Minigolf *n*; **minigrupo** M *Esp* FERR Minigruppe *f*

mínima F METEO Tiefsttemperatur *f*

minimizar V/T ⟨1f⟩ bagatellisieren, herunterspielen

mínimo **A** ADJ kleinste(r, -s); sehr geringfügig; winzig; Mindest..., minimal; **salario** *m* **~** Mindestlohn *m*; **como ~** mindestens; **ni en lo más ~** nicht im Geringsten, durchaus nicht; **no me interesa lo más ~** das interessiert mich nicht im Geringsten; JUR **asunto** *m* *o* **proceso** *m* **de -a cuantía** Bagatellsache *f* **B** M **1**

espec TEC *cantidad*: Minimum *n*; Mindestzahl *f* **2** CAT *monje*: Pauliner(mönch) *m*

mínimum M Minimum *n*; **~ vital** Existenzminimum *n*

minio M Mennige (Farbe) *f*

miniordenador M *Esp* Mikrocomputer *m*;

minipíldora F MED Minipille *f*; **minipimer** [-'pimɛr] F *cocina: espec Arg* Pürierstab *m*, Stabmixer *m*; **miniserie** F TV Mehrteiler *m*

ministerial **A** ADJ ministeriell; Ministerial…; **conferencia** *f* **~** Ministerkonferenz *f* **B** M Anhänger *m* der Regierungspartei(en); **ministerialismo** M regierungstreue Gesinnung *f*; **ministerialista** ADJ regierungstreu, -freundlich

ministerio M **1** POL Ministerium *n* (*tb edificio*); (*cargo de ministro*) Ministeramt *n*; *p. ext* (*gabinete*) Kabinett *n*; **Ministerio de Agricultura** Landwirtschaftsministerium *n*; **Ministerio de Cultura** Ministerium *n* für Kultur; *Esp* **Ministerio de (Economía y) Hacienda** *o Am* **de (Economía y) Finanzas** (Wirtschafts-) und Finanzministerium *n*; **Ministerio de Economía** Wirtschaftsministerium *n*; **Ministerio de Asuntos Exteriores** *o Am* **de Relaciones Exteriores** Außenministerium *n*; Auswärtiges Amt *n*; *Esp* **Ministerio de Educación y Ciencia** *o Am* **de Instrucción** *o* **de Educación Pública** Ministerium *n* für Erziehung und Wissenschaft; **Ministerio de Fomento** *o Am* **de Obras Públicas** Ministerium *n* für öffentliche Arbeiten; **Ministerio del Interior** Innenministerium *n*; **Ministerio de Justicia** Justizministerium *n*; **Ministerio de(l) Trabajo** Arbeitsministerium *n* **2** JUR **~ público** *o* **fiscal** (*fiscalía*) Staatsanwaltschaft *f* **3** *liter* (*cargo*) Amt *n* (*tb* REL); Aufgabe *f*; *fig* (*artesanía*) Handwerk *n*

ministra F POL Ministerin *f*; **ministrable** POL **A** ADJ für ein Ministeramt geeignet, ministrabel **B** M/F Ministerkandidat *m*, -in *f*; **ministrante** M/F Verwalter *m*, -in *f*; Gehilfe *m*, Gehilfin *f*

ministro M **1** POL *del gobierno*: Minister *m*; **~ en funciones** amtierender Minister *m*; **~ plenipotenciario** Gesandte *m*; **primer ~** Premierminister *m*; **~ sin cartera** Minister *m* ohne Geschäftsbereich **2** *liter* (*funcionario*) Beamte *m*; (*juez*) Richter *m* **3** CAT Spender *m der Sakramente*; Pfarrer *m* **4** (*ayudante*) ADMIN Amtsdiener *m*, Gerichtsdiener *m*; REL Kirchendiener *m*; Ministrant *m*; *liter* Helfer *m*, Diener *m*

minivestido M Minikleid *n*

minoico ADJ ARQUEOL minoisch

minoración F Verminderung *f*; **minorar** V/T vermindern

minoría F **1** Minderheit *f*, *espec* POL Minorität *f*; **~ de bloqueo** ECON, JUR Sperrminorität *f*; **problema** *m* **de las ~s (étnicas)** (ethnische) Minderheitenfrage *f*; **quedar en ~** überstimmt werden **2** **~ de edad** → minoridad

minoridad F Minderjährigkeit *f*; **minorista** **A** ADJ COM **comercio** *m* **~** Einzelhandel *m* **B** M/F COM Einzelhändler *m*, -in *f* **C** M REL Geistlicher *m*, der die niederen Weihen empfangen hat; **minoritario** ADJ minoritär, Minderheits…; **voto** *m* **~** POL Minderheitsvotum *n*

mintió → mentir

minucia F Kleinigkeit *f*; Spitzfindigkeit *f*; **minuciosidad** F peinliche Genauigkeit *f*; Kleinlichkeit *f*; **minucioso** ADJ eingehend, minuziös, ausführlich; peinlich genau

minué M MÚS Menuett *n*

minuendo M MAT Minuend *m*

minueto M MÚS Menuett *n*

minúscula F Kleinbuchstabe *m*; **escribir en ~s** klein schreiben; **minúsculo** ADJ winzig

minusvalía F **1** (*pérdida de valor*) Wertverlust *m*; ECON Wertminderung *f* **2** MED (*incapacitación*) (*körperliche und/oder geistige*) Behinderung *f*; **minusválido** **A** ADJ (*körperlich und/oder geistig*) behindert **B** M, **-a** F Behinderte *m/f*; **~ físico, -a física** Körperbehinderte *m/f*;

minusvaloración F Unterbewertung *f*;

minusvalorar V/T unterbewerten; unterschätzen

minuta F **1** *factura*: Gebühren-, Honorar(ab)-rechnung *f* **2** (*borrador*) Entwurf *m*, Konzept *n*; (*apunte*) Notiz *f* **3** GASTR Speisekarte *f* **4** (*lista*) Liste *f* **5** ECON *bolsa*: Schlusszettel *m* **6** *Chile* (*prendería*) Trödelladen *m*; **minutar** V/T *contrato, discurso* entwerfen; **minutero** M **1** *del reloj*: Minutenzeiger *m* **2** ELEC (*reloj interruptor*) Zeitschaltuhr *f*; **minutisa** F BOT Bartnelke *f*

minuto M Minute *f*; **al ~** (*rápido*) schnell, sofort; (*puntual*) auf die Minute (pünktlich); **está a dos ~s de aquí** es liegt zwei Minuten von hier

miñón M *Esp reg* (*escoria*) Eisenschlacke *f*

mío, mía PR POS **1** *uso adjetivo*: mein, meine; **este libro es ~** (*propio*) dieses Buch gehört mir; **es un amigo ~** es ist einer meiner Freunde, er ist ein Freund von mir; **es muy amigo ~** er ist ein guter Freund von mir **2** *uso sustantivo*: **el ~** *de mi propiedad*: meiner; der mein(ig)e/Mein(ig)e; **los ~s** *tb* die meinen/Meinen, meine Familie, meine Angehörigen; **lo ~** das mein(ig)e/Mein(ig)e; (*mi propiedad*) mein Eigentum *n*; (*mi obligación*) meine Pflicht *f*; (*mi contribución*) mein Beitrag *m*; (*mi trabajo*) meine Arbeit *f*; *fam* **ésta (no) es lo mío** *o* **la mía** das liegt mir (nicht); das ist (nicht) mein Fall *fam*

miocardio M ANAT Herzmuskel *m*, Myokard *n*; **miocarditis** F MED Myokarditis *f*

mioceno M GEOL Miozän *n*

miogelosis F MED Muskelhärte *f*, Myogelose *f*

mioma M MED Myom *n*

miope MED **A** ADJ (*corto de vista*) kurzsichtig **B** M/F Kurzsichtige *m/f*; **miopía** F MED Kurzsichtigkeit *f*; **miosis** F MED Pupillenverengung *f*, Miosis *f*

miosotis F BOT Vergissmeinnicht *n*

MIR M ABR **1** (*Médico Interno Residente*) Arzt *m*, Ärztin *f* in der Facharztausbildung **2** *Bol* (*Movimiento de Izquierda Revolucionaria*) *bolivianische Linkspartei*

mira F **1** *de un instrumento*: Visier *n*; *en el fusil*: Korn *n*; *en la geodesia*: Visierlatte *f*; **~ telescópica** Zielfernrohr *n* **2** *fig* **estar** *o* **quedar a la ~** (*prestar atención*) aufpassen; **poner la ~ en** sein Augenmerk richten auf (*acus*) **3** (*intención*) Ziel *n*, Zweck *m*; **~s** *fpl* Absichten *fpl*; **con ~s a** im Hinblick auf (*acus*); **estar en el punto de ~** im Blickpunkt stehen; **tener ~s elevadas** *etw* von der hohen Warte aus sehen; hohe Ziele haben

Mira F ASTRON Mira *f* (*im Sternbild des Walfischs*)

mirabel M BOT **1** *planta*: Sommerzypresse *f* **2** *fruta*: Mirabelle *f* **3** → girasol

mirada F Blick *m*; **de una ~** auf einen Blick; **con la ~ baja** mit gesenktem Blick; **alzar la ~** aufblicken; **cruzar ~s** Blicke wechseln; **echar una ~** einen Blick werfen (**a, sobre** auf *acus*); **estar en el centro de las ~s** im Blickpunkt stehen; **pasear la ~** seine Blicke schweifen lassen

miradero M *lugar*: Aussichtspunkt *m*; **mirado** ADJ klug, überlegt; umsichtig; zurückhaltend; **bien ~** (*bien visto*) gern gesehen, gut aufgenommen; (*viéndolo de forma exacta*) richtig betrachtet, genau genommen; **mirador** M **1** ARQUIT *balcón*: Erker *m*; verglaster Balkon *m* **2** (*atalaya*) Ausguck *m*; Aussichtspunkt *m*

miraguano M **1** BOT Kapokpalme *f* **2** TEX Kapok *m*

miramelindos MPL BOT Balsamine *f*

miramiento M (*acción de mirar*) Anschauen *n*; (*reflexión*) Überlegen *n*; (*circunspección*) Umsicht *f*; (*consideración*) Rücksicht(nahme) *f*; Schonung *f*; **después de muchos ~s** nach langer Überlegung; **sin ~s** rücksichtslos

miranda F Aussichtspunkt *m*; *pop* **estar de ~** zuschauen, wie andere arbeiten; faulenzen

mirar **A** V/T **1** (*ver*) ansehen, anblicken; (hin)schauen (auf *acus*); **¡miren la casa!** schauen Sie (sich *dat*) das Haus an!;*pop* **¡mira éste!** das hat hingehauen, wie? *fam*; **~ con la boca abierta** mit offenem Munde anstarren, anstaunen, angaffen; *tb fig* **~ de arriba abajo** von oben bis unten anschauen; kritisch mustern **2** (*observar*) beobachten; betrachten; (*comprobar*) überprüfen **3** (*considerar*) bedenken, überlegen; (*tomar en cuenta*) berücksichtigen; **¡mire bien lo que hace!** bedenken Sie, was Sie tun!; **sin ~ nada** rücksichtslos; **no ~ el precio** nicht auf den Preis sehen **4** (*reconocer*) ansehen (**como** als *acus*); (*respetar*) zu schätzen wissen, achten **5** *fig* **~ bien a alg** j-n gernhaben; **~ mal a alg** j-n nicht leiden können; *fam* **(de) mírame y no me toques** eine Mimose **B** V/I **1** (*ver*) sehen; schauen, hinsehen, zusehen; **~ a** *balcón, ventana, etc* auf (*acus*) (hinaus) gehen; **~ al norte** nach Norden liegen; **~ al espejo** in den Spiegel sehen; **~ al reloj** auf die Uhr sehen; **~ hacia atrás** zurückblicken, sich umschauen; **~ por la ventana** zum Fenster hinaussehen; **¡mira!** sieh mal!; (da) schau an!; **¡mira por dónde!** sieh mal (einer) an!; **¡mire usted!** sehen Sie mal! (*auch fig, im Gespräch*) **2** (*prestar atención*) aufpassen; bedenken; achten auf; (*considerar*) überlegen; (*poner la mira en*) abzielen (**a** auf *acus*); **mirándolo bien** genau genommen; **~ como** betrachten als; **¡mira cómo hablas!** achte auf deine Worte!; **~ por** sorgen für (*acus*), sich kümmern um (*acus*); **~ por sí** auf seinen Vorteil bedacht sein; sich in Acht nehmen; **¡mire a quién se lo cuenta!** wem sagen Sie das?; **¡mira quién habla!** und das sagt (sagst) ausgerechnet er (du)!; **si bien se mira** genau genommen; im Grunde, eigentlich **C** V/R **mirarse** sich ansehen; *fig* (*cuidarse*) sich in Acht nehmen; **~ en el espejo** sich im Spiegel betrachten; **~ unos a otros** einander verwundert ansehen; *fig* **~ en alg** j-n sehr lieben

mirasol M BOT Sonnenblume *f*

miríada F Myriade *f* (*tb fig*); *fig* Unzahl *f*; **miriápodos** MPL ZOOL Tausendfüß(l)er *mpl*

mirífico ADJ *poét* wunderbar

mirilla F **1** *en la puerta de casa*: Guckloch *n*, Spion *m fam* **2** TEC *de un instrumento*: Guckloch *n*; Skalenfenster *n*

miriñaque M **1** TEX, HIST Reifrock *m*, Krinoline *f* **2** *fam fig* (*necedades*) Schnickschnack *m*, Nippes *pl*

miriópodos MPL ZOOL → miriápodos

mirliflor M/F eingebildete Person *f*

mirlo M ORN Amsel *f*; *fig* **un ~ blanco** ein weißer Rabe

mirobálano M, **mirobálanos** M BOT Myrobalane *f*

mirón **A** ADJ gaffend; neugierig **B** M, **-ona** F **1** (*que mira con curiosidad*) Gaffer *m*, -in *f* **2** (*espectador de gorra*) Zaungast *m*; *de intimidades*: Voyeur *m*, -in *f*, Spanner *m*, -in *f fam*; *juego de cartas*: Kiebitz *m*

mironiano ADJ PINT *auf den spanischen Maler Joan Miró bezogen*

mirra F Myrr(h)e *f* (*Baum und Duftharz*); **mirrado** ADJ mit Myrrhe versetzt

mirtáceas FPL BOT Myrtengewächse *npl*;

mirto M BOT Myrte *f*

M

misa F 1 CAT Messe *f*; **~ del alba** *o fam* **de los cazadores** Frühmesse *f*; **~ cantada** Singmesse *f*; **~ de cuerpo presente** Totenmesse *f* mit feierlicher Aufbahrung; **~ de campaña** Feldgottesdienst *m*; **~ de difuntos** *o* **de réquiem** Seelenmesse *f*, Seelenamt *n*; **~ del gallo** Christmette *f*; **~ mayor** *o* **pontifical** *o* **solemne** Hochamt *n*; **~ de precepto** gebotene Messe *f*; **~ rezada** stille Messe *f*; **ayudar a ~** Ministrant sein, ministrieren; **cantar ~** sein erstes Messopfer feiern; **celebrar (la) ~** *o* **decir ~** die Messe lesen 2 **~ negra** schwarze Messe *f* 3 *fam fig* **ir a ~** genau befolgen; haargenau stimmen; **no saber de la ~ la media** gar nichts wissen, von Tuten und Blasen keine Ahnung haben *fam*; **de ~ y olla** *eclesiástico* einfältig, unbedarft

misacantano M CAT Primiziant *m*

misal M Messbuch *n*

misantropía F Menschenhass *m*; **misantrópico** ADJ menschenfeindlich

misántropo M, **-a** F Menschenfeind *m*, Misanthrop *m*, -in *f*

miscelánea F Vermischte(s) *n*; Mischung *f*; Miszellen *fpl*

misceláneo ADJ *liter* vermischt; gemischt

miscible ADJ mischbar

miserable A ADJ 1 *(pobre)* elend; *(despreciable)* verächtlich 2 *(avaro)* knauserig, *(mezquino)* schäbig B M/F 1 *(canalla)* gemeiner Kerl *m*; niederträchtiger Lump *m*, Schuft *m*, Schurke *m*, Schurkin *f* 2 *(tacaño)* Geizhals *m*; **miserere** M REL Miserere *n*; MED *tb* **cólico** *m* **~** Koterbrechen *n*

miseria F 1 *(pobreza)* Elend *n*, Not *f*; Misere *f* 2 *condición, estado*: Erbärmlichkeit *f* 3 *(avaricia)* Knauserei *f*; Schäbigkeit *f* 4 *(plaga)* Ungeziefer(plage *f*) *n* 5 *fig (cantidad insignificante)* (schäbige) Kleinigkeit *f*; *(salario de hambre)* Hungerlohn *m*; **cobrar una ~** einen Hungerlohn erhalten; **vender por una ~** für ein Butterbrot verkaufen *(fam fig)*

misericordia F 1 *virtud*: Barmherzigkeit *f* 2 *(compasión)* Mitleid *n*, Erbarmen *n*; **misericordioso** ADJ barmherzig

misero M *fam* eifrige(r) Kirchgänger *m*, -in *f fam*

mísero ADJ 1 *(desdichado)* elend; unglücklich; *liter* **¡ay ~ de mí!** ich Unglücklicher! 2 *(tacaño)* geizig

misérrimo ADJ ⌊*sup de* mísero⌋ erbärmlichst

misil M Rakete *f*; Fernlenkwaffe *f*; Flugkörper *m*; **~ aire-aire** Luft-Luft-Rakete *f*; **~ aire-tierra** *o* **aire-superficie** Luft-Boden-Rakete *f*; **~ antiaéreo** Luftabwehrrakete *f*; **~ antibalístico** Raketenabwehrrakete *f*; **~ antibuque** Schiffsabwehrrakete *f*; **~ antimisil** Raketenabwehrrakete *f*; **~ antitanque** *o* **contracarro** Panzerabwehrrakete *f*; **~ de crucero** Marschflugkörper *m*, Cruise-Missile *n*; **~ de corto/largo/medio alcance** Kurz-/Lang-/Mittelstreckenrakete *f*; **~ tierra-aire** Boden-Luft-Rakete *f*

misio ADJ *Ur, Perú fam* blank *fam*, abgebrannt *fam*, pleite *fam*

misión F 1 REL Mission *f*; *sermón*: Bußpredigt *f*; *casa*: Missionshaus *n* 2 *fig (encargo)* Mission *f* (*tb* POL); Sendung *f*; Aufgabe *f*, Auftrag *m*; MIL (Kampf)Einsatz *m*; POL **~ civil** *o* **de paz** Friedensauftrag *m*, Friedensmission *f*; MIL **~ militar** Militäreinsatz *m*, Kampfauftrag *m*; **¡~ cumplida!** Auftrag erfüllt!; **~ de exploración** Erkundungseinsatz *m*; Spähtrupp *m*; *fam* **~ imposible** Himmelfahrtskommando *n*

misional ADJ REL Missions...; **misionar** V/T REL missionieren; **misionero** A ADJ Missions... B M, **-a** F Missionar *m*, -in *f*

Misisipí M Mississippi *m*

misiva F Sendschreiben *n*; *fig* Brief *m*; **misivo** ADJ Send...; Sendungs...

mismamente ADV *fam* gerade, genau eben, gleichfalls; **~ allí** eben dort; **mismidad** F FIL Selbstheit *f*; **mismísimo** *sup fam* → mismo

mismo A ADJ 1 *(igual)* gleich; **el ~** derselbe; **la -a** dieselbe; **lo ~** dasselbe, das Gleiche; **lo ~ que** ebenso wie; **lo ~ ... que ...** sowohl ... als auch ...; **por lo ~** eben deswegen; **da lo ~** *o* **lo ~ da** das ist einerlei, es ist egal *fam*; **todo es** *o* **viene a ser lo ~** alles läuft auf dasselbe hinaus 2 *(propio)* selbst; eigen; **yo ~** ich selbst; **el ~ rey** sogar der König; der König selbst; **ella -a habló** sie sprach selbst 3 *(exacto)* genau; **le hirió en la -a cara** er traf ihn genau ins Gesicht; **le pude hablar en la -a oficina** ich konnte ihn noch im Büro sprechen B ADV gerade, eben; noch; **ahí ~** genau da; **ahora ~** gleich jetzt; **aquí ~** gleich hier; **así ~** (genau) so; **hoy ~** noch heute

misógamo A ADJ ehefeindlich B M Ehefeind *m*; **misoginia** F Frauenfeindlichkeit *f*, Frauenhass *m*, Weiberscheu *f*; **misógino** A ADJ frauenfeindlich B M Frauenfeind *m*;

misoneísmo M Hass *m* gegen Neuerungen; **misoneísta** A ADJ neuerungsfeindlich B M/F Feind *m*, -in *f* aller Neuerungen

miss F Schönheitskönigin *f*; Miss *f* (+ *Ländername*); **~ Italia** Miss Italien

mistar V/I → musitar; *fam* **sin chistar ni ~** ohne einen Mucks(er) *fam*

mistela F 1 *(mosto con alcohol)* *mit Alkohol versetzter Most* 2 *(grog)* Art Grog *m* *(mit Zimtzusatz)*

míster M 1 *pop (señor)* **oiga usted, ~** hören Sie, (mein) Herr 2 *Esp* DEP Fußballtrainer *m* 3 *culturismo*: Mister *m* *(z. B. „Mister Universum")*

misterio M 1 REL *y fig* Mysterium *n*; *fig* Geheimnis *n*; *adv* **con (mucho) ~** geheimnisvoll 2 TEAT Mysterienspiel *n*; **misterioso** ADJ geheimnisvoll

mística F 1 *experiencia de lo divino*: Mystik *f* 2 *mujer*: Mystikerin *f*

misticismo M 1 *movimiento*: Mystik *f*; mystische Bewegung *f* 2 *contemplación*: mystische Versenkung *f*

místico[1] A ADJ *(relativo al misticismo)* mystisch; *fig (exaltado)* exaltiert; schwärmerisch B M Mystiker *m*

místico[2] M MAR *bote*: Küstenboot *n* *(mit Dreiecksegel)*

mistificación F Täuschung *f*, Irreführung *f*; Mystifizierung *f*; **mistificador** M, **~a** F Schwindler *m*, -in *f*

mistificar V/T ⟨1g⟩ *persona* irreführen, täuschen; *cosa* verfälschen

mistos MPL *Esp fam* Streichhölzer *npl*

mistral M *viento*: Mistral *m*

Misurí M Missouri *m*

mita F 1 *Am Mer* HIST *Arbeitsdienstverpflichtung der Indianer*; Frondienst *m* *(aufgehoben 1720)* 2 *Bol (cosecha de la coca)* Kokaernte *f* 3 *Chile fam* → turno

mitad F Hälfte *f*; Mitte *f*; **a ~** zur Hälfte; **a ~ de(l) camino** auf halbem Weg; **a ~ de precio** zum halben Preis; **en ~ de** mitten in *(dat)*; *fam* **cara ~** bessere Hälfte *f fam*, Ehehälfte *f*; **~ y ~** zu gleichen Teilen, halbpart; *adv* **~ bueno, ~ malo** halb gut, halb schlecht

mítico ADJ mythisch; Mythos...; **personaje** *m* **~** mythische Gestalt *f* (*o* Figur *f*), Sagengestalt *f*

mitificar V/T ⟨1f⟩ zum Mythos machen; glorifizieren

mitigación F Milderung *f*; Abschwächung *f*; Linderung *f*

mitigar ⟨1h⟩ A V/T mildern; lindern; beschwichtigen B V/R **mitigarse** nachlassen; sich beruhigen

mitin M, **mitín** M *Arg* POL Versammlung *f*

mito[1] M *Arg resina*: Algarrobenharz *n*

mito[2] M *(leyenda)* Mythos *m*; Mythe *f*; **mitología** F Mythologie *f*; **mitológico** ADJ mythologisch; **mitologista** M/F, **mitólogo** M, **~tóloga** F Mythologe *m*, Mythologin *f*

mitón M 1 *guante*: Pulswärmer *m* 2 *Arg, Ur (manopla)* Fäustling *m*

mitosis F BIOL Mitose *f*

mitote M *Méx* 1 *(baile azteca)* *aztekischer Tanz* 2 *fiesta*: Hausball *m* 3 *fig (afectación)* Ziererei *f* 4 *fig (camorra)* Zank *m*, Streit *m*; Krawall *m*

mitra F Mitra *f* (*tb* MED), Bischofsmütze *f*; *fig dignidad*: Bischofswürde *f*; **mitrado** ADJ REL *berechtigt, die Mitra zu tragen*

mitral ADJ MED mitral; **válvula** *f* **~** Mitralklappe *f*

miura M andalusischer Kampfstier *m* (aus der Züchterei Miura); **ser más bravo que un ~** sehr mutig sein; *desp* heimtückisch sein

mixomatosis F VET Myxomatose *f*; **mixomicetos** MPL BIOL Myxomyzeten *mpl*

mixtecas MPL *etnología*: Mixteken *mpl*

mixto A ADJ gemischt; LING **idioma** *m* **~** Mischsprache *f* B M 1 *fam (cerilla)* Zündholz *n* 2 FERR gemischter Zug *m* 3 **~ incendiario** Zündsatz *m*; **mixtura** F Mixtur *f*; Mischung *f*

mízcalo M BOT Echter Reizker *m*

MLNV M ABR (Movimiento de Liberación Nacional Vasco) Nationale Baskische Befreiungsbewegung *f*

mm ABR (milímetro) mm (Millimeter)

MMS M ABR (Multimedia Messaging Service) MMS *f*

m/n, m.n. ABR (moneda nacional) Landeswährung

mnemotecnia, mnemotécnica F Mnemotechnik *f*; **mnemotécnico** ADJ mnemotechnisch

moabita *Biblia*: A ADJ moabitisch B M/F Moabiter *m*, -in *f*

moaré M TEX Moiré *m/n* (*tb* TIPO, TV, *etc*)

mobbing ['moβin] M Mobbing *n*

mobiliario A ADJ Mobiliar...; **crédito** *m* **~** Mobiliarkredit *m* B M Mobiliar *n*; Möbel *npl*; **~ urbano** Stadtmöblierung *f*; **moblaje** M Hausrat *m*

MOC M ABR (Movimiento de Objeción de Conciencia) *Organisation der Wehrdienstverweigerer*

moca A M *café*: Mokka *m* B F *Col fam* (Nasen)-Popel *m fam*

mocada F *pop* Schnäuzen *n*, Rotzen *n pop*

mocar ⟨1g⟩ *pop* A V/T schnäuzen B V/R **mocarse** (sich aus)rotzen *pop*

mocasín M Mokassin *m*; Slipper *m* *(Schuh)*

mocedad F *liter frec* **~es** FPL Jugend *f*; Jugendzeit *f*; **mocetón** M, **mocetona** F kräftiger (*o* strammer) Bursche *m*, dralles Mädchen *n*

mocha F *Cuba* breite, gekrümmte Machete *f*

mochales A ADJ *inv Esp pop* bescheuert *fam*, bekloppt *pop*, beknackt *pop* B M/F *fam* Spinner *m*, -in *f*

mocheta F 1 *del hacha, cuchillo*: Axtrücken, Messerrücken *m* 2 CONSTR *(rebajo)* Anschlag *m an Tür oder Fenster*

mochila F Rucksack *m*; MIL Tornister *m*; *(cartera)* (Schul)Ranzen *m*; *Col tb (bolsa)* Tragtasche *f*, Tragnetz *n*; **mochilero** M, **-a** F Rucksacktourist *m*, -in *f*

mocho A ADJ 1 stumpf; *animal* ohne Hörner; *árbol* gestutzt; *barco* mit gebrochenen Masten; *fam fig (pelado)* kahl geschoren 2 *Méx* POL *fam* reaktionär B M 1 stumpfes Ende *n*; *(culeta)* Gewehrkolben *m* 2 *(fregón)* Wischmopp *m*

mochuelo M 1 ORN Steinkauz *m*; *fig* **¡cada ~ a su olivo!** jeder an seinen Platz! 2 *fig (trabajo difícil)* harte (*o* schwierige) Arbeit *f*; *fam* **cargar con el ~** es ausbaden müssen 3 TIPO *omisión*:

Leiche *f im Satz*
moción F 1 *alteración del ánimo:* Bewegung *f;* innere Regung *f* 2 POL *proposición:* Antrag *m* (**presentar** einbringen); **~ de censura** Misstrauensantrag *m;* **~ de confianza** Vertrauensantrag *m*
moco A M 1 *de la nariz:* Nasenschleim *m*, Rotz *m pop; fam fig* **se le cae el ~** er ist (noch) ein richtiger Grünschnabel *m; fam* **llorar a ~ tendido** Rotz und Wasser heulen *fam; pop* **quitarle los ~s a alg** j-m die Fresse polieren *pop* 2 *del pavo:* Fleischlappen *m am Schnabel des Truthahns; fam fig* **no es ~ de pavo** das ist nicht zu verachten, das ist nicht von Pappe *fam* 3 *Arg (tipo pesado)* lästiger Kerl *m* B ADJ *Esp* 1 *fam (borracho)* stockbesoffen 2 *(drogado)* high
mocoso A ADJ rotzig B M, **-a** F Grünschnabel *m*, Rotznase *f fam;* Lausebengel *m*, Gör *n;* Göre *f fam;* **mocosuena** ADV *fam* **a ~** aufs Geratewohl; auf gut Glück
moda F Mode *f; Am reg* **~ casual** sportlich-lässige (Kleider)Mode *f;* **~ de diseño** Designermode *f;* **~ femenina/masculina** Damen-/Herrenmode *f;* **última ~** neueste Mode *f*, letzter Schrei *m;* **de ~** modern; **a la ~ de** nach der Mode von *(dat);* **estar de ~** (in) Mode sein; **estar fuera** *o* **pasado de ~** außer Mode sein, unmodern sein; **pasarse de ~** aus der Mode kommen; veralten; **vestirse a la ~** sich modisch kleiden
modal A ADJ GRAM, FIL modal; **verbo** *m* **~** Modalverb *n* B **~es** MPL Manieren *fpl;* Benehmen *n;* **buenos ~es** gute Umgangsformen *fpl;* **~es en la mesa** Tischsitten *fpl*
modalidad F Modalität *f;* Eigenart *f;* Art *f* (und Weise *f*); DEP Disziplin *f;* TEC **~ de trabajo** Arbeitsweise *f eines Geräts;* **~es** *pl* **de pago** Zahlungsmodalitäten *fpl*
modelado A ADJ modelliert B M Modellierung *f;* **modelador** A ADJ modellierend B M, **modeladora** F → modelista; **modelaje** M *espec Am* Beruf *m* eines Fotomodells (*o* Mannequins); **modelar** V/T formen; modellieren
modélico ADJ vorbildlich; modellhaft
modelismo M Modellbau *m;* **modelista** M/F Modelleur *m*, -in *f;* Modellschreiner *m*, -in *f*, Modellbauer, -in *f*
modelo A M 1 *(arquetipo)* Bauart *f*, Modell *n;* AUTO **~ estrella** Spitzenmodell *n;* **~ fin de colección** Auslaufmodell *n* 2 *(muestra)* Muster *n*, Modell *n;* Vorbild *n;* ECON, POL **~ de desarrollo** Entwicklungsmodell *n;* **~ de enseñanza** Unterrichtsmodell *n;* **~ de negocio** Geschäftsmodell *n;* **tomar por ~** sich *(dat)* zum Vorbild nehmen B M/F (Foto-, Maler)Modell *n*, Model *n;* Mannequin *n*
módem M INFORM, TEL Modem *m/n*
moderación F Mäßigung *f;* **todo con ~** alles mit Maßen; **moderado** ADJ gemäßigt *(tb* POL); mäßig, ruhig; **moderador** A ADJ mäßigend B M, **moderadora** F RADIO, TV Moderator *m*, -in *f*, Diskussionsleiter *m*, -in *f;* TV *tb* Showmaster *m*, -in *f* C M *espec* NUCL Moderator *m;* TEC *tb* Regler *m (von Geschwindigkeiten etc)*
moderar A V/T 1 *(apaciguar)* mäßigen; herabsetzen; verlangsamen 2 RADIO, TV moderieren B V/R **moderarse** sich mäßigen; **moderativo** ADJ mäßigend; **moderato** MÚS A ADV moderato B M Moderato *n*
modernidad F Modernität *f*
modernismo M PINT, LIT, REL Modernismus *m;* ARQUIT *corresponde a:* Jugendstil *m;* **modernista** A ADJ modernistisch; Jugendstil... B M/F Modernist *m*, -in *f*
modernización F Modernisierung *f;* Erneuerung *f;* **modernizar** V/T ⟨1f⟩ modernisieren; erneuern; **moderno** ADJ neuzeitlich; modern; modisch; **a la -a** nach neuestem Geschmack, nach der letzten Mode
modestia F Bescheidenheit *f;* Sittsamkeit *f;* **falsa ~** falsche Bescheidenheit *f;* **~ aparte** (**pero …**) ich will mich ja nicht rühmen (, aber …); **con ~** bescheiden; **con toda ~** in aller Bescheidenheit; **modesto** ADJ bescheiden
módico ADJ mäßig, gering; niedrig, *precio* billig
modificable ADJ abänderungsfähig; modifizierbar; **modificación** F (Ab)Änderung *f;* (Ver-)Änderung *f; de una ley, de un texto:* Abänderung *f;* **~ genética** genetische Veränderung *f*, Genveränderung *f;* **modificador** ADJ abändernd
modificar V/T ⟨1g⟩ ändern; umändern; abändern, verändern; *t/t, espec* FIL modifizieren; **modificativo, modificatorio** ADJ abändernd; Änderungs…; Modifikations…
modismo M LING Redewendung *f*
modista A F Modistin *f;* Damenschneiderin *f;* Modemacherin *f* B M → modisto; **modistería** F Modesalon *m;* **modistilla** F Näherin *f;* **modisto** M Damenschneider *m;* Modeschöpfer *m*, -macher *m*
modo M 1 *(manera)* Art *f*, Weise *f*, Modus *m (espec* FIL); *(forma)* Form *f;* **~ de empleo** Gebrauchsanweisung *f;* **~ de ser** Wesen *n*, Wesensart *f;* **~ de vivir** Lebensart *f*, Lebensweise *f;* **a ~ de** in der Art von *(dat);* wie *(nom);* **a mi ~ de ver** nach meiner Auffassung, meines Erachtens; **de cualquier ~** irgendwie; **de ese ~** dadurch; **de este ~** derart; auf diese Weise; so; **de ~ que** sodass; also; *fam* **de ~ y manera que** folglich; **de ningún ~** keineswegs, durchaus nicht; auf keinen Fall; **de otro ~** anders; andernfalls, sonst; **dicho de otro ~** anders ausgedrückt; **de tal ~** derart, dergestalt; **de tal ~ que** sodass; **de todos ~s** auf alle Fälle, jedenfalls; immerhin; **en cierto ~** gewissermaßen, sozusagen; **¡qué ~ de llorar!** was für ein Geflenne! 2 *(procedimiento)* Verfahren *n*, *(método)* Methode *f* 3 GRAM Aussageweise *f*, Modus *m;* **~ adverbial** adverbieller Ausdruck *m;* **(~) subjuntivo** *m* Konjunktiv *m* 4 MÚS *(tono)* Tonart *f;* **~ mayor** Durtonart *f;* **~ menor** Molltonart *f* 5 **~s** *pl (comportamiento)* Manieren *fpl;* Benehmen *n;* **de malos ~s** ungehörig; ungebührlich
modorra F 1 *(cansancio)* bleierne Müdigkeit *f;* Benommenheit *f;* Schläfrigkeit *f (bes nach dem Essen)* 2 *después de una borrachera:* Kater *m fam*, Katzenjammer *m* 3 VET *de las ovejas:* Drehkrankheit *f der Schafe;* **modorrar** V/T benommen machen *(acus);* **modorro** ADJ 1 *(aturdido)* schlaftrunken; benommen 2 *fruta* pelzig, faulig 3 *fig (tonto)* dumm, einfältig
modosidad F gesittetes Benehmen *n;* **modoso** ADJ gesittet, gemessen
modrego M *fam* Tölpel *m*, Trampel *m fam*
modulación F MÚS, FÍS Modulation *f;* ELEC **~ de frecuencia** Frequenzmodulation *f;* **modulador** ELEC A ADJ modulierend B M Modulator *m;* **moduladora** F ELEC Modulationsröhre *f*
modular V/T MÚS, FÍS modulieren
módulo M 1 MAT, FÍS, TEC *pieza:* Modul *m;* Model *m;* Maß *n;* Norm *f* 2 TEC, INFORM Modul *n;* ARQUIT (Gebäude)Trakt *m* 3 **~ lunar** Mondfähre *f* 4 *de muebles:* (Möbel)Element *n;* (An)Bauteil *n; Esp* **~ botellero** Flaschenregal *n;* **~ tapizado** Polsterelement *n (Sitzgruppe)* 5 *enseñanza:* Lerneinheit *f*
moecín M REL Muezzin *m*, Gebetsrufer *m*
mofa F Spott *m;* Verhöhnung *f;* **hacer ~ de** verspotten *(acus);* **mofador** ADJ spöttisch; **mofarse** V/R sich lustig machen (**de** über *acus*)
mofeta F 1 MIN *gas pernicioso:* Grubengas *n;* **~s** *fpl* schlagende Wetter *npl* 2 ZOOL Stinktier *n*
mofla F *Am Centr* AUTO Auspuff *m*
moflete M Pausbacke *f;* **mofletudo** ADJ pausbackig, -bäckig
mogataz M ⟨*pl* -aces⟩ HIST Eingeborenensoldat *m in den (ehemaligen) spanischen Besitzungen Afrikas*
mogate M Glasur *f (Keramik)*
mogol A ADJ → mongol B M Mogul *m;* **Gran Mogol** Großmogul *m*
mogollón M 1 *fam (montón)* Haufen *m*, Riesenmenge *f* → *tb* molar[2] 2 *fam (lío)* Durcheinander *n; fam* Wirbel *m* 3 ADV **de ~** *(de balde)* umsonst; gratis
mogón ADJ einhörnig; *espec vacuno* mit abgebrochenem Gehörn
mogote M 1 *elevación:* isolierter Hügel *m;* Kuppe *f* 2 AGR *pila:* Holzstapel *m;* Heustapel *m;* Garbenbündel *n*, Puppe *f* 3 CAZA *cuerno:* Geweihknospe *f*
Mogreb M Maghreb *m*
mogrebí, mogrebino ADJ maghrebinisch
mohair M TEX Mohär *m*
moharra F Lanzenspitze *f;* Fahnenspitze *f*
mohicano M, **-a** F Mohikaner *m*, -in *f*
mohín M Gebärde *f;* Grimasse *f;* **hacer -ines** Grimassen schneiden; *fig* schmollen
mohína F Verdruss *m;* Groll *m;* **mohíno** ADJ verdrossen, missmutig, unwillig
moho M *hongos:* Schimmel *m;* Hausschwamm *m;* Moder *m; (cardenillo)* Grünspan *m; (herrumbre)* Rost *m;* **mancha** *f* **de ~** Stockfleck *m;* **olor** *m* **a ~** Modergeruch *m;* **criar ~** modern; schimmeln; *vino* kahmig werden; *cobre, (latón)* Grünspan ansetzen; *hierro* rosten; **cubierto de ~** schimmelig; *cobre, latón* voller Grünspan; *hierro* rostig; *fam fig* **no dejar criar ~** schnell aufbrauchen, nicht verschimmeln lassen *fam;* **oler a ~** modrig riechen, müffeln
mohosearse V/R *Am* (ver)schimmeln; **mohoso** ADJ modrig; schimmelig; *vino* kahmig; *cobre, latón* voller Grünspan; *hierro* rostig
moiré M TEX Moiré *m/n (tb* TIPO, TV, *etc)*
moisés M ⟨*pl inv*⟩ Tragkörbchen *n für Kleinkinder*
Moisés N PR M *Biblia:* Moses *m*
mojadedo ADV **a ~** → quemarropa
mojado A ADJ *(húmedo)* nass; feucht; befeuchtet; *(remojado)* eingeweicht B M → mojadura; **mojador** A ADJ anfeuchtend; TIPO **rodillo** *m* **~** Feuchtwalze *f (Offset)* B M Finger-, Markenanfeuchter *m;* **mojadura** F Befeuchtung *f*
mojama F getrockneter Thunfisch *m*
mojar A V/T 1 *(humedecer)* an-, befeuchten; nass machen; *(poner en remojo)* einweichen; *(sumergir)* eintauchen; **~ el pan** das Brot (in Soße *etc*) eintunken; *fam suceso* begießen; *fam* **¡por dónde pasa, moja!** den Durst löscht es (*, wenn das Getränk auch sonst nicht viel taugt*) 2 *S.Dgo fam (sobornar)* bestechen, schmieren *fam* B V/I *fam fig* teilhaben (**en an** *dat*); mitmachen (**en bei** *dat*) C V/R **mojarse** 1 *(empaparse)* nass werden 2 *fig (comprometerse)* sich engagieren; ein Risiko eingehen
mojarra F *pez:* Zweibindenbrassen *m;* **mojasellos** M ⟨*pl inv*⟩ (Briefmarken)Anfeuchter *m*
moje M 1 *(salsa)* Soße *f* 2 *espec* FISIOL *(humedecimiento)* Feuchtwerden *n;* **mojí** M *fam* → mojicón 2; **mojicón** M 1 GASTR *bizcocho: Art* Marzipankeks *m; bollo fino: Art* Krapfen *m zur Schokolade* 2 *fam fig (puñetazo)* (Faust)Schlag *m ins Gesicht*
mojiganga F 1 *(fiesta de máscaras)* Mummenschanz *m* 2 TEAT Possenspiel *n* 3 *fig (persona*

M

afectada) affektierter Mensch *m*; **mojigatería** F Heuchelei *f*; Frömmelei *f*; Scheinheiligkeit *f*; **mojigato** A ADJ scheinheilig; bigott B M, **-a** F Frömmler *m*, -in *f*; Scheinheilige *m/f*

mojinete M ARQUIT *(caballete del tejado)* Dachfirst *m*; *Arg, Chile (fachada lateral con frontón)* Giebelwand *f*

mojo M GASTR 1 *Canarias salsa*: *eine würzige Soße* 2 *Bol (albondiga) Art* Frikadelle *f*

mojón M 1 *(hito fronterizo)* Grenzstein, Markstein *m*; Wegweiser *m*; **~ kilométrico** Kilometerstein *m* 2 *pop (montón)* Haufen *m (tb estiércol)*;

mojonera F Grenzsteine *mpl*, Grenzlinie *f zwischen Feldern*; **mojoso** ADJ *Col, Méx* verrostet

moka M Mokka *m*

mol M FÍS, QUÍM Mol *n*

molar[1] A ADJ *(relativo al molino)* Mahl...; Mühl...; **piedra** *f* **~** Mühlstein *m* B M **(diente** *m*) **~** Backenzahn *m* C QUÍM Mol...; **volumen** *m* **~** Molvolumen *n*

molar[2] VI ⟨2h⟩ 1 *leng juv (gustar)* gefallen; **me mola ...** ich stehe auf ... *(acus) fam*, ... macht mich an *fam*; **... (me) mola mogollón ...** ist echt super *o* cool *fam*; *fig* **no ~** nicht funktionieren 2 *(presumir)* angeben

moldar VT formen, gestalten

Moldau M, **Moldava** M *río*: Moldau *f*; **Moldavia** F *país*: Moldawien *n*, Moldova *n*

moldavo A ADJ moldawisch B M, **-a** F Moldawier *m*, -in *f*

molde M 1 *(horma)* Form *f (tb* TIPO); TEC *(patrón)* Modell *n*; *(matriz)* Matrize *f*; Muster *n*; (Gieß)Mulde *f*; *fig (modelo)* Vorbild *n*, Muster *n*, Modell *n*; *fam fig* **de ~** wie gerufen; TEC **~ de cera** Wachsform *f*; Wachsabdruck *m*; **~ de fundición** Gießform, Gussform *f*; *fig* **romper ~s** bahnbrechend sein 2 GASTR *(forma)* (Back-, Kuchen)Form *f*; **~ desmontable** Springform *f*

moldeable ADJ formbar; **moldeado** M TEC Formerei *f*; **moldeador** M TEC Former *m*; **~-secador** Lockenstab *f*; **moldeadora** F TEC Formmaschine *f*

moldear VT formen; abformen; abgießen; modellieren; **moldería** F TEC **~ de acero** Stahlgießerei *f*

Moldova F Moldawien *n*; **República** *f* **~** Republik *f* Moldau, Moldova *n*

moldovo A ADJ moldawisch B M, **-a** F Moldawier *m*, -in *f*

moldura F 1 ARQUIT *perfil*: Gesims *n*; Sims *n*; Profilleiste *f*; CONSTR Kehlleiste *f* 2 *Ec marco*: Bilderrahmen *m*; **molduradora** F CONSTR Kehlmaschine *f*

moldurar VT TEC *madera, piedra* kehlen

mole[1] ADJ *(blanducho)* weichlich; GASTR **huevos** *mpl* **~s** Eiersüßspeise *f*

mole[2] F 1 *(corpulencia)* (gewaltige) Masse *f (tb fig)* 2 FÍS *(masa)* Masse *f*

mole[3] M *Am Centr, Méx* GASTR *salsa*: Chilisoße *f*; *guisado*: Chilieintopf *m*; **~ poblano** *würzige Chilisoße; Fleischgericht mit dieser Soße*

molécula F Molekül *n*; **molecular** ADJ molekular, FÍS Molekular...; **biología** *f* **~** Molekularbiologie *f*; **estructura** *f* **~** Molekülstruktur *f*

moledera F 1 *piedra*: Mühlstein, Mahlstein *m* 2 *fam fig (molestia) poco usado* Belästigung *f*;

moledero ADJ Mahl...; **moledor** A ADJ *fig* lästig, zermürbend B M Mühlwalze *f*; **moledura** F Zermahlen *n*; *fig* Last *f*; Plage *f*; **molendero** M, **-a** F Mahlgast *m*; **moleña** F → pedernal

moler VT ⟨2h⟩ 1 *(triturar)* mahlen; *(pulverizar)* zerreiben 2 *fig (agotar)* zermürben; *(fatigar)* strapazieren; *(molestar)* belästigen; *fam* **~ (a palos)** (ordentlich) vertrimmen *fam*, *(apalear)* verprügeln

molestar A VT 1 *(fastidiar)* belästigen, lästig fallen *(dat)*; stören 2 *(atormentar)* quälen, plagen; *zapato* drücken 3 *(inquietar)* beunruhigen; ärgern B VR **molestarse** 1 *(incomodarse)* sich bemühen; **~ en** *(inf)* sich bemühen, zu *(inf)*; **¡no se moleste usted (por esto)!** machen Sie bitte keine Umstände (deswegen)! 2 *(estar picado)* verletzt sein; eingeschnappt sein *fam*

molestia F 1 *(fastidio)* Belästigung *f*; **~ por olores** Geruchsbelästigung *f* 2 *(trabajo)* Mühe *f*, *(incomodidad)* Unbequemlichkeit *f*; **tomarse la ~ de** *(inf)* sich *(dat)* die Mühe machen, zu *(inf)* 3 MED **~s** *fpl (achaques)* Beschwerden *fpl*; **sin ~s** beschwerdefrei 4 *(perturbación)* Störung *f*; *(inquietud)* Beunruhigung *f* 5 *(contrariedad)* Unannehmlichkeit *f*, Ärger *m*

molesto ADJ 1 *trabajo, asunto, etc* lästig; unbequem, unangenehm 2 *persona* belästigend, aufdringlich; störend 3 *(enojoso)* verdrießlich, ärgerlich; **molestón** M, **molestona** F *fam* Nervensäge *f fam*; **molestoso** ADJ *Am fam* → molesto

moletón M TEX Molton *m*

molibdeno M QUÍM Molybdän *n*

molicie F *liter (blandura)* Weichheit *f*; *fig (afeminación)* Verweichlichung *f*

molido ADJ gemahlen; *fam fig* **estoy ~** ich bin wie gerädert; **molienda** F 1 *(trituración)* Mahlen *n*; Vermahlung *f* 2 *cantidad*: Mahlquantum *n*, gemahlene Menge 3 → molino 4 *fam fig (ajetreo)* Plackerei *f*; **moliente** PART mahlend

molificar VT ⟨1g⟩ *espec* MED erweichen; geschmeidig machen

molimiento M 1 *del trigo, etc*: Mahlen *n* 2 *fig (fatiga)* Strapaze *f*; **molinar** M Mühl(en)feld *n*; **molinería** F Müllerei *f*; Mühlenindustrie *f*; **molinero** A ADJ Mühlen...; **industria** *f* **-a** Mühlenindustrie *f*; **oficial** *m* **~** Müllergesell(e) *m* B M, **-a** F Müller *m*, -in *f*

molinete M 1 *ventilador pequeño*: kleiner Ventilator *m* 2 *juguete*: Windmühle *f*, -rad *n (für Kinder)* 3 *(torniquete)* Drehkreuz *n* 4 MAR *(cabrestante)* Ankerwinde *f* 5 *movimiento circular*: Schwingen *n* im Kreise; **hacer ~** *arma, bastón, etc* kreisförmig schwingen 6 TAUR *baile*: Pirouette *f*; **molinillo** M 1 *(pequeño molino)* kleine Mühle *f*; Handmühle *f*; **~ de café** Kaffeemühle *f* 2 *(batidor)* Quirl *m*; Schneeschläger *m* 3 *juguete*: Windrädchen *n (für Kinder)*

molino M Mühle *f*; **~ de aceite** Ölmühle *f*; **~ de agua** Wassermühle *f*; **~ arrocero** Reismühle *f*; **~ harinero** Getreidemühle *f*; **~ de aserrar** Sägemühle *f*; **~ de cilindros** Walzenmühle *f*, Walzenstuhl *m*; **~ de especias** *o Am* **de especies** Gewürzmühle *f*; **~ de viento** Windmühle *f*; **ala** *f o* **aspa** *f* **de ~** (Wind)Mühlenflügel *m*; *fig* **llevar el agua a su ~** Wasser auf seine/ihre Mühle sein; *fig* **luchar contra ~s de viento** gegen Windmühlen kämpfen

molla F 1 *(carne magra)* mageres (Stück *n* am) Fleisch *n* 2 *en el cuerpo humano*: Fleischwulst *m (am menschlichen Körper)*

mollar ADJ 1 *fruta* weich; **carne** *f* **~** mageres Fleisch *n (ohne Knochen)*; **almendra** *f* **~** Knackmandel *f*, Krachmandel *f* 2 *fig (rentable)* ergiebig, einträglich

mollareta F *pez*: Dreibärtelige Seequappe *f*

molle M *Am* BOT Peruanischer Pfefferbaum *m*

mollear VI weich werden, nachgeben *(Sache)*;

molledo M 1 *parte carnosa*: fleischiger Teil *m (an Wade, Arm, Schenkel)*, Muskelfleisch *n* 2 *(miga)* Brotkrume *f*

molleja F 1 *apéndice carnoso*: Fleischdrüse *f*; Bries(chen) *n (bes vom Kalb)* 2 *de las aves*: Kaumagen *m der Vögel*

mollejón M 1 *(piedra de amolar)* Schleifstein *m* 2 *fam persona*: fetter, träger Mensch *m*

mollera F Schädeldach *n*; *fam fig* Verstand *m*, Grips *m fam*; *fig* **cerrado de ~** begriffsstutzig, schwer von Begriff; *fig* **duro de ~** starrköpfig, stur; **mollero** M *fam* → molledo 1; **molleta** F mürbes Weizenbrot *n*; Milchfladen *m*; *reg tb Art* Graubrot *n*; **mollete** M kleines Weißbrot *n*

molo M 1 → malecón 2 *Ec* GASTR *(puré de patatas)* Kartoffelpüree *n*

moloc M ZOOL Moloch *m*

Moloc(h) M *Biblia y fig* Moloch *m*

molón[1] ADJ *pop* dufte *fam*, geil *fam*; *vestimenta* schick, schnieke *fam*

molón[2] M 1 *piedra*: Felsbrocken *m*; unbehauener Stein *m* 2 *Esp reg (rueda de molino)* Mühlstein *m*

molote M *Cuba fam* 1 *(gentío)* Menschenmenge *f* 2 *(alboroto)* Krach *m*, Durcheinander *n* 3 *(forcejeo)* Gerangel *n*

molturar VT mahlen, vermahlen

Molucas PL **(islas** *fpl*) **~** Molukken *pl*

molusco M ZOOL Weichtier *n*, Molluske *f*

momentáneo ADJ augenblicklich; für den Augenblick; momentan; **solución** *f* **-a** Augenblickslösung *f*

momento M 1 *(instante)* Augenblick *m*, Moment *m*, Zeitpunkt *m*; **al ~** sofort; **(a) cada ~** ständig; **de ~** zurzeit; im Moment; **de un ~ a otro** jeden Augenblick; **desde un primer ~** von Anfang an; *adv* **en el primer ~** anfänglich, zunächst; **en los ~s actuales** heutzutage; **por ~s** zusehends; **por el** *o* **en este ~** im Augenblick, zurzeit; **agravarse por ~s** zusehends ernster werden; **atravesar un mal ~** *o* **pasar por un ~ difícil** eine schwierige Zeit durchmachen; **estar en su mejor ~** in Hochform sein; **llega de un ~ a otro** er muss jeden Augenblick kommen; **no es el ~ (de)** das ist nicht der geeignete Moment (um zu) 2 FÍS *y fig (cantidad de movimiento)* Moment *n*; *fig (importancia)* Belang *m*; FÍS **~ de frenado** Bremsmoment *n*; **~ de inercia** Trägheitsmoment *n*; **~ de rotación** Drehmoment *n*

momería F Mummenschanz *m*

momia F Mumie *f*; *fam fig* **ser una ~** spindeldürr sein, nur Haut und Knochen sein, sehr alt sein *(o* aussehen); **momificación** F MED *y fig* Mumifizierung *f*; **momificar** VT ⟨1g⟩ mumifizieren

momio A ADJ *carne* mager B M *fam* 1 *(suplemento)* Zugabe *f*; **de ~** *(gratis)* umsonst 2 *(buen negocio)* gutes Geschäft *n*; **momioza** F *Méx desp* alter Knacker *m fam*

momo M *folclore*: Fratze *f*, lustige Grimasse *f*; **el dios Momo** Prinz Karneval

mona[1] F 1 ZOOL Äffin *f*; *prov* **aunque la ~ se vista de seda, ~ se queda** ein Aff bleibt ein Aff, er mag König werden oder Pfaff 2 *fam fig (embriaguez)* Rausch *m*, Affe *m fam*; *fam* **coger** *o* **pillar una ~** sich *(dat)* einen Rausch antrinken; **dormir la ~** seinen Rausch ausschlafen 3 GASTR *reg* **~ de pascua** *Art* Osterfladen *m*

monacal ADJ mönchisch, Mönchs...; Kloster...; **monacato** M Mönchstum *n*

Mónaco M Monaco *n*

monada F 1 *acción de mono*: Äfferei *f*; Affenstreich *m* 2 *fam de niños*: Kinderei *f*; Drolligkeit *f* 3 *fam (cosa bonita)* etw Reizendes; *p. ext (niña bonita)* hübsches Mädchen; **¡qué ~!** wie niedlich!

mónada F FIL, BIOL Monade *f*

monadelfo ADJ BOT einbruderig

monadismo M *t/t* leibnizisches Gedankengut *n*

monago M *fam*, **monaguillo** M CAT Ministrant *m*, Messdiener *m*, Messknabe *m*

monarca M Monarch *m*; **monarquía** F Monarchie *f*; **monárquico** A ADJ monarchisch; monarchistisch B M, **-a** F Monarchist

m, -in f; **monarquismo** M monarchistische Gesinnung f; Monarchismus m
monasterio M Kloster n; **monástico** ADJ Kloster…; Mönchs…; Nonnen…
Moncloa F Esp **(Palacio** m **de la)** ~ *Sitz des spanischen Regierungschefs*
monda F 1 *(peladura)* Schälen n, *(limpieza)* Putzen n 2 *(poda)* Beschneiden n *der Bäume; tiempo:* Zeit f *des Baumschnitts* 3 *de los canales:* Reinigung f, Krautung f 4 *(cáscara)* Schale f 5 *pop* **¡esto es la ~!** das ist das Letzte!; das ist das Höchste!; **mondadientes** M ‹pl inv› Zahnstocher m; **mondador** M *persona y aparato:* Schäler m; ~ **de patatas** Kartoffelschäler m; **mondadora** F 1 *persona:* Schälerin f 2 *máquina:* Schälmaschine f
mondadura F 1 *(purificación)* Säubern n; Ausputzen n; *(despojo de cáscaras)* Schälen n 2 *(cáscara)* Schale f; **~s** fpl Abfälle mpl; (Obst-, Kartoffel- *etc*) Schalen fpl; *de guisantes:* Hülsen fpl; *de los cereales:* Spreu f; **~s** pl **de limón (patata**, *etc*) Zitronen(Kartoffel- *etc*)schalen fpl
mondar A VT 1 *arroz, fruta, patatas* schälen; *guisantes, judías* enthülsen, aushülsen; *árboles, etc* (be)schneiden, entasten; *fam cabello* stutzen, schneiden 2 *(limpiar)* (aus)putzen; säubern, reinigen; *dientes* reinigen *(mit dem Zahnstocher)* B VR **mondarse** *fam fig* sich köstlich amüsieren; ~ **(de risa)** sich schütteln vor Lachen
mondo ADJ 1 *(limpio)* sauber, rein; *(puro)* unvermischt; *rostro* haarlos; *fam fig* ~ **y lirondo** lauter, ungeschminkt 2 *fam (quebrado)* blank *fam*, pleite *fam*
mondongo M Gedärm n; Eingeweide n, Gekröse n, Kuttel(n) f(pl); CAZA Gescheide n; **hacer el** ~ Kutteln zu Wurstfüllung verarbeiten; **mondonguería** F Kaldaunenmetzgerei f
moneda F 1 *metálica:* Münze f; Geldstück n; ~ **de dos euros** Zweieurostück n; ~ **de 20 céntimos (de euro)** Zwanzigcentstück n; ~ **de oro** Goldmünze f; *fig* **pagar a alg con** o **en la misma** ~ j-m *(etw)* mit gleicher Münze heimzahlen 2 ECON *(divisa)* Währung f; *fig (dinero)* Geld n; ~ **blanda** o **débil** weiche Währung f; ~ **fuerte** o **dura** harte Währung f; *tb fig* ~ **corriente** gängige Münze f; ~ **extranjera** ausländische Zahlungsmittel npl, Devisen fpl; ~ **falsa** Falschgeld n; ~ **nacional** Landeswährung f; ~ **única** Einheitswährung f; **cambio** m **de** ~ Geldwechsel m; **Casa** f **de la Moneda** Münzamt n, -anstalt f, Münze f; **operación** f **de** ~ **extranjera** Sortengeschäft n; **papel** m ~ Papiergeld n; *fig* **ser** ~ **corriente** gang und gäbe sein; üblich sein
monedero M 1 *saquillo:* Portmonee n, Geldbeutel m; ~ **electrónico** Paycard f 2 *fabricante:* Münzer m; *tb fig* ~ **falso** Falschmünzer m
monegasco A ADJ monegassisch B M, **-a** F Monegasse m, Monegassin f
monema M LING Monem n
monería F 1 *acción de niños:* Kinderei f; Spielerei f; kindlicher Streich m 2 *(monada)* Albernheit f, Affentheater n *fam*; **monesco** ADJ *(de monos)* Affen…; äffisch
monetario A ADJ Geld…; Währungs…; Münz…; **sistema** m ~ Währungssystem n; **unidad** f **-a** Währungseinheit f; **unión** f **-a** Währungsunion f B M *colección:* Münzsammlung f; *gabinete:* Münzkabinett f; **monetización** F 1 *(legalización de billetes como moneda)* Monetisierung f, Umwandlung f in Geld 2 *(acuñación)* Münzprägung f; Papiergeldausgabe f; **monetizar** VT ‹1f› 1 *(acuñar) (zu Geld)* prägen; *billetes* zum öffentlichen Zahlungsmittel erklären 2 *fam fig (convertir en moneda)* zu Geld machen, versilbern *fam*
mongol A ADJ mongolisch, Mongolen… B M, **mongola** F Mongole m, Mongolin f C M *lengua:* Mongolisch n
mongolfiera F Am Montgolfiere f, Heißluftballon m
Mongolia F Mongolei f
mongólico ADJ 1 *(de Mongolia)* mongolisch 2 MED *desp* mit Down-Syndrom, mongoloid *fam*
mongolismo M MED *desp* Mongolismus m; **mongoloide** ADJ *desp* mongoloid
monicaco M 1 *fam persona:* Kleine m; *desp* Hampelmann m 2 *Col (hipócrita)* Heuchler m
monición F JUR Mahnung f
monigote M *fam* 1 *(figura ridícula)* Männchen n; Witzfigur f; Hampelmann m *(tb fig)* 2 *fig imagen, estatua:* Kleckserei f, Pfuscherei f 3 *Bol, Chile, Perú* REL *fam (seminarista)* Seminarist m *(Priesterseminar)*
monín, monino ADJ *fam* niedlich, hübsch
monises MPL *fam* Geld n, Moneten fpl *fam*
monismo M FIL Monismus m; **monista** A FIL ADJ monistisch B M Monist m, -in f
monitor M 1 *(exhortador)* Mahner m, *(amonestador)* Warner m, *(consejero)* Ratgeber m 2 DEP (Sport-, Ski-, Tennis-, Turn- *etc*)Lehrer m; *de esgrima:* Fechtlehrer m; *en un campamento de vacaciones, etc:* Betreuer m; ~ **de esquí** Skilehrer m 3 INFORM, TV *(pantalla)* Monitor m, Bildschirm m; INFORM ~ **LCD** LCD-Bildschirm m 4 MIL *barco de guerra:* Küstenpanzerschiff n, Monitor m 5 ZOOL *reptil:* Wüstenwaran m 6 *Am enseñanza:* Hilfslehrer m; **monitora** F 1 *(exhortadora)* Mahnerin f, *(amonestadora)* Warnerin f, *(consejera)* Ratgeberin f 2 DEP (Sport-, Ski-, Tennis-, Turn- *etc*)Lehrerin f; *en un campamento de vacaciones, etc:* Betreuerin f; ~ **de tenis** Tennislehrerin f; **monitoreo** M Fernsehüberwachung f; *Am* Monotoring n, Screening n; ~ **ambiental** Umweltmonitoring n; ~ **fetal** vorgeburtliches Screening n; **monitoria** F REL → monitorio B; **monitorio** A ADJ erinnernd, mahnend; Mahn…; *espec* JUR, REL **carta** f **-a** Mahnschreiben n B M REL 1 *(advertencia)* Mahnung f; schwerer Verweis m 2 *del Papa, etc:* Mahnschreiben n *des Papstes, der Bischöfe* 3 *(amenaza de excomunión)* Androhung f der Exkommunikation
monitos MPL *Col, Méx* Zeichentrickfilm m; Comics pl
monja F 1 *religiosa:* Nonne f, Klosterfrau f 2 *fig* **~s** fpl *cenizas:* Papierasche f 3 *Méx Art (pan dulce)* süßes Brot n
monje M Mönch m; **monjero** M *fam* Nonnenfreund m; **monjía** F Mönchspfründe f; **monjil** A ADJ Nonnen… B M Nonnentracht f; **monjío** M 1 *(estado de monja)* Klosterfrauenstand m; Nonnenwesen n 2 *entrada en el monasterio;* Eintritt m ins Kloster *als Nonne; (voto)* Nonnengelübde n 3 *(convento)* Nonnenkloster n; **monjita** F 1 *dim* → monja 2 *RPl* ORN Nonnensittich m
mono A M 1 ZOOL *(simio)* Affe m *(tb fig desp)*; **~s** pl **antropoides** Menschenaffen mpl; *Am Mer* ~ **araña** Klammeraffe m; ~ **aullador** o **bramador** Brüllaffe m; ~ **capuchino** Kapuzineraffe m; ~ **sabio** *en el circo:* dressierter Affe m; TAUR Stierplatzgehilfe m; **estar de ~s** schmollen; **ser el último** ~ *persona* eine Null sein *fam*; **tratar como al último** ~ wie den letzten Dreck behandeln 2 *dibujo:* Männchen n *(Kritzelzeichnung)*; *fam* Zeichnung f, Illustration f; **pintar ~s** Männchen malen 3 TEX *prenda de vestir:* Arbeitsanzug m, Overall m; *Cuba* ~ **deportivo** Trainingsanzug m; ~ **de vuelo** Fliegerkombination f 4 *drogas fam (síndrome de abstinencia)* Entzugserscheinungen fpl, Turkey m *pop*, Affe m *pop*; **me entra el** ~ ich schieb einen Affen *pop*, ich bin auf Turkey *pop* 5 *(petimetre)* Nachäffer m; Zieraffe m; *fig* **tener ~s en la cara** auffällig (o lächerlich) aussehen B ADJ 1 *(bonito)* hübsch; niedlich; nett 2 *Col cabello* blond
mono… PREF Ein…; Allein…; Einzel…; Mono…; **monoácido** ADJ QUÍM einsäurig; **monoambiente** M *Arg* Einzimmerwohnung f; **monobásico** ADJ QUÍM einbasig; **monocarril** M *transporte:* Einschienenbahn f; **monocelular** ADJ BIOL einzellig; **monocíclico** ADJ monozyklisch; **monocilíndrico** ADJ AUTO einzylindrig; **monocitos** MPL MED Monozyten mpl; **monocolor** ADJ einfarbig; POL Einparteien…; **gobierno** m ~ Einparteienregierung f; **monocordio** M MÚS, FÍS Monochord n; **monocotiledón(eo)** ADJ BOT einkeimblättrig; **monocromo** ADJ *espec* TIPO einfarbig; **monocular** ADJ MED einäugig
monóculo M Monokel n
monocultivo M AGR Monokultur f; **monoesquí** M Monoski m; **monofásico** ADJ ELEC einphasig
monogamia F Einehe f, Monogamie f; **monógamo** ADJ monogam
monografía F Monografie f, wissenschaftliche Einzeldarstellung f; **monográfico** ADJ monografisch; **monograma** M Monogramm n; **monokini** M *(traje de baño)* Minikini m; **monolingüe** ADJ einsprachig; **monolingüismo** M Einsprachigkeit f; **monolítico** ADJ monolithisch *(tb fig, espec* POL*)*; **monolitismo** M *espec* POL straffe Organisation f, absoluter Zusammenhalt m; **monolito** M Monolith m
monólogo M Monolog m
monomanía F MED Monomanie f; fixe Idee f; **monomaniaco, monomaníaco, monomaniático** A ADJ MED monoman(isch) B M, **-a** F Monomane m, Monomanin f; **monometalismo** M ECON Monometallismus m *(Währungssystem)*; **monomotor** A ADJ einmotorig B M einmotoriges Flugzeug n
monoparental ADJ **familia** f ~ Einelternfamilie f; **monopartidismo** M POL Einparteiensystem n; **monopatín** M DEP Skateboard n; **monoplano** M AVIA Eindecker m; **monoplaza** AVIA A ADJ einsitzig B M Einsitzer m; **monopolar** ADJ einpolig; **monopolio** M Monopol n; ~ **de Estado** Staatsmonopol n; **situación** f **de** ~ Monopolstellung f; **monopolista** A ADJ Monopol… B M/F Monopolist m, -in f; Monopolinhaber m, -in f; **monopolizar** VT ‹1f› monopolisieren; *fig* für sich in Anspruch nehmen; **monopsonio** M ECON Nachfragemonopol n; *t/t* Monopson n
monóptero A ADJ *t/t* einflügelig B M ARQUIT Monopteros m *(Säulentempel, Barockläube)*
monoptongación F FON Monophthongierung f; **monoptongar** VI FON monophthongieren
monorrimo ADJ LIT *estrofa* einreimig; **monosacárido** M QUÍM Monosacharid n; **monosépalo** ADJ BOT *cáliz* einblätterig; **monosilabismo** M Einsilbigkeit f; **monosílabo** A ADJ einsilbig B M einsilbiges Wort n; **monoteísmo** M Monotheismus m; **monoteísta** A ADJ monotheistisch B M/F Monotheist m, -in f; **monotipia** F TIPO Monotypsatz m; **monotipo** M TIPO Monotype® *(Setzmaschine)* f
monotonía F Monotonie f, Eintönigkeit f; **monótono** ADJ eintönig, monoton; **monovalente** ADJ QUÍM einwertig
monovolumen M AUTO Großraumlimousine f
monóxido M QUÍM Monoxid n; ~ **de carbono** Kohlenmonoxid n

monroísmo M POL, HIST Monroedoktrin *f*
Mons. ABR (Monseñor) CAT Monsignore
monseñor M CAT Monsignore *m (Titel der katholischen Prälaten)*
monserga F *fam* Kauderwelsch *n;* (dummes) Gewäsch *n fam;* **~s** *fpl* Geschwätz *n,* Quatsch *m fam;* (dumme) Ausreden *fpl*
monstruo M 1 *(ser deforme y feo)* Monstrum *n,* Monster *n,* Ungeheuer *n* 2 *(persona cruel)* Unmensch *m;* Ungeheuer *n* 3 *(persona fea)* Scheusal *n;* Missgeburt *f* 4 *fig (cosa excesivamente grande)* Ungetüm *n,* Monstrum *n fam* 5 **Monstruo de la Naturaleza** *Beiname Lope de Vegas*
monstruosidad F Ungeheuerlichkeit *f;* Widernatürlichkeit *f;* Scheußlichkeit *f;* Missgestalt *f;* **monstruoso** ADJ 1 *(escandaloso)* ungeheuer(lich) 2 *(contranatural)* widernatürlich; monströs 3 *(deformado)* missgestaltet; scheußlich 4 *(gigantesco)* riesenhaft, riesig
monta F 1 *equitación: acción:* Aufsitzen *n; arte:* Reiten *n;* Reitkunst *f* 2 *(valor)* Wert *m; (importancia)* Wichtigkeit *f,* Belang *m;* **de poca ~** unbedeutend 3 *(importe)* Summe *f,* (End)Betrag *m* 4 AGR, VET *(cubrición)* Beschälung *f,* Decken *n*
montabarcos M ‹*pl inv*› MAR Schiffshebewerk *n;* **montacamas** M ‹*pl inv*› *en una clínica:* Bettenaufzug *m;* **montacargas** M ‹*pl inv*› (Lasten)Aufzug *m*
montada F *Méx* berittene Polizei *f;* **montado** ADJ 1 *(a caballo)* beritten; **~ en bicicleta** auf dem Fahrrad (sitzend) 2 TEC *(armado)* montiert; eingebaut; **~ oculto** *o* **a escondidas** verdeckt eingebaut
montador M 1 TEC *operario:* Monteur *m,* -in *f; (mecánico)* (Maschinen)Schlosser *m;* **~ electricista** Elektromonteur *m;* **~ de tubos** Rohrleger *m* 2 FILM, TV *de películas* Cutter *m,* Schnittmeister *m;* **~ de escena** Bühnenmeister *m* 3 *equitación: para montar:* Stufe *f zum Erleichtern des Aufsitzens* 4 MAR Montiervorrichtung *f*
montadora F 1 TEC *operaria:* Monteurin *f; (mecánica)* (Maschinen)Schlosserin *f* 2 FILM, TV *de películas:* Cutterin *f,* Schnittmeisterin *f;* **montadura** F 1 *equitación: (arreos)* (Pferde)Geschirr *n* 2 *(engarce)* Fassung *f eines Edelsteins*
montaje M 1 TEC *(ensambladura)* Montage *f,* Zusammenbau *m; (empotrado)* Einbau *m; (instalación)* Aufstellung *f; de tubería:* (Rohr)Verlegung *f;* **~ en cadena** Fließbandmontage *f* 2 *dispositivo:* Vorrichtung *f* 3 FILM, TV *de películas:* Montage *f;* Schnitt *m;* **~ cinematográfico** Filmmontage *f,* Filmschnitt *m;* **~ fotográfico** Fotomontage *f* 4 TEAT *(puesta en escena)* Inszenierung *f* 5 *fam fig (espectáculo)* Show *f; (trama)* abgekartete Sache *f* 6 *Col* TIPO *(compaginación)* Umbruch *m*
montanera AGR (Zeit *f* der) Eichelmast *f;* **montanero** M, **-a** F Waldhüter *m,* -in *f;* Förster *m,* -in *f;* **montano** ADJ Berg…
montante A M 1 *(poste, columna)* Pfosten *m;* Ständer *m,* Stütze *f;* TEC Maschinenständer *m* 2 COM *(importe total)* (Gesamt)Betrag *m;* Endsumme *f* 3 *de una ventana:* Zwischenpfeiler *m* 4 *(ventana en una puerta)* Türfenster *n* 5 HIST *espada:* (Schlacht)Schwert *n,* Zweihänder *m* B F MAR (steigende) Flut *f*
montaña F 1 Gebirge *n; (monte)* Berg *m* 2 *Chile, Perú, Ven, P.Rico (selva)* Wald *m,* Urwald *m; Biblia y fig* **mover (las) ~s** Berge versetzen 3 *fam fig* **ganar ~s de dinero** einen Haufen Geld verdienen *fam;* **tener ~s de trabajo** einen Haufen Arbeit haben; **hacer una ~ de a/c** *o* **de un grano de arena** aus einer Mücke einen Elefanten machen; **esto se me hace una ~** *fam* das steht wie ein Berg vor mir, das türmt sich wie ein Berg vor mir auf 4 **~ rusa** Achterbahn *f,* Berg- und Talbahn *f* 5 *Esp* **la Montaña** die Provinz Santander
montañero A ADJ Gebirgs… B M, **-a** F DEP Bergsteiger *m,* -in *f;* **montañés** A ADJ 1 *(de la montaña)* Gebirgs… 2 *Esp* aus *(der Provinz)* Santander B M, **-esa** F 1 *habitante:* Gebirgsbewohner *m,* -in *f;* Bergbewohner *m,* -in *f* 2 *Esp de Santander:* Einwohner *m,* -in *f* von Santander; **montañismo** M Bergsteigen *n,* Bergsport *m;* **montañoso** ADJ bergig; gebirgig
montaplatos M ‹*pl inv*› Speisenaufzug *m*
montar A VT 1 TEC *(ensamblar)* montieren; zusammenbauen, -setzen; FILM montieren, schneiden; **~ en serie** in Serie (*o* auf dem Fließband) montieren (*o* zusammenbauen) 2 *(instalar)* aufstellen; *negocio, etc* aufbauen, aufziehen; *casa* einrichten; **~ un negocio** ein Geschäft aufziehen; *fam fig* **~ una fiesta** eine Party steigen lassen 3 **~ un caballo** ein Pferd besteigen; *(cabalgar)* ein Pferd reiten 4 TEAT *obra* inszenieren 5 GASTR *crema, clara de huevo* schlagen; **nata** *f* **montada** Schlagsahne *f* 6 *piedras preciosas* fassen 7 *arma* spannen 8 MIL **~ (la) guardia** Posten stehen (*o* beziehen); auf Wache ziehen 9 AGR, VET *(acaballar)* decken; *t/t* beschälen 10 *pop mujer* besteigen *pop* B VI 1 *(subir)* steigen 2 **~ (a caballo)** aufsitzen; *(cabalgar)* reiten; **de ~** Reit…; **monta muy bien** er/sie reitet sehr gut 3 **~ en** (ein)steigen in *(acus);* **~ en bicicleta/moto** Rad/Motorrad fahren 4 **~ a** *suma* betragen, sich belaufen auf *(acus); Esp fig* **tanto monta** es läuft auf dasselbe hinaus 5 *fig* **~ en cólera** in Wut (*o* Rage) geraten C VR 1 **~se** (ein)steigen (**en** in *acus*) 2 *Esp fam* **montárselo (muy bien)** (gut) zurechtkommen; **montárselo por su cuenta** ein eigenes Geschäft aufziehen; *pop* **montárselo con alg** es mit j-m treiben
montaraz ADJ ‹*pl* -aces› wild, ungezähmt; *fig* grob, ungehobelt
montasacos M ‹*pl inv*› Sackelevator *m*
monte M 1 *(montaña)* Berg *m;* **Montes Metálicos** Erzgebirge *n; Biblia:* **~ de los olivos** Ölberg *m;* ANAT **~ de Venus** Venusberg *m,* Schamhügel *m;* **por ~s y valles** über Berg und Tal; *fig* **echarse** *o* **tirarse al ~** sich absetzen 2 *(bosque)* Wald *m; (tierra sin roturar)* ungerodetes Gelände *n; Am* unbebautes Land *n im Vorfeld von Siedlungen;* **~ alto** Hochwald *m;* **~ bajo** Buschwald *m,* Niederwald *m;* Unterholz *n;* **escuela** *f* **de ~s** Forstakademie *f* 3 *fig (obstáculo)* schwer zu überwindendes Hindernis *n* 4 **~ de piedad** Leih-, Pfandhaus *n,* Versatzamt *n* 5 *fam fig (melena)* ungepflegter dichter Haarschopf *m,* Mähne *f fam* 6 *juego de cartas:* Montespiel *n;* Bank *f im Spiel*
montea F 1 ARQUIT *dibujo:* Aufriss *m in natürlicher Größe; (sagita de un arco)* Bogenhöhe *f* 2 CAZA *(caza mayor)* Hochjagd *f;* **monteador** M, **monteadora** F *Ur* Holzfäller *m,* -in *f*
montear VT 1 *(cazar)* jagen 2 ARQUIT *(trazar la montea de una obra)* den Aufriss zeichnen; *(voltear)* wölben
montepío M 1 *Esp (caja de depósito)* berufsgenossenschaftliche Kasse *f;* Witwenkasse *f;* Waisenkasse *f* 2 *Am reg (monte de piedad)* Leihhaus *n,* Versatzamt *n*
montera F 1 *gorra:* (Tuch)Mütze *f; espec* TAUR Stierkämpfermütze *f* 2 CONSTR Glasdach *n über Hof, Galerie* 3 *persona: f* Jägerin *f* 4 QUÍM *de un alambique:* Helm *m eines Destillierkolbens;* **montería** F 1 CAZA Hochjagd *f, espec* Drückjagd *f; (cinegética)* Jagdwesen *n,* Jägerei *f* 2 *Bol, Ec embarcación:* Flachboot *n für Wildwasserfahrten* 3 *Guat, Méx del leñador:* Holzfällerbetrieb *m* im Urwald; **montero** M Jäger *m;* HIST **~ mayor** Oberjägermeister *m (am Hofe)*
montés ADJ *animal* wild, Wild…; **cabra** *f* **~** (spanischer) Steinbock *m*
montevideano A ADJ aus Montevideo B M, **-a** F Einwohner *m,* -in *f* von Montevideo
Montevideo M Montevideo *n*
montículo M Hügel *m*
montilla M Montillawein *m* (≈ *Art Sherry*)
monto M Gesamtbetrag *m,* Endsumme *f*
montón M Haufen *m (tb fig);* große Menge *f;* **un ~ de arena** ein Sandhaufen; ein Haufen Sand; *fig* **un ~ de cosas (preguntas** *etc*) eine Unmenge von Dingen (Fragen *etc*); ein Haufen Dinge (Fragen *etc*) *fam; fam* **me gusta un ~** das gefällt mir enorm; **a** *o* **de** *o* **en ~** unterschiedslos, in Bausch und Bogen; **a -ones** haufenweise; *fam fig* **salirse del ~** etwas Besonderes sein; **ser del ~** nichts Besonderes sein; ein Dutzendmensch sein
montonera F 1 *Am (tropa de rebeldes)* Truppe *f* von (berittenen) Aufständischen; Partisanentruppe *f; p. ext* Banditen *mpl* 2 CAZA Jägerin *f (bei einer Jagdpartie)* 3 *Am Mer (guerrillera)* Freischärlerin *f,* Partisanin *f;* **montonero** M 1 *Am Mer (guerrillero)* Freischärler *m,* Partisan *m; Arg* peronistischer (Stadt)Guerillero *m* 2 CAZA Jäger *m (bei einer Jagdpartie)* 3 *matón sin valor:* Schläger *m (der nur dann Streit anfängt, wenn er in der Gruppe ist)*
montuno ADJ 1 *(del monte)* Berg… 2 *Am (rústico, salvaje)* wild 3 *Cuba, Chile, Ven (de los campesinos)* Bauern…; **montuoso** ADJ bergig; Gebirgs…
montura F 1 *(cabalgadura)* Reittier *n* 2 *(arreos)* Reitzeug *n* 3 MIL *equipo:* Ausrüstung *f,* Montur *f* 4 *de las gafas:* Gestell *n; de joyas:* Fassung *f;* **sin ~** *gafas* randlos 5 TEC *(soporte mecánico)* Halterung *f*
monumental ADJ monumental; *fig* großartig, gewaltig
monumento M 1 *de un héroe, etc:* Denkmal *n,* Monument *n;* **~s** *mpl* Sehenswürdigkeiten *fpl einer Stadt;* **~ conmemorativo** Mahnmal *n;* ECOL **~ natural** Naturdenkmal *n;* **~ funerario** Grabmal *n;* **declarar ~ nacional** unter Denkmalschutz stellen 2 REL *(Santo sepulcro)* Heiliges Grab *n (Karwoche)* 3 *fig (creación destacable)* bemerkenswerte Schöpfung *f* (*o* Leistung *f*); **ser un ~** bildschön sein
monzón M MAR Monsun *m;* **monzónico** ADJ **lluvia** *f* **-a** Monsunregen *m*
moña F 1 *(lazo de cintas)* Zierschleife *f;* TAUR Zopfschleife *der Stierkämpfer* 2 *fam fig (embriaguez)* Rausch *m;* **moñarse** VR *fam* sich besaufen *fam,* sich volllaufen lassen *fam*
moño M 1 *(rodete del cabello)* Haarknoten *m;* Nackenzopf *m; reg* Dutt *m; Esp fam* **estar hasta el ~** die Schnauze voll haben *fam* (**de** von *dat*) 2 *p. ext (lazo de cintas)* (Zier)Schleife *f* 3 *(penacho de plumas)* Federbusch *m* 4 *desp* **~s** *mpl (baratijas)* Flitterkram *m (vom Aufputz der Frauen); fam fig* **ponerse sus ~s** sich aufspielen; *fam fig* **quitar ~s a alg** j-n von seinem hohen Ross herunterholen *fam; fig* **tirarse de los ~s** *mujeres* sich in die Haare kriegen 5 ORN *(copete)* Haube *f einiger Vögel*
moñón, moñudo ADJ ORN mit Haube
M.O.P. M ABR (Ministerio de Obras Públicas) Bauministerium *n,* Ministerium *n* für Bauwesen
mopa F 1 *utensilio:* Mopp *m* 2 *Ven mujer de limpieza:* Putzfrau *f*
moquear VI *nariz* laufen; **moqueando** mit laufender Nase
moqueo M Nasentropfen *n;* **moquero** M Schnupftuch *n*
moqueta F 1 *Esp para alfombrar:* Teppichboden *m,* Auslegeware *f* 2 TEX *de un mueble:* Mokett *m*
moquete M Faustschlag *m* ins Gesicht (*o* auf

die Nase); **moquillo** M VET *de las gallinas*: Pips *m*; *de los perros*: Staupe *f*; **moquita** F 1 *gotas*: Nasentropfen *mpl* 2 *Col fam (albondiguilla)* (Nasen)Popel *m fam*; **moquitear** VI *pop (llorar)* heulen *fam*, flennen *fam*

mor M **por ~ de** zuliebe; wegen

mora[1] F *persona*: Maurin *f*

mora[2] F BOT 1 *fruto del moral*: Maulbeere *f* 2 *(zarzamora)* Brombeere *f*

mora[3] F JUR Verzug *m*

moraco M, **-a** F *fam desp (nach Spanien) eingewanderte(r)* Marokkaner *m*, -in *f*

morada F *liter* Wohnung *f*; Aufenthalt *m*; *fig* **la eterna ~** das Jenseits; **la última ~** die letzte Ruhestätte

morado ADJ 1 dunkelviolett; **ponerse ~ de rabia** vor Wut rot anlaufen; wütend werden 2 *fam fig* **las pasé** *o* **he pasado -as** es ist mir übel ergangen; *Esp* **ponerse ~ de** sich vollstopfen mit *(dat)*

morador M, **moradora** F Bewohner *m*, -in *f*

moradura F blauer Fleck *m (am Körper)*

moral[1] M BOT *arbusto*: Maulbeerbaum *m*

moral[2] A ADJ *(ético)* moralisch; sittlich; Moral... B F 1 *(buenas costumbres)* Moral *f*; Sittenlehre *f*; **doble ~** Doppelmoral *f*; Scheinheiligkeit *f* 2 *fig estado de ánimo*: Mut *m*, Zuversicht *f*, Moral *f*; **estar bajo de ~** niedergeschlagen sein; **levantar la ~** ermutigen; **tener la ~ por los suelos** völlig down sein *fam*; demoralisiert sein

moraleda F Maulbeerbaumpflanzung *f*, Maulbeerbaumbestand *m*

moraleja F Moral *f einer Fabel*; **moralidad** F Sittlichkeit *f*; Moral *f*; **moralina** F Moralin *n fam*, spießbürgerliche (o scheinheilige) Moral *f*; **moralismo** M Moralismus *m*; **moralista** M/F Sittenlehrer *m*, -in *f*; Moralphilosoph *m*, -in *f*; Moralist *m*, -in *f*; **moralización** F sittliche Festigung *f*; **moralizador** A ADJ erbaulich; moralisierend *(tb desp)* B M, **moralizadora** F *frec irón* Moralisierer *m*, -in *f*, Sittenprediger *m*, -in *f*; **moralizar** ⟨1f⟩ A VT sittlich heben; Sitte *f* beibringen B VI moralisieren; Moral predigen; den Sittenprediger spielen

morapio M *fam* (Rot)Wein *m*

morar VI wohnen; leben; sich aufhalten; verweilen *(frec liter)*; **~ en** wohnen in, bewohnen

moratón M blauer Fleck *m*

moratoria F Moratorium *n*; Stillhalteabkommen *n*; ECON Stundung *f*; (Zahlungs)Aufschub *m*; **moratorio** ADJ Verzugs...; ECON **intereses** *mpl* **~s** Verzugszinsen *mpl*

Moravia F Mähren *n*

moravo A ADJ mährisch B M, **-a** F Mähre *m*, Mährin *f*

morbidez F Zartheit *f*; **morbididad** F MED → morbilidad

mórbido ADJ 1 MED *(enfermo)* krankhaft; kränklich; morbid 2 *(blando, delicado)* zart, weich

morbífico ADJ **gérmenes** *mpl* **~s** Krankheitskeime *mpl*; **morbilidad** F Morbidität *f*; Krankenstand *m*; Erkrankungsziffer *f*; **morbo** M 1 *(interés malsano) das* Morbide; Reiz *m* des Morbiden 2 *liter o t/t (enfermedad)* Krankheit *f*; **~ gálico** Syphilis *f*; **morboso** ADJ krankhaft

morcilla F 1 *embutido*: Blutwurst *f*; Bratwurst *f*; **~ con arroz** mit Reis gefüllte Blutwurst *f*; **~ frita** gebratene Blutwurstscheiben *fpl*; *Esp fig* **¡que te den ~!** *fam* hau ab! *fam*; du kannst mich mal! *pop* 2 TEAT *fig* Extempore *n fam* 3 *(pene)* Penis *m pop*

morcillero A ADJ *desp* TEAT *actor* (gern) extemporierend B M, **-a** F 1 *fabricante*: Blutwursthersteller *m*, -in *f* 2 *vendedor*: Blutwurstverkäufer *m*, -in *f*; **morcillo** A ADJ *caballo* schwarz mit rötlichem Schimmer B M (Rinder)Schenkel *m*, Hachse *f*; **morcillón** A ADJ *fam* dick, fett *(tb persona)* B M grobe Blutwurst *f*

mordacidad F Bissigkeit *f*; beißende Schärfe *f (tb fig)*

mordaga F *fam* Rausch *m*, Schwips *m fam*

mordaz ADJ ⟨*pl* -aces⟩ *ácido, etc* ätzend; *crítica, etc* beißend, bissig

mordaza F 1 *para impedir hablar*: Knebel *m*; **poner ~ a alg** j-n knebeln; *fig* j-n mundtot machen 2 TEC Backe *f*; *de un taladro*: Spannfutter *n*; **~ de freno** Bremsbacke *f*; **~s** *fpl* Greifer *mpl an Fördermaschinen*

mordedor A ADJ beißend; bissig *(tb fig)*; *prov* **perro ladrador, poco ~** Hunde die bellen, beißen nicht B M, **mordedora** F 1 *de un bebé*: Beißring *m (für Säuglinge)* 2 *fig (burlón)* Spötter *m*, -in *f*; **mordedura** F *acción*: Beißen *n*; *efecto*: Biss *m*; *herida*: Bisswunde *f*; **mordente** M MÚS Nachschlag *m beim Triller*; **~ inferior** Mordent *m*; **~ superior** Pralltriller *m*

morder ⟨2h⟩ A VT & VI 1 *con los dientes*: beißen; *fig* **~ el polvo** *o* **la tierra** ins Gras beißen, sterben; *fam* **está que muerde** er platzt vor Wut *fam*, er tobt, er ist fuchsteufelswild *fam* 2 *(corroer)* ätzen; verbrennen, zerfressen B VR **morderse** sich beißen; **~ las uñas** (an den) Nägel(n) kauen; **no ~ la lengua** kein Blatt vor den Mund nehmen

mordicación F Beißen *n*; Ätzen *n*; **mordicante** ADJ beißend, scharf; *fig burla, crítica* bissig, ätzend; **mordicar** VT ⟨1g⟩ brennen, stechen; **mordida** F 1 *Am (mordisco)* Biss *m* 2 *espec Am (soborno)* Bestechung(sgeld *n*) *f*; **mordido** ADJ *fig* geschmälert; **mordiente** A ADJ beißend *(tb fig)* B M 1 *(corrosivo)* Ätzmittel *n*; Beize *f*; *tintorería*: Fixiermittel *n* 2 *fig (brío, ímpetu)* Zug *m*, Schwung *m*

mordiscar VT ⟨1h⟩ knabbern; **mordisco** M 1 *(mordedura)* Biss *m*; *herida*: Bisswunde *f* 2 *(bocado)* Bissen *m*, Happen *m*; **mordisquear** VT beißen, knabbern

morena[1] F *Frau, Mädchen*: Dunkelhaarige *f*; Dunkelhäutige *f*

morena[2] F *pez*: Muräne *f*

morena[3] F 1 GEOL Moräne *f* 2 AGR *(montón de mieses)* Garbenhaufen *m*

moreno A ADJ 1 *color*: dunkelbraun 2 *(de ojos oscuros)* dunkeläugig; *del cabello*: dunkelhaarig; *de piel*: dunkelhäutig; braun (gebrannt) B M Bräune *f*

morera F BOT (weißer) Maulbeerbaum *m*; **moreral** M Maulbeer(baum)pflanzung *f*

morería F HIST 1 *barrio de moros*: Maurenviertel *n* 2 *país de moros*: Maurenland *n* 3 *frec desp pueblo*: Maurenvolk *n*

morete M *Ec, Méx*, **moretón** M *fam* blauer Fleck *m*

morfa F 1 BOT *hongo*: Zitronenpilz *m* 2 *drogas pop (morfina)* Morphium *n*

morfar VT & VI *Arg* essen, futtern *fam*

morfema M LING Morphem *n*

Morfeo M MIT Morpheus *m*; *fig* **estar en brazos de ~** in Morpheus' Armen ruhen

morfina F QUÍM, FARM Morphin *n*, Morphium *n*; **morfinismo** M MED Morphinismus *m*; Morphinvergiftung *f*; **morfinomanía** F MED Morphiumsucht *f*; **morfinómano** A ADJ morphiumsüchtig B M, **-a** F Morphinist *m*, -in *f*

morfología F *t/t* Morphologie *f*, Formenlehre *f*; **morfológico** ADJ morphologisch; **morfosintáctico** ADJ LING morphosyntaktisch; **morfosintaxis** F Morphosyntaxis *f*

morganático ADJ JUR *matrimonio* morganatisch, zur linken Hand

morgue F *Am* Leichenschauhaus *n*

moribundo A ADJ sterbend, MED moribund B M, **-a** F Sterbende *m/f*

moriche M BOT Mauritiuspalme *f*

morigeración F Mäßigung *f*; **morigerado** ADJ wohlerzogen; sittsam

morigerar VT mäßigen

morilla F BOT *hongo*: Morchel *f*

morillo M Feuerbock *m (am offenen Kamin)*

morir ⟨3k; *pp* muerto⟩ A VI 1 *(no ser vivo)* sterben; umkommen; *planta* eingehen; **~ de** sterben an *(dat)*; *fig* sterben vor *(dat)*; **¡muera(n)!** Tod! *(dat)*; nieder mit ihm (o ihr *o* ihnen)!; **~ de** *o* **a mano airada** eines gewaltsamen Todes sterben; **~ de sed** verdursten, verschmachten *(tb fig)*; *fam fig* **~ vestido** keines natürlichen Todes sterben 2 *fig (extinguir)* aufhören; verlöschen; *fuego, luz* ausgehen, erlöschen; *camino, tren, etc* enden; **el embate de las olas moría en la playa** der Wellenschlag verlief sich allmählich am Strand B VR **morirse** 1 *(ser vivo)* sterben; **~ de hambre/sed** verhungern/verdursten 2 *miembro* einschlafen 3 *fig* **~ de** vergehen vor; **~ de risa** sich totlachen; **es para ~ de risa** es ist zum Totlachen; **~ por** sich verzehren nach *(dat)*; darauf brennen zu *(inf)*; **~ por alg** sich vor Sehnsucht nach j-m verzehren C VT *pop* töten; **~ a tiros** erschießen

morisca F getaufte Maurin *f*; HIST Moriskin *f*; **morisco** A ADJ maurisch B M 1 *(moro bautizado)* Maure *m*, HIST Moriske *m* 2 *Méx (mestizo)* Mischling *m (Nachkomme von Mulatte und Europäerin oder umgekehrt)*; **morisma** F 1 *reunión*: Maurenversammlung *f*; *secta*: Maurensekte *f* 2 *(moros)* Mauren *mpl*

morisqueta F 1 *(ardid, treta)* Streich *m*, *den man j-m spielt* 2 *(mueca)* Grimasse *f*, Gesichtsverzerrung *f*; **hacer ~s** Grimassen schneiden 3 *arroz cocido*: *(salzlos gekochter)* Reis *m*

morito M ORN Sichelreiher *m*

morlaco M 1 *Esp* TAUR riesiger Stier *m* 2 *Am fam (dinero)* **~s** Kröten *fpl fam*, Eier *npl pop*

mormón M REL Mormone *m*; **mormona** F Mormonin *f*; **mormónico** ADJ mormonisch, Mormonen...; **mormonismo** M Mormonentum *n*

moro A ADJ 1 *(del moro)* maurisch 2 *fam fig vino* unverfälscht B M, **-a** F *de África septentrional*: Maure *m* Maurin *f*; **¡hay ~s en la costa!** es ist Gefahr im Verzug; es liegt was in der Luft *fam*; (Vorsicht,) Feind hört mit!

morocho ADJ *Am Mer, espec Arg* dunkelhaarig

morondanga F *fam* Krimskrams *m fam*; Mischmasch *m fam*; Saustall *m fam*

morondo ADJ kahl

moronga F *Am Centr, Méx* Wurst *f*

morosidad F Saumseligkeit *f*, Langsamkeit *f*; **moroso** ADJ langsam, saumselig; *deudor* säumig

morrada F Zusammenprall *m* mit den Köpfen; *fig (bofetada)* Ohrfeige *f*, Maulschelle *f*

morraguete M *pez*: Dünnlippige Meeräsche *f*

morral M 1 *saco de comida*: Futtersack *m* 2 *del cazador*: Jagdtasche *f*; Brotbeutel *m*; *(mochila)* Rucksack *m* 3 *fam fig (mal educado)* Flegel *m*, Lümmel *m*; **morralero** M CAZA Jagdgehilfe *m*

morralla F 1 *(gentuza)* Gesindel *n*, Pack *n* 2 *(trastos)* Plunder *m* 3 *Méx (dinero suelto)* Kleingeld *n* 4 *pesca*: Beifang *m (wertlose, kleine Fische im Netz)*

morrear VI, VR **~(se)** *pop* knutschen, sich abknutschen *fam*

morrena F GEOL Moräne *f*

morreo M Geknutsche *n vulg*

morrillo M 1 *cogote abultado de la res*: Fleisch-

wulst *m an Nacken und Hals beim Rindvieh* **2** *fig (cogote)* feister Nacken *m*, Stiernacken *m* **3** *(canto pelado)* Kieselstein *m*
morriña F **1** VET *(comalia)* Viehseuche *f*; *de las ovejas*: Räude *f der Schafe* **2** *(melancolía)* Heimweh *n*, Sehnsucht *f*; Nostalgie *f*; **morriñoso** ADJ **1** *ganado* krank; *oveja* räudig **2** *(enfermizo)* kränklich
morrión M MIL HIST **1** *casco*: Sturmhaube *f* **2** *prenda militar*: *Art* Tschako *m*
morro M **1** ZOOL *(hocico)* Schnauze *f*, Maul *n (tb pop fig de personas)*; **~s** *mpl* wulstige Lippen *fpl*; GASTR **ensalada** *f* **de ~ de buey** Ochsenmaulsalat *m*; **beber a ~** *(ohne Gefäß)* von der Quelle (*o* direkt aus der Flasche) trinken; **estar de ~(s)** *o fam* **hacer ~s** *o* **poner ~s** schmollen, eine Schnute ziehen *fam*; *pop* **hincharle a alg los ~s** j-m die Fresse polieren *pop*; **torcer el ~** ein saures Gesicht machen **2** *Esp fam fig* **echar ~s** frech sein; *pop* **tener ~** unverschämt sein; **tiene un ~ que se lo pisa** er ist unverschämt bis zum Gehtnichtmehr; **andar al ~** sich herumprügeln; **caer(se) de ~s** auf die Schnauze fallen *pop*; *fam* **por el ~** einfach (*o* nur) so, aus Spaß (*o* Vergnügen); *pop* **¡qué ~, tío!** was für ein Kerl! *pop* **3** *(peñasco)* Felskuppe *f* **4** *(guijarro)* runder Kieselstein *m* **5** MAR *fin del muelle*: Molenkopf *m* **6** AVIA Nase *f*, Schnauze *f fam*
morrocotudo ADJ **1** *fam (estupendo)* klasse *fam*, super *fam*, irre *fam*; affengeil *fam*; **pasar un susto ~** zu Tode erschrecken, wahnsinnig erschrecken *fam*, einen gewaltigen Schreck(en) kriegen *fam* **2** *Col fam (adinerado)* betucht **3** *Arg (fornido)* kräftig, stämmig
morrocoy(o) M **1** *Col* ZOOL *reptil*: *Art* Schildkröte *f (Testudo lobulata)* **2** *Cuba fig (persona deformada)* unförmige Person *f*

M

morrón A ADJ BOT **pimiento** *m* **~** Tomatenpaprika *m* B M *fam* Schlag *m*, Hieb *m auf den Kopf oder ins Gesicht*
morronga F *pop Cuba* Penis *m*
morrongo A M **1** *fam (gato)* Katze *f*, Mieze *f fam* **2** *Méx (sirviente)* Diener *m*; Knecht *m* **3** *fig (cigarro)* Zigarre *f aus unfermentiertem Tabak* B ADJ *fam* stur *fam*; verschlossen, zugeknöpft *fam*; wortkarg; **morronguear** V/I **1** *Bol (beber)* trinken **2** *Chile (dormir)* schlafen; **morronguero** ADJ *Cuba* knick(e)rig *fam*; feige
morruda F *pez*: Spitzbrasse *f*
morrudo ADJ **1** *(bezudo)* dicklippig **2** *Arg fam persona*: kräftig, stämmig
morsa F ZOOL Walross *n*
mortadela F GASTR Mortadella *f*
mortaja¹ F **1** *(sudario)* Leichentuch *n*; Totenhemd *n* **2** *Am reg (papel de cigarrillo)* Zigarettenpapier *n*
mortaja² F **1** CONSTR Falz *m*, Federnut *f*; Zapfenloch *n* **2** TEC *(muesca)* Fuge *f*, Schlitz *m*
mortal A ADJ **1** *(sujeto a muerte)* sterblich; *arma, peligro* tödlich; Tod...; **enemigo** *m* **~** Todfeind *m* **2** *fig (muy seguro)* todsicher, untrüglich, gewiss B M/F Sterbliche *m/f*; **mortalidad** F Sterblichkeit *f*, Mortalität *f (tb* MED*)*; **(tasa** *f* **de) ~** Sterblichkeitsrate *f*; **~ infantil** Kindersterblichkeit *f*; **mortalmente** ADV tödlich; **odiar ~** auf den Tod hassen; **mortandad** F Massensterben *n*
mortecino ADJ **1** *animal* verendet; **carne** *f* **-a** Fleisch *n* eines verendeten Tiers **2** *fig (débil)* kraftlos; *fuego* erlöschend; *color* blass; *luz* fahl, trüb
mortera F *Art* Schüssel *f*; **morterete** M Böller *m*; **disparo** *m* **de ~** Böllerschuss *m*; **mortero** M **1** *(almirez)* Mörser *m* **2** MIL *pieza de artillería*; Granatwerfer *m*, Mörser *m* **3** ARQUIT *(argamasa)* Mörtel *m*; **~ de cal y arena** Kalkmörtel *m*

mortífero ADJ todbringend, tödlich
mortificación F **1** MED Abtötung *f* **2** REL Kasteiung *f* **3** *(humillación)* Demütigung *f*; Kränkung *f*; **mortificador** ADJ, **mortificante** ADJ **1** MED zum Absterben bringend **2** *(humillante)* kränkend **3** *(atormentador)* quälend; lästig; **mortificar** ⟨1g⟩ A V/T **1** MED zum Absterben bringen **2** REL *(macerar)* kasteien; *pasiones, etc* abtöten **3** *(humillar)* demütigen; kränken **4** *(atormentar)* quälen, plagen; ärgern B V/R **mortificarse** **1** MED *y* REL absterben; REL sich kasteien **2** *Méx (avergonzarse)* sich schämen
mortual M *Méx* Erbschaft *f*; **mortuorio** ADJ Leichen..., Sterbe..., Toten...; **caja** *f* **-a** Sarg *m*; **casa** *f* **-a** Trauerhaus *n*
morueco M Schafbock *m*, Widder *m*
moruno ADJ maurisch; **pinchos** *mpl* **~s** GASTR Fleischspießchen *npl*
morusa F *fam* Moneten *fpl fam*, Knete *f fam*
Mosa M Maas *f*
mosaico¹ ADJ *Biblia*: Moses...; mosaisch
mosaico² A ADJ *arte*: Mosaik... B M Mosaik *n*, -arbeit *f*; Fliesenbelag *m*; **un ~ de ...** ein (buntes) Mosaik an ... *(dat)*, eine Vielfalt an *o* von ... *(dat)*
mosaísmo M REL Lehre *f* des Moses; Judentum *n*
mosca F **1** *insecto*: Fliege *f*; **~ artificial** *o* **seca** künstliche Fliege *f (beim Angeln)*; **~ azul** *o* **de la carne** Schmeißfliege *f*; **~ de España** spanische Fliege *f*; *t/t* Kantharide *f*; **caer** *o* **morir como ~s** wie die Fliegen umfallen (*o* sterben); **no ser capaz de matar una ~** keiner Fliege etwas zuleide tun können; *fig* **matar ~s a cañonazos** mit Kanonen auf Spatzen schießen; **¿qué ~ le habrá picado?** was mag nur in ihn gefahren sein?; **se hubiera podido oír volar una ~** man hätte eine Stecknadel fallen hören können **2** *fig* **~s** *fpl* **blancas** Schneeflocken *fpl*; *fam* **cazar ~s** sich mit unnützen Dingen beschäftigen; **papar** *o* **estar papando ~s** Maulaffen feilhalten; *fam* **estar con** *o* **tener la ~ detrás de la oreja** auf der Hut (*o* misstrauisch) sein; *fam* **por si las ~** für alle Fälle **3** *fig persona* **~ muerta** stilles Wasser *n fam*; *desp* Schleicher *m*, Duckmäuser *m*; *fam* **estar ~** *(cuidadoso)* vorsichtig (*o* auf dem Quivive *fam*) sein; *(picado)* eingeschnappt sein *fam* **4** *fam fig (dinero)* Zaster *m*, Moneten *fpl fam*, Knete *f fam*; **aflojar** *o* **soltar la ~** mit dem Zaster herausrücken *fam*
moscada ADJ **nuez** *f* **~** Muskatnuss *f*
moscarda F *insecto*: Schmeißfliege *f*; **moscardear** V/I **1** *reg abeja reina*: die Eier ablegen **2** *fam fig (meter las narices en todo)* überall herumschwirren, herumschnüffeln *fam fig*;
moscardón M **1** *insecto*: große Schmeißfliege *f* **2** *fam fig (persona molesta)* lästiger Kerl *m*, Nervensäge *f fam*
moscareta F ORN Fliegenschnäpper *m*
moscatel A ADJ **uva** *f* **~** Muskatellertraube *f* B M Muskateller(wein) *m*
moscón M **1** *insecto*: Schmeißfliege *f* **2** *fam fig (admirador molesto)* aufdringlicher Verehrer *m*; **mosconear** V/I **~ alrededor de alg** um j-n herumschwänzeln
moscorra F *pop* Rausch *m*
moscovita A ADJ moskauisch; aus Moskau B M/F Moskauer *m*, -in *f* C M MINER Chromglimmer *m*; **moscovítico** ADJ Moskauer...
Moscú M Moskau *n*
Mosela M Mosel *f*
mosén M *reg* Pfarrer *m*
mosqueado ADJ **1** *(moteado)* getüpfelt **2** *fam (enfadado)* eingeschnappt, beleidigt; *(receloso)* misstrauisch; **mosqueador** M **1** *abanico*: Fliegenwedel *m* **2** *fig de un caballo o vacuno*: Wedel *m*, Schweif *m*

mosquear A V/T & V/I **1** *(ahuyentar las moscas)* die Fliegen verscheuchen **2** *fig (crear recelos)* misstrauisch machen *(resentirse)* verstimmt reagieren **3** *fam fig (azotar)* j-n vertrimmen *fam* B V/R **mosquearse** *fam fig (ponerse receloso)* misstrauisch werden; *(picarse)* einschnappen *fam*
mosquero M Fliegenwedel *m*; Fliegenfalle *f*
mosqueta F BOT Muskatrose *f*
mosquetazo M HIST, MIL Musketenschuss *m*; **mosquete** M HIST, MIL Muskete *f*; **mosquetero** M **1** HIST, MIL *soldado*: Musketier *m* **2** *Am fam (espectador de gorra)* Zaungast *m*, Kiebitz *m fam*; **mosquetón** M **1** *arma*: Karabiner *m*; CAZA Stutzen *m*; *fig* **descolgar el ~ contra alg** gegen *j-n* in den Krieg ziehen **2** *anilla*: Karabinerhaken *m*
mosquita F *fam persona*: **~ muerta** stilles Wasser *n*; *desp* Duckmäuser *m*; **mosquitero** M Moskitonetz *n*; **mosquito** M **1** *insecto*: Stechmücke *f*, Schnake *f (reg)*; *espec* MED Moskito *m* **2** *fam fig (ciclomotor)* Moped *n*
mostacera F, **mostacero** M **1** *recipiente*: Senftopf *m*, Senfgefäß *n* **2** *Perú vulg (homosexual) (aktiver)* Homosexueller *m*
mostacho M **1** *fam (bigote)* Schnurr-, Schnauzbart *m*, Schnauzer *fam* **2** *fam fig (cuchillada)* Schmarre *f fam im Gesicht* **3** MAR *cabo grueso*: Bugsprietvertäuung *f*; **mostachón** M GASTR Mandelplätzchen *n*, Makrone *f*;
mostachoso ADJ *fam* schnurrbärtig
mostacilla F **1** CAZA *(perdigones)* Vogelschrot *m* **2** **~s** *fpl (abalorio)* sehr kleine Glas- (*o* Kunststoff)perlen *fpl*
mostajo M BOT Mehlbeerbaum *m*
mostaza F **1** BOT *planta*: Senf(baum) *m*; *semilla*: Senfkorn *n* **2** GASTR Senf *m*; *p. ext salsa*: Senfsoße *f* **3** CAZA → mostacilla
mostazal M BOT Senfpflanzung *f*
mostazo M **1** *mosto*: dicker Weinmost *m* **2** *de cerveza*: Stammwürze *f (Bier)*
moste → oste
mostear V/I mosten
mostela F AGR Bündel *n*; Garbe *f*; **mostelalera** F AGR Schuppen *m*, Scheune *f*
mostillo M **1** *(mosto joven)* junger Most *m* **2** GASTR *mosto condimentado*: Würzmost *m (mit Anis abgeschmeckt)* **3** GASTR *salsa*: Most-Senf-Soße *f* **4** GASTR *dulce*: ***Süßspeise aus Most, Mehl und Fruchtstückchen***
mosto M **1** *zumo de la uva*: *(unvergorener)* (Trauben)Most *m*; **~ agustín** *Art* Weinmostsuppe *f* **2** *cervecería*: Maische *f (Bierbrauerei)*
mostrador M **1** *en una tienda*: Ladentisch *m* **2** *en un bar*: Schanktisch *m*, Büffet *n*, Theke *f* **3** AVIA *en el aeropuerto*: Schalter *m*; **~ de facturación** Abfertigungsschalter *m*
mostrar ⟨1m⟩ A V/T zeigen, weisen; aufzeigen; vorzeigen B V/R **mostrarse** sich zeigen; sein
mostrenco ADJ **1** *(sin amo)* herrenlos; *(sin hogar)* obdachlos; JUR **bienes** *mpl* **~s** herrenloses Gut *n* **2** *fig (ignorante)* ungebildet, dumm; *(torpe)* tollpatschig, schwerfällig
mota¹ F **1** *(nudillo)* Knötchen *n*; *(pelusa)* Fäserchen *n*, Fussel *f*; *p. ext (mancha)* Flecken *m im Spiegel* **2** *en el ojo*: Fremdkörper *m* **3** TEX Noppen *m*, *(lunar)* Tupfen *m* (*o* Tüpfelchen *n*) *im Tuch* **4** *Perú (borla de polvos)* Puderquaste *f*, Schwammtuch *n* **5** *(elevación solitaria)* einsamer Hügel *m* **6** *reg (poco dinero)* kleiner Geldbetrag *m* **7** *Arg (rulo)* Lockenwickler *m* **8** *Méx* Marihuana *n* **9** *fig* **ni (una) ~** *(nada)* kein bisschen, nicht die Spur *fam*
mota² F *Col (mujer policía)* Verkehrspolizistin *f*; Politesse *f*
motacila F ORN Bachstelze *f*
mote¹ M **1** *(apodo)* Spitzname *m*; **poner ~s** *o* **~**

a alg j-m (einen) Spitznamen geben 2 *(lema)* Wahlspruch *m*, Motto *n*; Devise *f* 3 LIT *(sentencia)* Denkspruch *m* 4 *Chile (equivocación)* Irrtum *m*

mote² M 1 *Andes (maíz cocido)* gekochter Mais *m* 2 *Chile (guiso de trigo)* Weizenbrei *m*

motear VT tüpfeln; sprenkeln

motejar VT einen Spitznamen geben *(dat)*; *desp* bezeichnen (**de** als *acus*); **motejo** M Spitzname *m*, Spottname *m*; (verächtliche) Bezeichnung *f*

motel M Motel *n*; *Col euf tb* Stundenhotel *n*

motero M *Esp* Motorradfahrer *m*; Motorradfreak *m fam*

motete M 1 MÚS *composición musical*: Motette *f* 2 *Am Mer (cesto)* Tragkorb *m*

motilar VT *cabello* scheren, stutzen

motilidad F FISIOL Bewegungsfähigkeit *f*, Motilität *f*

motilón A ADJ *(pelón)* kahl geschoren, kahlköpfig B M *fig (lego)* Laienbruder *m im Kloster*

motín M Meuterei *f*

motivación F 1 *(alegación)* Begründung *f*, Motivierung *f* 2 *(causa)* Herbeiführung *f*, Verursachung *f*; PSIC Motivation *f*; **~ laboral** Arbeitsmotivation *f*; **motivar** VT 1 *(despertar interés en hacer a/c)* motivieren, *(alegar)* begründen 2 *(causar)* verursachen, herbeiführen; veranlassen

motivo M 1 *gener y* PSIC *(causa)* Motiv *n*, (Beweg-)Grund *m*, Anlass *m*; **~ de alegría** Grund *m* zur Freude; **~ principal** Hauptgrund *m*; **carecer de ~** keine Ursache haben; unbegründet (*o* unberechtigt) sein; **dar ~ a** Anlass geben zu *(dat o inf)*; **ser el ~ de** *o* **para** die Veranlassung sein zu *(dat o inf)*; **tener ~ para** ... Ursache haben, zu ... *(dat o inf)*; **tener sus ~s (para)** seine Gründe haben (zu *inf*); **con ~ de** aus Anlass, anlässlich *(gen)*; wegen *(gen)*; **con mayor ~ cuando** ... umso mehr als ...; **por ~ de** um ... *(gen)* willen; **por este ~** *o* **por ~ de lo cual** *o espec Am incorr* **por cuyo ~** aus diesem Grunde; deshalb; **por ~s de actualidad** aus gegebenem Anlass; **por ~s de salud** aus Gesundheitsgründen; **sin ~** unbegründet, grundlos 2 PINT, MÚS *(tema)* Motiv *n*; MÚS, PINT *tb* Thema *n*; **~ principal** Leitgedanke *m*

moto¹ F *fam (motocicleta)* Motorrad *n*; *tb (escúter)* Motorroller *m*; **~ ligera** Leichtmotorrad *n*; **~ acuática** *o* **de agua** Jetski *m*, Wave-Runner *m*; **~ de nieve** Schneemobil *n*; *fam fig* **ir** *o* **estar como una ~** nicht zu bremsen sein; von allen guten Geistern verlassen sein *fam*; *fig* **vender la ~ a alg** j-n für dumm verkaufen *fam*

moto² M *(lema)* Motto *n*, Sinnspruch *m*

motobarco M MAR Motorschiff *n*; **motobomba** F Motorpumpe *f*; **motocarro** M Motordreirad *n*; **motocicleta** F Motorrad *n*, Kraftrad *n*, *espec* MIL Krad *n*; **motociclismo** M Motorradsport *m*; **motociclista** M/F Motorradfahrer *m*, -in *f*; **motocine** M Autokino *n*; **motocross** M DEP Motocross *n*; **motocultivo** M AGR maschinelle Bodenbestellung *f*; **motolancha** F Motorboot *n*; MIL Schnellboot *n*

motón M MAR Block *m*, Blockrolle *f*; (Flasche *f* am) Flaschenzug *m*

motonáutica F MAR Motorbootsport *m*; **motonave** F MAR *(großes)* Motorschiff *n*; **motoneta** F kleines Motorrad *n*; Moped *n*; Mokick *n*; *Am reg (escúter)* Motorroller *m*; **motoniveladora** M Planierraupe *f*; **motopesquero** M Motorfischerboot *n*; **motopropulsión** F Motorantrieb *m*

motor A M 1 TEC, AUTO Motor *m*; AUTO **~ de arranque** Anlasser(motor) *m*; **~ auxiliar** Hilfsmotor *m*; **~ de carrera corta** Kurzhubmotor *m*; **~ de 8 cilindros** Achtzylindermotor *m*; **~ de combustión interna** Verbrennungsmotor *m*; **~ Diesel** Dieselmotor *m*; **~ eléctrico** Elektromotor *m*; **~ de explosión** Explosions-, Verbrennungsmotor *m*; MAR **~ fuera (de) borda** Außenbordmotor *m*; **~ de dos/cuatro tiempos** Zwei-/Viertaktmotor *m*; **~ de gasolina** Benzinmotor *m*; **~ de inyección** Einspritzmotor *m*; **~ en línea** Reihenmotor *m*; MAR **~ marino/popero** Schiffs-/Heckmotor *m*; **~ térmico** Wärmekraftmaschine *f*; AUTO **~ trasero** Heckmotor *m*; AVIA **~ de turbopropulsión** Turbo(prop)maschine *f*; **~ en V** V-Motor *m*; **vehículo** *m* **de ~** Kraftfahrzeug *n*; Motorfahrzeug *n*; AUTO **se le ha agotado el ~** ihm ist der Motor abgestorben; **con el ~ en marcha** bei (*o* mit) laufendem Motor *m* 2 INFORM **~ de búsqueda** Suchmaschine *f* 3 *fig (fuerza propulsante)* treibende Kraft *f*; ECON *fig* **~ de crecimiento** Wachstumsmotor *m*; **calentar ~es** sich bereitmachen *fam*; **el primer ~** der erste Beweger, Gott *m* B ADJ bewegend, Bewegungs...; ANAT, PSIC motorisch; TEC Antriebs...; AUTO **bloque** *m* **~** Motorblock *m*; *fig* **elemento** *m* **~** antreibendes Element *n*; → *tb* motriz

motora F MAR Motorboot *n*

motorismo M 1 DEP Motorsport *m*; **~ aéreo** Motorflugsport *m* 2 *conocimientos*: Motorenkunde *f*; **motorista** A ADJ Motorsport... B M/F Kraftfahrer *m*, -in *f*; *Esp tb (motociclista)* Motorradfahrer *m*, -in *f*; **motorización** F Motorisierung *f*; **motorizado** ADJ motorisiert; **motorizar** VT ⟨1f⟩ motorisieren

motorola® F *Esp* Mobiltelefon *n*, Handy *n fam*

motosegadora F AGR Motormäher *m*; **motosierra** F Motorsäge *f*; **mototaxi** M *espec Am* Motorradtaxi *n*; **motovelero** M MAR Motorsegler *m*

motricidad F FISIOL Motorik *f*

motriz ADJ F ⟨*pl* -ices⟩ antreibend, Trieb...; Antriebs...; Bewegungs...; FÍS kinetisch; **actividad** *f* **~** Bewegungsaktivität *f*; **fuerza** *f* **~** Triebkraft *f*, Antriebskraft *f*; *fig tb* treibende Kraft *f*

mouse [maŭs] F INFORM Maus *f*

mousse [mus] M/F GASTR Mousse *n*

movedizo ADJ 1 *(móvil) (leicht)* beweglich; bewegbar, verstellbar, versetzbar 2 *(inseguro)* unsicher; veränderlich 3 *fig (variable)* unbeständig; wankelmütig; **movedor** ADJ bewegend

mover ⟨2h⟩ A VT 1 *(poner en movimiento)* bewegen, antreiben *(tb fig)*; **~ la cola** mit dem Schwanz wedeln 2 *ajedrez*: ziehen 3 *fig (inducir)* veranlassen, anregen; *discordia* schüren; **~ a compasión** Mitleid erwecken; **~ a lágrimas** zu Tränen rühren B VR **moverse** *(accionar)* sich bewegen; sich regen, sich rühren *(tb fig)*; *fam* **¡anda, muévete!** los, los!; nun mach schon!

movible ADJ beweglich; verschiebbar; *fig* wankelmütig; **movida** F *Esp* 1 Rummel *m*, lebhaftes Treiben *n*, Betrieb *m (auf Straßen)*; Szene *f fam*; *de noche tb* Nachtleben *n* 2 **la ~ madrileña** *kultureller Aufschwung in Madrid ab Ende der 70er Jahre*; **movido** ADJ 1 *(vívido)* bewegt *(tb fig)*; lebhaft 2 FOT verwackelt 3 *Am Cent, Chile (débil)* schwach, schwächlich; **moviente** ADJ 1 *(conmovedor)* bewegend 2 HIST **territorio** *m* **~** *Gebiet, das den Lehnsherrn gewechselt hat*

móvil A ADJ beweglich; fahrbar; verschiebbar; *fig tb (inestable)* unbeständig; **~ sobre orugas** *vehículo* raupengängig B M 1 FÍS *(cuerpo en movimiento)* in Bewegung befindlicher Körper *m* 2 *(motivo)* Motiv *n*, (Beweg)Grund *m*, Triebfeder *f*; **el ~ del crimen** das Motiv für das Verbrechen 3 TEL *Esp* Mobiltelefon *n*, Handy *n*; **hablar por el ~** mit dem Handy telefonieren 4 *arte*: Mobile *n*

movilidad F 1 *(agilidad)* Beweglichkeit *f*; **con** *o* **de ~ reducida** gehbehindert; **adaptado para personas de ~ reducida** behindertengerecht 2 SOCIOL Mobilität *f*; **~ social** soziale Mobilität *f* 3 *Perú* AUTO *(oportunidad de transporte)* Mitfahrgelegenheit *f*

movilización F 1 MIL *y fig* Mobilisierung *f*; Einsatz *m (von Menschen und Mitteln)*; MIL **~ (general)** (allgemeine) Mobilmachung *f* 2 ECON *de fondos*: Flüssigmachung *f* 3 *Col* AUTO *(oportunidad de transporte)* Mitfahrgelegenheit *f*

movilizar ⟨1f⟩ A VT 1 MIL *de las tropas*: mobilmachen 2 *fig (poner en actividad)* mobil machen, mobilisieren; *personas, medios* einsetzen, aufbringen, aufbieten 3 ECON *capital* flüssigmachen B VR **movilizarse** *(ponerse en movimiento)* aktiv werden

movimiento M 1 FÍS, FISIOL, TEC, *etc* Bewegung *f*; *juego de tablero tb* Zug *m*; **~ acelerado** beschleunigte Bewegung *f*; **~ hacia adelante** Vorwärtsbewegung *f*; **(aparato** *m* **de) ~ perpetuo** Perpetuum *n* mobile; **~ rectilíneo** geradlinige Bewegung *f*; **~ de rotación** Drehbewegung; **~ rotatorio** Kreisbewegung *f*; ARQUIT **~ de tierras** Erdbewegung *f*; **~ de vaivén** Hin- und Herbewegung *f*; ARQUIT **hacer ~** leicht aus dem Lot gekommen sein; *muro, etc* sich setzen; **poner(se) en ~** (sich) in Bewegung setzen; *mecanismo* (sich) in Gang setzen 2 TEC *(impulso)* Antrieb *m*; *(engranaje)* Getriebe *n*, Räder-, Uhrwerk *n*; **~ por pedal** Fußantrieb *m* 3 *(cambio, alteración)* Veränderung *f*, Umwälzung *f*, Bewegung *f*; Wechsel *m*; POL **~ diplomático** Diplomatenwechsel *m* 4 POL, SOCIOL *(agitación)* Bewegung *f*; Unruhe *f*; Erhebung *f*; **~ antibélico** *o* **pacifista** Friedensbewegung *f*; **~ clandestino** Untergrundbewegung *f*; **~ ecológista** Umweltbewegung *f*; **~ huelguista** Streikbewegung *f*; **~ independista** Unabhängigkeitsbewegung *f*; **~s** *pl* **migratorios internos** POL Binnenwanderung *f*; *Esp* HIST **Movimiento Nacional** Francoerhebung *f*; **~ obrero** Arbeiterbewegung *f*; **~ sindical** Gewerkschaftsbewegung *f* 5 GEOL **~ orogénico** Gebirgsbewegung *f*; GEOL **~ sísmico** Erdbeben *n* 6 *estadística*: Bewegung *f*, Veränderung *f*; **~ demográfico** Bevölkerungsbewegung *f*; **~s** *mpl* **migratorios internos** Binnenwanderung *f* 7 *(actividad)* Betrieb *m*, Treiben *n*; **tienda** *f* **de mucho ~** viel besuchtes Geschäft *n* 8 COM Umsatz *m*; Umschlag *m*; **~ anual** Jahresumsatz *m*, Jahresumschlag *m*; **~ de cheques** Scheckverkehr *m*; **~ de mercancías** Warenumsatz *m*; **~ de pagos** Zahlungsverkehr *m*; **~ de los precios** Preisbewegung *f* 9 MIL *(cambio de posición)* Bewegung *f*; Stellungswechsel *m*; *esgrima tb* Ausfall *m* 10 MÚS *compás*: Tempo *n*; *parte de una composición*: Satz *m* 11 PSIC *(emoción)* Regung *f*; Anwandlung *f*; Stimmung *f*; **~ de celos** Anwandlung *f* von Eifersucht 12 PINT, LIT Bewegung *f*, Leben *n*; Lebendigkeit *f* des Ausdrucks

moya F 1 *Col vasija*: unglasiertes Tongefäß *n zum Salzsieden* 2 *Cuba* BOT *margarita*: Gelbe Margerite *f* 3 *Chile (fulano)* (Herr) Soundso *m*

moyuelo M feinste Kleie *f*

moza F 1 *(chica)* Mädchen *n*; *p. ext fam (criada)* Magd *f*; *fam* **buena ~** strammes Mädchen *n fam*; **real ~** hübsches Mädchen *n* 2 *fam fig para la ropa*: Wäscheprügel *m* 3 *de la sartén*: Pfannenhalter *m* 4 *juego de cartas*: letzter Stich *m* 5 *Am reg (camarera)* Kellnerin *f*; **mozalbete** M junger Bursche *m*; **mozallón** M → mozarrón

Mozambique M Mosambik *n*

mozambiqueño A ADJ mosambikanisch B M, **-a** F Mosambikaner *m*, -in *f*

M

mozárabe A ADJ mozarabisch B M/F HIST Mozaraber m, -in f (unter maurischer Herrschaft lebende[r] Spanier[in]); **mozarabía** F Mozaraberschaft f; Mozaraber mpl
mozarrón M fam kräftiger Bursche m
mozartiano ADJ Mozart…
mozo A ADJ 1 (joven) jung 2 (soltero) unverheiratet, ledig B M 1 (joven) junger Mensch m; Bursche m; **buen ~** stattlicher junger Mann m 2 (sirviente) Diener m; Bursche m; **~ de cuerda** o **de cordel** Dienstmann m; **~ de estación** Gepäckträger m 3 espec RPl (camarero) Kellner m 4 (soltero) Junggeselle m 5 MIL (recluta) erfasster Wehrpflichtiger m; **mozón** M, **mozona** F reg Spaßmacher m, -in f; **mozuelo** M Bürschchen n, Bürschlein n
MP F ABR (Media Pensión) HP f (Halbpension)
MP3 M INFORM, MÚS MP3; (**reproductor** m) **de ~** MP3-Player m
MRTA M ABR (Movimiento Revolucionario Tupac Amaru) *peruanische Untergrundbewegung*
mu[1] A INT onom **¡~!** muh! B M de las vacas: Muhen n; **hacer ~** (~) muhen; fam **no decir ni ~** keinen Mucksen tun fam, nicht piep sagen fam
mu[2] F 1 leng. inf anticuado (cama, sueño) Bett n, Schlaf m; **ir a la ~** in die Heia gehen 2 pop (lengua) Zunge f
muaré M TEX Moiré m/n (tb TIPO, TV, etc)
muca F Perú ZOOL Beutelratte f
mucamo M, **-a** F Am Diener m, Dienstmädchen n; en los hoteles: Zimmerkellner m, Zimmermädchen n
muceta F Robe f der Professoren, Rechtsanwälte etc; CAT Mozzetta f der Prälaten
muchacha F 1 (chica) Mädchen n 2 (criada) Hausmädchen n, Dienstmädchen n; **~ para todo** Mädchen n für alles (tb fig); Arg **~ cama afuera** Tagesmädchen n; **~ cama adentro** Dienstmädchen n, Hausangestellte f (die im Haus wohnt)
muchachada F 1 (chiquillada) Kinderei f; Jugendstreich m 2 (chiquillería) Kinderschar f 3 (grupo de muchachos) Gruppe f junger Leute;
muchachaje M Am → muchachada 2, 3;
muchachería F (chiquillada) Kinderei f;
muchachez F Knaben- (o Mädchen)alter n; (frühe) Jugend f; **muchacho** M 1 (chico) Junge m, Knabe m 2 (pollo) Bursche m; fam (joven) junger Mann m; **gran ~** netter, sympathischer junger Mann m 3 (sirviente) Diener m; (Haus)Bursche m 4 Col GASTR Tafelspitz m
muchedumbre F Menge f; Volksmenge f; fig Volk n; **muchedumbroso** ADJ massenhaft, in großen Mengen
mucho A ADJ 1 cantidad: viel; zahlreich; **~s** pl viele, manche; **-as más dificultades** weit mehr Schwierigkeiten; **no tengo ~ dinero** ich habe nicht viel Geld; **¡-as gracias!** vielen Dank!; **~ tiempo** lange (Zeit); **-as veces** oft, oftmals 2 (demasiado) zu viel; **es ~ para su edad** das ist (zu) viel für sein Alter; **es ~ coche para mí** das Auto ist zu groß für mich B ADV 1 aumentativo: sehr, viel; **~ antes** viel eher; **~ después** viel später; **beber ~** viel trinken; **dar para ~** o **dar ~ de sí** sehr ergiebig sein; viel hergeben; **tengo ~ frío** mir ist sehr kalt; **tener a alg en ~** j-n hoch schätzen; viel von j-m halten; **como ~** höchstens; **(ni) con ~** bei Weitem (nicht); **ni ~ menos** durchaus nicht, keineswegs, auf keinen Fall 2 (a menudo) oft; **nos vemos ~** wir sehen uns oft 3 (tiempo largo) lange; **esperar ~** lange warten; liter **~ ha que …** es ist lange her, seit …; **hace ~ que no te veo** ich habe dich lange nicht gesehen; **no ha ~** unlängst; **no tardará ~ en hacerlo** er wird es bald tun 4 CJ **por ~ que** (subj) sosehr (o wie sehr) auch (ind); **qué ~ que** (subj) o **no es ~ que** (subj) kein Wunder, dass (ind); **~ será que no llegue** er kommt bestimmt
mucilaginoso ADJ schleimartig, schleimig
mucilago, mucílago M (Zellstoff-, Pflanzen)Schleim m
mucolítico MED A ADJ schleimlösend B M Schleimlöser m; t/t Mukolytikum n
mucosa F ANAT Schleimhaut f; **~ gástrica** Magenschleimhaut f
mucosanguinolento ADJ MED blutig-schleimig
mucosidad F Schleim m; **mucoso** ADJ schleimig, schleimartig, Schleim…
múcura A ADJ Col (torpe) tollpatschig, dumm, unfähig B F 1 Am ánfora: Tonkrug m für Frischwasser 2 Am Mer *Gefäß zur Zubereitung von Chicha (Maisschnaps)*
muda F 1 (cambio) Wechsel m; acción: Wechseln n 2 (ropa limpia) frische Wäsche f zum Wechseln, Garnitur f (Wäsche, Bettwäsche) 3 AUTO aceite: Ölmenge f zum Wechseln 4 de la voz: Stimmbruch m; **estar de ~** im Stimmbruch sein 5 ORN Mauser f; ZOOL de animales de piel: Haarwechsel m; de serpientes: Häuten n; **mudable** ADJ veränderlich; **mudada** F 1 Am (cambio) Wechseln n 2 Arg, Cuba, Méx (mudanza) Umzug m 3 C. Rica, Ec, Hond de ropa: Wäschewechsel m
mudanza F 1 (cambio) Veränderung f, Wandel m; Wechsel m (tb MED) 2 de vivienda: Umzug m, Wohnungswechsel m; **camión** m **de ~s** Möbelwagen m; **empresa** f **de ~s** Umzugsunternehmen n; **estar de ~** umziehen 3 (inconstancia) Unbeständigkeit f; Wankelmut m; **hacer ~s** unbeständig sein 4 MÚS danza: Tanzfigur f
mudar A V/T 1 (cambiar) ändern; wechseln 2 de localidad: einen (Orts)Wechsel vornehmen; **~ el aparato a otro piso** das Gerät in ein anderes Stockwerk (ver)bringen B V/I 1 ORN **~ (la pluma)** sich mausern 2 ZOOL animales de piel das Haar (o den Pelz) wechseln, haaren; serpientes sich häuten 3 **~ de ideas** seine Ansichten ändern; fig **~ de aire** die Tapeten wechseln (fig); **~ de voz** im Stimmbruch sein, MED mutieren C V/R **mudarse** 1 la vestimenta sich umziehen; **~ de ropa** die Wäsche wechseln 2 **~ (de casa)** umziehen; Suiza zügeln 3 viento sich drehen 4 fig el vientre Stuhl entleeren
muday M Chile Korn-, Maisschnaps m
mudéjar A ADJ Mudejar…; arte: **estilo** m **~** Mudejarstil m (12.–16. Jh.) B M/F Mudejar m, -in f (unter christlicher Herrschaft lebender Maure)
mudenco ADJ C. Rica, Hond stotternd; **mudez** F Stummheit f; fig Verstummen n; (hartnäckiges) Schweigen n
mudo A ADJ stumm; fig stumm; äußerst wortkarg; FON **consonante** f **-a** Muta f; FON **letra** f **-a** stummer Buchstabe m; TEAT **escena** f **-a** stumme Szene f B M, **-a** F Stumme m/f
mueblaje M Einrichtung f, Möbel npl; **mueblar** V/T → amueblar
mueble A ADJ JUR (movible) beweglich; **bienes** mpl **~s** Mobilien pl, bewegliche Habe f B M Möbel n; Einrichtungsstück n; **~-bar** Hausbar f; **~s** mpl **para cocina** Küchenmöbel npl; **~s por elementos** o **funcionales** o **modulares** Anbaumöbel npl; **~s de época** antike Möbel npl; **~s de estilo** Stilmöbel npl; **~ frigorífico** Kühltruhe f; **~s de jardín** Gartenmöbel npl; **~s metálicos** Stahlmöbel npl; **~s de mimbre** Korbmöbel npl; **~s tapizados** Polstermöbel npl; **~ zapatero** Schuhschrank m; fam fig **sacar ~s** in der Nase bohren; fam fig **ser un ~ de la casa** persona zum Inventar gehören fam
mueblería F taller: Möbelwerkstatt f; negocio: Möbelverkauf m, -geschäft n; **mueblista** M/F 1 fabricante: Möbelhersteller m, -in f 2 comerciante: Möbelhändler m, -in f
mueca F Grimasse f; **hacer ~s** Grimassen schneiden
muecín M islamismo: Muezzin m
muela F 1 diente: Backenzahn m; p. ext Zahn m; **~ cordal** o **del juicio** Weisheitszahn m; **echar las ~s** Backenzähne bekommen; fig wütend sein 2 del molino: Mühlstein m; p. ext cantidad de agua: Mühlwasser n (zum Antrieb des Mühlrads ausreichende Wassermenge) 3 **~ (abrasiva)** (piedra de afilar) Schleifstein m; TEC Schleifscheibe f 4 cerro: steile Höhe f mit abgeflachter Spitze; p. ext artificial: künstlich aufgeschütteter Hügel m 5 BOT (almorta) Platterbse f
muellaje M MAR Kaigebühren fpl
muelle[1] M 1 MAR del puerto: Hafendamm m; Mole f; Kai m; Pier m/f; **~ de carga** Verladekai m; **~ de descarga** Löschkai m; **~ de contenedores** Containerterminal m; **~ flotante** Landungsbrücke f 2 FERR **~ de carga** Laderampe f 3 AVIA de pasajeros: Flugsteig m
muelle[2] A ADJ 1 (blando) weich; (suave) zart, (calentito) mollig 2 fig (agradable) behaglich 3 fig (blandengue) weichlich; wollüstig B M TEC Sprungfeder f; Blattfeder f; **~ de reloj** Uhrfeder f
muenda F Col Tracht f Prügel
muérdago M BOT Mistel f
muerde → morder
muere → morir
muergo M ZOOL Schwertmuschel f
muermo A M 1 VET Rotz m der Pferde 2 pop MED (resfrío) Erkältung f, Katarr(h) m; fig physischer (o moralischer) Verfall m 3 fam fig (aburrimiento) Langeweile f; persona: langweilige Person f; Nervensäge f fam; cosa: langweilige Sache f B ADJ langweilig; **muermoso** ADJ VET caballo rotzig
muerte F 1 Tod m; Sterben n; **~ aparente** Scheintod m; **~ por hemorragia** Verbluten n; **~ heroica** Heldentod m; MED **~ cerebral** Hirntod m; HIST fig **~ negra** Schwarzer Tod m, Pest f; **~ repentina** o **súbita** plötzlicher Tod m; **~ violenta** gewaltsamer Tod m; **dar ~ a alg** j-n töten; **estar a dos dedos de la ~** in unmittelbarer Todesgefahr sein; **hallarse entre la vida y la ~** zwischen Leben und Tod schweben, in äußerster Gefahr sein; **ir a la ~** in den Tod gehen; fig ins Unglück rennen; **morir de ~ natural** eines natürlichen Todes sterben; **tomarse la ~ por su mano** Hand an sich legen 2 fig Vernichtung f; Untergang m; **a ~** tödlich, bis zum Äußersten (o Letzten); **a vida o ~** auf Leben und Tod; **de ~** tödlich; **de mala ~** elend, erbärmlich; fam **un pueblo de mala ~** ein Kuhdorf n fam, ein Kaff n fam; **aborrecer de ~** auf den Tod verabscheuen; **odiar a ~** auf den Tod hassen; **ser la ~** nicht zum Aushalten sein; sterbenslangweilig sein 3 ECOL **~ de los bosques** Waldsterben n 4 DEP tenis: **~ súbita** Tiebreak m/n
muerto A PP → morir B ADJ 1 (difunto) tot (**estar sein**); gestorben; **más ~ que vivo** mehr tot als lebendig; tb fig **medio ~** halb tot; **caerse ~** tot umfallen; Am fam fig tb (entregar el dinero) mit dem Zaster herausrücken fam; **no tener donde caer(se) ~** bettelarm sein, arm wie eine Kirchenmaus sein fam; fam Perú **hacer perro ~** seine Schulden nicht bezahlen; **resultar ~** umkommen, ums Leben kommen 2 fig **~ de hambre** halb verhungert, ausgehungert; Col fig (tacaño) geizig, knauserig; **~ de sueño** todmüde, hundemüde; fig **~ por alg** unsterblich verliebt in j-n 3 ECON **capital** m **~** totes Kapital n; **tiempo** m **~** ungenutzte Zeit f, Wartezeit f; DEP tb Auszeit f 4 CONSTR cal gelöscht C M, **-a** F 1 (difunto, -a) Tote m/f; Verstorbene m/f; **callar como un ~** schweigen (o ver-

M

schwiegen sein) wie ein Grab **2** *fam fig* **un ~ de hambre** ein Hungerleider *m*; *fam fig* **cargar con el ~** die Suppe auslöffeln, *etw* ausbaden (müssen); *fam fig* **cargarle** *o* **colgarle a alg el ~** j-m den schwarzen Peter zuspielen *fam*; *fig* **contarle a alg con los ~s** j-n ganz (und gar) abgeschrieben haben *fam* **3** *al nadar:* **hacer el ~** den toten Mann machen; *fig* **hacerse el ~** den toten Mann spielen; nicht auffallen (wollen) **D** M CONSTR Uferbalken *m beim Brückenbau*

muesca F **1** *(entalladura)* Kerbe *f*; Scharte *f* **2** MIL *de la mira:* Kimme *f an der Waffe* **3** TEC, CONSTR *(ranura)* Nut *f*, Falz *m*, Kerbe *f*; Schlitz *m*; Raste *f* **4** AGR *en el ganado:* Einschnitt *m* am Ohr *als Besitzzeichen*

muesli ['mŭesli] M GASTR Müsli *n*

muestra **A** → mostrar **B** F **1** *(modelo)* Muster *n*; Modell *n*; Vorlage *f*; COM Warenprobe *f*; **~ aleatoria** Zufallsstichprobe *f*; **~ experimental** *o* **de ensayo** Versuchsmuster *f*; **~ gratuita** Gratisprobe *f*; COM **~ sin valor** Muster *n* ohne Wert; **como ~** zur Ansicht; **(cálculo** *m* **por) ~ computerizada** Hochrechnung *f* **2** *fig (indicio)* Zeichen *n*, Anzeichen *n*; *(demostración)* Beweis *m*; *fam* **para ~, (basta) un botón** hier ein Beispiel **3** CAZA *del perro:* Vorstehen *n*; **ponerse de ~** vorstehen **4** MIL → revista 3

muestrario M COM Musterbuch *n*; Musterkollektion *f*; Katalog *m*; **muestreo** M Stichprobenentnahme *f*

mueve → mover

MUFACE F ABR *Esp* (Mutualidad General de Funcionarios Civiles del Estado) *Krankenversicherung der Staatsbeamten*

muffler M *S.Dgo* AUTO Auspuff *m*

mufla F METAL Muffel *f*

muflón M ZOOL Mufflon *m*

muftí M *islamismo:* Mufti *m*

mugido M *del ganado:* Gebrüll *n*, Brüllen *n*; *fig del agua, viento:* Rauschen *n*, Brausen *n*, Tosen *n*; **mugidor** ADJ, **mugiente** PART brüllend

múgil M *pez:* Meeräsche *f*

mugir V/I ⟨3c⟩ *vacuno* brüllen *(tb fig)*; *fig agua, viento, etc* brausen, rauschen; tosen; heulen

mugre F, *Am Mer tb* M Fettfleck *m*; (schmieriger) Schmutz *m*; TEX Wollschmutz *m*; **mugriento** ADJ schmierig, schmutzig; schmuddelig *fam*; **mugrón** M AGR Absenker *m*, Rebsteckling *m*; Ableger *m*; **mugroso** ADJ → mugriento

muguete M **1** BOT Maiglöckchen *n* **2** MED Soor *m*

mui F *Esp pop* Zunge *f*; **darle a la ~** quasseln *fam*, quatschen *fam*; **irse de la ~** auspacken *fam*, ausplaudern

muja(h)id M ⟨*pl* -in⟩ Mudschahed *m (heiliger Krieger des Islam)*

mujer F **1** *gener* Frau *f*; weibliches Wesen *n*; **la ~ de hoy (en día)** die Frau von heute; **la ~ de mis sueños** meine Traumfrau *f*; **la ~ de mi vida** die Frau meines Lebens; **~ liberada** emanzipierte Frau *f*; **~ de mundo** Dame *f* von Welt; **~ de negocios** Geschäftsfrau *f*; **~ policía** Polizistin *f*; POL **~ cuota** Quotenfrau *f*; **nombre** *m* **de ~** Frauenname *m*; *fig* **tener nombre de ~** weiblich sein, ein weibliches Gesicht haben; **ropa** *f* **de ~** Damenkleidung *f*; **de ~ a ~** von Frau zu Frau; *fig* **ya es** *o* **está hecha una ~** sie ist schon zur Frau herangereift **2** *(esposa)* Ehefrau *f*; **mi ~** meine Frau; **tomar ~** eine Frau nehmen, heiraten **3** **~ de su casa** *o* **ama** *m* **de ~** Hausfrau *f*; **ser (muy) ~ de su casa** eine gute Hausfrau sein **4** **~ de faenas** Zugehfrau *f*; **~ de (la) limpieza** Putzfrau *f* **5** *desp* **~ objeto** *die Frau als Lustobjekt*; **~ pública** *o* **de la vida** *o* **de mala vida** (Straßen)Dirne *f*, Prostituierte *f*; **~ de vida (alegre)** Lebedame *f*

mujercilla F liederliches Weib *n*; **mujercita** F Weibchen *n*; Mädchen *n*

mujerear V/I *Col, P. Rico* sich mit Frauen amüsieren; **mujerengo** *Arg*, **mujerero** *Am*, **mujeriego** ADJ Frauen…; **hombre** *m* **~** Frauen-, Weiberheld *m*; **a -as** *o* **a la -a** im Damensitz *(reiten)*; **mujeril** ADJ weiblich, Frauen…; *desp* weibisch; **trabajos** *mpl* **~es** Frauenarbeit *f*; **mujerío** M Frauen *fpl*; *desp* Weibsleute *pl fam*; **mujerón** M *Col*, **mujerona** F Mannweib *n*; **mujerzuela** F *desp* Flittchen *n fam*; *(prostituta)* Hure *desp*

mujik M Muschik *m*

mujol M *pez:* Großköpfige Meeräsche *f*, Mugel *m*

mula F **1** ZOOL *mamífero:* Maultier *n*, Maulesel in *f*; **~ de paso** Reitmaultier *n* **2** *pez:* Große Seenadel *f* **3** *drogas:* Drogenkurier *m*, -in *f* **4** *Méx (cachivaches)* Plunder *m*; **meter la ~ a alg** *fam* j-n hereinlegen

mulá M *islamismo:* Mullah *m*

mulada F **1** *hato:* Maultierherde *f* **2** *fig (crudeza)* Rohheit *f*

muladar M **1** *(basurero)* Abfallhaufen *m*, Misthaufen *m* **2** *fig (semillero del vicio)* Brutstätte *f des Lasters etc*

muladí M ⟨*pl* -íes⟩ HIST *zum Islam übergetretener Christ im maurisch beherrschten Spanien*

mular ADJ Maultier…; **ganado** *m* **~** Maultiere und Maulesel *pl*

mulatero M, **-a** F **1** *alquilador:* Maultiervermieter *m*, -in *f* **2** → mulero

mulatizar V/I ⟨1f⟩ *Am* die Farbe eines Mulatten haben

mulato **A** ADJ **1** *(de los mulatos)* Mulatten… **2** *(marrón oscuro)* dunkelbraun **B** M, **-a** F **1** Mulatte *m*, Mulattin *f* **2** *Cuba fam* Kumpel *m* **C** M *Am mineral: Art* dunkles Silbererz *n*

mulé *jerga del hampa* **dar ~ a** alg j-n töten, j-n umlegen *pop*

mulero M, **-a** F **1** *(encargado, -a de las mulas)* Maultiertreiber *m*, -in *f* **2** *Arg fam (mentiroso, -a)* Lügner *m*, -in *f*, Aufschneider *m*, -in *f*

muleta F **1** *apoyo de madera:* Krücke *f tb fig* **2** TAUR Muleta *f (rotes Tuch des Stierkämpfers)* **3** TEC Kniestütze *f*

muletero M → mulatero

muletilla F **1** TAUR Muleta *f* **2** *fig (frase preferida)* Lieblingsredensart *f*, -wendung *f* **3** TEC *(manilla)* Knebel *m*; Querstift *m*

muleto M ZOOL junger Maulesel *m*; **mulillas** FPL TAUR Maultiergespann *n*; **mulita** F *Arg, Bol, Chile, Par, Ur* ZOOL Neunbindengürteltier *n*

mullida F Streu *f für Vieh*; **mullido** **A** ADJ weich, locker; *(lanoso)* wollig **B** M Polstermaterial *n (z. B. Wolle, Seegras etc)*

mullir V/T ⟨3h⟩ **1** auflockern; *ropa de cama* aufschütteln **2** AGR *suelo* (auf)lockern; *viñedo, etc* häufeln **3** *fig (preparar bien)* gut vorbereiten

mulo M ZOOL Maulesel *m*; **~ (castellano)** Maultier *n*

mulsión F *t/t* Melken *n*; **mulso** ADJ *(mit Honig oder Zucker)* gesüßt

multa F Geldstrafe *f*, Geldbuße *f*; Strafzettel *m*; **poner una ~** → multar

multar V/T **~ (con 1.000 euros)** mit einer Geldstrafe (von 1000 Euro) belegen

multi F *fam empresa:* Multi *m fam*

multicaule ADJ BOT vielstängelig; **multicelular** ADJ mehrzellig; **multicéntrico** ADJ *das Einkaufszentrum betreffend*; **multicentro** M *(großes)* Einkaufszentrum *n*; **multicine** M Kinocenter *n*, Multiplex *n*; **multiclavija** F ELEC Mehrfachstecker *m*; **multicolor** ADJ vielfarbig; bunt; TIPO Mehrfarben…; **multicopiadora** F *Bol* Vervielfältigungsgerät *n*; **multicopiar** V/T ⟨1b⟩ vervielfältigen; **multicopista** F Vervielfältigungsgerät *n*; **multicultural** ADJ multikulturell; **multidisciplinar, multidisciplinario** ADJ multidisziplinär; **multiempleo** M Tätigkeit *f* an verschiedenen Arbeitsstätten; **multiespacio** M *tienda:* Multistore *m*; **multietapa** ADJ Mehrstufen…, mehrstufig; **multiétnico** ADJ Vielvölker…, multiethnisch; **multifacético** ADJ vielseitig; **multifamiliar** ADJ Mehrfamilien…, **edificio ~** Mehrfamilienhaus *n*; **multifloro** ADJ BOT vielblumig, mit vielen Blüten; **multiforme** ADJ vielgestaltig; **multifuncional** ADJ Mehrzweck…; TEC Multifunktions…; **multigrado** ADJ AUTO **aceite ~** Mehrbereichsöl *n*; **multilateral** ADJ mehrseitig; multilateral; **multilingüe** ADJ mehrsprachig, vielsprachig; **multilingüismo** M Mehrsprachigkeit *f*; **multimedia** **A** ADJ Multimedia…, multimedial; **instalación ~** multimediale Installation *f* **B** M Multimedia *n*; **multimediático** ADJ Multimedia…, multimedial; **multimillonario** M, **-a** F Multimillionär *m*, -in *f*; **multinacional** **A** ADJ multinational **B** F ECON Multi *m fam*, multinationaler Konzern *m*

multípara F Mehrfachgebärende *f*

multipartidismo M POL Mehrparteiensystem *n*; **multipartidista** ADJ Mehrparteien…; **sistema** *m* **~** Mehrparteiensystem *n*

multipicadora F Küchenmaschine *f*

múltiple **A** ADJ vielfach; mehrfach; vielfältig; **una cuestión ~** eine mehrschichtige Frage; *transporte:* **choque** *m o* **colisión** *f* **~** Massenkarambolage *f*; **de ~ uso** Mehrzweck… **B** M Vielfache(s) *n*; Mehrfache(s) *n*

multiplex ELEC **A** ADJ *inv* Multiplex… **B** M **~ de frecuencia** Multiplextechnik *f*

multiplicación F **1** *(reproducción)* Vervielfältigung *f*, Vervielfachung *f*; *espec* MAT Multiplikation *f* **2** BIOL *(propagación)* Vermehrung *f*, Fortpflanzung *f* **3** TEC *(transmisión)* Übersetzung *f*; **multiplicador** M **1** MAT, TEC Multiplikator *m* **2** AUTO *(caja de cambios)* Übersetzungsgetriebe *n*; ELEC Vervielfacher *m*; **multiplicando** M MAT Multiplikand *m*

multiplicar ⟨1g⟩ **A** V/T **1** *(reproducir)* vervielfältigen, vervielfachen **2** MAT multiplizieren, malnehmen **(por** mit *dat*) **3** BIOL *y fig (propagar)* vermehren **B** V/R **multiplicarse** sich häufen; zunehmen; BIOL sich vermehren; **multiplicativo** ADJ vervielfachend; **multiplicidad** F Vielfalt *f*; Mannigfaltigkeit *f*; **multiplico** M *espec del ganado:* (natürliche) Vermehrung *f*

múltiplo MAT **A** ADJ vielfach **B** M Vielfache(s) *n*

multipolar ADJ ELEC mehrpolig; **multiprocesador** M INFORM Multiprozessor *m*; **multiprocesadora** F *Arg* Küchenmaschine *f*; **multipropiedad** F *viviendas:* Timesharing…; **multirracial** ADJ multikulturell; **multisecular** ADJ **1** *de muchos siglos:* jahrhundertealt **2** *que dura muchos siglos:* jahrhundertelang; **multitarea** F INFORM Multitasking *n*

multitud F **1** *(gran cantidad)* Menge *f*; **una ~ de …** eine Menge … **2** *de gente:* Volksmasse *f*; **multitudinario** ADJ Massen…

multiuso ADJ Mehrzweck……; **multiusuario** ADJ Mehrbenutzer…, Multiuser…; **multivitamínico** M Multivitaminpräparat *n*

mundanal ADJ *liter* weltlich; Welt…; **mundanería** F Weltlichkeit *f*; **mundano** ADJ **1** *(relativo al mundo)* weltlich, Welt… **2** *persona* mondän

mundial **A** ADJ Welt…; **comercio** *m* **~** Welthandel *m*; **campeonato** *m* **~** Weltmeisterschaft *f* B M DEP Weltmeisterschaft *f*; **~ de fútbol** Fußballweltmeisterschaft *f*

mundialización F weltweite Ausdehnung *f*; *espec* ECON Globalisierung *f*; **mundialmente** ADV weltweit

mundillo M 1 *fig* (*sociedad*) Gesellschaft *f*; (*círculo*) Welt *f*, (Gesellschafts)Kreise *mpl*; **~ del espectáculo** Show-Business *n*; **~ del arte** Kunst-, Künstlerszene *f* 2 TEX (*almohadilla de encaje*) Klöppelkissen *n* 3 BOT *arbusto*: Schlingbaum *m*, Schneeball *m*

mundo M 1 *nuestro planeta*: Welt *f* (*tb fig*); **el Mundo Antiguo** GEOG die Alte Welt; *en el tiempo*: das Altertum; die Antike; **el ~ entero** die ganze Welt; **el Mundo Libre** die Freie Welt; **el Nuevo Mundo** die Neue Welt, Amerika *n*; **el Tercer Mundo** die Dritte Welt; **concepto** *m* **del ~** Weltanschauung *f*; **desde que el ~ es ~** seit die Welt besteht; **en el ~** auf der Welt; *espec* REL in der Welt; **andar por esos ~s de Dios** die Welt bereisen; **correr ~** sich in der Welt umsehen; **ver ~** sich (*dat*) die Welt ansehen; **haber visto mucho ~** weit gereist sein; **(dar la) vuelta al ~** (eine) Weltreise (machen); **seguirle a alg hasta el cabo del ~** j-m bis ans Ende der Welt folgen; *fam fig* **ponerse el ~ por montera** sehr selbstherrlich sein; so tun, als ob einem die Welt gehöre; *fig* **el ~ es un pañuelo** die Welt ist klein (*o* ein Dorf); **¡qué pequeno es el ~!** die Welt ist klein! 2 (*entorno*) **~ galante** Halbwelt *f*; **~ laboral** Arbeitswelt *f*; **~ de la moda** die Modewelt *f*, Modebranche *f* 3 REL **este ~** das Diesseits; **el otro ~** die andere Welt, das Jenseits; *fam fig* **este ~ y el otro** Gott und die Welt (*fig*); (*abundancia*) Überfluss *m*, großer Reichtum *m*; *fam* **este pícaro ~** diese schlechte Welt; *fam fig* **mandar al otro ~** ins Jenseits befördern *fam*; *fig* **salir del ~** aus der Welt gehen, sterben; *fam* **no ser cosa** *o* **nada del otro ~** nichts Besonderes sein; *Biblia y fig* **no ser de este ~** nicht von dieser Welt sein; *fam fig* **vivir en el otro ~** geistesabwesend sein 4 *fig* Welt *f*; **el ~ al revés** eine verkehrte Welt; **así va** *o* **anda el ~** das ist (nun mal) der Lauf der Welt; **por nada del ~** nicht um alles in der Welt; **echar al ~** in die Welt setzen (*fam tb niño*); **traer al ~** *un niño* zur Welt bringen; **venir al ~** auf die Welt kommen; **(tal) como vino al ~** wie ihn (*o* sie) Gott geschaffen hat, nackt; **se le vino** *o* **cayó el ~ encima** die Welt brach für ihn zusammen; **se le hundió el ~** die Welt brach für ihn zusammen; **el ~ (no) se hunde** die Welt geht (nicht) unter 5 (*globo*) Weltkugel *f*, Globus *m* 6 (*humanidad*) Menschheit *f*; Gesellschaft *f*, Menge *f von Menschen*; *fig* **medio ~** die halbe Welt; **lo sabe medio ~** das weiß die halbe Welt; **todo el ~** alle Welt, alle, jeder (mann); **todo el ~ compra lo mismo** alle kaufen das Gleiche; **entrar en el ~** in die Gesellschaft eintreten 7 (*experiencia del mundo*) Weltkenntnis *f*, Menschenkenntnis *f*; Lebenserfahrung *f*; Lebensart *f*; **tener (mucho) ~** die Welt (gut) kennen; (große) Lebenserfahrung besitzen; *fam* **saber un ~ de a/c** sehr gut Bescheid (*o* eine Menge *fam*) über etw (*acus*) wissen 8 *fam* **baúl** *m* **~** Schrank-, Kabinenkoffer *m*

mundología F *fam* Weltkenntnis *f*; Lebenserfahrung *f*; Lebensart *f*

Múnich ['muniʧ, 'munik] F München *n*

munición F 1 *de un arma*: Munition *f* 2 MIL **-ones** *fpl* **de boca** (*víveres*) Lebensmittel- und Futtervorräte *mpl*; MIL **de ~** vom Staat gestellt; **municionar** V/T (*proveer munición*) mit Munition versorgen; (*aprovisionar*) verproviantieren; *p. ext* (*abastecer*) ausrüsten; beliefern (**de, con** mit *dat*); **municionero** M (Heeres)Lieferant *m*

municipal ADJ städtisch, Stadt...; Gemeinde...; **elecciones** *fpl* **~es** Kommunalwahlen *fpl*; **piscina** *f* **~** Stadtbad *n*; **término** *m* **~** Gemeindebezirk *m*; **policía** *m* **~** Stadtpolizei *f*, kommunale Polizei *f*; **municipalidad** F 1 *administración*: Gemeindeverwaltung *f*; städtische Verwaltung *f* 2 (*ayuntamiento*) Rathaus *n*

municipalización F ADMIN Übernahme *f* durch die Gemeinde; **municipalizar** V/T ⟨1f⟩ ADMIN kommunalisieren; in Gemeindeeigentum überführen

municipio M 1 (*comunidad*) **~ (urbano)** (Stadt)Gemeinde *f*; **~ (rústico)** (Land)Gemeinde *f* 2 *distrito*: Gemeindebezirk *m* 3 (*concejo*) Gemeinderat *m* 4 (*ayuntamiento*) Rathaus *n*

munificencia F Großzügigkeit *f*; Prachtentfaltung *f*; **munificente** ADJ, **munífico** ADJ großzügig

muniqués A ADJ münchnerisch, Münchner B M, **-esa** F Münchner *m*, -in *f*

munir V/T *Arg, Ur* **~ a alg de a/c** j-n mit etw versehen

muñeca F 1 ANAT Handgelenk *n*; Handwurzel *f* 2 *juguete*: (Kinder)Puppe *f*; TEX (*maniquí*) Schneiderpuppe *f*; **~ de goma/porcelana** Gummi-/Porzellanpuppe *f*; **~ hinchable** Dummy *f*; Aufblaspuppe *f*; *p. ext* Sexpuppe *f* 3 *fig* (*chica*) Mädchen *n*, Püppchen *n* (*fig*) 4 *trapo*: Stoffballen *zum Polieren etc*

muñeco M 1 *figurilla*: (Glieder)Puppe *f*; **~ de nieve** Schneemann *m* 2 *Esp fig persona*: Fatzke *m fam*; Waschlappen *m fam*

muñeira F MÚS Muñeira *f* (*galicischer Volkstanz*)

muñequear A V/I 1 *en esgrima, etc*: aus dem Handgelenk heraus arbeiten (*z. B. beim Fechten*) 2 *Arg, Ur* (*mover influencias*) Situationen geschickt ausnutzen B V/R **muñequearse** *Perú* nervös werden; **muñequera** F Handgelenkschützer *m*; Armband *n*; **muñequilla** F TEC Zapfen *m*

muñidor M *Esp* 1 (*criado de cofradía*) Bote *m einer Bruderschaft*; **~ electoral** Wahlschlepper *m* 2 *reg* (*intrigante*) Intrigant *m*

muñir V/T ⟨3h⟩ *Esp* 1 (*convocar*) einberufen 2 (*disponer*) anordnen; (*manejar*) zustande bringen, managen *fam*; beeinflussen *fam*

muñón M 1 *de un tronco*: Stumpf *m*, *de un cigarrillo*: Stummel *m*; MED **~ de amputación** Amputationsstumpf *m* 2 TEC (*tapón*) Zapfen *m*; Stumpf *m*; **~ del cigüeñal** Kurbelwellenzapfen *m*

muquir V/T ⟨3e⟩ *jerga del hampa* essen, futtern *fam*

murajes MPL BOT Gauchheil *m*

mural A ADJ Mauer..., Wand...; **estantería** *f* **~** Wandregal *n* B M PINT Wandbild *n*; *cartel*: Wandplakat *n*; **muralista** M Wandmaler *m*

muralla F Stadtmauer *f*; *p. ext Am* dicke Mauer *f* (*o* Wand *f*); **la Gran Muralla de China** die Chinesische Mauer; **murallón** M dicke Mauer *f*

murar V/T ummauern; vermauern, zumauern

Murcia N PR F *spanische Stadt, Region*

murciano ADJ aus Murcia

murciélago M ZOOL Fledermaus *f*

murena F *pez*: Muräne *f*

murga F 1 MÚS *compañía de músicos*: Straßenmusikanten *mpl*, Bettelmusikanten *mpl*; *desp* schlechte Musikkapelle *f* 2 *fam fig* (*faena*) Plage *f*; Schinderei *f*; **dar la ~ a alg** j-n belästigen; j-n plagen; **murguista** M/F (*músico callejero*) Straßenmusikant *m*, -in *f*; *desp* schlechte(r) Musiker *m*, -in *f*

múrice M 1 ZOOL *molusco*: Purpurschnecke *f* 2 *poét color*: Purpurfarbe *f*

murió → morir

murmullo M 1 *de personas*: Gemurmel *n*, Murmeln *n* 2 *de agua, del viento, etc*: Rauschen *n*; Säuseln *n*; **murmuración** F üble Nachrede *f*, Gerede *n*, Klatscherei *f*; **murmurador** M, **murmuradora** F Verleumder *m*, -in *f*; Lästerzunge *f*

murmurar A V/I 1 (*hablar entre dientes*) murmeln 2 (*susurrar*) rauschen; säuseln; wispern B V/T & V/I 1 (*gruñir*) murren (gegen *acus*) 2 (*difamar*) verleumden, reden, lästern, klatschen *fam*; **murmurio** M 1 (*murmullo*) Murmeln *n*; (*susurro*) Rauschen *n*; Plätschern *n*; Säuseln *n* 2 (*gruñido*) Murren *n*; (*queja*) Klagen *n* 3 → murmuración

muro M 1 *gener* Mauer *f*; Wand *f*; **~ de contención** Schutzmauer *f*, Schutzwall *m*; Staudamm *m*; **~ frontal** Stirnwand *f*; **~ medianero** Trennwand *f*; **~ de paramento** Blendwand *f*; FÍS **~ del sonido** *o* **sónico** Schallmauer *f* 2 *monumentos*: **el Muro de las Lamentaciones** *o* **de los Lamentos** die Klagemauer; HIST **el Muro de Berlín** die Berliner Mauer 3 *fig* **un ~ de silencio** eine Mauer des Schweigens

murria F *fam* (*melancolía*) Trübsinn *m*, Niedergeschlagenheit *f*; (*anhelo*) Sehnsucht *f*; (*nostalgia*) Heimweh *n*

murrio ADJ *fam* niedergeschlagen, trübsinnig, down *fam*

murta F 1 BOT Myrte *f* 2 *jerga del hampa* (*olivo*) Olive *f*; **murtal** M Myrtenpflanzung *f*; **murtilla** F 1 BOT *arbusto*: chilenischer Myrtenstrauch *m* 2 *fruto*: Myrtenbeere *f* 3 *Chile vino*: Myrtenwein *m*

mus A M *ein Kartenspiel* B M/F GASTR Mousse *n*

musa F MIT *y fig* Muse *f*; *tb fig* **templo** *m* **de las ~s** Musentempel *m*; *fam fig* **le ha soplado la ~** die Muse hat ihn geküsst

musáceas FPL BOT Musazeen *fpl*, Pisanggewächse *npl*

musaraña F 1 ZOOL (*musgaño*) (Wald)Spitzmaus *f*; *p. ext* (*sabandija*) kleines Viehzeug *n* 2 *fam fig figura*: Männchen *n* (*Karikatur*) 3 *fam fig* **~s** *fpl* Schleier *m* vor den Augen, Augenflimmern *n*; **mirar a las ~s** mit offenen Augen träumen, dösen *fam*; **pensar en las ~s** geistesabwesend sein, nicht da sein *fam*

musculación F Bodybuilding *n*; **máquina** *f* **de ~** Kraftsportgerät *n*

muscular[1] ADJ (*del músculo*) Muskel...; MED **contracción** *f* **~** Muskelkontraktion *f*; **fibra** *f* **~** Muskelfaser *f*; **fuerza** *f* **~** Muskelkraft *f*; **tono** *m* **~** Muskeltonus *m*

muscular[2] A V/T (*ejercitar los músculos*) Bodybuilding betreiben B V/R **muscularse** muskulös werden; **musculatura** F Muskulatur *f*

músculo M Muskel *m*; Muskelfleisch *n*; **~ cervical** Nackenmuskel *m*; Zervikalmuskel *m*; **~ contráctil** Schließmuskel *m*; **~ estriado** gestreifter Muskel *m*; **~ liso** glatter Muskel *m*

musculosa F *Arg, Ur* ärmelloses Hemd *n*; **musculoso** ADJ muskulös; *p. ext* kräftig

museal ADJ Museums..., museal

muselina F TEX Musselin *m*

museo M Museum *n*; *colección*: Kunstsammlung *f*; **~ al aire libre** Freilichtmuseum *n*; **~ de (bellas) arte(s)** Museum *n* der Schönen Künste; **~ de ciencia(s) y técnica** Museum *n* für Wissenschaft und Technik; **~ del ejército** Armeemuseum *n*; **~ etnológico** Völkerkundemuseum *n*; **~ de cera** Wachsfigurenkabinett *n*; **~ de historia natural** Naturkundemuseum *n*; **~ local** (*o Am* **comunitario**) Heimatmuseum *n*; **~ virtual** virtuelles Museum *n*; *fam fig* **ser pieza de ~** ein Museumsstück sein *fam*

museología F Museumskunde *f*; Museologie *f*

muserola F *equitación*: Nasenriemen *m(pl)*

museta F MÚS 1 *instrumento*: Sackpfeife *f*, Mu-

M

sette *f* **2** *danza*: Musette *f* (*Tanz bzw Zwischensatz der Gavotte*)

musgaño M ZOOL Spitzmaus *f*

musgo M BOT Moos *n*; *Perú* (*turba*) Torf *m*

música F **1** Musik *f*; **~ atonal** atonale Musik *f*; **~ de baile** *o* **bailable** Tanzmusik *f*; **~ de cámara** Kammermusik *f*; **~ clásica** klassische Musik *f*;*fam* **~ enlatada** Konservenmusik *f* *fam*; **~ de fondo** Untermalungsmusik *f*, Hintergrundmusik *f*; **~ funcional** Musikberieselung *f*; **~ de fusión** *f* Cross-over *m*; **~ instrumental** Instrumentalmusik *f*; **~ ligera** leichte Musik *f*, Unterhaltungsmusik *f*; **~ llana** gregorianischer Gesang *m*; **~ pop** Popmusik *f*; **~ popular** Volksmusik *f*; **~ sagrada** *o* **sacra** Kirchenmusik *f*; **~ vocal** Vokalmusik *f*; **al compás de la ~** im (*o* zum) Takt der Musik; **poner en ~ a/c** *o* **poner ~ a a/c** etw vertonen **2** *fig* **~ celestial** Sphärenmusik *f*; *irón* schöne Worte *npl* (*irón*), leere Versprechungen *fpl*; **bailar al compás de la ~ de alg** nach j-s Pfeife (*dat*) tanzen; **dar ~ a un sordo** tauben Ohren predigen; *fam* **¡vete con la ~ a otra parte!** bring das anderswo an!; versuch dein Glück (damit) anderswo! **3** *compañía*: Musik(kapelle) *f* **4** (*musicante*) Musikerin *f*

musical A ADJ musikalisch; Musik...; **tener talento ~** musikalisch sein **B** M TEAT Musical *n*; **musicalidad** F Musikalität *f*; musikalischer Charakter *m*; **musicante** A ADJ musizierend **B** M/F Musiker *m*, -in *f*; **musicar** V/T ⟨1g⟩ MÚS vertonen; **musicasete** M/F, **musicassete** M/F Musikkassette *f*

music-hall [ˈmĭusik-xɔl] M Varieteé(theater) *n*

músico A ADJ musikalisch; Musik...; **instrumento** *m* **~** Musikinstrument *n* **B** M Musiker *m*; **~ ambulante** *o* **callejero** Straßenmusikant *m*; **~ de instrumento de cuerda** Streicher *m*; **~ de instrumento de viento** Bläser *m*

musicógrafo M, **-a** F Musikschriftsteller *m*, -in *f*; **musicología** F Musikwissenschaft *f*; **musicólogo** M, **-a** F Musikwissenschaftler *m*, -in *f*; **musicomanía** F Musikschwärmerei *f*; **musicómano** M, **-a** F Musikschwärmer *m*, -in *f*, Musiknarr *m* Musiknärrin *f fam*; **musicoterapia** F Musiktherapie *f*; **musiquero** M **1** *estantería*: Notenregal *n*; Notenschrank *m* **2** *persona*: Musikliebhaber *m*; **musiquilla** F *fam desp* Dudelei *f fam*, Gedudel *fam*

musitar V/I murmeln; raunen; zischeln; brummeln *fam*

musivo ADJ musiv, Musiv...; eingelegt, Mosaik...; **plata** *f* **-a** Musivsilber *n* (*zum Bronzieren*)

muslamen M *Esp fam* Hintern *m*, Hinterteil *n* (*bes der Frauen*)

muslo M **1** ANAT Oberschenkel *m* **2** GASTR *de la pierna*: Schenkel *m*; Keule *f*; **~ de cangrejo** Krebsfleisch *n*; **~ de pollo** Hähnchenschenkel *m*

musola F *pez*: Glatthai *m*

mustang(o) M *Am* Mustang *m*

mustela F ZOOL **1** *pez*: Meerquappe *f* **2** *t/t* (*comadreja*) Wiesel *n*

mustiarse V/R (ver)welken; **mustio** ADJ **1** (*malhumorado*) missmutig; (*triste*) traurig, bedrückt **2** (*marchito*) welk **3** *Méx* (*falso*) falsch, (*hipócrita*) heuchlerisch

musulmán A ADJ muslimisch, moslemisch **B** M, **-ana** F Muslim *m*, Muslimin *f*, Moslem *m*, -in *f*, *tb* Muslima *f*

mutabilidad F Veränderlichkeit *f*; **mutable** ADJ veränderlich; wandelbar; *t/t* mutabel; **mutación** F **1** (*cambio*) Veränderung *f*, Wechsel *m*, Umschlag(en *n*) *m* **2** TEAT (*cambio de escena*) Szenenwechsel *m* **3** METEO Witterungswechsel *m* **4** BIOL *de los genes*: Mutation *f* **5** FON **~ consonántica** Lautverschiebung *f*; **mutacionismo** M BIOL Mutationstheorie *f*; **mutante** M/F Mutant *m*, -in *f*

mutar V/I BIOL mutieren

mute M *Col* gekochter Mais *m*; **coser ~** *gato* schnurren

mutilación F Verstümmelung *f*; **mutilado** M Krüppel *m*; **~ de guerra** Kriegsversehrte *m*

mutilar V/T verstümmeln; *fig* schwer beschädigen

mutis M **1** TEAT Abgang *m*; *directiva*: (geht) ab; **hacer ~** abgehen; *fig* verschwinden; abtreten, sterben; *fam fig* **hacer ~ por el foro** sich unauffällig verdrücken, (diskret) verschwinden, sich auf Französisch empfehlen *fam* **2** INT **¡~!** Ruhe!

mutismo M Stummheit *f*; Schweigsamkeit *f*; (hartnäckiges) Schweigen *n*

mutualidad F **1** Gegenseitigkeit *f* **2** (*ayuda recíproca*) gegenseitige Hilfe *f*; *p. ext asociación mutual*: Verein *m* auf Gegenseitigkeit; Bruderhilfe *f* (*soziale Hilfskasse*); **~ de crédito** Darlehensverband *m* auf Gegenseitigkeit; **~ obrera** Arbeiterhilfe *f*; **mutualismo** M **1** (*ayuda mutua*) gegenseitige Hilfsbereitschaft *f* **2** BIOL, FIL Mutualismus *m* **3** *régimen*: Vereins- (*o* Unterstützungs)wesen *n* auf Gegenseitigkeit; **mutualista** A ADJ Gegenseitigkeits... **B** M/F Mitglied *n* eines Vereins auf Gegenseitigkeit (→ mutualidad)

mutuo ADJ gegenseitig; **seguro** *m* **~** Versicherung *f* auf Gegenseitigkeit

muy[1] ADV (*vor* ADJ *und* ADV) sehr; ungemein, höchst; zu viel; **~ grande** sehr groß; **~ temprano** sehr früh; zu früh; *forma anticuada en cartas*: **Muy señor mío**: Sehr geehrter Herr!; **es ~ de él** das ist so ganz er, das ist echt er; *fam* **~ mucho** zu viel

muy[2] F *pop* (*lengua*) Zunge *f*

muyahid M ⟨*pl* -in⟩ Mudschahed *m* (*heiliger Krieger des Islam*)

muza F (**lima** *f*) **~** sehr feine Feile *f*

my F My *n* (*griechischer Buchstabe*)

N

N[1], **n** F N, n *n*; → *tb* ene

n/ABR (nuestro) unser

N[2] ABR (Norte) N (Nord[en])

naba F BOT Kohl-, Steckrübe *f*

nabab M Nabob *m* (*tb fig*)

nabí M REL *islamismo*: Prophet *m*

nabina F AGR Rübsamen *m*; **nabiza** F BOT *hoja*: zartes Rübenblatt *n*; *raíz*: Rübchen *n*

nabo M **1** BOT weiße Rübe *f*, Kohlraps *m*; *Arg* Raps *m*; **~ gallego** *Art* Rapskohl *m* **2** *vulg fig* (*pene*) Schwanz *m vulg* **3** ARQUIT Spindel *f einer Wendeltreppe* **4** *Arg, Ur fam* blöder Kerl *m*

naborí M ⟨*pl* -íes⟩ *Am* HIST indianischer Hausdiener *m der Kolonialzeit*; **naboría** *Am* HIST **A** F *zu Beginn der Conquista eingeführte Zuteilung von Indianern zum Hausdienst* **B** M/F → naborí

nácar M **1** Perlmutt *n*, Perlmutter *f* **2** ZOOL Steckmuschel *f*

nacarado ADJ perlmutt(er)farben, -artig, perlmuttern; **nacáreo** ADJ aus Perlmutt(er); **nacarino** ADJ Perlmutt(er)...

nacatamal M *Méx* GASTR *mit Schweinefleisch gefüllte Maispastete*

nacedero ADJ **1** *reg* = **que nace** (→ nacer) **2** *Am Centr, Ec* **cerca** *f* **-a** Heckenzaun *m* **3** GEOG Quellgebiet *n eines Flusses*

nacela F ARQUIT Hohlkehle *f am Säulenfuß*

nacencia F **1** *reg* → nacimiento **2** MED Auswuchs *m*, Geschwulst *f* **3** *Cuba* Jungtiere *npl* einer Herde (*bis zu 1 Jahr alt*)

nacer ⟨2d⟩ **A** V/I geboren werden; *pollito, serpiente etc* ausschlüpfen; *vegetación, cabellos* sprießen; *astro* aufgehen; *día* anbrechen; *fuente, río y fig* entspringen; *fig* entstehen, beginnen; hervorgehen (**de** aus *dat*); seinen Ursprung haben (**de, en** in *dat*); *fig* **yo nací primero** ich habe hier die älteren Rechte; **volver a ~** (*aus großer Gefahr*) heil davonkommen **B** V/R **nacerse** *semillas, patatas* ausschlagen, keimen; *fig costura* ausfransen

nachos MPL *Méx* GASTR Nachos *mpl* (*Art knusprige Maisfladen*)

nacido A ADJ geboren; (*nativo*) *tb* gebürtig; *cosa* entstanden; **bien/mal ~** guter/schlechter Herkunft; *fam fig* **mal ~** mies, fies *fam*, gemein *fam*; **haber ~ de cabeza/de pie(s)** ein Pechvogel/ein Glückskind sein; **no haber ~ ayer** nicht von gestern sein; **¡pero (si) usted no ha ~ ayer!** Sie sind doch nicht von gestern!; so naiv können Sie doch gar nicht sein; **haber ~ para ...** geboren (*o* glänzend begabt) sein für ... (*acus*); *fam fig* **haber ~ tarde** kein großes Licht (*o* nicht sehr helle) sein *fam* **B** M **1** Geborene *m*; Mensch *m*; **un mal ~** ein mieser Kerl *fam*, ein Schweinehund *pop* **2** *Am reg fam* Furunkel *n* **3** *Arg, Par* **~s** *pl* Quelle *f*

naciente A ADJ geboren werdend; *vegetación* aufsprießend; *sol, astro* aufgehend; *día* anbrechend; QUÍM naszierend; *fig* entstehend, werdend; *fig fama* jung; **el sol ~** die aufgehende Sonne; **Imperio** *m* *o* **Tierra** *f* **del Sol Naciente** Reich *n* der aufgehenden Sonne (*Japan*) **B** M **1** (*oriente*) Osten *m* **2** *Arg, Ur* (*fuente*) Quelle *f*

nacimiento M **1** (*parto*) Geburt *f*; **de ~** von Geburt an; **ciego de ~** blind geboren; **fecha** *f* **de ~** Geburtstag *m*; Tag *m* der Geburt; Geburtsdatum *n*; **lugar** *m* **de ~** Geburtsort *m* **2** (*origen*) Herkunft *f*; *liter* Quell *m*, Born *m* (*liter*); **de humilde ~** aus bescheidenen Verhältnissen **3** *fig de una cosa*: Anfang *m*; **~ del pelo** Haaransatz *m* **4** *espec Am* (*pesebre*) **Nacimiento** (Weihnachts)Krippe *f*

nación F (*patria*) Nation *f*; (*pueblo*) Volk *n*; POL **familia** *f* *o* **comunidad** *f* **de -ones** Völkergemeinschaft *f*; POL **mensaje** *m* **a la Nación** Rede *f* zur Lage der Nation; **Organización** *f* **de las Naciones Unidas** Organisation *f* der Vereinten Nationen, UNO *f*; HIST **Sociedad** *f* **de Naciones** *f* Völkerbund *m*

nacional A ADJ national; National...; (*no internacional*) innerstaatlich; Staats...; (*interno, del país, patrio*) inländisch, einheimisch; Landes..., Zentral...; **Biblioteca** *f* **Nacional** National-, Staatsbibliothek *f*; **moneda** *f* **~** Landeswährung *f*; **vuelo** *m* **~** Inlandsflug *m* **B** F (**carretera** *f*) **~** Nationalstraße *f*

nacionalidad F Nationalität *f*; (*ciudadanía*) Staatsangehörigkeit *f*, Staatsbürgerschaft *f*; **doble ~** doppelte Staatsangehörigkeit *f*; **nacionalismo** M Nationalismus *m*; POL **~ constitucional** konstitutioneller Nationalismus *m*; **nacionalista** A ADJ nationalistisch **B** M/F Nationalist *m*, -in *f*; **nacionalización** F **1** *empresa, etc*: Verstaatlichung *f* **2** *persona*: Einbürgerung *f*

nacionalizar ⟨1f⟩ **A** V/T **1** *empresa, etc* verstaatlichen **2** *persona* einbürgern, naturalisieren **3** **~ a/c** einer Sache (*dat*) nationalen Charakter geben; COM *tb* etw inländisch machen (*durch Entrichtung von Zöllen etc*) **B** V/R **~se (español)** die (spanische) Staatsangehörigkeit erwerben

nacionalsindicalismo M *Esp* HIST Nationalsyndikalismus *m*, Falangismus *m*; **nacio-**

nalsindicalista A ADJ nationalsyndikalistisch, falangistisch B M/F Nationalsyndikalist *m*, -in *f*; **nacionalsocialismo** M HIST Nationalsozialismus *m*; **nacionalsocialista** HIST A ADJ nationalsozialistisch, nazistisch B M/F Nationalsozialist *m*, -in *f*, Nazi *m*

naco A ADJ klein, winzig B M 1 *Bol, RPl Art* Kautabak *m* 2 *Col* Kartoffelbrei *m* 3 *Am Centr fam* Weichling *m*, weibischer Kerl *m*, Schwule *m* 4 *Méx fam desp* Indio *m* 5 *Méx fam* dummer Kerl *m*

nada A PRON *y* ADV 1 nichts; *en contexto de negación tb* etwas; ~ **más** nichts mehr, weiter nichts; ~ **menos** nichts weniger, sogar; ~ **en absoluto** *o fam* ~ **de** ~ überhaupt nichts, gar nichts; **no he visto** ~ ich habe nichts gesehen; **no ser** ~ unwichtig sein; nichts zu bedeuten haben; **no es** ~ *tb* das ist (weiter) nicht schlimm; **no ha sido** ~ *tb* es ist nichts passiert; **no ser** ~ **de particular** *o* **no ser** ~ **del otro mundo** *o* **no ser** ~ **del otro jueves** nichts Besonderes sein; **no servir para** ~ nichts taugen; **tener en** ~ für nichts (er)achten; **o todo, o** ~ alles oder nichts 2 *(en ningún caso)* durchaus nicht, überhaupt nicht, keineswegs; **no estoy** ~ **contento** ich bin überhaupt nicht zufrieden; **no ha llovido** ~ es hat gar nicht geregnet; ~ **de eso** keineswegs; kommt nicht infrage 3 *fig* **como si** ~ als ob (es) nichts wäre, wie nichts; **lo dices como si** ~ du sagst das, als ob nichts dabei wäre; *fam* **como quien no hace** ~ ganz harmlos; *desp* **un hombre de** ~ irgendwer, jeder; *fam* **no te digo** ~ du kannst es dir nicht vorstellen, das ist noch gar nichts 4 *con prep*: **antes de** ~ zuerst (einmal), vor allem, als Erstes; **antes que** ~ vor allem, ganz besonders; *Esp* **en** ~ **estuvo que riñésemos** um ein Haar hätten wir uns gestritten; **en menos que** ~ im Handumdrehen, im Nu; **más que** ~ vor allem, ganz besonders; **para** ~ umsonst, für nichts und wieder nichts, vergeblich; **no lo entiendes para** ~ das verstehst du überhaupt nicht; *adv* **por** ~ *(gratis)* umsonst; *tb (muy barato)* sehr billig; *(por cada pequeñez)* wegen nichts, wegen jeder Kleinigkeit; **por** ~ **del mundo** um nichts in der Welt, um keinen Preis; **por menos de** ~ wegen jeder Kleinigkeit; **quejarse por** ~ wegen jeder Kleinigkeit jammern 5 *con cj*: ~ **hace que** *(ind)* gerade eben *(ind)*; ~ **más** *(inf)* kaum, gerade *(ind)*; ~ **más llegar** kaum war er angekommen; gleich nach der Ankunft 6 INT **¡de** ~**!** bitte sehr!, keine Ursache!; **¡ahí es** ~**!** (da) schau an!, Donnerwetter!, ein dolles Ding!; **¡casi** ~**!** so etwas!; erstaunlich!; **¡pues** ~**!** also gut!, kurz und gut!; na dann!; *al despido*: **¡pues** ~**, te dejo!** also gut, ich gehe dann! B F 1 Nichts *n*; FIL **el ser y la** ~ das Sein und das Nichts 2 *fig* Nichtigkeit *f*, Kleinigkeit *f*; *Esp* **por una** ~ *tb* wegen einer Bagatelle; *Esp* **en una** ~ im Handumdrehen, im Nu

nadadera F *para aprender a nadar*: Schwimmhilfe *f*; *cinturón*: Schwimmgürtel *m*; **nadadero** M Schwimmplatz *m*, zum Schwimmen geeignete Stelle *f*; **nadador** A ADJ schwimmend B M, **nadadora** F Schwimmer *m*, -in *f*; **no** ~, **no** ~**a** Nichtschwimmer *m*, -in *f*; ~, ~**a de fondo** Langstreckenschwimmer *m*, -in *f*

nadar V/I 1 schwimmen; **saber** ~ schwimmen können; ~ **a braza** brustschwimmen; ~ **contra la corriente** *tb fig* gegen den Strom schwimmen 2 *fig* ~ **en la abundancia/en dinero** im Überfluss/im Geld schwimmen; ~ **en sangre** im Blut waten; ~ **entre dos aguas** es mit niemandem verderben wollen, lavieren; ~ **y guardar la ropa** kein Risiko eingehen; *Esp fig* ~ **y** ~**, y a la orilla ahogar** dicht am Ziel scheitern

nadería F *fam* Kleinigkeit *f*, Nichtigkeit *f*, Lappalie *f*

nadie PRON niemand; *en contexto negativo*: jemand; *fig* **un don** ~ eine Null *fam*, eine Niete *fam*, ein Niemand; *fam* **no ser** ~ *persona*: völlig unbedeutend sein

nadir M ASTRON Nadir *m*

nado A ADV **a** ~ schwimmend; **atravesar un río a** ~ einen Fluss durchschwimmen B M *Am* DEP Schwimmen *n*; ~ **mariposa** Schmetterlingsstil *m*; ~ **de espalda/pecho** Rücken-/Brustschwimmen *n*; ~ **libre** *Am* DEP Kraul *n*

nafta F QUÍM 1 Naphtha *n* 2 *Arg, Par, Ur* AUTO Benzin *n*; ~ **común** Normalbenzin *n*; ~ **super** Superbenzin *n*; **naftaleno** M, **naftalina** F QUÍM Naphthalin *n*

naftero A ADJ Benzin... B M, **-a** F *RPl* Tankwart *m*, -in *f*

nagual A ADJ wild, brutal B M/F *Méx* Zauberer *m*, Hexe *f* C M *Guat, Hond animal*: *ständiges Begleittier eines Menschen*, Maskottchen *n* D F *Méx fam (mentira)* Lüge *f*

naguas FPL *Col, Méx* Unterrock *m*

nahua M/F Nahuaindianer *m*, -in *f*; *etnología*: **los** ~**s** die Nahuavölker *npl*

náhuatl LING, *etnología* A ADJ Nahua... B M/F → nahua C M *lengua*: Nahuatl *n (Sprache der Nahuavölker, Verkehrssprache des Aztekenreichs)*

nahuatlismo M LING aus dem Nahuatl übernommener Ausdruck *m*; **nahuatlista** M/F LING Nahuatlforscher *m*, -in *f*

naïf ADJ **arte** *m* ~ naive Kunst

nailon M Nylon® *n*; **de** ~ aus Nylon, Nylon...; **medias** *fpl* **de** ~ Nylonstrümpfe *mpl*

naipe M (Spiel)Karte *f*; Kartenblatt *n*; *fig* **castillo** *m* **de** ~**s** Kartenhaus *n*; Luftschloss *n*

naja F ZOOL Brillenschlange *f*; *pop* **darse de** ~ → najarse; **najarse** V/R *fam* abhauen *fam*, verduften *fam*

nalga F Hinterbacke *f (tb equitación)*; ~**s** *fpl* Gesäß *n*; *pop desp* **cara** *f* **de** ~**s** Arschgesicht *n vulg*; **nalgamen** M *Esp fam* Hintern *m fam*; **nalgar** ADJ Hinterbacken...; **nalgatorio** M *fam* Hintern *m fam*, Po(dex) *m fam*; **nalgón** *Am*, **nalgudo** ADJ mit dickem Hintern; **nalguear** A V/T ~ **a alg** j-m den Hintern versohlen *fam*; *acoso sexual*: j-m einen Klaps auf den Po geben *fam* B V/I *beim Gehen* den Hintern schwenken

Namibia F Namibia *n*

namibio A ADJ namibisch B M, **-a** F Namibier *m*, -in *f*

nana F 1 *Esp (abuela)* Großmutter *f*, Oma *f fam*; *fam* **(d)el año de la** ~ (von) anno Tobak *fam* 2 *(canción de cuna)* Wiegenlied *n* 3 *(niñera)* Kindermädchen *n* 4 *Am Cent, Méx (nodriza)* Amme *f* 5 *Chile, RPl leng. inf (pupa)* Wehweh *n*

nanay INT *fam* denkste! *fam*, kommt nicht in die Tüte! *fam*, nichts da!

nanismo M MED Zwergwuchs *m*

nanita F *fam* Großmütterchen *n*

nanofarad(io) M FÍS Nanofarad *n*; **nanómetro** M Nanometer *n*

nanopartícula F Nanopartikel *f/n*, -teilchen *n*; **nanosegundo** M Nanosekunde *f*; **nanotecnia** F Nanotechnik *f*; **nanotecnología** F Nanotechnologie *f*

nañara F *Cuba leng. inf* Wehweh *n*

nao F LIT, HIST Schiff *n*; ~ **capitana** Flaggschiff *n*

napa F 1 Nappa(leder) *n* 2 TEX Flor *m*, Vlies *n*

napalm M MIL Napalm *n*; **bomba** *f* **de** ~ Napalmbombe *f*

napias FPL *fam* Nase *f*, Gurke *f (fam fig)*, Zinken *m fam*

napo M *pop* 1 HIST Tausendpesetenschein *m* 2 *p. ext (dinero)* Zaster *m fam*, Knete *f fam*

napoleón M 1 HIST *moneda*: *alte französische Münze* 2 *Chile* (Greif)Zange *f*; **napoleónico** ADJ HIST napoleonisch, Napoleons...; **las guerras -as** die Napoleonischen Kriege

Nápoles M Neapel *n*

napolitano A ADJ neapolitanisch B M, **-a** F Neapolitaner *m*, -in *f*

naranja A F Orange *f*, Apfelsine *f*; ~ **amarga** *o* **agria** Bitterorange *f*; ~ **confitada** Orangeat *n*; *Col* ~ **grei** Grapefruit *f*; ~ **navel** *o Col* ~ **ombligona** Navelorange *f*; ~ **sanguina** Blutorange *f*; ~ **sin semillas** *(Perú* **sin pepas***)* kernlose Orange *f*; *fam fig* **media** ~ bessere Hälfte *(eines Ehepaars)*; *pop fig* **¡**~**s!** *o* **¡**~**s chinas!** *o* **¡**~**s de la China!** nichts!, von wegen!; *Arg fig* **llevar** ~**s al Paraguay** Eulen nach Athen tragen B M *color*: Orange *n* C ADJ *inv* **(de color)** ~ orange(farben)

naranjada F Orangeade *f*, Orangengetränk *n*; **naranjado** ADJ orange(nfarbig); **naranjal** M 1 Orangenpflanzung *f*, Apfelsinenpflanzung *f*, Orangenhain *m* 2 *Chile, Guat* → naranjo

naranjero A ADJ Orangen..., Apfelsinen...; AGR **zona** *f* **-a** Orangenanbaugebiet *n* B M, **-a** F 1 *cultivador*: Orangenzüchter *m*, -in *f*; Orangenpflanzer *m*, -in *f* 2 *comerciante*: Orangenhändler *m*, -in *f*; **naranjilla** F BOT 1 *Am* Tomatenbaum *m* 2 *Ec, Méx* Frucht *f* des Tomatenbaums, Baumtomate *f*; **naranjillada** F *Ec* Naranjillagetränk *n*; **naranjillo** M 1 *Ec* BOT Tomatenbaum *m* 2 *Am versch. Wildpflanzen mit äußerer Ähnlichkeit mit Orangen*; **naranjito** M *Méx, Col* BOT → naranjillo

naranjo M BOT Orangenbaum *m*; **invernáculo** *m* **de** ~**s** Orangerie *f*

narcisismo M PSIC Narzissmus *m*; **narcisista** ADJ narzisstisch

narciso M 1 PSIC *y fig* Narziss *m* 2 BOT Narzisse *f* 3 MIT **Narciso** Narziss *m*

narco M/F *fam* (Drogen)Dealer *m*, -in *f*; **narcoanálisis** M MED Narkoanalyse *f*; **narcodólares** MPL *fam* Drogendollar *mpl*; **narcosala** F Fixerstube *f*

narcosis F Narkose *f*

narcota M/F *Esp drogas fam* Drogenfahnder *m*, -in *f*

narcótico A ADJ narkotisch, betäubend B M Narkotikum *n*, Betäubungsmittel *n*

narcotismo M MED Narkotismus *m*; **narcotización** F Narkotisierung *f*, Betäubung *f*; **narcotizar** V/T ⟨1f⟩ narkotisieren, betäuben, einschläfern; DEP dopen; *fig* (stark) berauschen; **narcotraficante** M/F Rauschgift-, Drogenhändler *m*, -in *f*; Dealer *m*, -in *f fam*; **narcotráfico** M Rauschgift-, Drogenhandel *m*

nardo A M BOT Narde *f* B ADJ *fam* unwissend

narguile M Wasserpfeife *f*, Nargileh *f/n*

narigada F *Arg, Chile, Ec* Prise *f* Schnupftabak

narigón A ADJ groß-, dicknasig; **ser** ~ eine große (*o* dicke) Nase haben B M 1 große (*o* dicke) Nase *f* 2 *en animales*: Loch *n* in der Nasenscheidewand *für den Führungsring*; Nasen-, Führungsring *m*; **narigudo** ADJ mit großer Nase; **nariguera** F Nasenring *m der Indianer*; **narina** F Nasenloch *n*

nariz F 1 ANAT *frec pl* **-ices** Nase *f (tb fig)*; ~ **chata** Stumpfnäschen *n*; ~ **respingona** Stups-, Himmelfahrtsnase *f fam*; **arrugar la** ~ die Nase rümpfen; **hablar por** *o* **con las -ices** durch die Nase sprechen 2 *en animales*: **-ices** *pl* Nüstern *fpl*; **hinchar las -ices** die Nüstern blähen 3 *fig fam* **asomar las -ices** aufkreuzen *fam*; *fig* **se le hinchan las -ices** er geht in die Luft *fam*, ihm platzt der Geduldsfaden *fam*; **meter las -ices en todo** seine Nase in alles stecken;

fam **¡le voy a romper las -ices!** ich schlag ihm den Schädel ein! *pop; fam* **tener -ices** es in sich *(dat)* haben; *fam* **tocar las -ices a alg** j-n belästigen; *fam* **tocarse las -ices** faulenzen; *con prep*: *fam* **subírsele a alg el humo** *o* **la mostaza a las -ices** wütend werden, einen Zorn kriegen *fam; fam* **de (tres pares de) -ices** riesig, enorm; *fam* **caerse** *o* **darse de -ices** auf die Nase fallen; *fam* **ser de -ices** super *(o* toll) sein *fam;* **no ver más allá de sus -ices** einen sehr engen Horizont haben; schwer von Begriff sein; **quedar(se) con un palmo de -ices** leer ausgehen, das Nachsehen haben, in die Röhre gucken *fam;* **en las propias** *o* **mismísimas -ices de alg** (direkt) vor j-s Nase *(dat)*, vor j-s Augen *(dat);* **tener a alg montado en las -ices** *(estar harto de alguien)* von j-m die Nase voll haben *fam;* *(traer a alguien al retortero)* sich *(dat)*von j-m auf der Nase herumtanzen lassen; *fam* **estar hasta las -ices de a/c** von etw *(dat)* die Nase voll haben *fam; adv fam* **por -ices** zwangsläufig; **tener que hacer a/c por -ices** unbedingt etw tun müssen; *fam* **pasar** *o* **restregar a/c por las -ices de alg** j-m etw unter die Nase reiben *(fam fig);* **tener a alg agarrado** *o* **cogido por las -ices** j-n fest an der Kandare haben **4** *(olfato)* Spürnase *f;* **buena ~** gute Nase *f (tb fig)*, guter Riecher *m fam; fig* **tener largas -ices** immer mit der Nase vorneweg sein; einen guten Riecher haben *fam;* **tener una ~ de primera** eine ausgezeichnete Nase haben *(tb fig);* **tener -ices de perro perdiguero** eine feine Spürnase haben; *fam fig* **algo me da en la ~** ich hab's in der Nase *fam*, ich habe so einen Riecher *fam* **5** INT *fam* **¡-ices!** *(¡endemoniado!)* verflixt (und zugenäht)! *fam;* *(¡no se te ocurra!)* von wegen! *fam*, kommt nicht in die Tüte! *fam;* **¡... ni -ices! ...** gar nichts!

narizón M *fam* große Nase *f*, Zinken *m fam;*

narizotas *fam* **A** FPL Mordsnase *f fam* **B** M/F *inv* **1** Person *f* mit einer Riesennase **2** *fig (torpe)* Dummrian *m fam;* Tollpatsch *m*

narra *Cuba fam desp* **A** ADJ chinesisch **B** M/F Chinese *m*, Chinesin *f*

narración F Erzählung *f;* **narrador A** ADJ erzählerisch **B** M, **narradora** F Erzähler *m*, -in *f*

narrar V/T erzählen *(tb* LIT); **narrativa** F **1** *(cuento)* Erzählung *f* **2** *(arte de contar)* Erzählkunst *f; (relato, cuento, novela)* erzählende Literatur *f;* **tener mucha ~** gut erzählen können;

narrativo, narratorio ADJ erzählend; Erzähl...

narria F **1** Lastenschleife *f;* Anhänger *m für schwere Lasten;* Schleppschlitten *m* **2** *fam fig (mujer)* dicke, unförmige Frau *f*

nártex M ARQUIT Narthex *m*

narval M ZOOL Narwal *m*

nasa F **1** *pesca:* (Fisch)Reuse *f;* Fischkorb *m* **2** *para comestibles:* Vorratskorb *m* **3** ZOOL Schlammschnecke *f*

nasal A ADJ MED, FON nasal, Nasen... **B** M ANAT **(hueso** *m)* **~** Nasenbein *n* **C** F FON Nasal(laut) *m;* **nasalidad** F FON Nasalität *f;* **nasalización** F FON Nasalierung *f;* **nasalizar** V/T ⟨1f⟩ FON nasalieren

násico M ZOOL Nasenaffe *m*

naso M *fam* große Nase *f*, Mordsriecher *m fam;*

nasofaringe F ANAT Nasen-Rachen-Raum *m;* **nasofaríngeo** ADJ Nasen-Rachen-...

nasti: **~ monasti** *o* **~ de plasti** *pop* kommt nicht in die Tüte! *fam*

nata F **1** *(crema)* Sahne *f*, Rahm *m;* **~ agria** saure Sahne *f;* **~ (batida** *o* **montada)** Schlagsahne *f;* **~ líquida** flüssige Sahne *f;* **montar la ~** Sahne schlagen; **helado** *m* **de ~** Sahneeis *n;* GASTR **~s** *fpl* → **natillas 2** *sobre la leche etc:* Haut *f* **3** *fig (lo mejor) das* Beste, *das* Erlesenste; **la (flor y) ~** die Spitzen *fpl der Gesellschaft* **4** *fam (bofetada)* Ohrfeige *f* **5** *vulg (semen)* Sperma *n*

natación F Schwimmen *n;* **~ sincronizada** Synchronschwimmen *n*

natal ADJ Geburts...; **casa** *f* **~** Geburtshaus *n;* **ciudad** *f* **~** Geburts-, Heimatstadt *f;* **natalicio A** ADJ Geburtstags... **B** M Geburtstag *m;* **natalidad** F Geburtenziffer *f;* **de alta/baja ~** geburtenstark/-schwach; **control** *m* **de ~** Geburtenregelung *f*, -kontrolle *f*

natátil ADJ schwimmfähig

natatorio ADJ Schwimm...; ZOOL **membrana** *f* **-a** Schwimmhaut *f*

natillas FPL GASTR Cremespeise *f*, -pudding *m;* **~ al café/de vainilla** Kaffee-/Vanillecreme *f*

natío ADJ *metal* gediegen

natividad F **1** Geburt *f* Christi, **Natividad** Weihnachten *n*, Weihnacht *f; al.d.S. tb* Christfest *n* **2** ASTROL Nativität *f;* **nativismo** M **1** FIL Nativismus *m* **2** *Am* → indigenismo;

nativista ADJ FIL nativistisch

nativo A ADJ **1** *(oriundo)* gebürtig **(de** aus *dat); lugar, etc:* Heimat..., Geburts...; **hablante** *m* **~, hablante** *f* **-a** Muttersprachler *m*, -in *f;* Native Speaker *m;* **idioma** *m* **~** Muttersprache *f* **2** *(natural)* angeboren, natürlich, Geburts... **3** *(autóctono)* einheimisch; **bosque** *m* **~** einheimischer Wald *m*, Naturwald *m* **4** *metal* gediegen **B** M, **-a** F Eingeborene *m/f;* Einheimische *m/f*

nato ADJ **1** *fig* geboren; **un poeta ~** ein geborener Dichter **2** POL *miembro* von Amts wegen, kraft Amtes; UNIV *miembro* geboren

natrolita F MINER Natrolith *m*

natura F LIT Natur *f;* **contra ~** widernatürlich

naturaca ADV *leng. juv* logo *fam*

natural A ADJ **1** natürlich, naturgegeben; *(existente en la naturaleza)* natürlich (vorkommend); *alimentos* naturrein, ohne Zusätze **2** *fig (simple, común)* natürlich, schlicht; *(evidente)* selbstverständlich; **es ~ (que ...** *subj)* es ist verständlich(, dass ...) **3 ~ de** geboren in *(dat);* (gebürtig) aus *(dat); p. ext* wohnhaft in *(dat);* **ser ~ de** stammen aus **4** *hijo* unehelich, natürlich *(liter);* **hijo** *m* **(hija** *f)* **~** uneheliches Kind *n* **5** MÚS *nota* ohne Vorzeichen **B** M **1** *de una persona:* Naturell *n; de un animal:* Naturtrieb *m*, Instinkt *m* **2 al ~** (in) natürlich(em Zustand); GASTR nature, im eigenen Saft; *bebida tb* ohne Eis (o Zucker *etc*); *espec* PINT **del ~** nach der Natur **C** M/F *(habitante)* Einwohner *m*, -in *f;* Landsmann *m*, -männin *f;* Eingeborene *m/f*

naturaleza F **1** *realidad física:* Natur *f;* **amante** *m/f* (o **amigo** *m*, **-a** *f*) **de la ~** Naturfreund *m*, -in *f;* PINT **~ muerta** Stillleben *n;* **protección** *f* **de la ~** Natursхutz *m;* **por ~** → naturalmente **2** *fig (especie, constitución)* Art *f*, Wesen *n; (carácter, temperamento)* Charakter *m*, Temperament *n; prov* **la costumbre es otra** *o* **segunda ~** der Mensch ist ein Gewohnheitstier *fam; euf* **pagar tributo a la ~** das Zeitliche segnen **3** *(derecho cívico)* Bürger-, Heimatrecht *n;* **carta** *f* **de ~** Einbürgerungsurkunde *f; fig* **dar carta de ~ a alg** j-m Heimatrecht gewähren

naturalidad F **1** *manera:* Natürlichkeit *f;* Naturgegebenheit *f;* **con toda ~** ganz natürlich **2** *(sencillez, franqueza)* Schlichtheit *f;* Ungezwungenheit *f* **3** JUR Heimatrecht *n* (durch Geburt);

naturalismo M **1** FIL, LIT Naturalismus *m* **2** *espec Am* Naturgegebenheit *f*, Natürlichkeit *f;* **naturalista A** ADJ **1** FIL, LIT naturalistisch **2** auf die Natur gegründet **B** M/F **1** Naturalist *m*, -in *f* **2** Naturforscher *m*, -in *f;* **naturalización** F **1** *(nacionalización)* Einbürgerung *f*, Naturalisierung *f* **2** *p. ext (aclimatación)* Einführung *f;* Heimischmachung *f*

naturalizar ⟨1f⟩ **A** V/T **1** *(conceder la nacionalidad)* naturalisieren, einbürgern **2** *p. ext (aclimatar)* einführen; heimisch machen **B** V/R **naturalizarse 1** *(ser nacionalizado)* eingebürgert werden **2** *(aclimatarse)* sich eingewöhnen; sich einbürgern

naturalmente ADV natürlich; selbstverständlich; *con adj:* von Natur aus

naturismo M **1** REL Naturreligion *f* **2** *modo de vivir:* Naturbewegung *f*, Naturismus *m* **3** *(nudismo)* Nackt-, Freikörperkultur *f*, FKK *f* **4** MED Naturheilkunde *f;* **naturista A** ADJ **1** REL Natur...; naturistisch **2** MED Natur-(heil)...; **medicina** *f* **~** Naturheilkunde *f* **3** *(adepto a vivir en la naturaleza)* Naturbewegungs..., Naturfreunde... **B** M/F FKK-Anhänger *m*, -in *f*, Nudist *m*, -in *f;* Naturist *m*, -in *f;* **(médico** *m/f)* **~** Naturarzt *m*, -ärztin *f;* Naturheilpraktiker *m*, -in *f;* **naturópata** M/F Naturarzt *m*, -ärztin *f;* Naturheilkundige *m/f;* **naturopatía** F Naturheilkunde *f*, -heilverfahren *n*

naufragar V/I ⟨1f⟩ Schiffbruch erleiden, scheitern *(tb fig);* **naufragio** M Schiffbruch *m*, Scheitern *n (tb fig)*

náufrago A ADJ schiffbrüchig **B** M, **-a** F Schiffbrüchige *m/f* **C** M *anticuado (tiburón)* Hai *m*

Naurú M Nauru *n*

náusea F, *frec* **~s** FPL Übelkeit *f;* Ekel *m; fig* **eso me da ~s** das ekelt mich an; **siento** *o* **tengo ~s** mir ist übel

nauseabundo ADJ Übelkeit erregend, ekelerregend; **nausear** V/I an Übelkeit leiden, ein Würgen im Halse haben

nauta M LIT, *espec* HIST Seemann *m*

náutica F **1** Nautik *f* **2** *deporte:* Wassersport *m;* **náutico** ADJ nautisch, Seefahrts...; **deporte** *m* **~** Segelsport *m;* MAR **rosa** *f* **-a** Windrose *f*

nautilo M ZOOL Nautilus *m (Schnecke)*

nauyaca F *Méx* ZOOL Lanzenotter *f*

nava F *reg* GEOG, *frec* **~s** FPL Ebene *f* zwischen den Bergen, Senke *f*

navaja F **1** Taschenmesser *n;* **~ de afeitar** Rasiermesser *n; Méx, P. Rico* **~ de rasurar** Rasierklinge *f;* **~s albaceteñas** *fpl* Messerartikel *mpl* aus Albacete; **~ automática** *f o* **de resorte** Klapp-, Schnappmesser *n;* **corte** *m* **de(l) pelo a ~** Messerschnitt *m; fig* **(estar) al filo de la ~** auf Messers Schneide (stehen) **2** ZOOL, GASTR Schwertmuschel *f* **3** *del jabalí:* Hauer *m, del elefante:* Stoßzahn *m* **4** *fam fig* scharfe Zunge *f*, Lästerzunge *f*

navajada F, **navajazo** M Messerstich *m;*

navajero M **1** *artesano:* Messerschmied *m* **2** *delincuente:* Messerstecher *m* **3** *estuche:* Rasiermesseretui *n;* **navajita** F *Pan* Rasierklinge *f*

naval ADJ See...; Schiffs...; Marine...; MIL **base** *f* **~** Flotten-, Marinestützpunkt *m;* MIL **batalla** *f* **~** *o* **combate** *m* **~** Seegefecht *n*, Seeschlacht *f;* **construcción** *f* **~** Schiff(s)bau *m*

navanco M ORN Wildente *f*

Navarra F Navarra *n*

navarro A ADJ aus Navarra; navarresisch; **a la -a** GASTR mit Tomaten-Paprikasoße **B** M, **-a** F Navarrese *m*, Navarresin *f*

nave F **1** MAR, AVIA Schiff *n;* **~ espacial** Raumschiff *n;* **~ de guerra** Kriegsschiff *n; fig* **la ~ de San Pedro** das Petrusschiff, die Kirche; *fig* **quemar las ~s** alle Brücken hinter sich *(dat)* abbrechen **2** ARQUIT *de una iglesia:* (Kirchen)Schiff *n;* **de varias ~s** mehrschiffig; **~ lateral/transversal** Seitenschiff *n*/Querschiff *n* **3** ARQUIT *de un almacén:* (Lager-, Ausstellungs)Halle *f; de una fábrica:* **~ (industrial)** Fabrik-, Werk(s)halle *f;* **~ de taller** Werk(s)halle *f*

navecilla F **1** MAR Schiffchen *n*, Schifflein *n*

2 QUÍM kleines Gefäß *n*, Schale *f* 3 REL Weihrauchschiffchen *n*

navegabilidad F Schiffbarkeit *f*; **navegable** ADJ schiffbar; **aguas** *fpl* **~s** Fahrwasser *n*; **rutas** *fpl* **~s** Schifffahrtsstraßen *fpl*

navegación F 1 Schifffahrt *f*; **~ interior** *o* **~ por aguas interiores** Binnenschifffahrt *f*; **~ de altura** Hochseeschifffahrt *f*; **~ de cabotaje** Küstenschifffahrt *f*; **~ fluvial/marítima** Fluss-/Seeschifffahrt *f*; **~ mercantil** Handelsschifffahrt *f*; **~ de vapor** Dampfschifffahrt *f*; DEP **~ a vela** Segeln *n* 2 AVIA **~ aérea** Luftfahrt *f*; **~ espacial** *o* **interplanetaria** Raumfahrt *f* 3 MAR *ciencia:* Schifffahrtskunde *f*; *tb* AVIA, *Internet:* Navigation *f*, Navigieren *n*

navegador A ADJ 1 *persona, pueblo* seefahrend 2 *(que dirige una nave o un avión)* navigierend B M, **navegadora** F 1 AVIA **(piloto) ~** Navigator *m*, -in *f* 2 MAR Seefahrer *m*, -in *f* C M 1 INFORM Browser *m* 2 AUTO **~ GPS** GPS-Navigator *m*; **navegante** A ADJ MAR seefahrend B M/F 1 MAR Seefahrer *m*, -in *f*; **~ a vela** Segler *m*, -in *f* 2 M/F Seefahrer *m*, -in *f*; INFORM **~ (por** *o* **de Internet)** (Internet)Surfer *m*, -in *f*

navegar V/I ‹1h› 1 zur See fahren; MAR fahren, segeln **(a, para** nach *dat*); **~ en tabla** (mit dem Surfbrett) surfen; **acostumbrado a ~** seefest; **capacidad** *f* **para ~** Seetüchtigkeit *f* 2 *(dirigir una nave)* navigieren 3 AVIA fliegen 4 INFORM surfen; **~ por la red** (*o* **por Internet**) im Internet surfen

naveta F 1 ARQUEOL schiffsförmiger Sarg *m* 2 REL Weihrauchschiffchen *n*

navicert M COM, MAR Navicert *n* *(Geleitschein)*; **navicular** ADJ kahnförmig; ANAT **hueso ~** Kahnbein *n*

Navidad F 1 Weihnacht(en *n*) *f*; *frec pl* **~es** Weihnachtszeit *f*; **árbol** *m* **de ~** Weihnachtsbaum *m*; **¡feliz ~!** fröhliche Weihnachten!; *fam fig* **contar muchas ~es** (viele Jahre) alt sein 2 **navidad** *Am reg* BOT Christstern *m*, Weihnachtsstern *m*

navideño ADJ weihnachtlich, Weihnachts...; **mercado** *m* **~** Weihnachtsmarkt *m*

naviera F MAR Reederei *f*; **naviero** A ADJ Schifffahrts...; **compañía** *f* **-a** Schifffahrtsgesellschaft *f* B M Reeder *m*; Schiffsausrüster *m*

navío M Schiff *n*; **~ de alto bordo** Hochseeschiff *n*; HIST **~ de línea** Linienschiff *n* (MIL)

náyade F MIT Najade *f*, Quellnymphe *f*

nazareno A ADJ aus Nazareth B M 1 *Biblia:* Nazarener *m* 2 *Esp fig (penitente)* Büßer *m in Hemd und Kapuze bei den Karwochenumzügen*; *fam fig* **está hecho un ~** er ist böse zugerichtet (*o* zusammengeschlagen) 3 *fam (estafador)* Betrüger *m* 4 BOT Traubenhyazinthe *f*

nazi A ADJ POL Nazi..., nazistisch B M/F Nazi *m*; **nazismo** M Nazismus *m*; **nazista** ADJ nazistisch, Nazi...

N. de la R. ABR (Nota de la Redacción) Anm. d. Red. (Anmerkung der Redaktion)

ndlr, NDLR ABR (nota de la redacción) Anm. d. Red. (Anmerkung der Redaktion)

NDT ABR (Nota del Traductor) AdÜ, Anm. d. Übers. (Anmerkung des Übersetzers)

NE ABR (Nordeste) NO (Nordost[en])

nebladura F 1 AGR Nebelschäden *mpl* 2 VET Drehkrankheit *f der Schafe*

neblí M ‹*pl* -íes› CAZA Jagd-, Beiz-, Wanderfalke *m*

neblina F Dunst *m*, MAR Mist *m*; *al suelo:* Bodennebel *m*; TEC **~ de aceite** Ölnebel *m*; **neblinoso** ADJ diesig, dunstig

nebulización F MED 1 *acción:* Sprühen *n* 2 *sustancia:* Sprühmittel *n*; **nebulizador** M Zerstäuber *m*

nebulosa F ASTRON Nebelfleck *m*, kosmischer Nebel *m*; **nebulosidad** F Nebelbildung *f*; leichte Bewölkung *f*; *fig (sombra)* Schatten *m*, Nebel *m*; *fig (cualidad de difuso)* Nebelhaftigkeit *f*, Verschwommenheit *f*; **nebuloso** ADJ dunstig, diesig; *fig* nebelhaft, verschwommen, nebulös

necear V/I *fam Esp* albern reden (*o* handeln); **necedad** F Albernheit *f*, Dummheit *f*, Unsinn *m*

necesariamente ADV zwangsläufig; notgedrungen; **no ~** nicht unbedingt; **necesario** ADJ notwendig, nötig; erforderlich **(para** für *acus*, zu *dat*); **es ~ hacerlo** es muss getan werden

neceser M Necessaire *n*; **~ de viaje** Reisenecessaire *n*

necesidad F 1 *gener* Notwendigkeit *f*; *adv* **por ~** zwangsweise, notgedrungen; **es de ~ imperiosa** es ist unbedingt notwendig; **de primera ~** lebensnotwendig; **artículos** *mpl* **de primera ~** Güter *npl* des täglichen Bedarfs; **no hay ~ de** (*inf*) es ist nicht nötig, zu (*inf*) 2 *(exigencia)* Bedürfnis *n*; **~ de amparo** Schutzbedürfnis *n* 3 *espec* ECON, *frec* **~es** *fpl* Bedarf *m* **(de** an *dat*); **~es** *fpl* **de energía** Energiebedarf *m*; ECON **cubrir las ~es** den Bedarf decken 4 *(urgencia, apuro)* Not *f*; *p. ext (hambre)* Hunger *m*; **en caso de ~** *(en caso de urgencia)* im Notfall; *(en caso necesario)* im Bedarfsfall; **hacer de la ~ virtud** aus der Not eine Tugend machen; **pasar ~es** Not leiden; *prov* **la ~ agudiza el ingenio** Not macht erfinderisch; *prov* **la ~ carece de ley** Not kennt kein Gebot 5 *euf* FISIOL **hacer sus ~es** seine Notdurft (*o* sein Geschäft *fam*) verrichten

necesitado A ADJ (hilfs)bedürftig; Not leidend; **estar ~ de a/c** etw brauchen; etw benötigen B M, **-a** F Bedürftige *m/f*

necesitar A V/T 1 *(precisar)* benötigen, nötig haben, brauchen, bedürfen (*gen*) 2 *(obligar)* **~ a alg** j-n zwingen 3 *(deber)* müssen; **necesito hablarle** ich muss Sie sprechen B V/I **~ de** benötigen, brauchen C V/R **necesitarse** nötig sein; *impers* **se necesita corresponsal** Korrespondent gesucht

necio A ADJ dumm, albern, töricht B M, **-a** F Dummkopf *m*, Narr *m*, Närrin *f*

nécora F ZOOL, GASTR Ruderkrabbe *f*, wollige Schwimmkrabbe *f*

necrófago ADJ ZOOL Aas fressend, Aas...

necrofilia F MED Nekrophilie *f*; **necrofobia** F MED Nekrophobie *f*; **necrolatría** F *etnología:* Totenkult *m*; **necrología** F Nachruf *m*; **necrológica** F Todesanzeige *f*; Nachruf *m*; **necrológico** ADJ Nachruf..., Todes...; **necromancia, necromancía** F Totenbeschwörung *f*, Nekromantie *f*

necrópolis F Totenstadt *f*, Nekropole *f*; *liter* Gräberfeld *n*, Friedhof *m*; **necropsia** F MED Nekroskopie *f*, Autopsie *f*; **necrosarse** V/R MED *tejido* absterben; **necroscopia** F → necropsia; **necrósico** ADJ MED → necrótico; **necrosis** F MED Nekrose *f*; **necrótico** ADJ MED nekrotisch

néctar M 1 BOT, MIT *y fig* Nektar *m* 2 *zumo:* (dickflüssiger) Obstsaft *m*; COM Fruchtsaftgetränk *n*, Nektar *m*

nectáreo ADJ Nektar...

nectarina F BOT Nektarine *f*

neerlandés A ADJ niederländisch B M, **-esa** F Niederländer *m*, -in *f* C M *lengua:* Niederländisch *n*

nefando ADJ schändlich, abscheulich, gräulich; **nefario** ADJ ruchlos, pervers; **nefasto** ADJ unheilvoll, Unheil bringend

nefrita F MINER Nephrit *m*

nefrítico ADJ MED Nieren...; **nefritis** F ‹*pl inv*› MED Nephritis *f*, Nierenentzündung *f*

nefrología F MED Nephrologie *f*, Nierenheilkunde *f*; **nefrólogo** M, **-a** F MED Nephrologe *m*, Nephrologin *f*; Nierenarzt *m*, -ärztin *f*; **nefrosis** F ‹*pl inv*› MED Nephrose *f*

negación F 1 *respuesta:* Verneinung *f* 2 *(rechazo)* Verweigerung *f*, Ablehnung *f*; *de una acción:* Weigerung *f* 3 GRAM Verneinungswort *n*, Negation *f*; **negado** A ADJ *(incapaz)* unfähig; *(inservible)* unbrauchbar; **ser ~ para a/c** eine Niete in etw (*dat*) sein B M, **-a** F Unbegabte *m/f*; **negador** A ADJ verneinend B M, **negadora** F Verneiner *m*, -in *f*; Verweigerer *m* Verweigerin *f*

negar ‹1h y 1k› A V/T 1 *(responder negativamente)* verneinen; *(desmentir)* (ab-, ver)leugnen 2 *(rehusar)* abschlagen; *(rechazar)* verweigern B V/R **negarse** 1 *(rehusarse)* sich weigern **(a** *inf* zu *inf*); **~ de plano** *o* **en redondo** sich strikt weigern; **~ al trato** sich dem Umgang entziehen; den Umgang verweigern 2 *(hacerse negar)* sich verleugnen (lassen); **~ a sí mismo** sich selbst verleugnen

negativa F 1 *respuesta:* Verneinung *f*; *(respuesta de rechazo)* abschlägige Antwort *f*, Absage *f* 2 *(rechazo de una acción)* Weigerung *f*; **negativismo** M *actitud general:* negative Einstellung *f*; *postura:* ablehnende Haltung *f*; **negativo** A ADJ 1 negativ; verneinend, abschlägig; **dar ~** *resultado* negativ ausfallen 2 *espec* MIL **¡~!** nein! B M FOT Negativ *n*; TIPO Klischee *n*

negligencia F Nachlässigkeit *f*; JUR Fahrlässigkeit *f*; **~ temeraria** grobe Fahrlässigkeit *f*; **negligente** A ADJ 1 *(descuidado)* nachlässig; JUR fahrlässig 2 *(con falta de atención)* unachtsam (*o* fahrlässig) handelnd B M/F fahrlässig Handelnde *m/f*

negociabilidad F Verhandelbarkeit *f*; *espec* COM *de una letra de cambio:* Begebbarkeit *f*; **~ bancaria** Bankfähigkeit *f*; **negociable** ADJ 1 verhandelbar (*tb* POL) 2 COM umsetzbar, verkäuflich; marktgängig, -fähig; *valor* übertragbar; *letra de cambio* begebbar; **~ en bancos** bankfähig; **~ en bolsa** börsengängig

negociación F 1 Verhandlung *f* (*tb* POL); **~ colectiva** Tarifrunde *f*, -verhandlung *f*; **entrar en -ones** Verhandlungen aufnehmen **(con** mit *dat*) 2 COM, FIN *bolsa:* Umsatz *m*; *de una letra de cambio:* Begebung *f*; **~ bursátil** Börsenhandel *m*, -umsatz *m*; **~ de valores** Effektenhandel *m*

negociado M 1 *Esp* ADMIN Amt *n*, Geschäftsstelle *f*; Referat *n* 2 *Arg, Chile, Col, Ec, Perú (negocio sucio)* unsauberes Geschäft *n*, Kuhhandel *m* 3 *Chile (tienda)* Geschäft *n*, Laden *m*; **negociador** A ADJ verhandelnd, Verhandlungs... B M, **negociadora** F Unterhändler *m*, -in *f*; **negociante** M/F Geschäftsmann *m*, -frau *f*; Händler *m*, -in *f*; Großhändler *m*, -in *f*

negociar ‹1b› A V/T & V/I 1 *(comerciar)* handeln, Handel treiben; *(emitir letras de cambio)* begeben; **~ con artículos de marca/en granos** mit Markenartikeln/mit Getreide handeln 2 *(tratar sobre un caso)* verhandeln; **~ (de) a/c** etw aushandeln, über etw (*acus*) verhandeln B V/R **~se (en bolsa)** (an der Börse) gehandelt werden

negocio M 1 Geschäft *n* (*tb fig*); *fig* **el ~ de la(s) droga(s)** das Drogengeschäft, das Geschäft mit Drogen (*o* mit der Droge); **un ~ redondo** ein glänzendes Geschäft; *fig* eine runde Sache; **hombre** *m*/**mujer** *f* **de ~s** Geschäftsmann *m*/Geschäftsfrau *f*; **hacer un ~** ein Geschäft machen; **¡mal ~!** ein schlechtes Geschäft!; eine üble Sache!; *prov* **¡(los) ~s son (los) ~s!** Geschäft ist Geschäft! 2 *espec Méx (tienda)* Laden *m*, Geschäft *n*; **un ~ de importación y exportación** ein Import-Export-Ge-

schäft *n* 3 *Bol, C. Rica, Hond (negociación)* Verhandlung *f*
negocioso ADJ 1 *(diligente)* geschäftig 2 *(hábil para los negocios)* geschäftstüchtig
negra F 1 *persona*: Schwarze *f*; Negerin *f neg!* 2 *fig* Unglück *n*, Pech *n*; **le persigue la ~** er hat eine Pechsträhne; **tener la ~** *fam* Pech haben; *adv* **con la ~** ohne Geld 3 MÚS Viertelnote *f* 4 *Am* Liebling *m (zu Frauen)*
negrear A VI 1 ins Schwarze spielen, schwarz werden 2 *Arg pop* in den Puff gehen *pop* B VT *Ur* ausbeuten; **negrecer** VI ⟨2d⟩ schwarz werden
negrero A ADJ *desp* Neger... *(neg!)*; Sklaven...; **barco** *m* **~** Sklavenschiff *n* B M 1 Sklavenhändler *m*; *fig* (Menschen)Schinder *m*, Ausbeuter *m* 2 Sklavenschiff *n*
negrilla F 1 TIPO (halb)fette Schrift *f* 2 AGR Schwarzschimmel *m der Oliven und Zitrusfrüchte* 3 *pez: Art* Muräne *f*; **negrillo** M 1 BOT Schwarzpappel *f*; *(olmo)* Ulme *f* 2 *Am reg* MIN Schwarzsilbererz *n*; **negrillón** M BOT Kornrade *f*
negrismo M LIT, *arte*: Kultur *f* der Schwarzen;
negrita F 1 *Am Kosename für eine dunkelhaarige Frau* 2 TIPO → negrilla 1; **negrito** M 1 *etnología*: Negrito *m* 2 *Am Kosename für einen dunkelhaarigen Mann*; **negritud** F Negritude *f*; Rückbesinnung *f* der Afrikaner auf ihre eigene Kultur
negro A ADJ 1 *color*: schwarz; **dinero ~** Schwarzgeld *n*; **~ sobre blanco** schwarz auf weiß 2 *fig* schwarz; düster, trüb(e); **-a suerte** Unglück *n*, Pech *n*; **verse ~** *(o* **vérselas -as)** **para hacer a/c** *fam* größte Schwierigkeiten haben, etw zu tun; *fam* **las he pasado -as** ich habe Pech gehabt *fam* 3 *fam enfadado*: **estar ~** sauer sein; *fam* **poner ~ a alg** j-n auf die Palme bringen *fam* B M 1 Schwarze *m/f*; Neger *m neg!* 2 *fig (peón)* Handlanger *m*, -in *f*; **~ (literario)** *fam* Ghostwriter *m*; **no somos ~s** *fam* das lassen wir uns nicht bieten; **trabajar como un ~** *fam* sich abschuften *fam*, sich gewaltig ins Zeug legen *fam* C M Schwarz *n*; schwarze Farbe *f*, **lo ~** das Schwarze; **~ de humo** Ruß *m*; **~ de uña** das Schwarze unter den Fingernägeln; Trauerrand *m fam*; TIPO **impresión** *f* **(en) blanco y ~** Schwarz-Weiß-Druck *m* D *Am* Liebling *m (zu Männern)*
negroide ADJ negroid; **negror** M, **negrura** F Schwärze *f*; **negruzco** ADJ schwärzlich
negu M *fam* Zigeuner *m neg!*
neguilla F, **neguillón** M BOT 1 Schwarzkümmel *m* 2 Kornrade *f*
nejayote M *Méx* Maiswasser *n*
nel ADV *Méx fam* nein
nematodo M ZOOL Fadenwurm *m*, Nematode *m*; **~s** Nematoden *mpl*
neme M *Col* (einheimischer) Asphalt *m*
Némesis F MIT Nemesis *f*; *fig* **némesis** Rache *f*
nemoroso ADJ *poét* bewaldet; Wald...
nemotecnia F *etc* → mnemotecnia
nena F kleines Mädchen *n*; *apodo cariñoso*: Kind *n*, Mädchen *n*; **nene** M, **nené** *Col* M Kind *n*, kleiner Junge *m*
nenúfar M BOT Seerose *f*
neo... PREF Neo..., Neu...; **neoclasicismo** M Klassizismus *m*; **neoclásico** ADJ klassizistisch; **neocolonialismo** M Neokolonialismus *m*; **neoescolástica** F FIL Neuscholastik *f*; **neofascismo** M POL Neofaschismus *m*; **neofascista** A ADJ POL neofaschistisch B M/F Neofaschist *m*, -in *f*
neófito M, **-a** F REL Neophyt *m*, Neubekehrte *m/f*; *fig* Neuling *m*
neogongorismo M LIT Neugongorismus *m (ab 1927)*; **neogótico** A ADJ neugotisch B M Neugotik *f*; **neogramático** M LING Junggrammatiker *m*; **neogranadino** ADJ HIST aus Neu-Granada *(Kolumbien unter spanischer Herrschaft)*; **neoguineano** A ADJ aus Neuguinea B M, **-a** F Neuguineer *m*, -in *f*;
neoimpresionismo M PINT Neoimpressionismus *m*; **neolatino** ADJ neulateinisch; romanisch *(tb* LING); **neoliberal** A ADJ neoliberal B M/F Neoliberale *m/f*; **neoliberalismo** M Neoliberalismus *m*; **neolítico** ARQUEOL A ADJ jungsteinzeitlich B M Jungsteinzeit *f*, Neolithikum *n*; **neologismo** M LING Neologismus *m*, Neuwort *n*, Neuwortbildung *f*; **neologista** M/F Sprachneuerer *m*, Sprachneuerin *f*; **neomenia** F 1 ASTRON Neumond *m* 2 REL Neumondfest *n*
neón M QUÍM Neon *n*; **lámpara** *f* **~** Neonröhre *f*
neonato M, **-a** F Neugeborene(s) *n*; **neonatología** F Neonatologie *f*, Neugeborenenheilkunde *f*; **neonatólogo** M, **-a** F MED Neonatologe *m*, Neonatologin *f*
neonazi A ADJ POL neonazistisch B M/F Neonazist *m*, -in *f*, Neonazi *m/f*; **neonazismo** M POL Neonazismus *m*; **neonazista** → neonazi
neoplasia F MED Geschwulst *f*; **neoplásico** ADJ MED geschwulstartig; **neoplasma** M MED Neoplasma *n*; **neoplastia** F MED plastische Chirurgie *f*
neoplatónico A ADJ FIL neuplatonisch B M, **-a** F Neuplatoniker *m*, -in *f*
neopreno M Neopren *n*; **traje** *m* **de ~** Neoprenanzug *m*
neorrealismo M FILM Neorealismus *m*; **neorrealista** ADJ neorealistisch
neoyorquino A ADJ aus New York B M, **-a** F New-Yorker *m*, -in *f*; **neozelandés** A ADJ neuseeländisch B M, **-esa** F Neuseeländer *m*, -in *f*; **neozoico** A ADJ GEOL dem Neozoikum angehörend B M Neozoikum *n*, Erdneuzeit *f*
Nepal M Nepal *n*
nepalés A ADJ aus Nepal, nepalesisch B M, **-esa** F Nepaler *m*, -in *f*, Nepalese *m*, Nepalesin *f* C *lengua*: Nepalesisch *n*, Nepali *n*
nepotismo M POL Vetternwirtschaft *f*, Nepotismus *m*
neptúneo ADJ *liter* neptunisch, Meeres...; **neptuniano, neptúnico** ADJ GEOL neptunisch
Neptuno MIT, ASTRON *y fig* M Neptun *m*; *fig poét* Meer *n*
nereida F MIT Nereide *f*
nervadura, nervatura F 1 BOT Aderung *f*, Blattgerippe *n* 2 TEC, ARQUIT Rippen *fpl*
nervio M 1 BIOL *y fig* Nerv *m*; **~ neumogástrico** *o* **vago** Vagus(nerv) *m*; **~ óptico** Sehnerv *m*; *fig* **hato** *m o* **manojo** *m* **de ~s** Nervenbündel *n*; **andar mal de los ~s** schwache Nerven haben; *fig* **alterar** *o fam* **atacar** *o fam* **crispar a alg los ~s** j-m auf die Nerven gehen *fam*, auf j-s Nerven *(dat)* herumtrampeln *fam*; *fam fig* **estar de ~s** nervös sein, Lampenfieber haben; *fig* **perder los ~s** die Nerven verlieren; *fam fig* **poner a alg los ~s de punta** auf j-s Nerven *(dat)* herumtrampeln; *fig* **tener ~s de acero** Nerven wie Drahtseile haben 2 *p. ext* Sehne *f*; *fig* Kraft *f*; **quitar el ~** Saft und Kraft nehmen 3 BOT, MAR, TEC, ARQUIT Rippe *f*
nerviosidad F Nervosität *f*; Unruhe *f*; **nerviosismo** M Nervosität *f*
nervioso ADJ 1 ANAT Nerven...; **sistema** *m* **~** Nervensystem *n* 2 *(intranquilo, alterado)* nervös, unruhig; *temperamento* nervös, leicht erregbar; **estar ~** nervös sein, aufgeregt sein; **poner ~** nervös machen; **ponerse ~** nervös *(o* unruhig) werden 3 MED nervenkrank, -leidend 4 *(nervudo)* nervig; *fig* kraftvoll; BOT *hoja* gerippt
nervosidad F Nervosität *f*, Reizbarkeit *f*;
nervoso ADJ *carne* sehnig; **nervudo** ADJ *(tendinoso)* sehnig; *(con mucha fuerza)* kraftvoll
nesciencia F *liter* Unwissenheit *f*; **nesciente** ADJ *liter* unwissend
nesga F TEX Zwickel *m*
nesgar VT ⟨1h⟩ TEX **~ a/c** einen Zwickel in etw *(acus)* einsetzen
nestoriano A ADJ REL nestorianisch B M, **-a** F Nestorianer *m*, -in *f*
netamente ADV klar; eindeutig
netiqueta F INFORM Netikette *f*, Netiquette *f*
neto A ADJ sauber, rein; COM netto, Netto..., Rein...; **beneficio** *m* **~** Reingewinn *m*; **pagador** *m* **~** Nettozahler *m*; **peso** *m* **~** Nettogewicht *n*; **precio** *m* **~** Nettopreis *m* B M ARQUIT Säulenfuß *m*
neumas MPL MÚS Neumen *fpl*
neumática F TEC Pneumatik *f*, Luftsteuertechnik *f*
neumático A ADJ pneumatisch, (Press)Luft...; **bandaje** *m* **~** Luftbereifung *f*; **bomba** *f* **-a** Luftpumpe *f*; **freno** *m* **~** Luftdruckbremse *f* B M 1 AUTO (Luft)Reifen *m*, *Suiza* Pneu *m*; **~s** *mpl* Bereifung *f*; **~ sin cámara** schlauchloser Reifen *m*; **~s claveteados** Spikes(reifen) *mpl*; **~ radial/de repuesto** Gürtel-/Ersatzreifen *m* 2 *Col* AUTO Schlauch *(im Reifen)*
neumococo M MED Pneumokokkus *m*;
neumonía F MED Lungenentzündung *f*, Pneumonie *f*; **neumotórax** M MED Pneumothorax *m*
neura *fam* A ADJ neurasthenisch; hysterisch B F Neurasthenie *f*; Manie *f fam*; *fam fig* **tener la ~** bescheuert sein *fam*
neural ADJ neural, Nerven...; **neuralgia** F MED Neuralgie *f*, Nervenschmerz *m*; **neurálgico** ADJ MED neuralgisch, Nerven...; *tb fig* **punto** *m* **~** neuralgischer Punkt *m*
neuras M/F *fam* Neurastheniker *m*, -in *f*; **neurastenia** F MED Neurasthenie *f*, Nervenschwäche *f*; **neurasténico** A ADJ neurasthenisch, nervenschwach B M, **-a** F Neurastheniker *m*, -in *f*
neuritis F ⟨*pl inv*⟩ MED Neuritis *f*, Nervenentzündung *f*
neurocirugía F Neuro-, Nervenchirurgie *f*;
neurocirujano M, **-a** F Neurochirurg *m*, -in *f*; **neurología** F MED Neurologie *f*;
neurológico ADJ MED neurologisch
neurólogo M, **-a** F Neurologe *m*, Neurologin *f*
neuroma F MED Neurom *n*; **neurona** F ANAT Neuron *n*, Nervenzelle *f*; **neuronal** ADJ neuronal; INFORM **redes ~es (artificiales)** neuronale Netze *npl*
neuronavegación F MED Neuronavigation *f*; **neuropatía** F MED Nervenleiden *n*;
neuroquímica F Neurochemie *f*
neurosis F ⟨*pl inv*⟩ MED Neurose *f*; **~ obsesiva** Zwangsneurose *f*; **neurótico** A ADJ MED neurotisch B M, **-a** F Neurotiker *m*, -in *f*, Nervenkranke *m/f*
neurovegetativo ADJ MED neurovegetativ; **sistema** *m* **~** vegetatives Nervensystem *n*
neutral A ADJ neutral, unparteiisch B M/F POL Neutrale *m/f*; **neutralidad** F Neutralität *f (tb fig)*; **neutralismo** M POL Neutralismus *m*; Neutralitätspolitik *f*; *(apartidismo)* Parteilosigkeit *f*; **neutralista** A ADJ POL neutralistisch B M/F Neutralist *m*, -in *f*; **neutralización** F POL *y fig* Neutralisierung *f*, *espec* QUÍM Neutralisation *f*; **neutralizante** A ADJ neutralisierend B M QUÍM Neutralisierungsmittel *n*; **neutralizar** VT ⟨1f⟩ QUÍM,

POL y fig neutralisieren; fig ausschalten; FARM, FÍS, QUÍM y fig unwirksam machen, aufheben
neutro A ADJ 1 POL, QUÍM, etc neutral 2 GRAM sächlich, neutral B M 1 GRAM Neutrum n 2 Am reg AUTO Leerlauf m; **neutrón** M FÍS Neutron n; **neutrónico** ADJ FÍS Neutronen...
nevada F Schneefall m; **nevadilla** F BOT weißes Blutkraut n; **nevado** A ADJ be-, verschneit; schneeig; schneeweiß B M Am schneebedeckter Berggipfel m, (Berg)Gletscher m
nevar VI ‹1k› schneien; v/imp **nieva** es schneit; **nevasca** F Schneegestöber n, -sturm m; **nevatilla** F ORN Bachstelze f; **nevazo** M starker Schneefall m; **nevazón** F Arg, Chile, Ec Schneesturm m
nevera F 1 (refrigerador) Eisschrank m; ~ **(eléctrica)** Kühlschrank m; ~ **portátil** Kühlbox f 2 cueva, etc: Eiskeller m (tb fig); fig **esta sala está hecha una** ~ in diesem Zimmer ist es eiskalt 3 Col fam (cárcel) Kittchen n fam 4 (vendedora de bloques de hielo) Eis(block)-verkäuferin f
nevería F Méx Eisdiele f; **nevero** M 1 GEOL Gletscher m 2 (vendedor de bloques de hielo) Eis(block)verkäufer m
nevisca F leichter Schneefall m; **neviscar** V/IMP ‹1g› leicht schneien
nevoso ADJ 1 Schnee... 2 región schneereich
Newton ['nĭutɔn] M FÍS Newton n
nexo M Verknüpfung f, Zusammenhang m; ~ **causal** Kausalzusammenhang m, Kausalnexus m
ni CJ auch nicht; oder (auch nur), oder gar; ~ ... ~ ... weder ... noch ...; ~ **aun** o ~ **siquiera** nicht einmal; ~ **que** (subj) wenn auch, selbst wenn; ~ **yo tampoco** ich auch nicht
niacina F QUÍM Niazin n
Nibelungos MPL MIT Nibelungen mpl
nica[1] M/F fam Nicaraguaner m, -in f
nica[2] F Méx Nachttopf m
Nicaragua F Nicaragua n
nicaragüense A ADJ aus Nicaragua, nicaraguanisch B M/F Nicaraguaner m, -in f; **nicaragüeño** M, **-a** F → nicaragüense
nicho M 1 Nische f; ARQUIT ~ **de antepecho** Brüstungslinie f; BIOL ~ **ecológico** ökologische Nische f; ECON ~ **de(l) mercado** Marktlücke f; **ocupar un** ~ **de mercado** eine Marktlücke besetzen; ~ **tecnológico** technologische Nische f 2 para colocar una urna: Grabnische f
nicotina F QUÍM Nikotin n; **bajo en** ~ nikotinarm; **nicoti(ni)smo** M 1 (tabaquismo) Nikotinsucht f 2 intoxicación: Nikotinvergiftung f
nictálope A ADJ MED tagblind B M/F Tagblinde m/f; **nictalopía** F MED Tagblindheit f
níctea F ORN Schnee-Eule f
nictitante ADJ ZOOL **membrana** f ~ Nickhaut f der Vogelaugen
nicturia F MED vermehrtes, nächtliches Wasserlassen n; t/t Nykturie f
nidación F ZOOL Nisten n; **nidada** F Gelege n; Brut f; **nidal** M 1 nido, lugar: Legenest n; fig (refugio) Lieblings(schlupf)winkel m 2 (huevo de nido) Nestei n; **nidificar** VI ‹1g› nisten
nido M 1 Nest n; ~ **excavado** Bruthöhle f; ~ **de pájaro(s)/de ratones** Vogel-/Mäusenest n; **hacer** ~ nisten; fam fig **caer(se) de un** o **del** ~ noch sehr grün sein, ziemlich naiv sein 2 fig Nest n; Schlupfwinkel m; ~ **de amor** Liebesnest n; ~ **de discordia** Herd m der Zwietracht; ~ **de ladrones** Räuberhöhle f; fig ~ **de polvo** Staubfänger m; fig ~ **de víboras** Schlangengrube f 3 GASTR ~**s** mpl **de golondrina** Schwalbennester npl
niebla F 1 Nebel m; ~ **alta** Hochnebel m; ~ **finísima** Nebelschleier m; ~ **helada** Eisnebel m, Frostrauch m; fam Esp ~ **meona** Nieselregen m; **hace** o **hay** ~ es ist neblig; ~ **seca** Höhenrauch m 2 en el ojo: Trübung f 3 AGR Schwarzrost m des Getreides 4 fig (confusión) Verwirrung f
niego A → negar B M aves de rapiña: Nestling m
niel M arte: Niello n; **nielado** M arte: Nielloarbeit f
nieto M, **-a** F Enkel m, -in f; ~ **segundo** Urenkel m; ~**s** mpl Enkelkinder npl
nieva → nevar
nieve F 1 Schnee m; ~**s** pl Schnee m; (nevada) Schneefall m; ~ **acumulada** o **amontonada** Schneewehe f; ~ **fresca** Neuschnee m; ~ **granulada/húmeda** Graupel-/Pappschnee m; ~ **medio derretida** Schneematsch m; ~**s** pl **perpetuas** ewiger Schnee m; ~ **polvorosa** o **polvo** Pulverschnee m; ~ **virgen** Tiefschnee m; **límite** m **de las** ~**s** Schneegrenze f; **puente** m **de** ~ Schneebrücke f; **cae** ~ es schneit, Schnee fällt; **cubrirse de** ~ verschneien 2 **monigote** m o **figura** f o **muñeco** m **de** ~ Schneemann m; **el (abominable) hombre de las** ~**s** der Schneemensch, der Yeti 3 pop drogas (cocaína) Schnee m fam, Koks m fam; **tomar** ~ koksen fam 4 Méx (helado) (Speise)Eis n, Eiscreme f
NIF M ABR (Número de Identificación Fiscal) Esp Steuernummer f, Steuerliche Identifikationsnummer f
Níger M 1 estado: Niger n 2 río: Niger m
Nigeria F Nigeria n
nigeriano A ADJ nigerianisch B M, **-a** F Nigerianer m, -in f; **nigerino** A ADJ nigrisch B M, **-a** F Nigrer m, -in f
nigérrimo ADJ liter tiefschwarz
nigromancia, nigromancía F 1 Nekromantie f, Toten- (o Geister)beschwörung f 2 (magia negra) Schwarze Kunst f, Schwarze Magie f; **nigromante** M/F Nekromant m, -in f; Totenbeschwörer m, -in f
nigua F insecto: Sandfloh m; Chile, Perú, P. Rico fam fig **pegarse como** ~ nicht wieder loszuwerden sein; kleben fam
nihilismo M Nihilismus m; **nihilista** A ADJ nihilistisch B M/F Nihilist m, -in f
Nilo M Nil m
nilón M Nylon® n; → tb nailon
nilota ADJ, **nilótico** ADJ GEOG Nil...
nimbado ADJ mit einer Aureole (umgeben); fig verklärt; **nimbar** VT mit einer Aureole umgeben; fig verklären
nimbo M 1 Heiligenschein m, Nimbus m (tb fig), Aureole f 2 METEO Nimbostratus m 3 ASTRON Hof m um Sonne oder Mond
nimiedad F 1 (insignificancia) Kleinigkeit f 2 (prolijidad) Umständlichkeit f; fam (apocamiento) Ängstlichkeit f
nimio ADJ 1 (insignificante) unwichtig, unbedeutend 2 (excesivo) übertrieben; (prolijo) umständlich; (escrupuloso) kleinlich; fam (apocado) ängstlich
ninfa F 1 MIT Nymphe f 2 insecto: Puppe f 3 fam fig Mädchen n, Puppe f fam; **ninfea** F BOT weiße Teichrose f; weißer Lotus m; **ninfo** M fam Lackaffe m, Geck m
ninfómana A ADJ mujer: mannstoll, nymphoman(isch) B F Nymphomanin f; **ninfomanía** F Nymphomanie f
ningún antes de sust msg → ninguno
ningunear VT ~ **a alg** (no tomar en consideración) j-n ignorieren (o schneiden fam); (despreciar) j-n verachten
ninguno A ADJ kein; **no tener -a amiga** keine Freundin haben; **-a vez** kein einziges Mal, nie; **de -a manera** keineswegs; **en -a parte** nirgends B PR INDEF niemand; **no ha venido** ~ o ~ **ha venido** niemand ist gekommen
Nínive F HIST Ninive n
ninivita A ADJ aus Ninive B M/F Ninivit m, -in f
ninot M Strohpuppe bei den „Fallas" in Valencia
niña F 1 Kind n, Mädchen n; fam ~ **bien** höhere Tochter f fam 2 Am (gnädiges) Fräulein n; **la** ~ **María** Fräulein Maria 3 ANAT ~ **del ojo** Pupille f; fig Augapfel m; fig **guardar a/c/alg como la** ~ **de sus ojos** etw/j-n wie seinen Augapfel hüten 4 lotería: **la** ~ **bonita** die Zahl 15
niñada F Kinderei f; Kinderstreich m; **niñata** F fam Kinderei f; **niñato** M desp eingebildeter Laffe m
niñear VI Kindereien treiben; **niñera** F Kindermädchen n; -frau f; **niñería** F Kinderei f;
niñero ADJ 1 (que gusta de los niños) kinderlieb 2 fig (de comportamiento infantil) zu Kindereien aufgelegt
niñez F Kindheit f; **-eces** fpl Kinderstreiche mpl
niño A ADJ klein; kindlich B M 1 Kind n; ~ **bonito** Lieblingskind n; fig bevorzugter Schüler m; ~ **de pañales** o **de pecho** Säugling m; ~ **probeta** Retortenbaby n; ~ **prodigio** Wunderkind n; **de** ~ als Kind, in meiner/deiner etc Kindheit; **desde** ~ von Kind auf; fam fig **alegrarse como (un)** ~ **con zapatos nuevos** überglücklich sein; sich wie ein Schneekönig freuen fam; prov **los** ~**s y los locos dicen las verdades** Kinder und Narren sagen die Wahrheit; ... **¡ni qué** ~ **muerto!** ..., von wegen!; fam **¡anda,** ~**!** o **¡vamos,** ~**!** nun hör mal!, aber geh!; **¡no seas** ~**!** sei kein Kind(skopf)!, sei nicht kindisch! 2 fig ~ **de la bola** Glückskind n; Esp fam ~ **pera** verwöhnter Schnösel m 3 REL ~ **Jesús** o ~ **Dios** Jesuskind n; CAT ~ **de coro** Chor-, Sängerknabe m 4 Am gnädiger Herr, junger Herr 5 Arg GASTR ~**s** mpl **envueltos** Fleischrouladen fpl
niñón ADJ Esp kindisch
niopo M 1 Col, Ven BOT Yopo m (Baumart) 2 Ven Art Schnupftabak m
NIP M ABR (número de identificación personal) persönliche Geheimnummer f, PIN-Nummer f
nipa F BOT Nipa-Palme f
niple M TEC Muffe f; Nippel m
nipón A ADJ japanisch B M, **-ona** F Japaner m, -in f
Nipón M Nippon n, Japan n
nipos MPL Esp pop Moneten pl pop, Zaster m pop, Knete f fam
níquel M 1 MINER Nickel n 2 Méx kleine Münze f
niquelado A M Vernickeln n; Vernickelung f B ADJ vernickelt; **niquelador** M Vernickelungsgerät n; **niquelar** A VT vernickeln B VI fam angeben, prahlen; **niquelera** F Col Geldbeutel m; **niquelero** M fam Muttersöhnchen n; **niquelífero** ADJ nickelhaltig; **niquelina** F MINER Kupfernickel n, Nickelin n; **niquelita** F MINER Arsennickel n
niqui M Polohemd n
nirvana M REL Nirwana n
níscalo M BOT Echter Reizker m
nisei M/F Perú in Peru geborene Person japanischer Einwanderer
níspero M BOT planta y fruta: Mispel f; **níspola** F fruta: Mispel f
nistamal → nixtamal
nitidez F 1 Klarheit f, Reinheit f 2 FOT, ÓPT, TIPO, TV Schärfe f; TIPO ~ **de los bordes** Randschärfe; FOT ~ **en profundidad** Tiefenschärfe f; **con** ~ scharf, deutlich
nítido ADJ 1 glänzend; klar, rein 2 FOT etc scharf 3 fig einwandfrei; klar
nitración F QUÍM Nitrierung f
nitral M Salpeterlager n, -vorkommen n

nitrar VT QUÍM nitrieren; **nitratar** VT AGR mit Nitraten düngen
nitrato M QUÍM Nitrat *n*; **~ de amonio/de calcio** Ammonium-/Kalziumnitrat *n*; **~ de Chile** Chilesalpeter *m*; **~ de potasio** Kalisalpeter *m*; **~ de sodio** Natronsalpeter *m*
nítrico ADJ QUÍM salpetersauer; **ácido** *m* **~** Salpetersäure *f*; **ácido** *m* **~ y sulfúrico** Nitriersäure *f*
nitrito M QUÍM Nitrit *n*
nitro M Salpeter *m*; **nitrobarniz** M Nitrolack *m*; **nitrobenceno** M QUÍM Nitrobenzol *n*; **nitrocelulosa** F Nitrozellulose *f*; **nitrocolorantes** MPL Nitrofarbstoffe *mpl*; **nitrogenado** ADJ stickstoffhaltig
nitrógeno M QUÍM Stickstoff *m*
nitroglicerina F QUÍM Nitroglyzerin *n*; **nitrolaca** F Nitrolack *m*; **nitroso** ADJ stickstoffhaltig; *ácido* salpetrig
nitruración F TEC *acero*: Nitrierung *f*; **nitrurado** M **por ~** durch Nitrierung; **nitrurar** VT *acero* nitrieren; **nitruro** M QUÍM Nitrid *n*
nivación F GEOL Erosion *f* durch Schnee
nivel M 1 GEOG Niveau *n*, Höhe *f*; **~ del terreno** Gelände-, Terrainhöhe *f*; **~ del mar** Meeresspiegel *m*; **~ normal cero** Normalnull *n*; **al ~ de** auf gleicher Höhe wie (*nom*) 2 *de un líquido*: Stand *m*, Spiegel *m*, Pegel *m*; AUTO **~ del aceite** Ölstand *m*; **~ del agua** Wasserstand *m*, -spiegel *m*; MED **~ de azúcar en la sangre** Blutzuckerspiegel *m*; GEOL **~ freático** Grundwasserspiegel *m* 3 ELEC, *fonotecnia*: Pegel *m*; FÍS **~ de audibilidad** Hörschwelle *f*; **~ de emisión** Sendepegel *m*; **~ de ruido** *o* **sonoro** Lärm-, Geräuschpegel *m*; **~ del ruido de fondo** Störpegel *m*; INFORM **~ de acceso** Zugriffsebene *f* 4 *fig* (*estado de desarrollo*) Niveau *n*, Stand *m*, Grad *m*; **~ de conocimientos** Kenntnisstand *m*; **~ de contaminación** Verschmutzungsgrad *m*; **~ de desarrollo** Entwicklungsstand *m*; ECON **~ de empleo** Beschäftigungsstand *m*; **~ de equipamiento** Ausstattungsgrad *m*; **~ instruccional** Bildungsniveau *n*; **~ de ozono** Ozonwerte *mpl*; **~ de precio** Preisniveau *n*; **~ de vida** Lebensstandard *m*; **de alto ~** auf hohem Niveau 5 **a ~ europeo/mundial** europa-/weltweit; **a ~ nacional** auf nationaler Ebene 6 LING **~ estilístico/lingüístico** Stil-/Sprachebene *f* 7 (*plano horizontal*) waagerechte Fläche *f*, Horizontale *f*; (*igualdad de altura*) gleiche Höhe *f*; **a ~** waagerecht, in der Waage; TEC im Wasser; *fig* auf gleicher Höhe 8 TEC *instrumento*: **~ (de aire** *o* **de burbuja)** Wasserwaage *f*; **~ de albañil** Maurerwaage *f*
nivelación F 1 Nivellierung *f* (*tb fig*); (*aplanamiento*) Planierung *f*; (*alineación horizontal*) Ausrichtung *f in der Waagerechten* 2 *fig* Ausgleich *m*; *desp* Gleichmacherei *f*; **nivelador** A ADJ nivellierend, ausgleichend (*tb fig*) B M 1 GEOG *instrumento*: Nivellierinstrument *n*, -gerät *n* 2 *obrero*: Planierer *m*; **niveladora** F TEC Planierraupe *f*
nivelar VT 1 waagerecht machen; ausgleichen (*tb fig*), ebnen 2 GEOG, ARQUIT *y fig* nivellieren; ARQUIT planieren; *fig* gleichmachen
níveo ADJ *poét* schneeweiß, Schnee…, wie Schnee
nixtamal M *Méx* GASTR *Maisteig für Tortillas*
Niza F Nizza *n*
NNE ABR (Nornordeste) NNO (Nordnordost[en])
NNO ABR (Nornoroeste) NNW (Nordnordwest[en])
NN.UU. FPL ABR (Naciones Unidas) UN *fpl* (Vereinte Nationen)
no A INT nein; **~, señor/señora** nein (, mein Herr/meine Dame); **¿no?** *nachgestellt*: nicht wahr?; **¡que ~!** nein!; **¡a que ~!** etwa nicht?; wetten, dass nicht!; *espec Am* **¿cómo ~?** aber gewiss, ja doch; natürlich!; **por sí o por ~** auf alle Fälle, unbedingt B ADV nicht; **~ estuve allí** ich war nicht dort; **~ he visto a nadie** ich habe niemanden gesehen; **~ del todo** nicht ganz; **~ ya** nicht nur; **ya ~** nicht mehr; *Am* **~ más** nur; *Am* **deje ~ más** lassen Sie (es) nur, bemühen Sie sich nicht; **~ más que** nur (noch); **~ … nada** nichts; **~ por cierto** gewiss nicht; **~ por eso** nichtsdestoweniger; **~ porque lo diga usted, pero …** nicht, weil Sie es sagen, aber …; **~ … sino** nur; erst; **~ …, sino que** nicht …, sondern (vielmehr); *Am* **así ~ más** soso, mittelmäßig C CJ **~ bien** kaum, sobald, als; **~ bien amanezca, vaya** gehen Sie hin, sobald es hell wird; *Arg, Chile* **de ~** andernfalls, sonst D M Nein *m*; **el sí y el ~** das Ja und das Nein; *fig* **un ~ sé qué** ein gewisses Etwas
n° ABR (número) Nr. (Nummer)
NO ABR (Noroeste) NW (Nordwest[en])
Nobel NPR **premio** *m* **~ (de literatura)** Nobelpreis *m* (für Literatur); **(titular** *m* **del) premio** *m* **~** Nobelpreisträger *m*
nobiliario A ADJ ad(e)lig; Adels… B M Adelsbuch *n*
nobilísimo *sup de* noble
noble A ADJ 1 (*aristócrata*) ad(e)lig; vornehm 2 (*magnánimo*) edel(mütig) 3 QUÍM **gas** *m* **~** Edelgas *n* 4 BOT **madera** *f* **~** Edelholz *n* B M/F 1 Ad(e)lige *m/f* 2 CAZA Greifvogel *m*
nobleza F 1 Adel *m*; Adelsstand *m*; **la alta ~** der Hochadel; **~ de sangre** Erbadel *m*; **~ de toga** Amtsadel *m*; *prov* **~ obliga** Adel verpflichtet 2 *fig* Edelmut *m*; Vornehmheit *f*
noblote ADJ *fam* anständig, rechtschaffen
noche F 1 *opuesto a día*: Nacht *f* (*tb fig*); **~ de bodas** Hochzeitsnacht *f*; *fig* **~ blanca** *o* **toledana** *o* **vizcaína** *o* **de insomnio** schlaflose Nacht *f*; **pasar(se) la ~ en blanco** kein Auge zumachen, die Nacht schlaflos verbringen; **~s enteras** nächtelang; **hacer ~ en** übernachten in (*dat*); *fig* **parecerse como el día a la ~** grundverschieden sein, unterschiedlich wie Tag und Nacht sein 2 *hora del día*: Nacht *f*; (*últimas horas de la tarde*) Abend *m*; **esta ~** heute Abend; *o* heute Nacht; **¡buenas ~s!** guten Abend! *o* gute Nacht!; **media ~** Mitternacht *f*; **a media ~** um Mitternacht *f*; **se hace de ~** es wird Abend; **de ~** nachts; **muy de ~** *o* **muy entrada la ~** spät nachts, tief in der Nacht; *fig* **de la ~ a la mañana** über Nacht, von heut(e) auf morgen; **por la ~** nachts; (*en las últimas horas de la tarde*) abends; *prov* **de ~ todos los gatos son pardos** in der Nacht sind alle Katzen grau 3 *fig* **hacerse ~** verschwinden; **hacer ~ de a/c** etw verschwinden lassen, etw stehlen; **perderse en la ~ de los tiempos** in die graue Vorzeit zurückreichen 4 *fecha*: **~ vieja** → Nochevieja; HIST **~ de San Bartolomé** Bartholomäusnacht *f* 5 (*oscuridad*) Dunkelheit *f*, (dunkle) Nacht *f*; *liter* **cierra la ~** es dunkelt, die Nacht sinkt herein; **ya es ~ cerrada** es ist schon stockfinster
Nochebuena F 1 Heiligabend *m*, Heiliger Abend *m* 2 BOT **nochebuena** Weihnachtsstern *m*
nochebueno M *Esp* 1 (*torta de navidad*) Weihnachtskuchen *m* 2 *leño*: Julblock *m* (*großes Holzscheit, das traditionsgemäß an Weihnachten verbrannt wird*); **nochecita** F 1 *fam* unwirtliche Nacht *f* 2 *Am* Abenddämmerung *f*; **nocherniego** ADJ *Am reg* nachtschwärmerisch
nochero A M, **-a** F 1 *Col, Chile* (*sereno*) Nachtwächter *m*, -in *f* 2 *Guat* (*que trabaja de noche*) Nachtarbeiter *m*, -in *f* B M *Col* (*mesita de noche*) Nachttisch *m*
Nochevieja F Silvester *n*, Silvesterabend *m*; **pasar** *o* **celebrar la ~** Silvester feiern; **en la ~** an Silvester
nochote M *Méx Getränk aus vergorenem Kaktusfeigensaft*
noción F Begriff *m*; Idee *f*; **-ones** *fpl* **generales** allgemeine Vorstellung *f*; Grundkenntnisse *fpl*; **no tener la menor ~ de a/c** keine Ahnung von etw (*dat*) haben
nocividad F Schädlichkeit *f*; **nocivo** ADJ schädlich; **animal** *m* **~** Schädling *m*
noctambular VI nachtwandeln; **noctambulismo** M Nachtwandeln *n*
noctámbulo A ADJ nachtwandelnd B M, **-a** F 1 Nachtwandler *m*, -in *f* 2 *fig* (*trasnochador*) *fam* Nachtschwärmer *m*, -in *f*, Nachteule *f* (*fam fig*)
noctiluca F ZOOL 1 (*protozoo luminoso*) Leuchtinfusorie *f* (*Meeresleuchten*) 2 (*luciérnaga*) Glühwürmchen *n*
noctívago ADJ *poét* nachtwandelnd; in der Nacht umherstreifend
noctúidos MPL *insectos*: Eulenfalter *mpl*
nocturna F *Am reg* FILM Spätvorstellung *f*; **nocturnidad** F *espec* JUR Nächtlichkeit *f* (*als erschwerender Umstand*)
nocturno A ADJ nächtlich (*tb fig*); Nacht…; **escuela** *f* **-a** Abendschule *f* B M 1 MÚS Notturno *n*, Nocturne *n/f*, Nachtmusik *f* 2 PINT Nachtstück *n* 3 CAT *oración*: Nokturn *f*
nodal ADJ **punto** *m* **~** Knotenpunkt *m*
nodo M ASTRON, FÍS, MED Knoten *m*; TEL, *fig* Knotenpunkt *m*
no-do M ABR (Noticiarios y Documentales) *Esp* HIST Wochenschau *f*
nodriza F 1 Amme *f* 2 TEC Hilfskessel *m*; Hilfstank *m*; **avión** *m* **~** Tankflugzeug *n*; **buque** *m* **~** Mutterschiff *n*
nódulo M *espec* MED Knötchen *n*
Noé NPR M Noah *m*
nogada F GASTR Nusssoße *f*
nogal M BOT (Wal)Nussbaum *m*; *madera*: Nussbaum *m*, Nussbaumholz *n*; **de color ~** nussfarben
noguera F → nogal
nolición F FIL Nichtwollen *n*
noli me tángere A M 1 BOT Mimose *f* 2 MED bösartiges Geschwür *n* B INT *frec irón corresponde a*: das ist (wohl) tabu
nómada A ADJ Nomaden…; **pueblo** *m* **~** Nomadenvolk *n*; **vida** *f* **~** Nomadenleben *n* B M/F Nomade *m*, Nomadin *f*
nomadismo M Nomadenleben *n*
nomás ADV *Am* nur
nombradía F Ruf *m*; **de gran ~** berühmt; **nombrado** ADJ namhaft, berühmt; **nombramiento** M 1 (*designación*) Ernennung *f*, Bestallung *f* 2 (*documento de designación*) Ernennungsurkunde *f*
nombrar VT 1 (*denominar*) (be)nennen 2 (*mencionar*) nennen, erwähnen 3 (*designar*) ernennen; bestellen; **le nombraron alcalde** er wurde zum Bürgermeister ernannt (*o* bestellt); POL, ADMIN **~ a dedo** willkürlich (*o* ohne Stellenausschreibung) ernennen
nombre M 1 Name *m*; **(primer) ~** Vorname *m*, Rufname *m*; **~ artístico** Künstlername *m*; **~ propio** Eigenname *m*; **~ de familia** Familienname *m*; **~ de guerra** *o* **de batalla** Deckname *m*; **~ de pila** Tauf-, Vorname *m*; **~ de soltera** Mädchenname *m*; **dar su ~** seinen Namen nennen; **(reservar) a ~ de López** auf den Namen López (reservieren); **responder al ~ de … auf den Namen … hören**; *adv* **de ~** dem Namen nach; **(conocer) de ~** dem Namen nach (kennen); **en ~ de alg** in j-s Namen (*dat*), namens (*gen*); **por ~ Gómez** namens Gómez; **por mal ~ «Chivato»** mit (dem) Spitznamen „Petzer"; *fig* **llamar las cosas por su ~** die

Dinge (*o* das Kind *fam*) beim Namen nennen 2 (*fama*) Ruf *m*; Ruhm *m*; *fig* **no tener ~** unerhört sein 3 LING Nomen *n*; (*denominación*) Bezeichnung *f*, Name *m*; **~ adjetivo** Adjektiv *n*; **~ colectivo** Kollektivbezeichnung *f*, Sammelname *m*; **~ común** Gattungsname *m*; **~ su(b)stantivo** Substantiv *n*; **~ de lugar** Ortsname *m*

nombrete M *Ur fam* Spitzname *m*

nomenclátor M Namen(s)verzeichnis *n*; Katalog *m*; **~ callejero** Straßenverzeichnis *n*; **nomenclatura** F Nomenklatur *f*; TEC Verzeichnis *n*, Katalog *m*

nomeolvides F ⟨*pl inv*⟩ BOT Vergissmeinnicht *n*

nómina F 1 (*lista*) Liste *f*; (*relación nominal*) Namen(s)verzeichnis *n*; (*lista de salarios*) Gehaltsliste *f* 2 *Esp* (*salario*) Gehalt *n*; (*pago*) Auszahlung *f*

nominación F Benennung *f*; POL Nominierung *f*; **nominador** A ADJ ernennungsberechtigt B M, **nominadora** F Ernennungsberechtigte *m/f*

nominal ADJ (*por el nombre*) namentlich; (*sólo de nombre*) nominell, Nenn..., Nominal...; ECON **valor** *m* **~** Nennwert *m*; **nominalismo** M FIL Nominalismus *m*; **nominalista** A ADJ FIL nominalistisch B M/F Nominalist *m*, -in *f*; **nominalmente** ADV namentlich; dem Namen nach

nominar V/T benennen; POL nominieren, als Kandidaten aufstellen; **nominativo** A ADJ namentlich; Namen(s)...; ECON **acción** *f* **-a** Namensaktie *f* B M GRAM Nominativ *m*, Werfall *m*

nomo M → gnomo

nomparell M TIPO Nonpareille *f* (*6-Punkt--Schrift*)

non A ADJ ungerade B M 1 ungerade Zahl *f*; **estar de ~** (*sobra*) allein übrig bleiben; (*excedente*) überzählig sein 2 *fam* **decir que ~es** Nein sagen; ablehnen

nona F 1 REL Non(e) *f* 2 HIST *Einteilung des Tages im römischen Kalender*

nonada F Nichtigkeit *f*, Lappalie *f*; **una ~** rein gar nichts *fam*

nonagenario A ADJ neunzigjährig B M, **-a** F Neunzigjährige *m/f*, Neunziger *m*, -in *f*; **nonagésimo** NUM neunzigste(r, -s)

nonato A ADJ 1 nicht geboren, ungeboren (*tb fig*) 2 (*aún no existente*) (noch) nicht vorhanden 3 (*nacido por cesárea*) durch Kaiserschnitt geboren B M *Arg* Fell *n* ungeborener Kälber

nones MPL *fam* → non B 2

noningentésimo NUM neunhundertste(r, -s)

nonio M TEC Nonius *m*

nono A NUM neunte(r, -s); **Pío ~** Pius der Neunte, Pius IX. B M *reg fam* Opa *m*

non plus ultra M Nonplusultra *n*

non sancta *fig* **(gente** *f***) ~** sittenloses Volk *n*

nopal M BOT Nopal *m*, Feigenkaktus *m*

noque M 1 *curtiduría*: Lohgrube *f der Gerber* 2 *Bol, RPl* (*saco*) rindslederner (Wasser-, Vorrats)-Sack *m*

noquear V/T *boxeo*: k. o. schlagen, ausknocken

norafricano *etc* → norteafricano

noray M MAR Poller *m*

norcoreano A ADJ nordkoreanisch B M, **-a** F Nordkoreaner *m*, -in *f*

nordeste M Nordost(en) *m*; *viento*: Nordostwind *m*

nórdico A ADJ nordisch (*tb* DEP *y* LING); **muebles** *mpl* **~s** Teak(holz)möbel *npl*; GEOG **países** *mpl* **~s** nordische Länder *npl*; *Europa*: Skandinavien *n* B M, **-a** F Nordländer *m*, -in *f*

nordista HIST *en los EE.UU.*: A ADJ Nordstaatler... B M/F Nordstaatler *m*, -in *f*

N.° ref. ABR (Número de referencia) Ref.Nr. (Referenznummer)

noreste → nordeste

noria F AGR Schöpfrad *n*, Göpelwerk *n*; *fig* Tretmühle *f*; **~ gigante** Riesenrad *n*

noriega F *pez*: Glattrochen *m*

norirlandés A ADJ nordirisch B M, **-esa** F Nordire *m*, Nordirin *f*

norma F 1 (*regla*) Norm *f* (*tb* TEC *y fig*); **~ general** Allgemeinregel *f*, Norm *f*; **~s** *fpl* **industriales** Industrienormen *fpl*; **~ de calidad** Gütenorm *f*; TV **~ de líneas** Zeilennorm *f*; **según ~** normgerecht 2 (*pauta*) Richtschnur *f*, Regel *f*; **~s** *fpl* **de circulación** *o* **de tráfico** Verkehrsregeln *fpl*; **~s** *fpl* **de seguridad** Sicherheitsvorschriften *fpl* 3 (*escuadra*) Winkelmaß *n*

normado ADJ 1 TEC normiert, genormt 2 *Cuba* rationiert

normal A ADJ regelrecht; normal; MAT **plano** *m* **~** Flächennormale *f*; **recta** *f* **~** Senkrechte *f* B F 1 **(escuela** *f***) ~** Lehrerseminar *n*, Pädagogische Hochschule *f* 2 MAT Normale *f*

normalidad F Normalität *f*; (*regularidad*) Regelmäßigkeit *f*; (*estado regular*) Normalzustand *m*; **volver a la ~** sich normalisieren, zur Normalität zurückkehren; **normalista** A ADJ Lehrerseminars... B M/F Schüler *m*, -in *f* eines Lehrerseminars; **normalito** ADJ *fam* durchschnittlich, Durchschnitts...; **normalización** F Normalisierung *f*; TEC Norm(ier)ung *f*; **normalizado** ADJ genormt, Norm...; **normalizar** ⟨1f⟩ A V/T 1 normalisieren; *espec* TEC normen, vereinheitlichen 2 TEC *acero* normalglühen; *herramienta* anlassen B V/R **normalizarse** sich normalisieren; **normalmente** ADV normalerweise; für gewöhnlich

Normandía F Normandie *f*

normando GEOG, HIST A ADJ normannisch B M, **-a** F Normanne *m*, Normannin *f*

normar V/T *Am* normieren; regeln

normativa F Vorschrift(en) *f(pl)*, Regeln *fpl*; **normativo** ADJ maßgebend; normativ, Regel...; LING **gramática** *f* **-a** normative Grammatik *f*

nornordeste M Nordnordost(en) *m*; **nornoroeste** M Nordnordwest(en) *m*

noroccidental ADJ nordwestlich; **noroeste** M Nordwest(en) *m*; *viento*: Nordwestwind *m*; **nororiental** ADJ nordöstlich

nortada F *Esp* (anhaltender) Nordwind *m*

norte M 1 *punto cardinal*: Norden *m*; **hacia (el) ~** nach Norden, nordwärts; **al ~ de** nördlich von (*dat*) 2 *viento*: Nord(wind) *m* 3 *fig* (*orientación*) Orientierung *f*, Bezugspunkt *m*; **perder el ~** die Orientierung verlieren 4 (*meta*) Ziel *n*

norteafricano A ADJ nordafrikanisch B M, **-a** F Nordafrikaner *m*, -in *f*; **norteamericano** A ADJ nord-, *espec* US-amerikanisch B M, **-a** F Nord-, *espec* US-Amerikaner *m*, -in *f*

nortear V/I 1 MAR sich nach dem Nordpunkt richten 2 *aguja de brújula* nach Norden abweichen 3 *viento* auf Nord drehen; **norteño** A ADJ nordisch; nordländisch; *espec Am* aus dem Norden (*Perus etc*) B M, **-a** F Nordländer *m*, -in *f*

nortino ADJ *Chile* aus Nordchile

Noruega F Norwegen *n*

noruego A ADJ norwegisch B M, **-a** F Norweger *m*, -in *f* C M *lengua*: Norwegisch *n*

nos PRON 1 uns 2 *pluralis majestatis*: Wir

nosocomio M Krankenanstalt *f*; **nosofobia** F MED pathologische Furcht *f* vor Erkrankung; **nosogenia** F MED Nosogenie *f*; **nosología** F MED Nosologie *f*, Krankheitslehre *f*; **nosomántica** F Besprechen *n* (*o* Abbeten *n*) von Krankheiten

nosotros, nosotras PR PERS wir; *después de preposición*: uns; **esto queda entre ~** das bleibt unter uns

nostalgia F 1 (*añoranza*) Heimweh *n* 2 (*ansiedad*) Sehnsucht *f* (**de** nach *dat*) 3 (*ansiedad del pasado*) Nostalgie *f*

nostálgico A ADJ 1 (*con morriña*) Heimweh...; heimwehkrank 2 (*con ansiedad*) sehnsuchtsvoll, sehnsüchtig 3 (*con ansiedad por el pasado*) nostalgisch B M, **-a** F Heimweh- *o* Sehnsucht(s)kranke *m/f*

nostramo M MAR Bootsmann *m*

nostras ADJ MED **cólera** *m* **~** Cholera *f* nostras, Brechdurchfall *m*

nota A F 1 (*apunte*) Aufzeichnung *f*, Notiz *f*; (*anotación*) Anmerkung *f*, Vermerk *m*; **~ adhesiva** Haftzettel *m*, -notiz *f*; TIPO *y fig* **~ marginal** Randbemerkung *f*; TIPO **~ (al pie** *o* **al pie de la página)** Fußnote *f*; LIT **las ~s al «Quijote»** die Anmerkungen zum „Don Quijote"; **~ del editor/traductor** Anmerkung *f* des Herausgebers/Übersetzers; **tomar (buena) ~ de a/c** etw zur Kenntnis nehmen; etw vormerken; **para que tome ~** zur Kenntnis(nahme); **tomar (copiosamente) ~s** sich (*dat*) (reichlich) Notizen machen 2 ECON Schein *m*, Nota *f*; (*factura*) Rechnung *f*; ECON **~ de cambio** Kurszettel *m*; FIN **~ de carga** Lastschriftanzeige *f*; COM **~ de expedición** *o Am* **~ de remesa** Versandzettel *m*; COM **~ de entrega** Lieferschein *m*; **~ de gastos** Spesenrechnung *f*; COM **~ de pedido** Bestellschein *m*; COM **~ de tránsito** Transitvermerk *m* 3 MÚS Note *f*, Ton *m* (*tb fig*); **~ dominante** Dominante *f*; ELEC **~ de modulación** Modulationston *m* 4 *enseñanza*: Note *f*, Zensur *f*; *fig* (*crítica*) Tadel *m*; **sacar buenas/malas ~s** gute/schlechte Noten bekommen; **~ de corte** *tb* UNIV Referenznote *f* aus dem Vorjahr 5 POL Note *f*; **~ verbal** Verbalnote *f*; **~ de prensa** Pressenotiz *f* 6 *fig* (*característico*) Merkmal *n*, Zeichen *n*; **~ (particular)** Besonderheit *f*; besondere Note *f*; wesentliches Merkmal *n*; **~ discordante** störendes Element *n*; **dar la ~** (*dirigir*) den Ton angeben; (*llamar la atención*) unangenehm auffallen, Aufsehen erregen; **dar la ~ de alegría** einen fröhlichen Ton hineinbringen; **forzar la ~** übertreiben, zu dick auftragen *fam* 7 (*valoración*) Bedeutung *f*, Wichtigkeit *f*; (*fama*) Ruf *m*, Ruhm *m*; **de ~** wichtig; bekannt, berühmt, bedeutend; **de mala ~** berüchtigt; **digno de ~** bemerkenswert B M *Esp fam* Typ *m fam*, Kerl *m fam*; **quedarse ~** verdutzt sein

notabilidad F 1 (*notoriedad, fama*) Ansehen *n*, Berühmtheit *f* 2 *persona*: wichtige Persönlichkeit *f*, Berühmtheit *f*, Koryphäe *f*

notable A ADJ 1 (*extraordinario*) ausgezeichnet; bemerkenswert 2 (*considerable*) beträchtlich, beachtlich B M/F 1 *frec* **~s** *pl* Honoratioren *mpl*, Prominenz *f* 2 *enseñanza nota*: gut

notación F (*sistema de signos*) Bezeichnung(sweise) *f*; (*signos*) Zeichen *n*, Symbol *n*; (*forma de anotar*) Notierung *f*, Notation *f*; **~ fonética** Lautschrift *f*; MÚS **~ (musical)** Notenschrift *f*; QUÍM **~ química** (chemische) Formel *f*

notar V/T 1 (*apuntar*) bezeichnen; auf-, verzeichnen, notieren; an-, vermerken 2 (*percibir*) bemerken, gewahren; feststellen; **hacer ~ a/c a alg** j-n auf etw (*acus*) hinweisen; **hacerse ~** auffallen; **no se te nota** man merkt es dir nicht an 3 (*criticar*) tadeln; **~le a alg su conducta** j-s Verhalten tadeln

notaría F Notariat(sbüro) *n*; **notariado** A ADJ notariell beglaubigt B M 1 *cargo*: Amt *n* eines Notars; Notariat *n* 2 (*colegio de notarios*) Notariatskollegium *n*; **notarial** ADJ notariell

notario M, **-a** F Notar *m*, -in *f*

notebook ['noʊtbʊk] M INFORM Notebook *n*

noticia F 1 Nachricht f; ~ **bomba** Knüller m fam, Sensationsnachricht f; ~ **breve** Kurznachricht f; ~ **falsa** Falschmeldung f; ~ **necrológica** Nachruf m; ~ **de primera plana** ~ **de primera plana** Nachricht f auf Seite eins; ~ **de prensa** Pressemeldung f; MAR **sin ~s** (auf See) verschollen; **dar ~s sobre** Nachricht geben über (acus); **tener ~ de a/c** von etw (dat) Kenntnis haben; **tener ~ de alg** von j-m Nachricht haben; **no tengo ~s de él** o **~s suyas** ich habe nichts von ihm gehört, ich habe keine Nachricht von ihm; fam **Madonna siempre es ~** über Madonna gibt es immer etw Interessantes zu berichten 2 RADIO, TV **~s** pl Nachrichten fpl; **~s** pl **deportivas** Sportnachrichten fpl; **últimas ~s** pl o **~s** pl **de última hora** neueste (o letzte) Nachrichten fpl

noticiable ADJ berichtenswert; **noticiar** V/T ⟨1b⟩ zur Kenntnis geben; **noticiario** M RADIO, TV Nachrichten fpl, Nachrichtensendung f; HIST en el cine: Wochenschau f; **noticiero** A ADJ Nachrichten... B M, **-a** F Zeitungsberichterstatter m, -in f C M 1 Nachrichtenblatt n, Nachrichten fpl (bes. als Eigenname) 2 espec Am RADIO, TV Nachrichtensendung f; **notición** M fam große Neuigkeit f; Knüller m fam; **noticioso** A ADJ unterrichtet B M, **-a** Gelehrte m/f

notificación F amtliche Benachrichtigung f, Bescheid m; JUR Zustellung f; POL Notifizierung f; **notificar** V/T ⟨1g⟩ JUR zustellen; POL notifizieren

noto[1] M liter Südwind m

noto[2] ADJ liter 1 (conocido) bekannt, berühmt 2 (ilegítimo) unehelich, Bastard...

notocordio M BIOL Notochordium n

notoriedad F 1 (celebridad) Berühmtheit f 2 (evidencia) Offenkundigkeit f, espec JUR Notorietät f; **notorio** ADJ öffentlich bekannt, offenkundig; JUR, fig notorisch

nóumeno M FIL Noumenon n

nova F ASTRON Nova f; **novación** F Neuerung f; JUR Schuldumwandlung f; **novador** ADJ auf Neuerungen bedacht, neuerungssüchtig

no-va-más M fam **es el ~** en sentido negativo: das ist das Letzte!; en sentido positivo: das ist super (o Spitze)!, das ist nicht zu toppen! fam

novar V/T espec JUR erneuern; deuda umwandeln; **novatada** F Streich m, der einem Neuling gespielt wird; **novato** M, **novata** F Neuling m, Anfänger m, -in f; Neue m/f

novecentista ADJ (im Stil) des 19. Jhs.; **novecientos** NUM 1 neunhundert 2 uso ordinal: neunhundertste(r, -s)

novedad F 1 noticia: Neuigkeit f; **no hay ~** es gibt nichts Neues; MIL **dar la ~** Meldung machen; adv **sin ~** (nada nuevo) nichts Neues, alles beim Alten; (sano y salvo) wohlbehalten; **todos seguimos sin ~** wir sind alle (noch) wohlauf; MIL **¡sin ~!** keine besonderen Vorkommnisse! 2 (innovación) Neuerung f; (cosa nueva) Neuheit f, neue Sache f; libro: Neuerscheinung f; **~es** fpl Modewaren fpl, neue Mode f

novedoso ADJ espec Am neuartig

novel A ADJ neu; principiante angehend, frischgebacken; (sin experiencia) unerfahren B M/F Neuling m, Anfänger m, -in f

novela F 1 libro: Roman m; ~ **barata** Schund-, Groschenroman m; ~ **corta** Novelle f; ~ **fantástica** Fantasyroman m; ~ **picaresca** Schelmenroman m; ~ **policíaca** o espec Am ~ **policial** Kriminalroman m, Krimi m fam; ~ **rosa** kitschiger Gesellschafts- o Liebesroman m; ~ **de anticipación** Zukunftsroman m; ~ **de aventuras** Abenteuerroman m; ~ **de ciencia-ficción** Science-Fiction-Roman m; ~ **de terror** Gruselroman m, Horrorroman m; ~ **de tesis** Tendenz-, Thesenroman m; ~ **en clave** Schlüsselroman m; ~ **por entregas** Fortsetzungsroman m 2 (relato imaginario) Erdichtung f

novelar A V/T in Romanform bringen (o erzählen); **biografía** f **novelada** biografischer Roman m B V/I (escribir novelas) Romane schreiben; (escribir cuentos) Geschichten erzählen; **novelería** F 1 (afición a novedades) Neuigkeitssucht f 2 (afición a la lectura) Lesewut f, Lesehunger m; **novelero** A ADJ 1 (ávido por las novedades) neuigkeitssüchtig; fig unbeständig 2 (ávido por leer) lesewütig, lesehungrig 3 fam (mentiroso, falaz) verlogen, lügnerisch B M, **-a** F Fantast m, -in f; **novelesco** ADJ (característico de novelas) romanhaft; Roman...; (fantástico) fantastisch, romantisch

novelista M/F Romanschriftsteller m, -in f, Romancier m; (autor de novelas cortas) Novellist m, -in f; **novelística** F Novellistik f; Kunst f des Romans; Romanliteratur f; **novelístico** ADJ novellistisch; den Roman (o die Romanliteratur) betreffend; **novelón** M 1 (novela mal escrita) Schauer- (o Schund)roman m 2 (historia de mentiras) Lüge(ngeschichte) f

novena F CAT oración: Novene f, neuntägige Andacht f; libro de oraciones: Gebetbuch n für Novenen; **novenario** M 1 Zeitraum m von neun Tagen; **un ~ de ...** neun ... 2 CAT Novene f mit Predigt 3 CAT (luto de nueve días) neuntägige Trauer f

noveno A ADJ neunte(r, -s); neuntel B M Neuntel n

noventa NUM 1 neunzig 2 neunzigste(r, -s); **noventón** A ADJ neunzigjährig B M, **-ona** F Neunzigjährige m/f, Neunziger m, -in f

novia F 1 (prometida) Braut f; (enamorada) Freundin f; ~ **formal** Verlobte f; fam **echarse ~** sich (dat) eine Freundin zulegen fam 2 MIL fam Knarre f; **noviazgo** M Brautstand m; Brautzeit f

noviciado M REL Noviziat n; fig Lehrzeit f; Col fam **pagar el ~** Lehrgeld zahlen; **novicio** M, **-a** F REL Novize m, Novizin f; fig Neuling m

noviembre M November m; **en (el mes de) ~** im (Monat) November; **el 9 de ~** der 9. November; indicación de fecha: am 9. November

noviero ADJ Am Centr → enamoradizo

novilla F ZOOL Färse f, weibliches Jungrind n; **novillada** F 1 (conjunto de novillos) Jungstierherde f 2 TAUR Kampf m mit Jungstieren; **novillero** M, **-a** F 1 Hirte m, Hirtin f (von jungen Rindern) 2 TAUR Stierkämpfer m, -in f (mit Jungstieren) 3 fig alumno: Schulschwänzer m, -in f

novillo M 1 Jungstier m 2 TAUR **~s** mpl Kampf m mit Jungstieren 3 fam Esp **hacer ~s** die Schule schwänzen 4 fam fig (cornudo) Hahnrei m, gehörnter Ehemann m fam

novilunio M ASTRON Neumond m

novio M (prometido) Bräutigam m; (enamorado) Freund m, Verehrer m; **los ~s** das Brautpaar; das junge Paar; fam Esp **quedarse compuesta y sin ~** in die Röhre gucken fam

novísimo A ADJ ganz neu B **~s** MPL REL die (vier) Letzten Dinge npl

novocaína F FARM Novocain n

noyó M Bittermandellikör m

n/ref ABR (nuestra referencia) COM unser Aktenzeichen

N.S. ABR (Nuestro Señor) Unser Herr

N.S.J.C. ABR (Nuestro Señor Jesucristo) Unser Herr Jesus Christus

N.T. M ABR (Nuevo Testamento) NT n (Neues Testament)

Ntra. Sra. ABR (Nuestra Señora) CAT Unsere liebe Frau

Ntro. ABR (nuestro) unser

NU FPL ABR (Naciones Unidas) UN fpl (Vereinte Nationen)

nuba(rra)da F Platzregen m; fig Menge f; **nubarrado** ADJ TEX mit wolkenähnlichem Dessin; **nubarrón** M tb fig große, dunkle Wolke f; Gewitter-, Sturmwolke f

nube F 1 METEO Wolke f; ~ **tormentosa** Gewitterwolke f; ~ **tóxica** Giftwolke f; ~ **de lluvia** Regenwolke f; ~ **de polvo** Staubwolke f; ~ **de verano** leichte Sommerwolke f; fig Kleinigkeit f, Bagatelle f, Strohfeuer n (fig) 2 fam fig **andar por** o **estar en las ~s** geistesabwesend (o geistig weggetreten fam) sein; keine Ahnung haben; **estar por las ~s** objeto unerschwinglich sein; precio gesalzen sein fam; fig **levantar hasta** o **poner por las ~s** in den Himmel erheben, über alle Maßen (o über den grünen Klee fam) loben; **levantarse a las ~s** in die Luft gehen (vor Ärger etc) fam; **vivir en las ~s** über den Wolken schweben, weltfremd sein 3 fam fig Schwarm m, Unmenge f; **una ~ de mosquitos** ein Schwarm (Stech)Mücken; **una ~ de ideas** eine Unmenge Ideen 4 MED ~ **en el ojo** Trübung f auf der Hornhaut (des Auges)

Nubia F HIST Nubien n

nubiense A ADJ nubisch B M/F Nubier m, -in f

núbil ADJ heiratsfähig

nubilidad F Heiratsfähigkeit f, heiratsfähiges Alter n

nublado A ADJ bewölkt, wolkig; (turbio) trübe (tb fig) B M 1 (conjunto de nubes) Gewölk n 2 fig (peligro amenazante) drohende Gefahr f; fam (pelea) Krach m, Zoff m fam; **nublar** A V/T 1 (cubrir con nubes) be-, umwölken 2 fig mente umnebeln, vista trüben B V/R **nublarse** sich bewölken; fig sich umwölken, sich trüben; **nublo** A ADJ → nubloso B M AGR Rost m des Getreides; **nubloso** ADJ wolkig; (sombrío) düster (tb fig); **nubosidad** F METEO Bewölkung f; ~ **variable** wechselnde Bewölkung f; **nuboso** ADJ bewölkt

nuca F ANAT Nacken m; Genick n; **rigidez** f **de la ~** Genickstarre f; Arg fam **dar por la ~ a alg** j-n neppen (o ausnehmen)

nuclear ADJ Kern... (tb FÍS, BIOL); FÍS nuklear; **central** f **~** Kernkraftwerk n, Atomkraftwerk n; **energía** f **~**, Kernenergie f, Atomenergie f; FÍS **escisión** f o **fisión** f **~** Kernspaltung f

nucleario ADJ BIOL nuklear, Kern...; **nuclearización** F Einführung f der (o Umstellung f auf) Kernenergie

nucleido M NUCL Nuklid n; **nucleína** F QUÍM Nuklein n; **nucleínico** QUÍM ADJ **ácido** m **~** Nukleinsäure f

núcleo M 1 BIOL, FÍS, TEC Kern m; ~ **atómico** Atomkern m; BIOL ~ **(celular)** Zellkern m; TEC ~ **de muelle** Federkern m; ~ **terrestre** Erdkern m 2 BOT Samenkern m; Fruchtkern m 3 fig (centro) Kern m, Herz n; Mitte f, Zentrum n; ~ **de población** Siedlungskern m; Siedlung f 4 fig ~ **de obreros** Arbeiterstamm m

nucléolo M BIOL Kernkörperchen n des Zellkerns, Nukleolus m

nucleón M FÍS Nukleon n; **nucleónica** F FÍS Kerntechnik f, Nukleonik f

nudillo M 1 (pequeño nudo) Knötchen n 2 artejo: Finger-, Zehenknöchel m; **~s** mpl **de acero** Schlagring m 3 ARQUIT (Holz)Dübel m

nudismo M Nudismus m, Freikörperkultur f; **nudista** M/F Nudist m, -in f, FKK-Anhänger m, -in f; **playa** f **~** FKK-Strand m

nudo M 1 (enlazamiento) Knoten m; (lazo) Schlinge f, Schleife f; ~ **corredizo** gleitender Knoten m, (Lauf)Schlinge f; ~ **marinero** Schiffer-, Seemannsknoten m; MAR ~ **de boza** Stopperknoten m; ~ **de la corbata** Krawattenknoten m; ~ **de cruz** o ~ **a escuadra** Kreuzknoten m; fig **cortar el ~ gordiano** den gordischen Knoten durchhauen; *fam fig* **se me hace un ~ en la garganta** ich habe einen Kloß im Hals, mir ist die Kehle wie zugeschnürt; **de ~** geknüpft 2 *en la madera*: Knorren *m*, Ast *m*; *en la caña etc*: Knoten *m*; **exento de ~s** *madera* astfrei 3 ANAT, MED Knoten *m*, Nodus *m*; *fam* **~ de tripas** Darmverschluss *m* 4 TEX *(botón)* Noppe *f* 5 *transporte*: Knotenpunkt *m*; **~ ferroviario** Eisenbahnknotenpunkt *m*; **~ de comunicaciones** Verkehrsknotenpunkt *m* 6 MAR *unidad de velocidad naval*: Knoten *m*; **navegar a (razón de) 23 ~s por hora** 23 Knoten Fahrt machen 7 *fig (dificultad)* Schwierigkeit *f*, Knoten *m*; LIT Schürzung *f* des Knotens, Intrige *f* 8 *fig* **los ~s (de amistad)** die Bande (der Freundschaft)

nudoso ADJ knotig (*tb* MED); *madera* knorrig, astig

nueces PL → nuez

nuégado M Nugat *m/n*

nuera F Schwiegertochter *f*

nuestro, -a PR POS 1 ADJ unser, unsere; **es ~** das gehört uns; **por -a parte** unsererseits 2 *sust* **lo ~** das Unsere; *(nuestra propiedad)* unser Eigentum *n*; *(nuestra obligación)* unsere Pflicht *f*; *(nuestra contribución)* unser Beitrag *m*; *(nuestro trabajo)* unsere Arbeit *f*; **los ~s** *tb* die Unseren, unsere Familie, unsere Angehörigen

nueva A F *(novedad)* Neuigkeit *f*; *(noticia)* Nachricht *f*; REL **Buena Nueva** Frohe Botschaft *f*, Frohbotschaft *f*; *fig* **coger a alg de ~s** j-n überraschen B ADJ → nuevo

Nueva Guinea F Neuguinea *n*

nuevamente ADV *(de nuevo)* von Neuem, nochmals; *(hace poco)* vor Kurzem, kürzlich

Nueva York F New York *n*

Nueva Zeland(i)a F Neuseeland *n*

nueve NUM A ADJ neun; **son las ~ (y cuarto)** es ist neun Uhr (fünfzehn); **a las ~** um neun Uhr B M Neun *f*; Neuner *m (reg)*; *juego de cartas*: **el ~ de copas** *corresponde a*: die Herzneun

nuevo A ADJ 1 *gener* neu; *(fresco)* frisch; *(moderno)* modern; **una -a máquina** eine neue Maschine *(Neuanschaffung)*; **una máquina -a** eine neue (*o* moderne) Maschine *(Neukonstruktion)*; **quedar como ~** wie neu werden; **sentirse como ~** sich wie neugeboren fühlen; *fam fig* **ponerle a alg la cara -a** j-m eine Tracht Prügel verpassen 2 *fig (sin experiencia)* unerfahren 3 *(repetido)* TEC **~ ajuste** *m* Nachjustierung *f*; **de ~** von Neuem, nochmals, wiederum; **hacerse de ~s** so tun, als ob man es zum ersten Mal erfährt; **¡no te hagas de ~s!** tu nicht so, als ob du nichts weißt! 4 **Año** *m* **Nuevo** Neujahr *n* B M, **-a** F Neue *m/f*

nuez F ⟨*pl* -eces⟩ 1 BOT Walnuss *f*; **~ de acajú** *o* **de anacardo** Cashewnuss *f*; **~ de coco** Kokosnuss *f*; **~ de(l) Brasil** Paranuss *f*; **~ vómica** Brechnuss *f*; **carne** *f* **de la ~** Nusskern *m*; **pastel** *m* **de nueces** GASTR Nusskuchen *m*; **pierna** *f* **de ~** halber Nusskern *m* 2 ANAT **~ (de la garganta)** *o Am reg* **~ de Adán** Adamsapfel *m* 3 GASTR *carne*: Nuss *f*; Nussstück *n* 4 TEC (Spann)Nuss *f*; TEX (Ketten)Nuss *f*, Wirtel *m*; MIL *en armas*: **~ de cerrojo** Verschlussriegel *m* 5 MÚS *de un instrumento de cuerda*: Frosch *m*

nueza F BOT Zaunrübe *f*

nulidad F 1 *(insignificancia)* Nichtigkeit *f*, Ungültigkeit *f*; **declaración** *f* **de ~** Nichtigkeitserklärung *f*, Ungültigkeitserklärung *f*, Annullierung *f* 2 *(falta de valor)* Wertlosigkeit *f*; *(incapacidad)* Unfähigkeit *f* 3 *fig persona*: Null *f*, Versager *m*, Niete *f fam*

nulo ADJ nichtig (*tb* JUR), ungültig; gleich null; DEP **salida** *f* **–a** Fehlstart *m*

núm. ABR (número) Nr. (Nummer)

numantino A ADJ HIST numantinisch; *fig decisión, resistencia* verzweifelt; *actitud* wild entschlossen B M, **-a** F HIST Numantiner *m*, -in *f*

numen M 1 REL (Walten *n* der) Gottheit *f* 2 *fig* Weihe *f*; Inspiration *f*; Charisma *n*

numerable ADJ zählbar

numeración F 1 *acción*: Zählen *n*; (Auf)Zählung *f* 2 *sistema*: Nummerierung *f*; Bezifferung *f*; **~ arábiga/romana** arabische/römische Nummerierung *f*; **sin ~** unnummeriert; MAT **sistema** *m* **de ~** Zahlensystem *n*; **sistema** *m* **de ~ decimal** Dezimalsystem *n*

numerador M 1 MAT Zähler *m* 2 TEC Zähler *m*, Zählapparat *m*; TIPO Nummerierwerk *n*;

numeral A ADJ Zahl...; **adjetivo** *m* **~** Zahlwort *n* B M GRAM Zahlwort *n*, Numerale *n*

numerar V/T *(dar números)* nummerieren, beziffern; *(contar)* zählen; MIL **¡~se!** abzählen!;

numerario A ADJ 1 zahlenmäßig; Zahl...; Zähl... 2 ADMIN *miembro* ordentlich B M Bargeld *n*; **numerativo** ADJ Zähl...

numérico ADJ numerisch, zahlenmäßig; Zahlen...; **cálculo** *m* **~** Zahlenrechnen *n*; **cantidad** *f* **-a** Zahlengröße *f*; TEC **control** *m* **~** numerische Steuerung *f*; **factor** *m* **~** Zahl(en)faktor *m*; **relación** *f* **-a** Zahlenverhältnis *n*; **superioridad** *f* **-a** zahlenmäßige Überlegenheit *f*, Überzahl *f*; **valor** *m* **~** Zahlenwert *m*

número M 1 Zahl *f*; **~ abstracto** reine Zahl *f* *(ohne Maßeinheit)*; GRAM **~s cardinales** Grund-, Kardinalzahlen *fpl*; **~s ordinales** Ordnungs-, Ordinalzahlen *fpl*; **~ complementario** *lotería*: Zusatzzahl *f*; **~ de cinco/seis,** *etc* **cifras** fünf-/sechsstellige *etc* Zahl *f*; ECON **estar en ~s rojos** in den roten Zahlen sein; rote Zahlen schreiben; **hacer ~s** etw durchrechnen 2 MAT **~ cuadrado/cúbico** Quadrat-/Kubikzahl *f*; **~ elevado a diez** Zehnerpotenz *f*; **~ fraccionario** *o* **quebrado** Bruchzahl *f*; **~ par/impar** gerade/ungerade Zahl *f*; **~ primo** Primzahl *f*; **~s complejos** komplexe Zahlen *fpl*; **~s enteros/naturales** ganze/natürliche Zahlen *fpl*; **~s (ir)racionales** (ir)rationale Zahlen *fpl*; **teoría** *f* **de los ~s** Zahlentheorie *f* 3 *numeración*: Nummer *f*, Ziffer *f*; ECON *tb* Numero *f*; **~ arábigo/romano** arabische/römische Ziffer *f*; QUÍM **~ atómico** Atomnummer *f*, Ordnungszahl *f*; **~ clave** Codenummer *f*; **~ extraordinario** *periódico*: Sondernummer *f*; TEL **~ del abonado** Teilnehmer-, Rufnummer *f*; **~ de (la) casa** Hausnummer *f*; AUTO **~ del chasis** Fahrgestellnummer *f*; TEC **~ de fábrica** Fabrik(ations)nummer *f*; **~ de fax** Faxnummer *f*; **~ de la habitación** Zimmernummer *f*; **~ de identificación fiscal** Umsatzsteuer-Identifikationsnummer *f*; FIN **~ de identificación personal** PIN-Nummer *f*; AUTO **~ de la matrícula** Fahrzeugkennzeichen *n*, Autonummer *f*; COM **~ de orden** laufende Nummer *f*; DEP **~ de salida** Startnummer *f*; **~ de teléfono** Ruf-, Telefonnummer *f*; TEL **~ de urgencias** Notrufnummer *f*; *fig* **ser el ~ uno (de la clase)** der (Klassen)Beste sein, die Nummer eins sein 4 *(cantidad)* (An)Zahl *f*, Menge *f*; **un ~ concreto de** eine bestimmte (An)Zahl (von); AUTO *etc* **~ de carreras** Hubzahl *f*; **~ de páginas** Seitenzahl *f*, Anzahl *f* der Seiten; **~ total** Gesamtzahl *f*; **en ~ de** in einer Anzahl von *(dat)*; **en ~s redondos** abgerundet; **un gran ~ de** eine große Anzahl von *(dat)*; **contar en el ~ de … zu …** *(dat)* zählen; **sin ~** unzählige 5 GRAM Numerus *m* 6 *circo, varieté etc*: Nummer *f*; **~ de fuerza** Kraftakt *m*; *fam fig* **montar un ~** eine Schau abziehen *fam* 7 ADMIN **de ~** *miembro* ordentlich; *colaborador* auf einer Planstelle (beschäftigt), etatmäßig 8 MIL einfacher Soldat *m*

numerología F HIST symbolische (*o* mystische) Zahlenlehre *f*; **numerosidad** F große Menge *f*; **numeroso** ADJ zahlreich; *familia* kinderreich

numinoso ADJ REL *y fig* numinos, göttlich-unbegreiflich; **lo ~** das Numinose, das Göttlich-Unbegreifliche

numismática F Münzkunde *f*, Numismatik *f*; **numismático** A ADJ Münz(en)...; **colección** *f* **-a** Münz(en)sammlung *f* B M, **-a** F Münzensammler *m*, -in *f*, Numismatiker *m*, -in *f*

nunca ADV nie, niemals; **~ jamás** nie und nimmer; nimmermehr; **ahora o ~** jetzt oder nie; **(ahora) más que ~** (jetzt) mehr denn (*o* als) je; **~ más** nie mehr; **~ se sabe** man kann nie wissen; **~ he dicho semejante cosa** ich habe nie etwas Derartiges gesagt; **no la he visto ~** ich habe sie nie gesehen; **~ he visto tal cosa** das ist noch nie da gewesen

nunciatura F CAT, POL Nuntiatur *f*

nuncio M Nuntius *m*; *liter fig* Vorbote *m*; *fam hum fig* **¡dígaselo al ~!** sagen Sie das, wem Sie wollen; das können Sie Ihrer Großmutter erzählen *fam*

nuncupativo ADJ JUR *testamento* offen; **nuncupatorio** ADJ **carta** *f* **-a** *(dedicatoria)* Widmungsschreiben *n*; *(documento de investidura)* Einsetzungsschreiben *n in Amt o Erbe*

nuño M *Chile* BOT *verschiedene Irisgewächse*

nuñuma F *Perú Art* Wildente *f*

nupcial ADJ Hochzeits...; Braut...; **lecho** *m* **~** Brautbett *n*; **nupcialidad** F Eheschließungsziffer *f*, Zahl *f* der Eheschließungen

nupcias FPL Hochzeit *f*; **casado en segundas ~ con** in zweiter Ehe verheiratet mit *(dat)*

Nuremberg M Nürnberg *n*

nurembergués A ADJ Nürnberger B M, **-esa** F Nürnberger *m*, -in *f*

nutracéuticos MPL FARM Nahrungsergänzungsmittel *npl*, *t/t* Nutrazeutika *npl*

nutria F ZOOL Fischotter *m*; **~ de mar** *o* **~ marina** Seeotter *m*

nutricio A ADJ *liter* nahrhaft B M Pflegevater *m*; *Biblia*: Nährvater *m*; **nutrición** F Ernährung *f*; MED **~ artificial** künstliche Ernährung *f*; **nutricional** ADJ *espec Am* Ernährungs...; **valor** *m* **~** Nährwert *m*; **nutricionista** M/F Ernährungswissenschaftler *m*, -in *f*

nutrido ADJ 1 **bien ~** wohlgenährt 2 *fig* zahlreich; *delegación* vielköpfig; umfassend; *aplauso* stark; gut ausgestattet; **~ de** reich an *(dat)*

nutriente M BIOL Nährstoff *m*; **nutrim(i)ento** M Nahrung *f*; Nahrungsmittel *n*

nutrir A V/T (er)nähren; *fig (robustecer)* stärken, kräftigen B V/R **nutrirse** sich (er)nähren (**de** von *dat*); *fig* leben (**de** von *dat*); **nutritivo** ADJ nahrhaft; Nahrungs..., Nähr...; **cerveza** *f* **-a** Nährbier *n*; MED **solución** *f* **-a** Nährlösung *f*; **valor** *m* **~** Nährwert *m*

nutrólogo M, **-a** F Ernährungswissenschaftler *m*, -in *f*

nylon® M TEX Nylon® *n*; **de ~** aus Nylon®, Nylon...

Ñ, ñ F das spanische ñ; → *tb* eñe

ña F *reg, Am volkstümliche Abkürzung der Anrede Señora*

ñacaniná F ZOOL *Giftschlange der Art Spilotes im Chacogebiet*

ñacar V/I ⟨1g⟩ *Arg* hart zuschlagen

ñacle M *jerga del hampa* Nase *f*

ñacundá M *RPl* ORN *ein Nachtvogel (Podager ñacunda)*; **ñacurutú** M *RPl* ORN *eine Nacht-*

Ñ

eule (Bubo cassirostris)
ñame M BOT 1 *Am trop* Jamswurzel *f* 2 **~ de Canarias** *o Cuba* **~ isleño** essbare Kolokasie *f (Colocasia antiquorum)*
ñampiar V/T *Cuba fam* umlegen *fam*, killen *pop*; **ñampio** ADJ *Cuba fam* hin, krepiert *pop*
ñandú M ‹*pl* -úes› ZOOL Nandu *m*
ñandutí F *Par* TEX feine Spitze *f*
ñanga F *Am Cent* Sumpf *m*
ñangada F *Am Centr* 1 Biss *m* 2 *fig* Unüberlegtheit *f*, unsinnige Handlung *f*; **ñangado** ADJ *Cuba* krumm; *miembro* schwächlich
ñango ADJ 1 *Arg, Chile, P. Rico* → ñangado 2 *Arg, Chile (tosco)* plump, ungeschickt 3 *Chile (de piernas cortas)* kurzbeinig 4 *Méx (débil de piernas)* schwächlich; schwach auf den Beinen 5 *P. Rico (servil)* dumm; empfindlich
ñangué M *Am fam* **lo mismo es ñangá que ~** das ist gehüpft wie gesprungen *fam*; *Perú fam fig* **en tiempos de Ñangué** Anno Tobak *fam*
ñaña F 1 *Arg, Chile (hermana mayor)* (ältere) Schwester *f* 2 *Chile, P. Rico fam (niñera)* Amme *f*; Kindermädchen *n* 3 *Perú (jovencita)* junges Mädchen *n* 4 *Am Cent excrementos*: (menschlicher) Kot *m*
ñañería F *Ec fam* Vertrauen *n*; enge Freundschaft *f*
ñañito M, **-a** F → ñaño B
ñaño A ADJ 1 *Col (consentido)* verwöhnt, verhätschelt 2 *Perú (muy amigo)* eng befreundet B M, **-a** F *Am Mer* Herzensbruder *m*; liebes Schwesterlein *n*; *p. ext* Freund *m*, -in *f*; Kumpel *m fam* C M 1 *Arg, Chile* (älterer) Bruder *m* 2 *Chile* → ñoño B 3 *Perú* Kind *n*
ñañoso ADJ *Arg fam* wehleidig
ñao M *Cuba fam* Schiss *f fam*, Manschetten *fpl fam*
ñapa F *Am* Zu-, Dreingabe *f*
ñapanga F *Col* → criada; **ñapango** *Col* → mulato
ñapindá M *RPl* BOT *Art* Akazie *f (Acacia bonaerensis)*
ñaque M *Esp* Gerümpel *n*; Plunder *m*
ñata(s) F(PL) *Am reg* Nase *f*
ñato A ADJ 1 *Am* stumpfnasig 2 *Arg* hässlich; *fig* nicht viel wert; treulos; gemein 3 *Col* näselnd B M, **-a** F *Am ein Kosewort* **¡-a mía!** mein liebes Kleines
ñaure M *Ven* 1 BOT *ein knorriges Rankengewächs* 2 Knüppel *m*
ñecla *Chile* A F kleiner (Papier)Drachen *m* B ADJ schwächlich C INT *fam* **¡~!** nichts da, Pustekuchen! *fam*
ñenguere M *Cuba* BOT *essbarer Wildkohl*
ñénguere M *Ven* ORN *Art* Rohrdommel *f*
ñeque A ADJ *Am fam (fuerte)* stark; *(vigoroso)* tüchtig, geschickt B M 1 *Am fam (fuerza)* Stärke *f*, Mumm *m fam*; **ser de ~** *o* **tener mucho ~** mutig sein; stark sein; **es hombre de ~** er ist ein richtiger Mann 2 *Am Centr, Méx, Ven (golpe)* Stoß *m*; *(bofetada)* Ohrfeige *f* 3 *Cuba fam (falla)* Panne *f*, Reinfall *m*, Flop *m fam*
ñequear A V/T *Méx* schlagen B V/I *Ec* kraftvoll handeln
ñifle *Chile fam* A INT **¡~!** nein; nichts da; kommt gar nicht infrage! B F → ñufla
ñiño M, **-a** F *Ec volkstümliche Respektanrede der Dienstboten an ihre Herrschaften*
ñiquiñaque M *fam* Schnickschnack *m*; *persona*: Würstchen *n fam*
ñire M *Chile* BOT araukanische Buche *f*
ñisca F 1 *Perú, Chile (porción pequeña)* Stückchen *n*, Bröckchen *n*; **una ~ de** ein bisschen 2 *Am Cent, Col excrementos*: (menschlicher) Kot *m*
ño M *Am fam* → ñor
ñoca F *Col* Spalte *f in Fußboden od Fliesen*
ñoclo M GASTR *Art* süßes Buttergebäck *n*
ñoco A ADJ *P. Rico, Ven* mit fehlender Hand; mit fehlendem Finger B M 1 *Chile* Faustschlag *m* 2 *Col* Stummel *m (von Gliedmaßen)* 3 *Perú fam* Schwule *m* 4 *Perú* **jugar a los ~s** mit Murmeln spielen
ñoma F *Col* Geschwür *n*; schwärende Wunde *f*
ñongarse V/R ‹1h› *Col (agacharse)* sich ducken; *(retorcerse)* sich verrenken; *dados al caer*: auf der Kante stehen bleiben
ñongo ADJ *fam* 1 *Col (deformado)* missgestaltet, nicht richtig geformt; *dado* mit abgerundeten Kanten 2 *Cuba, Chile (modesto)* (zu) bescheiden; *(tonto)* blöde, dumm; *(vago)* faul 3 *Ven (en mal estado)* in schlechtem Zustand, beschädigt; *(herido)* verletzt; *(infame)* gemein; *(funesto)* verhängnisvoll
ñoñería, ñoñez F 1 *(cotilleo)* Geschwätz *n*; Gefasel *n*; Albernheit *f* 2 *fam (timidez)* Zimperlichkeit *f*
ñoño A ADJ 1 *(soso)* fade, langweilig 2 *(infantil)* kindisch, albern 3 *(apocado)* sehr bescheiden, demütig 4 *(remilgado)* zimperlich B M, **-a** F Tölpel *m*; Langweiler *m*, -in *f*
ñoquear V/I *Arg* lügen
ñoqui M 1 GASTR, *frec* **~s** *pl* Gnocchi *pl* 2 *Arg, Ur fam* Fausthieb *m*
ñor M, **ñora**[1] F *Am fam volkstümliche Abkürzung der Anrede Señor, Señora*
ñora[2] F *Esp* GASTR *kleine getrocknete, scharfe Paprikaschote*
ñorbo M 1 *Am Centr, Am Mer* BOT Passionsblume *f (verschiedene Arten)* 2 *Perú fig* Auge *n*
ñorda F *Esp pop* Kacke *f pop*
ñu M ZOOL Gnu *n*
ñudillo → nudillo
ñudo → nudo; ADV *Arg* **al ~** vergeblich
ñudoso → nudoso
ñufla F *Chile* wertloses Zeug *n*; **fulano es un ~** der Kerl taugt nichts (*o* ist eine Null *fam*)
ñuño F *Ec, Perú pop* Amme *f*; Kindermädchen *n*
ñusear V/T *Arg* stören, belästigen
ñusta F *Perú* HIST Inkaprinzessin *f*
ñutir V/T & V/I *Col* (an)brummen; knurren; auszanken
ñuto ADJ *Ec, Perú* zermahlen; zermalmt; zu Staub geworden

O[1], **o** F O, o *n*
o, *zwischen Ziffern*: **ó** CJ 1 oder; **sí ~ no** ja oder nein; **5 ó 7** 5 oder 7 2 *contraposición*: **~ … ~**, *más fuerte*: **~ bien … ~ bien** entweder … oder; **~ bien** oder auch; oder vielleicht; **~ sea** das heißt; mit anderen Worten; nämlich
O[2] M ABR (Oeste) W (West[en])
o INT → oh
OACI F ABR (Organización de Aviación Civil Internacional) ICAO *f* (Internationale Zivilluftfahrtorganisation)
oasis M ‹*pl inv*› Oase *f (tb fig)*; **~ fiscal** Steueroase *f*
obcecación F Verblendung *f*; **obcecado** ADJ verblendet; geistig blind; **obcecar** ‹1g› A V/T (ver)blenden B V/R **obcecarse** verblendet sein (*o* werden)
obducción F Leichenöffnung *f*, Obduktion *f*;
obduración F *(obstinación)* Verstocktheit *f*; *(terquedad)* Starrsinn *m*
obedecedor ADJ gehorsam
obedecer V/T & V/I ‹2d› 1 gehorchen *(dat)*; *reglas, normas* beachten, befolgen; *fig (ceder)* sich fügen, nachgeben; weichen *(dat)*; FÍS **los cuerpos obedecen a la gravedad** die Körper unterliegen (dem Gesetz) der Schwerkraft; **hacerse ~** sich *(dat)* Gehorsam verschaffen 2 *fig* **~ a a/c** einer Sache *(dat)* zuzuschreiben sein, zurückzuführen sein auf etw *(acus)*; **eso obedece a que …** das kommt davon, dass …
obedecimiento M Gehorchen *n*
obediencia F Gehorsam *m*; *p. ext (docilidad)* Folgsamkeit *f*; Fügsamkeit *f*; **~ ciega** blinder Gehorsam *m*; *más fuerte*: Kadavergehorsam *m*; **~ debida** JUR, MIL Befehlsnotstand *m*; **dar la ~ a alg** j-m gehorsam sein; sich j-m unterwerfen; **reducir a la ~** zum Gehorsam bringen
obediencial ADJ Gehorsams…; **obediente** ADJ gehorsam; folgsam; *(dócil)* gefügig
obelisco M Obelisk *m*
obencadura F MAR Wanten *fpl*; **obenque** M MAR Want *f*; Pardun *n*, Pardune *f*
obertura F MÚS Ouvertüre *f*
obesidad F Fettleibigkeit *f*; **obeso** A ADJ fettleibig B M, **-a** F Fettleibige *m/f*
óbice M *espec fig* Hindernis *n*; **esto no es ~ para que** *(subj)* das hindert nicht daran, dass (*o* zu *inf*)
obispado M 1 *(dignidad de obispo)* Bischofswürde *f* 2 *(diócesis)* Bistum *n*; **obispal** ADJ Bischofs…; bischöflich; **palacio** *m* **~** Bischofspalast *m*; **obispalía** F 1 *(sede del obispado)* Bischofssitz *m*; Bischofspalais *n* 2 *(diócesis)* Bistum *n*; **obispillo** M 1 GASTR große Blutwurst *f* 2 ORN Bürzel *m*
obispo M, **-a** F Bischof *m*, Bischöfin *f*; **~ auxiliar** Weihbischof *m*; **~ in partibus infidelium** *o* **~ de título** Titularbischof *m*; *fam fig* **trabajar para el ~** umsonst (*o* ohne Entgelt) arbeiten
óbito M *liter* Tod *m*, Hingang *m*
obituario M 1 REL Totenregister *n*, Sterbebuch *n* 2 *en el periódico*: Todesanzeigen *fpl*
objeción F Einwand *m*; Einspruch *m (tb* JUR*)*; **~ de conciencia** Wehrdienstverweigerung *f* aus Gewissensgründen; **hacer -ones contra** Einwände erheben gegen *(acus)*
objetable ADJ anfechtbar; tadelnswert; **objetante** A ADJ entgegenhaltend B M/F einen Einwurf (*o* Einwürfe) Vorbringende *m/f*;
objetar V/T & V/I einwenden, entgegenhalten; **no tenemos nada que ~** wir haben nichts dagegen
objetivación F Objektivierung *f*; **objetivamente** ADV objektiv; (rein) sachlich; **objetivar** V/T objektivieren; versachlichen; **objetividad** F Objektivität *f*, Sachlichkeit *f*; *arte*: **nueva ~** Neue Sachlichkeit *f*; **objetivismo** M 1 FIL Objektivismus *m* 2 → objetividad; **objetivizar** V/T objektivieren
objetivo A ADJ objektiv; sachlich, unvoreingenommen B M 1 *(meta)* Ziel *n (espec* MIL*)*; *(fin)*, Zweck *m*; COM **mercado** *m*/**público** *m* **~** Zielmarkt *m*/Zielgruppe *f*; MIL **~ fijo/en movimiento** feststehendes/bewegliches Ziel *n*; MIL *y gener* **tener como ~** als *(gener* zum*)* Ziel haben 2 ÓPT, FOT Objektiv *n*; **~ granangular** *o* **de gran angular** Weitwinkelobjektiv *n*
objeto M 1 *(cosa)* Objekt *n*; Gegenstand *m (tb fig)*; Ding *n*; **~ alusivo** *m* ECON Erinnerungsstück *n*; Fanartikel *m*; *im Museum*: Ausstellungsstück *n*; **~s** *pl* **de arte** Kunstgegenstände *mpl*; *fig* **~ de (un) contrato** Vertragsgegenstand *m*; *fig* **~ de estudio** Studienobjekt *n*, Aufgabe *f*; **~ perdido** *o* **hallado** Fundgegenstand *m*; **~s** *pl* **de regalo** Geschenkartikel *mpl*; **~ volante** (*Am* **~ volador**) **no identificado** unbekanntes Flugobjekt *n*, UFO *n*; **mujer** *f* **~** (weibliches) Sexobjekt *n*; INFORM **orientado a ~s** objektorientiert; **sin ~** gegenstandslos; FIL objektfrei 2 *(fin, propósito)* Zweck *m*, Absicht *f*; *(meta)* Ziel *n*; **~ principal** Hauptzweck *m*; **con ~ de** *(inf)* um zu *(inf)*; **con el ~ de** in der Absicht, zu; **sin ~** zwecklos; nutzlos; **fijarse un ~** sich

(*dat*) ein Ziel setzen; **tener por ~** (*inf*) bezwecken zu (*inf*)

objetor A ADJ entgegenstehend; Einwände machend B M, **objetora** F Einspruchерhebende *m/f*; **~ de conciencia** Wehrdienstverweigerer *m* aus Gewissensgründen

oblación F REL Darbringung *f*; (*ofrenda, sacrificio*) Opferung *f*; **oblada** F 1 REL Totenspende *f an die Kirche (Gebäck)* 2 *pez*: Oblada *f*

oblar V/T 1 REL (*donar al sacristán*) spenden 2 *Arg dinero* einzahlen

oblata F CAT 1 *parte de la misa*: Bereitung *f* der Opfergaben (*Teil der Messe*) 2 (*cáliz y hostia*) Kelch *m* und Hostie *f vor der Konsekration*

oblea F 1 CAT, FARM, GASTR Oblate *f* 2 (*sello*) Siegelmarke *f* 3 *Arg* (*pegatina*) Aufkleber *m*

oblicuamente ADV schief, schräg; **oblicuángulo** ADJ schiefwinklig; **oblicuidad** F Schrägheit *f*; Schiefe *f*; AUTO (*dirección de las ruedas*) Einschlag *m*

oblicuo ADJ 1 schräg 2 GRAM abhängig; *discurso* indirekt; **caso** *m* **~** obliquer Fall *m*, Casus *m* obliquus

obligación F 1 (*deber*) Verpflichtung *f*; (*imposición*) Pflicht *f*, Obliegenheit *f*; **~ de pago** Zahlungsverpflichtung *f*; **~ natural** moralische Pflicht *f*; **estamos en la ~** (*o* **nos incumbe la ~**) **de** (*inf*) wir haben die Pflicht, zu (*inf*), es obliegt uns, zu (*inf*) 2 JUR, COM (*deuda*) Schuld(igkeit) *f*, Verbindlichkeit *f*, Obligo *n*; (*relación de deuda*) Schuldverhältnis *n*; **sin ~** unverbindlich; COM ohne Obligo; **derecho** *m* **de -ones** Schuldrecht *n*; JUR **~ de aportar** Bringschuld *f*; **~ solidaria** Gesamtschuld *f* 3 COM, JUR (*empréstito*) Schuldverschreibung *f*, Obligation *f*; (*pagaré*) Schuldschein *m*; **~ comunal** Kommunalobligation *f*; **~ convertible/del Estado** Wandel-/Staatsschuldverschreibung *f*; **emitir -ones** Obligationen ausgeben 4 (*agradecimiento*) Dankespflicht *f*

obligacionista M/F COM, JUR Inhaber *m*, -in *f* von Obligationen

obligado A ADJ 1 (*forzoso*) notwendig; Pflicht…, Zwangs…; **lectura** *f* **-a** Pflichtlektüre *f*; **es ~** (*inf*) es ist nötig, zu (*inf*), man muss (*inf*) 2 *persona* (an)gehalten, verpflichtet (**a** zu *dat o inf*); **verse ~ a** sich gezwungen (*o* genötigt) sehen zu (*dat o inf*); **le estamos** *o* **quedamos muy ~s** wir sind Ihnen zu großem Dank verpflichtet, wir sind Ihnen sehr verbunden 3 MÚS obligat B M Gemeinde-, Stadtlieferant *m*

obligar ⟨1h⟩ A V/T 1 verpflichten (**a** zu *dat o inf*); (*imponer*) zwingen (**a** zu *dat*); (*coaccionar*) nötigen (**a** zu *dat*); (*impulsar*) treiben (**a** zu *dat*) 2 (*ganar la voluntad de alg*) j-n (zur Dankbarkeit) verpflichten (**con** durch *acus*) 3 *Chile, RPl* (*invitar a beber*) zum Trinken einladen B V/R **~se a** (*inf*) sich verpflichten, zu (*inf*); **~se con** *o* **por contrato** sich vertraglich binden

obligatoriedad F Pflicht *f*; Zwang *m*; JUR Verbindlichkeit *f*; bindende Wirkung *f*; **~ jurídica** Rechtsverbindlichkeit *f*; **~ de visado** *o Am* **de visa** Visumspflicht *f*

obligatorio ADJ verbindlich, verpflichtend, bindend; Pflicht…; Zwangs…; *enseñanza*: **asignatura** *f* **-a** Pflichtfach *n*; *en discoteca, café, bar*: **consumición** *f* **-a** Getränkezwang *m*; ADMIN **declaración** *f* **-a** (An)Meldepflicht *f*; **inspección** *f o* **vigilancia** *f* **-a** *deber*: Aufsichtspflicht *f*; (*control forzoso*) Zwangsüberwachung *f*, -aufsicht *f*; **lectura** *f* **-a** Pflichtlektüre *f*; **servicio** *m* **~** Dienstpflicht *f*; **servicio** *m* **militar ~** Wehrdienst *m*; **es ~** das muss sein; **es ~** (*inf*) es ist Vorschrift, zu (*inf*), man muss (*inf*)

obliteración F MED Verstopfung *f*; Verschließung *f*; **obliterar** A V/T MED verstopfen, verschließen, obliterieren B V/R **obliterarse** MED sich verschließen

oblongo ADJ länglich

obnubilación F 1 MED Benommenheit *f*; Bewusstseinstrübung *f* 2 *fig* (*deslumbramiento*) Verblendung *f*; **obnubilado** ADJ 1 (*aturdido*) benommen 2 (*deslumbrado*) verblendet 3 (*oscurecido*) verdunkelt

obnubilar V/T 1 (*anublar, ofuscar*) benebeln 2 (*deslumbrar*) verblenden 3 (*oscurecer*) verdunkeln

oboe M MÚS Oboe *f*; → oboísta; **oboísta** M/F Oboist *m*, -in *f*

óbolo M Obolus *m*, Scherflein *n*

obra F 1 (*producto de un trabajo*) Werk *n* (*tb* LIT); (*pieza de trabajo*) Werkstück *n*; **~ de arte plástico** Skulptur *f*, Plastik *f*; **~ de arte** Kunstwerk *n*; **buena ~** gutes Werk *n*; **~ cartográfica** Kartenwerk *n*; LIT **~s** *fpl* **completas** gesammelte (*o* sämtliche) Werke *npl*; **~ de consulta** Nachschlagewerk *n*; **~ de joyería** Juwelierarbeit *f*; **~ maestra/mal hecha** Meister-/Machwerk *n*; **~ de mano** handgefertigtes Werkstück *n*, Handarbeit *f*; **~ de referencia** Standardwerk *n*; **~ de romanos** *o* **del Escorial** gewaltiges (Bau)Werk *n*; *fig* ungeheure Leistung *f* 2 (*trabajo*) Arbeit *f*, Tätigkeit *f*, Werk *n*; (*hecho*) Tat *f*; **mano** *f* **de ~** Arbeitskräfte *fpl*; **poner por ~** *o Am Mer* **meter** *o* **poner en ~** verwirklichen, ausführen; **de ~** tatkräftig; tätlich (*tb* JUR); **¡manos a la ~!** Hand ans Werk!, ran an die Arbeit! *fam*; *fam durante la comida*: bitte zugreifen! *fam*; **tal ~, tal pago** wie die Arbeit, so der Lohn 3 *institución*: **~ asistencial** Hilfswerk *n* (*z. B. der Kirche*); **~ social** Sozial-, Hilfswerk *n* 4 (*efecto*) Wirkung *f*, Kraft *f*; **por ~ de** vermöge (*gen*), kraft (*gen*); *frec irón* **por ~ y gracia de** dank (*dat*) 5 CONSTR **~s** *pl* Bauten *mpl*; Bauarbeiten *fpl* (*auch Hinweisschild*); **~s** *pl* **de caminos, canales y puertos** Tiefbau *m*, Straßen- und Wasserbau *m*; MIL **~s** *pl* **exteriores** Außenwerke *npl*; **~s** *pl* **hidráulicas** Wasserbau(ten) *m(pl)*; **~s** *pl* **de ingeniería** Ingenieurbau *m*; **~s** *pl* **públicas** öffentliche (Bau)Arbeiten *fpl*; Tiefbau *m*; *Arg* **~s** *pl* **de salubridad** Entwässerung *f* und Installation *f in Siedlungen*; *anuncio*: **estamos de ~s** wir bauen um; **hacer ~s** um-, ausbauen 6 (*construcción*) Bau *m*; *proyecto*: Bauvorhaben *n*; MAR **~ alta** Aufbauten *mpl*; MIL **~ avanzada** Vorwerk *n*; ARQUIT **~ bruta** *o Col* **~ negra** *o Chile* **~ gruesa** Rohbau *m*; MAR **~ muerta/viva** Über-/Unterwasserschiff *n*; *Am Mer* **~ de teja** Dachdecken *n* 7 *Cuba fam fig* (*truco*) List *f*, Kniff *m*, Täuschung *f*; Täuschungsmanöver *n*

obrada F AGR *medida*: Tagewerk *n*; **obrador** A ADJ arbeitend B M Arbeitsraum *m*; Werkstatt *f*; *en la panadería*: Backstube *f*; **obraje** M 1 (*manufactura*) Verarbeitung *f*; Anfertigung *f* 2 (*taller*) Werkstatt *f* 3 *Am* HIST Arbeits-, Frondienst *m der Indianer* 4 *Arg, Bol de explotación forestal*: Holzfällerei *f* 5 *Méx* (*carnicería*) Schweinemetzgerei *f*; **obrajero** M → capataz

obrar A V/T 1 (*trabajar sobre*) bearbeiten 2 (*hacer, realizar*) tun, verrichten; **~ buen efecto** gute Wirkung haben 3 (*construir*) bauen B V/I 1 wirken, handeln; **modo** *m* **de ~** Handlungsweise *f*; **~ bien/mal con alg** gut/schlecht gegen j-n handeln; **~ sobre** einwirken auf (*acus*); **no le ha obrado** (*die Medizin etc*) hat bei ihm nicht gewirkt 2 ADMIN, COM sich befinden, vorliegen; **obra en nuestro poder su atenta de fecha …** wir haben Ihr Schreiben vom … erhalten 3 *fam* (*defecar*) seine Notdurft verrichten, austreten

obregón M CAT spanischer Hospitaliter *m*

obrepción F JUR Erschleichung *f*; **obrepticio** ADJ erschlichen

obrera F Arbeiterin *f*; **obrerada** F *RPl fam* Arbeiter *mpl*; **obrería** F 1 REL (*renta para el sostenimiento de una iglesia*) Kirchbaugeld *n*; (*administración de obrería*) Kirchenbauamt *n* 2 (*puesto como obrero*) Stellung *f* als Arbeiter; **obrerismo** M POL, SOCIOL 1 *movimiento*: Arbeiterbewegung *f* 2 *poder*: Arbeiterherrschaft *f*; **obrerista** A ADJ Arbeiterbewegungs…; Arbeiter…; *p. ext* linke(r, -s) (*innerhalb der PSOE*) B M/F Anhänger *m*, -in *f* der Arbeiterbewegung

obrero A ADJ Arbeits…; Arbeiter…; SOCIOL, POL **clase** *f* **-a** Arbeiterklasse *f*; **movimiento** *m* **~** Arbeiterbewegung *f* B M Arbeiter *m*; **~ adiestrado** ausgebildeter (*o* angelernter) Arbeiter *m*; **~ agrícola/auxiliar** Land-/Hilfsarbeiter *m*; **~ c(u)alificado** gelernter Arbeiter *m*; **~ de la construcción** Bauarbeiter *m*; **obrero especializado** Facharbeiter *m*; **~ eventual** Gelegenheitsarbeiter *m*; Aushilfskraft *f*; **~ extranjero/industrial** Gast-/Fabrikarbeiter *m*; **~ portuario** Hafenarbeiter *m*

obscenidad F Obszönität *f*; Unzüchtigkeit *f*; (*chiste lascivo*) Zote *f*; **obsceno** ADJ obszön; schamlos; unzüchtig

obscu… → oscurana *etc*

obsecración F *liter* (beschwörende) Bitte *f*

obsecuente ADJ *liter* willfährig, gehorsam

obseder V/T *pensamiento* ständig quälen, verfolgen

obsequiador ADJ, **obsequiante** ADJ 1 (*atento*) aufmerksam, gefällig 2 (*dadivoso*) bewirtend; beschenkend

obsequiar V/T ⟨1b⟩ 1 (*agasajar*) gastlich aufnehmen; bewirten; ehren, feiern (**con** mit *dat*); POL **el embajador fue obsequiado con un almuerzo** zu Ehren des Botschafters wurde ein Frühstück gegeben 2 (*regalar*) beschenken (**con** mit *dat*) 3 (*mostrar complacencia*) **~ alg** sich j-m gefällig erweisen

obsequio M 1 (*complacencia*) Gefälligkeit *f*; (*amabilidad*) Liebenswürdigkeit *f*; (*concesión*) Entgegenkommen *n*; **en ~ de alg** j-m zu Ehren 2 (*regalo*) Geschenk *n*; *en un restaurante etc*: **~ de la casa** Geschenk *n* des Hauses; **~ publicitario** Werbegeschenk *n*; **obsequiosidad** F 1 (*hospitalidad*) Gastlichkeit *f*; (*dadivosidad*) Freigebigkeit *f* 2 (*complacencia*) Gefälligkeit *f*; (*cortesía*) Zuvorkommenheit *f*; **obsequioso** ADJ 1 (*cortés*) gefällig, zuvorkommend; dienstbereit 2 (*dadivoso*) freigebig

observable ADJ zu beobachten(d); (*comprobable*) wahrnehmbar, feststellbar

observación F 1 Beobachtung *f* (*tb* MED); (*percepción*) Wahrnehmung *f*; (*vigilancia*) Überwachung *f*; **don** *m* **de ~** Beobachtungsgabe *f*; **estar/poner en ~** unter Beobachtung stehen/stellen 2 (*atención*) Beachtung *f*, Befolgung *f*; COM, TEC **~ de los plazos** Terminverfolgung *f* 3 (*comentario*) Bemerkung *f*; Anmerkung *f*

observador A ADJ beobachtend; überwachend; **ser muy ~** ein guter Beobachter sein B M, **observadora** F Beobachter *m*, -in *f* (*tb* MIL, POL); **observancia** F 1 *de instrucciones y reglamentos*: Befolgung *f*, Beachtung *f*, Einhaltung *f*; **poner en ~** zu strenger Einhaltung verpflichten 2 CAT, *fig* Observanz *f*; Ordensregel *f*; **observante** A ADJ 1 beobachtend 2 CAT (*severo*) streng B M CAT Observant *m*

observar V/T & V/I 1 beobachten; (*examinar, advertir*) bemerken, wahrnehmen; (*vigilar*) überwachen; **hacer ~ que …** darauf hinweisen, dass …, darauf aufmerksam machen, dass … 2 *la ley, el reglamento* befolgen, beachten, sich halten an (*acus*), einhalten (*tb plazo*)

observatorio M 1 Warte *f*, Observatorium *n*; AVIA **~ aerológico** Luftwetterwarte *f*; **~ astronómico** Observatorium *n*, Sternwarte *f*; ASTRON **~ espacial** Raumstation *f*; MAR **~**

marítimo/meteorológico See-/Wetterwarte *f* **2** MIL Beobachtungsstand *m*, -stelle *f*
obsesión F **1** REL, *fig* Besessenheit *f* **2** MED, *fig* Zwangsvorstellung *f*, fixe Idee *f*; **causar ~** *pensamiento, etc* ständig quälen, verfolgen; **obsesionado** ADJ besessen (**de** von *dat*); **obsesionante** ADJ *pensamiento, imaginación* quälend, (unablässig) bohrend; **obsesionar** **A** V/T *fig pensamiento, preocupación* unablässig beschäftigen, ständig plagen, keine Ruhe lassen (*dat*) **B** V/R **~se con a/c** von etw besessen sein; **obsesivo** ADJ **1** REL die Besessenheit betreffend **2** MED Zwangs... **3** *fig* → obsesionante
obseso **A** ADJ besessen **B** M, **-a** F Besessene *m/f*
obsidiana F MINER Obsidian *m*
obsolescente ADJ veraltend; **obsoleto** ADJ veraltet, obsolet
obstaculización F Behinderung *f*; **obstaculizador** ADJ hemmend, hinderlich
obstaculizar V/T ⟨1f⟩ verhindern, im Wege stehen (*dat*); **obstáculo** M Hindernis *n*; DEP *y fig* **carrera** *f* **de ~s** Hindernislauf *m*, Hindernisrennen *n*; **poner ~s** behindern, Hindernisse (*o fig* Steine) in den Weg legen; **obstante: no ~** **A** ADV dessen ungeachtet, trotzdem **B** PREP trotz (*gen, fam dat*), ungeachtet (*gen*)
obstar V/I *fig* entgegenstehen, hinderlich sein
obstetra M/F MED Geburtshelfer *m*, -in *f*; **obstetricia** F MED Geburtshilfe *f*; **obstétrico** ADJ MED Entbindungs...
obstinación F Eigensinn *m*, Halsstarrigkeit *f*; (*terquedad*) Hartnäckigkeit *f*; (*renitencia*) Trotz *m*; **obstinado** ADJ hartnäckig; (*caprichoso*) eigensinnig; **obstinarse** V/R sich versteifen (auf etw *acus* **en a/c**); **~ en** (*inf*) hartnäckig darauf bestehen (*o* beharren), zu (*inf*)
obstrucción F MED, *tráfico*: Verstopfung *f*; (*obstaculo*) Hemmnis *n*; POL Obstruktion *f*, Verschleppung(staktik) *f*; POL **hacer ~** Obstruktion(spolitik) betreiben; **~ de la justicia** Behinderung *f* der Justiz
obstruccionar V/I *Am* POL Obstruktion betreiben; **obstruccionismo** M POL Verschleppungstaktik *f*, Obstruktionspolitik *f*; **obstruccionista** POL **A** ADJ Verschleppungs..., Obstruktions... **B** M/F Verschleppungstaktiker *m*, -in *f*
obstructivo ADJ *espec* POL obstruktiv; **obstructor** ADJ verstopfend; obstruierend
obstruir ⟨3g⟩ **A** V/T (*taponar*) verstopfen; (*bloquear*) versperren, blockieren (*tb fig*) **B** V/R **obstruirse** sich verstopfen
obtemperar V/T → obedecer
obtención F Erlangung *f*; (*logro*) Beschaffung *f*; Gewinnung *f* (*tb* QUÍM, AGR); **~ del alquitrán** Teererzeugung *f*; **~ de velocidades muy elevadas** Erzielung *f* sehr hoher Geschwindigkeiten
obtener V/T ⟨2l⟩ *fin, propósito* erlangen; *meta* erreichen, erzielen; *cosa* bekommen, erhalten; QUÍM gewinnen; **difícil de ~** schwer erreichbar; **~ que** (*subj*) erreichen, dass ...; durchsetzen, dass ...; **obtenible** ADJ erhältlich; erzielbar, erreichbar
obturación F *espec* TEC Verschließung *f*; (*atasco*) Verstopfung *f*; (*arandela*) Dichtung *f*; *de armas*: Verriegelung *f*; MED *de dientes*: Füllung *f*
obturador **A** ADJ (ab)schließend; (ver)stopfend **B** M *espec* FOT, FILM Verschluss *m*; MÚS *tubo de órgano*: Kern *m*; ANAT **(músculo) ~** Schließmuskel *m*, Obturator *m*; MED *tb* Verschlussplatte *f*; TEC, *espec* FOT **~ compound** Compurverschluss *m*; **~ de instantánea/de pose** Moment-/Zeitverschluss *m*; **~ a presión** Druckventil *n* (*Fahrradschlauch*); FILM **~-sector** *m* Sektorenblende *f*
obturar V/T verstopfen; (ab)dichten (*tb* TEC); füllen (*tb* MED *dientes*); TEC ab-, verschließen; *ranura tb* ausgießen
obtusángulo ADJ MAT stumpfwinklig; **obtuso** ADJ **1** MAT stumpf **2** *fig* schwer von Begriff
obtuvo → obtener
obús M MIL **1** (*pieza de artillería*) Haubitze *f* **2** (*proyectil*) (Mörser)Granate *f*
obusera ADJ MAR **(lancha) ~** F *Art* Kanonenboot *n*
obvención F, *frec* **-ones** FPL Nebenverdienst *m*; **obvencional** **A** ADJ Nebenverdienst... **B** M **~es** MPL zusätzliche Vergütung *f*
obviable ADJ vermeidbar
obviar V/T ⟨1b, *tb* 1c⟩ *peligros* abwenden; *obstáculos, problemas* beseitigen; (*contrarrestar*) entgegentreten (*dat*); (*prevenir*) vorbeugen (*dat*); **obviedad** F Offensichtlichkeit *f*
obvio ADJ einleuchtend; augenfällig, klar; **es ~** das liegt auf der Hand; **no es ~** es ist unklar
oc: **lengua** *f* **de ~** Altprovenzalisch *n*; *occitano*: Languedokisch *n*
oca[1] F **1** ORN Gans *f*; *fig* **paso** *m* **de la ~** Stechschritt *m* **2** *dados*: Ocaspiel *n*; *fam fig* **¡esto es la ~!** das ist ein tolles Ding! *fam*
oca[2] F BOT *kartoffelähnliche Knollenfrüchte der Hochanden*
ocal[1] ADJ **1** *fruta* saftig und schmackhaft; *rosas* voll und duftend **2** **capullo** *m* **~** Doppelkokon *m* der Seidenraupen; **seda** *f* **~** Wattseide *f*
ocal[2] M *Ec, Méx fam* → eucalipto
ocapi M ZOOL Okapi *n*
ocarina F MÚS Okarina *f*; **ocarinista** M/F Okarinaspieler *m*, -in *f*
ocasión F **1** Gelegenheit *f*; (*circunstancia*) Umstand *m*; (*motivo, causa*) Anlass *m*; **dar ~** Veranlassung geben (**a** zu *dat o inf*); *fam fig* **coger** *o* **asir la ~ por los cabellos** *o* **por la melena** *o* **por los pelos** die Gelegenheit beim Schopf packen; **si se presenta la ~** bei passender Gelegenheit, wenn es sich gerade (so) trifft; **tener ~** die Gelegenheit haben zu (*dat o inf*); **tomar ~ para** Anlass nehmen zu (*dat o inf*); **con ~ de** anlässlich (*gen*); **de ~** Gelegenheits...; **en -ones** gelegentlich; ab und zu; **en la primera ~** bei nächster Gelegenheit; *fam* **a la ~ la pintan calva** man muss die Gelegenheit beim Schopf fassen; *prov* **la ~ hace al ladrón** Gelegenheit macht Diebe **2** COM Gelegenheitskauf *m*; **coche** *m* **de ~** Gebrauchtwagen *m*; **de ~** aus zweiter Hand; gebraucht; *libro* antiquarisch **3** (*riesgo*) Risiko *n*, Gefahr *f* **4** REL Gelegenheit *f* (zur Sünde), Versuchung *f*
ocasionadamente ADV (*por buen motivo*) aus gutem Grunde; (*intencionalmente*) absichtlich; **ocasionador** **A** ADJ verursachend **B** M, **ocasionadora** F Veranlasser *m*, -in *f*, Verursacher *m*, -in *f*
ocasional ADJ **1** (*casual*) gelegentlich; Gelegenheits...; **trabajo** *m* **~** Gelegenheitsjob *m* **2** (*que ocasiona*) veranlassend; **causa** *f* **~** (eigentlicher) Anlass *m*; MED **enfermedad** *f* **~** Grundleiden *n*; **ocasionalismo** M FIL Okkasionalismus *m*; **ocasionalista** **A** ADJ FIL okkasionalistisch **B** M/F Okkasionalist *m*, -in *f*; **ocasionalmente** ADV gelegentlich; zufällig
ocasionar V/T **1** (*causar*) veranlassen; verursachen; herbeiführen; *daños* anrichten; *cambios* bewirken; **~ problemas** Probleme verursachen (*o* machen) **2** (*estimular*) anregen; *intranquilidad, enojo* erregen; *efecto* hervorrufen
ocaso M ASTRON *y fig* Untergang *m*; Sonnenuntergang *m*; *liter* **hacia el ~** gegen Sonnenuntergang, gegen Abend, gegen Westen; MIT, *fig* **el ~ de los dioses** die Götterdämmerung
occidental **A** ADJ abendländisch; westlich, West... (*tb* POL) **B** M/F Abendländer *m*, -in *f*; **los ~es**, POL **las potencias ~es** die Westmächte *fpl*; **occidentalismo** M (*carácter*) abendländischer Charakter *m*; (*política*) westliche Politik *f*; **occidentalista** **A** ADJ POL prowestlich **B** M/F Anhänger *m*, -in *f* des Westens; **occidentalizar** V/T ⟨1f⟩ POL verwestlichen; **occidente** M Westen *m* (*tb* POL); **Occidente** Abendland *n*, Okzident *m*
occipital **A** ADJ Hinterhaupt(s)... **B** M ANAT Hinterhaupt(s)bein *n*; **occipucio** M Hinterhaupt *n*
occisión F gewaltsamer Tod *m*, Ermordung *f*; **occiso** **A** ADJ ermordet, gewaltsam getötet **B** M, **-a** F Ermordete *m/f*
Occitania F HIST, LING Okzitanien *n*
occitánico, occitano **A** ADJ okzitanisch **B** M, **-a** F Okzitanier *m*, -in *f* **C** M *lengua*: Okzitanisch *n*; Neuprovenzalisch *n*
OCDE F ABR (Organización para la Cooperación y el Desarrollo Económico) OECD *f* (Organisation *f* für wirtschaftliche Zusammenarbeit und Entwicklung)
Oceanía F Ozeanien *n* (und Australien *n*)
oceánico ADJ ozeanisch; **oceánidas** FPL MIT Ozeaniden *fpl*
océano M **1** GEOG Ozean *m*, Weltmeer *n*; **~ Antártico** *o* **Glacial del Sur** Südliches Eismeer *n*; **~ Ártico** *o* **Glacial del Norte** Nördliches Eismeer *n*; **~ Atlántico** Atlantik *m*, Atlantischer Ozean *m*; **~ Boreal** Nordmeer *n*; **~ Índico** Indischer Ozean *m*; **~ Pacífico** Pazifik *m*, Pazifischer Ozean *m* **2** *fig* Unmenge *f*; Meer *n*; **un ~ de gente** eine gewaltige Flut von Menschen
oceanografía F Meereskunde *f*, Ozeanografie *f*; **oceanográfico** ADJ meereskundlich; **oceanógrafo** M, **-a** F Meereskundler *m*, -in *f*, Ozeanograf *m*, -in *f*
ocelado ADJ BIOL mit Ozellarflecken; **ocelo** M **1** *de insectos*: Punktauge *n* **2** Ozellarfleck *m*
ocelote M Ozelot *m* (*tb piel*)
ocena F MED Stinknase *f*, Ozaena *f*
ochar **A** V/I *Arg* bellen **B** V/T *Chile* belauern; aufhetzen
ochava F **1** Achtel *n* **2** *Arg* abgeschrägte Straßenecke *f*; **ochavar** V/T **1** eine achteckige Form geben (*dat*) **2** *Am esquinas, bordes* abflachen; **ochavo** M **1** HIST *moneda*: *alte Kupfermünze im Wert von 2 Maravedís*; *fam fig* (*dinero*) Geld *n* **2** *pez*: Eberfisch *m*
ochenta NUM achtzig; **ochentavo** **A** ADJ achtzigstel **B** M Achtzigstel *n*; **ochentón** **A** ADJ *fam* achtzigjährig **B** M, **-ona** F Achtzigjährige *m/f*
ocho **A** ADJ acht; **son las ~ (y cuarto)** es ist acht Uhr (fünfzehn); **a las ~** um acht Uhr; **dentro de ~ días** binnen einer Woche, in acht Tagen; *fig* **da igual ~ que ochenta** das kommt auf das Gleiche heraus, das ist gehüpft wie gesprungen *fam*; *Esp fig* **dar** *o* **echar a alg con los ~s y los nueves** *fam* j-m ordentlich die Meinung sagen, j-m gehörig Bescheid stoßen *fam*; *Esp fig* **más serio que un ~** *fam* todernst **B** M Acht *f*; Achter *m reg*
ochocentista M/F Mensch *m* (*espec* Künstler *m*, -in *f*) des 19. Jhs.; **ochocientos** NUM achthundert; **el ~** der Achthundertste; *siglo*: das 19. Jahrhundert
ociarse V/R ⟨1b⟩ müßig sein, feiern
ocio M (*tranquilidad*) Muße *f*; (*holganza*) Müßiggang *m*, Nichtstun *n*; **~s** *mpl* Freizeitbeschäftigung *f*, Unterhaltung *f*; **artículos** *mpl* **de ~** Freizeitartikel *mpl*; **centro** *m* **de ~** Freizeitzentrum *n*; **guía** *m* **de ~** Freizeitführer *m*; **industria** *f* **del ~** Freizeitindustrie *f*; **parque** *m* **de ~** Freizeitpark *m*; **los ratos de ~** die Freizeit
ociosear V/I faulenzen; **ociosidad** F Müßiggang *m*; **ocioso** ADJ müßig; unnütz; **estar ~** untätig sein; faulenzen, feiern *fam*

O

oclocracia F POL Ochlokratie *f*, Pöbelherrschaft *f*; **oclocrático** ADJ ochlokratisch
ocluir V/T ⟨3g⟩ MED verstopfen; verschließen; **oclusión** F MED Verstopfung *f*; MED, FON Verschluss *m*; MED **~ intestinal** Darmverschluss *m*; **oclusivo** ADJ MED, FON Okklusiv…, Verschluss…; FON **(consonante** *f*) **-a** *f* Verschlusslaut *m*, Okklusiv *m*
ocotal M *Méx* Fichtenwald *m*
ocote M **1** *Méx* BOT Okotefichte *f*; *p. ext* Kienspan *m* **2** *Arg* ZOOL Dickdarm *m der Rinder*;
ocozoal M *Méx* ZOOL Okoteschlange *f* (*Art Klapperschlange*); **ocozol** M *Méx*, **ocozote** M *Am Centr* → liquidámbar
ocre **A** ADJ ockerfarben **B** M Ocker *m*
ocroso ADJ ockerhaltig
octaédrico ADJ MAT oktaederförmig; **octaedro** M MAT Oktaeder *n*, Achtflächner *m*;
octagonal ADJ achteckig
octágono M Achteck *n*
octalón M DEP Achtkampf *m*
octanaje M TEC Oktanzahl *f*
octano M QUÍM Oktan *n*; **índice** *m* **de ~** Oktanzahl *f*; **octante** M MAT, MAR Oktant *m*
octava F REL, MÚS, LIT Oktave *f*; MÚS **quinta ~** *o* **~ de 2 pies** eingestrichene Oktave *f*; LIT **~ real** Stanze *f*; **octavar** V/I MÚS Oktaven greifen (*o* blasen); **octavario** M **1** Zeitraum *m* von acht Tagen **2** REL *fiesta*: Oktav(e) *f*
octaviano ADJ HIST oktavianisch, augustäisch
octavilla F **1** TIPO Achtelblatt *n*; (*impreso, volante*) (Hand)Zettel *m*; **~ (de propaganda)** Flugblatt *n* **2** LIT *achtzeilige Strophe aus achtsilbigen Versen*
octavo **A** NUM achte(r, -s) **B** M **1** Achtel *n*; DEP **~ de final** Achtelfinale *n* **2** TIPO Oktav(format) *n*; **~ mayor/menor** Groß-/Kleinoktav *n*
octeto M **1** MÚS, FÍS Oktett *n* **2** INFORM Byte *n*; **octillizos** MPL Achtlinge *mpl*; **octingentésimo** NUM *liter* achthundertste(r, -s)
octogenario **A** ADJ achtzigjährig **B** M, **-a** F Achtzigjährige *m/f*; **octogésimo** NUM achtzigste(r, -s)
octogonal → octagonal
octógono → octágono
octosílabo LIT **A** ADJ *verso* achtsilbig **B** M *metro*: Achtsilber *m*
octóstilo ADJ ARQUIT achtsäulig
octubre M Oktober *m*; **en (el mes de) ~** im (Monat) Oktober; **el 3 de ~** am 3. Oktober
óctuple ADJ achtfach, -fältig
octuplicar V/T ⟨1g⟩ verachtfachen
óctuplo ADJ → óctuple
OCU F ABR (Organización de Consumidores y Usuarios) *Verbraucherschutzorganisation*
ocular **A** ADJ Augen… **B** M ÓPT Okular *n*;
oculista M/F Augenarzt *m*, -ärztin *f*
ocultación F **1** Verbergung *f*; ASTRON Bedeckung *f*; *p. ext* Unkenntlichmachung *f* **2** Verheimlichung *f*; *p. ext de impuestos*: (Steuer)Hinterziehung *f*; **ocultador** M FOT Abdeckung *f*, Maske *f*; **ocultamiento** M Verbergung *f*; Verheimlichung *f*
ocultar **A** V/T **1** *cosa* verbergen; verdecken, abdecken **2** *hechos* verhehlen, verheimlichen; *impuestos* hinterziehen **3** INFORM ausblenden **B** V/R **ocultarse** (*desaparecer*) verschwinden; (*esconderse*) sich verbergen; **ocultis** ADV *fam* **de ~** heimlich; **ocultismo** M Okkultismus *m*; **ocultista** **A** ADJ okkultistisch **B** M/F Okkultist *m*, -in *f*
oculto ADJ geheim; verborgen; **ciencias** *fpl* **-as** Geheimwissenschaften *fpl*; **de ~** inkognito; **en ~** insgeheim; **vivir ~** im Verborgenen (*o* als Unbekannter) leben
ocumo M *Ven* BOT Karibenkohl *m*
ocupación F **1** Besetzung *f* (*tb* MIL); Besitznahme *f*; MIL Besatzung *f*; **~ hotelera** Hotelbelegung; INFORM **~ de memoria** Speicherbelegung *f*; MIL **tropas** *fpl* **de ~** Besatzungstruppen *fpl* **2** (*actividad*) Beschäftigung *f*; Auslastung *f*; **~ accesoria** Nebenbeschäftigung *f*; **sin ~** unbeschäftigt; arbeitslos; **dar ~ a alg** j-n beschäftigen; j-m Arbeit geben
ocupacional ADJ Berufs…, Beschäftigungs…; **terapia** *f* **~** Beschäftigungstherapie *f*; **ocupado** ADJ besetzt (*tb* TEL *y WC*, MIL); *Person* beschäftigt; **ocupador** M, **ocupadora** F In-Besitz-Nehmende *m/f*; **ocupante** **A** ADJ besetzend; MIL Besatzungs… **B** M/F **1** AUTO Insasse *m*, Insassin *f*; Fahrgast *m* **2** *de una casa*: Bewohner *m*, -in *f* **3** MIL Besatzer *m*, -in *f fam*; Okkupant *m*, -in *f*
ocupar **A** V/T **1** *espacio* einnehmen, anfüllen; *espec* MIL besetzen; *casa* bewohnen; *lugar, habitación, espacio* belegen; **~ mucho espacio** viel Raum einnehmen, viel Platz belegen; **¡ocupado!** besetzt! **2** *persona*: beschäftigen; **¡no le ocupes con tus bromas!** störe ihn nicht mit deinen Späßen! **3** (*dar trabajo*) beschäftigen (*tb fig*); Arbeit geben (*dat*) **4** *tiempo* in Anspruch nehmen; ausfüllen; kosten **5** *objetos* beschlagnahmen, abnehmen; **~ a/c de alg** j-m etw wegnehmen **6** *cargo* bekleiden; **~ un puesto** eine Stelle innehaben; ein Amt bekleiden **B** V/R **ocuparse** sich beschäftigen, sich befassen (**en, de** mit *dat*)
ocurrencia F **1** (*acontecimiento*) Vorfall *m*, Vorkommnis *n* **2** (*idea*) Einfall *m*, Idee *f*; Witz *m*; **¡qué ~!** *o* **¡vaya una ~!** ist das ein Einfall!; **tener ~s** witzige (*o* sonderbare) Einfälle haben **3** *lexicografía*: Beleg *m*, Wortstelle *f*
ocurrencioso ADJ *reg, Am fam* witzig; **ocurrente** ADJ **1** (*que pasa*) vorkommend **2** (*ingenioso*) einfalls-, ideenreich; **ocurrido** ADJ *Ec, Perú* witzig
ocurrir **A** V/I, V/IMP vorkommen, vorfallen; geschehen; *acontecimiento* eintreten; *sufrimiento, pena* widerfahren; **ocurre que …** es kommt vor, dass …; **¿qué ocurre?** was gibt's?, was ist los?; *fam*; **¿qué le ocurre?** was haben Sie denn?; was fehlt Ihnen? **B** V/R **ocurrirse** einfallen; **se me ocurrió…** mir fiel ein…, mir kam die Idee…; **no se me ocurre la palabra** das Wort fällt mir nicht ein, ich komme nicht auf das Wort; **ocurrírsele a alg que** (*o inf*) auf den Einfall (*o* auf die Idee *o* den Gedanken) kommen, dass (*o* zu *inf*)
oda F Ode *f* (**a** an *acus*)
odalisca F Odaliske *f*
ODECA F ABR (Organización de Estados Centroamericanos) Organisation *f* mittelamerikanischer Staaten
odeón M Odeon *n*, Odeum *n*
odiar V/T ⟨1b⟩ hassen; **odiado de** verhasst bei (*dat*)
odio M Hass *m* (**a** gegen *acus*); **~ africano** tiefer, (*o* tief sitzender) Hass *m*; **~-amor** Hassliebe *f*; **~ de clases** Klassenhass *m*; **~ entre las naciones** Völkerhass *m*; **~ racial** Rassenhass *m*; **cobrar ~ a** (allmählich) hassen (*acus*); **odiosidad** F **1** *comportamiento*: Gehässigkeit *f* **2** (*aversión*) Verhasstsein *n* **3** *Chile, Perú* Belästigung *f*; Ärger *m*; **odioso** ADJ **1** *comportamiento* gehässig, gemein *fam* **2** (*hostil*) verhasst **3** (*repugnante*) widerlich, unleidlich; *Chile, Méx* lästig, ärgerlich; drückend
Odisea F LIT Odyssee *f*; *fig* **odisea** Irrfahrt *f*
odómetro M Schrittzähler *m*
odontalgia F MED Zahnschmerz *m*; **odontitis** F Zahnfäule *f*; **odontología** F MED Zahn(heil)kunde *f*; **odontólogo** M, **-a** F Zahnarzt *m*, Zahnärztin *f*
odorante **A** ADJ (wohl)riechend; duftend **B** M Riechmittel *n*; **odorífero** ADJ LIT wohlriechend, duftend
odre M (Wein)Schlauch *m*; *fig persona*: Trunkenbold *m*, Säufer *m*; **odrero** M Schlauchmacher *m*
ODS F ABR (Oficina del Defensor del Soldado) *Esp* Amt *n* des Wehrbeauftragten
OEA F ABR (Organización de Estados Americanos) OAS *f* (Organisation Amerikanischer Staaten)
oesnoroeste M MAR Westnordwest *m*; **oessudoeste** M MAR Westsüdwest *m*
oeste M Westen *m*; **el Oeste lejano** der Wilde Westen; **hacia (el) ~** westwärts; **viento** *m* **(del) ~** Westwind *m*; **al ~ de** westlich von (*dat*)
ofendedor ADJ → ofensor
ofender **A** V/T (*insultar*) beleidigen, kränken; (*maltratar*) misshandeln; **~ el oído/el olfato** das Ohr/die Nase beleidigen; **~ la vista** den Augen wehtun **B** V/I *olfato, comida* widrig (*o* zuwider) sein **C** V/R **ofenderse** sich beleidigt fühlen (**de, por** von *dat*, durch *acus*); *etw* übel nehmen
ofendido **A** ADJ beleidigt **B** M, **-a** Beleidigte *m/f*; **hacerse el ~** den Gekränkten spielen;
ofensa F Beleidigung *f*, Kränkung *f*; **ofensiva** F MIL, *fig* Offensive *f*, Angriff *m*; **~ final** DEP, POL Schlussoffensive *f*; *tb fig* **pasar a ~** *o* **tomar la ~** die Offensive ergreifen; zum Angriff übergehen; **ofensivo** ADJ **1** angriffslustig; *fig* beleidigend **2** Angriffs…, Offensiv…; **arma** *f* **-a** Angriffswaffe *f*; **ofensor** **A** ADJ beleidigend **B** M, **ofensora** F Beleidiger *m*, Beleidigerin *f*
oferente M/F Anbieter *m*, -in *f*, COM *tb* Offerent *m*, -in *f*; **~ en línea** Onlineanbieter *m*
oferta F **1** Angebot *n*, Vorschlag *m* **2** COM Angebot *n*, Offerte *f*; ECON **~ y demanda** Angebot *n* und Nachfrage *f*; **~ de empleo** Stellenangebot *n*; **~ especial** *o* **extraordinaria** Sonderangebot *n*; **~ en firme** Festangebot *n*; **~ (en subasta)** Gebot *n*; **~ pública de adquisición (de acciones)** öffentliches Übernahmeangebot (von Aktien) *n*; **~ pública de venta** öffentliches Verkaufsangebot *n*; **~ vinculante** verbindliches Angebot *n*; **~ sin compromiso** unverbindliches Angebot *n*; **estar de ~** *mercancía* im (Sonder)Angebot sein; **hacer** *o* **someter una ~** ein Angebot machen (*o* unterbreiten); **tener en ~** im Angebot haben
ofertante M/F Anbieter *m*, -in *f*; **ofertar** V/T COM anbieten, offerieren; **ofertorio** M CAT Offertorium *n*, Darbringung *f*
office M Speisekammer *f*
offset M TIPO Offset(druck *m*) *m/n*; **máquina** *f* **~** Offset(druck)maschine *f*
offshore ADJ offshore, Offshore…
offside M DEP Abseits *n*; (*gol en fuera de juego*) Abseitstor *n*
oficial **A** ADJ amtlich; dienstlich; offiziell, Amts…, Offizial…; *fig* förmlich, steif; ADMIN, JUR **acto** *m* **~** offizielle Feier *f*; **cargo** *m* **~** Amt *n*; **fiesta** *f* **~** gesetzlicher Feiertag *m*; **médico** *m* **~** Amtsarzt *m*; **papel** *m* **~** Amtspapier *n*; JUR **proceso** *m* **~** Offizialverfahren *n*; **vía** *f* **~** Amts-, Dienstweg *m*; **con carácter ~** in amtlicher Eigenschaft **B** M/F MIL Offizier *m*, -in *f*; **altos ~es** *mpl* höhere Offiziere *mpl*; **~ del día** *o* **del servicio** Offizier *m* vom Dienst; **~ de enlace** Verbindungsoffizier *m*; **~ de Estado Mayor** Generalstabsoffizier *m*; MAR **~ de la guardia** diensthabender Offizier *m*; **~ de marina** Marineoffizier *m*; **~ pagador** MIL Zahlmeister *m*; **~ de reserva** Reserveoffizier *m*; **~ subalterno/superior** Subaltern-/Stabsoffizier *m* **C** *Esp* M, **~a** F (Handwerks)Geselle *m*, (Handwerks)Gesellin *f*; Gehilfe *m*, Gehilfin *f*; **~ de albañil** Maurerpolier *m*; **~ panadero** Bä-

ckergeselle *m*; **primer ~** Altgeselle *m*; Obergehilfe *m*

oficiala F → oficial c; **oficialada** F *Chile* Offizierskorps *n*; **oficialía** F 1 MIL Offiziersrang *m* 2 ADMIN Planstelle *f*

oficialidad F 1 MIL Offizierskorps *n* 2 ADMIN amtliche Eigenschaft *f*; **oficialista** ADJ *espec Am* regierungstreu, im Sinne der Regierung; **oficializar** VT ⟨1f⟩ offiziellen Charakter verleihen *(dat)*; amtlich bestätigen; **oficialmente** ADV amtlich; offiziell

oficiante CAT A ADJ zelebrierend B M Zelebrant *m*

oficiar ⟨1b⟩ A VI 1 *(obrar)* Dienst tun, amtieren, fungieren (**de** als *nom*) 2 CAT die Messe zelebrieren (*o* halten); PROT Gottesdienst (ab)halten; **~ la misa** die Messe zelebrieren B VT *(comunicar)* offiziell mitteilen; offiziell verständigen

oficina F Büro *n*, *en oficinas públicas*: Amts-, Geschäftszimmer *n*; JUR Kanzlei *f*, COM Kontor *n*; *(farmacia)* Offizin *f*; *p. ext y fig (taller)* Werkstatt *f*; **~ central** Hauptbüro *n*; **~ de colocación** *o* **de colocaciones** Arbeitsvermittlung *f*; **~ de correos** Postamt *n*; *correos:* **~ de destino** Bestimmungsamt *n*; **~ de empleo** Arbeitsamt *n*; *correos:* **~ de origen** Aufgabeamt *n*, Abgangsamt *n*; **Oficina Internacional de Trabajo** Internationales Arbeitsamt *n*; **~ de objetos perdidos** Fundbüro *n*; **~ de patentes** Patentamt *n*; **Oficina Europea de Patentes** Europäisches Patentamt *n*; **~ técnica** *o* **de ingeniería** Ingenieur-, Konstruktionsbüro *n*; **~ de turismo** Fremdenverkehrsamt *n*, Touristeninformation *f*

oficinal ADJ FARM offizinell, Arznei..., Offizinal..., Heil...; **planta** *f* **~** Arznei-, Heilpflanze *f*; **salvia** *f* **~** arzneilich verwendete(r) Salbei *m/f*; **oficinesco** ADJ *frec desp* bürokratisch, Amts...; **oficinista** M/F Büroangestellte *m/f*; Kontorist *m*, -in *f*

oficio M 1 *(artesanado)* Handwerk *n*; *(industria)* Gewerbe *n*; *(profesión)* Beruf *m*; *(ocupación)* Beschäftigung *f*; *fig* **~ de la guerra** *o* **de las armas** Kriegshandwerk *n*; **ejercer un ~** ein Gewerbe betreiben; *irón* **haber aprendido buen ~** ein einträgliches *(wenn auch nicht gerade ehrbares)* Gewerbe gelernt haben; *fig* **sin ~ ni beneficio** ohne Beruf; *fig* **tomar por ~ a/c** etw gewohnheitsmäßig (*o* häufig) betreiben 2 *(cargo)* Amt *n*; *(deber)* (Amts)Pflicht *f*; *p. ext* Dienst *m*; **de ~** von Amts wegen, amtlich, Offizial...; JUR **abogado** *m* **de ~** Armenanwalt *m*; JUR **defensor** *m* **de ~** Offizialverteidiger *m*; *tb* POL **ofrecer** *o* **interponer sus buenos ~s** seine guten Dienste anbieten 3 *(publicación oficial)* amtliche Mitteilung *f*; Dienstschreiben *n* 4 REL Gottesdienst *m*; **~s** *mpl* gottesdienstliche Verrichtungen *fpl*; *espec* Begehung *f* der Karwoche; **~ divino** Breviergebet *n*; **~ de difuntos** Totenamt *n*; HIST **el Santo Oficio** die Inquisition

oficiosamente ADV 1 *(laboriosamente)* geschäftig 2 *(no oficial)* offiziös; **oficiosidad** F Dienstfertigkeit *f*; Beflissenheit *f*; Emsigkeit *f*

oficioso ADJ 1 *(laborioso)* dienstfertig; geschäftig; emsig 2 *(no oficial)* halbamtlich, offiziös; *fig* **mentira** *f* **-a** Notlüge *f*

ofidios MPL ZOOL Schlangen *fpl*

ofimática F Bürotechnik *f*, Bürokommunikation *f*; **ofimático** ADJ bürotechnisch

ofita F MINER Ophiolith *m*

oflador M *Arg* Nudelholz *n*

ofrecer ⟨2d⟩ A VT 1 anbieten (*tb* COM); (dar)bieten; *regalo, objeto* überreichen; REL, *fig* darbringen, opfern; *banquete, comida* geben 2 *fig panorama* bieten; **~ dificultades/peligros** schwierig/gefährlich sein 3 *fam Esp* **vamos a ~** jetzt wollen wir *(in der Kneipe)* ein Glas trinken B VR **ofrecerse** 1 *(venir a la memoria)* in den Sinn kommen, einfallen 2 *(darse)* vorkommen; unvermutet eintreten; **se le ofrece ...** er hat Aussicht auf ... *(acus)*; es bietet sich ihm *die Gelegenheit etc* (**de** zu *dat o inf*) 3 **~ a** sich an(er)bieten (*o* sich melden) zu *(inf o dat)*; **¿qué se le ofrece?** Sie wünschen?; womit kann ich dienen?

ofrecimiento M 1 *(oferta)* Anerbieten *n*; Angebot *n* 2 *(dádiva)* Darbringung *f* (*tb* REL) 3 *(voto)* Gelübde *n*

ofrenda F Opfergabe *f*; Spende *f*; **~ de una corona** Kranzniederlegung *f*

ofrendar VT opfern; spenden

oftalmía F MED Augenentzündung *f*

oftálmico ADJ MED Augen...; augenheilkundlich

oftalmología F MED Augenheilkunde *f*; **oftalmológico** ADJ MED Augen...; **oftalmólogo** M, **-a** F MED Augenarzt *m*, -ärztin *f*, Ophthalmologe *m*, Ophthalmologin *f*; **oftalmoscopio** M MED Augenspiegel *m*

ofuscación F, **ofuscamiento** M 1 ÓPT Blendung *f*; Verdunkelung *f (z. B. durch Wolkenbildung)*; Trübung *f* (der Sehfähigkeit) 2 *fig* Verblendung *f*; Trübung *f* (der Vernunft)

ofuscar A VT ⟨1g⟩ 1 verdunkeln; blenden 2 *fig* (ver)blenden; den Verstand trüben *(dat)* B VR **~se en a/c** stur auf etw beharren

ogiva F → ojiva

ogra F MIT böse Riesin *f*, Menschenfresserin *f*; *fam* böses Weib *n*

ogro M MIT böser Riese *m*, Menschenfresser *m*; *fig* Scheusal *n*; brutaler Kerl *m*

oh INT ach!, oh!

ohm(io) M ELEC Ohm *n*; **ohmiómetro** M ELEC Ohmmeter *n*

oíble ADJ hörbar

OID F ABR (Oficina de Información Diplomática) *Esp* Diplomatisches Informationsbüro *n*

oída F **de** *o* **por ~s** vom Hörensagen

oídio M AGR Echter Mehltau *m*

oído A PP → oír; **nunca ~** nie gehört; unerhört B M 1 *sentido:* Gehör *n*, Gehörsinn *m*; *espec* MÚS **de ~** nach dem Gehör; **aplicar el ~** aufmerksam zuhören; *espec* MÚS **tener (buen) ~** ein gutes Gehör haben; **tener el ~ fino** ein feines (*o* scharfes) Gehör haben, hellhörig sein; MIL **¡~!** Achtung!; *fam* **¡~ cocina!** alles klar!; *Esp* **¡~ al parche!** Vorsicht!, Achtung! 2 ANAT (inneres) Ohr *n*; *tb* ANAT **~ externo** äußeres Ohr *n*; ANAT **medio ~** Mittelohr *n*; ANAT **~ interno** Innenohr *n*; **dolor** *m* **de ~** Ohrenschmerzen *mpl*; **al ~** ins Ohr; *fig* im Vertrauen *(sagen)*; **abrir bien los ~s** die Ohren auftun, genau hinhören; **aguzar los ~s** die Ohren spitzen; **cerrar los ~s** sein Ohr verschließen; **dar ~s** *o* **prestar ~(s) a** zuhören *(dat)*; Gehör schenken *(dat)*; **decir al ~ a alg** j-m ins Ohr sagen, j-m zuflüstern; *fig* **entrarle a alg por un ~ y salirle por el otro** j-m zum einen Ohr hinein- und zum anderen hinausgehen; *fig* **hacer ~s sordos** *o* **de mercader** sich taub stellen; **llegar a ~s** zu Ohren kommen; MÚS **pegarse al ~** ins Ohr gehen; *fig* **regalar a alg el ~** j-m schmeicheln; **ser un regalo para los ~s** ein Ohrenschmaus sein; **ser todo ~s** ganz Ohr sein; **me suenan los ~s** mir klingen die Ohren

oidor M HIST, JUR Oberrichter *m*, Auditor *m*

OIEA M ABR (Organismo Internacional de Energía Atómica) IAEO *f* (Internationale Atomenergie-Organisation)

oigo → oír

oíl: **lengua** *f* **de ~** Langue *f* d'oïl *(alte Sprache Nordfrankreichs)*

oír VT & VI ⟨3q⟩ 1 *gener* hören; *(escuchar)* zuhören *(dat)*; *discurso, conversación* anhören; *(Anrufender)*; **~ bien** ein gutes Gehör haben; *fig* **ser bien oído** Beifall finden; **hemos oído decir** wir haben sagen hören; **ahora lo oigo** das höre ich zum ersten Mal, das ist mir neu; **hacerse ~** sich *(dat)* Gehör verschaffen; sich vernehmen lassen; *fig* **las paredes oyen** die Wände haben Ohren; **parece que no ha oído bien** er hat sich wohl verhört; er hat es sicher falsch verstanden; **~ lo que alg quiere (decir)** heraushören (*o* verstehen), was jemand (sagen) will; **no se oye más voz que la suya** man hört nur ihn; *fig* er führt das große Wort 2 INT **¡oye!** (na) hör mal!; **¿oyes?** hörst du?, verstehst du mich?; sei gefälligst aufmerksam!; **¡oiga!** hören Sie (mal)!; hallo!; *Esp* TEL **¡diga! — ¡oiga!** hallo! *o* sprechen Sie bitte! *(Angerufener)*; — hallo!; *pop* **¡nos van a ~!** jetzt müssen sie uns anhören! 3 JUR *testigos* (an)hören; JUR **oídas las partes** nach Anhörung der Parteien 4 REL *oración* erhören; **¡Dios te oiga!** dein Wort in Gottes Ohr! 5 *fam fig* **nos oirán los sordos** *o* **nos han de ~ los sordos** dem (*o* denen *etc*) sage ich gehörig Bescheid (*o* werde ich mächtig den Marsch blasen *fam*)

OIT F ABR (Organización Internacional del Trabajo) IAO *f* (Internationale Arbeitsorganisation)

ojal M 1 TEX Knopfloch *n*; **con una flor en el ~** mit einer Blume im Knopfloch 2 *de la aguja*: (Nadel)Öhr *n*; TEC Langloch *n*, Schlitz *m*; *(ojete)* Öse *f*; *(guardacabo)* Kausche *f*

ojalá A INT **¡~!** hoffentlich!; wenn nur ...; **¡~ tuvieras razón!** ach, hättest du doch Recht!; **~ venga pronto** hoffentlich kommt er bald B CJ *Arg, Col* **~** *(subj)* auch wenn, obwohl *(ind)*

ojalado ADJ *vacuno* mit dunklen Augenringen; **ojalador** M 1 *persona*: Knopflochnäher *m* 2 *herramienta*: Knopflochschere *f*; **ojaladora** F 1 *persona*: Knopflochnäherin *f* 2 *máquina*: Knopflochmaschine *f*; **ojaladura** F Knopflöcher *npl*

ojalar VT Knopflöcher machen in *(acus)*

ojaranzo M BOT 1 Weiß-, Hagebuche *f* 2 Oleander *m*

ojazos MPL *fam* wunderschöne Augen *npl*

ojeada F (flüchtiger) Blick *m*; **echar una ~ a** *o* **sobre** einen Blick werfen auf *(acus)*; **de una ~** auf einen Blick

ojeador M, **ojeadora** F 1 CAZA Treiber *m*, -in *f* 2 ECON Späher *m*, -in *f*; Scout *m*; *espec fútbol*: Talentsucher *m*, -in *f*

ojear[1] VT CAZA *venado* aufstöbern, treiben; *fig* aufschrecken, scheuchen

ojear[2] VT & VI 1 genau hinsehen, durchsehen, beäugen 2 → aojar

ojén M *ein Anislikör*

ojeo M CAZA Stöberjagd *f*, Treiben *n*; **echar un ~** ein Treiben veranstalten; *fam fig* **irse a ~** auf (der) Jagd nach etw sein *(fig)*

ojeras FPL Augenringe *mpl*; **ojeriza** F **tener ~ a alg** j-n nicht ausstehen können, j-n auf dem Kieker haben *fam*; **ojeroso, ojerudo** ADJ mit (großen) Ringen um die Augen

ojete M 1 Schnürloch *n*, Öse *f* (*tb* TEC, ELEC) 2 *vulg fig* Arschloch *n vulg* 3 *Arg, Ur fam* **¡qué ~!** was für ein Dusel! *fam*; **ojetear** VT mit Schnürlöchern versehen; **ojetera** F *en el corsé*: Schnürleiste *f*, -rand *m*

ojialegre ADJ *fam* mit fröhlichen Augen

ojigallo M *Perú* „Drachenblut" *n (Wein mit Schnaps)*; **ojillos** MPL Äuglein *npl*; **~ cerdunos** Schweinsäuglein *npl*; **ojim(i)el** M FARM Sauerhonig *m*

ojimoreno ADJ *fam* braunäugig; **ojinegro** ADJ *fam* schwarzäugig

ojito M 1 Äuglein *n* 2 *Arg fam fig* **de ~** um seiner (ihrer *etc*) schönen Augen willen, umsonst; **novio** *m* **de ~** Freund *m*, Verehrer *m*

ojituerto ADJ schielend

ojiva F 1 ARQUIT, PINT Spitzbogen *m*; TEC Oberteil *n* einer Stahlflasche 2 **~ (nuclear)** (Atom)Sprengkopf *m*

ojival ADJ spitzbogig; *arte*: gotisch; **estilo** *m* **~** Gotik *f*

ojizaino ADJ *fam* finster blickend; **ojizarco** ADJ *fam* blauäugig

ojo M 1 ANAT Auge *n* (*tb fig*); **~s** *mpl* Augenpaar *n*; **~ de águila** Adlerauge *n* (*tb fig*); Falkenauge *n* (*fig*); **~ almendrados** Mandelaugen *npl*; **~s** *mpl* **blandos** *o* **tiernos** schwache (*o* tränende) Augen *npl*; **~ de gato** Katzenauge *n* (*tb fig piedra semipreciosa y reflector*); **~ de lince** Luchsauge *n* (*tb fig*); **~s** *mpl* **oblicuos** schräg stehende Augen *npl*, Schlitzaugen *npl fam*; BIOL **~ pineal** Stirn-, Scheitelauge *n*; **~s** *pl* **rasgados** Schlitzaugen *npl*; **~s** *mpl* **saltones** *o Col* **~s brotados** Glotz-, Froschaugen *npl*; **con mis (sus** *etc***) propios ~s** *o* **con estos ~s** mit eigenen Augen; **en** (*o* **delante de**) **los ~s de alg** vor j-s Augen (*dat*); **en un abrir y cerrar de ~s** im Nu; *fig* **hasta los ~s** bis über die Ohren (*in etw, in Schulden etc stecken*); übergenug (*von etw haben*); **por sus ~s bellidos** um seiner schönen Augen willen, umsonst; **sobre los ~s** überaus, über die Maßen (*schätzen etc*) 2 *fig* (*vista*) Sehkraft *f*, Beobachtungsgabe *f*; Augenmaß *n*; (*cuidado*) Vorsicht *f*; **tener ~ clínico** ein guter Diagnostiker sein; *fig* ein scharfer Beobachter sein; *fam* **tener mucho ~** wachsam (*o* helle *fam*) sein; *int* **¡~!** *o* **¡~ avizor!** Achtung!, Vorsicht!, aufgepasst!; **¡mucho ~ con ese individuo!** sei(d) auf der Hut vor diesem Subjekt! 3 *fig, con verbo*: **abrir ~s como platos** große Augen machen; **aguarse los ~s** weinen; **alzar** *o* **levantar los ~s al cielo** die Augen zum Himmel erheben; Gott von Herzen bitten; **andar con ~** *o* **con cien ~s** auf der Hut sein; **avivar los ~s** die Augen aufhalten (*fig*), wachsam sein; **bajar los ~s** die Augen senken; *fig* sich schämen; (demütig) gehorchen; *fig* **cerrar los ~s a a/c** vor etw die Augen verschließen; **clavar los ~s en** die Blicke heften auf (*acus*); *fig* **comer con los ~s** mit den Augen essen; *fig* **comer(se) a alg con los ~s** j-n mit den Augen verschlingen; *fam fig* **costar** *o* **valer un ~ de la cara** ein Heidengeld kosten; *fam fig* **dormir con los ~s abiertos** selbst im Schlaf die Augen offenhalten, äußerst wachsam sein; *fig* **echar el ~ a alg/a a/c** ein Auge auf j-n/auf etw werfen; *fam fig* **entrar a alg por el ~ derecho** bei j-m gut angeschrieben sein; **estar** *o* **andar con cien ~s** äußerst wachsam sein, misstrauisch (*o* argwöhnisch) sein; *fig* **estar** *a/c* **tan en los ~s** oft gesehen werden; **hablar con los ~s** mit den Augen sprechen, ein Zeichen mit den Augen geben; *fig* **hacer ~** *balanza* nach einer Seite ausschlagen, nicht richtig getrimmt sein; *fam fig* **hacer del ~** (*guiñar*) zublinzeln; (*tener la misma opinión*) (durch Zufall) einer Meinung sein; *fam fig* **írsele a alg los ~s tras** heftig verlangen nach (*acus*); mit den Blicken verschlingen (*acus*); **levantar los ~s** die Augen erheben, aufsehen; *fig* **llevar(se) los ~s** die Aufmerksamkeit auf sich (*acus*) ziehen; *fig* **mantener los ~s (bien) abiertos** die Augen offen halten, aufpassen, auf der Hut sein; *fig* **meter a/c por los ~s** etw aufdrängen; *fig* **mirar con buenos/malos ~s a alg (a a/c)** j-n (etw) gernhaben/nicht ausstehen können; *fig* **mirar con otros ~s** mit anderen Augen ansehen, anders beurteilen; *Col fam fig* **mirar con ~s de sobrino** eine Unschuldsmiene aufsetzen; **no pegar ~** kein Auge zutun; **no quitar ~ de** kein Auge wenden von, nicht aus den Augen lassen; *fig* **no tener ~s en la cara** keine Augen im Kopf haben; **pasar los ~s por** mit den Augen überfliegen (*acus*); flüchtig lesen (*acus*); MAR **pasar por ~** mit dem Bug überrennen, rammen; **poner los ~s en** seine Augen (*tb fig* sein Begehren) richten auf (*acus*); *fig j-n* im Auge haben (*für eine Aufgabe*); *j-n* gern haben; **poner los ~s en blanco** die Augen verdrehen; *fig* **(poniendo) un ~ a una cosa, y otro a otra** sehr viel (*o frec* zu viel) auf einmal im Auge haben (*fig*); *fig* **quebrar los ~s a alg** *sol* j-m in die Augen stechen; (*dañar a alg en sus sentimientos*) j-n in seinen tiefsten Gefühlen verletzen; (*enojar a alg*) j-n sehr verärgern; *fam fig* **quebrarse los ~s** sich (*dat*) die Augen ruinieren, seine Augen übermäßig anstrengen; *fam fig* **no saber uno dónde tiene los ~s** keine Augen im Kopf haben *fam*, sehr dumm (*o* ungeschickt) sein; *fam fig* **sacar los ~s a alg** j-m sehr zusetzen (*mit Bitten, finanziell etc*); *fam fig* **sacarse los ~s** sich (*dat*) die Augen auskratzen (*fig*); *fig* **salirle a alg a los ~s a/c** j-m etw ansehen (können); **taparse los ~s** die Hände vors Gesicht schlagen (*tb fig*); **tener entre ~s** *o* **sobre ~** (argwöhnisch) im Auge behalten; **tener los ~s** (*o* **tener ~**) **en** *o* **a a/c** etw beobachten; auf etw (*acus*) achten; *fig* **torcer los ~s** die Augen verdrehen; *fig* **traer entre ~s** (argwöhnisch) im Auge behalten; **ver con buenos/malos ~s** gern/ungern sehen (*tb fig*); *fam fig* **~s que te vieron ir** (*la oportunidad no vuelve*) die Gelegenheit kommt nicht wieder; (*a ti no te veo más*) dich (*o* das Geld *etc*) sehe ich nicht wieder; **volver los ~s a** *o* **hacia** die Augen richten auf (*acus*) *o* gegen (*acus*) 4 **a ~** nach (dem) Augenmaß; *fig* aufs Geratewohl; **a cierra ~s** blindlings; **a ~s vistas** augenscheinlich; zusehends; offensichtlich; **al ~** vor Augen, ganz in der Nähe 5 *en la sopa*: Fettaugen *npl* 6 **~ de cristal** Glasauge *n*; ELEC **~ electrónico** Elektronenauge *n*; ELEC **~ de radar** Radarauge *n* 7 *fig* **~ de gallo** ANAT (*callo*) Hühnerauge *n*; *vino*: mattgolden; *fig* **~ de pollo** Hühnerauge *n* 8 ZOOL **~ de pavo real** Pfauenauge *n* (*tb mariposa*) 9 *prov* **más ven cuatro ~s que dos** vier Augen sehen mehr als zwei; *prov* **~ por ~ y diente por diente** Auge um Auge, Zahn um Zahn; *prov* **~s que no ven, corazón que no siente** *o* **que no llora** aus den Augen, aus dem Sinn; *prov* **el ~ del amo engorda el caballo** das Auge des Herrn macht die Kühe fett 10 *fig* (*cosa valiosa*) wie ein Augapfel Gehütete(s) *n*; sehr Wertvolle(s) *n*; sehr Liebe(s) *n*; **mis ~s** mein Liebes, mein Schatz; *fig* **ser alg el ~ derecho de otro** höchstes Vertrauen bei j-m genießen; j-s rechte Hand sein 11 *fig* (*agujero*) Auge *n*, Öffnung *f*, *en el pan, queso*: *große* Pore *f*, Loch *n*; *del hacha, martillo*: Stielloch *n*; *de las tijeras*: Fingerloch *n*; Öhr *n* (*tb* TEC); MAR Gatt *n*; *de la red*: Masche *f*; **~ de la aguja** Nadelöhr *n*; **~ (de la cerradura)** Schlüsselloch *n*; *fam* **~ del culo** Arschloch *n pop*; *fam fig* **meterse por el ~ de una aguja** sehr aufdringlich sein, überall mitmischen wollen *fam* 12 METEO **~ de la tempestad** Sturmauge *n*, Auge *n* des Sturms 13 ARQUIT lichte Öffnung *f*; (Brücken)Bogen *m*, Durchlass *m*; TEC (AVIA Propeller-, MAR Schrauben)Bohrung *f*; *en cúpulas*: Auge *n*; **~ de buey** ARQUIT Ochsenauge *n*; Rundfenster *n*; MAR Bullauge *n*; **~ de patio** unüberdachter Raum *m* (*Binnenhof*); Lichtschacht *m* (*Hof*); Pluviale *n eines Atriums* 14 BOT **~ de buey** Wassersternchen *n*; **~s** *mpl* **de Cristo** Muskathyazinthe *f*; **~ de lobo** *Art* Lotwurz *f*; **~ de perdiz** Herbstadonisröschen *n* 15 **~ (de agua)** Quell *m*, Wasserloch *n*

ojó INT *Ec* bah!, ganz wurscht! (*fam desp*)

ojón ADJ *Am* mit großen Augen

ojoso ADJ *queso, pan* voller Löcher

ojota F *Am Mer* Indianerschuh *m*, *Art* Sandale *f*

ojuelo M Äuglein *n*; **~s** *mpl reg* Brille *f*

O.K. *fam* okay, O. K., o. k. *fam*

okapí M ZOOL Okapi *n*

okupa M/F *Esp fam* Hausbesetzer *m*, -in *f*; **okupación** F *Esp fam* Hausbesetzung *f*; **okupar** V/T *Esp fam casa* besetzen

ola F Woge *f*, Welle *f*; METEO **~ de calor/de frío** Hitze-/Kältewelle *f*; MIL, MAR **~ de desembarco** Landungswelle *f*; **~ de despidos** ECON Entlassungswelle *f*; MAR **~ levantada por la proa** Bugwelle *f*; *fig* **~ de nostalgia del pasado** Nostalgiewelle *f*; **~ sísmica** Flutwelle *f bei Erdbeben*; FILM, *fig*, *moda*: **la nueva ~** die neue Welle; *Col, Perú transporte*: **~ verde** grüne Welle *f*

olaje M → oleaje

ole, olé INT bravo!, gut gemacht!, recht so!

oleáceas FPL BOT Oleazeen *fpl*, Ölbaumgewächse *npl*

oleada F 1 MAR Sturzsee *f* 2 *fig* (*muchedumbre*) Menge *f* Menschen; wogende Menge *f* 3 *fig* Welle *f* (*tb* MIL); MED **~ de calor** fliegende Hitze *f*, Hitzewallungen *fpl*; **~ de detenciones** Verhaftungswelle *f*; **~ de huelgas** Streikwelle *f*

oleaginosas FPL AGR Ölfrüchte *fpl*; **oleaginoso** ADJ AGR ölhaltig; Öl...; **planta** *f* **-a** Ölpflanze *f*

oleaje M Seegang *m*; Wellengang *m*, -schlag *m*; *en la costa*: Brandung *f*

olear V/T CAT die Krankenölung geben; **oleato** M QUÍM Oleat *n*; **oleico** ADJ QUÍM **ácido** *m* **~** Ölsäure *f*; **oleícola** ADJ AGR Ölfrüchte (*o* Oliven) anbauend; **oleicultura** F AGR Ölbau *m*; **oleífero** ADJ AGR ölhaltig, Öl...; **oleína** F QUÍM Olein *n*

óleo M Öl *n*; PINT **al ~** in Öl; Öl...; **cuadro** *m* **al ~** Ölbild *n*; CAT **santo ~** Salböl *n*; **los santos ~s** die Krankenölung, die Letzte Ölung

oleoducto M Ölleitung *f*, Pipeline *f*; **oleografía** F TIPO Öldruck *m*; **oleohidráulica** F TEC Ölhydraulik *f*

oleoso ADJ ölhaltig; ölig; *crema etc* **de base -a** auf Ölbasis

oler ⟨2i⟩ A V/T riechen; *animales* wittern B V/I riechen (**a** nach *dat*); **~ mal**, *Col* **~ a feo** übel riechen; stinken *fam*; **~ a podrido** faulig riechen; stinken *fam*; *fig* **algo huele a podrido** etwas ist faul (**en** in *dat*); **oletear** V/T *Perú fam* ausschnüffeln, auffällig beobachten

olfa *Arg, Ur fam* A ADJ unterwürfig, schmeichlerisch B M/F Schmeichler *m*, -in *f*

olfatear V/T & V/I (be)riechen, schnüffeln; wittern (*tb fig*); *fig* beschnuppern *fam*; herumschnüffeln; **olfateo** M Riechen *n*, Wittern *n*; **olfativo** ADJ ANAT Geruchs...; **nervio** *m* **~** Geruchsnerv *m*...; **órgano** *m* **~** Geruchsorgan *n*

olfato M 1 Geruchssinn *m* 2 *fig* Spürsinn *m*, Riecher *m fam*; *fam* **tener ~ para a/c** einen Riecher für etw haben *fam*; **olfatorio** ADJ Geruchs..., Riech...; **sistema** *m* **~** Geruchssystem *n*

oliente ADJ riechend; **mal ~** übel riechend (*tb fig*)

oliera F REL Salbölgefäß *n*

oligarca M/F POL Oligarch *m*, -in *f*; *fig* Bonze *m fam*, Boss *m fam*; **oligarquía** F POL, *fig* Oligarchie *f*; **oligárquico** ADJ POL oligarchisch; **oligoceno** M GEOL Oligozän *n*; **oligopolio** M ECON Oligopol *n*

oliguria F MED verringerte Harnausscheidung *f*; *t/t* Oligurie *f*

olimpíada F Olympiade *f*

olímpico ADJ olympisch (*tb fig*); *fig* (*altanero*) erhaben; (*soberbio*) hochmütig

olimpiónico M, **-a** F DEP Olympionike *m*, Olympionikin *f*

O

Olimpo M Olymp *m*
oliscar ‹1g› A VT beschnüffeln, beschnuppern B VI *carne* anfangen zu stinken; **olisco** ADJ *Arg, Chile* schon leicht stinkend; **olisquear** VT 1 wittern *(tb fig)* 2 → oliscar
oliva A ADJ *inv* **(verde) ~** olivgrün B F 1 *árbol y fruto*: Olive *f*; **aceite** *m* **de ~** Olivenöl *n* 2 *liter* Ölzweig *m*, *(paz)* Frieden *m* 3 ORN → lechuza 1; **oliváceo** ADJ olivenfarben; **olivar** M AGR Ölbaumpflanzung *f*; **olivarda** F 1 ORN *Art* Edelfalke *m* 2 BOT *eine Strauchpflanze, Art Alant (Inula viscosa)*; **olivarero** A ADJ Oliven...; **región** *f* **-a** Olivenanbaugebiet *n* B M, **-a** F Olivenölproduzent *m*, -in *f*
olivarse VR *pan durante el horneo* blasig werden
olivero M Olivenspeicher *m*
oliveta F TEC Schlauchtülle *f*
olivícola ADJ AGR Oliven anbauend
olivicultor M, **olivicultora** F AGR Olivenanbauer *m*, -in *f*; **olivicultura** F AGR Olivenanbau *m*
olivillo M BOT *Art* Steinlinde *f*
olivo M Öl-, Olivenbaum *m*; Olivenholz *n*; *Biblia*: **Monte** *m* **de los Olivos** Ölberg *m*; *fam fig* **¡~ y aceituno, todo es uno!** das ist ein und dasselbe, das ist Jacke wie Hose *fam*
olla F 1 *vasija*: (Koch)Topf *m*; **~ eléctrica** Elektrokochtopf *m*; **~ exprés** Schnellkochtopf *m*; **~ pitadora** Flöten-, Pfeifkessel *m*; **~ de** *o* **a presión** Dampfdruck-, Schnellkochtopf *m* 2 GASTR Gemüseeintopf *m*; **~ podrida** *Gemüseeintopf mit Schinken, Geflügel, Wurst und Speck* 3 *fam fig* **~ de grillos** Tohuwabohu *n*; *großes* Wirrwarr *m*; *fam* **tener la cabeza como una ~ de grillos** ganz wirr im Kopf sein; *Arg fam* **destapar la ~** einen Skandal aufdecken; *Col fig* **estar en la ~** in der Patsche sitzen; *fam fig* **¡no hay ~ sin tocino!** da fehlt noch das Tüpfelchen auf dem i
ollao M MAR Gatje *n*, Tauloch *n am Segel*
ollar A ADJ MINER **piedra** *f* **~** Topfstein *m* B M *del caballo*: Nüster *f*
ollera F ORN Specht *m*; **ollería** F *taller*: Töpferei *f*; *mercado*: Topfmarkt *m*; *col* Töpfe *mpl*; **ollero** M, **ollera** F *artesano, -a*: Töpfer *m*, -in *f*; *comerciante*: Topfhändler *m*, -in *f*
olleta F 1 *Col* → chocolatera 1 2 *Col (agujero en el cauce de un río)* Wasserloch *n im Flussbett* 3 *Ven* GASTR Maiseintopf *m*; **ollita** F kleiner Topf *m*
olluco M *Bol, Col, Ec, Perú* BOT Ulluco *m (kartoffelähnliche Knollenfrucht)*
olma F große, dicht belaubte Ulme *f*
olmeca *Méx* HIST A ADJ olmekisch B M/F Olmeke *m*, Olmekin *f*
olmedo M Ulmenbestand *m*
olmo M BOT Ulme *f*
ológrafo A ADJ *testamento, memoria* eigenhändig geschrieben B M → autógrafo
olomina F *C. Rica pez*: Guppy *m*
olor M Geruch *m*; **~ corporal** Körpergeruch *m*; **en ~ de multitud(es)** vor einer begeisterten (Menschen)Menge, von der Menge umjubelt; REL **en ~ de santidad** im Ruf der Heiligkeit; **olorizar** VT ‹1f› durchduften; **oloroso** A ADJ wohlriechend B M Oloroso *m (dunkler, kräftiger, meist trockener Sherry)*
olote M *Am Centr, Méx* Maisspindel *f (entkörnter Kolben)*
OLP F ABR (Organización para la Liberación de Palestina) PLO *f* (Organisation für die Befreiung Palästinas)
olpa M/F *Arg fam* Speichellecker *m*, -in *f*
olvidadizo ADJ vergesslich; **olvidado** ADJ vergessen; **~ de su deber** pflichtvergessen
olvidar A VT vergessen; *(perder la práctica)* verlernen B VR **~se (de)** *etw* vergessen; *p. ext* vergessen und vergeben; **¡que no se te olvide el paraguas!** vergiss den Regenschirm nicht!; **se me ha olvidado** das habe ich ganz vergessen; **¡que no se olvide esto!** merken Sie sich *(dat)* das!
olvido M 1 *(falta de recuerdo)* Vergessen *n*; Vergessenheit *f*; *p. ext de personas o temas*: Übergehung *f*; **~ de sí mismo** Selbstlosigkeit *f*; **caer en (el) ~** in Vergessenheit geraten; **dar** *o* **echar al** *o* **en ~** vergessen; **enterrar en el** *o* **entregar al ~** für immer vergessen (sein lassen); **poner en ~** vergessen; vergessen lassen 2 *(mala memoria)* Vergesslichkeit *f*; *fig (ingratitud)* Undankbarkeit *f* 3 *fig de un cariño, etc*: Erkalten *n* der Neigung (o der Freundschaft)
O.M. ABR (Orden Ministerial) Ministerialerlass *m*
Omán M Oman *n*
omaní *inv* A ADJ omanisch B M/F Omaner *m*, -in *f*
ombligo M Nabel *m (tb fig)*; *fig* **cortarle el ~ a alg** sich *(dat)* j-n geneigt machen; *fig* **el ~ del mundo** der Nabel der Welt; *fam fig* **encogérsele a alg el ~** es mit der Angst kriegen, den Mut verlieren
ombligona ADJ *Col* **(naranja) ~** Navelorange *f*; **ombliguera** F BOT Nabelkraut *n*; **ombliguero** M Nabelbinde *f*; **ombliguismo** M Nabelschau *f*
ombú M *Am* BOT Ombu *m (Pampabaum)*
ombudsman M *espec Am* Bürgerbeauftragte *m*, Ombudsmann *m*
OMC F ABR (Organización Mundial del Comercio) WTO *f* (Welthandelsorganisation)
omega F Omega *n*
omelet(te) M GASTR (Käse)Omelett(e) *n*
omento M ANAT Netz *n*
omeya HIST A ADJ Omaijaden... B *sust* PL **los ~s** die Omaijaden *(arabische Dynastie in Spanien)*
ómicron F Omikron *n (griechischer Buchstabe)*
ominoso ADJ Unheil verkündend
omisión F Auslassung *f*, Weglassung; *de hechos*: Unterlassung *f (tb* JUR*)*; *de personas, temas*: Übergehung *f*; TIPO Leiche *f*; JUR **~ del deber de socorro** unterlassene Hilfeleistung *f*
omiso A PP → omitir; **hacer caso ~ de a/c** etw nicht beachten, etw übergehen B ADJ *(descuidado)* nachlässig, saumselig
omitir VT *hechos* unterlassen; *personas, temas* übergehen, auslassen; **~** *(inf)* (es) unterlassen, zu *(inf)*; **no ~ esfuerzos** keine Anstrengungen scheuen; nichts unversucht lassen
OMM F ABR (Organización Meteorológica Mundial) WMO *f* (Meteorologische Weltorganisation)
ommiada ADJ → omeya
ómnibus M *Am reg* Omnibus *m*; FERR **tren** *m* **~** Personenzug *m*
omnicolor ADJ in allen Farben; **omnidireccional** ADJ TEL rundstrahlend
omnímodo ADJ unumschränkt, absolut
omnipotencia F Allmacht *f*; **omnipotente** ADJ allmächtig, allgewaltig; **omnipresencia** F Allgegenwart *f*; **omnipresente** ADJ allgegenwärtig; **omnisapiente** ADJ allwissend; **omnisciencia** F Allwissenheit *f*; **omnisciente** ADJ, **omniscio** ADJ allwissend *(tb fig)*
ómnium M *seguros*, DEP Omnium *n*
omnívoro A ADJ *animal* alles fressend B M, **-a** F ZOOL, *fig* Allesfresser *m*, -in *f*
omóplato M ANAT Schulterblatt *n*
omoto M *Ec* Zwerg *m*
OMS F ABR (Organización Mundial de la Salud) WHO *f* (Weltgesundheitsorganisation)
OMT F ABR (Organización Mundial del Turismo) Weltorganisation *f* für den Fremdenverkehr
onagra F BOT Nachtkerze *f*
onagro M ZOOL Wildesel *m*, Onager *m*
onanismo M Onanie *f*; **onanista** M/F Onanist *m*, -in *f*
once A NUM elf; **a las ~** um elf Uhr; *fig* **estar a las ~** *fam* schief sitzen *(Kleidung)*; *fig* **tomar las ~** *fam* einen (Morgen- *o* [Nach]Mittags)Imbiss nehmen; *fig* **tener la cabeza a las ~** *fam (estar confuso)* ganz durcheinander sein; *(tener la cabeza como un bombo)* einen mächtigen Brummschädel haben *fam* B M Elf *f (tb* DEP*)* C FPL **~s** *Col* (Nachmittags)Vesper *n (reg)*, Imbiss *m*; **tomar ~s** einen Imbiss zu sich *(dat)* nehmen, vespern *(reg)*
ONCE F ABR (Organización Nacional de Ciegos de España) Spanische Blindenorganisation *f*
onceavo A ADJ elfte(r, -s) B M Elftel *n*
oncejo M ORN Mauersegler *m*
onceno NUM elfte(r, -s); *fam hum* **el ~: (no estorbar)** das elfte Gebot: nicht stören!
oncología F MED Onkologie *f*; **oncólogo** M, **-a** F MED Onkologe *m*, Onkologin *f*
onda F 1 Woge *f*, Welle *f*; *poét* Wasser *n* 2 *de pelo*: (Haar)Welle *f* 3 FÍS, ELEC Welle *f*; **~ corta/larga/media/ultracorta** Kurz-/Lang-/Mittel-/Ultrakurzwelle *f*; **~ luminosa/sonora** Licht-/Schallwelle *f*; **~ superpuesta** Überlagerungswelle *f* 4 *fig* **~ expansiva** *o* **explosiva** Explosionswelle *f*; *Esp transporte*: **~ verde** grüne Welle *f*; *fam fig* **captar ~** etw mitbekommen, kapieren *fam*; *fam fig* **estar en la ~** in sein *fam*; mit der Mode gehen; **tener buena/mala ~** eine positive/negative Ausstrahlung *o* Aura haben; *Am fam* **¿qué ~?** wie geht's?
ondeado ADJ wellenförmig; gewellt; BOT *hoja* gebuchtet; **ondeante** ADJ *bandera* flatternd
ondear A VI *ola, multitud* wogen; *bandera, pelo* flattern, wehen; *superficie* wellig sein B VR **ondearse** sich schaukeln
ondeo M Wogen *n*; *de bandera, pelo*: Flattern *n*; **ondímetro** M FÍS Wellenmesser *m*; **ondina** F MIT Nixe *f*, Undine *f*; **ondoso** ADJ wellig
ondulación F 1 Wellenbewegung *f*; *p. ext de un camino*: Windung *f*; *espec* ELEC Welligkeit *f* 2 *del pelo*: Ondulieren *n*; **ondulado** ADJ wellig; *pelo* onduliert; **chapa** *f* **-a** Wellblech *n*
ondular A VT *pelo* in Wellen legen, ondulieren; *fam fig* **¡que te ondulen!** geh (*o* scher dich) zum Teufel! *fam* B VI *olas* wogen; *bandera, pelo* flattern; *liter serpiente, camino* sich winden; **ondulartorio** ADJ *espec* FÍS wellenförmig, Wellen...; **movimiento** *m* **~** Wellenbewegung *f*
oneroso ADJ 1 *(pesado, molesto)* beschwerlich; lästig 2 *(costoso)* kostspielig; JUR entgeltlich; mit Auflage; ADMIN gegen Gebühr, gebührenpflichtig
onfacino ADJ **aceite** *m* **~** Öl *n* aus unreifen Oliven
ONG F ABR (Organización No Gubernamental) NGO *f* (Nichtregierungsorganisation)
ónice M MINER Onyx *m*
onicofagia F Nägelkauen *n*
onicomicosis F MED Onychomykose *f*, Pilzbefall *m* der Fußnägel
onírico ADJ traumhaft; Traum...
oniromancia F Traumdeutung *f*
ónix M MINER Onyx *m*
on-line ['ɔnlaɪn] ADJ INFORM online; **comerciante** *m* **~** Onlinehändler *m*; **servicio** *m* **~** Onlinedienst *m*; **estar ~** online sein; **hacer pedidos** *o* **cursar órdenes ~** online ordern
ONO ABR (Oesnoroeste) WNW (Westnordwest[en])
onomasiología F LING Onomasiologie *f*; **onomasiológico** ADJ LING onomasiologisch

O

onomástica F 1 LING Namenskunde *f*, Onomastik *f* 2 *(día)* Namenstag *m*; **onomástico** ADJ Namens...; **índice** *m* ~ Namensverzeichnis *n*
onomatopeya F LING Schallwort *n*; Lautmalerei *f*, Onomatopöie *f*; **onomatopéyico** ADJ lautmalend, onomatopoetisch
onoquiles M *Ven* BOT Färber-Alkanna *f*;
onote M *Ven* BOT Orleansstrauch
ontogenético, ontogénico ADJ BIOL ontogenetisch; **ontogenia** F BIOL Ontogenese *f*; **ontología** F FIL Ontologie *f*; **ontológico** ADJ ontologisch
ontólogo M, **-a** F Ontologe *m*, Ontologin *f*
ONU F ABR (Organización de las Naciones Unidas) UNO *f* (Organisation der Vereinten Nationen)
onubense ADJ aus Huelva
onusiano ADJ *auf die UNO bezogen*, UN...
onza[1] F *(peso)* Unze *f*; **una** ~ **de plata** eine Unze Silber
onza[2] F *Am reg* ZOOL Jaguar *m*
onzavo NUM → onceavo
oolito M GEOL Oolith *m*; **ooplasma** M BIOL Plasma *n* der Eizelle
opa[1] A ADJ *Arg, Bol, Perú* dumm; zerfahren, zerstreut B M/F Idiot *m*, -in *f*
opa[2] INT *Col* → hola
OPA F ABR (Oferta Pública de Adquisición [de acciones]) ECON öffentliches Übernahmeangebot (von Aktien); **lanzar una** ~ **(hostil)** ein (feindliches) Übernahmeangebot machen
opacar A VT trüben; *fig* verdunkeln B VR **opacarse** *cielo* sich bewölken; sich verdunkeln; **opacidad** F Undurchsichtigkeit *f*; Lichtundurchlässigkeit *f*; MED ~ **de la córnea** Hornhauttrübung *f*
opaco ADJ 1 *(no transparente)* undurchsichtig; (licht)undurchlässig; *textiles* lichtdicht; **blanco** *m* ~ Deckweiß *n*; **pintura** *f* **-a** Deckfarbe *f* 2 *(sin brillo)* matt; *(oscuro)* dunkel, düster *(tb fig)*; *voz* belegt
opalescencia F Schillern *n*; Opaleszenz *f*;
opalescente ADJ opalisierend; **opalino** ADJ opalartig; Opal...; **vidrio** *m* ~ Opal-; Milchglas *n*
ópalo M MINER Opal *m*
opción F *(derecho a elegir)* Wahl *f*; *(derecho)* Anrecht *n*; JUR, COM, POL Option *f*; ~ **cero** Nulllösung *f*; ~ **de compra/venta** Kauf-/Verkaufsoption *f*; COM **en** ~ als Extra, gegen Aufpreis; **opcional** ADJ Wahl..., wahlweise, fakultativ, optional
open M 1 AVIA offener Rückflug *m* 2 DEP Open *n*
OPEP F ABR (Organización de Países Exportadores de Petróleo) OPEC *f* (Organisation Erdöl exportierender Länder)
ópera F 1 MÚS *obra y edificio*: Oper *f*; ~ **bufa** *o* **cómica** komische Oper *f*; ~ **seria** ernste Oper *f*; ~ **rock** Rockoper *f* 2 LIT ~ **prima** Erstlingswerk *n*
operabilidad F 1 Durchführbarkeit *f* 2 TEC Funktionsfähigkeit *f* 3 MED Operierbarkeit *f*;
operable ADJ 1 durchführbar 2 MED operabel, operierbar
operación F 1 Aktion *f*; Operation *f (tb* MIL*)*; ~ **de búsqueda** Suchaktion *f*; MIL ~ **de limpieza** Säuberungsaktion *f*; ~ **militar** militärische Operation *f*; Kampfeinsatz *m*; ~ **policíaca** *o* **policial** Polizeiaktion *f*; ~ **relámpago** Blitzaktion *f*; *Col* ~ **tortuga** Bummelstreik *m*; **plan** *m* **de -ones** Operationsplan *m* 2 MED Operation *f*; MED **mesa** *f* **de -ones** Operationstisch *m* 3 *espec* ECON Tätigkeit *f*; Geschäft *n*; **-ones** *fpl* (Geschäfts-, Bank-, Börsen)Tätigkeit *f*; ~ **de bolsa** Börsenoperation *f*, einzelnes Börsengeschäft *n*; ~ **de futuro** Termingeschäft *n* 4 MAT **las cuatro -ones (fundamentales de aritmética)** die vier Grundrechenarten *fpl* 5 *(procedimiento)* Vorgang *m*; Verfahren *n*; TEC ~ **remota** Fernbetrieb *m*, Fernsteuerung *f*; TEC ~ **(de trabajo)** Arbeitsgang *m*
operacional ADJ MIL operativ, Operations...
operado A ADJ 1 TEC betätigt, bedient; ~ **a mano** handbedient 2 MED operiert B M, **-a** F MED Operierte *m/f*
operador A M, **operadora** F 1 MED Operateur *m*, -in *f* 2 FILM *(camarógrafo, -a)* Kameramann *m*, -frau *f*; *(encargado, -a del proyector en el cine)* (Film)Vorführer *m*, -in *f* 3 ELEC ~ **radar** Radarbeobachter *m*, -in *f*; ~ **(de radio)** Funker *m*, -in *f* 4 TEC Facharbeiter *m*, -in *f* 5 TEL Telefonist *m*, -in *f* B M 1 INFORM Operator *m*, Provider *m* 2 COM ~ **turístico** Reiseveranstalter *m* C ADJ COM **compañía** *f* **~a** Betreibergesellschaft *f*
operante ADJ wirkend; *(efectivo)* wirksam; *(activo)* tätig; ECON **capital** *m* ~ Aktivkapital *n*
operar A VI 1 *(maniobrar)* operieren *(tb* MIL*)* 2 ECON spekulieren 3 *espec* MED *(hacer efecto)* wirken, Wirkung haben B VT MED operieren C VR **operarse** 1 *(ocurrir)* vorgehen, geschehen; sich vollziehen 2 MED sich operieren lassen; ~ **de apendicitis** am Blinddarm operiert werden
operaria F Arbeiterin *f*; **operario** M 1 Arbeiter *m* 2 *liter* Handwerker *m*; **operatividad** F *(eficacia)* Wirksamkeit *f*; MIL Einsatzbereitschaft *f*; TEC Funktionsfähigkeit *f*; **operativo** A ADJ 1 *(que obra)* wirksam, tätig 2 *(que funciona)* funktionsfähig; betriebsbereit; TEL *móvil* empfangsbereit; INFORM **sistema** *m* ~ Betriebssystem *n* 3 MIL einsatzbereit B M *Am Mer* (Polizei)Einsatz *m*, (Polizei)Aktion *f*;
operatorio ADJ MED operativ, Operations...
opérculo M BIOL (Kiemen- Kapsel)Deckel *m*
opereta F MÚS Operette *f*; *fam* **de** ~ schlecht, dürftig, kitschig; **operista** M/F 1 Opernsänger *m*, -in *f* 2 Opernkomponist *m*, -in *f*; **operístico** ADJ Opern...
operoso ADJ mühsam, schwierig; beschwerlich
opeve F → OPV
opiáceo A ADJ opiumhaltig B M Opiat *n*
opiado M FARM Opiat *n*
opilación F MED Verstopfung *f*; **opilativo** ADJ MED verstopfend
opimo ADJ 1 *liter* reich; köstlich; ergiebig, groß 2 *incorr (gordo)* dick, fett
opinable ADJ denkbar, diskutierbar, diskutabel; **opinante** A ADJ meinend B M/F seine/ihre Meinung Äußernde *m/f*; Diskutierende *m/f*
opinar VI meinen; *(creer)* glauben; *(suponer)* vermuten; *abs* seine Meinung äußern; ~ **de** halten von; **yo opino que ...** ich bin der Meinung (*o* der Ansicht), dass ...; ~ **en contra** eine entgegengesetzte Meinung haben
opinión F Meinung *f*; **(la formación de) la** ~ **pública** die öffentliche Meinung(sbildung) *f*; POL **forjadores** *mpl* **de** ~ Meinungsmacher *mpl*; *fig* **casarse con su** ~ von seiner Meinung nicht abzubringen sein; **dar su** ~ seine Meinung sagen (*o* äußern); **formarse** *o* **hacerse una** ~ **sobre a/c** sich *(dat)* eine Meinung über etw *(acus)* bilden; **hacer mudar de** ~ **a alg** j-n umstimmen; **tener buena/mala** ~ **de alg** eine gute/schlechte Meinung von j-m haben; **ser de la** ~ **de alg** j-s Meinung *(dat)* sein; **ser de la** ~ **que ...** der Meinung sein, dass ...; **en mi** ~ meiner Meinung nach
opio M FARM, *fig* Opium *n*; *fam fig* **dar el** ~ gefallen; Eindruck machen; bezirzen *fam*
opiómano M, **-a** F Opiumsüchtige *m/f*
opíparo ADJ *espec comidas* üppig
opita ADJ *Col* aus dem Departement Huila
oploteca F Waffenmuseum *n*; Sammlung *f* alter Waffen
oponente M/F Gegner *m*, -in *f*, Opponent *m*, -in *f*
oponer ⟨2r⟩ A VT entgegensetzen; -stellen; einwenden **(a, contra** gegen *acus*); *dificultades, obstáculos* in den Weg legen; *resistencia* leisten B VR **oponerse** sich widersetzen; dagegen sein; ~ **a a/c** sich einer Sache *(dat)* widersetzen, gegen etw *(acus)* sein; Einspruch gegen etw *(acus)* erheben; ~ **a que** *(subj)* dafür eintreten, dass nicht *(ind)*; **no se opone a la idea** er ist dem Gedanken nicht abgeneigt
oporto M *o* **vino** *m* **de Oporto** Port(wein) *m*
oportunamente ADV rechtzeitig; zu gelegener Zeit; **oportunidad** F (passende) Gelegenheit *f*; *(ocasión)* Chance *f*; *(conveniencia)* Zweckmäßigkeit *f*; *a tiempo*: Rechtzeitigkeit *f*; COM **~es** *pl* Sonderangebote *npl*; DEP ~ **de gol** Torchance *f*; **oportunismo** M Opportunismus *m*; **oportunista** A ADJ opportunistisch B M/F Opportunist *m*, -in *f*
oportuno ADJ *(adecuado)* gelegen; *(puntual)* rechtzeitig; *(apropiado)* zweckmäßig, dienlich; *(aconsejable)* angebracht, opportun; *(favorable)* günstig; **juzgar** ~ *(inf)* (es) für angebracht halten, zu *(inf)*; **ser** ~ am Platz sein
oposición F 1 Opposition *f (tb* ASTRON, LING, POL, POL*)* 2 *(antagonismo)* Gegensatz *m*; Widerspruch *m*; **estar en** ~ **a** im Widerspruch stehen zu *(dat)* 3 *(resistencia)* Widerstand *m* 4 *(contraposición)* Gegenüberstellung *f* 5 *Esp* **-ones** *fpl* Auswahlprüfung *f für Stellen im öffentlichen Dienst*; **hacer -ones a (una) cátedra** sich um ein Lehramt (*o* einen Lehrstuhl) bewerben
oposicionista M/F POL Mitglied *n* der Opposition; **opositar** VI an einer (staatlichen) Auswahlprüfung teilnehmen (**a** für *acus*); **opositor** A ADJ oppositionell B M, **opositora** F 1 Bewerber *m*, -in *f*, Kandidat *m*, -in *f in einer staatlichen Auswahlprüfung* 2 Opponent *m*, -in *f*; Gegner *m*, -in *f*; POL Mitglied *n* der Opposition
opossum, opósum M ZOOL Opossum *n*
opoterapia F MED Opo-, Organotherapie *f*
opresión F 1 *de personas, pueblos*: Unterdrückung *f*; Zwang *m* 2 *(angustia)* Angst *f*; Beklommenheit *f*; ~ **de corazón** Herzbeklemmung *f*;
opresivo ADJ *calor* drückend; *estado de ánimo* bedrückend; beklemmend; **opresor** M, **opresora** F Unterdrücker *m*, -in *f*
oprimido ADJ *ánimo* bedrückt; beklommen; *(dominado)* unterdrückt
oprimir VT 1 *(agobiar)* drücken, bedrücken; *personas, pueblos* unterdrücken, unterjochen 2 *cosa* zusammendrücken
oprobiar VT ⟨1b⟩ schmähen
oprobio M Schande *f*; Schimpf *m*; **oprobioso** ADJ schmachvoll; schändlich; schimpflich
optación F RET Optatio *f*
optar VT & VI 1 wählen, sich entscheiden (**por** für *acus*); JUR, COM, POL optieren; ~ **a** anstreben; ~ **entre dos candidatos** eine Wahl treffen zwischen zwei Bewerbern 2 **poder** ~ **a** Anspruch haben auf *(acus)*
optativo A ADJ wahlfrei; Wunsch..., Wahl...; **asignatura** *f* **-a** Wahlfach *n* B M GRAM Optativ *m*
óptica F Optik *f*; *fig tb* Blickwinkel *m*; Sicht *f*; ~ **oculista** Augenoptik *f*; **óptico** A ADJ optisch; Augen...; **nervio** *m* ~ Sehnerv *m*; **fibra** *f* **-a** TEC Glasfaser *f* B M/F Optiker *m*, -in *f*
optimar VT TEC Höchstleistung anstreben bei *(dat)*; ECON optimieren
optimismo M Optimismus *m*; **optimista** A ADJ optimistisch B M/F Optimist *m*, -in *f*

O

optimización F ECON Optimierung *f*
optimizar VT ECON, TEC optimieren
óptimo A ADJ *liter* beste(r, -s); optimal; vortrefflich B M Optimum *n*
optometría F Optometrie *f*, Sehkraftbestimmung *f*
optómetro M MED Optometer *n*
opuesto A PP → oponer B ADJ (*contradictorio*) entgegengesetzt; (*contrario*) gegenüberliegend; gegenüber befindlich (**a** *dat*); in Opposition; MAT Gegen...
opugnar VT bekämpfen; *fortaleza* bestürmen
opulencia F großer Reichtum *m*; Überfluss *m*; *corporal*: Üppigkeit *f*; **vida** *f* **en ~** Wohlleben *n*
opulento ADJ sehr reich, steinreich; *cuerpo, comidas* üppig; (*lujoso*) luxuriös; **la sociedad -a** die Überflussgesellschaft
opus M *espec* MÚS Opus *n*; **Opus Dei** *espec Esp* CAT Opus *n* Dei
opúsculo M kleines Werk *n*, Opusculum *n*; TIPO Broschüre *f*
opuse, opuso *etc*→ oponer
OPV F ABR (Oferta Pública de Venta) *Esp* Öffentliches Veräußerungsangebot *n* (*von Aktien*)
oquedad F Höhlung *f*, Loch *n*; *fig* Hohlheit *f*;
oquedal M Hochwald *m*; **oqueruela** F Schlinge(nbildung) *f bei verdrehtem Faden*
ora ..., ora ... CJ bald ..., bald ...
oración F 1 REL Gebet *n*; CAT (**toque** *m* **de**) **-ones** Angelusläuten *n*; **~ dominical** Vaterunser *n*; *fam fig* **eso no es parte de la ~** das gehört nicht hierher; das ist fehl am Platz 2 (*discurso*) Rede *f*; GRAM *tb* (*frase*) Satz *m*; GRAM **~ principal/subordinada** Haupt-/Nebensatz *m*; **partes** *fpl* **de la ~** Redeteile *mpl*
oracional A ADJ GRAM Satz..., Rede... B M REL Gebetbuch *n*
oráculo M Orakel *n*; **~ del plomo** Bleigießen *n mit abergläubischer Deutung*
orador M, **oradora** F Redner *m*, -in *f*
oral A ADJ mündlich; MED oral; **tradición** *f* **~** mündliche Überlieferung *f*; **por vía ~** MED peroral B M mündliche Prüfung *f*
órale INT *Méx fam* los!; vorwärts!
orangután M ZOOL Orang-Utan *m*
orante A ADJ betend B M/F 1 Betende *m/f* 2 *arte*: (**estatua** *f*) **~** *m* Orant *m*
orar VI beten (**por** für *acus*)
orate M/F Verrückte *m/f*, Spinner *m*, -in *f fam*
oratoria F Redekunst *f*; **~ sagrada** Kanzelberedsamkeit *f*; **oratoriano** M CAT Oratorianer *m*; **oratorio** A ADJ rednerisch; oratorisch; Rede... B M 1 REL Bethaus *n*; (Haus)Kapelle *f* 2 MÚS Oratorium *n*
orbe M 1 Kreis *m*, Zirkel *m*; HIST kosmische Sphäre *f* 2 **~ (terráqueo)** Welt *f*; **el ~ católico** die katholische Welt
orbicular A ADJ *espec* MED kreis-, ringförmig; orbikular B M ANAT Ringmuskel *m*
órbita F 1 ASTRON, FÍS Kreisbahn *f*; *de planetas, satélites* Orbit *m*; Umlaufbahn *f*; **~ electrónica** Elektronenbahn *f*; **poner** *o* **colocar en ~** *satélite, etc* auf eine Umlaufbahn bringen; *fam fig con alcohol, drogas*: berauschen, high machen *fam*, auf den Trip schicken *fam*; *fam fig* **ponerse en ~** sich berauschen, high werden 2 ANAT Augenhöhle *f*
orbital ADJ 1 FÍS Kreisbahn...; **movimiento** *m* **~** Umlaufbewegung *f* 2 MED orbital, Augenhöhlen...
orbitar VI umkreisen; **~ en torno a** kreisen um
orca F ZOOL Schwertwal *m*, Butskopf *m*, Mörderwal *m*
Orcadas FPL GEOG Orkneyinseln *fpl*
orco M MIT, *fig* Orkus *m*, Unterwelt *f*
órdago M 1 *juego de cartas*: Einsatz *m beim Musspiel* 2 *fam fig* **de ~** großartig, prima *fam*, enorm *fam*, toll *fam*; **lanzar un ~** herausfordern; **ser de ~** eine Wucht sein *fam*
ordalías FPL HIST Gottesurteil *n*
orden[1] M 1 (*contrario de desorden*) Ordnung *f*; (*norma*) Regel *f*; **llamar al ~** zur Ordnung rufen, *orador* ermahnen; **salir del ~** von der Ordnung (*o* Regel) abweichen; **en ~** in Ordnung; ordentlich; aufgeräumt; **estar en ~** in Ordnung sein; **poner en ~** in Ordnung bringen, aufräumen; **poner ~ en a/c** in etw (*acus*) Ordnung bringen; *adv* **sin ~ ni concierto** wirr durcheinander; planlos 2 **~ público** öffentliche Ordnung *f*; **del ~ público** (Ordnungs)Polizei...; **turbar el ~ público** die öffentliche Ordnung stören 3 (*clasificación*) Ordnung *f* (*tb* BIOL, MAT, QUÍM); (*categoría*) Kategorie *f*, Rang *m*; (*grupo*) Gruppe *f*, Klasse *f*, Komplex *m*; **de primer ~** ersten Ranges, erstklassig; **de todo ~** jeder Art; *prep* **del ~ de ...** in einer Größenordnung von ... 4 (*colocación*) Ordnung *f*, Anordnung *f*; Aufstellung *f*; (*sucesión*) Reihenfolge *f*; MIL *tb* Form *f*; MIL **~ de combate** Gefechtsform *f*; **~ del día** Tagesordnung *f* (*tb* POL); **pasar al ~ del día** zur Tagesordnung übergehen; MIL **~ de marcha** Marschfolge *f*, Fahrordnung *f*; **~ de ideas** Gedankenkomplex *m*; **el segundo en ~ de importancia** das Zweitwichtigste; **por ~ alfabético** (in) alphabetisch(er Ordnung), nach dem Alphabet 5 ARQUIT Säulenordnung *f*; Baustil *m*; **~ corintio** korinthische Ordnung *f*; **~ dórico** dorische Ordnung *f*; **~ jónico** ionische Ordnung *f* 6 REL *de ángeles*: (Engel)Ordnung *f*; **~ (sacerdotal)** Priesterweihe *f*
orden[2] F 1 (*mandato*) Befehl *m*; Anordnung *f*, Verordnung *f*; *fig* Gebot *n*; JUR **~ de alejamiento** Kontaktverbot *n*; MIL **~ del día** Tagesbefehl *m*; *fig* **estar a la ~ del día** an der Tagesordnung sein; **~ de disparar** Schießbefehl *m*; **~ de expulsión** JUR Ausweisungsbefehl *m*; MIL **~ de llamamiento a filas** Gestellungsbefehl *m*, Einberufungsbefehl *m*; MIL **~ de marcha** Marschbefehl *m*; **~ (judicial) de registro** (richterlicher) Durchsuchungsbefehl *m*; MIL **cursar una ~** einen Befehl ausgeben (*o* erteilen); MIL **¡a la ~!** jawohl!; zu Befehl!; melde mich zur Stelle!; **¡(siempre) a sus órdenes!** (stets) zu Ihren Diensten!; **hasta nueva ~** bis auf Weiteres; **por** *o* **de ~ de** auf Befehl (*o* Anordnung) von (*dat*); im Auftrag von (*dat*) 2 JUR **~ de busca** (*o* **búsqueda**) (*carta requisitoria*) Steckbrief *m*; **~ de busca** (*o* **búsqueda**) **y captura (internacional)** (*pedido de arresto*) (internationaler) Haftbefehl *m*; **dictar una ~ de busca y captura** einen Haftbefehl erlassen (**contra** gegen); **sobre él pesa una ~ de busca y captura** *tb* er wird steckbrieflich gesucht 3 COM Auftrag *m*, Bestellung *f*; Order *f*; **~ de pago** Zahlungsanweisung *f*; **papeles** *mpl* **a la ~** Orderpapiere *npl*; **según la ~ (recibida)** auftragsgemäß; **por ~** im Auftrag (*tb* ADMIN); COM per procura; **dar** *o* **pasar una ~** einen Auftrag erteilen; **despachar** *o* **ejecutar** *o* **cumplimentar una ~** einen Auftrag abwickeln (*o* ausführen), eine Bestellung erledigen 4 (*distinción*) Orden *m*, Auszeichnung *f*; **Orden del Mérito Militar** Kriegsverdienstorden *m*; **Orden Militar de la Cruz de San Fernando** *höchste spanische Tapferkeitsauszeichnung* 5 *espec* REL *sociedad*: Orden *m*; HIST **~ de caballería** Ritterorden *m*; **~ monástica** Mönchsorden *m*; **~ de Predicadores/de Santo Domingo** Prediger-/Dominikanerorden *m*; **~ (de los caballeros) de San Juan** Johanniterorden *m* 6 REL **~ de acólito** Weihe *f* zum Akolyth; **órdenes** *fpl* **mayores/menores** höhere/niedere Weihen *fpl*; **las sagradas órdenes** die (sieben) Weihen zum Geistlichen
ordenación F 1 (An)Ordnung *f*; Regelung *f* (*tb* POL, ECON); ADMIN **~ del territorio** Raumordnung *f* 2 REL Priesterweihe *f*; Ordination *f* 3 ADMIN Amt *n*; *espec* Buchhaltung *f*, Zahlstelle *f*; **ordenada** F MAT Ordinate *f*; **ordenado** ADJ ordentlich; *persona tb*ordnungsliebend; **vida** *f* **~** geordnete Lebensführung *f*; ordentliches (*o* solides) Leben *n*
ordenador A M 1 *Esp* INFORM Computer *m*; Rechner *m*; AUTO **~ de a bordo** Bordcomputer *m*; **~ central** Zentralrechner *m*, Zentralcomputer *m*; **~ doméstico** Heimcomputer *m*; **~ de mano** Palmtop *m*; **~ personal** Personal Computer *m*, PC *m*; **~ portátil** Laptop *m*, Notebook *n*; **asistido por ~** computergestützt 2 ADMIN Amtsvorsteher *m* (→ ordenación 3) B ADJ ordnend
ordenamiento M Ordnung *f*; Anordnung *f*;
ordenancismo M Obrigkeitshörigkeit *f*;
ordenancista ADJ streng auf Einhaltung der Vorschrift(en) achtend; obrigkeitshörig;
ordenando M REL zu ordinierender Geistlicher *m*
ordenanza A F Anordnung *f*; Verordnung *f*; MIL, ADMIN Dienstordnung *f*; **~s** *fpl* Vorschrift(en) *f(pl)*; MIL, ADMIN Dienstordnung *f*, -vorschriften *fpl*; **de ~** vorschriftsmäßig B M 1 MIL Ordonnanz *f*; (Offiziers)Bursche *m*, Putzer *m* 2 ADMIN Amts-, Bürobote *m*
ordenar A VT 1 (*acomodar*) ordnen; (*poner en orden*) aufräumen; (*arreglar*) einrichten; *expedientes, carpetas* sichten; **~ por materias** nach Sachgebieten ordnen 2 (*mandar*) anordnen, verfügen; befehlen; bestimmen, vorschreiben; MIL, ADMIN **ordenamos y mandamos** hiermit wird angeordnet; *estilo, régimen, etc* **de ordeno y mando** autoritär, dirigistisch 3 (*coordinar*) ordnen, lenken, ausrichten; **~ los esfuerzos encaminándolos a** die Anstrengungen ausrichten auf (*acus*) 4 REL ordinieren; zum Priester weihen B VR **ordenarse** REL ordiniert werden
ordeñadero M AGR (*vasija*) Melkeimer *m*; (*edificio*) Abmelkstall *m*; **ordeñador** A ADJ Melk..., melkend B M Melker *m*; **ordeñadora** F 1 *persona*: Melkerin *f* 2 *aparato*: Melkmaschine *f*; **ordeñar** VT 1 melken 2 *p. ext* Oliven *mit der ganzen Hand* pflücken; **ordeño** M 1 Melken *n* 2 *p. ext recolección de aceitunas, etc*: **a ~** mit der ganzen Hand abstreifend
órdiga INT *pop* **¡la ~!** nein, so was!; einfach toll! *fam*
ordinal ADJ MAT, GRAM Ordnungs...; **número** *m* **~** Ordnungszahl *f*
ordinariamente ADV üblicherweise; **ordinariez** F Ungeschliffenheit *f*; Grobheit *f*; Unflätigkeit *f*
ordinario A ADJ 1 JUR ordentlich; **asamblea** *f* **-a** ordentliche Versammlung *f* 2 (*contrario de extraordinario*) gewöhnlich, üblich; alltäglich; *adv* **de ~** gewöhnlich, üblicherweise 3 (*común, corriente*) gewöhnlich, gemein B M REL Ordinarius *m*
ordinativo ADJ die Ordnung betreffend
orear A VT (aus)lüften B VR **orearse** frische Luft schöpfen
orégano M BOT 1 Oregano *m*, Dost *m*, Wilder Majoran *m*; *prov* **no todo el monte es ~** es ist alles nicht so einfach, es treten überall Schwierigkeiten auf 2 *Am* Majoran *m*
oreja F 1 ANAT (äußeres) Ohr *n*; *fam* Ohrmuschel *f*; **~s de soplillo** *o* **despegadas** abstehende Ohren *npl*; *fig* **de ~ a ~** von einem Ohr zum andern; *fig* **hasta las ~s** bis über beide Ohren; **aguzar** *o* **alargar las ~s** *o Méx* **parar la ~** die Ohren spitzen (*tb fig*); *fam fig* **bajar** *o* **agachar las ~s** klein beigeben; *fam fig* **calen-**

tarle las ~s a alg j-n herunterputzen *fam*, j-n zusammenstauchen *fam*, j-m die Ohren lang ziehen *fam*; *fig* **descubrir** *o* **enseñar la ~** sich von seiner wahren Seite zeigen; *fam fig* **mojarle a alg la ~** Streit mit j-m suchen; j-n beleidigen (*o* anrempeln *fam*); *fig* **ponerle a alg las ~s coloradas** j-m das Blut ins Gesicht treiben; **rascarse las ~s** sich hinter den Ohren kratzen; *fam fig* **tenerle a alg de la ~** j-n fest an der Kandare haben **2** (*oído*) Gehör *n* **3** *fam fig* **ver las ~s del lobo** in großer Gefahr schweben, in Teufels Küche sein *fam*; *fam* **haber visto las ~s del lobo** noch einmal mit einem blauen Auge davongekommen sein (*fam fig*) **4** TAUR **conceder (el honor de) la ~** *den Torero* durch Verleihung eines Ohrs des erlegten Stiers ehren **5** (*objeto en forma de oreja*) Seitenteil *n*; Ohr *n* (*fig*), Henkel *m*, Klappe *f*; *en el gorro*: Ohrenklappe *f*; *del libro*: Umschlagklappe *f*; *del sillón*: Backe *f* **6** *del zapato*: (*lengüeta*) Lasche *f*, Zunge *f*; (*parte lateral*) Seitenteil *n des Oberleders beim Schuh* **7** GASTR **~ de abad** *o* **de monje** *Art* hauchdünner Pfannkuchen *m*; **~s de cerdo** Schweinsöhrchen *npl* (*Gebäck*) **8** BOT **~ de abad** Venusnabel *m*, Nabelkraut *n*; **~ de fraile** Haselwurz *f*; **~ de oso** Aurikel *f*; **~ de ratón** Mausohr *n* **9** ZOOL **~ marina** Seeohr *n* (*Muschel*)

orejano ADJ **1** *Am ganado* herrenlos, ohne Besitzzeichen; *fig* verwildert **2** *fig* (*huraño*) misstrauisch; menschenscheu **3** *Ven* → orejeado; **orejeado** ADJ *fam* auf der Hut, gewarnt; **orejear** V/I **1** die Ohren bewegen (*o* spitzen); *fig* (*de mala gana*) unwillig arbeiten, murren **2** *Am Centr, Méx* horchen, (heimlich) lauschen **3** *Méx, P. Rico fig* (*desconfiado*) misstrauisch sein; **orejera** F **1** *de gorra*: Ohrenklappe *f*; Ohrenschützer *m*; *en el casco*: Ohrschutz *m*; *adorno de los indígenas*: Ohrpflock *m* **2** *gener* (seitliche) Klappe *f*, Seitenteil *n*; AGR Pflugschürze *f*

orejón **A** ADJ *Am* → orejudo; *fig persona* roh, grob **B** M **1** GASTR getrockneter *Aprikosen-, Melonen- etc* Schnitz *m*; **compota** *f* **de -ones** (Dörr)Obstkompott *n* **2** *tirón*: Ruck *m* an den Ohren; **darle a alg un ~** j-n am Ohr reißen **3** HIST Inkaadlige *m* **C** M, **-ona** F *Col fam* Bewohner *m*, -in *f* der bogotanischen Hochebene; **orejudo** **A** ADJ mit großen abstehenden Ohren **B** M ZOOL *großohrige Fledermaus*; **orejuela** F Henkel *m*; *en fichas*: Tab *m*

oremos M *fam* **perder el ~** den Verstand verlieren

orensano ADJ aus Orense

Orense N PR *spanische Stadt, Provinz*

oreo M **1** (*brisa*) sanftes Lüftchen *n* **2** (*acción de ventilar*) Lüftung *f*, (Aus)Lüften *n*

orfanato M, *Perú* **orfanatorio** M Waisenhaus *n*; **orfandad** F Verwaisung *f* (*tb fig*); Waisenstand *m*

orfebre M/F Goldschmied *m*, -in *f*; **orfebrería** F **1** *joya*: Goldschmiede-, Juwelierarbeit *f* **2** *arte*: Goldschmiedekunst *f*

orfelinato M Waisenhaus *n*

Orfeo N PR M MIT Orpheus *m*

orfeón M MÚS Gesangverein *m*; Chor *m*; **orfeonista** M/F MÚS Mitglied *n* eines Gesangvereins (*o* Chores)

órfico ADJ MIT, REL, *fig* orphisch

organdí M ⟨*pl* -í(e)s⟩ TEX Organdy *m*

organelo M BIOL Organelle *f*

organero M Orgelbauer *m*

orgánico ADJ organisch (*tb fig*); Organ...; **organigrama** M ADMIN, ECON Organisationsschema *n*; Stellenplan *m*

organillero M, **-a** F Drehorgelspieler *m*, -in *f*; Leierkastenmann *m*, -frau *f*; **organillo** M Drehorgel *f*, Leierkasten *m*

organismo M Organismus *m* (*tb fig*); JUR, POL, *fig* Verband *m*, Körperschaft *f*; ADMIN **~ consumidor** Bedarfsträger *m*; ADMIN **~ ejecutor** *o* **titular** Träger *m*; POL **Organismo Internacional de Energía Atómica** Internationale Atomenergie-Organisation *f*; **~ de seguro** *o* **asegurador** Versicherungsträger *m*

organista M/F MÚS Orgelspieler *m*, -in *f*; Organist *m*, -in *f*

organización F **1** (*institución*) Organisation *f*; Einrichtung *f*; ADMIN, JUR *tb* Verband *m*, Verein *m*; **~ de derechos humanos** Menschenrechtsorganisation *f*; **~ no gubernamental** Nichtregierungsorganisation *f*; **~ profesional** Berufsverband *m*; **~ superpuesta** *o* **central** Dachverband *m*, -organisation *f* **2** POL, *a nivel mundial*: **Organización de Cooperación y Desarrollo Económico** Organisation *f* für wirtschaftliche Zusammenarbeit und Entwicklung; **Organización de Estados Americanos** Organisation *f* Amerikanischer Staaten; **Organización Internacional del Trabajo** Internationale Arbeitsorganisation *f*; **Organización Mundial del Comercio/de la Salud** Welthandels-/Weltgesundheitsorganisation *f*; **Organización de las Naciones Unidas** Organisation *f* der Vereinten Nationen, UNO *f*; **Organización de Naciones Unidas para la Infancia** Weltkinderhilfswerk *n* der UNO, UNICEF *f*; **Organización de Países Exportadores de Petróleo** Organisation *f* Erdöl exportierender Länder **3** (*estructura*) Organisation *f*; (*construcción*) Aufbau *m*, Gliederung *f*; (*disposición*) Einrichtung *f*, Anlage *f*; Verfassung *f*; **~ de eventos** Eventorganisation *f*, Veranstaltung *f* von Events; **~ del trabajo** Arbeitsorganisation *f*, -planung *f* **4** (*la coordinación*) Organisation *f*, Veranstaltung *f*

organizado ADJ organisiert; (*ordenado*) ordentlich (*tb persona*)

organizador **A** ADJ organisierend, Organisations... **B** M, **organizadora** F Organisator *m*, -in *f*; Veranstalter *m*, -in *f* **C** M **~ de despacho** Büro-, Schreibtischbutler *m*; INFORM **~ digital** Organizer *m*

organizar ⟨1f⟩ **A** V/T **1** organisieren; *empresa, sistema* aufbauen; *estructura* gliedern; (*disponer ordenadamente*) ordnen, gestalten; (*preparar la realización de*) einrichten, planen **2** *fiesta, acto* organisieren, veranstalten **B** V/R **organizarse** **1** *partes individuales* sich organisch zusammenfügen; *estructura* sich gliedern; *personas, instituciones* sich (zu einem Verband) zusammenschließen **2** *asuntos* in Ordnung kommen; zu einer festen Regel werden **3** *fam* (*ocurrir*) passieren; **se organizó un escándalo tremendo** es gab einen (*o* es kam zu einem) mordsmäßigen Krawall *fam*

organizativo ADJ organisatorisch, Organisations...; **capacidad** *f* **~a** Organisationstalent *n*

órgano M **1** BIOL Organ *n*; **~s** *mpl* **sexuales** Geschlechtsorgane *npl*; **trasplante** *m* **de ~s** MED Organtransplantation *f* **2** JUR, POL Organ *n* (*tb medio de difusión*); **~ colegiado** Kollegialorgan *n*; **~ de gobierno** ADMIN Verwaltungsorgan *n*; TEC **~ de mando** Steuerorgan *n* **3** MÚS Orgel *f*; **~ de luces** Lichtorgel *f*; **~ de manubrio** → organillo

organogenia F BIOL Organogenese *f*, Organentstehung *f*; **organología** F **1** BIOL Organlehre *f* **2** MÚS Orgel(bau)kunde *f*; **organoterapia** F MED Organtherapie *f*

organza F TEX Organza *m*

orgasmo M Orgasmus *m*; **orgástico** ADJ orgastisch

orgía F Orgie *f*; *comportamiento*: Ausschweifung *f*, Zügellosigkeit *f*; *fig tb* Schwelgen *n* (**de** in *dat*); **orgiaco, orgiástico** ADJ orgiastisch; Orgien...; *comportamiento*: wüst, zügellos; *fig* (*lujurioso*) schwelgerisch

orgullo M Stolz *m*; Hochmut *m*; **llenar de ~** mit Stolz erfüllen; **orgulloso** ADJ *con estar*: stolz (**de** auf *acus*); *con estar, ser*: hochmütig

orientable ADJ TEC (*ajustable*) verstellbar, einstellbar; (horizontal) schwenkbar

orientación F **1** (*dirección*) Orientierung *f* (*tb fig*); (Aus)Richtung *f*; GEOL Richtung *f*, Strich *m einer Schicht*; *de un edificio*: Lage *f eines Gebäudes nach den Himmelsrichtungen*; *fig* POL politische Ausrichtung *f*; MAR **~ del aparejo** Segelstellung *f* **2** (*ubicación geográfica*) Orientierung *f*, Ortsbestimmung *f*; MAR, AVIA Peilung *f*, Ortung *f* **3** *fig* (*asesoramiento*) Orientierung *f*; Beratung *f*; **~ profesional** *o Am* **vocacional** Berufsberatung *f*; **a título de ~** zur Orientierung

orientado ADJ **~ a** ...orientiert; INFORM **~ a objetos** objektorientiert; ECON **~ a la exportación** exportorientiert; **orientador** **A** ADJ orientierend; *fig* richtung(s)weisend **B** M, **orientadora** F Berater *m*, -in *f*; **~ educativo** (*Chile* **educacional**) Erziehungsberater *m*; **~ profesional** Berufsberater *m*

oriental **A** ADJ orientalisch; östlich; Ost...; **Iglesia** *f* **~** Ostkirche *f* **B** M/F Orientale *m*, Orientalin *f*, *liter* Morgenländer *m*, -in *f* **C** F LIT *an orientalischen Themen inspiriertes Gedicht*; **orientalismo** M **1** (*carácter oriental*) orientalisches Wesen *n* **2** *afición*: Hang *m* zum Orientalischen **3** *conocimientos*: Orientalistik *f*; **orientalista** **A** ADJ orientalistisch **B** M/F Orientalist *m*, -in *f*

orientar **A** V/T **1** orientieren (*tb fig*); lagemäßig (*o fig* ideologisch) ausrichten (**a, hacia** auf *acus*); MAR, AVIA orten **2** TEC ein-, verstellen, (ein)richten; MIL *tubo de artillería* schwenken; MAR trimmen **3** *fig* (*asesorar*) einweisen; unterrichten, informieren; beraten **B** V/R **orientarse** **1** sich orientieren (*tb fig*); sich zurechtfinden; sich informieren; sich einarbeiten **2** MAR, AVIA peilen

orientativo ADJ Orientierungs...; richtung(s)weisend

oriente M **1** *punto cardinal*: Osten *m* **2** GEOG Osten *m*; Orient *m*, Morgenland *n* (*liter*); **al ~ de** östlich von, östlich (*gen*) **3** POL **Extremo** *o* **Lejano Oriente** Fernost *m*, Ferner Osten *m*; **Oriente Medio** Mittlerer Osten *m*; **Oriente Próximo** *o* **Cercano Oriente** Nahost *m*, Naher Osten *m*, Vorderer Orient *m*

orificar V/T ⟨1g⟩ MED *muela* mit Gold füllen

orífice M/F Goldschmied *m*, -in *f*

orificio M Öffnung *f* (*tb* ANAT), Loch *n*; TEC **~ de acceso** Mannloch *n*; MAR **~ de carga** Ladeluke *f*; **~ de entrada** Einschuss *m*; Einschussöffnung *f*; **~ de salida** Austritt *m*; Ausschuss *m*, Ausschussöffnung *f*; ANAT **~ uterino** Muttermund *m*

oriflama F HIST Lilienbanner *n*; *p. ext* Banner *n*

origen M **1** Ursprung *m*; (*génesis*) Entstehung *f*; Herkunft *f*; *de un ser viviente tb* Abstammung *f*; *fig* Quelle *f* (*fig*); BIOL **el ~ de las especies** die Entstehung der Arten; **ser de ~ ... aus ...** stammen; **tener su ~ en** herrühren von; zurückgehen auf (*acus*) **2** MAT, *fig* Ausgangs-, Nullpunkt *m* **3** *fig* (*causa*) Ursache *f*, Veranlassung *f*; **dar ~ a a/c** zu etw Anlass geben

original **A** ADJ **1** (*inicial*) ursprünglich; Ursprungs...; Ur...; Original...; *en documentos*: urschriftlich; REL **pecado** *m* **~** Erbsünde *f* **2** (*extraño*) sonderbar, originell **B** M **1** Original *n* (*tb* TIPO, *fig*); *de un documento, manuscrito*: Urtext *m*, Urfassung *f*; (*modelo*) Urbild *n* **2** *persona*: Kauz *m*, Original *n fam*; **originalidad** F **1** Ursprünglichkeit *f*; Originalität *f*; Eigentümlichkeit *f* **2** *fig de personas*: Sonderbarkeit *f*, Kauzigkeit *f*

originar **A** V/T verursachen, hervorrufen,

veranlassen **B** VR **originarse** entstehen, erwachsen, entspringen, verursacht werden; **originario** ADJ **1** *(proveniente)* (her)stammend, *persona:* gebürtig (**de** aus *dat*) **2** *(innato)* ursprünglich; angeboren; wesensmäßig (mitgegeben) **3** *(causante)* verursachend; **ser ~ de a/c** etw verursachen, der Grund sein von etw *(dat)*

orilla[1] F **1** *(margen)* Rand *m;* Saum *m;* **a la ~** nahebei, neben; TEX → orillo **2** *(costa)* Ufer *n*, Gestade *n*, Strand *m;* **(situado) a ~s del Ebro** am Ebro (gelegen); **~ del mar** Meeresufer *n; fig* **la otra ~** das Jenseits **3** *Arg, Méx* **~s** *fpl* Umgebung *f;* Stadtrand *m*

orilla[2] F **1** *viento:* kühle Brise *f* **2** *Ec* Wetter *n*

orillar VT **1** *(orlar)* rändern; *(hacer un dobladillo)* säumen; verbrämen **2** *fig negocio* erledigen; *peligro* beseitigen; *dificultad* überwinden; *obstáculo* umgehen **3** *Arg tema* streifen **4** *Méx* in die Enge treiben **5** *Col* AUTO an den Straßenrand stellen; **orillero** ADJ **1** *Am* am Rande (*o* am Ufer) befindlich **2** *Am reg* Vorstadt...; **orillo** M TEX Webkante *f;* bunt gewebter Saum *m*

orín[1] M Rost *m;* **tomarse de ~** rostig werden, rosten

orín[2] M → orina

orina F Urin *m*, Harn *m;* **~ residual** MED Resturin *m;* **análisis** *m* **de ~** Harnanalyse *f;* **orinal** M Nachttopf *m;* Uringlas *n;* **orinar** **A** VT & VI Harn lassen, urinieren, harnen **B** VR **orinarse** unfreiwillig urinieren; sich bepinkeln *fam;* **orines** MPL → orina

Orinoquia F *das Einzugsgebiet des Orinoco*

orinque M MAR Bojenreep *n*

oriol M *reg* → oropéndola

Orión M MIT, ASTRON Orion *m*

oriundo ADJ stammend, gebürtig (**de** aus *dat*)

orla F TEX Saum *m*, Borte *f; gener* Randverzierung *f;* TIPO **~ negra** Trauerrand *m;* **orladura** F Umrandung *f; de un uniforme:* Besatz *m*

orlar VT (ein)fassen, säumen; TIPO mit einem Schmuck- (*o* Trauer)rand versehen

orlo[1] M MÚS *folclore:* Alphorn *n*

orlo[2] M ARQUIT → plinto

orlón® M TEX Orlon *n*

ornamentación F *actividad:* Verzieren *n; (ornamento)* Verzierung *f*, Ausschmückung *f*, Schmuck *m*

ornamental ADJ ornamental; Schmuck..., Zier...; *fig* (rein) dekorativ; **arte** *m* **~** Ornamentik *f;* **piedra** *f* **~** Schmuckstein *m;* **plantas** *fpl* **~es** Zierpflanzen *fpl;* **peces** *mpl* **~es** Zierfische *mpl*

ornamentar VT verzieren; zieren, schmücken

ornamento M Verzierung *f;* Schmuck *m;* Ornament *n;* **~s** *mpl* Schmuckelemente *npl; liter fig* (zierende) Eigenschaften *fpl;* REL **~s (sacerdotales)** *(vestimenta de sacerdote)* Ornat *m*, Priestergewänder *npl; (objetos litúrgicos)* Paramente *pl*

ornar VT (ver)zieren; schmücken (**de** mit *dat*); **ornato** M Verzierung *f*, Schmuck *m;* Zierrat *m;* **~ público** Stadtmöblierung *f; espec (arbolado, parques etc)* Stadtbegrünung *f*

ornitófilo M, **-a** F Vogelzüchter *m*, -in *f*

ornitología F Vogelkunde *f*

ornitólogo M, **-a** F Ornithologe *m*, Ornithologin *f*

ornitomancia F Weissagung *f* aus dem Vogelflug

ornitorrinco M ZOOL Schnabeltier *n*

oro M **1** Gold *n (tb fig);* **~ amonedado** Münzgold *n;* **~ arrastrado** Schwemmgold *n der Flüsse;* **~ en barras** Barrengold *n;* **~ batido** Schlag-, Blattgold *n;* **~ blanco** Weißgold *n;* **~ chapado** Golddublee *n;* MED **~ dental** Zahngold *n;* **~ fino** *o* **de ley** Feingold *n;* PINT **~ molido/musivo** Muschel-/Musivgold *n;* **~ en polvo** Goldstaub *m;* **de ~** golden, Gold...; **fiebre** *f* **de ~** Goldfieber *n; tb fig* **mina** *f* **de ~** Goldgrube *f; Perú* **pan** *m* **de ~** Blattgold *n;* MIN **quijo** *m* **de ~** Goldstufe *f* **2** *fig* **~ negro** schwarzes Gold *n*, Erdöl *n;* **corazón** *m* **de ~** goldenes Herz *m; vulg fig* **~ del que cagó el moro** Plunder *m*, wertloser Kram *m;* **a precio de ~** sündhaft teuer; *fam fig* **como un ~** blitzsauber; **guardar como ~ en paño** wie seinen Augapfel hüten; **ser bueno como el ~** *o* **ser ~ molido** unbedingt verlässlich sein; **hacerse de ~** sich *(dat)* eine goldene Nase verdienen; **su palabra es de ~** er ist ein Mann von Wort; **ser otro tanto ~** *o* **valer tanto como ~** Gold wert sein; **prometerle a alg montañas de ~** *o* **el ~ y el moro** j-m goldene Berge (*o* das Blaue vom Himmel) versprechen; **ni por todo el oro del mundo** nicht um alles in der Welt; *prov* **el tiempo es ~** Zeit ist Geld; *prov* **no es ~ todo lo que reluce** es ist nicht alles Gold, was glänzt **3** *juego de cartas:* **~s** *mpl corresponde a:* Schellen *fpl*, Karo *n*

orobanca F, **orobanque** M BOT Sommerwurz *f*, Hanfwürger *m*, Orobanche *f*

orobias M *feiner Weihrauch in Körnern*

orogénesis F GEOL Gebirgsbildung *f*, Orogenese *f;* **orogenia** F Lehre *f* von der Entstehung der Gebirge; **orogénico** ADJ orogen; **orografía** F Orografie *f*

orondo ADJ **1** *vasija* bauchig **2** *fam fig (satisfecho)* stolz, zufrieden; *(arrogante)* überheblich, aufgeblasen

oronja F BOT Kaiserling *m*, Kaiserpilz *m;* **falsa ~** Fliegenpilz *m;* **~ verdadera** Butterpilz *m;* **~ verde** grüner Knollenblätterpilz *m*

oropel M Flittergold *n; fig* Tand *m;* Flitter *m;* **oropéndola** F ORN Pirol *m;* **oropimente** M MINER Arsenblende *f*

oroya F *Bol, Perú Hängekorb zur Flussüberquerung*

orozuz M BOT Süßholz *n*

orquesta F **1** MÚS Orchester *n; pequeña:* Kapelle *f;* **~ de cámara** Kammerorchester *n;* **~ de jazz** Jazzband *f*, Jazzorchester *n;* **~ sinfónica** Sinfonieorchester *n* **2** TEAT Orchesterraum *m;* **orquestación** F MÚS Orchestrierung *f;* **orquestal** ADJ Orchester...; **orquestar** VT **1** MÚS orchestrieren, instrumentieren **2** *fig* anzetteln, inszenieren; **orquestina** F MÚS Kapelle *f*, Ensemble *n*

orquidáceas FPL BOT Orchideen *fpl;* **orquídea** F BOT Orchidee *f;* **orquidiario** M BOT Orchideenhaus *n (in botanischen Gärten)*

orquitis F MED Hodenentzündung *f*, Orchitis *f*

órsai, orsay M DEP *fútbol:* Abseits *n; adv* **en ~** geistesabwesend, zerstreut

ortega F ZOOL Sandflughuhn *n*

orteguiano FIL **A** ADJ Ortega... **B** M, **-a** F Anhänger *m*, -in *f* des spanischen Philosophen Ortega

ortiba M *fam* Verräter *m*, Petzer *m fam*

ortiga F **1** BOT Nessel *f;* Brennnessel *f;* **~ blanca/muerta** Weiße/Rote Taubnessel *f* **2** ZOOL **~ de mar** Seeanemone *f*

ortigal M mit Nesseln bestandener Platz *m*

orto M **1** ASTRON Aufgang *m;* Sonnenaufgang *m* **2** *Arg vulg concreto:* Arschloch *n vulg*

ortocromático ADJ FOT orthochromatisch; **ortodoncia** F MED Kieferorthopädie *f;* Gebissregulierung *f;* **aparato** *m* **de ~** Zahnklammer *f;* **ortodoncista** M/F MED Kieferorthopäde *m*, -orthopädin *f;* **ortodoxia** F REL Orthodoxie *f;* Rechtgläubigkeit *f;* **ortodoxo** REL, *fig* **A** ADJ orthodox; rechtgläubig; strenggläubig; **iglesia** *f* **-a** orthodoxe Kirche *f* **B** M, **-a** F Orthodoxe *m/f;* **ortodromia** F MAR, AVIA Orthodrome *f*, Großkreis *m*, Großkreislinie *f;* **ortofónico** ADJ RADIO klangrein; **ortogonal** ADJ MAT rechtwinklig; **ortografía** F Rechtschreibung *f*, Orthografie *f;* **ortografiar** VT ⟨1c⟩ orthografisch richtig schreiben; **ortográfico** ADJ orthografisch; Rechtschreib(ungs)...; **falta** *f* **-a** Rechtschreibfehler *m;* **ortología** F Kunst *f*, grammatisch und phonetisch richtig zu sprechen; **ortopedia** F MED Orthopädie *f;* **ortopédico** MED **A** ADJ orthopädisch **B** M, **-a** F → ortopedista; **ortopedista** M/F MED Orthopäde *m*, Orthopädin *f*

ortópteros MPL *insectos:* Geradflügler *mpl*

ortorexia F MED Orthorexie *f;* **ortoréxico** ADJ MED orthorexisch; **ortoscopia** F ÓPT Orthoskopie *f;* **ortostático** ADJ MED, ARQUIT orthostatisch

oruga F ZOOL, TEC Raupe *f;* AUTO Raupenkette *f*

orujo M Trester *pl*, Treber *pl von Trauben und Oliven;* **torta** *f* **de ~** Öl-, Tresterkuchen *m;* **(aguardiente** *m* **de) ~** Trester(schnaps) *m*

orvallar VI *reg* nieseln; **orvalle** M BOT → gallocresta; **orvallo** M *reg* Nieselregen *m*

orza[1] F Einmachtopf *m (Steintopf)*

orza[2] F MAR **1** Anluven *n;* **a** *o* **de ~** gegen den Wind, luv **2** *en veleros:* (Kiel)Schwert *n*

orzaga F BOT Salzmelde *f*

orzar VI ⟨1f⟩ MAR (an)luven

orzuela F *Méx* gespaltene Haarspitzen *fpl*

orzuelo M MED Gerstenkorn *n*

os PR PERS euch

osa F ZOOL Bärin *f;* ASTRON **Osa mayor/menor** Großer/Kleiner Bär *m*, Großer/Kleiner (Himmels)Wagen *m; Esp pop* **¡(anda) la ~!** Mensch, so ein Ding! *fam*

osadía F *(atrevimiento)* Kühnheit *f; (audacia)* Wagemut *m; (insolencia)* Verwegenheit *f*, Dreistigkeit *f;* **osado** ADJ kühn, verwegen

osamenta F **1** ANAT Skelett *n* **2** *(restos mortales)* Gebeine *npl*, Knochen *mpl*

osar VI **~** *(inf)* (es) wagen, sich erdreisten zu *(inf)*

osario M **1** *(lugar donde se guardan huesos)* Beinhaus *n;* Schädelstätte *f* **2** *(lugar donde se entierran huesos)* Begräbnisplatz *m*

Óscar M ⟨*pl inv o* -s⟩ FILM Oscar *m*

oscarizado *fam* ADJ FILM mit dem Oscar prämiert (*o* ausgezeichnet); **oscarizar** *fam* VT FILM mit dem Oscar prämieren (*o* auszeichnen)

OSCE F ABR (Organización para la Seguridad y Cooperación en Europa) OSZE *f* (Organisation für Sicherheit und Zusammenarbeit in Europa)

oscense **A** ADJ *auf die Provinz Huesca bezogen* **B** M/F Einwohner *m*, -in *f* von Huesca

oscilación F **1** FÍS, *fig* Schwingung *f* **2** *(fluctuación)* Schwankung *f;* ECON **~ de la coyuntura** Konjunkturschwankung *f;* **oscilador** M ELEC Oszillator *m;* **osciladora** F ELEC Oszillatorröhre *f;* **oscilante** ADJ schwingend, Schwing...

oscilar VI **1** FÍS, BIOL oszillieren, schwingen; pendeln *(tb fig); (estremecerse)* zucken; *(fluctuar)* schwanken *(tb fig);* COM **los precios oscilan entre 20 y 50 euros** die Preise schwanken zwischen 20 und 50 Euro **2** *(vacilar)* zögern, schwanken; **oscilatorio** ADJ schwingend; **oscilógrafo** M FÍS Oszillograf *m;* **oscilograma** M Oszillogramm *n;* **osciloscopio** M Oszilloskop *n*

ósculo M PINT, *liter* **~ de paz** Friedenskuss *m*

oscurana F *Am reg fam* Dunkelheit *f;* **oscurantismo** M Obskurantismus *m;* (systematische Massen)Verdummung *f;* **oscurantista** **A** ADJ verdummend, Verdum-

mungs… **B** MF (Volks)Verdummer *m*, -in *f*
oscurecer ⟨2d⟩ **A** VT verdunkeln (*tb fig*); *fig* verschleiern **B** VI dunkel werden **C** VR **oscurecerse** sich verfinstern (*tb fig*); sich umwölken; *fig fama* verblassen **D** M **al ~** in der Abenddämmerung
oscurecimiento M Verdunkelung *f* (*tb* MIL, *fig*); Verfinsterung *f*
oscuridad F **1** (*falta de luz*) Dunkelheit *f*, Finsternis *f* **2** *fig* (*vaguedad*) Unklarheit *f*; Dunkel *n*; Verborgenheit *f* **3** *del origen*: Niedrigkeit *f der Abstammung*
oscuro ADJ dunkel (*tb fig*); *fig* obskur; (*incierto*) unklar; (*desconocido*) unbekannt; **a -as** im Dunkeln, im Finstern; *fig* **andar a -as** im Dunkeln tappen; ahnungslos sein; **verde ~** dunkelgrün
OSD M ABR (On-Screen-Display) TEC, INFORM OSD *n*
osear VI *fam Cuba* protzen, angeben
oseína F → osteína
óseo ADJ knochig, Knochen…
osera F Bärenhöhle *f*
Osetia F Ossetien *n*
osetio, oseto **A** ADJ ossetisch **B** M, **osetia, oseta** F Ossete *m*, Ossetin *f*
osezno M ZOOL Bärenjunge(s) *n*
osificación F Verknöcherung *f*
osificarse VR ⟨1g⟩ verknöchern
osmanlí **A** ADJ osmanisch **B** M/F ⟨*pl* -íes⟩ Osmane *m* Osmanin *f*
osmático ADJ BIOL Geruch(sinn)s…
osmio M QUÍM Osmium *n*
ósmosis, osmosis F QUÍM, BIOL Osmose *f*
osmoterapia F MED Osmotherapie *f*
osmótico ADJ QUÍM, BIOL osmotisch
oso M **1** ZOOL Bär *m*; *fig* menschenscheue Person *f*; täppischer (*o* unbeholfener) Kerl *m fam*; ZOOL **~ blanco/hormiguero/lavador** Eis-/Ameisen-/Waschbär *m*; **~ marino** Bärenrobbe *f*, Seebär *m*; **~ pardo** Braunbär *m*; **~ de peluche** (*o* **de felpa**) Teddybär *m*, Plüschbär *m*; ZOOL **~ polar** Eisbär *m*; *fam fig* **hacer el ~** sich dumm anstellen; Blödsinn machen (*o* reden) **2** *Cuba fam* Angeber *m*
OSO ABR (Oessudoeste) WSW (Westsüdwest)
oste INT *Esp* fort von hier!, ksch, ksch!, husch, husch!; *fam fig* **sin decir oste ni moste** ohne ein Wort zu sagen, ohne einen Mucks er *fam*
osteína F FISIOL Ossein *n*
osteítis F MED Ostitis *f*
ostensible ADJ offensichtlich, deutlich; **ostensivo** ADJ auffallend; ostentativ; **ostentación** F Zurschaustellung *f*; (*jactancia*) Prahlerei *f*; **sin ~** unauffällig; **hacer ~ de** sich brüsten mit (*dat*)
ostentar VT *título, cargo* (inne)haben; *cosa* zur Schau stellen; (*presentar*) vorweisen; *característica* aufweisen; *p. ext* (*jactarse*) prahlen mit (*dat*); **ostentoso** ADJ auffallend, prunkhaft, protzend *fam*
osteo… PREF Knochen…; **osteología** F MED Osteologie *f*; **osteomalacia** F MED Knochenerweichung *f*; **osteoporosis** F MED Osteoporose *f*
ostiario M CAT Ostiarius *m* (*Weihegrad*)
ostión M *Méx* ZOOL Auster *f*
ostra F ZOOL Auster *f*; *fam fig* **aburrirse como una ~** sich fürchterlich langweilen (*o* mopsen *fam*)
ostracismo M HIST, *fig* Ostrazismus *m*, Scherbengericht *n*
ostral M Austernbank *f*; **ostrería** F Austernhandlung *f*; **ostrero** **A** ADJ Austern… **B** M, **-a** F *pescador(a)*: Austernfischer *m*, -in *f*; *vendedor(a)*: Austernverkäufer *m*, -in *f* **C** M **1** *lugar*: Austernbank *f* **2** ORN Austernfischer *m*; **ostrícola** ADJ die Austernzucht betreffend; **ostricultor** M, **ostricultora** F Austernzüchter *m*, -in *f*; **ostricultura** F Austernzucht *f*
ostrogodo **A** ADJ ostgotisch **B** M, **-a** F Ostgote *m*, Ostgotin *f* **C** M *lengua*: Ostgotisch *n*
osudo ADJ knochig
osuno ADJ Bären…; bärenhaft
OTAN F ABR (Organización del Tratado del Atlántico Norte) NATO *f* (Nordatlantikpakt-Organisation)
Otañez M HIST (*fam tb* **Don**) **~** Leibwächter *m* einer Dame
otaria F ZOOL Ohrenrobbe *f*
otario **A** ADJ *Arg fam* dumm, täppisch **B** M *Arg* blöder Kerl *m*
otate M *Méx* Bambus *m*; *p. ext* (*vara*) Gerte *f*
otear VT (von einer Höhe aus) beobachten; absuchen; spähen nach (*dat*); *fig* überwachen
otelo M *krankhaft eifersüchtiger Mann*
otero M Anhöhe *f*, Hügel *m*
OTI F ABR (Organización de Televisiones Iberoamericanas) Organisation *f* der Iberoamerikanischen Fernsehanstalten
otiatría F MED Ohrenheilkunde *f*
ótico ADJ Ohr(en)…
otitis F ⟨*pl inv*⟩ MED Ohrenentzündung *f*; **~ media (aguda)** (akute) Mittelohrentzündung *f*
otólogo M, **-a** F MED Ohrenarzt *m*, -ärztin *f*
otomana F *mueble*: Ottomane *f*
otomano **A** ADJ HIST ottomanisch **B** M, **-a** F Ottomane *m*, Ottomanin *f*
otomí *Méx* **A** ADJ Otomí… **B** M/F Otomí (indianer) *m*, Otomí(indianerin) *f* **C** M *lengua*: Otomí
otomía F *Cuba fam* Beleidigung *f*
Otón N PR M HIST Otto *m*
otoñada F *estación*: Herbstzeit *f*; *cosecha*: Herbsternte *f*; **otoñal** ADJ herbstlich, Herbst…; *persona* alt; **otoñar** VI **1** (*pasar el otoño*) den Herbst verbringen **2** BOT im Herbst keimen (*o* sprießen)
otoño M Herbst *m* (*tb fig*); *fig* **~ caliente** heißer Herbst *m*; **fin** *m* **de ~** Spätherbst *m*; **en ~** im Herbst
otorgamiento M *espec* ADMIN **1** *de una solicitud, un pedido*: Bewilligung *f*, Gewährung *f*; *de pleno poder, de un permiso*: Erteilung *f* **2** *de una escritura*: Ausfertigung *f*; **otorgante** **A** ADJ ausfertigend; bewilligend **B** M/F (Vollmacht)Geber *m*, -in *f*; *de una escritura*: Aussteller *m*, -in *f eines Schriftstücks*
otorgar VT ⟨1h⟩ **1** *escritura* ausfertigen **2** *permiso* erteilen; *solicitud* bewilligen; *favor* gewähren; *testamento* errichten; *ley* erlassen
otorrea F MED Ohrenfluss *m*
otorrinolaringología F MED Hals-Nasen-Ohren-Heilkunde *f*; **otorrinolaringólogo** M, **-a** F MED Hals-Nasen-Ohren-Arzt *m*, -Ärztin *f*, HNO-Arzt *m*, HNO-Ärztin *f*
otoscopio M MED Ohrenspiegel *m*
otro ADJ PRON **1** ein anderer; ein zweiter; noch einer, ein neuer *fam*; **~s** andere, weitere, sonstige; **el ~ día** neulich; **al ~ día** am nächsten Tag; **~ tanto** das Gleiche; noch einmal so viel; **ser (muy) ~** (ganz) anders (*o* verschieden) sein; *fig* **ser ~ Cervantes** ein zweiter Cervantes sein; **uno(s) a ~(s)** einander, gegenseitig; **de un lado a ~** hin und her; **en -a parte** anderswo; auf bald!; **por -a parte** andererseits **2** **-a cosa** etwas anderes; **es -a cosa** das ist etwas anderes; **entre -as cosas** unter anderem; **¿qué -a cosa?** was denn sonst?; **¡y a -a cosa (mariposa)!** und jetzt (endlich) Schluss damit! **3** INT **¡-a!** noch einmal!, weiter so!; na, so was!; MÚS *etc* Zugabe!; **¡hasta -a!** auf ein andermal!; *frec desp* **¡~** *o* **-a que tal!** wieder so eine(r)! *fam*; *irón* **¡esa es -a!** das wird ja immer toller *fam* (*o* immer besser)!
otrora ADV *liter* früher, ehemals; **otrosí** JUR **A** ADV ferner **B** M ergänzender Antrag *m*
Ourense N PR M *spanische Stadt, Provinz* (*nombre gallego*)
outing ['aŭtin] M *fam Am* Outen *n*; **hacer ~** sich outen
outlet ['aŭtlet] M ECON, *moda*: (Factory) Outlet *n*; **output** M ECON, TEC Output *n*
ova F **1** BOT Fadenalge *f* **2** ZOOL Fischlaich *m*
ovación F Ovation *f*; Beifall *m*; **~ cerrada** *o* **clamorosa** Beifallssturm *m*; **ovacionar** VT Ovationen bringen, (stürmischen) Beifall spenden
oval(ado) ADJ eiförmig; oval
ovalar VT oval machen
óvalo M Oval *n*
ovario M BOT Fruchtknoten *m*; ANAT Eierstock *m*; **ovariotomía** F MED Entfernung *f* der Eierstöcke
oveja F Schaf *n*; *fig* **la ~ negra** das schwarze Schaf (*fig*); **ovejero** **A** ADJ Schafe hütend; **perro** *m* **~** Hirten-, Schäferhund *m* **B** M, **-a** F Schäfer *m*, -in *f*; *RPl tb* (*perro ovejero*) Schäferhund *m*; **ovejuno** ADJ Schafs…
overa F ORN Eierstock *m bei Vögeln*
overbooking [oβɛr'βukin] M AVIA Überbuchung *f*
overear VT *Arg, Bol, Par* am Feuer (goldbraun) rösten
overo **A** ADJ **1** *color*: eifarben; *caballo* falb; **ojo** *m* **~** Auge *n* mit stark hervortretendem Weiß des Augapfels; *fam fig* Glasauge *n* **2** *Am vacuno* weiß und gelb gesprenkelt; *p. ext, espec Arg* (*multicolor*) bunt **3** *fam fig persona* wetterwendisch **B** M *caballo*: Falbe *m*
overol M Overall *m*; *Col tb gener* Arbeitsanzug *m*
ovetense M/F **A** ADJ *auf Stadt oder Provinz Oviedo bezogen* **B** M/F Einwohner *m*, -in *f* der Stadt *o* Provinz Oviedo
óvidos MPL ZOOL Schafe *npl* und Ziegen *fpl*
oviducto M BIOL *de las aves*: Legröhre *f*; ANAT Eileiter *m*
ovillar **A** VT auf ein Knäuel wickeln **B** VR **ovillarse** *gato* sich zusammenrollen
ovillo M Knäuel *n*; **hacerse un ~** sich zusammenknäueln; *fig* (*encorvarse*) sich krümmen; *al hablar*: sich verhaspeln
ovino **A** ADJ Schaf…; **ganado** *m* **~** Schafe *npl* **B** M GASTR Hammelfleisch *n*
ovíparo ADJ ZOOL Eier legend
ovni M ABR (objeto volante *o Am* volador no identificado) UFO *n* (unbekanntes Flugobjekt)
ovoide(o) **A** ADJ eiförmig, ovoid **B** M MAT Ovoid *n*
óvolo M ARQUIT *decoración*: Ei *n*
ovovegetariano M, **-a** F Ovovegetarier *m*, -in *f*
ovulación F BIOL Ovulation *f*, Ei-, Follikelsprung *m*
ovular BIOL **A** VI einen Eisprung haben **B** ADJ ovulär, die Eizelle betreffend
óvulo M BIOL Eizelle *f*; BOT Samenanlage *f*
oxalato M QUÍM Oxalat *n*
oxálico ADJ QUÍM **ácido** *m* **~** Oxalsäure *f*
oxálida F BOT *Art* Sauerklee *m*
oxear VT *aves* scheuchen
oxhídrico ADJ QUÍM Sauerstoff-Wasserstoff…
oxidable ADJ QUÍM, TEC oxidierbar; TEC (leicht) rostend; **oxidación** F QUÍM Oxidation *f*; TEC Rostbildung *f*, Rosten *n*; TEC **~ anódica** *o* **electrolítica** Eloxierung *f*; **oxidado** ADJ **1** QUÍM oxidiert; sauerstoffhaltig **2** TEC rostig, verrostet; **oxidante** M QUÍM Oxidationsmittel *n*
oxidar **A** VT QUÍM, TEC oxidieren **B** VR **oxidarse** oxidieren; TEC (*herrumbrarse*) (ver)rosten
óxido M QUÍM Oxid *n*; **~ de hierro** QUÍM Ei-

O

senoxid *n;* TEC *(herrumbre)* Rost *m;* **~ de nitrógeno** Stick(stoff)oxid *n*

oxigenación F QUÍM Sättigung *f* mit Sauerstoff; Sauerstoffaufnahme *f;* **oxigenado** ADJ QUÍM sauerstoffhaltig; *pelo* wasserstoffblond, gebleicht; **agua** *f* **-a** Wasserstoff(su)peroxid *n;* **oxigenar** A VT QUÍM mit Sauerstoff verbinden B VR **oxigenarse** *fam* frische Luft tanken

oxígeno M QUÍM Sauerstoff *m;* MED **máscara** *f* **(para la inhalación) de ~** Sauerstoffmaske *f*

oxigenoterapia F MED Sauerstofftherapie *f;* **aparato** *m* **de ~** Sauerstoff-Wiederbelebungsgerät *n;* **oxihemoglobina** F FISIOL Oxyhämoglobin *n;* **oximetría** F QUÍM Säuremessung *f*

oxímoron M RET Oxymoron *n;* **oxítono** FON A ADJ endbetont; **(sílaba** *f***) -a** *f* endbetonte Silbe *f* B M Oxytonon *n*

oxiuro M ZOOL Madenwurm *m*

oxte INT *Esp* → oste

oyamel M BOT amerikanische Fichte *f (Pinus religiosa)*

oye, oyendo *etc* → oír

oyente A M/F Hörer *m*, -in *f;* UNIV Gasthörer *m*, -in *f;* RADIO **~** *m* **clandestino** Schwarzhörer *m*, -in *f* B ADJ hörend

ozocerita F MINER → ozoquerita

ozonar, ozonificar ⟨1g⟩, **ozonizar** VT ⟨1f⟩ QUÍM ozon(is)ieren; *agua* keimfrei machen

ozono M QUÍM Ozon *m/n;* **agujero** *m* **de ~** Ozonloch *n;* **capa** *f* **de ~** Ozonschicht *f;* **ozonoterapia** F Ozontherapie *f*

ozoquerita F MINER Erdwachs *n*

P

P, p F P, p *n;* → *tb* pe

p. ABR (página) S. (Seite)

p. a. ABR (por autorización) i. A. (im Auftrag)

P.A. ABR 1 *(por ausencia)* in Abwesenheit 2 M *(Partido Andalucista) Andalusische Regionalpartei*

pabellón M 1 *en un jardín:* Pavillon *m*, Gartenhaus *n;* **~ de caza** Jagdschlösschen *n;* -hütte *f* 2 *(tienda redonda)* Rundzelt *n* 3 *(local de exposición)* (Messe)Halle *f;* Pavillon *m;* **~ de la fuente** Brunnenpavillon *m;* **~ de hidroterapia** Kurhalle *f*, -haus *n* 4 *(baldaquín)* Altar-, Bett-, Thronhimmel *m* 5 MIL **~ de armas** *o* **de fusiles** Gewehrpyramide *f;* **¡pabellones – armen!** setzt die Gewehre zusammen! 6 MAR *(bandera)* Flagge *f;* **navegar bajo ~ español** unter spanischer Flagge fahren; *fig* **dejar alto el ~** die Fahne hochhalten 7 ANAT **~ de la oreja** *o* **~ auricular** Ohrmuschel *f*

pabilo M, **pábilo** M 1 Docht *m;* **cortar el ~** ein Licht putzen (*o* schnäuzen) 2 *Perú (cordón)* Bindfaden *m*, Schnur *f*

Pablo NPR M Paul *m;* Paulus *m*

pábulo M 1 *liter (alimento)* Nahrung *f* 2 *fig* Anlass *m;* Gesprächsstoff *m;* **dar ~ a** Anlass geben zu; **dar ~ a las malas lenguas** den bösen Zungen zu reden geben

PAC F ABR (Política Agrícola Común) GAP *f* (Gemeinsame Agrarpolitik *der EU*)

paca F 1 *espec* COM *(fardo)* Ballen *m*, Bündel *n* 2 ZOOL Paka *n* 3 *Chile fam* Verkehrspolizistin *f*

pacae M *Perú* BOT → pacay

pacana F BOT 1 *árbol:* Pekannussbaum *m* 2 *fruto:* Pekannuss *f*

pacaso M *Perú* ZOOL grüner Leguan *m*

pacato ADJ 1 *(pacífico)* friedfertig, still, (allzu) bescheiden 2 *(temeroso)* furchtsam 3 *(insignificante)* wertlos, unbedeutend 4 *(mojigato)* bigott; prüde

pacay M *Am Mer* BOT Pakay *m (Baum und Frucht)*

pacedero ADJ Weide…; **pacedura** F Weiden *n*, Hüten *n*

pacense A ADJ aus Badajoz B M/F Einwohner *m*, -in *f* von Badajoz; **paceño** A ADJ aus La Paz B M, **-a** F Einwohner *m*, -in *f* von La Paz

pacer ⟨2d⟩ A VI weiden, grasen, CAZA äsen B VT abgrasen

pachaco ADJ *Am* kränklich, schwächlich

pachamanca F *Am Mer in einer Erdgrube zwischen heißen Steinen gegartes Gericht, (Fest)Essen aus Kartoffeln, Fleisch, Gemüse, Kräutern etc*

pachanga F *fam* 1 *baile: flotter kubanischer Tanz aus den 70er Jahren* 2 *espec Am (fiesta ruidosa)* lautes Fest *n* 3 *Méx* Hausparty *f;* **pachanguero** ADJ *espec Am fam* partywütig; *fiesta* laut, lärmend; *fam* **música** *f* **-a** Bumsmusik *f*

pacharán M *baskischer Schlehenlikör*

pacho ADJ *Hond, Salv fam* faul; **pachocha** F *Am* Trägheit *f*

pachol M *Méx* 1 *(copete desgreñado)* wirrer Haarschopf *m* 2 *indio:* Pacholindianer *m*

pacholi M 1 *Méx braun gerösteter Maisfladen* 2 → pachulí

pachón A ADJ langsam, tollpatschig B M 1 CAZA Dachshund *m* 2 *fam fig* Tollpatsch *m* 3 *Am Regenumhang der Indianer aus Palmblättern*

pachorra F Trägheit *f;* Dickfelligkeit *f;* **pachorrudo** ADJ träge, phlegmatisch; dickfellig; **pachotada** F *Am* Dummheit *f*

pachucho ADJ 1 BOT welk; *fruta* überreif, matschig *fam* 2 *fam fig persona* erschöpft, erledigt, nicht ganz auf der Höhe, angeschlagen *fam*

pachuco M *Méx* 1 *chico: armer, sozial marginalisierter Junge* 2 *idioma:* Spanglish *n (englisch-spanische Mischsprache)*

pachulí M BOT *y perfume:* Patschuli *n; Col* billiges Parfüm *n*

paciencia F Geduld *f*, Langmut *f*, Ausdauer *f;* **se me acaba la ~** meine Geduld ist am Ende; **armarse de ~** sich mit Geduld wappnen; *fig* **~ angelical** *o* **de benedictino** Engelsgeduld *f;* **¡~ y barajar!** abwarten und Tee trinken! *fam*

paciente A ADJ geduldig B M/F Patient *m*, -in *f*, Kranke *m/f;* FIL Erleidende *m/f;* **pacienzudo** ADJ äußerst geduldig

pacificación F Befriedung *f;* **~ del tráfico** Verkehrsberuhigung *f;* **pacificador** A ADJ Frieden stiftend; *espec* REL irenisch B M, **pacificadora** F Friedensstifter *m*, -in *f*

pacificar ⟨1g⟩ A VT befrieden; Frieden stiften unter (*o* bei) *(dat); (tranquilizar)* beruhigen, besänftigen B VR **pacificarse** ruhig werden; sich beruhigen

pacífico A ADJ friedfertig, friedliebend; *carácter:* ruhig, sanft B M **(océano) Pacífico** Pazifik *m*, Pazifischer Ozean *m;* **Pacífico Norte** Nordpazifik *m;* **Pacífico Sur** Südpazifik *m*

pacifismo M Pazifismus *m;* **pacifista** A ADJ pazifistisch; Friedens… B M/F Pazifist *m*, -in *f*

pack M COM Packung *f*, Pack *m*

paco A ADJ *Arg, Chile* rötlich; (rot)braun B M 1 *Am mineral:* Rotsilbererz *n* 2 *Am Mer* ZOOL Alpaka *n* 3 HIST maurischer Freischärler *m* 4 *Chile fam* Polizist *m* 5 *fig* **viene el tío ~ con la rebaja** jetzt wird es uns nicht mehr so gut gehen

Paco NPR M *fam Kurzform für* Francisco

pacotilla F 1 *(mercancía de baja calidad)* Ramschware *f*, Schund *m;* **ser de ~** minderwertig sein 2 MAR *(franquicia de equipaje)* Freigepäck *n* 3 *Am reg (gentuza)* Gesindel *n;* **pacotillero** M, **-a** F 1 Ramschverkäufer *m*, -in *f* 2 *Chile* Hausierer *m*, -in *f*

pactar A VT vereinbaren, ausbedingen; **lo pactado** die Abmachungen *fpl* B VI paktieren **(con** mit *dat);* **pactista** A ADJ *espec Esp* POL stets zu Verhandlungen (*o* Kompromissen) bereit B M/F Paktierer *m*, -in *f*, Befürworter *m*, -in *f* von Verhandlungen *(statt Gewaltanwendung)*

pacto M Vertrag *m;* Pakt *m;* **Pacto Andino** Andenpakt *m;* **~ entre** *o* **de caballeros** Gentlemen's Agreement *n;* POL **~ de no agresión** Nichtangriffspakt *m;* **~ (medio)ambiental** Umweltpakt *m;* POL **~ social** Sozialpakt *m; tb fig* **hacer un ~ con** einen Pakt schließen mit *(dat)*

pacú M *RPl essbarer Flussfisch (Pacu nigricans)*

pacuno ADJ *Chile* gewöhnlich, plebejisch; unzivilisiert

paddle(-tenis) M DEP *Art Tennis*

paddock M Paddock *m (Gehege)*

padecer ⟨2d⟩ A VT erleiden, erdulden; *insomnio, enfermedad etc* leiden an *(dat)* B VI leiden; **~ del estómago** magenkrank sein; **padecimiento** M Leiden *n*

pádel M →paddle(-tenis)

padilla F *(sartén pequeña)* kleine Bratpfanne *f; horno:* kleine Backröhre *f zum Brotbacken*

padrastro M 1 Stiefvater *m; fig (mal padre)* Rabenvater *m* 2 *(respigón en los dedos)* Niednagel *m* 3 *fig (obstáculo)* Hindernis *n;* **padrazo** M *fam* herzensguter Vater *m*

padre A M 1 Vater *m;* **~ adoptivo** Adoptivvater *m;* **~ de familia** Familienvater *m; tb* Familienoberhaupt *n; fig* **~ político** Schwiegervater *m;* **los Sres. López ~ e hijo** die Herren López Senior und Junior; *fam fig* **de ~ (y muy señor mío)** gehörig, gewaltig, nicht von schlechten Eltern *fam* 2 **los ~s** die Eltern; **padres** *pl* **tutelares** Pflegeeltern *pl* 3 REL Pater *m;* **~ dominico** Dominikanerpater *m;* REL **~ espiritual** Beichtvater *m;* Seelsorger *m;* **Dios Padre** Gott *m* Vater; **Santo Padre** Heiliger Vater *m*, Papst *m;* **los Santos ~s (de la Iglesia)** die Kirchenväter; REL *Biblia:* **dormir con sus ~s** zu seinen Vätern versammelt sein 4 HIST **~s** *pl* **conscriptos** römische Senatoren *mpl*, Patres *mpl* conscripti 5 AGR *(semental)* Deckhengst *m; (verraco)* Zuchteber *m; (macho cabrío)* Zuchtbock *m* 6 MIL *fam* länger dienender Soldat *m* B ADJ *fam* gewaltig, Mords…; **escándalo** *m* **~** Riesenskandal *m;* **un lío ~** ein heilloses Durcheinander; **susto** *m* **~** Mordsschrecken *m* C ADV *espec Méx fam* super, prima

PADRE M ABR (Programa de Ayuda a la Declaración de la Renta) ADMIN, INFORM *corresponde a:* ELSTER *f* (elektronische Steuererklärung)

padrear VI 1 seinem Vater nachschlagen 2 AGR (als Samentier) für die Zucht dienen

padrenuestro, Padre Nuestro M Vaterunser *n;* **rezar un ~** ein Vaterunser beten

padrillo M *RPl* Deckhengst *m;* **padrinazgo** M Patenschaft *f; fig* Schutz *m*, Protektion *f*

padrino M 1 Taufpate *m* 2 **~ (de boda)** Trauzeuge *m;* Brautführer *m* 3 *en un duelo:* Sekundant *m* 4 *fig (protector)* Gönner *m;* Beschützer *m; de la mafia:* Pate *m;* **tener buenos ~s** gute Beziehungen haben

padrón M 1 *(relación de habitantes)* Einwohnerverzeichnis *n;* Stammrolle *f; Am tb* Wahlliste *f* 2 *(formulario)* Formular *n*, Liste *f* 3 *(modelo)* Modell *n*, Muster *n*, Vorbild *n; fig irón en sentido negativo:* Schandfleck *m; liter* **~ de ignominia** Schandmal *n* 4 *fam* → padrazo 5 *Am reg, Méx* ZOOL *caballo:* Zuchthengst *m; Col toro:* Zuchtstier *m*

padrote M 1 *caballo:* Deckhengst *m; toro:* Zuchtbulle *m* 2 *Méx pop* Zuhälter *m*

paella F GASTR 1 Paella *f* (*Reisgericht mit Gemüse, Fleisch, Meeresfrüchten etc*) 2 → paellera; **paellera** F Paellapfanne *f*; **paellería** F *Esp* Paellarestaurant

paf INT *onom* klatsch!, paff!, bums!, plumps!

paflón M ARQUIT Tafel-, Felderdecke *f*

pág. ABR (página) S. (Seite)

paga F 1 *gener* Zahlung *f* 2 (*sueldo*) Lohn *m*; MAR Heuer *f*; MIL Sold *m*; **día** *m* **de ~** Zahltag *m*; *Esp* **~ extraordinaria** 13. Monatsgehalt *n*; **~ de Navidad** Weihnachtsgeld *n* 3 *fig* (*recompensa*) Belohnung *f*; Vergeltung *f*; **~ de Judas** Judaslohn *m* 4 *para los niños*: Taschengeld *n*

pagable ADJ (be)zahlbar; **pagadero** ADJ zahlbar; fällig

pagado ADJ 1 bezahlt; *en la aduana*: verzollt; COM franko; **no ~** unbeglichen 2 *fig* **~ de sí mismo** selbstgefällig, eingebildet; **pagador** M, **pagadora** F 1 (*que paga*) Zahler *m*, -in *f* 2 (*encargado, -a de pagar*) mit Auszahlungen beauftragte(r) Beamter *m*, Beamtin *f*; MIL Zahlmeister *m*, -in *f*; **pagaduría** F Zahlstelle *f*

págalo M ZOOL Raubmöwe *f*

pagamento M *raro* Zahlung *f*

pagana F Heidin *f*; **paganismo** M Heidentum *n*; **paganizar** ⟨1f⟩ A VT heidnisch machen B VI Heide sein; Heide werden; **pagano** A ADJ heidnisch; *t/t* pagan B M Heide *m*; *fam fig hum* **ser el ~** o **el paganini** die Rechnung zahlen müssen, der Zahler sein *fam*

pagar ⟨1h⟩ A VT & VI 1 **~ a/c** etw zahlen, bezahlen, auszahlen; **~ al contado** (in) bar bezahlen; **~ a cuenta** anzahlen; **~ a plazos** in Raten zahlen; **~ por adelantado** o **por anticipado** vorauszahlen; **~ el salario** den Lohn auszahlen; **~ 20 euros por hora** 20 Euro die (o in der) Stunde bezahlen; *fam fig* **tocan a ~** jetzt heißt es zahlen (o blechen *fam*); COM **páguese a** zahlen Sie an (*acus*); *fam* **el que la hace la paga** wer Schaden anrichtet, muss dafür aufkommen 2 (*recompensar*) ent-, vergelten, belohnen; **¡Dios se lo pague!** Gott möge es Ihnen vergelten! 3 *fig* **~ por a/c** für etw (*acus*) büßen; **¡me la(s) pagará!** das werden Sie mir büßen! 4 *fig* (*vengar*) **~ a/c a alg** etw j-m heimzahlen, vergelten B VR **pagarse** 1 (*contentarse*) **~ con** o **de** sich abspeisen lassen mit (*dat*) 2 **~ de** (*atribuir gran importancia a*) Wert legen auf (*acus*); eingenommen sein für (*acus*) 3 *fam fig* (*ufanarse*) **~ de a/c** mit etw (*dat*) protzen (o angeben *fam*)

pagaré M Schuldschein *m*; *Esp tb* Solawechsel *m*

pagaya F (Kanu)Paddel *n*

pagel M *pez*: kleine Rotbrasse *f*, Pagel *m*

página F 1 *de un libro, etc*: Seite *f*; **de ~ entera** ganzseitig; COM **llevar a la ~ siguiente** auf die nächste Seite übertragen; **pasar ~** umblättern; **pasa a la ~ 21** Fortsetzung auf Seite 21 2 TEL **~s** *pl* **amarillas** Gelbe Seiten® *fpl* 3 INTERNET **~ (digital)** Homepage *f*; **~ inicial** o **de inicio** Startseite *f*; **~ personal** (persönliche) Homepage *f*; **~ principal** Homepage *f*; Startseite *f*; **~ web** Webseite *f*; Homepage *f* 4 *fig* **~s de gloria** ruhmreiche Taten *fpl*; **pasar ~** das Kapitel abschließen, zur Tagesordnung übergehen; **saltar a las primeras ~s** Schlagzeilen machen

paginación F TIPO Paginierung *f*; Seitenbezifferung *f*

paginar VT paginieren

pago[1] A ADJ *fam* bezahlt; *Am tb* frei; Gratis…; *tb fig* **ya está ~** mit dem bin ich quitt B M (Be)Zahlung *f*; Auszahlung *f*; *de una factura tb* Begleichung *f*; *fig* Vergeltung *f*; **~ de amortización e intereses** Schuldendienst *m*; **~s** *mpl* (Zahlungs)Rückstände *mpl*; **~ anticipado** o **adelantado** Vorauszahlung *f*; **~ parcial** Teilzahlung *f*; **~ de compensación** Ausgleichszahlung *f*; **~ al contado** o **~ en efectivo** Barzahlung *f*; **~ contra entrega de documentos** Kasse *f* gegen Dokumente; **~ a plazos** Ratenzahlung *f*; *fig* **mal ~** Undank *m*; ADMIN **de ~** zollpflichtig; **en ~ de** zum Lohn für (*acus*); **hacer un ~ suplementario** nachzahlen; **suspender ~s** ECON die Zahlung(en) einstellen; TV **~ por visión** Pay-per-View *n*

pago[2] M 1 AGR (*espec* Wein)Gut *n* 2 *Arg, Perú* (*pueblo, país*) Heimat *f*, Heimatort *m*; **por estos ~s** hierzulande

pagoda F Pagode *f*

pagote M *fam* Zahler *m*

págs. ABR (páginas) S. (Seiten)

pagua F *Méx* BOT *árbol*: Avocadobaum *m*; *fruto*: Avocado(frucht) *f*; **paguacha** F *Chile* BOT großer runder Kürbis *m*; Melone *f*; *fig* (*cabeza*) Kopf *m*

paguro M ZOOL (*ermitaño*) Einsiedlerkrebs *m*; (*centolla*) Spinnenkrebs *m*, Meerspinne *f*

pahua F *Chile* 1 BOT → pagua 2 MED *fam* → hernia

paiche M *Perú* ZOOL Arapaima *m* (*größter Amazonasfisch*)

paidofilia, paidófilo → pedofilia, pedófilo

paila F 1 (*vasija de metal*) Metallbecken *n* 2 *Am sartén*: Bratpfanne *f* mit hohem Rand; **pailita** F *Col* weißer Rum *m*; **pailón** M 1 großer Kessel *m* 2 *Bol, Ec, Hond* GEOG Mulde *f* 3 *Ven* Wirbel *m*, Strudel *m*

pairar VI MAR beiliegen; **pairo** M MAR Beiliegen *n*; MAR **estar al ~** beiliegen, *fig* sich abwartend verhalten; **ponerse al ~** beidrehen; *fam* **me trae al ~** das kann mir gestohlen bleiben *fam*

país M 1 Land *n*; Heimat *f*; **~ de adopción** Wahlheimat *f*; **los Países Bajos** die Niederlande; **los Países Bálticos** das Baltikum; **~ comunitario** EU-Land *n*; **~es en (vías de) desarrollo** Entwicklungsländer *npl*; **~ huésped** Gastgeberland *n*; ECON **~ emergente** Schwellenland *n*; **~ de origen/de procedencia** Ursprungs-/Herkunftsland *n*; **~ productor** Erzeugerland *n*; **~ ribereño** Anrainerstaat *m*; **expulsar del ~** des Landes verweisen; **salir del ~** auswandern; **del ~** einheimisch; **en nuestro ~** bei uns 2 PINT Landschaftsbild *n*; *p. ext* Fächerbild *n* (*Darstellung auf der Fächeroberseite*)

paisa *Col fam* A ADJ aus Antioquia B M/F Einwohner *m*, -in *f* von Antioquia

paisaje M Landschaft *f* (*tb* PINT); **~ natural** Naturlandschaft *f*; **~ transformado por el hombre** Kulturlandschaft *f*; **paisajismo** M Landschaftsmalerei *f*

paisajista M/F 1 PINT Landschaftsmaler *m*, -in *f* 2 (*diseñador de parques y jardines*) Landschaftsgärtner *m*, -in *f*; **arquitecto** *m* **~** Gartenarchitekt *m*; **paisajístico** ADJ Landschafts…; **paisanada** F *Am reg* Landvolk *n*; **paisanaje** M Herkunft *f* aus der gleichen Gegend (o Stadt *etc*)

paisano M, **-a** F 1 (*el que no es militar*) Zivilist *m*, -in *f*; **de ~** in Zivil; **ir de ~** Zivil tragen 2 (*coterráneo*) Landsmann *m*, Landsmännin *f* 3 (*campesino*) AGR Bauer *m*, Bäuerin *f*, Landmann *m*, Landfrau *f* 4 *Cuba fam* Chinese *m*, Chinesin *f*; Asiate *m*, Asiatin *f*

paja F 1 AGR Stroh *n*; (*pajilla para sorber líquidos*) Strohhalm *m*; (*granza*) Spreu *f* (*tb fig*); **cartón** *m* **de ~** Strohpappe *f*; **~ cortada** Häcksel *n/m*; **~ de puna** Punagras *n*; **echarlo a ~s** mit zwei Strohhalmen auslosen 2 *fig* **por un quítame allá esas ~s** wegen (o um) nichts; **no dormirse en las ~s** keine Gelegenheit versäumen; *Biblia*: **la ~ en el ojo ajeno** der Splitter im Auge des Nächsten; *fam* **¡~s!** Unsinn!, Quatsch *m fam* 3 *pop fig* **hacerse una ~** (o *Chile, Perú, Col* **correrse la ~**) wichsen *pop*, onanieren; *pop fig* **hacerse una ~ mental** sich (*dat*) unnötig Kopfzerbrechen machen; sich anstellen *fam*

pajada F Futterhäcksel *n* mit Kleie

pajal M *Arg* mit Punagras bestandene Fläche *f*

pajar M Schober *m*; Scheune *f*; *fig* **buscar una aguja en un ~** eine Nadel im Heuhaufen suchen

pájara F 1 → pájaro 2 (*cometa*) (Kinder)Drachen *m*; *figura de papel*: Papiervogel *m* (*Faltarbeit*) 3 *fig desp mujer*: durchtriebenes (o gerissenes) Weibsbild *n fam*; Miststück *n pop* 4 DEP *fam fig* (*desfallecimiento*) Schwächeanfall *f* (*eines Sportlers*)

pajarear A VI den Vogelfang betreiben; *fig* (*andar vagando*) herumlungern B VR *Perú fam* **~se** sich irren; **pajarera** F Vogelhaus *n*; -hecke *f*; **pajarería** F 1 (*tienda que vende pájaros*) Vogelhandlung *f*; (*cría de pájaros*) Vogelzucht *f* 2 (*abundancia de pájaros*) Menge *f* von Vögeln 3 *Cuba fam desp* (*aspaviento mujeril*) weibisches Gehabe *n*; **pajarero** A ADJ *fam persona* lustig; *género* bunt; *Am reg caballo* leicht scheuend B M (*cazador de pájaros*) Vogelfänger *m*; *comerciante*: Vogelhändler *m*; *criador*: Vogelzüchter *m*

pajarete M *Art feiner Jerez (Sherry)*

pajarilla F 1 ANAT (*espec* Schweine)Milz *f* 2 BOT gemeine Akelei *f*; **pajarillo** M Vögelchen *n*; **pajarita** F 1 ZOOL Vogelmuschel *f*; ORN **~ de las nieves** Bachstelze *f* 2 *figura de papel*: ausgeschnittener Papiervogel *m*; Papierdrache *m* 3 (*corbata de lazo*) Schleife *f*, Fliege *f* (*Krawatte*)

pajarito M 1 Vögelchen *n*; *fig* **me lo ha dicho un ~** das hat mir ein Vögelchen gezwitschert; *fam fig* **quedarse (muerto) como un ~** ganz ruhig sterben, friedlich einschlummern 2 BOT **~s** *mpl* Kanarienvogelrebe *f* 3 *fam* (*pito*) Schniedel *m*, Zipfel *m fam*

pájaro M 1 ORN Vogel *m*; **~ arañero** Mauerläufer *m*, -specht *m*; **~ bobo** o **niño** (Riesen)Pinguin *m*; **~ burlón** Spottdrossel *f*; **~ carpintero** Specht *m*; *Am Mer* **~ hormiguero** Ameisenvogel *m*; **~ mosca** Kolibri *m*; *fig* **~ de mal agüero** Unglücksbringer *m*; *fig* **matar dos ~s de un tiro** o **de una pedrada** zwei Fliegen mit einer Klappe schlagen; *fam fig* **tener muchos ~s en la cabeza** Flausen im Kopf haben; *fig* **ha volado el ~** der Vogel ist ausgeflogen (*fig*); *prov* **más vale ~ en mano que ciento volando** besser den Spatz in der Hand als die Taube auf dem Dach 2 *fig persona*: Schlaukopf *m*; **~ de cuenta** schräger Vogel *m fam*; **~ gordo** hohes Tier *n*; **~ raro** seltsamer Vogel *m* (o Kauz *m*) 3 *pop* (*pene*) Schwanz *m pop* 4 *Cuba pop* (*homosexual*) Schwule *m*

pajarote M großer Vogel *m*; **pajarraca** F *Esp pop* Miststück *n fam*, Luder *n fam*; **pajarraco** M großer hässlicher Vogel *m*; *fig* durchtriebener Bursche *m*

pajaza F Streu *f*, Schüttstroh *n*

paje M 1 (*criado joven*) Page *m* 2 MAR Decks-, Schiffsjunge *m* 3 (*mesa de tocador*) Toilettentisch *m*

pajear A VI 1 *caballos* Stroh fressen 2 (*comportarse*) sich betragen, sich benehmen B VR **pajearse** *Am reg pop* sich (*dat*) einen abwichsen *pop*

pajel M → pagel

pajero M *pop* Wichser *m pop*

pají M *Chile* ZOOL Puma *m*

pajilla F 1 *espec Am reg* (*caña para sorber líquidos*) Strohhalm *m* 2 (*cigarillo hecho de hoja de maíz*) Maisstrohzigarette *f*; **pajillera** F Wichserin *f vulg* (*Dirne, die Männer masturbiert*); **pajillero**

M *fam* Pfuscher *m*
pajita F Strohhalm *m*
pajizo ADJ 1 (*hecho de paja*) aus Stroh 2 *color*: strohfarben; *cabello* strohblond; **(techo)** *m* ~ Strohdach *n*
pajolero ADJ *Esp* 1 (*endiablado*) verflixt; *fam fig* **no tener -a idea** keine blasse Ahnung haben 2 (*gracioso*) witzig
pajón M 1 Stoppelhalm *m* 2 *Antillas Art Pfriemgras n*; **pajonal** M 1 Stoppelfeld *n* 2 *Am* Savannen-, Punagras *n* 3 *Arg, Chile, Ven mit Pfeilgras bewachsenes Gelände*; **pajoso** ADJ strohig, Stroh...; strohähnlich; **pajote** M AGR Strohmatte *f zum Abdecken der Pflanzen*
pajudo ADJ *Col fam* verlogen; betrügerisch
pajuela F 1 Strohhälmchen *n*; *fig* **1.000 dólares no son una** ~ 1000 Dollar sind kein Pappenstiel 2 (*mecha*) Schwefelfaden *m* 3 *Am reg* (*mondadientes*) Zahnstocher *m*; *Bol, Méx* (*fósforo*) Zündholz *n*
pajuil M *Perú* BOT Perubalsambaum *m*
Pakistán M Pakistan *n*
pakistaní ⟨*pl* -íes⟩ A ADJ pakistanisch B M/F Pakistaner *m*, -in *f*
pala F 1 (*instrumento para cavar*) Schaufel *f*; (*cuadrada*) Spaten *m*; ~ **para arena** Sandschaufel *f*; ~ **mecánica** Löffelbagger *m*; ~ **plegable** Klappspaten *m*; **a punta** ~ haufenweise, massenhaft 2 DEP (Ball)Schläger *m*; ~ **de ping-pong** Tischtennisschläger *m* 3 *del remo*: Ruderblatt *n*; TEC Schraubenflügel *m*; (MAR Schrauben-, AVIA Propeller)Blatt *n*; CONSTR ~ **de moldeo** Streichkelle *f* 4 *del zapato*: Vorderblatt *n*; Oberleder *n* 5 (*truco*) Kniff *m*, Trick *m* 6 (*hombrera de uniforme*) Achselklappe *f*, Schulterstück *n* (*tb* MIL)
palabra F Wort *n*; *fig* (*facultad de expresar*) Redegabe *f*, Redevermögen *n*; *p. ext* (*promesa*) Zusage *f*, Versprechen *n*; **buenas ~s** *pl* leere Worte *npl* (*o* Versprechungen); ~ **clave** Schlüsselwort *n*; *espec Am reg* **~s** *pl* **cruzadas** Kreuzworträtsel *n*; **la Palabra de Dios** *o* **la Palabra Divina** das Wort Gottes, das Evangelium; **dos** (*fam tb* **un par de**) **~s** einige (*o* ein paar) Worte; ~ **de honor** Ehrenwort *n*; ~ **de matrimonio** Eheversprechen *n*; **~s** *pl* **mayores** (*injurias*) Schmähworte *npl*; Schimpfreden *fpl*; (*algo esencial*) etwas Wesentliches; Taten statt Worte; **medias ~s** Andeutungen *fpl*; *adv* ~ **por** ~ Wort für Wort, wörtlich; **la última** ~ das letzte Wort *n*; *moda*: der letzte Schrei; POL **libertad** *f* **de** ~ Redefreiheit *f*; **¡una ~!** auf ein Wort!; **¡~s!** schöne (*o* leere) Worte!; faule Ausreden!; **bajo ~ (de honor)** auf Ehrenwort; **de** ~ mündlich (*z. B. Abmachung*); **de pocas ~s** wortkarg; **en pocas ~s** in kurzen (*o* mit wenigen) Worten; *fig* **beberle a alg las ~s** an j-s Lippen (*dat*) hängen; **coger** *o* **tomarle a alg la** ~ j-n beim Wort nehmen; **dejar a alg con la ~ en la boca** j-n nicht ausreden lassen; auf j-n nicht eingehen; j-n (unbeachtet) stehen lassen; **no entender (ni)** ~ kein Wort verstehen; **me faltan las** ~ mir fehlen die Worte; **medir sus ~s** seine Worte genau abwägen, sich vorsichtig ausdrücken; **¡son ~s al aire!** *o* **¡~s hueras!** alles leere Worte!, alles hohles Geschwätz!; alles umsonst geredet!; **ser hombre de pocas ~s** wenig Worte machen, wortkarg sein; kurz angebunden sein; **tener la última** ~ das letzte Wort haben; **usted tiene la** ~ (*su turno de hablar*) Sie haben das Wort; (*su decisión*) Sie müssen selbst entscheiden; **no tener** ~ sein Wort nicht halten, wortbrüchig sein; **no tener ~s** sprachlos sein; **tomar la** ~ das Wort ergreifen
palabrear VT 1 *Am Mer* bequatschen (überreden) 2 *Col, Chile, Ec j-m* die Ehe versprechen; **palabreja** F schwieriges (*o* seltenes) Wort *n*; **palabrería** F, **palabrerío** M *Am* Wortschwall *m*, leeres Gerede *n*, Geschwätz *n*; **palabrero** A ADJ schwatzhaft, geschwätzig B M, **-a** F Schwätzer *m*, -in *f*; **palabrita** F *fam* gewichtiges Wörtchen *n*; Wort *n* mit Hintergedanken; **palabro** M komisches (*o* unkorrektes) Wort *n*; *fam* Schimpfwort *n*; **palabrota** F derbes Wort *n*; Schimpfwort *n*; **decir ~s** fluchen
palacete M Jagdschloss *n*; kleines Palais *n*;
palacial ADJ Palast...; **palaciego** A ADJ höfisch; Hof...; *fig* **revuelta** *f* **-a** Palastrevolution *f* B M, **-a** F Mitglied *n* des Hofstaates
palacio M Palast *m*, Schloss *n*; Hof *m*, Residenz *f*; Palais *n*; ~ **de congresos** Kongresspalast *m*; ~ **de (los) deportes** Sportpalast *m*; ~ **de exposiciones** Ausstellungspalast *m*; **Palacio de Gobierno** Regierungspalast *m*; **Palacio de Justicia** Justizpalast *m*; *Méx* ~ **municipal** Rathaus *n*; **Palacio Real** Königspalast *m*, königliches Schloss *n*; *Am* **Palacio Nacional** *del Presidente*: Präsidentenpalais *n*; *del Parlamento*: Parlamentsgebäude *n*; **en** ~ bei Hofe
palada F 1 *pala*: Schaufel *f* voll; Schaufelwurf *m* 2 *remo*: Ruderschlag *m* 3 *hélice*: Umdrehung *f*
paladar M 1 ANAT Gaumen *m*; **suave al** ~ mild im Geschmack; *fig* **pegársele a alg la lengua al** ~ kein Wort herausbringen können 2 *fig* (*gusto*) Geschmack *m*; **hablarle al ~ de alg** j-m nach dem Munde reden; **tener un ~ fino** *o* **tener buen** ~ *vino* gutes Bukett haben; *persona* einen guten Geschmack haben; ein Feinschmecker sein 3 *Cuba* (*Privat*)Restaurant (*für Touristen*)
paladear A VT schmecken; kosten; *fig* genießen, auskosten B VI *recién nacido* saugen wollen; **paladeo** M Schmecken *n*; **paladial** ADJ ANAT Gaumen...
paladín M Kämpe *m*; Paladin *m*; treuer Gefolgsmann *m*
paladino[1] M → paladín
paladino[2] ADJ offenkundig; öffentlich; *fig* **en lenguaje** ~ deutlich (*o* klar) gesprochen
paladio M QUÍM Palladium *n*
paladión M Palladium *n* (*tb fig*); Schutzbild *n*
palado ADJ *heráldica*: gepfählt
palafito M *prehistoria*: Pfahlbau(siedlung *f*) *m*
palafrén M *equitación*: Zelter *m*; **palafrenero** M Reitknecht *m*
palanca F 1 (*pértiga*) Hebel *m* (*tb* FÍS); (*palanqueta*) Brechstange *f*; TEC ~ **acodada** Kniehebel *m*; ~ **articulada** Gelenk-, Schwenkhebel *m*; AUTO ~ **del cambio** *o* **de cambios** Schaltknüppel *m*, -hebel *m*; ~ **de mando** TEC Steuerhebel *m*; AVIA Steuerknüppel *m*; INFORM Joystick *m*; ~ **de maniobra/de parada** Bedienungs-/Abstellhebel *m*; ~ **reguladora** Einstellhebel *m*; ~ **portacecla** Tastenhebel *m an der Schreibmaschine* 2 (*alzaprima*) Hebebaum *m*; Tragstange *f*; ~ **de remolque** Schleppdeichsel *f* 3 (*torre de saltos*) Sprungturm *m* 4 *espec Am fig* (*influencia*) Einfluss *m*, **tener** ~ Beziehungen haben
palancada F Hebelruck *m*; **palancón** A ADJ *Arg, Bol* riesengroß; *animal, hombre* sehr hochbeinig B M *Ec* schmale Hacke *f*
palangana A F Waschschüssel *f*; *Am Mer* Schüssel *f*; Becken *n* B M/F *Chile, Perú, Ec fam fig frec* **~s** PL Schwätzer *m*, -in *f*, Angeber *m*, -in *f fam*; **palanganada** F *Am reg fam* Geschwätz *n*, Aufschneiderei *f*; **palanganear** VI *Am Mer* schwatzen, angeben *fam*; **palanganero** M Waschständer *m*
palangre M Legangel *f*; **palangrero** M Legangelfischer *m*
palanquear VT *Am* einen Hebel ansetzen; mit einer Brechstange heben; *bote* staken; *fig* antreiben; helfen (*dat*); **palanquera** F Pfahl-, Palisadenwand *f*; **palanquero** M 1 Blasebalgtreter *m in Schmieden* 2 *Chile* FERR Bremser *m* 3 *jerga del hampa* Einbrecher *m*; **palanqueta** F Brecheisen *n*, -stange *f*
palanquín M 1 Tragsessel *m*, Palankin *m* 2 MAR Geitau *n* 3 *fam* Lastträger *m*, Gelegenheitsarbeiter *m*; **palanquista** M *jerga del hampa* Einsteigdieb *m*; **palanquita** F TEC kleiner Hebel *m*
palante ADV *pop* vorwärts
palastro M Schwarzblech *n*
palatabilidad F angenehmer Geschmack *m*
palatal A ADJ Gaumen...; FON palatal; **(sonido** *m*) ~ *f* Palatal *m*, Gaumenlaut *m* B F FON Gaumenlaut *m*, Palatal *m*; **palatalización** F FON Palatalisierung *f*; **palatalizar** VT ⟨1f⟩ FON palatalisieren
palatina F Boa *f*, Pelzkragen *m*
Palatinado M Pfalz *f*
palatino[1] ADJ 1 (*del palacio*) *espec* HIST Palast..., Hof... 2 (*del Palatinado*) Pfalz...; pfälzisch
palatino[2] ADJ Gaumen...
palay M *Méx* ungeschälter Reis *m*
palazo M Schaufelschlag *m*
palazón M Pfahlwerk *n*
palca F *Bol* 1 BOT Astgabelung *f* 2 *de caminos*: Straßenkreuzung *f*; *de ríos*: Flussgabelung
palco M 1 TEAT Loge *f*; ~ **de honor** Ehrenloge *f*; ~ **de platea** Parterreloge *f*; ~ **presidencial/regio** Präsidenten-/Königsloge *f* 2 MIL *fam* (*avión*) Kiste *f* (*Flugzeug*)
palé M *Esp* → palet
paleadora F TEC Ladeschaufler *m*
Palencia *f spanische Stadt, Provinz*
palenque M 1 (*valla*) Einzäunung *f*, Schranken *fpl* 2 (*recinto de torneos o ferial*) Turnier-, Festplatz *m* 3 *RPl estaca*: Pfahl *m*; Pfosten *m zum Anbinden von Pferden etc* 4 *C. Rica* (*pueblo de indios*) Indianerdorf *n* 5 *Chile* (*lugar bullicioso*) *Ort mit viel Lärm und Trubel*; Radaubude *f fam* 6 *Am Mer, Caribe* HIST *Zufluchtsort für entlaufene schwarze Sklaven*
palenquero M Palenquero *n* (*spanisch-basierte Kreolsprache*)
palentino A ADJ aus Palencia B M, **-a** F Einwohner *m*, -in *f* der Stadt *o* Provinz Palencia
paleocristiano ADJ frühchristlich; **paleografía** F *t/t* Paläografie *f*; **paleógrafo** M **paleógrafa** F Paläograf *m*, -in *f*; **paleolítico** A ADJ altsteinzeitlich B M Altsteinzeit *f*, Paläolithikum *n*; **paleólogo** M, **-a** M Paläologe *m*, Paläologin *f*; **paleontología** F Paläontologie *f*; **paleontólogo** M, **-a** F Paläontologe *m* Paläontologin *f*
palero M 1 MAR Kohlentrimmer *m* 2 *Am reg pop* (*mentiroso*) Lügner *m*, -in *f* 3 *Esp reg pop* Voyeur *m*, -in *f*
Palestina F Palästina *n*
palestino A ADJ aus Palästina, Palästina...; POL palästinensisch B M, **-a** F Palästinenser *m*, -in *f*
palestra F Kampfplatz *m* (*tb fig*); *fig* **salir** *o* **saltar a la** ~ auf den Plan treten
palet M TEC Palette *f*
paleta A F 1 PINT, *fig* Palette *f*; **una ~ de posibilidades** eine Palette an Möglichkeiten 2 (*pequeña pala*) kleine Schaufel *f*; Handschaufel *f* 3 *del albañil*: (Maurer)Kelle *f*; *de horno*: Schüreisen *n*; *de cocina*: Bratenwender *m*; TEC ~ **de fundidor** (Gießer)Krücke *f* 4 TEC *de turbinas, etc*: Schaufel *f*; ~ **agitadora** Rührflügel *m*, -schaufel *f* 5 CAZA Schaufel *f* (*Geweih*) 6 ANAT *diente*: oberer Schneidezahn *m* 7 GASTR *espec Am* Schulter *f* 8 *Am Centr, Antillas, Méx* (*helado*) Eis *n* am Stiel B M *reg* Maurer *m*
paletada F Kelle *f* voll; *fig* **a ~s** haufenweise;
paletazo M TAUR seitlicher Stoß *m des Stiers*;

P

paletear VI 1 MAR schlecht rudern 2 *Perú pop* grapschen; **paleteo** M 1 MAR schlechtes Rudern *n* 2 *Perú pop* Grapschen *n*, Grapscherei *f*; **paletero** A M 1 CAZA Spießer *m* 2 *jerga del hampa* Diebeshelfer *m* B M, **-a** F *S.Dgo* Eisverkäufer *m*, -in *f*; **paletilla** F ANAT Schulterblatt *n*; GASTR (Lamm)Schulter *f*; **~ de cordero** Lammschulter *f*; **paletización** F Palettierung *f*; **paletizar** VT TEC palettieren
paleto A M ZOOL Damhirsch *m*, Schaufler *m* B M, **-a** F *Esp fig* tölpelhafte Person *f*; Einfaltspinsel *m*; Provinzler *m*, -in *f*, Landei *n fam*
paletó M TEX Paletot *m*
paletón M (Schlüssel)Bart *m*
pali M LING Pali *n*
palia F CAT Palla *f*, Kelchabdeckung *f*
paliar VT ⟨1b⟩ 1 (*disimular, encubrir*) bemänteln, vertuschen 2 *dolores, penas* lindern; *deficiencias* beheben; **paliativo** A ADJ 1 (*que da alivio*) lindernd; **medicina** *f* **-a** Palliativmedizin *f* 2 (*que encubre*) bemäntelnd B M 1 (*medio paliativo*) Linderungsmittel *n*, Palliativ(um) *n* 2 (*recurso de urgencia*) Notbehelf *m*
palidecer VI ⟨2d⟩ 1 erbleichen, erblassen 2 *fig* verblassen; sehr an Wert (*o* Kraft) verlieren (**ante** angesichts *gen*); **palidez** F Blässe *f*
pálido ADJ bleich, blass; **amarillo ~** blassgelb
paliducho ADJ *fam* blass, käsig *fam*
palier M 1 AUTO Achsschenkel *m* 2 (*rellano de escalera*) Treppenabsatz *m*
palillero M 1 *de la pluma de escribir*: Federhalter *m* 2 (*cajita de mondadientes*) Zahnstocherbehälter *m* 3 (*vendedor de mondadientes*) Zahnstocherverkäufer *m*
palillo M 1 (*pequeño palo*) Stöckchen *n*; TAUR → banderilla 1 2 (*varilla de tambor*) (Trommel)Schlägel *m*; *fig* **tocar todos los ~s** alle Hebel in Bewegung setzen 3 (*mondadientes*) Zahnstocher *m*; **~s** *mpl para comer*: (Ess)Stäbchen *npl* 4 TEX (*bolillo para hacer encajes*) (Spitzen)Klöppel *m*; *Chile* (*aguja para hacer punto*) Stricknadel *f* 5 (*vena de la hoja de tabaco*) Tabakrippe *f* 6 *fam fig* **~s** *mpl* (*castañuelas*) andalusische Kastagnetten *fpl*
palimpsesto M *t/t* Palimpsest *m*
palíndromo M Palindrom *n*
palingenesia F Palingenese *f* (*tb* BIOL); Wiedergeburt *f*; **palingenésico** ADJ REL Wiedergeburts...; **palingenético** ADJ *espec* BIOL palingenetisch
palinodia F *fam* **cantar la ~** Widerruf leisten, einen Rückzieher machen *fam*; seinen Irrtum bekennen
palio M 1 Baldachin *m* 2 REL Pallium *n*, Bischofsmantel *m*
palique M *fam* Plauderei *f*, Schwätzchen *n*; **estar de ~** plaudern
paliquear VI *fam* plaudern
palisandro M Palisanderholz *n*
palista M/F 1 (*piragüista*) Paddler *m*, -in *f*, Ruderer *m*, Ruderin *f* 2 (*conductor de excavadora*) Baggerführer *m*, -in *f*
palito M Stöckchen *n*; **~s** *mpl para comer*: (Ess)Stäbchen *fpl*; *Bol, Perú* **~s de fósforo** Streichhölzer *npl*; GASTR **~s de pescado** Fischstäbchen *npl*
palitroque M 1 kleiner Stock 2 TAUR Banderilla *f*
paliza A F 1 (*zurra de golpes*) Tracht *f* Prügel 2 *fig* (*esfuerzo*) große Mühe *f*; harte Arbeit *f*; *fam* **darse la ~** sich abrackern *fam*; **dar la ~ a alg** j-m auf den Wecker gehen *fam* B M *fam persona*: aufdringlicher, lästiger Kerl *m fam*, Nervensäge *f fam*
palizada F Pfahlwerk *n*; Pfahl-, Bretterzaun *m*; Palisade *f*
palla F 1 *Perú* Herrin *f* (*Inka-Adlige*) 2 *folclore* Volks- (*espec* Weihnachts)sängergruppe *f* 3 *Bol* BOT Kukuritopalme *f* 4 *Am* → paya
pallar M *Chile, Perú* BOT *Art* Bohne *f* (*Phaseolus pallar*)
pallete M MAR Matte *f*
pallón M MIN Goldprobe *f*
palma F 1 BOT Palme *f*; *Méx verschiedene Liliengewächse*; **~ de cera** Wachspalme *f*; **~ real** Königspalme *f*; **aceite** *m* **de ~** Palmöl *n*; **vino** *m* **de ~** Palmwein *m* 2 (*hoja de la palmera*) Palmblatt *n*; Palm(en)zweig *m* 3 *fig* (*triunfo*) Siegespalme *f*; **llevarse la ~** den Sieg erringen; FILM **la Palma de Oro** die Goldene Palme 4 ANAT *de la mano*: Handfläche *f*, -teller *m*; *fig* **~s** *fpl* Händeklatschen *n*; (*aplauso*) Beifall *m*; **¡~s!** bravo!; gut so!; hoch!; **batir ~s** in die Hände klatschen, applaudieren, Beifall spenden; *fig* **conocer como la ~ de la mano** wie seine Westentasche kennen
palmacristi F BOT Christpalme *f*, Rizinus *m*
palmada F Schlag *m* mit der Handfläche; **~s** *fpl* **de aplauso** Beifallklatschen *n*; **dar ~s** in die Hände klatschen (*um z. B. den Kellner zu rufen*); **dar ~s en el hombro**; *j-m* auf die Schulter klopfen
palmadita F Klaps *m*; **palmado** ADJ 1 → palmeado 2 *fam fig* **estar ~** völlig abgebrannt sein *fam*
palmar[1] A ADJ 1 ANAT zur Handfläche gehörend, Hand..., Palmar...; Handspannen..., Spannen... 2 *fig* → **palmario** 3 (*hecho de palma*) Palm(en)...; aus Palmblatt gefertigt B M 1 ANAT Palmaris *m* 2 (*bosque de palmas*) Palmenwald *m*
palmar[2] VI *fam* (*pop* **~la**) abkratzen *pop*, sterben
palmarés M Siegerliste *f*, Gewinnerliste *f*
palmario ADJ handgreiflich, offensichtlich, offenkundig; **palmatoria** F 1 Handleuchte *f*, Kerzenhalter *m* 2 *fig* der Tod
palmeado ADJ 1 (*con forma de palmas*) palmenförmig 2 BOT *raíz* fingerförmig auseinanderstrebend 3 ZOOL durch eine Haut verbunden, Schwimmhaut...
palmear A VI 1 (*medir con la mano*) mit der Hand (*o* nach Spannen) messen 2 (*aplaudir*) klatschen B VT **~ la espalda a alg** *o Arg* **~ a alg** j-m auf die Schulter klopfen
palmense A ADJ aus Las Palmas de Gran Canaria B M/F Einwohner *m*, -in *f* von Las Palmas de Gran Canaria
palmeo M Messen *n* nach Handspannen
palmer M TEC Mikrometerschraube *f*
palmera F BOT Palme *f*; **~ de abanico** Fächerpalme *f*; **~ datilera** Dattelpalme *f*; **~ enana** Zwergpalme *f*
palmeral M Palmenhain *m*, -pflanzung *f*, -wald *m*
palmero A ADJ von (der Kanareninsel) La Palma B M, **-a** F Einwohner *m*, -in *f* der Kanareninsel La Palma C M 1 REL Palmzweigträger *m* (*Jerusalempilger*) 2 *Ec, Méx, RPl* BOT → palmera
palmesano A ADJ aus Palma de Mallorca B M, **-a** F Einwohner *m*, -in *f* von Palma de Mallorca
palmeta F (Zucht)Rute *f*; Klatsche *f*, Pritsche *f*; *p. ext* → palmetazo; *fig* **ganar la ~** eher da sein; den anderen voraus sein (*tb fig*); **palmetazo** M Schlag *m* mit der Klatsche; *fig* schroffe Zurechtweisung *f*, Rüffel *m fam*
palmichal, palmichar M *Am* Wald *m* (*o* Pflanzung *f*) von Palmen (→ palmiche); **palmiche** M 1 *Am Mer, Antillas* BOT *palma*: Königspalme *f*; *fruto*: Frucht *f* der Königspalme; *Am Centr eine Ölpalme* 2 *Cuba* TEX *leichter Stoff für Sommeranzüge*
palmilla[1] F *Méx* BOT *Sammelname für verschiedene kleine Palmen, Liliengewächse etc*
palmilla[2] F *del zapato*: Brandsohle *f*; Einlegesohle *f*
palmípedas FPL ZOOL Schwimmvögel *mpl*; **palmípedo** ADJ ZOOL Schwimm...
palmista M/F *Antillas, Méx* Handleser *m*, -in *f*;
palmita F 1 Händchen *n*; *fig* **llevar** *o* **traer en ~s** auf den Händen tragen 2 BOT Palmenmark *n*
palmitieso ADJ *equitación*: hart- und geradhufig
palmito M 1 BOT Zwergpalme *f*; *espec Am Centr* Kohlpalme *f*; *Am* (*cogollo comestible de la palmera*) Palmenherz *n*, Palmkohl *m* 2 *fam fig* (*cara*) (hübsches) Gesicht *n*; **buen ~** hübsches Gesichtchen *n*; nettes Mädchen *n*; **exhibir el ~** seine Schönheit zur Schau stellen
palmo M Spanne *f* (*ca. 21 cm*); Handbreit *f* (*tb fig*); *fig adv* **~ a ~** schrittweise, langsam; Spanne für Spanne, Stück um Stück; *fig* **a ~s** (er)sichtlich, zusehends; sehr genau (*kennen*); *fam* **con un ~ de orejas** mit langen Ohren; **dejar a alg con un ~ de narices** *o* **hacerle a alg un ~ de narices** j-m eine lange Nase machen; **quedarse con un ~** *o fam* **a dos ~s de narices** das Nachsehen haben, leer ausgehen; **con un ~ de lengua fuera** hundemüde *fam*; **tener medido a ~s** jede Handbreit (*eines Geländes etc*) kennen
palmotear A VI Beifall klatschen B VT tätscheln; **~ (las espaldas)** auf die Schulter klopfen (*dat*)
palmoteo M 1 (*aplauso*) (Beifall)Klatschen *n* 2 (*palmaditas*) Schulterklopfen *n*; Tätscheln *n* 3 *con la palmeta*: Schlagen *n* (*mit der Klatsche*)
palo M 1 Stock *m*; (*poste*) Pfahl *m*, Pfosten *m*; (*bastón*) Stab *m*, Stecken *m*; (*mango*) Stiel *m*; TAUR → **banderilla**; *p. ext* **~ de apoyo** Stütze *f*, Abstützung *f*; *Am* **~ ensebado** Klettermast *m* (*bei Volksfesten*); **~ de escoba** Besenstiel *m*; **~ de la tienda** Zeltstange *f*; *fig* **el ~ y la zanahoria** Zuckerbrot und Peitsche 2 DEP **~ de golf** Golfschläger *m*; DEP **~ de hierro** Treiber *m*, Eisenschläger *m* (*beim Golf*); DEP **~ de juego (de hockey)** Hockeyschläger *m*; DEP **~ de la portería** Torpfosten *m* 3 (*golpe*) Stockschlag *m*; *fig* **~s** *mpl* Tracht *f* Prügel; *fam fig* **andar a ~s** sich herumprügeln; wie Hund und Katze sein; **dar ~s de ciego** (*golpear ciegamente*) blind(lings) um sich (*acus*) schlagen; *fig* unüberlegt handeln; **dar (de) ~s a alg** j-n verprügeln 4 *fig* **dar ~ a alg** *fam* j-m nicht behagen; *fam* **dar un ~ a alg** j-n neppen; *fam* **no dar un ~ de agua** stinkfaul sein *fam*; *ig* **poner ~s a las ruedas** Sand ins Getriebe streuen; *Am Mer fig* **ser un ~** hervorragend (*o* erstklassig *o* wichtig) sein; *fam fig* **¡es un ~!** das ist eine Mordssache! *fam*; *Am reg* **a ~ entero** betrunken; *fAm. reg fam fig* **a medio ~** halb fertig; *Am reg fam fig* **el trabajo se quedó a medio ~** die Arbeit wurde nicht zur Hälfte fertig 5 (*madera*) Holz *n*; entrindeter Stamm *m*; **de ~** aus Holz, hölzern; **pierna** *f o fam* **pata** *f* **de ~** Holzbein *n*; BOT **~ de águila** Adlerholz *n* (*Sumachgewächs*); **~ de áloe** Aloeholz *n* (*Räucherholz*); FARM **~ amarillo** Fustikholz *n*; BOT **~ borracho** *südamerikanisches Wollbaumgewächs* (*Chorisia speciosa*); **~ dulce** Süßholz *n*; **~ de jabón** Seifenholz *n* (*Bast des Seifenbaums*); **~ de Judas** Judasbaum *m*; **~ de leche** *Col ein Wolfsmilchgewächs*; *Méx ein Giftstrauch*; *Méx* **~ lechón** *ein Wolfsmilchgewächs*; **~ de rosa** → jacaranda; **~ santo** Guajakholz *n*; → *tb* palosanto; **~ de vaca** Milchbaum *m*; *prov* **de tal ~ tal astilla** der Apfel fällt nicht weit vom Stamm 6 GASTR Likör aus dem Samen des Johannisbrotbaumes (*Spezialität aus Mallorca*); **~ cortado** älterer Sherry *m* 7 MAR Mast *m*; **velero** *m* **de tres ~s** Dreimaster *m*; **~ mayor** Großmast *m*; **a ~ seco**

MAR mit gerefften Segeln; *fig (simple)* schlicht, ohne Umstände; *(hambriento)* auf nüchternen Magen; **correr a ~ seco** vor Topp und Takel treiben; *prov* **que cada ~ aguante su vela** jeder muss für seine Taten einstehen 8 TIPO Ober- (*o* Unter)länge *f der Buchstaben*; **~ grueso** Grundstrich *m*; *fig* **~s** *mpl* erste Schreibübungen *fpl*; *p. ext* Grundkenntnisse *fpl* 9 *juego de cartas*: Farbe *f*; **~ favorito** *o* **de favor** Trumpffarbe *f*, -karte *f*; *fig* **estar del mismo ~** das gleiche Ziel haben; unter einer Decke stecken 10 *heráldica*: Balken *m* 11 *(patíbulo)* Galgen *m*; Hinrichtungspfahl *m*; Schandpfahl *m*; *p. ext pena de muerte*: Todesstrafe *f am Pfahl*; Hängen *n*; Pfählen *n*; *fam* **meter un ~ a alg** j-n bestrafen; **poner a alg en un ~** j-n an den Galgen (*o* an den Schandpfahl) bringen 12 *Am Mer* **~ a pique** *mit Stacheldraht bewehrte Umzäunung* 13 *Antillas, Méx vulg* Koitus *m*, Nummer *f pop*; *vulg* **echar un ~** eine Nummer schieben *pop*, bumsen *vulg* 14 *Perú* **~s de tejer** Stricknadeln *fpl* 15 *Ven (trago de licor)* Drink *m*, Gläschen *n* 16 *Ven* **un ~ de ...** *Ausdruck der Größe, Bedeutung*; **un ~ de hombre** ein Mordskerl *m fam*

paloma F 1 ORN Taube *f* (*tb fig* POL); **~ doméstica** *o* **mansa** Haustaube *f*; **~ mensajera/moñuda** Brief-/Perückentaube *f*; *fig* **~ de la paz** Friedenstaube *f*; **~ silvestre** *o* **brav(í)a** Wildtaube *f*; **~ torcaz** Ringeltaube *f*; **~ zurita** Hohltaube *f*; **Virgen** *f* **de la ~** *Stadtpatronin von Madrid*; **soltar ~s** (Brief)Tauben auflassen 2 *fig apodo cariñoso*: Täubchen *n*; *pop fig (prostituta)* Straßendirne *f*; **ser una ~ sin hiel** ein harmloser Mensch sein 3 MAR **~s** *fpl* Kabbelsee *f* 4 DEP Überschlag *m am Bock oder Sprungtisch* 5 *Méx* → **mariposa** 1 6 *Ven fam* Schluck *m* Schnaps 7 *jerga del hampa (sábana)* Bettlaken *n*

palomadura F MAR Saumnaht *f*

palomar M Taubenhaus *n*, -schlag *m*; *fam fig* **alborotar el ~** die Menge in Aufruhr bringen; **palomariego** ADJ im Taubenschlag aufgezogen; **palomear** VI 1 *(cazar palomas)* auf Taubenjagd gehen 2 *(criar palomas)* Tauben züchten; **palomera** F → **paloma**

palomero M, **-a** F *criador(a)*: Taubenzüchter *m*, -in *f*; *aficionado, -a*: Taubenliebhaber *m*, -in *f*; *comerciante*: Taubenhändler *m*, -in *f*

palometa F **~ blanca** → **palometón**; **palometón** M ZOOL Gabelmakrele *f*; **palomilla** A F 1 ZOOL *insecto*: (Korn)Motte *f*; *p. ext (mariposa muy pequeña)* kleiner Schmetterling *m* 2 BOT *hongo*: Täubling *m*; **~ (romana)** (dichtblütiger) Erdrauch *m* 3 *equitación*: *(caballo blanco)* Schimmel *m*; *(parte anterior de la grupa)* Sattelhöhle *f (vorderes Kreuz)*; *de albardas*: Sattelknopf *m bei Packsätteln* 4 CONSTR Konsölchen *n*; TEC Zapfenlager *n für Achsen* 5 MAR **~s** *fpl* Kabbelung *f* 6 *Am Centr (gentuza)* Gesindel *n* B M *Perú (pillo)* Gassenjunge *m*, Lausebengel *m*; **palomina** F 1 *excremento*: Taubenmist *m* 2 BOT Erdrauch *m*; **palomino** M 1 ORN junge Taube *f* 2 *fam fig mancha*: Kotfleck *m in der Unterwäsche* 3 *pop* **ser un ~ atontado** ein Einfaltspinsel *fam* (*o* Schafskopf *fam*) sein; **palomitas** FPL Popcorn *n*, Puffmais *m*; **palomo** M ORN Tauber *m*, Täuberich *m*; Ringeltaube *f*

palón M *heráldica*: rechteckiges Banner *n mit vier Spitzen*

palosanto M BOT Kakifrucht *f*

palotada F Schlag *m* mit dem Stock

palote M kurzer Stock *m*; *fig* **~s** *mpl* erste Schreibübungen *fpl*; Gekritzel *n*

palpable ADJ 1 tastbar (*tb* MED), fühlbar; greifbar (*tb fig*) 2 *fig (claro, obvio)* deutlich, einleuchtend; **palpación** F Abtasten *n* (*tb* TEC, MED); MED Betasten *n*, Palpation *n*; **palpador** TEC A ADJ Tast...; **aparato** *m* **~** Abtastgerät *n* B M Fühler *m*, Fühl-, Taststift *m*

palpar A VT betasten (*tb* MED), befühlen; abtasten (*tb* TEC, MED), spüren B VI 1 *fig (conocer claramente)* mit Händen greifen (*fig*) 2 *(andar a tientas)* sich vorwärts tasten

palpebral ADJ ANAT (Augen)Lid...

palpitación F MED Schlag *m*, Palpitation *f*; Zuckung *f*; **-ones** *fpl* Herzklopfen *n*; **palpitante** ADJ *fig* **cuestión** *f* **~** brennende Frage *f*

palpitar VI 1 klopfen, *corazón* schlagen; zucken 2 *RPl* **me palpita que ...** ich habe das Vorgefühl, dass ...

pálpito M *fam* Vorgefühl *n*, Riecher *m fam*; **me da el ~ de que ...** ich habe so eine Ahnung, dass ..., mir schwant, dass ... *fam*

palpo M ZOOL Taster *m*, Fühler *m*

palqui M *Chile* BOT Palqui *m*

palquista M *jerga del hampa* Einsteigdieb *m*

palta F 1 *Am Mer* BOT Avocado *f* 2 *Perú fam* Problem *n*, Sorge *f*; **no te hagas ~s** mach dir keine Gedanken (*o* Sorgen); *fam* **¡qué ~!** so ein Mist *fam*

palto M *Am Mer* BOT Avocadobaum *m*

palucha F *Cuba, Chile fam* Geschwätz *n*, Angabe *f fam*; **paluchear** VI *Cuba* großtuerisch daherschwatzen

palúdico A ADJ Sumpf...; **fiebre** *f* **-a** Sumpffieber *n* B M, **-a** F Sumpffieberkranke *m/f*; **paludismo** M 1 Sumpffieber *n*, Malaria *f* 2 *Esp fam* Manschetten *fpl*, Bammel *m*

paludo ADJ 1 *Col* → **pasmado** 2 *Col, Méx* BOT *frutas* grobfaserig

palurdo A ADJ *(tosco, grosero)* plump; *(ignorante)* unwissend B M, **-a** F einfältige (*o* ignorante) Person *f*

palustre A ADJ Sumpf... B M Maurerkelle *f*

pamba *Ec* A ADJ flach B F flaches Gewässer *n*; Lagune *f*

pamela F *Art* Florentiner Hut *m* (*für Frauen*)

pamema F *fam* 1 *(tontería)* Unsinn *m*, Quatsch *m fam*; Bagatelle *f* 2 *(excesiva delicadeza)* Ziererei *f*, Zimperlichkeit *f*; **¡déjate de ~s!** hab dich nicht so! *fam*; lass doch die Flausen!

pampa A ADJ *Arg* riesig B F *Am Mer* baumlose Fläche *f*; *espec RPl* Pampa *f*, Grasebene *f*; **a la ~** *Arg* unter freiem Himmel; *Am* weit draußen (*o* auf dem Lande) C M *Arg, Chile* Pampaindianer *m*

pampanilla F Schamschurz *m* der Indianer

pámpano M 1 BOT (grüne) (Wein)Ranke *f*; Weinlaub *n*; **echar ~s** (sich) ranken 2 *pez*: Deckenfisch *m*

pampeano A ADJ aus der Pampa; Pampa... B M, **-a** F Pampabewohner *m*, -in *f*; **pampear** VI *Am Mer* die Pampa durchstreifen; **pampero** A ADJ 1 aus der Pampa; Pampa... 2 *Perú pop* durch die Pampa streifend B M *viento*: Pampawind *m*, -sturm *m* C M, **-a** F Pampabewohner *m*, -in *f*; **pampino** *Chile* A ADJ Pampa... B M, **-a** F Pampabewohner *m*, -in *f* (*vor allem der Pampa salitrera, der chilenischen Salpeterwüste*)

pampirolada F 1 GASTR *Art Knoblauchbrühe mit Brot und Wasser* 2 *fam fig (necedad)* Dummheit *f*; Quatsch *m*

pampito ADJ *Arg aguas* flach, seicht

pamplemusa F → **pomelo**

pamplina F 1 BOT Vogelmiere *f* 2 *fam fig (tontería)* Unsinn *m*; **~s** *fpl* Flausen *fpl*, Quark *m fam*, Quatsch *m fam*; **¡no me vengas con ~s!** das ist doch alles Unsinn!; **pamplinada, pamplinería** F *fam* Dummheit *f*, Quatsch *m fam*; **pamplinero, pamplinoso** ADJ *fam* 1 *(propenso a decir pamplinas)* zu dummem Geschwätz neigend 2 *(remilgado)* zimperlich; lästig

pamplonés A ADJ aus Pamplona B M, **-esa** F Einwohner *m*, -in *f* von Pamplona

pamplonica M/F *pop* → **pamplonés**

pampón M *Perú* unbebautes Grundstück *n*

pamporcino M BOT Alpenveilchen *n*

pan M 1 GASTR Brot *n* (*tb fig*); **~ abierto** belegtes Brot *n*; **~ de almendras** Mandelbrot *n*; **~ ázimo** ungesäuertes Brot *n*; **~ bazo** Schwarz-, Schrotbrot *n*; **~ blanco** Weißbrot *n*; *Méx* **~ de caja** Kastenbrot *n*; **~ de centeno** Roggenbrot *n*; **~ crujiente** Knäckebrot *n*; **~ dormido** Bischofsbrot *n* (*Gebäck*); **~ de especias** Lebkuchen *m*; **~ de flor** *o* **de lujo** feinstes Weißbrot *n*; *Am* **~ francés** Brötchen *n*; **~ de Graham/de higos/de munición** Graham-/Feigen-/Kommissbrot *n*; **~ inglés** *o* **de lata** Kastenbrot *n*; **~ integral** Vollkornbrot *n*; **~ de jengibre** Ingwerbrot *n*, Leb-, Gewürzkuchen *m*; **~ de mezcla** *o* **de morcajo** Mischbrot *n*; **~ de miel** Honigkuchen *m*; **~ de molde** Kastenbrot *n*; *Perú* Toastbrot; **~ moreno** Schwarzbrot *n*; MIL **~ de munición** Kommissbrot *n*; **~ negro** Schwarzbrot *n*; **~ pintado** Zuckerbrot *n*, verziertes Würzbrot *n*; **~ rallado** Paniermehl *n*, Semmelbrösel *npl* (*al.d.S*); **~ seco** trockenes Brot *n* (*ohne Belag*); **~ tostado** Röst-, Toastbrot *n*; **~ trenzado** Zopf *m*, Stollen *m*; **~ de trigo** Weißbrot *n*; **~ de Viena** Brötchen *n*, Semmel *f* (*al.d.S*); **partir el ~** das Brot brechen 2 **a ~ y agua** *castigo*: bei Wasser und Brot; REL **~ eucarístico** *o* **supersubstancial** Eucharistie *f*; **~ de la proposición** Schaubrot *n*; **el ~ nuestro de cada día dánosle hoy** unser tägliches Brot gib uns heute; *prov* **no sólo de ~ vive el hombre** der Mensch lebt nicht vom Brot allein 3 *fig fam* **no cocérsele a alg el ~** es nicht erwarten können, vor Ungeduld vergehen; **comer el ~ de alg** j-s Brot essen, in j-s Diensten (*dat*) stehen; **con su ~ se lo coma** das soll er selbst ausbaden; *fam* **hacer un ~ como unas hostias** die Sache vermurksen *fam*; Murks machen *fam*; **llamar al ~, ~ y al vino, vino** die Dinge beim (rechten) Namen nennen; *fam* **repartir a/c como ~ bendito** äußerst knauserig mit etw (*dat*) sein; **ser más bueno que el ~** herzensgut sein; **ser el ~ de cada día** das tägliche Brot sein (*fig*), immer wieder vorkommen; **esto es ~ comido** das ist kinderleicht; **ser ~ y miel** hervorragend (*o* kinderleicht) sein; **no tener para ~** sehr darben müssen; **venderse** *o* **salir como el ~ como ~ caliente** weggehen wie warme Semmeln 4 *p. ext (cereales)* Getreide *n*; *(harina)* Mehl *n*; AGR **tierra** *f* **de ~ llevar** Getreideboden *m*, -feld *n* 5 BOT **árbol** *m* **del ~** Brotbaum *m* 6 *fig con forma de pan*: **~ de azúcar** Zuckerhut *m*; **~ de jabón** großes Stück *n* Seife; **~ de oro** Goldplättchen *n*; BOT **~ y quesillo** Hirtentäschel(kraut) *n*; *reg* **~ de vidrio** Fensterscheibe *f*

PAN M ABR (Partido Acción Nacional) *mexikanische Rechtspartei*

pana[1] F TEX Cord(samt) *m*

pana[2] F *Chile (hígado)* Leber *f der Tiere*; *fam fig (sangre fría)* Kaltblütigkeit *f*

panacea F Allheilmittel *n*, Panazee *f*

panaché M GASTR gemischte Gemüseplatte *f*

panaco M *Arg fam* Vulva *f*

panadear VT Brot backen; **panadera** F, Bäckerin *f*; **panadería** F Bäckerei *f*; Bäckerladen *m*; **panadero** M 1 Bäcker *m* 2 MÚS **~s** *mpl ein Volkstanz* (→ **zapateado**)

panadizo M MED Panaritium *n*

panado ADJ GASTR mit Röstbrot angemacht (*Brühe*)

panal M 1 *(estructura producida por abejas)* (Honig)Wabe *f* 2 *(azucarillo)* Schaumzucker *m*

Panamá M Panama *n*

P

panameño A ADJ panamaisch, aus Panama B M, **-a** F Panamaer *m*, -in *f* C M Panamahut *m*

Panamericana F (**Carretera** *f*) **~** Panamerican Highway *m* (*Straßenverbindung von Alaska bis Patagonien*)

panamericanismo M POL Panamerikanismus *m*; panamerikanische Bewegung *f*; **panamericanista** M/F Anhänger *m*, -in *f* des panamerikanischen Gedankens; **panamericano** ADJ panamerikanisch

pancarta F Plakat *n*, Schild *n*; Transparent *n*; Spruchband *n*

panceta F GASTR Bauchspeck *m*; Frühstücksspeck *m*

panchitos MPL *Esp, reg* gesalzene Erdnüsse *fpl*

pancho M 1 *pez*: junger Seekarpfen *m* 2 *fam* (*panza*) Bauch *m*; *fam fig* **quedarse tan ~** sich nicht aus der Ruhe bringen lassen 3 *Arg, Bol, Par, Ur* GASTR Hotdog *m*

pancista M/F Opportunist *m*, -in *f*

pancracio M HIST, DEP Pankration *n*

páncreas M ANAT Bauchspeicheldrüse *f*, Pankreas *n*

pancreático ADJ MED Pankreas...; **pancreatitis** F MED Bauchspeicheldrüsenentzündung *f*

pancromático ADJ FOT panchromatisch

pancutra F *Chile* GASTR *Art Spätzlesuppe*

panda[1] M ZOOL Panda *m*

panda[2] F 1 ARQUIT Galerie *f eines Kreuzgangs* 2 *fam* → pandilla

pandán M *RPl* **hacer ~** ein Gegenstück (*o* Pendant) bilden

pandear V/I *y* V/R **~se** sich biegen, *viga* durchhängen

pandectas FPL JUR Pandekten *pl*; **pandemia** F MED Pandemie *f*; **pandémico** ADJ MED pandemisch; **pandemonio, pandemónium** M Pandämonium *n*

pandeo M Durchhang *m*, Durchhängen *n*

panderada F 1 Tamburinrasseln *n* 2 *fam fig* (*tontería*) Albernheit *f*, Unsinn *m*; **panderazo** M Schlag *m* (*o* Rasseln *n*) mit dem Tamburin; **pandereta** F Tamburin *n*, Schellentrommel *f*; **panderetear** V/I das Tamburin schlagen; **panderetero** M, **-a** F 1 (*tamborilero, -a*) Tamburinschläger *m*, -in *f* 2 (*fabricante de tamboriles*) Tamburinmacher *m*, -in *f*

pandero M 1 MÚS Tamburin *n*; *fam fig* **en buenas manos está el ~** die Sache liegt in guten Händen 2 *fam* (*culo*) Hintern *m*

pandilla F *fam* Bande *f*, Clique *f*; **pandillaje** M Cliquenwesen *n*; Klüngel *m*; **pandillero** M Gangster *m*, Bandit *m*

pando ADJ 1 (*torcido, curvo*) krumm, gebogen 2 (*casi llano*) fast eben 3 *fig* (*sereno*) gelassen; *río* träge (dahinfließend); *aguas* seicht

panecillo M Brötchen *n*, Semmel *f* (*al.d.S*); kleines Weißbrot *n*

panegírico A ADJ rühmend; Lob(es)... B M Lobrede *f*; Panegyrikus *m*; **panegirista** M/F Lobredner *m*, -in *f*; Panegyriker *m*, -in *f*; **panegirizar** V/T ⟨1f⟩ *j-n* in einer Lobrede feiern

panel M 1 ARQUIT (Tür-, Wand)Füllung *f*; Paneel *n*; Feld *n einer Wand*; **~ de control** Steuerpult *n*; INFORM Systemsteuerung *f*; TEC **~ solar** Sonnenkollektor *m* 2 (*cartelera grande*) Plakat *n*; Tafel *f* 3 *estadística*: Panel *n* 4 (*mesa redonda*) Diskussionsrunde *f*; **~ de expertos** Expertenrunde *f*

panela F 1 *Art* Zwieback *m* 2 *heráldica*: Pappelblatt *n* 3 *Col, C. Rica, Méx azúcar*: Rohzucker *m*

panelista M/F Teilnehmer *m*, -in *f* an einer Gesprächsrunde

panenteísmo M REL Panentheismus *m*

panera F 1 (*cámara para guardar cereales*) Getreidespeicher *m* 2 (*cámara para guardar harina*) Mehlkammer *f* 3 (*recipiente para el pan*) großer Brotkorb *m* 4 (*cesta de pescar*) (Fisch)Reuse *f*;

panero A ADJ **ser muy ~** *fam* gerne Brot essen B M 1 (*cesta para el transporte de pan*) Brottrage *f* 2 (*estera redonda*) runde Matte *f*

paneslavismo M Panslavismus *m*; **paneuropeo** ADJ paneuropäisch

pánfilo ADJ 1 (*fácil de engañar*) allzu gutmütig; (*tonto*) trottelhaft, dumm 2 (*muy calmoso y lento*) schwerfällig; träge

panfletista M/F Pamphletist *m*, -in *f*; **panfleto** M 1 Pamphlet *n* 2 *Am reg* (*octavilla*) Flugblatt *n*

panga F *Am Centr* Boot *n*

pangermanismo M Pangermanismus *n*

pangolín M ZOOL Schuppentier *n*

pánico A ADJ panisch B M Panik *f*; panische Angst *f*; **miedo** *m* **~** panische Angst *f*; **terror** *m* **~** panischer Schrecken *m*; **le entró un ~** er geriet in Panik; **sembrar el ~** Panik verbreiten; **producir ~ entre la gente** die Menschen in Panik versetzen; **tener(le) ~ a alg/a/c** vor j-m/etw schreckliche Angst haben

panícula F BOT Rispe *f*; **paniculado** ADJ rispenförmig; **panículo** M ANAT **~ (adiposo)** Unterhautfettgewebe *n*

paniego ADJ Getreide...; Acker...; *fam fig* **ser ~** viel Brot essen; **panificable** ADJ zur Brotherstellung geeignet, verbackbar; **panificación** F Brotherstellung *f*; MIL *tb* Truppenbäckerei *f*; **panificadora** F 1 (*fábrica de pan*) Brotfabrik *f* 2 (*panadería*) Bäckerei *f*; **panificar** V/T ⟨1g⟩ 1 zu Brot verbacken 2 AGR Weideland in Getreideacker umwandeln

panislamismo M Panislamismus *m*; **panislamista** ADJ panislamisch

panizo M BOT Hirse *f*; *reg* **~ (de Indias)** Mais *m*

panocha F BOT (Mais)Kolben *n*

panocho A ADJ aus Murcia B M, **-a** F Murcianer *m*, -in *f* C M *dialecto*: *der Dialekt der Huerta von Murcia*

panoja F 1 (*mazorca*) Maiskolben *m* 2 BOT (*inflorescencia compuesta*) Rispe *f*; Traube *f*, Büschel *n* 3 *Esp fam* (*dinero*) Zaster *m fam*, Knete *f fam*

panoli A ADJ *pop* dumm, einfältig B M/F Einfaltspinsel *m fam*, Simpel *m fam* (*al.d.S*)

panoplia F 1 (*armadura*) volle Waffenausrüstung *f*, *fig* Arsenal *n* 2 (*colección de armas*) Waffensammlung *f*; **panóptico** M Panoptikum *n*; **panorama** M Panorama *n*; Rundblick *m*, -sicht *f*; PINT Rundgemälde *n*; FOT Rundaufnahme *f*; *fig* Überblick *m*; *fam fig* **es un ~** das ist eine dumme Geschichte; *fam* **¡vaya un ~!** das sind ja schöne Aussichten! *fam*; **panorámica** F Aussicht *f*, Rundblick *m*; *fig* Überblick *m*, -sicht *f*; **panorámico** ADJ Panorama..., Aussichts...; **anteojo** *m* **~** Panoramafernrohr *n*

panoso ADJ mehlig, mehlartig

panqueque M *Am* Pfannkuchen *m*; **panquequería** F *Am* Verkaufsstand *m* für Pfannkuchen

pantagruélico ADJ Schlemmer..., überreichlich; *comida* üppig

pantalán M MAR Bootssteg *m*

pantaleta F *Am* Schlüpfer *m*, (Damen)Slip *m*

pantalla F 1 *de la lámpara*: Lampen-, Lichtschirm *m*; *de la chimenea*: Ofen-, Kaminschirm *m* 2 TV, INFORM Bildschirm *m*; TEL Display *n*; *radar*: (Leucht-, Radar)Schirm *m*; **~ de cristal líquido, ~ LCD** Flüssigkristallanzeige *f*, LCD-Anzeige *f*, LCD-Display *m*; **~ cromática** Farbbildschirm *m*; TEL **~ gráfica** Grafikdisplay *n*; **~ plana** Flachbildschirm *m*; MED **~ radioscópica** Röntgenschirm *m*; INFORM **~ táctil** Touchscreen *m*, Berührungsbildschirm *m* 3 (*protección*) Abschirmung *f*; *fig* (*camuflaje*) Deckmantel *m*, Tarnung *f*; **~ antirruido** *o* **acústica** Lärmschutzwand *f*; **hacer la ~** mit den Händen abschirmen 4 FILM Leinwand *f*, Bildwand *f*; *fig* **de la ~** Film...; *fam* **la gran ~** das Kino; **~ panorámica** Breitwand *f*; *fig* **pequeña ~** Fernsehen *n*; **llevar a la ~** verfilmen 5 *P. Rico* **~s** *fpl* (*pendientes*) Ohrringe *mpl*

pantalón M 1 Hose *f*; **~ ciclista** Radlerhose *f*; **~ de montar** Reithose *f*; **~ con** *o* **de peto** Latzhose *f*; **~ de pinzas** Bundfaltenhose *f*; **~ pirata** Piraten- *o* Caprihose *f* **~ rodillero** Kniehose *f*; **~ tubo** Röhrenhose *f*; **~ vaquero** *o* **tejano** Jeanshose *f*; (Blue) Jeans *pl*; *Cuba fam fig* **amarrarse los -ones** mit anpacken; *fam fig* **bajarse los -ones** klein beigeben, sich erniedrigen (müssen); *fam fig* **llevar los -ones** die Hosen anhaben (*fig*) 2 *Col* (*bragas*) Schlüpfer *m*

pantaloncito M *Col* Unterhose *f*; **pantalonero** M, **-a** F Hosenschneider *m*, -in *f*

pantanal M Sumpfgelände *n*; **pantano** M 1 (*ciénaga*) Sumpf *m*, Morast *m*; **gas** *m* **de los ~s** Sumpfgas *n* 2 (*presa*) Talsperre *f*; (*embalse*) Stausee *m*; **pantanoso** ADJ sumpfig; Sumpf...; Moor...

panteísmo M REL Pantheismus *m*; **panteísta** REL A ADJ pantheistisch B M/F Pantheist *m*, -in *f*

pantelismo M FIL Pantelismus *m*

panteón M 1 *monumento*: Pantheon *n*; Ruhmeshalle *f*; **~ (de familia)** Familiengruft *f*; *Am Mer* (*cementerio*) Friedhof *m* 2 (*conjunto de los dioses*) (Gesamtheit der) Gottheiten *fpl*

pantera F 1 ZOOL Pant(h)er *m* 2 *fam* (*prostituta*) Nutte *f pop*

pantimedia(s) F(PL) *Méx* Strumpfhose(n) *f(pl)*

pantis MPL Strumpfhose *f*

pantocrátor M Pantokrator *m*

pantógrafo M 1 Storchschnabel *m*, Pantograf *m* 2 ELEC (Gitter)Schere *f*; Scherenstromabnehmer *m*, Schere *f bei E-Lok*

pantoleta F *Méx* Schlüpfer *m*

pantomima F Pantomime *f*; **pantomímico** ADJ pantomimisch; **pantomimo** M, **-a** F Pantomime *m*, Pantomimin *f*

pantorrilla F 1 ANAT Wade *f*; **enseñar las ~s** die Beine zeigen, kokettieren 2 *Ec, Perú* (*impertinencia*) Frechheit *f*; **pantorrilludo** ADJ mit drallen Waden

pantufla F, **pantuflo** M Pantoffel *m*, Hausschuh *m*

panty M Strumpfhose *f*

panucho M *Méx* GASTR *Maispastete mit Bohnen- u. Hackfleischfüllung*

panza F Bauch *m*, Wanst *m*; **~ arriba** auf dem Rücken (liegend); *fam fig* **~ de burra** grauer Himmel *m* (*bei Schneewetter*); *fam* **echar ~** Bauch ansetzen

panzada F *fam* **darse una ~** sich (*dat*) den Bauch vollschlagen *fam*; **panzón** A ADJ → panzudo B M Wanst *m*; *fam* **darse un ~** sich vollfressen *fam*; **panzudo** ADJ dickbäuchig

pañal M Windel *f*; Wickeltuch *n*; **~ braga** Windelhöschen *n*; **~ desechable** Papier-, Wegwerfwindel *f*; *fig* **estar (aún) en ~es** noch in den Kinderschuhen stecken; *fig* **estar en ~es** keine Ahnung haben, blank sein

pañera F Tuchhändlerin *f*; **pañería** F *comercio*: Tuchhandel *m*; *tienda*: Tuchhandlung *f*; **pañero** M, Tuchhändler *m*; **pañete** M 1 TEX Flaus *m*, Fries *m* 2 → paño; **~s** *mpl* Lendenschurz *m*; *Biblia*: Lendentuch *n* Christi am Kreuz

paño M 1 *material*: Stoff *m*; Tuch *n* (*tb* MAR); TEX **~ inglés (fuerte)** *tb* Buckskin *m*; **~ de lana** Wolltuch *n*; **~ militar** Uniformtuch *n*; **~ tirolés** Loden *m*; TEAT *fig* **al ~** hinter den Kulissen beobachtend (*o* soufflierend); **de ~** tuchen, Tuch...; TAUR **acudir al ~** *toro* die Muleta annehmen; *fig* auf den Leim gehen; *fam fig* **conocer el ~** den Rummel kennen, wissen, wie es

P

zugeht *fam; fam fig* **cortar ancho del ~ ajeno** aus fremder Leute Leder Riemen schneiden; TEAT *fig* **dar (un) ~** einhelfen, das Stichwort zuflüstern; *fig* **haber ~ que cortar** zur Genüge vorhanden sein; MAR **ir con poco ~** mit wenig Tuch segeln 2 *trozo de tamaño determinado:* Tuch *n; espec Am Mer* Tragetuch *n;* **~s** *mpl p. ext* Stoffbehänge *mpl;* Behang *m; fig (vestimenta)* Kleidung *f;* PINT faltenreiche Gewandung *f;* REL **~ del altar** Altartuch *n;* REL **~ de cáliz** Kelchtuch *n*, Velum *n;* **~ de cocina/de manos** Küchen-/Handtuch *n;* **~-filtro** *o* **~ de filtraje** Filtriertuch *n;* **~ higiénico** Damenbinde *f;* REL **~ de hombros** Humerale *n; fig* **~ de lágrimas** hilfreiche Seele *f; fig* **en ~s menores** in der Unterhose; im Hemd; im Negligee; **~ mortuorio** Bahrtuch *n;* FOT **~ negro** Einstelltuch *n;* REL **~ de púlpito** Kanzelbehang *m;* **~ de vajilla** Geschirrtuch *n;* **~ de los vasos** Gläsertuch *n* 3 MED Umschlag *m;* Kompresse *f; fig* **solución *f* de ~s calientes** *o Am* **tibios** Behelfs-, Notlösung *f*, fauler Kompromiss *m;* **aplicar ~s calientes** heiße Umschläge machen; *fig* unzulängliche Maßnahmen ergreifen; allzu große Rücksichten nehmen 4 *(ancho de una tela)* Tuchbahn *f*, Breite *f* eines Tuchs; *p. ext* Breite *f* 5 *Am* AGR Fläche *f* eines Ackers 6 ARQUIT Füllung *f*, Spiegel *m* 7 *fig en vidrios, espejos, etc:* Beschlag *m*, Trübung *f* 8 ANAT *(lunar)* Muttermal *n*, Leberfleck *m*

pañol M MAR Spind *n*, Kammer *f;* **~ de coys** Hängemattenkasten *m;* **~ de carbón** Kohlenbunker *m*

pañolada F *fam fútbol:* Schwenken *n* von weißen Taschentüchern *(als Protest)*

pañolería F Taschentuchladen *m*

pañolero M, **-a** F Taschentuchhändler *m*, -in *f*

pañoleta F Halstuch *n;* Dreiecktuch *n; espec Am reg* Kopftuch *n;* **pañolón** M Umhang *m*, Schal *m; Nic, Perú* Kopftuch *n*

pañueleta F *Bol, Col, S.Dgo* Kopftuch *n*

pañuelo M Taschentuch *n;* **~ (de cabeza)** Kopftuch *n;* **~ (de cuello)** Halstuch *n;* **~s faciales** Kosmetiktücher *npl; tb* MED **~ triangular** Dreiecktuch *n; fam fig* **el mundo es un ~** die Welt ist (doch) klein (*o* ein Dorf)

papa¹ M CAT Papst *m;* **ser más papista que el ~** päpstlicher als der Papst sein

papa² F 1 *Am (patata)* Kartoffel *f; Am Centr* **~ del aire** wilde Yamswurzel *f;* **~s** *fpl* **arrugadas** *Canarias* Pellkartoffeln *fpl (mit viel Salz gekocht); Am reg fig* **~ caliente** schwieriger Fall *m*, heißes Eisen *n;* **~ de caña** *o* **~ real** Erdbirne *f;* **~ dulce** Süßkartoffel *f;* **~s a la francesa** *o Am* **~s fritas** Pommes *pl* frites 2 *fam* → paparrucha(da); *fam* **no entender ni ~** kein Wort (*o* immer nur Bahnhof *fam*) verstehen 3 *(puré)* **~s** *fpl* Brei *m*, Mus *n; fam, espec leng. inf* Essen *n*, Papp *m (leng. inf)*

papá M Papa *m*, Vati *m; Méx, Col espec gener* Vater *m; fam* **~s** *mpl espec Am* Eltern *pl;* **~ Noel** Weihnachtsmann *m; fam fig* **no creer en el ~ Noel** nicht an den Weihnachtsmann glauben

papable ADJ CAT zum Papst wählbar, papabile

papachar V/T *Méx* 1 sanft kneten 2 tätscheln, liebkosen; **papachos** MPL *Méx* Liebkosungen *fpl*

papacito M *Am* Vati *m*, Papi *m*

papacla F *Méx großes Bananenblatt zum Einwickeln*

papada F 1 ZOOL Wamme *f* 2 **~ (doble)** Doppelkinn *n;* **papadilla** F Doppelkinn *n*

papado M CAT Papsttum *n*

papafigo M ORN → papahígo 1

papagaya F ORN Papageienweibchen *n*

papagayo A ADJ geschwätzig B M 1 ORN Papagei *m* 2 *fam fig persona:* Schwätzer *m* 3 *pez:* Papageienfisch *m* 4 BOT Buntwurz *f; Art* Fuchsschwanz *m* 5 *Arg* MED Urinflasche *f*

papahígo M 1 ORN Feigendrossel *f* 2 MAR Großsegel *n*

papaíto M Vati *m*, Papa *m*

papal¹ M *Am* Kartoffelfeld *n*

papal² ADJ päpstlich

papalina F 1 *gorra:* Ohrenmütze *f;* Haube *f* 2 *(borrachera) fam* kräftiger Schwips *m*, Rausch *m* 3 *(toxicomanía)* Drogensucht *f*

papalino M HIST päpstlicher Soldat *m*

papalón M *Méx* Frechling *m*

papalota F *Méx* Schmetterling *m;* **papalote** M 1 *Antillas, Méx (cometa)* (Papier)Drache *m* 2 *C. Rica, Cuba (mariposa)* Schmetterling *m*

papamoscas M ⟨*pl inv*⟩ ORN Fliegenschnäpper *m; fam fig* Trottel *m*

papamóvil M Papamobil *n*

papanatas M ⟨*pl inv*⟩ *fam* Trottel *m fam;* **papanatismo** M *fam* törichtes Verhalten *n*

papandujo *fam* A ADJ 1 *(pasado de maduro)* überreif, weich 2 *(flojo)* schlapp, schlaff B M Bagatelle *f*

papar V/T & V/I (breiige Speisen) essen; essen, ohne zu kauen; *leng. inf y fam* essen; *fam fig* **~ moscas** *o* **viento** Maulaffen feilhalten, gaffen; *fig* **no ~ nada** nichts beachten, über alles leichtfertig hinweggehen

paparazzi M Paparazzo *m*, *fam* Paparazzi *m*

paparda F *pez:* Makrelenhecht *m*

paparrucha(da) F *fam* 1 *(noticia falsa)* Falschmeldung *f*, (Zeitungs)Ente *f* 2 *(tontería)* leeres Gerede *n*, Gewäsch *n fam;* **¡~!** Quatsch! *fam* 3 *(cachivache)* wertloser Kram *m*, Plunder *m*

papaveráceas FPL BOT Mohngewächse *npl;*

papaverina F QUÍM Papaverin *n*

papavientos M ⟨*pl inv*⟩ *fam* Dummkopf *m*, Blödmann *m fam*

papaya A F BOT Papaya(frucht) *f; Am* → *tb* papayo B M *Cuba vulg* Fotze *f vulg;* **papayo** M BOT Papaya *f*, Papayabaum *m;* Melonenbaum *m*

papear A V/I *(balbucear)* lallen, stammeln, stottern B V/T 1 *fam (comer)* essen, futtern *fam*, spachteln *fam* 2 *pop* **~se a una mujer** eine Frau vernaschen *pop*

papel¹ M 1 *gener* Papier *n; (pedazo de papel)* Stück *n* Papier *n*, Zettel *m;* **~ para calcar/para correo aéreo** Paus-/Luftpostpapier *n;* **~ carbón/colorado** Kohle-/Buntpapier *n;* **~ de cartas** Briefpapier *n;* **~ cebolla** Durchschlagpapier *n;* **~ (de) cocina** Küchenpapier *n*, -tücher *npl;* **~ de copia** *o* **para copias** Kopierpapier *n;* **~ crepé** Kreppapier *n;* **~ ecológico** Umweltpapier *n;* **~ de embalar** *o espec Am* **de empaque(tar)** Packpapier *n*, Einwickelpapier *n;* **~ de escribir** Schreibpapier *n;* **~ de filtro** Filterpapier *n;* **~ de fumar** Zigarettenpapier *n;* Blättchen *pl fam;* **~ de estraza** grobes Packpapier *n;* **~ higiénico** Toilettenpapier *n;* **~ de música** Notenpapier *n;* **~ pergamino** Pergamentpapier *n;* **~ (pintado)** *o* **~ de pared** Tapete *f;* **hoja *f* de ~** Tapetenbahn *f;* **~ reciclado** Recyclingpapier *n;* **~ de regalo** Geschenkpapier *n;* **~ de seda** Seidenpapier *n;* **~ usado** Altpapier *n;* **de ~** papieren, aus Papier, Papier…; *fam fig* **yo no fumo más que ~** ich rauche nur Zigaretten; *prov* **el ~ todo lo aguanta** Papier ist geduldig 2 *(documento)* Dokument *n*, Schriftstück *n*, Papier *n;* ECON Wertpapier *n;* **~es** *mpl* (Ausweis-)Papiere *npl;* COM **~es** *mpl* **de negocios** Geschäftspapiere *npl;* **~ moneda** Papiergeld *n; fam* **sin ~es** *m* illegaler Einwanderer *m* 3 TIPO **~ de barba** (unbeschnittenes) Büttenpapier *n;* **~ biblia** Dünndruck-, Bibelpapier *n;* **~ brillante** *o* **cuché** Glanzpapier *n;* **~ continuo** Endlospapier *n;* **~ fino** Feinpapier *n;* **~ prensa** Zeitungspapier *n;* **~ heliográfico** Lichtpauspapier *n;* **~ hila** Leinenpapier *n;* **~ ministro** Bütten-, Kanzleipapier *n;* **~ pautado** liniertes Papier *n;* **~ registrador** Registrierpapier *n*, Schreibstreifen *m;* TIPO **~ satinado** Glanzpapier *n;* JUR **~ sellado** Stempelpapier *n;* FOT **~ sensible** Kopierpapier *n;* **~ tela** Papierstoff *m; p. ext* Papierwäsche *f;* **~ térmico** Thermopapier *n;* **~ de tina** *o* **de mano** (handgeschöpftes) Büttenpapier *n;* **~ transparente** Transparentpapier *n;* Durchschlagpapier *n* 4 TEC **~ abrasivo** Schleif-, Schmirgelpapier *n;* **~ de aluminio** Aluminiumfolie *f*, Alufolie *f fam;* **~ engrasado** Ölpapier *n;* **~ parafinado** *o* **encerado** Wachspapier *n;* **~ de plata** Silberpapier *n;* **~ de vidrio** Glaspapier *n* 5 QUÍM, MED **~ indicador/reactivo** Indikator-/Reagenzpapier *n;* QUÍM **~ de tornasol** Lackmuspapier *n* 6 ECON, POL *fam* **~ mojado** Makulatur *f; fig* **convertir en ~ mojado** zu Makulatur machen; *fam* **todo esto no es más que ~ mojado** das ist alles nur ein Fetzen Papier; damit ist gar nichts anzufangen 7 *fam (periódico)* Blatt *n*, Zeitung *f; entre periodistas tb* Beitrag *m*, Artikel *m*

papel² TEAT *y fig* Rolle *f;* **primer ~** *o* **~ principal** *o* **~ de protagonista** Hauptrolle *f;* **~ secundario** Nebenrolle *f; fig* **hacer ~** eine Rolle spielen (wollen); *fig* **hacer buen ~** sich gut aufführen, sich bewähren; *fig* **desempeñar** *o* **jugar un ~ importante** eine wichtige Rolle spielen *(fig);* **representar** *o* **hacer un ~** eine Rolle spielen (*o* darstellen); **sacar de ~es** die Rollen ausschreiben; *fam fig* **venir a alg con ~es** j-m schöntun, j-m um den Bart gehen

papela F *fam* Ausweis *m*

papelada F *Am Centr, Ec, Perú* Farce *f*, Humbug *m;* **papelamen** M *fam* Papierkram *m fam;*

papelear V/I 1 *(revisar papeles)* Papiere durchsehen (*o* durchstöbern) 2 *fig (querer jugar un papel)* eine Rolle spielen wollen; *Arg fam fig* Theater spielen; sich nicht durchschauen lassen;

papeleo M 1 *(acción de revolver papeles)* Durchstöbern *n* von Papieren 2 *fam (exceso de trámites)* Papierkram *m*, -krieg *m fam*

papelera F 1 *mueble:* Papier-, Aktenschrank *m* 2 *(cesto para papeles inservibles)* Papierkorb *m (tb* INFORM*)* 3 *(fábrica de papel)* Papierfabrik *f* 4 *Col (cartera)* Kollegmappe *f* 5 → papelero B; **papelería** F *col* Papierwaren *fpl; tienda:* Schreibwarengeschäft *n;* **papelero** A ADJ Papier… B M, **-a** F 1 *(que fabrica papel)* Papierhersteller *m*, -in *f* 2 *(vendedor[a] de papel)* Papier- (*o* Schreibwaren)händler *m*, -in *f* 3 *Méx (vendedor[a] de periódicos)* Zeitungsverkäufer *m*, -in *f* 4 *fam (presuntuoso, -a)* Wichtigtuer *m*, -in *f* C M *Arg* Papierkorb *m*

papeleta F 1 Zettel *m;* Schein *m;* ADMIN **~ de empeño** Pfandschein *m;* POL **~ de votación** Stimmzettel *m; fig* **tocarle a alg una ~ difícil** vor einer schwierigen Aufgabe stehen 2 *enseñanza* (ausgeloster Zettel *m* mit dem) Prüfungsthema *n* 3 *Am reg (entrada)* Eintrittskarte *f* 4 *Perú (multa)* Strafzettel *m*

papeletizar V/T ⟨1f⟩ verzetteln *(für den Zettelkasten)*

papelillo M 1 Stückchen *n* Papier; Papierröllchen *n* 2 *(cigarillo)* Zigarette *f zum Selbstdrehen* 3 *fam fig* → papillote 4 FARM Briefchen *n (mit Arznei);* **papelina** F *drogas* Briefchen *n (mit Rauschgift);* **papelista** M/F 1 *(fabricante de papel)* Papierfabrikant *m*, -in *f; (comerciante de papel)* Papierhändler *m*, -in *f* 2 *(empapelador[a])* Tapezierer *m*, -in *f* 3 *Arg fam (fanfarrón, -ona)* Angeber *m*, -in *f fam*

papelón A ADJ großsprecherisch B M 1 *(cartón delgado)* dünner Karton *m aus mehreren Lagen Papier* 2 *fam fig (papelucho)* Geschreibsel *n*, wertloser Wisch *m fam* 3 TEAT langweilige (*o* undankbare) Rolle *f* 4 *fam fig (plancha)* Blamage *f*, **hacer un ~** sich blamieren 5 *Ven (pan de azúcar sin refinar)* Rohzucker(hut) *m*; **papelorio** M *desp* Haufen *m* wertloser Papiere; **papelote** M *desp* Fetzen *m* Papier, Wisch *m fam*; Altpapier *n*; **papelucho** M *desp* Wisch *m fam*; Fetzen *m* (Papier)

papeo M *fam* Futtern *n fam*, Essen *n*

papera F MED Kropf *m*; **~s** *fpl* Mumps *m*, Ziegenpeter *m*

papero M 1 *(puchero)* Breitopf *m* 2 *(puré)* Brei *m für Kleinkinder* 3 *Am (cultivador de papas)* Kartoffelbauer *m*; *(comerciante de papas)* Kartoffelhändler *m*

papi M *fam* Papi *m*, Vati *m fam*

papila F ANAT Papille *f*; **papilar** ADJ Papillen…

papilionáceas FPL BOT Schmetterlingsblütler *mpl*

papilla F 1 GASTR Brei *m*; *fam fig* **hacer ~ a alg** j-n kaputtmachen *fam*, j-n zur Schnecke machen *fam* 2 *fig (astucia)* heuchlerische List *f*

papillote M Haar-, Lockenwickler *m*; GASTR **en ~** in Folie gebraten

papiloma M MED Papillom *n*; **papiloso** ADJ mit Papillen bedeckt

papiro M Papyrus *m*; *pop fig (billete)* Lappen *m pop*, Geldschein *m*

pápiro M *fam* Geldschein *m*

papiroflexia F Papierfaltkunst *f*

pápirolada F → pampirolada

papirotazo M *fam* Kopfnuss *f*

papismo M CAT 1 *desp* Papismus *m* 2 Papstkirche *f*, römischer Katholizismus *m*; **papista** A ADJ *desp* papistisch; *fam* → papal[2] B M *desp* Papist *m*; *fam* eifriger Anhänger *m* des Papsttums

papito M 1 *leng. inf* Papi *m* 2 *Col* kleiner Liebling *m (Junge)*

papo M 1 ZOOL *de aves*: Kropf *m*; *de vacunos*: Wamme *f*; *de abejas*: Speisemagen *m*; MED *fam* Kropf *m* 2 BOT Haarkrone *f* der Korbblütler 3 MAR *geringe Schwellung des Segels bei mangelndem Wind* 4 *vulg (vagina)* Fotze *f vulg*;

paporrear VI *fam* dummes Zeug reden; **paporreta** F *Perú* Herunterleiern *n*; **de ~** auswendig

papú(a) A ADJ aus Papua-Neuguinea, Papua… B M/F Papua *m/f*

Papua(sia)-Nueva Guinea F Papua-Neuguinea *n*

papudo ADJ ORN dickkröpfig

pápula F MED Papel *f*

paquear VI HIST *(9. Jh.) aus dem Hinterhalt gegen die Spanier schießen (maurische Freischärler)*

paquebot(e) M MAR Postschiff *n*, -dampfer *m*

paquete A M 1 Pack *m*; Paket *n (tb correos)*; *(lío)* Bündel *n*; *pequeño*: Päckchen *n*, Schachtel *f (tb cigarrillos)*; COM **~ accionarial** *o* **de acciones** Aktienpaket *n*; **~ bomba** Paketbombe *f*; **~ de curación** Verbandspäckchen *n*; **~ de medidas** Maßnahmenpaket *n*; *correos*: **pequeño ~** Päckchen *n*; *correos*: **~ postal** Postpaket *n*; **~ de software** Softwarepaket *n* 2 TIPO Satzstück *n* 3 MAR → paquebot(e) 4 *fam fig (bronca)* lästiger Kram *m*; *(reprimenda)* Rüffel *m*; *Esp fam* **cargar con el ~** es ausbaden müssen *fam*; *pop* **hacer un ~ a una mujer** einer Frau ein Kind anhängen *fam*; **meter un ~ a alg** j-n zusammenstauchen *fam*; *espec* MIL j-n bestrafen 5 *fam motocicleta*: Beifahrer *m*, Sozius *m* 6 *fig de medidas, ofertas*: Paket *n*; **~ turístico** Pauschalangebot *n*; **~ vacacional** Ferienpaket *n* 7 *pop (órganos sexuales masculinos)* männliche Geschlechtsteile *npl (bes wenn durch Ausbuchtung der Hose erkennbar)* B ADJ *Arg* elegant, piekfein *fam*; *desp* aufgetakelt *fam*

paquetera F 1 AUTO kleiner Lieferwagen *m*, Kastenwagen *m* 2 *persona* → paquetero B; **paquetería** F 1 *(bultos sueltos)* Paketgut *n*, Stückgut *n* 2 *(servicio de paquetes)* Kurierdienst *m*, privater Paketdienst *m*; **paquetero** A ADJ Paket… B M, **-a** F 1 *(que hace paquetes)* Paketmacher *m*, -in *f* 2 *(repartidor[a] de periódicos)* Verteiler *m*, -in *f* der Zeitungspakete *an Boten und Verkäufer* 3 *reg fam fig (matutero, -a)* Schmuggler *m*, -in *f*; *Chile* Trickbetrüger *m*, -in *f*

paquetito M Päckchen *n (tb correos)*

paquidermia F MED Pachydermie *f*; **paquidermo** M ZOOL Dickhäuter *m*

paquistaní ‹*pl* -íes› A ADJ pakistanisch B M/F Pakistaner *m*, -in *f*, Pakistani *m/f*

paquistano M, **-a** F → paquistaní

par A ADJ 1 *número* gerade 2 *(igual)* gleich; *órgano* paarig; **a la ~** gleichzeitig; COM (al) pari; **a la ~ que** zugleich; **a ~ de** neben *(dat)*, bei *(dat)*; wie, gleichsam; **(abierto) de ~ en ~** sperrangelweit (offen); **sin ~** unvergleichlich, einzigartig; **joven a la ~ que muy sensato** sehr jung und zugleich sehr vernünftig B M 1 Paar *n*, zwei Stück *npl*; **un ~ de** einige; **a ~es** paarweise; **un ~ de huevos** zwei Eier; **un ~ de pantalones** eine Hose; TEC **~ de ruedas** Rad-, Räderpaar *n*, -satz *m*; **un ~ de tijeras** eine Schere; **un ~ de zapatos** ein Paar Schuhe 2 FÍS, TEC Paar *n*; **~ (de fuerzas)** Kräftepaar *n*; **~ (de giro)** Drehmoment *n* 3 *título de nobleza*: Pair *m*

para PREP 1 *destino*: nach *(dat)*; **~ allá** dorthin; **salir ~ Madrid** nach Madrid abreisen 2 *duración*: bis *(dat)*; **¿~ cuándo?** bis wann?; **todo estará listo ~ agosto** alles wird bis (*o* zum *o* bis zum) August fertig sein; **aplazarlo ~ mañana** es auf morgen verschieben; **tener trabajo ~ seis meses** für ein halbes Jahr Arbeit haben; **~ siempre** für immer 3 *modal*: zu *(dat)*, gegenüber *(dat)*, gegen *(acus)*; **estuvo muy amable ~ con nosotros** er war sehr freundlich zu uns 4 *finalidad*: für *(acus)*; um; zu; **~ ella** für sie; **~ sí mismo** für sich *(acus)* selbst; **~ eso** dazu, deshalb; zu diesem Zweck, in dieser Absicht; **¿~ qué?** wozu?, zu welchem Zweck?; in welcher Absicht?; **bueno ~ la tos** gut gegen (*o* für) den Husten; **calzado** *m* **~ niños** Kinderschuhe *mpl*; **capaz** *o* **útil ~ el trabajo** arbeitsfähig; **vaso** *m* **~ agua** Wasserglas *n*; **no hay ~ qué subrayar que …** es ist unnötig, zu unterstreichen, dass … 5 *disposición*: **estar ~ hacer a/c** im Begriff stehen (*o* sein), etw zu tun; **está ~ llover** es wird gleich regnen; **no estoy ~ bromas** ich bin nicht zu Scherzen aufgelegt; **estoy ~ usted** ich stehe Ihnen (gern) zu Diensten; **~ acabar de una vez** um endgültig Schluss zu machen; kurz und gut; **~ hacerlo** um es zu tun; **~ que** *(subj)* damit; **~ que todo salga bien** damit alles gut ausgeht 6 *relación, comparación, contraposición*: **~ mí (lo veo así)** was mich angeht (, sehe ich es so), nach meiner Meinung (verhält es sich so); **~ su edad** für sein Alter; **está muy bien conservado ~ sus años** für sein Alter (*o* in Anbetracht seines Alters) ist er sehr rüstig; **no le pagan ~ el trabajo que hace** seine Arbeit wird nicht entsprechend bezahlt

parabalas M ‹*pl inv*› Kugelfang *m*

parábasis F TEAT Parabase *f*

parabicho M *P. Rico vulg* → calientapollas

parabién M Glückwunsch *m*; **dar el ~** beglückwünschen (**a alg** j-n)

parábola F *Biblia*: Gleichnis *n*; GEOM *y fig* Parabel *f*

parabólica F TV Parabolantenne *f*; **parabólico** ADJ 1 LIT gleichnishaft, Parabel… 2 GEOM, TEC parabolisch, Parabol…; **antena** *f* **-a** Parabolantenne *f*; **paraboloide** M GEOM Paraboloid *n*

parabrisas M ‹*pl inv*› Windschutzscheibe *f*, Frontscheibe *f*; **~ laminado** Verbundglas(front)scheibe *f*

paraca M MIL *fam* Fallschirmjäger *m*; **paracaídas** M ‹*pl inv*› AVIA Fallschirm *m*; **lanzarse** *o* **saltar en ~** mit dem Fallschirm abspringen; **paracaidismo** M Fallschirmspringen *n*; DEP **~ de tierra** Basejumping *n*; **paracaidista** M/F Fallschirmspringer *m*, -in *f*; MIL Fallschirmjäger *m*

parachoques M ‹*pl inv*› FERR Prellbock *m*; AUTO Stoßstange *f*; **parachute** M DEP 1 Paragleiter *m* 2 *Méx fam* Squatter *m*; **parachutista** M/F → paracaidista; **paracientífico** ADJ halbwissenschaftlich

parada F 1 *(estado de reposo)* Stillstand *m*; (Still)Stehen *n* 2 *(detención, frenado)* Anhalten *n*; TEC Stillsetzung *f*, Außerbetriebsetzung *f*, Ausschaltung *f*; **~ de urgencia** Nothalt *m*; **mecanismo** *m* **de ~** Abstellvorrichtung *f*, Absteller *m*; *tb transporte*: **señal** *f* **de ~** Haltezeichen *n* 3 *lugar*: Haltestelle *f*, Halt(epunkt) *m*; FERR Aufenthalt *m an einer Station*; **~ de(l) autobús** (Bus)Haltestelle *f*; **~ discrecional** *autobús, tranvía*: Bedarfshaltestelle *f*; FERR Bedarfshalt *m*; **~ obligatoria** Zwangshaltestelle *f*; FERR planmäßiger Halt *m*; **~ de taxis** Taxistand *m*; **bajarse en la próxima ~** an der nächsten Haltestelle aussteigen 4 MIL Parade(aufstellung) *f*; Wachparade *f*; *lugar*: Paradeplatz *m*; **paso** *m* **de ~** Paradeschritt *m* 5 DEP *esgrima*: Parade *f*; **~ de manos** Handstand *m*; **hacer ~s** *portero* den Ball halten 6 *en agua corriente*: Wehr *n (z. B. für eine Mühle)* 7 AGR Koppel *f*; *ganado*: Zuchtstallung *f*, *equitación*: Gestüt *n* 8 *en el juego*: Einsatz *m* 9 MÚS Generalpause *f* 10 ZOOL **~ nupcial** Balz *f* 11 HIST *(posta)* Ausspann *m*, Wechselstation *f der Überlandpost*; *p. ext* Wechselpferde *npl* 12 *Arg fam (baladronada)* Aufschneiderei *f*, Angabe *f fam* 13 *Méx, P. Rico (desfile, concentración)* Aufmarsch *m*, Kundgebung *f* 14 CAZA *perro de caza*: Vorstehen *n*

paradentosis F ODONT Parodontose *f*

paradero M 1 *de cosas*: Verbleib *m (z. B. von Irrläufern, Diebesgut)*; *fig* Ende *n* 2 *de personas*: Bleibe *f*, Aufenthaltsort *m*; **está en ~ desconocido** sein/ihr Aufenthaltsort ist unbekannt; **sin ~ fijo** ohne feste Bleibe 3 *Cuba, Chile, P. Rico, Perú (parada de autobuses)* Bushaltestelle *f*; *Cuba* Busdepot *n*; FERR Haltepunkt *m*; *Ven (hostería)* Gasthaus *n*

paradigma M 1 Paradigma *n (tb* LING*)*, Musterbeispiel *n*; **cambio de ~s** Paradigmenwechsel *m* 2 GRAM *de sustantivos*: Deklinationsschema *n*; *de verbos*: Konjugationsschema *n*; **paradigmático** ADJ paradigmatisch

paradisiaco, paradisíaco ADJ paradiesisch *(tb fig)*

parado A ADJ 1 *coches, máquinas, personas* stillstehend; *(inactivo)* untätig; *fam fig (flojo)* schlapp; **mal ~** übel zugerichtet; **dejar ~ a alg** j-n verblüffen; **estarse ~** sich nicht rühren; **quedarse ~** stehen bleiben; *fig* **se quedó ~** er war baff *fam (o* platt *fam)*; ihm blieb die Spucke weg *fam* 2 *(desocupado)* arbeitslos 3 *Am (erecto)* aufrecht; gerade aufgerichtet; *fam pene* steif 4 *Arg fig carácter, comportamiento* kalt, blasiert; *Chile, P. Rico (orgulloso)* stolz, hochfahrend B M, **-a** F Arbeitslose *m/f*; **~ m, -a** *f* **de larga duración** Langzeitarbeitslose *m/f*; **~s** *mpl* Arbeitslose *mpl*

paradoja F Paradoxon *n*, Widersinnigkeit *f*, Paradoxie *f*; **paradójico** ADJ widersinnig, paradox; **paradojismo** M RET Paradoxie *f*

parador M *espec Esp* **~ (de turismo)** staatliches Touristenhotel *n (und -restaurant n)*

paradoxal ADJ → paradójico

paraestatal ADJ *empresa, sociedad* halbstaat-

P

lich

parafango M *en la bicicleta*: Schutzblech *n*

parafarmacia F Drogeriemarkt *m*; INTERNET *tb* Internetapotheke *f*

parafernales JUR **(bienes)** ~ MPL Vorbehalts-, Sondergüter *npl (der Ehefrau)*; **parafernalia** F *fam* übertriebener Aufwand *m*

parafina F QUÍM Paraffin *n*; **parafinaje** M Paraffinierung *f*; **parafinar** VT paraffinieren

parafrasear VT umschreiben; **paráfrasis** F ‹*pl inv*› Umschreibung *f*, Paraphrase *f*; **parafrástico** ADJ umschreibend, paraphrastisch

paragoge F LING Paragoge *f*, Buchstabenanfügung *f*; **paragógico** ADJ LING paragogisch

paragolpes M *Am reg* AUTO Stoßstange *f*

parágrafo → párrafo

paraguas M ‹*pl inv*› 1 Regenschirm *m*; ~ **(plegable) de bolsillo** Taschenschirm *m* 2 *Am reg* BOT ~ **de tierra** (Schirm)Pilz *m*

Paraguay M Paraguay *n*

paraguaya F 1 BOT *pfirsichähnliche Frucht* 2 *persona*: Paraguayerin *f*; **paraguayo** A ADJ paraguayisch B M 1 *persona*: Paraguayer *m* 2 *Cuba* Machete *f* mit breiter Klinge

paraguazo M Schlag *m* mit einem Schirm; **paragüera** F *productora*: Schirmmacherin *f*; *vendedora*: Schirmhändlerin *f*; **paragüería** F Schirmgeschäft *n*; **paragüero** M 1 *productor*: Schirmmacher *m*; *vendedor*: Schirmhändler *m* 2 *Am mueble*: Schirmständer *m* 3 *Cuba fam (loco al volante)* Verkehrsrowdy *m*

parahúso M TEC Stahlbohrer *m*

paraíso M 1 Paradies *n (tb fig)*; ~ **fiscal** Steuerparadies *n*; INFORM ~ **de internet** Internetparadies *n*; ~ **ornitológico** Vogelparadies *n*; **el ~ terrenal** das Paradies (*o* der Himmel) auf Erden; **ave** *f* **del** ~ Paradiesvogel *m* 2 TEAT *fam* Galerie *f*, Olymp *m fam*

paraje M Ort *m*, Platz *m*; Gegend *f*

paral M MAR Ablaufbahn *f*

paraláctico ADJ ASTRON parallaktisch; Parallaxen…; **paralaje** M Parallaxe *f*

paralela F 1 MAT Parallele *f* 2 DEP **(barras** *fpl*) **~s** *fpl* Barren *m*; **paralelepípedo** M GEOM Parallelflach *n*, Parallelepiped(on) *n*; **paralelidad** F MAT, TEC Parallelität *f*, Gleichlauf *m*; **paralelismo** M *t/t* Parallelismus *m*; MAT *y fig* Parallelität *f*; **establecer un ~** einen Vergleich ziehen (**entre** zwischen *dat*)

paralelo A ADJ MAT *y fig* parallel, gleichlaufend; *fig (correspondiente, semejante)* entsprechend; vergleichbar B M 1 ASTRON, GEOG Breitenkreis *m*; Breitengrad *m* 2 *(comparación)* Vergleich *m*, Parallele *f*; Entsprechung *f*; Gegenüberstellung *f*; **establecer un ~** eine Parallele ziehen (**entre** zwischen *dat*); **no admitir ~** keinen Vergleich zulassen; **sin ~** unvergleichlich

paralelográmico ADJ GEOM Parallelogramm…; **paralelogramo** M GEOM, FÍS Parallelogramm *n*; FÍS **~ de fuerzas** Kräfteparallelogramm *n*

paralimpiada F DEP Paralympics *pl*; **paralímpico** → parolímpico

paralipómenos MPL (*Biblia tb* **Paralipómenos**) (Bücher *npl* der) Chronik *f*; **paralipse,** *frec* **paralipsis** F ‹*pl inv*› RET Paralipse *f*

parálisis F ‹*pl inv*› MED *y fig* Lähmung *f*; Lahmlegung *f (tb fig)*; **~ infantil** Kinderlähmung *f*; **~ respiratoria/transversal** Atem-/Querschnitt(s)lähmung *f*

paralítico MED A ADJ gelähmt; paralytisch B M, **-a** F Gelähmte *m/f*; Paralytiker *m*, -in *f*; *Biblia*: Gichtbrüchige *m*

paralización F MED *y fig* Lähmung *f*; Erlahmen *n*; *fig (detención)* Lahmlegung *f*; *actividades* Stockung *f*; *de una fábrica*: Stilllegung *f*; **~ de capital** Kapitalstilllegung *f*

paralizar ‹1f› A VT MED *y fig* lähmen; *fig (detener)* hemmen; zum Stocken bringen B VR **paralizarse** erlahmen; zum Erliegen kommen; stecken bleiben; stocken

paralogismo M FIL Fehl-, Wahnschluss *m*; Widervernünftigkeit *f*, Paralogie *f*; **paralogizar** ‹1f› A VT mit Fehlschlüssen überreden wollen B VR **paralogizarse** Fehlschlüsse vorbringen; *Am fig* sich verhaspeln

paramagnético ADJ FÍS paramagnetisch; **paramagnetismo** M FÍS Paramagnetismus *m*

paramar VI *Col* nieseln

paramédico ADJ MED Rettungs…, Sanitäts…; **personal ~** Heil- und Pflegepersonal *n*

paramento M 1 *(adorno)* Putz *m*, Schmuck *m*, Zierrat *m* 2 *(mantilla)* Schabracke *f* 3 ARQUIT *(cara de la pared)* Mauerseite *f*; *(cara de un sillar labrado)* Vorderseite *f eines behauenen Steins* 4 REL **~s** *mpl* Paramente *pl*

paramera F GEOG Öde *f*, Ödland *n*

parametritis F ‹*pl inv*› MED Parametritis *f*

parámetro M MAT Parameter *m*; *fig* Rahmen *m*, (begrenzter) Bereich *m*

paramilitar ADJ militärähnlich; paramilitärisch

páramo M 1 Ödland *n*; *espec* kahle Hochfläche *f*; *Am, espec Andes* (kaltes) Gebirgsland *n* 2 *Col (llovizna)* Nieselregen *m*

parangón M Vergleich *m*; **sin ~** unvergleichlich; **parangonable** ADJ vergleichbar (**con** mit *dat*); **parangonar** VT vergleichen; TIPO justieren

paraninfo M UNIV Aula *f*

paranoia F PSIC Paranoia *f*; **paranoico** PSIC A ADJ paranoisch, paranoid B M, **-a** F Paranoiker *m*, -in *f*

paranormal ADJ paranormal, übersinnlich; **fenómenos** *mpl* **~es** übersinnliche Erscheinungen *fpl o* Phänomene *npl*

paraoficial ADJ halboffiziell

parapara F *Ven* BOT 1 Seifenbaumfrucht *f*; *p. ext* **(café** *m* **en)** ~ Kaffeebeeren *fpl* 2 → paraparo; **paraparo** M *Ven* BOT Seifenbaum *m*

parapente M Paragliding *n*, Gleitschirmfliegen *n*; **parapentista** M/F Paraglider *m*, -in *f*, Gleitschirmflieger *m*, -in *f*

parapetarse VR MIL *y fig* sich verschanzen; *fig* sich schützen; **~ tras a/c** sich mit etw *(dat)* herausreden, etw zum Vorwand nehmen;

parapeto M MIL Brustwehr *f*; *p. ext* Brüstung *f*

parapingas M *Perú vulg* Aphrodisiakum *n*

paraplasia F MED Paraplasie *f*; **paraplejía** F MED Querschnitt(s)lähmung *f*; **parapléjico** MED A ADJ querschnitt(s)gelähmt B M, **-a** F Querschnitt(s)gelähmte *m/f*; **parapsicología** F Parapsychologie *f*

parapsicólogo M, **-a** F Parapsychologe *m*, -login *f*

parar A VT 1 *(detener)* anhalten, stoppen; *equipo, máquina* abstellen, abschalten; TEC *tb (sujetar, anclar)* festhalten, arretieren; *trabajo* einstellen; *fábrica* stilllegen; DEP *pelota* halten, stoppen; *golpe, puñetazo, etc* abfangen, parieren; CAZA *venado* stellen *(Hund)*; *fam fig* **¡pare el carro!** nicht so stürmisch!; immer mit der Ruhe!; **~ en seco** *caballo* parieren; AUTO scharf (ab)bremsen 2 **~ la atención en** seine Aufmerksamkeit richten auf *(acus)*; *Col pop* **no ~ bolas a** nicht achten auf *(acus)*, nicht beachten *(acus)*; **~ mientes en a/c** achten auf etw *(acus)* 3 *juego de cartas: apuesta, etc* riskieren; *dinero, etc* setzen 4 *Am (poner en pie)* auf die Beine stellen; hinstellen B VI 1 *(cesar)* aufhören (**de** *inf* zu *inf*); **no para nunca** er hört und hört nicht auf; *fig* **no ~é hasta …** ich werde nicht ruhen, bis …; **pero no paran aquí las posibilidades** aber hiermit sind die Möglichkeiten (noch) nicht erschöpft; **no ~ de …** nicht aufhören zu …; **no para de hablar** er redet pausenlos; **sin ~** unaufhörlich; *fam fig* **déjale correr, que él ~á** lass(t) ihn, er wird sich *(dat)* die Hörner schon abstoßen 2 *coche, tren, etc* halten; **el coche paró en seco** der Wagen hielt mit einem Ruck (*o* bremste scharf) 3 *(llegar a un término)* hinauslaufen, abzielen (**a** auf *acus*); **ir a ~ a** *o* **en** *(irgendwo)* hin(ein)geraten, *(irgendwohin)* kommen; *(irgendwo)* landen *fam*; **¿adónde irá a ~ todo esto?** wohin soll das alles noch führen?; *fig* **¿adónde quieres ir a ~?** worauf willst du eigentlich hinaus?; **el paquete vino a ~ a sus manos** das Paket gelangte schließlich in seine Hände; **la calle va a ~ a la plaza** die Straße führt zum (*o* endet am) Platz; **¿cómo va a ~ todo eso?** wie soll das (noch) enden?; **~ (en) bien** gut auslaufen (*o* enden); **todo ha ido a ~ a sus manos** alles ist schließlich an ihn (*o* in seinen Besitz) gekommen 4 *(hospedarse)* absteigen, wohnen; **~ en un hotel** in einem Hotel absteigen; **nunca para en casa** er/sie ist nie zu Hause; **no sé dónde para** ich weiß nicht, wo er steckt 5 CAZA *perro de caza* vorstehen C VR **pararse** 1 *(detenerse)* stehen bleiben *(tb reloj)*; (an)halten, haltmachen 2 *(cesar)* innehalten, aufhören; stocken; stillstehen; abschalten *(v/i)*; **~ en discusiones** seine Zeit mit Diskussionen vertun 3 *Am (levantarse)* aufstehen, sich erheben; *fam pene* steif werden

pararrayos M ‹*pl inv*› Blitzableiter *m (tb fig)*

Parasceve F REL *judaísmo*: Rüsttag *m*; Karfreitag *m*

parasitario ADJ schmarotzerhaft, parasitär; Parasiten…; **parasiticida** A ADJ Insektenvertilgungs… B M Insektenvertilgungsmittel *n*; **parasítico** ADJ Parasiten…, Schmarotzer… *(tb fig)*; **parasitismo** M Parasiten-, Schmarotzerleben *n (tb fig)*

parásito M 1 BIOL Parasit *m*, Schmarotzer *m (tb fig)*; Ungeziefer *n*; AGR **~s** *mpl* **vegetales** Pflanzenschmarotzer *mpl* 2 RADIO **~s** *mpl* Störungen *fpl*; **~s intempestivos** Gewitterstörungen *fpl*

parasitología F Parasitenkunde *f*

parasitólogo M, **-a** F Parasitenforscher *m*, -in *f*

parasol M Sonnenschirm *m*; AUTO, FOT Sonnenblende *f*

parata F *Arg* AGR Terrassenbeet *n*

paratáctico ADJ GRAM parataktisch; **parataxis** F ‹*pl inv*› GRAM Parataxe *f*

paratífico MED A ADJ Paratyphus… B M, **-a** F Paratyphuskranke *m/f*; **paratifoidea** F, **paratifus** M MED Paratyphus *m*

paratiroides MED A ADJ *inv* Nebenschilddrüsen… B F **(glándula** *f*) ~ Nebenschilddrüse *f*

paraván M 1 *Arg, Cuba* spanische Wand *f* 2 MAR **~ protector** Bugschutzgerät *n*; **paravientos** M ‹*pl inv*› *en botes, etc*: Windschutzscheibe *f*

parca F MIT, *poét* Parze *f*; *fig* Tod *m*

parcasé M *Méx Brettspiel, dem „Mensch ärgere dich nicht" ähnlich*

parcela F Parzelle *f*; Stück *n* Land; **parcelación** F Parzellierung *f*

parcelar VT parzellieren; **parcelario** ADJ Parzellen…; AGR **concentración** *f* **-a** Flurbereinigung *f*

parcha F BOT Passionsblume *f*

parchar VT *Am* einen Flicken aufsetzen auf *(acus)*, flicken; **parchazo** M MAR Killen *n der Segel*

P

parche M 1 *(cosa sobrepuesta)* Flicken *m*; MED Pflaster *n*; MED ~ **de nicotina** Nikotinpflaster *n*; MED ~ **de ojo** Augenklappe *f*; **poner ~s en** *o* **a** *neumático* flicken; *fig etw* notdürftig (*o* provisorisch) regeln (*o* arrangieren) 2 MÚS ~ **(de piel)** Trommelfell *n*; *p. ext* Trommel *f* 3 *fig (recurso de urgencia)* Notbehelf *m*; provisorische Lösung *f (eines Problems)*; **poner ~s a a/c** etw provisorisch regeln 4 INFORM Patch *m/n* 5 Augenklappe *f* 6 *fam fig* **pegar un ~ a alg** j-n über den Tisch ziehen; j-n prellen

parchear V/T 1 INFORM patchen 2 *obs* flicken, notdürftig reparieren; MED verpflastern; verbinden

parchís M *juego: Art* Mensch-ärgere-dich-nicht

parcial ADJ 1 *(por partes)* teilweise, Teil...; **a tiempo ~** Teilzeit...; ASTRON *oscuridad* partiell; COM **pago** *m* ~ Teilzahlung *f* 2 *(que sigue el partido de alg)* parteiisch; **parcialidad** F 1 *(falta de neutralidad)* Parteilichkeit *f* 2 *(formación de grupos)* Gruppenbildung *f*, Zusammenrottung *f* 3 *etnología:* Gruppe *f*, Stamm *m*

parcidad F → parquedad; **parcísimo** ADJ *sup* äußerst karg; sehr sparsam; **parco** ADJ sparsam; mäßig; karg; ~ **en palabras** wortkarg

parcómetro M Parkuhr *f*

pardal A ADJ → pardillo B M ZOOL Pardelkatze *f*; Leopard *m*, Pardel *m*

pardear V/I einen braunen Schimmer haben; braun sein

pardela F ORN Sturmvogel *m*; **pardete** M *pez:* großköpfige Meeräsche *f*

pardiez INT *Esp* Donnerwetter!, potztausend!

pardillo A ADJ bäurisch, tölpelhaft B M, **-a** F Tölpel *m*; einfältige Person *f* C M ORN Rotkehlchen *n*, Hänfling *m*

pardo A ADJ braun; graubraun, stumpfbraun; **oso** *m* ~ Braunbär *m*; *cielo* trüb; *voz* klanglos; POL, HIST **camisas** *fpl* **-as** Braunhemden *npl*; **de ojos ~s** braunäugig B M Braun *n*; ~ **diáfano** Lasurbraun *n* C M, **-a** F *Am* Mulatte *m*, Mulattin *f*

pardusco ADJ bräunlich

pareado ADJ gepaart; LIT **(versos) ~s** *mpl* paarweise gereimte Verse *mpl*

parear V/T 1 *(formar pareja)* paaren, paarweise zusammentun (*o* aufstellen) 2 *(comparar)* vergleichen 3 TAUR *den Stier* mit Banderillas reizen

parecer¹ ⟨2d⟩ A V/I 1 *(tener aspecto)* (zu sein) scheinen; aussehen (wie); ~ **otro** ein anderer zu sein scheinen, anders aussehen; **parece que va a llover** es sieht nach Regen aus; **a lo que parece** wie es scheint, anscheinend, dem Anschein nach; **como le parezca** wie Sie wollen; **¿le parece que vayamos a la playa?** wie wäre es, wenn wir an den Strand gingen?; **me parece bien** es gefällt mir; ich finde es richtig (*o* in Ordnung); **me parece que ...** mir scheint, dass ...; ich meine, dass ...; **no me parece mal** es gefällt mir (gar) nicht übel; **¿no os parece que se lo preguntemos?** sollen wir ihn nicht (lieber) danach fragen?; **¿qué te parece?** was meinst du dazu?; was hältst du davon?; **¿qué te parece esta corbata?** wie gefällt dir meine Krawatte?; **si te parece** wenn du meinst, wenn es dir recht ist 2 *(dejarse ver)* erscheinen, sich zeigen, sich sehen lassen, zum Vorschein kommen; *fam fig* **¡ya pareció aquello!** das habe ich kommen sehen!; da haben wir die Bescherung! *fam* B V/R **parecerse** (sich *dat*) ähnlich sein, (sich *dat*) ähneln; ~ **a alg** j-m ähneln; **esto se le parece** das sieht ihm ähnlich

parecer² M 1 *(opinión)* Meinung *f*, Ansicht *f*; **de otro ~** anderer Meinung, andersdenkend; **dar su ~** seine Ansicht äußern; **ser cuestión de ~es** Ansichtssache sein; **ser del mismo ~** der gleichen Meinung sein; **soy del ~ que ...** ich meine, dass ... 2 *(apariencia)* Aussehen *n*; Anschein *m*; **al ~** anscheinend; **por el bien ~** anstandshalber; **tener** *o* **ser de buen ~** gut aussehen

parecido A ADJ ähnlich; **bien ~** hübsch, nett aussehend; **mal ~** hässlich, unschön; **o algo ~** *o* **o cosa -a** oder dergleichen B M Ähnlichkeit *f*; **tener un gran ~** sich *(dat)* sehr ähnlich sehen

pared F 1 Wand *f*; Mauer *f*; ANAT ~ **abdominal** Bauchwand *f*, -decke *f*; ~ **cortafuego** Brandschutzmauer *f*; ~ **divisor(i)a** Scheide-, Zwischenwand *f*; ~ **exterior** Außenwand *f*; ~ **intermedia** Zwischenwand *f*; ~ **lateral** Seitenwand *f*; ~ **maestra** tragende Wand *f*; **de doble ~** doppelwandig; *fam fig* **hasta la ~ de enfrente** im höchsten Grade, mit Haut und Haaren *fam*; *fig* **entre cuatro ~es** in seinen vier Wänden; *fig tb* **estar entre cuatro ~es** in der Falle sitzen, nicht mehr ein noch aus wissen; **como si hablara a la ~** vor tauben Ohren predigen, in den Wind reden; **las ~es oyen** *o* **tienen oídos** die Wände haben Ohren; *fig* **poner a alg contra la ~** j-n in die Enge treiben, j-n zu einer Entscheidung zwingen; **poner de cara a la ~** *penitencia y fig:* in die Ecke stellen; **ponerse más blanco que la ~** kreidebleich (im Gesicht) werden, weiß wie die Wand werden; *fig* **quedarse pegado a la ~** sich schämen; verlegen werden; *fig* **subirse por las ~es** die Wände hochgehen; **vivir ~ por medio** Wand an Wand (*o* Tür an Tür) wohnen; *fam* **sordo como una ~** stocktaub 2 *fútbol:* Doppelpass *m*; **hacer la ~** einen Doppelpass spielen

paredaño ADJ Wand an Wand, benachbart

paredón M dicke Mauer *f*, dicke Wand *f*; Mauerrest *m*; *fam* **llevar** *o* **mandar al ~** an die Wand stellen *(erschießen)*; *fig* in die Enge treiben; **¡al ~!** erschießen!, an die Wand stellen!

pareja F 1 *(par)* Paar *n*; *p. ext (novios)* Brautpaar *n*; *Esp fam* Zweierstreife *f der Guardia Civil*; **a las ~s** gleich; ELEC ~ **de cables** Kabelpaar *n*; ~ **de hecho** eheähnliche Gemeinschaft *f*, Lebenspartnerschaft *f*; **relación** *f* **de ~** Zweierbeziehung *f*; *fig* **correr ~s** *o* **andar de ~** Hand in Hand gehen **(con** mit *dat) (fig)*; **hacer una buena ~** gut zusammenpassen; ein schönes Paar sein; **tener ~s** *juego de cartas:* gleiche Karten haben; *dados:* einen Pasch haben 2 *(compañero, -a)* Partner *m*, -in *f*; ~ **(de baile)** Tanzpartner *m*, -in *f*; **tener ~** einen (Liebes)Partner (*o* eine Partnerin) haben 3 *fig (lo contrario, lo equivalente)* Gegenstück *n*, Entsprechung *f*, Pendant *n*; *fam fig* **cada oveja con su ~** Gleich und Gleich gesellt sich gern

parejero A ADJ 1 *Am Mer, Antillas fig* dreist, vorlaut 2 *RPl, Méx caballo* schnell B M 1 *Am Mer, Antillas* anmaßender Frechling *m*, Parvenü *m* 2 *RPl, Méx* Rennpferd *n*; **parejita** F Pärchen *n*; **parejo** ADJ ähnlich; gleich; gleichmäßig; **por (un) ~** gleich; *fam* **sin ~** ohnegleichen

parel ADJ MAR paarweise gebraucht *(Ruder, Riemen)*

paremiología F Sprichwortkunde *f*

parénesis F Ermahnung *f*, Moral *f*; Paränese *f*; **parenético** ADJ paränetisch

parénquima M ANAT, BIOL Parenchym *n*; **parenquimatoso** ADJ parenchymatös, Parenchym...

parental ADJ BIOL Eltern...; JUR elterlich; **parentela** F *(fam desp tb* die liebe*)* Verwandtschaft *f*; Verwandte(n) *pl*; **parentesco** M Verwandtschaft *f*; verwandtschaftliches Verhältnis *n*; **contraer ~** in verwandtschaftliche Beziehungen treten

paréntesis M ⟨*pl inv*⟩ TIPO (runde) Klammer *f*, Parenthese *f*; *fig (interrupción)* Unterbrechung *f*; ~ **cuadrado** eckige Klammer *f*; **entre ~** in Klammern; *fig* nebenbei bemerkt; **abrir el ~** (die) Klammer auf(machen); **cerrar el ~** (die) Klammer zu(machen); **poner entre ~** einklammern, in Klammern setzen

parentético ADJ *liter* parenthetisch

pareo M 1 *(efecto de juntar dos cosas)* Paaren *n*; Zusammenfügen *n* 2 BIOL Paarung *f* 3 TEX großes Umhangtuch *n*

pargo M *pez:* Rotbrasse *f*

parhelia F, **parhelio** M METEO Nebensonne *f*

paria M Paria *m (tb fig)*

parición F ZOOL Gebären *n*; **parida** A ADJ entbunden B F 1 *(parturienta)* Wöchnerin *f* 2 *pop (tontería)* Dummheit *f*, Schnapsidee *f fam*

paridad F Gleichheit *f*; Parität *f (tb* ECON*)*

paridera A ADJ ZOOL fruchtbar, gebärfähig B F *Stelle, wo das Vieh Junge wirft*

parienta F *fam* Ehefrau *f*; **pariente** A ADJ verwandt B M/F Verwandte *m/f*; *fam* Ehemann *m*; **~s** *pl* Angehörige *pl*

parietal A ADJ Wand...; ANAT parietal B M ANAT **(hueso** *m***) ~** Scheitelbein *n*

parietaria F BOT Glaskraut *n*

parificar V/T ⟨1g⟩ *liter* durch ein Beispiel beweisen (*o* belegen)

parihuela(s) F(PL) Trage *f*; Tragbahre *f*

parima, parina F *RPl* ORN *Art* Reiher *m (Phoenicoterus andinus)*

paripé *fam* M Vorwand *m*; Lüge *f*; **hacer el ~** prahlen, angeben *fam*

parir V/T & V/I gebären; ZOOL werfen; *fig* hervorbringen; **estar para ~** in die Wochen kommen; kurz vor der Entbindung stehen; *fam fig* **éramos cinco** *o* **ciento** *o* **pocos y parió mi abuela** *corresponde a:* auf dass das Haus voll werde, das hat uns gerade noch gefehlt *(unerwarteter Besuch, Missliches)*; *vulg* **¡la madre que te parió!** du Saukerl!; *fam fig* **poner a alg a ~** j-n runtermachen

París M Paris *n*

parisién, parisiense A ADJ aus Paris B M/F Pariser *m*, -in *f*

parisílabo ADJ FON gleichsilbig

parisino → parisién

paritario ADJ paritätisch

paritorio M MED Kreißsaal *m*

parka F TEX Parka *m*

parkerizar V/T ⟨1f⟩ METAL parkern

parking M Parken *n*; Parkplatz *m*; *edificio:* Parkhaus *n*

párkinson M MED parkinsonsche Krankheit *f*, Parkinsonkrankheit *f*

parla F *fam* Geschwätzigkeit *f*; Wortschwall *m*; **parlador** ADJ geschwätzig

parlamentar V/I ver-, unterhandeln; parlamentieren; **parlamentario** A ADJ 1 POL parlamentarisch 2 MIL Parlamentärs... B M, **-a** F 1 POL Parlamentarier *m*, -in *f*; Parlamentsmitglied *n* 2 MIL Parlamentär *m*, -in *f*, Unterhändler *m*, -in *f*; **parlamentarismo** M POL Parlamentarismus *m*, parlamentarisches System *n*

parlamento M 1 POL Parlament *n (tb edificio)*; *(politische)* Volksvertretung *f*; **Parlamento Europeo** Europaparlament *n* 2 *(razonamiento, oración)* Ansprache *f*; kurze Rede *f*; TEAT Langtext *m*, Tirade *f* 3 MIL Unterhandeln *n (eines Parlamentärs)*; **bandera** *f* **de ~** Parlamentärflagge *f*

parlanchín M Schwätzer *m*; **parlanchina** F 1 Schwätzerin *f* 2 *jerga del hampa* Zunge *f*; **soltar la ~** auspacken *fam*; **parlante** A ADJ sprechend; *desp* geschwätzig; TV *fam* **busto** *m* ~ Nachrichtensprecher *m* B M *Am* Lautsprecher *m;* **parlar** VI plappern; schwatzen; **parlatorio** M Sprechzimmer *n (in Klöstern); desp* Quasselbude *f fam;* **parlería** F Geschwätz *n;* Klatscherei *f;* **parlero** ADJ schwatzend; geschwätzig; *fig arroyo, etc* plätschernd; *ojos* ausdrucksvoll, beredt; **pájaro** *m* ~ sprechender Vogel *m;* **parlotear** VI plappern, schwatzen; **parloteo** M Plappern *n*

parmesano A ADJ aus Parma B M, **-a** F Einwohner *m*, -in *f* von Parma C M **(queso** *m)* ~ Parmesan(käse) *m*

parnasia F BOT Parnassie *f;* **parnasiano** A ADJ parnassisch; LIT Parnassien…, Parnass… B M, **-a** F LIT Parnassier *m*, -in *f;* **parnaso** M GEOG **(Parnaso)** *y fig* Parnass *m*

parné M *pop* Zaster *m fam*, Kies *m fam*, Kohlen *fpl fam*, Knete *f fam*

paro[1] M 1 *(cese de un movimiento)* Stehenbleiben *n;* Stillstand *m;* TEC Abstellen *n;* **(dispositivo** *m* **de)** ~ **automático** automatische Abstell(vorricht)ung *f;* MED ~ **cardíaco** Herzstillstand *m;* MED ~ **respiratorio** Atemstillstand *m* 2 *espec Esp (desocupación)* Arbeitslosigkeit *f; (huelga)* Arbeits-, Betriebseinstellung *f; (lock-out)* Aussperrung *f;* ~ **estacional** saisonbedingte Arbeitslosigkeit *f;* ~ **estructural** strukturbedingte Arbeitslosigkeit *f;* ~ **(forzoso)** Arbeitslosigkeit *f;* ~ **juvenil** Jugendarbeitslosigkeit *f;* ~ **(laboral)** Streik *m;* Arbeitsniederlegung *f;* ~ **parcial** Kurzarbeit *f;* **cobrar el** ~ Arbeitslosengeld beziehen; stempeln gehen *fam;* **estar en** ~ arbeitslos sein; **inscrito en el** ~ arbeitslos gemeldet sein

paro[2] M ORN Meise *f;* ~ **carbonero** Kohlmeise *f*

parodia F Parodie *f;* **parodiar** VT ⟨1b⟩ parodieren; **paródico** ADJ parodistisch; **parodista** M/F Parodist *m*, -in *f*

parola *fam* A F Wortschwall *m;* Gequatsche *n fam* B M *Chile* Schwätzer *m*, Angeber *m*

pároli M Paroli *n im Spiel* **(hacer** bieten)

parolímpico ADJ **juegos** *mpl* **~s** Paralympics *pl*, Behindertenolympiade *f*

parón M plötzlicher Stopp *m*

paronimia F LING Paronymie *f;* **paronímico** ADJ LING paronymisch, ähnlich lautend; **parónimo** M LING Paronymon *n;* **paronomasia** F RET Paronomasie *f*

parótida F MED Ohrspeicheldrüse *f;* **parotiditis** F MED Parotitis *f;* ~ **epidémica** Mumps *m*, Ziegenpeter *m*

paroxismo M MED *y fig* Paroxysmus *m*, heftiger Anfall *m;* **paroxítono** FON A ADJ paroxyton B M Paroxytonon *n*

parpadeante ADJ flimmernd; **parpadear** VI 1 *(abrir y cerrar rápidamente los ojos)* blinzeln 2 *luz* blinken; *(centellear)* flimmern; **parpadeo** M 1 Lidschlag *m*, Blinzeln *n* 2 *(centelleo)* Flimmern *n*

párpado M Augenlid *n*, Lid *n;* ~ **inferior/superior** Unter-/Oberlid *n*

parpar VI *pato* schnattern

parque M 1 Park *m;* ~ **acuático** Bade-, Wasserpark *m*, Freizeit-, Erlebnisbad *n;* ~ **de atracciones** Vergnügungspark *m*, Rummelplatz *m;* ~ **infantil** Kinderspielplatz *m;* ~ **infantil de tráfico** Verkehrskindergarten *m;* ~ **inglés** englischer Park *m*, Naturpark *m;* ~ **nacional** National-, Naturschutzpark *m;* ~ **natural** Naturpark *m;* ~ **de ocio** Freizeitpark *m;* ~ **zoológico** Tierpark *m*, Zoo *m* 2 TEC Bestand *m*, Park *m;* MIL ~ **de artillería** Artilleriepark *m*, Artilleriereparaturwerkstatt *f;* AVIA ~ **de aviación** Flug(zeug)park *m;* ~ **de bomberos** Feuerwehrpark *m;* Feuerwache *f;* ~ **eólico** Windpark *m;* ~ **industrial** Industriepark *m*, Gewerbepark *m;* ~ **de máquinas** Maschinenpark *m;* ~ **móvil** *(conjunto de vehículos)* Fuhr-, Fahrzeugpark *m; (servicio de conductores)* Fahrbereitschaft *f;* Fuhrpark *m;* ~ **tecnológico** Technologiepark *m* 3 *para niños:* Laufstall *m*, -gitter *n*

parqué M 1 Parkett *n;* ~ **flotante** schwimmendes Parkett *n;* ~ **pequeño** Kleinparkett *n* 2 ECON Börsensaal *m;* (offizielle) Börse *f*, Parkett *n fam*

parqueadero M *Am reg* Parkplatz *m*

parquear VT & VI *Am* parken

parquedad F 1 *(moderación económica)* Sparsamkeit *f*, Genügsamkeit *f;* ~ **en palabras** Wortkargheit *f* 2 *(sobriedad)* Zurückhaltung *f;* Nüchternheit *f*

parqueo M *Am reg* Parkplatz *m*

parquet M → parqué; **parquetería** F Parkettlegerei *f;* **parquetero** M Parkettleger *m*

parquímetro M *transporte:* Parkuhr *f*

parra F Weinranke *f;* Weinlaube *f; fam fig* **subirse a la** ~ *(darse importancia)* sich wichtigmachen, sich *(dat)* etwas anmaßen; *(montar en cólera)* hochgehen *fam*, in die Luft gehen *fam*

parrafada F *fam* Schwätzchen *n;* **echar una** ~ ein Schwätzchen halten; **parrafear** VI *fam* lang daherschwätzen; **parrafeo** M *fam* langes, inhaltloses Gerede *n*, Gelaber(e) *n fam*

párrafo M 1 Paragraf *m;* Abschnitt *m;* TIPO Absatz *m;* **formato** *m* **de** ~ INFORM Absatzformat *n; fig* ~ **aparte** um von etwas anderem zu reden; *fam fig* **echar un** ~ ein Schwätzchen halten; **tenemos que echar un** ~ *o* **un parrafito aparte** *tb* wir haben noch ein Hühnchen miteinander zu rupfen *fam* 2 *símbolo:* Paragrafenzeichen *n*

parragón M Silberbarren *m (Eichmuster der Münzprüfer)*

parral M Weinlaube *f;* Weinspalier *n*

parranda F *fam* 1 *(ronda por los bares)* Kneipenbummel *m* 2 *(fiesta callejera)* Straßenfest *n (mit Musik und Tanz);* **andar** *o* **irse de** ~ bummeln gehen; **parrandear** VI einen draufmachen *fam;* **parrandeo** M (Kneipen)Bummel *m;* **parrandero** A ADJ Bummler… B M, **-a** F Kneipenbummler *m*, -in *f;* **parrandista** M *fam* Zechbruder *m*, -schwester *f*, Bummler *m*, -in *f*

parricida A ADJ *del padre:* Vatermörder…; *del cónyuge:* Gattenmörder… B M/F *del padre:* Vatermörder *m*, -in *f; del cónyuge:* Gattenmörder *m*, -in *f; de parientes:* Verwandtenmörder *m*, -in *f;* **parricidio** M *del padre:* Vatermord *m; del cónyuge:* Gattenmord *m; de parientes:* Verwandtenmord *m; de niños:* Kindsmord *m*

parrilla F 1 *utensilio:* (Feuer)Rost *m;* Grill *m;* TEC ~ **de enrejado** Gitterrost *m;* ~ **vibratoria** Schüttelrost *m;* GASTR **a la** ~ auf dem Rost; gegrillt; **asar a la** ~ grillen 2 *restaurante:* Grillrestaurant *n; en el hotel:* Grillroom *m* 3 *(botija ancha)* schmaler Krug *m* 4 *Chile, Méx, Perú* AUTO *(baca)* Dach(gepäck)träger *m;* **parrillada** F GASTR Grillgericht *n;* Grillparty *f;* ~ **de carne/de pescado** Grillplatte *f* mit Fleisch/Fisch; **parrillero** M GASTR Grillkoch *m*

parro M ORN Wildente *f*

parrocha F *pez:* kleine Sardine *f;* GASTR **~s** *fpl* in Salztunke eingelegte Sardinen *fpl*

párroco M Pfarrer *m;* Pfarrherr *m*

parroquia F 1 *territorio:* Pfarrei *f*, Kirchengemeinde *n* 2 *(conjunto de feligreses)* Gemeindemitglieder *npl*, Pfarrangehörige *mpl* 3 *iglesia:* Pfarrkirche *f* 4 COM Kundschaft *f;* **parroquial** ADJ Pfarr…; **iglesia** *f* ~ Pfarrkirche *f;* **parroquiano** A ADJ REL zur Pfarrei (*o* Gemeinde) gehörig B M, **-a** F 1 REL Pfarrkind *n*, Gemeindemitglied *n* 2 COM (Stamm)Kunde *m*, (Stamm)Kundin *f*

parsec M ASTRON Parsek *n (3,257 Lichtjahre)*

parsimonia F 1 *(moderación en los gastos)* Sparsamkeit *f; desp* Knauserei *f* 2 *(cautela)* Umsicht *f*, Bedachtsamkeit *f; (sosiego)* Bedächtigkeit *f;* **con** ~ bedächtig; **parsimonioso** ADJ sparsam *(espec fig); desp* knauserig

parte

A femenino B masculino

— A femenino —

1 *(porción indeterminada)* Teil *m/n;* Stück *n;* Teilstück *n; (componente)* Bestandteil *m; (participación)* Anteil *m;* ~ **delantera** vorderer Teil *m;* Vorderteil *n;* ~ **integral** integrierender Teil *m;* ~ **integrante** Bestandteil *m; espec fig* ~ **del león** Löwenanteil *m;* ~ **por** ~ Stück für Stück; *(sin omitir nada)* gründlich, ohne etwas auszulassen; ~ **en peso** Gewichtsteil *m; fig* ~ **superior** des Menschen höherer Teil *m (Seele, Geist);* ~ **trasera** hinterer (*o* rückwärtiger) Teil *m;* Hinterteil *n;* ~ **en volumen** Raum-, Volumenteil *m;* **las tres cuartas ~s** drei Viertel *npl;* **la mayor** ~ **(de)** die meisten; **de varias ~s** mehrteilig; **en** ~ zum Teil, teilweise, teils; **en** ~ …, **en** ~ … teils …, teils …; **en gran** ~ zum großen Teil, großenteils; beträchtlich; **por la mayor** ~ zum größeren Teil; in der Mehrzahl; *fig* **dar su** ~ **al fuego** Ballast abwerfen *(fig);* **hacer las ~s** (aus-, ver)teilen; *fig* **entrar** *o* **ir a la** ~ beteiligt sein *(z. B. an einem Geschäft); fig* **llamarse a la** ~ seinen Vorteil wahrnehmen (wollen); **llevarse la mejor** ~ das Beste für sich *(acus)* nehmen; *fig* am besten abschneiden; **tener** ~ **en** beteiligt sein an *(dat);* **tomar** ~ **en** teilnehmen an *(dat)* 2 *(lugar)* Stelle *f; (región)* Gegend *f;* ~ **del mundo** Erdteil *m;* **¿a qué ~?** wohin?; **a alguna** ~ irgendwohin; **a esta** ~ hierher; *fig* **de entonces a esta** ~ seit damals; von damals bis zum heutigen Tag; **a otra** ~ anderswohin; **¡a buena ~ vamos!** das kann ja schön (*o* heiter *fam*) werden!; **de cualquier** ~ irgendwoher; **de esta** ~ hier; hierher; von hier; **de la otra** ~ **de la orilla** vom jenseitigen Ufer; **de otra** ~ anderswoher; **¿de qué ~?** woher?; woher des Wegs?; **¿de qué** ~ **eres?** woher stammst du?; **de una** ~ **a otra** hin und her; **de una y otra** ~ beiderseits; **en cualquier** ~ irgendwo; **en ninguna** ~ *o* **en** ~ **alguna** nirgendwo, nirgends; **en otra** ~ anderswo, anderwärts; **en** *o* **por todas ~s** überall; **en todas las ~s del mundo** überall in der Welt; **(este camino) no conduce a ninguna** ~ dieser Weg führt zu keinem Ziel; *fig* das führt zu nichts; **echar por otra** ~ eine andere Richtung einschlagen, einen andern Weg nehmen 3 *(lado)* Seite *f; fig persona:* Partner *m;* JUR Partei *f;* POL **las Altas Partes Contratantes** die Hohen Vertragschließenden Parteien *fpl;* JUR ~ **contraria** Gegenpartei *f;* ~ **contratante** Vertragspartner *m;* **de** ~ **a** ~ von einer Seite zur andern; durch und durch; **de** ~ **de alg** vonseiten j-s, seitens j-s; im Namen (*o* im Auftrag) j-s; von j-m; TEL **¿de** ~ **de quién?** *corresponde a:* wer spricht dort?, wer möchte ihn (*o* sie) sprechen?; *¡mil recuerdos a su padre!* – **gracias, de su** ~ danke, ich werde es ausrichten; **por la** ~ **de** … was … *(acus)* anbetrifft; **por mi/tu**, *etc* ~ meiner-/deinerseits *etc;* **por** ~ **de madre/padre** mütterlicher-/väterlicherseits; **por otra** ~ andererseits; **por una** ~ …, **por otra** … einerseits …, andererseits …; **por ~s** eins nach dem andern; der Reihe nach; **por ~s iguales** zu gleichen Teilen; *fig* **echar a mala** ~ *o* **tomar en mala** ~ übel nehmen; falsch auffassen, missdeuten;

estar de ~ de alg auf j-s Seite (*dat*) stehen; für j-n eintreten; j-s Anhänger sein; **hacer de su ~** sein Möglichstes tun; **de ~ a ~ se mandaron regalos** man schickte sich gegenseitig Geschenke; JUR **mostrarse ~** persönlich erscheinen; **poner a/c de su ~** etw beisteuern; mithelfen; **ponerse de ~ de alg** sich auf j-s (*dat*) Seite stellen; *fig* **no ser** *o fam* **no tener arte ni ~ en un asunto** nichts mit einer Sache (*dat*) zu tun haben; *irón* **4** MÚS Stimme *f*, Part *m*; *p. ext* (*cantante*) Sänger *m*, -in *f*; TEAT Rolle *f*, Part *m*; *p. ext* (*actor*) Darsteller *m*, -in *f*; MÚS **las medias ~s** die Mittelstimmen *fpl*; MÚS **~ de piano** Pianopart *m*, Klavierstimme *f*; TEAT **las primeras ~s** die Hauptrollen *fpl*; TEAT **~ de por medio** kleine Rolle *f*; *fig* **hacer las ~s de alg** j-n vertreten **5** *en locuciones especiales*: Ursache *f*, Veranlassung *f*; **ser ~ a que** *o* **para que** (*subj*) bewirken, dass (*ind*); dazu beitragen, dass (*ind*) **6** *euf* **~s** *fpl* Geschlechtsteile *npl*, Scham *f*

— **B** masculino —

1 (*informe*) Bericht *m*; (*noticia*) Nachricht *f*; (*aviso, denuncia*) Anzeige *f*, Meldung *f*; (*telegrama*) Depesche *f*; MED **~ facultativo** *o* **médico** ärztliches Kommuniqué *n* (*o* Bulletin *n*); *Chile* **~ de luto** Traueranzeige *f*; METEO **~ meteorológico** Wetterbericht *m*; **~ de nieve** Schneebericht *m*; **dar ~** Bericht erstatten; **dar ~ de a/c a alg** j-m etw (*acus*) melden (*o* berichten) **2** MIL Meldung *f*; **~ oficial (de guerra)** amtlicher Heeresbericht *m*; **dar el ~** *en inspecciones, etc*: Meldung machen

parteluz M Mittelsäule *f* (*an Fenstern*)

partenogénesis F **1** MIT Parthenogenesis *f*, Jungfrauengeburt *f* **2** BIOL Parthenogenese *f*, Jungfernzeugung *f*

partera F Hebamme *f*, Geburtshelferin *f*; **partero** M Geburtshelfer *m*

parterre M Blumenbeet *n*

partible ADJ (auf)teilbar; **partición** F Teilung *f*; Aufteilung *f*; **~ de herencia** Erbteilung *f*

participación F **1** (*asistencia, colaboración*) Teilnahme *f* (**en** an *dat*); Beteiligung *f*; COM Anteil *m*; COM **~ en los beneficios** Gewinnbeteiligung *f*, -anteil *m*; **~ ciudadana** POL Bürgerbeteiligung *f*; **~ (en una sociedad)** Geschäftsanteil *m* **2** (*comunicado*) Mitteilung *f*; Anzeige *f*; **~ de boda** *o* **de enlace** Vermählungsanzeige *f*

participante **A** ADJ teilnehmend **B** M/F Teilnehmer *m*, -in *f*; **~ en el cursillo** Lehrgangsteilnehmer *m*, -in *f*

participar **A** V/T mitteilen **B** V/I **1** (*estar implicado*) beteiligt sein (**en, de** an *dat*); teilhaben; Anteil haben (**de** an *dat*); *liter* **~ de la belleza** der Schönheit teilhaftig werden; COM **~ de los beneficios** am Gewinn beteiligt sein **2** (*concurrir*) sich beteiligen; teilnehmen; **~ en un curso** an einem Lehrgang teilnehmen

participativo ADJ sich beteiligend; **mostrarse muy ~** sich intensiv beteiligen

partícipe **A** ADJ beteiligt (**de** an *dat*); teilhaftig (**de** *gen*) **B** M/F Beteiligte *m/f* **hacer ~ de** teilnehmen lassen an (*dat*); beteiligen an (*dat*)

participial ADJ GRAM Partizipial...; **participio** M GRAM Partizip *n*, Mittelwort *n*; **~ activo** *o* **de presente** Partizip *n* Präsens; **~ pasivo** *o* **de pretérito** Partizip *n* Perfekt

partícula F **1** Teilchen *n*, Partikel *f/n*; FÍS **~s** *fpl* **alfa/elementales** Alpha-/Elementarteilchen *npl*; **~ cósmica** kosmisches Teilchen *n*; **~ extraña** Fremdkörperchen *n*; **~s** *fpl* **flotantes** *o* **suspendidas** Schwebstoffe *mpl*; **~ de masa/de polvo** Masse-/Staubteilchen *n*; MED **~ progenie** Wucherzelle *f* **2** GRAM Partikel *f*; **~ de interrogación** Fragepartikel *f* **3** CAT kleine Hostie *f*

particular **A** ADJ **1** (*especial*) besonders; (*típico*) eigentümlich; (*extraño*) merkwürdig, seltsam; **caso** *m* **~** Sonderfall *m*; **en ~** im Besonderen, insbesondere; **sin señas ~es** *descripción de personas*: ohne besondere Kennzeichen **2** (*privado*) persönlich; Privat...; **audiencia** *f* **~** Privataudienz *f* **B** M/F **1** *persona*: Privatmann *m*, Privatperson *f* **2** (*asunto*) Angelegenheit *f*, Thema *n*, Frage *f*; **sobre el ~** zu diesem Punkt; hierzu; **¡pregúntale por el ~!** frag ihn danach!

particularidad F Besonderheit *f*; (*peculiaridad*) Eigenheit *f*; (*característica*) Eigentümlichkeit *f*; (*rareza*) Merkwürdigkeit *f*; **las ~es del caso** die Gegebenheiten *fpl*

particularismo M **1** POL Partikularismus *m* **2** (*preferencia del interés propio*) Vertretung *f* rein persönlicher Interessen **3** (*propensión a lo individual*) Individualismus *m*; **particularista** ADJ partikularistisch; (*individualista*) individualistisch; (*restringido a los intereses privados*) auf rein private Interessen beschränkt; (*estrecho de miras*) engstirnig; POL *tb* kleinstaatlich; **particularizar** ⟨1f⟩ **A** V/T erläutern; genau angeben (*o* aufzählen) **B** V/R **particularizarse** sich auszeichnen; *fig* eigene Wege gehen; **particularmente** ADV vor allem; insbesondere

partida F **1** (*salida*) Abreise *f*, Aufbruch *m*; *a pie*: Abmarsch *m* (*tb* MIL); *en un vehículo*: Abfahrt *f*; COM **a la ~** bei Abgang; *fig* **punto** *m* **de ~** Ausgangspunkt *m* **2** (*excursión*) Ausflug *m*, Partie *f*; **~ de campo** Ausflug *m* aufs Land, Landpartie *f*; **~ de caza** Jagdausflug *m*, -partie *f*; *fig* **ser de la ~** mit von der Partie sein **3** (*documento*) Urkunde *f*; **~ de bautismo/de nacimiento** Tauf-/Geburtsschein *m*; **~ de defunción/de matrimonio** Sterbe-/Heiratsurkunde *f* **4** COM Partie *f*, Posten *m*; Haushaltsposten *m*; **~ acreedora** *o* **de abono** Habenposten *m*, -position *f*; **~ arancelaria** Zollposition *f*; **~ del balance** Bilanzposten *m*; **~ colectiva** Sammelposten *m*; **~ deudora** *o* **de adeudo** *o* **del debe** Sollposten *m*; **contabilidad** *f* **por ~ simple** einfache Buchführung *f*; **~ doble** doppelte Buchführung *f*; **venta** *f* **en ~s** Partieverkauf *m* **5** *juego*: Partie *f*, Spiel *n* (*Schach, Karten etc*); *fig* (*comportamiento*) Verhalten *n* (*j-m gegenüber*); *ajedrez*: **~ aplazada** Hängepartie *f*; **echar** *o* **jugar una ~ de dominó** eine Partie Domino spielen; *fig* **¡qué ~!** großartig!; *fig* **jugarle a alg una mala ~** j-m übel mitspielen; *Méx, RPl fig* **confesar la ~** offen sprechen, die Karten auf den Tisch legen **6** (*grupo*) Gruppe *f*; Trupp *m*; **~ de bandidos** Räuberbande *f* **7** *fig* (*muerte*) *die letzte Reise*, *der* Tod **8** HIST **Las Siete Partidas** Gesetzbuch *n* Alfons' des Weisen (*13. Jh.*); *fam fig* **recorrer las siete ~s** ständig umherrennen

partidario **A** ADJ parteiisch **B** M, **-a** F **1** Parteigänger *m*, -in *f*; Anhänger *m*, -in *f*; Befürworter *m*, -in *f*; **yo soy ~ de que se haga** ich bin dafür, dass es gemacht wird **2** *Cuba, Ec, Perú* (*aparcero*) Teilpächter *m*

partidista POL **A** ADJ Partei...; parteiisch **B** M/F Parteianhänger *m*, -in *f*

partido M **1** *espec* POL Partei *f*; **~ ecologista** Ökopartei *f*; **~ popular** Volkspartei *f*; **~ único** Einheitspartei *f*; POL **formar ~** eine Partei bilden; *gener* eine Gruppe (*o* Clique) bilden, sich zusammentun; **tomar (un) ~** einen Entschluss fassen; **tomar ~ por alg** für j-n Partei ergreifen; POL sich einer Partei (*dat*) anschließen; MIL sich anwerben lassen; **hay que tomar otro ~** man muss sich für einen anderen Weg (*o* für andere Mittel) entscheiden **2** ADMIN (*distrito*) Bezirk *m*; **~ judicial** Amtsbezirk *m* **3** DEP Spiel *n*, Partie *f*; *p. ext* (*equipo*) Mannschaft *f*; **~ amistoso** Freundschaftsspiel *n*; **~ de clasificación** Qualifikationsspiel *n*, Vorrundenspiel *n*; **~ a domicilio** *o* **en casa** Heimspiel *n*; **~ de fútbol** Fußballspiel *n*; **~ de ida/de vuelta** Hin-/Rückspiel *n*; **~ internacional** Länderspiel *n* **4** *fig* (*provecho*) **sacar ~** Nutzen ziehen (**de** aus *dat*); **buen ~** gute Partie *f* (*Heirat*) **5** *Cuba, Ec, Perú* (*aparcería*) Teilpacht *f*

partidor M Teiler *m*; **~ de leña** Holzhauer *m*; **partija** F **1** (*pequeña parte*) Teilchen *n* **2** (*partición*) Teilung *f*; (*parte*) Teil *m*; *p. ext* JUR (*legítima*) Pflicht(erb)teil *n*; COM (Waren)Partie *f*; **partiquino** M, **-a** F MÚS Sänger *m*, -in *f* einer kleinen Nebenrolle

partir **A** V/T **1** (*dividir*) teilen, MAT dividieren; **~ en dos** *o* **por la mitad** halbieren **2** (*romper*) zerbrechen; (*destrozar*) zerschmettern; (*desgarrar*) auseinanderreißen; *madera* hacken, spalten; *nueces* knacken; *fig* **~ el alma** tief ins Herz schneiden; **~ leña** Holz hacken (*o* spalten); **~ el pan** Brot (auf)schneiden; *espec Biblia*: das Brot brechen; **se me parte el alma** es zerreißt mir das Herz; **~ con los dientes** durch-, zerbeißen **B** V/I **1** abfahren, abreisen, losfahren, aufbrechen (**para** nach *dat*); *fig* **~ de un supuesto** von einer Voraussetzung ausgehen **2** **a ~ de ...** ab ..., seit ..., von ... an; **a ~ de hoy** von heute an; **a ~ de las tres** ab drei Uhr; **a ~ de ese momento** seit damals **C** V/R **partirse** zerbrechen; **~ la cabeza (al caer)** sich (*dat*) (beim Hinfallen) den Kopf aufschlagen; **~ de risa** sich vor Lachen biegen, sich kaputtlachen

partisano M, **-a** F Partisan *m*, Partisanin *f* (*bes des 2. Weltkriegs*)

partitivo ADJ teilbar; Teilungs...; GRAM partitiv

partitocracia F POL Parteienherrschaft *f*

partitura F MÚS Partitur *f*; **~ de piano** Klavierauszug *m*

parto M Geburt *f*; Niederkunft *f*; ZOOL Wurf *m*; **~ en casa** Hausgeburt *f*; **~ por cesárea** Kaiserschnitt *m*; **~ sin dolor** schmerzfreie Geburt *f*; **~ gemelar** Zwillingsgeburt *f*; **~ natural** natürliche Geburt *f*; **~ prematuro** Frühgeburt *f*; **~ triple** Drillingsgeburt *f*; **sala** *f* **de ~s** Kreißsaal *m*; **estar de ~** in den Wehen liegen, niederkommen, gebären; **inducir el ~** die Geburt einleiten; **morir de ~** bei der Entbindung sterben; *tb fig* **ha sido un ~ difícil** es war eine schwere Geburt; *fig* **¡el ~ de los montes!** eine schwere Geburt! *fam fig*

parturienta F **1** *antes del parto*: Gebärende *f*, Kreißende *f* **2** *después del parto*: Wöchnerin *f*; **parturitorio** M MED Kreißsaal *m*

párulis M MED Zahnphlegmone *f*, dicke Backe *f fam*

parullar V/T *Arg* leicht anbrennen

parva F **1** AGR Dreschgut *n*; *Am tb* (*trilla*) Drusch *m* **2** (*pequeño desayuno*) Fastenfrühstück *n*; AGR Erntefrühstück *n* (*der Landarbeiter*) **3** *fig* (*gran cantidad*) Menge *f*, Haufen *m*; *de niños*: große Kinderschar *f* **4** *Am fam parte del granero*: Tenne *f* **5** CAZA Gelege *n*, Wurf *m*; **parvada** F **1** (*grano para trillar*) Dreschgetreide *n* **2** *fig* (*gran cantidad*) (Un)Menge *f* **3** *Am* (*bandada*) Vogelschwarm *m*; *p. ext de pollos, etc*: Hausgeflügel *n*

parvedad F **1** (*pequeñez*) Wenigkeit *f*, Winzigkeit *f* **2** (*pequeño desayuno*) Fastenfrühstück *n*; **parvo** ADJ klein, winzig; gering

parvularia F *espec Am* Kindergärtnerin *f*; **parvulario** M Kindergarten *m*; Vorschule *f*

párvulo **A** ADJ klein, gering; *fig* (*sencillo*) schlicht; (*inocente*) unschuldig; (*simple*) einfältig **B** M, **-a** F kleines Kind *n*; *Biblia y liter* Kindlein *n*; *fig* **los ~s** (*los chicos*) die Kleinen; (*los simplones*) die Einfältigen; (*los inocentes*) die Unschuldigen

pasa[1] F (**uva** *f*) **~** Rosine *f*; **~ de Corinto** Korinthe *f*; **~ de Esmirna** Sultanine *f*; *fam fig* **como una ~** verrunzelt; zerknittert

P

pasa[2] F MAR Fahrrinne *f*
pasabanda M RADIO Bandfilter *n*
pasable ADJ annehmbar, leidlich, passabel
pasabocas MPL *Col* kleine, pikante Vorspeisen *fpl*
pasacalle M MÚS **1** *(antiguo baile cortesano)* Passacaglia *f* **2** *(marcha popular)* volkstümlicher Marsch *m*; *p. ext (desfile)* Umzug *m* mit Musik *(bei Volksfesten)*; **pasacassettes** M ⟨*pl inv*⟩ *Arg* Kassettenabspielgerät *n*; **pasacintas** M ⟨*pl inv*⟩ **1** *(aguja pasacintas)* Durchziehnadel *f (für Gummizug etc)* **2** *Am fonotecnia:* Kassettenabspielgerät *n*
pasada F **1** *en tránsito:* Vorbei-, Vorübergehen *n*; *(cruce)* Übergang *m*, Durchquerung *f*; **de ~** im Vorübergehen; *fig* beiläufig; *fig* **dar ~** zulassen, gestatten **2** *(repaso)* Durchgang *m (tb* TEC*)*, letzer Schliff *m*; *en la limpieza:* Wischen *n*; **dar una ~ a a/c** etw überarbeiten (*o* durchgehen) **3** TEX Heftstich *m*; lange Naht *f*, Heftnaht *f* **4** *espec* REL knappes Auskommen *n* **5** *fam (mal comportamiento)* Frechheit *f*; **mala ~** übler Streich *m*, Gemeinheit *f*; **jugar una mala ~ a alg** j-m übel mitspielen **6** *fam (exageración)* übertriebene (*o* absurde) Behauptung *f*; **¡qué ~!** was es nicht alles gibt!; **este coche es una ~** dieses Auto ist eine Wucht *fam*
pasadera F **1** Steg *m*; *en un arroyo:* Trittstein *m*; *en la playa:* Badesteg *m* **2** MAR Seil *n*, Reep *n* **3** *Chile (cambio de domicilio)* Ortswechsel *m*; *(cambio de partido)* Parteiwechsel *m* **4** *Méx* CAZA Wildwechsel *m*; **pasadero** ADJ *(soportable)* erträglich, passabel *fam*; *(transitorio)* vorübergehend; **ser ~** angehen *(v/i)*; **pasadía** F REL → pasada 4; **pasadillo** M TEX durchgehende Stickerei *f*; **pasadizo** M **1** enger Durchlass *m*, schmaler Gang *m*, Durchgang *m*, Passage *f*; **~ secreto** Geheimgang *m* **2** *Am reg (corredor)* Flur *m*; *(pasarela)* Steg *m*; *(puentecillo)* (Fluss)Übergang *m*
pasado A ADJ **1** *(lo que fue)* vergangen; ehemalig; **el lunes ~** vergangenen Montag; **~ mañana** übermorgen; **~ de moda** überholt, veraltet, passé *fam*; aus der Mode gekommen **2** *(demasiado maduro)* überreif; *comestible* verdorben; FOT **~ de luz** überbelichtet B M Vergangenheit *f (tb* GRAM*)*; **como en el ~** wie früher, wie in vergangenen Zeiten; *fam* **¡lo ~, ~!** *o Cuba* **lo ~, pisado** was vorbei ist, ist vorbei!, Schwamm drüber! *fam*; **son cosas del ~** das ist Schnee von gestern *fam*
pasador M **1** *(cerrojo)* Riegel *m*; Schieber *m* **2** TEC Splint *m*, Stift *m*; **~ (de) guía** Führungsstift *m* **3** *(horquilla)* Spange *f*; **~ (de pelo)** Haarspange *f*; **~ (de cuello)** loser Kragenknopf *m*; **~ (de corbata)** Krawattenring *m*; **~ de correa** Riemenschlaufe *f (am Gürtel)*; *Cuba (broche)* Brosche *f* **4** **~es** *mpl (gemelos)* Manschettenknöpfe *mpl*, Durchsteckknöpfe *mpl*; *Bol, Perú (cordones)* Schnürsenkel *mpl* **5** GASTR *(colador)* Sieb *n*, Durchschlag *m*; Passiergerät *n* **6** *(contrabandista)* Schmuggler *m*
pasaje M **1** *(acción de pasar, lugar por donde se pasa)* Durchgang *m*; Durchfahrt *m*; Passage *f*; **~ del río** Flussübergang *m* **2** MAR *(travesía)* Überfahrt *f*, Passage *f*; MAR, AVIA, *Am tb* FERR *(precio del viaje)* Fahrpreis *m*; *(conjunto de pasajeros)* Passagiere *mpl*; **~ de avión** Flugschein *m*; **~ marítimo** Schiffskarte *f*, -passage *f* **3** ARQUIT *(pasillo)* Passage *f*, Durchgang *m* **4** MAR *(estrecho)* Straße *f*; Meerenge *f* **5** *en un texto:* Stelle *f eines Buches*, Passus *m*, Passage *f* **6** MÚS Übergang *m*; Passage *f*
pasajero A ADJ vorübergehend; *(efímero)* vergänglich; *(fugaz, no permanente)* flüchtig B M, **-a** F Reisende *m/f*; FERR, AUTO Fahrgast *m*; AUTO *tb* Mitfahrer *m*, -in *f*; *espec* MAR Passagier *m*, -in *f*; AVIA *tb* Fluggast *m*; *Am* Hotelgast *m*; **~ sin billete** Schwarzfahrer *m*; MAR, AVIA blinder Passagier *m*; AVIA **~ en tránsito** Transitreisender *m*
pasamanería F TEX Posamenterie *f*; *obra:* Posamentierarbeit *f*; *artesanía:* Posamentierhandwerk *n*; *tienda:* Posamentengeschäft *n*
pasamanero M, **-a** F Posamentierer *m*, -in *f*
pasamano[1] M *(barandilla)* Geländer *n*; Handlauf *m*; Treppengeländer *n*; MAR offene Reling *f*; Laufbord *m*
pasamano[2] M TEX Borte *f*, Tresse *f*
pasamontaña(s) M Klappmütze *f*; Kopfschützer *m*; **pasamuro** M CONSTR, TEC Mauerdurchbruch *m (für Kabel etc)*; Wanddurchführung *f*
pasante M/F **1** Praktikant *m*, -in *f*; Assistent *m*, -in *f*; JUR *corresponde a* Referendar *m*, -in *f*; Assessor *m*, -in *f* **2** *Méx* Student *m*, -in *f* ohne Abschluss; **pasantía** F Assistentenzeit *f*; Praktikantenzeit *f*, JUR Referendariat *f*; Probezeit *f*
pasapalos MPL *Ven* GASTR kleine pikante Vorspeisen *fpl*; **pasapasa** M Taschenspielerei *f*; **pasaperro** M TIPO mit einem Riemen gehefteter Pergamentband *m*; **pasaportar** V/T *fam* umlegen *fam*, abknallen *fam*
pasaporte M (Reise)Pass *m*; **~ colectivo** Sammelpass *m*; **~ diplomático** Diplomatenpass *m*; **~ militar** Wehrpass *m*; **~ oficial** *o* **de servicio** Dienstpass *m*; **titular** *m* **de un ~** Passinhaber *m*; *fam fig* **dar ~ a alg** *(despedir)* j-m den Laufpass geben *fam*; *Esp espec* HIST *(1936–1939) (fusilar)* j-n erschießen, j-n abknallen *fam*
pasapuré(s) M GASTR Püreepresse *f*; Passiergerät *n*

pasar[1]

A verbo transitivo B verbo intransitivo
C verbo reflexivo

— A verbo transitivo —

1 *(cruzar)* durch-, überqueren; durch-, überschreiten; passieren; *ferry* übersetzen; *río* durchströmen, -fließen; **~ el río** über den Fluss gehen (*o* setzen); DEP **~ la línea de meta** über die Ziellinie gehen **2** *(adelantar)* vorbeigehen, -fahren an *(dat)*; AUTO überholen; *fig (superar)* übertreffen (**en** an *dat*, in *dat*) **3** *(deslizar)* gleiten lassen (**por, sobre** über *acus*); **~ el cepillo por** (aus-, ab)bürsten *(acus)*; **~ la mano por** mit der Hand fahren über *(acus)*; **~ los ojos por** einen flüchtigen Blick werfen auf *(acus)*; **~ el peine** kämmen, *tb* ein paar Striche mit dem Kamm machen (**por el cabello** durch das Haar); **~ la plancha sobre a/c** etw aufbügeln; etw (rasch) überbügeln; **~ el examen** die Prüfung ablegen; *erfolgreich* die Prüfung bestehen **4** *(entregar)* **~ a/c a alg** j-m etw übergeben *o* (über)bringen; *a un tercero:* j-m etw weitergeben; j-m etw reichen; **~ a/c** *(transportar)* etw befördern *(tb* ADMIN*)*; *(transferir)* etw übertragen; COM *mercancías* etw absetzen; *dinero falso* etw an den Mann bringen; **~ el balón a alg** j-m dem Ball zuspielen; **le pasó la gripe** er steckte ihn mit seiner Grippe an; *fig* **~ la mano a alg** j-m schmeicheln; COM **~ una orden** *o* **un pedido** einen Auftrag geben, Order erteilen; DEP **~ la pelota** abspielen, den Ball abgeben; **~ un recado a alg** j-m etw ausrichten; **¡páseme la sal, por favor!** reichen Sie mir das Salz, bitte!; TEL **le paso a la Sra. Marcos** ich verbinde Sie mit Frau Marcos; COM **~ a cuenta nueva** auf neue Rechnung übertragen; **~ a máquina** *manuscrito* abtippen *fam*; **~ en limpio** *manuscrito* als Reinschrift abschreiben; **~ en tinta** *dibujo técnico, etc* mit Tusche ausziehen **5** *fam* **~ a inspector** zum Inspektor befördern **6** *(colar)* (hin)durchschicken; *(tamizar)* sieben; *espec* GASTR durchseihen; (durch)passieren, filtern; *mercancías, etc* (durch-, ein)schmuggeln; CONSTR **~ arena por (un) tamiz** Sand durchsieben **7** *hilo* einfädeln; **~ la hebra por la aguja** den Faden in die Nadel einfädeln; *fam fig* **no le puede ~** *o* **no lo pasa** er kann ihn nicht ausstehen **8** *(dejar pasar de largo)* vorüberziehen lassen; *tiempo, vida* verbringen; *errores* durchgehen lassen; TAUR *toro* an sich *(dat)* vorbeilenken; **ya le he pasado muchas (faltas)** ich habe ihm schon vieles nachgesehen; **~ la lista** die Liste durchgehen; **~ lista** auf-, abrufen; **~lo bien** es sich *(dat)* gut gehen lassen; sich amüsieren; **¡(a) ~lo bien!** lasssen Sie sich's gut gehen!; **¿cómo lo pasa?** wie geht es Ihnen?, was treiben Sie?; **¡que usted lo pase bien!** alles Gute!; viel Vergnügen!; **~ en blanco** *o* **en claro** übergehen; auslassen, nicht erwähnen; **~ por alto** auslassen, übergehen **9** *(atravesar)* hindurchgehen durch *(acus)*, *(sufrir)* etw *(acus)* durchmachen; *agobios* erdulden; *enfermedad, etc* überstehen; **~ hambre** Hunger leiden; **~ hambre y frío** hungern und frieren **10** *curso* mit-, durchmachen; *examen, prueba* ablegen **11** *(repasar)* durchgehen *(fig)*; *asunto* (rasch) erledigen; *documento* durchgehen, -lesen, -sehen; **~ a/c por encima** etw oberflächlich erledigen **12** *(perforar)* durchbohren, -stechen; -dringen **13** GASTR garen; beizen; **~ los huevos por agua** Eier weich kochen; *fruta* dörren; **~ con lejía** auslaugen; ablaugen **14** FILM **~ una película** einen Film vorführen, zeigen

— B verbo intransitivo —

1 *(transitar)* durchgehen, -kommen, passieren; *(viajar por)* durchreisen, -fahren, -ziehen; *líquido* durchfließen, -strömen *(tb* TEC, ELEC*)*; **dejar ~** durchlassen; vorübergehen lassen; *fig (tolerar) etw* durchgehen lassen *(fig)*; **hacer ~** durchzwängen; hineinpressen; (gewaltsam *o* geschickt) durchdrücken *(tb fig)*; *dinero, lemas, noticias falsas* verbreiten; *mercancías, etc* einschmuggeln; **~ por** gehen (*o* kommen *o* fahren *o* führen) durch *(acus)*, *río* fließen durch *(acus)*; *fig (ser considerado como)* gelten als; **~ por Madrid** über Madrid reisen (*o* fahren); *fig tb* **~ por a/c** etw erdulden; **esto le pasa por la cabeza** das geht ihm durch den Kopf; *vulg* **me lo paso por el culo** *o* **los huevos** das ist mir scheißegal, das geht mir am Arsch vorbei *vulg*; **~ por encima de** hinwegfliegen über *(acus)*; *fig* **~ por todo** sich *(dat)* alles gefallen lassen **2** *(pasar por delante)* vorübergehen, -kommen; *río, etc* vorbei-, vorüberfließen; **~ a caballo** vorbeireiten; **~ corriendo** vorüberlaufen; **~ desapercibido** nicht bemerkt werden; **~ volando** vorüberfliegen; **el caballo pasó veloz como un rayo** das Pferd stürmte blitzschnell vorüber; **~ sobre el hielo** über das Eis gleiten *(z. B. Schlittenkufen)* **3** *(pasar al otro lado)* hinübergehen, -fahren, -fließen; *en la vivienda:* eintreten, näher treten; **¡pase!** herein!, treten Sie näher!; *fam fig tb* na schön, von mir aus!; POL *y fig* **~ a la oposición** zur Gegenpartei übertreten; in die Opposition gehen; **~ a otra cosa** zu etwas anderm übergehen; von etwas anderem reden; **~ al otro lado** auf die andere Seite gehen *(tb fig)*, hinübergehen; **~ a otras manos** in andere Hände übergehen (*o* kommen); **mañana ~á por su casa** morgen kommt er zu Ihnen (*o* bei Ihnen vorbei) **4** *(convertirse en)* übergehen, zu *etw* werden; **~ a a/c** zu etw übergehen; (zu) etw werden; befördert werden zu; **~ a ser ...**

(zu) … werden; *transporte:* **~ en rojo/verde** *semáforo* auf Rot/Grün schalten 5 *(ser aceptable)* an-, hingehen, erträglich sein; *fig* **puede ~** es geht an; das geht (schon *o* gerade) noch; es ist weiter nicht schlimm 6 *(avanzar)* voran-, weiterkommen, aufrücken; ADMIN, MIL befördert werden; *enseñanza:* versetzt werden; **~ a capitán** (zum) Hauptmann (befördert) werden; *enseñanza:* **~ al curso siguiente** versetzt werden; **~ a la votación** zur Abstimmung schreiten 7 *(superar)* übersteigen; **~ de a/c** über etw *(acus)* hinausgehen; etw überschreiten; **~ de los cincuenta años** über die fünfzig (o Fünfziger) hinaus sein; **de hoy no pasamos que** *(subj)* noch heute werden wir *(inf)*; **de ahí no paso** weiter gehe ich nicht *(tb fig)*; **no ~ de ser** … nichts weiter sein als …, nur … sein 8 *(valer)* gelten, durchgehen; **querer ~ por** gelten wollen als, sich (aus)geben als; **~ por tonto** für dumm gelten, als dumm angesehen werden; **usted podría ~ por español** man könnte Sie für einen Spanier halten 9 *dinero* gelten; *mercancía* leicht verkäuflich sein; **este billete no pasa** der Geldschein ist ungültig; *fam fig* **¡eso no pasa!** das geht (*o* gilt) nicht! 10 *fig sustento:* auskommen, sein Auskommen haben; **poder ~ sin a/c** etw entbehren können, ohne etw *(acus)* auskommen können; *fig* **no poder ~ sin alg** ohne j-n nicht leben können, es ohne j-n nicht aushalten (können) *fam;* **vamos pasando** wir schlagen uns durch, es geht uns so leidlich 11 *(terminar)* vorbeigehen, enden; *tiempo, estado* vergehen; *p. ext (envejecer)* veralten, verblühen, verwelken; *colores* verblassen; **ya le pasará** *dolor:* das wird schon vergehen!; *en sentido negativo:* das wird ihm schon vergehen!; **ya ha pasado lo peor** das Schlimmste ist vorbei; **pasó su cólera** sein Zorn ist verraucht, die Wut ist ihm vergangen *fam;* **~ de moda** aus der Mode kommen; unmodern werden; veralten; **el tiempo pasa volando** die Zeit vergeht (wie) im Flug(e) 12 *en el juego:* passen 13 *(acontecer)* sich ereignen, vorgehen, los sein *fam,* passieren *fam;* **¿qué pasa?** was gibt es?, was ist los? *fam;* **¿qué ha pasado?** was ist vorgefallen?, was ist passiert? *fam;* **¿qué te pasa?** was ist mit dir?, was hast du?, was fehlt dir?; **no nos ha pasado nada** uns ist nichts geschehen 14 **~ de todo** *Esp fam* null Bock haben *fam*

P

— C verbo reflexivo —

pasarse 1 *pop (irse)* weggehen, sich begeben (von *dat* … nach *dat* **de … a …**); *(suceder)* geschehen; **mientras (que) esto se pasaba** während dies vor sich *(acus)* ging 2 *(desaparecer)* weggehen, verschwinden; *(ponerse del otro lado)* hinübergehen, übertreten *(tb fig* **a** zu *dat*); **~ al enemigo** (zum Feind) überlaufen; **los dolores se le pasaron pronto** seine Schmerzen verschwanden bald; **esto se me ha pasado (de la memoria)** das habe ich vergessen, das ist meinem Gedächtnis entfallen; **ya se me ha pasado** es ist schon vorüber 3 *(excederse)* zu weit gehen (*o* fahren *etc*); *fig (exceder de los límites)* über das Ziel hinausschießen; zu weit gehen *(fig)*; **no te pases, tío** übernimm dich nicht! *fam;* FERR **nos hemos pasado (de la estación)** wir sind zu weit gefahren; **~ de bueno** allzu gutmütig sein; **~ de la raya** zu weit gehen; **~ con la sal** zu viel Salz hinzufügen 4 *sustancias orgánicas, cuero, goma* altern; *comida* übergar werden; *fruta* überreif werden; *comestible* verderben, schlecht werden; **se ha pasado el arroz** der Reis ist zerkocht; **se ha pasado la sopa** die Suppe ist ganz verkocht 5 *leche, etc* überlaufen; *recipiente* leck sein; MAR **las olas se pasan** die See kommt über 6 *(arreglárselas)* auskommen; sich behelfen; **~(se) con poco** mit wenig auskommen 7 UNIV seine (akademische) Abschlussprüfung machen

pasar[2] M Auskommen *n;* **tener su buen ~** sein gutes Auskommen haben

pasarela F Laufsteg *m;* MAR, AVIA *tb* Landungssteg *m,* Gangway *f;* TEC Laufbühne *f,* -brücke *f; (puente pequeño)* Steg *m;* AVIA **~ telescópica** Fahrgastbrücke *f*

pasarrato M *Am reg* Zeitvertreib *m*

pasarríos M *Col, Ec* ZOOL Basilisk *m*

pasatiempo M Zeitvertreib *m;* **pasatoro** TAUR **matar a ~** den vorüberlaufenden Stier töten

pasavante M MAR Geleit, Transitschein *m*

pasavolante M 1 *(irreflexión)* Unbesonnenheit *f; p. ext (chapucería)* Pfuscharbeit *f* 2 HIST *f cañón:* Feldschlange; **pasavoleo** M DEP *Zurückschlagen über das Seil beim Pelotaspiel*

pascalio M FÍS Pascal *n*

pascana F *Am Mer* 1 *(etapa)* Etappe *f,* Rast *f* 2 *(posada)* Gasthaus *n*

Pascua F 1 **~ (de Resurrección** *o* **florida** *o* **de flores)** Ostern *n(pl)*; **Domingo** *m* **de ~** Ostersonntag *m;* **víspera** *f* **de ~** Osternacht *f; fig* **inmolar la pascua** das Osterlamm schlachten; **¡felices ~s!** frohe Ostern! 2 *(navidad)* **~ (de Navidad)** Weihnachten *n;* **~s** *fpl Zeit zwischen Weihnachten und Dreikönigsfest;* **¡felices ~s!** fröhliche Weihnachten (und ein glückliches neues Jahr); frohe Feiertage!; **dar las pascuas** zum Fest Glück wünschen 3 *fig* **de ~s a Ramos** nur selten, ab und zu; *fam* **estar (contento) como unas pascuas** sich wie ein Schneekönig freuen; *fam* **hacer la pascua a alg** j-n ärgern, j-n schikanieren; **tener cara de pascua(s)** übers ganze Gesicht strahlen; *fam* **¡santas pascuas!** Schluss jetzt!; damit basta! *fam; de acuerdo a la situación:* meinen Segen habt ihr! *(fig fam)*; na, dann prost! *(fam fig irón)* 4 **~ del Espíritu Santo** *o* **de Pentecostés** Pfingsten *n* 5 *judaísmo:* Passah(fest) *n*

pascual ADJ österlich, Oster…; *judaísmo:* Passah…; **cordero** *m* **~** Osterlamm *n; fig* Christus *m*

pase M 1 *(salvoconducto)* Durchlass-, Passierschein *m;* **~ (de libre circulación)** *(entrada gratuita)* Freikarte *f, transporte:* Freifahrschein *m; (abono)* Dauerkarte *f; (documento de legitimación)* Berechtigungsausweis *m; Méx* AVIA **~ de abordar** Bordkarte *f* 2 DEP *esgrima:* Finte *f; fútbol, etc:* Pass *m,* Zuspiel *n* 3 TAUR Finte *f,* Vorbeilenken *n* des Stiers *(Grundfigur des Stierkampfes)*; **~ de muleta** Muletafigur *f* 4 **~ de modelos** Mode(n)schau *f* 5 **hacer ~s** die Handbewegungen eines Hypnotiseurs machen 6 *juego de cartas, etc:* Passen *n* 7 **~ de molienda** Mahlgang *m (in der Mühle)* 8 FILM (Film)Vorführung 9 *Col* AUTO *(carnet de conducir)* Führerschein *m* 10 *fig* **dar el ~ a alg** j-m den Laufpass geben; *Cuba fam* j-n verprügeln

paseadero M Spazierweg *m,* Promenade *f*

paseador A ADJ **ser ~** gern spazieren gehen B M, **paseadora** F **~ de perros** Hundeausführer *m,* -in *f* C M → paseadero

paseandero M *Arg, Chile, Par, Perú, Ur* eifriger Spaziergänger; **ser ~** gern spazieren gehen;

paseante M/F Spaziergänger *m,* -in *f;* Passant *m,* -in *f;* Vergnügungsreisende *m/f; fam fig desp* **~ en corte** Pflastertreter *m fam,* Eckensteher *m fam*

pasear A V/T 1 *(sacar de paseo)* spazieren führen 2 *fig (mostrar a varias personas)* herumreichen, -zeigen B V/I spazieren gehen; **~ a caballo** ausreiten C V/R **pasearse** 1 spazieren gehen, lustwandeln *(liter)* 2 *(estar ocioso)* müßig sein, faulenzen 3 *Am Centr (derrochar)* verschleudern, verschwenden 4 DEP mit Überlegenheit gewinnen; **paseata** F langer Spaziergang *m;* **paseíllo** M TAUR Einzug *m* der Stierkämpfer *(beim Beginn des Stierkampfes)*; **paseíto** M *fam* kleiner Spaziergang *m;* **¿vamos a dar un ~?** machen wir doch einen kleinen Spaziergang!, wir wollen ein wenig frische Luft schnappen!

paseo M 1 *a pie:* Spaziergang *m; con el coche:* Spazierfahrt *f; a caballo:* Spazierritt *m;* **~ en coche** Kutschfahrt *f;* **~ en trineo** Schlittenpartie *f;* **dar un ~** einen Spaziergang machen; **dar un ~ por las calles** durch die Straßen schlendern; *Esp* HIST *(1936–39)* **dar el ~ a alg** j-n verhaften und dann erschießen; *fam fig* **esto es un ~** das ist kinderleicht; **estar** *o* **ir de ~** spazieren gehen; *fam fig* **mandar a ~** *(despedir)* wegschicken, vor die Tür setzen; *(dar calabazas)* abblitzen lassen, schroff abweisen 2 TAUR Einzug *m* der Stierkämpfer; *Am Centr (desfile de máscaras)* Maskenzug *m (über die Straße)* 3 *(lugar público para pasearse)* Promenade *f;* **~ marítimo** Strand-, Uferpromenade *f*

pasera F 1 *(secadero de frutas)* Obstdarre *f* 2 *(vendedora de pasas)* Rosinenverkäuferin *f*

pasero[1] M 1 *(vendedor de pasas)* Rosinenverkäufer *m* 2 *Méx (secador de pimienta)* Pfefferschotendarre *f*

pasero[2] A ADJ *equitación:* im Schritt gehend B M *Col* Fährmann *m*

pasibilidad F Leidensfähigkeit *f;* **pasible** ADJ leidens-, empfindungsfähig; JUR **ser ~ de pena** strafbar sein; eine Strafe verwirkt haben

pasiega F *fam* Amme *f*

pasiego M, **-a** F *Esp* Wanderhändler *m,* -in *f,* Hausierer *m,* -in *f*

pasificación F Trocknen *n* von Trauben zu Rosinen

pasiflora F BOT Passionsblume *f*

pasillo M 1 Korridor *m,* Flur *m,* Gang *m;* AVIA **~ aéreo** *(corredor aéreo)* Luftkorridor *m; en aeropuertos:* (Ein- *o* Aus)Flugschneise *f;* SILV **~ cortafuegos** Brandschneise *f; en aeropuertos:* **~ rodante** Fahrsteig *m* 2 MAR Laufgang *m;* TEC Laufbühne *f* 3 TEAT Kurzstück *n;* Posse *f* 4 REL Karwochenantifon *f*

pasión F *(sufrimiento)* Leiden *n; (vehemencia, frenesí)* Leidenschaft *f;* REL **la Pasión** die Passion (Christi); **las bajas -ones** die niederen Instinkte; *adv* **con ~** leidenschaftlich

pasional ADJ leidenschaftlich; aus Leidenschaft; **crimen** *m* **~** im Affekt begangenes Verbrechen *n;* **pasionaria** F BOT Passionsblume *f;* **pasionario** M REL Passionsbuch *n;*

pasionero M CAT 1 Krankenseelsorger *m (in Ordensspitälern)* 2 → pasionista; **pasionista** M CAT 1 *cantor:* Passionssänger *m* 2 *religioso:* Passionist *m (Mitglied des Ordens der Passionisten)*

pasito A ADV *(con gran tiento)* behutsam, sachte; *(en voz baja)* leise B M **dar ~s** kleine Schritte machen

pasividad F Passivität *f (tb* QUÍM *y fig)*; Untätigkeit *f*

pasivo A ADJ passiv *(tb* ECON, QUÍM, GRAM, POL); *(inactivo)* untätig; *(ajeno)* unbeteiligt; SOCIOL Ruhestands…, Rentner…; ECON **deuda** *f* **-a** (passive) Schuld *f,* Verschuldung *f;* SOCIOL **población** *f* **-a** *o* **clases** *fpl* **-as** Nichterwerbsbevölkerung *f;* POL **resistencia** *f* **-a** passiver Widerstand *m;* GRAM **voz** *f* **-a** Leideform *f,* Passiv *n (des Verbs)* B M 1 ECON Passiva *pl;* Soll *n;* **~ exigible** eintreibbare Schulden *fpl* 2 GRAM Passiv *n*

pasma *pop Esp* A F Polente *f fam,* Schmiere *f pop* B M Bulle *m fam*

pasmado A ADJ 1 *(perplejo)* verdutzt, verdattert *fam,* baff *fam; (papanatas)* blöd 2 *Cuba fam* (sin pareja) ohne Partner(in) B M, **-a** F Tölpel m; Trampel m o n; Schlafmütze f fam

pasmar A VT espec fig (dejar helado) erstarren lassen; (paralizar) lähmen; (asombrar) verblüffen B VR **pasmarse** 1 (quedar helado) erstarren (tb fig); fig wie gelähmt sein 2 (asombrarse) (er)staunen; verblüfft sein 3 (empañarse) trüb werden; pinturas, lacas nachdunkeln

pasmarota F fam (übertriebenes) Staunen n; Getue n fam; **pasmarote** M/F fam Trottel m fam; dummer Gaffer m; **hacer de ~** Maulaffen feilhalten; **pasmazón** F fam 1 Am reg → pasmo 2 Méx Scheuerwunde f der Reit- und Lasttiere

pasmo M 1 MED Art Grippe f mit Schüttelfrost; p. ext Starrkrampf m; Am Nervenkrampf m 2 fig (admiración) Erstaunen n; Hingerissensein n, Entrücktsein n 3 (motivo y objeto del asombro) Wunder n; **pasmoso** ADJ fig unglaublich, erstaunlich; **pasmuno** ADJ MED schwer heilend; chronisch

paso¹ M 1 Schritt m (tb fig); (modo de andar) tb Gang m, Gangart f; **~ acompasado** Gleichschritt m; **~ atrás** Schritt m zurück, Rückschritt m; **~ de carga** Laufschritt m; equitación: **~ corto** o **de escuela** Schulschritt m; ballet: **~ a dos/tres** Pas m de deux/trois; **~ a ~** Schritt für Schritt; schrittweise; Zug um Zug; esquí: **~ de escalera** Treppenschritt m; equitación: **~ español** Passage f; DEP **~ gimnástico** Laufschritt m; baile: **~ grave** o **circular** Zirkelschritt m; MIL **~ ligero** o **rápido** Geschwindschritt m; **¡~!** Platz da!; Bahn frei!; MIL **~ de la oca** o fam **~ de ganso** Stechschritt m; MIL, DEP **~ redoblado** o **de carrera** Laufschritt m; **alargar** o **apretar** o **avivar el ~** seinen Schritt beschleunigen; MIL **cambiar el ~** den Tritt wechseln; tb fig **dar un ~** einen Schritt tun; **no dar un ~** keinen Schritt tun; fig nichts tun; fig **ya se ha dado un ~ adelante** man ist schon einen Schritt weitergekommen; **dar un ~ en falso** mit dem Fuß einknicken; fig einen Fehltritt tun; tb fig **dar los primeros ~s** die ersten Schritte tun; **ir a buen ~** tüchtig ausschreiten; espec fig **(no) ir al ~ de alg** (nicht) Schritt halten, (nicht) mitkommen mit j-m; MIL **llevar el ~** Tritt halten; **marcar el ~** auf der Stelle treten (tb fig); **marchar** o **andar** o **ir al ~** langsam gehen; (im) Schritt fahren; MIL **marchar al ~ sin compás** ohne Tritt marschieren; fig **no poder dar (un) ~** nicht vorwärts(kommen) können; **salir al ~ a alg** j-m entgegengehen; fig j-m entgegentreten; **salir de su ~** aus dem Schritt o Tritt kommen; fig von seiner Gewohnheit abweichen; **seguir los ~s a alg** j-n verfolgen; j-n überwachen; fig **seguir los ~s de alg** j-s Beispiel (dat) folgen; **volver sobre sus ~s** umkehren, kehrtmachen (tb fig); fig seine Absicht aufgeben; fig **a ~ de buey** o **de tortuga** im Schneckentempo; **a cada ~** auf Schritt und Tritt; fig **a dos** o **a cuatro ~s** ganz in der Nähe; **a ~s medidos** gemessenen Schrittes 2 fig **mal ~** Fehltritt m; Verlegenheit f; **a este ~** (de esta manera) so, auf diese Weise; (a esta velocidad) bei diesem Tempo; **al ~ que** in dem Maße wie; nach Maßgabe (gen); **de ~ en ~** Schritt für Schritt; nach und nach; **por sus ~s contados** nach seiner gehörigen Ordnung; prov **el primer ~ es el que cuesta** aller Anfang ist schwer 3 fig (medida) Maßnahme f; **~s** mpl POL tb Demarchen fpl; **dar ~s inútiles** sich umsonst anstrengen 4 (pasaje) Durchzug m; con un vehículo: Durchfahrt f; a pie: Durchmarsch m, Durchgang m; al otro lado: Übergang m, Hinübergehen n; (desfile) Vorbeiziehen n, Umzug m; (paso de largo) Vorbeifahren n; MED Durchgang m, Passage f; **derecho** m **de ~** Durchgangs- (o Durchzugs)recht n; **~ de coches** Wagendurchfahrt f, Fahrverkehr m; POL **~ a la derecha** Ruck m nach rechts; MAR **~ del Ecuador** Äquatortaufe f; UNIV fam fig Studentenparty (anlässlich der Hälfte des Studiums); Bergfest n fam; **~ de la frontera** Grenzüberschreitung f; alpinismo: **~ por la pared** Seilquergang m; **a** o **en su ~ por Madrid** auf seiner Durchreise durch Madrid; **de ~** im Vorbeigehen; fig nebenbei, beiläufig; **dicho sea de ~** nebenbei gesagt; **en el ~ del siglo XX al XXI** um die Wende vom 20. zum 21. Jahrhundert; **arrojarse al ~ de un tren** sich vor (o unter) einen Zug werfen; **ceder el ~ a alg** j-m den Vortritt lassen; transporte: j-m die Vorfahrt lassen; **¡ceda el paso!** Vorfahrt (be)achten!; **coger al ~** abfangen; **estar de ~** auf der Durchreise sein; **tener el ~** Vortritt (o Vorrang) haben 5 (pasillo) Durchgang m; (cruce) Übergang m (tb fig cambio); (desfiladero) (Gebirgs)Pass m; Zugang m, Weg m; CAZA (Wild)Wechsel m; MAR (estrecho) Meerenge f, Straße f (tb GEOG); tb (canal de navegación) Fahrwasser n, -rinne f; Am (vado) Furt f; **~ elevado** Überführung f; **Paso del Ecuador** Äquatorüberquerung f; fig, espec UNIV Halbzeitparty f 6 (camino) Weg m, Bahn f (zu einem Ziel); (entrada) Zutritt m (zu einem Ort); tb (autorización para entrar) Zutrittserlaubnis f; **abrirse ~** sich (dat) Bahn brechen, sich durchschlagen (**por entre** durch acus); **cerrar el ~ a alg** j-m den Weg versperren; **coger** o **tomar los ~s** die Zugänge (o Straßen o Verbindungswege) besetzen (o sperren); **hacerse ~** sich (dat) (freie) Bahn (ver)schaffen; sich durchdrängen; sich durchkämpfen 7 (punto de cambio) Übergang m, Übergangssstelle f; FERR Bahnübergang m; **~ de aduanas** Zolldurchlass m; transporte: **~ cebra** Zebrastreifen m; **~ a desnivel** Fußgängerunterführung f; Méx Eisenbahnunterführung f; **~ elevado** Überführung f; **~ fronterizo** Grenzübergang m; FERR **~ a nivel** (schienengleicher) Bahnübergang m; FERR **~ a nivel con/sin barrera** beschrankter/unbeschrankter Bahnübergang m; **~ bajo nivel** Unterführung f; FERR **~ sin guarda(r)** unbewachter Bahnübergang m; FERR **~ sobre nivel** Bahnüberführung f; **~ de peatones** Fußgängerüberweg m; FERR **~ subterráneo** Eisenbahnunterführung f; transporte: **~ superior** Überführung f 8 (situación difícil) schwierige Lage f, Klemme f fam; fam fig **andar en malos ~s** schlimme Wege gehen (fig); tb esposo fremdgehen fam; **sacar del mal ~ a alg** j-m aus der Klemme helfen fam 9 TEL (Gesprächs)Einheit f 10 de un libro, texto: Passus m, Passage f, Stelle f (tb MÚS) 11 REL pasión de Cristo: Station f; representación: *bei Prozessionen mitgeführtes Heiligenbild bzw Gruppe aus der Passionsgeschichte* 12 ORN migración de las aves: Strich m 13 TEAT Einakter m; kurzes Theaterstück n, Kurzstück n; tb (in sich abgeschlossene) Szene f 14 TEC (circulación, rendimiento) Durchfluss m; Durchlass m; Durchsatz m; **~ de aire** Luftdurchlass m, -durchgang m; **~ de la tubería** lichte Rohrweite f 15 TEC tornillo: Gang m, Gewindesteigung f; en ruedas dentadas, remaches, perforaciones laterales de películas, etc: Teilung f; AUTO Achsabstand m; ELEC Stufe f 16 TEX (puntada) Reihstich m beim Nähen

paso² ADJ fruta getrocknet, Dörr...; **ciruelas** fpl **-as** Backpflaumen fpl

paso³ ADJ langsam gemacht

pasodoble M MÚS, baile: Pasodoble m

pasoso ADJ Am Mer espec papel durchlässig

pasota fam A ADJ völlig gleichgültig, mit Null-Bock-Mentalität B M/F Esp Null-Bock-Typ m fam; **pasotismo** M Esp gleichgültiges Dahinleben n, Null-Bock-Mentalität f fam, No-future-Mentalität f fam

paspa(dura) F 1 Am Mer MED (Haut-)Schrunde f; (labio paspado) aufgesprungene Lippe f 2 Arg (fisura en la pared) Mauerriss m; **pasparse** VR Am Mer piel, labios aufspringen

paspartú M Passepartout n

pasquín M 1 (panfleto) Schmähschrift f, Pasquill n 2 (periódico mural) Wandzeitung f 3 Am fam desp (periodicucho) Käseblatt n fam; **pasquinada** F beißendes Witzwort n

pássim ADV passim, allenthalben

pasta F 1 GASTR (masa) Paste f; (puré) Brei m; para un pastel, etc: Teig m; **~s** fpl **(alimenticias)** Teigwaren fpl, Nudeln fpl; **~ quebrada** o **brisa** Mürbeteig m; **~ de sémola** Grießbrei m; GASTR **sopa** f **de ~s** Nudelsuppe f 2 TEC etc Paste f; Masse f; **~ básica de cocaína** Rohkokain n; MED **~ de cinc** Zinkpaste f; **~ dentífrica** o **de dientes** o **dental** Zahnpasta f; **~ de madera** fabricación del papel: Holzschliff m; **~ de porcelana** Porzellanmasse f; **~ prensada** Pressstoff m; **~ de la uva** Traubenmaische f; **~ al sulfito** o **al sulfato** Holzzellulose f 3 **~ (seca)** (trockenes) Gebäck n; Gebäckstück n; **~s** fpl **de té** Teegebäck n 4 TIPO (Buch)Einband m; **en ~** gebunden; **media ~** Halbfranzband m 5 fam fig (dinero) Zaster m fam, Kies m fam, Knete f fam; **una ~ (gansa)** ein Haufen Zaster fam; **soltar la ~** die Kohle rausrücken (fam fig) 6 fig **de buena ~** persona gutmütig; **de la misma ~** vom selben Schlag; **estar hecho de otra ~** aus anderem Holz geschnitzt sein; **tener ~ de** ... das Zeug haben zu ... 7 Am reg fam (indiferencia) Gleichgültigkeit f; Dickfelligkeit f;

pastaflora F Mürb(e)teig m

pastar A VT auf die Weide führen, weiden B VI weiden

pastel M 1 GASTR Törtchen n, Kuchen m; de carne o pescado: Pastete f; fig **~ de ciruelas** Pflaumenkuchen m; **~ de cumpleaños** Geburtstagstorte f; **~ de manzanas** Apfelkuchen m; **~ de nueces** Nusskuchen m 2 (lápiz de color) Bunt-, Farb-, Pastellstift m; p. ext PINT Pastell n; **(pintura f al) ~** Pastellmalerei f 3 BOT **hierba** f **~** (Färber)Waid m 4 fam (intrigas) Machenschaften fpl; Intrige f; **descubrir el ~** die Sache auffliegen lassen; **oler el ~** den Braten riechen (fig); **quitar la hojaldre al ~** nachstochern, nachhaken; **se viró** (o **se volteó**) **el ~** die Lage hat sich gewendet 5 TIPO Zwiebelfische mpl

pastelear VI intrigieren; sich einschmeicheln; **pasteleo** M (juego de intrigas) Ränkespiel n; (idealización) Schöntuerei f fam; (mal negocio) faules Geschäft n; **pastelería** F Konditorei f

pastelero M, **-a** F Konditor m, -in f; Feinbäcker m, -in f, Patissier m, Patisseuse f; fam fig **es un ~** er ist ein Waschlappen

pastelillo M feines Zuckergebäck n; **pastelista** M/F PINT Pastellmaler m, -in f

paste(u)rización F Pasteurisation f;

paste(u)rizadora F espec Am Molkereizentrale f; **paste(u)rizar** VT ‹1f› pasteurisieren

pastiche M arte, LIT Nachahmung f; Plagiat n; Pastiche m

pastilla A F 1 FARM, QUÍM Pastille f; Tablette f; INFORM fam Chip m 2 gener Stück n; **~ de azúcar** Zuckerplätzchen n; **~ de chocolate** Tafel f Schokolade; **~ de jabón** Stück n Seife 3 ADV fam **a toda ~** rasend schnell, mit einem Affenzahn fam; volle Kanne fam B M Schmeichler m; Schöntuer m

pastillero A M (estuche de pastillas) Pillendöschen n B M, **-a** F fam (adicto a las pastillas) Tablettensüchtige m/f; Pillenschlucker m, -in f fam

pastinaca F 1 BOT Pastinak m, -e f 2 pez: Stechrochen m

pastizal M AGR Weide f

pasto M 1 (lugar en que pasta el ganado)

(Vieh)Weide; *Am reg (hierba)* Gras *n*; *(césped)* Rasen *m*; *f* 2 *(acción de pastar)* Weiden *n*, Grasen *n* 3 *(alimento de animales)* (Grün)Futter *n* 4 *fig* Nahrung *f (fig)*; REL geistliche Nahrung *f*; **dar ~ a** Nahrung geben *(fig)*; **dar ~ a las malas lenguas** den bösen Zungen zu reden geben; **la casa fue ~ de las llamas** das Haus brannte ganz ab *(o* wurde ein Raub der Flammen) 5 *fig* **a ~** im Überfluss; *fam* **a todo ~** nach Herzenslust

pastón M *fam* Heidengeld *n fam*; **gastarse un ~** einen Haufen Geld ausgeben

pastor M 1 Hirt(e) *m*; *de ovejas*: Schäfer *m*; **cabaña** *f* **de ~(es)** Hirtenhütte *f* 2 REL Seelenhirt *m*, Seelsorger *m*; Pastor *m*; **~ de almas** Seelsorger *m*; *Biblia*: **el Buen Pastor** der Gute Hirte 3 *perro*: Hirten-, Schäferhund *m*; **~ alemán** Deutscher Schäferhund *m*

pastora F 1 Hirtin *f*; *de ovejas*: Schäferin *f* 2 REL Seelenhirtin *f*, Seelsorgerin *f*; Pastorin *f* 3 *Cuba fam (dinero)* Zaster *m fam*, Knete *f fam*;

pastoral A ADJ Hirten... B F 1 LIT Hirten-, Schäferdichtung *f* 2 REL **(carta** *f***) ~** Hirtenbrief *m*; **pastorear** VT 1 *ganado* hüten, auf die Weide führen 2 REL (seelsorgerisch) betreuen 3 *Am (acechar) j-m* auflauern 4 *Am Centr (mimar)* verwöhnen; *RPl* → cortejar

pastorela F Hirtenlied *n*; LIT, MÚS Pastorelle *f*; *folclore*: Weihnachtslied *n*; **pastoreo** M Weiden *n*, Weidegang *m*; **derecho** *m* **de ~** Weiderecht *n*, Hut *f*; **pastoría** F 1 *(conjunto de pastores)* Hirten *mpl* 2 *profesión*: Schäferei *f*;

pastoril ADJ Hirten...; LIT **novela** *f* **~** Hirten-, Schäferroman *m*; **pastorón** ADJ etwas naiv und still

pastoso ADJ 1 *consistencia*: teigig *(tb grafología)*; breiig; PINT pastos; MED *y grafología*: pastös; *lengua, voz* belegt; **voz** *f* **-a** *tb* samtige Stimme *f* 2 *Am (rico en buenos pastos)* reich an gutem Weideland 3 *Col (perezoso)* träge

pasudo *Am* ADJ **(de pelo) ~** kraushaarig

pasura F *pop* Polente *f fam*, Bullen *mpl fam*

pata[1] A F 1 ZOOL *del perro, gato*: Pfote *f*; *del oso*: Tatze *f*; *del tigre, león*: Pranke *f*; *(pierna) tb* Bein *n*; *pop fig de una persona*: Hand *f*, Pfote *f fam*; GASTR **~ de cerdo** Schweinsfuß *m*; *fam* **~ de palo** Holzbein *n*; GASTR *jamón*: **~ negra** Qualitätsschinken *m* vom iberischen Schwein; **~ de ternera** Kalbsfuß *m*; **dar la ~** *perro* Pfötchen geben; *fam* **a ~** zu Fuß; **a cuatro ~s** auf allen vieren; *fam fig* **~s arriba** drunter und drüber; *fig* **a la ~ (la) llana** *(simple)* schlicht, schlecht und recht; *(desenvuelto)* ungezwungen, ohne Umstände; **a la ~ coja** auf einem Bein 2 *de una mesa, silla*: Bein *n*; *fam de muebles, máquinas*: Fuß *m*; *del compás*: Schenkel *m eines Zirkels* 3 *fig* **~s** *fpl* **de gallo** Krähenfüße *mpl (an den Augenwinkeln)*; **enseñar su** *o* **la ~** sein wahres Gesicht zeigen; *pop* **estar ~s arriba** *tb* mausetot sein; *fam* **estirar la ~** abkratzen *pop*, ins Gras beißen *fam*, den Löffel abgeben *fam*; *pop* **ir a la ~ chula** hinken; *fam* **meter la ~** sich blamieren, aus der Rolle fallen, ins Fettnäpfchen treten *fam*; **poner todo ~s arriba** alles durcheinanderbringen, alles auf den Kopf stellen; **salir** *o* **quedar ~(s)** patt sein; unentschieden bleiben; gleichziehen; **tener mala ~** Pech haben; *fam* **ser un hombre de mala ~** ein Pechvogel sein B M 1 *Arg fam* **un ~ de lana** Liebhaber *m* einer verheirateten Frau; **ser un ~s flojas** ein fauler Kerl sein 2 *Perú fam (compañero)* Kumpan *m fam*, Kumpel *m fam*; Typ *m*

pata[2] F ZOOL *(weibliche)* Ente *f*

pataca F BOT Topinambur *f*

patachula A ADJ hinkend B F lahmes Bein *n*

patacón M 1 *Am fam moneda*: Silberpeso *m*; HIST Silberunze *f (Münze)* 2 *Chile* BOT Distel *f* 3 *Ec* → patada 4 *Col* GASTR **-ones** *mpl* gebratene Kochbananenscheiben *fpl*

patada F 1 *(golpe con el pie)* Fußtritt *m*; *en el suelo*: Aufstampfen *n*; *equitación*: Hufschlag *m*; *fam* **esto me ha costado muchas ~s** *corresponde a*: das hat mich viel Mühe gekostet; *fig* **dar la ~ a alg** j-n auf die Straße setzen; *pop* **dar una ~ a alg en el culo** j-m einen Tritt in den Hintern geben *pop*; **dar ~s en el suelo** auf den Boden stampfen; *fam* **echar a alg a ~s** j-n hochkant(ig) rauswerfen *fam*; **romper a ~s** eintreten, zusammentreten; *fig* **tratar a alg a ~s** j-n wie den letzten Dreck behandeln; *fam fig* **a ~s** in Hülle und Fülle; *Perú fam* **de la ~** gewaltig 2 *(huella)* Fußstapfen *m* 3 DEP *fútbol*: Stoß *m*, Kick *m*

patagón A ADJ patagonisch B M, **-ona** F Patagonier *m*, -in *f*

Patagonia F Patagonien *n*

patalear VI trampeln; (wütend) auf den Boden stampfen; **pataleo** M Strampeln *n*; *sobre el suelo*: Trampeln *n*; *fam fig* **derecho** *m* **de ~** Recht *n* zu protestieren; **pataleta** F *fam* Wutanfall *m*; *fam fig* hysterischer Anfall *m*; **dar ~s** auf dem Rücken liegen und strampeln

patán A ADJ derb, grob B M *fam* Bauer *m*; *fam fig* Lümmel *m*, Grobian *m*; **patana** F *Cuba* MAR Lastkahn *m*, Leichter *m*; **patanería** F *fam* Grobschlächtigkeit *f*; Flegelei *f*

patarata F *fam* Albernheit *f*; Getue *n*; Larifari *n fam*; **pataratero** ADJ *fam* albern; geziert

patas M *fam* **el ~** der Teufel

patata F 1 *Esp* BOT, GASTR Kartoffel *f*; **~s** *pl* **aliñadas** Kartoffelgratin *n*; **~s** *pl* **bravas** Kartoffeln *fpl* mit scharfer Tomatensoße; **~s** *pl* **cocidas sin pelar** Pellkartoffeln *fpl*; **~s** *pl* **a la crema** Kartoffeln *fpl* in Sahnesoße; **~s** *pl* **doradas** Bratkartoffeln *fpl*; **~s** *pl* **fritas** Pommes *fpl* frites; Kartoffelchips *mpl*; **~s** *pl* **guisadas** gedünstete Kartoffelwürfel *mpl*; **~s** *pl* **al horno** Kartoffeln *fpl* im Ofen überbacken; **~s** *pl* **salteadas** Bratkartoffeln *fpl*; **~s** *pl* **al vapor** Dampfkartoffeln *fpl*; **~ de siembra** Saatkartoffel *f*; **~ temprana** Frühkartoffel *f*; **puré** *m* **de ~s** Kartoffelpüree *n* 2 *fam fig* **~ caliente** heißes Eisen *n (fig)*; **es una ~ caliente** das ist eine heikle *(o* gefährliche) Sache 3 *fam fig (reloj)* Uhr *f*, Zwiebel *f (fam fig)* 4 *fam fig* **ni ~** absolut nichts; **no saber ni ~** keine Ahnung haben

patatal, patatar M Kartoffelfeld *n*; **patatero** A M MIL *fam* aus dem Unteroffiziersstand hervorgegangener Offizier *m* B M, **-a** F 1 *campesino, -a*: Kartoffelbauer *m*, -bäuerin *f* 2 *comerciante*: Kartoffelhändler *m*, -in *f*; **patatín** *fam* **que ~ que patatán** *Anspielung auf faule Ausreden oder leeres Gerede*

patatús M *fam* leichte Ohnmacht *f*; **le dio un ~** er wurde ohnmächtig

patay M *Perú, RPl* Johannis- *(o* Feigen)brot *n*

paté M GASTR (Gänseleber-, Fleisch)Pastete *f*

pateadura F *fam Am Mer* heftige Fußtritte; **dar a alg una ~** j-n heftig mit Fußtritten traktieren

patear A VT 1 *(golpear con los pies)* mit Füßen treten *(tb fig)* 2 *(pisotear)* zertrampeln 3 TEAT *fam* ausbuhen 4 *(recorrer)* ablaufen, abklappern *fam*; **~ calles** durch die Straßen laufen B VI 1 *(pisotear)* trampeln; *Am caballo* ausschlagen; **~ de rabia** wütend auf den Boden stampfen 2 *(caminar excesivamente)* sich *(dat)* die Beine ablaufen

patén M TEX *dibujo*: Ringel *mpl*

patena F 1 REL Patene *f*, Hostienteller *m* 2 *medalla*: Medaillon *n bei der weiblichen Bauerntracht*; *fig* **limpio como una ~** wie ein Schmuckkästchen, blitzsauber

patentabilidad F Patentfähigkeit *f*; **patentable** ADJ patentfähig; **patentado** A ADJ patentiert B M Patentierung *f*; **patentar** VT patentieren; patentieren lassen

patente A F 1 ADMIN, TEC Patent *n*; *(nombramiento)* Ernennungsschreiben *n*; *(diploma)* Diplom *n*; *(certificado)* Bescheinigung *f*; POL **~ consular** Ernennungsschreiben *n* zum Konsul; HIST **~ de corso** Kaperbrief *m*; *fig* Freibrief *m*; *fig* **tener ~ de corso** sich *(dat)* alles erlauben können; *Esp* **~ de introducción** Einführungspatent *n*; MAR **~ de navegación** Schiffszertifikat *n*; ADMIN **~ de sanidad** Gesundheits-, Quarantänepass *m*; MAR **~ limpia** Seuchenunbedenklichkeitsbescheinigung *f*; MAR **~ sucia** Seuchenbescheinigung *f*; **oficina** *f* **de ~s** Patentamt *n*; **protegido por ~(s)** patentgeschützt 2 *Arg, Chile* AUTO *(matrícula)* polizeiliches Kennzeichen *n*, Nummernschild *n*; *Esp* AUTO **~ de circulación** *corresponde a*: Kraftfahrzeugschein *m* B ADJ offen; klar; deutlich, offensichtlich, sinnfällig; **hacer ~** offen darlegen; bloß legen; an den Tag bringen

patentizar VT ⟨1f⟩ *(hacer evidente)* (offen) darlegen, bekunden; *(verificar)* beweisen

pateo M Getrampel *n*, Trampeln *n*, Stampfen *n*

patera F kleines flaches Boot *n*

paterfamilias M JUR, HIST Paterfamilias *m*, Hausvater *m*; **paternal** ADJ väterlich, Vater...; **amor** *m* **~** Vaterliebe *f*; **paternalismo** M POL, SOCIOL Paternalismus *m*; Bervormundung *f*; **paternalista** ADJ paternalistisch; **paternidad** F Vaterschaft *f*; *fig* Urheberschaft *f*; **prueba** *f* **de ~** Vaterschaftstest *m*

paterno ADJ väterlich, Vater...; väterlicherseits; **amor** *m* **~** Vaterliebe *f*; **tío** *m* **~** Onkel *m* väterlicherseits; **por parte -a** väterlicherseits

paternóster M 1 REL Vaterunser *n* 2 *fam fig nudo*: fest zusammengezogener Knoten *m*

patero A ADJ *Chile, Perú* → adulador B M 1 *cazador*: (Wild)Entenjäger *m* 2 *Arg, Bol cobertizo*: Entenhaus *n*

Pateta M 1 *fam (diablo)* Teufel *m* 2 *fam fig* **pateta** *(deformación de las piernas)* Krumm- *o* Hinkebein *n*

patético ADJ ergreifend; *(dramático)* pathetisch; **lo ~** das Pathos; **patetismo** M Pathos *n*; *(dramatismo)* Pathetik *f*; **pathos** M *liter* Pathos *n*

patiabierto ADJ mit gespreizten Beinen; breitbeinig; **patiblanco** ADJ *animal* weißfüßig

patibulario ADJ Galgen...; Schafott...; **cara** *f* **-a** Galgen-, Verbrechergesicht *n*; **patíbulo** M Galgen *m*; Schafott *n*

paticojo ADJ *fam* lahm, hinkend; **patidifuso** ADJ *fam* verblüfft, verdattert *fam*; **patiestevado** ADJ *Esp* krummbeinig; **patihendido** ADJ ZOOL spalthufig

patilla A F 1 MÚS *ein Gitarrengriff* 2 TEX Klappe *f an der Jackentasche* 3 *tipo de barba*: **~s** *pl* Backenbart *m*, Kotelette *f* 4 *de un madero*: Verbindungs)Stift *m*; *de las gafas*: (Brillen)Bügel *m* 5 *Arg, Andes* → poyo 6 *Bol (antepecho de balcón)* Balkonbrüstung *f* 7 *Chile* AGR *(acodo)* Absenker *m* 8 *Ec (hormiga gris)* graue Ameise *f* 9 *Col* BOT *(sandía)* Wassermelone *f* B M *fam* **~s** ⟨*pl inv*⟩ Teufel *m*

patilludo ADJ *mit Backenbart oder Koteletten*

patín M Schlittschuh *m*; *espec* TEC Gleitschuh *m*; Kufe *f*; **~ acuático** Tretboot *n*; AVIA **~ de aterrizaje** Landekufe *f (des Hubschraubers)*; **~ (de ruedas)** Rollschuh *m*; **~ (de ruedas) en línea** Inliner *m*, Rollerskate *m*; MAR **~ a vela** Katamaran *m*; *Cuba fam fig* **echar un ~** wegrennen

pátina F Patina *f*; *fig* **la ~ del tiempo** der Zahn

der Zeit
patinada F *espec Am* (Aus)Rutschen *n*; AUTO Schleudern *n*; **patinadero** M *de hielo*: Eisbahn *f*; *para patinaje sobre ruedas*: Rollschuhbahn *f*
patinador A M, **patinadora** F *sobre hielo*: Schlittschuhläufer *m*, -in *f*; *sobre ruedas*: Rollschuhläufer *m*, -in *f*; **~ artístico/de velocidad** Eiskunst-/Eisschnellläufer *m* B M AVIA Gleitschuh *m*
patinaje M 1 **~ (sobre hielo)** Schlittschuhlaufen *n*, Eislauf *m*; **~ (sobre ruedas)** Rollschuhlaufen *n*; **~ artístico (sobre hielo/ruedas)** Eis-/Rollkunstlauf *m*; **~ en línea** Inlineskaten *n*; **~ de velocidad (sobre hielo)** Eisschnelllauf *m*; DEP **figuras** *fpl* **obligatorias y ~ libre** Pflichtlauf *m* und Kür *f* 2 (*deslizamiento*) Gleiten *n*, Rutschen *n*
patinar VI 1 *sobre hielo*: Schlittschuh laufen *o* eislaufen; *sobre ruedas*: Rollschuh laufen; **~ en línea** inlineskaten 2 (*resbalar*) schlittern, rutschen; TEC gleiten; AUTO schleudern; *ruedas* durchdrehen; **patinazo** M Rutschen *n*; Rutsch *m*; AUTO Schleudern *n*; AUTO **dar un ~** ins Schleudern geraten; *fig* (*quedar en ridículo*) sich blamieren; **patineta** F, **patinete** M 1 (Kinder)Roller *m* 2 *Méx* Skateboard *n*; **patinódromo** M Rollschuhbahn *f*
patio M (Innen)Hof *m*; *en una escuela*: Schulhof *m*; TEAT **~ (de butacas)** Parterre *n*, Parkett *n*; MIL **~ de armas** *o* **del cuartel** Kasernenhof *m*; **~ interior** Innenhof *m*; **~ de luz** Lichthof *m*; **~ de recreo** Pausenhof *m*; **~ trasero** Hinterhof *m*; *fam Esp* **¡cómo anda el ~!** (*¡así no va!*) so geht das doch nicht!, dabei kann doch nichts Vernünftiges herauskommen!; (*¡se armó la gorda!*) na, da ist was los!
patita F **dar ~s** *perro* Pfötchen geben; *fam fig* **poner a alg de ~s en la calle** j-n vor die Tür setzen
patitieso ADJ steifbeinig; *fam fig* verblüfft, sprachlos; **patituerto** ADJ *fam* krummbeinig, o-beinig; **patizambo** ADJ x-beinig
pato M 1 ZOOL (*männliche*) Ente *f*, Erpel *m*, Enterich *m*; GASTR **~ asado** Entenbraten *m*; **~ a la naranja** GASTR Ente *f* mit Orangensoße; **~ cuchara/real/silvestre** Löffel-/Stock-/Wildente *f*; *fam fig* **estar hecho un ~** pitschnass sein; *fig* **tener que pagar el ~** *fam* es ausbaden müssen, die Zeche zahlen müssen; *fam* **¡al agua ~s!** ab ins Wasser! 2 *Am reg* MED Urinflasche *f* 3 *Arg fam* (*mirón*) Kiebitz *m bei einem Spiel* 4 *P. Rico, Ven pop* (*hombre afeminado*) Tunte *f fam*
patochada F *fam* Albernheit *f*
patogenia F MED Pathogenese *f*, Krankheitsentstehung *f*; **patógeno** ADJ pathogen, Krankheits…
patojada F *Am Centr fam* (Haufen *m*) Kinder *npl*; **patojear** VI watscheln; schleppend gehen; **patojo** *fam* A ADJ krummbeinig; *Am* lahm B M *Am Centr* Schlingel *m*, Gassenjunge *m*
patología F MED Pathologie *f*; **patológico** ADJ pathologisch, krankhaft
patólogo M, **-a** F Pathologe *m*, Pathologin *f*
patoso ADJ *fam* 1 (*torpe*) schwerfällig, ungeschickt 2 (*que hace el tonto*) albern; **¡no te pongas ~!** sei nicht so albern!
patota F *RPl fam* (Halbstarken-, Gauner)Bande *f*; **patotero** M *RPl fam* Bandenmitglied *n*
patraña F *fam* grobe Lüge *f*; Schwindel *m*, Bluff *m*; **patrañero** M Schwindler *m*
patraquear VI *Chile fam* klauen *fam*
patria F Vaterland *n*; Heimat *f*; *fam* **~ chica** (engere) Heimat *f*; **~ primitiva** Ursitz *m*, Stammland *n eines Volkes*; **Madre** *f* **~** Mutterland *n*
patriarca M *Biblia y fig* Patriarch *m*; **patriarcado** M Patriarchat *n*
patriarcal ADJ patriarchalisch (*tb fig*)
patriciado M HIST Patriziat *n*; **patricio** A ADJ patrizisch; *fig* vornehm B M Patrizier *m*
patrimonial ADJ Erb…, Patrimonial…; Vermögens…; Familien…; **bienes** *mpl* **~es** Erb-, Stammgüter *npl*; **derecho** *m* **~** Vermögensrecht *n*
patrimonio M 1 (*herencia*) Erbe *n* (*tb fig*), Erbteil *n*; *fig* (*propiedad*) Besitz *m*; **~ cultural** Kulturerbe *n*, Kulturgut *n*; **~ cultural de la humanidad** Weltkulturerbe *n*; BIOL **~ hereditario** Erbgut *n*; **~ natural de la humanidad** Weltnaturerbe *n*; **establecido en su ~** erbeingesessen 2 (*bienes*) Vermögen *n*, Eigentum *n*; **~ artístico** Kunstschätze *mpl* (*eines Landes*); *Esp* **~ forestal del Estado** Staatsforsten *mpl*; **~ nacional** Staatsbesitz *m*; **Real ~** Krongut *n*
patrio ADJ 1 (*nacional*) vaterländisch, Heimat…; **suelo** *m* **~** Heimatboden *m* 2 (*paternal*) väterlich; JUR **-a potestad** *f* elterliche Gewalt *f*
patriota M/F Patriot *m*, -in *f*; **patriotería** F, **patrioterismo** M Hurrapatriotismus *m*; Chauvinismus *m*; **patriotero** A ADJ chauvinistisch B M, **-a** F Hurrapatriot *m*, -in *f*; Chauvinist *m*, -in *f*; **patriótico** ADJ patriotisch, vaterländisch gesinnt; **patriotismo** M Patriotismus *m*, Vaterlandsliebe *f*; *Esp* POL **~ constitucional** konstitutioneller Patriotismus *m*
patrística F REL Patristik *f*; **patrístico** ADJ REL patristisch, Väter…
patrocinado M, **-a** F Schützling *m/f*; Geförderte *m/f*; **patrocinador** M, **patrocinadora** F Gönner *m*, -in *f*; Förderer *m*, Förderin *f*; Schirmherr *m*, -in *f*; DEP *tb* Sponsor *m*, -in *f*;
patrocinar VT begünstigen, fördern; die Schirmherrschaft übernehmen über (*acus*); *espec* DEP sponsern; **patrocinio** M (*protección*) Schutz *m*, Beistand *m*; Schirmherrschaft *f*; DEP Sponsoring *n*; CAT Patrozinium *n*
patrología F Patrologie *f*
patrón M 1 (*protector*) Beschützer *m*; REL Schutzheilige *m*, (Schutz)Patron *m* 2 (*dueño de casa*) Hauswirt *m*, Vermieter *m*; MAR Schiffsführer *m* 3 *Am* (*empleador*) Arbeitgeber *m*, (*jefe*) Chef *m*; *fam* **donde hay ~, no manda marinero** nur der Boss kann anschaffen *fam* 4 (*muestra*) Vorlage *f*, Schablone *f*, Muster *n*; TEX Schnittmuster *n*; (*modelo*) Modell *n*; TEX **~ de bordado** Stickmuster *n*; **~ picado** (ausgestochene) Schablone *f*; *fig* **cortado por el mismo ~** aus demselben Holz geschnitzt 5 (*calibre*) Lehre *f*, Maß *n*; (*medida de contraste*) Eichmaß *n*; (*norma*) Standard *m*; ECON **doble ~** Doppelwährung *f*; ECON **~ oro** Goldwährung *f*, -standard *m* 6 AGR Pfropfunterlage *f*
patrona F 1 (*protectora*) Beschützerin *f*; REL Schutzheilige *f*, -patronin *f* 2 (*dueña de casa*) Hauswirtin *f*; Zimmervermieterin *f* 3 (*empleadora, jefa*) Arbeitgeberin *f*, Chefin *f*; **patronaje** M TEX Zuschneiden *f*
patronal A ADJ 1 Schutz…, Patronats… 2 ECON Arbeitgeber…; **cierre** *m* **~** Aussperrung *f*; **cuota** *f* **~** Arbeitgeberanteil *m zur Sozialversicherung* B F Arbeitgeberverband *m*; **patronato** M 1 (*facultad de patrono*) Patronat *n*; JUR Patronatsrecht *n* 2 (*fundación*) Stiftung *f*; **consejo** *m* **de ~** Stiftungsausschuss *m*, Kuratorium *n* 3 ECON (*colectividad de empleadores*) Arbeitgeberschaft *f*; **patronazgo** M → patronato 1, 2; **patronear** VT MAR *barco* führen; **patronímico** LING A ADJ patronymisch, Namens… B M Patronymikon *n*; **patronista** M/F TEX Zuschneider *m* -in *f*
patrono M 1 (*protector*) Schützer *m*; Schutzherr *m*; REL Schutzheilige *m* 2 (*amo del patronato*) Patronatsherr *m* 3 (*señor*) Herr *m*, Gebieter *m*; (*jefe*) Chef *m fam*; *Esp* ECON (*empleador*) Arbeitgeber *m*; **~s** *mpl* **y obreros** *mpl* Tarifpartner *mpl*
patrulla F 1 *de policías, etc*: Streife *f*; MIL Patrouille *f*, *tb* Spähtrupp *m*; **~ escolar** Schülerlotsendienst *m*; **~ volante/equipada con radio** Polizei-/Funkstreife *f* 2 (*ronda de control*) Kontroll-, Streifengang *m*; **estar de ~** auf Streife sein
patrullaje M *Am* Streife(ndienst *m*) *f*; **patrullar** VT & VI patroullieren, auf Streife gehen (*o* fahren); MIL *tb* (zu mehreren) auf Erkundung gehen; **~ (por) el terreno** das Gelände durchstreifen; **patrullera** F MAR Patrouillenboot *n*; **patrullero** A ADJ Streifen… B M Streifenpolizist *m*; MAR Patrouillenboot *n*; **~ escolar** Schülerlotse *m*
patucos MPL Babyschühchen *npl*; Bettschuhe *mpl*
patudo ADJ *fam* unverschämt
patulea F Gesindel *n*; Gaunerbande *f*
patuleco ADJ *Perú fam* o-beinig
paular[1] VI *fam* **sin ~ ni maular** ohne den Mund aufzutun
paular[2] M Moor(landschaft *f*) *n*
paulatino ADJ bedächtig; langsam, allmählich
paulina A ADJ JUR **acción** *f* **~** Gläubigeranfechtung *f* (*beim Konkurs*) B F 1 REL päpstlicher Bannbrief *m*; *fig* Schmähbrief *m* 2 *fam fig* (*reprensión*) Rüffel *m fam*
paulista A ADJ aus Sao Paolo B M/F Einwohner *m*, -in *f* von Sao Paolo
pauperismo M → pauperización; **pauperización** F SOCIOL Verarmung *f* der Massen; Massenelend *n*
paupérrimo *sup irr* → pobre
pausa F 1 Pause *f* (*tb* MÚS); (*tranquilidad*) Ruhe *f*; (*lentitud*) Langsamkeit *f*; MÚS *signo*: Pause(nzeichen *n*) *f* 2 *Chile fuegos artificiales*: mehrfach zündende bunte Rakete *f*; **pausado** ADJ ruhig; langsam; gelassen; abgemessen
pauta F 1 (*rayado*) Linierung *f*; (*hoja rayada*) Linienblatt *n* 2 (*regla*) Lineal *n* 3 *fig* (*norma*) Regel *f*, Norm *f*; (*ideal*) Vor-, Leitbild *n*; (*regla de conducta*) Richtschnur *f*; **marcar la ~** eine Norm festlegen; *fig* **marcar (nuevas) ~s** (neue) Maßstäbe setzen; **pautado** ADJ lini(i)ert; **papel** *m* **~** liniertes Papier *n*, MÚS Notenpapier *n*; **pautador** M Linienzieher *m*
pautar VT lini(i)eren; *fig* regeln; bestimmen
pava F 1 ORN Truthenne *f*, Pute *f* 2 *fig desp persona*: dumme Pute *f*; *Esp fam fig* **pelar la ~** turteln, Süßholz raspeln 3 (*fuelle*) Schmiedeblasebalg *m* 4 *pop* (*colilla*) Kippe *f fam*, Zigarettenstummel *m* 5 *Arg vasija*: großes Gefäß *n für die Matebereitung*; *Chile* → orinal
pavada F 1 ZOOL Menge *f* Truthahngeflügel 2 *fig* (*sosería*) Blödsinn *m*, Albernheit *f* 3 *juego de niños*: Radschlagen *n* 4 *Am Mer fam* (*suma irrisoria*) lächerlicher Geldbetrag *m*, Peanuts *pl fam*
pavana F 1 MÚS *baile*: Pavane *f* 2 *Antillas* (*paliza*) Prügel *pl*
pavear A VI 1 *Am* (*comportarse como un tonto*) sich albern benehmen 2 *Arg* (*echar piropos*) Süßholz raspeln 3 *Arg, Chile* (*burlarse*) spotten 4 *Ec* (*hacer novillos*) die Schule schwänzen B VT *Méx* (*einen unerfahrenen Spieler*) betrügen; **pavera** F Truthahnbräter *m* (*Geschirr*); **pavería** F *Arg, Chile* Albernheit *f*; **pavero** A ADJ pfauenhaft eitel; großspurig B M 1 (*vendedor de pavos*) Truthahnhändler *m* 2 *fam fig* (*sombrero grande de ala ancha*) großer Schlapphut *m* 3 *Chile* (*burlón*) Spötter *m*; Spaßmacher *m*
pavés M 1 HIST Langschild *m*; *fig* **alzar sobre el ~** auf den Schild heben 2 CONSTR **cristal** *m* **de ~** Glasbaustein *m*
pavesa F (*cenizas volantes*) Flugasche *f*; (*chispa*) Fünkchen *n*; *fam fig* **estar hecho una ~** sehr

schwach sein; *fig* **ser una ~** fügsam sein, kuschen *fam*
pavía F Paviapfirsich *m*
pávido ADJ *liter* furchtsam
pavimentar VT pflastern; mit Platten *etc* belegen; *Am tb* asphaltieren; **pavimento** M Bodenbelag *m*; *(adoquinado)* Pflasterung *f*; *(solado)* Estrich *m*; *(empedrado)* Straßenpflaster *n*; **~ de asfalto/de losas** Asphalt-/Plattenbelag *m*; **~ cerámico** Kachelfußboden *m*
pavipollo M 1 ZOOL junger Puter *m* 2 *fam fig persona*: Dummkopf *m*; **pavisoso** ADJ *persona* reizlos; fade; **pavito** M *Ven* Halbstarke *m*; **pavitonto** ADJ *pop* saudumm *pop*
pavo A M 1 ORN Truthahn *m*, Puter *m*; **~ real** Pfau *m*; *fam fig* **está comiendo ~** niemand holt sie zum Tanz, sie ist ein rechtes Mauerblümchen; *Am fam fig* **comer ~** in seinen Erwartungen enttäuscht werden; *fam fig* **subírsele a alg el ~** *o* **ponerse hecho un ~** erröten, rot anlaufen; *fam fig* **se le subió el ~** er wurde puterrot 2 GASTR Truthahn *m*; Pute *f*; **~ asado con manzanas** gebratener Truthahn *m* mit Äpfeln; **~ relleno** gefüllter Truthahn *m* 3 *fam fig persona*: Dummkopf *m* 4 *Cuba fam* **estar de ~** faulenzen; gammeln *fam*; *Am reg fam* **ir de ~** schwarzfahren 5 *Chile (cometa)* Papierdrachen *m* 6 *Esp* HIST *pop moneda*: Duro *m*, 5-Peseten-Münze *f* B ADJ *Am* dumm, blöd *fam*
pavón M 1 *mariposa*: Pfauenauge *n* 2 *color*: Stahlblau *n*; TEC Brünierung *f*
pavonado M TEC Brünierung *f*; **pavonar** VT TEC (blau) anlassen, brünieren; **pavonazo** M *pintura al fresco*: Dunkelrot *n*; **pavonearse** V/R sich brüsten (**de** mit *dat*); sich aufplustern; einherstolzieren; **pavoneo** M Aufplustern *n*, Einherstolzieren *n*
pavor M *(susto)* Schreck *m*, Aufschrecken *n*; *(espanto)* Entsetzen *n*; **pavoroso** ADJ schrecklich, entsetzlich, grauenerregend
paya F *RPl, Chile* Stegreifdichtung *f* der Gauchos *(Lied)*; **payada** F *RPl* Gauchogesang *m*; **payador** M *RPl* Gauchosänger *m*
payama F *Am Centr, Cuba* Pyjama *m*, Schlafanzug *m*
payasada F Blödsinn *m*; albernes Benehmen *n*; **payasear** herumalbern; den Clown spielen
payaso M, **-a** F Clown *m*, -in *f*, Possenreißer *m*, -in *f*, Spaßmacher *m*, -in *f*, Bajazzo *m*; Hanswurst *m*
paybox ['peɪβɔks] M TEL Paybox *f* *(Zahlungsdienst per Handy)*
payé M *RPl folclore* 1 *(mago)* Hexer *m*; Zauberer *m* 2 *(amuleto)* Amulett *n* 3 *(magia)* Zauberei *f*
payés M Bauer *m* *(aus Katalonien oder von den Balearen)*; **payo** A ADJ bäurisch; tölpelhaft B M, **-a** F 1 *palabra gitana*: Gadscho *m*, Nichtzigeuner *m*, -in *f* *(aus der Sicht der Zigeuner)* 2 *fig* Dummkopf *m*, Tölpel *m*
payuelas FPL *fam* Windpocken *fpl*
paz F Friede(n) *m*; *(conclusión de paz)* Friedensschluss *m*; *(tranquilidad)* Ruhe *f*; *(Abschiedsformel)*; POL **~ preliminar** Vorfrieden *m*; POL **~ separada** Sonderfrieden *m*; **amante de la ~** friedliebend; **gente** *f* **de ~** friedliche Leute *pl*; MIL gut Freund!; **ruptura** *f* **de (la) ~** Friedensbruch *m*; POL **tratado** *m* **de ~** Friedensvertrag *m*; **concluir** *o* **hacer la ~** Frieden schließen; **dar la ~ a alg** j-m den Begrüßungskuss (*o* REL den Friedenskuss) geben; **dejar en ~** in Ruhe lassen; **¡déjame en ~!** lass mich zufrieden (*o* in Ruhe)!; **¡que en ~ descanse!** er ruhe in Frieden!, Gott hab ihn selig!; *fig* **estar en ~** nichts mehr schulden, quitt sein; **hacer las paces con alg** sich mit j-m versöhnen; **meter ~** Frieden stiften (**entre** unter *dat*); *fig* **quedar en ~** *juego*: gleichstehen; *p. ext* quitt sein; **restablecer la ~** Frieden stiften (**en** in *dat*); *fig* gut denn, reden wir nicht mehr davon!; **venir (en son) de ~** in friedlicher Absicht kommen; **en tiempo(s) de ~** im Frieden, in Friedenszeiten; **por la ~** *o* **para tener ~** um des (lieben) Friedens willen; **¡~!** Ruhe!; **¡a la ~ de Dios!** mit Gott!; *fam* **¡y en ~!** Schluss jetzt!, und damit basta! *fam*; **¡vete en** *o* **con la ~ de Dios!** nun geh mit Gott!
pazguatería F Dummheit *f*; **pazguato** A ADJ einfältig B M, **-a** F Einfältige *m/f*; Simpel *m*
pazo M *reg* Stammhaus *n*; Landsitz *m* *(in Galicien)*
pazote M BOT mexikanisches Teekraut *n*
pc ABR (parsec) pc (Parsec)
PC F ABR (Pensión Completa) VP *f* (Vollpension)
PCC M ABR (catalán: Partit Comunista de Catalunya) Kommunistische Partei *f* Kataloniens
PCE M ABR (Partido Comunista de España) Kommunistische Partei *f* Spaniens
PCOE M ABR (Partido Comunista Obrero de España) *kommunistische Splitterpartei in Spanien*
PCPE M ABR (Partido Comunista de los Pueblos de España) *kommunistische Splitterpartei in Spanien*
P.D. F ABR (posdata) PS *n* (Postskriptum, Nachschrift)
PDF M INFORM (**fichero** *m*) **~** PDF(-Datei) *f*
PDNI M ABR (Partido Democrático de la Nueva Izquierda) Demokratische Partei *f* der Neuen Linken
PDR M ABR (Plan de Desarrollo Regional) *Esp* Regionaler Entwicklungsplan *m*
pe F P *n* *(Name des Buchstabens)*; **de ~ a pa** von A bis Z
pea F *pop* Rausch *m*, Betrunkenheit *f fam*
peaje M 1 *(derecho de tránsito)* Autobahngebühr *f*, Maut *f*; *(pontazgo)* Brücken-, Wegegeld *n*; **de ~** *autopista, puente* gebührenpflichtig 2 *estación*: Mautstelle *f*; **peajero** M Straßenzoll-, Mautkassierer *m*
peal M *Am para el ganado*: Fußfessel *f*; **pealar** VT *Am ganado* fesseln
peán M *liter* Päan *m*, Preislied *n*
peana F Fußgestell *n*; Sockel *m*; **peatón** M Fußgänger *m*; *transporte*: **paso** *m* **de -ones** Fußgängerüberweg *m*, -gang *m*
peatonal ADJ Fußgänger...; **zona ~** Fußgängerzone *f*; **peatonalizar** ⟨1f⟩ *calle* zur Fußgängerzone machen
pebeta F *RPl* kleines Mädchen *n*
pebete M 1 Räucherkerze *f*; *fam fig* stinkendes Ding *n fam* 2 BOT **~ (de Méjico)** mexikanische Wunderblume *f* 3 *RPl (niño pequeño)* kleiner Junge *m* 4 *Arg eine Brotsorte*; **pebetero** M Räucherpfanne *f*; DEP **~ olímpico** Schale *f* mit dem olympischen Feuer
pebrada F, **pebre** M/F GASTR Pfeffertunke *f*
peca F Sommersprosse *f*
pecable ADJ sündhaft; **pecadero** M *Am fam* Sündenpfuhl *m* *(Bar, Spielkasino, Bordell; oft auch nur Anspielung auf Orte, wo man viel Geld loswerden kann)*
pecado M Sünde *f*; **~ capital** *o* **mortal** Todsünde; **~ original** Erbsünde *f*; **~ venial** lässliche Sünde *f*; GASTR *fam* **de ~** schmackhaft; *fam* **ay, Pedro de mis ~s** ach, Peter, du Schlimmer *fam*; *fam fig* **más original que el ~** mehr als originell; *fam* **sería un ~ no hacerlo** es wäre jammerschade (*o* ein Verbrechen *fam fig*), es nicht zu tun
pecador A ADJ sündig B M, **pecadora** F Sünder *m*, -in *f*; **pecaminoso** ADJ sündhaft, sündig; **pecana** F *Perú* BOT → pacana; **pecante** A ADJ sündigend, sündig B M/F Sünder *m*, -in *f*
pecar VI ⟨1g⟩ sündigen; fehlen, sich vergehen (**contra** an *dat*); *fig* **~ de a/c** etw in übertriebener Weise sein (*o* tun); **~ de confiado** allzu vertrauensselig sein; **nunca se peca por demasiado cuidado** man kann nicht vorsichtig genug sein; **no ~ de hermoso** nicht gerade (*o* alles andere als) schön sein; **~ por severo** übermäßig streng sein
pecarí, pécari M ZOOL Nabelschwein *n*, Pekari *n*
pecblenda F → pechblenda
peccata PL *fam fig* **~ minuta** kleiner Schönheitsfehler *m*; verzeihlicher Irrtum *m*
pececillo M ZOOL **~ de plata** Silberfischchen *n*
peceño ADJ 1 *caballo* pechschwarz 2 *(con gusto a la pez)* nach Pech schmeckend
pecera F (Gold)Fischglas *n*
pecero M, **-a** F *Esp* POL Mitglied *n* der kommunistischen Partei Spaniens (→ PCE)
pechacar VT ⟨1g⟩ *Chile pop* klauen *fam*
pechada F 1 *Am (empujón)* Anrempeln *n*; Stoß *m* mit dem Oberkörper 2 *Arg equitación: con el pecho de caballo*: Rammen *n* 3 *Arg, Chile, Ur fam (gorronería)* Schnorren *n*, Schmarotzen *n*; **pechador** M *Arg, Chile, Ur fam* Schnorrer *m*, Schmarotzer *m*
pechar[1] VI **~ con** *cargas, pago* übernehmen; **~ con las consecuencias** die Folgen tragen
pechar[2] A VT *Bol, Chile, RPl (empujar)* anrempeln B VI *fam (gorronear)* schnorren, schmarotzen
pechblenda F MINER Pechblende *f*
peche[1] M → pechina 1
peche[2] A ADJ *Am Cent* verkümmert, schwächlich B M 1 *Arg pop* Bitte *f*; Gesuch *n* 2 *Chile eine Kartoffel(art)*
pechera F 1 TEX Hemdbrust *f*; Vorhemd *n*; Brustlatz *m*; (Blusen)Einsatz *m* 2 *fam fig (seno)* Busen *m*, *(pecho)* Brust *f* 3 *equitación*: Brustblatt *n*; **~ de sostén** Brustriemen *m*
pechero[1] M TEX Brustlatz *m*
pechero[2] A ADJ HIST tributpflichtig B HIST M Vasall *m*; Hörige *m*
pechiazul M ORN Blaukehlchen *n*; **pechiblanco** ADJ weißbrüstig
pechina F 1 *concha*: Schale *f* der Venusmuschel 2 ARQUIT Hängezwickel *m* *(einer Kuppel)*
pechirrojo M ORN Rotkehlchen *n*; **pechisacado** ADJ *fam* hochfahrend, stolz
pecho[1] M 1 ANAT Brust *f*; *(seno)* Busen *m*; **enfermo del ~** lungenkrank; **de ~s planos** flachbusig, -brüstig; **voz** *f* **de ~** Bruststimme *f*; *Col* **a todo ~** lauthals; **apoyado de ~s en la balaustrada** mit dem Oberkörper aufs Geländer gestützt; *fig* **no le cabe en el ~** er kann es nicht für sich *(acus)* behalten; **caer de ~s** nach vornüber (*o* auf die Brust) fallen; *fig* **criar a sus ~s** ganz nach seiner Weise erziehen; zu seinem besonderen Schützling machen; an seinem Busen nähren *(liter)*; **dar el ~ a** die Brust geben *(dat)*, stillen *(acus)*; **descubrir** *o* **abrir el ~** sein Herz ausschütten; **echarse una copita entre ~ y espalda** sich *(dat)* ein Gläschen hinter die Binde gießen *fam*; *fam fig* **partirse el ~** sich *(dat)* ein Bein ausreißen (**por** für *acus*); *fam fig* **no quedarse con nada en el ~** aus seinem Herzen keine Mördergrube machen, (alles) auspacken *fam*; **tomar el ~** *lactante* an der Brust trinken; *fig* **tomar a ~(s)** ernst nehmen; sich *(dat)* zu Herzen nehmen; *fig* **a lo hecho ~** was geschehen ist, ist geschehen; **¡~ al agua!** *o* **¡buen ~!** nur Mut! *fig*; Kopf hoch! 2 *fig (valor)* Mut *m*; *fig* **de ~** mutig, beherzt; *fig* **dar** *o* **poner el ~** (Gefahr) mutig auf sich *(acus)* nehmen; tapfer Widerstand leisten, trotzen; *fig* **echarse a ~s a/c** sich mit aller Kraft für

etw *(acus)* einsetzen; *fam fig* **ser hombre de pelo en ~** ein ganzer Kerl sein; ein toller Draufgänger *(o* ein toller Hecht *fam)* sein **3** *(elevación)* Steigung *f*, (Gelände)Buckel *m*; **~ arriba** bergauf

pecho² M **1** HIST *(tributo)* Zins *m*, Tribut *m (der Hörigen und Vasallen)* **2** ADMIN **derramar los ~s** eine Abgabe umlegen

pechón ADJ *Méx fam* schmarotzend

pechona ADJ *pop* vollbusig

pechuga F **1** *(pecho del ave)* Brust *f des Geflügels (tb* GASTR); **~ de pavo** Truthahnbrust *f*; **~ de pollo** Hähnchenbrust *f*; *fig* Brust *f fam*; Busen *m fam* **2** *Am Centr, Col, Chile, Perú (coraje)* Mut *m*, Schneid *m*, Draufgängertum *n*; *(descaro)* Unverschämtheit *f*

pechugón **A** ADJ *fam* **1** *(de pechos grandes)* vollbusig **2** *Am (impertinente)* unverschämt, frech; schamlos; *Chile (decidido)* resolut **B** M *(golpe en el pecho)* Stoß *m (o* Fall *m)* auf die Brust; *(golpe con el tronco)* Stoß *m* mit dem Oberkörper; *fam fig (esfuerzo grande)* große Anstrengung *f*; **pechugona** ADJ *(de pechos grandes)* vollbusig

pecina F Schlamm *m*, Schlick *m*

pecinal M Schlammloch *n*, Morast *m*

pecio M Wrack(teil) *n*

pecíolo M BOT Blattstiel *m*

pécora F **1** *fam* bösartiges Weib *n*; *fam fig* **mala** *o irón* **buena ~** üble Person *f (bes Frauen) f fam*; Miststück *n fam* **2** *fam (prostituta)* Nutte *f pop* **3** *Perú vulg (hedor del pie)* Fußgeruch *m*

pecoso ADJ sommersprossig

pectina F Pektin *n*

pectoral **A** ADJ Brust... **B** M **1** ANAT Brustmuskel *m* **2** CAT Brustkreuz *n*, Pektorale *n*

pecuario ADJ Vieh...; **industria** *f* **-a** Viehwirtschaft *f*

peculado M JUR Unterschlagung *f* (von Geldern) *im Amt*

peculiar ADJ eigen(tümlich); charakteristisch; **peculiaridad** F Eigentümlichkeit *f*; Besonderheit *f*

peculio M **1** *(ahorros)* Sparpfennig *m*, -groschen *m* **2** *liter (dinero para gastos personales)* Taschengeld *n* **3** *fam (patrimonio)* Vermögen *n*; **pecunia** F *liter* Geld *n*; **pecuniario** ADJ Geld..., pekuniär; **pecunio** M *liter* Geld *n*

PED M ABR (Procesamiento *o* Proceso Electrónico de Datos) EDV *f* (Elektronische Datenverarbeitung)

pedagogía F Pädagogik *f*; Erziehung *f*; **~ global** Ganzheitserziehung *f*; **~ terapéutica** Heilpädagogik *f*

pedagógico ADJ pädagogisch; erzieherisch; **método** *m* **~** Erziehungsmethode *f*

pedagogo M, **-a** F Pädagoge *m*, Pädagogin *f*, Erzieher *m*, -in *f*

pedal M **1** TEC Fußhebel *m*; Pedal *n*; **~es** *mpl* Pedale *npl*; Tretwerk *n*; **~ arrancador** Kickstarter *m*; **~ de embrague/de freno** Kupplungs-/Bremspedal *n*; **hundir el ~** mit Vollgas fahren **2** MÚS Orgelpunkt *m* **3** *Esp fam drogas* Trip *m*

pedalada F, **pedaleada** F Treten *n (beim Radfahren)*; **pedalear** VI (in) die Pedale treten; *p. ext (ir en bicicleta)* Rad fahren, radeln *fam*; **pedaleo** M Radfahren *n*, Radeln *n fam*

pedáneo ADJ JUR Dorf...; **pedanía** F *Esp* ADMIN Unterbezirk *m* einer Gemeinde

pedante **A** ADJ; schulmeisterlich **B** M/F Pedant *m*, -in *f*; Haarspalter *m*, -in *f*; *(engreído)* Besserwisser *m*, -in *f*; **pedantear** VI schulmeistern, dozieren *fam*; **pedantería** F Pedanterie *f*; Schulmeisterei *f*; **pedantesco** ADJ pedantisch; **pedantismo** M **1** *(precisión exagerada)* Pedanterie *f* **2** *carácter*: pedantisches Wesen *n*

pedazo M Stück *n*; *(trozo)* Bruchstück *n*, abgebrochenes Stück *n*; *(jirón)* Fetzen *m*; **un ~ de carne/de pan** ein Stück Fleisch/Brot; *fam fig* **~ de alcornoque** *o* **de animal** *o* **de bruto** *o* **de corcho** dummes Stück *n fam*, Rindvieh *n fam*, Hornochse *m pop*; *fam fig* **~ del alma** *o* **del corazón** *o* **de mis entrañas** Liebling, *m*; Liebste *m/f*; Herz(enskind) *n*; **a ~s** stückweise; **caerse a ~s** *o* **estar hecho ~s** zu Bruch gehen; *fig* total kaputt sein; *fig* **comprar por un ~ de pan** für einen Apfel und ein Ei kaufen; *fig* **ganar(se) un ~ de pan** nur das Lebensnotwendigste verdienen; **hacer ~s** entzweischlagen; zerreißen; zerfetzen; zertrümmern; kaputt machen *fam*; **hecho ~s** entzwei; zertrümmert; kaputt *fam*; *fam fig* **ser un ~ de pan** sehr gutmütig (und treu) sein

pedear VI *y* VR **~se** *Am fam* furzen *fam*

pederasta M Päderast *m*; Kinderschänder *m*; *p. ext* Homosexuelle *m*; **pederastia** F Päderastie *f*; *p. ext* Homosexualität *f*

pedernal M *(guijarro)* Kieselstein *m*; *(piedra de mechero)* Feuerstein *m*; *fig (suma dureza)* große Härte *f*; *fig* **corazón** *m* **de ~** Herz *n* aus Stein

pedestal M Fußgestell *n*; Sockel *m*; *de un aparato*: Untersatz *m*; *arte tb* Piedestal *n*; *fig* **poner** *o* **tener a alg en** *o* **sobre un ~** j-n in den Himmel heben, j-n verehren

pedestre ADJ zu Fuß gehend; Fuß...; *fig* gemein, platt, vulgär; **carrera** *f* **~** Wettgehen *n*; **pedestrismo** M **1** *deportes pedestres*: Wandersport *m*; *tb* Wettgehen *n* **2** *(footing)* Joggen *n*

pediatra M/F MED Kinderarzt *m*, -ärztin *f*; **pediatría** F MED Kinderheilkunde *f*, Pädiatrie *f*; **pediátrico** ADJ MED Kinder...; **clínica** *f* **-a** Kinderklinik *f*

pediculado ADJ BIOL gestielt

pedicular ADJ MED Läuse...

pedículo M BIOL, BOT Stiel *m*; ANAT **~ pulmonal** Lungenwurzel *f*

pediculosis F MED Verlausung *f*

pedicura F **1** *(cuidado de los pies)* Fußpflege *f*, Pediküre *f* **2** *(cuidadora de pies)* Fußpflegerin *f*, Pediküre *f*; **pedicurista** M/F *espec Am* Fußpfleger *m*, -in *f*; **pedicuro** M Fußpfleger *m*

pedida F Anhalten *n um die Hand eines Mädchens*

pedido M **1** COM Auftrag *m*, Bestellung *f*; **~ pendiente** unerledigter Auftrag *m*; **~ de prueba** *o* **a título de prueba** *o* **por vía de ensayo** Probeauftrag *m*; **~ urgente** Eilauftrag *m*; **atender/confirmar un ~** einen Auftrag ausführen/bestätigen; **cancelar/colocar un ~** einen Auftrag stornieren/vergeben; **hacer un ~** bestellen, eine Bestellung aufgeben; **hacer un ~ suplementario** nachbestellen; **al hacerse el ~** bei (der) Bestellung; **a ~ de** auf Bestellung (o im Auftrag) von *(dat)*; **después de hacer el ~** nach Auftragserteilung; **según ~** auftragsgemäß, laut Bestellung **2** POL, JUR **~ de extradición** Auslieferungsbegehren *n* **3** *Am* → petición

pedidor **A** ADJ zudringlich bettelnd, heischend **B** M, **-a** F Bettler *m*, -in *f*; **pedigón** → pedigüeño

pedigrí M Stammbaum *m (von Tieren)*; Pedigree *m*

pedigüeño **A** ADJ bettelnd; quengelig; zudringlich; **ser ~** immer etwas haben wollen, immer quengeln *(tb niños)* **B** M, **-a** F hartnäckige(r) Bettler *m*, -in *f*; zudringlicher Mensch *m*; **pedilón** ADJ *Méx, Perú, S.Dgo, Ven* quengelig

pediluvio M Fußbad *n*

pedimento M Ansuchen *n*; JUR Eingabe *f*, Bittschrift *f*

pedir VT ⟨3l⟩ *(exigir)* verlangen, fordern; *(solicitar)* (er)bitten, ersuchen; COM bestellen; anfordern; *en el restaurante*: bestellen; **~ a/c a alg** j-n um etw *(acus)* bitten (o ersuchen); bei j-m um etw *(acus)* nachsuchen; **te lo pido** ich bitte dich darum; **las plantas piden agua** die Pflanzen brauchen Wasser; **~ auxilio** um Hilfe bitten (o rufen); **a ~ de boca** nach Herzenslust; **la cosa salió a ~ de boca** die Sache hat ganz nach Wunsch geklappt; *S.Dgo* **~ bola** *o Cuba* **~ botella**, *Guat, Hond, Salv* **~ jalón** per Anhalter reisen; COM **¡~** *o* **pida catálogo gratis!** Gratiskatalog anfordern!; **~ a Dios que** *(subj)* zu Gott beten, dass; **le iba a ~ un favor** ich hätte Sie gern um einen Gefallen gebeten; **~ (limosna)** betteln (gehen); **~ más** um mehr bitten; nachfordern; **~ mucho** (zu) viel verlangen; *fam* **(que) no hay que ~ más** ausgezeichnet, großartig, prima *fam*

pedo M **1** *pop* Furz *m pop*; *RPl* **al ~** umsonst; **despedir ~s** *o* **echar** (*o* **soltar** *o* **tirarse**) **un ~** einen fahren lassen *fam*, furzen *pop*; *Méx pop fig* **echar ~s** mächtig angeben **2** *fam (embriaguez)* Rausch *m*; Suff *m fam*; **estar ~** einen sitzen (o einen in der Krone) haben *fam*; *fam* **estar con un ~** stockbesoffen sein **3** *fam drogas* Trip *m fam* **4** BOT *pop hongo*: **~ de lobo** Bovist *m*

pedofilia F Pädophilie *f*; **pedófilo** **A** ADJ pädophil **B** M, **-a** F Pädophile *m/f*

pedología F GEOL Bodenkunde *f*; **pedológico** ADJ bodenkundlich

pedorra F *vulg* Luder *n fam*, Miststück *n fam*; **pedorrear** VI **1** *pop (echar pedos)* furzen *pop* **2** *fam (hacer alardes de)* große Töne spucken *fam*; **pedorreo** **1** M *vulg (pedo)* Furz *m pop* **2** *Méx vulg (burla)* Spott *m* **3** *Méx vulg (bronca)* Anschiss *m (pop fig)*; **pedorrera** F *vulg* Furzkanonade *f pop*; **pedorrero** M Furzer *m*; **pedorreta** F **hacer la ~ a alg** mit dem Mund schmatzen *(als Zeichen der Verachtung)*; **pedorro** M **1** *vulg* Furzer *m pop* **2** blöder Kerl *m fam*

pedrada F **1** Steinwurf *m*; *fam fig* **encajar** *o* **caer como ~ en ojo de boticario** *o* **de tuerto** genau hinhauen *fam*; *irón* wie die Faust aufs Auge passen **2** *Méx (crítica indirecta)* indirekte Kritik *f*

pedrea F **1** *(lapidación)* Steinigung *f* **2** *(granizo, pedrada)* Steinhagel *m*; *(lucha a pedradas)* Kampf *m* mit Steinwürfen; *p. ext* METEO Hagel(schlag) *m* **3** *fam fig lotería*: Nebengewinne *mpl*; **pedregal** M steiniges Gelände *n*; Steinwüste *f*; **pedregón** M *Col, Chile* → pedrusco; **pedregoso** ADJ steinig; **pedregullo** M *Am Mer* Kies *m*; **pedrejón** M → pedrusco; **pedrera** F Steinbruch *m*; **pedrería** F Edelsteine *mpl*; **pedrero** M Steinbrucharbeiter *m*; Steinhauer *m*

pedrisca F METEO Hagelschlag *m*; **pedrisco** M Steinhagel *m*; METEO Hagel *m*; **pedrisquero** M METEO Hagelschlag *m*

pedriza F steinige Stelle *f (im Gelände)*

Pedro N PR M Peter *m*; Petrus *m*; *fam fig* **como ~ por** *o* **en su casa** ganz ungeniert, ohne jede Hemmung

pedrusco M Steinbrocken *m*; unbehauener Stein *m*

pedunculado ADJ gestielt; ZOOL **ojo** *m* **~** Stielauge *n*; **pedúnculo** M BOT Blütenstiel *m*; ANAT Stiel *m*, Schenkel *m*

peeling ['pilin] M Peeling *n*

peep-show ['pip-sɔʊ̆, 'pip-ʃoʊ̆] M Peepshow *m*

peer ⟨2e⟩ VI *y* VR **~se** *pop* furzen *pop*

peer to peer [pir-to-'pir] M INFORM Peer-to-Peer

pega¹ F **1** ORN Elster *f*; **~ reborda** (Raub)Würger *m* **2** *pez*: Schiffshalter *m*

pega² F **1** *fig* **de ~** nicht echt, falsch, Schein..., Pseudo... **2** *de barriles, mangueras, recipientes de cerámica, etc*: Verpichen *n*; *(baño de pez)* Pechüberzug *m*; *(esmalte)* Töpferglasur *f*; **saber**

P

a la ~ *vino* nach der Verpichung *(des Fasses etc)* schmecken; *fam fig* eine schlechte Kinderstube verraten, schlecht erzogen sein **3** *(broma)* Scherz *m*, Ulk *m* **4** *(dificultad)* Schwierigkeit *f*, Haken *m*; *(pregunta capciosa o difícil)* Fangfrage *f*; **poner ~s a alg** j-m Schwierigkeiten bereiten; an j-m etw auszusetzen haben; **tener una ~** einen Haken haben **5** *fam fig (paliza)* Tracht *f* Prügel; **~ de patadas** Fußtritte *mpl* **6** MIN Zündung *f* eines Sprenglochs **7** *Am (liga para cazar pájaros)* Vogelleim *m*; *p. ext* BOT → pegapega 1 **8** *Am reg fam fig (trabajo)* Arbeit *f*, Job *m fam* **9** *Chile* **estar en la ~** in voller Blüte stehen *(fig)*; reif (o GASTR gar) sein **10** *Am (resto que queda fijo en la sartén)* das Angesetzte *(in der Pfanne)*, der angesetzte Rest *(Reis etc)*

pegachento *Col fam* **A** ADJ aufdringlich, lästig **B** M lästiger Kerl *m*; **pegadero** M *Hond* Morast *m*; **pegadillo** M Pflästerchen *n*; *Ec* TEX Besatz *m*, Posament *n*; **pegadizo** ADJ **1** *enfermedad, vicio* ansteckend **2** *(que se pega fácilmente)* klebrig; *fig (pesado)* aufdringlich; MÚS ins Ohr gehend; **canción** *f* **-a** Gassenhauer *m*

pegado **A** ADJ verdutzt; **~ a** (ganz) dicht (o nahe) an *(dat)*; **~ al cuerpo** *vestido* hauteng; *fam fig* **dejar ~** sprachlos machen; *fam fig* **estar ~** nichts wissen, keine Ahnung haben; *tb fig* **estar ~ a** kleben an *(dat)* **B** M **1** *(parche)* (Kleb)-Pflaster *n* **2** *acción*: (An-, Ver)Kleben *n*; Verkittung *f*

pegador M **1** MIN Sprengarbeiter *m* **2** *reg pez*: Schiffshalter *m*; **pegadura** F **1** *(acción de pegar)* (An-, Auf-, Ver)Kleben *n*; *fam costura*: Annähen *n* **2** *(lugar de adhesión)* Verklebung *f*; **pegajoso** ADJ **1** *(que pega)* klebrig, leimig **2** MED *(contagioso)* ansteckend **3** *fig (molesto)* aufdringlich, lästig; **canción** *f* o **melodía** *f* **-a** Ohrwurm *m fam*; **pegalotodo** M Alleskleber *m*; **pegamento** M Klebstoff *m*; **~ de porcelana** Porzellankitt *m*; **~ universal** Alleskleber *m*; **pegamiento** M Kleben *n*; Zusammenkleben *n*; Verkitten *n*

pegante **A** ADJ klebend; haftend **B** M Kleber *m*; Latexkleber *m*; **(sustancia** *f*) **~** Klebstoff *m*; **pegapega** F *Am* **1** BOT *volkstümlicher Name für Kletten, Disteln und Dorngewächse* **2** *(cola)* Leim *m*; *cierre*: Klettverschluss *m* **3** *fam fig (adulador)* aufdringliche Person *f*; Klette *(fig) f*; lästiger Schmeichler *m*

pegar ⟨1h⟩ **A** VT **1** *con cola etc*: (an-, auf)kleben; *madera* (an-, ver-, zusammen)leimen; *p. ext (adherir)* festmachen, anheften; TEX *fam fig (coser)* annähen; **~ con cola** (ver)leimen; **~ en** o **sobre cartón** auf Karton kleben; *fig* **~ los ojos** die Augen schließen; **no ~ ojo** kein Auge zutun (o schließen) **2** *(zurrar)* **~ a alg** j-n schlagen *(tb abs)*; j-n (ver)prügeln; **~ fuerte** fest zuschlagen, draufhauen; **le pegó una bofetada** er versetzte ihm eine Ohrfeige, er langte ihm eine *fam*; **~la con alg** mit j-m in Streit geraten **3** *(hacer) fuego* legen (**a** an *acus*); MIN *explosivo* zünden; *salto* tun, machen; **~ fuego a a/c** etw in Brand setzen; **~ un grito** einen Schrei ausstoßen; **~ un tiro** einen Schuss abgeben **4** *enfermedad* übertragen (**a** auf *acus*), anstecken mit *(dat)*; **~ la gripe a alg** j-n mit der Grippe anstecken **B** VI **1** *(adherir)* haften, kleben (bleiben); *fig* **estar -pegado al trabajo** von seiner Arbeit nicht aufschauen, nur seine Arbeit kennen; *fam fig* **eso no pega ni con cola** das ist blühender Unsinn **2** *(golpear)* stoßen (**en, contra** gegen *acus*) **3** *fig (armonizar con)* passen (**con** *abs* o zu *dat*); *(funcionar)* klappen, hinhauen *fam*; *trucos* verfangen, ziehen, *ideas* einschlagen; **esto le pega como un mandil a una vaca** das passt wie die Faust aufs Auge; *fam* **por si pega** mal sehen, ob es klappt **4** *sol* brennen; **~ fuerte** *sol* heiß brennen; *fig* einen starken Eindruck machen; *adv fam* **¡dale que te pego!** mit Ausdauer, mit Energie **C** VR **pegarse** **1** *(fijarse)* festkleben *(v/i)*; *(grabarse)* hängen bleiben, haften *(tb fig)*; *comidas* (sich) ansetzen, anbrennen; *(quedar sin habla)* stecken bleiben, nicht antworten können; *fig* **~ a alg** sich an j-n hängen; *fam fig* **pegársela a alg** j-n hereinlegen, j-n betrügen; *fam* **~ a alg como una lapa** o **como una ladilla** sich wie eine Klette an j-n hängen; *fam* **~ un atracón** sich vollfressen *fam*; **~ un tiro** sich *(dat)* eine Kugel durch den Kopf schießen; **¡que se pegue un tiro!** rutschen Sie mir doch den Buckel runter! *fam*; **~ al oído** *melodía* ins Ohr gehen **2** *(pelearse a golpes)* sich prügeln

pegaseo ADJ *liter* Pegasus…, Musen…

Pegásides FPL *liter* Musen *fpl*

Pegaso M Pegasus *m*; *fig* Dichterross *n*; **montar en ~** den Pegasus reiten

pegata F *fam (estafa)* Betrug *m*, Bluff *m*; *(chasco)* Reinfall *m*; **pegatina** F Aufkleber *m*; Plakette *f*; *Arg* POL **hacer una ~** Plakate (an)kleben

pego M *fam* **dar el ~** (vor)täuschen; *j-n* hereinlegen; *imitación* echt aussehen

pegote M **1** *(emplasto de pez)* Pechpflaster *n* **2** *fig (persona impertinente)* aufdringliche Person *f*; Schmarotzer *m*, -in *f* **3** *(adición inútil)* überflüssiger Zusatz *m*; Anhängsel *n fam*; *(chapucería)* Pfusch *m fam*, Flickwerk *n*; *fam* **tirarse ~s** prahlen

pegotear VT *fam desp* schlecht kleben, schlecht befestigen; **pegotería** F *fam* Schmarotzen *n fam*

pegual M *Arg, Chile* Bindegurt *m für Tiere oder Lasten*

peguera F Pechsiederei *f*; **peguero** M Pechsieder *m*; *negociante*: Pechhändler *m*

pegujal M kleine Bauernwirtschaft *f*; **pegujalero** M Kleinbauer *m*, Kätner *m*

pegujón, pegullón M Knäuel *n (Wolle, Haare)*

pegunta F AGR Pechzeichen *n (Viehmarkierung, bes der Schafe)*; **peguntar** VT *ovejas* markieren; **peguntoso** ADJ klebrig

pehuén M *Arg, Chile* BOT *eine Araukarienart (Araucaria imbricata)*

peina F (Ein)Steckkamm *m*; **peinada** F Kämmen *n*; **darse una ~** sich *(dat)* mit dem Kamm durchs Haar fahren

peinado **A** ADJ gekämmt; *fig (excesivamente cuidado)* geleckt, geschniegelt **B** M **1** *cabello*: Haartracht *f*; Frisur *f*; **~ afro** Afrolook *m*; **~ alto** o **elevado** Hochfrisur *f*; **~ estilo paje** Pagenkopf *m*; **~ de señora** Damenfrisur *f* **2** TEX Kämmen *n*; *de lino*: Flachshecheln *n* **3** *fig (control minucioso)* Durchkämmen *n*, -suchen *n*; **~ fiscal** Steuerfahndung *f*

peinador M **1** *(prenda protectora)* Frisiermantel *m*; Rasierumhang *m* **2** *(peluquero)* Frisör *m* **3** TEX Kammstuhlarbeiter *m*; Kämmer *m* **4** *Arg, Chile, Méx (tocador)* Frisiertisch *m*; **peinadora** F **1** *(peluquera)* Friseurin *f*, Friseuse *f* **2** TEX *máquina*: Kämmer *m*; *para lino*: Hechelmaschine *f*; **peinadura** F Kämmen *n*; **~s** *fpl* ausgekämmtes Haar *n*

peinar VT **1** kämmen; auskämmen; *fig (rastrear)* durchkämmen; **~ canas** graue Haare haben; *fig* **no ~se para alg** keine Partie für j-n sein *(von der Frau in Bezug auf den Bewerber gesagt)* **2** TEX kämmen; hecheln; **peinazo** M CONSTR *de una puerta, ventana*: Querleiste *f*

peine M **1** Kamm *m*; **~ muy fino** Staubkamm *m*; *fig* **a sobre ~** oberflächlich, obenhin; *fam fig* **buen ~ estás** du bist ziemlich durchtrieben; **¡te vas a enterar de lo que vale un ~!** du wirst noch was erleben! *fam* **2** TEX Kamm *m*; Rechen *m*; Scherkamm *m* **3** TEC Gewindestahl *m*, -schneidbacken *m* **4** *máquina de escribir*: Tastenfeld *n* **5** MIL *de fusil*: Ladestreifen *m* **6** BOT **~ de brujo** Schierlings-Reiherschnabel *m*; **~ de pastor** o **de Venus** Venuskamm *m*

peinero M, **-a** F Kammmacher *m*, -in *f*; **peineta** F **~ (de teja)** hoher Zierkamm *m*; *Am reg* (Taschen)Kamm *m*; **peinetón** M großer Zierkamm *m*; **peinilla** F *Col* (Taschen)Kamm *m*; *Col, Ven* Machete *f* mit breiter Klinge

p. ej. ABR (por ejemplo) z. B. (zum Beispiel)

peje M *reg* Fisch *m*; *fam desp* gerissener Kerl *m*, Gauner *m*; **pejebuey** M ZOOL → manatí; **pejegallo** M *von Südchile bis Mexiko vorkommender Fisch (Gallorhynchus antarcticus)*; **pejepalo** M geräucherter Stockfisch *m*; **pejerrey** **1** *pez*: *Esp (abichón)* Ährenfisch *m*; *Am fam* ***Name verschiedener Fische*** *(bes Atherina presbyter)* **2** *Perú* *m* **asado ~** (Schlegel)Rinderbraten; **pejesapo** M *pez*: Seeteufel *m*

pejiguera F *fam* lästige Sache *f*, Unannehmlichkeit *f*; **pejigueras** M *fam* Jammerer *m*; **pejiguero** ADJ *fam* nörglerisch; pedantisch

pékari M → pecarí

Pekín M Peking *n*

pekinés → pequinés

pela F *fam* **1** *Esp* HIST Pesete *f*; *fam* **no tengo ~s** ich bin pleite (o blank) **2** *Am reg (paliza)* Tracht *f* Prügel

pelada F **1** *(esquilada)* geschorener Schafpelz *m* **2** *(cabello corto)* kurzer Haarschnitt *m* **3** *Am Mer fam (calva)* Glatze *f* **4** *Am reg fam fig (desliz)* Schnitzer *m fam*, Irrtum *m* **5** *Am (muerte)* **la Pelada** der Tod **6** *Col fam (niña)* kleines Mädchen *n*; **peladera** F **1** MED Haarausfall *m* **2** *Am Centr (cotilleo)* Gerede *n*, Klatsch *m* **3** *P. Rico (erial)* kahles Gelände *n*; **peladero** M **1** *(lugar donde se escalda el cerdo)* Brühkessel *m (beim Schweineschlachten)*; *fam fig (salón de juegos)* Spielhölle *f* **2** *Chile (baldío)* Ödland *n*; **peladilla** F **1** *(almendra azucarada)* Zuckermandel *f* **2** *(canto rodado)* Kiesel *m*

pelado **A** ADJ **1** kahl; *personas, ovejas* geschoren; *fruta* geschält; *patatas tb* gepellt; *gallina* gerupft; *fig* **cincuenta ~** genau (o gerade) fünfzig **2** *fam fig (sin dinero)* **(estar) ~** blank (sein), ohne einen Pfennig (sein); **dejarle ~ a alg** j-n rupfen *fam*, j-n bis aufs Hemd ausziehen *fam* **3** *Méx, P. Rico (irrespetuoso)* respektlos; *más fuerte*: zynisch, unverschämt **B** M **1** *(corte del cabello)* Haarschnitt *m*; *de la piel, etc*: Enthaaren *n*; *de ovejas*: Scheren *n*; *de frutas*: Schälen *n*; *de gallinas*: Rupfen *n* **2** *fam (pobre diablo)* armer Teufel *m* **3** *Arg perro*: *ein kleiner fast haarloser Hund* **4** *Arg, Chile (embriaguez)* Rausch *m* **5** *Col fam (niño)* Kind *n*; *Perú (recién nacido)* neugeborenes Kind *n*

peladora F Schälgerät *n*; **~ de patatas** Kartoffelschälmaschine *f*; **peladura** F **1** *de frutas, patatas, etc*: Schälen *n*; **~s** *fpl* (Obst)Schalen *fpl* **2** *(caída de cabello)* Haarausfall *m*

pelafustán M, **-ana** F *fam* Taugenichts *m*

pelagallos M ⟨*pl inv*⟩ *fam* Eckensteher *m*, Gelegenheitsarbeiter *m*; **pelagatos** M/F ⟨*pl inv*⟩ *fam* arme(r) Schlucker *m*, -in *f*; *frec desp* Lumpenkerl *m*

pelagianismo M REL Pelagianismus *m*; **pelagiano** **A** ADJ REL Pelagianer… **B** M, **-a** F Pelagianer *m*, -in *f*

pelágico ADJ *liter y* BIOL See…, Meeres…

pelagra F MED Pellagra *n*; **pelagroso** M an Pellagra Erkrankter *m*

pelaje M **1** ZOOL Fell *n*; *(calidad del pelo)* Fellbeschaffenheit *f*, Haar(wuchs *m*) *n*, *color*: Haarfarbe *f*, *(von Tieren)*; *fam desp de personas*: Mähne *f* **2** *fam fig (apariencia)* Äußere(s) *n*, Aussehen *n*; *p. ext (naturaleza)* Wesen *n*, Art *m*, Herkunft *f*; **de mal ~** übel aussehend; *fam* **de todo ~** aller Art; **tener el ~ de la dehesa** seine Herkunft nicht verleugnen können

pelambre M o F 1 *(conjunto de pelos)* Behaarung *f*; *fam* Mähne *f* 2 *curtiduría:* Felle *npl, die geäschert werden sollen*; Gerberlohe *f* 3 *(lugar sin pelos)* kahle Stelle *f (durch Haarausfall)* 4 *Chile fam (calumnia)* Verleumdung *f*; **pelambrera** F 1 *(pelo abundante)* dichter Haarwuchs *m*; *fam* Mähne *f*, Wuschelkopf *m fam* 2 *curtiduría:* Äschergrube *f (der Gerber)* 3 *(pérdida del pelo)* Haarausfall *m*; **pelambrón** M *Am Mer* → descamisado

pelamesa F *fam* Rauferei *f*

pelanas M ‹*pl inv*› *fam* 1 *(inútil)* Niete *f fam*, Flasche *f fam* 2 *(pobre diablo)* armer Teufel *m fam*

pelandrún *fam* A ADJ faul B M Faulpelz *m*

pelandusca F *reg fam* Dirne *f*, Nutte *f pop*

pelantrín M 1 → pegujalero 2 *Méx fam desp* Habenichts *m*

pelapatatas M ‹*pl inv*› Kartoffelschäler *m*

pelar A VT 1 *(rapar, depilar)* enthaaren; *pelo, barba* scheren; *gallina* rupfen; *fam fig* **hace un frío que pela** es ist saukalt *fam* (*o* eine Hundekälte *fam*); *pop* **eso pela la jeta** das ist ein starkes Stück, das ist starker Tobak *fam*; *Am fam fig* **~ los dientes** *o* **el diente** *o C.Rica* **~ la mazorca** lachen, *espec* scheinheilig grinsen *fam*; *Guat* **no ~la** es zu nichts bringen, kein Glück haben 2 *huevo, fruta, etc* schälen; *corteza* abschälen; *tb* MED (her)ausschälen; *pop fig* **~ los ojos** die Augen weit aufreißen 3 *fig (despojar) j-n* völlig ausrauben, rupfen *(fig)* 4 *Am reg fam (calumniar)* verleumden; **~ a alg** kein gutes Haar an j-m lassen B VR **pelarse** 1 *(perder el pelo)* die Haare verlieren; *perro, etc* haaren; *fam tb (cortarse el pelo)* sich *(dat)* die Haare schneiden lassen; *(mudar la piel)* sich häuten; *piel* sich schälen; *fam fig* **~ de fino** allzu gerissen sein (wollen); *vulg* **pelársela** masturbieren, wichsen *pop*; *fam fig* **pelárselas por a/c** sehr hinter etw *(dat)* her sein, verrückt nach etw *(dat)* sein; *pop fig* **¡que se las pele!** er soll (selber) sehen, wie er zurechtkommt!; *fam fig* **bailan que se las pelan** sie tanzen wie der Lump am Stecken *(reg)*; **canta que se las pela** er singt unermüdlich (*o* ganz prima *fam*) 2 *Méx pop (escaparse)* abhauen *fam*, weglaufen 3 *Méx pop (estirar la pata)* abkratzen *pop*, ins Gras beißen *fam* 4 *Am reg fam (caer en una trampa)* hereinfallen

pelargonio M BOT Pelargonie *f*

pelas M *Esp fam* 1 Taxi *m* 2 *(taxista)* Taxifahrer *m*

pelaza F Häcksel *m/n*

pelaz(g)a F *fam* Streit *m*; Rauferei *f*; **pelazón** F *Am reg* Elend *n*, Armut *f*

peldaño M (Treppen)Stufe *f*; *de una escalera:* (Leiter)Sprosse *f*

pelea F Kampf *m*, Streit *m*; *(riña)* Handgemenge *n*; *a golpes:* Schlägerei *f*, Keilerei *f*; **~s** *fpl tb* Reibereien *fpl*; **peleador** ADJ A ADJ streitsüchtig B M, **peleadora** F Zänker *m*, -in *f*; Raufbold *m*

pelear A VI 1 *(luchar)* kämpfen, ringen *(tb fig)*; **~ con alg por a/c** mit j-m wegen einer Sache (*o* um einer Sache willen) kämpfen; **~ entre sí** miteinander streiten 2 *(reñir)* streiten, zanken; *(reñir con acción corporal)* raufen; **están peleados** sie sind zerstritten B VR **pelearse** sich streiten, sich zanken

pelechar VI 1 ZOOL, ORN Haare (*o* Federn) bekommen; *pájaros tb* sich mausern 2 *fig (mejorarse)* sich wieder aufrappeln; *fig* **no ~** auf keinen grünen Zweig kommen; *fig* **ya van pelechando los enfermos** die Kranken sind schon auf dem Wege der Genesung

pelel M GASTR Pale Ale *n (helles Bier)*

pelele M 1 *(muñeco de paja)* Strohpuppe *f*; *fig desp persona:* Trottel *m fam*, Hampelmann *m (fam fig)* 2 *traje para niños:* Strampelhose *f*

peleón A ADJ kampflustig; streitsüchtig; **vino** *m* **~** billiger, minderwertiger Wein B M Zänker *m*; Raufbold *m*; **peleona** F *fam* Balgerei *f*, Keilerei *f*; **peleonero** ADJ *Am* → peleón

pelerina F Pelerine *f*

pelero M *Ven fam* lange Mähne *f fam (Personen)*

pelés MPL *vulg* Hoden *mpl*, Eier *npl pop*

pelet M Pellet *n/m*

pelete M *fam* armer Schlucker *m*; *fam* **en ~** nackt; **peletería** F 1 *(conjunto de pieles fines)* Rauch-, Pelzwaren *fpl* 2 *tienda:* Kürschnerei *f*; Pelzgeschäft *n* 3 *comercio:* Pelzhandel *m*; **peletero** M, **-a** F 1 *(persona que trabaja con pieles)* Kürschner *m*, -in *f* 2 *comerciante:* Pelzhändler *m*, -in *f*

peli F *fam* Film *m*

peliagudo ADJ heikel, schwierig, kitzlig, haarig; **peliblanco** ADJ weißhaarig

pelicano[1] ADJ grauhaarig

pelicano[2], **pelícano** M ORN Pelikan *m*

pelicorto ADJ kurzhaarig

película F 1 ANAT Häutchen *n*; Film *m (tb* TEC); TEC (hauchdünne) Folie *f*; TIPO **~ de tinta** Farbfilm *m*, hauchdünne Farbschicht *f* 2 FOT, FILM (Spiel-)Film *m*; **~ ancha/estrecha** Breit-/Schmalfilm *m*; **~ de acción** Actionfilm *m*; **~ en blanco y negro** Schwarz-Weiß-Film *m*; **~ en color(es)** Farbfilm *m*; **~ de dibujos animados** Zeichentrickfilm *m*; **~ didáctica/sonora** Lehr-/Tonfilm *m*; **~ estereofónica** Stereotonfilm *m*; **~ fantástica** Fantasyfilm *m*; **~ de corto metraje** Kurzfilm *m*; **~ de largo metraje** Spielfilm, abendfüllender Film *m*; **~ muda** Stummfilm *m*; **~ policíaca** *o Am* **policial** Kriminalfilm *m*, Krimi *m fam*; **~ pornográfica** Pornofilm *m*, Sexfilm *m*; **~ publicitaria** Werbefilm *m*; MED **~ radiográfica** Röntgenfilm *m*; **~ en relieve** *o* **tridimensional** 3-D-Film *m*; FOT **~ reversible** Umkehrfilm *m*; **~ de terror** Horrorfilm *m*; **~ X** Pornofilm *m*; **director** *m* **de ~** Filmregisseur *m*; **poner en ~** verfilmen; *fam fig* **¡allá ~s!** das ist mir gleich, das ist mir schnurz und piepe *fam*; *fam fig* **de ~** traumhaft, sagenhaft *fam*; Traum... *(fig)*; *fam* **contar su ~ a alg** j-m sein Herz ausschütten

pelicular ADJ Film...; **peliculero** A ADJ *fam (teatral, mendaz)* theatralisch, verlogen; *(fantástico)* fantastisch B M, **-a** F 1 *(que se deja llevar por la imaginación)* Fantast *m*, -in *f* 2 *fam persona del cine:* Filmschaffende *m/f*; *irón* Filmfritze *m fam*; **peliculón** M FILM *fam* 1 großartiger, überwältigender Film *m* 2 *desp* Kitschfilm *m*, Schmarren *m*, (sentimentaler *etc*) Schinken *m (fig fam)*, Schnulze *f fam*

peliduro ADJ mit hartem Haar; *perro* Drahthaar...

peligrar VI in Gefahr sein (*o* schweben); **hacer ~** aufs Spiel setzen; gefährden

peligro M Gefahr *f*; Gefährdung *f*; *jerga del hampa (tortura)* Folter *f*; MAR *tb* **~s** *mpl* Untiefen *fpl*; **~ de incendio** Feuergefahr *f*, Brandgefahr *f*; **~ de muerte** Lebensgefahr *f*, lebensgefährlich; **de** *~ enfermedad, herida* schwer; **en caso de ~** im Gefahrenfall; **sin ~** gefahrlos, ungefährlich; **so ~ de** *(inf)* auf die Gefahr hin dass...; **correr (el) ~ de que** *(subj)* Gefahr laufen, dass *(ind)*; **estar en ~** in Gefahr sein, gefährdet sein; **fuera de ~** außer (Lebens)Gefahr; **poner en ~** gefährden, in Gefahr bringen; **su vida no corre ~** es besteht keine Lebensgefahr; **zona** *f* **de ~** Gefahrenbereich *m*; -zone *f*

peligrosidad F Gefährlichkeit *f*; **peligroso** ADJ gefährlich

pelilargo ADJ langhaarig

pelillo M 1 Härchen *n* 2 *fig* Kleinigkeit *f*, Bagatelle *f*, kleines Ärgernis *n*; **echar ~s a la mar** sich wieder versöhnen; **¡~s al mar!** Schwamm drüber!; *fig* **pararse en ~s** sich mit (*o* bei) Kleinigkeiten aufhalten, Haarspalterei betreiben

pelín M *Esp fam* **un ~** ein bisschen; **por un ~** beinahe, um ein Haar

pelinegro ADJ schwarzhaarig; **pelirrojo** ADJ rothaarig; **pelirrubio** ADJ blond(haarig);

pelitieso ADJ borst(enhaar)ig

pelitre M BOT Feuerwurz *f*

pella F 1 *(porción de masa)* Klumpen *m*; Kügelchen *n* 2 *(cabeza de coliflor, etc)* (Blumenkohl)Kopf *m* 3 *(trozo de manteca de cerdo)* Schmalzklumpen *m*; *fam fig* **hacer ~** die Schule schwänzen

pellada F 1 → pella 2 ARQUIT Kelle *f* voll *(Mörtel, Gips)*

pelleja F 1 *de animales:* Fell *n*; Tierhaut *f*; *fam fig* **salvar la ~** seine Haut (*o* sein Leben *o* seinen Hals) retten 2 *pop fig (prostituta)* Hure *f*, Nutte *f pop*; **pellejería** F 1 *(curtiduría)* Gerberei *f* 2 *(pieles)* Felle *npl* und Häute *fpl* 3 *(fabricación de odres)* Herstellung *f* von Weinschläuchen 4 *RPl fam fig* **~s** *fpl (contratiempos)* Mühe *f*; Widerwärtigkeiten *fpl*; **pellejero** M, **-a** F 1 *(comerciante de pieles)* Fellhändler *m*, -in *f*; *(curtidor)* Gerber *m*, -in *f* 2 *(el que fabrica odres)* Hersteller *m*, -in *f* von Weinschläuchen

pellejo M 1 Fell *n (tb fam fig)*; *fig y fruta:* Haut *f*; *fam fig* **no caber en el ~** aus der Haut platzen, sehr dick sein; **no caber en el ~ de alegría** ganz außer sich *(dat)* sein vor Freude; **no caber en el ~ de orgullo** vor Stolz platzen; *fam* **dar** *o* **dejar** *o* **perder** *o pop* **soltar el ~** sterben, den Löffel abgeben *(fam fig)*; *fig* **dejarse el ~ en a/c** sich aufreiben bei etw *(dat)*; *fig* **no quisiera estar en tu ~** ich möchte nicht in deiner Haut stecken; *fig* **jugarse el ~** Kopf und Kragen riskieren; *fam fig* **mudar el ~** sich (*o* sein Leben) ändern; *fam fig* **quedarse en el ~** nur noch Haut und Knochen sein; **salvar el ~** seine Haut (*o* sein Leben *o* seinen Hals) retten 2 *(odre)* Weinschlauch *m* 3 *fam fig (persona ebria)* Betrunkene *m*; *fam fig* **estar hecho un ~** blau wie ein Veilchen (*o* voll wie eine Haubitze) sein *fam*

pellejudo ADJ mit schwammiger (*o* schlaffer) Haut; *tb* mit dicker Haut

pellico M Schafpelz *m* der Hirten; grober Fellmantel *m*; **pelliza** F Pelzjacke *f*; Winterjacke *f* mit Pelzkragen

pellizcar VT ‹1g› *(dar pellizcos)* kneifen, zwicken; *(tirar)* zupfen; **~le el brazo a alg** j-n in den Arm zwicken

pellizco M 1 *(acción de pellizcar)* Zwicken *n*, Kneifen *n*; *(mordisco)* Biss *m*; *(moretón)* blauer Fleck *m* 2 *(bocado)* Bissen *m*, Happen *m*; *de sal, etc:* Prise *f*; **un buen ~ de** eine gehörige Portion von ...

pellón M *Am* lederne Satteldecke *f*

pelma M/F *fam* → pelmazo; *fam* **dar la ~** auf den Wecker gehen *fam*; **pelmacería** F *fam (pesadez)* Schwerfälligkeit *f*; *(importunidad)* Aufdringlichkeit *f*; **pelmazo** M, **-a** F *fam (persona importuna)* Nervensäge *f*, aufdringlicher Mensch *m*, aufdringliche Person *f*; *(persona lenta o pesada)* schwerfälliger Mensch *m*

pelo M 1 Haar *n*; *(cabello)* Kopfhaar *n*; *en el cuerpo:* Behaarung *f*; *muy fino:* Flaum *m*; **~ a lo garçon** *o* **garzón** *o* **chico** Bubikopf *m*; **~ postizo** Haarersatz *m*; falsches Haar *n*; **~ a la romana** Pagenkopf *m*; **~ rufo** *o fam desp* **de cofre** *o fam desp* **de Judas** feuerrotes Haar *n*; **hacer el ~** sich kämmen, sich frisieren; **peinarse ~ arriba** das Haar nach hinten kämmen; **los ~s se me ponen de punta** die Haare stehen mir zu Berge; **eso te pone los ~s de punta** da sträuben sich dir die Haare; **tirar de los ~s** an den Haaren ziehen (*o* zausen); **tirarse de los ~** sich *(dat)* die Haare raufen; *fig* **no tocar un ~ (de la ropa) a alg** j-m kein Haar krümmen; **a ~** ohne Kopfbedeckung **2** *fam fig* **agarrarse** *o* **asirse de un ~** nach einem Strohhalm greifen, den kleinsten Vorwand benutzen; *fam* **andar al ~** sich in die Haare (*o* in die Wolle *fam*) geraten; *fam* **buscarle el ~** *o* **~s al huevo** *o* **buscar ~s en la leche** *o* **en la sopa** immer etwas zu nörgeln (*o* zu meckern *fam*) haben, ein Haar in der Suppe suchen; *fam* **¡se le va a caer el ~!** er wird (noch) etw erleben!; *fam* **ser capaz de contarle los ~s al diablo** es faustdick hinter den Ohren haben; *fam* **coger por los ~s** gerade noch erwischen; im letzten Augenblick erreichen; **colgar de un ~** an einem Haar hängen (*fig*); **cortar un ~ en el aire** überschlau sein; Haarspalterei betreiben; *fam* **no cortarse (ni) un ~** keine Hemmungen haben; kein Blatt vor den Mund nehmen; *fam* **cuando las ranas críen ~s** nie und nimmer; *fam* **dar a alg para el ~** j-n verprügeln; **echar buen ~** sich mausern; *fam* sich (wieder) machen, (wieder) genesen; (wieder) auf einen grünen Zweig kommen; *fam* **estar a medios ~s** beschwipst sein; *fam* **estoy hasta los ~s de esto** ich bin dieser Sache völlig überdrüssig, das hängt mir zum Halse heraus; *fam* **no falta un ~** es fehlt rein gar nichts; ganz genau; *fam* **así te luce el ~** durch Nichtstun erreichst du nichts; *fam* **ésos son ~s de la cola** das sind (doch) kleine Fische! *fig*; **ser hombre de ~ en pecho** ein richtiger Mann sein; **ser de mal** *o irón* **de buen ~** ein übler Bursche sein; **ser del mismo ~** vom gleichen Schlag sein; *fam* **ser largo como ~ de huevo** sehr knickerig *fam* (*o* schäbig) sein; *fam* **soltarse el ~** aus sich (*dat*) herausgehen; unverblümt auspacken *fam*; *fam* **tener ~s en el corazón** kein Herz im Leibe haben, ein Unmensch sein; den Teufel nicht fürchten *fig*; *fam* **no tener ~s en la lengua** nicht auf den Mund gefallen sein; Haare auf den Zähnen haben; **sin ~s en la lengua** unverblümt, frei von der Leber weg; *fam* **no tener un ~ de tonto** nicht auf den Kopf gefallen sein; **tocarle el ~ a alg** j-m zu nahe treten; *fam* **tomarle el ~ a alg** j-n zum Besten haben, sich über j-n lustig machen, j-n auf den Arm nehmen *fam*; j-n hereinlegen; **traído por los ~s** an den Haaren herbeigezogen; *fam* **venirle al ~ a alg** j-m höchst gelegen (*o* wie gerufen) kommen; j-m sehr zupass kommen; **no se le ve el ~** man sieht ihn nicht (mehr); er lässt sich nicht mehr sehen; **~ a ~** zu gleichen Teilen; *Am* **¡al ~!** fabelhaft!, einverstanden!, prima! *fam*; *fam* **con (todos sus) ~s y señales** haargenau, haarklein; **de medio ~** nicht (ganz) echt, halbseiden *fam*, mies; **(ni) un ~** überhaupt nicht, kein bisschen, in keiner Weise; **por un ~** *o* **por los ~s** beinahe; gerade noch, um ein Haar **3** ZOOL Fell *n*, Haar *n*; *equitación: tb* Farbe *f*; *p. ext* (*fibra*) Faser *f*; **~ de camello** Kamelhaar *n*; **al ~** mit dem Strich; *fam fig* gelegen; sehr erwünscht, wie gerufen; **a contra ~** gegen den Strich; *equitación:* **en** *o* **a ~** ohne Sattel; **montar un caballo a(l) ~** ohne Sattel reiten **4** *fig* (*pequeñez*) Kleinigkeit *f*, Lappalie *f*; **~(s)** Haken *m*, Schwierigkeit *f* **5** TEC **~ de sierra** *o* **de segueta** Laubsägeblatt *n*

pelón **A** ADJ kahl; *fig* (*pobre*) arm; *reg tb* (*simplón*) einfältig, dumm; (*tacaño*) geizig, knickerig **B** M (*calvo*) Kahlkopf *m*; *fig* (*pobre diablo*) armer Schlucker *m*; (*tacaño*) Geizkragen *m*

Pelona F *fam* **la ~** der Tod

Peloponeso M Peloponnes *m/f*

peloso ADJ behaart, haarig

pelota **A** F **1** (*balón*) Ball *m*; **~ (vasca)** Pelota *f* (*baskisches Ballspiel*); *tenis:* **~ de match** Matchball *m*; **~ medicinal** Medizinball *m*; **~ de tenis** Tennisball *m*; *fig* **devolver la ~** mit gleicher Münze heimzahlen; *fig* **la ~ está** *o* **queda en el tejado** es ist noch nichts entschieden **2** (*esfera*) Kugel *f*; (*ovillo*) Knäuel *n*; COM **~ de manteca** *kugelförmig geknetetes Stück Schmalz* **3** **~ de goma** Gummigeschoss *n*, *Austr* Gummigeschoß **4** *vulg* **~s** *fpl* (*testículos*) Eier *npl pop*; **(estar) en ~(s)** *fam* splitternackt (sein); **dejar a alg en ~s** *pop* j-n ausplündern **5** *Am Mer* Lederfloß *n* (*für Flussübergänge*) **B** M *fam* Speichellecker *m*

pelotari M/F DEP Pelotaspieler *m*, -in *f*

pelotazo M **1** (*golpe, tiro*) Schlag *m* (*o* Schuss *m*) mit dem Ball **2** *fam* (*bebida alcohólica*) kräftiger Schluck *m* (Schnaps); *fam* **meterse un ~** sich (*dat*) einen hinter die Binde gießen **3** *Esp fam* **dar** *o* **pegar el ~** schnell zu Geld kommen; das große Geld machen

pelote M Füllhaar *n für Polster*

pelotear **A** V/I **1** Ball spielen; *p. ext pelota* (hin und her) werfen **2** *fig* (*reñir*) zanken, streiten **B** V/T **1** *Am factura, cuenta* (über)prüfen **2** *RPl* (*Wasserläufe*) im Lederfloß (→ pelota A,5) überqueren; **peloteo** M **1** DEP Warmlaufen *n* **2** *fam* (*idealización*) Schöntuerei *f*; **pelotera** F *fam* Zoff *m fam*

pelotero **A** ADJ ZOOL **escarabajo** *m* **~** Pillendreher *m* **B** M **1** DEP (*fabricante de pelotas*) Ballmacher *m*; (*chico que recoge las pelotas*) Balljunge *m*; (*jugador de pelota*) Ballspieler *m* **2** *fig* (*zalamero*) Schmeichler *m*; *fig* **traer a alg al ~** j-n an der Nase herumführen

pelotilla F *fam fig* **hacer la ~ a alg** j-m um den Bart gehen; **pelotillero** M, **-a** F *fam fig* Schmeichler *m*, -in *f*, Speichellecker *m*, -in *f* (*desp*); *enseñanza* Streber *m*, -in *f*

peloto ADJ AGR *trigo* grannenlos

pelotón M **1** MIL Zug *m*, Trupp *m*; Haufen *m*; **~ buscaminas** Minensuchtrupp *m*; **~ de fusilamiento** *o* **~ de ejecución** Erschießungskommando *n*, Exekutionskommando *n*; *enseñanza:* **~ de los torpes** Eselsbank *f* **2** DEP *ciclismo:* Feld *n*, Gruppe *f*, Peloton *n*; **escaparse del ~** aus dem Feld ausbrechen

pelotudez F *Am Mer* Dummheit *f*, Blödheit *f fam*; **pelotudo** ADJ *Am Mer* dumm, blöd

peltre M **1** QUÍM Bleizinn *n*; **vajilla** *f* **de ~** Zinngeschirr *n* **2** *Méx* Emailgeschirr *n*

pelúa F *pez:* Lammzunge *f* (*Plattfisch*)

peluca F **1** (*cabellera postiza*) Perücke *f* **2** *fam fig persona:* Perückenträger *m* **3** *Ec fam* (*cabello largo*) lange Haare *npl*, Matte *f fam* (*bei Jugendlichen*) **4** *Chile* (*corte de pelo*) Haarschneiden *n*

peluche M **1** TEX Plüsch *m* **2** (*animalito de felpa*) Plüschtier *n*, Kuscheltier *n*; **oso de ~** Plüschbär *m*

peluco M **1** *jerga del hampa* Taschenuhr *f* **2** *Am fam* Langhaariger *m*; **pelucón** M **1** große Perücke *f* **2** *Perú fam espec desp* (*melenudo*) langhaariger Mann *m* **3** *Ec fam* (*persona de alta posición*) hohes Tier (*fam fig*)

peludear V/T & V/I *RPl* **1** durch sumpfiges Gelände fahren (*o* reiten); *fig* Schwierigkeiten überwinden **2** CAZA Gürteltiere jagen

peludo **A** ADJ **1** (stark) behaart **2** *Am fig* (*peliagudo*) haarig, heikel **B** M **1** *reg estera:* (Esparto)Matte *f*; *Esp* (*felpudo*) Fußmatte *f* **2** *Arg* ZOOL (*armadillo*) Gürteltier *n* **3** *Esp* (*persona de cabello largo*) Langhaarige *m* **4** *fam fig* (*borrachera*) Rausch *m*, Schwips *m*

peluquear V/T *Am* **~ a alg** j-m die Haare schneiden (*dat*); **peluquera** F Friseurin *f*, Friseuse *f*; **peluquería** F Friseursalon *m*; **~ canina** Hundesalon *m*; **~ de señoras** Damensalon *m*; **~ de señores** Herrensalon *m*; **peluquero** M Friseur *m*

peluquín M kleine Perücke *f*; Haarteil *n*; Toupet *n*; *fam fig* **¡ni hablar del ~!** das kommt gar nicht infrage!

pelusa **A** F **1** (*vello fino*) Flaum *m*; (*motas*) Fusseln *fpl* **2** (*celos infantiles*) Neid *m* (*unter Kindern*) **B** M *Chile fam* Straßenkind *n*; **pelusilla** F feiner Flaum *m*; *fam fig* (*celos, envidia*) Eifersucht *f* (*bes unter Kindern*); **tener ~ de** eifersüchtig sein auf (*acus*)

peluso M MIL *fam* Rekrut *m*

pelviano ADJ, **pélvico** ADJ ANAT Becken…

pelvis F ANAT Becken *n*; **~ renal** Nierenbecken *n*

pena[1] F **1** (*castigo*) Strafe *f*; **~ accesoria/principal** Neben-/Hauptstrafe *f*; **~ de cárcel** *o* **prisión** Gefängnisstrafe *f*, Haftstrafe *f*; **~ capital** *o* **de muerte** Todesstrafe *f*; **~ corporal** Prügelstrafe *f*; **~ ligera** leichte (*o* milde) Strafe *f*; **~ máxima** Höchststrafe *f*; **~ privativa de libertad** Freiheitsstrafe *f*; **la última ~** die äußerste Strafe; die Todesstrafe; JUR **bajo** *o* **so ~ de** bei Strafe (*gen*); **so ~ de** *tb* es sei denn, dass **2** (*angustia, tristeza*) Kummer *m*, Leid *n*, Trauer *f*; *pop fig* (*velo de luto*) Trauerschleier *m*; **~ de amor** Liebeskummer *m*; **¡qué ~!** wie schade!, jammerschade!; **da ~ verlo** es tut einem (in der Seele) weh, das anzuschauen; **es una ~** es ist schade; **morir de ~** sich zu Tode grämen; *fam fig* **pasar la** *o* **sufrir la ~ negra** in einer verzweifelten (*o* in einer ganz miesen *fam*) Stimmung sein **3** (*esfuerzo*) Mühe *f*; Mühsal *f*, Strapaze *f*; **a ~s** → apenas; **a duras ~s** mit knapper Not, mit Hängen und Würgen *fam*; **(no) vale** *o* **merece la ~** (*inf*) es lohnt sich (nicht), zu (*inf*); *fig* **con más ~ que gloria** mehr schlecht als recht; *fig* **sin ~ ni gloria** sang- und klanglos; (*mediocre*) mittelmäßig **4** *Am, espec Col, Ven, Méx, Cuba* (*timidez*) Schüchternheit *f*; Befangenheit *f*, Ängstlichkeit *f* **5** *Perú folclore:* **~s** Geister *mpl* (*umgehende „arme Seelen"*)

pena[2] F ORN (Schwung)Feder *f*

penable ADJ strafbar

penacho M **1** *adorno de plumas:* Feder- Helmbusch *m* **2** (*nube de humo*) (Rauch)Wolke *f* **3** *fam fig* (*soberbia*) Hochmut *m*, Dünkel *m*; (*sed de gloria, ambición*) Ruhmgier *f*

penado **A** ADJ **1** bestraft **2** *Chile fam fig amantes, amigos* unzertrennlich **3** (*con dificultad*) mühsam **4** *Am* (*tímido, con vergüenza*) schüchtern, verschämt **B** M Sträfling *m*

penal **A** ADJ Straf…; JUR **código** *m* **~** Strafgesetzbuch *n*; **derecho** *m* **~** Strafrecht *n*; **proceso** *m* **~** Strafprozess *m* **B** M **1** M Strafanstalt *f* **2** DEP Strafstoß *m*; *fútbol:* **área** *f* **de ~** Strafraum *m*

penalidad F **1** JUR Strafbarkeit *f*, (*vom Gesetz vorgesehene*) Strafe *f*; **~es** *fpl* Strafbestimmungen *fpl*; DEP **esquina** *f* **de ~** Strafecke *f* **2** *fig* (*fatigas*) Mühsal *f*

penalista M/F JUR Strafrechtler *m*, -in *f*; **penalización** F Bestrafung *f*; DEP Strafpunkt *m*

penalti, penalty M *espec Esp* DEP Strafstoß *m*; *fútbol:* **área** *f* **de ~** Strafraum *m*; *fam* **casarse de ~** heiraten müssen *fam* (*weil die Frau schwanger ist*)

penante ADJ Pein leidend; büßend

penar **A** V/T (be)strafen; züchtigen **B** V/I **1** leiden; CAT im Purgatorium (*o* im Fegefeuer) büßen; *pop* eine Strafe verbüßen (*o* absitzen *fam*) **2** *Perú v/imp almas* umgehen **C** V/R **~se (por)** (*afligirse*) sich grämen (wegen *gen*); (*añorar*) sich sehnen (nach *dat*)

penates MPL MIT *y fig* Penaten *pl*

penca F **1** BOT fleischiges Blatt *n* **2** *espec Arg fam fig* (*embriaguez*) Rausch *m* **3** (*látigo*) Peitsche *f* **4** *Col fam* (*mujer estupenda*) Superfrau *f fam*, Klasseweib *n fam* **5** *Am reg* Palm(en)wedel *m*, -zweig *m*; **pencar** V/I ⟨1g⟩ hart arbeiten, schuften; *enseñanza:* pauken, büffeln *fam*; **penco** M *fam* **1** (*rocín*) (Schind)Mähre *f* **2** *fig espec Am Centr, Arg* (*grosero, bruto*) Flegel *m*, Lümmel *m*; *fam* (*inútil*) Taugenichts *m*, Tollpatsch *m*; *Cuba*

P

fam (miedoso) Angsthase *m*
pendanga F *fam* Flittchen *n fam*
pendejada F *fam* 1 *Col, Am reg (tontería)* Dummheit *f*; **~s** *fpl* Quatsch *m fam*, dummes Zeug *n*; **no digas ~** rede keinen Unsinn; **no me vengas con ~** komm mir nicht mit so einem Quatsch! *fam* 2 *Arg desp (tropel de niños)* Kinderhorde *f* 3 *espec Am (cobardía)* Feigheit *f* 4 *Perú fam o vulg (astucia)* Schlauheit *f*, List *f*
pendejo A ADJ *fam* 1 *Am (tonto)* dumm; *Méx* **hacerse el ~** sich dumm stellen 2 *Am (cobarde)* feige 3 *Am reg fam (zorro)* clever, gerissen B M, **-a** F *Am reg fam* Besserwisser *m*, -in *f*; *fam* Neunmalkluge *m/f* C M 1 *fam* **~s** *mpl vello púbico* Schamhaare *npl* 2 *pop (cobarde)* Feigling *m*; *(estúpido)* dummes Stück *n fam*, Blödmann *m fam*; *Arg tb (pillo)* Junge *m*, Bengel *m fam*
pendencia F *(altercado, rencilla)* Zank *m*, Streitigkeit *f*; *(pelea a golpes)* Schlägerei *f*; **pendenciar** VI ⟨1b⟩ streiten; **pendenciero** A ADJ streitsüchtig B M Streitsüchtige *m/f* Krakeeler *m*, -in *f fam*
pender VI 1 *(estar suspendido)* (herab)hängen; *(flotar)* schweben (**sobre** über *dat*) 2 *fig (depender)* abhängen (**de** von *dat*); *fig* **~ de un hilo** *o* **de un cabello** an einem Haar hängen
pendiente A ADJ 1 hängend 2 *fig (a resolver)* unerledigt; *(sin decidir)* (noch) nicht entschieden; *decisión* in der Schwebe; *juicio* anhängig; **factura** *f*/**pago** *m* **~** ausstehende Rechnung *f*/Zahlung *f*; *fig* **tareas** *fpl* **~s** Hausaufgabe *f*; **estar ~** *factura* offenstehen; **estar ~ de** *niños, etc* aufpassen auf *(acus)*; *decisión, hecho* abwarten; *fig* **estar ~ de los labios de alg** an j-s Lippen *(dat)* hängen B M 1 *(arete)* Ohrring *m* 2 MIN Hangende(s) *n* C F *(declive)* (Ab)Hang *m*; *(cuesta)* Steigung *f*; FERR **~ de lanzamiento** Ablaufberg *m*; *tb transporte*: **~ (pronunciada)** (starkes) Gefälle *n*; (starke) Steigung *f*
péndola[1] F 1 Pendel *n*, Perpendikel *m/n*; (**reloj** *m* **de**) **~** Pendeluhr *f* 2 ARQUIT Hängesäule *f*; *en puentes*: Hänger *m*
péndola[2] F *(pluma)* Gänsekiel *m (zum Schreiben)*; *poét* (Schreib)Feder *f*
pendolaje M MAR Deckgutprisenrecht *n*; **pendolista** M/F (Schön)Schreiber *m*, -in *f*; **pendolón** M ARQUIT Hängesäule *f*
pendón[1] M 1 *(estandarte)* Standarte *f*; Banner *n*, Panier *n (liter)*; *(insignia de una procesión ecleseástica)* Kirchen-, Prozessionsfahne *f*; *fig* **a ~ herido** mit aller Kraft 2 BOT *(vástago)* Ableger *m* 3 *fam fig persona*: langer Lulatsch *f*, Bohnenstange *f fam*
pendón[2] A ADJ liederlich; unanständig; zügellos B M, **-ona** F *(persona despreciable)* liederliche (*o* unanständige) Person, Schlampe *f pop*, Flittchen *n fam*
pendonear VI *fam* streunen; gammeln *fam*; **pendoneo** M *fam* Faulenzerei *f*, Gammelei *f fam*
pendular ADJ Pendel...; **movimiento** *m* **~** Pendeln *n*, Pendelbewegung *f*
péndulo A ADJ *liter y t/t* hängend B M FÍS, TEC Pendel *n*
pene M ANAT Penis *m*
peneca *Chile fam* A F Vorschule *f* B M Vorschüler *m*; *p. ext* (dummer) Junge *m*
penedés M *Weinsorte aus Katalonien*
Penélope N PR F Penelope *f*; *fig* **tejer la tela de ~** von Illusionen leben, eitlen Träumen nachhängen
penene M *Esp* UNIV Universitätsdozent *m (ohne Lehrstuhl)*, außerordentlicher Professor *m*
peneque ADJ *fam* betrunken, blau *fam*; **estar ~** *reg* → *tb* tambalearse
penetrabilidad F Durchdringungsfähigkeit *f*; **penetrable** ADJ 1 *(que se puede atravesar)* durchdringbar; *(perforable)* durchbohrbar 2 *(sondeable)* ergründlich; *(fácil de entender)* (leicht) zu verstehen(d)
penetración F 1 *(introducción)* Eindringen *n* (**en** in *acus*); Durchdringung *f (tb* FÍS, TEC*)*; **~ aerodinámica** Windschlüpfigkeit *f*; **~ de la radiación** Durchstrahlung *f*; **fuerza** *f* **de ~** Durchschlagskraft *f (eines Geschosses)* 2 *acto sexual*: Penetration *f* 3 *fig (perspicacia)* Scharfsinn *m*
penetrador A ADJ scharfsinnig B M TEC Zapfensenker *m*; **penetrante** ADJ tief eindringend; *olor, frío, mirada, etc* durchdringend; *olor tb desp* penetrant *(tb fig personas)*; *razón* scharf; *frío* schneidend; *voz* schrill; *herida* tief
penetrar A VT 1 durchdringen; *(atravesar)* durchschlagen; *(perforar)* durchbohren 2 *acto sexual*: penetrieren 3 *fig (conmover)* erschüttern, tief bewegen; *fig (descubrir)* ergründen, entdecken; *(comprender)* durchschauen, begreifen; *fig* **eso me penetra el corazón** das trifft mich tief B VI (ein)dringen (**en** in *acus*); **~ rápidamente** *crema* schnell (in die Haut) einziehen C VR **penetrarse** sich durchdringen; *fig* sich gegenseitig durchschauen; sich überzeugen (**de** von *dat*)
peneuvista A ADJ *auf die baskische Nationalpartei PNV bezogen* B M/F Mitglied *n* der PNV, Anhänger *m*, -in *f* der PNV (→ PNV)
pénfigo M MED Schälblatter(n) *f(pl)*, Pemphigus *m*
penicilina F FARM Penizillin *n*
península F Halbinsel *f*; **la Península de los Balcanes** die Balkanhalbinsel; **la Península Ibérica** die Iberische Halbinsel, die Pyrenäenhalbinsel *f*
peninsular A ADJ Halbinsel...; **el español ~** das europäische Spanisch *n* B M/F Halbinselbewohner *m*, -in *f*; **peninsularidad** F Halbinsellage *f*, -status *m*
penique M *moneda*: Penny *m (engl. Münze)*
penitencia F 1 REL *y fig* Buße *f*; *(capacidad de arrepentimiento)* Bußfertigkeit *f* 2 CAT *sacramento*: Bußsakrament *n*; **penitenciado** M, **-a** F 1 HIST Büßer *m*, -in *f (von der Inquisition Bestrafte)* 2 *Am (encarcelado, -a)* Strafgefangene *m/f*;
penitencial ADJ Buß...; **salmos** *mpl* **~es** Bußpsalmen *mpl*
penitenciar VT & VI ⟨1b⟩ REL eine Buße auferlegen *(dat)*; **penitenciaría**, *Am frec* **penitenciería** F 1 *(presidio)* Strafanstalt *f*; *obs* Zuchthaus *n* 2 REL Pönitenziarie *f*; **penitenciario** A ADJ 1 JUR Straf...; Strafanstalts... 2 REL Pönitenziar... B M 1 Strafanstalt *f* 2 REL Pönitenziar *m*
penitente REL A ADJ bußfertig, reuig *(tb fig)* B M/F Beichtkind *n*; Büßer *m*, -in *f*
penol M MAR Nock *n/f (einer Rah)*
penosamente ADV mühsam; **penoso** ADJ 1 *(doloroso)* schmerzlich, leidvoll; *(dificultoso)* mühsam, beschwerlich 2 *Col (tímido, con vergüenza)* schüchtern, verschämt
pensable ADJ denkbar
pensado ADJ bedacht; überlegt; **el día menos ~** eines schönen Tages, ganz unvermutet; **ser mal ~** immer das Schlechteste denken (*o* annehmen); **lo tengo bien ~** ich habe es mir gut überlegt
pensador M, **pensadora** F Denker *m*, -in *f*; **libre ~** Freidenker *m*, -in *f*
pensamiento M 1 *(ocurrencia)* Gedanke *m*; *(reflexión)* Denken *n*; *(razonamiento)* Gedankengang *m*; *p. ext (intención)* Vorhaben *n*; **libertad** *f* **de ~** Gedankenfreiheit *f*; **libre ~** Freidenkerei *f*; **adivinarle a uno sus ~s** jemandes Gedankengänge lesen (können); *fam fig* **me bebiste los ~s** *o Arg* **me leíste el ~** das war (wirklich) Gedankenübertragung; **encontrarse en** *o* **con los ~s** den gleichen Gedanken haben; zwei Seelen und ein Gedanke *fam*; **se me pasó por el ~** es kam mir (so) in den Sinn; ich kam auf den Gedanken; **¡ni por ~!** kein Gedanke!; nicht im Traum! 2 BOT Stiefmütterchen *n*
pensante PART denkend
pensar[1] ⟨1k⟩ A VT 1 *(concebir)* (er)denken; ausdenken; *fam fig* **ni por ~** *o* **¡ni ~lo!** kein Gedanke!; nicht im Traum!; **¡~ que ...!** allein der Gedanke dass ...! 2 *(tener la intención de)* vorhaben, (zu tun) gedenken; **pienso hacerlo** ich habe vor (*o* ich gedenke), es zu tun, ich will es tun B VT & VI denken (**en** an *acus*); **~ mal** misstrauisch sein, (immer) das Schlechteste annehmen; **~ mal de alg** eine schlechte Meinung von j-m haben; **libertad** *f* **de ~** Gedankenfreiheit *f*; **modo** *m* **de ~** Denkweise *f*; Denkungsart *f*; **¿en qué piensas?** woran denkst du?; **piensa que lo harán** er meint, sie werden es tun; *adv* **sin ~(lo)** gedankenlos; unvermutet; **piensa mal y acertarás** man kann nie schlecht genug denken
pensar[2] VT ⟨1k⟩ *(dem Vieh)* Trockenfutter vorwerfen
pensativo ADJ nachdenklich
pensil A ADJ *liter* hängend; in der Luft schwebend; **los jardines ~es** die Hängenden Gärten *mpl (der Semiramis)* B M *fig* Lustgarten *m*
Pensilvania F Pennsylvanien *n*
pensión F 1 *paga*: (Alters)Rente *f*; *para funcionarios estatales*: Pension *f*, Ruhegehalt *n*; MIL Ehrensold *m*; UNIV Stipendium *n*; *escuela*: *Col tb* Schulgeld *n*; JUR **~ alimenticia** Unterhaltszahlung; *Esp* **~ asistencial** *corresponde a*: Sozialhilfe *f*; **~ de vejez** *o* **de jubilación** Altersrente *f*; **- de viudez** Witwenrente *f*; **~ mínima** Mindestrente *f* 2 *alojamiento*: Pension *f*, Fremdenheim *n*; *(pensionado)* Pensionat *n* 3 *precio*: Kostgeld *n*; *(alimentación)* Verpflegung *f*, **(en) ~ completa** (mit) Vollpension *f*; **(en) media ~** (mit) Halbpension *f* 4 *(renta o carga anual sobre una finca)* Pacht-, Jahrgeld *n (auf ein Gut zugunsten Dritter entfallende Last)*
pensionado A M, **-a** F 1 *(que recibe una pensión)* Pensionär *m*, -in *f*, Ruheständler *m*, -in *f*; *(jubilado, -a)* Rentner *m*, -in *f* 2 UNIV Stipendiat *m*, -in *f* B M *(internado)* Pensionat *n*, Internat *n*; **pensionar** VT 1 ein Ehrengehalt zahlen *(dat)* 2 UNIV ein Stipendium geben (*o* bewilligen) *(dat)*; **pensionario** A ADJ aus einer Pension herrührend B M, **-a** F Zahler *m*, -in *f* einer Pension
pensionista M/F 1 *(jubilado, -a)* Rentner *m*, -in *f*; **~ anticipado** Frührentner *m* 2 *enseñanza*: Internatszögling *m*, Internatsschüler *m*, -in *f*; **medio ~** halbexterne(r) Schüler *m*, -in *f* 3 *Am reg (huésped de una pensión)* Pensionsgast *m*
pensum M *(tarea diaria)* Pensum *n*; *frec (ejercicio suplementario o de castigo)* Strafarbeit *f*
pentaedro M GEOM Pentaeder *n*; **pentágono** M 1 GEOM Fünfeck *n* 2 *en EE.UU*: **el Pentágono** das Pentagon; **pentagrama** M 1 MÚS Liniensystem *n* 2 Pentagramm *n*, Drudenfuß *m*; **pentámetro** M LIT *métrica*: Pentameter *m*; **pentasílabo** ADJ fünfsilbig; **pentateuco** M *Biblia*: Pentateuch *m*, die fünf Bücher *npl* Mose
pentatleta M/F DEP Fünfkämpfer *m*, -in *f*; **pentatlón** M DEP Fünfkampf *m*
pentatónico ADJ MÚS pentatonisch
pentecostalismo M REL Pfingstbewegung *f*; **pentecostalista** M/F REL Pfingstler *m*, -in *f*
Pentecostés M REL Pfingsten *n*
pentotal M MED Pentotal *n*
penúltimo ADJ vorletzte(r, -s); FON **-a** *f* (**sílaba** *f*) vorletzte Silbe *f*
penumbra F Halbschatten *m*; Halbdunkel *n*;

penumbroso ADJ halbdunkel; *fig* düster

penuria F Mangel *m*, Not *f* (**de** an *dat*); **sufrir ~s** Not leiden

peña F **1** (*roca*) Fels *m* **2** (*grupo de amigos*) Freundeskreis *m*; (*grupo de tertulia*) Stammtischrunde *f*; (*club de fans*) Fanclub *m*; **~ quinielística** Tippgemeinschaft *f*

peñaranda F *fam* Pfandhaus *n*

peñarse V/R *jerga del hampa* verduften *fam*, abhauen *fam*

peñascal M felsiges Gelände *n*; Gefels *n*; **peñasco** M **1** (*roca*) Felsblock *m* **2** (*isla de rocas*) Felseninsel *f* **3** ZOOL Purpurschnecke *f* **4** ANAT Felsenbein *n*; **peñascoso** ADJ felsig

peñazo M *Esp fam cosa*: lästige Angelegenheit *f*; *persona*: Nervensäge *f*; Langweiler *m*

péñola F Schreibfeder *f*, Gänsekiel *m*

peñón M Fels(block) *m*; Felskuppe *f*; *Esp* **El Peñón** Gibraltar *n*

peo M *pop* (*pedo*) Furz *m pop*; *pop fig* (*borrachera*) Schwips *m*, Rausch *m*

peón[1] M **1** (*obrero*) Hilfsarbeiter *m*; *Am* Arbeiter *m*; *en el campo*: Knecht *m*; (*jornalero*) Tagelöhner *m*; CONSTR **~ de albañil** *o* **de mano** Handlanger *m*; *Esp* **~ caminero** Straßenwärter *m* **2** TAUR Stierkämpfergehilfe *m* **3** *ajedrez*: Bauer *m*; *fig* j-s Handlanger *m*; *juguete*: (Brumm)Kreisel *m*

peón[2] M LIT Päon *m*, Päan *m* (*Versfuß*)

peonada F **1** *Esp* (*pago por una jornada*) Arbeitslohn *m* (*für im Rahmen von Arbeitsbeschaffungsmaßnahmen geleistete Arbeit*) **2** *Am* (*conjunto de obreros de una finca*) Arbeiterschaft *f* eines Guts; (*obreros*) Arbeiter *mpl*

peonar V/I *RPl* **andar** *o* **estar peonando** als Tagelöhner arbeiten

peonía F BOT **1** Pfingstrose *f*, Päonie *f* **2** *Am Centr, Antillas, Méx verschiedene Pflanzen, vor allem eine pharmazeutisch genutzte Liane* (*Abrus precatorius L.*)

peonza F *juguete*: Kreisel *m*

peor ADJ *y* ADV *compar* schlechter; übler; schlimmer; **lo ~** das Schlimmste; **~ que nunca** schlechter als (*o* denn) je; **~ que ~** *o* **tanto ~** *o* **~ todavía** umso (*o* desto) schlimmer; **en el ~ de los casos** schlimmstenfalls; **haber pasado lo ~** über den Berg sein (*fig*); **ir a ~** schlechter (*o* schlimmer) werden; sich verschlechtern; sich verschlimmern

peoría F Verschlimmerung *f*

pepa F **1** *Am* (*núcleo de la fruta*) (Obst)Kern *m* **2** MED Pille *f* (*tb drogas*) **3** *Arg fútbol*: Tor *n* **4** *Méx vulg* (*vagina*) Fotze *f vulg* **5** *Perú fam* **qué buena ~!** wie gut du aussiehst!

Pepa F *fam* (Josefa, Josefina) *Kurzform von Josefa, Josefina*; *int* **¡viva la ~!** es lebe das Leben!

pepe M *fam* **1** (*melón de mala calidad*) schlechte (*o* unreife) Melone *f* **2** *Bol, Ven* (*petimetre*) Geck *m*, Laffe *m fam* **3** *Cuba fam* europäischer Tourist *m*

Pepe M *fam* (José) *Kurzform von José*; *fam fig* **como un ~** satt und zufrieden, rund und gesund; HIST **(Don) ~ Botella** *Spottname für José I Bonaparte*

pepena F **1** *Méx* (*recogida después de la cosecha*) Nachernte *f*; (*vida de mendigo*) Bettlerdasein *n*; (*vísceras*) Gekröse *n*, Innereien *fpl* **2** *Col* (*cajones en la cocina*) (Küchen)Fächer *m*, Wedel *m*; **pepenado** *Méx* M Ziehkind *n*; *reg tb Schimpfname*; **pepenador** M, **pepenadora** F *Méx arme Person, die im Müll nach Verwertbarem sucht*; **pepenar** V/T *Am Cent, Méx* aufheben; einsammeln; ernten; *minerales* aussondern; *bribón* erwischen

pepero *Esp* **A** ADJ *auf die Volkspartei bezogen* (→ PP) **B** M, **-a** F Mitglied *n* der PP **C** M *Col drogas* Trip *m*

pepinar M AGR Gurkenfeld *n*; -beet *n*; **pepinazo** M *fam* (*explosión de un proyectil*) Knall *m*; (*tiro*) Schuss *m*; (*patada*) Fußtritt *m*; **pepinillo** M GASTR **~s** *mpl* **en vinagre** Essiggürkchen *npl*

pepino M Gurke *f*; *fam fig* (*melón no maduro*) unreife Melone *f*; *fam fig* **~s** *mpl* blaue Bohnen *fpl* (*fig*); BOT **~ del diablo** Springgurke *f*; **ensalada** *f* **de ~s** Gurkensalat *m*; ZOOL **~ de mar** Seegurke *f*; **~s** *mpl* **en salmuera** Salzgurken *fpl*; *fam fig* **me importa** *o* **(no) se me da un ~** das ist mir schnuppe *fam* (*o* piepegal *fam*)

pepita F **1** (*simiente del pepino*) Gurkenkern *m*; (*simiente de fruta*) Obstkern *m*; *p. ext* (*trozo de oro*) Goldkorn *n*, Nugget *n* **2** VET Pips *m der Hühner*; *fam fig* **no tener ~ en la lengua** wie ein Wasserfall reden **3** *Cuba fam* → pepitilla

pepitilla F *pop* (*clítoris*) Kitzler *m*

pepito M GASTR mit Fleisch gefülltes Brötchen *n*; **~ de lomo** Brötchen *n* mit Schweinelende; **~ de ternera** Brötchen *n* mit gegrilltem Kalbfleisch

pepitoria F GASTR Geflügelfrikassee *n*; *fam fig* Mischmasch *m*; **pollo** *m* **en ~** Hühnerfrikassee *n*

pepitoso ADJ VET an Pips erkrankt

pepla F *fam* lästige Person *f*; unangenehme Sache *f*; **ir con ~s** lästig fallen

pepona F große Puppe *f* (*aus Pappmaschee*); *fig* rotbackige, dralle Frau *f*

pepsina F FISIOL Pepsin *n*

peque M/F *fam* Kind *n*, Kleine *m/f*

pequén M *Chile* **1** ORN *eine Eule* (*Stryx cunicularia*); *fam fig* **hacer ~ a alg** j-n übers Ohr hauen *fam* **2** GASTR *Art* Pastete *f*

pequeña F Kleine *f*, kleines Mädchen *n*

pequeñez F ⟨*pl* -eces⟩ **1** Kleinheit *f* (*tb fig*); **mi ~** meine Wenigkeit *f* **2** (*infancia, tierna edad*) Kindesalter *n* **3** (*bagatela*) Kleinigkeit *f*, Lappalie *f*; (*mezquindad*) Kleinlichkeit *f*; **~ de miras** wenig Weitblick *m*; kleinlicher Gesichtspunkt *m*; **~ de pensamiento** Kleingläubigkeit *f*

pequeñín ADJ ganz klein, winzig; *niño* ganz jung

pequeño **A** ADJ klein; gering; **desde ~** von klein auf; **en ~** im Kleinen; *frec irón* **hay todavía un ~ detalle** da ist nur noch eine Kleinigkeit **B** M Kleine *m* (*tb fig*), Junge *m*; Kind *n*; **los ~s** die Kleinen, die Kinder; **desde ~** von Kind auf

pequeño-burgués **A** ADJ klein-, spießbürgerlich **B** M, **-esa** F Klein-, Spießbürger *m*, -in *f*

pequín M TEX Pekingseide *f*

Pequín M Peking *m*

pequinés **A** ADJ aus Peking **B** M, **-esa** F Pekinger *m*, -in *f* **C** M **1** *perro*: Pekinese *m* **2** *lengua*: Pekingdialekt *m*

PER M ABR (Plan de Empleo Rural) *Esp Arbeitsbeschaffungsplan für Landarbeiter*

pera **A** ADJ elegant, vornehm; toll *fam*; *Ven fam* **estar ~** *persona* gut aussehen **B** F **1** BOT, GASTR Birne *f*; **~ Helena** Birne *f* Helene; **~ al vino** in Rotwein gekochte Birne *f*; *fig* **hacer la ~ a alg** j-n versetzen *fam*; **¡es la ~!** das ist das Letzte!, das ist der Gipfel!; *fam fig* **partir ~s con alg** j-m Vertraulichkeiten gestatten; **no quisiera partir ~s con él** mit dem ist nicht gut Kirschen essen; **pedir ~s al olmo** Unmögliches verlangen; **poner a alg las ~s a cuarto** *o* **a ocho** j-m den Kopf waschen (*fam fig*); *Perú fam* **tirarse la ~** (die Schule) schwänzen **2** TEC Birne *f* (*reg tb* ELEC); Gebläseball *m*; *tb* MED **~ de goma** Gummiballon *m* **3** *vulg* (*pene*) Schwanz *m vulg*; *vulg* **hacerse una ~** sich (*dat*) einen runterholen *vulg* **4** *Am* DEP **~ (loca)** Doppelendball *m*; Punchingball *m* **5** *desp* **~ pera** eleganter Schnösel *m* **6** *Chile* (*barbilla*) Kinn *n*

perada F **1** *puré*: Birnenmus *n* **2** *mosto*: Birnenmost *m*

peral M BOT Birnbaum *m*; **peraleda** F Birnengarten *m*; **peralejo** M *Am trop* BOT *Malpighiazee, Baum, Rinde, Gerbstoff* (*Malpighia spicata*)

peraltado ADJ *vías, calle* überhöht

peraltar V/T *bóvedas, curvas, vías* überhöhen; **peralte** M Überhöhung *f*

perborato M QUÍM Perborat *n*

perca F *pez*: Barsch *m*

percal M TEX Perkal *m*; *fig* **conocer el ~** Bescheid wissen

percalina F TEX Perkalin *n*

percán, percan M *Chile* Schimmel(bildung *f*) *m*

percance M **1** (*contratiempo, perjuicio imprevisto*) Zwischenfall *m*; Missgeschick *n*; **todo se me vuelve ~s** alles geht mir schief *fam*; **si no hay ~** wenn nichts dazwischenkommt **2** (*ataque*) Anfall *m*

percanta F *Arg fam* Flittchen *n*; Nutte *f pop*

percatación F Wahrnehmung *f*, Erkennung *f*; **percatarse** V/R **~ de a/c** etw bemerken; etw erkennen; sich (*dat*) etw klarmachen

percebe M ZOOL Entenmuschel *f*; *fam fig* Dummkopf *m*

percepción F **1** *de impuestos, contribuciones, etc*: Erhebung *f*; (Steuer)Einnahme *f*; *de sueldo*: Bezug *m* **2** *con los sentidos*: Wahrnehmung *f*; *p. ext* (*concepto*) Begriff *m*; *t/t*, BIOL Perzeption *f*; **~ auditiva** Wahrnehmung *f* durch das Gehör; **percepcionalismo** M FIL Perzeptionalismus *m*; **perceptibilidad** F (*posibilidad de percibir*) Wahrnehmbarkeit *f*; (*capacidad de percibir*) Wahrnehmungsfähigkeit *f*; *t/t* Perzeptibilität *f*; **~ acústica** Hörbarkeit *f*

perceptible ADJ wahrnehmbar, fühlbar (*tb* BIOL, MED); *oído*: vernehmlich; *razón*: fassbar; **perceptivo** ADJ Wahrnehmungs...

perceptor **A** ADJ Empfangs...; **órgano** *m* **~** Empfindungsorgan *n* **B** M, **perceptora** F **1** (*que percibe*) Empfänger *m*, -in *f*; Bezieher *m*, -in *f* (*von Geldern*) **2** (*colector de impuestos*) Steuererheber *m*, -in *f*

percha F **1** (*utensilio para colgar prendas*) Kleiderbügel *m*; (*guardarropa*) Garderobenständer *m*; **~ de sombreros** Hutständer *m* **2** (*vara*) Stange *f*; *en el gallinero, etc*: Vogel-, Hühnerstange *f*; MAR **~ de carga** Ladebaum *m*; *fam fig* **tener buena ~** gut gebaut sein, eine gute Figur haben **3** TEX Raumaschine *f* **4** CAZA Schlinge *f* (*für den Fang von Rebhühnern etc*) **5** *Méx fam desp* (*pandilla*) Clique *f*, Bande *f* **6** *Cuba fam* (*chaqueta*) Jackett *n*

perchar V/T TEX rauen; **perchera** F *Méx* Kleiderbügel *m*; **perchero** M **1** Garderobe *f*; Garderobenständer *m* **2** *Cuba* Kleiderbügel *m*

percherón M Percheron *m*, schweres Zugpferd *n*

perchón M AGR Hauptfechser *m einer Rebe*

perchonar V/I CAZA Schlingen legen

percibir V/T **1** *sueldo* beziehen; *dinero* einnehmen; *impuestos* erheben **2** BIOL, PSIC, FIL (*sentir*) wahrnehmen; empfinden, fühlen **3** (*darse cuenta de*) bemerken; (*oír*) hören; (*determinar*) feststellen; *p. ext* (*comprender*) verstehen, begreifen; **percibo** M Einnahme *f* (*von Geldern etc*)

perclorato M QUÍM Perchlorat *n*

percolador M Kaffeefiltriermaschine *f*; TEC Perkolator *m*

percolar V/T ⟨1m⟩ TEC filtrieren

percudir **A** V/T (*deteriorar*) abnutzen; (*ensuciar*) beschmutzen; *brillo* nehmen; *tez* verderben **B** V/R **percudirse** *ropa* fleckig (*o* schmuddelig) werden

percusión F **1** FÍS, TEC Schlag *m*, Stoß *m*; Schlagen *n*; MIL **cebo** *m* **de ~** Schlagzünder *m*

2 MED Abklopfen *n*, Perkussion *f*; **martillo** *m* **de ~** Perkussionshammer *m* 3 MÚS Schlaginstrumente *npl*, Perkussion *f*; **instrumento** *m* **de ~** Schlaginstrument *n*

percusionista M/F MÚS Schlagzeuger *m*, -in *f*; Perkussionist *m*, -in *f*

percusor M Schlagbolzen *m*; Schlaghammer *m*

percutáneo ADJ MED perkutan

percutiente ADJ (stark) stoßend; MIL *proyectil* mit Aufschlagzündung; **percutir** V/T 1 stark stoßen; klopfen, schlagen 2 MED perkutieren, abklopfen; **percutor** M MIL Schlagbolzen *m* (*bei Feuerwaffen*)

perdedero M 1 Gelegenheit *f* zum Verlieren 2 CAZA Fluchtstelle *f* (*eines Hasen*)

perdedor M, **perdedora** F Verlierer *m*, -in *f*; **ser buen/mal ~** ein guter/schlechter Verlierer sein

perder ⟨2g⟩ A V/T & V/I 1 *gener* verlieren (*tb fig*); *tiempo tb* vergeuden; *esperanza* aufgeben; *oportunidad, etc* versäumen; TIPO (Zeilen) einbringen; (*decaer en crédito o estimación*) an Ansehen, Geltung *etc* verlieren; **~ a/c** etw verlieren; um etw (*acus*) kommen; *enseñanza* **~ el curso** durchfallen; **no ~ la sangre fría** die Fassung (*o* einen kühlen Kopf) bewahren; **~ el tren** *etc* den Zug *etc* verpassen; *fig* **~ terreno** Boden verlieren, ins Hintertreffen geraten; **~ de vista** aus den Augen verlieren; **el neumático pierde** der Reifen verliert Luft; **hacer ~ a/c a alg** j-n um etw (*acus*) bringen; *fig* **llevar las de ~** *o* **salir perdiendo** den Kürzeren ziehen; **no tener nada que ~** nichts zu verlieren haben; **~ en el juego** beim Spiel verlieren; **~ en un negocio** bei einem Geschäft zusetzen (*o* Verluste machen) 2 *fig* **~ a alg** j-n zugrunde richten; j-n verderben; **echar a ~ a alg** j-n zugrunde richten; **echar a ~ a/c** etw zunichtemachen; ruinieren; **echarse a ~** zugrunde gehen, umkommen; *alimento* verderben; **echado a ~** verdorben B V/R **perderse** 1 verloren gehen (*tb fig y* REL); (*no conocer el camino*) sich verlaufen, sich verirren; **~ de vista** (sich) aus den Augen verlieren; **~ en detalles** sich in Einzelheiten verlieren; **~ por** (*desconcertarse*) in Verwirrung geraten durch (*acus*) (*o* wegen *gen*); *fig* (*enamorarse*) sich vernarren (*o* sterblich verlieben) in (*acus*); *fig* **aquí no se te ha perdido nada** hier hast du nichts verloren 2 *fig barco* untergehen (*tb fig*); (*arruinarse*) zugrunde gehen; (*ir a su perdición*) sich ins Verderben stürzen; (*morir*) umkommen 3 *comestibles* verderben; *tono* verhallen 4 MÚS aus dem Takt kommen; *en la conversación*: den Faden verlieren; **~ a/c** sich (*dat*) etw entgehen lassen, etw verpassen; **no te lo pierdas** lass dir das nicht entgehen; **~ a un vicio** sich blind einem Laster hingeben 5 *Esp fam* (*largarse*) abhauen; **¡piérdete!** verschwinde!

perdible ADJ verlierbar; **perdición** F Verderben *n*; *p. ext* (*daño grave*) schwerer Schaden *m*; REL (ewige) Verdammnis *f*; *fig* (*vida libertina*) ausschweifendes Leben *n*

pérdida F Verlust *m* (*tb* MIL, COM); Ausfall *m*; (*daño*) Schaden *m*; MED Abgang *m*, Fehlgeburt *f*; AVIA **~ de altura** Verlust an Höhe; AVIA **~ rápida de altura** Absacken *n*; FÍS **~ calorífica** *o* **térmica** Wärmeverlust *m*; AGR **~s causados por granizo** Hagelschäden *mpl*; **~ del conocimiento** Bewusstlosigkeit *f*; AGR **~ de la cosecha** Ernteausfall *m*; INFORM **~ de datos** Datenverlust *m*; **~ de dinero** Geldverlust *m*; **~ de ganancias** *o* **de beneficios** Verdienstausfall *m*; **~ de ingresos** Einnahmeausfall *m*; **~ de peso/de sangre** Gewichts-/Blutverlust *m*; **~ de tiempo** Zeitverschwendung *f*, -verlust *m*; TEC **~ en vacío** Leerlaufverlust *m*; COM **cuenta(s)** *f(pl)* **de ~s y ganancias** Gewinn- und Verlustrechnung *f*; **no tener ~** nicht zu verfehlen sein; **la calle no tiene ~** die Straße ist ganz leicht zu finden; COM **vender con ~s** mit Verlust verkaufen

perdidamente ADV **estar ~ enamorado de alg** bis über beide Ohren in j-n verliebt sein; **lo hace ~** sein Tun ist zwecklos; **llorar ~** trostlos weinen

perdidizo ADJ *fam* (scheinbar) unauffindbar; **hacerse el ~** sich verkrümeln (*fam fig*)

perdido A ADJ 1 verloren; *persona* verirrt; *fig* (*desesperado*) aussichtslos, hoffnungslos; (*licencioso*) liederlich; *fig* **cosa** *f* **-a** vergebliche Liebesmühe *f*; *tb* unverbesserlicher Mensch *m*; **caso** *m* **~** hoffnungsloser Fall *m*; **loco ~** total verrückt; **dar por ~** verloren geben; **darse por ~** sich geschlagen geben; **¡estamos ~s!** es ist aus mit uns!; **estar ~** verloren sein, geliefert sein *fam*; *fam fig* **estar (puesto) ~ de polvo** ganz mit Staub bedeckt sein; **estar ~ por alg** in j-n unsterblich (*o* bis über beide Ohren) verliebt sein; **estar ~ por a/c** in etw (*acus*) vernarrt sein; ECON *y fig* **a fondo ~** verloren, à fonds perdu; *fam fig* **ponerse ~** sich sehr schmutzig machen; **ser un borracho ~** ein unverbesserlicher Säufer sein; immer sternhagelvoll sein *fam* 2 *alimento* (*estropeado*) verdorben B M, **-a** F 1 Taugenichts *m*; liederlicher Mensch *m*, liederliche Person *f*; moralisch Verkommene *m/f*; **(mujer** *f***) -a** Nutte *f pop*, Flittchen *f* 2 MIL Gefallene *m/f* C M TIPO Zuschussexemplare *npl* D ADV hoffnungslos; sinnlos (*betrunken etc*)

perdidoso ADJ *fam* **ser el ~** (oft) verlieren, ein Pechvogel sein (*im Spiel*)

perdigar V/T ⟨1h⟩ GASTR (leicht) anbraten

perdigón A M 1 ORN junges Rebhuhn *n* 2 CAZA *munición*: Schrot(korn) *n*; **-ones** *mpl* Schrot *n/m* (*Jagdmunition*) 3 (*inútil*) Taugenichts *m*, junger Verschwender *m* B M, **-ona** F 1 *fam en el juego*: Pechvogel *m*, Verlierer *m*, -in *f* (*im Spiel*) 2 *en un examen*: Durchgefallene *m/f* (*bei einer Prüfung*); **perdigonada** F *tiro*: Schrotschuss *m*, -ladung *f*; *herida*: Schrotverletzung *f*; **perdigonera** F Schrotbeutel *m* (*Munitionsbeutel*)

perdiguero A M (**perro** *m*) **~** Hühnerhund *m* B M **-a** F Wildbretaufkäufer *m*, -in *f*; -händler *m*, -in *f*

perdis M *fam* Taugenichts *m*

perdiz F ⟨*pl* -ices⟩ 1 ORN Feld-, Rebhuhn *n*; **~ blanca** *o* **nival** Schneehuhn *n*; **~ roja** Rothuhn *n*; *fam fig* **marear la ~** *etw* unnötig hinziehen, Hinhaltetaktik anwenden 2 GASTR **~ en escabeche** kaltes mariniertes Rebhuhn *n*; **~ a la toledana** Rebhuhn *n* in der Tonschale (*mit Knoblauch, Zwiebeln, Essig und Wein*)

perdón M Verzeihung *f*; (*disculpa*) Vergebung *f*; (*indulto*) Begnadigung *f*; (*gracia*) Gnade *f*; REL Ablass *m*; *fam fig* **-ones** *mpl* ***Süßigkeiten als Mitbringsel von Wallfahrten***; **no merecer ~** keine Gnade (*o* Schonung) verdienen; *fig* **hacerle a alg pedir ~** j-n in die Knie zwingen; **pedir ~** um Verzeihung bitten; *fig* **no tener ~ de Dios** unentschuldbar sein; **con ~** mit Verlaub; gestatten Sie; **sin ~** gnadenlos; **¡~!** Verzeihung!; **¿~?** wie bitte?

perdonable ADJ verzeihlich; **perdonador** A ADJ **~ de a/c** etw verzeihend B M, **perdonadora** F Verzeihende *m/f*

perdonar V/T 1 (*disculpar*) vergeben, verzeihen; *presos* begnadigen; *error* durchgehen lassen; *deudas, penas* erlassen; *fig* **~ hecho y por hacer** allzu nachsichtig sein; **comprender es ~** (alles) verstehen heißt (alles) verzeihen; **¡perdone (usted)!** entschuldigen Sie!; Verzeihung! 2 (*no afectar*) (ver)schonen; *esfuerzo, molestias* (er)sparen; *vida* schenken; (*omitir*) auslassen; **no ~ un baile** keinen Tanz auslassen; **no ~ gastos** keine Kosten scheuen; **no ~ ocasión** keine Gelegenheit versäumen; **le han perdonado el trabajo** man hat ihn von der Arbeit freigestellt; **le han perdonado la vida** man hat sein Leben geschont, man hat ihm das Leben geschenkt

perdonavidas M/F ⟨*pl inv*⟩ *fam* Maulheld *m*, -in *f*, Prahler *m*, -in *f*

perdulario A ADJ schlampig, verkommen B M unverbesserlicher Taugenichts *m*

perdurabilidad F Dauerhaftigkeit *f*, Nachhaltigkeit *f*; **perdurable** ADJ dauerhaft, nachhaltig; ewig

perdurar V/I dauern, bestehen bleiben

perecear V/I faulenzen; **perecedero** ADJ vergänglich; *alimento* (leicht) verderblich

perecer ⟨2d⟩ A V/I 1 (*morir*) umkommen, sterben; **~ ahogado** ertrinken; **~ de hambre** verhungern; *fig* am Hungertuch nagen; **~ en un accidente** (tödlich) verunglücken 2 (*padecer, arruinarse*) vergehen, zugrunde gehen; *fig* (*vivir en gran pobreza*) im äußersten Elend leben B V/R *fig* **~se por** schwärmen für (*acus*), sich umbringen für (*fig*); **~se por hacer a/c** etw für sein Leben gern tun

perecuación F ADMIN **~ de cargas** Lastenausgleich *m*

peregrinación F 1 REL Wallfahrt *f*, Pilgerfahrt *f*; **lugar** *m* **de ~** Wallfahrtsort *m* 2 *liter* Reise *f* ins Ausland; *fig* Wanderung *f*; **peregrinar** V/I pilgern; wallfahren, wallen (*liter y reg*); *fig* wandern

peregrino A ADJ 1 fremd(artig); *fig* (*extraño*) seltsam, merkwürdig; (*raro*) wunderbar; **lo más ~ del caso es que …** das Seltsamste dabei ist, dass … 2 (*que anda por tierras extrañas*) Pilger…; Wander…; ZOOL **aves** *fpl* **-as** Zugvögel *mpl* B M, **-a** F REL Pilger *m*, -in *f*; *fig* Erdenwanderer *m*, -wanderin *f*; *liter tb* Fremdling *m* C M *pez*: Riesenhai *m*

perejil M BOT Petersilie *f*; *fam fig frec* **~es** *mpl* Schmuck *m*, Putz *m der Frauen*

perencejo M (Herr) Soundso *m*

perendengue M Tand *m*; *fig* **~s** *mpl* Klimbim *m fam*; **la cosa tiene ~s** die Sache ist kompliziert

perengano M (Herr) Soundso *m*

perenne ADJ fortdauernd, ständig, ewig; BOT immergrün; *fig* zeitlos; **perennidad** F Beständigkeit *f*, Fortdauer *f*; **perennifolio** BOT nicht laubabwerfend; **perennizar** V/T ⟨1f⟩ verewigen; dauerhaften Charakter verleihen (*dat*)

perentoriedad F Dringlichkeit *f*; Endgültigkeit *f*; **perentorio** ADJ (*urgente*) dringlich, unaufschiebbar; (*final*) endgültig; JUR **decisión** *f* **-a** endgültige Entscheidung *f*

pereque M *Col* (kleine) Belästigung *f*, Mühe *f*; **poner ~ a alg** j-n *mit etw* belästigen; *euf* j-n um einen Gefallen bitten

pereza F 1 Faulheit *f*, Trägheit *f*; (*flojedad*) Schwerfälligkeit *f*; **~ mental** Denkfaulheit *f*; **me da ~** ich kann mich nicht aufraffen; **le da ~ empezar** er hat keine Lust anzufangen; **sacudir la ~** sich aufraffen 2 *Ven* ZOOL Faultier *n*

perezosa F 1 *Arg, Perú* (*tumbona*) Liegestuhl *m* 2 (*holgazana*) Faulenzerin *f*; **perezoso** A ADJ faul, träge; schwerfällig B 1 M, **-a** (*holgazán, -ana*) Faulenzer *m*, -in *f*, Faulpelz *m fam* 2 M ZOOL Faultier *n*

perfección F Vollendung *f*; Vollkommenheit *f*, Perfektion *f*; **a la ~** vollkommen; **¡eso es la mismísima ~!** das ist schlechthin vollkommen!

perfeccionamiento M Vervollkommnung

f; Verbesserung *f*; *de materias primas y productos*: Veredelung *f*; Weiterentwicklung *f*; ~ **(profesional)** (berufliche) Fort-, Weiterbildung *f*; **perfeccionar** VT vervollkommnen; **perfeccionismo** M Perfektionismus *m*; **perfeccionista** A ADJ perfektionistisch B M/F Perfektionist *m*, -in *f*

perfectamente ADV vollkommen; vorzüglich; **¡~!** einverstanden!; richtig!; in Ordnung!; prima! *fam*; **lo vi ~** ich habe es ganz genau gesehen; **te comprendo ~** ich verstehe dich vollkommen

perfectibilidad F Vervollkommnungsfähigkeit *f*, Perfektibilität *f*; **perfectible** ADJ vervollkommnungsfähig; verbesserungsfähig; **perfectivo** ADJ GRAM perfektiv; **perfecto** A ADJ vollkommen, perfekt; vorzüglich; **¡~!** einverstanden!; richtig!; in Ordnung!; prima! *fam* B M GRAM Perfekt *n*

perfidia F *(deslealtad)* Treulosigkeit *f*; *(traición)* Niedertracht *f*; *(maldad)* Tücke *f*

pérfido ADJ *(desleal)* treulos; *(traicionero)* verräterisch; *(infame)* falsch, niederträchtig

perfil M Profil *n* (*tb* TEC *y fig*); *(contorno, silueta)* Umriss *m*; *fig (aspecto, apariencia)* Erscheinungsbild *n*; AUTO *del neumático*: Querschnitt *m*; **de ~** im Profil; **de ~ bajo** unauffällig; **~ (del) criminal** Täterprofil *n*; TEC **~ de filete** Gewindeprofil *n*, -querschnitt *m*; MAR **~ de la proa** Heckumriss *m*; **(no) dar el ~** (nicht) die notwendigen Voraussetzungen mitbringen

perfilado ADJ profiliert (*tb fig*); *rostro* scharf geschnitten; TEC **hierro** *m* **~** Profileisen *n*; **perfilador** M **~ de cejas** Augenbrauenstift *m*; **~ de labios** Lipliner *m*, Lippenkonturstift *m*; **perfiladora** F TEC Profiler *m* *(Werkzeugmaschine)*

perfilar A VT profilieren (*tb* TEC *y fig*); TEC mit Profil versehen; *(exponer a grandes rasgos)* umreißen; *(esbozar)* skizzieren B V/R *fig* **~se** sich abzeichnen

perfoliado ADJ BOT durchwachsen

perforación F 1 *(acción de perforar)* Bohren *n*; *petróleo, etc*: Bohrung *f*; *(agujero)* Bohrloch *n*; MIN **~ de pozos** Schachtabteufen *n*; **~ sin éxito** nicht fündige Bohrung *f* 2 *a través de una capa*: Durchbohrung *f*; *con algo puntiagudo*: Durchstechen *n*; *(brecha)* Durchbruch *m* (*tb* MED); MED, FILM, TIPO Perforation *f*

perforado A ADJ durchbohrt; gelocht, Loch...; perforiert B M TIPO Perforieren *n*; **perforador** M Locher *m*; Lochzange *f*; TIPO **filete** *m* **~** Perforierlinie *f*; **barco** *m* **~ (petrolero)** (Öl)Bohrschiff *n*; **perforadora** F Bohrmaschine *f*; **~ de percusión** Schlagbohrer *m*; **perforante** ADJ MIL *proyectil* panzerbrechend

perforar VT (durch)bohren; durchstechen (*tb* MED); *perno, proyectil* durchschlagen; *(agujerear)* lochen; TIPO perforieren; MIN *pozo* abteufen

perfumadero M Räucherpfanne *f*; **perfumador** M (Duft)Zerstäuber *m*; **perfumar** VT parfümieren; durchduften

perfume M Parfüm *n*; *(aroma)* Duft *m*, Wohlgeruch *m*; *fig* Duft *m*, Hauch *m*; **perfumería** F Parfümerieartikel *mpl*; Parfümerie *f*; **perfumero** A ADJ Parfüm... B M, **-a** F → perfumista; **perfumista** M/F Parfümeur *m*, -in *f*; Parfümeriehändler *m*, -in *f*

perfusión F MED Durchströmung *f*; *t/t* Perfusion *f*

pergamino M Pergament *n*; *fig (documento)* (alte) Urkunde *f*; *de nobleza*: Adelstitel *m*; **papel** *m* **(de) ~** Pergamentpapier *n*

pergenio M *Am reg* Lausejunge *m*

pergeñar VT *(disponer)* planen, entwerfen; *(ejecutar)* zustande bringen; **pergeño** M 1 *(apariencia)* Aufmachung *f*, Aussehen *n* 2 *Am reg (niño, pillo)* Junge *m*, Schlingel *m*

pérgola F Laubengang *m*; Pergola *f*

periantio M BOT Blütenhülle *f*, Perianthium *n*

perica *fam* 1 *Esp* Nutte *f pop* 2 *Cuba* Ische *f*, Tante *f (junge Frau)* 3 ORN *weiblicher kleiner Papagei*

pericardio M ANAT Perikard *n*, Herzbeutel *m*; **pericarditis** F MED Herzbeutelentzündung *f*

pericarpio M BOT Fruchtwand *f*, Perikarp *n*

pericia F *(experiencia)* Erfahrung *f*; *(conocimiento)* Sachkenntnis *f*; *(habilidad)* Geschicklichkeit *f*; **pericial** ADJ fachkundig, sachverständig; **dictamen** *m o* **informe** *m* **~** Sachverständigengutachten *n*

perico M 1 ORN *ein kleiner Papagei m* 2 *fam fig (vaso para excrementos)* Nachtgeschirr *n* 3 *Col* Kaffee *m* mit etwas Milch; *Col* GASTR **huevos** *mpl* **~s** Rühreier *npl* 4 *Hond* BOT Avocadofrucht *f* 5 *Méx herramienta*: Franzose *m* *(Schraubenschlüssel)* 6 *drogas (cocaína)* Schnee *m fam*, Koks *m/n* 7 *fam* **~ de los palotes** irgendjemand, eine x-beliebige Person

pericón M 1 *juego de cartas*: Trumpfkarte *f* *(beim Quinolaspiel)* 2 *(abanico grande)* großer Fächer *m* 3 *Arg* MÚS *ein Volkstanz* 4 *Am* ZOOL **~ ligero** Faultier *n*

pericote M 1 *Esp* MÚS *ein asturischer Volkstanz* 2 *Am Mer* ZOOL große Feldratte *f*; Maus *f* 3 *Perú fam (ladrón)* (kleiner) Dieb *m*

periferia F Peripherie *f* (*tb* MAT *y fig*); GEOM Kreisumfang *m*; *(alrededor)* Umkreis *m*; *en las afueras*: Stadtrand *m*; **periférico** ADJ peripher (*tb* INFORM); am Rand liegend, Rand...; **barrios** *mpl* **~s** Vororte *mpl*

perifollo M BOT Kerbel *m*; *fam fig* **~s** *mpl* Putz *m*, Schmuck *m*

perifrasear VT & VI umschreiben; (gern) Umschreibungen gebrauchen; **perífrasis** F ⟨*pl inv*⟩ Periphrase *f*, Umschreibung *f*; **perifrástico** ADJ LING, *retórica*: umschreibend, periphrastisch

perigallo M 1 Doppelkinn *n*; Halsfalte *f* 2 *fam fig persona*: Bohnenstange *f fam*, lange Latte *f (fam fig)* 3 MAR Aufholer *m*

perigeo M ASTRON Erdnähe *f*, Perigäum *n*; **perigonio** M BOT Perigon(ium) *n*; **perigundín** M *Arg* Bordell *n*; **perihelio** M ASTRON Perihel(ium) *n*, Sonnennähe *f*

perilla F 1 *(barba en punta)* Spitzbart *m* 2 *(adorno con forma de pera)* birnenförmiger Zierrat *m*; *fam fig* **(venir) de ~(s)** höchst gelegen (kommen); gerade recht (kommen) 3 **~ (de la oreja)** Ohrläppchen *n* 4 ELEC *fam* Knipsschalter *m* 5 *fam (extremo del cigarro por donde se fuma) (im Mund befindliches)* Zigarrenende *n* 6 *Cuba fam (clítoris)* Kitzler *m*

perillán M *Esp* gerissener Gauner *m*; *niño*: Schlingel *m*

perimetría F MED Gesichtsfeldmessung *f*

perímetro M GEOM, MED Umfang *m*; *fig* Einzugsgebiet *n*; **~ torácico** Brustumfang *m*, Oberweite *f*

perimir VI *Arg plazo* ablaufen

perinatal ADJ MED perinatal

períncIito ADJ *liter* hochberühmt, Helden...

perineo M ANAT Damm *m*, Perineum *n*

perinola F 1 *(peonza pequeña)* Kreisel *m* zum Knobeln, Barkreisel *m* 2 *fam fig persona*: lebhafte kleine Frau *f*; Quirl *m (fam fig)*

periodicidad F periodische Wiederkehr *f*, Periodizität *f*; Regelmäßigkeit *f*; **con ~** regelmäßig

periódico A ADJ periodisch, regelmäßig, (in) regelmäßig(en Abständen); *(rítmico, frecuente)* rhythmisch, taktmäßig wiederkehrend; **publicaciones** *fpl* **-as** Periodika *npl*; QUÍM **sistema** *m* **~** Periodensystem *n* B M Zeitung *f*; **(diario** *m***) ~** Tageszeitung *f*; **~ mural/semanal** Wand-/Wochenzeitung *f*; *espec Méx* **~ oficial** Amtsblatt *n*; **escribir en el ~** für die Zeitung schreiben

periodicucho M *fam desp* Hetzblatt *n*; Käseblatt *n fam*

periodiquero M, **-a** F *Bol, Cuba, Ec, Méx, Pan* (Straßen)Zeitungsverkäufer *m*, -in *f*; Zeitungsjunge *m*; *hum* Journalist *m*, -in *f*; **periodismo** M Journalismus *m*, Zeitungswesen *n*; -wissenschaft *f*; **escuela** *f* **de ~** Journalistenschule *f*; **~ digital** *o* **virtual** Online-Journalismus *m*; **periodista** M/F Journalist *m*, -in *f*; **~ deportivo** Sportjournalist *m*, -in *f*; **periodístico** ADJ journalistisch; Journalisten...; Zeitungs...

período M, **periodo** M Periode *f* (*tb* FISIOL *menstruación*); *(tiempo)* Zeit *f*; *(espacio de tiempo)* Zeitraum *m*; ECON **~ de adaptación** Umstellungsphase *f*; TEC, COM **~ de garantía** Garantiezeit *f*; *fig* **~ de guerra** Kriegszeit *f*; MED **~ de incubación** Inkubationszeit *f*; MED **~ precoz** Frühstadium *n*; **~ de prueba** *de productos, programas* Testphase *f*; Probezeit *f*; AUTO **~ de rodaje** Einfahrzeit *f*; POL **~ de sesiones** Sitzungsperiode *f*; **~ de transición** Übergangszeit *f*; FISIOL **estar con el ~** die Periode haben

periostio M ANAT Knochenhaut *f*, Periost *n*; **periostitis** F MED Knochenhautentzündung *f*

peripatética *fam fig* **ser una ~** Gunstgewerblerin sein *fam*, auf den Strich gehen *fam*; **peripatético** A ADJ FIL peripatetisch; *p. ext* aristotelisch; *fam fig* gespreizt, lächerlich B M, **-a** F FIL Peripatetiker *m*, -in *f*; *p. ext* Aristoteliker *m*, -in *f*; **peripato** M FIL Peripatos *m*; *p. ext* Aristotelik *f*

peripecia F *(incidente)* Zwischenfall *m*; *(cambio inprevisto del destino)* Schicksalswendung *f*; TEAT Peripetie *f*, (dramatische) Wendung *f*; *fig (aventura)* Abenteuer *n*; **~s** Wechselfälle *mpl*

periplo M 1 *viaje*: Seereise *f*; (Rund)Reise *f* 2 HIST Umseglung *f*, Umschiffung *f*

períptero ARQUIT A ADJ mit umlaufendem Säulengang *m* B M Peripteros *m*

peripuesto ADJ *fam* geschniegelt und gebügelt; *dama* aufgedonnert *fam*

periquear VI *fam* 1 *Am Centr (galantear)* Süßholz raspeln *fam*; flirten 2 *Antillas (charlar)* schwatzen, plaudern; **periquete** M *fam* 1 *juego*: Fangbecherspiel *n* 2 Moment *m*; **en un ~** im Handumdrehen

periquito M ORN Wellensittich *m*

periscios MPL *liter* Polbewohner *mpl*; **periscopio** M Periskop *n*, Sehrohr *n*; **perista** M/F *jerga del hampa* Hehler *m*, -in *f*; **peristaltismo** M FISIOL Peristaltik *f*; **peristilo** M ARQUIT Säulengang *m*, Peristyl(ium) *n*

peritación F Begutachtung *f*; **peritaje** M Gutachten *n*; Expertise *f*; **peritar** VT begutachten; ein Gutachten abgeben

perito A ADJ erfahren; sachkundig B M, **-a** F Sachverständige *m/f*; Experte *m*, Expertin *f*; Fachmann *m*, Fachfrau *f*; Gutachter *m*, -in *f*; **~ industrial** Techniker *m*, -in; **~ mercantil** Absolvent *m*, -in einer höheren Handelsschule; **~ químico** Chemiker *m*; **~ de soldadura** Schweißfachmann *m*

peritoneo M ANAT Bauchfell *n*; **peritonitis** F MED Bauchfellentzündung *f*

perjudicar VT ⟨1g⟩ schaden *(dat)*, *persona* schädigen *(acus)*; *cosa* beschädigen; **perjudicial** ADJ schädlich, nachteilig, verderblich; **~ para la salud** gesundheitsschädlich

perjuicio M *(daño)* Schaden *m*; *(desventaja)* Nachteil *m*, Beeinträchtigung *f*; JUR **~ jurídico** Rechtsnachteil *m*; **indemnización de daños y ~s** Schaden(s)ersatz *m*; **sin ~ de** unbeschadet (*gen*); vorbehaltlich (*gen*); **a** *o* **con** *o* **en su ~** zu seinem Schaden, zu seinem Nachteil

perjurar A VI einen Meineid schwören; *liter tb* ohne Not schwören B VR **perjurarse** meineidig (*fig* wortbrüchig) werden; **perjurio** M Meineid *m*; Eidbruch *m*; **perjuro** A ADJ meineidig; eidbrüchig B M, **-a** F Eidbrüchige *m/f*

perla F 1 Perle *f*; **~ compacta** *o* **de cultivo** *o* **cultivada** Zuchtperle *f* 2 *fig persona*: Juwel *n*, Perle *f*; *fam fig* **de ~s** ausgezeichnet; sehr gelegen, wie gerufen; **venir de ~s** wie gerufen kommen 3 TIPO Diamant *f* (*4-Punkt-Schrift*)

perlado ADJ perlförmig

perlé M Perlgarn *n*

perlería F *col* Perlen *fpl*; **perlero** ADJ Perl(en)...; **ostra** *f* **-a** Perlmuschel *f*

perlesía F 1 → parálisis 2 (*decrepitud*) Gebrechlichkeit *f*

perlino ADJ perlfarben; **brillo** *m* **~** Perlenglanz *m*, -schimmer *m*

perlita F MINER Perlit *m*

perlón® M TEX Perlon *n*

permanecer VI ⟨2d⟩ 1 (*quedarse*) (ver)bleiben, (ver)weilen; dableiben, sich aufhalten; **permanecerá aquí** er wird (weiterhin) hier bleiben 2 (*perseverar en una posición*) verharren; (*perdurar*) fortdauern; FISIOL, ELEC **~ excitado** erregt bleiben (*Nerv, elektrisches Relais*)

permanencia F 1 (*perduración*) Anhalten *n*, Fortdauer *f*, Permanenz *f*; (*duración*) Dauer *f* 2 FÍS, TEC Beharrungszustand *m* 3 *de una persona*: Bleiben *n*, Verweilen *n*; Verharren *n*; (*estancia*) Aufenthalt *m*; **~ en cama** Bettlägerigkeit *f*, Krankenlager *n*; **~ en un lugar** Ansässigkeit *f*

permanente A ADJ (*persistente*) bleibend; (*continuo*) dauernd, ständig, permanent; Dauer...; MIL *ejército* stehend; **(de carácter) ~** ständig; TIPO **composición** *f* **~** Stehsatz *m*; **conserva** *f* **~** Dauerkonserve *f*; **servicio** *m* **~** *en función continua*: Dauerbetrieb *m*; (*horario continuo*) durchgehender Dienst *m*, Tag- und Nachtdienst *m*; POL **sesión** *f* **~** Dauersitzung *f* B F Dauerwelle *f*; **~ en frío** Kaltwelle *f*

permanganato M QUÍM Permanganat *n*

permeabilidad F (*penetrabilidad*) Durchlässigkeit *f*; (*lugar de penetrabilidad*) Undichtigkeit *f*; (*porosidad*) Porosität *f*; FÍS Permeabilität *f*; **~ al sonido** Schalldurchlässigkeit *f*

permeable ADJ (*que deja pasar*) durchlässig; (*que no cierra herméticamente*) undicht; **~ al agua/a la luz** wasser-/lichtdurchlässig

permear VT eindringen in (*acus*)

pérmico M GEOL Perm *n*

permisible ADJ zulässig, statthaft

permisionario M, **-a** F 1 M MIL Urlauber *m*, -in *f* 2 *Méx espec transporte*: Lizenz-, Konzessionsinhaber *m*, -in *f*

permisividad F Permissivität *f*; Freizügigkeit *f*; **permisivo** ADJ 1 (*que consiente*) gestattend, permissiv; Erlaubnis..., Berechtigungs... 2 (*indulgente*) nachsichtig 3 *moral* freizügig

permiso M 1 *gener* Erlaubnis *f*; **con ~** mit Verlaub; gestatten Sie; **dar ~** erlauben; **¿hay ~?** darf ich?; darf man? 2 JUR, ADMIN Genehmigung *f*, Bewilligung *f*, Zulassung *f*; AUTO **~ de circulación (del vehículo)** Kraftfahrzeugschein *m*, Zulassung *f fam*; **~ de conducir** Führerschein *m*; AVIA **~ de despegue** Starterlaubnis *f*; **~ de edificación** Baugenehmigung *f*; *espec Am* **permiso de entrada** Einreiseerlaubnis *f*; **~ de importación/de residencia** Einfuhr-/Aufenthaltsgenehmigung *f*; **~ de trabajo** Arbeitserlaubnis *f* 3 (*vacaciones*) Urlaub *m*; **~ convalecencia** MIL Genesungsurlaub *m*; **~ de** *o* **por maternidad** Elternzeit *f*; **~ de** *o* **por paternidad** Elternzeit *f*; *BRD* ≈ Vatermonat *m*; JUR **~ penitenciario** Freigang *m*; MIL **~ de salida** Ausgangserlaubnis *f*; MAR **~ en tierra** Landurlaub *m*; **estar con** *o* **de ~** auf Urlaub sein

permitente PART **autoridad** *f* **~** Genehmigungsstelle *f*, genehmigende Behörde *f*; **permitido** ADJ erlaubt; gestattet; zugelassen; **si es ~ preguntar** wenn die Frage erlaubt ist

permitir A VT erlauben, gestatten; ADMIN, JUR genehmigen, zulassen; (*posibilitar*) ermöglichen; **~ el café al enfermo** dem Kranken den Kaffeegenuss erlauben; **~ que** (*subj*) genehmigen (*o* erlauben *o* gestatten), dass (*ind*) B VR **permitirse** sich (*dat*) erlauben; **me permito hacerlo** ich nehme mir die Freiheit (*o* ich gestatte mir *o* ich bin so frei), es zu tun; **permítaseme una palabra más** (man gestatte mir) noch ein Wort; **no se permite fumar** Rauchen verboten

permuta F Tausch *m*; Umtausch *m*; **~ (de casa)** Wohnungstausch *m*; *Cuba* (*mudanza*) Umzug *m*; **permutable** ADJ ver-, austauschbar (*tb* MAT); MAT permutabel; **permutación** F Auswechslung *f*, Tausch *m*; MAT Permutation *f*, Versetzen *n*; **permutador** M ELEC Umschalter *m*; **permutar** A VT auswechseln, vertauschen; (*trocar*) umstellen; MAT permutieren B VI *Cuba* (*mudarse*) umziehen

perna F ZOOL Schinkenmuschel *f*; **pernada** F Stoß *m* mit dem Bein; *pesca*: Stellangel *f*; JUR, HIST **derecho** *m* **de ~** Jus *n* primae Noctis, Recht *n* der ersten Nacht

pernear VI *fam* strampeln; *fig* (*caminar mucho*) sich (*dat*) die Beine ablaufen, herumrennen; **pernera** F Hosenbein *n*; **pernetas** FPL Beinchen *npl*; *adv* **en ~** mit nackten Beinen, barfuß; *p. ext* (*desnudo*) nackt

perniabierto ADJ mit gespreizten Beinen; **pernicioso** ADJ schädlich; verderblich; MED bösartig, perniziös; **~ para la salud** gesundheitsschädlich; **pernicorto** ADJ kurzbeinig

pernil M 1 *Esp reg* GASTR Schinken *m*, Keule *f*; *de aves de corral*: Bein *n*, Schlegel *m* 2 *parte del pantalón*: Hosenbein *n*; **pernilargo** ADJ langbeinig

pernio M CONSTR Tür-, Fensterband *n*; Scharnierband *n*; Fenster-, Türangel *f*

perniquebrar ⟨1k⟩ A VT die Beine brechen B VR **perniquebrarse** sich (*dat*) ein Bein (*o* die Beine) brechen

pernito M Schuhstrecker *m*

perno M TEC Bolzen *m*; Stift *m*; (*pivote, mecha*) Zapfen *m*; **~ remachado** Nietbolzen *m*; *Perú* **estar hasta el ~** es satthaben

pernoctación F Übernachtung *f*

pernoctar VI übernachten; die Nacht verbringen

pero[1] M BOT 1 Birnapfel *m* 2 *Esp reg, Arg* Birnbaum *m*

pero[2] A CJ aber; (je)doch, allein; *al fin de una negación*: sondern; *fig* **¿~ dónde vas a parar?** worauf willst du eigentlich (noch) hinaus?; *fam* **ha estado ~ que estupendo** es war einfach großartig B M Aber *n*, Einwand *m*; **no hay ~ que valga** da gibt es gar kein Aber; keine Widerrede!; **poner ~s a a/c** Einwände gegen etw erheben (*o* geltend machen); **poner (siempre) ~s** (immer) etw einzuwenden haben; **no tiene ~(s)** es ist nichts daran auszusetzen

Pero N PR M *pop* → Pedro; *folclore*: **~ Botero** der Teufel; **las calderas de ~ Botero** die Hölle

perogrullada F *fam* Binsenwahrheit *f*

Perogrullo N PR *folclore*: *sonderbarer Kauz* (*legendäre Gestalt*); **verdad** *f* **de ~** Binsenwahrheit *f*

perol M 1 (*vasija para cocer*) Kasserolle *f* 2 *Ven fam* (*cosa*) Dingsda *n*; **perola** F *Col* Stielkasserolle *f*

peroné M ANAT Wadenbein *n*; **peroneo** ADJ Waden...

peronismo M *Arg* POL Peronismus *m*; **peronista** POL A ADJ peronistisch B M/F Peronist *m*, -in *f*, Anhänger *m*, -in *f* Peróns

peroración F Rede *f*; RET Zusammenfassung *f*, Schlusswort *n*

perorar VI 1 eine Rede halten; ein zusammenfassendes Schlusswort sprechen; *fam fig en sentido negativo*: eine langweilige Rede halten, salbadern *fam* 2 *liter* (*pedir con instancia*) inständig bitten; **perorata** F langweilige Rede *f*

peróxido M QUÍM Peroxid *n*; **~ de hidrógeno** Wasserstoffperoxid *n*

perpendicular A ADJ lot-, senkrecht; TEX fadengerade B F Lot-, Senkrechte *f*; GEOM **trazar** *o* **tirar una ~** ein Lot fällen; **perpendículo** M 1 Lot *n* 2 GEOM Höhe *f*; TEC Pendel *n*, Perpendikel *n/m*

perpetración F JUR *de un crimen*: Begehen *n*, Verüben *n* (*gen*); **perpetrador** M, **perpetradora** F (*autor, perpetradora de un crimen*) Täter *m*, -in *f*

perpetrar VT *crimen* begehen

perpetua F BOT Strohblume *f*

perpetuable ADJ zu verewigen(d); fortpflanzbar; **perpetuación** F (*duración sin fin*) Fortdauer *f*; (*prolongación*) Verlängerung *f*; (*paso a la eternidad*) Verewigung *f*; (*reproducción*) Fortpflanzung *f*

perpetuar A VT ⟨1e⟩ (*hacer perpetuo*) verewigen, Dauer verleihen (*dat*); *memoria, costumbre* bewahren; *especie* erhalten; **~ un error** einen Irrtum aufrechterhalten; **~ la especie** sich fortpflanzen B VR **perpetuarse** fortbestehen; weiterleben; sich halten

perpetuidad F Fortdauer *f*; *fig* (*eternidad*) Ewigkeit *f*; **a ~** lebenslänglich

perpetuo ADJ fortdauernd, unaufhörlich, ständig; *pena* lebenslänglich; *función, renta, pensión* auf Lebenszeit; *fig* (*eterno*) ewig; **máquina** *f* **de movimiento ~** Perpetuum *n* mobile

Perpiñán M Perpignan *n*

perplejidad F (*apuro*) Verlegenheit *f*; (*desconcierto*) Bestürzung *f*; (*estupefacción*) Verblüffung *f*

perplejo ADJ 1 (*cortado, confundido*) verlegen, verwirrt, perplex, verdutzt; (*desconcertado*) bestürzt; **quedar ~ ante** bestürzt sein (*o* sich bestürzt zeigen) bei (*dat*) 2 (*desconcertante*) verwirrend; verblüffend

perquirir VI genau untersuchen, unter die Lupe nehmen *fam*

perra F 1 ZOOL Hündin *f*; *fam* **hasta la ~ le parirá lechones** der hat immer (ein) unverschämtes Glück; **llevar una vida (de) ~** ein Hundeleben führen; *fam* **¡qué vida más ~!** was für ein Hundeleben! *fam* 2 *fam fig* (*ataque de rabia*) Koller *m fam*, Wutanfall *m*; Stinklaune *f fam* 3 *Col fam* (*borrachera*) Rausch *m* 4 *vulg* (*prostituta*) Hure *f pop*, Nutte *f pop*; **¡hijo de ~!** du Hurensohn! 5 *fam* (*dinero*) Zaster *m fam*, Kohle *f fam*; **tener ~s** Geld (*o* Zaster *fam*) haben

perrada F 1 (*conjunto de perros*) Meute *f*, Hunderudel *m* 2 *fam fig* (*infamia*) Hundsgemeinheit *f fam*; **hacer una ~ a alg** j-m übel mitspielen; **perramente** ADV *fam* hundsgemein *fam*; hundeelend *fam*

perrera F 1 (*cucha*) Hundehütte *f*; (*lugar de encierro para perros*) Hundezwinger *m*; FERR Hundeabteil *n*; *RPl carro*: Karren *m* des Hundefängers 2 *fam fig* (*celda*) Arrestlokal *n*; (*transportador de presos*) grüne Minna *f fam* 3 *fam fig* → perra 2 4 *fam fig* (*ajetreo*) Schinderei

P

f; Hundeleben *n fam* **5** *persona:* (*guía de perros*) Hundeführerin *f*; (*cuidadora de perros*) Hundewärterin *f*; (*cazadora de perros*) Hundefängerin *f*
perrería F **1** (*conjunto de perros*) Hunde *mpl*, Meute *f*; *fam fig personas:* Gesindel *n*, Meute *f* (*fig*) **2** *fig* (*infamia*) Niedertracht *f*, (Hunds)Gemeinheit *f*; **perrero** M (*guía de perros*) Hundeführer *m*; (*cuidador de perros*) Hundewärter *m*; (*cazador de perros*) Hundefänger *m*;
perrillo M **1** ZOOL (junges) Hündchen *n*; Schoßhündchen *n*; *fam fig* **es un ~ de todas bodas** er (sie) tanzt auf allen Hochzeiten *fam* **2** *de armas de fuego:* Hahn *m* (*einer Schusswaffe*) **3** ELEC Drahtspanner *m*
perrito M **1** ZOOL Hündchen *n*; **~ de falda** *o* **faldero** Schoßhündchen *n*; *Méx* **~ de Chihuahua** Präriehund *m* **2** GASTR **~ caliente** Hotdog *m*
perro **A** M **1** ZOOL Hund *m*; **~ de agua(s)** *o* **de lanas** Wasserhund *m*; **~ de aguas cocker** Cockerspaniel *m*; **~ callejero** Straßenköter *m*; **~ de carreta** Karren-, Ziehhund *m*; **~ de caza** Jagdhund *m*; **~ del cortijo** Hof-, Kettenhund *m*; **~ Chihuahua** Chihuahua *m*; **~ chino** *o* **cantonés** Chow-Chow *m*; **~ gran danés** Deutsche Dogge *f*; **~ guardia** Wachhund *m*; **~ (guía) de ciego** Blindenhund *m*; CAZA **~ de jabalí** Saupacker *m*, Hetzhund *m*; **~ lazarillo** Blindenhund *m*; **~ lobo** Wolfshund *m*; **~ de Malta** Malteser *m*; *Am* **~ de monte** Buschhund *m*; **~ de muestra** Vorstehhund *m*; **~ pastor alemán** Deutscher Schäferhund *m*; **~ de pelea** Kampfhund *m*; **~ policía** Polizeihund *m*; **~ de Pomerania** Spitz *m*; **~ de presa** Bullenbeißer *m*, Bulldogge *f*, Bluthund *m*; **~ rastreador** Spürhund *m*; *fam* **~ salchicha** Dackel *m*; CAZA **~ tejonero** Basset *m*; **~ de Terranova** Neufundländer *m*; *fam* **~ tranvía** Basset *m*; Dackel *m*; **~ de trineo** Schlittenhund *m*; **echarle los ~s a alg** die Hunde auf j-n hetzen (*o* loslassen); *fig* scharf gegen j-n vorgehen; **como un ~ apaleado** wie ein geprügelter Hund *m* **2** *Méx* ZOOL **~ de agua** Katzenotter *m*; **~ de mar** → tiburón; *Am incorr* **~ mudo** Waschbär *m*; *Am* **~ de las praderas** Präriehund *m* **3** *fig* (*persona despreciable*) Hund *m*; Dreckskerl *m pop* **4** *fig* **de ~s** sehr schlecht; **humor** *m* **de ~s** mürrische Laune *f*, Stinklaune *f fam*; **tiempo** *m* **(de) ~(s)** Hundewetter *n*; **¡a otro ~ con ese hueso!** das können Sie einem anderen erzählen!; machen Sie das einem anderen weis! *fam*; *fam fig* **atar los ~s con longanizas** im Überfluss (*o* im Schlaraffenland) leben; **le conocen hasta los ~s** er ist bekannt wie ein bunter Hund; *fam* **dar ~ a alg** j-n warten lassen; **hacer tanta falta que (un) ~** *o* **los ~s en misa** völlig überflüssig (*o* ganz fehl am Platze) sein; das fünfte Rad am Wagen sein; *fam fig* **hinchar el ~** übertreiben; aufbauschen; *fam* **oler a ~ muerto** fürchterlich stinken; *fam fig* **ser ~ viejo** ein schlauer Fuchs sein, ein alter Hase sein; *fig* **tratar a alg como a un ~** j-n wie einen Hund behandeln; *prov* **~ que ladra no muerde** Hunde, die bellen, beißen nicht; *prov* **muerto el ~, se acabó la rabia** ein toter Hund beißt nicht mehr **5** GASTR **~s** *mpl* **calientes** Hotdogs *mpl* **6** TEC Drehherz *n*; CONSTR (Parallel)Zwinge *f* **B** ADJ *fam* mies *fam*, übel, Hunde… *fam*
perruno ADJ hündisch; Hunde…
persa **A** ADJ persisch; **parecer un mercado ~** wie ein orientalischer Markt aussehen, ein buntes Durcheinander sein **B** M/F Perser *m*, -in *f*
persecución F Verfolgung *f*; **perseguidor** **A** ADJ verfolgend **B** M Verfolger *m*; **perseguidora** F **1** Verfolgerin *f* **2** *Perú fam fig* (*moral baja*) Katzenjammer *m* **3** *Cuba* (*radiopatrullero*) Funkstreifenwagen *m*; **perseguir** ⟨3l *y* 3d⟩ VT verfolgen
perseverancia F Beharrlichkeit *f*; Ausdauer *f*; **perseverante** ADJ beharrlich; standhaft; ausdauernd
perseverar VI ausharren (**en** in *dat*); beharren (**en** auf *dat*)
Persia F Persien *n*
persiana F **1** Jalousie *f*; Rollladen *m*; **~ enarrollable** Rolljalousie *f*; **~ automática** Springrollo *n* **2** TEX Persienne *f* (*geblümter Seidenstoff*)
persianero M, **-a** F, **persianista** M/F Rollladenbauer *m*, -in *f*
pérsico **A** ADJ persisch; **Golfo Pérsico** Persischer Golf *m* **B** M BOT *fruto:* Pfirsich *m*; *árbol:* Pfirsichbaum *m*
persignarse V/R REL sich bekreuzigen, das Kreuz schlagen
persigo → perseguir
persimón M BOT Persimone *f*, (virginische) Dattelpflaume *f*
persistencia F **1** *actividad:* Andauern *n*, Anhalten *n*; Fortbestand *m*; TEC **~ del temple** Härtebeständigkeit *f* **2** (*insistencia*) Beharrlichkeit *f*, Ausdauer *f* (**en** bei *dat*); **persistente** ADJ andauernd; bleibend; BOT **hojas** *fpl* **~s** Dauerbelaubung *f*
persistir VI andauern, anhalten; POL **persiste la mayoría conservadora** die konservative Mehrheit bleibt (*o* besteht auch weiterhin); **~ en su voluntad** auf seinem Willen bestehen (*o* beharren)
persona F **1** *gener* Person *f*; Mensch *m*; **en ~** persönlich; **buena/mala ~** guter/schlechter Mensch *m*; **~s** *pl* **a cargo** Unterhaltsberechtigte(n) *mpl*; **~ de contacto** Ansprechpartner *m*; **~ desplazada** Vertriebene *m/f*; *Esp, Méx fam* **~ grande** Erwachsene *m*; **~ (humana)** Mensch *m*; *Perú* **~ mayor** Erwachsene *m*; POL **~ (non) grata** persona *f* (non) grata; **querer hacer de ~** eine Persönlichkeit sein wollen, etw darstellen wollen *fam*; **ser muy ~** hervorragende Eigenschaften haben **2** JUR Person *f*; **~ física** natürliche Person *f*; **~ internacional** Völkerrechtssubjekt *n*; **~ moral** *o* **jurídica** juristische Person *f*; **~ moral de derecho público** Körperschaft *f* des öffentlichen Rechts; **terceras ~s** *pl* Dritte *mpl*
personación F persönliches Erscheinen *n*; *ante autoridades:* Meldung *f*
personaje M (hohe) Persönlichkeit *f*; TEAT, LIT Person *f*, Figur *f*; **~ clave** Schlüsselfigur *f*; **~ de relieve** hochgestellte Persönlichkeit *f*
personal **A** ADJ persönlich; personal **B** M Personal *n*; *pop* Leute *pl*; **~ de contratación local** Ortskräfte *fpl*; **~ docente** Lehrkräfte *fpl*; **~ especializado** Fachpersonal *n*; **~ de obra** *o* **~ obrero** Arbeitspersonal *n*; **~ de plantilla** Stammpersonal *n*; **~ de servicio** *o* **de maniobra** Bedienungspersonal *n*; AVIA **~ de vuelo** *o* **~ de a bordo** fliegendes Personal *n*, Bordpersonal *n*; **jefe** *m* **de(l) ~** Personalchef *m*
personalidad F Persönlichkeit *f* JUR **~ jurídica** Rechtspersönlichkeit *f*; **personalismo** M **1** PSIC Selbstsucht *f*, Egoismus *m* **2** (*culto a la persona*) Personenkult *m* (*tb* POL) **3** FIL Personalismus *m*; **personalista** ADJ egoistisch, selbstsüchtig; FIL personalistisch; **personalizar** ⟨1f⟩ **A** VT (*personificar*) personifizieren; (*poner una nota personal*) eine persönliche Note geben; GRAM *verbo impersonal* persönlich verwenden **B** VI persönlich werden
personalmente ADV persönlich; **entregar ~** eigenhändig abgeben, persönlich aushändigen; **personarse** V/R persönlich erscheinen; *ante autoridades:* vorsprechen, sich melden
personería F *Am* **1** JUR **~ jurídica** Rechtspersönlichkeit *f* **2** ADMIN **~ (municipal)** *städtisches Kontrollorgan*
personero M, **-a** F **1** *Col* hohe(r) Kontrollbeamter *m*, -beamtin *f* einer Gemeinde **2** *Cuba* Vertreter *m*, -in *f* der Regierung **3** *Perú* Vertreter *m*, -in *f* einer Partei; **personificación** F Personifizierung *f*, Verkörperung *f*; **personificar** VT ⟨1g⟩ personifizieren, verkörpern;
personilla F *fam* sympathische Person *f*
perspectiva F Perspektive *f* (*tb* ARQUIT *y fig*); *fig* Ausblick *m*, Aussicht *f*; **~s** *fpl* Aussichten *fpl* (*fig*); **~ aérea** *dibujo y fotografía:* Luftperspektive *f*; PINT Pleinair *n*; **~ desde abajo** Froschperspektive *f*; GEOM **~ caballera** *o* **convencional** Kavalierperspektive *f*; **~ de líneas** geometrische Perspektive *f*; **alegrarse con la ~ de** sich freuen auf (*acus*); *fig* **de grandes ~s** aussichtsreich; **desde la ~ de** aus der Perspektive (*o* Sicht) von (*dat*); **en ~** *negocios* in Aussicht (stehend); **tener en ~** in Aussicht haben; **sin ~(s)** aussichtslos
perspectivismo M FIL Perspektivismus *m*;
perspectivo **A** ADJ perspektivisch **B** M, **-a** F PINT perspektivische(r) Maler *m*, -in *f*
perspicacia F, **perspicacidad** F (*entendimiento*) Scharfsinn *m*; *vista:* Scharfblick *m*; **perspicaz** ADJ ⟨*pl* -aces⟩ scharfsinnig; hellsichtig; **perspicuidad** F *fig* Deutlichkeit *f*; **perspicuo** ADJ klar, deutlich (*tb fig*)
persuadir **A** VT (*inducir*) überreden; (*convencer*) überzeugen; **dejarse ~** sich bewegen lassen (**a** zu *inf o dat*); **~ a alg a/c** j-n von etw (*dat*) überzeugen; **~ a alg a hacer a/c** j-n dazu bewegen, etw zu tun; **estar persuadido de a/c** von etw (*dat*) überzeugt sein, etw fest glauben **B** V/R **persuadirse** sich überzeugen (**de** von *dat*); **~ a a/c** sich zu etw (*dat*) entschließen; **~ a hacerlo** sich dazu entschließen, es zu tun; glauben, es tun zu müssen; **~ con** *o* **de** *o* **por** sich durch (*acus*) (*o* von *dat*) überzeugen (lassen)
persuasible ADJ glaubhaft; **persuasión** F *acto:* Überredung *f*; (*convencimiento*) Überzeugung *f*; **don** *m* **de ~** → persuasiva
persuasiva F Überredungs-, Überzeugungsgabe *f*; **persuasivo** ADJ überzeugend; **persuasor** **A** ADJ überzeugend **B** M, **persuasora** F Überzeugende *m/f*
pertenecer VI ⟨2d⟩ gehören (**a** *j-m o* zu *dat*); **te pertenece** (*inf*) es ist deine Aufgabe (*o* Pflicht) zu (*inf*); **perteneciente** ADJ zugehörig (**a** *dat*); **pertenencia** F Zugehörigkeit *f*; Eigentum *n*; Zubehör *n*
pértiga F (*vara*) Stange *f*; DEP **salto** *m* **de ~** Stabhochsprung *m*; **~ de medición** lange Messstange *f der Geometer*; **pértigo** M Deichsel *f*
pertiguear VT AGR **~ los árboles** die Früchte von den Bäumen schlagen; **pertiguero** M REL *en la catedral:* Schweizer *m*
pertiguista M/F DEP Stabhochspringer *m*, -in *f*
pertinacia F Hartnäckigkeit *f*; **pertinaz** ADJ ⟨*pl* -aces⟩ (*obstinado*) hartnäckig, zäh; (*muy duradero*) anhaltend
pertinencia F *espec* ADMIN, JUR Sachgemäßheit *f*, Sachdienlichkeit *f*; Angebrachtheit *f*; (*admisibilidad*) Zulässigkeit *f*; LING Relevanz *f*; **sin ~** unerheblich, bedeutungslos; JUR rechtsunerheblich; **pertinente** ADJ zur Sache gehörig, sachgemäß; (*perteneciente*) einschlägig; (*acertado*) passend, treffend; JUR (*admisible*) zulässig, rechtserheblich; LING relevant; JUR **oficios** *mpl* **~s** erforderliche Anträge *mpl*
pertrechar **A** VT (*abastecer*) ausrüsten; (*preparar*) herrichten **B** V/R **pertrecharse** sich versehen, sich versorgen (**con, de** mit *dat*); **pertrechos** MPL **1** (*equipamiento*) Ausrüstung *f*; **~ (bélicos)** Kriegsgerät *n* **2** (*aparatos*) Geräte *npl*; AGR **~ de siega** Erntege-

P

räte *npl*; -maschinen *fpl*
perturbación F Störung *f* (*tb* MED, METEO, FÍS, TEC); (*agitación*) Unruhe *f*; RADIO **-ones** *fpl* Störungen *fpl*, Nebengeräusch *n*; METEO **~ atmosférica** Unwetter *n*; ELEC **~ de** *o* **por interferencia** Interferenzstörung *f*; MED **~ mental** *o* **de la razón** Sinnesverwirrung *f*; POL **-ones** *fpl* **sociales** soziale Unruhen *fpl*
perturbado A ADJ **~ mental** geistesgestört B M, **-a** F Geistesgestörte *m/f*; **perturbador** A ADJ (*que confunde*) verwirrend; (*trastornante*) störend B M, **perturbadora** F Ruhestörer *m*, -in *f*
perturbar A V/T (*confundir*) verwirren; (*trastornar*) stören; (*inquietar*) beunruhigen; **~ el orden público** die öffentliche Ordnung stören B V/R **perturbarse** (*desconcertarse*) in Verwirrung geraten; (*perder la razón*) den Verstand verlieren
Perú M Peru *n*; *fig* Goldgrube *f*; *fam fig* **valer un ~** von unschätzbarem Wert sein
peruanidad F → peruanismo 2; **peruanismo** M 1 LING peruanischer Ausdruck *m* 2 *temperamento, carácter*: peruanische Wesensart *f*; Peruanertum *n*; **peruanizar** V/T ⟨1f⟩ peruanisch machen
peruano A ADJ peruanisch B M, **-a** F Peruaner *m*, -in *f*
perucho M, **-a** F *fam* → peruano; **perulero** A ADJ → peruano B M HIST *aus Peru als reicher Mann nach Spanien Heimkehrender*; *fig* Neureiche *m*; **peruviano** → peruano
perversidad F Verderbtheit *f*; **perversión** F Verderbnis *f*, Entartung *f*; Verfall *m* (der Sitten); **~ (sexual)** Perversion *f*; **perverso** ADJ *moralmente*: verderbt; entartet; *sexualmente*: widernatürlich, pervers; **pervertido** A ADJ pervers B M, **-a** F Perverse *m/f*; **pervertidor** M, **pervertidora** F Verführer *m*, -in *f*; Verderber *m*, -in *f*; **pervertimiento** M 1 (*seducción*) Verführung *f* 2 (*corrupción*) Verderbtheit *f*
pervertir ⟨3i⟩ A V/T *costumbres, etc* verderben; *personas* verführen; *verdad* entstellen, verdrehen; pervertieren B V/R **pervertirse** sittlich verkommen; korrupt werden
pervitina F FARM Pervitin *n*
pervivencia F Fortbestand *m*; **pervivir** V/I weiter bestehen, fortbestehen
pesa F 1 Gewicht *n* (*zum Wiegen*); Gewichtstein *m*; *del reloj*: Uhrgewicht *n*; **~ de contraste** Eichgewicht *n*; **~ equilibradora** Auswuchtgewicht *n* 2 DEP Hantel *f*; **hacer ~s** Krafttraining machen 3 *Am Centr, Col, Ven* (*carnicería*) Fleischerei *f*, Metzgerei *f* 4 *Am reg* (*balanza*) Waage *f*
pesabebés M ⟨*pl inv*⟩ Babywaage *f*; **pesacartas** M ⟨*pl inv*⟩ Briefwaage *f*; **pesada** F Einwaage *f*; **pesadamente** ADV schwerfällig; **pesadez** F 1 *en la cabeza, estómago, etc*: Schwere *f*; AVIA **~ de cola** Schwanzlastigkeit *f* 2 (*torpeza*) Schwerfälligkeit *f*; Plumpheit *f*; (*importunidad*) Aufdringlichkeit *f* 3 (*molestia*) Beschwerlichkeit *f*
pesadilla F Albdruck *m*, -traum *m*
pesado A ADJ 1 schwer (*tb* QUÍM *agua*); Schwer…; *tiempo* schwül, drückend; MAR **~ de proa** buglastig 2 (*torpe*) schwerfällig, plump 3 (*molesto*) lästig; (*aburrido*) langweilig; (*importuno*) aufdringlich B M *Perú* Unglücksort *m*
pesadumbre F 1 (*torpeza*) Schwerfälligkeit *f* 2 (*pena*) Kummer *m*, Gram *m*; **pesaje** M DEP Wiegen *n*
pésame M Beileid *n*; **dar el ~ a alg** j-m sein Beileid aussprechen
pesantez F Schwere *f*; **pesapersonas** ADJ *inv* **báscula** *f* **~** Personenwaage *f*
pesar¹ A V/T 1 (ab)wägen (*tb fig ponderar, estimar*); (ab)wiegen 2 *Col, Ven carne* verkaufen B V/I 1 wiegen; *fig* reuen; **mal que le pese** ob er will oder nicht, ob es ihm passt oder nicht; **mal que me pese** so leid es mir tut; **eso te pesará** das wird dir noch leidtun; **pese lo que pese** egal, was es kostet 2 CJ **a ~ de** trotz (*dat o gen*); **a ~ de** (*inf*) obschon, obwohl, wenn auch (*ind*)
pesar² M (*preocupación*) Leid *n*; Gram *m*, Kummer *m*, Sorge *f*; **muy a ~ mío** zu meinem (großen) Bedauern; **a ~ de los ~es** trotz aller Schwierigkeiten
pesario M MED Pessar *n*
pesaroso ADJ 1 (*arrepentido*) reuig 2 (*preocupado*) betrübt, voller Gram
PESC F ABR (Política Exterior y de Seguridad Común) GASP *f* (Gemeinsame Außen- und Sicherheitspolitik)
pesca F 1 *acción*: Fischfang *m*, Fischzug *m*; Fischerei *f*; **~ de (gran) altura** (Hoch)Seefischerei *f*; **~ de arrastre** Schlepp(netz)fischerei *f*; **~ de bajura/de costera** Küstenfischerei *f* mit kleinen/großen Fahrzeugen; **~ ballenera** Walfang *m*; **~ deportiva** Sportfischerei *f*; **~ excesiva** Überfischen *n*; **~ fluvial/marítima** Fluss-/Seefischerei *f*; **~ submarina** Unterwasserjagd *f*; **barco** *m* **de ~** Fischerboot *n*; *tb fig* **¡buena ~!** guten Fang!; Petri Heil!; **derecho** *m* **de ~** Fischereirecht *n*; **paraje** *m* **de ~** Fischgründe *mpl* 2 *fig* (*lo pescado*) Fang *m*, gefangene Fische *mpl* 3 *fam fig* **y toda la ~** und die ganze Sippschaft; und der ganze Klimbim
pescada F 1 → merluza 2 *reg* → bacalao 3 *jerga del hampa* → ganzúa; **pescadería** F Fischgeschäft *n*; Fischmarkt *m*; **pescadero** M, **-a** F Fischhändler *m*, -in *f*
pescadilla F *pez*: Weißling *m*; **~s** *pl* **fritas** gebratene junge Seehechte *mpl*; *Esp fam fig* **oler la ~** etw (*meist Negatives*) wittern
pescado M 1 GASTR Fisch *m*; **~ azul (blanco)** Fisch *m* mit dunklem (weißem) Fleisch; **~ congelado** tiefgefrorener Fisch *m*; **conservas** *fpl* **de ~** Fischkonserven *fpl*; **~ congelado** Gefrierfisch *m*; **~ en escabeche** *o* **a la marinera** marinierter (*o* eingelegter) Fisch *m*; **~ frito/rebozado** Brat-/Backfisch *m*; **~ de mar/de río** See-/Flussfisch *m*; **sopa** *f* **de ~** Fischsuppe *f* 2 *Ven fam* hässliche Frau *f*, Besen *m fam*
pescador M, **pescadora** F 1 Fischer *m*, -in *f*; **~ de caña** Angler *m*; **~ furtivo** Fischwilderer *m*; **~a de perlas** Perlenfischerin *f* 2 *Chile, RPl comerciante*: Fischhändler *m*, -in *f* 3 *pez*: → pejesapo
pescaíto M kleiner Fisch *m*; GASTR **~s** *pl* **fritos** kleine gebratene Fische *mpl*
pescante M 1 (*asiento del conductor de un carruaje*) Kutschbock *m* 2 TEC Ausleger *m*; *de una grúa*: Kranausleger *m* 3 MAR Anker-, Bootsdavit *m*; **~s** *mpl* **ordinarios** Schwenkdavits *mpl*
pescar ⟨1g⟩ A V/T & V/I fischen; *fig* erwischen, (auf)schnappen; *enfermedad* sich holen; **~ al arrastre** mit Schleppnetz fischen; **~ con caña** angeln; *fig* **~ en aguas turbias** *o* **en río revuelto** im Trüben fischen; *fam fig* **no sabes lo que te pescas** du hast ja keine Ahnung, worum es geht; du kommst in Teufels Küche!; *fam*; *fig* **~ al vuelo** im Fluge auffangen; gleich richtig erfassen; *fam fig* **se pescó un marido** sie hat sich (*dat*) einen Mann geangelt *fam*; *fam fig* **~ una merluza** sich ansäuseln *fam* B V/R **pescarse** *fam fig* erwischen, (auf)schnappen
pescozón M *fam* Schlag *m* ins Genick; **pescozudo** ADJ feist-, stiernackig; **pescuecete** *Chile* **ir de ~** sich umarmen; **pescuezo** M ANAT Genick *n*, Nacken *m*; Hals *m*; *fam* **(re)torcer el ~ a alg** j-m den Hals (*o* den Kragen) umdrehen *fam*; *fam fig* **jugarse el ~** Kopf und Kragen riskieren *fam*
pese ADV **~ a** trotz (*gen o dat*); **~ a que** obwohl
pesebre M AGR Krippe *f*; *espec Am fig* (*belén*) Weihnachtskrippe *f*
pesero M 1 *Méx* (*vehículo colectivo*) Sammelbus *m*; Kleinbus *m*; *conductor*: Kleinbusfahrer *m* 2 *Am Centr, Col, Ven* (*carnicero*) Metzger *m*, Fleischer *m*
peseta F *Esp* HIST Pesete *f*; *fam fig* **cambiar la ~** (sich) erbrechen, sich übergeben; *fam* **mirar la ~** knauserig sein
pesetada F *Am Mer fam* Reinfall *m*, Betrug *m*
pésete M Fluch *m*, Verwünschung *f*
pesetera F 1 *pop* (*prostituta*) billige Nutte *f pop* 2 (*persona tacaña*) geizige Person *f*; **pesetero** *fam* A ADJ geizig, knickerig; raffgierig B M *Am* Geizhals *m*
pesificar V/T *espec Arg* ECON in Pesos konvertieren
pesillo M 1 *balanza*: Münz-, Goldwaage *f* 2 (*moneda de poco valor*) kleine Münze *f*
pesimismo M Pessimismus *m*; **pesimista** A ADJ pessimistisch B M/F Pessimist *m*, -in *f*
pésimo ADJ ⌐*sup de* **malo**⌐ äußerst schlecht
peso M 1 *objeto, masa*: Gewicht *n*, Schwere *f*; Last *f*; MAR **~s** *pl en redes de arrastre*: Grundgewichte *npl* (*in Treibnetzen*); **~ atómico/molecular** Atom-/Molekulargewicht *n*; **~ bruto/neto** Brutto-/Nettogewicht *n*; **~ en canal** Schlachtgewicht *n*; FÍS **~ centrífugo** Flieh-, Zentrifugalgewicht *n*; **~ cúbico** Raumgewicht *n*; **~ efectivo** *o* **real** Istgewicht *n*; AVIA **~ al despegue** Startgewicht *n*; **~ al envasar** (Ab)Füllgewicht *n*; FÍS **~ específico** spezifisches Gewicht *n*; COM **~s grandes/pequeños** Schwer-/Leichtgut *n*; COM **~ por pieza** Stückgewicht *n*; **~ móvil** Laufgewicht; *en balanzas*: Schiebegewicht *n*; **~ muerto** totes Gewicht *n*, Totlast *f*; **~ propio** Eigengewicht *n*; **~ útil** Nutzgewicht *n*, -last *f*; **~ en vacío** *o* **~ sin carga** Leergewicht *n*; **~ en vivo** Lebendgewicht *n*; AVIA **~ (en orden) de vuelo** Fluggewicht *n*; *tb* MED **exceso** *m* **de ~** Übergewicht *n*; COM Mehrgewicht *n*; Überfracht *f*; **falto de ~** mindergewichtig; *fig* **caer(se) por su (propio) ~** selbstverständlich sein; COM **dar buen ~** volles Gewicht geben; *fam fig* **no estar en su ~** nicht auf dem Damm sein; *fig* **a ~ de oro** sehr teuer; **pagar a ~ de oro** mit Gold aufwiegen; **tomar a ~** mit der Hand abwiegen; *fig* abwägen, prüfen; **(vender) a(l) ~** nach Gewicht (verkaufen); **de ~** *numismática*: vollwichtig; *fig* (ge)wichtig; bedeutend; schwer wiegend; **sin ~** gewichtslos; FÍS schwerelos; *fig* ohne Gewicht 2 *fig* (*carga*) Bürde *f*, Last *f*; *fig* **se nos quitó un (gran) ~ de encima** uns fiel ein Stein vom Herzen; *fig* **llevar en ~ a/c** eine Sache ganz übernehmen 3 *fig* (*importancia*) Bedeutung *f*, Gewicht *n*; **ganar ~** zunehmen; **levantar en ~** *j-n* in die Höhe heben; **perder ~** *fig importancia* an Bedeutung verlieren; *fig* **tener ~** Gewicht haben, zählen 4 (*balanza*) Waage *f*; *fig* **valer su ~ en oro** sein Geld wert sein 5 *unidad de moneda*: Peso *m*; **~ oro** Goldpeso *m*; *Esp* HIST **~ duro** *o* **fuerte** Silbertaler *m* 6 DEP Gewicht *n*; Kugel *f*; **lanzamiento** *m* **de ~** Kugelstoßen *n*; **levantar ~s** Gewichtheben 7 DEP *boxeo*: **~ (de) gallo** Bantamgewicht *n*; **~ mosca** Fliegengewicht *n*; **~ pesado** Schwergewicht *n*; *fig* hohes Tier *n*; **~ pluma** Fliegengewicht *n*; **~ semipesado** Halbschwergewicht *n*; **~ welter** Weltergewicht *n* 8 MED **~ gástrico** Magendruck *m*, -drücken *n*
pespita F *Guat* kokettes Mädchen *n*
pespuntar → pespuntear; **pespunte** M 1 (*labor de costura*) Steppen *n*; Stepparbeit *f* 2 *costura*: Steppnaht *f*; **pespuntear** V/T 1

P

TEX steppen 2 p. ext guitarra zupfen 3 Méx → zapatear
pesquera F 1 (presa) Staudamm m; Wehr n 2 RADIO Wellensucher m 3 → pesquería; **pesquería** F 1 (sitio de pesca) Fischgrund m; Angelplatz m; ~ **de perlas** Perlenbank f 2 (pesca) Fischerei f, Fischfang m 3 → pescadería
pesquero A ADJ Fischer... B M 1 barco: Fischdampfer m 2 reg comerciante: Fischhändler m
pesquis fam M **tener mucho ~** viel Grips haben fam; **no tener ~** dumm sein
pesquisa A F (investigación) Untersuchung f, Nachforschung f; (indagación) Suche f, Recherche f; de la policía: Fahndung f; JUR Ermittlungsverfahren n; **hacer ~s** Nachforschungen anstellen; recherchieren B M Esp Schnüffler m; Arg (policía secreto) Geheimpolizist m; **pesquisar** V/T untersuchen; nachforschen nach (dat); **pesquisidor** M, **pesquisidora** F mit der Untersuchung beauftragte(r) Beamter m, Beamtin f; **oficial** m ~ Ermittlungsbeamte m
pestaña F 1 en el ojo: Wimper f; **cepillo** m **de ~s** Wimpernbürste f; fam fig **sin mover ~** ohne mit der Wimper zu zucken; fam fig **quemarse las ~s** wild büffeln fam, bis spät in die Nacht arbeiten 2 TEX en vestidos: Biese f, Franse f, Borte f 3 TEC Rad-, Spurkranz m; en chapas: Falz m 4 en encuadernaciones: vorstehender Rand m 5 TEX Zettelende n
pestañada F 1 Am (parpadeo) Blinzeln n 2 Perú fam (siestecita) Nickerchen n; **pestañear** V/I 1 (parpadear) blinzeln; fam fig **sin ~** ohne mit der Wimper zu zucken 2 Perú (echar una siestecita) ein Nickerchen machen; **pestañeo** M Blinzeln n; **pestañí** jerga del hampa (policía) Polente f, Bullen mpl; **pestañoso** ADJ mit langen Wimpern; BIOL gewimpert
pestazo M fam fürchterlicher Gestank m fam
peste F 1 MED, VET Pest f; ~ **bovina/porcina** Rinder-/Schweinepest f; ~ **bubónica** Beulenpest f; ~ **neumónica** Lungenpest f 2 fig Pest f; (mal olor) Gestank m; fig **echar ~s (contra)** schimpfen (auf acus), wettern (gegen acus) 3 TEC ~ **del estaño** Zinnpest f
pesticida M AGR Schädlingsbekämpfungsmittel n, Pestizid n; **pestífero** ADJ stinkend; verpestend
pestilencia F Pest(ilenz) f; **pestilencial, pestilente** ADJ scheußlich stinkend, verpestend, pestilenzialisch
pestillo M 1 de puerta: Türriegel; de ventana: Fensterriegel m; ~ **de golpe** Schnappschloss n, Schnäpper m 2 TEC Riegel m; Sperrklinke f; MIL en el fusil: Patronenrahmenhalter m; MIL (cerrojo de la ametralladora) Schlossriegel m am Maschinengewehr; ~ **de bloqueo** Sperrriegel m
pestiño M 1 GASTR *in Honig getauchter Pfannkuchen* 2 fam (cosa aburrida) langweilige Sache f; Langeweile f
pesto M 1 GASTR Pesto n 2 fam (paliza) Tracht f Prügel
pestorejo M Stiernacken m; fam fig Hals m
pestoso ADJ Am Pest...
PET ABR 1 M (polietilenotereftalato) QUÍM, ECOL PET n (Polyethylenphtalat) 2 F (tomografía de emisión de positrones) MED PET f (Positronen-Emissions-Tomografie)
petaca A ADJ Chile (torpe) schwerfällig, unbeholfen B F 1 Am (arca de viaje) Reisekoffer m, -korb m; Lederkoffer m; Col **echarse con las ~s** → petaquear A 2 (cigarrera) Zigarrenetui n, -tasche f; Tabaksbeutel m; Lederetui n 3 pop (cama) Bett n, Falle f fam 4 (botellín plano de bolsillo) Taschenflasche f, Flachmann m fam 5 Am Centr fam (giba) Buckel m 6 Col ZOOL Anakonda f
petacón ADJ Am reg fam 1 (gordo) dick 2 (torpe) plump, schwerfällig
pétalo M BOT Blütenblatt n
petanca F Boule(spiel) n
petanque M Méx Silbererz n
petaquear A V/I y V/R ~**se** (aflojar, perder las ganas) die Lust verlieren, nachlassen B V/T Col 1 (dañar) j-m schaden 2 (matar) j-n killen, umlegen fam
petar V/I fam **si te peta** wenn du Lust hast
petardear A V/T 1 (batir a tiros explosivos) mit Sprengschüssen sprengen 2 fam fig (estafar) betrügen, prellen; anpumpen fam B V/I 1 (martillear) knattern 2 fam (fanfarronear) angeben; **petardero** M 1 (pirotécnico) Feuerwerker m; Sprengmeister m 2 fam fig → petardista; **petardista** M fam (estafador) Gauner m; Pumpgenie n fam
petardo M 1 (cuerpo explosivo) Feuerwerkskörper m, Böller m; Sprengkörper m, -kapsel f; -schuss m; **hacer ~s con los dedos** mit den Fingern schnalzen; fam fig **pegar un ~ a alg** j-n übers Ohr hauen fam 2 fam fig (chorrada) Schmarren m fam; persona: Niete f, Esp lästiger Kerl m; Arg (prostituta) Nutte f pop; **ser un ~** cosa stinklangweilig sein; persona potthässlich sein
petate A M 1 Am reg (estera de palma) Palmblattmatte f 2 fam (equipaje) Bündel n; Gepäck n; de los marineros: Seesack m; fam fig **liar el ~** sein Bündel schnüren; sterben 3 pop en la cárcel, etc: Pritsche f 4 Am reg (perezoso) Faulpelz m; Nulpe f fam 5 Cuba fam (desorden) Durcheinander n, Krach m B ADJ Méx fam (tonto) dumm; (torpe) unbeholfen; (cobarde) feige; **petatearse** V/R Méx fam sterben, abkratzen pop
petenera F 1 MÚS *andalusisches Volkslied* 2 fam fig **salir(se) por ~s** dummes Zeug reden; aus der Rolle fallen
peteretes MPL reg fam Naschereien fpl
petersburgués ADJ aus Sankt Petersburg
petición F 1 (ruego, deseo) Bitte f, Ansuchen n; Anliegen n; ~ **de información** Bitte f um Information(en), Anforderung f von Informationen; **a ~ de** auf Ersuchen (o Wunsch) (gen o von dat); ~ **en matrimonio** Anhalten n um die Hand eines Mädchens; lógica: ~ **de principio** Zirkelschluss m, Petitio f principii; **hacer la ~ de mano** um die Hand eines Mädchens anhalten 2 ADMIN, JUR Gesuch n; JUR Bittschrift f; Antrag m; POL Petition f; ~ **de asilo** Asylantrag; ~ **de extradición** Auslieferungsbegehren n; **hacer** o **formular** o **presentar una ~** ein Gesuch (o POL eine Petition) einreichen 3 MED ~ **de hora** Anmeldung f (beim Arzt)
peticionante M/F Am, **peticionario** M, **-a** F Bittsteller m, -in f; ADMIN Antragsteller m, -in f
petifoque M MAR Außenklüver m
petigrís M ZOOL y piel: Feh n, Grauwerk n; **petimetre** M Geck m, Fatzke m fam
petirrojo M ORN Rotkehlchen n
petiseco ADJ verfallen, runz(e)lig, welk
petiso RPl, Arg, Bol, Par, Perú A ADJ niño, pequeño animal klein und gedrungen B M caballo: (kleines) Reitpferd n
petisú M GASTR Windbeutel m mit Cremefüllung
petitero fam A ADJ Arg herausgeputzt, geschniegelt und gebügelt B M Arg Dandy m
petit grain [pe'ti-γren] M **esencia** f **de ~** Petit-Grain-Öl n (Art Pomeranzenessenz zur Parfümherstellung)
petitoria F fam Bitte f, Ersuchen n; **petitorio** A ADJ Bitt...; **carta** f **-a** Bittschrift f; **mesa** f **-a** Sammeltisch m (für eine Kollekte) B M 1 FARM de las farmacias: Standardliste f (der Apotheken) 2 fam fig (petición impertinente) dreistes Ersuchen n
petitpois [peti'pwa] M C. Rica, Cuba, Nic, Pan, S.Dgo BOT, GASTR Erbse f
peto M 1 (armadura de pecho) Brustpanzer m; ZOOL Bauchpanzer m 2 TAUR de caballo: Brustschutz m 3 ropa de trabajo: Brustlatz m; Oberteil n; p. ext de jardinero: Arbeitsanzug m; **(pantalón** m **de) ~** Latzhose f 4 pez: Pfauenlippfisch m
petral M equitación: Brustriemen m
petrel M ZOOL Sturmschwalbe m
pétreo ADJ steinern (tb fig), Stein...; steinhart
petrificación F Versteinerung f
petrificar ⟨1g⟩ A V/T versteinern B V/R **petrificarse** versteinern, zu Stein werden; fig erstarren
petrodólar M Petrodollar m; **petroglifo** M prehistoria: Felszeichnung f; **petrografía** F Gesteinskunde f
petróleo M Erdöl n; Petroleum n; ~ **de alumbrado** Leuchtöl n; ~ **crudo** Rohöl n; **pozo** m **de ~** Ölquelle f, Petroleumschacht m
petrolero A ADJ Erdöl..., Petroleum...; **empresa** f o **compañía** f **-a** Mineralölgesellschaft f; **flota** f **-a** Tankerflotte f B M 1 (comerciante de petróleo) Petroleumhändler m 2 MAR Tanker m 3 HIST Revolutionär m, Mordbrenner m
petrolífero ADJ erdölhaltig; Erdöl führend; Erdöl...; **campo** m ~ (Erd)Ölfeld n; **plataforma** f **-a** Ölplattform f; **yacimiento** m ~ (Erd)Ölvorkommen n
petroquímica F Petrochemie f; **petroquímico** ADJ petrochemisch
petulancia F 1 (atrevimiento, descaro) Ungestüm n; Dreistigkeit f 2 (presunción) Anmaßung f; Eitelkeit f; **petulante** ADJ 1 (atrevido) ungestüm; dreist; mutwillig 2 (presuntuoso) anmaßend; eitel
petunia F BOT Petunie f
peúco M Babysocke f
peyorativo ADJ LING pejorativ, abschätzig
peyote M Méx BOT cactus: Peyotekaktus m; **peyotero** M, **-a** F Peyotesammler m, -in f; -händler m, -in f
pez[1] M ⟨pl peces⟩ ZOOL Fisch m; ~ **abisal** Tiefseefisch m; ~ **de adorno** o **de colores** Zierfisch m; ~ **de agua dulce** o ~ **dulceacuícola** Süßwasserfisch m; ~ **ballesta/cartilaginoso** Drücker-/Knorpelfisch m; ~ **de consumo/dorado** Speise-/Goldfisch m; ~ **depredador** Raubfisch m; ~ **espada/forraje** Schwert-/Futterfisch m; ~ **globo** Kugelfisch m; fam fig ~ **gordo** hohes Tier n fam, großer (o dicker) Fisch m (fam fig); ~ **luna** Mondfisch m; ~ **macho** Milchner m; ~ **martillo/óseo** Hammer-/Knochenfisch m; ~ **ornamental** Zierfisch m; ~ **de San Pedro** Heringskönig m, Petersfisch m; ~ **piloto/sable** Lotsen-/Degenfisch m; ~ **tachuela** Stachelhai m; ~ **verde** Meerpfau m; ~ **volador** Fliegender Fisch m; ~ **zorro** Fuchshai m; fig **como (el) ~ en el agua** wie der Fisch im Wasser; fig enseñanza: **estar ~** nicht vorbereitet sein; fam **estar ~ en a/c** von etw (dat) keine Ahnung haben; von etw nichts verstehen; fam fig **me río yo de los peces de colores** darauf pfeife ich fam; fam fig **salga ~ o salga rana** auf gut Glück, wie es der Zufall will; prov **el ~ por la boca muere** ≈ Reden ist Silber, Schweigen ist Gold
pez[2] F sustancia negra: Pech n; ~ **aislante/de zapateros** Isolier-/Schusterpech n
pezón M 1 pecho femenino: Brustwarze f; de animales: Zitze f; p. ext ~ **materno** Mutterbrust f 2 (rabillo) Stiel m; (cabo) Ende n, Zipfel m; **pezonera** F 1 MED Warzen-, Saughütchen n; Brustglas n; AGR Melkzitze f; Am reg → biberón 2 TEC del eje de la rueda: Radnagel m, Lünse f
pezuña F 1 ZOOL de animales de pata hendida: Klaue f der Spalthufer; de los équidos: Huf m der Einhufer; pop fig (mano) Hand f; pop fig **meter la ~** sich blamieren, ins Fettnäpfchen treten fam 2 Am reg (olor de los pies) Fußgeruch m

PGC M ABR (Parque Guardia Civil) *Esp* Kraftfahrzeugpark *m* der Guardia Civil
PGOU M ABR (Plan General de Ordenación Urbana) Generalbebauungsplan *m*
PHN M ABR (Plan Hidrológico Nacional) staatlicher Wasserwirtschaftsplan *m*
physalis M BOT Physalis *m*
piada F 1 *(acción de piar)* Piep(s)en *n* 2 *fam fig (expresión copiada)* (von anderen) übernommener Ausdruck *m*, Nachpiepen *n fam*; **piador** A ADJ piep(s)end B M *jerga del hampa* Trinker *m*
piadoso ADJ 1 *(religioso, devoto)* fromm; andächtig; **ejercicios** *mpl* **~s** Andachtsübungen *fpl* 2 *(benigno, misericordioso)* barmherzig; mitleidig; mild(tätig); **obras** *fpl* **-as** gute Werke *npl*
piafar V/I *caballo* tänzeln, die Hufe spielen lassen
pial M *Am* 1 *(lazo)* Lasso *m*, Wurfschlinge *f* 2 *(tiro de lazo)* Lassowurf *m*; **pialar** V/T *Am (die Beine eines Tieres)* mit der Wurfschlinge fesseln
piamadre F ANAT weiche Hirnhaut *f*, Pia Mater *f*
Piamonte M Piemont *n*
piamontés A ADJ aus Piemont B M, **-esa** F Piemontese *m*, Piemontesin *f*
pian ADV *fam* langsam; sachte
pián M MED Himbeerseuche *f*, Frambösie *f*
pianísimo ADV MÚS pianissimo; **pianista** M/F Klavierspieler *m*, -in *f*, Pianist *m*, -in *f*; **pianístico** ADJ pianistisch; Klavier...
piano A M Klavier *n*; Piano *n*; **(gran) ~ de concierto** Konzertflügel *m*; **~ de cola** Flügel *m*; **~ de media** *o* **de cuarto de cola** *o* **~ colín** Stutzflügel *m*; **~ cuadrado** Tafelklavier *n*; **~ vertical** *o* **recto** Klavier *n*; **tocar el ~** Klavier spielen; *Perú fam fig* stehlen B ADV 1 MÚS piano 2 → pian
pianola F mechanisches (*o* elektrisches *fam*) Klavier *n*, Pianola *n*
piar V/I ⟨1c⟩ piep(s)en; *fam fig* **~ por a/c** etw (unbedingt) haben wollen; *fam* **~la(s)** sich beklagen
piara F Schweineherde *f*; *p. ext tb* (Maultier-, Rinder- *etc*) Herde *f*
piastra F *unidad de moneda*: Piaster *m*
PIB M ABR (Producto Interior Bruto) BIP *n* (Bruttoinlandsprodukt)
pibe M *RPl fam* Kleine *m*, Junge *m*
pica[1] F 1 *(lanza larga)* Spieß *m*, Lanze *f*, Pike *f* (*tb* TAUR); *p. ext (soldado)* Landsknecht *m*, Pikenier *m*; *fig* **poder pasar por las ~s de Flandes** vollkommen sein, der strengsten Kritik standhalten; **poner una ~ en Flandes** etwas sehr Schwieriges (*o* eine große Tat) vollbringen 2 *(escoda)* Spitzhacke *f*, Pickel *m* 3 TEC Spitze *f*, Dorn *m*, Stachel *m* 4 *juego de cartas*: Pik *n* 5 *Am Mer gomero*: Anzapfen *n* der Gummibäume 6 *Am Mer (senda en la selva)* Urwaldpfad *m*
pica[2] F MED → malacia 2
picabarrenas M ⟨*pl inv*⟩ MIN Abbaubohrer *m*; **picacho** M Bergspitze *f*, Spitze *f*; **picachón** M Spitzhacke *f*, Pickel *m*
picada F 1 *de insecto*: (Insekten)Stich *m*; *de ave*: Schnabelhieb *m* 2 **(seguir) en ~** → picado B 1 3 *pesca*: Anbeißen *n* der Fische 4 *Am en la selva*: Pfad *m*; Waldschneise *f* 5 *Arg (vado estrecho)* schmale Furt *f* 6 *Bol a la puerta*: Klopfen *n* 7 *Cuba* → sablazo 8 *Chile, Perú* VET Milzbrand *m des Viehs*
picadero M 1 *equitación*: Reitbahn *f*; Reitschule *f* 2 *fam fig (vivienda de soltero)* Junggesellenbude *f*; *(vivienda para tener relaciones sexuales)* Liebesnest *n*, Absteige(quartier *n*) *f* 3 MAR Kielholz *n*, -block *m*; **~s** *mpl* Stapel *m* 4 CAZA Brunftplatz *m* 5 *Col (matadero)* Schlachthaus *n*, -hof *m*
picadiente M *Méx* Zahnstocher *m*
picadillo M Hackfleisch *n*; *(relleno para salchichas)* Wurstfülle *f*, Brät *n (al.d.S, Austr)*; **~ de carne de ternera** Kalbshaschee *n*; *fam fig* **estar hecho ~** hundemüde sein; *fam fig* **hacerle ~ a alg** aus j-m Hackfleisch machen *fam fig*; j-n gewaltig zusammenstauchen *fam*
picado A ADJ *fruta* angepickt, angefressen; *vino* einen Stich habend; *diente* hohl, faul; *persona* gekränkt, pikiert *fam*; *Méx* angeheitert; MAR kabbelig; GASTR gehackt, zerkleinert; *calle* voller Schlaglöcher; **~ de viruelas** pockennarbig B M 1 AVIA **~ vertical** *o* **vuelo** *m* **en ~** Sturzflug *m*; *fig, espec* COM **seguir** *o* **caer en ~** sich im freien Fall befinden 2 MÚS Stakkato *n* 3 TEC Feilenhieb *m*; AUTO *motor*: Klopfen *n* 4 *Cuba* Waldschneise *f* 5 *Méx árbol*: Anzapfen *n*
picador M 1 *(domador de caballos)* Zureiter *m*; Kunstreiter *m*; TAUR Pikador *m*; *fam fig* **tener la cabeza más dura que un ~** ein Dickschädel sein 2 MIN **~ (de minas)** Hauer *m* 3 *(tabla de cortar)* Hackbrett *n*, Gemüseschneider *m* 4 MAR Block *m zur Kielauflage* 5 *Am reg (sacador de caucho)* Kautschukzapfer *m*; GASTR **~ de hielo** Eispickel *m*
picadora F Fleischwolf *m*; **~ (de forraje)** Futterschneid- (*o* Häcksel)maschine *f*
picadura F 1 *acción*: Stechen *n*; Picken *n*; Hacken *n*, *de tabaco, forraje*: Häckseln *n* 2 *(pinchazo)* Stich *m*; *(mordedura de un insecto)* Insektenstich *m*, -biss *m*; *de un barril*: Anstich *m* 3 *en una fruta*: angestochene (*o* angestoßene) Stelle *f*, Macke *f fam*; *en vestimenta*: Mottenfraß *m*; *(corrosión)* Lochfraß *m bei Metallen*; **~ de gusanos** Wurmfraß *m* 4 **(tabaco** *m* **de) ~** (grober) Schnitttabak *m*, Grobschnitt *m* 5 ODONT Karies *f* 6 TEC Feilenhieb *m*; (Schaft)Riffelung *f*
picaduría F *Chile* Platz *m* zum Holzspalten
picafigo M ORN Feigendrossel *f*; **picaflor** M *Am* ORN Kolibri *m*; *Am fig* Schürzenjäger *m*, Don Juan *m*
picajón *fam*, **picajoso** ADJ *fam* reizbar; empfindlich, leicht pikiert *fam*; **picamaderos** M ⟨*pl inv*⟩ ORN *Art* Grünspecht *m*
picana F 1 *(vara para aguijar los bueyes)* Ochsenstachel *m* 2 *espec Arg, Ur* **~ (eléctrica)** Elektro(schock)stab; **picanear** V/T 1 AGR anstacheln 2 *espec Arg, Ur* mit dem Elektrostab foltern
picante A ADJ scharf, pikant (*tb fig*) B M *condimento*: scharfes Gewürz *n*; *Am comida*: stark gewürztes (*espec* gepfeffertes) Gericht *n*; **picantería** F 1 *Perú* Speisewirtschaft *f*, *die vor allem scharf gewürzte Speisen* (→ picante) *anbietet* 2 *Col* (einfaches) Straßenrestaurant *n*; **picantero** M, **-a** F *Perú* (Straßen)Verkäufer *m*, -in *f* von scharf gewürzten Speisen (→ picante)
picaño ADJ 1 *(andrajoso)* zerlumpt; verwahrlost 2 *(holgazán)* faul; *(pícaro)* frech
picapedrero M Steinklopfer *m*; **picapica** M 1 *Am* BOT Nesselliane *f* 2 *fam (picazón)* Jucken *n*, Juckreiz *m*; **polvos** *mpl* **de ~** Juckpulver *n*; **picapleitos** M ⟨*pl inv*⟩ *fam* Winkeladvokat *m*; **picaporte** M 1 (Tür)Drücker *m*, Klinke *f*; AUTO **~ interior** Gegendrücker *m* 2 *reg y Am Mer* Türklopfer *m*; **picapuerco** M ORN Mittelspecht *m*
picar ⟨1g⟩ A V/T 1 *aguja, insecto*: stechen; *serpiente*: beißen; *modelos, normas, etc* ausstechen; *billete* lochen; *barril* anzapfen; TAUR *toro* mit der Pike stechen; **la pimienta pica el paladar** der Pfeffer brennt am Gaumen 2 *ave* picken; mit dem Schnabel hacken; **~ los ojos** die Augen aushacken 3 *caballo* (an)spornen; *p. ext* zureiten; **~ el caballo** das Pferd anspornen 4 *carne* (klein) hacken, zerkleinern; **carne** *f* **picada** Hackfleisch *n* 5 *madera* spalten, klein hacken; *piedras* (zer)klopfen, zuhauen; MAR *cabo* kappen 6 *(golpear)* klopfen; *reg vestimenta* ausklopfen; *muela de molino* aufrauen, schärfen; *guadaña* dengeln; TEC *limas* hauen; MAR **~ la hora** glasen 7 *plantas* pikieren, auspflanzen; umtopfen 8 MÚS staccato spielen 9 *billar, etc (dem Ball)* Effet geben 10 *fig (enojar)* ärgern, reizen; *curiosidad* erregen; **le pica la curiosidad** *tb* er brennt vor Neugier 11 *pop mujer* vernaschen 12 *Antillas, Méx con el machete*: *(mit dem Buschmesser)* aushauen; **~ el monte** eine Schneise in das Unterholz schlagen 13 *Chile, P. Rico fam fig periódico, etc* rasch überfliegen 14 *Méx* **~le** *(apurarse)* schneller gehen (*o* fahren *o* reiten *etc*) B V/I 1 *sol, pimienta* stechen, brennen; *comida* scharf sein; *(hormiguear)* jucken, prickeln; **me pica la pierna** ich habe ein Prickeln im Bein 2 *pequeña comida*: (nur) wenig essen; knabbern, Häppchen zu sich *(dat)* nehmen; *pez* anbeißen; *fam fig* **¡eh, tú no me haces ~!** du legst mich nicht herein, in die Falle gehe ich nicht 3 *reg en la puerta*: anklopfen; TEC *motor* klopfen; INFORM *(clicar)* klicken **(en, sobre** auf *acus)* 4 *fig* **~ muy/más alto** hoch/höher hinauswollen; **~ en descaro** an Frechheit grenzen; **~ en poeta** beinahe ein Dichter sein; **~ en valiente** schon tapfer sein 5 *equitación*: schnell(er) reiten; MAR schnell(er) rudern 6 *ave de rapiña* niederstoßen; AVIA in Sturzflug gehen 7 *Chile (cotorrear)* schwatzen 8 *P. Rica* Roulett(e) spielen C V/R **picarse** 1 *tela* von Motten zerfressen werden; *vino, carne, etc* anfangen zu faulen, einen Stich bekommen; *trigo* schimmelig (*o* stockig) werden 2 *animales* in die Brunst kommen 3 *mar* unruhig werden 4 *fig (molestarse)* sich ärgern, pikiert sein *fam*; **~ con alg** j-n (prahlerisch) herausfordern; sich mit j-m verfeinden; **~ de a/c** *(estar molesto por)* sich durch etw *(acus)* verletzt fühlen; einschnappen; *(jactarse de)* sich *(dat)* viel auf etw *(acus)* zugutehalten; sich aufspielen als etw *(nom)*; **~ de caballero** den feinen Mann herauskehren (wollen) 5 *Méx, P. Rico persona* angesäuselt sein *fam* 6 *fam drogas* fixen *fam*, drücken *fam*, an der Nadel hängen *fam*
picardía A F 1 *(vileza)* Gaunerstück *n*, -streich *m* 2 *(astucia)* Schlauheit *f*, Pfiffigkeit *f* B M **~s** ⟨*pl inv*⟩ *Esp* durchsichtiges Nachthemd *n*
picarel M *pez*: Schnauzbrasse *f*; **picaresca** F 1 LIT Schelmenliteratur *f* 2 *forma de vida*: Gaunertum *n*; Gaunerleben *n*; **picaresco** ADJ spitzbübisch; Gauner...: LIT Schelmen...; **novela** *f* **-a** Schelmenroman *m*
pícaro A ADJ 1 *(malicioso)* schurkisch; heimtückisch 2 *(astuto)* schlau, durchtrieben; spitzbübisch (*tb fig*); Lausbuben... B M 1 *(bribón)* Schurke *m*, Gauner *m*, Galgenstrick *m fam* 2 *(pillo)* Schlingel *m*, Lausbub *m fam*; LIT Schelm *m*
picarón *fam* A ADJ *fig hum* spitzbübisch, Gauner... B M *Chile, Perú, Méx* GASTR Schmalzgebäck *n*
picatoste M geröstete Brotschnitte *f*
picaza[1] F ORN Elster *f*
picaza[2] F *reg* AGR kleine Hacke *f*
picazo[1] M 1 *cicatriz*: Pikenstich *m*; Stichnarbe *f* 2 → picotada
picazo[2] M 1 ORN junge Elster *f* 2 *caballo*: Schecke *m* 3 *Bol fam fig* **montar el ~** zornig aufbrausen
picazón F Jucken *n*; *fam fig* Verdruss *m*, Ärger *m*
picea F BOT Rottanne *f*, Fichte *f*
picha F *vulg* Penis *m*, Schwanz *m pop* (= Penis)
pichagua F *Ven* BOT Kürbis(baumfrucht *f*) *m*;
pichagüero M *Ven* BOT *árbol*: Kalebassenbaum *m*
pichanga A ADJ *Bol fam* kinderleicht B F *Am reg* DEP Freundschaftsspiel *n*; schlechtes Spiel *n*

P

pichar VT & VI *vulg* bumsen, vögeln *pop*

piche M 1 AGR **(trigo** *m***)** ~ Igelweizen *m* 2 *Am fam (miedo)* Angst *f*, Schiss *m fam*; **coger ~** Angst kriegen *fam* 3 *Am Centr* ORN *ein Schwimmvogel* *(Totanus flavipes)* 4 *Arg, Bol* ZOOL *kleines südamerikanisches Gürteltier* *(Zaedyus pichiy)* 5 *Col de la leche*: Molke *f*

pichel M hoher Zinnkrug *m (mit Deckel)*

pichi *pop* A ADJ *(peripuesto)* elegant, piekfein *fam*, schnieke *(fam al.d.N)*; **¡~!** hallo, Kumpel! *fam* B M 1 *vestido*: Trägerrock *m* 2 *Arg, Par, Ur fam* Pipi *n fam*; **hacer ~** pinkeln

pichicata F *Am fam* Dopingmittel *n*

pichicatería F *Am Centr, Méx fam* Geiz *m*; **pichicato** A ADJ *Am fam (tacaño)* geizig, knauserig *fam* B M Geizkragen *m*, Knauser *m*; **pichichi** M DEP *fam* Torschützenkönig *m*; **pichiciego** A ADJ *Arg fam* kurzsichtig B M *Arg, Chile* ZOOL *ein knapp 15 cm großes Gürteltier*

pichincha F *RPl* 1 *desp (chica)* Mädchen *n* 2 *(ganga)* Glückskauf *m*, Schnäppchen *n fam*; **pichinchear** VI *Arg, Ur fam* billig einkaufen; **pichinchero** M *RPl* Schnäppchenjäger *m fam*

pichirre ADJ *Ven fam* schäbig, geizig; **pichiruche** M *Chile fam* unbedeutende Person *f*, Wicht *m*

picholear VI 1 *Arg, Bol (regatear)* schachern; kleine Vorteile ergattern 2 *Chile (divertirse)* sich (laut) vergnügen; auf den Rummel gehen 3 *pop (joder)* bumsen *pop*; *tb (masturbarse)* masturbieren, wichsen *pop* 4 *Guat, Hond (jugar apostando pequeñas sumas)* mit geringen Einsätzen spielen

picholeo M *espec Arg fam* kleiner Schacher *m*; *Chile* Rummel *m*, Trubel *m*

pichón A M 1 ORN *(pollo de la paloma casera)* junger Taube *f*, junger Tauber *m*; *fam fig apodo*: *Kosename für den Geliebten*; *Arg tb Schmeichelwort für eine Dame* 2 *Am (pollo de cualquier ave)* junger Vogel *m* 3 *Antillas, Arg, Méx fam fig (principiante)* Neuling *m*, Grünschnabel *m fam*; unerfahrener Spieler *m*; harmlose, naive Person *n fam* 4 *Col fam fig (niño)* Kind *n*; junger Bursche *m* B ADJ *Cuba* ängstlich; scheu

pichona F *fam apodo*: Täubchen *n*; **pichoncito** M *fam* Liebling *m*; **pichonear** VT & VI *Am* 1 CAZA Tauben schießen 2 *fig* einen unerfahrenen Spieler ausnehmen *fam*

pichula F *Am reg pop(pene)* Schwanz *m pop*

pichulear VI *Am Centr, Arg, Méx* → picholear 1, 3

Picio *fam fig* **más feo que ~** grundhässlich, hässlich wie die Nacht

pic(k)les MPL Mixedpickles *pl*, Mixpickles *pl*

picknick M → picnic

pick-up M 1 *fonotecnia*: *(fonocaptor)* Tonabnehmer *m*; *(tocadiscos)* Plattenspieler *m* 2 *Am* AUTO Pritschenwagen *m*

picnic M Picknick *n*

pícnico A ADJ MED pyknisch B M, **-a** F Pykniker *m*, -in *f*

pico¹ M 1 ORN Schnabel *m (tb fam fig)*; **~ curvo** Hakenschnabel *m*; ZOOL **~ picapinos** Buntspecht *m*; CAZA **~ al viento** gegen den Wind 2 *fig de persona*: Schnabel *m fam*; Mundwerk *n fam*; *fig* **~ de oro** hervorragender Redner *m*; **ser un ~ de oro** *o* **tener buen ~** ein tolles Mundwerk haben; *irón* **de ~** (nur) mit dem Mund; *fam fig* **(no) abrir el ~** den Mund (nicht) aufmachen, (nicht) reden; *fam fig* **cerrar el ~** den Mund (*o* den Schnabel *fam*) halten; **darse el ~** schnäbeln; *fam fig* sich abknutschen *fam*; *pop* **hincar el ~** krepieren *pop*, ins Gras beißen *pop*; **irse a** *o* **de ~s pardos** *(ser infiel)* fremdgehen; *fam (correrse una juerga)* einen draufmachen; *fig* **irse del ~** mit der Sprache herausrücken; sich verplappern; *fig* **perder(se) por el ~** sich *(dat)* durch sein Reden schaden, zu viel reden; *irón* **no (se) perderá por el ~** alles Angabe! *fam*; *fam* **salir por un ~** sauteuer sein *pop*; *Chile* **seguirle a alg ~ en cola** j-m auf dem Fuße folgen 3 *de vasija*: Tülle *f*; Ausgießer *m*; **~ de gas** (offene) Gasflamme *f* 4 BOT **~ de cigüeña** Storchschnabel *m*; **~ de gorrión** Vogelknöterich *m* 5 *Chile* ZOOL *marisco*: *Art* Entenmuschel *f* 6 DEP *patinaje*: Schnabel *m* 7 *(punta)* Spitze *f (tb fig)*; Zacke *f (tb* ANAT*)*; Zipfel *m*; *montaña*: Berggipfel *m*, Spitze *f*; ELEC **~ del consumo eléctrico** Spitze *f* des Stromverbrauchs, Stromspitze *f*; MAR **~ de loro** Ankerspitze *f*; **~ del mantón** Zipfel *m* des Umschlagetuchs; **cortado a ~** steil abfallend; *fam* **costar un ~** eine Stange Geld kosten *fam* 8 *fam fig* ein bisschen (darüber); **a las cinco y ~** kurz nach fünf (Uhr); **tiene sesenta años y ~** er ist Anfang der Sechziger; **quinientos pesos y ~** etwas über 500 Pesos, 500 Pesos und ein paar Zerquetschte *fam* 9 *herramienta*: Spitzhacke *f*; (Beil)Picke *f*; Eispickel *m*; FERR **~ de bateo** Stopfhacke *f*; ESCUL **~ de cabra** Geißfuß *m (der Bildhauer)*; MIN **~ neumático** Abbauhammer *m* 10 MAR Gaffel *f* 11 *pop drogas* Schuss *m* 12 *Chile vulg (pene)* Schwanz *m pop*

pico² M ORN Specht *m*; Rotspecht *m*; **~ negro** Schwarzspecht *m*; **~ verde** Gras-, Grünspecht *m*; *Ven* **~ de canoa** *o* **de frasco** → tucán; **~ grueso** Nusshäher *m*; **~ de tijera** → picotijera

picofeo M *Col* ORN → tucán

picoleto M *Esp fam* Polizist *m* der Guardia Civil

picón A ADJ 1 *caballo, etc* mit überlangen Schneidezähnen 2 *Perú fam* leicht eingeschnappt B M 1 *caballo*: Rupfer *m* 2 *para el brasero, etc*: kleine Holzkohlen *fpl* 3 *reg (arroz roto)* Bruchreis *m* 4 *pez*: Stichling *m*; Spitzschnauzrochen *m* 5 *(broma)* Ulk; **piconero** M Holzkohlenhändler *m*

picor M Jucken *n*, Juckreiz *m*; Brennen *n*; Prickeln *n*, Kribbeln *n*

picoso ADJ 1 MED *(picado de viruelas)* blatternarbig 2 *Méx* GASTR pikant, scharf 3 *Méx crítica* bissig

picota A F 1 HIST Schandpfahl *m*, Pranger *m*; *tb fig* **poner en la ~** an den Pranger stellen, anprangern 2 *montaña, torre*: äußerste Spitze *f* 3 BOT *Art* Herzkirsche *f (ohne Stiel)* B M *drogas* Fixer *m*; **picotada** F, **picotazo** M 1 *de ave*: Schnabelhieb *m*; **dar un picotazo a** picken *(acus)*; zwicken *(acus)* 2 *fam drogas* Schuss *m fam*

picote M TEX grobes Zeug *n (aus Ziegenhaar)*

picotear A VT & VI 1 *ave* (an)picken; schnäbeln 2 *caballo* nicken 3 *(comer)* knabbern, Häppchen essen 4 *fam fig (charlar)* schwatzen B VR **picotearse** *fam fig mujeres* sich zanken, keifen

picoteo M *Esp fam (pequeña comida)* Essen *n* von Häppchen; **picotería** F *fam* Geschwätzigkeit *f*; **picotero** A ADJ *fam* schwatzhaft B M, **-a** F Schwätzer *m*, -in *f*

picotijera M ORN Scherenschnabel *m*

picotín M *reg Trockenmaß*; *je nach Region 1,4 l oder 4,4 l*

picotón M *Am fam* → picotada

picrato M QUÍM Pikrat *n*

pícrico ADJ QUÍM **ácido** *m* **~** Pikrinsäure *f*

pictografía F Bilderschrift *f*; **pictograma** M Piktogramm *n*; **pictórico** ADJ malerisch; zum Malen geeignet; bildlich, Bild...; **arte** *m* **~** Malkunst *f*

picudilla F ORN Strandläufer *m*

picudo A ADJ 1 ORN mit Schnabel 2 *(agudo)* spitzig 3 *fam reg* super *fam*, toll *fam* 4 *persona* geschwätzig 5 *Méx fam (sagaz)* tüchtig; einflussreich B M → espetón

pidevía M *Guat, Nic* AUTO Blinker *m*

pido → pedir

pídola F *juego de niños*: Bockspringen *n*

pidón ADJ *fam* zudringlich; bettelhaft

pidulle M *Chile* ZOOL Bandwurm *m*

pie¹ M 1 ANAT Fuß *m*; *(pata)* Pfote *f*; *(número del calzado)* Schuhgröße *f*; MED **~ (con los dedos separados) en abanico** Spreizfuß *m*; MED **~ de atleta** Fußpilz *m*; GASTR **~ de cerdo cocido** Eisbein *n*; **~ delantero/trasero** Vorder-/Hinterfuß *m*; ANAT **~ equino** Pferde-, Klumpfuß *m*; MED **~ plano/valgo** Platt-/Knickfuß *m*; MED **~ zambo** Klumpfuß *m*; *fam fig* **arrastrar los ~s** altersschwach sein; *fam fig* **buscar tres ~s al gato** immer ein Haar in der Suppe finden; immer Anlass zum Streit suchen; *fig* **le dan el ~ y se toma la mano** man reicht ihm den kleinen Finger, und er nimmt (gleich) die ganze Hand; *fam* **no dar ~ con bola** immer danebenhauen *fam*; **dar por el ~ a a/c** etw umstürzen; etw abreißen; etw völlig zerstören; *fam fig* **no dejar a alg sentar el ~ en el suelo** j-n (so) in Atem halten (, dass er kein Bein auf die Erde kriegt *fam fig*); **echar ~ a tierra** ab-, aussteigen; MAR an Land gehen; **echarse a los ~s de alg** sich j-m zu Füßen werfen; *fig* **¡póngame a los ~s de su esposa!** meine Empfehlungen an die (verehrte) Frau Gemahlin!; **hacer ~** Fuß fassen; *tb* ansässig werden; *en el agua*: stehen können, Grund haben; **perder ~** *en el agua y fig*: den Boden unter den Füßen verlieren; den Faden verlieren *(fig)*; **poner los ~s en a/c** etw betreten; *fig* **ponerse ~s en polvorosa** sich aus dem Staub machen; *fam fig* **¿~s, para qué os quiero?** jetzt nichts wie weg! *fam*; **saber de qué ~ cojea** j-s Schwächen kennen; *fam fig* **sacarle a alg el ~ del lodo** j-m aus der Patsche helfen *fam*; *fam fig* **sacar los ~s de las alforjas** *o* **del plato** *o* **del tiesto** seine Scheu ablegen; aus sich *(dat)* herausgehen; frech werden; eigene Wege gehen; **ser ~s y manos de alg** j-s rechte Hand sein; *fig* **tener ~s** gute Beine haben, gut zu Fuß sein; *fam fig* **no tener ~s ni cabeza** weder Hand noch Fuß haben; *fig* **tener los ~s en la tierra** mit beiden Beinen auf der Erde stehen; *fam fig* **tener muchos ~s** *espec toro* sehr beweglich sein; *fig* **tener un ~ en dos zapatos** mehrere Eisen im Feuer haben; *tb fig* **tirar los ~s por alto** sich aufbäumen; **tomar ~** Fuß fassen; sich durchsetzen; *fig* **tomar ~ de a/c** etw zum Anlass nehmen; etw als Vorwand benutzen; *fam hum* **un ~ tras otro** nun geh(en Sie) schon, da ist die Tür! 2 *con prep*: **~ adelante** vorwärts; **~ ante ~** Schritt für Schritt; **~ atrás** zurück, rückwärts; **volver ~ atrás** zurückweichen; **a ~** zu Fuß; Fuß...; *espec Biblia*: **a ~ enjuto** trockenen Fußes; *fig* ohne Gefahr; ohne Anstrengung; **a ~ juntillas** mit beiden Füßen zugleich; *fig* felsenfest; **a ~ llano** *(sin escalones)* zu ebener Erde; *fig (sin impedimento)* ungehindert; **quedarse a ~** nicht mitfahren können; *fig* leer ausgehen; *en exámenes*: durchfallen; **~ con ~** *personas* dicht gedrängt, ganz nahe beieinander; *fig* **con los ~s** *trabajo* ungeschickt (*o* ohne Verstand) gemacht; *fam fig* **sacar con los ~s adelante a alg** j-n zu Grabe tragen; **con buen ~** glücklich, erfolgreich; **empezar con buen ~** einen guten Anfang machen; **entrar con el ~ derecho** gleich zu Beginn Glück haben; es gleich richtig anfangen; *fig* **levantarse con el ~ izquierdo** mit dem linken Fuß zuerst aufstehen; **con mal ~** unglücklich, nicht erfolgreich; *fam fig* **salir con mal ~** mit dem linken Fuß zuerst aufstehen *fam*; *fig* **con ~s de plomo** sehr behutsam; umsichtig; vorsichtig; *fig* **con un ~ en el hoyo** (schon) mit einem Fuß im Grabe; *fam fig* **pensar con los ~s** kopflos handeln; **de**

P

~ *espec persona* stehend; **aguantarse de ~** sich aufrecht halten; **estar de ~** stehen; **nacer de ~** ein Glückspilz sein; **de ~s a cabeza** von Kopf bis Fuß; **de ~s ligeros** schnellfüßig; *tb fig* **caer de ~s** auf die Füße fallen; (noch einmal) heil davonkommen; *fig* **el ciudadano de a ~** der Mann von der Straße, der einfache Bürger; **la gente** *o* **el personal de a ~** die Leute, das Volk; **soldado** *m* **de a ~** Fußsoldat *m*; **estar en ~** fortbestehen; fortdauern; **estar en un ~** auf einem Bein stehen; *fig* **en buen ~** in gutem Zustand; in der gehörigen Ordnung; **estar en ~ de guerra con alg** mit j-m auf Kriegsfuß stehen; **mantener en ~** aufrechterhalten *(fig)*; *fig* **poner en ~** aufrichten, auf die Beine stellen; **ponerse de** *o* **en ~** aufstehen; **seguir en ~** (weiterhin) bestehen bleiben; weiterhin gültig sein; *fig* **no tenerse en** *o* **de ~** sich nicht mehr auf den Beinen halten; *fam fig* **ganar por ~s** schneller laufen, früher ankommen (a als *nom*); **irse por (sus) ~s** entkommen; **salir por ~** wegrennen, abhauen *fam*; *fam* **vestirse por los ~s** ein Mann sein **3** *medida*: Fuß *m*; LIT *métrica*: Versfuß *m*; MAT, *etc* Fußpunkt *m*; LIT **de cinco ~s** *verso* fünffüßig **4** *parte de abajo*: Fuß *m*; *de la cama*: Fußende *n*; *pequeño mueble*: Untersatz *m*; Ständer *m*, Gestell *n*; CONSTR Stützbalken *m*; MIN (Gruben)Stempel *m*; REL *fig* **~ de altar** Messstipendium *n*; Stolgebühr *f*; CONSTR **~ de caballete** Bockstütze *f*; **~ de (la) cama** *tb* Bettvorleger *m*; TIPO **~ de página** Fußzeile *f*; **~ soporte** Fuß *m*, Standfläche *f*; **a(l) ~ de (la) obra** auf der Baustelle, an Ort und Stelle; **al ~ de** *montaña*: am Fuß *(gen)*; *(muy cerca)* ganz in der Nähe von *(dat)*; *de cartas, libros, etc* am Ende, unten; *fig* **al ~ de la letra** wörtlich; *fam fig* **estar al ~ del cañón** einsatzbereit sein, Gewehr bei Fuß stehen *(fig)*; TEC **a(l) ~ de (la) máquina** maschinennah; *fig* **de ~ de banco** unsinnig, verrückt **5** *fig tb (motivo)* Grund *m*, Anlass *m*; *fig* **dar ~ para** *o* **a** Anlass geben zu *(dat)* **6** BOT **~ de león** Edelweiß *n*; Acker-Frauenmantel *m*; **~ de liebre** Hasenklee *m*; **~ de rata** *hongo*: Gelber Hahnenkamm *m* **7** AGR *(tallo)* Stängel *m*; *(vástago)* Schössling *m*; *(tronco)* (junger) Stamm *m*; *(troncho)* Strunk *m*; Wurzelende *n*; **~ de tomatera** Tomatenstämmchen *n*; **~ de vid** Rebsenker *m*; Rebstock *m* **8** PINT Grundierung *f* **9** *(leyenda)* Bildunterschrift *f*, Bildlegende *f* **10** TEAT Stichwort *n*; **dar el ~** das Stichwort geben **11** *herramienta*: **~ de cabra** Geißfuß *m*, Nagelzieher *m*; *(palanca)* Brechstange *f*; MAR Kenterhaken *m*; **~(s)** *m(pl)* **de rey** Schublehre *f*

pie² [paĭ] M *Am* GASTR Obstkuchen *m*

piedad F **1** *(religiosidad)* Frömmigkeit *f* **2** *(misericordia)* Erbarmen *n*; Mitleid *n*; **monte** *m* **de ~** Pfandleihe *f*, Leihhaus *n* **3** *(amor filial)* Kindesliebe *f*; *p. ext* Pietät *f* **4** PINT, ESCUL Pieta *f*, Pietà *f*

piedra F Stein *m* (*tb* MED); *p. ext (granizo)* Hagel *m*; **~ de afilar/de amolar** Wetz-/Schleifstein *m*; ARQUIT **~ angular** Eckstein *m*; *fig* Grundlage *f*, Basis *f*; **~ arenisca** Sandstein *m*; **~ artificial** *o* **sintética** Kunststein *m*; **~ caliza** *o* **de cal** Kalkstein *m*; **~ de chispa** *o* **para encendedores** *o* **de mechero** Feuerstein *m*; *fig* **~ de escándalo** Stein *m* des Anstoßes; *fig* **~ filosofal** Stein *m* der Weisen; **~ fundamental** Grundstein *m* (*tb fig*); **~ machacada** (Stein)Splitt *m*; **~ natural/preciosa** Natur-/Edelstein *m*; **~ pómez** Bimsstein *m*; *folclore* **~ de rayo** Donnerkeil *m*; **~ semipreciosa** Halbedelstein *m*; **~ de sillería** Quaderstein *m*; **~ de talla** *o* **~ labrada** Haustein *m*; *fig* **~ de toque** Prüfstein *m*; **mal** *m* **de ~** MED Steinleiden *n*; *fam hum von Baulustigen und ihren finanziellen Schwierigkeiten gesagt*; *fig* **ablandar las ~s** zum Steinerweichen sein *fam*; *fig* **arrojar la primera ~ (sobre alg)** den ersten Stein (auf j-n) werfen; **cerrar a ~ y lodo** zumauern; *fig* ganz dicht verschließen; *fig* **no dejar ~ para mover** alle Hebel in Bewegung setzen; **no dejar ~ sobre ~** keinen Stein auf dem andern lassen, alles zerstören; **menos da una ~** *fam* besser als nichts; **poner** *o* **colocar la primera ~** den Grundstein legen; *pop* **pasar a una mujer por la ~** eine Frau vernaschen *fam* (*o* umlegen *pop*); *fam* **quedarse de ~** baff sein *fam*; *pop* **sacar la ~** einen Orgasmus haben; **tirar la ~ y esconder la mano** nicht zu seiner Tat stehen; *fig* **tirar ~s a su** *o* **sobre el propio tejado** sich *(dat)* ins eigene Fleisch schneiden

piel A F **1** ANAT Haut *f*; **cáncer** *m* **de ~** Hautkrebs *m*; **tipo** *m* **de ~** Hauttyp *m*; *fam fig* **dar la ~** sterben; seine Haut zu Markte tragen; *fam fig* **dejarse la ~** sich aufreiben; sich gewaltig anstrengen; *fig* **jugarse la ~** Kopf und Kragen riskieren; **meterse en** *o* **dentro de la ~ de alg** sich in j-n (hinein)versetzen; *fam fig* **salvar la ~** seine Haut retten; mit heiler Haut davonkommen **2** *(cuero)* Leder *n*; Fell *n*; Pelz *m*; Haut *f*; **~ bovina** Rindsleder *n*; **~ en bruto** Rohhaut *f*; **~ caprina** Ziegenleder *n*; **~ de cerdo** Schweinsleder *n*; **~ de cocodrilo** Krokodilleder *n*, Kroko *n fam*; **~ de cordero** Lammfell *n*; **de ~(es)** Pelz...; **~ de ropa/de Rusia** Chagrin-/Juchtenleder *n*; **~ de vaca** Rindsleder *n*; **abrigo** *m* **de ~(es)** Pelzmantel *m*; **forrado de ~(es)** pelzgefüttert; *fig* **la ~ de toro** die Iberische Halbinsel; Spanien *n*; *fam fig* **ser (de) la ~ del diablo** *espec niños* kaum zu bändigen sein; sehr aufsässig sein **3** BOT Haut *f*; Schale *f*; **~ de naranja** Orangenschale *f*; *fig* MED Orangenhaut *f* B M/F **~ roja** *(indio)* Rothaut *f*

piélago M *poét* Meer *n*

pielero M, **-a** F Pelzhändler *m*, -in *f*

pielitis F MED Nierenbeckenentzündung *f*, Pyelitis *f*

pienso¹ → pensar¹

pienso² M (trockenes) Viehfutter *n*

piercing M Piercing *n*

pierde **1** → perder **2** M *Am* **no tener ~** *camino* leicht zu finden sein

pierdo → perder

piérides FPL *insectos*: Kohlweißlinge *mpl*

Piérides FPL MIT Musen *fpl*, Pieriden *fpl*

pierna A F **1** Bein *n*; *(pantorrilla)* Unterschenkel *m*; GASTR Keule *f*; **~s** *fpl* Schenkel *mpl* (*tb fig del compás, etc*); **~s** *fpl* **en O/en X** O-/X-Beine *npl*; **a media ~** *falda* halblang; DEP **(posición** *f* **de) ~s abiertas** Grätsche(nstellung) *f*; **~ ortopédica** *o* **artificial** Beinprothese *f*; **~ de palo** Holzbein *n*; **~ del pantalón** Hosenbein *n*; GASTR **~ de ternera** Kalbskeule *f*; *fam* **dormir a ~ suelta** sorglos schlafen, sich ausschlafen; **estirar las ~** sich *(dat)* die Beine vertreten; *fig* **poder sostenerse apenas sobre las ~s** sich nur mit Mühe auf den Beinen halten können; **ponerse sobre las ~s** *caballo* sich aufbäumen; *fam* **salir por ~** die Beine unter den Arm (*o* in die Hand) nehmen **2** TIPO *de una letra*: Grundstrich *m* **3** *Arg, Par (participante del juego de baraja)* Barajaspieler *m* B **piernas** M ‹*pl inv*› *fam desp* **ser un ~s** eine Null (*o* eine Niete *o* eine Flasche *fam*) sein

pietismo M REL Pietismus *m*; **pietista** A ADJ pietistisch B M/F Pietist *m*, -in *f*

pieza F **1** *(pedazo, parte)* Stück *n*; Teil *n*; Bestandteil *m*; TEC **~ a comprobar** *o* **a ensayar** Prüfstück *n*; *fig* **~ clave** Kernstück *n*; JUR **~ de convicción** Beweisstück *n*; TEC **~ de examen** Probestück *n*, -arbeit *f*; TEC **~ de labor** *o* **~ a labrar** Werkstück *n*; TEC **~ de recambio** *o* **de repuesto** Ersatzteil *n*; TEC **~ de responsabilidad** *de motores, máquinas, etc*: lebenswichtiges Teil *n*; TEC **~ suelta** Einzelteil *n*; **~ suplementaria** Zusatzteil *n*; *fam fig irón* **buena ~** sauberer Vogel *m* (*o* Kunde *m*) *(fam fig)*; **de una ~** einteilig; **de dos ~s** zweiteilig; **por ~s** *ventas* stückweise; **dos euros (dólares) la ~** zwei Euro (Dollar) das Stück; COM **cotizarse a la ~** nach dem Stück notiert werden; *fam fig* **jugarle una ~ a alg** j-m einen schlimmen Streich spielen; *fam fig* **quedarse de una** *o* **hecho una ~** erstarren, die Sprache verlieren *(fig)* **2** CAZA Stück *n* Wild; Fisch *m*; **~s cazables** jagdbare Tiere *npl*; **~s** *fpl* **cobradas** Strecke *f* **3** TEAT Theater-, Musikstück *n* **4** *espec Am (habitación)* Zimmer *n*, Raum *m*; *Am reg (dormitorio)* Schlafzimmer *n* **5** *(moneda)* Geldstück *n*, Münze *f*; **~ de dos euros** Zweieurostück *n* **6** *(ficha en los juegos de tablero)* Stein *m*, Figur *f* **7** MIL *(boca de fuego)* Geschütz *n*; **~ antiaérea** Flugabwehrkanone *f*, Flak *f*

piezgo M *Lederstück zum Anfertigen von Weinschläuchen*; *p. ext (odre)* (Wein)Schlauch *m*

pífano M **1** MÚS *(flautín)* Querpfeife *f* **2** *persona*: Pfeifer *m*, Pikkolospieler *m*

pifia F **1** *billar*: Fehlstoß *m* **2** *(descuido)* Schnitzer *m*; Fauxpas *m*; *fam fig* **dar una ~** einen Schnitzer (*o* eine Dummheit) machen **3** *Perú fam como protesta*: Pfeifkonzert *n*

pifiar ‹1b› A V/I MÚS kicksen *(beim Flötenspiel)* B V/T & V/I **1** *billar*: einen Fehlstoß tun; *fam fig* **~(la)** einen Fehler machen, einen Bock schießen *fam* **2** *Am Mer fam fig (burlar)* j-n auf den Arm nehmen **3** *Perú (silbar)* auspfeifen

pigargo M ZOOL Seeadler *m*

pigmentación F Pigmentierung *f*; **pigmentar** V/T pigmentieren; **pigmentario** ADJ Pigment...; **pigmento** M Pigment *n*; Farbkörper *m*; Farbstoff *m*; FISIOL **~ biliar** Gallenfarbstoff *m*

pigmeo M, **-a** F *etnología*: Pygmäe *m*, Pygmäin *f*; *fig tb* Zwerg *m*, -in *f*

pignorable ADJ verpfändbar; FIN lombardfähig; **pignoración** F Verpfändung *f*, Beleihung *f*

pignorar V/T verpfänden, beleihen, ECON lombardieren; **pignoraticio** ADJ Pfand...; Lombard...; ECON **crédito** *m* **~** Lombardkredit *m*

pigricia F **1** *liter (pereza, ociosidad)* Faulheit *f*, Trägheit *f* **2** *Perú fam (pequeñez)* Kleinigkeit *f*

pija F *pop* Penis *m*, Schwanz *m pop* (= *Penis*); **pijada** F *pop* Dummheit *f*; Unsinn *m*; **~s** *fpl* Quatsch *m fam*

pijama M **1** (*Am reg f*) Pyjama *m*, Schlafanzug *m*; **fiesta** *f* **del ~** Pyjamaparty *f* **2** GASTR *Nachspeise aus Eis, Pudding, Früchten und Sahne*

pijar V/I *Esp vulg* bumsen, vögeln *vulg*

pije M *Chile fam* → pijo 2

pijibay M *Am Centr* BOT Pixabaypalme *f*

pijo M **1** *pop (pene)* Schwanz *m pop*, Pimmel *m fam* **2** *fam (joven refinado)* feiner Pinkel *m fam*, junger Mann *m* aus gutem Hause **3** *fam (cosa sin importancia)* Bagatelle *f*, unwichtiges Zeug *n*; **pijota** F *Canarias* GASTR kleine gebratene Fische *mpl*; **pijotada** F *pop* Dummheit *f*; *Cuba* → pizca²; **pijotería** F *fam* Dummheit *f*; angeberisches Gehabe *n*; **pijotero** ADJ *pop* lästig; kleinlich; knauserig; *desp* Mist... *pop*, Dreck(s)... *pop*; *irón* **hágame el ~ favor** vielleicht sind Sie bald so nett *fam*

pila F **1** *(colector de agua)* Wassertrog *m*; (Spül)Becken *n*; REL **~ bautismal** Taufbecken *n*; REL **~ del agua bendita** Weihwasserbecken *n*, -kessel *m*; **~ de fregar** Spüle *f*; **~ de fuente** Brunnenbecken *n*; **~ de lavar** Handwaschbecken *n*; REL **sacar de** *o* **tener en la ~ a alg** j-n aus der Taufe heben; j-s Taufpate sein **2** FÍS, ELEC Batterie *f*; Element *n*; **~ atómica** Atommeiler *m*; ELEC **~ botón** Babyzelle *f*; **~ recargable** Akku *m*, aufladbare Batterie *f*; **~ se-**

ca Trockenbatterie *f*, -element *n*; **~ (de energía) solar** Sonnen-, Solarbatterie *f*; **~ termoeléctrica** Thermoelement *n*; *fig* **ponerse las ~s (para hacer a/c)** sich aufraffen, einen Anlauf nehmen (um etw zu tun); *fam fig* **se le acaban** *o* **agotan las ~s** er ist am Ende (seiner Kräfte) 3 *(montón)* Stapel *m*, Stoß *m*; **~ de leña** Holzstoß *m*, -stapel *m* 4 *(machón de puentes)* Brückenpfeiler *m*, -joch *n* 5 *Bol (grifo)* Wasserhahn *m*

pilada F Stapel *m*

pilar¹ M 1 *(soporte vertical)* Pfeiler *m*; einzeln stehende Säule *f*; *(mojón)* Wegweiser *m*; Meilenstein *m*; *fig* Stütze *f*; ARQUIT **~ de fundamento** Grundpfeiler *m*; REL **la Virgen del Pilar** *die Schutzpatronin von Spanien* 2 *(pilón)* (Brunnen)Becken *n*

pilar² VT AGR *trigo* schälen

pilastra F ARQUIT Wandpfeiler *m*, Pilaster *m*

pilca F *Am Mer* Lehmmauerwerk *n*

pilcha F *Chile, Perú RPl* 1 *(vestimenta)* Kleidungsstück *n*; **~s** *fpl de los gauchos*: Kleidung *f* und Reitzeug *n*; *fam desp* Frauenkleider *npl* 2 *fig (amante)* Geliebte *f*, Schätzchen *n fam*

pilco M *Chile* Kopföffnung *f des Ponchos*; GASTR → pirco

píldora F Pille *f (tb fig)*; MIL *fam* **~s** *fpl* blaue Bohnen *fpl (fam fig)*; **~ abortiva** Abtreibungspille *f*; FARM **~ para adelgazar** Schlankheitsdragee *n*; **la ~ (anticonceptiva)** die (Antibaby)Pille; *fam fig* **tragar(se) la ~** hereinfallen, auf den Leim gehen; *fig* **dorarle la ~ a alg** j-m die bittere Pille versüßen

pileta F kleines Becken *n*; REL *espec en hogares*: Weih(wasser)kessel *m*; *RPl (piscina)* Schwimmbassin *n*; *RPl de cocina*: Spülbecken *n*

pilingui F *Esp jerga del hampa* Nutte *f pop*

pilinque ADJ *Méx* 1 *(arrugado)* zerknüllt, verknautscht 2 *(exigente)* anspruchsvoll

pillada F *(picardía)* Schurkenstreich *m*; **pillaje** M 1 *(robo)* Raub *m*; *(saqueo)* Plünderung *f* 2 *(botín)* Kriegsbeute *f*

pillar VT 1 *(robar)* rauben; *(saquear)* plündern 2 *fam (atrapar)* erwischen, kriegen *fam*; fangen; *Chile tb (perseguir)* verfolgen; *Arg, Méx, P. Rico (sorprender)* überraschen, ertappen; **~ un resfrío** sich *(dat)* eine Erkältung holen; *Chile fam* **~ chanchito** auf frischer Tat ertappen; **~ de sorpresa** überraschen; *fam fig* **me pilla de camino** das liegt auf meinem Weg; *fam fig* **eso me pilla muy lejos** das ist für mich sehr entlegen, das liegt nicht an meinem Weg; *fam fig* **eso no me pilla de nuevo** das lässt mich kalt

pillastre M *fam* Gauner *m*, Schurke *m*; **pillería** F 1 *(gavilla de pillos)* Gesindel *n*; Gaunerbande *f* 2 *(picardía)* Schurkenstreich *m*; **pillete** M *fam*, **pillín** M *fam* Spitzbube *m*, Schlingel *m*; **ser un ~** *tb* es faustdick hinter den Ohren haben

pillo A ADJ *fam* Gauner..., schurkisch B M Spitzbube *m*, Gauner *m*; Schurke *m*; **pilluelo** M Schlingel *m*; Lausbub *m*

pilón M 1 *receptáculo*: Brunnenbecken *n*; Waschtrog *m*; **~ de abrevadero** Tränkbecken *n* 2 *(pan de azúcar)* Zuckerhut *m*; *Méx fig en la compra*: Zugabe *f* 3 *(mortero)* Mörser *m* 4 ARQUIT Pylon(e *f*) *m* 5 MAR **~ de amarre** Poller *m* 6 *(pesa)* Gewicht *n* (bei Waagen) 7 *vulg (vagina)* Fotze *f vulg*

pilonga F **(castaña** *f***) ~** Dörrkastanie *f*

pilongo A ADJ hager B M, **-a** F hagere (*o* magere) Person *f*; *fam fig (gracioso)* Witzbold *m*

píloro M ANAT (Magen)Pförtner *m*, Magenausgang *m*; *t/t* Pylorus *m*

pilosidad F (starke) Behaarung *f*; **piloso** ADJ behaart

pilotaje¹ M 1 *(ciencia y arte de piloto)* Steuermanns- (*o* Lotsen)kunst *f*; Lotsenkunde *f* 2 *acción*: Steuern *n* 3 *pago*: Lotsengeld *n* 4 *col (pilotos)* Steuerleute *pl*; Lotsen *mpl*

pilotaje² M ARQUIT Pfahlwerk *n*, Pfahlrost *m*; **~ de puente** Brückenjoch *n*

pilotar VT 1 MAR *y fig* lotsen 2 AVIA, AUTO lenken, steuern

pilote M ARQUIT (Ramm)Pfahl *m*; Pfeiler *m*

pilotear → pilotar

piloto¹ A M/F 1 MAR Steuermann *m*, Zweiter Offizier *m*; (See)Lotse *m*, (See)Lotsin *f*; *fig en una empresa, etc*: Führer *m*, -in *f*, Lenker *m*, -in *f*; MAR **segundo ~** Steuermannsmaat *m* 2 AVIA Pilot *m*, -in *f*, Flugzeugführer *m*, -in *f*; **~ profesor** Fluglehrer *m*; **~ de prueba(s)** Testpilot *m*, -in *f* 3 AUTO Fahrer *m*, -in *f*; **~ (de carreras)** Rennfahrer *m*, -in *f*; **~ asesino** Geisterfahrer *m*, -in *f* B ADJ *inv* Pilot..., Muster..., Versuchs...; **experiencia** *f* **~** Pilotversuch *m*; **piso** *m* **~** Musterwohnung *f*; **planta** *f* **~** Versuchsanlage *f*; **proyecto** *m* **~** Pilotprojekt *n*

piloto² M 1 AVIA Steuergerät *n*; AVIA, AUTO **~ automático** Autopilot *m*; **~ giroscópico** Kreiselsteuergerät *n* 2 *(luz de aviso)* Warnlampe *f*; Kontrolllämpchen *n*; *tb* AUTO **~ de alarma** Alarm-, Warnlampe *f*; **~ de avería** Störungslampe *f*; **~ de freno/posterior** Brems-/Heckleuchte *f* 3 *horno de gas, etc*: Dauer-, Wächterflamme *f*; Stichflamme *f* 4 *Arg vestimenta*: Trenchcoat *m*

piltra F *pop* Bett *n*, Falle *f fam*; **estar en la ~** in der Falle liegen *fam*

piltrafa F 1 *fam (carne muy flaca)* mageres, schlechtes Fleisch *n*; **~s** *fpl* (Fleisch)Abfall *m*; *fam* **estar hecho una ~** fix und fertig sein *fam* 2 *fig persona*: Schwächling *m*; Taugenichts *m* 3 *Chile, Ec, Perú (negocio poco rentable)* wenig einträgliches Geschäft *n*

pilucho ADJ *Chile fam* nackt

pimentada F *Perú* Paprikagericht *n*; **pimental** M Paprikafeld *n*; **pimentero** M 1 BOT Pfefferstrauch *m* 2 *vasija*: Pfefferdose *f*

pimentón M *condimento*: (gemahlener) Paprika *m*; **~ dulce** süßer Paprika *m*; **~ fuerte** (*o* **picante**) scharfer Paprika *m*

pimienta F Pfeffer *m*; **~ blanca/negra/verde** weißer/schwarzer/grüner Pfeffer *m*; **~ molida** gemahlener Pfeffer *m*; **~ de Jamaica** Piment *m/n*; *fam fig* **ser como una ~** sehr clever und schlagfertig sein

pimiento M Paprika(schote *f*) *m*, Pfefferschote *f*; spanischer Pfeffer *m*; **~ encarnado/verde** roter/grüner Paprika *m*; **~ morrón** Tomatenpaprika *m*; **~s** *pl* **fritos** in Öl gebratene Paprikaschoten *fpl*; **~s** *pl* **del piquillo** kleine, leicht scharfe Paprikaschoten *fpl*; **~s** *pl* **de Padrón** gebratene (teils scharfe) grüne Paprikaschoten *fpl*; *fig* **nos importa un ~** *fam* das ist uns schnurz(piepe) *fam*

pimpampún M *fam* Schießbude *f*

pimpante ADJ 1 *fam vestido* elegant; stattlich 2 *irón (tranquilo)* seelenruhig

pimpinela F BOT Pimpernell *n*, Bibernelle *f*

pimplar A VT & VI *fam* saufen *fam*, picheln *fam* B VR **pimplarse** sich *(dat)* einen ansäuseln *fam*

pimpollo M Schössling *m*; Knospe *f*; *fam fig* **~ (de oro)** hübsches Kind *n*

pimpón M DEP Tischtennis *n*, Pingpong *n*

pin M Abzeichen *n*; Anstecknadel *f*, *tb* INFORM Pin *m*

pina F 1 *(mojón terminado en punta)* Grenzstein *m* 2 *en una rueda*: Felge *f*

pinabete M BOT (Edel-, Weiß)Tanne *f*

pinacate M *Méx* ZOOL *escarabajo*: *schabenähnlicher großer Käfer*; *fam fig (tonto)* Dummkopf *m*

pinacoteca F Pinakothek *f*

pináculo M Giebel *m*; Zinne *f*; *fig* Gipfel *m*

pinar M Kiefern-, Pinienwald *m*; Nadelwald *m*;

pinatífido ADJ BOT *hoja* fiederteilig

pinaza F MAR Pinasse *f*

pincel M Pinsel *m*; *fam fig* **ir como un ~** tipptopp angezogen sein *fam*; **pincelada** F Pinselstrich *m*; MED **~s** *fpl* Pinseln *n*; *fig* **en pocas ~s** mit wenigen Strichen; *fig* **dar la última ~ a a/c** einer Sache den letzten Schliff geben

pincelar VT pinseln, anstreichen; *(pintar)* malen; *(retratar)* porträtieren; MED aus-, be-, einpinseln; **pincelazo** M *espec Am* Pinselstrich *m*

pinchadiscos M/F *⟨pl inv⟩ fam* Discjockey *m*

pinchar A VT 1 *(punzar)* stechen; *(herir)* durch einen Stich verletzen; *fam (matar)* abstechen *pop*; CAZA anschießen 2 MED eine Spritze geben 3 **~ el teléfono** die Telefonleitung anzapfen 4 INFORM (an)klicken 5 *disco* auflegen 6 *fig (excitar)* (auf)reizen; anstacheln; *(enojar)* ärgern 7 *Arg pop (follar)* vögeln *pop* B VI 1 stechen 2 AUTO einen Platten haben 3 *fig* versagen; *fam* **ni ~ ni cortar** nichts zu melden haben *fam* 4 *Chile* **~ con alg** mit j-m anbändeln C VR **pincharse** 1 sich stechen 2 *Esp drogas fam* sich *(dat)* einen Schuss setzen *fam*, fixen *fam* 3 *Col fam* **pinchársela (alg)** j-n auf dem Kieker haben *fam*

pinchaúvas M *⟨pl inv⟩ fam (granuja)* Lump *m*, Gauner *m*

pinchazo M 1 *(punzada)* Stich *m*; Stichwunde *f* 2 *fig (burla)* Stichelei *f* 3 AUTO Reifenpanne *f* 4 *fam (quiebra)* Pleite *f* 5 *fam* **~ telefónico** Lauschangriff *m*

pinche A ADJ *Méx fam (ruin)* mies, übel, miserabel B M, **-a** Küchenjunge *m*, -mädchen *f*; *en un comercio*: Lehrling *m*; **pinchito** M GASTR Spießchen *n*; Snack *m*; **pincho** M *fam* Stachel *m*, Dorn *m*; *del aduanero*: Stecher *m*; GASTR **~s morunos** Fleischspießchen *m*, *Art* Schaschlik *m/n*

pindárico ADJ auf (den Dichter) Pindar bezüglich

pindongo M, **-a** F *fam* Lump *m*, Gauner *m*, -in *f*, Herumtreiberin *f*; **pindonguear** VI *fam* sich herumtreiben

pineal ADJ ANAT **glándula** *f* **~** Zirbel(drüse) *f*

pineda F Kiefernwald *m*

pinga F *pop* Schwengel *m pop*, Pimmel *m fam*

pingajo M Fetzen *m*; *fam fig* **estar hecho un ~** erledigt (*o* kaputt *fam*) sein; **pingajoso** ADJ in Fetzen, zerlumpt

pinganitos *fam* **estar en ~** es zu etwas gebracht haben

pingar ⟨1h⟩ A VI 1 *(gotear)* tröpfeln 2 *(saltar)* springen, Sprünge machen 3 *(ser inclinado)* schief sitzen, (herunter)hängen B VT → inclinar; **poner pingando a alg/a/c** j-n/etw schlechtmachen

pingo M 1 *fam(harapo, jirón)* Fetzen *m*; *fig (persona despreciable)* Lump *m*; **~s** *mpl vestimenta femenina*: Fähnchen *npl fam*; **ir de ~** *wird von Frauen gesagt, die lieber ausgehen oder Besuche machen als ihre Arbeit*; *fam* **poner a alg como un ~** j-n abkanzeln 2 *(muchacho travieso)* unartiges Kind *n*, Range *f*; *jerga del hampa* Raufbold *m* 3 *Arg caballo*: (feuriges) Pferd *n* 4 *Méx (diablo)* Teufel *m* 5 *fam* **estar de ~** ein Schwätzchen halten

pingonear VI *fam* sich herumtreiben; **pingotear** VI *equitación*: springen, Kapriolen machen

ping-pong M DEP Tischtennis *n*, Pingpong *n*

pingüe ADJ fett(ig); *fig ganancia* ergiebig; einträglich; groß; **pingüino** M ORN Pinguin *m*

pininos MPL → pinitos

pinitos MPL erste Schritte *mpl (eines Kindes oder eines lange Bettlägerigen)*; *fig* erste Versuche *mpl*; *tb fig* **hacer ~** die ersten Gehversuche machen

pinnípedos MPL ZOOL Flossenfüßer *mpl*

pino¹ M *árbol y madera*: **~ (común)** Kiefer *f*; **~**

P

carrasco Aleppokiefer *f*; **~ laricio** *o* **negral** Schwarzkiefer *f*; **~ (piñonero)** Pinie *f*; **~ de los Alpes/de incienso** Zirbel-/Terpentinkiefer *f*; **~ americano** nordamerikanische Pechkiefer *f*, *madera*: Pitchpine *f*; **~ blanco** Weißföhre *f*; **~ laricio** *o* **resinoso** Schwarz-, Lärchenkiefer *f*; **~ resinoso** Pechkiefer *f*; **esencia** *f* **de hojas de ~** Fichtennadelöl *n*; *pop fig* **plantar un ~** einen Kaktus pflanzen (*pop fig*); *fam fig* **ser (como) un ~ de oro** schmuck und stattlich sein; *fig* **vivir en el quinto ~** sehr weit weg wohnen; am Ende der Welt wohnen

pino[2] A ADJ *camino* steil; **en ~** aufrecht B M **hacer el ~** sich (unter Zuhilfenahme der Hände) aufrichten; DEP einen Handstand machen; *tb fig* **hacer ~s** die ersten Gehversuche machen

pinocha F 1 (*hoja del pino*) Kiefern-, Piniennadel *f* 2 RPl (*mazorca*) Maiskolben *m*

pinol → pinole; **pinolate** M *Am Centr, Méx Getränk aus Pinole und Kakao*; **pinole** M 1 geröstetes Maismehl *n* 2 *gesüßter warmer Maissaft*; **pinolillo** M *Kakao-Mais-Getränk*

pinrel M *fam frec* **~es** PL Füße *mpl*, Quanten *pl fam*

pinsapo M BOT spanische Edeltanne *f*

pinscher M *perro*: Pinscher *m*

pinta[1] A F 1 (*mancha*) Flecken *m*; *de color*: (Farb)Tupfen *m*; *p. ext* (*cicatriz*) Narbe *f*; *juego de cartas*: Erkennungszeichen *n*, Zinken *m* (*jerga del hampa*); **~s** *fpl tb Art Kartenspiel*; **a ~s** mit Tupfen, getupft 2 *fam fig* (*aspecto*) Aussehen *n*; Augenschein *m*; **sacar por la ~** am Aussehen (*o* an einem besonderen Merkmal) erkennen; **~ patibularia** Gaunervisage *f fam*; *Méx fam* **irse de ~** die Schule schwänzen; *fig Méx* **ser pura ~** etw vorgeben, was man nicht ist; **tener buena ~** gut aussehen; **tener ~ de** aussehen wie; **de mala ~** wenig vertrauenerweckend B M Gauner *m*; frecher Kerl *m*; **¡vaya un ~!** das ist vielleicht eine Type! *fam*

pinta[2] F *medida de capacidad*: Pinte *f*; *fam* **tomar una ~ de vino** einen Schluck Wein trinken

pintada F 1 ORN Perlhuhn *n* 2 *en la pared*: Wandkritzelei *f*, -schmiererei *f*, (*bes mit politischen Parolen*); **pintadera** F Kuchenspritze *f*; **pintadillo** M ORN Distelfink *m*, Stieglitz *m*

pintado A ADJ bemalt; angestrichen; bunt; *fam fig* **como ~** ausgezeichnet, wie gerufen; *vestimenta* wie angegossen; *fam fig* **el más ~** der Schlaueste, der Gerissenste; jedermann; **papel** *m* **~** Tapete *f*; **~ al duco** spritzlackiert; **~ de negro** schwarz bemalt; schwarz angestrichen; *fam fig* **(que) ni ~** ausgezeichnet, wunderschön; **me está que ni ~** das passt mir wie angegossen; **recién ~** frisch gestrichen B M Anstreichen *n*; Bemalen *n*

pintadura F *Nic* **~ de labios** Lippenstift *m*; **pintalabios** M ⟨*pl inv*⟩ *Esp, Col, Ec, Salv S.Dgo* Lippenstift *m*; **pintamonas** M ⟨*pl inv*⟩ *fam* 1 (*pintor de poca habilidad*) Farbenkleckser *m*, schlechter Maler *m* 2 (*tonto*) Heini *m fam*, Niete *f fam*

pintar A VT malen; *pared* anstreichen; *fig con palabras*: schildern; *cuento* ausschmücken; **~ de rojo** rot anstreichen; *fam fig* **no ~ nada** nichts zu sagen (*o* zu melden *o* zu bestellen) haben; **¿qué pintas tu aquí?** was hast du hier zu suchen?; *prov* **no es tan feo el diablo como le pintan** es ist alles halb so schlimm B VI *frutas* sich färben, reifen; *fig* seinen Wert (*o* seine Bedeutung *o* sein Wesen) zeigen C VR **pintarse** sich schminken; *fam fig* **~ uno solo para a/c** in einer Sache sehr gescheit sein; sich für etw (*dat*) sehr gut eignen; *fam* **¿qué diablo (te) pintas tú por aquí?** was treibst du denn hier? *fam*

pintarraj(e)ar VT & VI (be)sudeln; (hin)klecksen; **pintarrajo** M *fam* Sudelei *f*, Kleckserei *f*; **pintarroja** F *pez*: (kleingefleckter) Katzenhai *m*; **~ bocanegra** Fleckhai *m*

pintaúñas M ⟨*pl inv*⟩ Nagellack *m*

pintiparado ADJ *fam* äußerst ähnlich; *fig* (*adecuado*) genau richtig, sehr gelegen

pintiparar VT *fam* vergleichen

Pinto *fig* **estar entre ~ y Valdemoro** unentschlossen sein

pintor M, **pintora** F Maler *m*, -in *f*; **~** *m* **artista** Kunstmaler *m*; **~ rápido** Schnellmaler; *fam* **~ de brocha gorda** *o* **~ decorador** Anstreicher *m*; **~ rotulista** Schildermaler

pintoresco ADJ malerisch, pittoresk; **pintoresquismo** M malerisches Gepräge *n* (*o* Aussehen *n*); **pintorrear** VT *fam* sudeln, schmieren, klecksen

pintún M *Ur fam* gut aussehender Typ *m fam*

pintura F 1 *arte*: Malerei *f*; *de la pared*: Anstrich *m*; AUTO Lack(ierung *f*) *m*; **~ abstracta** abstrakte Malerei *f*; **~ a la aguada** *o* **~ de acuarela** Aquarellmalerei *f*; **~ al duco** Spritzlackierung *f*; **~ sobre cristal** Glasmalerei *f*; **~ al esmalte/al fresco** Email-/Freskomalerei *f*; **~ figurativa** figürliche Malerei *f*; **~ ingenuista** primitive Malerei *f*; **~ al óleo/al pastel** Öl-/Pastellmalerei *f*; **~ de porcelana/al temple** Porzellan/Temperamalerei *f*; **~ rupestre** Höhlenmalerei *f*; **~ sobre seda** Seidenmalerei *f* 2 (*color para pintar*) (Mal- *o* Anstreich)Farbe *f*; **~ al aceite/a brocha** Öl-/Streichfarbe *f*; **~ al agua/al dedo** Wasser-/Fingerfarbe *f*; **~ a la cal** Kalkfarbe *f*; **~ preparada con cola** Leimfarbe *f*; **~ de esmalte/de laca** Email-/Lackfarbe *f*; **~ fluorescente** *o* **luminosa** Leuchtfarbe *f*; **caja** *f* **de ~s** Malkasten *m*; **tienda** *f* **de ~s** Farbengeschäft *n*; **dar una capa** *o* **echar una mano de ~ a a/c** etw einmal überstreichen 3 (*cuadro*) Gemälde *n*, Bild *n*; *fig* (*descripción*) Beschreibung *f*; *fig* **hacer la ~ de a/c** etw beschreiben; *fam fig* **no poder verle a alg ni en ~** j-n nicht ausstehen können *fam*; *fig* **ser una ~** bildschön sein 4 *Ven* **~ de labios** Lippenstift *m*

pinturería F *Arg* Farbengeschäft *n*; **pinturero** ADJ *fam* geschniegelt und gebügelt, in Schale *fam*

pin up [pin 'ap] F Pin-up-Girl *n*

pinza F 1 *instrumento*: Klammer *f*; Klemme *f*; **~s** *fpl* Pinzette *f*; feine Zange *f*; **~ para la ropa** Wäscheklammer *f*; **~ para pantalón** Hosenstrecker *m* 2 ZOOL Schere *f* 3 TEX (*pliegue cosido en la tela*) Abnäher *m*; **pantalón** *m* **de ~s** Bundfaltenhose *f*

pinzar VT zupfen (*tb* MÚS); abklemmen; MED einklemmen

pinzón M ORN **~ común** Buchfink *m*; **~ azul** Teydefink *m*

pinzote M MAR (Ruder)Zapfen *m*

piña A F 1 BOT (*fruto del pino*) Kiefern-, Pinienzapfen *m*; **~ de ciprés** Zypressenapfel *m* 2 BOT *fruta tropical*: **~ (tropical** *o* **de América)** Ananas *f*; **~ belén** Ananas *f* mit Kokoseis; GASTR **~ natural** frische Ananas; **~ en almíbar** Ananaskompott *n* (*aus der Dose*) 3 (*conjunto de personas*) Clique *f*; **formar una ~** eng zusammenhalten; **hacer una ~** sich um j-n scharen 4 *Méx* (*mentira*) Lüge *f* 5 *Perú fam* (*mala suerte*) Unglück *n*, Pech *n* B ADJ *Perú fam* unglücklich, Pech…, **ser** *o* **estar ~** Pech *n* (*o* einen schwarzen Tag *m*) haben; **¡qué ~ (que soy)!** was für ein Pech (ich habe)!

piñata F 1 (*olla*) (Koch)Topf *m* 2 *p. ext en una fiesta*: *Gefäß mit Süßigkeiten, das bei Festlichkeiten, bes dem Maskenball am ersten Fastensonntag, zerschlagen wird*; **baile** *m* **de ~** Maskenball *m* am ersten Fastensonntag

piñazo M *Cuba fam* Fausthieb *m*; **piñero** A ADJ *Méx fam* lügnerisch B M Lügner *m*

piñón M 1 Pinienkern *m*; *fam fig* **estar a partir un ~ con alg** mit j-m sehr gut auskommen; *fam fig* **boquita** *f* **de ~** *chica*: süße Krabbe *f fam* (*Mädchen*) 2 TEC kleines Zahnrad *n*, Ritzel *n*; AUTO **~ del arranque** Anlasserritzel *n*; **~ libre** *de la bicicleta*: Freilauf *m*

piñonata F geraspelte Mandeln *fpl* mit Zucker; **piñonate** M Gebäck *n* aus Pinienkernen

pío[1] ADJ (*devoto*) fromm; (*benigno*) gütig, gutherzig; JUR, REL **obras** *fpl* **-as** fromme Stiftung *f*

pío[2] A ADJ *caballo* scheckig B M Schecke *m*

pío[3] M *de aves*: Piepen *n*, Gepiepe *n*; *fam fig* **no decir ni ~** keinen Piep sagen *fam*

Pío N PR M (*nombre de papa*) Pius *m*

piocha A ADJ *Méx fam* (*magnífico*) super, toll B F 1 *adorno femenino de la cabeza*: Zitternadel *f* 2 *Méx* (*barba de mentón*) Spitzbart *m*

piógeno ADJ MED Eiter erregend

piojera F BOT Läusekraut *n*; **piojería** F Verlausung *f*; *fig* Elend *n*; **piojillo** M Vogellaus *f*

piojo M *insecto*: Laus *f*; *fam fig* **~ puesto de limpio** *o* **~ resucitado** schäbiger Emporkömmling *m*; **piojoso** A ADJ verlaust; *fig* (*miserable*) lausig; schäbig, filzig B M (*sucio, harapiento*) Lumpenkerl *m*, armseliger Wicht *m*

piola F 1 MAR Leine *f*, Hüsing *f* 2 *Am Mer* (*cuerda*) Schnur *f* 3 *Arg fam* **ser ~** schlau sein

piolet M DEP Eispickel *m*

piolín M *Arg* Schnur *f*

pionero A ADJ Pionier…; bahnbrechend; **empresa** *f* **-a** Pionierfirma *f* B M, **-a** F Pionier *m*, -in *f*; *fig tb* Bahnbrecher *m*, -in *f*

pionía F roter Samen *m* des Bucarebaums; **pionono** M *Am bebida*: *süßes Getränk*; *bizcocho*: *süßes, gefülltes Gebäck*

piorno M BOT Spanischer Ginster *m*

piorrea F MED Eiterfluss *m*, Pyrrhöe *f*; ODONT Periodontitis *f*, Wurzelhautentzündung *f*

pipa[1] F 1 (*pepita*) Kern *m* (*von Zitronen, Sonnenblumen etc*); **~s** *fpl* (geröstete) Sonnenblumenkerne *mpl* 2 *fig* TEC Stanzabfall *m*, Butzen *m*

pipa[2] M *Ven* ZOOL Pipafrosch *m*

pipa[3] F 1 *de tabaco*: (Tabaks)Pfeife *f*; **boquilla** *f* **de ~** (Pfeifen)Mundstück *n*; **cabeza** *f* **de ~** Pfeifenkopf *m*; **tapa** *f* **de ~** Pfeifendeckel *m*; **tubo** *m* **de ~** Pfeifenrohr *n*; **~ de brezo** Bruyèrepfeife *f*; **~ de la paz** Friedenspfeife *f*; **preparar** *o* **llenar la ~** die Pfeife stopfen; *pop* **tener mala ~** fies (*o* gemein) sein 2 (*pequeño tonel*) Weinfässchen *n*, Pipe *f* 3 (*boquilla de la chirimía*) (Schalmeien-, Dudelsack)Mundstück *n*; (*pipiritaña, zampoña*) Rohrflöte *f* 4 *fig* AUTO Gummikappe *f* (*für Zündkabel*) 5 *Am Mer fam* (*barriga*) Bauch *m*, Wanst *m fam* 6 *pop* (*pistola*) Ballermann *m*, Kanone *f fam* 7 *Méx* (*camión cisterna*) Tank(last)wagen *m* 8 *fig* (*consejo*) Hinweis *m*, Tipp *m* 9 *fam* **pasarlo ~** es sich (*dat*) gut gehen lassen, sich gut amüsieren 10 ANAT *pop* (*clítoris*) Kitzler *m*

pipar VI *fam* Pfeife rauchen, paffen; (gerne einen) trinken

pipe-line ['paɪp-'laɪn, pipe'line] M Pipeline *f*, Ölleitung *f*

pipera F Verkäuferin *f* von Sonnenblumenkernen

piperáceas FPL BOT Pfeffergewächse *npl*

pipería F 1 (*toneles*) Fässer *npl* 2 MAR (*recipiente de agua potable*) Behälter *mpl* für den Trinkwasservorrat

pipermin(t) M Pfefferminzlikör *m*

pipero M 1 (*vendedor de pipas*) Verkäufer *m* von Sonnenblumenkernen 2 M *Cuba* (*conductor de camión cisterna*) Tanklastwagenfahrer *m*

pipeta F (Stech)Heber *m*, Pipette *f*

pipi A M *jerga del hampa* 1 (*torpe*) Tölpel *m* 2

pop fig (recluta) Rekrut *m* 3 *fam (piojo)* Laus *f* B F *fam (persona pava)* dummes, junges Ding *n*, dumme Pute *f fam*

pipí M 1 ORN → pitpit 2 *leng. inf* **hacer ~** Pipi machen

pipiar VI → piar

pipiola F 1 *insecto*: mexikanische Wachsbiene *f* 2 *(novata, inexperta)* Anfängerin *f*, unerfahrene, junge Frau *f* 3 *Am Cent, Méx (niña)* Kleine *f*, Kind *n*; **pipiolo** M *fam* 1 *(novato)* Anfänger *m*; Neuling *m*; Grünschnabel *m* 2 *Am Centr, Méx (niño)* Kleine *m*, Kind *n* 3 *Am Centr* **~s** *mpl (dinero)* (Klein)Geld *n* 4 *Chile* HIST Liberale *m*

pipirigallo M BOT Esparsette *f*; **pipiripao** M *fam* Gelage *n*; *fig Am* **de ~** wertlos; unbedeutend; **pipiritaña** F Rohrflöte *f*

pipispelo M ORN Fledermaus *f*

pipón ADJ *Am reg fam* dick

pique M 1 *(resentimiento)* Groll *m*; Eigensinn *m*; **tener un ~ con alg** einen Groll (*o* Pik) auf j-n haben 2 *(rivalidad)* Rivalität *f* 3 *Arg (senda)* Schneise *f* 4 MAR Steilküste *f*; MAR *y fig* **echar a ~** versenken; *fig* zugrunde richten; **irse a ~** untergehen; *fig* vor die Hunde gehen *fam*; **estás a ~ de caer** du bist drauf und dran zu fallen 5 *(nigua)* Sandfloh *m* 6 *drogas* Schuss *m*

piqué M TEX Pikee *m (Stoff)*

piquera F 1 *del barril*: Spund-, Zapfloch *n*; ZOOL *de la colmena*: Flugloch *n*; TEC *fundición*: Abstich(loch *n*) *m* 2 *Méx (tabernucho)* Spelunke *f* 3 *Cuba (parada de taxis)* Taxistand *m* 4 *fam (carterista)* Taschendiebin *f*

piquero M 1 *fam (carterista)* Taschendieb *m* 2 TAUR Pikador *m*

piqueta F Spitzhacke *f*; Pickel *m*; **estar destinado a la ~** abbruchreif sein

piquete M 1 *(jalón pequeño)* (Absteck)Pfahl *m*; *de tienda de campaña*: (Zelt)Hering *m* 2 MIL Trupp *m*; **~ de ejecución** Exekutionskommando *n* 3 *huelga*: Streikposten *m(pl)* 4 *Méx (picadura)* (Insekten)Stich *m*

piqueteado M Tätowierung *f*

piquituerto M ORN Fichtenkreuzschnabel *m*

pira F 1 *(hoguera)* Scheiterhaufen *m* 2 *fam (huida)* Abhauen *n*; *enseñanza*: **ir(se) de ~** *o* **hacer ~** die Schule schwänzen; *fam fig* **salir de ~** abhauen *fam*; losbrausen

pirado A ADJ *fam* bekloppt *fam*, bescheuert *fam* B M, **-a** F Verrückte *m/f*

piragua F 1 *embarcación de los indios*: Einbaum *m (der Indios)* 2 *(canoa)* Kanu *n*; *p. ext* Paddelboot *n*; **piragüero** M, **-a** F → piragüista; **piragüismo** M Kanusport *m*; **~ en aguas bravas** Wildwasserfahren *n*; **piragüista** M/F Kanufahrer *m*, -in *f*, Kanute *m*, Kanutin *f*; Paddler *m*, -in *f*

piramidal ADJ pyramidenförmig; *fam fig* kolossal; **pirámide** F Pyramide *f (tb fig y* SOCIOL*)*; **~ de edades** Alterspyramide *f*

piraña A F *pez*: Piranha *m* B M *Perú (ladronzuelo)* asozialer, oft krimineller Gassenjunge *m*

pirarse V/R *fam*, *tb* **pirárselas** abhauen *fam*, verduften *fam*; **~ del colegio** die Schule schwänzen

pirarucú M *Perú pez*: Arapaima *m (größter Amazonasfisch)*

pirata A ADJ Raub…, Piraten…; *fig* **edición** *f* **~** Raubdruck *m*; **emisora** *f* **~** Piratensender *m* B M/F Seeräuber *m*, -in *f*, Pirat *m*, -in *f*; **~ aéreo, -a** Luftpirat *m*, -in *f*, Flugzeugentführer *m*, -in *f*; **piratear** VI der Piraterie nachgehen; *fig* Raubkopien anfertigen *(tb* INFORM*)*; INFORM *tb* hacken; **pirateo** M ECON, TEL **~ de móviles** Mobilfunkpiraterie *f*; ECON **~ de música/software** *etc* Musik-/Softwarepiraterie *f etc*; **piratería** F Seeräuberei *f*, Piraterie *f*; ECON **~ fonográfica** *o* **de discos** Raubpressung *f*; ECON **~ de marcas** *espec* MOD Markenpiraterie *f*; **~ musical** Musikpiraterie *f*

piraya F *pez*: Piranha *m*

pirca F *Am Mer* AGR Steinmauer *f*

pirco M *Chile* GASTR *Gericht aus Bohnen, Mais u. Kürbis*

pirenaico ADJ pyrenäisch, Pyrenäen…; **los picos ~s** die Pyrenäengipfel

Pirineos MPL Pyrenäen *pl*

piripi ADJ *inv fam* **estar ~** leicht beschwipst (*o* angeheitert) sein

pirita F MINER Schwefelkies *m*; **~ magnética** Magnetkies *m*

piro M *pop* 1 *persona*: bescheuerter Typ *m fam* 2 **darse el ~** *(escaparse)* abhauen *fam*, verduften *fam*, Leine ziehen *fam*

pirófago M, **-a** F Feuerschlucker *m*, -in *f*

pirofórico ADJ QUÍM pyrophor; **pirograbado** M Brandmalerei *f*

pirómano M, **-a** F Pyromane *m*, Pyromanin *f*; **pirómetro** M FÍS, TEC Pyrometer *n*

piropear VT *(einer Frau)* Schmeicheleien sagen; Komplimente nach-, zurufen *(dat)*

piropo M 1 MINER *(rubí, carbúnculo)* Granat *m*; Karfunkel *m* 2 *fig (alabanza)* Schmeichelei *f*, Kompliment *n*; **echar** *o* **decir ~s a alg** j-m Komplimente machen; *fig* **ser un ~ ambulante** *fam mujer* sehr schön sein

pirosis F MED Sodbrennen *n*; **pirotecnia** F Feuerwerkerei *f*; **pirotécnico** A ADJ pyrotechnisch B M Feuerwerker *m*; **piroxenos** MPL MINER Pyroxene *mpl*

pirrarse V/R *fam* **~ por** schwärmen für *(acus)*; verrückt sein nach *(dat) fam*, stehen auf *(acus) fam*

pírrico ADJ *fig* **victoria** *f* **-a** Pyrrhussieg *m*

pirueta F Pirouette *f*; **piruetear** VI pirouettieren

pirula F 1 *fam* Gemeinheit *f*; *fig* **montar una ~** auf die Palme gehen *fam* 2 *drogas pop* Pille *f*

pirulí M Lutscher *m*

pirulo M *reg* 1 → perinola 2 → botijo A 1 3 *Chile (niño débil)* schmächtiges Kind *n*; *frec cariñosamente*: kleines Kerlchen *n fam* 4 *(emperifollado)* Schickimicki *m*, Geck *m* 5 *Esp fam del coche policial*: Blaulicht *n*

pis M *fam* **hacer ~** Pipi machen *fam*

pisa F 1 *(acción de pisar)* Treten *n*; *fam fig (golpe con el pie)* Fußtritt *m*; *(paliza)* Tracht *f* Prügel 2 AGR *de aceitunas o uvas*: Kelter *f* voll; **pisacorbatas** M Krawattenklammer *f*

pisada F 1 *(huella)* Fußspur *f*; Fußstapfen *m*; *fig* **seguir las ~s de alg** in j-s Fußstapfen *(acus)* treten 2 *(golpe con el pie)* (Fuß)Tritt *m*; **pisador** M 1 AGR Keltertreter *m* 2 *equitación*: Stampfer *m*; **pisapapeles** M ⟨*pl inv*⟩ Briefbeschwerer *m*; **pisapasos** M ⟨*pl inv*⟩ Gleitschutz *m*

pisar A VT 1 treten; *(entrar)* betreten; *fig (maltratar)* schlecht behandeln, treten; *propósito, discurso, etc* zunichtemachen, vermasseln *fam*; wegschnappen; **me ha pisado usted** Sie sind mir auf den Fuß getreten; *fig* **~ la clientela a alg** j-m die Kundschaft wegnehmen; *fam fig* **~ alguna mala hierba** einen schlechten Tag haben; **~ los talones** *j-n* auf die Hacken treten; *j-m* dicht auf den Fersen sein; *fig* **~ el terreno de alg** j-m ins Gehege kommen; **~ tierra firme** an Land gehen 2 *tierra* (fest)stampfen; *vino* keltern, pressen; MÚS kraftvoll in die Tasten (*o* in die Saiten) greifen 3 ORN *(cubrir) das Weibchen* treten, begatten; *pop fig, espec* MAR *(joder)* vögeln *pop*, bumsen *pop* B VI 1 *caballo* stampfen 2 *fig* **~ fuerte** *o* **firme** selbstbewusst (*o* energisch) auftreten; **piso fuerte en latín** Latein ist meine Stärke

pisaverde M *fam* Stutzer *m*; Fatzke *m fam*, Geck *m*

piscatorio ADJ Fischerei…; **piscícola** ADJ Fischzucht…

piscicultor M, **piscicultora** F Fischzüchter *m*, -in *f*; **piscicultura** F Fischzucht *f*

piscifactoría F Fischzucht(anstalt) *f*

piscina F Schwimmbad *n*; *(estanque para bañarse)* Schwimmbecken *n*; *(balneario)* Badeanstalt *f*; **~ climatizada** *o* **atemperada** beheiztes Schwimmbad *n*; **~ cubierta** Hallenbad *n*; **~ de olas** Wellenbad *n*; **~ termal** Thermalschwimmbad *n*

Piscis M ASTRON Fische *mpl*

pisco A ADJ *Ven fam (embriagado)* betrunken, blau *fam* B M 1 *Col (pavo)* Truthahn *m* 2 *Col fam (tipo)* Kerl *m fam*, Typ *m fam* 3 *Perú bebida*: *berühmter Traubenschnaps*; *p. ext* Piscokrug *m*; **~ sour** Pisco *m* mit Limettensaft

piscolabis M ⟨*pl inv*⟩ 1 *fam (pequeña refacción)* Imbiss *m*, Happen *m* 2 *Am Mer (aperitivo)* Aperitif *m* 3 *Méx (dinero)* Geld *n*, Moneten *pl fam*

pisicorre M *P. Rico* Kleinbus *m*

piso M 1 *(suelo)* Fußboden *m*; *(pavimento)* (Straßen)Decke *f*, (Straßen)Belag *m*; **a ras de ~** bodeneben; **~ alfombra** Teppichboden *m*; **~ de cemento** Betonboden *m*, -estrich *m*; **~ de entarimado** *o* **de parquet** Parkettboden *m* 2 *(planta de un edificio)* Stock(werk *n*) *m*, Geschoss, *Austr* Geschoß *n*, Etage *f*; **~ alto** Obergeschoss, *Austr* -geschoß *n*; **~ bajo** *o Am* **primer ~** Erdgeschoss, *Austr* -geschoß *n*; **~ principal** *o Am* **segundo ~** erster Stock *m*; **de dos ~s** zweistöckig; **de tres ~s** dreistöckig 3 *(vivienda)* Wohnung *f*; **~ de acogida** therapeutische Wohngemeinschaft *f*; **~ de alquiler** Mietwohnung *f*; **~ a estrenar** Neubauwohnung *f*; *Esp* **~ franco** konspirative Wohnung *f*; **~ piloto** Musterwohnung *f*; **~ tutelado** betreute Wohnung *f*; **buscar ~** eine Wohnung suchen 4 *(suela del zapato)* (Schuh)Sohle *f*; **~ block** Stollensohle *f* 5 *Am* AGR *tasa*: Weide-, Einstellgebühr *f* 6 *Am reg (alfombrilla de cama)* Bettvorleger *m* 7 MIN Sohle *f*

pisón M ARQUIT Handramme *f*; Pflasterramme *f*; TEC Stampfer *m*

pisotear VT (zer)treten; *fig* mit Füßen treten; **pisoteo** M Herumtreten *n*, Getrampel *n*; **pisotón** M Tritt *m* auf den Fuß; *fig* **dar el ~** *periodista* einen Knüller als Erster bringen

pispajo 1 *(pedazo roto de tela)* (Stoff)Fetzen *m*; *(cosa sin valor)* wertloses Zeug *n* 2 *(persona pequeña)* kleine Person *f*, Winzling *m*

pispar *fam* A VT 1 *(hurtar)* klauen *fam*, stibitzen 2 *(acechar)* belauern; *Arg, Chile (sospechar)* ahnen, erraten B V/R **pisparse** sich betrinken

pispás ADV *fam* **en un ~** im Nu, im Handumdrehen

pista F 1 *(rastro)* Spur *f*, Fährte *f*; **dar una ~** einen Tipp geben; **estar sobre la buena ~** auf der richtigen Spur sein; *fig* **ponerse a la ~** sich auf die Fährte setzen; **seguirle la ~ a alg** j-m auf den Fersen bleiben, j-m nachspüren 2 *(vía)* Bahn *f*, Piste *f*; Fahr-, Reit-, Rennbahn *f*; AUTO Rennstrecke *f*; **~ de baile** Tanzfläche *f*; **~ de la bolera/de hielo/de patines** Kegel-/Eis-/Rollschuhbahn *f*; DEP **~ de cenizas** Aschenbahn *f*; **~ para ciclistas** Radfahrweg *m*; **~ cubierta** Sporthalle *f*; **~ de esgrima** Fechtboden *m*, -bahn *f*; **~ de esquí** Skipiste *f*; **~ (de esquí) de fondo** Loipe *f*; **~ de luge/de patinar** Rodel-/Rollschuhbahn *f*; AUTO **~ de pruebas** Teststrecke *f*; FILM **~ sonora** Tonspur *f*; **~ de tenis** Tennisplatz *m* 3 AVIA **~ (de rodadura)** Rollbahn *f*, -feld *n*; **~ (de aterrizaje)** Landebahn *f*; **~ de despegue** Startbahn *f*; **~ de emergencia** Notlandebahn *f*

pistachero M BOT Pistazienbaum *m*; **pistacho** M Pistazie *f*

pistero M 1 *para enfermos*: Schnabeltasse *f* 2

(*rastreador*) Fährtensucher *m* **3** *Am Centr* (*tacaño*) Geizhals *m* **4** *Cuba de una gasolinera*: Tankwart *m*
pistilo M BOT Stempel *m*, Pistill *n*
pisto M **1** GASTR *Gericht aus Tomaten, Paprikaschoten etc*; *fam fig* (*mala comida*) schlechtes Essen *n*, Schlangenfraß *m fam* **2** (*caldo de ave*) Geflügelbrühe *f*; *Méx fam* (*trago*) Schluck *m* Schnaps; *fam fig* **darse ~** angeben *fam*; *fam* **tirarse el ~** freigebig sein **3** *fam fig* (*mezcla*) Mischmasch *m*, Durcheinander *n* **4** *Méx fam* (*dinero*) Zaster *m fam*, Moneten *pl fam* **5** *Méx fam* (*tabernucho*) Spelunke *f*
pistola F **1** *arma de fuego*: Pistole *f*; **~ de aire comprimido** Luftpistole *f*; **~ de alarma** Schreckschusspistole *f*; **~ ametralladora** Maschinenpistole *f*; **~ de gas** Gaspistole *f*; **~ de juguete** Spielzeugpistole *f*; **~ de fogueo** Schreckschusspistole *f*; **~ lanza-gas** Gaspistole *f*; **~ pulverizadora** *o* **para pintar** Spritzpistole *f*; **~ de reglamento** *o Am* **de dotación oficial** Dienstpistole *f*; **~ rápida** Schnellfeuerpistole *f*; **~ de señales** Leuchtpistole *f* **2** *pop Arg* (*pene*) Schwanz *m pop*
pistolera F Pistolentasche *f*; -halfter *n*; **pistolero** M Pistolenschütze *m*; *p. ext* gedungener Mörder *m*, Killer *m*; Bandit *m*; *desp* Revolverheld *m*; **pistoletazo** M Pistolenschuss *m*; DEP **~ de salida** Startschuss *m*; **dar el ~ de salida a** (*o* **para**) **a/c** den Startschuss für etw geben
pistón M **1** TEC Kolben *m*; → *tb* **émbolo** **2** MIL Zündhütchen *m* **3** MÚS *en trompetas*: Klappe *f*, Ventil *n*; **cornetín** *m* **de ~** Piston *n*; *fam fig* **de ~** großartig, prima *fam* **4** *fam* **-ones** *mpl* (*testículos*) Hoden *mpl*, Eier *npl pop*
pistonudo ADJ *fam* prima, super, toll
pistraje, pistraque M *fam* fade Brühe *f*; Gesöff *n fam*
pita[1] F **1** (*bolo de cristal*) Klicker *m*, Murmel *f*; Glaskugel *f* **2** BOT Agave *f* **3** *fibra*: Pita-, Sisalhanf *m*; *Chile, Perú* (*hilo*) Schnur *f*, Bindfaden *m* **4** *para llamar a las gallinas*: **¡~, ~, ~!** putt, putt, putt!
pitada F Pfiff *m*; *desp* Pfeifkonzert *n*; *Am al fumar*: Zug *m*; *fam fig* (*grosería*) Flegelei *f*; **dar una ~** aus der Rolle fallen; *al fumar*: einen Zug machen
pitadora F *Col* Pfeifkessel *m*
Pitágoras M Pythagoras *m*; MAT **teorema** *m* **de ~** pythagoreischer Lehrsatz *m*
pitagórico **A** ADJ pythagoreisch **B** M, **-a** F Pythagoreer *m*, -in *f*; **pitagorín** M/F hervorragende(r) Student *m*, -in *f*; **pitagorismo** M Pythagoreertum *n*
pitahaya F BOT Pitahaya *f* (*Kakteenfrucht*)
pitanza F **1** *para los pobres*: Armenspeisung *f*; *fam fig* (*alimento cotidiano*) Essen *n*, Alltagskost *f*; *fig* (*pago*) Entgelt *n* **2** *Am Mer fumador*: Kettenrauchen *n* **3** *Chile* (*ganga*) gutes Geschäft *n*
pitar **A** VI **1** pfeifen; DEP **~ el final** abpfeifen; *fam fig* **salir pitando** (*marcharse rápidamente*) sich schnellstens davonmachen, abhauen *fam*; *fig* (*manifestar el desagrado*) kräftig vom Leder ziehen *fam* **2** *fam fig* (*funcionar*) gut laufen, klappen *fam*; in Ordnung sein, funktionieren **3** *Am Mer* (*fumar*) rauchen **B** VT *reg y Méx, P. Rico* auspfeifen
pitarroso ADJ triefäugig
pitazo M **1** AUTO Hupen *n*; *Am* (*silbido*) Pfiff *m* **2** *Méx fam* Denunziation *f*; **pitear** VI *Am* pfeifen
pitecántropo M *prehistoria*: Pithekanthropus *m*
Pitia N PR F Pythia *f* (*tb fig*)
pitido M Pfiff *m*; DEP **~ final/inicial** Schluss-/Anpfiff *m*
pitillera F **1** (*estuche para cigarrillos*) Zigarettenetui *n* **2** *obrera*: Arbeiterin *f* in einer Zigarettenfabrik
pitillo M **1** *fam* (*cigarrillo*) Zigarette *f*, Fluppe *f fam*, Glimmstängel *m fam* **2** *Col, Cuba, Ven* (*pajilla*) Trink-, Strohhalm *m* **3** *pez*: **~ real** Schnepfenfisch *m* **4** TEX Leggin(g)s *pl*, Röhrenhose *f*
pítima F *fam* Rausch *m*, Schwips *m fam*
pito M **1** *instrumento*: (Triller-, Signal)Pfeife *f* **2** (*bocina*) (Auto)Hupe *f* **3** *fam fig* **me importa un ~** das ist mir schnuppe (*o* wurscht *fam*); *Arg fig* **hacer ~ catalán a alg** j-m eine lange Nase machen; **por ~s o por flautas** aus dem einen oder andern Grund; *Esp pop* **tocarse el ~** faulenzen; **no tocar ~ en a/c** nichts damit zu schaffen haben; **no valer un ~** keinen Pfifferling wert sein; **tomar a alg por el ~** j-n verächtlich behandeln **4** ZOOL **~ negro** Schwarzspecht *m*; **~ real** Grünspecht *m* **5** (*cigarrillo*) *fam* Zigarette *f* **6** *fam fig* (*pene*) Pimmel *m fam*
pitoflero M, **-a** F **1** *fam* (*mal músico*) schlechte(r) Musiker *m*, -in *f*, Dudler *m*, -in *f fam* **2** (*persona chismosa*) Klatschmaul *n fam*
pitón[1] M ZOOL Pythonschlange *f*
pitón[2] M **1** (*punta del cuerno*) Hornspitze *f*; *p. ext* Horn *n des Stiers* **2** CAZA Geweihknospe *f*; Spieß *m*; Stange *f* **3** *en una vasija*: Tülle *f*; Strahlmundstück *n* **4** TEC (*bulto pequeño*) Höcker *m*, Nocken *m*; **pitonazo** M *fam* (Verletzung *f* durch einen) Hornstoß *m*
pitonisa F Wahrsagerin *f*
pitorra F ORN Schnepfe *f*; **pitorrearse** V/R *fam* **~ de alg** j-n verspotten, j-n auf den Arm nehmen *fam*; **pitorreo** M Verspottung *f*, Hohn *m*; **tomar a ~** auf den Arm nehmen *fam*; **pitorro** M *fam* Schnabel *m*, Tülle *f*
pitote M *Esp fam* Durcheinander *n*, Tumult *m*; Krach *m*
pitpit M ORN *eine Vogelart* (*Dacnis cayana*)
pituco **A** ADJ *Am reg* schick, elegant **B** M, **-a** F *Am reg* reiche(r) Angeber *m*, -in *f fam*
pitufo M Schlumpf *m*
pituita F MED Schleim *m*; **pituitario** ADJ scleimig; (**membrana** *f*) **-a** *f* Nasenschleimhaut *f*; **glándula** *f* **-a** Hypophyse *f*
pitusa F **1** *Cuba* Blue Jeans *pl* **2** *fam* (*niña*) kleines, junges Mädchen *n*; **pituso** M *fam* nettes, niedliches Kind *n*
pívot M DEP *baloncesto*: mittlerer Angriffsspieler *m*
pivotante ADJ BOT **raíz** *f* **~** Pfahlwurzel *f*
pivote M TEC Zapfen *m*; Drehachse *f*
pixel, píxel M Pixel *m*, Bildpunkt *m*
piyama M/F *Am reg* Pyjama *m*, Schlafanzug *m*
pizarra F **1** *material*: Schiefer *m*; *enseñanza*: Schiefertafel *f*; Wandtafel *f*; **~ arcillosa/bituminosa** Ton-/Ölschiefer *m* **2** *Cuba* (*central telefónica*) Telefonzentrale *f*; **pizarral** M Schieferbruch *m*; **pizarreño** ADJ schieferartig; Schiefer...; **pizarrero** M Schieferdecker *m*; **pizarrín** M (Schiefer)Griffel *m*; **pizarro** ADJ schiefergrau; **pizarrón** M Wandtafel *f*; *Am tb* Schiefertafel *f*; **pizarroso** ADJ schieferig; schieferfarben
pizca[1] F *Méx fam* (*espec* Mais)Ernte *f*
pizca[2] F *fam* Bisschen *n*; GASTR Messerspitze *f*, Prise *f*; **una ~ (de sal)** ein bisschen (Salz); **ni ~ (de)** keine Spur (von *dat*); **no valer ni ~** keinen Pfifferling wert sein *fam*
pizcar VT ⟨1g⟩ **1** *fam* (*pellizcar*) kneifen; zwicken; leicht beißen **2** *Méx* (*cosechar*) pflücken, ernten; **pizco** M *fam* Kneifen *n*
pizpireta ADJ (*mujer*) lebhaft und geistreich
PL M ABR (Partido Liberal) liberale Partei *f*
placa F **1** Platte *f* (*tb* FOT); *mas pequeña*: Plakette *f*; (*matrícula*) (Namens-, Firmen-, Nummern)-Schild *n*; (*cristal de vidrio*) Scheibe *f*; *Col, Ven* AUTO polizeiliches Kennzeichen *n*; **~ aislante** Isolier-, Dämmplatte *f*; **~ conmemorativa** Gedenktafel *f*; FOT **~ deslustrada** Mattscheibe *f*; FERR **~ giratoria** Drehscheibe *f*; **~s de hielo** Glatteis *n*; MIL **~ de identidad** *o* **de identificación** Erkennungsmarke *f*; AUTO **~ de matrícula** Nummernschild *n*, polizeiliches Kennzeichen *n*; RADIO **~ vibrante** Schwingmembran *f* **2** ODONT **~ bacteriana** *o* **dental** Plaque *f*, Zahnbelag *m*
placar M *RPl* Einbauschrank *m*
placebo M FARM Placebo *n*
pláceme M (*felicitación*) Glückwunsch *m*; (*aprobación*) Zustimmung *f*, Billigung *f*
placenta F ANAT Mutterkuchen *m*, Plazenta *f*; **placentario** **A** ADJ plazentar **B** M ZOOL Plazentalier *m*
placentero ADJ behaglich; lustig
placentino ADJ aus Plasencia
placer[1] **A** M **1** (*agrado*) Lust *f*, Vergnügen *n*, Freude *f*; **es un ~ para mí** es ist mir ein Vergnügen **2** (*deseo*) Wunsch *m*, Wille *m*; **a ~** nach Wunsch, nach Belieben; behaglich, bequem **3** *Am* (*pesquería de perlas*) Perlenfischerei *f* **B** VI ⟨2x⟩ gefallen; *liter* **¡pluguiera a Dios!** möge Gott es geben!
placer[2] M **1** (*banco de arena*) Sandbank *f* **2** (*arenal*) Gold(sand)feld *n*, Placer *n*
placero M, **-a** M **1** *persona*: Markthändler *m*; Marktfrau *f*; *Perú* Straßenverkäufer *m*, -in *f* **2** (*persona ociosa*) Müßiggänger *m*, -in *f*, Pflastertreter *m*, -in *f*
plácet M Plazet *n*, Zustimmung *f*; POL Agrément *n*
placible ADJ gefällig; **placidez** F Sanftheit *f*; Anmut *f*
plácido ADJ **1** (*sereno*) sanft, ruhig **2** (*gentil*) anmutig **3** (*agradable*) angenehm, gemütlich
plaf INT paff!; bums!
plafón M Deckenlampe *f*
plaga F **1** Plage *f* (*tb Biblia*); Landplage *f*; *fig* (*pena, fatigas*) Mühsal *f*, Strapaze *f*; AGR **~ de orugas** Raupenplage *f* **2** *fam fig* (*abundancia*) Überfluss *m*, Unmenge *f*; **plagado** ADJ geplagt; verseucht; *fig* **estar ~ de** voll sein (*o* wimmeln) von (*dat*)
plagal ADJ MÚS **cadencia** *f* **~** Plagal-, Halbschluss *m*
plagar ⟨1h⟩ **A** VT **1** (*contaminar*) heimsuchen, plagen; verseuchen (**de** mit *dat*) **2** *fig* (*rellenar*) vollstopfen (**de** mit *dat*) **B** VR **plagarse** sich (an)füllen (**de** mit *dat*)

plagiar VT ⟨1b⟩ **1** (*copiar*) plagiieren, abschreiben **2** *Am* (*secuestrar*) entführen (*zur Erpressung von Lösegeld*); **plagiario** **A** ADJ plagiatorisch; Plagiat... **B** M, **-a** F **1** (*persona que copia*) Plagiator *m*, -in *f* **2** *Am* (*secuestrador*) Entführer *m*, -in *f*
plagio M **1** (*copia*) Plagiat *n* **2** (*secuestro*) *Am Centr, Méx* Entführung *f*
plaguicida M Pflanzenschutzmittel *n*
plan M **1** Plan *m* (*tb* ARQUIT); (*bosquejo*) Entwurf *m*; ARQUIT Grundriss *m*; FIN **~ de ahorro** Sparplan *m*; MED **~ alimenticio** Ernährungsplan *m*; Kostform *f*; MIL **~ de batalla** Schlachtplan *m*; **~ cuatrienal** Vierjahresplan *m*; **~ de emergencia** *o* **de urgencia** Notstandsplan *m*; **~ de empleo** Arbeitsbeschaffungsplan *m*; **~ de estudios** Studien-, Lehrplan *m*; **~ financiero** Finanz(ierungs)plan *m*; **~ de fuga** Fluchtplan *m*; **~ hidrológico** Wasserwirtschaftsplan *m*; **~ de negocio(s)** *o* **de gestión** Businessplan *m*; **~ de ordenación urbana** Bebauungsplan *m*; **~ de paz** Friedensplan *m*; **~ de pensiones** privater Pensions- *o* Rentenplan *m*; **~ quinquenal** Fünfjahresplan *m*; **~ de trabajo** Arbeitsplan *m*; AVIA **~ de vuelo(s)** Flugplan *m*; **en ~ de** (*sust*) als (*nom*); **en ~ experimental** versuchsweise; **sin ~** planlos; **concebir** *o* **trazar un ~** einen Plan entwerfen; **estar en ~**

de … (inf) … vorhaben; im Begriff sein, zu … (inf); **estar en ~ de …** (sust) (gerade) … sein; fam **estoy en ~ de rodríguez** ich bin (jetzt gerade) Strohwitwer; **hacer el ~ de a/c** etw entwerfen; fam fig **esto no es ~** so geht das nicht; das haut nicht hin fam; **tener el ~ de** (inf) beabsichtigen zu (inf); fig **tener un ~** eine (Liebes)Bekanntschaft machen wollen (o gemacht haben); **trabajar en ~ de director** als Direktor arbeiten; **viajar en ~ de estudios** eine Studienreise machen 2 Cuba, Chile, Méx reg (superficie aplanada) planierte Fläche f; de una arma blanca: flache Klinge f; **echar ~ a alg** j-n mit der flachen Klinge schlagen

plana F 1 (página) (Blatt)Seite f; p. ext ejercicio: Schreibübung f; **primera ~** erste Seite f, Titelseite f; TIPO **a toda ~** ganzseitig; **a ~ y renglón** seiten- und zeilengenau; fig genauestens; fig **enmendar la ~ a alg** j-n korrigieren 2 (superficie) Ebene f, Fläche f 3 **~ mayor** POL Führungsspitze f; de una empresa: Führungskräfte fpl; MIL Stab m

planazo M Am Hieb m mit der flachen Klinge

plancha F 1 (lámina) Platte f, Blech n; TIPO Druckplatte f; **~ de acero/de corcho** Stahl-/Korkplatte f; **~ de madera contrachapeada** Sperrholzplatte f; **~ a vela** Surfbrett n; GASTR **a la ~** auf dem Blech herausgebacken; **hacer la ~** al nadar: den toten Mann machen; DEP **lanzarse en ~** einen Hechtsprung machen 2 MAR Laufplanke f 3 para la ropa: Bügeleisen n; **~ automática** Bügelautomat m; **~ (eléctrica) de viaje** (elektrisches) Reisebügeleisen n; **~ de vapor** Dampfbügeleisen n; **no necesita ~** bügelfrei 4 fam fig (chasco) Reinfall m, Blamage f; **tirarse una ~** sich blamieren 5 Cuba (prótesis dental) Zahnprothese f

planchada F Am (Auf)Bügeln n

planchado A ADJ 1 spiegelglatt; Am Centr persona: (allzu) geschniegelt; fam **quedarse ~** platt sein fam 2 Arg, Chile (sin dinero) ohne Geld, blank fam 3 Méx (decidido) resolut; clever 4 Esp fam mujer flachbusig B M (acción de planchar) Bügeln n; (ropa por planchar) Bügelwäsche f; Esp **~ alemán** Heißmangel f; Perú, Ven POL Kandidatenliste f; Wahlliste f

planchador M 1 persona: Bügler m 2 lugar: Bügelraum m; **planchadora** F 1 mujer: Büglerin f 2 (máquina) Bügelmaschine f; **~ eléctrica** Heimbügler m

planchar A VT 1 bügeln, plätten 2 Méx j-n (dar un plantón) versetzen fam 3 Am reg j-m (halagar) schmeicheln 4 fam (destruir) völlig kaputtmachen B VR **plancharse** pop una mujer vernaschen fam

planchazo M Lapsus m, Ausrutscher m fam

plancheta F (Karten)Messtisch m

planchista M Blechspengler m, Autoschlosser m; **planchistería** F Autospenglerei f, Karosseriewerkstatt f

planchón M Chile Hochfläche f mit ewigem Schnee

plancton M BIOL Plankton n

planeación F Planung f; **planeador** M AVIA Segel-, Gleitflugzeug n; **~ de carga** Lastensegler m; **planeadora** F MAR schnelles Motorboot n; **planeamiento** M Planung f

planear A VT 1 (formar un plan) planen; organisieren 2 TEC **~ con fresa** planfräsen B VI gleiten, schweben; AVIA ausschweben, im Gleitflug niedergehen

planeo M Gleitflug m; **planero** M MAR Vermessungsschiff n

planeta A M ASTRON Planet m B F CAT kurze Kasel f; **planetario** A ADJ Planeten…; TEC **engranaje** m **~** Planetengetriebe n B M Planetarium n

planicie F Ebene f

planificación F Planung f; **~ familiar/económica/global** Familien-/Wirtschafts-/Gesamtplanung f; **planificador** M, **planificadora** F Planer m, -in f; **ingeniero** m **~** Planungsingenieur m

planificar VT ⟨1g⟩ planen

planilla F Am 1 (nómina) Lohnliste f; POL Wahlliste f 2 billete: Busfahrschein m

planimetría F MAT Planimetrie f, Flächenmessung f; **planimétrico** ADJ planimetrisch; **planímetro** M Flächenmesser m, Planimeter n; **planisferio** M ASTRON Erdkarte f; **~ celeste** Sternkarte f

plankton M → plancton

plano A ADJ eben, flach, platt; TEC plan; ÓPT **~ cóncavo/convexo** plankonkav/plankonvex; adv **de ~** geradeheraus; ohne Umstände; **caer de ~** der Länge nach hinfallen; **dar de ~** mit der flachen Hand (o mit der flachen Klinge) zuschlagen B M 1 (superficie lisa) Fläche f; Ebene f (tb MAT, FÍS); FILM Einstellung f; **~ inclinado** schiefe Ebene f; TEC **~ inclinado vibratorio** Schüttelrutsche f; AVIA **~ de sustentación** Tragfläche f; **primer ~** PINT y fig Vordergrund m; FILM, FOT Nahaufnahme f; fig **de segundo ~** zweitrangig; **estar en el primer ~ de la actualidad** hochaktuell sein; fam fig **robarle los ~s a alg** j-m die Schau (o Show) stehlen fam 2 (bosquejo) Plan m, Zeichnung f; (Grund)Riss m; **~ (de la ciudad)** Stadtplan m; TEC **~ de engrase** Schmierplan m; **~ general** Übersichtsplan m; TEC **~ de la pieza** Teilzeichnung f; ARQUIT **~ en relieve** Aufriss m

planta F 1 BOT Pflanze f; (plantón) Setzling m; **~ acuática** Wasserpflanze f; **~ de adorno** Zierpflanze f; **~ de interior** Zimmerpflanze f; **~ medicinal** Arznei-, Heilpflanze f; **~ pratense** Wiesenpflanze f; **~ útil** Nutzpflanze f; **~ trepadora** Rankengewächs n 2 zapato, media: (Strumpf)Sohle f; MAT Fußpunkt m; **~ (del pie)** Fußsohle f, -fläche f 3 (diseño) (Grund)Riss m; Entwurf m, Plan m 4 ARQUIT Stockwerk n, (piso) Geschoss, Austr Geschoß n; **~ baja** Erdgeschoss, Austr -geschoß n; MIN **~ de explotación** Fördersohle f 5 TEC Anlage f; Fabrik f, Werk n; **~ de desalación** o **desalinizadora** Meerwasserentsalzungsanlage f; Am **~ eléctrica** Kraftwerk n; tb Notstromaggregat n; **~ embotelladora** f Abfüllanlage f; espec AUTO **~ de ensamblaje** Montagewerk n; **~ de incineración** o **incineradora de basuras** Müllverbrennungsanlage f; **~ industrial** Industrieanlage f, Werk n; **~ de machaqueo** Quetschwerk f; **~ de reciclaje de basuras** Müllaufbereitungsanlage f; **~ potabilizadora de agua** Trinkwasseraufbereitungsanlage f; **~ siderúrgica** Stahlwerk n; **casa** f (etc) **de nueva ~** Neubau m 6 **de ~** (desde los cimientos) von den Grundmauern an; von Grund auf; (de plantilla) planmäßig; Stamm…; **~ de obreros** Belegschaft f, Arbeiter mpl; Am **personal** m **de ~** Stammpersonal n 7 fig **tener buena ~** espec persona: gut aussehen

plantación F AGR Pflanzung f; Plantage f; **~ de café** Kaffeeplantage f; **plantado** ADJ **bien ~** gut aussehend; **plantador** M 1 persona: Pflanzer m; dueño: Plantagenbesitzer m 2 AGR herramienta: Pflanzholz n; **plantadora** F 1 persona: Pflanzerin f; dueña: Plantagenbesitzerin f 2 M AGR utensilio: Pflanzmaschine f; Pflanzholz n

plantagináceas FPL BOT Wegerichgewächse npl

plantar A VT 1 BOT pflanzen, bepflanzen (**de** mit dat) 2 (colocar) aufstellen; tienda de campaña aufschlagen; poste einschlagen; golpe, bofetada versetzen; MIL bayoneta aufpflanzen; JUR fam juicio anstrengen; fig **~ en la calle** auf die Straße setzen; fam fig **~ la carrera** sein Studium (o seinen Beruf) aufgeben; fam fig **~le a alg** j-n lange warten lassen, j-n versetzen fam; j-m den Laufpass geben fam; j-n sitzen lassen 3 → plantear B VR **plantarse** 1 (plötzlich) auftauchen; sich aufpflanzen fam, sich aufbauen fam; **~ allí en dos horas** in zwei Stunden dort sein; DEP y fig **~ delante** den andern voraus sein, die andern überrunden 2 (oponerse) sich widersetzen; animal nicht von der Stelle wollen, störrisch sein 3 en el juego: passen

plante M 1 (protesta colectiva) Protestaktion f; en cárceles, etc: Meuterei f 2 fig (rechazo) Abfuhr f; **planteamiento** M de una pregunta, un problema: Aufwerfen n; Frage-, Problemstellung f; de un problema tb (Lösungs-)Ansatz m; **~ de la cuestión** Fragestellung f

plantear A VT 1 (trazar) entwerfen, aufstellen, ins Auge fassen; pregunta, problema aufwerfen, stellen; reformas durchführen 2 (proponer) anregen 3 (enfocar) angehen B VR **~se a/c** daran denken etw zu tun; etw in Erwägung ziehen

plantel M 1 AGR (criadero de plantas) Baum-, Pflanzschule f 2 (escuela) Bildungsanstalt f 3 fig (grupo) Gruppe f, Schar f 4 Arg (conjunto de personal) Personalbestand m; **plantera** F Par Blumentopf m; **plantificar** ⟨1g⟩ A VT anlegen, errichten; fam golpe, etc versetzen B VR **plantificarse** auftauchen

plantígrados MPL ZOOL Sohlengänger mpl

plantilla F 1 (suela) Brandsohle f; para poner en el interiór del zapato: Einlegesohle f; de la media, calcetín: Strumpfsohle f; **~ ortopédica** orthopädische Einlage f 2 TEC, GEOM Bohrlehre f; Kurvenlineal n; Schablone f; INFORM Dokumentvorlage f 3 Esp ADMIN, ECON Stellenplan m; p. ext (conjunto de empleados) Beschäftigte(n) mpl, Belegschaft f; **de ~** planmäßig; Plan(stellen)…; **~ de empleados** Belegschaft f, Angestellte(n) mpl; **~ de profesores** Lehrerkollegium m; **estar en ~** fest angestellt sein

plantío M AGR Pflanzung f; **plantón** M 1 AGR Setzling m 2 MIL ständiger Wachposten m 3 fam fig **cansado del ~** der ewigen Warterei müde fam; **dar un ~ a alg** j-n versetzen fam; j-m einen Korb geben; **tener a alg de ~** j-n warten lassen

plañidera F Klageweib n; **plañidero** ADJ weinerlich; kläglich

plañir VI ⟨3h⟩ wehklagen, jammern

plaqué M Dublee n; **plaqueado** M metal: Plattierung f; **plaqueta** F ANAT **~ (sanguínea)** Blutplättchen n

plaquita F INFORM Chip m

plasenciano, plasentino ADJ aus Plasencia

plasma M BIOL, FÍS Plasma n; **~ sanguíneo** Blutplasma n; **plasmación** F Gestaltung f; Ausdruck m; **plasmafísica** F Plasmaphysik f

plasmar VT bilden, gestalten; **~se en** seinen Niederschlag finden in (dat); sich äußern in (dat)

plasta A F Teig m, weiche Masse f; fig gestaltloser Mischmasch m; fam del perro: (Hunde)Dreck m B M/F persona: fam Langweiler m fam; Nervensäge f fam; **plaste** M Spachtelmasse f; **plastecer** VT ⟨2d⟩ (ver)spachteln; **plastecido** M Verspachtelung f; **plastelina** F Plastilin f; **plastia** F MED Plastik f

plástica F ESCUL Plastik f

plasticidad F Plastizität f; Bildhaftigkeit f

plástico A ADJ bildsam; plastisch; Plastik…; **artes** fpl **-as** bildende Künste fpl; **explosivo** m **~** Plastiksprengstoff m B M Kunststoff m, Plastik n; **de ~** Plastik…; **bolsa** f **de ~** Plastiktüte f

plastificante M QUÍM Weichmacher *m*; **plastificar** VT ⟨1g⟩ 1 QUÍM plastifizieren 2 TEC *zum Schutz mit Zellophan umwickeln*; **plastilina** F Plastilin *n*
plastrón M TEX Plastron *n*
plata F 1 Silber *n*; (*monedas de plata*) Silbergeld *n*; **de ~** silbern, aus Silber, Silber...; **~ alemana** Neusilber *n*; **~ fulminante** *o* **explosiva** Knallsilber *n*; **~ de ley** Münzsilber *n*; *fam fig* **como una ~** blitzsauber; *fig* **hablar en ~** kurz und bündig sprechen; **hablando en ~** klar und deutlich gesagt 2 *Am* (*dinero*) Geld *n*; *Col anticuado*: **en ~ blanca** bar; *RPl, Chile* **¡adiós, mi ~!** schade!; na dann eben nicht!
platabanda F TEC Stoßplatte *f*, Verbindungslasche *f*
plataforma F Plattform *f* (*tb fig*, POL, INFORM); TEC Bühne *f*; FERR Drehscheibe *f*; AUTO **~ alzacoches** *o* **elevadora** Hebebühne *f*; **~ de carga** Laderampe *f*; SOCIOL, POL **~ cívica** *o* **ciudadana** *corresponde a*: Bürgerinitiative *f*; GEOL **~ continental** Festlandsockel *m*; TEC **~ giratoria** Drehbühne *f*; **~ de Internet** Internetplattform *f*; MIL **~ de lanzamiento (móbil)** (mobile) Abschussrampe *f*; **~ negociadora** Verhandlungsbasis *f*; **~ de sondeo** Bohrinsel *f*; **~ suspendida** Hängewagen *m*
platal M *fam Am* → dineral
platanal, platanar M Bananenpflanzung *f*; **platanero** A ADJ *Cuba viento* heftig B M BOT Bananenstaude *f*
plátano M BOT 1 *árbol*: Platane *f* 2 *fruta*: Banane *f*; *planta*: Bananenstaude *f*; *Am frec* Pisangbanane *f*, Kochbanane *f*
platea F TEAT 1 *parte baja*: Parterre *n*, Parkett *n* 2 *Arg asiento*: Sitz *m* (o Platz *m*) im Parkett
plateado A ADJ silberfarben; versilbert; *cabello* silbergrau B M Versilbern *n*; Versilberung *f*
platear VT versilbern
platecha F *pez*: Scholle *f*
platense ADJ aus den Rio-de-la-Plata-Staaten;
plateñismo M Spracheigentümlichkeit *f* der Rio-de-la-Plata-Länder
plateresco A ADJ *estilo de arte*: plateresk B M Platereskstil *m*; **platería** F 1 (*oficio de platero*) Silberschmiede *f* 2 *tienda*: Juweliergeschäft *n*; **platero** M, **-a** F 1 *artesano, -a*: Silberschmied *m*, -in *f* 2 (*joyero, -a*) Juwelier *m*, -in *f* 3 *fam* **Platero** *beliebter Name für silbergraue Esel*
plática F (*conversación*) Unterhaltung *f*; REL (*discurso*) Ansprache *f*; Kurzpredigt *f*; *Am tb* (*negociaciones*) Verhandlungen *fpl*; MAR **pedir ~** Erlaubnis *f* zum Einlaufen erbitten (*nach Quarantäne*)
platicar ⟨1g⟩ A VT besprechen B VI *espec Am* plaudern; sich unterhalten; sprechen (**sobre** über *acus*)
platija F *pez*: Flunder *f*
platillero M, **-a** F MÚS Beckenschläger *m*, -in *f*
platillo M 1 kleiner Teller *m*; *de la balanza*: Waagschale *f* (*tb fig*); **~ (de la taza)** Untertasse *f*; **~ volante** *o Am* **~ volador** fliegende Untertasse *f* 2 MÚS **~s** *mpl* Becken *npl*; *fam* **a bombo y ~** mit großem Tamtam *fam* 3 *Am* **~ (sabroso)** wohlschmeckendes Gericht *n*
platina F TEC Platine *f*; *del microscopio*: Objekttisch *m*; TIPO Form-, Satzbett *n*
platinado ADJ mit Platin belegt; *cabello* platinblond gefärbt; **platinar** VT 1 *cubrir*: mit Platin belegen 2 *teñir*: platinblond färben; **platino** M Platin *n*; *p. ext* AUTO **~s** *mpl* Unterbrecherkontakte *mpl*
platirrinos MPL ZOOL Breitnasenaffen *mpl*
platito M kleiner Teller *m*; Schale *f*
plato M 1 Teller *m*; *de la balanza*: Waagschale *f*; **~ hondo** *o* **sopero** Suppenteller *m*; **~ llano** *o* **tendido** flacher Teller *m*; **~ de postre** Dessertteller *m*; *Col* **~ tacero** Untertasse *f*; *fam fig* **comer en un mismo ~** ein Herz und eine Seele sein; **¿cuándo hemos comido en el mismo ~?** wann haben wir miteinander die Schweine gehütet? *fam*; **parece que nunca ha roto un ~ (en su vida)** er (o sie) sieht aus, als könnte er (o sie) kein Wässerchen trüben; **pagar los ~s rotos** es ausbaden müssen, den Kopf dafür hinhalten müssen; **tirarse los ~s a la cabeza** einen mächtigen Familienkrach machen 2 GASTR Gericht *n*, Gang *m*; **~ caliente/frío** warmes/kaltes Gericht; **~ combinado** Tellergericht *n*, gemischter Teller *m*; **~ del día/de pescado** Tages-/Fischgericht *n*; **el ~ fuerte** das Hauptgericht; *fig* das Wichtigste, der Höhepunkt; **~ preparado** *o* **precocinado** Fertiggericht *n*; **primer plato** erster Gang, Vorspeise; **~ principal** Hauptgericht *n*; **~ recomendado** empfohlenes Gericht; **~ típico** typisches Gericht *n*; **~ único** Eintopf *m*; *fam fig* **nada entre dos ~s** nichts von Belang, eine Lappalie; **éste no es ~ de su gusto** das schmeckt ihm nicht (*fig*); *Esp fig* **ser ~ de segunda mesa** zur zweiten Garnitur gehören, nicht gebührend beachtet werden 3 TEC **~ anular** Ringscheibe *f*; TEC **~ de centrar** Zentrierfutter *n*; TEC **~ de sujeción** (Auf)Spannplatte *f*
plató M Filmkulisse *f*; *p. ext* Film-, Fernsehstudio *n*
platón M 1 *Col, Guat* (*lavabo*) Waschbecken *n* 2 *C. Rica, Méx* (*bandeja*) Tablett *n*
platónico FIL A ADJ platonisch B M, **-a** F Platoniker *m*, -in *f*; **platonismo** M FIL Platonismus *m*
platudo ADJ *Am fam* betucht *fam*, reich
plausible ADJ 1 (*digno de aplauso*) löblich, lobenswert 2 *explicación* plausibel, einleuchtend; *argumento* stichhaltig
playa F 1 (*ribera*) Strand *m*; Ufer *n*; **~ naturista** *o* **nudista** Nacktbadestrand *m*, FKK-Strand *m*; JUR **derecho** *m* **de ~** Strandrecht *n* 2 (*balneario*) Strandbad *n*; Seebad *n* 3 *Arg* (*patio*) Hof *m vor dem Rancho*; *Arg, Bol, Par, Perú, Ur* **~ de estacionamiento** Parkplatz *m*
playback ['pleĭβak] M Play-back *n*
play-boy, playboy ['pleĭ(-)βoĭ] M Playboy *m*
playera F 1 *vendedora*: Muschel-, Fischverkäuferin *f* 2 MÚS **~s** *fpl andalusische Volksweise* 3 *blusa*: Strandbluse *f*; **~s** *fpl* (*sandalias*) Strandschuhe *mpl*; **playero** A ADJ Strand...; **vestido** *m* **~** Strandkleid *n* B M 1 *vendedor*: Fisch-, Muschelverkäufer *m* 2 *Perú* MAR **~s** *mpl* Schauerleute *pl*
playo ADJ *Arg, Par agua* flach; seicht
play off [pleĭ 'ɔf] M DEP Play-off(-Spiel) *n*
plaza F 1 Platz *m*; (*lugar*) Stelle *f*, Ort *m*; COM **~ comercial** Handelsplatz *m*; **~ económica** Wirtschaftsstandort *m*; **~ financiera** Finanzplatz *m*; **~ universitaria** *o* **en la universidad** Studienplatz *m*; AUTO **~ de garaje** Stellplatz *m*; **hacer ~** Platz machen 2 *en una ciudad*: Platz *m*; (*mercado*) Marktplatz *m*, Markt *m*; MIL **~ de armas** Exerzierplatz *m*; *espec Perú* Hauptplatz *m einer Stadt*; **~ mayor** Hauptplatz *m eines Ortes*; **en la ~** auf dem Platz; TAUR **~ de toros** Stierkampfarena *f* 3 MIL Garnison *f*; Festung *f*; **~ abierta** offene Stadt *f*; **~ fuerte** fester Platz *m*; *fam hum durante la comida*: **¡ahora vamos a atacar bien la ~!** jetzt aber feste reingehauen! *fam* 4 AUTO, AVIA, *etc* (*asiento*) **~ (sentada)** (Sitz)Platz *m*; *transporte*: **~ acostada** Liegeplatz *m*; **de dos ~s** zweisitzig; **cama** *f* **de dos ~s** Doppelbett *n*; AUTO **(coche** *m* **de) cinco ~s** *m* Fünfsitzer *m* 5 (*empleo*) Anstellung *f*, Stelle *f*; **sacar ~** eine Anstellung bekommen
plazo M 1 (*término*) Frist *f*, Laufzeit *f*; **~ de entrega/de pago** Liefer-/Zahlungsfrist *f*; **~ de gracia** Gnadenfrist *f*; **~ de inscripción** *o* **de matrícula** Einschreibefrist *f*; **~ de presentación** Einreichungsfrist *f*; **~ de presentación de solicitudes** Bewerbungsfrist *f*; **~ de respiro** Schonfrist *f*; **~ de vencimiento** Lauf-, Verfallszeit *f*; **conceder/fijar un ~** eine Frist gewähren/(fest)setzen; JUR, ECON **a corto/a largo ~** kurz-/langfristig; **meter su dinero a ~ fijo** sein Geld fest anlegen; COM **a tres meses ~** gegen drei Monate Ziel; **crédito(s)** *m(pl)* **a un mes de ~** Monatsgeld *n*; **en (el) ~ de quince días** innerhalb von vierzehn Tagen; **en el ~ de tres meses** innerhalb von drei Monaten; **en el ~ que marca la ley** innerhalb der gesetzlichen Frist; **en el ~ más breve** möglichst bald; *prov* **no hay ~ que no se cumpla** *o* **no hay ~ que no llegue ni deuda que no se pague** das wird sich eines Tages rächen, irgendwann ist Zahltag 2 (*cuota*) Rate *f*; **a ~s** auf Raten; **~ mensual** Monatsrate *f*
plazoleta, plazuela F kleiner Platz *m*
pleamar F Hochwasser *n*, Flut(dauer) *f am Meer*
plebe F 1 HIST Plebs *f* 2 *fig desp* Plebs *m*; **plebeyez** F HIST Plebejertum *n*; *fig* Pöbelgesinnung *f*; **plebeyo** A ADJ HIST plebejisch; *fig* gemein, pöbelhaft B M, **-a** F HIST *y fig* Plebejer *m*, -in *f*; **plebiscito** M POL Volksabstimmung *f*, -entscheid *m*
plectro M MÚS Plektrum *n*, Plektron *n*
plegable ADJ faltbar; (zusammen)klappbar, Klapp...; *retrovisor*: einstellbar; **bote** *m* **~** Faltboot *n*; **silla** *f* **~** Klappstuhl *m*; **plegadera** F 1 *instrumento*: Falzbein *n* 2 *Am reg* (*abrecartas*) Brieföffner *m*; **plegadizo** ADJ (leicht) faltbar; zusammenlegbar; **caja** *f* **-a** Faltschachtel *f*
plegado A ADJ gefaltet; faltig B M 1 *acción*: Falzen *n*; Zusammenfaltung *f*; AVIA Einziehen *n des Fahrgestells* 2 (*pliegue*) Falte *f*; **plegador** M 1 TIPO Falzer *m*; Falzbein *n* 2 TEX Weberbaum *m*; **~ de urdimbre** Kettbaum *m*; **plegadora** F TIPO Falzmaschine *f*; TEX Bäummaschine *f*; **plegadura** F 1 *acción*: Falten *n* 2 (*doblez*) Falte *f*; **plegamiento** M GEOL Faltenbildung *f*; Auffaltung *f*
plegar ⟨1h *y* 1k⟩ A VT falzen (*tb* TIPO *y* TEC); (*doblar*) (zusammen)falten; *ropa* zusammenlegen; *silla, etc* zusammenklappen; *papel* kniffen B VR **plegarse** *fig* nachgeben, sich beugen, sich fügen (**a** *dat*)
plegaria F 1 (*súplica*) (Bitt)Gebet *n* 2 (*campanas del mediodía*) Mittagsgeläut *n*
pleistoceno GEOL A ADJ pleistozän B M Pleistozän *n*
pleiteante M/F JUR Prozesspartei *f*; **pleitear** VI JUR prozessieren, einen Prozess führen; **pleitesía** F *liter* Huldigung *f*, Reverenz *f*; **rendir ~ a alg** j-m Ehre erweisen; auf j-n eingehen; **pleitista** A ADJ prozess-, streitsüchtig B M/F Querulant *m*, -in *f*; Prozesshansel *m fam*, -liesel *f fam*
pleito M JUR (Zivil)Prozess *m*, Rechtsstreit *m*; (*contienda*) Auseinandersetzung *f*; (*pelea*) Streit *m*, Zank *m*; **estar en ~** im Streit liegen; **poner ~ a alg** gegen j-n einen Prozess anstrengen; *fig* **poner a ~** streitig machen; absprechen wollen; **ver el ~** vor Gericht verhandeln
plenamente ADV völlig; voll und ganz
plenario A ADJ POL Plenar..., Voll...; **asamblea** *f* **-a** Vollversammlung *f*; **sesión** *f* **-a** Plenarsitzung *f* B M 1 JUR Hauptverfahren *n* 2 *Am reg* POL Plenum *n*
plenilunio M Vollmond *m*; **plenipotencia** F Vollmacht *f*; **plenipotenciario** A ADJ POL bevollmächtigt B M, **-a** F Bevollmächtigte *m/f*
plenitud F Fülle *f*; Vollmaß *n*; Vollkraft *f*; **~**

P

vital Lebensfülle *f*; MED **sensación** *f* **de ~** Völlegefühl *n*

pleno A ADJ voll, Voll…; völlig; TEC **-a carga** *f* Volllast *f*; AUTO **~ gas** *m* Vollgas *n*; **a ~ sol** in der prallen Sonne; **en ~** vollzählig; **en -a calle** auf offener Straße; **en ~ día** am helllichten Tage; **en ~ invierno** mitten im Winter; **a -a luz** bei vollem Licht; JUR **confesar de ~** ein vollständiges Geständnis ablegen B M Vollversammlung *f*; Plenum *n*; **salón** *m* **de ~s** Plenarsaal *m*; **acertar un ~, hacer ~** alles richtig haben

pleonasmo M LING Pleonasmus *m*; **pleonástico** ADJ pleonastisch

plesímetro M MED Plessimeter *n*

pletina F TEC Platine *f*; **~ (a cassettes)** Kassettendeck *n*

plétora F 1 (*gran abundancia*) Überfülle *f*; *fig* Wohlstand *m* 2 (*exceso de sangre*) Vollblütigkeit *f*

pletórico ADJ 1 (*abundante*) übervoll, strotzend (**de** von, vor *dat*); *fig* (*con muchos ánimos*) hoch gestimmt 2 (*purasangre*) vollblütig

pleura F ANAT Brustfell *n*, Pleura *f*; **~ parietal** Rippenfell *n*; **pleuresía, pleuritis** F MED Brustfellentzündung *f*, Pleuritis *f*; **pleuroneumonía** F MED Rippenfell- und Lungenentzündung *f*

plexiglás M Plexiglas *n*

plexo M ANAT Plexus *m*, Geflecht *n*; **~ solar** Solarplexus *m*, Sonnengeflecht *n*

Pléyadas FPL → Pléyades

pléyade F LIT Pléiade *f*, Gruppe *f von Künstlern etc*

Pléyades FPL ASTRON Plejaden *fpl*, Siebengestirn *n*

plica F JUR versiegelter Umschlag *m* (*zu einem bestimmten Zeitpunkt zu öffnen*)

pliego M 1 → plegar 2 *de papel*: Bogen *m* (*tb* TIPO) 3 JUR **~ de cargos** Belastungsmaterial *n*; Anklageschrift *f*; **~ de descargo** Entlastungsschrift *f* 4 (*cuaderno*) Heft *n*, Lage *f* 5 *correos*: Brief-, Postsendung *f*; **~ de reclamos** Werbesendung *f*; COM **en este ~** beiliegend 6 *licitación*: Angebot *n*; **~ de condiciones** Vergabebedingungen *fpl*, Leistungsverzeichnis *n*, Ausschreibungsunterlagen *fpl*; Lastenheft *n*

pliegue M Falte *f*; Einschlag *m*; Kniff *m*; GEOL Geländefalte *f*; ANAT **~ inguinal** Leistenbeuge *f*; **~ del pantalón** Bügelfalte *f*

plim, plin *fam* INT **¡a mí, ~!** das ist mir piepe (*o* schnurzegal)! *fam*

plinto M DEP Kasten *m*; ARQUIT Plinthe *f*, Fußplatte *f* einer Säule

plioceno GEOL A ADJ pliozän B M Pliozän *n*

plisado TEX A ADJ plissiert B M Plissee *n*

plis-plas *fam* ADV **en un ~** im Handumdrehen

plomada F 1 *peso*: Lot *n*; Senkblei *n*; MAR **echar la ~** abloten 2 CONSTR, *etc* Reißstift *m*; **plomado** ADJ TEC **~ al fuego** feuerverbleit

plomar V/T plombieren; mit einem Bleisiegel verschließen

plombagina F 1 (*grafito*) Graphit *m* 2 *lubricante*: Graphitschmiermittel *n*

plomear V/I CAZA *perdigonada* (gut) streuen; **plomería** F 1 *fundición*: Bleigießerei *f*; *techo*: Bleidach *n* 2 *Am* (*fontanería*) Klempnerei *f*, Spenglerei *f*; **plomero** M 1 *obrero*: Bleiarbeiter *m*; -gießer *m*; *comerciante*: Blei(waren)händler *m* 2 *Am* (*fontanero*) Klempner *m*, Spengler *m*; **plomizo** ADJ 1 (*de plomo*) bleiern; (*que contiene plomo*) bleihaltig 2 *color*: bleifarben, bleigrau 3 *fam fig* (*pesado*) schwerfällig; (*aburrido*) stinklangweilig *fam*

plomo M 1 QUÍM Blei *n*; **monóxido** *m* **de ~** Bleiglätte *f*; **sin ~** bleifrei 2 *peso*: Bleigewicht *n*; Bleilot *n*; **a ~** lot-, senkrecht 3 (*perdigón*) Bleikugel *f* 4 (*precinto*) (Blei)Plombe *f* 5 ELEC Sicherung *f* 6 *fam fig* **ser un ~** ein langweiliger (*o* lästiger) Kerl sein *fam*

plotter M INFORM, TIPO Plotter *m*

plugo, pluguiere, *etc* → placer[1] B

pluma A F 1 ORN Feder *f*; *fam fig* **~s** *fpl tb* (*cama*) Bett *n*; DEP (**peso** *m*) **~** Federgewicht *n*; *fam fig* **echar buena ~** sich mausern; sich wieder aufraffen 2 *para escribir*: Schreibfeder *f*; *fig* (*estilo*) (Schreib)Stil *m*; *Méx* **~ atómica** Kugelschreiber *m*; **~ estilográfica** *o Am* **fuente** Füllfederhalter *m*, Füller *m fam*; **escribir a vuela ~** schnell (*o* flüssig) schreiben; **llevar la ~** nach Diktat niederschreiben; **manejar la ~** die Feder führen 3 (*escritor*) Schriftsteller *m*, -in *f* 4 TEC Ausleger *m* 5 *fam Méx* (*mujerzuela*) Flittchen *n fam* 6 *Col, Cuba, Pan, P. Rico, S.Dgo, Ven reg* (*grifo*) Wasserhahn *m* B M *pop* warmer Bruder *m fam*, Tunte *f*; **tener ~** *fam hombre* sich schwul geben; *mujer* sich lesbisch geben

plumada F Federstrich *m*; **plumado** ADJ gefiedert; Feder…; **plumaje** M ORN Gefieder *n*; *adorno*: Federschmuck *m*, Federbusch *m*; **plumario** ADJ (**arte** *m*) **~** Vogel- und Federstickerei *f*; **plumazo** M 1 *fam* (*trazo fuerte de pluma*) Federstrich *m*; *tb fig* **de un ~** mit einem Federstrich 2 *colchón*: Federkissen *n*; Federbett *n*

plumbago M BOT Bleiwurz *f*

plúmbeo ADJ *liter* (*de plomo*) bleiern; *fam fig* (*pesado*) schwerfällig; (*aburrido*) langweilig; **plúmbico** ADJ bleihaltig; QUÍM **ácido** *m* **~** Bleisäure *f*

plumeado M Schraffierung *f*; **plumear** V/T schraffieren

plumero M 1 *limpieza*: Federwisch *m*, Staubwedel *m* 2 (*mazo de plumas*) Federbusch *m* 3 (*pequeño portafolios*) Feder-, Schreibmäppchen *n*; Federkasten *m*; *Am frec* (*portaplumas*) Federhalter 4 *fam fig* **se le ve el ~** man merkt die Absicht; Nachtigall, ich hör dir trapsen *fam*

plumier M Federmäppchen *n*; **plumífero** M 1 Daunenjacke *f* 2 *poét* **~s** *pl* Federvieh *n*

plumilla A F 1 (Spezial)Feder *f*; Tuschfeder *f*; **~ de oro** Goldfeder *f* (*bei Füllfederhaltern*) 2 *Perú* AUTO (*limpiaparabrisas*) Scheibenwischer *m* 3 *Am reg* MÚS Plektrum *n* B M/F *fam desp* (*periodista*) Schreiberling *m*; Zeitungsschmierer *m*, -in *f fam*

plumín M Feder *f* (*eines Füllers*); **plumista** M/F 1 *escritor(a)*: Schreiber *m*, -in *f*; Mann *m*, Frau *f* der Feder 2 (*que hace objetos de pluma*) Federarbeiter *m*, -in *f*; *comerciante*: Händler *m*, -in *f* von Federwaren

plumón M 1 (*plumas muy finas*) Flaum *m*; (*pequeña pluma*) Flaumfeder *f*, Daune *f* 2 *almohada*: Federkissen *n*; (**colcha** *f* **de**) **~** Federbett *n* 3 *Am reg* (*rotulador*) Filzstift *m*

plural GRAM A ADJ pluralisch, Plural… B M Mehrzahl *f*, Plural *m*

pluralidad F 1 (*mayoría*) Mehrheit *f*; POL **elegido con la** *o* **a ~ de votos** mit Stimmenmehrheit gewählt 2 (*variedad*) Vielfalt *f*, Vielfältigkeit *f*

pluralismo M POL Pluralismus *m*; **pluralista** ADJ pluralistisch; **pluralizar** V/T ⟨1f⟩ 1 GRAM in den Plural setzen 2 (*atribuir a varios*) mehreren zuschreiben (*was nur einem gebührt*)

plurianual ADJ mehrjährig; **pluricelular** ADJ BIOL mehrzellig; **pluridimensional** ADJ mehrdimensional; **pluridisciplinar(io)** ADJ interdisziplinär, multidisziplinär; **pluriempleo** M Mehrfachbeschäftigung *f*, gleichzeitige Ausübung *f* mehrerer Berufe; **plurifamiliar** ADJ Mehrfamilien…; **plurifuncional** ADJ Multifunktions…, Mehrzweck…; **plurilingüe** mehrsprachig; **plurilingüismo** M Mehrsprachigkeit *f*; **pluripartidismo** M POL Mehrparteiensystem *n*; **pluripartidista** ADJ POL Mehrparteien…

plus M Zuschlag *m*, (Gehalts)Zulage *f*; **~ de antigüedad/de carestía/de peligrosidad** Dienstalters-/Teuerungs-/Gefahrenzulage *f*; *Esp* **~ familiar** *o* **~ por hijos** Kindergeld *n*; **~ de productividad** Leistungszulage *f*

pluscuamperfecto M GRAM Plusquamperfekt *n*, Vorvergangenheit *f*; **plusmarca** F DEP Rekord *m*; **plusmarquista** M/F DEP Rekordhalter *m*, -in *f*, -inhaber *m*, -in

plus ultra noch weiter hinaus (*Wahlspruch im spanischen Wappen*)

plusvalía F, *tb* **plusvalor** M ECON Mehrwert *m*; Wertzuwachs *m*; Zugewinn *m*; *bolsa*: Kursgewinn *m*

plutocracia F Plutokratie *f*; **plutócrata** M/F Plutokrat *m*, -in *f*; **plutocrático** ADJ plutokratisch

plutonio M QUÍM Plutonium *n*

pluvial A ADJ Regen…; REL **capa** *f* **~** Pluviale *n* B M Pluviale *n*; **pluviometría** F METEO Niederschlagsmessung *f*; **de baja ~** niederschlagsarm; **pluviómetro** M Regenmesser *m*; **pluviosidad** F METEO Niederschlagsmenge *f*; **pluvioso** ADJ regnerisch; **pluviselva** F GEOG Regenwald *m*

Plz. ABR (Plaza) Platz *m*

p.m. ABR (post merídiem) *Am* nachmittags

PM F ABR (Policía Militar) MP *f* (Militärpolizei)

PMM M ABR (Parque Móvil Ministerios Civiles) *Fahrbereitschaft bzw Fuhrpark der spanischen Ministerien*

PNB M ABR (Producto Nacional Bruto) BSP *n* (Bruttosozialprodukt)

PNN M ABR 1 (*Producto Nacional Neto*) Nettosozialprodukt *n* 2 *Esp* UNIV (*Profesor No Numerario*) *corresponde a*: außerordentlicher Professor *m*

PNV M ABR (Partido Nacionalista Vasco) Baskische Nationalpartei *f*

p.o. ABR (por orden) i. A. (im Auftrag)

poblacho M *fam* elendes Nest *n*, Kaff *n fam*

población F 1 Bevölkerung *f*; **~ activa** erwerbstätige Bevölkerung *f*; **~ escolar** die schulpflichtigen Kinder *npl*; **~ penal** *o* **reclusa** Gesamtheit *f* der Häftlinge 2 BIOL Population *f*, Bestand *m*; **~ aviar** Geflügelbestand *m*; **~ útica** Fischbestand *m* 3 (*ciudad*) größere Ortschaft *f*; Stadt *f* 4 *Arg* (*edificio con viviendas*) Haus *n*, Wohngebäude *npl einer ländlichen Siedlung* 5 *Chile* Slum *m*, Armenviertel *n*

poblada F *Andes* Aufruhr *m*; Menschenmassen *fpl*; **poblado** A ADJ 1 dicht bewohnt; besiedelt 2 *barba* dicht; *cejas* buschig; **~ de árboles** bewaldet B M bewohnte Gegend *f*; Ortschaft *f*; **poblador** A ADJ Siedlungs… B M, **pobladora** F 1 An-, (Be-)Siedler *m*, -in *f*; Bewohner *m*, -in *f* 2 (*fundador, fundadora*) Gründer *m*, -in *f* einer Siedlung

poblano A ADJ 1 *Am* → lugareño 2 *Méx* aus Puebla B M, **-a** F *Méx* Bewohner *m*, -in *f* aus Puebla

poblar ⟨1m⟩ A V/T 1 (*ocupar un sitio con gente*) bevölkern, besetzen; be-, ansiedeln; *p. ext* (*ocupar*) anfüllen, besetzen; AGR *colmena* bevölkern; *estanque* mit Fischen besetzen; **~ con exceso** übervölkern 2 BOT bepflanzen (**de** mit *dat*); *bosque* aufforsten B V/R **poblarse** 1 sich stark fortpflanzen, sich mehren; (*ponerse más denso*) dicht(er) werden; (*llenarse de gente*) sich bevölkern; *fig* (*llenarse*) sich füllen (**de** mit *dat*) 2 *árboles* sich belauben

pobo M BOT Silberpappel *f*

pobre A ADJ 1 *persona* arm; *fig* elend, unglücklich; **~, pero honrado** arm, aber ehrlich; *fig* **~ hombre** *m* armer Teufel *m* 2 *cosa* armselig, ärmlich; **una casa ~** ein schäbiges Haus 3 **~ de** *o* **en** arm an (*dat*); **~ en sal** salzarm B M/F

P

Arme *m/f*; *(mendigo)* Bettler *m*, -in *f*; *fig (infeliz)* Unglückliche *m/f*; **¡~ de mí!** ich Arme(r)!, ich Unglückliche(r)!; *fig* **~ de solemnidad** ganz Arme *m/f*

pobrerío M *Col die* Armen *pl*

pobrete A ADJ ärmlich; armselig B M, **-a** F armer Schlucker *m*, arme Frau *f*; armer Tropf *m*; **pobretería** F 1 *col (los pobres) die* Armen *pl* 2 *(pobreza)* Armut *f*; **pobretón** A ADJ sehr arm, armselig B M, **-ona** F *fam* armer Schlucker *m*, arme Frau *f*

pobreza F Armut *f*; Dürftigkeit *f* (**de an** *dat*) *(tb fig)*; **~ de espíritu** Gemütsarmut *f*; **~ de masas** Massenarmut *f*; *prov* **~ no es vileza** Armut schändet nicht

pobrísimo ADJ *sup* äußerst arm

pocero M Brunnenbauer *m*; -reiniger *m*; *p. ext* Latrinenreiniger *m*

pocha F *fam* 1 *Am persona*: US-Amerikanerin *f* mexikanischer Abstammung 2 *Chile (patraña)* Bluff *m*, Lüge *f* 3 *Esp* BOT weiße Frühbohne *f* 4 *Esp ein Kartenspiel*

pochar V/T anbraten

pochez F ‹*pl* -eces› 1 Weizenbrötchen *n*, Wecken *m (reg)* 2 Nebensächlichkeit *f*, Unwichtigkeit *f*

pocho A ADJ 1 *(pálido)* bleich 2 *(triste)* traurig, niedergeschlagen 3 *persona* angeschlagen, nicht ganz auf der Höhe 4 *reg (podrido)* morsch; *(pastoso)* teigig; *(hinchado)* gedunsen; *fruta* faul; *flores* welk 5 *Chile (rechoncho)* pummelig, untersetzt, klein und dick; *(torpe)* schwerfällig B M *Am, espec Méx* US-Amerikaner *m* mexikanischer Abstammung

pochocho ADJ *Chile* → pocho A,3; **pocholada** F *fam* Dummheit *f*, Quatsch *m fam*; **pocholo** ADJ *pop* nett, hübsch

pochote M *Méx* BOT Wollbaum *m*

pocilga F Schweinestall *m (tb fig)*

pocillo M 1 *(vasija empotrada)* in die Erde eingelassenes Kühlgefäß *n* 2 *Am (jícara)* (zylindrisches) Tässchen *n*; *P. Rico tb* Tasse *f* Kaffee

pócima F FARM Arzneitrank *m*; *desp* Gebräu *n fam*; **~ mágica** Zaubertrank *m*

poción F FARM Arzneitrank *m*; *p. ext (bebida)* Trank *m*, Getränk *n*

poco A ADJ 1 SG wenig, gering(fügig); *(escaso)* karg; *(exiguo)* spärlich; **-a gente** *f* wenige Leute *pl*; *fig* **ser -a cosa** unbedeutend sein; *fig* **(y) como (o por) si fuera ~** und zu guter Letzt ...; und obendrein ...; *fig* **todo les parece ~** sie sind nie zufrieden, sie sind ewig unzufrieden; *prov* **quien ~ tiene, ~ teme** wer nichts hat, kann nichts verlieren 2 PL **unos ~s** einige (wenige), ein paar; **como hay ~s** wie es nur wenige gibt, einzigartig B M **un ~** ein wenig, einiges wenige; **un ~ de** ein bisschen, etwas; **un ~ de sal/leche** etwas Salz/Milch; **un ~ de paciencia** ein wenig (o ein bisschen) Geduld; *con adj*: **un ~ grande/alto** ein bisschen (zu) groß, (zu) hoch; *prov* **muchos ~s hacen un mucho** Kleinvieh macht auch Mist C ADV 1 wenig; **~ hecho** GASTR *carne* nicht durchgebraten; fast roh; *fam fig* **de ~ más o menos** (reichlich) unbedeutend; **(sobre) ~ más o menos** ungefähr, etwa; **tener a/c/a alg en ~** etw/j-n gering achten, nicht viel von etw/j-m halten 2 *temporal*: **~ a ~** allmählich, nach und nach; sachte; **a ~** gleich *o* kurz darauf; **a ~ más** fast, beinahe, um ein Haar; **a ~ de llegar** *o* **de haber llegado** bald nach der Ankunft; **~ antes** kurz zuvor; **dentro de ~** in Kürze, bald; **~ después** bald darauf; **hace ~** vor Kurzem, unlängst; **desde hace ~** seit kurzem; **en ~ estuvo que riñésemos** um ein Haar hätten wir uns gezankt; **por ~** beinahe, fast; **por ~ me caigo** beinahe wäre ich gefallen

poda F AGR Beschneiden *n der Bäume*; **podadera** F AGR Garten-, Rebmesser *n*; Baumschere *f*; **podadora** F *Méx* Rasenmäher *m*; **~ de setos** elektrische Heckenschere *f*

podagra F MED Podagra *n*, Fußgicht *f*

podal ADJ MED Fuß...; **afección** *f* **~** Fußkrankheit *f*, Fußleiden *n*

podar V/T AGR *árboles* beschneiden; **podazón** F AGR Zeit *f* des Baumschnitts

podenco M CAZA spanischer Vorstehhund *m*; *fam fig* Trottel *m fam*; **podenquero** M CAZA Hundeführer *m*

poder¹ ‹2t› A V/T & V/I 1 können, vermögen; **a ~ ser** nach Möglichkeit 2 *(tener la permisión)* dürfen; **¿puedo?** darf ich?; gestatten Sie?; **si no puedes hacer eso** das darfst du nicht tun 3 *tb fig* **~ más** mehr können, stärker sein; **no ~ más** nicht mehr weiter können, am Ende seiner Kraft sein; *locuciones*: **a más no ~** aus Leibeskräften; im höchsten Grad; was das Zeug hält *fam*; **gritar a más no ~** lauthals schreien; **hasta más no ~** mit aller Gewalt, bis zum Äußersten; **no ~ menos de** *(inf)* nicht umhin können, zu *(inf)* 4 *fam* **~ a alg** *(doblegar)* j-n bezwingen; *(ser superior)* j-m überlegen sein; **nadie le puede** niemand kann ihm beikommen, niemand kann gegen ihn an *fam*; **no ~ con alg/a/c** *(no acabar con)* mit j-m/etw nicht fertig werden; *(sentir repugnancia)* j-n/etw nicht ausstehen können B V/IMP 1 **puede ser** kann sein, vielleicht; **esto no puede ser** das darf nicht sein; **¡no puede ser!** das kann doch nicht (wahr) sein!; **puede (ser) que** *(subj)* vielleicht *(ind)*; möglicherweise *(ind)*; es ist möglich, dass *(ind)* 2 **¿se puede?** darf man eintreten? C V/R **~se evitar** sich vermeiden lassen

poder² M 1 *(autoridad, fuerza)* Macht *f*; POL (Staats)Gewalt *f*; *espec* POL **~ absoluto** unumschränkte Gewalt *f*; **~ ejecutivo** Exekutive *f*, vollziehende Gewalt *f*; POL **~es fácticos** mächtige Interessengruppen *fpl*; **~ judicial** richterliche Gewalt *f*; **~ legislativo** Legislative *f*, gesetzgebende Gewalt *f*; **Poder Negro** Black Power *f*; **los ~es públicos** die Behörden; **acceso** *m* **al ~** Macht-, Regierungsantritt *m*; **caer en (el) ~ de alg** in j-s Gewalt *(acus)* geraten; **retirarse del ~** sich von der Regierung zurückziehen; **subir al ~** an die Macht (o ans Ruder) kommen 2 *(habilidad)* Können *n*, Vermögen *n (tb* FÍS, TEC); *(capacidad)* Fähigkeit *f*, Kraft *f*; **~ absorbente** Absorptionsvermögen *n*; Saugfähigkeit *f*; ECON **~ adquisitivo** Kaufkraft *f*; **~ de ahorro** Sparvermögen *n*; AUTO **~ antidetonante** Klopffestigkeit *f*; *tb* AUTO **~ de arranque** Anzugsvermögen *n*; **~ calorífico** Heizwert *m*; Wärmeleistung *f*; **~ de compra** Kaufkraft *f*; **~ perforante** *proyectil*: Durchschlagskraft *f*; QUÍM **~ reductor** Reduktionsvermögen *n*; **de alto ~** *explosivo* hochbrisant; **a ~ de kraft** *(gen)*, durch vieles *(acus)*; **lo que está** *o* **esté en mi ~** was in meinen Kräften steht, nach Kräften 3 *(autorización)* Vollmacht *f*, Ermächtigung *f*, Befugnis *f*; **(plenos) ~es** *pl* Vollmacht(en) *f(pl)*; **~ colectivo/especial** Gesamt-/Sondervollmacht *f*; **~ de decisión** Entscheidungsbefugnis *f*; **~ persona** *f*, **ejecutivo** *m, etc* **con ~ de decisión** Entscheidungsträger *m*; **dar ~(es) a alg** j-n ermächtigen; j-m Vollmacht(en) geben; **ejercer un ~** eine Vollmacht ausüben; **extender los ~es** die Vollmacht(en) ausstellen; **revestir a alg de ~** j-n mit einer Vollmacht ausstatten; **tener amplios ~es** große Befugnisse haben; unbeschränkte Vollmacht haben; COM **por ~** per procura 4 MIL **~ aéreo/naval** Luft-/Flottenstärke *f*

poderdante M/F JUR Vollmachtgeber *m*, -in *f*; **poderhabiente** M/F JUR Bevollmächtigte *m/f*

poderío M 1 *(fuerza)* Macht *f*; Gewalt *f* 2 *(fortuna)* Besitz *m*; Reichtum *m* 3 TAUR Kraft *f des Stiers*; **poderosa** F *pop* Rausch *m*, Schwips *m fam*; **poderoso** A ADJ mächtig B M, **-a** F Mächtige *m/f*

podiatra M/F *Am* MED Podologe *m*, Podologin *f*

podio M Podium *n*; Podest *n*

podólogo M, **-a** F Facharzt *m*, -ärztin *f* für Fußleiden; Podologe *m*, -login *f*; **podómetro** M Schrittzähler *m*

podre F Eiter *m*; **podredumbre** F Fäulnis *f*; Verwesung *f*

podrido ADJ 1 *(putrefacto)* faul, verfault; vergammelt *fam*; *comida* verdorben; *madera* morsch; **caer ~** abfaulen 2 *fig (corrupto)* verdorben, verkommen; *fam* **~ de dinero** stinkreich *fam*

podrir V/T → pudrir

poema M (längere) Dichtung *f*; Heldendichtung *f*; *fam* **~ épico** Epos *n*; MÚS **~ sinfónico** sinfonische Dichtung *f*; *desp* **¡es todo un ~!** das ist vielleicht eine Schau (o eine Pleite)!

poemario M Gedichtsammlung *f*; **poemático** ADJ Dichtungs...

poesía F Gedicht *n*; Dichtung *f*; Poesie *f (tb fig)*; **~ lírica** Lyrik *f*

poeta M/F Dichter *m*, -in *f*, Poet *m*, -in *f*; *fig* **~ de ocasión** Gelegenheitsdichter *m*, -in *f*; **poetastro** M *desp* Dichterling *m*, Verse-, Reimschmied *m*

poética F Dichtkunst *f*; Poetik *f*; **poético** ADJ dichterisch; poetisch *(tb fig)*; **arte** *m* **~** Poetik *f*

poetisa F Dichterin *f*; **poetizar** V/T ‹1f› dichterisch verklären; poetisieren

pogrom(o) M Pogrom *n/m*

poinsettia F BOT Weihnachtsstern *m*

pointer M CAZA *perro*: Pointer *m*

póker M Poker *n*; Pokern *n*

pola F *Col fam* Bier *n*

polaca F 1 *persona*: Polin *f* 2 *Perú* MIL *prenda*: Jacke *m der Offiziersuniform*; **polacada** F *fam* Hinterhältigkeit *f*, Gemeinheit *f*; **polaco** A ADJ polnisch *(Am tb desp)* B M 1 *persona*: Pole *m* 2 *lengua*: Polnisch *n*

polaina F 1 *(media calza)* Gamasche *f* 2 *Arg, Bol, Hond fig (repugnancia)* Widerwärtigkeit *f*

polaquiuria F MED *t/t* Pollakisurie *f (häufige Harnentleerung in kleinen Mengen)*

polar ADJ 1 GEOG polar; Polar..., Pol... 2 ELEC Pol...

polaridad F Polarität *f*; **invertir** *o* **cambiar la ~** umpolen; **polarización** F FÍS Polarisation *f*, Polarisierung *f (tb* SOCIOL); **polarizador** M ÓPT Polarisator *m*; **polarizar** ‹1f› A V/T polarisieren; *fig atención, interés, etc* lenken auf; ÓPT **luz** *f* **polarizada** polarisiertes Licht *n* B V/R **polarizarse** *fig* sich konzentrieren (**en** auf *acus*)

polca F MÚS Polka *f*

polea F TEC Rolle *f*; Laufrad *n*; Riemenscheibe *f*; **~ fija/loca** feste/lose Rolle *f*

polémica F Polemik *f*; **polémico** ADJ polemisch

polemista M/F Polemiker *m*, -in *f*; **polemizar** V/I ‹1f› polemisieren

polemología F Konfliktforschung *f*

polemonio M BOT Speerkraut *n*

polen M BOT Blütenstaub *m*, Pollen *m*

polenta F GASTR Polenta *f*

poleo M BOT, FARM Poleiminze *f*

polera F *Arg* Rollkragenpullover *m*

poli *fam* A F Polente *f fam* B M Polyp *m fam*, Bulle *m fam*

poliamida F Polyamid *n*; **poliandria** F Polyandrie *f*, Vielmännerei *f*

polibán M Brausewanne *f*
polichinela M Possenreißer *m*; Hanswurst *m*
policía A F Polizei *f*; *Am reg transporte*: **~ acostado** Holperschwelle *f* (*für Autos*); **~ antidisturbios** Bereitschaftspolizei *f*; *Esp* **~ armada** kasernierte Polizei *f*; **~ de barrio** Stadtteilpolizei *f*; **~ fluvial** Wasserschutzpolizei *f*; **~ de fronteras** Grenzpolizei *f*; **~ judicial** *o Am reg* **de investigaciones** Kriminalpolizei *f*; **~ militar/secreta** Militär-/Geheimpolizei *f*; **~ montada** berittene Polizei *f*; *Esp* **~ nacional** staatliche Polizei *f*; **~ de tráfico** *o Am reg* **tránsito** Verkehrspolizei *f* B M/F Polizist *m*, -in *f*; **~ de barrio** Stadtteilpolizist *m*, -in *f*; Kontaktbeamter *m*, -beamtin *f*; **jugar a ~s y ladrones** Räuber und Gendarm spielen
policíaco, policiaco ADJ Polizei…; Detektiv…, Kriminal…; **novela** *f* **-a** Kriminalroman *m*; **policial** ADJ Polizei…; **fuerzas** *fpl* **~es** Polizeikräfte *fpl*; **policivo** ADJ *Am* Polizei…
policlínica F, **policlínico** M MED Poliklinik *f*; **policromía** F Vielfarbigkeit *f*; TIPO Mehrfarbendruck *m*; **policromo** ADJ mehrfarbig; bunt; **polideportivo** M Mehrzwecksportanlage *f*; **poliedro** M MAT Polyeder *n*; **poliéster** M QUÍM Polyester *m*, -harz *n*; **poliestireno** M QUÍM Polystyren *n*; **poliestirol** M QUÍM Polystyrol *n*; **polietileno** M QUÍM Polyäthylen *n*; **polifacético** ADJ *liter* vielgestaltig; -seitig; **polifásico** ADJ ELEC mehrphasig; **polifonía** F MÚS Polyfonie *f*, Mehrstimmigkeit *f*; **polifónica** F (großes) Orchester *n*
polifónico, polífono ADJ polyfon; mehrstimmig; **poligamia** F Polygamie *f*, Vielweiberei *f*; **polígamo** A ADJ BOT, SOCIOL polygam B M, **-a** F SOCIOL Polygamist *m*, -in *f*;
poliglota, políglota M/F Polyglotte *m/f*, Sprachenkenner *m*, -in *f*; **poligloto, polígloto** ADJ polyglott, mehr-, vielsprachig
poligonáceas FPL BOT Knöterichgewächse *npl*; **poligonal** ADJ MAT vieleckig, polygonal
polígono M 1 MAT Polygon *n*, Vieleck *n* 2 (*zona*) **~ industrial** Gewerbe-, Industriegebiet *n*; **~ urbano** *o* **residencial** (geschlossene) Wohnsiedlung *f*, Wohnblock *m*; (*ciudad satélite*) Trabantenstadt *f* 3 MIL **~ (de tiro)** Schießplatz *m*
poligrafía F LIT Vielseitigkeit *f* (*eines Autors*)
polígrafo M Lügendetektor *m*
polilla F 1 *insecto*: Motte *f*; *p. ext* Holz-, Bücherwurm *m* 2 *jerga del hampa* (*bofia*) Polente *f fam*, Schmiere *f pop* 3 (*prostituta*) Nutte *f pop*, Flittchen *f fam*
polimerización F QUÍM Polymerisation *f*; **polímero** QUÍM A ADJ polymer B **~s** MPL Polymere *npl*
poli-mili *Esp* A F 1 Militärpolizei *f* 2 (*político-militar*) *politischer Flügel der ETA* B M/F Mitglied *n* des politischen Flügels der ETA
polimorfismo M Polymorphismus *m* (*tb* LING); **polimorfo** ADJ polymorph (*tb heráldica*), vielgestaltig
Polinesia F Polynesien *n*
polinesio A ADJ polynesisch B M, **-a** F Polynesier *m*, -in *f*
polinización F BOT Bestäubung *f*; **polinizar** V/T ⟨1f⟩ BOT bestäuben
polinomio M MAT Polynom *n*
polinosis F MED Pollenallergie *f*
polio(mielitis) F MED Polio(myelitis) *f*, spinale Kinderlähmung *f*
polipasto M → polispasto
pólipo M ZOOL, MED Polyp *m*
poliptoton M RET Polyptoton *n*; **polisemia** F LING Polysemie *f*; **polisémico** ADJ LING polysem, mehrdeutig; **polisílabo** ADJ mehrsilbig; **polisíndeton** M LING Polysyndeton *n*; **polisintético** ADJ LING polysynthetisch
polispasto M TEC Flaschenzug *m*
polista M/F DEP Polospieler *m*, -in *f*
politburó M POL Politbüro *n*
politécnico ADJ polytechnisch; **escuela** *f* **-a** Polytechnikum *n*; **universidad** *f* **-a** technische Universität *f*
politeísmo M REL Polytheismus *m*; **politeísta** REL A ADJ polytheistisch B M/F Polytheist *m*, -in *f*
política F Politik *f*; **~ agraria** Agrarpolitik *f*; **~ de ahorro** Sparpolitik *f*; **~ ambiental** *o* **medioambiental** Umweltpolitik *f*; **~ arancelaria** Zollpolitik *f*; **~ aperturista** Politik *f* der Öffnung; **cambiaria** Währungspolitik *f*; **~ comercial** Handelspolitik *f*; **~ de defensa** Verteidigungspolitik *f*; **~ de entendimiento** Verständigungspolitik *f*; **~ fiscal** Steuerpolitik *f*; **~ monetaria** Geldpolitik *f*; Währungspolitik *f*; **~ de precios** Preispolitik *f*; **~ de ventas** Verkaufspolitik *f*; **~ crediticia** Kreditpolitik *f*; **~ económica** Wirtschaftspolitik *f*; **~ exterior/interior** Außen-/Innenpolitik *f*; **~ social** Sozialpolitik *f*; **~ de poder** Machtpolitik *f*; INFORM **~ de privacidad** Schutz *m* der Privatsphäre; **~ de la tierra quemada** Politik *f* der verbrannten Erde; **~ de (la) buena vecindad** Politik der guten Nachbarschaft; **la ~ de alto(s) vuelo(s)** die hohe Politik; *fam fig* **tener mucha ~** sehr gerissen sein *fam*
politicastro M, **-a** F *desp* Politikaster *m*, -in *f*
político A ADJ 1 politisch 2 (*cuñados*) Schwieger…; **hermana** *f* **-a** Schwägerin *f*; **hija** *f* **-a** Schwiegertochter *f*; **hijo** *m* **~** Schwiegersohn *m*; **madre** *f* **-a** Schwiegermutter *f*; **padre** *m* **~** Schwiegervater *m* B 1 M, **-a** F Politiker *m*, -in *f* 2 *fig* **ser muy ~** (*astuto*) sehr gerissen (*o* clever) sein *fam*
politicón A ADJ übertrieben höflich B M → politicastro; **politiquear** V/I *fam* politisieren; **politiqueo** M Politisieren *n*; **politiqueras** M/F *fam* → politiquero; **politiquería** F *desp* Politisieren *n*; schlechte Politik *f*; **politiquero** M, **-a** F *desp* schlechte(r) (*o* profitgierige[r]) Politiker *m*, -in *f*; **politización** F Politisierung *f*; **politizar** V/T ⟨1f⟩ politisieren
politología F Politologie *f*; **politólogo** M, **-a** F Politologe *m*, -login *f*
poliuretano M QUÍM Polyurethan *n*; **poliuria** F MED krankhaft erhöhte Harnausscheidung *f*; *t/t* Polyurie *f*; **polivalencia** F QUÍM, MED Mehrwertigkeit *f*; Polyvalenz *f*; *fig* Vielseitigkeit *f*; **polivalente** ADJ mehrwertig; polyvalent; *fig* vielseitig; Mehrzweck…; **avión** *m* **~** Mehrzweck(kampf)flugzeug *n*
póliza F 1 *seguros*: Police *f*; **~ de seguros** Versicherungsschein *m*, -police *f* 2 ADMIN Steuer-, Stempelmarke *f*; **~ de aviso** Laufzettel *m*; **~ de fletamento** Seefrachtbrief *m*, Charterpartie *f*
polizón M MAR, AVIA blinder Passagier *m*; *fig* Stromer *m*; **polizonte** M *fam* Polyp *m fam*, Bulle *m fam*
polla F 1 ORN junge Henne *f*; **~ de agua** Teichralle *f* 2 *fam fig* (*jovencita*) junges Mädchen *n* 3 *pop fig* (*pene*) Schwanz *m pop* 4 *Chile, Par, Perú lotería, carrera de caballos*: Hauptgewinn *m*; **sacarse la ~** das große Los gewinnen; *Chile* **~ gol** Fußballtoto *n*; **pollada** F 1 ORN Brut *f* 2 *Perú Volksfest bei dem es Brathähnchen zu essen gibt*
pollancón M ORN kräftiger Jungvogel *m*; *fam fig* kräftiger Bursche *m*; **pollazón** F (*nidada*) Gelege *n*; (*pollito*) Küken *npl*
pollear V/I sich wie ein Halbwüchsiger (*o* ein Backfisch) benehmen; **pollera** F 1 (*gallinero*) Hühnerhof *m* 2 *para niños*: Laufgitter *n* 3 TEX (*miriñaque*) Krinoline *f*; *Arg, Par, Perú, Ur* (*falda*) (Damen)Rock *m* 4 (*criadora de pollos*) Geflügelzüchterin *f*, *comerciante*: Geflügelhändlerin *f*;
pollería F *tienda*: Geflügelhandlung *f*; **pollero** M 1 (*criador de pollos*) Geflügelzüchter *m*; *comerciante*: Geflügelhändler *m* 2 (*gallinero*) Hühnerhof *m*; **pollerón** M *Arg* Rock *m eines Reitkleids*
pollino M (junger) Esel *m*; *fam fig* Dummkopf *m*; **pollita** F junges Mädchen *n*, Backfisch *m*; **pollito** M 1 ORN Küken *n*; junges Hähnchen *n* 2 *fig* (*niño*) Kind *n*, Küken *n* (*fam fig*) 3 *Méx fam fig* **comerse un ~** (*tomar revancha*) noch ein Hühnchen zu rupfen haben (*fam fig*), eine (alte) Rechnung begleichen (*fig*)
pollo M 1 ORN junges Huhn *n*; (Vogel)Junge(s) *n* 2 GASTR Hühnchen *n*, Hähnchen *n*; **~ asado/empanado** Brat-/Backhähnchen *n*; **~ al ajillo** Hähnchen *n* mit Knoblauch; **~ al chilindrón** Hähnchen *n* in Tomaten-Paprikasoße; **~ en salsa** Hähnchen *n* in Sherrysoße; **muslo** *m* **de ~** Hähnchenschenkel *m*; **pechuga** *f* **de ~** Hähnchenbrust *f*; **~ cebado** Poularde *f* 3 *fam fig* (*muchacho*) junger Bursche *m*; **~ pera** Geck *m*, eleganter Schnösel *m fam* 4 *fam fig* **calentura** *f* **de ~** Simulieren *n*, Sich-krank-Stellen *n*; *fam fig* **montar el ~ a alg** j-n heftig kritisieren 5 *pop* (*esputo*) Auswurf *m*, (*ausgespuckter*) Schleimbatzen *m* 6 *Esp fam* (*recluta*) Rekrut *m* 7 *Perú vulg* (*pene*) Schwanz *m pop*
polluelo M Küken *n*; Hühnchen *n*
polo M 1 GEOG, ELEC Pol *m*; **~ ártico** *o* **norte** Nordpol *m*; **~ antártico** *o* **sur** Südpol *m*; **~ negativo/positivo** negativer/positiver Pol *m*; **~ auxiliar** Hilfs- *o* Wendepol *m*; *fig* **los ~s opuestos se atraen** Gegensätze ziehen sich an 2 DEP Polospiel *n*; **~ acuático** Wasserpolo *n* 3 TEX Polohemd *n* 4 (*helado*) Eis *n* am Stil 5 *pez*: Meeraal *m* 6 *Esp* POL **~s** *pl* **de desarrollo** Entwicklungsschwerpunkte *mpl*
polola F *Chile, Ec fam* Liebchen *n*, Geliebte *f*; **pololear** V/I *Chile fam* 1 (*coquetear*) flirten 2 (*molestar*) belästigen, zudringlich sein; **pololeo** M *Chile* Flirt *m*, Liebschaft *f*; **pololo** M 1 *vestimenta*: Pumphose *f*; Babyhöschen *n* 2 *Chile* (*enamorado*) Liebste *m*, Geliebte *m*
polonés *espec Am* A ADJ polnisch B M Pole *m*; **polonesa** F 1 *espec Am* Polin *f* 2 MÚS *baile*: Polonäse *f* 3 TEX Damenstutzer *m* (*Pelzjacke*)
Polonia F Polen *n*
poltrón ADJ faul; arbeitsscheu; **poltrona** F Lehnstuhl *m*; **poltronería** F Trägheit *f*, Faulheit *f*; Arbeitsscheu *f*
polución F 1 (*contaminación*) Verschmutzung *f*, Verunreinigung *f*; **~ ambiental** *o* **del medio ambiente** Umweltverschmutzung *f*; **~ atmosférica** *o* **del aire** *o* **aérea** Luftverschmutzung *f*; **~ electromagnética** Elektrosmog *m* 2 MED Samenerguss *m*; *t/t* Pollution *f*
polucionar V/T verschmutzen, verunreinigen; **poluto** ADJ *poét* befleckt
polvareda F Staubwolke *f*; *tb fig* **levantar (una) ~** Staub aufwirbeln; **polvera** F Puderdose *f*
polvillo M **un ~ de sal**, *etc* eine Prise Salz *etc*
polvo M 1 Staub *m*; Pulver *n*; **~s** *mpl* Puder *m*; **~(s** *pl*) **de estornudar** Niespulver *n*; GASTR **~(s** *pl*) **de hornear** Backpulver *n*; **~s** *mpl* **de picapica** Juckpulver *n*; **~s de talco** Talkumpuder *m*; **echar un ~ de sal** eine Prise Salz hineintun; *fig* **levantar mucho ~** Staub aufwirbeln, Aufsehen erregen; **limpiar** *o* **quitar el ~** Staub wischen; abstauben; *fam fig* **hacer morder ~ a alg** j-n auf die Matte legen; j-n umlegen; **ponerse ~s** sich pudern; **quitar** *o* **sacudir el ~** abstauben; *fam fig* **sacudir el ~ a alg** j-m die

Jacke voll hauen *fam;* **tomar un ~ de rapé** (eine Prise Tabak) schnupfen **2** *fam fig* **estar hecho ~** völlig erschossen sein *fam*, total fertig sein *fam; fam fig* **hacer ~ a alg** j-n fertigmachen *fam* **3** *fam drogas* Stoff *m fam* **4** *pop fig* **echar un ~** *hombre:* bumsen *pop*

pólvora F (Schieß)Pulver *n;* QUÍM **~ de algodón** Schießbaumwolle *f; fig* **correr/propagarse como la ~** *o* **un reguero de ~** sich wie ein Lauffeuer verbreiten; *fig* **no haber inventado** *o* **descubierto la ~** das Pulver nicht erfunden haben *(fam fig); fig* **gastar la ~ en salvas** *o Col, Perú* **en gallinazos** *o Ven* **en zamuros** sein Pulver umsonst verschießen, die Sache am verkehrten Ende anpacken

polvorear V/T bestäuben; bepudern (**con** mit *dat*); **polvorería** F *Col* Pulverfabrik *f;* **polvoriento** ADJ staubig; **polvorilla** M/F *fam* unruhiger Geist *m*, Quecksilber *n (fig);* **polvorín** M Pulvermagazin *n; fig* Pulverfass *n*, Zeitbombe *f;* **polvorones** MPL GASTR *südspanisches Staubgebäck;* **polvorosa** F *fig* **poner pies en ~** Fersengeld geben, Reißaus nehmen; **polvoroso** ADJ staubig; staubbedeckt

pomada F Pomade *f;* Salbe *f;* **~ de ácido bórico** Borsalbe *f;* **estar en la ~** *fam* ganz vorn dabei sein *fam*, ein Insider sein, an der Spitze sein *(espec* DEP*); fam* **se cree la divina ~** er meint, Wunder was er sei *fam*

pomar M, **pomarada** F Apfel- (*o* Obst)garten *m;* **pomarrosa** F *Am* BOT *arból:* Jambusenbaum *m; fruto:* Jambuse *f*

pomelo M BOT Grapefruit *f*, Pampelmuse *f*

Pomerania F Pommern *n*

pomerano **A** ADJ pommer(i)sch **B** M, **-a** F Pommer *m*, -in *f*

pómez MINER **A** F **(piedra** *f***) ~** Bimsstein *m* **B** M **~ siderúrgico** Hüttenbims *m*

pomo M **1** *(agarrador)* Türknauf *m*, -knopf *m;* Griff *m* **2** *de la espada:* Degenknauf *m* **3** *(botellita)* Riechfläschchen *n* **4** BOT Kernfrucht *f*, Apfel *m;* **pomología** F AGR Obstkunde *f*, Pomologie *f*

pompa F **1** Pracht *f;* Prunk *m;* Pomp *m; (procesión solemne)* feierlicher (Auf)Zug *m;* **~s** *fpl* **fúnebres** Bestattungs-, Beerdigungsinstitut *n;* **con gran ~** *o* **en ~** mit großem Gepränge; **hacer ~ de** prunken mit *(dat)* **2** *del pavo real:* Rad *n des Pfaus* **3** *(ampolla)* Wasserblase *f; tb fig* **~ de jabón** Seifenblase *f* **4** *vestimenta:* Kleiderbausch *m* **5** MAR *(bomba)* Schiffspumpe *f* **6** **~s** *Méx pop (trasero)* Hintern *m*

pompear V/I *y* **~se** V/R protzen, dicktun *fam* (**con** mit *dat*)

Pompeya F Pompeji *n*

pompeyano **A** ADJ pompejisch **B** M, **-a** F Pompejer *m*, -in *f*

pompis M *fam* Po(po) *m fam*, Podex *m fam*

pomposidad F *(übertriebene)* Pracht *f;* **pomposo** ADJ pomphaft, pompös; prunkhaft; Prunk...; *fig estilo, etc* hochtrabend, geschwollen

pómulo M Backenknochen *m;* **de ~s salientes** mit vorspringenden Backenknochen

pon → poner

ponchar **A** V/T *Cuba, Méx* AUTO (ein Loch in den Reifen) stechen **B** V/R **poncharse** *Cuba, Méx* AUTO einen Platten bekommen *fam*

ponche M **1** *bebida:* Punsch *m; p. ext* Bowle *f* **2** *Cuba, Méx* AUTO *(pinchazo)* Reifenpanne *f*, Plattfuß *m fam;* **ponchera** F *recipiente:* Punschschüssel *f; copa:* Bowle(nschale) *f*

poncho[1] M **1** *Am vestimenta:* Poncho *m (ärmelloser Überwurf); Arg, Bol, Chile, Perú, Ur fam fig* **donde el diablo perdió el ~** wo sich Fuchs und Hase Gute Nacht sagen, jwd *fam; RPl fam fig* **pisar el ~** herausfordern; beleidigen; *Arg, Bol fig* **pisarse el ~** sich blamieren **2** *Perú fam* Kondom *m*

poncho[2] ADJ **1** *(perezoso)* schlaff, träge **2** *Col (rechoncho)* untersetzt, pummelig *fam* **3** *Ven vestido* kurz

ponderabilidad F Wägbarkeit *f (tb* QUÍM*);* **ponderable** ADJ wägbar; **ponderación** F **1** *(consideración) (evaluación)* Abwägen *n; (examen)* Prüfung *f*, (Ein)Schätzung *f;* **sobre toda ~** über alle Maßen **2** *(equilibrio)* Ausgewogenheit *f*, Gleichgewicht *n*, Ausgeglichenheit *f* **3** *(elogio)* Anpreisung *f;* Rühmung *f; p. ext (exageración)* Übertreibung *f;* **ponderado** ADJ abgewogen; überlegt; **ponderador** ADJ *(que sopesa)* abwägend; *(que compensa)* ausgleichend; *p. ext fig (impertinente)* anmaßend

ponderar V/T **1** *(sopesar)* abwägen; *(examinar)* prüfen, (ein)schätzen **2** *(equilibrar)* ausgleichen; *(moderar)* mäßigen **3** *(elogiar)* rühmen, preisen; *(resaltar)* stark hervorheben **4** *(exagerar)* übertreiben; **ponderativo** ADJ **1** lobend, rühmend; Lobes... **2** übertreibend; **ponderosidad** F **1** *(peso)* Schwere *f*, Gewicht *n* **2** *fig (prudencia)* Bedachtsamkeit *f;* Überlegtheit *f*

ponedero M AGR Brut-, Legenest *n;* Brutkorb *m;* **ponedora** ADJ **gallina** *f* **~** Legehenne *f*

ponencia F *(discurso)* Referat *n*, Vortrag *m; (presentar informe)* Berichterstattung *f;* POL *tb (consejo, grupo de trabajo)* Ausschuss *m*, Arbeitsgruppe *f;* **ponentada** F MAR starker Westwind *m;* **ponente** M/F *(informante)* Berichterstatter *m*, -in *f;* Referent *m*, -in *f; (encargado)* Sachbearbeiter *m*, -in *f;* **ponentino, ponentisco** ADJ → occidental

poner

⟨2r; *pp* puesto⟩

A verbo transitivo **B** verbo reflexivo

— A verbo transitivo —

1 *(colocar)* setzen; stellen; legen; hintun *fam; p. ext (fijar)* anbringen, anheften *etc; comida* auftragen, servieren; *CD, video* einlegen; *disco* auflegen; *etiqueta* anhängen (*o* aufkleben); *huevos* legen; *puesto* (auf)stellen; *sello* aufdrücken; *sello postal, placa, etc* aufkleben; **~ encima** darüber legen; aufsetzen, daraufsetzen; *fig* **~ barreras al campo** Unmögliches verlangen (*o* erwarten); **~ en manos de alg** j-m in die Hände geben; j-m übergeben; **~ en el periódico** in die Zeitung setzen **2** *vestimenta, zapatos* anziehen; *anillo* anstecken; *joyas* anlegen; *cinturón* anlegen, umschnallen **3** RADIO, TV anmachen, einschalten; AUTO *marcha* einlegen **4** FILM, TEAT bringen, spielen **5** *dinero* (ein)zahlen; *en el juego:* setzen; **pongo veinte euros a que ...** ich wette (um) zwanzig Euro, dass ... **6** *con ciertos sustantivos: anuncio, telegrama* aufgeben; *apuesta* machen; *aplicación, cuidado* aufwenden; *cara* machen (*o* aufsetzen *o* ziehen); *carta, dirección* schreiben; *condición* stellen; *cubierto* auflegen; *dictado, etc* niederschreiben; *dificultades, obstáculos* bereiten; MED *emplasto* auflegen; *impuestos* auferlegen; MED *inyección* geben; *mesa* decken; *negocio* eröffnen; *órden* schaffen; *piso* beschaffen; einrichten *o* herrichten; *solicitud* einbringen, stellen; *tarea, adivinanza* (auf)geben; *vista* richten (**en** auf *acus*); **~ nombre a a/c/alg** etw/j-m einen Namen geben; *fig* **~ el pensamiento en Dios** seine Gedanken auf Gott richten; *equitación:* **~ la silla** satteln; **¡ponga usted!** *dictado:* schreiben Sie! **7** *con adj:* machen; **~ blando** erweichen, weich machen; **~ furioso/nervioso** wütend/nervös machen; *tb* MAT **~ igual** gleichsetzen; *fig* **~ bien** in ein gutes Licht setzen; gut dastehen lassen; *fig* **~ mal** in ein schlechtes Licht setzen; schlechtmachen (*o* schlecht dastehen lassen) **8** *(suponer)* **pongamos que** *(subj)* nehmen wir an, dass *(ind);* **pongamos el** *o* **por caso** gesetzt den Fall **9** TEL **~ a alg** j-n verbinden (**con** mit *dat*); **póngame con ...** verbinden Sie mich mit ... *(dat)* **10** *Esp* **¿qué pone el periódico?** was steht in der Zeitung?; *en el restaurante:* **¿qué le pongo?** Was nehmen Sie? **11** *con prep y adv:* **~ al descubierto** bloß legen, freilegen; **~ al fuego** warm stellen; **~ a oficio** ein Handwerk lernen lassen; **~ a secar** zum Trocknen aufhängen (*o* ausbreiten *etc*); **~ de aprendiz a alg** j-n in die Lehre geben; **~ de ladrón** wie einen Dieb behandeln; als Dieb hinstellen; **~ de otra manera** anders hinstellen; umlegen; **~ de su parte** das Seinige tun; **~ de punta** auf die Spitze stellen; **~ delante** vorsetzen; **~ a/c en alg** j-m etw anheim stellen; *tb* TEC **~ en acción** in Gang setzen; TEC **~ en cero** *escala, instrumento* auf null stellen; ELEC **~ en circuito** in den Stromkreis schalten; **~ en claro** (deutlich) darlegen; klarstellen; **~ en comunicación** *o* **en contacto** in Verbindung setzen (**con** mit *dat*); AGR **~ en cultivo** urbar machen, bebauen; **~ en evidencia** beweisen; **~ en función** in Funktion setzen; betätigen; auslösen; MAR **~ en grada** auf Kiel legen; **~ en hora** *reloj* stellen; **~ en movimiento** in Bewegung setzen; MÚS **~ en música** vertonen; **~ en obra** in Angriff nehmen, beginnen; *subasta:* **~ en mil euros** tausend Euro bieten für *(acus);* AGR **~ en regadío** bewässern; **~ en uso** in Gebrauch nehmen; *fig* **~ por delante** vor Augen halten; klarmachen; **~ por embustero** als Schwindler hinstellen; *fig* **~ por encima** höher stellen; vorziehen; **~ por medio** dazwischenlegen; *obstáculo* in den Weg legen

— B verbo reflexivo —

ponerse **1** *(colocarse)* sich stellen; sich setzen; **~ derecho** sich aufrichten; **~ al teléfono** ans Telefon gehen; **~ a la ventana** ans Fenster treten; **~ de rodillas** (nieder) knien; *fig* **~ en la calle** sich öffentlich sehen lassen; **~ en la cama** bettlägerig werden, erkranken; **¡ponte en mi lugar!** versetz dich in meine Lage! **2** *vestimenta, zapatos* anziehen; *sombrero* aufsetzen; *joyas* anlegen; **~ la chaqueta** die Jacke anziehen; **~ la corbata** die Krawatte umbinden; **~ las gafas** die Brille aufsetzen; **~ el delantal** die Schürze umbinden; **~ de invierno/verano** sich winterlich/sommerlich kleiden; Winter-/Sommerkleidung anziehen; **~ de luto** Trauerkleidung anlegen **3** *sol, astros* untergehen; **al ~ el sol** bei Sonnenuntergang **4** *(volverse)* (vorübergehend) werden; **~ bueno** gesund werden; **~ malo** *persona* krank werden; *comestible* schlecht werden; *fig* **~ tan alto** sehr hochfahrend tun; **el tiempo se va poniendo lluvioso** das Wetter wird (allmählich) regnerisch; **~ sucio** sich schmutzig machen; **~ de barro** sich beschmutzen; **~ de hollín/polvo** rußig/staubig werden **5** *con adv: fam* **¡no te pongas así!** stell dich nicht so an!, hab dich nicht so!; *fam* **~ bien** sich gut anziehen, sich fein machen *fam;* **~ (por) delante** *molestia, obstáculo* dazwischenkommen; *fig* **no ponérsele a alg nada** (*o* **cosa**) **por delante** rücksichtslos sein Ziel verfolgen; sich durch nichts aufhalten lassen **6** *con prep:* **~ a** *(inf) (comenzar)* beginnen (*o* anheben *liter*), zu *(inf);* sich anschicken, zu *(inf);* **~ a mal con alg** sich mit j-m verfeinden; *fig* **~ con el más pintado** es mit dem Klügsten aufnehmen; **~ contra alg** sich gegen j-n

P

stellen; ~ **de acuerdo sobre a/c** sich über etw *(acus)* einigen; ~ **de mal humor** schlechte Laune bekommen; ~ **en camino** sich auf den Weg machen; abreisen; ~ **en contacto con alg** sich mit j-m in Verbindung setzen; *fig* ~ **en lo peor** sich auf das Schlimmste gefasst machen; ~ **en Vigo en tres horas** nach drei Stunden in Vigo sein, in drei Stunden nach Vigo fahren **7** *Am Centr, Méx* **ponérsela(s)** *(embriagarse)* sich betrinken; *C. Rica* **ponérselas en el cogote** *o Méx* ~ **los pies en la cabeza** die Beine in die Hand nehmen *(fig)* **8** *Am reg* **se me pone que …** mir scheint, dass …, ich glaube, dass …

poney M Pony *n*

ponga¹ → poner

ponga² F *Perú* irdenes Gefäß *n*

pongo¹ → poner

pongo² M ZOOL Orang-Utan *m*

pongo³ M **1** *Bol, Ec, Perú* HIST *sirviente: indianischer* Diener *m (o* Knecht *m)*; Gelegenheitsarbeiter *m* **2** *Perú irrigación*: Nebenkanal *m* **3** *Perú, Ec (paso angosto)* Engpass *m in den Kordilleren*; Flussdurchbruch *m*

poni M Pony *n*

ponible ADJ *vestimenta* tragbar

poniente **A** ADJ *sol* untergehend **B** M Westen *m*; *viento*: Westwind *m*, West *m* (MAR)

ponsetia F BOT Christstern *m*, Weihnachtsstern *m*

pontaje, pontazgo M HIST Brückenzoll *m*, -maut *f*

Pontevedra F *spanische Stadt, Provinz*

pontevedrés ADJ aus Pontevedra

póntico ADJ GEOG, HIST pontisch; *liter* Schwarzmeer…

pontificado M Pontifikat *n*; päpstliche Würde *f*; **pontifical** **A** ADJ *(papal)* päpstlich; *(episcopal)* (erz)bischöflich; **misa** *f* ~ Pontifikalamt *n* **B** M Pontifikale *n*; **celebrar de** ~ ein Pontifikalamt zelebrieren; *fam fig* **de** ~ (im) Sonntagsstaat *m fam*

pontificar VI ⟨1g⟩ **1** *(ser Papa)* Papst sein *(o* werden) **2** *p. ext (celebrar de pontifical)* ein Pontifikalamt halten **3** *fam fig* große Reden führen, dozieren

pontífice M CAT Erzbischof *m*, Bischof *m*; HIST *y fig* Pontifex *m*; **Sumo Pontífice** Papst *m*

pontificio ADJ CAT *(papal)* päpstlich; *(episcopal)* (erz)bischöflich; *(arciprestal)* oberpriesterlich; HIST **Estado(s)** *m(pl)* **Pontificio(s)** Kirchenstaat *m*; **sede** *f* **-a** päpstlicher Thron *m*, Stuhl *m* Petri

pontón M **1** *barco chato*: Ponton *m*, Brückenkahn *m*; *tb (barca de pasaje)* Fährboot *n* **2** *(embarcadero)* (Lande)Steg *m*; Pontonbrücke *f*; **pontonero** M *empleado*: Pontonführer *m*; *constructor*: Ponton-, Brückenbauer *m*; ~ **militar** Brückenbaupionier *m*

ponzoña F Gift *n (tb fig)*; **ponzoñoso** ADJ giftig

pool [pul] M ECON, POL Pool *m*; ~ **Carbón-Acero** Montanunion *f*

pop ADJ *inv* Pop…; ~**-art** *m* Pop-Art *f*; **grupo** *m* ~ Popgruppe *f*; **música** *f* ~ Popmusik *f*; **estrella** *f* ~ Popstar *m*

popa F MAR Heck *n*; Achterschiff *n*; *fam fig* Hintern *m fam*; **a** ~ achtern; **por la** ~ achteraus; **de ~ a proa** vom Bug zum Heck; *fam fig* ganz und gar, vollständig; **viento en** ~ Rückenwind *m*; *adv* MAR vor dem Wind; *fig* glänzend, prächtig

popal M *Méx* Sumpf *m*, Morast *m*

popcorn M *Am reg* Popcorn *n*, Puffmais *m*

pope M REL Pope *m*

popelín M, **popelina** F TEX Popelin(e *f*) *m*

popieta F GASTR (Fleisch-)Roulade *f*

popó M *Col leng. inf (caca)* Aa *n*; *Am reg (pompis)* Hintern *m*; **hacer** ~ Aa machen; **popochín** M *Am reg* Hintern *m fam*, Popo *m fam*

popoff M *Méx pop* Snob *m*

poposear VI *y* VR ~**se** *Col leng. inf* in die Hose machen

popote M *Méx* **1** *(pajilla)* Trink-, Strohhalm *m* **2** *(paja para escobas)* Besenstroh *n*

populachería F Beliebtheit *f* beim Pöbel; Gunst *f* der Straße; **populachero** ADJ *desp* Volks…, Straßen…, Pöbel…; **populacho** M Pöbel *m*, Mob *m*

popular **A** ADJ **1** *cultura* volkstümlich, Volks… **2** *(apreciado)* populär; *(querido)* beliebt; **canción** *f* ~ Volkslied *n* **3** *Esp* POL auf die Partido Popular (→ PP) bezogen **B** M/F *Esp* POL Mitglied *n* der Partido Popular (→ PP); **popularidad** F Popularität *f*, Beliebtheit *f*; **popularizar** ⟨1f⟩ **A** VT *canciones* volkstümlich machen; *(propagar)* allgemein verbreiten **B** VR **popularizarse** allgemein bekannt *(o* beliebt) werden; Gemeingut werden

populismo M Populismus *m*; **populista** **A** ADJ populistisch **B** M/F Populist *m*, -in *f*

pópulo M *pop hum* Volk *n*

populoso ADJ bevölkerungsreich, dicht besiedelt *(o* bewohnt)

pop-up ['pɔp-up] F INFORM **(ventana** *f*) ~ Pop-up-Fenster *n*

popurrí M MÚS Potpourri *n*; *p. ext* kunterbuntes Allerlei *n*, Mischmasch *m*

poquedad F **1** *(escacez)* Wenigkeit *f*; Knappheit *f*; *(pequeñez)* Winzigkeit *f* **2** *(timidez)* Zaghaftigkeit *f* **3** *(cosa de poco valor)* Kleinigkeit *f*

póquer M *juego de cartas*: Poker(spiel) *n*; **cara** *f* **de** ~ Pokerface *n*; **jugar al** ~ pokern

poquito ADJ *(dim de* **poco)** **un** ~ ein bisschen; **a ~s** wenig und oft; ~ **a poco** ganz allmählich; hübsch sachte *fam*; *fam fig* **(de) -a cosa** recht unbedeutend

por PREP **1** *(en lugar de)* für *(acus)*, anstelle *(gen)*, (an)statt *(gen)*; *(en favor de)* zugunsten (o zu Gunsten) von *(dat)*; ~ **ti** anstelle von dir, statt deiner; **estar ~ alg** für j-n sein; auf j-s Seite *(acus)* stehen; **pagar ~ alg** für j-n zahlen **2** *motivo, razón*: durch *(acus)*, aus *(dat)*, wegen *(gen, fam dat)*; *hablando de personas*: um … *(gen)* willen, … zuliebe; ~ **ti** wegen dir; *geh* um deinetwillen; **lo hace ~ mí** er tut es mir zuliebe; ~ **Dios y ~ la Patria** für Gott und Vaterland; ~ **mera casualidad** rein zufällig; ~ **un descuido** aus Unachtsamkeit, aus Versehen; ~ **falta de dinero** aus Geldmangel; **no puedo leerlo ~ lo oscuro que está el cuarto** ich kann es nicht lesen, weil das Zimmer so dunkel ist; ~ **ser temprano** weil es (zu) früh ist; **es despedido ~ holgazán** er wird entlassen, weil er faul ist **3** *aspiración, interés, inclinación*: für *(acus)*; **apasionado ~ la música** begeistert für (die) Musik, musikbegeistert; **inquietud** *f* ~ **el resultado** Unruhe *f* wegen des Ergebnisses; (banges) Warten *n* auf das Ergebnis; **interesarse ~ a/c** sich für etw *(acus)* interessieren; für etw *(acus)* Anteilnahme zeigen; **mirar ~ su reputación** auf seinen guten Ruf achten; **temer ~ su vida** um sein Leben fürchten **4** *finalidad*: wegen *(gen, fam dat)*; um zu *(inf)*, **estar** *o* **quedar ~ hacer** noch zu tun sein *(o* verbleiben); **estar ~ llegar** bald kommen (müssen); **hablar ~ hablar** reden, um zu reden; **ir** *(fam* **a)** ~ **a/c** etw holen (gehen); **mandar ~ alg** j-n holen lassen, nach j-m schicken; **vino ~ verme** er kam, um mich zu sehen **5** *localidad*: in *(dat)*, in der Gegend von *(dat)*; ~ **aquí** *o* **ahí** hier(herum); ~ **dentro/fuera** (dr)innen/(dr)außen; **andar ~ ahí** sich in der Gegend aufhalten; sich herumtreiben; **dar una vuelta ~ el parque** im Park spazieren gehen; **estar ~ Galicia** sich in Galicien aufhalten **6** *camino, dirección*: über *(acus)*; *abertura*: durch *(acus)*; ~ **dentro/fuera** von innen/von außen; ~ **montes y (~) valles** über Berg und Tal; ~ **Valparaíso** über *(o* via) Valparaiso; **correr ~ el patio** über den Hof laufen; **deslizarse ~ entre las mallas** durch die Maschen schlüpfen; **entrar ~ la puerta/ventana** zur Tür/durch das Fenster hereinkommen; **rodar ~ el suelo** über den Boden rollen **7** *tiempo, período*: für *(acus)*, auf *(acus)*; um … *(acus)* herum; **(prestar) ~ quince días** für *(o* auf) vierzehn Tage ([ent]leihen); ~ **enero** im Januar; ~ **Navidad** um Weihnachten **8** *pago, trueque*: für *(acus)*, um *(acus)*; **comprar muebles ~ mil euros** für 1000 Euro Möbel kaufen; **cambiar a/c ~ otra** etw durch etwas anderes ersetzen, etw gegen etwas anderes (aus)tauschen **9** *proporción, distribución*: auf *(acus)*, pro, je; ~ **cabeza** pro Kopf; **el cinco ~ ciento** fünf Prozent; ~ **litro** je *(o* pro) Liter; **come por cuatro** er/sie isst für vier **10** *medio, mediación*: durch *(acus)*, mittels *(gen)*; mit *(dat)*; ~ **correo** mit der Post®, per Post®; ~ **escrito** schriftlich; **hablar ~ señas** sich durch Zeichen verständigen; **recibir a/c ~ (mediación de) alg** etw durch j-s Vermittlung *(acus)* erhalten **11** *pasivo*: von *(dat)*, durch *(acus)*; **diputado** *m* ~ **Granada** (gewählter) Abgeordneter *m* von Granada; **doctor** *m* ~ **la Universidad de Barcelona** Doktor *m* der Universität von Barcelona; AVIA **propulsión** *f* ~ **turbinas** Turbinenantrieb *m*; **vencido ~ Roma** von Rom besiegt **12** *de una manera*: ~ **fortuna** glücklicherweise; zum Glück, Gott sei Dank; ~ **un pelo** um ein Haar; **de ~ sí** aus eigenem Antrieb **13** *condición*: als; **alzar ~ caudillo a alg** j-n zum politischen *(o* militärischen) Führer erheben; **pasar ~ bueno** als *(o* für) gut gelten; **la tiene ~ madre** sie ist ihm Mutter **14** *equivalencia*: gemäß *(dat)*, im Hinblick auf *(acus)*, nach *(dat)*; **guiarse ~** sich leiten lassen von *(dat)*; **regirse ~** sich richten nach *(dat)* **15** MAT mal; **tres ~ cinco son quince** 3 mal 5 gleich 15 *(3 x 5 = 15)* **16** *adverbial y conjuncional*: ~ **algo** aus irgendeinem *(o* aus gutem) Grunde; nicht umsonst; zu einem bestimmten Zweck; ~ **donde** weshalb, wodurch, weswegen; ~ **lo cual** weswegen; dadurch; ~ **lo demás** übrigens; ~ **lo dicho** aufgrund des Gesagten, weswegen; ~ **(lo) tanto** deshalb, daher; ~ **más que** *(subj)* wie sehr auch **17** *interrogativo*: ¿~ **qué?** warum?, weshalb?

porcachón ADJ *fam* schweinisch, schmutzig, schlampig; **¡qué -ona!** so eine Schlampe! *fam*

porcelana F Porzellan *n*; ~ **china/del Japón/de Sajonia** China-/Japanporzellan/Meißner Porzellan *n*; **cutis** *f* **de** ~ Porzellanteint *m*

porcentaje M Prozentsatz *m*; Anteil *m*; TEC *tb* Quote *f*; ~ **de aciertos** Trefferquote *f*; ~ **de audiencia** TV Quote *f*; **porcentual** ADJ prozentual

porche M überdachter Vorraum *m*; *(atrio)* Vorhalle *f*; *(mirador)* Veranda *f*

porcicultor M, **porcicultora** F Schweinezüchter *m*, -in *f*; **porcicultura** F Schweinezucht *f*; Schweinehaltung *f*

porcientos MPL Prozente *npl*; ~ **en volumen** Volumenprozente *npl*

porcino **A** ADJ Schweine…; **ganado** *m* ~ Schweine *npl* **B** M GASTR Schweinefleisch *n*

porción F Portion *f*, Teil *m*; *(cantidad)* Anzahl *f*, Menge *f*, AGR ~ **alimenticia** Futterration *f*

porcionar VT portionieren

porciúncula F CAT **(indulgencia** *f* **de la)** ~ Portiunkula-Ablass *m*

porcuno ADJ Schweine…

pordiosear VI betteln

pordioseo M, **pordiosería** F Bettelei *f*; **pordiosero** **A** ADJ bettelhaft **B** M, **-a** F Bettler *m*, -in *f*

porfía F **1** *(tenacidad)* Hartnäckigkeit *f*; *(obstinación)* Eigensinn *m* **2** *(competición)* Wettstreit *m*; **a ~** um die Wette; **porfiadamente** ADV hartnäckig; verbissen; **porfiado** ADJ (*terco*) hartnäckig; (*ergotista*) rechthaberisch; (*encarnizado*) verbissen; **muñeco** *m* **~** Stehaufmännchen *n*; **porfiador** ADJ streitsüchtig, rechthaberisch; **porfiar** VI ‹1c› (*perseverar*) beharren; sehr hartnäckig (*o* zudringlich) sein; (*oponerse*) trotzen; (*reñir*) streiten; **~ en** *o* **por** (*inf*) darauf bestehen, zu (*inf*)

porfídico ADJ Porphyr…

pórfido M Porphyr *m*

porfirizar VT ‹1f› fein zerreiben

pórfiro M Porphyr *m*

porlán M → portland

pormenor M Einzelheit *f*; **~es** *mpl* Einzelheiten *fpl*, Details *npl*; **pormenorizar** VT ‹1f› genau beschreiben; in allen Einzelheiten aufzählen

porno A ADJ *inv* Porno…; **película/vídeo ~** Pornofilm *m*/Pornovideo *n* B M Pornografie *f*; **pornografía** F Pornografie *f*; **pornográfico** ADJ pornografisch

pornógrafo M, **-a** F Pornograf *m*, -in *f*, pornografische(r) Autor *m*, -in *f* (*o* Künstler *m*, -in *f*)

poro M 1 Pore *f* 2 *Perú* BOT Porree *m*, Lauch *m*

poronga F *Arg fam* Penis *m*, Schwanz *m pop*

porongo M 1 *Chile, Perú vasija*: Tongefäß *n* (*für Milch, Schnaps, Wasser etc*) 2 **~s** *mpl Perú pop* (*testículos*) Eier *pop npl*

pororó M *Am* gerösteter Mais *m*

porosidad F Porosität *f*; (*tamaño de los poros*) Porenweite *f*; **de fina ~** feinporig; **poroso** ADJ porös, porig

porotada F *Chile* Bohneneintopf *m*; *p. ext fam* Essen *n*; Lebensunterhalt *m*; **porotera** F *Chile fam* 1 (*boca*) Mund *m* 2 *juego*: Bockspringen *n* 3 MÚS *längerer* Trommelwirbel *m*; **porotero** ADJ *Am Mer* Bohnen…; Bohnen essend

poroto M *Arg, Chile, Ur* 1 BOT Bohne *f*; GASTR Bohnengericht *n*; **~s** *pl* **verdes** *o Arg* **~s** *pl* **tiernos** grüne Bohnen *fpl* 2 *p. ext* (*comida diaria*) Alltagsessen *n*, tägliches Brot *n* (*fig*); **ganarse los ~s** sich (*dat*) seine Brötchen verdienen *fam* 3 *fam fig* (*hombrecillo*) Knirps *m*

porque CJ 1 weil, da; **~ sí** darum; nur so, ohne besonderen Grund; aus purem Trotz 2 *liter y reg* **~** (*subj*) damit, dass

porqué M Grund *m*, Ursache *f*, Warum *n*

por qué PR INT warum

porquería F Schweinerei *f*; *fam fig tb* (*bagatela*) Bagatelle *f*; (*cosa de poco valor*) minderwertige Ware *f*, Dreck *m* (*fam fig*); **por una ~ de 100 euros** für lumpige 100 Euro *fam*; **porqueriza** F Schweinestall *m*; **porquer(iz)o** M, **-a** F Schweinehirt *m*, -in *f*

porra F 1 (*clava*) Keule *f*; **~ (de madera)** Schlagstock *m*; **~ (de goma)** (Gummi)Knüppel *m* 2 *fam fig* **irse a la ~** (*romperse*) kaputtgehen, eingehen; **mandar a la ~** zum Teufel jagen *fam*; **¡vete a la ~!** scher dich zum Teufel; zum Kuckuck!; *fam* **… de la ~** verdammt!, Mist… 3 *herrería*: Zuschlaghammer *m* 4 GASTR *fam fig* längliches Ölgebäck *n* 5 *fam en ciertos juegos infantiles*: Letzte *m* 6 (*persona pesada*) lästiger Mensch *m* 7 *Arg, Bol* Haarwuschel *m* 8 *Méx* TEAT, POL Claque *f* 9 *fam* **¡~s!** zum Teufel!, verdammt noch mal! 10 *pop fig* (*pene*) Schwanz *m pop*

porrada F *Esp* 1 **una ~ de** eine Unmenge von (*dat*); **a ~s** haufenweise 2 *golpe*: Keulenschlag *m* 3 *fam fig* (*tontería*) Riesendummheit *f*; **porrazo** M Keulenschlag *m*; Schlag *m mit einem Knüppel*; Stoß *m*; **darse un ~** gegen etw (*acus*) stoßen

porrear VI *Esp fam* zudringlich werden

porrero M 1 *drogas* Kiffer *m* 2 *Chile* CAT Mes(s)ner *m*; assistierender Priester *m*

porreta F Porree *m*; *fam fig* **en ~(s)** splitternackt

porrillo *fam* **a ~** in Unmassen, in Hülle und Fülle

porro *Esp* A ADJ *fam* (*tosco*) grobschlächtig; träge; dumm B M 1 *drogas fam* Joint *m fam*; **fumar un ~** einen Joint rauchen 2 BOT Lauch *m* 3 (*torpe*) schwerfälliger Mensch *m*, Tollpatsch *m fam* 4 *Col baile*: ***ein Volkstanz***

porrón[1] A *fam* ADJ schwerfällig; starrköpfig; lästig B M 1 *fam persona*: Tollpatsch *m* 2 ORN **~ moñudo** *o* **común** Reiherente *f*

porrón[2] M *Trinkgefäß aus Glas mit langer Tülle*; **~ de cerveza** Bier(maß)krug *m*

porsiacaso M *Ven* Rucksack *m*

porta F MAR Geschützpforte *f*

portaalgodones M ‹*pl inv*› MED Stieltupfer *m*; **portaautomóviles** M *transporte*: Autotransporter *m*; **portaaviones** M MAR → portaviones; **portabandera** M Fahnenschuh *m*; **portabarrenas** M ‹*pl inv*› CONSTR Bohrkopf *m*; **portabayoneta** M MIL Seitengewehrhalter *m*; **portabebés** M ‹*pl inv*› Tragetasche *f* für Babys; **portabicicletas** M AUTO Fahrrad-Dachträger *m*

portabilidad F TEL Mitnahmemöglichkeit *f der Telefonnummer*

portabombas M ‹*pl inv*› AVIA Bombenträger *m*; **portabotellas** M ‹*pl inv*› Flaschengestell *n*; **portabrocas** M ‹*pl inv*› TEC Bohrfutter *n*; **portabusto** M *Méx* Büstenhalter *m*, BH *m fam*; **portacaja** F MIL Trommelriemen *m*, -gehenk *n*; **portacargas** M ‹*pl inv*› TEC Palette *f*; **portacarretes** M ‹*pl inv*› FOT Spulenträger *m*; **portacartuchos** M ‹*pl inv*› MIL Patronengurt *m zum Umhängen*; **portacas(s)et(t)es** M ‹*pl inv*› Kassettenständer *m*; **portachuelo** M Engpass *m zwischen Bergen*; **portacohetes** M ‹*pl inv*› MIL Raketenträger *m*; **portacontenedores** M ‹*pl inv*› MAR Containerschiff *n*; **portacosméticos** *Arg* Toilettennecessaire *n*, Kulturbeutel *m*; **portacruz** M ‹*pl* -uces› Kreuzträger *m bei Prozessionen*; **portacubiertos** M ‹*pl inv*› Besteckkasten *m*; **portacuchillas** M ‹*pl inv*› TEC Messerhalter *m*, -kopf *m*

portada F 1 ARQUIT Portal *n*; (*fachada*) Vorderseite *f* (*eines Gebäudes*) 2 TIPO (*primera página*) Titelseite *f*; -blatt *n*; (*primera plana*) Titel-, Umschlagbild *n*; **historia** *f* (*o* **reportaje** *m*) **de ~** Titelstory *f*, -geschichte *f*; **en ~** auf der Titelseite

portadiapositiva M FOT Diahalter *m*; **portadilla** F TIPO Schmutztitel *m*

portado ADJ **bien/mal ~** von guten/schlechten Umgangsformen; gut/schlecht gekleidet

portadocumentos M ‹*pl inv*› Kolleg-, Dokumentenmappe *f*

portador A ADJ Träger… B M 1 Träger *m* (*tb* MED); MED **~ de gérmenes** Keimträger *m*; **~ de sida** Aidsinfizierter *m* 2 *obrero*: Dockarbeiter *m* 3 COM, JUR Inhaber *m*; *de un cheque tb* Überbringer *m*; COM **título** *m* **al ~** Inhaberpapier *n*; FIN **cheque** *m* **al ~** Inhaberscheck *m*, Überbringerscheck *m* 4 **~ aéreo** Luftfrachtführer *m*; **portadora** F 1 ELEC, TEL Träger *m* 2 *de un virus*: Trägerin *f*; **~ de sida** Aidsinfizierte *f* 3 COM, JUR Inhaberin *f*; *de un cheque tb* Überbringerin *f*

portaequipaje(s) M AUTO Kofferraum *m*; *en la bicicleta*: Gepäckträger *m*; FERR Gepäcknetz *n*; AVIA Gepäckablage *f*; AUTO **~ del techo** Dachgepäckträger *m*; **portaespada** M MIL Degenkoppel *n*; **portaestandarte** M MIL Fahnenträger *m*; **portafirmas** M Unterschriftenmappe *f*; **portafolio(s)** M *espec Am* Aktentasche *f*; **(maleta** *f*) **~** Aktenkoffer *m*; **portafotos** M ‹*pl inv*› Fotorahmen *m*;

portafusil M MIL Gewehr-, Tragriemen *m*; **portagérmenes** M ‹*pl inv*› MED Keimträger *m*; **portahelicópteros** M ‹*pl inv*› MAR Hubschrauberträger *m*; **portaherramientas** M ‹*pl inv*› TEC → portaútil

portal M 1 Portal *n* (*tb* INFORM); *entrada*: Hauseingang *m*; *camino*: Torweg *m*; **~ de Internet** Internetportal *n*; *fig* **zapatero** *m* **de ~** Flickschuster *m* 2 (*pórtico*) Säulengang *m* 3 (*belén*) (Weihnachts)Krippe *f*

portalámpara(s) M ELEC Fassung *f*, Lampensockel *m*; **portalápiz** M ‹*pl* -ices› Bleistifthalter *m*; **portalibros** M ‹*pl inv*› Buchstütze *f*; *obs tb* Bücherriemen *m*; **portaligas** M ‹*pl inv*› *espec Am* Strumpfhalter *m*; **portalistín** M Telefonbuchständer *m*; **portallaves** M 1 *Esp* Schlüsselbrett *n* 2 *Méx* Schlüsselring *m*

portalón M 1 (*portón*) großes Tor *n*, große Einfahrt *f* 2 MAR Fallreeptür *f*

portamacetas M ‹*pl inv*› Übertopf *m*; **portamaletas** M ‹*pl inv*› AUTO Kofferraum *m*; **portamanguera(s)** M Schlauchwagen *m*; **portamantas** M ‹*pl inv*› 1 Mantelriemen *m* 2 *en la bicicleta*: Gepäckträger *m*; **portaminas** M ‹*pl inv*› Druck-, Drehbleistift *m*; **portamonedas** M/F ‹*pl inv*› *Chile, Ven* Geldbörse *f*, Portmonee *n* (*tb fig*); **portanegativo** M FOT Filmhalter *m*

portante M *equitación*: Passgang *m*; *fam fig* **coger** *o* **tomar el ~** sich davonmachen, abhauen *fam*

portaobjeto(s) M *en el microscopio*: Objektträger *m*; **portaocular** M ÓPT Augen-, Okularmuschel *f*; **portapapeles** M ‹*pl inv*› Papierhalter *m*, -ständer *m*; INFORM Zwischenablage *f*; **portapaquetes** M ‹*pl inv*› *en la bicicleta*: Gepäckträger *m*; **portapaz** M/F CAT Paxtafel *f*, Pacem *n*; **portapiraguas** M ‹*pl inv*› DEP Bootsgestell *n*; **portapliegos** M ‹*pl inv*› 1 (*cartera*) Ordonnanz-, Aktenmappe *f*; MIL Meldekartentasche *f* 2 *Perú* (*ayudante*) Bürogehilfe *m*; **portaplumas** M ‹*pl inv*› Federhalter *m*

portar A VT → llevar B V/R **portarse** sich betragen, sich benehmen, sich aufführen; *p. ext* (*ser generoso*) großzügig sein

portarretratos M ‹*pl inv*› Fotorahmen *m*; **portarrevistas** M ‹*pl inv*› Zeitungsständer *m*; **portarrollos** M ‹*pl inv*› 1 *para papel higiénico*: Toilettenpapierhalter *m* 2 *para cinta adhesiva*: (Klebeband)Abroller *m*; **portasellos** M ‹*pl inv*› Stempelträger *m*, -halter *m*; **portasenos** M *Par* Büstenhalter *m*; **portatacos** M ‹*pl inv*› *billar*: Queueständer *m*; **portatanques** M ‹*pl inv*› MIL Panzertransporter *m*

portátil ADJ tragbar; Reise…, Hand…; TEC beweglich, fahrbar; transportabel; **máquina** *f* **de escribir ~** Reiseschreibmaschine *f*; **ordenador** *m* **~** Laptop *m*

portatipos M ‹*pl inv*› *máquina de escribir*: Typenträger *m*; **portatrajes** M *espec Am* 1 *perchero*: Herrendiener *m* 2 *funda*: Kleidersack *m*

portaútil M TEC Meißel-, Stahlhalter *m*; **portavasos** M ‹*pl inv*› Untersetzer *m* (*für Gläser*); **portavelas** M ‹*pl inv*› Kerzenhalter *m*; **portaventanero** M Bauschreiner *m* (*für Fenster und Türen*); **portaviandas** M ‹*pl inv*› 1 *recipiente*: Einsatz *m*, Essen(s)träger *m* 2 *Bol, C. Rica, Hond, Méx* Picknickdose *f*; **portaviones** M ‹*pl inv*› MAR, MIL Flugzeugträger *m*

portavoz A M ‹*pl* -oces› (*bocina*) Sprachrohr *n* (*tb fig*) B M/F ‹*pl* **-oces**› *fig persona*: Sprecher *m*, -in *f*, Wortführer *m*, -in *f*; POL **~ del gobierno** Regierungssprecher *m*, -in *f*; POL **~ del grupo parlamentario** Fraktionsvorsitzende *m/f*

portazgo M Wegezoll *m*, Maut *f*

portazo M Zuschlagen *n* einer Tür; *tb fig* **dar un ~** die Tür heftig zuschlagen (*o* zuknallen

P

fam); fig j-m eine Abfuhr erteilen
porte M 1 (flete) Fracht f, Beförderung f 2 pago: Fuhr-, Tragelohn m 3 correos: Porto n; **a ~ pagado** portofrei; **a ~ debido** unfrei 4 (comportamiento) Auftreten n, Benehmen n, Verhalten n; (postura) Haltung f, Erscheinung f; **~ militar** militärische Haltung f; **de este ~** dieser Art, derartig 5 MAR Ladefähigkeit f
porteador M, **-a** F 1 COM Frachtführer m, -in f 2 persona: Lastträger m, -in f
portear[1] A VT fortbringen; carga befördern; (llevar) tragen, schleppen B VI Arg → marchar B
portear[2] VI Tür(en) zuschlagen
portento M Wunder n; **portentoso** ADJ (maravilloso) wunderbar, wundervoll; (impresionante) eindrucksvoll
porteño A ADJ 1 Arg aus Buenos Aires 2 Chile aus Valparaiso 3 Guat aus Puerto Barrios 4 Hond aus Cortés 5 Méx aus Veracruz B M, **-a** F 1 Arg Einwohner m, -in f von Buenos Aires 2 Chile Einwohner m, -in f von Valparaiso 3 Guat Einwohner m, -in f von Puerto Barrios 4 Hond Einwohner m, -in f von Cortés 5 Méx Einwohner m, -in f von Veracruz
portera F 1 Pförtnerin f; (conserje) Hausmeisterin f 2 DEP Torwartin f; **portería** F 1 Pförtnerloge f; Pförtnerwohnung f, -loge f 2 DEP Tor n
portero M 1 persona: Pförtner m; Portier m; (conserje) Hausmeister m; **~ de noche** o **nocturno** Nachtportier m 2 **~ automático** o **electrónico** Gegensprechanlage f mit elektrischem Türöffner 3 DEP Torwart m
portezuela F (Ofen)Tür f; AUTO, etc Tür f; FERR Abteiltür f; **portezuelo** M Arg, Chile (Gebirgs)Pass m
pórtico M Säulengang m
portilla F 1 Durchschlupf m 2 MAR Bullauge n; **portillo** M 1 apertura: Maueröffnung f; (puerta) Pforte f; en un ala de la puerta: Türchen n; en fábricas, etc: Gittertor n 2 en la montaña: Engpass m 3 en la vajilla: ausgebrochene Ecke f
portland M CONSTR Portlandzement m
portón M großes Eingangstor n, Hoftor n; Col (puerta de la casa) Haustür f; AUTO **~ trasero** Heckklappe f, -tür f
portor M circo: Untermann m
portorriqueño A ADJ aus Puerto Rico, puerto-ricanisch B M, **-a** F Puerto-Ricaner m, -in f
portuario A ADJ Hafen...; **obras** fpl **-as** Hafenbauarbeiten fpl B M Hafenarbeiter m
Portugal M Portugal n
portugués A ADJ portugiesisch B M, **-esa** F Portugiese m, Portugiesin f C M lengua: Portugiesisch n
porvenir M Zukunft f; **en lo ~** künftig; fig **un joven de ~** ein junger Mann mit Zukunft; **tener el ~ asegurado** eine gesicherte Zukunft haben; fig **sin ~** aussichtslos
pos ADV **en ~** hinten(nach); **en ~ de alg/de a/c** hinter j-m/etw (dat) her; **ir en ~ de alg** hinter j-m hergehen; j-m nachgehen; **ir en ~ de a/c** hinter etw her sein
posa F Totengeläut n
posada F 1 (albergue) Gasthaus n, Herberge f; **tomar ~** absteigen, übernachten 2 Am Centr, Méx (vorweihnachtliches) Volksfest n 3 Cuba Stundenhotel n; **posaderas** FPL fam Gesäß n, Hintern m fam; **posadero** M, **-a** F Gastwirt m, -in f
posar A VI Modell stehen (o sitzen), posieren B VT una carga absetzen C VR **posarse** pájaros, mariposas, líquidos sich setzen; AVIA landen, aufsetzen; **posavasos** M ⟨pl inv⟩ Esp Untersetzer m (für Gläser)
posbélico ADJ Nachkriegs...; **poscomunión** F CAT Postcommunio f; **posconciliar** ADJ nachkonziliar; **posdata** F Postskriptum n, Nachschrift f
pose F (postura) Pose f; (afectación) Affektiertheit f
poseedor M, **poseedora** F Besitzer m, -in f, Inhaber m, -in f
poseer ⟨2e⟩ A VT besitzen (tb fig una mujer); lenguaje beherrschen B VR **poseerse** sich beherrschen
poseído A ADJ besessen (**por, de** von dat); fig (furioso) wie besessen, wütend; **~ de** ganz erfüllt von (dat) B M, **-a** F Besessene m/f (tb fig); fig **como un ~** wie ein Besessener
posesión F Besitz m; Besitzung f; **estar en ~ de** im Besitz sein von; **poner en ~** in den Besitz setzen; **tomar ~** Besitz ergreifen; **tomar ~ de un cargo** ein Amt antreten
posesional ADJ JUR zum Besitz gehörig; Besitz...; **posesionar** A VT in den Besitz setzen B VR **~se de a/c** von etw (dat) Besitz ergreifen; **posesionero** M AGR Viehzüchter m, (der die Weiden in seinen Besitz übernommen hat)
posesivo GRAM A ADJ 1 GRAM besitzanzeigend; **pronombre** m **~** Possessivpronomen n 2 persona besitzergreifend B M Possessivum n; **poseso** A ADJ besessen B M, **-a** F Besessene m/f
posesor A ADJ besitzend B M **~a** F Besitzer m, -in f; **posesorio** ADJ JUR Besitz...; **acción** f **-a** Besitz(schutz)klage f
posfecha F Nachdatierung f; **poner ~** (a) nachdatieren (acus); **posfranquismo** M Esp HIST Nach-Franco-Zeit f; **posgrado** M **estudios/beca de ~** Aufbaustudium n; **posguerra** F Nachkriegszeit f
posibilidad F Möglichkeit f; **~es** fpl (perspectivas) Aussichten fpl; (habilidades) Fähigkeiten fpl; **estar por encima de las ~es** die Kräfte übersteigen; **vivir por encima de sus ~es** über seine Verhältnisse leben
posibilitar VT ermöglichen
posible A ADJ möglich; **es muy ~ que ...** es ist sehr gut möglich, dass ...; **hacer ~** ermöglichen; **hacer lo humanamente ~** das Menschenmögliche tun; **hacer todo lo ~** sein Möglichstes tun; **en lo ~** soweit möglich, nach Möglichkeit; fam **¿sera ~?** ist denn das die Möglichkeit? B M das Mögliche; die Möglichkeit; **~s** mpl (Geld)Mittel npl; Mittel npl und Wege mpl; **con ~s** bemittelt, betucht fam
posiblemente ADV möglicherweise, vielleicht
posición F 1 lugar: Position f (tb fig), Standort m; (situación) Lage f 2 (postura) Stellung f (tb MIL); Haltung f; **~ erguida** (o **recta**) aufrechte Haltung f; **en ~ sentada** in sitzender Position, sitzend; **tomar ~** MIL y fig Stellung beziehen; fig Stellung nehmen; DEP sich aufstellen 3 TEC **~ cero** en escalas, etc: Nullstellung f; **~ de disparo** MIL Abfeuerungsstellung f; FOT Aufnahmestellung f; **~ de espera** Stand-by n 4 fig **de ~** hochgestellt, von Rang; **en buena ~** in guter Stellung; (wirtschaftlich) gut situiert
posicionar A VT espec ECON, INFORM positionieren B VR **posicionarse** fig Stellung beziehen
posindustrial ADJ SOCIOL postindustriell
positivar VT TIPO positivieren; **positivismo** M FIL Positivismus m; **positivista** A ADJ positivistisch B M/F Positivist m, -in f
positivo A ADJ 1 positiv (tb FÍS, ELEC, FOT); **dar ~** resultado, test positiv ausfallen 2 (real) wirklich, handgreiflich, tatsächlich B M 1 GRAM Positiv m 2 FOT Positiv n
pósito M 1 (acopio público de granos) öffentlicher Getreidespeicher m 2 asociación: Genossenschaftshilfe f; **~ de pescadores** Konsumladen m von Fischereigenossenschaften
posit(r)ón M FÍS Positron n
posma fam A ADJ 1 (lento) träge, schwerfällig; **ser muy ~** eine große Schlafmütze (o ein Trödler) sein 2 Chile (pesado) lästig, nervig fam B F 1 Phlegma n 2 Ven fauliges Wasser n
posmodernidad F SOCIOL Postmoderne f; **posmoderno** ADJ SOCIOL postmodern
poso M Bodensatz m; **~ de café** Kaffeesatz m; fig **hasta los ~s** bis zur Neige
posología F MED Dosierung f
posoperatorio ADJ MED postoperativ; **posparto** ADJ MED postnatal, Wochenbett...; **posponer** VT ⟨2r⟩ 1 (poner mas atrás) nachstellen; hintansetzen 2 espec Am (aplazar) aufschieben, vertagen
posposición F Nachstellung f; Hintansetzung f; GRAM Postposition f; **pospositivo** ADJ GRAM nachgestellt; t/t postpositiv
posromanticismo M LIT Spätromantik f; **posromántico** A ADJ spätromantisch B M, **-a** F Spätromantiker m, -in f
posta A F 1 HIST estación, casa: Poststation f; caballería: (Post)Pferde npl; carruaje: (**silla** f **de**) **~** Postkutsche f; **casa** f **de ~s** Posthalterei f; **maestro** m **de ~s** Posthalter m, -meister m; adv fam fig **por la ~** in größter Eile 2 CAZA grober Flintenschrot m, (Reh)Posten m 3 de carne, pescado, etc: Schnitte f 4 juego de cartas, etc: Einsatz m; adv **a ~** absichtlich 5 ARQUIT Volute f, Spirallinie f 6 DEP Staffel m, **carrera** f **de ~** Staffellauf m 7 Perú MED **~ (médica)** Notaufnahme f B M 1 persona: (Post)Kurier m 2 Chile MED Unfallklinik f 3 Cuba Wache f
postal A ADJ postalisch; Post... B F (**tarjeta** f) **~** Postkarte f; fam fig **de ~** wunderschön (bes Landschaft)
postcombustión F TEC Nachverbrennung f
poste M 1 Pfosten m, Pfeiler m, Mast m; DEP Torpfosten m; ELEC **~ de alta tensión** Hochspannungsmast m; FERR **~ de señales** Signalmast m; **~ de sacrificio** Marterpfahl m; **~ telegráfico** Telegrafenmast m 2 AUTO **~ distribuidor** Zapfsäule f; **~ indicador** Wegweiser m; **~ kilométrico** Kilometerstein m 3 fig enseñanza: **dar ~ a alg** j-n in die Ecke stellen; fam fig j-n ungebührlich lange warten lassen 4 fam fig **oler el ~** Lunte (o den Braten) riechen; fam fig **serio como un ~** todernst
postema F 1 MED Schwäre f; Méx (pus) Eiter m 2 fig (persona molesta) lästige Person f
póster M Poster n/m
Poste Restante correos: postlagernd
postergación F Hintansetzung f; espec Am Verschiebung f
postergar VT ⟨1h⟩ 1 zurückstellen, hintansetzen; empleado en un ascenso, etc: übergehen 2 espec Am (posponer) etw auf-, verschieben
posteridad F (descendencia) Nachkommenschaft f; (personas del futuro) Nachwelt f
posterior ADJ nachherige(r, -s); spätere(r, -s); hintere(r, -s); Hinter...; **~ a** nach (dat), später als (nom); folgend (dat); **posterioridad** F Nachherigkeit f; spätere Zeit f; Nachwelt f; **con ~** nachträglich; **posteriormente** ADV nachträglich; später; im Nachhinein
postescolar ADJ nachschulisch; Fortbildungs...
posteta F TIPO gefalzter Bogen m; TIPO Satz m Papier
postfecha F → posfecha; **post festivo** ADJ nach einem Feiertag; **postgrado** M Graduiertenstudium n; **curso** m **de ~** Graduiertenkurs m; **postguerra** F → posguerra
posticería F Perücken- und Toupetgeschäft n

postigo M 1 *(puerta trasera)* Hintertür *f* 2 *(puerta chica en otra mayor)* Pförtchen *n* 3 *(contraventana)* Fensterladen *m*
postilla F (Wund)Schorf *m*
postillón M Postillion *m*
postín M *Esp fam (presunción)* Wichtigtuerei *f*, Angabe *f fam*; *(boato, lujo)* Aufwand *m*, Luxus *m*; **de ~** *(arrogante)* großspurig; *(elegante)* elegant, piekfein *fam*; **una modista de ~** eine teure Schneiderin; **darse (mucho) ~** sich aufspielen, angeben *fam*
postinear VI *fam* angeben *fam*; sich wichtigmachen; **postinero** *fam* A ADJ wichtigtuerisch, angeberisch B M, **-a** F Angeber *m*, -in *f*; Wichtigtuer *m*, -in *f*
postizo A ADJ *(sintético)* künstlich; *(falso)* falsch, nachgemacht; *cuello* lose B M Haarteil *n*; falsches Haar *n*
postkantiano ADJ FIL nachkantisch; **postmeridiano** ADJ Nachmittags…
postónico ADJ FON nachtonig
postoperatorio A ADJ MED postoperativ, nach der Operation B M postoperative Phase *f*
postor M, **postora** F Bieter *m*, -in *f*; **mejor (o mayor) ~** Meistbietende *m/f*; **adjudicar al mejor ~** dem Meistbietenden zuschlagen; **subastar al mejor ~** meistbietend versteigern
postquemador M TEC Nachbrenner *m (bei Düsenmotoren etc)*
postración F 1 *(genuflexión)* Kniefall *m* 2 *(abatimiento)* Niedergeschlagenheit *f*; *(caducidad)* Hinfälligkeit *f*; **postrado** ADJ 1 *(debilitado)* krank, geschwächt, **~ en cama** bettlägerig 2 *(humillado)* erniedrigt
postrar A VT niederwerfen; demütigen B VR **postrarse** 1 *(arrodillarse)* sich zu Boden werfen; auf die Knie niederfallen 2 *(debilitarse)* die Kräfte verlieren; zusammenbrechen 3 *(humillarse)* sich demütigen
postraumático ADJ MED posttraumatisch
postre A M GASTR Nachtisch *m*; **~ de músico** Studentenfutter *n*; *fig* **llegar a los ~s** zu spät kommen B F **a la ~** hinterdrein; zu guter Letzt
postremo ADJ, **postrer(o)** ADJ letzte(r, -s); **postrimerías** FPL *die* letzten Lebensjahre *npl*; REL *die* vier Letzten Dinge *npl*; **en las ~** gegen Ende *(gen)*; **postrimero** ADJ *liter* → postremo
postromanticismo M → posromanticismo; **postsincronización** F FILM (Nach)Synchronisierung *f*
postulación F *Am* POL Kandidatur *f*; **postulado** M Postulat *n*; Forderung *f*; **postulanta** F CAT → postulante; **postulante** M/F 1 *(candidato)* Bewerber *m*, -in *f* 2 CAT Postulant *m*, -in *f* 3 *(colector)* Sammler *m*, -in *f (von Geldspenden)*
postular A VT 1 *(solicitar)* nachsuchen um *(acus)*; sich bewerben um *(acus)* 2 *(proponer como postulado)* postulieren B VI Geld (o Spenden) sammeln
póstumo ADJ post(h)um; *niño* nachgeboren; *obra* nachgelassen; **gloria** *f* **-a** Nachruhm *m*
postura F 1 *(actitud)* Stellung *f*, Haltung *f*, Positur *f*; PINT **~ académica** Akt *m* 2 *fig (toma de posición)* **(toma** *f* **de) ~** Stellungnahme *f* 3 *en el juego*: Einsatz *m*; *en la subasta*: Gebot *n*; **~ mejor** o **mayor** Meistgebot *n* 4 ORN Gelege *n* 5 CAZA Ansitz *m*
pos(t)venta COM **servicio** *m* **~** Kundendienst *m*
pota F ZOOL Pfeilkalmar *m*
potabilidad F Trinkbarkeit *f*; **potabilización** F **~ del agua de mar** Gewinnung *f* von Trinkwasser aus Meerwasser; **potabilizador** ADJ **instalación** *f* **~a de agua de mar** Trinkwasseraufbereitungsanlage *f* für Salzwasser; **potabilizadora** F Trinkwasseraufbereitungsanlage *f*; **potabilizar** VT ⟨1f⟩ trinkbar machen; *agua* aufbereiten
potable ADJ trinkbar; **agua** *f* **~** Trinkwasser *n*; *fam fig* **precios** *mpl* **~s** annehmbare Preise *mpl*; *fam* **estar ~** in Ordnung sein, angehen
potaje M 1 *(sopa)* (dicke Gemüse)Suppe *f*; *en los días de abstinencia*: Fastensuppe *f*; *p. ext de legumbres*: Gemüseeintopf *m* 2 *fig (mezcla)* Mischmasch *m* 3 *(bebida)* Trunk *m*, Gebräu *n*
potar *pop* kotzen
potasa F MINER Pottasche *f*; Kalidünger *m*; **~ cáustica** Ätzkali *n*; **potásico** ADJ QUÍM kalihaltig; Kali…; **potasio** M QUÍM Kali(um) *n*
pote M 1 *(vaso de barro)* irdener Topf *m* 2 *(vasija de hojalata)* Blechbüchse *f* 3 GASTR Eintopf *m*; **~ gallego** galicischer Eintopf *m mit Bohnen und Speck* 4 *Pan, S.Dgo, Ven (tieso de flores)* Blumentopf *m* 5 *Ven recipiente*: (Benzin)Kanister *m* 6 *fam fig* **a ~** in Hülle; *fam fig (fanfarronear)* **darse ~** angeben, sich wichtigmachen
poteada F *Arg pop* Vögelei *f pop*, Bumsen *n pop*
potencia F 1 *(poder)* Macht *f (tb* POL*)*; **gran ~** Großmacht *f*; **~ atómica** o **nuclear** Atommacht *f*; **~ mundial** Weltmacht *f* 2 *(fuerza)* Kraft *f*, Leistung *f*, Stärke *f (tb* TEC*)*; **~ aceleradora** Beschleunigungsvermögen *n*; *fonotecnia*: **~ de salida** Ausgangsleistung *f*; AUTO **~ fiscal** Steuerleistung *f*, Steuer-PS *pl fam*; AUTO **~ de fren(ad)o** Bremsleistung *f*; AUTO **~ de reserva** Kraftreserve(n) *f(pl)*; **~ suministrada** Leistungsabgabe *f* 3 *t/t*, MED, MAT, FARM Potenz *f*; FIL Möglichkeit *f*; PSIC, FISIOL Vermögen *n*, Fähigkeit *f*; **en ~** potenziell; MED **~ (generadora)** Zeugungsfähigkeit *f*; PSIC **~s del alma** Seelenkräfte *fpl*; MAT **elevar a la (tercera) ~** in die (dritte) Potenz erheben
potenciación F MAT Potenzieren *n*
potenciador M GASTR **~ de(l) sabor** Geschmacksverstärker *m*; **~ sexual** Potenzmittel *n*
potencial A ADJ möglich; potenziell B M 1 FÍS *y fig* Potenzial *n* 2 ELEC Spannung *f* 3 GRAM Potenzial(is) *m*, Konditional *m*; **potencialidad** F Leistungsfähigkeit *f*; FIL Potenzialität *f*
potenciar VT ⟨1b⟩ stärken, verbessern, fördern, ausbauen; intensivieren; **potenciómetro** M ELEC Potenziometer *n*
potentado M, **-a** F Potentat *m*, -in *f (tb fig)*
potente ADJ 1 gewaltig, mächtig; TEC leistungsstark 2 MED zeugungsfähig; potent
potera F MAR Tucker *m zum Tintenfischfang m*
potestad F Gewalt *f*; Befugnis *f*; JUR **patria ~** elterliche Gewalt *f*
potestativo ADJ freigestellt, Wahl…; *enseñanza*: **materia** *f* **-a** Wahlfach *n*
potingue M *fam (flüssige)* Arznei *f*; *desp* Gesöff *n fam*; *fam fig* **darse ~s** Kosmetika benutzen; **hacer ~s** *etw* zusammenbrauen, *etw* panschen *fam*
potito M Gläschen *n (mit Babynahrung)*
poto M 1 *Arg, Bol, Chile, Perú fam (trasero)* Hintern *m fam*; *de un objeto*: Fuß *m* (o unteres Ende *n*) 2 *Chile, Ec, Perú (recipiente)* Schale *f*, Gefäß *n* 3 *Am Mer* HIST Bergwerk *n unter königlicher Verwaltung*;
potoco ADJ *Bol, Chile fam* rundlich; **potorro** M *vulg* Fotze *f vulg*
Potosí *berühmte Silberminenstadt in Bolivien*; *fig* Vermögen *n*; *fig* **valer un ~** unbezahlbar sein
potra F 1 ZOOL Stutenfohlen *n (bis 4½ Jahre)* 2 MED *(hernia)* Bruch *m* 3 *fam fig (suerte)* **tener ~** Dusel (o Schwein) haben *fam*; **potrada** F Fohlenherde *f*; **potranco** M, **-a** F ZOOL Fohlen *n (bis 3 Jahre)*; **potrero** M 1 *cuidador*: Fohlenhirt *m* 2 *Am terreno*: Koppel *f* 3 *Arg, Perú unbebautes Spielgelände für Kinder*
potril A ADJ Fohlen… B M Fohlenweide *f*;
potrillo M junges Fohlen *n*
potro M 1 ZOOL Fohlen *n (bis 4½ Jahre)* 2 DEP *aparato de gimnasia*: Bock *m* 3 **~ de herrar** Zwangsstand *m der Hufschmiede* 4 HIST *de tortura*: Folterbank *f*; *fig* Last *f*, Beschwerlichkeit *f*; *fig* **poner en el ~ (de tortura) a alg** j-n quälen, j-n peinigen 5 *fam (joven extravagante)* extravaganter Jüngling *m*
potroso ADJ *fam* vom Glück begünstigt
poyal M → poyo
poyata F Abstellbord *n*; Wandschrank *m*
poyo M Steinbank *f am Hauseingang*
poza F 1 *(charco)* Pfütze *f*, Lache *f*; *en un río*: tiefe Stelle *f* 2 *(zanja)* Wassergrube *f zum Flachsweichen*; **pozal** M 1 *(cubo)* Schöpfeimer *m* 2 *(brocal)* Brunnenrand *m*; **pozanco** M Uferlache *f nach Überschwemmungen*
pozo M 1 *(manantial)* Brunnen *m*; *p. ext hoyo profundo*: tiefe Grube *f*; *en un río*: tiefe Stelle *f*, *Col tb (lugar para bañarse)* Badestelle *f*; **~ profundo** Tiefbrunnen *m*; *fig* **~ sin fondo** Fass *n* ohne Boden; **agua** *f* **de ~** Brunnenwasser *n*; **ser un ~ de ciencia** hoch gelehrt sein; **salir del ~** sich wieder aufrappeln *fam* 2 MIN Schacht *m*; Bohrloch *n*; *p. ext (mina)* (Kohlen)Zeche *f*; **~ auxiliar** Nebenschacht *m*; **~ ciego** Blindschacht *m*; **~ de extracción** Förderschacht *m*; **~ maestro** o **principal** Hauptschacht *m*; **~ de petróleo** Ölquelle *f*; **~ de ventilación** Belüftungsschacht *m* 3 MAR Kielboden *m* 4 METEO **~ de aire** Fallbö *f*, Luftloch *n fam* 5 AGR **~ de estiércol (líquido)** Jauchegrube *f*; **~ negro** o **séptico** Sickergrube *f* 6 MIL **~ de tirador** Schützenloch *n* 7 *Arg en la calle*: Schlagloch *n*
pozol M *Hond*, **pozole** M *Am Centr, Méx* pikanter Maiseintopf *m*
PP M ABR (Partido Popular) *Esp* Volkspartei *f (spanische konservative Partei)*
p. p. ABR (por poder) pp, ppa (per procura)
p.pdo. ABR (próximo pasado) letzter Monat
PPE M ABR (Partido Popular Europeo) EVP *f* (Europäische Volkspartei)
práctica F 1 *(ejercicio)* Übung *f*, Gewandtheit *f*, Praxis *f*; **~s** *fpl* **de tiro** Schießübungen *fpl*; **perder la ~** aus der Übung kommen; **tener ~ en a/c** Übung in etw haben 2 *arte, oficio*: Ausübung *f*, Praktik *f*; **en la ~** in der Praxis; **llevar a la ~** o **poner en ~** bewerkstelligen, verwirklichen, in die Tat umsetzen 3 *(uso, costumbre)* Brauch *m*, Gewohnheit *f* 4 *persona*: Praktikerin *f* 5 ECON **~s** *pl* Praktikum *n*; **~s** *pl* **preprofesionales** (Vor)praktikum *n*; **hacer ~s** ein Praktikum machen
practicable ADJ 1 *(factible)* ausführbar; gangbar 2 *(transitable)* begehbar; befahrbar
practicante A ADJ ausübend; praktizierend; **católico** *m* **~** praktizierender Katholik *m* B M/F 1 *(voluntario)* Volontär *m*, -in *f*; **~ (técnico)** Praktikant *m*, -in *f* 2 MED *(auxiliar médico)* Arzthelfer *m*, -in *f*; *tb (curandero)* Heilpraktiker *m*, -in *f* 3 FARM Apothekengehilfe *m*; -helferin *f*
practicar ⟨1g⟩ A VT 1 *(ejercer continuadamente)* ausüben, betreiben, praktizieren; *deporte* treiben 2 *(poner en práctica)* ausführen; *agujero* bohren; MED *operación* durchführen B VI *(hacer una práctica)* ein Praktikum machen
práctico A ADJ 1 *(útil)* praktisch, brauchbar, sinnvoll 2 *(aplicable)* anwendbar, praktisch; *(ejercitante)* ausübend 3 *(experimentado)* bewandert, erfahren B M 1 *persona*: Praktiker *m* 2 MAR Lotse *m*
practicón M Praktiker *m*, Mann *m* der praktischen Erfahrung
pradera F *(prado)* Wiese *f*; *llanura*: Grasweide *f*; *(llano)* Prärie *f*; **pradería** F Wiese *m*, Wiesengrund *f*; **prado** M Wiese *f*; (Stadt)Anger *m*

Praga F Prag *n*
pragmática F 1 *(norma)* Norm *f* 2 LING Pragmatik *f*; **pragmático** A ADJ pragmatisch; HIST **Pragmática Sanción** Pragmatische Sanktion *f (königliches Dekret)* B M, **-a** F Pragmatiker *m*, -in *f*
pragmatismo M FIL Pragmatismus *m*; **pragmatista** A ADJ pragmatistisch B M/F FIL Pragmatist *m*, -in *f*; Pragmatiker *m*, -in *f*
praguense A ADJ Prager B M/F Prager *m*, -in *f*
pral. ABR (principal) erster Stock *m*
praliné M 1 *Esp (crema de chocolate)* Schokoladencreme *f mit Mandeln o Nüssen* 2 *Arg cacahuete:* gebrannte Erdnuss *f*
pratense ADJ Wiesen...; **praticultura** F AGR Wiesenbau *m*, -wirtschaft *f*
pravo ADJ *liter* verderbt; ruchlos
praxis F FIL Praxis *f*; MED **mala ~** Kunstfehler *m*
PRD M ABR (Partido Revolucionario Democrático) *Méx mexikanische Partei*
preacuerdo M vorläufige Abmachung *f (o* Vereinbarung *f)*; **prealerta** F Vorwarnung *f*, Voralarm *m*; **preámbulo** M Präambel *f*; Vorrede *f*, Einleitung *f*; **sin ~s** ohne Umschweife; **preaviso** M Voranmeldung *f*; **sin ~** ohne Vorankündigung *f*; *despido* fristlos
prebenda F REL *y fig* Pfründe *f*; **prebendado** M Pfründner *m*; **prebendar** VT **~ a alg** j-m eine Pfründe verleihen
preboste M 1 REL Propst *m* 2 MIL Profos(s) *m*; **capitán** *m* **~** Generalprofos(s) *m*
precalentamiento M 1 TEC Vorwärmen *n*, Vorheizen *n* 2 DEP Aufwärmen *n*; **precalentar** A VT TEC vorwärmen, vorheizen B VR **precalentarse** DEP sich aufwärmen
precariedad F *(inseguridad)* Unsicherheit *n*; *situación:* prekäre Situation *f*; **precario** ADJ *(inseguro)* unsicher; *(delicado, embarazoso)* prekär, heikel, misslich; **empleo** *m* **~** Billigjob *m*; **en ~** notdürftig, behelfsmäßig; **precarismo** M Misslichkeit *f*; **precarización** F *espec* ECON Verschlechterung *f*; Verunsicherung *f*
precaución F *(cuidado)* Vorsicht *f*; *(previsión)* Vorsorge *f*; **por ~** vorsorglich; **extremar las -ones** die Vorsichtsmaßnahmen verschärfen; **tomar -ones** Vorsichtsmaßnahmen *(o* Vorkehrungen) treffen
precaucionarse VR sich vorsehen (**contra** gegen *acus*); **precautorio** ADJ Vorsichts..., Vorbeugungs...; JUR **medida** *f* **-a** Sicherungsmaßnahme *f*
precaver A VT vorbeugen *(dat)*; verhüten *(acus)* B VR **precaverse** sich schützen (**de** gegen *acus*); **precavido** ADJ vorsichtig
precedencia F 1 *(anterioridad)* Vorhergehen *n* 2 *(preferencia)* Vorrang *m*; Vortritt *m* 3 *(superioridad)* Überlegenheit *f*, Vortrefflichkeit *f*
precedente A ADJ vorhergehend, früher, vormalig B M Präzedenzfall *m* **sentar un ~** einen Präzedenzfall schaffen; **sin ~s** noch nie da gewesen, einmalig
preceder VT & VI 1 *(anteceder)* voran-, vorher-, vorausgehen *(dat)*; **el ejemplo que precede** das vorangegangene Beispiel 2 *(tener primacía:* den Vorrang haben vor *dat)* (*tb* POL); **~ en categoría a** ranghöher sein als *(nom)*
preceptista A ADJ lehrmeisterlich; Unterweisungs... B M/F Lehrmeister *m*, -in *f*; *literarische(r)* Theoretiker *m*, -in *f*; **preceptiva** F Regeln *fpl*; Vorschriften *fpl*; **preceptivo** ADJ vorschriftlich; Vorschrifts...; **ser ~** Vorschrift sein
precepto M Vorschrift *f*; Gebot *n*; JUR, ADMIN **~ dispositivo/potestativo** Kannbestimmung *f*; **~ imperativo** Mussbestimmung *f*; CAT **de ~** geboten
preceptor M, **preceptora** F Erzieher *m*, -in *f*; Hauslehrer *m*, -in *f*; **preceptuar** VT ⟨1e⟩ vorschreiben
preces FPL (Kirchen)Gebet *n*; *liter* Bitte(n) *f(pl)*
preciado ADJ hoch geschätzt
preciar ⟨1b⟩ A VT → apreciar B VR **~se (de)** sich rühmen *(gen)*, sich brüsten (mit *dat*)
precinta F 1 *(tira estampada)* (Steuer)Banderole *f* 2 *(tira de cuero)* Lederriemen *m (zur Verstärkung an Kisten und Koffern)*; **precintado** M (zollamtliche) Verplombung *f*; Versiegelung *f*; **precintadora** F Plombiergerät *n*; **(tenazas** *fpl***) ~(s)** Plombierzange *f*
precintar VT (zollamtlich) versiegeln, plombieren; mit einer Banderole versehen
precinto M Banderole *f*; Verschluss *m*; *aduana:* (Zoll)Plombe *f*; COM (Firmen)Siegel *n*, (Firmen)Plombe *f*; **bajo ~ (de aduana)** unter Zollverschluss
precio M 1 COM Preis *m*; **~ ajustado** bereinigter Preis *m*; **~ de compra/de coste** Einkaufs-/Selbstkostenpreis *m*; **~ al consumidor/al productor** Verbraucher-/Erzeugerpreis *m*; **~ al contado** Kassa-, Barpreis *m*; **~ corriente/exorbitante** gängiger Preis *m*/Wucherpreis *m*; **~ del día/del mercado** Tages-/Marktpreis *m*; **~ de fábrica** Fabrikpreis *m*; **~ ex fábrica** Preis *m* ab Werk; **~ de favor** *o* **de preferencia** Vorzugspreis *m*; **~ fijo/final** Fest-/Endpreis *m*; **~ fuerte/global** Laden-/Pauschalpreis *m*; **~ de ganga** Schnäppchenpreis *m*; **~ máximo** *o* **tope** Höchstpreis *m*; **~ al por menor/mayor** Einzel-/Großhandelspreis *m*; **~ neto/bruto por pieza** Netto-/Bruttostückpreis *m*; **~ de orientación** Richtpreis *m*; **~ recomendado** COM empfohlener (Laden)Preis *m*; **~ de reventa** Wiederverkaufspreis *m*; **~ ruinoso** Schleuderpreis *m*; *espec* AGR **~ sostén** Stützpreis *m*; **último ~** äußerster Preis *m*; **~ único** *o* **uniforme** Einheitspreis *m*; **~ por unidad** Stückpreis *m*; **~ de usura** Wucherpreis *m*; **~ de venta** Verkaufspreis *m*, Abgabepreis *m*; **~ de venta al público** Ladenpreis *m*; **acuerdo** *m* **sobre ~s** Preisbindung *f*; **control** *m* **de ~s** Preisüberwachung *f*; **indicación** *f o* **fijación** *f* **del ~** Preisangabe *f*; **a buen ~** preiswert; **a bajo ~** billig; *tb fig* **a cualquier** *o* **a todo ~** um jeden Preis; **a mitad de ~** zu halbem Preis; **a ~ de oro** sehr teuer; **a(l) ~ de por mayor** zum Großhandelspreis; **de todos los ~s** in allen Preislagen; **estar bien de ~** preisgünstig *(o* preiswert) sein; **ofrecer a ~(s) más bajo(s)** unterbieten; **poner ~ a la cabeza de alg** einen Preis auf j-s Kopf *(acus)* setzen 2 *fig (valor)* Wert *m*; *(reconocimiento)* Ansehen *n*; **al ~ de** für *(acus)*, um *(acus)*; auf Kosten *(gen)*; **al ~ de su salud** auf Kosten seiner Gesundheit; *tb fig* **no tener ~** unbezahlbar sein
preciosidad F Kostbarkeit *f*; *fam fig* hübsches Mädchen *n*; **preciosismo** M LIT preziöser Stil *m*; Preziosität *f*; **preciosista** A ADJ preziös B M/F preziöse(r) Autor *m*, -in *f*
precioso ADJ 1 *(valioso)* kostbar, wertvoll 2 *fig (magnífico)* prächtig; *(encantador)* reizend, wunderschön; **preciosura** F *Am fam* Schönheit *f*; Kostbarkeit *f*
precipicio M Abgrund *m*; *fig* **estar al borde del ~** am Rande des Abgrunds stehen; **precipitable** ADJ QUÍM (aus)fällbar; **precipitación** F 1 *(prisa)* Hast *f*, Übereilung *f*, Überstürzung *f* 2 METEO, QUÍM Niederschlag *m*; QUÍM Ausfällung *f*; METEO **-ones** *pl* Niederschläge *mpl*; ECOL **-ones** *pl* **radiactivas** radioaktive Niederschläge
precipitado A ADJ 1 *acción:* hastig, übereilt, überstürzt 2 QUÍM ausgefällt B M QUÍM Niederschlag *m*, Ausfällung *f*; **precipitante** M QUÍM Fällungsmittel *n*
precipitar A VT 1 *(arrojar)* hinabstürzen, hinunterwerfen; *fig (arruinar)* ins Verderben stürzen 2 *(acelerar)* stark beschleunigen; *(hacer muy deprisa)* übereilen, überstürzen 3 QUÍM ausfällen B VR **precipitarse** 1 *(arrojarse)* (sich) stürzen (**en** in *acus*); **~ a la calle** auf die Straße stürzen *(o* gestürzt kommen); **~ al** *(o* **en el) abismo** sich in den Abgrund stürzen; **~ en una aventura** sich in ein Abenteuer stürzen; **~ sobre alg** auf j-n losstürzen 2 *(darse prisa)* sich beeilen (zu *inf* **a** *inf*); übereilt handeln; *hechos* sich überstürzen 3 QUÍM sich niederschlagen
precípite ADJ *liter* in Gefahr zu stürzen; **precipitoso** ADJ 1 *terreno* abschüssig, *pendiente* jäh 2 *(inconsiderado)* überstürzt, unbesonnen
precipuo ADJ *liter* vorzüglich, hauptsächlich
precisa F *Arg fam* **cantar la ~ a alg** j-n genau *(o* richtig) informieren; **precisado** ADJ **verse ~ a** *(inf)* sich gezwungen sehen zu *(inf)*; **precisamente** ADV *(exactamente)* genau; *(justo)* gerade, ausgerechnet; *(en realidad)* eigentlich
precisar A VT 1 *(necesitar)* brauchen, benötigen 2 *(detallar)* präzisieren; genau angeben B VIMP **precisa que lo hagamos** wir müssen es (unbedingt) tun C VR **precisarse** nötig sein
precisión F 1 *(exactitud)* Präzision *f*, Genauigkeit *f*; *de un pensamiento etc:* Schärfe *f*; *(fineza)* Feinheit *f*; **de ~** Präzisions...; **instrumento** *m* **de ~** Präzisionsinstrument *n*; **mecánica** *f* **de ~** Feinmechanik *n* 2 *(necesidad)* Notwendigkeit *f*
preciso ADJ 1 *(necesario)* nötig, notwendig; **es ~ hacerlo** es muss getan werden; **es ~ que lo hagas** du musst es tun; **si es ~** erforderlichenfalls 2 *(exacto)* genau, präzis; *(definido)* bestimmt; *(claro)* deutlich; *palabra* treffend; **poco ~** ungenau; unscharf 3 *(puntual)* pünktlich; **a la hora -a** pünktlich, zur festgesetzten Zeit
precitado ADJ oben erwähnt; vorher genannt; **precito** REL A ADJ verworfen, verdammt B M, **-a** F, Verdammte *m/f*; **preclaro** ADJ *liter* berühmt; **preclásico** ADJ vorklassisch; **precocidad** F Frühreife *f*; Vorzeitigkeit *f*; **precocinado** ADJ vorgekocht; **plato** *m* **~** Fertiggericht *n*; **precolombiano** ADJ präkolumbianisch; **precolombino** ADJ HIST vor-, präkolumbisch, altamerikanisch; **preconcebido** ADJ vorbedacht; **tener ideas -as** vorgefasste Meinungen *(o* Vorurteile) haben
preconización F Lobeserhebung *f*; REL Präkonisation *f*; **preconizar** VT ⟨1f⟩ *(elogiar)* lobpreisen; *fig (recomendar)* empfehlen, anraten, befürworten
precontrato M Vorvertrag *m*; **preconyugal** ADJ vorehelich; **precordial** ADJ MED präkordial; **precoz** ADJ ⟨*pl* -oces⟩ frühreif; Früh... (*tb* MED); **precursor** A ADJ voran-, vorausgehend, bahnbrechend; Vorläufer..., Pionier... B M, **precursora** F Vorläufer *m*, -in *f*, Vorbote *m*, -botin *f*; *fig* Wegbereiter *m*, -in *f*, Pionier *m*, -in *f*
predador M A ADJ ZOOL räuberisch, Raub... B M, **-a** F 1 Plünderer *m*, Plünderin *f* 2 ZOOL Raubtier *n*, Räuber *m*
predar VT plündern, rauben; ZOOL nachstellen *(dat)*, jagen *(acus)*; **predatorio** A ADJ Raub...; Plünder(ungs)...; **pez** *m* **~** Raubfisch *m* B M ZOOL Raubtier *n*
predecesor M, **predecesora** F Vorgänger *m*, -in *f*
predecir VT ⟨3p⟩ voraussagen
predefinición F REL (göttliche) Vorbestimmung *f*; **predefinir** VT REL vorbestimmen
predestinación F Vorherbestimmung *f*; REL Prädestination *f*; **predestinado** ADJ

prädestiniert, wie geschaffen (**a, para** für *dat*); **predestinar** VT vorherbestimmen; REL *y fig* prädestinieren
predeterminación F BIOL Prädetermination *f*; REL Prädeterminismus *m*
prédica F *fam* Predigt *f*; *fam fig (perorata)* langweilige Rede *f*, Geschwafel *n fam*
predicables MPL FIL Prädikabilien *npl*; **predicación** F *acción*: Predigen *n*; *(sermón)* Predigt *f*; FIL Prädikation *f*
predicado M FIL, GRAM Prädikat *n*
predicador M, **predicadora** F **1** Prediger *m*, -in *f*; **Orden** *f* **de Predicadores** Prediger-, Dominikanerorden *m* **2** M *insecto*: Gottesanbeterin *f*
predicamento M **1** *fig* Achtung *f*, Ruf *m*; **muy en ~** in allgemeinem Ansehen; **tener buen ~** einen guten Ruf haben; beliebt sein **2** FIL **~s** *pl* Prädikamente *npl*
predicante M Prediger *m (nicht* CAT)
predicar VT & VI ‹1g› **1** *sermón* predigen; *fam fig (publicar, hacer público)* ausposaunen; *tb (reprender)* abkanzeln *fam*; *fig* **~ en desierto** tauben Ohren predigen; **~ con el ejemplo** mit gutem Beispiel vorangehen **2** FIL, GRAM prädizieren; **predicativo** ADJ GRAM prädikativ
predicción F Vorhersage *f*; MIL *balística*: Vorhalt *m*; **~ meteorológica** Wettervorhersage *f*; **predices** → predecir; **predicho** ADJ vorhergesagt; **prediciendo, predigo** → predecir; **predictor** M MIL *balística*: Vorhaltrechner *m*
predilección F Vorliebe *f* (**por** für *acus*); **predilecto** ADJ Lieblings...; bevorzugt; *fig* **hijo** *m* **~, hija** *f* **-a** Ehrenbürger *m*, -in *f*
predio M JUR Grundstück *n*; *(finca)* Gut *n*
predisponer ‹2r› **A** VT **1** *(disponer anticipadamente)* im Vorhinein festlegen **2** *(hacer propenso)* anfällig (*o* empfänglich) machen (*tb* MED), prädisponieren (**para** für *acus*) **3** *(hacer prevenido a alg)* voreingenommen machen **B** V/R **predisponerse** sich einstellen (**a** auf *acus*)
predisposición F Veranlagung *f*, Anlage *f*; MED Anfälligkeit *f*, Prädisposition *f*; **~ marinera** Seefestigkeit *f (einer Person)*
predispuesto ADJ **1** *(prevenido)* voreingenommen **estar ~ contra** voreingenommen sein gegen *(acus)* **2** MED *(susceptible)* anfällig (**a** für *acus*); **ser ~ a** neigen zu *(dat)*
predominación F Vorherrschaft *f*; **predominancia** F Vorherrschen *n*; **predominante** ADJ vorherrschend; überwiegend; **predominar** VT & VI vorherrschen; überwiegen; *(prevalecer)* höher sein (**a** als *nom*); **predominio** M Vorherrschaft *f*; Überlegenheit *f* (**sobre** über *acus*)
predorsal ADJ FON prädorsal *(mithilfe des vorderen Zungenrückens gebildet)*; **preelectoral** ADJ vor den Wahlen; Wahlkampf...
preeminencia F Vorzug *m*; Überlegenheit *f*; **preeminente** ADJ hervorragend; vorzüglich
preemptivo ADJ *espec* INFORM präemptiv; **preescolar** ADJ Vorschul..., vorschulisch; **educación** *f* **~** Vorschulerziehung *f*; **preestablecido** ADJ vorher festgesetzt; FIL prästabiliert; **preestreno** FILM Voraufführung *f*, Preview *f*
preexistencia F Präexistenz *f*, Vorherdasein *n*; **preexistente** ADJ vorher bestehend, präexistent; **preexistir** VI vorher bestehen (*o* da sein); früher da sein (**a** als *nom*)
prefabricación F Vorfertigung *f*; **prefabricado** **A** ADJ vorgefertigt; Fertig...; **casa** *f* **-a** Fertighaus *n*; **elementos** *mpl* **~s** Fertigteile *npl* **B** M *producto*: Fertigteil *n*; *construcción*: Fertigbau *m*; **prefabricar** VT ‹1g› vorfertigen, vorfabrizieren
prefacio M Vorrede *f*, Vorwort *n*; REL Präfation *f*
prefecto M Präfekt *m*; **prefectoral** ADJ Präfekten..., Präfektur...; **prefectura** F Präfektur *f*
preferencia F **1** *elección*: Vorzug *m*; Vorliebe *f* (**por** für *acus*); **de ~** vorzugsweise **2** *(primacía)* Vorrecht *n*, Vorrang *m*; *transporte*: **~ de paso** Vorfahrt(srecht *n*) *f* **3** TEAT Sperrsitz *m*
preferencial ADJ ADMIN Vorzugs...; **preferente** ADJ bevorzugt; Vorzugs...; ECON **acción** *f* **~** Vorzugsaktie *f*; **preferentemente** ADV vorzugsweise; mit Vorliebe
preferible ADJ vorzuziehen(d) (**a** *dat*); **es ~ ...** es ist besser ...; **sería ~ hacerlo** man sollte es besser tun; **preferiblemente** ADV am liebsten; am besten; **preferido** ADJ Lieblings...; **plato** *m* **~** Lieblingsspeise *f*, -gericht *n*, Leibgericht *n*
preferir VT ‹3i› vorziehen, bevorzugen; lieber haben (**a** als *acus*); **prefiero hacerlo solo** ich mache es lieber allein
prefiguración F Präfiguration *f*, Vorausdarstellung *f*; Urbild *n*; **prefigurar** VT präfigurieren, vorausdeutend darstellen
prefijar VT **1** *(determinar anticipadamente)* vorherbestimmen; im Voraus festlegen **2** GRAM mit einem Präfix versehen; **prefijo** **A** ADJ anberaumt, festgesetzt **B** M **1** GRAM Präfix *n*, Vorsilbe *f* **2** TEL Vorwahlnummer *f*; **~ internacional** Ländervorwahl *f*
prefinanciación F, *espec Am* **prefinanciamiento** M Vorfinanzierung *f*; **prefinanciar** VT vorfinanzieren
preformación F **1** BIOL Präformation *f* **2** TEC Vor(ver)formung *f*; **prefranqueado** ADJ *correos*: vorfrankiert
pregón M öffentliches Ausrufen *n*; **~ (literario)** Fest-, Eröffnungsrede *f*
pregonar VT öffentlich ausrufen; *fig* **~ (a los cuatro vientos)** (überall) ausposaunen; *jerga del hampa* hinhängen *fam*, verpfeifen *pop*; **pregonero** M, **-a** F *(divulgador público)* öffentliche(r) Ausrufer *m*, -in *f*; *fam fig (chismoso)* Klatschmaul *n*; *jerga del hampa (denunciante)* Denunziant *m*, -in *f*; Spitzel *m*
pregrabado ADJ *cinta* bespielt
pregunta F **1** GRAM, *etc* Frage *f*; **hacer una ~** eine Frage stellen; **concurso** *m* **de ~s y respuestas** Frage- und Antwortspiel *n*, Quiz *n* **2** *fig* **andar** *o* **estar a la cuarta ~** *fam* abgebrannt (*o* blank *o* pleite) sein *fam*; *fig* **dejar a alg a la cuarta ~** *fam* j-m das Fell über die Ohren ziehen *(fam fig)*
preguntadera F *Am* lästige Fragerei *f*; **preguntador** → preguntón; **preguntar** **A** VT & VI fragen (**por** nach *dat*) **B** V/R **preguntarse** sich fragen; **preguntón** **A** ADJ (hartnäckig) fragend **B** M, **-ona** F lästige(r) Frager *m*, -in *f*
prehistoria F *prehistoria*: F; **prehistórico** ADJ vorgeschichtlich, prähistorisch; **preincaico** ADJ HIST vorinkaisch
prejubilación F Vorruhestand *m*; **prejubilado** M, **-a** F Vorruheständler *m*, -in *f*
prejudicial ADJ JUR vorläufig; **cuestión** *f* **~** Vorfrage *f*; **prejuicio** M Vorurteil *n*; **prejuzgar** VT ‹1h› vorschnell urteilen über *(acus)*; JUR präjudizieren
prelacía F REL Prälatenwürde *f*; **prelación** F **1** *(preferencia)* Vorzug *m* **2** *(primacía)* Vorrang *m*, Vorrecht *n* **3** *Am reg transporte*: *(prioridad)* Vorfahrt *f*; **prelada** F CAT Oberin *f*, Äbtissin *f*; **prelado** M REL Prälat *m*; Ordensobere *m*; **~ doméstico** päpstlicher Hausprälat *m*; **prelaticio** ADJ REL Prälaten...; Abts...
prelavado M Vorwäsche *f*
preliminar **A** ADJ vorläufig; einleitend; Vor... **B** MPL **preliminares** **1** Vorverhandlungen *fpl*; Präliminarien *npl* **2** *sexualidad*: Vorspiel *n* **C** F DEP **las ~es** dieVorrunde *f*; **preludiar** ‹1b› **A** VI MÚS präludieren **B** VT *fig* einleiten; **preludio** M MÚS Präludium *n*; Vorspiel *n (tb fig)*; *fig* Einleitung *f*
premamá **A** ADJ Schwangerschafts... **B** F *fam* werdende Mutter *f*; **premarital** ADJ *relaciones* vorehelich; **prematrimonial** ADJ vorehelich; **prematuro** ADJ **1** *(precoz)* frühreif **2** *(antes de tiempo)* verfrüht; vorzeitig; Früh...
premeditación F Vorbedacht *m*; **con ~** vorsätzlich; **premeditado** ADJ wohl überlegt, geplant, vorbedacht; *(a sabiendas)* wissentlich; JUR **crimen** *m* **~** vorsätzliches Verbrechen *n*; **premeditar** VT vorher überlegen; JUR vorsätzlich planen
premiación F Prämi(i)erung *f*; **premiado** **A** ADJ preisgekrönt **B** M, **-a** F Preisträger *m*, -in *f*; **premiador** M, **premiadora** F, *(recompensador)* Belohner *m*, -in *f*; *distribuidor*: Preisverteiler *m*, -in *f*
premiar VT ‹1b› *(recompensar)* belohnen; *(galardonar)* mit einem Preis auszeichnen, prämi(i)eren
premier M POL Premier(minister) *m*
premio M **1** *(recompensa)* Belohnung *f*; *(precio)* Preis *m*, Prämie *f*; **~ de captura** Fangprämie *f*; für die Festnahme ausgesetzte Belohnung *f*; MAR Prisengeld *n*; **~ Carlomagno** Karlspreis *m*; **- de consolación** Trostpreis *m*; **gran ~** Großer Preis *m*; **~ por hallazgo** Finderlohn *m*; **~ de honor/literario** Ehren-/Literaturpreis *m*; **~ en metálico** Geldpreis *m*; **~ nacional** National-, Staatspreis *m*; **~ Nobel** Nobelpreis *m*; *poseedor*: Nobelpreisträger *m*, -in *f*; **~ Nobel Alternativo** Alternativer Nobelpreis *m*; **~ Nobel de la Paz** Friedensnobelpreis *m*; *poseedor*: Friedensnobelpreisträger *m*, -in *f*; **repartición** *f* **de ~s** Preisverteilung *f*, Prämi(i)erung *f*; **en ~ de** als Belohnung für *(acus)* **2** *lotería*: Gewinn *m*, Treffer *m*; **el ~ gordo** der Hauptgewinn, das große Los *fam* **3** *espec Am* ECON, *seguros*: *(prima)* Prämie *f*; Aufgeld *n*, Agio *n*
premioso ADJ **1** *(ajustado)* beengt, eng; *(escaso)* knapp **2** *(gravoso)* lästig, beschwerlich **3** *fig (estricto)* streng; *(rígido)* steif **4** *estilo, etc* schwerfällig, unbeholfen
premisa F Prämisse *f*; *lógica*: Vordersatz *m*; Vorbedingung *f*
premoción F Vorantrag *m*; **premolar** M Prämolarzahn *m*; **premonición** F Vorgefühl *n*, Vorahnung *f*; **premonitorio** ADJ *espec* MED prämonitorisch, Warn(ungs)...; *presagio* Unheil verkündend
premo(n)stratense CAT M Prämonstratenser(mönch) *m*
premontaje M TEC Vormontage *f*
premoriencia F JUR früherer Tod *m*; **premoriente** M JUR **el ~** der zuerst Sterbende; **premorir** ‹3k; *pp* premuerto› VI JUR früher sterben
premura F **1** *(urgencia)* Dringlichkeit *f*; Eile *f*; **con gran ~** in aller Eile **2** *(aprieto)* Druck *m*, Bedrängnis *f*
prenatal ADJ vorgeburtlich; vor der Geburt, Schwangerschafts...; **vestido** *m* **~** Umstandskleid
prenavideño ADJ vorweihnachtlich; **tiempo** *m o* **periodo** *m* **~** Vorweihnachtszeit *f*
prenda F **1** *(depósito, garantía)* Pfand *n*; *fig* Unterpfand *n*; **~ mobiliaria** Faustpfand *n*; **~ pretoria** gerichtlich festgesetzte Pfändungssumme *f*; **juego** *m* **de ~s** Pfänderspiel *n*; **hacer ~** ein Pfand (*o* eine Sicherheit) behalten; *fig* sich auf j-s Wort (*o* Tat) *(acus)* stützen; **jugar a (las)**

P

~s Pfänderspiele machen; **sacar ~s** *o* **una ~** pfänden; *fam fig* **soltar ~** sich voreilig verpflichten; *fam fig* **no soltar ~** sehr zugeknöpft sein *(fig)*; **tomar dinero sobre una ~** sich *(dat)* Geld auf Pfand leihen; **en ~ de** zum Unterpfand *(gen)*, als Zeichen *(gen)*; als Beweis für *(acus)*; *fig* **no dolerle ~s a alg** *(atender a sus obligaciones)* seinen Verpflichtungen pünktlich nachkommen; *(admitir)* alles offen zugeben; *(movilizar todo)* alles aufbieten (, um zu *inf* **para** *inf)* 2 **~ (de vestir)** Kleidungsstück *n*; **~ de abrigo** warmes Kleidungsstück *n* 3 *(ser amado)* geliebte(s) Wesen *n*; *trato:* Schatz *m*, Liebchen *n* 4 *(virtudes)* gute Eigenschaft *f*, Vorzug *m*; **~s** *fpl* Anlagen *fpl*, Eigenschaften *fpl*; Geistesgaben *fpl* 5 *Am reg* Schmuck *m*, Schmuckstück *n*

prendar A VT 1 *(sacar como prenda)* pfänden 2 *fig* für sich *(acus)* gewinnen; *público* begeistern, mitreißen B VR **prendarse** sich verlieben (**de** in *acus*); **prendario** ADJ JUR **derecho** *m* **~** Pfandrecht *n*

prendedero M 1 *(hebilla)* Spange *f*, Klammer *f* 2 *(cinta)* Haarband *n* 3 *(ganchillo)* Häkchen *n*; **prendedor** M 1 *(broche)* Brosche *f*; Schmucknadel *f* 2 *persona:* Ergreifer *m*; Verhaftende *m*; **prendedora** F Ergreiferin *f*; Verhaftende *f*

prender ⟨*pp tb* preso⟩ A VT 1 *(asir)* (an)packen; ergreifen; *policía:* **~ a alg** j-n verhaften, festnehmen 2 *atención, etc* fesseln 3 *(fijar)* befestigen, anstecken; feststecken; *Méx cabello* einlegen 4 *(iluminar)* er-, beleuchten, hell machen; *luz, fuego, cigarrillo* anzünden; *Am* ELEC einschalten; **~ fuego a a/c** etw in Brand stecken 5 ZOOL *(cubrir)* decken 6 *Am* → comenzar B VI 1 BOT *(sacar raíz)* Wurzel fassen 2 MED an-, einheilen; *vacunación* angehen; *sustancia* wirken 3 *fuego* Feuer fangen; (an)brennen C VR **prenderse** 1 *mujeres* sich putzen, sich schmücken; **~ un clavel en el cabello** sich *(dat)* eine Nelke ins Haar stecken 2 *P. Rico (emborracharse)* sich betrinken

prendería *tienda:* Trödelladen *m*; *Col, Pan (casa de empeño)* Pfand-, Leihhaus *n*; **prendero** M, **-a** F Trödler *m*, -in *f*, Krämer *m*, -in *f*; **prendido** A M 1 Kopfputz *m* 2 Stickmuster *n* B ADJ *P. Rico, Ven fam (ebrio)* betrunken; **prendimiento** M Ergreifen *n*; *policía:* Festnahme *f*, Verhaftung *f*

P

prensa F 1 *periodismo:* Presse *f*, Zeitungswesen *n*; **~ amarilla** *o* **sensacionalista** Sensationspresse *f*; **~ diaria** Tagespresse *f*; **~ especializada** Fachpresse *f*; **~ rosa** *o* **del corazón** Regenbogen-, Boulevardpresse *f*; **~ hablada y escrita** Medien *npl*; **rueda** *o* **conferencia** *f* **de ~** Pressekonferenz *f*; *fig* **tener buena/mala ~** eine gute/schlechte Presse haben 2 TIPO Druckerpresse *f*, Druckmaschine *f*; *p. ext (imprenta)* Druckerei *f*; **~ rápida/rotativa** Schnell-/Rotationspresse *f*; **dar a la ~** in Druck geben; **en ~** im Druck; **estar en ~** in Druck sein 3 TEC Presse *f*

prensado A ADJ gepresst B M Pressen *n*; *de uvas:* Keltern *n*; *(lustre, lisura)* Glätten *n*; **~ en caliente** Warmpressen *n*; **~ en frío** Kaltpressen *n*; **prensadora** F Pressmaschine *f*

prensar VT 1 pressen *(tb* TEC*)*; *(lisar)* glätten; TEC *tb* spanlos verformen 2 *frutas* auspressen; *uvas* keltern

prense M *Col* TEX Falte *f*

prensil ADJ ZOOL Greif...; **cola** *f* **~** Greifschwanz *m*

prensista M/F Druckereigehilfe *m*, -gehilfin *f*

prenupcial ADJ vorehelich

preñado A ADJ ZOOL *(embarazada)* trächtig; *vulg mujer* schwanger; *fig (lleno, cargado)* voll; *forma:* bauchig; **~ de agua** *nube* regenschwer; *fig* **~ de emoción** gefühlvoll; (herz)bewegend B M 1 → preñez 2 → feto

preñar VT ZOOL *animales* decken; *vulg mujer* schwängern; *fig (llenar)* füllen, schwängern (**de** mit *dat*); **preñez** F ZOOL Trächtigkeit *f*; Tragezeit *f*; *vulg de una mujer:* Schwangerschaft *f*; *fig (incertidumbre)* Ungewissheit *f*; Gefühl *n* drohenden Unheils; *(dificultad)* Schwierigkeit *f*

preocupación F 1 *(inquietud)* Besorgnis *f*, Sorge *f* (**por** um *acus*); *(pena)* Kummer *m* 2 *(cuidado)* Sorgfalt *f* 3 *(prevención)* Voreingenommenheit *f* 4 *(distracción)* Zerstreutheit *f*; **preocupado** ADJ 1 *(atareado)* stark beschäftigt (**con, de** mit *dat*) 2 *(inquieto)* besorgt (**por, con** um *acus*, wegen *gen*) 3 *(ensimismado)* (ganz) in Gedanken versunken 4 *(prevenido)* voreingenommen; **preocupante** ADJ besorgniserregend, beunruhigend

preocupar A VT 1 *(inquietar)* stark beschäftigen, keine Ruhe lassen *(dat)* 2 *(producir intranquilidad)* mit Besorgnis erfüllen, besorgt machen 3 *(tomar posesión anticipadamente)* vorher (*o* vor einem anderen) in Besitz nehmen, präokkupieren 4 *(encaprichar)* befangen machen; einnehmen (**por** für *acus*; **contra** gegen *acus*) B VR **preocuparse** 1 *(hacerse cargo de)* sich kümmern (**de** um *acus*); sich sorgen (**por** um *acus*); **no ~ de nada** sich um nichts kümmern, sich keine(rlei) Sorgen machen; **no se preocupe** seien Sie unbesorgt; **sin ~ de** *(inf)* ohne sich *(dat)* die Mühe zu machen, zu *(inf)* 2 *(ser parcial)* voreingenommen sein (**por** für *acus*; **con, contra** gegen *acus*)

preoperatorio ADJ MED präoperativ; **preopinante** M Vorredner *m*; **prepagado** ADJ im Voraus bezahlt; **prepago** M Vorauszahlung *f*; **tarjeta** *f* **de ~** Prepaidkarte *f*

preparación F 1 Vorbereitung *f*; *de la comida:* (Zu)Bereitung *f* (*tb* GASTR); DEP *tb* Qualifizierung *f*; MIL **~ artillera** Artillerievorbereitung *f*; **tiempo** *m* **de ~** Vorbereitungszeit *f*; MIL Rüstzeit *f*; GASTR Zubereitungszeit *f*; **en ~** in Vorbereitung; **sin ~** unvorbereitet; *discurso, alocución* aus dem Stegreif 2 TEC, QUÍM, *etc* Aufbereitung *f*; **~ de la lana/de minerales** Woll-/Erzaufbereitung *f* 3 QUÍM, MED, FARM *acción:* Präparierung *f*; *cosa:* Präparat *n*; QUÍM **~ en estado puro** Reindarstellung *f*; MED **~ por frote** Abstrich(präparat *n*) *m* 4 DEP Training *n*

preparado A ADJ 1 vorbereitet; *(listo)* bereit, fertig; **estar ~ para lo peor** auf das Schlimmste gefasst sein; **¡~s, listos, ya!** auf die Plätze, fertig, los! 2 *comidas, bebidas* (zu)bereitet 3 QUÍM, MED, FARM präpariert B M QUÍM, MED, FARM Präparat *n*; Mittel *n*; **~ de contraste** Kontrastmittel *n*; **preparador** M, **preparadora** F DEP Trainer *m*, -in *f*

preparar A VT 1 *(prevenir, disponer, entrenar)* vorbereiten (*tb fig* **para** auf *acus*) 2 *(hacer)* zubereiten (*tb* GASTR); herrichten; *comidas, bebidas* bereiten; **~ la comida** das Essen (zu)bereiten; *fig* **~ el terreno a alg** j-m vorarbeiten, j-m den Weg ebnen *(fig)* 3 TEC aufbereiten 4 FARM, QUÍM, MED präparieren; *ensayo* ansetzen; QUÍM *sustancia* darstellen (*o* herstellen) B VR **prepararse** sich vorbereiten; sich einrichten, sich gefasst machen; **~ contra** Vorkehrungen treffen gegen *(acus)*; **~** *o* **para lo peor** sich auf das Schlimmste gefasst machen

preparativo A ADJ → preparatorio B M Vorbereitung *f*; **~s** *mpl* **de viaje** Reisevorbereitungen *fpl*; **hacer ~s para** Anstalten treffen zu *(dat o inf)*

preparatoria F *Am* Vorbereitungsstudium *n* für Hochschulzulassung; **preparatoriano** M, **-a** F *Méx* Gymnasiast *m*, -in *f*; **preparatorio** ADJ vorbereitend; Vorbereitungs..., Vor...; (**curso** *m*) **~** Vorbereitungskurs *m*

preponderancia F *(exceso de peso)* Übergewicht *n*, Überwiegen *n*; *(dominancia)* Vorherrschen *n*; *(supremacía)* Vormachtstellung *f*; **preponderante** ADJ *(mayormente)* vorwiegend, überwiegend; *(decisivamente)* entscheidend; *Am tb (arrogante)* anmaßend; **tener voto ~** die ausschlaggebende Stimme haben

preponderar VI *en su mayoría:* überwiegen; *(dominar)* vorherrschen; *(tener influencia decisiva)* den entscheidenden Einfluss haben

preposición F GRAM Präposition *f*, Verhältniswort *n*; **preposicional** ADJ präpositional; **prepositivo** GRAM A ADJ als Präposition gebraucht B M Präpositiv *m*

prepósito M REL Vorsteher *m*, Präpositus *m*

prepotencia F *(dominancia)* Vorherrschen *n*; *(supremacía)* Übermacht *f*; **prepotente** ADJ *(dominante)* vorherrschend; *(mas potente)* übermächtig; *(arrogancia)* anmaßend, überheblich

prepucio M ANAT Vorhaut *f*

prerrafaelismo M PINT Präraffaelitentum *n*; **prerrafaeli(s)ta** M Präraffaelit *m*

prerrequisito M Voraussetzung *f*; **prerrogativa** F Vorrecht *n*; *fig* Vorzug *m*, hohe Ehre *f*; **prerromano** ADJ vorrömisch

prerromanticismo M LIT Vorromantik *f*; **prerromántico** A ADJ vorromantisch B M, **-a** F Vorromantiker *m*, -in *f*

presa F 1 *acción:* Wegnahme *f*, Fangen *n*; **hacer ~** fangen, greifen; *fig* seinen Vorteil *(zum Schaden eines andern)* wahrnehmen; **hacer ~ en** befallen *(acus)* 2 *(cosa apresada)* Beute *f*, Fang *m*; **animal** *m* **de ~** Raubtier *n*; **ser ~ del pánico** von Panik ergriffen werden 3 *(prisionera)* Gefangene *f* 4 *(represa)* (Stau)Wehr *n*; Staudamm *m*; Talsperre *f*; **~ de compuertas/de vertedero** Schützen-/Überfallwehr *n* 5 **~s** *fpl de los perros, etc:* Fang-, Reißzähne *mpl*; *de las aves de rapiña:* Fänge *mpl* 6 DEP Griff *m*; *alpinismo:* Klettergriff *m*; *lucha, judo:* **~ de brazo** Armhebel *m*; *natación de socorro:* **~ de caderas** Hüftgriff *m*; *judo:* **~ de tijeras** Beinschere *f* 7 MAR Prise *f*; JUR **derecho** *m* **de ~s marítimas** Prisenrecht *n*; **coger una ~** eine Prise aufbringen, ein Schiff kapern 8 *Am (pedazo de carne)* Stück *n* Fleisch *(bes Geflügel)*

presagiar VT ⟨1b⟩ *(anunciar)* vorhersagen; *(prever)* voraussehen; *(presentir)* ahnen lassen; **no hacer ~ nada bueno** nichts Gutes bedeuten

presagio M *(señal, adivinamiento)* Vorzeichen *n*, Vorbedeutung *f*; *(presentimiento)* Ahnung *f*

presbiacusia F MED Schwerhörigkeit *f*; **presbicia** F Weitsichtigkeit *f*; **~ senil** → presbiopía; **presbiopía** F Alterssichtigkeit *f*, Presbyopie *f*

présbita ADJ weitsichtig

presbiteriano A ADJ REL presbyterianisch B M Presbyterianer *m*; **presbiterio** M Presbyterium *n*; **presbítero** M Priester *m*

presciencia F Vorherwissen *n*

prescindencia F Verzicht *m* (*o* Verzichten *n*) (**de** auf *acus*); Absehen *n* (**de** von *dat*); *Am* → abstracción 1; **prescindente** ADJ *Am* → independiente; **prescindible** ADJ entbehrlich; **prescindiendo** *ger* **~ de** abgesehen von *(dat)*; **~ de usted** Sie ausgenommen; abgesehen von Ihnen

prescindir VI **~ de** absehen von *(dat)*; verzichten auf *(acus)*; **no poder ~ de a/c** nicht ohne etw *(acus)* auskommen können, angewiesen sein auf etw *(acus)*

prescribir ⟨*pp* prescrito⟩ A VT 1 *(ordenar)* vorschreiben, anordnen 2 MED *(recetar)* verschreiben, verordnen 3 JUR durch Verjährung erwerben, ersitzen B VI JUR verjähren

prescripción F 1 *(norma)* Vorschrift *f* 2 MED *(receta)* Verschreibung *f*; Verordnung *f*; **según** *o* **por ~ facultativa** nach ärztlicher Verordnung

3 JUR *(extinción)* Verjährung *f*; ~ **adquisitiva** Ersitzung *f*; ~ **extintiva** (anspruchsvernichtende) Verjährung *f*; ~ **de la acción penal** Verfolgungsverjährung *f*; ~ **de la pena** Strafvollstreckungsverjährung *f*; **plazo** *m* **de** ~ Verjährungsfrist *f*

prescriptible ADJ 1 JUR verjährbar 2 *(poder ser obligatorio)* vorschreibbar; **prescripto** ADJ *Am*, **prescrito** ADJ 1 *(obligatorio)* vorgeschrieben 2 JUR *(extinto)* verjährt

presea F *liter* Juwel *n*, Kleinod *n*

preselección F *(prefijo)* Vorwahl *f* (*tb* TEC, TEL); TEL *(selección previa)* Preselection *f*; *fig*, DEP Vorauswahl *f*; **preselector** M TEL Vorwähler *m*

presencia F 1 *(asistencia)* Anwesenheit *f*; Gegenwart *f*; *(existencia)* Vorhandensein *n*; ~ **de ánimo** Geistesgegenwart *f*; **en** ~ **de** in Gegenwart (*o* im Beisein) von *(dat)*; angesichts *(gen)*; **tener** ~ **en a/c** in *o* bei etw *(dat)* präsent sein (*o* vertreten sein) 2 *(apariencia)* Aussehen *n*, Äußere(s) *n*; *(talle, figura)* Figur *f*; **de buena** ~ gut aussehend; ansehnlich

presencial ADJ **testigo** *m* ~ Augenzeuge *m*; **presenciar** V/T ⟨1b⟩ beiwohnen *(dat)*, dabei (*o* zugegen) sein bei *(dat)*; *(ser testigo)* (Augen)Zeuge sein von *(dat)*; *(vivir)* erleben, mit durchleben

presentable ADJ vorzeigbar; *(aceptable)* annehmbar; *(decente)* anständig; *(sociable)* gesellschaftsfähig; **en forma** ~ (in) anständig(er Form); **ser** ~ sich sehen lassen können; gesellschaftsfähig sein

presentación F 1 *(introducción)* Vorstellung *f*; *espec* COM Präsentation *f*; **carta** *f* **de** ~ Einführungs-, Empfehlungsschreiben *n* 2 *(muestra)* Vorlegen *n*, Vorzeigen *n*; COM **a su** ~ bei Vorlage; **contra** ~ **de** gegen Vorlage von *(dat)* 3 ADMIN, JUR *de un pedido*: Einreichen *n*; *de un documento*: Vorlage *f*; *Chile, RPl (solicitud)* Eingabe *f*, Gesuch *n* 4 *(aspecto exterior)* Äußere(s) *n*, Aufmachung *f* (*tb de un libro, una mercancía*) 5 TEAT Aufführung *f*, Inszenierung *f*; FILM Vorspann *m* 6 CAT **Presentación (de Nuestra Señora)** Mariä Opferung *f* (*21. Node*)

presentador M, **presentadora** F 1 TV Moderator *m*, -in *f*; *(anunciador, -a)* (Programm)Ansager *m*, -in *f*; *(locutor, -a)* Nachrichtensprecher *m*, -in *f*; *(animador, -a)* Showmaster *m*, -in *f* 2 *(introductor, -a) gener* Vorstellende *m/f*; Präsentator *m*, -in *f*

presentar A V/T 1 *(mostrar)* zeigen *persona* vorstellen; *mercancía* präsentieren; TV *programa* moderieren; *candidato* vorschlagen; *como regalo*: anbieten, überreichen; ~ **a/c por el lado favorable** etw von seiner günstigen Seite aus darstellen 2 ADMIN, JUR vorzeigen, vorweisen; *documentos* vorlegen *pruebas* beibringen, liefern; *solicitud, queja, dimisión* einreichen; COM ~ **al cobro/a la firma** zur Zahlung/zur Unterschrift vorlegen; JUR ~ **una protesta** Einspruch erheben (*o* einlegen) 3 *particularidad* aufweisen; *oportunidad* bieten; *heridas* haben; *dificultades* machen; COM ~ **un balance** einen Saldo (**de** von *dat*) aufweisen B V/R **presentarse** 1 *al empleador*: sich vorstellen 2 *(mostrarse)* sich zeigen; *ante el juzgado, etc*: erscheinen; *en una oficina pública, en clase*: sich melden; *oportunidad* sich bieten; ~ **bien** *tb* sich gut ausnehmen; MIL ~ **a filas** einrücken 3 POL *en elecciones*: kandidieren 4 *fig (aparecer)* erscheinen, sich zeigen; *(ocurrir)* vorkommen, auftreten; TEC *tb* anfallen

presente A ADJ *(actual)* gegenwärtig, jetzig; *persona* anwesend; ADMIN *cosa, asunto* vorliegend; ¡~! *al ser nombrado*: hier!; **en el caso** ~ im vorliegenden Fall; **estar** ~ anwesend (*o* zugegen) sein; dabei sein; JUR **el** ~ **contrato** dieser Vertrag; **hacer** ~ vergegenwärtigen; vor Augen halten; **tener** ~ **(a/c)** (etw) vor Augen haben; (etw) beachten; (an etw *acus*) denken B M 1 Gegenwart *f*; **al** ~ jetzt; **hasta el** ~ bisher 2 GRAM Präsens *n*, Gegenwart *f* 3 *(regalo)* Geschenk *n*; **hacer** ~ **de** schenken *(acus)* C F COM vorliegendes Schreiben *n*; **por la** ~ **(le comunico)** hiermit (teile ich Ihnen mit)

presentimiento M Vorgefühl *n*, (Vor)Ahnung *f*; **tengo el** ~ **que ...** ich habe das Gefühl, dass ...

presentir V/T ⟨3i⟩ (voraus)ahnen; ~ **su muerte próxima** ein Vorgefühl seines nahen Todes haben

presero M Wehr-, Schleusenwärter *m*

preservación F Bewahrung *f*; Schutz *m*

preservar V/T bewahren, schützen (**de** vor *dat*; MED **contra** gegen *acus*); **preservativo** A M 1 *(goma)* Präservativ *n*, Kondom *n* 2 *(profiláctico)* Schutz-, Vorbeugungsmittel *n* 3 *(protección)* Schutz *m* B ADJ schützend

presidencia F 1 *(cargo de presidente)* Präsidentschaft *f*, Vorsitz *m*; **asumir la** ~ den Vorsitz übernehmen; **bajo la** ~ **de** unter dem Vorsitz von 2 *edificio*: Präsidium *n*; *palacio*: Präsidentenpalais *n*; *oficina*: Präsidentenbüro *n*

presidenciable M Präsidentschaftskandidat *m*, -in *f*; **presidencial** ADJ präsidial, Präsidenten...; POL **régimen** *m* ~ Präsidialdemokratie *f*; **presidencialismo** M POL Präsidialsystem *n*; **presidencialista** ADJ POL das Präsidialsystem betreffend

presidenta F 1 Vorsitzende *f*; *espec* POL Präsidentin *f*; → *tb* presidente 2 CAT *Titel der Oberin einiger Gemeinschaften* 3 *esposa*: Frau *f* des Präsidenten

presidente M Vorsitzende *m*; *espec* POL Präsident *m*; ECON ~ **del consejo de administración** (*RFA* **del consejo de vigilancia**) Aufsichtsratsvorsitzender *m*; ~ **por edad** Alterspräsident *m*; ~ **electo** gewählter *(aber noch nicht amtierender)* Präsident *m*; **Presidente Federal** Bundespräsident *m*; *Esp* ~ **del gobierno** Ministerpräsident *m*; ~ **de honor** *o* **honorífico** Ehrenpräsident *m*; *Méx* ~ **municipal** Bürgermeister *m*; **Presidente de la República** Präsident *m* der Republik; Staatspräsident *m*

presidiario M, **-a** F Gefängnisinsasse *m*, insassin *f*; *obs* Zuchthäusler *m*, -in *f*; **presidio** M Gefängnis *n*, *obs* Zuchthaus *n*

presidir V/T 1 *persona* den Vorsitz führen bei *(dat)*; vorstehen *(dat)* 2 *fig (estar en primer posición)* allem andern vorangehen bei *(dat)*; vorherrschen bei (*dat o* in *dat*); **el amor lo presidía todo** über allem stand die Liebe

presidium M HIST **Presidium del Soviet Supremo** Präsidium *n* des Obersten Sowjets

presilla F *ribete*: Paspelschnur *f*; *(hebilla)* Schnalle *f*; *(prendedero)* Spange *f*; ~ **del cinturón** Gürtelschlaufe *f*; TEC ~ **de la correa** Riemenschließe *f*; ~ **del manto** Mantelschnur *f*, -schließe *f*; *Col* Haarnadel *f*

presilladora F *Cuba, Par, pop. Rico* Heftmaschine *f*

presintonía F RADIO, TV Sendervorwahl *f*

presión F Druck *m* (*tb fig*); ~ **arterial** Blutdruck *m*; ~ **fiscal** Steuerdruck *m*; ~ **del aire**, METEO ~ **atmosférica** Luftdruck *m*; ECON ~ **competitiva** Wettbewerbsdruck *m*; AUTO ~ **de los neumáticos** Reifendruck *m*; FISIOL ~ **sanguínea** Blutdruck *m*; *fig* ~ **tributaria** Steuerdruck *m*; TEC ~ **del vapor** Dampfdruck *m*, -spannung *f*; **a** ~ unter Druck; **de** ~ Druck...; **de alta** ~ Hochdruck...; **a prueba de** ~ druckfest; FÍS **ejercer (una)** ~ einen Druck ausüben (**sobre** auf *acus*); *fig* **ejercer** *o* **hacer** ~ **sobre alg** auf j-n Druck ausüben

presionar V/T & V/I Druck ausüben (**sobre** auf *acus*); ~ **el botón** (auf) den Knopf drücken

preso A PP → prender B M, **-a** F Gefangene *m/f*; Verhaftete *m/f*; ~ *m*, **-a** *f* **político, -a** politische Gefangene *m/f*; ~ **preventivo** Untersuchungshäftling *m*; ~ **en régimen abierto** Freigänger *m*; **coger** *o* **hacer** ~ gefangen nehmen

prestación F 1 TEC, COM Leistung *f* (*tb* AUTO *motor*); ~ **anticipada** Vor(aus)leistung *f*; ~ **de fianza/de juramento/de servicios** Bürgschafts-/Eides-/Dienstleistung *f*; HIST ~ **personal** Fron *f*, Frondienst *m*; *Esp* ~ **social sustitutoria** Zivildienst *m*; Wehrersatzdienst *m*; **de alta** ~ Hochleistungs... 2 *(subsidio)* ~ **por desempleo** Arbeitslosengeld *n*; ~ **por hijo** Kindergeld *n*; **-ones** *fpl* **sociales** Sozialleistungen *fpl*

prestadizo ADJ verleihbar; **prestado** ADJ geliehen; **de** ~ leihweise; **dar** *o* **dejar** ~ **a/c a alg** j-m etw leihen; **pedir** *o* **tomar** ~ **a/c** sich *(dat)* etw ausleihen (*o* borgen)

prestador A ADJ (ver-, aus)leihend B M, **prestadora** F Verleiher *m*, -in *f*; ~ **de servicios** Dienstleister *m*; **prestamera** F REL Pfründe *f*; *tb (beca)* Stipendium *n* für geistliche Studien; **prestamero** M REL Empfänger *m* einer Pfründe (*o* eines Stipendiums) (→ prestamera) von der Kirche; **prestamista** M/F 1 *dador*: Darlehensgeber *m*, -in *f*; Geldleiher *m*, -in *f* 2 *sobre prendas*: Pfandleiher *m*, -in *f*; Verleiher *m*, -in *f*

préstamo M 1 *(crédito)* Darlehen *n*; Leihgabe *f*; COM, MAR ~ **a la gruesa** Bodmerei *f*; ~ **interbibliotecario** Fernleihe *f*; **caja** *f* **de** ~**s** Darlehenskasse *f*; **contraer** ~**s** Darlehen aufnehmen; **dar a** ~ (auf Pfand) leihen; **pedir un** ~ **sobre a/c** ein Darlehen auf etw aufnehmen; **recibir en** ~ als Darlehen erhalten; **tomar a** ~ entleihen, borgen 2 LING Entlehnung *f*; Lehnwort *n*; ~**s** *mpl* **lingüísticos** Lehngut *n*

prestancia F *(distinción)* Vornehmheit *f*; *(aspecto de distinción)* stattliches Aussehen *n*; *(excelencia)* Vorzüglichkeit *f*; **tener** ~ vornehm (*o* stattlich) aussehen

prestar A V/T 1 *dinero, etc* (aus-, ver)leihen; ~ **a interés** auf Zins leihen; ~ **sobre a/c** etw beleihen 2 *fig (dar)* geben, (ver)leihen; *(garantía)* stellen; *ayuda* gewähren, leisten; ~ **atención** a Aufmerksamkeit schenken *(dat)*; achten auf *(acus)*; JUR ~ **declaración** eine Aussage machen; ~ **juramento** einen Eid leisten; ~ **oído(s) a alg** j-m Gehör schenken; ~ **servicio(s)** einen Dienst (*o* Dienste) leisten B V/I 1 *tela, cuero, etc* nachgeben, sich dehnen 2 *(ser útil)* nützlich sein, sich eignen C V/R **prestarse** 1 *(ofrecerse)* sich hergeben (**a** zu *dat*); sich bequemen (**a** zu *dat*) 2 *(ser apropiado)* sich eignen, geeignet sein (**a** für *acus*)

prestatario M, **-a** F Darlehensnehmer *m*, -in *f*; Entleiher *m*, -in *f*

preste M CAT *der das Hochamt zelebrierende* Priester *m*

presteza F Schnelligkeit *f*

prestidigitación F Taschenspielerei *f*; **prestidigitador** M, **prestidigitadora** F Zauberer *m*, Zauberin *f*, Taschenspieler *m*, -in *f*

prestigiar V/T ⟨1b⟩ Ansehen (*o* Prestige) verleihen *(dat)*; ~ **con su presencia** durch seine Anwesenheit beehren

prestigio M Ansehen *n*, Ruf *m*, Prestige *n*; **de** ~ angesehen; **de** ~ **mundial** weltbekannt, von Weltruf; **prestigioso** ADJ angesehen, einflussreich; *(orador)* mitreißend

presto A ADJ 1 *(rápido)* geschwind, schnell, rasch 2 *(listo)* bereit; **estar** ~ **para partir** zur Abreise bereit sein B ADV rasch, hurtig

presumible ADJ vermutlich, mutmaßlich; **es** ~ **que ...** es ist anzunehmen, dass ...; **presumido** A ADJ eingebildet, anmaßend B M,

P

-a F Wichtigtuer *m*, -in *f*; Angeber *m*, -in *f*
presumir A V/T (*sospechar*) mutmaßen, annehmen, vermuten; (*presuponer*) voraussetzen B V/I (*vanagloriarse*) sich (*dat*) etwas einbilden (**de** auf *acus*); (*jactarse*) prahlen, angeben *fam* (**de** mit *dat*); eitel sein
presunción F 1 (*sospecha*) Vermutung *f*, Mutmaßung *f*, Annahme *f* 2 (*arrogancia*) Dünkel *m*, Einbildung *f*; **presuntivo** ADJ vermeintlich, mutmaßlich
presunto ADJ (*supuesto*) angenommen, vermutet; mutmaßlich; (*según dicen*) vermeintlich, angeblich; **presuntuosidad** F Einbildung *f*, Überheblichkeit *f*; **presuntuoso** ADJ überheblich, eingebildet
presuponer V/T ⟨2r⟩ 1 (*presumir*) voraussetzen 2 (*estimar*) veranschlagen; **presuposición** F Voraussetzung *f*; (Beweg)Grund *m*; **presupuestal** ADJ *Am* Haushalts..., Budget...; **presupuestar** V/T einen Kostenvoranschlag machen; *costes* veranschlagen; POL im Haushalt (*o* Budget) ansetzen, etatisieren; **presupuestario** ADJ Haushalts..., Budget...; **presupuesto** A PP → presuponer B M 1 ECON (*cómputo anticipado de costes*) (Kosten)Voranschlag *m*; POL Haushalt *m*, Budget *n* 2 (*motivo, pretexto*) Voraussetzung *f*, (Beweg)Grund *m*; (*supuesto*) Annahme *f*; *lógica:* Vordersatz *m*
presura F (*prisa*) Eile *f*; (*aprieto*) Bedrängnis *f*; (*empeño*) Eifer *m*
presurizado ADJ AVIA mit Druckausgleich; **cabina** *f* **-a** Druckkabine *f*; **presurizar** V/T ⟨1f⟩ AVIA auf Normaldruck halten
presuroso ADJ eilig, hastig
pretal M 1 *equitación:* Vorderzeug *n*, Brustriemen *m* 2 *Hond del pantalón:* Hosenschnalle *f*
prêt-à-porter ['prɛt-a-pɔr'te] M Konfektion(skleidung) *f*
pretemporada F Vorsaison *f*
pretencioso ADJ (*presuntuoso*) anmaßend; (*engreído*) eingebildet; (*exigente*) anspruchsvoll
pretender V/T & V/I 1 (*pedir*) fordern (*tb* JUR), beanspruchen, Anspruch erheben auf (*acus*); **~ a/c de alg** von j-m etw (*acus*) fordern (*o* haben wollen *fam*); **no ~ nada** keine(rlei) Ansprüche stellen; keine Rechte geltend machen (wollen); **~ poco** bescheidene Ansprüche stellen 2 (*perseguir*) er-, anstreben, begehren; ~ (*inf*) versuchen, zu (*inf*); wollen (*inf*); streben (*o* trachten) nach (*dat*); **(no) ~ hacerlo** (nicht) vorhaben, es zu tun 3 **~ un cargo** sich um eine Stellung bewerben; **~ el trono** sich um den Thron bewerben; **~ a una mujer** um eine Frau werben 4 (*afirmar*) behaupten; vorgeben
pretendiente A M/F 1 (*candidato*) (Amts)Bewerber *m*, -in *f*; Prätendent *m*, -in *f*; **~ al trono** *o* **a la corona** Thronprätendent *m*, -in *f* 2 JUR eine Forderung Erhebende *m/f*; Bewerber *m*, -in *f*; Bittsteller *m*, -in *f* B M *por una mujer:* Freier *m*, Bewerber *m um eine Frau*
pretensado ADJ ARQUIT **hormigón** *m* ~ Spannbeton *m*
pretensión F 1 (*exigencia*) Forderung *f* (*tb* JUR *reivindicación*), Anspruch *m*; **-ones** *fpl* **(económicas)** Gehaltsansprüche *mpl*; **~ legal** Rechtsanspruch *m*; **con muchas -ones** (sehr) anspruchsvoll; **sin -ones** anspruchslos; **formular** *o* **exponer -ones** Forderungen stellen; Ansprüche erheben; **tener -ones de gran orador** sich einbilden, ein großer Redner zu sein 2 (*candidatura*) Bewerbung *f* (**de** um *acus*); **~ de la corona** Thronbewerbung *f*; *fam* **andar en -ones** auf Freiersfüßen gehen 3 (*aspiración*) Bestrebung *f*; Streben *n*, Wollen *n*; **con muchas -ones** *tb* sehr ehrgeizig 4 (*pedido*) Bitte *f*, Ansuchen *n*, Gesuch *n* 5 *Am* (*vanidad*) Einbildung *f*, Dünkel *m*
pretensioso ADJ → pretencioso
pretensor A ADJ beanspruchend; verlangend B M AUTO **~ (de cinturón)** Gurtspanner *m*, Gurtstraffer *m*
preterición F 1 (*paso por alto*) Übergehung *f*; Nichtbeachtung *f* 2 (*omisión*) Auslassung *f*; Übersehen *n* 3 RET Präterition *f*; **preterir** V/T ⟨3i; *ohne pres*⟩ übergehen; **estar preterido** übergangen werden; **pretérito** A ADJ vergangen B M GRAM Präteritum *n*; *fig* Vergangenheit *f*
preternatural ADJ widernatürlich; übernatürlich (*tb* REL)
pretextar V/T vorschützen, vorgeben
pretexto M Vorwand *m*, Ausrede *f*; Ausflucht *f*; **con el ~ de** *o* **so ~ de** *o* **a ~ de** (*inf*) unter dem Vorwand, zu (*inf*)
pretil M 1 (*vallado de protección*) Geländer *n*; Brüstung *f* 2 *Am* (*vestíbulo*) Vorhalle *f*; *Méx, Ven* → poyo
pretina F (*cinturón*) Gurt *m*, Gürtel *m*; (*cintura*) Hosenbund *m*
pretor M HIST Prätor *m*; **pretorial** ADJ → pretorio A; **pretoriano** HIST *y fig* A ADJ Prätorianer... B M Prätorianer *m*; **pretorio** A ADJ prätorisch B M prätorisches Gericht *n*; Prätorium *n*; **pretura** F Prätur *f*
preuniversitario M *Esp* auf das Universitätsstudium vorbereitender Lehrgang (*o* Kurs) *m*
prevalecer V/I ⟨2d⟩ 1 (*perdurar*) die Oberhand behalten, siegen (**sobre** über *acus*); (*imponerse*) sich durchsetzen; (*mantenerse*) sich behaupten; **hacer ~ su opinión** mit seiner Meinung durchdringen; seine Meinung durchsetzen 2 (*preponderar*) überwiegen (**sobre** über *acus*); (*predominar*) vorherrschen; (*ser decisivo*) den Ausschlag geben 3 AGR Wurzeln schlagen, (an)wachsen; gedeihen (*tb fig*)
prevaleciente ADJ vorherrschend
prevalerse V/R ⟨2q⟩ **~ de a/c** sich einer Sache (*gen*) bedienen, eine Sache benutzen; etw geltend machen; **prevalido de** gestützt auf (*acus*)
prevaricación F Amts-, Pflichtverletzung *f*; JUR *del juez:* Rechtsbeugung *f*; *del abogado:* Parteiverrat *m*; **prevaricador** M, **prevaricadora** F pflichtvergessener Beamter *m*, pflichtvergessene Beamtin *f*; JUR Rechtsbeuger *m*, -in *f*
prevaricar V/I ⟨1g⟩ 1 *funcionario:* seine Amtspflicht verletzen; JUR *juez* das Recht beugen; *abogado* Parteiverrat begehen; *p. ext gener* pflichtwidrig handeln 2 *fam fig* (*delirar*) Unsinn reden; **prevaricato** M Amtsmissbrauch *m*; JUR Rechtsbeugung *f*
prevención F 1 (*preparación*) MED, JUR Vorbeugung *f*; Prävention *f*; MED *tb* Vorsorge *f*; (*profilaxis*) Verhütung *f* (**de** *gen*); **~ de accidentes** Unfallverhütung *f*; **~ de daños** Schadensverhütung *f*; **~ de desastres (naturales)** Katastrophenschutz *m*; **~ contra incendios** Brandschutz *m*; **medida** *f* **de ~** Vorbeugungsmaßnahme *f*; **como medida de ~** vorsichtshalber; **tomar -ones** Vorkehrungen treffen, Vorbeugungsmaßnahmen treffen 2 (*advertencia*) Warnung *f* 3 (*existencias de emergencia*) Mund-, Notvorrat *m*; **a** *o* **de ~** *comestible, etc:* auf Vorrat, für den Notfall 4 (*prejuicio*) Voreingenommenheit *f*, Befangenheit *f*; **tener ~ contra alg** voreingenommen sein gegenüber j-m 5 (*custodia policial*) Polizeigewahrsam *m*; Arrest(lokal *n*) *m* 6 MIL Kasernenwache *f*; **piquete** *m* **de ~** Bereitschaftswache *f*
prevenido ADJ 1 (*advertido*) gewarnt; (*cuidadoso*) vorsichtig, bedachtsam; *prov* **hombre ~ vale por dos** Vorsicht ist die Mutter der Porzellankiste *fam* 2 (*preparado*) vorbereitet; **bien ~** *tb* wohl gefüllt 3 (*parcial*) voreingenommen
prevenir ⟨3s⟩ A V/T & V/I 1 (*preparar*) vorbereiten; erste (*o* vorbeugende) Maßnahmen einleiten 2 (*prever*) *peligros, dificultades, etc* im Voraus erkennen, voraussehen 3 (*precaver*) vorbeugen (*dat*); *peligro* abwenden, verhüten (*tb* MED); *dificultades* überwinden; **para ~ errores** um Irrtümer zu vermeiden; *prov* **más vale ~ que curar** *o* **lamentar** Vorbeugen ist besser als Heilen; besser Vorsicht als Nachsicht 4 (*informar de antemano*) (vorher) benachrichtigen; (*advertir*) **~ a alg** j-n warnen (**de** vor *dat*); **~ que** (*ind*) darauf aufmerksam machen, dass (*ind*); **te prevengo que no te atrevas a hacerlo** ich warne dich (davor, es zu tun)! 5 (*influir*) beeinflussen, einnehmen; **~ en favor de/contra alg** für/gegen j-n einnehmen B V/R **prevenirse** 1 (*tomar precauciones*) Vorkehrungen treffen; **~ con** *o* **de lo necesario** sich mit dem Nötigen versehen; **~ para un viaje** Reisevorkehrungen treffen 2 (*estar atento*) auf der Hut sein (**contra** vor *dat*) 3 (*protegerse*) sich schützen (**de, contra** gegen *acus*)
preventivo A ADJ (*anticipado*) vorgreifend; (*profiláctico*) vorbeugend, Schutz...; **guerra** *f* **-a** Präventivkrieg *m*; **medicina** *f* **-a** Präventivmedizin *f*; **medida** *f* **-a** Vorbeugungsmaßnahme *f*; **mantenimiento** *m* **~** vorbeugende Wartung *f*; **programa** *m* **~** Präventionsprogramm *n* B M Vorbeugungs-, Schutzmittel *n* (*tb* MED); JUR **(preso** *m***) ~** Untersuchungshäftling *m*
preventorio M MED Sanatorium *n*, Heilstätte *f für vorbeugende Behandlung*
prever V/T ⟨2v⟩ voraus-, vorhersehen; (*planificar*) vorsehen
preveraniego ADJ vorsommerlich
previne → prevenir
previo ADJ vorherig, vorhergehend, Vor...; **~ aviso** nach vorheriger Mitteilung; COM, ADMIN unter Voranzeige; **~ pago de** gegen Zahlung von; *tb* TEC **tratamiento** *m* **~** Vorbehandlung *f*
previsible ADJ *hechos* voraussehbar, absehbar; (*probable*) voraussichtlich; **en un futuro ~** in absehbarer Zukunft
previsión F 1 (*expectación*) Voraussicht *f*; Erwartung *f*; **-ones** *pl* Erwartungen *fpl*; (*perspectivas*) Aussichten *fpl*; **contra toda ~** wider alles Erwarten 2 (*cálculo anticipado*) Vorhersage *f*, Prognose *f*; **~ meteorológica** *o* **del tiempo** Wettervorhersage *f*; **según las -ones** laut Prognose 3 (*cuidado*) Vorsicht *f*; (*precaución*) Vorsorge *f*; **obrar con ~** *tb* umsichtig (*o* fürsorglich) handeln 4 (*asistencia*) Fürsorge *f*; **~ social** Sozialfürsorge *f*; **caja** *f* **de ~** Fürsorge-, Wohlfahrtskasse *f*; *Esp* **Instituto** *m* **Nacional de Previsión** gesetzliche Krankenversicherung *f*
previsor ADJ *persona* vorausschauend; (*cuidadoso*) vorsichtig; **hay que ser ~** man muss Vorsorge treffen
previsto A PP → prever B ADJ 1 (*sabido de antemano*) vorausgesehen 2 (*planificado*) vorgesehen
prez M/F ⟨*pl* -eces⟩ *liter* Ehre *f*, Ruhm *m*
PRI M ABR (Partido de la Revolución Institucionalizada) *mexikanische Partei*
priapismo M MED Priapismus *m*
prieto ADJ 1 (*ajustado*) eng, knapp; *Esp fig* **-as las filas** enger zusammengerückt 2 (*mísero*) knauserig, geizig 3 *Méx, Cuba persona:* (*de color oscuro*) dunkel, dunkelhäutig; fast schwarz
priísta *Méx* A ADJ auf die PRI bezogen (*mexikanische Partei*, → PRI) B M/F Mitglied *n* der PRI

P

prima[1] F *persona*: Kusine *f*, Cousine *f*; *reg* Base *f*; **~ hermana** Kusine *f* ersten Grades; **~ segunda/tercera** Kusine *f* zweiten/dritten Grades

prima[2] 1 ADMIN, ECON Prämie *f*; Agio *n*; **~ fija/variable** feste/variable Prämie *f*; *tb* AGR **~ de estímulo** Förderprämie *f*; **~ a la** *o* **de exportación** Ausfuhrprämie *f*; **~ de riesgo** Risikozulage *f*, -zuschlag *m*; **~ de(l) seguro** Versicherungsprämie *f*; **~ de vacaciones** Urlaubsgeld *n* 2 HIST MIL **~ de enganche** Handgeld *n* 3 MÚS höchste Saite *f*, Cantino *m*; *violín*: E-Saite *f* 4 CAT *oración*: Prim *f* (*Frühgebet*); (*primera tonsura*) erste Tonsur *f der Neugeweihten* 5 HIST (*primera hora del día*) erster Tagesabschnitt *m* (*1. bis 3. Stunde nach Sonnenaufgang*); MIL erste Nachtwache *f* (*20 bis 23 Uhr*) 6 CAZA Falkenweibchen *n* 7 *jerga del hampa* (*camisa*) Hemd *n*

primacía F Vorrang *m*, Primat *m/n*; (*superioridad*) Überlegenheit *f*; **primacial** ADJ Primat...; Primas...

primada F *fam* Dummheit *f*; *fig* **pagar la ~** für seine Dummheit (*o* Naivität) zahlen müssen

primado REL A ADJ Primats..., Primas... B M Primas *m*; **primadona** F MÚS Primadonna *f*

primar A VI *Am* vorherrschen, überwiegen, den Vorrang haben (**sobre** vor *dat*) B VT belohnen; prämi(i)eren; **primario** ADJ erste(r, -s); primär, Primär...; (*originalmente*) ursprünglich; MED **afección** *f* **-a** Primäraffekt *m*

primate M 1 (*personaje distinguido*) hochgestellte Persönlichkeit *f*; Magnat *m* 2 ZOOL Primat *m*

primavera F 1 *estación del año*: Frühling *m* (*tb fig*); **en ~** im Frühling 2 BOT Primel *f*, Schlüsselblume *f* 3 TEX geblümter Seidenstoff *m*; **primaveral** ADJ Frühlings...; frühlingshaft

primer ADJ *antes de sust m sg* → primero; **de ~ orden** erstklassig; POL **Primer Ministro** Ministerpräsident *m*, Premierminister *m*; MÚS **~ violín** erste Geige *f*; erster Geiger *m*; *en la orquesta*: Konzertmeister *m*; *en un cuarteto etc*: Primarius *m*, Primgeiger *m*

primera F 1 *persona*: Erste *f*; **la ~ de la clase** die Klassenbeste; **fue la ~ en escribirle** sie hat ihm zuerst geschrieben; → primero A 2 AUTO erster Gang *m*; **¡pon la ~!** leg den ersten Gang ein! 3 ECON **~ (de cambio)** Primawechsel *m*; **~ (hipoteca** *f*) erste Hypothek *f*; *fig* **a la ~** auf Anhieb; *fam fig* **a las ~s de cambio** *o* **de buenas ~s** (*inesperadamente*) plötzlich, unerwartet; (*a la primera oportunidad*) bei der ersten Gelegenheit; **de ~** FERR erster Klasse; *fam fig* erstklassig, prima *fam*; *fam* **me viene de ~** das kommt mir wie gerufen 4 *juego de cartas*: Primspiel *n*; **~s** *pl Serie von Stichen gleich zu Beginn des Spiels, die zum Gewinn führt*

primeriza F 1 *madre*: Erstgebärende *f* 2 ZOOL zum ersten Mal werfendes Muttertier *n* 3 *fig* (*novato*) Neuling *m*; Anfängerin *f*; **primerizo** A ADJ (als) erster, Erstlings... B M Neuling *m*, Anfänger *m*

primero A ADJ 1 erste(r, -s); **el capítulo ~** das erste Kapitel; TIPO **-a edición** *f* Erstausgabe *f*; **materias** *pl* **-as** Rohstoffe *mpl*; **de -a calidad** erstklassig, von bester Güte (*o* Qualität); **lo ~** die Hauptsache, das Wichtigste; das Nächste; **ser el ~ entre (sus) pares** der Erste unter Gleichen sein, Primus *m* inter Pares sein; **el ~ que llegue lo tendrá** der erste Beste wird es bekommen; *Biblia*: **los ~s serán los postreros** die Ersten werden die Letzten sein; **volver a su estado ~** seinen ursprünglichen Zustand wiedererlangen 2 *temporal*: **a ~s de diciembre** Anfang Dezember; **el ~ de mes** der Erste des Monats, der Monatserste; **el ~ de mayo** der erste Mai; am ersten Mai; **la -a vez** das erste Mal B ADV zuerst; als Erster; *en relaciones*: erstens; **~ que** eher, lieber; **~ morir que ser traidor** lieber sterben als ein Verräter sein; *incorr* **~ de** → antes (*de*) C M Erste *m*; **el ~ de la clase** der Klassenbeste

prime time ['praɪm taɪm] M TV Prime Time *f*

primicia F BOT Frühobst *n*, Erstlingsfrucht *f*; *p. ext* Erstling *m*; REL Erstlingsopfer *n*; *fig* **~s** *fpl* Anfänge *mpl*; (*primeros resultados*) erste Erfolge *mpl* (*o* Ergebnisse *npl*); (*anticipo*) Vorgeschmack *m* (*fig*); **~ (informativa)** Exklusivmeldung *f*; **primicial** ADJ Erstlings...; **primigenio** ADJ *liter* → primitivo

primípara F MED Erstgebärende *f*

primita F *pez*: Leierfisch *m*

Primitiva F **La ~** *spanische Lotterie*

primitivismo M 1 wenig entwickelter (*o* primitiver) Zustand *m*; Primitivität *f* 2 *arte*: Primitivismus *m*

primitivo A ADJ ursprünglich; primitiv; (*rudimentario*) urtümlich, urwüchsig; (*sin desarrollar*) (noch) unentwickelt; Ur...; Grund...; **causa** *f* **-a** Urgrund *m*; **idea** *f* **-a** Grund-, Ausgangsgedanke *m*; **pueblo** *m* **~** Urvolk *n*; LIT **texto** *m* **~** Urtext *m*; LING **voz** *f* **-a** Stamm-, Wurzelwort *n*; REL **-a falta** *f* Erbsünde *f* B M 1 *arte*: Primitive *m* (*Vorrenaissancemaler oder Anhänger des Primitivismus*) 2 *etnología*: **~s** *mpl* Primitive(n) *mpl*

primo A ADJ **materia** *f* **-a** Rohstoff *m*; MAT **número** *m* **~** Primzahl *f*; *anticuado y reg* **a -a noche** bei Anbruch der Nacht B M 1 *familia*: Cousin *m*, Vetter *m*; **~ hermano/segundo/tercero** Vetter *m* ersten/zweiten/dritten Grades; *fam fig* **ser ~ hermano de** ganz ähnlich sein (*dat*) (*o* aussehen wie *nom*) 2 *fam* (*persona incauta*) *fig* Einfaltspinsel *m*, Gimpel *m*; Opfer *n eines Gauners*; **le cogió de ~** er hat ihn angeführt; *fam* **hacer el ~** sich hereinlegen lassen; hereingelegt (*o* ausgenommen) werden 3 *jerga del hampa* (*jubón*) Wams *n*

primoafección F MED Primäraffekt *m*; **primogénito** A ADJ erstgeboren B M, **-a** F Erstgeborene *m/f*; **primogenitura** F Erstgeburt *f*; (**derecho de**) **~** Erstgeburtsrecht *n*

primor M (*habilidad*) Geschicklichkeit *f*; (*perfección*) Vollkommenheit *f*; (*obra maestra*) Meisterwerk *n*; **con ~** sorgfältig; *fam fig* **... que es un ~ ...** dass es eine (wahre) Freude ist; **ser un ~** reizend (*o* entzückend) sein; ein (wahres) Meisterstück sein

primordial ADJ 1 (*original*) ursprünglich, Ur...; **estado** *m* **~** Urzustand *m* 2 (*esencial*) grundlegend; wesentlich; *fig* elementar, Haupt...

primorear A VI meisterhaft arbeiten (*o* MÚS spielen) B VT *reg* verschöne(r)n; **primoroso** ADJ 1 (*excelente*) vorzüglich, hervorragend 2 (*diestro*) geschickt 3 (*esmerado*) sorgfältig

primovacunación F MED Erstimpfung *f*

prímula F BOT Primel *f*

primuláceas FPL BOT Primelgewächse *npl*

princesa F 1 Fürstin *f*; (*hija del rey*) Prinzessin *f* 2 *Esp fam* (*homosexual*) schwuler Jüngling *m*

principado M 1 *territorio*: Fürstentum *n*; *dinastía*: Fürstenstand *m*; *título*: Fürstentitel *m*; **el Principado** *espec* Katalonien *n* 2 *fig* (*primacía*) Vorrang *m*; *cult* Prinzipat *n*

principal A ADJ hauptsächlich, Haupt..., Grund...; (*esencial*) wesentlich; (*excelente*) ausgezeichnet; **acreedor** *m* **~** Hauptgläubiger *m*; **objeto** *m* **~** Hauptanliegen *n*; Hauptzweck *m*; INTERNET **página** *f* **~** Homepage *f*; GRAM **tiempos** *mpl* **~es** Haupttempora *npl*, -zeiten *fpl*; **lo ~** die Hauptsache *f*; **lo ~ del trabajo** die Hauptarbeit *f* B M 1 Geschäftsinhaber *m*, Prinzipal *m*; *p. ext* → jefe 2 ECON angelegtes (Grund)Kapital *n* (*ohne Zinsen*) 3 JUR Vollmachtgeber *m* 4 *poco usado*: (*piso*) erster Stock *m*; TEAT 2. Rang *m*

principalidad F erster Rang *m*, Erstrangigkeit *f*, hohe Bedeutung *f*; **principalmente** ADV insbesondere, im Wesentlichen, hauptsächlich

príncipe A M 1 (*soberano*) Fürst *m*; **Príncipe de Asturias** Prinz *m* von Asturien, spanischer Kronprinz *m*; HIST **~ elector** Kurfürst *m*; **~ de Gales** POL Prince *m* of Wales, britischer Kronprinz *m*; TEX Glencheckmuster *n* 2 (*hijo del rey*) Prinz *m*; *tb fig* **~ azul** *o espec irón* **~ encantado** Märchenprinz *m*; **~ heredero** *m* Kronprinz *m*; HIST **~ real** *o* **de la sangre** *en la Francia vieja*: Prinz *m* königlichen Geblüts 3 *fig* **~ de los poetas** Dichterfürst *m*; **vivir como un** *o* **a lo ~** leben wie ein Fürst, auf großem Fuße leben 4 REL **el ~ de los Apóstoles** der Apostelfürst, Petrus *m* B ADJ TIPO **edición** *f* **~** Erstausgabe *f*

principesco ADJ fürstlich (*tb fig*), Fürsten...

principiante M/F Anfänger *m*, -in *f*

principiar ⟨1b⟩ A VT & VI anfangen, beginnen (**a** *inf* zu *inf*; **con, en, por** mit *dat*) B VR **principiarse** beginnen (*v/i*)

principio M 1 (*comienzo*) Anfang *m*; (*punto de partida*) Ausgangspunkt *m*; **~s** *pl* Anfänge *mpl*; (*reglas básicas*) Grundregeln *fpl*; *fig* **el ~ del fin** der Anfang vom Ende; **dar ~** beginnen (**a** *acus o* mit *dat*); **al ~** am Anfang; **de(l) ~ a(l) fin** von Anfang bis zu Ende; **desde un ~** von Anfang an, von vornherein; **en el ~** zu Anbeginn; **en un ~** anfänglich 2 *fecha*: **a ~s de** (am) Anfang (*gen*); **a ~s de mes** zu (*o* am) Monatsbeginn; **a ~s de junio** Anfang Juni; **a ~s del siglo** zu Anfang des Jahrhunderts 3 (*máxima*) Prinzip *n*, Grundsatz *m*; FÍS **~ de conservación de la masa** Massenerhaltungsprinzip *n*; *lógica*: **~ de contradicción** Satz *m* vom Widerspruch; POL **~ de subsidiari(e)dad** Subsidiaritätsprinzip *n*; **ser cuestión de ~s** eine Grundsatz- (*o* eine Prinzipien)frage sein; **en (su) ~** im Grunde genommen; **en** *o* **por ~** grundsätzlich, prinzipiell 4 (*elemento básico*) (Grund)Bestandteil *m*, Element *n*; FARM **~ activo** Wirkstoff *m* 5 (*causa, motivo*) Ursache *f*, Grund *m* 6 *poco usado*: GASTR Hauptgericht *n*, -gang *m*

pringar ⟨1h⟩ *Esp* A VT 1 (*empapar*) in Fett (*o* in fette Speisen *o* Soßen) tauchen; HIST *pena*: mit siedendem Fett übergießen 2 (*engrasar*) einfetten, mit Fett beschmieren; (*manchar*) besudeln (*tb fig*); *fig* **~la** (*malograr*) die Sache verpatzen *fam*; (*tener mala suerte*) Pech haben; *pop* (*morir*) abkratzen *pop*, krepieren *pop* 3 *fig* (*herir volcando sangre*) blutig schlagen B VI 1 *fam fig* **~(las)** (*trabajar mucho*) sich mächtig ins Zeug legen, sich abrackern *fam*, schuften *fam*; **~ por a/c** für etw (*acus*) geradestehen 2 *anticuado y reg fam* seine Finger im Spiel haben, mitmischen *fam* (**en** bei *dat*) C VR **pringarse** sich beschmieren; *fam fig* **~ a/c** etw unterschlagen, sich (*dat*) etw unter den Nagel reißen *fam*; **~ en a/c** (*sacar ventajas ilícitas*) (*espec* unerlaubten) Vorteil aus etw (*dat*) ziehen, sich (*dat*) die Hände an etw (*dat*) schmutzig machen; (*meterse en algo*) sich auf etw (*acus*) einlassen

pringón *Esp* A ADJ (*grasoso*) schmierig; (*sucio*) schmutzig B M (*mancha de grasa*) Fettfleck *m*; *acción*: Beschmieren *n* mit Fett; **pringoso** ADJ *Esp* fettig; **pringue** M/F *Esp* 1 GASTR (Braten)Fett *n* 2 *fig* Schmiere *f*; (*suciedad*) Schmutz *m*; **lleno de ~** fettig; schmierig 3 (*trabajo duro*) Plackerei *f*, Schmutzarbeit *f*

prión M Prion *n*

prior M REL Prior *m*; *orden de San Juan*: **Gran Prior** Großprior *m*; **priora** F REL Priorin *f*, Oberin *f*; **prioral** ADJ Prior...; Abts...; **priorato** M 1 REL Priorat *n*; Konvent *m der Benediktiner* 2 *vino*: Priorato *m* (*Rotwein aus Kataloni-*

P

en)
priori: **a ~** von vornherein, a priori
prioridad F 1 *temporal*: zeitliches Vorhergehen *n*, Priorität *f* 2 *(primacía)* Vorrang *m*, Priorität *f*; *(urgencia)* Dringlichkeit *f*; **derecho** *m* **de ~** Vorzugsrecht *n* 3 AUTO **~ (de paso)** Vorfahrt(srecht *n*) *f*
prioritario ADJ vorrangig, Prioritäts...; **priorizar** V/T & V/I ‹1f› den Vorzug geben; Prioritäten setzen
prisa F Eile *f*; **a toda ~** in aller Eile; **con mucha ~** sehr (*o* ganz) eilig; **de ~** eilig; **de ~ y corriendo** schleunigst, in Windeseile; Hals über Kopf; **sin ~s** gemächlich, in aller Ruhe; **sin ~s pero sin pausas** langsam, aber stetig; **corre** *o* **da ~** es ist eilig; **no corre ~** es hat (noch) Zeit, es ist nicht eilig; **darse ~** sich beeilen; **estar de** *o* **tener ~** es eilig haben; **meter ~ a alg/a a/c** j-n zur Eile drängen/etw beschleunigen; **tener ~ por** *(inf)* es nicht abwarten können, zu *(inf)*; sehr neugierig darauf sein, zu *(inf)*; **no me vengas con ~s** dräng mich nicht; **vivir de ~** schnelllebig sein
priscilianismo M REL, HIST Priszillianertum *n (spanische Schwärmersekte des 4. Jh.)*
prisión F 1 *(encarcelamiento)* Haft *f*; **~ celular** *o* **incomunicada** Einzelhaft *f*; **~ mayor** Gefängnis(strafe *f*) *n von 6 bis zu 12 Jahren*; **~ menor** Gefängnis *n*, -strafe *f (von 6 Monaten bis zu 6 Jahren)*; **~ perpetua** lebenslange Haft *f*; **~ preventiva** Untersuchungshaft *f*; JUR **~ en régimen abierto** offener Strafvollzug *m*; **recurso** *m* **contra el auto de ~** Haftbeschwerde *f*; **reducir a ~ a alg** j-n ins Gefängnis setzen 2 *(cárcel)* Gefängnis *n (tb fig)*; **~ de alta seguridad** Hochsicherheitsgefängnis *n*; **~ por deudas** Schuldgefängnis *n* 3 **-ones** *pl* Fesseln *fpl (tb fig)*; *fig* Bande *npl*
prisionero M, **-a** F Gefangene *m/f (tb fig)*; **~** *m*, **-a** *f* **de guerra** Kriegsgefangene *m/f*; **caer** *o* **quedar ~** in Gefangenschaft geraten; **darse ~** sich gefangen geben; **hacer ~** gefangen nehmen
prisma M GEOM, ÓPT Prisma *n*; **~ ocular/triangular** Okular-/Dreikantprisma *n*; **colores** *mpl* **del ~** Spektralfarben *fpl*; *fig* **bajo el ~ de** unter dem Blickwinkel (*gen o* von *dat*)
prismático ÓPT A ADJ Prismen..., prismatisch B **~s** MPL Feldstecher *m*; **~s de noche** Nachtglas *n*
priste M *pez*: Schwertfisch *m*
prístino ADJ *liter (original)* ursprünglich; *(antiguo)* uralt; *(pasado)* längst vergangen
priva F *Esp jerga del hampa* Alkohol *m*, Alkoholkonsum *m*; **dar a la ~** saufen
privacidad F Privat-, Intimsphäre *f*; INFORM **política** *f* **de ~** Schutz *m* der Privatsphäre
privación F 1 *(despojo)* Beraubung *f*; *(retención)* Vorenthaltung *f*; JUR *tb (desposeimento)* Aberkennung *f*; *(supresión)* Entziehung *f (tb* JUR*)*; **~ de alimento** Nahrungsentzug *m*; **~ de libertad** Freiheitsentzug *m*, -beraubung *f* 2 **-ones** *pl* Entbehrung(en) *f(pl)*; Mangel *m*, Dürftigkeit *f*; **vida** *f* **de -ones** entbehrungsreiches Leben *n* 3 MED **~ de la vista** Verlust *m* der Sehfähigkeit
privado A ADJ 1 **~ de** *(despojado)* beraubt *(gen)*, ohne *(acus)* 2 privat, Privat...; *(confidencial)* vertraulich; *(particular y personal)* persönlich; **en ~** privat, vertraulich, unter vier Augen 3 *reg (desmayado)* ohnmächtig, betäubt B M Günstling *m*; Vertraute *m*
privanza F Gunst *f*; vertraulicher Umgang *m*; **estar en ~ con** in vertraulichem Umgang stehen mit *(dat)*
privar A V/T 1 **~ a alg de a/c** j-m etw (weg)nehmen (*o* entziehen), j-n einer Sache berauben; j-m etw vorenthalten; JUR j-m etw aberkennen; **~ a alg de su cargo** j-n seines Amtes entheben; MED **~ de toxicidad** entgiften 2 betäuben *(tb fig)* B V/I *fam (ser muy popular)* (sehr) beliebt sein, (sehr) gefallen; *(estar de moda)* in Mode sein; **me priva ir de compras** ich gehe gern einkaufen; **la modestia que priva en ellos** die ihnen eigne Bescheidenheit; **la moda que priva ahora** die jetzt herrschende Mode C V/R **privarse** 1 **~ de a/c** auf etw *(acus)* verzichten; sich *(dat)* etw versagen; **no ~ de nada** sich *(dat)* nichts abgehen lassen; **¡no se prive!** sprechen Sie ungeniert! 2 *(desmayarse)* betäubt werden; ohnmächtig werden
privatista M/F JUR Privatrechtler *m*, -in *f*; **privativo** ADJ 1 *(que sustrae)* entziehend; JUR *tb (excluyente)* ausschließend; LING *prefijo* verneinend 2 *(propio)* eigentümlich, kennzeichnend (**de** für *acus*); *(exclusivo)* ausschließlich; **~ de** vorbehalten *(dat)*; **privatización** F ECON, POL Privatisierung *f*; **privatizar** V/T ‹1f› ECON, POL privatisieren
privilegiado A ADJ privilegiert, bevorrechtigt; *fig (fuera de lo común)* außergewöhnlich B M, **-a** F Bevorrechtete *m/f*, Privilegierte *m/f*; **privilegiar** V/T ‹1b› *(dar preferencia)* bevorrechtigen, privilegieren; *(preferir)* bevorzugen
privilegio M *(ventaja exclusiva)* Vorrecht *n*, Privileg *n*; *(preferencia)* Vorzug *m*; HIST Gnade(nbrief *m*) *f des Königs etc*; **~s** *mpl* **fiscales** Steuervergünstigungen *fpl*
pro M/F **el ~ y el contra** *o* **los ~s y los contras** das Für und Wider, die Argumente dafür und dagegen, die Pros und Kontras; **hombre** *m* **de ~** tüchtiger (*o* rechtschaffener *o* trefflicher *liter*) Mann *m*; **en ~ de** zum Nutzen von *(dat)*, für *(acus)*
proa F 1 MAR *del barco*: Bug *m*, Vorschiff *n*; **de ~ a popa** von vorn nach achtern; **por la ~** voraus; **poner ~ a** Kurs nehmen auf *(acus)* 2 *fig* **poner la ~ a a/c** etw im Auge haben, ein Ziel verfolgen; *fig* **poner la ~ a alg** es auf j-n abgesehen haben, j-m schaden wollen
proactivo ADJ proaktiv
probabilidad F Wahrscheinlichkeit *f*; *fig* Aussicht *f*; MAT **cálculo** *m* **de ~** Wahrscheinlichkeitsrechnung *f*; Hochrechnung *f*; *seguros*: **~es** *fpl* **de vida** Lebenserwartung *f*; **con toda ~** aller Aussicht nach, aller Wahrscheinlichkeit nach
probabilismo M FIL Probabilismus *m*; **probabilista** A ADJ probabilistisch B M/F Probabilist *m*, -in *f*
probable ADJ *(verosímil)* wahrscheinlich, voraussichtlich; *(fidedigno)* glaubwürdig, probabel; **opinión** *f* **poco ~** Meinung *f*, die wenig für sich hat; **no es ~** das ist unwahrscheinlich, das wird kaum eintreten; **es ~ que venga** er (*o* sie) könnte kommen, vielleicht kommt er (*o* sie)
probablemente ADV wahrscheinlich
probación F 1 CAT Probezeit *f der Novizen* 2 → prueba; **probadero** M *balística*: Schießkanal *m*; **probado** ADJ erprobt, bewährt; **probador** M 1 TEC Prüfgerät *n*; AUTO **~ de frenos** Bremsenprüfstand *m* 2 TEX Anproberaum *m*
probanza F JUR Beweis(material *n*) *m*
probar ‹1m› A V/T 1 *(ensayar)* erproben, (aus)probieren; *(intentar)* versuchen; *(examinar)* prüfen, TEC, *etc* testen; *fig (poner a prueba)* **~ a alg** j-n auf die Probe stellen; *fusil* einschießen; *vestimenta* anprobieren; GASTR *comida* kosten; **no ~ bocado** keinen Bissen zu sich *(dat)* nehmen 2 *(demostrarse)* be-, erweisen; JUR **~ la coartada** sein Alibi nachweisen B V/I 1 versuchen (, zu *inf* **a** *inf*); GASTR kosten (**de** von *dat*) 2 *Esp* **~ bien** guttun (*o* gut bekommen); zusagen; **~ mal** schlecht bekommen C V/R **probarse** *vestido, etc* anprobieren
probática ADJ *Biblia*: **piscina** *f* **~** Teich *m* Bethesda
probatoria F JUR *juicio*: Termin *m* für die Beweisaufnahme; *(indicio contundente)* Beweis *m*; **probatorio** ADJ Probe...; Beweis...; **carga** *f* **-a** Beweislast *f*; **fuerza** *f* **-a** Beweiskraft *f*
probeta F 1 QUÍM Reagenzglas *n*; **~ graduada** Messbecher *m*, -zylinder *m* 2 TEC *examen de materiales*: Prüf-, Probestab *m* 3 FOT Entwicklerschale *f*
probidad F Rechtschaffenheit *f*; Redlichkeit *f*
probiótico ADJ BIOL probiotisch
problema M 1 *(cuestión)* Frage *f*, Problem *n*; *(tarea)* Aufgabe *f*; **~ (de aritmética)** Rechenaufgabe *f*; **plantear/resolver un ~** ein Problem (*o* eine Aufgabe) stellen/lösen; *enseñanza*: **sacar el ~** die (Rechen)Aufgabe lösen 2 *(dificultad)* Schwierigkeit *f*, Problem *n (tb fig)*; **niño ~** Problemkind *n*; **no hay ~** kein Problem; **sin ~** problemlos, reibungslos
problemática F Problematik *f*; Problemkomplex *m*; **problemático** ADJ fraglich, fragwürdig; schwierig; problematisch; **niño ~** Problemkind *n*; **problematizar** ‹1f› A V/T infrage stellen, problematisieren B V/R **problematizarse** zum Problem werden
probo ADJ rechtschaffen; redlich; unbescholten
procacidad F Unverschämtheit *f*; Frechheit *f*; Dreistigkeit *f*
procaína F FARM Prokain *n*
procaz ADJ ‹*pl* -aces› unverschämt; frech, unverfroren; dreist
procedencia F *(origen)* Herkunft *f*; *(punto de partida)* Ursprung *m*; **procedente** ADJ 1 **~ de** *lugar*: stammend (*o* kommend) aus *(dat)*; *motivo*: herrührend von *(dat)*; **el tren ~ de Madrid** der Zug aus Madrid 2 JUR *(autorizado)* berechtigt; *p. ext (razonable)* vernünftig, passend; **creer ~** *(inf)* (es) für angebracht halten (zu *inf*); **no es ~** es ist nicht ratsam; es ist unstatthaft
proceder[1] A V/I 1 *lugar*: (her)kommen, stammen (**de** aus *dat*); *motivo*: herrühren (**de** von *dat*) 2 *(pasar a)* schreiten, übergehen (**a** zu *dat*); **~ a** *(inf)* dazu übergehen, zu *(inf)*; **~ a la lectura de a/c** etw verlesen 3 *(actuar)* verfahren, handeln; *(continuar con una acción)* vorgehen; *(portarse)* sich benehmen; **manera** *f o* **modo** *m* **de ~** Handlungsweise *f*; JUR **~ (judicialmente) contra alg** gegen j-n (gerichtlich) vorgehen, j-n (gerichtlich) belangen B V/IMP **procede** es ist angebracht, es erscheint geboten; es gehört sich; **procedía ir con tiento** man sollte vorsichtig handeln
proceder[2] M 1 *(comportamiento)* Verhalten *n* 2 *(forma de actuar)* Handlungsweise *f*, Vorgehen *n* 3 *(modales)* Benehmen *n*
procedimental ADJ JUR Verfahrens...
procedimiento M 1 *(proceso)* Verfahren *n (tb* TEC, QUÍM*)*, Methode *f*; *(asunto)* Vorgang *m (tb* QUÍM*)*; *(forma de acción)* Vorgehen *n*, Handlungsweise *f*; ADMIN, COM **~ aduanero** Zollverfahren *n*; MAT **~ de cálculo** Rechenverfahren *n*; Rechnungsgang *m*; QUÍM, TEC **~ de fabricación** Herstellungsverfahren *n* 2 JUR *(juicio)* Prozess *m*, Verfahren *n*, Rechtsgang *m*; **~ criminal** Strafverfahren *n*; **defecto** *m* **de ~** Verfahrensmangel *m*; **~s** *mpl* **judiciales** gerichtliche Maßnahmen *fpl*; **~ de quiebra** Konkursverfahren *n*
procelaria F ZOOL Sturmvogel *m*; **proceloso** ADJ stürmisch
prócer A M hochgestellte Persönlichkeit *f*; Magnat *m*; *fig* Führer *m*, Vorkämpfer *m*; *Am* Nationalheld *m* B ADJ 1 *(alto)* hoch, von hohem

Wuchs; (elevado) hochragend 2 (eminente) hochgestellt, erhaben
procerato M HIST Magnatenwürde f, -stand m; **proceridad** F (altura) Höhe f; (abundancia) Üppigkeit f; (ser eminente) vornehmes Wesen n
prócero, procero ADJ → prócer B 2
proceroso ADJ → prócer B 1
procesado M, **-a** F Angeklagte m/f; **procesal** ADJ Prozess…; **costas** fpl **~es** Prozess-, Gerichtskosten pl; **derecho** m **~** Prozess-, Verfahrensrecht n
procesamiento M 1 JUR (juicio) Gerichtsverfahren n; gerichtliche Verfolgung f 2 TEC (elaboración) Verarbeitung f; INFORM **~ de datos/imágenes** Daten-/Bildverarbeitung f; INFORM **~ de textos** Textverarbeitung f
procesar VT 1 JUR (enjuiciar) **~ a alg** j-n gerichtlich verfolgen (**por** wegen gen); prozessieren (a gegen acus) 2 TEC, INFORM datos, etc verarbeiten
procesión F 1 REL Prozession f; feierlicher Umzug m; **~ (de) rogativa(s)** Bittgang m, -prozession f 2 (hilera) Reihe f; de personas: Schlange f; fig **la ~ va por dentro** im Innern sieht es ganz anders aus; er zeigt (o ich zeige etc) seine (o meine etc) Gefühle nicht
procesional ADJ prozessionsartig; **procesionaria** F insecto: Prozessionsspinner m
proceso M 1 espec TEC, QUÍM, BIOL Prozess m, Vorgang m, Verlauf m; **~ asimilatorio** Assimilationsprozess m; BIOL Stoffwechsel m; QUÍM, MIN **~ preparatorio** Aufbereitung f, Aufschließung f; **~ de trabajo** Arbeitsprozess m 2 INFORM Verarbeitung f; **~ electrónico de datos** elektronische Datenverarbeitung f; EDV f; **~ de textos** Textverarbeitung f 3 JUR (juicio) Prozess m; Rechtsstreit m; **~ sensacional** Sensations-, Schauprozess m; **seguir un** o **formar ~** einen Prozess anhängig machen (**contra** gegen acus) 4 POL **~ de destitución** JUR Impeachment n; **~ de paz** Friedensprozess m
proclama F 1 (notificación pública) Aufruf m, öffentliche Bekanntmachung f; de novios: Aufgebot n 2 Cuba (octavilla) Handzettel m; Flugblatt n; **proclamación** F (publicación en alta voz) Proklamation f, Ausrufung f; (promulgación) Verkündigung f, Bekanntmachung f
proclamar A VT (publicar en alta voz) ausrufen, proklamieren; (declarar) verkündigen; fig (dar a conocer) offenbaren; elecciones ausschreiben; novios aufbieten B VR **proclamarse** sich erklären zu (dat); novios aufgeboten werden; DEP **~ campeón del mundo** Weltmeister werden; **~ vencedor** siegen
proclítico ADJ LING proklitisch
proclive ADJ neigend (a zu dat); **ser ~ a** neigen zu; **proclividad** F Neigung f
procomún M Gemeinwohl n
procomunista ADJ prokommunistisch, kommunistenfreundlich
procónsul M HIST Prokonsul m
procreación F BIOL Fortpflanzung f; **~ entre consanguíneos** Inzucht f
procrear VT zeugen, fortpflanzen
proctología F MED Proktologie f; **proctólogo** M, **-a** F Proktologe m, -login f
procura F 1 COM Vollmacht f, Prokura f 2 → procuraduría; **procuración** F 1 (suministro) Beschaffung f 2 (gerencia) Geschäftsführung f, Prokura f 3 → procuraduría; **procurador** M **procuradora** F 1 gener (apoderado, -a) Bevollmächtigte m/f; Sachwalter m, -in f 2 JUR (apoderado, -a judicial) Prozessbevollmächtigte m/f; nicht plädierende(r) Anwalt m, Anwältin f 3 M CAT (administrador[a]) Verwalter m eines Klosters 4 Esp POL HIST **~ en Cortes** Mitglied n der Cortes (unter dem Francoregime); **procuraduría** F 1 JUR Amt n eines Bevollmächtigten (→ procurador) 2 CAT Verwaltung f eines Klosters (Amt und Büro)
procurar A VT 1 (conseguir, adquirir algo) besorgen, ver-, beschaffen 2 (seguir un negocio) betreiben; **~** (inf) versuchen, zu (inf) 3 (causar) verursachen, bereiten B VR **~se a/c** sich (dat) etw verschaffen
prode, PRODE M Arg Fußballtoto m
prodigalidad F Verschwendung f; Überfluss m; **con ~** verschwenderisch, reichlich
prodigar ⟨1h⟩ A VT verschwenden, vergeuden, vertun; fig **~ a/c a alg** j-n mit etw (dat) überschütten B VR **prodigarse** sich in Szene setzen; **no se prodiga por aquí** er lässt sich nicht gerade oft hier sehen
prodigio M Wunder n; **niño** m **~** Wunderkind n; **realizar verdaderos ~s** wahre Wunder wirken
prodigiosidad F Erstaunlichkeit f, Wunderbare(s) n; **prodigioso** ADJ (maravilloso) wunderbar; (asombroso) staunenswert, außerordentlich; fig (grandioso) großartig, gewaltig
pródigo A ADJ 1 (derrochador) verschwenderisch; Biblia: **el hijo ~** der verlorene Sohn 2 (generoso) großzügig; **ser ~ en a/c** reich an etw (dat) sein B M, **-a** F Verschwender m, -in f
proditorio ADJ Verräter…
prodrómico ADJ MED Prodromal…; **síntoma** m **~** → pródromo
pródromo M MED Frühsymptom n; t/t Prodrom n, MED y fig Vorbote m, erstes Anzeichen n
producción F 1 ECON (fabricación) Produktion f (tb FILM), Herstellung f, Fertigung f; (rendimiento) (Produktions)Leistung f; Ausstoß m; **~ agraria** o **agrícola** Agrarproduktion f; **~ excesiva** Überproduktion f; **~ hullera** Steinkohlenförderung f; **~ industrial** gewerbliche Fertigung f; Industrieproduktion f; **~ masiva** o **en masa** Massenfertigung f, -produktion f; **~ mundial/total** Welt-/Gesamtproduktion f; **~ propia** Eigenproduktion f, Selbsterzeugung f; **~ en serie** Serienherstellung f 2 (formación) Bildung f, Erzeugung f, Zustandekommen n; **~ de fenómenos** Zustandekommen n von Erscheinungen, Phänomenbildung f 3 (producto) Erzeugnis n; **-ones** pl **literarias** literarische Werke npl; **-ones** pl **del suelo** Bodenerzeugnisse npl; **-ones** pl **del subsuelo** Ausbeute f an Bodenschätzen mpl 4 LING **~ escrita/oral** schriftliche/mündliche Ausdrucksfähigkeit f 5 ADMIN, JUR documentos, pruebas: Vorlegung f, Erbringung f; **~ de pruebas** Beweisantritt m
producente A ADJ erzeugend B M/F Am reg Erzeuger m, -in f; **producible** ADJ zu erzeugen(d), herstellbar
producir ⟨3o⟩ A VT 1 (fabricar) erzeugen, herstellen, produzieren; frutas tragen; ganancias bringen; beneficio abwerfen 2 (causar) verursachen, hervorrufen, bewirken; herida, daño zufügen, beibringen; **~ una escara** vernarben, verschorfen 3 JUR, ADMIN pruebas beibringen; documentos vorlegen B VR **producirse** 1 (ser fabricado) hergestellt werden 2 (ocurrir) vorkommen; sich ereignen, geschehen; dificultades etc auftreten; caso eintreten; costes, trabajo anfallen 3 (explicarse) sich äußern 4 persona sich produzieren; sich aufführen
productividad F Produktivität f; (rendimiento) Leistung f; **productivo** ADJ produktiv; (lucrativo) ergiebig, einträglich; TEC **rendimiento** m **~** Produktionsleistung f
producto M 1 cosa: Produkt n (tb QUÍM), Erzeugnis n; **~ acabado** o **elaborado** Fertigprodukt n; **~s** pl **agrícolas** landwirtschaftliche Erzeugnisse npl; **~ bruto** Rohprodukt n; **~ de máxima calidad** o **~ cumbre** Spitzenerzeugnis n; QUÍM **~ derivado** Derivat n, Nebenprodukt n, Abkömmling m; **~s** pl **farmacéuticos** Arzneimittel npl; **~ final** Enderzeugnis n, Fertigprodukt n; **~ natural** Naturprodukt n; **~s** pl **naturales** Naturalien pl 2 cosmética: Mittel n, Produkt m; **~s** pl **de belleza** Schönheitsmittel npl; Kosmetika npl; **~s** pl **capilares** Haarpflegemittel npl 3 ECON Ertrag m (tb intereses), Erlös m; fig (resultado) Ergebnis n; **~ interior bruto** o Am Mer **~ interno bruto** Bruttoinlandsprodukt n; **~ nacional bruto** Bruttosozialprodukt n; ECON **~ neto** o **líquido** Reinertrag m; **~ medio/total** Durchschnitts-/Gesamtertrag m 4 MAT Produkt n, Multiplikationsergebnis n 5 MED **~ del vómito** Erbrochene(s) n
productor A ADJ erzeugend, herstellend; **clase** f **~a** Erwerbs-, Nährstand m; **país** m **~** Erzeugerland n B M 1 (fabricante) Erzeuger m, Hersteller m; Produzent m (tb FILM) 2 Esp POL HIST (obrero, -a) Arbeiter m in der Francozeit; **los ~es** die Schaffenden, die erwerbstätige Bevölkerung f 3 JUR Vorbringende m/f; **~ de la prueba** Beweisführer m
productora F 1 FILM firma: (Film)Produktionsfirma f 2 persona: Erzeugerin f, Herstellerin f; Produzentin f (tb FILM)
produje, produzco, etc → producir
proemio M Vorrede f, Vorwort n; Proömium n
proeza F Großtat f, Heldentat f; fig große Leistung f (tb irón); Am frec (fanfarronada) Aufschneiderei f
prof. ABR (Profesor) Prof. (Professor m)
profanación F Entweihung f; (difamación) Schändung f; **profanador** A ADJ entweihend B M, **profanadora** F Schänder m, -in f; **profanar** VT entweihen, profanieren; fig (deshonrar) verunehren, schänden; (degradar) herabwürdigen
profano A ADJ 1 (no sagrado) profan (seglar) weltlich 2 (no iniciado) uneingeweiht; fig laienhaft B M, **-a** F **(en la materia)** Uneingeweihte m/f; Laie m, Nichtfachmann m, -fachfrau f
profase F BIOL Prophase f
profe M ABR (profesor, -a) fam Lehrer m, -in f; UNIV Prof m/f fam
profecía F Prophezeiung f
proferir VT ⟨3i⟩ aussprechen, äußern; sonido hervorbringen; maldiciones, amenazas ausstoßen
profesa F CAT Klosterfrau f, die ihre Ordensgelübde abgelegt hat, Professa f
profesar A VT 1 oficio ausüben; betreiben; arte, especialización lehren; UNIV una cátedra innehaben; **~ la medicina** (médico) Mediziner (o Arzt) sein; (enseñar) Medizin lehren 2 REL y fig sich bekennen zu (dat) 3 (manifestar) äußern, bekunden; **~ amistad a alg** j-m in Freundschaft zugetan sein B VI CAT die Ordensgelübde ablegen
profesiografía, profesiología F Berufskunde f
profesión F 1 (oficio) Beruf m; **-ones** pl **liberales** freie Berufe mpl; **de ~** Berufs…; **hacer ~ de a/c** etw berufsmäßig betreiben; sich zu etw (dat) bekennen; mit etw (dat) prahlen; **la ~ más antigua del mundo** das älteste Gewerbe der Welt 2 (confesión) Bekenntnis n, Bekundung f; CAT Ablegung der Ordensgelübde n, Profess f; REL, POL **~ de fe** Glaubensbekenntnis n
profesional A ADJ berufsmäßig; Berufs…, Fach…; **orientación** f **~** Berufsberatung f B M/F Fachmann m, -frau f; DEP Berufsspieler m, -in f, Profi m/f fam; **~ (liberal)** Angehörige m/f eines freien Berufes, Freiberufler m, -in f fam; **~ autónomo** Selbständige m; **profesionalidad** F Professionalität f; **profesionalismo** M DEP y fig Profitum n; **profesiona-**

lización F Professionalisierung *f*; *Esp* MIL **~ de las fuerzas armadas** Umstellung *f* auf eine Berufsarmee; **profesionalizar** ⟨1f⟩ A VT professionalisieren; MIL *fuerzas armadas* in eine Berufsarmee verwandeln B VR **profesionalizarse** sich qualifizieren

profesionista M/F *Méx* (*profesional*) Angehörige *m/f* eines freien Berufes; (*universitario*) Akademiker *m*, -in *f*

profeso CAT A ADJ wer die Ordensgelübde abgelegt hat; **casa** *f* **-a** *jesuitas*: Ordensniederlassung *f* B M Profess *m*

profesor M, **profesora** F 1 *enseñanza*: Lehrer *m*, -in *f*; **~ m, ~a f de automovilismo** *o* **de conducción** *o Am* **de manejo** Fahrlehrer *m*, -in *f*; **~ m, ~a f de educación especial** Förderschullehrer *m*, -in *f*; **~ m, ~a f de educación física** Sportlehrer *m*, -in *f*; **~ m, ~a f de formación profesional** Berufsschullehrer *m*, -in *f*; **~ m, ~a f de Instituto** *Esp* Gymnasiallehrer *m*, -in *f*; **~ m, ~a f particular** Privatlehrer *m*, -in *f* 2 UNIV (*docente*) Dozent *m*, -in *f*; Professor *m*, -in *f*; **~ m, ~a f adjunto, -a** *o Arg* **ayudante** Assistent *m*, -in *f*; **~ agregado** *o* **~ no numerario** *corresponde a*: außerordentlicher Professor *m*; **~ m, ~a f invitado, -a** *o* **visitante** Gastprofessor *m*, -in *f*; **~ m universitario** Universitätsdozent *m* 3 **~a de educación infantil** Kindergärtnerin *f* 4 MÚS (Orchester)Musiker *m*, -in *f*

profesorado M 1 (*cátedra*) Lehramt *n* 2 (*cuerpo docente*) Lehrerschaft *f*, Lehrkörper *m*; **profesoral** ADJ lehrhaft, professoral; Professoren...

profeta M Prophet *m*; **nadie es ~ en su tierra** der Prophet gilt nichts in seinem Vaterland; **profético** ADJ prophetisch; **profetisa** F Prophetin *f*; **profetismo** M Prophetismus *m*; Seher-, Prophetentum *n*; **profetizar** VT ⟨1f⟩ prophezeien, weissagen; voraussagen

proficiente ADJ Fortschritte machend

profiláctica F MED → profilaxia; **profiláctico** A ADJ MED prophylaktisch, vorbeugend B M vorbeugendes Mittel *n*; **profilaxia, profilaxis** F MED Prophylaxe *f*, Vorbeugung *f*

profiteroles MPL *Esp* GASTR (kleine) Windbeutel *mpl*

prófugo A ADJ flüchtig B M, **-a** F JUR Flüchtige *m/f*; MIL Fahnenflüchtige *m/f*; MIL Überläufer *m*, -in *f*

profundidad F Tiefe *f*; Vertiefung *f*; FOT **~ de campo** Tiefenschärfe *f*; **tener dos metros de ~** zwei Meter tief sein; *fig* **en ~** tief gehend

profundizar VT & VI ⟨1f⟩ (*intensificar*) vertiefen; (*penetrar*) eindringen (**en** in *acus*); MIN (*pozo*) abteufen; *fig* **~ (en)** auf den Grund gehen (*dat*), ergründen (*acus*)

profundo ADJ tief (*tb fig*); *fig* (*meditativo*) tiefsinnig; (*intenso*) tief greifend; **reverencia** *f* **-a** *respeto*: große Ehrfurcht *f*; *inclinación*: tiefe Verbeugung *f*; **con ~ pesar** in tiefer Trauer

profusión F (*derroche*) Verschwendung *f*; (*exceso*) Übermaß *n*; (*abundancia*) Überfluss *m*; **con gran ~ de** mit einer Fülle von; **con gran ~ de documentos** mit einem großen Aufwand an Urkunden

profuso ADJ (*derrochador*) verschwenderisch; (*abundante*) reichlich; (*en exceso*) übermäßig

progenie F Geschlecht *n*, Sippe *f*; (*descendencia*) Nachkommenschaft *f*; **progenitor** M, **progenitora** F Ahn *m*, Ahne *f*; Vorfahr *m*, -in *f*; Erzeuger *m*, -in *f*; (*padre*) Vater *m*, (*madre*) Mutter *f*; **~es** *mpl* Eltern *pl*; Ahnen *pl*; **progenitura** F Nachkommenschaft *f*

prognatismo M MED Prognathie *f*; **prognato** ADJ mit vorstehendem Unterkiefer

prognosis F (*espec* Wetter)Vorhersage *f*

programa M 1 Programm *n* (*tb* TV); Plan *m*; TEAT Spielplan *m*; RADIO Sendeplan *m*; TV **~ concurso** *m* Quizshow *f*; POL **~ de convergencia** Konvergenzprogramm *n*; **~ de construcción** Bauprogramm *n*; **~ (de cursos y conferencias)** Vorlesungsverzeichnis *n*; **~ de emergencia** Notprogramm *n*; ECON **~ de estabilidad** Stabilitätsprogramm *n*; Stabilisierungsprogramm *n*; **~ de estudios** Lehrplan *m*; **~ de intercambio** Austauschprogramm *n*; **~ marco** Rahmenprogramm *n*; TEAT **~ de mano** Programmheft *n*, -zettel *m*; **~ piloto** Pilotprogramm *n*; **~ del partido** Parteiprogramm *n*; RADIO, TV **~ recreativo/de televisión** Unterhaltungs-/Fernsehprogramm *n*; *tb* TEC **~ de trabajo** Arbeitsplan *m*; -programm *n*; MÚS, *etc* **fuera de ~** Zugabe *f* 2 INFORM **~ antivirus** Antivirenprogramm *n*; *Am* **~ de computación** Computerprogramm *n*; **~ de correo electrónico** E-Mail-Programm *n*; **~ de dibujo** Zeichenprogramm *n*; **~ de edición** Editorprogramm *n*; **~ espía** Spionageprogramm *n*; **~ gestor** Treiber *m*; **~ multimedia** Multimediaprogramm *n*

programable ADJ INFORM programmierbar; **programación** F 1 *espec* INFORM Programmierung *f*; **lenguaje** *m* **de ~** Programmiersprache *f* 2 *delineación*: Programmgestaltung *f*; Progamme *npl*; **programado** ADJ programmiert; **enseñanza** *f* **-a** programmierter Unterricht *m*; **programador** M, **programadora** F INFORM Programmierer *m*, -in *f*

programar VT programmieren (*tb* INFORM); planen, vorhaben

programático ADJ programmatisch

progre A ADJ *fam* fortschrittlich; in *fam*; POL politisch progressiv B M/F extrem Linke *m/f*

progresar VI (*hacer adelantos*) Fortschritte machen; (*avanzar*) fortschreiten; (*desarrollarse*) sich entwickeln; **progresía** F *Esp* Gruppe *f* von Progressisten; die fortschrittlichen Kräfte *fpl*

progresión F 1 (*avance*) Fortschreiten *n*; Progression *f* (*tb* MAT, MÚS, MED) 2 (*serie*) Folge *f*; MAT Reihe *f*; **~ de ideas** Gedankenfolge *f*; MAT **~ continua** stetig zunehmende Reihe *f*

progresismo M POL Fortschrittslehre *f*, -bewegung *f* (*bes des spanischen Liberalismus*); **progresista** A ADJ POL *y fig* fortschrittlich; *desp* progressistisch B M/F Fortschrittler *m*, -in *f*; Progressist *m*, -in *f*; **progresivamente** ADV (*creciente*) zunehmend; (*poco a poco*) nach und nach; (*gradualmente*) stufenweise; **progresividad** F ECON **~ (del impuesto)** (Steuer-)Progression *f*; **progresivo** ADJ progressiv (*tb* MAT); *en etapas*: (in Stufen) fortschreitend

progreso M Fortschritt *m*; **indicador** *m* **de ~** Fortschrittsanzeige *f*; **hacer ~s** Fortschritte machen

progubernamental ADJ regierungstreu, -freundlich

prohibición F 1 *gener* Verbot *n*; *transporte*: **~ de adelantar/de aparcar** Überhol-/Parkverbot *n*; **~ de huelgas** Streikverbot *n*; *transporte*: **~ de señales acústicas** Hupverbot *n*; **~ de transmitir o publicar informaciones** Nachrichtensperre *f* 2 *Am* HIST **la ~** die Prohibition

prohibicionismo M POL Politik *f* mit prohibitiven Maßnahmen; *p. ej.* Handels-, Einfuhrsperre *f*; **prohibicionista** M/F POL Prohibitionist *m*, -in *f*

prohibido ADJ verboten; **¡~ fumar!** Rauchen verboten!; *juego de cartas*: **jugar a los ~s** verbotene Spiele spielen

prohibir VT verbieten; **¡se prohibe el paso!** Durchgang (*o* Durchfahrt) verboten!; **prohibitivo** ADJ Verbots...; *espec* COM prohibitiv; *fig* **precios** *mpl* **~s** unerschwingliche Preise *mpl*; **prohibitorio** ADJ → prohibitivo

prohijar VT an Kindes statt annehmen; *fig opiniones* übernehmen

prohombre M 1 (*portavoz*) Obmann *m* 2 (*persona distinguida*) angesehener Mann, Prominente *m*

pro indiviso JUR *herencia*: vor der Teilung

proís, proíz M MAR Befestigungspfosten *m*

prójima F *fam desp* Nutte *f pop*; **prójimo** M Nächste *m*, Mitmensch *m*

prolapso M MED Vorfall *m*; **~ uterino** Gebärmuttervorfall *m*

prole F Nachkommenschaft *f*, Kinder *npl*; Sippe *f*

prolegómeno M, *frec* **~s** PL *liter* Vorrede *f*, Vorwort *n*, Prolegomena *npl*; **sin más ~s** ohne lange Vorrede

proleta M/F *fam* Prolet *m*, -in *f*; **proletariado** M Proletariat *n*; **proletario** A ADJ proletarisch B M, **-a** F Proletarier *m*, -in *f*; **proletarizar** VT proletarisieren

proliferación F Vermehrung *f* (*tb* BIOL *y fig*); MED Wucherung *f*; *fig* Wuchern *n*; POL **(no) ~** (Nicht)Weiterverbreitung *f* (*von Atomwaffen*); **proliferar** VI sich vermehren; MED *y fig* wuchern; *fig* rasch (*o* stark) zunehmen; (*propagarse*) um sich (*acus*) greifen; (*acumularse*) sich häufen; **prolífico** ADJ BIOL *y fig* fruchtbar

prolijear VI weitschweifig reden; **prolijidad** F Weitschweifigkeit *f*; **prolijo** ADJ weitschweifig, umständlich; *fig* (*lerdo*) schwerfällig; (*engorroso*) lästig

prologar VT ⟨1h⟩ *zu einem Buch* die Einführung (*o* das Vorwort) schreiben

prólogo M Vorrede *f*; Vorwort *n*; TEAT Vorspiel *n*; Prolog *m*

prologuista M/F Verfasser *m*, -in *f* eines Prologs (*o* eines Vorworts)

prolonga F MIL Langtau *n*, Lafettenseil *n*; **prolongable** ADJ verlängerbar; COM *letra de cambio* prolongierbar

prolongación F 1 (*extensión*) Verlängerung *f*; (*estiración*) Dehnung *f* 2 *en el tiempo*: Verlängerung *f*; (*prórroga*) Aufschub *m*; COM Stundung *f*; *de un letra de cambio*: Prolongation *f*; **~ del plazo** Fristverlängerung *f*, Nachfrist *f*

prolongado ADJ 1 (*extendido*) verlängert; COM *letra de cambio* prolongiert 2 (*amplio*) ausgedehnt, lang(e dauernd); (*espacioso*) weitläufig 3 (*alargado*) länglich; **prolongador** M 1 ELEC Verlängerungsschnur *f*, -kabel *n* 2 **~ del bronceado** *cosmética*: Bräunungsverlängerer *m*, Tan Extender *m*

prolongar ⟨1h⟩ A VT 1 (*alargar*) verlängern; (*extender*) ausdehnen; (*estirar*) in die Länge ziehen; (*aplazar*) aufschieben 2 COM stunden; *crédito, letra de cambio* prolongieren B VR **prolongarse** sich in die Länge ziehen, sich hinziehen, lange dauern

promediar ⟨1b⟩ A VT 1 (*partir*) halbieren 2 *cálculo*: den Durchschnitt (*o* den Mittelwert) errechnen B VI 1 (*mediar*) vermitteln 2 (*llegar a la mitad*) zur Mitte gelangen; **antes de ~ el mes** vor Monatsmitte; **promediaba el año** Mitte des Jahres

promedio M Durchschnitt *m*; MAT Mittelwert *m*; **en ~** im Durchschnitt, durchschnittlich; **~ horario** (*o* **por hora**) Stundendurchschnitt *m*

promesa F Versprechen *n*; *fig* Verheißung *f*; REL Gelübde *n*; POL **~ electoral** Wahlversprechen *n*; **~ de matrimonio/de pago** Heirats-/Zahlungsversprechen *n*; JUR **~ de recompensa** Auslobung *f*; **dar una ~ positiva** eine feste Zusage geben

promesante M/F *Arg* CAT Pilger *m*, -in *f der (die) ein Gelübde abgelegt hat*; **prometedor** ADJ vielversprechend

prometer A VT versprechen; verheißen; REL

geloben; **la tierra prometida** das Gelobte (*o* Verheißene) Land *n*; **lo prometido es deuda** versprochen ist versprochen B VI vielversprechend sein; **este muchacho promete** von diesem Jungen ist einiges zu erwarten; **~ y no dar** viel versprechen und nichts halten C VR **prometerse** 1 sich (*dat*) Hoffnungen machen; **~ a/c** etw erwarten; *fam* **prometérselas (muy) felices** sich (*dat*) viel *von etw* versprechen; sich (*dat*) große Hoffnungen machen 2 *enamorados*: sich verloben

prometido M, **-a** F Verlobte *m/f* Bräutigam *m*, Braut *f*

prominencia F (Boden)Erhebung *f*; MED Auswuchs *m*; **prominente** ADJ hervorragend, vorspringend; (her)vorstehend; *fig* prominent

promiscuar ⟨1d, *anticuado* 1e⟩ A VI CAT (an Fasttagen) Fisch und Fleisch essen B VT *desp* durcheinandermengen, (ver)mischen; **promiscuidad** F *sexual*: Promiskuität *f*; (*mezcla*) Durcheinander *n*; **promiscuo** ADJ (durcheinander)gemischt; (*ambiguo*) zweideutig; *sexual*: promiskuitiv

promisión F Verheißung *f*; *Biblia y fig* **tierra** *f* **de ~** *das* Gelobte Land

promoción F 1 UNIV, *etc* (abgehender) Jahrgang *m* 2 (*ascenso*) Beförderung *f*; *enseñanza*: Versetzung *f*; DEP *tb* Aufstieg *m*; **la ~ obrera** die (soziale) Besserstellung der Arbeiter 3 (*fomento*) Förderung *f*; **~ de la imagen pública** Imagepflege *f*; **~ industrial** Industrieförderung 4 COM Werbeaktion *f*, Promotion *f*; **~ comercial** ECON Merchandising *n*; **en ~** zum Aktionspreis, im Angebot; **~ de ventas** Absatz-, Verkaufsförderung *f*

promocional COM absatz-, verkaufsfördernd; **con fines ~es** zu Werbezwecken; **promocionar** VT befördern; COM *venta* fördern; *producto* bekannt machen, promoten, *tb* im Sonderangebot verkaufen

promontorio M 1 GEOG Vorgebirge *n*; Erhebung *f*; Anhöhe *f* 2 MED Vorwölbung *f*

promotor A ADJ fördernd; Erschließungs...; COM **~ de ventas** absatz-, verkaufsfördernd B M, **promotora** F 1 *fuerza*: treibende Kraft *f*; (*fomentador[a]*) Förderer *m*, Förderin *f* 2 (*iniciador[a]*) Anstifter *m*, -in *f*; **~ m, ~a f de disturbios** Unruhestifter *m*, -in *f*; COM Promoter *m*, -in *f* 3 (*patrocinador[a]*) Veranstalter *m*, -in *f*; **~ inmobiliario** Bauträger *m*; **~ de ventas** Salespromoter *m*, -in *f*

promover VT ⟨2h⟩ 1 fördern; *en el cargo, etc*: befördern 2 (*provocar*) herbeiführen, verursachen; *dificultades* bereiten; **se promovió un altercado** es kam zu einem Streit

promulgación F JUR Verkündung *f*; *fig* Verbreitung *f*; **promulgador** A ADJ verkündend B M, **promulgadora** F Bekanntgeber *m*, -in *f*

promulgar VT ⟨1h⟩ *leyes* verkünden; (feierlich) bekannt geben; *fig* (*publicar*) veröffentlichen, verbreiten

pronación F MED Einwärtsdrehung *f der Hand*

prono ADJ 1 allzu geneigt (**a** zu *dat*) 2 MED **decúbito** *m* **~** Bauchlage *f*

pronombre M GRAM Pronomen *n*, Fürwort *n*; **~ demostrativo** Demonstrativpronomen *n*; **~ indeterminado** *o* **indefinido** unbestimmtes Fürwort *n*, Indefinitpronomen *n*; **~ personal** Personalpronomen *n*; **~ posesivo** Possessivpronomen *n*; **~ relativo** Relativpronomen *n*

pronominal ADJ GRAM pronominal; **forma** *f* **~** reflexive Form *f*; **verbo** *m* **~** reflexives Verb *n*

pronosticar VT & VI ⟨1g⟩ vorhersagen; MED die Prognose stellen

pronóstico M 1 Vorher-, Voraussage *f*; Prognose *f* (*tb* MED); (*profecía*) Prophezeiung *f*; MED **de ~ reservado** *enfermedad*: schwer, ernst; MED **herida de ~ reservado** erhebliche Verletzung *f*; METEO **~ del tiempo** Wettervorhersage *f* 2 ASTROL Horoskop *n*

prontitud F (*rapidez*) Schnelligkeit *f*; Promptheit *f*; (*viveza*) Lebhaftigkeit *f*; *de ingenio*: rasche Auffassungsgabe *f*, Scharfsinn *m*

pronto A ADJ 1 (*rápido*) schnell, rasch; (*inminente*) baldig, prompt; (*sin vacilar*) kurz entschlossen; **al ~** im ersten Augenblick; **de ~** plötzlich, auf einmal; **lo más ~ posible** baldigst; **por lo** *o* **por de ~** einstweilen, vorläufig 2 (*listo*) bereit, fertig; **estar ~** bereit (*o* fertig) sein; COM **~ para el envío** versandfertig 3 (*ágil*) behände, flink; (*dispuesto*) willig B ADV 1 (*en breve*) bald; (*presto*) schnell, prompt; **eso se dice ~** das ist leicht gesagt; **lo más ~ posible** so schnell wie möglich; *cj* **tan ~ como** sobald, sowie; **tan ~ como llegue** sobald er eintrifft; **¡hasta ~!** bis bald! 2 (*temprano*) früh; **más ~ o más tarde** früher oder später C M *fam* plötzliche Anwandlung *f*; *de ira, etc*: Aufwallung *f*; (*ocurrencia*) plötzlicher Einfall *m* (*o* Entschluss *m*); **le dio un ~** es kam plötzlich über ihn

prontuario M 1 (*compendio*) Hand-, Nachschlagebuch *n* 2 (*libreta*) Notiz-, Merkbuch *n*

prónuba F *poét* Brautführerin *f*

pronunciable ADJ aussprechbar; **pronunciación** F 1 FON Aussprache *f*; **~ figurada** Aussprachebezeichnung *f* 2 JUR Urteilsverlesung *f*; Urteilsverkündung *f*; **pronunciado** A ADJ ausgesprochen; *fig* ausgeprägt, markant B M HIST Verschwörer *m*, Putschist *m*; **pronunciamiento** M 1 POL (*golpe*) (Militär)Putsch *m* 2 *Am* POL (*declaración pública*) öffentliche (*o* feierliche) Erklärung *f* 3 JUR **~ (de sentencia)** Urteilsverkündung *f*

pronunciar ⟨1b⟩ A VT *palabra* aussprechen; *oración* sprechen, halten; JUR *sentencia* fällen, verkünden; **~ un brindis** einen Trinkspruch ausbringen B VR **pronunciarse** 1 sich äußern; *intercambio de opiniones*: sich aussprechen (**por** für *acus*); (*decidirse*) sich entscheiden (für *acus*); *Am declaración*: eine (formelle) Erklärung abgeben 2 (*rebelarse*) sich erheben, sich auflehnen; (*hacer un golpe*) putschen, einen Putsch anzetteln (**en contra de** gegen *acus*) 3 (*agravar*) stärker werden; sich verschärfen

prooccidentalismo M prowestliche Einstellung *f* (*o* Haltung *f*)

propagación F 1 BIOL, FÍS Ausbreitung *f*; (*reproducción*) Fortpflanzung *f*; FÍS **~ del sonido** Schallausbreitung *f* 2 *de conocimientos*: Weitergabe *f*, Verbreitung *f*; *de una epidemia, etc*: Um-sich-Greifen *n*; MED **~ de una enfermedad infecciosa** Ver-, Durchseuchung *f* 3 REL Verkündigung *f des Glaubens*

propagador A ADJ fortpflanzend; verbreitend B M, **propagadora** F Verbreiter *m*, -in *f*

propaganda F POL Propaganda *f*; COM **~ (comercial)** Werbung *f*, Reklame *f*; **(material** *m* **de) ~** Propagandamaterial *n*; **hacer (la) ~ de** werben für (*acus*)

propagandista M/F POL Propagandist *m*, -in *f*; COM Werber *m*, -in *f*; **propagandístico** ADJ POL propagandistisch; COM Werbe..., Reklame...

propagar ⟨1h⟩ A VT 1 BIOL *y fig* (*reproducir*) fortpflanzen; (*multiplicar*) vermehren 2 (*extender*) verbreiten; MED *gérmenes* verschleppen; **~ a/c a los cuatro vientos** etw hinausposaunen *fam* B VR **propagarse** 1 BIOL *y fig* (*reproducirse*) sich fortpflanzen; (*multiplicarse*) sich vermehren 2 (*extenderse*) sich verbreiten; MED *epidemia, etc* sich ausbreiten, um sich (*acus*) greifen; *fig noticia* bekannt werden

propagativo ADJ fortpflanzungs-, verbreitungsfähig

propalar A VT 1 ans Licht bringen; verbreiten, ausposaunen *fam* 2 *Am* (*noticias*) RADIO, TV senden, übertragen B VR **propalarse** ruchbar werden

propano M QUÍM Propan *n*

proparoxítono FON M Proparoxytonon *n*

propasar A VT (*die gebotenen Grenzen*) überschreiten B VR **propasarse** zu weit gehen; **~ a** sich hinreißen lassen zu (*dat*)

propedéutica F FIL, *etc* Propädeutik *f*; **propedéutico** ADJ propädeutisch; Einführungs..., Anfangs..., Vorbereitungs...

propelente ADJ Antriebs..., Treib...; **gas** *m* **~** Treibgas *n*

propender VI geneigt sein, neigen (**a** zu *dat*); **propensión** F Neigung *f*, Hang *m* (**a** zu *dat*); MED Veranlagung *f* (**a** zu *dat*); *a una enfermedad*: Anfälligkeit *f* (**a** für *dat*)

propenso ADJ (*inclinado*) (hin)neigend; (*dispuesto*) geneigt, bereit (**a** zu *dat o inf*); **ser ~ a** neigen zu (*dat*); anfällig sein für (*acus*) (*tb* MED)

propiamente ADV eigentlich; genau; **~ dicho** genau gesagt; eigentlich

propiciación F REL Sühn(e)opfer *n*

propiciar VT ⟨1b⟩ 1 (*ganar el favor*) geneigt machen; (*apaciguar*) besänftigen; (*reconciliar*) versöhnen 2 (*favorecer*) begünstigen, fördern; *plan, proyecto* vorantreiben; **propiciatorio** A ADJ versöhnend; Sühn(e)...; **víctima** *f* **-a** Sühn(e)opfer *n*; Opferlamm *n* B M *Biblia*: goldene Deckplatte *f* der Bundeslade; REL Versöhnungsmittel *n*; **propicio** ADJ (*graciable*) gnädig, huldvoll; (*inclinado*) geneigt, gewogen; (*favorable*) günstig (*tb tiempo*); **ser ~ a** geneigt sein zu

propiedad F 1 (*posesión*) Eigentum *n*; *inmueble*: (Grund-, Land)Besitz *m*; **~ compartida** Time-Sharing *n*; **~ horizontal** Wohnungseigentum *n*; **~ industrial** gewerbliches Eigentum *n*; Patentwesen *n*; **~ intelectual** geistiges Eigentum *n*; Urheberrecht *n*; JUR **nuda ~** mit einem Nießbrauch belastetes Eigentum *n*; **~ pública** Gemeingut *n*; **derecho** *m* **de ~** Eigentumsrecht *n*; **piso** *m* **de ~** Eigentumswohnung *f*; **dar en ~** zu eigen geben; JUR **es ~** alle Rechte vorbehalten; **ser ~ de alg** j-m gehören 2 (*atributo*) Eigenschaft *f* (*tb* FÍS); (*condición*) Beschaffenheit *f*, Qualität *f*; (*peculiaridad*) Eigentümlichkeit *f*; (*capacidad*) Fähigkeit *f* 3 (*adecuación*) Angemessenheit *f*; (*veracidad*) Richtigkeit *f*; **hablando con ~** eigentlich; *tb* offen gestanden; **hablar con ~** das treffende Wort anwenden; eine Sprache richtig sprechen; **un retrato que tiene mucha ~** ein sehr treffendes Porträt

propietario A M, **-a** F (*dueño, -a*) Eigentümer *m*, -in *f*; *de un inmueble*: (Haus-, Grund)Besitzer *m*, -in *f*; **ser ~ de** besitzen B ADJ **no ~** herstellerunabhängig

propileo(s) M(PL) Propyläen *pl*, Vorhalle *f eines Tempels*

propina F Trinkgeld *n*; MÚS Zugabe *f* **de ~** als Zugabe (*tb* MÚS), obendrein

propinar VT 1 *fam fig golpe* versetzen, verpassen *fam*; **~ una paliza** verprügeln, verhauen *fam* 2 (*dar de beber*) zu trinken geben (*dat*); MED verabreichen; *reg* **~se a/c** sich (*dat*) etw genehmigen

propincuidad F *liter* Nähe *f*; (*allegado*) nahe Verwandtschaft *f*; **propincuo** ADJ *liter* nahe; (*pariente cercano*) nahe verwandt

propio A ADJ 1 (*lo perteneciente, característico*) eigen; selbst; Eigen...; **alabanza** *f* **-a** Eigenlob *n*; **el ~** derselbe; **lo ~** dasselbe (**que** wie); das

Eigentliche, das Charakteristische; *adv* **el ~ rey** der König selbst; sogar der König; **al ~ tiempo (que)** zur gleichen Zeit (wie), gleichzeitig (mit *dat*); **con (su) -a mano** eigenhändig; **entregar a/c en -a mano** etw persönlich (*o* eigenhändig) übergeben; **en el sentido ~ de la palabra** im eigentlichen Sinne des Wortes; **hacer lo ~** dasselbe tun **2** (*apropiado*) **(ser) ~ para** geeignet (sein) für (*acus o* zu *dat*) **B** M **~s** MPL Gemeindebesitz *m*; Allmende *f*

propóleos M AGR Bienenharz *n*

proponedor **A** ADJ vorschlagend **B** M, **proponedora** F Vorschlagende *m/f*; **proponente** M/F Antragsteller *m*, -in *f*

proponer ⟨2r⟩ **A** V/T vorschlagen; (*exponer*) vorbringen; *pregunta* aufwerfen; *tarea* stellen; JUR *prueba* anbieten, antreten; *brindis* ausbringen; **~** (*inf*) vorschlagen (*o* anregen), zu (*inf*); **~ a alg de candidato** j-n als Kandidaten vorschlagen; **~ para la discusión** zur Erörterung stellen; *prov* **el hombre propone, y Dios dispone** der Mensch denkt, Gott lenkt **B** V/R **proponerse** (*inf*) (*tener el propósito de a/c*) sich (*dat*) vornehmen (, zu *inf*); (*tener la intención de*) vorhaben, beabsichtigen (zu *inf*); (*querer*) wollen (*inf*)

proporción F **1** (*relación*) Verhältnis *n* (*tb* MAT); Proportion *f*; **~ de polvo** Staubgehalt *m*; TEC **~ de transmisión** Übersetzungsverhältnis *n*; MAT **regla** *f* **de ~** Kettenrechnung *f*; **de buenas -ones** *figura, talla* gut proportioniert; (*armónico*) ebenmäßig, ausgeglichen; *tb* MAT **en ~ a** im Verhältnis zu (*dat*); MAT proportional mit (*dat*); **no estar en** *o* **no guardar -ones con** nicht im rechten Verhältnis stehen zu (*dat*); **tomar -ones alarmantes** beunruhigende Ausmaße (*o* Formen) annehmen **2** (*oportunidad*) (günstige) Gelegenheit *f*

proporcionado ADJ proportioniert; gebaut (*tb persona*); (*adecuado*) angemessen; (*uniforme*) gleichmäßig; **bien ~** gut proportioniert (*tb cuerpo*)

proporcional ADJ (*relativo*) verhältnismäßig; (*prorrata*) anteilig; proportional (**a** *dat*) (*tb* MAT); POL **elección** *f* **~** Verhältniswahl *f*; GRAM **nombre** *m* **~** Verhältniszahlwort *n*

proporcionalidad F Proportionalität *f*; Verhältnisgleichheit *f*; POL *tb* Proporz *m*; **proporcionalmente** ADV anteil(s)mäßig

proporcionar V/T **1** (*distribuir*) anpassen (**a** *dat o* an *acus*); nach Verhältnis einrichten (*o* aufteilen *etc*); **~ la mezcla** nach Verhältnis mischen **2** (*entregar*) ver-, beschaffen, besorgen **3** (*causar*) bewirken, verursachen; **~ a/c a alg** j-m etw bereiten

proposición F **1** (*sugerencia*) Vorschlag *m*; (*petición*) Antrag *m*; **~ de matrimonio** *o* **de casamiento** Heiratsantrag *m*; JUR **absolver -ones (de un interrogatorio)** Fragen (in einem Verhör) beantworten **2** GRAM Satz *m*; *lógica*: Satz *m*, Propositio *f*; MAT Lehrsatz *m*; RET Darlegung *f*; MÚS Thema *n einer Fuge*; **~ afirmativa** *lógica*: bejahender Satz *m*, Behauptung *f*; GRAM Aussagesatz *m*

propósito M **1** (*intención*) Absicht *f*, Plan *m*, Vorhaben *n*; (*premeditación*) Vorsatz *m*; *frec irón* **los buenos ~s** die guten Vorsätze *mpl*; **lograr su ~** seinen Willen durchsetzen; **con el ~ de** (*inf*) in der Absicht, zu (*inf*); **de** *o* **a ~** vorsätzlich, absichtlich **2** (*motivo*) Zweck *m*; **¿a ~ de qué?** zu welchem Zweck? **3 a ~** (*oportuno*) gelegen; (*apropiado*) geeignet; (*además*) übrigens, apropos; **a ~ de** über (*acus*), bezüglich (*gen*); **a ~ de automóviles** übrigens (*o* zum Thema) Kraftwagen; **ser a ~** brauchbar (*o* geeignet) sein (**para** für *acus o* zu *dat*); **venir muy a ~** sehr gelegen kommen; **fuera de ~** (*inoportuno*) ungelegen; (*fuera de lugar*) unangebracht

propuesta F Vorschlag *m* (*tb* POL); (*petición*) Antrag *m*; **~ de candidatos** Aufstellung *f* von Bewerbern, Besetzungsvorschlag *m* (für ein Amt); **a ~ de** auf Vorschlag von (*dat*); **propuesto** PP → proponer

propugnación F Verfechten *n*, Eintreten *n*; **propugnáculo** M *anticuado*: Bollwerk *n*; **propugnador** M, **propugnadora** F Verteidiger *m*, -in *f*, Verfechter *m*, -in *f*; **propugnar** V/T verfechten, verteidigen, eintreten für (*acus*)

propulsar V/T **1** *motor* antreiben (*tb* TEC, AVIA) **2** *anticuado*: → repulsar

propulsión F TEC Antrieb *m*; AUTO, AVIA, MAR **~ por cadena/por cohetes** Ketten-/Raketenantrieb *m*; **~ por hélice** MAR Schrauben-, AVIA Propellerantrieb *m*; **~ a chorro** *o* **a (de, por) reacción** Düsenantrieb *m*; AUTO **~ delantera/integral/trasera** Vorderrad-/Allrad-/Hinterradantrieb *m*; **~ nuclear** Atomantrieb *m*

propulsor **A** ADJ Treib..., Antriebs... **B** M (*turbina*) Triebwerk *n*; MAR, AVIA → hélice; **~ de cohetes** Raketentriebwerk *n* **C** M, **propulsora** F *fig* Förderer *m*, Förderin *f*

propuse → proponer

prorrata F Anteil *m*; **a ~** anteilmäßig; **prorratear** V/T anteilig aufteilen; **prorrateo** M anteilige Aufteilung *f* (*o* Verrechnung *f*), Umlage *f*

prórroga F (*extensión*) Verlängerung *f*; ECON *de un pago*: Stundung *f*; *de una fecha, etc*: Vertagung *f*; JUR **~ de (la) jurisdicción** Vereinbarung *f* der Zuständigkeit; **~ (del plazo)** Fristverlängerung *f*; Aufschub *m*

prorrogable ADJ (*aplazable*) aufschiebbar; (*alargable*) verlängerbar; **prorrogación** F *espec* JUR Prorogation *f*; (*aplazamiento*) Aufschub *m*; Vertagung *f*; *de un contrato*: Verlängerung *f*; → *tb* prórroga

prorrogar ⟨1h⟩ *plazo, convenio* verlängern; aufschieben; *fecha* verschieben, vertagen; *pagos* stunden; *letra de cambio* prolongieren; JUR prorogieren

prorrumpir V/I **1** (*salir con ímpetu*) hervorbrechen **2** *repentinamente*: ausbrechen (**en** in *acus*); **~ en una carcajada/en llanto** in Gelächter/Tränen ausbrechen; **~ en denuestos** Schmähungen ausstoßen

prosa F **1** LIT Prosa *f* (*tb fig*); *fam fig* **gastar mucha ~** viel schwatzen, viel unnützes Zeug reden **2** REL Hymne *f* (*Sequenz*)

prosaico ADJ prosaisch (*tb fig*); *fig* alltäglich, banal; **prosaísmo** M prosaische Nüchternheit *f*; *fig* Banalität *f*

prosapia F Herkunft *f*; (adelige) Abstammung *f*

proscenio M TEAT Proszenium *n*; *fig* Vordergrund *m*

proscribir V/T ⟨*pp* proscrito⟩ (*echar, excluir*) ächten (*tb fig*); (*desterrar*) verbannen; **proscripción** F (*ostracismo*) Ächtung *f*; (*destierro*) Verbannung *f*; **proscripto** → proscrito; **proscriptor** ADJ ächtend, Ächtungs...; verbannend; **proscrito** M, **-a** F **A** PP → proscribir **B** (*excluido*) Geächtete *m/f*; (*desterrado*) Verbannte *m/f*

prosecución F **1** (*seguimiento*) Verfolgung *f* (*einer Absicht*) **2** (*continuación*) Fortsetzung *f*; Beibehaltung *f*; **proseguible** ADJ fortsetzbar; **proseguir** ⟨3d *y* 3l⟩ **A** V/T fortführen; *costumbre* beibehalten; *propósito* verfolgen; *informe, viaje* fortsetzen **B** V/I fortfahren, weitermachen; **~ con a/c** etw weiterführen, etw fortsetzen

proselitismo M Bekehrungseifer *m*; *desp* Proselytenmacherei *f*; **proselitista** ADJ proselytenmacherisch; **prosélito** M, **-a** F Bekehrte *m/f*; Jünger *m*, -in *f*, *frec desp* Proselyt *m*, -in *f*

prosénquima M BIOL Prosenchym *n*

prosificar V/T ⟨1g⟩ in Prosa umsetzen; **prosista** M/F Prosaschriftsteller *m*, -in *f*, Prosaist *m*, -in *f*

prosodia F FON Prosodie *f*; **prosódico** ADJ prosodisch

prosopopeya F RET Prosopopöie *f*; *fig* (übertriebene) Feierlichkeit *f*; hohles Pathos *n*

prospección F MIN Schürfung *f*; Prospektieren *n*; ECON **~ de mercado** Marktforschung *f*, -sondierung *f*; **prospectar** V/T MIN schürfen; ECON *y fig mercado* erforschen; **prospectiva** F Zukunftsforschung *f*; **prospectivo** ADJ *vista al futuro*: vorausschauend; *orientado al futuro*: zukunftsorientiert; Zukunfts...; **prospecto** M Prospekt *m*; **~ de propaganda** Werbeprospekt *m*

prosperar V/I gedeihen, (guten) Erfolg haben, auf-, erblühen (*fig*); POL *solicitud* durchgehen; **hacer ~** *negocio* emporbringen; **prosperidad** F Gedeihen *n*; (*suerte*) Glück *n*; (*bienestar*) Wohlstand *m*, Prosperität *f*; (*auge*) Blüte *f* (*fig*); **~ económica** Wirtschaftsaufschwung *m*; **periodo** *m* **de ~** Blütezeit *f* (*fig*)

próspero ADJ gedeihlich, glücklich; florierend, blühend (*fig*); **¡~ Año Nuevo!** frohes neues Jahr!, prosit Neujahr!

prostaglandina F BIOL, MED Prostaglandin *n*

próstata F ANAT Vorsteherdrüse *f*; *t/t* Prostata *f*

prostático ADJ MED Prostata...; **prostatitis** F MED Prostataentzündung *f*

prosternarse V/R → postrar **B**

prostíbulo M *liter* Bordell *n*

prostitución F Prostitution *f*; (*violación*) Schändung *f* (*tb fig*); **~ infantil** Kinderprostitution *f*

prostituir ⟨3g⟩ **A** V/T prostituieren; (*violar*) schänden (*tb fig*), entehren **B** V/R **prostituirse** sich prostituieren; *fig* sich wegwerfen, sich kaufen lassen

prostituta F Prostituierte *f*

protagonismo M **1** Hauptrolle *f*, führende Rolle *f*; **compartir ~** sich die Hauptrolle teilen **2** (*puesta de relieve*) In-den-Vordergrund stellen *n*; **afán** *m* **de ~** Geltungssucht *f*; **protagonista** M/F **1** (*personaje principal*) Protagonist *m*, -in *f*; Hauptfigur *f*, -person *f* **2** TEAT Hauptdarsteller *m*, -in *f*; **papel** *m* **de ~** Hauptrolle *f* **3** (*héroe*) Held *m*, -in *f*; Vorkämpfer *m*, -in *f*; **protagonizar** V/I ⟨1f⟩ die Hauptrolle spielen in *o* bei (*dat*) (*tb fig*)

prótasis F LIT, TEAT Exposition *f*; GRAM Vordersatz *m*

protección F **1** (*amparo*) Schutz *m*; (*aseguramiento*) Sicherung *f*; MIL (*salvaguardia*) Deckung *f*, *tb* (*blindaje*) Panzerung *f*; **~ acústica** Lärmschutz *m*; ECOL **~ ambiental** *o* **del medio ambiente** Umweltschutz *m*; INFORM **~ anticopia** Kopierschutz *m*; TEC **~ anticorrosiva** Rostschutz *m*; MIL **~ civil** Zivilverteidigung *f*; POL, ECON **~ de los consumidores** Verbraucherschutz *m*; **~ contra el despido arbitrario** Kündigungsschutz *m*; INFORM **~ contra escritura** Schreibschutz *m*; **~ contra el ruido** Lärmschutz *m*; **~ contra incendios** Feuer-, Brandschutz *m*; INFORM **~ de datos** Datenschutz *m*; MED **~ a las embarazadas** Schwangerenfürsorge *f*; MIL **~ de fuego** Feuerschutz *m*; COM **~ de marcas** Markenschutz *m*; JUR **de menores** Jugendschutz *m*; ECOL **~ de la naturaleza** Naturschutz *m*; **~ policial** Polizeischutz *m*; **~ propia** Selbstschutz *m*; **~ de la propiedad intelectual** Urheber(rechts)schutz *m*; **~ solar** Sonnenschutz *m*; *producto*: Sonnenschutzmittel *n*; AVIA **~ de vuelo** Flugsicherung *f*; **con ~ legal** gesetzlich geschützt (**contra** gegen acus) 2 *fig (patronato)* Gönnerschaft *f*; POL Protektion *f*; **retirar la ~ a alg** die (schützende) Hand von j-m abziehen

proteccionismo M POL Protektionismus *m*, Schutzzollsystem *n*; **proteccionista** A ADJ protektionistisch B M/F Anhänger *m*, -in *f* des Schutzzollsystems

protector A ADJ schützend, Schutz...; **careta** *f* **~a** Schutzmaske *f*; **traje** *m* **~** Schutzanzug *m* B M, **protectora** F 1 (Be)Schützer *m*, -in *f*, Gönner *m*, -in *f* 2 *de un acto*: Schirmherr *m*, -in *f* 3 *espec* POL Protektor *m*, -in *f* C M 1 **~ de braguita** Windeleinlage *f*; **~ labial** Lippenpflegestift *m*, Lippenpomade *f*; **~ solar** Sonnenschutzmittel *n* 2 INFORM **~ de pantalla** Bildschirmschoner *m*

protectorado M *de un acto*: Schirmherrschaft *f*; POL Protektorat *n*

proteger ⟨2c⟩ A VT *(defender)* (be)schützen (**contra** vor *dat*); *fig (favorecer)* fördern, begünstigen; **~ a alg** *tb* j-n protegieren; INFORM **~ contra escritura** mit einem Schreibschutz versehen B VR **protegerse** sich schützen (**de, contra** vor *dat*)

protegeslip, protege-slip M *Esp* Slipeinlage *f*

protegido M, **-a** F Schützling *m*; Günstling *m*, Protegé *m*

proteico ADJ 1 QUÍM Protein..., Eiweiß... 2 *(cambiante)* wandelbar, proteisch *(liter)*

proteína F QUÍM Protein *n*; **proteínico** ADJ Protein...

protervo ADJ *liter* dreist; ruchlos

protésico A ADJ prothetisch B M, **-a** F **~ (dental)** Zahntechniker *m*, -in *f*

prótesis F ⟨*pl inv*⟩ 1 MED Prothese *f*, Ersatz(-glied *n etc*) *m*; **~ auditiva** Hörgerät *n*; **~ dental** *o* **dentaria** Zahnersatz *m*, Zahnprothese *f* 2 LING prothetische Bildung *f*, Prothese *f*

protesta F 1 Protest *m*; *(reclamación)* Einspruch *m*; **bajo ~** unter Protest; **en ~ (por)** aus Protest (gegen); ECON con protesto; JUR **~ de mar** Seeprotest *m*; **formular (una) ~** Einspruch erheben, Beschwerde (*o* Verwahrung) einlegen 2 *(aseveración)* Beteuerung *f*, (feierliche) Bekundung *f*; **~ de amistad** Freundschaftsversicherung *f*; **~s** *pl* **de inocencia** Unschuldsbeteuerungen *fpl*

protestación F 1 *espec* JUR Verwahrung *f* 2 REL **~ de la fe** Glaubensbekenntnis *n*

protestante REL A ADJ protestantisch B M/F Protestant *m*, -in *f*; **protestantismo** M REL Protestantismus *m*

protestar A VT 1 öffentlich bekennen 2 COM *letra de cambio* zu Protest gehen lassen B VI 1 protestieren (**contra** gegen *acus*); sich verwahren, Beschwerde (*o* Verwahrung) einlegen (**contra** gegen *acus*); POL **~ cerca de un Gobierno contra** bei einer Regierung Einspruch (*o* Protest) erheben gegen *(acus)* 2 *(aseverar)* **~ de** (nachdrücklich) beteuern *(acus)*

protestatario A ADJ protestierend, Protest... B M **-a** F Protestierer *m*, -in *f*; Teilnehmer *m*, -in *f* an einer Protestkundgebung, Protestler *m*, -in *f*; **protestativo** ADJ Protest...

protesto M COM Protest *m*; **~ (de una letra)** Wechselprotest *m*; **ir al ~** zu Protest gehen; **presentar al ~** *letra de cambio* zu Protest gehen lassen

protestón A ADJ nörglerisch, aufmüpfig *fam* B M, **-ona** F Nörgler *m*, -in *f*; Meckerer *m*, Meckerin *f fam*

protético ADJ LING prothetisch

protocolar A VT → protocolizar B ADJ protokollarisch; **protocolario** ADJ POL protokollarisch; **protocolizar** VT ⟨1f⟩ zu Protokoll nehmen

protocolo M 1 *(informe, acta)* (Verhandlungs)Bericht *m*, Protokoll *n*; *fax*: **~ de transmisión** Sendeprotokoll *n* 2 POL Protokoll *n*; **jefe** *m* **de ~** Protokollchef *m*; **sin demasiado ~** ungezwungen, formlos

protofitas FPL BOT Protophyten *fpl*; **protohistoria** F Frühgeschichte *f*; **protohistórico** ADJ frühgeschichtlich; **protomártir** M/F REL Erzmärtyrer *m*, -in *f*

protón M FÍS Proton *n*

protónica F FON vortonige Silbe *f*; **protónico** ADJ FON vortonig

protoplasma M BIOL Protoplasma *n*; **prototipo** M Urbild *n*, Prototyp *m (tb* TEC*)*

protóxido M QUÍM Oxid *n* niederer Oxidationsstufe

protozo(ari)os MPL BIOL Protozoen *pl*; **protozoico** ADJ BIOL Protozoen...

protráctil ADJ ZOOL *lengua* vorschnellbar

protuberancia F *(prominencia)* Vorsprung *m*; *(bulto)* Wulst *m*; *(corcova)* Buckel *m*; ASTRON Protuberanz *f*; **protuberante** ADJ vorspringend

provecho M 1 Vorteil *m*, Nutzen *m*, ECON Profit *m*; **~s** *mpl tb (ingresos adicionales)* Nebeneinnahmen *fpl*; **sacar ~ de a/c** aus etw Nutzen ziehen; **de ~** brauchbar; *hombre*: ordentlich; **en ~ de alg** zu j-s Nutzen *(dat)*; **nada de ~** nichts Brauchbares *n*; nichts Vernünftiges *n*; **~ propio** Eigennutz *m*; **ser de (gran) ~** (sehr) nützlich sein 2 **¡buen ~!** guten Appetit!; **¡buen ~ (le haga)!** wohl bekomm's! 3 *(progreso)* Fortschritt *m*

provechoso ADJ nützlich, vorteilhaft; *(lucrativo)* einträglich

provecto ADJ *persona* alt **edad** *f* **-a** vorgerücktes Alter

proveedor M, **proveedora** F Lieferant *m*, -in *f*; INFORM Provider *m*; **~ de contenidos** Content-Provider *m*; **~ de electricidad** Stromversorger *m*; **~ de (servicios de) Internet** Internetprovider *m*

proveeduría F Proviantamt *n*

proveer ⟨2e; *pp* provisto⟩ A VT & VI 1 *(suministrar)* beliefern, versorgen, versehen (**de** mit *dat*); JUR **~ de poderes** mit einer Vollmacht ausstatten 2 *(hacerse cargo)* sorgen (**a** für *acus*); **¡Dios ~á!** es liegt in Gottes Hand!; **~ a las necesidades de alg** j-n versorgen 3 *(preparar)* vorbereiten, bereitstellen; *cargo* besetzen, vergeben; *negocio* erledigen 4 JUR vorläufig anordnen; **para mejor ~** *Einleitungsformel einer einstweiligen Verfügung* (→ proveimiento 1) B VR **proveerse** sich versorgen, sich versehen (**de** mit *dat*); *(conseguirse)* sich *(dat)* zulegen (**de** *acus*); *(comprar)* einkaufen (**en** in *dat*)

proveído M JUR (vorläufiger) richterlicher Bescheid *m*, Zwischenurteil *n*; **proveimiento** M 1 JUR einstweilige Verfügung *f* 2 *(abastecimiento)* Versorgung *f*

proveniente PART herkommend, abstammend, herrührend; **provenir** VI ⟨3s⟩ herkommen, stammen, rühren (**de** von, aus *dat*)

Provenza F GEOG Provence *f*

provenzal A ADJ provenzalisch B M/F Provenzale *m*, Provenzalin *f* C M *lengua*: Provenzalisch *n*; **provenzalismo** M Provenzalismus *m*; **provenzalista** M/F *t/t* Provenzalist *m*, -in *f*

proverbial ADJ sprichwörtlich; **proverbio** M Sprichwort *n*; *Biblia*: **el Libro de los Proverbios** die Sprüche Salomons; **proverbista** M/F *fam* Spruchbeutel *m fam*

providencia F 1 REL (göttliche) Vorsehung *f*; *p. ext* **la Providencia** die Vorsehung; *fig* **ser la ~ de los pobres** der Engel der Armen sein *(fig)* 2 *(previsión)* Vorsorge *f*; *(precaución)* Vorkehrung *f*, Maßnahme *f*; *(instrucción)* Vorschrift *f*; **tomar ~s** Vorkehrungen treffen 3 JUR vorläufiger Bescheid *m*; Entschluss *m*; **tomar (una) ~** einen Entschluss fassen

providencial ADJ *(previsor)* vorsorglich; *destino*: von der Vorsehung bestimmt, providenziell; *fig (muy apropiado)* sehr angebracht; **caso** *m* **~** Schickung *f*; **providencialismo** M REL Vorsehungsgläubigkeit *f*; **providencialista** A ADJ vorsehungsgläubig B M/F Vorsehungsgläubige *m/f*

providenciar VT ⟨1b⟩ (vorläufig) entscheiden; **providente** ADJ *(cuidadoso)* vorsichtig; *(prudente)* umsichtig, klug

próvido ADJ 1 *(prevenido)* vorsorglich 2 *(favorable)* günstig 3 *(benévolo)* gütig, gnädig

provincia F Provinz *f*; CAT (Ordens)Provinz *f*

provincial A ADJ provinziell; Provinzial..., Provinz... B M, **provinciala** F CAT Provinzial *m*, -in *f*; **provincialismo** M Provinzialismus *m (espec* LING*)*; **provincianismo** M Provinzlertum *n*; **provinciano** A ADJ Provinz... B M, **-a** F Provinzbewohner *m*, -in *f*; *desp* Provinzler *m*, -in *f*

provine → provenir

provisión F 1 *(reserva)* Vorrat *m*; **-ones** *fpl tb* Proviant *m* 2 ECON **~ (de fondos)** Deckung *f*; **por falta de ~** mangels Deckung 3 *(disposición)* Maßnahme *f*, Verfügung *f* 4 ADMIN *(ocupación de un cargo)* Besetzung *f eines Amts*

provisional ADJ vorläufig, provisorisch; Behelfs...; **Gobierno** *m* **~** provisorische Regierung *f*, Interimsregierung *f*; **puente** *m* **~** Behelfs-, Notbrücke *f*; **solución** *f o* **arreglo** *m* **~** Provisorium *n*, Notbehelf *m*

provisionalidad F provisorischer Charakter *m*

provisor M 1 CAT *monasterio*: Besorger *m*, Schaffner *m*; **~ (de diócesis)** Vikar *m*; bischöflicher Vikariatsrichter *m* 2 *reg* → proveedor; **provisora** F CAT *monasterio*: Schaffnerin *f*; **provisorio** ADJ *Am* provisorisch, vorläufig

provisto A PP → proveer B ADJ **~ de** versehen mit *(dat)*, ausgestattet mit *(dat)*

provocación F 1 Herausforderung *f*, Provokation *f*; *(instigación)* Anstiftung *f*; *(agitación a la rebelión)* Aufwiegelung *f* 2 MED (künstliche) Auslösung *f* (*o* Hervorrufung *f*) 3 JUR **~ de incendios** Brandstiftung *f*

provocador A ADJ herausfordernd, provozierend; MED auslösend; **agente** *m* **~** Lockspitzel *m* B M, **provocadora** F Provokateur *m*, -in *f*, Hetzer *m*, -in *f* C M Auslöser *m*; MED Erreger *m*

provocar ⟨1g⟩ A VT 1 *(desafiar)* herausfordern, provozieren; *(excitar)* aufreizen; *(instigar)* anstiften 2 *(causar)* veranlassen, bewirken; *resultados* hervorrufen; MED *enfermedades, fiebre, etc* auslösen, (künstlich) hervorrufen; *parto* (künstlich) einleiten 3 *Am reg* **me provoca** *(inf)* ich habe Lust zu *(inf)*; **¿le provoca una cerveza?** möchten Sie ein Bier trinken? B VI *fam* (sich) erbrechen; **tengo ganas de ~** mir ist (spei)übel

provocativo ADJ herausfordernd, provozierend; *(excitante)* aufreizend

proxeneta M/F Kuppler *m*, -in *f*; **proxenético** ADJ Kuppel...; Kuppler...; **proxenetismo** M Kuppelei *f*

próximamente ADV 1 *(pronto)* nächstens, bald 2 *(aproximadamente)* ungefähr, annähernd, etwa

proximidad F Nähe *f* (**a** zu *dat*)

próximo ADJ 1 *(cercano)* nahe (**a** bei *dat*); *en el tiempo*: nahe bevorstehend; *fig* nahe stehend (**a** *dat*); **de ~** → próximamente; **estar ~** bevorstehen; **estar ~ a** *(inf)* drauf und dran sein, zu *(inf)* 2 *(siguiente)* nächste(r, -s); **pariente** *m* **~** nächster Verwandter *m*; **el ~ año** nächstes

Jahr; **la -a semana** *o* **la semana -a** in der nächsten Woche; **¡hasta la -a!** bis zum nächsten Mal!; bis bald!

proyección F 1 FÍS, TEC *(acción de proyectar)* Werfen *n*, Schleudern *n*; *(efecto de proyectar)* Wurf *m*; **~ de la sombra** *o* **de sombras** Schattenwurf *m* 2 MAT, ARQUIT, PSIC, FILM *cartografía, etc* Projektion *f*; **-ones** *pl tb* Umrisse *mpl*; GEOL **~ horizontal** Horizontalprojektion *f*; **~ de películas** *o* **~ cinematográfica** Filmvorführung *f*; PSIC **~ sentimental** Einfühlung *f*; **aparato** *m* **de ~** Projektionsapparat *m*; FILM **cabina** *f* **de ~** Vorführkabine *f*; **pantalla** *f* **de ~** Projektionsschirm *m*; **conferencia** *f* **con -ones** Lichtbildervortrag *m* 3 *fig (influencia)* Einfluss *m*, Tragweite *f* 4 *espec en elecciones*: Hochrechnung *f*

proyeccionista M/F Filmvorführer *m*, -in *f*;

proyectante A ADJ projizierend; projektierend B F MAT Projektionslinie *f*, -gerade *f*

proyectar A V/T 1 schleudern, werfen; *sombras* werfen (**sobre, en** auf *acus*) 2 *espec* MAT *y* ÓPT projizieren; FILM, *películas* vorführen 3 *(idear, trazar)* projektieren, entwerfen; vorhaben; *(planear)* planen; vorsehen B V/R **~se en** *o* **sobre** *sombra* fallen auf *(acus)*

proyectil M Geschoss, *Austr* Geschoß *n*, Projektil *n*; **~ de cohete** Raketengeschoss, *Austr* -geschoß *n*; **~ fumígeno** Nebelgeschoss, *Austr* -geschoß *n*; **~ incendiario** Brandgeschoss, *Austr* -geschoß *n*; **~ de guerra** scharfes Geschoss, *Austr* Geschoß *n*; **~ teledirigido** Fernlenkgeschoss, *Austr* -geschoß *n*

proyectista M/F 1 *gener* (Er)Bauer *m*, -in *f*; *como profesión*: (Entwurfs)Konstrukteur *m*, -in *f*, Projektingenieur *m*, -in *f*, Designer *m*, -in *f* 2 TIPO Gestalter *m*, -in *f*, Layouter *m*, -in *f*

proyecto A ADJ MAT bildlich dargestellt, schaubildlich B M *(esquema)* Entwurf *m*; Projekt *n*; *(plan)* Plan *m*, Vorhaben *n*; *(intención)* Absicht *f*; **~ de contrato/de ley** Vertrags-/Gesetzentwurf *m*; **~ malogrado** Fehlschlag *m*; **~ piloto** Pilotprojekt *n*; *Esp* ADMIN **~ de presupuestos generales del Estado** Haushaltsentwurf *m*; **jefe** *m* **de ~** Projektleiter *m*, Projektmanager *m*; **planificación** *f* **de ~s** Projektplanung *f*; **orientado a ~s** projektorientiert; **en ~** geplant; **tener a/c en ~** etw planen, etw vorhaben

proyector M 1 FOT, FILM, TEAT Projektor *m*; Scheinwerfer *m*; **~ (cinematográfico** *o* **de cine)** Film-, Kinoprojektor *m*, Vorführgerät *n*; **~ de transparencias** Tageslicht-, Overheadprojektor *m*; **~ de vídeos** Videoprojektor *m* 2 TEC Werfer *m*, Spritzgerät *n*; *bomberos*: **~ de agua y espuma** Schaum- und Wasserwerfer *m*; TEC **~ luminoso** Lichtwerfer *m*

prudencia F Klugheit *f*; *(cuidado)* Vorsicht *f*;

prudencial ADJ klug, vernünftig; vorsichtig; *plazo, etc* angemessen; Sicherheits...; *fam* **cálculo** *m* **~** Überschlagsberechnung *f*; *transporte*: **distancia** *f* **~** Sicherheitsabstand *m*; **prudencialmente** ADV vorsichtigerweise; **prudenciar** ⟨1b⟩ A V/I *Am (astuto)* klug (*o* vorsichtig) sein; *(mantener serenidad)* gelassen bleiben B V/R **prudenciarse** *Col, Cuba, C. Rica* sich geduldén

prudente ADJ *(sensato)* klug, vernünftig; *(aconsejable)* angebracht, ratsam; **creer ~** *(inf)* (es) für ratsam halten (zu *inf*); **prudentemente** ADV klugerweise, wohlweislich

prueba F 1 *(comprobante)* Beweis *m*; Nachweis *m*; **~ de confianza** Vertrauensbeweis *m*; JUR **~ documental** Urkundenbeweis *m*; **~ indiciaria/testifical** Indizien-/Zeugenbeweis *m*; JUR **carga** *f* **de ~** Beweislast *f*; JUR **práctica** *f* **de ~** Beweisaufnahme *f*, -erhebung *f*; **dar ~s de a/c** etw beweisen (*o* unter Beweis stellen), Beweise für etw *(acus)* liefern; **hacer ~ de generosidad** für Edelmut zeugen; **por falta de ~s** aus Mangel an Beweisen 2 *(ensayo)* Probe *f*, Versuch *m*; *en la práctica*: Erprobung *f*; *(examen)* Test *m*, Prüfung *f*; REL Versuchung *f*; TEC, MED **~ de carga** Belastungsprobe *f*; **~ de duración** Dauerprobe *f*, -erprobung *f*; TEC **~ de dureza/de golpe** *material*: Härte-/Schlagprüfung *f*; *fig* **~ de fuego** Feuerprobe *f*; **~ de fuerza** Kraftprobe *f*; FÍS **~s** *pl* **nucleares** Atomversuche *mpl*; *criminalística*: **~ de la parafina** Paraffintest *m*; TEC, DEP **~ de resistencia** Leistungsprüfung *f*; **(marcha** *f* **de)** **~** Probefahrt *f*; SOCIOL **matrimonio** *m* **a ~** Ehe *f* auf Probe; **período** *m* **de ~** Probezeit *f*; **a ~** stichhaltig; **de ~** sicher, zuverlässig; **a título de ~** zur Probe; versuchsweise; **a toda ~** (wohl) erprobt; bewährt; **a ~ de agua/de aire/de ruido** wasser-/luft-/schalldicht; **a ~ de balas/bombas** kugel-/bombensicher; **a ~ de choques** stoßsicher; **a ~ de fuego** feuerfest; **a ~ de intemperie** wetterfest, -beständig; **a ~ de ladrones** diebstahlsicher; *persona*: **estar a ~ de** *(protegido)* geschützt sein vor *(dat)*; *(insensible)* unempfindlich sein gegen *(acus)*; *(no darle importancia)* sich *(dat)* nichts machen aus *(dat) fam*; **poner a ~** auf die Probe stellen; **¡pongámoslo a ~!** machen wir die Probe aufs Exempel!; **someter a (una) ~** einer Prüfung unterziehen (*o* unterwerfen) 3 *enseñanza*: Prüfung *f*; PSIC, MED *tb* Test *m*; **~ de acceso** *o* **de admisión** Aufnahmeprüfung *f*; **~ de alcoholemia** Alkoholtest *m*; **~ de aptitud** *o* **de idoneidad** Eignungsprüfung *f*, Eignungstest *m*; **~ de nivel** Einstufungstest *m*; **~s** *pl* **prácticas/teóricas** praktische/theoretische Prüfung *f* *(tb examen de conductor)*; **~ de salvamento** *de los bomberos, etc*: Rettungsübung *f*; **~s** *pl* **de selectividad** *Esp* Aufnahmeprüfung *f an spanischen Universitäten* 4 MED **~ de embarazo** Schwangerschaftstest *m*; **~ de la función hepática/renal** Leber-/Nierenfunktionsprüfung *f*; MED **~ testigo** *o* **de control** Kontrollversuch *m* 5 *vestimenta*: Anprobe *f*; **¿está ya de ~ mi traje?** kann ich meinen Anzug schon anprobieren? 6 COM *(muestra)* Probe *f*, Muster *n*; *(degustación)* Kostprobe *f*; MIN, GEOL **~ de mineral** Gesteinsprobe *f*; COM **envío** *m* **de ~** Probesendung *f*; **como ~, de ~** als Probe, auf Probe; zur Ansicht; Probe... 7 FOT *(copia)* Abzug *m*, Kopie *f*; TIPO **~ (de imprenta)** (Probe)Abzug *m*, Korrekturbogen *m*; FOT **~ positiva** Positiv *n*; **~ negativa** Negativ *n*; FOT, TIPO **sacar una ~** einen Abzug machen 8 DEP *(competición)* Wettkampf *m* 9 **~s** *pl de nobleza*: Adelsurkunden *fpl* 10 *Am (juego de manos)* Taschenspielertrick *m*

pruebista M/F *Am* 1 *(acróbata)* Akrobat *m*, -in *f* 2 → gimnasta

pruriginoso ADJ MED juckend; **prurigo** M MED Prurigo *f*, Juckflechte *f*; **prurito** M Hautjucken *n*; *fig* Kitzel *m*, Gelüst *n*

Prusia F Preußen *n*

prusiano A ADJ preußisch B M, **-a** F Preuße *m*, Preußin *f*; **prusiato** M QUÍM cyansaures Salz *n*, Prussiat *n*

prúsico ADJ QUÍM **ácido** *m* **~** Blausäure *f*

P.S. ABR (post-scriptum) PS *n* (Postskriptum)

pse INT pah! *(Verachtung, Gleichgültigkeit)*

pseudo... → seudo...

(p)sicoanálisis M Psychoanalyse *f*;

(p)sicoanalista M/F Psychoanalytiker *m*, -in *f*; **(p)sicoanalítico** ADJ psychoanalytisch; **(p)sicodelia** F Bewusstseinserweiterung *f*; **(p)sicodélico** ADJ psychedelisch;

(p)sicofármaco M Psychopharmakon *n*;

(p)sicofísica F Psychophysik *f*;

(p)sicolingüística Psycholinguistik *f*

(p)sicología F Psychologie *f*; **~ animal** Tierpsychologie *f*; **~ individual** Individualpsychologie *f*; **~ profunda** Tiefenpsychologie *f*; **~ social/sexual** Sozial-/Sexualpsychologie *f*

(p)sicológico ADJ psychologisch

(p)sicólogo M, **-a** F Psychologe *m*, Psychologin *f*; **~ de empresa** Betriebspsychologe *m*

(p)sicomotor ADJ psychomotorisch; **desarrollo** *m* **~** psychomotorische Entwicklung *f*;

(p)sicomotricidad F MED Psychomotorik *f*; **(p)siconeurosis** F ⟨*pl inv*⟩ MED Psychoneurose *f*

(p)sicópata M/F MED Psychopath *m*, -in *f*;

(p)sicopatía F MED Seelenkrankheit *f*, Psychopathie *f*; **(p)sicopático** ADJ MED psychopathisch

(p)sicosis F MED ⟨*pl inv*⟩ Psychose *f*; **~ carcelaria** Haftpsychose *f*; **~ colectiva** Massenpsychose *f*; **~ de guerra** Kriegspsychose *f*; **~ de los exámenes** *o* **de los examinados** Examenspsychose *f*, Prüfungsangst *f*; **~ maniaco-depresiva** manisch-depressives Irresein *n*

(p)sicosocial ADJ psychosozial;

(p)sicosociología F Sozialpsychologie *f*;

(p)sicosomático ADJ MED psychosomatisch; **medicina** *f* **-a** Psychosomatik *f*;

(p)sicotecnia F Psychotechnik *f*;

(p)sicotécnico ADJ psychotechnisch; **examen** *m* **~** psychologische Eignungsprüfung *f*;

(p)sicoterapeuta M/F MED Psychotherapeut *m*, -in *f*; **(p)sicoterapia** F MED Psychotherapie *f*; **~ de grupo** Gruppentherapie *f*

(p)sicótico ADJ MED psychotisch

psicotónico MED A ADJ die Psyche kräftigend B M Psychopharmakon *n*, -tonikum *n*

psique F PSIC, MED Psyche *f*

(p)siquiatra M/F MED Psychiater *m*, -in *f*, Facharzt *m*, -ärztin *f* für Psychiatrie;

(p)siquiatría F MED Psychiatrie *f*;

(p)siquiátrico ADJ psychiatrisch

(p)síquico ADJ psychisch, seelisch

psiquis F, **psiquismo** M PSIC, MED Psyche *f*

(p)sitacosis F MED Papageienkrankheit *f*

PSOE M ABR (Partido Socialista Obrero Español) Sozialistische Arbeiterpartei *f* Spaniens

(p)soriasis F MED Psoriasis *f*, Schuppenflechte *f*

PSS M ABR (Prestación Social Sustitutoria) *Esp* HIST Wehrersatzdienst *m*, Zivildienst *m*

psss → pse

PSUC M ABR (catalán: Partit Socialista Unificat de Catalunya) HIST *kommunistische Partei in Katalonien*

PT M ABR 1 *Méx (Partido del Trabajo)* Partei *f* der Arbeit 2 *Ur, Brasil (Partido de los Trabajadores)* Arbeiterpartei *f*

pta(s). ABR (peseta, pesetas) HIST Pesete(n) *f(pl)*

PTJ F ABR (Policía Técnica Judicial) *venezolanische Kriminalpolizei*

ptolemaico ADJ ASTRON, HIST ptolemäisch

pts. ABR (pesetas) HIST Peseten *fpl*

pu INT → puf[1]

púa F 1 *(espina)* Stachel *m (tb* ZOOL *y fig)*; *fig (pena secreta)* geheimer Kummer *m*, Stich *m* 2 *(diente)* Zinke *f*; *de un peine*: Zahn *m*; Gabelzinke *f*; MÚS Plektron *n*; *fam fig (vivo, pillo)* Schlaumeier *m fam*; **de cuatro ~s** vierzinkig; *fam fig* **saber cuántas ~s tiene un peine** gerieben (*o* clever) sein *fam* 3 TEC *(punta)* Dorn *m*; Spitze *f*; DEP, AUTO Spike *m*; **alambre** *m* **de ~s** Stacheldraht *m*; **neumáticos** *mpl* **con ~s** Spikesreifen *mpl* 4 AGR Pfropfreis *n*

pub [paβ] M Pub *m/n*

púber, púbero ADJ mannbar; geschlechtsreif

pubertad F Pubertät *f*; Geschlechtsreife *f*

pubes M → pubis; **pubescencia** F *liter* →

pubertad; **pubescente** A PART → pubescer B ADJ BOT *hoja* behaart; **pubescer** VI ⟨2d⟩ geschlechtsreif werden
pubiano, púbico ADJ ANAT Scham…
pubis M ⟨*pl inv*⟩ ANAT Schambein *n*, -berg *m*; **pelos** *mpl* **del ~** Schamhaare *npl*
publicable ADJ zur Veröffentlichung geeignet; **publicación** F 1 (*proclamación*) Bekanntmachung *f*; (*anuncio*) Veröffentlichung *f* 2 (*edición*) Herausgabe *f*, **~ electrónica** INTERNET Electronic Publishing *n* 3 (*obra publicada*) Publikation *f*, (Verlags)Werk *n*; **~ electrónica** INTERNET elektronische Publikation *f*; **publicador** M, **publicadora** F Veröffentlichende *m/f*
publicano M *Biblia*: Zöllner *m*
publicar ⟨1g⟩ A VT 1 (*dar a conocer*) bekannt machen (*o* geben); *novios* aufbieten 2 *escrito* veröffentlichen, herausgeben B VR **publicarse** *libro, revista* erscheinen, herauskommen; **acaba de ~** soeben erschienen
publicidad F 1 (*estado público*) Öffentlichkeit *f*; **dar ~ a a/c** etw bekannt machen; etw an die Öffentlichkeit bringen 2 ECON (*anuncios comerciales*) Werbung *f*, Reklame *f*, Publicity *f*; TV **~ comparativa** vergleichende Werbung *f*; **~ directa** Direktwerbung *f*; **~ exterior** Außenwerbung *f*; RADIO, TV **~ indirecta** *o* **encubierta** *o* **subliminal** Schleichwerbung *f*; **~ luminosa** Leuchtreklame *f*; **~ radiofónica/televisada** Rundfunk-/Fernsehwerbung *f*; **departamento** *m* **de ~** Werbeabteilung *f*; **hacer ~** werben, Reklame machen (**de, para** für *acus*)
publicista M/F Publizist *m*, -in *f*; **publicitar** VT Reklame machen für, werben für; **publicitario** A ADJ Werbe…, Werbungs…; **técnico** *m* **~** Werbefachmann *m*; **valla** *f* **-a** Reklametafel *f* B M, **-a** F Werbefachmann *m*, -fachfrau *f*
público A ADJ öffentlich; (*estatal*) staatlich, Staats…, Landes…; (*de la comuna*) Gemeinde…; *p. ext* (*de conocimiento común*) allgemein bekannt; **en ~** öffentlich, vor aller Welt; **dominio** *m* **~** *o* **propiedad** *f* **-a** öffentliches Eigentum *n*; **empleado** *m* **~** Angestellte *m* im öffentlichen Dienst; **opinión** *f* **-a** öffentliche Meinung *f*; **persona** *f* **de la vida -a** Person *f* des öffentlichen Lebens; **relaciones** *fpl* **-as** Öffentlichkeitsarbeit *f*, Public Relations *pl*; **salud** *f* **-a** (öffentliches) Gesundheitswesen *n*; **servicio** *m* **~** öffentlicher Dienst *m*; **hacer ~** (öffentlich) bekannt geben *o* bekannt machen; **hacerse ~** öffentlich werden, an die Öffentlichkeit kommen; ECON **sacar a subasta -a** *concurso* öffentlich ausschreiben B M Publikum *n*; (*espectadores*) Leute *pl*; TEAT, FILM Zuschauer *mpl*; MÚS Zuhörer *mpl*; **el gran ~** die breite Masse (*o* Öffentlichkeit); FILM **apto para todos los ~s** ohne Altersbeschränkung; **aparecer en ~** öffentlich auftreten; **dar al ~** veröffentlichen
pucha[1] F 1 *Cuba* (*ramo de flores*) bunter (Blumen)Strauß *m* 2 *Hond* (*pequeña cantidad*) geringe Menge *f*; (kleines) Stück *n* (*z. B. Ackerland*) 3 *Méx* (*rosquilla*) Art Brezelbrot *n*
pucha[2] F *Am* 1 *fam* → puta 2 INT *espec RPl pop* **¡la ~!** Donnerwetter!; verflixt!; pfui!
puchada F 1 *cataplasma*: Breiumschlag *m* 2 (*cebo*) Mastfutter *n für Schweine*
púcher M *pop* Pus(c)her *m fam*, Dealer *m fam*
puchera F GASTR *fam* → puchero 1; **pucherazo** M 1 (*golpe*) Schlag *m* mit einem Topf 2 *fam fig* (*fraude electoral*) Wahlbetrug *m*; **pucherear** VI *fam* armselig essen
puchero M 1 (*cacerola*) Kochtopf *m*; *Esp* GASTR Eintopfgericht *n aus Fleisch und Gemüse*; *fam fig* (*urna electoral*) Wahlurne *f* 2 *fig* **hacer ~s** ein weinerliches Gesicht machen, eine Schippe ziehen *fam*; *Esp* **meter la cabeza en un ~** nicht einsehen wollen, dass man sich verrannt hat; Scheuklappen tragen (*fig fam*) 3 *fig* **el ~** (*el pan de todos los días*) der Lebensunterhalt, das tägliche Brot 4 *Arg fam* (*homosexual*) Schwule *m fam* 5 *Ur* (*cenicero*) Aschenbecher *m*
puches MPL *o* FPL Brei *m*, Schleim *m*
pucho M 1 *RPl, Arg, Bol, Chile, Ec, Par, Perú, Ur* (*colilla*) Zigarrenstummel *m*, Kippe *f fam*; (*residuo*) Rest *m*, Abfall *m*; *pop* (*cigarrillo*) Zigarette *f*; **un puch(it)o** ein bisschen; **no valer un ~** keinen Pfennig (*o* Pfifferling) wert sein; **a ~s** in kleinen Mengen; **sobre el ~** *Arg, Bol, Perú* sofort, unmittelbar 2 *Chile pop* (*pene*) Schwanz *m pop*
pude → poder[1]
pudelado A M METAL Puddeln *n*, Frischen *n* B ADJ **acero** *m* **~** Puddelstahl *m*; **pudelaje** M **acero** *m* **de ~** Puddelstahl *m*; **pudelar** VT METAL puddeln, frischen
pudendo ADJ Scham erregend; **partes** *fpl* **-as** Schamteile *mpl*
pudibundez F übertriebene Schamhaftigkeit *f*, Prüderie *f*; **pudibundo** ADJ (übertrieben) schamhaft, verschämt, prüde
púdico ADJ → pudoroso
pudiente ADJ wohlhabend, vermögend, reich
pudín M Pudding *m*; **pudinera** F Puddingform *f*; **pudinga** F GEOL Konglomerat *n*
pudo → poder[1]
pudor M (*vergüenza*) Scham *f*, Schamhaftigkeit *f*; (*castidad*) Züchtigkeit *f*; JUR **atentado** *m* **al ~** unzüchtige Handlung *f*; **pudoroso** ADJ schamhaft
pudrición F (*descomposición*) Faulen *n*; (*podredumbre*) Fäulnis *f*; **pudridero** M 1 (*pozo de estiércol*) Mistgrube *f* 2 *cámara*: Faulkammer *f*; **pudrimiento** M (Ver)Faulen *n*
pudrir A VT 1 BIOL in Fäulnis bringen, verfaulen lassen 2 *fig* abhärmen, verzehren B VI *fig* im Grabe liegen, (längst) tot sein C VR **pudrirse** 1 BIOL (ver)faulen 2 *fig* vergehen, sterben (**de** *vor dat*); **~ de aburrimiento** sich zu Tode langweilen; *fam fig* **no pudrírsele a alg las cosas en el pecho** nichts verschweigen können, nicht dichthalten (*fig fam*); *fam* **¡que se pudra!** geschieht ihm ganz recht! *fam*; *fam* **¡y los demás que se pudran!** und die anderen können in die Röhre gucken (*o* zum Teufel gehen)! *fam*
pudú M *Chile* ZOOL Zwerg-, Gemshirsch *m der Anden*
pueblerino A ADJ Dorf…, dörflich; *desp* bäurisch, dörfisch B M, **-a** F Dorfbewohner *m*, -in *f*; *desp* Dörfler *m*, -in *f*; Provinzler *m*, -in *f*
pueblero *Am* A ADJ (klein)städtisch B M, **-a** F (Klein)Städter *m*, -in *f*
pueblo M 1 *habitantes de un país*: Volk *n*; *Biblia*: **el ~ de Dios** *o* **elegido** das Gottesvolk, das auserwählte Volk; **el ~ llano** das einfache Volk 2 (*localidad*) Ortschaft *f*; *Perú* ADMIN *euf* **~ joven** Elendsviertel *n*; **~ natal** Heimatort *m*; **de ~ en ~** von Ort zu Ort 3 (*villa*) Dorf *n*; *desp* **de ~** bäurisch, tölpelhaft
puedo → poder[1]
puelche *Chile* A ADJ Puelche… B M/F Puelcheindianer *m*, -in *f* C M 1 *lengua*: Puelche *n* 2 *viento*: Ostwind *m der Anden*
puente M (*antig tb* F) 1 *construcción*: Brücke *f* (*tb* ODONT *y fig*); MAR *tb* Deck *n*; **~ de barcas** *o* **de pontones** Schiffs-, Pontonbrücke *f*; **~ colgante** Hängebrücke *f*; **~ flotante** Schwimmbrücke *f*; **~ levadizo** Zugbrücke *f*; **~ de fábrica** Steinbrücke *f*, Massivbrücke *f*; **~ ferroviario** Eisenbahnbrücke *f*; **~ giratorio** Drehbrücke *f*; **~-grúa** Laufkran *m*; MAR, TEC **~ de mando** Kommandobrücke *f*; TEC Leitstand *m*; **~ peatonal** Fußgängerbrücke *f*; *espec* FERR **~ (transversal) de señales** Signalbrücke *f*; **~ transportador/transbordador** Förder-/Verladebrücke *f*; *tb fig* **tender un ~** eine Brücke schlagen 2 *fig* AVIA **~ aéreo** Luftbrücke *f*; *por ext* Shuttleservice *n*; AUTO, ELEC **hacer un ~** kurzschließen 3 *fig* **día** *m* **~** Brückentag *m*, Fenstertag *m*; **hacer ~** einen Brückentag (*o* Fenstertag) nehmen 4 DEP Brücke *f*; **hacer el ~** eine Brücke machen 5 MÚS *de un instrumento de cuerda*: Steg *m* 6 (Brillen)Steg *m*
puentear VT 1 ELEC überbrücken 2 *fig serie*: überspringen; *persona* übergehen; **puenteo** M 1 ELEC Überbrücken *n* 2 *serie*: Überspringen *n*; **puenting** M Bungeespringen *n*
puerca F 1 ZOOL Sau *f*, Mutterschwein *n*; *fam fig desp* Schlampe *f fam* 2 *P. Rico* TEC (*niveladora*) Planierraupe *f*
puerco A ADJ *comportamiento* schweinisch; (*sucio*) schmutzig B M ZOOL (*cerdo*) Schwein *n* (*tb fig*); *Am reg tb* GASTR Schweinefleisch *n*; **~ espín** Stachelschwein *n*; *prov* **a cada ~ le llega su San Martín** jeder kommt einmal an die Reihe; das dicke Ende kommt noch
puericia F Knabenalter *n*; **puericultor** M, **puericultora** F Säuglingspfleger *m*, Säuglingsschwester *f*; Kindergärtner *m*, -in *f*; **puericultorio** M *Perú* Säuglings- und Kinderheim *n*; **puericultura** F Säuglings-, Kinderpflege *f*
pueril ADJ Kindes…, kindlich; *desp* kindisch; **puerilidad** F Kinderei *f*
puérpera F Wöchnerin *f*
puerperal ADJ Kindbett…; MED **fiebre** *f* **~** Kindbettfieber *n*; **puerperio** M Wochenbett *n*
puerro M 1 BOT Lauch *m*, Porree *m* 2 *drogas fam* Haschischzigarette *f*, Joint *m fam*
puerta F 1 Tür *f*; (*portón*) Tor *n*; (*puertecilla*) Pforte *f*; **~ basculante** Kipptür *f*; **~ de atrás** Hintertür *f*; **~ de la calle** Haustür *f*; **~ caediza** *o* **de guillotina** Falltür *f*; **~ de comunicación** Verbindungstür *f*; **~ corrediza** Schiebetür *f*; **~ disimulada** *o* **secreta** Geheimtür *f*; Tapetentür *f*; **~ de entrada** Eingangstür *f*; Einfahrt *f*; Einfahrtstor *n*; **~ de escape** Hintertür *f* (*fig*); Notausgang *m*; **~ falsa** Geheim-, Tapetentür *f*; **~ giratoria** Drehtür *f*; **~ oscilante** *o* **~ (de) vaivén** Schwing-, Pendeltür *f*; **~ plegable** Falttür *f*; **~ de rejas** Gittertür *f*; **~ de servicio** Hintereingang *m*, Lieferanteneingang *m*; **~ de torniquete** Drehtür *f*; **~ trasera/vidriera** Hinter-/Glastür *f*; **~-ventana** Fenstertür *f*; **de ~ a ~** von Tür zu Tür; **andar de ~ en ~** von Tür zu Tür gehen, betteln; *tb fig* **estar a la ~** vor der Tür stehen; **llamar a la ~ de alg** bei j-m anklopfen; *fig* j-n um Hilfe bitten 2 *fig* (*entrada*) Zutritt *m*, Zugang *m*; **abrir la(s) ~(s) a a/c** einer Sache Tür und Tor öffnen; **coger** *o* **tomar la ~** hinaus-, fortgehen; *fam* **dar ~ a alg** j-n vor die Tür setzen; *fam* **dar a alg con la ~ en las narices** *o* **en la cara** j-m die Tür vor der Nase zuschlagen; *fam* **echar las ~s abajo** stark klopfen (*o* läuten); **enseñarle a alg la ~ (de la calle)** j-m die Tür weisen; **tener todas las ~s abiertas** überall mit offenen Armen aufgenommen werden; **a ~s abiertas** öffentlich; **casa** *f* **de las ~s abiertas** Haus *n* der offenen Tür; **a ~ cerrada** bei verschlossener Tür; unter Ausschluss der Öffentlichkeit; **a las ~s de la muerte** an der Schwelle des Todes; **estar a las ~s** vor der Tür stehen, (unmittelbar) bevorstehen; **de ~s (para) adentro** intern; im Intimbereich; in der Familie; **de ~s (para) afuera** öffentlich; nach außen hin; **quedarse por** *o* **a ~s** bettelarm werden; **entrar por la ~ grande** einen großen Empfang bekommen; **salir por la ~ grande** einen großen Abgang haben 3 AVIA

P

~ **de embarque** Flugsteig *m*; ~ **de esclusa** Schleusenschieber *m*, -tor *n* **4** POL, HIST **la Sublime Puerta** die Hohe Pforte; *fig*

puerto M **1** *lugar de embarque*: Hafen *m*; ~ **de destino** Zielhafen *m*; ~ **de embarque** Verlade-, Verschiffungshafen *m*; ~ **de escala** Zwischenhafen *m*; ~ **fluvial** Binnenhafen *m*; ~ **marítimo** *o* **de mar** Seehafen *m*; *aduana*: ~ **franco** Freihafen *m*; MAR ~ **de matrícula** Heimathafen *m*; ~ **militar** Kriegshafen *m*; ~ **pesquero/tra(n)satlántico** Fischerei-/Überseehafen *m*; ~ **de recreo/de transbordo** Jacht-/Umschlaghafen *m*; *tb fig* **llegar a (buen)** ~ den sicheren Hafen erreichen; MAR **tomar** ~ den Hafen anlaufen **2** *fig* (*refugio*) Zuflucht *f*, Zufluchtsort *m* **3** (*paso entre las montañas*) (Gebirgs-)Pass *m* **4** INFORM Port *m*; ~ **de infrarrojos** Infrarotschnittstelle *f*; ~ **USB** USB-Schnittstelle *f*

Puerto Rico M Puerto Rico *n*

puertorriqueño **A** ADJ aus Puerto Rico **B** M, **-a** F Puerto-Ricaner *m*, -in *f*

pues CJ **1** dann, also; nun, da; **ahora** ~ nun wohl; ~ **bien** also gut; ~ **sí** doch, natürlich, freilich; *¿se lo has dicho?* ~ **te vas arrepentir** dann wirst du es bereuen; … ~ **como iba a decirte** (nun) … was ich dir (noch *o* mal) sagen wollte; **¿~?** nun?, bitte?; **¿cómo ~?** wieso (denn)?; **¡~!** natürlich!; **¡~ qué!** na und!; **¡~ no faltaba más!** das hat gerade noch gefehlt!; **¡~, lo que había dicho!** na also, (genau) wie ich's gesagt hatte! **2** *restrictivo*: zwar **3** CJ ~ **que** da; dass; wenn; **¡~ que suba!** er soll (schon) einsteigen!

puesta F **1** *espec* TEC Setzen *n*, Setzung *f*; TEC ~ **a cero** Nullstellung *f*; ~ **al día** Aktualisierung *f*; MAR *y fig* ~ **a flote** (Wieder-)Flottmachen *n*; TEC, AUTO ~ **a punto** Revision *f*, Überholung *f*; ELEC ~ **a tierra** Erdung *f*; MAR ~ **de la quilla** Kiellegung *f*; ELEC ~ **en cortocircuito** Kurzschließen *n*; TEAT ~ **en escena** Inszenierung *f*; ~ **en función** Auslösung *f*, Betätigung *f*; ~ **en marcha** Ingangsetzung *f*; Inbetriebnahme *f*; AUTO Anlassen *n*; ~ **en obra** Inangriffnahme *f*, Beginn *m*; ~ **en práctica** Durchführung *f*, Verwirklichung *f*; ~ **en servicio** Inbetriebnahme *f*; ~ **en valor** (wirtschaftliche) Erschließung *f* **2** *juego*: Einsatz *m* **3** ASTRON Untergang *m*; ~ **del sol** Sonnenuntergang *m* **4** *de una persona*: ~ **en forma** Fitnesstraining *n*; SOCIOL ~ **de largo** Einführung *f* in die Gesellschaft, Debüt *n*; ~ **en libertad** Freilassung *f* **5** MIL **primera** ~ Erstausstattung *f* (*bei der Einkleidung eines Rekruten*) **6** ZOOL, ORN Legen *n*, Ei(er)ablage *f*; (*nido*) Gelege *n*; *de peces*: ~ **de la freza** Laichen *n* **7** *Arg* (*empate*) totes Rennen *n*, Unentschieden *n* (*bei Pferderennen*)

puestear VI **1** *Col* (*acechar*) auflauern; ausspionieren **2** *Méx puesto de venta*: einen Verkaufsstand betreiben; **puestera** F *Méx comerciante*: Inhaberin *f* eines Verkaufsstandes; **puestero** M **1** *Méx comerciante*: Inhaber *m* eines Verkaufsstandes **2** *reg* CAZA Jäger *m* auf Ansitz *mit Lockvogel* **3** *RPl* AGR (*pastor principal*) Oberhirt *m* (*auf einem Gut*); (*que cría animales por su cuenta*) Pächter *m* (*der Viehzucht auf eigenes Risiko betreibt*)

puesto **A** M **1** (*lugar*) Platz *m*, Stelle *f*; MAR ~ **de atraque** Anlegeplatz *m*; FERR ~ **de enclavamiento** Stellwerk *n*; *tb fig* ~ **de honor** Ehrenplatz *m*; ~ **de incendios** Hydrant *m für Löschwasser*; ~ **de recogida** Sammelstelle *f*; ~ **(telefónico)** Nebenstelle *f*; ~ **de trabajo** Arbeitsplatz *m* **2** (*cargo*) Stelle *f*, Stellung *f*, Posten *m*; Amt *n*; ~ **clave/de confianza** Schlüssel-/Vertrauensstellung *f*; ~ **congelado** ADMIN gesperrte Stelle *f*; ADMIN ~ **de plantilla** Planstelle *f* **3** (*puesto de venta*) (Verkaufs)Stand *m*; ~ **de periódicos** Zeitungsstand *m*; ~ **volante** fliegender Stand *m* **4** (*asiento*) Sitz *m*; CAZA Anstand *m* **5** MIL *etc* (*centinela*) Posten *m*; ~ **avanzado** *o* **de avanzada** Vorposten *m*; ~ **de bomberos** Feuerwache *f*; ~ **fronterizo** Grenzposten *m*; Grenzübergangsstelle *f*; ~ **de guardia** Wachlokal *n*; ~ **de mando** TEC, MIL Leitstand *m*; MIL Befehlsstand *m*; *Am* ~ **de policía** Polizeirevier *n*, Wache *f*; ~ **de socorro** *o Esp* ~ **de primeros auxilios y evacuación** Unfallstation *f* **B** PP → poner **C** ADJ **1** *posición*: gelegt, gesetzt, gestellt *etc*; **habitación** *f* **bien -a** ordentlich eingerichtetes Zimmer *n*; **mal** ~ übel zugerichtet **2** (*vestido*) angezogen; **bien/mal** ~ gut/schlecht gekleidet; **ir muy** ~ sehr elegant (gekleidet) sein **3** COM lieferbar; frei; ~ **a domicilio** frei Haus; ~ **en ésta** frei ab hier; ~ **en (la) estación** frei (Bahn)Station; ~ **en fábrica** ab Werk; ~ **en muelle** ab Kai; ~ **sobre vagón** frei Waggon **D** CJ ~ **que** da ja, weil (nämlich)

puf[1] INT pfui!

puf[2] M (großes) Sitzkissen *n*, Puff *m*

pufo M *Esp fam* Pump *m fam*; Betrug *m*, Schnorrerei *f*; **dar el** ~ Schulden machen (*und nicht zurückzahlen*); schnorren

púgil M Boxer *m*, Faustkämpfer *m*

pugilato M **1** (*boxeo*) Faustkampf *m*, Boxen *n* **2** *fig* (*disputa*) heftige Diskussion *f*; **pugilista** M Boxer *m*

pugna F *fig* Kampf *m*, Widerstreit *m*; **estar en** ~ **con** im Widerspruch stehen zu (*dat*)

pugnar VI streiten; kämpfen; ~ **con** widerstreben (*dat*); ~ **por** ringen (*o* sich heftig bemühen) um (*acus*); verzweifelte Anstrengungen machen, (um) zu (*inf*)

puja F **1** (*esfuerzo*) Gewaltanstrengung *f*; *fam fig* **sacar de la** ~ **a alg** (*ser superior*) j-m überlegen sein; (*sacar de un apuro*) j-m aus der Patsche helfen *fam* **2** *subasta en la*: (höheres) Gebot *n*; **pujador** M, **pujadora** F *en la subasta*: Überbietende *m/f*

pujame(n) M MAR untere Segelkante *f*; **pujante** ADJ (*fuerte*) kräftig; (*poderoso*) gewaltig, mächtig; **pujanza** F (*empuje*) Gewalt *f*, Wucht *f*; (*ímpetu*) Stoßkraft *f*; *fig* (*impulso*) Schwung *m*, Auftrieb *m*; ~ **industrial** industrielle Stärke *f*

pujar **A** VT & VI **1** (*querer obligar*) erzwingen (wollen) **2** *Am reg* ~ **para adentro** die Zähne zusammenbeißen (*fig*) **B** VI **1** (*esforzar*) gewaltsame Anstrengungen machen; ~ **con** *o* **contra** (an)kämpfen gegen (*acus*); ~ **por** sich (angestrengt *o* krampfhaft) bemühen, zu (*inf*) **2** (*vacilar*) stocken; zaudern, innehalten **3** *fam fig* den Mund verziehen (*vor dem Weinen*) **4** *en subastas*: höher bieten

pujido M *Am* **1** → pujo **2** Klage *f*, Jammern *n*; **pujo** M *anticuado y reg* MED → tenesmo; *fig* (*ímpetu*) Drang *m*, heftiges Verlangen *n*; *fam* (*intento*) Versuch *m*; *fam fig* **a ~s** (nur) schwierig und langsam

pulchinela M Hanswurst *m*

pulcritud F (*limpieza*) Sauberkeit *f*; (*esmero*) Sorgfalt *f*; TIPO, FOT (gestochene) Schärfe *f*; **pulcro** ADJ sauber; sorgfältig; schön; genau; TIPO, FOT scharf

pulga F **1** *insecto*: Floh *m*; ~ **acuática** *o* **de agua** Wasserfloh *m*; ~ **de mar** *o* **de playa** Strandfloh *m*; **picada** *f* **de** ~ Flohstich *m* **2** *fig* **no aguantar** *o* **no sufrir ~s** sich (*dat*) nichts gefallen lassen; leicht aufbrausen; *fig* **buscar(le) las ~s a alg** *fam* j-n provozieren; **echarle a alg la** ~ **detrás de la oreja** j-m einen Floh ins Ohr setzen (*fig*); **hacer de una** ~ **un camello** *o* **un elefante** aus einer Mücke einen Elefanten machen; *fam fig* **sacarse las ~s** sich drücken; *fam fig* **ser de pocas ~s** aufbrausend sein; **tener la** ~ **tras de la oreja** sehr unruhig sein; **tener malas ~s** (*estar de mal humor*) schlechte Laune haben; (*ser colérico*) aufbrausend sein

pulgada F *medida*: Zoll *m*; Daumenbreite *f*; **pulgar** M *dedo*: Daumen *m*; **pulgarada** F **1** *de tabaco, etc*: Prise *f* **2** → pulgada **3** (*soplamocos, cogotazo*) Nasenstüber *m*; Kopfnuss *f*

Pulgarcito N PR M *cuento de hadas*: Däumling *m*

pulgón M *insecto*: Blattlaus *f*; **pulgoso** ADJ verlaust (*Blattläuse*); voller Flöhe; **pulguera** F **1** *nido*: Flohnest *n* **2** BOT Flohkraut *n* **3** *ballesta*: Armbrustende *n* **4** *tortura*: **~s** *fpl* Daumenschrauben *fpl*; **pulguero** M **1** *Am* → pulguera **2** *C. Rica, Ven fam fig* (*cárcel*) Gefängnis *n*, Knast *m fam* **3** (*cama*) *Esp fam* Falle *f fam*; **pulguiento** ADJ *Méx* voller Flöhe; **pulguillas** M/F ⟨*pl inv*⟩ *fam* reizbarer Mensch *m*, Hitzkopf *m*

pulido **A** ADJ TEC poliert, glatt; *fig* (*limpio, cuidado*) gepflegt, sauber; *estilo* ausgefeilt; TEC ~ **al brillo** hochglanzpoliert; ~ **espejo** spiegelblank (poliert) **B** M TEC Polieren *n*; (*lijadura*) Schleifen *n*; (*alisadura*) Glätten *n* (*tb fig*); **pulidor** M TEC Polierer *m*; Schleifer *m*; **pulidora** F **1** TEC Schleifmaschine *f*; Poliermaschine *f* **2** *persona*: Schleiferin *f*; Poliererin *f*; **pulimentar** VT polieren, glätten; **pulimento** M (*lisura*) Glätte *f*; (*lustre*) Politur *f*; (*lustramiento*) Polierung *f*

pulir VT **1** TEC, CONSTR (*lustrar*) blank reiben, polieren; (ab)schleifen; (*alisar*) glätten (*tb fig*); *modales* verfeinern; *estilo* (aus)feilen; *Cuba fam* **~la** sich abrackern, schuften **2** *fam fig* (*hurtar*) klauen *fam*

pulla F **1** (*obscenidad*) Zote *f* **2** (*expresión picante*) boshafte Bemerkung *f*, Spitze *f*

pullman *Am* (*autocar*) (komfortabler) Reisebus *m*; *viajando de noche*: Nachtbus *m*; **servicio** ~ Komfortservice *m*

pullover M → pulóver

pulmón M ANAT Lunge *f*; MED ~ **de acero** eiserne Lunge *f*; ECOL ~ **verde** grüne Lunge *f*; **(respirar) a pleno** ~ in vollen Zügen (atmen); *fam* **tener -ones** eine kräftige Stimme haben

pulmonado ZOOL **A** ADJ Lungen… **B** **~s** MPL Lungenschnecken *fpl*; **pulmonar** ADJ MED Lungen…; **afección** *f* ~ Lungenkrankheit *f*; **pulmonaria** F BOT Lungenkraut *n*; **pulmonía** F MED Lungenentzündung *f*; **pulmoníaco** ADJ MED Lungenentzündungs…; **pulmotor** M Lungenautomat *m* (*Rettungsgerät*)

pulóver M *espec Am* Pullover *m*; *Col* ~ **cuello tortuga** Rollkragenpullover *m*, Rolli *m fam*

pulpa F Fruchtfleisch *n*; (Pflanzen)Mark *n*; Pulp *m*, Pulpe *f*; ~ **de almidón** Stärke(masse) *f*; ANAT ~ **dentaria** Zahnpulpa *f*, -mark *n*; ~ **de madera** Papiermasse *f*; ~ **seca de remolachas** trockene Rübenschnitzel *npl*; ~ **de tomate** Tomatenmark *n*

pulpadora F TEC Holländer *m*

pulpejo M **1** ~ **(del dedo)** Fingerkuppe *f*; ~ **(de la mano)** Handballen *m*; ~ **(de la oreja)** Ohrläppchen *n* **2** *equitación: del casco*: weicher Teil *m des Hufs*

pulpería F *Am Mer, P. Rico* Lebensmittel-, Kramladen *m* (*mit Alkoholausschank*); **pulpero** M, **-a** F Inhaber *m*, -in *f* einer Pulpería; **pulpeta** F GASTR (Fleisch)Streifen *m*, Geschnetzeltes *n*

púlpito M Kanzel *f*; *fig* Kanzelberedsamkeit *f*; **ministerio** *m* **del** ~ Predigeramt *n*

pulpo M ZOOL Krake *m* (*tb fig*), Oktopus *m*; *fig persona*: Tölpel *m*; GASTR ~ **a feira** Krake *m* mit Essigsoße und Paprika (*galicische Spezialität*); *fam fig* **poner como un** ~ **a alg** j-n gehörig verdreschen *fam*

pulposo **A** ADJ fleischig, mit viel Mark **B** M Grapscher *m fam*

pulque M *Méx* Agavenwein *m*, -most *m*, Pul-

P

que *m;* **pulquería** F *Méx* Schenke *f*, in der Pulque serviert wird

pulsación F 1 *(latido)* Pulsschlag *m* 2 *máquina de escribir:* Anschlag *m* 3 FÍS Schwebung *f;*

pulsador A ADJ puls(ier)end B M (Druck-, Bedienungs)Knopf *m;* **~ del timbre** Klingelknopf *m*

pulsar A VT 1 *botón, tecla* drücken; MÚS *cuerdas* schlagen; *fig* sondieren 2 *(tomar el pulso)* den Puls fühlen B VI puls(ier)en; *corazón* schlagen; FÍS *(oscilación)* schweben

púlsar M ASTRON Pulsar *m*

pulsátil ADJ pulsierend, klopfend

pulsatila F BOT Küchenschelle *f*

pulsativo ADJ → pulsátil; **pulsera** F Armband *n; Esp* **~ de pedida** Verlobungsarmband *n (Geschenk des Bräutigams an die Braut);* **pulsión** F Antrieb *m*, Anreiz *m;* PSIC Trieb *m;* Drang *m*

pulso M 1 MED Puls(schlag) *m;* **~ débil/precipitado** schwacher/beschleunigter Puls *m;* **tomar el ~ a alg** MED j-m den Puls fühlen; *fig* j-m auf den Zahn fühlen 2 *fig (fuerza en el puño)* Kraft *f* in der Faust; *(seguridad en las manos)* Sicherheit *f* in den Händen; *(cuidado)* Behutsamkeit *f; fig* **~ firme** ruhige Hand *f;* **a ~** freihändig *(tb dibujar); fig* **conseguir a/c a ~** etw durch eigne Kraft erreichen; **echar un ~ a alg** mit j-m Arm drücken; *fig* j-n (zu einer Kraftprobe) herausfordern; *fig* **quedarse sin ~(s)** tausend Ängste ausstehen, sprachlos *(vor Schreck)* sein; **tener buen ~** eine ruhige Hand haben; **me tiembla el ~** die Hand zittert mir 3 *Méx (brazalete)* Armband *n;* **reloj** *m* **de ~** Armbanduhr *f*

pulsómetro M DEP, MED Pulsmesser *m*, Pulsometer *m*

pulular VI 1 BOT keimen, sprießen 2 *(multiplicarse rápidamente)* sich rasch vermehren; *(crecer con exuberancia)* wuchern; *fig (hormiguear)* wimmeln

pulverizable ADJ *cuerpo sólido* pulverisierbar; *líquido* zerstäubbar; **pulverización** F *de un cuerpo sólido:* Pulverisieren *n; (trituración)* Zermahlen *n; de un líquido:* Zerstäuben *n;* TIPO Bestäubung *f;* **pulverizador** A ADJ zerstäubend B M Zerstäuber *m;* AGR Spritzgerät *n;*

pulverizar VT ‹1f› 1 *cuerpo sólido* pulverisieren; *(moler)* zerreiben 2 *fig (destruir)* vernichten; *argumento* entkräften; DEP vernichtend schlagen; *récord* übertreffen 3 *líquido* zerstäuben; TIPO bestäuben

pulverulento ADJ staubig; **pulvígeno** ADJ *(que genera polvo)* Staub erzeugend; *(polvoroso)* staubig

pum INT *onom* bums!; bum!; **ni pum** überhaupt nichts

puma M ZOOL Puma *m*, Silberlöwe *m*

pumba INT *onom* bums!

pumpernickel M Pumpernickel *m*

pumpún M *leng. inf* **hacer ~** Aa machen *(leng. inf)*

puna F *Andes* 1 GEOG Hochsteppe *f*, Puna *f* 2 MED **mal** *m* **de ~** Höhenkrankheit *f*

punch [puntʃ] M *boxeo:* Schlagkraft *f;* **punching-ball** [ˈpuntʃin-bɔl] M DEP Punchingball *m*

punción F (Ein)Stich *m;* MED Punktieren *n;* Punktion *f;* **practicar una ~ a alg** j-n punktieren

pundonor M Ehrgefühl *n;* Anständigkeit *f;* **pundonoroso** ADJ ehrliebend; anständig

pungente ADJ → punzante; **pungir** VT ‹3c› 1 → punzar 2 *fig* (an)reizen; **punguista** M *Arg, Ur* Taschendieb *m*

punible ADJ strafbar; **punición** F Bestrafung *f;* **punitivo** ADJ Straf...; **justicia** *f* **~a** strafende Gerechtigkeit *f;* Strafjustiz *f*

punk [puŋk, paŋk] A ADJ punkig, Punk... B M/F Punk *m*, Punker *m*, -in *f;* **punki** M/F Punk *m*, Punker *m*, -in *f*

punta A F 1 Spitze *f (tb* MIL *y fig); (extremo)* Ende *n; de la corona:* Zacken *m; p. ext* TAUR Horn *n des Stiers;* **~ del consumo eléctrico** Strom(verbrauchs)spitze *f; fig* **~ del iceberg** Spitze *f* des Eisbergs; *fig* **~ de lanza** Speerspitze *f;* **~ de la nariz** Nasenspitze *f;* GEOG **~ (de tierra)** Landzunge *f; Am* **a ~ de** mittels *(gen); tb Esp* **a ~ de pistola** mit vorgehaltener Pistole; **de ~** auf (den) Zehenspitzen; **de ~ a cabo** von A bis Z; **de ~ a ~** durch und durch, völlig; *fam fig* **de ~ en blanco** geschniegelt und gebügelt, piekfein *fam*, tipptopp *fam;* **acabar en ~** spitz zulaufen; *fam fig* **acabarse en ~** sterben; *fig* **estar de ~ con alg** mit j-m zerstritten sein; *tb fig* **hacer ~** die Spitze bilden; *fig* übertreffen *(acus);* entgegentreten *(dat);* **ponerse en ~ con alg** Streit mit j-m bekommen; **se me ponen los pelos de ~** die Haare stehen mir zu Berge; **sacar ~ a a/c** etw *(z. B. Bleistift)* anspitzen; *fig* eine Sache ins Lächerliche ziehen; einer Sache eine witzige Wendung geben; *fig* **ser de ~** hervorragend sein; sich sehen lassen können; **tener una ~ de loco** leicht närrisch sein; *fig* **lo tengo en la ~ de la lengua** es liegt mir auf der Zunge 2 *fig de un chiste, etc:* Pointe *f* 3 TEC Stift *m;* Nadel *f;* **~ (de París)** Drahtstift *m;* **~ seca** Graviernadel *f* 4 *fig* **una ~** *(un poco)* ein bisschen; **una ~ de cuchillo** eine Messerspitze voll; **una ~ de sal** eine Prise *(o* Spur) Salz 5 *fig (gusto ácido)* säuerlicher Geschmack *m (z. B. bei umschlagendem Wein)* 6 *(colilla)* Zigarrenstummel *m* 7 *Am (cantidad)* Anzahl *f;* Menge *f;* Trupp *m*, Bande *f; espec Am Centr adv* **en ~** zusammen 8 *Arg de un río:* Quelle *f;* **~s** *fpl* Quellgebiet *n* B ADJ Spitzen...; *transporte:* **horas** *fpl* **~** Spitzenverkehrszeit *f*, Stoßverkehr *m;* **tecnología ~** Spitzentechnologie *f; Bol* **~ bola** Kugelschreiber *m*

puntada F 1 *con una aguja:* (Nadel)Stich *m; fig (puntazo)* Stichelei *f;* **tirar ~s** spitze Bemerkungen machen 2 *Am dolor:* stechender Schmerz *m*, Stich *m; (punzada)* Seitenstechen *n;* **puntaje** M *Am* Punktwertung *f;* Punktzahl *f; enseñanza* Benotung *f*

puntal M 1 *(viga)* Stützbalken *m;* Träger *m; fig (soporte)* Stütze *f;* **~ de carga** Ladebaum *m* 2 MAR **~ de arqueo** Vermessungshöhe *f;* **~ de bodega** Raumtiefe *f* 3 *Am reg (refrigerio, alimento)* Imbiss *m*

puntapié N Fußtritt *m;* **a ~s** mit Fußtritten; *fig* **tratar a ~s** mit Füßen treten

puntazo M Stich *m;* TAUR Verletzung *f* durch Hornstoß

punteado A ADJ 1 *(marcado con puntos)* punktiert; getüpfelt; *fig (sembrado)* besät **(de** mit *dat); (salpicado)* bestreut **(de** mit *dat)* 2 *Arg, Perú fam fig (embriagado)* **estar ~** leicht angesäuselt sein *fam* B M 1 *marca:* Punktierung *f;* Tüpfelung *f* 2 TEC Punktung *f beim Schweißen* 3 MÚS Zupfen *n*, Klimpern *n; tb* Pizzikato *n*

puntear VT 1 *(poner puntos)* punktieren, tüpfeln; PINT pointillieren; COM *posición* abstreichen, abhaken 2 MÚS *guitarra* klimpern auf *(dat)* 3 TEC punkten; **puntel** M *fabricación de vidrio:* Blasrohr *n;* **punteo** M MÚS Zupfen *n*

puntera F 1 *del zapato:* Vorderkappe *f*, Schuhspitze *f; en la media:* Ballenverstärkung *f* 2 *fam fig (patada)* Fußtritt *m* 3 DEP Spitzenreiterin *f;* **punterazo** M Tritt *m* mit der Schuhspitze

puntería F 1 *(acción de apuntar)* Zielen *n (tb* MIL*), (precisión de tiro)* Treffsicherheit *f;* **~ sin apoyo** freihändiger Anschlag *m;* MIL **afinar la ~** sich einschießen; **tener buena/mala ~** ein guter/schlechter Schütze sein, gut/schlecht zielen 2 *método:* Zielverfahren *n* 3 *(mira)* Visier *n*

puntero A ADJ *fig* Spitzen...; führend B M 1 TEC Stichel *m;* Körner *m;* Locher *m* 2 *(vara para señalar)* Zeigestock *m* 3 DEP *el primer puesto:* Spitzenreiter *m; fútbol:* **~ derecho/izquierdo** rechter/linker Außenstürmer *m* 4 *Am reg (manecilla del reloj)* Uhrzeiger *m;* INFORM **~ (del ratón)** Mauszeiger *m*

puntiagudo ADJ scharf, spitz; **puntiforme** ADJ punktförmig

puntilla F 1 TEX schmale Spitzenborte *f* 2 TAUR *remate de la res:* Genickstoß *m*, -fang *m; puñal:* Genickfänger *m;* TAUR *y fig* **dar la ~** den Gnadenstoß *(o fig* den Rest) geben; *fam fig* **eso le dio la ~** das gab ihm vollends den Rest; *fam Esp* **¡es la ~!** das ist doch die Höhe! 3 TEC Spitzbohrer *m* 4 **de ~s** auf Zehenspitzen; *fig* ganz leise; **ponerse de ~s** sich auf die Zehenspitzen stellen; *fam fig* stur bei seiner Meinung beharren *(o* bleiben) *fam*

puntillero M TAUR Gehilfe *m*, *der dem Stier den Gnadenstoß gibt;* **puntillismo** M PINT Pointillismus *m;* **puntillista** PINT A ADJ pointillistisch B M/F Pointillist *m*, -in *f;* **puntillitas** FPL GASTR *kleine gebackene Tintenfische*

puntillo M 1 *(amor propio exagerado)* (übertriebenes) Ehrgefühl *n; p. ext (sensibilidad)* Empfindlichkeit *f; (punto débil)* wunder Punkt *m* 2 MÚS Punkt *m;* **~ doble** Doppelpunkt *m (Verlängerungszeichen);* **puntilloso** ADJ pingelig, heikel

puntiseco ADJ *espec* BOT trocken an der Spitze

punto M 1 *lugar:* Punkt *m (tb fig)*, Stelle *f*, Ort *m;* MAR Schiffsposition *f nach dem Besteck;* TEC **~ de apoyo** Auflage-, Haltepunkt *m;* Stützpunkt *m (tb fig); fig tb* Anhaltspunkt *m;* **~ de arranque** Ausgangspunkt *m;* **~ de ataque** Angriffsstelle *f;* TEC Druckpunkt *m;* MAT **~ base** Bezugspunkt *m;* GEOG **los ~s cardinales** die (vier) Himmelsrichtungen *fpl;* **~ céntrico/culminante** *o* **máximo** Mittel-/Höhepunkt *m;* **~ de destino** Bestimmungsort *m; espec* AVIA **~ de encuentro** Treffpunkt *m;* **~ fijo** Fest-, Fixpunkt *m;* **~ de giro** *o* **~ eje** Drehpunkt *m*, Angelpunkt *m;* **~ de imagen** Bildpunkt *m; espec* MAT **~ de inflexión/intersección** Wende-/Schnittpunkt *m;* **~ de inversión** Umkehrpunkt *m;* **~ de mira** *en el fusil:* Korn *n;* Zielpunkt *m (tb fig); fig (meta)* Ziel *n;* TEC *y fig* **~ muerto** toter Punkt *m;* AUTO Leerlauf *m*, Leerlaufstellung *f; fig* **llegar a un ~ muerto** einen toten Punkt erreichen; **~ de partida** *o* **de salida** Ausgangspunkt *m (tb fig);* **~ de recogida** Sammelstelle *f;* **~ de reunión** Treffpunkt *m;* ECON **~ de venta** Verkaufsstelle *f;* TEL **transmisión ~ a ~** Point-to-Point-Übertragung *f* 2 *tiempo, nivel:* (Zeit)Punkt *m; fig (pequeña pausa)* kleine Pause *f;* **~ cero** Nullpunkt *m;* FÍS **~ de congelación** Gefrierpunkt *m;* ELEC **~ de encendido** Zündpunkt *m;* FÍS **~ de ebullición** Siedepunkt *m;* FÍS **~ de fusión** Schmelzpunkt *m; sexo:* **~ G** G-Punkt *m;* GASTR **tomar el ~** gar werden; *fig* fertig sein; **en ~** pünktlich; **a las seis en ~** Punkt 6 Uhr 3 LING *signo:* **dos ~s** Doppelpunkt *m;* **~ y coma** Strichpunkt *m; t/t* Semikolon *n; fig* **con ~s y comas** haarklein; **~ por ~** Punkt für Punkt; *tb fig* **~ final** Schlusspunkt *m;* **poner ~ final a a/c** etw *(acus)* abschließen *(o* beenden); *fig* einen Schlussstrich unter etw *(acus)* ziehen; **~s** *pl* **suspensivos** Auslassungspunkte *mpl; fig* **poner los ~s sobre las íes** etw klarstellen; *fig* **y ~** und damit hat sich's 4 *fig* Punkt *m; (tema)* Thema *n;* **~ crítico** kritischer Punkt *m;* springender Punkt *m;* **~ débil** *o* **flaco** schwache Stelle *f*, Schwachpunkt *m;* wunder Punkt *m;* **~ de honra** Ehrensache *f;* **~ de referencia** Anhaltspunkt *m;* **~ de vista** Gesichts-, Standpunkt *m;* **desde el ~ de vista económico** vom Standpunkt der Wirtschaft, wirtschaftlich gesehen; TEC **desde el ~ de vista de la producción** fertigungstechnisch **5** DEP *etc* Punkt *m; juego de cartas tb* Stich *m;* **ganar por ~s, vencer a los ~s** nach Punkten gewinnen/siegen; **¡vamos por ~s!** gehen wir (schön) der Reihe nach! **6** TEX *(puntada)* Stich *m; de medias, elásticas, etc:* Masche *f;* **~ de cadena/de encima** Ketten-/Überwendlingsstich *m;* **~ corrido** Laufmasche *f;* **~ de cruz** Kreuzstich *m;* **de ~** Strick...; **camiseta** *f* **de ~** Trikot *n;* **hacer ~** stricken **7** MED **~s** *pl* **de costado** Seitenstechen *n;* **~s** *pl* **negros** Mitesser *mpl* **8** ARQUIT **(arco de) medio ~** Rundbogen *m* **9** **~ de libro** Lesezeichen *n* **10** *con prep:* **a ~** bereit; GASTR gar, genau richtig *(gebraten, gekocht etc);* **al ~** sofort, sogleich; **a ~ fijo** genau; GASTR **a ~ de nieve** *clara de huevo* steif geschlagen; **dar ~ a a/c** Schluss machen mit etw *(dat),* etw beenden; GASTR **estar a ~** gar sein; **estar a ~ de** *(inf)* nahe daran sein zu *(inf);* dabei sein zu *(inf);* **llegar a ~ para** *(inf)* gerade recht kommen um zu *(inf);* **poner a ~** fertig machen; TEC überholen; **de todo ~** völlig, ganz und gar; *fig* **subir de ~** (an)wachsen; sich verschlimmern; **en ~ a** *o* **de ...** was ... *(acus)* anbetrifft; **estar en su ~** GASTR gar sein; *fig* genau richtig sein; *frutas* reif sein; *fig* **poner a/c en su ~** etw ordentlich *(o* gründlich) machen; etw klären; **hasta cierto ~** bis zu einem gewissen Grade; **hasta qué ~** inwieweit; **hasta tal ~ que** so sehr, dass ...

puntuable ADJ DEP anrechenbar, gültig

puntuación F **1** LING Zeichensetzung *f,* Interpunktion *f;* **signo** *m* **de ~** Satzzeichen *n* **2** DEP Punktwertung *f,* -zahl *f* **3** *enseñanza:* Benotung *f*

puntual ADJ pünktlich; *(exacto)* richtig, genau; **llegar ~(es)** pünktlich ankommen; *adv* **de forma ~** *o* **de modo ~** gezielt, punktuell; **puntualidad** F Pünktlichkeit *f; (exactitud)* Genauigkeit *f;* **falta** *f* **de ~** *(impuntualidad)* Unpünktlichkeit *f; (falta de exactitud)* mangelnde Genauigkeit *f;* **puntualización** F Berichtigung *f,* Klarstellung *f;* **puntualizar** V/T ⟨1f⟩ **1** *(grabar en la memoria)* genau einprägen **2** *(aclarar)* richtigstellen, klarstellen; *(precisar)* präzisieren **3** *(terminar)* vollenden

puntuar V/T ⟨1e⟩ **1** LING Satzzeichen setzen, interpunktieren **2** *(calificar con puntos)* mit Punkten bewerten, Punkte vergeben für *(acus)*

puntudo ADJ *Am* spitz(ig)

puntura F **1** *(pinchazo)* Stich *m,* Stichwunde *f* **2** TIPO Punktur *f,* Haltestift *m*

punzada F **1** *(pinchazo)* Stich *m* **2** *dolor:* stechender Schmerz *m,* Stechen *n;* **~s en el costado** Seitenstechen *n;* **punzante** ADJ stechend, Stich...; *(puntiagudo)* spitz

punzar V/T ⟨1f⟩ *(pinchar)* stechen; zwicken; *fig (ofender)* kränken, verletzen

punzó ADJ *inv* hochrot, leuchtend rot

punzón M **1** *(lezna)* Pfriem *m;* Stichel *m;* Punze *f* **2** TEC Durchschlag *m;* Körner *m* **3** *(sello metálico)* (Stahl- *o* Präge- *o* Stanz)Stempel *m;* **punzonado** M TEC Lochen *n;* Drücken *n;* **punzonadora** F TEC Lochstanze *f;* **punzonar** V/T TEC (an)körnen; lochen *(mit einem Dorn);* stanzen

puñada F *Esp* Faustschlag *m; fam fig* **a ~s** haufenweise; **darse de ~s** mit den Fäusten aufeinander einschlagen

puñado M Handvoll *f (tb fig);* kleine Menge *f;* **un ~ de dólares** eine Handvoll Dollar

puñal M *arma:* Dolch *m; fig* **poner a alg el ~ en el pecho** j-m das Messer an die Kehle setzen

puñalada F **1** *(golpe de puñal)* Dolchstich *m,* -stoß *m;* **matar a ~s** erstechen **2** *fig (golpe)* Stoß; **dar una ~ trapera a alg** j-m in den Rücken fallen; j-m sehr übel mitspielen

puñalero M Dolchmacher *m*

puñeta F **1** *vulg (masturbación)* Onanie *f,* Wichsen *n pop;* **hacer la ~** masturbieren, wichsen *pop* **2** *pop (porquería)* Sauerei *f (fam fig); pop fig* **¡(es la) ~!** verdammte Schweinerei! *pop;* das ist doch das Letzte! *fam;* **hacer la ~ a alg** j-n ärgern; j-m auf den Wecker fallen *fam;* **¡no me hagas la ~!** lass mich in Ruhe!; **mandar a alg a hacer ~s** *fam* jemanden zum Teufel schicken *fam;* **me importa una ~** das ist mir scheißegal *vulg;* **¡vete a la ~** *o* **a hacer ~s!** scher dich zum Teufel! *fam;* **vivir en la quinta ~** am Arsch der Welt wohnen *pop*

puñetazo M Faustschlag *m,* -schlag *m;* **a ~s** mit Fausthieben; **puñetero** *pop* **A** ADJ **1** *(maldito)* gemein, verdammt *pop,* Mist... *pop,* Scheiß... *vulg* **2** *(molesto, fastidioso)* lästig, schwierig **B** *(masturbador)* M Wichser *m pop; fig* Schweinehund *m pop*

puño M **1** *(mano cerrada)* Faust *f; fig* **apretar los ~s** sich gewaltig anstrengen, sich mächtig am Riemen reißen *fam* **(para** um zu *inf); fig adv* **a ~ cerrado** *creer:* blindlings; *golpear:* mit der Faust; **como un ~** faustgroß; *mentira, etc* faustdick; **de mi (o tu** *o* **su) ~ y letra** eigenhändig; *fig* **está con el alma en un ~** er kommt um vor Angst; *fam fig* **meter(le) a alg en un ~** j-n in die Enge treiben; j-n kleinkriegen *fam;* j-n kirre machen *fam* **2** *de un paraguas, una bicicleta, etc:* (Hand)Griff *m;* **~ de bastón** Stockgriff *m,* -knauf *m; motocicleta:* **~ giratorio** (Schalt-) Drehgriff *m; motocicleta:* **~ de gas** Gasdrehgriff *m* **3** TEX *(manguito)* Manschette *f;* Ärmelaufschlag *m* **4** *(pequeña cantidad)* Handvoll *f; reg* → *tb* puñetazo **5** MIL **~ de acero** Panzerfaust *f;* **~ americano** *o* **de hierro** Schlagring *m*

pupa F **1** MED Lippenausschlag *m,* -bläschen *n;* Pustel *f* **2** ZOOL Puppe *f* **3** *Esp (pequeño dolor)* Wehweh *n leng. inf;* **hacerse ~** sich *(dat)* wehtun

pupila F **1** ANAT Pupille *f;* **contracción** *f***/dilatación** *f* **de la ~** Pupillenverengung -erweiterung *f; fig* **tener ~** gerissen sein **2** JUR Mündel *n (weiblichen Geschlechts)*

pupilaje M **1** JUR Status *m* eines Mündels **2** *alimentos:* Kostgeld *n* **3** AUTO *(mantenimiento)* (laufende) Wartung *f*

pupilar ADJ **1** ANAT, MED Pupillen...; **reacción** *f* **~** Pupillenreaktion *f* **2** JUR Mündel...; minderjährig; **con garantía ~** *capitales* mündelsicher

pupilo M **1** JUR Mündel *n (männlichen Geschlechts)* **2** *(alumno, huésped)* Zögling *m;* Kostgänger *m*

pupitre M Pult *n (tb* TEC); TEC **~ de control/de mando/de radar** Prüf-/Steuer-/Radarpult *n;* FERR, AVIA **~ electrónico** Schaltpult *n;* RADIO, TV *etc* **~ de mezclas** Mischpult *n*

pupo M *Arg, Chile, Ec, Perú* Nabel *m (bes von Kindern)*

puposo ADJ voller Pusteln; grindig, schorfig

pupú M *Ven fam* Kacke *f fam*

puquio M *Am reg* Quelle *f*

puramente ADV nur, bloß

purasangre **A** ADJ vollblütig, Vollblut... **B** M Vollblut(pferd) *n*

puré M Püree *n,* Brei *m;* **~ de guisantes** Erbs(en)brei *m;* Erbsensuppe *f; fam fig* dichter Nebel *m,* Waschküche *f (fam fig);* **~ de manzana** Apfelmus *n;* **~ de patatas** *o Am* **de papas** Kartoffelbrei *m,* Kartoffelpüree *n*

purera F Zigarrenetui *f*

pureta *fam* **A** ADJ *(retrasado, anticuado)* rückständig, altmodisch; POL *desp* reaktionär **B** M **1** *persona:* alter Knacker *m fam* **2** POL *desp* Reaktionär *m*

pureza F Reinheit *f (tb fig)*

purga F **1** MED *(purgación)* Abführen *n; (laxante)* Abführmittel *n; irón* **la ~ de Benito** Allheilmittel *n (das nichts bewirkt)* **2** POL *(expulsión de funcionarios)* Säuberung *f;* **purgación** F **1** MED *(laxación)* Abführung *f; fam* **-ones** *fpl (gonorrea)* Tripper *m* **2** → menstruación **3** POL *(eliminación de funcionarios)* Säuberung *f;* **purgado** M TEC Ablassen *n; de vapor:* Abblasen *n;* **purgador** M TEC Ablasshahn *m*

purgante **A** ADJ abführend **B** M **1** MED Abführmittel *n* **2** *Cuba fam persona:* widerwärtiger Kerl *m; (asunto engorroso)* lästige Angelegenheit *f*

purgar ⟨1h⟩ **A** V/T **1** MED *(laxar)* abführen; *(limpiar)* reinigen **2** TEC *vapor* abblasen; *líquido* ablassen *(o* klären) **3** POL säubern **4** *culpa* abbüßen; *condena* verbüßen **B** V/I **1** MED *herida (Eiter, Wundsekret etc)* abstoßen **2** *(expiar)* büßen; REL im Fegefeuer büßen **C** V/R **purgarse** MED abführen; **~ con a/c** etw zum Abführen einnehmen

purgativo ADJ MED abführend; **purgatorio** M REL *y fig* Feg(e)feuer *n,* Purgatorium *n*

puridad F **1** *(pureza)* Reinheit *f,* Lauterkeit *f* **2** *(secreto)* Geheimnis *n*

purificación F Reinigung *f (tb* TEC *y fig); (depuración)* Läuterung *f;* CAT **la Purificación** Lichtmess *f;* **purificador** **A** ADJ reinigend, TEC Klär... **B** M **1** TEC, QUÍM Vorlage *f zum Reinigen;* **~ de aceite/de aire** Öl-/Luftreiniger *m* **2** CAT Kelchtuch *n*

purificante M Reinigungsmittel *n*

purificar V/T ⟨1g⟩ reinigen *(tb* TEC *y fig); (depurar)* läutern; *(clarificar)* klären; *tb* JUR **~ de una sospecha** von einem Verdacht befreien, *j-n* reinwaschen *(fig);* **purificatorio** ADJ reinigend, Reinigungs...

purín M, *frec* **purines** MPL Jauche *f*

Purísima CAT **la ~** die Jungfrau Maria

purismo M Purismus *m;* **purista** **A** ADJ puristisch **B** M/F Purist *m,* -in *f,* Sprachpurist *m,* -in *f*

puritanismo M REL *y fig* Puritanertum *n;* **puritano** **A** ADJ puritanisch **B** M, **-a** F Puritaner *m,* -in *f*

purito M Zigarrillo *m/n*

puro **A** ADJ **1** *(libre de otra cosa)* rein **2** *(casto)* keusch **3** *(genuino)* echt; lauter; *metal* gediegen; *agua:* klar **4** *(solo)* bloß; ausschließlich; **(lo dijo) de ~ boba** aus bloßer *(o* reiner *o* lauter) Dummheit (sagte sie es); **de -a cortesía** aus reiner *(o* vor lauter) Höflichkeit; **de ~ miedo** vor lauter Angst; **por -a curiosidad** aus purer Neugier; **se cae de ~ viejo** er ist ein hinfälliger Greis **B** M **1** *(cigarro)* Zigarre *f;* **fumar un ~** eine Zigarre rauchen **2** *Esp (castigo)* Strafe *f; (multa)* Strafzettel *m; fam* **meter un ~ a alg** j-m einen Anschiss verpassen *fam,* j-n abkanzeln

púrpura **A** ADJ **(de color) ~** purpurrot **B** F **1** ZOOL Purpurschnecke *f* **2** *color, presentación:* Purpur *m; fig* CAT Kardinalswürde *f;* HIST Kaiser-, Königswürde *f*

purpurado M Purpurträger *m;* CAT Kardinal *m;* **purpurar** V/T **1** *colorear:* mit Purpur färben **2** *(vestir con púrpura)* mit dem Purpur bekleiden; **purpúreo** ADJ purpurfarben, -rot, purpurn; **purpurina** F Bronzefarbe *f;* **~ oro** Goldpulver *n;* **~ de aluminio** *o fam* **~ plata** Aluminiumpulver *n;* **purpurino** ADJ purpurfarben, -rot, purpurn

purrela F *fam* **1** *(vino inferior)* Tresterwein *m; (vino aguado)* dünner Wein *m; p. ext (brebaje)* Gesöff *n fam* **2** *fig (cosa sin valor)* Plunder *m fam,* Schund *m fam;* **purreta** F *Arg fam* kleines Mädchen *n;* **purrete** M *Arg fam* **1** *(chico)* kleiner Junge *m* **2** *(chusma)* Gesindel *n,* Pack *n fam;* **purria** F *fam* Gesindel *n,* Pack *n fam;* **purriela** F *fam* Schund *m,* Mist *m fam*

purulencia F Eitern *n*; **purulento** ADJ eiternd
pururú M 1 *RPl* Puffmais *m* 2 *Arg fig* Prasseln *n*; *fam fig persona:* schrill und hastig Redender *m*
pus M Eiter *m*
puse → poner
pusilánime A ADJ kleinmütig; verzagt B M/F Verzagte *m/f*; **pusilanimidad** F Kleinmut *m*, Verzagtheit *f*, Ängstlichkeit *f*
puso → poner
pústula F MED Pustel *f*; **~ maligna** Milzbrandkarbunkel *m*; **~ vacunal** Impfpustel *f*
pustuloso ADJ voller Pusteln
pusuquear V/I *Arg* schmarotzen *fam*; **pusuquero** M, **-a** F *Arg* Schmarotzer *m*, -in *f*
puta F 1 *pop (prostituta)* Hure *f pop*; **hacer de ~** auf den Strich gehen *fam*; **irse de ~s** (herum)huren *pop* 2 *pop fig* **las pasé ~s** mir ist es dreckig gegangen *pop*; **no tengo ni ~ idea de** ich habe null Ahnung von *(dat) pop*; **de ~ madre** super *fam*, cool *fam*, geil *pop*; *vulg* **¡la ~ que te parió!** du Hurensohn! *vulg*, verdammtes Arschloch! *vulg*; *vulg* **me cago en la** *o* **en una ~** verdammte Scheiße! *vulg*
putada F *pop* Hundsgemeinheit *f fam*, Sauerei *f fam*; **putanismo** M *desp* 1 Hurenleben *n*; Hurenwirtschaft *f* 2 Hurenvolk *n*; **putañero** M *fam* Hurenbock *m pop*
putativo ADJ *(supuesto)* vermeintlich; *(presumible)* vermutlich
putear A V/I *pop* 1 *(maldecir)* fluchen 2 *(irse de putas)* herumhuren *pop* 3 *(ir de prostituta callejera)* auf den Strich (*o* anschaffen) gehen *fam* B V/T 1 *fam (jorobar)* schikanieren 2 *pop* **~ a una mujer** eine Frau auf den Strich schicken (*o* anschaffen gehen lassen) *pop*
putero M *pop* Hurenbock *m pop*
puticlub M *fam* Animierlokal *n*, Sexklub *m*
putilla F *fam* Flittchen *n fam*, Schlampe *f fam*
puto A ADJ *pop* mies *fam*; verdammt *pop*; **de -a madre** super *fam*, cool *fam*, geil *pop*; **no tener ni -a idea** keine blasse Ahnung haben; **las he pasado -as** es ist mir dreckig ergangen B M *fam (Arg* aktiver) Homo *m fam*
putrefacción F *(podredumbre)* Fäulnis *f*; *(descomposición)* Verrottung *f*; *(pudrición)* Verwesung *f*; **putrefacto** ADJ *(podrido)* verfault; *(descompuesto)* verrottet; verwest; **putrescente** ADJ faulend; verwesend
putridez F *(podredumbre)* Fäulnis *f*; *(olor a podrido)* Modergeruch *m*
pútrido ADJ verfault, morsch; faulig
putsch M Putsch *m*
puya F 1 *(punta de la lanza)* Lanzenspitze *f*; TAUR *(lanza)* Lanze *f* 2 *fig (indirecta, zumba)* Stich(elei *f*) *m*, gehässige Bemerkung *f*; **echar ~s (a alg)** sticheln; *j-n* durch Stichelreden kränken 3 *Pan* → **machete** 1 4 *Cuba* GASTR Bratspieß *m*
puyada F *Hond (corrida de toros)* Stierkampf *m*; **puyador** M *Guat, Hond* TAUR Pikador *m*
puyar A V/T *Am buey* (an)stacheln; TAUR mit der Pike stechen B V/I *Chile (luchar)* kämpfen *(tb fig)*, sich durchschlagen; **puyazo** M TAUR Lanzenstich *m*
puyo M *RPl* TEX *(kürzerer)* Poncho *m*
puyón M 1 *Am Centr, Ven (punta de un trompo)* Spitze *f eines Kreisels* 2 BOT Knospe *f*; Schössling *m* 3 *Bol (pequeña suma de dinero)* kleine Geldsumme *f*, Sümmchen *n fam*
puz(z)le M Puzzle *n*
p/v ABR (pequeña velocidad) Frachtgut *m*
PVP M ABR (Precio de Venta al Público) *Esp* Verkaufspreis *m*, Verbraucherpreis *m*
pymes FPL ABR (pequeñas y medianas empresas) kleine und mittelständische Betriebe *mpl*
Pza. ABR (Plaza) Platz *(bei Adressenangaben)*

Q, q F Q, q *n*
q.D.g. ABR (que Dios guarde) den Gott behüten möge
q.e.g.e. ABR (que en gloria esté) Gott hab ihn selig
q.e.p. d. ABR (que en paz descanse) der in Frieden ruhen möge; er ruhe in Frieden
q.e.s.m. ABR (que estrecha su mano) *frühere Schlussformel bei Briefen*
cuáker M *Am* Haferflocken *fpl*
quanta MPL FÍS Quant(um) *n*; **quantum** M FÍS Quant(um) *n*; **~ de energía** Wirkungsquantum *n*
quark M FÍS Quark *n*
quasar M ASTRON Quasar *m*
que A PR REL 1 welche(r, -s); der, die, das; **el/la ~** der-/die-/dasjenige, welcher/welche/welches; **los** *o* **las ~** diejenigen, die; **lo ~** (das,) was; **el mes ~ viene** der nächste Monat; im nächsten Monat; **el ~ lo haya hecho que lo confiese** wer immer es getan hat, solle zugeben; **lo ~ usted dice** (das,) was Sie sagen; **lo ~ usted diga** Sie haben (sicher) recht; wie Sie wünschen 2 *con prep:* **a ~** wozu, woran, wonach; **del ~** *o* **de la (lo) ~** wovon, davon; **en el (la, lo, los, las) ~** worin, darin; **por lo ~** weshalb, weswegen; darum B CJ 1 dass, damit; **¡~ se alivie!** gute Besserung!; **~ lo diga ~ no lo diga** ob er es nun sagt oder nicht; **¡~ me pase esto a mí!** ausgerechnet mir passiert das!; **¡~ no se repita eso!** dass (mir) das nicht wieder vorkommt!; **¡a ~ no (lo sabes)!** wetten, dass (du es) nicht (weißt)!; **¡~ venga!** er/sie soll kommen! 2 *justificativo:* denn; **(por)~** weil; **déjame en paz, ~ no tengo tiempo** lass mich in Ruhe, (denn) ich habe keine Zeit 3 *comparativo:* als, wie; **lo mismo ~ antes** dasselbe wie früher; **lo mismo ~ yo** *o* **igual ~ yo** genau wie ich; **él es mejor ~ ella** er ist besser als sie; **no había más ~ ella** nur sie war da; **no tener más ~ cinco euros** nur fünf Euro haben; **yo ~ tú** ich an deiner Stelle; **uno ~ otro** der eine oder andere, dieser und jener; **alguno ~ otro** mancher 4 *introduciendo o haciendo resaltar:* **es ~** nämlich; **le iba a pedir un favor y es ~ …** ich hätte Sie gern um einen Gefallen gebeten, nämlich … 5 *con verbo:* **hay ~** *(inf)* man muss *(inf)*; **no hay ~** *(inf)* man darf nicht *(inf)*; man braucht nicht zu *(inf)*; **tener ~** *(inf) etw tun* müssen; **tener ~ decir a/c** etw zu sagen haben 6 *conjuntivo:* **a no ser ~** *(subj) o* **no sea ~** *(subj)* wenn nicht; es sei denn(, dass); **el momento ~ las vea, las pregunto** (so)wie ich sie sehe, frage ich sie; **me alegra ~ todos estéis aquí** es freut mich, dass ihr alle hier seid; **dice ~ le manden la factura** er sagt, man soll(e) ihm die Rechnung schicken; **sería una falta ~ no lo hiciéramos** es wäre ein Fehler, wenn wir es nicht täten 7 **antes (de) ~** *(subj)* bevor, ehe; **como ~** *(ind)* weil, da; **para ~** *(subj) o* **a fin de ~** *(subj)* damit *(ind)*, um zu *(inf)* 8 *resalto de una afirmación o negación:* **~ sí** (aber) ja doch, sicher doch; jawohl, gewiss; **~ no** bestimmt nicht, nein (doch); **suya es la falta, ~ no mía** er hat den Fehler gemacht, nicht ich; **trabajo pedimos, ~ no limosna** Arbeit wollen wir, kein Almosen; **no basta ~ me lo digas, sino ~ …** es genügt nicht, dass du es mir sagst, (sondern) … 9 **~ no** *(subj) o* **sin ~** *(subj)* ohne dass; **no voy a ningún sitio ~ no tropiece con ese individuo** ich kann nirgendwo hingehen, ohne dass ich diesen Kerl treffe *fam*; ich kann gehen, wohin ich will, immer treffe ich diesen Kerl *fam* 10 *reforzando, generalmente sin traducir:* **decir ~ no** Nein sagen; **eso sí ~ no** das bestimmt nicht; **¿~ no lo ha explicado bien?** hat er es (etwa) nicht gut erklärt?; **¿~ qué ha dicho?** was er gesagt hat? 11 *duración, intensidad:* **corre ~ corre** in einem fort, ununterbrochen; **corre ~ vuela** er läuft (*o* fährt *etc*) rasend schnell; **firme ~ firme** *decisión* eisern; ganz fest; *fam* **habla ~ habla** immerzu redend; **estuvieron toda la hora habla ~ habla** sie redeten die ganze Stunde lang ununterbrochen; *fam* **y todos grita ~ (te) grita/llora ~ (te) llora** und alle schreien/weinen (unaufhörlich) aus vollem Halse
qué PR INT 1 **¿~?** welche(r, -s)?; was?; **¿~ dices?** was sagst du?, was meinst du dazu?; **¿de ~ estás hablando?** wovon redest du?; **¿para ~?** wozu?; **¿por ~?** warum?, weshalb?; *fam* **¿~ hay de su vida?** was machen Sie (noch)?, was treiben Sie (Schönes)?; **¿~ tal …?** wie …?; **¿~ tal?** wie geht's?; **¿~ tal tu hermano?** wie geht es deinem Bruder?; *Col, Méx* **¿~ tanto?** wie viel? 2 INT *con sust:* welch, was für (ein); **¡~ libro!** was für ein (tolles) Buch!; **¡~ gente (, por Dios)!** was für (lästige) Leute!; *con de:* **¡~ de gente!** so eine Menge Menschen!; **¡~ de libros!** wie viele Bücher!, (was für) eine Menge Bücher! 3 *con adj y adv:* wie; **¡~ guapa (que) está!** wie schick sie aussieht!; **¡~ bien habla alemán!** wie gut er/sie deutsch spricht 4 *con verbo:* **gracias – no hay de ~** danke! – gern geschehen, keine Ursache!; **¡no sabes ~ a destiempo vienes!** du weißt gar nicht, wie ungelegen du kommst!; **no saber ~ decir** keine Worte finden; **no saber de ~** nicht wissen, worum es geht; keinen (blassen) Schimmer haben *fam*; *desp o irón* **tú ¿~ has de saber?** was weißt (*o* verstehst) du denn schon (davon)!; *Col* **¡~ tal, si …!** *(lo que podría haber pasado)* was hätte passieren können, wenn …!; *propuesta, opinión:* was (hältst du) davon, wenn … 5 *fam int* **¡~ va!** *rechazo:* was denn!; ach wo!; Unfug!, Quatsch! *fam*; kein Vergleich!; *aprobación:* das will ich meinen!; das glaube ich gern!; **¿a mí ~?** was geht das mich an?; das ist mir (doch) egal! *fam*; **¡pues ~!** was ist schon dabei!; na und!; na also!; **¡pues y ~!** warum denn nicht!; aber überhaupt nicht!; **(bueno,) ¡y ~!** na und!; und wenn schon!; *pop* **¡~ boda**, *etc* **ni ~ narices** *o vulg* **ni ~ niño muerto!** von wegen Hochzeit *etc!* *fam* 6 *sustantivo:* **el ~ dirán** das Gerede (der Leute); **un no sé ~** ein gewisses Etwas 7 *adverbial:* **sin ~ ni para ~** *o* **ni por ~** ganz grundlos; mir nichts, dir nichts
quebrachero ADJ Quebracho…; **quebracho** M BOT Quebrachobaum *m*; -rinde *f*
quebrada F (Berg)Schlucht *f*, Klamm *f*; *p. ext* zerklüftetes Gelände *n*; *menos empinado:* Senke *f*; *Perú tb (valle)* Tal *n*; *Am reg tb (arroyo)* Bach *m*;
quebradero M *fam* **~(s) de cabeza** Sorge *f*, Kummer *m*; Kopfzerbrechen *n*; **quebradizo** ADJ (leicht) zerbrechlich; brüchig; *fig* kränklich; TEC **~ en caliente** warmbrüchig
quebrado A ADJ *paisaje* zerklüftet; *camino* holperig; *línea, número* gebrochen; *fig* COM bankrott; **color** *m* **~** blasse Gesichtsfarbe *f* B M 1 MAT Bruch *m*; **~ aparente/común** scheinbarer/gemeiner Bruch *m*; **~ (no) equivalente** (un)gleichnamiger Bruch *m*; **~ (im)propio** (un)echter Bruch *m*; **~ invertido** umgekehrter Bruch *m*, reziproker Wert *m*, Kehrwert *m* 2 COM Konkurs-, Gemeinschuldner *m* 3 *espec* TEC Bruch *m*; Knick *m*
quebrador A ADJ brechend B M, **quebradora** F JUR Gesetzesbrecher *m*, -in *f*;

gener Zerbrecher *m*, -in *f*; **quebradura** F Bruch *m* (*tb* MED, CAZA), Riss *m*; *fig* **dar ~s de cabeza** Kopfzerbrechen bereiten; **quebraja** F Ritze *f*; Spalte *f*; **quebrajoso** ADJ rissig; spröde

quebrantador A ADJ (zer)brechend B M JUR Gesetzesbrecher *m*; **quebrantadora** F 1 TEC Steinbrech(maschin)e *f*, Gesteinsmühle *f* 2 JUR *persona*: Gesetzesbrecherin *f*; **quebrantadura** F → quebrantamiento; **quebrantahuesos** M ‹*pl inv*› ORN Bart-, Lämmergeier *m*; *p. ext fam* (*halieto*) Fischadler *m*; *fam fig* zudringliche Person *f*; **quebrantamiento** M 1 Zerbrechen *n*, Brechen *n* 2 *fig de la paz etc*: Bruch *m*; *de una ley*: Übertretung *f*; JUR **~ de condena** Verhinderung *f* des Strafvollzugs 3 MED Kräfteverfall *m*; (völlige) Erschöpfung *f*; **quebrantaolas** M ‹*pl inv*› MAR *altes, versenktes Schiff, das als Wellenbrecher dient*; **quebrantapiedras** M ‹*pl inv*› BOT *Art* graues Bruchkraut *n*

quebrantar A V/T 1 (*romper*) zerbrechen; (*triturar*) zermalmen; (*destrozar*) zerschmettern; *fig* (*debilitar*) schwächen 2 TEC zerschlagen, zerstückeln; *piedras, minerales* brechen, pochen 3 *fam fig paz, ley, contrato, etc* brechen; *voluntad* (zer)brechen; *fuerza, paciencia, etc* zermürben; *salud* zerrütten B V/R **quebrantarse** zerbrechen; *salud* zerrüttet sein; *fig* abnehmen

quebranto M 1 *de porcelana, etc*: Zerbrechen *n* 2 *fig* Zerrüttung *f*; Zusammenbruch *m*; **ligero ~** Knacks *m fam* 3 *ánimo*: Niedergeschlagenheit *f*; (*palidez*) Mattigkeit *f*; (*fatiga*) Erschöpfung *f*

quebrantón M ORN → quebrantahuesos

quebrar ‹1k› A V/T (*romper*) (zer)brechen; (*torcer*) (zur Seite) biegen, ab-, verbiegen; *fig código* knacken *fam*; *fig* **le han quebrado las alas** sie haben ihm allen Schwung genommen; sie haben ihn erledigt (*o* kaputtgemacht *fam*); *Arg caballo* zureiten B V/I brechen; COM Konkurs machen; **~ con alg** mit j-m brechen; *prov* **antes doblar que ~** der Klügere gibt nach C V/R **quebrarse** (zer)brechen; *vidrio* (zer)springen; **~ una pierna** sich (*dat*) ein Bein brechen

quebrazas FPL Scharten *fpl* (*in einer Klinge*); **quebrazón** F *Am* (Glas-, Porzellan-)Bruch *m*

queche(marín) M MAR zweimastiges Küstenschiff *n*, Ketsch *f*

quechol M *Méx* ORN *flamingoähnlicher Vogel* (*Platalea mexicana*)

quechua A ADJ Ketschua...; *fig* inkaisch; peruanisch B M/F Ketschuaindianer *m*, -in *f* C M *lengua*: Ketschua *n*; **quechuismo** M Ketschuismus *m*; dem Ketschua entnommenes Wort *n*; **quechuista** A ADJ *t/t* ketschuistisch; Ketschua... B M/F LING Ketschuakenner *m*, -in *f*

queco M *Arg, Ur fam* Puff *m/n fam*, Bordell *n*

queda F *liter* Abendstille *f*; (**toque** *m* **de**) **~** Sperrstunde *f*; MIL Zapfenstreich *m*; **quedada** F 1 (*solterona*) unverheiratet Gebliebene *f*, *fam* alte Jungfer *f* 2 *Am reg* (*pernoctación*) Übernachtung *f* 3 *Esp fam* (*burla*) Scherz *m*; Spott *m*; **quedado** ADJ *Am* träge; **quedamente** ADV leise; mit leiser Stimme

quedar

A verbo intransitivo B verbo reflexivo

— A verbo intransitivo —

1 (*permanecer*) bleiben; ADMIN verbleiben; (*sobrar*) übrig bleiben; (*subsistir*) noch vorhanden sein; *tb fig* **~ atrás** zurückbleiben; **que esto quede entre nosotros** das bleibt aber unter uns; **¿dónde habíamos quedado?** wo waren wir stehen geblieben?; **no queda nada** es ist nichts mehr da; **no te queda más tiempo** du hast keine Zeit mehr; **quedan sólo ruinas de la catedral** von der Kathedrale sind nur noch Trümmer übrig; **¡quede esto aquí!** möge es dabei bleiben (*o* sein Bewenden haben *liter*)! 2 *con adj & adv*: werden; sein; **~ bien/mal** *trabajo* gut/schlecht ausfallen; *en un concurso, etc* gut/schlecht abschneiden; einen guten/schlechten Eindruck hinterlassen (**con** bei *dat*); *ropa* gut/nicht passen; gut/nicht *o* schlecht stehen; **este traje le queda bien** dieser Anzug passt *o* steht Ihnen gut; **hacer ~ muy mal a alg** j-n in einem sehr ungünstigen Licht erscheinen lassen; **quedamos conformes** wir haben uns geeinigt; **~ huérfano** verwaisen; **quedamos iguales** jetzt sind wir quitt; **queda mucho** es fehlt noch viel 3 *con part*: **le quedaría muy agradecido que** *o* **si** (*subj impf*) ich wäre Ihnen sehr dankbar, wenn ...; **~ condenado a** verurteilt werden zu (*dat*); **como queda dicho** wie gesagt; **queda entendido que ...** es wird vereinbart, dass ...; es versteht sich (von selbst), dass...; **~ muerto** tot auf dem Platz bleiben 4 *fig, con prep*: **~ a las ocho** sich für 8 Uhr verabreden; **¡quede** *o* **quédese usted con Dios!** leben Sie wohl!; **~ con vida** am Leben bleiben; **~ con alg en a/c** mit j-m etw verabreden; sich einigen über etw (*acus*); **~ de alcalde** Bürgermeister werden; **¿en qué quedamos?** wie wollen wir nun verbleiben?; **~ en que ...** vereinbaren, dass ...; **~ por** sich verbürgen für (*acus*), haften für (*acus*); **la partida quedó por ellos** *durante una subasta*: die Partie ging an sie (*o* wurde ihnen zugeschlagen); **por mí que no quede** an mir soll es nicht liegen; ich will alles Erforderliche tun 5 *con verbos*: **~ a deber una cantidad** eine Summe schuldig bleiben; *fig* **no ~ a deber nada** Gleiches mit Gleichem vergelten; **~ de** *o* **en hacer a/c** verabreden (*o* übereinkommen), etw zu tun; **¿quedáis, pues, en volver a casa?** ihr wollt also heimkehren?; **~ por** *o* **que hacer** noch zu tun sein (*o* bleiben); **~ por resolver** noch gelöst werden müssen; **~ sin acabar** noch nicht fertig sein, unabgeschlossen sein; **la carta queda todavía sin** *o* **por contestar** der Brief ist noch nicht beantwortet

— B verbo reflexivo —

quedarse 1 *en este lugar, de esta manera*: bleiben; (*permanecer*) *tb* sich aufhalten, verweilen (**en** in *dat*); (*rezagarse*) zurückbleiben; *fig* **~ a oscuras** *o* **a buenas** (*perder su posesión*) seinen Besitz verlieren; (*no alcanzar su objetivo*) sein Ziel nicht erreichen, leer ausgehen; (*no comprender*) nicht begreifen, nicht dahinter kommen; **~ (con) a/c** etw behalten; etw nehmen; *en la tienda*: etw nehmen, etw kaufen; *fam fig* **~ con alg** j-n hintergehen, j-n betrügen; **~ con el sombrero puesto** den Hut aufbehalten; **~ con las ganas** leer ausgehen; *fig* **~ de una pieza** *por un susto, una impresión, etc*: erstarren, sprachlos sein; **~ en un ataque de corazón** nach einem Herzanfall sterben; *fig* **~ entre Pinto y Valdemoro** zwischen zwei Stühlen sitzen; *fam fig* **~ para vestir santos** unverheiratet bleiben, keinen Mann finden; **hoy nos hemos quedado sin comer** heute haben wir nichts zu essen bekommen, heute haben wir (noch) nichts gegessen 2 *con part o adj*: werden; sein; **~ huérfano** verwaisen; *fam fig* **~ fresco** angeschmiert werden *fam*, hereinfallen *fam*; *fig* **~ frío** (*sufrir un fracaso*) eine große Pleite erleben *fam*; (*sorprenderse*) kalt erwischt werden *fam*; *fig* **no ~ ahí parado** es nicht dabei bewenden lassen; **~ sentado** sitzen bleiben; **quédese sentado aquí** setzen Sie sich bitte hierher; bleiben Sie bitte hier sitzen; *fig* **~ tieso** *por el susto, frío, etc*: erstarren; *fam* (*morirse*) sterben; **~ yerto** *por el susto*: erstarren; *fam* (*morirse*) sterben

quedo A ADJ ruhig; still; leise B ADV leise; **hablar ~** leise sprechen

quedón ADJ *fam* 1 (*burlón*) spöttisch 2 (*desconfiado*) misstrauisch

quehacer M (*trabajo*) Arbeit *f*; (*tarea*) Aufgabe *f*; **~es** *mpl* (*ocupación*) Beschäftigung *f*, (*deberes*) Verpflichtungen *fpl*; **los ~es de (la) casa** die Hausarbeit

queimada F *Heißgetränk aus Tresterschnaps, Zitronenschalen und Kaffeebohnen (Spezialität aus Galicien)*

queja F 1 (*lamento*) Klage *f* 2 (*reclamación*) Beschwerde *f* (*tb* JUR); *fig* (*descontento*) Unzufriedenheit *f*, (*rencor*) Groll *m*; ADMIN Dienstaufsichtsbeschwerde *f*; **departamento de ~s** Beschwerdestelle *f*; **elevar** *o* **presentar ~** Dienstaufsichtsbeschwerde einlegen; JUR **formar ~** Beschwerde einlegen; **no hay ~(s)** es geht ganz gut; es gibt keinen Grund zur Klage; **tener ~ de** unzufrieden sein mit (*dat*); **no tener ~ de alg** sich über j-n nicht beklagen können

quejadera F *Am* ständiges Gejammer *n*

quejarse V/R jammern, klagen (**de** über *acus*); **~ de a/c a alg** sich bei j-m über etw (*acus*) beklagen (*o* beschweren); *fam* **~ de vicio** sich grundlos beklagen; **sin ~** klaglos

quejica A ADJ *fam* wehleidig B M/F wehleidige Person *f*; Nörgler *m*, -in *f*; Jammerlappen *m fam*, Heulsuse *f fam*; **quejicoso** ADJ wehleidig; ewig unzufrieden; **quejido** M Jammern *n*, Klagen *n*

quejigal M Bergeichenwald *m*; **quejigo** M BOT Bergeiche *f*

quejoso ADJ jammernd; unzufrieden (mit *dat* de); **quejumbre** F Gejammer *n*; **quejumbroso** ADJ 1 (*lamentable*) jämmerlich; (*lamentoso por hábito*) wehleidig; (*remilgado*) zimperlich 2 (*de mal humor*) verdrießlich

quelite M *Méx* BOT *verschiedene Gänsefuß- und Fuchsschwanzgewächse*; *p. ext* GASTR *fam* Gemüse *n*; *fam fig* **tener cara de ~** leichenblass sein; **poner a alg como ~** j-n miesmachen *fam*

quelvacho M *pez*: *Art* Tiefseehai *m* (*Centrophorus granulosus*)

quema F (*destrucción por el fuego*) Verbrennen *n*; *completa*: Niederbrennen *n*; Abbrennen *n* (*tb de fuegos artificiales*); Brand *m*; (*muerte por el fuego*) Feuertod *m*; **~ de basura(s)** Müllverbrennung *f*; *fig* **huir de la ~** einer Gefahr ausweichen; FISIOL **~ de grasas** Fettverbrennung *f*; *Bol fig* **hacer ~** ins Schwarze treffen

quemadero A ADJ zum Verbrennen bestimmt B M HIST Scheiterplatz *m*, Hinrichtungsstätte *f*

quemado A ADJ 1 verbrannt; ausgebrannt (*tb fig*); *fig persona* verbraucht; *espía* enttarnt; *fig* **eso es papel ~** *corresponde a*: das ist Schnee von gestern 2 *fig* **estar ~** böse (*o* unzufrieden) sein B M 1 Brandlichtung *f*; *fam* Verbrannte(s) *n*; **oler a ~** brenzlig riechen 2 TEC **~ de pinturas** Farbabbrennen *n* 3 *Ec* (*ponche*) Punsch *m*

quemador M 1 TEC Brenner *m*; *Am* INFORM **~ de CD/DVD** CD-/DVD-Brenner 2 **~es** *pl* **de grasa** Fatburner *mpl*; **quemadura** F MED Verbrennung *f*; Brandwunde *f*; **~ del sol** Sonnenbrand *m*; **quemajoso** ADJ *dolor* brennend, sengend

quemar A V/T 1 (*abrasar o consumir con fuego*) (ver)brennen; (*consumir completamente con fuego*) niederbrennen; (*chamuscar*) versengen; **~ un CD/DVD** *fam* eine CD/DVD brennen; *fig* **~ las naves** einen Weg einschlagen, auf dem es kein Zurück mehr gibt; *fig* **~ grasa(s)** Fett verbrennen, abnehmen; *fig* **~ la sangre** das Blut in Wallung bringen, den Kopf heiß machen; *fig*

Q

~ etapas Zwischenstufen überspringen **2** *fig (desazonar, fastidiar)* ärgern; wurmen *fam* **3** *dinero* verschleudern; *fortuna* durchbringen; *espía, actor* verheizen **4** *Antillas (engañar)* betrügen; *Méx, Am Cent (delatar)* verraten, denunzieren **B** VI brennen *(tb condimento, etc)*; brennend (o glühend) heiß sein; *sol* stechen **C** V/R **quemarse** **1** *(arder)* verbrennen, vom Feuer verzehrt werden; *cosecha, frutas* erfrieren; *fig por una pasión, etc*: (in Leidenschaft) entbrennen; *fig político, actor* sich verschleißen; **~ los dedos** sich *(dat)* die Finger verbrennen; *fig* **¡que te quemas!** (ganz) heiß! *(bei Rätseln oder Suchspielen)* **2** *Esp leng. juv (desanimarse)* mutlos sein (o werden) **3** *Méx fig (causar mala impresión)* einen schlechten Eindruck hinterlassen, ins Fettnäpfchen treten *fam*

quemarropa ADV *sólo en*: **a ~** unvermittelt, urplötzlich; *espec tiro* aus nächster Nähe; **preguntar a ~** rundheraus fragen

quemazón F **1** *(quema)* Brennen *n*; *fig (calor excesivo)* große (o übermäßige) Hitze *f* **2** *fig (impertinencia)* Anzüglichkeit *f*, *(pulla, puntazo)* Stichelei *f* **3** *fig (vergüenza)* Beschämung *f*; *(fastidio)* Verdruss *m*, *(rencor)* Groll *m*; *(disgusto, malestar)* Unbehagen *n* **4** *fam fig* → comezón

quemo M *Arg, Ur fam* peinliche (o lächerliche) Situation *f*; **quemón** M *Méx* Schussverletzung *f*; *Col* (Haut)Verbrennung *f*; *fig fam* **darse un ~** *(llevarse un chasco)* enttäuscht werden; reinfallen *fam*

quena F *Andes* indianische Flöte *f*

queo *jerga del hampa* **dar el ~** warnen

quepí *Am Mer*, **quepis** M ⟨*pl inv*⟩ MIL Schirmmütze *f*

quepo → caber

queque M **1** *Am* (süßer) Kuchen *m*; Teekuchen *m* **2** *Antillas, Méx* Keks *m (aus Brotresten)* **3** *Chile, C. Rica, Am Centr, reg* Milchbrötchen *n*;

quequetear VI *Arg pop* zittern

queratina F ANAT Horngewebe *n*; **queratitis** F MED Hornhautentzündung *f*

querella F **1** JUR Klage *f*; *por el fiscal*: Strafantrag *m*; **presentar ~** eine Klage anhängig machen; *por el fiscal*: Strafantrag stellen; **~ suplementaria** Nachtragsanklage *f* **2** *(pendencia)* Streit *m*

querellado M, **querellada** F JUR Beklagte *m/f*; **querellador** ADJ JUR klagend; **querellante** JUR **A** ADJ klagend **B** M/F Beschwerdeführer *m*, -in *f*; Kläger *m*, -in *f*; Strafantragsteller *m*, -in *f*; **querellarse** V/R sich beklagen; ADMIN, JUR Beschwerde führen; klagen; *fiscal* Strafantrag stellen; **querelloso** **A** ADJ Querulanten...; zänkisch **B** M, **-a** F Querulant *m*, -in *f*; Stänker *m*, -in *f fam*

querencia F **1** *(lealtad, fidelidad)* Anhänglichkeit *f*; *(cariño)* Zuneigung *f*; *(preferencia)* Vorliebe *f* **2** *(nostalgia)* Heimweh *n*; *de animales*: Stalltrieb *m*; *fig* **tiene ~ por** es zieht ihn nach *(dat)*; **querencioso** ADJ sich nach Stall, Nest *etc* sehnend; *animal* anhänglich; **querendón** *Am* **A** ADJ sehr zärtlich **B** M zärtlich Liebender *m*; Liebhaber *m*; **querendona** F *Am* zärtlich Liebende *f*; *fam* Geliebte *f*

querer[1] **A** V/T & VI ⟨2u⟩ **1** *(desear)* wünschen; (gerne) wollen, mögen; **quisiera** ich/er/sie möchte; **quisiera hacerlo** *tb* ich würde es gern tun; **¿qué quieres que (le) haga?** was soll ich (denn) machen?; *por ext* das ist eben so; **¿qué más quieres?** was willst du (noch) mehr?; **(que) quieras que no quieras** ob du willst oder nicht; **(que) quiera o no quiera** mag er/sie nun wollen oder nicht; *irón* **¡que si quiere!** das hätten Sie wohl gern!; das ist nicht ganz so einfach!; **quiera Dios que** *(subj)* wolle Gott, dass *(ind)*; **quisiera (que) fuese suyo** er/sie möchte es für sich *(acus)* haben; **como usted quiera** wie Sie wollen; meinetwegen; **como quien no quiere la cosa** so (ganz) nebenbei; so mir nichts, dir nichts; *cj* **como quiera que** weil, da; *höfliche Aufforderung*: **es un artista, no así como quiera** er ist nicht irgendein (o ein x-beliebiger *fam*) Künstler; **cuando quiera(n)** *(vamos)* gehen wir; *(podemos comenzar)* wir können anfangen; **... pero que si quieres** ... aber umsonst, ... (aber) da ist nichts zu machen; **por lo que más quieras ...** ich flehe dich an ...; *prov* **~ es poder** wo ein Wille ist, ist auch ein Weg **2** *(amar)* lieben; mögen; lieb haben; **~ bien a alg** j-n mögen; j-n lieb haben; **~ mal a alg** j-m übelwollen; j-m feindlich gesinnt sein; **hacerse ~** sich beliebt machen (bei *dat* de) **3** **~ decir** *palabras, etc* bedeuten, heißen (sollen); *persona* meinen; **quiere decir** das heißt; **¿qué quieres decir?** was willst du damit sagen? **4** ADV **sin ~(lo)** unabsichtlich; **a todo ~** durchaus; mit aller Kraft **B** V/IMP **quiere llover** es wird bald regnen; **sea como quiera** wie dem auch sei

querer[2] M *(voluntad)* Wollen *n*; *(gusto, deseo)* Mögen *n*; *(cariño)* Zuneigung *f*; *fig (amor)* Liebe *f*

queresa F → querocha

querida F *frec desp* Geliebte *f*; **querido** **A** ADJ lieb; geliebt; *Am Mer* nett, sympathisch; **~ de** o **por todos** überall beliebt **B** M Geliebte *m*

quermes M **1** *insecto*: Kermesschildlaus *f* **2** FARM **~ (mineral)** Kartäuserpulver *n* *(Hustenmittel)*

quermés F *tb pl* **-eses** Kirmes *f*, Kirchweih *f*, -fest *n*; *función benéfica*: Wohltätigkeitsfest *f*, Bazar *m*

querocha F Bienenbrut *f*; **querochar** VI *abejas* Eier ablegen

querosén M, **querosene** M, **queroseno** M QUÍM Kerosin *n*

querrá, querría → querer[1]

Quersoneso M HIST, GEOG Chersones *m*

querubín M REL Cherub *m*

quesadilla F Käsegebäck *n*; *Am Centr, Méx* mit Käse gefüllte Maispastete *f*; **quesear** VI käsen, Käse machen; **quesera** F **1** *fabricante*: Käsemacherin *f*; *vendedora*: Käsehändlerin *f* **2** *recipiente*: Käseform *f* **3** *plato*: Käseglocke *f*, -teller *m*; AGR *tb* Käsekammer *f*; **quesería** F **1** *fábrica*: Käserei *f* **2** *tienda*: Käsegeschäft *n*; **quesero** M, **-a** F *fabricante*: Käser *m*, -in *f*; *comerciante*: Käsehändler *m*, -in *f*; **quesillo** M *Perú* Quark *m*

queso M **1** Käse *m*; **~ ahumado** Räucherkäse *m*; **~ azul** Edelpilzkäse *m*, Blauschimmelkäse *m*; **~ blando** Weichkäse *m*; **~ de bola** Edamer Käse *m*; **~ de cabra** Ziegenkäse *m*; **~ de cabrales** scharfer Ziegenkäse *m (aus Asturien)*; **~ de cerdo** *Art* Fleischkäse *m*; **~ para extender** o **para untar** Streichkäse *m*; **~ fresco** Frischkäse *m*; **~ fundido/con hierbas** Schmelz-/Kräuterkäse *m*; **~ manchego (seco/tierno)** (trockener/weicher) Manchakäse *m*; **~ de oveja** Schafskäse *m*; **~ de pasta blanda/dura** Weich-/Hartkäse *m*; **~ rallado** geriebener Käse *m*; **~ roquefort** Roquefort-Käse *m*; **~ suizo** Schweizer Käse *m*; **~ de vaca** Käse *m* aus Kuhmilch; **hacer ~** Käse machen, käsen **2** *pop fig* **~s** *mpl* Füße *mpl*, (Schweiß)Quanten *pl pop*; *pop* **dársela con ~ a alg** j-n hereinlegen, j-n ködern **3** MAR Mastknopf *m*

quesoburguesa F *Pan* GASTR Cheeseburger *m*

quetzal M **1** *Am trop* ORN Quetzal-Vogel *m (Wappenvogel Guatemalas)* **2** *Guat unidad de moneda*: Quetzal *m*

quevedesco ADJ charakteristisch für *(den spanischen Autor)* Quevedo; in der Art Quevedos; **quevedos** MPL *obs gafas*: Kneifer *m*, Zwicker *m*

quiá INT *fam* keineswegs!, i wo!

quibebe M *Arg, Ur* Durcheinander *n*

quiché **A** ADJ Quiché... **B** M/F Quichéindianer *m*, -in *f (Guatemala)* **C** M *lengua*: Quiché *n*

quichua → quechua

quicial M CONSTR **1** *de la puerta*: Türpfosten *m*; *de la ventana*: Fensterpfosten *m* **2** → quicio;

quicio M *de la puerta*: Türangel *f*; *de la ventana*: Fensterangel *f*; *fig* **estar fuera de ~** aus den Fugen sein; *fig* **sacar de ~ a alg** j-n aus dem Häuschen bringen *fam*, j-n verrückt machen *(fig)*; *fig* **sacar de ~ a/c** etw übertreiben

quid M *fam* wesentlicher Punkt *m*; Pointe *f*; **dar en el ~** ins Schwarze treffen; **este es el ~ (de la cuestión** o **de la cosa)** da liegt der Hase im Pfeffer *fam*; das ist des Pudels Kern

quídam M *fam* ein gewisser Jemand

quiddidad F FIL Quiddität *f*

quiebra F **1** *(raja)* Riss *m*; Erdspalte *f* **2** *(daño, pérdida)* Schaden *m*; Verlust *m* **3** COM *(bancarrota)* Bankrott *m*, Konkurs *m* (machen **hacer** o **dar en)**; **declararse en ~** Konkurs anmelden; **~ fraudulenta** betrügerischer Bankrott *m* **4** *fig (decadencia, ruina)* Verfall *m*

quiebro **1** → quebrar **2** M *(curvatura)* Krümmung *f*, Biegung *f* **3** *(movimiento de desvío)* Ausbiegen *n*; ausweichende Bewegung *f*; *fam fig* **dar el ~ a alg** j-n abwimmeln *fam* **4** MÚS Triller *m*

quien PR REL *(nur auf Personen bezogen)* wer; welche(r, -s); der, die, das; **con ~** mit dem; **con ~es** mit denen; **hay ~** manch einer; manche; einige; **hay ~ dice** einige behaupten; **~ más (y) ~ menos** der eine mehr, der andere weniger; **no hay ~ lo haga** das wird niemand machen; **no ser ~ para hacer a/c** nicht befugt (o nicht der richtige Mann) sein, etw zu tun

quién PR INT wer?; **¿a ~ has visto?** wen hast du gesehen?; **¿~es son estas personas?** wer sind diese Leute?; **¿con ~ has hablado?** mit wem hast du gesprochen?; MIL **¿~ vive?** (halt,) wer da?

quienquiera PR INDEF ⟨*pl* quienesquiera⟩ irgendwer; **~ que sea** wer auch immer

quiero → querer[1]

quietismo M REL Quietismus *m*; **quietista** **A** ADJ quietistisch **B** M/F Quietist *m*, -in *f*

quieto ADJ ruhig; **¡estáte ~!** sei ruhig!; **¡~(s)!** *durante el arresto*: keine Bewegung!

quietud F Ruhe *f*

quihubo INT *fam* **1** *Col* wie geht's?, was ist los? **2** *Col, Méx* vorwärts! **3** *Méx saludo*: *tb* **¡quihúbole!** hallo!

quijada F, **quijal** M, **quijar** M Kinnbacken *m*; Kiefer *m*

quijones MPL BOT *Art* Nadelkerbel *m*

quijongo M MÚS → taramba

quijotada F Donquichotterie *f*, fantastisches Unternehmen *n*; Verstiegenheit *f*

quijote[1] M **1** *de la armadura*: Beinschiene *f* **2** *en el caballo*: oberer Teil *m* des Kreuzes

quijote[2] M *fig* Fantast *m*; idealistischer Träumer *m*; verstiegener Narr *m*; **quijotear** VI sich wie Don Quijote aufführen; *(fantasear)* fantasieren, *(perder la razón)* den Verstand verlieren; **quijotería** F Donquichotterie *f*, Fantasterei *f*; **quijotesco, quijotil** ADJ auf Don Quijote bezogen; *fig (fantástico)* fantastisch; *(descabellado)* abenteuerlich; *(extravagante)* bizarr; **quijotismo** M Donquichotterie *f*

quilar V/T & VI *Esp pop* bumsen *pop*, vögeln *pop*

quilate M Karat *n*; Feingehalt *m*; **de muchos ~s** hochkarätig *(tb fig)*

quilificación F FISIOL Chylusbildung *f*

quilla F **1** MAR Kiel *m* **2** ANAT *de las aves*: Brustbein *n*

quillango M *Bol* Reitzeug *n*; *RPl* Fell-, *frec* Guanacodecke *f*

quillay M *Am (espec Chile)* 1 BOT *Art* Seifenbaum *m* 2 *Chile* Seifenrinde *f* 3 *bebida alcohólica:* Grog *m* (*o* Warmbier *n*) mit Zitrone

quilo M 1 MED Chylus *m* 2 *fam fig* **sudar el ~** sich abrackern *fam*, sich schinden 3 → kilo

quilombo M *Arg* Bordell *n*, Puff *m fam*; **armar ~** Radau *m* machen *fam*

quimba F 1 *Arg (garbo)* Anmut *f* 2 *Col fig* **meter las ~s** ins Fettnäpfchen treten 3 *Col, Ec, Ven calzado:* *Leinenschuh mit Hanfsohle* 4 *Chile, Bol, Perú (contoneo)* Hüftwiegen *n beim Tanz*;

quimbambas FPL *fam* **estar en las ~** weit weg *o* abgelegen sein; in der Pampa sein *fam*, jwd sein *fam*

quimbo M *Am* 1 *Antillas* BOT Okra *f* 2 *Cuba* Machete *f* 3 *Arg, Chile* GASTR **(huevos** *mpl*) **~(s)** *Art* Eiercreme *f*

quimbombó M *espec Cuba* BOT Okra *f*

quimera F 1 Hirngespinst *n*, Chimäre *f*; Trugbild *n* 2 *pez:* Seekatze *f*; **quimérico** ADJ fantastisch, absonderlich; **quimerista** M/F Tagträumer *m*, -in *f*; Fantast *m*, -in *f*

química F 1 Chemie *f*; **~ (in)orgánica** (an)organische Chemie *f*; *fam fig* **la ~ entre A y B funciona** *o* **va bien** zwischen A und B stimmt die Chemie *fam* 2 *persona:* Chemikerin *f*

químico A ADJ chemisch; MIL **agresivos** *mpl* **~s** (chemische) Kampfstoffe *mpl* B M Chemiker *m*

quimioterapia F Chemotherapie *f*

quimo M FISIOL Chymus *m*, Speisebrei *m*

quimono M Kimono *m*

quina F 1 Chinarinde *f*, Chinin *n*; FARM **(vino** *m* **de) ~** chininhaltige Arznei *f*; *fig* **tragar ~** die bittere Pille schlucken, sich *(dat)* seinen Ärger verbeißen 2 BOT Chinarindenbaum *m*

quinario A ADJ fünfteilig B M 1 Fünfergruppe *f* 2 HIST *moneda romana:* Quinar *m*

quincajú M *Am Mer* ZOOL Wickelbär *m*

quincalla F 1 *(baratija)* Schund *m*, Plunder *m*, Kram *m* 2 *(imitación de joyas)* Talmi *m*, falscher Schmuck *m* 3 *(productos de hojalata)* Blechwaren *fpl*

quincallería F 1 *(productos de hojalatería)* Blechwaren *fpl*; *comercio:* Blechwarenhandel *m* 2 *fábrica:* Klempnerei *f* 3 *comercio ambulante:* Hausierwaren(handel *m*) *fpl*; **quincallero** M 1 *(hojalatero, fontanero)* Klempner *m*, Spengler *m* 2 *(vendedor ambulante)* Hausierer *m*

quince NUM fünfzehn; **dentro de ~ días** in vierzehn Tagen; *fig* **dar a alg ~ y falta** *o* **y raya** j-m haushoch überlegen sein

quinceañero A ADJ fünfzehnjährig B M, **-a** F Fünfzehnjährige *m/f*; **quinceavo** *espec* M MAT → quinzavo

quincena F 1 *(catorce días)* vierzehn Tage *mpl* 2 *(pago bisemanal)* zweiwöchentliche Zahlung *f* 3 *cantidad:* 15 Stück 4 *adivinanza:* Rätsel *n* von fünfzehn Fragen; **quincenal** ADJ vierzehntägig, halbmonatlich

quincha F 1 *Am Mer* CONSTR Wand *f (aus Schilf und Lehm)*; *Chile, RPl* Umzäunung *f* 2 *Col* ORN Kolibri *m*

quincho M *Arg, Ur* 1 offener Schuppen *m* 2 *fam* Bordell *n*, Puff *m fam*

quincuagenario A ADJ 1 fünfzigteilig 2 fünfzigjährig B M, **-a** F Fünfzigjährige *m/f*, Fünfziger *m*, -in *f*; **quincuagésima** F REL Quinquagesima *f*; **quincuagésimo** NUM fünfzigste(r, -s)

quingentésimo NUM fünfhundertste(r, -s)

quingombó M *Am* BOT Okra *f*

quiniela F Totoschein *m*; **~s** *fpl* (Fußball)Toto *n*; **~ hípica** Rennwetten *n*; **quinielista** M/F Totospieler *m*, -in *f*, Tipper *m*, -in *f fam*

quinientos NUM fünfhundert

quinina F FARM Chinin *n*; **quinino** M BOT China-, Fieberrindenbaum *m*

quinoa F BOT Reismelde *f*, Quinoa *f*

quínola F Quinola *n (ein Kartenspiel)*; *fig* Seltsamkeit *f*, Extravaganz *f*; *fam* **estar de ~s** buntscheckig (gekleidet) sein

quinqué M 1 *lámpara:* Öl-, Petroleumlampe *f* 2 *(perspicacia)* Scharfsinn *m*; *fam fig* **tener mucho ~** es faustdick hinter den Ohren haben, recht durchtrieben sein

quinquenal ADJ fünfjährig; **plan** *m* **~** Fünfjahresplan *m*; **quinquenio** M Zeitraum *m* von fünf Jahren, Jahrfünft *n*

quinqui M *fam* Landstreicher *m*, Penner *m fam*, Strolch *m*

quinta F 1 *(casa rural de recreo)* Landhaus *n*; Villa *f* 2 *(granja, finca)* Bauernhof *m*; *Perú* Mehrfamilienhaus 3 MÚS Quinte *f* 4 MIL Wehrerfassung *f*; *(año natal)* Jahrgang *m*; **entrar en ~s** einrücken, einberufen werden; **ser de la misma ~** zum selben Jahrgang gehören

quintacolumnista M/F Angehörige *m/f* der fünften Kolonne; **quintada** F *Esp* MIL übler Streich *m (den alte Soldaten den Rekruten spielen)*;

quintador M MIL Ausheber *m*

quintaesencia F Quintessenz *f*

quintaesenciar V/T ‹1b› die Quintessenz ziehen aus *(dat)*; ausklügeln

quintal M spanischer Zentner *m (46 kg)*; **~ métrico** Doppelzentner *m*

quintar V/T & V/I MIL *reclutas* einberufen

quintero M, **-a** F Landpächter *m*, -in *f*, Gutspächter *m*, -in *f*

quinteto M MÚS Quintett *n*

quintilla F LIT Strophe *f* von fünf Versen *(meist Achtsilber)*; **quintillizos** MPL Fünflinge *mpl*; **quintillo** M *ein Kartenspiel*; **quintillón** M Quintillion *f*

Quintín *fig* **se armó la de San ~** es gab mächtigen Rabatz *fam*, es kam zu großem Streit

quinto A NUM fünfte(r, -s) B M 1 Fünftel *n* 2 MIL erfasster Wehrpflichtiger *m*; Rekrut *m* 3 *fam fig* Tölpel *m* 4 *Méx, Peru* **no tener ni un ~** keine müde Mark haben *fam*

quintral M 1 BOT rote amerikanische Mistel *f* 2 *enfermedad de algunas plantas:* Rotschimmel *m (der Melonen, Bohnen, etc)*

quintuplicar V/T ‹1g› verfünffachen

quíntuplo A ADJ fünffach B M **el ~** das Fünffache

quinzavo M Fünfzehntel *n*

quiñador M *Perú, Chile* Kreisel *m*

quiñar V/T *Am* 1 *trompo:* (Kreisel) durch Schläge antreiben 2 *fig (dar empellones)* stoßen, schubsen 3 *Perú* Löcher (ins Holz) schlagen;

quiñazo M *Am* 1 *(cachada)* Schlag *m* auf den Kreisel 2 *fam fig (fuerte golpe)* heftiger Stoß *m*, Knuff *m*; *(choque)* Zusammenprall *m*; **quiño** M 1 *Andes juego:* *Schlagspiel der Kinder* 2 → quiñazo 3 *Perú* Kerbe *f*, Loch *n im Holz*; *p. ext* Blatternarbe *f*; **quiñón** M Gewinnanteil *m*

quiosco M Kiosk *m*; Zeitungs-, Blumenstand *m*; *en un jardín, etc:* (Musik)Pavillon *m*; **quiosquero** M, **quiosquera** F Kioskbesitzer *m*, -in *f*; Kioskpächter *m*, -in *f*; Kioskverkäufer *m*, -in *f*

quipo M, **quipu** F Kipu *m (Knotenschrift Altperus)*

quiquiriquí M *onom* Kikeriki *n*

quiragra F MED Handgicht *f*

quirguiz A ADJ kirgisisch B M/F Kirgise *m*, Kirgisin *f*

quírico M *Ven* Bote(njunge) *m*; *fig* Taugenichts *m*; Dieb *m*

quirófano M MED Operationssaal *m*

quirógrafo ADJ JUR eigenhändig unterfertigt *(ohne notarische Beglaubigung)*; **acreedor** *m* **~** Buchgläubiger *m*

quiromancia, quiromancía F Chiromantie *f*, Handlesekunst *f*; **quiromante** M/F Wahrsager *m*, -in *f (durch Handlesen)*; **quiromántico** A ADJ Handlese… B M, **-a** F Chiromantiker *m*, -in *f*, Handleser *m*, -in *f*;

quiromasaje M MED Chiromassage *f*; **quiropráctica** F 1 Chiropraktik *f* 2 *persona:* Chiropraktikerin *f*; **quiropráctico** M, Chiropraktiker *m*

quirquincho M *Am Mer* ZOOL Gürteltier *n*

quirúrgico ADJ MED chirurgisch

quisca F *Arg* Borste *f*, grobes Haar *n*; *Chile* Kakteenstachel *m*; **quiscal** M 1 ORN *elsterähnlicher Vogel Amerikas* 2 *Chile* Kakteenfeld *n*;

quisco M *Chile* BOT *ein Kaktus (Cereus peruvianus)*; **quiscudo** ADJ *Chile* stachlig; *fig* borstig; *pelo* grobsträhnig

quise → querer[1]

quisicosa F *fam* 1 *(enigma)* Rätsel *n*; knifflige Sache *f* 2 *(intranquilidad interna)* innere Unruhe *f*

quisiera, quiso → querer[1]

quisque *fam* PRON **cada ~** jeder(mann); jeder x-Beliebige; **todo ~** alle

quisquilla F 1 *fam (bagatela)* Kleinigkeit *f*; Lappalie *f* 2 **~s** *fpl* ZOOL Sägegarnelen *fpl (winzige Garnelen, die mit Schale gegessen werden)*; **quisquilloso** ADJ 1 *(sensible)* empfindlich; *(difícil de contentar)* zimperlich 2 *(meticuloso)* kleinlich, pingelig *fam*; *(quejumbroso)* nörglerisch

quiste M MED Zyste *f*

quisto A PP → querer[1] B **bien/mal ~** beliebt/unbeliebt

quita F 1 JUR Schuld(en)erlass *m* 2 **de ~ y pon** abnehmbar; **quitación** F Bezahlung *f*, Besoldung *f*; JUR → quita 1; **quitaesmalte** M Nagellackentferner *m*; **quitahambre** M MED Appetitzügler *m*; **quitamanchas** M ‹*pl inv*› Fleckenentferner *m*; Fleckenwasser *n*;

quitameriendas F ‹*pl inv*› BOT *Art* Herbstzeitlose *f*; **quitamiedos** M ‹*pl inv*› *transporte:* *fam* Leitplanke *f*; *(baranda)* Geländer *n*; *(asidero)* Halteseil; **quitamotas** M/F ‹*pl inv*› *fam* Schmeichler *m*, -in *f*; **quitanieves** M ‹*pl inv*› Schneepflug *m*; Schneeräumer *m*; **quitanza** F Quittung *f*

quitapenas M ‹*pl inv*› 1 *licor:* Sorgenbrecher *m*; *p. ext* Alkohol *m* 2 Revolver *m* 3 *(navaja)* Schnappmesser *n*; **quitapesares** M ‹*pl inv*› *fam* Sorgenbrecher *m*, Trost *m*; **quitapinturas** M ‹*pl inv*› Farbenentferner *m*; **quitapón** M Kopfzierrat *m* der Maultiere

quitar A V/T 1 *(sacar)* (ab)nehmen, wegnehmen; *tapa, etc* abheben; *vestimenta* ausziehen; *manchas* entfernen; *mesa* abdecken, abräumen; *mala costumbre* abgewöhnen; *sueño* rauben; *fam* **¡quita!** nicht doch!; pfui!; lass das; lass los!; *fam* **¡quita allá!** hör doch auf (damit)!; Unsinn!; *fam* **quitando …** abgesehen von … *(dat)*, außer … *(dat)*; *fam fig* **por un quítame allá esas pajas** wegen einer Geringfügigkeit, wegen nichts und wieder nichts; *fig* **~le a/c de la cabeza a alg** j-n von einer Sache abbringen; *pop fig* **te voy a ~ la cara** *o* **los mocos** *o* **los hocicos** ich reiß dir den Kopf ab; gleich kriegst du eins aufs Maul *pop*; **eso le quita las ganas** das nimmt ihm alle Lust, da(mit) ist er bedient *fam*; **~le a alg el gusto** j-m den Geschmack verleiden; *fig* **~ hierro a a/c** etw herunterspielen; *tb fig* **~ de en medio** aus dem Weg räumen; umlegen *fam*; **~le a alg los méritos** j-m seine Verdienste absprechen; **no ~ ojo de** kein Auge wenden von *(dat)*; **una cosa no quita la otra** eines verhindert das andere nicht; **me quita usted la palabra de la boca** Sie nehmen mir das Wort aus dem Munde, ich wollte genau dasselbe sagen; **~ la vida a alg** j-m das Leben nehmen; *fig* j-n sehr ärgern, j-m hart zusetzen 2 MAT *(descontar)* abziehen 3 DEP *esgrima*: ablenken 4 *(hurtar)* entwenden, stehlen 5 *con verbo*: ab…: TEC **~ afilando** abschleifen; **~ a martillazos** abklopfen; **~ con la lima** abfeilen B VR **quitarse** 1 *(liberarse)* sich befreien (*o* losmachen) (**de** von *dat*); **~ a alg/a/c de encima** sich *(dat)* j-n/etw vom Leibe halten, sich *(dat)* j-n/etw vom Halse schaffen; *fig* **se me ha quitado un peso de encima** mir ist ein Stein vom Herzen gefallen; *fig* **quitárselo de la boca** es sich *(dat)* vom Munde absparen; *pop fig* **no saber ni siquiera ~ los mocos** mehr als dämlich sein *fam*, rotzdoof sein *pop* 2 *vestimenta* ausziehen; *abrigo, etc* ablegen; *sombrero, gafas* abnehmen 3 *(retirarse)* sich zurückziehen; aus dem Weg gehen; *fam* **¡quítate de ahí** *o* **de delante** *o* **de en medio!** mach, dass du wegkommst!, hau ab! *fam*

quitasol M 1 Sonnenschirm *m* 2 *Méx* BOT *ein Pilz*; **quitasolillo** M *Cuba* 1 BOT Wassernabel *m* 2 *hongo*: *ein essbarer Pilz*; **quitasueño** M *fam* (schlaflose Nächte verursachender) Kummer *m*

quita y pon TEC *frec* abnehmbar; **de ~** zum Wechseln; **palanca** *f* **de ~** An- und Abstellhebel *m*

quite M 1 DEP *esgrima*: Parade *f* 2 TAUR Ablenkung *f*; *fig* **estar al ~** bereit sein (, j-m beizuspringen); *Méx* **dar el ~** sich rächen, sich revanchieren

quiteño A ADJ aus Quito B M, **-a** F Einwohner *m*, -in *f* von Quito

quitina F BIOL Chitin *n*; **quitinoso** ADJ chitinhaltig; Chitin…

Quito M *Hauptstadt von Ecuador*

quiyapí M *RPl indianische Bekleidung aus (Otter)Fell*

quiz M Quiz *n*

quizá(s) ADV **~** *(subj)* vielleicht *(ind)*; *fam* **~ y sin ~** unter allen Umständen, ganz bestimmt

quórum M Quorum *n*, Mindeststimmenzahl *f*; **alcanzar el ~** *reunión* beschlussfähig sein

R

R, r F R, r *n*; → *tb* ere

RA F ABR (República Argentina) Argentinische Republik

raba F 1 *(cebo)* Fischköder *m (aus Fischstückchen oder Waleiern)* 2 *de calamares*: Tentakel *m/n*, Fangarm *m*

rabadán M Oberschäfer *m*

rabadilla F 1 ANAT Steiß *m*, Steißbein *n* 2 ORN Bürzel *m*; Sterz *m*

rabalera F ordinäres Frauenzimmer *n*

rabanera F *persona* Rettichverkäuferin *f*; *fam fig* grobes (*o* unverschämtes) Weibsstück *n fam*; **rabanero** A ADJ *fam fig (desvergonzado)* grob, unverschämt; derb B M Rettichhändler *m*; **rabanillo** M 1 BOT Ackerrettich *m*; Hederich *m* 2 *del vino*: Stich *m* 3 *(esquivez)* Sprödigkeit *f*; *(desdén)* Barschheit *f* 4 *(deseo)* unwiderstehlicher Drang *m*, Kitzel *m*; **rabanito** M 1 BOT Radieschen *n* 2 *Perú, Col* POL *fam* Kommunist; **rabaniza** F 1 BOT Hederich *m* 2 → rabanillo

rábano M BOT (AGR *tb* **~ largo**) Rettich *m*; **~ picante** Meerrettich *m*; **~ salvaje** Hederich *m*; *fam fig* **a mí me importa un ~** das ist mir schnuppe *fam*, das ist mir (piep)egal *fam*; *fam* **¡y un ~!** kommt nicht infrage (*o* in die Tüte *fam*)!; *fig* **coger** *o* **tomar el ~ por las hojas** das Pferd beim Schwanz aufzäumen

rabdomancia F Wassersuche *f* mit Wünschelruten; Radiästhesie *f*; **rabdomante** M/F (Wünschel)Rutengänger *m*, -in *f*

rabear VI 1 *(menear con el rabo)* mit dem Schwanz wedeln, schwänzeln 2 *Esp fam (fanfarronear)* angeben 3 *vulg Esp (joder)* bumsen *pop*, vögeln *vulg*

rabel M 1 *folclore*: *(dreisaitige)* Hirtengeige *f*; *juguete*: *(einsaitige)* Spielzeuggeige *f* 2 *(trasero)* Gesäß *n*, Hintern *m fam*, Po(po) *m fam*

rabeo M 1 *(meneo)* Wedeln *n*, Schwänzeln *n* 2 *Esp fam (fanfarroneada)* Angeberei *f*; **rabera** F *(parte posterior)* hinterer Teil *m*; *(mango)* Griff *m*, Stiel *m*; *de la ballesta*: Schaftende *n*; **rabero** M *Esp fam* Grapscher *m fam*

rabí REL *trato formal*: Rabbi

rabia F 1 *(ira, enojo)* Wut *f*; Zorn *m*; **dar ~** ärgern, wütend machen; **¡qué ~!** zu ärgerlich!; so ein Mist! *fam*; **tener ~ a** *o* **contra alg** *(estar furioso con alg)* auf j-n wütend sein; *(no aguantar a alg)* j-n nicht ausstehen können 2 VET, MED Tollwut *f*

rabiar VI ⟨1b⟩ wüten, toben; *fam fig* **pica que rabia** *comida*: es brennt fürchterlich; *adv* **a ~** (wie) wahnsinnig; entsetzlich (viel); **aplaudir a ~** stürmisch applaudieren; **me gusta a ~** das gefällt mir enorm; **hacer ~ a alg** *(enfurecer)* j-n wütend (*o* rasend) machen; *(contradecir)* j-m widersprechen; *fam fig* **~ de impaciencia** vor Ungeduld brennen; **~ por a/c** auf etw *(acus)* (sehr) erpicht sein; **~ por** *(inf)* vor Begierde brennen, zu *(inf)*

rabicaliente ADJ *vulg* geil *pop*

rábico ADJ MED Tollwut…

rabicorto ADJ 1 ZOOL kurzschwänzig 2 *fig vestido* sehr kurz

rábida F → rápita

rabieta F Wutanfall *m*; **le dio una ~** er bekam einen Wutanfall

rabihorcado M ORN Fregattvogel *m*; **rabilargo** A ADJ langschwänzig B M ORN Blauelster *f*

rabillo M 1 BOT *(tallo)* Stiel *m*, Stängel *m*; *tipo de hierba*: Taumellolch *m* 2 *(trabilla)* (Westen- *o* Hosen)Schnalle *f* 3 **~ del ojo** Augenwinkel *m*; **mirar con el ~ del ojo** von der Seite (*o* misstrauisch) ansehen

rabinato M Rabbinat *n*; **rabínico** ADJ REL rabbinisch, Rabbiner…; **rabinismo** M Lehre *f* der Rabbiner; **rabino** M Rabbiner *m*

rabión M Stromschnelle *f*

rabioso ADJ 1 VET tollwütig; *fig* wütend 2 *dolor, anhelo* heftig; *fam fig color* schreiend, knallig *fam*; *condimento* scharf; **de -a actualidad** hochaktuell, brandaktuell

rabisalsera ADJ *fam mujer* kess und frech; **rabiza** F 1 *caña de pescar*: Spitze *f der Angelrute* 2 MAR Schwieking *f* 3 *fam (aversión)* Abneigung *f*, Hass *m*

rabo M 1 *(cola)* Schwanz *m*, Schweif *m*; GASTR **~ de buey** Ochsenschwanz *m*; METEO **~s** *mpl* **de gallo** Feder-, Zirruswolke *f*; *fig* **~ del ojo** Augenwinkel *m*; *Antillas, Méx fam fig* **~ verde** lebenslustiger Alter *m*; CAZA **~ a viento** mit dem Wind im Rücken; *fam fig* **asir por el ~** falsch (*o* ungeschickt) anpacken *(fig)*; **ir(se con el) ~ entre piernas** *o* **entre las patas** beschämt abziehen, den Schwanz einziehen *(fam fig)*; *fig* **aún queda** *o* **falta el ~ por desollar** das Schwierigste (*o* das dicke Ende *fam*) kommt noch; **volver de ~** ganz anders (als erwartet) kommen 2 BOT **~ de zorra** Fuchsschwanz *m* 3 *vulg (pene)* Schwanz *m pop*

rabón ADJ 1 ZOOL schwanzlos; kurzschwänzig 2 *Am vestido, etc* sehr (*o* zu) kurz 3 *Chile (desnudo)* nackt 4 *fam Méx (deplorable)* erbärmlich; völlig unbedeutend

rabona F 1 *Col (chaqué)* Cut(away) *m* 2 *fam fig enseñanza*: **hacer la ~** die Schule schwänzen; *pop* **hacer ~ a alg** j-n versetzen *fam*; **rabonear** VI *Arg fam* die Schule schwänzen; **rabonero** M *Arg fam* Schulschwänzer *m*

raboso ADJ ausgefranst

rabotada F *fam (insolencia)* Frechheit *f*, *(grosería)* Grobheit *f*; *(impertinencia)* scharfe (*o* unverschämte) Antwort *f*; **rabotazo** M ZOOL, *fig* Schwanzschlag *m*, Schlag *m* mit dem Schwanz; **rabotear** VT *corderos* den Schwanz stutzen *(dat)*; **raboteo** M Schwanzstutzen *n*

rabudo ADJ lang- (*o* dick)schwänzig

rábula M Rechtsverdreher *m*, Rabulist *m*

raca A ADJ *fam* knauserig B F *Esp leng. juv (coche)* Kiste *f*, Schlitten *m*; **racamandaca** *Col* **de ~** super, prima; **racanear** VI *fam* geizen, knausern; *(no trabajar)* faulenzen; **racaneo** M, **racanería** F Geiz *m*, Knauserei *f*

rácano A ADJ geizig, knauserig B M, **-a** F Faulenzer *m*, -in *f*; Geizhals *m*

RACC M ABR (Reial Automòbil Club de Catalunya) Katalanischer Automobilklub *m*

RACE M ABR (Real Automóvil Club de España) Spanischer Automobilklub *m*

racha F 1 *(ráfaga)* Windstoß *m*, Bö(e) *f* 2 *fig* Reihe *f*, Serie *f*; **buena/mala ~** Glücks-/Pechsträhne *f*; *adv* **a ~s** stoßweise

rachear VI *viento* in Böen wehen, böig sein; **ráfagas** *fpl* **de viento racheado** böige Winde *mpl*, Windböen *fpl*

racial ADJ Rassen…, rassisch; **conflictos** *mpl* **~es** Rassenkonflikte *mpl*; **odio** *m* **~** Rassenhass *m*

racimo M BOT Traube *f*; Büschel *n*; *fig* Schar *f*, Schwarm *m*; **racimoso** ADJ mit vielen (Blüten)Trauben

raciocinar VI vernunftgemäß denken; **raciocinio** M *(juicio)* Urteilsfähigkeit *f*; *(reflexión)* Überlegung *f*; *(razonamiento)* Gedankengang *m*

ración F 1 *(porción)* Portion *f*; MIL Ration *f*; *(asignación)* Zuteilung *f*; **~ de carne** Fleischportion *f*; **~ de hambre** Hungerration *f*; *fig* Hungergeld *n*, -lohn *m* 2 *reg* REL Pfründe *f*

racional ADJ 1 *(intelectual)* rational; verstandesmäßig, vernunftgemäß 2 *(apropiado, útil)* rationell, zweckmäßig; *(económico)* sparsam;

racionalidad F Vernünftigkeit *f*; Zweckmäßigkeit *f*; **racionalismo** M Rationalismus *m*; **racionalista** A ADJ rationalistisch B M/F Rationalist *m*, -in *f*; **racionalización** F Rationalisierung *f*; **racionalizador** M, **racionalizadora** F Rationalisator *m*, -in *f*; **racionalizar** VT ⟨1f⟩ rationalisieren

racionamiento M 1 *(contingentación)* Rationierung *f*, Bewirtschaftung *f* 2 *(reparto)* Ausgabe *f* der Rationen; *(asignación de cupos)* Zuteilung *f*

racionar VT 1 rationieren 2 MIL die Rationen ausgeben an *(acus)*

racismo M Rassismus *m*; Rassenlehre *f*, -wahn *m*; **racista** A ADJ rassistisch B M/F Rassist *m*, -in *f*, Rassenfanatiker *m*, -in *f*

racor M TEC Anschlussstutzen *m (mit Gewinde)*; **~ de lubri(fi)cación** Schmiernippel *m*

rad M FÍS Rad *n*

rada F MAR Reede *f*

radar M Radar *m/n*; **antena** *f* **~** Radarantenne *f*; **instalación** *f* **~** Radaranlage *f*; **sistema** *m* **de guiado por ~** Radarleitsystem *n*; **técnico** *m u* **operator** *m* **de ~** Radartechniker *m*

radarista M/F Radartechniker *m*, -in *f*

radiación F FÍS Strahlung *f*; MED Bestrahlung *f*; RADIO, TV Ausstrahlung; **calor** *m* **de ~** Strahlungswärme *f*; **~ acústica** *o* **sonora** Schallabstrahlung *f*, Beschallung *f*; **~ solar** Sonnenstrahlung *f*; METEO Sonneneinstrahlung *f*; **de baja ~** strahlungsarm

radiactividad F FÍS Radioaktivität *f*; **radiactivo** ADJ radioaktiv

radiado A ADJ strahlenförmig; Strahlen...; RADIO Funk...; **discurso** *m* ~ Rundfunkrede *f* B ~**s** MPL ZOOL Strahlentiere *npl*; **radiador** M 1 Heizkörper *m*, Radiator *m*; AUTO Kühler *m* 2 FÍS Strahler *m*

radial A ADJ 1 ANAT, TEC, MAT radial; strahlen-, speichenförmig; BIOL, MAT radiär 2 *Am* Rundfunk..., Radio... B M ANAT *músculo*: Speichenbeuger *m*; **radiante** ADJ strahlend (*tb fig tiempo*); Strahlungs...; **energía** ~ Strahlungsenergie *f*; *fig* ~ **(de alegría)** (vor Freude) strahlend

radiar ⟨1b⟩ A VT FÍS aus-, abstrahlen; RADIO, *etc* funken; ausstrahlen, senden; MED bestrahlen B VI (*irradiar*) strahlen; (*iluminar*) leuchten; (*brillar*) glänzen

radiar[2] VT ⟨1b⟩ *Am Mer* (*echar, eliminar*) streichen

radicación F 1 BOT Wurzeltreiben *n*; Ein-, Verwurzelung *f* (*tb fig*) 2 MAT Wurzelziehen *n*; **radicado** ADJ gelegen, liegend; **(estar)** ~ **en Lima** mit Wohnsitz in Lima, in Lima niedergelassen

radical A ADJ gründlich, von Grund auf; Grund...; radikal (*tb* POL); BOT Wurzel...; LING **sílaba** *f* ~ Stammsilbe *f* B M/F POL Radikale *m/f* C M 1 LING Stamm *m*; Radikal *m* 2 MAT Wurzelzeichen *n* 3 PSIC, QUÍM Radikal *n*

radicalismo M POL Radikalismus *m*; **radicalización** F Radikalisierung *f*; **radicalizar** VT ⟨1f⟩ radikalisieren

radicando M MAT Radikand *m*

radicar ⟨1g⟩ A VI (*arraigar*) wurzeln; (*estar en*) liegen, gelegen sein; COM seinen Stammsitz haben; (*residir*) wohnen (in *dat* en); *fig* ~ **en** liegen an (*dat*); beruhen auf (*dat*); bestehen in (*dat*) B VR **radicarse** sich niederlassen; Fuß fassen (*tb fig*)

radicheta F *Arg* BOT *eine Zichorienart*

radícula F 1 BOT Wurzelkeim *m* 2 ANAT Nervenwurzel *f*; **radicular** ADJ MED, ODONT Wurzel...

radiestesia F PSIC Radiästhesie *f*, Strahlenfühligkeit *f*; **radiestesista** M/F (Wünschel)Rutengänger *m*, -in *f*

radio[1] A F, *Am tb* M (*radiodifusión*) Radio *n*, Rundfunk *m*; (*radiotransmisión*) Funk *m*; *aparato*: Rundfunkgerät *n*, Radio(gerät) *n*; *espec* MIL *fam* ~ **macuto** Gerüchteküche *f*; ~ **portátil** Kofferradio *n*; **calma** *f* **de** ~ Funkstille *f*; TEC **guiado por** ~ funkgesteuert; **cuota** *f* **de** ~ Rundfunkgebühr *f* B M 1 (*radiotelegrama*) Funkspruch *m* 2 *persona*: Funker *m*

radio[2] M 1 MAT *y fig* Radius *m*; MAT *tb* Halbmesser *m*; *fig* (Um)Kreis *m*; GEOM ~ **focal** Brennstrahl *m*; ~ **visual** Gesichtskreis *m*; ~ **de acción** Aktionsradius *m*; Reichweite *f*; AUTO ~ **de giro** Wendekreis *m* 2 ANAT, TEC Speiche *f*; ~ **de rueda** Radspeiche *f*

radio[3] M QUÍM Radium *n*

radioaficionado M, **-a** F Funkamateur *m*, -in *f*; **radioastronomía** F Radioastronomie *f*; **radioaudición** F Rundfunkhören *n*; -konzert *n*; -darbietung *f*; **radiobaliza** F MAR, AVIA Funkbake *f*; **radiobiología** F Radiobiologie *f*; **radiocarbono** M ARQUEOL **datación por** ~ Radiocarbondatierung *f*; **radiocasete** M *Esp* Radiorekorder *m*

radio-compás M AVIA Bordpeiler *m*

radiocomunicación F Funkverbindung *f*; Funk(sprech)verkehr *m*; Funkgespräch *n*; **radioconductor** M ELEC Fritter *m*; TEL Empfänger *m* für drahtlose Telegrafie; **radiocontrol** M TEC Funksteuerung *f*; **radiodespertador** M Radiowecker *m*; **radiodiagnóstico** M MED Röntgendiagnose *f*;

radiodifundir VT im Rundfunk übertragen, senden; **radiodifusión** F Rundfunk *m*; (*radioemisión*) Rundfunkübertragung *f*, -sendung *f*; **radioelectricidad** F Radioelektrizität *f*; **radioeléctrico** ADJ radioelektrisch; drahtlos; **radioelemento** M QUÍM radioaktives Element *n*; **radioemisión** F Rundfunk- (*o* Radio)sendung *f*; **radioemisora** F Rundfunk- (*o* Radio)sender *m*; ~ **clandestina** Schwarzsender *m*, Piratensender *m*; **radioenlace** M ~ **(dirigido)** (Richt)Funkverbindung *f*; **radioescucha** M/F Rundfunkhörer *m*, -in *f*; **radioestesia** F Radiästhesie *f*; **radioestesista** M/F (Wünschel)Rutengänger *m*, -in *f*

radioexperimentador M, **radioexperimentadora** F Funkamateur *m*, -in *f*; Funkbastler *m*, -in *f*

radiofaro M MAR, AVIA Funkbake *f*; Funk-, Richtfeuer *n*; **radiofonía** F 1 Rundfunk *m* 2 → radiotelefonía; **radiofónico** ADJ Sprechfunk...; Rundfunk...; **pieza** *f* **-a** Hörspiel *n*; **radiofoto** F Funkbild *n*; **radiofrecuencia** F Radiofrequenz *f*; **radiogoniometría** F Funkpeilung *f*; **radiogoniómetro** M Funkpeilgerät *n*; **radiograbadora** F *espec Am* Radiorekorder *m*; **radiografía** F MED, TEC Röntgenaufnahme *f*; -bild *n*; **radiografiar** VT ⟨1c⟩ 1 MED, TEC röntgen, eine Röntgenaufnahme machen von (*dat*) 2 TEL funken; **radiográfico** ADJ röntgenografisch; **radiograma** M Funkspruch *m*; **radioguiado** ADJ TEC funkgesteuert; **radioisótopo** M QUÍM Radiumisotop *n*

radiola F *Am reg* Radio *n* mit Plattenspieler

radiolario M ZOOL Strahlentierchen *n*; **radiolesión** F MED Strahlenschädigung *f*; **radiolocalización** F Funkortung *f*; Radar *n*

radiología F MED Röntgenologie *f*; Strahlenforschung *f*; **radiológico** ADJ MED röntgenologisch, Röntgen...; **radiólogo** M, **radióloga** F MED Röntgenologe *m*, -login *f*; Radiologe *m*, -login *f*

radiomensaje M Funkspruch *m*; Rundfunkbotschaft *f*; **radiometría** F ELEC Funkmesstechnik *f*; **radiómetro** M FÍS 1 Radiometer *n* 2 ELEC → *tb* radiotelémetro

radionavegación F MAR, AVIA Funknavigation *f*, -ortung *f*; **radionovela** F Hörspielserie *f*; **radionúclido** M FÍS Radionuklid *n*; **radioonda** F Funkwelle; **radioopaco** ADJ strahlenundurchlässig; **radiooperador** M, **radiooperadora** F Funker *m*, -in *f*; **radiopatrulla** F Funkstreife *f*; **radioquímica** F Radiochemie *f*

radio-relé M Relaisstation *f*; **radio-reloj** M Radiowecker *m*; Funkuhr *f*

radiorreceptor M (Rund)Funkempfänger *m*; **radioscopia** F MED Durchleuchtung *f*, Röntgenoskopie *f*; **radioscópico** ADJ MED Durchleuchtungs...; Röntgen...; **radiosensible** ADJ strahlenempfindlich; **radioseñal** M Funksignal *n*; **radioservicio** M Funkdienst *m*

radioso ADJ strahlend, leuchtend

radiosonda F METEO Radiosonde *f*; **radiotaxi** M Funktaxi *n*; **radioteatro** M 1 (*escenario*) Rundfunkbühne *f* 2 (*serial*) (Serien)Hörspiel *n*; **radiotecnia** F Radio-, Rundfunktechnik *f*; **radiotécnica** F 1 (Rund)Funktechnik *f* 2 *persona*: Radio-, Rundfunktechnikerin *f*; **radiotécnico** A ADJ radio-, funktechnisch B M, **-a** F Radio-, Rundfunktechniker *m*, -in *f*

radiotelecomunicación F Funk(melde)wesen *n*; **radiotelefonía** F Sprechfunk *m*; **radioteléfono** M Funksprechgerät *n*; **radiotelegrafía** F Radiotelegrafie *f*, drahtlose Telegrafie *f*; **radiotelegrafista** M/F Funker *m*, -in *f*; **radiotelegrama** M Funktelegramm *n*; Funkspruch *m*; **radiotelémetro** M Funkmessgerät *n*; **radiotelescopio** M Radioteleskop *n*; **radiotelevisado** ADJ über Funk und Fernsehen gesendet (*o* übertragen); **radiotelevisión** F Rundfunk *m* (und Fernsehen *n*); **Radiotelevisión Española** →RTVE

radioterapia F Röntgen-, Radio-, Strahlentherapie *f*; Strahlenbehandlung *f*; ~ **profunda** Tiefenbestrahlung *f*

radiotransmisión F Funkübertragung *f*; **-ones** *fpl* Funkwesen *n*; ~ **de imágenes** Bildfunk *m*; ~ **(por vía) telefónica** Drahtfunk *m*

radiotransmisor M Funkgerät *n*, Funksender *m*; **radio-vector** M Leitstrahl *m*, Radiusvektor *m*

radioyente M/F Rundfunkhörer *m*, -in *f*; ~ *m/f* **clandestino, -a** Schwarzhörer *m*, -in *f*

radón M QUÍM Radon *n*

RAE F ABR (Real Academia Española) Spanische Sprachakademie *f*

raedera F Schabeisen *n*; Schabemesser *n*; Schaber *m*; **raedura** F 1 (*acción de raer*) Schaben *n* 2 *parte menuda que sobra*: Abschabsel *n*

raer VT ⟨2z⟩ 1 (*raspar*) (ab)schaben 2 (*rasar*) abstreichen 3 *fig* (*exterminar*) ausrotten, (aus)tilgen

raf M *Esp fam* Cola *f* mit Gin

Rafael N PR M Raphael *m*, Raffael *m*

ráfaga F 1 Windstoß *m*, Bö(e) *f*; *fig* **en ~s** stoßweise, in Stößen; *modo de expresarse*: abgehackt; **luz de ~s** Lichthupe *f*; ~ **de luz** Aufblitzen *n*, Lichtblitz *m*; ~ **tormentosa** Gewitterbö *f* 2 MIL Feuerstoß *m*, (Geschoss)Garbe *f*; ~ **de ametralladora** Maschinengewehrgarbe *f*

rafia F 1 BOT Raphiapalme *f* 2 (*fibra*) Raphiabast *m*; *p. ext gener* Bast *m*

rafting M DEP Rafting *n*

raglán M Raglan *m*; **manga** *f* ~ Raglanärmel *m*

ragout, ragú M GASTR Ragout *n*

raicilla F *Am reg* BOT, FARM Brechwurz *f*

raído ADJ (*gastado*) abgeschabt; *vestimenta* abgetragen; *fig* (*desvergonzado*) unverschämt

raigambre F Wurzelwerk *n*; *fig* Verwurzelung *f*; **de honda** ~ tief verwurzelt; **tener** ~ verwurzelt sein

raigón M starke Wurzel *f*; ANAT Zahnwurzel *f*

raíl M *espec Esp* (Eisenbahn)Schiene *f*; ~ **de corredera** Laufschiene *f* (*einer Schiebetür*)

raíz F ⟨*pl* raíces⟩ 1 BOT *y fig* Wurzel *f*; *fig* Ursprung *m*; ~ **aérea/pivotante** Luft-/Pfahlwurzel *f*; *Col* ~ **picante** Meerrettich *m*; **a** ~ **de** nahe bei (*dat*), dicht an (*dat*), dicht über (*dat*); *fig* unmittelbar (*o* kurz) nach (*dat*); aufgrund von (*dat*); *adv* **de** *o* **a** ~ von der Wurzel her; mit der Wurzel; *fig* ganz und gar, von Grund auf; *fig* **cortar de** ~ mit Stumpf und Stiel ausrotten; *fig* **cortar el mal de** ~ das Übel an der Wurzel packen; *tb fig* **echar raíces** Wurzeln schlagen; *tb fig* **tener raíces** fest verwurzelt sein 2 LING, MAT Wurzel *f*; ~ **cuadrada/cúbica** Quadrat-/Kubikwurzel *f* 3 **(bienes** *mpl*) **raíces** *fpl* Liegenschaften *fpl*; *Col* **finca** *f* ~ Grundstück *n* 4 ANAT (Zahn-, Haar)Wurzel *f*; ~ **de la uña** Nagelwurzel *f*

raja F 1 (*hendidura*) Riss *m*; (*grieta*) Spalt *m*, Spalte *f*; (*resquebrajadura*) Sprung *m*; (*abertura*) Schlitz *m*, (*fisura*) Ritze *f* 2 (*astilla*) Span *m*, Splitter *m*; *fam fig* **hacerse ~s** sich allzu sehr einsetzen, sich zerreißen (*fam fig*) 3 *de pan, salchichón, etc*: Scheibe *f*; *de melón, etc*: Schnitz *m* 4 *vulg* (*vagina*) Fotze *f vulg*, Möse *f vulg* 5 *Col fam* **estar en la** ~ abgebrannt sein; *fam fig* **sacar** ~ seinen Schnitt (*o* seinen Reibach *fam*) machen

rajá M ⟨*pl* -s⟩ Radscha *m*

rajabroqueles M ⟨pl inv⟩ fam Maulheld m; **rajada** F Am 1 fam Rückzieher m fam, Wortbruch m 2 Arg fam (fuga) Flucht f 3 Col fam en un examen: Durchfallen n 4 vulg (vagina) Möse f vulg, Schlitz m; **rajadiablos** M ⟨pl inv⟩ fam Chile Teufelskerl m; irón Maulheld m; **rajadizo** ADJ spröde, zum Bersten (o Zerspringen) neigend; cabello splissig; **rajado** ADJ 1 (resquebrajado) geborsten, vidrio zersprungen 2 Am fam fig (de poca confianza) unzuverlässig; (que falta a su palabra) wortbrüchig; (cobarde) feige; **rajador** M (Holz)Spalter m; del barrilero: Spaltklinge f; del canastero: Reißer m; **rajadura** F 1 formación: Spaltbildung f 2 (hendidura) Riss m; (resquebrajadura) Sprung m; Spalt m; Spalte f

rajar A VT 1 (disociar) spalten; (partir en partes) auseinanderbrechen; (rasgar) schlitzen; (rayar) (ein)ritzen; (desarmar) zerlegen; frutos in Schnitze teilen 2 reg y Am fam fig **~ de alg** (hablar mal) über j-n herziehen, j-n zerreißen fam; **~ a alg** Arg (echar) j-n hinauswerfen; Am reg (echar una bronca) j-n fertigmachen fam; en un examen: j-n durchfallen lassen B VI fam fig 1 (jactar) angeben fam, prahlen 2 (charlar) schwatzen, tratschen C VR **rajarse** 1 (desgarrarse) reißen, (resquebrajarse) (zer)springen; (reventarse) platzen; piel aufspringen; fam fig **~ de risa** sich totlachen fam; **~ por** sich zerreißen wegen (gen, dat) fam, sich abrackern für (acus) 2 fam fig (retractarse) einen Rückzieher machen, kneifen (fam desp); (faltar a su palabra) wortbrüchig werden 3 Am reg viel Geld ausgeben (**con** bei dat, für acus) 4 fam Arg, Col sich irren; Am en un examen: durchfallen

rajatabla ADV sólo en: **a ~** sehr streng; unbedingt, um jeden Preis; **rajatablas** M ⟨pl inv⟩ Col fam scharfer Verweis m, Rüffel m fam

raje M 1 Esp fam Schiss f fam, Bammel m fam 2 Arg fam **dar el ~ a alg** j-n rausschmeißen fam, j-n entlassen 3 Perú fam (reproche) Tadel m, Kritik f; (rumores) Gerede n

rajón A ADJ Am Centr, Méx fam (cobarde) feige; (que falta a su palabra) wortbrüchig B M, **-ona** F Am (cobarde) Feigling m; (fanfarrón, -ona) Angeber m; -in f; (criticón, -ona) fam Mäkler m, -in f, Nörgler m, -in f

ralea F (género) Art f, Sorte f; desp (estirpe) Sippschaft f, Sippe f, Gezücht n (desp); **de la misma ~** vom gleichen Schlag

ralear A VI tela dünn werden; siembra dünn stehen; pelos, hojas, bosque, etc sich lichten; dientes weniger werden B VT pelo ausdünnen

ralentí M 1 FILM Zeitlupe f 2 AUTO **(reglaje m de la) marcha f en ~** Leerlauf(einstellung f) m; **ralentizar** A VT verlangsamen B VR **ralentizarse** langsamer werden, sich verlangsamen

rallador M Reibe f, Reibeisen n; TEC Reibmaschine f; **ralladora** F **~ de patatas** Kartoffelreibe f; **ralladura** F 1 (surco) Rille f, Kratzer m 2 (lo que queda rallado) Abgeriebene(s) n; Reibsel n; **~ de limón** abgeriebene Zitronenschale f

rallar VT 1 (frotar) reiben, (raspar) raspeln; (perchar, cardar) aufrauen; (triturar) zerreiben 2 fig (molestar) belästigen; **rallo** M Reibe f; Raspel f; fam fig **cara f de ~** blatternarbiges Gesicht n

rally(e) ['rrali] M DEP Rallye f

ralo[1] ADJ (escaso) spärlich; tejido dünn, fadenscheinig (tb fig poco convincente); bosque licht; cabello schütter

ralo[2] M ORN Ralle f

RAM [rram] F/M ABR (Random Access Memory) INFORM RAM n; RAM-Speicher m fam

rama[1] F 1 Ast m (tb MAT); Zweig m; p. ext árbol genealógico: Linie f; fig adv **de ~ en ~** (sin propósito fijo) ziellos; (en permanente cambio) ständig wechselnd; fig **andarse por las ~s** abschweifen; **no andarse por las ~s** kurzen Prozess machen; fig **asirse a las ~s** lahme Entschuldigungen (o faule Ausreden) suchen 2 fig → ramo 2 3 FERR Zugteil m 4 **en ~** roh, Roh...; TIPO noch nicht gebunden; **algodón m en ~** Rohbaumwolle f 5 drogas Marihuana f

rama[2] F TIPO, TEX Rahmen m; TIPO **~ de cierre** Schließrahmen m

ramada F Am 1 (cobertizo de ramas) Laubhütte f, (einfacher) Schuppen m 2 Chile (puesto en el mercado) Marktstand m

ramadán M REL Ramadan m

ramaje M Astwerk n, Geäst n; Gezweig n; (ramas secas) Reisig n

ramal M 1 (cuerda) (Seil- etc) Strang m; equitación: Halfter(strick m) f 2 (bifurcación) Abzweigung f; Seitenweg m; río: Seitenarm m, canal de riego: Seitenkanal m; FERR Seitenlinie f, Stichbahn f; montaña: Ausläufer m; FERR **~ de vía** Stichgleis n 3 BOT Ranke f, Gabel f 4 TEC Abzweigstutzen m; Zweigleitung f; Abzweigung f; ARQUIT de una escalera: Treppenflügel m 5 MIN Gang m, Ader f; **ramalazo** M 1 (golpe) Hieb m, Schlag m (mit einem Strick) 2 fig (dolor improvisamente) plötzlicher Schmerz m, Stich m; Anfall m 3 (verdugón) Striemen m; p. ext (cardenal) blauer Fleck m 4 fam Neigung f zur Homosexualität 5 Cuba (ráfaga) plötzlicher Windstoß m; **ramazón** F Astholz n; abgehauene Äste mpl, Reisig n

rambla F 1 GEOG Trockenflussbett n, natürliche Ablaufrinne f des Hochwassers 2 (paseo) Allee f, Avenue f, Promenade f; Esp reg Straße f zum Meer (in Mittelmeerstädten); **las Rambla(s)** *berühmte Flanierstraße in Barcelona*

ramblear VI Esp fam *auf den Ramblas in Barcelona flanieren*

rambután M BOT Rambutan f

rameado ADJ género, papel, etc mit Ranken- und Blumenmustern

rameal ADJ BOT Zweig...

ramera F pop Hure f, Dirne f (tb fig); **ramería** F 1 Hurenhaus n 2 Hurerei f

ramificación F Verzweigung f (tb fig); **ramificar** ⟨1g⟩ A VT verzweigen B VR **ramificarse** sich verzweigen

ramilla F 1 BOT Zweig(lein n) m 2 fam fig kleines Hilfsmittel n, Strohhalm m (fig); **ramillete** M 1 (ramo pequeño) (Blumen)Strauß m; fig y liter Auslese f, Kostbarkeit f 2 BOT (Blüten)Strauß m 3 (cubierto de mesa) Tafelaufsatz m; **ramilletera** F Blumenbinderin f

ramio M 1 BOT Chinagras n, Ramie f 2 TEX **(tejido m de) ~** Grasleinen n

ramito M Sträußchen n; **ramiza** F (ramaje) Gezweig n; (ramojo) Reisig n; (mimbre) aus Zweigen Geflochtene(s) n

ramo M 1 Zweig m; tb fig **~ de olivo** Ölzweig m 2 **~ (de flores)** Blumenstrauß m 3 fig Fach n, Zweig m, Gebiet n; COM Branche f; **del ~** vom Fach; **~ de artes gráficas** grafisches Gewerbe n; **~ del automóvil** Auto(mobil)branche f; **~ de (la) construcción** Baugewerbe n, -fach n

ramojo M Astabfälle mpl, Reisig n

ramón M Reisigabfall m beim Ausästen

ramonear VI venado Bäume (o Sträucher) verbeißen; **ramoneo** M venado: Verbiss m

ramoso ADJ astreich; verästelt

rampa F 1 Rampe f; Auf-, Zufahrt f; **~ de acceso** Zufahrtsrampe; AVIA **~ de evacuación** Notrutsche f; MIL **~ de lanzamiento** (Raketen)Abschussrampe f 2 (pendiente) (Ab)Hang m, (empinadura) Steigung f

rampla F 1 Chile AUTO (remolque) Anhänger m 2 Col, Ven (rampa) Rampe f

ramplón A ADJ espec zapato grob gearbeitet; fig (tosco) grob, ungehobelt, plump; (gastado) abgerissen, schäbig B M herradura: Stollen m; **ramplonería** F grobe (o pfuscherhafte) Arbeit f; fig Grobheit f, Ungeschliffenheit f

rampojo M (Trauben)Kamm m; **rampollo** M BOT Schössling m, Fechser m

rana F 1 ZOOL Frosch m; **~ ágil** Springfrosch m; **~ de San Antonio** Laubfrosch m; **~ buey** Ochsenfrosch m; **~ bermeja** o **temporaria** Grasfrosch m; **~ campestre** Moorfrosch m; **~ pirenaica** Pyrenäenfrosch m; **~ verde común** Wasserfrosch m; **~ de zarzal** Unke f 2 fam fig **cuando la(s) ~(s) críe(n) pelo** am Sankt-Nimmerleins-Tag, nie; fig **salir** o **ser ~** missraten; persona sich als Niete erweisen; empresa ein Reinfall sein fam; fig **no ser ~** aufgeweckt (o auf Draht fam) sein 3 pez: **~ pescadora** o **marina** Seeteufel m 4 MED, VET **~s** fpl → ránula 5 TEC **~ (de mordazas)** Froschklemme f 6 juego: Froschspiel n (Wurfspiel) 7 pop (homosexual) warmer Bruder m fam, Schwule m fam 8 vulg (vagina) Fotze f vulg, Möse f vulg

ranchada A ADJ Col embarcación mit Laubdach B F Arg Ziehen n von Rancho zu Rancho; **ranchar** Am A VI 1 Arg (zum Feiern) von Rancho zu Rancho ziehen 2 Col über Nacht lagern; übernachten B VT → ranchear B; **ranchear** A VI 1 (acampar) lagern; sich (dat) Hütten bauen 2 eine Essgemeinschaft (o MIL eine Korporalschaft o MAR eine Backschaft) bilden B VT Am (feindliche Niederlassungen) plündern; **ranchera** F 1 Méx MÚS *typische Volksweise, Art mexikanische Countrymusik* 2 persona: Besitzerin f einer Ranch; Am Siedlerin f 3 Esp AUTO Kombiwagen m; **ranchería** F, Am tb **rancherío** M 1 Hüttensiedlung f; p. ext (campamento) Lager n; (banda) Horde f 2 (lugar para cocinar) MIL Truppenküche f; de la cárcel: Gefängnisküche f; **ranchero** A M 1 MIL Koch m, Essenausgeber m; MAR Backmeister m 2 (dueño de un rancho) Besitzer m einer Ranch; Am Siedler m B ADJ Méx schüchtern, voller Hemmungen

rancho M 1 espec MIL y cárcel: Verpflegung f; MIL (Mannschafts)Kost f; MIL **¡formar para el ~!** Essenholer raus!; MIL **hacer el ~** abkochen; fam fig **hacer ~ aparte** sich absondern, eine Extrawurst gebraten haben wollen fam; Am tb (independizarse) sich selbstständig machen; (casarse) heiraten 2 p. ext (conjunto de personas) MIL Korporalschaft f, MAR Back(schaft) f; fam fig Clique f 3 (campamento) (Feld-, Hirten-, Zigeuner)Lager n; MAR **~s** mpl **de la tripulación** Mannschaftsräume mpl; fam **asentar el ~** Rast (o Lager) machen; seine Hütte bauen, sich ansiedeln 4 Am reg (choza) (Lehm-, Feld)Hütte f, Unterstand m, Schuppen m; Ven (chabola) Elendsquartier n 5 Am (granja) Viehfarm f, Ranch f; Perú (finca rústica) Landhaus n, -sitz m 6 (conserva) Col (Lebensmittel)Konserve f

ranciarse VR ⟨1b⟩ ranzig werden; **rancidez, ranciedad** F Ranzigkeit f; fig Altmodische(s) n, alter Zopf m (fig)

rancio ADJ 1 ranzig; vino alt und stark 2 (antiguo) (ur)alt; fig (apegado a cosas antiguas) altmodisch; **de ~ abolengo** aus altem Adel; alteingesessen 3 carácter unsympathisch, (seco) trocken

randa A F (Noppen)Spitze f B M fam fig Gauner m; jerga del hampa Taschendieb m

randar VT jerga del hampa stehlen

ranero M *Gelände mit vielen Fröschen*

ranga F Col Schindmähre f, Klepper m

rango M 1 (categoría, clase) Rang m; (grado) Rangstufe f, Kategorie f; (posición) Stand m; **de alto ~** hohen Ranges, von hohem Rang, hochgestellt 2 Am reg (esplendidez) Pracht f,

Prunk *m*; *(generosidad)* Großzügigkeit *f*

rangua F TEC Spur-, Stützlager *n*; Wellenlager *n*

ranilla F 1 *equitación*: Frosch *m am Huf der Pferde* 2 VET Klauenseuche *f*

ranita F ZOOL **~ de San Antonio** Laubfrosch *m*

ranking ['rrankin] M ECON, DEP 1 Rangordnung *f*; Ranking *n* 2 *posición en la jerarquía*: Platz *m*

ránula F MED, VET Fröschleingeschwulst *f*, Ranula *f*

ranunculáceas FPL BOT Hahnenfußgewächse *npl*; **ranúnculo** M BOT Hahnenfuß *m*; Ranunkel *f*

ranura F *(hendidura)* Nut(e) *f*, *(surco)* Rille *f*, *(juntura)* Fuge *f*; *(abertura)* Schlitz *m*; *de un distribuidor automático*: Einwurfschlitz *m*; *arma*: **~ del alza** Visierkimme *f*; TEC **~ (de) guía** Führungsnut *f*; INFORM **~ de tarjeta PC** PC-Kartenslot *m*

ranurar V/T nuten; rillen; schlitzen

raña F CAZA, SILV bewaldete Ebene *f*

raor M *pez*: Schermesserfisch *m*

rap M MÚS Rap *m*; **cantante** *m/f* **de ~** Rapper *m*, -in *f*

rapabarbas M ⟨*pl inv*⟩ *fam* Bartscherer *m fam*

rapaces FPL ZOOL Raub-, Greifvögel *mpl*; **~ diurnas** Taggreifvögel *mpl*; **~ nocturnas** Nachtgreifvögel *mpl*

rapacidad F Raubgier *f*, Raffgier *f*

rapado ADJ kahl geschoren; *fig (gastado)* abgenutzt; *(andrajoso)* schäbig; *fam* **cabeza** *f* **-a** Skinhead *m*, Neonazi *m*

rapapiés M ⟨*pl inv*⟩ *fam pirotecnia*: Schwärmer *m*; **rapapolvo** M *fam* Rüffel *m fam*, Anschnauzer *m fam*; **echar un ~ a alg** j-n anschnauzen *fam*; j-n abkanzeln *fam*; j-n zur Minna machen *pop*

rapar V/T 1 *fam barba* stutzen; *pelo* ganz kurz schneiden; *(afeitar)* rasieren 2 *fam fig (hurtar)* stehlen, klauen *fam*; **rapavelas** M ⟨*pl inv*⟩ *fam* Kirchendiener *m*

rapaz[1] ⟨*pl* -aces⟩ ADJ raubgierig; **ave** *f* **~** Greif-, Raubvogel *m*

rapaz[2] M *reg* Junge *m*, Bengel *m*; **rapaza** F *reg* Mädchen *n*, Range *f*

rape[1] M *pez*: Seeteufel *m*; **~ al ajo arriero** GASTR Seeteufel *m* mit Knoblauchöl; **~ al vino blanco** GASTR Seeteufel *m* in Weißweinsoße

rape[2] M 1 schnelle Rasur *m*; **al ~** *pelo* kurz geschnitten; kahl geschoren 2 *fam fig (rapapolvo)* Rüffel *m*

rapé M Schnupftabak *m*; **toma** *f* **de ~** Prise *f* Schnupftabak; **tomar (un polvo de) ~** schnupfen, eine Prise Schnupftabak nehmen

rapear V/I MÚS rappen

rapel, rápel M DEP **descenso en ~** Abseilen *n*; **descender a** *o* **en ~** abseilen; **hacer ~** sich abseilen

rapero M, **-a** F MÚS Rapsänger *m*, -in *f*, Rapper *m*, -in *f*

rápidamente ADV schnell, rasch; eilig; *(ágilmente)* behände

rapidez F Schnelligkeit *f*; **~ de reflejos** Reaktionsschnelligkeit *f*; **con ~** schnell, rasch

rápido A ADJ schnell, Schnell...; *(ágil)* behände; *corriente* reißend; MIL **pieza** *f* **de tiro ~** Schnellfeuergeschütz *n* B M 1 FERR Eil-, Schnellzug *m* 2 *río*: Stromschnelle *f*

rapiña F Raub *m*; **ave** *f* **de ~** Greif-, Raubvogel *m*; **rapiñar** V/T *fam* rauben; grapschen *fam*

rápita F Kloster *n*; HIST islamisches Wehrkloster *n*

rapo M BOT Rapskohl *m*, Kohlrübe *f*

rapón M *Cuba* Nachthemd *n*

raponazo M *Col* Diebstahl *m (durch rasches Entreißen der Beute)*

rapónchigo M BOT Rapunzel *f*

raponear V/T & V/I *Col die Handtasche* entreißen; **raponero** M, **raponera** F *Col* Handtaschenräuber *m*, -in *f*

raposa F 1 ZOOL *término genérico*: Fuchs *m*; *(zorra)* Füchsin *f* 2 *fig persona*: Schlaumeier *m*; *fig fam* Schlitzohr *n*; **raposera** F Fuchsbau *m*; **raposero** ADJ CAZA **perro** *m* **~** Dachshund *m*; **raposo** M ZOOL Fuchs *m (tb fig)*; *fam fig persona*: Schlitzohr *n*

rappel M → rapel

rapsoda M Rhapsode *m*; *fig* Dichter *m*; **rapsodia** F Rhapsodie *f*

raptar V/T *(secuestrar)* entführen; *(robar)* rauben; **rapto** M 1 *(secuestro)* Entführung *f*; *(robo)* Raub *m*; **~ de una mujer** Frauenraub *m*; Entführung *f* einer Frau 2 *(ataque)* Anfall *m*, MED Raptus *m*; **en un ~ de cólera** in einem Wutanfall 3 REL Verzückung *f*

raptor M, **raptora** F Entführer *m*, -in *f*

raque M Strandraub *m*; **andar al ~** → raquear

raquear V/I Strandraub treiben

Raquel N PR F Rachel *f*

raquero M, **-a** F Strandräuber *m*, -in *f*

raqueta[1] F BOT Rauke *f*

raqueta[2] A F 1 (Tennis)Schläger *m*, Racket *n*; **~ para el juego del volante** Federball-, Badmintonschläger *m* 2 *del croupier*: Rechen *m des Croupiers* 3 **~ (de nieve)** Schneeschuh *m*, -teller *m* B M/F Tennisspieler *m*, -in *f*; Federball-, Badmintonspieler *m*, -in *f*

raquetazo M Schlag *m* mit dem Racket; **raquetero** M, **raquetera** F Racketmacher *m*, -in *f*

raquialgia F MED Schmerzen *mpl* am Rückgrat; **raquídeo** ADJ MED Rückgrat..., Spinal...; **raquis** M 1 ANAT Rückgrat *n*, Wirbelsäule *f* 2 BOT Spindel *f*; *en la hoja*: Mittelrippe *f* 3 ORN Federschaft *m*; **raquítico** ADJ MED rachitisch; *fig* verkümmert; *fam* mick(e)rig; **raquitis** F, **raquitismo** M MED Rachitis *f*; *fig* Verkümmerung *f*

raramente ADV selten

rarefacción F Verdünnung *f*; **rarefacer** V/T ⟨2s⟩ verdünnen; **rarefacto** PP *irr* → rarefacer; **rareras** M *Esp fam* komischer Kauz *m*; **rareza** F 1 Seltenheit *f (tb cosa rara)* 2 *fig (extrañeza)* Seltsamkeit *f*, Eigenheit *f*; *(particularidad)* Absonderlichkeit *f*

rarificación F FÍS Verdünnung *f*; **rarificar** ⟨1g⟩ A V/T *aire, gas* verdünnen B V/R **rarificarse** selten(er) (*o* rar) werden; **rarificativo** ADJ verdünnend

raro A ADJ 1 selten; knapp; rar; selten vorkommend (*o* auftretend); QUÍM **gases** *mpl* **~s** Edelgase *npl*; *fig* **-a avis** ein seltener Vogel *m*, ein weißer Rabe *(fig)* 2 *(excepcional)* außergewöhnlich, singulär; *características* einzigartig 3 *(extraño)* seltsam, sonderbar, eigentümlich; merkwürdig; **¡qué ~!** (wie) merkwürdig!; (wie) komisch! 4 *espec aire* dünn B PRON **~s** MPL wenige, nur einige

rarón *Arg, Ur fam* A ADJ schwul *fam* B M warmer Bruder *m fam*, Schwule *m fam*

ras A M ebene (*o* auf gleicher Höhe befindliche) Fläche *f* B PREP **a ~ de** dicht über *(dat)*; **a ~ del suelo** *o* **a ~ de tierra** dicht am Boden; (beinahe) zu ebener Erde; **~ con ~** *o* **~ en ~** in gleicher Höhe; *cuchara, etc* gestrichen voll; CONSTR bündig C ADV *Ven fam* sofort; plötzlich

rasa F kahle Hochfläche *f*; *en el bosque*: Lichtung *f*; **rasadura** F Zerstörung *f*

rasancia F Rasanz *f einer Flugbahn*; **rasante** A ADJ *trayectoria de vuelo*: rasant; *ángulo* flach B F *camino*: Neigung *f*; *transporte*: **cambio** *m* **de ~** (Straßen)Kuppe *f*; Gefälle *n*

rasar A V/T 1 *(igualar)* abstreichen 2 *(rozar)* streifen, leicht berühren 3 MIL *fuego de artillería*: bestreichen; *fig (destruir)* zerstören, ausradieren *(fig)* B V/R **rasarse** *cielo* sich aufhellen

rasca F 1 *Am fam* Rausch *m*, Schwips *m fam* 2 *Esp fam (frío)* **hace una ~** es ist saukalt *fam*

rascabucheador M *Cuba fam* Spanner *m fam*, Voyeur *m*; **rascacielo** M ARQUIT → rascacielos; **rascacielos** ⟨*pl inv*⟩ Hochhaus *n*, Wolkenkratzer *m*

rascacio M *pez*: brauner Drachenkopf *m*

rascada F Kratzer *m (in Möbeln, Lack etc)*; **rascadera** F 1 *(rascador)* Schabeisen *n* 2 *equitación*: *fam (almohaza)* Striegel *m* 3 *Am (picadura)* Juckreiz *m*; **rascado** A ADJ 1 *Am Centr fam (irritable)* reizbar, kribbelig *fam* 2 *Am reg fam (borracho)* beduselt *fam*, blau *fam* B M TEC Schaben *n*; **a prueba de ~** kratzfest; **rascador** M 1 Schaber *m*, Kratzer *m*; TEC Schabeisen *n*; TIPO Rakel(messer *n*) *f*; CONSTR Ziehklinge *f* 2 AGR *para maíz, etc*: Entkörner *m*; **rascadora** F Reibfläche *f für Zündhölzer*; **rascadura** F 1 *(acción de rascar)* Kratzen *n*; MÚS *fam desp* Herumkratzen *n* 2 *(arañazo)* Kratzer *m (tb fam fig)*

rascar ⟨1g⟩ A V/T *(arañar)* kratzen; *con un instrumento áspero*: aufrauen *(tb* TEC*)*; *p. ext en el suelo*: scharren, aufwühlen; *(quitar o abrir rascando)* ab-, aufkratzen *(tb* TEC*)*; *(raer)* abschaben; *en el juego de azar*: rubbeln; *fam fig* **~ el bolsillo** blechen *fam*, Geld rausrücken *fam*; *fam fig* **~ el chelo/el violín** auf dem Cello/der Geige kratzen; *fam fig* **~ la guitarra** auf der Gitarre (herum)klimpern; *fam fig* **llevar** *o* **tener qué ~** nicht so leicht darüber hinwegkommen, daran zu knabbern haben *(fam fig)*; MAR **~ la tierra** dicht bei Land segeln B V/R **rascarse** 1 sich kratzen; *fam fig* **no tener tiempo ni para ~** keine freie Minute haben; *fam fig* **~ el bolsillo** viel Geld ausgeben; *Arg* **~ juntos** sich zusammentun, unter einer Decke stecken; **siempre se rasca para adentro** er arbeitet immer in die eigene Tasche 2 *Am Mer fam fig (emborracharse)* sich beschwipsen

rascarrabias M/F ⟨*pl inv*⟩ *Am reg fam* → cascarrabias; **rascatripas** M/F ⟨*pl inv*⟩ *fam desp* drittklassiger Spieler *m eines Saiteninstruments*, mieser Fiedler *m (fam desp)*; **rascazón** F 1 *(picazón)* Jucken *n*, Kitzeln *n* 2 *Ven* Orgie *f*

rascle M Gerät *n* zum Korallenfischen; **rascón** A ADJ 1 *gusto*: herb, scharf; **vino** *m* **~** Krätzer *m fam* 2 *Méx* streitsüchtig B M ORN Wasserralle *f*; **rascoso** M *Ven fam* Säufer *m*; **rascuñar** V/T → rasguñar

rasero M Abstreichholz *n*; *fig* **medir por el mismo ~** über einen Kamm scheren

rasgado A ADJ 1 geschlitzt; *ventana, balcón* groß, weit offen; *ventana, puerta de vidrio* bis zum Fußboden reichend; *boca* breit; *ojos* mandelförmig, geschlitzt; **ojos** *mpl* **~s** Schlitzaugen *npl* 2 *fam fig (desenvuelto)* unbefangen, zwanglos 3 *Col (generoso)* großzügig B M Riss *m*

rasgar ⟨1h⟩ A V/T zerreißen; *(cortar)* (auf)schlitzen B V/R **rasgarse** (zer)reißen; *fig* **~ las vestiduras** laut wehklagen, seine Not laut hinausschreien

rasgo M 1 *(línea)* (Feder)Strich *m*; *(trazo)* Linienführung *f*, Duktus *m*; *fig* **a grandes ~s** in großen Zügen 2 *(carácter, peculiaridad)* Wesens-, Charakterzug *m*; LING Merkmal *n* 3 **~s** *mpl (facción del rostro)* Gesichtszüge *mpl*; **a grandes ~s** in großen Zügen 4 *fig acción*: (kühne) Tat *f*; (geistreicher) Einfall *m*

rasgón M Riss *m (in Stoff oder Kleidung)*

rasgueado M → rasgueo; **rasguear** A V/T *guitarra* schlagen; in die Saiten greifen B V/I einen Federstrich machen; **rasgueo** M MÚS *tocando la guitarra*: Arpeggieren *n*; **rasgu-**

ñar VT 1 *(rascar)* (zer)kratzen; *(hacer incisiones)* ritzen 2 PINT skizzieren
rasguño M 1 Kratzwunde *f*, Kratzer *m fam*; **~ de bala** Streifschuss *m*; **sin un ~** unversehrt 2 PINT Skizze *f*
rasilla F 1 TEX *ein dünner Wollstoff, Art Lasting* 2 *(azulejo, baldosa)* Fliese *f*; Hohlziegel *m*
raso A ADJ *(plano)* flach; *(bajo)* niedrig, dicht über dem Boden fliegend (*o* sich bewegend); *(liso)* glatt; METEO *cielo* wolkenlos; *cucharada, etc* gestrichen voll; *silla* ohne Rücken; **campo** *m* **~** freies Feld *n*, offenes Gelände *n*; **soldado** *m* **~** einfacher Soldat *m*; METEO **quedar ~** aufklaren B M 1 TEX Atlas *m* 2 *(campo abierto)* freies Feld *n*; **dormir al ~** im Freien schlafen 3 *(vereda, pasillo)* Durchsicht *f*, Schneise *f* 4 *jerga del hampa (cura)* Geistliche *m*
raspa A F 1 BOT Granne *f*; (Trauben)Kamm *m*; *p. ext (filamento)* Faser *f (die in einer Schreibfeder hängen bleibt)* 2 *pescado*: *(espec* Mittel)Gräte *f* 3 **(chapa** *f*) **~** Raspelblech *n*, Reibfläche *f* 4 *Esp fam (sirvienta)* Dienstmädchen *n* 5 *Am Mer fam (reprimenda)* Anschnauzer *m fam*, Rüffel *m fam* 6 *Antillas, Méx (residuo)* Überbleibsel *n* 7 *Méx (burla, chanza)* (lärmender) Unfug *m*; **echar ~** Unfug treiben 8 MÚS Raspa *f* 9 *fam (mujer delgada)* zaundürre Frau *f* B M/F *Arg* (Taschen)Dieb *m*, -in *f*
raspachín M *Col* Coca-Erntearbeiter *m*
raspada F *Méx fam* 1 *(insinuación)* boshafte Anspielung *f*, Stichelei *f* 2 *(reprimenda)* Rüffel *m*, Anpfiff *m fam*; **raspadilla** F *Perú Erfrischungsgetränk aus gestoßenem Eis und Sirup*; **raspadillero** M, **raspadillera** F *Perú* Verkäufer *m*, -in *f* von Raspadilla; **raspadillo** M *jerga del hampa* Falschspielertrick *m*; **raspado** M 1 TEC (Ab)Schaben *n*, (Ab)Kratzen *n*; *madera*: Raspeln *n*, Schleifen *n* 2 MED Ausschabung *f*; **raspador** M 1 Radiermesser *n* 2 TEC Kratzer *m*, Schaber *m*; **raspadura** F 1 *(borrar)* Radieren *n*; *(lugar borrado)* radierte Stelle *f* 2 *(desprender de la superficie)* Abschaben *n (tb* TEC); Abreiben *n* 3 *p. ext (lo desprendido de la superficie)* Abschabsel *n(pl)*; **~ de limón** abgeriebene Zitronenschale *f*
raspaje M *Arg* MED Ausschabung *f*; **raspajo** M (Trauben)Kamm *m*
raspallón M *pez*: Ringelbrasse *f*
raspar A VT 1 *(raer)* abschaben *(tb* TEC); ab-, auskratzen; aufrauen; rubbeln; MED ausschaben; *madera* raspeln; *lino* ribbeln 2 *fam fig (hurtar)* stehlen, klauen *fam* 3 *(borrar)* radieren 4 *Am fam (reprender)* anschnauzen *fam* 5 *(rozar)* streifen, leicht berühren; *Am enseñanza*: **pasar raspando** gerade so bestehen B VI 1 *(rascar)* kratzen 2 *Ven fam fig (largarse)* abhauen *fam*
raspear VI *pluma de escribir*: spritzen; **raspetón** M 1 *Perú* großer Kratzer *m* 2 **de ~** → refilón; **raspilla** F BOT Scharfkraut *n*; **raspón** M, **rasponazo** M *(lesión superficial)* Schramme *f*, Aufschürfung *f*; *(rozadura, p. ej bala)* Streifschuss *m*; **rasposo** ADJ TEX 1 rau 2 *vestimenta* schäbig, abgewetzt
rasqueta F TEC Schaber *m*; AUTO **~ del limpiaparabrisas** Scheibenwischerblatt *n*; **rasquetear** VT TEC schaben, tuschieren, abziehen
rasquiña F Jucken *n*; Juckreiz *m*
rastra F 1 *(huella)* Schleppspur *f*; Spur *f (tb fig)* 2 AGR *(grada)* Egge *f*; *(rastro)* Harke *f* 3 *(narria)* Lastkarre *f*; *Hond* AUTO *(remolque)* Anhänger *m*; *(carga)* Last *f*; *fig* Folge(last) *f*; **llevar a ~s** mitschleifen, mitschleppen; **sacar a ~s** herauszerren; *adv* **a ~s** schleppend; kriechend; *fig* widerwillig 4 MAR Dreggtau *n* 5 AGR eingefädeltes Trockenobst *n*
rastracueros M ⟨*pl inv*⟩ *Am reg desp* (protziger) Neureicher *m*; *(fanfarrón)* Angeber *m*
rastreabilidad F Rückverfolgbarkeit *f*
rastreador A ADJ Such..., Spür...; **perro** *m* **~** Spürhund *m* B M/F Fährtensucher *m*, -in *f* C M MIL, MAR Minensuch-, Minenräumboot *n*; **rastreaminas** M ⟨*pl inv*⟩ MAR Minensuchgerät *n*
rastrear A VT 1 *(seguir)* j-m nachspüren, j-m nachschleichen; *(investigar)* nachforschen; *terreno* durchkämmen 2 *carga, red* schleppen; MAR *minas* räumen B VI 1 AGR harken; eggen 2 *por el aire*: dicht über dem Boden fliegen; **rastreo** M 1 MAR Fischerei *f* mit dem Grundnetz 2 MIL Durchkämmen *n* 3 CAZA Nachsuche *f* 4 INFORM **~ de datos** Datenverfolgung *f*; **rastrera** F MAR Unterleesegel *n*; **rastrero** ADJ 1 *(arrastrando)* schleppend; kriechend; **perro** *m* **~** Spürhund *m*; **planta** *f* **-a** Kriechpflanze *f* 2 *pájaro* dicht am Boden fliegend 3 *fig (bajo, vil)* niedrig, gemein; *(despreciable)* verächtlich
rastrillada F AGR *ein* Rechen voll *m*; **rastrillado** M → rastrillaje; **rastrilladora** F TEX Hechelmaschine *f*; **rastrillaje** M AGR Harken *n*; Eggen *n*; TEX *lino o cañamo*: Hecheln *n*; **rastrillar** VT 1 AGR harken; eggen 2 TEX *lino o cáñamo* hecheln 3 MIL *terreno* durchkämmen 4 *Arg, Perú* MIL *arma de fuego* spannen
rastrillo M 1 AGR *y* TEC Rechen *m (tb en el casino)*; AGR Harke *f*; TEX *para el lino o cáñamo*: Hechel *f*; **~ (de forraje)** (Futter)Raufe *f* 2 *cárcel*: Gittertür *f*; *castillo, etc*: Fallgatter *n* 3 *Esp (mercadillo)* (kleiner) Flohmarkt *m*
rastro M 1 AGR Rechen *m*; Harke *f*; **~ para el heno** Heurechen *m* 2 CAZA *y fig* Spur *f*; Fährte *f*; CAZA **~ de sangre** Schweißspur *f*; **sin dejar ~** spurlos; **seguir el ~ a alg** j-m nachspüren; CAZA **sentir el ~** wittern, spüren, *perro* die Spur aufnehmen 3 *(mercadillo)* Trödel-, Flohmarkt *m*; **El Rastro** *bekannter Flohmarkt in Madrid* 4 *Méx (matadero)* Schlachthaus *n*, -hof *m* 5 *poco usado* AGR *(mugrón)* Ableger *m*, -senker *m*
rastrojar VT & VI AGR stoppeln; **rastrojera** F Stoppelfeld *n*, -acker *m*; **rastrojero** M *Arg, Ur* AUTO Pritschenwagen *m*; **rastrojo** M AGR Stoppeln *fpl*; Stoppelfeld *n*, -acker *m*
rasura F 1 *dibujo*: Radieren *n* 2 *barba*: Rasieren *n* 3 *(raedura)* (Ab)Schabsel *n*; **rasuración** F 1 *(rasura)* Rasieren *n*, Abscheren *n* 2 *(raedura)* Abschabsel *n*; **rasurada** F *Méx*, **rasurado** M Rasur *f*; **rasurador** M, *Am tb* **rasuradora** F (Elektro)Rasierer *m*
rasurar VT 1 *(afeitar)* rasieren 2 *(raer)* abschaben; *(borrar)* radieren
rata[1] A F ZOOL Ratte *f*; **~ almizclada** Bisamratte *f*; **~ campestre** Feldratte *f*; **~ nutria** Biberratte *f*, Nutria *f*; *pez*: **~ (de mar)** Sternseher *m*, Himmelsgucker *m*; *fam fig* **~ de biblioteca** Bücherwurm *m*; **ser más pobre que una ~ (de iglesia)** arm sein wie eine Kirchenmaus; *fig* **las ~s abandonan el barco que se hunde** die Ratten verlassen das sinkende Schiff; *Arg fam* **hacerse la ~** die Schule schwänzen B M *fam* 1 *(ratero)* Dieb *m* 2 *Esp (tacaño)* Geizhals *m* C ADJ *pop (tacaño)* geizig, knauserig *fam*
rata[2] ADV **por ~ parte** → prorrata *(a prorrata)*
ratafía F Ratafia *m (Fruchtlikör)*; **~ (de nueces)** Nusslikör *m*
rataplán M *onom* Bumbum *n*, Trommelschlag *m*
ratear[1] VT *(repartir proporcionalmente)* (nach Verhältnis) aufteilen, umlegen
ratear[2] VT *fig (hurtar)* klauen, stibitzen
ratear[3] VI *(andar a rastras)* (auf dem Bauch) kriechen, krabbeln
ratear[4] VI AUTO aussetzen, Fehlzündungen haben
ratería F *(pequeño hurto)* (kleiner) Diebstahl *m*; *(tacañería)* Knauserei *f*; *(vileza en los negocios)* Beutelschneiderei *f*; *(vil actitud)* schäbige Gesinnung *f*
ratero A ADJ niederträchtig B M, **-a** F (Taschen)Dieb *m*, -in *f*; **¡cuidado con los ~s!** vor Taschendieben wird gewarnt!
raticida M Rattengift *n*
ratificable ADJ ratifizierbar; **ratificación** F *(confirmación)* Bestätigung *f*; *(aprobación)* Genehmigung *f*; POL Ratifizierung *f*; **ratificador** M, **ratificadora** F Ratifizierende *m/f*; **ratificar** VT ⟨1g⟩ *(confirmar)* bestätigen; *(aprobar)* genehmigen; *p. ext (efectuar)* vollziehen; POL ratifizieren; **ratificatorio** ADJ Bestätigungs...; Genehmigungs...; Ratifizierungs...
ratihabición F JUR *Bestätigung der Rechtsgültigkeit des Handelns eines Beauftragten*
ratio M MAT *(proporción)* Verhältnis *n*
Ratisbona F Regensburg *n*
ratito M **un ~** ein Weilchen *n*
rato[1] M Weile *f*; Augenblick *m*; **~s de ocio** Freizeit *f*; *adv* **al poco ~** kurz darauf; **a ~s** *o* **de ~ en ~** bisweilen, dann und wann, ab und zu; **a cada ~** alle Augenblicke; **al (poco) ~** kurz darauf; **~s libres** Freizeit *f*; *adv* **a ~s perdidos** in der Freizeit; in den Mußestunden; **¡hasta otro ~!** bis bald!; **hay para ~** das kann noch (einige Zeit) dauern; **llevarse** *o* **darse un mal ~** *(estar fastidiado)* Ärger haben; *(preocuparse)* sich *(dat)* Sorgen machen (wegen *dat* por); **para pasar el ~** zum Zeitvertreib; **he pasado un buen/mal ~** es ist mir gut/übel (*o* schlecht) ergangen; **pasar el ~** sich *(dat)* die Zeit vertreiben; *fam* **sabe un ~ (largo) de esto** er versteht eine ganze Menge davon
rato[2] ADJ JUR **matrimonio** *m* **~** gültig geschlossene *(aber nicht vollzogene)* Ehe *f*
ratón M 1 ZOOL Maus *f*; **~ almizclero/campestre/casero** Bisamspitz-/Feld-/Hausmaus *f*; *fam fig* **~ de archivo** *o* **de biblioteca(s)** Bücherwurm *m*, Leseratte *f*; *Am reg* **el ~ Miguelito** Mickymaus 2 INFORM Maus *f*; **~ de bola** (Kugel)Maus *f*; **~ inalámbrico** Funkmaus *f*, schnurlose Maus *f*; **~ óptico** optische Maus *f* 3 MAR blinde (*o* verborgene) Klippe *f* 4 *Am reg fam (resaca)* Kater *m fam*
ratona F ZOOL (weibliche) Maus *f*; **ratonar** A VT benagen, anknabbern B V/R **ratonarse** *gato* sich an Mäusen überfressen haben
ratoncito M 1 ZOOL Mäuschen *n* 2 *Bol juego*: Blindekuhspiel *n*; **ratonera** F 1 *(trampa)* Mause-, Rattenfalle *f*; *fig* Hinterhalt *m*, Falle *f* 2 *(nido)* Mauseloch *n* 3 *Am reg fam (cuchitril)* Bruchbude *f fam*
ratonero A ADJ Mause...; ORN **águila** *f* **-a**, **busardo** *m* **~** Mäusebussard *m*; *fig* **música** *f* **-a** Katzenmusik *f* B M 1 ORN **~ (común)** Mäusebussard *m* 2 *perro*: Rattenfänger *m*
ratonesco ADJ, **ratonil** ADJ Mause..., Mäuse...
raucana F *Perú* AGR kurzstielige Hacke *f*
rauco ADJ *poét* rau, heiser
raudal M Strom *m (tb fig)*; Flut(welle) *f*; *fig* Schwall *m*; (Über)Fülle *f*; **a ~es** in Hülle und Fülle; **raudo** ADJ *(rápido)* schnell, ungestüm; *(violento)* reißend; *(repentino)* jäh
ravioles MPL GASTR Ravioli *pl*
raya[1] F 1 *(línea)* Strich *m*, Linie *f*; *sobre tela, pellejo, etc*: Streifen *m*; LING Gedankenstrich *m*; *fig (tanto en un juego)* (Gewinn)Punkt *m*; **a ~s** strichweise; Strich...; gestreift; **de** *o* **con ~s (rojas)** (rot) gestreift; **de puntos y ~s** strichpunktiert; TEX **~ diplomática** Nadelstreifen *m*; **~ doble** Doppelstrich *m*; MAT **~ de quebrado** Bruchstrich *m*; *fam fig* **dar quince** *o* **ciento y ~ a alg** j-m weit überlegen sein (in *dat* en); *fig* **echar ~ a alg** es mit j-m aufnehmen, mit j-m konkurrieren 2 *fig (límite)* Grenze, Grenzli-

R

nie *f*; **a ~** in (den gebührenden) Grenzen; **mantener** *o* **tener a ~** in Schach halten; *fig* **pasar(se) de la ~** zu weit gehen; **pasar la ~** den entscheidenden Schritt tun, sich entscheiden; **poner a ~** in die Schranken weisen **3** *en el cabello:* Scheitel *m*; **~ al lado/a la mitad** (*o* **al medio**) Seiten-/Mittelscheitel *m*; **hacerse** *o* **peinarse la ~** sein Haar scheiteln **4** **~ (del pantalón)** Bügelfalte *f* **5** **tres** *m* **en ~** Mühlespiel *n* **6** *en el bosque:* Brand-, Feuerschneise *f* **7** **~ de droga** *espec cocaína:* Dosis *f* **8** *vino: Art* Jerez(wein) *m* **9** MIL *en el cañon del arma de fuego:* Zug *m* **10** *RPl en la carrera:* Start *m* und Ziel *n* **11** *Méx* (*pago*) Zahlung *f*, Entlohnung *f* **12** *Perú pop desp* (*fisgón*) Kriminaler *m*; Schnüffler *m fam*

raya² F *pez:* Rochen *m*

rayado **A** ADJ **1** *tela, pellejo* gestreift; (*con líneas*) gestrichelt; (*sombreado*) schraffiert; *papel* lini(i)ert; *disco de música:* ver-, zerkratzt; *fig* **sonar como un disco ~** immer die alte Platte auflegen (*fam fig*), sich ständig wiederholen **2** *cañon del arma de fuego* gezogen **3** *Am reg fam* (*chiflado*) bescheuert **B** M **1** Schraffierung *f*; Schraffur *f*; Streifen *mpl* **2** *cañon del arma de fuego:* Züge *mpl*, Drall *m*

rayador M **1** *Méx* (*pagador*) Zahlmeister *m* **2** *Chile* DEP (*árbitro*) Schiedsrichter *m* **3** *Am Mer* ORN Schwarzmantel-Scherenschnabel *m*; **rayadura** F *Arg fam* (*locura*) Verrücktheit *f*; **rayano** ADJ (an)grenzend (an *acus* en)

rayar **A** VT **1** (*hacer incisiones*) (ein)ritzen; (*arañar*) zer-, verkratzen; *Ven pop fig* (*pinchar*) stechen, verwunden **2** (*linear*) lini(i)eren; (*sombrear*) schraffieren **3** (*tachar*) (aus-, durch)streichen **4** TEC *tb* riffeln; *cañon* mit Zügen versehen **5** *equitación: Am Centr* (*espolear*) anspornen; *Arg, Méx* (*parar*) in vollem Lauf anhalten (*o* parieren) **6** *Méx* (*pagar*) entlohnen **B** VI **1** **~ con** (an)grenzen an (*acus*); *fig* **~ en** grenzen an (*acus*) **2** nahe sein; **al ~ el alba** (*o* **día**) im (*o* beim) Morgengrauen **3** *Am Centr equitación:* lospreschen **4** *Méx* (*percibir el salario*) Lohn erhalten **C** VR **rayarse** **1** TEC *cojinete* sich (fest)fressen **2** (*recibir una raspadura*) (einen) Kratzer bekommen, verkratzt werden **3** *Am reg fam* (*flipar*) ausflippen *fam*

raye M *Arg fam* Verrücktheit *f*; **rayero** M *Arg en la carrera de caballos:* Start- und Zielrichter *m*

ray-grass M BOT Raigras *n*

rayo M **1** (*relámpago*) Blitz(strahl) *m*; *fig* (*golpe del destino*) (Schicksals)Schlag *m*; **~ (en) bola** *o* **~ globular** Kugelblitz *m*; **¡~s!** Donnerwetter!; **¡~s y centellas!, ¡~s y truenos!** Himmeldonnerwetter!; **con la rapidez del ~** *o* **como un ~** blitzschnell; **caer como un ~ sobre sus enemigos** wie der Blitz über seine Feinde kommen; *fam fig* **echar ~s (y centellas)** Gift und Galle spucken *fam*, vor Wut schäumen; *pop* **oler a ~s** fürchterlich stinken *fam*; *pop fig* **¡que mal ~ te parta (los riñones)!** der Teufel soll dich holen!; *pop* **saber a ~s** grauenhaft schmecken *fam* **2** FÍS Strahl *m*; ELEC **~s** *mpl* **anódicos/catódicos** Anoden-/Kathodenstrahlen *mpl*; **~ de calor/de luz** Wärme-/Lichtstrahl *m*; **~s** *mpl* **difusos** Streustrahlen *mpl*; ÓPT **~ emergente/incidente** aus-/einfallender Strahl *m*; **~s** *mpl* **gamma** Gamastrahlen *mpl*; *fig* **~ de esperanza** Hoffnungsschimmer *m*; **~-guía** Leitstrahl *m*; **~ láser** Laserstrahl *m*; **~ de luna** *tb* Mondschein *m*; ÓPT **~ reflejado** Reflexionsstrahl *m*; **~ solar** *o* **del sol** Sonnenstrahl *m*; **~s ultravioleta** *o* **~ UVA** ultraviolette Strahlen *mpl*, UV-Strahlen *mpl*; **~s** *o***X Roentgen** Röntgenstrahlen *mpl*; **despedir** *o* **emitir ~s** Strahlen aussenden, strahlen **3** TEC (Rad)Speiche *f*; *p. ext* Arm *m*, Strebe *f*; **~ de (la) rueda** Radspeiche *f*, -arm *m*

rayón M, **rayona** F TEX Kunstseide *f*, Reyon *m/n*

rayoso ADJ streifig, gestreift

rayuela F *juego de niños:* Hüpfspiel *n*, *corresponde a* Himmel *m* und Hölle *f*

rayuelo M ORN Moorschnepfe *f*

raza¹ F Rasse *f*; *p. ext* Volk *n*; *fig* Geschlecht *n*; **de (pura) ~** reinrassig, Rasse...; **~ canina** *o* **de perros** Hunderasse *f*; **~s** *fpl* **humanas** Menschenrassen *fpl*; **~ negra/blanca/amarilla** schwarze/weiße/gelbe Rasse *f*; **~ india** *o* **roja** *o Am* **~ de cobre** *o* **de bronce** indianische (*o* rote) Rasse *f*; **Día de la Raza** *Feiertag am 12. Oktober zum Gedenken an die Entdeckung Amerikas*

raza² F **1** (*grieta*) Riss *m*, Spalte *f*; VET Hufriss *m* **2** TEX dünne Stelle *f im Gewebe* **3** (*rayo de luz*) (*durch eine Öffnung fallender*) Lichtstrahl *m*

raza³ F *Perú fam* Frechheit *f*; **¡qué tal ~!** so eine Frechheit!

razia F **1** (Polizei)Razzia *f* **2** Raub-, Beutezug *m*

razón F **1** (*raciocinio*) Vernunft *f*; (*capacidad de juicio*) Verstand *m*; **fuera de ~** unsinnig; verrückt; **sin ~** (*insensato*) unvernünftig; (*injusto*) zu Unrecht; *fig* **les asiste la ~** die Vernunft steht auf ihrer Seite, sie haben recht; **cargarse** *o* **llenarse de ~** alles gründlich überlegen (*o* durchdenken); **entrar en** *o* **ponerse en** *o* **rendirse a la ~** zur Einsicht (*o* Vernunft) kommen; **hacer entrar** *o* **meter** *o* **poner en ~ a alg** j-n zur Vernunft bringen; j-m den Kopf zurechtrücken; **perder la ~** den Verstand verlieren; **privar de (la) ~** der Sinne berauben; **puesto en ~** vernünftig (geworden); *precio, acuerdo tb* annehmbar **2** (*motivo*) Grund *m*, Ursache *f*; (*motivo de accionar*) Beweggrund *m*; **-ones** *fpl* Rede *f* und Gegenrede; Erklärungen *fpl*; Einwände *mpl*; **~ contraria** Gegengrund *m*; **~ de más** ein Grund mehr (für *acus, zu dat o inf* para); **~ de Estado** Staatsräson *f*; **en ~ de** aufgrund (*gen*) (*o* von *dat*), wegen (*gen*); bezüglich (*gen*), hinsichtlich (*gen*); **por ~ de** wegen (*gen*); **por -ones de edad/del espacio/de seguridad** aus Alters-/Raum-/Sicherheitsgründen; **por -ones fundadas** aus guten Gründen; **por es(t)a ~** deshalb, deswegen; **alcanzar de -ones a alg** j-n durch gewichtige Argumente zum Schweigen bringen; **envolver en -ones a alg** j-n niederreden; **sin exponer -ones** ohne Angabe von Gründen; **ponerse a -ones con alg** sich mit j-m auseinandersetzen; **tener ~ para** (*inf*) Grund haben, zu (*inf*); **venirse a -ones** sich einigen **3** (*derecho*) Recht *n*; (*legitimidad*) Berechtigung *f*; (*autorización*) Billigung *f*; **~ de ser** Daseinsberechtigung *f*; **con (mucha) ~** aus gutem Grund; mit (vollem) Recht; **de buena ~** mit gutem Recht; **en ~** nach Recht und Billigkeit; **sin ~** zu Unrecht; unrechtmäßig(erweise); **dar la ~ (a alg)** (j-m) recht geben; **(no) llevar** *o* **tener ~** (Un)Recht haben; **tienes toda la ~** du hast vollkommen Recht **4** (*proporción*) Verhältnis *n* (*tb* MAT); vernünftiges Verhältnis *n*; MAT **~ geométrica/aritmética** geometrisches/arithmetisches Verhältnis *n*; **~ por cociente** Quotientenverhältnis *n*; **a ~ de ...** *precio* zu ...; **a ~ de 10 euros por metro** zu 10 Euro je Meter; **a ~ de seis por ciento** zu sechs Prozent; **asegurar a ~ de cien mil euros** mit hunderttausend Euro versichern; *tb* MAT **en ~ directa/inversa** in direktem/umgekehrtem Verhältnis; **por ~** nach Verhältnis; **ponerse en (la) ~** zu einer vernünftigen Vereinbarung kommen **5** (*información*) Auskunft *f*; (*mensaje*) Nachricht *f*; **~ en la portería** Auskunft (*o* Näheres) beim Pförtner; zu erfragen beim Portier; **dar ~** Auskunft geben (über *acus* de); **dar ~ a alg de a/c** j-m etw berichten; **dar ~ de sí** seine Sache gut machen **6** JUR **~ social** *im Handelsregister eingetragener* Firmenname *m*; Firma *f*

razonable ADJ (*sensato*) vernünftig; (*adecuado*) angemessen; (*apropiado*) angebracht; (*aceptable*) annehmbar; *precio* mäßig; **razonado** ADJ (*fundado en razones*) wohldurchdacht; (*con método*) systematisch, methodisch; (*bien fundado*) wohl begründet; **razonador** **A** ADJ überlegt; durchdacht **B** M, **razonadora** F Argumentierende *m/f*, Diskutierende *m/f*; Denker *m*, -in *f*; **razonamiento** M **1** (*pensamiento*) Überlegung *f*, Gedankengang *m* **2** (*argumento*) Argumentation *f*, Beweisführung *f* **3** (*debate*) Erörterung *f*, Diskussion *f*; **razonar** **A** VI **1** (*pensar*) vernünftig (*o* logisch) denken **2** (*juzgar con fundamento*) vernünftig urteilen **3** (*debatir*) diskutieren, argumentieren **B** VT **1** (*exponer, explicar*) begründen; mit Vernunftgründen erklären (*o* darlegen) **2** (*pensarlo bien*) gut überlegen

razudo ADJ *Perú fam* frech, dreist

R.D. M ABR (Real Decreto) königliches Dekret *n*

RD F ABR (República Dominicana) Dominikanische Republik *f*

RDA F ABR (República Democrática Alemana) HIST DDR *f* (Deutsche Demokratische Republik)

Rda.M. ABR (Reverenda Madre) ehrwürdige Mutter *f*

Rdo.P. ABR (Reverendo Padre) Hochwürden *m*

RDSI F (*Red Digital De Servicios Integrados*) ISDN *n*; **conexión** *f* **~** ISDN-Anschluss *m*

re M MÚS d *n*; **~ bemol** des *n*; **~ sostenido** dis *n*

rea F Beschuldigte *f*; Angeklagte *f*

reabastecimiento M MIL Nachschub *m*

reabrir VT ⟨*pp* reabierto⟩ wieder eröffnen; JUR wieder aufnehmen; *fig* wieder aufgreifen

reabsorber VT wieder aufsaugen, resorbieren; **reabsorción** F Resorption *f*

reacción F **1** Reaktion *f* (*tb* QUÍM, MED, POL); QUÍM *tb* Verhalten *n*; **entrar en ~** (*actuar por estímulo*) reagieren, ansprechen; *fig* (*calentarse*) sich erwärmen, warm werden; FÍS, QUÍM *y fig* **~ en cadena** Kettenreaktion *f*; *tb* MED **~ de defensa** (*o* **defensiva**) Abwehrreaktion *f*; FÍS, QUÍM **~ térmica** Wärmereaktion *f*, -verhalten *n*; QUÍM, MED **~ testigo** Kontrollprobe *f*, -test *m*; MED **~ de Wassermann** wassermannsche Reaktion *f* **2** FÍS Rückwirkung *f*; Rückstoß *m* (*tb* TEC); Gegendruck *m* (*tb estática*) **3** ELEC, RADIO Rückkopplung *f*

reaccionabilidad F Reaktionsfähigkeit *f*; **reaccionable** ADJ reaktionsfähig; **reaccional** ADJ *espec* MED reaktiv

reaccionar VI **1** reagieren (**a** auf *acus*) (*tb* QUÍM); MED ansprechen (**a** auf *acus*) **2** **~ en** *o* **sobre a/c** auf etw (*acus*) ein- (*o* zurück)wirken; **reaccionario** **A** ADJ POL reaktionär, rückschrittlich **B** M, **-a** F Reaktionär *m*, -in *f*

reacio M **~ a** abgeneigt, abhold (*dat*); widerspenstig gegen (*acus*)

reacondicionador M Haarspülung *f*

reacondicionar VT umgestalten

reactancia F ELEC Reaktanz *f*; Drosselung *f*; **~ inductiva** Blindwiderstand *m*; **reactivar** VT reaktivieren; *espec* ECON wieder beleben; **reactivo** QUÍM **A** ADJ reaktionsfähig; reaktiv; **papel** *m* **~** Reagenzpapier *n* **B** M Reagens *n*, Reagenz *n*

reactor M **1** FÍS Reaktor *m*; **~ nuclear** Kernreaktor *m*; **~ de investigación** Forschungsreaktor *m*; **~ reproductor** Brutreaktor *m*, Brüter *m*; **~ regenerador rápido (de neutrones)** Schneller Brüter *m* **2** AVIA *propulsor:* Schubtriebwerk *n*; *avión:* Düsenflugzeug *n*

reactualizar VT auf den neuesten Stand bringen, updaten *fam* (*tb* INFORM)

R

readaptación F Wiederanpassung *f*, -eingewöhnung *f*; ~ **profesional** Umschulung *f*; **readaptar** A VT wieder anpassen; *beruflich* umschulen B VR **readaptarse** sich wieder einleben
readmisión F Wiederzulassung *f*; *del personal*: Wiedereinstellung *f*; **readmitir** VT wieder zulassen; *personal* wieder einstellen
readquirir VT ⟨3i⟩ wieder-, rückerwerben; **readquisición** F Wieder-, Rückerwerb *m*
reafilar VT nachschärfen, -schleifen
reafirmar VT (*confirmar*) bekräftigen; (*reasegurar*) erneut versichern
reagravar A VT (erneut) verschärfen B VR **reagravarse** sich (erneut) verschärfen
reagrupación F, **reagrupamiento** M Umgruppierung *f*, Neuordnung *f*, -einteilung *f*; ~ **familiar** Familienzusammenführung *f*
reagrupar VT umgruppieren, neu gruppieren (*o* einteilen)
reagudo ADJ sehr scharf; *sonido* sehr schrill; **dolor** *m* ~ äußerst heftiger Schmerz *m*
reajustable ADJ angleichbar; (*regulable*) verstellbar; **reajustar** VT 1 wieder angleichen 2 TEC neu einstellen, nachstellen, -justieren;
reajuste M 1 Neuanpassung *f*; ECON Angleichung *f*, *salarios, precios, etc*: Anpassung *f*; POL ~ **ministerial** Kabinettsumbildung *f* 2 TEC *aparato, etc*: Nachjustierung *f*, Nachstellung *f*; Neueinstellung *f*
real[1] A ADJ (*verídico*) wirklich, tatsächlich, real (*tb* FIL); MAT *número* reell; JUR dinglich; Sach...; FIL, JUR Real...; FIL **definición** *f* ~ Realdefinition *f*; JUR **injuria** *f* ~ tätliche Beleidigung *f*, Realinjurie *f*; JUR **usura** *f* ~ Sachwucher *m* B MPL FIL ~**es** Realien *pl*
real[2] A ADJ 1 (*del rey*) königlich; Königs...; **Alteza** *f* **Real** Königliche Hoheit *f*; **cámara** *f* ~ Audienzzimmer *n* 2 *p. ext* (*ostentoso*) prächtig; *título*: *fam* **una** ~ **moza** ein Vollblutweib *n* *fam*, ein Klasseweib *n* *fam*; *fam* ~ **mozo** *m* prächtiger (*o* strammer) Bursche *m* B M 1 HIST *partido*: **los** ~**es** die Königstreuen *mpl*, die Royalisten *mpl* 2 *moneda brasileña*: Real *m*; HIST (*25 céntimos*) Real *m* (*ehemalige spanische Münze*); *fig* **un** ~ **sobre otro** bis auf den letzten Pfennig (*o* Heller) 3 (*campamento*) Heer-, Feldlager *n*; *p. ext* Festwiese *f*; **alzar** *o* **levantar el** ~ *o* **los** ~**es** das Lager abbrechen (*o* aufheben); (**a**)**sentar el** ~ *o* **sus** ~**es** das Lager aufschlagen; *fam fig* sich (häuslich) niederlassen
reala F → rehala
realce M 1 (*relieve*) Relief *n*; **bordar de** ~ TEX erhaben sticken; *fig* (*exagerar*) sehr übertrieben schildern, dick auftragen 2 PINT Glanzlicht *n* 3 *fig* (*lustre, grandeza*) Ansehen *n*, Glanz *m*; (*fama*) Ruhm *m*; **dar** ~ **a** (*dar grandeza*) Ansehen verleihen (*dat*); (*adornar*) heben (*acus*), verschönern (*acus*); (*elogiar*) rühmen (*acus*)
realengo ADJ 1 HIST *pueblo, ciudad* unmittelbar der Krone unterstellt, frei; *tierras* Staats..., Domänen... 2 *Perú inmueble* nicht belastet 3 *Méx, P. Rico animal* herrenlos 4 *fam Bol* **estar** ~**s** quitt sein
realero M *Ven fam* **un** ~ ein Haufen Geld *fam*
realeza F 1 königliche Würde *f* 2 **la** ~ die Königsfamilie 3 *fig* (*esplendor*) Pracht *f*, Prunk *m*; (*magnificencia*) Herrlichkeit *f*
realidad F Wirklichkeit *f*, Realität *f*; ~ **virtual** virtuelle Realität *f*; **en** ~ *o* **la** ~ **es que** in Wirklichkeit, eigentlich; **tomar** (*o* **hacerse**) ~ sich verwirklichen; *fig* **perder contacto con la** ~ abheben
realimentación F → retroalimentación
realismo[1] M Realismus *m* (*tb* LIT)
realismo[2] M Royalismus *m*; Königspartei *f*
realista[1] A ADJ realistisch B M/F Realist *m*, -in *f*
realista[2] A ADJ königstreu, royalistisch B M/F Königstreue *m/f*, Royalist *m*, -in *f*
realizable ADJ 1 (*practicable*) durch-, ausführbar, realisierbar 2 (*factible*) möglich; (*alcanzable*) erreichbar 3 COM verwertbar; verkäuflich;
realización F 1 Verwirklichung *f*, Realisierung *f* 2 (*ejecución*) Aus-, Durchführung *f*; *llevar a cabo a/c*: Bewerkstelligung *f*; FILM, TV Regie *f* 3 COM (*aprovechamiento*) Verwertung *f*; (*venta*) Verkauf *m*, Absatz *m*; *espec Am* (*liquidación*) Ausverkauf *m*, Sonderangebot *n*; **ser de fácil** ~ leicht abzusetzen sein; **realizador** M, **realizadora** F FILM, TV Regisseur *m*, -in *f*
realizar ⟨1f⟩ A VT 1 (*hacer real*) verwirklichen, realisieren; (*posibilitar*) möglich machen; *deseos, esperanzas* erfüllen 2 (*hacer efectivo*) aus-, durchführen; bewerkstelligen; *experimentos, etc* anstellen; *ganancia* erzielen; *viajes* unternehmen; MIL *meta* ausmachen 3 COM *negocios* tätigen, abwickeln (*tb* TEC); (*utilizar*) verwerten; (*vender*) absetzen, verkaufen; *espec Am* (*liquidar, saldar*) ausverkaufen, billig abstoßen; ~ (**en dinero**) verwerten, flüssigmachen, zu Geld machen 4 FILM, TV Regie führen bei B VR **realizarse** 1 (*hacer realidad*) sich verwirklichen; stattfinden; *deseo, etc* in Erfüllung gehen 2 *tarea, negocio* abgewickelt werden
realmente ADV (*verdaderamente*) wirklich; (*efectivamente*) tatsächlich, in der Tat; (*con franqueza*) offen gestanden
realojamiento M Umquartierung *f*
realojar VT umquartieren (*bes Flüchtlinge oder Bewohner von Elendsvierteln*)
realojo M → realojamiento
realquilado A ADJ in Untermiete B M, -**a** F Untermieter *m*, -in *f*; **realquilar** VT untervermieten
realzado ADJ hervortretend, erhaben (*tb* TEC)
realzar VT ⟨1f⟩ 1 (*destacar*) hervorheben (*tb fig*), erhöhen; (*ilustrar*) verschönern; unterstreichen 2 PINT Lichter aufsetzen auf (*acus*)
reamunicionamiento M MIL Munitionsergänzung *f*
reanimación F Wiederbelebung *f* (*tb fig*), *t/t* Reanimation *f*; *fig* Fassen *n* neuen Muts; **maniobras de** ~ Wiederbelebungsmaßnahmen *fpl*
reanimar VT wiederbeleben; *fig* beleben, neuen Mut einflößen (*dat*); MED **esfuerzos** *mpl* **para** ~ **a alg** Wiederbelebungsversuche *mpl* an j-m
reanudación F Wiederaufnahme *f*
reanudar VT wieder aufnehmen; wieder anknüpfen
reaparecer VI ⟨2d⟩ wieder erscheinen; erneut auftreten; **reaparición** F Wiedererscheinen *n*; erneutes Auftreten *n*
reapertura F *establecimiento*: Wiedereröffnung *f*; *actividad*: Wiederbeginn *m*; JUR *proceso*: Wiederaufnahme *f*
reapuntar VT MIL (*cañon*) nachrichten
rearmar A VT 1 *arma de fuego*: durchladen 2 MIL wieder bewaffnen B VI aufrüsten; nachrüsten; **rearme** M 1 *arma*: Durchladen *n* 2 MIL Wiederbewaffnung *f*; (Wieder)Aufrüstung *f*; Nachrüstung *f*
reasegurar VT rückversichern; **reaseguro** M Rückversicherung *f*
reasumir VT wieder übernehmen (*o* aufnehmen); JUR wieder aufnehmen; *tribunal superior*: übernehmen; **reasunción** F Wiederaufnahme *f*
reata F 1 (*cuerda, tira*) Koppelriemen *m* 2 (*tronco*) Koppel *f*; Zug *m* (*von Saumtieren*); *adv* **de** ~ koppelweise (angespannt); *fig* (*obedeciendo ciegamente*) blindlings gehorchend; (*de inmediato*) gleich darauf; (*uno tras otro*) hintereinander
reatar VT wieder (an)binden; *animal de carga* aneinanderkoppeln
reato M JUR, REL (*acusado*) Anklagezustand *m*; (*culpa*) Schuld *f*
reavivación F MED *y fig* Wiederbelebung *f*; *fig* Neubelebung *f*; *fuego*: Wiederaufflammen *n*; **reavivar** A VT wieder beleben; neu beleben B VR **reavivarse** wieder aufleben; *fig* wieder aufflammen
rebaba F METAL, TEC Grat *m*; (Guss- *o* Press)naht *f*
rebaja F Rabatt *m*; Abzug *m*; Preisnachlass *m*; Ermäßigung *f*; ~**s de verano/invierno** Sommer-/Winterschlussverkauf *m*; **hacer** *o* **conceder una** ~ Rabatt (*o* einen Preisnachlass) gewähren
rebajador M FOT Abschwächungsbad *n*; **rebajamiento** M 1 Herabsetzung *f*; *de un nivel*: Absenken *n*, Absenkung *f* 2 *fig* Erniedrigung *f*, Herabsetzung *f*
rebajar A VT 1 *nivel* absenken; *precio, valor* herabsetzen; verbilligen; (*reducir*) mindern, schmälern; (*amortiguar*) dämpfen 2 PINT, FOT abschwächen; *líquido* verdünnen 3 (*alisar*) glätten; (*pulir*) abschleifen (*tb diente*) 4 *fig* (*humillar*) erniedrigen 5 MIL *de un servicio*: freistellen B VR **rebajarse** 1 (*humillarse*) sich demütigen, sich erniedrigen; ~ **a** (*inf*) sich so (weit) erniedrigen, dass (*ind*) 2 MIL sich vom Dienst freistellen lassen
rebaje M 1 MIL Freistellung *f* (*von einem Dienst*) 2 → rebajo; **rebajo** M Einschnitt *m*; Falz *m*; Abschrägung *f*; Hohlkehle *f*
rebalsa F 1 (*agua detenida*) Stauwasser *n*; *tb* (*charco*) Lache *f*; *p. ext* (*embalse*) Staubecken *n* 2 MED *en el cuerpo*: Flüssigkeitsstauung *f*; **rebalsar** A VT (an)stauen B VI *y* VR ~**se** *Arg, Chile, Perú, Ur agua* überlaufen; **rebalse** M 1 Stauen *n* 2 → rebalsa
rebanada F Scheibe *f*, Schnitte *f*; *espec* ~ (**de pan**) Scheibe *f* Brot; *Méx* geröstete Brotschnitte *f*
rebanar VT (*hacer rebanadas*) in Scheiben schneiden; *p. ext gener* ab-, durch-, zerschneiden; *fig* **hay mucho pan por** ~ es gibt noch viel zu tun
rebañadera F Brunnenhaken *m*; **rebañadura(s)** F(PL) (*an Tellern etc angeklebte*) Reste *mpl*
rebañar VT 1 (*acumular*) zusammenraffen 2 *plato* leer essen
rebañego ADJ Herden...; **rebaño** M Herde *f* (*tb fig*)
rebarbar VT METAL, TEC ent-, abgraten, *fundición, colada* putzen
rebasadero M MAR natürliche Fahrrinne *f* (*bei einer Untiefe*)
rebasar VT & VI ~ (**de**) *cierto límite* überschreiten, -steigen; (*exceder*) übertreffen; MIL *obstáculo* nehmen, stürmen; *río* über die Ufer treten; ECON *crédito* überziehen; MAR *escollo* klaren, überwinden; *Méx, S.Dgo., Perú* AUTO überholen; **la fiebre no** ~**á (de) este punto** das Fieber wird nicht noch höher steigen
rebate M (*combate*) Gefecht *n*; (*riña*) Streit *m*, (*pelea*) Schlägerei *f*; **rebatible** ADJ 1 widerlegbar; strittig 2 *Am y* TEC (*abatible*) (ab)klappbar; kippbar; Klapp...; **rebatimiento** M 1 (*contraataque*) Zurückschlagen *n* 2 (*rechazo*) Zurück-, Abweisung *f*; Widerlegung *f* 3 Zurückklappen *n*; MAT *en el dibujo de proyección*: Umklappen *n*; **rebatiña** F Rauferei *f*; *fam* **andar a la** ~ sich um etw (*acus*) raufen (*o* balgen)
rebatir VT 1 (*contraatacar*) zurückschlagen; (*golpear para alisar*) glatt klopfen 2 (*redoblar*) umklappen 3 *fig* (*rechazar*) ab-, zurückweisen; (*negar*) bestreiten; *motivos* widerlegen
rebato M 1 Alarm(glocke *f*) *m*; (**toque** *m* **de**) ~

Sturmläuten *n*; **tocar a ~** Sturm läuten; Lärm schlagen; *fig* Alarm schlagen (*fig*) 2 *fig* (*excitación*) (plötzliche) Aufregung *f*; jähe Aufwallung *f* 3 MIL (*asalto*) Überfall *m*, Überraschungsangriff *m*

rebautizar VT ⟨1f⟩ wieder taufen; *fig* umtaufen

rebeca F *Esp* (Damen)Strickjacke *f*, -weste *f*

rebeco[1] M ZOOL (Pyrenäen)Gämse *f*

rebeco[2] M *Méx* Halbstarke *m*

rebelarse VR sich auflehnen, rebellieren, sich empören (gegen *acus* contra)

rebelde A ADJ 1 rebellisch, aufrührerisch, aufsässig 2 (*terco*) störrisch, widerspenstig; (*tenaz*) hartnäckig; (*difícil*) schwierig 3 JUR *parte* säumig B M/F Rebell *m*, -in *f*, Aufrührer *m*, -in *f*, Aufständische *m/f* C M JUR säumige Partei *f*

rebeldía F 1 (*renitencia*) Widerspenstigkeit *f*, Aufsässigkeit *f*; (*sublevación*) Rebellion *f*; (*insubordinación*) Unbotmäßigkeit *f* (*tb irón*); **por ~** wegen Unbotmäßigkeit 2 JUR *citado*: Nichterscheinen *n*; **en ~** in Abwesenheit; **procedimiento** *m* **de ~** Versäumnisverfahren *n*; **sentencia** *f* **de ~** Versäumnisurteil *n*; *derecho penal*: Abwesenheitsurteil *n*

rebelión F Aufruhr *m*, Aufstand *m*, Rebellion *f*; Auflehnung *f*; **en ~** aufständisch; **rebelón** ADJ *equitación*: störrisch

rebencazo M Peitschenschlag *m*; **rebenque** M 1 HIST (Zucht)Peitsche *f* (*für Galeerensträflinge*) 2 *Am* (schwere) Reitpeitsche *f* 3 MAR Tauende *n*

rebisabuelo M Ururgroßvater *m*

reblandecer ⟨2d⟩ A VT erweichen; weich machen (*tb* QUÍM); auflockern B VR **reblandecerse** weich werden; *fig* senil werden; **reblandecimiento** M Erweichung *f* (*tb* MED); Auflockerung *f*; MED Einschmelzung *f*; *fig* Senilität *f*

rebobinado M Rück-, Umspulen *n*; ELEC Neuwickeln *n*; **rebobinaje** M Umspulung *f*; Umwicklung *f*; **rebobinar** VT (zu)rück-, umspulen; umwickeln

rebolledo M Zerreichenwald *m*; **rebollo** M BOT Zerreiche *f*; **rebolludo** ADJ stämmig

reborde M vorspringender (*o* verstärkter) Rand *m*; Wulst *m*; TEC Krempe *f*; Randleiste *f*

rebordear VT (um)bördeln

rebosadero M TEC, *embalse*: Überlauf *m*; METAL Steiger *m*; Steigetrichter *m*; Überlaufrohr *n*; **rebosante** ADJ überfüllt; übervoll, *fig* überquellend; strotzend vor (*gen*)

rebosar VI, VR **~(se)** (*desbordar*) überlaufen; *río* über die Ufer treten; (*estar demasiado lleno*) übervoll sein; **~ (hirviendo)** überkochen; **(lleno) a ~** brechend voll; **~ de** *o* **en …** (sehr) reich an … (*dat*) sein; viel … (*acus*) haben; *fig* **~ de alegría** übersprudeln vor Freude; *fig* **~ de salud** vor Gesundheit strotzen; *fig* **~ de ternura** überströmen von Zärtlichkeit; *fig* **rebosa en** *o* **le rebosa el dinero** er ist steinreich

rebose M TEC Überlauf *m*

rebotado ADJ *fam* 1 (*enfadado*) verärgert 2 *fam* **un cura ~** ein abgesprungener Pfarrer *m fam* 3 INFORM **mensaje** *m* **~** unzustellbare E-Mail *f*; **rebotadura** F, **rebotamiento** M → rebote

rebotar A VT 1 *pelota, etc* zurückschlagen, -stoßen 2 *tela* aufrauen 3 *clavos* (kr)um(m)schlagen 4 *fig* (*conturbar*) verstören; verärgern 5 *Col, Méx agua* trüben 6 *Méx* → embotar B VI 1 *pelota, proyectil* abprallen; wieder aufprallen; **~ en** prallen an (*acus*), (an)schlagen an (*acus*) 2 *fig vino, etc* umschlagen, umkippen C VR **rebotarse** 1 *vino, etc* umschlagen, umkippen 2 (*exasperarse*) sich (mächtig) aufregen *fam*; sich auflehnen gegen (*acus*)

rebotazo M *Am reg fam* → rebote; **rebote** M 1 Zurückschnellen *n*; Rück-, Abprall *m*; Rückstoß *m*; **de ~** beim Zurückschnellen; *fig* als Folge; indirekt; MED *enfermedad* wieder aufflackernd 2 MIL Querschläger *m*; **tiro** *m* **de ~** Prellschuss *m*; **rebotica** F Nebenraum *m*, Hinterzimmer *n* (*in einem Laden*)

rebozadamente ADV versteckt, heimlich; **rebozado** A ADJ 1 (*encapuchado*) vermummt; *fig* (*cubrido*) verhüllt; (*opaco*) undurchsichtig; (*malicioso*) arglistig 2 GASTR paniert; **~ con chocolate** mit Schokolade übergossen B M GASTR *acción*: Panieren *n*; *masa*: Panade *f*

rebozar ⟨1f⟩ A VT 1 *rostro* verhüllen, verschleiern (*tb fig*) 2 GASTR panieren B VR **rebozarse** sich vermummen, sein Gesicht verhüllen; **rebozo** M 1 (Mantille *f* zur) Verhüllung *f* des Gesichts 2 **~(s)** *m(pl) fig* Verstellung *f*; Bemäntelung *f*; *adv* **de ~** versteckt, heimlich; *adv* **sin ~(s)** aufrichtig, offen 3 GASTR Panade *f*; **rebozuelo** M BOT, GASTR Pfifferling *m*, Eierpilz *m*

rebrotar VI *desorden, huelga, enfermedad* wieder aufflammen

rebrote M Wiederaufflammen *n*

rebufar VI stark schnauben (*o* schnaufen); **rebufe** M *toro*: Schnauben *n*; **rebufo** M *arma de fuego*: Mündungswirbel *m*

rebujar(se) VT(VR) → arrebujar A, B; **rebujo** M 1 *de mujeres*: Verschleierung *f*; **de ~** heimlich 2 (*envoltorio desordenado*) unordentliches Bündel *n*; Knäuel *m/n*

rebullicio M *liter* Lärm *m*, Getöse *n*; Tumult *m*, Radau *m fam*

rebullir ⟨3h⟩ A VI (*borbotar*) aufwallen; (*burbujear*) (auf)sprudeln; (*hacer ruido*) rumoren B VT *Col espec* GASTR umrühren C VR *liter* **~se** sich rühren, sich bewegen; unruhig werden; *fam* **sin ~se** ganz still

rebusca F 1 AGR Nachlese *f*; Ährenlese *f* 2 (*investigación*) Nachforschung *f*; INFORM **función** *f* **de ~** Suchfunktion *f* 3 (*desecho*) Ausschuss *m*, Abfall *m*; **rebuscado** ADJ *expresión, estilo* gesucht, gekünstelt; raffiniert; **rebuscamiento** M 1 → rebusca 2 *estilo* gekünstelte Art *f*, Mache *f fam*

rebuscar VT & VI ⟨1g⟩ Nachlese halten; nachspüren (*dat*); *espigas* lesen; suchen, sammeln; *fig* **~ (en)** herumsuchen in (*dat*), durchsuchen (*acus*); stöbern in (*dat*)

rebusque M *Arg fam* Gelegenheitsarbeit *f*, Nebenjob *m fam*

rebuznar VI *asno* schreien, iahen; *fig* **ese tipo rebuzna** dieser Kerl ist ein Flegel; **rebuzno** M Eselsschrei *m*, Iah *n*

recabar VT 1 (*pedir*) an-, ersuchen um (*acus*), verlangen; **~ a/c para sí** etw für sich (*acus*) in Anspruch nehmen 2 (*alcanzar*) erreichen, erlangen (bei *o* von j-m **de alg**); **~ informes** Auskünfte einholen

recadera F Botenfrau *f*; **recadero** M 1 Bote(ngänger) *m* 2 *Esp privater Frachtunternehmer für den Paketdienst*

recado M 1 (*encargo*) Besorgung *f*; (*pedido*) Bestellung *f*; (*mensaje*) Nachricht *f*; *fam irón* **¡buen ~!** schöne Bescherung!; *fam fig* **mal ~** (*travesura*) (übler) Streich *m*; (*descuido*) (arge) Unachtsamkeit *f*; **dar (un) ~** *o* **llevar un ~ (a alg)** (j-m) eine Nachricht überbringen; etwas ausrichten; **dejar un ~ (a alg)** (j-m) eine Nachricht hinterlassen; **hacer un ~** etwas erledigen; *fam fig* **llevar ~** seinen Rüffel (*o* sein Fett) abbekommen *fam*; **pasar ~** Bescheid sagen (lassen); *visitas* (an)melden; **chico** *m* **de los ~s** Laufbursche *m* 2 (*equipo*) Ausrüstung *f*, Ausstattung *f*; **~ de escribir** Schreibzeug *n*; *Am* **~ de montar** Reitzeug *n* 3 (*provisión*) (Tages)Vorrat *m* 4 TIPO Stehsatz *m* 5 *anticuado* COM Beleg *m* 6 *Méx* GASTR → achiote 2

recaer VI ⟨2o⟩ *culpa, responsabilidad, sospecha, etc* fallen (auf *acus* en, sobre); *abs* JUR (*reincidir*) rückfällig werden; MED einen Rückfall erleiden; **~ en** *tentación* anheimfallen (*dat*); *herencia* (zurück)fallen an (*acus*); (*corresponder*) (ent)fallen auf (*acus*), (*equivaler*) entsprechen (*dat*); JUR *fallo* ergehen gegen (*acus*); **~ en el error** erneut in den Fehler verfallen

recaída F Rückfall *m* (*tb* MED, JUR)

recalada F MAR *tierra, etc*: Ansteuerung *f*

recalar A VT durchtränken, durchsickern durch (*acus*); → *tb* calar[1] B VI MAR **~ en** *tierra, etc* ansteuern, anlaufen; *fam fig* **~ en (casa de)** landen (*o* aufkreuzen) in (*o* bei) (*dat*) *fam*; *Cuba tb* sich niederlassen C VR **recalarse** (durch und durch) nass werden; durchtränkt werden; *líquido* durchsickern, -kommen

recalcada F MAR Krängen *n*; **recalcado** ADJ gestaucht

recalcar ⟨1g⟩ A VT 1 (*abarrotar*) zusammenpressen; vollstopfen 2 TEC stauchen 3 *fig* (*dar énfasis*) stark betonen B VI MAR (stark) krängen C VR **recalcarse** 1 *fam fig palabras, etc* immer wieder (genüsslich) wiederholen 2 (*arrellanarse*) es sich (*dat*) bequem machen

recalcitrante ADJ störrisch, widerspenstig; verstockt

recalcitrar VI (*retroceder*) zurückweichen; *fig* (*oponerse*) sich widersetzen; (*ser terco*) starrköpfig sein, bocken *fam*

recalentador M TEC Überhitzer *m*; Vorwärmer *m*; **recalentamiento** M Überhitzung *f* (*tb* ECON *de la coyuntura*)

recalentar ⟨1k⟩ A VT 1 aufheizen (*tb fig*); (*calentar demasiado*) überhitzen (*tb* TEC); *comida* aufwärmen; TEC *agua en la caldera* vorwärmen 2 *fig animales* brünstig machen; *p. ext* sinnlich reizen B VR **recalentarse** 1 sich überhitzen; TEC *tb* (sich) heiß laufen 2 *comestibles, tabaco, etc* durch Hitzeeinwirkung verderben 3 *fig animales* brünstig werden; *p. ext* **~ (los hígados)** (sehr) hitzig werden

recalmón M MAR plötzliche Flaute *f*

recalque M TEC Stauchung *f*; **recalzar** VT ⟨1f⟩ 1 AGR häufeln 2 ARQUIT stützen; untermauern; **recalzo** M ARQUIT Untermauerung *f*

recamado M TEX Reliefstickerei *f*; **recamar** VT TEX (erhaben be)sticken

recámara F 1 (*ropero*) Kleiderkammer *f*; Ankleideraum *m* 2 (*maliciosidad*) Arglist *f*; Hintergedanken *mpl*; *fam fig* **tener mucha ~** es (faust)dick hinter den Ohren haben 3 MIL Patronenkammer *f* 4 *Am Centr, Méx* (*dormitorio*) Schlafzimmer *n*

recamarera F *C. Rica, Ec, Méx* Zimmermädchen *n*

recambiable ADJ auswechselbar; um-, austauschbar

recambiar VT ⟨1b⟩ *segundo trueque*: wieder umtauschen; (*canjear*) austauschen, auswechseln

recambio M 1 (*canje*) Umtausch *m*; (*intercambio*) Austausch *m*, (*remplazo*) Ersatz *m*; TEC Ersatzteil *n*; *tb* TEC **de ~** austauschbar, zum Auswechseln, Ersatz…; **(pieza** *f* **de) ~** Ersatzteil *n* 2 COM *jabón en polvo, etc*: Nachfüllpackung *f* 3 ECON Rückwechsel *m*; Delkredere *n*

recantón M Prell-, Eckstein *m*

recaña INT *euf* → recoño

recapacitar VT & VI genau überlegen; überdenken; nachdenken (über *acus* sobre); **recapar** VT *Arg, Cuba* AUTO *neumático* runderneuern; **recape** M *Cuba* AUTO *neumático*: Runderneuerung *f*; **recapitulación** F (kurze) Wiederholung *f*; **recapitular** VT zusammenfassen, rekapitulieren

recarga F 1 (*relleno*) Nachfüllung *f*; *armas de*

R

fuego: Nachladung *f*; ELEC Aufladung *f*; FOT **~ a la luz del día** Tageslichtpackung *f* **2** *(carga adicional)* zusätzliche Last *f*; **recargable** ADJ nachfüllbar; *batería* aufladbar; **batería** *f* **~** (wieder)aufladbare Batterie *f*

recargado **A** ADJ *(cargado en exceso)* überladen; *fig (exagerado)* übertrieben; *(de mal gusto)* geschmacklos **B** M TEC → recargue; **recargamiento** M *arte, lengua*: Überladen *n*, Übertreiben *n*; *fig* Überladung *f*

recargar ⟨1h⟩ **A** V/T **1** *(cargar en exceso)* überladen, überlasten (mit *dat* de); *impuestos, precios, etc* heraufsetzen; *fig (adornar con mal gusto)* geschmacklos ausschmücken, überladen; *(exagerar)* dick auftragen *(fig)* **2** TEC *material* auftragen **3** *fusil* nachladen; durchladen; ELEC *batería, tarjeta* (wieder) aufladen; COM nachfüllen **B** V/R **recargarse** **1** *fiebre y fig* sich verschlimmern **2** *Méx (apoyarse)* **~ en a/c** sich an etw *(acus)* anlehnen

recargo M **1** *(sobrepeso)* Überladung *f*; *(carga)* Belastung *f*; *impuestos, derechos*: Zuschlag *m*; *precio*: Aufschlag *m*; **~ de pena** Strafverschärfung *f* **2** MED Fieberzunahme *f* **3** MIL zusätzliche Dienstzeit *f*

recargue M TEC Auftragung *f von Material*

recata **A** F nochmaliges Kosten *n* (o Probieren *n*) **B** M *Esp fam* Laufbursche *m*

recatado ADJ **1** *(cuidadoso)* vorsichtig; *(reservado)* zurückhaltend; *(retraído)* zurückgezogen **2** *(honesto, modesto)* ehrbar; sittsam, züchtig

recatar[1] **A** V/T verdecken, verbergen, verhehlen **B** V/R **recatarse** vorsichtig (o unschlüssig) sein; sich zurückhalten; sich hüten (vor *dat* de)

recatar[2] V/T nochmals kosten

recato M **1** *(cautela)* Vorsicht *f*; *(reserva)* Zurückhaltung *f*; *(timidez)* Scheu *f* **2** *(honestidad, modestia)* Ehrbarkeit *f*, Sittsamkeit *f*

recauch(ut)ado, recauch(ut)aje M Aufvulkanisieren *n*; AUTO *neumático*: Runderneuerung *f*; **recauch(ut)ar** V/T *neumático* runderneuern

recaudación F *de impuestos, etc*: Erhebung *f*; *(ingresos)* Einnahmen *fpl*; **(caja** *f* **de) ~ (de contribuciones)** Steuerzahlstelle *f*; **~ del día** Tageseinnahme *f*; **~ fiscal** Steueraufkommen *n*

recaudador M, **recaudadora** F (Steuer)Einnehmer *m*, -in *f*; **recaudar** V/T & V/I **1** *impuestos, aranceles* erheben; *dinero* einziehen **2** *(asegurar)* in Sicherheit bringen; *(tener en custodia)* verwahren; **recaudatorio** ADJ **oficina** *f* **-a** Einnahme-, Sammelstelle *f*; **recaudería** F *Méx* Obst- und Gemüseladen *m*

recaudo M **1** *(precaución)* Vorsicht *f*, Behutsamkeit *f*; *(seguridad)* Sicherheit *f*; **a buen ~** wohl verwahrt; **estar/poner a buen ~** in Sicherheit sein/bringen **2** → recaudación **3** *Chile, Guat, Méx (hierbas)* Suppengrün *n* und Gewürze *npl*

recavar V/T & V/I AGR erneut umgraben

recazo M *parte opuesta al filo de la espada*: Degen (o Säbel)rücken; *del cuchillo*: Messerrücken *m*

recebar V/T *Straße mit Feinkies eindecken*; **recebo** M feiner Steinkies *m*

recechar V/I CAZA pirschen; **rececho** M CAZA Pirsch *f*

recelar **A** V/T & V/I **1** *(desconfiar, temer)* argwöhnen, (be)fürchten; *abs (sospechar)* Verdacht schöpfen; **~ las medidas de alg** j-s Maßnahmen misstrauisch *(dat)* gegenüberstehen; **no ~ de nada** keinerlei Argwohn hegen **2** **~ la yegua** den Zuchthengst zur Stute lassen **B** V/R **~se de alg/de a/c** j-m/einer Sache misstrauen; **~se de a/c** *tb* etw befürchten

recelo M *(desconfianza, suspicacia)* Argwohn *m*, Misstrauen *n*; *(preocupación)* Besorgnis *f*; **con ~** argwöhnisch; misstrauisch; **tener ~ de alg** j-m nicht trauen

receloso ADJ **1** *(desconfiado)* argwöhnisch, misstrauisch **2** *(temeroso)* ängstlich, besorgt

recena F *Esp zweites Abendessen in den frühen Morgenstunden, bes bei Festen*

recensión F Rezension *f*; **recensor** M, **recensora** F Rezensent *m*, -in *f*

recentar V/T ⟨1k⟩ erneuern

recentísimo ADJ *(sup de* reciente*)* allerneueste(r, -s)

recepción F **1** *(acogida)* Empfang *m* (*tb* POL); Aufnahme *f*; JUR **~ de los testigos** Zeugenvernehmung *f*; **día** *m* **de ~** Empfangstag *m*; **sala** *f* **de ~** Empfangszimmer *n*; Audienzsaal *m*; **hacer una ~ a alg** j-m einen Empfang bereiten **2** *(recibo)* Empfang *m*, Erhalt *m* (*tb* COM); COM, TEC *tb* Abnahme *f*; **a la ~** bei Empfang (*gen* de); **~ de(l) material** Materialabnahme *f* **3** RADIO, ELEC, TV Empfang *m*; **de ~** Empfangs...; **~ dirigida** o **(uni)direccional** Richtempfang *m*; **~ omnidireccional** Rundempfang *m*; **corregir la ~** den Empfang entzerren **4** *en el hotel*: Rezeption *f*

recepcionar V/T **1** CONSTR abnehmen **2** *Am* RADIO, TV empfangen; **recepcionista** M/F Empfangschef *m*; Empfangsdame *f*; AVIA Groundhostess *f*

receptación F JUR Hehlerei *f*; **receptáculo** M **1** Behälter *m*, Behältnis *n*; *(depósito colector)* Sammelbecken *n* **2** BOT Blütenboden *m*;

receptador M, **receptadora** F JUR Hehler *m*, -in *f*; **receptar** V/T **1** *(ocultar)* (ver)hehlen; verbergen **2** → recibir; **receptibilidad** F, **receptividad** F Aufnahmefähigkeit *f*; Empfänglichkeit *f* (*tb* MED); **receptivo** ADJ empfänglich (a für *acus*); **recepto** M Zufluchtsort *m*

receptor **A** M, **receptora** F Empfänger *m*, -in *f* **B** M **1** TEC, RADIO, TV Empfänger *m*, Empfangsgerät *n*; Radio *n*; TEL Hörer *m*; **~ de batería/enchufable a la red** Batterie-/Netzempfänger *m*; **~ de ondas cortas** Kurzwellenempfänger *m*; **~ satélite** Satellitenempfänger *m* **2** COM Empfänger *m*, Abnehmer *m*; **establecimiento** *m* **~** (Toto)Annahmestelle; ECON **país** *m* **~** Empfängerland *n*; MED **~ de órgano** Organempfänger *m*

receptoría F Schatzamt *n*

recesar V/I *Am autoridades, universidad, etc*: Ferien machen

recesión F ECON Konjunkturrückgang *m*, Rezession *f*; **recesivo** ADJ BIOL rezessiv

receso M *Am de autoridades, etc*: Ferien *pl*

receta F GASTR, FARM, MED *y fig* Rezept *n*, FARM *tb* Verschreibung *f*; **~ infalible** *(panacea)* Allheilmittel *n*; FARM **con ~ médica** auf Rezept; rezeptpflichtig; **sin ~** rezeptfrei; *fam* AUTO Strafzettel *m*

recetador M, **recetadora** F Rezeptaussteller *m*, -in *f*; **recetar** V/T MED verschreiben, verordnen; *fam fig* **~ largo** viele Wünsche anmelden *fam*; **recetario** M **1** FARM Arzneibuch *n* **2** *fig (libro de cocina)* Kochbuch *n*

rechazar V/T ⟨1f⟩ **1** *(denegar)* ab-, zurückweisen (*tb fig*); *(repulsar)* zurückstoßen; *(rebotar)* abprallen lassen; *enemigo* abwehren (o zurückwerfen); *golpe* abwehren, parieren; *agua, etc* abstoßen; *pelota* zurückschlagen; zurückwerfen; MED *tejido* abstoßen; *tb fig* **ser rechazado** abprallen; abgewiesen werden **2** *(negar)* von sich *(dat)* weisen; *(rehusar)* nicht annehmen; *(desobedecer)* verweigern **3** *(desestimar)* ablehnen; *(oponer)* widersprechen *(dat)*; *p. ext (refutar)* widerlegen

rechazo M **1** *(rebote)* Rückprall *m*; *(repulsión)* Rückstoß *m* **2** *(desestimación)* Ab-, Zurückweisung *f*; *(defensa)* Abwehr *f*; MED Abstoßung *f*; *fig* **de ~** indirekt; *(ocasionalmente)* gelegentlich

rechifla F *fam en el teatro*: Auspfeifen *n*; *(burla)* Spott *m*, Hohn *m*; **dar una ~ a alg** j-n verhöhnen; **rechiflado** *Arg fam* bescheuert

rechiflar **A** V/T *en el teatro*: auspfeifen; *(burlarse)* verhöhnen **B** V/R **rechiflarse** **1** **~ de alg** j-n verhöhnen; sich über j-n lustig machen **2** *Arg fam* ausflippen *fam*, durchdrehen *fam*

rechinamiento M *puerta*: Knarren *n*; *(crujir)* Knirschen *n*; *(chillar)* Quietschen *n*; **rechinar** V/I **1** *puerta, cuero* knarren; *lima, arena, dientes* knirschen; *gozne, frenos, etc* quietschen; *tb fig* **~ los dientes** mit den Zähnen knirschen **2** *fig (hacer con repugnancia)* (nur) widerstrebend handeln **3** *Ven fam (protestar)* motzen *fam*, protestieren; **rechin(id)o** M → rechinamiento

rechistar V/I widersprechen, aufbegehren; (sich) mucksen *fam*; *frec* **sin ~** ohne Widerspruch; ohne (sich) zu mucksen *fam*

rechoncho ADJ *fam* rundlich, pummelig *fam*

rechupete ADJ *fam sólo en*: **de ~** großartig, köstlich; prima *fam*, toll *fam*, klasse *fam*

recibí M Empfangsquittung *f*; **«~»** „(dankend) erhalten"

recibida F *Am* Empfang *m*, Aufnahme *f*

recibidor M **1** *persona*: Empfänger *m* **2** *(vestíbulo de entrada)* Empfangs-, Vorzimmer *n*, Diele *f*; **~ mural** Garderobenwand *f*, Wandgarderobe *f* **3** *en internados*: Sprechzimmer *n*

recibidora F Empfängerin *f*; **recibimiento** M **1** *(recepción)* Empfang *m*, Erhalt *m* **2** *(acogida)* Empfang *m*, Aufnahme *f* **3** *(recibidor)* Empfangs-, Vorzimmer *n*

recibir **A** V/T **1** *(percibir)* erhalten, bekommen; empfangen; *(acoger)* **~ a alg** *tb* j-n aufnehmen; *daño* erleiden; COM, TEC *tb* abnehmen; **autorizado** *m*, **autorizada** *f* **para ~** Empfangsberechtigte *m/f*; COM **-ida su estimada carta del ...** im Besitz Ihres Schreibens vom ...; CAT **~ al Señor** das hl. Abendmahl empfangen **2** TAUR *Stier zum Todesstoß in den Degen rennen lassen* **B** V/I *visita* empfangen; *médico* Sprechstunde haben; *fam fig* **hoy le tocará ~** heute geht es ihm an den Kragen *fam* **C** V/R **recibirse** *Am* die Approbation (o einen akademischen Grad) erwerben; **~ de abogado** als Anwalt zugelassen werden; **~ de licenciado** seine Staatsprüfung ablegen; **~ de médico** seine Approbation als Arzt erhalten

recibo M **1** *dinero, carta, etc*: Empfang *m*, Erhalt *m*; **acusar ~ de ...** den Empfang ... *(gen)* bestätigen; **ser** o **estar de ~** in ordnungsgemäßem Zustand (o in Ordnung) sein; annehmbar (o vorzeigbar) sein; **como es de ~** wie es sich gehört **2** *(certificado)* Empfangsbescheinigung *f*, Quittung *f*; *para gas, electricidad, etc*: *tb* (Ab)Rechnung *f*; **dar ~ de a/c** etw quittieren **3** → recibidor 2

reciclable ADJ (wieder)verwertbar; **envase** *m* **~** Mehrwegverpackung *f*; **reciclado** M Recycling *n*; **reciclaje** M, **reciclamiento** M **1** *material*: Wiederaufbereitung *f*, Recycling *n* **2** *persona*: Umschulung *f*; **curso** *m* **de ~ profesional** Umschulungskurs *m*

reciclar V/T **1** *material* wieder aufbereiten, recyceln; *fig* wieder in Schwung bringen **2** *personas* umschulen **3** *conocimientos* auffrischen

recidiva F MED Rückfall *m*, Rezidiv *n*

recidivar V/I rezidivieren

reciedumbre F *(vigor)* Heftigkeit *f*; *(ímpetu)* Wucht *f*; *(fuerza)* Kraft *f*; *(grosería)* Derbheit *f*

recién ADV **1** *con part o adj*: Neu..., frisch(...), neu(...); soeben; **~ casado** neuvermählt; frischgebacken(er Ehemann *m*) *fam*; **~ cocido** *pan* frisch gebacken; **el ~ nacido** das Neugeborene; *fam fig* der Neugebackene; MED **los ~ operados** die Frischoperierten *mpl*; **los ~**

R

venidos die Neuankömmlinge *mpl* 2 *Am reg* vor Kurzem, soeben; *Am reg tb* bald, gleich; **llegué ~ ayer** ich bin erst gerstern angekommen; **volveré recién el lunes** ich komme erst am Montag

reciente ADJ *(fresco)* frisch; *(sucedido hace poco)* jüngst geschehen; *(nuevo)* neu, neuartig, *(moderno)* modern; **de ~ publicación** *libro* soeben erschienen; ECON **país de ~ industrialización** Schwellenland *n*; **recientemente** ADV vor Kurzem, kürzlich, unlängst, neulich

recinto M umgrenzter Platz *m*; Bereich *m*, Umkreis *m*; Einfriedung *f*; *en el zoológico:* Gehege *n*; *p. ext* Raum *m*; **~ de la feria** (*o* **ferial**) Messegelände *n*; **~ de la escuela** Schulgebäude *n*; Schulgelände *n*

recio A ADJ 1 *(fuerte, robusto)* stark, kräftig; *p. ext (pertinaz)* zäh, ausdauernd; *tierras* fruchtbar 2 *(duro, severo)* hart, schwer; streng; **en lo más ~ del invierno** (mitten) im strengsten Winter 3 *(con vehemencia)* ungestüm; *corriente* reißend; *lluvia, viento* heftig 4 *cáracter, naturaleza* rau, hart, derb 5 *(grueso, gordo) pared etc* dick, breit B ADV **(de) ~** *(fuerte)* stark; *(impetuoso)* heftig; *(vehemente)* ungestüm; *(grosero)* derb, *(fuertemente)* feste *fam*; **hablar ~** laut sprechen

recipiendario M, **recipiendaria** F *zur Aufnahme anstehendes Mitglied einer Akademie etc*; Neumitglied *n*; **recipiente** M Gefäß *n*, Behälter *m*

reciprocidad F Gegenseitigkeit *f*; Wechselseitigkeit *f*, Reziprozität *f*

recíproco ADJ gegen-, wechselseitig; Gegen…; Wechsel…; reziprok; MAT **valor** *m* **~** Kehrwert *m*; **a la -a** wechselseitig, auf Gegenseitigkeit; **y a la -a** und umgekehrt; **quedar a la -a** zu Gegendiensten (gern) bereit sein

recitación F Vortrag *m*, Rezitation *f*; **recitado** M MÚS Rezitativ *n*, Sprechgesang *m*; **recitador** M, **recitadora** F Vortragskünstler *m*, -in *f*, Rezitator *m*, -in *f*

recital M 1 MÚS (Solo)Konzert *n*; **~ de violonc(h)elo** Cellokonzert *n*, -abend *m* 2 LIT Dichterlesung *f*, Vortragsabend *m*

recitar VT & VI vortragen, rezitieren; hersagen; **~ maquinalmente** herunterrasseln, -leiern *fam*; **recitativo** ADJ MÚS Rezitativ…

reclamación F 1 *(recurso)* Einspruch *m* (*tb* JUR); *(queja)* Beschwerde *f*, Beanstandung *f*; COM Reklamation *f*; **~ (por vicios de la mercancía** *o* **mercadería)** Mängelrüge *f*; **no se admiten -ones** (nachträgliche) Beanstandungen werden nicht berücksichtigt; **formular** *o* **hacer** *o* **presentar una ~** *o* **-ones** Beschwerde erheben; vorstellig werden; POL **presentar -ones** Vorstellungen erheben 2 *(exigencia)* (Rück)Forderung *f* (*tb* JUR); Anspruch *m*; **~ de** *o* **por daños y perjuicios** Schadenersatz(forderung *f*) *m*; **~ (de** *o* **por deuda)** Mahnschreiben *n*

reclamada F CAZA Lockruf *m*; **reclamador** A M Beschwerde… B M, **reclamadora** F → reclamante; **reclamante** M/F JUR Beschwerdeführer *m*, -in *f*

reclamar[1] A VT 1 *(exigir)* fordern, verlangen; auf etw *(acus)* Anspruch erheben; *(pedir fuertemente)* reklamieren; *(exigir devolución)* zurückfordern; *atención* erheischen, fordern; *(recordar)* anmahnen; **~ ayuda** um Hilfe ersuchen; **reclamado por la justicia** steckbrieflich gesucht 2 JUR *juzgado, autoridad:* unter seine (*o* ihre) Zuständigkeit fordern 3 INFORM abrufen 4 CAZA locken B VI 1 *(protestar)* Einspruch erheben (gegen *acus* contra); *(quejarse)* sich beschweren, COM reklamieren; **~ contra a/c** *tb* etw beanstanden 2 *poét* → resonar C VR **reclamarse** 1 CAZA *pájaros, etc* sich locken 2 JUR **~ (en queja)** sich beschweren

reclamar[2] MAR **izar a ~** die Segel pressen; **reclame** M MAR Scheibengatt *n*

reclamo M 1 CAZA *y fig (señuelo)* Lockvogel *m*; *(voz de llamada)* Lockruf *m*; *instrumento:* Lockpfeife *f*; **caza** *f* **con ~(s)** Lockjagd *f*; *fig* **acudir al ~** in die Falle (*o* auf den Leim) gehen 2 *(publicidad)* Reklame *f* 3 *Am (demanda)* Reklamation *f*, *(queja)* Beschwerde *f*

reclinable ADJ neigbar; **asiento** *m* **~**, FERR, AVIA *tb* **butaca** *f* **~** Liegesitz *m*

reclinar A VT an-, zurücklehnen B VR **reclinarse** *(arrimarse)* sich anlehnen; *(apoyarse)* sich aufstützen; **reclinatorio** M Betstuhl *m*

recluir ⟨3g⟩ A VT einschließen, -sperren B VR **recluirse** sich zurückziehen; **reclusión** F 1 Einschließung *f*; Haft *f*; **~ mayor** Haftstrafe *f von 20 bis 30 Jahren*; **~ menor** Haftstrafe *f von 12 bis 20 Jahren*; **~ militar** Festungshaft *f*; **~ perpetua** lebenslängliche Haft(strafe) *f*; Lebenslänglich *n* 2 *fig* Zurückgezogenheit *f*; REL *y fig* Einsiedlerleben *n*

recluso A ADJ eingeschlossen; inhaftiert; **población** *f* **-a** (Gesamtheit *f* der) Häftlinge *mpl* B M, **-a** F Strafgefangene *m/f* Sträfling *m*; **reclusorio** M *Méx* JUR Strafvollzugsanstalt *f*

recluta A F 1 MIL Aushebung *f* 2 *RPl Zusammentreiben des Viehs zur Markierung etc* B M/F Rekrut *m*, -in *f*; **reclutador** M, **reclutadora** F 1 MIL Ausheber *m*, -in *f*, Werber *m*, -in *f* 2 *de manos de obra:* Anwerber *m*, -in *f*; MAR Heuerbaas *m*; **reclutamiento** M 1 MIL *(llamamiento a filas)* Rekrutierung *f*, Aushebung *f*; *f*; *conjunto de un año:* Rekrutenjahrgang *m* 2 *de manos de obra:* Anwerbung *f*

reclutar VT 1 MIL ausheben, rekrutieren 2 *manos de obra* anwerben; *marineros* anheuern 3 *RPl ganado* zusammentreiben

recoba F → recova 2

recobrar A VT 1 wiederbekommen, -erlangen (*tb fig*); **~ el conocimiento** wieder zu sich *(dat)* kommen; **~ las fuerzas** wieder zu Kräften kommen; wieder zu sich *(dat)* kommen; **~ el juicio** (wieder) zur Besinnung kommen; **~ la salud** wieder gesund werden 2 *tiempo perdido* wieder einholen; *pérdidas* einbringen 3 INFORM **~ datos** Daten *pl* wiederherstellen B VR **recobrarse** 1 *(desquitarse)* sich schadlos halten (für *acus* de) 2 *(recuperarse)* sich erholen (von *dat* de); *(volver en sí)* wieder zu sich *(dat)* kommen

recobro M 1 Wiedererlangung *f* 2 (Wieder)Erholung *f*

recocer ⟨2b *y* 2h⟩ A VT *(cocer mucho)* lange kochen; *(esterilizar)* auskochen; *pan, etc* durchbacken; TEC (aus)glühen B VR **recocerse** übergar werden; *fig* sich abquälen; **recochinearse** *Esp fam* **~ de alg** sich über j-n lustig machen; **recochineo** M *fam* Verarschung *f vulg*; **recocida** F TEC *espec Am* → recocido M; **recocido** A ADJ *(muy cocido)* ausgekocht; TEC geglüht; *fig (muy experimentado)* erfahren, bewandert B M TEC Glühen *n*; **~ con afino** Tempern *n*; **recocina** F Nebenzimmer *n* einer Küche

recodar A VI *camino, río* eine Biegung machen B VR **recodarse** sich auf den (*o* die) Ellbogen stützen; **recodo** M *espec río, calle:* Biegung *f*; *(curvatura)* Krümmung *f*, Knie *n*, *(ángulo)* Winkel *m*; *transporte: (viraje)* Kehre *f*; *(bahía)* Einbuchtung *f*, Bucht *f*

recogecables M Kabelaufroller *m*; **recogedero** M 1 Sammelplatz *m*; **~ de bolas** Einwurf *m*; Kugelrinne *f für Kegelkugeln* 2 *instrumento:* Sammler *m*; → *tb* recogedor

recogedor A ADJ Sammel…, Auffang… B M, **recogedora** F Sammler *m*, -in *f*; Fänger *m*, -in *f*; *tenis:* **~ (de pelotas)** Balljunge *m*, -mädchen *n* C M *instrumento:* Sammler *m*; **~ (de basura)** Kehr(icht)-, Abfallschaufel *f*; **recogegotas** M ⟨*pl inv*⟩ Tropfenfänger *m*; **recogemigas** M ⟨*pl inv*⟩ Tischbesen *m*; **recogepelotas** M/F ⟨*pl inv*⟩ *tenis:* Balljunge *m*, -mädchen *n*; **recogepliegos** M ⟨*pl inv*⟩ TIPO **(dispositivo** *m***) ~** Bogenfänger *m*

recoger ⟨2c⟩ A VT 1 *(recibir)* in Empfang nehmen; *(acoger)* aufnehmen; **~ a alg en su casa** j-n bei sich *(dat)* aufnehmen; *de la estación:* abholen; **ir a ~ a alg** j-n abholen 2 *(coger)* ergreifen; aufheben; *(juntar)* (ein)sammeln; *pelota, etc* (auf)fangen; *referencias* einholen, einziehen; *(ordenar)* aufräumen; *basura* abfahren; *dinero* abheben; MIL *utillaje* aufnehmen; MIL *material, muertos, etc* einsammeln; *tropas* zusammenziehen; MAR *red* einholen; *correos:* **~ las cartas** den Briefkasten leeren; **~ firmas** Unterschriften sammeln; **~ información** Auskünfte *fpl* (*o* Informationen *fpl*) einholen; **~ la mesa** den Tisch abräumen; **~ (del suelo)** (vom Boden) aufheben 3 AGR pflücken; ernten 4 *(estrechar)* verengen; *panza* einziehen; *respiración* anhalten; *pantalón* hochziehen; *vestido* raffen; MAR *velas* einziehen; *cortina* (zusammen)raffen; **~ el cabello** das Haar hoch-, aufstecken; **~ las piernas** die Beine einziehen 5 *(guardar, encerrar)* wegräumen, -schließen; *(retirar)* zurückziehen; *(suspender un servicio)* aus dem Verkehr (*o* aus dem Dienst) ziehen; *plan* fallen lassen, zurückziehen; *publicación* aus dem Verkehr ziehen, beschlagnahmen 6 *(aceptar la devolución)* wieder-, zurücknehmen B VR **recogerse** 1 *(retirarse)* sich zurückziehen; *a casa: (abends)* nach Hause gehen; *a dormir:* sich zur Ruhe begeben; *espec* REL sich sammeln 2 *(moderarse en los gastos)* sich *(in seinen Ausgaben)* einschränken

recogida F 1 (Ein)Sammeln *n*, Sammlung *f*, Abholen *n*; **~ de basura(s)** Müllabfuhr *f*; **~ selectiva de basuras** Mülltrennung *f*; **~ de firmas** Unterschriftensammlung *f*; **~ de ropa usada** Altkleidersammlung *f*; **~ de datos** Datenerhebung *f* 2 *correos:* (Briefkasten)Leerung *f* 3 COM *mercadería:* Abnahme *f*; *paquete postal:* Entgegennahme *f* 4 AGR *(recolección)* Ernte; *Arg, Ven ganado:* Zusammentreiben *n* (von Vieh) 5 AVIA **~ de equipajes** Gepäckausgabe *f*

recogido ADJ 1 *(pequeño, angosto)* klein, schmal; *estatura* untersetzt, gedrungen 2 *(retirado, concentrado)* zurückgezogen; gesammelt *(fig)*; andächtig 3 *pelo* hochgesteckt; **recogimiento** M 1 Zurückgezogenheit *f* 2 innere Sammlung *f* 3 CAT Bußkloster *n*, Magdalenenstift *n*

recojo M *Perú* **~ de la basura** Müllabfuhr *f*

recolección F 1 *(recaudación)* Einsammeln *n*; Sammlung *f* 2 *(cobranza)* Bei-, Eintreibung *f* 3 AGR Ernte *f*; Erntezeit *f* 4 *(conjunto, colección)* Sammlung *f*, Sammelwerk *n* 5 REL *(recogimiento)* (innere) Sammlung *f*, Einkehr *f* 6 REL *(convento)* Kloster *n* strenger Observanz; REL *fig* Einkehrhaus *n*; **recolectar** VT AGR ernten; **recolector** M, **recolectora** F 1 Sammler *m*, -in *f*, Eintreiber *m*, -in *f* 2 AGR Pflücker *m*, -in *f*; *etnología:* **(pueblos** *mpl***) recolectores** Sammler *mpl*

recoleto ADJ REL *monje* in Klausur lebend; *liter* einsam, zurückgezogen

recolocación F 1 *dinero:* Wiederanlage *f* 2 *obrero:* Wiedereinstellung *f*

recolocar VT 1 *dinero* wieder anlegen 2 *obrero* wieder einstellen; eine neue Stelle verschaffen

recoluta F *RPl pop* → recluta A,2

recomendable ADJ empfehlenswert; *(aconsejable)* ratsam; *(digno de confianza)* vertrauenswürdig

recomendación F 1 *(alabanza, elogio)* Emp-

R

fehlung *f*; *(aprobación)* Befürwortung *f*, *(intercesión)* Fürsprache *f*; **(carta** *f* **de) ~** Empfehlungsschreiben *n*; **tarjeta** *f* **de ~** Empfehlungskarte *f*; **por ~** auf Empfehlung *(gen)*; **tener buenas -ones** *tb* gute Beziehungen haben 2 *(consejo)* Empfehlung *f*, Rat(schlag) *m*
recomendado A ADJ 1 empfohlen; *en instrucciones de uso, etc*: vorschriftsgemäß 2 *Col correos: carta* eingeschrieben B M, **-a** F Empfohlene *m/f*; Schützling *m*, Protegé *m* C M *Col correos*: Einschreibsendung *f*; **recomendante** M/F Empfehlende *m/f*
recomendar VT ⟨1k⟩ empfehlen; raten; **recomendatorio** ADJ Empfehlungs…
recomenzar VT ⟨1f *y* 1k⟩ erneut anfangen, noch einmal beginnen
recomerse VR → reconcomerse
recompensa F Belohnung *f*; *(indemnización)* Entschädigung *f*; **en ~ de** zum Lohn (*o* als Ersatz) für *(acus)*; **recompensable** ADJ *(pagable)* entgeltbar; *(sustituible)* ersetzbar; *(digno de recompensación)* belohnungswürdig
recompensar VT *(gratificar)* belohnen; *(devolver, pagar)* vergelten, vergüten; *(indemnizar)* entschädigen (für *acus* de)
recomponer VT ⟨2r⟩ 1 *(restablecer)* wiederherstellen 2 *(reparar)* instand setzen; *(arreglar)* reparieren 3 TIPO neu setzen; **recomposición** F 1 Wiederherstellung *f* 2 TIPO Neusatz *m*
recompra F Rückkauf *f*
reconcentración F 1 äußerste Konzentration *f*; *(recogimiento)* Sammlung *f* (*tb fig*) 2 ECON Rückverflechtung *f*; **reconcentrado** ADJ zurückhaltend
reconcentrar A VT *(reducir a un punto)* auf einen Punkt zusammendrängen; konzentrieren (**en auf** *acus*); ECON *trust* wiederverflechten; *fig* **~ su ira** seinen Zorn in seiner Brust verschließen B VR **reconcentrarse** sich (innerlich) sammeln, sich versenken (**en** in *acus*)
reconciliable ADJ versöhnbar; **reconciliación** F Versöhnung *f* (**con** mit *dat o* **entre** unter *dat*); Aussöhnung *f*; JUR **intento** *m* **de ~** Sühneversuch *m*
reconciliar ⟨1b⟩ A VT versöhnen (*tb* REL) B VR **reconciliarse** sich versöhnen; sich aussöhnen (**con** mit *dat*); REL **~ con Dios** seinen Frieden mit Gott machen
reconcomerse VR *fam* sich verzehren; **~ de envidia** vor Neid vergehen; **reconcomio** M Groll *m*
recóndito ADJ geheim; *secreto* tief verborgen; **en lo más ~ del corazón** im tiefsten Herzen; **sitio** (*o* **lugar**) **recóndito** entlegene Gegend
reconducción F Zurückführung *f*; JUR *contrato*: Verlängerung *f*; **reconducir** VT ⟨3o⟩ zurückführen; *contrato* verlängern
reconfortante ADJ tröstlich, Trost bringend; stärkend; **reconfortar** VT trösten; stärken; neuen Mut einflößen
reconocedor A ADJ (an)erkennend; MIL Aufklärungs… B M MIL Aufklärer *m*
reconocer ⟨2d⟩ A VT 1 wiedererkennen; erkennen (an *dat* por); **reconociendo …** in der Erkenntnis …; unter Berücksichtigung … 2 JUR, POL anerkennen (**por** als *acus*) 3 *(estar agradecido)* dankbar sein für *(acus)*, Anerkennung zeigen für *(acus)* 4 *(admitir)* bekennen, zugeben 5 *terreno, etc* erkunden (*tb* MIL) 6 *(examinar)* überprüfen, untersuchen (*tb* MED) B VR **reconocerse** 1 *(poder ser reconocido)* zu erkennen sein; **ya se reconoce que …** jetzt sieht (*o* merkt) man, dass … 2 *(confesar)* sich bekennen (als) *(adj)*; sich bezeichnen als *(adj)* 3 *(valorarse)* wissen, wer man ist *(fig)*; sich *(dat)* seines Wertes (*o* seiner Stärke, seiner Verdienste *etc*) bewusst sein
reconocible ADJ (er)kenntlich, (er)kennbar
reconocido ADJ 1 anerkannt (*tb* JUR, POL); **~ por la ley** gesetzlich anerkannt 2 *(examinado)* geprüft; *(revisado)* untersucht 3 *(agradecido)* dankbar, erkenntlich; **te quedo muy ~ por …** ich bin dir sehr dankbar für …
reconocimiento M 1 Wiedererkennen *n*; Erkennen *n*; TEAT **(momento** *m* **de) ~** Erkennungsszene *f*; **~ biométrico** biometische Erfassung; TEL, INFORM **~ de voz** Spracherkennung *f*; INFORM **~ óptico de caracteres** optische Zeichenerkennung 2 *(aprobación)* Anerkennung *f* (*tb* POL); *fig (agradecimiento)* Dankbarkeit *f*; **en ~ de …** als Anerkennung (*o* Dank) für *(acus)* …, in Anerkennung *(gen)* (*o* von *dat*); **en ~ de sus méritos** in Anerkennung seiner Verdienste; JUR **~ contractual** Anerkennungsvertrag *m*; COM **~ de deudas** Schuldanerkenntnis *n*; POL **~ de facto/de jure** De-facto-/De-jure--Anerkennung *f*; JUR **~ de la paternidad** Vaterschaftsanerkennung *f*; **no ~** Nichtanerkennung *f* (*tb* POL) 3 *(exploración)* Erkundung *f*, MIL Aufklärung *f*; MIL **~ aéreo (fotográfico)** Luft(bild)aufklärung *f*; **vuelo** *m* **de ~** Erkundungs-, Aufklärungsflug *m* 4 *(inspección)* Untersuchung *f*, Prüfung *f*; **~ de aduana** Zolluntersuchung *f*; *tb* TEC **~ de defectos** Mängelüberprüfung *f*; *tb* Fehlererkennbarkeit *f*; TAUR Musterung *f* (*o* Sortierung *f*) *der Kampfstiere*; MED **~ médico** ärztliche Untersuchung *f*; MIL **~ (de reclutas)** Musterung *f*; MED **(resultado** *m* **del) ~** Befund *m*
reconquista F *en la guerra*: Wiedereroberung *f*; *(recuperación)* Rückgewinnung *f*; HIST **Reconquista** Reconquista *f* *(Rückeroberung der von den Mauren besetzten Gebiete Spaniens, 718–1492)*
reconquistar VT zurückerobern (*tb fig*)
reconsiderar VT *opinión, etc* revidieren, (neu) überdenken; **~ su posición** *etc* seine Meinung *etc* revidieren
reconstitución F Wiederherstellung *f*; MED Wiederaufbau *m*; **reconstituir** ⟨3g⟩ A VT 1 *(restablecer)* wiederherstellen; *(reconstruir)* rekonstruieren; MED kräftigen 2 → reconstruir 4 B VR **reconstituirse** *espec* MED *materia orgánica* sich neu bilden; **reconstituyente** M MED *y fig* Kräftigungsmittel *n*
reconstrucción F 1 *(reedificación)* Wiederaufbau *m* 2 *(remodelación)* Umbau *m* 3 *(restablecimiento)* Wiederherstellung *f* (*tb fig*) 4 *(imitación)* Nachbildung *f*; JUR *y fig* Rekonstruktion *f*; **reconstructivo** ADJ Wiederaufbau…; Umbau…; Rekonstruktions…; **reconstructor** M, **reconstructora** F Wiederaufbauer *m*, -in *f*; *(imitador[a])* Nachbilder *m*, -in *f*; **reconstruir** VT ⟨3g⟩ 1 wieder aufbauen 2 *edificio* umbauen; *(remodelar)* umarbeiten 3 *(restituir)* wiederherstellen 4 JUR *y fig hechos, etc* rekonstruieren; nachbilden
recontar VT ⟨1m⟩ 1 *cantidad* nachzählen 2 *(referir)* nacherzählen; *(volver a contar)* wieder erzählen 3 POL *votos* zählen
recontento A ADJ **estar ~ (de)** äußerst zufrieden sein (über *acus o* mit *dat o* zu *inf*) B M große Zufriedenheit *f*
reconvalecer VI ⟨2d⟩ wieder genesen
reconvención F 1 *(amonestación)* Verweis *m*, *(reprimenda)* Rüge *f* 2 JUR Wider-, Gegenklage *f*; **reconvencional** ADJ JUR **actor** *m* **~** Widerkläger *m*
reconvenido M, **-a** F JUR Widerbeklagte *m/f*
reconvenir VT ⟨3s⟩ 1 *(desaprobar)* tadeln (**de, por** wegen *gen*) 2 JUR Gegenklage erheben gegen *(acus)*
reconversión F Wiederumwandlung *f* (in *acus* en); ECON *(adaptación)* Anpassung *f*; *(cambio, modificación)* Umstellung *f*; ECON **~ industrial** Umstrukturierung *f* der Industrie
recoña *pop* **¡es la ~!** → recoño; **recoño** INT *pop* **¡~!** verdammt(er Mist)! *pop*
Recopa F DEP *Pokal der Pokalsieger*
recopilación F *(composición)* Zusammenstellung *f*, *leyes, etc*: Sammlung *f*; INFORM **~ de datos** Datenerhebung *f*, Datensammlung *f*; **recopilador** M, **recopiladora** F Zusammensteller *m*, -in *f*, Sammler *m*, -in *f*, Rekopilator *m*, -in *f*
recopilar VT *(componer)* zusammenstellen; *leyes, textos, etc* sammeln
recopilatorio ADJ **(disco) ~** Best-Of-Album *n*; Sampler *m*
recórcholis INT *fam* na so was!
récord, *frec* **record** M 1 Rekord *m* (*tb fig*); *nachgestellt*: Rekord…; **cosecha** *f* **~** Rekordernte *f*; **~ mundial** Weltrekord *m*; **~ de taquilla** Kassenschlager *m*; -rekord *m*; **batir el ~** den Rekord brechen; **establecer** *o* **marcar un ~** einen Rekord aufstellen 2 *Ven* JUR Vorstrafenregister *n*
recordable ADJ denkwürdig; **recordación** F *(llamar a la memoria)* Erinnern *n*; *(conmemoración)* Gedenken *n*; **de feliz ~** seligen Angedenkens
recordar ⟨1m⟩ A VT 1 *(rememorar)* ins Gedächtnis rufen; in Erinnerung bringen; *(advertir)* erinnern, mahnen; **~ a/c a alg** j-n an etw *(acus)* erinnern; **~ a/c** sich an etw *(acus)* erinnern; an etw *(acus)* denken; **si mal no recuerdo** wenn ich mich recht erinnere 2 *Am reg (despertar)* (auf)wecken B VI (wieder) zu sich *(dat)* kommen C VR **recordarse** 1 sich erinnern 2 *anticuado y reg* erwachen
recordativo A ADJ erinnernd; **facultad** *f* **-a** Erinnerungsvermögen *n* B M → recordatorio; **recordatorio** M 1 *(advertencia)* Mahnung *f*, Erinnerung *f* 2 *(ayuda para la memoria)* Gedächtnishilfe *f*; *(marcador)* Lesezeichen *n*; POL Aide-Mémoire *n* 3 *(recuerdo)* Andenken *n* 4 CAT Erinnerungsbildchen *n*; Kommunionbild(chen) *n*
recordista M/F DEP *espec Am* Rekordinhaber *m*, -in *f*; **recordman** [rɾɛ'kɔrman, 'rrɛkɔrman] M, **recordwoman** F DEP *espec Am* Rekordinhaber *m*, -in *f*
recorrer VT 1 *(pasar)* durchlaufen, -wandern; *(viajar por)* bereisen; *distancia, camino* zurücklegen (*tb* FÍS, TEC) 2 *texto* über-, durchlesen; *libro* rasch durchblättern; **~ (con la vista)** (mit den Augen) überfliegen 3 *fig (revisar)* durchsehen, überprüfen; *(repasar)* ausbessern; TIPO die Satz-, *espec* die Umbruchkorrektur vornehmen
recorrida F *Arg (zurückgelegte)* Strecke *f*
recorrido M 1 *(trayecto)* (Weg- *o* Fahr)Strecke *f* (**hacer** zurücklegen); *(itinerario)* Route *f*; DEP Parcours *m*; TEC **~ del émbolo** Kolbenhub *m*; **~ de frenado** Bremsweg *m* 2 *(viaje, excursión)* Fahrt *f*; *(correría)* Streifzug *m*; *(vuelta)* Rundgang *m* 3 *(arreglos)* Ausbesserung *f*; TIPO Umbruch(-korrektur *f*) *m*; **dar un ~ al motor** den Motor überholen 4 *fam fig (reprimenda)* Rüffel *m fam*; *(paliza)* Prügel *pl*; **dar un (buen) ~ a alg** j-m (ordentlich) den Kopf waschen *fam*; j-n (gehörig) verprügeln
recortable A ADJ zum Ausschneiden B M Text *m* (*o* Bild *n*) zum Ausschneiden; Ausschneidebogen *m*; **recortada** F Schrotflinte *f* mit abgesägten Läufen; **recortado** A ADJ 1 ausgeschnitten; *hoja* ausgezackt 2 *Cuba, Méx figura* klein B M 1 Be-, Aus-, Zuschneiden *n* 2 *(figura recortada de papel)* ausgeschnittene Papierfigur *f* 3 *Arg (pistola, trabuco)* lange Reiterpistole *f*; **recortadura** F Abfall *m*, Schnitzel *n(pl)*; **recortar** A VT *(cercenar)* beschneiden

R

(*tb fig*); (*cortar*) abschneiden; *artículo del diario* ausschneiden (*tb* INFORM); (*podar*) zu(recht)stutzen (*tb barba*); *fig recursos* kürzen; (*dentar*) auszacken; TEC zuschneiden; *créditos* kürzen B VR **recortarse** *contornos* sich abzeichnen
recorte M 1 Abschneiden *n*; TEC Zuschnitt *m* 2 *artículo o foto en un diario*: Abschnitt *m*; Ausschnitt *m*; **~s** *mpl* **de periódico(s)** Zeitungsausschnitte *mpl* 3 **~s** *mpl* **(de papel)** Papierschnitzel *npl*; **~s** *mpl* TEC *tb* Abfall *m* 4 (*rebajamiento*) Kürzung *f*, Abbau *m*; **~ de empleos** Abbau *m* von Arbeitsplätzen; **~ de personal** Personalabbau *m*; **~ salarial** Lohnkürzung *f*; **~s sociales** Sozialabbau *m* 5 TAUR *rasche Ausweichbewegung des Stierkämpfers* 6 *Méx fam fig* (*observación crítica*) kritische Bemerkung *f*
recoser VT nachnähen; *ropa, etc* ausbessern, flicken; **recosido** M 1 (*remiendo*) Flicken *n* 2 (*parche*) Flicken *m*
recostadero M Ruheplatz *m*; Ruhesessel *m*
recostar ⟨1m⟩ A VT (*reclinar*) zurück-, anlehnen; (*apoyar*) aufstützen B VR **recostarse** 1 (*reclinarse*) sich zurücklehnen; sich lehnen (auf, an *acus* sobre, en; gegen *acus* contra) 2 *fam Am reg* (*acostarse*) sich hinlegen (um sich auszuruhen)
recova F 1 (*compra*) Aufkauf *m* (*von Geflügel, Eiern etc bei den Bauern*); *p. ext* (*mercado de gallinas*) Geflügelmarkt *m* 2 *Am reg* (*mercado de comestibles*) (Lebensmittel)Markt *m* 3 CAZA *de perros*: Meute *f*; **recovar** VT *Am reg Landesprodukte aufkaufen bzw. mit ihnen handeln*
recoveco M 1 *calle*: Biegung *f*, Krümmung *f*; *río*: Windung *f*; (*rincón*) Winkel *m*, Versteck *n* 2 *fig* (*jugada*) **~s** *mpl* Winkelzüge *mpl*; (üble) Tricks *mpl*; **sin ~s** *adv* ganz ehrlich 3 *Méx pop fig* (*adorno muy complicado*) sehr verschnörkelte Verzierung *f*; Firlefanz *m* (*fam desp*)
recreación F 1 (*novedad*) Neuschöpfung *f* 2 (*pasatiempo*) Zeitvertreib *m*; (*diversión*) Belustigung *f*; (*dispersión*) Zerstreuung *f*, Entspannung *f*, Erholung *f*; (*refresco*) Erquickung *f*, Erfrischung *f*; **industria de la ~** Unterhaltungsindustrie *f* 3 (*pausa*) Spiel-, Unterrichtspause *f*
recreacional ADJ → recreativo
recrear A VT 1 (*regocijar*) **~ a alg** j-n ergötzen; (*refrescar*) erquicken; (*divertir*) unterhalten; (*relajar*) entspannen 2 **~ a/c** etw wieder (er)schaffen B VR **recrearse** (*refrescarse*) sich erfrischen; (*recuperarse*) sich erholen; (*divertirse*) sich unterhalten; (*relajarse*) sich entspannen (bei *dat* con *o ger o* en *inf*)
recreativo ADJ (*divertido*) unterhaltend, amüsant; (*relajante*) entspannend; Vergnügungs…, Freizeit…; **lectura** *f* **-a** Unterhaltungslektüre *f*; **velada** *f* **-a** bunter Abend *m*
recrecer ⟨2d⟩ A VI zunehmen; größer werden B VR **recrecerse** Mut fassen
recreo M (*descanso*) Erholung *n*; (*relajación*) Entspannung *f*; (*diversión*) Vergnügen *n*; (*pausa*) (Schul)Pause *f*; **de ~** Frei(zeit)…; Vergnügungs…; **casa** *f* **de ~** Wochenend-, Ferienhaus *n*; **patio** *m* **de ~** *de la escuela*: Pausenhof *m*, Schulhof *m*; **puerto** *m* **de ~** Jachthafen *m*; **zona** *f* **de ~** Freizeitgelände *n*, -gebiet *n*
recría F AGR Aufzucht *f*; **recriar** VT ⟨1c⟩ *animal* aufziehen
recriminación F Anschuldigung *f*; Gegenbeschuldigung *f*, Gegenklage *f*; **recriminador** M, **recriminadora** F Beschuldiger *m*, -in *f*
recriminar VT *j-m* Vorwürfe machen; Gegenbeschuldigungen erheben gegen (*acus*); *j-n* anschuldigen; **recriminatorio** ADJ mit Gegenbeschuldigungen
recristalización F Umkristallisierung *f*
recristo INT *pop* verflucht!, gottverdammt! *pop*
recrudecer ⟨2d⟩ A VT (*intensificar*) (wieder) verschärfen, (*agravar*) verschlimmern B VI *y* VR **~se** *enfermedad, etc* sich wieder verschlimmern; *helada, etc* sich verschärfen; *fiebre* wieder aufflackern; *pasión, combates, etc* wieder aufleben; **recrudecimiento** M Verschlimmerung *f*; Verschärfung *f*; MED *tb* Aufflackern *n*, Rekrudeszenz *f*; **recrudescencia** F *espec* MED → recrudecimiento; **recrudescente** ADJ sich verschlimmernd
recta F GEOM Gerade *f*; gerade Linie *f*; DEP **~ final** *o* **de llegada** Zielgerade *f*; *fig* Endphase *f*
rectal ADJ MED rektal; **rectangular** ADJ rechteckig; **rectángulo** GEOM A ADJ rechtwinklig; **triángulo ~** rechtwinkliges Dreieck B M Rechteck *n*
rectificación F 1 (*corrección*) Berichtigung *f*; Richtigstellung *f*; Verbesserung *f* 2 *río, curva*: Begradigung *f*; ELEC Gleichrichtung *f* 3 TEC (*pulido*) Schleifen *n*; Schliff *m*; **rectificado** TEC A ADJ geschliffen B M Schleifen *n*; Schliff *m*; **~ hueco** Hohlschliff *m*; **rectificador** A ADJ berichtigend, begradigend B M ELEC Gleichrichter *m*; **rectificadora** F TEC Schleifmaschine *f*
rectificar VT ⟨1g⟩ 1 (*corregir*) berichtigen; richtigstellen; verbessern 2 (*enderezar*) begradigen; ELEC gleichrichten 3 TEC (*pulir*) (fein) schleifen 4 QUÍM rektifizieren; **rectificativo** ADJ richtigstellend; Berichtigungs…, Verbesserungs…
rectilíneo ADJ geradlinig; *fig* (*honrado*) rechtschaffen, aufrichtig; **rectitud** F 1 (*de líneas rectas*) Geradlinigkeit *f* 2 *fig carácter*: Redlichkeit *f*, Rechtschaffenheit *f* 3 (*veracidad*) Richtigkeit *f*
recto A ADJ 1 gerade; **seguir todo ~** immer geradeaus gehen 2 *fig* (*honrado*) recht(schaffen), redlich 3 (*justo*) recht, richtig 4 *falda* eng 5 MAT **ángulo** *m* **~** rechter Winkel *m* B M 1 ANAT **(intestino** *m***) ~** Mastdarm *m* 2 TIPO Vorderseite *f*
rector A ADJ leitend; bestimmend; Leit…; **funciones ~as** leitende Funktion *f* B M 1 UNIV *etc* Rektor *m*; **~ magnífico** Magnifizenz *f* 2 CAT Pfarrer *m*
rectora F UNIV *etc* Rektorin *f*; **rectorado** M Rektorat *n*; **rectoral** ADJ Rektorats…; *reg* **casa** *f* **~** Pfarrhaus *n*; **rectoría** F Rektorwürde *f*; *tb oficina*: Rektorat(sbüro) *n*; CAT *tb* Pfarrhaus *n*
rectoscopia F MED Rektoskopie *f*
recua F 1 *de animales de carga*: Reihe *f*, Zug *m* 2 *fig de personas*: Reihe *f*, Horde *f*, Menge *f*; *fam fig* **con toda la ~** mit der ganzen Familie, mit Kind und Kegel *fam*
recuadrar VT *dibujo, texto, etc* einrahmen, umrahmen; **recuadro** M Rahmen *m* (*um einen Text*), Kästchen *n*, Kasten *m*; TIPO Schriftfeld *n*
recubierto PP → recubrir
recubrimiento M *espec* TEC 1 (*revestimiento*) Verkleidung *f*; (*cobertura*) Überzug *m*; (*sobrecubierta*) Über-, Abdeckung *f*; *tb* Überlappung *f* 2 *neumático*: Neubeziehung *f*
recubrir VT ⟨*pp* recubierto⟩ überziehen, verkleiden (mit *dat* de); überdecken (mit *dat* de); *cables* umspinnen; *tb* überlappen
recuelo M 1 (*lejía fuerte*) starke Lauge *f* 2 *fam fig* (*café cocido por segunda vez*) dünner Kaffee *m*, zweiter Aufguss *m*, Lorke *f* (*reg fam*), Plörre *f* (*reg fam*)
recuento M (Nach-, Kontroll)Zählung *f*; **~ (de votos)** Stimmzählung *f*; **hacer el ~ de a/c** etw (nach)zählen
recuerdo A ADJ *reg* wach B M 1 Erinnerung *f*; Andenken *n* (an *acus* de); *objeto*: Reiseandenken *n*, Souvenir *n*; **~(s)** *m(pl)* **de amor** Liebeserinnerung(en) *f(pl)*; **traer al ~** in Erinnerung bringen 2 **~s** *mpl* Grüße *mpl*, Empfehlungen *fpl*; **dar ~s a alg** j-m Grüße ausrichten (*o* bestellen); **mandar ~s a alg** j-n grüßen lassen
recuero M Führer *m*, Treiber *m eines Maultiertrupps*
recuesta F → requerimiento
recuesto M Abhang *m*, Gefälle *n*
reculada F Zurückweichen *n*; -laufen *n*; *arma*: Rückstoß *m*; **recular** VI zurückprallen, zurückweichen (*tb fig*); (*cejar, retroceder*) zurückschrecken (vor *dat* ante); AUTO zurückstoßen, -setzen; *arma* einen Rückstoß verursachen; **reculo** ADJ *gallina* schwanzlos; **reculones** ADV *fam* **a ~** rückwärts, im Krebsgang
recuperable ADJ wiedererlangbar; *materiales* (wieder)verwertbar; INFORM *datos* wieder herstellbar; **no ~** *vacaciones* unbezahlt; **envase** *m* **~** Mehrwegverpackung *f*
recuperación F 1 (*recobro*) Wiedererlangung *f*; Zurückgewinnung *f*; TEC Rückgewinnung *f*; INFORM **~ de datos** Wiederherstellung *f* von Daten; **~ de materiales** Wiederverwertung *f* 2 MAR Bergung *f*; **zona** *f* **de ~** Bergungszone *f* 3 MED Genesung *f*; *fig* Erholung *f* (*tb* ECON); (*reconstrucción*) Wiederaufbau *m*; (*reascenso*) Wiederaufstieg *m*; ECON *de precios*: Wiederanziehen *n*; **~ de la salud** Wiedergesundung *f*
recuperador M TEC Rekuperator *m*
recuperar A VT 1 wiedererlangen, -gewinnen, -bekommen; *gastos* wieder hereinholen; *tiempo* wieder einholen (*o* einarbeiten), nach-, aufholen; INFORM *datos* wieder herstellen; *cadáver* bergen; *examen* wiederholen; MIL *terreno, etc* wieder besetzen 2 TEC rückführen, wiedergewinnen; wiederverwerten B VR **recuperarse** sich erholen (von *dat* de)
recurrente A ADJ rückläufig; MED rückfällig; *t/t* rekursiv; MED **fiebre** *f* **~** Rückfallfieber *n*; **gastos** *mpl* **~s** Folgekosten; ANAT **nervio** *m* **~** Rekurrens *m* B M/F JUR, COM Regress-, Rekursnehmer *m*, -in *f*
recurrir VI 1 JUR Berufung (*o* ein Rechtsmittel) einlegen; *ley, etc* anfechten; JUR **~ una sentencia** gegen ein Urteil ein Rechtsmittel einlegen 2 **~ a** sich wenden an (*acus*); in Anspruch nehmen (*acus*); greifen zu (*dat*); zurückgreifen auf (*acus*)
recursivo ADJ *Am* ideen-, einfallsreich
recurso M 1 (*refugio*) Zuflucht *f*; (*ayuda*) Hilfe *f*, (*remedio*) (Hilfs-)mittel *n*; *fig* (*escapatoria*) Ausweg *m*; *tb* MED **~ de urgencia** Notbehelf *m* 2 COM, JUR Regress *m*, Rückgriff *m* 3 JUR Beschwerde *f*; Rechtsmittel *n*; -behelf *m*; ADMIN Eingabe *f*; **~ (de apelación)** Berufung *f*; JUR **~ de amparo** (*o* **de inconstitucionalidad**) Verfassungsbeschwerde *f*, -klage *f*; JUR **interponer un ~ ante** ein Rechtsmittel einlegen bei (*dat*) 4 **~s** *mpl* Hilfsquellen *fpl*, Mittel *npl*, Ressourcen *fpl*; GEOL Vorkommen *npl*; **~s acuáticos** Wasservorräte *mpl*; **~ ajenos/propios** Fremd-/Eigenmittel *npl*; **~s económicos** Geldmittel *npl*; (*poder económico*) Wirtschaftspotenzial *n*; **~s energéticos** Energiequellen *fpl*; **~s fiscales** Steuerquellen *fpl*; **~s humanos** Humankapital *n*; Personal *n*; **director** *m* **de ~s humanos** Personalchef *m*, -leiter *m*; **~s del subsuelo** Bodenschätze *mpl*; **sin ~s** mittellos
recusable ADJ ablehnbar; verwerflich; **recusación** F 1 Ablehnung *f*, Zurückweisung *f*; Verwerfung *f* 2 JUR Ablehnung *f* (*wegen Befangenheit*)
recusar A VT 1 ab-, zurückweisen; verwerfen 2 JUR *juez, testigos* (*wegen Befangenheit*) ablehnen B VR **recusarse** JUR sich für befangen erklären
red F *en todos los significados*: Netz *n*; *fig tb* Schlinge *f*; Fallstrick *m*; INFORM **la ~** das Internet; **~ colaborativa** (*o* **de colaboración**) Netzwerk *n*;

~ **de alumbrado** Licht-, Beleuchtungsnetz *n;* MAR ~ **de arrastre** Schleppnetz *n; transporte:* ~ **de carreteras** Straßennetz *n;* ~ **para cazar mariposas** Schmetterlingsnetz *n;* INFORM ~ **de ordenadores** *(o Am* **computadoras**) Computernetz *n;* ~ **de comunicaciones** Verkehrsnetz *n;* ~ **de coordenadas** Gitternetz *n (einer Karte);* ELEC ~ **de corriente** *o* ~ **eléctrica** Stromnetz *n;* MAR ~ **de deriva** Treibnetz *n;* INFORM ~ **de datos** Datennetz *n;* ~ **de distribución/ferroviaria** Verteiler-/Schienennetz *n;* ~ **de espionaje** Spionagering *m;* TEL ~ **fija** Festnetz; ~ **frigorífica** Kühlkette *f;* ANAT ~ **de nervios** Nervengeflecht *n;* ~ **de pesca** Fischernetz *n;* ~ **social** soziales Netz *n;* TEL ~ **de telefonía móvil** Mobilfunknetz *n;* TEL ~ **telefónica** Telefonnetz *n;* ~ **de transportes** Verkehrsnetz *n;* COM ~ **de venta** Vertriebsnetz *n; transporte:* ~ **vial** *o* **viaria** Straßennetz *n;* ELEC **aparato** *m* **enchufable a la** ~ Netzgerät *n;* **servicio** *m* **alimentado por la** ~ Netzbetrieb *m; fig* **caer en la** ~ in die Falle gehen; *tb fig* **echar la** ~ das Netz auswerfen; **hacer ~es** Netze knüpfen; **trabajar en** ~ networken

redacción F 1 *(composición)* Abfassung *f, (elaboración)* Ausarbeitung *f; en el colegio:* Aufsatz *m* 2 *(conjunto de redactores, jefatura)* Redaktion *f (tb oficina);* Schriftleitung *f;* **de** ~ redaktionell; **cierre** *m* **de** ~ Redaktionsschluss *m*

redaccional ADJ redaktionell

redactar VT abfassen, aufsetzen; redigieren;

redactor M, **redactora** F Verfasser *m,* -in *f;* Redakteur *m,* -in *f;* ~ **gráfico** Bildredakteur *m;* Bildberichterstatter *m;* ~ *m,* ~**a** *f* **jefe** Chefredakteur *m,* -in *f;* ~ *m,* ~**a** *f* **publicitario, -a** Werbetexter *m,* -in *f*

redada F Fischzug *m (tb fig);* ~ **(de la policía)** Razzia *f; fam fig* **coger una buena** ~ einen guten Fang machen; *fig* **tender una** ~ eine Falle stellen

redaño M ANAT Gekröse *n; fam fig* **~s** *mpl* Kraft *f;* Mumm *m fam;* **tener ~s** Mumm haben

redargüir VT & VI ⟨3g⟩ widerlegen; *fam* den Spieß umdrehen; JUR zurück-, abweisen

redecilla F 1 ~ **(para el cabello)** Haarnetz *n;* FERR ~ **(para el equipaje)** Gepäcknetz *n;* ~ **para cazar mariposas** Schmetterlingsnetz *n* 2 ZOOL *de rumiantes:* Netzmagen *m*

rededor M 1 Umkreis *m; adv* **al** ~ *o* **en** ~ ringsherum; **al** ~ **de la plaza** rings um den Platz 2 *Am reg* TEX Rand *m;* Saum *m*

redefinir VT neu bestimmen *o* definieren

redención F 1 Loskauf *m,* Ablösung *f; fig (recurso)* Ausweg *m* 2 REL Erlösung *f;* **redentor** M, **redentora** F REL *y fig* Erlöser *m,* -in *f;* Retter *m,* -in *f;* **el Redentor** der Erlöser, Christus; **redentorista** REL A ADJ Redemptoristen... B M/F Redemptorist *m,* -in *f*

redero M 1 *(fabricante de redes)* Netzknüpfer *m* 2 *(pajarero)* Vogelsteller *m*

redescontar VT ⟨1m⟩ COM rediskontieren

redescubridor M, **redescubridora** F Wiederentdecker *m,* -in *f;* **redescubrimiento** M Wiederentdeckung

redescubrir VT wieder entdecken

redescuento M COM Rediskont *m*

redhibición F JUR Wandelung *f;* **redhibitorio** ADJ JUR redhibitorisch; **vicio** *m* ~ Gewährsmangel *m*

redicho ADJ *fam* gekünstelt, affektiert

rediente M MIL Vorsprung *m (einer Befestigung);* **~s** *mpl arte:* Maßwerk *n*

rediez INT *fam* verflixt noch mal!

redil M Pferch *m;* Hürde *f; fig* **volver al** ~ heimfinden; wieder auf den rechten Weg kommen

redimensionar VT *Am reg* umgestalten

redimible ADJ ab-, einlösbar; tilgbar; REL erlösbar

redimir VT *esclavo* loskaufen, befreien; *(comprar de nuevo)* zurückkaufen; *(librar de una obligación)* ablösen; REL erlösen; ~ **por el trabajo** *castigo* abarbeiten

redingote M Redingote *f*

rediós INT *fam* verdammt noch mal! *fam*

redistribución F Um-, Neuverteilung *f;* **redistribuir** VT ⟨3g⟩ um-, neuverteilen

rédito M ECON Kapitalertrag *m;* Rendite *f;* **~s** *mpl* Einkünfte *pl;* **dar** ~ Zinsen bringen

redituable, reditual ADJ Zins bringend einträglich

redituar VT & VI ⟨1e⟩ Zinsen bringen

redivivo A ADJ (wieder)auferstanden; leibhaftig B M der Leibhaftige, der Teufel

redoblado ADJ 1 *(duplicado)* (ver)doppelt 2 *fig persona* untersetzt; **redoblamiento** M Verdoppelung *f;* **redoblante** A M Marschtrommel *f,* Rührtrommel *f* B M/F Trommler *m,* -in *f;* **redoblar** A VT 1 *(duplicar)* verdoppeln 2 *punta del clavo* umbiegen 3 *(repetir)* wiederholen B VI 1 MÚS einen Wirbel schlagen 2 *(aumentar)* zunehmen, heftiger werden C **~se** 1 *(duplicarse)* sich verdoppeln 2 *(incrementarse)* zunehmen; **redoble** M 1 *(redoblamiento)* Verdoppelung *f* 2 MÚS (Trommel)Wirbel *m*

redolor M dumpfer Schmerz *m;* Nachschmerz *m*

redoma F Phiole *f*

redomado ADJ *fam* schlau; gerissen; *pillo* ausgemacht

redomón ADJ 1 *Am vacas, caballos, etc* halbwild 2 *Méx fig* ungeschliffen; *Chile tb* unerfahren, neu im Land

redonda F 1 Umkreis *m;* **a la** ~ rundherum; im Umkreis (**de** von *dat*); weit und breit 2 *p. ext (dehesa)* Weide *f* 3 MÚS ganze Note *f;* **redondeado** A ADJ 1 rund(lich) 2 ab-, aufgerundet B M TEC Abrundung *f;* Rundung *f;* **redondear** A VT abrunden *(tb* TEC *y fig)* B VR *fam fig* **~se** sich (finanziell) sanieren, sein Schäfchen ins Trockene bringen; **redondel** 1 M Kreis *m* 2 TAUR Arena *f* 3 ~ **de cuero** Sitzring *m;* Sitzkissen *n;* **redondela** F *Chile, Perú* Kreis *m;* **redondeo** M Ab-, Aufrunden *n;* **redondez** F Rundheit *f;* Rundung *f;* **redondilla** F 1 LIT *Strophe (4 Achtsilbler)* 2 TIPO **(letra)** ~ Rundschrift *f;* **redondillo** M 1 AGR *eine rundkörnige Weizenart* 2 *Ven (redondel)* Arena *f;* GASTR Roulade *f*

redondo A ADJ rund *(tb* MAT *número); (redondeado)* abgerundet *(tb fig); fig (perfecto)* vollkommen; *(claro)* klar, eindeutig; *negocio* glatt; TIPO **letra** *f* **-a** Grundschrift *f; fam* **negocio** *m* ~ gutes Geschäft; ~ **como una bola** kugelrund; **en** ~ in die *(o* in der) Runde, rundherum; *fig* rundweg; **caer(se)** ~ lang *(o* der Länge nach) hinschlagen *fam;* bewusstlos umfallen; *fam* **salir** ~ **(a alg)** (für j-n) rund laufen; **negarse en** ~ **a a/c** etw vollkommen ablehnen, sich einer Sache sperren; **se lo he dicho (en)** ~ ich hab's ihm rundheraus *(o* klipp und klar) gesagt B ADV rundweg C M 1 Rundung *f;* TEC ~**(s)** *m(pl)* **de acero** Rundstahl *m* 2 GASTR Frikandeau *m* 3 *vulg gleichzeitig aktiver und passiver Homosexueller*

redrojo M AGR Spätfrucht *f*

redropelo M **a(l)** ~ gegen den Strich

redruejo M → redrojo; *espec uva:* Spätling *m*

reducción F 1 *(disminución)* Reduzierung *f,* Verminderung *f,* Verringerung *f,* Abbau *m;* Verkleinerung *f; (acortamiento)* Kürzung *f (tb* MAT); *(restricción)* Einschränkung *f;* Reduzierung *f;* Abbau *m;* ~ **de aranceles** Abbau *m* von Zöllen; ~ **de costos** *o* **gastos** Kostensenkung *f,* -dämpfung *f;* ~ **de empleo** Stellenabbau *m;* ~ **de impuestos** Steuersenkung *f;* ~ **de la jornada laboral** Arbeitszeitverkürzung *f;* ~ **de personal** *o* **de plantilla** Personalabbau *m;* ~ **de la pobreza** Armutsbekämpfung *f;* ~ **de ruido** ECOL Lärmreduzierung *f* 2 *(rebaja)* Herabsetzung *f (tb* TEC, ELEC); Ermäßigung *f;* COM Nachlass *m,* Rabatt *m;* ~ **de precios** Preisnachlass *m* 3 *(empequeñecimiento)* Verkleinerung *f (tb* FOT); *forma:* Verjüngung *f* 4 MAT Umrechnung *f,* Umwandlung *f;* QUÍM Umwandlung *f,* Umsetzung *f;* Reduktion *f;* MAT ~ **de quebrados** Bruchkürzung *f;* Einrichten *n* von Brüchen; COM, MAT **tabla** *f* **de** ~ Umrechnungstabelle *f* 5 TEC Reduktion *f;* ~ **de carbono** *acero:* Frischen *n* 6 MED Einrenken *n; de una fractura:* Einrichtung *f* 7 *(atribución)* Zurückführung *f* (**a** auf *acus*)

reduccionismo M übermäßige Vereinfachung *f*

reducible ADJ *(disminuible)* reduzierbar, verringerbar; MAT zerlegbar; *(atribuible)* zurückführbar; **reducido** ADJ klein; gering; *precio* niedrig; **en** *o* **de tamaño** ~ *modelo, fotografía, etc* verkleinert; **cabeza** *f* **-a** Schrumpfkopf *m*

reducidor M, **reducidora** F *Am reg* Hehler *m,* -in *f*

reducir ⟨3o⟩ A VT 1 *(disminuir)* reduzieren *(tb t/t),* verringern, vermindern; *(recortar)* kürzen; *personal, etc* abbauen; *(triturar)* zerkleinern; *gastos* senken; *impuestos* herabsetzen; ~ **a ceniza(s)** zu Asche verbrennen; ~ **a polvo** zu Staub machen *(o* werden lassen); *fig* vernichten 2 *rebeldes, enemigos, estados* unter-, niederwerfen; *locos, delincuentes* überwältigen; ~ **a la miseria** ins Elend *(o* an den Bettelstab) bringen; ~ **al silencio** zum Schweigen bringen 3 *(rebajar)* herabsetzen, ermäßigen, reduzieren; AUTO ~ **la marcha** zurückschalten 4 *(empequeñar)* verkleinern; schmäler werden lassen; ~ **de escala** in kleinerem Maßstab wiedergeben 5 COM umrechnen (**a** in *acus*); umwandeln (**a** in *acus*) *(tb* MAT); MAT *ecuaciones, etc* kürzen; MAT *expresión:* zerlegen 6 umsetzen *(tb* QUÍM); QUÍM, METAL reduzieren; GASTR einkochen lassen; *minerales* läutern 7 ~ **a** zurückführen auf *(acus);* um-, verwandeln in *(acus);* FIN umrechnen in *(acus);* ~ **a dinero** zu Geld machen, in Geld umsetzen; ~ **al absurdo** ad absurdum führen 8 MED einrenken; *fractura* einrichten B VR **reducirse** 1 *(restringirse)* sich einschränken; sich beschränken (**a** auf *acus*) 2 *(encogerse)* sich zusammenziehen; *vestimenta* einlaufen 3 *(someterse)* sich fügen; sich (doch noch) bereit erklären (**a** zu *inf*)

reductible ADJ *espec t/t* → reducible; **reducto** M 1 MIL HIST Reduit *n;* Kernwerk *n; p. ext* schwer zu erobernder Platz *m;* ~ **natural** Naturfestung *f* 2 *fig* verstecktes Plätzchen *n*

reductor A ADJ *en todos los significados:* reduzierend B M 1 QUÍM, FARM **(agente** *m***)** ~ Reduktionsmittel *n* 2 FOT Abschwächer *m,* Verzögerer *m* 3 MED *aparato:* Einrenker *m* 4 ~ **de velocidad** TEC Untersetzungsgetriebe *n;* AUTO Holperschwelle *f*

redujo → reducir

redundancia F Überfluss *m;* LING, INFORM Redundanz *f;* **redundante** ADJ *(superfluo)* überflüssig; *(dilatado)* weitschweifig; *(entusiasmado)* überschwänglich, bombastisch; LING, INFORM redundant

redundar VI ~ **en** gereichen zu *(dat),* sich auswirken zu *(dat);* ~ **en beneficio de todos** für alle vorteilhaft sein

reduplicación F Verdoppelung *f;* LING Reduplikation *f*

reduplicar VT ⟨1g⟩ verdoppeln; LING reduplizieren; **reduplicativo** ADJ LING reduplizierend

reedición F TIPO Neuauflage *f*

reedificación F *(reconstrucción)* Wiederaufbau *m*; *reciente*: Neubau *m*; **reedificar** VT ⟨1g⟩ wieder aufbauen

reeditar VT TIPO *libro* neu herausgeben, neu auflegen; *fig tb* wiederholen

reeducación F 1 Umerziehung *f* (*tb* POL); *(readaptación profesional)* Umschulung *f* 2 MED *(fisioterapia)* Heilgymnastik *f*; Rehabilitation *f*; **reeducar** VT ⟨1g⟩ 1 umschulen; umerziehen (*tb* POL) 2 MED *miembros paralizados, etc* heilgymnastisch behandeln; rehabilitieren

reel [rril] M *Arg en la caña de pescar*: Spule *f*, Rolle *f*

reelaboración F Wiederverarbeitung *f*

reelección F Wiederwahl *f*; **reelegible** ADJ wieder wählbar; **reelegir** VT ⟨3c *y* 3l⟩ wieder wählen

reembarcar VT ⟨1g⟩ wiederverschiffen; rückverladen; **reembolsar** VT → rembolsar; **reembolso** → rembolso; **reemplazable** ADJ ersetzbar; **reemplazante** ADJ ersetzend; vertretend; Ersatz...; **reemplazar** VT ⟨1f⟩ ersetzen; vertreten; DEP auswechseln; **reemplazo** M Ersatz *m*; Austausch *m*; DEP Auswechselung; *Esp* MIL (neuer) Rekrutenjahrgang *m*; **reempleo** M Wiedereinstellung *f*

reencarnación F REL Reinkarnation *f*; **reencarnar** VI *y* VR **~se** reinkarnieren; einen neuen Leib annehmen

reencauchaje M *Am* AUTO *neumático*: Runderneuerung *f*; **reencauchar** VT *Am neumático* runderneuern; **reencauche** M *Col, Chile, Perú* → reencauchaje

reencontrar VT ⟨1m⟩ wieder finden, wieder treffen; **reencuadernar** VT *libro* neu einbinden; **reencuentro** M 1 *(choque)* Zusammenstoß *m*; MIL bewaffnete Auseinandersetzung *f*, Treffen *n* 2 *de amigos*: Wiederfinden *n*, -sehen *n*; neuerliche Zusammenkunft *f*; **reenganchar** A VT MIL wieder anwerben; *comida* nachfassen B VR **reengancharse** MIL sich *(freiwillig)* weiter verpflichten; *fam empleado* seinen Arbeitsvertrag verlängern; *fam fig* → regancharse; **reenganche** M MIL Wiederanwerbung *f*; **reensayar** VT erneut versuchen; TEAT erneut proben; neu einstudieren; **reensayo** M TEAT neue Probe *f*; **reenviar** VT ⟨1c⟩ weiterbefördern; **reenvidar** VT *en el juego de cartas, etc*: überbieten; **reenvío** M Weiterversand *m*; **reenvite** M *juego de cartas*: Überbieten *n*

reequilibrar VT wieder ins Gleichgewicht bringen

reestrenar VT TEAT wieder aufführen, neu aufführen; **reestreno** M TEAT Wieder-, Neuaufführung *f*

reestructuración F Neugestaltung *f*, Umstrukturierung *f*; **reestructurar** VT neu gestalten, umstrukturieren

reexaminar VT nochmals prüfen, überprüfen; **reexpedición** F Weiterbeförderung *f*; **reexpedir** VT ⟨3l⟩ weiterbefördern; nachsenden; *correos*: **¡reexpídase!** bitte nachsenden!; **reexportación** F Wiederausfuhr *f*; **reexportar** VT wieder ausführen

ref. ABR (referencia) Bezug *m*

refacción F 1 *(pequeña comida)* Imbiss *m* 2 *fam fig en la compra*: Zugabe *f* 3 *espec Am (compostura)* Ausbesserung *f*, Renovierung *f*, Restaurierung *f* 4 *Antillas, Méx de una finca*: Betriebskosten *pl* 5 *Méx (repuesto)* Ersatzteil *n*; Ersatzreifen *m*; **refaccionar** *Am* VT 1 *(dar crédito)* Kredit geben *(dat)*; finanziell unterstützen 2 *espec Am (arreglar)* reparieren, *(renovar)* renovieren, *(restaurar)* restaurieren; **refaccionario** ADJ JUR Aufbau...; Reparatur...; **crédito** *m* **~** Aufbau- (*o* Förderungs)kredit *m*

refajo M 1 *vestimenta*: kurzer, hinten aufgeschürzter Rock *m (Bauerntracht)* 2 *(enagua)* Unterrock *m* 3 *Col bebida*: *Getränk aus Bier und Limonade*

refección F 1 *(pequeña comida)* Imbiss *m* 2 *(compostura)* Ausbesserung *f*, Reparatur *f*; **refeccionario** ADJ JUR → refaccionario; **refectorio** M Refektorium *n*

referee [rɾɛfe'ri, 'rɾɛferi] M DEP Schiedsrichter *m*

referencia F 1 *(informe)* Bericht *m*, *(indicación)* Hinweis *m*; *(informe sobre alg)* Auskunft *f (über eine Person)*; *en el libro*: Verweis *m*; **~ bibliográfica** Literaturangabe *f*; COM **~s** *fpl* **bancarias** Bankverbindungen *fpl*; **hacer ~ a** erwähnen; **saber a/c por ~s** etw (nur) von andern wissen 2 *(relación)* Bezug *m*; **con ~ a** mit Bezug auf *(acus)*; **de ~** genannt, erwähnt; Berichts... 3 *(recomendación)* Empfehlung *f*; **~s** Referenzen *fpl*

referencial ADJ Bezugs...; **marco ~** Bezugsrahmen *m*

referendario M → refrendario; **referendo** M, **referéndum** M POL Volksabstimmung *f*, Referendum *n*; *sindicato*: Urabstimmung *f*; *espec Am* **~ revocatorio** Volksabstimmung *f* über die Amtsenthebung; **referente** ADJ bezüglich; **~ a** in Bezug auf *(acus)*, bezüglich *(gen)*; über *(acus)*

referí, réferi M DEP Schiedsrichter *m*

referir ⟨3i⟩ A VT *(relatar)* erzählen, berichten; *(mencionar)* erwähnen B VR **~se a a/c/a alg** sich auf etw/j-n beziehen; etw/j-n meinen; **por** *o* **en lo que se refiere a ...** was ... *(acus)* betrifft, bezüglich ... *(gen)*

refilón ADV **de ~** schräg; *fig* beiläufig, flüchtig; *adj* **bala** *f* **de ~** abgeprallte Kugel *f*

refinación F Verfeinerung *f*; *de materiales*: Veredelung *f*; *de materias metálicas*: Läuterung *f*; TEC Raffination *f* (*tb* QUÍM); **~ del azúcar** Zuckerraffination *f*; **refinado** A ADJ raffiniert (*tb fig*); *fig* hochfein; verfeinert; erlesen; *persona* feinsinnig; **azúcar** *m* **~** Kristallzucker *m*, Raffinade *f* B M Raffinieren *n*; **refinamiento** M *de azúcar*: Verfeinerung *f*; *(fineza)* Feinheit *f*; *fam (sofisticación)* Raffinesse *f*; Raffinement *n*

refinanciación F, **refinanciamiento** M ECON Refinanzierung *f*

refinanciar VT refinanzieren

refinar A VT 1 *(hacer más fino)* verfeinern; *(depurar)* läutern; *fig (perfeccionar)* (aufs Höchste) vollenden 2 TEC *azúcar, petróleo* raffinieren B VR **refinarse** sich verfeinern

refinería F TEC Raffinerie *f*; **~ de aluminio/de azúcar** Aluminium-/Zuckerraffinerie *f*; **refino** A ADJ sehr fein; hochfein B M 1 TEC *acción*: Raffination *f*; **~ de petróleo** Erdölvered(e)lung *f*; -verarbeitung *f* 2 TEC *producto*: Raffinade *f* 3 COM Kakao-, Zucker- und Schokoladenbörse *f*

refistolería F *fam* 1 *Cuba, Méx, P. Rico* Dünkel *m* 2 *Ven* Scharlatanerie *f*; Intrigantentum *n*; **refistolero** A ADJ *Cuba, Ven* affektiert, geziert B M, **-a** F 1 *Cuba, Méx, P. Rico* Fatzke *m fam*, eitle Person *f* 2 *Am Centr, Ven (charlatán)* Schwätzer *m*, -in *f*; *(persona astuta)* gerissene Person *f*

refitolería F affektiertes Gerede *n*; Manieriertheit *f*; **refitolero** ADJ *fam* affektiert

reflectante ADJ reflektierend; **reflectar** VT & VI FÍS → reflejar

reflector A ADJ reflektierend B M Reflektor *m*, Scheinwerfer *m*; ELEC **~ de antena** Antennenreflektor *m*; **~ frontal** Stirnreflektor *m (der Ärzte)*; **~ parabólico** Parabolspiegel *m*

reflejar A VT & VI zurückstrahlen; reflektieren; (wider)spiegeln (*tb fig*) B VR **reflejarse** sich widerspiegeln

reflejo A ADJ überlegt, bedacht; LING reflexiv; FÍS Reflex...; FISIOL reflektorisch, Reflex...; **acto** *m* **~** Reflexhandlung *f*; **movimiento** *m* **~** Reflexbewegung *f* B M 1 *(vislumbre)* Abglanz *m*, (Wider)Schein *m (espejismo)* Spiegelung *f*; **~ de luz** Lichtschein *m*; Lichtreflex *m*; **ser un pálido ~ de a/c** ein schwacher Abglanz von etw sein 2 FÍS, FISIOL Reflex *m*; FISIOL **~ condicionado** bedingter Reflex *m*; MED **~ cutáneo/pupilar** Haut-/Pupillenreflex *m*; **tener buenos ~s** gute Reflexe haben; schnell reagieren

reflexión F 1 FÍS Reflexion *f*, Rück-, Zurückstrahlung *f*; *(espejismo)* Spiegelung *f*; Spiegelbild *n*; **~ de la luz** Lichtreflexion *f*; **sin -ones** reflexions- (*o* rückstrahlungs-)frei 2 *(razonamiento)* Überlegung *f*, Nachdenken *n*; Reflexion *f*; **sin ~** unbedacht, unüberlegt; **hacer -ones** Erwägungen anstellen; *tb j-m* zureden

reflexionar VT & VI überlegen, nachdenken; erwägen; **~ antes de obrar** erst denken, dann handeln; **reflexivo** ADJ 1 nachdenklich; überlegt 2 GRAM reflexiv, rückbezüglich

reflexología F Reflexologie *f*; **~ podal** Fußreflexzonenmassage *f*; **reflexoterapia** F Reflexzonentherapie *f*; **~ podal** Fußreflexzonentherapie *f*

reflorecer VI ⟨2d⟩ BOT wiederholt blühen; wieder aufblühen

reflotar VT MAR wieder flottmachen; *fig* COM **~ una empresa** eine Firma wieder flottmachen

refluir VI ⟨3g⟩ zurückfließen; **reflujo** M Rückfluss *m*, -strom *m*; *(bajamar)* Ebbe *f*

refocilar A VT ergötzen B VI Geschlechtsverkehr haben C VR **refocilarse** sich weiden (**con** an *dat*); sich gütlich tun (**con** an *dat*)

reforestación F Wiederaufforstung *f*; **reforestar** VT wieder aufforsten

reforma F 1 Reform *f*; *(transformación)* Umgestaltung *f*, Umarbeitung *f*; *(renovación)* Erneuerung *f*; **~ agraria** Agrar-, Bodenreform *f*; **~ educativa** Schulreform *f*; **~ monetaria** Währungsreform *f*; **~ ortográfica** Rechtschreibreform *f*; **~ tributaria** Steuerreform *f* 2 ARQUIT **~s** *fpl* Umbau *m*; **hacer ~s** umbauen; renovieren 3 REL **Reforma** Reformation *f*

reformable ADJ 1 *(que se puede reformar)* verbesserungsfähig; TEC *tb* umformungsfähig 2 *(digno de reforma)* reformbedürftig; **reformación** F Umgestaltung *f*; **reformado** ADJ 1 REL reformiert 2 MIL HIST *oficial* abgedankt; **reformador** A ADJ reformerisch B M, **reformadora** F *espec* REL Reformator *m*, -in *f*; *gener* Erneuerer *m*, Erneuerin *f*, Reformer *m*, -in *f*; *frec irón* **~es** Weltverbesserer *mpl*

reformar A VT umgestalten, umarbeiten; reformieren (*tb* REL); ARQUIT *tb* umbauen; TEC *tb* ab-, umändern; *(mejorar)* verbessern B VR **reformarse** 1 umgestaltet werden; anders werden 2 *fig* sich bessern; in sich *(acus)* gehen; **reformativo** ADJ → reformatorio A 1; **reformatorio** A ADJ 1 umgestaltend, neu gestaltend 2 reformatorisch; reformerisch B M Besserungsanstalt *f*; **reformismo** M 1 Reformbewegung *f* 2 POL Reformpolitik *f*; **reformista** A ADJ Reform..., Erneuerungs... B M/F Reformer *m*, -in *f*, Erneuerer *m*, Erneuerin *f*

reforzado A ADJ verstärkt B M Verstärkung *f*, Verstärkungsband *n*; **reforzador** M FOT Verstärker *m*; **reforzamiento** M Verstärkung *f*; TEC *(endurecimiento)* Versteifung *f*; *(jabalcón)* Verstrebung *f*

reforzar ⟨1f *y* 1m⟩ A VT 1 verstärken (*tb* TEC); **~ con puntales** verstreben 2 *fig* bestärken, ermutigen B VR **reforzarse** sich verstärken, stärker werden; *fig* Mut fassen

refracción F FÍS Brechung *f*, Refraktion *f*;

refractado M ÓPT (Strahlen)Brechung *f*; **refractar** VT FÍS brechen; **refractario** ADJ 1 *(renitente)* widerspenstig, widerstrebend; *(reservado)* abweisend, spröde; *fig* **ser ~ a ...** *(adversario)* ein Gegner ... *(gen)* sein; *(sin aptitud)* nicht begabt sein für ... *(acus)* 2 MED refraktär 3 *(resistente al fuego)* feuerfest; **ladrillo** *m* **~** feuerfester Ziegel *m*; **tierra** *f* **-a** Schamott(e)erde *f*; **refractivo** ADJ ÓPT strahlenbrechend; **refractor** M FÍS Refraktor *m*

refrán M Sprichwort *n*; **refranero** M Sprichwörtersammlung *f*

refrangible ADJ ÓPT brechbar

refregar VT ⟨1h *y* 1k⟩ scheuern, reiben; abreiben; *fig* **~ (por las narices)** *fam* unter die Nase reiben *fam*; **refregón** M *fam* 1 (Ab)Reiben *n*; (Ab)Reibung *f*; Spur *f* des Reibens; *fig* Rüffel *m fam* 2 MAR Bö(e) *f*

refrenado ADJ *impulso, emoción* gebremst; gezügelt; verhalten; **refrenador** M MED **~ del apetito** Appetitzügler *m*; **refrenamiento** M Zügeln *n (tb fig)*; *fig* Bändigung *f*, Zähmung *f*

refrenar A VT *caballo* zügeln *(tb fig)*; *velocidad* abbremsen *(tb fig)*; *fig (contener)* zähmen B VR **refrenarse** sich im Zaum halten

refrenda F *Ec*, **refrendación** F → refrendo; **refrendar** VT ADMIN, JUR gegenzeichnen; abzeichnen; *pasaporte* beglaubigen (*o* visieren); **refrendario** M, **refrendaria** F Gegenzeichner *m*, -in *f*; Beglaubiger *m*, -in *f*; **refrendo** M ADMIN, JUR Gegenzeichnung *f*

refrescamiento M Erfrischung *f*; INFORM Aktualisierung *f*; **refrescante** ADJ erfrischend *(tb fig)*

refrescar ⟨1g⟩ A VT *a una persona*: erfrischen; *a una cosa*: abkühlen; *(reavivar)* auffrischen *(tb fig)*; *fig (renovar)* erneuern; INFORM aktualisieren; **te voy a ~ la memoria** ich werde deinem Gedächtnis nachhelfen B VI *tiempo* (sich) abkühlen, kühl werden; *viento* auffrischen; *fig* neue Kraft gewinnen C VR **refrescarse** sich erfrischen; sich abkühlen; *(tomar aire fresco)* frische Luft schnappen

refresco M 1 *(enfriamiento)* Erfrischung *f*; Abkühlung *f* 2 *(bebida fría)* Erfrischung *f*, erfrischendes Getränk *n*; *(alimento moderado)* kleiner Imbiss *m*, Snack *m* 3 **de ~** neu (hinzutretend), Ablösungs..., Verstärkungs...; MIL *tb* Ersatz...;

refresquería F *Am Cent, Méx* Erfrischungshalle *f*

refriega F MIL Treffen *n*, Plänkelei *f*; *fam* Streit *m*

refrigeración F (Ab)Kühlung *f (tb* TEC*)*; **~ por (corriente de) aire** Luftkühlung *f*; **agua** *f* **de ~** Kühlwasser *n*

refrigerado ADJ TEC gekühlt; **~ por aire** luftgekühlt; **refrigerador** M *en la cocina*: Kühlschrank *m*; *establecimiento*: Kühlanlage *f*; TEC Kühler *m*; **~ de absorción/de compresor** Absorber-/Kompressorkühlschrank *m*; **refrigeradora** F *espec Am* elektrischer Kühlschrank *m*

refrigerante A ADJ kühlend; Kühl...; **mueble** *m* **~** Kühltruhe *f* B M 1 QUÍM Kühlmittel *n*; FARM kühlendes Mittel *n* 2 TEC → refrigerador; **refrigerar** VT (ab)kühlen; erkalten lassen; **refrigerio** M 1 *(fresco)* Kühlung *f*, *(alivio)* Linderung *f (tb fig)* 2 *(alimento moderado)* Erfrischung *f*, Imbiss *m*

refringencia F ÓPT Lichtbrechung(svermögen *n*) *f*; **refringente** ADJ ÓPT brechend

refrito M 1 GASTR *dicke Soße aus in Öl geschmorten Tomaten, Zwiebeln etc* 2 LIT *y fig* Aufguss *m*, Abklatsch *m (desp)*

refucilao M *Arg, Ur* METEO Blitz *m*; **refucilar** VI *Arg, Ur* METEO blitzen

refuerzo M 1 Verstärkung *f (tb* TEC, FOT*)*; TEC Versteifung *f*; Verstrebung *f* 2 *fig (ayuda)* Verstärkung *f (tb* MIL*)*, Hilfe *f*; *espec* MIL Nachschub *m*

refugiado M, **refugiada** F Flüchtling *m*; **~ económico** Wirtschaftsflüchtling *m*; **refugiarse** VR ⟨1b⟩ *(huir)* sich flüchten; fliehen (nach *dat* en); *(ampararse)* Schutz (*o* Zuflucht) suchen; *(resguardarse)* sich unterstellen; **~ en el bosque** im Wald Zuflucht suchen (*o* finden)

refugio M 1 *(amparo)* Zuflucht *f*; *(protección)* Schutz *m*; *(asilo)* Asyl *n*; **puerto** *m* **de ~** Nothafen *m*; **buscar ~** Schutz suchen 2 *lugar*: Schutzraum *m*; *(cobijo)* Unterstand *m*; *(fortín)* Bunker *m*; **~ antiaéreo** Luftschutzraum *m*, -keller *m*, -bunker *m*; **~ (anti)atómico** *o* **antinuclear** Atombunker *m* 3 **~ (alpino** *o* **de montaña)** Berg-, Schutzhütte *f*; *(albergue en las montañas)* Berggasthof *m* 4 *transporte: del tranvía, etc*: Wartehäuschen *n*; *en el medio de la calle*: Verkehrsinsel *f*

refulgencia F Glanz *m*; Schimmer *m*; **refulgente** ADJ glänzend, schimmernd; **refulgir** VI ⟨3c⟩ glänzen, schimmern; *más fuerte*: leuchten, strahlen

refundición F 1 TEC Umschmelzen *n*; Umgießen *n*; Einschmelzen *n* 2 *fig composición, discurso*: Umarbeitung *f*; *libro*: Neubearbeitung *f*; **refundidor** M, **refundidora** F *fig* Bearbeiter *m*, -in *f*

refundir A VT 1 TEC umschmelzen; umgießen 2 *fig libro, etc* umarbeiten; neu bearbeiten 3 *Am (extraviar)* verlegen, verlieren B VR **refundirse** *Am cosa* abhandenkommen; *Am reg persona* sich verirren

refunfuñador → refunfuñón; **refunfuñar** VI brummen, murren; motzen *fam*; **refunfuño** M Brummen *n*, Gebrumme *n*; Gemurmel *n*; Murren *n*; **refunfuñón** A ADJ *fam* brummend; brummig; mürrisch B M (alter) Brummbär *m fam*

refutable ADJ widerlegbar; **refutación** F Widerlegung *f*; **refutar** VT widerlegen

regadera F 1 Gießkanne *f*; **~ automóvil** Sprengwagen *m*; **~ mecánica del césped** Rasensprenger *m*; *fig* **estar como una ~** *fam* verrückt, plemplem sein 2 *Méx (ducha)* Dusche *f* 3 AGR *(reguera)* Berieselungs-, Bewässerungsgraben *m*; Gerinne *n*

regaderazo M *Méx* Dusche *f*; **regadío** AGR A ADJ bewässerbar; bewässert B M Bewässerung *f*; **(terreno** *m* *o* **tierra** *f* **[de]) ~** Bewässerungsland *n*; **regadizo** ADJ bewässerbar; **regado** ADJ *Cuba fam* liederlich, verschlampt; **regador** M AGR Regner *m*, Berieseler *m*; **regajo** M *(charco)* Lache *f*, Pfütze *f*; *(arroyuelo)* Rinnsal *n*

regala F MAR Schandeckel *m*; Dollbord *n (eines Bootes)*

regalada F (königlicher) Marstall *m*

regalado ADJ 1 geschenkt *(tb fam fig)*; **a precio ~** spottbillig 2 *(deleitoso)* köstlich, herrlich 3 *(agradable)* behaglich, bequem; **encontrarse a su ~ gusto** sich wohlfühlen 4 *(mimado)* verwöhnt

regalar A VT 1 *(obsequiar)* schenken; beschenken (mit *dat* con); *(agasajar)* bewirten 2 *(deleitar)* ergötzen; *(halagar)* schmeicheln *(dat)* B VR **regalarse** *(gozarla)* schwelgen; *comilona*: schmausen; **~ el oído** *o* **los oídos** ein Ohrenschmaus sein; **~ con a/c** sich *(dat)* etw leisten

regalía F 1 HIST (königliches) Hoheitsrecht *n*, Regal *n* 2 *fam fig* Nebeneinnahme *f*; MÚS, LIT Tantieme *f* 3 *Arg, Chile* Muff *m*; *fam fig tb* Kleinigkeit *f* 4 *Ven fam fig* Pracht *f*; **¡qué ~ de mujer!** was für eine wunderschöne Frau!

regaliz M, **regaliza** F 1 BOT Süßholz *n* 2 Lakritze *f*

regalo M 1 Geschenk *n*; **~ de boda** Hochzeitsgeschenk *n*; **~ de cumpleaños** Geburtstagsgeschenk *n*; **~ publicitario** Werbegeschenk *n*; **un ~ caído del cielo** ein Geschenk des Himmels 2 *(vida holgada)* Wohlleben *n*; *(comodidad, bienestar)* Behaglichkeit *f* 3 *(banquete)* Festessen *n*, -schmaus *m*; *fig (manjar)* Leckerbissen *m*; *(diversión)* Vergnügen *n*; *fig* **es un ~** es ist eine wahre Freude; es ist (einfach) herrlich; *fam fig* das ist fast geschenkt; *fig* **es un ~ para los ojos** *o* **para la vista/para los oídos** es ist eine Augenweide/ein Ohrenschmaus

regalón ADJ *fam Arg, Chile* verhätschelt, verwöhnt; **regalonear** VT *Arg, Chile niño* verwöhnen, verhätscheln

regancharse VR MIL *fam* nachfassen *(bei der Essensausgabe)*; **reganche** M Nachschlag *m*

regante M AGR Mitglied *n* einer Bewässerungsgenossenschaft

regañadientes ADV **a ~** zähneknirschend, widerwillig; **regañado** ADJ 1 *perro* knurrend, mit gefletschten Zähnen; *fam fig* zerstritten, verzankt 2 *fam boca, ojo* nicht ganz schließend;

regañar A VI 1 *perro* knurren und die Zähne fletschen 2 *pan, castañas* aufspringen 3 *fam fig (reñir)* zanken, sich (zer)streiten; *(rezongar)* murren, nörgeln B VT *fam* (aus)schelten; **regañir** VI ⟨3h *y* 3l⟩ *perros, etc* dauernd heulen (*o* winseln); **regañiza** F *Am reg fam* Rüffel *m fam*; **regaño** M böses Gesicht *n*; *p. ext fam (reprensión)* Rüffel *m fam*; **~s** *mpl* Geschimpfe *n*; **regañón** A ADJ mürrisch, bärbeißig B M, **-ona** F Griesgram *m*, griesgrämige Person *f*

regar VT ⟨1h *y* 1k⟩ 1 *(esparcir agua)* (be)wässern; (be)gießen; *campos* berieseln; *calle* sprengen; *ropa* einsprengen 2 *fig (espolvorear)* aus-, bestreuen, *tb* aussäen; *espec Am líquido* verschütten 3 *fam fig (beber con la comida)* zum Essen trinken, begießen *(fam fig)* 4 *pop fig (llorar por algo)* bitter beweinen 5 *vulg fig (joder)* vögeln *pop*

regata F 1 DEP, MAR Regatta *f*; **~ a vela/de remos** Segel-/Ruderregatta *f* 2 *(reguera)* (Abfluss)Rinne *f*

regate M 1 rasches Ausweichen *n*; CAZA Haken *m* 2 *fig* Ausflucht *f*; Absprung *m*, Kneifen *n (fig)*

regatear[1] A VT & VI *por el precio*: feilschen, schachern (um *acus*); *(vender barato)* verhökern; *fig* **~ a/c** mit etw *(dat)* geizen; **~ las palabras** wortkarg sein; **no ~ esfuerzo(s)** keine Anstrengung scheuen; **~ a/c a alg** j-m etw absprechen B VI schnell ausweichen; DEP dribbeln

regatear[2] VI DEP, MAR an einer Regatta teilnehmen

regateo M 1 *(discusión sobre el precio)* Feilschen *n*, Schachern *n* (um *acus* sobre) 2 *(movimientos de elusión)* Ausweichbewegungen *fpl* 3 DEP Dribbeln *n*

regatista M/F DEP, MAR Regattateilnehmer *m*, -in *f*

regato M Rinnsal *n*, Bächlein *n*; *en un arroyo*: tiefe Stelle *f*

regatón[1] M (Stock-, Lanzen)Zwinge *f*; Ortband *n*

regatón[2] M, **regatona** F *(mercader[a])* Krämer *m*, -in *f*; *(que regatea mucho)* Schacherer *m*, Schacherin *f*

regatón[3] M *Ven* (Getränke-)Rest *m*

regazo M Schoß *m (tb fig)*; **acoger en su ~ a alg** j-n schützen, j-n bergen; **tener en el ~** *(ein Kind)* auf dem Schoß haben

regencia F Regentschaft *f*

regeneración F *(renovación)* Erneuerung *f*; *(restauración)* Wiederherstellung *f*; *(renacimiento)* Wiedergeburt *f*; *espec* BIOL, FÍS, QUÍM Regeneration *f*; TEC Regenerierung *f*; ELEC *tb* Rückkopplung *f*; **regenerado** M Regenerierung *f*; **regenerador** A ADJ regenerierend B M regenerierender Faktor *m*; TEC Regenerator *m*; **~es** *mpl* Regeneriermittel *npl*

regenerar A V/T *en todos los significados*: regenerieren; (*renovar*) erneuern; (*refrescar*) auffrischen; (*restaurar*) wiederherstellen B V/R **regenerarse** BIOL, MED nachwachsen, sich regenerieren; sich erneuern (*tb fig*); QUÍM, TEC regeneriert (*o* aufgefrischt) werden; *fig*, REL wiedergeboren werden; **regenerativo** ADJ regenerativ (*tb* QUÍM)

regenta F HIST Frau *f* des Regenten; Regentin *f*; **regentadora** F *Méx* Bordellchefin *f*, Puffmutter *f fam*; **regentar** V/T & V/I 1 *tienda, internado, bar, etc* führen, leiten; *cargo* verwalten; *cargo honorífico, rectorado* innehaben; *institución* vorstehen 2 *fam fig* (*mandonear*) das Wort führen; herumkommandieren *fam*; **regente** A M/F Leiter *m*, -in *f*; HIST Regent *m*, -in *f* B M 1 CAT Regens *m eines Priesterseminars* 2 FARM Provisor *m* 3 TIPO Faktor *m* 4 **~ de albergue (juvenil)** (Jugend)Herbergsvater *m* 5 *Méx* Essensreste *mpl*

reggae M MÚS Reggae *m*; **reggaeton, reguetón** [rreɣe'tɔn] M MÚS Reggaeton *m*

regicida M/F Königsmörder *m*, -in *f*; **regicidio** M Königsmord *m*

regidor A ADJ leitend; (*gobernante*) regierend B M, **regidora** F 1 HIST Vogt *m*, Vögtin *f* 2 (*concejal*) HIST Ratsherr *m*, -in *f*; Gemeinderat *m*, -rätin *f* 3 JUR Schöffe *m*, Schöffin *f* 4 TEAT Inspizient *m*, -in *f*; **regidoría** F, **regiduría** F Stadtverordnetenamt *n*

régimen M ‹*pl* regímenes› 1 POL Regierungsform *f*, -system *n*; Staatsform *f*; (*dominio*) Herrschaft *f* (*tb fig*); *desp* Regime *n*; **~ eclesiástico** Kirchenregiment *n*; **~ feudal** Feudalsystem *n*, Lehnswesen *n*; **~ policíaco** Polizeiregime *n*; *p. ext* Polizeistaat *m*; **~ presidencial** Präsidialdemokratie *f*, -system *n* 2 (*conjunto de normas*) System *n*; (*orden*) Ordnung *f*, (*reglamentación*) Regelung *f*; (*ámbito*) Bereich *m*; *en palabras compuestas tb* ...wesen *n*; JUR **~ abierto** offener Strafvollzug *m*, Freigang *m*; JUR **preso** *m* **en ~ abierto** Freigänger *m*; **~ arancelario de aduanas** Zolltarifordnung *f*; JUR **~ de bienes matrimoniales** Ehegüterrecht *n*; ADMIN **~ de (intervención de) divisas** Devisenbewirtschaftung *f*, -kontrolle *f*; **~ escolar** Schulwesen *n*; **~ fiscal** Steuerwesen *n*; *Esp* POL **~ lingüístico** Regelung *f* der Sprachenfrage; **~ patrimonial del matrimonio** ehelicher Güterstand *m* 3 *nutrición*: Kost *f*, Diät *f*; Schonkost *f*; **~ alimenticio** *o* **dietético** Kostform *f*, Diät *f*; **~ crudo** Rohkost *f*; **~ disociado** Trenndiät *f*; **~ de fruta** Obstkur *f*; **estar a** *o* **guardar ~** Diät halten, auf Diät sein; **poner a ~ a alg** j-n auf Diät setzen, j-m Diät vorschreiben 4 (*situación*) Stand *m*; (*estado*) Zustand *m*; (*relaciones*) Verhältnisse *npl*; (*modo de vida*) Lebensweise *f*; **~ de trabajo** Arbeitsstand *m*; (*grado de ocupación*) Beschäftigungsgrad *m* 5 TEC *de una máquina*: Funktionsweise *f*; (*alcance de capacidad*) Leistungsbereich *m*; (*funcionamiento*) Betrieb *m*, Gang *m*, Lauf *m*; TEC **~ de carga/de servicio** Belastungs-/Betriebszustand *m*; **~ (de revoluciones)** Drehzahl *f* 6 GEOL Bewegung(sweise) *f*; Strömung(sweise) *f* 7 GRAM Rektion *f*; verlangte Präposition *f*; verlangter Kasus *m*; *p. ext tb* Ergänzung *f*, Objekt *n* 8 *de plátanos, dátiles*: Büschel *n*

regimentar V/T ‹1k› MIL in ein Regiment eingliedern; **regimiento** M MIL Regiment *n*

regio ADJ königlich (*tb fig*); *fig* prächtig, herrlich; *Am fam* prima *fam*, super *fam*

región F 1 (*paisaje*) Gegend *f*, Landschaft *f*, Landstrich *m*; Region *f* 2 (*zona*) Gebiet *n*, Region *f*; *Chile* ADMIN Amtsbezirk *m*; **de la ~** aus der Region, hiesig; MIL **~ aérea** Luftwaffenwehrbereich *m*; ASTRON **~ celeste** Himmelsgegend *f*; ANAT **~ lumbar/renal** Lenden-/Nierengegend *f*; MIL **~ militar** Heereswehrbereich *m*

regional ADJ landschaftlich, Landes..., Volks...; regional, Regional...; MED regionär; **teatro** *m* **~** Heimattheater *n*, -spiele *npl*

regionalismo M 1 POL, LING Regionalismus *m* 2 LIT Heimatkunst *f*; **regionalista** A ADJ POL regionalistisch; *gener* regional, Heimat...; LIT **novela** *f* **~** Heimatroman *m* B M/F 1 POL Regionalist *m*, -in *f* 2 LIT Heimatschriftsteller *m*, -in *f*

regionalización F Regionalisierung *f*; **regionalizar** V/T regionalisieren

regir ‹3l *y* 3c› A V/T (*gobernar*) regieren (*tb* LING); (*dirigir*) leiten; (*reglamentar*) regeln B V/I (*tener validez*) gelten, Gültigkeit haben; **en el año que rige** im laufenden Jahr C V/R **regirse** sich richten (**por** nach *dat*)

regiro M COM 1 (*letra de resaca*) Rückwechsel *m* 2 (*libramiento de letras cruzadas*) Wechselreiterei *f*

registrado A ADJ 1 eingetragen (*tb* JUR *marca*) 2 *Méx, Perú correos*: eingeschrieben B M Registrierung *f*; **registrador** A ADJ registrierend, Registrier...; **caja** *f* **~a** Registrierkasse *f* B M, **registradora** F Registerbeamte *m*, -beamtin *f* C M TEC Registriergerät *n*, Schreiber *m*; **~ (electro)fonográfico** (elektrischer) Schallaufzeichner *m*; **registraduría** F *Col* ADMIN Personalausweisstelle *f*

registrar A V/T 1 (*empadronar*) auf-, verzeichnen; (*anotar*) eintragen; (*inscribir*) registrieren; *imágenes, tono* aufnehmen 2 (*examinar*) durchsuchen (*tb policial etc*); *fam* **a mí que me registren** ich habe damit nichts zu tun 3 *Méx correos*: einschreiben 4 *Méx* AVIA *equipaje* aufgeben B V/R **registrarse** 1 (*empadronarse*) sich eintragen, sich einschreiben 2 (*presentarse*) zu verzeichnen sein, da sein

registro M 1 (*padrón*) Verzeichnis *n*, Register *n*; **~ de asociaciones/mercantil** Vereins-/Handelsregister *n*; INFORM **~ de datos** Datensatz *m*; **~ de la propiedad (inmobiliaria)** Grundbuch *n*; **~ de la propiedad industrial** *o* **de patentes** Patentregister *n*, -rolle *f* 2 (*anotación*) Eintragung *f*, Registrierung *f* 3 (**oficina** *f* **de**) **~** Registratur *f*; **~ civil** Standesamt *n* 4 (*protocolo*) Aufnahme *f von Vorgängen*, Protokoll *n* 5 RADIO, TV Aufzeichnung *f*, Aufnahme *f*; **~ en cinta magnética** Magnetbandaufzeichnung *f* 6 (*marcador*) Lesezeichen *n* 7 MÚS, TIPO Register *n*; *fam fig* **salir por otro ~** andere Saiten aufziehen; **tocar** *o* **echar todos los ~s** MÚS alle Register ziehen (*tb fam fig*); *fig* alle Hebel in Bewegung setzen 8 LING Stilebene *f*, Register *n* 9 TEC *reloj*: Gangregler *m*; (*compuerta*) Klappe *f*, Schieber *m*; *canalización*: Einstiegöffnung *f* 10 JUR Durchsuchung *f*; **~ domiciliario** Haussuchung *f* 11 *Arg, Bol* (*mayorista*) Großhandlung *f* (*in Textilien*) 12 *jerga del hampa* Spezialität *f* eines Berufsverbrechers

regla F 1 (*principio*) Regel *f*; (*norma*) Norm *f*, Vorschrift *f*; (*base*) Grundsatz *m*, Prinzip *n*; (*orden*) Ordnung *f*; MAT **las cuatro ~s** die vier Grundrechenarten *fpl*; JUR **~ jurídica** Rechtsnorm *f*; *tb fig* **~s** *pl* **del juego** Spielregeln *fpl*; MAT **~ de porcentaje** Prozentrechnen *n*; **~ práctica** *o* **empírica** Faustregel *f*; MAT **~ de tres** Dreisatz *m*, -rechnung *f*; **conforme a la ~** ordnungsgemäß; **contrario a la(s) ~(s)** regelwidrig; **en (toda) ~** in Ordnung; vorschriftsmäßig; regelrecht; **por ~ general** gemeinhin, im Allgemeinen; **salir(se) de (la) ~** sich regelwidrig verhalten; zu weit gehen 2 MED *fam* **~s** *fpl* Regel *f*, Menstruation *f*; **le viene la ~** sie bekommt ihre Regel 3 *instrumento de medición*: Lineal *n*; TIPO *tb* Leiste *f*; TIPO **~ de cabecera** Kopfleiste *f*; **~ de cálculo** Rechenschieber *m*, -stab *m*; **falsa ~** Linienblatt *n*; **~ de T** Reißschiene *f*

reglaje M TEC Regelung *f*; Einstellung *f*; MIL **~ del tiro** Einschießen *n*

reglamentación F Regelung *f*; Ordnung *f*; **reglamentar** V/T regeln; (durch Vorschriften) ordnen; **reglamentario** ADJ vorschriftsmäßig, ordnungsgemäß

reglamento M Vorschrift *f*; JUR Verordnung *f*; ADMIN Dienstanweisung *f*; (Haus-, Betriebs)-Ordnung *f*; JUR, ADMIN **~ (de régimen) interior** Geschäftsordnung *f*; MIN **~ de policía minera** bergbehördliche Bestimmungen *fpl*; **~ de tráfico** (*o Am* **de tránsito**) Verkehrsordnung *f*

reglar V/T 1 (*ordenar*) regeln, ordnen 2 *con la regla*: lini(i)eren

regleta F 1 kleines Lineal *n*; TIPO Reglette *f* 2 ELEC, TEL, Leiste *f*, Schiene *f*; Lüsterklemme *f*; **~ de bornes** Klemmleiste *m*; **regletear** V/T TIPO durchschießen, spationieren

reglón M großes (Stahl)Lineal *n*; TEC Wange *f*; ARQUIT Ziehlatte *f*

regocijado ADJ (*alegrado*) erfreut; (*contento*) froh, lustig, fröhlich; **regocijar** A V/T Spaß (*o* Freude) machen (*dat*), erfreuen B V/R **regocijarse** sich freuen (**por** über *acus*); Freude (*o* Spaß) haben (**con** an *dat*); **regocijo** M Freude *f*; (*júbilo*) Jubel *m*; (*alegría*) Fröhlichkeit *f*; (*placer*) Vergnügen *n*

regodear V/T *Chile* → escatimar

regodearse V/R *fam* 1 (*deleitarse*) sich erfreuen, sich ergötzen (**con, en** an *dat*); *desp* sich weiden (**con** an *dat*) 2 (*bromear*) Spaß treiben, spaßen 3 *Am* sehr heikel (*o* wählerisch) sein; **regodeo** M *fam* 1 Vergnügen *n*; Behagen *n*; *desp* Schadenfreude *f*; *adv* **con ~** mit (*frec* boshaftem) Vergnügen 2 (*diversión, fiesta*) (ausgelassenes) Fest *n*

regodeón *Col, Chile*, **regodiento** ADJ (*exigente*) verwöhnt; (*delicado*) heikel, wählerisch; (*difícil de contentar*) schwer zufriedenzustellen(d)

regoldana F BOT (**castaña** *f*) **~** Rosskastanie *f*

regoldar V/I ‹1n› *pop* rülpsen *fam*

regoldo M BOT Rosskastanienbaum *m*

regoldón ADJ *pop* rülpsend *fam*

regolfar A V/I zurückfließen B V/R **regolfarse** *agua* sich stauen; *viento* abgelenkt werden; **regolfo** M 1 (*estancamiento*) Stauung *f* 2 (*pequeña bahía*) kleine Bucht *f*

regordete ADJ *fam persona* rundlich, untersetzt, pummelig *fam*

regrabable ADJ *CD, DVD* wieder beschreibbar

regresar A V/I 1 (*retornar*) zurückkehren 2 REL (*volver*) wieder in den Genuss (*einer Pfründe etc*) kommen 3 *Am* (*devolver*) zurückgeben B V/R **regresarse** *espec Am pop* zurückkehren; **regresión** F Rückgang *m*, Regression *f*; LING Rückbildung *f*; **regresivo** ADJ rückläufig; regressiv; Rück...

regreso M 1 Rückkehr *f*; (**viaje** *m* **de**) **~** Rückreise *f*; **de ~** bei (*o* nach) der Rückkehr; **~ de vacaciones** Rückkehr *f* aus dem Urlaub 2 *espec colegio*, UNIV Ferienende *n* 3 DEP, MÚS, FILM *etc* Comeback *n*

regüeldo M *pop* Rülpser *m fam*

reguera F Bewässerungsgraben *m*

reguero M 1 Rinne *f*; Rinnsal *n*; *del líquido derramado*: Spur *f*; *fig* **los ~s de sangre** das vergossene Blut; *fig* **propagarse** *o* **extenderse como un ~ de pólvora** sich wie ein Lauffeuer verbreiten 2 *reg* → reguera 3 *Col, Cuba* (*desorden*) Unordnung *f*, Durcheinander *n*; **dejar**

R

un ~ tras de sí ein wüstes Durcheinander hinterlassen
régula F ARQUIT Tropfenplatte *f*
regulable ADJ ein-, verstellbar, regulierbar; regelbar; **~ en altura** höhenverstellbar
regulación F Regulierung *f* (*tb* TEC), Einstellung *f*; Regelung *f*; ECON **~ del cambio** Kursregulierung *f*; *Esp* **~ de empleo** Stellenabbau *m*; **~ del tráfico** Verkehrsregelung *f*; **de ~ automática** selbstregulierend; **técnica** *f* **de ~ (automática)** Regeltechnik *f*
regulado ADJ (*sujeto a reglamentos*) geregelt; (*correcto*) richtig, vorschriftsmäßig; TEC gesteuert; **regulador** **A** ADJ regulierend; TEC *tb* Regel… **B** M **1** MÚS dynamisches Zeichen *n* **2** TEC, ELEC, *etc* Regler *m*; **~ de aire** Windkessel *m*
regular **A** VT **1** (*poner orden*) regeln, ordnen **2** TEC, *etc* (*ajustar*) einstellen; regulieren; regeln; **~ con precisión** fein einstellen **B** ADJ **1** *forma* regelmäßig (*tb* GRAM, MAT); (*ordenado*) geordnet; FERR fahrplanmäßig **2** (*habitual*) gewöhnlich; (*conforme a la regla*) regulär, normal; *fig* (*mediocre*) (mittel)mäßig; **por lo ~** gewöhnlich, üblicherweise **3** CAT Ordens…; **(clérigo** *m***) ~** Ordensgeistliche *m* **C** ADV *fam* → regularmente; (so) leidlich; so(so) lala *fam*
regularidad F **1** (*uniformidad*) Regel-, Gleichmäßigkeit *f*; **con ~** regelmäßig **2** JUR Ordnungsmäßigkeit *f* **3** *de una obligación*: (genaue) Befolgung *f*; **regularización** F Regelung *f*, Ordnung *f*; **regularizar** ⟨1f⟩ **A** VT in Ordnung bringen, regeln, ordnen; **~ inmigrantes** den Status *m* von Einwanderern legalisieren **B** VR **regularizarse** sich normalisieren
regularmente ADV **1** (*habitualmente*) regelmäßig **2** (*normalmente*) üblicherweise; (für) gewöhnlich; normalerweise **3** (*más o menos*) einigermaßen, halbwegs, leidlich
regularón ADJ *Arg, Ven fam* mittelprächtig *fam*
régulo M **1** HIST Duodezfürst *m* **2** ORN → reyezuelo **3** ASTRON **Régulo** Regulus *m* **4** *animal de fábula*: Basilisk *m* **5** MINER Regulus *m*
regurgitar VT wieder auswürgen
regusto M Nachgeschmack *m*; *fig* Beigeschmack *m*; **un ~ amargo** ein bitterer Nachgeschmack
rehabilitable ADJ rehabilitierungsfähig; **rehabilitación** F (*restauración*) Wiedereinsetzung *f*; (*salvación de honor*) Ehrenrettung *f*; Rehabilitation *f* (*tb* MED); *espec* JUR Rehabilitierung *f*; ARQUIT *edificios viejos*: Sanierung *f*; **~ urbana** Stadtsanierung *f*; MED **ejercicios** *mpl* **de ~** Nachsorgeübungen *fpl*
rehabilitado **A** ADJ rehabilitiert **B** M, **-a** F Rehabilitierte *m/f*
rehabilitar VT wieder einsetzen; rehabilitieren (*tb* MED); ARQUIT renovieren, sanieren
rehacer ⟨2s⟩ **A** VT **1** (*volver a hacer*) noch einmal machen **2** (*reconstruir*) wieder zusammenbauen; wiederherstellen; **~ su vida** ein neues Leben beginnen **3** (*transformar*) umarbeiten **B** VR **rehacerse** sich erholen (**de** von *dat*) (*tb* ECON)
rehago → rehacer
rehala F **1** AGR Sammelherde *f* **2** CAZA *perros*: Meute *f*
rehecho **A** PP → rehacer **B** ADJ gedrungen, stämmig; **rehechura** F Aufarbeitung *f*, Reparatur *f*
rehén M Geisel *f*; **toma de -enes** Geiselnahme *f*
rehenchir VT ⟨3h *y* 3l⟩ ausstopfen, auspolstern (mit *dat* con)
reherir VT ⟨3i⟩ zurückschlagen; -treiben
reherrar VT ⟨1k⟩ *caballos, etc* neu beschlagen
rehice, rehiciste, *etc* → rehacer
rehilamiento M **1** *flecha*: Schwirren *n* **2** FON *in Teilen Südspaniens und Rpl übliche Aussprache von „y" oder „ll" als „dsch" (wie frz. g in génie)*; **rehilandera** F *juguete*: Windrädchen *n*; **rehilar** VI **1** flattern, zittern; *p. ext flecha* schwirren, sausen **2** FON *„y" oder „ll" als „dsch" aussprechen* (→ *tb* rehilamiento); **rehilete** M **1** (*flechilla de papel*) Papierpfeil *m* mit Spitze **2** (*volante*) Federball *m* **3** TAUR (kleine) Banderilla *f*; *fig* (*dicho malicioso*) Stichelei *f*; **rehiletero** M TAUR → banderillero
rehílo M Zittern *n*, Flattern *n*
rehizo → rehacer
rehogar VT ⟨1h⟩ schmoren, dünsten, dämpfen
rehostia *vulg* **¡~!** *vulg* Mensch, so was! *fam*; **¡es la ~!** das ist ja das Letzte!
rehuida F **1** (*rechazo*) Zurückscheuen *n*; Verschmähen *n*; Abschlagen *n* **2** (*aversión*) Widerwille *m*, Ekel *m*
rehuir VT ⟨3g⟩ (*despreciar*) verschmähen; (*rechazar*) ablehnen; (*acobardarse*) zurückscheuen vor (*dat*); (*evitar*) vermeiden; (*evitar el trato*) aus dem Wege gehen (*dat*)
rehumedecer VT ⟨2c⟩ gut befeuchten; **rehundir** VT ein-, versenken; *fig* verschwenden, verschleudern; **rehurtarse** VR CAZA Haken schlagen; **rehusar** VT ablehnen; (*negar*) verweigern; *solicitud* abschlagen; **~(se) a** (*inf*) sich weigern zu (*inf*)
reidero ADJ *fam* (immer wieder) zum Lachen reizend; *labios* lächelnd; **reidor** **A** ADJ (gern) lachend **B** M, **reidora** F Lacher *m*, -in *f*; **reilón** ADJ *Ven fam* lächelnd
reimplantación F Wiedereinführung *f*; **reimplantar** VT wieder einführen; MED wieder einpflanzen, reimplantieren; **reimpresión** F TIPO Neudruck *m*; Nachdruck *m*; **~ clandestina** Raubdruck *m*; **reimprimir** VT ⟨*pp* reimpreso⟩ neu drucken; nachdrucken
reina F **1** Königin *f*; Dame *f* (*tb juego de cartas, ajedrez*); **(abeja** *f***) ~** Bienenkönigin *f*; **~ madre** Königinmutter *f*; **~ viuda** Königinwitwe *f*; *fig* **~ de (la) belleza/de la vendimia** Schönheits-/Weinkönigin *f*; **¡~!** mein Liebling! **2** CAT **Reina de los Ángeles** *o* **del Cielo** Himmelskönigin *f* **3** BOT **~ luisa** Melissenkraut *n*; **~ margarita** Gartenaster *f*; **~ de la noche** *tipo de cactus*: Königin *f* der Nacht; *tipo de estramonio*: (südamerikanischer) Stechapfel *m*; **~ de los prados** Mädesüß *n*; Geißbart *m*
reinado M Regierung(szeit) *f*; *fig* Herrschaft *f*, Macht *f*; *Col* **~ de belleza** Misswahl *f*, Schönheitswettbewerb *m*
Reinaldo N PR M Reinhold *m*
reinante ADJ regierend; *fig* herrschend
reinar VI regieren; *fig* herrschen
reincidencia F JUR Rückfall *m*; **reincidente** **A** ADJ rückfällig **B** M/F Rückfalltäter *m*, -in *f*; **reincidir** VI zurückfallen (in *acus* en); JUR rückfällig werden; MED einen Rückfall erleiden
reincorporación F Wiedereinverleibung *f*; -gliederung *f*
reincorporar **A** VT wieder einverleiben; wieder eingliedern (a in *acus*) **B** VR **reincorporarse** *reingreso*: wieder eintreten; *readmisión*: wieder aufgenommen werden; **~ al trabajo** die Arbeit wieder aufnehmen
reineta F BOT *tipo de manzana*: Re(i)nette *f*
reinfección F MED Neu-, Wiederansteckung *f*
reingeniería F Re-Engineering *n*
reingresar VI wieder eintreten; (*reincorporarse*) wieder aufgenommen werden (in *acus* en); **reingreso** M (*reincorporación*) Wiedereintritt *m*; (*readmisión*) Wiederaufnahme *f*
reinicializar ⟨1f⟩ INFORM neu booten
reiniciar VT wieder beginnen, wieder anfangen; **reinicio** M Wiederbeginn *m*, Neuanfang *m*; *de negociaciones*: Wiederaufnahme *f*
reino M Königreich *n*; Reich *n* (*tb fig*); **~ animal/mineral/vegetal** Tier-/Mineral-/Pflanzenreich *n*; **~ de los cielos** Himmelreich *n*; **el Reino Unido (de Gran Bretaña e Irlanda del Norte)** das Vereinigte Königreich (von Großbritannien und Nordirland)
reinserción F Wiedereingliederung *f*; **~ laboral** Wiedereingliederung *f* in die Arbeitswelt; **~ social** Resozialisierung *f*; **programa** *m* **de ~** Resozialisierungsprogramm *n*
reinsertar VT wieder eingliedern; resozialisieren
reinstalación F Wiedereinsetzung *f*; Wiedereinrichtung *f*; INFORM Reinstallierung *f*; **reinstalar** VT wieder einsetzen (*o* einrichten); INFORM reinstallieren
reintegrable ADJ ersetzbar; **reintegración** F **1** (*restauración*) Wiedereinsetzung *f*, Wiedereingliederung *f* **2** (*reembolso*) Rückvergütung *f* **3** *a un cargo*: Rückkehr *f*; **~ en la sociedad** Wiedereingliederung *f* in die Gesellschaft
reintegrar **A** VT wieder einsetzen (a in *acus*); *a la sociedad*: wieder eingliedern **B** VT & VI **~ (de)** *pérdida* ersetzen; *dinero* rückvergüten, (zurück)erstatten **C** VR **1** **~se** *a un cargo*: wieder zurückkehren (**a, en** in *acus*, nach *dat*, an *acus*); **~se al trabajo** die Arbeit wieder aufnehmen; **~se en** sich wieder eingliedern in (*acus*) **2** **~se de a/c** etw wiederbekommen
reintegro M **1** (*restauración*) Wiedereinsetzung *f* **2** (*reembolso*) Ersatz *m*; (Rück)Erstattung *f* **3** *lotería*: Gewinn *m* in Höhe des Lospreises **4** *en el banco*: Auszahlung *f*; Abhebung *f*
reintroducción F Wiedereinführung *f*
reinversión F *de dinero*: Wieder-, Neuanlage *f*, Reinvestition *f*; **reinvertir** VT *dinero* wieder anlegen, reinvestieren
reír ⟨3m⟩ **A** VT belachen, lachen über **B** VI lachen; **dar que ~** sich lächerlich machen; **echarse a ~** loslachen; **hacer ~** zum Lachen bringen; *fam fig* **no me hagas ~** dass ich nicht lache; **~ llorando** halb lachen, halb weinen; **le reían los ojos cuando me dijo …** mit lachenden Augen sagte er mir …; *prov* **quien ríe último, ríe mejor** wer zuletzt lacht, lacht am besten **C** VR **reírse** lachen; **~ de a/c/de alg** sich über etw/j-n lustig machen; etw/j-n nicht ernst nehmen; **~ a solas** *o* **por lo bajo** *o* **para sus adentros** sich (*dat*) ins Fäustchen lachen; innerlich lachen; *fam* **¡me río de los peces de colores!** das kann mich nicht erschüttern, das ist mir piepe *fam*, ich pfeif drauf *fam*; **~le en la cara a alg** j-m ins Gesicht lachen; *fig* **~ de medio mundo** auf die ganze Welt pfeifen *fam*
reiteración F Wiederholung *f*; JUR Rückfall *m*; **reiteradamente** ADV wiederholt
reiterar VT wiederholen, erneuern; **reiterativo** ADJ wiederholend
reivindicable ADJ zurückforderbar; **reivindicación** F (*pretensión*) Anspruch *m*; (*reclamación*) (Rück)Forderung *f*; JUR Tatbekenntnung *f*
reivindicar VT ⟨1g⟩ **1** JUR (*reclamar*) zurückfordern; *espec* POL (*exigir*) beanspruchen, fordern **2** POL (*asumir responsabilidad*) die Verantwortung übernehmen für (*acus*), *atentado* sich bekennen zu (*dat*); **reivindicatorio** ADJ Rückforderungs…; beanspruchend; Forderungs…

R

reja F 1 Gitter *n; ventana*: Fenstergitter *n; Am reg p. ext (cárcel)* Gefängnis *n*; **entre ~s** hinter Gittern; **meter entre ~s** hinter Schloss und Riegel (*o* Gitter) bringen 2 *Chile* FERR *Gitterwagen für den Viehtransport* 3 AGR Pflugschar *f; fig* Umpflügen *n*

rejalgar M MINER Rauschrot *n; fam fig* **saber a ~** sehr schlecht schmecken

rejega F *Cuba, Méx* Milchkuh *f*

rejego ADJ *Am Centr fam* störrisch, widerspenstig; starr

rejilla F 1 (Schutz-, Einsatz-, Beobachtungs)-Gitter *n* (*tb* TEC); *en la presa*: Rechen *m*; CAT Beichtstuhlgitter *n* 2 ELEC, RADIO, QUÍM Gitter *n* 3 *(parrilla)* (Ofen)Rost *m; p. ext (brasero)* Kohlenbecken *n* 4 *(trenzado de paja)* Strohgeflecht *n; espec silla*: geflochtener Stuhlsitz *m* 5 FERR Gepäcknetz *n*

rejo M 1 *(púa)* Stachel *m*; Bienenstachel *m* 2 *fig (robustez)* Stärke *f*, Kraft *f*; Mut *m*; *fam* **tener mucho ~** zäh(lebig) sein; *fam Ven* **~ tieso** *persona*: fester Charakter *m* 3 BOT Wurzelkeim *m* 4 *Am (tira de cuero)* Lederstrick *m*; **dar ~ a** auspeitschen *(acus)* 5 *Ec (vacas de ordeño)* Milchkühe *fpl*; *(acción de ordeñar)* Melken *n*

rejón M 1 Stachelspieß *m*; *espec* TAUR Spieß *m* der Stierkämpfer (→ rejoneador) 2 *del trompo*: Spitze *f*

rejoneador M TAUR Stierkämpfer *m* zu Pferde; **rejonear** VT & VI TAUR zu Pferde kämpfen; **rejoneo** M TAUR Stierkampf *m* zu Pferde

rejudo ADJ *Col, Ven espec comidas* zäh, hart

rejuela F 1 *(pequeña reja)* Gitterchen *n* 2 *(brasero)* Fußwärmer *m (kleines Kohlenbecken)*

rejuvenecedor ADJ verjüngend, anti-aging; **rejuvenecer** ⟨2d⟩ A VT verjüngen; *fig* modernisieren; erneuern B VR **rejuvenecerse** wieder jung werden; **rejuvenecimiento** M Verjüngung *f*; *fig* Modernisierung *f*

relabrar VT *piedra, madera* neu behauen

relación F 1 *(vínculo)* Beziehung *f*, Verhältnis *n*; *(conexión)* Zusammenhang *m*; **~ calidad-precio** Preis-Leistungs-Verhältnis *n*; **~ causa-efecto** *o* **entre causa y efecto** Kausalzusammenhang *m*; **con ~ a** *o* **en ~ con** bezüglich *(gen)*, in Bezug auf *(acus)*; **en ~ a** im Verhältnis zu *(dat)*; JUR **~ de dependencia** Abhängigkeitsverhältnis *n*; JUR **~ jurídica/laboral** Rechts-/Arbeitsverhältnis *n*; COM **-ones** *fpl* **de intercambio** Austauschrelationen *fpl*, Terms *pl* of trade; **~ de parentesco** verwandtschaftliches Verhältnis *n*; **~ recíproca** Wechselbeziehung *f*; TEC **~ de reducción** Untersetzungsverhältnis *n*; TEC **~ de transmisión** Übersetzungsverhältnis *n*; **no guardar ~ con** in keinem Verhältnis stehen zu *(dat)*; **hacer ~ a a/c** sich auf etw *(acus)* beziehen; **poner en ~ con** in Beziehung setzen zu *(dat)* 2 *(trato) frec* **-ones** *pl* Beziehungen *fpl (tb fig)*; Verbindungen *fpl*; **-ones** *pl* **de amistad** freundschaftliche Beziehungen *fpl*; **-ones** *pl* **comerciales** Handels-, Geschäftsverbindungen *fpl*, -beziehungen *fpl*; **-ones** *pl* **diplomáticas** diplomatische Beziehungen; **entrar en -ones diplomáticas** diplomatische Beziehungen aufnehmen; **-ones** *pl* **públicas** Public Relations *pl*, Öffentlichkeitsarbeit *f*; **-ones** *pl* **sexuales** Geschlechtsverkehr *m*; **-ones** *pl* **sociales** gesellschaftliche Beziehungen *fpl*; gesellschaftlicher Umgang *m*; **entablar** *o* **establecer -ones** Beziehungen aufnehmen; **tener muchas -ones** einen großer Bekanntenkreis haben 3 **-ones** *pl* **(amorosas)** Liebesverhältnis *n*; **mantener -ones (amorosas) con alg** ein Verhältnis mit j-m haben 4 *(informe)* Bericht *m*; *(descripción)* Beschreibung *f*; **~ bancaria** Bankausweis *m*; *folclore*: **~ de ciego** Moritat *f*; *fig irón* rührende (*o* abstruse) Geschichte *f*; **hacer una ~** Bericht erstatten 5 *(listado)* Liste *f*, Aufstellung *f*, Verzeichnis *n*; **según ~ al pie** wie unten vermerkt

relacionado ADJ **bien ~** mit guten Beziehungen; **estar bien ~** gut eingeführt sein; gute Beziehungen haben

relacional ADJ relational; INFORM **base de datos ~** relationale Datenbank *f*; **relacionar** A VT in Verbindung bringen (mit *dat* con); in Beziehung setzen (zu *dat* con) B VR **relacionarse** *(tener vínculos)* (zueinander) in Beziehung stehen; *(vincularse)* in Beziehungen (zueinander) treten; *abs trato social*: viele Bekannte (*o* gute Beziehungen) haben

relacionista M/F Public-Relations-Manager *m*, -in *f*

relajación F 1 *(distensión, relax)* Erschlaffung *f*; Lockerung *f*; Entspannung *f (tb fig)*; **~ muscular** Entspannung *f* der Muskeln; Muskelschlaffheit *f*; **manifestar ~** nachlassen (in *dat* en) 2 **~ (de las costumbres**, *etc*) Zügellosigkeit *f*; Sittenlosigkeit *f* 3 REL, JUR *de un juramento*: Erlassung *f*; *de una obligación*: Entlassung *f*

relajado ADJ *(fofo)* schlaff, erschlafft; *(distendido)* entspannt (*tb* FISIOL, FON *y fig*); locker; *desp (libertino, descuidado)* liederlich, ausschweifend; **relajamiento** M → relajación; FON Reduktion *f*

relajar A VT 1 *(aflojar)* lockern (*tb fig*); entspannen 2 JUR *pena* mildern; *juramento* erlassen; *de una obligación*: entbinden 3 REL, HIST *inquisición*: ***zum Tode Verurteilte der weltlichen Gerichtsbarkeit übergeben*** B VR **relajarse** 1 *(aflojarse)* sich entspannen (*tb fig*); locker werden; *soga, músculo* erschlaffen; *tensión* nachlassen; MED *tb* erlahmen 2 *soporte* nachgeben; *muro* (ab)bröckeln 3 *costumbres*: zügellos (*o* ausschweifend) werden 4 *Perú (calmarse)* sich abregen

relajear VT *Cuba fam* verspotten, auf den Arm nehmen

relajo M 1 *espec Am (desorden)* Durcheinander *n*, Saustall *m fam* 2 *(laxitud)* Laschheit *f* 3 *Cuba fam (burla)* Hohn *m*, Spott *m*

relamer A VT lecken, abschlecken B VR **relamerse** sich *(dat)* die Lippen lecken (*fig* nach *dat* de); **~ de** *fig tb* in vollen Zügen genießen; **relamido** ADJ *desp persona*: geschniegelt; affektiert

relámpago M 1 *(rayo)* Blitz *m*; *fig (nachgestellt)* Blitz...; **~(s)** *m(pl) distante*: Wetterleuchten *n*; *fig* **acción** *f* **~** Blitzaktion *f*; **dieta** *f* **~** Blitzdiät *f*; MIL **guerra** *f* **~** Blitzkrieg *m*; **viaje** *m* **~** Blitzreise *f*; MAR **luz** *f* **(de) ~** Blitzfeuer *n*; INFORM **memoria** *f* **~** Flash-Memory *n*; *adv* **como un ~** blitzschnell 2 *jerga del hampa (golpe)* Schlag *m*; Prügel *pl* 3 *poco usado* **(cierre** *m*) **~** Reißverschluss 4 *Perú* GASTR ***mit Vanille- oder Karamellcreme gefüllte Teigtasche***

relampaguear VI (auf)blitzen; *distante*: wetterleuchten; **relampagueo** M (Auf)Blitzen *n*; *distante*: Wetterleuchten *n*

relance M erneuter Wurf *m*; Zurückwerfen *n*; *fig (suerte)* Glücksfall *m*; *adv pop fig* **de ~** *dinero* bar; → relancina; **relancina** ADV *Arg, Col, Ec, Perú pop* **de ~** zufällig(erweise)

relanzamiento M ECON (Wieder)Ankurbelung *f*

relanzar VT ⟨1f⟩ 1 zurückwerfen; zurückschleudern, -stoßen 2 ECON (wieder) ankurbeln

relapso A ADJ rückfällig (*tb* REL, HIST) B M, **-a** F Rückfällige *m/f*

relatador M, **relatadora** F Erzählende *m/f*

relatar VT erzählen; berichten

relatividad F Relativität *f*; Bedingtheit *f*; FÍS **teoría** *f* **de la ~** Relativitätstheorie *f*; **relativismo** M FIL Relativismus *m*; **relativista** A ADJ relativistisch B M/F Relativist *m*, -in *f*; **relativizar** VT ⟨1f⟩ relativieren; **relativo** ADJ 1 *(respecto a)* bezüglich (a auf *acus*); bezogen (a auf *acus*) 2 relativ, Relativ...; GRAM **pronombre** *m* **~** Relativpronomen *n*

relato M Erzählung *f*; Bericht *m*; Schilderung *f*; **~ breve** (*o* **corto**) Kurzgeschichte *f*; **relator** M, **relatora** F 1 Erzähler *m*, -in *f* 2 JUR, POL Berichterstatter *m*, -in *f*; Referent *m*, -in *f* 3 *Am reg* RADIO, TV Kommentator *m*, -in *f*, Reporter *m*, -in *f*; **relatoría** F Referat *n*, Amt *n* eines Referenten (*o* einer Referentin)

relavado M Nachwäsche *f*

relax M Entspannung *f*, Relaxing *n*; *euf* **anuncios** *mpl* **de ~** Kontaktanzeigen *fpl*

relé M ELEC Relais *n*

releche INT *vulg* Verdammter Mist! *pop*

releer VT ⟨2e⟩ wieder lesen

relegación F 1 *(destierro)* Verbannung *f*; Landesverweisung *f* 2 *fig (pasar por alto)* Übergehung *f*; Beseitigung *f*

relegar VT ⟨1h⟩ 1 *(expulsar)* ver-, ausweisen; *(desterrar)* verbannen (*tb fig*) 2 *fig (pasar por alto)* übergehen; *(privar de influencia)* kaltstellen; *(eliminar)* beseitigen; **~ al olvido** der Vergessenheit anheimgeben; **~ a un segundo plano** in den Hintergrund (ab)drängen

releje M 1 *transporte*: Fahrspur *f* 2 *dientes, labios*: Belag *m* 3 *cuchillo*: Schliff *m* 4 *terraplén, muro, caño*: Verjüngung *f*

relente M 1 feuchtkühle Nachtluft *f*; *fig (frescura)* Frechheit *f* 2 *(hedor persistente)* andauernder, bleibender Gestank *m*; **relentecer** VI ⟨2d⟩ weich werden

relevación F 1 *(alivio)* Erleichterung *f*, Entlastung *f*; MIL *tropas*: Ablösung *f*; *de obligación o cargo*: Entlassung *f* 2 JUR *(exención)* Befreiung *f*, Enthebung *f* 3 *espec* JUR *(relevancia)* Relevanz *f*; **relevador** M ELEC 1 Relais *n* 2 *estación*: Relaisstation *f*; **relevamiento** M *Cuba (destitución)* Amtsenthebung *f*; Entlassung *f* aus dem Staatsdienst; **~ de datos** Datenerhebung *f*

relevancia F *t/t* Relevanz *f*, Bedeutung *f*; **relevante** ADJ relevant (*tb* JUR, LING); erheblich; hervorragend

relevar A VT 1 (plastisch) hervortreten lassen (*tb arte y fig*); *fig (exaltar)* hervorheben; übertreiben; *error* rügen 2 *esfuerzo, etc* erleichtern; **~ a alg con dinero** j-m mit Geld helfen 3 *de un peso, cargo*: entheben; *de un juramento*: entbinden; *impuesto, culpa, pena* erlassen 4 *puesto, tropa* ablösen; *p. ext* entlassen 5 INFORM **~ datos** Daten erheben B VI ESCUL sich abheben, plastisch hervortreten C VR **relevarse** sich (*o* einander) ablösen

relevista M/F DEP Staffelläufer *m*, -in *f*

relevo M 1 MIL, *etc* Ablösung *f* (*tb persona*); **~ de la guardia** Wachablösung *f*; POL **~ del poder** Machtwechsel *m*; **de ~** Ersatz... (*tb* DEP, MIL); **tomar el ~ de alg** j-n ablösen, j-s Nachfolge antreten 2 DEP Staffel *f*; **(carrera** *f* **de) ~s** Staffellauf *m*

relicario M 1 REL Reliquienkammer *f*, -schrein *m* 2 *Am fam* Medaillon *n*

relicto M JUR **bienes** *mpl* **~s** Hinterlassenschaft *f*

relieve M Relief *n*; **de ~** erhaben *(concreto)*, Relief...; *fig* wichtig, bedeutend, angesehen; **alto/bajo/medio ~** Hoch-/Flach-/Mittelrelief *n*; TIPO **impresión** *f* **en ~** Hochdruck *m*; **en bajo ~** vertieft (*tb grabado*); *fig* **dar ~ a** Bedeutung verleihen *(dat)*; betonen *(acus)*; **poner de ~** hervorheben

religión F *(creencia)* Religion *f*; *(confesión)* Konfession *f*; *(devoción)* Frömmigkeit *f*; *(comunidad religiosa)* religiöse Gemeinschaft *f*; *(instituto religioso)* Orden(sgemeinschaft *f*) *m*; **~ de(l) Estado**

o ~ **oficial** Staatsreligion *f*; ~ **natural** Vernunftreligion *f*; Weltfrömmigkeit *f*; ~ **reformada** (*orden reformado*) reformierter Orden *m*; (*protestantismo*) Protestantismus *m*; **sin** ~ (*sin fe*) religions-, glaubenslos; (*sin confesión*) konfessionslos; **entrar en** ~ ins Kloster gehen; **hacerse una** ~ **de a/c** etw als seine höchste Pflicht ansehen; etw zum Gegenstand seiner größten Verehrung machen

religiosa F Nonne *f*; **religiosamente** ADV (*escrupulosamente*) gewissenhaft; (*puntualmente*) pünktlich; (*exactamente*) ganz genau; *escuchar*: andächtig; **pagar ~ sus impuestos** brav seine Steuern zahlen; **religiosidad** F (*devoción*) Frömmigkeit *f*; (*escrupulosidad*) Gewissenhaftigkeit *f*

religioso A ADJ 1 (*devoto*) religiös; gottesfürchtig, fromm; andächtig 2 (*relativo a un orden*) Ordens... 3 *fig* (*escrupuloso*) gewissenhaft B M Mönch *m*, Ordensangehörige *m*

relimpio ADJ *fam* blitzblank; blitzsauber, schmuck

relinchar VI wiehern; **relincho** M Wiehern *n*

reliquia F REL *y fig* Reliquie *f*; *fig tb* Nachwehen *fpl*

rellamada F TEL ~ **(automática)** Wahlwiederholung *f*

rellanar A VT (wieder) einebnen B VR **rellanarse** es sich (*dat*) bequem machen; **rellano** M 1 (*descansillo*) Treppenabsatz *m* 2 (*llano en una pendiente*) (Berg)Terrasse *f*

rellena F *Col, Méx* Blutwurst *f*; **rellenable** ADJ nachfüllbar; **rellenado** M AVIA Betankung *f*

rellenar VT 1 (*ocupar un espacio*) füllen (*tb* GASTR) **(de, con** mit *dat*); (*tapar*) vollstopfen; *sillón, etc* polstern; *zanja* zuwerfen; *Esp formulario* ausfüllen; ARQUIT ~ **con fábrica** zumauern 2 *fam fig* (*dar de comer*) zu essen geben (*dat*), füttern 3 *Am Centr* ODONT *muela* plombieren

relleno A ADJ 1 (ganz) voll; gefüllt (*tb* GASTR) 2 *fam fig* (*gordito*) pummelig B M 1 (*contenido*) Füllung *f* (*tb* GASTR); **calamares** *mpl*/**pimientos** *mpl* **~s** gefüllte Tintenfische *mpl*/Paprikaschoten *fpl*; TEC Füllstoff *m* 2 *depósito, etc*: Aus-, Auffüllung *f* 3 *Am Centr* ODONT (Zahn)Plombe *f* 4 *Perú* GASTR (*morcilla*) Blutwurst *f*

reloj M 1 Uhr *f*; ~ **de agua** Wasseruhr *f*; ~ **de arena** Sanduhr *f*; ~ **de bolsillo** Taschenuhr *f*; ~ **de cocina** Küchenuhr *f*; ~ **de control** *o* **registrador** Stech-, Stempeluhr *f*; ~ **controlado por radio** (*o* **radiocontrolado)** Funkuhr *f*; ~ **de cuarzo** Quarzuhr *f*; ~ **de cuco** *o* **cucú** Kuckucksuhr *f*; ~ **digital** Digitaluhr *f*; ~ **floral** Blumenuhr *f*; ~ **de hora oficial** Normaluhr *f*; ~ **de música** Spieluhr *f*; *Hond, Perú* ~ **de mano** Armbanduhr *f*; ~ **de pared** Wanduhr *f*; ~ **de péndola** *o* **de péndulo** Pendeluhr *f*; ~ **de pesas** Gewichtsuhr *f*; ~ **de pie** Standuhr *f*; ~ **de pulsera** *o Col, Méx* **de pulso** *o Hond* **de puño** Armbanduhr *f*; ~ **regulador** Regulator *m*, Normaluhr *f*; ~ **de repetición** Repetieruhr *f*; ~ **de sobremesa** Tischuhr *f*; ~ **de sol** Sonnenuhr *f*; ~ **temporizador** (Küchen-)Timer *m*; ~ **de trinquete** *o* **de paro** Stoppuhr *f*; ~ **de tiempo real** Echtzeituhr *f*; **contra** ~ gegen die Uhr; **carrera** *f* **contra** ~ *ciclismo*: Zeitfahren *n*; *fig* Wettlauf *m* mit der Zeit; **cristal** *m* **de** ~ Uhrglas *n*; **mecanismo** *m* **de(l)** ~ Uhrwerk *n*; **muelle** *m* **de** ~ Uhrfeder *f*; **girar en el sentido/en el sentido contrario de las agujas del** ~ sich im/entgegen dem Uhrzeigersinn drehen; *fam fig* **¡todo funciona** (*o* **marcha) como un** ~ **(suizo)!** alles läuft wie ein Uhrwerk!; alles klappt wie am Schnürchen! *fam*; **ser (puntual como) un** ~ (immer) auf die Minute pünktlich sein 2 ZOOL *insecto*: ~ **de la muerte** Pochkäfer *m*; Totenuhr *f* 3 BOT **~es** *mpl* Schierlingsreiherschnabel *m*

relojear VT *Arg, Ur fam* kritisch beäugen, mustern

relojería F 1 *arte*: Uhrmacherhandwerk *n* 2 *taller*: Uhrmacherei *f*, Uhrmacherwerkstatt *f*; *tienda*: Uhrengeschäft *n* 3 **(mecanismo** *m* **de)** ~ Uhrwerk *n*; *carga explosiva*: Zeitzünder *m*; **bomba** *f* **de** ~ Zeitbombe *f*; **relojero** A ADJ Uhr(en)...; **industria** *f* **-a** Uhrenindustrie *f* B M, **-a** F Uhrmacher *m*, -in *f*

reluciente ADJ glänzend, leuchtend

relucir VI ⟨3f⟩ glänzen (*tb fig*), leuchten, strahlen; ~ **por su belleza** in Schönheit strahlen; *fam fig* **sacar a** ~ zur Sprache bringen; herausrücken mit (*dat*) *fam*; *viejas historias* wieder aufwärmen *fam*; *fig* **salir a** ~ zur Sprache kommen, herauskommen *fam*

reluctancia F ELEC Reluktanz *f*

reluctante ADJ widerstrebend; aufsässig

relumbrante ADJ glänzend, leuchtend; **relumbrar** VI (hell) leuchten; stark glänzen, gleißen; **relumbrón** M Aufleuchten *n*; **dar un** ~ aufleuchten, -blitzen; **de** ~ (*cegador*) blendend; (*sin valor*) wertlos, kitschig; *vestido* in Flitter; **relumbroso** ADJ leuchtend, glänzend

remachado M TEC (Ver)Nietung *f*; **remachadora** F Nietmaschine *f*; **remachar** VT 1 platt schlagen; TEC (ver)nieten 2 *fig* ~ **(el clavo)** *etw* breittreten, herumreiten auf (*acus*) *fam*; **remache** M TEC *acción*: Vernieten *n*; (*roblón*) Niete *f*, Niet *m/n*

remada F Ruderschlag *m*; **remador** M, **remadora** F DEP Ruderer *m*, Ruderin *f*

remallar VT TEX Laufmaschen aufnehmen an (*dat*)

remanencia F FÍS, FISIOL Remanenz *f*; **remanente** A ADJ übrig B M Rest *m*

remanga F Krabbennetz *n*

remangarse VR *mangas* hochkrempeln; *brazo* frei machen

remansarse VR sich (an)stauen; **remanso** M Stauwasser *n*; *en un río*: ruhige Stelle *f*; *fig* **un** ~ **de paz** eine Insel der Ruhe

remar VI rudern; *fam fig* schuften

remarcable ADJ bemerkenswert; **remarcar** VT hervorheben, unterstreichen

rematado ADJ 1 (*sin remedio*) hoffnungslos verloren (*o* krank); JUR rechtskräftig verurteilt; *Perú fig* **estar** ~ **(de la cabeza)** verrückt sein 2 *fam fig canalla, etc* ausgekocht *fam*; ausgemacht, vollendet; **loco** *m* ~ ausgemachter Narr *m*

rematador M, **rematadora** F Versteigerer *m*, Versteigerin *f*; **rematante** M/F *en la subasta*: Höchstbietende *m/f*

rematar A VT 1 (*acordar*) abschließen; vollenden; beenden (mit *dat* con) 2 (*dar el tiro de gracia*) den Gnadenstoß geben (*dat*) (*tb* TAUR); CAZA den Fangschuss geben (*dat*); *fig* den Rest geben (*dat*) *fam* 3 *en la subasta*: zuschlagen; *Am* versteigern; ersteigern B VI enden; *fig fútbol*: ins Tor treffen; *fútbol*: ~ **de cabeza** köpfen; ~ **en punta** in einer Spitze auslaufen C VR **rematarse** (völlig) zugrunde gehen; zerstört (*o* vernichtet) werden

remate M 1 (*fin, cabo*) Abschluss *m*, Ende *n*; TEC *tb* Abschlussstück *n*; TAUR Todesstoß *m*; *fútbol*: Schuss *m* ins Tor; ARQUIT Giebelabschluss *m*; **de** ~ völlig, total, heillos; **loco de** ~ total verrückt; **para** ~ zu allem Überfluss; noch obendrein; **por** ~ schließlich, zum Schluss; *fam fig* ~ **de cabeza** *fútbol*: Kopfstoß *m* (*o* Köpfen *n*) ins Tor; **dar** ~ beenden, abschließen 2 *en la subasta*: Höchstgebot *n*; Zuschlag *m*; *Am* (*subasta*) Versteigerung *f*; COM (*venta*) Ausverkauf *m*

rembolsar VT (*reintegrar*) zurückzahlen; (*cumplir, canjear*) einlösen; **rembolso** M Rückzahlung *f*; Rückerstattung *f*; *correos*: **contra** ~ gegen Nachnahme

remecer VT ⟨2b⟩ schütteln, rütteln; *Am* schwenken

remedador M, **remedadora** F Nachahmer *m*, -in *f*

remedar VT nachahmen, -machen; *desp* nachäffen

Remediadores CAT **los** (*folclore* **Siete** *o* **Catorce)** ~ die Vierzehn Nothelfer *mpl*

remediar VT ⟨1b⟩ 1 (*corregir, arreglar*) abhelfen (*dat*); abstellen; *daño* beheben 2 (*evitar*) (ver)hindern; **no poder ~lo** nichts daran ändern können

remediavagos M ⟨*pl inv*⟩ UNIV Handbuch *n fam*, Kompendium *n*

remedio M Mittel *n*, Abhilfe *f*; MED Heilmittel *n*; JUR Rechtsmittel *n*; ~ **casero** Hausmittel *n*; **sin** ~ rettungslos; *enfermo* unheilbar; *dolor, pena* hoffnungslos; *acontecimiento* unvermeidlich; *fam fig* **no hay** ~ daran ist nichts zu ändern; **no hay más** *o* **otro** ~ **(que)** es bleibt nichts anderes übrig (, als); **ni para un** ~ nicht um Geld und gute Worte; **poner ~ a a/c** eine Sache abstellen, einer Sache abhelfen; **no tienen ni para un** ~ sie sind ganz arm, es fehlt ihnen an allem; **¡qué** ~ **(queda)!** was ist daran (schon) zu ändern!; **no tiene** ~ er ist unverbesserlich, ihm ist nicht zu helfen; **(la cosa) no tiene** ~ da ist nichts zu machen; es muss sein; es lässt sich nicht (mehr) ändern; **no nos queda otro** ~ es bleibt uns nichts anderes übrig

remedo M Nachahmung *f*

remellado ADJ *labios, párpados* gespalten; **remellar** VT *curtidor: pieles* abschaben

rememoración F (Rück)Erinnerung *f* (an *acus* de)

rememorar VT sich (*dat*) ins Gedächtnis rufen, sich erinnern an (*acus*); gedenken (*gen*); **rememorativo** ADJ erinnernd; Gedenk..., Erinnerungs...

remendado ADJ geflickt; *piel, etc* gefleckt; *fig* zusammengeschustert; **remendar** VT ⟨1k⟩ flicken; aus-, verbessern; **remendería** F TIPO **(trabajo** *m* **de)** ~ Akzidenzdruck *m*; **remendón** M **(zapatero** *m***)** ~ Flickschuster *m*; **(sastre** *m***)** ~ Flickschneider *m*

remera F 1 ORN *pluma*: Schwungfeder *f* 2 *Arg, Ur* T-Shirt *n* 3 *bote*: Ruderin *f*; **remero** M Ruderer *m*

remesa F COM Sendung *f*, Lieferung *f*; *espec Am* Rimesse *f*

remesar[1] VT *cabellos o barba* ausraufen

remesar[2] VT COM verschicken, -senden; *Am* remittieren

remesón[2] M *equitación*: plötzliches Anhalten *n*; *esgrima*: Finte *f*

remeter VT *sábana, etc* weiter einstecken

remezón M *Am* heftiges Schütteln *n*; Erschütterung *f*; Erdstoß *m*

remiendo M 1 (*arreglo*) Ausbesserung *f*; (*pedazo de tela*) Flicken *m*; (*parche*) Fleck *m*; **echar** *o* **poner un** ~ **(a)** einen Flicken aufsetzen (auf *acus*); *fig* Flickarbeit machen, zu kitten versuchen (*fig*) 2 TIPO **~s** *mpl* Akzidenzen *fpl*

rémige ADJ **(ala** *f***)** ~ → remera 1

remilgado ADJ geziert; zimperlich; **hacerse la -a** sich zieren; **remilgarse** VR ⟨1h⟩ sich zieren

remilgo M Ziererei *f*; Getue *n*; **andar con** *o* **hacer ~s** sich zieren; **¡no andes con tantos ~s!** (nun) hab dich (mal) nicht so!

remilitarizar VT ⟨1f⟩ remilitarisieren

reminiscencia F (Wieder)Erinnerung *f*; Reminiszenz *f*

remirado ADJ (sehr) bedächtig; (äußerst) umsichtig; (liebevoll und) behutsam

R

remirar A VT sorgfältig (*o* mit Bedacht) anschauen; genau nachsehen B VR **remirarse** (*actuar con prudencia*) umsichtig (*o* bedachtsam) vorgehen; (*precaverse*) sich vorsehen; (*concentrarse con cariño*) sich liebevoll versenken (en in *acus*)

remise M *Arg* Mietwagen *m* (mit Fahrer)

remisible ADJ verzeihlich

remisión F 1 (*envío*) Sendung *f* 2 *de una pena, deuda*: Erlass *m*; REL (*perdón*) Vergebung *f*; JUR *fig* **~ condicional** Strafaussetzung *f* zur Bewährung; *fig* **sin ~** (*despiadado*) unbarmherzig; (*definitivamente perdido*) rettungslos (*o* unwiederbringlich) (*verloren*) 3 *en texto*: Verweis *f*; (*referencia*) Hinweis *m* 4 (*disminuir*) Nachlassen *n*

remisivo ADJ 1 (*disminuyente*) nachlassend 2 (*referente*) verweisend; TIPO **nota** *f* **-a** Verweis *m*

remiso ADJ (*negligente*) (nach)lässig; (*flojo*) schlaff, schlapp; (*perezoso*) träge; (*titubeante*) unentschlossen, zögernd; **remisorias** FPL JUR Verweisung *f an ein anderes Gericht*

remisse M → remise

remite *auf Briefumschlägen etc*: Absender; **remitente** A ADJ 1 (*disminuyendo*) nachlassend 2 (*despachando*) absendend B M/F Absender *m*, -in *f*

remitido M (Zeitungs)Anzeige *f*

remitir A VT 1 (*enviar*) über-, zusenden; (ab)schicken, ab-, versenden 2 (*indicar, referir*) verweisen (a an *o* auf *acus*) 3 *deuda, pena* erlassen; *pecados* vergeben B VI nachlassen (*tb* MED); *viento* abflauen C VR **remitirse** (*resignarse*) sich fügen; (*hacer valer*) sich berufen (a auf *acus*), (*cumplir*) sich halten (a an *acus*)

remo M 1 *bote*: Ruder *n*, Riemen *m*; (*boga*) Rudern *n* (*tb* DEP); HIST *pena*: Galeerenstrafe *f*; **a ~ y vela** mit Ruder und Segel; *fig* mit allen Kräften; **embarcación** *f* **de ~** Ruderboot *n*; **andar al ~** schuften (wie ein Galeerensklave) *fam*; **hacer fuerza de ~s** aus Leibeskräften rudern; *fam fig* **meter el ~** ins Fettnäpfchen treten *fam*; sich blamieren; *fig* **tomar el ~** die Führung übernehmen 2 *fig animales*: Vorder- *o* Hinterbein *n*; *fam personas*: (*brazo*) Arm *m*; (*pierna*) Bein *n*; **los ~s** *tb* ORN → remera 1

remoción F 1 (*eliminación, alejamiento*) Entfernung *f*; Beseitigung *f*; **~ de tierras** Erdabtragung *f* 2 (*mezcla*) Umrühren *n* 3 ADMIN (*destitución*) Entfernung *f* aus dem Amt; Absetzung *f*

remodelación F Umgestaltung *f*; POL (Regierungs)Umbildung *f*; *de calles, edificios, etc*: Umbau *m*; POL **~ ministerial** Kabinettsumbildung *f*

remodelar VT umgestalten, umbilden, neu bilden; umbauen

remojar A VT 1 (*empapar*) einweichen; (*regar*) wässern 2 *fam fig acontecimiento* begießen, feiern; *fig* **¡esto hay que ~lo!** das muss gefeiert werden! B VR **remojarse** (*humedecerse*) nass werden; (*tomar un baño*) baden (gehen)

remojo M Einweichen *n*; Wässern *n*; **poner** *o* **tener a ~** einweichen, wässern; **remojón** (*mojadura*) Nasswerden *n*; (*baño rápido*) kurzes Bad *n*; **darse un ~** baden gehen; (patsch)nass werden

rémol M *péz*: Glattbutt *m*

remolacha F AGR Rübe *f*; *espec* **~ (azucarera)** Zuckerrübe *f*; **~ colorada** Rote Bete *f*; **~ forrajera** Futterrübe *f*; **remolachero** ADJ (Zucker)Rüben...

remolcador A ADJ Schlepp...; Abschlepp... B M MAR Schlepp(dampf)er *m*; **~ de altura** Hochseeschlepper *m*; **remolcaje** M AUTO Abschleppen *n*

remolcar VT ⟨1g⟩ 1 MAR schleppen; AUTO abschleppen 2 *fam fig* **~ a alg** j-n mitschleppen, mitschleifen *fam*

remoler ⟨2h⟩ A VT 1 (*moler mucho*) fein (zer)mahlen 2 *Perú fig* (*desmoralizar, fastidiar*) zermürben; schikanieren B VI *Chile, Perú fam* einen draufmachen *fam*; **remolienda** F *Chile, Perú fam* lärmendes Fest *n*, Sauftour *f*; **remolinar** VT (umher)wirbeln; **remolinear** VT wirbeln; quirlen; **remolino** M 1 *agua*: Strudel *m*; *viento, polvo*: Wirbel *m*; *en el cabello*: Haarwirbel *m* 2 *fig* (*gentío*) Menschenauflauf *m*; (*disturbio*) Aufregung *f*, Wirbel *m* (*fam fig*)

remolón[1] M *del jabalí*: Hauer *m*; *de la muela de un caballo*: Höcker *m*

remolón[2] *fam* A ADJ (*perezoso*) träge, (*holgazán*) arbeitsscheu B M, **-ona** F Faulpelz *m*; Drückeberger *m*, -in *f*; **hacerse el ~** → remolonear; **remolonear** VI *fam* sich drücken *fam*

remolque M 1 *espec* MAR *y fig* (*arrastre*) Schleppen *n*; AUTO *tb* Abschleppen *n*; AUTO **servicio** *m* **de ~** Abschleppdienst *m*; *tb fig* **a ~** im Schlepp; *fig tb* ungern, widerwillig; **llevar a ~** (ab)schleppen; MAR *y fig* ins Schlepptau nehmen; *fig tb* mitschleppen *fam* 2 AUTO, *tranvía, camión*: Anhänger *m*; **~ articulado** Sattelschlepper *m*; **~ (de camping)** Wohn-, Campinganhänger *m*; AUTO **~-portacoches** Autotransporter *m*; **~-vivienda** Wohnwagen *m*; **~ volquete** Kippanhänger *m* 3 MAR (*cabo*) Schlepptrosse *f* 4 MAR **(lancha *f* de) ~** Schleppkahn *m*

remonta F 1 *equitación: del pantalón de montar*: *Lederverstärkung am Boden*; *de la silla de montar*: Aufpolsterung *f* 2 *Col zápatos*: Besohlen *n*, Besohlung *f* 3 MIL Remontierung *f*; *fig* Pferdezucht *f*; **remontada** F Aufsteigen *n*; *fig* Aufholen *n*; **remontadora** F *Col* Schusterei *f*

remontar A VT 1 (*subir*) hinaufgehen, -steigen; *obstáculo* überwinden; *espec* DEP aufholen; **~ el río** den Fluss hinauffahren (*o* -schwimmen) 2 *vestimenta* (*bes Hosenboden*) ausbessern; *Col zapatos* (be)sohlen 3 CAZA *venado* vergrämen 4 MIL *caballos* remontieren B VR **remontarse** 1 sich emporschwingen 2 zurückgehen (a auf *acus*); zurückgreifen (a auf *acus*) 3 **~ a** *suma* betragen, sich belaufen auf (*acus*)

remonte M 1 Aufstieg *m* 2 *Esp* DEP Skilift *m*

remoquete M (*sobrenombre*) Spitzname *m*

rémora F 1 *pez*: Schiffshalter *m* 2 *fig* (*obstáculo*) Hindernis *n*, Klotz *m* am Bein (*fam fig*); (*pérdida de tiempo*) Zeitverlust *m*

remordedor ADJ (innerlich) quälend, beunruhigend; **remorder** ⟨2h⟩ A VT beunruhigen, quälen; **me remuerde la conciencia** ich habe Gewissensbisse B VR **remorderse** Reue bekunden

remordimiento M *frec* **~s** *mpl* **(de conciencia)** Gewissensbisse *mpl*; **(no) tener ~s** (keine) Gewissensbisse haben

remotamente ADV entfernt (*tb fig*); *fig* dunkel, vage; **parecerse ~ a alg** eine entfernte Ähnlichkeit mit j-m haben; **ni ~** nicht im Entferntesten

remoto ADJ entlegen; (*muy lejano*) (weit) entfernt, Fern...; *en el tiempo*: weit zurückliegend; *fig tb* (*improbable*) unwahrscheinlich; **ni por lo más ~** nicht im Entferntesten; **no tengo ni la más -a idea** ich habe nicht die leiseste (*o* geringste) Ahnung

remover ⟨2h⟩ A VT 1 (*mezclar*) umrühren; (*batir*) quirlen; *tierra* umgraben; *fig* (*agitar*) aufwühlen, aufrütteln; *fig* **~ cielo y tierra** Himmel und Hölle in Bewegung setzen 2 (*trasladar*) ver-, wegrücken; *obstáculo* wegräumen 3 ADMIN absetzen, seines Amtes entheben B VR **removerse** (*rodarse*) sich wälzen; (*borbotar*) heftig wallen; (*ser conmovido*) aufgewühlt werden (*tb fig*)

removible ADJ abnehmbar, herausnehmbar

remozar VT ⟨1f⟩ *rejuvenecer* verjüngen; *modernizar* modernisieren

remplazar → reemplazar; **remplazo** → reemplazo

rempujar VT (weg)stoßen; **rempujo** M 1 (*golpe*) Stoß *m*, Schubs *m* 2 MAR Segelhandschuh *m*; **rempujón** M *fam* heftiger Stoß *m*

remuneración F Bezahlung *f*, Vergütung *f*, Entgelt *n*; **~ por rendimiento** Leistungslohn *m*; **remunerador** ADJ einträglich; lohnend

remunerar VT (*pagar*) bezahlen, vergüten; (*premiar*) belohnen; **remunerativo** ADJ → remunerador; **remuneratorio** ADJ zur Belohnung (*o* als Entgelt)

remusgo M 1 (*sospecha*) Ahnen *n*; Vermutung *f*; Argwohn *m* 2 (*viento tenue y frío*) scharfer, kalter Wind(hauch) *m*

renacentista ADJ Renaissance...; **renacer** VI ⟨2d⟩ wiedergeboren werden; zu neuem Leben erwachen; **renacimiento** M 1 (*volver a nacer*) Wiedergeburt *f* 2 *arte*: **Renacimiento** Renaissance *f*; **estilo** *m* **Renacimiento** Renaissancestil *m*

renacuajo M ZOOL Kaulquappe *f*; *fam fig desp* Knirps *m*

renal ADJ ANAT Nieren...; **insuficiencia** *f* **~** Niereninsuffizienz *f*

Renania F Rheinland *n*; **~ del Norte-Westfalia** Nordrhein-Westfalen *n*; **~ Palatinado** Rheinland-Pfalz *n*

renano A ADJ rheinisch, Rhein...; Rheinländisch B M, **-a** F Rheinländer *m*, -in *f*

rencilla F Streiterei *f*; **rencilloso** ADJ streitsüchtig

renco ADJ → rengo

rencor M Groll *m*; **guardar ~ a alg (por a/c)** j-m etw nachtragen, j-m grollen (wegen *gen*); **rencoroso** ADJ grollend; nachtragend

renda F AGR → bina

rendaje M *equitación:* Riemenzeug *n*

rendar VT AGR → binar

rendibú M *fig* Kotau *m*; Kuschen *n* (vor *dat*)

rendición F 1 (*derrota*) Bezwingung *f*, Überwindung *f* 2 (*entrega*) Übergabe *f*; (*capitulación*) Ergebung *f*, *espec* MIL Kapitulation *f* 3 (*agotamiento*) Erschöpfung *f* 4 *con entusiasmo*: Hingabe *f*; **con ~** ergeben; mit Hingabe 5 COM **~ (de cuentas)** Rechnungslegung *f*, Abrechnung *f*

rendido ADJ 1 (*vencido*) bezwungen 2 (*entregado*) hingebend; ergeben; (*enamorado*) äußerst verliebt 3 (*sumiso*) willfährig 4 (*agotado*) erschöpft; **estoy** *o* **voy ~** ich bin todmüde; ich bin wie gerädert; ich bin fix und fertig *fam*

rendidor ADJ ergiebig; *máquina, etc* leistungsfähig

rendija F Spalt *m*, Riss *m*, Ritze *f*; **~ de la puerta** Türspalt *m*

rendimiento M 1 (*beneficio, ganancia*) Ertrag *m*, Ausbeute *f*; (*capacidad de trabajo*) Leistung (sfähigkeit) *f*; (*eficiencia*) Wirkungsgrad *m*; RADIO Leistung *f*, Reichweite *f*; **~ (de trabajo)** (Arbeits)Leistung *f*; **~ (útil)** (Nutz)Leistung *f*; **de alto ~** leistungsstark; **~ del capital** Kapitalertrag *m*; AGR **del suelo** Bodenertrag *m*; **~ escolar** schulische Leistungen *fpl*; **~ máximo** Höchstleistung *f*; **~ neto** Nettoleistung *f*; Nettoertrag *m* (*tb* ECON); **~ propio** Eigenleistung *f*; **de escaso ~** unwirtschaftlich; **máquina** *f* **de alto ~** Hochleistungsmaschine *f* 2 (*servilismo*) Unterwürfigkeit *f*, Ergebenheit *f* (gegenüber *dat* hacia); Hingabe *f* 3 (*agotamiento*) Erschöpfung *f*

rendir ⟨3l⟩ A VT 1 (*vencer*) bezwingen, überwinden; MIL **~ una plaza (enemiga)** eine Festung zur Übergabe zwingen 2 (*cansar*) ermüden; entkräften, erschöpfen 3 (*entregar*) übergeben (*tb* MIL); (*reintegrar*) zurückerstatten; *tra-*

bajo leisten (*tb* TEC, FISIOL); *importancia* beimessen; *gracias* abstatten; *espíritu* aufgeben; *respeto, etc* bezeigen; *favor, etc* erweisen; *beneficio* abwerfen; *ganancia tb* einbringen; *comida* erbrechen; **~ el alma (a Dios)** seine Seele aushauchen; MIL **~ el arma** den Degen senken; **~ la bandera** die Flagge senken; MAR die Flagge dippen; MIL *y fig* **~ las armas** die Waffen strecken, kapitulieren; **~ cuenta(s)** COM Rechnung legen; *fig* Rechenschaft ablegen; *fig* **~ fruto** Früchte tragen; **~ homenaje a** huldigen (*dat*); Achtung zollen (*dat*); **~ honor(es) a alg** j-m Ehre(n) erweisen; **~ obsequios a** bewirten (*acus*); beschenken (*acus*); ehren (*acus*) 4 MAR *viaje, p. ext Am trabajo* beenden 5 *Am* **~ un examen** eine Prüfung ablegen 6 *Am* GASTR (*diluir*) strecken, verdünnen **B** VI 1 (*valer la pena*) sich bezahlt machen; sich rentieren; **~ (mucho)** (viel) leisten, (sehr) leistungsfähig sein 2 *Am tb* (*hincharse*) aufgehen, (auf)quellen (*z. B. Hefe, Reis*); *Am* GASTR reichlich vorhanden sein **C** VR **rendirse** 1 (*entregarse*) sich ergeben (*tb* MIL); sich beugen (**a** *dat*); (*someterse*) sich unterwerfen; **no te rindas** gib nicht auf; lass dich nicht unterkriegen *fam* 2 (*agotarse*) ermatten; schlappmachen *fam*; **~ de (la) fatiga** sich überanstrengen; von (der) Müdigkeit übermannt werden; **~ de tanto trabajar** sich überarbeiten

renegado **A** ADJ abtrünnig; *fam fig* schroff, barsch **B** M, **-a** F Renegat *m*, -in *f*; *fig* Verräter *m*, -in *f*; Abtrünnige *m/f* **C** M *juego de cartas*: Art Lomber *n*; **renegador** M, **renegadora** F *apóstata* Abtrünnige *m/f*; (*persona que maldice*) Flucher *m*, -in *f*

renegar ⟨1h *y* 1k⟩ **A** VT 1 (*desmentir*) ableugnen; (*abjurar*) abschwören 2 (*despreciar*) verabscheuen **B** VI 1 (*maldecir*) fluchen (**de** über *acus*); *fam* schimpfen; **~ de** verfluchen; **~ de haber nacido** den Tag seiner Geburt verwünschen 2 (*rebelarse*) abtrünnig werden (*dat* de), abfallen (von *dat* de); **~ de a/c** einer Sache abschwören; **~ de alg** sich von j-m lossagen

renegociación F Neuverhandlung *f*; ECON **~ de la deuda** Umschuldung *f*; **renegociar** VT neu verhandeln *o* aushandeln

renegrido ADJ schwärzlich

RENFE F ABR (Red Nacional de Ferrocarriles Españoles) *spanische Eisenbahngesellschaft*

rengífero M → reno

renglón M 1 (*línea horizontal para escribir*) Zeile *f*; (*hilera*) Reihe *f*; *fig* **a ~ seguido** gleich darauf; *fig* **dejar entre -ones** ungesagt lassen; **escribir cuatro -ones** ein paar Zeilen schreiben; **leer entre -ones** zwischen den Zeilen lesen 2 (*posición*) Posten *m*, (Einzel)Betrag *m*

renglonadura F Lini(i)erung *f*; **renglonar** VT lini(i)eren

rengo ADJ *espec Am* (kreuz)lahm, hinkend; *fam fig* **hacer la de ~** den Lahmen (*o* Kranken) spielen, sich drücken *fam*; **renguear** VI *Am reg* lahmen; **renguera** F *Am reg* Lahmen *n*, Hinken *n*

reniego M 1 (*desmentida*) Verleugnung *f* 2 (*blasfemia*) Fluch *m*

renio M QUÍM Rhenium *n*

renitencia F Widersetzlichkeit *f*; **renitente** ADJ widersetzlich, widerspenstig

reno M ZOOL Ren *n*, Rentier *n*

renombrado ADJ angesehen; (*famoso*) berühmt; **renombre** M Ruhm *m*, Renommee *n*; Berühmtheit *f*; Ruf *m*; **adquirir ~** sich einen Namen machen; **de ~ mundial** *o* **universal** von Weltruf, weltberühmt

renovable ADJ erneuerbar (*tb* ECOL *fuentes de energía*); *contrato, etc* verlängerbar; **renovación** F Erneuerung *f*; (*refresco*) Auffrischung *f*; *edificio*: Renovierung *f*; *pasaporte*: Verlängerung *f*; **renovador** **A** ADJ erneuernd; auffrischend **B** M, **renovadora** F Erneuerer *m*, Erneuerin *f* **C** M **~ de aire** Luftverbesserer *m*

renoval M SILV Schonung *f*; **renovante** ADJ erneuernd

renovar VT ⟨1m⟩ erneuern; (*refrescar*) auffrischen (*tb fig*); (*modernisar*) modernisieren; *edificio* renovieren; *pasaporte, etc* verlängern; **~ la amistad** die (alte) Freundschaft erneuern

renquear VI *animal* lahmen; hinken; **renquera** F *Am* Lahmen *n*, Hinken *n*

renta F 1 (*ingreso*) Einkommen *n*; (*pensión*) Rente *f de capital*: Ertrag *m*; (*interés*) Zins *m*; *p. ext* **de ~ fija** festverzinslich; **~ per cápita** Pro-Kopf-Einkommen *n*; **~ vitalicia** Leibrente *f*; **impuesto** *m o* **contribución** *f* **sobre la ~** Einkommensteuer *f*; **~ nacional** Volkseinkommen *n*; **vivir de sus ~s** von den Zinsen seines Kapitals leben; DEP *fig* **vivir de ~** auf Zeit spielen, nichts riskieren 2 *espec Am Centr, Méx* (*alquiler*) Miete *f*, (Miet-, Pacht)Zins *m*; **a ~** in Pacht; **de** *o* **en ~** Miet...

rentabilidad F Rentabilität *f*; Wirtschaftlichkeit *f*; **rentabilizar** VT rentabel gestalten (*o* machen); **rentable** ADJ rentabel, wirtschaftlich; lohnend, einträglich; **rentado** ADJ *Arg, Ur, Ven trabajo* gegen Bezahlung; **rentar** **A** VT 1 *interés, arriendo, ganancia* eintragen, bringen 2 *Méx, Antillas* (*alquilar*) mieten; (*arrendar*) vermieten **B** VI Ertrag bringen, sich rentieren; **rentero** M, **rentera** F AGR Pächter *m*, -in *f*; **rentista** M Rentner *m*; **rentístico** ADJ Renten...

renuencia F (*rechazo*) Ablehnung *f*; (*repugnancia*) Widerwille *m*; **renuente** ADJ (*indignado*) widerwillig; (*reacio*) widerspenstig

renuevo M BOT Schössling *m*; (neuer) Trieb *m*

renuncia F Verzicht *m*; Entsagung *f*; **~ al uso de la fuerza** Gewaltverzicht *m*; **bajo ~ a** unter Verzicht auf (*acus*); JUR **~ a la acción** Klageverzicht *m*; **presentar su ~** abdanken, zurücktreten

renunciable ADJ verzichtbar

renunciar ⟨1b⟩ **A** VI 1 **~ a a/c** auf etw (*acus*) verzichten; *oferta* etw ausschlagen; **~ a su cargo** sein Amt niederlegen 2 *juego de cartas*: nicht bedienen, passen **B** VT **~ un cargo** ein Amt niederlegen; **renunciatorio** M, **renunciatoria** F JUR der-/diejenige, zu dessen/deren Gunsten die Verzichtleistung erfolgt; **renuncio** M *juego de cartas*: Fehlfarbe *f*, Renonce *f*; (*pasar*) Passen *n*; *fam fig* **coger a alg en (un) ~** j-n Lügen strafen

reñidero M *espec riña de gallos*: Kampfplatz *m*

reñido ADJ (miteinander) verfeindet; *lucha, competencia* erbittert; *localidad, cosa* umkämpft; (*incompatible*) unvereinbar; **no está ~** das eine schließt das andere nicht aus; **~ con las buenas costumbres** unsittlich, unmoralisch; **estar ~ con la vida** lebensüberdrüssig sein

reñir ⟨3h *y* 3l⟩ **A** VT (*reprender*) ausschelten, ausschimpfen; *lucha* führen, austragen **B** VI (*pelearse*) sich zanken; sich streiten (**con alg** mit j-m); (*golpearse*) sich schlagen (*tb* MIL)

reo **A** ADJ schuldig; **ser ~ de a/c** einer Sache (*gen*) schuldig sein **B** M, **-a** F Beschuldigte *m/f*, Angeklagte *m/f*

reoca F **ser la ~** *fam* (*ser el colmo*) das Letzte sein *fam*; (*ser formidable*) eine Wucht sein *fam*

reóforo M FÍS Stromleiter *m*

reojo: **mirar de ~** verstohlen (*desp* schief) ansehen; **echar ~s** sich flüchtig umsehen

reómetro M FÍS Strom- (*o* Strömungs)messer *m*

reordenación F, **reordenamiento** M JUR, ADMIN Neuordnung *f*

reordenar VT JUR, ADMIN neu ordnen

reorganización F (*reestructuración*) Neuordnung *f*; Reorganisation *f*; (*cambio*) Umstellung *f*; ECON *tb* (*saneamiento*) Sanierung *f*; **reorganizador** M, **reorganizadora** F Neugestalter *m*, -in *f*; Reorganisator *m*, -in *f*

reorganizar VT ⟨1f⟩ 1 (*reordenar*) neu ordnen; neu gestalten 2 (*cambiar*) umgestalten; re-, umorganisieren

reorientación F Umstellung *f*; **~ profesional** Umschulung *f*; **reorientar** **A** VT umstellen; neu orientieren **B** VR **reorientarse** sich umstellen; sich neu orientieren

reóstato M ELEC Regelwiderstand *m*, Rheostat *m*

repajolero *fam* **A** ADJ (*maldito*) verdammt; *pesado* lästig; **no tienes ni -a idea** du hast keine blasse Ahnung **B** M Mistkerl *m pop*, Schweinehund *m pop*

repámpanos INT Donnerwetter!

repanchigarse VR ⟨1h⟩ *fam* sich bequem zurücklehnen; sich rekeln

repanocha F *fam* **¡es la ~!** (*es fantástico*) das ist ein dolles Ding! (*es el colmo*) das ist das Letzte!

repantigarse VR ⟨1h⟩ *fam* → repanchigarse

reparable ADJ 1 (*sustituible*) ersetzbar; *daño* wieder gutzumachen(d) 2 (*notable*) beachtenswert

reparación F 1 (*recomposición*) Ausbesserung *f*, Reparatur *f*; **taller** *m* **de -ones** Reparaturwerkstatt *f* 2 POL Wiedergutmachung *f*; **-ones** *pl* Reparationen *fpl*, Reparationszahlungen *fpl* 3 (*satisfacción*) Genugtuung *f*; Ehrenerklärung *f*

reparada F *caballo*: Scheuen *n*; **reparador** **A** ADJ 1 (*fortalecedor*) kräftigend; *alimento* kräftig, aufbauend; *sueño* erquickend 2 *reemplazando* ersetzend, Ersatz... 3 (*justificante*) Entschuldigungs... **B** M *medio*: Ausbesserer *m*, Auffrischer *m* **C** M, **reparadora** F Besserwisser *m*, -in *f*, Nörgler *m*, -in *f*

reparar **A** VT 1 (*recomponer*) ausbessern; reparieren; AUTO *tubo* flicken 2 (*reforzar*) kräftigen; *fig* auffrischen; **~ fuerzas** wieder zu Kräften kommen; sich stärken 3 (*reponer*) ersetzen; (wieder)gutmachen; **~ una injuria** sich (*dat*) Genugtuung für eine Beleidigung verschaffen 4 *esgrima*: parieren; *un peligro* begegnen (*dat*) **B** VI **~ en a/c** (*notar*) etw bemerken; (*atender*) auf etw achten; *fig* etw kritisieren; **no ~ en (los) gastos** nicht auf die Kosten sehen, keine Kosten scheuen **C** VR **repararse** 1 (*contenerse*) sich beherrschen, sich zusammennehmen 2 *Am animal de carga* bocken

reparo M 1 (*objeción*) Einwand *m*, Bedenken *n*; Einwendung *f*; **no andar(se) con ~s** keine Bedenken tragen, nicht zweifeln; **sin ~** anstands-, bedenkenlos; **me da ~** (*inf*) ich scheue mich zu (*inf*); **poner ~s a a/c** gegen etw Bedenken (*o* Einwände) erheben; **no tener ~ en decir** nicht anstehen zu sagen 2 *poco usado o reg* (*reparación*) Reparatur *f*; (*remedio*) Abhilfe *f*; (*confortante*) Stärkungsmittel *n*

reparón **A** ADJ *fam* nörgelnd **B** M, **-ona** F Nörgler *m*, -in *f*, Meckerer *m*, Meckerin *f fam*

repartible ADJ verteilbar; **repartición** F Verteilung *f*; Austeilung *f*; **repartida** F *espec Am* → reparto; **repartidamente** ADV verteilt; **repartidor** M 1 *persona*: Verteiler *m*; Zuteiler *m*; Lieferant *m*, Ausfahrer *m*; **~ de periódicos** Zeitungsausträger 2 TEC *herrería*: Setzhammer *m* 3 AGR → repartidora 2; **repartidora** F 1 *persona*: Verteilerin *f*; Austrägerin *f*; Lieferantin *f*, Ausfahrerin *f* 2 AGR Verteiler *m*; Streuer *m*

repartija F *Arg, Ur fam espec botín*: Aufteilung *f*; **repartimiento** M 1 Aus-, Ein-, Aufteilung *f* 2 *Am* HIST *Zuteilung von Indios als Arbeitskräfte an Spanier*

repartir **A** V/T aus-, verteilen; *(dividir)* einteilen; *correos:* zustellen *(tb mercancía)*, austragen, *(tb diario)*; *ganancia, dividendo* ausschütten; TEAT *papel:* besetzen, verteilen; MAR *carga* verstauen; **~ a/c** etw unter sich *(dat)* aufteilen **B** V/R **repartirse** sich verteilen

reparto M **1** *(distribución)* Verteilung *f*; Ausgabe *f*; Aufteilung *f*; COM Lieferung *f*; *correos:* Zustellung *f*, Austragung *f (tb diario)*; *ganancia, dividendo:* Ausschüttung *f*; *impuestos, etc* Umlegung *f*, Umlage *f*; TEAT, *etc* Besetzung *f*; FILM, TV Casting *n*; COM Zustellung *f*; Lieferung *f*; **~ de competencias** Kompetenzverteilung *f*; **~ a domicilio** Zustellung *f* ins Haus; **~ de premios** Preisverteilung *f*; AUTO **camión** *m o* **camioneta** *f* **de ~** Lieferwagen *m* **2** *Cuba (barrio)* Wohnviertel *n*

repasado M Nacharbeit *f*

repasador M *Arg, Col, Ur* Geschirrtuch *n*; **repasadora** F Flickschneiderin *f*

repasar V/T **1** *(revisar)* nochmals durchgehen (*o* durchsehen); *(repetir)* wiederholen; *libro, escrito* durch-, überlesen; MÚS durchspielen **2** *(examinar)* nachsehen, überprüfen; COM **al ~ mis libros** bei Durchsicht meiner Bücher **3** *espec ropa* flicken **4** TEC *(mejorar)* nacharbeiten, überholen; *(refinar)* veredeln, vergüten

repasata F *fam* Rüffel *m fam*, Abreibung *f fam*

repaso M **1** *(revista)* Durchsicht *f*; Überprüfung *f*; TEC Überholung *f*; **~ general** Generalüberholung *f* **2** *libro, escrito:* Durch-, Überlesen *n*; **dar ~ a alg** j-n zurechtweisen; **dar un ~ (de pintura) a a/c** etw überstreichen, etw noch einmal streichen; TEAT **dar un ~ a su papel** seine Rolle (noch einmal) überfliegen **3** *(repetición)* Wiederholung *f*; **curso** *m* **de ~** Repetitorium *n* **4** *Esp fam (paliza)* Tracht *f* Prügel

repatear V/T *fam* nerven, auf die Nerven gehen, auf den Wecker gehen *fam*

repatriación F Rückführung *f*, Repatriierung *f*

repatriar ⟨1b⟩ **A** V/T in die Heimat zurückschicken, repatriieren **B** V/R **repatriarse** heimkehren, in die Heimat zurückkehren

repechaje M *Arg* DEP *fútbol:* Rückspiel *n*

repecho M Böschung *f*; kurzer Steilhang *m*

repeinarse V/R sich sorgfältig kämmen; sein Haar aufkämmen

repelar V/T **1** *(tirar del pelo)* an den Haaren ziehen, (zer)zausen; *fam fig gastos* beschneiden **2** *Méx (regañar)* auszanken

repelencia F *(desestimación)* Abweisung *f*, *(rechazo)* Abstoßung *f*; **repelente** **A** ADJ abweisend; *niño* vorlaut, naseweis; MED, TEC *y fig* abstoßend; *fig* widerwärtig; **~ al agua** Wasser abstoßend **B** M Insektenschutzmittel *n*; **repeler** V/T *(retroceder)* zurücktreiben; *(rechazar)* abweisen; TEC, MED *y fig* abstoßen

repellar V/T *paredes, etc* verputzen

repello M *Am* Verputz *m*

repelo M *del pelo:* Gegenstrich *m*; *fig* Widerwille *m*; **a ~** gegen den Strich; **~ de frío** Schüttelfrost *m*; **~ de la uña** Niednagel *m*

repelón M **1** Haarzupfer *m*; *fam fig (pedazo)* Fetzchen *n*; *fig* **a -ones** *o* **a ~** mit Mühe und Not, mit Hängen und Würgen *fam*; *adv* **de ~** flüchtig; **dar -ones** an den Haaren ziehen **2** *equitación:* plötzliches Vorpreschen *n* **3** *Méx fam fig (reprimenda)* Verweis *m*, Rüffel *m fam*

repeluco *fam*, **repelús** *fam*, **repeluzno** M *fam (estremecimiento)* Schauder(n *n*) *m*; *(escalofrío)* Schüttelfrost *m*; *(desanimación)* Verzagtheit *f*; *(repugnancia)* Ekel *m*, Widerwille *m*; **dar ~** schaudern machen

repensar V/T ⟨1k⟩ nochmals überlegen; durchdenken

repente **A** ADV **de ~** plötzlich; *tb (sin preparación)* aus dem Stegreif **B** M *fam* Aufwallung *f*; **en un ~ de ira** in einem Wutanfall

repentino ADJ **1** *(de imprevisto)* plötzlich, unerwartet **2** *(improvisado)* improvisiert; **repentista** M/F MÚS Improvisator *m*, -in *f*; **repentizar** V/T & V/I ⟨1f⟩ improvisieren; MÚS vom Blatt spielen (*o* singen); LIT aus dem Stegreif dichten

repera F *fam* **ser la ~** *(ser el colmo)* das Letzte sein *fam*; *(ser fantástico)* eine Wucht sein *fam*

repercusión F **1** *(rebote)* Rückstoß *m*, -prall *m*; *(eco)* Widerhall *m (tb fig)* **2** *fig (resonancia)* Rückwirkung *f*; Echo *n*, *(fig* finden **tener**); **repercutir** V/I **1** *(rebotar)* zurückprallen **2** *(resonar)* widerhallen; *fig (tener resonancia)* Anklang finden; ein Echo haben; sich auswirken (**en** auf *acus*)

reperpero M *C. Rica, P. Rico fam* Durcheinander *n*

repertorio M **1** *(registro)* Verzeichnis *n*; (Sach)Register *n* **2** TEAT *(cartelera)* Spielplan *m*; Repertoire *n (tb* MÚS); *fam fig* **siempre el mismo ~** immer das Gleiche

repesar V/T nachwiegen

repesca F *fam enseñanza:* Wiederholungsprüfung *f*

repescar V/T ⟨1g⟩ *fam* **1** *(admitir nuevamente) durchgefallenen Kandidaten* neu zu einer Prüfung zulassen **2** *fig pasado* ausgraben

repeso M Nachwiegen *n*; Gewichtskontrolle *f*

repetibilidad F Wiederholbarkeit *f*; **repetible** ADJ wiederholbar

repetición F **1** Wiederholung *f*, Repetition *f*; *enseñanza:* **~ de un curso** *o Perú* **~ de un año escolar** Sitzenbleiben *n*; **de ~** *tb* Nachhilfe...; MIL **fusil de ~** Repetiergewehr *n* **2** *reloj:* Schlagwerk *n* **3** JUR Rückforderung *f*

repetido ADJ wiederholt; mehrmalig; *adv* **-as veces** mehrmals, (zu) wiederholt(en Malen); **lo tengo ~** ich habe es doppelt; **repetidor** **A** ADJ wiederholend **B** M, **repetidora** F **1** *(que repite)* Wiederholer *m*, -in *f*; *enseñanza* Sitzenbleiber *m*, -in *f*; Sitzengebliebene *m/f* **2** *(maestro)* Repetitor *m*, -in *f*; Nachhilfelehrer *m*, -in *f* **3** TV Relaisstation *f*; TEL Verstärker *m*; MAR, AVIA Tochterkompass *m*; **repetidora** F CAZA Repetiergewehr *m*

repetir ⟨3l⟩ **A** V/T & V/I wiederholen; repetieren *(tb reloj)*; *comida, etc* nochmals nehmen; MIL (Essen) nachfassen; COM **~ los pedidos** Nachbestellungen machen **B** V/I **1** *durante la comida:* aufstoßen **2** JUR **~ contra alg** Rückgriff nehmen gegen j-n **C** V/R **repetirse** sich wiederholen; wiederkommen; COM *anticuado* **me repito de usted affmo. …** ich verbleibe Ihr ergebener …; **¡que se repita!** noch einmal!; MÚS da capo!

repetitividad F TEC Wiedeholbarkeit *f*; **repetitivo** ADJ sich wiederholend; monoton

repicar ⟨1g⟩ **A** V/T **1** *(cortar a pedazos)* klein hacken, *(despedazar)* (ganz) zerstückeln **2** *campanas* (an)schlagen, läuten; *castañetas, etc* schlagen **B** V/I *perro* anschlagen, *campanas* (heftig) läuten; *castañetas, etc* klappern; *reg, espec Am fam fig* **cuando repican (muy) gordo** *o* **fuerte** an (hohen) Feiertagen, in Festzeiten; *prov* **no se puede ~ y estar en la procesión** man kann nicht gleichzeitig auf zwei Hochzeiten tanzen

repintar **A** V/T & V/I **1** PINT nach-, übermalen **2** TIPO abschmieren **B** V/R **repintarse** **1** TIPO abschmieren **2** *fam fig* sich stark schminken; **repinte** M PINT Übermalen *n*

repipi ADJ *fam espec niño* vorlaut, neunmalklug; affektiert; **niña** *f* **~** dumm-schnippische Göre *f fam*

repique M Glockenläuten *n*; *fam fig* Zänkerei *f*; **repiquete** M **1** *campanas:* Läuten *n*, Bimmeln *n*; *castañetas:* Klappern *n*; *Chile (trinos)* Trillern *n* **2** *(pelea, lucha)* Zusammenstoß *m*; MAR kurzes Lavieren *n*; *Col* Groll *m*; **repiquetear** V/T läuten; *con castañetas, etc* klappern; **repiqueteo** M → repiquete 1; *fam fig* Gezänk *n*

repisa F ARQUIT Kragstein *m*; Konsole *f*; *ventana:* Sims *n*, Fensterbank *f*; *(estante)* Abstellbord *n*; *Am reg tb* Fensterbrett *n*

repisar V/T *(apisonar)* feststampfen; *(volver a pisar)* nochmals (*o* immer wieder) treten; **repiso** M Tresterwein *m*

replana F *peruanische Gaunersprache f*

replanificación F Um-, Neuplanung *f*

replanificar V/T ⟨1g⟩ umplanen, neu planen

replantación F *jardín nuevo:* Neubepflanzung *f*; *cambio de lugar:* Umpflanzung *f*; **replantar** V/T *plantas nuevas:* wieder bepflanzen; *cambiar de lugar:* umpflanzen; **replantear** V/T **1** ARQUIT trassieren **2** *fig pregunta, problema* wieder stellen (*o* aufwerfen); **replanteo** M ARQUIT Trassierung *f*

repleción F *espec* MED Füllung *f*; *tb* Vollblütigkeit *f*; **~ de estómago** Magenüberladung *f*

replegar ⟨1h *y* 1k⟩ **A** V/T **1** *repetidamente:* nochmals falten; *para ahorro de lugar:* zusammenfalten; **~ hacia dentro** einstülpen **2** *(doblar hacia atrás)* zurückbiegen **B** V/R **replegarse** MIL *tropas* sich zurückziehen, sich absetzen, anziehen *(tb fig)*

repletar **A** V/T ausfüllen, vollstopfen **B** V/R **repletarse** sich vollessen; **repleto** ADJ **estar ~** bis obenhin voll sein (von *dat o* mit *dat* de); überfüllt sein

réplica F **1** Erwiderung *f*, Entgegnung *f*; *(protesta)* Widerrede *f*; *(respuesta aguda)* schlagfertige Antwort *f* **2** JUR Gegenrede *f*; Einrede *f* **3** *arte:* Replik *f*, Nachbildung *f* **4** GEOL Nachbeben *n*

replicador → replicón; **replicar** V/T & V/I ⟨1g⟩ *(responder)* erwidern; *(responder con viveza)* schlagfertig antworten; *(contradecir)* widersprechen; **replicón** **A** ADJ *fam* (immer) widersprechend **B** M, **-ona** F Widerspruchsgeist *m fam*

repliegue M **1** *(doblez)* Falte *f (tb* ANAT); Knick *m* **2** MIL *(retroceso)* (geordneter) Rückzug *m*

repo M *Esp fam* Stotterer *m*

repoblación F Wiederbevölkerung *f*; SILV **~ de animales** *o* **~ venatoria** Aussetzen *n* von Tieren; **~ forestal** Wiederaufforstung *f*

repoblar V/T ⟨1m⟩ *país* wieder bevölkern; *bosque* wieder aufforsten.

repollar V/I AGR *repollo, lechuga* Köpfe ansetzen; **repollez** F Kitsch *m*; Getue *n*; **repollitas** FPL, **repollitos** MPL BOT Rosenkohl; **repollo** M BOT Kohl(kopf) *m*, Kraut(kopf *m*) *n*; *espec* Weißkohl *m*, -kraut *n*; *Am* **~ morado** Rotkohl *m*, -kraut; **repolludo** ADJ BOT wie ein Kohlkopf; *fam fig* gedrungen

reponer ⟨2r⟩ **A** V/T **1** wieder auf-, hin-, zurückstellen (*o* -legen); INFORM zurücksetzen; *vestimenta* weghängen; *lo consumido* ersetzen; *existencias* auffüllen; *fuego: madera, etc* nachlegen; **~ fuerzas** Kräfte sammeln **2** *(responder)* erwidern **3** TEAT *(reestrenar)* wieder aufführen; *(poner nuevamente en escena)* neu inszenieren **B** V/R **reponerse** **1** *(recuperarse)* sich (wieder) erholen **2** *(reabastecerse)* sich (wieder) versehen (**de** mit *dat*)

report M COM Reportgeschäft *n*; Kurszuschlag *m*

reportaje M Reportage *f*; Bericht *m*; Berichterstattung *f*; **~ gráfico** Bildbericht *m*, -reportage *f*; **~ publicitario** Werbereportage *f*; **~ televisivo** Fernsehreportage *f*

reportamiento M Zurückhaltung *f*

reportar **A** V/T **1** *(frenar)* zurückhalten, zügeln **2** *beneficio, ganancia* bringen, eintragen **3** TIPO *litografía* überdrucken **4** *Am (comunicar)* melden, berichten **B** V/R **repor-**

R

tarse 1 (*moderarse*) sich mäßigen, sich beherrschen 2 *Am* (*presentarse*) sich melden; sich sehen lassen
reporte M 1 *espec Am* (*informe*) Bericht *m*; (*chisme*) Klatsch *m fam* 2 TIPO (lithografischer) Überdruck *m*
reportear *Am* interviewen
repórter M → reportero
reportera F Berichterstatterin *f*, Reporterin *f*; ~ **gráfica** Bildreporterin *f*; **reporteril** ADJ Reporter...; **reporterismo** M Reportertätigkeit *f*; **reportero** M Berichterstatter *m*, Reporter *m*; ~ **gráfico** Bildreporter *m*; **reportista** M/F TIPO Lithofachmann *m*, -frau *f* für Überdrucke
reposabrazos M ⟨*pl inv*⟩ AUTO Armstütze *f*; **reposacabezas** M ⟨*pl inv*⟩ AUTO Kopfstütze *f* (integrado integrierte); **reposadero** M TEC *horno de fundición*: Grundstein *m eines Gießofens*; **reposado** ADJ ruhig, gelassen; *vino, líquido* abgelagert; **reposapiés** M ⟨*pl inv*⟩ Fußstütze *f*, -auflage *f*
reposar A VI 1 (*descansar*) ruhen, rasten; (*dormir*) schlafen 2 *muerto*: (im Grabe) ruhen 3 *vino, etc* lagern B VT *fam* ~ **la comida** seine Mittagsruhe halten C VR **reposarse** *líquido* sich setzen
reposera F *Am* Liege *f*
reposición F 1 (*recolocación*) Wiedereinsetzung *f*; Rückstellung *f*; JUR ~ **a la anterior situación** Wiedereinsetzung *f* in den vorigen Stand 2 (*sustitución*) Ersetzung *f*; COM *existencias*: Auffüllen *n*; (*reembolso*) Rückerstattung *f* 3 FISIOL, ECON *y fig* (*descanso*) Erholung *f*; Beruhigung *f* 4 COM **-ones** *fpl* (*reservas*) Rücklagen *fpl* 5 TEAT (*puesto nuevamente en escena*) Neuinszenierung *f*; (*reestreno*) Wiederaufführung *f*
repositorio M Aufbewahrungsort *m*
reposo M 1 (*descanso*) Ruhe *f*; *fig* Gelassenheit *f*; **casa de** ~ Erholungsheim *n*; *Am* Altersheim *n*; Pflegeheim *n*; MED **cura** *f* **de** ~ Liegekur *f*; ~ **en cama** Bettruhe *f*; FÍS, TEC **en** ~ in Ruhe; im Stillstand; *tb* MED **en posición de** ~ in Ruhestellung 2 *líquido*: Stehenlassen *n*; Lagern *n* 3 (*silencio sepulcral*) (Grabes)Ruhe *f* 4 *Chile, Perú* (*despensa*) Speisekammer *f*
repostaje M Nachtanken *n*; **repostar** VT *y* VR ~**se** *provisiones* (neue Vorräte) aufnehmen; *combustible* nachtanken
repostera F Konditorin *f*; **repostería** F 1 *tienda y profesión*: Konditorei *f* 2 *provisiones e instrumentos*: Konditor(ei)waren *fpl* 3 *sala de aparador, etc* Anrichteraum *m*, Office *n*; MAR Pantry *f*; **repostero** M 1 (*pastelero*) Konditor *m* 2 HIST *persona*: Küchenmeister *m* 3 HIST (*cenefa*) Schabracke *f*; Balkonbehang *m*
repozuelo M BOT Pfifferling *m*
reprender VT tadeln, rügen; ~**le a alg a/c** j-m etw vorwerfen; **reprensible** ADJ tadelnswert; **reprensión** F Tadel *m*, Rüge *f*; **reprensivo** ADJ tadelnd, rügend; **reprensor** A ADJ tadelnd, rügend B M, **reprensora** F Tadler *m*, -in *f*
represa F 1 (*estancamiento*) Stauung *f* 2 *fig* (*emociones reprimidas*) Affektstau *m*, -unterdrückung *f*; Groll *m* 3 *Am* (*dique*) Staudamm *m*; -werk *n*; -wehr *n*
represalia F Vergeltungsmaßnahme *f*; Repressalie *f*; **tomar ~s** Vergeltungsmaßnahmen ergreifen; **en ~ por** als Vergeltung für; **represaliar** VT ⟨1c⟩ strafen, Repressalien ergreifen
represar VT 1 *agua* stauen; *fig* (*contener, reprimir*) unterdrücken; aufhalten, hemmen 2 MAR *embarcación* sich (*eines gekaperten Schiffes*) wieder bemächtigen
representable ADJ TEAT aufführbar
representación F 1 (*exposición*) Darstellung *f* (*tb* MAT, *estadística*); *fig* (*personificación*) Verkörperung *f*; FÍS, TEC ~ **de recorrido y tiempo** Weg-Zeitbild *n* 2 TEAT Vorstellung *f*, Aufführung *f* 3 (*imagen, figura, idea*) Vorstellung *f*, Idee *f*, Begriff *m* 4 (*petición*) Eingabe *f*, Gesuch *n*; **hacer -ones a** *tb* vorstellig werden bei (*dat*) 5 (*suplencia*) Vertretung *f* (*tb* AVIA *y* POL); POL *y fig* Repräsentation *f*; ~ **comercial/corporativa** Handels-/Ständevertretung *f*; ~ **diplomática** diplomatische Vertretung *f*; ~ **en el Extranjero** Auslandsvertretung *f*; ~ **exclusiva/general** Allein-/Generalvertretung *f*; POL ~ **nacional** Volksvertretung *f*; POL ~ **proporcional** Verhältniswahlrecht *n*; **derecho** *m* **de** ~ Repräsentations-, Vertretungsrecht *n*; *fig* **de** ~ von großem Ansehen; repräsentativ; **en** ~ **de** in Vertretung (*gen o* von *dat*); **por** ~ (durch einen Beauftragten) vertreten
representador ADJ darstellend; vertretend; **representante** A ADJ 1 vertretend 2 darstellend B M/F 1 Vertreter *m*, -in *f* (*tb* COM); Repräsentant *m*, -in *f*; ~ **autorizado** bevollmächtigte(r) Vertreter *m*, -in *f*; ~ **general** Generalvertreter *m*, -in *f*; ~ **legal** gesetzlicher Vertreter *m*, gesetzliche Vertreterin *f*; Rechtsvertreter *m*, -in *f*; *de un niño o incapacitado tb* Vormund *m* 2 (*intérprete*) Darsteller *m*, -in *f*
representar A VT 1 (*presentar*) vorstellen; (*interpretar*) darstellen; (*significar*) bedeuten; *p. ext* (*relatar*) schildern; *fig* (*personificar*) verkörpern; *fig* (*manifestar*) zeigen, bekunden; TEAT *y fig* ~ **bien su papel** seine Rolle gut spielen; ~ **gráficamente** MAT, *etc* grafisch darstellen; *fig* plastisch schildern; **modo** *m* **de** ~ Darstellungsweise *f* 2 ~ **menos edad que su amigo** jünger aussehen als sein Freund 3 TEAT *obra* aufführen 4 JUR, POL, COM vertreten; ~ **a una empresa** eine Firma repräsentieren; ~ **los intereses de su país** die Belange (*o* Interessen) seines Landes vertreten (*o* wahrnehmen); **la bandera representa la nación** die Fahne versinnbildlicht die Nation B VI *anticuado o* ADMIN ~ **sobre a/c** über etw (*acus*) berichten C VR **representarse** 1 ~ **a/c** sich (*dat*) etw vorstellen 2 TEAT aufgeführt werden
representatividad F Repräsentativität *f*
representativo ADJ 1 repräsentativ (*tb* POL); POL parlamentarisch; **encuesta** *f* **-a** Repräsentativbefragung *f*; POL **sistema** *m* ~ parlamentarische Demokratie *f*, Repräsentativsystem *n* 2 (*característico*) kennzeichnend (für *acus* de); markant 3 (*importante*) bedeutend, wichtig
represión F 1 (*defensa*) Abwehr *f*; (*combate*) Bekämpfung *f* 2 (*supresión*) Unterdrückung *f*; Niederhaltung *f*; **represivo** ADJ beschränkend; eindämmend; repressiv; Abwehr...; Unterdrückungs..., Straf...; **represor** A ADJ unterdrückend; niederhaltend B M, **represora** F Unterdrücker *m*, -in *f*
reprimenda F (scharfer) Verweis *m*; **reprimir** A VT (*suprimir*) unterdrücken; (*combatir*) bekämpfen; (*abatir*) niederkämpfen; (*contener*) niederhalten; PSIC (*relegar al inconsciente*) verdrängen B VR **reprimirse** sich beherrschen; sich bezwingen
reprise F 1 TEAT, FILM Wiederaufführung *f*, Reprise *f* 2 AUTO Beschleunigung *f*
reprivatización F ECON Reprivatisierung *f*; **reprivatizar** VT reprivatisieren
reprobable ADJ tadelnswert; verwerflich; **reprobación** F Missbilligung *f*; Verurteilung *f*; **reprobado** A ADJ verworfen; unzulässig; tadelnswert; *enseñanza* **ser** ~ im Examen durchfallen B M, **-a** F Durchgefallene *m/f*
reprobador ADJ verwerfend; missbilligend; tadelnd
reprobar VT ⟨1m⟩ missbilligen; tadeln, rügen; verwerfen (*tb* REL), verdammen; *espec Méx enseñanza* ~ **un examen** in einer Prüfung durchfallen; **reprobatorio** ADJ missbilligend; Missbilligungs...; → reprobador
réprobo A ADJ verworfen; verdammt B M, **-a** F Verworfene *m/f*, Verdammte *m/f*
reprocesado M, **reprocesamiento** M TEC Wiederaufbereitung *f*
reprocesar VT TEC wieder aufbereiten
reprochable ADJ tadelnswert; **reprochador** ADJ tadelnd; **reprochar** VT vorhalten, tadeln; ~**le a alg a/c** j-m etw vorwerfen; **reproche** M Vorwurf *m*, Tadel *m*; **sin** ~ tadellos
reproducción F 1 (*reelaboración*) Wiedererzeugung *f*; *fonotecnia*: Wiedergabe *f*; (*multiplicación*) Vervielfältigung *f*; (*copia*) Nachbildung *f*; (*narración*) Nacherzählung *f*; (*reimpresión*) Nachdruck *m*; **derecho** *m* **de** ~ Reproduktions-, Wiedergabe-, Nachdruck-, Vervielfältigungsrecht *n*; TIPO **película** *f* **de** ~ Reprofilm *m*; ~ **estereofónica** Stereo(ton)wiedergabe *f* 2 BIOL Fortpflanzung *f*; AGR (Vermehrungs)Zucht *f*; Nachwuchs *m*; **órganos** *mpl* **de la** ~ Fortpflanzungsorgane *npl*
reproducible ADJ nachbildungsfähig; reproduzierbar
reproducir ⟨3o⟩ A VT 1 (*reelaborar*) wiedererzeugen; *fonotecnia*: wiedergeben; (*copiar*) nachbilden; *espec* TIPO (*multiplicar*) vervielfältigen; reproduzieren 2 BIOL fortpflanzen B VR **reproducirse** 1 sich wiederholen 2 BIOL sich fortpflanzen
reproductivo ADJ wiedererzeugend; BIOL reproduktiv; Fortpflanzungs...; (*lucrativo*) gewinnbringend; **en edad -a** im fortpflanzungsfähigen (*o* gebärfähigen) Alter
reproductor A ADJ Fortpflanzungs... B M 1 AGR männliches Zuchttier *n* 2 TEC Wiedergabegerät *n*; FILM ~ **de banda** Lichttongerät *n*; ~ **de CD** (*o* **de discos compactos**) CD-Player *m*; ~ **de DVD** DVD-Player *m*; ~ **MP3** MP3-Player *m*; ~ **sonoro** *o* **del sonido** Tonanlage *f*
reproductora F 1 AGR weibliches Zuchttier *n* 2 TIPO Vervielfältigungsgerät *n*
reprogramar VT umprogrammieren; neu programmieren
reprotécnica F TIPO Repro(duktions)technik *f*
reps M TEX Rips *m*
reptación F Kriechen *n*; **reptar** VI kriechen (*tb fig*); MIL robben; **reptil** M ZOOL Reptil *n*
república F Republik *f*; *desp* ~ **bananera** Bananenrepublik *f*; **República Centroafricana** Zentralafrikanische Republik *f*; HIST **República Democrática Alemana** Deutsche Demokratische Republik *f*; **República Dominicana** Dominikanische Republik *f*; ~ **federal** Bundesrepublik *f*; **República Federal de Alemania** Bundesrepublik *f* Deutschland; ~ **popular** Volksrepublik *f*; **República Popular de China** Volksrepublik *f* China; *fig* **la** ~ **de las letras** die Welt der Literatur
republicanismo M republikanische Gesinnung *f*; **republicano** A ADJ republikanisch B M, **-a** F Republikaner *m*, -in *f*
repudiación F JUR *herencia*: Ausschlagung *f*; **repudiar** VT ⟨1b⟩ *parientes* verstoßen; *herencia* ausschlagen
repudio M *parientes*: Verstoßung *f*; (*rechazo*) Ablehnung *f*; Ausschlagung *f*
repudrir A VT zu starkem Faulen bringen B VR **repudrirse** *fig* sich grämen
repuesto A PP → reponer; wieder hingestellt; ersetzt B ADJ zurückgezogen, entfernt, versteckt C M 1 (*provisión*) Vorrat *m*; (*recambio*) Ersatz *m*; (**pieza** *f* **de**) ~ Ersatzteil *n*; **de** ~ Ersatz..., Reserve...; **rueda** *f* **de** ~ Reserverad

R

n, Ersatzreifen *m*; *vestimenta, etc* zum Wechseln; **~ de víveres** (*existencias*) Lebensmittelvorrat *m*; (*despensa*) Vorratskammer *f* **2** (*aparador*) Anrichte *f*

repugnancia F Widerwille *m* (gegen *acus* a); Ekel *m* (a vor *dat*); **causar ~** Ekel erregen; **repugnante** ADJ abstoßend; ekelhaft, widerlich

repugnar **A** VT & VI **1** (*rechazar*) abstoßen (*acus*), zuwider sein (*dat*), anekeln (*acus*); **repugna** es ist widerlich **2** (*contradecir*) widerstreiten; bestreiten; **~ a** zuwiderlaufen (*dat*) **B** VR **repugnarse** in Widerstreit liegen

repujado M TEC getriebene Arbeit *f*; Ziselierung *f*; **repujar** VT *metal* treiben, ziselieren; *cuero, etc* punzen

repulgado ADJ *fam fig* (*remilgado*) geziert, (*afectado*) affektiert; (*exageradamente miedoso*) überängstlich; **repulgar** VT ⟨1h⟩ umsäumen; **repulgo** M **1** TEX *umgelegter* Saum *m*; Doppelnaht *f* **2** *de un pastel, etc*: Kuchenrand *m*; *fam fig* (*bagatelas*) Lappalien *fpl*; (*escrúpulos ridículos*) übertriebene Bedenken *npl*; **sin ~s** ungeniert

repulido ADJ *fig* (*remilgado*) geziert; *fam* (*bien vestido*) geleckt (*fam fig*)

repulir **A** VT nachpolieren; neu polieren; *fig* auf Hochglanz bringen **B** VR **repulirse** sich herausputzen

repullo M **1** (*rehilete*) Wurfpfeil *m* **2** *por sorpresa*: Zusammenschrecken *m*, -zucken *n*

repulsa F Weigerung *f*; Ablehnung *f*; Abweisung *f*, Abfuhr *f fam*; **repulsar** VT zurück-, abweisen; verweigern; **repulsión** F **1** (*rebote*) Rückstoß *m*; Abstoßung *f* (*tb* ELEC) **2** (*rechazo*) Zurück-, Abweisung *f* **3** (*aversión*) Widerwille *m*, Abneigung *f*; Ekel *m*; **repulsivo** ADJ **1** (*repelente*) zurück-, abstoßend **2** (*repugnante*) widerlich, ekelhaft

repunta F **1** GEOG Landspitze *f*, Kap *n* **2** *fig* (*primer indicio*) erstes Anzeichen *n* **3** *fam* (*animosidad*) Groll *m*; Zwistigkeit *f*

repuntar **A** VI **1** MAR *agua* anfangen zu steigen (*o* zu sinken) **2** *Am río* über die Ufer treten **3** *Am* (*reaparecer*) wieder erscheinen, wieder auftreten; *precios, etc* (wieder) anziehen, steigen **B** VR **repuntarse** **1** *vino* umschlagen **2** *fam fig* pikiert sein *fam*

repunte M **1** MAR *marea*: Einsetzen *n* von Ebbe (*o* Flut), Stillwasser *n* **2** ECON **~ económico** (leichter) Wirtschaftsaufschwung *m*

repuse → reponer

reputación F Ruf *m*, Name *m*, Ansehen *n*; Leumund *m*; **de buena/mala ~** angesehen/von schlechtem Ruf; **tener buena/mala ~** einen guten/schlechten Ruf haben; **de ~ mundial** von Weltruf

reputado ADJ gut beleumundet; (*célebre*) berühmt

reputar VT **1** (*estimar*) schätzen, erachten (als *acus* por); **~ (de)** (*adj*) halten für (*adj*) **2** (*apreciar*) schätzen, würdigen

requebrador M Hofmacher *m*, Schmeichler *m*; **requebrajo** M *fam desp* Schmus *m fam*; **requebrar** VT ⟨1k⟩ Komplimente machen (*dat*); den Hof machen (*dat*); schmeicheln (*dat*)

requechos MPL *Arg, Ur* Speisereste *mpl*

requemado ADJ angebrannt; *color*: schwärzlich; **requemar** **A** VT **1** anbrennen lassen; versengen; BOT ausdörren; *fig* verzehren; *sangre* in Wallung bringen **2** → resquemar **B** VR **requemarse** anbrennen; versengen; *plantas* aus-, verdorren; *fig* sich grämen (*o* ärgern); sich verzehren; **requemazón** F → resquemazón

requer M *Hond* AUTO Anhänger *m*

requerimiento M **1** Ersuchen *n*; Antrag *m*; Bitte *f*; **a ~ de** auf Ersuchen von; COM, JUR **~ de pago** Zahlungsaufforderung *f* **2** (*exigencia*) Anforderung *f*; INFORM **~s** *mpl* **del sistema** Systemvoraussetzungen *fpl*, Systemanforderungen *fpl*

requerir VT ⟨3i⟩ **1** (*invitar, animar*) auffordern, (*pedir*) ersuchen; (*exhortar*) mahnen; JUR *pena* beantragen; **~ de amores** seine Liebe antragen (*dat*) **2** (*dar a conocer*) bekannt geben; (*ordenar*) anordnen **3** (*comprobar*) (nach)prüfen **4** (*exigir*) erfordern, notwendig machen, verlangen; **~ mucho tiempo** zeitraubend sein

requesón M Quark *m*, Topfen *m*

requete... *fam Steigerungsvorsilbe*: sehr; **requeté** M *Esp* POL, HIST **1** *persona*: Karlist *m* (*Anhänger des Don Carlos, bes in Navarra*) **2** *agrupación*: Requetépartei *f*; **requetebién** ADV *fam* ausgezeichnet, hervorragend

requiebro **A** → requebrar **B** M Schmeichelei *f*, Kompliment *n*

réquiem M REL Requiem *n* (*tb* MÚS); Trauergottesdienst *m*

requiero → requerir

requilorios MPL *fam* Umschweife *mpl*, Umstände *mpl*; **no andarse con ~** nicht lange fackeln

requintada F *Bol, Perú* Beschimpfung *f*, grobe Beleidigung *f*; **requintado** ADJ (*selecto*) erlesen; *literatura* anspruchsvoll; **requintar** **A** VT **1** *fig* (*aventajar*) (weit) überlegen sein (*dat*) **2** MÚS *cuerda(s)* um eine Quinte höher (*o* tiefer) stimmen **3** *Am* (*estirar*) spannen **4** *Col, Méx* (*imponerse*) sich durchsetzen bei (*dat*), zum Gehorsam zwingen **5** *Bol, Perú fam* (*insultar*) beschimpfen **B** VI *Am Mer* motzen *fam*, fluchen;

requinto M **1** kleine fünfsaitige Gitarre *f* **2** Diskantklarinette *f*

requisa F **1** MIL Requisition *f* **2** *Am* (*revisación*) Durchsuchung *f*; **requisar** VT **1** (*confiscar*) beschlagnahmen, MIL requirieren **2** *Am* (*revisar*) durchsuchen; **requisición** F Forderung *f*

requisito M **1** (*necesidad*) Erfordernis *n*; (*exigencia*) Forderung *f*, (*condición*) Bedingung *f*; **~ básico** *o* **primordial** Grundbedingung *f*; **~s** *pl* **mínimos** Mindestanforderungen *fpl* **2** (*trámite*) Formalität *f* (**llenar** erfüllen); *fam fig* **con todos sus ~s** mit allem Drum und Dran *fam*

requisitoria F JUR Ersuchen *n* (*bes um Amtshilfe*); **requisitorio** JUR **A** ADJ ansuchend; (**carta** *f*) **-a** *f* Steckbrief *m*; Fahndungsblatt *n* **B** M Anklagerede *f* (*des Staatsanwalts*)

res[1] F Stück *n* Vieh; CAZA *tb* Stück *n* Schalenwild; *Am* Rind *n*; **~ de vientre** trächtiges Tier *n*; *Am* **carne** *f* **de ~** Rindfleisch *n*

res[2] F (*pl* res) JUR **~ judicata** abgeurteilte Sache *f*

resaber VT ⟨2n⟩ sehr gut wissen; **resabiado** ADJ **1** *fam persona* verschlossen; nachtragend **2** **ser ~** (*tener malas costumbres*) schlechte Angewohnheiten haben

resabiar ⟨1b⟩ **A** VT verderben (*acus*), schlechte Gewohnheiten beibringen (*dat*) **B** VR **resabiarse** **1** verdrießlich (*o* zornig) werden **2** **~ de a/c** sich (*dat*) etw (*acus*) angewöhnen

resabido ADJ neunmalklug; **resabio** M **1** (*sabor desagradable*) übler Nachgeschmack *m* **2** (*mala costumbre*) schlechte Angewohnheit *f*; **resabioso** ADJ *espec Am* → resabiado

resaca F **1** MAR Dünung *f* (*am Meeresufer*); *p. ext* Brandung *f*; Sog *m*; *Arg* (*limo*) (*nach Hochwasser zurückbleibender*) Schlick *m* **2** COM (**letra** *f* **de**) **~** Rückwechsel *m*; **cuenta** *f* **de ~** Rückrechnung *f* **3** *Esp y Am reg fam* (*modorra*) Kater *m fam*, Katzenjammer *m fam* **4** *Am Centr, Col, Méx aguardiente*: bester Branntwein *m*; *Méx fig irón* Auslese *f* **5** *Cuba, P. Rico* (*paliza*) Prügel *pl*

resacado M *Am reg* bester Branntwein *m*

resalado ADJ *fam* sehr witzig, geistreich; charmant

resaltante ADJ **1** vorspringend **2** *fig* in die Augen springend; *Am* (*excelente*) hervorragend; **resaltar** VI **1** (*sobresalir*) vorspringen, vorstehen; (*elevarse*) sich abheben; *fig* in die Augen springen; *fig* **hacer ~** hervorheben, betonen **2** (*rebotar*) abspringen, zurückprallen; **resalte** M **1** TEC Ansatz *m*; Dorn *m*, Stift *m* **2** → resalto; **resalto** M *espec* TEC, ARQUIT Vorsprung *m*; Absatz *m*

resaludar VT **~ a alg** j-s Gruß erwidern

resanar VT ausbessern (*tb fig*)

resarcible ADJ ersetzbar; **resarcimiento** M Entschädigung *f*; Ersatz *m*; **~ de daños** Schadenersatz *m*

resarcir ⟨3b⟩ **A** VT entschädigen (für *acus* de); ersetzen (**a alg de a/c** j-m etw) **B** VR **~se de a/c** sich für etw (*acus*) schadlos halten; für etw (*acus*) Ersatz finden (in *dat* con)

resbalada F *Arg, Ur, Ven* Ausrutschen *n*; **resbaladera** F *Am reg* Rutschbahn *f*; **resbaladero** **A** ADJ → resbaladizo **B** M **1** rutschige Stelle *f*; (*pista de trineos*) Schlitter-, Rodel-, Schlittenbahn *f* **2** Gleitbahn *f* (*tb* TEC); Rutsche *f*; SILV (Weg)Riese *f*, Rutsche *f für geschlagene Stämme*; **resbaladilla** F *Méx* Rutschbahn *f*; **resbaladizo** ADJ rutschig, glitschig, schlüpfrig; **resbaladura** F Gleitspur *f*; **resbalamiento** M **1** (*patinar*) Gleiten *n*; *espec* TEC Schlupf *m* **2** (*deslizamiento*) Rutschen *n* (*tb* AUTO); Schleudern *n*

resbalar **A** VI **1** gleiten; *espec* (*deslizar*) ausgleiten, -rutschen (auf *dat* con, en, sobre); AUTO schleudern; *fig* einen Fehltritt tun, einen Schnitzer machen *fam*; **~ por** *o* **sobre el hielo** über das Eis gleiten (*o* schlittern) **2** (*desviarse*) (ab)gleiten (*tb* TEC); TEC *espec* schlüpfen, Schlupf haben **B** VR **resbalarse** **1** (*escurrir*) entgleiten (*dat* de, entre) **2** (*caer alg al suelo*) ausrutschen

resbalón M **1** Ausgleiten *n*; *fig* Fehltritt *m*; Entgleisung *f*, Ausrutscher *m* (*fam fig*) **2** TEC *en la cerradura*: Drückerfalle *f*; **resbalosa** F *Arg* **1** *pez*: Wels *m* **2** *Am reg ein Volkstanz*; **resbaloso** ADJ *espec Am* rutschig

rescatador ADJ JUR ablösend, Ablösungs…; *fig* erlösend, befreiend

rescatar VT **1** (*liberar*) befreien; (*salvar*) retten, bergen (*tb fig*); *espec* REL erlösen; HIST *presos* auslösen, loskaufen **2** (*readquirir*) zurückkaufen; JUR ablösen; *fig* wiedergewinnen; *tiempo perdido, etc* einholen **3** *Am reg* (*revender*) wiederverkaufen

rescate M **1** (*salvamento*) Rettung *f*, Bergung *f de presos*: Loskauf *m*; *dinero*: Lösegeld *n*; REL Erlösung *f*, Rettung *f*; *fig* Erlösung *f*, Befreiung *f*; **equipo** *m* **de ~** Bergungs-, Rettungsmannschaft *f* **2** (*reembolso*) Einlösung *f*; JUR Ablösung *f*; COM Rückkauf *m* **3** *Arg juego*: Wurfscheibenspiel *n*

rescindible ADJ *contrato* kündbar; **rescindir** VT *contrato, sentencia* aufheben; *contrato* kündigen; rückgängig machen

rescisión F JUR Aufhebung *f*; *de un contrato*: Kündigung *f*; **rescisorio** ADJ JUR aufhebend; **cláusula** *f* **-a** Aufhebungsklausel *f*

rescoldo M glühende Asche *f*; *fam fig* Gewissensbisse *mpl*, (*escrúpulos*) Skrupel *pl*; (*preocupación*) Besorgnis *f*, (*pesar*) Kummer *m*; *fig esperanza, etc* Funke *m*; Überrest *m*

rescontrar VT ⟨1m⟩ COM stornieren

rescripto M Reskript *n*; Erlass *m*, Verfügung *f*

rescuentro M COM Storno *m*

resecación F, **resecamiento** M Austrocknung *f*

resecar[1] ⟨1g⟩ **A** VT austrocknen **B** VR **resecarse** austrocknen; *plantas* verdorren

resecar[2] VT ‹1g› MED operativ entfernen, resezieren; **resección** F MED Resektion *f*
reseco ADJ völlig trocken, strohtrocken *fam*; ausgedörrt
reseda F BOT Reseda *f*, Resede *f*
resellar VT nachprägen; umstempeln; wieder versiegeln
resentido ADJ 1 *(ofendido)* gekränkt *(fig)* 2 *(rencoroso)* nachtragend, voll Ressentiments; **resentimiento** M Unwille *m*; Ressentiment *n*
resentirse VR ‹3i› 1 *(percibir)* (ver)spüren; **~ de a/c** die Nachwirkungen von etw *(dat)* spüren; etw (noch) spüren; **~ con(tra) alg** j-m böse sein, j-m grollen; **~ del** *o* **en el costado** Seitenstechen haben; **~ por a/c** in einer Sache empfindlich sein; sich über etw *(acus)* ärgern; sich wegen etw *(gen)* beleidigt fühlen 2 *(disminuirse, calmarse)* (allmählich) nachlassen, nachgeben; *muros, etc* zerfallen, bersten 3 **~ de un defecto** einen Fehler haben
reseña F 1 *de un libro*: Besprechung *f*, Rezension *f* 2 *en pasaportes, etc* Personenbeschreibung *f*; Charakteristik *f* 3 *(narración sucinta)* Zusammenfassung *f*; Bericht *m* 4 *Chile* CAT *Prozession am Passionssonntag*; **reseñador** M, **reseñadora** F Rezensent *m*, -in *f*
reseñar VT 1 *libro* besprechen, rezensieren 2 *persona, etc* beschreiben 3 *(reportar)* berichten
resero M *RPl* Viehtreiber *m*; -aufkäufer *m*
reserva A F 1 Reserve *f*; *(remplazo)* Ersatz *m*; **~s** *pl (provisión)* Vorrat *m*; **depósito** *m* **de ~** Reservebehälter *m*; AUTO Reservetank *m*; **en ~** in Reserve; auf Vorrat; als Ersatz; COM vorrätig, auf Lager 2 ECON *fondos*: Rücklage *f*, Reserve *f*; Bestand *m*; **~(s)** *(pl)* **bancaria(s)** Bankrücklagen *fpl*, -reserven *fpl*; **~ de divisas** Devisenreserve *f*, -bestand *m*; **~ legal** gesetzliche Rücklage *f*; **~s** *pl* **oro** Goldreserve *f*, -deckung *f*; **~ pública** *o* **manifiesta/tácita** *o* **oculta** offene/stille Rücklage *f* 3 MIL Reserve *f*; **~s** *pl* Reserve *f*, Ergänzungsmannschaften *fpl*; **~s** *pl* **generales** Heeresreserve *f*, -truppen *fpl*; **~ territorial** Landsturm *m*; **oficial** *m* **de ~** Reserveoffizier *m*; **pasar a la ~** zur Reserve abgestellt werden 4 *hotel, teatro*, FERR, *etc* Reservierung *f*; AVIA **~ de vuelo** (Flug)Buchung *f*; FERR **~ (de asiento)** Platzreservierung *f*, -karte *f*; **~ de habitación** Zimmerreservierung *f*; **hacer la ~** reservieren, buchen 5 *(salvedad)* Vorbehalt *m* (*tb* JUR), Reserve *f*; **~ de dominio** Eigentumsvorbehalt *m*; **~ hereditaria** Sondererbfolge *f*; **~ mental** stillschweigender Vorbehalt *m*; JUR *tb* Mentalreservation *f*; **a** *o* **con la ~ de** vorbehaltlich *(gen)*; **a ~ de que** *(subj)* vorausgesetzt, dass *(ind)*; **bajo** *o* **con la ~ usual** unter üblichem Vorbehalt; **con ~(s)** unter Vorbehalt; *adv* **sin ~s** vorbehaltlos 6 JUR *(retiro)* Altenteil *n*, Ausgedinge *n* 7 GEOG Reservat(ion *f*) *n*, Schutzgebiet *n*; **~ biológica** Bioreservat *n*; **~ de biosfera** Biosphärenreservat *n*; **~ natural** *o* **ecológica** Naturschutzgebiet *n*; **~ (de indios)** Indianerreservat(ion *f*) *n* 8 *(cautela)* Zurückhaltung *f*, Reserve *f*; *(discreción)* Takt *m*; Diskretion *f*; **con la mayor ~** mit größter Zurückhaltung (*o* Vorsicht); **guardar la ~** sich zurückhalten; verschwiegen (*o* diskret) sein; *j-n* taktvoll (*o* ehrerbietig) behandeln 9 GASTR **Reserva** *Bezeichnung für Qualitätswein* 10 CAT *(feierliche) Aufbewahrung des verhüllten Altarsakraments im Tabernakel* 11 *reg* → *tb* reservado B,2 B M/F *persona*: Ersatz *m*; Vertreter *m*, -in *f*; DEP Ersatz- (*o* Reserve)spieler *m*, -in *f*
reservación F 1 *Am hotel, teatro*, FERR, *etc* Reservierung *f*, AVIA Buchung *f* 2 *(salvedad)* Vorbehalt *m*, Reservat(ion *f*) *n* 3 *de indígenas*: (Indianer)Reservat(ion *f*) *n*; **reservadamente** ADV im Vertrauen
reservado A ADJ 1 reserviert; JUR vorbehalten; **quedan ~s todos los derechos** alle Rechte vorbehalten 2 *(retraído)* zurückhaltend, reserviert; verschlossen 3 *(cauteloso)* behutsam, vorsichtig 4 *(discreto)* vertraulich, geheim; **«~ a»** „vertraulich" *(über einem Brief)* B M 1 GEOG Reservat *n* (*tb fig*) 2 *sala*: abgetrennter Raum *m*; *terreno*: abgesperrtes Gelände *n*; *en el restaurante*: Nebenzimmer *n*; FERR Sonderabteil *n*; SILV Wildschonung *f*
reservar A VT 1 reservieren; *(retener)* zurückbehalten; *(pedir con anticipación)* vorausbestellen; AVIA, *etc* buchen; *lugar* belegen; *cuarto, etc* vorbestellen; **~ mesa** einen Tisch bestellen (*o* reservieren) 2 *(ahorrar)* (auf)sparen, zurücklegen; *(postergar)* aufschieben 3 *(dejar a salvo)* vorbehalten; *(exceptuar)* ausnehmen (von *dat* de) 4 *(ocultar)* verheimlichen (vor *dat* de); für sich *(acus)* behalten 5 CAT *das (vorher ausgestellte) Allerheiligste* verhüllen (*o* im Tabernakel verschließen) B VR **reservarse** 1 *(dejar a salvo, exceptuar)* **~ a/c** etw für sich *(acus)* reservieren; sich *(dat)* etw vorbehalten 2 *(contenerse)* sich zurückhalten; seine Kräfte schonen 3 *(precaverse)* sich vorsehen (**de** vor *dat*)
reservativo ADJ JUR vorbehaltlich; Reservat(s)...; **censo** *m* **~** Vorbehaltserbzins *m*; **reservista** MIL A ADJ Reserve... B M/F MIL Reservist *m*, -in *f*; **reservón** ADJ *fam* zugeknöpft *(fam fig)*; TAUR **toro ~** wenig angriffslustiger Stier; **reservorio** M *Perú* Wasserreservoir *n*
resetear VI & VT → reinicializar
resfriadera F *Cuba* Kühlbehälter *m für den Zuckerrohrsaft*
resfriado A ADJ **estar ~** erkältet sein; einen Schnupfen haben; *Arg fam fig* **ser muy ~** nichts für sich *(acus)* behalten können B M Erkältung *f*; Schnupfen *m*; **contraer** *o fam* **pillar** *o fam* **pescar un ~** sich *(dat)* einen Schnupfen holen, einen Schnupfen erwischen *fam*
resfriadura F VET Schnupfen *m*
resfriar ‹1c› A VT abkühlen B VI kühl werden C VR **resfriarse** MED sich erkälten; *fig emoción* abkühlen
resfrío M *Am* Erkältung *f*
resguardar A VT 1 *(conservar)* bewahren; *(tener en recaudo)* verwahren; *(poner en seguridad)* sicherstellen 2 *(proteger)* schützen (**de** vor *dat*) B VR **resguardarse** sich schützen; sich hüten (**de** vor *dat*); *(refugiarse)* sich unterstellen
resguardo M 1 Schutz *m* (*tb fig*); Obdach *n*; **al ~ de** im Schutz *(gen)* 2 *(recaudo)* Verwahrung *f*; *(embargo)* Sicherstellung *f*; INFORM **copia** *f* **de ~** Sicherheitskopie *f* 3 *(control aduanero)* Zollaufsicht *f* 4 COM *(recibo)* Empfangsschein *m*, Quittung *f*; *(comprobante)* Schein *m*; **~ de depósito** Depotschein *m*; **~ de entrega** Hinterlegungsschein *m*; Lieferschein *m*, -quittung *f*
residencia F 1 *(domicilio)* Wohnsitz *m*; Aufenthaltsort *m*; **~ habitual** ständiger Wohnsitz *m*; **segunda ~** Zweitwohnung *f*; Zweitwohnsitz *m* 2 *de los reyes, etc*: Sitz *m*, Residenz *f*; *oficina pública*: Amtssitz *m*; **~ campestre** Landsitz *m*; **~ real** *o liter* **regia** Herrschersitz *m*, Königspalast *m*; **~ señorial/veraniega** Herrschafts-/Sommersitz *m* 3 *para ancianos, enfermeras, estudiantes, etc*: Wohnheim *n*; **~ de ancianos** *o* **de la tercera edad** Altersheim *n*; MED **~ asistencial** Pflegeheim *n*; **~ asistida** (Wohnheim *n* für) Betreutes Wohnen *n*; **~ canina** Hundeheim *n*, Hundepension *f*; **~ geriátrica** Altenpflegeheim *n*; **~ universitaria** *o* **de estudiantes** Studentenheim *n* 4 Hotel *n* garni 5 *Col* Stundenhotel *n*
residencial A ADJ Wohn...; **barrio** *m* **~** Wohnviertel *n* B F 1 *Esp* Wohnanlage *f* 2 *Arg, Chile, Perú* Gästehaus *n*, Hotel *n* garni; **residente** A ADJ wohnhaft; ansässig B M/F 1 Bewohner *m*, -in *f*; COM Deviseninländer *m*, -in *f*; **no ~** Gebietsfremde *m/f* 2 POL, ADMIN Resident *m*, -in *f*; **~ general** Generalresident *m*
residir VI 1 wohnen, ansässig sein; *rey, etc* residieren 2 *fig* **~ en** liegen in *(dat)*, beruhen auf *(dat)*; *fig* **~ en alg** *fuerza, capacidad*: j-m innewohnen; *fig* **aquí reside la dificultad** hier liegt (*o* hierauf beruht) die Schwierigkeit
residual ADJ Rest...; Abfall...; **aguas** *fpl* **~es** Abwässer *npl*; **materias** *fpl* **~es** Reststoffe *mpl*
residuo M *(resto)* Rest *m*; *(sobrante)* Rückstand *m*; *(desperdicio)* Abfall *m*; **~s** *pl* **especiales** Sondermüll *m*; **~s** *pl* **industriales** Industriemüll *m*; *(depósito)* Bodensatz *m*; *(sedimento)* Ablagerung *f*; QUÍM **~ de ácido** Säurerest *m*; **~s** *pl* **de combustión** Abbrand *m*, Verbrennungsrückstände *mpl*; **~s** *pl* **de obras** Bauschutt *m*; **~s** *pl* **nucleares** *o* **radiactivos** Atommüll *m*; **~s** *pl* **orgánicos** Biomüll *m*; **~s** *pl* **sólidos** Festmüll *m*; **~s** *pl* **tecnológicos** technologischer Müll *m*; Elektroschrott *m fam*; **~s** *pl* **tóxicos** Giftmüll *m*; **~s** *pl* **voluminosos** Sperrmüll *m*
resiega F AGR Nachmahd *f*; **resiembra** F AGR Nachsaat *f*
resiento → resentirse
resigna F REL Resignation *f*, Rücktritt *m*; **resignación** F *(renuncia)* Verzicht *m*; *(rendición)* Ergebung *f*, *(abandono)* Resignation *f*; **resignante** M/F JUR Verzichtende *m/f*
resignar A VT & VI abtreten (an *acus* en); *cargo, etc* niederlegen B VR **resignarse** resignieren; **~ a** *o* **en a/c** sich in etw *(acus)* fügen, sich in etw *(acus)* schicken; **~ con a/c** sich mit etw *(dat)* abfinden
resignatario M, **resignataria** F JUR der/die, zu dessen/deren Gunsten Verzicht geleistet wird
resiliencia F PSIC Resilienz *f*, psychische Widerstandsfähigkeit *f*; **resiliente** ADJ widerstandsfähig
resina F Harz *n*; **~ natural/sintética** Natur-/Kunstharz *n*; **resinación** F Harzgewinnung *f*; **resinar** VT Harz abzapfen von *(dat)*; **resinato** M QUÍM Resinat *n*; **resinero** A ADJ Harz...; **industria** *f* **-a** Harzindustrie *f* B M, **-a** F Harzzapfer *m*, -in *f*; **resinífero** ADJ Harz liefernd; **resinificación** F Verharzung *f*; **resinificarse** VR ‹1g› verharzen; **resinoso** ADJ harzig; **astilla** *f* **-a** Kienspan *m*
resistencia F 1 Widerstand *m* (*tb* ELEC, JUR); *(fuerza de oposición)* Widerstandskraft *f*, -fähigkeit *f*; *(solidez)* Festigkeit *f* (*tb* TEC, *estática*); *(perseverancia)* Ausdauer *f*; *(durabilidad)* Haltbarkeit *f*, Beständigkeit *f*; **~ a los ácidos** Säurebeständigkeit *f*; **~ del aire** Luftwiderstand *m*; TEC **~ al choque** Stoßfestigkeit *f*; **~ al frío/al fuego** Kälte-/Feuerfestigkeit *f*; TEC **~ contra golpes** Schlagfestigkeit *f*; AUTO **~ al picado** Klopffestigkeit *f*; JUR **~ a la autoridad** Widerstand *m* gegen die Staatsgewalt; ELEC **~ de rejilla** Gitterwiderstand *m*; **sin ~** widerstandslos; **encontrar ~** auf Widerstand stoßen; **oponer** *o* **ofrecer** *o* **hacer ~** Widerstand leisten 2 POL Widerstandsbewegung *f*, Widerstand *m fam* 3 *Perú* ELEC *(serpentín de calefacción)* Heizstab *m*, -spirale *f*
resistente A ADJ widerstehend; *(fuerte, tenaz)* widerstandsfähig, zäh, ausdauernd; *(permanente)* dauerhaft; *(durable)* haltbar, beständig; MED *bacterias* resistent; **~ al fuego/a la intemperie** feuer-/wetterfest; **~ al calor** hitzebeständig; **~ al lavado** waschecht; **~ a la luz** lichtecht, lichtbeständig; **~ al rayado** kratzfest B M/F POL Mitglied *n* einer Widerstandsbewegung
resistero M Mittagshitze *f*; *fig* Bruthitze *f*; *lu-*

gar: der Sonnenglut ausgesetzter Platz *m*; **resistible** ADJ erträglich

resistir A VT & VI Widerstand leisten (**a** *o abs dat*); widerstehen (*dat*); (*mantenerse firme*) standhalten (*dat*); (*aguantar*) aushalten, ertragen; *pasiones etc* widerstehen (*dat*); *tb* TEC **~ (a) la presión** dem Druck standhalten; **¡no hay quien lo resista!** das hält niemand aus!; wer soll so etwas aushalten! *fam*; **no resisto más** ich halte es nicht länger aus B VR **resistirse** *abs* Widerstand leisten; (*negarse*) sich sträuben, sich weigern (**a** *inf* zu *inf*); *cosa* **~ a alg** j-m widerstreben; **~ a hacer a/c** sich (dagegen) sträuben (*o* wehren), etw zu tun

resistividad F ELEC Widerstand *m*; **resistor** M ELEC Widerstand *m* (*als Bauteil*)

resma F TIPO Ries *n* (*Papiermaß*); **resmilla** F TIPO kleines Ries *n* (*Briefbogen*)

resobado ADJ *tema* abgedroschen; abgegriffen; **resobar** VT abtasten; befummeln *fam*

resobrino M, **-a** F Großneffe *m*, -nichte *f*

resol M 1 (*reflejo*) Abglanz *m*, Widerschein *m* 2 (*irradiación*) Abstrahlung *f* der Sonnenhitze; **resolana** F → resol 2; **resolano** ADJ (**sitio** *m*) **~** windgeschützt(er) und sonnig(er Platz *m*)

resolí M *Esp Anis-Zimt-Likör aus Cuenca*

resollar VI ⟨1m⟩ 1 (*jadear*) schnaufen; keuchen 2 *fam fig* (*dar señales de vida*) von sich (*dat*) hören lassen, ein Lebenszeichen (von sich *dat*) geben

resoluble ADJ MAT (auf)lösbar

resolución F 1 Auflösung *f* (*tb* MED *y* ÓPT); Lösung *f* (*tb de una pregunta etc*); *de una duda*: Behebung *f*; MAT *ecuación*: (Auf)Lösung *f*; INFORM **~ (gráfica)** Bildschirmauflösung *f*; ÓPT **de alta ~** mit hoher Auflösung, hochauflösend 2 (*decisión*) Entschließung *f*, Entschluss *m*; POL Resolution *f*; Entscheidung *f* (über *acus* de); Beschluss *m* (*tb* JUR); **en ~** schließlich; letzten Endes; JUR **~ provisional** einstweilige Verfügung *f*; POL **adoptar una ~** eine Entschließung annehmen; **tomar una ~** einen Entschluss fassen 3 (*firmeza*) Entschlossenheit *f*; *adv* **con ~** entschlossen; **ser hombre de mucha ~** ein Mann von großer Entschlusskraft sein

resolutivo ADJ *espec* MED auflösend, zerteilend; MAT (Auf)Lösungs...; **método** *m* **~** analytische Methode *f*; **resoluto** ADJ entschlossen (**a** zu *dat o inf*); → *tb* resuelto; **resolutorio** ADJ entscheidend

resolvente M MED auflösendes (*o* zerteilendes) Mittel *n*

resolver ⟨2h; *pp* resuelto⟩ A VT 1 (*diluir*) auflösen (*tb* MED); (*descomponer*) zerlegen, teilen; MED zerteilen; *fig* analysieren 2 *preguntas, problemas, cálculos* lösen; *dificultades* beheben; *dudas* klären, beseitigen 3 (*tomar deciciones*) beschließen (zu *inf* **~** *inf*); (*decidir*) entscheiden 4 (*resumir*) (kurz) zusammenfassen (**en** in *dat*) 5 *Cuba fam* besorgen, erledigen B VR **resolverse** 1 (*decidirse*) sich entschließen (**a** zu *dat o inf*); sich entscheiden (**por** für *acus*); JUR **~ en última instancia** in letzter Instanz entschieden werden; **¿cómo se resuelve esto?** wohin soll das (noch) führen? 2 (*solucionarse*) sich auflösen (*tb fig*); MED *tb procesos de enfermedad, espec inflamaciónes*: schwinden

resonador A M Schallverstärker *m*, Resonator *m* B ADJ widerhallend

resonancia F Resonanz *f* (*tb fig*); Nach-, Widerhall *m*; *fig* Anklang *m*, Echo *n*; MED **~ magnética nuclear** Kernspintomografie *f*; *fig* **tener ~** Anklang finden

resonante ADJ nachhallend; *fig acontecimiento* nachhaltig; bedeutend

resonar VI ⟨1m⟩ *tambores y trompetas* nachklingen; nachhallen (*tb fig*); (*repercutir*) widerhallen; *música* ertönen, erklingen, erschallen

resondrar VT *Peru* schelten

resoplar VI schnauben; **resoplido** M Schnauben *n*

resopón M *Esp* GASTR *corresponde a* nächtlicher Imbiss *m*, Mitternachtssnack *m*

resorber VT MED resorbieren; **resorción** F MED Resorption *f*

resorte M 1 *espec* TEC (*muelle*) Spannfeder *f*; Sprungfeder *f*; (*fuerza elástica*) Spannkraft *f*; **~ anular/en espiral** Ring-/Spiralfeder *f*; **~ de compresión** Druckfeder *f*; **~ motor** *o* **de cuerda** *mecanismo del reloj*: Aufzug-, Triebfeder *f*; **~ de hoja/de lámina** große/kleine Blattfeder *f*; **~ de torsión** Torsionsstabfeder *f*; TEC **armar el ~** die Feder spannen 2 *fig* (*medio*) Mittel *n*; (*móvil*) Triebfeder *f*; *fam* **~s** *pl* Mittel und Wege *pl*; *fam* **tocar todos los ~s** alle Hebel in Bewegung setzen 3 *Am reg* (*incumbencia*) Obliegenheit *f*

resortera F *Méx* Steinschleuder *f*

respaldar[1] M Rück(en)lehne *f*

respaldar[2] A VT 1 (*escribir al dorso*) auf die Rückseite (*eines Schriftstücks*) schreiben 2 (*cubrir la espalda*) den Rücken decken (*dat*) (*tb fig*); *fig* (*apoyar*) (unter)stützen (*acus*); decken (*acus*) B VR **respaldarse** sich an- *o* (zurück)lehnen; *fig* sich (*dat*) Rückendeckung verschaffen; *fig* **~ en** Schutz suchen bei (*dat*)

respaldo M *de una silla*: Rück(en)lehne *f*; *de un escrito*: Rückseite *f*; *fig* (*amparo, protección*) Rückendeckung *f*; Unterstützung *f*

respectar VI **~ a** angehen, betreffen; **por** *o* **en lo que a mí respecta** was mich betrifft (*o* angeht); **respectivamente** ADV jeweils; beziehungsweise; **respectivo** ADJ betreffend, entsprechend; verschieden, jeweilig; diesbezüglich

respecto M Hinsicht *f*, Beziehung *f*; **(con) ~ a** *o* **de** bezüglich (*gen*), hinsichtlich (*gen*); **a este ~** in dieser Hinsicht; **al ~ de** im Verhältnis zu (*dat*); **con ~ a eso** *o* **al ~** diesbezüglich

respetabilidad F Achtbarkeit *f*; **respetable** A ADJ achtbar; ansehnlich; *tb irón* **a ~ distancia** in (*o* aus) respektvoller Entfernung B M *fam* TAUR, TEAT, *etc* Publikum *n*; **respetar** A VT 1 (*tomar en consideración*) (be)achten, respektieren; (ver)ehren; **hacerse ~** sich (*dat*) Respekt verschaffen 2 (*tomar en cuenta*) Rücksicht nehmen auf (*acus*) 3 (*no afectar*) (ver)schonen B VR **respetarse** etwas auf sich (*acus*) halten

respeto M Achtung *f*, Respekt *m*; (*deferencia*) Ehrerbietung *f*; (*venerencia*) Ehrfurcht *f*; (*consideración*) Rücksichtnahme *f*; **~(s) humano(s)** Anstandsregeln *fpl*; *espec Biblia*: Menschenfurcht *f*; **~ de sí mismo** Selbstachtung *f*; **¡mis ~s a su señora!** empfehlen Sie mich bitte Ihrer Frau Gemahlin!; *en cartas*: **con el debido ~** bei allem Respekt, mit dem gebührenden Respekt; **con todos los ~s** bei allem Respekt; **de ~** Achtung gebietend, *fig* bedeutend; Respekts...; Fest..., Gala..., *espec* MAR Ersatz..., Not...; *adv* **sin ~** respektlos; **coche** *m* **de ~** Galakutsche *f*; **falta** *f* **de ~** Missachtung *f*; Respektlosigkeit *f*; **campar por sus ~s** nach seinem eigenen Willen handeln; **coger ~ a alg** vor j-m Achtung (*o* Respekt) bekommen; **faltar al** *o* **el ~ a alg** sich j-m gegenüber respektlos benehmen; j-n beleidigen; **granjearse el ~ de alg** sich bei jemandem Achtung verschaffen

respetuosidad F Rücksichtnahme *f*; **respetuoso** ADJ ehrfurchtsvoll; ehrerbietig; rücksichtsvoll; taktvoll; **~ con el medio ambiente** umweltfreundlich

respigón M 1 ANAT Niednagel *m* 2 VET Steingalle *f* 3 BOT **-ones** *mpl* Kletten *fpl*

respingado ADJ **nariz** *f* **-a** Stupsnase *f*

respingar VI ⟨1h⟩ 1 (*resistirse*) sich sträuben, bocken (*tb fig*) 2 *fam* (*rezongar*) motzen *fam* 3 *fam fig vestido, vestimenta* abstehen, schlecht anliegen

respingo M 1 *movimiento del cuerpo*: Auffahren *n*; *de un caballo*: Aufbäumen *n*, *de un asno*: Bocken *n*; (*sacudida*) Ruck *m* 2 *fig* (*ademán o gesto de repugnancia*) Gebärde *f* des Widerstrebens 3 *Chile, Méx* (*frunce en la falda de las mujeres*) abstehender (*o* hochgerutschter) Rock *m*

respingón ADJ *animal* bockig, störrisch; *fig* (**nariz** *f*) **-ona** *f* Stupsnase *f*; **respingoso** ADJ *Am animal* bockig

respirable ADJ atembar; TEX **tela** *f* **~** atmungsaktiver Stoff

respiración F Atmen *n*, Atmung *f*; **~ artificial** künstliche Atmung *f*, (künstliche) Beatmung *f*; **~ (artificial) de boca a boca** Mund-zu-Mund-Beatmung *f*; **~ abdominal/branquial/cutánea** Zwerchfell-/Kiemen-/Hautatmung *f*; **~ profunda** Durchatmen *n*, Tiefatmung *f*; **sin ~** außer Atem, atemlos; AVIA **careta** *f* *o* **máscara** *f* **de ~** Atemmaske *f*; **contener** *o* **aguantar la ~** den Atem anhalten; *fig* **se quedó sin ~** *o* **se le cortó la ~** der Atem stockte ihm

respiradero M 1 (*conducto de aire*) Luft-, Entlüftungsloch *n* 2 *fig* (*pausa respiratoria*) Atempause *f* 3 *fam fig* (*órganos respiratorios*) Atmungsorgane *npl*, Blasebalg *m* (*fam fig*)

respirador A ADJ MED Atmungs...; **músculo** *m* **~** Atemmuskel *m* B M Atemgerät *n*; *tb* Atemschutzmaske *f*

respirar A VI atmen, einatmen; *fig de alivio*: aufatmen; **~ hondo** tief (durch)atmen; *fig* sich erholen, verschnaufen; ausruhen; **no respiró** *fam fig tb* er sprach kein Wort; *fig* **no dejar ~ a alg** j-m keine Ruhe gönnen; j-n (ständig) in Atem halten; **sin ~** ohne Atem zu holen; *fig* unermüdlich B VT einatmen

respiratorio ADJ Atmungs...; Atem...; MED respiratorisch; **vías** *fpl* **-as** Atem-, Luftwege *mpl*; **tubo** *m* **~** Atemschlauch *m*; DEP Schnorchel *m*

respiro M 1 (*respiración*) Atmen *n* 2 *fig* (*pausa respiratoria*) Atem-, Verschnaufpause *f*; **darse** *o* **tomarse un ~** eine Atempause einlegen 3 (*alivio*) Aufatmen *n* (*fig*) 4 (*prórroga de pago*) (Verlängerung *f* einer Zahlungs)Frist *f*

resplandecer VI ⟨2d⟩ (er)glänzen, strahlen; schimmern; **resplandeciente** ADJ glänzend, strahlend (vor *dat* de); **resplandecimiento** M Glänzen *n*; **resplandor** M Glanz *m*; (heller) Schein *m*; Schimmer *m*

responder A VT antworten; (*replicar*) erwidern; *pregunta* beantworten; **me respondió dos palabras** er antwortete mir mit ein paar Worten B VI 1 (*contestar*) **~ a alg** j-m antworten; (*contradecir*) j-m widersprechen; **~ a a/c** etw (*acus*) beantworten, auf etw (*acus*) antworten; **~ por el nombre de ...** *perro, etc* auf den Namen ... hören 2 (*corresponder*) **~ (a)** entsprechen (*dat*); *esperanzas* erfüllen; MED (*reaccionar*) ansprechen, reagieren (auf *acus*); **el aparato responde bien** das Gerät bewährt sich; **este suelo responde** dieser Boden ist ergiebig (*o* fruchtbar); **responde a** er zeigt sich dankbar für (*acus*) 3 (*asumir responsabilidad*) **~ de** verantwortlich sein; haften, bürgen für (*acus*); **~ de a/c con toda su fortuna** für etw (*acus*) mit seinem ganzen Vermögen haften (*o* einstehen); **~ por alg** für j-n bürgen; COM **~ solidariamente** gesamtschuldnerisch haften 4 *edificio, etc* **~ al este** nach Osten gelegen sein

respondón *fam* A ADJ (*con vicio de replicar*) widerspruchsfreudig; (*ergotista*) rechthaberisch; (*fresco*) schnippisch B M, **-ona** F *persona*: Widerspruchsgeist *m*

R

responsabilidad F Verantwortlichkeit *f*; Verantwortung *f* (für *acus* de); JUR Haftung *f* (für *acus* de); JUR *tb* Regresspflicht *f*; **bajo su ~** auf Ihre Verantwortung (hin); **~ civil** Haftpflicht *f*; **~ por defectos** Mängelhaftung *f*; **sociedad** *f* **de ~ limitada** Gesellschaft *f* mit beschränkter Haftung

responsabilizar ⟨1f⟩ COM A VT 1 *(hacer responsable)* *j-m* die Verantwortung übertragen (für *acus* de) 2 *(culpar)* *j-n* verantwortlich machen für *(acus)* B VR **responsabilizarse** die Haftung (o Verantwortung) übernehmen (für *acus* de); *tb etw* (als Aufgabe) übernehmen *(acus* de); **responsable** A ADJ verantwortlich; JUR haftbar; *(consciente)* verantwortungsbewusst; **hacerse ~ de a/c** für etw *(acus)* die Verantwortung übernehmen; **ser ~** verantwortlich sein (für *acus* de); JUR haften (für *acus* de); *(tener la culpa)* schuld sein (an *dat* de) B M/F Verantwortliche *m/f*; Haftende *m/f*

responsar VI CAT Responsorium beten (o singen); **responso** M 1 CAT Responsorium *n* 2 *fam fig* **echar un ~ a alg** j-n abkanzeln *fam*; **responsorio** M CAT Responsorium *n*

respuesta F Antwort *f*; Erwiderung *f*, Entgegnung *f*; *correos:* **~ comercial** Werbeantwort *f*; ELEC **~ (de frecuencia)** Frequenzgang *m*; **en ~ a** als Antwort auf *(acus)*, in Beantwortung *(gen)*; *correos:* **~ pagada** Rückantwort bezahlt

resquebradura F 1 *(hendedura)* Ritze *f*, Spalt *m* 2 *(desgarro)* Rissbildung *f*; Reißen *n*; **resquebrajadizo** ADJ *madera, etc* spröde; **resquebrajadura** F → resquebradura; **resquebrajar** A VI aufspringen; Risse bekommen B VR **resquebrajarse** *piel* aufspringen, spröde werden; **resquebrajoso** ADJ brüchig; rissig

resquebrar VI ⟨1k⟩ (zer)springen

resquemar A VT & VI prickeln; *pimienta, etc* brennen B VR **resquemarse** *fig* sich sehr ärgern; sich abhärmen; **resquemazón** F *fam*, **resquemo** M Prickeln *n*; Brennen *n*; Jucken *n*; **resquemor** M 1 Kummer *m* 2 *reg* → resquemazón

resquicio M *(hendedura)* Ritze *f*, *(grieta)* Spalte *f*; *fam fig (buena ocasión)* gute Gelegenheit *f*; *Am reg (huella)* Spur *f*; **sin ~s** lückenlos

resta F MAT Subtrahieren *n*; Rest *m*; **hacer ~s** subtrahieren

restablecer ⟨2d⟩ A VT wiederherstellen B VR **restablecerse** sich erholen, genesen; **restablecimiento** M Wiederherstellung *f*; Genesung *f*; Gesundung *f* (*tb fig*)

restallar VI *látigo, etc* knallen, klatschen; *(hacer fuerte ruido)* krachen; *(crujir)* knistern; **restallido** M 1 (Peitschen)Knall *m* 2 Knistern *n*, Prasseln *n*

restante A ADJ übrig bleibend, restlich, Rest... B M Überrest *m*; Restbetrag *m*

restañador M blutstillender Stift *m*; **restañar** VT & VI 1 *sangre* stillen; **~(se)** gestillt werden, aufhören zu fließen *(Blut)* 2 *(disminuir)* abschwächen, mildern 3 *fig (detener)* anhalten, unterbinden; **restañasangre** F MINER Karneol *m*, Blutstein *m*; **restaño** M Blutstillen *n*; Anstauung *f*

restar A VT 1 wegnehmen, entziehen; *prestigio, renombre, mérito, etc* schmälern 2 MAT subtrahieren, abziehen (von *dat* de); abrechnen; *fig* **~se años** als jünger gelten wollen 3 *juego de pelota:* *(den Ball)* zurückschlagen B VI (übrig) bleiben; **~ a pagar** noch zu zahlen sein; **en todo lo que resta de mes** bis (zum) Monatsende; *fam* **y lo que resta** und was noch dazugehört

restauración F 1 Wiederherstellung *f*, Restaurierung *f* (*tb arte*); POL, ELEC Restauration *f*, Wiedereinführung *f* 2 GASTR Gastronomie *f*; **restaurador** A ADJ wiederherstellend B M, **restauradora** F 1 Wiederhersteller *m*, -in *f*; *espec arte:* Restaurator *m*, -in *f* 2 GASTR Gastronom *m*, -in *f*

restaurante A PART → restaurar B M Gaststätte *f*, Restaurant *n*, Esslokal *n*; **~ automático** Automatenrestaurant *n*; **~ autoservicio** Selbstbedienungsrestaurant *n*; **~ rápido** Schnellimbiss *m*; **~ universitario** Mensa *f*

restaurar A VT wiederherstellen; POL *tb* wieder einführen; *obras de arte* restaurieren; *fig* stärken, kräftigen; **~ fuerzas** sich stärken B VR **restaurarse** sich erholen, wieder zu Kräften kommen; **restaurativo** A ADJ wiederherstellend B M Stärkungsmittel *n*

restinga F MAR Untiefe *f*, Sandbank *f*

restingar M MAR Seegebiet *n* voller Untiefen

restitución F *(devolución)* Rückgabe *f*, *(entrega)* Herausgabe *f*; *(restitución)* Rückerstattung *f*; *p. ext (paga)* Vergütung *f*; *fig (restablecimiento)* Wiederherstellung *f*; **restituible** ADJ ersetzbar; wieder herstellbar

restituir ⟨3g⟩ A VT zurückgeben, -erstatten; *p. ext (reponer)* ersetzen, vergüten; *fig (restablecer)* wiederherstellen B VR *liter* **~se a su casa paterna** in sein Vaterhaus zurückkehren; **restitutorio** ADJ JUR auf Erstattung bezüglich; Rückerstattungs...

resto M 1 Rest *m*; Überrest *m*; **el ~** *tb* das Übrige; **todo el ~** alles Übrige; **los ~s** *tb* die Ruine(n) *(fpl)*; MAR Wrack(trümmer *pl*) *n*; **los ~s mortales** die sterbliche Hülle *f*; *fam fig* **para los ~s** für immer 2 *juego de cartas:* Limit *n*; (festgelegter) Gesamteinsatz *m*; **~ abierto** unbegrenzter Einsatz *m*; *fig* **a ~ abierto** unbeschränkt, völlig frei; *fig* **echar el ~** sein Letztes hergeben; alles aufbieten 3 *juego de pelota:* Rückschlagen *n des Balls*; *jugador:* Rückschlagspieler *m*; *lugar:* Stelle *f*, von der aus der Rückschlag erfolgt

restop M (Autobahn)Restaurant *n*

restregar ⟨1h *y* 1k⟩ A VT 1 *(frotar fuertemente)* kräftig reiben; scheuern, abkratzen (*tb* TEC) 2 *errores* vorhalten, unter die Nase reiben *fam* B VR **restregarse** *animales* sich wetzen; **~ los ojos** sich *(dat)* die Augen reiben

restregón M Abreibung *f*; (heftiges) Reiben *n*; **dar un ~ a** kräftig (ab)reiben *(acus)*

restricción F Ein-, Beschränkung *f*; Restriktion *f*; *fig* Vorbehalt *m*; ELEC **-ones** *fpl* **de corriente** Stromeinschränkungen *fpl*; Stromsperre *f*; ECON **-ones** *fpl* **de importaciones** Einfuhrbeschränkungen *fpl*; JUR **~ mental** stiller Vorbehalt *m*, Mentalrestriktion *f*; **sin ~** uneingeschränkt; unbeschränkt

restrictivo ADJ ein-, beschränkend; hemmend; *espec* ECON restriktiv; **restricto** ADJ beschränkt, begrenzt

restringente ADJ einschränkend; **restringible** ADJ einschränkbar

restringir ⟨3c⟩ A VT ein-, beschränken; **~ a** begrenzen auf *(acus)* B VR **restringirse** sich beschränken (a auf *acus*)

resucitación F Wiedererweckung *f*; *espec* MED Wiederbelebung *f*; **resucitado** ADJ von den Toten erweckt; *fig* zu neuem Leben erwacht; *Biblia:* **el Resucitado** der Auferstandene; **resucitador** A ADJ auferweckend; *fig* neu belebend B M, **resucitadora** F Totenerwecker *m*, -in *f*; *fig* Neubeleber *m*, -in *f*

resucitar A VT vom Tode erwecken; *fig* zu neuem Leben erwecken; wieder auf die Beine bringen *(fam fig)* B VI REL *y fig* (wieder)auferstehen; *fig* zu neuem Leben erwachen; genesen; **~ de entre los muertos** von den Toten auferstehen

resudar VI (leicht) schwitzen

resuello M 1 *(respiración fuerte)* lautes Atemholen *n*; Keuchen *n*; Schnaufen *n*; *fig* **cortar el ~** den Atem nehmen (o verschlagen); *fam fig* **meterle a alg el ~ en el cuerpo** j-n einschüchtern, j-m einen Dämpfer aufsetzen 2 *jerga del hampa (dinero)* Geld *n*

resueltamente ADV entschlossen; energisch; **resuelto** A PP → resolver B ADJ 1 *(estar)* entschlossen (a zu *dat o inf*) 2 *(ser)* rasch (entschlossen), flink (zupackend), resolut; tatkräftig; beherzt, mutig

resulta F 1 *(saldo)* (End)Ergebnis *n*; *p. ext* Folge *f*; **de ~s de** infolge *(gen)* 2 ADMIN frei werdende Planstelle *f*; **~s** *pl* Budgetvortrag *m*

resultado M Ergebnis *n*, Resultat *n*; *(éxito)* Erfolg *m*; **~ del examen médico** ärztlicher Befund *m*; **~ final** End- (o Gesamt)ergebnis *n*, -resultat *n*; **dar (buen) ~** sich bewähren; **dar mal ~** misslingen; sich nicht bewähren; **llevar a buen ~** glücklich beenden; **¿os ha dado ~?** habt ihr Erfolg damit gehabt?; hat er *etc* sich bewährt?; **sin ~** ergebnislos; erfolglos; unnütz

resultandos MPL JUR Entscheidungsgründe *mpl*; Tatbestand *m im Urteil*; **resultante** F FÍS Resultierende *f*, Resultante *f*

resultar VI 1 *(deducirse)* sich ergeben; sich herausstellen als, sich erweisen als; **~ barato/caro** billig/teuer sein; **~ caro** *fig tb* teuer zu stehen kommen; **~ en beneficio de alg** j-m zum Vorteil gereichen, für j-n von Vorteil sein; **resultó muerto en un accidente** er verunglückte tödlich; **resultó ser ...** es stellte sich heraus, dass er ...; **resulta que ...** es ergibt sich, dass ...; es ist so, dass ...; demnach (o folglich) ...; *Am fam fig* es kommt vor, dass ...; oft ...; **resultando que ...** sodass ...; *tb* in Anbetracht des Umstandes, dass ...; **resultaron seis víctimas entre muertos y heridos** es gab sechs Tote und Verletzte (zu beklagen) 2 *(lograr)* gelingen, Erfolg haben, einschlagen *fam*; *(ser de utilidad)* taugen, brauchbar sein 3 *fam fig* **no ~le a alg** j-m nicht passen

resultón ADJ *fam* angenehm; *persona* gut aussehend

resumen M Zusammenfassung *f*, Resümee *n*; *(visión general)* Übersicht *f*; **en ~** kurz (zusammengefasst); kurz und gut; alles in allem; **resumidero** M *Am* → sumidero; **resumiendo** *ger*, ADV zusammenfassend

resumir A VT kurz zusammenfassen; **en -idas cuentas** kurz (und gut); alles in allem; **todo se resume en** alles liegt in *(dat)*; alles läuft hinaus auf *(acus)* B VR **resumirse** *(acabar, terminar)* hinauslaufen (en auf *acus*); *(reducirse)* sich beschränken (a auf *acus*)

resurgimiento M *moda, etc* Wiederaufleben *n*

resurgir VI ⟨3c⟩ wieder erscheinen; wieder (auf)erstehen; wieder aufleben, wieder in Erscheinung treten

resurrección F REL *y fig* Auferstehung *f*; *fig* Wiederbelebung *f*; REL **Resurrección** Auferstehung(sfeier) *f*; **Pascua** *f* **de Resurrección** Ostern *n(pl)*

retablero M PINT Meister *m* eines Altarbildes; **retablo** M Altaraufsatz *m*, Retabel *n*; Altarbild *n*

retacado M TEC Nietverstemmen *n*; **repasar el ~** nachstemmen; **retacar** VT ⟨1g⟩ *billar:* nachstoßen; **retacería** F *Am* Stoffrestehandlung *f*; **retaco** A ADJ *persona* untersetzt B M *fusil:* Stutzen *m*; *billar:* kurzer Billardstock *m*; *fam fig persona:* Stöpsel *m* (*fam fig*); **retacón** ADJ *Am Mer* untersetzt

retador A ADJ herausfordernd B M, **retadora** F Herausforderer *m*, Herausforderin *f*

retaguardia F 1 MIL Nachhut *f*, Nachtrupp *m*; Etappe *f*; **a ~** rückwärts; **comunicación** *f* **de**

~ rückwärtige Verbindung *f*; **enlace** *m* **a ~** Verbindung *f* nach rückwärts; *adv* **por la ~** von hinten **2** *fam hum (trasero)* Hintern *n*

retahíla F lange Reihe *f*; *fig* eine ganze Menge *f*

retajar V/T rund-, zurechtschneiden; *Am reg animal* kastrieren; **retajina** F Span *m*, *de materia prensada etc*: Schnitzel *n*; **retajo** M Abfall *m*

retal M Verschnitt *m*; Rest *m*; *espec* COM **~es** *pl* (Stoff)Reste *mpl*; *p. ext* **~ de tierra** Stück *n* Land

retaliación F *Ven* Vergeltung *f*, Rache *f*

retallo M BOT neuer Trieb *m*

retama F BOT Ginster *m*; **~ de escobas** Besenginster *m*; **~ de olor** Spanischer Ginster *m*; **~ espinosa** Igelkraut *n*

retamal, retamar M Ginsterbestand *m*; **retamilla** F BOT **1** *Chile verschiedene Leingewächse* **2** *Méx verschiedene Sauerdorngewächse*; **retamo** M *Am* BOT Ginster *m*

retar V/T *(desafiar)* herausfordern; *fam fig (reprender)* ausschelten; *Chile (insultar)* beschimpfen

retarar V/T *pesos, etc* nacheichen

retardación F Verzögerung *f*; Verzug *m*; **retardador** M **1** FILM Zeitlupe *f* **2** QUÍM, TEC Verzögerer *m* **3** TEC Retarder *m*; **retardar** **A** V/T *(demorar)* verzögern; *(postergar)* aufschieben; *reloj* nachstellen **B** V/R **retardarse** sich verspäten; sich verzögern; **retardatario** ADJ verzögernd; hemmend; **retardatriz** ADJ **fuerza** *f* **~** hemmende Kraft *f*; **retardo** M *(retraso)* Verzögerung *f*, *(inhibición)* Hemmung *f*; *(desaceleración)* Verlangsamung *f*; *(aplazamiento)* Aufschub *m*; MÚS Vorhalt *m*; AUTO **~ del encendido** Spätzündung *f*

retazo M *espec Am* TEX Stoffrest *m*; Tuchabfall *m*; *fig* LIT, *etc* Fragment *n*; *Chile (pedazo)* Stück *n*; *Méx (piltrafa)* Stück *n* Fleisch

retejar V/T das Dach ausbessern; *fam fig* neu einkleiden

retemblar V/I ⟨1m⟩ erzittern, erbeben

retén M **1** *(reserva)* Rücklage *f*, *(repuesto)* Ersatz *m*; MIL Ersatztruppen *fpl*; *(guardia)* Feldwache *f*; *Am (puesto de control)* Polizeikontrollposten *m (auf Überlandstraßen)* **2** TEC Dichtungsring *m* **3** *bomberos*: Brandwache *f* **4** *Ven (correccional)* Besserungsanstalt *f*

retención F **1** JUR Zurückbehaltung *f*; *sueldo, etc* Einbehaltung *f*; *(arresto)* Festnahme *f*; **~ fiscal** Steuerabzug *m*; **~ en origen** Quellensteuer *f* **2** TEC Festhalten *n*; Hemmung *f* **3** MED Verhaltung *f*; MED **~ de orina** Harnverhaltung *f* **4** *fig (reserva)* Zurückhaltung *f*; *(moderación)* Mäßigung *f* **5** **-ones** *pl* **(de tráfico)** (Verkehrs)Stau *m*

retener ⟨2l⟩ **A** V/T **1** zurück(be)halten; *sueldo, etc* einbehalten; *(guardar)* aufbewahren; *(mantener)* beibehalten; *lágrimas* zurückhalten; *respiración* anhalten; JUR *tb* sich *(dat)* die Zuständigkeit vorbehalten; *(arrestar)* **~ a alg** j-n festnehmen; **~ el aliento** den Atem anhalten; **~ en la escuela** *tb* nachsitzen lassen; **~ en la memoria** im Gedächtnis behalten **2** TEC, MED auf-, zurückhalten; festhalten **B** V/R **retenerse** sich zurückhalten; sich mäßigen

retenida F TEC Sperrkette *f*, Sperrung *f*; Bremsbalken *m*; *armas*: Rahmen-, Magazinhalter *m*; MAR Stopper *m*; **retenidamente** ADV zurückhaltend

reteno M QUÍM Reten *n*

retentiva F Gedächtnis *n*, Erinnerungsvermögen *n*; **retentivo** **A** ADJ zurückhaltend; behaltend; hemmend **B** M MED Mittel *n* gegen Inkontinenz

reteñir ⟨3h *y* 3l⟩ V/T auffärben; nachfärben *(tb pelo)*

reticencia F Verschweigung *f*; absichtliche Auslassung *f*; RET Abbrechen *n*, Schweigen *n*; **sin ~s** rückhaltlos; **hablar con ~s** sich in versteckten (*o* dunklen) Anspielungen ergehen

reticente ADJ dunkel anspielend

rético ADJ r(h)ätisch

retícula F kleines Netz *n*; TIPO Raster *m*; **de ~** Raster…

reticulación F FOT, TIPO Rasterung *f*; **reticulado** **A** ADJ **1** *(con forma de red)* netzartig, -förmig **2** ÓPT, FOT, TIPO gerastert; Raster…; **papel** *m* **~** Rasterpapier *n* **B** M → retícula, → retículo 3

reticular ADJ Netz…; netzartig; ÓPT, FOT, TIPO Raster…; ANAT retikulär; ÓPT **cruz** *f* **~** Fadenkreuz *n*; FOT **placa** *f* **~** Rasterplatte *f*

retículo M **1** ANAT, BIOL Netzwerk *n*, -gewebe *n*; ZOOL Netzmagen *m*; MINER **~ (cristalino)** Kristallgitter *n* **2** ÓPT, MIL **~ (de líneas cruzadas)** Fadenkreuz *n*; Fadengitter *n* **3** ÓPT, FOT, TIPO Raster *m*

retina F ANAT Netzhaut *f*; **retiniano** ADJ Netzhaut…

retinte¹ M zweite Einfärbung *f*; Auffärben *n*; Nachfärben *n*

retinte², retintín M *(sonido)* Klingen *n*; *vasos*: Klirren *n*; *p. ext de la voz*: Unterton *m*; **hablar con ~** mit einem (geheimnisvollen) Unterton sprechen; *fam fig* sticheln

retinto ADJ **1** *espec caballo, buey* schwarzbraun **2** *Arg, Ur fam pelo* schwarz

retiración F TIPO Umschlagen *n*; Widerdruck *m*

retirada F **1** *(repliege)* Rücktritt *m*; Rückzug *m (tb fig)* **2** *(sustracción)* Entzug *m*; Beseitigung *f*; Zurückziehung *f*; ADMIN **~ del carnet de conducir** Führerscheinentzug *m* **3** MIL (geordneter) Rückzug *m*; *(alejarse)* Absetzen *n*; **(toque** *m* **de) ~** *tb* Zapfenstreich *m*; *tb fig* **batirse en ~** den Rückzug antreten; *tb fig* **cortar la ~ a alg** j-m den Rückzug abschneiden; MIL **cubrir la ~** den Rückzug decken; *tb fig* **cubrirse la ~** sich *(dat)* die Möglichkeit zum Rückzug offenhalten; *tb fig* **tocar la ~** *tropas* zum Rückzug blasen; *toque de retreta*: den Zapfenstreich blasen **4** AGR **~ de tierras** Flächenstilllegung *f*

retirado **A** ADJ **1** *lugar* abgelegen; abseits gelegen **2** *persona* zurückgezogen; *espec* MIL im Ruhestand; außer Dienst **B** M, **-a** F Ruheständler *m*, -in *f*

retirar **A** V/T **1** zurückziehen; *(extraer)* herausziehen; *(quitar)* wegnehmen; *(apartar)* entfernen; TIPO umschlagen; *encargo, derecho, crédito, poder, permiso* entziehen; *capital* abziehen; *promesa* zurücknehmen; MIL *puesto* aufheben; *tropas* abziehen, herausnehmen; *tb fig* **~ la mano** die Hand zurückziehen; **~ al muchacho del colegio** den Jungen von der Schule (herunter)nehmen; **~ la palabra** das Wort entziehen **2** MIL *(despedir)* verabschieden, in den Ruhestand versetzen **3** COM *(mercancía)* in Empfang nehmen; *correos*: *(envío)* abholen; *letra de cambio* einlösen; *dinero* abheben **B** V/R **retirarse** **1** sich zurückziehen; *fig (ir a dormir)* zu Bett gehen **2** *(renunciar)* zurücktreten (von *dat* de) **3** *(jubilarse)* in Pension, Rente (*o* den Ruhestand) gehen **4** MIL *tropas* sich zurückziehen, zurückgehen, sich absetzen; räumen *(acus* de); *p. ext (despedirse)* seinen Abschied nehmen; **¡~!** weggetreten!

retiro M **1** *(aislamiento)* Zurückgezogenheit *f*; *(soledad)* Einsamkeit *f*; *situación*: Ruhesitz *m*; **el (Buen) Retiro** der Retiropark *(in Madrid)* **2** MIL *(despido)* Abschied *m*; Ruhestand *m*; *(haber)* Ruhegehalt *n*; *gener fam* Pension *f*; **en ~** außer Dienst; **~ anticipado** Vorruhestand *m* **3** MIL *de las tropas*: Abzug *m* **4** REL Exerzitien *npl*

reto M Herausforderung *f*; *al duelo*: Forderung *f*; *fig (amenaza)* Drohung *f*; *Arg, Chile, Ur* **echar ~s** drohen

retobado ADJ **1** *Am (obstinado)* starrköpfig; störrisch *(tb animal)* **2** *Am Mer (pícaro)* verschmitzt; (heim)tückisch; **retobar** V/T **1** *Am (cubrir con cuero)* mit Leder überziehen **2** *Am reg* → adobar, curtir **3** *Méx (enfadarse)* (heftig) antworten; **retobo** M *Méx* heftige Antwort *f*, grobe Bemerkung *f*

retocado M *(compostura)* Ausbesserung *f*; *(revisión)* Überarbeitung *f*; Retusche *f*; **retocador** M, **retocadora** F Änderungsschneider *m*, -in f

retocar ⟨1g⟩ **A** V/T nach-, überarbeiten; aus-, nachbessern; FOT retuschieren; AUTO *motor* frisieren **B** V/R **retocarse** *mujer* sich zurechtmachen, sich nachschminken

retomar V/T wieder aufnehmen

retoñar V/I BOT wieder treiben; *fig* wieder zum Vorschein kommen, erneut auftreten;

retoño M BOT Schössling *m*; *fig (niño)* Nachwuchs *m*, Sprössling *m fam*

retoque M **1** *(revisión)* Überarbeitung *f*; *pintura*: Nachbesserung *f*; *(corrección)* Berichtigung *f*; FOT Retusche *f* **2** MED *de una enfermedad*: leichter Anfall *m*

retor¹ M TEX derbes Baumwollzeug *n*, Zwilch *m*

retor², rétor M Rhetor *m*; HIST *y fig* → orador

retorcedora F TEX Zwirnmaschine *f*

retorcer ⟨2b *y* 2h⟩ **A** V/T *(tergiversar)* verdrehen *(tb fig palabras)*; *(doblar)* krümmen, verbiegen; *bigote* drehen, zwirbeln; *hilo* zwirnen; *ropa, trapos* (aus)wringen; TEC (ver)winden; *pop* **~ el pescuezo** den Hals (*o* den Kragen *fam*) umdrehen **B** V/R **retorcerse** sich krümmen, sich winden (**de** vor *dat*)

retorcido **A** ADJ *(doblado)* gekrümmt; *(tergiversado)* verdreht; *en forma de espiral*: spiralig; TEX gezwirnt; *fig (con malas intenciones)* hinterhältig, falsch; *estilo* geschraubt **B** M TEX Zwirnen *n*; **retorcimiento** M Verdrehung *f (tb fig)*; Verwinden *n*; TEC Verwindung *f*

retórica F Rhetorik *f*; *desp* (wortreiches) Pathos *n*; *fig* **~s** *pl* Wortgeklingel *n*; Wortklauberei *f*; **retórico** **A** ADJ rhetorisch; rednerisch **B** M, **-a** F Rethoriker *m*, -in *f*

retornable ADJ rückzahlbar; COM Mehrweg…; **botella** *f*/**envase** *m* **~** Mehrwegflasche *f*/-behälter *m*; **botella** *f*/**envase** *m* **no ~** Einwegflasche *f*/-behälter *m*

retornados MPL *Esp* Rückwanderer *mpl*; **retornar** **A** V/T *(dar vuelta)* umwenden, umdrehen; *(devolver)* zurückgeben; *(responder)* erwidern **B** V/I zurückkehren; **retornelo** M MÚS Ritornell *n*; **retorno** M **1** *(vuelta)* Rückkehr *f*; *(devolución)* Rückgabe *f*; *mercancías, cartas*: Rücksendung *f*; **de ~** Rück… **2** *(cambio)* Tausch *m*; *(retribución)* Entgelt *n*; *(vuelto)* herausgegebenes Geld *n*

retorromano, LING *tb* **retorrománico** **A** ADJ rätoromanisch **B** M, **-a** F Rätoromane *m*, -romanin *f* **C** M *lengua*: Rätoromanisch *n*

retorsión F **1** *(torcedura)* Verdrehung *f*; *(curvatura)* Krümmung *f* **2** *fig (revancha)* Vergeltung *f*; **retorsivo** ADJ verdrehend

retorta F QUÍM Retorte *f*

retortero M *fam* (Herum)Drehen *n*; *fam fig* **andar** *o* **ir al ~** ruhelos hin und her laufen; hin und her hetzen; **traer al ~ a alg** j-n an der Nase herumführen (*o* um den Finger wickeln)

retortijar V/T (stark) verdrehen; hin und her winden; **retortijón** M **1** *acción*: Verwinden *n*, Abdrehen **2** MED Magenkrämpfe *mpl*; **~ de tripas** *o* **-ones** *mpl* Leibschneiden *n*

retostado ADJ *(fuertemente tostado)* stark geröstet; *(quemado)* angebrannt; *color*: dunkelbraun

R

retostar VT ⟨1m⟩ erneut (*o* stark) rösten **retozar** VI ⟨1f⟩ (*saltar*) hüpfen; (*brincar*) herumtollen, Unfug treiben; (*besarse y acariciarse*) turteln; **retozo** M (*saltos*) Hüpfen *n*; (*brincos*) (Herum)Tollen *n*; (*malicia*) Mutwille *m*, Unfug *m*, Albernheit *f*; (*amartelamiento*) Turteln *n*; **retozón** ADJ (*alegre, travieso*) ausgelassen, schelmisch; (*malicioso*) mutwillig

retracción F Zurückziehen *n*; MED (Gewebe-, Narben)Schrumpfung *f*; *fig* Rückgang *m*; **retractable** ADJ widerrufbar, zurücknehmbar; **retractación** F Widerruf *m*; **hacer una ~ (pública)** (öffentlich) Widerruf leisten

retractar A VT widerrufen, zurücknehmen B VR **retractarse** sein Wort (*o* das Gesagte) zurücknehmen; einen Rückzieher machen *fam*; JUR seine Aussage widerrufen; **~ de a/c** etw widerrufen

retráctil ADJ 1 ZOOL *garras, etc* einziehbar (*tb* TEC) 2 AUTO *cinturón* mit Aufrollautomatik, Automatik...

retracto M JUR Rück-, Wiederkauf *m*; **derecho** *m* **de ~** Rücktrittsrecht *n de un inquilino, arrendatario*: Vorkaufsrecht *n*; Wieder-, Rückkaufsrecht *n*

retraer ⟨2p⟩ A VT 1 (*retirar*) zurück-, einziehen; (*apartar*) abhalten; (*disuadir*) abbringen (von *dat* **de**) 2 (*devolver*) zurück-, wiederbringen 3 JUR zurücknehmen; **derecho** *m* **a ~** Rücktrittsrecht *n de un inquilino, arrendatario*: Vorkaufsrecht *n*; Wieder-, Rückkaufsrecht *n* B VR **retraerse** sich zurückziehen; sich flüchten (**de** vor *dat*); MED schrumpfen

retraído ADJ 1 zurückgezogen (*tb fig*); (*tímido*) scheu; (*reservado*) zurückhaltend 2 MED geschrumpft; **retraimiento** M (*recogimiento*) Zurückgezogenheit *f*; (*reserva*) Zurückhaltung *f*

retranca F 1 *de los caballos*: Schwanzriemen *m der Pferde* 2 *Am reg* (*galga*) (Wagen)Bremse *f*; *p. ext en una máquina*: Sperre *f* 3 (*mala intención*) versteckte (böse) Absicht *f*

retrancar VT ⟨1g⟩ *Am reg* bremsen (*tb fig*)

retransmisión F RADIO, TV, ELEC (Weiter)Übertragung *f*; **~ por hilo** Drahtfunk *m*; **~ en diferido** Aufzeichnung *f*; **~ en directo** (*o* **en vivo**) Direktübertragung *f*, Livesendung *f*

retransmitir VT weitersenden; ELEC (weiter)übertragen; **~ en directo** (*o* **en vivo**) live senden

retrasado ADJ zurückgeblieben (*tb fig desp mental*); (*subdesarrollado*) rückständig, im Rückstand; (*demorado*) verspätet; **retrasar** A VT (*diferir*) aufhalten, verzögern; (*aplazar*) aufschieben; *cita* hinausschieben B VI zurückbleiben (*o* -gehen) (*fig*); *reloj* nachgehen; ELEC *corriente* nacheilen C VR **retrasarse** sich verzögern; FERR sich verspäten

retraso M 1 (*demora*) Verzögerung *f*; Verzug *m* (bei *dat* **en**); FERR Verspätung *f*; **traer** *o* **llevar ~** *tren, etc* Verspätung haben; **llegar con ~** zu spät kommen 2 *fig* (*subdesarrollo*) Rückstand *m*; Rückständigkeit *f*; **~ mental** *desp* geistige Zurückgebliebenheit *f*

retratador M, **retratadora** F → retratista; **retratar** VT porträtieren; FOT *personas* aufnehmen; *p. ext liter* (*describir*) schildern; (*imitar*) nachahmen, nachmachen *fam*; **retratería** F *Am pop* Fotoatelier *n*; **retratista** M/F PINT Porträtmaler *m*, -in *f*; FOT Porträtfotograf *m*, -in *f*

retrato M Porträt *n*, PINT *tb* Bildnis *n*; FOT Porträtaufnahme *f*; (*imagen*) Abbild *n*; (*descripción*) Schilderung *f*; PINT **~ de busto** Brustbild *n*; **~ de cuerpo entero** PINT Vollbild *n*; FOT Ganzaufnahme *f*; PINT **~ de medio cuerpo** Kniestück *n*; PINT **~ al óleo** Ölbildnis *n*; **~ en perfil** Profilbild *n*, FOT Profilaufnahme *f*; **~-robot** *o Am* **~ hablado** Phantombild *n*; *fig* **el vivo ~ de su padre** das (lebendige) Ebenbild seines Vaters

retrechería F *fam* 1 (*vaguería*) Drückebergerei *f*; Durchtriebenheit *f* 2 *Ven* (*avaricia*) Geiz *m*; **retrechero** ADJ *fam* 1 (*audaz, pícaro*) durchtrieben, gerissen 2 *ojos etc* lockend, verführerisch 3 *Ven* (*tacaño*) knauserig 4 *Col fam* (*desconfiado*) argwöhnisch, misstrauisch

retrepado ADJ weit zurückgelehnt; **retreparse** VR sich hinten überlehnen; sich zurücklehnen

retreta F 1 MIL Zapfenstreich *m* 2 (*concierto en la plaza*) Platzkonzert *n*, Standkonzert *n* 3 *Am reg de cosas*: Serie *f*; **retrete** M Toilette *f*, Klosett *n*, Abort *m*

retribución F Vergütung *f*; Entgelt *n*; **~ horaria** Stundenlohn *m*; **~ por pieza** Stücklohn *m*

retribuir VT ⟨3g⟩ vergüten; belohnen; bezahlen

retro *fam* A ADJ *inv* nostalgisch; Nostalgie...; (*anticuado*) rückschrittlich; altmodisch; **estilo** *m* **~** Retro-Stil *m*; **moda** *f* **~** Nostalgiewelle *f* B M 1 AUTO (*espejo retrovisor*) Rückspiegel *m* 2 *Bol, Ec* AUTO (*marcha atrás*) Rückwärtsgang *m*

retroacción F → retroalimentación; **retroactividad** F Rückwirkung *f*; **retroactivo** ADJ rückwirkend; *adv* **con efecto ~** rückwirkend

retroalimentación F TEC Rückkoppelung *f*; Feed-back *n*; **retrocambio** M Nachrüstung *f*; Umrüstung *f*; **retrocarga** *arma*: **de ~** Rücklade...; **retroceder** A VI (*cejar*) zurückweichen (*tb fig*); zurückgehen; (*volver hacia atrás*) zurücklaufen B VT JUR wieder abtreten; **retrocesión** F JUR Wiederabtretung *f*; **retrocesivo** ADJ JUR Wiederabtretungs...

retroceso M 1 (*paso hacia atrás*) Rückschritt *m*; Zurückweichen *n*; (*descenso*) Rückgang *m*; *fig* (*revés*) Rückschlag *m* (*tb* MED *con una enfermedad*) 2 *espec* FÍS, TEC Bewegungsumkehr *f*, Zurücklaufen *n*; TEC, MIL Rücklauf *m*; TEC Rückschlag *m*; MIL *de un arma*: Rückstoß *m*; *golpe de billar*: Zurückläufer *m*; **~ del carro** *máquina de escribir*: Wagenrücklauf *m*; **~ del gas/de la llama** Gas-/Flammenrückschlag *m*; **sin ~ (del cañón)** *arma*: rückstoßfrei 3 *Am reg* AUTO Rückwärtsgang *m*

retrocohete M Rückkehrrakete *f*; Bremsrakete *f*; **retrocuento** M Rückwärtszählen *n*; **retrogradar** VI ASTRON sich scheinbar rückläufig bewegen

retrógrado ADJ rückläufig; rückschreitend; *fig* rückschrittlich; MED **amnesia** *f* **-a** retrograde Amnesie *f*

retrogresión F → retroceso

retronar VI ⟨1m⟩ (laut) widerhallen

retropropulsión F TEC Rückstoß *m*; **retroproyector** M Tageslicht-, Overheadprojektor *m*; **retrospectiva** F (*retrospección*) Rückschau *f*, Retrospektive *f*; FILM, TEAT, *etc* Rückblende *f*; **retrospectivo** ADJ rückblickend, -schauend, retrospektiv; **retrotraer** ⟨2p⟩ A VT vordatieren B VR **retrotraerse** sich zurückversetzen (**a** in *acus o* nach *dat*); **retrovender** VT rückverkaufen; **retroventa** F JUR Rückkauf *m*; **retroversión** F 1 MED *de órganos*: Rückwärtsbeugung *f* 2 LING Rückübersetzung *f*; **retrovirus** M ⟨*pl inv*⟩ MED Retrovirus *n*

retrovisor M AUTO (**espejo** *m*) **~** Rückspiegel *m*; **~ exterior** Außenspiegel *m*

retrucar VI 1 (*rebotar*) zurückprallen 2 (*recaer*) auf j-n zurückfallen 3 *Arg, Par, Ur, Ven fam* (*replicar*) schlagfertig antworten

retruécano M Wortspiel *n*

retruque M 1 *billar, etc* Rückstoß *m* 2 *juego del truque*: Überbieten *n* 3 *Arg* schlagfertige Antwort *f*

retumbante ADJ dröhnend; *fig discurso* hochtönend; **retumbar** VI widerhallen; dröhnen; **retumbo** M Widerhall *m*; Dröhnen *n*

retuve → retener

reubicar VT *Am* 1 anderswohin stellen 2 *institución* verlegen 3 *fugitivos, habitantes de barriadas, etc* umsiedeln 4 *empleado* einen anderen Arbeitsplatz beschaffen

reuma, reúma M MED Rheuma *n*; **~ articular** Gelenkrheumatismus *m*

reumático A ADJ rheumatisch B M, **-a** F Rheumaleidende *m/f*; **reumatismo** M MED Rheumatismus *m*; **reumatología** F Rheumatologie *f*; **reumatólogo** M, **reumatóloga** F Rheumatologe *m*, Rheumatologin *f*

reunidora F TEX Wickelmaschine *f*; **reunificación** F *espec* POL Wiedervereinigung *f*; SOCIOL Zusammenführung *f*; **reunificar** VT ⟨1g⟩ wiedervereinigen; SOCIOL *familias* zusammenführen

reunión F 1 (*unificación*) Vereinigung *f*; (*agrupación*) Gesellschaft *f* 2 (*asamblea*) Versammlung *f*; (*conferencia*) Besprechung *f*, Sitzung *f*, Tagung *f*; **estar en ~** in einer Besprechung sein; POL *espec Am* **~ cimera** *o* **cumbre** Gipfeltreffen *n*; **~ de emergencia** *o* **de urgencia** Dringlichkeitssitzung *f*; **~ de trabajo** Arbeitstagung *f*; POL, JUR **derecho** *m* **de ~** Versammlungsrecht *n* 3 (*fiesta*) gesellschaftliche (*o* festliche) Zusammenkunft *f*; Gesellschaftsabend *m*; **~ familiar** Familienfest *n* 4 (*acción de reunir*) Versammeln *n*, Treffen *n*; Ansammlung *f*; MIL Sammeln *n*; **¡~!** sammeln!

reunir A VT 1 (*juntar*) sammeln, versammeln; (*congregar*) verein(ig)en; (*unir*) verbinden, zusammenfügen; *condiciones* erfüllen; *medios* aufbringen; *pruebas* sammeln; **estar reunido (con alg)** in einer Besprechung (mit j-m) sein 2 TEX (auf)wickeln B VR **reunirse** sich versammeln; sich treffen; zusammenkommen; *comisión etc* zusammentreten; tagen

reusabilidad F Wiederverwendbarkeit *f*; **reusar** VT erneut benutzen; wieder verwenden

reutilizable ADJ wiederverwendbar; **envase** *m* **~** wiederverwendbare Verpackung *f*

reutilización F Wiederbenutzung *f*; Wiederverwendung *f*

reutilizar VT ⟨1f⟩ erneut benutzen; wieder verwenden

revacunación F MED Nachimpfung *f*; **revacunar** VT MED nachimpfen

reválida F (*examen*) Abschlussprüfung *f*; (*confirmación*) Bestätigung *f*; **certificado** *m* **de ~** Abitur-, Reifezeugnis *n*

revalidación F JUR (*confirmación*) Bestätigung *f*; (*reconocimiento*) Anerkennung *f* (*bes eines ausländischen Titels oder Diploms*); Nostrifikation *f*

revalidar JUR A VT (*reconocer*) anerkennen; (*confirmar*) bestätigen; (*naturalizar*) nostrifizieren B VR **revalidarse** anerkannt werden; die amtliche Anerkennung (*o* Approbation) erhalten

revalorización F Aufwertung *f* (*tb fig*); **~ de la moneda** Geldaufwertung *f*

revalorizar A VT ⟨1f⟩ *moneda, etc* aufwerten B VR **revalorizarse** eine Aufwertung erfahren; **revaluación** F ECON Aufwertung *f*; Neubewertung *f*; **revaluar** A VT ECON aufwerten; neu bewerten B VR eine Aufwertung erfahren

revancha F Revanche *f* (*tb fig*); **tomarse** (*o* **cobrarse**) **la ~** sich rächen; **revanchismo** M Revanchismus *m*; **revanchista** A ADJ revanchistisch B M/F Revanchist *m*, -in *f*

revejido ADJ *Perú niño* altklug

revelación F Enthüllung *f*; Offenbarung *f* (*tb*

REL); **revelado** M FOT Entwickeln *n*; **revelador** A ADJ aufschlussreich B M FOT Entwickler *m*; **revelar** A VT enthüllen; ent-, aufdecken; offenbaren (*tb* REL); FOT entwickeln B VR **revelarse** an den Tag kommen; ~ (*adj*) sich herausstellen als (*adj*); ~ **como** sich entpuppen als; **se reveló como un gran ajecedrista** er entpuppte sich als großartiger Schachspieler

revellín M MIL Außenschanze *f*, Vorwerk *n*

revellón M Silvesterparty *f*

revendedor M, **revendedora** F Wiederverkäufer *m*, -in *f*

revender VT wieder verkaufen, weiterverkaufen

revenido M TEC *herramienta*: Anlassen *n*; **revenir** ⟨3s⟩ A VT TEC *herramienta* anlassen B VR **revenirse** 1 eintrocknen, einschrumpfen; *mampostería, etc* seine Feuchtigkeit verlieren 2 *fig bebidas* sauer werden 3 *fam fig* (*ceder en una afirmación*) nachgeben, klein beigeben *fam*

reventa F Wieder-, Weiterverkauf *m*

reventada F *Arg fam* Hure *f*

reventadero M 1 *terreno*: steiles und unwegsames Gelände *n*; *fam fig* (*trabajo penoso*) schweres Stück *n* Arbeit, Plackerei *f fam* 2 *Am reg* (*costa de embate*) Brandungsküste *f* 3 *fuente*: Sprudel *m*; **reventado** ADJ *fam fig* **estar** *o* **venir ~** total erschossen (*o* kaputt) sein *fam*; **reventador** M, **reventadora** F POL (vorsätzliche[r]) Störer *m*, -in *f*

reventar ⟨1k⟩ A VI 1 (*estallar*) platzen (*tb neumático*), bersten; (*explotar*) explodieren; *fam fig* ~ **de risa/de orgullo** vor Lachen/vor Stolz platzen 2 *animales y fig* krepieren *pop* 3 *olas* sich brechen 4 *fam fig* (*cantar, divulgar*) auspacken *fam*, ausplaudern, *fam* B VT 1 zum Platzen bringen; *puerta, ventana, etc* aufbrechen; *fam fig* (*romper*) ruinieren, kaputtmachen *fam*; *jerga del hampa caja de caudales* knacken 2 *caballo y fig* zu Tode hetzen 3 (*enfadar*) sehr ärgern, rasend machen *fam* C VR **reventarse** 1 aufspringen, aufplatzen, bersten; zerplatzen; *pop fig* **¡que se reviente, pues!** soll er doch vor Wut platzen! *pop* 2 *fam fig* (*morir por exceso de trabajo*) sich zu Tode arbeiten; kaputtgehen (*fam fig*)

reventón A ADJ 1 BOT *capullo* bald aufplatzend 2 *ojos* hervorquellend B M Aufplatzen *n*; AUTO *fam neumáticos*: Platzen *n*; MIL ~ **prematuro** Rohrkrepierer *m*; ~ **de tubería** Rohrbruch *m*; AUTO **tengo un ~** ich habe einen Platten *fam*

rever VT ⟨2v⟩ 1 (*volver a ver*) wiedersehen 2 (*revisar*) durchsehen, (*controlar*) überprüfen; revidieren (*tb* JUR)

reverberación F 1 *de la luz*: Rückstrahlung *f*; *de un sonido*: Nach-, Widerhall *m* 2 QUÍM Kalzination *f*; **reverberante** ADJ (*reflejante*) zurückstrahlend; (*resonante*) nachhallend; **reverberar** VI *luz* zurückstrahlen; *sonido* nach-, widerhallen; **reverbero** M 1 *donde se refleja la luz*: Lichtspiegel *m*, Rückstrahler *m* 2 (*luz reflejada*) Reflexlicht *n*; (*farol*) Straßenlaterne *f*; AUTO (*faros*) Scheinwerfer *m* 3 *Am Centr, Col, Cuba, Ven* (*cocinilla*) Spirituskocher *m*

reverdecer VI ⟨2d⟩ wieder grünen; **reverdecimiento** M neues Ergrünen *n*

reverencia F 1 (*respeto*) Ehrfurcht *f* 2 (*inclinación*) Verbeugung *f*; **hacer una ~ (profunda)** sich (tief) verneigen 3 REL **Reverencia** *trato*: Euer Hochwürden

reverenciable ADJ verehrungswürdig; **reverencial** ADJ ehrerbietig; ehrfurchtsvoll; **reverenciar** VT ⟨1b⟩ verehren; **reverencioso** ADJ (übertrieben) ehrerbietig, *desp* katzbucklerisch

reverendísimo ADJ REL *trato*: hochehrwürdig; **Su Reverendísima** Seine Hochehrwürden; **reverendo** ADJ REL ehrwürdig; *trato*: **Reverendo Padre** ehrwürdiger Vater; **reverente** ADJ ehrerbietig, respektvoll

reversa F *Arg, Chile, Col, Méx, Ur* AUTO Rückwärtsgang *m*; **reversibilidad** F *espec* FÍS, QUÍM, TEC Umkehrbarkeit *f*; **reversible** A ADJ 1 umdreh-, umkehrbar; umstellbar; MED reversibel; TEX beidseitig tragbar; TEX **gabardina** *f* ~ Wendemantel *m* 2 TEC Klapp…, Kipp…; FOT Umkehr… B M TEX Wendemantel *m*; **reversión** F (*recaída*) Rückfall *m*; (*retorno*) Umkehrung *f*; FOT **de ~** Umkehr…

reverso M 1 (*parte opuesta*) Rückseite *f*; Kehrseite *f* (*tb fig*); *fig* **el ~ de la medalla** die Kehrseite der Medaille; *persona*: das genaue Gegenteil des andern 2 *Col, Hond* AUTO Rückwärtsgang *m* 3 TEC, INFORM **ingeniería** *f* **-a** Re-Engineering *n*

reverter VI ⟨2g⟩ überfließen; **revertir** VI ⟨3i⟩ JUR ~ **a** zurückfallen an (*acus*); ~ **en beneficio de alg** j-m zugutekommen

revés M ⟨*pl* -eses⟩ 1 (*parte opuesta*) Rück-, Kehrseite *f*; *tela*: linke Seite *f*; **al ~** umgekehrt; verkehrt; *fig* **el mundo al ~** die verkehrte Welt; **salir al ~** fehlschlagen, schiefgehen 2 (*fracaso*) Rückschlag *m* (*tb* MIL); Missgeschick *n*; **reveses** *mpl* **de la fortuna** Schicksalsschläge *mpl* 3 (*golpe*) Schlag *m* mit dem Handrücken 4 DEP *tenis*: Rückhandschlag *m*

revesa F MAR Rückströmung *f*

revestido ADJ TEC überzogen (*o* umwickelt) (mit *dat* de); **revestimiento** M ARQUIT, TEC (*superficie, capa*) Ver-, Auskleidung *f*; (*cobertura*) Belag *m*, Beschichtung *f*, Überzug *m*

revestir ⟨3l⟩ A VT 1 ARQUIT, TEC ver-, auskleiden; belegen, beschichten, überziehen; *cable tb* umwickeln; *pared* verblenden; ~ **de losas** mit Fliesen belegen; ~ **de tablas** mit Brettern verschalen 2 *traje oficial y fig* anlegen, sich kleiden in (*acus*) 3 (*recibir*) annehmen; haben; bekommen; **no ~ gravedad** nicht schlimm sein; ~ **importancia** von Bedeutung sein; ~ **un aspecto diferente** sich anders darstellen 4 *espec con poderes* ausstatten (**de** mit *dat*) 5 (*adornar*) Aussehen geben (*dat*); ~ **un discurso** eine Rede (poetisch) ausschmücken B VR **revestirse** Amtstracht anlegen; *fig liter* ~ **de una idea** ganz von einer Idee durchdrungen sein; *fig* ~ **de paciencia** sich mit Geduld wappnen; ~ **de valor** Mut zeigen; seinen Mut zusammennehmen

reviejo ADJ ur-, steinalt

revientacajas M ⟨*pl inv*⟩ *pop* Geldschrankknacker *m fam*, Schränker *m* (*jerga del hampa*); **revientapisos** M *fam* Einbrecher *m*

revirado ADJ *Arg, Ur fam* bescheuert; ausgeflippt *fam*; **revirar** A VT *Col, Méx* den Einsatz (beim Spiel) verdoppeln B VR **revirarse** 1 *Arg, Cuba, Ur* (*sublevarse*) aufbegehren, sich wehren 2 *Arg fam* (*flipar, alucinar*) ausflippen *fam*, durchdrehen *fam*

revisación F *Am*, **revisada** F *Am* → revisión

revisar VT 1 (*controlar*) nach-, durchsehen; nach-, überprüfen, TEC überholen; *pasaporte tb* stempeln; (*enmendar*) revidieren 2 *Bol, Perú* AVIA *equipaje* aufgeben

revisión F 1 (*inspección*) Durchsicht *f*; (*control*) Überprüfung *f*; (*mantenimiento*) Revision *f*; TEC Überholung *f*; AUTO Inspektion *f*; FERR, *etc* (Fahrkarten)Kontrolle *f*; ~ **de aduanas** *en puertos, etc* Zolldurchlass *m*; AUTO ~ **técnica de vehículos** (technische) Fahrzeugüberprüfung *f* 2 JUR (**recurso** *m* **de**) ~ (Antrag *m* auf) Wiederaufnahme *f* 3 POL *constitución, contrato*: Änderung *f* 4 MED Untersuchung *f*; ~ **(medica)** Kontrolluntersuchung *f*; ~ **preventiva** Vorsorgeuntersuchung *f* 5 COM ~ **del año** Jahresbilanz *f*

revisionismo M POL Revisionismus *m*; **revisionista** A ADJ revisionistisch B M/F Revisionist *m*, -in *f*; **revisor** A ADJ Prüfungs…, Kontroll… B M, **revisora** F Nachprüfer *m*, -in *f*; Revisor *m*, -in *f*; Kontrolleur *m*, -in *f*; FERR Schaffner *m*, -in *f*; ~ **de cuentas** Buchprüfer *m*; **revisoría** F Stelle *f* (*o* Amt *n*) eines Revisors

revista F 1 Zeitschrift *f*; ~ **digital** Onlinezeitschrift *f*; ~ **infantil** Kinderzeitung *f*; ~ **juvenil** Jugendzeitschrift *f*; ~ **de modas** Modejournal *n*; ~ **semanal** Wochenzeitschrift; ~ **técnica** *o* **especializada** Fachzeitschrift *f* 2 TEAT Revue *f*; ~ **sobre hielo** Eisrevue *f* 3 MIL Truppenbesichtigung *f*; **pasar ~ (a las tropas)** die Truppe besichtigen (*acus*); die Ehrenkompanie abschreiten; *fig* **pasar ~ a** überprüfen (*acus*); in einem Überblick zusammenfassen (*acus*) 4 JUR erneute Verhandlung *f*

revistar VT 1 (*controlar*) überprüfen 2 MIL besichtigen; ~ **la compañía**, *etc* die Front abschreiten; **revistera** F Berichterstatterin *f*, Mitarbeiterin *f* an einer Zeitschrift; **revisteril** ADJ MÚS leicht, Unterhaltungs…; **revistero** M 1 *persona*: Berichterstatter *m*, Mitarbeiter *m* an einer Zeitschrift 2 *mueble*: Zeitungsständer *m*

revitalizar A VT ⟨1f⟩ (*dar nueva vida*) neues Leben geben (*dat*); zu neuem Leben erwecken; (*fortalecer*) kräftigen, stärken, wieder beleben B VR **revitalizarse** sich wieder beleben; (*fortalecerse*) sich kräftigen

revival [rri'βaiβal, rrɛ'βaiβal] M Revival *n*, Wiederaufleben *n*

revivificación F Wiederbelebung *f*; **revivificar** VT ⟨1g⟩ wieder aufleben lassen; wieder beleben; **revivir** A VI ins Leben zurückkehren; wieder aufleben (*tb pelea, disputa etc*) B VT 1 (*reanimar*) wiederbeleben 2 (*vivir de nuevo*) wiedererleben

revocabilidad F Widerruflichkeit *f*; **revocable** ADJ widerruflich; **revocación** F (*retractación*) Widerruf *m* (*tb* JUR); (*anulación*) Aufhebung *f*, (*devolución*) Zurücknahme *f*; COM *pedido*: Zurückziehung *f*

revocar ⟨1g⟩ A VT & VI 1 (*anular*) widerrufen (*tb* JUR); absagen; *una decisión* aufheben, zurücknehmen; *una persona de su cargo*: abberufen; *fig humo etc* vertreiben 2 COM (*dar de baja*) abbestellen, stornieren 3 ARQUIT *pared* tünchen, kalken; verputzen B VI *humo* abziehen

revocatoria F *Am* JUR *ley*: Aufhebung *f* (*eines Gesetzes etc*); **revocatorio** A ADJ Widerrufs…, Abberufungs…; POL, *espec Am* Amtsenthebungs…; JUR **decreto** *m* ~ Aufhebungserlass *m* B M Amtsenthebung *f*

revoco M ARQUIT → revoque

revolcadero M AGR, CAZA Suhle *f*

revolcar ⟨1g *y* 1m⟩ A VT zu Fall bringen; *fam fig* besiegen; fertigmachen *fam*; *en un examen*: durchfallen lassen B VR **revolcarse** 1 sich (herum)wälzen; *animales* sich wälzen, sich suhlen 2 *fam fig* herumreiten (auf *dat* en) 3 *vulg* ~ **con alg** j-n vögeln *vulg*

revolcón M *fam* 1 Herumwälzen *n* 2 *fig en el examen*: Durchfallen *n fam* 3 *vulg sexo*: schnelle Nummer *f*; **darse un ~** eine Nummer schieben

revolear A VI (in der Luft) herumwirbeln; *aves* herumfliegen B VT *RPl lazo, boleadora, etc* über dem Kopf schwingen; **revolotear** VI (umher)flattern; **revoloteo** M Flattern *n*

revoltijo, revoltillo M 1 wirrer Haufen *m*; *fig* (*confusión*) Wirrwarr *m*, Durcheinander *n* 2 (*tripas*) Kaldaunen *fpl*; **revoltina** F → revoltijo 1; **revoltoso** A ADJ 1 (*alborotador*) aufsässig 2 (*travieso*) unruhig, ungebärdig; *niño* unge-

R

zogen, unartig B M, -a F Aufrührer *m*, -in *f*

revolución F 1 POL *y fig* Revolution *f*; Umwälzung *f*; **~ cultural** *China*: Kulturrevolution *f*; **~ de palacio** *o* **palaciega** Palastrevolution *f*; *fig* **una ~ artística** eine Revolution der Kunst 2 ASTRON *astro*: Umlauf *m*; *tiempo de giro*: Umlaufszeit *f*; TEC Umdrehung *f*, Tour *f*; **número** *m* **de -ones** Dreh-, Tourenzahl *f*; **de alto número de -ones** hochtourig, schnell drehend

revolucionado ADJ TEC **muy ~** hochtourig, schnell drehend; **revolucionar** V/T POL *y fig* revolutionieren; aufwiegeln; *el orden (establecido)* umstürzen; **revolucionario** A ADJ POL *y fig* revolutionär; Umsturz..., Umbruch... B M, -a F Revolutionär *m*, -in *f* (*tb fig*); Aufrührer *m*, -in *f*, Umstürzler *m*, -in *f*

revolvedora F *Méx* Betonmischer *m*

revolver ⟨2h; *pp* revuelto⟩ A V/T 1 (*mezclar*) umrühren, umwälzen; (*remover*) verrühren; (*agitar*) aufwühlen; GASTR (*batir*) quirlen; **~ en la mente** immer wieder überlegen 2 (*dar vuelta*) (herum)drehen; *caballo* (*auf engem Raum*) herumreißen; *ojos* verdrehen 3 (*involucrar*) ein-, verwickeln 4 AGR *tierra* umgraben, umpflügen; *trigo* worfeln 5 (*curiosear, rebuscar*) durchwühlen, -stöbern; *libros etc* durchblättern, wälzen *fam* 6 (*desordenar*) hin und her schütteln; *fig* (*inquietar*) in Aufruhr bringen; durcheinanderbringen (*tb fig*); aufwühlen (*tb ánimos*); (*enemistar*) verfeinden (mit *dat* con) B V/I wieder umkehren; *jinete* wenden C V/R **revolverse** (*girarse*) sich drehen (*tb* ASTRON); (*moverse*) sich rühren; (*moverse de un lado a otro*) sich hin und her bewegen; METEO *tiempo* umschlagen; *en la cama*: sich (ruhelos) hin und her wälzen; **~ contra alg** sich gegen j-n wenden *o* auflehnen; **se me revuelve(n) el estómago** *o fam* **las tripas** da dreht sich mir der Magen um; *fig* **~ en la tumba** sich im Grab umdrehen

revólver M Revolver *m*; **~ de barrilete** Trommelrevolver *m*; ÓPT **diafragma** *m* **~** Revolverblende *f*

revoque M ARQUIT Kalkbewurf *m*; Verputz *m*; ELEC **bajo ~** unter Putz

revuelco M (Umher)Wälzen *n*; *puercos, etc* Suhlen *n*

revuelo M 1 *aves*: erneutes Auffliegen *n*; (*vuelo de regreso*) Rückflug *m*; *fig* **de ~** rasch, im Fluge 2 *fig* (*desorden*) Durcheinander *n*; (*escándalo*) Skandal *m*; (*insurrección*) Aufruhr *m*; **causar ~** Wirbel machen; **levantar ~** *o* **producir gran ~** alles in Aufruhr bringen; Aufsehen erregen, Staub aufwirbeln 3 *Am gallo de pelea*: Sporenhieb *m*

revuelta F 1 (*rebelión*) Aufruhr *m*, Revolte *f*; *fig* (*riña*) Streit *m*; (*excitación*) Aufregung *f*; *fig* **~ palaciega** Palastrevolution *f* 2 (*cambio de dirección*) Richtungsänderung *f*; *espec camino, río*: Krümmung *f*; Windung *f* 3 *fig* (*cambio repentino*) neue Wendung *f*, Umschwung *m*; (*cambio de opinión*) Meinungsänderung *f*

revuelto A PP → revolver B ADJ 1 (*agitado*) aufgewühlt 2 (*inquieto*) unruhig; zappelig *fam*; (*nervioso*) aufgeregt 3 (*confuso*) verwickelt, verworren; (*desordenado*) drunter und drüber 4 GASTR **huevos** *mpl* **~s (con bacón)** Rührei *npl* (mit Speck) C M 1 (*desorden*) Durcheinander *n* 2 GASTR *Mischgericht aus Rühreiern mit verschiedenen Zutaten*; **~ de gambas (setas** *etc*) Rühreier *npl* mit Krabben (Pilzen *etc*)

revulsivo M *fig* Ansporn *m*, Anreiz *m*, Anstoß *m*

rey M 1 König *m* (*tb ajedrez*); *fam a niños*: (kleiner) Liebling *m*; **los ~es** das Königspaar; HIST **los Reyes Católicos** das Katholische Königspaar (*Ferdinand von Aragonien und Isabella von Kastilien*); *fig* **el ~ sin corona** der ungekrönte König; *Biblia*: **(Libro de los) Reyes** (das Buch der) Könige; **los Reyes Magos** die Heiligen Drei Könige; *fam fig* **en tiempos del ~ que rabió** *o hum* **por gachas** in uralten (*o hum* zu Olims) Zeiten, anno Tobak *fam*; *fam* **es del tiempo del ~ que rabió** das sind olle Kamellen *fam*, das hat so einen Bart (*fam fig*); **no temer ~ ni roque** weder Tod noch Teufel fürchten; *fig* **tirar con pólvora del ~** mit fremden Mitteln arbeiten; **a cuerpo de ~** wie ein Fürst (leben); *fig* **no quitar ni poner ~** sich nicht einmischen, sich (he)raushalten 2 ORN **~ de gallinazos/zopilotes** Königsgeier *m*

reyerta F Streit *m*, Zank *m*

reyezuelo M 1 ORN Goldhähnchen *n* 2 (*cacique*) Stammeshäuptling *m*; kleiner König *m* (*in einem besetzten Gebiet*)

rezado CAT A ADJ **misa** *f* **-a** stille Messe *f* B M Brevierbeten *n*; -gebet *n*

rezador A ADJ *frec desp* viel betend; fromm B M 1 *desp* (*santurrón*) Betbruder *m* 2 *Perú* Gesundbeter *m*; **rezadora** F 1 ZOOL Gottesanbeterin *f* 2 (*santurrona*) Betschwester *f*; Gesundbeterin *f*

rezagado A ADJ im Rückstand; zurückgeblieben B M, -a F Nachzügler *m*, -in *f*; **rezagar** ⟨1h⟩ A V/T 1 (*dejar atrás*) hinter sich (*dat*) lassen; *fig* überflügeln 2 (*postergar*) aufschieben B V/R **rezagarse** nachhinken; zurückbleiben; sich verspäten; **rezago** M Rückstand *m*

rezandero M *Col fam* A ADJ bigott B M, -a F Betbruder *m*, -schwester *f*

rezar ⟨1f⟩ A V/T & V/I 1 (*orar*) beten (zu *dat* a; für *acus* por); *misa* lesen; *fam fig* **rezamos porque todo te salga bien** wir drücken dir die Daumen (, dass alles gut geht) 2 *fam* (*indicar*) besagen B V/I 1 *texto* lauten 2 *fam fig* (*corresponder*) passen (zu *dat* con); (*ser aplicable*) zutreffen (auf *acus* con); **esto no reza con nosotros** das ist nichts für uns 3 *fam* (*refunfuñar*) brummeln

rezno M 1 *insecto*: Zecke *f* 2 BOT → ricino

rezo M REL 1 (*oración*) Beten *n*; Gebet *n* 2 CAT Tagesoffizium *n*; → *tb* rezado

rezón M MAR Bootsanker *m*, Draggen *m*

rezongador M *fam* Brummbär *m fam*, Murrkopf *m fam*; **rezongar** V/I ⟨1h⟩ murren, brummen, meckern; (*rebelarse*) aufmucken; **rezongo** M → refunfuño; **rezongón** ADJ *fam* brummig; bärbeißig; (*descontento*) missvergnügt; **rezongueo** M *Am fam* Gebrummel *n*; Geknurre *f*; **rezonguero** ADJ brummig

rezumadero M 1 *lugar*: lecke Stelle *f* 2 (*charco*) Lache *f*

rezumar A V/T *vasija, pared* ausschwitzen B V/I durchsickern (*tb fig*); *por los poros*: verdunsten; *fig* ausstrahlen C V/R **rezumarse** durchsickern (*tb fig*)

RFA F ABR (República Federal de Alemania) BRD *f* (Bundesrepublik Deutschland)

RFE F ABR (Revista de Filología Española) *Fachzeitschrift für spanische Philologie*

Rhesus MED **factor** *m* **~** Rhesusfaktor *m*

rho F Rho *n* (*griechischer Buchstabe*)

RI M ABR (Rotary Club Internacional) Internationaler Rotary Club *m*

ría[1] → reír

ría[2] F 1 *bes Galicien* fjordähnliche Flussmündung *f* 2 DEP *carrera de caballos*: Wassergraben *m*

riachuelo A M Flüsschen *n*; Bach *m* B ADJ *Ec, Méx, Pan, Perú aguas* flach; **riada** F (*inundación*) Überschwemmung *f*; Hochwasser *n*; (*ola de la marea*) Flutwelle *f*; *fig* (*aluvión*) Schwall *m*

ribazo M Anhöhe *f*, Abhang *m*

ribeiro M GASTR *leichter Wein aus Galicien*

ribera F 1 (*orilla*) Ufer *n*; **~ del Duero** *m Spitzenrotwein aus dem Duero-Tal* 2 *paisaje*: Ufer-, Tallandschaft *f*; **ribereño** A ADJ 1 Ufer...; Strand... 2 **estados** *mpl* (*o* **países** *mpl*) **~s** Anrainerstaaten *mpl* B M, -a F Uferbewohner *m*, -in *f*

ribete M 1 (*dobladillo*) Saum *m*; Besatz *m*; Paspel *m/f* 2 (*decoración*) Verzierung *f* (*tb fig*); (*adorno*) Ausschmückung *f*; *fig* **~s** *mpl* Anstrich *m*, Züge *mpl*; *fig* **tener (sus) ~s de artista** eine künstlerische Ader haben

ribeteado ADJ *fig ojo* entzündet

ribetear V/T (be)säumen; paspelieren; einfassen; umranden

rica F 1 *palabra cariñosa*: Kleine *f*, Liebling *m* 2 (*pudiente*) Reiche *f*; **nueva ~** Neureiche *f*; **ricacho, ricachón** M *desp* reicher Protz *m*

ricamente ADV reichlich, herrlich; bestens *fam*; **aquí estamos sentados (tan) ~** *tb* hier sitzen wir urgemütlich; *fig* **y tan ~ ...** (und) so mir nichts, dir nichts ...

ricardito M *pop* Strohhut *m*, Kreissäge *f* (*fam fig*)

Ricardo N PR M Richard *m*

ricino M BOT, FARM Rizinus *m*; **aceite** *m* **de ~** Rizinusöl *n*

rico A ADJ 1 (*abundante*) reich; reichlich; reichhaltig; AGR *tierra* fruchtbar; **un hombre ~** ein reicher Mann *m*; **un ~ programa** ein reichhaltiges Programm *n*; **ser ~** reich sein; *fig* **~ en** *o* **de** reich an (*dat*); **~ en vitaminas** *etc* vitaminreich *etc* 2 (*ostentoso*) herrlich, prächtig; köstlich; (*delicioso*) schmackhaft, lecker *fam*; **la sopa está muy -a** *o* **riquísima** die Suppe schmeckt köstlich 3 (*bonito*) niedlich, reizend; **¡qué criatura más -a!** ist das ein reizendes Kind!; *Perú fam* **¡qué mujer más -a!** was für eine sexy Frau! 4 *Am Mer fam* **un ~ tipo** (*listo*) ein cleverer Kerl; (*simpático*) ein prima Kerl B M 1 (*pudiente*) Reicher *m*; **nuevo ~** Neureicher *m* 2 *palabra cariñosa*: Schatz *m*, Liebling *m*

ricota F GASTR Ricotta *f*

ríctus M verzerrtes Gesicht *n*

ricura F *Esp fam* hübsches Kind *n*; *como trato*: Schätzchen *n fam*

ridi M *fam* **hacer el ~** sich lächerlich machen; **ridiculez** F Lächerlichkeit *f*; **ridiculizar** V/T ⟨1f⟩ lächerlich machen

ridículo A ADJ lächerlich (*tb fig precio, etc*); **hacer el ~** sich lächerlich benehmen B M 1 (*ridiculez*) Lächerlichkeit *f*; **caer** *o* **quedar** *o* **ponerse en ~** sich lächerlich machen, sich blamieren; **poner en ~** ins Lächerliche ziehen; lächerlich machen 2 *anticuado*: Ridikül *n* (*Beutel*)

ríe → reír

riego A → regar B M 1 (*irrigación*) Bewässerung *f*; Berieselung *f*; **~ por acequias/por aspersión** Kanal-/Sprühbewässerung *f*; **~ municipal** Straßensprengung *f* 2 MED **~ sanguíneo** Durchblutung *f* 3 **~ asfáltico** Asphaltierung *f*

riel M 1 *espec Am* FERR (Bahn)Schiene *f* 2 *Esp gener* Schiene *f*; **~ para cortinas** Gardinenstange *f* 3 (*barra*) (Metall)Barren *m* (*bes Roheisen*)

rielar V/I *liter* flimmern; glitzern

ríen, ríes *etc* → reír

rienda F Zügel *m* (*tb fig*); *equitación*: **~ de mano** Trensenzügel *m*; **a ~ suelta** *equitación*: mit verhängten Zügeln; *fig* (*a todo correr*) spornstreichs; (*desenfrenado*) zügellos; *tb fig* **aflojar la ~** die Zügel lockern; *fig* **dar ~ suelta a a/c** einer Sache freien Lauf lassen; *fig* **llevar** *o* **tener las ~s** die Zügel in der Hand haben; *tb fig* **soltar la(s) ~(s)** die Zügel schießen lassen; *tb fig* **tirar (de) la ~** zügeln; *fig* **tomar las ~s** die Zügel in die Hand nehmen; *fig* **volver las ~s** (*retornar*) umkehren

riendo, riente → reír lachend

riesgo M (*peligro*) Gefahr *f*; (*empresa aventurada*) Wagnis *n*; (*inseguridad*) Unsicherheit *f*; COM, *seguros*: *y fig* Risiko *n*; JUR **~ de fuga** Fluchtgefahr f; **a ~ de que** (*subj*) auf die Gefahr hin, dass (*ind*); **de alto/bajo ~** risikoreich/risikoarm; **~ de (sufrir un) accidente** Unfallrisiko *n*; MED **~ de infección** Infektionsrisiko *n*; **~ de (sufrir un) infarto** Infarktrisiko *n*; ECON **~ de recesión/deflación** Rezessions-/Deflationsrisiko *n*; **con ~ de su** *o* **mi vida** unter Lebensgefahr; **a propio ~** auf eigene Gefahr; COM **~s marítimos** Seegefahr *f*; **deporte** *m* **de ~** Risikosportart *f*; MED **grupo** *m* **de ~** Risikogruppe *f*; **seguro** *m* **a todo ~** Vollkaskoversicherung *f*; ECON **sociedad** *f* **de ~ compartido** Joint Venture *n*; **correr (el) ~ (de)** Gefahr laufen (, zu *inf*); **correr** *o* **asumir un ~** ein Risiko eingehen

riesgoso ADJ *Am* riskant, gewagt

rifa F 1 (*sorteo*) Verlosung *f*, Tombola *f*; **~ benéfica** Wohltätigkeitstombola *f* 2 (*contienda*) Zank *m* 3 MAR (*desgarro de vela*) Riss *m* (*eines Segels*)

rifar A VT aus-, verlosen B VI sich zanken C VR **rifarse** MAR *vela* zerreißen; *fig* **~ a/c** sich (*dat*) etw streitig machen

rifeño GEOG A ADJ aus dem Rif (*Marokko*) B M, **-a** F Rifbewohner *m*, -in *f*

rifirrafe M *fam* Zank *m*, Streit *m*, Rauferei *f*

riflazo M *fam* (Büchsen)Schuss *m*

rifle M Gewehr *n*, Büchse *f*; **~ anestésico** Betäubungsgewehr *n*; **~ del (calibre) 22** Kleinkalibergewehr *n*; **~ de aire comprimido** Luftgewehr *n*

rige → regir

rigidez F Starrheit *f* (*tb* TEC); Starre *f*; Steifheit *f*; *fig* Härte *f*, Strenge *f*; **~ cadavérica/muscular** Leichen-/Muskelstarre *f*

rígido ADJ starr (*tb* TEC); steif; *fig* hart; streng

rigor M Strenge *f*, Härte *f*; **en ~** streng genommen; **~ científico** Akribie *f*; **~ cadavérico** *o* **mortis** Leichenstarre *f*; **~ científico** wissenschaftliche Akribie *f*; **ser de ~** unerlässlich (*o* vorgeschrieben) sein; *fam fig* **ser el ~ de las desdichas** vielen Schicksalsschlägen ausgesetzt sein; **los ~es estivales** die Sommerhitze; **en ~** streng (*o* genau) genommen

rigorismo M übermäßige Strenge *f*, Rigorismus *m*; **rigorista** A ADJ übermäßig streng B M/F Rigorist *m*, -in *f*

rigurosidad F Strenge *f*; Rigorosität *f*; **riguroso** ADJ (*severo*) streng; (*duro*) hart; rigoros; (*implacable*) unerbittlich; (*minucioso*) (peinlich) genau; TEAT **estreno** *m* **~** Uraufführung *f*

rija[1] F MED Tränenfistel *f*

rija[2] F (*alboroto*) Streit *m*; **rijoso** ADJ 1 (*dispuesto a reñir*) streitsüchtig 2 (*lujurioso*) lüstern, geil; *animal* brünstig

rilar A VI *fam* 1 *de miedo, frío*: zittern; schaudern 2 (*soltar pedos*) furzen 3 *vulg* (*follar*) vögeln *vulg* B VR **rilarse** *fam* einen Bammel haben *fam*; einen Rückzieher machen; **rilis** F *pop* Bammel *m fam*, Manschetten *fpl fam*

rima[1] F → rimero

rima[2] F Reim *m*; **~s** *pl* Verse *mpl*; **diccionario** *m* **de la ~** Reimwörterbuch *n*; **~ aguda/grave/pareada** männlicher/weiblicher/gepaarter Reim *m*; **~ alterna** Wechselreim *m*; **~ asonante** Assonanz *f*; **~ consonante** *o* **perfecta** (Voll)Reim *m*

rima[3] F *Ec* BOT Brotbaum *m*

rimador M, **rimadora** F Reimschmied *m*, -in *f*

rimar A VI reimen; sich reimen (**con** auf *acus*) B VT reimen lassen (**con o en** auf *acus*)

rimbombancia F Bombast *m*; hochtönende Art *f*; **rimbombante** ADJ hochtönend; schallend; *fig* prunkvoll (überladen)

rimbombar VI widerhallen, schallen

rim(m)el M Wimperntusche *f*

rimero M Haufen *m*, Stapel *m*

rin M *Am reg* AUTO (Rad)Felge *f*

Rin M Rhein *m*

rincón M Winkel *m*, Ecke *f*; *fig* stilles Plätzchen *n*; **~ cocina** Kochnische *f*; **rinconada** F (Straßen-, Häuser)Ecke *f*; **rinconcito** M *Pan* Kochnische *f*; **rinconera** F Ecktisch *m*; -regal *n*, -schrank *m*; *radar*: **~ reflectante** Tripelreflektor *m*

rinde[1] → rendir

rinde[2] M *Arg* ECON Ertrag *m*

ring M DEP **~ (de boxeo)** (Box)Ring *m*

ringla F, **ringlera** F Reihe *f*; **ringlero** M Schreiblinie *f*; **ringlete** M *Col juguete*: Windrädchen *n*

ringorrango M *fam al escribir*: großer Schnörkel *m*; *fig* Firlefanz *m*; Flitterkram *m*

rinitis F MED Nasenkatarr(h) *m*, Schnupfen *m*; Rhinitis *f*; **~ alérgica** Heuschnupfen *m*

rinoceronte M ZOOL Nashorn *n*; **rinofaringe** F ANAT Nasen-Rachen-Raum *m*; **rinoplastia** F MED Rhino-, Nasenplastik *f*

riña F Zank *m*, Streit *m*; **~ de gallos** Hahnenkampf *m*

riñe → reñir

riñón M ANAT Niere *f*; *fig* Herz *n*, *de un país*: Innere(s) *n*; **~ flotante** Wanderniere *f*; **-ones** *pl tb* Nierengegend *f*, Kreuz *n*; GASTR **-ones** *pl* **al jerez** Nierchen *fpl* in Sherrysoße; **dolor** *m* **de -ones** Kreuzschmerzen *mpl*; *fam fig* **costar(le a alg) un ~** (j-n) ein Heidengeld kosten, (für j-n) sündhaft teuer sein; *fam fig* **echar los -ones** sich abrackern *fam*, sich totarbeiten *fam*; *fig* **tener el ~ bien cubierto** viel Geld haben, gut betucht sein *fam*; *fam fig* **tener -ones** Mut (*o* Schneid *fam*) haben

riñonada F ANAT (*tejido adiposo*) Nierenfett(gewebe) *n*; *región anatómica*: Nierengegend *f*; GASTR gedämpfte Nieren *fpl*; Nierenbraten *m*; *fam fig* **costar una ~** ein Heidengeld kosten;

riñonera F 1 GASTR Nierengericht *n* 2 (*bolsa de cintura*) Gürteltasche *f* 3 *Perú* MED (nierenformige) (Metall)Schüssel *f*

río A M Fluss *m*, Strom *m*; **~ abajo/arriba** flussabwärts/-aufwärts; *fig* **~s** *pl* **de dinero/sangre** Unmengen *fpl* von Geld/Blut, *etc.* B → reír

rioja A M Riojawein *m*; *Esp leng. juv* **~ libre** Cola *f* mit Wein B F **La Rioja** *span Weinregion*;

riojano A ADJ aus La Rioja B M, **-a** F Einwohner *m*, -in *f* der Region Rioja

rioplatense A ADJ vom Rio de la Plata, La-Plata... B M/F Einwohner *m*, -in *f* des (Rio-de-)La-Plata-Gebiets

riostra F ARQUIT Strebe *f*, Spreize *f*

ripia F (*palo*) Zaunlatte, (*tabla delgada*) Dachlatte *f*; *para techar*: Schindel *f*

ripiar ⟨1b⟩ A VT 1 ARQUIT (*bes Mauern*) mit Ziegelsplitt *etc* auffüllen 2 *Cuba, P. Rico* (*despedazar*) zerstückeln B VR **ripiarse** *Antillas espec en el juego*: verlieren

ripio M 1 (*escombros*) Bauschutt *m*; Ziegelsplitt *m*; Abfall *m* 2 *fig* (*frase superflua*) Flickwort *n*, Füllsel *n*; *fam* **meter (mucho) ~** dumm quatschen *fam*; *fam* **no perder ~** sich (*dat*) kein Wort entgehen lassen; keine Gelegenheit auslassen 3 *p. ext* (*canto rodado*) Kieselstein *m* 4 *Perú fam* (*dinero suelto*) Kleingeld *n*

ripioso ADJ *fig* voller Flickwörter

ripostar VI 1 (*responder*) erwidern 2 DEP *boxeo*: zurückschlagen

riqueza F Reichtum *m* (*tb fig*); AGR *del campo*: Ergiebigkeit *f*; **~s** *pl* Schätze *mpl*; COM Güter *npl*; **~s** *pl* **del subsuelo** Bodenschätze *mpl*

risa F Lachen *n*; Gelächter *n*; **~ falsa** *o fam* **de conejo** falsches (*o* verstelltes) Lachen *n*; **~ forzada** gezwungenes Lachen *n*; MED Zwangslachen *n*; **~ sardónica** hämisches Grinsen *n*; **dar ~** zum Lachen sein; **llorar de ~** Tränen lachen; *fam* **caerse** *o fam* **morirse** *o* **partirse** *o* **retorcerse** *o pop* **mearse de ~** sich tot- (*o* krank- *o* kaputt)lachen *fam*; **mover a ~** zum Lachen reizen; **¡qué ~ (da)!** da muss man (aber) wirklich lachen!; du lachst dich kaputt! *fam*; **ser de ~** zum Lachen sein, lachhaft sein; **ser una verdadera ~** urkomisch sein; **tomar a ~** scherzhaft auffassen, nicht ernst nehmen

riscal M Felsgewirr *n*

risco M (*roca*) Fels *m*; (*arrecife*) Klippe *f*; (*cresta*) Grat *m*; **riscoso** ADJ felsig; klippig

risible ADJ lächerlich, zum Lachen; **risita** F *frec* **~s** PL Kichern *n*, Gekicher *n*; **risorio** M ANAT **(músculo** *m***) ~** Lachmuskel *m*; **risotada** F, **risoteo** M schallendes Gelächter *n*

risoterapia F MED Lachtherapie *f*

ríspido ADJ (*áspero*) rau; barsch; *Am* (*desgreñado*) struppig

ristra F 1 (*trenza de ajos o cebollas*) (Knoblauch-, Zwiebel)Zopf *m* 2 (*hilera*) Reihe *f* 3 *fam* (*tumulto*) Tumult *m*

ristre M HIST Lanzenschuh *m*; *fam* **en ~** zum Einsatz bereit

ristrel M ARQUIT Knagge *f*

risueño ADJ 1 lachend; (*sonriente*) lächelnd; *rostro, ojos* strahlend; *fig* lieblich; *poét* **campo** *m* **~** lachende Flur *f* 2 (*alegre*) heiter; froh, vergnügt; lustig 3 *fig* (*favorable*) günstig, verheißungsvoll; **un ~ porvenir** eine glückliche Zukunft

ritmar VT rhythmisch gestalten

rítmica F Rhythmik *f*; **rítmico** ADJ rhythmisch

ritmo M Rhythmus *m*; Tempo *n*; TEC *etc tb* Takt *m*; **~ acelerado** beschleunigtes Tempo *n*; **~ circadiano** Tagesrhythmus *m*; ECON **~ de incremento** Zuwachstempo *n*; **al ~** im Takt, im Rhythmus

rito M REL *y fig* Ritus *m*; Ritual *n*

ritual A ADJ rituell B M Ritual *n*; **ser de ~** üblich sein; **ritualismo** M 1 REL Ritualismus 2 (*formalismo*) Formalismus *m*; **ritualista** M/F 1 REL Ritualist *m*, -in *f* 2 *fam fig* Pedant *m*, -in *f*, Formalist *m*, -in *f*; **ritualizar** VT ⟨1f⟩ ritualisieren, zum Ritual erheben

rival M/F Rivale *m*, Rivalin *f*; Nebenbuhler *m*, -in *f*; **no tener ~** nicht seines- (*o* ihres)gleichen haben; **rivalidad** F (*competencia*) Rivalität *f*; (*enemistad*) Feindschaft *f*; (*celos*) Eifersüchtelei *f*; (*espíritu de competencia*) Wetteifer *m*; **rivalizar** VI ⟨1f⟩ wetteifern, rivalisieren (mit *dat* con)

rizado A ADJ *pelo* lockig, gelockt; kraus; *tela, papel* gefältelt B M Kräuselung *f*; *tela, papel*: Fälteln *n*; *pelo*: Krause *f*; **rizador** M Brennschere *f*; Lockenwickler *m*; **~ de pestañas** Wimpernzange *f*

rizar ⟨1f⟩ A VT kräuseln; fälteln; **~ el rizo** AVIA einen Looping fliegen; *fig* übergenau sein; *etw* komplizieren; *desp* Haarspalterei betreiben B VR **rizarse** sich kräuseln

rizo A ADJ kraus; TEX **terciopelo** *m* **~** Noppenplüsch *m* B M 1 *cabello*: (Haar)Locke *f*; **~ en la sien** Schläfenlocke *f* 2 (*doblez*) Falte *f* 3 MAR Reff *n* 4 AVIA Looping *m* 5 TEX Frottee *n*; (*terciopelo*) Plüsch *m*

rizocárpeas, rizocárpicas FPL BOT Wurzelfarne *mpl*

rizófora F BOT Mangrove(nbaum *m*) *f*

rizoma M BOT Wurzelstock *m*, Rhizom *n*

rizoso ADJ *pelo* kraus, lockig

R.M. ABR (Reverenda Madre) ehrwürdige Mutter *f*

RMN F ABR (Resonancia Magnética Nuclear) MRT *f* (Magnetresonanztomografie); Kernspintomografie *f*

RNE F ABR (Radio Nacional de España) Staatliche Spanische Rundfunkanstalt *f*

R.O. ABR (Real Orden) Königliche Verordnung

f

roano A ADJ *caballo* hellbraun; weiß und grau; **caballo** *m* ~ Rotschimmel *m* B M Rotschimmel *m*

robado ADJ *Bol, Perú* TEC *rosca* ausgeleiert

róbalo M *pez*: Wolfs-, Meerbarsch *m*

robaperras M *fam* armer Schlucker *m*

robar VT & VI 1 *(hurtar)* rauben *(tb fig tiempo)*, stehlen; *(irrumpir)* einbrechen; **~ a alg** j-n berauben, bestehlen 2 *juego de cartas*: kaufen, eine Karte *(o* einen Stein) nehmen; **~ una carta** eine Karte nehmen *(o* abheben)

robinetería F TEC (Kessel-, Dampf-, Wasser)-Armaturen *fpl*

robinia F BOT Robinie *f*

roblar VT (ver)nieten

roble M BOT Eiche *f*; **robledal** M, **robledo** M Eichenwald *m*; **estar hecho un ~** bärenstark *(o* kerngesund) sein; *fig* **ser un ~** sehr robust sein; **fuerte como un ~** stark wie ein Baum

roblón M TEC *(stärkerer)* Niet *m*; Verbindungsbolzen *m*; **roblonar** VT (ver)nieten

robo[1] M *(hurto)* Raub *m*; Diebstahl *m*; Entführung *f*; **~ con fractura** Einbruch(diebstahl) *m*; **~ con escala** Einsteigediebstahl *m*; **~ con homicidio** Raubmord *m*; *juego de cartas, etc* **ir al ~** *cartas, etc* kaufen; *fam fig* **ser un ~** der reinste Nepp *(o* glatter Diebstahl *fam)* sein

robo[2] M *Chile (barro)* Schlamm *m*, Schlick *m*

roborante ADJ stärkend *(tb* MED), kräftigend

roborar VT stärken; *fig* → corroborar

robot M Roboter *m*; **~ buscador** INFORM Suchroboter *m*; **~ de cocina** Küchenmaschine *f*; **retrato** *m* **~** Phantombild *n*

robótica F Robotertechnik *f*, Robotik *f*

robotización F ECON, TEC Verwendung *f* von Robotern, Robotisierung *f*; **robotizar** VT ⟨1f⟩ Roboter einsetzen; *fig* zum Roboter machen

robustecer ⟨2d⟩ A VT stärken, kräftigen B VR **robustecerse** Kraft erlangen, erstarken; **robustecimiento** M Kräftigung *f*, Erstarkung *f*; **robustez** F *(vigor)* Kraft *f*; *(fuerza)* Stärke *f*; *(vitalidad)* Rüstigkeit *f*; **robusto** ADJ *(fuerte)* stark, kräftig; *persona de edad*: rüstig; *(vigoroso, duradero)* robust, haltbar

roca F Fels *m (tb fig)*; Gestein *n*; **cristal** *m* **de ~** Bergkristall *m*

rocadero M HIST Büßermütze *f* der Inquisitionsgefangenen

rocalla F 1 Steingeröll *n*; Steinsplitter *m* 2 ARQUIT Muschelstil *m*

rocambolesco ADJ unglaublich, spektakulär; ausgefallen, extravagant

rocanrol M MÚS Rock 'n' Roll *m*; **rocanrolero** A ADJ den Rock 'n' Roll betreffend B M, **-a** F Rock 'n' Roller *m*, -in *f*

roce M *(contacto al paso)* Streifen *n*; *(fricción)* Reibung *f*; *fig (trato)* Umgang *m*; **tener ~ con** in Berührung kommen mit *(dat)*; verkehren mit *(dat)*; *fig* **~s** *pl* Reibereien *fpl*

rocha F 1 AGR Rodung *f* 2 *Bol, Chile fam fig (atención)* Aufpassen *n fam* 3 *Bol* **hacer ~** die Schule schwänzen; **rochabús** M *Perú* Wasserwerfer *m*

rochar VT *Chile* packen

rociada F 1 *de plantas*: Besprengung *f*; *p. ext (aguacero)* Platzregen *m* 2 *fig (gran cantidad)* Unmenge *f*, Flut *f*; *de piedras, etc* Hagel *m* 3 *(rocío)* Tau *m* 4 *fam fig (reprimenda)* Anpfiff *m fam*; **echar** *o* **soltar una ~ a alg** j-m den Kopf waschen *fam fig*

rociado A ADJ benetzt; betaut; *fig solemnemente*: begossen B M Besprengen *n*; Abbrausen *n*; **~ con asfalto** Asphaltieren *n*

rociador M (Wäsche)Sprenger *m*; *para apagar el fuego*: Sprinkleranlage *f*; **rociamiento** M Berieselung *f*

rociar ⟨1c⟩ A VI *por las mañanas*: tauen; *(lloviznar)* nieseln B VT besprengen; berieseln; BOT besprühen; *ropa* einsprengen; *fig* feierlich begießen C VR **rociarse** *fam fig* sich ansäuseln *fam*

rocín M Gaul *m*, Schindmähre *f*; *fam fig persona*: Tölpel

Rocinante N PR M Rosinante *f (Pferd des Don Quijote)*; *fig* **rocinante** Schindmähre *f*

rocío M 1 Tau *m*; *p. ext (llovizna)* Sprühregen *m*; CAT **Camino** *m* **del Rocío** Pilgerpfad *m* in Andalusien; **cae ~** es taut 2 Spray *n/m*; *espec Arg, Chile* **~ fijador** (Haar)Spray *n/m*; METEO **punto** *m* **de ~** Taupunkt *m*

roción M Spritzwasser *n*

rock M MÚS Rock *m*; **~ duro** Hardrock *m*; **~ and roll** *m* Rock 'n' Roll *m*, Rock and Roll *m*; **música** *f* **~** Rockmusik *f*

rockera F *(cantante de rock)* Rocksängerin *f*; *aficionada*: Rockfan *m*; *novia*: Rockerbraut *f*; Rockerin *f*; **rockero** A ADJ Rock... B M *cantante*: Rocksänger *m*, -star *m*; *aficionado*: Rockfan *m*; *miembro de un grupo de motociclistas*: Rocker *m*

rococó M *arte*: Rokoko *n*

rocódromo M künstliche Felswand *f*, Klettergarten *m*

rocola F *Perú, Ven* Jukebox *f*

rocoso ADJ felsig

roda F MAR Vor(der)steven *m*

rodaballo M *pez*: Steinbutt *m*; *fam fig* Schlaumeier *m*

rodada F 1 *(señal impresa por la rueda)* Rad-, Reifenspur *f*; TEC Spur *f*; AUTO **~ delantera** Spur *f* der Vorderräder 2 *Méx, RPl equitación*: Sturz *m (von Pferd und Reiter)*

rodado A ADJ 1 *caballo* scheckig 2 *transporte*: Fahr..., Wagen...; **tráfico** *m* **~** Fahr-, Wagenverkehr *m*; *fam fig* **venir ~** wie gerufen kommen 3 *pedregullo* angeschwemmt 4 *fig estilo, palabra, etc* glatt, geschliffen 5 *fig* eingespielt; *(arraigado)* eingefahren B M *Arg, Ur* Fahrzeug *n*

rodadura F Abrollen *n*; Rollen *n*; **~ final** Ausrollen *n (Fahrzeug)*

rodaja F Scheibe *f (tb* TEC); TEC (Dreh)Rolle *f*; *equitación*: Sporenrädchen *n*

rodaje M 1 TEC Radsatz *m*; *reloj*: Räderwerk *n*; Rädergetriebe *n* 2 AUTO Einfahren *n*; **(régimen** *m* **de) ~** Einfahrzeit *f*; **en ~** wird eingefahren; *Perú* **placa** *f* **de ~** Nummernschild *n* 3 FILM Dreharbeiten *fpl*; **~ de exteriores** Außenaufnahmen *fpl*

rodal M 1 *kleinere, sich von der Umgebung abhebende Fläche im Gelände* 2 SILV (Baum)Bestand *m*

rodamiento M TEC (Wälz)Lager *n*; **~ de bolas/de rodillos** Kugel-/Rollenlager *n*

Ródano M Rhone *f*

rodante ADJ rollend; **casa** *f* **~** Wohnwagen *m*; MIL **cocina** *f* **~** Feldküche *f*; FERR **material** *m* **~** rollendes Material *n*; *Am* **casa** *f* **~** Wohnmobil *n*; Wohnanhänger *m*

rodapié M ARQUIT Fußkranz *m*; -leiste *f*

rodar ⟨1m⟩ A VI 1 *(voltear, girar)* rollen; sich drehen, sich wälzen; **echar a ~** losrollen; rollen lassen; *fig* **~ cuesta abajo** *corresponde a*: den Bach runtergehen *fam*; *fig* **echarlo todo a ~** alles über Bord werfen, eine furchtbare Wut haben; das ganze Geschäft verderben; *fig* **rodarán cabezas** es werden Köpfe rollen 2 *(caer)* herunterfallen, -rollen 3 *fam fig (vagabundear)* sich herumtreiben; **andar rodando (por el) mundo** auf der Walze sein 4 *Méx, RPl equitación*: nach vorn stürzen *(Reiter und Pferd)* B VT 1 rollen, wälzen 2 FILM drehen 3 AUTO einfahren; *en la carrera: coche* fahren

Rodas F Rhodos *n*

rodear A VT 1 *(cercar)* umgeben (mit *dat* de); umringen 2 *Am ganado* zusammentreiben B VI *dificultades, etc* umgehen; *(ir por camino más largo)* einen Umweg machen; *fig (usar de rodeos)* Umschweife machen C VR **rodearse** sich umgeben (**de** mit *dat*)

rodela F 1 HIST Rundschild *m* 2 *Chile para llevar cargas en la cabeza*: Tragpolster *n*

rodeo M 1 *(desvío)* Umweg *m*; *fig (evasiva)* Ausflucht *f*; **sin ~s** ohne Umschweife; *fig* **andar(se) con ~s** Umschweife machen; wie die Katze um den heißen Brei herumgehen; **dejarse de ~s** zur Sache kommen; **dar ~s a a/c** von einer Sache viel Aufhebens machen 2 *Am ganado*: Zusammentreiben *n* (des Viehs); **dar ~** das Vieh zusammentreiben 3 DEP *espec Méx* Rodeo *m*

rodera F Radspur *f*

Rodesia F GEOG, HIST Rhodesien *n*

rodete M 1 *(rosca de trenzas de pelo)* Haarkranz *m* 2 *para llevar cargas en la cabeza*: Tragpolster *n* 3 TEC Läufer(scheibe *f*) *m*; Kreiselrad *n*; *turbina, ventilador*: Schaufelrad *n*

rodezno M Mühlrad *n*

rodilla F 1 ANAT Knie *n*; **de ~s** kniend; **hasta la ~** knielang; **doblar** *o* **hincar la ~** das Knie beugen; *fig* j-m huldigen; sich demütigen; **hincarse** *o* **ponerse de ~s** niederknien 2 *(bayeta)* Scheuerlappen *m* 3 TEC → **rótula**

rodillazo M *(golpe)* Stoß *m* mit dem Knie; **rodillera** F 1 *protección*: Knieschützer *m (tb motociclismo y* DEP) 2 TEX *pantalón*: ausgebeulte Hose *f*; *remiendo*: Knieflicken *m* 3 *equitación: caballo al caer*: Knieverletzung *f*; **rodillero** M DEP Knieschützer *m*

rodillo M 1 Walze *f (tb* TEC, AGR); Rolle *f*; TIPO **~ dador** Auftragwalze *f* 2 GASTR Teigrolle *f*; **~ (de amasar)** Nudelholz *n* 3 POL *fig* Dampfwalze *f (fig)*

rodio M QUÍM Rhodium *n*

rododendro M BOT Rhododendron *n*, *fam m*

Rodolfo N PR M Rudolf *m*

Rodrigo N PR M Roderich *m*

rodrigón M 1 AGR Rebpfahl *m*; Hopfen-, Bohnenstange *f* 2 HIST *y fig* Tugendwächter *m*; Anstandsdame *f*

Rodríguez *spanischer Familienname*; *fam fig* **(estar de** *o* **en plan de) rodríguez** Strohwitwer *m* (sein)

roedor A ADJ nagend B M ZOOL Nagetier *n*;

roedura F Nagen *n*

roer VT ⟨2za⟩ (be-, ab)nagen; anfressen; nagen an *(dat) (tb fig)*; **~(se) las uñas** an den Nägeln kauen

rogación F Bitten *n*; *espec* CAT Bittgang *m*; CAT **-ones** *fpl* Bettage *mpl mit Bittprozessionen*;

rogado ADJ **ser muy ~** sich (immer) sehr bitten lassen; **rogador** A ADJ bittend, flehend B M, **rogadora** F Bittende *m/f*; **rogante** ADJ bittend; flehend

rogar ⟨1h *y* 1m⟩ A VT & VI bitten; **se lo he rogado** ich habe ihn darum gebeten; **hacerse (de) ~** sich bitten lassen B VI REL beten

rogativa F REL Bittgebet *n*; **~s** *pl* Bittprozession *f*; **rogatorio** ADJ Bitt...; JUR **comisión** *f* **-a** *(internationales)* Rechtshilfeersuchen *n*

rogelio M, **-a** F *Esp* POL *fam* Linke *m/f*

rojear VI rötlich schimmern; rot durchschimmern; **rojelio** M → rogelio; **rojeras** M/F *Esp* POL *fam* Linke *m/f*; **rojete** M *maquillaje*: Rot *n*; **rojez** F Röte *f*; **rojiverde** POL rot-grün; **rojizo** ADJ rötlich

rojo A ADJ rot *(tb* POL); *pelo* rotblond; **~ cereza/claro/subido** kirsch-/hell-/hochrot; **~ fuego/sangre** feuer-/blutrot; **alerta** *f* **-a** Alarmstufe *f* Rot; TEC **(caliente) al ~ (vivo)** rot glühend; *fig* **estar al ~ vivo** bis zum Äußersten gespannt sein; **ponerse ~** rot werden, erröten; *fam fig* **ponerse más ~ que una amapola** *o* **un tomate** feuer- *(o* puter)rot werden; *fig*

R

ver ~ Rot *m* sehen B M *color:* Rot *n* C M, **-a** F POL Rote *m/f*

rol M 1 Verzeichnis *n;* MAR Mannschaftsliste *f* 2 *fig, espec* SOCIOL Rolle *f;* **juego** *m* **de ~** Rollenspiel *n*

rolar VI *viento* drehen

roldana F TEC Lauf-, Seilrolle *f; p. ext (aparejo)* Flaschenzug *m*

roldón M BOT Gerberstrauch *m*

rolero M SOCIOL Rollenspieler *m*

rolinera F *Ven* TEC Kugellager *n*

rollista *fam* A ADJ langweilig B M/F Langweiler *m*, -in *f;* langweiliger Schwätzer *m*, -in *f*

rollizo A ADJ walzenförmig; *fig persona* rundlich, mollig; stramm, drall B M CONSTR Rundholz *n*

rollo M 1 *cilindro:* Rolle *f;* TEC Walze *f;* **~ de moneda/de papel/de tejido** Geld-/Papier-/Stoffrolle *f* 2 FOT Rollfilm *m* 3 *fam fig (discurso fastidioso)* ermüdendes (*o* langweiliges) Gerede *n*, alte Platte *fam;* FILM, *libro:* (langweiliger) Schinken *m fam; fam* **buen/mal ~** gute/üble Sache *f*, gute/schlechte Stimmung *f;* **estar de buen ~** *fam* gut aufgelegt sein; *leng juv* **cortar el ~** die Stimmung ruinieren; **¡corta el ~!** hör auf mit dem Gelaber!; *fam* **dar el ~** nerven; **me va el ~** die Sache gefällt mir; **¡qué ~!** wie langweilig!; **soltar el ~** *j-n* vollabern *fam;* die alte Platte auflegen *(fam fig);* **¡nada más que ~s!** nur dummes Geschwätz!; **¡qué ~ de gente!** was für schreckliche Leute!; **tener un ~** ein Verhältnis haben 4 CONSTR **~s** *pl* Rund-, Stammholz *n* 5 *fam (ambiente, mundillo)* (Aussteiger-, Drogen-, Rock)Szene *f; Esp drogas* **estar en el ~** dealen 6 GASTR Rolle *f;* **~ de primavera** Frühlingsrolle *f*

rollona F *fam* Kindermädchen *n*

rollos MPL *Méx* Lockenwickler *mpl*

rolo A ADJ *Col fam* aus Bogotá B M, **-a** F *Col fam* Einwohner *m*, -in *f* Bogotás, Bogotaner *m*, -in *f* C M 1 *Cuba, S.Dgo (bigudí)* Lockenwickler *m* 2 *Ven (garrote)* Schlagstock *m*

Roma F Rom *n;* **~ no se construyó en un día** Rom wurde nicht an einem Tag erbaut; **revolver** *o* **remover ~ con Santiago** alle Hebel (*o* Himmel und Hölle) in Bewegung setzen; **todos los caminos llevan a ~** alle Wege führen nach Rom

romadizo M MED (Stock)Schnupfen *m*

romana F Läufer-, Schnellwaage *f*

romance A ADJ romanisch; HIST *y fig* spanisch B M 1 HIST *y fig* spanische Sprache *f;* **hablar en buen ~** deutlich (*o* allen verständlich) sprechen 2 LIT *y fam fig* Romanze *f;* **~ de ciego** Bänkelsängerlied *n*, Moritat *f* 3 *frec* **~s** *pl (cotileo)* Geschwätz *n; (excusas)* Ausflüchte *fpl* 4 **tener un ~** eine Liebesaffäre haben

romance(re)sco ADJ romanhaft; **romancero** 1 M, **-a** F *autor:* Romanzendichter *m*, -in *f; cantante:* Romanzensänger *m*, -in *f* 2 M *colección:* Romanzensammlung *f*, Romanzero *m*

romaní M Romani *n*

románico *arte y* LING A ADJ romanisch B M *arte:* romanische Kunst *f*, Romanik *f;* LING romanische Sprache *f;* **romanista** M/F JUR, LING Romanist *m*, -in *f;* **romanística** F 1 LING Romanistik *f* 2 JUR Studium *n* des römischen Rechts; **romano** A ADJ römisch; REL römisch-katholisch; **balanza** *f* **-a** → romana; GASTR **a la -a** paniert und in Fett ausgebacken B M, **-a** F Römer *m*, -in *f*

romanticismo M Romantik *f;* **romántico** A ADJ romantisch B M, **-a** F Romantiker *m*, -in *f;* **romanza** F MÚS Romanze *f*

rombo M 1 GEOM Rhombus *m*, Raute *f* 2 TEX *(entrepierna)* Zwickel *m* 3 *pez:* Glattbutt *m;* **romboedro** M GEOM Rhomboeder *n;* **romboidal** ADJ GEOM rhomboid, rautenförmig; **romboide** M GEOM Rhomboid *n*

romeo M *fam (hombre amado)* Schatz *m*, Liebster *m*

romería F Wallfahrt *f;* Pilgerfahrt *f; p. ext (fiesta popular)* Volksfest *n*

romero[1] M, **-a** F Pilger *m*, -in *f*

romero[2] M BOT Rosmarin *m*

romí ADJ BOT **azafrán** *m* **~** Saflor *m*, falscher Safran *m*

romo ADJ stumpf; stumpfnasig

rompebolas M *Arg, Ur vulg* lästiger, aufdringlicher Kerl *m;* **rompecabezas** M ⟨*pl inv*⟩ 1 *arma:* Totschläger *m* 2 *fig (acertijo)* Rätsel *n;* Geduld(s)spiel *n*, Puzzle *n;* **rompecorazones** M/F ⟨*pl inv*⟩ Herzensbrecher *m*, -in *f;* **rompedero** ADJ zerbrechlich; **rompedor** ADJ *proyectil* brisant, Brisanz...; **rompehielos** M ⟨*pl inv*⟩ MAR Eisbrecher *m;* Eissporn *m;* **rompehuelgas** M/F ⟨*pl inv*⟩ Streikbrecher *m*, -in *f;* **rompenueces** M ⟨*pl inv*⟩ *espec Arg* Nussknacker *m;* **rompeolas** M ⟨*pl inv*⟩ Wellenbrecher *m*

romper ⟨*pp* roto⟩ A VT 1 *(quebrar)* (zer-, durch)brechen; kaputt machen *fam; tela, papel, etc* zerreißen; AGR *tb* roden; MAR, MIL *bloqueo* (durch)brechen; MIL *fuego, hostilidad* eröffnen; *vidrio* zerschlagen; *ventana* einschlagen; **~ el vuelo** *pájaro* auffliegen; MIL **¡rompan filas!** weggetreten!; MIL **~ la marcha** abmarschieren 2 *(cortar)* abbrechen *(tb fig y* POL *relaciones); (interrumpir)* unterbrechen; *ayunas, magia* brechen; *conversación* abbrechen; **~ el silencio** das Schweigen brechen; **~ el sueño** aufwecken; aus dem Schlaf reißen B VI 1 *día* anbrechen; BOT *capullo* aufbrechen; *olas* sich brechen; **al ~ el día** bei Tagesanbruch 2 *(empezar)* (plötzlich) anfangen (**a** zu *inf*); losgehen *fam; fig* **hombre** *m* **de rompe y rasga** (stürmischer) Draufgänger *m;* **~ a correr** losrennen; GASTR **~ a hervir** aufkochen; **~ a llorar** in Tränen ausbrechen; **~ a reír** herausplatzen; **~ con alg/a/c** mit j-m/etw brechen (*o* Schluss machen); *pop fig* **¡rompe de una vez!** heraus damit!; nun schieß (schon) los! *fam* C VR **romperse** 1 *(quebrarse)* zerbrechen, zerspringen; kaputtgehen *fam; tela, papel, etc* zerreißen; *(reventarse)* platzen 2 *(lesionarse)* **~ una pierna** *etc* sich *(dat)* ein Bein *etc* brechen; **~ la cabeza** sich *(dat)* den Kopf aufschlagen; *fig* sich *(dat)* den Kopf zerbrechen 3 *Cuba* AUTO eine Panne haben

rompible ADJ brechbar; *(frágil)* zerbrechlich; **rompiente** M natürlicher Wellenbrecher *m (Riff, Küste etc); p. ext* MAR *(embate de las olas)* Brandung *f; ola:* Brecher *m;* **rompimiento** M 1 *(quebradura)* (Zer)Brechen *n; abrir, forzar:* Aufbrechen *n; (resquebrajadura)* Sprung *m*, *(raja)* Riss *m; fig (desavenencia)* Bruch *m* 2 PINT Durchblick *m;* TEAT *Vorhang, der einen Durchblick freigibt*

rompope M *Am Centr, Méx* GASTR *Mixgetränk aus Eiern, Schnaps, Milch, Zimt und Zucker*

ron M Rum *m*

ronca F ZOOL Röhren *n eines Damhirsches; fam fig* prahlerische Drohung *f;* **roncador** A ADJ schnarchend B M, **roncadora** F Schnarcher *m*, -in *f*

roncar VI ⟨1g⟩ 1 *al dormir:* schnarchen 2 *ciervo* röhren; *fam fig* sich aufspielen, prahlerische Drohungen ausstoßen; *fig* **él es el que ronca** er hat das Sagen 3 *tormenta, rompiente* brausen; *contrabajo y fam fig* brummen; *piso* knarren; *ruedas, etc* schnarren, schnurren

roncear VI 1 *(perder el tiempo)* trödeln 2 *de mala gana:* nur widerwillig an etw herangehen 3 *fam fig (halagar)* schmeicheln, herumschwänzeln *fam (um etw zu erreichen)* 4 MAR nur langsame Fahrt machen; 5 *Am reg carga* hebeln; **roncería** F *(lentitud)* Trödeln *n*, Bummelei *f; (mala gana)* Unlust *f;* MAR langsame Fahrt *f;* **roncero** ADJ bummelig; unlustig; MAR *buque* langsam und schwerfällig

roncha F 1 MED *(hinchazón)* Schwellung *f*, Beule *f; (verdugón)* Striemen *m; (mancha en la piel)* blauer Fleck *m;* **levantar** (*o* **sacar**) **~s** *picadura, etc* Blasen ziehen, Quaddeln bilden; *fam fig palabra tajante* treffen, verletzen; *(mortificar)* quälen, Kummer machen 2 *fam fig (bribonada)* Gaunerei *f* 3 *(tajada redonda)* runde, dünne Scheibe *f;* Schnitte *f*

ronchar[1] A VT knabbern; knuspern B VI *al masticar:* knacken, krachen

ronchar[2] VI Beulen (*o* Striemen) verursachen

ronco ADJ *voz* heiser, rau; **roncón** A M MÚS *de la gaita gallega:* Schnurrpfeife *f (des Dudelsacks)* B M/F *Col, Ven* Angeber *m*, -in *f*

ronda F 1 *(vuelta)* Runde *f (tb* POL, MIL*); vigilante:* Nachtrunde *f; (patrulla)* Streife *f; p. ext* Rundgang *m;* **~ de consolación** DEP Trostrunde *f;* **~ de conversaciones** Gesprächsrunde *f;* POL **~ de negociaciones** Verhandlungsrunde *f;* MED **~ de reconocimiento** Visite *f;* **hacer la ~** MIL die Posten abgehen; *fam fig* einer Frau den Hof machen 2 *(reunión de mozos) Gruppe von Burschen, die ein (nächtliches) Ständchen bringen; p. ext* MÚS (Abend-, Nacht)Ständchen *n;* Rundgesang *m;* **andar de ~** in der Ronda singen; *fam fig* auf Liebesabenteuer ausgehen 3 **pagar una ~ (de vino)** eine Runde (Wein) ausgeben 4 *transporte:* Ringstraße *f*, -boulevard *m*

rondacalles M/F ⟨*pl inv*⟩ *fam* (Nacht)Bummler *m*, -in *f;* **rondador** 1 M, **rondadora** F *(trasnochador)* Nachtschwärmer *m*, -in *f; fam fig (admirador)* Verehrer *m*, -in *f*, Bewerber *m*, -in *f* 2 M *Ec* MÚS *Art* Pan(s)flöte *f*

rondalla F 1 MÚS Straßen-, *frec* Gitarren- und Mandolinenmusik *f; (músicos)* Straßenmusikanten *mpl* 2 *(cuento)* Märchen *n*, Lüge *f*, Schwindel *m*

rondar A VI 1 *(patrullar)* die Runde machen; patrouillieren 2 *(trasnochar)* nachtschwärmen, bummeln; MÚS ein (Nacht)Ständchen bringen (→ ronda 2) 3 *fam fig* **~ por los cincuenta** um die fünfzig sein B VT 1 *(merodear)* um *j-n* herumstreichen *(fig); mujer* umwerben *(acus)*, den Hof machen *(dat);* **~ la cincuentena** um die fünfzig sein 2 *(volar alrededor)* umkreisen; **~ la luz** *mariposa, etc* um das Licht fliegen; **rondel** M LIT Rondeau *n;* **rondeño** aus Ronda; **rondero** M *Perú* Nachtwächter *m;* **rondín** M 1 *Arg, Bol, Chile (vigilante)* Nachtwächter *m* 2 *Perú* MÚS Mundharmonika *f;* **rondó** M MÚS Rondo *n*

rondón ADV **de ~** unangemeldet; **entrar de ~** überraschend (*o* unangemeldet) *bei j-m* erscheinen

rondpoint [rɾɔn'pwɛn] M *Col transporte: runder Platz mit Kreisverkehr*

ronera F *Cuba* Rumfabrik *f*

ronquera F Heiserkeit *f;* **ronquido** M Schnarchen *n; serrucho:* Schnarren *n*, Schrillen *n; tormenta:* Brausen *n; elementos:* Brüllen *n*, Toben *n*

ronronear VI schnurren *(gato y fig);* **ronroneo** M Schnurren *n*

ronza F MAR **ir a la ~** vor dem Wind treiben

ronzal[1] M Halfterstrick *m*

ronzal[2] M MAR Spiere *f*

ronzar[1] VT ⟨1f⟩ knabbern, knuspern

ronzar[2] VT MAR hebeln

roña F 1 VET *(sarna)* (Schaf)Räude *f (tb fig);* BOT *enfermedad de la vid:* Blasenrost *m* 2 *(mugre)* Schmutz(kruste *f*) *m;* Unflat *m; fam fig (roñería)* Geiz *m*, Knauserei *f* 3 *(corteza del pino)* Kiefernrinde *f* **4** (*orín*) Rost *m*; **roñería** F *fam* Schäbigkeit *f*, Knauserei *f fam*; **roñica** *fam* **A** ADJ (*tacaño*) knauserig **B** M/F Geizhals *m*; **roñosería** F → roñería; **roñoso** ADJ (*sarnoso*) räudig; (*sucio*) schmutzig; (*asqueroso*) unflätig; *fam fig* (*tacaño*) schäbig, knauserig *fam*, knickerig *fam*

ropa F Kleidung *f*; (Leib)Wäsche *f*; **~ blanca** Weißwäsche *f*; **~ de calle** Straßenkleidung *f*; **~ de cama** *o* **de dormir** Bettwäsche *f*; **~ de color** Buntwäsche *f*; *Méx* **~ casual** salopp-sportliche Kleidung *f*; **~ de diseño** Designerkleidung *f*; Designerklamotten *fpl fam*; **~ de entrecasa** gemütliche Freizeitkleidung; **~ exterior** Oberbekleidung *f*; **~s** *pl* **hechas** Fertigkleidung *f*; **~ interior** *o* **íntima** Unterwäsche *f*; **~ de marca** Markenkleidung *f*; Markenklamotten *fpl fam*; **~ de mesa** Tischwäsche *f*; **~ de protección** (*o* **protectora**) Schutzbekleidung *f*; **~ sucia** Schmutzwäsche *f*; **~ de segunda mano** Secondhand-Kleidung *f*; **~ de tiempo libre** (*o* **de ocio**) Freizeitkleidung *f*; **~ usada** gebrauchte Kleidung *f*, Altkleider *npl*; **tienda** *f* **de ~ usada** *tb* Secondhand-Laden *m*, -Shop *m*; **~ vieja** gebrauchte Kleidung *f*; altes Zeug *n*; GASTR ausgekochtes Suppenfleisch *n*; aus Fleischresten *vom Vortag* bereitetes Essen *n*; *fig* **a quema ~** *espec tiro* aus unmittelbarer Nähe; unvermittelt, urplötzlich; **cambiar la ~ de cama** das Bett (*o* die Betten) frisch beziehen; **cambiarse de ~** sich umziehen; *fam fig* **¡hay ~ tendida!** Vorsicht, man kann uns hören!; *fig* **(nadar y) guardar la ~** äußerst behutsam vorgehen, kein Risiko eingehen; es mit niemandem verderben wollen; *fig* **tentarse** *o* **palparse la ~** es sich gründlich überlegen; **no tocar la ~ al cuerpo a alg** Angst haben, vor Angst schlottern

ropaje M Kleidung *f*; Robe *f*; Amtstracht *f*; **ropavejería** F Secondhand-Shop *m*; **ropavejero** M, **ropavejera** F Inhaber *m*, -in *f* eines Secondhand-Shops

ropería F **1** (*tienda de ropa*) Kleiderhandel *m* **2** (*guardarropa*) Kleiderkammer *f*; **ropero** **A** M, **-a** F *comerciante*: Kleiderhändler *m*, -in *f* **B** M **1** (*armario*) Kleiderschrank *m* **2** *beneficencia*: Kleidersammelstelle *f*

ropón M (*vestido largo*) (langes) Überkleid *n*; *Cuba* (*camisón*) Nachthemd *n*; *Méx* Taufkleid(chen) *n*

roque M *heráldica y ajedrez*: Turm *m*; *fam fig* **estar ~** tief schlafen; *fam fig* **quedarse ~** fest einschlafen

roquedal M felsiges Gelände *n*; **roqueño** ADJ felsig; **roquero** **A** ADJ Felsen... **B** M → rockero

roqueta F MIL selbstauslösende Bombe *f*; selbstauslösendes Projektil *n*

roquete M REL Chorhemd *n*

rorcual M ZOOL Finnwal *m*

rorro M *fam* Baby *n*, Säugling *m*

ros M MIL Käppi *n*

rosa **A** ADJ *inv* rosa(farben); **~ pálido** blassrosa; **~ salmón** lachsrosa **B** F **1** BOT Rose *f*; **agua** *f* **de ~s** Rosenwasser *n*; BOT **~ de China** Hibiskus *m*, Eibisch *m*; BOT **~ de té** Teerose *f*; *fig* **es un lecho de ~s** *o* **dormir sobre un lecho de ~s** auf Rosen gebettet sein; *fig* **no ser de color de ~** nicht gerade rosig aussehen; *fig* **verlo todo de color de ~** alles in rosigem Licht sehen; *fig* **como una ~** *persona*: frisch (und gesund); **como las propias ~s** bestens, sehr gut; *prov* **no hay ~s sin espinas** keine Rose ohne Dornen **2** *fig* ARQUIT, *diamante etc* Rosette *f* **3** *piel*: Hautröte *f* **4** MAR **~ náutica** *o* **de los vientos** Wind-, Kompassrose *f* **C** M Rosa *n*

rosáceas FPL BOT Rosengewächse *npl*

rosáceo ADJ rosenfarbig

rosado **A** ADJ **1** Rosen... **2** *color*: rosenrot; rötlich; rosig; **Casa** *f* **Rosada** *Präsidentenpalast in Buenos Aires*; **vino** *m* **~** Rosé(wein) *m* **3** *Am* POL kommunistisch **B** M *vino*: Rosé (wein) *m*

rosal M Rosenstrauch *m*; -stock *m*; **rosaleda** F Rosengarten *m*, Rosarium *n*

rosario M **1** CAT *sarta*: Rosenkranz *m*; *rezo*: Rosenkranzgebet *n*; *personas*: Rosenkranzbeter *mpl*; *fig* **un ~ de ...** eine Reihe (*o* Menge) von ...; *fig* **acabar como el ~ de la aurora** ein schlechtes Ende nehmen **2** TEC Paternoster(aufzug) *m*; **~ de cangilones** Schöpfwerk *n*

rosbif M GASTR Roastbeef *n*

rosca F **1** TEC Gewinde *n*; **~ exterior** *o* **macho/interior** *o* **hembra** Außen-/Innengewinde *n*; **hacer ~** Gewinde schneiden; **pasarse de ~** (*tornillo*) sich ausleiern; *fam fig* (*chiflarse*) überschnappen *fam*; (*excederse*) zu weit gehen; *fam fig* **no comerse una ~** nichts erreichen; nicht zum Zuge kommen **2** *serpiente, espiral*: Windung *f*; GASTR *pastelería*: Schnecke *f*; **hacer la ~** *perros, serpientes, etc* sich zusammenrollen; *fam fig* **hacer la ~ (de galgo)** sich aufs Ohr legen, sich hinhauen *fam*; *fam fig* **hacer la ~ a alg** j-m um den Bart gehen *fam* **3** *Bol, Col fam* (*pandilla dominante*) herrschende Clique *f* **4** *Perú vulg* (*homosexual*) Schwule *m*; Schwuchtel *f*

roscado TEC **A** ADJ mit Gewinde versehen; Schraub... **B** M Gewindeschneiden *n*; **roscar** V/T ‹1g› TEC Gewinde schneiden; **rosco** M GASTR Kringel *m*; **roscón** M **1** GASTR (Marzipan)Schnecke *f*; **Roscón de Reyes** Dreikönigskuchen *m* **2** *leng. juv examen*: Durchfallen *n* **3** *Esp fam* Kriecher *m*

rosedal M *Am reg* Rosengarten *m*

Rosellón M GEOG Roussillon *n*

roséola F MED Roseola *f*

rosero M Safranpflücker *m*

roseta F **1** BOT Röschen *n* **2** ARQUIT Rosette *f* **3** *en la regadera*: Brause *f*, Duschkopf *m* **4** TEC *en la herramienta*: Bund *m* **5** GASTR **~s** *pl* Puffmais *m*, Popcorn *n*

rosetón M ARQUIT, CAZA Rosette *f*

rosicler M **1** *aurora*: Morgenrot *n*; **el ~ de los Alpes** das Alpenglühen **2** MINER Rotgültigerz *n*; **~ claro** Proustit *m*; **~ oscuro** Pyrargyrit *m*

rosicultor M, **rosicultora** F Rosenzüchter *m*, -in *f*; **rosicultura** F Rosenzucht *f*

rosillo ADJ *caballo* hellrot; hell kupferrot

rosita F **1** BOT Röschen *n*, Röslein *n* **2** GASTR **~s** *pl* → roseta 5 **3** *fam fig* **de ~s** *o espec Am* **de ~** umsonst; mühelos; *Arg, Méx* **estar de ~** nichts tun; streiken; **irse de ~s** ungeschoren davonkommen

rospallón M *pez*: Ringelbrasse f

rosquete *Perú vulg* **A** ADJ schwul **B** M warmer Bruder *m*, Schwuler *m*

rosquilla F (Zucker)Brezel *f*; *fam fig* **no saber a ~** kein Honiglecken sein; *fig* **venderse como ~s** weggehen wie warme Semmeln *fam*

rosticería F *Am reg* Grillrestaurant *n*; *espec* Hühnerbraterei *f*; **rosticero** M *Méx* Bratgrill *m*; **rostizar** V/T *Am reg* braten; grillen

rostrado, rostral ADJ schnabelförmig, spitz zulaufend

rostrituerto ADJ mürrisch, griesgrämig

rostro M Gesicht *n*, Antlitz *n*, Angesicht *n*; **a ~ firme** frei ins Gesicht, ohne jede Verlegenheit; *fig* **~ pálido** Bleichgesicht *n*; **dar en ~ a alg con a/c** j-m etw ins Gesicht sagen; **hacer ~ al enemigo** dem Feind die Stirn bieten; **tener ~** dreist sein; *fam fig* **tener un ~ que se lo pisa** unverschämt sein, die Stirn haben (, zu *inf* **de**)

rota F BOT Rotang *m*, Rohrpalme *f*

Rota F CAT Rota *f* (*oberste Gerichtsbehörde der röm.-katholischen Kirche*)

rotación F Drehung *f*; Umdrehung *f*; FÍS Rotation *f*; (*cambio programado*) (turnusmäßiger) Wechsel *m*; AGR **~ de cultivos** Fruchtwechsel *m*; COM **~ de existencias** *o* **de stocks** Lagerwälzung *f*; **~ de personal** Personalrotation *f*; ASTRON **~ terrestre** Erddrehung *f*

rotacismo M FON Rhotazismus *m*

rotar **A** V/I **1** (*girar*) sich drehen; rotieren **2** (*turnarse*) sich abwechseln **3** *Esp reg* (*eructar*) rülpsen **B** V/T AGR *cultivo* wechseln

rotario M, **-a** F Rotarier *m*, -in *f*, Mitglied *n* des Rotary Clubs

rotativa F TIPO Rotations(druck)maschine *f*; **rotativo** **A** ADJ Dreh...; AUTO **motor** *m* **~** Rotationskolbenmotor *m*; **motor** *m* **~ Wankel** Wankel-, Kreiskolbenmotor *m* **B** M (Tages)Zeitung *f*; **rotatorio** ADJ drehend, rotierend

rotería F *Chile fam desp* pöbelhaftes Benehmen

rotisería F *Am reg* **1** (feines) Grillrestaurant *n* **2** Feinkostladen *m*

roto **A** PP → romper **B** ADJ **1** *jarro, etc* zerbrochen; (*destrozado*) zerrissen; (*resquebrajado*) zersprungen; (*estropeado*) kaputt *fam*, entzwei; *pierna, etc* gebrochen **2** *persona* (*licencioso*) liederlich; (*andrajoso*) zerlumpt, abgerissen; *fam fig* (*fatigado*) kaputt *fam*, fix und fertig *fam* **C** M **1** *en la vestimenta, etc* Riss *m*; *p. ext persona*: abgerissener Kerl *m*; *prov* **no falta un ~ para un descosido** *corresponde a*: Gleich und Gleich gesellt sich gern; *fam fig* **valer** *o* **servir lo mismo para un ~ que para un descosido** für alles gut (*o* zu gebrauchen) sein **2** *Chile* armer Teufel *m*; (*persona vulgar*) Prolet *m fam* **3** *Arg, Perú desp* Chilene *m* **4** *Méx* Möchtegern *m*, Fatzke *m fam*; Hochstapler *m*

rotograbado M TIPO Rotationstiefdruck *m*

rotoide M MAT Dreh-, Rotationskörper *m*

rotonda F **1** *edificio*: Rundbau *m*, Rotunde *f* **2** *plaza*: runder Platz *m*, Rondell *n*; *transporte*: Kreisverkehr *m*, Verkehrskreisel *m*

rotor M TEC Rotor *m*

rotoso ADJ *Am reg* zerlumpt

rótula F **1** ANAT Kniescheibe *f* **2** TEC Knie-, Kugelgelenk *n*; Wellenknie *n*

rotulación F Beschriftung *f*; Etikettierung *f*; FILM Einkopieren *n* von Untertiteln; **rotulado** M → rotulación; **rotulador** M **1** (*etiquetador*) Beschrifter *m*; **(aparato** *m*) **~** Etikettiermaschine *f* **2** (*patrón de letras*) Schriftschablone *f* **3** *bolígrafo grueso*: Filzstift *m*, -schreiber *m*; **~ fluorescente** Leuchtstift *m*; **rotuladora** F Etikettiermaschine *f*; **rotular** V/T betiteln; beschriften; etikettieren; FILM mit Untertiteln versehen; **rotulista** M/F Schildermaler *m*, -in *f*

rótulo M Aufschrift *f*; (*cartel*) Anschlag *m*; (*letrero*) (Firmen)Schild *n*; (*etiqueta*) (Klebe)Etikett *n*; FILM Untertitel *m*; **~ luminoso** Leuchtschild *n*

rotundamente ADV rundweg, -heraus; glatt *fam* (*abschlagen*); **rotundidad** F Rundung *f*; *de una negativa, etc* Bestimmtheit *f*; **rotundo** ADJ **1** *lenguaje* volltönend **2** *fig* (*terminante*) ganz, völlig; entschieden, kategorisch, *negativa, etc* glatt *fam*; *éxito* durchschlagend

rotura F (*rompimiento*) Brechen *n*; (*ruptura*) Bruch *m*; (*grieta*) Sprung *m* (*tb* MED); (*resquebrajadura*) Riss *m*; TEC **a prueba de ~** bruchsicher; **~ de cristales** Glasbruch *m*; FISIOL **~ del folículo** Follikelsprung *m*; TEX **~ del hilo** Fadenbruch *m*; TEC **~ del muelle** Federbruch *m*; MED **~ de ligamentos** Bänderriss *m*; MED **~ muscular** Muskelriss *m*

roturación F AGR Urbarmachung *f*, Rodung *f*; **roturar** V/T AGR urbar machen, roden; um-

R

brechen

rouge [rrus] M *Arg, Chile, Perú, Ur* Lippenstift *m*

roulotte [rru'lɔt(e)] F Wohnwagenanhänger *m*

roya F BOT Rost *m*

royalty F ECON Lizenzgebühr *f*, Tantieme *f*

royo ADJ BOT **pino** *m* ~ Kiefer *f*, Föhre *f*

roza F 1 AGR Rodung *f*; Rod(ungs)-acker *m* 2 MIN Schram *m*; Schrämen *n*; **rozadora** F MIN Schrämmaschine *f*; **rozadura** F *(rayar)* Schrammen *n*; *(raya)* Schramme *f*, Kratzer *m* (*tb* MED); *en la vestimenta*: durchgescheuerte Stelle *f*; **rozagante** ADJ 1 *(magnífico)* prachtvoll 2 *(engreído)* eingebildet, hochnäsig 3 *Am (sano)* kerngesund; **rozamiento** M *(fricción)* Reibung *f* (*tb* TEC *y fig*); Aneinanderreiben *n*, Scheuern *n*; *(leve contacto)* (leichte) Berührung *f*, Streifen *n*; *p. ext (crujido)* Rascheln *n*

rozar ‹1f› A VT 1 AGR roden; ausjäten; *animales* abrupfen, abgrasen 2 *(friccionar)* reiben, scheuern; *género* durchscheuern, abwetzen; *(arañar)* ankratzen, schrammen 3 *(raspar)* abschaben; MIN schrämen 4 *(tocar ligeramente)* (leicht) berühren, streifen B VT & VI *fig* streifen, grenzen (an *acus*); **~ la catástrofe** mit knapper Not einer Katastrophe entgehen (*o* eine Katastrophe vermeiden); **esto roza el delirio** das grenzt an Wahnsinn; **~ los setenta** so um die siebzig sein C VR **rozarse** 1 *(frotarse)* sich reiben; sich durchscheuern 2 *(tropezar)* stolpern (über *acus* en) (*tb fig*) 3 *fig (parecerse)* sich gleichen, ähnlich gelagert sein; *fam fig* **~ con alg** mit j-m vertrauten Umgang haben

roznar A VT knabbern; knuspern B VI → rebuznar; **roznido** M 1 Knabbern *n*; Knuspern *n* 2 → rebuzno

rozno M Eselchen *n*

rozo M 1 AGR *campo*: Rod(ungs)acker *m* 2 *(leña menuda)* Reisig *n* 3 *jerga del hampa (comida)* Speise *f*

R.P. ABR (Reverendo Padre) Hochwürden *(Anrede für katholische Geistliche)*

rpm, r. p. m. ABR (revoluciones por minuto) U/min (Umdrehungen *f* pro Minute)

RRPP FPL ABR (Relaciones Públicas) PR *f* (Public Relations)

rte. ABR (remitente) Abs. (Absender *m*)

RTVE F ABR (Radiotelevisión Española) Spanische Staatliche Rundfunk- und Fernsehanstalt *f*

ruana F *Col* Poncho *m*

Ruanda M Ruanda *n*

ruandés A ADJ ruandisch B M, **-esa** F Ruander *m*, -in *f*

ruano ADJ → roano; **(caballo** *m*) **~** Graufuchs *m*

rubefacción F MED Rötung *f (der Haut)*

rubéola *o* **rubeola** F MED Röteln *pl*

rubeta F ZOOL Unke *f*

rubí M Rubin *m*; TEC (Lager)Stein *m*; **un reloj de 14 ~es** eine Uhr mit 14 Steinen

rubia F 1 *mujer*: Blondine *f*; *fam* **~ de frasco** *u* **oxigenada** *o Perú* **~ al pomo** *o* **con su plata** Wasserstoffblondine *f fam* 2 *fam Perú (cerveza)* (helles) Bier *n* 3 BOT Färberröte *f*; Krapp *m* 4 HIST *fam moneda*: Pesete *f* 5 AUTO *fam obs* Kombi *m*

rubiales M/F ‹*pl inv*› *fam* blonder junger Mann *m*; Blondine *f fam*; *m/f* Blondschopf *m fam*

Rubicón HIST *y fig* Rubikon *m*; **pasar el ~** den Rubikon überschreiten

rubicundez F Röte *f*; **rubicundo** ADJ 1 *cabello* rotblond 2 *persona* rotwangig; von blühendem Aussehen

rubio A ADJ 1 goldgelb; *cabello* blond; **~ ceniza** aschblond; **~ platino** platinblond 2 *cerveza, tabaco* hell B M 1 Blonder *m* 2 *pez*: Gestreifter Knurrhahn *m* 3 TAUR **~s** *pl* Mitte *f* des Stierrückens

rubioca F *pez*: Nadelfisch *m*

rublo M Rubel *m*

rubor M 1 *(rojez)* Röte *f* 2 *(vergüenza)* Scham(-gefühl *n*) *f* 3 *Arg (colorete)* Rouge *n*; **ruborizar** VT zum Erröten bringen; **ruborizarse** VR ‹1f› erröten; schamrot werden; **ruboroso** ADJ schamhaft; schamrot; leicht errötend

rúbrica F 1 *(firma)* Namenszeichen *n*; *en el nombre*: Schnörkel *m* 2 *(título)* Überschrift *f*; REL Rubrik *f*; *fig* **ser de ~** üblich sein

rubricación F POL Paraphierung *f*

rubricar VT ‹1g› mit dem (Namens)Zeichen versehen; COM abzeichnen; POL paraphieren

rubro M 1 *Am (título)* Überschrift *f* 2 *Chile, RPl* COM Posten *m*; Branche *f*

ruca F 1 *Am (choza)* Hütte *f* 2 *Chile (chabola)* Elendswohnung *f*

rucio A ADJ *animales* grau; weißlich; hellbraun; *Chile fam persona* blond B M *fam (asno)* Esel *m*, Grautier *n fam*; *caballo*: Grauschimmel *m*; **~ rodado** Apfelschimmel *m*

ruda F BOT Raute *f*

rudbeckia F BOT Sonnenhut *m*

ruderales FPL BOT Schuttpflanzen *fpl*

rudeza F 1 *(grosería)* Rauheit *f*; *(brusquedad)* Schroffheit *f*, *(dureza)* Härte *f* 2 *(aspereza)* Derbheit *f*; *(torpeza)* Plumpheit *f*, *(falta de habilidad)* Ungeschicklichkeit *f*

rudimental ADJ Elementar…; **rudimentario** ADJ rudimentär; unentwickelt; BIOL verkümmert

rudimento M *(estado primordial)* Rudiment *n*; *(principio)* Anfang *m*; *(enfoque, planteo)* Ansatz *m*; *(primer esbozo)* erste Anlage *f*; *fig* **~s** *mpl (bases)* Grundbegriffe *mpl*

rudo ADJ 1 *(crudo)* roh, rüde 2 *(áspero)* rau; *(duro)* hart (*tb invierno*); schroff 3 *(torpe)* plump, schwerfällig 4 *(inculto)* ungebildet

rue, rúe [rrue] F *fam Esp leng. juv* Straße *f*

rueda F 1 Rad *n* (*tb* ORN *del pavo y* HIST *condena*); DEP *en la carrera*: Radlänge *f*; *C. Rica* AUTO *(volante)* Lenkrad *n*; *Hond, Salv* **~ de caballitos** Karussell *n*; TEC **~ catalina** *o* **de Santa Catalina** *mecanismo de reloj*: Sperrrad *n*; **~ delantera/trasera** Vorder-, Hinterrad *n*; **~ dentada** Zahnrad *n*; **~ de la fortuna** Glücksrad *n*; **~ hidráulica** Wasserrad *n*; **~ libre** *bicicleta*: Freilauf *m*; **~ de molino/de paletas** Mühl-/Schaufelrad *n*; **~ de recambio** *o* **de repuesto** Ersatz-, Reserverad *n*; AUTO **de cuatro ~s motrices** mit Vierradantrieb; *fig* **no andar ni con ~s** ganz offensichtlich nicht der Wahrheit entsprechen; *fig* **comulgar con ~s de molino** das Unglaublichste glauben, alles schlucken *fam*; **hacer la ~** *pavo*: ein Rad schlagen; *fig* **todo marcha** *o* **va sobre ~s** alles läuft wie am Schnürchen, alles läuft wie geschmiert; **(móvil) sobre ~s** fahrbar; *ciclismo*: *fam* **chupar ~** im Windschatten fahren 2 *(círculo)* Kreis *m*, *(ronda)* Runde *f*; **en ~** in der Runde, im Kreis; **~ de prensa** Pressekonferenz *f*; JUR **~ de identificación** *o* **de reconocimiento** *o* **de presos** Identifizierungsparade *f*; *Esp fam* **chupar ~** sich *(dat)* die Anstrengungen anderer zunutze machen; **hacer una ~** einen Kreis bilden 3 *(disco)* Scheibe *f*; **~ de alfarero** (Töpfer)Drehscheibe *f* 4 *pez*: Mondfisch *m* 5 *Col fam* **de ~ y pedal** bisexuell

ruedamundos M/F ‹*pl inv*› *fam* Weltenbummler *m*, -in *f*

ruedecita F Rädchen *n*; **ruedero** M Radmacher *m*, Wagner *m*

ruedo M 1 Umkreis *m*; *de personas*: Kreis *m*, Runde *f* 2 *en vestidos*: Saum *m langer Gewänder* 3 TAUR Arena *f*; **echarse al ~** in die Arena treten; *fig* in die Schranken treten; **dar la vuelta al ~** die Ehrenrunde in der Arena machen

ruega M *Arg insecto*: **~ a Dios** Gottesanbeterin *f*

ruego A → rogar B M Bitte *f*; Ersuchen *n*; **a ~s de** auf Ersuchen *(gen)*; **sus ~s son órdenes** Ihr Wunsch ist mir Befehl

rufián M 1 *(proxeneta)* Zuhälter *m* 2 *(granuja)* Gauner *m*, Ganove *m*; **rufianería** F Gaunerei *f*; Zuhälterei; Kuppelei *f*; **rufianesco** ADJ Gauner…; Zuhälter…; **rufianismo** M Gaunerei *f*; Zuhälterei *f*; Kuppelei *f*

rufo ADJ *(pelirrojo)* rothaarig; *(crespo)* krausköpfig; *fig (engreído)* eingebildet, angeberisch

rugby ['rruɣβi] M DEP Rugby *m*

rugido M *león*: Brüllen *n*; *(crujido)* Krachen *n*; *tormenta*: Brausen *n*, Toben *n*; *intestinos*: Kollern *n*; *estómago*: Knurren *n*

rugir VI ‹3c› 1 *león* brüllen; *(crujir)* krachen; *tormenta* brausen, toben; *intestinos* kollern; *estómago* knurren; *fam* **está que ruge** er wütet, er tobt 2 *fig (hacerse público)* ruchbar werden 3 *fam (apestar)* stinken

rugosidad F Runzligkeit *f*; *(arruga)* Runzel *f*; **~es** *pl* Unebenheiten *fpl*; **rugoso** ADJ *(arrugado)* runzlig; *(áspero)* rau, uneben

ruibarbo M BOT Rhabarber *m*

ruido M 1 *(estruendo)* Lärm *m*; Geräusch *n*; ELEC Rauschen *n*; **~s** *pl* **callejeros** Straßenlärm *m*; **~ de fondo** Geräuschkulisse *f*; **~ infernal** Höllenlärm *m*; **~(s)** *(pl)* **parásito(s)** Nebengeräusch(e) *n(pl)*; **~s** *pl* **(perturbadores) nocturnos** nächtliche Ruhestörung *f*; *fig* **~ de sables** Säbelrasseln *n*; *fig* **armar mucho ~** großes Aufsehen erregen; **hacer** *o* **meter ~** Lärm machen; *fig* Aufsehen erregen; **sin hacer ~** geräuschlos; *prov* **mucho ~ y pocas nueces** viel Lärm um nichts 2 *p. ext (disputa)* Streit *m*; *fam fig* **querer ~** streitsüchtig sein; *fig* **quitarse de ~s** sich aus allem heraushalten (, was gefährlich werden könnte), Gefahr aus dem Weg gehen 3 *fig (eco)* Widerhall *m*, *(rumor)* Gerücht *n*

ruidoso ADJ lärmend; geräuschvoll; aufsehenerregend

ruin A ADJ 1 *(vil)* schäbig, *(tacaño)* knauserig *fam* 2 *(bajo y despreciable)* niederträchtig, gemein B M 1 *(avariento)* Geizkragen *m* 2 *(canalla)* Lump *m*; Schuft *m* 3 *fam fig* ZOOL *letzter Schwanzwirbel der Katzen*

ruina F 1 *(desmoronamiento)* Einsturz *m*; *edificio*: Ruine *f* (*tb fam fig*); **~s** *pl* Ruinen *fpl*, Trümmer *pl*; *fam fig* **amenazar ~** einzustürzen drohen; **estar hecho una ~** *persona*: ein Wrack sein 2 *fig (quiebra)* Ruin *m*; Zusammenbruch *m*; Verderben *n*; **causar la ~ de alg** j-n ruinieren; **estar en la ~** ruiniert sein; **estar al borde de la ~** kurz vor dem Ruin stehen

ruindad F 1 *(vileza)* Schäbigkeit *f*, Knauserei *f fam* 2 *(infamia)* Gemeinheit *f*, Niedertracht *f*

ruinoso ADJ *edificio* baufällig; *fig (dañino)* schädlich, verderblich; COM ruinös, Verlust…; **estado** *m* **~** Baufälligkeit *f*

ruiseñor M 1 ORN Nachtigall *f* 2 *Esp jerga del hampa (ganzúa)* Dietrich *m* 3 *Col fam (pene)* Schwengel *m fam*, Schniedel *m fam*

rular VI 1 *(rodar)* rollen, drehen (*tb drogas cigarrillo de marihuana*) 2 *fam (funcionar)* klappen, hinhauen *fam*; funktionieren

rulemán M *Arg* AUTO Kugellager *n*

rulero M *Arg, Bol, Ec, Par, Perú, Ur* Lockenwickler *m*

ruleta F 1 *juego*: Roulette *n*; *fig* **~ rusa** russisches Roulette *n* 2 TEC Rändelrad *n*

ruletear VI *Méx* ein Taxi fahren; **ruletera** F *Méx* Prostituierte *f*; **ruletero** M *Méx* Taxichauffeur *m*

rulo M 1 *(tambor)* Walze *f*; ~ **(agrícola)** Ackerwalze *f* 2 *(bigudí)* Lockenwickler *m* 3 *(rizo de pelo)* (Haar)Locke *f*
rulot(a) F *Esp* Wohnwagenanhänger *m*
ruma F *Chile, Perú* Haufen *m*
Rumania F Rumänien *n*
rumano A ADJ rumänisch B M, **-a** F Rumäne *m*, Rumänin *f* C M *lengua*: Rumänisch *n*
rumba F 1 MÚS *baile*: Rumba *f* 2 *Am Cent, Antillas* ausgelassenes Fest *n*; **ir de ~** ausgehen, feiern
rumbeador M *RPl* Pfadfinder *m*
rumbear[1] V/I *Am reg* sich (im Gelände) orientieren; *Andes, RPl* eine bestimmte Richtung einschlagen
rumbear[2] V/I 1 *fam (bailar la rumba)* Rumba tanzen 2 *Am Cent, Antillas (festejar)* auf den Bummel gehen; feiern
rumbero M, **-a** F 1 *(que baila la rumba)* Rumbatänzer *m*, -in *f* 2 *Col, Ven (explorador[a])* Pfadfinder *m*, -in *f*
rumbo[1] M 1 *(dirección)* Fahrtrichtung *f*; MAR, AVIA Kurs *m (tb fig)*; *(dirección del viento)* Windrichtung *f*; **~ a** mit Kurs auf; **corregir el ~** den Kurs berichtigen; **hacer** *o* **poner ~ a** *o* **ir con ~ a** Kurs nehmen auf *(acus)*; **perder el ~** vom Kurs abkommen; AVIA sich verfliegen, sich verfranzen *fam*; *tb fig y* POL **tomar otro ~** einen neuen Kurs einschlagen; *fig* eine Wendung vornehmen 2 *fig* Weg *m*, Richtung *f*, Ziel *n*, Kurs *m*; **dar otro ~ a la conversación** dem Gespräch eine (neue) Wendung geben
rumbo[2] M 1 *(pompa)* Pracht *f*, Prunk *m*; **de ~** → rumboso 2 *Am Centr* → rumba 2; **rumbón** ADJ großzügig; **rumboso** ADJ *(pomposo)* prächtig, prunkvoll; *(dadivoso)* freigebig; prahlerisch
rumí M *bei den Mauren*: Christ *m*
rumia F Wiederkäuen *n (tb fig)*; **rumiante** A ADJ wiederkäuend B M Wiederkäuer *m*
rumiar V/T & V/I ⟨1b⟩ ZOOL wiederkäuen; *fig (considerar)* sich *(dat)* reiflich überlegen; über etw *(dat)* brüten; *tb (repetir continuamente)* immer wiederholen; *fam fig tb (mascullar)* brummeln
rumor M 1 *(algarabía)* Stimmengewirr *n*; *(bramido)* Brausen *n*; *(susurrear)* Rauschen *n* 2 *(noticia sin confirmar)* Gerücht *n*, Gemunkel *n*; **correr ~es de que** man hört gerüchtweise, dass; **a título de ~** gerüchtweise
rumorear A V/T munkeln; **se rumorea que ...** es geht das Gerücht, dass ..., man munkelt, dass ... B V/R **rumorearse** gerüchtweise verlauten, ruchbar werden; **rumoreo** M *del viento, del bosque*: Rauschen *n*; Flüstern *n*; **rumorología** F *fam* Gerüchtemacherei *f*; Gerüchteküche *f fam*; **rumoroso** ADJ 1 *(ruidoso)* geräuschvoll; *(estrepitoso)* lärmend; *(impetuoso)* brausend; *(murmurante)* rauschend 2 *(público)* ruchbar
runa F Rune *f*
rúnico ADJ Runen...; **escritura** *f* **-a** Runenschrift *f*
runrún M 1 *(murmullo)* Gemurmel *n* 2 *fam* → rumor 2; **runrunear** A V/I → ronronear B V/R **runrunearse** *fam* gerüchtweise verlauten
Ruperto NPR M Ruprecht *m*
rupestre ADJ Felsen...; ARQUEOL **pintura** *f* **~** Fels-, Höhlenmalerei *f*
rupia F Rupie *f*
ruptor M ELEC Unterbrecher *m*; AUTO Zündunterbrecher *m*; **ruptura** F 1 *(rotura)* Bruch *m*; Abbruch *m (tb* POL *de las relaciones)*; *fig* **sin ~** nahtlos *(fig)* 2 MED Ruptur *f*; MED, MIL Durchbruch *m*
rural A ADJ ländlich; Land...; landwirtschaftlich B **~es** MPL *Méx* Landpolizei *f*
Rusia F Russland *n*
ruso A ADJ russisch B M, **-a** 1 Russe *m*, Russin *f*; **~** *m* **blanco, -a** *f* **blanca** Weißrusse *m*, Weißrussin *f* 2 *Arg fam desp (aus Osteuropa eingewanderte[r])* Jude *m*, Jüdin *f* C M *lengua*: Russisch *n*
rusófilo A ADJ russenfreundlich B M, **-a** F Russenfreund *m*, -in *f*; **rusófono** A ADJ Russisch sprechend B M, **-a** F Russischsprecher *m*, -in *f*
rusticidad F bäuerisches Wesen *n*; *fig* (ländliche) Einfachheit *f*
rústico A ADJ 1 *(del campo)* ländlich, Land...; **estilo** *m* **~** Bauernstil *m*; rustikaler Stil *m* 2 *fig persona* derb, grob; ungeschliffen, ungebildet 3 TIPO **en -a** *libro* broschiert B M, **-a** F Landmann *m*, -frau *f*
rustidera F Bräter *m*, Bratreine *f (al.d.S.)*
rustiquez F bäuerisches Wesen *n*; *fig* Derbheit *f*; Ungeschliffenheit *f*
ruta F (Reise)Weg *m*; *espec* MAR, AVIA Route *f*; *Am reg tb* Fernstraße *f*; **~ marítima** Seeweg *m*; INFORM (Verzeichnis)Pfad *m*
rutáceas FPL BOT Rautengewächse *npl*
ruteno A ADJ ruthenisch B M, **-a** F Ruthene *m*, Ruthenin *f*
rutero M 1 *ciclismo*: Straßenradsportler *m* 2 *Arg fam* Fernfahrer *m*
rutilante ADJ 1 *(brillante)* glänzend, schimmernd 2 *(sobresaliente)* hervorragend, glänzend, ausgezeichnet
rutilar V/I glänzen *(tb fig)*, schimmern, funkeln
rutina[1] F QUÍM Rutin *n*
rutina[2] F Routine *f*; **de ~** Routine...; **rutinario** ADJ routinemäßig, (rein) gewohnheitsmäßig; **rutinero** M, **-a** F Gewohnheitsmensch *m*; Routinier *m*, Routinière *f*

S

S[1], **s** F S, s *n*; **en forma de (una) s** s-förmig; → *tb* ese[1]
s. ABR **(siglo)** Jh. (Jahrhundert *n*)
S[2] ABR 1 *(San[to])* hl. (Heilig[er]); St. (Sankt) 2 *(Sur)* S (Süd[en])
s.a. ABR **(sin año)** *en libros*: o. J. (ohne Jahr)
S.A. ABR 1 F *(Sociedad Anónima)* AG *f* (Aktiengesellschaft *f*) 2 *(Su Alteza)* I. H. (Ihre Hoheit); S. H. (Seine Hoheit)
sábado M Samstag *m*, Sonnabend *m*; **el ~** am Sonnabend, am Samstag; **(todos) los ~s** (immer) sonnabends (*o* samstags); **el ~ por la mañana** am Sonnabendmorgen, am Samstagmorgen; **los ~s por la tarde** sonnabendabends, samstagabends; **Sábado Santo** *o* **Sábado de Gloria** Kar-, Ostersamstag *m*
sabajón M *Col* Eierlikör *m*
sábalo M *pez*: Maifisch *m*, Alse *f*
sabana F *Am* Savanne *f*, Grassteppe *f*; *Ven fam fig* **ponerse en la ~** (plötzlich) zu großem Vermögen kommen
sábana F 1 Betttuch *n*, Laken *n*; **~ ajustable** *o* **adaptable** Spannbetttuch *n*; **~ bajera** *o* **de abajo** unteres (Bett-)Laken *n (auf der Matratze)*; **~ encimera** *o* **de arriba** oberes Laken *n (auf dem Körper)*; *fam fig* **pegársele a alg las ~s (al cuerpo)** nicht aus dem Bett (*o* aus den Federn) kommen; verschlafen 2 CAT **la Sábana Santa (de Turín)** das Turiner Leichentuch *n*
sabandija F 1 *(gusanos)* Gewürm *n*, *(parásitos)* Ungeziefer *n*; *tb fig* Geschmeiß *n* 2 *fam (persona despreciable)* mieser Kerl *m* 3 *Arg, Ur fam niño*: Lausebengel *m*; ungezogene Göre *f fam*
sabanear A V/T 1 *Am Centr (agarrar)* packen, ergreifen 2 *Am Centr (lisonjear)* schmeicheln B V/I *Col, Ven (recorrer)* die Savanne durchstreifen *(bes Viehhirten)*; **sabanera** F 1 *Ven, Am Centr* ZOOL *eine Schlange (Schädlingsvertilger)* 2 *Am habitante*: Savannenbewohnerin *f* 3 *Esp fam (puta)* Nutte *f*; **sabanero** *Am* A ADJ Savannen... B M, **-a** F *Am* Savannenbewohner *m*, -in *f*; *fam fig Am Centr* Raufbold *m*
sabanilla F *(pequeña pieza de lienzo)* kleines Leintuch *n*; *para cubrir la mesa del altar*: Altartuch *n*
sabañón M Frostbeule *f*
sabático ADJ REL Sabbat...; **(año** *m***) ~** REL Sabbatjahr *n*; UNIV Forschungsjahr *n* *o* zwei Forschungssemester *npl*; *en la vida profesional*: (ein Jahr) unbezahlter Urlaub *m*; REL **descanso** *m* **~** Sabbatruhe *f*; UNIV **semestre** *m* **~** Forschungssemester *n*
sabatina F *Chile fam* Tracht *f* Prügel; **sabatino** ADJ Samstag...; Sabbat...; **sabatismo** M REL Beachtung *f* des Sabbats; **sabatizar** V/I ⟨1f⟩ den Sabbat halten
sabayón M *Esp* GASTR Zaba(gl)ione *f*, Weinschaumcreme *f*
sábbat M (jüdischer) Sabbat *m*
sabedor ADJ unterrichtet **(de** über *acus*); **sabelotodo** M/F ⟨*pl inv*⟩ *fam* Besserwisser *m*, -in *f*

saber

⟨2n⟩

A verbo transitivo y intransitivo **B** verbo intransitivo **C** verbo reflexivo **D** masculino

— **A** verbo transitivo y intransitivo —

1 *(tener conocimiento)* wissen, kennen, können; *(comprender)* verstehen; erfahren; **~ alemán/inglés** *etc* Deutsch/Englisch *etc* können; **~ escribir** schreiben können; *fam fig fam* **sabérselas todas** mit allen Wassern gewaschen sein *fam*; **~ lo que es bueno** *(conocer lo bueno)* wissen, was gut ist; *(querer comer bien)* gern (gut) essen; **lo supe ayer** ich habe es gestern erfahren; *fig* **~ más que siete** ein schlauer Fuchs sein; **~ mucho/poco de a/c** sich in etw *(acus)* gut/schlecht auskennen; viel/wenig von etw *(dat)* verstehen; **~ su oficio** sein Handwerk verstehen; **~ a ciencia cierta** ganz genau wissen; **~ de buena fuente** aus guter Quelle wissen; **a ~** *en relaciones*: und zwar, nämlich; *exclamativo*: es bleibt abzuwarten, es fragt sich (nur); **¡a ~ cuándo llegará, vendrá!** (wer weiß, wann er kommt,) er wird schon noch kommen!; **¿cómo lo sabes?** woher weißt du das?; **está por ~(se) si ...** es fragt sich, ob ...; **hacer ~ a/c a alg** j-n etw wissen lassen, j-n von etw *(dat)* benachrichtigen; **sin ~lo** unwissentlich; **sin ~lo yo** ohne mein Wissen; **va a ~ quién soy yo** ich werde ihm zeigen, mit wem er es zu tun hat; **¡vaya usted** *o* **vete a ~!** wer soll das wissen!, das ist schwer zu sagen!; **no ~ de** nichts wissen (*o* nichts hören) von *(dat)*; **no saber de alg** nichts von j-m wissen (*o* hören); *fam fig* **no ~ de sí** nicht zu Atem kommen, vor Arbeit umkommen; *fam fig* **no ~ ni jota de a/c** keinen (blassen) Schimmer von etw haben; *fam fig* **no ~ por dónde (se) anda** sich gar zu dumm (*o* ungeschickt) anstellen; *fam* **el señor no sé cuántos** Herr Soundso; **no que yo sepa** nicht, dass ich wüsste; **nunca se sabe** man kann nie wissen; *fam* **¡para que lo sepas!** dass du es nur weißt!, dass du (einmal) Bescheid weißt! *fam*; **~ por la prensa** aus der Presse erfahren; **por** *o* **a lo que sé** meines Wissens; **¡qué sé yo!** *o* **¡yo qué sé!** was weiß

ich!, keine Ahnung!; **que yo sepa** soviel ich weiß; **¿quién sabe?** wer weiß?, wer soll das wissen!; **¿sabes?** weißt du?; verstehst du?; *fam fig* merk dir das!; **¡si lo sabré yo!** das weiß ich (allerdings) nur zu gut!; wem sagen Sie das!; **un no sé qué** irgendetwas; **tener un no sé qué (de) atrayente** etwas Anziehendes (an sich *dat*) haben; das gewisse Etwas haben; *fam* **y qué sé yo** *en relaciones*: und vieles andere mehr; und so *fam*; *fam fig* **ya no sé dónde estoy** ich bin noch ganz wirr (im Kopf) **2** *Arg, Ec, Perú fam* (*soler*) **~** (*inf*) pflegen zu (*inf*), gewöhnt sein zu (*inf*)

— **B** verbo intransitivo —

(*tener sabor*) schmecken (nach *dat* a) (*tb fig*); *fig* **~ a más** nach mehr (*o* ganz hervorragend) schmecken; *fig* **me sabe a más** das schmeckt nach mehr *fam*; *fig* **esto me sabe muy mal** das ärgert (*o* kränkt) mich sehr; *tb* es tut mir sehr Leid; **las vacaciones me han sabido a poco** die Ferien hätten noch länger dauern können

— **C** verbo reflexivo —

~se: ya se sabe que … bekanntlich …

— **D** masculino —

Wissen *n*; Kenntnis *f*; Können *n*; **según mi/tu,** *etc* **leal ~ y entender** nach bestem Wissen und Können; nach bestem Wissen und Gewissen; **el saber hacer** das Know-how

sabichoso ADJ *Cuba fam* clever, schlau; **sabidillo** M, **sabidilla** F Besserwisser *m*, -in *f*

sabido ADJ **1** (*conocido*) bekannt (*dat* de); offenbar; **de ~** gewiss, bestimmt; **~ en** bewandert in (*dat*); **dar por ~** als bekannt voraussetzen; **ser cosa -a** bekannt sein; selbstverständlich sein; **de todos es ~** es ist allgemein bekannt **2** *fam persona* sehr gescheit **3** *animal* abgerichtet, dressiert

sabiduría F Weisheit *f*; Wissen *n*; **mi ~ no llega a más** ich bin mit meiner Weisheit (*o* mit meinem Latein) am Ende

sabiendas ADV *sólo en*: **a ~** wissentlich, absichtlich; bewusst

sabihondo M, **-a** F *fam* Besserwisser *m*, -in *f*, Naseweis *m*

sabina F BOT Phönizischer Wacholder *m*; **~ común** Stinkwacholder *m*

sabio **A** ADJ **1** *persona* weise; (*erudito*) gelehrt **2** *animal* abgerichtet **B** M, **-a** F (*persona con sabiduría*) Weise *m/f*; (*erudito, -a*) Gelehrte *m/f*; *reg* (*médico, -a*) Heilkundige *m/f*

sabiondo → sabihondo

sablazo M Säbelhieb *m*; *fam fig* Anpumpen *n fam*, Pump(versuch) *m fam*; *fam* **dar un ~ a alg** j-n anpumpen *fam*

sable **1** M (*espada*) Säbel *m* **2** *fam fig* (*habilidad para obtener dinero*) Geschicklichkeit *f* im Anpumpen; **sableada** F *Am fam* → sableadura; **sableador** → sablista; **sableadura** F *Am fam* Anpumpen *n fam*

sablear V/T *fam* anpumpen *fam*; **sablista** **A** ADJ *fam* Pump… **B** M/F Schnorrer *m*, -in *f fam*

saboga F *pez*: Mittelmeerfinte *f*

saboneta F Taschenuhr *f* mit Springdeckel

sabor M Geschmack *m* (a nach *dat*); *tb fig* **dejar mal ~ de boca** einen üblen Nachgeschmack haben; **saborear** V/T **1** (*gozar*) genießen (*tb fig*), auskosten **2** (*dar sabor*) schmackhaft machen; **saborizante** M Geschmacksstoff *m*; **sabosear** V/I *Ven fam* es sich (*dat*) gut gehen lassen

sabotaje M Sabotage *f*; **saboteador** **A** ADJ Sabotage… **B** M, **saboteadora** F Saboteur *m*, -in *f*; **sabotear** V/T sabotieren (*tb fig*)

Saboya F Savoyen *n*

sabroso ADJ **1** (*delicioso*) schmackhaft, köstlich; gehaltvoll (*tb fig*); *fig* pikant, deftig **2** *Col, Ven fig* (*agradable*) gut, angenehm, herrlich;

sabrosón ADJ *Am fam* schmackhaft; **sabrosura** F *Am* **1** *sabor*: angenehmer Geschmack *m* **2** *pop fig mujer*: tolle(s), gut aussehende(s) Frau *f*, Mädchen *n*

sabucal M Holundergebüsch *n*; **sabuco** M BOT → saúco

sabueso M **1** CAZA *perro*: Schweißhund *m* **2** *fig* (*pesquisidor*) Schnüffler *m*, Spürhund *m*

saburra F MED *secreción estomacal*: Magenverschleimung *f*; (*capa lingual*) Zungenbelag *m*; **saburroso** ADJ MED *estómago* verschleimt; *lengua* belegt

saca[1] F großer Sack *m*; *correos*: Postsack *m*

saca[2] F **1** (*extracción*) Herausnehmen *n*; (*toma*) Entnahme *f*; *de un diente*: Ziehen *n* **2** (*exportación*) Ausfuhr *f* **3** *de una escritura*: Abschrift *f*

sacaanzuelos M *en la caña de pescar*: Hakenlöser *m*; **sacabocados** M ⟨*pl inv*⟩ TEC Locheisen *n*; Lochzange *f*; **sacabotas** M ⟨*pl inv*⟩ Stiefelknecht *m*; **sacabuche** M **1** MÚS (Zug)Posaune *f* **2** MAR Handpumpe *f* **3** *fam fig* Knirps *m*; **sacaclavos** M ⟨*pl inv*⟩ Nagelzieher *m*, Kistenöffner *m*; **sacacorchos** M ⟨*pl inv*⟩ Korkenzieher *m*; **sacacuartos** *fam* → sacadineros; **sacacuero** M *Arg fam* (*mala lengua*) Lästermaul *n*; **sacada** F *Am reg* **1** (*extracción*) Herausnehmen *n*, Herausreißen *n* **2** *de dinero*: Abheben *n*; **sacadineros** *fam* **A** M (*timo*) Nepp *m fam* **B** M/F *persona*: Profitler *m*, -in *f*, Geldschneider *m*, -in *f*; Bauernfänger *m*, -in *f*; **sacagrapas** M Enthefter *m*; **sacamanchas** M Fleck(en)entferner *m*; **sacamantas** M ⟨*pl inv*⟩ *fam* Steuereintreiber *m*; **sacamuelas** M/F ⟨*pl inv*⟩ *fam desp* Zahnklempner *m*, -in *f fam*; *fig* Scharlatan *m*; **hablar más que un ~** reden wie ein Wasserfall; **sacamuestras** M ⟨*pl inv*⟩ COM, *aduana*: Probenehmer *m*; **sacapuntas** M ⟨*pl inv*⟩ Bleistiftspitzer *m*

sacar ⟨1g⟩ **A** V/T & V/I **1** (*extraer*) herausziehen, -holen, -nehmen; (*tomar*) entnehmen; (*quitar*) (weg- *o* ab)nehmen; (*arrebatar*) entreißen; *ojo* ausschlagen; *entrada, boleto* lösen; TEC gewinnen (aus *dat* de); *minerales, etc* fördern; *mancha* entfernen; *conclusión* ziehen; *ganancia, ventaja* herausholen; *beneficio* ziehen; *dinero* machen; aus der Tasche ziehen; FOT *fotografía* machen; *billete de lotería* ziehen; *adivinanza* lösen; *cabeza, lengua* herausstrecken; *moda, novedad* herausbringen; *aceite de oliva* auspressen; *ropa* spülen; *agua* schöpfen; *vino* abziehen; *diente* ziehen; *fam fig* **~le el alma** *o* **el corazón a alg** j-n gehörig schröpfen, j-n ausnehmen *fam*; **~ azúcar de las remolachas** Zucker aus Rüben gewinnen; PINT, FOT **~ bien** gut treffen; **~ el carnet de conducir** den Führerschein machen; **~ una copia** eine Abschrift anfertigen; FOT, TIPO einen Abzug machen; **~ fichas** Zettel ausschreiben; Exzerpte machen; **~ fuego** Feuer schlagen; **~ al niño de la escuela** das Kind von der Schule nehmen; **~ buenas/malas notas** gute/schlechte Noten bekommen; **~ un buen sueldo** gut verdienen; **~ el carnet de conducir** den Führerschein machen; **me saca dos años** er/sie ist zwei Jahre älter als ich; **¿de dónde has sacado el dinero?** wo hast du das Geld her?; **~le a alg la verdad** j-m die Wahrheit entlocken (*o* entreißen); *Perú vulg* **~le a alg la mierda** *o fam* **la mugre** j-n (windelweich) prügeln **2** *con ger, prep y adv*: **~ rascando** (her)auskratzen; **~ a bailar** zum Tanz auffordern (*o* führen); PINT **~ a pulso** freihändig zeichnen; **~ al sol** der Sonne aussetzen; **~ adelante** helfen vorwärts zu kommen (*dat*); vorantreiben; voranbringen; *negocio tb* führen; *niños* großziehen (*o* durchbringen); **~ a rastras** herauszerren; *fam fig* **no se lo vas a ~ ni con pinzas** *o* **ni con sacacorchos** aus dem ist nichts herauszuholen, der schweigt eisern *fam*; *fam* **~ de un apuro** aus der Klemme helfen *fam* (*dat*); **~ a/c de encima** (*deshacerse*) etw loswerden; (*quitarse de encima*) etw abschütteln; **~ de paseo** spazieren führen; *fam fig* **~ de sus casillas** *o* **de sí a alg** j-n verrückt machen, j-n aus dem Häuschen bringen; **~ en claro** klarstellen; bereinigen; herausbekommen; **no ~ nada en limpio** mit etw nicht klarkommen; **con su trabajo no saca para comer** mit seiner Arbeit kann er nicht das Essen verdienen **3** DEP anspielen, anstoßen, geben **B** V/R **sacarse** **1** *vestimenta* ausziehen; **~ a/c de encima** etw loswerden; etw abschütteln **2** *Méx* (*largarse*) sich aus dem Staub machen

sacarífero ADJ zuckerhaltig; **sacarificar** V/T ⟨1g⟩ verzuckern; **sacarina** F Süßstoff *m*, Sac(c)harin *n*; **sacarosa** F Saccharose *f*; **sacaroso** ADJ zuckerig

sacarremaches M ⟨*pl inv*⟩ TEC Nietenzieher *m*

sacarruedas M ⟨*pl inv*⟩ AUTO Radabdrücker *m*

sacatestigos M → sacamuestras

sacerdocio M Priesteramt *n* (*tb fig*); -stand *m*; **sacerdotal** ADJ priesterlich; Priester…; **sacerdote** M Priester *m*; **~ obrero** Arbeiterpriester *m*; **~ regular/secular** Ordens-/Weltgeistliche *m*; **sacerdotisa** F Priesterin *f*

sachar V/T AGR jäten

sachavaca F *Perú* ZOOL Tapir *m*

sachet M (*almohadilla rellena de hierbas*) Kräuterkissen *n*, Sachet *n*; (*bolsa de plástico*) Plastikbeutel *m*

saciable ADJ zu sättigen(d); **saciante** ADJ sättigend

saciar ⟨1b⟩ **A** V/T (*satisfacer*) sättigen; *necesidad* befriedigen; *hambre, sed* stillen; **~ su sed de venganza** seinen Rachedurst stillen **B** V/R **saciarse** satt werden, sich satt essen (**de** an *dat*); *fig* befriedigt werden

saciedad F Sättigung *f*; Übersättigung *f*; **hasta la ~** bis zum Überdruss

saco M **1** (*bolsa*) Sack *m*; **~ de arena/de dormir** Sand-/Schlafsack *m*; **~ de harina** Sack *m* Mehl; ANAT **~ lagrimal** Tränensack *m*; **~ (de mano)** Reisetasche *f*; *espec* MIL, TEC **~ terrero** Erd-, Sandsack *m*; **~ (de) viaje** Reisesack *m*; *fam fig* **como un ~** *persona* plump; *fam fig* **echar a/c en ~ roto** etw in den Wind schlagen; *fam fig* **no echar a/c en ~ roto** etw beherzigen, etw wohl beachten; *fam fig* **meter en el mismo ~** über einen Kamm scheren; *fam fig* **tener alg en el ~** j-n überzeugt haben; j-n in der Tasche haben *fam* **2** (*saqueo*) Plünderung *f*; **entrar a ~** plündern; MIL **poner a ~** plündern (lassen) **3** DEP → saque **4** *Am prenda*: Sakko *m/n*, Jackett *n* **5** HIST *pop billete*: 1000 Peseten *fpl* **6** *Esp fam* (*trasero*) Hintern *n*

sacón M *Am* TEX *moda femenina*: Langjacke *f*

sacramental **A** ADJ **1** REL sakramental; *fig* feierlich **2** *p. ext fig* (*acostumbrado*) herkömmlich, üblich **B** F *Esp* Begräbnisbruderschaft *f* mit eigenem Begräbnisplatz; *p. ext* Friedhof *m*; **sacramentar** V/T **1** REL *enfermo* (mit den Sterbesakramenten) versehen; CAT **Jesús sacramentado** *der* im Altarsakrament gegenwärtige Christus **2** *fam fig* (*ocultar*) verheimlichen

sacramento M REL Sakrament *n*; CAT **Santísimo Sacramento** *o* **~ del altar** Altarsakrament *n*; **administrar los (últimos) ~s** die Sterbesakramente *npl* reichen; **recibir los santos ~s** die heiligen Sakramente empfangen

sacratísimo ADJ ⟨*sup de* sagrado⟩ hochheilig

sacre M ORN Würgfalke *m*

sacrificadero M **1** HIST Opferstätte *f* **2**

(*matadero*) Schlachtplatz *m*; **sacrificado** ADJ aufopfernd, opferwillig; **sacrificador** M, **sacrificadora** F Opferpriester *m*, -in *f*; **sacrificar** ⟨1g⟩ A VT opfern (*tb fig*); *ganado* schlachten B VR **sacrificarse** sich (auf)opfern (**por** für *acus*)
sacrificio M 1 REL *y fig* Opfer *n* 2 (*matanza*) Schlachtung *f*; ~ **clandestino** Schwarzschlachtung *f*; **para** ~ Schlacht...
sacrilegio M Kirchen- (*o* Tempel)schändung *f*, Sakrileg *n* (*tb fig*), Entweihung *f*; *p. ext* Frevel *m*; **sacrílego** A ADJ gotteslästerlich; frevelhaft, Frevel... B M, **-a** F Frevler *m*, -in *f*
sacristán M, **sacristana** F Küster *m*, -in *f*; Mes(s)ner *m*, -in *f*; *fig* **ser un** ~ **de amén** zu allem Ja und Amen sagen; **sacristanía** F Küsteramt *n*; **sacristía** F 1 Sakristei *f* 2 → sacristanía
sacro A ADJ heilig; *arte* religiös; **música** *f* **-a** religiöse Musik *f*, Kirchenmusik *f* B M (**hueso** *m*) ~ MED Kreuzbein *n*
sacrón M *Ec, Perú fam* Schmarotzer *m*, Schnorrer *m fam*
sacudida F (*conmoción*) Erschütterung *f*; (*empujón*) Stoß *m*, (*golpe*) Schlag *m*; ~ **eléctrica** elektrischer Schlag *m*; MED ~ **muscular** Muskelzuckung *f*; ~ **sísmica** Erdstoß *m*; **a** ~**s** ruck-, stoßweise
sacudido ADJ 1 (*terco*) störrisch, unlenksam 2 (*audaz*) keck, frech; **sacudidor** M *para limpiar alfombras, etc*: Teppichklopfer *m*; TEC Klopfer *m*; Rüttler *m*; **sacudimiento** M (*conmoción*) Erschütterung *f*; (*agitamiento*) Rütteln *n*, Schütteln *n*; *de alfombras*: (Aus)Klopfen *n*; ~ **(de tierra)** Erdstoß *m*
sacudir A VT rütteln, schütteln; erschüttern; *nieve, polvo, etc* abschütteln (*tb fig*); (*golpear*) (aus)klopfen; *alfombra* klopfen; *moscas, etc* verscheuchen, verjagen; *persona* verprügeln, verhauen; *fig* (*conmover*) erschüttern; ins Wanken bringen (*tb fig*); ~ **el agua** *perro etc* sich schütteln; ~ **el polvo (a)** ausklopfen, abstauben; *fam fig* verprügeln; *vulg fig* ~ **petróleo** vögeln *pop* B VR **sacudirse** 1 sich schütteln; ~ **a/c** etw von sich abschütteln; ~ **a alg de encima** j-n loswerden, j-n von sich abschütteln; ~ **la pereza** seine Faulheit überwinden 2 *fam fig* (*dar dinero*) zahlen
sádico A ADJ sadistisch B M, **-a** F Sadist *m*, -in *f*
sadismo M Sadismus *m*
sadomasoquismo M Sadomasochismus *m*; **sadomasoquista** A ADJ sadomasochistisch B M/F Sadomasochist *m*, -in *f*
saduceo *Biblia y fig* A ADJ sadduzäisch B M Sadduzäer *m*
saeta F 1 (*flecha*) Pfeil *m*; TIPO ~ **indicadora** Hinweispfeil *m* 2 *del reloj*: Uhrzeiger *m*; (*brújula*) Magnetnadel *f* 3 REL *gesungenes Stoßgebet bei den Prozessionen der Karwoche*
saetada F, **saetazo** M Pfeilschuss *m*; **saetera** F 1 ARQUIT Schießscharte *f*; *p. ext* Lichtscharte *f* 2 *cantante*: Saetasängerin *f*; **saetero** M 1 Pfeilschütze *m* 2 *cantante*: Saetasänger *m*; **saetilla** F Uhrzeiger *m*; BOT → sagitaria
safari M (*excursión de caza*) Safari *f*; *vestimenta*: Safarianzug *m*; ~ **fotográfico** Fotosafari *f*; **parque** *m* ~ Safaripark *m*; **en** ~ auf Safari; **safarista** M/F Safariteilnehmer *m*, -in *f*
saga F 1 LIT nordische Sage *f*, Saga *f* 2 (*dinastía familiar*) (Familien)Dynastie *f*
sagacidad F Scharfsinn *m*; Spürsinn *m*
sagaz ADJ ⟨*pl* -aces⟩ schlau; scharfsinnig
sagita F MAT Bogen-, Sehnenhöhe *f*; **sagitaria** F BOT Pfeilkraut *n*
Sagitario M ASTRON Schütze *m*
sagrado A ADJ heilig; ehrwürdig; **orador** *m* ~ Kanzelredner *m*; **juro por lo más** ~ ich schwöre bei allem, was mir heilig ist B M *lugar*: Weihestätte *f*; (*refugio*) Freistätte *f*, (*asilo*) Asyl *n*; (*santuario*) geweihte Stätte *f*
sagrario M CAT 1 (*santuario*) Sanktuar(ium) *n* 2 (*capilla*) Sakramentshäuschen *n*; Tabernakel *n/m*
sagú M Sago *m*
Sáhara M Sahara *f*
saharaui A ADJ saharauisch, (aus) der Westsahara B M/F Saharaui *m*, Bewohner *m*, -in *f* der Westsahara; **sahariana** F 1 TEX *chaqueta*: Safarijacke 2 *habitante*: Bewohnerin *m* der Sahara; **sahariano** A ADJ aus der Sahara B M Bewohner *m* der Sahara
sahumador M Räucherpfanne *f*, -fass *n*; **sahumadura** F → sahumerio; **sahumar** VT räuchern; parfümieren; **sahumerio** M 1 *acción*: (Aus)Räuchern *n* 2 *sustancia*: Räucherpulver *n*, -werk *n*
saín M tierisches Fett *n*; *en la vestimenta*: Fettrand *m*; **sainar** VT ⟨1c⟩ mästen; *espec gansos* stopfen; **saine** M *Cuba vulg* Arsch *m vulg*
sainete M 1 TEAT (*bufonada*) Schwank *m* 2 (*aroma*) Würze *f*; Wohlgeschmack *m*; **sainetero** M, **sainetera** F Schwankdichter *m*, -in *f*; **sainetesco** ADJ Schwank...; *fig* volkstümlich; komisch
saíno M *Am Centr, Col, Méx* ZOOL Pekari *n*
sajador M Schröpfeisen *n*; **sajadura** F Einschnitt *m*; Schröpfen *n*
sajar VT (*cortar*) einschneiden; (*escarificar*) schröpfen
sajino M *Perú* ZOOL Pekari *n*
sajón A ADJ sächsisch; angelsächsisch B M, **-ona** F Sachse *m*, Sächsin *f* C M 1 *dialecto*: Sächsisch *n* 2 *Antillas, Méx* **sajones** *mpl Lederschutz für die Beine der berittenen Hirten*
Sajonia F 1 Sachsen *n* 2 **sajonia** *o* **porcelana** *f* **de** ~ Meißner Porzellan *n*
sal[1] F 1 Salz *n*; **mina** *f* **de** ~ Salzbergwerk *n*; ~ **alcalina/amarga** Laugen-/Bittersalz *n*; ~ **de acederas/de asta de ciervo** Klee-/Hirschhornsalz *n*; ~**es** *pl* **de baño** Badesalz *n*; ~ **de cocina** Kochsalz *n*; ~ **común** Speisesalz *n*; ~ **común bruta** Viehsalz *n*; ~ **gema/volátil** Stein-/Riechsalz *n*; ~ **gorda** grobkörniges Salz *n*; *fig* plumper Witz *m*; ~ **marina** Meersalz *n*; **bajo en** ~ salzarm; **sin** ~ salzlos; ungesalzen; GASTR **a la** ~ in Salzkruste; *fig* **deshacerse como la** ~ **en el agua** sich schnell in nichts auflösen; *fam fig* **¡**~ **quiere el huevo!** er/sie/es sucht nach Anerkennung 2 *fig* (*gracia*) Witz *m*, Schlagfertigkeit *f*; Anmut *f*; Würze *f*; ~ **y pimienta** Mutterwitz *m*; ~ **gruesa** plumper Witz *m* 3 *Méx, Am Centr, Antillas* (*mala suerte*) Pech *n fam*, Unglück *n*
sal[2] → salir
sala F Saal *m*; Raum *m*; Empfangszimmer *n*; *Am* Wohnzimmer *n*; JUR Kammer *f*; ~ **de audiencia** *o* **de vistas** Gerichtssaal *m*; ~ **de audiencias** Audienzsaal *m*; *internet*: ~ **de chat** *o* **charla** Chatroom *m*; JUR ~ **de lo civil/de lo criminal** *o* **penal** Zivil-/Strafkammer *f*; AVIA ~ **de embarque** Abflughalle *f*; ~ **de espera** Wartesaal *m*; *en un consultorio*: Wartezimmer *n*; ~ **de estar** Wohnzimmer *n*; ~ **de fiestas/de sesiones** *o* **de juntas** Vergnügungs-/Versammlungslokal *n*; Sitzungssaal *m*; ~ **de máquinas** Maschinenraum *m*; ~ **multicine** Kinozentrum *n*; ~ **de partos** Kreißsaal *m*; ~ **de profesores** Lehrerzimmer *n*; FILM ~ **de proyecciones** Vorführungssaal *m*; ~ **recreativa** Spielsalon *m*; AVIA ~ **de tránsito** Transitraum *m*; ~ **X** Pornokino *n*
salabardo M, **salabre** M Kescher *m*
salacidad F Geilheit *f*
salacot M (*casco colonial*) Tropenhelm *m*; (*sombrero parasol*) Sonnenhut *m*
saladar M 1 *lagunajo*: Salzlache *f*; -teich *m* 2 *terreno*: Salzsteppe *f*; **saladería** F *RPl* Pökelfleischindustrie *f*; **saladero** M 1 *edificio*: Pökelhaus *n*; *barril*: Pökelfass *n* 2 AGR, CAZA Salzlecke *f* 3 *RPl fábrica de carnes*: Salzfleischfabrik *f*; *p. ext tb* (*matadero grande*) Großschlachthaus *n*;
saladilla F 1 BOT Blaue Melde *f* 2 GASTR *almendra*: geröstete Salzmandel *f*; GASTR *tipo de pan*: *Brotsorte aus Granada*; **saladillo** ADJ 1 *tocino* (schwach) gesalzen; *de almendras, etc* Salz... 2 *Am Centr* (*infeliz*) unglücklich; **saladito** M GASTR Cracker *m*; *i. w. S.* Appetithäppchen *n*; *i. w. S.* Kanapee *n*
salado ADJ 1 salzig; (ein)gesalzen; Salz... 2 *fig* (*gracioso*) witzig, (*ingenioso*) geistreich, (*que sabe replicar*) schlagfertig 3 *niño* drollig; **saladura** F 1 Einsalzen *n* 2 *Perú, Méx fam* Pechvogel *m fam*
Salamanca F *spanische Stadt, Provinz*
salamandra F 1 ZOOL Salamander *m*; Molch *m*; ~ **común** Feuersalamander *m*; ~ **acuática** Kammmolch *m* 2 (*estufa de combustión lenta*) Dauerbrandofen *m*; **salamandria** F ZOOL → salamanquesa
salamanqués A ADJ aus Salamanca B M, **-esa** F Salmantiner *m*, -in *f*
salamanquesa F ZOOL (Mauer)Gecko *m*; ~ **de agua** Wassermolch *m*
salami M GASTR Salami *f*
salar[1] M *Arg* 1 *laguna*: Salzlagune *f* 2 *terreno*: Salzsteppe *f*, -wüste *f*
salar[2] VT 1 salzen; ~ **(demasiado)** versalzen 2 (*conservar con sal*) einsalzen; (ein)pökeln 3 *Am Centr fig* (*traer mala suerte*) ins Unglück bringen, verderben; *Cuba* (*deshonrar*) entehren; (*arruinar*) ruinieren
salarial ADJ Lohn...
salario Lohn *m*; Gehalt *n*; ~ **bruto/neto** Brutto-/Nettolohn *m*; ~ **a destajo/en especies** Akkord-/Naturallohn *m*; ~ **base/mínimo** Grund-/Mindestlohn *m*; ~ **de hambre** Hungerlohn *m*; ~ **por hora** Stundenlohn *m*; **espiral** *f* ~**s-precios** Lohn-Preis-Spirale *f*; **ola** *f* **de aumentos de** ~**s** Lohnerhöhungswelle *f*
salaz ADJ ⟨*pl* -aces⟩ geil, lüstern
salazón F 1 (*acción de salar*) Einsalzen *n*, Pökeln *n*; **agua** *f* **de** ~ Lake *f* 2 **-ones** *fpl carne*: Salzfleisch *n*; *pescado*: Salzfische *mpl* 3 *industria*: Pökelindustrie *f* 4 *Am Centr, Antillas fam fig* (*desgracia*) Unglück *n*, Pech *n fam*; **salazonero** ADJ Pökel(ungs)...
salbanda F GEOL Salband *n*
salchicha F (Brüh-, Brat)Würstchen *n*; ~ **asada** Bratwurst *f*; ~ **Frankfurt** Wiener Würstchen *n*; **salchichería** F Wurstfabrik *f*; -geschäft *n*; **salchichero** M, **salchichera** F 1 (*que hace embutidos*) Wurstmacher *m*, -in *f* 2 *vendedor(a)*: Wurstverkäufer *m*, -in *f*;
salchichón M (Hart-, Dauer)Wurst *f*; **salchipapa** F *Perú* GASTR Wurst mit Pommes frites
salcochar VT → sancochar 1; **salcocho** M *Am* → sancocho 1
saldar A VT COM 1 saldieren; begleichen; verrechnen; *cuenta tb* ausgleichen; *fig diferencia, pelea* beilegen 2 (*liquidar*) abstoßen, ausverkaufen B VR ~**se con diez muertos** *accidente* zehn Todesopfer fordern
saldista M/F Verkäufer *m*, -in *f* von Billigware (*o* von Restposten)
saldo M COM 1 *resultado de una cuenta*: Saldo *m*; Ausgleich *m*; *fig* (*resultado*) (End)Ergebnis *n*; ~ **acreedor/pasivo** Haben-/Passivsaldo *m*; ~ **activo** Aktivsaldo *m*, Guthaben *n*; ~ **anterior** *o* **a nueva cuenta** *o* **arrastrado** Saldovortrag *m*; ~ **de compensación** Verrechnungsspitze *f*; Restbetrag *m*; ~ **en contra** *o* ~ **deudor** Soll-, Debet-, Schuldsaldo *m*; ~ **a nuestro/a**

S

su favor Saldo *m* zu unsern/Ihren Gunsten, Nostroguthaben *n*/Ihr Guthaben *n*; **~ no utilizado** nicht verbrauchter Restbetrag *m*; **por ~ de la factura** zum Ausgleich der Rechnung **2** **~(s)** *m(pl) venta*: Ausverkauf *m*; *fig* **~s** *mpl* Ladenhüter *mpl*

saldré → salir

saledizo **A** ADJ ARQUIT, TEC vorragend, vorspringend **B** M *(saliente)* Vorbau *m*; ARQUIT Stirn-, Traufbrett *n*

salegar **A** M Salzlecke *f* **B** VI ⟨1h⟩ *ganado* Salz lecken

salema F *pez*: Goldstriemen *m*

salero M **1** *recipiente*: Salzfass *n*, -streuer *m* **2** *almacén*: Salzlager *n* **3** *fig (gracia)* Mutterwitz *m*; Anmut *f*, Charme *m*; **saleroso** ADJ *fam* witzig, geistreich; anmutig; charmant

salesa F CAT Salesianernonne *f*; **salesiano** **A** ADJ Salesianer… **B** M, **-a** F CAT Salesianer *m*, -in *f*

salga, salgo *etc* → salir

salguera F, **salguero** M BOT Salweide *f*

salicultura F Salzgewinnung *f*

salida F **1** *lugar*: Ausgang *m* (*tb fig*); Ausfahrt *f*; *fig* Abschluss *m*; (Auf)Lösung *f*; TEAT **~ de artistas** Bühneneingang *m*; **~ para coches** (Wagen)Ausfahrt *f*; **~ de emergencia** *o* **de socorro** *o* **de urgencia** Notausgang *m*; **~ excusada** Hintertür *f*; **a la ~ de los espectáculos** nach Schluss der Vorstellung **2** *(partida)* Abfahrt *f* (*tb* FERR); Abreise *f*; *de un país*: Ausreise *f*; AVIA Abflug *m*; *de los bomberos*: Einsatz *m*; MIL Abmarsch *m*; DEP Start *m*; *fútbol*: Anstoß *m*; DEP **~ en falso** *o* **~ nula** Fehlstart *m*; **dar la ~** das Abfahrtzeichen (*o* DEP das Startzeichen) geben; DEP **tomar la ~** an den Start gehen; *fig* **dar ~ a su sorpresa** seiner Überraschung Luft machen **3** *de un astro*: Aufgang *m*; TEAT *en escena*: Auftreten *n*; *de dientes*: Durchbruch *m*; *de un río*: Austreten *n*; ECON **~ a bolsa** Börsengang *m*; **~ del sol** Sonnenaufgang *m* **4** *(escape)* Austritt *m* (*tb* TEC); Ausgang *m*, Abgang *m*; *de líquidos*: Abfluss *m*, Ablauf *m*; TEC **~ de aire** Luftaustritt *m*; INFORM **~ de datos** Datenausgabe *f*; **~ del humo** Rauchabzug *m* **5** *ajedrez*: Anzug *m*; MIL Ausfall *m* **6** *(separamiento)* Austritt *m*; Ausscheiden *n* (*tb* ECON) **7** COM *ventas*: Ausgang *m*; Absatz *m*; **de buena/de lenta ~** *artículos, mercancía* gut/schwer absetzbar; **dar ~ a a/c** etw absetzen; **tener ~** Absatz finden **8** *(idea graciosa)* (witziger) Einfall *m*; *(excusa)* Ausrede *f*, *(escapatoria)* Ausflucht *f*; **~ de tono** unangebrachte (*o* schroffe) Bemerkung *f*; **fue una ~ de tono** *tb* er hat sich im Ton vergriffen **9** *(solución)* Ausweg *m*; **buscar una ~ a una situación** einen Ausweg aus einer Lage suchen **10** *(ventaja)* Vorsprung *m* **11** **~ de baño** Badeumhang *m*; *Am reg tb* Bademantel *m*; **~ de teatro** Theater-, Abendmantel *m*

salidizo M ARQUIT vorspringender Gebäudeteil *m*, Erker *m*; **salido** ADJ **1** ARQUIT vorspringend **2** ZOOL *animales* läufig, brünstig **3** *pop persona* scharf, geil; **saliente** **A** ADJ **1** *ángulo* vorspringend (*tb* GEOM); *(sobresaliente)* (her)vorstehend; *ojos* vorquellend **2** ARQUIT ausladend, auskragend **3** POL ausscheidend **B** M Vorsprung *m*; **~ rocoso** Felsvorsprung *m*; *en armas y aparatos*: Nase *f*; *en la grúa*: Ausleger *m*

salina F Saline *f*, Salzgrube *f*, Salzbergwerk *n*; **salinero** **A** ADJ **1** Salinen…, Salz… **2** *ganado* gesprenkelt **B** M, **-a** F *obrero, -a*: Salinenarbeiter *m*, -in *f*; Salzsieder *m*, -in *f*; *comerciante*: Salzhändler *m*, -in *f*; **salinidad** F *(contenido de sal)* Salzgehalt *m*; **salinización** F GEOL Versalzung *f*; **salinizar** VT ⟨1f⟩ *tierra, agua* versalzen; **salinizarse** VR GEOL versalzen, salzig werden

salino ADJ salzig; salzhaltig; salzartig; **baños** *mpl* **~s** Solbäder *npl*; **agua** *f* **-a** Sole *f*

salir

⟨3r⟩

A verbo intransitivo B verbo transitivo C verbo intransitivo y reflexivo

— A verbo intransitivo —

1 *gener* herauskommen; *(partir)* ausgehen *(abs)*; hinausgehen; fort-, weggehen; aufbrechen (nach *dat* para); *de viaje*: abreisen, abfahren (nach *dat* para); MAR auslaufen; DEP, AVIA starten; MIL abmarschieren, abrücken; *tb fig* **~ adelante** vorwärtskommen; **~ a la calle** auf die Straße treten; **~ a la luz pública** (allgemein) bekannt werden; **~ a la plaza** *calle*: in den Platz einmünden; **~ a la superficie** *submarino, etc* auftauchen; *fig* **~ a volar** in der Öffentlichkeit bekannt werden; **al ~ del edificio** beim Verlassen des Gebäudes; **al ~ de la clase** bei Unterrichtsende; **~ de la cama** aus dem Bett steigen; *fig* **~ con alg** mit j-m gehen *(fam fig)*; **~ corriendo** hinauslaufen, weglaufen; *fam* **~ disparado** davonstürzen; *Am Mer fam* **~ rajando** sich aus dem Staub machen; **~ de casa/de la oficina** das Haus/das Büro verlassen; **~ del programa** INFORM das Programm verlassen (*o* beenden); *fig* **~ de juicio** den Verstand verlieren; **¡que no salga de nosotros!** das muss ganz unter uns bleiben!; **~ de paseo** *o* **a pasear** spazieren gehen (*o* reiten *o* fahren); *fig* **no ~ de uno a/c** über etw schweigen; **~ en coche** (mit dem Wagen) wegfahren, ausfahren; DEP **~ fuera** *pelota* ins Aus gehen; *fig* **~ por alg** für j-n einstehen; **~ tras alg** j-m nacheilen; j-n verfolgen; **~ volando** auf-, fortfliegen; *fig* schleunigst hinauslaufen; **~ de apuros** aus der Verlegenheit herauskommen; **~ del paso** sich aus der Affäre ziehen; **~ de dudas** sich Gewissheit verschaffen **2** *(sobresalir)* (her)vorragen, vorspringen, -treten (*tb* ARQUIT) **3** *de adentro a fuera*: heraustreten; *(aparecer)* erscheinen; *oportunidad etc* sich bieten; *siembra, astro* aufgehen; *diario, libro, lotería, hojas, flores* herauskommen, erscheinen; TEAT *(entrar en escena)* auftreten (als *nom* de); *botón*: ab(gehen); *elección*: gewählt werden zu *(dat)*; *fam fig (decir)* herausrücken (mit *dat* con); **sale agua** es kommt Wasser heraus; ECON **~ a bolsa** *sociedad anónima* an die Börse gehen; **~ al mercado** *producto* auf den Markt kommen; **le sale bigote** er bekommt einen (Schnurr-)Bart; *fam* **¡ya salió (aquello)!** da haben wir's; **~ con una tontería** eine Dummheit machen; Unsinn reden; **~ en público** sich in der Öffentlichkeit zeigen; **le ha salido un trabajo** er hat Arbeit gefunden **4** MIL *(atacar)* einen Ausfall machen; angreifen (**contra alg** j-n); *gener* **~ contra alg** sich j-m widersetzen, j-m entgegentreten **5** *(proceder)* hervorgehen (aus *dat* de); herrühren (*o* stammen) (von *dat* de); sich erweisen als *(nom)*; **~ perdiendo** den Kürzeren ziehen; **~ vencedor (de a/c)** (aus etw) als Sieger hervorgehen; **~ ileso** unversehrt bleiben; mit heiler Haut davonkommen **6** DEP anspielen; anstoßen; *juego de cartas*: ausspielen; *ajedrez*: anziehen, den Anzug haben **7** *manchas* weg-, herausgehen; TEC *brazo de la grúa, etc* ausfahren *(v/i)*; **dejar ~** herauslassen; *líquido, vapor* ablassen; **hacer ~ (el tren de aterrizaje)** (das Fahrwerk) ausfahren **8** *(liberarse)* frei werden (von *dat* de); COM **~ de** *mercancía* abstoßen, verkaufen; *cargo* aufgeben; *etw* loswerden; **~ de tutor** nicht länger Vormund sein **9** *(resultar)* ausfallen; geraten; *cálculo* aufgehen; *examen* bestehen; **~ bien** gut ablaufen, gelingen; **~ mal** schlecht ausgehen, fehlschlagen; **a lo que salga** auf gut Glück, in den Tag hinein, ins Blaue; *fig* **estar a lo que salga** auf eine Gelegenheit zur Arbeit warten; **~ apurado** *en exámenes*: gerade noch durchkommen; **~ mal parado** übel (*o* böse) ausgehen; **~ ganando/perdiendo** gut/schlecht abschneiden; **no le sale** es gelingt ihm nicht, er kriegt es nicht hin *fam*; **salga lo que salga** *o liter* **lo que saliere** wie es auch immer ausgehen mag; unter allen Umständen; **todo ha salido al revés** es ist alles schief gegangen **10** *(parecerse)* **~ a alg/a a/c** j-m/einer Sache ähneln **11** *(costar)* **~ (a)** zu stehen kommen (auf *acus*, j-n **a alg**), kosten *(acus)*; **salimos a 200 euros por cabeza** wir kommen auf 200 Euro je Person; *tb fig* **eso te va a ~ caro** das wird dich teuer zu stehen kommen

— B verbo transitivo —

fam **le salieron** er ist gegangen worden *fam*, man hat ihn gefeuert *fam*

— C verbo intransitivo y reflexivo —

~se **1** *leche etc* überlaufen, überkochen; *receptáculo* leck werden, lecken; undicht sein; auslaufen; **~(se) (de madre)** *río* über die Ufer treten **2** *botón interruptor etc* herausspringen; *espec de organizaciones*: austreten; FERR **~se de los rieles** aus den Schienen springen, entgleisen **3** *(desviarse)* abweichen (von *dat* de); sich nicht halten (an *acus* de); **~se con a/c** etw durchsetzen; etw durchkämpfen; *fam* **~se con la suya** seinen Kopf (*o* Willen) durchsetzen; **~se del compás** aus dem Takt kommen; **~(se) del camino** vom Weg abkommen; **~se del tema** vom Thema abschweifen; **~(se) de tono** sich im Ton vergreifen, aus der Rolle fallen *(fig)*

salitrado ADJ mit Salpeter versetzt; **salitral** M Salpetergrube *f*; **salitre** M QUÍM Salpeter *m*; **~ explosivo** Sprengsalpeter *m*; **salitrera** F → salitral; **salitrería** F Salpeterwerk *n*; **salitrero** **A** ADJ Salpeter… **B** M, **-a** F Salpeterarbeiter *m*, -in *f*; **salitroso** ADJ salpeterhaltig

saliva F Speichel *m*; *fam fig* **gastar ~** seine Worte verschwenden, sich *(dat)* den Mund fusselig reden *fam*; *fam fig* **tragar ~** seinen Ärger herunterschlucken; **salivación** F FISIOL Speichelfluss *m*; **saliv(ad)era** F *Am Mer* Spucknapf *m*; **salivajo** M → salivazo

salival ADJ Speichel…; ANAT **glándula** *f* **~** Speicheldrüse

salivar **A** ADJ → salival **B** VI Speichel bilden; spucken; **salivazo** M Spucke *f*; **salivera** F *Am Mer* Spucknapf *m*; **~(s)** *f(pl) equitación*: Schaumkette *f*; **salivoso** ADJ speichelreich

sallar VT **1** → sachar **2** *madera* auf Balken lagern

salmanticense *liter* **A** ADJ aus Salamanca **B** M/F Salmantiner *m*, -in *f*; **salmantino** **A** ADJ aus Salamanca, salmantinisch **B** M, **-a** F Salmantiner *m*, -in *f*

salmear VI Psalmen beten (*o* singen)

salmer M ARQUIT *de un arco*: Kämpfer *m*; **salmera** ADJ **(aguja** *f***) ~** Packnadel *f*; **salmerón** ADJ **(trigo** *m***) ~** grobkörniger Berberweizen *m*

salmis M *Esp* GASTR Wildragout *n*

salmista M Psalmist *m* (*tb fig Biblia* = *David*); Psalmensänger *m*; **salmo** M Psalm *m*; **salmodia** F Psalmengesang *m*; *fam fig desp* Litanei *f (fig)*, Geleier *n fam*; **salmodiar** ⟨1b⟩ **A** VI Psalmen singen **B** VT *fam fig desp* (herunter)leiern, plärren

salmón **A** M *pez*: Lachs *m*; GASTR **~ ahumado**

S

Räucherlachs *m*, geräucherter Lachs *m*; GASTR **~ a la plancha** gegrillter Lachs *m*; **~ fresco** frischer Lachs *m* **B** ADJ *inv* lachsfarben

salmonado ADJ Lachs...; **trucha** *f* **-a** Lachsforelle *f*

salmonella F MED Salmonelle *f*; **salmonelosis** F MED Salmonellose *f*; **salmonera** F Lachsnetz *n*

salmonete M *pez*: Rot-, Meerbarbe *f*; **~ real** Meerbarbenkönig *m*; **~ de roca** Streifenbarbe *f*

salmonicultura F Lachszucht *f*; **salmónidos** MPL ZOOL Lachse *mpl*

salmorejo M **1** GASTR (*salsa de agua, vinagre, etc*) Beize *f für Sauerbraten* (*bes Kaninchen*) **2** GASTR *Art* dicker Gazpacho *m* **3** *fam fig* (*reprimenda*) Rüffel *m fam*, Abreibung *f fam*; **salmuera** F (Salz-)Lake *f*, Pökelbrühe *f*; **huevo** *m* **(conservado) en ~** Solei *n*

salobre **A** ADJ salzig, Salz...; **agua** *f* **~** Brackwasser *n* **B** M BOT Meermelde *f*; **salobreño** ADJ brackig; salzhaltig

saloma F MAR Singsang *m*, Arbeitslied *n* der Seeleute; **salomar** V/I MAR im Rhythmus der Arbeit singen

Salomón N PR M *Biblia y fig* Salomo(n) *m*

salomónico ADJ **1** salomonisch **juicio** *m* **~** salomonisches Urteil *n* **2** ARQUIT *columna* gewunden

salón M **1** *habitación grande*: Saal *m*; Salon *m*; Besuchszimmer *n*; **~ de actos** Sitzungssaal *m*; Festsaal *m*; *de enseñanza* Aula *f*; **~ de baile** Tanz-, Ballsaal *m*; Tanzlokal *n*; **~ de belleza** Kosmetiksalon *m*; *Am reg enseñanza*: **~ de clases** Klassenzimmer *n*; **~ de contrataciones** Börsensaal *m*; **~ de fiestas** Festsaal *m mit Bühne*; Kabarett *n*; **~ de juegos** Spielsalon *m*; **~ de masajes** Massagesalon *m*; *Esp* **~ de recreo** Spielsalon *m*; **~ de sesiones** Sitzungssaal *m*; **~ de té** Teesalon *m*, Tea-Room *m*; Café *n* **2** *mobiliario*: Wohnzimmermöbel *npl* **3** COM Fachmesse *f*, Salon *m*; **Salón del Automóvil** Automobilsalon *m*, -ausstellung *f*

saloncillo M *en teatros etc* Gesellschaftszimmer *n*; **saloncito** M kleines Wohnzimmer *n*

Salónica F Saloniki *n*

salpa F *pez*: Goldstriemen *m*

salpicadera F **1** *lata*: Streubüchse *f*; Spraydose *f* **2** *Méx* AUTO (*guardabarros*) Kotflügel *m*; **salpicadero** M **1** *de un carruaje*: Spritzwand *f* **2** AUTO (*tablero*) Instrumenten-, Armaturenbrett *n*; **salpicado** ADJ gesprenkelt; meliert; *fig* **~ de barro** schmutzüberspritzt; **~ de estrellas** sternenbesät; **~ de viruelas** pockenübersät; **salpicadura** F **1** *acción*: Bespritzen *n* **2** (*chispa*) Spritzer *m*; Spritzfleck *m*

salpicar ⟨1g⟩ **A** V/T **1** (*rociar*) bespritzen, (*ensuciar*) beschmutzen (**con, de** mit *dat*); besprenkeln; (*esparcir*) bestreuen; verspritzen **2** *fig* (*diseminar*) verbreiten, durchsetzen; *con chistes*: würzen (*fig*) (**con, de** mit *dat*); (*causar un efecto negativo*) in Mitleidenschaft ziehen; *fig* **~ la lectura de un libro** wahllos bald hier, bald dort in einem Buch lesen **B** V/I spritzen

salpicón **A** ADJ *fam* (*coqueto*) kess, kokett **B** M **1** GASTR (*ensalada de carne*) Fleischsalat *m*; *Am reg* Fruchtsalat *m*; (*tártaro*) Tatar *n*; *Col, Ec bebida*: Fruchtsaftkaltgetränk *n*; **~ de mariscos** Meeresfrüchtesalat *m* **2** (*salpicadura*) (Be)Spritzen *n*

salpimentar V/T ⟨1k⟩ mit Pfeffer und Salz anrichten; würzen (*tb fig*) (**con** mit *dat*); **salpimienta** F *Mischung aus Pfeffer und Salz*

salpingitis F MED Eileiterentzündung *f*

salpinodia F BOT Vogelknöterich *m*

salpique M → salpicadura

salpresar V/T einsalzen; **salpreso** ADJ eingesalzen; Salz...; Selch...; Pökel...

salpullido M leichter Hautausschlag *m*; Flohstiche *mpl*; **salpullir** ⟨3h⟩ **A** V/T Hautausschlag verursachen **B** V/R **salpullirse** Hautausschlag bekommen

salsa F **1** (*moje*) Tunke *f*, Soße *f*; Brühe *f*; *fig* (*sal*) Würze *f*; *fam fig* (*gracia*) Reiz *m*, Anmut *f*; Mutterwitz *m*; GASTR **~ alemana** *Art* Mehlschwitze *f*; **~ alioli** Knoblauchsoße, -mayonnaise *f*; **~ bechamel** Bechamelsoße *f*; **~ inglesa** Worcestersoße *f*; *Am* **~ mexicana** Tomaten-Chili-Soße *f*; **~ picante** pikante Soße *f*; Remouladensoße *f*; **~ romescu** *scharfe Mandel-Paprika-Soße aus Katalonien*; **~ de soja/tomate** Soja-/Tomatensoße *f*; **~ verde** Kräutersoße *f*; *Méx scharfe Soße aus Tomatillo, Chili und Zwiebeln*; **~ (a la) vinagreta** Essigsoße *f*; *fig* **~ de San Bernardo** *der* Hunger; *fig* **estar en su (propia) ~** in seinem Element sein; *pop fig* **ponerle a alg hecho una ~** j-m eine mächtige Abreibung verpassen *fam*, j-n zur Minna machen *fam* **2** MÚS Salsa *f*

salsamentaria F *Col, Ven* Delikatessengeschäft *n*

salsero **A** ADJ GASTR *tomillo* für Soßen gut geeignet; feinblütig **B** M, **-a** F **1** *Chile* (*salinero*) Salzhändler *m*, -in *f* **2** MÚS Salsakomponist *m*, -in *f*; Salsamusiker *m*, -in *f*; *bailarín*: Salsatänzer *m*, -in *f*

salsifí M BOT Wiesenbocksbart *m*; AGR **~ negro** Schwarzwurzel *f*

salsoláceo ADJ BOT salzkrautartig; **salsoteca** Salsa-Dikothek *f*

salta M Saltaspiel *n* (*Brettspiel*)

saltabardales M/F ⟨*pl inv*⟩ Springinsfeld *m*; Draufgänger *m*, -in *f*

saltable ADJ (*lo que se puede omitir*) überspringbar; (*lo que se puede volar*) sprengbar; **saltadero** M Absprungstelle *f*; *esquí*: Sprungschanze *f*; **saltadizo** ADJ (leicht) abspringend, spröde

saltado ADJ *Perú* GASTR sautiert, in der Pfanne geschwenkt

saltador **A** ADJ springend; sprengend **B** M, **saltadora** F Springer *m*, -in *f*; DEP **~ de altura/de esquí/de longitud/de pértiga/de trampolín** Hoch-/Ski-/Weit-/Stabhoch-/Kunstspringer *m* **C** M *soga*: Springseil *n*

saltamontes M ZOOL ⟨*pl inv*⟩ Wanderheuschrecke *f*; Heuschrecke *f*; **saltaojos** BOT ⟨*pl inv*⟩ Adonisröschen *n*; **saltapajas** M ⟨*pl inv*⟩ *reg* → saltamontes; **saltaparedes** M/F ⟨*pl inv*⟩ *fam* → saltabardales; **saltaperico** M/F *Cuba fam fig persona*: Nervensäge *f*, Quecksilber *n* (*fig*)

saltar **A** V/I **1** (*brincar*) springen, hüpfen; **~ al agua/a la calle** ins Wasser/auf die Straße springen; **~ a la pata coja** hüpfen; **~ en tierra** auf den Boden springen; MAR an Land springen; **~ por la ventana** aus dem Fenster springen; *fig* **andar** *o* **estar a la que salta** auf der Lauer liegen, auf eine günstige Gelegenheit warten; *pop fig* **estar al que salte** *chica*: keinen Mann finden können; *fig* **~ de una cosa a otra** von einer Sache zur andern springen; *fig* **~ sobre la propia sombra** über den eigenen Schatten springen **2** (*desprenderse*) abspringen, abplatzen (*tb botón, etc*); *malla* laufen; *cinta etc* reißen; *pelota* abprallen (**de** von *dat*); ELEC *fusible etc* herausspringen; *punta del lápiz etc* abbrechen **3** (*romperse*) (zer)springen, platzen; **~ en pedazos** zerspringen; in Stücke gehen; *fig* **~ por los aires** in die Luft fliegen **4** ARQUIT *cornisa* vorspringen; *fig* **~ a la vista** *o* **a los ojos** ins Auge springen (*fig*) **5** (*pegar, arrojar*) schlagen, schleudern; *chispas* sprühen **6** *fig* (*embestir, interferir*) auffahren; dazwischenfahren; **~ con** herausplatzen mit (*dat*), *etw* vorbringen; **~ sobre** herfallen über (*acus*) **7** *en el cargo, en la empresa*: steil aufsteigen; (direkt) befördert werden (*unter Überspringung von Zwischenstufen*) (**a zu** *dat*) **8** (*perder su posición*) seine Stellung (**de** in *dat*) verlieren; **hacer ~** aus dem Amt drängen **9** *páginas, lineas etc* überspringen, auslassen **B** V/T **1** springen über (*acus*); überspringen (*tb fig preguntas*); *fig* **esto no lo salta en torero** das ist unübertrefflich **2** *diente, ojo* ausschlagen **3** **(hacer) ~** (in die Luft) sprengen; *juego de cartas*: die Bank sprengen; *fam fig* **este problema te va a ~ los sesos** die Frage wird dir (den Kopf) mächtig heiß machen **4** ZOOL *yegua* bespringen, beschälen; *perra* decken **C** V/R **saltarse** **1** *páginas, lineas etc* überspringen, auslassen; *fig* (*no hacer caso de*) sich hinwegsetzen über (*acus*); **~ un semáforo** eine Ampel überfahren **2** **los ojos se le saltaban de las órbitas** die Augen wollten ihm aus den Höhlen quellen **3** *fam* **~ la tapa de los sesos** sich (*dat*) eine Kugel in den Kopf jagen

saltarín **A** ADJ springend, hüpfend **B** M, **-ina** F Tänzer *m*, -in *f* **C** M *fam fig* Luftikus *m*, Windhund *m*, Springinsfeld *n*

saltarregla F CONSTR Stellwinkel *m*; **saltatriz** F ⟨*pl* -ices⟩ (Seil)Tänzerin *f*, Akrobatin *f*

salteado ADJ GASTR leicht angeröstet, Schwenk...; **patatas** *fpl* **-as** Bratkartoffeln *fpl*; **riñones** *mpl* **~s** gebratene Nierchen *fpl*; **salteador** M, **salteadora** F **~ (de caminos)** Straßenräuber *m*, -in *f*

saltear V/T **1** (*atacar*) überfallen **2** GASTR anbraten; sautieren **3** (*tb* V/I) *en forma incompleta*: etw unvollständig (*o* mit Unterbrechungen) tun

salterio M Psalter(ium *n*) *m* (*tb* MÚS)

saltígrado ADJ ZOOL Spring...; **saltimbanqui** M **1** (*prestidigitador*) Gaukler *m* **2** *fam fig* (*calavera*) Luftikus *m*, Windhund *m*

salto M **1** (*brinco*) Sprung *m*, Satz *m*; **~ de caballo** *ajedrez*: Rösselsprung *m*; **~ de la muerte** *juego de niños*: Bockspringen *n*; **dar** *o fam* **pegar un ~** einen Sprung tun, springen, einen Satz machen *fam*; **dar ~s de contento** *o* **de alegría** Freudensprünge machen, vor Freude in die Luft springen; **a ~s** in Sprüngen; hüpfend; *fig* sprungweise, mit Unterbrechungen; **a ~ de mata** schleunigst; in größter Hast; **vivir a ~ de mata** von der Hand in den Mund leben; **en** *o* **de un ~** mit einem Satz; *fig* blitzschnell **2** DEP Sprung *m*; **~(s)** (*pl*) *tb* Springen *n*; **concurso** *m* **de ~s** Springturnier *n*; **~ de altura** *o Am* **~ (en) alto** Hochsprung *m*; **~s** *pl* **artísticos** *o Am* **ornamentales** *natación*: Kunstspringen *n*; **~ de cabeza** *o* **~ recto** Kopfsprung *m*; **~ de campana** Überschlag *m*; **dar un ~ de campana** sich überschlagen; **~ de (la) carpa** Hechtsprung *m*; **~ de esquís** Skispringen *n*; **~ de longitud** *o Am* **~ (en) largo** Weitsprung *m*; **~ en cuclillas** *o* **entre manos** Hocke *f*; **~ mortal hacia atrás** (Doppel)Salto *m* rückwärts; **~ de** *o* **con pértiga** *o Am reg* **~ de** *o* **con garrocha** Stabhochsprung *m*; **~ de palanca/de trampolín** *natación*:Turm-/Kunstspringen *n*; **~ del pez** Hechtrolle *f*; **~ del potro** Bockspringen *n*; **triple ~** Dreisprung *m*; **~ de trucha** Handstandsprung *m*; *acrobacia*: Salto *m* aus der Rückenlage; *baile*: Luftsprung *m* mit geschlossenen Füßen **3** *equitación*: **~ de carnero** Bocken *n* (*des Pferdes*); **~ de anchura y altura** Hochweitsprung *m* **4** *fig* **~ atrás** Rückschritt *m*; **dar un ~ adelante** einen Sprung nach vorn tun; **dar un ~ hacia atrás** zurückspringen; *fig* **dar un ~ atrás** zurückfallen, nachlassen; **~ de mal año** glückliche Wende *f* **5** (*fuertes palpitaciones*) **~s** *pl* heftiges Herzklopfen *n*; ELEC **~ de corriente** Stromstoß *m*; FÍS, *tb fig* **~ cuántico** Quantensprung *m*; **¡qué ~s le dio el corazón!** sein Herz schlug ihm bis zum Halse **6** TEX **~ de cama** (*bata*) Morgenrock *m*; (*negligé*

S

fino) dünnes Negligee *n*; *(alfombrilla)* Bettvorleger *m* 7 *(omisión)* Überspringen *n*, Auslassen *n*; *(ascenso)* Beförderung *f* außer der Reihe; **por ~** *ascenso*: außer der Reihe 8 TIPO **~ de línea** Zeilenwechsel *m*; Zeilenumbruch *m*; **~ de página** TIPO Seitenwechsel *m*; Seitenumbruch *m* 9 *(despeñadero)* abschüssige Stelle *f*, Absturz *m*; *en presas*: Gefälle *n*; **~ (de agua)** Wasserfall *m* 10 *Cuba* **al ~** in bar

saltómetro M DEP Sprungständer *m* (mit Sprunglatte); **saltón** A ADJ 1 *(que sobresale)* hervorstehend; herausspringend; **ojos** *mpl* **-ones** Glotzaugen *npl* 2 *Am Mer fam (desconfiado)* misstrauisch B M 1 ZOOL Heuschrecke *f* 2 *larva*: Speckmade *f*

salubérrimo *sup* → salubre

salubre ADJ gesund, zuträglich; heilsam; **salubridad** F Zuträglichkeit *f*; Heilsamkeit *f*; *Am reg* MED Gesundheitswesen *n*, *Am* → *tb* higiene

salud F 1 *estado corporal*: Gesundheit *f*, Wohlsein *n*; **~ pública** Gesundheitswesen *n*; **~ de hierro** eiserne Gesundheit *f*; **en plena ~** kerngesund; **estar bien de ~** *o fam* **gastar ~** sich wohlbefinden (*o* -fühlen); **estar con mediana ~** sich nicht recht gesund fühlen; **hacer a/c por la ~** etw für die Gesundheit tun; *fam* **vender ~** vor Gesundheit strotzen; *fam* **¡~!** grüß Gott!; wohl bekomm's!, prosit!; *fam* **¡~ y pesetas!** prost!; Hals- und Beinbruch!; **¡a su ~!** auf Ihr Wohl!, prosit! 2 REL **~ (del alma)** (Seelen)Heil *n*

saluda M *Esp* ADMIN Formular *n* für Kurzmitteilungen

saludable ADJ heilsam; gesund; **saludador** M, **saludadora** F Quacksalber *m*, -in *f*; Gesundbeter *m*, -in *f*

saludar VT & VI 1 *cortesía*: (be)grüßen; seinen Gruß entbieten *(dat)*; MAR **~ con la bandera** die Flagge dippen; MIL **~ con salvas (de ordenanza)** Salut schießen; **salúdele de mi parte** grüßen Sie ihn von mir 2 *(rezar por la salud)* gesundbeten

saludo M Gruß *m*; Begrüßung *f*; *Am Mer* **~os** *pl expresión de cordialidad*: Grüße *mpl*; **dar ~s** Grüße ausrichten; **déle ~s de mi parte** grüßen Sie ihn von mir!; **mandar ~s a alg** j-n grüßen lassen; **(reciba) un cordial ~** mit freundlichen Grüßen

salumbre F MINER Salzblüte *f*

salutación F Begrüßung *f*; Gruß *m*; CAT Mariengruß *m*; **~ angélica** Englischer Gruß *m*; Avemaria *n*

salutífero ADJ *liter* heilsam; Heil bringend; nützlich; **salutista** M/F REL Heilsarmist *m*, -in *f*

salva F MIL Salve *f*; **~s** *fpl* **de ordenanza** Salutschüsse *mpl*; **tiro** *m* **de ~s** Salvenfeuer *n*

salvabarros M ‹*pl inv*› *de la bicicleta*: Schutzblech *n* AUTO Kotflügel *m*; → *tb* guardabarros

salvación F 1 Rettung *f*, Bergung *f*; **buscar la ~ en la huída** sein Heil in der Flucht suchen; *tb fig* **tabla** *f* **de ~** rettende Planke *f* 2 REL Errettung *f*, Erlösung *f*; **~ (del alma)** Seelenheil *n*; **Ejército** *m* **de (la) Salvación** Heilsarmee *f*

salvadera F 1 *(vaso con arenilla)* Streusandbüchse *f* 2 *Cuba* BOT Havillabaum *m*

salvado M Kleie *f*; **~ de avena** Haferkleie *f*; **~ grueso** Schrotkleie *f*; **~ de trigo** Weizenkleie *f*

salvador A ADJ rettend; heilend; erlösend B M, **salvadora** F Retter *m*, -in *f*; Helfer *m*, -in *f* aus der Not; *tb (socorrista)* Rettungsschwimmer *m*, -in *f*; REL **el Salvador** der Erlöser *m*, der Heiland *m*; **El Salvador** El Salvador *n*

salvadoreño A ADJ salvadorianisch B M, **-a** F Salvadorianer *m*, -in *f*

salvaguarda F → salvaguardia; **salvaguardar** VT *(conservar)* bewahren, hüten; *(proteger)* beschützen; *derecho* sicherstellen; **salvaguardia** F 1 *(guarda)* Schutzwache *f*; *(custodia)* sicheres Geleit *n*; *(salvoconducto)* Schutz-, Geleitbrief *m* 2 *fig (protección)* Schutz *m*; *de derechos*: Wahrung *f*; **en ~ de mis intereses** zur Wahrung meiner Interessen

salvajada F Rohheit *f*; brutale Handlung *f*; Grausamkeit *f*

salvaje A ADJ 1 ZOOL, BOT wild *(tb terreno)*; **animal** *m* **~** Wildtier *n*; **hacerse ~** verwildern 2 *fig (brutal, cruel)* roh, brutal, grausam 3 **huelga** *f* **~** wilder Streik 4 *Cuba fam mujer* rassig, sexy; *gener* super *fam*, cool *fam* B M/F Wilde *m/f*; *fig* Rohling *m*

salvajería F Rohheit *f*, Wildheit *f*; **salvajina** F Wild *n*; Wildbret *n*; **salvajino** ADJ Wild…; **salvajismo** M *(crudeza)* Wildheit *f*, Rohheit *f*; *(crueldad)* Grausamkeit *f*

salvamano: **a ~** → mansalva

salvamantel(es) M Untersetzer *m*

salvamento M 1 Rettung *f*; *espec* MAR Bergung *f*; **~ por uno mismo** Selbstrettung *f*; MAR, AVIA **balsa** *f* **o bote** *m* **de ~** Rettungsfloß *n*; **equipo** *m* **de ~** Rettungsgerät *n*; -mannschaft *f*; MAR **remolcador** *m* **de ~** Bergungsschiff *n*, -dampfer *m*; **servicio** *m* **de ~** Rettungs-, Bergungsdienst *m*; **~ de montaña** Bergwacht *f* 2 *(refugio)* Zuflucht *f (tb fig)*

salvapuntas M ‹*pl inv*› (Bleistift)Hülse *f*, Schoner *m*

salvar A VT 1 *(poner en seguro)* retten *(tb* REL *y fig)*; REL *tb* erlösen; INFORM *datos* sichern; *espec* MAR bergen; **~ a alg de un peligro** j-n aus einer Gefahr (er)retten 2 *(pasar)* überschreiten; *dificultad, obstáculo* überwinden; *cerca, etc* überspringen, (hinweg)setzen über *(acus)*; *recorrido, distancia* zurücklegen; *tb fig* **~ el umbral** die Schwelle überschreiten 3 *(evitar)* vermeiden; ausnehmen, absehen von *(dat)*; **salvando** abgesehen von *(dat)*; **salvando a los presentes** mit Ausnahme der Anwesenden 4 JUR *Zusätze oder Streichungen in Dokumenten* bestätigen B VI HIST vorkosten C VR **salvarse** sich retten; REL gerettet (*o* erlöst) werden; *fig* eine Ausnahme bilden; *fam* **~ por (los) pies** sich durch Flucht retten; **¡sálvese quien pueda!** rette sich wer kann!

salvariego M *pez*: Zwergpetermännchen *n*

salvarruedas M ‹*pl inv*› Prellstein *m*

salvarsán M FARM Salvarsan *n*

salvaslip(s) M Slipeinlage *f*

salvavidas M ‹*pl inv*› 1 MAR Rettungsring *m*, -boje *f*; **cinturón** *m* **~** Rettungsgürtel *m*; **(chaleco** *m***) ~** Schwimmweste *f* 2 *tranvía*: Fangvorrichtung *f* 3 *Am reg (socorrista)* Rettungsschwimmer *m*

salve A IMP *poét o hum* **¡~!** sei(d) gegrüßt! B F CAT Salve *n*

salvedad F Vorbehalt *m*; Ausnahme *f*; **con la ~ de que …** es sei denn, dass …, mit Ausnahme von …

salvelino M ZOOL *pez*: (Bach-)Saibling *m*

salvia F BOT Salbei *f/m*

salvilla F *(bandeja)* Servierteller *m*; *para vasos*: Gläsergestell *n*

salvo A ADJ 1 *(ileso)* unbeschädigt; heil; **a** *o* **en ~** ungefährdet; in Sicherheit; **dejar en** *o* **a ~** frei (be)lassen; ungefährdet lassen; *euf* **golpear en -a sea la parte** auf den Allerwertesten schlagen *fam*; **poner a ~** *(poner fuera de peligro)* in Sicherheit bringen; *(asegurar)* sichern; *(socorrer)* retten; **salir a ~** (noch) glücklich ausgehen 2 *(exceptuado)* ausgenommen; **dejar a ~** ausnehmen; (sich *dat*) vorbehalten B ADV, PREP *(excepto)* vorbehaltlich; außer *(dat)*; **~ que** es sei denn, (dass); COM **~ buen cobro** *o* **~ buen fin** unter dem üblichen Vorbehalt; COM **~ error u omisión** Irrtum (und Auslassung) vorbehalten; ohne Gewähr; **todos ~ uno** alle außer einem

salvoconducto M Passierschein *m*; Geleitbrief *m*

Sam M **el tío ~** Onkel *m* Sam *(Symbolfigur der USA)*

sámaga F Splintholz *n*

sámara F BOT Flügelfrucht *f*

samarilla F BOT Quendel *m*

samaritano *Biblia*: A ADJ aus Samaria, samaritanisch B M, **-a** F Samarit(an)er *m*, -in *f*; **el Buen ~** der barmherzige Samariter

samba F *(tb* M*)* MÚS Samba *f/m*

sambenito M 1 HIST *inquisición*: *(capotillo de los penitentes)* Büßerhemd *n* der Verurteilten; *letrero*: Anschlag *m* mit Namen und Strafen der Verurteilten 2 *fig (deshonra)* Schandfleck *m*; **colgarle el ~ a alg** j-m etwas in die Schuhe schieben, j-m den schwarzen Peter zuschieben

sambódromo M *Am* Sambodrom *n*, Karnevalsarena *f*

sambumbia F 1 *Am reg (refresco) Erfrischungsgetränk aus Zuckerrohrsaft und Ajípfeffer* (Cuba); *bzw. aus gerösteter Gerste und Melassenzucker* (Méx) 2 *Col (puré de maíz)* Maisbrei *m*; *desp* Mischmasch *m fam*, Gesöff *n fam*; **sambumbiería** F *Cuba* Sambumbiaausschank *m*

Samoa F Samoa *n*

samoano A ADJ samoanisch B M, **-a** F Samoaner *m*, -in *f*

samotana F *Am Centr fam* wüstes Durcheinander *n*, Krach *m*

samovar M Samovar *m*

sampablera F *Ven fam* Streit *m*

sampán M Sampan *m (chinesisches Hausboot)*

sampler, sámpler ['sampler] M MÚS Sampler *m*

SAMU M ABR (Servicio de Atención Médica de Urgencia) *Esp* ärztlicher Notdienst *m*

samuga F *equitación*: Damensattel *m*

samurai M HIST *y fig* Samurai *m*

samurera F *Ven, Col* Schar *f* von Geiern; *fam fig* Aasgeier *mpl (bes auf Juristen bezogen)*; **samuro** M *Col, Ven* ORN → **zopilote**

San ADJ *Kurzform für „Santo" vor Namen*; → *tb* santo; **(perro** *m* **de) ~ Bernardo** Bernhardiner (hund) *m*; **~ Quintín** → **Quintín**

sanable ADJ heilbar; **sanaco** ADJ *Cuba fam* albern; **sanador** M, **sanadora** F Wunderheiler *m*, -in *f*; **sanalotodo** M *fam* Allheilmittel *n*; **sanano** ADJ *Cuba fam* dumm-naiv

sanar A VT heilen B VI (zu)heilen; gesund werden; genesen **(de** von *dat*); **sanativo** ADJ heilend; **sanatorio** M Sanatorium *n*; Heilstätte *f*

sanchopancesco ADJ nach Art Sancho Panzas; *fig* ohne jede idealistische Regung

sanción F JUR *y fig* 1 *(disposición legal)* gesetzliche Bestimmung *f*, Gesetz *n*; Statut *n*; HIST **~ pragmática** pragmatische Sanktion *f* 2 *(disposición penal)* Strafbestimmung *f* 3 *(pena)* Strafe *f*, POL Sanktion *f*; **~ económica** Wirtschaftssanktion *f*; **imponer una ~** eine Sanktion verhängen 4 *(autorización)* Bestätigung *f*, Genehmigung *f*

sancionable ADJ strafbar; **sancionar** VT 1 *(aprobar)* bestätigen, gutheißen, sanktionieren 2 *(imponer pena)* bestrafen, sanktionieren, ahnden

sanco M *Chile Brei aus geröstetem Mehl*; **sancochado** A ADJ *Am* GASTR in (Salz)Wasser gekocht (*o* gegart) B M 1 *Perú* GASTR *Suppenfleischeintopf mit Kartoffeln, Mais, Kohl, Yuka, Bohnen etc* 2 *Perú fam fig (desorden)* Wirrwarr *m*; Durcheinander *n*; **sancochar** VT

1 *Am* GASTR *patatas, carne, etc* in (Salz)Wasser kochen **2** *Col fam fig (ponerse fastidioso)* lästig werden; ärgern; **sancochería** F *Col* billiges Volksrestaurant *n*; **sancocho** M **1** *(carne a medio cocer)* halbgar gekochtes Fleisch *n*; **~ canario** GASTR *Stockfisch in Knoblauchsoße mit Kartoffeln und Maisbrot* **2** *Am (puchero) (schwach gewürzter)* Suppenfleischeintopf *m* **3** *Cuba (restos de comida)* Speisereste *mpl* **4** *Am reg (desorden)* Durcheinander *n*

sanctasanctórum M REL *y fig* Allerheiligste(s) *n*

sandalia F Sandale *f*

sandalino ADJ Sandel...

sándalo M BOT Sandelbaum *m*; -holz *n*

sandez F *(simpleza)* Einfältigkeit *f*; *(necedad)* Dummheit *f*; *(disparatado)* Abgeschmacktheit *f*; **sandeces** *fpl* Unsinn *m*, Quatsch *m fam*

sandía F BOT Wassermelone *f*; **sandial, sandiar** M Wassermelonenpflanzung *f*

sandiego M *Cuba* BOT *violett blühendes Fuchsschwanzgewächs*

sandinismo M *Nic* POL Sandinismus; **sandinista** **A** ADJ sandinistisch **B** M/F Sandinist *m*, -in *f*

sanduiche M *Arg, Ur* Sandwich *n*

sandunga F *fam* **1** *(gracia)* Witz *m*, Mutterwitz *m*; Anmut *f* **2** *Chile (alegría bulliciosa)* lärmende Fröhlichkeit *f* **3** *Guat, Méx reg* MÚS *Volkslied und Tanz*; **sandunguearse** V/R *Arg fam* sich in den Hüften wiegen; **sandunguería** F *de mujeres*: aufreizendes Verhalten *n*; **sandunguero** ADJ *fam* witzig; schelmisch; anmutig; *espec mujeres* aufreizend

sandwich M Sandwich *n*; **~ de atún/jamón** Thunfisch-/Schinkensandwich *n*; **~ de tres pisos** dreistöckiges Sandwich *n*; **~ vegetal** Gemüsesandwich *n*

sandwichería F *Am reg* Sandwichbude *f*; Sandwichverkauf *m*; **sandwichero** M, **sandwichera** F *Am reg* Sandwichverkäufer *m*, -in *f*

saneado ADJ **1** *edificio* saniert; MED hygienisch (wieder) einwandfrei **2** ECON saniert; *ingresos, fortuna* lastenfrei; **saneamiento** M MED, ECON *y fig* Sanierung *f*; *tb* Entseuchung *f* (*o* Entgasung *f*); **~ de aguas (residuales)** Abwasseraufbereitung *f*; **~ de los barrios viejos** Altstadtsanierung *f*

sanear V/T (wieder) gesund machen; sanieren *(tb edificios,* ECON *y fig)*

Sanfermines MPL *Volksfest in Pamplona (Nordspanien)*

sangradera F **1** MED *(lanceta)* Schnäpper *m*, Schnepper *m (Nadel zur Blutentnahme)*; *vasija*: Gefäß *n* zur Blutaufnahme **2** *irrigación*: Abzugsgraben *m*; **sangrado** M **1** TIPO Einzug *m*, Einrücken *n*; **~ natural** Einrücken *n* der ersten Zeile **2** MED Blutung *f*; **sangrador** M HIST *(cirujano)* Bader *m*, Aderlasser *m*; **sangradura** F **1** *(pliegue del codo)* Armbeuge *f* **2** *(toma de sangre)* Aderlass *m* **3** *fig (toma de líquido)* Abzapfung *f* **4** METAL → sangría 3

sangrar **A** V/T **1** *(dejar salir sangre)* zur Ader lassen *(tb fig)*; *fig (explotar)* ausbeuten, schröpfen **2** *agua* entziehen (*o* abzweigen), anzapfen; METAL *horno de fundición etc* abstechen **3** TIPO einrücken **B** V/I bluten, CAZA schweißen; **sangra por la nariz** *o* **le sangran las narices** er hat Nasenbluten; *fam fig* **la cosa está sangrando** *(bien fresco)* das ist ganz frisch (*o* ganz neu); *(está claro)* das ist (doch) ganz klar **C** V/R **sangrarse** sich *(dat)* einen Aderlass machen lassen

sangraza F verdorbenes Blut *n*

sangre F **1** Blut *n*; *fig (linaje, parentesco)* Geblüt *n*, Herkunft *f*; **de ~** Blut...; von Geblüt; **de ~ azul** blaublütig, adlig, von Adel; FISIOL **~ catamenial** Menstruationsblut *n*; MED **esputo** *m* **de ~** Blutspucken *n*, -auswurf *m*; **falta** *f* **de ~** Blutarmut *f*; *Am fig* **~ ligera** freundliche (*o* sympathische) Person *f*, geselliger Mensch *m*; **la ~ moza** das junge Volk, die neue Generation *f*; *fig* **~ nueva** frisches Blut *n*; *Am fig* **~ pesada** unfreundlicher (*o* lästiger) Mensch *m*; ZOOL **animales** *mpl* **de ~ fría** Kaltblüter *mpl*; **(caballo** *m* **de) pura ~** Vollblut(pferd) *n*; **la voz de la ~** die Stimme des Blutes *(fig)*; **a ~ fría** kaltblütig; gelassen; **a ~ y fuego** mit Feuer und Schwert **(entrar** verwüsten); **a primera ~** sobald Blut fließt; *fig* **la ~ se le subió a la cabeza** das Blut schoss ihm in den Kopf; **chorreando de ~** bluttriefend; *fam fig* **estar chorreando ~ a/c** ganz neu (*o* frisch) sein; *fam fig* **chupar la ~ a alg** j-n rücksichtslos ausbeuten; *fig* **dar la ~ de sus venas por** sein Herzblut hingeben für *(acus)*; **echar ~** bluten; **echar ~ de** *o* **por la nariz** Nasenbluten haben; *fam fig* **encenderle** *o* **quemarle a alg la ~** j-n wütend machen, j-n auf die Palme bringen *fam*; *fig* **escribir con ~** voller Erbitterung (*o* erfüllt von blinder Wut) schreiben; **escupir ~** Blut spucken; *fam fig* seinen Adel sehr hervorkehren; **guardar su ~ fría** seine Kaltblütigkeit bewahren; *tb fig* **hacer ~** verletzen, verwunden; **hacerse mala ~** sich graue Haare wachsen lassen, sich schweren Kummer machen **(por** wegen *gen)*; TIPO **imprimir a ~** abfallend drucken; *fam fig* **no llegará la ~ al río** es wird nicht ganz so schlimm werden; **llevarlo** *o* **tenerlo en la ~** es im Blut haben; **lo lleva en la ~** *tb* es ist ihm angeboren; *fam fig* **sacar ~** *j-n* quälen; *j-n* sehr erbittern; *fig* **es la misma ~** es ist sein eigen Fleisch und Blut; **sudar ~** sich mächtig ins Zeug legen; Blut (und Wasser) schwitzen; *fam fig* **tener ~ en el ojo** sehr pflichtbewusst sein; sich rächen wollen; *fam fig* **tener ~ blanca** *o* **~ de horchata en las venas** kein Temperament haben, Fischblut haben; *fam fig* **no tener ~ en las venas** ein Schlappschwanz sein *fam*; *fam fig* **tener ~ de chinches** ein äußerst lästiges Subjekt sein; *fig* **tener la ~ gorda** phlegmatisch (*o* schwerblütig) sein; **tener mala ~** bösartig sein, ein schlechter Mensch sein; MED **tomar la ~** die Blutung zum Stehen bringen **2** BOT, FARM **~ de drago** Drachenblut *n* **3** **~ y leche** roter Marmor *m* mit großen weißen Flecken

sangreazulado ADJ blaublütig *(fig)*; **sangrecita** F *Perú* GASTR Tierblut *n* zur Bereitung von Blutwürsten

sangría F **1** GASTR *bebida*: Sangria *f (Art Rotweinbowle)* **2** *(toma de sangre)* Schröpfen *n (tb fig)*; Aderlass *m*; *tb fig* **hacer una ~** schröpfen, zur Ader lassen **3** *del brazo*: Armbeuge *f* **4** *de un líquido*: Anzapfung *f*; METAL Abstich *m* **5** TIPO Einzug *m*, Einrücken *n*

sangriento ADJ blutig; blutgierig; **hecho** *m* **~** Bluttat *f*; *fig* **burla** *f* **-a** (mehr als) derber Spaß *m*; **sangrigordo** ADJ *Méx, Antillas* unsympathisch; unausstehlich; **sangriligero** ADJ *Am reg persona* nett, sympathisch; **sangripesado** ADJ *Am* lästig, unsympathisch; **sangriza** F *reg* → menstruación

sangrón ADJ *Cuba, Méx* lästig, aufdringlich, frech

sanguaraña F *Perú* MÚS, *folclore*: *ein Volkstanz*; *fam fig* **~s** *pl* Umschweife *pl*

sánguche M *Perú* Sandwich *n*

sanguchería F *Perú* → sandwichería; **sanguchero** M → sandwichero

sanguijuela F **1** ZOOL Blutegel *m* **(ansetzen poner** *o* **aplicar)** **2** *fig (vampiro)* Blutsauger *m*; Geldschneider *m fam*

sanguina F **1** *(lápiz rojo)* Rotstift *m*; Rotstiftzeichnung *f* **2** AGR *naranja*: Blutorange *f*; **sanguinaria** F **1** MINER Blutstein *m (Art Achat)* **2** BOT **~ (del Canadá)** Blutkraut *n*; **~ mayor** Vogelknöterich *m*; **sanguinario** ADJ blutgierig, blutdürstig; grausam; rachsüchtig

sanguíneo ADJ **1** *(purasangre)* vollblütig; *temperamento* sanguinisch; **(hombre** *m***) ~** Sanguiniker *m* **2** *color*: blutfarben **3** *contenido*: bluthaltig; Blut...; MED **nivel** *m* **del calcio** *m* **~** Blutkalziumspiegel *m*

sanguinolento ADJ blutig, blutbefleckt; *color*: blutrot; **sanguinoso** ADJ blutähnlich; *fig poco usado* → sanguinario

sanguis M REL *das Blut Christi in der Eucharistie*

sanguisorba F BOT Bibernelle *f*

sanícula BOT F **~ (macho)** Bruchkraut *n*; **~ (hembra)** Sterndolde *f*

sanidad F Gesundheit *f*; **~ (pública)** Gesundheitswesen *n*; MIL Sanitätswesen *n*; **certificado** *m* **de ~** Gesundheitszeugnis *n*; **delegación** *f* **de ~** Gesundheitsamt *n*; **en ~** vollkommen gesund

sanie(s) F MED Jauche *f*; **sanioso** ADJ MED jauchig

sanitario **A** ADJ gesundheitlich, Gesundheits...; sanitär; **aparatos** *mpl* **~s** sanitäre Einrichtungen *fpl*; **policía** *f* **-a** Gesundheitspolizei *f* **B** M **1** MIL Sanitäter *m* **2** WC *n*, Toilette *f*

San José M *Hauptstadt von Costa Rica*

sanjuanada F **1** *fiesta*: Johannisfeier *f* **2** *periodo*: *die Tage um Johannis (24. Juni)*; **sanjuanero** ADJ Johannis...; **sanjuanista** **A** ADJ Johanniter... **B** M Johanniter *m*, Ritter *m* des Johanniterordens

sanmartín M **1** *día*: Martinstag *m* **2** *matanza*: Schweineschlachtung *f*; *fig* **a cada uno** *o Perú* **chancho le llega su ~** jeder kommt mal dran (*o* muss mal leiden)

sanmartiniano **A** ADJ *auf den argentinischen Freiheitshelden General San Martín bezogen* **B** M, **-a** F Anhänger *m*, -in *f* San Martíns

sanmiguelada F *die Tage um Michaelis (29. Sept.)*; *tb* Altweibersommer *m*; **sanmigueleño** ADJ Ende September reifend, Michaelis...

sano ADJ gesund *(tb fig)*; *(bueno para la salud)* heilsam; *(ventajoso)* zuträglich; *(ileso)* heil; *(indemne)* ganz, unbeschädigt; *negocio* sicher, ohne Risiko; **~ de espíritu** bei vollem Verstand(e); *fig* **más ~ que una manzana** gesund wie ein Fisch im Wasser; **~ y salvo** (wohlbehalten,) gesund und munter; mit heiler Haut **(salir** davonkommen); *fig* **cortar por lo ~** energische Maßnahmen ergreifen, drastisch durchgreifen; das Übel an der Wurzel packen

San Salvador M *Hauptstadt von El Salvador*

sánscrito M LING Sanskrit *n*

sanseacabó *fam* **(y) ~** Schluss jetzt!, basta! *fam*, (und damit) Punktum!

sansimoniano **A** ADJ SOCIOL saint-simonistisch **B** M, **-a** F Saint-Simonist *m*, -in *f*; **sansimonismo** M SOCIOL Saint-Simonismus *m*

sansirolada F *fam* Dummheit *f*; **sansirolé** **A** ADJ *inv* dumm, tollpatschig **B** M/F *fam* Dummkopf *m*, Einfaltspinsel *m*

Sansón N PR M *Biblia*: Samson; *fam fig* **sansón** bärenstarker Kerl *m*

Santa F ADJ *precediendo a un nombre propio*: heilig; **~ Ana** Heilige Anna → *tb* santo

santabárbara F MAR Pulver-, Munitionskammer *f*

Santa Cruz de Tenerife F *spanische Stadt, Provinz*

Santander M *spanische Stadt, Provinz*

santanderino **A** ADJ aus Santander **B** M, **-a** F Einwohner *m*, -in *f* von Santander

Santángel: **Castillo** *m* **de ~** Engelsburg *f (in*

Rom)

santateresa F ZOOL Gottesanbeterin *f*

Santelmo, San Telmo MAR **fuego** *m* **de ~** (Sankt) Elmsfeuer *n*

santera F **1** *(santurrona)* Betschwester *f*; Scheinheilige *f* **2** *Cuba (invocadora de espíritus)* Geisterbeschwörerin *f*, Gesundbeterin *f*; **santería** F **1** *fam (hipocresía)* Scheinheiligkeit *f* **2** *tienda:* Sakralienhandlung *f*; **santero** M **1** *(cuidador del santuario)* Heiligtumsaufseher *m* **2** *fam (santurrón)* Betbruder *m*; Scheinheilige *m* **3** *Cuba (invocador de espíritus)* Geisterbeschwörer *m*, Gesundbeter *m* **4** *jerga del hampa (auxiliar del ladrón)* Diebeshelfer *m*

Santiago M **1** N PR *apóstol:* Jakobus *m*; **~ de Chile** *Hauptstadt von Chile*; **~ de Compostela** *spanische Stadt*; **~ de Cuba** *kubanische Stadt*; **Orden** *f* **militar de ~** Orden *m* der Sankt-Jakobs-Ritter **2** **camino** *m* **de ~** Jakobsweg *m*, Pilgerweg *m* der Jakobspilger; ASTRON Milchstraße *f*

santiagueño **A** ADJ **1** AGR um Jakobi reifend, *frutas* Jakobs… **2** *Arg* aus Santiago del Estero **B** M, **-a** F *Arg* Einwohner *m*, -in *f* von Santiago del Estero; **santiagüero** **A** ADJ aus Santiago de Cuba **B** M, **-a** F **1** *P. Rico (curandero)* Gesundbeter *m*, -in *f*, Quacksalber *m*, -in *f* **2** Einwohner *m*, -in *f* von Santiago de Cuba; **santiagués** **A** ADJ *Esp* aus Santiago de Compostela **B** M, **-esa** F Einwohner *m*, -in *f* von Santiago de Compostela; **santiaguino** **A** ADJ aus Santiago de Chile **B** M, **-a** F Einwohner *m*, -in *f* von Santiago de Chile; **santiaguista** M/F **1** M Sankt-Jakobs-Ritter *m* **2** *peregrino:* Santiagopilger *m*, -in *f*, Pilger *m*, -in *f* auf dem Jakobsweg

santiamén M *fam* **en un ~** im Nu

santidad F Heiligkeit *f*; **Su Santidad** *tratamiento:* Seine Heiligkeit

santificable ADJ wer (*o* was) geheiligt werden kann; **santificación** F **1** *(consagramiento)* Heiligung *f*; Weihung *f* **2** *(veneración)* Heilighaltung *f* **3** *(canonización)* Heiligsprechung *f*, Sanktifikation *f*; **santificado** ADJ geheiligt; **santificador** ADJ heilig machend

santificar VT ⟨1g⟩ **1** *(consagrar)* heiligen; *reg fam fig (justificar)* rechtfertigen, *(disculpar)* entschuldigen **2** *(consagrar)* weihen **3** *día festivo, p. ext tb recuerdo:* heilighalten **4** CAT heiligsprechen; **santificativo** ADJ heiligend

santiguada F Bekreuzigen *n*; *anticuado y reg* **¡para** *o* **por mi ~!** so wahr mir Gott helfe!; **santiguadera** F **1** *acción:* Besprechen *n von Krankheiten etc*, Gesundbeten *n* **2** Gesundbeterin *f*; **santiguador** M, **santiguadora** F Gesundbeter *m*, -in *f*; **santiguamiento** M Bekreuz(ig)en *n*; **santiguar** ⟨1i⟩ **A** VT **1** *(hacer la señal de la cruz)* ein Kreuz schlagen über *(dat)*; segnen **2** *fam fig (abofetear)* ohrfeigen **B** VR **santiguarse** sich bekreuz(ig)en

santimonia F **1** *desp (santurronería)* Scheinheiligkeit *f* **2** BOT Gelbe Margerite *f*

santísimo **A** ADJ ⟦*sup de* → santo⟧ **1** heiligste(r, -s); CAT **Santísimo Padre** *título del papa:* Allerheiligster Vater; **Santísima Trinidad** Dreifaltigkeit *f*, Trinität *f* **2** *pop fig* **hacer la -a** Krawall machen; **hacer la -a a alg** j-n ärgern, j-n belästigen **B** M *espec* CAT Allerheiligste(s) *n*, Sanktissimum *n*

santo **A** ADJ REL *y fig* heilig; *p. ext (piadoso)* fromm; *(saludable)* heilsam, heilkräftig; *fam (cándido)* treuherzig, einfältig; **a lo ~** heiligmäßig, wie ein Heiliger; **Año** *m* **Santo** Heiliges Jahr *n*; GEOG **Santo Domingo** Santo Domingo *n*; **Santa Faz** *f* Schweißtuch *n* der Veronika; **Santa Iglesia** *f* **(Católica)** heilige katholische Kirche *f*; **los Santos Inocentes** der Tag der unschuldigen Kinder; **los Santos de los Últimos Días** die Heiligen der Letzten Tage; **-as y buenas (tardes)** Grüß Gott!; **~ y bueno** gut so, in Ordnung; *fam fig* **todo el ~ día** den lieben langen Tag; **¡Santo Dios!** mein Gott!; *fam fig* **por su ~ gusto** zu seinem Vergnügen, ganz wie es ihm in den Kram passt; **mi -a madre** meine Mutter selig; *fam* **¡Santas Pascuas!** ach, du lieber Himmel!; zum Donnerwetter!; *fam fig* **le dio una -a bofetada** er langte ihm eine (Ohrfeige); **¿quieres hacer el ~ favor de callarte?** würdest du gefälligst den Mund halten? **B** M **1** Heilige *m*; CAT Namenspatron *m*; *p. ext* **(día** *m* **del) ~** Namenstag; **~ titular** Schutzheilige *m*, -patron *m*; **(el día de) Todos los Santos** Allerheiligen *n*; **¡por todos los ~s!** um Himmels (*o* Gottes) willen!; **¿a ~ de qué?** mit welcher Begründung?; mit welchem Recht?; *fam fig* **alzarse** *o* **cargar** *o* **salirse con el ~ y la limosna** *o* **la cera** alles mitgehen lassen, mit allem auf und davon gehen; *tb* die Rosinen aus dem Kuchen herauspicken; *jerga del hampa* **dar el ~** einen Tipp geben, etwas ausbaldowern *fam*; **desnudar** *o* **desvestir un ~ para vestir otro** ein Loch aufreißen, um das andere zu stopfen; **dio con el ~ en tierra** es *(die Kristallschale etc)* ist ihr aus den Händen geglitten, sie hat es hingeschmissen *fam*; **dormir(se) como un ~** fest (ein)schlafen; **encomendarse a buen ~** einen guten Schutzengel haben; *fig* **se le ha ido el ~ al cielo** er hat den Faden verloren; *fam* **llegar y besar el ~** etwas auf Anhieb erreichen; *fam fig* **quedarse para vestir ~s** unverheiratet bleiben, keinen Mann finden; **no saber a qué ~ encomendarse** nicht aus noch ein wissen; **no es ~ de mi devoción** er liegt mir nicht, ich kann ihn nicht ausstehen; **jugar con alg al ~ mocarro** *o* **macarro** j-n verulken, j-n hänseln; **puede hacer perder la paciencia a un ~** bei ihm kann selbst ein Heiliger die Geduld verlieren; **rogarle a alg como a un ~** *o* **por todos los ~s** j-n anflehen, j-n inständig bitten *fam*; *fam fig* **eres un ~** du bist ein Engel (*o* ein Schatz *fam*); **a ~ tapado** heimlich, verstohlen; **tener ~s en la corte** gute Fürsprecher haben; **tener al ~ de espaldas/de cara** immer Pech/Glück haben **2** *(imagen de un Santo)* Heiligenbild *n*; *fam fig (imagen)* Bild *n*, Illustration *f* **3** MIL **~ y seña** Losung(swort *n*) *f*

Santo Domingo M *Hauptstadt der Dominikanischen Republik*

santolina F BOT Zypressenkraut *n*

santón M **1** *fuera de la religión cristiana:* (nicht christlicher) Heiliger *m* **2** *desp (santurrón)* Scheinheilige *m* **3** *(maestro)* Guru *m*

santonina F QUÍM Santonin *n*; **santoñero** *jerga del hampa* M Brieftaschendieb *m*

santoral M *(libro que contiene vidas de santos)* Sammlung *f* von Heiligenlegenden; *(registro de santos)* Heiligenverzeichnis *n*; *(libro de coro)* Chorbuch *n (mit den Heiligenanrufungen)*; **santuario** M **1** REL Heiligtum *n*; CAT Sanktuar(ium) *n*, Altarraum *m* **2** *de un movimiento clandestino:* Versteck *n*, Zufluchtsort *m*; POL **~ del terrorismo** Zufluchtsort *m* für Terroristen; **santulón** M, **santulona** F *C. Rica, Hond, Nic* Frömmler *m*, -in *f*, Betbruder *m*, Betschwester *f*; **santurrón** **A** ADJ frömmelnd, bigott **B** M, **-ona** F Frömmler *m*, -in *f*; Scheinheilige *m/f*; **santurronería** F *desp* Frömmelei *f*

saña F **1** *(odio ciego)* (blinde) Wut *f*, Raserei *f*; *(crueldad)* Grausamkeit *f* **2** *(rencor)* (schwerer) Groll *m*; Erbitterung *f*; **sañoso, sañudo** ADJ wütend; grimmig; grausam

SAP M ABR (Servicio de Atención al Paciente) *Esp* MED *Patienteninformationsdienst*

sapán M *Am Mer* BOT Sapan *m* (*Clathrotropis brunnea*)

sapidez F → sabor

sápido ADJ schmackhaft

sapiencia F → sabiduría; *Biblia:* **Libro** *m* **de la Sapiencia** Buch *n* der Weisheit; **sapiencial** ADJ Weisheits…; **sapiente** ADJ weise; **sapientísimo** ADJ *sup (frec irón)* hochgelehrt

sapindáceas FPL BOT Seifennussgewächse *npl*, Sapindazeen *fpl*

sapo **A** M **1** ZOOL *anfibio:* Kröte *f*; Unke *f*; **~ común** Erdkröte *f*; **~ corredor** Kreuzkröte *f*; **~ marino** *anfibio:* südamerikanische Riesenkröte *f*; *pez:* Sternseher *m*; **~ partero** Geburtshelferkröte *f*; **~ de vientre de fuego** (Feuerbauch)Unke *f* **2** *fig* **pisar el ~** spät aufstehen; *fam* **más feo que un ~** hässlich wie die Nacht *fam*; **tragar(se) un ~** eine Kröte schlucken (müssen) *fam*; *fam* **echar ~s y culebras (por la boca)** Gift und Galle speien (*o* spucken); fluchen, wettern **3** *fam fig (bicho feo)* hässliches Tier *n*, Viehzeug *n fam* **4** *fig persona:* schwerfällige Person *f*; *Chile, Méx (gnomo)* Giftzwerg *m fam*; *Col fam (soplón)* Verräter *m*, Denunziant *m*; *Perú fam (persona astuta)* gerissener Kerl *m* **5** *Am reg fam fig* Dingsda *n fam* **6** *en una joya:* Flecken *m*; *(cuña)* Keil *m* **7** ELEC Verteilerdose *f* **8** *Am reg juego:* *Kinderspiel mit einer Krötenfigur aus Gusseisen* **B** ADJ **1** *Am (astuto)* schlau, hinterhältig **2** *Am reg (torpe)* schwerfällig, ungelenk

saponaria F BOT Seifenkraut *n*; **saponificación** F QUÍM Verseifung *f*; **saponificar** VT ⟨1g⟩ verseifen

sapote M BOT → zapote

saprófitos MPL BOT Fäulnispflanzen *fpl*

saque M DEP Anspielen *n*, *fútbol:* Anstoß *m*; *tenis:* Aufschlag *m*; **~ de banda** *fútbol:* Einwurf *m*; **~ de córner** *o* **de esquina** Eckball *m*, -stoß *m*; **~ libre** Frei-, Strafstoß *m*; **~ de puerta** *o* **de meta** Abstoß *m* vom Tor; *fam fig* **tener buen ~** tüchtig zulangen

saqueador M, **saqueadora** F Plünderer *m*, Plünderin *f*

saquear VT plündern; ausplündern, ausrauben

saqueo M Plünderung *f*

saquera **A** ADJ **(aguja** *f***) ~** Sack-, Packnadel *f* **B** F *(que hace sacos)* Sacknäherin *f*; *comerciante:* Sackhändlerin *f*; **saquería** F Sackfabrik *f*; Sachwaren *fpl*; **saquerío** M Säcke *mpl*; **saquero** **A** ADJ Sack…; Sackmacher… **B** **1** M *(que hace sacos)* Sacknäher *m*; *comerciante:* Sackhändler *m* **2** *fam en la cárcel:* Gefängniswärter *m* **3** *Perú sastre:* *Schneider, der Jacken oder Sakkos näht*; **saquete** M Säckchen *n*

saquí M *Ec* BOT *Art* Agave *f*

S.A.R. ABR (Su Alteza Real) I. K. H. (Ihre Königliche Hoheit); S. K. H. (Seine Königliche Hoheit)

saraguate *Am Centr*, **saraguato** M *Méx* ZOOL Wollhaaraffe *m*

sarampión M MED Masern *pl*; **sarampionoso** ADJ masernartig

sarao M **1** *(reunión nocturna)* Abendgesellschaft *f* **2** *fam (ruido)* Krach *m*

sarape M *Méx, Guat* Überwurf *m* aus einem Stück (bunte Decke)

sarasa M *pop* Schwule *m fam*, Tunte *f fam*

saraviado ADJ *Col* getüpfelt

sarcasmo M Sarkasmus *m*; **sarcástico** ADJ sarkastisch, *observación* scharf; **sarcófago** M **1** *(ataúd)* Sarkophag *m*, Prunksarg *m* **2** *insecto:* Aasfliege *f*; **sarcoma** M MED Sarkom *n*

sardana MÚS *folclore:* Sardana *f* (*katalanischer Reigentanz*)

sardanés **A** ADJ sardisch **B** M, **-esa** F Sarde *m*, Sardin *f*

sardanista M/F *bailador(a):* Sardanatänzer *m*, -in *f*

sardesco ADJ 1 asno m ~ Zwergesel m; caballo m ~ Bergpony n 2 fam fig persona abweisend; mürrisch
sardina F pez: Sardine f; ~s pl en aceite Ölsardinen fpl; GASTR ~s pl asadas/fritas gebratene/gebackene Sardinen fpl; GASTR ~s pl al espeto Sardinen fpl am Spieß; como ~s en banasta o en conserva o Am en lata wie die Ölsardinen (fam fig); eng zusammengepfercht
sardinal M Sardinennetz n; **sardinel** M Col reg, Ven, Perú Randstein m; **sardinero** A ADJ Sardinen(fang)… B M, -a F comerciante: Sardinenhändler m, -in f C M barco: Sardinenfangschiff n; **sardineta** F MIL en el uniforme: Doppeltresse f
sardo A ADJ sardisch, aus Sardinien B M, -a F Sarde m, Sardin f, Sardinier m, -in f C M lengua: el ~ das Sardische
sardonia F BOT Gifthahnenfuß m; **sardónice** F MINER Sardonyx m; **sardónico** ADJ sardonisch (tb MED risa); verzerrt, krampfhaft
sarga¹ F TEX Serge f, Köper m
sarga² F BOT Mandelweide f; **sargadilla** F BOT Art Gänsefuß m
sargal M mit Weiden bestandenes Gelände n; **sargatillo** M BOT Spitzweide f; **sargazo** M BOT Beerentang m
sargentear V/T & V/I MIL als Unteroffizier führen; fam fig herumkommandieren
sargento M 1 MIL Unteroffizier m; Sergeant m; ~ mayor Feldwebel m, Wachtmeister m; ~ primero Oberfeldwebel m, -wachtmeister m; ~ segundo Unterwachtmeister m 2 fig ser un ~ ein Drachen m sein fig
sargentona F fam Mannweib n, Dragoner m (fam fig)
sargo M pez: Große Geißbrasse f; ~ picudo Spitzbrasse f
sarí M Sari m
sarín M QUÍM Sarin n
sarmentar V/I ⟨1k⟩ Rebholz auflesen; **sarmentoso** ADJ rebholzartig, Ranken…; fig brazo, mano sehnig
sarmiento M BOT Weinrebe f; Rebranke f; leña: Rebholz n
sarna F MED Krätze f; Räude f; fam fig ser más viejo que la ~ steinalt sein, so alt wie Methusalem sein; **sarnoso** ADJ MED krätzig; räudig
sarpullido M (Haut)Ausschlag m; → salpullido
sarpullir V/T ⟨3h⟩ pulga stechen
sarraceno A ADJ sarazenisch; AGR trigo m ~ Buchweizen m B M, -a F Sarazene m, Sarazenin f; **sarracina** F Schlägerei f, Tumult m; armar la ~ Krach schlagen, Radau machen, alles auf den Kopf stellen; **sarracino** ADJ → sarraceno
Sarre M 1 río: Saar f 2 región: Saarland n
sarro M 1 MED (placa dental) Zahnstein m; (saburra de la lengua) Zungenbelag m 2 en líquidos: Satz m; **sarroso** ADJ dientes, lengua belegt
sarta F (cuerda) Schnur f; (fila) Reihe f; ~ de perlas Perlenschnur f; fam fig una ~ de disparates eine Menge Blödsinn fam
sartén F (Am Mer frec M) para freír: Brat-, Stielpfanne f; (cacerola) Tiegel m; ~ antiadherente beschichtete Pfanne f; fam fig caer o saltar de la ~ (y dar) en la brasa vom Regen in die Traufe kommen; fam fig tener la ~ por el mango das Heft in der Hand (o in Händen) haben; **sartenada** F Pfanne f voll; **sarteneja** F 1 (pequeña sartén) kleine Pfanne f 2 Ec, Méx fig (grietas en la tierra seca) Risse mpl im ausgedörrten Erdreich; en el pantano: Sumpfloch n; Méx tb (marisma) Marschland n, Sumpf m
sarura F Ven ZOOL Boa f, Abgottschlange f
sasafrás M BOT Sassafras m
sastra F Schneiderin f
sastre M Schneider m; ~ (de señoras) Damenschneider m; traje m ~ (Schneider)Kostüm n; **sastrería** F Schneiderei f
Satán M, **Satanás** M Satan m, Teufel m; fam fig darse a ~ von einer Mordswut gepackt werden fam
satánico ADJ teuflisch, satanisch
satanismo M REL Satanismus m; **satanista** A ADJ satanistisch B M/F Satanist m, -in f; **satanizar** V/T ⟨1f⟩ verteufeln
satear V/I Cuba fam flirten, kokettieren
satélite M Trabant m; Satellit m (tb POL y fig); TEC ~s pl Planetenräder npl; ~ de (tele)comunicaciones Nachrichtensatellit m; ~ espía Spionage-, Aufklärungssatellit m; Estado m ~ Satellitenstaat m; ~ de investigación Forschungssatellit m
satelizar V/T 1 ASTRON auf eine (Erd- o Satelliten)Umlaufbahn f bringen 2 fig país wirtschaftlich und politisch abhängig machen
satén M Satin m; **satería** F Cuba fam Koketterie f, Anmache f fam; **satín** M Am → satén; **satinado** ADJ satiniert; papel m ~ Glanzpapier n, satiniertes Papier n; **satinar** V/T paño, papel glätten; satinieren
sátira F Satire f; Spottschrift f
satírico A ADJ satirisch; poeta m ~ Satirendichter B M, -a F Satiriker m, -in f
satirión M BOT Knabenkraut n
satirizar V/T ⟨1f⟩ verspotten, geißeln
sátiro A ADJ Satyr… B M MIT Satyr m; fig Wüstling m
satisfacción F 1 (cumplimiento de un deseo) Genugtuung f; (contentamiento) Befriedigung f; (complacencia) Zufriedenheit f, Freude f (de über acus); ~ de sí mismo Selbstgefälligkeit f; no ~ Nichtbefriedigung f; a (plena) ~ (sehr) gut; zur (vollen) Zufriedenheit; a la o a nuestra, etc completa o entera o plena ~ zur (o zu unserer etc) vollen Zufriedenheit; dar (pública) ~ (öffentlich) Genugtuung leisten (o geben), (öffentlich) Abbitte tun; tenemos una verdadera ~ en (inf) es ist uns eine aufrichtige Freude, zu (inf); tomar ~ sich Genugtuung verschaffen; Genugtuung empfinden (de über acus) 2 (compensación) Abfindung f; (pago) Bezahlung f 3 (declaración de honra) Ehrenerklärung f, respuesta a una queja: Satisfaktion f
satisfacer ⟨2s⟩ A V/T 1 ~ a alg j-n zufriedenstellen; j-n befriedigen (tb sexualmente); a fin de ~le um Sie zufriedenzustellen, um Ihnen entgegenzukommen 2 ~ a/c einer Sache (dat) Genüge leisten; ~ el hambre/la sed den Hunger/Durst stillen; ~ una pregunta eine Frage beantworten; ~ las dudas de alg j-s Zweifel zerstreuen; ~ una deuda eine Schuld begleichen; ~ las exigencias (o los requititos) den Anforderungen entsprechen; ~ sus deseos seine Lust befriedigen; ~ la penitencia por sus pecados für seine Sünden büßen 3 (pagar enteramente) (be)zahlen; ~ a alg j-n abfinden; acreedor j-n befriedigen B V/I 1 Genugtuung leisten; befriedigen 2 comida sättigen 3 REL Buße tun (por für acus) C V/R **satisfacerse** 1 (contentarse) sich begnügen, zufrieden sein (con mit dat) 2 (desgraviarse) sich schadlos halten (de für acus); (vengarse) sich Genugtuung verschaffen (por für acus)
satisfactorio ADJ befriedigend, zufriedenstellend; poco ~ unbefriedigend; **satisfecho** ADJ (contento) zufrieden, befriedigt; (harto) satt; no ~ unbefriedigt; darse por ~ sich zufriedengeben (con mit dat)
sativo ADJ BOT angebaut; plantas fpl -as Kulturpflanzen fpl
sátrapa M 1 HIST Satrap m 2 liter fig Tyrann m; fam fig Schlauberger m
saturación F Sättigung f (tb FÍS, QUÍM y fig); ECON ~ del mercado Marktsättigung f; **saturado** ADJ gesättigt (fig); QUÍM (no) ~ (un)gesättigt; **saturar** V/T espec fig sättigen
saturnal F liter fig Orgie f; HIST Saturnales fpl Saturnalien pl in Altrom; **saturnia** F insecto: Nachtpfauenauge n; **saturnino** ADJ en palabras compuestas: Blei…; fig mürrisch; finster; **saturnismo** M MED Bleivergiftung f
saturno M fig (plomo) Blei n
Saturno M ASTRON, MIT Saturn m
sauba F insecto: Blattschneiderameise f
sauce M BOT Weide f; ~ blanco/cabruno/llorón/mimbrero Silber-/Sal-/Trauer-/Korbweide f; flor f del ~ Weidenkätzchen n; **sauceda** F, **saucedal** M, **saucera** F Weidengebüsch n
saúco BOT M ~ (negro) Holunder m; (infusión f de) flor f de ~ Fliedertee m
saudade F Sehnsucht f
saudí inv, **saudita** inv A ADJ saudi-arabisch, saudisch B M/F Saudi-Araber m, -in f
sauna F, Arg M Sauna f
sauquillo M BOT Gemeiner Schneeball m
saurio M 1 prehistoria: Saurier m 2 ZOOL Echse f
savia F Pflanzensaft m; fig Kraft f, Mark n; sin ~ saft-, kraftlos
saxífraga F BOT Steinbrech m
saxo M fam, **saxofón, saxófono** M MÚS Saxofon n; ~ alto/tenor Alt-/Tenorsaxofon n; **saxofonista** M/F Saxofonist m, -in f
saya F langer, weiter Rock m (bei Trachten); Cuba gener Rock m; **sayal** M grobes, wollenes Tuch n; Loden m
sayo M (guardapolvo) Kittel m; (jubón) Wams n; (hábito de penitencia) Büßergewand n; fam fig cortar a alg un ~ j-n (in dessen Abwesenheit) durchhecheln (fam fig), über j-n herziehen; decir para su ~ für sich (acus) sagen (o denken)
sayón M Henker(sknecht) m; fam fig Rabauke m fam
sayuela F 1 camisa: grobes Hemd n der Mönche 2 Cuba (enaguas) Unterrock m
sazón A F 1 (madurez) Reife f; (tiempo oportuno) richtiger Zeitpunkt m; a la ~ damals; en ~ zur rechten Zeit; (no) estar en ~ (un)reif sein; fuera de ~ unreif; vorzeitig 2 fig (gusto) Schmackhaftigkeit f; (condimento) Würze f; tener (muy) buena ~ (sehr) gut kochen (zubereiten o würzen) können B M Am Centr, Méx fam tener buen ~ gut kochen können
sazonado ADJ 1 (maduro) reif 2 (sabroso) schmackhaft, würzig 3 (ingenioso) witzig; **sazonamiento** M Heranreifen n; Würzen n
sazonar V/T reifen lassen; GASTR würzen; zubereiten
s.b.c. ABR (salvo buen cobro), **s.b.f.** ABR (salvo buen fin) COM E. v. (Eingang vorbehalten)
S.C. o **S/C** ABR (Sociedad en Comandita) KG f (Kommanditgesellschaft)
scanner [es'kaner] M INFORM Scanner m
SCH M ABR (Santander Central Hispano) span Großbank
Schengen ['ʃeŋgen] N POL Acuerdo m o Convención f de ~ Schengener Abkommen n
schnauzer ['ʃnaŭtser] M perro: Schnauzer m
schuss [tʃus] M DEP Schuss m; esquí: Schussabfahrt f
scooter [es'kuter] M Motorroller m
scout [es'kaŭt] M/F Pfadfinder m, -in f; **scoutismo** M Pfadfinderbewegung f
scra(t)chear [eskratʃe'ar] V/T & V/I MÚS pop scratchen
script(-girl) F Skriptgirl n
s.d. ABR (se despide) um Abschied zu nehmen (auf Karten)
S.D.M. ABR (Su Divina Majestad) CAT der Al-

lerhöchste *(Gott)*

S.D.N. ABR (Sociedad de Naciones) HIST POL Völkerbund *m*

se PRON **1** sich; **~ sentó** er/sie setzte sich **2** IMPERS man; **~ dice que** man sagt, dass **3** *ante pron (acus)*: ihm *msg*, ihr *fsg*, ihnen *pl*, *trato formal*: Ihnen; **~ lo daré** ich werde es ihm/ihr/ihnen/Ihnen geben

SE ABR (Sudeste) SO (Südost[en])

S.E. ABR (Su Excelencia) Seine (*o* Eure) Exzellenz

sé **1** → saber **2** → ser

sea → ser

SEAT F ABR (Sociedad Española de Automóviles Turismo) *spanisches Automobilwerk (heute in VW-Besitz)*

sebáceo ADJ FISIOL, QUÍM talgartig, Talg...; **sebácico** ADJ QUÍM Talg...; **ácido** *m* **~** Talg-, Sebacinsäure *f*; Fettsäure *f*

sebo M Talg *m*; Schmiere *f*; *Arg fig* **hacer ~** faulenzen; *Col fam* **poner sebo a alg** j-n belästigen; **seboso** ADJ talgig

seca F **1** *(sequía)* Dürre *f* **2** *Cuba temporada*: trockene Jahreszeit *f* **3** *Arg fam en el cigarrillo)*: Zug *m*; **secadero** M **1** *lugar*: Trockenplatz *m*; -raum *m*; *para frutos*: (Obst)Darre *f* **2** TEC Trockenanlage *f*; **secadillo** M *Art* Mandelkonfekt *n*

secado **A** ADJ **~ al aire** luftgetrocknet **B** M Trocknung *f*; Trocknen *n*; **de ~ rápido** schnell trocknend

secador M TEC Trockner *m*; FOT Trockenständer *m*; *del peluquero*: Trockenhaube *f*; *Am (paño de cocina)* Küchen-, Trockentuch *n*; **~ automático** Trockenautomat *m*; **~ (de mano** *o* **de pelo)** Föhn *m*

secadora F (Wäsche-)Trockner *m*; Trockenmaschine *f*; **~ centrífuga** Wäscheschleuder *f*

secafirmas M ‹*pl inv*› Tintenlöscher *m*; **secamente** ADV kurz angebunden, schroff; **secamiento** M Austrocknen *n*; *de edificios*: Trockenlegung *f*

secano M **1** AGR unbewässertes Land *n*; **cultivo** *m* **de ~** Trockenkultur *f*, Dryfarming *n*; *fam fig* **persona** *f* **de ~** j-d, der das Land dem Meer vorzieht; wasserscheuer Mensch *m (fam fig)* **2** MAR *über das Wasser ragende* Sandbank *f*

secante[1] **A** ADJ trocknend **B** M **1** **(papel** *m***) ~** Löschpapier *n* **2** *(sustancia higroscópica)* Trockenstoff *m*, Sikkativ *n (tb* PINT) **3** DEP Deckungsspieler *m*

secante[2] GEOM **A** ADJ *(que corta)* schneidend **B** M Sekans *m* **C** F Sekante *f*

secapelo(s) M Haartrockner *m*, Föhn *m*

secar ‹1g› **A** V/T trocknen; *fruta* dörren; *sudor* abtrocknen; **~ a la estufa** am Ofen trocknen; **~ al horno** *fruta* darren **B** V/R **secarse** **1** *persona* sich (ab)trocknen **2** *pegamento etc* trocknen, abbinden; *fruta* dörren **3** *(quedarse sin agua)* ver-, aus-, eintrocknen; *plantas* verdorren; *fuente* versiegen **4** *fig (enflaquecer)* abmagern

secarral M trockener Boden *m*; trockene Gegend *f*

secarropas M *Arg* Wäschetrockner *m*

sección F **1** *(corte)* Einschnitt *m* **2** *(parte)* Abschnitt *m*; **~ de terreno** Geländeabschnitt *m*; **-ones** *fpl* **de trayecto** Teilstrecken *fpl* **3** *(corte transversal, muestra representativa)* Querschnitt *m*; *dibujo*: Schnitt *m (tb* GEOM); **la ~ áurea** der Goldene Schnitt; GEOM **~ cónica** Kegelschnitt *m* **4** *(departamento)* Abteilung *f*; **~ de alimentos** Lebensmittelabteilung *f*; **~ consular** *de una embajada*: Konsularabteilung *f*; **~ de personal/de venta** Personal-/Verkaufsabteilung *f* **5** MIL Zug *m*, Abteilung *f* **cabo** *m* **de ~** Zugführer *m*

seccional F *Arg* Stadtbezirk *m*; **seccionar** V/T **1** *espec* MED *(cortar)* durchtrennen, -schneiden **2** *(dividir en partes)* zerteilen; in Abschnitte einteilen

secesión F *(separación)* Trennung *f*, Entfernung *f*; POL Spaltung *f*, Sezession *f*

seco ADJ **1** trocken; *(sin humedad)* getrocknet; *ramas, suelo* dürr *(tb fam fig)*; *fruta, carne* gedörrt, Dörr...; *planta* vertrocknet; *vino* herb, trocken; **en ~** auf dem Trockenen *(tb fig)*; MAR gestrandet; *fig (sin motivo)* grundlos; *(repentinamente)* (ur)plötzlich; *frenar, interrumpir*: scharf, abrupt; **ramas** *fpl* **-as** Reisig *n*; **tos** *f* **-a** trockener Husten *m*; *fam* **estar ~** großen Durst haben; *Arg fam sin dinero*: abgebrannt sein *fam*; **lavar al ~** (chemisch) reinigen (lassen); *fam fig* **más ~ que una pasa** sehr mager, rappeldürr *fam* **2** *fig en el trato*: rau, hart; *(helado)* frostig; *(sin maquillaje)* ungeschminkt, bloß; *voz* rau; *respuesta* kurz angebunden, einsilbig; **a -as** schlechthin; kurz; in dürren (*o* nüchternen) Worten; **golpe** *m* **~** (schneller, harter und) dumpfer Schlag *m*; *fam fig* **dejar ~** *(matar)* töten, umlegen *fam*; *(dejar perplejo)* verblüffen; *fam fig* **quedar ~** *(morir de repente)* plötzlich sterben, tot umfallen; *(estar mudo)* sprachlos sein; **me tiene ~** er ödet mich an

secoya F BOT Sequoie *f*, Mammutbaum *m*

secráfono M TEL Verschlüsselungsgerät *n*

secre F *Esp fam* Sekretärin *f*

secreción F **1** FISIOL Sekretion *f*, Absonderung *f*; *sustancia*: Sekret *n* **2** *(apartamiento)* Absonderung *f*; **secreta** **A** F *Esp fam policía*: Geheimpolizei *f* **B** M/F *Esp fam* Geheimpolizist *m*, -in *f*; Zivilfahnder *m*, -in *f*; **secretar** V/T MED absondern

secretaria F Sekretärin *f*; **~ de dirección/con idiomas** Direktions-/Fremdsprachensekretärin *f*; **~ jefe/particular** Chef-/Privatsekretärin *f*; **secretaría** F **1** *oficina*: Sekretariat *n* **2** *(cargo)* Amt *n* eines Sekretärs; **secretariado** M **1** *(secretaría)* Sekretariat *n* **2** *profesión*: Sekretärinnenberuf *m*

secretario M Sekretär *m*; *(gerente)* Geschäftsführer *m (tb* POL *de la fracción)*; *Méx tb (ministro)* Minister *m*; **~ de archivos** Registraturbeamte *m*, Archivar *m*; **~ de embajada** Botschaftssekretär *m*; **~ de Estado** Staatssekretär *m*; *en algunos países*: Minister *m*; *en los EE.UU.*: Außenminister *m*; **~ general (adjunto)** (stellvertretender) Generalsekretär *m*

secretear V/I tuscheln; **secreteo** M *fam* Geheimniskrämerei *f*; Getuschel *n*; **secreter** M *mueble*: Sekretär *m*, Schreibschrank *m*; **secretero** ADJ geheimnistuerisch; **secretismo** M Geheimnistuerei *f*; -krämerei *f*; **secretista** M/F *fam* Geheimnistuer *m*, -in *f*, Geheimniskrämer *m*, -in *f*

secreto **A** ADJ geheim; heimlich; Geheim...; **sociedad** *f* **-a** Geheimbund *m*; **de ~** im Geheimen; in der Stille; ohne äußeres Gepränge; **en ~** insgeheim; **mantener en ~** geheim halten **B** M **1** *(misterio)* Geheimnis *n*; Heimlichkeit *f*; ADMIN, MIL *etc* Geheimsache *f*; **~ bancario** Bankgeheimnis *n*; **~ comercial** *o* **de negocios** Geschäftsgeheimnis *n*; REL **~ de confesión** Beichtgeheimnis *n*; **~ de Estado/de guerra** Staats-/Kriegsgeheimnis *n*; **~ postal** Brief-, Postgeheimnis *n*; **~ a voces** offenes Geheimnis *n*; **estar en el ~ de a/c** in etw eingeweiht sein; **llevarse un ~ a la tumba** ein Geheimnis mit ins Grab nehmen; **mantenimiento** *m* **del ~** Geheimhaltung *f*; **no hacer ningún ~ de a/c** aus einer Sache kein Geheimnis machen; **ocultarle un ~ a alg** vor j-m ein Geheimnis haben **2** *(discreción)* Verschwiegenheit *f*; Geheimhaltung *f*; **~ más estricto** strengste Geheimhaltung *f*; **~ profesional** (berufliche) Schweigepflicht *f*; Berufsgeheimnis *n* **3** *compartimiento*: Geheimfach *n*; *cerradura*: Geheimverschluss *m*; *fam (bolsillo trasero)* Gesäßtasche *f* **4** MÚS *del piano, órgano, etc*: Resonanzdecke *f*

secretor(io) ADJ MED absondernd, Sekretions...

secta F REL *y fig* Sekte *f*; **sectario** **A** ADJ Sekten..., sektiererisch **B** M, **-a** F Sektierer *m*, -in *f*; **sectarismo** M Sektenwesen *n*

sector M MAT *y fig* Sektor *m*; GEOM Kreis- (*o* Kugel)ausschnitt *m*; *fig* Gebiet *n*; Zweig *m*, (Sach)Bereich *m*; ECON *tb* Branche *f*; **~ de la construcción** Baubranche *f*; **~ inmobiliario** Immobilienbranche *f*; **~ primario/secundario/terciario** primärer/sekundärer/tertiärer Sektor *m*; **en el ~ de** im Bereich *(gen)*; **~ pesquero** Fischereiwirtschaft *f*; **el ~ privado** die Privatwirtschaft; **el ~ público** die öffentliche Hand; **~ (de) servicios** Dienstleistungssektor *m*

secuaz ‹*pl* -aces› **A** ADJ Anhänger... **B** M/F *frec desp* Anhänger *m*, -in *f*; Mitläufer *m*, -in *f*; Parteigänger *m*, -in *f*

secuela F *(consequencia)* Folge *f*, Nachspiel *n*; *(resultado)* Folgerung *f*; MED Folgeerscheinung *f*

secuencia F Sequenz *f (tb* FILM); INFORM **~ de instrucciones** Befehlsfolge *f*

secuenciación *biotecnología* Sequenzierung *f*

secuestrador M, **secuestradora** F **1** *(raptor[a])* Entführer *m*, -in *f*; **~ de avión** *o* **aéreo** Flugzeugentführer *m* **2** JUR *(embargador[a])* Beschlagnehmende *m/f*; **secuestrar** V/T **1** *persona* entführen *(tb avión, etc)*; der Freiheit berauben **2** JUR *(embargar)* beschlagnahmen; **secuestrario** ADJ **1** Entführungs... **2** JUR Beschlagnahmungs...; **secuestro** M **1** *(rapto)* Entführung *f*; *(arrebato de una persona)* Menschenraub *m*; *(privación de la libertad)* Freiheitsberaubung *f*; **~ aéreo** Flugzeugentführung *f* **2** JUR *(embargo)* Beschlagnahme *f*

secular ADJ **1** *(centenario)* hundertjährig; *fig* uralt **2** *espec* REL weltlich, Welt...; **secularización** F Säkularisierung *f*; Verweltlichung *f*; **secularizado** ADJ säkularisiert; verweltlicht; **secularizar** V/T ‹1f› säkularisieren; verweltlichen; *bienes eclesiásticos* einziehen; *sacerdote* in den Laienstand versetzen

secundar V/T *(apoyar)* unterstützen, beistehen *(dat)*; begünstigen; sekundieren; **secundario** **A** ADJ **1** *(de segundo orden)* nachgeordnet, zweitrangig; nebensächlich; sekundär; Neben... **2** *enseñanza*: **escuela** *f* **-a** Sekundarschule *f* **3** ELEC induktiv **B** M *Arg* Sekundarschule *f*, Gymnasium *n*; **secundinas** FPL MED Nachgeburt *f*

sed F Durst *m (tb fig)*; *fig tb (ímpetu)* Drang *m* **(de** nach *dat)*; *desp* Gier *f*, Sucht *f*; **~ de aventuras** Abenteuerlust *f*, Tatendrang *m*; **~ de gloria** Streben *n* nach Ruhm; *desp* Ruhmsucht *f*; **~ de libertad** Freiheitsdrang *m*; **~ de matar** Mordlust *f*; **~ de oro** Goldgier *f*; **~ de placeres** Vergnügungssucht *f*; **~ de poder** Machthunger *m*; **~ de sangre** Blutdurst *m*, -rünstigkeit *f*; **que quita la ~** durststillend; **dar** *o* **excitar** *o* **hacer ~** durstig machen, Durst erregen; **morir de ~** verdursten; *fig* **morirse de ~** vor Durst umkommen *(fig)*; **tener (mucha) ~** (großen) Durst haben, (sehr) durstig sein, dürsten *(liter)*; *fig* gieren **(de** nach *dat)*; **tener ~ de venganza** rachedurstig sein

seda F **1** TEX Seide *f*; **de ~** seiden, Seiden...; **de toda ~** *o* **de ~ pura** reinseiden; *fam fig* **como una ~** seidenweich; schmiegsam; federleicht; *fig* gefügig; **~ de acetato/de azache** Azetat-/Flockseide *f*; **~ artificial/crespón/natural** Kunst-/Krepp-/Naturseide *f*; **~ brillante** Glanzstoff *m*; **~ de coser/de bordar** Näh-/Stickseide *f*; **~ cruda** *o* **en rama** Rohseide *f*; **~ chape** Schappe *f*; **~ dental** Zahnseide *f*; **~ salvaje** Wildseide *f*; **~ viscosa** → rayón; *fam* *fig* **hacer ~** pennen *fam*; *fam fig* **hecho una ~** gefügig wie ein Lamm; *fam fig* **ir** *o* **marchar como una ~** glatt (*o* wie am Schnürchen) laufen *fam* 2 *cerda*: (Schweins)Borste *f*

sedación F MED Beruhigung *f*, Sedierung *f*; Schmerzlinderung *f*

sedal M 1 *para pescar*: Angelschnur *f* 2 MED, VET Haarschnur *f* 3 *del zapatero*: Pechdraht *m*

sedán M AUTO Limousine *f*

sedante FARM A ADJ (*tranquilizante*) beruhigend; (*calmante*) lindernd B M *medicamento*: Beruhigungsmittel *n*, Sedativ(um) *n*; (*analgésico*) Schmerzmittel *n*; **sedar** VT beruhigen, sedieren; **sedativo** ADJ MED (*analgésico*) schmerzstillend; (*calmante*) beruhigend

sede F Sitz *m*; DEP Austragungsort *m*; **la Santa Sede** der Heilige Stuhl *m*; **~ vacante** Sedisvakanz *f*

sedentarias FPL ZOOL Standvögel *mpl*; **sedentario** ADJ *pueblo* sesshaft; (*casero*) häuslich; (*establecido*) alteingesessen; MED **vida** *f* **-a** sitzende Lebensweise *f*; **sedentarismo** M MED sitzende Lebensweise *f*, Bewegungsmangel *m*; **sedentarización** F Sesshaftmachung *f*; **sedentarizar** VT ⟨1f⟩ sesshaft machen; **sedente** ADJ sitzend

sedeño ADJ seidig, seidenartig; Seiden...

sedera F Bürste *f* aus Schweinsborsten

sedería F 1 (*fábrica de seda*) Seidenfabrik *f* 2 *comercio*: Seidenhandel *m* 3 *mercancía*: Seidenwaren *fpl* 4 *Arg, Ur tb gener* (*tienda de géneros*) Stoffgeschäft *n*; **sedero** ADJ Seiden...

sedic(i)ente ADJ *frec desp* angeblich, sogenannt

sedición F Aufstand *m*, Aufruhr *m*; **sedicioso** A ADJ aufständisch, aufrührerisch B M, **-a** F Aufständische *m/f*, Aufrührer *m*, -in *f*

sedientes ADJ JUR MPL (**bienes** *mpl*) **~** Liegenschaften *fpl*

sediento ADJ durstig, dürstend; *fig* **~ de sangre** blutdürstig; **~ de venganza** rachedurstig; **estar ~** Durst haben; *fig* **estar ~** de dürsten (*o* lechzen) nach (*dat*)

sedimentación F Bodensatzbildung *f*; QUÍM, GEOL Ablagerung *f*; MED **~ globular** *o* **de los glóbulos rojos** Blutsenkung *f*; MED **velocidad** *f* **de ~ globular** Blutsenkungsgeschwindigkeit *f*

sedimentar VT ablagern; absetzen, niederschlagen; **sedimentario** F ADJ Ablagerungs...; Niederschlags...; GEOL **rocas** *fpl* **-as** Sedimentgestein *n*

sedimento M Bodensatz *m*; Ablagerung *f*; *espec* QUÍM Niederschlag *m*; Sediment *n*; **~s** *pl* Sinkstoffe *mpl*

sedoso ADJ seidenartig, seidig; seidenweich

seducción F (*persuasión*) Verführung *f*; (*tentación*) Verlockung *f*, Versuchung *f*

seducir VT ⟨3o⟩ 1 (*tentar, persuadir*) verführen; verlocken, verleiten; versuchen 2 (*atraer*) reizen; (*encantar*) bezaubern; **seductivo** ADJ verführerisch; bezaubernd; **seductor** A ADJ verführerisch; verlockend B M, **seductora** F Verführer *m*, -in *f*

sefardí ⟨*pl* -íes⟩ A ADJ sephardisch B M/F Sephardit *m*, -in *f*, Sepharde *m*, Sephardin *f* (*Juden spanischer Herkunft*); **sefardita** → sefardí

segable ADJ AGR schnittreif, mähbar; **segada** F AGR Mähen *n*, Mahd *f*; **segador** M AGR *persona*: Schnitter *m*; Mäher *m*; **segadora** F AGR 1 *máquina*: Mähmaschine *f*; **~-(a)gavilladora** Selbstbinder *m*; **~-atadora** Mähbinder *m*; **~-trilladora** Mähdrescher *m* 2 *persona*: Mäherin *f*

segar VT ⟨1h *y* 1k⟩ (ab)mähen; *fig* (*cortar*) abschneiden; (*destruir*) zerstören; **~ (con hoz)** (ab)sicheln; *fig* **~ en flor** im Keim ersticken; *personas por una epidemia*: hinwegraffen

segazón F (*corte*) Schnitt *m*, Mahd *f*; (*tiempo de cosecha*) Erntezeit *f*

seglar A ADJ weltlich B M/F Laie *m*, Laiin *f*

segmentación F BIOL Furchung *f*

segmento M GEOM, TEC Segment *n*; Kreis- (*o* Kugel)abschnitt *m*; ZOOL *de los gusanos y antrópodos*: Körperglied *n*; BOT (Pflanzen)Abschnitt *m*; TEC **~ de émbolo** Kolbenring *m*; TEC **~ dentado** Zahnsegment *n*, -bogen *m*; GEOM **~ rectilíneo AB** Strecke *f* AB

Segovia F *spanische Stadt, Provinz*

segoviano ADJ aus Segovia

segregación F 1 (*secreción*) Absonderung *f* (*tb* QUÍM), Ausscheidung *f* 2 (*separación*) Trennung *f*; POL **~ racial** Rassentrennung *f*; **segregacionismo** M POL Politik *f* der Rassentrennung; **segregacionista** A ADJ Rassentrennungs... B M/F Anhänger *m*, -in *f* der Rassentrennung

segregar VT ⟨1h⟩ 1 (*excretar, secretar*) ausscheiden, absondern (*tb* QUÍM, FISIOL) 2 *fig* (*separar*) trennen; **segregativo** ADJ absondernd

segueta F (*sierra de marquetería*) Laubsäge *f*; *hoja*: Laubsägeblatt *n*; **seguetear** VI Laubsägearbeiten machen

seguida F *pop* **de ~** ununterbrochen; **en ~** sofort, gleich; **seguidamente** ADV anschließend; gleich darauf; *prep* **~ de** unmittelbar nach (*dat*); **seguidilla** F 1 LIT Seguidilla *f* 2 MÚS *ein Volkslied und Tanz* 3 *fam fig* **~s** *pl* (*diarrea*) Durchfall *m*, Durchmarsch *m fam*; **seguidismo** M Gefolgschaftstreue *f*; **seguidista** ADJ gefolgschaftstreu

seguido ADJ (*sin intermisión*) ununterbrochen; (*sucesivo*) aufeinanderfolgend , hintereinander, nacheinander; **acto ~** auf der Stelle; **de ~** hintereinanderweg; **todo ~** in einem fort; immer geradeaus; **tres días ~s** drei Tage hintereinander

seguidor M, **seguidora** F 1 (*perseguidor[a]*) Verfolger *m*, -in *f* 2 (*postulante*) Bewerber *m*, -in *f*, (*amante*) Liebhaber *m*, -in *f* 3 (*partidario*) Anhänger *m*, -in *f*; **seguimiento** M 1 (*sucesión*) Nachfolge *f*; (*séquito*) Gefolge *n*; **curso** *m* **de ~** Aufbaukurs *m* 2 TEC Nachlauf *m* 3 (*persecución*) Verfolgung *f*; POL *de personas sospechosas*: Überwachung *f*, Beschattung *f*, Observierung *f* 4 *astronáutica*: **estación** *f* **de ~** (Boden)Kontrollstelle *f*, -zentrum *n* 5 *de una huelga*: Beteiligung *f* 6 (*suministro*) Beschaffung *f*

seguir ⟨3l *y* 3d⟩ A VT 1 (*ir detrás*) folgen (*dat*); nachfolgen (*dat*); (*perseguir*) verfolgen (*tb fig*), *j-m* nachgehen; POL *tb j-n* beschatten; *dirección, huella* folgen; **¡síganme ustedes!** folgen Sie mir!, mir nach! 2 *consejos, instrucciones, etc* befolgen; *discurso, etc* folgen (*dat*); **~ la moda** sich nach der Mode richten, die Mode mitmachen 3 (*continuar*) fortsetzen (*tb camino*); **~ el viaje** weiterreisen 4 (*dedicarse*) sich widmen; *profesión* ausüben; *negocio, arte* betreiben; *carrera, estudio* einschlagen; *curso* mitmachen; *política* verfolgen; *religión, movimiento político* angehören (*dat*); JUR **~ una causa** einen Prozess führen; **~ los estudios** dem Studiengang folgen; beim Studium mitkommen B VI 1 folgen; TEC nachlaufen; **lo que sigue** das Folgende; das Nachstehende; **en lo que sigue** im Folgenden; **y lo que sigue** und so weiter; **punto y sigue** *o* **punto (y) seguido** *en el dictado*: Punkt (und weiter); **hacer ~** hinterherschicken; nachsenden 2 (*continuar*) fortfahren; weitermachen; (*persistir*) an-, fortdauern; **~ adelante** weitermachen, fortfahren; **~ con a/c** etw weiterhin (*o* immer noch) tun; **~** (*ger*) fortfahren zu (*inf*); **~ ardiendo** weiterbrennen; **~ haciendo a/c** weiter etw tun, etw fortsetzen; **sigue así y ya verás** mach nur so weiter und du wirst schon sehen; **¿cómo sigue usted?** wie geht es Ihnen?; **¡a ~ bien!** alles Gute! 3 (*avanzar*) weitergehen, -fahren, -fliegen, -reisen, -reiten *etc* 4 (*quedar en*) (noch) bleiben; *viviendo*: weiterhin wohnen (*o* sich befinden *o* sein); **~** (*adj*) immer noch sein; **sigue enfadado conmigo** er/sie ist immer noch böse auf mich; **~ fiel a alg** j-m treu bleiben; **el tiempo sigue lluvioso** das Wetter bleibt regnerisch; **~ en** (*quedarse*) (weiter) sein, sich befinden, bleiben; **~ en su intento** bei seiner Absicht bleiben; **los volúmenes siguen sin cortar** die Bände sind (immer) noch nicht aufgeschnitten; **Carmen sigue (siendo** *o* **estando) soltera** Carmen ist noch (immer) unverheiratet; **los precios siguen subiendo** der Preisanstieg hält (*o* dauert) an 5 *fig en el trabajo, negocio, estudio*: mit-, nachkommen C VR **seguirse** folgen (**de** aus *dat*); die Folge sein (**de** von *dat*); aufeinanderfolgen; **de esto se sigue** daraus folgt

según A PREP nach, gemäß (*dat*), laut (*gen o dat*); **~ aviso** nach Anzeige; laut Bericht; **~ sus deseos** nach Ihren Wünschen, wunschgemäß; **~ él** nach ihm; nach seiner Meinung; **~ eso** demnach; **~ yo** meiner Meinung nach B ADV, CJ je nach(dem); so (wie); sobald, sowie; soviel, soweit; **~ (que)** in dem Maße wie; **~ y como** *o* **~ y conforme** je nachdem; genauso wie; **~ lo que dice** nach dem, was (*o* wie) er sagt; nach seiner Meinung; **~ lo que diga** je nachdem, was er sagt; **~ se encuentre el enfermo** (je) nach dem Befinden des Patienten; **~ se mire** je nach Standpunkt, je nachdem; das kommt auf den Standpunkt an; **~ veamos** je nachdem, was wir feststellen (*o* erleben), warten wir's ab; **vendrá o no vendrá, ~** er kann kommen oder auch nicht, (ganz) je nachdem

segunda F 1 *llave, cerradura*: zweites Umdrehen *n* (*des Schlüssels*); *fig intención*: Hintergedanke *m*; **de ~** zweitklassig, minderwertig; **hablar con ~** doppelsinnig reden 2 FERR, *etc* zweite Klasse *f*; AUTO zweiter Gang *m*; COM **~ de cambio** Sekundawechsel *m* 3 MÚS Sekunde *f* 4 *esgrima*: Sekund(hieb *m*) *f*

segundar A VT (gleich) noch einmal tun, wiederholen B VI sekundieren; **segundero** A ADJ AGR zweite(r) (*von der Frucht mehrmals im Jahr tragender Pflanzen*) B M Sekundenzeiger *m*

segundo A ADJ NUM zweite(r, -s); *en relaciones*: zweitens; **sin ~** ohnegleichen; **el ~ mejor** der Zweitbeste; **~ en importancia** zweitwichtigste; **prima** *f* **-a** Kusine *f* zweiten Grades; **de -a mano** aus zweiter Hand; **-a vivienda** Zweitwohnung *f* B M 1 Zweite *m*; **vivir en el ~** im zweiten Stock wohnen 2 *tiempo*: Sekunde *f*

segundogénito A ADJ zweitgeboren B M, **-a** F Zweitgeborene *m/f*; **segundogenitura** F JUR Zweitgeburt(srecht *n*) *f*; **segundón** A ADJ → segundogénito B M, **-ona** F Zweitgeborene *m/f*; *fig fam jemand, der in einer Hierarchie immer an zweiter Stelle bleibt*

segur F *liter* Beil *n*; Sichel *f*; HIST Liktorenbeil *n*

seguramente ADV 1 (*probablemente*) (sehr) wahrscheinlich; sicherlich 2 (*con seguridad*) mit Sicherheit

seguridad F 1 Sicherheit *f* (*tb* ECON); (*protección*) Sicherung *f*; **~es** *mpl o* **normas** *fpl* **de ~** Sicherheitsvorschriften *fpl*; **~ del Estado** Staatssicherheit *f*; *tb* TEC **~ de funcionamiento** *o* **de servicio** Betriebs-, Funktionssicherheit *f*; **~ jurídica** Rechtssicherheit *f*; **Seguridad Social** Sozialversicherung *f*; **~ vial** *o* **viaria** Verkehrssicherheit *f*; *Esp* **Dirección** *f* **General de Seguridad** Oberste Polizeidirektion *f*; *adv* **con**

S

toda ~ ganz sicher, ganz gewiss; **de ~** Sicherheits…; **para mayor ~** sicherheitshalber, zur Sicherheit **2** *(finanza)* Bürgschaft *f*, *(garantía)* Gewähr *f* **3** *(certeza)* Sicherheit *f*, Überzeugung *f*

seguro **A** ADJ sicher *(tb* ECON); *(sin duda)* gewiss; *construcción, anclaje etc* fest, solide; TEC **~ contra empleo incorrecto** missgriffsicher, narrensicher *fam*; TEC **~ contra rotura** bruchsicher; **el clavo está ~** der Nagel sitzt fest, der Nagel hält; **dar por ~** als sicher annehmen; **~ de sí mismo** selbstsicher; **no estamos ~s aquí** hier sind wir nicht sicher; hier ist es nicht geheuer; **estoy ~ de que vendrá** ich bin sicher (*o* davon überzeugt), dass er kommt; **no estoy tan ~** da bin ich mir nicht so sicher; *fam fig* **ser tan ~ como el evangelio** unweigerlich feststehen, tod- (*o* bomben)sicher sein *fam* **B** ADV bestimmt **C** M **1** *(seguridad)* Sicherheit *f*; *lugar*: sicherer Platz *m*; *(salvoconducto)* Geleitbrief *m*; **a buen ~** *o* **de** *(tb* **al) ~** sicher(lich); **en ~** geborgen, in Sicherheit; **ir sobre ~** sichergehen; kein Risiko eingehen; *fam fig* **irse del ~** (unüberlegt) Risiken eingehen **2** *en armas, instrumentos, máquinas y fig*: Sicherung *f*; **poner el ~ a un arma** eine Waffe sichern; **quitar el ~ a un arma** eine Waffe entsichern; TEC **~ contra sobrepresión** Überdrucksicherung *f* **3** COM Versicherung *f*; AUTO **~ a todo riesgo** Kaskoversicherung *f*; **~ contra accidentes** Unfallversicherung *f*; MAR **~ de casco** Kaskoversicherung *f*; CAZA **~ de cazadores** Jagdhaftpflichtversicherung *f*; **~ contra daños/contra el granizo/contra el robo** Schaden(s)-/Hagel-/Diebstahlversicherung *f*; **~ de dependencia** Pflegeversicherung *f*; **~ de desempleo** *o* **de paro** Arbeitslosenversicherung *f*; **~ de enfermedad/de equipajes** Kranken-, Gepäckversicherung *f*; **~ (multirriesgo) del hogar** Hausratversicherung *f*; **~ de jubilación** Rentenversicherung *f*; **~ marítimo/médico/social** See-/Kranken-/Sozialversicherung *f*; **~ mutuo** Versicherung *f* auf Gegenseitigkeit; **~ obligatorio/privado/real** Pflicht-/Privat-/Sachversicherung *f*; AUTO **~ de ocupantes** Insassenversicherung *f*; **~ de desempleo** *o* **paro/de personas** Arbeitslosen-/Personenversicherung *f*; **~ de pedrisco** Hagelversicherung *f*; **~ de responsabilidad civil** Haftpflichtversicherung *f*; AUTO **~ (a) todo riesgo** (Voll)Kaskoversicherung *f* (mit Rechtsschutz- und Insassenversicherung); **~ a terceros** Haftpflichtversicherung *f* (für Sach- und Personenschäden); **~ de vejez e invalidez** Alters- und Invalidenversicherung *f*; **~ sobre la** *o* **de vida** Lebensversicherung *f*; **agencia** *f* **de ~s** Versicherungsagentur *f*; **agente** *m* **de ~s** Versicherungsagent *m*, -in *f*; **contratar un ~** eine Versicherung abschließen **4** *Méx (imperdible)* Sicherheitsnadel *f*

S

seibó M *Am reg* Anrichte *f*

seis NUM sechs; *(sexto)* sechste(r, -s); **el ~** die Sechs *f*; **seisavado** ADJ MAT sechseckig; **seisavo** M Sechstel *n*; **seiscientos** M NUM sechshundert; **el ~** der sechshundertste

seise M Chorknabe *m*; **seisillo** M MÚS Sextole *f*

seísmo M Erdbeben *n*

SELA M ABR (Sistema Económico Latinoamericano) lateinamerikanisches Wirtschaftssystem *n*

selección F **1** *acción*: Auswahl *f*; Auslese *f*; *espec* COM Aussortierung *f*; **~ de basuras** Mülltrennung *f* **2** *cosas o personas escogidas*: Auswahl *f*; DEP Auswahlmannschaft *f*; DEP **~ nacional** National-, Ländermannschaft *f*; BIOL **~ natural** natürliche Auslese *f*; *tb* TEC **~ previa** Vorwahl *f*; **~ de residuos** Mülltrennung *f*; **hacer una ~** eine Auswahl vornehmen (*o* treffen) **3** INFORM **~ predeterminada** Voreinstellung *f* **4** TEL **~ urbana/interurbana** Orts-/Fernwahl *f*

seleccionado **A** ADJ ausgewählt; DEP **equipo** *m* **~** Auswahlmannschaft *f* **B** M **1** DEP Auswahl- (*o* National)spieler *m* **2** *Am espec* DEP→ selección; **seleccionador** M, **seleccionadora** F DEP Nationaltrainer *m*, -in *f*

seleccionar V/T **1** *(elegir)* auswählen **2** *(escoger)* aussortieren; aussieben; RADIO, TV trennen; *cría*: selekti(oni)eren; **~ previamente** *en la caja de cambios automática etc* (vor)wählen; **selectividad** F **1** RADIO, TV Selektivität *f*; Trennschärfe *f*; Scharfeinstellung *f* **2** *Esp* UNIV *(examen de admisión)* Aufnahmeprüfung *f*; **selectivo** ADJ eine Auswahl ermöglichend; RADIO trennscharf; **(curso** *m***) ~** Auswahl- (*o* Vorbereitungs)lehrgang *m*

selecto ADJ ausgewählt, erwählt; **lo más ~** das Beste, das Erlesenste; die Elite; LIT **obras** *fpl* **-as** ausgewählte Werke *npl*; **selector** TEC, ELEC **A** ADJ (aus)wählend, Wähl…; TEL **disco** *m* **~** Wählscheibe *f* **B** M TEC Wähler *m*, Schalter *m*; AUTO **~ de cambio de marcha** Gangwähler *m*, -schalter *m (Automatikgetriebe)*; RADIO **~ de tecla** Wähltaste *f*

Selene F MIT *y poét* Selene *f*, *fig* Mond *m*

selenio M QUÍM Selen *n*; ELEC **célula** *f o* **pila** *f* **de ~** Selenzelle *f*; **selenita** **A** F MINER Gips(spat) *m*, Selenit *m*; *en láminas*: Marien-, Alabasterglas *n* **B** M/F MIT Mondbewohner *m*, -in *f*; **selenología** F Mondforschung *f*, -kunde *f*; **selenológico** ADJ selenologisch, mondkundlich; **selenólogo** M, **selenóloga** F Mondforscher *m*, -in *f*

self-… PREF Selbst…

sellado **A** ADJ **papel** *m* **~** Stempelpapier *n* **B** M **1** *(estampillado)* (Ab)Stempelung *f*; *(precintado)* Versiegelung *f* **2** *(sellado)* Versiegeln *n (tb de pisos etc)*; **sellador** **A** ADJ siegelnd; stempelnd **B** M, **selladora** F Versiegelnde *m/f*; Stempelnde *m/f*; *fig* Besiegler *m*, -in *f*, Vollender *m*, -in *f*

sellar V/T **1** *precinto* siegeln; *(poner el sello)* stempeln **2** *botellas, recipientes, muebles, piezas, pisos, etc* versiegeln *(tb* JUR); **~ el labio** schweigen, Schweigen bewahren **3** *fig destino* besiegeln

sellera F Briefmarkenschatulle *f*

sello M **1** *utensilio y lo impreso*: Stempel *m*; *(precinto)* Siegel *n*; *p. ext* ADMIN **Sello** Stempelbehörde *f*; *fig (cuño)* Gepräge *n*; **~ ajustable** Drehstempel *m*; **~ de asiento/de la casa** Buchungs-/Firmenstempel *m*; **~ de caucho** *o Perú* **de jebe** Gummistempel *m*; ECON **~ de calidad** Gütesiegel *n*, -zeichen *n*; **~ discográfico** Schallplattenfirma *f*, (Platten-)Label *n*; **~ de fechas** Datumsstempel *m*; **~ del Estado** Staatssiegel *n*; **~ de contraste/de franqueo** Eich-/Frankierstempel *m*; **~ impreso** eingedrucktes Siegel *n*; *correos*: Freimarkenstempel *m*; **~ de lacre** (Lack)Siegel *n*, Siegelabdruck *m*; **~ oficial** Amtssiegel *n*, -stempel *m*; **grabador** *m* **de ~s** Stempelschneider *m*; JUR **ruptura** *f* **de ~s** Siegelbruch *m*; **bajo el ~ del secreto** *o* **de la discreción** unter dem Siegel der Verschwiegenheit; **(cerrado) bajo siete ~s** unter (*o* hinter) sieben Siegeln (verschlossen); **cerrar con un ~** versiegeln; **echar** *o* **poner el ~ a** (ver)siegeln *(acus)*; (ab)stempeln *(acus)*; *fig* das Siegel der Vollendung aufdrücken *(dat)*; JUR **poner ~s** versiegeln; *fig* **tener un ~ especial** ein besonderes Gepräge haben **2** *de papel*: Beitragsmarke *f*; **~ (postal** *o* **de correo)** Briefmarke *f*; **~ de 51 céntimos** 51-Cent-Briefmarke *f*; **~ (fiscal)** Stempel-, Gebührenmarke *f*; *correos*: **~ de alcance** Zuschlagmarke *f*; **~ móvil** Marke *f*; *correos*: **~ de urgente** durch Eilboten, per Express; **~ sin utilizar** postfrische Briefmarke *f*; **álbum** *m* **de ~s** Briefmarkenalbum *n* **3** FARM Oblate *f*, (Oblaten)Kapsel *f* **4** *Col, Chile, Ec, Perú de una moneda*: Rückseite *f*, Zahl *f*

Seltz: **agua** *f* **de ~** *o* **seltz** M Selterswasser *n*; *p. ext* Soda-, Tafelwasser *n*

selva F Wald *m*; *Am* Urwald *m*; **~ frondosa** Laubwald *m*; **Selva Negra** Schwarzwald *m*; **~ pluvial** Regenwald *m*; **~ virgen** Urwald *m*

selvático ADJ waldig; *fig (salvaje)* wild; *(rústico)* grob, ungeschlacht; **selvoso** ADJ waldreich

sema M LING Sem *n*

semáforo M **1** *transporte*: **~ (de tráfico)** (Verkehrs)Ampel *f*; **~ intermitente** Blinkampel *f*; **pasarse** *o* **saltarse un ~ en rojo** bei Rot über die Kreuzung fahren **2** FERR **~ (de ferrocarril)** Signal *n* **3** *Esp fam (ojo)* Auge *n*

semana F Woche *f*; **~ blanca** *Esp, enseñanza*: Skilager *n*, Skiferien *pl*; Skischullandheim *n*; **~ inglesa** Fünftagewoche *f*; REL **Semana Santa** Karwoche *f*; **entre ~** wochentags, in (*o* unter) der Woche; *fam fig* **la ~ que no tenga jueves** nie, an Sankt Nimmerlein *fam*

semanal **A** ADJ wöchentlich; **revista** *f* **~** → semanario **B** M Wochenlohn *m*; **semanario** M Wochenschrift *f*

semantema M LING Semantem *n*, Bedeutungselement *n*

semántica F FIL, LING Semantik *f*; **semántico** ADJ FIL, LING semantisch; **campo** *m* **~** Wortfeld *n*

semantista M/F Semantiker *m*, -in *f*

semasiología F FIL, LING Semasiologie *f*; **semasiológico** ADJ semasiologisch; **semasiólogo** M, **semasióloga** M Semasiologe *m*, Semasiologin *f*

semblante M *(rostro)* Gesicht *n*; *(cara)* Miene *f*, Gesichtsausdruck *m*; *(aspecto)* Aussehen *n*; *(apariencia)* Anschein *m*; **semblantear** V/T *Arg, Chile, Méx (mirar cara a cara)* j-m fest ins Gesicht sehen; *p. ext (observar)* genau beobachten;

semblanza F Lebensbild *n*

sembradera F AGR Drillmaschine *f*; **sembradío** ADJ AGR für eine Bestellung geeignet, Saat…, Acker…; **sembrado** **A** M Saat-, Ackerfeld *n*; **~ de otoño** Wintersaat *f* **B** ADJ *Cuba* **estar ~** baff sein

sembrador **A** ADJ säend **B** M Sämann *m*; **sembradora** F **1** *persona*: Säerin *f* **2** *máquina*: Sämaschine *f*; **sembradura** F Säen *n*; Aussaat *f*

sembrar V/T ⟨1k⟩ AGR *y fig* (aus)säen; *Perú tb árboles etc* pflanzen; *p. ext* ausstreuen; bestreuen **(con, de** mit *dat*); *fig (esparcir)* verbreiten; *fig* **~ en la arena** auf Sand bauen *(fig)*; **~ la discordia** *o* **~ cizaña** Zwietracht säen; **~ odio** Hass säen

semejante **A** ADJ ähnlich *(tb* MAT); solch, so ein; **no es posible correr a ~ velocidad** so schnell kann man nicht laufen; **~ cosa** so etwas **B** M/F Nächste *m/f*, Mitmensch *m*; **mis/tus**, *etc* **~s** meines-/deinesgleichen *etc*

semejanza F **1** *(parecencia)* Ähnlichkeit *f*; **a imagen y ~** genau nach Vorbild; **tener ~ con** ähnlich sein *(dat)* **2** *(parábola)* Gleichnis *n*, Parabel *f*

semejar **A** V/T ähneln *(dat)*, ähnlich sein *(dat)*; aussehen wie *(nom)*, scheinen *(nom)* **B** V/I *y* V/R **~(se)** sich ähneln; **~ uno a otro** j-m (*o* etw) ähnlich sein **(en** in, an *dat*)

semema M LING Semem *n*

semen M BIOL Same(nflüssigkeit *f*) *m*; **semencontra** M FARM Wurmsame(n) *m*; **semental** **A** ADJ Saat…; Zucht… **B** M Zuchttier *n*; *caballo*: Deckhengst *m*; **sementera** F Saat *f*; Saatzeit *f*; *fig* Quelle *f*

semestral ADJ halbjährlich; halbjährig; **semestre** M Semester *n*, Halbjahr *n*

semi... PREF Halb..., Semi... **semiacabado** A ADJ halb fertig B M Halbfertigprodukt *n*; **semiautomático** ADJ halb automatisch; **semicircular** ADJ halbkreisförmig; **semicírculo** M Halbkreis *m*; **semiconductor** M ELEC Halbleiter *m*; **semiconsonante** F FON Halbkonsonant *m*; **semicorchea** F MÚS Sechzehntelnote *f*; **semicultismo** M LING halbgelehrte Form *f*; **semiculto** ADJ halbgebildet; **semidesnatado** ADJ *leche etc* halbfett; **semidesnudo** ADJ halb nackt; **semidiós** M Halbgott *m*; **semidiosa** F Halbgöttin *f*; **semieje** M MAT, TEC Halbachse *f*; **semielaborado** ADJ halb bearbeitet; *pieza de trabajo*: halbfertig; **semiesfera** F GEOM, GEOG Halbkugel *f*; **semiestatal** ADJ halbstaatlich; **semifinal** F DEP Vorschlussrunde *f*, Halbfinale *n*; **semifinalista** M/F DEP Halbfinalist *m*, -in *f*; **semifondo** M DEP **carrera** *f* **de ~** Mittelstreckenlauf *m*; **semifusa** F MÚS Vierundsechzigstelnote *f*; **semigraso** ADJ halbfett; **semilíquido** ADJ halbflüssig

semilla F Same *m*; Samenkorn *n*; **~s** *fpl tb* Sämereien *fpl*; **semillero** M Baumschule *f*; Pflanzschule *f*; *fig* Brutstätte *f*; **seminal** ADJ Samen...

seminario M 1 UNIV (Universitäts-)Seminar *n* 2 REL Priesterseminar *n*; **seminarista** M/F Seminarist *m*, -in *f*

seminegrita A ADJ TIPO halbfett B F TIPO halbfette Letter *f* (*o* Schrift *f*)

semiología F Semiologie *f*, Zeichenkunde *f*; **semiológico** ADJ semiologisch; **semiólogo** M, **semióloga** F Semiologe *m*, Semiologin *f*; **semioscuridad** F Halbdunkel *n*; **semiótica** F Semiotik *f*

semipermeable ADJ halbdurchlässig; **semiprecioso** ADJ MINER **piedra** *f* **-a** Halbedelstein *m*; **semiproducto** M Halbfabrikat *n*; **semirremolque** M AUTO Sattelanhänger *m*; **semirrígido** ADJ halbstarr; **semisótano** M Halbsouterrain *n*; Erdhaus *n* (*z. B. in Gärtnereien*)

semita A ADJ semitisch B M/F Semit *m*, -in *f*; **semítico** ADJ semitisch; **semitismo** M 1 *característica*: semitische Wesensart *f* 2 LING Semitismus *m*; **semitista** M/F LING Semitist *m*, -in *f*

semitono M MÚS Halbton *m*; **semitransparente** ADJ halbtransparent; **semivocal** F FON Halbvokal *m*

sémola F Grieß *m*

semolilla F (Mühlen)Dunst *m*

semoviente ADJ JUR **bienes** *mpl* **~s** bewegliche Güter *npl*, Vieh *n*

sempervirente ADJ BOT immergrün

sempiterna F BOT Immergrün *n*; TEX grober Wollstoff *m*; **sempiterno** ADJ immer während; ewig

sen M BOT Sennesstrauch *m*; **~ de España** Spanische Cassia *f*; FARM **hojas** *fpl* **de ~** Sennesblätter *npl*

Sena M Seine *f*

senado M Senat *m*; *edificio*: Senatsgebäude *n*; **senador** M, **senadora** F Senator *m*, -in *f*; **senaduría** F Senatorenwürde *f*; **senatorial** ADJ **senatorio** ADJ Senats...; Senatoren...

S. en C. ABR (Sociedad en comandita) KG *f* (Kommanditgesellschaft)

sencillamente ADV einfach, schlichtweg; kurz und gut; **sencillez** F Einfachheit *f*; Schlichtheit *f*; *fig* (*candidez*) Arglosigkeit *f*, Treuherzigkeit *f*; Aufrichtigkeit *f*

sencillo A ADJ 1 (*simple*) einfach; schlicht; bescheiden (lebend); **billete** *m* **~** einfache Fahrkarte *f*; **gente(s)** *f(pl)* **-a(s)** einfache Leute *pl* 2 (*cándido*) aufrichtig; treuherzig; einfältig B M 1 *Esp disco musical*: Single *f* 2 *Am* (*cambio*) Klein-, Wechselgeld *n*

senda F 1 Pfad *m* (*tb fig*); schmaler Weg *m*; Fußweg *m*; *fig* **seguir la ~ trillada** auf ausgetretenen Pfaden wandeln 2 *Am reg de la autopista*: Spur *f*

sendas → sendos

senderear A V/T 1 (*guiar*) (auf dem Pfad) führen 2 (*abrir senda*) Pfade anlegen in (*dat*) B V/I (über einen Pfad) gehen (*o* schlendern); *fig* ungewöhnliche Wege einschlagen (*fig*); **senderismo** M 1 *Esp* DEP Wandern *n*, Wandersport *m* 2 *Perú* POL Ideologie *f* des Sendero Luminoso; **senderista** A ADJ *Perú* POL des Sendero Luminoso B M/F 1 *Esp* (*excursionista*) Wanderer *m*, Wanderin *f* 2 *Perú* POL Anhänger *m*, -in *f* des Sendero Luminoso

sendero M 1 Pfad *m*; Wanderweg *m*; schmaler Weg *m*; **~ de elefantes** Elefantenpfad *m*; **~ enarenado** Kiesweg *m*; *fig* **~ de la guerra** Kriegspfad *m*; **~ de sirga** Treidelweg *m* 2 HIST POL **Sendero Luminoso** Leuchtender Pfad *m* (*frühere Guerrillabewegung in Peru*)

senderuela F BOT Nelkenpilz *m*, -schwindling *m*

sendos, sendas ADJ NUM *liter* je ein; jede(r) ein; **dio a los tres sendos puñetazos** er versetzte jedem der drei einen Faustschlag; **recibieron ~ regalos** jeder bekam ein Geschenk

Séneca N PR M Seneca *m*; *fig* hochgelehrter Mann *m*

senecio M BOT Kreuz-, Greis-, Jakobskraut *n*; **senectud** F Greisenalter *n*

Senegal M Senegal *m*

senegalés A ADJ senegalesisch B M, **-esa** F Senegalese *m*, Senegalesin *f*

senequismo M FIL Lehre *f* des Philosophen Seneca; *p. ext* stoische Geisteshaltung *f* und Wesensart *f*; **senequista** A ADJ in der Nachfolge Senecas (*o* seiner Lehre) stehend B M/F Anhänger *m*, -in *f* der Lehre Senecas

senescal M HIST Seneschall *m*; Oberhofmarschall *m*, Truchsess *m*

senescencia F Vergreisung *f*; **senescente** ADJ alternd

senil ADJ greisenhaft, senil; Alters...; **senilidad** F Senilität *f*, Greisenhaftigkeit *f*; **senilismo** M MED Senilität *f*

sénior A ADJ senior B M/F ⟨*pl* seniores⟩ *espec* DEP Senior *m*, -in *f*

seno M 1 ANAT (*pecho*) Busen *m*; *fig* (*regazo*) Schoß *m*; **~ mamario** Busen *m*, Brust *f*; REL *y fig* **~ de Abraham** Abrahams Schoß *m*, REL *tb* Limbus *m*, Vorhölle *f*; **en el ~ de la familia/de la sociedad/de la tierra** im Schoß (*o* im Kreis) der Familie/in der Obhut der Gesellschaft/im Innern der Erde; **~ materno** Mutterbrust *f*; *fig* Mutterschoß *m* 2 (*concavidad*) Ausbuchtung *f*; *espec* ANAT (*cavidad*) Höhle *f*, Vertiefung *f*; **~ de la ola**, FÍS **~ de la onda** Wellental *n*; MAR **formar ~** *vela, cuerda*: schlaff sein; ANAT **~ esfenoidal/frontal/maxilar** Keilbein-/Stirn-/Kieferhöhle *f* 3 GEOG (*golfo*) Meerbusen *m* 4 MAT Sinus *m*; **~ (in)verso** Sinus *m* versus; **~ (primero)** Sinus *m*; **~ recto** Sinus *m* rectus; **~ segundo** → coseno

senoidal ADJ MAT, FÍS sinusförmig; Sinus...; **función** *f* **~** Sinusfunktion *f*; MÚS **tono** *m* **~** Sinuston *m*; **senoide** F MAT, FÍS Sinuskurve *f*, -linie *f*

sensación F 1 (*impresión*) Sinneseindruck *m*; Empfindung *f*, Gefühl *n*; **tengo la ~ de que** ich habe das Gefühl, dass; **~ de angustia** Angstgefühl *n*; **~ de frío** Kältegefühl *n*; **~ táctil** Tast-, Berührungsempfindung *f*; **~ térmica** gefühlte Temperatur *f* 2 *noticia*: Aufsehen *n*, Sensation *f*; **causar** *o* **hacer** *o* **producir ~** Aufsehen erregen

sensacional ADJ sensationell, aufsehenerregend; *fam* prima *fam*, toll *fam*; **sensacionalismo** M Sensationsgier *f*; **sensacionalista** ADJ sensationslüstern; **prensa** *f* **~** Sensationspresse *f*; **periódico** *m* **~** Revolverblatt *n fam*

sensatez F Besonnenheit *f*, Verständigkeit *f*; **sensato** ADJ besonnen, vernünftig

sensibilidad F Empfindlichkeit *f* (*tb* MED, FOT, ÓPT, TEC); Sensibilität *f*; (*sentimentalismo*) Empfindsamkeit *f*; FOT Licht-, Farbempfindlichkeit *f*; **de alta ~** hochempfindlich; TEC **~ al choque** Stoßempfindlichkeit *f*; FOT **~ para el** *o* **al rojo** Rotempfindlichkeit *f*; **tener demasiada ~** allzu empfindlich (*o* empfindsam) sein

sensibilización F Sensibilisierung *f*; **sensibilizador** A ADJ sensibilisierend B M FOT Sensibilisator *m*; **sensibilizar** V/T ⟨1f⟩ empfindlich machen, sensibilisieren (*tb fig*); FOT lichtempfindlich machen

sensible ADJ 1 (*delicado*) empfindlich (a gegen *acus*) (*tb* MED, TEC); empfänglich, reizbar; FOT (licht)empfindlich; **~ al agua/al aire/al calor** wasser-/luft-/hitzeempfindlich; FOT **~ a los colores** farbempfindlich; **~ a la luz** lichtempfindlich; TEC **~ a la percusión** klopf-, schlagempfindlich; MÚS **nota** *f* **~** Leitton *m* 2 (*perceptible*) sinnlich (wahrnehmbar); fühlbar, spürbar, merklich (*tb fig*) 3 *fig* (*doloroso*) schmerzlich, (*lamentable*) bedauerlich; **me es muy ~** es schmerzt mich sehr, es tut mir sehr Leid 4 (*afectivo*) gefühlvoll, weichherzig; mitfühlend; zartbesaitet

sensiblemente ADV merklich, spürbar; **sensiblería** F übertriebene (*o* falsche) Empfindsamkeit *f*; Gefühlsduselei *f*; **sensiblero** ADJ sentimental, gefühlsduselig

sensitiva F 1 BOT Mimose *f* 2 *parapsicología*: Sensitive *f*; **sensitivar** V/T FOT *recubrimiento* sensitivieren

sensitivo A ADJ 1 Sinnes...; **nervio** *n* **~** Gefühlsnerv *m* 2 (*capaz de sensibilidad*) empfindungsfähig, sensitiv 3 (*sensible*) empfindlich; empfindsam, feinfühlig; MED *nervio* sensibel B M *parapsicología*: Sensitive *m*

sensitómetro M FOT Empfindlichkeitsmesser *m*, Sensitometer *n*

sensor M ELEC, FÍS Sensor *m*; **~ de movimientos** Bewegungsmelder *m*

sensorial ADJ 1 *órgano* sensorisch; Sinnes..., Empfindungs..., sensoriell; ANAT **célula** *f*/**nervio** *m*/**órgano** *m* **~** Sinneszelle *f*/-nerv *m*/-organ *n* 2 (*perteneciente al sensorio*) zum Sensorium gehörend; **sensorio** A ADJ → sensorial 1 B M ANAT Sensorium *n*; **sensorizado** ADJ TEC mit Sensoren *mpl* ausgestattet

sensual ADJ sinnlich; Sinnen...; **apetito** *m* **~** → sensualidad; **sensualidad** F Sinnlichkeit *f*; **sensualismo** M 1 FIL Sensualismus *m* 2 *tendencia*: (Hang *m* zur) Sinnlichkeit *f*; **sensualista** A ADJ FIL sensualistisch B M/F Sensualist *m*, -in *f*

sentada F 1 (*asentada*) *Zeitraum, der sitzend verbracht wird*; *fig* **de una ~** auf einen Sitz *fam*; **leer la novela en dos ~s** den Roman in zwei Ansätzen lesen 2 *manifestación*: Sit-in *n*; Sitzblockade *f* 3 *Col equitación*: Ruck *m* am Zügel

sentadero M Sitzgelegenheit *f* (*Stein, Baumstamm etc vor einem Haus*)

sentado ADJ 1 sitzend; **estar ~** sitzen; **estar bien ~** gut sitzen; *fam fig* fest im Sattel sitzen (*fig*), eine gute Stellung haben; *fig* **dar por ~** als wahr annehmen, unterstellen; *fig* **dejar ~** feststellen 2 *fig* (*quieto*) ruhig, bedächtig, gesetzt 3 BOT *hoja* ungestielt 4 *pan* altbacken; **tengo -a la comida en el estómago** das Essen liegt mir schwer im Magen

sentar ⟨1k⟩ A V/T 1 (hin)setzen; *persona* Platz

S

nehmen lassen; *fam fig* ~ **la mano a alg** j-n schlagen; *p. ext (sermonear)* j-n herunterputzen *(fam fig)*; ~ **mano dura** hart zupacken, *tb fam fig* dazwischenhauen; ~ **el pie en el suelo** auftreten; **la humedad ha sentado el polvo** die Feuchtigkeit hat den Staub niedergeschlagen (*o* gebunden) 2 *fig (fijar)* festsetzen, *teoría* aufstellen; ~ **las bases/un precedente** die Grundlagen/einen Präzedenzfall schaffen; ~ **un principio** einen Grundsatz aufstellen 3 *(anotar, inscribir)* aufschreiben, eintragen 4 *costura* glatt bügeln B VI ~ **bien/mal** *comida, bebida* gut/schlecht bekommen; *vestimenta* gut/schlecht stehen; **le sienta bien** *fam fig tb* es geschieht ihm recht C VR **sentarse** sich setzen (**en, sobre** auf *acus*); *polvo, sedimento* sich (ab)setzen; *vino, cerveza* lagern; *persona* sich aufsetzen; **¡siéntese!** setzen Sie sich (her)!

sentencia F 1 *espec* JUR *(fallo)* Urteil *n*; Entscheidung *f*; *fig* Ausspruch *m*; **pronunciar la** ~ das Urteil sprechen; ~ **absolutoria/arbitral** Frei-/Schiedsspruch *m*; ~ **arbitraria** Willkürurteil *n*; ~ **condenatoria** Verurteilung *f*; ~ **firme** rechtskräftiges Urteil *n*, Endurteil *n*; ~ **de muerte** Todesurteil *n*; ~ **provisional** Zwischenbescheid *m*, -urteil *n*; **dictar** *o* **fallar** *o* **pronunciar la** ~ das Urteil fällen (*o* erlassen); **quedar concluso** *o* **visto para** ~ entscheidungsreif sein 2 *(aforismo)* Sentenz *f*; Denkspruch *m*

sentenciar VT & VI ⟨1b⟩ JUR (ver)urteilen; entscheiden; *fig* (be)urteilen, richten; ~ **a muerte** zum Tode verurteilen (wegen *gen* por); ~ **un pleito** in einem Rechtsstreit entscheiden

sentencioso ADJ sentenzenreich; sentenziös; lehrhaft, schulmeisterlich

sentido A ADJ 1 *(sensible)* empfindlich; reizbar 2 *(doloroso)* schmerzlich, schmerzhaft; *(melancólico)* wehmütig 3 *(conmovido, íntimo)* tief empfunden, innig 4 *Am reg espec del oído*: von feinen (*o* scharfen) Sinnen B M 1 *(razón)* Sinn *m*; Verstand *m*, Urteilskraft *f*, Einsicht *f*; ~ **artístico** Kunstsinn *m*, -verstand *m*; **buen** ~ Vernunft *f*, Vernünftigkeit *f*; ~ **común** gesunder Menschenverstand *m*; ~ **de los colores/de la orientación** Farb(en)-/Orientierungssinn *m*; ~ **del deber** Pflichtgefühl *n*; ~ **del gusto/del oído/del olfato/del tacto/de la vista** Geschmacks-/Gehör-/Geruchs-/Tast-/Gesichtssinn *m*; ~ **de observación** Beobachtungsgabe *f*; *fam fig* **el sexto** ~ der sechste Sinn *m*; **perder el** ~ das Bewusstsein verlieren; **quedar sin** ~ bewusstlos werden; *fig* **poner sus cinco ~s en a/c** ganz (*o* mit ganzem Herzen) bei einer Sache sein; **(no) tener** ~ (keinen) Sinn haben, sinnvoll (sinnlos) sein; **no tener** ~ **del humor** keinen Sinn für Humor haben 2 *(significado)* Sinn *m*, Bedeutung *f*; **doble** ~ Doppelsinn *m*, -bedeutung *f*; **de doble** ~ doppeldeutig; **de** ~ **contrario** *o* **opuesto** von entgegengesetzter Bedeutung; *tb* MAT **de** ~ **múltiple** vieldeutig; **en cierto** ~ in gewissem Sinne, gewissermaßen; **en el** ~ **estricto de la palabra** im strengen Sinn des Wortes, im genauen Wortsinn; **en** ~ **figurado** in übertragener Bedeutung; **en un** ~ **más amplio** in weiterem Sinne; **en el** ~ **propio de la palabra** im eigentlichen Sinne des Wortes; **en todos (los) ~s** in jeder Hinsicht; **abundar en el** ~ **de alg** ganz j-s Meinung *(dat)* sein; **hablar sin** ~ Unsinn reden 3 *(dirección)* Seite *f*; Richtung *f*; TEC ~ **de corte** Schnittrichtung *f*; ~ **longitudinal/transversal** Längs-/Querrichtung *f*; ~ **opuesto** *o* **contrario** Gegenrichtung *f*; **en el ~/en el** ~ **contrario de las agujas del reloj** im/entgegen dem Uhrzeigersinn 4 *Am reg (sien)* Schläfe *f* 5 *Am reg (oreja)* Ohr *n* 6 *Salv transporte*: ~ **único** Einbahnstraße *f*

sentimental A ADJ gefühlvoll, empfindsam; sentimental; **(hombre** *m***)** ~ Gefühlsmensch *m*; **compañero** *m*, **-a** *f* **sentimental** Lebensgefährte *m*, –in *f* B M/F Sentimentale *m/f*; TEAT **la** ~ die Sentimentale; *fam fig* **echársela de** ~ den Empfindsamen spielen; **sentimentalismo** M Sentimentalität *f*; Empfindsamkeit *f*; Rührseligkeit *f*

sentimiento M 1 *(emoción)* Gefühl *n*, Empfindung *f*, Regung *f*; ~ **de debilidad** Schwächegefühl *n*; **sin ~s** gefühllos 2 *(pesar)* Bedauern *n*; *(dolor)* Schmerz *m*, *(disgusto)* Verdruss *m*; *Esp* **le acompaño en el** ~ herzliches Beileid!; **tener el** ~ **de** *(inf)* bedauern, zu *(inf)* 3 *(rencor)* Groll *m*

sentina F MAR Kielraum *m*, Bilge *f*; *fig* Kloake *f (fig)*; *fig* ~ **de vicios** Sündenpfuhl *m*

sentir[1] M 1 *(emoción)* Fühlen *n*, Gefühl *n* 2 *(opinión)* Meinung *f*; **en mi** ~ meiner Meinung nach

sentir[2] ⟨3i⟩ A VT 1 *(experimentar sensaciones)* fühlen; empfinden; (ver)spüren, merken; ~ **alegría/miedo** Freude/Furcht empfinden; **siento calor** mir ist heiß; ~ **cansancio** ermüden; **siente las fatigas** die Strapazen machen sich bei ihm bemerkbar; **~lo en la propia carne** es am eigenen Leibe (ver)spüren; **siento lo mismo que usted** *tb* ich kann es Ihnen nachfühlen; *fig* ~ **bien una poesía** ein Gedicht gut (*o* richtig empfunden) vortragen; ~ **mucha sed** großen Durst verspüren; **le hicieron ~lo** sie haben es ihn fühlen lassen; **hacerse** *o* **dejarse** ~ fühlbar werden; sich bemerkbar machen; **sin ~lo** unmerklich; ohne es zu merken, unbewusst 2 *(tener compasión)* bedauern; leiden unter *(dat)*; **sentiremos siempre la muerte de nuestro amigo** der Tod unseres Freundes wird uns immer in schmerzlicher Erinnerung bleiben; **lo siento mucho** *o* **en el alma** es tut mir sehr (*o* von Herzen) Leid; ich bedaure es sehr; **¡cuánto lo siento!** wie schrecklich!; **siento que** *(subj)* ich bedaure (*o* schade), dass *(ind)*; **siento tener que decirle** leider muss ich Ihnen sagen; **dar que** ~ Kummer machen; teuer zu stehen kommen *(fig)* 3 *(percibir)* vernehmen, (gerade noch) wahrnehmen können, hören 4 *(opinar)* meinen, dafürhalten; **dice lo que siente** er sagt, was er meint; er sagt offen seine Meinung B VI ~ **con alg** mit j-m Mitgefühl haben C VR **sentirse** 1 ~ **bien/mal** sich gut/schlecht fühlen; ~ **capaz de** *(inf)* sich in der Lage fühlen, zu *(inf)*; sich für befähigt halten, zu *(inf)*; **¿cómo te sientes?** wie fühlst du dich?; wie ist dir zumute?; ~ **con fuerzas de** *(inf)* sich stark genug fühlen, zu *(inf)*; ~ **poeta** eine dichterische Ader haben; sich zum Dichter berufen fühlen 2 *(ser percibido)* wahrgenommen (*o* vernommen) werden; *fam fig* **no se siente una mosca** es ist totenstill 3 *(sufrir)* leiden (**de** an *dat*), Nachwirkungen spüren (**de** von *dat*); ~ **del pecho** Schmerzen in der Brust haben 4 *(rajarse)* Risse bekommen (*o* haben)

senyera F *die katalanische Regionalflagge*

seña F 1 *(signo)* Zeichen *n*; Anzeichen *n*; *(contraseña)* Erkennungszeichen *n*; *(señal)* Wink *m*; *(ademán)* Gebärde *f*; **~s** *fpl en pasaportes etc* besondere Kennzeichen *npl*; *fig* **~s** *fpl* **mortales** untrügliche Anzeichen *npl*; **~s** *fpl* **personales** Personenbeschreibung *f*; *reg* CAT **la Santa Seña** die Kreuzesfahne *f*; das (Prozessions)Kreuz *n*; **por las ~s** allem Anschein nach; **para** *o* **por más ~s** um das Bild zu vervollständigen; *fam* (und) außerdem; **hacer ~s** Zeichen (*o* Gebärden) machen; winken 2 *Esp* **~s** *fpl (dirección)* Anschrift *f*, Adresse *f* (**poner** schreiben); *correos:* **marchó sin dejar ~s** unbekannt verzogen 3 *Chile* (Glocken)Läuten *n*

señá F *espec Am pop* → señora

señal F 1 *(marca)* Merkmal *n*; Kennzeichen *n*; Zeichen *n*; *de lectura*: Lesezeichen *n*; REL (Wunder)Zeichen *n*; *p. ext (huella)* Spur *f*; *(cicatriz)* Narbe *f*; ~ **de ceda el paso** Vorfahrtsschild *n*; REL ~ **de la cruz** *mit der Hand geschlagenes* Kreuzzeichen *n*; ~ **de enrase** *en vasos, etc* Eichmarke *f*; TIPO ~ **de referencia** Verweismarke *f*, Bezugszeichen *n*; ~ **de tronca** Besitzzeichen *n beim Vieh*; ~ **de vida** Lebenszeichen *n*; **en** ~ **de** zum Zeichen (*gen o* von *dat*); **ni** ~ keine Spur, spurlos verschwunden; *fig* **dar ~es de vida** ein Lebenszeichen von sich geben, von sich hören lassen; **dar** ~ **de que ...** aufzeigen, dass ...; *fam fig* **explicar con pelos y ~es** bis ins Kleinste ausmalen 2 *transporte etc*: Signal *n*, Zeichen *n*; ~ **acústica** *o* **fónica** *o* **sonora** akustisches Signal *n*, Schallzeichen *n*; ~ **de alarma** Alarmzeichen *n*; Not-, Warnsignal *n*; MAR, MIL ~ **de bander(it)as** Flaggensignal *n*; ~ **a brazos** Winkspruch *m*; TEL ~ **de comunicando** *o* **de ocupado** Besetztzeichen *n*; ~ **horaria** RADIO Zeitzeichen *n*; MAR Zeitball *m*; ~ **de identificación** Erkennungszeichen *n*; *transporte:* ~ **informativa** Hinweisschild *n*; ~ **luminosa** Leucht-, Lichtsignal *n*; TEL ~ **de llamada** Ruf-, Freizeichen *n*; ELEC ~ **de mando** Schaltbefehl *m*; TEL ~ **de** *o* **para marcar** Wählton *m*; **~es** *fpl* **Morse** Morsezeichen *npl*; *transporte:* ~ **obligatoria** *o* **preceptiva** Gebotszeichen *n*; ~ **de partida** FERR Ausfahrzeichen *n*; Abfahrtssignal *n*; DEP Startzeichen *n*; FERR ~ **de paso a nivel** Warnkreuz *n* vor schienengleichen Bahnübergängen; ~ **de pausa** Pausenzeichen *n*; ~ **de prohibición** Verbotszeichen *n*, -schild *n*; ~ **de prohibición de estacionamiento** Parkverbotszeichen *n*; ~ **prohibitiva** Verbotszeichen *n*; FERR ~ **de proximidad** Warnkreuz *n*, Bake *f*; ~ **de salida** FERR Ausfahrzeichen *n*; FERR, MAR Abfahrtzeichen *n*; ~ **(marítima) de socorro** (See)Notruf *m (SOS)*; MAR ~ **de temporal** Sturmball *m*; Sturmwarnung *f*; ~ **de tráfico** Verkehrszeichen *n*; MAR **código** *m* **de ~es** Signalbuch *n*; FERR **dar** *o* **poner la** ~ **de salida** das Abfahrtzeichen geben; das Signal auf Abfahrt stellen; MAR, MIL **hacer ~es** winken, Flaggenzeichen geben 3 *(anticipo)* Anzahlung *f*, Handgeld *n*; **pagar** *o* **dejar una** ~ eine Anzahlung leisten 4 *(dinero por el envase)* Flascheneinsatz *m*

señala *Chile*, **señalada** *Arg* F Viehmarkierung *f*

señaladamente ADV besonders; **señalado** ADJ ge-, bezeichnet, bestimmt; *(condecorado)* ausgezeichnet; *(importante)* bedeutend, bedeutsam; **el día** ~ am anberaumten Tage; *fig* **dejar a alg** ~ j-n zeichnen *(fig)*; j-m einen Denkzettel geben

señalador M MAR, MIL Winker *m*, Blinker *m*, *tb* INFORM Lesezeichen *n*, Bookmark *f*; MAR Signalgast *m*

señalamiento M 1 *(marcación)* Bezeichnung *f*; Markierung *f* 2 *(denominación)* Benennung *f*, Bestimmung *f*; Festsetzung *f*; ADMIN *de un plazo*: Anberaumung *f*; *de un sueldo*: Anweisung *f* 3 JUR (Verhandlungs)Termin *m*, (Gerichts)Verhandlung *f*; **el** ~ **del pleito es para mañana** die Verhandlung (*o* der Prozess) ist auf morgen anberaumt 4 *espec* MIL, AVIA Signalisierung *f*

señalar A VT 1 *(rotular)* kennzeichnen; markieren; (aus)zeichnen; *golpe* vortäuschen, androhen; ~ **una estocada** eine Finte schlagen 2 *(indicar)* weisen; zeigen (*o* hinweisen) auf *(acus)*; anzeigen 3 *(comunicar)* anzeigen; melden; signalisieren 4 *(nombrar)* benennen, bezeichnen (**como** als *acus*); *(determinar)* festsetzen, anberaumen (*tb* JUR); ADMIN *salario* anweisen; *fig por herida, golpe, etc* zeichnen, brandmarken; verunstalten; *tb fig* **~ a alg con el dedo** mit dem Finger auf j-n zeigen; **~le con la espada (en la cara)** ihn (*o* sein Gesicht) mit dem Degen zeichnen **5** *juego de cartas*: (Gewinnpunkte) aufschreiben **B** V/R **señalarse** sich hervortun; sich auszeichnen (**en** in *dat*; **por** durch *acus*)

señalero M **1** *Arg* FERR Signalwärter *m*; MAR Signalgast *m* **2** *Par, Ur* AUTO Blinker *m*

señalista M FERR *etc* Signal- und Weichenwärter *m*; → *tb* señalador; **señalización** F *espec transporte*: Signalisierung *f*; Signalsystem *n*; Strecken- (*o* Wege- *o* Fahrbahn)markierung *f*; *transporte*: Aus-, Beschilderung *f*; AUTO **dispositivo** *m* **de ~ de avería** Warnblinkanlage *f*

señalizador ADJ Signal...; **antorcha** *f* **~a** Signalfackel *f*; **señalizar** V/T ⟨1f⟩ mit Zeichen, Markierungen *etc* versehen; bezeichnen; *transporte*: aus-, beschildern; INFORM *alarma, estado* melden

señera F *die katalanische Flagge*

señero ADJ *liter* einzigartig, unvergleichlich; herausragend, hervorragend, erstklassig

señor **A** M Herr *m*; (*dueño*) Besitzer *m*; *fam* (*suegro*) Schwiegervater *m*; **¡~!** (mein) Herr!; **¡~es!** meine Herren!; meine Herrschaften!; **el ~ López**, *como trato*: **Señor López** Herr López; **los ~es López** Herr und Frau López; *tb* die Familie López; *en una carta*: **Estimado ~:**, **Distinguido ~:** Sehr geehrter Herr, ...; COM **Muy Sres. míos** *o* **nuestros**: Sehr geehrte Herren, ...; *fam* **de padre y (muy) ~ mío** gewaltig *fam*, gehörig *fam*; *respuesta cortés*: **sí ~/no ~** ja (mein Herr)/nein (mein Herr); *confirmación enérgica*: **¡sí, ~!** jawohl!; **el ~ y dueño de** der Herr und Gebieter von (*dat*); **un gran ~** ein vornehmer (*o* hoher) Herr; POL **~ de la guerra** Kriegsherr *m*; Warlord *m*; HIST **~ de horca y cuchillo** Herr *m* über Leben und Tod; *fig* (blutiger) Tyrann *m*; *Biblia*: **el Señor de los Ejércitos** der Herr der Heerscharen; *Biblia*: **el ~ de vida y muerte** der Herr über Leben und Tod; **Nuestro Señor** Unser Herr; CAT *fam fig* **le han llevado el Señor** er ist (mit dem hl. Sakrament) versehen worden; **a lo (gran) ~** wie ein (großer) Herr; vornehm; *fam fig vestimenta, comida, vivienda etc* großartig, prächtig; **a tal** *o* **todo ~, tal** *o* **todo honor** *o* **a gran ~, gran(de) honor** Ehre, wem Ehre gebührt; *fig* **hacer el ~** den (großen) Herrn spielen; MIL *y fig* **quedar ~ del campo** Herr des Schlachtfeldes bleiben; **quedar como un ~** großartig dastehen, in bestem Licht erscheinen; **ser ~** Herr sein, frei verfügen können; **ser ~ de sí mismo** sich in der Hand haben, sich beherrschen; **ser todo un ~** ein Gentleman sein; ein hoher Herr sein; ein hohes Tier sein *fam* **B** ADJ stattlich; *fam* mächtig *fam*, gehörig; **una ~a mujer** eine stattliche Frau *f*; **una mujer ~a** eine (wirkliche) Dame; **un ~ vino** ein herrlicher Wein; *fam* **le dio un ~ disgusto** es ärgerte ihn mächtig; **le pegó una ~a bofetada** er gab ihm eine gewaltige Ohrfeige

señora F Dame *f*; Frau *f*; (*dueña*) Herrin *f*; *fam* (*suegra*) Schwiegermutter *f*; **¡~s y señores!** meine Damen und Herren!; **~ (mía)** gnädige Frau!; REL **Nuestra Señora** Unsere Liebe Frau, Muttergottes *f*; **su ~** Ihre Frau (Gemahlin)

señoreante ADJ beherrschend

señorear **A** V/T **1** (*dominar*) (be)herrschen; (*subyugar*) unterjochen; *p. ext tarea* meistern; *fig* (*ser superior a*) überragen **2** (*tratar falsamente de Señor*) *fam* j-n (unangebrachterweise) mit „Herr" anreden **B** V/R **~se de a/c** sich einer Sache (*gen*) bemächtigen; etw in Besitz nehmen; *tb* eine Sache meistern

señoría F Herrschaft *f*; HIST Signorie *f*; **Su** *o* **Vuestra Señoría** Euer Gnaden!; Euer Hochwohlgeboren!; *Esp* POL *Anrede für die Parlamentsmitglieder*; **señorial** ADJ herrschaftlich (*tb fig*); **casa** *f* **~** Herren-, Gutshaus *n*; **señoril** ADJ dem Herrn gehörig, herrschaftlich;

señorío M **1** (*dominio*) Herrschaft *f*, Gewalt *f* **2** (*posesión*) herrschaftlicher Besitz *m*; Domäne *f*; Rittergut *n* **3** (*dignidad*) (vornehme) Würde *f* **4** *fig* (*autocontrol*) (Selbst)Beherrschung *f* **5** (*personas de distinción*) vornehme Herrschaften *fpl*; *desp das* reiche Volk (*desp*)

señorita F **1** Fräulein *n*; junge Dame *f*; *trato*: (gnädiges) Fräulein! **2** *Perú, Ur* (*camarera*) Kellnerin *f* **3** *Perú* (*maestra*) Lehrerin *f*; **señoritingo** M *fam desp* verhätschelter junger Mann *m*; feiner Pinkel *m fam*; **señoritismo** M snobistisch-parasitäre Lebensweise *f*; **señorito** M *trato*: junger Herr *m*; *p. ext fam* (*dandi*) Playboy *m*; **los ~s** *tb* die Herrschaften *fpl*; **señorón** M, **señorona** F vornehmer Herr *m*, vornehme Dame *f*, *hum o desp* Grandseigneur *m*, Grande Dame *f*

señuelo M **1** CAZA *y fig* Lockvogel *m*; Köder *m* **2** *Arg, Bol de una manada*: Leitochsen *mpl*; Leittiere *npl*

seo F *reg* Dom *m*, Kathedrale *f*

sepa → saber

sépalo M BOT Kelchblatt *n*

separabilidad F (Ab)Trennbarkeit *f*; **separable** ADJ (ab)trennbar

separación F **1** (*división*) Trennung *f*; (*partición*) Spaltung *f*, Teilung *f*; (*segregación*) Absonderung *f*; (*selección*) Aussortierung *f*; QUÍM Abscheidung *f*; ADMIN **~ (del cargo)** Entlassung *f*, Amtsenthebung *f*; JUR **~ de bienes** Gütertrennung *f*; **~ por centrífuga/por cristalización/por lavado** Ausschleuderung *f*/Auskristallisierung *f*/Auswaschung *f*; POL **~ de la Iglesia y el Estado** Trennung *f* von Kirche und Staat; JUR **~ matrimonial** *o* **de mesa y lecho** *o* **de cuerpos** Ehetrennung *f*, Trennung *f* von Tisch und Bett; POL **~ de poderes** Gewaltenteilung *f*; JUR **vivir en ~** in Trennung (*o* getrennt) leben **2** (*espacio intermedio*) Zwischenraum *m*

separadamente ADV getrennt; einzeln; abseits

separado ADJ (*desligado*) getrennt; (*solo*) einzeln; (*dispersado*) auseinanderliegend; (*apartado*) separat; **no ~** ungetrennt; ungeteilt; **por (correo) ~** besonders; Extra...; mit getrennter Post

separador **A** ADJ trennend **B** M **1** TEC Abscheider *m*; Abstreifer *m*; Trenner *m*; *para la leche*: Milchzentrifuge *f*; ELEC Trennstufe *f*; Separator *m*; **~ centrífugo** Trennschleuder *f*, Zentrifuge *f* **2** *Esp en la caja del supermercado*: Trennstab *m* **3** *transporte*: Mittelstreifen *m*

separar **A** V/T **1** trennen (*tb* GRAM *palabra*); (*segregar*) absondern, (*precipitar*) (ab)scheiden; (*seleccionar*) aussortieren; *conceptos* auseinanderhalten; *tb* TEC, QUÍM **~ a golpes** *o* **a mano** (*cortar*) ab-, losschlagen; (*seleccionar*) von Hand trennen, auslesen, aussondern; **~ con criba** aussieben; *fig* **~ el grano de la paja** die Spreu vom Weizen trennen; **~ un punto del orden del día** einen Punkt von der Tagesordnung absetzen **2** *de un cargo*: (aus dem Dienst) entlassen; seines Amtes entheben **B** V/R **separarse** **1** sich trennen (*tb* TEC, JUR); sich lösen **2** (*retirarse*) sich zurückziehen; *de un cargo, etc*: ausscheiden (aus dem Dienst); **~ de alg** *tb* sich von j-m lossagen

separata F *t/t* Sonderdruck *m*, Separatum *n*

separatismo M POL Separatismus *m*; **separatista** POL **A** ADJ separatistisch **B** M/F Separatist *m*, -in *f*

separativo **A** ADJ trennend **B** M LING Separativ *m*

sepelio M *liter* Bestattung *f*, Begräbnis *n*

sepia F **1** ZOOL, GASTR Tintenfisch *m*, Sepia *f* **2** PINT Sepia *f*; **de color ~** sepiafarben; **sepieta** F *Esp* GASTR *reg* junger Tintenfisch *m*; **sepiola** F ZOOL Zwergsepia *f*

SEPLA M ABR (Sindicato Español de Pilotos de Línea) AVIA spanische Pilotengewerkschaft *f*

sepsis F MED Blutvergiftung *f*, *t/t* Sepsis *f*

septembrino ADJ September...; **septembrista** HIST **A** ADJ Septembristen... **B** M Septembrist *m*, Septemberverschwörer *m* (*geplante Ermordung Bolívars in der Nacht zum 25. Sept. 1828*)

septenario **A** ADJ siebenfach **B** M **1** *tiempo*: Zeit(raum *m*) *f* von sieben Tagen **2** LIT *verso*: Septenar *m*; **septenio** M Jahrsiebent *n*

septentrión M *liter fig* **1** (*norte*) Norden *m*, Mitternacht *f* (*liter fig*) **2** *viento*: Nord(wind) *m*

Septentrión M ASTRON Großer Wagen *m*, Großer Bär *m*

septentrional ADJ nördlich, Nord...

septeto M MÚS Septett *n*

septicemia F MED Blutvergiftung *f*, Septikämie *f*; **septicémico** ADJ Blutvergiftungs...; **septicidad** F septischer Zustand *m*

séptico ADJ MED septisch; keimhaltig

septiembre M September *m*; **en (el mes de) ~** im (Monat) September; **el 11 de ~** am 11. September

septiforme ADJ MIT *y* REL siebengestaltig;

septillo M MÚS Septole *f*

séptima F MÚS Septime *f*; **séptimo** **A** ADJ siebte(r, -s), siebente(r, -s); siebtel **B** ADV *en relaciones*: siebtens **C** M Siebtel *n*

septingentésimo **A** NUM siebenhundertste(r, -s) **B** M Siebenhundertstel *n*

septo M ANAT Scheidewand *f*, Septum *n*

septuagenario **A** ADJ siebzigjährig **B** M, **-a** F Siebzigjährige *m/f*; **septuagésima** F REL (Sonntag *m*) Septuagesima *f*; **septuagésimo** NUM siebzigste(r, -s)

septuplicación F Versiebenfachung *f*; **septuplicar** V/T ⟨1g⟩ versiebenfachen

séptuplo **A** ADJ siebenfach **B** M *das* Siebenfache

sepulcral ADJ Grab(es)..., Toten... (*tb fig*); *fig* **silencio** *m* **~** Grabes-, Totenstille *f*; **urna** *f* **~** Grab-, Aschenurne *f*; *fig* **voz** *f* **~** Grabesstimme *f*

sepulcro M (*tumba*) Grab(stätte *f*) *n*; (*cripta*) Gruft *f*; (*entierro*) Begräbnis *n*; *fig* **~ blanqueado** Pharisäer *m*, Scheinheilige *m*; **el Santo Sepulcro** das Heilige Grab; **bajar al ~** ins Grab sinken, sterben; *fam fig* **ser un ~** verschwiegen sein wie ein Grab; CAT **visitar los ~s** das Heilige Grab besuchen; JUR **profanación** *f* **de ~(s)** Grabschändung *f*

sepultar V/T begraben (*tb fig*), beisetzen; *p. ext* (*soterrar*) vergraben; *fig tb* (*pasar en silencio*) totschweigen

sepultura F **1** (*enterramiento*) Bestattung *f*, Beisetzung *f*; **dar (cristiana) ~ a alg** j-n bestatten, j-m ein christliches Begräbnis geben; **hasta la ~** bis ans Grab **2** (*tumba*) Grab *n*; *fig* **cavar su propia ~** sich sein eigenes Grab schaufeln; *fig* **estar con un pie (aquí y otro) en la ~** mit einem Fuß im Grabe stehen **3** *p. ext en una avalancha, etc* Verschütten *n*

sepulturero M Totengräber *m*; Leichenträger *m*

sequedad F Trockenheit *f*; Dürre *f*; *fig* Unfreundlichkeit *f*; **con ~** unwirsch; **sequedal, sequeral** M trockenes Gelände *n*; **sequero** M → secadero

sequía F Dürre *f*; Trockenperiode *f*; *Arg fam*

Durst *m*, Brand *m* (*fam fig*); **sequillo** M GASTR *Art* Zuckerbrezel *f*; Zuckerzwieback *m*; **sequío** M unbewässertes Land *n*; Geest *f*

séquito M Gefolge *n*, Begleitung *f*; Geleit *n*

sequizo ADJ leicht (aus)trocknend; zum Verdorren neigend

ser

A verbo intransitivo **B** verbo auxiliar **C** masculino

— **A** verbo intransitivo —

⟨2w⟩ **1** sein; **~ comerciante/alemán/católico** Kaufmann/Deutscher/Katholik sein; **~ feliz/infeliz** glücklich/unglücklich sein; **es aquí** *o* **aquí es** hier ist es; **es a 15 km de aquí** es liegt 15 km von hier (entfernt); TEL **soy García** hier spricht García; **dos y dos son cuatro** zwei und zwei ist vier; **era** *o frec* **érase una vez** *o* **érase una vez que se era** *o* **érase, érase** *comienzo de cuentos*: es war einmal; **éramos treinta, ellos eran más** wir waren (unser) dreißig, sie (*o liter* ihrer) waren mehr; **¿eres tú?** bist du's?; **¿es hermosa? – lo es** *o* **¡que sí lo es!** ist sie schön? – sie ist es (*o* das will ich meinen!); **¡eso es!** richtig!; gut so!; stimmt!; in Ordnung!; du hast (*o* Sie *etc* haben) Recht!; *fam* **eso no es así** das stimmt nicht; **¡eso ~á si yo lo consiento!** das kann geschehen, wenn ich damit einverstanden bin; **¡sea!** sei's denn!; meinetwegen! von mir/uns aus!; **todo es mío/tuyo** alles ist mein/dein, alles gehört mir/dir; *fam fig* **o somos o no somos** wir müssen zeigen, wer wir sind; wir müssen jetzt handeln; LIT **~ o no ~ (éste es el dilema** *o* **ésta es la cuestión)** sein oder nicht sein (, das ist hier die Frage); *fam fig* **~ uno quien es** der (richtige *o* zuständige) Mann dazu sein; *fam fig* **él será burro, pero más eres tú** er mag ja ein Esel sein, aber du bist ein noch viel größerer (Esel) **2** *como interrogación*: **¿cómo es eso?** wie kommt (denn) das?; **¡cómo es eso!** *frec* nimm dir (bloß) nicht zu viel heraus! *fam*, sei nur nicht zu dreist!; **¿cómo fue el caso?** wie war die Sache?, was ist geschehen?; *fam* **¡cómo ha de ~!** *resignación*: was soll's schon!; was ist schon daran zu ändern!; (*de acuerdo*) aber natürlich!; MAT **¿cuántos son dos por tres?** wie viel ist zwei mal drei?; **¿qué es?** was gibt's?; **¿qué ~á de nosotros?** was soll (bloß) aus uns werden?; **¿qué va a ~?** was darf es sein?; **¿qué día es hoy? – hoy es domingo** welcher Tag ist heute? – heute ist Sonntag; **¿qué hora es? – es la una/son las dos** wie viel Uhr ist es? – es ist ein/zwei Uhr; **¿quién es? – soy yo** wer ist da? — ich bin es **3** *acentuado*: **el asesino era él** er (nämlich) war der Mörder; **es él quien debe saberlo** er (allerdings) muss es wissen; **es que …** nämlich …; zwar …; **es que no se trata de eso** darum geht es nämlich nicht; **y es que …** die Sache ist nämlich die, dass …, und zwar geht es um Folgendes …; nämlich … **4** *conexiones adverbiales y conjuncionales*: **a no ~ que** (*subj*) … falls nicht (*ind*); außer wenn (*ind*); es sei denn, (dass) (*subj impf*); **de no ~ así** andernfalls, sonst; **esto es** *o* **es decir** das heißt; **no sea que** (*subj*) damit nicht (*ind*); sonst (*ind*); **o sea** oder, mit andern Worten; das heißt, nämlich; **sea(n) …, sea(n) …** sei(en) es …, sei(en) es …; teils …, teils …; **sea como sea** *o liter* **fuere** wie dem auch sei, jedenfalls; **o lo que sea** oder sonst was; **sea lo que sea** *o liter* **fuere** was es auch sei, auf alle Fälle; **sea quien sea** egal wer; **si fuera** *o* **fuese por mí …** wenn es von mir abhinge …; wenn es auf mich ankäme …; wenn es nach mir ginge; meinetwegen könnte …; **si yo fuera tú** ich an deiner Stelle; **siendo así** wenn das so ist **5** *con prep*: **~ de** gehören (*dat*); gehören zu (*dat*); stammen (*o* sein) aus (*dat*); bestehen aus (*dat*); *liter* sich schicken (*o* ziemen) für (*acus*); *fam* los sein mit (*dat*) *fam*; *suma* betragen (*acus*); **~ del Club** Mitglied des Klubs sein; **~ de piedra** aus Stein sein (*o* bestehen); **la entrada es de diez euros** der Eintritt kostet zehn Euro; **el libro es de mi padre** das Buch gehört meinem Vater; **es de temer que** es ist zu befürchten, dass; **yo soy de Madrid** ich stamme aus Madrid; **yo soy de los que …** ich gehöre zu denen, die …; **¿qué ~á de la casa?** was wird aus dem Haus (werden)?, was wird mit dem Haus (geschehen)?; **es de día/de noche** es ist Tag/Nacht; (*se hará durante el día/la noche*) es (*etc*) findet tags/abends statt; **es de divertido/de goloso** er ist ein fideles Haus *fam*/er ist ein großes Leckermaul; *fam* **eso es muy de él** das sieht ihm ganz ähnlich, das ist seine Handschrift (*fig*); **no es (cosa) de ellos** es ist nicht ihre Sache; *fam* **esto es de lo que no hay** das hat nicht seinesgleichen, das gibt's nur einmal; **no somos de los que exageran** wir übertreiben (wirklich) nicht gern; **es de pensar** man muss es überlegen; **es de suponer** es ist anzunehmen; **¿qué es de ti?** *o* **¿qué es de tu vida?** was treibst du?, wie geht es dir?; **¡era de verla bailar!** man musste sie tanzen sehen! **6** *con otros verbos*: **acabó siendo …** zuletzt war (*o* wurde) er …; **llegar a ~** werden; **puede ~ que** (*subj*) möglicherweise (*ind*), vielleicht (*ind*); **no puede ~** es ist unmöglich; **¿qué quieres ~?** *o* **¿qué vas a ~?** was willst du werden?

— **B** verbo auxiliar —

en la pasiva: werden; **fue vencido** er wurde besiegt

— **C** masculino —

Sein *n*; Wesen *n*; (eigentlicher *o* innerer) Wert *m*; **~ humano** Mensch *m*; **~ sociable** Zoon politikon, der Mensch als soziales Wesen; **~ vivo** Lebewesen *n*; **filosofía** *f* **del ~** Seinsphilosophie *f*; **~es** *mpl* **animados/humanos** beseelte/menschliche Wesen *npl*; **~es** *mpl* **vivientes** Lebewesen *npl*; **dar el ~** das Leben schenken, ins Dasein treten lassen

SER F ABR (Sociedad Española de Radiodifusión) *private spanische Rundfunkgesellschaft*

sera F großer Korb *m*; Kiepe *f*

seráfico ADJ engelhaft, seraphisch; REL *fig* **vida** *f* **-a** Leben *n* in Armut, Demut und Keuschheit; **serafín** M Seraph *m*; Engel *m*

serba F Vogelbeere *f*; **serbal, serbo** M BOT Vogelbeerbaum *m*

Serbia F Serbien *n*

serbio **A** ADJ serbisch **B** M, **-a** F Serbe *m*, Serbin *f*

serbocroata ADJ serbokroatisch

serena F **1** MÚS Nachtlied *n* **2** *fam* (*rocío*) Abend-, Nachttau *m* **3** MIT Sirene *f*

serenar **A** V/T **1** (*aclarar*) aufheitern; aufhellen **2** (*apaciguar*) beruhigen **B** V/R **serenarse** **1** *tiempo* sich aufheitern; *mar, persona etc* sich beruhigen; *excitación* sich legen; *líquido turbio* sich klären **2** *Cuba fam tb* (*resfriarse*) sich erkälten

serenata F MÚS Serenade *f*, Nachtmusik *f*; (Abend)Ständchen *n*; **dar una ~ a alg** j-m ein Ständchen bringen; *fam fig* **darle la ~ a alg** j-m in den Ohren liegen, j-m auf die Nerven gehen *fam*

serenidad F **1** (*apacibilidad*) Heiterkeit *f*; Gemütsruhe *f*; Gelassenheit *f*; Fassung *f*; Ruhe *f*, Geistesgegenwart *f* **2** HIST *título*: **Su Serenidad** Seine Durchlaucht

Serenísimo **A** M HIST *ehemaliger Titel der Kronprinzen in Spanien* **B** ADJ **Alteza** *f* **-a** *o* **~ Señor** M Serenissimus *m*; HIST *Anrede für einen regierenden Fürsten*

sereno[1] M **1** *de noche*: Nachtkühle *f*; **al ~** (nachts) im Freien **2** *Esp* HIST Nachtwächter *m*

sereno[2] ADJ **1** METEO heiter; wolkenlos **2** *fig* (*sosegado*) heiter, gelassen; (*animoso*) geistesgegenwärtig **3** (*sobrio*) nüchtern

seriable ADJ TEC serienreif

serial M **A** ADJ seriell, Serien… **B** Fortsetzungsroman *m*; TV, RADIO Sendereihe *f*, Serie *f*

seriamente ADV ernst(lich); im Ernst

sericícola ADJ Seidenbau…, Seidenerzeugungs…; **seri(ci)cultor** M, **seri(ci)cultora** F Seidenerzeuger *m*, -in *f*; **seri(ci)cultura** F Seidenraupenzucht *f*; **seri(cí)geno** ZOOL ADJ **glándula** *f* **-a** Spinndrüse *f* (*der Seidenraupen und Spinnen*)

sérico[1] ADJ seiden; Seiden…

sérico[2] ADJ MED Serum…

serie F Reihe *f* (*tb* BIOL, MAT, TEC); Folge *f*; Serie *f* (*tb* TEC); **~ de conferencias** Vortragsreihe *f*; RADIO, TV **~ de emisiones** Sendereihe *f*; *adv* **de ~** serienmäßig; *adj* **en** *o* **de ~** Serien… (*tb* TEC, ELEC); TEC **de la ~** serienmäßig (gefertigt); **fuera de ~** außergewöhnlich, Serien…; **fabricación** *f* **en ~** Serienproduktion *f*; **en ~ continua** in laufender Fertigung; *Am* **casas** *fpl* **de ~** Reihenhäuser *npl*; MAT **~ aritmética/geométrica/logarítmica** arithmetische/geometrische/logarithmische Reihe *f*; **~ de números** Zahlenfolge *f*; **~ en gran escala** Großserie *f*; *Esp fam* **ser de la ~** schwul sein *fam*

seriedad F **1** (*gravedad*) Ernst *m*; Ernsthaftigkeit *f* **2** (*fiabilidad*) Zuverlässigkeit *f*; Redlichkeit *f*

serigrafía F TIPO Seidendruck *m*; **serigráfico** ADJ Seiden(druck)…

serín M ZOOL Girlitz *m*

serio ADJ ernst; ernsthaft; **en ~** im Ernst; *fam* **¡hablemos en ~!** Scherz beiseite!; **ir en ~** es ernst meinen; **tomar a/c en ~** etw ernst nehmen; **tomar a/c por lo ~** etw allzu ernst nehmen; **esto va en ~** jetzt wird es ernst; das ist ernst gemeint

sermón M Predigt *f*; *fig* Rede *f*, Sermon *m* (*desp fam*); *fam fig* Strafpredigt *f*; *Biblia*: **el Sermón de la Montaña** die Bergpredigt *f*; *fam fig* **ése es el tema de mi ~** das habe ich ja schon immer gesagt; **echar** *o* **hacer un ~ a alg** j-m eine Standpauke halten

sermonear V/T *fam j-m* die Leviten lesen, *j-m* eine Standpauke halten *fam*; **sermoneo** M *fam* Strafpredigt *f*, Standpauke *f fam*

seroalbúmina F MED Bluteiweiß *n*

serografía F Siebdruck *m*

seroja F, **serojo** M dürres Laub *n*; Reisig *n*

serología F MED Serologie *f*; **serológico** ADJ MED serologisch; **serólogo** M, **seróloga** F MED Serologe *m*, Serologin *f*

serón M großer Korb *m*; *para animales de carga*: Tragkorb *m* (*für Lasttiere*)

seronegativo ADJ MED nicht aidsinfiziert, HIV-negativ; **seropositivo** ADJ MED aidsinfiziert, HIV-positiv

serosa F ANAT seröse Haut *f*, Serosa *f*; **serosidad** F seröse Flüssigkeit *f*; Lymphe *f*, Serum *n*; **seroso** ADJ MED serös; **seroterapia** F MED Serumtherapie *f*; **serotonina** F BIOL, MED Serotonin *n*

serpear V/I → serpentear

serpentaria F BOT **1** Drachenwurz *f* **2** Virginische Schlangenwurz *f*

serpentario ADJ *Am* **instituto** *m* **~** Schlangenfarm *f*

Serpentario M ASTRON Ophiuchus *m*, Schlangenträger *m* (*Sternbild*)

serpenteado ADJ geschlängelt; **serpente-**

ante ADJ *espec camino* gewunden; **serpentear** VI sich schlängeln, sich winden (*tb camino, río*); **serpentín** M TEC Spiral-, Schlangenrohr *n*, Schlange *f*; **~ (de refrigeración)** Kühlrohr *n*; *espec* QUÍM Kühlschlange *f*; **serpentina** F 1 (*línea ondulada*) Schlangenlinie *f*; *calle*: Serpentine *f* 2 Papier-, Luftschlange *f* 3 MINER Serpentin *m*, Schlangenstein *m*; **serpentino** ADJ 1 (*ondulado*) Schlangen...; schlangenförmig; Serpentin... 2 *poét* (sich) schlängelnd; **serpentón** M große Schlange *f*

serpiente F 1 ZOOL Schlange *f*; ZOOL **~ acuática** Ringelnatter *f*; **~s** *fpl* **de agua** (Süß)Wasserschlangen *fpl*; **~ de anteojos/de cascabel/de coral** Brillen-/Klapper-/Korallen--schlange *f*; **~ de mar** Seeschlange *f*; Streifen(ruder)schlange *f*; *fig* **~ de verano** (Zeitungs)Ente *f*; ECON *fig* **~ monetaria** Währungsschlange *f*; **~ venenosa** Giftschlange *f*; **~ de vidrio** Glasschleiche *f*; *frec* (*tb* **~ quebradizo**) Blindschleiche *f* 2 *fig* (*calumniadora*) falsche Schlange *f*, böses Weib *n*; Verleumder *m*, Lästermaul *n fam*

Serpiente F 1 ASTRON Schlange *f* 2 REL, *folclore*: **~** *die* Schlange; *fig der* Teufel

serpigo M MED (Wund)Flechte *f*

serpol M BOT Quendel *m*, wilder Thymian *m*

serpollar VI BOT nachtreiben; Schösslinge treiben; **serpollo** M BOT Schössling *m*; Trieb *m*

serradella F BOT Klauenschote *f*

serradero M Sägeplatz *m*; -werk *n*; **serradizo** ADJ sägbar; **madera** *f* **-a** Sägeholz *n*; **serrado** ADJ gezahnt, gezähnt, gezackt; **serrador** M Säger *m*; **serradura** F Einsägung *f*; **~s** *fpl* Sägemehl *n*

serrallo M Serail *n*

serrana F 1 *persona*: Bergbewohnerin *f*, Gebirglerin *f*; *Perú frec desp* Andenbewohnerin *f*, Bäuerin *f* aus dem Andengebiet 2 LIT *altspanische Lyrikform*; **serranía** F Gebirgs-, Bergland *n*, Gebirge *n*; **serraniego** ADJ Berg..., Gebirgs...; **serranilla** F LIT *aus der Serrana hervorgegangene lyrische Dichtungsform des 15. Jh.*

serrano A ADJ Berg..., Gebirgs...; **jamón** *m* **~** Serrano-Schinken *m* (*luftgetrockneter Schinken*) B M 1 (*habitante de las sierras*) Bergbewohner *m*, Gebirgler *m*; *Perú frec desp* Andenbewohner *m*, Bauer *m* aus dem Andengebiet 2 M *pez*: Schriftbarsch *m*

serrar VT ⟨1k⟩ (zer)sägen; **serrato** M ANAT Sägemuskel *m*

serrería F Sägewerk *n*; **serreta** F *equitación*: Kappzaum *m*

serrijón M GEOG Kleingebirge *n*

serrín M Sägemehl *n*; **~ de corcho** Korkmehl *n*; **~ de turba** Torfmull *m*; *fam fig* **tener la cabeza llena de ~** ein Hohlkopf sein

serrote M *Méx* TEC Fuchsschwanz *m* (*Säge*)

serruchar VT *Am* sägen; *Arg, Perú fam* **~le el piso a alg** j-s Posten durch Intrigen zu bekommen suchen

serrucho M 1 CONSTR *etc* Blattsäge *f*; **~ (de carpintero)** *o* **~ tronzador** Fuchsschwanz *m*; AGR **~ (para podar)** Baum-, Astsäge *f* 2 *Col fam* (*estafa*) Schwindelgeschäft *n*

servador M MIT, *poét* Bewahrer *m*, Erhalter *m*, Retter *m*

serval M ZOOL Serval *m*

serventesio M HIST LIT Sirventes *n*

Servia F Serbien *n*

servible ADJ brauchbar; **servicentro** M *Perú* AUTO (Groß-)Tankstelle *f*; **servicial** ADJ (*dispuesto a servir*) dienstwillig, hilfsbereit; (*complaciente*) gefällig, entgegenkommend, verbindlich; **no** *o* **poco ~** ungefällig

servicio M 1 *gener* Dienst *m* (*tb* COM, TEC); (*prestación de servicio*) Dienstleistung *f*; *transporte*: Betrieb *m*, Verkehr *m*; MIL *tb* Dienstzeit *f*; *espec* ADMIN (*departamento*) Abteilung *f*, Dienststelle *f*; *tb* MIL **~ de acarreo** Nachschub(dienst) *m*, Versorgungswesen *n*; MIL **~ de acecho** *o* **de alerta aérea** Luftwarndienst *m*; TEC **~ de asesoramiento técnico** technischer Beratungsdienst *m*; COM, TEC *etc* **~ (de atención) al cliente** Kundendienst *m*, Kundenservice *m*; TEL **~ automático** Selbstwählbetrieb *m*, -verkehr *m*; **~ de averías** Pannendienst *m*; Notdienst *m*; **~s** *pl* **bancarios** Bankdienstleistungen *fpl*; ECON **~ de capital** Kapitaldienst *m*, -abteilung *f*; **~ civil** Zivildienst *m*; **~ consular** konsularischer Dienst *m*; **~ continuo** durchgehender Dienst *m*; **~ de correos** *o* **~ postal** Postdienst *m*; **~ del Correo** *en ministerios, etc* Kurierdienst *m*, -abteilung *f*; **~ de día** *o* **~ diurno** Tag(es)dienst *m*; **~ de emergencia** Notdienst *m*, -betrieb *m*; AUTO **~ de engrase** *o* **de lubri(fi)cación** Abschmierdienst *m*; MIL **~ en el frente/en la retaguardia** Front-/Etappendienst *m*; **~ gubernamental** Verwaltungsstelle *f*; **~ de identificación** *de la policía, etc* Erkennungsdienst *m*; **~ de incendios** Feuerlöschdienst *m*, Feuerwehr *f*; **~ de informaciones** Nachrichtendienst *m*; **~ de inteligencia** Geheimdienst *m*; *transporte*: **~ de lanzadera** Pendelverkehr *m*; **~ de limpieza callejera** Straßenreinigung *f*; **~ en línea** INFORM Onlinedienst *m*; **~ lingüístico** *en ministerios, etc* Sprachendienst *m*; TEC **~ de mantenimiento** *o* **de entretenimiento** *o* **de conservación** Wartungsdienst *m*; **~ médico de urgencia** ärztlicher Notdienst *m*; **~ militar** Wehrdienst *m*; **~ militar obligatorio** Wehrpflicht *f*; **~s** *pl* **mínimos** *en huelgas, etc*: Notdienst *m*; **~ móvil** *de la policía, etc* Bereitschaftsdienst *m*; **~ nocturno** Nachtdienst *m*, -betrieb *m*; **~ obligatorio** Dienstpflicht *f*; **~ de orden** Ordnungsdienst *m*; **~ pos(t)venta** *o* **de atención al cliente** Kundendienst *m*; **~ de prensa** Pressedienst *m*, -abteilung *f*; POL **Servicio de Protocolo** Protokollabteilung *f*; **~ público** öffentlicher Dienst *m*; *transporte*: öffentlicher Verkehr *m*; **Servicio(s** *pl*) **Público(s)** Öffentlicher Dienst *m*; öffentliche Dienstleistungen *fpl*; **~ (radio)meteorológico** (Funk)Wetterdienst *m*, -bericht *m*; **~ radiotelefónico** Funksprechdienst *m*, Sprechfunk *m*; COM, FERR *etc* **~ de reparto de mercancías** Zubringerdienst *m*; **~ de sanidad** Gesundheitsdienst *m*; MIL **~ sanitario** Sanitätswesen *n*; **~ secreto** Geheimdienst *m*; RADIO **~ de socorro** Durchsage *f*; MIL **~ sustitutorio** (Wehr-)Ersatzdienst *m*; **~ de tranvías/de trenes** Straßenbahn-/Zugverkehr *m*; **~ de urgencias médicas** ärztlicher Notdienst *m*; **~ de vigilancia fiscal** Steuerfahndung *f*; ADMIN, MIL **años** *mpl* **de ~** Dienstjahre *npl*; **contrato** *m* **de ~s** Dienst(leistungs)vertrag *m*; **reglamento** *m* **de ~** Dienstanweisung *f*, -vorschrift *f*; **sujeto al ~ militar** wehrpflichtig; **tiempo** *m* **de ~** Dienstzeit *f*; **vivienda** *f* **de ~** Dienstwohnung *f*; **de ~** Dienst tuend, Dienst habend; Dienst...; **entrar en (el) ~** in (den) Dienst treten; **estar al ~ de alg** in j-s Dienst(en) (*dat*) stehen; **(estar) libre de ~** dienstfrei (haben); **estoy a su ~** ich stehe zu Diensten; *tb* MIL **estar de** *o* **en ~** im Dienst sein; Dienst tun, Dienst haben; **estar en el ~** den Wehrdienst ableisten, dienen; MIL **hacer ~** Dienst tun; **hacer buen/mal ~** brauchbar/unbrauchbar sein, gute/keine guten Dienste leisten; **hacer** *o* **prestar un flaco ~ a alg** j-m einen schlechten Dienst (*fam* einen Bärendienst) erweisen; **poner en ~** in Dienst stellen; in Betrieb nehmen; **suspender el ~** den Betrieb einstellen 2 TEC *de una máquina, etc*: Bedienung *f*, Handhabung *f*; Betrieb *m*; **~ de batería** Batteriebetrieb *m*; **~ continuo** Dauerbetrieb *m*, -einsatz *m*; **personal** *m* **de ~** Bedienungspersonal *n*; **en ~** in Betrieb; **fuera de ~** außer Betrieb 3 (*misa*) Gottesdienst *m*, Kult *m*; *fig* **~ de boca** Lippendienst *m*, nur (leere) Worte *npl*; **~ divino** *o* **religioso** Gottesdienst *m*; **~ fúnebre** Trauergottesdienst *m*; *liter* **consagrarse al ~ de los altares** Priester werden (*o* sein) 4 (*servicio de mesa*) Bedienung *f*, Service *m*; *personal*: Dienst-, Hauspersonal *n*; **~ de** *o* **a la mesa** Servieren *n*; Tischbedienung *f*; **carrito** *m* **de ~** Servier-, Teewagen *m*; FERR **~ de restauración en bandeja** Abteilservice *m* 5 (*cubierto*) Gedeck *n*; (*plato*) Gang *m*; (*batería de cocina*) Geschirr *n*, Service *n*; **~ de café/de té** Kaffee-/Teegeschirr *n*, Kaffee-/Teeservice *n*; **~ de mesa** Tischgeschirr *n* 6 *de corriente, agua, gas, etc*: (Strom-, Wasser-, Gas- *etc*) Anschluss *m* 7 DEP Anspielen *n*; *espec tenis o balón mano*: Aufschlag *m*, Service *n* 8 *Esp* Toilette *f*, WC *n*; **¿dónde están los ~s?** Wo sind die Toiletten?

servidero ADJ REL *prebenda* an die persönliche Anwesenheit gebunden

servido ADJ 1 *vestido* abgetragen 2 **¡los señores están ~s!** *o* **¡la mesa está -a!** *o* **¡está ~!** es ist aufgetragen (*o* angerichtet)!, zu Tisch, bitte!; **su curiosidad está -a** seine Neugier ist befriedigt; *fam fig* **¡estamos (bien) ~s!** wir sind hereingefallen!, wir sind ganz schön bedient! (*fam fig*)

servidor M, **servidora** F 1 (*criado, sirviente*) Diener *m*, -in *f*; *fig* **~ de usted(es)** bitte, gern geschehen; keine Ursache; **un ~, una ~a** meine Wenigkeit, ich; *anticuado*: **quedo de usted atento y seguro ~** *despedida en cartas*: (verbleibe ich) Ihr (sehr) ergebener 2 *de una máquina, etc*: Bedienende *m*; MIL **~es de las piezas** Geschützbedienung *f* 3 INFORM Server *m*; **~ de archivos** *o* **de ficheros** File-Server *m*; **~ de Internet** Internet-Server *m*; **~ de red** Netzwerk-Server *m*

servidora F 1 (*sirviente*) → servidor 2 *de una máquina, etc*: Maschinenbedienung *f*

servidumbre F 1 (*asistencia*) Dienstbarkeit *f*; (*condición de siervo*) Knechtschaft *f* (*tb fig*); (*sujeción*) Hörigkeit *f*; **~ de (la) gleba** Schollen-, Grundhörigkeit *f*; **~ (personal** *o* **social)** Leibeigenschaft *f*; **~ personal** *o* **corporal** Frondienst *m* 2 (*conjunto de criados*) Dienerschaft *f*; Gesinde *n* 3 JUR Dienstbarkeit *f*, Servitut *n*; **~ inmobiliaria** Grunddienstbarkeit *f*; **~ de luces** Beschränkung *f* der Höhe *eines Gebäudes*

servil A ADJ knechtisch; sklavisch; unterwürfig; servil B M *Esp Spottname der Liberalen für die Anhänger der absoluten Monarchie im 19. Jh.*; **servilismo** M Unterwürfigkeit *f*; knechtische Gesinnung *f*

servilleta F 1 *en la mesa*: Serviette *f*; Serviertuch *n*; *fam fig* **doblar la ~** sterben, den Löffel abgeben *fam* 2 *Cuba* **~ sanitaria** (*paño higiénico*) Damenbinde *f*

servilletero M Serviettenring *m*, -ständer *m*

servilón ADJ *desp* → servil

servinacuy M *Perú* → sirvinacuy

servio A ADJ serbisch B M, **-a** F Serbe *m*, Serbin *f*

serviola F MAR Davit *m*, Boots-, Ankerkran *m*; *p. ext vigía*: Wache *f* (*o* Ausguck *m*) am Davit

servir ⟨3l⟩ A VT 1 dienen (*dat*); bedienen; *comida, bebidas* bringen, auftragen, servieren; *bebidas* einschenken, vorsetzen; *cargo* versehen; COM bedienen; *mercancías* liefern; *encargos* erledigen; *a una persona*: einen Dienst leisten, einen Gefallen tun; **~ de beber** Getränke auftragen, etwas zum Trinken bringen; **~ a los clientes** die Kunden bedienen; **~ a Dios** Gott dienen (*dat*); Gott verehren; **¿en qué puedo ~le(s)?** womit kann ich (Ihnen) dienen?; **¿le han servido a usted ya?** *o* **¿le sirven ya?** werden Sie schon bedient?; **~ las pasiones de alg** j-s Leidenschaften begünstigen; MIL **~ una pieza** ein Geschütz bedienen **2** DEP *pelota* ausspielen (*o* zurückschlagen) **3** *juego de cartas: color* bekennen, bedienen **4** *panadero, alfarero: (prender el horno)* anheizen **B** VI **1** (*ser de utilidad*) **~ de** dienen als; **no ~ de nada** nichts nützen, nutzlos sein; **~ para** *o* **a** dienen zu (*dat*); taugen (*o* brauchbar sein) für (*acus*); **(este aparato) ya no sirve** (dieses Gerät) taugt nichts mehr (*o* ist unbrauchbar); **de nada sirve que protestemos** Protestieren hilft uns nicht (*o* führt zu nichts); **¿de qué me sirve?** was soll ich damit schon tun? *o* dafür kann ich mir nichts kaufen (*fam fig*); **(yo) no sirvo para eso** dazu tauge ich nicht; dazu gebe ich mich nicht her; *fig* **no ~ para descalzar a alg** j-m nicht das Wasser reichen können (*fig*); **~ para el caso** zweckentsprechend sein; **no me sirve para nada** damit kann ich nichts anfangen; das ist wertlos für mich; **~ por la comida** für seine Arbeit *als Dienstbote etc* das Essen bekommen, sich fürs Essen verdingen; *fam fig* **ir servido** geliefert sein **2** (*estar al servicio*) dienen (**en** bei *dat*) (*tb* MIL); **~ (a la mesa)** (bei Tisch) servieren; **listo para ~** tafelfertig; **¡para ~le!** zu (Ihren) Diensten! **3** DEP aufschlagen **C** VR **servirse 1** (*valerse de*) sich bedienen (**de** *gen*); *comida*: zugreifen, zulangen; **~ de a/c** sich (*dat*) etw zunutze machen, etw be- (*o* aus)nutzen; sich einer Sache (*gen*) bedienen; **¡sírvase usted (con) carne!** nehmen Sie (doch) bitte Fleisch! **2 ~ hacer a/c** freundlicherweise etw tun; **sírva(n)se** (*inf*) möchten Sie freundlicherweise (*inf*); **¡sírva(n)se leer la carta!** *o* **¡le(s) ruego se sirva(n) leer la carta!** lesen Sie bitte den Brief!

servita M/F CAT Servit *m*, -in *f* (*Angehörige des Ordens der Diener Mariens, abr* **OSM**)

servo... PREF TEC Servo...

servoaccionado ADJ TEC servobetätigt, -angetrieben; **servoaccionamiento** M Servoantrieb *m*; **servodirección** F AUTO Servolenkung *f*; **servofreno** M Servobremse *f*; **servomando** M TEC Servosteuerung *f*; **servomecanismo** M Servomechanik *f*, -gerät *n*; **servomotor** M Servo-, Stellmotor *m*; **servoregulación** F Servoregelung *f*

sesada F *de un animal*: Hirn *n*; GASTR gebackenes Hirn *n*

sésamo M BOT Sesam *m*; **aceite** *m* **de ~** Sesamöl *n*; *tb fig* **ábrete Sésamo** Sesam, öffne dich!

sesear VI FON *das „z" oder „c" als „s" aussprechen (z. B. „zorro", „cielo")*

sesenta NUM sechzig; *uso ordinal*: sechzigste(r, -s); **sesentón A** ADJ sechzigjährig **B** M, **sesentona** F Sechziger *m*, -in *f*, Sechzigjährige *m/f*

seseo M FON *die Aussprache von „z" und „c" wie „s"*

sesera F *de los animales*: Hirnschale *f*; *fam fig (cerebro)* Gehirn *n*, Hirn *n*, (*inteligencia*) Köpfchen *n fam*

sesgado ADJ schräg; schief; **sesgadura** F schräger Schnitt *m*

sesgar VT ⟨1h⟩ **1** *cortar*: schräg schneiden; TEC auf Gehrung schneiden **2** *torcer*: schräg abbiegen, zur Seite biegen

sesgo A ADJ schräg; schief **B** M **1** (*oblicuidad*) Schräge *f*; TEC Gehrung *f*; **al** *o* **en ~** schief; quer; *fig* heimlich **2** *fig (término medio)* Mittelweg *m*, Kompromiss *m* **3** *p. ext (curso)* Entwicklung *f*, Wendung *f*; **tomar buen ~** einen guten Verlauf nehmen; sich gut anlassen

sesión F **1** (*reunión*) Sitzung *f*; Tagung *f*; Beratung *f*; **~ maratoniana/plenaria** Marathon-/Plenarsitzung *f*; **~ secreta** *o* **a puerta cerrada** Geheimsitzung *f*, Sitzung *f* hinter verschlossenen Türen; **~ de trabajo** Arbeitssitzung *f*; **período** *m* **de -ones** Sitzungsperiode *f*; **celebrar (una) ~** tagen; **levantar/suspender la ~** die Sitzung aufheben/unterbrechen **2** FILM Vorstellung *f*; **~ continua** Dauervorstellung *f*; **~ golfa** Spätvorstellung *f* **3 ~ de masaje/de yoga** Massage-/Yogasitzung *f* **4** INFORM **abrir/cerrar ~** sich anmelden/abmelden

sesionar VI *espec Am* tagen; an einer Sitzung teilnehmen

seso[1] M (*cerebro*) Gehirn *n*; *fig (razón)* Verstand *m*; GASTR **~s** *mpl* Hirn *n*; **~s de cordero/ternera** Lamm-/Kalbshirn *n*; **~s a la romana** *als Schnitzel paniertes Hirn*; **perder el ~** den Kopf (*o* den Verstand) verlieren; *fig* **devanarse** *o* **calentarse los ~s** *fam* sich (*dat*) den Kopf zerbrechen, sich (*dat*) das Hirn zermartern *fam*; *fig* **hacer perder el ~ a alg** *fam* j-m den Kopf verdrehen; *fam fig* **sorber los ~s a alg** *o* **tener sorbido el ~ a alg** j-n völlig beherrschen; **volar(le) los ~s a alg** *pop* j-n abknallen *pop*

seso[2] M *Stein oder Eisen zum Unterkeilen des Kochtopfs (bei offenem Herdfeuer)*

sesqui... anderthalb(fach); **sesquicentenario** M 150-Jahrfeier *f*

sestear VI **1** Mittagsruhe (*o* Siesta) halten; *ganado en el pasto*: im Schatten ruhen **2** *Esp fam (no prestar atención)* nicht aufpassen; **sestero, sestil** M schattiger Ruheplatz *m* (*für das Vieh*)

sesudez F → sensatez; **sesudo** ADJ besonnen; vernünftig, gescheit

set M **1** *tenis*: Satz *m* **2** (*conjunto*) Set *n*, Satz *m*

seta[1] F **1** (*hongo*) Pilz *m*, Schwamm *m*; **~ (común** *o* **de campo)** Feldchampignon *m*; **~s** *pl* **con jamón** GASTR Waldpilze *mpl* mit Schinken und Sherry; **~ del diablo** Satanspilz *m*; *fig* **crecer como las ~s** wie Pilze aus dem Boden (*o* aus der Erde) schießen; **ir a buscar ~s** Pilze suchen (*o* sammeln) **2** *fam fig (pábilo)* (Licht)Schnuppe *f*

seta[2] F (*cerda*) (Schweins)Borste *f*

setal M Pilzgarten *m*; *Stelle, an der Pilze wachsen*

setecientos NUM siebenhundert; *uso ordinal*: siebenhundertste(r, -s)

setenta NUM siebzig; *uso ordinal*: siebzigste(r, -s); **setentón A** ADJ siebzigjährig **B** M, **setentona** F Siebziger *m*, -in *f*, Siebzigjährige *m/f*

setiembre M September *m*; **en (el mes de) ~** im (Monat) September; **el 7 de ~** am 7. September

seto M **1** (*cerca*) Zaun *m*; (*vallado*) Einfriedigung *f*, Einzäunung *f*; **~ vivo** Hecke *f* **2** DEP *hipódromo*: Hecke *f* **3** *Esp transporte*: Holperschwelle *f*

setter M *perro*: Setter *m*

SEU ABR (Sindicato Español Universitario) HIST *spanische Studentenorganisation des Francoregimes*

seudo... Pseudo...

seudónimo A ADJ pseudonym **B** M Pseudonym *n*; **seudópodos** MPL BIOL Scheinfüßchen *npl*, Pseudopodien *npl*

seudoprofeta M *Biblia y fig*: falscher Prophet *m*

SEUO, S.E.U.O. ABR (salvo error u omisión) *espec* COM Irrtum (oder Auslassung) vorbehalten; ohne Gewähr

severidad F Strenge *f*; Unnachsichtigkeit *f*; **severo** ADJ streng, hart; (*exacto*) genau; TEC **entorno** *m* **~** raue Umgebung *f*

seviche → cebiche

sevicia F wilde Grausamkeit *f*

Sevilla F *spanische Stadt, Provinz*

sevillana F **1** *persona*: Sevillanerin *f* **2** MÚS **~s** *fpl Tanz aus der Provinz Sevilla*; **sevillano A** ADJ sevillanisch; aus Sevilla **B** M Sevillaner *m*

sevillista M/F DEP Anhänger *m*, -in *f* des F.C. Sevilla

sexagenario A ADJ sechzigjährig **B** M, **-a** F Sechziger *m*, -in *f*, Sechzigjährige *m/f*; **sexagésimo** NUM sechzigste(r, -s)

sexaje M AGR Geschlechtsbestimmung *f*

sex-appeal [sɛɣs-a'pil] M Sex-Appeal *m*

sexcentésimo NUM sechshundertste(r, -s)

sexenio M Zeitraum *m* von sechs Jahren

sexismo M Sexismus *m*; **sexista** ADJ sexistisch

sexo M **1** (*género*) Geschlecht *n*; MED **determinación** *f* **del ~** Geschlechtsbestimmung *f*; *estadística*: **proporción** *f* **por ~s** numerisches Verhältnis *n* der Geschlechter; *fam fig* **~ bello** *o* **débil/feo** *o* **fuerte** *das* schöne *o* schwache/hässliche *o* starke Geschlecht **2** (*órganos sexuales*) Geschlechtsorgane *npl* **3** (*relaciones sexuales*) Sex *m*; Geschlechtsverkehr *m*; **~ en grupo** Gruppensex *m*; **~ oral** Oralverkehr *m*

sexología F Sexualkunde *f*, -wissenschaft *f*; **sexológico** ADJ sexualkundlich

sex-shop M Sex-Shop *m*

sexta F MÚS Sext(e) *f*; **sextante** M MAR, AVIA Sextant *m*; **sexteto** M MÚS Sextett *n*; **sextillizos** MPL Sechslinge *mpl*; **sextina** F LIT Sextine *f*; **sexto A** ADJ sechste(r, -s) **B** M Sechstel *n*

séxtuplo ADJ sechsfach; **el ~** das Sechsfache

sexuado ADJ BIOL mit Geschlechtsorganen versehen; *reproducción* geschlechtlich

sexual ADJ geschlechtlich, sexuell, Sexual..., Geschlechts...; **apetito** *m* *o* **placer** *m* **~** geschlechtliche Lust *f*; **asesinato** *m* **por motivos ~es** Sexualmord *m*; **caracteres** *mpl* **~es** Geschlechtsmerkmale *npl*; **crimen** *m* *o* **delito** *m* **~** Sexualverbrechen *n*; **educación** *f* **~** Sexualerziehung *f*; **iniciación** *f* **~** sexuelle Aufklärung *f*; **moral** *f* *o* **ética** *f* **~** Sexualethik *f*; **órgano** *m* **~** Geschlechtsorgan *n*

sexualidad F Geschlechtlichkeit *f*, Sexualität *f*; **sexualismo** M übertriebene Wertung *f* des Sexuellen, Sexualismus *m*; **sexualmente** ADV sexuell

sexy A ADJ *inv* sexy **B** M Sex-Appeal *m*

s/f ABR (sin fecha) ohne Datum

SGAE F ABR (Sociedad General de Autores y Editores) spanische Gesellschaft *f* zum Schutz der Autoren- und Urheberrechte

sha(h) M *Persia*: Schah *m*

share [ʃɛr] M TV Quote *f*

shareware [ʃɛrwɛr] M INFORM Shareware *f*

sharia F POL, REL Scharia *f*

sheriff M Sheriff *m*

sherpa ['ʃɛrpa, 'sɛrpa] M Sherpa *m*

shiatsu M Shiatsu *n*

shií ⟨*pl* shiíes⟩ REL **A** ADJ schiitisch **B** M/F Schiit *m*, -in *f*

shock M MED Schock *m*; **~ nervioso** Nervenschock *m*; **tratamiento** *m* **por ~** Schockbehandlung *f*, -therapie *f*

short M Shorts *pl*; *Am* **~ (de baño)** Badehose *f*

show [ʃoŭ, soŭ, tʃoŭ] M Show *f*, Schau *f*; *fam fig* **montar el** *o* **un ~** eine Schau abziehen; **showman** [-man] M Showman *m*

shrapnel M MIL Schrapnell *n*

shunt [sunt, ʃant] M ELEC Shunt *m*, Nebenschlusswiderstand *m*

si[1] M ⟨*pl* sis⟩ MÚS h *n* (*Note*); **~ bemol** b *n*; **~ mayor/menor** H-Dur/h-Moll

si[2] CJ **1** *condicional*: wenn; falls; **por ~ (acaso)** wenn vielleicht, falls etwa; für alle Fälle; **~ no** wenn (*o* falls) nicht; sonst, andernfalls; widrigenfalls; **~ no es que** falls (*o* wofern) nicht, es sei denn, dass ...; *fam* **un ~ es no es** ein

S

bisschen, ein (ganz klein *fam*) wenig; **~ tengo tiempo** wenn ich Zeit habe; **~ tuviese** *o* **tuviera tiempo, lo haría** *o fam enfático* **lo hago** wenn ich Zeit hätte, würde ich es tun; **le dije que le daría mil euros ~ me decía dónde estaba ella** ich sagte ihm, er bekomme tausend Euro, wenn er mir sage, wo sie sei; **se lo escribo por ~ le interesa** ich schreibe es Ihnen, weil Sie sich vielleicht dafür interessieren **2** *reforzando*: doch, ja, wirklich; **~ lo dice él** er sagt es (aber) doch; **~ se lo he dicho ya mil veces** ich habe es Ihnen ja (*o* doch) schon tausendmal gesagt; **es poeta ~ los hay** er ist wirklich (ein großer) Dichter **3** *circunstancia dudosa o pregunta indirecta*: ob; **ignoro ~ es rico o pobre** ich weiß nicht, ob er reich oder arm ist; **¿~ le habrán visto?** ob man ihn (wohl) gesehen hat?; **¿~ estaré yo tonto?** bin ich denn bescheuert?; ich bin doch nicht blöd!; **¡~ es guapa!** und ob sie hübsch ist!, wie hübsch sie (doch) ist!; **tú sabes ~ te quiero** du weißt, wie (sehr) ich dich liebe **4** *liter y fam concesivo*: und wenn, wenn ... auch; *liter* **~ bien** wenn ... auch

sí¹ **A** ADV ja; jawohl; (*fam* **que**) **~** gewiss, natürlich; selbstverständlich; aber ja doch; genau *fam*; *Am fam incorr.* **~ que** → sino² (*sino también*); **¡~, señor!** jawohl!, allerdings!; **~, es así** ja, so ist es; **~ por cierto** ja(wohl), (gewiss) doch; **iré, ~, aunque ...** gewiss (*o* aber sicher *fam*) gehe ich hin, wenn auch ...; **lo hizo, ~, pero ...** er hat es zwar getan, aber ...; **~ que lo sabía yo** ich habe es ja immer (*o* zwar immer) gewusst; **esto ~ que es bueno** das ist in der Tat gut; **por ~ o por no** auf alle Fälle, unter allen Umständen; **pues ~** na ja, na also; **un día ~ y otro no** jeden zweiten Tag; *fam* **un día ~ y otro también** tagaus, tagein; immer; **creo que ~** ich glaube, ja; **decir que ~** Ja sagen **B** M Ja *n*; Jawort *n*; **dar el ~** sein Jawort geben; *fam fig* **sin faltar un ~ ni un no** bis ins Kleinste, sehr eingehend

sí² PRON sich; **a ~** an sich, sich (*dat*); **entre ~** unter sich; untereinander; zu sich selbst; **de ~** von sich; von selbst; von sich aus; an sich; **de por ~** an und für sich; an sich, für sich allein (genommen); **para ~** für sich; für sich bestimmt, an sich gerichtet; zu (*o* bei) sich (*dat*) selbst; **por ~** für sich, um seinetwillen; selbst, allein; **por ~ solo** von selbst, von allein; FIL **el ente en ~** das Ding an sich; **finalidad** *f* **en ~** Selbstzweck *m*; **abastecerse a ~ mismo** Selbstversorger sein; **dar de ~** *géneros, etc* sich ausdehnen, sich weiten; **estar en ~** bei sich sein, bei Bewusstsein sein; **estar sobre ~** selbstbewusst sein; **tener para ~ que ...** dafür halten, dass ..., der Meinung sein, dass ...; *reg fam fig* **tener a alg sobre ~** für j-n zu sorgen haben, für j-n aufkommen müssen; **tener dinero sobre ~** Geld bei sich haben

siamés **A** ADJ siamesisch; **gato** *m* **~** Siamkatze *f*; MED **hermanos** *mpl* **-eses** siamesische Zwillinge *mpl* **B** M, **-esa** F Siamese *m*, Siamesin *f*

sibarita **A** ADJ *fig* sybaritisch **B** M/F Sybarit *m*, -in *f*, *espec fig* Genießer *m*, -in *f*, Schlemmer *m*, -in *f*; **sibarítico** ADJ → sibarita; **sibaritismo** M Genusssucht *f*, Schwelgerei *f*, Schlemmerei *f*

Siberia F Sibirien *n*

siberiano **A** ADJ sibirisch **B** M, **-a** F Sibirier *m*, -in *f*

sibila F Wahrsagerin *f*

sibilante FON **A** ADJ Zisch... **B** F Zischlaut *m*

sibilino ADJ LIT sibyllinisch, geheimnisvoll, rätselhaft

sicalapsis F (*obscenidad*) Obszönität *f*; (*picardía erótica*) Erotik *f*; **sicaláptico** ADJ *fam* pikant; *pop* unanständig; **sicalíptica** F Prostituierte *f*; **sicalíptico** → sicaláptico

sicario M (gedungener) Meuchelmörder *m*; Killer *m fam*

Sicilia F Sizilien *n*

siciliano **A** ADJ sizilianisch **B** M, **-a** F Sizilianer *m*, -in *f*

sico..., *etc* → (p)sicoanálisis, (p)sicoanalista, *etc*

sicoanálisis M Psychoanalyse *f*; **sicoanalista** M/F Psychoanalytiker *m*, -in *f*; **sicoanalítico** ADJ psychoanalytisch; **sicodélico** ADJ psychedelisch; **sicofanta, sicofante** M *liter* Verleumder *m*, Denunziant *m*, Sykophant *m*; **sicología** F Psychologie *f*; **sicológico** ADJ psychologisch

sicólogo M, **sicóloga** F Psychologe *m*, Psychologin *f*

sicomoro M BOT Sykomore *f*

sicópata M/F Psychopath *m*, -in *f*

sicote M *Cuba, C. Rica, P. Rico* übler Fuß(schweiß)geruch *m*

sicotécnico → (p)sicotécnico; **sicoterapeuta** M/F Psychotherapeut *m*, -in *f*; **sicoterapéutico** ADJ psychotherapeutisch; **sicoterapia** F Psychotherapie *f*; **sicoterápico** → sicoterapéutico

sicotudo ADJ *Am reg* mit schweißenden Füßen

sida, SIDA M ABR (Síndrome de Inmuno-Deficiencia Adquirida) MED Aids *n*, AIDS *n*; **enfermo de ~** aidskrank; **prueba** *f* **del ~** Aidstest *m*; **tener ~** Aids haben

sidecar [siðe'kar] M Beiwagen *m* am Motorrad

sideral, sidéreo ADJ Stern(en)...

siderita¹ F BOT *Art* Gliedkraut *n*

siderita² F MINER Eisenspat *m*, Siderit *m*; **siderurgia** F Eisenhüttenkunde *f*, Siderurgie *f*; **siderúrgico** ADJ Eisenhütten...; **industria** *f* **-a** Eisen schaffende Industrie *f*; **productos** *mpl* **~s** Eisen- und Stahlerzeugnisse *npl*

sido PP → ser

sidoso MED **A** ADJ aidskrank **B** M, **-a** F Aidskranke *m/f*

sidra F Apfelwein *m*; **~ achampañada** *o* **espumante** Apfelsekt *m*

siega F AGR *acción*: Getreideernte *f*; *tiempo*: Ernte(zeit) *f*, Mahd(zeit) *f*

siembra F **1** AGR *acción*: Säen *n*, Saat *f*; *tiempo*: Saatzeit *f*; *campo*: Saatfeld *n* **2** *pesca*: Einsetzen *n* von Jungfischen

siempre ADV **1** (*en todo tiempo*) immer, stets; **~ jamás** immer während, immerdar; **de ~** von jeher; *tb adj amigo, etc* langjährig; **de una vez para ~** ein für alle Mal; **lo de ~** immer (wieder) dasselbe, immer die alte Geschichte *fam*; **para ~** auf immer, auf ewig; **por ~** immerdar, ewig; *rótulo de cajas*: **~ de pie** nicht kanten (*Kistenaufschrift*); **¡hasta ~!** leb wohl!; *cj* **~ que** immer wenn, jedes Mal wenn (*ind*); *cj* **~ (y cuando) que** (*subj*) vorausgesetzt, dass (*ind*), sofern (*ind*) **2** *fam incorr* (*todvía*) noch; *Am reg* (*seguro*) sicher, bestimmt

siempretieso M Stehaufmännchen *n*; **siempreviva** F BOT Immortelle *f*; **~ mayor** Immergrün *n*

sien F Schläfe *f*

siena F *color*: Siena *f*

Siena F *ciudad*: Siena *n*

siendo → ser

sienés **A** ADJ aus Siena **B** M, **-esa** F Einwohner *m*, -in *f* von Siena

sienita F MINER Syenit *m*

siento → sentar, sentir²

sierpe F **1** *liter* (*serpiente*) Schlange *f* **2** *fig persona*: böse und grausame (*o* hässliche) Person *f*; *fam cosa*: schlangenähnlich sich Windende(s) *n* **3** *p. ext fig de un árbol*: Wurzelspross *m*

sierra F **1** *herramienta*: Säge *f*; **~ alternativa** (Säge)Gatter *n*; **~ de arco** Bügelsäge *f*; **~ de bastidor** Spann-, Stellsäge *f*; **~ de calar** Stichsäge *f*; **~ de cinta** Bandsäge *f*; **~ circular** Kreissäge *f*; **~ mecánica** Motorsäge *f*; **~ circular manual** *o* **de mano** Handkreissäge *f*; **~ de cadena** Kettensäge *f*; **~ de carpintero** Bund-, Schrotsäge *f*; **~ de contorn(e)ar** *o* **de marquetería** Laubsäge *f*; **~ de leñador/de cinta/de tracción** Baum-/Band-/Zugsäge *f*; **~ a** *o* **de mano/para metales** Hand-/Metallsäge *f* **2** (*cordillera*) Bergkette *f*; (*montaña*) Gebirge *n* **3** **Sierra Leona** Sierra Leone *n*

sierrahuesos M ⟨*pl inv*⟩ *fam desp* übler Chirurg *m*, *fam* Metzger *m*

sierraleonés **A** ADJ sierra-leonisch **B** M, **-esa** F Sierra-Leoner *m*, -in *f*

siervo M **1** (*esclavo*) Sklave *m*; HIST **~ de la gleba** Leibeigener *m* **2** *liter* (*sirviente*) Diener *m* (*tb irón*); REL **un ~ del Señor** ein Diener des Herrn

sieso **A** ADJ *pop* unfähig, nutzlos **B** M ANAT Ende *n* des Rektums, After *m*

siesta F Mittagsruhe *f*; Siesta *f*; *Esp fam* **~ del borrego** *o* **del cordero** Schläfchen *n* vor dem Mittagessen; **dormir** *o* **echar la ~** einen Mittagschlaf machen (*o* halten)

siestear V/I *Am reg* Siesta machen; **siestecita** F *fam* **echarse su ~** sich mittags ein bisschen aufs Ohr legen *fam*

siete **A** NUM sieben; *uso ordinal*: siebte(r, -s), siebente(r, -s); **~ veces** siebenmal; **son las ~** es ist sieben Uhr; *fam fig* **más que ~** *comer, beber, etc* gewaltig **B** M Sieben *f*; *fig rasgón*: Triangel *m*; *juego de cartas*: **el ~ de copas** *corresponde a*: Herzsieben *f*; **hacerse un ~ en ...** sich (*dat*) einen Triangel in ... (*acus*) reißen **C** F **las ~ y media** *ein spanisches Kartenspiel*

sietecolores M ⟨*pl inv*⟩ *Arg, Chile* ORN *Art* Tangare *f* (*bunt gefiederter Singvogel*); **sietecueros** M ⟨*pl inv*⟩ *Am* Fersenfurunkel *m*; *p. ext* Nagelbettentzündung *f*; **sietemachos** M *Esp fam* Angeber *m*; **sietemesino** **A** ADJ Siebenmonats...; *fig* schwächlich, unterentwickelt **B** M, **-a** F Siebenmonatskind *n*

sífilis F MED Syphilis *f*

sifilítico **A** ADJ MED syphilitisch **B** M, **-a** F Syphilitiker *m*, -in *f*

sifón M **1** *mecanismo*: (Saug)Heber *m* **2** TEC *tubo*: Siphon *m*; **~ inodoro** Geruchsverschluss *m* **3** GASTR *botella*: Siphon *m* **4** *Col* (*cerveza de barril*) Fassbier *n*

sifué M *equitación*: Übergurt *m am Sattel*

siga¹ → seguir

siga² F *Chile* Verfolgung *f*

sigilar V/T **1** (*sellar*) versiegeln **2** (*callar, ocultar*) verschweigen

sigilo M Geheimnis *n*; Verschwiegenheit *f*; HIST (*sello*) Siegel *n*; **~ profesional** Berufs-, Amtsgeheimnis *n*; REL **~ sacramental** *o* **confesional** Beichtgeheimnis *n*

sigiloso ADJ verschwiegen; geheim

sigla F Sigel *n*, Abkürzung *f*

siglo M Jahrhundert *n*; *p. ext* (*edad*) Zeitalter *n*; HIST **~ de las luces** HIST Aufklärung *f*; **el ~ XVIII** (*dieciocho*) das 18. (*achtzehnte*) Jahrhundert; **~ de oro** goldene Zeiten *fpl*; **el Siglo de Oro** das Goldene Zeitalter (*der spanischen Literatur*); **entre los ~s** um die Jahrhundertwende; **en el paso del ~ XIX al XX** an der Wende vom 19. ins 20. Jh.; **por los ~s de los ~s** in alle Ewigkeit; REL **retirarse del ~** sich aus der Welt zurückziehen; *fig* **ir con el ~** mit der Zeit gehen

sigma F Sigma *n* (*griechischer Buchstabe*)

signar **A** V/T unterzeichnen; signieren **B** V/R **signarse** sich bekreuzigen, ein Kreuz schlagen; **signatario** A ADJ Unterzeichner…, Signatar… B M, **-a** F espec POL Unterzeichner *m*, -in *f*; Signatar *m*, -in *f*; **signatura** F Bezeichnung *f*; Unterschrift *f*; Unterzeichnung *f*; TIPO *y biblioteconomía*: Signatur *f*

significación F *(alcance, valor)* Bedeutung *f*; *(sentido)* Sinn *m*; *(indicación)* Andeutung *f*; *fig (importancia)* Wichtigkeit *f*; **~ de la(s) palabra(s)** Wortbedeutung *f*; **significado** A ADJ bedeutend, wichtig B M Bedeutung *f*; Sinn *m*; LING Bezeichnete(s) *n*; **significador** ADJ bezeichnend, anzeigend; **significante** A ADJ bedeutungsvoll; bezeichnend B M LING Bezeichnende(s) *n*

significar ‹1g› A VT bedeuten; bezeichnen; andeuten B VR **significarse** sich auszeichnen (**por** durch *acus*); **significativo** ADJ bezeichnend (**de** für *acus*); kennzeichnend; bedeutsam

signo M 1 *(señal)* Zeichen *n* (*tb* ASTROL, LING, REL); *(indicio)* Anzeichen *n* (**de** für *acus*); *p. ext (símbolo)* Sinnbild *n*, Zeichen *n*; ASTROL **nacido bajo el ~ de Aries** unter dem (*o* im) Zeichen des Widders geboren; LING **~ de admiración/de interrogación** Ausrufe-/Fragezeichen *n*; *Biblia*: **~ de Caín** Kainsmal *n*; **~s** *mpl* **convencionales** *en planos, dibujos etc* Zeichen *npl*, Symbole *npl*; *en mapas*: Kartenzeichen *npl*, -signatur *f*; TIPO **~ de corrección** Korrekturzeichen *n*; REL **~ de la cruz** Kreuz(es)zeichen *n*; FON **~ fonético** phonetisches Zeichen *n*, Lautzeichen *n*; **~s** *mpl* **de la gente del hampa** Gaunerzinken *mpl*; MED **~ patológico** Krankheitszeichen *n*; LING **~s** *mpl* **de puntuación** Satzzeichen *npl*, Interpunktionszeichen *npl*; ASTROL **~ del zodíaco** Tierkreiszeichen *n*; MED **sin ~ especial** ohne Befund; **poner los ~s de puntuación** interpunktieren 2 MAT Zeichen *n*; Vorzeichen *n*; **~ de adición** *o* **(de) más** Additions-, Pluszeichen *n*; **~ de aproximación** Ungefährzeichen *n*; *tb fig* **~ contrario** entgegengesetztes (*o espec fig* umgekehrtes) Vorzeichen *n*; **~ de (la) diferencial** Differenzialzeichen *n*; **~ de división** Divisions-, Teilungszeichen *n*; **~ de multiplicación** Multiplikations-, Malzeichen *n*; **~ de grado** (Winkel- *o* FÍS Wärme)Gradzeichen *n*; **~ de igualdad/de infinidad** Gleichheits-/Unendlichkeitszeichen *n*; **~ de mayor/menor que** Zeichen *n* für größer/kleiner als; **~ negativo/positivo** negatives/positives Vorzeichen *n*, Minus-/Pluszeichen *n*; **~ de radio** Radius-, Halbmesserzeichen *n*; **~ de (la) resta** Minuszeichen *n*; **~ de sustracción** *o* **(de) menos** Subtraktions-, Minuszeichen *n*; **~ de tanto por ciento** Prozentzeichen *n* 3 *de la escritura*: Schriftzeichen *n* 4 MÚS (Vor)Zeichen *n*; **~ de duración** Halte-, Ruhezeichen *n*; **~s** *mpl* **musicales** Noten-, Musikzeichen *npl*

sigo, sigues, *etc*. → seguir

sigüí M/F *Ven fam* Schöntuer *m*, -in *f*, Schmeichler *m*, -in *f*

siguiente ADJ folgend; **lo ~** Folgendes *n*; das Folgende; **¡el ~!** der Nächste, bitte

sij M ‹*pl* sijs› Sikh *m*

sílaba F Silbe *f*; **~ libre** freie Silbe *f*; **~ marcada** betonte Silbe *f im Vers*

silabario M Abc-Buch *n*; Fibel *f*; **silabear** VT & VI Silbe für Silbe sprechen; **silabeo** M Syllabieren *n*

silábico ADJ silbisch; Silben…

silba F Auszischen *n*; **el público le dio una ~** er wurde ausgepfiffen (*o* ausgezischt)

silbar A VI pfeifen (*tb balas, pájaros*); zischen (*tb gansos, serpientes*); *sirena* heulen; **~ (con la boca) en una llave** auf einem Schlüssel pfeifen B VT auszischen, auspfeifen

silbato M 1 *(pito)* Pfeife *f*; **~ de señales** Signal-, *oft* Trillerpfeife *f*; **~ de vapor** Dampfpfeife *f*; **tocar el ~** pfeifen 2 *pequeña raja*: feiner Riss *m (aus dem Luft etc entweicht)* 3 *Am (chifla aguda)* (schrilles) Pfeifen *n* (*o* Pfiff *m*) *einer Lokomotive etc*; DEP **~ final** Schlusspfiff *m*

silbido M 1 *sonido*: Pfeifen *n*; Pfiff *m*; *de una serpiente*: Zischen *n* 2 **~ de oídos** Ohrensausen *n*;

silbo M 1 *del viento*: Pfeifen *n*, Sausen *n*; → *tb* silbido 1 2 DEP (*Esp fam*) *(árbitro)* Schiedsrichter *m*; **silbón** M ORN Pfeifente *f*; **silboso** ADJ pfeifend; zischend

silenciador M TEC Schalldämpfer *m* (*tb en armas*); AUTO **~ (de escape)** Auspufftopf *m*; **silenciar** VT ‹1b› 1 *(callar, ocultar)* verschweigen, geheim halten; *(pasar por alto)* (stillschweigend) übergehen 2 TEC *ruido* dämmen 3 *p. ext (hacer callar)* zum Schweigen bringen (*tb fig matar*); **silenciario** *espec* REL A ADJ unterm Schweigegebot stehend B M → silenciero; **silenciero** M Überwacher *m* der gebotenen Stille *(bes in Kirchen)*

silencio M 1 Schweigen *n*; Stillschweigen *n*; *(calma)* Ruhe *f*, Stille *f*; **¡~!** Ruhe!; **~ informativo** Nachrichtensperre *f*; *fig* **~ sepulcral** *o* **de tumba** *o* **de muerte** Grabes-, Totenstille *f*; *adv* **en ~** stillschweigend; **entregar al ~** (geflissentlich) vergessen; **guardar ~** Schweigen bewahren; still sein, schweigen; **se hizo el ~** es wurde still; **imponer ~** Schweigen gebieten; **romper el ~** das Schweigen brechen 2 MÚS Pause *f*; **~ de blanca/de redonda** halbe/ganze Pause *f*; **~ de corchea/de negra** Achtel-/Viertelpause *f*; **~ general** Generalpause *f*

silencioso A ADJ *(calmoso)* still, lautlos; TEC geräuschlos (arbeitend), geräuscharm; *(callado)* schweigsam B M TEC, *espec* AUTO Schalldämpfer *m*; AUTO Auspufftopf *m*

sileno M 1 MIT Silen *m* 2 BOT Klatschnelke *f*

silepsis F LING, RET Syllepse *f*

silería F Siloanlage *f*

Silesia F Schlesien *n*

silesiano A ADJ schlesisch B M, **-a** F Schlesier *m*, -in *f*

sílex M ‹*pl inv*› MINER Feuerstein *m*, Silex *m*, Flint *m*

silfa F *insecto*: Aaskäfer *m*

sílfide F MIT Elfe *f* (*tb fig*), Sylph(id)e *f*; **de ~s** elfenhaft, Elfen…

silfo M MIT Elf *m*, Sylphe *m*; **danza** *f* **de ~s** Elfenreigen *m*

silicato M QUÍM Silikat *n*, Silicat *n*

sílice F 1 *anticuado*: → sílex 2 QUÍM Kiesel(erde *f*) *m*

silíceo ADJ kieselerdehaltig; Kiesel…; MINER **roca** *f* **-a** Kieselschiefer *m*; **silicio** M QUÍM Silizium *n*, Silicium *n*; **silicona** F QUÍM Silikon *n*, Silicon *n*; **silicosis** F MED Silikose *f*, Staublunge *f*

silla F 1 *mueble*: Stuhl *m*; *(asiento)* Sitz *m*; *Am reg* **~ abuelita** Schaukelstuhl *m*; DEP *en el tenis etc* **~ del árbitro** *o* **del juez** Schiedsrichterstuhl *m*; **~ de cocina/de jardín/de oficina** Küchen-/Garten-/Bürostuhl *m*; MAR **~ de cubierta** Decksstuhl *m*; **~ eléctrica** elektrischer Stuhl *m*; **~ encajable** Stapelstuhl *m*; **~ extensible** *o* **de extensión** Klappstuhl *m*; **~ gestatoria** Sänfte *f des Papstes*; **~ giratoria** Drehstuhl *m*; *Am reg* **~ de hamaca** Schaukelstuhl *m*; **~ de inválido** Krankenfahrstuhl *m*; **~ de manos** Tragstuhl *m*, Sänfte *f*; *tb aus verschränkten Händen gebildeter Sitz*; **~ de mimbres** Korbstuhl *m*; **~ plegable** Klappstuhl *m*; **~ de ruedas** Rollstuhl *m*; **~ de** *o* **para niños** Kinderstuhl *m*; **~ de la reina** *o* **~ turca** *Kreuzgriff, aus den verschränkten Händen zweier Personen gebildeter Sitz*; *fam fig* **de ~ a ~** unter vier Augen 2 *equitación*: **~ (de montar)** Sattel *m*; **~ inglesa** englischer Sattel *m*; **~ militar** Armeesattel *m*; **~ de paseo/de señora** Bock-/Damensattel *m* 3 TEC Auflage *f*, Sattelplatte *f*

sillar M 1 ARQUIT Quader(stein) *m*, Werkstein *m*; **~ frontal** Stirnquader *m*; *fig* **aportar ~es de construcción** Bausteine beitragen 2 *Perú* weißes (*o* rosa) Vulkangestein *n* aus Arequipa 3 *equitación*: Sattelrücken *m (Teil des Pferderückens, auf dem der Sattel aufliegt)*

sillau M *Perú* GASTR dunkle Sojasoße *f*

sillera F REL Stuhlbesorgerin *f (für Kirchenstühle)*; **sillería** F 1 *(conjunto de sillas)* Gestühl *n*; *en la iglesia*: Chorgestühl *n* 2 *taller*: Stuhlmacherei *f*; *(talabartería)* Sattlerei *f* 3 ARQUIT Quader-, Werksteinbau *m*; Quader(n *fpl*) *mpl*; **sillero** M 1 *(que hace sillas)* Stuhlmacher *m* 2 *(talabartero)* Sattler *m* 3 *Arg equitación*: Sattelpferd *n*; **silleta** F 1 *(pequeña silla)* Stühlchen *n*; *Bol, Perú* Korbstuhl *m* 2 TEC *(caballete)* (Lager)Bock *m*; **silletazo** M Schlag *m* mit einem Stuhl

sillico M Nachstuhl *m*; **sillín** M *(pequeño asiento)* kleiner Sitz *m*; *(pequeña silla de montar)* kleiner Sattel *m*; *espec en la bicicleta o motocicleta*: (Fahrrad- *o* Motorrad)Sattel *m*; *en el tractor*: Traktorsitz *m*; **~ plegable** Falthocker *m*; **sillita** F Stühlchen *n*

sillón M 1 *(silla de brazos)* Lehnstuhl *m*, (Arm)Sessel *m*; **~-huevo** Schalensessel *m*; **~ de mimbre/de peluquería** Korb-/Friseursessel *m*; **~ de operaciones/de ruedas** Operations-/Rollstuhl *m*; **~ orejero** *o* **de orejas** Ohrensessel *m*; **~ tapizado** Polsterstuhl *m* 2 *Esp* **~ (académico)** Sitz *m* als Mitglied der Real Academia Española

silo M AGR *etc* Silo *m*; **~ alto** Hochsilo *m*; **~ para forrajes/para hormigón** Futter-/Zementsilo *m*

silogismo M FIL Syllogismus *m*

silueta F Silhouette *f*, Schattenriss *m*; *fig* Figur *f*; **~ esbelta** schlanke Figur *f*

siluetar VT & VI eine Silhouette zeichnen; TIPO **siluetado** *letra* frei stehend

siluriano, silúrico ADJ GEOL silurisch; **siluro** M *pez*: Wels *m*, Waller *m*

silvestre A ADJ ZOOL, BOT wild, Wild…; **plantas** *fpl* **~s** Wildpflanzen *fpl*; **pato** *m* **~** Wildente *f* B M **noche** *f* **de San Silvestre** Silvester *n*, Silvesternacht *f*

silvicultor M, **silvicultora** F Forstwissenschaftler *m*, -in *f*; Waldbauer *m*, -bäuerin *f*; **silvicultura** F Waldbau *m*, Forstwirtschaft *f*; *ciencia*: Forstwissenschaft *f*

silvoso ADJ Wald…; waldreich

sima F Erdloch *n*; Abgrund *m*, Schlund *m*

simba F *Arg, Perú* (Haar)Zopf *m*

simbiosis F Symbiose *f*; **simbiótico** ADJ symbiotisch, in Symbiose lebend

simbólico ADJ symbolisch, sinnbildlich

simbolismo M Symbolik *f*; Sinnbildlichkeit *f*; LIT, *arte*: Symbolismus *m*; **simbolista** A ADJ symbolistisch B M/F Symbolist *m*, -in *f*; Symboliker *m*, -in *f*; **simbolización** F Versinnbildlichung *f*; **simbolizar** VT ‹1f› versinnbildlichen; symbolisieren; symbolisch darstellen

símbolo M 1 *(emblema)* Sinnbild *n*, Symbol *n*; Zeichen *n* (*tb* QUÍM, *heráldica*, TEC, *etc*); MAT **~s** *mpl* **algebraicos** allgemeine (*o* algebraische) Zahlen *fpl* 2 REL Glaubensformel *f*; **el Símbolo de los Apóstoles** das Apostolische Glaubensbekenntnis

simbología F 1 *ciencia*: Symbolkunde *f* 2 *explicación*: Zeichenerklärung *f*

simetría F Symmetrie *f*; **simétrico** ADJ symmetrisch (*tb* MAT)

simia F *liter* Äffin *f*

simiente F *(semilla)* Saatgut *n*; *grano*: Saatkorn *n*; *(semen)* Samen *m*; **~ de gramíneas** Grassamen *m*; BOT **~ de papagayos** Saflor *m*

simiesco ADJ affenartig, -ähnlich, äffisch

símil A ADJ ähnlich B M Vergleich *m*; Gleichnis *n*
similar ADJ gleichartig, ähnlich; **y ~es** und Ähnliches; **similicuero** M Lederimitation *f*, Kunstleder *n*; **similitud** F Ähnlichkeit *f*; **similor** M Knittergold *n*
simio M ZOOL Affe *m*
simón M Pferdedroschke *f*, Fiaker *m* (*Austr*)
simonía F REL *y fig* Simonie *f*; **simoníaco, simoniático** ADJ simonistisch
simpa F *Arg, Perú* (Haar)Zopf *m*
simpatía F 1 *tb* **~s** *fpl* Sympathie *f*; Zuneigung *f*; **gozar de general ~** allgemein beliebt sein 2 MED *de órganos*: Mitleidenschaft *f*
simpático A ADJ 1 *persona* sympathisch; (*amable*) nett, freundlich; **me cae ~** ich finde ihn nett; *fam* **¡adiós ~!** grüß Gott, alter Freund! 2 MÚS **cuerda** *f* **-a** Resonanzsaite *f* 3 **tinta** *f* **-a** Geheimtinte *f* B M ANAT **(nervio** *m*) **~** *o* **gran ~** Sympathikus *m*
simpaticón M, **simpaticona** F *fam* Person *f*, die sich bei andern beliebt machen (*o* anwanzen *fam*) möchte; **simpatizante** A ADJ sympathisierend; Gesinnungs... B M/F Sympathisierende *m/f*; Gesinnungsgenosse *m*, -genossin *f*; **simpatizar** V/I ⟨1f⟩ sympathisieren (**con** mit *dat*); aneinander Gefallen finden, sich befreunden
simple A ADJ 1 (*sencillo*) einfach (*tb* MAT, QUÍM); Einfach... (*tb* ELEC); schlicht; (*mero*) bloß; **a ~ vista** mit bloßem Auge; **de ~ efecto** einfach wirkend; QUÍM **cuerpo** *m* **~** Element *n*, Grundstoff *m*; GRAM **oración** *f* **~** einfacher Satz *m*; GRAM **palabra** *f* **~** einfaches (*nicht zusammengesetztes*) Wort *n*, Simplex *n*; **una ~ pregunta** eine schlichte Frage; bloß eine Frage 2 (*ingenuo*) einfältig, schlicht; (*tonto*) dumm, albern B M 1 DEP *tenis*: **~ de caballeros** Herreneinzel *n* 2 FARM Einzelingrediens *n*; **~s** *mpl tb* Arzneipflanzen *fpl* 3 (*bobo*) einfältiger Mensch *m*, Simpel *m fam*
simplemente ADV bloß, nur; **simpleza** F (*ingenuidad*) Einfalt *f*, Dummheit *f*; (*tontería*) einfältiges Zeug *n*
simplicidad F 1 (*sencillez*) Einfachheit *f*; TEC **~ de funcionamiento** Einfachheit *f* im Betrieb 2 (*candidez*) Schlichtheit *f*; (*buena fe*) Arglosigkeit *f*; (*inocencia*) Einfalt *f*; **simplicísimo** ADJ *sup* einfachst; **simplicista** ADJ → simplista; **simplificación** F Vereinfachung *f*; MAT Kürzen *n*, Einrichten *n*; TEC **~ de manejo** Bedienungserleichterung *f*
simplificador A ADJ vereinfachend B M, **simplificadora** F Vereinfacher *m*, -in *f* (*tb desp*); **simplificar** V/T ⟨1g⟩ vereinfachen; erleichtern; MAT kürzen, einrichten
simplísimo ADJ *sup* äußerst einfältig; erzdumm; **simplista** A ADJ (grob) vereinfachend; sehr einseitig; **propaganda** *f* **~** primitive Propaganda *f* B M/F grobe(r) Vereinfacher *m*, -in *f*; **simplón** A ADJ einfältig B M, **-ona** F *fam* Einfaltspinsel *m fam*, Simpel *m fam*
simposio, simposium M Symposium *n*
simulación F 1 (*disimulo*) Verstellung *f*; (*fingimiento*) Vortäuschung *f*; Simulieren *n* (*tb* MED) 2 TEC Simulation *f*, Nachbildung *f*; *tb entrenamiento*: Simulatortraining *n*; **simulacro** M Trugbild *n*; MIL **~ de combate** Gefechtsübung *f*, Scheingefecht *n*; **~ de salvamento** Rettungsübung *f*
simulado ADJ vorgetäuscht; Schein...; AVIA **vuelo** *m* **~** Flugtraining *n* im Simulator; **simulador** M 1 *persona*: Simulant *m* (*tb* MED) 2 TEC *aparato*: Simulator *m*; **~ de vuelos** Flugsimulator *m*
simular V/T & V/I heucheln, vortäuschen; vorspiegeln; simulieren (*tb* MED, TEC)
simultanear V/T & V/I gleichzeitig betreiben; UNIV *Kurse verschiedener Fachrichtungen oder Studiengänge* gleichzeitig besuchen; **simultaneidad** F Gleichzeitigkeit *f*; Simultaneität *f*
simultáneo A ADJ gleichzeitig; Simultan...; **interpretación** *f* **-a** Simultandolmetschen *n*; **partidas** *fpl* **-as** *ajedrez*: Simultanpartien *fpl*; **teatro** *m* **~** Simultanbühne *f* B M DEP **(marcador** *m*) **~** Ergebnistafel *f*
sin PREP 1 ohne (*acus*); **~ color** farblos; **~ competencia** konkurrenzlos; ohnegleichen; **~ fin** endlos; COM **~ fondos** *cheque* ungedeckt; **~ más** ohne Weiteres; **~ decir nada** *o* **palabra** ohne etwas zu sagen; wortlos; **estar ~ hacer** noch nicht gemacht sein; noch zu tun sein; **~ montar** *vidrios de gafas, piedra preciosa* ungefasst; **~ querer** ungewollt; unwillkürlich; (ganz) absichtslos 2 ADV **~ embargo** (*no obstante*) trotzdem, jedoch, indes(sen); *cj* **~ que** (*subj*) ohne dass
sin... PREF Syn...
sinagoga F REL Synagoge *f*
sinalefa F LING Synalöphe *f*, Silbenverschmelzung *f*
sinapismo M FARM Senfpflaster *n*; *fig* lästiger Mensch *m*
sinapsis F BIOL Synapse *f*
sinarquía F POL Synarchie *f*
sincerar A V/T rechtfertigen, entschuldigen B V/R **sincerarse** sich verantworten (**de** wegen *dat*); **~ con alg** *tb* sich mit j-m aussprechen
sinceridad F Aufrichtigkeit *f*; Ehrlichkeit *f*; **falta** *f* **de ~** Unaufrichtigkeit *f*; **sincero** ADJ aufrichtig; ehrlich, rechtschaffen
sinclinal GEOL A ADJ synklinal B M Synklinale *f*
sincolero M *Arg fam* Schulschwänzer *m*
síncopa F LING, MÚS Synkope *f*
sincopado ADJ 1 MÚS, LING, *métrica*: synkopiert; synkopisch, Synkopen... 2 MED (*desmayado*) ohnmächtig, kollabiert; **sincopal** ADJ MED **fiebre** *f* **~** Fieber *n* mit Ohnmachtsanfällen; **sincopar** V/T synkopieren
síncope M 1 MÚS → síncopa 2 MED Ohnmacht *f*, Kollaps *m*; *p. ext* Herztod *m*
sincotilía F BOT Einkeimblättrigkeit *f*; **sincrético** ADJ *t/t, espec* REL synkretistisch; **sincretismo** M FIL, LING Synkretismus *m*
sincronía F LING Synchronie *f*; **sincrónico** ADJ gleichzeitig; *espec* TEC synchron; **motor** *m* **~** Synchronmotor *m*; **sincronismo** M Gleichzeitigkeit *f* (*tb* FÍS, TEC), Synchronismus *m*; **sincronización** F 1 Gleichschaltung *f*, Synchronisierung *f* 2 INFORM *internet*: Polling *n*; **sincronizado** ADJ gleichgeschaltet, synchronisiert; AUTO **plenamente ~** *caja de cambios* vollsynchronisiert; **sincronizar** V/T ⟨1f⟩ 1 synchronisieren, gleichschalten 2 INFORM *internet*: pollen
sincroscopio M ELEC Synchroskop *n*; **sincrotrón** M FÍS Synchrotron *n*, Teilchenbeschleuniger *m*
sindéresis F FIL Synderesis *f*; *p. ext* Gewissensangst *f*
sindicable ADJ fähig, ein Syndikat (*o* eine Gewerkschaft) zu bilden; **sindicación** F 1 (*agremiación*) Zusammenschluss *m* in Syndikaten (*o* in Gewerkschaften) 2 *espec Am* JUR (*incriminación*) Beschuldigung *f*
sindicado A ADJ gewerkschaftlich organisiert; **estoy ~** ich bin Gewerkschaftsmitglied B M JUR Anwaltschaft *f*; Anwaltskonsortium *n*; FIN **crédito** *m* **~** Konsortialkredit *m*
sindical ADJ 1 (*relativo al síndico*) Syndikus... 2 (*relativo al sindicato*) Gewerkschafts...; **sindicalismo** M Syndikalismus *m*, Gewerkschaftsbewegung *f*; **~ criminal** Verbrechersyndikate *npl*; **sindicalista** A ADJ syndikalistisch, gewerkschaftlich, Gewerkschafts... B M/F Gewerkschaft(l)er *m*, -in *f*
sindicar ⟨1g⟩ A V/T 1 *agremiar*: zu einer Gewerkschaft zusammenschließen; gewerkschaftlich organisieren 2 *capital, valores, mercancías* binden, festlegen 3 *espec Am* (*acusar, delatar*) anschuldigen; verdächtigen B V/R **sindicarse** *agremiarse*: sich zu einer Gewerkschaft zusammenschließen; *afiliarse*: einer Gewerkschaft beitreten
sindicato M 1 (*gremio, consorcio*) Syndikat *n*, Konsortium *n* 2 (*agrupación profesional*) Berufsverband *m*; Gewerkschaft *f*; **~ (obrero** *o* **de empleados** *o* **de trabajadores)** Gewerkschaft *f*; **~ amarillo** *o Méx* **~ blanco** arbeitgeberfreundliche Gewerkschaft *f*; **~ único** Einheitsgewerkschaft *f* 3 *Esp* HIST *franquismo*: Syndikat *n* (*Arbeitnehmer und Arbeitgeber in einem Verband während der Francoära*) 4 *Am* **~ del crimen** Verbrechersyndikat *n*
sindicatura F *S.Dgo* Bürgermeisteramt *n*
síndico M 1 JUR Syndikus *m*; *espec* **~ (de la quiebra)** Konkursverwalter *m* 2 *S.Dgo* (*alcalde*) Bürgermeister *m* 3 *Esp* ADMIN **~ de agrarios** *Art* Ombudsmann *m*
síndrome M MED *y fig* Syndrom *n*; **~ del ama de casa** Hausfrauensyndrom *n*; **~ de los Balcanes** Balkansyndrom *n*; **~ burn out** *o* **del quemado** Burn-Out-Syndrom *n*; **~ de comedor compulsivo** Binge-Eating-Störung *m*, Ess-Sucht *f*; **~ del comedor nocturno** Nachtesser-Syndrom *n*; AVIA **~ de la clase turista** Touristenklassensyndrom *n* (*in Bezug auf Thrombosegefahr*); **~ de fatiga crónica** chronisches Erschöpfungssyndrom *n*; **~ de inmunodeficiencia adquirida** erworbene Immunschwäche *f*, Aids *n*; **~ tóxico** toxisches Syndrom *n*; **~ del túnel carpiano** Karpaltunnelsyndrom *n*
sinécdoque F RET Synekdoche *f*
sinecura F REL Pfründe *f*, Sinekure *f*; *fig* (*puesto fácil*) Druckposten *m fam*
sinedrio M HIST 1 Synedrion *n* 2 *Biblia*: Synedrium *n*, Hoher Rat *m*
sine qua non: **condición** *f* **~** unabdingbare Voraussetzung *f*, Conditio *f* sine qua non
sinéresis F *métrica*: Synärese *f*
sinergia F Synergie *f*, Zusammenwirken *n*; **sinérgico** ADJ synerg(et)isch; synergistisch; **sinergismo** M FISIOL, FARM Zusammenwirken *n*, Synergie *f*
sínesis F GRAM sinngemäße Wortfügung *f*
sinestesia F PSIC, LIT Synästhesie *f*
sinfín M Unmenge *f*; Unzahl *f*, *p. ext* **(cinta** *f*) **~** TEC Endlosband *n*, laufendes Band *n*, Fließband *n*; **un ~ de posibilidades** eine Unzahl (von) Möglichkeiten, unzählige Möglichkeiten
sínfisis F MED Symphyse *f* (*Verwachsung zweier Knochenstücke*); **~ del pubis** Scham(bein)fuge *f*
sínfito M BOT Schwarzwurz *f*; **~ (menor)** Beinheil *n* (*Futterpflanze*); **~ mayor** Schwarzwurzel *f*
sinfonía F 1 MÚS Sinfonie *f* 2 TEAT (*preludio*) musikalisches Vorspiel *n* 3 *fig de colores*: Farbensinfonie *f*; (*armonía*) Harmonie *f*; **sinfónica** F **(orquesta** *f*) **~** Sinfonieorchester *n*; **sinfónico** ADJ sinfonisch; Sinfonie...; **concierto** *m* **~** Sinfoniekonzert *n*; **sinfonista** M/F Sinfoniker *m*, -in *f*; **sinfonola** F *espec Méx* Musikbox *f*
singada F *Cuba pop* Bumserei *f pop*
singaporense A ADJ aus Singapur B M/F Einwohner *m*, -in *f* von Singapur
Singapur M Singapur *n*
singar V/T & V/I *Cuba, Ven vulg* 1 *pop* (*joder*) vögeln *pop* 2 (*molestar*) belästigen, ärgern
singenético ADJ BIOL, GEOL syngenetisch
singladura F MAR Etmal *n*, Tagereise *f*; *fig* Kurs *m*
singlar V/I MAR segeln, fahren (*mit bestimmtem*

Kurs)
single ['siŋgɛl] M *disco*: Single *f*
singular A ADJ 1 *(único)* einzeln 2 *(sin par)* einzig(artig); *(peculiar)* eigentümlich; *(fuera de lo común)* außergewöhnlich; *(extraño)* seltsam B GRAM **(número** *m)* ~ Einzahl *f*, Singular *m*; **singularidad** F 1 *(peculiaridad)* Eigenart *f*; Eigentümlichkeit *f* 2 *(particularidad)* Einzigartigkeit *f*; Besonderheit *f*; **singularizar** ⟨1f⟩ A V/T 1 *(resaltar)* herausheben; auszeichnen 2 LING *(ursprünglich nur im Plural Gebräuchliches)* in den Singular setzen B V/R **singularizarse** *(distinguirse)* sich auszeichnen; *(apartarse)* sich absondern; **singularmente** ADV besonders; vor allem
sinhueso F *fam* Zunge *f*; *espec* Mundwerk *n fam*; **soltar la ~** *o* **darle a la ~** drauflosreden, drauflosquatschen *fam*; auspacken *fam*
sínico ADJ *liter* chinesich; China…
siniestrado A ADJ verunglückt; von einem Unfall betroffen; *seguros: persona* geschädigt, *tb* verunfallt; *cosa* beschädigt; **el coche ~** der Unfallwagen; **zona** *f* **-a** Katastrophengebiet *n* B M, **-a** F Verunglückte *m/f*; **los ~s** die Verunglückten *mpl*; die Opfer *npl*; *seguros*: die Geschädigten *mpl*
siniestralidad F *seguros*: Schadenshäufigkeit *f*; Unfallziffer *f*
siniestro A ADJ 1 *liter (izquierdo)* linke(r, -s); **la (mano) -a** die Linke *f* 2 *fig (funesto)* unheilvoll; Unheil bringend; verhängnisvoll; unheimlich; finster, düster *(fig)* B M Unglück(sfall *m*) *n*; Unfall *m*; *seguros*: Schaden(sfall) *m*; **~ parcial/total** Teil-/Totalschaden *m*; **en caso de ~** im Schadensfall *m*
sinistrogirismo M *de la letra*: Linksläufigkeit *f*
sinistrógiro ADJ 1 *letra* linksläufig 2 QUÍM linksdrehend
sinistrorso ADJ *inv espec* TEC linksläufig; mit Linksdrall
sinnúmero M Unzahl *f*; **un ~ de gente(s)** eine Unmenge (von) Menschen
sino[1] M *(destino)* Schicksal *n*; **era su ~** es war sein Schicksal
sino[2] A PREP außer *(dat)*; **nadie lo sabe ~ él** niemand außer ihm weiß es, nur er weiß davon B CJ sondern; **~ que** *betont den Gegensatz stärker als ein einfaches sino*; **no … ~ que** nur; **no te pido ~ una cosa** ich bitte dich nur um eins; **no quiero ~ que me dejen en paz** ich will nur meine Ruhe, sonst nichts; **no sólo …, ~ también** nicht nur …, sondern auch; **¿quién ~?** wer sonst?; **¿quién ~ tú?** wer anders als du…?, wer außer dir?
sino…[3] ADJ *en palabras compuestas*: sino…, chinesisch-…
sinodal REL A ADJ synodal B M Synodale *m* C F Synodalbeschluss *m*; **sinódico** ADJ synodisch, synodal
sínodo M Synode *f*; Konzil *n*; **el Santo Sínodo** *iglesia rusa*: der Heilige Synod *(der russischen Kirche)*
sinofola F *Méx* Jukebox *f*
sinología F *t/t* Sinologie *f*; **sinológico** ADJ sinologisch; **sinólogo** M, **sinóloga** F Sinologe *m*, Sinologin *f*
sinonimia F Synonymie *f*; Synonymik *f*; **sinónimo** A ADJ sinnverwandt; gleichbedeutend **(de** mit *dat)*; synonym B M Synonym *n*
sinople M *heráldica*: Grün *n*
sinopsis F ⟨*pl inv*⟩ 1 *(resúmen)* Überschau *f*, Übersicht *f*; Zusammenfassung *f*, Auszug *m* 2 REL Synopsis *f*
sinóptico A ADJ 1 *(en resúmen)* zusammengefasst, Übersichts…; **cuadro** *m* **~** Übersichtstabelle *f* 2 REL synoptisch B ADJ REL **los (Evangelistas) ~s** die Synoptiker *mpl*
sinovia F FISIOL Gelenkschmiere *f*; **sinovial** ADJ synovial; Gelenk…; ANAT **(membrana** *f)* **~** *f* Gelenkhaut *f*; **bolsa** *f* **~** Schleimbeutel *m*; **sinovitis** F MED Gelenkentzündung *f*
sinrazón F *(injusticia)* Unrecht *n*; *(imprudencia)* Unvernunft *f*; *(disparate)* Unsinn *m*, Widersinn *m*; **sinsabor** M Ärger *m*, Verdruss *m*; Unannehmlichkeit *f*; **sinsentido** M Unsinn *m*, Sinnlosigkeit *f*
sinsonte M ORN Spottdrossel *f*
sinsorgo ADJ *Esp reg fam* unzuverlässig, leichtsinnig
sintáctico ADJ LING syntaktisch, Syntax…, Satz…; **sintagma** M LING Syntagma *n*; **sintagmático** ADJ LING syntagmatisch; **sintaxis** F Syntax *f*, Satzlehre *f*
sinterización F METAL Sinterung *f*; **sinterizar** V/T ⟨1f⟩ METAL sintern; **acero** *m* **sinterizado** Sinterstahl *m*
síntesis F ⟨*pl inv*⟩ 1 Synthese *f*; Aufbau *m*; *(resumen)* Zusammenfassung *f*; **en ~** kurz (gefasst); kurzum; insgesamt 2 *fig (esencia)* Inbegriff *m* 3 FIL *espec Hegel*: Synthese *f*, *Kant*: Synthesis *f*
sintético ADJ synthetisch *(tb* QUÍM, TEC, LING, FARM); *(en resúmen)* zusammenfassend; *(constructivo)* aufbauend, zusammensetzend; *(artificial)* künstlich; Kunst…; **resumen** *m* **~** kurze Zusammenfassung *f* des Wesentlichen
sintetizable ADJ zusammenfassbar; QUÍM *etc* (künstlich) aufbaubar; synthetisierbar; **sintetizador** M MÚS Synthesizer *m*
sintetizar V/T ⟨1f⟩ zusammenfassen; zusammenstellen; *fig* verkörpern, Inbegriff sein *(gen)*; QUÍM *etc* (künstlich) aufbauen; synthetisieren
sínteton M LING Syntheton *n*
sintoísmo M REL Shintoismus *m*; **sintoísta** A ADJ shintoistisch B M/F Shintoist *m*, -in *f*
síntoma M Anzeichen *n*, Symptom *n*; MED *y fig* **~ acompañante** *o* **concomitante** Begleiterscheinung *f*
sintomático ADJ symptomatisch *(tb* MED); bezeichnend; **sintomatología** F MED Symptomatologie *f*
sintonía F ELEC Abgestimmtheit *f*, Abstimmung *f (als Zustand)*; *fig* Übereinstimmung *f*; RADIO **~ musical** Pausenzeichen *n*; **estar en ~ con** übereinstimmen (*o* harmonisieren) mit *(dat)*
sintónico ADJ abgestimmt; **sintonismo** M → sintonía
sintonización F ELEC Abstimmung *f*, Feineinstellung *f*; **sintonizador** M ELEC, RADIO Tuner *m*; Abstimmknopf *m*
sintonizar ⟨1f⟩ A V/T 1 FÍS *verschiedene Systeme* in einheitliche Schwingung setzen 2 ELEC, RADIO abstimmen; *emisora, programa* einstellen; **(aquí) sintoniza Radio Madrid** hier ist Radio Madrid B V/I *(congeniar)* übereinstimmen **(con** mit)
sinuosidad F *(ondulación)* Windung *f*; *(curvatura)* Krümmung *f*; *(retorcido)* Gewundenheit *f*; *(ensenada)* Einbuchtung *f*; **sinuoso** ADJ 1 *(sepenteado)* geschlängelt; *(ondulado)* gewunden; *(curvado)* gekrümmt 2 *fig persona* gewunden; undurchsichtig; schlau
sinusitis F MED Nebenhöhlenentzündung *f*; *espec* **~ (frontal)** Stirnhöhlenentzündung *f*
sinusoidal ADJ MAT sinusförmig; Sinuslinien…; **sinusoide** MAT A ADJ sinusartig B F Sinuslinie *f*, -kurve *f*
sinvergonzada F *fam* Unverschämtheit *f*; **sinvergonzón** ADJ *fam* → sinvergüenza A; **sinvergonzonería** F *fam*, **sinvergüencería** F *fam* Unverschämtheit *f*, Chuzpe *f fam*
sinvergüenza A ADJ unverschämt B M/F unverschämter Kerl *m fam*; unverschämtes Weibsstück *n fam*; schamloses Luder *n fam*
sionismo M Zionismus *m*; **sionista** A ADJ zionistisch B M/F Zionist *m*, -in *f*
sionona F FARM Sionon *n*
síper M *Cuba* Reißverschluss *m*
sipotazo M 1 *C. Rica (golpe en el dorso de la mano)* Schlag *m* auf den Handrücken 2 *Ven (golpe)* Schlag *m*, Hieb *m*; **sipote** M 1 *Méx pop (chichón)* Beule *f* 2 *Salv (pilluelo)* Gassenjunge *m*; *Ven (bribón)* Lump *m*, Taugenichts *m*
siquiatra, síquico, *etc* → (p)siquiatra, (p)síquico, *etc*
siquiera A CJ auch wenn; ob nun; **hazlo por mí, ~ sea la última vez** tu's für mich, und wenn es das letzte Mal ist B ADV wenigstens; **ni ~** nicht einmal; **tan ~** (nur) wenigstens; **¡dame (tan) ~ un pedazo!** gib mir (doch) wenigstens ein Stück (davon)!; *Col* **¡~!** Gott sei Dank!
siquitrillado M, **-a** F *Cuba* POL *Person, deren Güter vom Castroregime eingezogen wurden*
Siracusa F Syrakus *n*
sirca F MIN (Erz)Ader *f*
sirena F 1 MIT *y fig* Sirene *f*; *fig (seductora)* Verführerin *f*; **canto** *m* **de las ~s** Sirenengesang *m* 2 TEC Sirene *f*; **~ antiaérea** Luftschutzsirene *f*; MAR **~ de niebla** Nebelhorn *n*; **tocar la ~** die Sirene pfeifen (*o* heulen) lassen 3 *Esp fam (prostituto)* Strichjunge *m*, Stricher *m*
sirenazo M *fam* Sirenenton *m*; **~s** *mpl tb* Sirenengeheul *n*
sirénidos, sirenios MPL ZOOL Seekühe *fpl*
sirga F MAR Schlepptau *n*; **a la ~** im Schlepp; **camino** *m* **de ~** Treidelpfad *m*; **sirgador** M Treidler *m*
sirgar V/T ⟨1h⟩ MAR bugsieren, schleppen; treideln
Siria F Syrien *n*
siriaco *espec* HIST A ADJ syrisch B M, **-a** F Syrer *m*, -in *f* C M *lengua*: Syrisch *n*
sirimba F *Cuba fam* Ohnmacht(sanfall *m*) *f*
sirimiri M *Esp reg* Nieselregen *m*
siringa F 1 *poét* MÚS Pan(s)flöte *f* 2 *Am Mer* BOT Gummi-, Kautschukbaum *m*; **siringe** F ORN Syrinx *f (der Vögel)*; **siringuero** M *Am Mer* Kautschukzapfer *m*
sirio A ADJ syrisch B M, **-a** F Syrer *m*, -in *f*
Sirio M ASTRON Sirius *m*
siripita F 1 *Bol insecto*: Grille *f* 2 *fig (chiquillo molesto)* lästiger Knirps *m*
sirla F 1 *Esp fam (navaja)* Schnappmesser *m* 2 *Esp fam (asalto)* Raubüberfall *m* mit einem Messer
sirlar V/T mit einem Messer bedrohen (*o* angreifen)
sirle M Schafmist *m*; Ziegenkot *m*
sirlero M *jerga del hampa* Messerstecher *m*
siroco M *viento*: Schirokko *m*
sirope M Sirup *m*
sirte F *liter* Sandbank *f*; Sandbucht *f*
siruposo ADJ sirupartig
sírvase INT bitte bedienen Sie sich!; → *tb* servir c
sirve → servir
sirventés M → serventesio
sirvienta F Magd *f*; Dienst-, Hausmädchen *n*; **sirviente** A ADJ JUR *predio* dienend B M 1 *(criado)* Diener *m* 2 *espec* MIL Bedienende *m (an Waffe o Gerät)*; *tb (artillero)* Kanonier *m*; **~s** *mpl* Bedienung(smannschaft) *f*
sirvinacuy M *Perú etnología*: *mehrmonatiges Zusammenleben von Mann und Frau unter Indios*; Ehe *f* auf Probe
sisa[1] F *de los doradores*: Ätz-, Zinnobergrund *m (für Vergoldungen)*
sisa[2] F 1 TEX *(corte que corresponde a las axilas)* Ärmelloch *n*; Westenausschnitt *m* 2 *Esp fam*

fig: beim Einkaufen abgezweigtes Geld *n*, Schmugeld *n fam*; **sisabuta** F *fam* herrschsüchtige Frau *f*, Dragoner *m fam*; **sisador** M, **sisadora** F kleiner Betrüger *m*, kleine Betrügerin *f*; Schmumacher *m*, -in *f fam*
sisal M BOT Sisal(hanf) *m*
sisar V/T **1** TEX *corte:* ausschneiden **2** *fam fig durante la compra etc* unterschlagen, Schmu machen (mit etw *dat* **a/c**) *fam*
sisear V/T & V/I (aus)zischen
siseo M Gezisch *n*; Auszischen *n*
Sísifo N PR M MIT Sisyphos *m*, Sisyphus *m*; *espec fig* **trabajo** *m* **de ~** Sisyphusarbeit *f*; **rodar la piedra de ~** eine Sisyphusarbeit leisten
sisimbrio M BOT Rauke *f*
sísmico ADJ Erdbeben..., seismisch; **riesgo** *m* **~** Erdbebengefahr *f*; **secudida** *f* **-a** Erdstoß *m*
sismo M Erdbeben *n*; **sismógrafo** M Seismograf *m*; **sismograma** M Seismogramm *n*; **sismología** F Erdbebenkunde *f*, Seismik *f*; **sismólogo** M, **-a** F Seismologe *m*, -in *f*; **sismorresistente** ADJ erdbebensicher
sisón[1] M ORN Strandläufer *m*
sisón[2] M *fam (tramposo)* Schmumacher *m fam*, Mogler *m*
sistema M *(conjunto de reglas)* System *n*; *(procedimiento)* Verfahren *n*; *(forma de trabajo o construcción)* Arbeits- (*o* Bau)weise *f*; **~ de alarma** Alarmanlage *f*; AUTO **~ de alarma intermitente** Warnblinkanlage *f*; RADIO **~ de antena direccional** Richtstrahler *m*; AUTO **~ antibloqueo de frenos** Antiblockiersystem *n*, ABS *n*; **~ bancario** Bankwesen *n*; Bankensystem *n*; FÍS **~ cegesimal** *o* **~ C.G.S.** ZGS-System *n*, Zentimeter-Gramm-Sekunde-System *n*; **~ de cobertura social** soziales Netz *n*; **~ de control** Kontrollsystem *n*; TEC **~ de control distribuido** Prozessleitsystem *n*; MAT **~ de coordenadas** Koordinatensystem *n*; ANAT **~ digestivo/nervioso** Verdauungs-/Nervensystem *n*; MIL **~ de dirección** Lenksystem *n*; MED **~ excitoconductor** Reizleitungssystem *n*; QUÍM **~ de filtros** Filteraggregat *n*; FON **~ fonético** Lautsystem *n*; AUTO **~ de freno bicircuito** Zweikreis-Bremssystem *n*; GEOG **~s** *mpl* **de grutas** Höhlensysteme *npl*; TEC **~ hidráulico** Hydraulik *f*; GEOG **~ hidrográfico** hydrografisches System *n*, Gewässer *npl*; FISIOL **~ inmunológico** Immunsystem *n*; ANAT **~ linfático** Lymphgefäßsystem *n*, -bahn *f*; POL **~ (de elecciones) mayoritario** Mehrheitswahlrecht *n*; **~ de manos libres** TEL Freisprechanlage *f*; **~ métrico** metrisches System *n*; **~ monetario** Währungssystem *n*; TEC **~ de montaje por unidades (normalizadas)** Baukastensystem *n*; ANAT **~ muscular/óseo** Muskel-/Knochensystem *n*; **~ de navegación (por satélite)** (Satelliten-)Navigationssystem *n*; ANAT **~ nervioso (central)** (Zentral)Nervensystem *n*; INFORM **~ operativo** Betriebssystem *n*; **~ óptico (de la cámara fotográfica)** (Aufnahme)Optik *f*; GEOG **~ orográfico** *o* **montañoso** Gebirgssystem *n*, orografisches System *n*; **~ de pagos** Zahlungssystem *n*; -wesen *n*; QUÍM **~ periódico** Periodensystem *n der Elemente*; POL, ECON **~ de preferencia** Meistbegünstigungssystem *n*; AVIA, AUTO, *etc* **~ de propulsión** Antrieb(s)system *n*) *m*; MIL **~ de puntería** Richtverfahren *n*; **~ de refrigeración** Kühlsystem *n*; ANAT **~ respiratorio/vascular** Atmungs-/Gefäßsystem *n*; **~ de retículo** Fadenkreuz-, TIPO Rastersystem *n*; **~ de señales** *o* **de señalización** Signalsystem *n*; **~ social** Gesellschaftssystem *n*; ASTRON **~ solar/planetario** Sonnen-/Planetensystem *n*; TV, TEC **~ teleprompter®** *m* Teleprompter® *m*; **con ~** systematisch, planmäßig; **falto de ~** *o* **sin ~** planlos, unsystematisch; **carecer de ~** planlos sein; unsystematisch vorgehen
sistematicamente ADV systematisch; **sistemático** ADJ systematisch, planmäßig; System...; **sistematización** F Systematisierung *f*; Systematik *f*; **sistematizar** V/T ⟨1f⟩ in ein System bringen; planmäßig ordnen; systematisieren
sístole F MED, *métrica:* Systole *f*
sistro M MÚS, HIST Sistrum *n*
sita F ORN Kleiber *m*, Spechtmeise *f*
sitiado M Belagerte *m*
sitiador M Belagerer *m*
sitial M Amts-, Thronsessel *m*; Ehrensitz *m*; REL *tb* Chorstuhl *m*
sitiar V/T ⟨1b⟩ belagern *(tb fig)*
sitibundo ADJ *poét* dürstend
sitiero M *Cuba, Méx reg kleinerer* Farmer *m*
sitin M *Méx* Sit-in *n*, Sitzstreik *m*
sitio[1] M **1** *(lugar)* Platz *m*; Stelle *f*; Lage *f*; Ort *m*; Gegend *f*; **~ de honor** Ehrenplatz *m*; *Esp* **~ real** königliche Residenz *f*, Königsschloss *n*; INFORM **~ web** Website *f*; **en su ~** an (*o* auf) seinem (*o* seinen) Platz; **en cualquier ~** irgendwo; **dejar a alg en el ~** j-n auf der Stelle töten; **ya no hay ~** es ist kein Platz mehr da; **hacer ~** Platz machen; **ocupar mucho ~** viel Platz brauchen; **¿en qué ~ lo pusiste?** wohin hast du es gelegt?; *fig* **poner las cosas en su ~** etw richtig stellen; etw zurechtrücken *(fig)*; *fig* **quedarse en el ~** auf dem Platz bleiben *(fig)*; plötzlich umkommen; MIL fallen; *fig euf* **tengo que ir a un ~** ich muss mal *fam* (verschwinden) **2** *Arg, Chile (terreno)* Grundstück *n*, Baugelände *n*; *Cuba, Méx reg (finca pequeña) kleinere* (Vieh)Farm *f*; *Méx (parada de taxis)* Taxistand *m*
sitio[2] M MIL *y fig* Belagerung *f*; **guerra** *f* **de ~** Belagerungs-, Festungskrieg *m*; **levantar el ~** die Belagerung aufheben; **poner ~ a** belagern *(acus)*
sito ADJ *espec* JUR gelegen, befindlich; **~ en la colina** auf dem Hügel gelegen
situ ADV **in ~** an Ort und Stelle
situación F **1** *(posición)* Lage *f*, Position *f*; MAR Besteck *n*; MAR **fijar la ~** die Position bestimmen; das Besteck machen; den Kurs absetzen *(tb* AVIA) **2** *fig (circunstancias)* Situation *f*, Lage *f*; *(postura)* Stand *m*, *(estado)* Zustand *m*; *(condiciones)* Verhältnisse *npl*; ADMIN **~ activa** *de un funcionario:* (aktive) Dienstzeit *f*; **~ pasiva** Ausfallzeiten *fpl (Zeit, während der ein Beamter keinen Dienst leistet)*; AVIA, MIL **~ aérea** Luftlage *f*; **~ económica** Wirtschaftslage *f*; **~ financiera** Finanz-, Vermögenslage *f*; COM **~ del mercado** Marktlage *f*; **~ de partida** Ausgangslage *f*; *Am* **de ~** *precios* reduziert; **(no) estar** *o* **encontrarse en ~ de** *(inf)* (nicht) in der Lage sein, zu *(inf)* **3** MED **-ones** *fpl* **del feto** Kindslagen *fpl*; **~ de cara/de extremidad pélvica** Gesichts-/Beckenendlage *f*; **~ de nalgas/de occipucio** Steiß-/Hinterhauptlage *f*
situacional ADJ Situations...
situado **A** ADJ *(ubicado)* liegend, gelegen; DEP platziert; **bien ~** wohlhabend, gut situiert; **estar ~** liegen, gelegen sein **B** M Rente *f (bes aus landwirtschaftlicher Produktion)*
situar ⟨1e⟩ **A** V/T *(poner en sitio)* legen; stellen; TEC anbringen, verlegen; *dinero (für bestimmte Auslagen)* verwenden; MIL *tropas* (ver)legen **(en** nach *dat*); *(determinar la situación)* einordnen, situieren; **eso me sitúa en la posibilidad de** das versetzt mich in die Lage, zu *(inf)*, das gibt mir die Möglichkeit, zu *(inf)* **B** V/R **situarse** **1** *(posicionarse)* einen Platz einnehmen **2** *(tener lugar, realizarse)* stattfinden; *acción* sich abspielen **3** DEP sich platzieren **4** MAR seine Position ausmachen **5** *fig (conseguir una posición privilegiada)* eine gute Stellung bekommen
sítula F *prehistoria:* Situla *f*
siútico ADJ *Chile fam* **1** *(de mal gusto)* geschmacklos, kitschig **2** *persona* snobistisch, *(faroleo)* angeberisch; **siutiquería** F *Chile fam* → **cursilada**
Siva N PR M REL Schiwa *m*
skai M, **skay®** M *cuero sintético:* Skai® *m (Kunstleder)*
skateboard [es'kɛĭtβorð] M Skateboard *n*
skater [es'kɛĭtɛr] M Skater *m*
skéleton M DEP Skeleton *m (niedriger Rennschlitten)*
sketch [es'kɛtʃ] M TEAT Sket(s)ch *m*
ski-(k)joering [es'ki-(k)jerin] M DEP Skikjöring *n*
S.L. F ABR (Sociedad [de Responsabilidad] Limitada) GmbH *f* (Gesellschaft mit beschränkter Haftung)
slalom, slálom M DEP Slalom *m*, Torlauf *m*; **~ especial/gigante** Spezial-/Riesenslalom *m*
sleeping M [es'lipin] **1** *Esp carro:* Schlafwagen *m* **2** *Am bolsa:* Schlafsack *m*
sleeping bag [es'lipinbaɣ] M *Am* Schlafsack *m*
slip M Slip *m*; **~ de baño** Badehose *f*; **~(s)** *m(pl)* kurze Unterhose(n) *f(pl)*
slogan M Slogan *m*, Schlagwort *n*; **~ electoral** Wahlslogan *m*; **~ publicitario** Werbeslogan *m*
slot M Slot *m*; Schlitz *m*; *ordenador:* Steckplatz *m*
slum M Slum *m*, Elendsviertel *n*
S.M. ABR (Su Majestad) I. M. (Ihre Majestät); S. M. (Seine Majestät)
smash M *tenis:* Schmetterball *m*; **smashear** V/T & V/I *tenis:* schmettern
SME M ABR (Sistema Monetario Europeo) EWS *n* (Europäisches Währungssystem)
SMI M ABR (Salario Mínimo Interprofesional) *Esp* gesetzlich garantierter Mindestlohn *m*
smog M Smog *m*
smoking M Smoking *m*
SMS M ABR (Short Message System) TEL SMS *f*; **enviar** (*o* **mandar**) **un ~** eine SMS schicken (**a alg** j-m)
s/n ABR (sin número) ohne (Haus)Nummer
snack, snack-bar M Imbissstube *f*, Snackbar *f*
SNC N ABR (sistema nervioso central) ANAT ZNS *m* (Zentralnervensystem)
snifar V/T *drogas espec cocaína* schniefen
snob **A** ADJ snobistisch **B** M/F Snob *m*; **snobismo** M Snobismus *m*
snórkel [es'nɔrkel] M Schnorchel *m*
snowboard [es'noŭβɔrð] M DEP Snowboard *n*
so[1] PREP unter; **~ capa** *o* **~ color** *o* **~ pretexto** unter dem Vorwand; **~ pena** bei Strafe; *hum* **~ pena de romperte la crisma** ich reiße dir den Kopf ab
so[2] INT *fam zur Verstärkung von Schimpfwörtern:* **¡~ burro!** Sie (*o* du) Rindvieh! *fam*; Sie (*o* du) Trottel! *fam*
so[3] INT *grito de carrero:* hü!, halt!
SO ABR (Sudoeste) SW (Südwest[en])
soasar V/T GASTR anbraten; leicht braten
soba F **1** *(acción de sobar)* Befühlen *n*; Gefummel *n* **2** *fam (paliza)* Tracht *f* Prügel; *fam fig* **darle una ~ a alg** j-n durchprügeln, j-m das Fell gerben; *(sermonear)* j-n abkanzeln *fam* **3** *Col pop (molestia)* Belästigung *f*
sobaco M Achselhöhle *f*; *fam* **pasarse a/c por debajo del ~** etw gering schätzen, etw für unwichtig halten
sobado **A** ADJ abgegriffen; *escalera, piso* abgetreten; *fig* abgedroschen **B** M (Durch)Kneten *n*; *de pieles:* Walken *n*; **sobador** M **1** *aparato:* Walke *f (der Gerber)* **2** *persona:* Kneter *m*, Walker *m*; *espec Am fam fig (masajista)* Masseur *m* **3** *Am reg (ensalmador)* Gesundbeter *m*; **sobadora**

S

F *Arg* TEC (Teig)Knetmaschine *f*; **sobajar**, *Am tb* **sobajear** V/T 1 *(amasar)* kräftig (durch)kneten; *p. ext (arrugar)* zerknüllen 2 *fam (manosear)* (plump) betatschen *fam* 3 *Arg, Ec, Méx (humillar)* demütigen; **sobajeo** M Kneten *n*; Knautschen *n*

sobandero M *Col* Quacksalber *m*

sobaquera F 1 TEX *refuerzo de un vestido*: Schweißblatt *n*; Achselunterlage *f* 2 *(pistolera)* Pistolenhalfter *f*; **sobaquina** F Achselschweißgeruch *m*

sobar A V/T 1 *masa etc* (durch)kneten; *pieles* walken; *p. ext fam (dar masaje)* massieren 2 *fam (manosear)* befummeln *fam*, begrapschen *fam*; *fam fig (molestar)* belästigen 3 **~ (de la badana)** (ver)prügeln 4 *Perú, Ec (frotar)* reiben, scheuern 5 *Am huesos* einrenken; *p. ext (ensalmar)* besprechen, gesundbeten 6 *Ec, Méx, Perú fig (halagar)* vor *j-m* katzbuckeln B V/I *fam (dormir)* pennen *fam* C V/R **sobarse** *Perú* sich reiben

sobarba F Doppelkinn *n*; **sobarbada** F 1 *equitación*: Ruck *m* am Zügel 2 *fam fig* Rüffel *m fam*, Anschnauzer *m fam*

sobarbo M Schaufel *f (eines Wasserrads)*

sobarcar V/T ⟨1g⟩ unter dem Arm tragen; *vestidos* unterm Arm zusammenraffen

sobeo M *fam* → sobajeo

soberanamente ADV höchst, äußerst; überaus; *fam* mächtig, gewaltig

soberanía F 1 POL *(poder público)* Souveränität *f*; Hoheit(srecht *n*) *f*; **~ aduanera/aérea/económica/espiritual** Zoll-/Luft-/Wirtschafts-/Religionshoheit *f*; **~ exterior** äußere Souveränität *f*; **~ interna** *o* **interior** innere (*o* staatsrechtliche) Souveränität *f*; **~ fiscal/judicial/militar/monetaria** Finanz-/Justiz-/Wehr-/Währungshoheit *f*; **~ nacional** Staatshoheit *f*, nationale Souveränität *f*; **~ del pueblo** Volkssouveränität *f*; **~ (en materia) de tarifas** Tarifhoheit *f*; **actos** *mpl* **de ~** Hoheitsakte *mpl*; **derechos** *mpl* **de ~** Hoheitsrechte *npl*; **dar plena ~** (die) volle Souveränität geben; HIST immediatisieren; **toda la ~ emana del pueblo** alle (Staats)Gewalt geht vom Volke aus 2 *(autoridad suprema)* Ober-, Schutzherrschaft *f*, Oberhoheit *f*; HIST **~ feudal** Suzeränität *f* 3 *(superioridad)* Überlegenheit *f*; *fig (orgullo, soberbia)* Stolz *m*, Hochmut *m*; JUR **~ jurídica** Rechtsvorrang *m*

soberano A ADJ 1 POL souverän, Hoheits… 2 *fig (elevado, excelente)* erhaben, herrlich; höchst; riesig *fam*; *belleza* erhaben, unübertrefflich; **esto es una -a tontería** das ist eine Riesendummheit B M, **-a** F Souverän *m*, Herrscher *m*, -in *f*; *fig* König *m*, -in *f*

soberbia F 1 *(orgullo, altivez)* Stolz *m*, Hochmut *m* 2 *(indignación)* Empörung *f*, *(ira)* Zorn *m* 3 *(suntuosidad)* Herrlichkeit *f*, Pracht *f*; **soberbio** ADJ 1 *(altivo)* stolz, hochmütig; *(fogoso)* hochfahrend 2 *(airado)* empört, zornig 3 *(grandioso)* herrlich, prächtig; *fig* **-a tontería** große Dummheit *f*

sobetear V/T betasten, *(an etw)* herumfummeln

sobón A ADJ lästig, aufdringlich, plumpvertraulich; *Perú* grapschend B M 1 *acción*: Befummeln *n*, Begrapschen *n*; *fam* **de un ~** auf einen Schlag, auf einmal 2 *persona*: Fummler *m*, Grapscher *m fam*

sobordo M MAR Frachtliste *f*; **sobornable** ADJ bestechlich; **sobornal** M Zusatzlast *f*; **sobornar** V/T bestechen, schmieren *fam*

soborno M 1 Bestechung *f*; Bestechungsgeld *n* 2 *Bol, Chile, Arg (sobrecarga)* Zusatzlast *f*; **de ~** zusätzlich

sobra F 1 *(restos)* Rest *m*; **~s** *fpl* Überbleibsel *npl*; *espec de la comida*: Speisereste *mpl* 2 *(exceso)* Übermaß *n*; Überfluss *m*; **de ~** im Überfluss; übermäßig; nur (all)zu gut; überflüssig *(tb fig)*; **¡estás de ~ aquí!** du bist hier ganz und gar überflüssig!; **saber de ~ que …** nur allzu gut (*o* zur Genüge) wissen, dass …

sobradamente ADV reichlich, zur Genüge

sobradillo M Schutz-, Wetterdach *n (über Fenstern und Balkonen)*

sobrado A ADJ 1 *(abundante)* mehr als genug; übermäßig; überreichlich; überreich (**de** an *dat*); **estar ~ de recursos** über beträchtliche Mittel verfügen 2 *Perú (soberbio)* eingebildet B ADV übermäßig; überreichlich; **te conozco ~** ich kenne dich gut genug (*o* zur Genüge) C M Dachboden *m*; *Arg* → *tb* vasar

sobrador M, **sobradora** F *Arg desp* eingebildete (*o* herrschsüchtige) Person *f*

sobrancero ADJ überzählig

sobrante A ADJ übrig bleibend; *(en exceso)* überschüssig, überzählig; *(superfluo)* überflüssig; TEC **~ al ancho** zu breit B M 1 *(resto)* Überrest *m*; *de dinero*: Restbetrag *m* 2 *(excedente)* Überschuss *m (tb* TEC, ECON); Übermaß *n* 3 *de agua*: Überlauf *m*

sobrar V/I 1 *(quedar)* übrig bleiben; **me sobra dinero** ich habe Geld genug; **les sobra tiempo para todo** sie haben für alles Zeit; **tiene razón que le sobra** er hat mehr als Recht 2 *(sobresalir)* überstehen, TEC nicht bündig sein 3 *(estar de más)* überflüssig sein *(tb fig)*, nicht (mehr) nötig sein; *(holgar)* sich erübrigen

sobrasada F GASTR feine Paprikastreichwurst *f (Spezialität aus Katalonien)*

sobre[1] M 1 *de una carta*: Briefumschlag *m*; Umschlag *m*; *(sobrescrito)* Aufschrift *f*; **~ acolchado**, *Am* **~ manila** gepolsterte Versandtasche *f*; **en ~ aparte** unter besonderem Umschlag; **~ ventana** Fensterumschlag *m* 2 *de azúcar, etc*: Tütchen *n*; *drogas* Briefchen *n*; **sopa** *f* **de ~** Suppe *f* aus der Tüte, Tütensuppe *f* 3 *Ven (cartera de damas)* (flache, rechteckige Damen-) Abendtasche *f*

sobre[2] PREP 1 *(encima de) lugar*: auf, über *(dat)*; *dirección*: auf, über *(acus)*; **~ la mesa** auf dem (*o* den) Tisch; **mano ~ mano** eine Hand über der andern; *fig* müßig; **escribir ~ papel** auf Papier schreiben; *fig* **estar ~ alg** auf j-n aufpassen; j-n überwachen; *fig* **tomar ~ sí** *etw* auf sich nehmen; *etw* verantworten; MIL **avanzar ~ Zaragoza** auf (*o* gegen) Saragossa vorrücken; *anticuado*: **situado ~ el río** am Fluss gelegen 2 *cronología*: nach; **~ comida** nach dem Essen, nach Tisch; **daño ~ daño** Schaden auf (*o* über) Schaden; **~ esto** hierauf, danach, dann; **~ lo cual** worauf, dann 3 *(acerca de)* über, von; **hablar ~ …** über … *(acus)* (*o* von … *dat*) sprechen; **~ todo** vor allem; besonders 4 *(además)* außer; **~ eso** außerdem, darüber hinaus 5 *(aproximadamente)* an, gegen, ungefähr; **~ las once** gegen elf (Uhr); **~ poco más o menos** etwa, ungefähr

sobre… PREF Über…, über…; **sobreabundancia** F Überfülle *f*; **sobreabundar** V/I reichlich (*o* im Überfluss) vorhanden sein; **sobreactuar** V/I ⟨1e⟩ TEAT übertreiben, chargieren, outrieren; **sobrealimentación** F Überernährung *f*; **sobrealimentar** V/T überernähren, -füttern; **sobreático** M *Esp* Penthouse *n*; **sobrecalentamiento** M Überhitzung *f*; TEC Überhitzen *n*; **sobrecalentar** V/T ⟨1k⟩ überhitzen; **sobrecama** F *(colcha)* Steppdecke *f*; *adorno*: Zierdecke *f*; **sobrecamisa** F Überhemd *n*; **sobrecaña** F VET *de caballos*: Überbein *n*; **sobrecarga** F *carro etc* Überladung *f*; *aparatos, máquina, etc* Überlast(ung) *f (tb* INFORM); *correos*: Zuschlag *m*; **sobrecargado** ADJ über(be)lastet; höchst beansprucht; **sobrecargar** V/T ⟨1h⟩ *carro etc* überladen; *aparato, máquina, etc* überlasten; *persona* überanstrengen; **sobrecargo** A M MAR Ladungsoffizier *m*; Superkargo *m*; *tb* Proviant-, Zahlmeister *m*; AVIA (Chef)Steward *m*, Purser *m* B F *Am reg* Stewardess *f*

sobreceja F Stirn *f* über den Augenbrauen; **sobrecejo** M Stirnrunzeln *n*; **de ~** finster *(blicken)*; **poner ~** die Stirn runzeln

sobrecincha F *equitación*: Übergurt *m*

sobrecito M kleiner Umschlag *m*; COM Beutel *m (für Puddingpulver etc)*

sobreclaustra F, **sobreclaustro** M Wohnung *f* über einer Klausur (*o* einem Kloster); **sobrecogedor** ADJ überraschend; erschreckend; ergreifend; atemberaubend; **sobrecoger** ⟨2c⟩ A V/T überraschen; überrumpeln B V/R **sobrecogerse** zusammenfahren, erschrecken; **sobrecogimiento** M Überraschung *f*; Schreck *m*; **sobrecontratación** F *turismo*: Überbuchen *n*, Overbooking *n*; **sobrecoste** M Mehrkosten *pl*; **sobrecubierta** F TIPO Schutzumschlag *m*; **sobrecuello** M *equitación*: Halsriemen *m*; **sobrecupo** M *turismo*: Überbuchen *n*, Overbooking *n*; **sobredimensionado** überdimensioniert; **sobredosis** F ⟨*pl inv*⟩ Überdosis *f*; **sobreedificar** V/T ⟨1g⟩ ARQUIT überbauen; darüberbauen; **sobreentrenado** ADJ → sobrentrenado; **sobreescribir** V/T INFORM überschreiben; **sobreesdrújulo** ADJ FON mit betonter viertletzter Silbe; **sobreesfuerzo** M Überanstrengung *f*; **sobreexcitación** F Überreizung *f*; ELEC Übersteuerung *f*; **sobreexcitar** V/T FÍS, FISIOL übererregen, FISIOL *tb* überreizen; ELEC übersteuern; **sobreexplotación** F AGR, SILV Raubbau *m*; **~ pesquera** Überfischen *n*; **sobreexplotar** V/T übermäßig ausbeuten, Raubbau treiben (an *dat*); **sobreexponer** V/T ⟨2r⟩ FOT überbelichten; **sobreexposición** F FOT Überbelichtung *f*; **sobrefalda** F *kurzer* (Frauen)Überrock *m*; **sobrefaz** F ⟨*pl* **-aces**⟩ Oberfläche *f*; **sobreflete** M Überfracht *f*; **sobregiro** M FIN (Konto)Überziehung *f*; **sobrehilado** M TEX überwendlicher Stich *m*; **sobrehilar** V/T TEX überwendlings nähen; **sobrehueso** M MED Überbein *n*; *fam fig* Hindernis *n*; Schwierigkeit *f*; **sobrehumano** ADJ übermenschlich; **sobreimpresión** F 1 FOT mehrfach belichtete Aufnahme *f* 2 TV Einblenden *n*; **en ~** eingeblendet; **sobreimprimir** V/T ⟨*pp* sobreimpreso⟩ TIPO überdrucken; **sobreindustrialización** F Überindustrialisierung *f*; **sobreindustrializado** ADJ überindustrialisiert

sobrelecho M ARQUIT Auflagefläche *f (eines Werksteins)*; **sobrellave** A F 1 *llave*: Sicherheitsschlüssel *m*; *cerradura*: Sicherheitsschloss *n* 2 *oficio*: Schlüsselverwaltung *f* B M Schlüsselverwalter *m*; **sobrellevar** V/T 1 *carga* tragen helfen; erleichtern 2 *fig* geduldig ertragen; **sobremanera** ADV außerordentlich, überaus; über die Maßen; **sobremangas** FPL Ärmelschoner *mpl*; **sobremedida** F Übermaß *n*, Übergröße *f*

sobremesa F 1 **de ~** nach Tisch; Tisch…; **discurso** *m* **de ~** Tischrede *f* 2 *poco usado: (tapete)* Tischdecke *f* 3 *anticuado y reg (postre)* Nachtisch *m*

sobremesana F MAR Kreuzmarssegel *n*; **sobremodo** ADV äußerst, in höchstem Maße; **sobrenatural** ADJ übernatürlich; **sobrenombre** M Beiname *m*; Spitzname *m*

sobrentender ⟨2g⟩ A V/T stillschweigend mit einbegreifen; mit darunter verstehen B V/R **sobrentenderse** sich von selbst ver-

stehen
sobrentrenado ADJ übertrainiert
sobreoferta F COM Überangebot *n*
sobrepaga F Zulage *f*; **sobrepaño** M Übertuch *n*; **sobreparto** M MED Wochenbett *n*; **sobrepasado** ADJ überholt (*fig*); **sobrepasar** VT hinausgehen über (*acus*); (*superar*) übertreffen; (*rebasar*) übersteigen; (*exceder*) überschreiten; (*adelantar*) überholen; **sobrepelliz** F REL Chorhemd *n*; **sobrepelo** M *RPl equitación*: Satteldecke *f*; **sobrepesca** F ECOL Überfischung *f*; **sobrepeso** M Übergewicht *n*
sobreponer ⟨2r⟩ A VT (*añadir*) darüber legen; aufsetzen (**en** auf *acus*); hinzufügen B VR **~se a** (*ignorar*) sich hinwegsetzen über (*acus*); (*obtener superioridad*) die Oberhand gewinnen über (*acus*); **sobreporte** M *correos*: **~ aéreo** Luftpostzuschlag *m*; **sobreprecio** M Preisaufschlag *m*; Aufpreis *m*; **sobreprima** F *seguros*: Prämienaufschlag *m*; **sobreproducción** F Überproduktion *f*; **sobrepuerta** F 1 *pieza de madera*: Türsims *m*; *p. ext cortina*: Türvorhang *m* 2 ARQUIT, *arte*: Sopraporte *f*; **sobrepuesto** A ADJ aufgesetzt; aufgelegt B M Aufsatz *m*; TEX Applikation *f*; **sobrepujamiento** M Übertreffen *n*; Überbieten *n*; **sobrepujanza** F übergroße Macht *f*; **sobrepujar** VT übertreffen; COM *y fig* überbieten; *j-n* ausstechen; **sobrequilla** F MAR Kielschwein *n*
sobrero M TAUR Ersatzstier *m*; **sobrerrienda** F *Am* Ersatzzügel *m*
sobresalienta F TEAT Ersatzschauspielerin *f*
sobresaliente A ADJ herausragend; *espec fig* hervorragend; *nota*: sehr gut; **resultado** *m* **~** Spitzenergebnis *n*; *fam hum* **~ con tres eses** *en el examen*: durchgefallen B M TAUR, TEAT Ersatzmann *m*
sobresalir VI ⟨3r⟩ herausstehen, überragen; *espec fig* hervorragen; *cornisa etc* weit vorspringen; *fig* **~ en conocimientos** hervorragende Kenntnisse haben; *tb fig* **~ entre todos** alle überragen
sobresaltar A VT (*asustar*) (plötzlich) erschrecken B VI *espec* PINT *Gestalten eines Gemäldes* (lebendig) hervortreten C VR **sobresaltarse** plötzlich erschrecken (**con, de, por** bei *dat*, über *acus*), auf-, zusammenfahren (bei *dat*, wegen *gen*), bestürzt sein (wegen *gen*, über *acus*)
sobresalto M (*susto*) jäher Schrecken *m*; Bestürzung *f*; *p. ext* (*precipitación*) Überstürzung *f*; **de ~** ganz unerwartet, plötzlich; **me dio** *o* **tuve un ~** ich erschrak (*o* ich fuhr erschreckt zusammen)
sobresaturación F Übersättigung *f* (*tb* ECON)
sobresaturar VT übersättigen
sobrescri(p)to M (*rótulo*) Aufschrift *f*; **sobresdrújulo** ADJ FON → sobreesdrújulo
sobreseer ⟨2e⟩ A VI ADMIN Abstand nehmen (**en** von *dat*) B VT & VI JUR **~ (en)** *procedimiento* einstellen; *tb* aussetzen (*o* vertagen) C VR **sobreseerse** eingestellt werden; sich erledigen; **sobreseimiento** M JUR Einstellung *f* des Verfahrens; **auto** *m* **de ~** Einstellungsbeschluss *m*, -urteil *n*
sobrestadía F MAR, COM Überliegetag *m*
sobrestante M Aufseher *m*, -in *f*; *tb* Arbeitsinspektor *m*, -in *f*, -leiter *m*, -in *f*; TEC *corresponde a*: Oberwerkmeister *m*, -in *f*; FERR **~ (de) ferrocarriles** Chef *m*, -in *f* einer Bahnmeisterei
sobrestimación F Überschätzung *f*; **sobrestimar** VT überschätzen
sobresueldo M (Lohn- *o* Besoldungs)Zulage *f*; **sobretarde** F Spätnachmittag *m*; **sobretasa** F Zuschlag *m*; Sondertaxe *f*; *correos*: **~ de franqueo** Nachgebühr *f*, -porto *n*; Zuschlag *m*; **sobretensión** F ELEC Überspannung *f*; **sobretiesto** M Übertopf *m*; **sobretodo** M *espec Arg, Bol, Par, Ur* Herrenmantel *m*; Überzieher *m*; **sobretonos** MPL FÍS *acústica*: Obertöne *mpl*; **sobrevaloración** F Überbewertung *f*; **sobrevalorar** VT überbewerten; **sobrevenida** F Dazukommen *n*; unerwartete Ankunft *f*; unvermutetes Eintreten *n* (*o* Geschehen *n*); **sobrevenir** VI ⟨3s⟩ dazukommen; plötzlich eintreten (*o* geschehen); *tormenta*: niedergehen; **sobreventa** F AVIA Überbuchen *n*, Overbooking *n*; **sobrevida** F Überleben *n*; **sobrevidriera** F *de la ventana*: Drahtgitter *n*; **sobrevigilancia** F Oberaufsicht *f*; **sobrevivencia** F *Am* Überleben *n*; **sobreviviente** A ADJ überlebend B M/F Überlebende *m/f*; **sobrevivir** A VT überleben B VI am Leben bleiben, überleben; **sobrevolar** VT ⟨1m⟩ überfliegen; **sobrevuelo** M AVIA Überfliegen *n*
sobriedad F (*modestia*) Genügsamkeit *f*; (*moderación*) Mäßigkeit *f*; *en ayunas o sin haber bebido alcohol*: Nüchternheit *f*
sobrina F Nichte *f*; **sobrinieto** M, **sobrinieta** F Großneffe *m*, Großnichte *f*
sobrino M Neffe *m*; **~s** *mpl* Geschwisterkinder *npl*
sobrio ADJ (*moderado*) mäßig (**en** in *dat*); (*en ayunas o no ebrio*) nüchtern; *estilo* schmucklos, sparsam, karg; **~ de palabras** wortkarg
SOC M ABR (Sindicato de Obreros del Campo) *Esp* Landarbeitergewerkschaft *f*
socaire M MAR Leeseite *f*; **al ~ de** im Schutz (*gen o* von *dat*); **socairo** ADJ MAR arbeitsscheu
socalar VT *Am Centr, Col, Ven* → socolar
socaliña F (*estafa*) Prellerei *f*; (*bribonada*) Schwindel *m*, Gaunerei *f*; (*truco*) List *f*, Trick *m*; **socaliñar** VT prellen; abschwindeln, abgaunern; **socaliñero** A ADJ gaunerhaft B M, **-a** F Gauner *m*, -in *f*, Schwindler *m*, -in *f*
socapa F *fam* Vorwand *m*; **a** *o* **de ~** heimlich, verstohlen
socarrar VT ansengen; anbrennen; anrösten
socarrén M ARQUIT Vor-, Traufdach *n*
socarrina F *fam* → chamusco 2
socarrón A ADJ (*astuto*) schlau, verschmitzt, gerieben; (*pérfido*) hinterlistig; (*sarcástico*) spöttisch B M Schelm *m*; Schalk *m*; **socarronería** F (*astucia*) Schlauheit *f*, Geriebenheit *f*; (*bribonada*) Gaunerstück *n*
socava F 1 *excavación*: Untergrabung, -minierung, -höhlung *f* 2 AGR → alcorque[1]; **socavación** F 1 MIN Unterspülen *n* 2 → socava 1; **socavadora** F MIN Schrämmaschine *f*; **socavamiento** M Unterhöhlung *f*; Unterminierung *f* (*tb fig*)
socavar VT 1 *cavar*: unterhöhlen; untergraben, unterminieren (*tb fig*); MIN schrämen 2 GEOG unterspülen, auskolken; **socavón** M 1 MIN Galerie *f*, *horizontaler* Stollen *m* 2 *transporte*: tiefes Schlagloch *n* 3 (*hundimiento*) Binge *f*, Einsturz *m* des Bodens; **socavonero** M *Chile* MIN Stollenarbeiter *m*
sochantre M REL Kantor *m*, Vorsänger *m*
soche M 1 *Col, Ec* ZOOL *andiner Zwerghirsch* 2 *Col piel*: (*gegerbtes*) Hirsch-, Schafs- *o* Ziegenfell *n*
socia F 1 ECON Gesellschafterin *f*, Teilhaberin *f*, → *tb* socio 1,2 2 *desp* Person *f*, Weibsstück *n*; **sociabilidad** F Geselligkeit *f*; **sociabilizar** VT sozialisieren, gesellschaftsfähig machen; **sociable** ADJ gesellig, umgänglich; kontaktfreudig; **poco ~** ungesellig, menschenscheu; unfreundlich
social ADJ 1 gesellschaftlich, Gesellschafts…; sozial, Sozial…; **cargas** *fpl* **~es** Sozialabgaben *fpl*, -lasten *fpl*; **ciencias** *fpl* **~es** Sozialwissenschaften *fpl*; **prestaciones** *fpl* **~es** Sozialleistungen *fpl*; **reforma** *f* **~** Sozialreform *f* 2 ECON Gesellschafts…; JUR **escritura** *f* **~** Gesellschaftsvertrag *m* (*Urkunde*)
socialdemocracia F Sozialdemokratie *f*; **socialdemócrata** A ADJ sozialdemokratisch B M/F Sozialdemokrat *m*, -in *f*
socialero M, **-a** F *fam frec desp* Sozi *m fam* (*frec desp*)
socialismo M Sozialismus *m*; **socialista** A ADJ sozialistisch B M/F Sozialist *m*, -in *f*; **socialización** F Sozialisierung *f*; Vergesellschaftung *f*; Verstaatlichung *f*; **socializar** VT ⟨1f⟩ sozialisieren; vergesellschaften; verstaatlichen
sociata *desp* M *fam* Sozi *m*
sociedad F 1 POL, SOCIOL Gesellschaft *f*; **alta ~** Highsociety *f*; Hautevolee *f*; **~ del bienestar** Wohlstandsgesellschaft *f*; **~ de consumo/de despilfarro** Konsum-/Wegwerfgesellschaft *f*; **~ sin clases** klassenlose Gesellschaft *f*; **~ industrial** Industriegesellschaft *f*; **de la información** Informationsgesellschaft *f*; **~ de masas** Massengesellschaft *f*; **~ mediática** Mediengesellschaft *f*; HIST POL **Sociedad de Naciones** Völkerbund *m*; **~ opulenta** *o* **de la opulencia** Überflussgesellschaft *f*; **presentar en ~** in die Gesellschaft einführen 2 ECON Gesellschaft *f*; **~ afiliada** Zweiggesellschaft *f*; **~ anónima** *o* **por acciones** Aktiengesellschaft *f*; **~ armadora** Reederei *f*; **~ bancaria/mercantil** Bank-/Handelsgesellschaft *f*; **~ colectiva** offene Handelsgesellschaft *f*; **~ en comandita** *o* **comanditaria (por acciones)** Kommanditgesellschaft *f* (auf Aktien); **~ comercial** Handelsgesellschaft *f*; **~ distribuidora/filial** Vertriebs-/Tochtergesellschaft *f*; **~ fiduciaria** Treuhandgesellschaft *f*; **~ financiera** *o* **~ de inversión mobiliaria** Investmentgesellschaft *f*; **~ mercantil** Handelsgesellschaft *f*; **~ (de responsabilidad) limitada** Gesellschaft *f* mit beschränkter Haftung 3 (*agrupación*) Verein *m*; **~ de beneficencia** Wohltätigkeitsverein *m*; **~ deportiva** Sportverein *m*; **Sociedad** *f* **de Naciones** HIST Völkerbund *m*; **~ pantalla** Scheingesellschaft *f*; **protectora de animales** Tierschutzverein *m*
societario ADJ Gesellschafts…, Vereins…; *espec de obreros*: Arbeitervereins…
socio M 1 ECON Gesellschafter *m*, COM Partner *m*, Teilhaber *m*, Sozius *m*; **~ capitalista** Geld-, Kapitalgeber *m*; **~ colectivo** Komplementär *m*; **~ comanditario** Kommanditist *m*; **~ fundador** Gründungsmitglied *n*; **~ pasivo** *o* **tácito** stiller Teilhaber *m*; **admitir un ~** einen Teilhaber aufnehmen 2 *de un club, academia etc* Mitglied *n*; **~ adherente** zahlendes (*o* förderndes) Mitglied *n*; **~ de número** ordentliches Mitglied *n* 3 *fam* (*compañero*) Freund *m*, Genosse *m*; *trato*: Kumpel *m* 4 *desp* (*tipo*) Individuum *n*, Kerl *m*
sociocultural ADJ soziokulturell; **socioeconómico** ADJ SOCIOL sozioökonomisch; **sociografía** F SOCIOL Soziografie *f*; **sociograma** M SOCIOL Soziogramm *n*; **sociolaboral** ADJ auf das Sozialversicherungssystem und die Erwerbstätigkeit bezogen; **sociolingüística** F LING Soziolinguistik *f*; **sociolingüístico** ADJ LING soziolinguistisch; **sociología** F Soziologie *f*; **sociológico** ADJ soziologisch; **sociologismo** M Soziologismus *m*
sociólogo M, **-a** F Soziologe *m*, Soziologin *f*
sociopolítico ADJ gesellschaftspolitisch, soziopolitisch; **socioterapia** F Sozialtherapie *f*
soco A ADJ 1 *Am* (*mutilado*) verkrüppelt, ver-

S

stümmelt **2** *Am Centr (borracho)* betrunken **B** M **1** *Am Mer, P. Rico (tocón)* Baumstumpf *m*; *(muñon)* Gliedstumpf *m* **2** *p. ext (mutilado)* Verkrüppelte(r) *m*, *(dem Hand, Fuß, Arm oder Bein fehlt)*
socobe M *Am Centr* Kürbisgefäß *n*
socola F *Am Centr, Col* Abholzen *n*
socolar VT *Am Centr, Col* Unterholz abholzen
socollada F MAR *de las velas*: Killen *n der Segel*; *del barco*: plötzliches Stampfen *n*; **socollón** M *Cuba* heftiger Stoß *m*
socolor **A** M Vorwand *m* **B** ADV unter dem Vorwand
socoro M Chorkrypta *f*
socorredor **A** ADJ helfend; hilfreich **B** M, **socorredora** F Helfer *m*, -in *f*
socorrer VT unterstützen; *j-m* helfen; *j-m* Hilfe leisten; *j-m* beistehen; MIL *fortaleza* entsetzen;
socorrido ADJ **1** *(dispuesto a ayudar)* hilfsbereit **2** *fig* **la ciudad es muy -a** in der Stadt ist alles vorhanden **3** *fig (útil)* nützlich, hilfreich; *(eficaz)* bewährt **4** *desp (manido)* abgegriffen, abgedroschen
socorrismo M Erste Hilfe *f*; Rettungswesen *n*; **(curso** *m* **de) ~** Unterricht *m* in erster Hilfe; **técnica** *f* **de ~** Rettungstechnik *f*
socorrista M/F Retter *m*, -in *f*, Helfer *m*, -in *f*; *en la playa, etc*: Rettungsschwimmer *m*, -in *f*; **~ de la Cruz Roja** Rote-Kreuz-Helfer *m*, -in *f*, Rote-Kreuz-Schwester *f*
socorro M Hilfe *f*; *(salvación)* Rettung *f*; *(respaldo)* Unterstützung *f*; *(apoyo)* Beistand *m*; MIL Entsatz *m*; MIL **~s** *mpl* Entsatztruppen *fpl*; **¡(al) ~!** (zu) Hilfe!; **~ a los huelguistas** Streikunterstützung *f*; **~(s)** *m(pl)* **de urgencia** Erste Hilfe *f*; **agua(s)** *f(pl)* *o* **bautizo** *m* **de ~** Nottaufe *f*; **bandera** *f* *o* **pabellón** *m* **de ~** Notflagge *f*; **caseta** *f* **de ~** Rettungsstation *f auf einer Ausstellung, Veranstaltung etc*; **voces** *fpl* *o* **gritos** *mpl* **de ~** Hilferufe *mpl*, -schreie *mpl*; **acudir en ~ de alg** j-m zu Hilfe eilen; **pedir ~** um Hilfe bitten (*o* rufen)
socotroco *Cuba fam* **A** ADJ dumm, einfältig **B** M Dummkopf *m*
socoyote M *Méx fam* **el ~/la -a** der/die Jüngste, das jüngste Kind *einer Familie*
socrático FIL **A** ADJ sokratisch **B** M, **-a** F Sokratiker *m*, -in *f*; **socratismo** M Sokratik *f*
socucho M *Am desp* kleines Zimmer *n*
soda F **1** *(carbonato sódico)* Soda *f/n*; *(agua carbonatada)* Sodawasser *n* **2** *Am bicarbonato*: Natron *n*
sódico ADJ QUÍM Natrium...; **sal** *f* **-a** Natriumsalz *n*
sodio M QUÍM Natrium *n*
sodomía F **1** *(homosexualidad)* Homosexualität *f* **2** *práctica sexual*: Analverkehr *m*; **sodomita** **A** ADJ **1** sodomitisch **2** homosexuell **B** M **1** Homosexueller *m* **2** Sodomit *m*; **sodomizar** VT ⟨1f⟩ mit *j-m* Analverkehr haben; *forzado*: *j-n* zum Analverkehr zwingen
soez ADJ ⟨*pl* -eces⟩ gemein, niederträchtig; obszön; vulgär
sofá M Sofa *n*; **~-cama** Bett-, Schlafcouch *f*; **dormir en el ~** auf dem Sofa schlafen
sófero ADJ *Perú* rund
Sofía NPR F Sophie *f*
sofisma M Sophisterei *f*; Spitzfindigkeit *f*; **sofismo** M → sufismo; **sofista** M/F FIL *y fig* Sophist *m*, -in *f*; **sofística** F FIL Sophistik *f*; *fig* spitzfindiges Scheinwissen *n*; **sofisticación** F FIL Sophistikation *f*; *fig* Raffiniertheit *f*; Ausfeilung *f*; **sofisticado** ADJ *persona* affektiert; *fig (refinado)* raffiniert; *invento, pensamiento* ausgeklügelt, ausgefeilt; *técnica etc* hoch entwickelt, kompliziert, durchkonstruiert; **sofisticar** ⟨1g⟩ **A** VT verdrehen, verfälschen **B** VI klügeln, Spitzfindigkeiten vorbringen; **sofístico** ADJ sophistisch; spitzfindig; Schein...
sofito M, *incorr tb* **sófito** ARQUIT Deckentäfel *n*; Windbrett *n am Giebel*
soflama F **1** *(llama tenue)* schwache Flamme *f*; rückstrahlende Glut *f* **2** *fig (bochorno)* fliegende Röte *f* **3** *fam fig (discurso ardoroso)* flammender Aufruf *m*; *tb (perorata)* langweilige Rede *f*; Schmus *m fam*; **soflamar** **A** VT **1** *(abochornar)* erröten machen **2** *(engañar)* mit Worten begaunern (wollen); hereinlegen **3** GASTR *carne de ave* absengen **B** VR **soflamarse** anbrennen
sofocación F *(extinción)* Ersticken *n*; *(acaloramiento)* Hitzewallung *f*; *fig de una rebelión etc* Unterdrückung *f*; **sofocado** ADJ *grito etc* unterdrückt; **sofocante** ADJ erstickend, stickig
sofocar ⟨1g⟩ **A** VT **1** *(ahogar)* den Atem (*o* die Luft) nehmen *(dat)*; *fuego etc* ersticken **2** *(reprimir)* unterdrücken; *fig tb (importunar) j-m* arg zusetzen; *j-n* verdrießen; *j-n* beschämen **B** VR **sofocarse** **1** *(ahogarse)* ersticken **2** *fig (abochornarse)* sich schämen; rot werden; *(irritarse)* sich aufregen
sofocleo ADJ LIT sophokleisch, Sophokles...
sofoco M **1** *(ahogo)* Erstickungsanfall *m* **2** *(disgusto)* Ärger *m*; **sofocón** M *fam* Verdruss *m*, großer Ärger *m*; **sofoquina** F *fam (ahogo)* Atembeschwerden *fpl*; *sensación*: Hitzegefühl *n*
sofreír VT ⟨3m⟩ GASTR *(in Fett schwimmend)* anbraten; leicht rösten
sofrenada F **1** *equitación*: Ruck *m* am Zügel **2** *fam fig* Rüffel *m fam*, Anschnauzer *m fam*
sofrenar VT **1** *equitación*: am Zaum reißen; zügeln **2** *fam fig* anschnauzen *fam*
sofrito M GASTR *dicke Soße aus gebratenen Tomaten, Zwiebeln und Knoblauch*
software ['sɔfwɛr] M INFORM Software *f*; **~ antivirus** Antivirensoftware *f*; **~ de reconocimiento de voz** Spracherkennungssoftware *f*; **~ de usuario** Benutzersoftware *f*
soga F Seil *n*; Strick *m*; *fam fig persona*: geriebener Bursche *m*, Strick *m (fam fig)*; **dar ~** das Seil kommen lassen (*o* allmählich nachlassen); *fam fig* **dar ~ a alg** j-n drauflosreden lassen; *(chasquear a alg)* j-n hereinlegen; *fig* **echar la ~ tras el caldero** die Flinte ins Korn werfen; *fam fig* **tiene la ~ al cuello** ihm steht das Wasser bis zum Hals; *fam fig* **traer** *o* **llevar la ~ arrastrando** in ewiger Angst vor Bestrafung leben
soguería F Seilerei *f*; **soguero** M, **soguera** F Seiler *m*, -in *f*; **soguilla** **A** F *(cuerda de esparto)* Espartostrick *m*; *(trenza fina)* dünnes Haarzöpfchen *n* **B** M *fam ayudante*: Laufbursche *m*; Gepäckträger *m*
soirée F Soiree *f*; *(reunión nocturna)* Abendgesellschaft *f*; *(función nocturna)* Abendvorstellung *f*
sois → ser
soja F AGR Soja(bohne) *f*; **~ transgénica** Gensoja *f*
sojuzgador **A** ADJ unterjochend, unterwerfend **B** M, **sojuzgadora** F Unterjocher *m*, -in *f*
sojuzgar VT ⟨1h⟩ unterjochen
sol¹ M **1** Sonne *f (als Gestirn oft* **Sol***)*; *(luz del sol)* Sonnenschein *m*; **~ de alturas**, MED **~ artificial** Höhensonne *f*; **~ boreal** *o* **medianoche** Mitternachtssonne *f*; **~ naciente** aufgehende Sonne *f*; *fam* **~ de justicia** glühende Sonne *f*; **Sol Naciente** *das* Sonnenbanner Japans; *p. ext* Japan *n*; **~ poniente** untergehende Sonne *f*; *fig* Abend *m (fig)*, Westen *m*; HIST **Imperio** *m* **del Sol** Reich *n* der Sonne *(Alt-Peru)*; **a pleno ~** in der prallen Sonne; **nada nuevo bajo el ~** nichts Neues unter der Sonne, alles schon (einmal) da gewesen; **al caer el ~** bei Sonnenuntergang; **de ~ a ~** von früh bis spät; *fam fig* **arrimarse al ~ que más calienta** ein Opportunist sein; *fig* **no dejar a alg a ~ ni a sombra** j-m nicht von der Seite weichen; j-m wie sein Schatten folgen; *fig* **meter a alg donde no vea** *o* **no le caiga el ~** j-n hinter schwedische Gardinen bringen; *fig* **¡salga el ~ por Antequera!** (ich tu's,) mag geschehen, was immer will!; *fam fig* **ser más claro que el ~** sonnenklar sein; **tomar el ~** sich sonnen; MAR den Sonnenstand aufnehmen **2** TAUR *Plätze auf der Sonnenseite der Arena*; **~ y sombra** TAUR Plätze *mpl* zwischen Sonnen- und Schattenseite; *espec Am fam fig* ***heller Branntwein mit dunklerem Rum***; *Esp* GASTR ***Drink aus Kognak und Anislikör*** **3** *fam fig mujer*: Schönheit *f*; *fam trato*: Pracht- (*o* Gold)stück *fam*; **como un ~** *o* **más hermoso que el ~** prächtig; bildhübsch; **eres un ~** du bist ein Goldstück **4** *Perú unidad de moneda*: **Nuevo Sol** Nuevo Sol *m*
sol² M MÚS G *n (Note)*; **~ bemol mayor** Ges-Dur; **la (cuerda de) ~ 2-bordón** *violín*: die G-Saite; **~ mayor** G-Dur; **~ sostenido** gis *n*
sol³ M QUÍM Sol *n*, kolloide Lösung *f*
solado M **1** ARQUIT Estrich *m*; Fußbodenbelag *m*; *(embaldosado)* Fliesenboden *m*; **~ flotante** schwimmender Estrich *m* **2** *acción*: Fußbodenverlegen *n*; **solador** M Fliesen-, Plattenleger *m*
solamente ADV **1** *(de un solo modo)* nur, bloß, lediglich; → *tb* sólo **2** *(recién)* erst; **lo recibí ~ ayer** ich erhielt es erst gestern
solana F **1** *lugar*: sonniger Platz *m* **2** ARQUIT *pieza*: Sonnenzimmer *n*; *(balcón envidriado)* Glaserker *m* **3** *en la montaña*: Südseite *f*; Sonnenseite *f*; **solanáceas** FPL BOT Nachtschattengewächse *npl*; **solanera** F starke Sonneneinstrahlung *f*
solano¹ M BOT Nachtschatten *m*; **~ furioso** Tollkirsche *f*
solano² M *Esp* **1** *viento*: heißer Ostwind *m* **2** *lado expuesto al sol*: Sonnenhang *m*, -seite *f*
solapa F **1** Klappe *f*, Umschlag *m*, *en el traje, vestido*: Revers *n/m*; *p. ext de un libro*: Buch-, Umschlagklappe *f*; TEC → *tb* solapadura **2** *fig (excusa)* Vorwand *m*; **solapado** ADJ *fig* arglistig; hinterlistig; verschlagen; *(secreto)* verdeckt;
solapadura F, **solapamiento** M TEC Überdeckung *f*; Überlappung *f*
solapar VT **1** *vestido* übereinanderschlagen; *(colocar solapas)* mit Klappen versehen; TEC *(sobreponer)* überlappen; überdecken; *tejas* aufeinanderlegen **2** *fig (ocultar)* hinterm Berge halten mit *(dat)*
solar¹ M **1** *terreno*: Baugelände *n*; Bauplatz *m* **2** *de una familia noble*: Stammsitz *m*; Stammschloss *n* **3** *Am Centr, Ven* → **trascorral** **4** *Cuba (casa de vecindad)* Mietshaus *n*
solar² ADJ Sonnen...; **mancha** *f* **~** Sonnenfleck *m*
solar³ VT ⟨1m⟩ **1** *(pavimentar)* den Fußboden *eines Zimmers* belegen **(con** mit *dat)* **2** *zapato* besohlen
solariego ADJ altadlig; Stamm...; **casa** *f* **-a** Stammsitz *m*
solario M, **solarium** M Solarium *n*; Bräunungsstudio *n*; *aparato*: Sonnenbank *f*; *terraza*: Sonnenterrasse *f*
solaz M Erquickung *f*; Labsal *n*; Lust *f*, Ergötzung *f*; Entspannung *f*; Vergnügen *n*; Zerstreuung *f*; *liter* **a ~** mit innerer Freude; **solazar** ⟨1f⟩ **A** VT ergötzen; erquicken, erfreuen, laben **B** VR **solazarse** sich entspannen, sich erholen; sich vergnügen; sich zerstreuen
solazo M *fam* Sonnenglut *f*; *p. ext* MED Sonnenstich *m*
soldable ADJ TEC schweißbar; *con estaño*: lötbar
soldada F Lohn *m*, Sold *m*; MIL Wehrsold *m*;

soldadera F *Am* HIST *(mit der Truppe ziehende)* Soldatenfrau *f*; **soldadesca** F Soldateska *f*; **soldadesco** ADJ Soldaten…; **soldaditos** MPL **~ de plomo** Zinnsoldaten *mpl*
soldado M/F Soldat *m*, -in *f*; **~ profesional** Berufssoldat *m*; **~ raso** (einfacher) Soldat *m*; **~ de primera** *corresponde a*: Gefreite *m*
soldador M TEC **1** *oficio*: Schweißer *m*; **~ de arco/autógeno** Elektro-/Autogenschweißer *m* **2** *instrumento*: Lötkolben *m*
soldadura F TEC **1** Schweißung *f*; Schweißtechnik *f*; **(costura** *f o* **cordón** *m* **de) ~** Schweißnaht *f* **2** *con estaño*: Lötung *f*; Lötstelle *f*; Löten *n*, Löttechnik *f*; **~ amarilla** Hartlötung *f*; **~ blanda/fuerte** Weich-/Hartlot *n*
soldar ⟨1m⟩ **A** VT **1** TEC schweißen; *con estaño*: löten; **alambre** *m* **de ~** Löt-, Schweißdraht *m*; **lámpara** *f*/**líquido** *m* **para ~** Lötlampe *f*/Lötwasser *n*; **~ sin costura** nahtlos schweißen; **~ a** *o* **con estaño** verlöten, weichlöten; **~ a(l) latón** hartlöten **2** *(pegar, fusionar)* verkleben; verschmelzen; ver-, zusammenschweißen *(tb fig)*; *fig (enmendar)* (wieder) in Ordnung bringen; wiedergutmachen **B** V/R **soldarse** *(pegarse)* verkleben; *(fusionarse)* zuschmelzen; MED *fractura, herida* zusammenwachsen, verheilen; **soldeo** M TEC Schweißen *n*; **~ autógeno** Autogenschweißen *n*; **~ por costura/por puntos** Naht-/Punktschweißung *f*
soleá F ⟨*pl* soleares⟩ MÚS *folclore*: *schwermütige Volksweise und Volkstanz Andalusiens*
soleado ADJ sonnig; **soleamiento** M Sonnen *n*
solear **A** VT *reg* der Sonne aussetzen, sonnen; *ropa* in der Sonne bleichen **B** V/R **solearse** sich sonnen; sich der Sonne aussetzen
solecismo M LING, RET Solözismus *m*, grober sprachlicher Fehler *m*
soledad F *(aislamiento)* Einsamkeit *f*; *(abandono)* Verlassenheit *f*; *(melancolía)* Schwermut *f*; MÚS → soleá
solejar M → solana
solemne ADJ **1** *ceremonia, etc* feierlich; festlich, Fest… **2** JUR formgebunden **3** *fam (enorme)* riesig; gehörig *fam*, ausgemacht; *fam* **una ~ tontería** eine Riesendummheit
solemnidad F **1** *(festividad)* Feierlichkeit *f*; Förmlichkeit *f* **2** *fam* **de ~** ausgemacht, notorisch; **pobre de ~** bettelarm; *fam* **pobre** *m* **de ~** armer Schlucker *m*
solemnizar VT ⟨1f⟩ feiern; feierlich (*o* festlich) begehen
sóleo M ANAT Soleus *m*, Wadenmuskel *m*
soler[1] VI ⟨2h⟩ **~** *(inf)* pflegen zu *(inf)*; **como suele decirse** wie man zu sagen pflegt, wie man so sagt; **suele hacerlo** er pflegt es zu tun, üblicherweise (*o* im Allgemeinen) macht er es; **suele levantarse tarde** normalerweise (*o* für gewöhnlich) steht er spät auf
soler[2] M MAR Bodenbelag *m des Kielraums*
solera F **1** ARQUIT *(base)* Unterlage *f*, Träger *m*; Balkenschuh *m* **2** TEC, ARQUIT *(piso)* Boden *m*, Sohle *f (tb* MIN*)*; *en el molino*: Bodenstein *m* **3** *(lías de vino)* Weinhefe *f*; GASTR **sistema** *m* **de ~** Solera-System *n (zur Herstellung von Sherry und Brandy)* **4** *fig (tradición)* Alter *n*, Tradition *f*; *fig* **de ~** alt, traditionsreich; bewährt; *(excelente)* großartig, prächtig **5** *Arg* TEX schulterfreies Kleid *n*
solería F **1** ARQUIT *(piso)* Boden(belag) *m* **2** *para calzados*: Material *n* für Schuhbesohlung
soleta F *de medias*: Strumpfsohle *f*; *(escarpín)* Füßling *m*; *fam fig* **dar ~ a alg** j-n an die Luft setzen *fam*
solete M (kleiner) Liebling *m*
solevantar VT (an)heben; *fig* (auf)reizen
solfa F Gesangsübungen *fpl*; *p. ext pop* Musik *f*; *fam fig* **poner en ~** *(ridiculizar)* ins Lächerliche ziehen; *(hacer con buen arte)* etw kunstgerecht erledigen; *fam fig* **tocar la** *o* **dar una ~ a alg** j-n verprügeln
solfatara F GEOL Solfatara *f*
solfear VT **1** *cantor* Tonleitern üben, solfeggieren **2** *fam fig (apalear)* j-n verprügeln **3** *tb (reprender)* j-m den Marsch blasen *(fam fig)*
solfeo M **1** MÚS Gesangsübungen *fpl*, Solfeggio *n* **2** *fam fig (paliza)* Tracht *f* Prügel
solicitación F **1** *(pedido)* Ansuchen *n*; *(postulación)* Bewerbung *f* **2** JUR Betreibung *f* **3** FÍS, TEC Beanspruchung *f*; **solicitante** M/F Antragsteller *m*, -in *f*; **~ de asilo** Asylbewerber *m*, -in *f*
solicitar VT **1** *(llamar, pedir)* sich bemühen (*o* bewerben) um *(acus)*; verlangen nach *(dat)*; ADMIN beantragen; erbitten; nachsuchen um *(acus)*; ADMIN *patente* anmelden; **~ asilo** um Asyl bitten; ADMIN Asyl beantragen; **~ una autorización/un presupuesto** eine Genehmigung/einen Kostenvoranschlag einholen; **~ un empleo** sich um eine Stelle bewerben; **~ el retiro** seinen Abschied einreichen; **~le a alg a/c** j-n um etw *(acus)* ersuchen, bei j-m etw beantragen; **~ a/c de alg** von j-m etw erbitten (*o más fuerte*: verlangen *o* fordern) **2** *(cortejar)* umwerben; **estar solicitado** begehrt (*o* umworben) sein; *mercancías*: gesucht (*o* gängig) sein, verlangt werden **3** *asunto, negocio* betreiben **4** FÍS *y fig (atraer)* anziehen; TEC statisch beanspruchen
solícito ADJ *(diligente)* emsig, eifrig; *(afanoso)* geschäftig, betriebsam; *(dispuesto a ayudar)* hilfsbereit; *(atento)* aufmerksam
solicitud F **1** *(cuidado)* Sorgfalt *f*, Gewissenhaftigkeit *f*; *(empeño)* Eifer *m*, Fleiß *m*; *(asistencia)* Fürsorge *f* **2** *(petición) espec* ADMIN Eingabe *f* (machen an *acus* **dirigir a**); Gesuch *n* (einreichen bei *dat* **dirigir a**); Antrag *m* (stellen **presentar**, *Perú tb* **elevar**); **~ de asilo** Asylantrag *m*; **~ de empleo** *o* **de trabajo** Bewerbung *f* (auf eine Stelle), Stellengesuch *n*; **~ de oferta** Anfrage *f*, Einholung *f* eines Angebots; **~ de patente** Patentanmeldung *f*; *espec* MIL, ADMIN **~ de vacaciones** Urlaubsantrag *m*; **~ de visado** Visumsantrag *m* **3** **~ (de empleo)** Bewerbung(sschreiben *n*) *f*
solidar VT verdichten; verstärken, festigen; *afirmación* erhärten; **solidaridad** F Solidarität *f*; Gemeinschaftsgeist *m*; JUR, COM Gesamthaftung *f*; JUR **~ de obligaciones** Gesamtschuldverhältnis *n*; **solidario** ADJ solidarisch; mitverantwortlich (**de** für *acus*); JUR gemeinsam (haftend); COM, JUR gesamtschuldnerisch; **acreedor** *m* **~** Gesamtgläubiger *m*; **solidarizarse** V/R ⟨1f⟩ sich solidarisch erklären (**con** mit *dat*)
solideo M REL Scheitelkäppchen *n*
solidez F **1** *(firmeza)* Festigkeit *f (tb* TEC*)*, Stabilität *f*; Solidität *f*; Haltbarkeit *f*; **~ del color** Farbbeständigkeit *f*, -echtheit *f* **2** *(fiabilidad)* Zuverlässigkeit *f*; Gründlichkeit *f*; **solidificación** F Verdichtung *f*; Verfestigung *f*; Erstarrung *f*; **solidificar** ⟨1g⟩ **A** VT verfestigen; verdichten; festigen **B** V/R **solidificarse** sich verfestigen; fest werden; *al enfriarse*: erstarren
sólido **A** ADJ **1** *(denso)* dicht; *(firme)* fest; *(macizo)* haltbar, solide, massiv; *color* echt; *calidad* gediegen *(tb fig)* **2** *fig (fiable)* zuverlässig; *(profundo)* gründlich; *(robusto)* solide; *argumento* stichhaltig **B** M MAT Körper *m*; FÍS fester Körper *m*
soliloquiar VI ⟨1b⟩ *fam* Selbstgespräche führen; **soliloquio** M Selbstgespräch *n*
solio M Thron *m* mit Thronhimmel
solípedo ADJ ZOOL einhufig
solista M/F **1** MÚS Solist *m*, -in *f* **2** *espec Am fam desp* *unausstehliche Person, die einem ständig in den Ohren liegt*
solitaria F ZOOL Bandwurm *m*
solitario **A** ADJ einsam; einsiedlerisch **B** M, **-a** F **1** *persona*: Einsiedler *m*, -in *f*; *fig* Einzelgänger *m*, -in *f*; **en ~** allein, im Alleingang **2** *juego*: Solitär *n*; *juego de cartas*: Patience *f*; **hacer ~s** Patiencen legen **3** *piedra preciosa*: Solitär *m*
sólito ADJ gewohnt; gewöhnlich, üblich; **como de ~** wie gewöhnlich
soliviantar **A** VT **1** *(enfadar)* j-n aufbringen, empören; aufreizen **2** *(incitar)* aufwiegeln; aufhetzen **B** V/R **soliviantarse** sich empören; aufgebracht sein; **soliviar** ⟨1b⟩ **A** VT an-, aufheben; *Arg fam (hurtar)* klauen *fam* **B** V/R **soliviarse** sich halb aufrichten; **solivio** M Anheben *n*; **solivión** M heftiger Ruck *m*
solla F *pez*: Scholle *f*
sollamar VT (ab)sengen; flämmen
sollastre M Küchenjunge *m*; *fig* Schelm *m*;
sollastría F *fig* Schelmenstück *n*
solleta F *pez*: einflossige Scholle *f*; **sollo** M *fam pez*: *(esturión)* Stör *m*; *reg tb (lucio)* Hecht *m*
sollozar VI ⟨1f⟩ schluchzen; **sollozo** M Schluchzen *n*; Schluchzer *m*; **prorrumpir en ~s** (auf)schluchzen
solo **A** ADJ *(sin compañía)* allein; *(único)* einzig; einzeln; *(sin familia)* alleinstehend; *(solitario)* einsam, verlassen; *café* schwarz; **a -as** (ganz) allein; **más ~ que la una** mutterseelenallein; *fam* **una suerte como para él ~** ein Glück, wie nur er es haben kann; **por sí ~** für sich allein (genommen), an sich; **una -a vez** nur einmal **B** M *juego de cartas*, MÚS Solo *n*; *Arg fam fig* → lata
sólo, solo ADV nur, bloß; erst; **~ que …** nur, dass …; **no ~ …, sino también …** nicht nur …, sondern auch …; **tan ~** nur; wenigstens
solomillo M GASTR Filet *n*; Filet(steak) *n*; **~ de ternera (a la parrilla)** (gegrilltes) Kalbsfilet *n*; **~ a la pimienta verde** Filetsteak *n* mit grünem Pfeffer; **solomo** M (Kalbs)Lende *f*; gepökelter Schweinsrücken *m*
solsticio M ASTRON Sonn(en)wende *f*; **~ estival** *o* **de verano** Sommersonnenwende *f*; **~ hiemal** *o* **de invierno** Wintersonnenwende *f*
soltadizo ADJ *fig palabra, frase* geschickt hingeworfen; **soltador** M TEC (Aus)Löser *m*
soltar ⟨1m; *pp* suelto⟩ **A** VT **1** *(desasir)* losmachen, lösen; loslassen; *(desatar)* losbinden; *(dejar caer)* fallen lassen; *presos* freilassen; *flecha* abschießen; *pop fig* **~ la pasta** mit dem Zaster herausrücken *fam* **2** *(relajar)* lockern, nachlassen; *freno* lockern, lösen; *fig dificultades* beheben **3** *fam fig* von sich geben, *discurso* vom Stapel lassen *(fam fig)*; *palabras, espec maldiciones* ausstoßen; *golpe* versetzen; **~ una carcajada** in Gelächter ausbrechen; **~le una fresca a alg** j-m eine Frechheit an den Kopf werfen; **~ el llanto** in Tränen ausbrechen, losheulen *fam*; *fam* **~ piropos** Komplimente drechseln; *fig* **no ~ prenda** über etw schweigen; **~ la risa** auf-, loslachen **B** V/R **soltarse** *(desamarrar)* sich (los)lösen; sich losmachen; *(liberarse)* sich befreien; *(arrancarse)* sich losreißen; *(relajarse)* sich lockern; *frenos* sich lösen; *nudo, punto* aufgehen; *fig persona* aus sich herausgehen; **~ a andar/hablar** *niño* zu gehen/sprechen anfangen; **~ en escribir** eine gewisse Fertigkeit im Schreiben erreichen; schon recht gut schreiben können; *fig* **~ el pelo** *o* **la melena** alle Skrupel fallen lassen; **soltársele a alg de las manos** j-m aus der Hand gleiten; **la palabra se le soltó** das Wort entschlüpfte ihm
soltera F ledigs Mädchen *n*, Junggesellin *f*; Single *m*; **quedar(se) ~** ledig bleiben; **soltería** F Junggesellen-, Ledigenstand *m*; **soltero** **A** ADJ ledig, unverheiratet **B** M Jungge-

S

selle *m*; Single *m*; **solterón** M 1 *persona*: alter Junggeselle *m* 2 *Col* (*colgador de ropa*) Herrendiener *m*, Kleiderständer *m*; **solterona** F alte Jungfer *f*

soltura F 1 (*agilidad*) Gewandtheit *f*, Fertigkeit *f*, Behändigkeit *f*; **con ~** gewandt; ungezwungen; **hablar con ~** frei reden (können) 2 (*espontaneidad*) Ungezwungenheit *f*; (*osadía*) Dreistigkeit *f*

solubilidad F Löslichkeit *f*; **solubilizar** V/T ⟨1f⟩ löslich machen

soluble ADJ löslich; *fig* lösbar; QUÍM, FARM **difícilmente/fácilmente ~** schwer/leicht löslich; **~ en los ácidos/en agua/en alcohol** säure-/wasser-/alkohollöslich

solución F 1 (*resultado*) Lösung *f* (*tb* MAT); Auflösung *f* (*tb* MAT); **~ amistosa** freundschaftliche Lösung *f*, gütliche Regelung *f*; **~ de continuidad** Unterbrechung *f*; **~ de emergencia** Notlösung *f*; **~ forzosa** Zwangslösung *f*; POL **~ negociada** Verhandlungsfrieden *m*; **~ de paños calientes** Behelfslösung *f*; *desp tb* fauler Kompromiss *m*; **de fácil/de difícil ~** leicht/schwer zu lösen(d); **sin ~** nicht zu lösen(d), unlösbar; **llegar a una ~** zu einer Lösung gelangen; **dejar sin ~** ungelöst lassen; dahingestellt sein lassen; **encontrar ~ a una dificultad** eine Schwierigkeit beheben; **no queda más ~** es bleibt nichts anderes übrig; es muss sein; *fig* **no tener ~** ausweglos sein 2 QUÍM, TEC, FARM Lösung *f*; TIPO **~ ácida** Ätzflüssigkeit *f*; **~ acuosa** wässrige Lösung *f*; MED **~ fisiológica de cloruro de sodio** physiologische Kochsalzlösung *f*; **~ matriz** Stammlösung *f*; **~ original** *o* **normal** Normallösung *f*; **~ tipo** *o* **standard** Standardlösung *f*

solucionar V/T lösen; erledigen; **solutivo** ADJ MED (auf)lösend

solvencia F 1 (*capacidad de pago*) Zahlungsfähigkeit *f*, Solvenz *f* 2 *de una fuente de información*: Glaubwürdigkeit *f*; **solventar** V/T 1 *asunto difícil* in Ordnung bringen; *asunto delicado* lösen; *pelea* schlichten 2 *deuda, factura* begleichen; **solvente** ADJ zahlungsfähig, solvent; *fig* glaubwürdig

soma M MED, PSIC Soma *n*, Körper *m*

somalí ⟨*pl* ~es⟩ A ADJ somalisch B M/F Somalier *m*, -in *f* C M *lengua*: Somali *n*

Somalia F Somalia *n*

somanta F *fam* kräftige Abreibung *f* (*fam fig*); Tracht *f* Prügel; **somatar** *Am Centr fam* A V/T gehörig verprügeln B V/R **somatarse** sehr schwer stürzen

somatén M *reg* Bürgerwehr *f*; *fam fig* Spektakel *m fam*, Krach *m fam*; *fig* **(tocar a) ~** (die) Sturmglocke (läuten)

somático ADJ MED, PSIC somatisch; **somatizar** V/T MED, PSIC somatisieren; **somatología** F *t/t* Somatologie *f*

sombra F 1 (*oscuridad*) Schatten *m*; Dunkelheit *f*; *fig tb* Spur *f*, Anflug *m*; **~s** *fpl liter* Finsternis *f*; ASTRON **~ absoluta** Kernschatten *m*; **~s** *fpl* **chinescas** Schattenspiele *npl*; **~ de ojos** *o* **para párpados** Lidschatten *m*; **~ propia** Eigenschatten *m*; **proyectada** Schlagschatten *m*; *fig* **ni ~** keine Spur; **darse** *o* **hacerse ~ con la mano a** *o* **en los ojos** seine Augen mit der Hand beschatten; **echar** *o* **hacer** *o* **arrojar** *o* **proyectar ~** Schatten werfen; **estar a la ~** im Schatten sein (*o* liegen *etc*); *fam fig en la cárcel*: einsitzen, im Knast sitzen *fam*; *fig* **desconfiar hasta de su ~** seinem eignen Schatten nicht trauen, äußerst misstrauisch (*o* ängstlich) sein; *fig* **mantenerse en la ~** im Hintergrund bleiben; *fam fig* **ponerle a la ~ a alg** j-n einbuchten *fam*, j-n einlochen *fam*; *fam fig* **quedar (como) sin ~** ganz missmutig (*o* schwermütig) werden; *fig* **saltar sobre la propia ~** über seinen (eigenen) Schatten springen; *fig* **ser la ~ de alg** j-s Schatten sein, j-m wie sein Schatten folgen; *fam fig* **tener (buena) ~** (*ser simpático*) sympathisch sein, einen guten Eindruck machen; (*tener gracia*) geistreich (*o* witzig) sein; Charme haben; (*tener suerte*) Glück haben; **tener mala ~** (*ser antipático*) unsympathisch sein, einen üblen Eindruck machen; (*tener mala suerte*) Pech haben *fam*; **no tener (ni) ~ de valor** keine Spur von (*o* überhaupt keinen) Mut haben; **esto no tiene (ni) ~ de verdad** das ist ganz und gar unwahr 2 *fig* (*mancha*) Schatten *m*, Makel *m*; **hacer ~ a alg** j-n in den Schatten stellen; *fig* **no ser (ni) ~ de lo que era** *persona, cosa* längst nicht (mehr) das sein, was man/es einmal war, ein Schatten seiner selbst sein; **vivir en la ~** im Schatten (*o* im Dunkeln) leben (*fig*); ein Schattendasein führen 3 (*aparición*) Schatten(bild *n*) *m*, Erscheinung *f*, Geist *m*, (*fantasma*) Gespenst *n*; MIT *y poét* **el reino de las ~s** das Schattenreich 4 (*protección*) Schutz *m*; (*influencia*) Einfluss *m*; **a** *o* **bajo la ~ del poder** im (*o* unter dem) Schutz (*o* Schatten) der Macht 5 TAUR *Plätze auf der Schattenseite der Arena* 6 PINT Umbra *f*; **~s** *fpl* Schattierung *f*; **~ de hueso** Beinschwarz *n* 7 *Am Centr, Arg reg, Chile* → **falsilla**; *Chile* → **quitasol** 1; *Méx* → **toldo** 1

sombraje M Sonnenschutz *m* (*aus Zweigen etc*); **sombrajo** M 1 → sombraje; *fam fig* **se le caen los palos del ~** das Herz fällt ihm in die Hosen *fam*; *fig* **se me cayeron los palos del ~** *tb* eine Welt brach für mich zusammen 2 *fam fig* **hacer ~s** *j-m* in der Sonne (*o* im Licht) stehen

sombreado A ADJ schattig B M Schattierung *f*; **~ (de cruces)** Schraffur *f*; **sombrear** A V/T 1 (*dar sombra*) beschatten, Schatten werfen auf (*acus*) 2 (*matizar*) schattieren; *tb* schraffieren; **~ los ojos** Lidschatten auftragen B V/I Schatten werfen; *fam fig* **ya le sombrea el labio superior** auf seiner Oberlippe zeigt sich schon der erste Flaum

sombrerada F Hut *m* voll; **sombrerazo** M 1 riesiger Hut *m* 2 *golpe*: Schlag *m* mit dem Hut 3 *fam saludo*: (Gruß *m* durch) Ziehen *n* des Hutes; **sombrerera** F 1 *profesión*: Hutmacherin *f* 2 *caja*: Hutschachtel *f* 3 BOT Rosspappel *f* (*Malve*); **sombrerería** F Hutgeschäft *n*; Hutmacherwerkstatt *f*; **sombrerero** M Hutmacher *m*; **sombrerete** M 1 ARQUIT Wetterhaube *f auf Schornsteinen* 2 TEC Lagerdeckel *m*; **sombrerillo** M BOT 1 *de hongos*: Hut *m* 2 (*Ombligo de Venus*) Venusnabel *m*

sombrero M Hut *m*; **~ de caballero/de señora** Herren-/Damenhut *m*; MIT **~ alado** Flügelhut *m* (*z. B. des Hermes*); **~ castoreño** Biber-, Kastorhut *m*; TAUR Pikadorhut *m*; **~ de muelles** Klappzylinder(hut) *m*; **~ de copa** Zylinder(hut) *m*; **~ de fieltro/de paja/de playa** Filz-/Stroh-/Strandhut *m*; **~ flexible** weicher Hut *m*; **~ gacho** Schlapphut *m*; **~ hongo** Melone *f* (*fig*); *Am* **~ jíbaro** Bauernhut *m* (*Palmblatthut*); **~ de Panamá/de rafia** Panama-/Basthut *m*; **~ de tres picos** Dreispitz *m*; HIST **~ sueco** schwedischer Schlapphut *m* (*17. Jh.*); **~ de teja** *o* **de canoa** Schaufel-, Priesterhut *m*; **~ de velillo** (Damenhut *m* mit) Halbschleier *m*; **ponerse el ~** seinen Hut aufsetzen; **quitarse el ~** seinen Hut abnehmen; *fig* **quitarse el ~ ante alg/a/c** vor j-m/etw den Hut ziehen; *fig* **me quito el ~** Hut ab!; alle Achtung!

sombría F schattiger Platz *m*; **sombrilla** F 1 (*quitasol*) Sonnenschirm *m*; *Col tb* (*paraguas*) Regenschirm *m*; **~ de jardín** Gartenschirm *m*; *C. Rica, Pan* **~ de playa** (großer) Sonnenschirm *m* 2 ZOOL Schirmqualle *f*; **sombrío** ADJ schattig; *fig* düster; *persona* schwermütig; trübsinnig; **ponerse ~** *ánimo* gedrückt werden; **sombroso** ADJ schattig; Schatten spendend

somelier M 1 *en la bodega*: Kellermeister *m* 2 *en el restaurante*: Weinkellner *m*, Sommelier *m*

somero ADJ oberflächlich, seicht; flüchtig

someter A V/T 1 (*subyugar*) unterwerfen; abhängig machen von 2 **~ a alg a a/c** j-n einer Sache (*dat*) unterziehen (*o* unterwerfen); **~ a un examen** einer Prüfung unterwerfen (*o* unterziehen); **~ a una inspección** einer Kontrolle unterziehen 3 (*proponer*) unterbreiten, vorlegen; anheimstellen B V/R **someterse** sich unterwerfen; sich fügen (*a dat*)

sometimiento M Unterwerfung *f*; Unterbreitung *f*

somier → sommier

sommelier M → somelier

sommier M Sprungfederrahmen *m*

somnámbulo ADJ → sonámbulo; **somnífero** M Schlafmittel *n*; **somnífugo** M Muntermacher *m*; **somnolencia** F Schläfrigkeit *f*; MED Schlafsucht *f*, Somnolenz *f*; **somnoliento** ADJ → soñoliento

somontano M Vorgebirgszone *f*

somorgujar A V/T untertauchen B V/I *y* V/R **~se** tauchen

somorgujo M ORN **~ (mayor)** Krontaucher *m*; **~ menor** Tauchentchen *n*; *fig* **a (lo) ~** unter Wasser; *p. ext* (*clandestino*) heimlich; im Untergrund

somorgujón M ORN Taucher(vogel) *m*

somormujo M ZOOL Taucher *m*; **~ lavanco** Haubentaucher *m*

somos → ser

sompancle M *Méx* BOT *Baumart, Schattenbaum in Kaffeepflanzungen* (*Erythrina coralloides, Dc.*)

son[1] M 1 (*sonido*) Klang *m*; Laut *m*; **al ~ de** beim Klang (*gen*); unter den Klängen (*gen*); **a ~ de piano** mit Klavierbegleitung; **al ~ de la guitarra** zum Klang der Gitarre; *fig* **bailar a cualquier ~** sehr wetterwendisch sein; **bailar al ~ que tocan** sich (*o* sein Verhalten) den Gegebenheiten anpassen 2 *fig* (*modo, manera*) Art *f*, Weise *f*; (*razón*) Sinn *m*; **a** *o* **por este ~** auf diese Weise, so; **¿a(l) ~ de qué?** mit welcher Begründung?; warum?; **en ~ de** auf die Art wie, als; **en ~ de amenaza/de burla** drohend/spöttisch; **en ~ de guasa** im Scherz; **en ~ de paz** in friedlicher Absicht; **sin ~** grundlos; ohne Sinn; *fam* 3 (*rumor*) Gerücht *n*; (*pretexto*) Vorwand *m* 4 *Am* MÚS *folclore*: Tanzweise *f*

son[2] → ser

sonadera F *de la nariz*: Schneuzen *n*

sonado ADJ 1 (*divulgado con mucho ruido*) aufsehenerregend; vernehmlich; *fam* **hacer una que sea -a** (*frec* unliebsames) Aufsehen erregen 2 *boxeador* schwer angeschlagen

sonador ADJ klingend, tönend, hallend

sonaja F MÚS (Trommel-, Tamburin)Schelle *f*; *folclore*: Schellenrassel *f*; *reg* → *tb* sonajero; *fig* **ser una ~** ein heiteres Gemüt haben; **sonajera** F *Chile* → sonaja, sonajero; **sonajero** M *juguete de niño y* MÚS Rassel *f*; Klapper *f*

sonambulismo M MED Nacht-, Schlafwandeln *n*, Somnambulismus *m*; **sonámbulo** A ADJ nachtwandelnd, schlafwandlerisch, mondsüchtig *fam* B M, **-a** F Nacht-, Schlafwandler *m*, -in *f*

sonante A ADJ klingend; **pagar en dinero contante y ~** in klingender Münze zahlen B M FON Sonant *m*

sonar[1] ⟨1m⟩ A V/T 1 *campanas* erklingen lassen 2 *con el tamborín*: rasseln 3 *Méx, Perú fam* (*dar una paliza*) verprügeln B V/I 1 *música* (er)klingen; (er)tönen; *timbre* schellen, läuten; **sonaban pasos/tiros** es hallten (*o* man hörte)

Schritte/Schüsse; **ha sonado el timbre** es hat geläutet 2 **~ a** klingen nach *(dat)*; anklingen an *(acus)*; *(ofrecerse al recuerdo)* anspielen (o hindeuten) auf *(acus)*; **~ a hueco/a metal/a rebelión** hohl/metallisch/nach Aufruhr klingen; *fig* **(no) me suena** das kommt mir (nicht) bekannt vor; *fam* **¡así como suena!** ganz wie ich sage, im wahrsten Sinne des Wortes; **es un gamberro, así como suena** er ist ein (richtiger) Halbstarker, darauf können Sie Gift nehmen *fam* 3 *Arg, Ur, Perú fam fig (morirse)* abkratzen *fam*, ins Gras beißen *fam* C VR **sonarse** sich *(dat)* die Nase putzen, sich schnäuzen

sonar[2] M MAR, MIL Sonar n

sonata F MÚS Sonate f; **sonatina** F MÚS Sonatine f

sonda F MED, TEC *etc* Sonde f; MAR *tb* Senkblei n, Lot n; MED **~ de botón** Knopfsonde f; **~ espacial** Raumsonde f; **~ lunar** Mondsonde f; MAR **~ acústica** Echolot n; MED **~ flexible** (Magen)Schlauch m

sondable ADJ sondierbar; auslotbar; **sondador** MAR, MIL M **~ acústico** Schallmessgerät n; **sondaje** M *espec* MED Sondierung f; **sondaleza** F MAR Lotleine f; **sondar** → sondear; **sondeador** M FÍS, TEC Sondiergerät n; Sonde f; **sondear** VT sondieren *(tb fig)*; loten; MED sondieren; katheterisieren; MIN nach Erdöl (o Erdgas) bohren; *fig (indagar)* ausfragen, ausholen

sondeo M Sondierung f *(tb fig)*; Lotung f; MIN (Probe)Bohrung f; *fig tb (encuesta)* Meinungsumfrage f; **cohete** m **de ~ (cósmico)** Weltraumsonde f; **~ de mercado** Marktforschung f; MIN **pozo** m **de ~** Bohrloch n; *fig* **hacer ~s** vorfühlen

sonería F *reloj*: Läutwerk n

sonetista M/F Sonett(en)dichter m, -in f; **soneto** M Sonett n

songa F *Am reg (burla)* Spott m; *(ironía)* Ironie f; *(broma)* Ulk m; *fam adv* **a la ~** verstohlen, im Geheimen; **songo** ADJ *Am Cent, Méx* verschmitzt; heimlich

sonidista M/F *Arg, Ur* RADIO, TV Tontechniker m, -in f

sonido M 1 *(tono)* Ton m; Laut m; Klang m; Schall m; **~s** *mpl* **agudos** hohe (o spitze o schrille) Töne *mpl*; FÍS Hochtöne *mpl*; FON **~ articulado** artikulierter Laut m, Sprech-, Sprachlaut m; MÚS **~ disco** Discosound m; *fonotecnia*: **~ estereofónico** Stereo-, Raumton m; FON **~ final** Auslaut m; **~s** *mpl* **graves** tiefe Töne *mpl*; FÍS Tieftöne *mpl*; **~ silencioso** Ultraschall m; RADIO, TV **ingeniero** m **del ~** Toningenieur m; INFORM **tarjeta** f **de ~** Soundkarte f; **técnico** m **del ~** Tontechniker m, -meister m 2 MAR *tb (ráfaga de viento)* Windstoß m

soniquete M → sonsonete

sonoboya F MAR Heulboje f; **sonometría** F Schallstärkemessung f; Lautstärkemessung f; **sonómetro** M Schallstärkemesser m; Lautstärkemesser m

sonoridad F Klangfülle f; (Wohl)Klang m; FON Stimmhaftigkeit f, (Stimm)Ton m; **sonorización** F FON Sonorisierung f; RADIO Beschallung f; **sonorizar** ⟨1f⟩ A VT FON sonorisieren; RADIO beschallen B VR **sonorizarse** FON stimmhaft werden; **sonoro** ADJ 1 klangvoll; wohlklingend; Ton... 2 FON stimmhaft 3 *ambiente* mit guter Akustik; **sonoteca** F Sonothek f

sonreír ⟨3m⟩ A VI lächeln; **~le a alg** j-m zulächeln; j-n anlächeln; *fig* **la suerte le sonríe** das Glück lacht ihm (o ist ihm hold) B VR **sonreírse** lächeln; **~ de** belächeln *(acus)*

sonriente ADJ lächelnd; *fig* strahlend, heiter; **sonrisa** F Lächeln n; **forzar una ~** gezwungen lächeln

sonrojante ADJ beschämend; **sonroj(e)ar** A VT erröten machen B VR **sonroj(e)arse** erröten

sonrojo M 1 *(rubor)* Erröten n, Röte f; *de vergüenza*: Schamröte f; **sin ~** schamlos 2 *(vergüenza)* Beschämung f; Schande f; **(no) sentir ~** sich (nicht) schämen (**en** *inf* zu *inf*)

sonrosado ADJ rosig, rosenrot; **sonrosar** VT röten; **sonrosear** A VT → sonrosar B VR **sonrosearse** → sonroj(e)ar B

sonsaca F Entlocken n; listiges Aushorchen n

sonsacar VT ⟨1g⟩ entwenden, entlocken; wegschnappen; *fig* **~ a alg** j-n ausfragen, j-n ausholen; **~ a/c a alg** *tb* etw aus j-m herausholen *fam*

sonso ADJ → zonzo

sonsonete M 1 *(repiqueteo)* taktmäßiges Getrommel n 2 *(ruido desagradable)* anhaltendes, unangenehmes Geräusch n; Rattern n; Plärren n 3 *tonillo monótono*: Geleier n; *onom* Singsang m

soñación F *fam fig* **ni por ~** nicht im Traum, beileibe nicht; **soñador** A ADJ träumerisch; verträumt B M, **soñadora** F Träumer m, -in f; *fig* Schwärmer m, -in f; Fantast m, -in f

soñar ⟨1m⟩ A VT träumen; *fam fig* **~ a alg** j-n als einen Albdruck empfinden; *fam* **¡ni ~lo!** o **¡ni lo sueñes!** nicht im Traum!; kein Gedanke! B VI träumen; **~ despierto** mit offenen Augen träumen; *tb fig* **~ con** träumen von *(dat)*; **~ con que** träumen, dass; **~ con hacer a/c** davon träumen, etw zu unternehmen

soñarrera F *fam* dumpfer Schlaf m; → *tb* soñera; **soñera** F großes Schlafbedürfnis n; Schlafsucht f; **soñolencia** F → somnolencia; **soñoliento** ADJ 1 *(adormitado)* schläfrig; *(adormecedor)* einschläfernd 2 MED schlafsüchtig, somnolent

sopa F 1 GASTR Suppe f; *(caldo)* Brühe f; **~ agripicante** sauerscharfe Suppe f; **~ de ajo** Knoblauchsuppe f; **~ de albondiguillas** Suppe f mit Fleischklößchen; **~ borracha** Weinkaltschale f; **~ castellana** *Brot-Knoblauchsuppe mit Schinkenstückchen*; **~ de cebolla gratinada** überbackene Zwiebelsuppe f; **~ espesa** legierte Suppe f; dicke Suppe f; **~ de fideos** Nudelsuppe f *(mit Fadennudeln)*; **~ de guisantes** Erbsensuppe f *(mit grünen Erbsen)*; **~ juliana** Gemüsesuppe f; **~ de leche** Milchsuppe f; **~ de letras** Buchstabensuppe f; **~ madrileña** Brotsuppe f mit Ei; **~ de mariscos** Meeresfrüchtesuppe f; *Col* **~ de paquete** o *Esp* **~ de sobre** Suppe f aus der Tüte, Tütensuppe f; **~ de pasta/de pollo** Nudel-/Hühnersuppe f; **~ de pescado** Fischsuppe f; **cubito** m **de ~** Suppenwürfel m 2 *(pan empapado)* (eingetunktes) Stück n Brot; **hacer** o **mojar ~s** *pan etc* einbrocken, eintunken 3 *fig* **dar ~s con honda** j-n seine Überlegenheit deutlich spüren lassen; *fam* **estar hecho una ~** *(mojado)* patschnass (o nass bis auf die Haut) sein *fam*; *(embriagado)* total betrunken (o hackedicht *pop*) sein; *fig* **hasta en la ~** *fam* überall; bis zum Überdruss; *fam fig* **encontrar a/c hasta en la ~** überall etw finden 4 HIST **~ boba** Armensuppe f, Wassersuppe f; *fam fig* **comer la ~ boba** o **andar a la ~ boba** umsonst mitessen, schmarotzen *fam* 5 *Perú vulg* **hacer(le) la ~ a una mujer** eine Frau oral befriedigen *(Cunnilingus)*

sopaipa F *Art* Honigwaffel f

sopanda F Stützbalken m

sopapa F *Arg, Ur* Sauglocke f

sopap(e)ar VT *fam* ohrfeigen; **sopapina** F *fam* Ohrfeigensalve f; **sopapo** M Klaps m unters Kinn; *fam* Ohrfeige f

sopar VT → sopear

sopa(za)s M ⟨*pl inv*⟩ *fam* Langweiler m, Trantüte f *fam*

sope M *Arg fam* Knete f *fam*, Zaster m *fam*

sopear VT *pan* einweichen, einbrocken

sopera F Suppenschüssel f; **sopero** A ADJ Suppen...; **plato** m **~** Suppenteller m; *fam* **ser muy ~** gern Suppe essen B M *Perú vulg Mann, der gern eine Frau oral sexuell befriedigt*

sopesar VT in der Hand abwiegen; *fig* abwägen

sopetear VT 1 *pan* (immer wieder) in die Brühe stippen 2 *fig (maltratar)* misshandeln; **sopeteo** M Eintunken n; **sopetón** M 1 GASTR *pan*: *in Öl getauchtes* Röstbrot n 2 *golpe*: plötzlicher und heftiger Schlag m; **de ~** unversehens; plötzlich

sopié M AUTO Radneigung f, Sturz m

sopla INT *fam sorpresa*: Mensch, so was! *fam*

sopladero M Lüftungsloch n

soplado A ADJ 1 geblasen; **como ~** *colores* wie angehaucht 2 *fam fig (engreído)* aufgeblasen *(fam fig)* 3 *(borracho)* angesäuselt *fam* 4 *Col, Cuba fam (picado)* eingeschnappt, sauer 5 *Col fam (con rapidez)* rasend schnell, mit einem Affenzahn *fam* B M 1 **~ de(l) vidrio** Glasblasen n 2 METAL Blasverfahren n 3 MIN *(grieta)* tiefer Erdspalt m

soplador A ADJ Blas... B M 1 **~ (de vidrio)** (Glas)Bläser m 2 TEC Gebläse n; **~ de chorro de arena** Sandstrahlgebläse n 3 *fig (instigador)* Hetzer m; *fam* Denunziant m, Zuträger m 4 *Ec, Guat* TEAT Souffleur m

sopladura F Blasen n; **soplagaitas** M *inv fam* Blödmann m, Trottel m; **soplamocos** M ⟨*pl inv*⟩ *fam* Nasenstüber m; Ohrfeige f; **soplapollas** *inv fam* A ADJ saudumm *fam* B M/F Idiot m, -in f; blöder Kerl m, dumme Kuh f *fam*

soplar A VT 1 *(inflar)* aufblasen; TEC *vidrio, etc* blasen; *(apartar con un soplo)* wegblasen; aufwirbeln, *viento* verwehen; *fuego* anfachen 2 *fig (inspirar, sugerir)* inspirieren, eingeben; *p. ext enseñanza*: j-m vor-, einsagen 3 *fam fig (delatar)* denunzieren, verpfeifen *fam*; *leng. juv* verpetzen 4 *dama, ajedrez*: *figura* wegnehmen; *fam fig (quitar)* wegschnappen; *(hurtar)* klauen *fam*, stibitzen *fam*; *novia* ausspannen *fam* 5 *fam fig (dar una paliza)* verprügeln; *espec* ohrfeigen B VI 1 blasen, pusten *fam*; *viento* wehen; *p. ext (resoplar, jadear)* prusten, keuchen; *fam* **¡sopla(r)!** potztausend!; was denn! 2 *fam fig (engullir)* schlingen *(fam fig)*; *fam (beber)* süffeln C VR **soplarse** 1 *comida y bebida* hinunterschlingen, vertilgen; **~ dos copas de vino** zwei Glas Wein hinunterstürzen (o -kippen) 2 *Am* **tener que ~ a/c** etw aushalten müssen, etw über sich ergehen lassen

soplete M 1 TEC *(fuelle)* Gebläse n; Brenner m; *espec* **~ (de soldar)** Lötgebläse n, -rohr n; Schweißbrenner m; **~ (de cortar)** Schneidbrenner m; **~ oxhídrico** Knallgasgebläse n 2 MÚS *de la gaita*: Luftrohr n

soplido M Blasen n; *muy leve*: Hauch(en n) m; ELEC Rauschen n; **soplillo** M 1 *(aliento)* leichter Hauch m 2 *fig* GASTR *Art* Schaumgebäck n 3 *fig* TEX sehr leichter Stoff m 4 *(abanico)* Feuerwedel m

soplo M 1 Hauch m *(tb fig)*; *por la boca*: Blasen n; *del viento*: Wehen n; **~ de viento** Windhauch m, -stoß m; **en un ~** im Nu; **apagar de un ~** ausblasen; AUTO *fam* **dar el ~** in die Tüte blasen *fam*; *jerga del hampa para un robo, etc* einen Tipp geben *fam* 2 *fam fig (aviso)* Hinweis m, Wink m, Tipp m *fam*; *(información confidencial)* vertrauliche Information f

soplón M, **soplona** F *fam* Zwischenträger m, -in f; Denunziant m, -in f; Spitzel m; *enseñanza*: Petze f; **soplonear** VT *fam* denunzieren, anzeigen

soponcio M *fam* Ohnmachtsanfall m

sopor M Schlafsucht f; starke Benommenheit

f; **soporífero** A ADJ einschläfernd *(tb fig)*; *fig* (zum Gähnen) langweilig B M FARM (starkes) Schlafmittel *n*; **soporoso** ADJ schlafsüchtig, soporös

soportable ADJ erträglich; FARM *tb* verträglich; **soportal** M ARQUIT Säulenvorbau *m*; gedeckte Auffahrt *f*; **~es** *mpl* Kolonnaden *fpl*;

soportar V/T 1 stützen *(tb* TEC, ARQUIT*)*; tragen 2 *fig persona* ertragen; dulden 3 INFORM *software* unterstützen

soporte M 1 Stütze *f (tb* TEC *y fig)*; TEC, ARQUIT Träger *m*; *(apoyo)* Lager *n*; *(sostén)* Halterung *f*; *(base)* Unterlage *f*; *(pie, caballete)* Ständer *m*; **~ de bicicletas** Fahrradständer *m*; INFORM **~ de datos** Datenträger *m*; TEC **~ del eje** Wellenlager *n*, -bock *m*; AUTO **~ para esquís** (Dach)Skiträger *m*; INFORM **~ físico** Hardware *f*; INFORM **~ informático** *o* **de datos** Datenträger *m*; INFORM **~ lógico** Software *f*; COM **~ publicitario** Werbeträger *m*; **~ del sonido** Tonträger *m* 2 *servicio*: **~ (técnico)** Support *m*; INFORM **~ en línea** Online-Support *m*; **servicio** *m* **de ~** Support *m*

soprano MÚS A M Sopran *m* B M/F Sopranist *m*, -in *f*; **~ ligera** *o* **de coloratura** Soubrette *f*, *en la ópera*: Koloratursopran *m*

sopuntar V/T Punkte setzen unter *(acus)*

sóquet M *Méx, Perú* ELEC (Glühbirnen)Fassung *f*

Sor F REL *trato*: Schwester *f*

sorber V/T 1 *(beber aspirando)* (ein-, aus)schlürfen; *(beber)* trinken; *tabaco* aufschnupfen; *fam fig* **~se los mocos** *niño* schnüffeln, die Nase hochziehen 2 *(absorber)* ein-, aufsaugen *(tb fig)*; *fig (incorporar ávidamente)* begierig aufnehmen; *fam fig* **~ los vientos por alg** nach j-m verrückt sein *fam*, auf j-n stehen *fam*

sorbete M 1 *helado*: Sorbet(t) *n*; Fruchteis *n* 2 *Perú, P. Rico, Ur (pajita)* Trinkhalm *m* 3 *fam fig* **quedar hecho un ~** vor Kälte zittern; **sorbetería** F *Hond, Nic, Salv (heladería)* Eisdiele *f*

sorbo M *acción*: Schlürfen *n*; *(trago)* Schluck *m*; **a ~s** in (kleinen) Schlucken, schluckweise; **sorboto** M 1 *Cuba* Waffel *f* 2 *Pan (pajita)* Strohhalm *m*

sorche M, **sorchi** M *Esp* MIL *fam* Rekrut *m*

sordera F Taubheit *f*; Schwerhörigkeit *f*; **~ de la vejez** Altersschwerhörigkeit *f*

sordidez F Schmutz *m (tb fig)*; Unflätigkeit *f*; *fig* Schäbigkeit; Geiz *m*

sórdido ADJ schmutzig *(tb fig)*; dreckig; *fig* schäbig; geizig, knauserig

sordina F Ton-, Schalldämpfer *m*; MÚS Dämpfer *m*, *en instrumentos de cuerda tb* Sordino *m*; *fam fig* **a la ~** leise, sachte; heimlich; **echar la ~** leise reden; leise machen; **estar más ~ que una tapia** stocktaub; *fig* **poner ~ a** mäßigen, dämpfen

sordo A ADJ 1 *persona* taub *(tb fig* gegen *acus* a*)*; *(duro de oído)* schwerhörig; **hacerse (el) ~** sich taub stellen; *fam* **¡el diablo sea ~!** unberufen!, toi, toi, toi! 2 *(sin ruido)* klanglos, dumpf; laut-, geräuschlos; FON *sonido* stimmlos 3 *fig (insensible)* gefühllos; *dolor* dumpf B M, **-a** F Taube *m/f*

sordomudo A ADJ taubstumm B M, **-a** F Taubstumme *m/f*

sorete *Arg, Ur fam* Kacke *f fam*

sorgo M BOT Sorghum *n*, Sorgho *m*

Soria F *spanische Stadt, Provinz*

soriano ADJ aus Soria

soriasis F MED → (p)soriasis

sorimbo ADJ *Méx fam* betrunken

sorites M ⟨*pl inv*⟩ *lógica*: Kettenschluss *m*, Sor(e)ites *m*

sorna F (bewusstes) Phlegma *n*; *fig* Ironie *f*; hämischer Tonfall *m*; **con ~** ironisch

sornar V/I *jerga del hampa* schlafen, pennen *fam*

sorocharse V/R 1 *Am Mer (sufrir de soroche)* höhenkrank werden 2 *Chile (ruborizarse)* erröten;

soroche M 1 *Am Mer, espec Andes malestar*: Berg-, Höhenkrankheit *f* 2 *Bol, Chile* MINER Bleiglanz *m* 3 *Chile (rubor)* Röte *f*, Erröten *n*

sororal ADJ *liter* schwesterlich; **sororicidio** M Schwestermord *m*

sorprendente ADJ überraschend; erstaunlich

sorprender A V/T 1 *(coger desprevenido)* überraschen, überrumpeln; *(descubrir)* ertappen; entdecken 2 *(asombrar)* in Erstaunen (ver)setzen, wundern, überraschen; **me sorprende** *tb* es befremdet mich; **me sorprende que...** es wundert mich, dass... B V/R **sorprenderse** überrascht sein; sich wundern

sorpresa F 1 *(acción de sorprender)* Überraschung *f*; *(asalto)* Überfall *m*; **coger de ~** überraschen; überrumpeln; **deparar una ~ a alg** j-m eine Überraschung bereiten 2 *(asombro)* Überraschung *f*, Erstaunen *n*; **llevarse una ~ (mayúscula)** (höchst) überrascht sein; eine (riesige) Überraschung erleben

sorpresivo ADJ *espec Am* überraschend

sorra F MAR Sandballast *m*

sorteable ADJ auslosbar

sortear V/T & V/I 1 *(rifar)* (aus-, ver)losen; das Los entscheiden lassen über *(acus)* 2 TAUR (den Stier) zu Fuß bekämpfen 3 *fig dificultades etc* (ver)meiden *(acus)*, ausweichen *(dat)*, aus dem Wege gehen *(dat)*

sorteo M Verlosung *f*, Auslosung *f*; *lotería*: Ziehung *f*; *Esp* **~ de Navidad** Weihnachtslotterie *f*; **por ~(s)** durch das Los, durch Auslosung

sortija F 1 *(anillo)* (Schmuck)Ring *m* 2 *(rizo)* (Haar)Locke *f*; **~ de sello** Siegelring *m*

sortilegio M *(adivinación)* Wahrsagerei *f*; *p. ext (magia)* Zauberei *f*; **hacer ~** wahrsagen

sosa F 1 QUÍM *(óxido de sodio)* Soda *f*; Natron *n*; **~ alcalina** Natronlauge *f*; **~ cáustica** Ätznatron *n* 2 BOT Queller *m*

sosada F *fam* Abgeschmacktheit *f*; Albernheit *f*; **sosaina** A ADJ fade; langweilig B M/F Langweiler *m*, -in *f*

sosegado ADJ ruhig, gelassen; still, sanft

sosegar ⟨1h *y* 1k⟩ A V/T beruhigen; beschwichtigen B V/I ruhen; schlafen C V/R **sosegarse** sich beruhigen; Ruhe halten

sosera F → sosería

soseras ⟨*pl inv*⟩ *fam* A ADJ langweilig B M/F Langweiler *m*, -in *f*

sosería F *fam* Fadheit *f*, Geschmacklosigkeit *f*

sosia(s) M/F Doppelgänger *m*, -in *f*

sosiego M *de una persona*: Ruhe *f*, Gelassenheit *f*; *de un lugar etc*: Frieden *m*, Stille *f*

soslayar V/T 1 *objeto* quer *(o* schräg*)* stellen *(o* -halten*)* 2 *fig dificultades* beiseiteschieben; sich hinwegsetzen über *(acus)*

soslayo ADV **al ~** schräg, schief; **de ~** schief; windschief; schräg; quer; **dejar de ~** *fig* beiseitelassen; **mirar de ~** schief ansehen; verstohlen ansehen; hinschielen (a nach *dat*)

soso ADJ ungesalzen, fade *(tb fig)*; *(de mal gusto)* geschmacklos; *(aburrido)* langweilig

sosobre M MAR Skysegel *n*

sospecha F 1 *(recelo)* Verdacht *m*, Argwohn *m*; *(desconfianza)* Misstrauen *n*; **abrigar ~s** Verdacht hegen; **entrar en ~s** Verdacht schöpfen; **inspirar ~(s)** *o* **levantar ~** Verdacht erregen 2 *(presunción)* Vermutung *f*, Ahnung *f*, Mutmaßung *f*; **tener ~s** Vermutungen hegen

sospechar A V/T *(conjeturar)* vermuten; *(temer)* fürchten B V/I **~ de** *(desconfiar)* misstrauen *(dat)*; *(tomar sospecha)* verdächtigen *(acus)*; Verdacht schöpfen gegen *(acus)*; **no ~ de nadie** niemanden in Verdacht haben

sospechoso A ADJ 1 *acusado, etc*: verdächtig (**de** *gen*); Verdacht erregend; *(dudoso)* zweifelhaft; **hacerse ~** sich verdächtig machen 2 *(desconfiado)* misstrauisch; argwöhnisch B M, **-a** F Verdächtige *m/f*

sosquín M Schlag *m* aus dem Hinterhalt

sostén M 1 TEC Träger *m*; Stützbalken *m*; Stütze *f (tb fig)* 2 *ropa interior*: Büstenhalter *m*, BH *m fam*; *del biquini*: Oberteil *n*; **~ sin tirantes** Büstenheber *m*, trägerloser BH *m fam*

sostener ⟨2l⟩ A V/T 1 *(sustentar)* stützen; halten, tragen; *j-n* unterstützen; *familia* unterhalten; *lucha* bestehen; *orden* aufrechterhalten; *conversación*, JUR *proceso* führen 2 *(afirmar)* behaupten; *opinión* verfechten, verteidigen, aufrechterhalten; **~ que ...** behaupten, dass ... B V/R **sostenerse** sich halten; *(mantenerse firme)* sich behaupten; *en pie*: sich aufrecht halten; **~ en sus trece** auf seiner Meinung beharren

sostenibilidad F ECOL Nachhaltigkeit *f*;

sostenible ADJ *fig* tragbar; **desarrollo** *m* **~** nachhaltige Entwicklung *f*; **sostenido** MÚS A ADJ erhöht; **do** *m* **~** Cis *n* B M Kreuz *n*, Erhöhungszeichen *n*; **doble ~** Doppelkreuz *n*;

sostenimiento M 1 *(apoyo)* Stützung *f*, Unterstützung *f*; **de ~** Stütz... 2 *(mantenimiento)* Unterhalt *m* 3 *(conservación)* Aufrechterhaltung *f*, Erhaltung *f* 4 TEC Unterhaltung *f*, Wartung *f* 5 *(afirmación)* Behauptung *f*

sota F 1 *juego de cartas*: Bube *m*, Bauer *m*; *fam fig* **~, caballo y rey** *comida*: immer dasselbe! 2 *fam fig mujer*: Dirne *f*; Flittchen *n fam* 3 *Chile* → sobrestante

sotabanco M ARQUIT 1 Giebelzinne *f*; *(ático)* Dachwohnung *f* 2 *(puntal)* Balkenträger *m*

sotabarba F Doppelkinn *n*

sotana F REL Soutane *f*

sótano M Keller *m*, Kellergeschoss *n*, *Austr* -geschoß *n*; *(vivienda)* Kellerwohnung *f*

sotavento M MAR Leeseite *f*; **a ~** in Lee, im Windschatten

sotechado M *(galpón abierto)* (offener) Schuppen *m*; *(cobertizo)* überdachter Raum *m*

soterradamente ADV unterirdisch; **soterrado** ADJ *(subterráneo)* unterirdisch; *fig (escondido)* versteckt; **soterramiento** M Vergraben *n*; *fig (escondimiento)* Verstecken *n*

soterrar V/T ⟨1k⟩ 1 *(enterrar)* vergraben, verscharren; verschütten 2 ARQUIT, TEC *(colocar bajo tierra)* unter der Erde *(o* unterirdisch*)* verlegen 3 ARQUIT *tb (hundir, hincar)* einrammen

soto M Gehölz *n*, Wäldchen *n*; Gestrüpp *n*, Dickicht *n*; **sotobosque** M Unterholz *n*

sotreta F *Arg, Bol pop* 1 *(rocín)* Schindmähre *f* 2 *persona*: Krüppel *m (Schimpfwort)*

sotto voce ADV MÚS gedämpft, halblaut, sotto voce

souf(f)lé M GASTR Soufflé *n*

soutien M *Arg, Ur* Büstenhalter *m*

soviet M HIST **Soviet Supremo** Oberster Sowjet *m*; **soviético** HIST A ADJ sowjetisch; Sowjet...; Räte...; **república** *f* **-a** Sowjetrepublik *f* B **~s** MPL Sowjets *mpl*

soy → ser

soya F *Am* → soja

SP M ABR (Servicio Público) öffentlicher Dienst *m*

spa M Wellnessbereich *m*, -zentrum *n*

spaccato M DEP Spagat *m*

spaghetti MPL Spag(h)etti *pl*; **spaghetti-western** M *fam* Italowestern *m*

spam [es'pam] M INFORM Junkmails *fpl*; Spam *m*

spanglish [es'paŋgliʃ] M LING Spanglish *n* *(Vermischung spanischer und englischer Wörter, Sätze)*

spaniel M *perro*: Spaniel *m*

sparring (partner) [es'parrin ('parnεr)] M DEP Sparringspartner *m*

speech [es'pitʃ] M Rede *f*

S

speed [es'pið] M 1 *droga*: Speed *n* 2 *drogas* *(viaje)* (Drogen)Rausch *m*, Trip *m fam*

spiedo M *Arg* Bratspieß *m*; **pollo al ~** Brathähnchen *n*

spinnaker [espi'nakɛr] M DEP Spinnaker *m*

splitting [es'plitin] M ECON Splitting *n*

spoiler [es'poĭlɛr] M AUTO Spoiler *m*

sponsor [es'pɔnsɔr] M/F Sponsor *m*, -in *f*; **sponsorización** F Sponsoring *n*; **sponsorizar** V/T sponsern

sport [es'pɔr] ADJ TEX Sport...; sportlich

spot [es'pɔt] M 1 ECON Werbespot *m* 2 *iluminación*: Spot *m*, Lichtpunkt *m* 3 DEP (Surf-)Spot *m*

spray [es'praĭ] M Spray *n*

sprint [es'print, es'prin] M DEP Sprint *m*; Kurzstreckenlauf *m*; **con ~** schwungvoll, mit Karacho *fam*; **sprintar** V/I DEP sprinten

sprínter [es'printɛr] M/F DEP Sprinter *m*, -in *f*

squash [es'kŭas] M DEP Squash *n*

Sr. ABR (Señor) Hr. (Herr)

Sra. ABR (Señora) Fr. (Frau)

SRAG M (síndrome respiratorio agudo grave) → SRAS

SRAS M (síndrome respiratorio agudo severo) SARS *n* (Severe Acute Respiratory Syndrome, schweres akutes Atemwegsyndrom)

SRC ABR (Se ruega contestación) u. A. w. g. (um Antwort wird gebeten)

s/ref. ABR (su referencia) COM Ihr Aktenzeichen

Sres. ABR (Señores) Herren; Herr und Frau

Sri Lanka M Sri Lanka *n*

srilankés, srilanqués A ADJ aus (*o* von) Sri Lanka B M, **-esa** F Sri-Lanker *m*, -in *f*

S.R.L. F ABR (Sociedad de Responsabilidad Limitada) *Esp* GmbH *f* (Gesellschaft mit beschränkter Haftung)

Srta. ABR (Señorita) Frl. (Fräulein)

s.s. ABR (Seguro Servidor) *antiguo saludo en cartas*: Ihr ergebener Diener

SS F ABR (Seguridad Social) *Esp* Sozialversicherung *f*

S.S. ABR (Su Santidad) Ihre Heiligkeit

SSE ABR (Sudsudeste) SSO (Südsüdost[en])

SS.MM. ABR (Sus Majestades) Ihre Majestäten

SSO ABR (Sudsudoeste) SSW (Südsüdwest[en])

Sta. ABR (Santa) hl. (heilige); St. (Sankt)

staccato MÚS A ADV staccato B M Stakkato *n*

stage [es'taʒ] M *enseñanza*: Praktikum *n*

stagflación F ECON Stagflation *f*

staliniano → stalinista; **stalinismo** M POL Stalinismus *m*; **stalinista** A ADJ stalinistisch B M/F Stalinist *m*, -in *f*

stand [es'tand, es'tan] M COM (Messe)Stand *m*

standard [es'tandar] M → estándar

standing [es'tandin] M **de alto ~** für gehobene Ansprüche; **vivienda** *f* **de alto ~** Komfort-, Luxuswohnung *f*

statu quo [es'tatu kŭo] M Status Quo *m*

status [es'tatus] M Status *m*

step [es'tɛp] M DEP Step-Aerobic *f*

stick [es'tik] M DEP Hockeyschläger *m*

Sto. ABR (Santo) hl. (heiliger); St. (Sankt)

stock [es'tɔk] M COM *frec* **~s** PL Lagerbestand *m*, Vorrat *m*

strapless [es'traples] ADJ *inv Am reg vestido etc* trägerlos

strass M *adorno*: Strass *m*

stress [es'tres] M → estrés

stretch [es'trɛtʃ] M TEX Stretch *m*

strip-tease, striptease [es'triptis] M Striptease *m*

su, sus PR POS sein(e); ihr(e); Ihr(e)

Suabia F Schwaben *n*

suabo A ADJ schwäbisch B M, **-a** F Schwabe *m*, Schwäbin *f*

suácate M *Chile* (Faust)Hieb *m*, Schlag *m*

suaheli A ADJ Suaheli... B M/F Suaheli *m/f* C M *lengua*: Suaheli *n*; Kisuaheli *n*

suahili, suajili → suaheli

suarda F TEX (Woll)Schweiß *m*

suarismo M FIL Lehre *f* des Francisco Suárez *(16. Jh.)*

suasorio ADJ überzeugend; Überzeugungs..., Überredungs...

suave ADJ 1 *(blando)* weich (und glatt); geschmeidig 2 *(sedoso)* sanft; *(benigno)* mild; *(cuidadoso)* sacht 3 *Méx fam* **¡qué ~!** prima! *fam*; **suavidad** F 1 *(ductilidad)* Geschmeidigkeit *f*; Weichheit *f* (und Glätte *f*) 2 *fig (ternura)* Sanftheit *f*; Milde *f*; **suavizador** M Abziehe-, Streichriemen *m*; **suavizante** M Weichspüler *m*; **suavizar** ⟨1f⟩ A V/T weich(er) (*o* geschmeidig) machen; *navaja* abziehen; *madera* glätten, nachschleifen; *fig (amortiguar)* abschwächen; mildern B V/R **suavizarse** geschmeidig werden; *máquina* sich einlaufen; *(aliviarse)* sich mildern; *(debilitarse)* sich abschwächen

suba F *Arg* Steigen *n* (der Preise *o* Kurse)

subacetato QUÍM M **~ de plomo** Bleiessig *m*; **subactividad** F MED Unterfunktion *f*; **subacuático** ADJ Unterwasser...; **subafluente** M Nebenfluss *m* eines Nebenflusses, Flüsschen *n*; **subagencia** F Unter-, Nebenstelle *f*, -agentur *f*; **subalimentación** F Unterernährung *f*; **subalimentado** ADJ unterernährt; **subalterno** A ADJ untergeordnet; subaltern B M, **-a** F Untergebene *m/f*; niederer Beamter *m*, niedere Beamtin *f*

subarrendador M, **subarrendadora** F Untervermieter *m*, -in *f*; Unterverpächter *m*, -in *f*; **subarrendar** V/T ⟨1k⟩ weiter-, unterverpachten; untervermieten; **subarrendatario** M, **subarrendataria** F Unterpächter *m*, -in *f*; Untermieter, -in *f*

subarriendo M Untervermietung *f*, Unterpacht *f*

subártico ADJ GEOG subarktisch

subasta F *(venta al mejor postor)* Versteigerung *f*, Auktion *f*; *(licitación)* Ausschreibung *f*; **~ forzosa** Zwangsversteigerung *f*; **~ pública** öffentliche Versteigerung *f*; **sacar a pública ~** versteigern (lassen); ausschreiben

subastador M, **subastadora** F Versteigerer *m*, Versteigerin *f*, Auktionator *m*, -in *f*

subastar V/T versteigern, unter den Hammer bringen

subcampeón M, **-ona** F DEP Vizemeister *m*, -in *f*

subclase F BIOL Unterklasse *f*

subcomisión F Unterausschuss *m*

subconjunto F MAT Untermenge *f*; **subconsciencia** F Unterbewusstsein *n*; **subconsciente** A ADJ unterbewusst B M Unterbewusstsein *n*; **subcontrata(ción)** F Untervergabe *f* *(von Aufträgen)*; **subcontratar** V/T als Subunternehmer beschäftigen; **subcontratista** M/F Subunternehmer *m*, -in *f*

subcultura F Subkultur *f*; **subcutáneo** ADJ MED subkutan

subdelegación F Subdelegation *f*; Abtretung *f* von Befugnissen; **subdelegar** V/T ⟨1h⟩ *autorización* abtreten; *personas* zu Subdelegierten (*o* Unterabgeordneten) ernennen; **subdesarrollado** ADJ unterentwickelt; **subdesarrollo** M Unterentwicklung *f*; **subdirección** F Unterdirektion *f*; stellvertretende Leitung *f*; **subdirector** M, **subdirectora** F stellvertretender Direktor *m*, stellvertretende Direktorin *f*; **subdirectorio** M INFORM Unterverzeichnis *n*

súbdito M, **-a** F 1 *(subordinado, -a)* Untergebene *m/f*, Untertan *m*, -in *f* 2 *(ciudadano, -a)* Staatsangehörige *m/f*

subdividir V/T unterteilen; **subdivisión** F Unterteilung *f*; Unterabteilung *f*; Abteilung *f*

subdominante F MÚS Subdominante *f*

sube M *fig* **el ~ y baja** das Auf und Ab

subempleado A ADJ unterbeschäftigt B M, **-a** F Unterbeschäftigte *m/f*; **subempleo** M ECON Unterbeschäftigung *f*; **subenfriar** V/T ⟨1c⟩ unterkühlen

súber M BOT Kork *m*; Korkrinde *f*

subespecie F Unterart *f*; **subestación** F ELEC **~ de transformación** Umspannwerk *n*; **subestimar** V/T unterschätzen; **subestructura** F Unterbau *m*; **subexponer** V/T ⟨2r⟩ FOT unterbelichten; **subexposición** F Unterbelichtung *f*; **subfamilia** F BOT, ZOOL Unterfamilie *f*; **subfusil** M automatisches Gewehr *n*; **subgénero** M BOT, ZOOL Untergattung *f*; **subgrupo** M Untergruppe *f*

subibaja M (Kinder)Wippe *f*

subida F 1 Steigen *n*; *de un río*: (An)Steigen *n*; *a pie*: Aufstieg *m*; *en coche*: Auffahrt *f*; **~ al cielo** Himmelfahrt *f*; **~ al monte** Bergbesteigung *f*; **en la ~** beim Aufstieg; beim Steigen 2 *transporte: en un coche, al tren, etc*: Einsteigen *n* (a in *acus*) 3 *(colina)* Anhöhe *f* 4 *fig de la temperatura etc*: Erhöhung *f*; Anstieg *m* (*tb fig*); *(aumento)* Vermehrung *f*; Steigerung *f*; **~ de los precios** Preiserhöhung *f*, -steigerung *f*; **~ salarial** Lohnerhöhung *f*; **~ térmica** Temperaturanstieg *m*

subido A ADJ *precio* hoch, angestiegen; *cuello* hochgeschlagen; *color* kräftig, intensiv, leuchtend; *olor* scharf; **~ de tono** *chiste, etc* anzüglich; **rojo ~** grellrot B M Wutausbruch *m*

subidón M *pop* High *n*; **~ de adrenalina** Adrenalinstoß *m*

subíndice M tiefgestelltes Zeichen *n*; **en ~** tiefgestellt

subinquilino M, **-a** F Untermieter *m*, -in *f*

subir A V/T 1 *(trasladar a más arriba)* hinaufbringen, -heben, -tragen, -schaffen; TEC heben; *antena, escalera, etc* aus-, hochfahren; *cuello del abrigo* hochschlagen; *persiana, etc* hochziehen; ARQUIT *paredes, etc* höher machen; **~ el equipaje al cuarto/a la rejilla** das Gepäck aufs Zimmer bringen/ins Gepäcknetz heben; **~ a un niño en brazos** ein Kind auf den Arm nehmen; MAR **~ el periscopio** das Sehrohr ausfahren; **¡sube esa cabeza!** halte deinen Kopf hoch! 2 *la montaña, etc* hinaufgehen, -fahren; **~ la cuesta** die Steigung hinaufgehen (*o* -fahren *etc*) 3 *fig de grado*: befördern (a zu *dat*); *color* verstärken; *precios, salarios* erhöhen, steigern; *valor* anheben; teurer werden B V/I 1 *marea, globo, etc* steigen, *camino tb* ansteigen; **~ por los aires** in die Luft schweben 2 *(ir hacia arriba) a pie*: auf-, hochsteigen; hinaufgehen, -steigen; *en coche, etc*: hinauffahren, **~ y bajar** auf und nieder gehen; **~ al cielo** zum Himmel auffahren; **~ a una silla** auf einen Stuhl steigen; **~ por la pared** an der Wand hochklettern 3 *a un vehículo*: einsteigen (a in *acus*); **~ a caballo** auf ein Pferd steigen; **~ al coche** in den Wagen steigen 4 *(crecer)* (an)wachsen; *de grado*: aufrücken; *color, tono* stärker werden, sich verstärken; *epidemia* sich weiterverbreiten; *suma* steigen (a auf *acus*), sich belaufen (a auf *acus*); **la fiebre sube** das Fieber steigt; **~ al poder** an die Macht kommen (*o* gelangen); **~ de precio** teurer werden; **~ al trono** den Thron besteigen; *fig* **~ de tono** hochfahrend daherreden; **~ en un 15%** *alquiler, etc* um 15% steigen 5 GASTR *masa* aufgehen C V/R **subirse** 1 *(ir hacia arriba)* hinaufsteigen (a auf *acus*); (hinauf)klettern (a auf *acus*); **~ a una silla** auf

S

einen Stuhl steigen; **las lágrimas se le suben a los ojos** die Tränen treten ihm in die Augen; **la sangre/el vino me sube a la cabeza** das Blut/der Wein steigt mir in den Kopf **2** *a un edificio o vehículo*: einsteigen (**en** in *acus*); **~ por la ventana** durch das Fenster hinaufklettern **3** *fam fig* **~ a la porra** auf die Palme gehen *fam*; *fam fig* **~ a predicar** *vino, alcohol* die Zunge(n) lösen; *fam fig* **se le subieron los humos a la cabeza** das (*o* sein Erfolg *etc*) ist ihm zu Kopf gestiegen

súbitamente ADV unversehens, auf einmal; **súbito** ADJ & ADV plötzlich, jäh; *adv* **de ~** plötzlich

subjefe M, **subjefa** F, stellvertretender Leiter *m*, stellvertretende Leiterin *f*

subjetivar VT subjektivieren; **subjetivismo** M FIL Subjektivismus *m*; **subjetivista** **A** ADJ subjektivistisch **B** M/F Subjektivist *m*, -in *f*; **subjetivo** ADJ subjektiv

subjuntivo M GRAM Konjunktiv *m*

sublevación F Aufstand *m*; **sublevado** **A** ADJ aufrührerisch, aufständisch **B** M, **-a** F Aufständische *m/f*; **sublevamiento** M → sublevación

sublevar **A** VT aufwiegeln; empören **B** V/R **sublevarse** sich erheben, sich auflehnen, rebellieren

sublimación F QUÍM, PSIC Sublimation *f*; Sublimierung *f*; *fig* (*engrandecimiento*) Erhebung *f*; Überhöhung *f*; **sublimado** M QUÍM Sublimat *n*; **sublimar** VT QUÍM, PSIC sublimieren; *fig* (*engrandecer*) erheben, überhöhen; verherrlichen; **sublimatorio** ADJ Sublimations…

sublime ADJ erhaben, hehr, hoch; prächtig; **lo ~** das Erhabene, das Hohe; HIST **la Sublime Puerta** die Hohe Pforte *f*

sublimidad F Erhabenheit *f*; **subliminal** unterschwellig; **sublimizar** VT *fig* erheben, verherrlichen

sublingual ADJ MED sublingual; **subliteratura** F Subliteratur *f*; **sublunar** ADJ *obs* sublunarisch, irdisch

submarinismo M Tauchsport *m*; Unterwassersport *m*; Sporttauchen *n*; **submarinista** M/F Sporttaucher *m*, -in *f*

submarino **A** ADJ unterseeisch; Untersee…; Unterwasser…; **cable** *m* **~** See-, Unterwasserkabel *n*; **guerra** *f* **-a** U-Boot-Krieg *m*; FOT **máquina** *f* **-a** Unterwasserkamera *f*; **pesca** *f* **-a** Unterwasserjagd *f*; **cazador** *m* *o* **pescador** *m* **~** Unterwasserjäger *m* **B** M **1** MAR Unterseeboot *n*, U-Boot *n*; **~ atómico** *o* **nuclear** Atom-U-Boot *n*; **~ minador/torpedero** Minen-/Torpedo-U-Boot *n* **2** *fam* belegtes Baguette *n* **3** *Arg fam bebida*: Glas *n* Milch mit Schokoladeplättchen **4** *Col fam bebida alcohólica*: Bier *n* mit einem Schuss Schnaps

submenú M INFORM Untermenü *n*

submundo M SOCIOL Milieu *n*, Szene *f* (*am Rande der Gesellschaft*)

subnormal **A** ADJ unter der Norm liegend; *desp y fig persona*: behindert; *tb* MED **temperatura** *f* **~** Untertemperatur *f*; **escuela** *f* **para niños ~es** Sonderschule *f* **B** M/F geistig Behinderte *m/f* **C** F MAT Subnormale *f*

subocupación F Unterbeschäftigung *f*; **suboficial** M MIL Unteroffizier *m*; **suborden** M BIOL Unterordnung *f*

subordinación F Unterordnung *f*; Gehorsam *m*; **subordinado** **A** ADJ untergeordnet; unterstellt; GRAM (**proposición** *f*) **-a** *f* Nebensatz *m* **B** M, **-a** F Untergebene *m/f*

subordinar **A** VT unterordnen; unterstellen **B** V/R **subordinarse** sich unterordnen; sich fügen; **~ a alg** sich j-m unterstellen

subpartida F ECON *en la contabilización*: Unterposition *f bei Buchung*; **subproducto** M Nebenerzeugnis *n*, -produkt *n*; **subproletariado** M Lumpenproletariat *n*

subrayar VT betonen (*tb fig*); unterstreichen; *fig* hervorheben

subrepción F JUR Erschleichung *f*

subrepresentante M COM Untervertreter *m*

subrepticio ADJ erschlichen; heimlich

subrogación F JUR Subrogation *f*; Einsetzung *f* in fremde Rechte

subrogar VT ⟨1h⟩ in (fremde) Rechte einsetzen; an (eines anderen) Stelle setzen

subs… → *tb* suscribir

subsanable ADJ wiedergutmachbar, behebbar; JUR *defecto* heilbar; **subsanación** F Wiedergutmachung *f*; *de un defecto etc*: Behebung *f*

subsanar VT wiedergutmachen, *defecto etc* beheben; JUR *defecto legal* heilen

subsecretario M, **-a** F Unter(staats)sekretär *m*, -in *f*; *Esp* Staatssekretär *m*, -in *f*

subsecuente ADJ → subsiguiente; **subsede** F DEP Nebenaustragungsort *m*

subseguir ⟨3d *y* 3l⟩ **A** VI unmittelbar folgen (auf *acus* a); **de ello subsigue** daraus ergibt sich **B** V/R **subseguirse** nacheinander folgen, aufeinanderfolgen

subsidiar VT unterstützen; **subsidiariedad** F POL Subsidiarität *f*; **principio** *m* **de ~** Subsidiaritätsprinzip *n*; **subsidiario** ADJ unterstützend, zusätzlich; POL, JUR subsidiär, subsidiarisch: unterstellt; Hilfs…; Zuschuss…; Neben…; ECON (**empresa** *f*) **-a** Unternehmensfiliale *f*

subsidio M Beihilfe *f*, Zuschuss *m*; (*suplemento*) Zulage *f*; **~s** *mpl* Hilfsgelder *npl*, Zuschuss *m*; **~ de carestía de vida** Teuerungszulage *f*; **~ de desempleo** Arbeitslosengeld *n*; **~ de educación** Erziehungs- (*o* Studien)beihilfe *f*; **~ de enfermedad** Krankengeld *n*; **~ familiar** Familienzulage *f*; **~ por gastos de representación** Aufwandsentschädigung *f*; **~ por hijos** Kindergeld *n*; **~ de orfandad** Waisengeld *n*; **~ de paro** Arbeitslosengeld *n*; **~ de vejez** Altersrente *f*

subsiguiente ADJ nachfolgend, darauffolgend

subsistencia F **1** (*persistencia*) Fortbestand *m* **2** *gastos*: Lebensunterhalt *m* **3** **~s** *fpl* Proviant *m*; **subsistente** ADJ (noch) bestehend; **subsistir** VI **1** (*permanecer*) (fort)bestehen, weiter bestehen **2** BIOL lebensfähig sein, überleben; *fig* (*mantener la vida*) sein Leben fristen **3** *leyes etc* noch in Kraft sein

subsónico ADJ FÍS Unterschall…

substancia *etc* → sustancia *etc*

substantivo → sustantivo

substitución → sustitución

subst(r)… *etc* → sustancia, sustracción, *etc*

substrato M *t/t*, *espec* FIL *y* LING Substrat *n*; **subsuelo** M Untergrund *m*

subte M *RPl fam* U-Bahn *f*

subtender VT ⟨2g⟩ GEOM durch eine Sehne verbinden; **subteniente** M MIL Leutnant *m*; **subterfugio** M Vorwand *m*; Ausflucht *f*

subterráneo **A** ADJ unterirdisch; **agua** *f* **-a** Grundwasser *n* **B** M **1** (*piso subterráneo*) Kellergeschoss, *Austr* -geschoß *n* **2** *transporte*: Unterführung *f* **3** *Am tren*: Untergrundbahn *f*

subtitular VT FILM mit Untertiteln versehen; **subtítulo** M Untertitel *m* (*tb* FILM); **subtotal** M Zwischensumme *f*; **subtropical** ADJ subtropisch

suburbano **A** ADJ vorstädtisch, Vorstadt…; **línea** *f* **-a** Vorortbahn *f*, -bus *m* **B** M, **-a** F **1** *habitante*: Vorstädter *m*, -in *f* **2** M *tren*: Vorortzug *m*, Nahverkehrszug *m*

suburbio M Vorstadt *f*; Vorort *m*

subutilizado ADJ TEC nicht ausgelastet; **subvalorado** ADJ unterschätzt

subvención F Subvention *f*; Zuschuss *m*; **~ de salarios** *o* **de sueldos** Lohnsubvention *f*; **~ para gastos de viaje** Reisekostenzuschuss *m*

subvencionar VT subventionieren; finanziell fördern; bezuschussen; **subvenir** VT & VI ⟨3s⟩ beitragen (**a** zu *dat*); **~ (a) los gastos de a/c** die Kosten einer Sache bestreiten (*o* subventionieren)

subversión F Umsturz *m*; **subversivo** ADJ subversiv; Umsturz…; **movimiento** *m* **~** Umsturz-, Untergrundbewegung *f*; **subvertir** VT ⟨3i⟩ umstürzen; zerrütten; **subvertor** M POL Umstürzler *m*

subwoofer ['saβwufɛr] M *fonotecnia*: Subwoofer *m*

subyacente ADJ darunter liegend; *fig* zugrunde liegen

subyugación F (*sometimiento*) Unterjochung *f*; *fig* Faszination *f*; **subyugar** VT ⟨1h⟩ unterjochen, -drücken; bezwingen; *fig* fesseln, faszinieren

succino M gelber Bernstein *m*

succión F (An-, Aus)Saugen *n*; **succionador** M MED Absauggerät *n*; **succionar** VT (an-, ein)saugen; **~ el cigarrillo** an der Zigarette ziehen

sucedáneo **A** ADJ Ersatz… **B** M Ersatz *m*, Ersatzprodukt *n*; *t/t*, *tb fig* Surrogat *n*; **~ de …** …ersatz *m*

suceder **A** VT **~ a** folgen auf (*acus*); **~ a alg** *en un cargo*: j-s Nachfolger werden, j-s Nachfolge antreten; (*heredar*) j-n beerben; **~ en el trono** die Thronfolge antreten **B** VI (*ocurrir*) geschehen; zustoßen (*j-m* **a, con**); **¿qué sucede?** was ist los?

sucedido *fam* **lo ~** das Geschehnis, der Vorfall; **sucesible** ADJ erblich

sucesión F **1** (*continuación*) Folge *f*; Aufeinanderfolge *f*; ELEC *etc* **~ de impulsos** Impulsfolge *f* **2** (*entrada como heredero*) Erbfolge *f*; **~ (en el trono)** Thronfolge *f*; **guerras** *fpl* **de ~** Erbfolgekriege *mpl* **3** (*herencia*) Nachlass *m*; Erbschaft *f*; **~ testamentaria** *o* **testada** testamentarische Erbfolge *f* **4** (*descendencia*) Nachkommen(schaft *f*) *mpl*

sucesivamente ADV nacheinander; nach und nach; laufend; **y así ~** und so fort; **sucesivo** ADJ folgend; **en lo ~** von nun an, künftig; **tres días ~s** drei Tage hintereinander

suceso M **1** (*hecho*) Vorfall *m*, Geschehnis *n*, Begebenheit *f*, Ereignis *n* **2** (*transcurso*) Verlauf *m*; **sucesor** M, **sucesora** F Nachfolger *m*, -in *f*; (*heredero*) Erbe *m*, Erbin *f*; (*descendiente*) Nachkomme *m*; **~ al trono** Thronfolger *m*, -in *f*; **sucesorio** ADJ Nachfolge…; Erb…; JUR **derecho** *m* **~** Erbrecht *n*

súchil M *Am volkstümlich für verschiedene schön blühende Gewächse, bes Magnolien und Plumerien*

suciedad F (*mugre*) Schmutz *m*; (*calidad de sucio*) Verschmutzung *f*; Schmutzigkeit *f*

sucinto ADJ gedrängt, kurz; **gramática** *f* **-a** Kurzgrammatik *f*

sucio **A** ADJ **1** (*mugriento*) schmutzig (*tb fig negocios, etc*); unsauber; MED *lengua* belegt; **~ blanco** schmutzig weiß; **en ~** im Unreinen; Roh…; *tb fig* **tener las manos -as** schmutzige Hände haben; *fig* **sacar los trapos ~s** schmutzige Wäsche waschen **2** *fig* (*puerco*) schmutzig, unflätig, zotig **3** *juego* unfair **B** ADV **jugar ~** unfair spielen **C** M *fam* Schmutzfink *m fam*, Ferkel *n fam*

sucre M *Ec* HIST *unidad de moneda*: Sucre *m*

súcubo M REL Sukkubus *m*

sucucho M *Arg, Perú, Ur, Ven fam* Elendswohnung *f*, Bruchbude *f fam*
suculento ADJ saftig; fett, nahrhaft; BOT **planta** *f* **-a** Sukkulente *f*
sucumbido ADJ LIT verstorben
sucumbir V/I unterliegen (*tb* JUR); erliegen (**a** *dat*); sterben (**a** an *dat*)
sucursal A ADJ Neben…, Filial… B F Filiale *f*; Zweiggeschäft *n*; **sucursalismo** M *Esp* POL *desp* ***Abhängigkeit einer regionalen Partei oder Regierung von der Madrider Zentrale***
sud A *en palabras compuestas*: Süd… B M *frec Am* Süden *m*; **sudaca** M/F *Esp desp* Lateinamerikaner *m*, -in *f*
sudación F (häufiges *o* starkes) Schwitzen *n*
sudadera F **1** DEP Trainingsjacke *f*, -anzug *m*; Sweatshirt *n* **2** *equitación*: → sudadero 2
sudadero M **1** *paño*: Schweißtuch *n*; *tb* (*sobaquera*) Schweißblatt *n* **2** *equitación*: (*mantilla*) Unterlagedecke *f* **3** *en la casa de baños*: Schwitzraum *m*; *p. ext* Schwitzbad *n* **4** (*gotera*) Abtraufstelle *f* **5** *Méx* (*sudor copioso*) starkes (*o* häufiges) Schwitzen *n*
sudado ADJ verschwitzt, durchgeschwitzt
Sudáfrica F Südafrika *n*
sudafricano A ADJ südafrikanisch B M, **-a** F Südafrikaner *m*, -in *f*
Sudamérica F Südamerika *n*
sudamericano A ADJ südamerikanisch B M, **-a** F Südamerikaner *m*, -in *f*
Sudán M Sudan *m*
sudanés A ADJ sudanesisch B M, **-esa** F Sudanese *m*, Sudanesin *f*
sudar A V/I schwitzen; *fam fig* (*matarse trabajando*) sich abrackern; **~ a mares** Ströme von Schweiß vergießen B V/T ausschwitzen (*tb* BOT *y fig*); verschwitzen; *fam fig* **~ la hiel** *o* **~ tinta (negra)** schuften (*o* sich placken), dass der Schweiß nur so läuft; *fig* **sudar la gota gorda** Blut und Wasser schwitzen; sich gewaltig anstrengen; *fam fig* **hacerle ~ a alg** *tb* j-n ordentlich bluten lassen (*fam fig*)
sudario M Schweißtuch *n*; Leichentuch *n*; **el Santo Sudario** das Leichentuch Christi
sudcoreano M, **-a** F Südkoreaner *m*, -in *f*
sudestada F *Arg* Südostwind *m* mit starken Regenfällen; **sudeste** M Südosten *m*
Sudetes MPL Sudeten *pl*
sudista M/F *EE.UU.*: Südstaatler *m*, -in *f*
sudoccidental ADJ südwestlich
sudoeste M Südwesten *m*
sudor M **1** *sorosidad*: Schweiß *m* (*tb fig*) **2** *acción*: Schwitzen *n*; (*sudoración*) Schweißausbruch *m*; **~es** *mpl* Ströme *mpl* von Schweiß; starker Schweißausbruch *m*; *fam fig en la menopausia*: fliegende Hitze *f*; MED *curación*: Schwitzkur *f*; **~ frío** kalter Schweiß *m*; **~ sanguíneo** *o* **de sangre** Blutschwitzen *n*; **chorreando ~** schweißtriefend; **un ~ se le iba y otro se le venía** es überlief ihn abwechselnd heiß und kalt; *fam fig* **con el ~ de su frente** im Schweiße seines Angesichts
sudoración F MED Schweißbildung *f*; Schweißausbruch *m*
sudoriental ADJ südöstlich
sudoriento ADJ schweißnass; Schweiß…;
sudorífero ADJ, **sudorífico** A ADJ schweißtreibend; Schwitz… B M schweißtreibendes Mittel *n*; **envoltura** *f* **-a** Schwitzpackung *f*; **sudoríparo** ADJ MED **glándulas** *fpl* **-as** ANAT Schweißdrüsen *fpl*; **sudoroso** ADJ (*empapado de sudor*) schweißbedeckt; verschwitzt
sudsudeste M Südsüdost(en) *m*; **sudsudoeste** M Südsüdwest(en) *m*
Suecia F Schweden *n*
sueco A ADJ schwedisch B M, **-a** F Schwede *m*, Schwedin *f*; *fam fig* **hacerse el ~** sich taub stellen; den Dummen spielen C M *lengua*: Schwedisch *n*
suegra F Schwiegermutter *f*; *fam fig* **cuéntaselo a tu ~** das mach gefälligst einem andern weis!, das kannst du deiner Oma erzählen! *fam*; **(limpiar solamente) lo que ve la ~** nur ganz oberflächlich (sauber machen)
suegro M Schwiegervater *m*; **~s** *mpl* Schwiegereltern *pl*
suela[1] F **1** *del zapato*: (Schuh)Sohle *f*; **~ exterior/interior** Lauf-/Innensohle *f*; **~ de crepé** Kreppsohle *f*; **poner medias ~s a los zapatos** die Schuhe besohlen; *fam fig* **de siete** *o* **de cuatro ~s** Erz…, gewaltig; **ladrón** *m* **de siete ~s** Erzdieb *m*; **no llegarle a la ~ del zapato a alg** j-m das Wasser nicht reichen können (*fig*) **2** *fam fig* (*chuleta dura*) zähes Kotelett *n*
suela[2] F *pez*: Seezunge *f*
sueldo M Gehalt *n*; MIL Sold *m*; **~ base** Grundgehalt *n*; **~ bruto/neto** Brutto-/Nettogehalt *n*; **~ fijo** festes Gehalt *n*; **a ~** *asesino* gedungen; **sin ~** *vacaciones* unbezahlt; **~ de hambre** Hungerlohn *m*; **~ mínimo** Mindestlohn *m*
suelo[1] M **1** (*tierra*) (Erd)Boden *m*; (*terreno*) Grund *m* und Boden *m*; MIL **¡al ~!** Hinlegen!; **en el ~** auf dem Boden; GEOL **~ aluvial** Schwemmlandboden *m*; AGR **~ arcilloso** Lehmboden *m*; **~ de cemento** Zementboden *m*, Estrich *m*; **~ de mosaico** Mosaikboden *m*; **~ natal** Heimat(boden *m*) *f*; *fam* **besar el ~** *o* **caer al ~** *o* **dar en el ~** auf den Boden fallen; hinfallen; **colocar** *o* **poner en el ~** auf den Boden stellen; *fig* **con los huesos en el ~** seinen Tiefpunkt erreicht haben; **dormir a ~ raso** auf dem blanken Erdboden schlafen; *fam fig* **echar por el ~** *oportunidad etc* zunichtemachen; (*destruir*) zerstören, (*arruinar*) ruinieren; *fam fig* **echarse por los ~s** sich zu billig machen; kriechen (*fig desp*); sich wegwerfen (*fig*); *fam fig* **estar** *o* **andar por los ~s** spottbillig sein; **estar por los ~s** *tb* zu nichts (mehr) zu gebrauchen sein; *fam persona* am Boden zerstört sein; *fam fig* **poner a alg por los ~s** j-n verleumden, j-n schlechtmachen; *fig* **tocar ~** den Tiefpunkt (*o* die Untergrenze) erreicht haben; **venirse al ~** zu Boden fallen; einstürzen; *fig* fehlschlagen; ruiniert werden **2** (*piso*) (Fuß)Boden *m*; **~ alto** Dachboden *m*, -geschoss, *Austr* -geschoß *n*; **~ falso** Blind-, Fehlboden; **~ intermedio** Zwischenboden *m* **3** *de una vasija*: (Gefäß)Boden *m* **4** (*casco de los caballos*) (Pferde)Huf *m* **5** (*poso*) Bodensatz *m* **6** AGR **~s** *mpl restos*: ***bei der Ernte auf dem Feld stehen gebliebenes Korn; nach dem Drusch auf der Tenne verbliebene Reste***
suelo[2] → soler[1]
suelta F **1** Loslassen *n*, Freilassung *f*; *de palomas*: Auflassen *n*; *de cohetes, petardos*: Abbrennen *n*, Abschuss *m*; **dar ~ (a)** *perros, etc* loslassen; *p. ext fig* freien Lauf lassen (*dat*); *fam* eine kurze Erholung gönnen (*dat*) **2** *para animales de montar*: Spannstrick *m*
suelto A PP → soltar B ADJ **1** (*desligado*) losgelöst, lose; (*libre*) frei; *piedra preciosa* ungefasst; **andar ~** *perros, locos, etc* frei herumlaufen **2** (*por separado*) einzeln; Einzel…; TEC **pieza** *f* **-a** Einzelteil *n*; **zapato** *m* **~** einzelner Schuh *m* **3** **cabello(s)** *m(pl)* **~(s)** offenes Haar *n*; *chaqueta* aufgeknöpft **4** (*ágil*) flink, behände; gewandt, geschickt; *manera de hablar* **estilo** *m* **~** flüssiger Stil *m* **5** **talle** *m* **~** schlanker Wuchs *m* **6** (*desenvuelto*) zwanglos, ungeniert; ausgelassen; *tb* (*fresco*) frech **7** MED **vientre** *m* **~** dünnflüssiger Stuhl *m*, Durchfall *m*; *fam* MED **estar** *o* **ir ~** Durchfall haben C M **1** *monedas*: Kleingeld *n*; **¿no tiene ~?** haben Sie es nicht kleiner?; **no tengo ~** ich habe kein Kleingeld, ich kann nicht herausgeben **2** *periódico*: (kurzer) Zeitungsartikel *m*
sueño[1] M Schlaf *m*; Traum *m*; **como un ~** traumhaft; *fam fig* **de ~** Traum…, traumhaft; **en ~s** im Traum; **entre ~s** im Halbschlaf; **¡ni por** *o* **en ~s!** nicht im Traum!; **~ dorado** goldener Traum *m*, tiefste Sehnsucht *f*; **el ~ eterno** der ewige Schlaf, der Tod; **~ ligero/profundo** leichter/tiefer Schlaf *m*; **~ de muerte/de plomo** todähnlicher/bleierner Schlaf *m*; PSIC **~ en vigilia** Wachtraum *m*; MED **enfermedad** *f* **del ~** Schlafkrankheit *f*; **caminar en ~s** schlafwandeln; **conciliar el ~** einschlafen; **dormir el ~ de los justos** den Schlaf der Gerechten schlafen; **descabezar** *o* **quebrantar el ~** ein Nickerchen machen; **echar un sueñ(ecit)o** ein Schläfchen machen, ein Nickerchen machen; **me entró ~** ich wurde schläfrig; **estar en siete ~s** *o* **en su quinto ~** in tiefstem Schlaf liegen; *fig* **quitar el ~** den Schlaf rauben, beunruhigen; **tener ~** schläfrig sein; **tener** *o* **llevar ~ atrasado** ein Schlafdefizit haben; Schlaf nachholen müssen; **ni en ~s** nie und nimmer; **el ~ de los justos** der Schlaf der Gerechten
sueño[2] → soñar
suero M **1** MED Serum *n*; *infusión*: Kochsalzlösung *f*; **~ antidiftérico/antiofídico/curativo** Diphtherie-/Schlangen-/Heilserum *n* **2** **~ (de la leche)** Molke *f*; **~ de mantequilla** Buttermilch *f*
sueroso ADJ serös; **sueroterapia** F Serumtherapie *f*
suerte F **1** (*destino*) Schicksal *n*, Los *n*; (*casualidad*) Zufall *m*; **(buena) ~** Glück *n*; **¡(buena) ~!** viel Glück!; **mala ~** Unglück *n*, Pech *n* (*fam fig*); **abandonar** *o* **dejar a alg a su ~** j-n seinem Schicksal überlassen; **probar ~** sein Glück versuchen; **quiso la ~ que …** es fügte sich (nun) so, dass; **tener/traer ~** Glück haben/bringen; **tener la ~ de cara** das Glück auf seiner Seite haben; **tener una ~ loca** ein unverschämtes Glück haben; **tiene la ~ de espaldas** das Glück hat ihn verlassen; **tentar la ~** das Schicksal herausfordern **2** (*rifa*) (Lotterie)Los *n*; **caer en ~** zuteil werden (**a** *dat*); **echar ~s** losen; **echar a ~** aus-, verlosen; *fig* **la ~ está echada** die Würfel sind gefallen; **elegir por ~ a alg** j-n durch das Los bestimmen; **entrar en ~** verlost werden **3** TAUR Phase *f*, Gang *m*, Runde *f*; **~ de capa** Mantelparade *f* (*Vorspiel*); **~ de varas** Lanzengang *m* (*1. Runde*); **~ de banderillas** Runde *f* der Banderillas (*2. Runde*); **~ de matar** *o* **~ suprema** Todesrunde *f* (*3. und letzte Runde*) **4** (*clase*) Art *f*; *liter* **de baja ~** von niederem Rang, von gemeiner Herkunft; **de esta** *o* **de tal ~** derart, so; **de ninguna ~** keineswegs; **de otra ~** sonst; **de ~ que …** derart, dass …, so, dass …; **toda ~ de vino(s)** alle Arten (von) Wein
suertero M, **-a** F **1** *Am* (*afortunado, -a*) Glückspilz *m* **2** *Perú* (*vendedor[a] de lotería*) Lotterielosverkäufer *m*, -in *f*
suertudo A ADJ *fam* **ser ~** ein Glückspilz sein B M, **-a** F Glückspilz *m*
suestada F *Arg* → sudestada; **sueste** M MAR Südwester *m*
suéter M (*pl* ~es) *espec Am* Pullover *m*; *Perú* (Woll)Weste *f*
suevos MPL HIST Sueben *mpl* (*germanische Völkergruppe*)
Suez: **Canal** *m* **de ~** Sueskanal *m*
suficiencia F **1** (*aptitud*) Eignung *f*, Brauchbarkeit *f*; *enseñanza*: **examen** *m* **de ~** *entscheidende* Klassenarbeit *f* am Ende des Schuljahres **2** *fig* (*presunción*) Selbstgefälligkeit *f*, Selbstzufriedenheit *f*; **aire** *m* **de ~** anmaßende Selbstgefälligkeit *f*
suficiente ADJ **1** ausreichend, genügend, genug; *calificación de examen*: ausreichend; **ser ~** genug sein **2** (*apto*) fähig, geeignet

sufijación F LING Suffigierung *f*; **sufijo** M Suffix *n*, Nachsilbe *f*

sufismo M REL Sufismus *m*

sufragáneo ADJ REL Suffragan...; **obispo** *m* ~ Weihbischof *m*

sufragar ‹1h› A VT *gastos* bestreiten; aufkommen für *(acus)*; *(ayudar)* helfen *(dat)*, unterstützen *(acus)* B VI *Am Mer* wählen (**por** *acus*)

sufragio M 1 *(voto)* Wahlstimme *f* 2 *derecho*: Wahlrecht *n*; ~ **femenino** Frauenwahlrecht *n*; ~ **restringido/universal** beschränktes/allgemeines Wahlrecht *n* 3 REL *(ruego)* Fürbitte *f* *(für die Verstorbenen)*; **en ~ de alg** für j-s Seelenheil *(acus)*

sufragismo M HIST POL Frauenwahlrecht *n*; *movimiento político*: Frauenwahlrechtsbewegung *f*, Suffragettentum *n*; **sufragista** M/F Stimmrechtler *m*, -in *f*, Suffragette *f*

sufrible ADJ, **sufridero** ADJ erträglich

sufrido A ADJ geduldig *(im Ertragen)*; *(indulgente)* nachsichtig; *(tenaz)* zäh; *género etc* strapazierfähig B M *fam* nachsichtiger Ehemann *m*; **sufrimiento** M *(pena)* Leid *n*; *(padecimiento)* Leiden *n*, Erdulden *n*; *(paciencia)* Geduld *f*, Nachsicht *f*

sufrir A VT 1 *(padecer)* erleiden; ~ **una desgracia** von einem Unglück betroffen werden 2 *(permitir)* dulden, *(aguantar)* ertragen; **no lo sufro** ich dulde das nicht; **no poder ~ a alg** j-n nicht ausstehen können 3 *cambio* erfahren; ~ **interrupción** unterbrochen werden 4 *examen* bestehen B VI leiden (**de** an *dat*); **sufre del estómago** er hat es mit dem Magen zu tun; **hacer ~** peinigen; **sin ~** schmerzlos

sufusión MED F ~ **sanguínea** Blutunterlaufung *f*

sugerencia F Anregung *f*, Vorschlag *m*

sugerente ADJ anregend

sugerir VT ‹3i› nahelegen; vorschlagen; **él me sugirió la idea** er brachte mich auf den Gedanken

sugestión F *(influencia)* Einwirkung *f*, *(influjo)* Beeinflussung *f*; *(estímulo)* Anregung *f*; *(insinuación)* Suggestion *f*; PSIC ~ **colectiva** *o* **en masa** Massensuggestion *f*

sugestionable ADJ beeinflussbar, suggestibel; **sugestionar** VT suggerieren, einflüstern; **sugestivo** ADJ suggestiv; *(estimulante)* anregend; *(impresionante)* eindrucksvoll, fesselnd

sugestopedia F *enseñanza*: Suggestopädie *f*

suiche M *Am reg, espec Col, Méx* ELEC Schalter *m*

suicida A ADJ selbstmörderisch *(tb fig)*; **conductor** *m*, **conductora** *f* ~ Geisterfahrer *m*, -in *f* B M/F Selbstmörder *m*, -in *f*; **suicidarse** VR Selbstmord begehen, sich umbringen; **suicidio** M Selbstmord *m*, Suizid *m/n*

suidos MPL ZOOL Schweine *npl*

sui géneris eigener Art, sui generis

suite F *hotel y* MÚS Suite *f*

suiza F 1 *persona*: Schweizerin *f* 2 *Am Centr, Antillas juego*: Seilspringen *n*

Suiza F Schweiz *f*

suizo A ADJ schweizerisch, Schweizer B M 1 Schweizer *m* 2 *p. ext* MIL Schweizer(gardist) *m* 3 GASTR (**bollo**) ~ *ein kugelförmiges Hefegebäck* 4 *bebida*: Kakao *m* mit Sahne

sujeción F 1 *(sumición)* Unterwerfung *f*; *(dependencia)* Abhängigkeit *f*; *(esclavitud)* Knechtschaft *f*; **con ~ a la ley** nach dem *(o* laut) Gesetz 2 TEC Befestigung *f*; Halterung *f* 3 RET Subjektion *f*

sujetacables M ‹*pl inv*› ELEC Kabelhalter *m*, -klemme *f*; **sujetacorbata(s)** M Krawattenhalter *m*

sujetador M 1 *vestimenta*: Büstenhalter *m*; *del biquini*: Oberteil *m* 2 *(sostén)* Halter *m*, Klipp *m* *(tb* TEC); *(tensor)* Spanner *m*; *(pinza)* Befestigungsklammer *f*; ~ **del cuello** (umlegbarer) Kragenknopf *m*; ~ **de periódicos** Zeitungshalter *m*

sujetalibros M Buchstütze *f*; **sujetamantel** M Tischtuchklammer *f*; **sujetamayúsculas** M ‹*pl inv*› *en máquinas de escribir*: Umschaltfeststeller *m*; **sujetapapeles** M ‹*pl inv*› Büroklammer *f*

sujetar A VT 1 *(subyugar)* unterwerfen; *(domar)* bändigen 2 *(fijar)* befestigen *(tb* TEC); festhalten; einspannen; ~ **con clavos** an-, festnageln; ~ **con tacos** verdübeln; ~ **con tornillos** verschrauben B VR **sujetarse** *fig* sich halten (**a** an *acus*)

sujeto A ADJ 1 *(sometido)* unterworfen; ~ **a aduana** zollpflichtig; ~ **a averías** *instrumentos* störanfällig; ~ **a vencimiento** fristgebunden, terminbedingt 2 *(fijado)* befestigt *(tb* TEC) B M 1 *(asunto, materia)* Stoff *m*, Gegenstand *m*, *espec* LIT Sujet *n* 2 *(persona)* Person *f*, *desp* Subjekt *n*; *espec* JUR Träger *m*, Inhaber *m*; MED *etc* ~ **de experimentación** Versuchsperson *f* 3 GRAM Subjekt *n*

sula ORN F ~ **loca** Guanovogel *m*

sulfamida F QUÍM, FARM Sulfonamid *n*

sulfatar A VT AGR schwefeln B VR **sulfatarse** *pila* auslaufen; **sulfato** M QUÍM Sulfat *n*; ~ **de cobre** Kupfersulfat *n*, Kupfervitriol *n*; **sulfhídrico** ADJ QUÍM **ácido** *m* ~ Schwefelwasserstoffsäure *f*; **sulfito** M QUÍM Sulfit *n*; **sulfuración** F QUÍM Schwefelung *f*, Sulfuration *f*

sulfurar A VT 1 QUÍM mit Schwefel verbinden, sulfurieren 2 *fig (irritar)* reizen, ärgern, aufbringen B VR **sulfurarse** *fig* sich giften, giftig werden

sulfúrico ADJ QUÍM Schwefel...; **ácido** *m* ~ (**fumante**) (rauchende) Schwefelsäure *f*; **sulfuro** M QUÍM Sulfid *n*; **sulfuroso** ADJ QUÍM schwefelhaltig; schweflig; **ácido** *m* ~ schweflige Säure *f*

sultán M Sultan *m*; **sultanato** M, **sultanía** F Sultanat *n*

suma F 1 MAT, COM *(monto)* Summe *f*; (Geld)Betrag *m*; COM ~ **anterior** Vortrag *m*; ~ **asegurada** Versicherungssumme *f*; **en ~** kurz (und gut); ~ **y sigue** *fam* und so weiter 2 MAT *(adición)* Addition *f* 3 *fig (contenido sustancial)* Hauptinhalt *m*; Abriss *m*; *fig* **en ~** kurz, gedrängt

sumadora F Addiermaschine *f*; *p. ext* Rechenmaschine *f*; **sumamente** ADV höchst, äußerst; **sumando** M MAT Summand *m*

sumar A VT zusammenzählen, addieren; *(añadir)* hinzurechnen, -zählen, -fügen; *(compendiar)* zusammenfassen; *(totalizar)* betragen, sich belaufen auf *(acus)*; COM **suma y sigue** Übertrag *(bei Buchungen etc)* B VR **sumarse** 1 *(juntarse)* sich summieren, zusammenkommen 2 *fig (formar parte)* ~ **a** sich *j-m (bes einer Partei o einer Lehre)* anschließen; *(participar)* sich an etw *(dat)* beteiligen

sumaria F JUR (Prozess)Protokoll *n*; *en el tribunal militar*: Voruntersuchung *f*; **sumario** A ADJ zusammengefasst, abgekürzt; summarisch; JUR **juicio** *m* ~ Schnellverfahren *n* B M 1 *(resumen)* Inhaltsangabe *f*, Auszug *m*, Zusammenstellung *f* 2 *(índice)* Inhaltsverzeichnis *n* 3 JUR *(investigación previa)* Ermittlungsverfahren *n*; **sumarísimo** ADJ *sup* äußerst zusammengedrängt; JUR **juicio** *m* ~ Schnell(gerichts)verfahren *n*

sumercé *Col vertrauliche oder respektvolle Anrede*

sumergible A ADJ tauchfähig; *reloj* wasserdicht B M Unterseeboot *n*, U-Boot *n*, Tauchboot *n*; **sumergido** ADJ getaucht, unter Wasser; MAR *arrecife* blind; **sumergir** ‹3c› A VT 1 *(hundir)* (ein-, unter)tauchen; versenken (**en** in *acus*) *(tb fig)* 2 *(inundar)* überfluten, überschwemmen B VR **sumergirse** *(hundirse)* tauchen; versinken

sumerio HIST A ADJ sumerisch B M, **-a** F Sumerer *m*, -in *f*

sumersión F Untertauchen *n*; Tauchen *n*; Untersinken *n*; Eintauchen *n (tb fig)*

sumidero M *conducto*: Abzuggraben *m*, -loch *n*; *(rejilla)* Abflussgitter *n*, Schlammfang *m*; *de la calle*: Gully *m/n*; ECOL ~ **de carbono** Kohlenstoffsenke *f*

sumiller M 1 HIST *en el palacio*: Kellermeister *m*; Kammerherr *m* 2 GASTR Weinkellner *m*; Sommelier *m*

suministrador A ADJ Liefer...; **casa** *o* **empresa** *f* ~ Lieferfirma *f*; **industria** *f* ~**a** Zulieferindustrie *f* B M, **suministradora** F Lieferant *m*, -in *f*

suministrar VT *mercancía, datos, pruebas* liefern; *medicina* verabreichen

suministro M 1 Lieferung *f*; Anlieferung *f*; Beschaffung *f*; ~ **de material** Materialbeschaffung *f*; **contrato** *m* **de ~** Liefervertrag *m*; **hacer el ~ de a/c** etw liefern 2 Versorgung *f* (**de** mit *dat*); ~ **de agua/energía** Wasser-/Energieversorgung *f*; ~ **de medicamentos** Versorgung *f* mit Medikamenten; **dificultades** *fpl* **de ~** Versorgungsschwierigkeiten *fpl*

sumir A VT 1 *(hundir)* versenken; (ein-, unter)tauchen; *fig* ~ **en una mar de confusiones** in einen Abgrund von Verwirrung stürzen 2 CAT *(die Hostie nach der Wandlung)* zu sich nehmen *(Priesterkommunion)* B VR **sumirse** versinken; *p. ext (desaparecer)* verschwinden; *fig mejilla* einfallen; ~ **en el vicio** im Laster verkommen

sumisión F Unterwerfung *f*; Ergebenheit *f*; *(obediencia)* Gehorsam *m*; *(resignación)* Ergebung *f* (**a** in *acus*); **sumiso** ADJ unterwürfig; ehrerbietig; ergeben, gehorsam

sumo *sup* höchste(r, -s); größte(r, -s); **a lo ~** höchstens, allenfalls; **en ~ grado** im höchsten Grade, in höchstem Grade

súmulas FPL Abriss *m* der Logik

suní *inv*, **sunita** REL A ADJ sunnitisch B M/F Sunnit *m*, -in *f*

sunna F REL Sunna *f (orthodoxe Überlieferung des Islam neben dem Koran)*; **sunnita** REL → suní

suntuario ADJ Luxus...; Pracht...; **suntuosidad** F Pracht *f*, Aufwand *m*; Luxus *m*; **suntuoso** ADJ 1 *(magnífico)* prächtig, prunkvoll, luxuriös 2 *(fastuoso)* prachtliebend

SUP M ABR (Sindicato Unificado de Policía) *Esp* Polizeigewerkschaft *f*

supe → saber

supeditación F Unterwerfung *f*; **supeditar** A VT *(someter)* unterwerfen, -jochen; *(subordinar)* unterordnen; *fig (condicionar)* in Abhängigkeit bringen (**a** von *dat*); ADMIN ~ **a/c a la condición de que** *(subj)* etw davon abhängig machen, dass *(ind)* B VR **supeditarse** sich unterwerfen

super... PREF Über..., Super...; → *tb* sobre...

súper A ADJ *fam* super B F Super(benzin) *n* C M *fam* Supermarkt *m*

superable ADJ überwindbar

superabundancia F Überfluss *m*; **superabundante** ADJ überreich(lich) (**en** an *dat*); **superabundar** VI im Überfluss vorhanden sein; überfließen (**en** vor *dat*)

superación F Überwindung *f*; **superactividad** F MED Überfunktion *f*

superar A VT *adversario* übertreffen; *obstáculo* überwinden; *límite* überschreiten; DEP ~ **la marca** den Rekord schlagen B VR **superarse** sich überwinden; ~ **a sí mismo** sich selbst übertreffen

superávit M Überschuss *m*; ~ **presupuesta-**

rio Haushaltsüberschuss *m*

superbidón M Zusatzbehälter *m*, -tank *m*; **supercarburante** M Superbenzin *n*; **supercargador** M Turbolader *m*; **supercaza** M AVIA Überschalljäger *m*

superchería F 1 *(engaño)* Hinterlist *f*, Betrug *m* 2 *(superstición)* Aberglaube *m*; **creer en ~s** abergläubisch sein; **superchero** ADJ 1 *(pérfido)* hinterlistig, betrügerisch 2 *(supersticioso)* abergläubisch

superclase M DEP Spitzensportler *m*; **superconductividad** F ELEC Supraleitung *f*; **superconductor** ELEC A ADJ supraleitend B M Supraleiter *m*; **superdimensionado** ADJ übergroß, überdimensioniert; **superdirecta** F AUTO Schnellgang *m*; **superdotado** ADJ hochbegabt; **superego** M → superyó; **superelástico** ADJ hochelastisch; **superempleo** M Überbeschäftigung *f*; **superestatal** ADJ überstaatlich; **superestrato** M LING Überlagerung *f*; **superestructura** F SOCIOL Überbau *m*; FERR Oberbau *m*; **~(s)** *f(pl)* MAR Aufbau(ten) *m(pl)*; **superfecundación** F MED Überschwängerung *f*; **superferolítico** ADJ *fam* affektiert, gekünstelt

superficial ADJ oberflächlich *(tb fig)*; Oberflächen…; **superficialidad** F Oberflächlichkeit *f (tb fig)*; **superficiario** M JUR Nutznießer *m* einer Bodenfläche

superficie F Oberfläche *f*; Fläche *f (tb* GEOM*)*; **medida** *f* **de ~s** Flächenmaß *n*; AGR **~ cultivada** Anbaufläche *f*; **grandes ~s (comerciales)** Verbrauchermärkte *mpl*; **~ plana** ebene Fläche *f*, Ebene *f*; GEOG **~ terrestre** Erdoberfläche *f*; **~ útil** Nutzfläche *f*; **salir a la ~** auftauchen

superfino ADJ hochfein, allerfeinste(r, -s); **superfluencia** F Überfülle *f*, Überfluss *m*; **superfluidad** F Überflüssigkeit *f*; Entbehrlichkeit *f*; Überflüssige(s) *n*; **superfluo** ADJ überflüssig; entbehrlich; unnötig; **superfosfato** QUÍM, M AGR Superphosphat *n*; **supergigante** M *esquí*: Super-G *m*; **supergrande** ADJ übergroß; **superhéroe** M Überheld *m*; **superheterodino** M RADIO **(receptor** *m***) ~** Superheterodynempfänger *m*, Überlagerungsempfänger *m*; **superhombre** M Übermensch *m*; **superíndice** M TIPO hochgestelltes Zeichen *n*; **en ~** hochgestellt

superintendencia F Superintendentur *f*; **superintendente** M Superintendent *m*, hoher Funktionär *m*; *Arg* Chef *m* einer Eisenbahndirektion; *Perú* **~ de banca y seguros** Direktor *m* der obersten Aufsichtsbehörde für Bankwesen und Versicherungen

superior A ADJ höher; höchst; Ober…; *p. ext en calidad, rango, etc*: überlegen; *fig (excelente)* vortrefflich, vorzüglich, hervorragend; **piso** *m* **~** Obergeschoss, *Austr* –geschoß *n*; **precio** *m* **~ al nuestro** höherer Preis *m* als der unsere; **ser ~ a** übertreffen *(acus)*, überlegen sein *(dat)*; **~ en número** zahlenmäßig überlegen; **es ~ a mí** das ist stärker als ich, das überkommt mich B M, **-a** F 1 REL (Ordens)Obere *m*, (Ordens)Oberin *f*; (Kloster)Vorsteher *m*, -in *f* 2 *gener (jefe)* Vorgesetzte *m/f*

superiorato M REL Superiorat *n*, Amt *n* eines Klostervorstehers (*o* einer Oberin); **superioridad** F 1 *(supremacía)* Überlegenheit *f*; *(excelencia)* Vortrefflichkeit *f* 2 MIL Übermacht *f* 3 *fig (autoridades)* Obrigkeit *f*; *col (los superiores) die* Vorgesetzten *mpl*

superlativo A ADJ hervorragend, ausnehmend, vorzüglich; *espec* GRAM Superlativ… B M GRAM Superlativ *m*; **~ absoluto** Elativ *m*, absoluter Superlativ *m*

superligero ADJ ultraleicht; **superlubricante** M Hochleistungsschmierstoff *m*; **supermán** M Superman *m*

supermercado M COM Supermarkt *m*; **~ (de) descuento** *m* Discounter *m*; **supermicroscopio** M Übermikroskop *n*; **superministro** M, **-a** F Superminister *m*, -in *f*

supermodelo M/F Topmodel *n*; **superno** ADJ → supremo; **supernova** F ASTRON Supernova *f*; **supernumerario** ADMIN A ADJ überzählig; außerplanmäßig; außerordentlich B M, **-a** F außerplanmäßiger Beamter *m*, außerplanmäßige Beamtin *f*; **superpartidista** ADJ POL überparteilich; **superpetrolero** M MAR Supertanker *m*; **superpoblación** F Übervölkerung *f*; **superpoblado** ADJ übervölkert

superponer ⟨2r⟩ A VT darüber legen; überlagern *(tb* ELEC*)*; *fig* den Vorrang geben B VR sich überlagern; **superposición** F Überdeckung *f*; Überlappung *f*; TEC *tb* Überlagerung *f*; FILM Überblendung *f*; **superpotencia** F POL Supermacht *f*; **superproducción** F 1 COM Überproduktion *f* 2 FILM Monumentalfilm *m*; **superpuesto** ADJ übereinanderliegend; *fig* aufgesetzt; **superrealismo** M → surrealismo; **superregional** ADJ überregional; **supersaturar** VT QUÍM übersättigen

supersónico ADJ FÍS Überschall…; **avión** *m* **~** Überschallflugzeug *n*; **estallido** *m* **~** Überschallknall *m*; **supersonido** M → ultrasonido

superstición F Aberglaube *m*; **supersticioso** A ADJ abergläubisch B M, **-a** F Abergläubische *m/f*

supérstite ADJ JUR überlebend, hinterblieben

superstrato M *t/t* Superstrat *n*; **supersuministro** M Überbelieferung *f*; **supertanquero** M *Am* MAR Supertanker *m*

Super Tazón M DEP Superbowl *m*

supervaloración F Überbewertung *f*; **supervalorar** VT überbewerten

superventas M Verkaufsschlager *m*

supervisar VT überwachen, beaufsichtigen; **supervisión** F *(vigilancia)* Überwachung *f*; *(control)* Kontrolle *f*; *niños jugando*: Aufsicht *f*; **supervisor** A ADJ Kontroll…, Aufsichts… B M, **supervisora** F Aufsichtsperson *f*, Kontrollperson *f*; Aufseher *m*, -in *f*; **supervivencia** F Überleben *n*; **superviviente** A ADJ überlebend B M/F Überlebende *m/f*; Hinterbliebene *m/f*

superyó, super-yo M PSIC Über-Ich *n*

supiera → saber

supinación F MED Rückenlage *f*

supino A ADJ auf dem Rücken liegend; *fig* **ignorancia** *f* **-a** gröbste Unwissenheit *f* B M GRAM Supinum *n*

suplantación F Verdrängung *f*; Ersatz *m*

suplantar VT 1 *(ocupar el lugar de otro)* **~ a alg** j-n verdrängen; an j-s Stelle *acus* treten; j-n ersetzen; j-n ausstechen *fam fig* 2 *documento etc* (durch Einschübe) fälschen

suple M *Chile* Vorschuss *m*; **suplefaltas** M ⟨*pl inv*⟩ *fam* Sündenbock *m fam*; Lückenbüßer *m*; **suplementar** VT ergänzen; **suplementario** ADJ ergänzend; zusätzlich; Ergänzungs…; Zuschlags…; Extra…; COM **pago** *m* **~** Nachzahlung *f*; **pedido** *m* **~** Nachbestellung *f*

suplementero M, **-a** F *Chile* Zeitungsverkäufer *m*, -in *f*

suplemento M 1 *(añadido)* Ergänzung *f*; *(apéndice)* Nachtrag *m*; TEC Einsatz *m*; Einlage *f*; **~ dietético** Nahrungsergänzungsmittel *n* 2 *(recargo)* Zuschlag *m*; FERR **~ de velocidad** Schnellzugzuschlag *m*; **pagar un ~ de 10 euros** 10 Euro Zuschlag zahlen 3 Zusatz *m*; **~ dietético** Nahrungsergänzungsmittel *n* 4 TIPO Ergänzungsband *m*; *de un periódico*: Beilage *f*; **~ dominical** Sonntagsbeilage *f*

suplencia F *(remplazo)* Stellvertretung *f*; *(tiempo de remplazo)* Vertretungszeit *f*; **~ por maternidad/paternidad/vacaciones** Mutterschafts-/Elternzeit-/Urlaubsvertretung *f*; *p. ext* → suplente B

suplente A ADJ stellvertretend, Ersatz… B M/F Stellvertreter *m*, -in *f*, Ersatzmann *m*, -frau *f*; *enseñanza*: Hilfslehrkraft *f*; DEP **(jugador** *m***) ~** Ersatz-, Reserve-, Auswechselspieler *m*

supletorio A ADJ *(complemento)* ergänzend; *(adicional)* zusätzlich; *(en remplazo)* stellvertretend; **cama** *f* **-a** Zusatzbett *n* B M TEL Nebenapparat *m*

súplica F 1 Gesuch *n*; *(ruego encarecido)* inständige Bitte *f*, Flehen *n*; **a fuerza de ~s** durch inständiges Bitten 2 *escrito*: Bittschrift *f* 3 JUR *tb* Klageantrag *m*

suplicación F 1 *(súplica)* Bitte *f* 2 GASTR dünne Waffel *f*; **suplicante** A ADJ flehend, bittend B M/F Bittsteller *m*, -in *f*

suplicar VT & VI ⟨1g⟩ (dringlich) bitten; flehen; ADMIN ersuchen; **~ por** bitten für *(acus)*; **¡se lo suplico!** ich bitte Sie sehr darum!; **suplicatoria** F JUR schriftliche Einwendung *f* (*o* Ersuchen *n*) *eines Gerichts an die höhere Instanz*; **suplicatorio** ADJ Bitt…

suplicio M 1 *(pena)* Strafe *f an Leib o Leben*; *(patíbulo)* Schafott *n*; HIST **~ del palo** Pfählen *n*; **último ~** Todesstrafe *f* 2 *(tortura)* Folter *f*; *p. ext lugar*: Folterstätte *f*; **dar ~ a alg** j-n foltern 3 *fig* Qual *f*; **el ~ de Tántalo** Tantalusqualen *fpl*

suplir VT *(completar)* ergänzen; *(sustituir)* ersetzen; *(remplazar)* vertreten; **~ a** *defecto o error* wettmachen; **suma** *f* **-ida** aufgelegte Summe *f*; *correos*: **¡súplase el franqueo!** bitte Porto ergänzen!

supo → saber

suponer VT ⟨2r; *pp* supuesto⟩ 1 *(dar por sentado)* voraussetzen; annehmen; vermuten; **~** *(adj)* halten für *(adj)*; **suponiendo que …** angenommen, dass …; unter der Voraussetzung, dass …; **supongamos que …** nehmen wir an, dass …; angenommen, dass …; **supongo que sí** *respuesta*: ich glaube schon; **como era de ~** wie anzunehmen war; **eso se supone** das ist (ganz) selbstverständlich 2 *(traer consigo)* bedeuten, verursachen; **eso supone gastos enormes** das verursacht riesige Unkosten

suposición F 1 *(condición previa)* Voraussetzung *f* 2 *(hipótesis)* Annahme *f*, Vermutung *f* 3 *(imputación)* Unterstellung *f*; **supositivo** ADJ mutmaßlich; **supositorio** M MED Zäpfchen *n*, Suppositorium *n*

supra… PREF Über…, Supra…; → *tb* super…

supradicho ADJ obig, oben erwähnt, besagt; **supranacional** ADJ supra-, übernational; **supranatural** ADJ FIL übernatürlich; **suprapartidista** ADJ POL überparteilich; **suprarrealismo** M → surrealismo

suprarrenal ADJ ANAT Nebennieren…; **cápsulas** *fpl o* **glándulas** *fpl* **~es** Nebennieren *fpl*; **suprarrenina®** F FARM Suprarenin® *n*; **suprasensible** ADJ hochempfindlich; **supraterreno, supraterrestre** ADJ überirdisch

Suprema F HIST *inquisición*: Hochrat *m* des Ketzergerichts

supremacía F 1 *(superioridad)* Überlegenheit *f*; MIL **~ aérea/naval** Luft-/Seeherrschaft *f* 2 *(preeminencia)* Vorrang *m*, *(soberanía)* Oberhoheit *f*

supremo ADJ *sup* oberste(r, -s), höchste(r, -s); *fig* **hora** *f* **-a** Todesstunde *f*; **el Ser Supremo**

S

das höchste Wesen; JUR *fam* **el Supremo** der Oberste Gerichtshof *m*; **el Tribunal Supremo** das Oberste Gericht

supresión F 1 *(represión)* Unterdrückung *f* 2 *(abolición)* Abschaffung *f*, Wegfall *m*; *(derogación)* Aufhebung *f*, *(anulación)* Streichung *f*; *(disminución)* Abbau *m*; **~ de ministerios** Abbau *m* von Ministerien; **~ de puestos** Stellenstreichung *f* 3 *(omisión)* Auslassung *f*; Verschweigung *f* 4 *(reparación)* Behebung *f*, *(eliminación)* Beseitigung *f*; ELEC **~ de interferencias** Funkentstörung *f*

suprimir A VT unterdrücken; *(levantar)* aufheben, abschaffen; *(prohibir)* verbieten; *fronteras* abbauen; *(omitir)* auslassen; *gastos* sparen B VR **suprimirse** weg-, entfallen

supuesto A PP → suponer B ADJ 1 *(presunto)* vermeintlich, vermutlich; **~ que …** vorausgesetzt, dass …; unter der Annahme, dass …; da (ja) …; **por ~** selbstverständlich; natürlich; freilich, allerdings; **¡por ~ que no!** natürlich nicht!; **dar por ~** für selbstverständlich halten; als bekannt voraussetzen 2 *(pretendido)* angeblich, vorgeblich C M Voraussetzung *f*, Annahme *f*

supuración F MED Eiterung *f*; **supurado** ADJ MED vereitert; **supurante** ADJ MED eiternd, eit(e)rig

supurar VI MED eitern, schwären; **supurativo** ADJ MED die Eiterung fördernd

suputación F Berechnung *f*, Überschlag *m*

suputar VT berechnen, überschlagen

sur M 1 *punto cardinal*: Süden *m*; **polo** *m* **~** Südpol *m*; **al ~ de** südlich *(gen o* von *dat)*; **del ~** südlich, Süd…; **en el ~ (de)** im Süden *(gen)*; **hacia el ~** südwärts 2 *viento*: Südwind *m*

sura F Sure *f des Korans*

surá M TEX feiner Seidenstoff *m*

surada F starker Südwind *m*

surafricano ADJ → sudafricano

sural ADJ ANAT Waden…

suramericano ADJ → sudamericano

surazo M MAR starker Südwind *m*

surcado *fig frente* gefurcht, runz(e)lig; **surcar** VT ⟨1g⟩ 1 AGR Furchen ziehen in *(dat)* 2 *fig* (durch)furchen, durchschneiden, -queren, -messen; **~ las aguas** *barco* die Wogen pflügen

surco M 1 AGR Furche *f*; **~ para la semilla** Saatfurche *f*; **abrir ~s** Furchen ziehen; *fam fig* **echarse en el ~** schlappmachen *fam*; aufgeben, die Flinte ins Korn werfen 2 *p. ext* Rinne *f*, Rille *f*; ANAT Furche *f*; *fonotecnia: del disco*: Rille *f*; *fonotecnia*: **~ fonético** *o* **sonoro** Tonrille *f*, Tonspur *f* 3 *fig (arruga)* Runzel *f*, Falte *f*; **lleno de ~s** *frente* runz(e)lig 4 VET *de los caballos*: Augengrube *f*

surcoreano A ADJ südkoreanisch B M, **-a** F Südkoreaner *m*, -in *f*

surculado ADJ BOT einstielig

súrculo M Pflanzenstängel *m* ohne Schössling

sureño *Chile, Esp*, **surero** *Arg, Bol* A ADJ aus dem Süden B M, **-a** F Mann *m*, Frau *f* aus dem Süden C M *viento*: Südwind *m*

sureste M Südosten *m*

surf(ing) M DEP Surfen *n*; **~ de olas** Wellenreiten *n*; **surfear** VI surfen; **surfer** → surfista; **surfista** M/F Surfer *m*, -in *f*

surgidero M MAR Ankerplatz *m*

surgimiento M Auftauchen *n*; Auftreten *n*; Erscheinen *n*

surgir VI ⟨3c⟩ 1 *(manar)* hervorquellen, -sprudeln; *fig (aparecer)* auftauchen, erscheinen; **surge una dificultad/una duda** es ergibt sich eine Schwierigkeit/es erhebt sich eine Frage 2 MAR *(anclar)* ankern

surinamés M, **-esa** F Surinamer *m*, -in *f*

suripanta F *hum* 1 TEAT Choristin *f*; Statistin *f* 2 *desp (prostituta)* Dirne *f*

surmenage M Stress *m*, Überbeanspruchung *f*, Managerkrankheit *f*

surmoluqueño A ADJ südmolukkisch B M, **-a** F Südmolukker *m*, -in *f*

surna F *Cuba fam* Schläfchen *n*

surnar VI *Cuba fam* ein Nickerchen machen; pennen *fam*

suroccidental ADJ südwestlich; **suroeste** M Südwesten *m*; **suroriental** ADJ südöstlich

surrealismo M LIT, PINT Surrealismus *m*; **surrealista** LIT, PINT A ADJ surrealistisch B M/F Surrealist *m*, -in *f*

sur(r)umato ADJ *Méx fam* → tonto

súrsum corda, sursuncorda M *fam der* Kaiser von China *(fam fig)*; **no iré aunque me lo mande el (mismo) ~** ich gehe nicht hin, und wenn es Gott weiß wer von mir verlangt

surtida F 1 *(salida oculta)* heimlicher Ausfall *m von Belagerten*; *p. ext (puerta pequeña en una fortificación)* Ausfall-, Schlupftor *n* 2 *(puerta secreta)* Geheim-, Tapetentür *f* 3 MAR Stapelplatz *m*;

surtidero M 1 *conducto*: Abflussrinne *f eines Teichs oder Beckens* 2 *fuente*: Springbrunnen *m*

surtido A ADJ sortiert; *mercancía* gemischt; **bien ~** gut sortiert, reichhaltig; GASTR **fiambres** *mpl* **~s** kalte Platte(n) *f(pl)* B M Sortiment *n*, Auswahl *f*, Vorrat *m*; **gran ~ de** reichhaltige Auswahl an *(dat)*; **~ de ahumados** GASTR gemischte Räucherplatte *f*; **~ de embutidos** *(o* **fiambres)** GASTR kalter gemischter Aufschnitt *m*

surtidor M 1 *(chorro de agua)* Wasserstrahl *m*, Sprudel *m*; *fuente*: Springbrunnen *m* 2 AUTO **~ de aceite** Ölpumpe *f*; **~ de gasolina** *o Arg* **de nafta** *aparato*: Zapfsäule *f*; *(gasolinera)* Tankstelle *f*

surtir A VT versorgen, beliefern, versehen **(de** mit *dat)*; *p. ext* **~ efecto(s)** (seine) Wirkung tun; JUR gültig sein B VI 1 *fuente, manantial* (hervor)sprudeln 2 MAR *barco* ankern C VR **~se (de)** sich eindecken (mit *dat*); sich versehen (mit *dat*)

surto PP → surtir; MAR ankernd; **estar ~** vor Anker liegen

surubí M *RPl, Bol pez*: Tiger-Spatelwels *m (schmackhafter, großer Speisefisch)*

surucucú M *Arg, Bol* ZOOL Buschmeister *m (Giftschlange, Lachesis muta)*

surumpe M *Perú* Schneeblindheit *f*

surupa F *Ven* Kot *m*

surupí *Bol* M → surumpe

survietnamita ADJ südvietnamesisch

sus PRON → su

sus INT auf, auf!; los!; Gesundheit!, prost!

susceptibilidad F *(sensibilidad)* Empfindlichkeit *f*, Reizbarkeit *f*; *(predisposición)* Empfänglichkeit *f*; FÍS Aufnahmefähigkeit *f*; MED Anfälligkeit *f* (a für *acus*); **~ a** *o* **para enfermedad** (Krankheits)Anfälligkeit *f*; **falta** *f* **de ~** Unempfänglichkeit *f o* Unempfindlichkeit *f*

susceptible ADJ *(sensible)* empfindlich, *(picajoso)* reizbar; *(predispuesto)* empfänglich, anfällig (a für *acus*); *(capaz)* fähig **(de** zu *dat)* **~ de enmienda** *o* **de mejora(r)** (ver)besserungsfähig; **no ~** unempfänglich; **la sentencia es ~ de apelación** gegen das Urteil kann Berufung eingelegt werden

susceptivo ADJ → susceptible

suscitación F Hervorrufung *f*; *de curiosidad, interés*: Erregung *f*; *(instigación)* Anstiftung *f* (a zu *dat*)

suscitar VT *(despertar)* hervorrufen, verursachen; *curiosidad, interés* erregen; *preguntas* aufwerfen; *obstáculos* in den Weg legen

suscribir ⟨pp suscrito⟩ A VT 1 *(firmar)* unterschreiben; **el que suscribe** der Unterzeichnete 2 *periódicos, revistas* abonnieren, bestellen; *colección de libros* subskribieren 3 COM *empréstito* zeichnen 4 *(convenir)* beipflichten B VR **suscribirse** *contribución, empréstito* zeichnen; **~ a** a/c etw abonnieren *(o* bestellen)

suscripción F 1 *(firma)* Unterzeichnung *f* 2 *de un periódico, etc*: Abonnement *n*, Bestellung *f*; *de una colección de libros, etc* Subskription *f*; **precio** *m* **de ~** *libros, etc* Subskriptionspreis *m* 3 COM *de un empréstito*: Zeichnung *f*; *de valores*: Bezug *m*

suscri(p)to A PP → suscribir, *etc*; **estar ~ a un periódico** eine Zeitung abonniert haben; COM **totalmente ~** *empréstito, capital* voll gezeichnet B M, **-a** F *Perú* Unterzeichnete *m/f*;

suscri(p)tor M, **suscri(p)tora** F 1 *(firmante)* Unterzeichner *m*, -in *f* 2 *de una revista, etc*: Abonnent *m*, -in *f*, Bezieher *m*, -in *f*; *de una colección de libros, etc* Subskribent *m*, -in *f* 3 COM *de empréstitos*: Zeichner *m*, -in *f*

susodicho ADJ oben genannt

suspendedor A ADJ unterbrechend B M, **suspendedora** F *(persona interruptora)* Unterbrechende *m/f*; *(cancelador[a])* Aufhebende *m/f*

suspender A VT 1 *(colgar)* aufhängen **(de, por** an *dat)*; **~ en lo alto** oben aufhängen; **~ sobre el suelo** über dem Boden schwebend befestigen 2 *(interrumpir)* unterbrechen *(tb* POL *relaciones)*; *aliento* anhalten; *(aplazar)* aufschieben; JUR *ejecución* aussetzen; COM *importaciones* sperren; **~ el juicio** mit der Meinung zurückhalten; JUR **~ la pena** Strafaufschub gewähren; COM **~ el pago** die Zahlung(en) einstellen; **~ la sesión** die Sitzung aufheben 3 **~ a alg** j-n *(des Amtes)* (vorläufig) entheben, *(vom Dienst)* suspendieren; DEP **~ a un jugador** einen Spieler sperren 4 *enseñanza fam* **~ una asignatura** in einem Fach durchfallen, durchrasseln *fam*; *fam* **~ el curso** sitzen bleiben *fam*, durchfallen; **~ a alg** j-n durchfallen lassen 5 *fig liter (causar admiración)* erstaunen; **~ el ánimo** in Staunen (ver)setzen B VR **suspenderse** 1 *(colgarse)* hängen; **~ de** *o* **en lo alto** oben hängen 2 *equitación*: sich auf die Hinterhand stellen 3 *en un examen*: durchfallen

suspendido ADJ **~ entre (el) cielo y (la) tierra** zwischen Himmel und Erde schwebend; **servicio** *m* **~** (vorübergehend) eingestellter Dienst *m*; **tren** *m* **~** (vorläufig) eingestellte Zugverbindung *f*; **estar ~** hängen; **quedar(se) ~** erstaunt *(o* verblüfft) sein; **ser ~** *en exámenes*: durchfallen; **el aspecto le tiene ~** der Anblick fesselt ihn sehr

suspense M *espec* FILM Spannung *f*

suspensión F 1 *espec* TEC Aufhängung *f*; (Auf)Hängevorrichtung *f*, Hänger *m*; *espec* AUTO Aufhängung *f*, Federung *f*; AUTO **~ por barras de torsión** Drehstabfederung *f*; **~ de contrapeso** Schnurzugpendel *n*; Lampenaufzug *m*; **~ delantera/trasera** *motocicleta*: Vorder-/Hinterradfederung *f*; **~ elástica** federnde *(o* elastische) Aufhängung *f*; **~ inflexible** *o* **rígida** starre Aufhängung *f*; AUTO **~ independiente** *o* **individual** Einzelradaufhängung *f*; **cable** *m* **de ~** Aufzugseil *n*; MIN Förderseil *n*; **(mantener) en ~** in der Schwebe (halten) 2 *(interrupción)* Unterbrechung *f*; JUR Aussetzung *f*; *(paro)* Stillstand *m*; *(cese)* Einstellung *f*; *(prohibición temporal)* vorübergehendes Verbot *n*; *(destitución)* Amtsenthebung *f*, Suspendierung *f (tb* REL); DEP Sperre; *en un examen*: Nichtbestehen *n*, Durchfallen *n fam*; POL *de la inmunidad*: Aufhebung *f*; COM **~ de créditos** Kreditsperre *f*, -stopp *m*; MED *y fig* **~ del desarrollo** Verkümmerung *f*; JUR **~ de la ejecución de la pena** Strafaussetzung *f*; MIL **~ de hostilidades** vorübergehende Einstellung *f* der Feindseligkeiten, Waffenruhe *f*; COM **~**

de pagos Zahlungseinstellung *f*; **~ del trabajo** Arbeitseinstellung *f* (*o* -niederlegung *f*) 3 (*flotación*) Schwebe(zustand *m*) *f* 4 QUÍM Aufschwemmung *f*, Suspension *f*; FARM Schüttelmixtur *f* 5 *fig* (*tensión*) Ungewissheit *f*, Spannung *f*; *liter* (*asombro*) Verwunderung *f*, Erstaunen *n*; *tb* (*indecisión*) Unschlüssigkeit *f* 6 RET Innehalten *n*; Hinhalten *n* (*zur Erhöhung der Spannung*) 7 MÚS Aushalten *n einer Note*

suspensivo ADJ aufschiebend; JUR **efecto** *m* **~** aufschiebende (*o* hemmende) Wirkung *f*; TIPO **puntos** *mpl* **~s** Auslassungspunkte *mpl*

suspenso A ADJ 1 (*indeciso*) unschlüssig; **en ~** in der Schwebe, in Ungewissheit; unentschieden; **tener en ~** hinhalten; auf die Folter spannen (*fig*) 2 (*sorprendido*) erstaunt; **quedar en ~** verblüfft sein; staunen, weg sein (*fam fig*) 3 *examinando* durchgefallen B M *calificación*: nicht bestanden; *fam* **sacar un ~** *en un examen*: durchfallen

suspensor M Tragleine *f*; Fangleine *f*; **suspensores** MPL 1 *Bol, Chile* Hosenträger *mpl* 2 *Am reg* MED Suspensorium *n*; **suspensorio** M MED Suspensorium *n*

suspicacia F argwöhnisches Wesen *n*; Misstrauen *n*; **suspicaz** ADJ ⟨*pl* -aces⟩ argwöhnisch, misstrauisch

suspirado ADJ *fig* ersehnt, erträumt; **suspirar** VI seufzen; *fig* **~ por a/c** etw ersehnen; **~ de amores por alg** sich in Sehnsucht nach j-m verzehren

suspiro M 1 (*aspiración*) Seufzer *m*; **~ de alivio** Seufzer *m* der Erleichterung; **~ muy hondo** Stoßseufzer *m*; **dar** *o* **exhalar un ~** einen Seufzer ausstoßen; **dar el último ~** seinen letzten Atemzug tun; *fig* **recoger el postrer ~ de alg** j-m in der Todesstunde zur Seite stehen; *fam fig* **es su último ~** jetzt pfeift er auf dem letzten Loch *fam*, jetzt ist alles hin für ihn 2 GASTR *Art* Baiser *n*; *Méx Art* süßes Milchbrötchen *n*; **~ de Granada** Windbeutel *m*; **~ de monja** Windbeutel *m mit Cremefüllung*; *Perú* **~ de limeña** *Süßspeise aus Milch, Eiern, Zucker, Zimt* 3 MÚS Achtelpause *f* 4 *Am reg* BOT (*trinitaria*) Stiefmütterchen *n*; *Arg enredadera*: Trichterwinde *f* 5 *pito pequeño*: kleine Glasflöte *f*

suspirón ADJ viel seufzend; **suspiroso** ADJ schwer seufzend

sustancia F 1 (*materia*) Substanz *f*, Stoff *m*; **~ accesoria** Zusatzstoff *m*; QUÍM, BIOL **~ activa** Wirkstoff *m*; **~ aromática** Duftstoff *m*; ANAT **~ cerebral** Hirnsubstanz *f*; **~ contaminadora** Schmutzstoff *m*; *tb* AGR **~ de** *o* **para el crecimiento** Wuchs-, Wachstumsstoff *m*; BIOL, QUÍM **~ estructural** Baustoff *m*, Bauelement *n*; FISIOL **~ excitante** Reizstoff *m*; QUÍM **~ flotante** *o* **suspendida** Schwebstoff *m*; **~ fulminante** *en explosivos*: Knallsatz *m*; **~ fundida** Schmelze *f*; *tb* ANAT **~ gris** graue Substanz *f*; QUÍM, FISIOL **~ inhibidora** Hemmstoff *m*; NUCL, *balística*: **~ iniciadora** Zündmittel *n*; *tb* FISIOL **~ de lastre** Ballaststoff *m*; **~ luminosa** Leuchtstoff *m*; **~ natural/odorífera/tóxica** Natur-/Riech-/Giftstoff *m*; **~ nociva** Schadstoff *m*; **~ de origen** Ausgangsstoff *m*; **~ química** Chemikalie *f*; **~ seca** Trockensubstanz *f*; **~ sólida/volátil** fester/flüchtiger Stoff *m*; BIOL **~ de sostén** Stützsubstanz *f* 2 (*esencia*) Wesen *n*; (*fondo*) Kern *m*; (*contenido*) Gehalt *m*; **de ~** gehaltvoll; *fig* wesentlich, bedeutend, wichtig; **en ~** im Wesentlichen; eigentlich; **sin ~** gehaltlos, leer; unwesentlich; geistlos 3 GASTR *fam* (*gusto*) Geschmack *m*; (*valor nutritivo*) Nährwert *m*

sustanciación F 1 FIL Substantiierung *f* 2 JUR Erledigung *f* (*o* Spruchreifmachung *f*) *einer Rechtssache*; **sustancial** ADJ 1 *t/t* substanziell 2 (*esencial*) wesentlich, gehaltvoll; **sustancialidad** F 1 (*importancia*) Substanzialität *f* 2 (*esencia*) Wesentlichkeit *f*; **sustancialismo** M FIL, PSIC Substanzialismus *m*; **sustancialista** A ADJ substanzialistisch B M/F Substanzialist *m*, -in *f*; **sustanciar** VT ⟨1b⟩ FIL substantiieren, als Substanz unterlegen; *t/t* begründen; JUR spruchreif machen; **sustancioso** ADJ 1 substanzreich 2 (*nutritivo*) nahrhaft, kräftig 3 (*esencial*) wesentlich; (*valioso*) gehaltvoll; (*importante*) bedeutsam, wichtig

sustantivación F GRAM Substantivierung *f*; **sustantivar** VT GRAM substantivieren; **sustantividad** F GRAM Funktion *f* als Substantiv, substantivischer Charakter *m*

sustantivo A ADJ 1 (*propio*) eigenständig; wesentlich; grundlegend; Substanz…, Wesens… 2 GRAM substantivisch, hauptwörtlich B M GRAM Substantiv *n*, Hauptwort *n*

sustentable ADJ *espec Am* nachhaltig; ECON **desarrollo** *m* **~** nachhaltige Entwicklung *f*

sustentación F 1 (*apoyo*) Unterstützung *f*, Unterhalt *m*; MED **medio** *m* **de ~** Erhaltungsmittel *n* 2 TEC (*soporte*) Stütze *f* 3 *espec* AVIA Auftrieb *m*; *natación*: **~ en el agua** Wassertreten *n* 4 *Perú* UNIV **~ de la tesis** *öffentliche Verteidigung einer wissenschaftlichen Abschlussarbeit* 5 RET → suspensión 5

sustentáculo M TEC Untergestell *n*; *tb* Unterlager *n*; Stütze *f*; **sustentador** A ADJ stützend, haltend; Trag… B M, **sustentadora** F Ernährer *m*, -in *f*; **sustentamiento** M 1 (*alimento*) Nahrung *f* 2 (*apoyo*) Unterstützung *f*, Halt *m*; **sustentante** A ADJ *espec estática*: tragend B M 1 ARQUIT tragendes Bauelement *n* 2 *t/t*, JUR, UNIV Verteidiger *m*, Vertreter *m eines Schriftsatzes, einer These etc*

sustentar A VT 1 (*apoyar*) stützen; *estática*: tragen, abfangen; *t/t*, JUR, UNIV *escrito, tesis, disertación etc* verteidigen, vertreten 2 (*alimentar*) beköstigen; *familia* unterhalten B VR **sustentarse** 1 sich tragen 2 (*mantenerse*) sich (er)halten, leben; (*alimentarse*) sich ernähren (**con, de** von *dat*); *fig* **~ del** *o* **con aire** von der Luft leben, sehr wenig essen; **~ de esperanzas** von (trügerischen) Hoffnungen leben

sustento M Nahrung *f*, Lebensunterhalt *m*; **trabajar para ganar el ~ diario** für sein tägliches Brot arbeiten

sustitución F (*remplazo*) (Stell)Vertretung *f*; (*intercambio*) Ersetzung *f*, Austausch *m*; Ersatz *m*; DEP Auswechslung *f*; ADMIN, JUR Einsetzung *f* (*anstelle eines anderen*); JUR **~ fideicomisaria** Einsetzung *f* als Nacherbe; JUR **~ de un niño** *o* **de niños** Kindesunterschiebung *f*

sustituible ADJ (*intercambiable*) austauschbar; (*utilizable*) einsetzbar; **sustituir** VT ⟨3g⟩ 1 (*reemplazar*) ersetzen; DEP auswechseln; ADMIN (im Amt) vertreten 2 (*utilizar*) einsetzen (**por** für *acus*); **sustitutivo** A ADJ Ersatz…; Vertretungs… B M Ersatz(stoff) *m*; Austauschmaterial *n*; **sustituto** M, **sustituta** F Stellvertreter *m*, -in *f*; Vertreter *m*, -in *f*; JUR Staatsanwaltsvertreter *m*, -in *f*; *espec* COM Substitut *m*, -in *f*; **sustitutorio** ADJ Ersatz…

susto M Schreck(en) *m*; *fam* **cara** *f* **de ~** erschrockenes Gesicht *n*; **coger de ~** überraschen; **dar** *o* **pegar un ~ a alg** j-m einen Schreck(en) einjagen; j-n erschrecken; *fam fig* **dar un ~ al miedo** abstoßend hässlich sein; **no ganar para ~s** aus dem Schrecken nicht herauskommen; **llevarse** *o* **pasar un ~** erschrecken, einen Schreck(en) kriegen *fam*

sustracción F 1 (*quita*) Entziehung *f* 2 (*hurto*) Entwendung *f*; Unterschlagung *f* 3 MAT Abziehen *n*, Subtraktion *f*; **sustraendo** M MAT Subtrahend *m*, Abziehzahl *f*

sustraer ⟨2p⟩ A VT 1 MAT abziehen, subtrahieren 2 (*extraer*) entziehen 3 (*desfalcar*) unterschlagen B VR **sustraerse** *de un deber*: sich entziehen (**a, de** *dat*); (*retirarse*) sich zurückziehen; **~ de la obediencia** den Gehorsam verweigern

sustrato M Substrat *n*

susurración F → susurro; **susurrar** VI (*cuchichear*) flüstern; (*murmurar*) murmeln, säuseln; *viento* rauschen; **susurrido** M Säuseln *n*; **susurro** M (*cuchicheo*) Flüstern *n*, *con voz muy baja*: Wispern *n*; (*murmullo*) Murmeln *n*, Raunen *n*, Säuseln *n*; *del viento*: Rauschen *n*; **susurrón** M, **susurrona** F *fam* Klatschbase *f*, -maul *n fam*

sutache, sutás M Besatzschnur *f*, Soutache *f*

sute *fam* A ADJ *Col, Ven* schwächlich, kränklich; verkümmert B M *Col* Spanferkel *n*

sutil ADJ 1 (*fino*) dünn, fein; zart; *fig* (*difícil*) schwierig, heikel 2 (*ingenioso*) scharfsinnig; spitzfindig, ausgeklügelt; subtil; **sutileza** F 1 (*fineza*) Dünne *f*, Feinheit *f* 2 (*perspicacia*) Scharfsinn *m*; *desp* Spitzfindigkeit *f*, Haarspalterei *f*; **sutilidad** F Subtilität *f*; → *tb* sutileza; **sutilizador** A ADJ 1 (*refinador*) verfeinernd 2 (*con argucia*) spitzfindig B M, **sutilizadora** F Grübler *m*, -in *f*, Spinner *m*, -in *f* (*fam fig desp*); Wortklauber *m*, -in *f*; **sutilizar** VT ⟨1f⟩ 1 (*refinar*) fein ausarbeiten; verfeinern 2 (*discurrir*) ausklügeln; austüfteln

sutura F ANAT, MED Naht *f*; **sin ~** nahtlos; **punto** *m* **de ~** Stich *m*

suturar VT MED nähen

suyo[1], **-a** PR POS 1 USO ADJETIVO: sein(e); ihr(e); Ihr(e); **este libro es ~** (*propio*) dieses Buch gehört ihm/ihr; **es un amigo ~** es ist einer seiner/ihrer Freunde, er ist ein Freund von ihm/ihr; **ser muy ~** sehr eigenwillig sein; **esto es muy ~** das ist typisch für ihn 2 USO SUSTANTIVO: **el ~** seiner; ihrer; Ihrer; der sein(ig)e/Sein(ige); der ihr(ig)e/Ihr(ig)e; **lo ~** das sein(ig)e/Sein(ig)e; (*su propiedad*) sein Eigentum *n*; (*su particularidad*) seine Besonderheit *f*; (*su obligación*) seine Pflicht *f*; (*su contribución*) sein Beitrag *m*; (*su trabajo*) seine Arbeit *f*; **los ~s** die seinen/Seinen, seine Angehörigen, seine Familie; **de ~** von selbst; von Natur (*o* von Hause) aus; an sich; *fam fig* **dar lo ~ a alg** j-n fertigmachen *fam*, j-m Saures geben *fam*; **gastar lo ~ y lo ajeno** eigenes und fremdes Gut vergeuden; **hacer ~(s)** *o* **suya(s)** sich zu eigen machen; *fam fig* **hacer de las suyas** seine typischen Verrücktheiten anstellen *fam*; *niño* seine üblichen Streiche spielen; **hizo una de las suyas** *tb* das war typisch für ihn; das ist seine Handschrift (*fig*); **ir a lo ~** auf seinen eigenen Vorteil bedacht sein; **llevar la suya adelante** sein Vorhaben vorwärtstreiben; **de esto sabe lo ~** davon versteht er eine Menge; **salirse con la suya** seinen Willen (*o* Dickkopf) durchsetzen

suyo[2], **suyu** M *Perú en palabras compuestas*: Land *n*, Gebiet *n*

svástica F Swastika *f*

swap M COM Swap *m* (*Devisenaustauschgeschäft*)

sweater M Sweatshirt *n*

swing M 1 COM Swing *m*, *en contratos comerciales*: Kreditgrenze *f* 2 MÚS Swing *m*

switch M 1 COM Switch *m*; **operación** *f* **~** Switchgeschäft *n* 2 *Am reg* ELEC Schalter *m* 3 INFORM Switch *m*

Syllabus M CAT Syllabus *m*

S

T

T, t F T, t *n;* TEC **hierro** *m* **de doble T** Doppel-T-Eisen *n;* **viga** *f* **en T** T-Träger *m;* → *tb* te²
T., t. ABR (tomo) Bd. (Band *m*)
ta INT 1 ei!; halt! 2 *onom* tapp!; poch! (*Klopfen*) 3 *Ur fam* **¡~!** kapiert?, verstanden?
taba F 1 ANAT *hueso:* Sprungbein *n; fam* **mover** *o* **menear las ~s** (schnell) gehen 2 **~s** *fpl o* **juego** *m* **de la ~** Taba-, Knöchelspiel *n* 3 *Esp fam* (*año*) Jahr *n* 4 *Perú* (*zapato*) Schuh *m*
tabacal M Tabakpflanzung *f;* **tabacalera** F *Esp* 1 *empresa:* Tabakgesellschaft *f* 2 *fam obrera:* Tabakpflanzerin *f,* Tabakarbeiterin *f; comerciante:* Tabakhändlerin *f;* **tabacalero** A ADJ Tabak(s)... B M *obrero:* Tabakpflanzer *m,* Tabakarbeiter *m; comerciante:* Tabakhändler *m*
tabaco A M 1 Tabak *m; espec Col, Cuba, Pan, Ven* (*cigarro*) Zigarre *f;* **~s** *mpl* Tabak-, Rauchwaren *fpl;* **~ para** *o* **de fumar/mascar/pipa** Rauch-/Kau-/Pfeifentabak *m;* **~ negro** dunkler Tabak *m;* **~ en polvo** Schnupftabak *m;* **~ rubio** heller Tabak *m;* **paquete** *m* **de ~** Päckchen *n* (*o* Packung *f*) Zigaretten 2 AGR *enfermedad de árboles:* Rotfäule *f* B ADJ *inv* **(color) ~** tabakfarben
tabacoso ADJ *fam* 1 *olor:* stark nach Tabak riechend 2 *manchado:* voller Tabakflecken
tabalada F *fam* 1 (*manotada*) Schlag *m* (*mit der Hand*); Ohrfeige *f* 2 (*tamborilazo*) Plumps *m* (*auf den Hintern*)
tabalario M *fam* Hintern *m fam*
tabalear A VT hin und her bewegen; pendeln lassen B VI mit den Fingern trommeln; *caballo* stampfen; **tabaleo** M 1 (*vaivén*) Hin--und-her-Bewegen *n,* Schaukeln *n* 2 (*tamboreo*) Trommeln *n mit den Fingern*
tabanazo M *fam* Schlag *m* (*mit der Hand*); Ohrfeige *f*
tabanco M 1 (*puesto callejero*) Straßenbude *f* 2 (*mercado de carne*) Freibank *f* 3 *Am Centr* (*desván*) Dachboden *m*
tabanera F Bremsennest *n*
tábano M *insecto:* Bremse *f; fam fig* (*hombre pesado*) aufdringlicher Kerl *m*
tabanque M Tretrad *n* der Töpferscheibe; *fam fig* **levantar el ~** (*abandonar un sitio*) sein Bündel schnüren (*fam fig*); (*suspender una reunión*) die Sitzung aufheben (*fam fig*)
tabaque¹ M (*canastillo*) Binsenkörbchen *n* (*bes für Handarbeiten*)
tabaque² M (*tachuela*) Zwecke *f,* Nagel *m* mit breitem Kopf
tabaquera F 1 *recipiente:* Tabaksdose *f; bolsa:* Tabaksbeutel *m* 2 *obrera:* Tabakarbeiterin *f; comerciante:* Tabakhändlerin *f;* **tabaquería** F 1 *tienda:* Tabakladen *m* 2 *Cuba, Méx fábrica:* Tabakfabrik *f*
tabaquero A ADJ Tabak(s)...; **compañía** *f* **-a** Tabakkonzern *m;* **industria -a** Tabakindustrie *f* B M 1 *obrero:* Tabakarbeiter *m; comerciante:* Tabakhändler *m* 2 *Méx parásito: ein Tabakschädling*
tabaquillo M BOT Staubpilz; **tabaquismo** M (*abuso del tabaco*) Nikotinsucht; (*fumar*) Rauchen *n; intoxicación:* (chronische) Nikotinvergiftung *f;* **~ pasivo** Passivrauchen *n*
tabarato M *Ven fam Venezolaner, der zum Einkaufen nach Miami fliegt*
tabardillo M 1 MED *fam* (*tifus*) Typhus *m;* (*insolación*) Sonnenstich *m* 2 *fam fig* (*persona molesta*) Nervensäge *f fam*
tabardo M 1 (*prenda de abrigo*) Mantel *m* (*der Bauern*); MIL, HIST Winterjacke *m* (*der Uniform*) 2 *heráldica:* Wappenrock *m,* Heroldsmantel *m*
tabarra F *fam* **dar la ~ a alg** j-m auf die Nerven (*o* auf den Geist *fam o* auf den Keks *fam*) gehen, j-m auf den Wecker fallen *fam;* **tabarro** M *reg insecto:* Bremse *f*
tabasco M GASTR Tabasco® *m,* Tabascowürze *f*
taberna F Schenke *f,* Taverne *f*
tabernáculo M 1 *Biblia:* Hütte *f,* Zelt *n;* Stiftshütte *f;* **fiesta** *f* **de los Tabernáculos** Laubhüttenfest *n* 2 REL (*sagrario*) Tabernakel *n/m*
tabernario ADJ Wirtshaus..., Kneipen...; *fig* Sauf...; **canción** *f* **-a** Sauflied *n;* **tabernero** 1 M, **-a** F *persona:* Schank-, Gastwirt *m,* -in *f* 2 *pez:* Klippenbarsch *m;* **tabernucho** M elende Kneipe *f,* Kaschemme *f fam*
tabes F MED **~ (dorsal)** Tabes *f* (dorsalis), Rückenmarksschwindsucht *f;* **tabético** A ADJ tab(et)isch B M, **-a** F Tabetiker *m,* -in *f*
tabica F CONSTR Futterstufe *f;* Setzstufe *f* (*bei Treppen*); **tabicar** VT ⟨1g⟩ 1 CONSTR (*cerrar con un tabique*) ver-, zumauern 2 *fig* (*cerrar*) sperren
tabique M 1 ARQUIT, CONSTR (*pared delgada*) Zwischen-, Scheide-, Trennwand *f; en una habitación:* Raumteiler *m;* **~ corredizo** Schiebewand *f;* **~ de panderete** dünne Trennwand *f* (*aus hochgestellten Backsteinen*); *fam* **vivir ~ por medio** Wand an Wand wohnen 2 ANAT Scheidewand *f;* **~ nasal** Nasenscheidewand *f*
tabla A F 1 *pieza de madera:* Brett *n; más gruesa:* Bohle *f; espec* MAR Planke *f;* ARQUIT, CONSTR **~ de armadura** Schalbrett *n;* **~ de dibujo/de lavar** Zeichen-/Waschbrett *n;* MAR **~ exterior** Außenhautplanke *f;* GASTR **~ de picar** Schneide-, Hackbrett *n;* **~ de planchar** Bügelbrett *n; fig* **~ de salvación** *fig* letzte Rettung *f,* letzte Zuflucht *f,* Rettungsanker *m;* DEP **~ de surf** *o Perú* **~ hawaiana** Surfbrett *n;* DEP **~ de vela** Windsurfbrett *n;* **mover las ~s** (schnell) gehen; *fig* **salvarse en una ~** wie durch ein Wunder davonkommen 2 (*placa*) Platte *f,* Tafel *f* (*Col tb de chocolate*); **~ de la mesa** Tischplatte *f;* GASTR **~ de quesos** Käseplatte *f* 3 (*cuadro sinóptico*) Tabelle *f,* Tafel *f;* ASTRON, HIST **~s** *fpl* **alfonsinas** alfonsinische Tafeln *fpl;* **~ de cálculo/de dividir** Rechen-/Divisionstabelle *f;* COM **~ de conversión** Umrechnungstabelle *f;* DEP **~ finlandesa** (*vergleichende*) Leistungstabelle *f;* TEC **~ graduada** Skalentafel *f; Biblia:* **las ~s de la Ley** die Gesetzestafeln *fpl;* MAT **~s** *fpl* **logarítmicas** Logarithmentafeln *fpl;* **~ de materias** Inhaltsverzeichnis *n;* Sachregister *n; estadística:* **~ de mortalidad** Sterblichkeitstabelle *f;* **~ de multiplicar** Einmaleins *n;* MAT **~ pitagórica** pythagoreische Tafel *f;* DEP **~ de posiciones** Ergebnistafel *f;* FIL **~ de valores** Wertetafel *f;* REL **~ votiva** Votivtafel *f* 4 TEAT **~s** *fpl* (*escenario*) Bühne *f,* Bretter *npl* (*fig*); **llevar (a) las ~s** zur Aufführung (*o* auf die Bühne) bringen, aufführen; **pisar bien las ~s** seine Rolle mit großer Natürlichkeit spielen; **salir a las ~s** auftreten; **tener ~s** Bühnenerfahrung haben 5 *juego:* Tricktrack *n,* Puff(spiel) *n; ajedrez:* **~s** *fpl* Remis *n; tb fig* **acabar en** *o* **quedar en ~s** Remis machen, patt bleiben; unentschieden ausgehen 6 HIST (*mesa*) Tafel *f,* Tisch *m;* LIT **los Caballeros de la Tabla Redonda** die Ritter der Tafelrunde (*des Königs Artus*); *fig* **a raja ~** → rajatabla 7 PINT (*cuadro*) Gemälde *n auf Holz,* Tafel *f; perspectiva:* Bildfläche *f* 8 *de la carnicería:* Fleischbank *f;* -theke *f* 9 TEX Rock-, Kellerfalte *f;* **~s** *fpl* **encontradas** Quetschfalten *fpl* 10 AGR Beet *n,* Rabatte *f* 11 FIL, PSIC *y fig* **~ rasa** Tabula *f* rasa, unbeschriebenes Blatt *n* (*fig*); *fig* **hacer ~ rasa (de a/c)** Tabula rasa (*o* reinen Tisch) machen (mit etw *dat*) 12 TAUR Plankenumzäunung *f der Arena* 13 GEOG *río:* breit und ruhig dahinfließender Flussabschnitt *m* 14 *fam fig mujer:* flachbusige Frau *f* 15 DEP *esquí:* **~s** *fpl* Bretter *npl* 16 *pop* (*maricón*) Schwule *m fam,* Tunte *f pop* B ADJ *inv Arg fam* flachbusig
tablado M 1 (*suelo de tablas*) Bretterboden *m;* Parkett *n* 2 (*entarimado*) Podium *n;* Tribüne *f* 3 CONSTR (*andamio*) Gerüst *n;* (*plataforma*) Arbeitsbühne *f* 4 TEAT Bühne *f* 5 *de la cama:* Bettgestell *n,* Lattenrost *m* 6 (*patíbulo*) Schafott *n;* **tablaje** M Bretterwerk *n;* **tablajería** F *reg* Fleischbank *f;* **tablajero** M 1 (*carpintero*) Zimmermann *m* 2 (*cobrador*) Kassierer *m der Benutzungsgebühr von Zuschauertribünen* 3 (*carnicero*) Fleischbankbesitzer *m*
tablao M Flamencobühne *f*
tablar¹ M AGR Beete *npl*
tablar² VT AGR in Beete aufteilen
tablazo M 1 (*golpe con una tabla*) Schlag *m* mit einem Brett 2 GEOG *río:* flacher Teil *m eines Gewässers;* **tablazón** M MAR Plankenwerk *n*
tableado TEX A ADJ **falda** *f* **-a** Faltenrock *m* B M Falten *fpl*
tablear VT 1 *troncos, madera* in Bretter schneiden 2 TEX *en una falda:* Falten einnähen 3 AGR (*dividir en bancales*) in Beete ab-, einteilen; *tb* (*igualar*) glatt ziehen, (flach) eggen 4 *hierro* platt schlagen
tablero A M 1 (*panel*) Tafel *f;* Platte *f;* CONSTR **~ contrachapeado/de fibra prensada** Sperrholz-/Hartfaserplatte *f;* **~ de dibujo** Zeichen-, Reißbrett *n; tb* AUTO, AVIA **~ de instrumentos** *o* **de mandos** Armaturenbrett *n;* ELEC **~ de números** Nummerntafel *f,* Tableau *n* 2 *de la mesa:* Tischplatte *f* 3 (*pizarra*) (Schul-, Wand)Tafel *f* 4 (*mesa de trabajo*) Arbeitstisch *m* (*z. B. an Maschinen*); (*mostrador*) Ladentisch *m;* (*mesa de sastre*) Schneidertisch *m* 5 *de juegos:* Spielbrett *n; mesa:* Spieltisch *m, espec* Billardtisch *m;* **~ de ajedrez/de damas** Schach-/Damebrett *n; fig* **sacar** *o* **traer al ~** aufs Spiel setzen 6 *reg* (*garito*) Spielhölle *f* 7 AGR Beete *npl* 8 ARQUIT, TEC (*plano resaltado*) Feld *n,* Tafelfläche *f; de una columna:* Kapitellplatte *f;* CONSTR Füllung *f; de un puente, etc:* Belag *m,* Fahrbahn *f; de un embalse:* Sohle *f* 9 (*pasarela*) Laufsteg *m,* Umlauf *m* 10 BOT Schachblume *f* B ADJ *madera* geeignet, um Bretter daraus zu schneiden
tablestaca F CONSTR Spundwandbohle *f;* **tablestacado** M Spundwand *f*
tableta F 1 (*pequeña tabla*) Brettchen *n;* Täfelchen *n; de chocolate:* Tafel *f;* CONSTR **~ para tejar** Pfette *f,* Dachsparren *m* 2 FARM (*pastilla*) Tablette *f;* **~ efervescente** Brausetablette *f* 3 HIST **~s** *fpl* → tablilla 4 4 *Arg* GASTR (*pan de especias*) Pfefferkuchen *m*
tabletear VI klappern (*tb cigüeña*); rattern (*tb ametralladora*); **tableteo** M Klappern *n;* Rattern *n;* Knattern *n*
tablilla F 1 (*pequeña tabla*) Täfelchen; **sobre ~** auf Holzbrett (*gespannt, geklebt etc*) 2 *de chocolate:* Tafel *f* 3 MED (*férula*) Schiene *f* 4 HIST **~s** *fpl* **de San Lázaro** Klapper *f der Aussätzigen*
tabloide M bebilderte, kleinformatige Zeitung *f,* Boulevardzeitung *f*
tablón M 1 (*madero fuerte*) Bohle *f,* starkes Brett *n;* **~ de anuncios** Anschlagbrett *n,* Schwarzes Brett *n* 2 DEP (*trampolín*) Sprungbrett *n* 3 *fam fig* (*embriaguez*) Rausch *m;* **tabloncillo** M TAUR *fam fig* höchster Sitzplatz *m in der Stierkampfarena;* **tablonear** VT *Méx* nivellieren
tabú ⟨*pl* tabúes⟩ A ADJ tabu B M *etnología: y fig* Tabu *n;* **~ lingüístico** Sprachtabu *n*
tabuco M elende Bude *f,* Loch *n* (*fam fig*)
tabuización F Tabuisierung *f;* **tabuizar** VT ⟨1f⟩ zum Tabu machen, tabuisieren
tabulador M INFORM Tabulator *m* (*tb an Schreibmaschinen*)

tabular A ADJ brettförmig B V/T tabellieren; **tabulatura** F MÚS Tabulatur f

taburete M Hocker m, Schemel m; ~ **de barra** o **de mostrador** Barhocker m; ~ **escalera** Tritthocker m; ~ **de piano** Klavierstuhl m

tac onom tack

TAC F ABR (Tomografía Axial Computerizada) CT f (Computertomografie)

taca F 1 (armario pequeño) kleiner Wandschrank m 2 METAL Gussplatte f 3 Chile ZOOL marisco comestible: Venusmuschel f

tacada F billar: Stoß m; fam **de una** ~ auf einen Schlag

tacañear V/I knausern fam, knickern fam; **tacañería** F Knauserei f; **tacaño** A ADJ knauserig fam, geizig B M Geizhals m

tacarigua F Salv, Ven BOT Königspalme f

tacataca M 1 (andador de niños) Laufstühlchen n (für Kinder) 2 Chile fam (futbolín) Tischfußball n

tacha F 1 (defecto) Fehler m, (falta) Makel m; (crítica) Tadel m; **sin** ~ makellos; **poner** ~**(s) a** etw auszusetzen haben an (dat) 2 TEC (clavo) Zier-, Tapeziernagel m

tachadura F Durchstreichen n; durchgestrichene Stelle f

tachar V/T 1 (borrar) (aus)streichen; **táchese lo que no proceda** nicht Zutreffendes bitte streichen 2 (desaprobar) tadeln; beanstanden; ~ **de ... als ...** bezeichnen, abtun als ...

tachero M Arg, Ur Taxifahrer m

tacho M 1 Am (cacerola) Kessel m 2 Cuba (bidón) Kanister m 3 en la fábrica de azúcar: Sudpfanne f; Arg, Perú ~ **(de la basura)** Mülleimer m

tachón M 1 (raya sobre lo escrito) (Feder)Strich m (durch Geschriebenes) 2 TEX Tresse f, Borte f; Besatz(schnur f) m 3 (clavo de adorno) Zier-, Polsternagel m

tachonar V/T 1 (guarnecer) mit Ziernägeln beschlagen (o befestigen); fig **tachonado de estrellas** sternbesät 2 TEX mit Tressen besetzen; **tachonería** F 1 (guarnición con tachones) Ziernagelbeschlag m 2 TEX (galón) Tressen fpl

tachoso ADJ fehlerhaft, voller Mängel

tachuela F kleiner Nagel m, Zwecke f; Am tb Reißzwecke f

tacín M Wäschekorb m

tacita F Tässchen n; fam fig **como una** ~ **de plata** blitzsauber

tácito ADJ stillschweigend (tb JUR); ruhig, leise; **acuerdo** m ~ stillschweigende Übereinkunft f

taciturnidad F Schweigsamkeit f; **taciturno** ADJ 1 (callado) schweigsam 2 (apesadumbrado) in sich gekehrt; schwermütig

taco M 1 (pedazo de madera) Klotz m, Block m; ~ **para calzar** Unterlegklotz m; DEP ~ **de salida** Startblock m 2 (espiga) Dübel m; (clavija) Pflock m, Zapfen m, Stollen m (tb en el calzado de fútbol) 3 billar: Billardstock m, Queue n 4 calendario: Abreiß-, Kalenderblock m 5 (grosería) Schimpfwort n, Kraftausdruck m; (palabrota) Fluch m; fam **armar un** ~ Krach schlagen; ein Durcheinander anrichten; **soltar** ~**s** derbe Ausdrücke gebrauchen, unflätig reden; fluchen 6 GASTR Esp ~**s** Häppchen npl; de queso, jamón: (Käse-, Schinken-)Würfel m; Méx *Tortilla mit verschiedenen Füllungen* 7 HIST, MIL de armas de fuego: Pfropfen m (der Vorderlader); Ladestock m 8 juguete: Knallbüchse f (der Kinder) 9 Chile, Méx transporte: (atasco) (Verkehrs)Stau m 10 Arg, Perú, Ur (tacón) (Schuh)Absatz m 11 Esp fam fig **hacerse un** ~ nicht zurechtkommen, etwas verwirrt sein

tacógrafo M AUTO Fahrtenschreiber m; **tacómetro** M Tachometer m/n

tacón M (Schuh)Absatz m; ~ **alto/bajo** hoher/flacher Absatz; ~ **aguja/cuña** Pfennig-/Keilabsatz m; **medio** ~ halbhoher Absatz m

taconazo M MIL **dar un** ~ die Hacken zusammenschlagen; **taconear** A V/I (mit dem Absatz) aufstampfen B V/T Chile verdübeln; abdichten; **taconeo** M Aufstampfen n (beim Gehen oder Tanzen); **taconera** F fam Strichnutte f pop

tactación F MED Tasten n, Betasten n

táctica F Taktik f; ~ **dilatoria** Verschleppungstaktik f

táctico A ADJ taktisch B M, **-a** F Taktiker m, -in f

táctil ADJ berührbar; taktil, Tast...; **pantalla** f ~ Berührungsbildschirm m, Touchscreen m; **sensación** f ~ Tastempfindung f

tactismo M BIOL Reaktionsbewegung f

tacto M 1 sentido: Gefühl n, **(sentido** m **del)** ~ Tastsinn m 2 (discreción) Takt m, (decencia) Anstand(sgefühl n) m; **falta** f **de** ~ Taktlosigkeit f 3 espec MED (exploración) Austasten n; Touchieren n; fig ~ **de codos** Schulterschluss m; **al** ~ beim Berühren

tacuacín, tacuazín M Am Centr, Méx ZOOL Opossum n

tacuaco ADJ Chile dick, pummelig

tacurú M RPl 1 insecto: *winzige Ameisenart* 2 (hormiguero) hoher, alter Ameisenhügel m

TAE ABR A F (Tasa Anual Equivalente) FIN effektiver Jahreszins m B M (trastorno afectivo estacional) MED SAD f (saisonal abhängige Depression)

taekwondo M DEP Taekwondo n

tafanario M fam Hintern m, Allerwerteste m (fam fig)

tafeta F Am → tafetán

tafetán M 1 TEX Taft m; fig **-anes** mpl (banderas) Fahnen fpl; (galas de mujer) bunte (o festliche) Kleider npl der Damen 2 MED, HIST ~ **inglés** Englischpflaster n

tafia F Arg, Bol, Ven Zuckerrohrschnaps m

tafilete M Saffianleder n; p. ext del sombrero: Schweißleder n; TIPO **medio** ~ Halbfranzband m

tagalo M LING Tagalog n (Eingeborenensprache der Philippinen)

tagarnina F 1 BOT Golddistel f 2 fam fig (cigarro de mala calidad) schlechte Zigarre f; (tabaco de mala calidad) schlechter Tabak m, Knaster m fam

tagarote M 1 ORN Steinfalke m 2 fig (escribano) Schreiber m; desp Schreiberseele f; fam fig (hombre alto) langer Lulatsch m fam

taginaste M Canarias BOT Tajinaste f, Teide-Natterkopf m

tagua F 1 BOT Steinnuss f 2 (marfil vegetal) Pflanzenelfenbein n 3 Chile ORN Blässhuhn n

tahalí M ⟨pl -íes⟩ 1 MIL Wehrgehänge n 2 CAT (ledernes) Reliquienkästchen n

tahona F Esp reg (panadería) Bäckerei f; **tahonero** M, **-a** F Esp reg (panadero) Bäcker m, -in f

tahúr M (Gewohnheits)Spieler m, Zocker m fam; espec Falschspieler m; **tahurería** F 1 (casa de juego) Spielhölle f 2 (vicio de jugar) Spielwut f der Glücksspieler 3 trampas: Mogelei f

Tai Chi M Tai-Chi n

taifa F 1 HIST Parteiung f; Esp **los Reinos de** ~ o **las** ~**s** die Teilreiche o die Taifas (nach 1031 entstanden) 2 fam desp Bande f, Pack n, Gesindel n

taiga F GEOG Taiga f

tailandés A ADJ thailändisch B M, **-esa** F Thai m/f, Thailänder m, -in f

Tailandia F Thailand n

tailleur M Ur TEX Schneiderkostüm n

taima F Durchtriebenheit f; Verschmitztheit f; Abgefeimtheit f; **taimado** ADJ schlau, verschmitzt; gerieben; verschlagen; **taimarse** V/R Arg, Chile hinterlistig werden

taita M 1 leng juv y reg Papa m 2 Antillas *Anrede für einen alten Mann schwarzer Hautfarbe* 3 Am reg (jefe de familia) Familienoberhaupt n 4 Arg HIST entre los gauchos: → **matón**

Taiwan M Taiwan n

taiwanés A ADJ taiwanisch B M, **-esa** F Taiwaner m, -in f

taja F 1 (corte) (Ein)Schnitt m 2 (tarja) Schild m

tajada F 1 (porción cortada) Schnitte f, Scheibe f; fig **la** ~ **del león** der Löwenanteil; fam fig **sacar** ~ einen Schnitt (o seinen Reibach fam) machen 2 fam fig (borrachera) Schwips m; (tos) Husten m; (ronquera) Heiserkeit f

tajadera F 1 GASTR cuchilla: Wiegemesser n 2 TEC herramienta: Schrotmeißel m; **tajadilla** F GASTR Ragout n aus Innereien

tajado ADJ 1 pendiente, costa steil abfallend 2 heráldica: schräg geteilt 3 fam fig (embriagado) angesäuselt fam, beschwipst; **tajador** A ADJ schneidend, Schneide... B M 1 bloque de madera: Hackklotz m (bes für Fleisch) 2 (cuchilla) Schneidegerät n 3 Perú (sacapuntas) Bleistiftspitzer m; **tajadora** F 1 cuchillo: Hack-, Fleischmesser n 2 TEC herramienta: Schrothammer m; **tajadura** F Schneiden n; Schnitt m; **tajalápices** M Col (sacapuntas) Bleistiftspitzer m

tajamanil M Méx Schindel f

tajamar M 1 en puentes, etc: Eis-, Wellenbrecher m 2 MAR Schaft m, Schegg m 3 Am reg (muelle) Mole f 4 RPl AGR (cisterna) Zisterne f

tajante A ADJ 1 espec fig (cortante) scharf, schneidend 2 fig (concluyente) endgültig; kategorisch B M reg (carnicero) Schlachter m; **tajar** A V/T 1 (cortar) (auf-, ver)schneiden; in Scheiben schneiden 2 TEC limas (auf)hauen 3 Perú lápiz spitzen B V/R **tajarse** fam sich betrinken; **tajeadura** F (große) Narbe f von einer Schnittwunde; **tajear** V/T Arg carne schneiden;

tajinaste M BOT → taginaste

tajo M 1 (corte) Schnitt m; en el rostro: Schmiss m, Schmarre f 2 (filo) Schneide f (z. B. einer Axt) 3 esgrima: Hieb m von rechts nach links 4 GEOG (Gelände)Einschnitt m; tief eingeschnittenes Tal n; Steilhang m 5 bloque de madera: Hackblock m, -brett n; ~ **de carnicero** Schlachtbank f 6 para decapitar: Richtblock m 7 MIN Abbau m; ~ **de carbón** Kohlenstoß m; ~ **de mina** Ort n 8 fam (trabajo) Arbeit f; **ir al** ~ zur Arbeit gehen 9 Col, Ven (camino de herradura) Saumpfad m 10 Arg vulg (vagina) Fotze f vulg

tajón M Hackklotz m für Fleisch; **tajona** F Cuba 1 tamborín: bongoähnliche Trommel f 2 folclore: *Volkslied und Tanz*; p. ext Jubel und Trubel m, Rummel m

tal A PRON solche(r, -s); derartige(r, -s); so beschaffene(r, -s); so ein(e); **el** ~ besagter; **los** o **las** ~**es** besagte, diese (pl); **un** ~ **(López)** ein gewisser (López); fam fig **una** ~ so eine; eine Dame von der gewissen Sorte (fam fig); **vivir en la calle de** ~ in der Soundso-Straße wohnen; **en** ~ **parte** da und da, irgendwo; **en** ~ **situación** in einer solchen (o in dieser) Lage; **hacer otro** ~ das Gleiche tun, es genauso machen; ~ **(cosa)** so eine Sache, so etwas; ~**es cosas** dergleichen, derlei, solcherlei; ~ **es su opinión** das ist seine Meinung; ~ **y** ~ **(cosa)** dies und das; ~**es como son** beispielsweise, als da sind B ADV so, derart; **así como ...,** ~ **...** (so) wie ..., so ...; **como si** ~ **cosa** mir nichts dir nichts; mit der größten Leichtigkeit; **por** ~ deswegen; **¿qué** ~**?** wie steht's?, wie ist ...?; fam hallo!, (guten) Tag! (Gruß); **¿qué** ~ **su trabajo?** wie steht es mit Ihrer Arbeit?; ~ **como** wie etwa, beispielsweise; ~ **(y) como** genau(so) wie; **no hay** ~ **como** es gibt nichts Besseres (o keinen besseren Weg), als; ~ **cual** so wie; (así) einigermaßen, leidlich, ziemlich; (mediano) mittelmäßig, soso fam; **lo dejamos** ~ **cual estaba** wir beließen es in seinem Zustand; **le prefiero ~ cual es** ich habe ihn lieber, so wie er ist; *liter* **~ era su vida cual ahora ha sido su muerte** sein Leben war genau so, wie jetzt sein Tod gewesen ist; **una solución ~ cual** eine fragwürdige Lösung; *Am* **~ cual vez** gelegentlich, ab und zu; **~ y ~** *o* **~ y cual** *cosa:* dies und jenes; *persona:* dieser und jener; **~ para cual** einer wie der andere; **ambos son ~ para cual** die beiden sind einer wie der andere; *Méx fam* **(el Señor) ~ para cual** Herr *m* Soundso; *liter* **~ estaba de contento que …** er war so zufrieden, dass …; **~ vez** vielleicht; etwa; **~ vez venga mañana** vielleicht kommt er morgen; *liter* **~ vez …, ~ (vez) …** bald …, bald …; **y ~** und so (fort); **¡y ~!** genau!, das will ich meinen! C KONJ **con ~ (de) que** *(subj)* vorausgesetzt, dass *(ind)*; wenn *(ind)*; **con ~ de** *(inf)* wenn *(ind)*

tala F 1 SILV Holz(ein)schlag *m*, Abholzen *n*; *de árboles:* Fällen *n*; *fig (desvastación)* Verwüstung *f*; **~ abusiva** *o* **incontrolada** *o* **indiscriminada** Raubbau *m* 2 *juego:* Tala-, Klipperspiel *n der Kinder* 3 *RPl* BOT Talabaum *m*

talabardo M BOT Alpenrose *f*

talabarte M HIST Wehrgehänge *n*; **talabartería** F *espec Am* Sattlerei *f*; **talabartero** M Sattler *m*, Riemer *m*

talador M *Bol, P. Rico* Holzfäller *m*

taladrado M Bohren *n*; TEC **~ previo** Vorbohren *n*; **taladrador** M *persona y herramienta:* Bohrer *m*; TEC **~ eléctrico** Elektrobohrer *m*, Bohrmaschine *f*; **taladradora** F 1 *herramienta:* Bohrmaschine *f*; **~ automática** Bohrautomat *m* 2 *para papeles:* Locher *m*

taladrar VT 1 *(perforar)* (durch)bohren; lochen; *agujero* bohren; *fig* **~ el cerebro** den Kopf brummen lassen, Schädelbrummen verursachen *fam*; *fig* **~ los oídos** in den Ohren gellen *(o* schrillen) 2 *fig intención* durchschauen

taladrina F TEC Bohröl *n*, -flüssigkeit *f*

taladro M 1 *herramienta:* Bohrer *m*; **~ eléctrico** Bohrmaschine *f*; **~ de mano** Handbohrer *m*; **~ neumático** Pressluftbohrer *m*; **~-percutor** Schlagbohrmaschine *f* 2 *(perforación)* Bohrung *f*, Bohrloch *n*; **isla** *f* **de ~** Bohrinsel *f* 3 *del papel, etc:* Reiß-, Trennlinie *f*, Perforation *f* 4 *insecto:* Bohr-, Holzwurm *m*

talaje M 1 *Arg (potrero)* abgeweidetes Gelände *n* 2 *Chile (pasturaje)* Weiden *n*; *(pago)* Weidegeld *n*

tálamo M *liter* Brautbett *n*; BOT Frucht-, Blütenboden *m*; ANAT **~ óptico** Sehhügel *m*

talán M *onom* **~ ~** bim, bam

talanquera F 1 *(pared de tablas)* Bretterwand *f*; *(valla)* Schranke *f*, Schutz *m*; *fig (lugar de socorro)* Zuflucht(sort *m*) *f* 2 *Col (cerca de cañas)* Rohrgeflecht *n (Wand, Zaun)* 3 *Am Mer* AGR *portón:* Tor *n* einer Viehkoppel

talante M 1 *(manera)* Art *f*, *(modo)* Weise *f* 2 *(carácter)* Wesen *n*, Charakter *m* 3 *(apariencia)* Aussehen *n*; *(consistencia)* Beschaffenheit *f*, Zustand *m* 4 *(humor)* Stimmung *f*, Laune *f*; **estar de mal/buen ~** schlechter/guter Laune sein

talar¹ VT 1 *árboles* fällen, schlagen 2 *(desvastar)* verwüsten; dem Erdboden gleichmachen 3 *Arg tierra de pastoreo* bis auf die Wurzeln abgrasen

talar² A ADJ *vestidura* schleppend; *fig* **aspecto** *m* **~** priesterhaft; **traje** *m* **~** Robe *f*, Ornat *m*, Talar *m* B MPL MIT **~es** Flügelschuhe *mpl des Merkur*

talar³ M *RPl* Wald *m* von Talabäumen

talasemia F MED Thalassämie *f*, Mittelmeeranämie *f*

talasoterapia F MED Thalassotherapie *f*

talayote¹ M *Megalithdenkmal (niedriger Turm) auf den Balearen*

talayote² M *Méx* 1 BOT → tlalayote 2 *pop fig* **~s** *mpl* Hoden *mpl*

talco M MINER Talk(um *n*) *m*, Speckstein *m*; **(polvos** *mpl* **de) ~** Talkum(puder *m*) *n*

taled M Gebetsmantel *m*, Tallith *m der Juden*

talega F 1 *(bolsa)* Beutel *m*, Tasche *f* 2 *para el peinado:* Haarbeutel *m* 3 *fam fig (caudal monetario)* Geld *n*, Vermögen *n* 4 *fam fig (pecados a confesar)* zu beichtende Sünden *fpl* 5 *para niños pequeños:* Untertuch *n*; *p. ext (heces de niños)* Kothäufchen *n (in der Windel)*; **talegada** F Sack *m* voll; **talegazo** M 1 *(golpe con una bolsa)* Schlag *m* mit einem Beutel *(o* einem Sack) 2 *fam fig (caída)* Hinschlagen *n*, Plumps(er) *m fam*

talego M 1 *(bolsa de lienzo)* (Leinwand)Sack *m*; *(bolsa de dinero)* Geldsack *m*; **tener ~** Geld haben 2 *fig (persona desfigurada)* ungestalter Mensch *m* 3 *jerga del hampa (cárcel)* Knast *m* 4 *Esp* HIST *fam billete:* Tausendpesetenschein *m*

taleguilla F 1 *(bolsita)* Beutel(chen *n*) *m*; *fam fig* **~ de la sal** Geld *n* für die täglichen Ausgaben 2 TAUR *(calzón)* Hose *f der Stierkämpfer*

talento M 1 *(capacidad natural)* Begabung *f*, Talent *n*; *fig (comprensión)* Verständnis *n*; **de ~** begabt; **ser un ~** ein Talent sein; **tener ~ para la música** musikalisch sein; **no tener ni pizca de ~** ganz und gar unbegabt sein 2 HIST *peso y dinero:* Talent *n*

talentoso, talentudo ADJ talentiert, begabt

talero M *Arg, Chile, Ur* kurze, dicke Peitsche *f*

TALGO M ABR (Tren Articulado Ligero Goicoechea Oriol) *spanischer Leichtmetallzug*

talibán M ⟨*pl inv*⟩ POL, REL Taliban *m (pl inv)*

talio M QUÍM Thallium *n*

talión M Talion *f*, (Wieder)Vergeltung *f*; **ley** *f* **del ~** Talionslehre *f*, Gesetz *n* der Wiedervergeltung

talismán M Talisman *m*

talk show M TV Talkshow *f*

talla¹ F 1 *(crecimiento)* Wuchs *m*; *(figura)* Gestalt *f*, Statur *f*; *(estatura)* Körpergröße *f*; TEX Konfektionsgröße *f*; *fig moral o intelectual:* Format *n*; *fig* **de ~** bedeutend; COM **~ especial** Sondergröße *f*; COM **~ grande** Übergröße *f*; **de gran ~** hochgewachsen; *fig* bedeutend; **de poca** *o* **de escasa ~** von kleinem Wuchs; *fig* unbedeutend; **dar la ~** MIL tauglich sein; *fig* das Format *(o* Zeug) haben zu; *fig* **no tener la ~ para** *(inf)* nicht das Format haben, (um) zu *(inf)* 2 ESCUL Bildhauerarbeit *f (tb obra)*; *en madera:* Schnitzerei *f*; **~ dulce/dura** Kupfer-/Stahlstich *m*; **~ en madera** Holzschnitt *m*; **media ~** Halbrelief *n*; **de ~** geschnitzt 3 TEC *de diamantes:* Schliff *m* 4 *instrumento de medición:* Messlatte *f* 5 *acuñación de monedas:* Prägemaß *n*, Münzfuß *m* 6 *juego de cartas:* Abziehen *n* der Karte; *juego de monte, etc:* Partie *f*, Spielchen *n* 7 MED **~ (vesical)** Blasenschnitt *m* 8 HIST *para presos:* Lösegeld *n*; *para fugitivos:* Kopfgeld *n*; **poner ~ a alg** auf j-s Kopf *(acus)* einen Preis setzen 9 *Am Centr (mentira)* Lüge *f*, Schwindel *m* 10 *Chile fam (observación graciosa)* witzige Bemerkung *f*

talla² F MAR Talje *f*, Hebezeug *n*

tallado A ADJ 1 ESCUL *en madera:* geschnitzt; *en metal:* geschnitten; *en mármol:* gemeißelt 2 TEC *diamante* geschliffen 3 *figura, tipo* gewachsen; **bien/mal ~** gut/schlecht gewachsen B M 1 ESCUL *trabajo:* Schnitzarbeit *f* 2 TEC *(corte de roscas)* Schneiden *n von Gewinden, Zahnrädern etc*; **~ de roscas** Gewindeschneiden *n*

tallador M, **talladora** F 1 Graveur *m*, -in *f*; Schnitzer *m*, -in *f*; **~ en cobre** Kupferstecher *m* 2 *RPl juego de cartas, etc* Bankhalter *m*, -in *f*;

talladura Einkerbung *f*

tallar¹ A ADJ schlagbar; **monte** *m* **~** schlagreifer Holzbestand *m (im Wald)* B M Gehau *n*, Holzschlag *m*

tallar² A VT 1 *(hacer una muesca)* einkerben; einschneiden; *diente* abschleifen 2 TEC *(cortar)* schneiden; **~ roscas** Gewinde schneiden 3 ESCUL *en madera:* schnitzen; *en piedra:* meißeln; *en cobre, etc:* stechen, radieren 4 *piedras preciosas* schleifen 5 *juego de cartas:* abziehen, die Bank halten *(Montespiel etc)* 6 *(evaluar)* (ab)schätzen, (be)werten 7 *(medir la estatura)* **~ a alg** j-s Körpergröße messen 8 HIST *(cargar con contribuciones)* mit Abgaben belegen B VI 1 *Arg, Chile (charlar)* plaudern 2 *Chile (cortejar)* Süßholz raspeln *fam*, flirten 3 *Cuba fam desp (decir bobadas)* quasseln *fam*

tallarín M GASTR Bandnudel *f für Suppen*; *Perú* (Spaghetti)Nudel *f*, **-ines** *pl* Teigwaren *fpl*, Nudeln *fpl*

tallatetas M *C. Rica* Büstenhalter *m*

talle M 1 *(figura)* Gestalt *f*, Figur *f* 2 *(cintura)* Taille *f*, Gürtellinie *f*; **~ de avispa** Wespentaille *f* 3 TEX *(corte)* Schnitt *m*, Sitz *m eines Kleides*

tallecer VI ⟨2d⟩ BOT → tallo *(echar tallo)*

taller M *oficina:* Werkstatt *f*; Atelier *n*; *fig seminario:* Workshop *m*, Seminar *n*; *Arg, Ur* **~ de compostura** Schusterwerkstatt *f*; **~ concesionario** Vertragswerkstatt *f*; **~ cultural** *correspon-de a:* Kulturwerkstatt *f (Teil eines Kulturhauses)*; **~ de escritura** Schreibwerkstatt *f*; **~-escuela** Lehrwerkstatt *f*; **~ de fundición** Gießerei *f*; **~ de reparaciones** Reparaturwerkstatt *f*

tallista M/F *en madera:* Bildschnitzer *m*, -in *f*; *en piedra:* Bildhauer *m*, -in *f*; *en metal:* Kunststecher *m*, -in *f*; Graveur *m*, -in *f*; **~ y pulidor de piedras** Edelsteinschleifer *m*

tallo M 1 BOT Stängel *m*, Stiel *m*; *(brote)* Spross *m*, Keim *m*; **echar ~** einen Stiel bekommen; Stängel treiben; **echar ~s** *tb patatas, etc* (aus)keimen 2 **~ de roten** Peddigrohr *n*; Peddigrohrstock *m*

talludo ADJ 1 BOT langstielig 2 *fig hombre* ältlich, betagt, verblüht

talmente ADV dergestalt; sozusagen; *fam* genau, geradezu

Talmud M REL Talmud *m*

talmúdico ADJ Talmud…; **talmudista** M/F Talmudist *m*, -in *f*

talo M BOT Thallus *m*; **talofitas** FPL BOT Thallophyten *mpl*

talón M 1 ANAT Ferse *f*; *p. ext del caballo:* Hufknorpel *m*; *en el zapato:* (Hinter)Kappe *f*; TEX *en la media:* Ferse *f*; *sobre una superficie:* Absatz *m*; AGR *en el arado:* Nase *f*, Sohle *f*; AUTO *del neumático:* Reifenwulst *m/f*; TEX **~ alto** Hochferse *f (am Strumpf)*; *fig* **~ de Aquiles** Achillesferse *f*; MAR **~ (de quilla)** Kielhacke *f*; *Méx fam* **andar en el ~** auf den Strich gehen; **girar sobre los** *o* **sus -ones** auf dem Absatz kehrtmachen; *equitación:* **golpear con los -ones** mit den Fersen anspornen; *fig* **no llegar a los -ones de alg** j-m nicht das Wasser reichen können *(fig)*; *fam fig* **mostrar** *o* **levantar** *o* **apretar los -ones** Fersengeld geben; *fig* **pegarse a los -ones de alg** sich an j-s Fersen *(acus)* heften; *fig* **pisar los talones a alg** j-m auf den Fersen sein; *fam fig* **tener el juicio en los -ones** die Weisheit nicht mit Löffeln gegessen haben *fam* 2 COM Abschnitt *m*; Schein *m*; **~ de embarque** Schiffszettel *m*; **~ de entrega/de equipaje** Liefer-/Gepäckschein *m*; **~ de expedición** *o* **de facturación** Frachtbrief *m*; Aufgabeschein *m*; **~ de ferrocarril** Frachtbriefduplikat *n*; **~ de renovación** Erneuerungsschein *m*, Talon *m* 3 *Esp fam* FIN *(cheque)* Scheck *m*

talona F *jerga del hampa* Kneipe *f*

talonada F *equitación:* Schlag *m* mit dem Absatz, Fersenstoß *m*

talonario A ADJ Kupon…, Abreiß…; **libro** *m* **~** Kuponheft *n*, -block *m* B M Gutscheinheft *n*; **~ (de cheques)** Scheckheft *n*; FERR **~ de billetes** Fahrscheinheft *n*; COM **~ de entrega**

T

Lieferscheinbuch *n;* MED **~ de recetas** Rezeptblock *m;* COM **~ de recibos** Quittungsblock *m*

talonear A VI *fam fig* rasch gehen; *espec Am* (ziellos) durch die Gegend rennen *fam* B VT *Chile, Méx, RPl equitación:* mit den Fersen anspornen; **talonera** F *Am* Kappenverstärkung *f am Schuh*

talonero M *jerga del hampa* Wirt *m*

talpa(ria) F MED Speckbeule *f im Kopfgewebe*

talud M Böschung *f;* GEOL **~ detrítico** Schutt-, Geröllhalde *f;* MIL **~ interior** Schulterwehr *f*

taludín M *Guat* ZOOL *Art* Kaiman *m*

talvez *Am* → tal **vez**

talvina F Mandelmilchbrei *m*

talweg M JUR, MAR Talweg *m (tiefste Schifffahrtsrinne eines Flusses)*

tamal M 1 *Am* GASTR mit Hackfleisch gefüllte Maistasche *f*, Maispastete *f* 2 *Antillas, Méx fig (lío)* Durcheinander *n;* Intrige *f;* **tamalada** F *Méx fam* Tamalimbiss *m;* **tamalayote** M *Méx* BOT Tamalayotekürbis *m;* **tamalear** *Méx* A VI Tamal machen (*o* essen) B VT *pop fig* abknutschen *fam;* **tamalera** F 1 *Bol fig (pañuelo)* Kopftuch *n bei Zahnweh* 2 *Am vendedora:* Tamalverkäuferin *f;* **tamalería** *Am* F Tamalbäckerei *f*, -verkauf *m;* **tamalero** M 1 *Am vendedor:* Tamalverkäufer *m* 2 *Méx, Am Mer fam fig (tramposo)* Intrigant *m; Chile* Mogler *m beim Spiel*

tamanduá, tamandúa M *Am* ZOOL Dreizehen-Ameisenbär *m*

tamango M 1 *Arg, Chile Art (calzado rústico)* Riemen-, Wickelschuh *m der Bauern* 2 *Arg, Chile gener (zapato)* Schuh *m*

tamaño A ADJ so (sehr) groß; derartig B M Format *n;* Größe *f;* **de ~ natural** in Lebensgröße, lebensgroß; **en gran ~** vergrößert

tamara F *Arg, Ur* BOT *eine bambusähnliche Pflanze*

támara F Reisig *n*

tamarillo M BOT Tamarillo *f*, Baumtomate *f*

tamarindo M BOT Tamarinde *f*

tamarisco M BOT Tamariske *f*

tambache M *Méx fam* 1 *(bulto de ropa)* (Wäsche)Bündel *n* 2 *(maleta)* Koffer *m* 3 *(montón de cosas)* Kram *m*, Siebensachen *fpl*

tambaleante ADJ taumelnd, wankend, torkelnd; **tambalearse** V/R hin und her schwanken; baumeln; taumeln; *fig* wanken, ins Wanken geraten; **tambaleo** M Schwanken *n*, Wackeln *n;* Baumeln *n*, Schaukeln *n*

tambarria F *Am Centr, Col, Ec* Rummel *m;* lärmendes Fest *n*

también ADV auch; ebenfalls, ebenso; *fam* **un día sí y otro ~** immer; immer dasselbe

tambo M 1 *Andes* HIST *(posada)* Rast-, Gasthaus *n an der Straße* 2 *Col (estancia aislada)* einsam gelegenes Gehöft *n* 3 *Chile (prostíbulo)* Bordell *n* 4 *Perú fam fig* **~ de tíos** lärmende Lustbarkeit *f* 5 *RPl (lechería)* Melkstall *m;* Molkerei *f*

tambocha F *Col, Ven* ZOOL *eine fleischfressende Ameisenart*

tambor M 1 *instrumento:* Trommel *f (tb* TEC); **a ~ batiente** unter Trommelwirbel; *fig* mit großem Tamtam; **~es** *mpl* **y pífanos** Spielmannszug *m;* MIL **~ cargador** *en armas:* Ladetrommel *f;* TEC, AUTO **~ del freno** Bremstrommel *f; fig* **pregonar a/c a ~ batiente** etw ausposaunen; **tocar el ~** die Trommel schlagen, trommeln; *fig* **estar tocando el ~** seine Zeit verlieren, nichts erreichen 2 *persona:* Trommler *m;* MIL **~ mayor** Tambourmajor *m* 3 TEX Stickrahmen *m* 4 ANAT *(tímpano)* Trommelfell *n* 5 *Méx (armazón de la cama)* Metallbettrahmen *m* 6 ZOOL *pez:* Zwergzunge *f*

tambora F große Trommel *f*, Pauke *f;* **tamborear** VI mit den Fingern trommeln

tamboril M kleine Handtrommel *f; fam fig* **~ por gaita** gehüpft wie gesprungen *(fam fig);*

tamborilada F, **tamborilazo** M *fam fig* 1 *(golpe, caída)* Plumps *m*, Aufschlag *m* 2 *(manotazo)* Schlag *m* auf Schulter (*o* Kopf);

tamborilear A VI die Handtrommel schlagen; trommeln *(tb fig lluvia)* B VT TIPO *die Form* klopfen; *fig* **~ a alg** j-n sehr rühmen; **tamborileo** M Trommeln *n;* **tamborilero** M, **-a** F Trommler *m*, -in *f;* Handtrommelschläger *m*, -in *f;* **tamborilete** M TIPO Klopfholz *n der Drucker*

tamborín M → tamboril; **tamborino** M 1 → tamboril 2 → tamborilero

tambuche M *Cuba fam* Mülltonne *f*

tameme M *Méx* HIST (eingeborener) Lastträger *m*

Támesis M Themse *f*

tamil A ADJ tamilisch B M/F Tamile *m*, Tamilin *f*

tamiz M ⟨*pl* -ices⟩ feineres Sieb *n;* **~ fino** *o* **tupido** Haarsieb *n;* **pasar por el ~** (durch)sieben; *fig* genau überprüfen

tamizado A ADJ *luz* gedämpft B M Sieben *n;* **tamizar** VT ⟨1f⟩ fein (durch)sieben

tamo M 1 *(paja menuda)* Spreu *f* 2 *(pelusa desprendida)* Fussel *f* 3 *(pelusilla)* Staubflocken *fpl unter Möbeln*

tamojo M BOT → matojo

tampax® M MED *fam* Tampon *m*

tampoco ADV auch nicht, ebenso wenig; **(ni) yo ~** ich auch nicht; **ni ~** noch nicht einmal

tampón M 1 *(almohadilla con tinta)* Stempelkissen *n* 2 MED *(rollo de algodón)* Tampon *m;* Tupfer *m;* Watterolle *f* 3 TEC, POL *(amortiguador)* Puffer *m;* POL **Estado** *m* **~** Pufferstaat *m;* QUÍM **substancia** *f* **~** Puffersubstanz *f*

tamponaje M ELEC Pufferung *f von Batterien;*

tamponar VT (ab)stempeln; MED tamponieren

tam-tam M MÚS Tamtam *n*, Gong *m*

tamuja F Tamujonadeln *fpl;* **tamujo** M BOT *ein Wolfsmilchgewächs, Zweige werden zum Besenbinden benutzt (Colmetroa buxifolia)*

tan[1] ADV so; so sehr; ebenso; **~ difícil** so schwierig; **~ grande como ...** so groß wie ...; sodass schließlich ...; **¿es seguro? – ¡y ~ seguro!** stimmt das? – aber ganz gewiss!; **~ siquiera** wenigstens; **ni ~ siquiera** (noch) nicht einmal; **no nos ofreció (ni) ~ siquiera una copita de coñac** nicht einmal ein Gläschen Weinbrand hat er uns angeboten; **~ sólo** nur; **~ es así que ...** das geht so weit, dass ...; *fam* **¡y ~ amigos!** (und) nichts für ungut!

tan[2] M 1 BOT Steineichenrinde *f* 2 *onom frec* **~ ~** Trommel- (*o* Becken)schlag *m*

tanaceto M BOT Rainfarn *m*

tanada F *Arg fam frec desp* Gruppe *f* von Italienern

tanagra F 1 *estatuita:* Tanagrafigur *f* 2 ORN Tangare *f*

tanalbina F FARM Tannalbin *n*

tanate M 1 *Méx, Am Centr (canastito)* Körbchen *n; (bolsa)* Tasche *f*, *(mochila)* Ranzen *m; fam fig* **cargar con los ~s** sein Ränzel schnüren *(fig)*, aufbrechen 2 *Am Centr (envoltorio)* Bündel *n (Wäsche etc)*

tanatología F Thanatologie *f*, Lehre *f* vom Sterben; **tanatorio** M 1 *(depósito de cadáveres)* Leichenhalle *f* 2 *(funeraria)* Bestattungsinstitut *n* mit Leichenschauhalle

tancaje M Tanklagerung *f*

tanda F 1 *(turno)* Reihe *f*, Turnus *m;* **por ~** der Reihe nach; **estar de ~** an der Reihe sein 2 *(serie)* Serie *f*, Reihe *f*, Partie *f*, Runde *f;* MÚS **~ de bailables** Tanzsuite *f; Perú fam* **darle a alg una (buena) ~** j-n (windelweich) prügeln; *fam* **~ de palos** Tracht *f* Prügel; *reg* **hacer ~** anstehen, Schlange stehen 3 MIN *(grupo de trabajo)* (Arbeits)Schicht *f; (tarea)* (Arbeits)Pensum *n;* AGR *irrigación:* Bewässerungsturnus *m;* **caballos** *mpl* **de ~** Wechselpferde *npl;* **por ~s** schichtweise 4 *juegos, espec billar:* Partie *f; juego de cartas tb* Zahl *f* der Stiche 5 *Am* TEAT *(función)* (Serien)Vorstellung *f; Chile* Posse *f;* Einakter *m;* **teatro** *m* **por ~s** Stundentheater *n* 6 *Arg (mala costumbre)* Manie *f*, (schlechte) Angewohnheit *f*

tándem M Tandem *n;* Zweigespann *n (tb fig)*

tanga M, *Am tb* F Tanga *m*

tángana F *Ven fam* Durcheinander *n*, Krach *m*

tanganillas: **en ~** wankend; wackelig; **tanganillo** M Stütze *f;* Unterlage *f (z. B. unter einem Stuhlbein, damit der Stuhl nicht wackelt)*

tanganito ADJ *Méx* untersetzt, gedrungen

tángano M Wurfscheibe *f*

tangará M *Arg* ORN Tangare *f;* **tangáridos** MPL ORN Tangaren *fpl*

tangencia F *t/t*, MAT Berührung *f;* **tangencial** ADJ Tangential...; → tangente

tangente A ADJ MAT berührend B F GEOM Tangente *f;* MAT Tangens *m;* **ser ~** berühren, tangieren; *fam fig* **salir(se)** *o* **escapar(se)** *o* **irse por la ~** ausweichen *(fig)*, kneifen *(fam fig)*, sich drücken *(fam fig)*

Tánger M Tanger *n*

tangerina F AGR, BOT Tangerine *f (Orangenart)*

tangible ADJ berührbar; spürbar, offensichtlich, deutlich

tango M MÚS, *baile:* Tango *m;* **~ salón** Salontango *m;* **(saber) bailar ~** Tango tanzen (können); **tanguear** VI 1 Tango tanzen 2 *Chile barco* schlingern 3 *Ec borracho* torkeln;

tanguero M, **tanguera** F Tangoliebhaber *m*, -in *f;* **tanguista** A M/F *bailarín, -ina:* Kabaretttänzer *m*, -in *f; cantor(a):* Kabarettsänger *m*, -in *f; fig (persona poco seria)* Person *f* mit unsolidem Lebenswandel B F Eintänzerin *f*

tánico ADJ **ácido** *m* **~** Gerbsäure *f*

tanino M Gerbsäure *f*, Tannin *n*

tano M, **-a** F *Arg frec desp* Italiener *m*, -in *f*

tanque M 1 *(depósito de líquido)* Tank *m (Am tb* AUTO), Behälter *m; fam de cerveza:* großes Glas Bier; *fam* Maß *f (al.d.S);* MAR **~ de estiba** Schlingertank *m* 2 MIL *(carro de combate)* Panzer *m*, Tank *m fam* 3 *Ec, Méx, Pan, P. Rico, S.Dgo (globo)* Gasballon *m* 4 *Méx (piscina)* Schwimmbecken *n* 5 *fam fig (déspota)* Despot *m*, Tyrann *m*

tanquear VT & VI *Am* AUTO tanken; **tanqueta** F MIL leichter Transportpanzer *m;* **tanquista** M MIL Panzerfahrer *m*

tantalio M QUÍM Tantal *n*

tántalo M 1 ORN **~ (africano)** Nimmersatt *m* 2 QUÍM → tantalio

tantán M Tamtam *n*, Gong *m*

tantarantán M *onom* Trommelschlag *m; fam* starker Schlag *m*

tanteador M DEP, *juego de cartas etc* 1 *persona:* (Punkte)Zähler *m*, *billar:* Markör *m* 2 *aparato:* Anzeigetafel *f*

tantear VT 1 *(palpar)* abtasten; *fig (explorar)* sondieren, vorfühlen; **~ a alg** *(sondear)* j-s Absicht erforschen, j-n aushorchen; j-m auf den Zahn fühlen *(fam fig);* **~ el suelo** den Boden abtasten *(z. B. Blinder mit seinem Stock); fig* **~ el terreno** *o* **el vado** das Terrain sondieren; vorfühlen; *Col* **¡tantee usted!** stellen Sie sich vor!; *Méx* **tanteársela a alg** j-n auf den Arm (*o* auf die Schippe) nehmen *(fam fig)* 2 *(medir)* ausmessen; *(estimar)* abschätzen; *precio* überschlagen 3 DEP *y juego de cartas: puntos* aufschreiben 4 PINT *bosquejo* anlegen 5 JUR zurückkaufen (*o* ablösen)

tanteo M 1 *(estimación)* Schätzung *f;* Überschlag *m;* **al ~** überschlägig, schätzungsweise, über den Daumen gepeilt *(fam fig)* 2 DEP, *juego*

T

de cartas: Punktzahl *f*; DEP *tb* Torzahl *f* 3 JUR Rückkauf *m*; Ablösung *f*; **derecho** *m* **de ~** Vorkaufsrecht *n*

tanto

A adjetivo B adverbio
C conjunción D masculino

— A adjetivo —

1 so viel; so groß; **¡-a(s) cosa(s)!** so viel!; **-as sillas como personas** so viele Stühle wie Personen; **-as veces** so oft; **otro ~** noch einmal so viel; ebenso viel; **te daré ~ dinero cuanto quieras** ich gebe dir so viel Geld, wie du willst; **trabaja ~ como tú** er arbeitet so viel wie du; *fam* **por -a nieve como cae** wegen starken Schneefalls; *fam* **¡~ como eso, no!** das nicht!, das kommt nicht infrage! 2 *persona*: so manche(r, -s); **-a gente dice** so mancher sagt 3 **~s** einige, etliche; **~s otros** viele andere; **otros ~s** (wieder *o* noch) andere; **uno/una de ~s** einer/eine von vielen; **~s a ~s** in gleicher Anzahl, zahlenmäßig gleich 4 *temporal*: **~ tiempo** so lange; **a ~s de diciembre** am soundsovielten Dezember; *fig* **a las -as (de la noche)** sehr spät (in der Nacht)

— B adverbio —

1 so, so sehr; ebenso (sehr); so viel; *con comp*: umso; **~ más/menos** umso mehr/weniger; **~ mejor** umso besser; **algún ~** *o* **un ~** etwas, ein wenig, ein bisschen; **dos (veces) ~** zweimal so viel; *fam* **~ y cuanto** soundso viel; *fam* **ni ~ ni tan calvo** (ganz) so schlimm (*o* so viel) ist es nicht; **ni ~ ni tan poco** weder zu viel, noch zu wenig; *fam* nur nicht übertreiben!; **a ~ no llega** so weit reicht es nicht; *fam* **no es** *o* **no hay para ~** so schlimm ist es nicht; **por (lo) ~** folglich; deswegen; also; *fam* **¡y ~!** und ob!; das können Sie mir glauben! 2 *temporal*: so lange; **no esperará ~** er wird nicht so lange warten; **has tardado ~ que …** du bist so spät gekommen, dass …; **en ~** unterdessen; **entre ~** währenddessen, inzwischen 3 *fig* **~ (me) da** das ist (mir) egal; **~ es así que …** das geht so weit, dass …; sodass schließlich; *fam* **¡ni ~ así!** überhaupt nichts!; keine Spur!, nicht im Geringsten; (*fam fig*); i wo! *fam* 4 **al ~** (*al mismo precio*) zum gleichen Preis; (*en esta oportunidad*) bei dieser Gelegenheit; **estar** *o* **quedar al ~** auf dem Laufenden sein, Bescheid wissen (**de** über *acus*); **poner al ~** auf dem Laufenden halten

— C conjunción —

con ~ mayor motivo que … mit umso größerer Berechtigung, als …; **en ~ (que)** während, solange; bis; **~ … como …** sowohl … als auch …; **~ más/menos que** umso mehr/weniger als; → *tb* cuanto[1]

— D masculino —

1 (*cantidad definida*) (bestimmte) Menge *f*; (feste) Summe *f*; **~ alzado** Pauschalpreis *m*; **a ~ alzado** pauschal, Pauschal…; **~ por palabra** Wortpreis *f*; **pagar a ~ la hora** stundenweise zahlen 2 (*parte*) Anteil *m*; **~ por ciento** Prozentsatz *m*; **otro ~** dasselbe, das Gleiche noch einmal; **~ en volumen** Volumenanteil *m*, Volum(en)prozent *n*; **en su ~** entsprechend, im rechten Verhältnis 3 DEP *y fig* Punkt *m*; *fútbol, etc*: Tor *n*; *fig* **apuntarse un ~** einen (Plus) Punkt für sich (*acus*) verbuchen können; **le dio 6 ~s de ventaja** er gab ihm 6 Punkte vor; DEP **marcar un ~** ein Tor schießen 4 (*ficha*) Spielmarke *f*, Zahlpfennig *m* 5 JUR **~ de culpa** belastende Angaben (*o* Aussagen) *fpl*, Sündenregister *n fam* 6 (*copia*) Abschrift *f*, Kopie *f*

tanza F Angelschnur *f*

tanzanés ADJ → tanzano

Tanzania F Tansania *n*

tanzano A ADJ tansanisch B M, **-a** F Tansanier *m*, -in *f*

tañar V/T erraten

tañedor M, **tañedora** F MÚS Spieler *m*, -in *f eines Instruments*

tañer V/T ⟨2f⟩ MÚS *instrumento* spielen; *campanas* läuten; **~ a muerto** die Totenglocke läuten; **quien las sabe, las tañe** wer will, der kann

tañido M MÚS *acción*: Spielen *n* (*eines Instruments*); (*sonido*) Schall *m*, Ton *m*, Klang *m eines Instruments*; **~ de (las) campanas** Glockengeläute *n*; **tañimiento** M MÚS *liter* Spielen *n*

tao[1] M *heráldica*: Antoniter- (*o* Johanniter)kreuz *n*

tao[2] M FIL Tao *n*; **taoísmo** M Taoismus *m*; **taoísta** A ADJ taoistisch B M/F Taoist *m*, -in *f*

tapa F 1 Deckel *m*; TEC Abdeckung *f*, Kappe *f*; *S.Dgo* AUTO Motorhaube *f*; MÚS **~ armónica** (Schall)Decke *f* (*eines Cellos etc*); **~ elástica** *reloj*: Sprungdeckel *m*; **~ de registro** Einstiegschachtdeckel *m für die Kanalisation*; **~ del retrete** Klosettdeckel *m*; **~ de rosca** Schraubkappe *f*; *Col fig* **ponerse la ~ del baúl** sich in Schale werfen *fam* 2 TIPO *de libros*: Einband *m*, Buchdeckel *m*; TIPO **~ dura** Hard Cover *n* 3 *Esp* GASTR **~s** *fpl* Tapas *fpl*; (kleine) Appetithappen *mpl*, **ir de ~s** auf Tapa-Tour gehen 4 ANAT **~ de los sesos** Hirnschale *f*; *fam fig* **levantar** *o* **saltar** *o* **volar la ~ de los sesos a alg** j-m eine Kugel durch den Kopf jagen, j-n abknallen *pop*; **levantarse** *o* **saltarse la ~ de los sesos** sich (*dat*) eine Kugel in den Kopf jagen, sich erschießen 5 *Col, Chile* (*tapón*) Pfropfen *m*, Kork *m*

tapabarriga F *Chile* Bauchfleisch *m*; **tapabarro** M *Chile, Perú* AUTO Kotflügel *m*; **tapaboca** M 1 *fam fig* (*respuesta tajante*) schroffe Antwort *f* 2 *pop fig* (*bofetón*) Maulschelle *f* 3 MIL **~(s)** Mündungsschoner *m* 4 → tapabocas; **tapabocas** M ⟨*pl inv*⟩ Schal *m*, Halstuch *n*; **tapacamino** M 1 *Méx* ORN Ziegenmelker *m* (*mehrere Arten*) 2 *Cuba* BOT *verschiedene Pflanzen, Unkraut*; **tapacubos** M AUTO Radkappe *f*; TEC Achs-, Nabenkappe *f*; AUTO **~ embellecedor** Zierkappe *f*

tapada F 1 (**mujer** *f*) **~** verschleierte Frau *f* 2 *Cuba* → tapado B,3 3 *Méx* (*mentis*) Dementi *n*;

tapadera F 1 Topfdeckel *m*; TEC Deckel *m* 2 *fig* Tarnung *f*; Aushängeschild *n* (*fig*); Deckmantel *m*; (**empresa** *f*) **~** Tarnfirma *f*

tapadillo M 1 (*disfraz*) Vermummung *f*, Verschleierung *f* (*tb fig*); COM (**empresa** *f*) **~** Tarnfirma *f*; *fig* **de ~** verstohlen, heimlich; HIST *mujer* verschleiert; *fam fig* **andar con ~s** Heimlichkeiten haben; *fam fig* **pasar de ~** durchschmuggeln 2 MÚS gedecktes Register *n*

tapado A ADJ 1 (*cubierto*) be-, verdeckt; zugedeckt; *nariz* verstopft 2 *Am* (*corto de ingenio*) dumm, beschränkt, täppisch 3 *Chile, RPl ganado* einfarbig B M 1 *Am* (*tesoro enterrado*) (vergrabener) Schatz *m* 2 *Arg, Chile, Par, Ur* (*abrigo*) (Sommer)Mantel *m* 3 *Méx* (*riña de gallos*) Hahnenkampf *m* (*ohne Vorstellung und Qualifizierung der Hähne*); *p. ext trueque*: blinder Tausch (handel) *m*; **tapador** M 1 (*tapón*) Stöpsel *m*, Verschluss *m* 2 *jerga del hampa* (*falda*) Rock *m*; (*patrón de un prostíbulo*) Bordellwirt *m*; **tapadura** F 1 (*cubrimiento*) Zudecken *n* 2 *Arg, Bol, Chile, Méx* ODONT (*empaste*) Zahnplombe *f*; **tapafugas** M ⟨*pl inv*⟩ AUTO **~ del radiador** Kühlerdichtungsmittel *n*; **tapagujero** M *Chile fam* Nesthäkchen *n*, jüngstes Kind *n*; **tapallamas** M ⟨*pl inv*⟩ MIL Mündungsdämpfer *m*; **tapamiento** M Be-, Ab-, Zudecken *n*

tapanco M *Méx* Dachboden *m*

tapar A V/T 1 (*cubrir*) be-, zudecken; abdecken 2 (*obstruir*) ver-, zustopfen; *unión* abdichten; *orejas, etc* zuhalten; *fig* **~ agujeros** Löcher stopfen; *fig* **~ la boca a alg** j-m den Mund stopfen 3 *Am diente* plombieren 4 *fig* (*ocultar*) verhüllen, verbergen; *j-n o etw* (*acus*) decken; *escándalo, etc* vertuschen 5 *pop fig* (*copular*) bumsen *pop* B V/R **taparse** 1 (*arroparse*) sich bedecken, sich zudecken; *fig* **~ la boca** schweigen; *fig* **~ los oídos** sich (*dat*) die Ohren zuhalten 2 (*velarse*) sich verhüllen; *mujer* sich verschleiern 3 TAUR *toro* sich ungünstig stellen

tapara F *Ven Art* Baumkürbis *m*; **taparo** M BOT *Art* Kürbisbaum *m*

taparrabo(s) M Lendenschurz *m*; *fam kurze* Badehose *f*

tapasol M *Hond* Sonnenschirm *m*

tape M *Arg, Ur* Person *f* von indianischem Aussehen

tapear V/T Tapas essen; → *tb* tapeo

tapeo M **ir de ~** auf Tapa-Tour gehen, Tapas essen gehen

tapera F *RPl* Trümmer *pl* (*einer Behausung oder Siedlung*); *fig* halb zerfallenes Haus *n*

tapete M 1 *de la mesa*: Tischdecke *f*; **~ verde** Spieltisch *m*; *fig* **estar sobre el ~** zur Erörterung (*o* Diskussion) stehen; *fig* **colocar** *o* **poner sobre el ~** aufs Tapet bringen, anschneiden (*fig*); *fig* **quedar sobre el ~** unerörtert bleiben 2 *Méx* (*alfombrilla*) kleiner Teppich *m*; Bettvorleger *m*; Badematte *f* 3 *Col* (*alfombrado*) Teppichboden *m*

tapia F 1 *muro*: Lehmwand *f*; Umfassungs-, Garten-, Friedhofsmauer *f*; *fam fig* **ser más sordo que una ~** *o* **estar como una ~** stocktaub sein 2 *fam* (*sordo*) taube Person *f*; **tapial** M 1 *pared*: Lehmmauer *f*; *tb* einfaches Ständerfachwerk *n* 2 *encofrado*: Lehmmauerverschalung *f*;

tapiar V/T ⟨1b⟩ (um-, ver-, zu)mauern

tapicería F 1 (*colgadura*) Behang *m*; (Stoff)Tapeten *fpl*; Draperie *f*; Wandteppiche *mpl*; Tapisserie *f*; **~s** *fpl* Deko(rations)stoffe *mpl*; **bordado** *m* **en ~** Teppichstickerei *f*; **~ de cañamazo** Gittergrundstickerei *f*, Tapisserie *f* 2 *tienda*: Tapezier-, Polster-, Dekorationsgeschäft *n*; **~ de coches** Autopolsterei *f*

tapicero A ADJ Tapezier…, Tapisserie…; **industria** *f* **-a y alfombrista** Tapisserie- und Teppichindustrie *f* B M, **-a** F 1 *de paredes*: Tapezierer *m*, -in *f* 2 *de muebles*: Polsterer *m*, Polsterin *f* 3 (*decorador*) Dekorateur *m*, -in *f*

tapioca F Tapioka *f*, Maniok(stärkemehl *n*) *m*

tapir M ZOOL Tapir *m*

tapisca F *Am Centr, Méx reg* Maisernte *f*; **tapiscar** V/T & V/I ⟨1g⟩ (Mais) ernten; (Maiskolben) auskörnen

tapiz M ⟨*pl* -ices⟩ (Wand)Teppich *m*; (Stoff)Tapete *f*; **tapizado** M *acción*: Polstern *n*; *de muebles, coche*: Bezug *m*

tapizar ⟨1f⟩ 1 (*adornar*) behängen; *p. ext superficie* auslegen (*o* auskleiden); *fig* (*esparcir*) bestreuen (**con, de** mit *dat*); **tapizado de luto** schwarz verhängt (*Trauer*) 2 *muebles* beziehen, polstern 3 *C. Rica, Perú* (*alfombrar*) mit Teppichen auslegen; **tapizón** M *Perú* Teppichboden *m*

tapón M 1 (*corcho*) Korken *m*, Pfropfen *m*, Stöpsel *m*; *en la oreja*: Wachspfropfen *m*; **~ de corona** Kronenkorken *m*; **~ de corcho** Kork(pfropf)en *m*; **~ de cristal/de goma** Glas-/Gummistöpsel *m*; AUTO **~ del depósito** Tankverschluss *m*, Tankdeckel *m*; **~ engomador** Gummierstift *m*; **~ de rosca** Schraubverschluss *m*; MAR **~ suavizador** Puffer *m*, Fender *m*; AUTO **~ de vaciado del aceite** Ölablassschraube *f*; *prov* **¡al primer ~, zurrapas!** es ist noch kein Meister vom Himmel gefallen 2 MED Pfropf *m*; Tampon *m*; **~ de algodón**

T

Wattebausch *m*; ~ **de gasa** Mulltupfer *m*; ~ **de cera/mucoso** Ohrenschmalz-/Schleimpfropf *m* 3 M, **-ona** F *fam fig persona:* kleine, dicke Person *f*, Stöpsel *m fam* 4 *transporte: (atasco)* Verkehrsstau *m* 5 *Chile, Cuba, S.Dgo* ELEC *(fusible)* Sicherung *f*

taponadora F Korkenverschließmaschine *f*;

taponamiento M 1 *(obturación)* Verstöpselung *f*; Zustopfen *n*, Abdichten *n* 2 MED Tamponade *f*; **taponar** VT 1 *(cerrar)* verkorken, verstöpseln; *agujero* stopfen, abdichten; *barril* (aus)spunden; verstopfen *(tb fig)* 2 MED tamponieren; **taponazo** M Korkenknall *m*; **taponería** F 1 *(corcho)* Pfropfen *mpl* 2 *fábrica:* Korkenfabrik *f*; *industria:* Korkindustrie *f*; **taponero** ADJ Pfropfen..., Kork...

tapsia F BOT Böskraut *n*

tapujar A VT verhüllen, vermummen B VR **tapujarse** sich vermummen

tapujo M Verhüllung *f*, Vermummung *f*; *fig* Verheimlichung *f*; **~s** *pl* Heimlichkeiten *fpl*; **andar con ~s** heimlichtun; *adv* **sin ~s** klipp und klar, ungeschminkt

taque M 1 *(golpe de puerta)* Türklappen *n* 2 *(llamar a la puerta)* Anklopfen *n an der Tür*

taqué M AUTO Stößel *m*

taquera F *billar:* Queueständer *m*; **taquería** F *Méx* GASTR Verkaufsstand *m* von Tacos; **taquete** M *Méx* Dübel *m*

taquia F *Bol* Lamamist *m (Brennmaterial)*

taquicardia F MED Herzjagen *n*, Tachykardie *f*; **taquigrafía** F Stenografie *f*, Kurzschrift *f*; **taquigrafiar** VT ⟨1c⟩ stenografieren; **taquigráfico** ADJ stenografisch

taquígrafo M, **-a** F Stenograf *m*, -in *f*

taquilla F 1 *(despacho de billetes)* (Karten)Schalter *m*; (Theater)Kasse *f*; FERR, *etc* Fahrkartenverkauf *m*; ~ **de apuestas** Wettannahme *f*, Wettbüro *n* 2 *(armario)* (Akten)Schrank *m*; Schließfach *n*; Spind *m*; MAR Kasten *m*, Kammer *f* 3 *p. ext* TEAT, FILM, *etc (recaudación del día)* Tageskasse *f*, -einnahme *f* 4 *Am Centr (bodega)* Schenke *f*, Taverne *f* 5 *Chile, Ec, Perú* TEC *(torno)* Schraubstock *m* 6 *P. Rico (billete)* Fahrkarte *f*

taquillaje M Einnahmen *fpl*; **taquillero** A ADJ Erfolgs..., zugkräftig; **película** *f* **-a** Kassenschlager *m* B M, **-a** F FERR, *etc* Schalterbeamte *m*, -beamtin *f*; TEAT, FILM, *etc* Kartenverkäufer *m*, -in *f*; **taquillón** M *Art* schmale Kommode *f*

taquimeca F *fam*, **taquimecanógrafa** F, Stenotypistin *f*; **taquimecanógrafo** M Stenotypist *m*

taquímetro M 1 Entfernungs- und Winkelmesser *m*, Tachymeter *n* 2 AUTO *(velocímetro)* Tacho *m*; Tachometer *m/n*

taquisa F *Méx* GASTR Mahlzeit *f* mit Tacos als Hauptgericht

tara F 1 COM Tara *f*, Verpackungsgewicht *n*; Leergewicht *n* 2 *(defecto)* Mangel *m*, Fehler *m*; MED Belastung *f*; *frec* ~ **hereditaria** Erbfehler *m*, -schaden *m*; erbliche Belastung *f* 3 BOT Färberstrauch *m*

tarabilla F 1 *fam fig persona:* Quasselstrippe *f fam*, Plappermaul *n* 2 *(parloteo)* Geplapper *n*; **darle a la ~** plappern; *adv* **de ~** hastig; schlampig 3 CONSTR *ventana:* Fensterwirbel *m*; *al serruchar:* Spannholz *n* 4 *(cítola)* Mühlklapper *f* 5 ORN ~ **de collar** Weißhals *m*

tarabita F 1 *(palito de la cincha)* Dorn *m einer Schnalle* 2 *Am Mer aparato para atravesar un río:* ***Beförderungsgerät über Flüsse aus einem Stahlseil mit einer Holzkiste***

taracea F Einlegearbeit *f*, Intarsie *f*; Mosaik *n*; ~ **de madera** Holzmosaik *n*

taradez F *Arg, Ur fam* Beschränktheit *f*, Blödheit *f*

tarado ADJ 1 MED belastet; erbkrank 2 *p. ext fam (tonto)* blöd, dumm, geistig minderbemittelt 3 *fig (defectuoso)* fehlerhaft

taramba F *Hond* MÚS Taramba *f (ein Perkussionsinstrument)*

tarambana M/F *fam* verrückte Person *f*, Spinner *m*, -in *f*

tarambuco M *fam* Gummizelle *f*

tarando M ZOOL Ren(tier) *n*

tarángana F GASTR gewöhnliche Blutwurst *f*

taranta F 1 MÚS *canción popular:* Taranta *f* 2 *Arg, C. Rica, Ec (locura)* Anfall *m* von Verrücktheit 3 *Méx (borrachera)* Rausch *m*

tarantín M *Am Centr fam* Kram *m*, Plunder *m fam*

tarántula F ZOOL Tarantel *f*; **picado de la ~** von der Tarantel gestochen; *fam fig* geschlechtskrank

tarapé M BOT → taropé

tarar VT ausgleichen; tarieren; TEC *instrumentos* eichen

tarará M *onom* Trara *n fam (tb fig)*; Trompetensignal *n*, Fanfare *f*; **tararear** VT & VI trällern; **tarareo** M Geträller *n*

tararí A INT ¡~! trara! *(Trompetensignal)* B ADJ *pop* bescheuert *fam*, beknackt *fam*; **¡~ que te vi!** Nachtigall ich *(o reg* ick) hör dir trapsen *fam*; erwischt! *(ich weiß, was du vorhast)*; **tarari-ra** *fam* A F 1 Trara *n (fam fig)*; Radau *m fam* 2 *onom* tralala B M lustiger Bruder *m (fam fig)*

tarasca F 1 *(figura de sierpe)* Drachenbild *n* 2 *fig mujer:* Drachen *m (fam fig)*, Xanthippe *f*; **tarascada** F Biss *m*; Bissen *m*; *fam fig* schroffe (*o* freche) Antwort *f*; **tarascar** VT ⟨1g⟩ beißen; *fam fig* anschnauzen *fam*; **tarasco** M *Ec* Biss *m*; **tarascón** M 1 Drachen *m* 2 *Chile, RPl (mordisco fuerte)* kräftiger Biss *m*

taray M BOT Französische Tamariske *f*

tarazar VT ⟨1f⟩ 1 *(morder)* (ab)beißen 2 *fam fig (molestar)* plagen, belästigen; **tarazón** M Brocken *m*; Schnitte *f*, Scheibe *f*

tardanza F 1 *(retraso)* Verzögerung *f*; Verspätung *f*; **sin más ~** unverzüglich; kurzerhand 2 *(lentitud)* Saumseligkeit *f* 3 *(tiempo de espera)* Wartezeit *f*

tardar VI 1 *persona (vacilar)* zögern; *(hacerse esperar)* auf sich *(acus)* warten lassen; lange ausbleiben (*o* brauchen); **¡no tardes!** halt dich nicht auf!, bleib nicht zu lang(e)!; komm nicht so spät!; ~ **en** zögern mit *(dat)*, nicht gleich *(inf)*; lange nicht fertig werden mit *(dat)*; ~ **en** *(inf)* (Zeit) brauchen, um zu *(inf)*; **no tardó en volver** er kam bald zurück; **a más ~** spätestens; **sin ~** unverzüglich 2 *asunto (llevar tiempo)* (lange) dauern; (Zeit) brauchen; **¿cuánto (tiempo) se tarda de aquí a la estación?** wie lange braucht man von hier (bis) zum Bahnhof?

tarde A ADV spät; **demasiado ~** zu spät; **llegar ~** (zu) spät kommen; **de ~ en ~** von Zeit zu Zeit; selten; **se me hace ~** es wird mir zu spät; *(me lleva demasiado tiempo)* es dauert mir zu lange; *(estoy apurado)* ich habe es eilig; *(llego tarde)* ich bin spät dran; *prov* **más vale ~ que nunca** besser spät als nie; *tb irón* spät kommt Ihr, doch Ihr kommt ...! B F Nachmittag *m*; (früher) Abend *m*; **¡buenas ~s!** *por la tarde:* guten Tag!; *al anochecer:* guten Abend!; **esta ~** heute Abend; **hacia la ~** gegen Abend; **por la ~** nachmittags, am Nachmittag; abends, am Abend

tardecita F Spätnachmittag *m*; Dämmerstunde *f*

tardígrados MPL ZOOL Faultiere *npl*

tardío A ADJ 1 *(retrasado)* spät, Spät...; verspätet; **animal** *m* **~** Spätling *m* 2 *(vacilante)* zögernd, säumig; *(lento)* langsam; **ser muy ~ en el andar** ein recht langsamer Fußgänger sein B M AGR *frec* **~s** MPL Spätsaat *f*

tardísimo ADV sehr spät

tardo ADJ 1 *(lento)* langsam; *(torpe)* schwerfällig, träge; ~ **de comprensión** *o* **de mente** schwer von Begriff; ~ **de oído** schwerhörig 2 *(posterior)* (zu) spät, nachträglich; **tardón** A ADJ träge; schwer von Begriff B M, **-ona** F Zauderer *m*, Zauderin *f*; Faulenzer *m*, -in *f*

tarea F Arbeit *f*; (Haus)Aufgabe *f (tb enseñanza)*; *p. ext* Mühe *f*; *bomberos:* **~s de extinción** Löscharbeiten *fpl*; *Am* **trabajar por ~** gegen die Uhr arbeiten

tareco M *Cuba fam* 1 *(cachivache)* Krimskrams *m* 2 *(trasto)* Dingsda *n*

targui M Targi *m (Angehöriger der Tuareg)*

tárgum M REL Targum *n*

tarifa F Tarif *m*; *(lista de precios)* Preisliste *f*; *(tasa)* Gebühr *f*; *(precio del billete)* Fahrpreis *m*; **~ aduanera** Zolltarif *m*; **~ escalonada** *o* **graduada** Staffeltarif *m*; **~ eléctrica** Strompreis *m*, Stromtarif *m*; **~ telefónica** Telefontarif *m*; **~ mínima** Minimaltarif *m*; ELEC **~ nocturna** Nachttarif *m*; INFORM **~ plana** Flatrate *f*; *correos:* **~s** *pl* **postales** Postgebühren *fpl*; **~ de precios** Preisliste *f*; *diario, etc:* **~s** *fpl* **de publicidad** Anzeigenpreise *mpl*; **~ de salarios** Lohntarif *m*; **~ de transporte** Gütertarif *m*, Frachtsatz *m*; **~ única** Einheitstarif *m*; **~ urbana** Ortstarif *m*

tarifar A VT den Tarif (*o* den Preis) festsetzen für *(acus)*; tarifieren, den Tarif anwenden auf *(acus)* B VI *fam* sich verfeinden, sich verkrachen *fam*; **tarifario** ADJ tariflich, Tarif...; **sistema** *m* **~** Tarifsystem *n*; **tarificación** F Tarifierung *f*; **~ por minutos/segundos** *espec* TEL minutengenaue/sekundengenaue Abrechnung *f*

tarima F 1 *(estrado)* Podium *n*, Bühne *f* 2 *de la ventana:* (Fenster)Tritt *m*; *(banquillo)* Fußbank *f* 3 *(catre)* Pritsche *f*; **tarimador** M CONSTR Podienbauer *m*; **tarimón** M *Esp reg* lange Holzbank *f mit Lehne*

tarja F 1 HIST *escudo:* Tartsche *f (großer Schild der Ritterzeit)* 2 *palo con marcas:* HIST Kerbholz *n*, -stock *m*; *p. ext* Kerbe *f als Kaufzeichen*; *fig* **beber sobre ~** (sich *dat* die Getränke) anschreiben lassen 3 *reg* → contraseña 4 *fam fig (golpe)* Schlag *m*, Hieb *m* 5 *reg* → tarjeta

tarjar VT 1 *(marcar)* ankerben, *p. ext (fiar)* anschreiben 2 *Chile (tachar)* ausstreichen

tarjeta F 1 *gener* Karte *f*; DEP **~ amarilla/roja** Gelbe/Rote Karte *f*; **~ de banco** Scheckkarte *f*; **~ de cliente** Kundenkarte *f*; **~ de compras** Kunden(einkaufs)karte *f*; **~ de crédito** Kreditkarte *f*; AVIA **~ de embarque** Bordkarte *f*; COM **~ de expositor** Ausstellerausweis *f*; **~ de identidad/magnética** Kenn-/Magnetkarte *f*; **~ monedero** Paycard *f*, Geldkarte *f*; *Esp transporte:* **~ multiviaje** Mehrfahrten-, Streifenkarte *f*; **~ de pago** Kreditkarte *f*; **~ de residente** Parkausweis *m* für Anlieger; FIN **~ revolving** Revolving Credit Card *f*; *Esp* **~ sanitaria** *corresponde a:* Gesundheitspass *m*; **~ de visita** Visitenkarte *f* 2 INFORM **~ chip** Chipkarte *f*; **~ gráfica** Grafikkarte *f*; **~ de memoria** Speicherkarte *f*; HIST **~ perforada** Lochkarte *f*; **~ de sonido** Soundkarte *f* 3 *correos:* **~ postal** Postkarte *f*; **~ postal ilustrada** Ansichts(post)karte *f*; *Am* **~ postal con respuesta pagada** bezahlte Antwortpostkarte *f*; **~ de felicitación** Glückwunschkarte *f* 4 TEL **~ de prepago** Prepaidkarte *f*; **~ RDSI** ISDN-Karte *f*; **~ de red** Netzkarte *f*; **~ SIM** SIM-Karte *f*; **~ telefónica** Telefonkarte *f* 5 *Am reg (ficha)* Karteikarte *f*

tarjetazo M *Perú fam* Empfehlung *f*; **tarjetearse** VR *fam* einander Karten schreiben; **tarjetera** F *Am frec* → tarjetero; **tarjetero** M

1 *(cartera)* Visitenkartentäschchen *n*, -album *n* 2 *de la maleta*: Kofferanhänger *m* 3 *Am reg (fichero)* Karteikasten *m*

tarlatana F TEX Baumwollgaze *f*, Tarlatan *m*; TIPO Heftgaze *f*

tármica F BOT Weißer Dorant *m*

taro[1] M *Arg* ORN amerikanischer Geier *m*

taro[2] M *Ven* BOT Karibenkohl *m*

taropé M *Arg, Bol* BOT Victoria *f* regia *(ein Seerosengewächs)*

tarot M *juego de cartas*: Tarot *m/n*

tarquín M Setz-, Teichschlamm *m*; **tarquina** ADJ MAR **vela** *f* ~ Sprietsegel *n*; **tarquinada** F *fam fig* Vergewaltigung *f*, Notzucht *f*; **tarquino** ADJ *Arg vacuno* von guter Rasse

tarra *inv Esp fam* A ADJ alt B M *desp* alter Knacker *m*

tarraconense A ADJ aus Tarragona; HIST **España** *f* ~ Hispania *f* Tarraconensis B M/F Einwohner *m*, -in von Tarragona

tarrago M BOT Wiesensalbei *m/f*

Tarragona *spanische Stadt, Provinz*

tarreñas FPL *Art* Kastagnetten *fpl*

tarrina F Schälchen *n*

tarro M 1 *(cacerola)* Topf *m*, Tiegel *m*; *conserva*: Einmachtopf *m* (*o* -glas *n*); ~ **de vidrio roscado** Schraubglas *n*; *Perú* **leche** *f* **de** *o* **en** ~ Büchsen-, Dosenmilch *f* 2 *Antillas, Méx tb (cuerno)* Horn *n* 3 *Am reg (lata grande)* Blechtonne *f*; Kanister *m*; *Am* ~ **de la basura** Abfalleimer *m*; Mülltonne *f* 4 *jerga del hampa (cabeza)* De(e)z *m fam*, Birne *f fam*, Kopf *m* 5 *Cuba fam (escapada)* Seitensprung *m* 6 *fam* **comer el** ~ **a alg** j-n dirigieren (*o* nach seinem Willen lenken) wollen; *fam* **comerse el** ~ grübeln, sich *(dat)* Sorgen machen; sich *(dat)* das Hirn zermartern

tarso M ANAT Fußwurzel *f*

tarta F Torte *f*; ~ **de cebolla** Zwiebelkuchen *m*; ~ **de cumpleaños** Geburtstagstorte *f*; ~ **de frutas** Obsttorte *f*, -törtchen *n*; -kuchen *m*; ~ **helada** Eistorte *f*; *Méx* ~ **de huevos** Omelett *n*; *Esp* ~ **de manzana** Apfelkuchen *m*; Apfeltorte *f*; ~ **nupcial** *o* **de bodas** Hochzeitstorte *f*; ~ **de queso** Käsekuchen *m*; ~ **de Santiago** *Mandeltorte mit Puderzucker*; ~ **al whisky** Whiskytorte *f*

tártago M Unglück *n*; Verdruss *m*

tartaja M/F Stotterer *m*, Stotterin *f*; **tartajear** VI stottern; **tartajoso** ADJ stotternd; **tartalear** VI *fam* wackeln, schwanken; *al hablar*: ins Stocken geraten; **tartaleta** F GASTR Törtchen *n*; **tartamudear** VI stottern; **tartamudez** F Stottern *n*, Stammeln *n*; **tartamudo** A ADJ stotternd B M, **-a** F Stotterer *m*, Stotterin *f*

tartana F 1 *bote de vela*: Tartane *f* 2 *carruaje*: zweirädriger Planwagen *m* 3 *fam coche*: Klapperkiste *f fam*

tartanchar VI *Arg* stottern

tartáreo ADJ *poét* Unterwelt..., Höllen..., Teufels...; **tartárico** ADJ **ácido** *m* ~ Weinsäure *f*

tartarinada F erfundenes (*o* übertriebenes) Abenteuer *n*; **tartarinesco** ADJ großtuerisch übertreibend

tártaro[1] M 1 QUÍM Weinstein *m*; FARM ~ **emético** Brechweinstein *m* 2 ODONT *(sarro)* Zahnstein *m*

tártaro[2] A ADJ tatarisch B M, **-a** F Tatar *m*, -in *f* C M GASTR Tatar *n*; **bistec** *m* ~ Tatarbeefstek *n*

Tártaro M MIT Tartaros *m*, Unterwelt *f*; Hölle *f*

tartera F 1 *(tortera)* Tortenform *f* 2 *(cacerola)* Kochtopf *m*; *(vajilla)* Essgeschirr *n* 3 *Esp reg (escombrera)* Geröllhalde *f* (an einem Hang)

tartrato M QUÍM Tartrat *n*

tártrico ADJ QUÍM Weinstein...; **ácido** *m* ~ Weinsteinsäure *f*

tartufería F Scheinheiligkeit *f*; **tartufo** M Heuchler *m*, Scheinheilige *m*

tarugo M 1 *(clavija)* Pflock *m*, Dübel *m*, Zapfen *m*; *(clavo de madera)* Holznagel *m*; *(cubo de madera)* Holzwürfel *m* 2 *(trozo de pan)* Brotkanten *m* 3 *fam fig persona*: blöder Kerl *m*, sturer Bock *m fam* 4 *fam fig (soborno)* Schmiergeld *n*

taruguear VT *Am fam* bestechen, schmieren *fam*

tarumba ADJ *inv fam* benommen, bescheuert *fam*; *fig* **volver a alg** ~ j-n total verrückt machen *fam*

tarúpido ADJ *Ur fam* blöd

tas M TEC Einsteckamboss *m*, Stöckel *m*

tasa F 1 *(tarifa)* Gebühr *f*, Abgabe *f*, Taxe *f*; Taxpreis *m*; TEL Fernsprechgebühr *f*; **~s** *fpl* Gebühren *fpl*; **precio** *m* **de** ~ (amtlich) festgesetzter (Tax)Preis *m*; AVIA ~ **de aeropuerto** (*o* **aeroportuaria**) Flughafengebühr *f*; ~ **de basura** Müllabfuhrgebühr *f*; *RPl* ~ **de compensación/para importaciones** Import-/Ausgleichsabgabe *f* 2 → tasación; **~(s** *pl*) **de matrícula** Einschreibegebühr *f*, Immatrikulationsgebühr *f* 3 *fig (medida)* Maß *n*, Richtschnur *f*; **sin** ~ maßlos; **poner** ~ mäßigen, beschränken 4 *(cuota)* Rate *f*; *tb (interés)* Zinsfuß *m*; ~ **de cobertura** Deckungsquote *f*; ECON ~ **de crecimiento** Wachstumsrate *f*; ~ **de desempleo** *o* **de paro** Arbeitslosenziffer *f*; ECON ~ **de inflación** Inflationsrate *f*; ~ **de mortalidad** Sterberate *f*; ~ **de natalidad** Geburtenrate *f*; ~ **de ocupación** Beschäftigungsstand *m*; TEC ~ **de ocupación**, ~ **de utilización** Auslastung *f*

tasable ADJ abschätzbar; taxierbar; **tasación** F Schätzung *f*, Taxierung *f*; Taxe *f*; ~ **(de los impuestos)** (Steuer)Veranlagung *f*; **tasador** M, **tasadora** F *(amtliche[r])* Schätzer *m*, -in *f*, Taxator *m*, -in *f*

tasajo M 1 *(cecina)* Dörrfleisch *n*; Selchfleisch *n* 2 *p. ext (tajada de carne)* Schnitte *f*

tasar VT schätzen, taxieren; (zur Steuer) veranlagen

tasca F 1 *fam (taberna)* Kneipe *f* 2 *(garito)* Spielhölle *f*

tascador M AGR Hanfbreche *f*; **tascar** VT ‹1g› 1 *cáñamo, lino* brechen; *fig* ~ **el freno** sich widerwillig fügen 2 *p. ext animal de pastoreo (das Futtergras)* zwischen den Zähnen zerknacken

Tasmania F Tasmanien *n*

tasquear VI *fam* einen Kneipenbummel machen; **tasquero** M, **tasquera** F *fam* Kneipenwirt *m*, -in *f*

tastana F 1 AGR Verkrustung *f des Bodens (bei Dürre)* 2 BOT Scheidewand *f (bei einigen Früchten)*

tastasiarse V/R *Col* 1 *bolas de billar* aufeinanderstoßen 2 *(encontrarse)* sich zufällig treffen

tasto M muffiger *o* ranziger (Nach)Geschmack *m* verdorbener Lebensmittel

tata A F *leng. inf (niñera)* Kindermädchen *n*; *reg nombre cariñoso*: kleine Schwester *f* B M *reg y Am, espec Andes (padre)* Vater *m (oft Respektsanrede)*, Papa *m fam*; *Am reg tb (abuelo)* Opa *m fam*

tatarabuela F Urgroßmutter *f*; **tatarabuelo** M Urgroßvater *m*; **tataranieto** M, **tataranieta** F Ururenkel *m*, -in *f*

tataré M *RPl* BOT Mimosenbaum *m*

tatarear VI (eine Melodie) summen

tatas *fam* **andar a** ~ auf allen vieren kriechen; *niño* Gehversuche machen

tate A INT ¡~! ei!; sieh da!; so was!; *fam tb* ja, freilich B M *fam drogas* Hasch *n fam*, Shit *m/n fam*

tatequieto M *Am reg fam* *Ermahnung, Klaps etc, um j-n in seine Schranken zu weisen*

tato[1] M *reg y Chile nombre cariñoso*: kleiner Bruder *m*

tato[2] ADJ stotternd, einen Sprachfehler habend *(wenn „s" und „c" wie „t" ausgesprochen werden)*

tatú M 1 *Chile, RPl* ZOOL Gürteltier *n* 2 *Arg fam* ¡qué ~! wie dumm!

tatuador M, **tatuadora** F Tätowierer *m*, -in *f*; **tatuaje** M Tätowierung *f*, Tatoo *n*; ~ **temporal** (abwaschbares) Tattoo *n*, temporäre Tätowierung *f*, Temptoo *n*

tatuar VT ‹1d› tätowieren

tatusa F *Arg, Bol* Mädchen *n*; *desp* Weibsstück *n*

tau A M 1 Taw *n (hebräischer Buchstabe)* 2 → tao[1] B F Tau *n (griechischer Buchstabe)*

taujía F → ataujía

taumaturgia F Wundertätigkeit *f*; **taumatúrgico** ADJ wundertätig; **taumaturgo** M, **taumaturga** F Wundertäter *m*, -in *f*, Thaumaturg *m*, -in *f*

taurina F QUÍM Taurin *n*

taurino ADJ Stier...; Stierkampf...; **fiesta** *f* -a Stierkampf *m*

Tauro M ASTRON Stier *m*

taurófilo M, **taurófila** F Stierkampfliebhaber *m*, -in *f*; **tauromaco** A ADJ → tauromáquico B M, **-a** F Kenner *m*, -in *f* des Stierkampfs; **tauromaquia** F Stierkämpferkunst *f*; **tauromáquico** ADJ Stierkampf...

tautología F Tautologie *f*; **tautológico** ADJ tautologisch

TAV M ABR (Tren de Alta Velocidad) FERR Hochgeschwindigkeitszug *m*

taxáceas FPL BOT Eibengewächse *npl*

taxativo ADJ eindeutig; kategorisch

taxi M 1 *transporte*: Taxi *n*; *Am* ~ **aéreo** Lufttaxi *n* 2 *pop fig (prostituta)* Prostituierte *f*, Pferdchen *n fam (eines Zuhälters)*

taxidermia F Ausstopfen *n von Tieren*; **taxidermista** M/F (Tier-)Präparator *m*, -in *f*

taximetrista M/F *Ur* Taxifahrer *m*, -in *f*

taxímetro M Fahrpreisanzeiger *m*, Taxameter *m/n*

taxista A M/F *transporte*: Taxifahrer *m*, -in *f* B M *pop (proxeneta)* Zuhälter *m*, Lude *m fam*, Loddel *m fam*

taxonomía F *t/t* Taxonomie *f*

taya F 1 *Perú* Amulett *n der Jäger und Fischer* 2 *Col, Ven* ZOOL Buschmeister *m (Giftschlange)*

tayico A ADJ tadschikisch B M, **-a** F Tadschike *m*, Tadschikin *f*

tayik → tayico

Tayikistán M Tadschikistan *n*

tayiko A ADJ tadschikisch B M, **-a** F Tadschike *m*, Tadschikin *f*

taylorismo M ECON Taylorsystem *n*, Taylorismus *m*

tayuyá F *RPl* BOT *melonenähnliche Pflanze (Cayaponia tayuya)*

taza F 1 Tasse *f*; *p. ext (bandeja)* Schale *f*, *de una fuente*: (Brunnen)Becken *n* 2 *del retrete*: ~ **(del wáter)** Klosett- (*o* Pissoir)becken *n*

tazón M große Tasse *f*; Napf *m*; Schale *f*

TC M ABR (Tribunal Constitucional) *Esp* Verfassungsgericht *n*

TCS MPL ABR (terminos y condiciones de servicio) ABB *pl* *(Allgemeine Benutzungsbedingungen)*

TDAH MPL ABR (trastorno de déficit de atención e hiperactividad) ADHS *n* *(Aufmerksamkeitsdefizit-und-Hyperaktivitäts-Syndrom)*

TDT F ABR (Televisión Digital Terrestre) DVB-T *n* *(Digital Video Broadcasting Terrestrial)*

te[1] PRON dir, dich; ~ **he visto** ich habe dich gesehen; ~ **doy el libro** ich gebe dir das Buch

te[2] F T *n (Name des Buchstabens)*

té M 1 BOT Teestrauch *m* 2 *bebida*: Tee *m*; *fig* **~baile** Tanztee *m*; ~ **con leche/limón** Tee *m* mit Milch/Zitrone; ~ **de China** Chinatee *m*; ~ **de Méjico** → pazote; ~ **del Paraguay** *o* **de los jesuitas** Mate *m*; ~ **negro** schwarzer Tee *m*; ~ **rojo** roter Tee *m*, Pu-Erh-Tee *m*; ~

verde Grüntee m, grüner Tee m; **tomar ~** Tee trinken; fig **dar el ~** fam belästigen

tea F Fackel f, Kienspan m

team [tim] M Team n, Arbeitsgruppe f, Mannschaft f

teatino M CAT Theatiner(mönch) m

teatral ADJ theatralisch; Theater…; **teatralidad** F 1 TEAT aptitud: Bühnenfähigkeit f; Bühnengemäßheit f 2 desp comportamiento: theatralisches Gehabe n, Theatralik f; **teatralizar** A VT etw theatralisieren B VI Theater spielen, j-m etw vormachen; **teatrero** ADJ fam übertreibend, theatralisch

teatro M 1 Theater n (tb fig); ~ **de aficionados** Liebhabertheater m; ~ **casero** o **de bolsillo** Zimmertheater n; ~ **al aire libre** Freilichtbühne f; ~ **ambulante** Wanderbühne f; ~ **lírico** Opernhaus n; ~ **de variedades** Varieteé n; p. ext **el ~ de Lope de Vega** die Dramen (o die Bühnenwerke) npl Lope de Vegas; fig **hacer ~** Theater (o Wind) machen fam; tb fig **de ~** Theater… 2 Col, Chile tb (cine) Kino n 3 fig tb (escenario) Schauplatz m; ~ **de la guerra** o **de operaciones** Kriegsschauplatz m

tebaico ADJ 1 GEOG antiguo Egipto: aus Theben 2 FARM **extracto** m ~ Opiumextrakt m

tebaína F QUÍM Thebain n, Paramorphin n;

tebano GEOG Grecia: A ADJ thebanisch B M, **-a** F Thebaner m, -in f

tebeo M Comicheft n; fam fig **más conocido** (o **visto**) **que el** (o **un**) ~ bekannt wie ein bunter Hund fam

teca F Teak(holz) n

techado M Dach n, Bedachung f; **techador** M, **techadora** F Dachdecker m, -in f

techar VT be-, überdachen, decken

techichi M Méx Steinhund m, *kleine fast haarlose Hunderasse der Azteken*

techo M 1 Dach n; Zimmerdecke f; ~ **acristalado** Glasdach n; ~ **a dos aguas** Satteldach n; AUTO ~ **arrollable/plegable** Roll-/Faltdach n; ~ **corredizo** o **deslizante** Schiebedach n; **falso ~** Zwischendecke f; ~ **macizo** Massivdecke f; MIN ~ **pendiente** Hangende(s) n; AUTO ~ **solar** Sonnendach n; ~ **voladizo** Kragdecke f; freitragendes Pultdach n 2 fig (hogar) Heim n; **sin ~** obdachlos; **los sin ~** die Obdachlosen pl 3 fig (tope) Obergrenze f; **tocar ~** die Obergrenze (o den Gipfel) erreicht haben 4 AVIA Steig-, Gipfelhöhe f

techumbre F 1 ARQUIT conjunto de estructura: Dachverband m, -werk n 2 de una ciudad: Dächer npl einer Stadt

tecla F 1 MÚS, INFORM, TEL Taste f; ~ **ALT** Alt-Taste f; ~ **de borrar** Löschtaste f; ~ **de comando** Befehlstaste f; ~ **control** Steuerungstaste f; ~ **correctora** (o **de corrección**) Korrekturtaste f; ~ **de entrada** o ~ **enter** Entertaste f, Eingabetaste f; ~ **de escape** Escape-Taste f; ~ **de función** Funktionstaste f; TEL ~ **de marcación rápida** Kurzwahltaste f; ~ **(de) mayúsculas** Shifttaste f, Umschalttaste f; ~ **muerta** Leertaste f; ~ **pulsadora** Druck(knopf)taste f; ~ **del ratón** Maustaste f; ~ **Return** Returntaste f; ~ **selectora** Wahltaste f; ~ **del tabulador** Tabulatortaste f; **pulsar/tocar una ~** eine Taste drücken/anschlagen; fam fig **tocar todas las ~s** alle Register ziehen, alle Hebel in Bewegung setzen 2 TV ~ **de reproducción** Wiedergabetaste f; ~ **de retroceso** Rücktaste f; ~ **sleep** Stand-by-Taste f 3 fam fig **dar en la ~** den Nagel auf den Kopf treffen; fam fig **dar en la ~ de** (inf) auf den Tick verfallen, zu (inf) 4 fig (cosa delicada) kitzlige Sache f 5 Perú desp (anciana) alte, gebrechliche Frau f; Mütterchen n

teclado M MÚS, TEC (conjunto de teclas) Tastatur f; MÚS tb Klaviatur f; órgano: Manual n; máquina de escribir: Tastenfeld n; MÚS ~ **(electrónico)** Keyboard n; ~**s** Tasteninstrumente npl

tecle[1] M MAR Flaschenzug m mit nur einer Rolle

tecle[2] ADJ Chile mickerig, schwächlich

teclear A VT & VI die Tasten anschlagen; MÚS fam (auf einem Instrument) herumklimpern; máquina de escribir, computadora: tippen fam; fig (menear los dedos) (mit den Fingern) trommeln B VT 1 ECON datos eingeben 2 fam (manosear) befummeln fam 3 (arreglar) eine Sache deichseln fam, managen fam C VI bei schlechter Gesundheit sein

tecleo M Geklimper n; **tecleteo** M fam Tippen n; MÚS desp Geklimper n; **teclista** M/F MÚS Keyboarder m, -in f

teclo M Perú desp alter, gebrechlicher Mann m; Vater m; ~**s** mpl Eltern f

técnica F 1 Technik f; ~ **de aprender** Lerntechnik f; ~ **de medición** Messtechnik f; ~ **(musical) del piano** Technik f des Klavierspiels; ~ **de respiración** Atemtechnik f; ~ **vocal** Gesangstechnik f 2 persona: Technikerin f; ~ **de la construcción** Bautechnikerin f; INFORM ~ **de sistemas** Systemtechnikerin f 3 (especialista) Fachfrau f, Expertin f

tecnicismo M Fachausdruck m

técnico A ADJ technisch; fachlich, Fach…; **revista** f **-a** Fachzeitschrift f; **universidad** f **-a** Fachhochschule f; Technische Universität f B M 1 Techniker m; ~ **de la construcción** Bautechniker m; INFORM ~ **de sistemas** Systemtechniker m 2 (especialista) Fachmann m, Experte m; **los ~s** die Fachleute pl

tecnicoeconómico ADJ wirtschaftstechnisch

tecnicolor® M FILM Technicolor® n

tecnicotipográfico ADJ TIPO drucktechnisch; **tecnificación** F Technisierung f;

tecnificar VT ⟨1g⟩ technisieren

tecno M MÚS Techno n/m

tecnócrata M/F Technokrat m, -in f

tecno(e)structura F Technostruktur f;

tecnolecto M LING Fachsprache f

tecnología F 1 TEC Technologie f; Technik f; **alta ~** o ~ **de punta** Hoch-, Spitzentechnologie f, High Tech n/f; ~ **digital** Digitaltechnik f; ~ **genética** Gentechnologie f; ~ **de la información** Informationstechnologie f; ~ **láser** Lasertechnik f 2 enseñanza: ~**s** pl **de estudio** Lernmethoden fpl, Lerntechniken fpl

tecnológico ADJ technologisch; technisch; Technologie…

teco M Méx fam Schwips m; **tecolote** M Am Centr, Cuba, Méx ORN amerikanischer Uhu m

tecomate M 1 Méx vasija: irdenes Gefäß n; Steintopf m; (calabaza) Kalebasse f (Kürbisgefäß) 2 Méx BOT árbol: Kalebassenbaum m

tectónica F GEOL Tektonik f; ~ **de placas** Plattentektonik f; **tectónico** ADJ GEOL tektonisch

tecuco ADJ Méx geizig

Tedéum M REL Tedeum n

tedio M 1 (aburrimiento) Langeweile f 2 (fastidio) Überdruss m; Widerwille m, Ekel m; **tedioso** ADJ langweilig, fade; öde; ermüdend

teflón® M Teflon® n

Tegucigalpa F *Hauptstadt von Honduras*

tegui M jerga del hampa 1 (coche) Schlitten m, Karre f fam 2 (ladrón de coches) Autodieb m

Teide M Teide m (Vulkan auf Teneriffa, höchster Berg Spaniens)

teína F QUÍM Tein n

teipe M Cuba ELEC Isolierband n

teísmo M FIL Theismus m; **teísta** A ADJ theistisch B M/F Theist m, -in f

teja F 1 ARQUIT Dachziegel m, -pfanne f; ~ **acanalada** Hohlpfanne f; ~ **ribeteada** o **con borde** o **de encaje** Falzziegel m, -pfanne f; ~ **de caballete** o **del remate** Firstziegel m; MIL ~ **de carga** Lademulde; ~ **de cresta** o **de copete** Grat-, Walmziegel m; ~ **hueca** o **vana** Hohlziegel m; ~ **plana** Biberschwanz m; **cubierta** f **de ~** Ziegeldach n; **a ~ vana** unter dem Dach; **(de color) ~** ziegelrot; fig ins Blaue hinein, unbegründet; fig **a toca ~** bar auf den Tisch, in barem Geld; **de ~s abajo** hier auf Erden; nach dem natürlichen Lauf der Dinge; **de ~s arriba** im Himmel; nach Gottes Willen 2 GASTR dulce: ***ein Süßgebäck in Dachziegelform*** 3 fig **(sombrero** m **de) ~** Priester-, Schaufelhut m

tejadillo M 1 (pequeño tejado) (Wetter)Dach n; ~ **del muro** Mauerdach n 2 del coche: Wagendach n

tejado M ARQUIT Dach n; Bedachung f; fig Dachverband m; ~ **a cuatro aguas** o ~ **de copete** Walmdach n; ~ **a** o **de dos aguas** (o **de** o **a dos vertientes**) Satteldach n; ~ **de caña/de chillas/de paja** Schilf-/Schindel-/Strohdach n; ~ **de cartón alquitranado** o **de cartón asfáltico** Pappdach n; ~ **imperial** Zwiebeldach n; ~ **de una sola vertiente** Pultdach n; ~ **de pizarra/de cristal/de tejas** Schiefer-/Glas-/Ziegeldach n; ~ **plano** Flachdach n; ~ **real** o **de corona** Ritter-, Kronendach n; **con ~** überdacht; fig **empezar la casa por el ~** das Pferd am (o beim) Schwanz aufzäumen; fam fig **la pelota está en el ~** die Sache ist noch nicht entschieden, es ist noch alles in Fluss

tejador M Dachdecker m; **tejamanil** M espec Am Mer Schindelplatte f

tejano A ADJ texanisch, aus Texas B M, **-a** F Texaner m, -in f C M TEX Jeansstoff m; Esp ~**s** mpl Jeans pl

tejar[1] M Ziegelei f

tejar[2] VT (mit Ziegeln, p. ext auch mit anderem Material) decken; bedachen

Tejas M Texas n

tejedor A M, **tejedora** F persona: Weber m, -in f B ORN ~**es** MPL Webervögel mpl; **tejedura** F acción: Weben n; (textura) Webart f

tejeduría F Weberei f; ~ **en crudo** Weißweberei f; ~ **de terciopelo** Samtweberei f

tejemaneje M Machenschaften fpl; fam fig Intrigenspiel n

tejer VT 1 TEX weben, wirken; (trenzar) flechten; Am labor de punto: stricken 2 ZOOL spinnen 3 fig intrigas schmieden, aushecken fam 4 espec Am rumores in Umlauf setzen

tejera F 1 → tejería 2 obrera: Ziegelbrennerin f; **tejerazo** M Esp POL, HIST *Putschversuch des Oberstleutnants Tejero (23. 2. 1981)*; **tejería** F Ziegelei f; **tejero** M Ziegelbrenner m

tejido M Gewebe n (tb ANAT); TEX Stoff m; ~**s** mpl Textilien pl; ~ **de punto** Trikot n; ARQUIT ~ **metálico** Metallgeflecht n, Stahlgewebe n; ANAT ~ **adiposo/muscular/óseo** Fett-/Muskel-/Knochengewebe n; MED ~ **conjuntivo** Bindegewebe n

tejo[1] M BOT Eibe f, Taxus m

tejo[2] M 1 (disco grueso) Holz-, Metallscheibe f; p. ext juego: Wurfspiel n; fam **tirar los ~s a alg** j-m Avancen machen 2 moneda: Münzplatte f 3 (lingote de oro) Goldbarren m

tejocote M BOT mexikanischer Weißdorn m

tejoleta F Ziegelstück n; pop Klamotte f fam; ~**s** fpl tb → tarreñas

tejón M ZOOL Dachs m; Méx tb Nasenbär m; **tejonera** F Dachsbau m

tejuela F 1 (teja) Dachziegel m 2 equitación: Schaft m des Sattelgestells; **tejuelo** M 1 pedazo: Ziegelstück n 2 TIPO Rückentitel m; en la biblioteca: Signaturschildchen n 3 TEC Wellen-, Zapfen-, Spurlager n; Unterlager n 4 VET caballo: Hufbein n der Pferde etc

tela F 1 (género) Gewebe n; Tuch n, Stoff m; Arg ~ **adhesiva** Heftpflaster n; Am ~ **de carpa** Zeltleinwand *f*; ~ **de embalaje** Rupfen *m*, Sackleinwand *f*; ~ **encerada** Wachstuch *n*; ~ **filtrante** Filtertuch *n*; **de ~ fina** aus feinem Tuch; ~ **de goma** *o* **engomada** Gummituch *n*; ~ **de lana** Wollstoff *m*; ~ **de recubrimiento** Bespannstoff *m*; ~ **de saco** Sackleinen *n*, Sackleinwand *f*; Rupfen *m*; ~ **tupida** *(tejido)* dicht gewebter Stoff *m*; *(enrejado)* engmaschiges Drahtgitter *n* **2** CONSTR, TEC ~ **asfáltica** Teerpappe *f*, Dachpappe *f*; ~ **metálica** *o* **de alambre** Drahtgeflecht *n*; Maschendraht *m*; Fliegengitter *n* **3** ZOOL ~ **de araña** → telaraña **4** PINT *(lienzo)* Leinwand *f*; *p. ext (pintura)* Gemälde *n* **5** *fam fig (asunto)* Stoff *m*, Thema *n*; *fig fam* **haber ~ para rato** kein Ende nehmen, lange vorhalten; *tema, etc* sehr ergiebig sein; *fam* **hay mucha ~ (que cortar)** es gibt viel zu tun, da steckt eine Menge Arbeit drin *fam*; *fam* **hay ~ cortada** die Sache läuft nicht so richtig *fam*; **estar** (*o* **quedar**) **en ~ de juicio** unsicher sein, Zweifel haben; **poner en ~ de juicio** anzweifeln; bestreiten, in Abrede stellen; genau prüfen (wollen); **tener ~ (marinera)** eine heikle Sachen sein; es in sich *(dat)* haben *fam* **6** *pop (dinero)* Geld *n*, Zaster *m fam*, Kohle *f fam*; *(Geld)* Knete *f pop* **7** *en la leche, etc*: Haut *f*, Häutchen *n*; BOT Schalhaut *f*; *des Granatapfels*; Kernhaut *f*; ANAT (Gehirn- *etc*)Haut *f*; *en el ojo*: Hornhaut *f*; ~ **de cebolla** Zwiebelhaut *f*; *fam fig* hauchdünner (*o* fadenscheiniger) Stoff *m*; *fam fig* **llegarle a alg a las ~s del corazón** j-n im Innersten treffen, j-m sehr an die Nieren gehen *fam*

telar M **1** TEX *máquina*: Webstuhl *m*; ~ **automático** Webautomat *m*; ~ **casero/Jacquard** Haus-/Jacquardwebstuhl *m* **2** TIPO *(encuadernadora)* Heftlade *f* **3** ARQUIT, TEAT *del escenario*: Schnürboden *m*

telaraña F Spinnwebe *n*, Spinnennetz *n*; *fam fig* **tener ~s en los ojos** keine Augen im Kopf haben, ein Brett vorm Kopf haben *fam*; INFORM Web *n*; **telarañoso** ADJ voller Spinnweben

tele F *fam* Fernsehen *n*, Glotze *f fam*

tele... PREF *t/t*, TEC Tele..., Fern...; **teleadicto** ADJ fernsehsüchtig; **teleapuntador** M TV Teleprompter *m*; **telearrastre** M DEP Hang-, Schlepplift *m*; **telebanca** F, **telebanco** M Telebanking *n*; **telebasura** *fam* Fernsehmüll *m fam*; **telebrújula** F Fernkompass *m*; **telecabina** F *esquí*: Kabinenlift *m*; **telecámara** F Fernsehkamera *f*; **telecargar** V/T INFORM herunterladen, downloaden; **telecinema(tógrafo)** M TV Filmgeber *m*; **telecomando** M Fernsteuerung *f*; **telecomedia** F Fernsehspiel *n*; **telecompra** F Teleshopping *n*; **telecomunicación** F *frec* **-ones** FPL Fernmeldewesen *n*; **teleconcurso** M TV Quizsendung *f*

teleconectar V/T ELEC fern(ein)schalten; **teleconector** M ELEC Fernschalter *m*; **teleconexión** F ELEC Fernschaltung *f*

teleconferencia F Konferenzschaltung *f*; **telecontrol** M Fernkontrolle *f*; Fernsteuerung *f*; **telecontrolar** V/T fernsteuern; **telecopiadora** F Fern-, Telekopierer *m*; **telediario** M TV Tagesschau *f*, Nachrichten *fpl*; **teledifusión** F Fernsehübertragung *f*; **teledinamia** F FÍS, *etc* Fernwirkung *f*; **teledinámico** ADJ durch Fernwirkung; **teledirigido** ADJ ferngelenkt, -gesteuert; Fernlenk...; MIL **arma** *f* **-a** (Fern)Lenkwaffe *f*; **telediscado** M *Arg* automatischer Fernsprechverkehr *m*; **teleemisora** F TV → telemisora; **teleenseñanza** F Fern(seh)unterricht *m*; **telefax** M TEL Telefax *n*, Fax *n*; **teleférico** M Drahtseilbahn *f*; Seilschwebebahn *f*; **telefilm(e)** M Fernsehfilm *m*

telefonazo M *fam* Anruf *m*; **dar un ~ a alg** j-n anrufen; **telefonear** V/T & V/I telefonieren, anrufen; **telefonema** M telefonische Durchsage *f*; *Am* Telefongespräch *n*; **telefonía** F Telefonie *f*, Fernsprechwesen *n*; ~ **automática** Selbstwählverkehr *m*; ~ **móvil** Mobilfunk *m*

telefónica F Telefongesellschaft *f (tb edificio)*; **telefónico** ADJ telefonisch, fernmündlich; **cabina** *f* **-a** Telefonzelle *f*; **central** *f* **-a** Vermittlung(szentrale) *f*; ADMIN Fernsprechamt *n*

telefonillo M Gegensprechanlage *f*; **telefonista** M/F Telefonist *m*, -in *f*

teléfono M **1** *gener* Telefon *n*; ADMIN Fernsprecher *m*; *Perú* ~ **anexo** Nebenanschluss *m*, -stelle *f*; ~ **automático** Selbstwählanschluss *m*; **(poste** *m* **de)** ~ **de auxilio** *o* **de socorro** Notrufsäule *f*; ~ **celular** *m Am* Handy *n*, Mobiltelefon *n*; ~ **fijo** Festnetztelefon *n*; ~ **inalámbrico** *o* **sin hilos** schnurloses Telefon *n*; ~ **móvil** *Esp* Handy *n*, Mobiltelefon *n*; ~ **portátil** tragbares Telefon *n*; ~ **público** öffentliche Sprechzelle *f*; ~ **de mesa** Tischtelefon *n*; ~ **de monedas** Münztelefon *n*; ADMIN Münzfernsprecher *m*; ~ **de pared** Wandapparat *m*; ~ **de tarjeta/teclado** Karten-/Tastentelefon *n*; ~ **en derivación** *o* **supletorio** Nebenanschluss *m*, -stelle *f*; ~ **por internet** Internettelefon *n*; **le llaman al ~** Sie werden am Telefon verlangt; **por ~** telefonisch; **hablar** *o* **llamar por ~** telefonieren **2** *(número)* COM ~ **de atención al cliente** Kundentelefon *n*; ~ **de emergencia** Notruf *m*; ~ **de la esperanza** *correspon-de a*: Telefonseelsorge *f*; ~ **S.O.S.** Notruf *m*; AUTO Notrufsäule *f*

telefoto F FOT Funkbild *n*; Fernaufnahme *f*; **telefotografía** F Telefotografie *f*; *tb* Fernbildübertragung *f*; **telegénico** ADJ telegen

telegobernar V/T ⟨1k⟩ fernsteuern; **telegobierno** M Fernbedienung *f*

telegrafía F Telegrafie *f*; ~ **de imágenes** Bildtelegrafie *f*; ~ **sin hilos** drahtlose Telegrafie *f*; **telegrafiar** V/T ⟨1c⟩ telegrafieren; **telegráfico** ADJ telegrafisch, Telegrafen...; Draht...; **estilo** *m* ~ Telegrammstil *m*; **hilo** *m* ~ Telegrafen- (*o* Leitungs)draht *m*; **telegrafista** M/F Telegrafist *m*, -in *f*; MAR, AVIA, MIL Funker *m*, -in *f*

telégrafo M Telegraf *m*; *correos*: ~ **automático** *o* ~ **por cinta perforada**, MAR ~ **de máquinas** Maschinentelegraf *m*; **poste** *m* **de ~s** Telegrafenmast *m*

telegrama M Telegramm *n*; ~ **de adhesión** *o* **de simpatía** Grußtelegramm *n*; ~ **de felicitación** Glückwunschtelegramm *n*; **poner un ~** ein Telegramm aufgeben

teleguiar V/T ⟨1c⟩ fernlenken, -steuern; **teleimpresor** M Fernschreiber *m*; **teleindicador** M Fernanzeiger *m*; **teleinterruptor** M ELEC Fernschalter *m*; **telekinesia** F, **telekinesis** F Telekinese *f*

telele M *fam* (Ohnmachts-)Anfall *m*; **le da el ~ er/sie kriegt einen Anfall** *fam*

telelectura F Fernablesung *f*; **teleloca** F *fam* → teletonta; **telemando** M TEC Fernsteuerung *f*, -bedienung *f*; **telemática** F Telematik *f*; **telemecánico** ADJ durch Fernsteuerung (betätigt); **telemedicina** F MED, INFORM Telemedizin *f*; **telemetría** F **1** ELEC Fernmesstechnik *f* **2** MIL Entfernungsmessen *n*; **telemétrico** ADJ fernmesstechnisch

telémetro M Entfernungsmesser *m (tb* FOT)

telemisora F TV Fernsehsender *m*; **telenoticias** FPL *C. Rica*, **telenoticiero** M *Guat*, **telenoticioso** M *Chile* TV Nachrichtensendung *f*; **telenovela** F TV Fernsehspiel(serie *f*) *n*, Seifenoper *f*; **teleobjetivo** M FOT Teleobjektiv *n*

teleología F FIL Teleologie *f*; **teleológico** ADJ teleologisch

teleósteos MPL ZOOL Knochenfische *mpl*

telépata M/F Telepath *m*, -in *f*

telepatía F Telepathie *f*; Gedankenübertragung *f*; **telepático** ADJ telepathisch

teleprocesar V/T INFORM *datos* fernübertragen; **teleproceso** M INFORM Datenfernübertragung *f*

telera F **1** *en arados y coches*: Lenkscheit *n* **2** MIL Lafettenriegel *m* **3** *para el ganado*: Plankenpferch *m* **4** TIPO, CONSTR *prensa de carpintero*: Backe *f einer Zwinge* **5** *Méx (tipo de pan blanco) Art* Weißbrot *n*

telero M Runge *f*; Leiterwagensprosse *f*

telerreglaje M ELEC Fernregelung *f*; **telerreportaje** M Fern(seh)reportage *f*; **telerruta** F *Esp* telefonischer Straßenzustandsbericht *m*

telescópico ADJ teleskopisch; Teleskop...; ausziehbar; **bastón** *m* ~ Teleskopstock *m*; **telescopio** M Teleskop *n*, Fernrohr *n*; ~ **reflector** Spiegelteleskop *n*

telesecundaria F *Méx* TV Telekolleg *n*

teleserie F TV Fernsehserie *f*

telesilla M Sessellift *m*

telespectador M, **telespectadora** F Fernsehzuschauer *m*, -in *f*, Fernsehteilnehmer *m*, -in *f*

telesquí M Skilift *m*; **teletarjeta** F *Esp* TEL ~ **telefónica** Telefonkarte *f*; **teletécnica** F Fernwirktechnik *f*; **teletermómetro** M Fernthermometer *n*; **teletex** M Teletex *n*; **teletexto** M Videotext *m*, Bildschirmtext *m*; **teletienda** F Teleshopping *n*; **teletipo** M Fernschreiber *m*; **teletonta** F *hum* Glotze *f fam*, Glotzkasten *m fam*; **teletrabajador** M, **teletrabajadora** F Telearbeitnehmer *m*, -in *f*; **teletrabajo** M Fern-, Telearbeit *f*, Teleworking *n*; **teletrineo** M Schlittenlift *m*; **televidente** M/F Fernsehteilnehmer *m*, -in *f*; Fernsehzuschauer *m*, -in *f*; **televisar** **A** V/T im Fernsehen übertragen (*o* bringen) **B** V/I *fam* fernsehen

televisión F Fernsehen *n*; *fam* ~ **basura** Fernsehmüll *m fam*; ~ **en blanco y negro/en color(es)** Schwarz-Weiß-/Farbfernsehen *n*; ~ **por cable** Kabelfernsehen *n*; ~ **en/por circuito cerrado** Closed-Circuit-Fernsehen *n*; Fernsehüberwachung(sanlage) *f*; ~ **digital** Digitalfernsehen *n*; ~ **escolar** Schulfernsehen *n*; ~ **de pago** Pay-TV *n*, Bezahlfernsehen *n*; ~ **privada** Privatfernsehen *n*; ~ **por** *o* **vía satélite** Satellitenfernsehen *n*

televisionitis F *fam* Fernsehfimmel *m fam*

televisivo ADJ Fernseh...; fürs Fernsehen geeignet; **programa** *m* ~ Fernsehprogramm *n*; **rostro** *m* ~ Fernsehgesicht *n*, fürs Fernsehen geeignetes Gesicht *n*

televisor M Fernsehgerät *n*, Fernseher *m*; ~ **en blanco y negro/en color** Schwarzweiß-/Farbfernseher *m*

télex M ⟨*pl inv*⟩ Fernschreiben *n*; Telex *n*

telilla F **1** TEX dünnes (Woll)Zeug *n* **2** *(nata)* Haut *f (auf der Milch etc)*

telliz M Pferdedecke *f*, Schabracke *f*; **telliza** F (schwere) Bettüberdecke *f*

telo M *Arg fam* Stundenhotel *n*

telón M **1** TEAT Vorhang *m*; ~ **de bambú** Bambusvorhang *m*; ~ **de fondo** TEAT Prospekt *m*; *fig* Hintergrund *m*; ~ **metálico** eiserner Vorhang *m*; **sube** *o* **se levanta/baja el ~** der Vorhang geht auf/fällt **2** POL, HIST *fig* **el ~ de acero** der Eiserne Vorhang

telonazo M TEAT **1** *caída*: Fallen *n* des Vorhangs **2** *fig (fin)* Ende *n* der Theatersaison; **te-**

T

lonera F TEAT Vorhang *m* vor dem eigentlichen Vorhang *(meist zu Reklamezwecken benutzt)*; **telonero** A M,-a F Künstler *m*, -in *f*, der als Erster auftritt *(Varieteé etc)* B **~s** MPL Vorgruppe *f*

telson M BIOL Telson *n* *(Endglied des Hinterleibs bei Gliederfüßlern)*

telúrico ADJ GEOL tellurisch, erdhaft; **telurio** M QUÍM Tellur(ium) *n*; **telurismo** M Tellurismus *m*; Erdabhängigkeit *f*; Erdhaftigkeit *f*; **teluro** M MINER **~ gráfico** Schrifterz *n*

tema A M 1 *(asunto)* Thema *n* *(tb* MÚS*)*; Gegenstand *m*, Sujet *n*; *(tarea)* Aufgabe *f*; **~ de concurso** Preisaufgabe *f*, -frage *f*; **desarrollar un ~** ein Thema behandeln *(o* MÚS entwickeln*)* 2 LING Stamm *m*; Thema *n*; **~ nominal/verbal** Nominal-/Verbalstamm *m* B M, *liter y reg* F 1 *(idea fija)* fixe Idee *f*; Schrulle *f*, Spleen *m*; *tb* Steckenpferd *n*; **tomar ~** sich *(dat)* etw in den Kopf setzen 2 *(oposición)* Abneigung *f*, Widerwille *m*; *Am reg* **tener ~ a** *o* **contra alg** j-n nicht mögen

temario M Themenliste *f*, -kreis *m*

temática F Thematik *f*; **temático** ADJ thematisch; Thema..., Themen...; LING Stamm...; LING **vocal** *f* **-a** Thema-, Stammvokal *m*

tembladera F 1 *(tiritera)* Zittern *n* 2 BOT Zittergras *n*; *Perú Art* Schachtelhalm *m* 3 ZOOL *pez*: Marmorrochen *m* 4 *vaso*: Tummler *m* *(Gefäß)* 5 *Arg, Andes* VET Zitterkrankheit *f* *(Pferdeseuche)* 6 *Am* → tembladero; **tembladero** *Am* M *(tremedal)* Sumpf-, Zitterboden *m*; **temblador** A ADJ bebend, zitternd B M, **tembladora** F 1 *(que tiembla)* zitternde Person *f* 2 REL Quäker *m*, -in *f* C M 1 ZOOL *pez*: Zitteraal *m* 2 *pesca*: Wobbler *m der Angler*

temblar VI ⟨1k⟩ zittern; beben; *p. ext (temer)* sich fürchten; bangen (**por** um *acus*); **~ como una hoja** *o* **como un azogado** zittern wie Espenlaub; **~ de espanto** vor Schreck beben; *fam fig* **dejar temblando** *vaso, etc* fast leeren; **estar** *o* **quedar temblando** *vaso, etc* beinahe leer sein; **hacer ~** erzittern lassen; **le tiemblan las rodillas/todos los miembros** die Knie zittern *(o* schlottern*)* ihm/er schlottert an allen Gliedern; **no tiene miedo ni tiembla ante nadie ni nada** er fürchtet nichts und niemanden; **todo me tiembla** mir zittern alle Glieder

tembleque A ADJ → tembloroso B M 1 *(temblor)* Zittern *n*; **me entran ~s** ich fange an zu schlottern, ich kriege weiche Knie *fam* 2 *joya*: Zitternadel *f*; **temblequeante** ADJ *persona* zitternd; zittrig; *(blanduzco)* (sch)wabbelig *fam*; **temblequear** VI *fam* ständig zittern; am ganzen Leibe zittern, bibbern *fam*; **temblequera** F *fam* Schlottern *n*

temblón A ADJ zitt(e)rig; zitternd; BOT **álamo** *m* **~** Zitterpappel *f*, Espe *f* B M *pez*: 1 *(torpedo)* Marmorrochen *m* 2 *(gimnoto)* Zitteraal; **temblor** M Zittern *n*; **~ de mar/de tierra** *(leichtes)* See-/Erdbeben *n*; **tembloroso** ADJ zitterig; **~ de miedo** angstzitternd

temedero ADJ → temible; **temedor** ADJ fürchtend

tememe M *Méx* HIST *indianischer* (Last)Träger *m*

temer A VT fürchten; befürchten; **~ a Dios** Gott fürchten; gottesfürchtig sein; **temo** *o fam* **me temo que** *(subj o futuro)* ich (be)fürchte, dass *(ind)* B VI (sich) fürchten, Angst haben; **~ por su vida** für sein Leben fürchten

temerario ADJ *persona* verwegen, waghalsig, tollkühn, vermessen; *tentativa* gewagt; *afirmación* leichtfertig, voreilig; *juicio* vorschnell; **temeridad** F 1 *(imprudencia)* Verwegenheit *f*, Tollkühnheit *f* 2 *(osadía)* Vermessenheit *f*; Frevel *m*; Wahnsinn *m* 3 *(afirmación imprudente)* höchst leichtfertige *(o* voreilige*)* Behauptung *f*; **temeroso** ADJ furchtsam, ängstlich; zaghaft; **~ de a/c** etw fürchtend; **~ de Dios** gottesfürchtig

temible ADJ furchtbar; fürchterlich, zu fürchten(d)

temiche M *Ven* BOT Temichepalme *f*

temole M *Méx* GASTR *carne*: Pfefferfleisch *n*; *salsa*: Chili-Tomaten-Soße *f*

temor M 1 *(miedo)* Furcht *f*, Angst *f*; *(timidez)* Scheu *f*; **~ al castigo** Angst *f* vor Strafe; REL **~ de Dios** Gottesfurcht *f*; **~ de** *o* **a la muerte** Furcht *f* vor dem Tod(e); **con ~** ängstlich; scheu; (sehr) verlegen; **por ~ de** aus Angst *(o* Furcht*)* vor *(dat)*; **el ~ a que** *(subj)* die Furcht, dass ... *(ind)*; **sin ~** furchtlos, unverzagt; **desechar todo ~** alle Furcht ablegen; mutig handeln; **le tiene mucho ~** er fürchtet ihn sehr 2 *(preocupación)* Befürchtung *f*, Besorgnis *f*; *(recelo)* Argwohn *m*; *(sospecha)* (bange) Ahnung *f*; **tener el ~ de que** *(subj)* (be)fürchten, (dass) *(ind)*

tempanador M AGR Zeidelmesser *n der Imker*

tempanar VT 1 AGR *colmena* abdecken 2 *en barriles: den Boden* einsetzen

témpano M 1 MÚS Pauke *f* 2 *(bloque, pedazo)* Scholle *f*, flacher Brocken *m*; **~ (de hielo)** Eisscholle *f*; **~s** *mpl* **de hielo** *tb* Packeis *n*; *fig* **ser más frío que un ~** sehr gelassen sein, unerschütterlich sein 3 ARQUIT → tímpano 2 4 AGR *de la colmena*: Abdeckung *f der Bienenstöcke* 5 *de barriles*: Fassdeckel *m*; *tb* Fassboden *m* 6 *carnicería*: *reg* Seite *f* Speck

témpera F PINT 1 *color*: Temperafarbe *f* 2 *pintura*: Temperamalerei *f*

temperación F Mäßigen *n*; Mäßigung *f*; **temperado** ADJ 1 MÚS temperiert, gestimmt 2 *Am clima* mild, (lau)warm, gemäßigt

temperamental ADJ Temperaments..., Charakter...; temperamentvoll; **temperamento** M Temperament *n*; **de ~ colérico** *o* **bilioso** *o* **nervioso** cholerisch, aufbrausend, leicht reizbar

temperancia F Mäßigung *f*; **temperante** ADJ mäßigend; *Am* enthaltsam, abstinent; **temperar** VI 1 *(moderar)* mäßigen; mildern 2 *Col, Ven, Nic, P. Rico estadía en otra zona climática*: eine Zeit in einem anderen Klima *(z. B. Gebirge, Meer)* verbringen

temperatura F Temperatur *f*; → *tb* temperie; FÍS **~ absoluta** Absoluttemperatur *f*; TEC **~ al blanco/al rojo** Weiß-/Rotgluthitze *f*; **~ ambiente** Umgebungstemperatur *f*; Raum-, Zimmertemperatur *f*; **~ crítica** kritische Temperatur *f*; **~ máxima/mínima** Höchst-/Tiefsttemperatur *f*; **~ propia/superficial** Eigen-/Oberflächentemperatur *f*; **curva** *o* **gráfica de la ~** Temperatur-, MED Fieberkurve *f*; MED **tener mucha ~** hohes Fieber haben; MED **tomar(le) la ~ (a alg)** (bei j-m) Fieber messen

temperie F Witterung *f*; **tempero** M AGR gute Saatzeit *f (nach den Regenfällen)*

tempestad F 1 METEO *(tormenta)* Unwetter *n*; (starker) Sturm *m*; Gewitter *n*; **~ de arena** Sandsturm *m* 2 *fig (intranquilidad)* Unruhe *f*, Sturm *m*; *(fuerte discrepancia)* heftige Auseinandersetzung *f*; **~ de aplausos** Beifallssturm *m*; **~ de injurias** Flut *f* von Verwünschungen; **levantar ~es** große Unruhe stiften, einen Aufruhr entfesseln; *fig* **una ~ en un vaso de agua** ein Sturm im Wasserglas

tempestividad F Rechtzeitigkeit *f*; Schicklichkeit *f*; **tempestivo** ADJ passend, gelegen; **tempestuoso** ADJ stürmisch; Sturm...; Gewitter...

templa F PINT Tempera *f*

templabilidad F TEC Härtbarkeit *f*; **templadero** M Kühlkammer *f (Glasfabrikation)*

templado A ADJ 1 *(moderado)* maßvoll, gemäßigt 2 *(tibio)* lau(warm), überschlagen; *clima* gemäßigt, mild 3 MÚS gestimmt; *fam fig* **estar bien/mal ~** gut/schlecht gelaunt sein 4 *persona*: *(frío)* kaltblütig; *fam fig (valiente)* tapfer, kühn; *pop fig (astuto)* abgefeimt, verschlagen; *Am Centr, Méx (inteligente)* klug, geschickt; *Col, Ven (severo)* streng; *Bol, Chile, Col, Perú fam fig (enamorado)* verliebt; *Col fam (borracho)* beschwipst 5 TEC *acero* gehärtet; **~ al** *o* **de soplete** *o* **~ por flameado** im Brennstrahl gehärtet B M TEC Brennstrahlhärtung *f*

templador M MÚS Stimmschlüssel *m*; **templanza** F 1 *(continencia)* Mäßigkeit *f*; Enthaltsamkeit *f*; **sociedad** *f* **de ~** Temperenzlerverein *m* 2 *clima*: mildes Klima *n* 3 PINT Farbabstimmung *f*, Farbenharmonie *f*; MÚS Tonharmonie *f*

templar A VT 1 *(moderar)* mäßigen; temperieren; *cosa caliente* abkühlen; *cosa fría* anwärmen; *fuerte* (ab)schwächen *(o* verdünnen*)*; *p. ext tornillo, cable* mäßig anziehen; *fig (suavizar)* mildern, mäßigen, besänftigen 2 MÚS stimmen; PINT *colores* abstimmen 3 TEC abschrecken (**en** mit *dat*); *metales, vidrio, cerámica* härten; *fig* stählen; **sin ~** ungehärtet 4 MAR *velas* dem Wind entsprechend einrichten 5 *Col, Ec persona*: *(derribar)* j-n zu Boden werfen; *C. Rica (azotar)* verprügeln; *Ec, Perú (matar)* töten B VI 1 METEO nicht mehr so kalt sein; wärmer werden 2 *Cuba (escapar)* fliehen C V/R **templarse** 1 *(sosegarse)* sich mäßigen; sich abkühlen; **~ en el beber** mäßig trinken 2 *Bol, Col, Chile, Perú (enamorarse)* sich verlieben 3 *Cuba, Méx (escaparse)* fliehen 4 *Chile, Méx (comer en exceso)* sich *(dat)* den Bauch vollschlagen *(fam fig)*; *(propasarse)* sich hinreißen lassen 5 *Ec arrostrar un peligro*: sich ermannen, tapfer sein

templario M HIST, REL Templer *m*, Tempelritter *m*

temple M 1 METEO *(temperie)* Witterung *f*; Temperatur *f* 2 *(carácter)* Charakteranlage *f*; Veranlagung *f*; **de mal ~** bösartig 3 MÚS *(afinación)* Stimmung *f*; *fam fig* **mal ~** Missstimmung *f*; **estar de buen/mal ~** *ánimos*: gut/schlecht gelaunt sein 4 TEC *acero*: Härtung *f*; **~ al aceite/al aire** Öl-/Lufthärtung *f*; **~ en frío** Kalthärtung *f*; **~ vítreo** *acero*: Glashärte *f* 5 PINT Temperafarbe *f*; **pintura** *f* **al ~** Temperamalerei *f*; **color** *m* **de ~** Anlauffarbe *f*

Temple M HIST, REL Tempelorden *m*, Templer *mpl*

templete M 1 *(pequeño templo)* Tempelchen *n* 2 *(pabellón)* Pavillon *m*; **~ de la música** Konzertpavillon *m*

templista M/F PINT Temperamaler *m*, -in *f*

templo M Tempel *m*; *(iglesia)* Kirche *f*; *fam fig* **como un ~** haushoch; riesengroß; *fam fig* **una verdad como un ~** die volle Wahrheit; eine unumstößliche Wahrheit *f*

tempo M MÚS Tempo *n*

temporada F 1 *(espacio de tiempo)* Zeitraum *m*; Zeit (lang) *f* 2 *(época del año)* Jahreszeit *f*; Saison *f*; TEAT Spielzeit *f*; **de ~** Saison...; der Jahreszeit (entsprechend); **~ alta** Hochsaison *f*; **~ baja** Nebensaison *f*, Vor- *(o* Nach*)*saison *f*; **~ de (los) baños** Badezeit *f*, -saison *f*; METEO **~ de lluvias** Regenzeit *f*

temporadista M/F *Guat, Méx* Sommerfrischler *m*, -in *f*

temporal A ADJ 1 *(no duradero)* zeitlich; zeitweilig, zeitweise 2 REL *(profano)* weltlich; HIST **brazo** *m* **~** weltlicher Arm *m (bes Staatsjustiz als ausführendes Organ der Inquisition)* 3 ANAT *sien*: Schläfen... B M 1 METEO *(tempestad)* Sturm *m*; Unwetter *n*; *(época de lluvias)* Regenzeit *f*; **~ de nieve** Schneesturm *m*; **capear el ~** MAR

T

vor dem Winde liegen, beiliegen; *fig* sich geschickt (vor etw *dat*) drücken, Schwierigkeiten (o Entscheidungen) aus dem Wege gehen 2 ANAT **hueso ~** Schläfenbein *n*
temporalidad F Vergänglichkeit *f*; Zeitlichkeit *f*; Weltlichkeit *f*; **temporalizar** VT ⟨1f⟩ vergänglich machen; verweltlichen; **temporalmente** ADV vorübergehend
témporas FPL CAT Quatember(fasten *n*) *m*; *pop fig* **confundir el culo con las ~** völlig daneben hauen, ins Fettnäpfchen treten
temporejar VI MAR beidrehen (*bei Sturm*); **temporero** A ADJ auf Zeit angestellt, temporär B M, **-a** F Saisonarbeiter *m*, -in *f*; Aushilfskraft *f*; **temporizador** M TEC Zeitgeber *m*; Schaltuhr *f*; *de una bomba*: Zeitzünder *m*; **temporizar** VI ⟨1f⟩ 1 (*pasar el tiempo*) die Zeit verbringen 2 (*contemporizar*) sich fügen
tempranal AGR A ADJ Früh... B M Frühkultur *f*; **tempranear** VI *Am* früh aufstehen; **tempranero** ADJ frühreif; früh- (o vor)zeitig; Früh...; **ser ~** früh aufstehen
tempranillo M *wichtigste Traubensorte der roten Rioja-Weine*
temprano A ADJ früh(zeitig); Früh...; **fruta** *f* **-a** Frühobst *n*; **a -a edad** in früher Jugend B ADV (zu) früh; **mañana ~** morgen früh; **llegar ~** zu früh kommen
temu M *Chile* BOT Muskatmyrte *f*
ten 1 → tener 2 *fam* **(ir con mucho) ~ con ~** äußerst behutsam (zu Werke gehen)
tenacidad F 1 (*dureza, pertinacia*) Zähigkeit *f*; *de la tela, etc*: Reißfestigkeit *f* 2 *de personas*: Hartnäckigkeit *f*, Starrsinn *m*; **tenacillas** FPL 1 *instrumento*: kleine Zange *f*; (*pinzas*) Pinzette *f* 2 (*despabiladeras*) Lichtputzschere *f*
tenante M *heráldica*: Schildhalter *m*
tenaz ADJ ⟨*pl* -aces⟩ 1 zäh; *líquido* dickflüssig; *tela, etc* reißfest 2 *persona* beharrlich, hartnäckig, unbeugsam; *desp* starrsinnig
tenaza F → tenazas; **tenazada** F 1 *con una tenaza*: Packen *n* mit der Zange; *ruido*: Zangengeräusch *n* 2 *fig* (*mordedura fuerte*) heftiges Zubeißen *n*
tenazas FPL Zange *f*; **~ articuladas** Hebelzange *f*; **~ de corte** o **de sujeción** Kneifzange *f*; **~ para tubos** Rohrzange *f*; *fam fig* **eso no puede cogerse ni con ~** das mag man nicht einmal mit der Zange anfassen; *fam* **manos** *fpl* **como ~** Pranken *fpl* (*fam fig*)
tenca F 1 *pez*: Schleie *f* 2 *pop fig* (*embriaguez*) Rausch *m*
tencha F *Guat fam* Knast *m*
tencolote M *Méx* Tragkorb *m der Indianer*
tendajo M → tendejón
tendal M 1 (*toldo*) Sonnendach *n*; Plane *f* 2 *cosas extendidas para secar*: auf dem Trockenplatz Liegende(s) (o Hängende[s]) *n* 3 AGR Auffangtuch *n beim Olivenabschlagen* 4 *reg* → tendedero 5 *Am* → tendalera 6 *Arg esquila*: Scherplatz *m für Schafe* 7 *Chile tienda*: Textilladen *m*
tendalada F *Arg, Chile fam de cosas*: wahllos verstreute Sachen; *de personas o animales*: bunt durcheinander gewürfelte Gruppe *f* von Personen (o Tieren); **tendalera** F (unordentlich) auf dem Boden Herumliegende(s) *n*, Durcheinander *n*; **tendalero** M → tendedero
tendear VI *Méx* bummeln
tendedero M (*secadero*) Trockenplatz *m*; **~ (de ropa)** *lugar*: Trockenboden *m*; *armazón*: Wäscheständer *m*; **tendejón** M *fam* Kramladen *m*; (elende) Bude *f*
tendel M CONSTR *cuerda*: Messschnur *f*, Richtschnur *f der Maurer*; (*capa de mortero*) Mörtelschicht *f zwischen den Backsteinlagen*

tendencia F (*inclinación*) Neigung *f*; (*dirección*) Richtung *f*; Tendenz *f*; Trend *m*; **~ al alaza/a la baja** steigende/fallende Tendenz *f*; ECON *bolsa*: **~ alcista** steigende Tendenz *f*, Haussestimmung *f*; ECON *bolsa*: **~ bajista** Baissetendenz *f*; **~ al vicio** Hang *m* zum Laster, Lasterhaftigkeit *f*; **invertir una ~** eine Trendwende herbeiführen; **tener ~ a** neigen zu
tendencioso ADJ tendenziös, gefärbt; **tendente** ADJ tendierend, strebend (**a** nach *dat*); hinzielend (**a** auf *acus*)
tender ⟨2g⟩ A VT 1 (*desdoblar*) (aus)spannen; (*extender*) ausbreiten; (*poner*) aus-, hinlegen; (*estirar*) ausstrecken; *puente* schlagen; *alambre, cuerda* spannen, ELEC *cable* verlegen; *ropa* aufhängen; *lazo* legen (*tb fig*); *redes* auswerfen (*tb fig*); **~ por tierra** niederstrecken 2 (*alcanzar*) reichen; **~ la mano** die Hand aus- (o entgegen)strecken; *tb fig* **~ la mano a alg** j-m die Hand reichen 3 AGR (aus)streuen; **~ por el suelo** umherstreuen 4 ARQUIT tünchen; ARQUIT **~ con yeso/con cal** gipsen/tünchen (o kalken) B VI (*propender*) neigen (**a** zu *dat*); (*aspirar*) streben (**a, hacia** nach *dat*); (*poner la mira*) abzielen (auf *acus* **a**) C VR **tenderse** 1 (*ponerse tenso*) sich spannen; *caballo* sich strecken (*beim Galopp*) 2 (*acostarse*) sich hinlegen; sich (aus)strecken; **estar tendido** liegen 3 *fam fig* (*despreocuparse*) sich um nichts kümmern; *etw* vernachlässigen 4 AGR *mieses* sich (um)legen (*Getreide nach Unwetter*) 5 *juego de cartas*: alle Karten zeigen (o offen auf den Tisch legen)
ténder M FERR Tender *m*
tendera F Ladeninhaberin *f*; Kleinhändlerin *f*; **tenderete** M 1 (*puesto de ventas*) Verkaufsstand *m*; Marktzelt *n*; **~ de feria** Jahrmarktsbude *f* 2 *juego*: *Art Kartenspiel* 3 *fam* → tendalera
tendero M *comerciante*: Ladeninhaber *m*; Kleinhändler *m*
tendida F *Arg equitación*: Scheuen *n*, Ausbrechen *n*
tendido M 1 Ausbreiten *n*; *de ropa*: Aufhängen *n*; *p. ext* (*ropa colgada*) aufgehängte Wäsche *f* 2 ELEC, *etc instalación*: Verlegung *f von Leitungen*; FERR **~ de vías** Gleisverlegung *f* 3 ARQUIT Bewurf *m*; **~ con yeso** (*enyesar*) Gipsen *n*, (*revocar*) Verputzen *n* 4 TAUR Sperrsitz *m*
tendinoso ADJ sehnig; **tendón** M ANAT Sehne *f*; **~ de Aquiles** ANAT Achillessehne *f*; *fig* Achillesferse *f*; **tendovaginitis** F MED Sehnenscheidenentzündung *f*
tendré *etc* → tener
tenducha F, **tenducho** M (elender) Kramladen *m*
tenebrosidad F Finsternis *f*; **tenebroso** ADJ finster; dunkel (*tb fig*)
tenedor M 1 *utensilio de mesa*: Gabel *f*; **~ para servir la ensalada** Salatgabel *f*; **~ para tomar ostras** Austerngabel *f* 2 JUR (*dueño*) Inhaber *m*; COM *de una letra de cambio*: Wechselnehmer *m*; COM **~ de libros** Buchhalter *m*
tenedora F JUR (*dueña*) Inhaberin *f*; COM *de una letra de cambio*: Wechselnehmerin *f*; COM **~ de libros** Buchhalterin *f*
teneduría F COM Buchhaltung *f*; **~ de libros por partida doble** doppelte Buchführung *f*
tenencia F 1 (*posesión*) Innehaben *n*; Besitz *m*; **~ (ilícita) de armas** (unerlaubter) Waffenbesitz *m* 2 (*suplencia*) Stellvertreter(schaft *f*) *m*; **~ de alcaldía** Bezirksbürgermeisteramt *n*; Amt *n* des zweiten Bürgermeisters 3 **~ de animales** *nicht gewerbliche* Tierhaltung *f*

tener
⟨2l⟩

A verbo transitivo B verbo auxiliar
C verbo reflexivo D verbo intransitivo

— **A** verbo transitivo —

1 haben; (*poseer*) besitzen; (*mantener*) (fest) halten; (*contener*) enthalten; *pensamientos, sentimientos* hegen; *reunión, clase etc* (ab)halten (o haben); *promesas* halten; *conversación* führen; sorgen für (*acus*); **~ afecto a alg** j-m gewogen (o zugetan, geneigt) sein; **~ algo de bueno** etwas Gutes haben; **~ algo de la madre** *caudales*: einiges Vermögen von der Mutter haben; *carácter, cara, etc*: etwas (*Gesichts-, Charakterzüge etc*) von der Mutter haben; (*parecerse a la madre*) der Mutter ähnlich sehen; **~ años** o **días** bei Jahren sein, betagt sein; **~ treinta años** dreißig Jahre alt sein; **tengo calor/frío** mir ist warm/kalt; *fam fig* **~ cosas** einen Tick (o Schrullen) haben; **~ escape** *humo, vapor, etc* entweichen können; *caldera, etc* undicht sein; **~ fiesta** (*festejar*) feiern; *día libre*: freihaben; **~ habilidad** geschickt sein; **~ hambre/sed** Hunger/Durst haben; **~ invitados** (geladene) Gäste haben; **~ la lengua** den Mund halten; *fig* **~ mano en a/c** die Finger in einer Sache haben; *fig* **~ muchas manos** sehr geschickt sein; **~ tres metros de largo/ancho** drei Meter lang/breit sein; **ha tenido un niño** sie hat ein Kind bekommen (o gekriegt *fam*); **le tengo simpatía** ich mag ihn gern; **aquí tiene usted ...** hier haben Sie ...; hier sehen Sie ...; **¡aquí tiene usted!** o **¡tenga usted!** nehmen Sie bitte!; **aquí me tiene(n) usted(es)** hier bin ich; ich stehe zu Ihrer Verfügung; *fam fig* **cada uno tiene lo suyo** jeder hat (so) seine Fehler (o seine Marotten); *fam* **¿conque ésas tenemos?** so ist das also?, darauf willst du (o wollen Sie *etc*) hinaus?; **no ~ con qué pagar** nicht zahlen können; kein Geld haben; *fig* **no ~ nada suyo** sehr großzügig (o freigebig) sein, sein letztes Hemd verschenken *fam*; **¡no nos tenga así (en suspenso)!** spannen Sie uns nicht (so lange) auf die Folter!, machen Sie es nicht so spannend! *fam*; **¡tenga!** da, nehmen Sie!; **¿qué tienes?** was hast du?; *tb* was fehlt dir?; ist dir nicht wohl? 2 *con part o adj*: **tengo escrita la carta** ich habe den Brief geschrieben, der Brief liegt fertig vor; *fam* **no ~las todas consigo** ängstlich (o misstrauisch) sein; sich (*dat*) nicht ganz sicher sein; **me tienes intrigado** ich bin gespannt, du machst mich neugierig; **eso me tiene nervoso** das macht mich nervös; **eso le tiene preocupado** das beunruhigt ihn, das lässt ihm keine Ruhe; **eso me tiene tranquilo** das lässt mich kalt; **~ puesto** *vestimenta, calzado* anhaben; *sombrero* aufhaben, auf dem Kopf haben 3 *con prep o adv*: **~ a bien** (*inf*) so freundlich sein zu (*inf*); **~ a mano** zur Hand haben; **~ a la vista** vor Augen haben; im Auge haben (*fig*), vorhaben; in Aussicht haben; **¿qué tiene contra usted?** was hat er gegen Sie?; warum mag er Sie nicht?; *juego de cartas*: **~ en buenas** Trümpfe zurückhalten; **~ en casa a alg** j-n bei sich (*dat*) aufgenommen haben; **~ en** o **entre manos** unter den Händen (o in Aussicht) haben; in Arbeit haben; **~ en más** höher achten; vorziehen; **~ en** o **a mucho** hoch achten; **~ para sí** dafürhalten..., der Meinung sein...; **~ por bueno** für gut halten; **~ por el mango** am Griff (o Stiel) (fest)halten; **~ por objeto** bezwecken; **~ sobre sí una responsabilidad** eine Verantwortung tragen 4 (*retener*) (zurück) halten; **~ el caballo** das Pferd halten (o anhalten); **~ el perro** *tb* den Hund zurückhal-

T

ten 5 *vulg* **~lo** (*tener un orgasmo*) kommen *pop*

— **B** verbo auxiliar —

~ que (*inf*), *reg y fam* **~ de** (*inf*) müssen; **no ~ que** (*inf*) nicht (*inf*) müssen (*o* sollen); nicht (zu) (*inf*) brauchen; *tb fig* **~ algo que perder** einiges zu verlieren haben; **(no) ~ que ver con** (nichts) zu tun haben mit (*dat*); *pop* **~ que ver con una mujer** ein Verhältnis mit einer Frau haben

— **C** verbo reflexivo —

tenerse 1 (*sujetarse*) sich fest- (*o* an)halten (**en** an *dat*); (festen) Halt haben *o* stehen (**en** auf *dat*); (*resistir*) standhalten, widerstehen; **~ bien** sich gut halten; **~ bien a caballo** ein guter Reiter sein; **~ fuerte** standhalten; auf seiner Meinung bestehen; **~ en pie** sich aufrecht halten; *fam* **está que no se tiene** (*está borracho o cansado*) er/sie kann nicht mehr gerade stehen; (*está cansado*) er/sie schläft im Stehen ein 2 (*considerarse*) sich halten (**por** für *acus o adj*); **~ en mucho** sehr von sich (*dat*) eingenommen sein 3 (*atenerse*) sich halten (**a** an *acus o* **en** an *dat*) 4 (*detenerse*) (inne)halten; **¡tente!** halt ein!; bleib stehen!

— **D** verbo intransitivo —

reich (*o* begütert) sein, (Besitz) haben; **con eso no tengo ni para empezar** damit (allein) kann ich nichts anfangen; das langt nicht einmal für den Anfang; **no saber alg lo que tiene** ungeheuerlich reich sein, ein Krösus sein

tenería F Lohgerberei *f*

Tenerife M Teneriffa *n*

tenesmo M MED **~ rectal/vesical** Stuhl-/Harnzwang *m*

tenga, tengo *etc* → tener

tenguerengue M TEC *fam* Labilität *f*; *adv* **en ~** wackelig, wenig stabil; auf der Kippe

tenia F 1 MED *parásito*: Bandwurm *m* 2 ARQUIT Zierband *n*, -leiste *f*

tenida F 1 *Am sesión*: Sitzung *f einer Freimaurerloge* 2 *Chile, Perú* (*vestimenta*) Kleidung *f*

teniente A ADJ 1 (*que tiene*) (inne)habend 2 *fam* (*algo sordo*) schwerhörig 3 *fam fig* (*miserable*) knauserig *fam* B M/F 1 ADMIN (*suplente*) Stellvertreter *m*, -in *f*; REL (Pfarr)Vikar *m*; **~ (de) alcalde** zweiter Bürgermeister *m*, zweite Bürgermeisterin *f* 2 *Esp* MIL *grado militar*: Oberleutnant *m*; **~ general** General *m der Infanterie etc*; MIL **~ coronel** *m* Oberstleutnant *m*; MAR **~ de navío** Kapitänleutnant *m*; HIST **primer ~** Oberleutnant *m*; HIST **segundo ~** Leutnant *m*

tenífugo M FARM Bandwurmmittel *n*

tenis M 1 DEP Tennis(spiel) *n*; **~ de mesa** Tischtennis *n*; **jugador** *m*, **jugadora** *f* **de ~** Tennisspieler *m*, -in *f* 2 PL *Col, Ven calzados*: Turnschuhe *mpl*

tenista M/F Tennisspieler *m*, -in *f*

tenístico ADJ DEP Tennis...

tenor M 1 MÚS Tenor *m*; **~ cómico** Tenorbuffo *m*; **(saxófono** *m*) **~** Tenorsaxofon *n*; **~ dramático** Heldentenor *m* 2 *fig* (*contenido*) Wortlaut *m*, Inhalt *m*, Tenor *m*; **a ~ de** nach Maßgabe (*gen*), laut (*gen, dat*); **a este ~** derart, so

tenora F *Esp* MÚS *oboenähnliches Blasinstrument der katalanischen Sardanakapellen*; **tenorino** M MÚS Falsetttenor *m*

tenorio M Don Juan *m*, Schürzenjäger *m*, Frauenheld *m*

tensar V/T TEC straffen, spannen; **tensiolítico** MED A ADJ spannungslösend B M spannungslösendes Mittel *n*; **tensiómetro** M MED Blutdruckmessgerät *n*

tensión F 1 Spannung *f* (*tb* TEC, ELEC *y fig*); ELEC **alta ~** Hochspannung *f*; ELEC **~ alterna de la rejilla** Gitterwechselspannung *f*; *fig* **estar en ~** (*impaciente*) gespannt sein; (*muy nervioso*) sehr nervös sein, äußerst erregt sein 2 MED **~ (arterial)** Blutdruck *m*; MED **tener la ~ alta/baja** hohen/niedrigen Blutdruck haben; **tomar la ~** den Blutdruck messen

tensionar V/T *Arg, Col, Ur j-n* nervös machen, *j-n* beunruhigen; **tenso** ADJ (*tirante*) gespannt; prall; *fig situación* (an)gespannt; *fig* (*convulso*) verkrampft

tensón F LIT Tenzone *f*

tensor A ADJ TEC Spann...; **dispositivo** *m* **~** Spannvorrichtung *f* B M 1 TEC Spanner *m*; Spanneisen *n*; Spannschloss *n*; **~ de la cadena** *en la bicicleta*: Kettenspanner *m* 2 ANAT **(músculo** *m*) **~** Spannmuskel *m*

tentación F Versuchung *f*; (Ver)Lockung *f*; **caer en (la) ~** in Versuchung fallen

tentaculado ADJ ZOOL *insectos* mit Fühlern versehen; *moluscos* mit Fangarmen versehen; **tentacular** ADJ *de insectos*: Fühler..., *de caracoles*: Fühlhorn...; *de moluscos*: Fangarm...; **tentáculo** M *de insectos*: Fühler *m*; *de caracoles*: Fühlhorn *n*; *de moluscos*: Fangarm *m*; *fam fig* (*mano*) Hand *f*, Flosse *f* (*fam fig*)

tentadero M TAUR Probeplatz *m* (*o* -pferch *m*) *für Jungstiere*; **tentador** A ADJ verführerisch, verlockend; Verführungs... B M, **tentadora** F Versucher *m*, -in *f*; **tentadura** F MIN Erz-, *espec* Silberprobe *f* (*Erzstück und Versuch*)

tentar V/T ‹1k› 1 (*palpar*) befühlen, betasten; aus-, abgreifen 2 (*inducir*) verführen; verlocken, versuchen, in Versuchung führen 3 (*examinar*) prüfen, untersuchen; MED *herida* mit der Sonde untersuchen; *fam fig* **~ la paciencia a alg** j-n belästigen, j-m auf die Nerven gehen 4 (*probar*) versuchen, unternehmen

tentativa F 1 (*prueba*) Versuch *m*; Probe *f*; TEL **~ de llamada** Anrufversuch *m* 2 JUR (*intento*) Versuch *m*; **~ de asesinato/de conciliación** Mord-/Sühneversuch *m*; **~ de delito imposible** untauglicher Versuch *m*; **~ de robo** versuchter Diebstahl *m*

tentemozo M 1 (*soporte*) Stütze *f* 2 (*dominguillo*) Stehaufmännchen *n*; **tentempié** M *fam* Imbiss *m*, Stärkung *f*

tentenelaire, tente-en-el-aire A M/F *Am* Mischling *m* B M *RPl, Arg, Perú, reg* ORN → colibrí

tentetieso M Stehaufmännchen *n*

tentón M *fam* 1 (*palpar en forma sorpresiva*) (plötzliches) Befühlen *n*, Befummeln *n fam* 2 *persona*: Fummler *m*; Grapscher *m*

tenue ADJ (*delgado*) dünn; (*fino*) fein; (*débil*) schwach; **tenuidad** F Dünne *f*; (*delicadeza*) Zartheit *f*; (*debilidad*) Schwäche *f*

tenuta F JUR vorläufige Nutznießung *f* (*bis zur gerichtlichen Entscheidung*)

teñido A ADJ gefärbt; *cabello tb* getönt B M Färben *n*

teñir ‹3h y 3l› A V/T färben (*tb fig*); (ab)tönen; **~ de negro** schwarz färben B V/R **~se de rojo** sich rot färben

teobroma M/F BOT Kakaobaum *m*

teocali M Teocalli *n* (*altmexikanische Tempelpyramide*); **teocote** M BOT Ocotefichte *f*

teocracia F POL Theokratie *f*; *p. ext* Priesterherrschaft *f*; **teocrático** ADJ theokratisch;

teodicea F FIL Theodizee *f*

teodolito M MAT Theodolit *m*

Teodorico N PR M Dietrich *m*; Theoderich *m*;

Teodoro N PR M Theodor *m*

teogonía F MIT Theogonie *f*; **teologal** ADJ **virtudes** *fpl* **~es** theologische Tugenden *fpl* (*Glaube, Hoffnung, Liebe*)

teología F Theologie *f*; **~ de la liberación** Theologie *f* der Befreiung, Befreiungstheologie *f*; **~ de la reconciliación** Theologie *f* der Versöhnung; UNIV **facultad** *f* **de ~** theologische Fakultät *f*

teológico ADJ theologisch; **teologizar** V/I ‹1f› theologisieren

teólogo M, **-a** F Theologe *m*, Theologin *f*

teomanía F MED Theomanie *f*, religiöser Wahn(sinn) *m*; **teomaníaco** A ADJ theomanisch B M, **-a** F Theomane *m*, Theomanin *f*, an religiösem Wahn Leidende *m/f*

teomel M *Méx* Götteragave *f* (*Name der Agavenschnapsbrenner für die Agave, die den besten „Pulque" liefert*)

teorema M *t/t* Theorem *n*, Lehrsatz *m*; **teorético** ADJ kontemplativ, spekulativ, theoretisch

teoría F *en todos los significados*: Theorie *f*; *adv* **en ~** theoretisch; **~ atómica** Atomtheorie *f*; **~ de las combinaciones** Kombinatorik *f*; **~ de la descendencia** Abstammungslehre *f*; FIL **~ del conocimiento** Erkenntnislehre *f*, -theorie *f*; **~ del Estado** Staatslehre *f*; **~ de los números** Zahlentheorie *f*

teórico A ADJ theoretisch; **valor** *m* **~** Sollwert *m* B M, **-a** F Theoretiker *m*, -in *f*

teorizante ADJ theoretisierend

teorizar V/T & V/I ‹1f› *tratar un tema*: theoretisieren, theoretisch behandeln; (*desarrollar teorías*) Theorien aufstellen

teosofía F Theosophie *f*; **teosófico** ADJ theosophisch; **teósofo** M, **teósofa** F Theosoph *m*, -in *f*

teosúchil M *Méx* MED POP *y folclore*: Götterblume *f*

tepalcate M *Méx* Scherbe *f*

tepe M Rasenplatte *f*, Plagge *f* (*al.d.N*)

teporocho M *Méx fam* trunksüchtiger Vagabund *m* (*o* Gammler *m*), Wermutbruder *m fam*

teque M *Cuba fam* 1 (*crepitación*) Geprassel *n fam* 2 (*bronca*) Anpfiff *m*, Anschnauzer *m*

tequesquite M *Méx* MINER Leuchtstein *m* (*wie Natron verwendet*)

tequila M *Méx* Tequila *m* (*Agavenschnaps*)

terapeuta M/F MED Therapeut *m*, -in *f*; **terapéutica** F MED 1 *ciencia*: Therapeutik *f* 2 (*tratamiento*) Therapie *f*, (Heil)Behandlung *f*; **~ hormonal/química** Hormon-/Chemotherapie *f*; **~ de ondas cortas** Kurzwellenbehandlung *f*; **terapéutico** ADJ MED therapeutisch

terapia F MED Therapie *f*, Behandlung *f*; **~ de choque** Schocktherapie *f*; *medicina alternativa*: **~ familiar** *o* **de familia** PSIC Familientherapie *f*; **~ por gemas** Edelsteintherapie *f*; **~ genética** Gentherapie *f*; PSIC **~ de grupo** PSIC Gruppentherapie *f*; **~ hormonal sustitutiva** Hormonersatztherapie *f*; **~ ocupacional** PSIC Beschäftigungstherapie *f*; **~ de pareja** PSIC Paartherapie *f*; **~ de reemplazo hormonal** MED Hormonersatztherapie *f*

tercer ADJ *delante de sust msg* → tercero

tercera F 1 MÚS *y esgrima*: Terz *f*; *esgrima*: **~ alta/baja** Hoch-/Tiefterz *f*; MÚS **~ mayor** große Terz *f* 2 COM **~ de cambio** Tertiawechsel *m* 3 FERR dritte Klasse *f* 4 AUTO *marcha*: dritter Gang *m* 5 **a la ~ va la vencida** beim dritten Male (*o* Anlauf) klappt es 6 (*mediadora*) Vermittlerin *f*; JUR Dritte *f*; Drittberechtigte *f*

tercerización F *Am* ECON Outsourcing *n*;

tercermundista ADJ POL Dritte-Welt-...

tercero A ADJ dritte(r, -s); *en relaciones*: drittens; JUR **deudor** *m* **~** Drittschuldner *m* B M (*mediador*) Vermittler *m*; Mittelsmann *m*; JUR Dritte *m*; Drittberechtigte *m*

tercerola F (*pequeño barril*) kleines Fass *n*; **tercerón** M, **tercerona** F *Am reg* Terzerone *m/f* (*Mischling aus Weißem und Mulattin oder umgekehrt*); **terceto** M 1 LIT Terzett *n*; Terzine *f* 2 MÚS Terzett *n*; Trio *n*

tercia F 1 CAT Terz *f* (*Stundengebet*) 2 *medida*: Drittelelle *f* (*27,86 cm*) 3 (*tercio*) Drittel *n* 4 MÚS Terz *f*

terciado A ADJ 1 **azúcar** *m* ~ brauner Farinzucker *m*; **madera** *f* -a Sperrholz *n* 2 *heráldica* dreigeteilt; ~ **en faja** mit Balken; ~ **en palo** mit Pfahl 3 *toro* mittelgroß B M CONSTR *(cabrio)* Sparren *m*, *(listón)* Latte *f*

terciana F MED Dreitage-, Tertianfieber *n*;
tercianela F TEX doppelter Taft *m*

terciar ⟨1b⟩ A VT 1 *dividir:* dritteln 2 *(echarse sobre los hombros)* quer umhängen, schultern; *sombrero* schief aufsetzen; *abrigo* quer umnehmen 3 *equilibrar el peso: Saumtierlast* verteilen; *Col, Méx (cargar a la espalda)* auf den Rücken laden 4 AGR dreibrachen, dreiern; *viña* zum dritten Mal behacken; *seto, arbusto* stutzen 5 *Am leche, vino* pan(t)schen; *p. ext* mischen B VI *(mediar)* vermitteln; *(intervenir)* eingreifen (**en** in *acus*); *(inmiscuirse)* sich ins Gespräch (ein)mischen C VR **terciarse** *oportunidad* sich ergeben; *fam* **donde se tercia** wo sich gerade eine Gelegenheit ergibt; **si se tercia** gelegentlich

terciaria F CAT Terziarin *f*; **terciario** A ADJ 1 GEOL, MED Tertiär...; MED **período** *m* ~ Tertiärstadium *n* 2 CAT Tertiarier... B M 1 GEOL Tertiär *n* 2 CAT Terziar *m*, Tertiarier *m (Angehöriger eines Dritten Ordens)*

tercio A ADJ *poco usado:* → tercero B M 1 *(tercera parte)* Drittel *n*; *fig* **mejorado en ~ y quinto** äußerst günstig weggekommen, bevorzugt 2 CAT *(parte del rosario)* Teil *m* des Rosenkranzes *(insgesamt drei)* 3 *(vaso de cerveza)* Glas *n* Bier *(333 ccm)* 4 TEX *pantorrilla:* Wadenteil *m*, Länge *f eines Strumpfs* 5 *esgrima:* ~ **flaco/de fuerza** schwächerer/stärkerer Teil *m* der Klinge; **ganar los ~s de la espada** den Degen des Gegners binden 6 *fig* **hacer ~** *(participar)* mitmachen (**en** bei *dat*); **hacer buen/mal ~ a alg** j-m förderlich/hinderlich sein; *fam* **hacer mal ~ a alg** *tb* j-m einen bösen Streich spielen 7 DEP *hockey sobre hielo, etc:* Spieldrittel *n* 8 TAUR *(parte del ruedo)* Arenadrittel *n (bes mittleres Drittel der Kampffläche)*; *(etapa)* Runde *f (im dreiteiligen Kampfgeschehen)* 9 MIL *(cuerpo de voluntarios)* (Freiwilligen)Legion *f*; *Esp* Fremdenlegion *f*; Abteilung *f* der Guardia civil; HIST *y fig* **~s** *mpl* Truppen *fpl*; MAR, MIL ~ **naval** Marineabteilung *f* 10 *(asociación de pescadores)* Matrosen- und Fischerinnung *f* 11 ANAT **~s** *mpl* (kräftige) Gliedmaßen *fpl* 12 *equitación:* Gangart *f beim Galopp*; ~ **anterior/medio/posterior** Vor-/Mittel-/Hinterhand *f* 13 *cargo la acémila:* Pack(en) *m einer Saumtierlast*; *Am (fardo)* Bündel *n*, Ballen *m*; *Cuba de tabaco:* Ballen *m* Rohtabak *(rd. 46 kg)* 14 *reg* MÚS Flamencovers *m* 15 *Ven fam fig (chico)* Person *f*, Kerl *m fam*

terciopelo M 1 TEX *tela:* Samt *m*; Velours *m*; **de ~** samten, samtig *(tb fig)*; ~ **de algodón** Manchester(stoff) *m*; ~ **frisado** Velvet *m*; ~ **de lana** Wollsamt *m*, Plüsch *m*; ~ **de seda** Seidensamt *m*; *cosmética:* **borla** *f* **de ~** Plüschquaste *f* 2 *Ven* ZOOL *serpiente:* Lanzenotter *f* 3 *C. Rica (mujer mala)* böses Weib *n*

terco ADJ starrköpfig, störrisch; hart, zäh; stur; **ponerse ~** auf stur schalten *fam*; *fam* **más ~ que una mula** störrisch wie ein (Maul)Esel

terebintáceas FPL BOT Terebinthazeen *fpl*;
terebinto M BOT Terebinthe *f*

terebrante ADJ *dolor* bohrend

tereque M *P. Rico, S.Dgo, Ven fam* Gerümpel *n*

tereré M *Arg, Par* kalter Matetee *m*

teresa F 1 CAT Theresianerin *f (Nonne)* 2 *Esp fam* **~s** *fpl* Titten *fpl pop*

Teresa N PR F Therese *f*; CAT ~ **del Niño Jesús** Theresia vom Kinde Jesu

teresiana[1] CAT *religiosa:* Theresianerin *f*

teresiana[2] F MIL *(quepis)* Art Käppi *n*

teresiano ADJ CAT theresianisch; die hl. Theresia de Avila verehrend

tergiversación F Entstellung *f*; Verdrehung *f*; Winkelzug *m*

tergiversar A VT *hechos, opiniones, palabras* verdrehen, verkehren B VI Winkelzüge machen

terliz M TEX kräftiger Drillich *m*

termal ADJ Thermal...; Bäder...; **baño ~** Thermalbad *n*; HIST Thermen *fpl*; **aguas** *fpl* **~es** Thermalquelle(n) *f(pl)*

termas FPL Thermalquellen *fpl*; Thermen *fpl*

termes M ⟨*pl inv*⟩ *insecto:* Termite *f*

termia F FÍS, TEC Thermie *f*

térmica F METEO Thermik *f*

termicidad F FÍS Wärmeinhalt *m*

térmico ADJ thermisch; Wärme...; AUTO *luneta* (be)heizbar; ELEC **central** *f* -a Wärmekraftwerk *n*; METEO, AVIA **manga** *f* -a Thermikschlauch *m*

terminable ADJ beendbar; endend

terminacho M *fam* derber (*o* falsch verwendeter) Ausdruck *m*

terminación F 1 *(fin)* Beendigung *f*; Ende *n*, Abschluss *m* 2 LING Endung *f* 3 *Arg* TEC *fabricación:* Endverarbeitung *f*, Finishing *n*; **terminado** A ADJ *trabajo, etc* abgeschlossen, gemacht, fertig; *provisiones, existencias* aufgebraucht; *(concluido)* vorbei, aus B M TEC Fertigbearbeitung *f*

terminajo M *fam* → terminacho

terminal A ADJ End..., Schluss...; BOT *flor* gipfelständig; MED **estado** *m* ~ Endstadium *n* B M 1 *punto final:* Abschlussstück *n*; Ende *n*, Endstück *n (tb* TEC); ELEC Kabel-, Polschuh *m*; TEC Lötstift *m*; Lötöse *f* 2 COM ~ **de carga** Fracht-, Ladehof *m*; ~ **de contenedores** Containerterminal *m/n* 3 INFORM ~ **(de computadora)** Terminal *m/n*, Datenendgerät *n* 4 TEL *(estación fija)* Feststation *f* C F 1 *de transporte público:* Endhaltestelle *f* 2 AVIA *edificio:* Terminal *m/n* Abfertigung(sgebäude *n*pl) *f*; ~ **de autobuses** Busbahnhof *m*; AVIA ~ **de salidas** Abflughalle *f*

terminante ADJ *(concluyente)* entscheidend; *(explícito)* (ganz) entschieden, ausdrücklich; *(insistente)* nachdrücklich; **terminantemente** ADV (ganz) entschieden; **queda ~ prohibido** es ist strengstens verboten

terminar A VT 1 *(acabar)* beenden; (ab)schließen; zu Ende führen; *trabajo* erledigen; TEC *tb* fertig bearbeiten; *edificio* fertigstellen; ~ **la carta** den Brief schließen (*o* zu Ende schreiben); TIPO ~ **la impresión de la tirada** die Auflage ausdrucken 2 *(consumir)* auf-, verbrauchen; *comida* aufessen; *bebida* austrinken B VI zu Ende gehen (*o* sein); enden (**en, con, por** in *o* mit *dat*); *plazo, contrato* ab-, auslaufen; *(acabarse)* ausklingen (**en** in *dat*); *enfermedad, dolor, etc* abklingen; **al ~ el siglo** am Ende des Jahrhunderts, um die Jahrhundertwende; ~ **con alg/a/c** mit j-m/etw Schluss machen; ~ **de hacer a/c** gerade etw getan haben; ~ **por hacer a/c** schließlich etw tun; **terminó escribiendo ...** zum Schluss schrieb er ...; ~ **de** *(inf)* aufhören, zu *(inf)* C VR **terminarse** zu Ende sein (*o* gehen); hinauslaufen (*o* abzielen) (**en** auf *acus*)

terminativo ADJ FIL abschließend, End...

terminista M/F Wortdrechsler *m*, -in *f fam*; REL Terminist *m*, -in *f*

término[1] M 1 *(fin)* Ende *n*, Schluss *m*; *(meta)* Ziel *n*; **estación** *f* ~ Endstation *f*; **dar ~ a a/c** etw abschließen, etw beenden; **llegar a ~** ein Ende nehmen; *plazo* ablaufen; **llegar a feliz ~ en a/c** etw glücklich beenden; **llevar a buen/mal ~** zu einem guten/schlechten Ende führen; **poner ~ a a/c** einer Sache Einhalt gebieten; **en último ~** letzten Endes, letztlich 2 *(línea divisora)* Grenze *f (zeitlich und räumlich)*, Schranke *f (fig)*; *(hito)* Grenzstein *m*; DEP Mal *n*; *p. ext* ARQUIT von einem Kopf gekrönter Stützpfeiler *m* 3 *espec* ADMIN *(distrito)* Gebiet *n*, Bezirk *m*; *de un municipio:* Gemarkung *f*; *fig tb* Bereich *m*; ~ **municipal** Gemeinde- (*o* Stadt)gebiet *n* 4 PINT *plano:* Bildebene *f*; TEAT Spielebene *f*; **en primer ~** im Vordergrund; *fig* an erster Stelle; vorrangig 5 *(plazo)* Frist *f*; *(fecha)* Termin *m*; *(punto final)* Endpunkt *m*; *espec* JUR, COM ~ **de una audiencia** Pause *f* zwischen zwei aufeinanderfolgenden Terminen; ~ **fatal** *o* **perentorio** Notfrist *f*, äußerster Termin *m*; JUR ~ **judicial** (Gerichts)Termin *m*; ECON **operaciones** *fpl* **a ~** Termingeschäfte *npl*; Terminmarkt *m*; **antes de ~** vorzeitig; **en el ~ de** innerhalb von; **en el ~ de quince días** binnen vierzehn Tagen 6 ASTRON ~ **eclíptico** Knotenabstand *m (Abstand des Mondes von einem der beiden Knoten seiner Bahn)*; **~s** *mpl* **necesarios** nötige Gestirnstellung *f (für Sonnen- oder Mondfinsternis)*

término[2] M 1 *(expresión)* (Fach)Ausdruck *m*, Begriff *m (tb filosofía, lógica)*, Terminus *m*; *Chile fam tb (palabra rebuscada)* geschwollener Ausdruck *m*, hohle Phrase *f*; GRAM *(syntaktisches)* Glied *n*; **~s** *pl* JUR *de un contrato, etc:* Bestimmungen *fpl*; *p. ext (modo de hablar)* Redeweise *f*, Sprache *f*; ~ **de comparación** Vergleichswort *n*, -begriff *m*; Vergleichspunkt *m*; Maßstab *m*; ~ **genérico** Sammelbegriff *m*; *lógica:* ~ **mayor/menor** Ober-/Unterbegriff *m*; **medios ~s** *pl* Umschweife *mpl*, Ausflüchte *fpl*; **no hay ~s medios** Halbheiten gibt es nicht; ~ **técnico** Fachausdruck *m*, Terminus *m* technicus; **en buenos ~s** gelinde gesagt; eigentlich; freundschaftlich; **en ~s generales** im Allgemeinen; **en otros ~s** mit anderen Worten; **en propios ~s** richtig (*o* genau) ausgedrückt; wörtlich 2 MAT Ausdruck *m*; *lógica:* Satz *m einer Schlussfolgerung*; ~ **medio** Durchschnitt *m*, Mittel *n*; *lógica:* Mittelbegriff *m*; *fig tb* Mittelweg *m*; Kompromiss *m*; **sacar el ~ medio** MAT das Mittel errechnen; TEC *y fig tb* den Durchschnitt herausholen; **por ~ medio** im Durchschnitt, durchschnittlich; **~s** *pl* **de una suma** Summanden *pl* 3 *frec* **~s** *pl (estado)* Zustand *m*, Verhältnis *n*, *(situación)* Lage *f*; *(relaciones)* Beziehungen *fpl*; *p. ext tb (comportamiento)* Auftreten *n*, Benehmen *n*; **~s** *pl* **hábiles** Möglichkeiten *fpl*, etwas zu erreichen (*o* durchzuführen); COM **~s** *pl* **del intercambio** Terms *pl* of Trade; **estar en buenos ~s con alg** mit j-m auf gutem Fuß stehen; **en tales ~s** unter solchen Umständen (*o* Bedingungen); **en ~s de no poder ...** so (*o* in einer Lage), dass man nicht ... kann; **llegar a ~s de ...** so weit kommen, dass ...

terminografía F Terminografie *f*; **terminología** F Terminologie *f*; **terminológico** ADJ terminologisch

terminólogo M, **terminóloga** F Terminologe *m*, Terminologin *f*

termita[1] F QUÍM, TEC Thermit® *n*

termita[2] F *insecto:* Termite *f*

termite M/F → termita[2]

termitera F, **termitero** M Termitenhügel *m*

termo M 1 *botella:* Thermosflasche® *f* 2 *(termosifón)* Boiler *m*

termo... PREF Thermo..., Wärme...; **termoacumulador** M Wärmespeicher *m*; **termoaislante** ADJ wärmeisolierend, -dämmend; **termocauterio** M MED Thermokauter *m*; **termodinámica** F FÍS Thermodynamik *f*; **termodinámico** ADJ thermodynamisch; **termoelectricidad** F FÍS Thermo-, Wärmeelektrizität *f*; **termoelemento** M FÍS Thermoelement *n*; **termoestable** ADJ TEC hitzebeständig, thermostabil;

termogénesis F FISIOL Wärmebildung *f*; *t/t* Thermogenese *f*; TEC Wärmeerzeugung *f*; **termolábil** ADJ TEC hitzeempfindlich; **termología** F FÍS Wärmelehre *f*; **termometría** F Wärmemessung *f*; **termométrico** ADJ Thermometer...

termómetro M Thermometer *n*; **~ de alcohol/de varilla** Alkohol-/Stabthermometer *n*; MED **~ clínico** Fieberthermometer *n*, -messer *m*; **~ de máxima y mínima** Maximum-Minimum-Thermometer *n*; **~ de (columna de) mercurio** Quecksilberthermometer *n*; MED **~ de oído** Ohrthermometer *n*; **~ registrador** Registrierthermometer *n*

termonuclear ADJ FÍS thermonuklear; **termoplástico** A ADJ thermoplastisch B M Thermoplast *m*, warm verformbarer Kunststoff *m*; **termoquímica** F QUÍM Thermochemie *f*; **termoquímico** ADJ thermochemisch; **termorregulador** M Wärmeregler *m*; **termorresistente** ADJ hitzebeständig; **termosensible** ADJ hitzeempfindlich; **termosifón** M Boiler *m*, Warmwasserbereiter *m*

termostato M, **termóstato** M Thermostat *m*

termotanque M *Arg* Heißwasserspeicher *m*; **termotecnia** F Wärmetechnik *f*; **termoterapia** F MED Wärmetherapie *f*; **termoventilador** M Heizlüfter *m*

terna F 1 POL, ADMIN *de candidatos*: Dreiervorschlag *m* (*Kandidaten für ein Amt*) 2 *juego de dados*: Drei *f*, Dreier *m* (*reg*) 3 *fig* (*trío*) Dreigespann *n*, Triumvirat *n*; **ternario** A ADJ dreiteilig; Dreier...; aus drei Elementen bestehend; LIT *verso* dreifüßig B M REL dreitägige Andacht *f*

ternasco M *Esp* GASTR Milchlamm *n*

terne ADV *fam* **~ que ~** hartnäckig, stur (wie ein Panzer) *fam*

ternera F 1 ZOOL (Kuh)Kalb *n* 2 GASTR *carne*: Jungrindfleisch *n*; **~ asada** gebratenes Jungrindfleisch *n*; **~ blanca** o **lechal** Kalbfleisch *m*; **ternero** M ZOOL (Stier)Kalb *n*

ternerón ADJ *fam* rührselig; **terneza** F Zartheit *f*; Sanftheit *f*; **~s** *fpl* Schmeicheleien *fpl*; Zärtlichkeiten *fpl*

ternilla F Knorpel *m*; **ternilloso** ADJ knorpelig

ternísimo ADJ *sup* → tierno

terno M 1 Dreizahl *f*; *lotería*: Terne *f*, *österr* Terno *m* 2 TEX *traje*: dreiteiliger (Herren)Anzug *m* (*Jackett, Weste, Hose*); *Perú gener* (Herren)Anzug *m* 3 *fam* (*palabrota*) Kraftausdruck *m*, Fluch *m*; **soltar ~s** wettern, fluchen

ternura F 1 (*suavidad*) Sanftheit *f*, Zartheit *f*; (*cariño*) Zärtlichkeit *f*; (*intimidad*) Innigkeit *f*; **con ~** zärtlich, liebevoll 2 (*palabra cariñosa*) Schmeichel-, Kosewort *n*

tero M *Arg, Chile* ORN → teruteru

terosaurio M *prehistoria*: Pterosaurier *m*

terotero M *Arg, Chile* ZOOL → teruteru

terquedad F Starrsinn *m*, Sturheit *f*

terracota F 1 *material*: Terrakotta *f* 2 *estatuilla*: Terrakotta(figur) *f*

terrado M ARQUIT flaches Dach *n*, Terrassendach *n*; (Dach)Terrasse *f*

terraja F TEC Schneideisen *n*, Kluppe *f*; **~ para roscar tubos** Gewindeschneider *m*, Rohrkluppe *f*; **terrajar** VT & VI TEC Gewinde schneiden

terral ADJ **(viento** *m*) **~** Landwind *m*

terramicina F FARM Terramycin *n*

terranova M *perro*: Neufundländer *m*

Terranova F GEOG Neufundland *n*

terraplén M (*macizo de tierra*) (Erd)Aufschüttung *f*, Wall *m*; (*calzada*) (Straßen-, Bahn)Damm *m*; (*explanada*) ebene Fläche *f*, Esplanade *f*; MIN Versatz *m*; **terraplenar** VT *rellenar*: mit Erde (o Gestein) auffüllen, zuschütten; (*levantar un terraplén*) aufschütten

terráqueo ADJ Erd...; **globo** *m* **~** Erd-, Weltkugel *f*; Globus *m*

terrario M Terrarium *n*; **terrateniente** M/F (Groß)Grundbesitzer *m*, -in *f*

terraza F 1 *en el jardín*: Gartenbeet *n* 2 (*espacio descubierto*) Terrasse *f* (*tb* AGR); (*balcón*) Balkon *m*; **~ acristalada** verglaster Balkon *m*; Wintergarten *m*; **~ de verano** Freilichtkino *n*; **~ de vidrieras (francesas)** Wintergarten *m* 3 (*jarra de dos asas*) *zweihenkliges, glasiertes Tongefäß*

terrazgo M AGR 1 (*pedazo de tierra*) Stück *n* Ackerland 2 (*renta del labrador*) HIST Pachtzins *m für dieses Land*; **terrazguero** M HIST (Erbzins)Pächter *m*

terrazo M 1 PINT Gelände-, Erdpartie *f eines Gemäldes* 2 ARQUIT Terrazzo *m* (*Fußbodenbelag*)

terremoto A M Erdbeben *n*; **~ tectónico** tektonisches Beben *n* B M/F *fig persona*: Wirbelwind *m fam*, Quirl *m fam*

terrenal ADJ irdisch; **Paraíso** *m* **~** irdisches Paradies *n*; **vida** *f* **~** Erdenleben *n*

terreno A ADJ irdisch; Erd...; Land... B M (*espacio de tierra*) Gelände *n* (*tb* MIL); Terrain *n*; (*suelo*) Boden *m*, Grund *m*; *fig* (*área*) Bereich *m*, Gebiet *n*; **~s** *mpl* Ländereien *fpl*; Liegenschaften *fpl*; *fig* **~ abonado** günstiger Boden *m*; **~ arenoso** Sandboden *m*; *esgrima*: **~ de asalto** Fechtbahn *f*, -boden *m*; **~ bajo** Niederung *f*; **~ cerril/montañoso** Hügel-/Gebirgsland *n*; MIN **~ de cobertura** Deckgebirge *n*; ARQUIT **~ edificable** Bauland *n*; MIN **~ esponjoso** quellendes Gebirge *n*; **~s** *mpl* **fiscales** Staatsländereien *fpl*; *fig* **~ del honor** Austragungsplatz *m* eines Duells; DEP **~ de juego** Spielfeld *n*; **~ llano** ebenes Gelände *n*; Flachland *n*; **~ natural** natürliches Gelände *n*; gewachsener Boden *m*; MIL **ejercicios** *mpl* o **maniobras** *fpl* **en el ~** Geländeübung(en *fpl*) *f*; *fig* **sobre el ~** an Ort und Stelle; **sobre ~ llano** auf ebenem Boden; **vehículo** *m* **todo ~** geländegängiges Fahrzeug *n*, Geländewagen *m*; *fig* **comerle el ~ a alg** j-n überflügeln; *fig* **ganar/perder ~** an Boden gewinnen/verlieren; vorwärtskommen; *fig* **no ganar un palmo de ~** keinen Schritt vorwärtskommen; **llevar a alg a (su) ~** j-n für sich (*acus*) gewinnen; *fig* **medir el ~** sondieren; *fig* **minar el ~ a alg** j-s Möglichkeiten untergraben; **perder ~** (*fig* an) Boden verlieren (*tb fig*); *fig* **pisar ~ resbaladizo** sich aufs Glatteis begeben; *fig* **preparar** o **trabajar el ~** den Boden (vor)bereiten; MIL *y fig* **reconocer el ~** das Gelände erkunden; *fig* vorfühlen, (das Gelände) sondieren; *fig* **saber el ~ que (se) pisa** genau Bescheid wissen; **tantear el ~** vorfühlen, (das Gelände) sondieren

térreo ADJ erdig

terrera F Kahlfläche *f*

terrero A ADJ 1 (*relativo a la tierra*) Erd...; **cesta** *f* **-a** (*cesta de mimbres*) Tragkorb *m für den Erdtransport*; **saco** *m* **~** Sandsack *m* (*tb* MIL) 2 (*terrestre*) irdisch; *p. ext pájaros* niedrig fliegend; *animal de silla* niedrig gehend 3 *fig* (*bajo*) niedrig; (*humilde*) bescheiden B M 1 (*montón de tierra*) Erdhaufen *m*; Erdaufschüttung *f*; *p. ext* MIL Kugelfang *m*; (*plaza*) Dorfplatz *m* 2 (*aluvión*) Schwemmland *n* 3 → terrado

terrestre ADJ Erd...; irdisch; Land...; **corteza** *f* **~** Erdkruste *f*; **ofensiva** *f* **~** MIL Bodenoffensive *f*; **transporte** *m* **~** Landtransport *m*

terrezuela F schlechter Boden *m*

terrible ADJ (*horrible*) schrecklich, furchtbar; *fig* (*muy grande*) gewaltig, riesig, enorm *fam*

terrícola A ADJ erdbewohnend; auf der Erde lebend B M/F Erdbewohner *m*, -in *f*

terrier M *perro*: Terrier *m*

terrífico ADJ schrecken rregend; schrecklich;

terrígeno *liter* A ADJ erdgeboren B M, **-a** F Erdensohn *m*, Erdentochter *f*

terrina F 1 *recipiente*: Tonschälchen *n* 2 GASTR Pastete *f*; Terrine *f*

territorial ADJ Gebiets..., Bezirks...; Landes..., Grund...; *espec* POL, ADMIN Hoheits...; Territorial..., territorial; **mar** *m* **~** Küsten-, Territorialmeer *n*; **aguas** *fpl* **~es** Hoheitsgewässer *npl*

territorialidad F Territorialität *f*, Zugehörigkeit *f* zu einem Staatsgebiet

territorio M Gebiet *n*; POL Hoheits-, Staatsgebiet *n*; Territorium *n*, Land *n*; **~ federal** Bundesgebiet *n*; **nacional** Staatsgebiet *n*; Hoheitsgebiet *n*; **~ bajo fideicomiso** Treuhandgebiet *n*; **~ libre** freies Territorium *n*, Freistaat *m*; **~ nullius** herrenloses Gebiet *n*, Territorium *n* nullius

terrizo ADJ Erd...

terrón M 1 *masa de tierra*: Erdklumpen *m*; Erdscholle *f*; *de otras sustancias*: Klumpen *m*; *de azúcar, etc* Stück *n*, Würfel *m*; **~ de azúcar** Zuckerstück *n*, (Stück *n*) Würfelzucker *m*; **a rapa ~** AGR dicht über dem Boden (*abmähen*); *fam fig* von Grund aus, ganz und gar 2 (*orujo de aceituna*) Öltrester *mpl* 3 *fam fig* (*pequeño terreno*) (kleines) Stück *n* Acker; *reg* **-ones** *mpl* Grundstück(e) *n(pl)*, Land *n*; *pop fig* **destripar -ones** sich hart plagen (müssen)

terronera F *Col hum* Furcht *f*, Entsetzen *n*; **terronero** M Schollenacker *m*; Ort *m* (o Gegend *f*) voller (Erd)Brocken

terror M Schrecken *m*, Entsetzen *n*; *espec* POL Terror *m*; MIL **ataque** *m* **aéreo de ~** Terrorangriff *m*; **película** *f* **de ~** Horrorfilm *m*; **~ (p)sicológico** Psychoterror *m*

terrorífico ADJ schreckenerregend; schrecklich; **terrorismo** M Terror(ismus) *m*; Schreckensherrschaft *f*; **actos** *mpl* **de ~** Terrorakte *mpl*; **~ biológico** Bioterrorismus *m*

terrorista A ADJ terroristisch, Terror...; **grupo** *m* **~** Terroristengruppe *f*; **organización** *f* **~** Terroristenorganisation *f* B M/F Terrorist *m*, -in *f*; **~ suicida** Selbstmordattentäter *m*, -in *f*

terroso ADJ erdig, erdhaltig; *color*: erdfarben;

terruño M AGR Erdreich *n*, Boden *m*, (Acker)Scholle *f*; *fig* (*patria*) Heimaterde *f*; (engere) Heimat *f*; **amor** *m* o **apego** *m* **al ~** Heimatliebe *f*; **sabor** *m* **al ~** *vino*: Erdgeschmack *m*; *fig* lokale Färbung *f* (*z. B. einer Dichtung*)

tersar VT glätten; polieren

terso ADJ 1 (*liso*) glatt; (*limpio*) sauber, *espejo, etc* glänzend; *piel* runzelfrei 2 *fig estilo* flüssig; *lenguaje* geschliffen; **tersura** F Glätte *f*; *fig lenguaje, estilo*: Geschliffenheit *f*

tertulia F 1 (*reunión*) (*geschlossene*) Gesellschaft *f*; *p. ext* Abendgesellschaft *f*; **~ de literatos** *corresponde a*: Literatenverein *m*, -kreis *m* 2 (*círculo*) Kränzchen *n*; Stammtisch *m*; Runde *f*; TV Talkshow *f*; **~ literaria** literarischer Stammtisch *m* 3 *reg* (*sala recreativa*) Spielsalon *m*; *en cafés*: Spielerecke *f* 4 TEAT Galerie *f*; *Arg* Parkett (-sitz *m*) *n*

tertuliano A ADJ Stammtisch...; Kränzchen...; Gesellschafts... B M, **-a** F Teilnehmer *m*, -in *f* an einer Tertulia (→ tertulia); (Stammtisch-)Gast *m*, –Bruder *m*; **tertuliante** → tertuliano; **tertuliar** VI ⟨1b⟩ *Arg, Col, Chile, Ven* plaudern; bei einer Tertulia (→ tertulia) versammelt sein; **tertulio** → tertuliano

Teruel M *spanische Stadt, Provinz*

teruteru M 1 *Am Mer* ORN *eine Kiebitzart* (*Vanellus chilensis*) 2 *fam fig Bol, RPl* **gaucho** *m* **~** gerissener Bursche *m*

Tesalia F Thessalien *n*

tesalonicense, tesalónico A ADJ aus Sa-

loniki B M, -a F *Biblia*: Thessalonicher *m*, -in *f*
tesar A VT MAR straffen, steifholen B VI *bueyes* rückwärtsgehen *(unterm Joch)*
tescal M *Méx* Basaltgelände *n*; Lavagestein *n*
tesela F Mosaikstein(chen *n*) *m*
tesina F UNIV *corresponde a*: Diplom-, Zulassungsarbeit *f*, Magisterarbeit *f*
tesis F *(pl inv)* These *f*; UNIV **~ doctoral** Doktorarbeit *f*, Dissertation *f*; **de ~** Tendenz…
tesitura F MÚS Stimmlage *f*; *fig* (Gemüts)Stimmung *f*, Verfassung *f*
teso A ADJ straff, stramm B M flacher Hügel *m*; kleine Unebenheit *f*; **tesón** M Beharrlichkeit *f*, Unbeugsamkeit *f*; Unnachgiebigkeit *f*, Hartnäckigkeit *f*; Zähigkeit *f*
tesorería F Schatzamt *n*; *de una asociación, etc*: Kasse *f*; COM **letra** *f* **de Tesorería** Schatzwechsel *m*; **tesorero** M, **tesorera** F Schatzmeister *m*, -in *f*; *de una asociación, etc tb* Kassenwart *m*, -in *f*; REL Aufseher *m*, -in *f* der Schatzkammer *(z. B. einer Kathedrale)*
tesoro M 1 *(caudal)* Schatz *m (tb* JUR *y fig)*; **(cámara** *f* **del) ~** Schatzkammer *f*; *fig* **ser** *o* **valer un ~** Geld *(o* Gold*)* wert sein 2 **Tesoro** *(hacienda pública)* Schatzamt *n*; **Tesoro (Público)** Staatskasse *f*, Fiskus *m* 3 *(repertorio lexicográfico)* Sammelwerk *n*; *t/t* Thesaurus *m*
Tespíades FPL *liter* Musen *fpl*
tespio ADJ Thespis…
Tespis F Thespis *f*; TEAT **carro** *m* **de ~** Thespiskarren *m*
test M Test *m*; MED **~ genético** Gentest *m*; **~ de inteligencia** Intelligenztest *m*; **~ nuclear** Atomtest *m*; **~ visual** Sehtest *m*
testa F Kopf *m*; *fig* Verstand *m*, Köpfchen *n fam*; **~ coronada** gekröntes Haupt *n*; **~ de ferro** → testaferro
testáceos MPL ZOOL Schalentiere *npl*
testado ADJ 1 JUR *(sucesión con testamento)* mit Hinterlassung eines Testaments 2 *(controlado)* getestet; **testador** M, **testadora** F JUR Erblasser *m*, -in *f*
testaferro M *fig* Strohmann *m*; **tomar a alg de ~** j-n vorschieben
testal F *Méx* Maisteigkugel *f*
testamentaría F Testamentsvollstreckung *f*; **testamentario** A ADJ letztwillig, testamentarisch; Testaments… B M, **-a** F Testamentsvollstrecker *m*, -in *f*; **testamentería** F *Am fam* → testamentaría
testamento M JUR Testament *n*, letztwillige Verfügung *f*; *Biblia*: **Antiguo/Nuevo Testamento** Altes/Neues Testament *n*; **~ abierto** *o* **público** öffentliches Testament *n*; *p. ext* **~ político** politisches Vermächtnis *n*; JUR **~ vital** Patiententestament *n*; **por ~** testamentarisch; **hacer** *o* **otorgar ~** sein Testament machen *(o* JUR errichten*)*
testar A VI JUR ein Testament errichten, testieren B VT 1 *(probar)* testen 2 → borrar 3 *Ec fam* → subrayar
testarada F Stoß *m* mit dem Kopf; *fam fig (obstinación)* Dickköpfigkeit *f*; **testarazo** M DEP Kopfball *m*; **testarrón** ADJ *fam* → testarudo; **testarudez** F Dickköpfigkeit *f*, Eigensinn *m*; **testarudo** A ADJ dickköpfig, halsstarrig; eigensinnig, bockbeinig *fam*, stur *fam* B M, **-a** F Dickkopf *m*
testear VT *Arg, Ur* testen
testera F *(frente)* Vorderseite *f*; *(parte superior)* Kopfende *n*; TEC *tb* Kopf- *(o* Quer*)*träger *m*; AUTO Vordersitz *m*; **testerada** F *fam* → testarada; **testero** M TEC Kopfstück *n*; Stirnfläche *f*
testicular ADJ Hoden…; **testículo** M ANAT Hode(n) *m*, Testikel *m*
testificación F Bezeugung *f*; Bescheinigung *f*; **testifical** ADJ Zeugen…
testificar ⟨1g⟩ A VT *(afirmar)* bezeugen, bekunden; *(comprobar)* beweisen; *(certificar)* bescheinigen; *fig (declarar)* erklären, dartun B VI aussagen; **testificativo** ADJ bezeugend, beweisend
testigo A M/F Zeuge *m*, Zeugin *f*; JUR **~ auricular** Ohrenzeuge *m*; **~ de boda** Trauzeuge *m*; **~ de cargo/de descargo** Belastungs-/Entlastungszeuge *m*; REL **~s** *mpl* **de Jehová** Zeugen *mpl* Jehovas; **~ ocular** *o* **presencial** Augenzeuge *m*; **presión** *f* **ejercida sobre el ~** *o* **los ~s** Zeugenbeeinflussung *f*; **presentar ~s** Zeugen stellen; **ser ~ de a/c** Zeuge sein von etw; etw bezeugen; *p. ext* etw miterleben *(o* miterlebt haben*)*; bei etw *(dat)* dabei (gewesen) sein B M 1 JUR *(testimonio)* Zeugnis *n*; *(prueba)* Beweis *m* 2 DEP (Staffel)Stab *m* 3 BIOL Kontrolltier *n*, -person *f*, -gruppe *f* C ADJ *inv* Kontroll…; AUTO **luz** *f* **~** Kontrolllampe *f*
testimonial A ADJ als Zeugnis dienend; Zeugen… B **~es** FPL *(vom Bischof ausgestelltes)* Führungszeugnis *n*; **testimoniar** VT ⟨1b⟩ bezeugen; **testimoniero** ADJ falsches Zeugnis gebend
testimonio M Zeugnis *n*; *(certificado)* Bescheinigung *f*; *(declaración)* Zeugenaussage *f*, Bezeugung *f*; **~ falso** *o* **falso ~** Falschaussage *f*; JUR **~ de firmeza** Rechtskraftzeugnis *n*; **~ notarial** notarielle Beglaubigung *f*; **en ~ de** zum Zeugnis *(o* als Beweis*)* für *(acus)*; **dar ~ de** bezeugen, Zeugnis ablegen von *(dat)*; **levantar falsos ~s** falsches Zeugnis ablegen
testo ADJ *Méx pop* (über)voll
testosterona F FISIOL Testosteron *n*
testuz M, *tb* F Stirn *f (o* Nacken *m) von Tieren*
tesura F → tiesura
teta F 1 Zitze *f*; *de la vaca*: Euter *n* 2 *pop (pecho)* Brust *f*, Titte *f pop*; *pop* **dar la ~** die Brust geben; **niño** *m* **de ~** Säugling *m*; *pop* **quedarse en ~s** nackt sein 3 GASTR **~ gallega** *galicischer Butterkäse in Kugelform* 4 *(montículo)* spitze Bodenerhebung *f*
tetamen M *Esp fam* Busen *m (bes großer)*
tetania F MED Tetanie *f*; **tetánico** ADJ MED tetanisch; **tetanismo** M MED → tetania
tétano(s) M MED Tetanus *m*, Wundstarrkrampf *m*
tetar VT *Am reg niño* stillen
tete M *leng. inf* Schnuller *m*
tetera F 1 *vasija*: Teekanne *f*; Teekessel *m*; *Am Mer* Kanne *f*; *(caldera)* Wasserkessel *m*; *(cafetera)* Kaffeekanne *f* 2 *Col (pistero)* Schnabeltasse *f* 3 *pop (pecho femenino) (weibliche)* Brust *f*, Titten *fpl pop* 4 *Am Centr, Méx, P. Rico (mamadera)* Babyflasche *f* 5 *Cuba (chupete)* Schnuller *m*
tetero M *Am Centr, Col* Babyflasche *f*
tetilla F 1 *(pezón) (männliche)* Brustwarze *f*; ZOOL Zitze *f* 2 → tetina 3 GASTR *ein galicischer Käse*; **tetina** F Sauger *m an der Babyflasche*
teto M *Cuba* Schnuller *m*
tetona ADJ *espec Am pop* vollbusig; **tetorra** F *vulg* Mordsbusen *m fam*
tetra… PREF Tetra…, Vier…; **tetrabrik®** M Tetrapak® *m*; **tetracordio** M MÚS Tetrachord *m/n*; **tetraedro** M GEOM Tetraeder *n*
tetragrama M MÚS Vierliniensystem *n der Gregorianik*; **tetragrámaton** M REL Tetragramm(aton) *n*; **tetralogía** F TEAT Tetralogie *f*; **tetramotor** ADJ viermotorig; **tetraóxido** M QUÍM Tetroxid *n*; **tetrapléjico** MED A ADJ an allen Gliedmaßen gelähmt, tetraplegisch B M, **tetrapléjica** F Tetraplegiker *m*, -in *f*
tetrarca M HIST Tetrarch *m*, *Biblia*: Vierfürst *m*; **tetrarquía** F Tetrarchie *f*
tetrasílabo A ADJ viersilbig B M Viersilber *m*
tetrástrofo M LIT vierzeilige Strophe *f*
tetravalente ADJ QUÍM vierwertig
tétrico ADJ *(triste)* trübselig; *(tenebroso)* finster; *(sombrío)* düster, *(inquietante)* unheimlich
tetuda ADJ *vulg* vollbusig
teúrgia F Theurgie *f*; **teúrgo** M Theurg *m*, Zauber(priest)er *m*
teutón A ADJ HIST teutonisch; *liter o fam* deutsch B M, **-ona** F HIST Teutone *m*, Teutonin *f*; *liter o fam* Deutsche *m/f*
teutónico ADJ → teutón; HIST **caballeros ~s** Deutschordensritter *mpl*; HIST **orden** *f* **-a** Deutschritterorden *m*
textil A ADJ Textil…; **fábrica** *f* **~** Textilfabrik *f*; **industria ~** Textilindustrie *f*; **maquinaria** *f* **~** Textilmaschinen *fpl*; **planta ~** Textil-, Faserpflanze *f* B M 1 *(fibra)* Textilfaser *f*; **~es** *mpl* Textilien *pl* 2 *industria*: Textilindustrie *f*
textista M/F Werbetexter *m*, -in *f*
texto M 1 Text *m*; *(contenido)* Wortlaut *m*; TEL **~ abierto** *o* **no cifrado** Klartext *m*; INFORM **~ completo** Volltext *m*; **~ de presentación** *en libros y discos*: Klappentext *m*; *en libros tb* Waschzettel *m fam*; **libro** *m* **de ~** Lehr-, Schulbuch *n*; **el Sagrado Texto** die Heilige Schrift *f*; *fig* **poner el ~** das Wort führen, den Ton angeben 2 *(cita)* Zitat *n*; *(versículo)* Bibelspruch *m*
textual ADJ textgetreu; wörtlich; **textualmente** ADV wortgetreu; wörtlich
textura F 1 *(tejido)* Gewebe *n*, Faserung *f* 2 *(estructura)* Struktur *f*, Gefüge *n* 3 GEOL, TEC Textur *f* 4 *acción*: Weben *n* 5 *de madera*: Maserung *f*
tez F Gesichts-, Hautfarbe *f*, Teint *m*
tezontle M *Méx* MINER *Art* roter Tuff *m*
ti PR PERS *(nach* PREP*)* dir; dich
tía F 1 Tante *f*; **~ abuela** Großtante *f*; *fig fam* **(no hay) tu ~** kein Gedanke!; kommt nicht infrage!; nichts zu machen!; keine Ausrede!; *fam* **cuéntaselo a tu ~** das kannst du einem anderen weismachen, das kannst du deiner Großmutter erzählen *fam*; *fam fig* **quedar(se) para ~** eine alte Jungfer bleiben 2 *fam fig (mujer)* Frau *f*, Weib *n*; *tb desp (prostituta)* Nutte *f pop*; *fam* **~ buena** Klassefrau *f fam*
tiangue M *Salv* Viehmarkt *m*; **tianguero** M, **tianguera** F *Salv* Marktverkäufer *m*, -in *f*; **tianguis** M *Méx* (Wochen)Markt *m*; **tianta** M/F *Méx* → tianguero
tiara F CAT Tiara *f*; *fig* Papstwürde *f*
tiberio M *fam* Krach *m fam*, Radau *m fam*
Tibet M Tibet *n*
tibetano A ADJ tibet(an)isch B M, **-a** F Tibet(an)er *m*, -in *f*
tibia F ANAT Schienbein *n*; **tibial** ADJ Schienbein…
tibieza F Lauheit *f (tb fig)*; Lässigkeit *f*
tibio ADJ *(templado)* lau(warm); *fig (poco fervoroso)* lau, *(indolente)* lässig; *(indiferente)* indifferent; *(flojo)* flau *fam*; *espec Am* GASTR **huevos** *mpl* **~s** weiche *(o* weich gekochte*)* Eier *npl*; *fam* **poner a alg ~** j-n runtermachen *fam*
tibor M *Cuba fam* Nachttopf *m*
tiburón M *pez*: Hai(fisch) *m*; **~ arenero** Düsterer Hai *m*; **~-ballena** Walhai *m*; **~ boreal** Eishai *m*, Grönlandhai *m*; **~ nodriza** Ammenhai *m*; **~ tigre** Tigerhai *m*
tic A M MED **~ (nervioso)** Tic(k) *m* B INT *onom* tick; **hacer ~ tac** ticken
TIC FPL ABR (Tecnologías de la Información y Comunicación) *corresponde a* IT *f (Informationstechnik)*
ticket M 1 *(billete)* (Fahr)Schein *m*; AVIA Flugschein *m*, Ticket *n*; *(entrada)* Eintrittskarte *f* 2 *(talón)* Abschnitt *m*, *(papel)* Schein *m*, *(cupón)* Kupon *m*; *(vale)* Gutschein *m*, *(bono)* Bon *m*; **~ (de control) de aparcamiento** Parkschein *m*; *Esp* **~**

de compra Kassenzettel *m*

tico A ADJ *fam* aus Costa Rica B M, **-a** F Costa-Ricaner *m*, -in *f*

tictac M Ticktack *n*

tiemple M *Chile* Liebe *f*; Leidenschaft *f*

tiempo M 1 Zeit *f*; *(duración)* (Zeit)Dauer *f*; *(período)* Zeitraum *m*; GRAM Tempus *n*, Zeit *f*; **a (debido) ~** zu gegebener Zeit; **en aquel ~** zu jener Zeit; **~s** *mpl* Zeiten *fpl*, Zeitläuf(t)e *pl*; **ahorro** *m* **de ~** Zeitersparnis *f*; **fruta** *f* **del ~** Obst *n* der Saison; **pérdida** *f* **de ~** Zeitverlust *m*; INFORM **~ de acceso** Zugriffszeit *f*; **~ de coagulación** Gerinn(ungs)zeit *f*; TEL **~ de conversación** Sprechzeit *f*; TEC **~ a destajo** Akkordzeit *f*; TEL **~ en espera** Stand-by *n*; **~ improductivo** Verlustzeit *f*; MIL, *etc* **~ de instrucción** Ausbildungszeit *f*; **~ libre** Freizeit *f*; AVIA **~ límite** *m* Meldeschluss *m*; **~ perdido** verlorene Zeit *f*; TEC **~s** *mpl* **primitivos** Urzeit *f*; INFORM **~ real** Echtzeit *n*; ASTRON **~ solar/universal** Sonnen-/Weltzeit *f*; **a ~** rechtzeitig; **a su ~** zu gegebener Zeit; **al mismo** (*o* **a un**) **~** gleichzeitig; **al ~ de** im Augenblick *(gen)*; **antes de(l) ~** vorzeitig; *fam* **cada poco ~** alle Augenblicke, recht häufig; **con** (*o* **andando**) **el ~** mit der Zeit; **con ~** früh genug, rechtzeitig; **de ~ en ~** von Zeit zu Zeit; in Abständen; **demasiado ~** allzu lange; **desde hace mucho ~** seit langer (*o* geraumer) Zeit, seit Langem; **durante algún ~** eine Zeit lang; **(durante) mucho ~** lange; **en mis ~s** zu meiner Zeit; **en otros ~s** sonst, früher; vorzeiten; **en su ~** zu seiner Zeit; **en ~s de** zur Zeit (*gen o* von *dat*); **fuera de ~** zur Unzeit; **por poco ~** kurzzeitig; **andando el ~** mit der Zeit; später (einmal); **dar ~ a alg** j-m Zeit geben; **dar ~ al ~** sich *(dat)* Zeit lassen, abwarten (können); nichts überstürzen; *fig* **darse buen ~** sich amüsieren; **¡dejémoslo al ~!** überlassen wir es der Zeit!; **el ~ es oro** Zeit ist Geld; **exigir** *o* **requerir mucho ~** zeitraubend sein; *fig* **le faltaba ~ para …** er konnte nicht schnell genug …; er konnte es kaum abwarten, um zu … *(inf)*; **ganar ~** Zeit gewinnen; **hay mucho ~ para hacerlo** es steht viel Zeit für die Erledigung zur Verfügung; **no hay ~ que perder** es ist keine Zeit zu verlieren; **hace ~ que …** es ist (schon) lange her, seit (*o* dass) …; **hace mucho ~** vor langer Zeit; **hacer ~** sich *(dat)* die Zeit zu vertreiben suchen; **hace tanto ~** es ist so lang her; *fig* **ir** *o* **andar con el ~** mit der Zeit gehen; **el ~ pasa como un suspiro** *o* **pasa volando** die Zeit vergeht (wie) im Fluge; **pasado** *o* **transcurrido este ~** nach Ablauf dieser Zeit (*o* Frist); **para pasar el ~** zum Zeitvertreib; **perder (el) ~** Zeit verlieren; **ya es ~ de** *(inf)* *o* **(de) que** *(subj)* es ist Zeit, zu *(inf)* (*o* dass *ind*); **le sobra ~ para todo** er hat immer (reichlich) Zeit; **trabajar a ~ completo/parcial** Vollzeit/Teilzeit arbeiten; **tener el ~ limitado** sehr wenig Zeit haben; **no tener ~** keine Zeit (*o irón* kein Geld) haben (, zu *inf* **de** *inf*); **tomarse el ~** sich *(dat)* die (notwendige) Zeit nehmen; *fig* **volver el ~ atrás** die Zeit zurückdrehen 2 METEO Wetter *n*; **~ de lluvias** anhaltendes Regenwetter *n*; *fam fig* **~ de perros** Hundewetter *n*; MAR **mal ~** Unwetter *n*; **hace buen/mal ~** es ist gutes/schlechtes Wetter; *prov* **poner a mal ~ buena cara** gute Miene zum bösen Spiel machen 3 MÚS *velocidad*: Zeitmaß *n*, Tempo *n*; *parte de la composición*: Satz *m*; *parte del compás*: Taktteil *m*; **~ fuerte** betonter Taktteil *m* 4 *(fase)* Phase *f*, Abschnitt *m* 5 TEC *motor*: Takt *m*; **motor** *m* **de dos/cuatro ~s** Zwei-/Viertaktmotor *m* 6 DEP **(medio) ~** *(intervalo)* Halbzeit *f*; **~ muerto** Auszeit *f*; **primer ~** erste Halbzeit *f* 7 *(edad)* **los hijos tienen el mismo ~** die Kinder sind gleichaltrig

tienda F 1 *(comercio)* Laden *m*, Geschäft *n*; *(mercadito)* Marktbude *f*, *(puesto)* Stand *m*; *Col, Chile nur*: Lebensmittelgeschäft *n*; *Am reg* **~ de abarrotes** Lebensmittelgeschäft *n*; **~ de alquiler de vídeos** Videoverleih *m*; **~ de antigüedades** Antiquitätengeschäft *n*; **~ de comercio justo** Eine-Welt-Laden *m*; **~ (de comestibles)** Lebensmittelgeschäft *n*; **~ de comestibles finos** Feinkostladen *m*; **~ de descuento** Discounter *m*; Discountladen *m*; **~ ecológica** Bioladen *m*; **~ especializada** *o* **del ramo** Fachgeschäft *n*; AVIA **~ libre de impuestos** Duty-free-Shop *m*; **~ de modas/de venta al detalle** Moden-/Einzelhandelsgeschäft *n*; **~ de productos naturales** Bioladen *m*; **~ solidaria** Eine-Welt-Laden *m*, Dritte-Welt-Laden *m*; *Esp* **~ de ultramarinos** *antes*: Kolonialwarengeschäft *n*; *hoy*: Lebensmittelgeschäft *n*; **ir de ~s** einen Einkaufsbummel machen 2 **~ (de campaña)** *(toldo)* Zelt *n*; **~-chalet** Hauszelt *n*; MED **~ de oxígeno** Sauerstoffzelt *n*; *fig* **levantar la ~** seine Zelte abbrechen

tiene *etc* → tener

tienta F 1 MED *(sonda)* Sonde *f* 2 *fam fig* *(sagacidad)* Schlauheit *f*, Pfiffigkeit *f* 3 **a ~s** aufs Geratewohl; **andar a ~s** tappen, tapsen; *fig* im Dunkeln tappen 4 TAUR *prueba del toro*: Stierprüfung *f auf der Weide*

tiento M 1 *(tacto)* Befühlen *n*, Abtasten *n*; *fam fig* *(trago)* Schluck *m*; *fam fig* *(golpe)* Schlag *m*, Stups *m*; **a ~** tappend, tastend; *fam fig* **dar un ~ a** *bebida* probieren; *tb* *(probar)* prüfen, sondieren 2 *(cuidado)* Behutsamkeit *f*, Vorsicht *f*; *adv* **sin ~** unvorsichtig; *adv* **con ~** behutsam 3 *(balancín)* Balancierstange *f*; *(palo de ciegos)* Stock *m der Blinden*; PINT Mal(er)stock *m*; ZOOL *(antena)* Fühler *m*; *(tentáculo)* Fangarm *m* 4 MÚS Lauf *m*, einleitender Akkord *m* 5 *Am, espec Méx* *(tira de cuero)* Riemen *m am Sattel*; *Chile, RPl* (ungegerbter) Riemen *m* 6 *Arg* *(colación)* Imbiss *m* 7 *RPl* **tener** *o* **llevar a los ~s** *(tener al alcance)* *etw* immer in Reichweite (*o* immer bei sich *dat*) haben; *j-n* nicht aus den Augen verlieren, ein wachsames Auge auf *j-n* haben

tierno A ADJ 1 GASTR, *fig* *(delicado)* zart, mürbe, weich; *verdura* jung; **a -a edad** in zartem Alter; in früher Kindheit; **(tener los) ojos ~s** tränende Augen (haben), triefäugig (sein); **pan** *m* **~** mürbes (*o* frisches) Brot *n* 2 *(cariñoso)* zärtlich; gefühlvoll; **~ de corazón** weichherzig 3 *Chile, Ec fruta* unreif B M *Am* Säugling *m*

tierra F Erde *f* (*tb* ASTRON, GEOL, AGR, ELEC); *(campo, país)* Land *n*; *(terreno)* Grund und Boden *m*; AGR *laborable*: Ackerland *n*; POL, SOCIOL *(patria)* Heimat *f*; **~s** *fpl* Ländereien *fpl*; *liter* Lande *npl*; **~ de alfareros** Töpfererde *f*; **~s altas** Hochland *n*; **~ baja** Niederung *f*, Senke *f*; Tiefland *n* (*tb fig*); **~s** *fpl* **bajas** Flachland *n*, Tiefebene *f*; **~ batida** gestampfte Erde *f*; GEOG **~ caliente** tropische Andenniederung *f*; **~ cocida** Terrakotta *f*; **~s** *fpl* **colorantes** Farberden *fpl*; AGR **~ (puesta) en cultivo** Kulturboden *m*, bebautes Land *n*; **~s** *fpl* **decolorantes** Bleicherden *fpl*; **~ firme** Festland *n*; GEOG **~ fría** andines Hochland *n*; GEOG **Tierra del Fuego** Feuerland *n*; **~ de infusorios** *o* **de diatomeas** Kieselgur *f*; **~ de jardín** Blumenerde *f*; **~ de labor** Ackerland *n*; MIL **~ de nadie** Niemandsland *n*; **~ negra** Humus *m*; *Biblia*: **~ prometida** *o* **de promisión** *das* Gelobte Land; QUÍM **~s raras** seltene Erden *fpl*; **Tierra Santa** Heiliges Land *n*; PINT **~ de Siena** Siena(erde *f*) *n*; GEOG **~ templada** gemäßigte Andenzone *f*; AGR **~ vegetal** Mutterboden *m*; **colores** *mpl* **de ~** Erdfarben *fpl*; MIN **primera ~** Abraum *m*; *equitación*: **¡a ~!** abgesessen!; **(navegar) ~ a ~** MAR in Landsicht (segeln); *fig* höchst vorsichtig (sein); MAR; **¡~ a la vista!** Land in Sicht!; **~ adentro** landeinwärts; MIN **a flor de ~** über Tage; **bajo ~** unter (der) Erde; MIN unter Tage; *fam fig* **como ~** reichlich, im Überfluss; **de la ~** einheimisch, Inland(s)…; **en ~** am Boden; MAR an Land; *fig* darnieder; **en ~ firme** auf dem Festland; *fam fig* **en toda ~ de garbanzos** überall; **por ~** über Land; zu Lande; Land…; **ruta** *f* **por ~** Landweg *m*; **por ~s de León** durch (*o* in) León; *fig* **por debajo de ~** heimlich; **sobre ~** über (der) Erde (*tb* TEC); *fig* **¡ábrete, ~!** *o* **¡trágame, ~!** ich würde *(vor Scham)* am liebsten im Erdboden versinken!; *fam fig* **besar la ~** hinfallen; **caer a ~** hinfallen; auf den Boden fallen; *fig* **caer por ~** zunichtewerden; *fam fig* **estar comiendo** *o pop* **mascando ~** ins Gras gebissen haben *(fam fig)*; ELEC **conectar con ~** *o* **poner a ~** erden; **dar ~ a alg** j-n begraben; **dar en ~** umfallen; niedersinken; *tb fig* **dar en ~ con** *o* **echar por ~** umwerfen; *jinete* abwerfen; *fig* zunichtemachen; AGR **echar ~ a la vid** den Rebstock anhäufeln; *fig* **echar ~ a** *o* **sobre un asunto** eine Sache vertuschen; eine Sache begraben, Gras über eine Sache wachsen lassen; *fam fig* **echar ~ a los ojos de alg** j-m Sand in die Augen streuen; *fig* **echarse a** *o* **en** *o* **por ~** sich demütigen; sich ergeben; *fam fig* **echarse (la) ~ a los ojos** sich *(dat)* ins eigene Fleisch schneiden; *tb fig* **ganar ~** Boden gewinnen; **meter bajo ~** ein-, vergraben; **perder ~** aus-, abrutschen; den (festen) Boden (unter den Füßen) verlieren; MAR **pisar ~** *o* **poner pie en ~** *o* **ir a ~** an Land gehen; *fam fig* **poner ~ por medio** sich aus dem Staub machen; *fig* **quedarse en ~** nicht mitkommen *(bei Eisenbahn etc)*; *fam fig* **sacar a/c de debajo de la ~** alle Mühe aufwenden, um etw zu bekommen; *fig* **tener los pies en** *o* **sobre la ~** mit beiden Beinen auf der Erde stehen; MAR, AVIA **tomar ~** landen; *fig* **como si se lo hubiera tragado la ~** als wäre er vom Erdboden verschwunden; **ver ~s** sich in der Welt umsehen; *fig* **volver a la ~** sterben

Tierra F ASTRON Planet *m* Erde

tierral M *Am reg* Staubwolke *f*

tierruca F *fam* Ländchen *n*; Heimat *f*; **la Tierruca** das kantabrische Bergland

tieso A ADJ 1 *(tenso)* steif, starr; *(rígido)* straff, stramm (*tb* TEC *y fig*); *fig* *(inflexible)* steif, hölzern; **~ como un palo** *o* **un poste** *o* **una vela** *o pop* **un ajo** kerzengerade, stocksteif *fam*; *pop fig* **dejar ~** kaltmachen *pop*, umlegen *pop*; *fam fig* **estar ~** abgebrannt sein; *fam fig* **quedarse ~** verdutzt (*o* baff) sein; vor Kälte (*o* Schreck) erstarren; *fam* *(reventar, morir)* verrecken 2 *(duro)* fest, hart; *fig* *(inexorable)* unbeugsam; *fig* **tenérselas -as** seine Meinung hartnäckig verteidigen (**con, a** gegen *acus*); *fig* **¡tente ~!** halt die Ohren steif!, bleib fest! 3 *fig* *(valiente)* mutig, tapfer B ADV straff; **dar ~** kräftig (*o* fest) zuschlagen

tiestazo M *Col* Hieb *m*, Schlag *m*

tiesto M 1 *(pedazo de vasija)* Scherbe *f*; *(maceta)* Blumentopf *m*; *pop fig* **mear fuera del ~** an der Sache vorbeireden; *fam* schieflіegen 2 *Ven fam* *(tipo repugnante)* widerlicher Kerl *m*

tiesura F Straffheit *f*; *(rigidez)* Steifheit *f* (*tb fig*); *(inmovilidad)* Starre *f*

tifoideo ADJ MED typhoid, Typhus…; **fiebre** *f* **-a** → tifus

tifón M METEO *(huracán)* Taifun *m*; *(manga)* Wasserhose *f*

tifus M MED Typhus *m*; **~ exantemático** Fleckfieber *n*

tigra F ZOOL 1 *Am* Jaguarweibchen *n* 2 *Am* **~ cazadora** *serpiente*: Hühnerfresser *m* *(Schlangenart)*

tigre M 1 ZOOL Tiger *m*; *fig persona*: Tiger *m*

T

(*fig*), Löwe *m* (*fig*); Wüterich *m*; *fig* **~ de papel** Papiertiger *m*; *Esp fam* **oler a ~** nach Schweiß riechen; **ponerse como un ~** wütend werden **2** *Am Mer* ZOOL Jaguar *m*; **~ cebado** Jaguar *m*, der schon einmal Menschenfleisch gekostet hat **3** *Méx* ZOOL Ozelot *m* **4** *Ec* ORN Tigervogel *m* **5** *Ven fam* (*hombre mujeriego*) Weiberheld *m*, Herzensbrecher *m*

tigrero M *Am* Jaguarjäger *m*; **tigresa** F **1** ZOOL Tigerin *f* **2** *fig* Vamp *m*; **tigrillo** M *Am* ZOOL *Name verschiedener Wildkatzen, darunter Ozelot und Margay*; **tigrito** M *Ven* ZOOL Tigerkatze *f*

TIJ M ABR (Tribunal Internacional de Justicia) Internationaler Gerichtshof *m*

tija F TEC (Schlüssel)Stiel *m*, Schaft *m*; **~ del sillín** *de la bicicleta*: Sattelstange *f*

tijera F **1** *frec* **~s** *fpl* Schere *f*; **~s** *fpl* **corta-alambre(s)** Drahtschere *f*; **~ cortatodo** Allzweckschere *f*; **~s para esquilar** Schaf-, Wollschere *f*; **~s para (cortar) papel** Papierschere *f*; **~s de** *o* **para podar** Baum-, Heckenschere *f*; **~(s) de** *o* **para trinchar (aves)** Tran(s)chierschere *f*; **~s para las uñas** Nagelschere *f*; **cama** *f* **de ~** Klappbett *n*; **mesa** *f* **de ~** Klapptisch *m*; **silla** *f* **de ~** Klappstuhl *m*; *fam fig* **buena ~** *persona*: starker Esser *m*; (*difamador*) Verleumder *m*, Lästermaul *n fam*; *fig* **cortado por la misma ~** (*einer anderen Person*) ganz ähnlich, wie aus dem Gesicht geschnitten; **obra** *f* **de ~** zusammengestoppeltes Werk *n* **2** CONSTR (*caballete*) Säge-, Rüstbock *m* **3** *en un río*: Flusswehr *n zum Auffangen von Treibholz*; AGR (*zanja de desagüe*) Abzugsgraben *m* **4** *fam fig* (*difamador*) Verleumder *m*, Lästermaul *n fam* **5** DEP **~s** *lucha*: Schere *f*; **~ a las piernas** Beinschere *f* **6** ZOOL (*lengua de la culebra*) Zunge *f der Ottern*

tijeral M *Am, espec Chile* CONSTR Kreuzbalken *m*; **fiesta** *f* **de (los) ~es** Richtfest *n*; **tijereta** F **1** kleine Schere *f* **2** BOT Rebranke *f* **3** *insecto*: Ohrwurm *m*; **tijeretada** F, **tijeretazo** M **1** (*corte*) Schnitt *m* mit der Schere **2** ADMIN (*recorte de fondos*) Budgetkürzung *f*; **tijeretear** V/T & V/I **1** (*cortar a pedazos*) (zer)schneiden (*mit der Schere*), schnippeln *fam* **2** *espec Am fam fig* (*criticar*) kritisieren, verreißen *fam*, schlechtmachen; **tijereteo** M Schneiden *n* (*mit der Schere*); *ruido*: Scherengeklapper *n*; *fam fig* (*intromisión*) (dreiste) Einmischung *f* in fremde Angelegenheiten; *Am* (*crítica dura*) Schlechtmachen *n*, Verriss *m fam*

tijerilla F BOT Rebranke *f*; **~s** *fpl* Lerchensporn *m* (*Pflanze*)

tila F **1** BOT Lindenblüte *f* **2** *té*: Lindenblütentee *m*

tildar V/T **1** (*poner tildes*) mit Tilde (*o* Akzent) versehen **2** (*tachar*) durch-, ausstreichen **3** (*señalar*) bezeichnen (**de** als *acus*); **~ a alg de a/c** j-n etw (*acus*) heißen (*o* nennen); an j-m etw auszusetzen haben **4** (*reprender*) tadeln, rügen; (*acusar*) beschuldigen, zeihen (**de** *gen*)

tilde F **1** LING, FON Tilde *f*; *p. ext* (*acento*) Akzent *m* **2** *fig* (*bagatela*) Lappalie *f*; Bisschen *n*; (*reprimenda suave*) leichte Rüge *f*; *fig* **poner ~s** auf Kleinigkeiten herumreiten *fam*; **poner ~s a a/c** etw auszusetzen haben an (*dat*)

T

tiliáceas FPL BOT Lindengewächse *npl*

tiliches MPL *Am Centr, Méx* **1** (*cosas*) Sachen *fpl*, Geräte *npl*; Kram *m* **2** (*añicos*) Trümmer *pl*, Scherben *fpl*

tilín M Geklingel *n*; *fam* **hacer ~** kling(e)ling machen; *fam fig* gefallen, Anklang finden; anlocken; *fam fig tb erótico*: **hace ~** es funkt *bei j-m*; *fam fig* **no me hace ~** es gefällt (*o* liegt) mir nicht

tilingo *fam* **A** ADJ *Arg, Méx, Ur* (*memo*) leichtsinnig; oberflächlich **B** M leichtsinniger Kerl *m*

tillado M Dielenboden *m*; *tb* Parkett *n*

tilo M BOT Linde *f*; *Arg, Chile* → tila

timador M, **timadora** F Trickbetrüger *m*, -in *f*, Gauner *m*, -in *f*

timar **A** V/T (*engañar*) betrügen, neppen, übers Ohr hauen *fam*; (*quitar con engaño*) abschwindeln, abgaunern **B** V/R **timarse** *fam* sich (*dat*) zublinzeln; *p. ext* (miteinander) flirten

timba F *fam* **1** (*juego de azar*) (Karten-, Glücks)-Spiel *n*; (*grupo de jugadores*) Gruppe *f* von Spielern; (*garito*) Spielhölle *f* **2** *Am Centr, Méx* (*barriga*) Bauch *m*, Wanst *m fam*

timbal M **1** MÚS *tambor*: (Kessel)Pauke *f* **2** GASTR *molde*: Pastetenform *f*; (*pastel de carne*) Fleischpastete *f*, Auflauf *m*; **timbalero** M, **timbalera** F Paukenschläger *m*, -in *f*, Pauker *m*, -in *f*, Trommler *m*, -in *f*

timbero **A** ADJ *fam* voll gefressen **B** M, **-a** F *Arg, Ur, Perú fam* leidenschaftliche(r) (Glücks)Spieler *m*, -in *f*

timbiriche M **1** *Méx* BOT Timbiriche, wilde Ananas *f*; *p. ext Cuba, Méx bebida*: Timbirichewein *m* **2** *Cuba, Méx* (*tendejón*) Bude *f*, Kneipe *f*; **timbirimba** F *Antillas, Méx fam* Glücksspiel *n*; (*garito*) Spielhölle *f*

timbo M *fam* **1** *Col* **del ~ al tambo** von Pontius zu Pilatus *fam* **2** *Arg fam* **~s** (*zapatos*) Schuhe *mpl*, Treter *mpl fam*

timbó M *RPl* BOT *Baum, Schiffsholz* (*Pithecolobium scalare*)

timbrado ADJ **1** ADMIN (*sellado*) mit Steuermarke (*o* Stempelmarke) versehen; **papel** *m* **~** Stempelpapier *n* **2** *voz* klangvoll; **timbrador** M Stempler *m*; Stempeleisen *n*; **timbrar** **A** V/T (ab)stempeln **B** V/I *Perú* (*an der Tür*) klingeln, läuten; **timbrazo** M *fam* **1** starkes (An)Klingeln *n* **2** *Cuba* TEL *fam* (*llamada*) Anruf *m*

timbre M **1** (*sello*) Stempel *m*; *p. ext de impuestos*: Stempel- (*o* Steuer)marke *f*; *C. Rica, Méx, Pan, Salv tb* (*sello postal*) Briefmarke *f*; **~ de caucho** *o* **de goma** Gummistempel *m*; ADMIN, COM **ley** *f* **del ~** Stempelgesetz *n* **2** (*campanilla*) Klingel *f* (*tb* TEL); FERR *etc* Läutewerk *n*; **~ de alarma** Alarmklingel *f*; *p. ext* Alarmknopf *m*; FERR *fam etc tb* Notbremse *f*; TEL **~ de (aviso de) llamada** (An)Rufklingel *f*; **~ nocturno** Nachtglocke *f*; **pulsar** *o* **tocar el ~** klingeln, läuten **3** MÚS, FON (*tono característico*) (*charakteristischer*) Klang *m*; Klangfarbe *f*, *voz*: Timbre *n* **4** *heráldica*: Helm *m*, Adelsinsignie *f*; Spruchband *n über dem Wappen* **5** *fig* (*acción gloriosa*) große Tat *f*; **~ de gloria** Ruhmestat *f*

timbusca F *Col, Ec* Brühe *f*, Suppe *f*

time *Chile fam* **¡vete a la ~!** scher dich zum Teufel! *fam*

timidez F Furchtsamkeit *f*; Schüchternheit *f*

tímido ADJ furchtsam, ängstlich; schüchtern, scheu

timo[1] M ANAT Thymusdrüse *f*; GASTR **~ de ternera** Kalbsmilch *f*, -bries *n*

timo[2] M (*estafa*) Schwindel *m*, Betrug *m*; Gaunerei *f*; Gaunertrick *m*; **~ de la estampita** Betrug *m* mit falschen Banknoten; **~ del tocomocho** Betrug *m* mit gefälschtem Lotterielos; **dar un ~ a alg** j-n begaunern, j-n täuschen (*o* hereinlegen *fam*)

timocracia F POL Timokratie *f*; **timocrático** ADJ timokratisch

timón M **1** MAR, AVIA *y fig* Steuer *n*, Ruder *n*; *fig* Leitung *f*; AVIA **-ones** *mpl* Leitwerk *n*; AVIA *y submarino*: **~ horizontal** Tiefenruder *n*; AVIA **~ lateral** *o* **de dirección** Seitenruder *n*, -leitwerk *n*; **~ de profundidad** Höhen- (*o* Tiefen)ruder *n* (**dar** geben); *fig* **coger** *o* **empuñar el ~** die Führung (*o* Leitung) übernehmen, ans Ruder kommen *fam* **2** *Am reg* AUTO (*volante*) Lenk-, Steuerrad *n* **3** (*lanza del carro*) Deichsel *f*; AGR *del arado*: Pflugbalken *m*

timonaje M MAR (Ruder)Steuerung *f*; **timonear** V/T **1** MAR am Ruder stehen, (*pilotear*) steuern **2** *fig* (*gobernar*) steuern, leiten; **timonel** M MAR Steuermann *m*, Rudergänger *m*; Bootsführer *m*; **timonera** F ORN Schwanzfeder *f*; **timonería** F MAR, AVIA Rudergestänge *n*; *p. ext* Gestänge *n*; **timonero** **A** ADJ AGR **arado** *m* **~** (Balken)Pflug *m* **B** M MAR → timonel

timorato ADJ (*temeroso de Dios*) gottesfürchtig; (*tímido*) furchtsam; *desp* (*mojigato*) prüde

timpanitis F MED Trommel-, Blähsucht *f*, Tympanitis *f*; **timpanizado** ADJ aufgetrieben; **timpanizarse** V/R ⟨1f⟩ MED *cuerpo* sich (auf)blähen

tímpano M **1** MÚS *instrumento*: Hackbrett *n*, Zimbal *n*; (*tamboril*) (Hand)Pauke *f*, Trommel *f* **2** ARQUIT Giebelfeld *n*, Tympanon *n* **3** ANAT *cavidad*: Pauke(nhöhle) *f*; *p. ext membrana*: Trommelfell *n* **4** TIPO *bastidor*: Druckkissen *n* **5** (*tapa de la cuba*) Fassdeckel *m*

timple M MÚS *kleines kanarisches Saiteninstrument*

tina F **1** (*vasija grande*) Bottich *m*, Zuber *m*; Trog *m*; Wanne *f* (*tb* TEC), *espec* TIPO Bütte *f*; *Am* (*baño*) Badewanne *f*; *Méx* (*tonel, recipiente*) Wassertank *m*, -behälter *m*; **~ para el agua de lluvia** Regentonne *f*; **~ de cinc** Zinkwanne *f*; **~ de clarificación** *cervecería, etc*: Klärbottich *m*; **~ de colada** Laugenfass *n*, -wanne *f*; **~ de lavar** Waschzuber *m*, -bütte *f*; **~ de mezcla** Mischbottich *m*; **~ de mosto** Mostkufe *f*; *cervecería*: Würzpfanne *f*, Hopfenkessel *m* **2** *medida*: Kufe *f* (*258 l*)

tinaco M **1** (*pequeña tina de madera*) kleine Holzkufe *f* **2** (*alpechín*) Ölhefe *f* **3** *Méx* (*tanque de agua*) Wassertank *m*

tinaja F großer Tonkrug *m*; **tinajera** F **1** *fabricante*: Herstellerin *f* von Tinajas **2** *vendedora*: Verkäuferin *f* von Tinajas; **tinajero** M **1** *fabricante*: Hersteller *m* von Tinajas **2** *vendedor*: Verkäufer *m* von Tinajas **3** *lugar*: Raum *m* für die Aufbewahrung von Tinajas; *Esp reg, Am reg armario*: Schrank *m* (*o* Gestell *n*) für Krüge

tinamú M *Am* ORN Steißhuhn *n*

tinca F **1** *Méx fam* Rausch *m* **2** *Perú juego*: *ein Lottospiel*; **tincada** F *Chile, Perú fam* Ahnung *f*

tincar ⟨1g⟩ *Arg, Chile* **A** V/T *canica* schnellen; *p. ext* (*dar un capirotazo*) eine Kopfnuss geben (*dat*) **B** V/I *fam fig* (so) eine Ahnung haben, es im Urin haben (*o* spüren) *fam*; **tincazo** M *Arg, Chile* Anstoß *m*, Schnellen *n*; *p. ext* (*capirotazo*) Kopfnuss *f*

tinción F QUÍM, MED Färbung *f*

tinerfeño **A** ADJ aus Teneriffa **B** M, **-a** F Einwohner *m*, -in *f* von Teneriffa

tingible ADJ *espec* QUÍM, MED färbbar

tingitano **A** ADJ HIST *y liter* aus Tanger **B** M, **-a** F Einwohner *m*, -in *f* von Tanger

tingladillo M MAR dachziegelförmige Verlegung *f* der Beplankung, Dachziegelwerk *n*

tinglado M **1** (*galpón*) Bretterschuppen *m*; (offener) Schuppen *m*; Gestell *n* **2** *fam fig* (*desorden*) Durcheinander *n*; (*enredos*) Intrigen *fpl*; **armar un ~** alles durcheinanderbringen **3** *fam fig* (*negocio, tienda*) Laden *m*, Schuppen *m fam*; *fam* **montar un ~** einen Laden aufziehen *fam*

tingle M Kittmesser *n der Glaser*

tinieblas FPL Finsternis *f* (*tb fig*), Dunkelheit *f*, Dunkel *n*; CAT (**oficio** *m* **de**) **~** Rumpelmette *f*, Pumpermette *f* (*nächtlicher Gottesdienst in der Karwoche, bei dem mit Ratschen etc Lärm gemacht wird*)

tinito M MED Tinnitus *m*

tino[1] M **1** (*tacto*) Takt *m*; Feingefühl *n*; Fingerspitzengefühl *n fam*; **perder el ~** aus der Fassung geraten; **sacar de ~** aus der Fassung bringen **2** (*habilidad*) Geschick *n*; (*precisión de ti-*

ro) Treffsicherheit *f (tb al tirar)*; **sin ~** ohne Maß und Ziel

tino² M 1 → tina 1; (Farb)Wanne *f* 2 *reg* → lagar

tino³ M BOT Steinlorbeer *m*

tinta F 1 *para escribir*: Tinte *f*; PINT *y fig (color)* (Farb)Ton *m*; **~ de copiar/estilográfica** Kopier-/Füllhaltertinte *f*; **~ china** Tusche *f*; **media ~** Halbton *m*, Halbdunkel *n*; **pasar en** *o* **a ~** (mit Tusche) ausziehen; GASTR **calamares** *mpl* **en su ~** Tintenfische *mpl* in der eigenen Tinte gedünstet 2 *colorante*: **~ (de timbrar)** Stempelfarbe *f*; **~ tipo(lito)gráfica** *o* **para imprimir** Druckfarbe *f*; **~ (de imprenta)** Druckerschwärze *f*; **~ para tampones** Stempelkissenfarbe *f*; **~ (muy) brillante** (Hoch)Glanzfarbe *f*; **~ de bronce** Bronzefarbe *f*; **impresión** *f* **con ~(s al) carbón** Karbondruck *m* 3 *fig* **medias ~s** *fpl* Unklarheiten *fpl*; Halbheiten *fpl*; **recargar las ~s** übertreiben, dick auftragen *fam*; **saber de buena ~** aus guter (*o* sicherer) Quelle wissen; *fam* **sudar ~ (negra)** sich abmühen; schwer arbeiten, schuften *fam*; **sobre esto ha corrido ya mucha ~** darüber ist schon viel Tinte geflossen

tintado ADJ AUTO *etc vidrio, cristal* getönt; *Esp* **lunas** *fpl* **-as** getönte (Fenster-)Scheiben *fpl*

tintaje M TIPO 1 Einfärbung *f* 2 **mecanismo** *m* **de ~** Farbwerk *n*; **tintar** V/T *cabello, tela, cuero* färben, tönen

tinte M 1 *(color)* Farbe *f*, Färbemittel *n*; **~ de base** Grundfarbe *f*; **~s** *mpl* **para el pelo/para tejidos** Haar-/Textilfärbemittel *npl* 2 *(acción de teñir)* Färben *n*; Farbtränkung *f* 3 *(coloración)* Färbung *f*; *fig (toque)* Anstrich *m*, Anflug *m* 4 *(tintorería)* Färberei *f*; *fam limpieza*: (chemische) Reinigung *f*; **llevar al ~** in die (chemische) Reinigung bringen

tinterillo M, **tinterilla** F *Am fam* Winkeladvokat *m*, -in *f*

tintero M 1 *recipiente*: Tintenfass *n*; *fig* **dejar(se) a/c en el ~** etw (ganz und gar) vergessen (zu erwähnen), etw verschwitzen *fam*; etw verschweigen; **¡déjelo mejor en el ~!** lassen Sie das (mal) lieber sein!; **quedar(se) en el ~** unerwähnt (*o* ungenannt) bleiben 2 TIPO Farbkasten *m*; → *tb* tintaje 2

tintín M *onom de la campanilla*: Klingeln *n*, Geklingel *n*; *de copas*: Klingen *n*; *de cadenas, de vidrio*: Klirren *n*; *piano, etc*: Klimpern *n*; **hacer ~** → tintin(e)ar; **tintin(e)ar** V/I *campanilla* klingeln; *campana* bimmeln, läuten; *copas* klingen; *cadenas, vidrio* klirren; **tintineo** M Geklirr *n*; Geklingel *n*; Bimmeln *n*; Klingen *n*

tinto A ADJ 1 gefärbt 2 *color*: weinrot; *uva, vino* schwärzlich rot; **vino** *m* **~** Rotwein *m* B M 1 *vino*: Rotwein *m* 2 *Col café*: schwarzer Kaffee *m*

tintóreo ADJ Farb…; Färbe…; **maderas** *fpl* **-as** Farbhölzer *npl*; **planta** *f* **-a** Farbstoffpflanze *f*

tintorera F 1 *persona*: Färberin *f* 2 *pez*: Blauhai *m*; **tintorería** F Färberei *f*; chemische Reinigung *f*; **tintorero** M Färber *m*

tintorro M *fam* (gewöhnlicher) starker Rotwein *m*

tintura F 1 *(coloración)* Färben *n* 2 *(medio de coloración)* Färbemittel *n*; *(maquillaje)* Schminke *f*; *fam fig (noción superficial)* oberflächliche Kenntnis *f*, Schimmer *m fam*, Ahnung *f fam* 3 FARM *líquido*: Tinktur *f*; **~ de yodo** Jodtinktur *f*

tinturar V/T → teñir

tinya F *kleine indianische Handtrommel*

tiña F 1 *insecto*: Bienen-, Wachsmotte *f* 2 MED Grind *m*; *fam fig (mezquindad)* Knauserei *f fam*, Schäbigkeit *f*; *fam fig* **más viejo que la ~** uralt

tiñosa F *Cuba* ZOOL Truthahngeier *m*; **tiñoso** ADJ grindig; *fam fig* knauserig *fam*, schäbig

tío M 1 *familiar*: Onkel *m (tb fig)*; *reg (padrastro)* Stiefvater *m*; **~ abuelo** Großonkel *m*; **~ carnal** leiblicher Onkel *m*, Onkel *m* ersten Grades; **~ tercero** Onkel *m* dritten Grades; *fam* **el ~ ric(ach)o de América** der gute (*o* reiche) Onkel aus Amerika, der Erbonkel *fam*; **~ vivo** → tiovivo; *fam fig* **en casa del ~** nicht zu finden(d); *espec (empeñado)* verpfändet, versetzt 2 *fam fig (tipo)* Typ *m fam*, Type *f fam*, Kerl *m fam*; *fam* **~ bueno** toller Typ; *vulg* **~ mierda** Scheißkerl *m pop*; **ser un ~ flojo** eine Flasche *fam* (*o* eine trübe Tasse *fam*) sein; **ser (todo) un ~** ein ganzer Kerl sein; **¡son unos ~s!** das sind Kerle!; **¡vaya (un) ~!** ein ganzer Kerl!; so ein Kerl!; *desp* **¡~ tunante!** Sie (*o* du) Erzgauner!; *vulg desp* **el ~ hijo puta** der Hurensohn *pop* 3 *Arg (negro viejo)* alter Schwarzer *m*

tiorra F *Esp fam* 1 *(marimacho)* Dragoner *m*, Mannweib *n* 2 *(marica)* schwule Tante *f pop*, Tunte *f pop*

tiovivo M Karussell *n*; *fam fig* **dar más vueltas que un ~** von Pontius zu Pilatus laufen

tipa F *fam desp* 1 *(pájara)* Miststück *n fam*, Luder *n fam* 2 *(prostituta)* Nutte *f fam*

tipario M Tastenfeld *n einer Schreibmaschine*

tiparraco, tiparrajo M *Esp fam* widerlicher Kerl *m*

tipeja F *pop desp* Aas *n fam*, Luder *n fam*, Miststück *n pop*; **tipejo** M *fam* sonderbarer Kauz *m*; schräger Vogel *m (fam fig)*; Knilch *m fam*

tipi M *etnología*: Tipi *n*, Indianerzelt *n*

tipicidad F JUR Tatbestandsmäßigkeit *f*, Typizität *f*; **tipicismo** M → tipismo

típico ADJ 1 *(peculiar)* typisch; *(propio)* eigentümlich; **plato** *m* **~** typisches Gericht *n (einer Region)*; *(característico)* kennzeichnend, unverkennbar **(de** für *acus)* 2 JUR Tatbestands…; **atributos** *mpl* **~s** Tatbestandsmerkmale *npl*

tipismo M (unverkennbare) Eigentümlichkeit(en) *f(pl)*; eigene Note *f*; Folklore *f*

tiple¹ M Sopranstimme *f*

tiple² F MÚS Sopranistin *f*; **primera ~** Primadonna *f*

tipo M 1 FIL, REL, BIOL, MED, *t/t* Typ(us) *m*; *(prototipo)* Urbild *n*; *(ejemplo)* Vorbild *n*, Beispiel *n*; **~ de hermosura** Urbild *n* der Schönheit; Vorbild *n* an Schönheit, vorbildliche Schönheit *f*; PSIC **~ ideal** Idealtypus *m*; **psicología** *f* **de los ~s** Typenpsychologie *f*; *fam fig* **no es mi ~** er/sie ist nicht mein Geschmack (*o* mein Typ *fam*) 2 *(estatura)* Wuchs *m*, Körperbau *m*, Figur *f*; **tener buen ~** gut gewachsen sein; *fig* **jugarse el ~** sein Leben riskieren; alles auf eine Karte setzen; *fam* **mantener** *o* **aguantar el ~** sich unerschrocken zeigen, Mumm beweisen *fam*; die Fassung bewahren; sich wacker halten *fam* 3 *fig (persona)* Individuum *n*, Person *f*, Kerl *m fam*; Original *n*, Type *f fam*; **un ~ duro** ein harter Bursche *m*; **dar el ~ adecuado** sein Verhalten der Situation anpassen, sich der Situation entsprechend (*o* gemäß) verhalten; *fam* **¿quién es ese ~?** was ist denn das für einer? *fam* 4 *espec* COM *y* TEC *(clase)* Typ *m*, Klasse *f*, Art *f*; *(muestra)* Muster *n*, Type *f*, Modell *n*; **~ de construcción** Bauart *f*, -form *f*, -muster *n*; **~ corriente** *o* **standard** *o* **estándar** normale Bauart *f*, Standardmodell *n* 5 ECON, FIN Satz *m*; *(cotización)* Kurs *m*; **~ de cambio (libre/oficial)** (freier/amtlicher) Wechselkurs *m*; **~ de comisión/de fletes** Provisions-/Frachtsatz *m*; **~ de conversión irrevocable** fester Wechselkurs *m*, fester Umrechnungskurs *m*; **~ de descuento** Diskont-, Banksatz *m*; **~ de emisión/de suscripción** Ausgabe-/Zeichnungskurs *m*; **~ impositivo** Steuersatz *m*; **~ de interés** Zinssatz *m*; **~ de interés básico** Leitzinssatz *m*; **~ de interés efectivo anual** effektiver Jahreszins; **~ legal** gesetzlicher Zinssatz *m*; **~ (de) lombardo** Lombardsatz *m*; **~ máximo/mínimo** Höchst-/Mindestsatz *m*; **~ de referencia** Referenzkurs *m*; **elevar/reducir el tipo de ~** den Zinssatz erhöhen/senken 6 JUR *(hecho)* Tatbestand *m*; **error** *m* **destructivo del ~ legal** Tatbestandsirrtum *m* 7 TIPO Type *f*, Letter *f*; *p. ext, tb* **~s** *mpl* Schrift-, Letternsatz *m*, Schrift *f*; **~ gótico** gotische Schrift *f*, gotische Letter *f*; **~ de letra** Schriftart *f*; **~ de (letra de) doce puntos** 12-Punkt-Schrift *f*

tipogénesis F BIOL Typogenese *f*

tipografía F Typografie *f*; *(imprenta)* Buchdruckerkunst *f*; Buchdruck *m*; **tipográfico** ADJ TIPO Buchdruck…; drucktechnisch; **falta** *f* **-a** Druckfehler *m*; **unidad** *f* **-a** typografische Einheit *f*

tipógrafo M, **-a** F Buchdrucker *m*, -in *f*; Schriftsetzer *m*, -in *f*

tipoi M *RPl langes, ärmelloses Hemd der Indianerinnen und der weiblichen Landbevölkerung*

tipología F *t/t*, LING Typologie *f*; **tipológico** ADJ typologisch

tipómetro M TIPO Typometer *n*

tiposo ADJ *Cuba fam persona* gut aussehend

tipoy → tipoi

tique M *espec Esp* → tiquete

tiquear V/T *Am Centr, P. Rico, Chile* überprüfen

tiquete M 1 *Am* FERR *(boleto)* Fahrkarte *f* 2 *Am* AVIA *(billete)* Flugschein *m* 3 *Esp* AUTO **~ de control (de aparcamiento)** Parkschein *m* 4 *seguros*: **~ moderador** Selbstbeteiligung *f*, Selbstbehalt *m*

Tiquicia F *Am Centr hum* Costa Rica *n*

tiquismiquis A MPL Getue *n fam*; geschraubte Komplimente *npl*; (kleinliche) Bedenken *npl*; Fisimatenten *pl* B M/F Umstands-, Kleinigkeitskrämer *m*, -in *f*

tira A F 1 *(franja)* Streifen *m*; MED **~ adhesiva** Heftpflaster *n*; **~ para abertura rápida** (Auf)Reißlasche *f*; **~ de cerillas** Streichholzheftchen *n*; *Am* **~s** *fpl* **cómicas** Comics *pl*; **~ de control** Kontrollstreifen *m*; **~ de papel** Papierstreifen *m*, -bahn *f*; **~ perforada** Lochstreifen *m* 2 *fam (cantidad)* Vielzahl *f*; **vino la ~ de gente** jede Menge Leute kamen 3 *Perú fam (grupo)* Gruppe *f* von jungen Leuten, Clique *f* B M *Am reg fam* Polyp *m fam*, Bulle *m fam*

tirabala M Knallbüchse *f der Kinder*; **tirabeques** MPL BOT, GASTR Zuckererbsen *fpl*; **tirabotas** M ⟨*pl inv*⟩ Stiefelknecht *m*; **tirabuzón** M 1 *(sacacorchos)* Korkenzieher *m (tb fig)*; *fig* **sacar a/c a alg con ~** etw (mühsam) aus j-m herausholen *(fig)* 2 *de cabello*: Korkenzieherlocke *f* 3 AVIA Trudeln *n*; AVIA **~ chato** Flachtrudeln *n*; **tirachinas** M ⟨*pl inv*⟩ Steinschleuder *f*

tirada F 1 *(tiro)* Wurf *m*; *p. ext (cascada)* Tirade *f*, Schwall *m* von Worten; **a largas ~s** in langen Zügen *(trinken)*; **de una ~** in einem Zuge 2 *(distancia)* Abstand *m*; *(trayecto)* Wegstrecke *f*; *(período)* Zeitraum *m*; *(intervalo)* Zwischenzeit *f* 3 TIPO *de una publicación*: Auflage *f*; **de amplia ~** auflagenstark; **de corta ~** in geringer Auflage (erscheinend); **~ aparte** Sonderdruck *m*; **~ en masa** Massenauflage *f* 4 CAZA Schießen *n*; Jagd *f*

tiradera F 1 *(flecha india)* langer Pfeil *m der Indianer* 2 *Am Centr, Cuba, Chile (tirantes)* Hosenträger *m(pl)* 3 *Col, Ven fam (burla)* ständige Verspottung *f*, Stichelei *f*

tiradero M 1 CAZA Ansitz *m* 2 *Méx* **~ de basura** Müllkippe *f*

tirado A ADJ 1 *(tenso)* gestreckt; gespannt 2 *letra* flott 3 **estar ~** *(regalado)* spottbillig sein, geschenkt sein *(fam fig)* 4 *examen* kinderleicht 5 *fam* **quedarse ~** *avión, trén* verpasst haben; *en la cita*: versetzt werden; *(abandonado)* allein

T

gelassen werden; *Perú* AUTO eine Panne haben **B** M TEC (Draht)Ziehen *n*

tirador 1 M, **tiradora** F *persona*: Schütze *m*, Schützin *f* (*tb* MIL); *esgrima*: Fechter *m*, -in *f*; MIL ~ **ametrallador** Maschinengewehrschütze *m*, -schützin *f*, MG-Schütze *m*, -schützin *f*; ~ **elegido** *o* **de élite** Scharfschütze *m*, -schützin *f*; *esgrima*: ~ **de florete/de espada** Florett-/Degenfechter *m*, -in *f*; MIL ~ **infante/tanquista** Infanterie-/Panzerschütze *m*, -schützin *f*; ~ **de pistola** Pistolenschütze *m*, -schützin *f*; **equipo** *m* **de** ~ Schützenausrüstung *f*; *esgrima*: Fechtanzug *m* 2 ~ **(de goma)** (Gabel)Schleuder *f* 3 (*tiralíneas*) Reiß-, Ziehfeder *f* 4 (*agarro*) (Zug-, Zieh)Griff *m*; *de un timbre*: Klingelzug *m*; *de una puerta*: Türgriff *m*; MÚS **~es** *mpl* **manuales** *órgano*: Druckknöpfe *mpl für die Handregistratur*; ~ **del retrete** Klosettzug *m*, Abzug *m* 5 TEC ~ **de oro** Golddrahtzieher *m* 6 *RPl cinturón*: *breiter* Schmuckgürtel *m der Gauchos* 7 *Arg* **~es** *mpl* (*tirantes*) Hosenträger *mpl* 8 *Pan* **~es** *mpl* (*cordón*) Schnürsenkel *mpl*

tirafondo M 1 TEC große Holzschraube *f*; langer Bolzen *m* 2 MED Kugelzange *f*; **tirafrictor** M MIL Abreißschnur *f bei Handgranaten*; **tiragomas** M ⟨*pl inv*⟩ *reg y Am* Gummi-, Gabelschleuder *f*

tiraje M 1 FOT Bodenauszug *m* 2 *Am* TIPO → tirada 3

tiralanzas M ⟨*pl inv*⟩ *etnología*: Speerschleuder *f*; **tiralevitas** M *fam desp* Speichellecker *m*; **tiralíneas** M ⟨*pl inv*⟩ Reißfeder *f*

tiramira F 1 (*serie*) Reihe *f*, (*cadena*) Kette *f* 2 *reg* (*cordillera angosta*) schmaler Gebirgszug *m*

tiramollar VI MAR eine Leine verfahren

tirana F Tyrannin *f*; **tiranía** F HIST *y fig* Tyrannei *f*; **tiranicida** M/F Tyrannenmörder *m*, -in *f*; **tiranicidio** M Tyrannenmord *m*

tiránico ADJ tyrannisch, Tyrannen...

tiranización F Tyrannisierung *f*; **tiranizar** VT ⟨1f⟩ tyrannisieren, knechten; **tirano** A ADJ tyrannisch B M, **tirana** F HIST *y fig* Tyrann *m*, -in *f*; Gewaltherrscher *m*, -in *f*

tiranta F *Col fam* Hosenträger *m*

tirante A ADJ gespannt (*tb fig*); straff; prall B M 1 (*correa*) Zug-, Tragriemen *m* 2 *del pantalón*: **~s** *mpl* Hosenträger *mpl* 3 TEC, CONSTR (*madero*) Binder *m*, Bindebalken *m*; Zuganker *m*; Zugstrebe *f*; *p. ext* Hemmkette *f*, Hemmvorrichtung *f*

tirantez F Spannung *f* (*tb* POL *y fig*); Straffheit *f*; Gespanntheit *f*; MED Ziehen *n*

tirapié M Knieriemen *m der Schuster*

tirapiedras M *Cuba* Steinschleuder *f*

tirar A VT 1 (*arrojar*) werfen; (*desechar*) weg-, abwerfen, (*echar*) hinauswerfen, TEC *tb* auswerfen; (*derribar*) hinwerfen, zu Boden werfen; *p. ext* (*volcar*) umstürzen, niederreißen; *árbol* fällen; *casa* abreißen; *fig mercancía, dinero* verschleudern, *dinero tb* verprassen; *vaso de vino* trinken; ~ **a alg** *en un examen*: j-n durchfallen lassen; ~ **al aire** *o* **a lo alto** hochwerfen, in die Höhe werfen; *Perú fam fig* ~ **dedo** per Anhalter reisen, trampen *fam*; *fam fig* ~ **el dinero (a la calle)** *o* ~ **la casa por la ventana** sein Geld (sinnlos) verschwenden (*o* zum Fenster hinauswerfen *fam*); *fig* ~ **de** *o* **por largo** mit vollen Händen hinauswerfen, verschwenden; ~ **piedras** Steine (*o* mit Steinen) werfen (**a** auf *acus*); *fig* ~ **la toalla** das Handtuch werfen, aufgeben 2 (*atraer*) (an- *o* ab)ziehen; (*empujar*) wegziehen; *coche, cuchillo, arma, línea, etc* ziehen; *fam fig* **eso no me tira** das zieht bei mir nicht, das lässt mich kalt *fam* 3 (*disparar*) schießen (*tb* FOT, DEP); *tiro* abgeben; *p. ext* ~ **un mordisco** *perro* zuschnappen; ~ **patadas** treten; ~ **un pellizco** kneifen, zwicken; FOT *fam* ~ **una foto** knipsen *fam*, ein Foto schießen *fam*; ~ **una línea** eine Linie ziehen 4 TEC *alambre* ziehen; *espec* ~ **oro/plata (en hebras)** Gold-/Silberfäden ziehen 5 TIPO, FOT abziehen; TIPO drucken; TIPO ~ **las pruebas** die Korrekturabzüge machen B VI 1 (*arrastrar*) ziehen (**de** an *dat*); *fig* (*atraer*) anziehen, locken; ~ **a** *o* **por la derecha** nach rechts einbiegen (*o* gehen); *fam fig* ~ **al monte** Heimweh haben; **el imán tira del acero** der Magnet zieht den Stahl an; ~ **de los cabellos** *o* **de los pelos** an den Haaren zerren; ~ **(d)el coche** den Wagen ziehen; ~ **de la cuerda** an der Schnur ziehen; ~ **(de) la espada** den Degen ziehen; ~ **de las orejas** an den Ohren zupfen; ~ **por un camino** einen Weg einschlagen; *fig* **a todo** ~ höchstens, bestenfalls; AUTO **el coche tira bien** der Wagen zieht gut (*o* hat ein gutes Anzugsvermögen); *fam fig* **esta chaqueta (no) tirará otro verano** diese Jacke wird (k)einen weiteren Sommer (aus)halten; *fam fig* **ir tirando** gerade auskommen (**con** mit *dat*), sich (schlecht und recht) durchschlagen *fam*; *enfermo, etc* sich hinschleppen; POL *y fig* **tira y afloja** Tauziehen *n* (*fig*); *desp* Hickhack *n fam* 2 (*disparar*) schießen (**a, con** mit *dat*); (*esgrimir*) fechten; DEP ~ **fuera** *fútbol*: vorbeischießen; ~ **largo** (zu) weit schießen; *fig* zu weit gehen; *tb fig* ~ **más allá del blanco** über das Ziel hinausschießen; ~ **al blanco** aufs Ziel schießen; ~ **a matar** *o* **a dar** scharf (*o* gezielt) schießen 3 *fig* ~ **a** (*inclinarse*) neigen zu (*dat*); *etw* (*acus*) erstreben; ~ **a alg** j-m nachschlagen; ~ **a azul** *color* ins Blaue spielen; **tira a mejorar** eine Besserung bahnt sich bei ihm an; ~ **a ser comisario** gern Kommissar werden wollen; ~ **a viejo** ältlich aussehen; **a él le tira la natación** er schwimmt gern, er mag den Schwimmsport; **a mí no me tira la música** ich mache mir nichts aus Musik 4 *estufa, cigarro, etc* ziehen 5 *Col, Perú vulg* (*copular*) vögeln *vulg* C VR **tirarse** 1 (*echarse encima*) sich werfen (**a, en** auf, in *acus*); sich stürzen (**a** in *acus*, auf *acus*); (*echarse abajo*) sich hinunterstürzen, in die Tiefe springen; ~ **al agua** ins Wasser springen; *fam fig* ~ **a muerto** den dummen August spielen *fam*; ~ **del avión** aus dem Flugzeug abspringen; *fam* ~ **de la cama** aus dem Bett springen; *fam* ~ **en la cama** sich ins Bett legen, sich in die Falle (*o* Klappe) hauen *fam*, sich hinhauen *fam*; *pop* ~ **un pedo** einen Furz (*o* einen fahren) lassen *fam*; *fam fig* ~ **de risa** sich biegen vor Lachen; *fam* **tirársela(s) de** sich aufspielen als (*nom*) 2 *tiempo* verbringen; *fam en la cárcel*: absitzen, abreißen *pop*; ~ **el día leyendo** den Tag mit Lesen zu- (*o* ver)bringen; *fam* ~ **unas vacaciones bárbaras** ganz groß in Ferien gehen *fam* 3 ZOOL bespringen, decken; *p. ext pop persona* vernaschen *fam* 4 TIPO (*imprimir*) gedruckt werden; **¡tírese!** druckfertig! 5 *Cuba* (*excederse*) zu weit gehen

tiratrón M ELEC Thyratron *n*

tirijala F *P. Rico* Schießerei *f*

tirilla A F TEX *de la camisa*: Kragenbündchen *n*; *Chile* (*andrajo*) Fetzen *m*, Lumpen *m* B ~(s) M(PL) *fam persona*: Kümmerling *m*, mick(e)riger Kerl *m fam*

tirio A ADJ tyrisch, aus Tyrus B M, **-a** F Tyrer *m*, -in *f*; *fig* **~s y troyanos** Vertreter *mpl* entgegengesetzter Meinungen

tirisuya F *Perú* MÚS *folclore Art* Schalmei *f*

tirita® F MED (Wund)Schnellverband *m*, Heftpflaster *n*

tiritaña F *fam* Geringfügigkeit *f*

tiritar VI frösteln, schaudern (*vor Kälte*); **tiritera** F → tiritona; **tiritón** M starker Frostschauer *m*; Schauer *m*; **tiritona** F *fam* Frösteln *n*, Zittern *n*, Bibbern *n fam*

tiro M 1 *de una piedra, un objeto, etc*: Wurf *m*; (*alcance*) Wurfweite *f*; *fig* **a (un)** ~ **de piedra** (nur) einen Steinwurf entfernt 2 MIL, DEP, *etc* (*disparo*) Schuss *m*; *acción*: Schießen *n*; MIL (*fuego de armas*) Beschuss *m*, Feuer *n*; *p. ext* (*campo de tiro*) (Scheiben)Schießstand; **a** ~ auf Schussweite; *fig* in nächster Nähe, in Reichweite; *Chile adv* **al** ~ sofort; *adv* **ni a ~s** nicht um alles in der Welt; **a** ~ **hecho** genau zielend; *fig* treff-, zielsicher, genau; *fig* **a** ~ **limpio** mit Waffengewalt; *tb fig* **fuera de(l)** ~ außer Schussweite; ~ **al aire** Warnschuss *m*; ~ **al arco/al blanco** Bogen-/Scheibenschießen *n*; ~ **en la cabeza** Kopfschuss *m*; ~ **errado** *o* **perdido** Fehlschuss *m*; DEP *fútbol*: ~ **de esquina** Eckball *m*; MIL ~ **de flanco** Flankenbeschuss *m*, Feuer *n* von der Seite; ~ **de gracia** Gnadenschuss *m*; CAZA Fangschuss *m*; *Am* DEP *fútbol, baloncesto*: ~ **libre** Freistoß *m*; ~ **en la nuca** Genickschuss *m*; ~ **de pichón** *o Am* ~ **a la paloma** Taubenschießen *n*; ~ **al plato** Wurf- (*o* Ton)taubenschießen *n*; ~ **rápido** Schnellfeuer *n*; ~ **en el vacío** Schuss *m* in die Luft; **polígono** *m* **de** ~ Schießstand *m*; *tb fig* **acertar el** ~ treffen, sein Ziel erreichen; *fam* **la noticia me cayó como un** ~ die Nachricht haute mich um *fam*; **dirigir el** ~ zielen (**a** auf *acus*); *fig* **sin disparar un** ~ kampflos; **pegar(se) un** ~ (sich *dat*) eine Kugel durch den Kopf jagen; *fam fig* **poner a/c a** ~ etw weitgehend vorbereiten; **saber por dónde van los ~s** wissen, woher der Wind weht; *fam fig* **le salió el** ~ **por la culata** der Schuss ging nach hinten los; *fam fig* **sentar como un** ~ *vestimenta, etc* überhaupt nicht stehen; *comida y fig* schwer im Magen liegen; *tb fig* **venir a** ~ **hecho** genau in die Schusslinie kommen 3 *fig* (*travesura*) Streich *m*; (*alusión desfavorable*) boshafte Anspielung *f*; (*golpe*) (schwerer) Schlag *m* (*fig*); *fam* **estar** *o* **andar a ~s con alg** mit j-m verkracht sein *fam* 4 *carruaje*: Zug *m*, Gespann *n*; ~ **de cuatro caballos** Viererzug *m*; **de** ~ Zug...; ~ **en tándem** Tandem *n* (*Gespann*) 5 (*soga*) Zugseil *n*, Lastenzug *m* (*Seilrolle*); *equitación*: Zugleine *f*, Strang *m*; MIL **~s** *mpl* Wehrgehänge *n*; *Arg tb del pantalón*: Hosenträger *mpl*; *fam fig* **de ~s largos** piekfein *fam* 6 *en la estufa, etc*: Zug *m*; *p. ext* ~ **de humo** Rauchabzug *m* 7 DEP ~ **de cuerda** Tauziehen *n* 8 ARQUIT Treppenstück *n*, -lauf *m* 9 TEX (*ancho de la tela*) Stoffbreite *f*; *vestimenta*: Schulterbreite *f*; *pantalón*: Schritt(weite *f*) *m* 10 MIN *pozo*: Bodenschacht *m*; Schachttiefe *f* 11 VET *caballos*: Verbeißen *m der Pferde beim Futterraufen* 12 *drogas* (*chute*) Schuss *m fam*

tiroideo ADJ MED Schilddrüsen...; **tiroides** A ADJ MED (**glándula** *f*) ~ Schilddrüse *f* B M/F ⟨*pl inv*⟩ Schilddrüse *f*

Tirol M Tirol *n*

tirolés A ADJ tirol(er)isch B M, **-esa** F Tiroler *m*, -in *f*

tirón[1] M 1 (*sacudida*) Zug *m*, Ruck *m*, Zerren *n*; Handtaschenraub *m fam*; MED ~ **muscular** Muskelzerrung *f*; **de un** ~ auf einmal; *fig* ~ **del consumo/de los precios** Anziehen *n* des Verbrauchs/der Preise; *fam fig* **ni a -ones me sacan de aquí** keine zehn Pferde bringen mich von hier weg *fam*; **dar -ones** zerren; **dar un** ~ **de orejas a alg** j-n an den Ohren ziehen; **dormir de un** ~ durchschlafen 2 *Esp* (*robo*) *Raub durch Entreißen der Beute (z. B. Handtasche)*

tirón[2] M *liter* Anfänger *m*

tirona F 1 (*red de pesca*) *Art* Wurfnetz *n zum Fischen* 2 (*prostituta amateur*) *pop fig* (Amateur)Nutte *f fam*

tironear VI *Am* rucken; zerren

tironero M, **-a** F *Esp fam* Handtaschenräuber *m*, -in *f*; Taschendieb *m*, -in *f*

tironiano ADJ HIST *y liter* **notas** *fpl* **-as** tironische Noten *fpl*; *liter* Kurzschrift *f*

tiroriro M *onom fam* Trara *n* (*Klang der Blasinstrumente*)
tirotear A V/T & V/I schießen auf (*acus*); beschießen, unter Beschuss nehmen B V/R **tirotearse** sich beschießen; *fig* sich herumstreiten
tiroteo M Schießerei *f*; Gewehrfeuer *n*; **~ cruzado** Schusswechsel *m*
tirreno ADJ GEOG tyrrhenisch; **(Mar** *m***) Tirreno** *m* Tyrrhenisches Meer *n*
tirria F *fam* (*aversión*) Widerwille *m*; (*odio*) Ärger *m*, Groll *m*; **tener ~ a alg** einen Pik auf j-n haben *fam*
tirso M HIST Thyrsus *m*, Stab *m* der Bacchantinnen
tirulo M gerollter Tabak *m* (*der Zigarre*)
tisana F 1 (*té medicinal*) Heiltee(aufguss) *m* 2 (*ponche*) Bowle *f*, kalte Ente *f*
tísico A ADJ MED schwindsüchtig B M, **-a** F Schwindsüchtige *m/f*
tisis F MED Schwindsucht *f*, Phthisis *f*; **~ pulmonar** Lungenschwindsucht *f*
tiste M 1 *Am Centr, Méx bebida:* Maiskakaogetränk *n*; *Guat Getränk aus Maismehl, Achiote und Zucker* 2 *Am Mer* (*verruga*) Warze *f*
tisú M Gold- (*o* Silber)stoff *m*; Brokat *m*
tita F *leng. inf* Tante *f*
titán M MIT *y fig* Titan *m*; **titánico** ADJ titanisch, Titanen... (*tb fig*); *fig* riesenhaft; **titanio** M QUÍM Titan *n*
títere M Gliederpuppe *f*; Hampelmann *m* (*tb fig*); (*marioneta*) Marionette *f* (*tb fig*); **(teatro** *m* **de) ~s** *mpl* Marionetten- (*o* Puppen)theater *n*; *fam fig* **no dejar ~ con cabeza** alles kurz und klein schlagen; *fam fig* **no quedó ~ con cabeza** da blieb nichts heil
titi F *fam* Tussi *f fam*, Biene *f fam*
tití M ZOOL Titi *m* (*Affenart*); *Am Mer fam fig* **más feo que un ~** potthässlich
titigüí M *Col* ZOOL Wasserschwein *n*
titilación F Zittern *n*
titilar V/I 1 (*temblar*) zittern 2 (*centellar*) flackern, flimmern
titipuchal M *Méx* 1 (*manada*) Herde *f*, (*gentío*) (Menschen)Menge *f* 2 (*abundancia*) Fülle *f*, Unmenge *f*
titiritero M, **-a** F 1 (*que gobierna los títeres*) Puppenspieler *m*, -in *f*; *p. ext fam* (*acróbata*) Akrobat *m*, -in *f* 2 *fig* (*instigador oculto*) Drahtzieher *m*, -in *f*
titoísmo M POL, HIST Titoismus *m*; **titoísta** A ADJ titoistisch B M/F Titoist *m*, -in *f*
titubeante ADJ schwankend; **titubear** V/I wanken, schwanken; *fig* zögern, unschlüssig sein (**en** zu *inf o* bei *dat*); **titubeo** M Schwanken *n* (*tb fig*)
titulación F 1 Betitelung *f*; UNIV (*título*) (akademischer) Titel *m* 2 QUÍM Maßanalyse *f*, Titrierung *f*; **titulado** UNIV A ADJ diplomiert B M, **-a** F Inhaber *m*, -in *f* eines (akademischen) Titels, Diplomierte *m/f* C M TIPO Betitelung *f*, Überschrift *f*; **titulaje** M *espec Am* TIPO Betitelung *f*, Überschrift *f*
titular¹ A ADJ 1 (*nombrado*) betitelt; Titular...; TIPO **letra** *f* **~** Titelbuchstabe *m*; UNIV **profesor** *m* **~** *corresponde a* ordentlicher Professor *m*; Ordinarius *m*, Lehrstuhlinhaber *m* 2 DEP **jugador ~** Stammspieler *m* B M/F 1 JUR Träger *m*, -in *f*; Inhaber *m*, -in *f*; **~ de una cuenta** Kontoinhaber *m*, -in *f*; JUR **anterior ~ de un derecho** Rechtsvorgänger *m* 2 UNIV **los ~es** die Ordinarien *pl* C M *diario:* Überschrift *f*, Schlagzeile *f*; **figurar en los ~es de los periódicos** Schlagzeilen machen
titular² A V/T 1 (*nombrar*) betiteln, benennen; *j-m* einen Titel verleihen 2 (*encabezar*) überschreiben 3 QUÍM titrieren B V/I einen (Adels)Titel erhalten C V/R **titularse** *libro* den Titel tragen; *persona* einen Titel erwerben; (*nombrarse*) sich nennen
titularizar V/T ⟨1f⟩ zum Inhaber (*o* Träger) machen; UNIV zum Ordinarius (*o* CAT zum Titularbischof *etc*) ernennen
titulillo M TIPO Kolumnentitel *m*; *fig* Lappalie *f*
título¹ M 1 (*encabezamiento*) Titel *m*, (*rótulo*) Überschrift *f*; TIPO **~s** *mpl* Titelei *f*; FILM **~s genéricos** *o* **de crédito** Vorspann *m*; FILM **~s (de crédito) finales** Nachspann *m*; TIPO **~ a dos columnas** zweispaltige Überschrift *f* 2 JUR *de leyes, reglamentos:* Titel *m* (*Abschnitt, Kapitel eines Gesetzbuchs etc*) 3 (*diploma, licencia*) Titel *m*; Diplom *n*; *fig* (*rango*) Rang *m*, Name(n) *m*; **~s** *mpl tb* Betitelung *f*, Rangbezeichnung *f*; **~ de dignidad** Amtstitel *m*; **~ de doctor** Doktortitel *m*; **~ nobiliario** *o* **de nobleza** Adelstitel *m*; **sacar un ~** einen Titel erlangen 4 *p. ext persona:* hoher Titelträger *m*; Adlige *m* 5 JUR *etc* (*derecho legal*) Rechtsanspruch *m*, (Rechts)Titel *m*; (*documento jurídico*) (Berechtigungs)Urkunde *f*; *p. ext* (*derecho*) Berechtigung *f*, Anspruch *m*; *fig* (*motivo*) Grund *m*, Begründung *f*, Anlass *m*; *frec* **~s** *mpl* (*aptitud*) Befähigung *f*, Fähigkeit *f*; **~ hipotecario** Schuldverschreibung *f*; **~ legal** Rechtstitel *m*; **~ de propiedad** Besitzurkunde *f*; *transporte:* **~ de transporte** Fahr(t)ausweis *m*; **a ~ de** (*con el derecho de*) mit dem Recht (*gen*); in meiner *etc* Eigenschaft als (*nom*); als (*nom o acus*); (*con el pretexto de*) unter dem Vorwand von (*dat*); **a ~ de compensación** als Ausgleich; **a ~ de información** zur Kenntnisnahme; **¿a ~ de qué?** mit welchem Recht?; aus welchem Anlass?; JUR, ADMIN **a ~ gratuito** kostenlos, unentgeltlich; **con justo ~** wohlberechtigt 6 ECON (*valor*) Wertpapier *n*, Papier *n fam*; **~s** *mpl* **amortizables** kündbare Werte *mpl*; **~ (sin los cupones)** Mantel *m*; **~s** *mpl* **depositados en garantía** lombardierte Wertpapiere *npl*; **~s** *mpl* **de la Deuda (Pública)** Staatspapiere *npl*; **~ al portador** Inhaberpapier *n*; **~ de renta fija** Rentenpapier *n*, -brief *m*
título² M (*contenido*) Gehalt *m*, Stärkegrad *m*; QUÍM Titer *m*; **~ de alcohol** Alkoholgrad *m*; **~ legal** gesetzlicher Feingehalt *m einer Münze*
titulomanía F Titelsucht *f*
tiza F Kreide *f*; **~ en polvo** Schlämmkreide *f*; **marcar con ~** ankreiden
tiznadura F Berußen *n*; Schwärze *f*; **tiznar** A V/T schwärzen; *fig* anschwärzen B V/R **tiznarse** verrußen; **tizne** M/F Ruß *m*; **tiznón** M Rußfleck *m*; Rußflocke *f*
tizo M 1 (*leña mal quemada*) halb verbranntes Scheit *n*; Rauchkohle *f* 2 *jerga del hampa* (*policía*) Polizist *m*; **tizón** M 1 (*palo a medio quemar*) halb verbranntes Scheit *n*; *fig* (*mancha en la fama*) Schandfleck *m* 2 AGR *parásito:* Brand *m* (*Schädlingspilz*) 3 ARQUIT *ladrillo:* Binder *m* (*Mauerstein*); **tizona** F 1 **Tizona** *Name des Schwerts des Cid* 2 *fam fig* Degen *m*; **tizonear** V/I das Feuer schüren
tlaconete M *Méx* ZOOL *eine Nacktschneckenart*
tlacoyo M *Méx* große gefüllte Tortilla *f*
tlacuache M *Méx* ZOOL Opossum *n*
tlalayote M *Méx* BOT *verschiedene Schwalbenwurzgewächse*
tlapa F *Méx* BOT 1 (*estramonio*) Stechapfel *m* 2 (*ricino*) Rizinus *m*
tlapalería F *Méx* Haushaltswarengeschäft *n*
tlascal M *Méx* Maisfladen *m*
tlascalteca, tlaxcalteca A *Méx* ADJ tlaxcaltekisch B M/F Tlaxcalteke *m*, Tlaxcaltekin *f*
TLC M ABR (Tratado de Libre Comercio) NAFTA *m* (Nordamerikanische Freihandelszone)
tmesis F LING Tmesis *f*, Trennung *f*
TNT M ABR (Trinitrotolueno) TNT *n* (Trinitrotoluol)
toalla F Handtuch *n*; **~ de baño/de playa** Bade-/Strandtuch *n*; **~-esponja** Frottiertuch *n*; *Am* **~ higiénica** *o* **sanitaria** Monats-, Damenbinde *f*; **~ húmeda** Feuchttuch *n*; **~ de rizo** Frottierhandtuch *n*; **~ de tocador** *corresponde a:* Gästehandtuch *n*; DEP *y fig* **arrojar** *o* **tirar la ~** das Handtuch werfen (*fig*)
toallero M Handtuchständer *m*; -halter *m*; **toallita** F kleines Handtuch *n*; **~ limpiagafas** Brillenputztuch *n*; **~ refrescante** Erfrischungstuch *n*
toar V/T MAR bugsieren, schleppen
toba F 1 MINER (*piedra caliza*) Tuff(stein) *m* 2 ODONT (*sarro de los dientes*) Zahnstein *m* 3 BOT (*cardo borriquero*) Eselsdistel *f*
tobera F Düse *f*; **~ de propulsión** *en cohetes:* Schubdüse; **~ pulverizadora** Zerstäuberdüse *f*
tobillera F MED Knöchel-, Sprunggelenkbandage *f*
tobillo M Fußknöchel *m*; **hasta los ~s** bis an die Knöchel; *vestido* knöchellang
tobo M *Ven* Eimer *m*
tobogán M 1 *trineo:* Rodelschlitten *m* 2 AVIA (*rampa de emergencia*) Notrutsche *f* 3 *fig pista:* Rodelbahn *f* 4 (*pista para deslizarse*) Rutschbahn *f*
toca F Haube *f*; Schwesternhaube *f*; **~s** *fpl fig Art* Witwen- (*o* Waisen)geld *n*
tocable ADJ anrührbar; spielbar; **tocacintas** M ⟨*pl inv*⟩ *Am* Kasettenrekorder *m*; **tocada** F *Am riña de gallos:* Hieb *m*, bei dem kein Blut fließt; **tocadiscos** M ⟨*pl inv*⟩ Plattenspieler *m*; **máquina** *f* **~** Jukebox *f*, Musikautomat *m*
tocado¹ ADJ **¡~!** richtig!, erraten!; **estar ~** *cosa* nicht mehr ganz in Ordnung sein; *persona* angeschlagen sein; *drogas* high sein; *fam* **estar ~ de la cabeza** *o* **del bombín** nicht ganz richtig im Kopf sein, einen kleinen Dachschaden haben *fam*
tocado² M *weiblicher* Kopfputz *m*; Frisur *f*; Haaraufsatz *m*
tocador¹ M Toiletten-, Frisiertisch *m*; Toilette(nzimmer *n*) *f*
tocador² M, **tocadora** F MÚS Spieler *m*, -in *f eines Instruments*
tocamiento M Berührung *f*; Abtupfen *n*; **tocante** PART berührend; **(en lo) ~ a** in Bezug auf (*acus*), bezüglich (*gen*), was ... (*acus*) angeht
tocar¹ ⟨1g⟩ A V/T 1 (*tomar contacto*) berühren (*tb fig*), anrühren, rühren an (*acus*); *con la mano:* anfassen, betasten; INFORM anklicken; MED touchieren; PINT retouchieren; *fig honra, etc* antasten; *capital* angreifen; *argumento, tema* berühren, anschlagen; **¡no ~!** nicht berühren!; **~ con la mano** mit der Hand berühren; *fig* ganz nahe daran sein; **¡tócala!** schlag ein!, die Hand drauf!, topp! 2 MÚS spielen; *campanas* läuten; *tambor, alarma* schlagen; *flauta* blasen; *violín, piano, vals* spielen; **~ la bocina** *o Am reg* **~ el claxon** hupen; **~ el timbre** klingeln, läuten; *fig* **~ el corazón** rühren, zu Herzen gehen 3 MAR **~ un puerto** einen Hafen anlaufen 4 *Cuba fam* (*dar una buena propina*) *j-m* ein gutes Trinkgeld geben (*um Vorteile zu erlangen*) B V/I 1 *instrumento, músico* spielen; AUTO hupen; *campana* läuten; REL einläuten (*etw* **a**); **tocan** es läutet; *fam fig* **¡tocan a comer!** auf zum Essen!; *fam fig* **¡tocan a pagar!** jetzt heißt es zahlen!; TAUR **tocan a matar** man gibt das Zeichen zum letzten Abschnitt des Stierkampfs (*Aktion des Matadors*); *fam fig* jetzt wird es ernst; REL **~ a misa/a oración/a muerto** zur Messe/zum Gebet/die Totenglocke(n) läuten 2 *lotería, premio, tarea, destino j-m* zufallen; (*corresponder a alg*) *j-m* zukommen, zustehen; **~le a alg la lo-**

tería in der Lotterie gewinnen; *irón* Pech haben; **ahora le toca a usted (el turno** *o* **la vez)** jetzt sind Sie an der Reihe, jetzt sind Sie dran *fam*; **a mí si me toca el gordo** wenn ich das große Los gewinne …; **te toca de cerca** es geht besonders dich an; **le toca el honor** ihm gebührt die Ehre (, zu *inf* **de**); **le tocó en suerte** (*inf*) es traf ihn, zu (*inf*); **por lo que toca a …** was … (*acus*) betrifft 3 (*tener toque*) sich berühren, Berührung haben; zusammenstoßen (**con** mit *dat*); MAR leichte Grundberührung haben; *adv fam fig* **toca, no toca** ganz eng beieinander; **~ en tierra** MAR an Land gehen; AVIA landen 4 (*estar relacionado*) verwandt (*o* eng verbunden) sein (**a** mit *dat*) C V/R **tocarse** sich berühren; aneinanderstoßen; aneinandergrenzen; *fam fig* **tocárselas** Reißaus nehmen D V/IMP *Col* **toca** (*inf*) man muss (*inf*)

tocar² ⟨1g⟩ A V/T *cabello, peinado* zurechtmachen B V/R **tocarse** 1 (*peinarse*) sich frisieren 2 (*cubrirse la cabeza*) (Schleier, Haube, *reg tb* Hut) aufsetzen

tocario LING A ADJ tocharisch B M *lengua*: Tocharisch *n*

tocata F MÚS Tokkata *f*

tocateja ADV **a ~** (in) bar

tocayo M, **-a** F Namensvetter *m*, -schwester *f*; **es mi ~** *o* **somos ~s** wir haben den gleichen Namen

tocha F *Esp fam* Zinken *m fam*, Nase *f*

tocho A ADJ (*grosero*) grob, roh, plump; (*bobo*) einfältig B M 1 METAL, TEC (Eisen)Block *m* 2 *reg* (*ladrillo*) Ziegelstein *m* 3 *fam libro*: Schinken *m*

tocinería F (Schweine)Metzger-, Schlachter-, Fleischerladen *m*; **tocineta** F *Col* GASTR Frühstücksspeck *m*; **tocino** M 1 (*lardo*) Speck *m*; Speckseite *f* 2 *fam fig persona*: dicker, fauler Mensch *m* 3 **~ de(l) cielo** *dulce*: Süßspeise *f* aus Eigelb und Zuckersirup

toco M 1 *Arg* BOT *eine amerikanische Zeder* 2 *jerga del hampa* (*parte del botín*) Beuteanteil *m*; *p. ext pop* (*pedazo*) Stück *n*, Brocken *m* 3 *Perú en construcciones incaicas*: Nische *f* 4 *Am reg* (*tronco cortado*) Baumstumpf *m*

tocología F MED Geburtshilfe *f*; **tocólogo** M, **tocóloga** F MED Geburtshelfer *m*, -in *f*

tocomocho *fam* M Schwindel *m*; Bauernfängerei *f*; gefälschtes Lotterielos *n fam*

tocón M 1 (*tronco cortado*) Baumstumpf *m*; *tb* (*muñón*) Gliedstumpf *m* 2 *Esp fam persona*: Grapscher *m fam*

tocotoco M *Ven* ORN Pelikan *m*

tocuyo M *Am Mer* TEX *ziemlich grobes* Baumwollzeug *n*

todabuena F BOT *Art* Johanniskraut *n*

todavía ADV noch (immer); (je)doch, immerhin; **~ no** *o Perú* **~** noch nicht

todito ADJ *fam* → todo

todo A ADJ (*entero*) ganze(r, -s); (*cada*) jede(r, -s); alles; **-a clase de** alle Art von (*dat*); allerlei, allerhand, alles Mögliche; **~ hombre** jeder Mensch, alle Menschen; **~ el hombre**, *stark betont*: **el hombre ~** der ganze Mensch; **-a una dama** eine wirkliche Dame *f*; **~s los hombres** alle Menschen; **-a España** ganz Spanien; **(o) ~ o nada** (entweder) alles oder nichts; **~s ustedes** Sie alle; **~ junto** (ins)gesamt; **~s juntos** sämtliche, alle zusammen, alle miteinander; **~ lo que** *o* **~ cuanto** alles was; **~s los días** alle Tage, jeden Tag, täglich; **~ el país** das ganze Land; **estaban ~s** es waren alle da; **~s y cada uno** alle (samt und sonders); *fam* **… y ~** *stark hervorhebend*: sogar; **¡volcó el coche y ~!** der hat doch den (ganzen) Wagen umgeworfen!; **a ~ correr** in vollem Lauf; **con ~ esto** *o* **eso** trotzdem, dessen ungeachtet; **~ era(n) llantos** man hörte nur Jammern; **este pescado es ~ raspas** der Fisch besteht nur aus Gräten; **esta sopa es -a agua** die Suppe ist das reinste Wasser (*fam fig*); *frec irón* **~ es uno** es ist alles dasselbe; *fig* **~s son unos** sie sind alle gleich, *frec desp* es ist alles dasselbe Gelichter; **vino -a alborotada** sie kam ganz aufgeregt (daher) B M Ganze(s) *n*; *p. ext de charadas*: Lösungswort *n einer Scharade*; *fam fig* (*personaje principal*) Hauptperson *f*; **ir a por -as** aufs Ganze gehen; **ante ~** vor allem, in erster Linie; **así y ~** trotzdem, immerhin; **con ~** (je)doch, freilich; **(de ~) en ~** in allem, völlig; **(no) del ~** (nicht) ganz, (nicht) völlig; **en (y por) ~** ganz und gar, in jeder Hinsicht, absolut C ADV ganz, gänzlich, völlig; **~ amarillo** ganz gelb; *fam* **de -as -as** ganz bestimmt; auf jeden Fall

todopoderoso ADJ allmächtig; REL **el Todopoderoso** der Allmächtige; **todoterreno** A ADJ *coche* geländegängig; *fig* für alles zu gebrauchen B M AUTO Geländewagen *m*, -fahrzeug *n*

tofe M, **toffee** M Toffee *n*

tofo M 1 MED (*nodo*) Gichtknoten *m* 2 *Chile* MINER (*arcilla blanca refractaria*) Schamotte *f*

toga F Toga *f*; Robe *f*; Talar *m*; **~ de doctor** Doktortalar *m*; **togado** M, **togada** F Roben-, Talarträger *m*, -in *f*; JUR Amtsperson *f*; Richter *m*, -in *f*

Togo M Togo *n*

togolés A ADJ togoisch B M, **-esa** F Togoer *m*, -in *f*

Toisón M **~ de Oro** Goldenes Vlies *n* (*Orden*)

tojal M (Ginster)Heide *f*

tojino M MAR Klampe *f*; Knagge *f*

tojo¹ M BOT Stechginster *m*

tojo² *Bol* A M ORN → **calandria²** B ADJ Zwillings…

tojosa F *Am Centr, Antillas* ORN Sperlingstaube *f*

tokai M *vino*: Tokajer *m*

tola F *Am Mer* BOT *eine Färberstaude* (*Baccharis tola*)

tolanos MPL 1 *pelo*: Nackenhaare *npl* 2 VET Zahnfleischfäule *f*

toldilla F MAR Hütte *f*; erhöhtes Quarterdeck *n*; **toldillo** M Tragsessel *m* mit Schutzdach

toldo M 1 (*marquesina*) Sonnendach *n*, Markise *f*; *espec* MAR Sonnensegel *n*; (*lona*) (Wagen)Plane *f* 2 (*tienda*) (Strand)Zelt *n*; *Arg, Bol, Chile* (*choza*) Indianerzelt *n* (*o* -hütte *f*) 3 *Col, P. Rico* (*mosquitero*) Moskitonetz *n*

tole M Tumult *m*; *fam* Gezeter *n*, Geschrei *n*; **levantar el ~** Sturm laufen (**contra** gegen *acus*); zetern; *fig* **tomar** *o* **coger el ~** abhauen *fam*, verduften *fam*

toledano A ADJ aus Toledo; **hoja -a** Toledoklinge *f*; *fig* **noche** *f* **-a** schlaflose (*o* im Freien verbrachte) Nacht *f* B M, **-a** F Toledaner *m*, -in *f*

Toledo M *spanische Stadt, Provinz*

tolerable ADJ erträglich; zulässig; **tolerado** ADJ zulässig; TEAT, FILM **~ (para) menores** jugendfrei

tolerancia F 1 (*indulgencia*) Toleranz *f* (*tb* TEC); (*paciencia*) Duldsamkeit *f* 2 MED Verträglichkeit *f*; **~ de peso** Gewichtstoleranz *f*; **dar ~s** tolerieren

tolerante ADJ duldsam; tolerant (*espec* REL, POL); **tolerantismo** M POL, REL Religionsfreiheit *f*; Toleranzpolitik *f*

tolerar V/T (*permitir*) dulden, zulassen; *estómago, organismo*: vertragen; (*soportar*) tolerieren

tolete M 1 MAR *bote de remo*: Dolle *f* (*Ruderboot*) 2 *Am reg* (*garrote*) Schlagstock *m* 3 *Perú* GASTR **(pan** *m***) ~** *eine Art Brötchen*

toletole M *fam* Krach *m*, Durcheinander *n*; *fam* **coger el ~** sich eiligst verdrücken *fam*

tolla F 1 (*pantano*) Moor *n* 2 *Antillas* (*abrevadero*) Tränke *f* (*Trog*); **tolladar** M Sumpf *m*; **tollina** F *fam* Tracht *f* Prügel

tollo¹ M 1 CAZA (*escondite del cazador*) versteckter Ansitz *m* (*Erdloch, Jagdschirm*) 2 (*ciénaga*) Morast *m*

tollo² M 1 *pez*: Hausen *m*; Hundshai *m*; **~ de Groenlandia** Grönlandhai *m*, Eishai *m* 2 GASTR Filetstück *n* (*vom Hirsch*)

tollón M Engpass *m*

Tolomeo N PR M Ptolemäus *m*

Tolón M Toulon *n*

tolondro M Beule *f*; **tolondrón** M Beule *f*; *fig* **a -ones** stoß-, ruckweise

Tolosa F 1 *España*: Tolosa *n* 2 *Francia*: Toulouse *n*

tolteca *Méx* A ADJ toltekisch B M/F Tolteke *m*, Toltekin *f*

tolú M 1 BOT *árbol*: Tolubaum *m* 2 FARM *bálsamo*: Tolubalsam *m*

tolueno, toluol M QUÍM Toluol *n*

tolva F Mühl-, Fülltrichter *m*; **tolvanera** F *Méx* Staubwirbel *m*, -wolke *f*

toma F 1 (*acción de tomar*) Nehmen *n*; (*recepción*) Übernahme *f*; *de un crédito, etc*: Aufnahme *f*; **~ de un acuerdo** Vereinbarung *f*, Beschlussfassung *f*; JUR **~ de declaración** Vernehmung *f*; Verhör *n*; **~ de(l) hábito** *clérigo*: Einkleidung *f*; JUR **~ de juramento** Vereidigung *f*; COM, ADMIN **~ de muestras** Probeentnahme *f*; POL **~ del poder** Machtübernahme *f*; **~ de posesión** JUR Besitznahme *f*; Übernahme *f*; ADMIN Amtsantritt *m*; Amtseinführung *f*; *fig* **~ de posición** Stellungnahme *f*; ADMIN **~ de razón** Eintragung *f* ins (*Handels- etc*) *Register*; **~ de rehenes** Geiselnahme *f*; **~ de temperatura** Temperaturmessung *f*; MED **~ de la tensión** *o Perú* **presión (arterial)** Blutdruckmessung *f* 2 MIL (*conquista*) Einnahme *f*, Eroberung *f* 3 *medicación*: Dosis *f*; FARM (Arznei)Gabe *f*; GASTR Prise *f* 4 TEC, ELEC *de electricidad, agua* Entnahme *f*, ELEC *tb* Anzapfung *f*; *punto, lugar*: Entnahmestelle *f*; *mecanismo*: Ent- (*o* Aufnahme)vorrichtung *f*; (*acometida*) Anschluss *m*; **~ de agua** *mecanismo*: Wasseranschluss *m*, Hydrant *m*; *acción*: Wasserentnahme *f*; FERR *etc* Wasseraufnahme *f*; **~ de aire/de vapor** Luft-/Dampfentnahme *f* (*o* -einlass *m o* -eintritt *m*); ELEC **~ de antena** Antennenanschluss *m*; **~ de corriente** *acción*: Stromentnahme *f*; *mecanismo*: Stromanschluss *m*; **~ de tierra** ELEC Erdung *f*; Erdanschluss *m*; Erdleitung *f*; AVIA Aufsetzen *n*, Landung *f* 5 *Col* (*zanja*) Wassergraben *m* 6 *Col* **~ de pelo** (*burla*) Necken *n*, Ulk *m fam*

toma-corriente, tomacorriente M ELEC Stromabnehmer *m*; *espec Am* Steckdose *f*; Anschlussdose *f*

tomada F 1 *Am* ELEC (*enchufe*) Steckdose *f* 2 *Am* (*bebida*) Trinken *n*; **tomadero** M 1 Griff *m* 2 *de un estanque, etc*: Abstich *m*

tomado ADJ 1 (*perturbado*) benommen; *espec Am* (*borracho*) beschwipst; *fam fig voz* belegt; **~ (del vino)** betrunken; **~ (de orín)** rostig, verrostet 2 ZOOL **estar -a** *yegua* gedeckt sein

tomador M 1 (*receptor*) Nehmer *m*; Entnehmer *m*; Wechselnehmer *m*, Remittent *m*; *fam fig Arg, Chile* (*bebedor*) Trinker *m*; *jerga del hampa* **~ (del dos)** Taschendieb *m* 2 COM *de una letra de cambio*: Wechselnehmer *m*, -in *f*, Remittent *m*, -in *f* 3 TIPO *rodillo*: Farbhebewalze *f* 4 MAR (*trenza*) Seising *f*; **tomadora** F 1 (*receptora*) (Ent)Nehmerin *f*; Wechselnehmerin *f*, Remittentin *f*; *fam fig Arg, Chile* (*bebedora*) Trinkerin *f* 2 COM *de una letra de cambio*: Wechselnehmerin *f*, Remittentin *f*; **tomadura** F Nehmen *n*; *fam fig* **~ de pelo** (*broma*) Necken *n*, Verulkung *f fam*; (*estafa*) Betrug *m*, Schwindel *m*

tomaína F QUÍM Leichengift *n*, Ptomain *n*

tomar A VT 1 *(coger)* nehmen; *(sacar)* entnehmen; *(llevar)* mitnehmen; *(quitar)* wegnehmen *(recibir)* annehmen, übernehmen; *(aceptar)* hinnehmen; *noticia, etc* aufnehmen; *juramento* abnehmen; FIN *crédito* aufnehmen; **~ agua/aliento** Wasser/Atem schöpfen; *tb fig* **~ ánimo/fuerzas** Mut/Kraft schöpfen; AVIA **~ altura** steigen; **~ las armas** zu den Waffen greifen; **~ informes** Erkundigungen einziehen; **~ la pelota** den Ball (ab-, auf)fangen; **~ la pluma** zur Feder greifen, schreiben; **~ prestado** sich *(dat)* (aus)leihen, (sich *dat*) borgen; **toma y daca** *corresponde a*: Kuhhandel *m* 2 *fig* **~ una decisión** einen Entschluss fassen; eine Entscheidung treffen; **~ medidas** Maßnahmen treffen *o* ergreifen; **~ una resolución** sich entschließen 3 *(considerar)* auffassen; (auf)nehmen; halten (**por** für *acus*); **~(se) a bien** gut (*o* wohlwollend) aufnehmen; **~(se) a la** *o* **de ligera** leicht (*o* auf die leichte Schulter) nehmen; **~(se) a mal** übel nehmen; **~(se) a risa** *o* **en broma** als Scherz auffassen; **~(se) las cosas como caen** die Dinge nehmen, wie sie kommen (*o* wie sie sind); **~(se) en serio** ernst nehmen; **~ por (ladrón)** für (einen Dieb) halten; **¿por quién me toma?** für wen halten Sie mich? 4 *camino* einschlagen; *vivienda, taxi, curva, tren, etc* nehmen; MIL **~ acantonamiento** Quartier beziehen; **~ las de Villadiego** Reißaus nehmen 5 **~ parte** teilnehmen (**en** an *dat*); beteiligt sein (**en** an *dat*) 6 *(medir, calcular)* messen; MED **~ la temperatura/la tensión** die Temperatur/den Blutdruck messen; MAR **~ marcaciones** peilen; **~ un ángulo** auf einen Winkel einstellen 7 *(sentir)* **~(le) cariño/odio a alg** j-n lieb gewinnen/hassen; **~ confianza** Vertrauen fassen 8 **~ a su cargo** übernehmen; **~ a contrata** in (*o* unter) Vertrag nehmen; **~ sobre sí** auf sich *(acus)* nehmen; **~ la responsabilidad** die Verantwortung übernehmen (**de** für *acus*) 9 *comida, bebida* zu sich *(dat)* nehmen; *bebidas tb* trinken; *medicamentos* einnehmen; **~ café/té** *etc* Kaffee/Tee *etc* trinken; **~ una copa** einen trinken 10 FOT **~ una foto** ein Foto machen (*o* aufnehmen) 11 MIL *fortaleza, ciudad* einnehmen 12 *juego de cartas*: einen Stich machen, gewinnen 13 MAR **~ la mar** in See stechen; AVIA **~ tierra** aufsetzen, landen 14 **~la con alg** sich mit j-m anlegen; **la tiene tomada conmigo** er hat einen Pik auf mich *fam* 15 ZOOL *(cubrir)* decken 16 INT *fam fig* **¡toma!** sieh mal an!; *tb* da hast du es!; *fam* **¡toma ya!** das hat gesessen!; *fam* **¡toma, pues si es sencillísimo!** das ist wirklich ganz einfach! *(wenn man es einmal begriffen hat)* 17 *prov* **más vale un toma** *(hum tb* **una toma***)* **que dos te daré** besser den Spatz in der Hand als die Taube auf dem Dach B VI 1 **~ hacia** *o* **por la izquierda** nach links gehen (*o* fahren *o* reiten *etc*) 2 *Am reg (beber por costumbre)* (gewohnheitsmäßig) trinken (*o* sich betrinken) C VR **tomarse** 1 **~ a/c** sich *(dat)* etw nehmen; **~ la libertad de** *(inf)* sich *(dat)* die Freiheit nehmen zu *(inf)*; **~ libertades** sich *(dat)* Freiheiten herausnehmen; **~ interés por** sich interessieren für *(acus)*; Anteil nehmen an *(dat)*; **~ de las manos** sich an den Händen fassen 2 *(beber, comer)* zu sich *(dat)* nehmen; *pop fig* **~ (del vino)** sich betrinken, sich volllaufen lassen *fam* 3 **~ de moho/de orín** *(oxidarse)* anlaufen/rostig werden 4 **~ con alg** *(pelearse)* mit j-m anbinden, mit j-m Streit anfangen; *fam* **¡tómate esa!** da hast du's!; das hat gesessen! 5 *Arg, Ur fam* **tomárselas** *(escaparse)* abhauen, verduften

Tomás N PR M Thomas *m*

tomasitos MPL Krähenfüße *mpl (Nägel, die auf der Straße verstreut werden, um motorisierte Verfolger abzuschütteln)*

tomasol M *Esp* rückenfreies Sommerkleid *n*

tomatada F GASTR *(gebackenes)* Tomatengericht *n*; **tomatal** M Tomatenpflanzung *f*; *Am* → *tb* tomatera

tomate M 1 BOT *fruto*: Tomate *f*; BOT **~ de árbol** Baumtomate *f*; GASTR **~s** *pl* **asados/rellenos** gebratene/gefüllte Tomaten *fpl*; *Méx* **~ de cáscara/verde** Tomatillo *f (Physalis ixocarpa, Physalis philadelphica)*; *fig* **ponerse (rojo) como un ~** puterrot werden; *fam fig* **poner (el culo) como un ~ a alg** j-n ordentlich durchprügeln 2 *fam fig (rotura de una media)* Loch *n im Strumpf*, Kartoffel *f (fam fig)* 3 *fam fig (barullo)* Krach *m*, Radau *m fam*, Rauferei *f*; *(lío)* Durcheinander *n*; **hay mucho ~** das ist viel Arbeit; das ist eine ganze Menge; da ist was los *fam*; **tener ~** haarig sein *(fam fig)* 4 ZOOL **~ marino** Erdbeerseerose *f*

tomatera F 1 BOT Tomatenpflanze *f*, -staude *f* 2 *persona*: Tomatenhändlerin *f*; **tomatero** M Tomatenhändler *m*; **tomatillo** M *Méx* Tomatillo *f (Physalis ixocarpa, Physalis philadelphica)*

tomavistas ‹*pl inv*› A M Filmkamera *f* B M/F Kameramann *m*, -frau *f*

tombo M *Am reg fam* Polyp *m fam*, Bulle *m fam*

tómbola F Tombola *f*

tomento M Hanfwerg *n*; *fig* BOT Filz(behaarung *f*) *m der Pflanzen*

tomillar M AGR Thymianpflanzung *f*

tomillo M BOT Thymian *m*; **~ común** *o* **salsero** Gartenthymian *m*

tomismo M FIL Thomismus *m*; **tomista** FIL A ADJ thomistisch B M/F Thomist *m*, -in *f*

tomiza F (Esparto)Strick *m*

tomo M Band *m*, Buch *n*; **de dos ~s** zweibändig; *fam fig* **de ~ y lomo** gewaltig *fam*, mächtig *fam*; bedeutend, wichtig

tomografía F MED Tomografie *f*; **~ axial computerizada** Computertomografie *f*

tom-tom M MÚS Tomtom *n*

ton M *fam* **sin ~ ni son** *o* **sin ~ y sin son** ohne Grund und Anlass; wirr, durcheinander

tonada F 1 *(canción)* Lied *n*, Weise *f* 2 *Arg, Chile* → tonillo; **tonadilla** F Liedchen *n*; Couplet *n*; *Art* Singspiel *n*; **tonadillero** M, **-a** F Chanson-, Lieder-, Coupletsänger *m*, -in *f*

tonal ADJ MÚS tonal; **tonalidad** F 1 MÚS Tonfarbe *f*; Tonart *f* 2 PINT, TIPO, FÍS *(matiz)* Tönung *f*

tonar VI *poét* → tronar

tonel M 1 *(cuba grande)* Tonne *f (tb fig persona gorda)*; Fass *n*; **por ~es** fassweise; *tb fig* **~ sin fondo** Fass *n* ohne Boden 2 *fam fig (gran bebedor)* großer Trinker *m* 3 AVIA Kehre *f (Kunstflug)*

tonelada F 1 *medida de peso*: Tonne *f*; **~ métrica** *o* **~ metro** Metertonne *f*; MAR **~ de arqueo** *o* **de registro bruto** Bruttoregistertonne *f* 2 MAR *(provisión de toneles)* Tonnenvorrat *m* 3 *fam fig* **una ~ de** *(gran cantidad)* eine Riesenmenge von *(gen)*

tonelaje M 1 MAR *(peso de carga)* Tonnage *f*; Ladegewicht *n*; *(desplazamiento)* Wasserverdrängung *f* 2 MAR HIST *derecho*: Tonnengeld *n* 3 *(peso total)* Gesamtgewicht *n (tb* AUTO*)*; **tonelería** F 1 *taller*: Böttcherei *f*, Fassbinderei *f* 2 *(provisión de toneles)* Tonnenvorrat *m*; **tonelero** M Böttcher *m*, Küfer *m al.d.S*; **tonelete** M *(pequeño tonel)* Fässchen *n*

tóner M Toner *m*

tonga F 1 BOT *judía*: Tongabohne *f* 2 *Antillas, Méx* → tongada

Tonga M Tonga *n*

tongada F *(pila)* Haufen *m*, Stapel *m*; *(capa)* Schicht *f*, Lage *f*

tongo M 1 DEP *fam (trampa)* Schiebung *f fam* 2 *Chile* GASTR Eispunsch *m (Sorbet)* 3 *Chile, Perú sombrero*: Melone *f (Hut)*

tongonearse VR *Am fam* sich in den Hüften wiegen; **tongoneo** M *Am fam* wiegender Gang *m*

tongueras M *Esp fam* Schwindler *m*

tónica F 1 MÚS Tonika *f*, Grundton *m* 2 FON Tonsilbe *f* 3 *fig (nota inicial)* Grundcharakter *m* 4 *bebida*: **(agua) ~** Tonicwater *n*

tonicidad F MED Tonus *m*, Spannung(szustand *m*) *f*; **~ muscular** Muskeltonus *m*

tónico A ADJ 1 FON *(acentuado)* betont, Ton...; **acento** *m* **~** Silbenakzent *m* 2 MED kräftigend 3 MÚS tonisch; **nota** *f* **-a** Grundton *m*; **tríada** *f* **-a** Dreiklang *m* B M MED Tonikum *n*; **~ cardíaco** Herzmittel *n*

tonificar VT ‹1g› MED stärken

tonillo M eigentümlicher (*o* emphatischer) Tonfall *m*; Singsang *m*

tonina F 1 *pez*: (frischer) Thunfisch *m* 2 *reg (delfín)* Delfin *m*

tono M 1 *(sonido)* Ton *m (tb* MÚS *y fig)*; **a ~** MÚS richtig gestimmt; einstimmig; *fig* übereinstimmend; passend; MED **~s** *mpl* **cardíacos** Herztöne *mpl*; MÚS **cuarto** *m* **de ~** Viertelton *m*; MÚS **medio ~** Halbton *m*; **serie** *f* **de ~s** Tonfolge *f* 2 *fig (forma de hablar)* Redeweise *f*; *(estilo)* Stil(ebene *f*) *m*; *(comportamiento)* Benehmen *n*; **de buen ~** wohl erzogen, distinguiert; **el buen ~** der gute Ton, der Anstand; **a este ~** auf diese (*o* auf solche) Art; *fam* **de gran ~** vornehm, fein; **de mal ~** *o* **fuera de ~** geschmacklos, ungehörig; **subido de ~** *chiste, etc* anzüglich; **bajar el** *o* **de ~** den Ton mäßigen; klein beigeben; **cambiar de ~** einen anderen Ton anschlagen; **dar el ~** den Ton angeben *(tb* MÚS*)*; *fig* tonangebend sein; **darse ~** sich wichtigmachen, angeben *fam*; sich aufspielen (**de** als *acus*); *fam* **decírselo a alg en todos los ~s** es j-m in jeder erdenklichen Weise sagen (*o* beibringen wollen); **estar a ~** gelegen sein, passen; sich wohlfühlen; **estar a ~ con a/c** zu etw passen; mit etw harmonieren; **mudar el** *o* **de ~** eine andere Tonart anschlagen *(tb* MÚS*)*; *fig* andere Saiten aufziehen; **ponerse a ~** sich anpassen, mitmachen; **subir(se) de ~** auftrumpfen; sich aufs hohe Ross setzen 3 MÚS *(tonalidad)* Tonart *f*; *(tonada)* Lied *n*, Weise *f*; *(diapasón normal)* Kammerton *m*; **~ mayor/menor** Dur-/Molltonart *f*, Dur *n*, Moll *n*; **bajo de ~** tief gestimmt; **poner a ~** stimmen 4 *(matiz)* PINT (Farb)Ton *m*, (Ab)Tönung *f*; **~s** *mpl* Farbtöne *mpl*; TIPO Farbwerte *mpl*; **medios ~s** *mpl* Halbtöne *mpl (tb fig)* 5 MED *(tonacidad)* Tonus *m*, Spannung *f*; *p. ext (elasticidad)* Spannkraft *f*; **~ muscular** Muskeltonus *m* 6 TEL *(señal)* (Signal)Ton *m*; *(móvil)* Klingelton *m*; **~ de marcar** Freizeichen *n*; **~ de ocupado** Besetztzeichen *n* 7 *Perú fam (fiesta)* Fete *f*, Fest *n*

tonómetro M MED Blutdruckmesser *m*

tonsila F ANAT Tonsille *f*, Gaumen-, Rachenmandel *f*; **tonsilar** ADJ tonsillar, Tonsillen...; **tonsilectomía** F MED Tonsillektomie *f*

tonsura F Haarschur *f*; REL Tonsur *f*; **tonsurado** M CAT *fig* Geistliche *m*

tontada F Albernheit *f*; **tontaina** A ADJ dumm B M/F Dummkopf *m*; **tontear** VI *fam* blödeln, kalbern *fam*, kälbern *fam*; *enamorados* turteln; **tonter(í)a** F 1 *(estupidez)* Dummheit *f*, Albernheit *f* 2 *fig (pequeñez)* Kleinigkeit *f*, Lappalie *f*

tontillo M 1 *(crinolina)* Reifrock *m*, Krinoline *f* 2 *(faldellín)* Hüftenwulst *m (alte Mode)*

tonto A ADJ dumm; albern, töricht; *fam* **~ perdido** *o* **del bote** *o* **de capirote** *o* **de remate** stockdumm, saublöd *fam*; **a -as y a locas** ohne Sinn und Verstand; wie Kraut und Rüben (durcheinander); *adv* **a lo ~** ohne es zu merken; unverhofft; **estar como ~ en vísperas** dastehen wie der Ochs vorm Scheunentor (*o* vorm Berg) *fam*; **ponerse ~** sich eitel (*o* starrköpfig) zeigen B M, **-a** F Dummkopf *m*; **el ~**

T

de(l) circo der dumme August; **(el) ~ del pueblo** Dorftrottel *m*; *fig* **hacer el ~** sich albern (*o* wie ein Narr) benehmen; **hacerse el ~** sich dumm stellen

tonudo ADJ *Arg fam* prächtig; **tonudorrón** ADJ *fam* saudumm *fam*

toña F *pop* **1** *(bofetada)* Ohrfeige *f* **2** *(borrachera)* Schwips *m*, Rausch *m* **3** *(nariz)* Nase *f*, Zinken *m fam*

toñequear VT *Ven fam* verwöhnen, verhätscheln

top M TEX Top *n*, Oberteil *n*

topacio M MINER Topas *m*; *fig poét* Blau *n des Himmels*; **~ ahumado** Rauchtopas *m*

topada F → topetada; **topadera** F *Am* Bulldozer *m*, Planierraupe *f*; **topador** ADJ ZOOL stößig *(Böcke etc)*; **topadora** F TEC **1** *(excavadora)* Bagger *m* **2** *(niveladora)* Planierraupe *f*

topar **A** VT & VI **1** *(chocar)* zusammenstoßen (**con** mit *dat*); anstoßen an *(acus)*; stoßen (**contra, en** gegen *acus*; **con** auf *acus*) **2** *animales (mit den Hörnern)* stoßen **3** *p. ext (encontrar)* **~ a** *o* **con alg** j-n treffen, j-m (zufällig) begegnen **B** VT **1** MAR *mástil* zusammensetzen **2** *Am gallos, etc* miteinander kämpfen lassen **C** VI **1** *fam fig (salir bien)* gelingen **2** **~ en** bestehen in *(dat)*; beruhen auf *(dat)* **3** *juego de cartas:* (mit)halten; pari bieten **D** VR **toparse** **1** *(encontrarse)* sich treffen, sich begegnen **2** *animales* mit den Köpfen (*o* Hörnern) aufeinander losgehen; *reg y Am p. ext (reñir)* (sich) raufen

tope **A** ADJ Höchst...; Spitzen...; **cifra** *f* **~** Höchstzahl *f*; **edad** *f* **~** Höchstalter *n* **B** M **1** *(punta)* Spitze *f*, Ende *n*; MAR Topp *m*; MAR *fig marinero:* Ausguck(posten) *m* im Topp *(Matrose)*; **de ~ a ~** von einem Ende (bis) zum andern; *fam* **estar a ~** randvoll (*o* überfüllt) sein; **hasta los ~s** voll (gefüllt); ganz und gar; *fam fig* **estar hasta los ~s** die Nase voll haben (**de** von *dat*) *fam*; es satt (*o* dick *fam*) haben **2** TEC Anschlag(stift) *m*; Ansatz *m*, Nase *f*; Spitze *f*; **carril** *m* **de ~** Anschlagschiene *f*; **~ de arrastre** Mitnehmer *m*; **~ de detención** Arretierung *f*; **~ de retenida** *en el fusil:* Haltestollen *m* **3** FERR, *etc* Puffer *m*; Prellbock *m*; *fig (dificultad)* Schwierigkeit *f* **4** *del calzado:* Vorderkappe *f (bei Schuhen)* **5** → topetón; *fig (riña)* Streit *m*, Rauferei *f* **6** *Méx transporte: en la calle:* Bremsschwelle *f*

topeador M *Chile* zum Rempeln (→ topear) abgerichtetes Pferd *n*; **topeadura** F *Chile equitación:* Rempeln *n*; (→ topear)

topear **A** VT *Chile equitación:* anrempeln *(ein Reiter versucht den anderen aus dem Sattel zu heben)* **B** VI *Arg* → topar

topera F Maulwurfsloch *n*, -hügel *m*

topero M *jerga del hampa* → topista

topetada F → topetazo; **topetar** → topetear; **topetazo** M Stoß *m* mit dem Kopf (*o* den Hörnern); **topetear** VT & VI (mit Kopf *o* Hörnern) stoßen (**en, contra** an, gegen *acus*); *ciervo* mit dem Geweih aufspießen; *t/t* forkeln; *tb gener* (an)stoßen; **topetón** M **1** *(choque)* Zusammenstoß *m* **2** *(golpe con los cuernos)* Stoß *m* mit den Hörnern

tópica F RET Topik *f*; **tópico** **A** ADJ *espec* MED topisch, *(local)* örtlich; **de uso ~** zur äußerlichen Anwendung **B** M **1** MED örtlich wirkendes Heilmittel *n* **2** *(tema de discusión)* allgemeiner Gesprächsstoff *m*; *(expresión trivial)* Gemeinplatz *m*

topinambur M AGR Topinambur *m*, Erdbirne *f*

topinera F → topera

topino ADJ *equitación:* **caballo** *m* **~** Zehengänger *m*

topista M *jerga del hampa* Einbrecher *m (der mit Brecheisen arbeitet)*

toples(s)era F *Esp* Oben-ohne-Bedienung *f*

top manta M *fam* (illegaler) Straßenhändler *m (verkauft CDs, DVDs etc)*

top model ['tɔp 'moðel] M/F *moda: Am* Topmodel *n*

topo M **1** ZOOL Maulwurf *m*; **~ de mar** Maulwurfkrebs *m*; *fig* **ver menos que un ~** stockblind sein, blind wie ein Maulwurf sein **2** *fig espionaje:* Maulwurf *m (Spion in den eigenen Reihen)* **3** *Bol (prendedor)* Brosche *f* **4** *Col (pendientes)* rundes Ohrgehänge *n*

topografía F Topografie *f*; **topografiar** VT ⟨1c⟩ (topografisch) aufnehmen; **topográfico** ADJ topografisch

topógrafo M, **-a** F Topograf *m*, -in *f*; *p. ext* Land(ver)messer *m*, -in *f*

topología F MAT Topologie *f*; **toponimia** F Ortsnamen(kunde *f*) *mpl*; Toponymie *f*; **toponímico** ADJ Ortsnamen...

topónimo M LING Ortsname *m*

toque M **1** *(contacto)* Berührung *f*; *(golpe leve)* (leichter) Schlag *m*; MED Betupfen *n*; PINT (leichter) Pinselstrich *m*; PINT **~ de luz** (aufgesetztes) Licht *n*; MED **dar ~s** betupfen **2** *fig (asomo)* Anstrich *m*, Hauch *m*, Note *f*, Touch *m* (**de** von *dat*); **un ~ (de) personal** eine persönliche Note; **dar el último ~ a a/c** einer Sache *(dat)* den letzten Schliff geben *(dat)*, (die) letzte Hand legen an *(acus)* **3** *(señal acústica)* (Horn)Signal *n*; Tusch *m*; **~ (de tambor[es])** Trommelschlag *m*; **~ (de campanas)** Geläut(e) *n*; **~ (de la[s] hora[s])** Stunden-, Uhrenschlag *m*; **al ~ de las doce** Schlag zwölf (Uhr); *tb* MIL **~ de alarma** Alarmzeichen *n*; Warnsignal *f*; **dar el ~ (de cese) de alarma** (ent)warnen; **~ de atención** Warnsignal *n*; *fig* Warnung *f*; **~ de clarín** *o* **de trompeta** Trompetenstoß *m*, -signal *n*; **~ de queda** Ausgangssperre *f*; *espec* MIL, DEP **~ de pito** *o* **de silbato** Pfiff *m*; MIL **~ de silencio** Zapfenstreich *m*; *Perú fam* **(hacer a/c) al ~** sofort, blitzschnell (etw machen) **4** *(test de oro o plata)* Prüfung *f* von Gold und Silber *(mit Hilfe des Prüfsteins)*; *fig (punto esencial)* Wesentliche(s) *n*, wesentlicher Punkt *m*; *fig* **dar un ~** auf die Probe stellen

toquetear VT *fam* betasten, befummeln *fam*; **toqueteo** M *fam* Befummeln *n*, Begrapschen *n*

toquilla F **1** *(pequeño paño)* kleines Hals- (*o* Schulter- *o* Kopf)tuch *n*; *para el cabello:* Haarnetz *n* **2** *Am* BOT *palmera:* Jipijapapalme *f* **3** *Am sombrero:* Panamahut *m (aus dem Stroh der Jipijapapalme)*

tora F REL Thora *f*

torácico ADJ Brustkorb...; Brust...; **caja** *f* **-a** Brustkorb *m*; **cavidad** *f* **-a** Brusthöhle *f*; **volumen** *m* **~** Brustumfang *m*

toracoplastia F MED Thorakoplastik *f*

torada F Stierherde *f*

toral **A** ADJ *en palabras compuestas:* Haupt...; ARQUIT **arco** *m* **~** Hauptbogen *m einer Kuppel* **B** M (Form *f* für) Kupferbarren *m*

tórax M ANAT Brustkorb *m*, Thorax *m*; MED **~ de pichón** Hühnerbrust *f*

torbellino M Wirbel *m*; *de agua:* Strudel *m*; *de viento:* Wirbelwind *m (tb fig)*

torca F Fels-, Erdtrichter *m*; **torcaz** ADJ ⟨*pl* -aces⟩ **paloma** *f* **~** → torcaza; **torcaza** F *Am* ZOOL Ringeltaube *f*

torcecuello M ORN Wendehals *m*; **torcedera** F TEC Wringmaschine *f*; **torcedor** M **1** *(huso)* Spindel *f* **2** *insecto:* Wickler *m (Schädling)*; **torcedora** F (Wäsche)Schleuder *f*; **torcedura** F **1** Drehung *f*; *de ropa:* Wringen *n*; *(curvatura)* Krümmung *f*; *(doblez)* Durchbiegung *f*; TEC *tb* Drehverformung *f* **2** MED *(distensión)* Zerrung *f* **3** *(aguapié)* Tresterwein *m*

torcer ⟨2b *y* 2h⟩ **A** VT **1** drehen, *(enroscar)* winden; *fig palabras, etc* verdrehen; *manos* ringen; *ropa* (aus)wringen; *camino, dirección de viaje* ändern; abbiegen; *cigarro* wickeln; *intención* falsch deuten (*o* vereiteln); *fig el derecho* beugen; **~le a alg el cuello** j-m den Hals umdrehen; **~ a la derecha/izquierda** rechts/links abbiegen; **~ la esquina** um die Ecke biegen; *fig* **~ el gesto** *o* **el semblante** das Gesicht verziehen; eine saure Miene machen; **~ la voluntad de alg** j-n von seiner Meinung abbringen **2** *(encorvar)* krümmen *(tb* TEC*)*; *(doblar)* verbiegen; TEC drehverformen; *tornillo* überdrehen; *fusil, etc* verkanten **3** TEX drehen, spinnen; **~ hilo** zwirnen **4** MED *articulación* verrenken, verstauchen; *músculo, tendón* zerren **B** VI abbiegen (**a la izquierda/derecha** nach links/rechts); seine Richtung ändern; **el coche (se) torció hacia la cuneta** der Wagen fuhr in den Graben **C** VR **torcerse** **1** *(doblarse)* sich verbiegen; sich krümmen **2** *fig (extraviarse)* auf Abwege geraten *(fig)* **3** *fam fig negocio* nicht gelingen, schiefgehen *fam* **4** **~ (el pie)** sich *(dat)* (den Fuß) verstauchen (*o* verrenken *o* vertreten) **5** *leche* gerinnen; *vino, cerveza, etc* sauer werden

torcida F **1** *(mecha)* (Lampen)Docht *m* **2** *Am reg fam fig (partidario)* Parteigänger *mpl*; Clique *f*; **torcidillo** M Knopflochseide *f*

torcido **A** ADJ **1** *(tergiversado)* verdreht *(tb fig)*, verbogen; *(corvo)* krumm, schief; TEC *tb* windschief (*o* verwunden); TEX gezwirnt; *camino* gewunden; **~ por la punta** mit krummer Spitze **2** *(falso)* falsch, hinterlistig, unaufrichtig **3** *Am Centr, Méx (sensible)* empfindlich, reizbar; *(fastidiado)* verdrossen; *Am reg tb (errado)* verfehlt, falsch; *(infeliz)* unglücklich **B** M **1** *(giro)* Drehen *n*, Winden *n*; Verdrehen *n* **2** TEX Zwirnen *n*; *p. ext (hilo)* Zwirn *m*; *Arg (lazo)* gedrehtes Lasso *n*; **~ de algodón** Baumwollzwirn *m* **3** GASTR *bollería:* gewundenes *(frec tb* gefülltes*)* Backwerk *n* **4** *(rulo)* Lockenwickler *m* **5** *Am Centr, Méx del rostro:* Verziehen *n* des Gesichts

torcijón M *reg* → torozón 1; **torcimiento** M Drehen *n*, Verdrehen *n*; Krümmung *f*; TEC → torsión; *fig (circunloquio)* Umschweife *mpl*

tordella F ORN Krammetsvogel *m*; **tordillo** *equitación:* **A** ADJ apfelgrau **B** M Apfel-, Schwarzschimmel *m*

tordo **A** ADJ *caballo* brandfleckig, apfelgrau; **caballo** *m* **~** Apfelschimmel *m* **B** M **1** ORN **~ (común)** (Sing)Drossel *f*; **~ de agua** Wasserdrossel *f*; **~ alirrojo/mayor** Rot-/Misteldrossel *f*; **~ loco** Blaumerle *f* **2** *equitación: caballo:* Apfelschimmel *m* **3** *pez:* **~ de mar** Pfauenschleimfisch *m* **4** *Am reg incorr (estornino)* Star *m*

toreable ADJ für den Stierkampf geeignet; **toreador** M *espec Am* Stierkämpfer *m*

torear VT & VI **1** *(lidiar los toros)* mit Stieren kämpfen, als Stierkämpfer auftreten **2** *(echar los toros a las vacas)* die Stiere zu den Kühen lassen *(zur Fortpflanzung)* **3** *fam fig (burlarse)* hänseln, zum Besten haben, triezen *fam*; *j-m* auf der Nase herumtanzen *fam*; **~ a/c** einer Sache mit Geschick aus dem Wege gehen

toreo M TAUR Stierkampf *m*; Stierkampfkunst *f*; **torera** F **1** TAUR Stierkämpferin *f* **2** *fam desp (prostituta)* Flittchen *n fam*, Nutte *f fam* **3** TEX *Art* Bolero *m (Damenjäckchen)* **4** *gimnasia:* Kehre *f* am Pferd; *fig* **saltarse a/c a la ~** sich (kühn) über etw *(acus)* hinwegsetzen; sich (erfolgreich) vor etw *(dat)* (*o abs* davor) drücken *fam*

torero TAUR **A** ADJ Stierkämpfer...; Stierkampf... **B** M Stierkämpfer *m*, Torero *m*; *fig* **no se lo salta un ~** das ist kaum zu übertreffen; **torete** M **1** ZOOL Jungstier *m* **2** *fam fig (gran dificultad)* große Schwierigkeit *f* **3** *fam fig (tema de conversación)* allgemeines Gesprächs-

thema *n*
toréutica F *arte*: Toreutik *f*
toril M Stierzwinger *m bei der Stierkampfarena*
torillo M *pez*: Seeschmetterling *m*
toriondo ADJ *vaca* stierig, brünstig
tormenta F **1** METEO *(tempestad)* Sturm *m*; Unwetter *n*; Gewitter *n*; **~ de arena** Sandsturm *m*; **~ de granizo** Hagelunwetter *n*; **~ de ideas** Brainstorming *n*; **~ de nieve** Schneesturm *m* **2** *fig* Sturm *m*; *(desgracia)* Unheil *n*; **una ~ en un vaso de agua** ein Sturm im Wasserglas
tormentario ADJ HIST, MIL Kriegsmaschinen…; **arte** *f* **-a** alte Artillerie *f*; **tormentilla** F BOT Tormentill *m*
tormento M Folter *f (tb fig)*, Marter *f*; *fig* Qual *f*, Pein *f*; HIST **~ de toca** Wasserfolter *f*; **cuestión** *f* **de ~** peinliche Befragung *f*; HIST, *fig* **potro** *m* **de ~** Folterbank *f*; **confesar en el ~** in *(o* unter) der Folter gestehen; HIST, *fig* **confesar sin ~** ohne Weiteres zugeben; **dar ~ a alg** j-n foltern *(tb fig)*; *fig* j-n quälen; *fig* **poner en el ~** auf die Folter spannen
tormentoso ADJ stürmisch, Sturm…; gewittrig
tormo M **1** *(tolmo) kegelförmiger, einzeln stehender* Felsblock *m* **2** *(terrón de tierra)* Erdklumpen *m*
torna F **1** *(devolución)* Rückgabe *f*; *fig* **~s** *fpl (revancha)* Vergeltung *f*; *fig* **volver las ~s** (mit gleicher Münze) heimzahlen; **se han vuelto las ~s** das Glück *(o* das Blatt) hat sich gewendet **2** AGR *mecanismo*: Stau-, Ablenkvorrichtung *f*
tornaboda F **1** *(día después de la boda)* Tag *m* nach der Hochzeit **2** HIST **regalo** *m* **de ~** Morgengabe *f*; **tornachili** M *Méx* BOT Sommerchili *m*; **tornada** F Rückkehr *f*; **tornadizo** ADJ wankelmütig *(tb* POL), wetterwendisch
tornado M Tornado *m*, Wirbelsturm *m*
tornafiesta F Tag *m* nach dem Fest; **tornaguía** F ADMIN Rückzoll-, Passierschein *m*; **tornalecho** M Betthimmel *m*; **tornamesa** F **1** *Chile, Perú* FERR Drehscheibe *f* **2** *Méx, Perú fonotecnia*: Plattenteller *m*; **tornapunta** F CONSTR Binder *m*
tornar *liter y reg* **A** VT zurückgeben **B** VI **1** *(regresar)* zurückkehren; *(dar media vuelta)* umkehren, wenden; **~ a hacer a/c** etw wieder tun; **~ en sí** wieder zu sich *(dat)* kommen **2** *(convertir)* verwandeln, machen (zu *dat*) **C** VR **tornarse** sich verwandeln (**en** in *acus*); **~ azul** blau werden
tornasol M **1** BOT *(girasol)* Sonnenblume *f* **2** QUÍM *indicador*: Lackmus *n*; **papel** *m* **de ~** Lackmuspapier *n* **3** *(irisación)* Schillern *n*; TEX Changieren *n*; **tornasolado** ADJ schillernd; TEX changierend; **tornasolar** **A** VT zum Schillern bringen **B** VI schillern
tornátil ADJ **1** *(hecho a torno)* gedrechselt **2** *poét (cambiante)* sich leicht drehend; *fig* wetterwendisch
tornatrás M/F *Mischling mit atavistischer Dominanz einer seiner Ursprungsrassen*; **tornavía** F *reg* FERR Drehscheibe *f*; **tornaviaje** M **1** *(viaje de regreso)* Rückreise *f* **2** *(equipaje de regresantes)* Heimkehrergepäck *n*; **tornavoz** M ⟨*pl* -oces⟩ *(bocina)* Schalltrichter *m*; Schallloch *n*; *del púlpito*: Schalldeckel *m*; *reg* TEAT *fam* Souffleurkasten *m*
torneado M TEC Drehen *n*; **~ cilíndrico** Lang-, Runddrehen *n*; **torneador** M, **torneadora** F HIST Turnierkämpfer *m*, -in *f (im Mittelalter)*; **torneadura** F TEC Drehspan *m*
tornear **A** VT *madera* drechseln; *metal* drehen; TEC **~ forma** form-, profildrehen **B** VI **1** HIST *(combatir)* im Turnier kämpfen **2** *(darse vuelta)* sich drehen; *fig imaginación*: seine Gedanken (immer wieder) kreisen lassen
torneo M **1** *(competición)* Turnier *n (nicht equitación:)*; Wettkampf *m*; **~ de ajedrez** Schachturnier *n*; **~ de ases** (Schach)Turnier *n* der Weltbesten; **~ de golf** Golfturnier *n*; **~ de tenis** Tennisturnier *n* **2** VET → modorra 3 **3** *jerga del hampa* Folter *f*
tornera F Klosterpförtnerin *f*; **tornería** F *de madera*: Drechslerei *f*; *de metal*: Dreherei *f*; **tornero** M Dreher *m*; **~ (de madera)** Drechsler *m*
tornillazo M *equitación*: (Kehrt)Wendung *f*; *fam fig (deserción)* Fahnenflucht *f*; **tornillero** M *fam* Fahnenflüchtige *m*
tornillo M **1** Schraube *f* (**apretar** anziehen); **~ de ajuste/de apriete** Stell-/Klemmschraube *f*; **~ avellanado** Senk(kopf)schraube *f*; **~ redondo/calibrado** Rundkopf-/Passschraube *f*; **~ cuadrado/(h)exagonal** Vier-/Sechskantschraube *f*; **~ de mariposa** Flügelschraube *f*; **~ (para) madera** Holzschraube *f*; **~ sin fin** endlose Schraube *f*, TEC Schnecke *f*; **~ micrométrico** Mikrometerschraube *f*; AUTO **~ purgador cárter** Ölablassschraube *f*; **~-tapón** Verschlussschraube *f*; *fig* **apretarle a alg los ~s** j-m Daumenschrauben anlegen; j-n in die Enge treiben; *fam fig* **le falta un ~** *o* **tiene flojos los ~s** bei ihm ist eine Schraube locker *fam*; **beso** *m* **de ~** Zungenkuss *m* **2** **~ (de banco)** Schraubstock *m*; **~ de mordazas** (*o* **articulado**) (Flach)Schraubstock *m*; **~-fresa** Schneckenfräser *m* **3** *fam fig (deserción)* Fahnenflucht *f*
torniquete M **1** *(torno)* Drehkreuz *n* **2** *espec Am* TEC *(tensor)* Spannschloss *n*; Drahtspanner *m* **3** MED *instrumento quirúrgico*: Aderpresse *f*; **hacer un ~ en el brazo** den Arm abbinden; *fig* **apretar el ~ fiscal** die Steuerschraube anziehen **4** *fig* **dar ~ a una frase** den Sinn eines Satzes verdrehen
torniscón M *fam* **1** *(golpe con la mano)* Ohrfeige *f mit dem Handrücken* **2** *Am (pellizco)* drehendes Kneifen *n*; **dar un ~** kneifen
torno M **1** *(cabrestante)* Winde *f*; *(eje)* Welle *f*, *(huso)* Spindel *f*; **~ de arrastre** Zugwinde *f*; *de la máquina herramienta*: Mitnehmerspindel *f*; **~ de tambor** Trommelwinde *f* **2** TEC *máquina*: Drehbank *f*; **~ automático** Automat(endrehbank *f*) *m*; **~ rápido/(de) revólver** Schnell-/Revolverdrehbank *f* **3** TEC *(tornillo de banco)* Schraubstock *m*; CONSTR *(abrazadera)* Zwinge *f* **4** *(calandria)* Tretrad *n*; *alfarería*: Töpferscheibe *f*; *cordelería*: Seilerhaspel *f*, -rad *n*; ODONT *zahnärztliche* Bohrmaschine *f*; TEX **~ (de hilar)** Spinnrad *n* **5** *en monasterios*: Drehfenster *n*; *p. ext* Sprechzimmer *n im Nonnenkloster* **6** *(torniquete)* Drehkreuz *n* **7** ADV **en ~** *(alrededor)* ringsherum; **en ~ a um …** *(acus)* herum; *fig* über *(acus)*, von *(dat)*; **en ~ de** um *(acus)*; **uno en ~ del otro** umeinander **8** *(curvatura de un río)* Flussbiegung *f* **9** *jerga del hampa (tortura)* Folter *f*
toro[1] M ZOOL Stier *m*, Bulle *m*; *fam fig (hombre fuerte)* kräftiger Mann *m*; **~s** *mpl* Stierkampf *m*; *folclore* **~ de fuego** Feuerstier *m (stierförmiges Gerüst mit Feuerwerkskörpern)*; **~ de lidia** Kampfstier *m*; **~ padre** Zuchtbulle *m*; **¡ciertos son los ~s!** sicher ist sicher!; so hat es kommen müssen!; *tb fig* **coger** *o* **tomar al ~ por los cuernos** den Stier bei den Hörnern packen; *fig* **a ~ pasado** im Nachhinein; *fam* **me ha pillado el ~** mir ist die Zeit davongelaufen; *fig* **dejar en las astas del ~** in der (höchsten) Not im Stich lassen; **echarle** *o* **soltarle el ~ a alg** den Stier auf j-n loslassen; *fig* j-n barsch anfahren, j-n zur Sau machen *fam*; *fig* **(y dicho y hecho,) se fue al ~ derecho** er ging geradewegs auf sein Ziel zu; *fig* **hubo ~s y cañas** es ging hart zu; es gab Mord und Totschlag; *fig* **huir del ~ y caer en el arroyo** vom Regen in die Traufe kommen; *fig* **murió en los cuernos** *o* **las astas del ~** die Sache hat ihn Kopf und Kragen gekostet; *fam fig* **nos va a pillar el ~** es wird Schwierigkeiten geben, es wird sehr eng *(o* knapp) für uns; *fam fig* **¡ahora van a soltar al ~!** gleich geht's los!; gleich fängt der Tumult *(o* das Affentheater *fam)* an!; *fig* **ser un ~ corrido** es faustdick hinter den Ohren haben, ein alter Hase sein; *fig* **le salió la vaca ~** *corresponde a*: da werden Weiber zu Hyänen; *pop* **tenerlos como un ~** ein mutiger Mann *(o* ein Draufgänger) sein; *fig* **ver los ~s desde la barrera** unbeteiligter Zuschauer sein
toro[2] M ARQUIT, MAT Torus *m*; ARQUIT Wulst *m*; Rundstab *m*
toronja F **1** *fruta*: Bitterorange *f* **2** *espec Am (pomelo)* Pampelmuse *f*, Grapefruit *f*; **toronjil** M BOT Zitronenmelisse *f*; **toronjo** M BOT Bergamottbaum *m*
torozón M **1** VET Kolik *f der Pferde*; *p. ext fam* Bauchgrimmen *n* **2** *fam fig (fastidio)* Unbehagen *n*, Verdruss *m*
torpe ADJ **1** *(rudo)* ungeschickt, linkisch; schwerfällig, plump **2** *(desmañado)* eckig, hölzern, steif **3** *(falto de ingenio)* geistlos; läppisch; *(tonto)* dumm, dumpf, stumpfsinnig; *enseñanza* **banco** *m* **de los ~s** Eselsbank *f* **4** *(lascivo)* unzüchtig *(tb* JUR), unsittlich **5** *(tosco)* roh, klobig *fam*; *(feo)* hässlich **6** *(vergonzoso)* schändlich, *(infame)* infam
torpedeamiento M MIL Torpedierung *f*; **torpedear** VT torpedieren *(tb fig)*; **torpedeo** M MIL Torpedierung *f*; **torpedero** M Torpedoboot *n*; **avión** *m* **~** Torpedoflugzeug *n*; **torpedista** M Torpedoschütze *m*
torpedo M **1** *pez*: Zitterrochen *m* **2** MIL Torpedo *m*; **~ aéreo** Lufttorpedo *m*; **~ fijo** Grund-, Seemine *f*; **~ flotante** Treibmine *f*
torpeza F **1** *(falta de habilidad)* Ungeschicklichkeit *f*; Schwerfälligkeit *f*; Plumpheit *f* **2** *(rigidez)* Steifheit *f* **3** *(falta de ingenio)* Geistlosigkeit *f*; Stumpfsinn *m* **4** *(indecencia)* Unanständigkeit *f* **5** *(infamia)* Schändlichkeit *f*
torpor M MED Torpor *m*; Benommenheit *f*; Erstarrung *f*
torra F *Esp fam* De(e)z *m fam*, Birne *f fam*
torrado **A** ADJ **café ~** gerösteter Kaffee *m* **B** M geröstete Kichererbse *f*
torrar VT sengen; rösten; dörren
torre F Turm *m (tb* MIL *y ajedrez)*; ELEC Mast *m*; *reg* Villa *f*; **~ de agua** Wasserturm *m*; ELEC **~ de alta tensión** Hochspannungsmast *m*; DEP *salto de esquí*: **~ de los árbitros/de arranque** Kampfrichter-/Anlaufturm *m*; MIL **~ artillera** *o* **de cañones** Geschützturm *m*; **~ blindada** *o* **acorazada** Panzerturm *m*; REL **la ~ de Babel** der Babylonische Turm; *fig* **(es una) ~ de Babel** (da herrscht) ein babylonisches Sprachengewirr *(o p. ext* ein heilloses Durcheinander); **~ de las campanas/de la iglesia** Glocken-/Kirchturm *m*; **~ central** Vierungsturm *m (Romanik)*; AVIA, *etc* **~ de control** Kontrollturm *m*, Tower *m*; ARQUIT, ARQUEOL **~ de escalones** Stufenturm *m*; **~ humana** (Artisten)Pyramide *f*; *fig* **~ de marfil** Elfenbeinturm *m*; MIL, MAR, AVIA, TEC **~ de mando** Kommandoturm *m*; TEC **~ de montaje** Montageturm; **~ de los cohetes** Raketenturm *m*; **~ de la muralla** *o* **~ albarrana** Mauerturm *m der Stadtbefestigungen*; MIN **~ de perforación** Bohrturm *m*; **~ del pozo** *o* **de extracción** Förderturm *m*; **~ de prácticas** Übungsturm *m*; ELEC **~ reticular** Gittermast *m*; DEP *natación*: **~ de saltos** Sprungturm *m*; **~ de televisión** Fernsehturm *m*; MAR **~ de vigía** Ausgucktonne *f*; **~ de vigilancia** Wachturm *m*
torrear VT mit Türmen bewehren; **torreci-**

lla F **1** *(pequeña torre)* Türmchen *n* **2** MAR *de un buque de guerra:* Kastell *n* **3** AVIA **~ de ametralladora** Maschinengewehrkanzel *f*
torrefacción F Rösten *n*; Röstung *f*; **torrefacto** ADJ *café* geröstet; **torrefactor** M **~ de café** Kaffeeröster *m*
torrejón M kleiner Turm *m*
torrencial ADJ wie ein Sturzbach; *lluvia* strömend; **lluvia** *f* **~** strömender (*o* wolkenbruchartiger) Regen *m*
torrente M Gieß-, Sturzbach *m*; Wildwasser *n*; *fig* Flut *f*, Strom *m*, Schwall *m*; **~ circulatorio** *o* **sanguíneo** Blutbahn *f*; **torrentera** F Klamm *f*, Bergwasserschlucht *f*; **torrentoso** ADJ *aguas* mit starker Strömung, reißend
torreón M dicker Turm *m*; *espec de un castillo:* Festungsturm *m*; **torrero** M Türmer *m*; Turmwächter *m*; MAR Leuchtturmwärter *m*; **torreta** F kleiner Turm *m*; *espec* MIL Geschütz- (*o* Panzer)turm *m*; **~ de mando** *espec del submarino:* Kommandoturm *m*
torreznada F GASTR geröstete Speckscheiben *fpl*; **torreznero** M *fam* Faulenzer *m*; **torrezno** M gebratene Speckscheibe *f*
tórrido ADJ heiß *(bes Klimazone)*; **calor** *m* **~** *fam* Bruthitze *f*
torrijas FPL GASTR *Art* arme Ritter *mpl*
torro M GASTR Fischtopf *m (Baskenland)*
torrontés ADJ **uva** *f* **~** *weiße, feinschalige Traubensorte mit ausgeprägtem Eigengeschmack*
tórsalo M *Mückenlarve, die sich unter der Haut von Mensch und Tier entwickelt*
torsión F **1** *(torcedura)* Verdrehung *f*, Verwindung *f*; TEC Torsion *f*; **a prueba de ~** verwindungssteif; **barra** *f* **de ~** Dreh-, Torsionsstab *m (tb* AUTO*)*; DEP **~ de tronco** Rumpfdrehen *n* **2** *(giro)* Drehung *f*, Drall *m*; **~ hacia la derecha** Rechtsdrall *m* **3** TEX Draht *m*; TEC, TEX **~ del cable** Seilschlag *m*, -drall *m*
torsional ADJ Torsions...; Verwindungs...;
torso M PINT, ESCUL Torso *m*; Oberkörper *m*
torta F **1** *(pastel)* Torte *f*; Fladen *m*; Kuchen *m*; *Cuba* **~ caliente** Pfannkuchen *m*, Eierkuchen *m*; *Méx* **~ de huevos** Omelett *n*; **~ de Reyes** GASTR Dreikönigskuchen *m*; **ser ~s y pan pintado** *o* **pringado** gar nicht so schwierig (*o* schlimm *o* lästig) sein; das reinste Zuckerlecken sein **2** *fam fig (bofetada)* Ohrfeige *f*; **darse una ~** sich stoßen; **le pegó una ~** er haute ihm eine herunter *fam*, er klebte ihm eine *fam*; **no saber ni ~** *fam* keine Ahnung haben; **no ver ni ~** *fam* überhaupt nichts sehen (können) **3** TEC, AGR *(orujo)* (Press-, Trester)Kuchen *m*; TEC **~ oleaginosa** Ölkuchen *m* **4** TIPO *(caracteres de imprenta)* Schriftenpaket *n*; *fam tb (composición conservada)* Stehsatz *m*
tortada F **1** GASTR *(pastel grande)* große Pastete *f* **2** ARQUIT *(tendel)* Mörtelschicht *f*; **tortazo** M *pop* Hieb *m*, Schlag *m*, Stoß *m*; *fig, espec* AUTO **pegarse un ~** einen schweren Unfall haben
tortera F **1** *molde:* Pasteten-, Kuchenform *f*, Kuchenblech *n* **2** *en el huso:* Haspel *f* **3** *Perú vulg (lesbiana)* Lesbe *f fam* **4** Kuchenbäckerin *f*; -händlerin *f*; **tortero** M Kuchenbäcker *m*; -händler *m*
torti F *Esp pop* Lesbe *f fam*
tortícolis F/M MED steifer Hals *m*
tortilla F GASTR **1** *(fritada de huevo)* Tortilla *f*, Omelett(e *f*) *n*; **~ de patata(s)** (*o* **española**) spanisches Kartoffelomelett *n*; **~ de espárragos** Omelett *n* mit (grünem) Spargel; **~ francesa** Omelette *f* (nature); **~ de hierbas** spanisches Kräuteromelett *n*; *fig* **dar la vuelta a la ~** eine Wendung um 180 Grad vollziehen, die Lage völlig verändern; *fam fig* **hacer ~ a/c/a alg** etw/j-n zusammenschlagen; **se ha vuelto la ~** das Blatt hat sich gewendet **2** *Méx* (Mais)Fladen *m*; **~ de harina** (Weizen)Mehlfladen *m* **3** *fam* **hacer una ~** *(relación lesbiana)* lesbische Beziehungen haben
tortillear V/I *pop fig, frec tb* **~se** lesbische Beziehungen haben; **tortillera** F **1** *Méx panadera:* (Mais)Fladenbäckerin *f* **2** *pop fig (lesbiana)* Lesbe *f fam*; **tortillería** F *Méx* Maisfladenbäckerei *f*, -stand *m*; **tortillero** M *Méx* (Mais)Fladenbäcker *m*
tórtola F, **tórtolo** M **1** ORN Turteltaube *f*, -tauber *m* **2** *fig fam (persona muy enamorada)* sehr verliebter Mann *m*, sehr verliebte Frau *f*; *Col* Dummkopf *m*; **(pareja** *f* **de) tórtolos** Turteltäubchen *npl (fam fig)*
tortor M **1** *palo:* Knebel *m zum Straffen eines Seils (o* MED *zum Abpressen einer Ader)* **2** *vuelta:* Knebel-, Schraubendrehung *f*
tortuga F **1** ZOOL Schildkröte *f*; **~ carey** Karettschildkröte *f*; GASTR **~ clara** Schildkrötensuppe *f*; **~ gigante** Riesen-, Elefantenschildkröte *f*; **~ de estanque** Europäische Sumpfschildkröte *f*; **~ laúd** Lederschildkröte *f*; **~ mediterránea** Griechische Landschildkröte *f*; **~ de mar** See-, Suppenschildkröte *f*; **~ mora** Iberische Landschildkröte *f*; *fig Col* **operación** *f* **~** Bummelstreik *m*; *fig fam* **a paso de ~** im Schneckentempo **2** *Guat* AUTO VW-Käfer *m*
tortuosidad F *camino, río:* Krümmung *f*, Windung *f*; **tortuoso** ADJ geschlängelt, gewunden *(tb fig)*; krumm *(tb fig)*; *fig* verschlungen; undurchsichtig; heimtückisch
tortura F Folter *f*; *fig* Pein *f*, Qual *f*, Marter *f*; **torturador** **A** ADJ qualvoll **B** M, **torturadora** F Folterer *m*, Folterin *f*, Folterknecht *m*; **torturar** V/T foltern, peinigen *(tb fig)*, martern
torunda F MED Wattebausch *m*; Tupfer *m*
toruno M *Arg, Ur, Chile* AGR, ZOOL Ochse *m*
torva F *de lluvia:* Regensturm *m*; *de nieve:* Schneebö(e) *f*, -sturm *m*
torvisco M BOT Seidelbast *m*, Kellerhals *m*, Zeiland *m*
torvo ADJ wild, schrecklich; *mirada* finster
torzal M Kordonett-, Nähseide *f*; Zwirnfaden *m*; *(cordón)* Schnur *f*; *(cinta de paja)* Strohband *n*; **~ de cera** Wachsstock *m*; **torzón** M VET → torozón
torzuelo M CAZA *(männlicher)* Falke *m*, Terzel *m*
tos F Husten *m*; **~ crónica** chronischer Husten *m*; **~ espasmódica/irritativa** Krampf-/Reizhusten *m*; **~ ferina** Keuchhusten *m*; **~ persistente** hartnäckiger Husten *m*; **ataque** *m* **de ~** Hustenanfall *m*; **remedio** *m* **contra la ~** Hustenmittel *n*
toscano **A** ADJ toskanisch **B** M, **-a** F Toskaner *m*, -in *f* **C** M *lengua:* Toskanisch *n*; *p. ext* Italienisch *n*
tosco ADJ unbearbeitet, roh; *fig* grob; ungehobelt, ungeschliffen
tosecilla F *(tb* affektiertes) Hüsteln *n*; **tosedera** F *espec Col* Husterei *f*, Gehuste *n*
toser V/I husten; *fig* **a mí nadie me tose** ich lasse mir nichts gefallen; **no hay quien le tosa** niemand kann es mit ihm aufnehmen; *fam fig* **~ fuerte** angeben *fam*, protzen
tosigar V/T vergiften
tósigo M Gift *n*; *fig* beklemmende Angst *f*; schwerer Kummer *m*
tosigoso **A** ADJ **1** *(venenoso)* giftig, *(envenenado)* vergiftet **2** *persona* an Husten leidend **B** M *Ven fig* ekelhafter Kerl *m*
tosiguera F ständiges Husten *n*; **tosiquear** V/I hüsteln
tosquedad F Ungeschlachtheit *f*; Grobheit *f*, Ungeschliffenheit *f*
tostación F TEC, QUÍM, MIN Darren *n*; Rösten *n*; Kalzinieren *n*
tostada F Toast(brot *n*) *m*; *fig fam* **olerse la ~** Lunte (*o* den Braten) riechen *fam*; **tostadero** M **1** METAL *horno:* Röstofen *m* **2** *fig (recinto caliente)* heißer Raum *m*, Brutofen *m (fig)* **3** *lugar para tostar:* Rösterei *f*
tostado **A** ADJ **1** geröstet; **pan** *m* **~** Toast *m* **2** *(bronceado)* sonnenverbrannt, braun **B** M *espec* METAL Rösten *n*; **tostador** M Röster *m*; TEC, *etc tb* Darre *f*; **~ de pan** Toaster *m*, Brotröster *m*; **tostadora** F *Perú* Toaster *m*; **~ de café** Kaffeeröstmaschine *f*; **tostadura** F Rösten *n*; Röstung *f*
tostar ⟨1m⟩ **A** V/T rösten; bräunen; METAL *etc tb* fritten **B** V/R **tostarse** rösten *(v/i)*; METAL *tb* anfritten; braun werden; *fam fig* sich bräunen lassen
tostión F METAL Erzröstung *f*
tostón M **1** GASTR *(garbanzo tostado)* geröstete Kichererbse *f*; *(pedazos de pan frito)* in Öl gerösteter Brotwürfel *m*, Crouton *m*; *Cuba, Nic, Ven* **-ones** *mpl* gebratene Kochbananenscheiben *fpl* **2** GASTR *(cochinillo asado)* Spanferkel *n*; **~ frito** gebackenes Spanferkel *n* **3** GASTR *excesivamente tostado:* allzu scharf Gebratenes (*o* Geröstetes) *n* **4** *fam fig libro:* Schmöker *m fam*, *libro, obra de teatro, película:* (langweiliger) Schinken *m fam*; *persona:* Langweiler *m fam*, aufdringlicher Schwätzer *m fam*, Klette *f (fam fig)* **5** *Méx moneda:* Münze *f (½ Peso)*
tota ADV *Chile* **a ~** huckepack
total **A** ADJ ganz, völlig; Gesamt..., Total..., total; **en ~** insgesamt; **importe** *m* **~** Gesamtbetrag *m*; ECON, *seguros:* **~ de pérdidas** Schadenshöhe *f* **B** ADV alles in allem; also; **~, que lo hace** kurz und gut, er macht es (also) **C** M Gesamtsumme *f*, -betrag *m*; **~ de impuestos** Steueraufkommen *n*; **~ de ventas** Gesamtumsatz *m*
totalidad F Gesamtheit *f*; **totalitario** ADJ POL totalitär; **totalitarismo** M POL Totalitarismus *m*; **totalización** F Totalisierung *f*; Vervollständigung *f*; **totalizador** M Zählwerk *n*; Totalisator *m*; **totalizar** V/T ⟨1f⟩ zusammenzählen; insgesamt betragen
totalmente ADV völlig
totay M *Am Mer* BOT Totaypalme *f*
tote M *Col* Knallfrosch *m*
tótem M *etnología:* Totem *n*
totémico ADJ Totem...; **mástil** *m* **~** Totempfahl *m*; **totemismo** M REL Totemismus *m*; **totemista** ADJ totemistisch
toto M *Cuba vulg* Fotze *f vulg*; **totogol** M *Col* DEP Fußballtoto *n*; **totona** F *Ven vulg* Fotze *f vulg*; **totopo** M GASTR in Stücke geschnittene (mexikanische) Tortilla *f*
totora F *Am Mer* BOT *schmalblättriger* Rohrkolben *m*; **totoral** M Rohrkolbenfeld *n*
totoroto ADJ *fam* blöd, dumm
totovía F ORN Heidelerche *f*
totuma F **1** *Am reg vasija:* Kürbisgefäß *n* **2** BOT *fruto:* Kürbis(baumfrucht *f*) *m*; *fam fig (cabeza)* Kopf *m* **3** *Chile fam fig (chichón)* Beule *f*; *(corcova)* Buckel *m*; **totumo** M BOT Kalebassenbaum *m*
tour M Gesellschaftsreise *f*; Stadtrundfahrt *f*; **~ operador** *m* Reiseveranstalter *m*
touroperador M Reiseveranstalter *m*
toxemia F MED Blutvergiftung *f*; **toxicidad** F MED Giftigkeit *f*, Toxizität *f*
tóxico **A** ADJ giftig, toxisch **B** M Gift *n*; Giftstoff *m*
toxicología F MED Toxikologie *f*; **toxicológico** ADJ toxikologisch; **toxicólogo** M, **toxicóloga** F MED Toxikologe *m*, Toxikologin *f*; **toxicomanía** F Rauschgiftsucht *f*; **toxicómano** **A** ADJ (rauschgift)süchtig **B** M, **-a** F (Rauschgift)Süchtige *m/f*; **toxicosis**

F MED Toxikose *f*
toxina F MED Toxin *n*, Gift *n*; **~ vegetal** Pflanzengift *n*
toza F *reg* 1 *(pedazo de corteza)* Rindenstück *n* 2 *(tocón)* Baumstumpf *m*; **tozal** M *reg* Anhöhe *f*, Hügel *m*; kleiner Berg *m*; **tozar** VI ⟨1f⟩ *reg* 1 *cabrón* stoßen 2 *fam fig (ser testarudo)* bockbeinig sein *(fam fig)*; **tozo** ADJ zwergenhaft; **tozudería** F, **tozudez** F Halsstarrigkeit *f*; **tozudo** A ADJ dickköpfig, halsstarrig B M, **-a** F Dickkopf *m*; **tozuelo** M dicker Nacken *m einiger Tiere*
TPI M ABR (Tribunal Penal Internacional) Internationaler Strafgerichtshof *m*
traba F 1 *(cinta)* Band *n (tb fig)*, *(cadena)* Fessel *f*; *fig (obstáculo)* Hindernis *n*, Hemmnis *n*; **poner ~s a** fesseln *(acus)*, *fig* hemmen *(acus)*; Hindernisse in den Weg legen; *j-m* Knüppel zwischen die Beine werfen *(fam fig)*; *fig* **sin ~s** ungehemmt; ungehindert 2 *para caballos*: Beinfessel *f für Pferde* 3 *(almohadilla de freno)* Bremsklotz *m*; Hemmschuh *m* 4 JUR *(embargo de bienes)* Hindernis *n*; Vollstreckungsvereitlung *f* 5 *jerga del hampa (idea)* Idee *f*; Plan *m*
trabacuenta F Rechenfehler *m*; *fig (controversia)* Auseinandersetzung *f*; Streit *m*;
trabadero M → traba 2
trabado ADJ 1 *(cohibido)* gehemmt; FON *sílaba* gedeckt 2 *(compacto)* gedrungen, *(robusto)* stämmig; **trabadura** F 1 *(encadenamiento)* Fesseln *n* 2 *(cadena)* Fessel *f* 3 *(ligadura)* Verbindung *f*, Verknüpfung *f*
trabajado A ADJ 1 *persona* abgearbeitet, ermüdet 2 *asunto* ausgearbeitet; (schwer) erarbeitet 3 **tiempo** *m* **~** Arbeitszeit *f* B M TEC Verarbeitung *f*; Bearbeitung *f*
trabajador A ADJ arbeitsam, fleißig B M, **trabajadora** F Arbeiter *m*, -in *f*; **~ a domicilio** Heimarbeiter *m*, -in *f*; **~ estacional** *o* **de temporada** Saisonarbeiter *m*, -in *f*; **~ extranjero** Migrant *m*, -in *f*; **~ eventual** Gelegenheitsarbeiter, -in *f*; **~ forzado** Zwangsarbeiter *m*, -in *f*; **~ industrial** Industriearbeiter *m*, -in *f*; **~ intelectual** Kopf- *o* Geistesarbeiter *m*, -in *f*; **~ manual/del metal** Hand-/Metallarbeiter *m*, -in *f*; **~ m, ~a f a tiempo parcial** Teilzeitbeschäftigte *m/f*
trabajar A VI 1 *persona* arbeiten, schaffen; **capaz de ~** arbeitsfähig; **~ media jornada** halbtags arbeiten; **~ en negro** schwarzarbeiten; **hacer ~ su dinero** sein Geld arbeiten lassen (*o* anlegen); **los que quieren ~** die Arbeitswilligen *mpl*; *fam fig* **~ como un negro** *o* **como un enano** wie ein Pferd arbeiten, schuften; **~ de albañil/de camarero** als Maurer/Kellner arbeiten, Maurer/Kellner sein; **~ en** *o* **por** *(inf)* sich bemühen (*o* daran arbeiten), zu *(inf)*; **~ para comer** *o* **para vivir** seinen Lebensunterhalt erarbeiten; **~ por conseguir un empleo** sich um eine Anstellung bemühen; **~ por cuatro** für vier arbeiten, sich gewaltig ins Zeug legen *fam*; **~ por nada** umsonst (*o* ohne Entgelt) arbeiten; **~ por 100 euros** für hundert Euro arbeiten 2 *aparato, etc*: arbeiten, funktionieren 3 *madera, pared, etc* arbeiten, sich werfen B VT 1 *(tratar)* bearbeiten; *(transformar)* verarbeiten; **sin ~** unbearbeitet 2 *fig (inquietar) j-n* plagen; *(tratar de convencer a alg) j-n* bearbeiten 3 *caballo* zureiten C VR **trabajarse** sich sehr bemühen (**por, en** zu *inf*); *fig* **~ a alg** j-n (mit Erfolg) bearbeiten *fam*
trabajillo M *fam* Minijob *m fam*
trabajo M 1 *gener* Arbeit *f*; Tätigkeit *f (tb* MED, QUÍM*)*; **~ en cadena** Fließbandarbeit *f*; **~ clandestino (*o* negro)** Schwarzarbeit *f*; SOCIOL **~ de campo** Feldforschung *f*; **~ a destajo/a domicilio** Akkord-/Heimarbeit *f*; **~ a (*o* de) jornada completa** Ganztagsarbeit *f*; **~ de día** Tagarbeit *f*, -schicht *f*; **~ en equipo** Teamarbeit *f*, -work *n*; **~ estacional** *o* **de temporada** Saisonarbeit *f*; **~ eventual** Aushilfs-, Gelegenheitsarbeit *f*; **~ físico/intelectual** körperliche/geistige Arbeit *f*; **~ forzado** Gewaltanstrengung *f*; **~s** *pl* **forzados** *o* **forzosos** Zwangsarbeit *f*; **~ infantil** Kinderarbeit *f*; *fig* **~ lento** Dienst *m* nach Vorschrift, Bummelstreik *m*; **~ nocturno** Nachtarbeit *f*; **~ a mano** *o* **manual** Handarbeit *f*; **~ ocasional** Gelegenheitsarbeit *f*; *espec Arg, Chile, Perú, Ur* **~ a reglamento** Dienst *m* nach Vorschrift; **~ de repaso** Nacharbeit *f*, Nachbearbeitung *f*; MIN **~ de sondeo** Bohrarbeit *f*; *tb fig* **~ sucio** Schmutz-, Dreckarbeit *f*; **~ temporal** Zeitarbeit *f*; **~ de (o a) tiempo completo/parcial** Vollzeit-/Teilzeitbeschäftigung *f*; **~ por turnos** Schichtarbeit *f*; ADMIN **autorización** *f* *o* **permiso** *m* **de ~** Arbeitserlaubnis *f*; **cantidad** *f* **de ~** Arbeitsaufwand *m*; **condiciones** *fpl* **de ~** Arbeitsbedingungen *fpl*; **continuidad** *f* **de ~** Arbeitsfluss *m*; **fase** *f* *o* **operación** *f* **de ~** Arbeitsgang *m*; *Am* ADMIN **libreta** *f* **de ~** Arbeitsbuch *n*; **local** *m* **de ~** Arbeitsraum *m*; **volumen** *m* **de ~(s a ejecutar)** Arbeitsanfall *m*, -umfang *m*; **costar ~** Mühe kosten; **me cuesta ~** *(inf)* es fällt mir schwer, zu *(inf)*; *fam fig* **ser un ~ bárbaro** eine Heiden- (*o* Mords)arbeit sein; **tener mucho ~ por delante** (noch) viel Arbeit haben; viel vorhaben; **tomarse el ~ de hacer a/c** sich *(dat)* die Arbeit (*o* Mühe) machen, etw zu tun; **con mucho ~** mühsam, mühselig; **en condiciones** *fpl* **de ~** *fábrica, etc*: betriebsfähig; **inútil para el ~** arbeitsunfähig; **sin ~** arbeitslos; *fam* **los sin ~** die Arbeitslosen *mpl*; *prov* **el ~ es sagrado** *o* **el ~ es el encanto de la vida** Arbeit macht das Leben süß 2 *enseñanza* **~s** *pl* **manuales** Werken *n* 3 FÍS, TEC **~ de frenado** Bremsarbeit *f*, -aufwand *m*; MED **~ muscular** Muskeltätigkeit *f*; TEC **~ útil** Nutzarbeit *f*, -leistung *f* 4 *p. ext (dificultad)* Schwierigkeit *f*; *frec* **~s** *mpl* Drangsal *f*, Mühsal *f*, Strapaze *f*; **pasar muchos ~s en esta vida** viel durchmachen müssen
trabajoso ADJ 1 *(penoso)* mühsam, *(laborioso)* mühselig; *(difícil)* schwierig; *(miserable)* kümmerlich 2 *Arg, Méx persona* schwierig; *Col (severo)* streng, unbeugsam; *(exigente)* anspruchsvoll; *Chile (pesado)* lästig, ärgerlich
trabalenguas M ⟨*pl inv*⟩ Zungenbrecher *m*;
trabamiento M 1 *(encadenamiento)* Fesseln *n*, Festbinden *n* 2 *(impedimento)* Hemmen *n* 3 *(unión)* Verbindung *f*, Verknüpfung *f*
trabar A VT 1 *(unir)* verbinden, verkoppeln; miteinander verknüpfen, zusammenfügen; MAR spleißen 2 *(atar)* (an-, fest)binden; *(encadenar)* fesseln 3 *(agarrar)* fassen, festnehmen 4 *(impedir)* hemmen 5 *Am* CONSTR *sierra* schränken 6 GASTR *salsa* eindicken 7 *fig (entablar)* anknüpfen, beginnen; anfangen; **~ batalla** eine Schlacht liefern; **~ (una) conversación** ein Gespräch anknüpfen 8 JUR *(embargar)* beschlagnahmen; *ejecución* vereiteln B VR **trabarse** 1 *(enredarse)* sich verfangen, sich verheddern 2 *fig (perder el hilo)* den Faden verlieren; hängen bleiben (**a/c** mit etw; **en** in *o* an *dat*); **se le traba la lengua** er bricht sich *(dat)* (dabei) die Zunge ab; *fig* **~ con alg** sich mit j-m anlegen, mit j-m streiten; **~ de palabras** mit Worten streiten 3 GASTR, QUÍM *(engordar)* dick werden 4 *fig (comenzar)* anfangen, sich entspinnen
trabazón A F 1 *(juntura)* Verbindung *f*; ARQUIT Verband *m*; MAR *etc* Spleißung *f*, Spliss *m* (MAR) 2 *fig (conexión interna)* (innere) Verknüpfung *f*; Gefüge *n (tb* MINER*)*; *(cohesión)* Zusammenhalt *m*, *(uniformidad)* Einheitlichkeit *f*; ARQUIT **~ (en) espinapez** Fischgratverband *m*; **~ mixta** Quadermauer *f* B GASTR, QUÍM *(condensamiento)* Eindickung *f* B M *Hond (atasco)* (Verkehrs)Stau *m*
trabe F langer Holzbalken *m*; **trabilla** F 1 *(asidero)* Halteriemen *m*; Schlaufe *f* 2 *del pantalón*: (Hosen)Steg *m* 3 *en labores de punto*: Laufmasche *f*
trabuca F Knallfrosch *m*; **trabucaire** M HIST katalanischer Freischärler *m*; *fig* Prahlhans *m*
trabucar ⟨1g⟩ A VT umstürzen, auf den Kopf stellen; durcheinanderbringen, verwirren; *fig* verwechseln B VR **trabucarse** sich versprechen; **~ al leer** sich verlesen; **trabucazo** M *disparo*: Schuss *m* aus einem Stutzen; *fam fig (disgusto)* unerwarteter Ärger *m*; *(susto)* Schreck *m*
trabuco M 1 *antigua máquina de combate*: Steinschleuder *f (alte Kriegsmaschine)* 2 *fusil*: Stutzen *m (kurzläufiges Gewehr)* 3 *fig (cigarro) Art* Zigarre *f*, Stumpen *m* 4 *Esp vulg (pene)* Schwanz *m pop*; **trabuquera** F *pop* Nutte *f fam*
traca F 1 *pirotecnia*: aneinandergereihte Feuerwerkskörper *mpl*, Feuerwerkssalve *f* 2 *(ruido)* Krach *m* 3 ADV **de ~** *(de repente)* unvermittelt, schlecht improvisiert
trácala F *fam* 1 *Méx, P. Rico, Ven (estafa)* Betrug *m*, Schwindel *m* 2 *Ec, Cuba (multitud)* Menge *f*
tracalaca *Chile* **a la ~** rittlings; auf der Hüfte
tracalada F 1 *Arg, Col, Méx fam (cáfila)* Herde *f*, *(multitud)* Menge *f* 2 *Méx (estafa)* Betrug *m*, Schwindel *m*
tracalear VT *Méx, Ven fam* betrügen, hereinlegen; **tracalería** F Betrug *m*; Schwindel *m*, Lüge *f*; **tracalero** M, **tracalera** F *Ven fam* Schwindler *m*, -in *f*
tracamanada F Menschenmenge *f*
tracción F 1 *(acción de tirar)* Ziehen *n*, Zug *m*; *(propulsión)* Antrieb *m*; AUTO **~ a (las) cuatro ruedas** Vierradantrieb *m*; **~ animal** *o* **de sangre** Betrieb *m* durch Zugtiere; TEC **~ Bowden** Bowdenzug *m*; **~ por cable** Seilzug *m*, -betrieb *m*; AUTO **~ delantera** *o* **anterior** Vorderrad- (*o* Front)antrieb *m*; AUTO **~ trasera** Hinterrad- (*o* Heck)antrieb *m*; **~ de vapor** Dampfantrieb *m*, -betrieb *m* 2 FÍS, TEC *(tiro)* Zug *m*; **(fuerza** *f* **de) ~** Zugkraft *f*; **resistencia** *f* **a la ~** Zugfestigkeit *f*
tracio A ADJ thrakisch B M, **-a** F Thraker *m*, -in *f*
trackball ['trakβɔl] M INFORM Trackball *m*, Rollkugel *f*
tracoma M MED Trachom *n*
tracto M ANAT Trakt *m*; **~ digestivo** Verdauungstrakt *m*
tracto-camión M, *Am* **tracto mula** F Sattelschlepper *m*
tractor M AGR Traktor *m*, Schlepper *m*; **~ agrícola/semi-remolque** Acker-/Sattelschlepper *m*; **~-oruga** Raupenschlepper *m*
tractorear VT AGR mit dem Traktor bearbeiten; **tractorista** M/F Traktorfahrer *m*, -in *f*, Traktorist *m*, -in *f*
tradición F 1 *(costumbres)* Tradition *f*, Überlieferung *f*; **~ popular** Volksüberlieferung *f*; Sage *f* 2 JUR *(entrega)* Übergabe *f*, Auslieferung *f*
tradicional ADJ überliefert; herkömmlich, traditionell; **tradicionalismo** M 1 *(apego a las costumbres)* Traditionsgebundenheit *f*; Festhalten *n* an den alten Sitten 2 POL, REL Traditionalismus *m*; *Esp* HIST Carlismus *m*; **tradicionalista** A ADJ traditionsgebunden, *(conservador)* konservativ; *Esp* königstreu B M/F Traditionalist *m*, -in *f*; Anhänger *m*, -in *f* des Traditionalismus; Konservative *m/f*
tradicionista M/F Erzähler *m*, -in *f* (*o* Sammler *m*, -in *f*) von Überlieferungen
traducción F *(transcripción)* Übersetzung *f*, Übertragung *f* (**a** in *acus*); *fig (interpretación)* Aus-

T

legung *f*, Deutung *f*; **~ directa/inversa** Her-/Hinübersetzung *f*; **~ libre** freie Übersetzung *f*; **~ literal** wörtliche Übersetzung *f*; **~ a máquina/simultánea** Maschinen-/Simultanübersetzung *f*; JUR **derecho** *m* **de ~** Übersetzungsrecht *n*; **programa** *m* **de ~** Übersetzungsprogramm *n*

traducible ADJ übersetzbar; **traducir** A VT ⟨3o⟩ 1 *(transcribir)* übersetzen, übertragen; **~ al/del alemán** ins Deutsche/aus dem Deutschen übersetzen 2 *(expresar)* Ausdruck geben *(dat)*; *emociones* ausdrücken B VR **traducirse** (seinen *etc*) Ausdruck (*o* Niederschlag) finden (**en** in *dat*)

traductor A M, **traductora** F Übersetzer *m*, -in *f*; Interpret *m*, -in *f* (*tb fig*), *fig* Dolmetscher *m*, -in *f* B M **~ automático** (*o* **electrónico**) elektronischer Übersetzer *m*; **traductorado** M *Arg, Chile, Ur* 1 *profesión*: Übersetzen *n*, Übersetzerwesen *n* 2 *examen*: Übersetzerprüfung *f*

traedizo ADJ herholbar; **agua** *f* **-a** herantransportiertes Wasser *n*; **traedor** M, **traedora** F Bringer *m*, -in *f*

traer ⟨2p⟩ A VT 1 *(trasladar)* bringen; her-, mit-, überbringen; herbeischaffen; *suerte* bringen; *ejemplos, motivos* anführen, beibringen; CAZA *perro* apportieren; **¡tráigame un café, por favor!** bringen Sie mir bitte einen Kaffee!; **¿qué te trae por aquí?** was führt dich her?; **~ y llevar** hin und her tragen; *fam fig* klatschen *(fam fig)*; **volver a ~** zurückbringen; **~ a/c a la memoria** an etw erinnern; *fam fig* **~ a alg de acá para allá** *o* **de aquí para allí** j-n hin und her hetzen; j-n in Atem halten 2 *(llevar consigo)* (bei sich *dat*) haben; *vestimenta, joyas, etc* anhaben, tragen; **¿trae usted algo para mí?** haben (*o* bringen) Sie etwas für mich?; *fam* **traigo un(a) hambre que no veo** ich habe einen Mordshunger *fam*; **lo trae de herencia** das liegt in der (*o* in seiner *o* in ihrer) Familie; **el tren trae retraso** der *(ankommende)* Zug hat Verspätung 3 *fig (ocasionar)* herbeiführen, mit sich *(dat)* bringen, verursachen; *fam* **~ cola** (unangenehme) Folgen haben; **~ consigo** mit sich *(dat)* bringen; **una cosa trae la otra** eins bringt das andere mit sich; ein Wort gibt das andere; **~ a la desesperación** in Verzweiflung stürzen; **~ de cabeza** viel Sorge (*o* Mühe) machen; auf den Wecker fallen *fam* 4 *con pp*: *(haber hecho)* getan haben; **ya lo traigo acabado** ich bin schon fertig damit 5 *con adj*: *fam (poner)* machen; **~ inquieto** unruhig machen, beunruhigen; **~ a alg arrastra(n)do** j-n sehr anstrengen (*o* strapazieren *fam*); *vulg* **eso me la trae floja** das ist mir scheißegal *vulg*; **me trae loco** *o fam* **frito** es/er/sie macht mich verrückt *fam* (*o* ganz nervös); es *etc* fällt mir auf den Wecker *(fam fig)* 6 *(tener en mente)* vorhaben; im Schilde führen; **~(se) a/c entre manos** etw vorhaben; etw unter den Händen haben; *RPl fam fig* **~ algo bajo el poncho** Hintergedanken haben, etwas im Schilde führen B VR 1 **~se bien/mal** sich gut/schlecht kleiden, gut/nachlässig angezogen sein 2 *(tener la intención)* vorhaben, beabsichtigen; bezwecken; *fam fig* **traérselas** Hintergedanken haben; **es un problema que se las trae** diese Frage hat es in sich

tráfago M 1 *(negocios)* Geschäfte *npl*; *fam* **andar en muchos ~s** unheimlich geschäftig sein 2 *fam (ajetreo)* Betrieb *m*, Gewühl *n*, Rummel *m fam*; Geschäftigkeit *f*

trafagón *fam* A ADJ betriebsam B M, **-ona** F Wühler *m*, -in *f (fam fig)*

trafallón ADJ schlampig; wirr

traficante M *desp (comerciante)* Händler *m*, Krämer *m (desp)*; *ilegal*: Schleich-, Schwarzhändler *m*, Schieber *m*; **~ de armas** Waffenhändler *m*, -schieber *m*; **~ en** *o* **de blancas** Mädchenhändler *m*; **~ en** *o* **de drogas** Rauschgift-, Drogenhändler *m*, Dealer *m fam*

traficar VI ⟨1g⟩ handeln, Handel treiben (**en, con** mit *dat*), *desp* schachern (**en** mit *dat*); *fam fig* geschäftig (*o* betriebsam) sein; **~ con su crédito** seinen Kredit für Geschäfte nützen

tráfico M 1 *Esp* COM *frec desp (comercio)* Handel *m*; Schacher *m (desp)*; **~ de armas** Waffenhandel *m*; **~ de esclavos** Sklavenhandel *m*; **~ (ilícito)** Schleichhandel *m*, Schiebung *f*; *fig* **~ de influencias** Vetternwirtschaft *f*, Filz *m*; **~ de órganos (humanos)** Organhandel *m*; **~ de personas** (*o* **de seres humanos**) Menschenhandel *m* 2 *transporte*: *(circulación)* Verkehr *m*; **~ aéreo** Flugverkehr *m*; **~ de camiones** Lastwagenverkehr *m*; **~ comercial** *o* **mercantil** Handelsverkehr *m*; **~ de tránsito** Transitverkehr *m*; **~ transoceánico** Überseeverkehr *m*; **~ ferroviario** Eisenbahnverkehr *m*; **~ fronterizo** kleiner Grenzverkehr *m*; **~ interurbano/local/urbano** Fern-/Orts-/Stadtverkehr *m*; **~ marítimo** Seeverkehr *m*; **~ pesado** Schwer(last)verkehr *m*; **~ portuario** Hafenverkehr *m*; **~ sobre rieles** Schienenverkehr *m*; **~ rodado** Fahrverkehr *m*; **~ terrestre** Landverkehr *m*; **~ de tránsito** Transit-, Durchgangsverkehr *m*; **centro** *m* **de ~** Verkehrsknotenpunkt *m*; **incremento** *m* **del ~** Verkehrszunahme *f*; **patrulla** *f* **de ~** Verkehrsstreife *f*; **policía** *f* **de ~** Verkehrspolizei *f*; **regulación** *f* **del ~** Verkehrsregelung *f*; **cortar una calle al ~** eine Straße (für den Verkehr) sperren

trafulcar VT verwechseln, durcheinanderbringen

traga M *Arg enseñanza*: Streber *m*

tragabolas M ⟨*pl inv*⟩ Kugelschlucker *m (Spielzeug)*

tragacanto M BOT Tragant *m*

tragaderas FPL *fam (faringe)* Schlund *m*, Rachen *m*; *fam fig* **tener buenas ~** ein tüchtiger Esser sein; *fig (ser muy crédulo)* sehr leichtgläubig sein, alles schlucken *(fam fig)*; *(tener poco escrúpulo)* ein weites Gewissen haben; *(aguantar mucho)* ein enormes Durchhaltevermögen haben; **tragadero** M 1 *(faringe)* Schlund *m* 2 TEC Abflussloch *n* 3 *fam (credulidad)* naive Gutgläubigkeit *f*; **tragador** M, **tragadora** F Fresser *m*, -in *f fam*; **~ de sables** Säbelschlucker *m*; **tragahombres** M ⟨*pl inv*⟩ *fam* Großmaul *n*, Eisenfresser *m*

trágala M 1 HIST *canción*: *Spottlied der Liberalen gegen die Absolutisten im 19. Jh.* 2 *fam fig* **cantarle a alg el ~** j-n verspotten, *der klein beigeben muss*; j-n zwingen, etwas Ungewolltes hinzunehmen

tragaldabas M/F ⟨*pl inv*⟩ *fam* Vielfraß *m*, Fresssack *m fam*; **tragaleguas** M/F ⟨*pl inv*⟩ *fam* Kilometerfresser *m*, -in *f fam*; **tragalibros** M/F ⟨*pl inv*⟩ Bücherwurm *m*; **tragaluz** M/F ⟨*pl* -uces⟩ Dachfenster *n*; Luke *f*; MAR Bullauge *n*; **tragamillas** M/F *espec* DEP Kilometerfresser *m*, -in *f (Langstreckenläufer[in])*; **tragamonedas** M *Am* Jukebox *f*; **traganieves** M ⟨*pl inv*⟩ **(máquina** *f*) **~** Schneefräse *f*; **traganíqueles** M *Am* Jukebox *f*, Musikbox *f*

tragante M METAL Gicht *f*; **tragantón** M *fam hombre*: Fresser *m*; **tragantona** F *fam* 1 *mujer*: Fresserin *f* 2 *(comilona)* Fresserei *f fam*, Schlemmerei *f*; **darse una ~** sich *(dat)* den Bauch vollschlagen

tragaperras M ⟨*pl inv*⟩ *fam* Spielautomat *m*, einarmiger Bandit *m fam*, Groschengrab *n fam*

tragar ⟨1h⟩ A VT 1 *(ingerir)* schlucken; *(deglutir)* verschlucken, verschlingen (*tb fig tierra, agua*); **el mar (se) tragó el barco** das Schiff wurde von der See verschlungen; *fig* **se lo tragó la tierra** es ist wie vom Erdboden verschwunden 2 *p. ext (comer mucho)* viel essen 3 *fam fig (soportar, tolerar)* einstecken, (herunter)schlucken; *(creer ingenuamente)* naiverweise (*o* leichtfertig) glauben; **no poder ~ a alg** j-n nicht ausstehen können; *fam fig* **ésta no la trago** *o* **ésta no me la haces ~** *(no creer)* das glaube ich nicht, darauf falle ich nicht herein; *(no tolerar)* das lasse ich mir nicht gefallen; **las traga como puños** er lässt sich *(dat)* alles aufbinden, er schluckt alles; **haberse tragado a/c** etw Unangenehmes vorausahnen (*o* kommen sehen) B VI schlucken *(vor Scham oder Erregung)* C VR **tragarse** 1 *(atragantarse)* (ver)schlucken; *fig (creer)* glauben; *fam fig* **tragárselas** alles (hinunter)schlucken; sich *(dat)* alles gefallen lassen 2 *Col (enamorarse)* sich verlieben

tragasables M Säbelschlucker *m*; **tragasantos** M/F ⟨*pl inv*⟩ *fam desp* Frömmler *m*, -in *f*; **tragavenado** F *Am Mer* ZOOL Boa *f* constrictor, Abgottschlange *f*; **tragavientos** M ⟨*pl inv*⟩ MAR Windfänger *m*; **tragavirotes** M ⟨*pl inv*⟩ *fam ein Mann, steif wie ein Ladestock fam*; **tragazón** F *fam* Gefräßigkeit *f*

tragedia F Tragödie *f (tb fig)*, Trauerspiel *n*; *fig* **parar en ~** traurig ausgehen, ein schlimmes Ende nehmen

trágico A ADJ tragisch, *fig tb* traurig, erschütternd; *fam fig* **¡no te pongas ~!** nun tu bloß nicht so!, stell dich nicht so an! *fam*; **tomarlo por lo ~** es tragisch nehmen B M, **-a** F Tragiker *m*, -in *f*, Tragödiendichter *m*, -in *f*; Tragöde *m*, Tragödin *f*

tragicomedia F Tragikomödie *f (tb fig)*; **tragicómico** ADJ tragikomisch

trago M Schluck *m*; *espec Am tb bebida alcohólica*: Drink *m*, alkoholisches Getränk *n*; *fig (adversidad)* Unannehmlichkeit *f*; *fig* **un ~ amargo** eine bittere Pille; *fig* **pasar un ~ amargo** Bitteres durchmachen; **echar** *o* **tomar** *o* **patizarse un ~** einen Schluck nehmen; einen heben *fam*; **a ~s** schluckweise; **de un ~** auf einen Zug, mit einem Schluck; *fig* auf einmal

tragón A ADJ *fam* gefräßig B M, **-ona** F Fresser *m*, -in *f*; *fam* Vielfraß *m*; **está hecho un ~** er ist ein Vielfraß; **tragon(er)ía** F *fam* Gefräßigkeit *f*

traición F Verrat *m*; **~ (a la Patria)** Landesverrat *m*; **alta ~** Hochverrat *m*; **a ~** durch Verrat, verräterischerweise; meuchlings *(cult)*; **hacer ~ a** → traicionar

traicionar VT verraten (*tb fig*); betrügen; **traicionero** ADJ verräterisch; treulos, falsch; heimtückisch

traída F Überbringung *f*; (Her)Bringen *n*; **~ de aguas** Wasserzufuhr *f*, -versorgung *f*; **traído** ADJ 1 *(trasladado)* gebracht; getragen; *fam fig* **bien ~** gelegen, günstig 2 *(vestimenta)* abgetragen; *fig* **~ (y llevado)** abgedroschen

traidor A ADJ verräterisch; treulos, falsch; (heim)tückisch B M, **traidora** F Verräter *m*, -in *f*; Treulose *m/f*; **traidoramente** ADV durch Verrat; hinterrücks, meuchlings *(cult)*

traigo → traer

traíl M *jerga del hampa* Fährte *f*, Spur *f*

trailer, tráiler M 1 *(semirremolque)* Sattelschlepper *m* 2 *Am reg (remolque)* Anhänger *m* 3 *Arg, Bol, Chile, Cuba, Méx, Ven (remolque de camping)* Campinganhänger *m*, Wohnwagen *m*, Caravan *m* 4 FILM Vorschau *f*, Trailer *m*

traílla F 1 CAZA *cuerda*: Koppelriemen *m*; *(jauría)* Meute *f* 2 AGR Egge *f* 3 TEC Schrapper *m* 4 *(tralla)* Peitschenschnur *f*; **traillar** VT ⟨1c⟩ AGR eggen; **traína** F MAR großes Schleppnetz *n für den Sardinenfang*

trainera F Sardinenkutter *m*

T

trajano ADJ **columna** *f* **-a** Trajanssäule *f in Rom*

traje[1] M 1 *ropa:* Kleidung *f*, Tracht *f*; *para hombres:* Anzug *m*; *para mujeres:* Kleid *n*; **~ de amianto/protector** Asbest-/Schutzanzug *m*; **~ de calle/de casa/de etiqueta** Straßen-/Haus-/Gesellschaftsanzug *m*; **~ de caza/de deporte** Jagd-/Sportkleidung *f*; **~s** *pl* **confeccionados** Konfektion(skleidung) *f*; **~ chaqueta** Kostüm *n*; **~ de esgrima/de gimnasia** Fecht-/Turnanzug *m*; **~ espacial** *o* **estratosférico** Raumanzug *m*; **~ de gala** Galaanzug *m*, -kleid *n*; **~ hecho** Konfektionsanzug *m*; **~ de luces** bestickte Stierkämpfertracht *f*; **~ a** *o Rpl* **sobre medida** Maßanzug *m*; **~ mil rayas** Nadelstreifenanzug *m*; **~ de noche** Abendkleid *n*; **~ de novia** *o* **nupcial** Brautkleid *n*; **~-pantalón** Hosenanzug *m*; **~ de playa** Strandanzug *m*, Strandkleid *f*; **~ de preso** Sträflingskleidung *f*; **~ regional** Tracht *f*; **~ sastre** (Damen-, Schneider)Kostüm *n*; **~s** *mpl* **semi-confeccionados** Maßkonfektion *f*; **~ sport** sportliche Kleidung *f*; **~ térmico** Wärmeschutzanzug *m*; **~ de trabajo** *o Am* **~ de labor** Arbeitsanzug *m*, Arbeitskleidung *f*; **hacerse un ~** sich *(dat)* einen Anzug machen (lassen) 2 *deporte acuático:* **~ de baño/de buceo** Bade-/Taucheranzug *m*; MAR **~ de encerado** Ölzeug *n* 3 *fig* **en ~ de Adán** im Adamskostüm; *fam fig* **~ de pino** Sarg *m*; *fam fig* **cortar ~s** hecheln, klatschen *fam*

traje[2] → traer

trajeado ADJ **(bien/mal) ~** (gut/schlecht) gekleidet

trajear V/T (ein)kleiden

trajín M 1 *(tráfago)* Geschäftigkeit *f*; *fam fig (ajetreo)* Plackerei *f*, Hektik *f*, Betrieb *m*; **la hora del ~** Hochbetrieb *m* 2 *Esp vulg* Vögelei *f vulg* 3 *Cuba (disgusto)* Ärger *m*, *(molestias)* Scherereien *fpl*

trajinante M *(comerciante)* Händler *m*

trajinar A V/T 1 *(transportar)* befördern; fortschaffen 2 *Chile (revisar)* durchsuchen, -wühlen 3 *Arg, Chile, Cuba fam fig (engañar)* **~ a alg** j-n betrügen, j-n übers Ohr hauen *fam* 4 *Cuba (mandar)* j-n herumkommandieren 5 *Esp pop (copular)* vögeln *vulg* B V/I herumwirtschaften; herumhantieren, werkeln *fam*; *(estar muy ocupado)* sehr beschäftigt sein; **trajinería** F Fuhrwesen *n*; **trajinero** M → trajinante; **trajinista** ADJ *Arg, P. Rico fam* emsig

trajo → traer

tralla F Peitsche(nschnur) *f*; **trallazo** M 1 Peitschenhieb *m*; -knall *m* 2 *tenis:* Schmetterball *m* 3 *fútbol:* Bombenschuss *m* 4 *fam fig (reprimenda)* Rüffel *m fam*

trama F 1 TEX *tejeduría:* Schuss *m*, Einschlag *m*; *p. ext especie de seda:* Tramseide *f* 2 *fig (confabulación)* Komplott *n*, Intrige *f* 3 LIT Anlage *f*; Handlung *f*; *drama:* Knoten *m* 4 *de los árboles:* Baumblüte *f (bes Oliven)* 5 TV Raster *n*; *espec Am tb* TIPO Raster *m*; **tramar** A V/T 1 TEX *tejeduría:* einschlagen, (an)zetteln 2 *fig (instigar)* anstiften, anzetteln; im Schilde führen B V/I *árbol del olivo* blühen

trambucar V/I 1 *Col* MAR *(hundirse)* untergehen 2 *Ven (sumergirse)* einsinken

tramitación F ADMIN (amtliche) Erledigung *f*; *(formalidades)* Formalitäten *fpl*; JUR Instanzenweg *m*; **en ~** in Bearbeitung; **tramitador** M, **tramitadora** F Verhandler *m*, -in *f*; **tramitar** V/T ADMIN *(transmitir)* weitergeben, -leiten, in die Wege leiten; *(gestionar)* (amtlich) erledigen, bearbeiten; *p. ext (solicitar)* beantragen; *divorcio, etc* betreiben

trámite M 1 ADMIN *(vía jerárquica)* Dienstweg *m*; Instanz *f*; COM Geschäftsgang *m*; *(conclusión)* Erledigung *f*, Bearbeitung *f*; *(formalidades)* Formalitäten *fpl*; **~s** *mpl* **aduaneros** Zollformalitäten *fpl*; **asuntos** *mpl* **de ~** (Routine)Geschäfte *npl*, Routineangelegenheiten *fpl*, laufende Geschäfte *npl*; **por puro** *o* **mero ~** aus reiner Routine 2 *(cruce)* Übergang *m*, Weg *m*

tramo M 1 *(trozo de terreno) (abgegrenztes)* Stück *n* Land 2 *de un camino, etc:* Strecke *f (tb* FERR*)*, Abschnitt *m*; *(trazado)* Trasse *f*; **~ de autopista/de carretera** Autobahn-/Straßenabschnitt *m*; TEC, ELEC **~ de cable** Kabelstrang *m*; **~ de ferrocarril** *tb* Stichbahn *f*; **~ de puente** Brückenabschnitt *m*, -glied *n*; **~ de tubería/de vía** Rohr-/Schienenstrang *m* 3 ARQUIT *de una escalera:* Treppenstück *n*, -lauf *m*

tramojo M 1 AGR *(vencejo)* Stroh-, Garbenband *n*; *fam fig (apuro)* Not *f*, Plage *f* 2 *Am (trangallo)* Hemmknüppel *m (Querholz, das Tieren die Beiß- o Bewegungsmöglichkeit nehmen soll)*

tramontana F *reg* Nordwind *m*; *fig* Eitelkeit *f*; *fam fig* **perder la ~** den Kopf verlieren; **tramontano** ADJ jenseits der Berge; **tramontar** V/I das Gebirge überschreiten; *sol* hinter den Bergen untergehen

tramoya F 1 TEAT *máquina:* Bühnenmaschine (rie) *f*; TEC Einschütttrichter *m* 2 *fig (enredo)* Intrige *f*, Falle *f*; **armar una ~** intrigieren; eine Falle stellen; **tramoyero** M *Ur* Betrüger *m*; **tramoyista** M/F 1 TEAT *(maquinista)* Maschinist *m*, -in *f*; Kulissenschieber *m*, -in *f* 2 *fam fig (intrigante)* Intrigant *m*, -in *f*

trampa F 1 *artificio:* Falle *f (tb* TEC *y fig)*; *fam fig (ardid)* Schwindel *m*, Mogelei *f*; Schlich *m*, Kniff *m*; CAZA **~(-hoyo)** Wildgrube *f*; ELEC, TV **~ de iones** Ionenfalle *f*; **sin ~ ni cartón** ohne jeden Schwindel, ganz wahr; **armar una ~** eine Falle aufstellen (*o* spannen); **caer en la ~** in die Falle gehen *(tb fig)*; *fam fig* **hacer ~** schwindeln, mogeln; **tender una ~** eine Falle stellen *(tb fig)* 2 *(puerta en el suelo)* Falltür *f*; Bodenklappe *f* 3 *del mostrador:* Ladentischklappe *f* 4 *fam fig* **~s** *fpl (deudas)* Schulden *fpl*; **tener más ~s que pelos en la cabeza** mehr Schulden als Haare auf dem Kopf haben *fam*

trampal M → tremedal

trampantojo M *fam* Blendwerk *n*, Gaukelei *f*; *fig* Mumpitz *m fam*

trampear *fam* A V/T bemogeln *fam*; betrügen B V/I betrügen, schwindeln *fam*; **ir trampeando** sich durchschwindeln; sich durchschlagen;

trampero 1 M, **trampera** F *persona:* Fallensteller *m*, -in *f*, Trapper *m*, -in *f* 2 M *Ven para cazar pájaros:* Fangkäfig *m für Vögel*

trampilla F 1 *(portezuela en el suelo)* Bodenklappe *f*; (Fall)Klappe *f*, Falltür *f* 2 AUTO **~s** *fpl de un camión:* abklappbare Seitenwände *fpl*; **~ de carga** Heckladetür *f* 3 *(bragueta)* Hosenlatz *m* 4 *(puerta del horno)* Ofentür *f*

trampista M/F *fam* → tramposo

trampolín M Sprungbrett *n*; Trampolin *n*; Sprungschanze *f*; **~ de un metro** Einmeterbrett *n*

tramposo A ADJ betrügerisch B M, **-a** F Betrüger *m*, -in *f*; Lügner *m*, -in *f*, Schwindler *m*, -in *f*; Falschspieler *m*, -in *f*; Mogler *m*, -in *f*

tranca F 1 *(garrote)* Knüppel *m*; Sperrbalken *m*; *fam* **a ~s y barrancas** mit Müh und Not; mit Ach und Krach *fam* 2 *Am* → tranquera 2 3 *Chile, Perú fam fig (borrachera)* Rausch *m*; **trancada** F langer Schritt *m*, Stelzschritt *m*; *fam* Hopser *m*; **trancanil** M MAR Stringer *m*

trancar ⟨1g⟩ *fam* A V/T 1 *puerta, etc* verriegeln 2 *espec Am (parar)* stoppen, aufhalten B V/I lange Schritte machen, stelzen *fam*; **trancazo** M 1 *(garrotazo)* Knüppelschlag *m* 2 MED *fam (gripe)* Grippe *f* 3 *Cuba vulg sexo:* Nummer *f pop* 4 *Ven transporte: (atasco)* (Verkehrs)Stau *m*

trance M 1 *(momento crítico)* (kritischer) Augenblick *m*; *fig* **~ apurado** arge Klemme *f fam*; **~ mortal** Lebensgefahr *f*; Sterbestunde *f*; *fig* äußerst kritischer Augenblick *m*; **último ~** Todesstunde *f*; **a todo ~** um jeden Preis, unbedingt; **pasar por un ~ amargo** Schlimmes durchmachen; eine bittere Erfahrung machen 2 JUR *apremio judicial:* Zwangsverkauf *m* 3 *hipnosis, etc:* Trance *f*

tranchete M Schustermesser *n*

tranco M langer Schritt *m*; *p. ext al cocer:* langer Stich *m*; *fam fig* **a ~s** rasch und oberflächlich; **a grandes ~s** mit langen Schritten; **en dos ~s** mit drei Schritten, schnell

trancón M *Col transporte:* (Verkehrs)Stau *m*

tranque M *Cuba* Stausee *m*

tranquera F 1 *(empalizada)* Pfahlzaun *m*; Bretterwand *f* 2 *Am (portón)* Gatter *n*; **tranquero** M *Col, Ven* → tranquera

tranqui ADJ *fam* ruhig; immer mit der Ruhe

tranquil M ARQUIT Senkrechte *f*, Lot *n*; **arco** *m* **por ~** aufsteigender (*o* einhüftiger) Bogen *m*

tranquilidad F Ruhe *f*; Stille *f*; Gelassenheit *f*; **para tu ~** zu deiner Beruhigung; **tranquilizador** A ADJ beruhigend; **poco ~** beunruhigend, unheimlich B M FARM Beruhigungsmittel *n*; **tranquilizante** A ADJ beruhigend B M FARM Tranquilizer *m*; **tranquilizar** V/T ⟨1f⟩ beruhigen; beschwichtigen

tranquilla F 1 TEC Stellstift *m*; Riegel *m* 2 *fig (trampa)* Fallstrick *m (bes ein zu bestimmten Zwecken aufgebrachtes Gerücht)*; **tranquillo** M 1 *reg (umbral)* Türschwelle *f* 2 *fig (truco)* Kniff *m fam*, Dreh *m fam*; *fam fig* **cogerle el ~ a a/c** den Kniff bei etw *(dat)* heraushaben *fam*;

tranquillón M AGR Mischkorn *n*

tranquilo ADJ ruhig; still; gelassen; *propiedad* unangefochten; **usted, ~** seien Sie unbesorgt; **quedarse tan ~** sich nicht aus der Ruhe bringen lassen; **eso me tiene ~** das ist mir einerlei

tranquiza F *Col, Méx fam* Tracht *f* Prügel

trans... PREF über ... hinaus, jenseitig; Um...; Trans...; → *tb* tras...

transa F *Arg, Ur fam* 1 *(negocio turbio)* dunkles Geschäft *n* 2 *(comercio de drogas)* Drogenhandel *m*

transacción F 1 JUR *contrato:* Vergleich *m*, Übereinkunft *f*; Vertrag *m* 2 COM *(negocio)* Geschäft *n*, Transaktion *f*; **-ones** *fpl tb* Umsatz *m*; **~ bancaria/comercial** Bank-/Handelsgeschäft *n*

transalpino ADJ jenseits der Alpen (gelegen), transalpin; **transandino** ADJ jenseits der Anden (gelegen); **(ferrocarril) Transandino** *m* (Trans)Andenbahn *f*

transar V/T & V/I *Am* einen Kompromiss schließen; nachgeben, sich mit etw *(dat)* abfinden

transatlántico A ADJ überseeisch B M Überseedampfer *m*; **transbordador** M 1 MAR *buque:* Fährschiff *n*, (Eisenbahn-, Auto-)Fähre *f*; **~ espacial** Raumfähre *f*, -transporter *m* 2 TEC Schiebebühne *f*; **transbordar** A V/T 1 umladen; COM *bienes* umschlagen 2 *sobre ríos, etc:* übersetzen, überfahren B V/I *persona* umsteigen; **transbordo** M *de carga:* Umladung *f*; COM (Güter)Umschlag *m*; *de personas:* Umsteigen *n*; **~ anual** Jahresumschlag *m*; **~ de bultos** Stückgutverladung *f*; FERR **vagón** *m* **de ~** Umladewagen *m*; **hacer (un) ~** umsteigen

transcaucásico ADJ transkaukasisch

transcendencia *etc* → trascendencia;

transconexión F TEL Durchschaltung *f*;

transcontinental ADJ transkontinental

transcribir V/T ⟨*pp* transcrito⟩ 1 *(copiar)* abschreiben 2 *(transliterar)* umschreiben; FON transkribieren 3 MÚS bearbeiten, arrangieren; **transcripción** F 1 *(copia)* Abschrift *f* 2 *(transliteración)* Umschrift *f*; *t/t* Transkription *f*; FON **~ fonética** Lautschrift *f*, phonetische Umschrift *f* 3 MÚS *(arreglo)* Bearbeitung *f*

transculturación F *etnología:* Kulturübernahme *f*, Transkulturation *f*

T

transcurrir VI *tiempo* verstreichen, vergehen; LIT, FILM *acción* spielen; **transcurso** M Verlauf *m*; **con el ~ del tiempo** mit der Zeit; **en el ~ de este año** im Laufe des Jahres
transcutáneo ADJ MED transkutan, perkutan; **transepto** M ARQUIT *de una iglesia*: Querschiff *n*, Querhaus *n*
transeúnte A ADJ vorübergehend; FIL transeunt; **socio** *m* ~ Gastmitglied *n eines Vereins* B M/F Vorübergehende *m/f*, Passant *m*, -in *f*; Durchreisende *m/f*
transexual A ADJ transsexuell B M/F Transsexuelle *m/f*; **transexualidad** F, **transexualismo** M Transsexualismus *m*; Geschlechtsumwandlung *m (durch Operation)*
transferencia F 1 *(acción de transferir)* Übertragung *f*; Transfer *m*; *de propiedad tb* Übereignung *f*, Abtretung *f*; **~ de datos** Datentransfer *m*; **~ de tecnología** Technologietransfer *m* 2 COM, FIN *(giro)* Überweisung *f*, Transfer *m*; **~ bancaria** Banküberweisung *f*; **~ de capital** Kapitaltransfer *m* 3 *(traslado)* Verlegung *f*; POL **~ de población** Zwangsumsiedlung *f* (der Bevölkerung)
transferibilidad F Übertragbarkeit *f*; **transferible** ADJ übertragbar; COM, FIN überweisbar; **~ por endoso** *letra de cambio* indossierbar; **transferidor** M COM Girant *m*; **transferidora** TEC A ADJ **vía** *f* **~** Fertigungsstraße *f* B F Transfer-, Fließtaktmaschine *f*
transferir VT ⟨3i⟩ 1 *(transmitir)* übertragen *(tb derecho)*; *propiedad* übereignen, überschreiben 2 COM, FIN überweisen; transferieren 3 *(trasladar) inquilinos de un establecimiento, etc* verlegen; *fecha, etc* verlegen, verschieben; TEL *llamada* umlegen, umschalten
transfiguración F Umgestaltung *f*; Verwandlung *f*; REL *y fig* Verklärung *f*; REL, PINT **Transfiguración** Verklärung *f* Christi, Transfiguration *f*; **transfigurar** A VT umgestalten, verwandeln; REL *y fig* verklären B V/R **transfigurarse** REL *y fig* sich verklären; **transfijo** ADJ durchbohrt, -stochen; **transfixión** F Durchbohrung *f*, -stechung *f*; *fig dolor*: bohrender Schmerz *m*; **transflor** M PINT Metallmalerei *f*; **transflorar** A VT PINT durchzeichnen B VI *y* V/R **~se** durchscheinen, -schimmern; **transflorear** VT auf Metall malen
transformación F 1 *(conversión)* Umbildung *f*, Umformung *f*; *(transmutación)* Ver-, Umwandlung *f*; *(cambio)* Wandel *m* 2 TEC *(elaboración)* Verarbeitung *f*; ELEC Umformung *f*; Umspannung *f*; QUÍM Umsetzung *f*; **transformacional** ADJ LING Transformations…; **gramática** *f* **~** Transformationsgrammatik *f*; **transformador** A ADJ umformend; **industria** *f* **~a** Verarbeitungsindustrie *f* B M ELEC Umformer *m*; Transformator *m*, Trafo *m fam*; **~ de tensión** Spannungswandler *m*
transformar A VT 1 *(remodelar)* umformen, umbilden, umgestalten; *(convertir)* um-, verwandeln 2 TEC *(elaborar)* verarbeiten; ELEC umformen, umspannen; QUÍM umsetzen (**en** in *acus*) B V/R **transformarse** sich (ver-, um)wandeln (**en** in *acus*; **de** aus *dat*); **transformativo** ADJ umgestaltend; **transformismo** M BIOL Transformismus *m*, Deszendenztheorie *f*; **transformista** M/F 1 BIOL *(partidario de la teoría de la evolución)* Anhänger *m*, -in *f* der Abstammungslehre 2 *artista*: Verwandlungskünstler *m*, -in *f*
transfronterizo ADJ grenzüberschreitend
tránsfuga M/F MIL *y fig* Überläufer *m*, -in *f*; Fahnenflüchtige *m/f*; Deserteur *m*, -in *f*; POL Abtrünnige *m/f*; **tránsfugo** M → tránsfuga
transfundir A VT umgießen, -füllen; MED *sangre* übertragen B V/R **transfundirse** überströmen; *fig (difundirse)* sich (allmählich) verbreiten; **transfusible** ADJ umgießbar *etc*; **transfusión** F Umfüllung *f*; MED **~ (de sangre)** Transfusion *f* (Blutübertragung *f*); **transfusor** ADJ **aparato** *m* **~** Umfüll- (o MED Transfusions)gerät *n*
transgénico ADJ genmanipuliert, gentechnisch verändert
transgredir VT JUR übertreten; verstoßen gegen; **transgresión** F Übertretung *f*; **transgresor** M, **transgresora** F Übertreter *m*, -in *f*
transhumante ADJ → trashumante; **transiberiano** ADJ transsibirisch
transición F Übergang *m*; **de ~** Übergangs…; **sin ~** übergangslos; **transicional** ADJ Übergangs…
transido ADJ erfüllt (**de** von *dat*); *p. ext (agotado)* erschöpft; elend; **~ de frío** vor Kälte erstarrt, durchfroren; **~ de dolor** schmerzerfüllt
transigencia F Nachgiebigkeit *f*; Versöhnlichkeit *f*; **transigente** ADJ nachgiebig; versöhnlich; **transigir** VI ⟨3c⟩ nachgeben, einlenken; **~ en** eingehen auf *(acus)*, einverstanden sein mit *(dat)*; JUR **~ con** tolerant sein gegen *(acus)* (o gegenüber *dat*)
Transilvania F Siebenbürgen *n*
transilvano A ADJ siebenbürgisch B M, **-a** F Siebenbürger *m*, -in *f*
transistor M ELEC Transistor *m*; *p. ext aparato*: Transistor(gerät *n*) *m*; **amplificador** *m* **con ~es** Transistorverstärker *m*; **~ fotosensible** Fototransistor *m*
transistorizado ADJ AUTO **encendido** *m* **~** Transistorzündung *f*
transitabilidad F Befahrbarkeit *f*; Passierbarkeit *f*; **transitable** ADJ gangbar; befahrbar; **transitar** VI durchgehen, durchreisen; verkehren; **transitario** M, **transitaria** F COM Transithändler *m*, -in *f*
transitivo ADJ GRAM transitiv; **uso** *m* **~** transitiver Gebrauch *m*; **verbo** *m* **~** transitives Verb *n*
tránsito M 1 *(paso)* Durchgang *m*, Transit *m*; COM *tb* Durchfuhr *f*; *espec Am (circulación)* Verkehr *m*; *(lugar de descanso, parada)* Rast(station) *f (auf einer Reise)*; **~ pesado** Schwerverkehr *m*; **~ rodado** Fahrverkehr *m*; **de ~** auf der Durchreise, auf der Durchfahrt; im Transit; COM **mercancías** *fpl* **de ~** Transit-, Durchgangsgüter *npl*; **pasajero** *m* **en ~** Transitreisende *m* 2 JUR *(expulsión)* **~ de presos** Abschiebung *f* 3 *(transición)* Übergang *m*; CAT *de los Santos*: Hinscheiden *n*; CAT **Tránsito (de la Virgen)** Mariä Heimgang *m*; Mariä Himmelfahrt *f*
transitoriedad F 1 *de validez temporal*: zeitlich beschränkte Geltung *f* 2 *(caducidad)* Vergänglichkeit *f*; **transitorio** ADJ 1 *(pasajero)* vorübergehend; Übergangs…; **período** *m* **~** Übergangszeit *f* 2 *fig* vergänglich, hinfällig
translación F → traslación; **translador** M TEL Translator *m*; **translimitación** F 1 *(violación de los límites)* Übertretung *f* der Grenzen; *(infracción)* Zuwiderhandlung *f*, Verstoß *m* 2 MIL unabsichtliche (o autorisierte) Überschreitung *f* fremder Landesgrenzen; **transliteración** F LING Transliteration *f*; **transliterar** VT LING transliterieren; **translucidez** F Durchsichtigkeit *f*; Durchscheinen *n*; **translúcido** ADJ durchscheinend; **transmarino** ADJ überseeisch; **transmigración** F Abwanderung *f*; Übersiedelung *f*; REL **~ de las almas** Seelenwanderung *f*; **transmisible** ADJ übertragbar
transmisión F 1 *(propagación)* Übertragung *f* *(tb* JUR*)*; MED **~ de gérmenes** Keimverschleppung *f*; **~ hereditaria** Vererbung *f*; **~ del pensamiento** Gedankenübertragung *f*; MED **enfermedad** *f* **de ~ sexual** Geschlechtskrankheit *f* 2 RADIO, TV **~ en diferido** Aufzeichnung *f*; RADIO, TV **~ en directo** o **en vivo** Direktübertragung *f*, Livesendung *f* 3 FÍS, BIOL, TEC, *etc* Übertragung *f*; *de un movimiento tb* Trieb *m*, Transmission *f*; **~ acústica/térmica** Schall-/Wärmeübertragung *f*; INFORM **~ de datos** Datenübertragung *f*; BIOL **~ de estímulos** Reizleitung *f*; INFORM **~ de ficheros** Dateitransfer *m*, -übertragung *f*; FÍS, TEC **~ de fuerza** Kraftübertragung *f*; *tb* BIOL **~ de impulsos** Impulsübertragung *f* 4 TEC *(engranaje)* Getriebe *n*, Vorgelege *n*; Übersetzung *f*; **~ por cadena/por correa** Ketten-/Riemenübertragung *f*, -antrieb *m*; **~ por ruedas dentadas** Zahnradübersetzung *f*, -übertragung *f*; **árbol** *m* **de ~** Vorgelegewelle *f*; **relación** *f* **de ~** Übersetzungsverhältnis *n* 5 MIL **(tropa** *f* **de) -ones** *fpl* Nachrichtentruppe *f*; **Transmisiones** *fpl* Nachrichtenwesen *n*
transmisor A ADJ (über)sendend; übertragend; TEC **mecanismo** *m* **~** Triebwerk *n*, Transmission *f* B M 1 *(remitente)* Absender *m*; Übermittelnde *m*; Zustellende *m* 2 ELEC, RADIO *aparato*: Geber *m*, Übertrager *m*, Sender *m*; Übertragungsgerät *n*; **~ Morse** Morsegeber *m*; **~ de bolsillo** Walkie-Talkie *n*; **~-receptor** *m* Sender-Empfänger *m*
transmisora F Absenderin *f*; Übermittelnde *f*; Zustellende *f*
transmitir VT 1 *(traspasar)* übertragen, übergeben; *(hacer circular)* weitergeben, übermitteln; *(enviar)* übersenden; JUR *propiedad* übereignen (o überlassen) 2 TEC *fuerza, movimiento* übertragen 3 ELEC, RADIO, TV *(difundir)* übertragen, senden; **~ impulsos** Impulse (weiter)geben 4 BIOL **~ (por herencia)** vererben
transmudar VT 1 → trasladar 2 → transmutar; **transmutable** ADJ um-, verwandelbar; **transmutación** F Um-, Verwandlung *f*; BIOL Transmutation *f*; *alquimia*: Verwandlung *f*; **transmutar** VT verwandeln; **transmutativo, transmutatorio** ADJ um-, verwandelnd; **transnacional** ADJ *espec* COM multinational; **transoceánico** ADJ jenseits des Ozeans (gelegen), überseeisch
transparencia F 1 *(translucidez)* Durchsichtigkeit *f*, Transparenz *f* 2 *(lámina)* Folie *f (für Tageslichtprojektor)* 3 *Am (diapositiva)* Dia(positiv) *n*; **transparentar** A VT durchscheinen lassen; *fig* erkennen lassen B VI *y* V/R **~se** durchscheinen
transparente A ADJ durchsichtig, (licht)durchlässig, transparent *(tb fig)*; **papel** *m* **~** Transparentpapier *n*; **~ al sonido** schalldurchlässig B M 1 *(papel parafinado)* Ölpapier *n* 2 *(pancarta)* Transparent *n*, Leuchtbild *n*; Spruchband *n* 3 *(lámina)* Sichtfolie *f*
transpirable ADJ schwitzfähig; **transpiración** F Transpiration *f*, Ausdünstung *f*; Schwitzen *n*; *(sudor)* Schweiß *m*; **transpirar** VI ausdünsten; *(sudar)* schwitzen; *fig (filtrarse)* durchsickern
transpirenaico ADJ jenseits der Pyrenäen (gelegen)
transponer ⟨2r⟩ A VT verlegen, um-, verlagern; *(transplantar)* versetzen, verpflanzen; *umbral* überschreiten B V/R **transponerse** 1 *(ocultarse)* verschwinden *(hinter etw, unterm Horizont)* 2 *fig (quedarse algo dormido)* einnicken
transportable ADJ transportfähig, transportabel; *(portátil)* tragbar; *(móvil)* fahrbar; **transportador** A ADJ (be)fördernd, Förder… B M 1 TEC (Band)Förderer *m*, Fördergerät *n*; **~es** *mpl* Fördermittel *npl*; **~ de carga** Ladeförderer *m*; **~ de cinta** Förderband *n*; **~ sin fin**

Förderschnecke *f* **2** *en máquinas de cocer*: Transporteur *m*; MIL *en la ametralladora*: Zubringerhebel *m* **3** MAT *(medidor de ángulos)* Winkelmesser *m*

transportar **A** VT fortschaffen; befördern, transportieren; COM *saldo* vortragen; MÚS transponieren **B** VR **transportarse** verzückt sein; *fig* außer sich *(dat)* geraten

transporte M **1** *(acarreo)* Beförderung *f*, Transport *m*; Ab- (*o* An)fuhr *f*; **~s** *pl* Verkehr(swesen *n*) *m*; **~ colectivo** Sammeltransport *m*; **~(s** *pl*) **colectivo(s)** *tb* öffentliche Verkehrsmittel *npl*; **~ a corta distancia** Nahverkehr *m*; **~ a distancia** Fernverkehr *m*; **~ ferroviario/marítimo** Eisenbahn-/Seetransport *m*; **~ interurbano** Fernverkehr *m*, Überlandverkehr *m*; MAR, AVIA **~ de pasajeros** Fahr- (*o* Flug)gastbeförderung *f*; **~s** *pl* **públicos** öffentlicher Verkehr *m*; **~ refrigerado** Kühltransport *m*; **~ de valores** Werttransport *m*; **~ suburbano** Vorstadt-, Nahverkehr *m*; *espec* FERR **~ de viajeros** Beförderung *f* von Reisenden, Personenverkehr *m*; **(operaciones** *fpl* **de) ~** Transportgeschäft *n*; **gastos** *mpl* **de ~** Frachtkosten *pl*; **(ramo** *m* **de) ~s** *mpl* Transportgewerbe *n* **2** MAR, MIL (Truppen)Transporter *m*; MAR, COM Frachtschiff *n*; AUTO **(camión** *m* **especial para el) ~ de automóviles** Autotransporter *m* **3** TEC MIN *(desplazamiento de minerales, etc)* Förderung *f*; **~ por cadena/por cinta sin fin** Ketten-/Bandförderung *f*; MIN **~ intensivo** Großraumförderung *f*; **~ a mano** Handförderung *f*; **~ de materiales** Materialbewegung *f*, -transport *m*; TIPO **~ del papel** Papiertransport *m* **4** COM *contabilidad*: Übertrag *m* **5** MÚS Transponieren *n* **6** *fig (emoción)* (leidenschaftliche) Regung *f*; Verzückung *f*; **~s** *pl* **de alegría** Freudentaumel *m*

transportista M/F Transportunternehmer *m*, -in *f*, Spediteur *m*, -in *f*; **~ aéreo** Luftfrachtführer *m*

transposición F Versetzung *f*; (Wort)Umstellung *f*; FÍS, ANAT, QUÍM Verlagerung *f*; Umsetzung *f*; JUR **~ del derecho** *m* **comunitario** Umsetzung *f* des EU-Rechts *(auf nationaler Ebene)*; **transpositivo** ADJ umstellungsfähig

transubstanciación F *espec* REL Transsubstantiation *f*; **transubstancial** ADJ sich völlig verwandelnd; **transubstanciar** VT ⟨1b⟩ *y* VR **~se** (seine) Substanz völlig verwandeln

transuránico ADJ QUÍM Transuran...; **transuranio** M QUÍM Transuran *n*

transustanciación → transubstanciación

transverberación F → transfixión

transversal ADJ quer; seitlich; Quer...; **transversar** VT um-, abfüllen; **transverso** ADJ schräg; (seitlich) quer

tranvía M Straßenbahn *f*; **~ aéreo** Schwebe-, Drahtseilbahn *f*; **~ de dos pisos** zweistöckige Straßenbahn *f*; **tren** *m* **~** Nahverkehrszug *m*

tranviario **A** ADJ Straßenbahn... **B** M, **-a** F Straßenbahner *m*, -in *f*

trapa[1] F MAR Halteleine *f*; **~s** *fpl* Bootsbefestigung *f auf dem Schiff*; **~ de retenida** Wurfleine *f*

trapa[2] F *onom* Getrampel *n*; *p. ext* Stimmengewirr *n*; Lärm *m (einer Menge)*

Trapa F CAT Trappistenorden *m*

trapacear VI betrügen, schwindeln; **trapacería** F Betrug *m*, Schwindelei *f*; **trapacero** M, **trapacera** F Betrüger *m*, -in *f*, Schwindler *m*, -in *f*

trapajo M *desp* alter Fetzen *m*; *(bayeta)* Aufwischlappen *m*; **trapajoso** ADJ **1** *(andrajoso)* zerlumpt, abgerissen; schäbig **2** *al hablar*: nuschelnd; stotternd

trápala[1] F *onom ruido*: Getrappel *n*; Trampeln *n*; *de caballos*: Hufschlag *m*

trápala[2] **A** F *(mentira)* Lüge *f*; *(estafa)* Betrug *m*, Schwindel *m* **B** M *(charlatanería)* Schwatzsucht *f*; Geschwätz *n* **C** M/F **1** *(charlatán, -ana)* Schwätzer *m*, -in *f* **2** *(mentiroso, -a)* Lügner *m*, -in *f*; Schwindler *m*, -in *f*; *(estafador[a])* Betrüger *m*, -in *f*

trapalear[1] VI *con los pies*: trampeln; trappeln

trapalear[2] VI **1** *(parlotear)* schwatzen, plappern **2** *(mentir)* lügen; schwindeln; **trapalero** **A** ADJ **1** *(hablador)* schwatzhaft **2** *(mentiroso)* lügnerisch; *(estafador)* betrügerisch **B** M, **-a** F **1** *(charlatán, -ana)* Schwätzer *m*, -in *f* **2** *(mentiroso, -a)* Lügner *m*, -in *f*; *(estafador, estafadora)* Betrüger *m*, -in *f*; **trapalón** → trapalero

trapatiesta F *fam* **1** *(ruido)* Lärm *m*, Krach *m*, Radau *m* **2** *(disputa)* Zank *m*, Streit *m*, Krawall *m fam*; **armar una ~** Krawall machen

trapaza F Gaunertrick *m*; Schwindelei *f*, Betrug *m*

trape M *Chile* Wollstrick *m*

trapeador M *Am* Mopp *m*; **trapeadora** F Putz-, Scheuerfrau *f*

trapear VT **1** *Am reg suelo* putzen **2** *(poner a alg como un trapo) Am Cent fam fig j-n* herunterputzen *fam*; *j-m* das Fell gerben *(fam fig)*

trapecial ADJ GEOM trapezförmig; Trapez...; **trapecio** M **1** GEOM, DEP Trapez *n* **2** ANAT *músculo*: Trapezbein *n*; Kapuzenmuskel *m*; **trapecista** M/F *en el circo*: Trapezkünstler *m*, -in *f*; DEP Turner *m*, -in *f am Trapez*

trapense CAT **A** ADJ trappistisch **B** M/F Trappist *m*, -in *f*

trapería F **1** *(andrajo)* Lumpen *mpl*; Lumpenkram *m* **2** *negocio*: Lumpenhandel *m*; Trödelladen *m*; **trapero** M, **trapera** F Lumpensammler *m*, -in *f*, Trödler *m*, -in *f*

trapezoidal ADJ GEOM Trapezoid...; **trapezoide** M GEOM Trapezoid *n*; ANAT Trapezoidbein *n*

trapiche M **1** *molino*: Zuckerrohrmühle *f*; **~ de caballo** Zuckerrohrmühle *f* mit Göpelwerk *n* **2** *Am (azucarera)* Zuckersiederei **3** *Arg, Chile* MIN *(bocarte)* Pochwerk *n*

trapichear VI *fam* **1** *(maquinar)* Ränke schmieden, sich *(dat)* Tricksereien ausdenken *fam*; *(intrigar)* intrigieren; *(hacer negocios turbios)* krumme Geschäfte machen **2** *pequeño comercio*: Kleinhandel treiben, schachern *(frec desp)*; **trapicheo** M *fam* **1** *(intriga)* Ränkespiel *n*, Intrige *f*; *(negocio turbio)* krummes Geschäft *n* **2** *(comercio)* Handeln *n*, *(regateo)* Schachern *n*; **trapichero** M, **trapichera** F Arbeiter *m*, -in *f* in einer Zuckerrohrmühle (→ trapiche)

trapillo M **1** **de ~** schlicht (*o* schlecht *o* nachlässig) gekleidet; *fam* in Hauskleidung **2** *(amante)* Liebhaber *m* (*o* Geliebte *f*) niederen Standes **3** *(caudal pequeño)* Sümmchen *n* (ersparten Geldes)

trapío M **1** MAR *(vela)* Tuch *n*, Segel *npl* **2** *fam fig* **(mujer** *f*) **de (buen) ~** fesch(e Frau *f*) **3** TAUR gutes Aussehen *n eines Stiers*; **tener ~** *toro* kampflustig sein

trapisonda F **1** *(ruido)* Radau *m fam*, Krach *m*; *(alboroto)* Krawall *m fam*, Stunk *m fam* **2** *(intrigas)* Ränke *pl*, Intrigen *fpl*; **trapisondear** VI *fam* **1** *(vociferar)* krakeelen *fam* **2** *(planear intrigas)* Ränke schmieden; **trapisondista** M/F Intrigant *m*, -in *f*; Krakeeler *m*, -in *f fam*

trapito M Fetzen *m*; *fam fig* Fähnchen *n (fam fig)*; **los trap(it)os de cristianar** Sonntagsstaat *m fam*; *Méx fig* **sacar los ~s al sol** seine (*o* die) schmutzige Wäsche in der Öffentlichkeit waschen

trapo M **1** *(andrajo)* Lumpen *m*; Lappen *m*; *fam fig frec desp* **~s** *pl* Klamotten *fpl fam*; **~ de cocina** Küchentuch *n*; **~ de limpieza** Staub-, Wischtuch *n*; Putzlappen *m*; **~ del piso** *o* **del suelo** Boden-, Wischtuch *n*; **~ del polvo** Staubtuch *n*; *fam* **hablar de ~s** über Mode (*o* Kleider) sprechen; *fam* **hecho un ~** schlampig angezogen **2** *fig* **lavar los ~s sucios en casa** seine (*o* die) schmutzige Wäsche nicht in der Öffentlichkeit waschen; *fig* **sacar (todos) los ~s sucios a relucir** *o* **a la colada** auspacken *(fam fig)*, *j-m* gehörig seine Meinung sagen; schmutzige Wäsche waschen *(fig)*; *fam fig* **soltar el ~** *(echarse a reír)* laut auflachen, loslachen; *(echarse a llorar)* losheulen, -flennen *fam*; **poner** *o* **dejar a alg como un ~** *j-n* (fürchterlich) herunterputzen; **quedar/estar hecho (un) ~** völlig fertig (*o* kaputt) sein; *fam* **tratar a alg como un ~** *j-n* wie den letzten Dreck behandeln **3** MAR *(velamen)* Segel(werk *n*) *npl*, Tuch *n*; **a todo ~** MAR mit vollen Segeln; mit Volldampf; *fig* aus allen Kräften; mit allem Nachdruck; AUTO mit einem Affenzahn *fam*; **navegar a todo ~** MAR alles Tuch an den Masten haben; *fam fig* sein Letztes hergeben **4** TAUR *fam fig (paño rojo)* rotes Tuch *n* **5** TEAT *fam fig (telón)* Bühnenvorhang *m*

traposo ADJ **1** *Chile, P. Rico (andrajoso)* zerlumpt **2** *Chile (tartamudeante)* stotternd; *carne* zäh **3** *Méx (sucio)* schmutzig; *(ruin)* gemein

trapujear VT & VI *Am Centr fam* schmuggeln

traque M *onom* Knall *m*; Geknatter *n*; Lauffeuer *n*; *fam fig* **a ~ barraque** jeden Augenblick; aus jedem beliebigen Anlass

tráquea F ANAT Luftröhre *f*

traqueal ADJ ANAT Luftröhren...; ZOOL Tracheen...

traquear **A** VI → traquetear **B** VT *Am* **1** *(frecuentar)* viel begehen (*o* befahren); oft aufsuchen *(tb venado)* **2** *fam fig (mantener a alg sin aliento) j-n* in Atem halten **3** *p. ext (examinar) j-m* auf den Zahn fühlen *fam*; *etw (acus)* praktisch erproben **C** VR **traquearse** *fam fig P. Rico* sich betrinken; *Ven* → chiflar[2] c

traqueo M → traqueteo

traqueotomía F MED Luftröhrenschnitt *m*

traquetear **A** VT *(sacudir)* rütteln, schütteln; *fam fig (usar frecuentemente)* oft benutzen, oft handhaben **B** VI *(crepitar)* knattern, knallen, krachen, rattern; **traqueteo** M **1** *ruido*: Geknatter *n*; Rattern *n* **2** *(sacudida)* Rütteln *n*, Schütteln *n*; **traquido** M **1** *(estallido)* Knall *m einer Feuerwaffe* **2** *(crujido)* Knistern *n*; Knarren *n*, Knacken *n*; Prasseln *n*; Krachen *n*

traquita F MINER Trachyt *m*

trarigüe M *Chile* Wollschärpe *f der Indianer*

tras[1] **A** PREP nach *(dat)*; hinter *(dat o acus)*; **~ larga ausencia** nach langer Abwesenheit; **~ una esquina** hinter einer (*o* eine) Ecke; *fig* **andar** *o* **ir ~ alg/a/c** hinter *j-m/etw* her sein; **uno ~ otro** hintereinander, einer hinter dem andern; *tb fig* **correr ~ alg** *j-m* nachlaufen; hinter *j-m* her sein; **~ de** *(inf)* außer dass *(ind)*; nicht genug, dass *(ind)* **B** M *fam* Hintern *m fam*, Po *m fam*

tras[2] *onom* **~ ~** *Klopfen, Trampeln*: tapp, tapp; poch, poch; klapp, klapp; trapp, trapp

tras... PREF um-, durch-, über-, trans-; → *tb* trans...

trasalcoba F Bettnische *f*; Kammer *f hinter dem Alkoven*; **trasanteanoche** ADV vorvorgestern am Abend; **trasanteayer** ADV vorvorgestern; **trasatlántico** → transatlántico

trasbarrás M *onom* Plumps *m*, Aufklatschen *n*

trasbocar VT & VI ⟨1g⟩ **1** *Am Mer (vomitar)* brechen, sich übergeben **2** *Chile, P. Rico* → trasegar, trastornar **3** *Méx* → equivocar

trasbordo M → transbordo

trasca F *geschmeidiger* (Rindleder)Riemen *m für*

T

Pferdegeschirr
trascantón M (*guardacantón*) Eck-, Prellstein *m; fam fig* **dar ~ a alg** j-m geschickt entwischen
trascendencia F **1** REL, FIL Transzendenz *f;* Übersinnlichkeit *f* **2** (*importancia*) Wichtigkeit *f,* Bedeutung *f,* Tragweite *f;* **trascendental** ADJ **1** FIL transzendental **2** (*extenso*) übergreifend, weitreichend, weit(er) reichend; (*importante*) bedeutend, wichtig; (*de graves consecuencias*) folgenschwer; *irón* (*de gran repercusión*) welterschütternd; **trascendentalismo** M FIL Transzendentalismus *m;* **trascendente** ADJ FIL, MAT transzendent; *fig* (*importante*) bedeutend
trascender ⟨2g⟩ **A** VI **1** (*darse a conocer*) bekannt (*o cult* ruchbar) werden, durchsickern *fam* **2** (*extenderse*) **~ a** übergreifen auf (*acus*), abfärben auf (*acus*), sich auswirken auf (*acus*) **3** (*traspasar*) hinausgehen über (*acus*); FIL transzendieren **4** *olor* durchdringen, sehr scharf (*o* penetrant) sein **B** VT **1** (*averiguar*) ausfindig machen, ergründen **2** (*manifestar*) erkennen lassen, verraten; **trascendido** ADJ *persona* scharfsinnig
trascocina F Nebenraum *m* einer Küche; **trascoda** F MÚS Saite *f* zur Befestigung des Saitenhalters; **trascolar** ⟨1m⟩ **A** VT durchseihen **B** VR **trascolarse** durchrinnen, -laufen; *fig* durchschlüpfen; **trasconejar** **A** VT *fam fig* verlegen, verlieren, verkramen *fam* **B** VR **trasconejarse** **1** CAZA *die Hunde durch Ducken etc geschickt an sich vorbeilaufen lassen* (*Kaninchen etc*) **2** *fam fig* (*agacharse*) sich ducken; *j-n* unterlaufen **3** (*perderse*) abhandenkommen; **trascordarse** VR ⟨1m⟩ sich nicht mehr (genau) erinnern (**de** an *acus*)
trascoro M REL Raum *m* hinter dem Chor
trascorral M Nebenhof *m,* -gehege *n; Am* Nebenkorral *m für ausgesonderte Tiere; Am fam fig* **andar por ~es** Umschweife machen
trasdós M ARQUIT Bogen-, Gewölberücken *m;* Wandpfeiler *m hinter einer Säule;* **trasdosear** VT ARQUIT an der Rückseite verstärken
trasechar VT *j-m* einen Hinterhalt bereiten, *j-m* eine Falle stellen; **trasegar** ⟨1h *y* 1k⟩ VT **1** *vino, etc* um-, abfüllen; **~ (por bomba)** umpumpen **2** *fam* (*beber*) süffeln **3** *fig* (*desordenar*) durcheinanderbringen
trasera F Rückseite *f;* **trasero** **A** ADJ hintere(r, -s); Hinter..., Rück...; zurückbleibend **B** M *fam* Hintern *m fam*
trasfollo M VET Galle *f*
trasfondo M MED *y fig* Hintergrund *m*
trasgo M MIT Poltergeist *m,* Kobold *m*
trasgredir → transgredir; **trasgresión** → transgresión; **trasgresor** → transgresor
trasguear VI spuken, *espec* den Poltergeist spielen
trashoguero M **1** (*plancha detrás del hogar*) Herdplatte *f,* -wand *f hinter dem Ofen* **2** (*leño*) dickes Scheit *n,* Kloben *m* **3** *fam persona*: Stubenhocker *m*
trashumación F Wandern *n der Schafherden;* **trashumancia** F Weidewanderung *f; t/t* Transhumanz *f;* **trashumante** ADJ AGR Wander... (*tb fig*); **ganado** *m* **~** Wanderherde *f;* **trashumar** VI *ganado* wandern (*tb fig*)
trasiego M **1** *de líquidos*: Um-, Abfüllen *n* (*bes Flüssigkeiten*) **2** *fig* (*desorden*) Durcheinander *n;* Betrieb *m* **3** (*vuelco*) Umstürzen *n*
trasijado ADJ *animal* mit eingefallenen Flanken; *p. ext* mager, (spindel)dürr
traslación F **1** (*desplazamiento*) Verschiebung *f,* Versetzung *f,* Verlegung *f;* Überführung *f; de una grúa, etc*: Fahren *n* **2** (*transporte*) Fortschaffung *f,* Beförderung *f* **3** FÍS Translation *f* **4** (*traducción*) Übertragung *f,* Übersetzung *f* **5** RET (*metáfora*) Metapher *f;* LING übertragener Gebrauch *m* der Zeiten *beim Verb*
trasladador M ELEC *aparato*: Umtaster *m*
trasladar **A** VT **1** (*desplazar*) bewegen, überführen (*tb cadáver*); *tropas, fig fechas* verlegen, verschieben (nach *dat o* auf *acus* **a**); *población* aussiedeln **2** (*cambiar de lugar*) verschieben (*tb* MAT, TEC); *muebles, etc* ver-, umrücken; versetzen (*tb* ADMIN); *presos* überstellen **3** (*copiar*) abschreiben, übertragen; COM *contabilidad*: übertragen **4** (*traducir*) übertragen, übersetzen **B** VR **trasladarse** sich begeben (**a** nach *dat*); (*mudarse*) um-, fortziehen, übersiedeln (**a** nach *dat*); MIL *tropas* verlegt werden
traslado M **1** *de cosas como muebles, etc*: Verrücken *n;* Verschiebung *f* (*tb* MIL *de tropas*); *turismo*: Transfer *m* **2** *negocio, tropas, fecha*: Verlegung *f;* (*cambio de domicilio*) Wohnungswechsel *m,* Umzug *m;* Übersied(e)lung *f;* (*transporte*) Überführung *f* (*tb de un cadáver*); *de presos*: Überstellung *f;* **~ de habitantes** Aussiedlung *f* **3** (*desplazamiento*) Versetzung *f* (*tb* ADMIN); **~ disciplinario** Strafversetzung *f;* **~ forzoso** Zwangsversetzung *f;* **~ de la producción** Produktionsverlagerung *f;* MIL, ADMIN **~ temporal** Abstellung *f* **4** (*copia*) Abschrift *f;* Übertragung *f* **5** COM Übertrag *m* **6** ELEC Umtastung *f*
traslapar VT be-, überdecken; **traslapo** M Überlappung *f;* **traslaticio** ADJ übertragen, metaphorisch; **traslativo** ADJ JUR übertragend, Berechtigungs...
trasluchada F MAR *vela*: Halse *f*
traslúcido ADJ durchscheinend; **traslucir** VT durchscheinen lassen; durchblicken lassen; **traslucirse** VR ⟨3f⟩ durchscheinen; durchleuchten; *fig* durchblicken; *fig* zu ersehen sein; **se me trasluce** es wird mir allmählich klar, es dämmert mir; **traslumbrar** **A** VT blenden **B** VR **traslumbrarse** *fig* blitzschnell vorüberhuschen (*o* verschwinden); **trasluz** M ⟨*pl* -uces⟩ durchscheinendes Licht *n; microscopio, etc*: Durchlicht *n;* (*reflejo*) Widerschein *m;* **al ~** gegen das Licht; im Durchlicht
trasmallo M *System von drei übereinander angeordneten Fischnetzen;* **trasmano** M/F *juego de cartas*: Hinterhand *f;* **a ~** außerhalb der Reichweite der Hand; *fig* ganz entlegen; **trasmundo** M Jenseits *n;* **trasnacional** ADJ *Am* COM multinational
trasnochada F durchwachte *o* schlaflose Nacht *f;* **trasnochado** ADJ *comidas, bebidas* abgestanden; *fig* (*echado a perder*) veraltet, überholt; *persona* übernächtigt, nicht ausgeschlafen; *fam* (*con resaca*) verkatert; **trasnochador** M, **-ora** F Nachtschwärmer *m,* -in *f;* **trasnochar** **A** VI die Nacht schlaflos verbringen; sich (*dat*) die Nacht um die Ohren schlagen *fam;* spät schlafen gehen **B** VT **~ a/c** die ganze Nacht lang über etw (*acus*) nachgrübeln; etw überschlafen; **trasnoche** M *Arg, Ur* FILM Spät-, Nachtvorstellung *f*
trasoír VI ⟨3q⟩ falsch hören, sich verhören; **trasojado** ADJ hohläugig; **traspal(e)ar** VT umschaufeln; **traspapelar** **A** VT *papeles* verlegen, verkramen *fam* **B** VR **traspapelarse** abhanden kommen, verloren gehen; **se me ha traspapelado la carta** ich habe den Brief verlegt (*o* verkramt *fam*)
traspasar **A** VT **1** (*transgredir*) überschreiten; *ley* übertreten; *fig* (*sobrepasar*) hinausgehen über (*acus*), übersteigen **2** (*transportar*) bringen, befördern, fahren (**a** nach *dat*); *noticia, etc* übermitteln; JUR *derechos, etc* übertragen (**a, en** an *acus,* auf *acus*); COM ablösen; DEP *jugador* abgeben, transferieren (**a** an *acus*) **3** (*atravesar*) durchbohren (*tb fig*); durchdringen; (*cruzar*) überqueren **B** VR **traspasarse** zu weit gehen (**en** in *dat*)
traspaso M **1** (*exceso de lo debido*) Überschreitung *f; de una ley*: Übertretung *f* **2** JUR, COM Übertragung *f,* (*cesión*) Abtretung *f,* (*reembolso*) Ablösung *f;* DEP *de un jugador*: Transfer *m;* (*suma de rescate*) Abstands-, Ablösesumme *f* **3** (*perforación*) Durchbohrung *f; fig* (*dolor*) Schmerz *m,* Kummer *m*
traspatio M *Am* Hinterhof *m;* **traspeinar** VT nachkämmen
traspié M Stolpern *n; fig* Ausrutscher *m;* **dar un ~** fehltreten; *tb fig* einen Fehltritt tun; *fig* etwas falsch machen; **dar ~s** umhertaumeln; herumstolpern *fam;* **dar a alg un ~** j-m ein Bein stellen
traspillado ADJ armselig, zerlumpt; **traspintar** **A** VT *juego de cartas*: täuschen (*indem man eine andere Karte ausspielt, als man zu erkennen gab*) **B** VR **traspintarse** **1** *fam fig* anders ausfallen (*o* ausgehen), *als man glaubt* **2** *folio, etc*: durchscheinen (*gegen das Licht gehalten*)
trasplantable ADJ AGR *y fig* verpflanzbar; MED überpflanzbar; **trasplantar** **A** VT **1** (*replantar*) umpflanzen, versetzen (**a, en** in *acus*); verpflanzen (*tb fig*); *planta de maceta* umtopfen **2** MED *injerto* überpflanzen, transplantieren **B** VR **trasplantarse** *fig* in ein anderes Land gehen; **trasplante** M **1** Verpflanzen *n;* Umpflanzung *f* **2** BIOL, MED Transplantation *f;* **~ cardíaco** *o* **de(l) corazón** Herztransplantation *f,* -verpflanzung *f* **3** *fig* (*migración*) Übersied(e)lung *f*
trasponer VT umstellen; verlegen; *umbral* überschreiten
traspontín M **1** → traspuntín **2** *fam* Hintern *m fam;* **traspuesta** F **1** Fortschaffung *f* **2** (*elevación en el terreno*) *natürliches* Sichthindernis *n* (*Anhöhe etc*) *im Gelände* **3** (*fuga*) Flucht *f* (*o* Verbergen *n*) *einer Person* **4** *de una casa*: Hintergebäude *n;* Hof *m;* Stallungen *fpl;* **traspuesto** **A** PP → transponer **B** *fig* **quedarse ~** (*dormitar*) einnicken, eindösen *fam;* (*perder el conocimiento*) bewusstlos werden
traspulsión F ELEC Rückkopplung *f*
traspunte M/F TEAT Inspizient *m,* -in *f*
traspuntín M FERR, AUTO Klapp-, Notsitz *m*
trasquila F → trasquiladura; **trasquilador** M (Schaf)Scherer *m;* **trasquiladura** F Scheren *n,* Schur *f;* **trasquilar** VT scheren; *fam fig* abschneiden, stutzen; *fam* **¡~, y no desollar!** *corresponde a*: nur nicht übertreiben! (*in den Forderungen*)
trasquilimocho ADJ *fam* kahl geschoren; **trasquilón** M ungleich geschnittenes Haar *n*
trastabill(e)ar VI (*tropezar*) stolpern, wanken, taumeln; (*tartamudear*) stottern; **trastabillón** M *Arg, Chile* Stolpern *n*
trastada F übler Streich *m;* **gastar** (*o* **hacer**) **una ~ a alg** j-m übel mitspielen
trastazo M *fam* heftiger Stoß *m*
traste[1] M MÚS *de la guitarra, etc*: Griffbrettleiste *f,* Bund *m; Am reg fam fig* **ir fuera de ~s** Unsinn reden (*o* machen); einen Bock schießen (*fam fig*); nicht alle Tassen im Schrank haben (*fam fig*)
traste[2] M **1** *Am* (*aparato*) Gerät *n* **2** *fam* (*trasero*) Hintern *m fam* **3** *fam fig* **dar al ~ con a/c** (*romper a/c*) etw kaputt machen *fam;* etw erledigen *fam;* etw kleinkriegen *fam;* **trasteado** M MÚS Griffbrettleisten *fpl;* **trasteante** ADJ MÚS geschickt die Finger über das Griffbrett gleiten lassend
trastear[1] VT MÚS **1** (*poner los trastes*) mit Griffbrettleisten versehen **2** (*pisar las cuerdas*) die Saiten (*der Gitarre etc*) anschlagen
trastear[2] **A** VT **1** *muebles* hin und her rücken **2** TAUR *toro* hin und her treiben **3** *fam fig*

T

(*manejar con habilidad*) etw geschickt ausführen; j-n geschickt behandeln **B** VI **1** (*enredar, revolver*) herumhantieren; kramen, stöbern; (*ir de un lugar a otro*) hin und her laufen; *niños* herumtollen; **~ con a/c** an etw (*dat*) herumspielen **2** *fig* (*discurrir con viveza*) lebhaft (und witzig) plaudern **3** **~(se)** *Bol, Col* (*mudarse*) umziehen
trastejar VT (das Dach) ausbessern; *fam fig etw* nachsehen, reparieren
trasteo M **1** TAUR Arbeit *f* mit der Muleta **2** *fig* (*conversación vivaz*) lebhaftes (und witziges) Plaudern *n* **3** *fam fig* (*realización hábil*) geschickte Ausführung *f* (*o* Behandlung *f*) **4** *Bol, Col* (*mudanza*) Umzug *m*, Wohnungswechsel *m*
trastera F Rumpelkammer *f*; Abstell-, Gerätekammer *f*; **trastería** F Trödelladen *m*; **trastero** M **1** *persona*: Trödler *m* **2** **(cuarto** *m*) **~** Rumpelkammer *f*; Abstellraum *m*
trastienda F rückwärtiger Ladenraum *m*; Raum *m* hinter dem Laden; *fam fig* (*trasero*) Hintern *m fam*; *fam fig* **tener mucha ~** es faustdick hinter den Ohren haben *fam*
trasto M **1** (*utensilios y muebles domésticos*) Hausmöbel *n*, -gerät *n*; *desp* Trödelkram *m*, altes Ding *n*; **~(s)** *m(pl)* **viejo(s)** altes Gerümpel *n*, Plunder *m*; Sperrmüll *m*; *fam fig* **tirar los ~s** den (ganzen) Kram hinschmeißen *fam*; *fam fig* **tirarse los ~s a la cabeza** sich (*dat*) in den Haaren liegen; *tb* einen Haus- (*o* Ehe)krach haben **2** *fam fig persona*: Nichtsnutz *m* **3** TEAT Dekoration *f*, Versatzstück *n* **4** **~s** *mpl* (*útiles*) Handwerkszeug *n*; Gerät(e) *n(pl)*; *fam* Siebensachen *pl*; TAUR **~s (de matar)** Gerät(e) *n(pl)* des Stierkämpfers (*Degen und Muleta*) **5** *pop* (*pene*) Penis *m*, Zebedäus *m* (*pop fig*)
trastocar → trastrocar
trastornado ADJ *fig* **estar ~** wirr (*o* durcheinander) sein
trastornar **A** VT **1** (*invertir el orden*) umstürzen (*tb fig*), umwerfen; (*tergiversar*) verdrehen; (*desordenar*) durcheinande bringen; (*perturbar*) stören (*tb* MED) **2** *el orden, los nervios* zerrütten **3** *fig* (*desconcertar*) bestürzen; verwirren; verrückt machen **B** VR **trastornarse** verwirrt werden; betäubt werden; verrückt werden
trastorno M **1** (*reversión*) Umkehrung *f*; (*gran desorden*) große Unordnung *f*, Umsturz *m*; (*confusión*) Verwirrung *f*; (*daño*) Schaden *m*; **~ del juicio** geistige Verwirrung *f*; Verrücktheit *f*; **~s** *mpl* **políticos** politische Wirren *pl* (*o* Unruhen *fpl*) **2** MED (*perturbación*) Störung *f* **~ afectivo estacional** saisonabhängige Depression *f*; **~ alimentario** Ernährungsstörung *f*; **~ bipolar** bipolare Störung *f*; **~ circulatorio** Kreislaufstörung *f*; **~ digestivo/funcional** Verdauungs-/Funktionsstörung *f*; **~ de estrés postraumático** posttraumatisches Belastungssyndrom *n*; **~ del lenguaje/de la marcha** Sprach-/Gehstörung *f*; **~ mental** Bewusstseinsstörung *f*; **~s** *pl* **del sueño** Schlafstörungen *fpl*
trastrabarse VR einen Sprachfehler haben, *lengua* anstoßen; **trastrabillar** → trastabill(e)ar
trastrás M **1** *fam en ciertos juegos*: Vorletzte *m* **2** *onom corresponde a*: ritscheratsche
trastrocar VT ⟨1g *y* 1m⟩ vertauschen; *fig* auf den Kopf stellen; **trastrueco, trastrueque** M Vertauschung *f*; Verwechslung *f*
trasudación F leichtes Schwitzen *n*, MED Transsudation *f*; **trasudado** M MED Transsudat *n*; **trasudar** VT & VI leicht schwitzen; (*exudar*) ausschwitzen; (*filtrarse*) durchsickern
trasuntar VT **1** (*copiar*) abschreiben **2** → compendiar; **trasunto** M **1** (*copia*) Abschrift *f* **2** (*imagen*) Abbild *n*, Nachbildung *f*
trasvasar VT umgießen, umfüllen; *en botellas*: abfüllen; *río* umleiten; **trasvase** M Umfüllung *f in Behälter*; Umfüllen *n*; Umleitung *f*
trasvinarse VR durchsickern; langsam auslaufen; **trasvolar** VT ⟨1m⟩ überfliegen
trata F **~ (de seres humanos)** Menschenhandel *m*; **~ de blancas** Mädchenhandel *m*; **~ de esclavos** Sklavenhandel *m*
tratable ADJ umgänglich, verträglich; **tratadista** M/F *t/t* Verfasser *m*, -in *f gelehrter Abhandlungen*, Gelehrte *m/f*
tratado M **1** *espec* POL (*contrato*) Vertrag *m*; **~ de comercio/de paz** Handels-/Friedensvertrag *m*; **~ de establecimiento** Niederlassungsvertrag *m*; **Tratado de Libre Comercio** Nordamerikanische Freihandelszone *f*; **~ de Maastricht** Maastricht-Vertrag *m*; **~ de no agresión** Nichtangriffspakt *m*; **~ de no proliferación de armas atómicas** Atom(waffen)sperrvertrag *m*; **~ por separado** Separatvertrag *m* **2** (*escrito o discurso*) Abhandlung *f*; (*manual*) Hand-, Lehrbuch *n* **3** **~s** *pl Cuba* POL *mpl* (*negociaciones*) Verhandlungen *fpl*
tratamiento M **1** (*procedimiento*) Behandlung *f* (*tb* TEC, MED *sistema de curación*); (*acondicionamiento*) Aufbereitung *f* (*tb* QUÍM, MINER); **~ del agua** Wasseraufbereitung *f*; **~ de aguas residuales** Abwasseraufbereitung *f*; INFORM **~ de datos/de imagen/de texto** Daten-/Bild-/Textverarbeitung *f*; **~ previo** Vorbehandlung *f*; **~ posterior** Nach-, Weiterbehandlung *f*; **~ de residuos** Abfallaufbereitung *f* **2** (*título*) Anrede *f*, Titel *m*
tratante M/F Händler *m*, -in *f*; **~ de blancas** Mädchenhändler *m*, -in *f*; **~ de ganado** Viehhändler *m*, -in *f*; **~ de caballos** Pferdehändler *m*, -in *f*; **~ de esclavos** Sklavenhändler *m*, -in *f*; **~ en productos agrícolas** Landesproduktenhändler *m*, -in *f*
tratar **A** VT **1** (*proceder, manejar*) behandeln (*tb* TEC, MED); TEC *tb* (*acondicionar*) aufbereiten (*tb* METAL *minerales*); INFORM verarbeiten; QUÍM aufschließen; **~ con vapor** *madera, géneros* dämpfen **2** (*tener relaciones*) umgehen mit (*dat*); verkehren mit (*dat*); (näheren) Umgang haben mit (*dat*); **saber ~ las armas** mit (den) Waffen umgehen können **3** *tema* behandeln, *preguntas* erörtern **4** (*ejercer*) betreiben; *negocio* vorhaben *o* abschließen **5** (*titular*) **~ de** nennen (*acus*); anreden mit (*dat*); **~ de loco** als verrückt bezeichnen; **~ de tú** duzen; **~ de usted** mit Sie anreden, siezen; **~ a alg de bandido** j-n einen Gauner nennen **B** VI **1** **~ (acerca) de** *o* **sobre a/c** über etw (*acus*) sprechen; *libro, etc* von etw (*dat*) handeln **2** **~ con alg** mit j-m verkehren **3** **~ de** (*inf*) (*intentar*) versuchen, zu (*inf*) **4** **~ en a/c** (*negociar*) mit etw (*dat*) handeln; **~ en lanas** mit Wolle handeln **C** VR **tratarse** **1** *asunto* sich handeln (**de** um *acus*); **¿de qué se trata?** worum geht es?; wovon ist die Rede?; **se trata de** es handelt sich um (*acus*); es geht um (*acus*) (*o* darum, zu *inf*); es kommt darauf an, zu (*inf*) **2** (*tener relaciones*) miteinander verkehren (*o* Umgang haben); *espec enamorados*: ein (Liebes)Verhältnis haben (**con** mit *dat*) **3** (*comportarse*) sich betragen, sich aufführen **4** *fam fig* **~ bien** (*disfrutar*) es sich (*dat*) gut gehen lassen
tratativas FPL *Arg, Bol, Par, Ur* POL Verhandlungen *fpl*
trato M **1** (*tratamiento*) Behandlung *f*; (*comportamiento*) Betragen *n*, Benehmen *n*; **buen ~** *tb* gute Bewirtung *f*; gute Küche *f*; **dar buen ~ a alg** j-n gut behandeln; j-n freundlich bewirten; **malos ~s** Misshandlungen *fpl*; **~ de favor** Begünstigung *f*, Bevorzugung; **~ de nación más favorecida** Meistbegünstigung *f in Handelsverträgen* **2** (*relaciones sociales*) Umgang *m*; **~ de gentes** Erfahrung *f* im Umgang mit Menschen, gesellschaftliche Erfahrung *f*; **casa** *f* **de ~** Freudenhaus *n* **3** (*gestión*) Verhandeln *n*; (*comercio*) Handel *m*; (*intercambio comercial*) Handelsverkehr *m*; **~ en ganado** Viehhandel *m*; **~s** *mpl* **verbales** Verhandlungen *fpl*; Rücksprache *f*; **estar en ~s (con)** in Verhandlung(en) (*o* in Unterhandlung) stehen (mit *dat*); *fig* **~ doble** Doppelzüngigkeit *f* **4** (*convenio*) Abmachung *f*, Vereinbarung *f*, Vertrag *m*; **~ entre caballeros** Gentlemen's Agreement *n*; **¡~ hecho!** abgemacht!; **hacer** *o* **cerrar un ~** COM ein Geschäft abschließen; POL, *etc* einen Pakt schließen **5** (*título*) Anrede *f*; **darle a alg ~ de usted** j-n mit Sie anreden
trauma M *espec* PSIC Trauma *n*; Schock *m*; **traumático** ADJ MED, PSIC traumatisch
traumatismo M MED Trauma *n*, Verletzung *f*; **~ craneoencefálico** Schädelhirntrauma *n*; **traumatizar** VT ⟨1f⟩ MED verletzen; einen Schock versetzen (*dat*); PSIC traumatisieren; **traumatología** F MED Unfallchirurgie *f*; **traumatólogo** M, **traumatóloga** F MED Unfallarzt *m*, -ärztin *f*; Unfallchirurg *m*, -in *f*
travelín M FILM (*movimiento de la cámara*) (Kamera)Fahrt *f*; (*plataforma móvil*) Kamerawagen *n*
traversa F Querbalken *m*, Traverse *f* (*am Wagen*); MAR Stag *n*
travertino M MINER Travertin *m*
través M **1** (*oblicuidad*) Schräge *f*; **a(l) ~** quer; **a ~ de** durch (*acus*) (*tb fig*); *fig* über (*acus*), (quer) über (*acus*); **de ~** schräg; quer; *fig* von der Seite; *fig* **mirar de ~** schief ansehen **2** CONSTR (*viga*) Dach- (*o* Gerüst)balken *m*, Traverse *f* (*tb* MIL)
travesaño M **1** CONSTR Querbalken *m*; *espec* TEC Traverse *f*; DEP *de la portería*: Querlatte *f* **2** *cojín*: Keilkissen *n*; langes Kopfkissen *n* **3** *Cuba* FERR Eisenbahnschwelle *f*; **travesero** **A** ADJ Quer… **B** M Keilkissen *n*
travesía F **1** *camino*: Querstraße *f* **2** (*cruce*) Überquerung *f*; MAR (*viaje*) Überfahrt *f*; (*paso, pasaje*) Durchfahrt *f*, *tb* Ortsdurchfahrt *f*; *fig* **~ del desierto** Durststrecke *f*; **~ (atlántica)** Atlantiküberquerung *f*; AVIA **vuelo** *m* **de ~** Überland-; Transkontinentalflug *m* **3** MAR (*viaje por mar*) Seereise *f*; **~ de placer** Kreuzfahrt *f* **4** (*distancia*) Entfernung *f* (*zwischen zwei Geländepunkten*)
travesío **A** ADJ **1** AGR *ganado* auf ortsfremde Weide gehend **2** *viento* von der Seite wehend **B** M Durchgangsort *m*; Durchzugsweg *m*
travesti M, **travestido** M Transvestit *m*; **travestirse** VR ⟨3l⟩ transvestieren; **travestismo** M Transvestitentum *n*
travesura F Keckheit *f*; Mutwille *m*; **hacer ~s** allerlei Streiche aushecken (*o* verüben); *espec niños* ausgelassen sein
traviesa F **1** *Esp* FERR (*durmiente*) Schwelle *f* **2** CONSTR (*travesaño*) Querbalken *m*; -latte *f*; (*viga*) Dachbalken *m*; *en el vagón del ferrocarril*: Querholm *m* **3** ARQUIT tragende Wand *f* **4** MIN Querschlag *m*, Querstollen *m* **5** *juego de cartas*: *Einsatz eines Nichtspielers für einen Spieler* **6** → travesía 4
travieso ADJ **1** (*cruzado*) quer; (*oblicuo*) schräg; verkehrt (*tb fig*) **2** (*intencional*) mutwillig; (*alegre*) ausgelassen; *niño* unartig
trayecto M Strecke *f* (*tb* FERR); Weg *m*; MED **~ de una bala** Schusskanal *m*; **trayectoria** F Flug-, Geschossbahn, *Austr* Geschoßbahn *f*; FÍS *tb* Bahnkurve *f*; *fig* (*currículum*) (Lebens)Weg *m*, Werdegang *m*; MAR, AVIA **~ balizada** markierter Kurs *m*
traza F **1** ARQUIT, TEC (*diseño*) (An)Riss *m*; Plan *m* **2** (*trazado*) Trasse *f*, Strecke(nführung) *f* **3** GEOM Schnitt *m mit einer Projektionsebene* **4** *fig* (*plan*) Entwurf *m*, Plan *m*; (*forma, figura*) Gestalt(ung) *f*; (*apariencia*) Aussehen *n*; **darse ~s** sich

(*dat*) zu helfen wissen; **darse buena ~** Geschick zeigen (**para** für *acus*); **darse ~ para** (*inf*) Mittel und Wege finden, zu (*inf*); **llevar buena ~** sich gut anlassen, gut aussehen (*fig*), in Ordnung gehen *fam*; **tener** *o* **llevar ~s de** (*inf*) so aussehen, als ob (*subj*); **por las ~s** anscheinend; wie es aussieht; dem Aussehen nach

trazado A ADJ **bien/mal ~** wohl gestaltet/missgestaltet B M 1 (*diseño*) Entwurf *m*; (Auf-, An)Riss *m*; **~ de división** *en instrumentos de medición*: Teilstrich *m*; **~ geométrico** zeichnerische Konstruktion *f* 2 (*acción de trazar*) Zeichnen *n*, Anreißen *n*; *grafología*: Duktus *m* 3 (*transcurso*) Verlauf *m* (*einer Strecke*); *transporte*: Trasse *f*; Streckenführung *f*; Trassierung *f*; **~ fronterizo** Grenzziehung *f*

trazador A ADJ Leuchtspur… B M ARQUIT, TEC 1 *persona*: Entwerfer *m*, Anreißer *m* 2 *instrumento*: Reißnadel *f*; *transporte*: **~ de ruta** Kursschreiber *m*; **trazadora** F 1 *persona*: Entwerferin *f*, Anreißerin *f* 2 MIL Leuchtspur *f*

trazar VT ⟨1f⟩ 1 TEC, ARQUIT, CONSTR anreißen; *línea, raya* ziehen; *círculo* beschreiben; *dibujo* anlegen 2 *transporte*: *vía, camino, alineación* abstecken; *calle, trecho* trassieren 3 *fig* (*describir*) (*mit Worten*) zeichnen, umreißen 4 (*esbozar*) entwerfen; planen

trazo M 1 (*línea*) Strich *m*, Linie *f*; (*letra*) Schriftzug *m*; (*rasgo*) Umriss *m*; **~ fino/magistral/vertical** *o* **grueso** Haar-/Grund-/Abstrich *m eines Buchstabens*; **~ marcado** Strichmarkierung *f*; **~ y raya** langer und kurzer Strich *m* (*z. B. bei Straßenmarkierung*); **en ~s** gestrichelt; **dibujar al ~** eine Strichzeichnung machen; **marcar con un ~** anstreichen; **marcar con ~s y puntos** strichpunktieren 2 PINT (*pliegue del ropaje*) Falte *f der Gewandung*

trazumarse VR → rezumar c

trébede(s) F(PL) 1 (*trípode*) Dreifuß *m* 2 *habitación*: *in Teilen Altkastiliens Zimmer mit Unterfußbodenheizung nach altrömischer Art*

trebejo M (*utensilio*) Gerät *n*, Geschirr *n*; (*juguete*) Spielzeug *n*; **~s** *mpl tb* (*herramientas*) Handwerkszeug *n*

trébol M 1 BOT Klee *m* 2 *transporte*: (*cruce de autopistas*) Autobahnkreuz *n in Form eines Kleeblatts*

trebolar M Kleeacker *m*

trece NUM dreizehn; *uso ordinal*: dreizehnte(r, -s); *fam fig* **mantenerse** *o* **seguir en sus ~** hartnäckig bei seiner Meinung bleiben; **treceavo** ADJ Dreizehntel *n*

trecentista ADJ zum 14. Jh. gehörig

trecho M Strecke *f*; Stück *n* Weges; **a ~s** streckenweise; Stück für Stück; (*por algún tiempo*) zeitweise; **de ~ en ~** ab und an; in (gewissen) Abständen

trefilado M TEC (Draht)Ziehen *n*; **trefilador** M TEC Drahtzieher *m*; **trefiladora** F TEC Drahtziehmaschine *f*; **trefilar** VT & VI TEC Draht ziehen (aus *dat*); **trefilería** F TEC Drahtzieherei *f*

tregua F 1 (*pausa en las hostilidades*) Waffenruhe *f*; HIST **Tregua de Dios** Gottesfrieden *m*, Treuga *f* Dei 2 *fig* (*descanso*) Erholung *f*; Rast *f*, Pause *f*; **no dar ~** keine Ruhe lassen; keinen Aufschub dulden; **no darse ~** sich (*dat*) keine Ruhe gönnen; **sin ~** unermüdlich; unablässig

treinta NUM dreißig; *uso ordinal*: dreißigste(r, -s); **treintañero** A ADJ dreißigjährig B M, **-a** F Dreißigjährige *m/f*; **treintena** F **una ~** (*unidad de treinta*) dreißig Stück; (*la trigésima parte*) ein Dreißigstel *n*

trekking ['trekin] M Trekking *n*

tremebundo ADJ schrecklich, furchterregend; **tremedal** M Sumpf-, Zitterboden *m*

tremendismo M *Esp* LIT Tremendismus *m*; *fam fig* Sensationsmache *f fam*

tremendo ADJ fürchterlich; schrecklich; gewaltig; *fam fig* riesig, (einfach) toll *fam*; **por la -a** mit Gewalt; *fam* **tomar a/c por** (*o* **a**) **la -a** etw tragisch (*o* sehr ernst) nehmen

trementina F Terpentin *n*

tremesino ADJ Dreimonats…

tremielga F *pez*: Augenfleck-Zitterrochen *m*

tremó, tremol M Pfeilerspiegel *m*, Trumeau *m*; Pfeilertischchen *n*

tremolar A VT *bandera* schwingen, flattern lassen B VI flattern; **tremolina** F Brausen *n*; *fam fig* (*ruido*) Lärm *m*, Krach *m*; (*alboroto*) Radau *m fam*, Krawall *m fam*; **se armó la ~** es gab ein fürchterliches Durcheinander (*o* einen mordsmäßigen Wirbel) *fam*

trémolo M MÚS Tremolo *n*

tremulación F MED Flattern *n*

trémulo ADJ zitternd, bebend

tren M 1 FERR Zug *m*; **~ automotor** Triebwagenzug *m*; **~ de alta velocidad** Hochgeschwindigkeitszug *m*; **~ articulado** Gliederzug *m*; *espec Am* **~ de carga** *o Arg* **~ carguero** Güterzug *m*; **~ de cercanías** Nahverkehrszug *m*; **~ discrecional/especial** Einsatz-/Sonderzug *m*; **~ elevado** Hochbahn *f*; **~ de enlace/de pasajeros** Anschluss-/Reisezug *m*; **~ expreso** Schnell-, Eilzug *m*; **~ hospital** Lazarettzug *m*; **~ lanzadera** Shuttlezug *m*; **~ de mercancías** Güterzug *m*; **~ miniatura** *o* **de juguete** Spielzeugeisenbahn *f*; **~ mixto** gemischter Zug *m* (*für Personen und Güter*); **~ ómnibus** Personenzug *m*, Bummelzug *m fam*; **~ de pasajeros** Reisezug *m*; **~ rápido/de largo recorrido** *o* **de larga distancia** Schnell-/Fernzug *m*; **circulación** *f o* **servicio** *m* **de ~es** Zugverkehr *m*; **coger** *o* **tomar el ~ (de la mañana)** mit dem (Früh)Zug fahren, den (Früh)Zug nehmen; FERR **formar ~es** verschieben, rangieren; **ir en ~** mit dem Zug fahren; **perder el ~** den Zug verpassen; *fig* den Anschluss verpassen; **por ~** per Bahn, mit dem Zug 2 *en el parque de atracciones*: **~ fantasma** *o* **del infierno** Geisterbahn *f* 3 *fig* **a todo ~** in vollem Tempo; in Saus und Braus; **a buen ~** recht schnell (*gehen, fahren etc*); **(como) para parar un ~** im Überfluss 4 TEC *fabricación*: (Fertigungs)Straße *f*; Aggregat *n*, Werk *n*; **~ de cintas transportadoras** Bandstraße *f*; **~ de engranajes** Rädergetriebe *n*; **~ de fabricación** Fertigungsstraße *f*; **~ laminador** *o* **de laminación** Walzstraße *f*, -werk *n*; AUTO **~ de lavado** Waschstraße *f*; **~ de montaje** Montagekette *f*; ELEC **~ de onda** Wellenzug *m*; **~ radial** *de una locomotora*: Drehgestell *n*; **~ de rodaje** Fahrgestell *n*, Chassis *n*; *espec* FERR **~ de ruedas** Radsatz *m* 5 AVIA **~ de aterrizaje fijo** festes (*o* starres) Fahrgestell *n* (*o* Fahrwerk *n*); **~ de flotadores** Schwimmer(gestell *n*) *mpl* 6 *transporte*: (*convoy*) (Auto)Kolonne *f*; MAR **~ de barcazas** Bootsflotille *f* 7 (*artículos de viaje*) Reiseausrüstung *f*, Expeditionsgepäck *n*; MIL Tross *m*; MIL **~ de combate** Gefechtstross *m* 8 (*comitiva*) Gefolge *n* 9 (*gastos*) Aufwand *m*, (*pompa*) Gepränge *n* 10 **~ (de vida)** Lebensweise *f*; **llevar un (gran) ~ de vida** auf großem Fuß leben; **a todo ~** mit vollem Tempo; *fig* in Saus und Braus; in großem Stil 11 *fam fig* **estar como un ~** eine tolle Figur haben *fam*; blendend aussehen; sexy sein

trena F 1 *pop* (*cárcel*) Gefängnis *n*, Knast *m fam*, MIL Bau *m fam*; *reg fam fig* **meter en ~** kleinkriegen *fam*, kirre machen *fam* 2 (*banda*) Wehrgehänge *n*; (*cinturón*) Gürtel *m* 3 (*plata quemada*) gebranntes Silber *n*

trenado ADJ netz- (*o* flechten)förmig

trenbús M *Cuba* überlanger Autobus *m*

trenca¹ F 1 *de la cepa*: Hauptwurzel *f* 2 *en la colmena*: Rahmenleiste *f für Waben*

trenca² F TEX Dufflecoat *m*

trencilla A F 1 (*galoncillo*) Tresse *f*, Litze *f*, Paspel *f*; Zierspitze *f*; **~s** *fpl* Schnüre *fpl* 2 *en el látigo*: Peitschenschnur *f* B M DEP (*árbitro*) Schiedsrichter *m*; **trencillo** M 1 → trencilla A 1 2 *en el sombrero*: Hutschnur *f*

Trento M Trient *n*

trenza F 1 (*enlace, trenzado*) Flechte *f*; *en el cabello*: Zopf *m*; *p. ext cordón*: geflochtene Schnur *f*; Geflecht *n* (*tb* TEC); *Ven* **~s** *fpl* Schnürsenkel *mpl* 2 (*galoncillo*) Tresse *f* 3 *Arg fam* (*lucha*) Streit *m*; (*situación confusa*) undurchsichtige Lage *f*; **trenzadera** F 1 (*lazo trenzado*) geflochtene Schlinge *f* 2 *Am* (*riña*) Rauferei *f*; **trenzado** A ADJ (*hilo*) gezwirnt B M 1 *en el cabello*: Zopf *m*; Haarflechte *f* 2 (*enlace, entretejido*) Geflecht *n*, Flechtwerk *n* (*tb* TEC); *de un cable, etc*: Umflechtung *f* 3 *equitación:*, *baile*: Sprungschritt *m*; **trenzadora** F TEC Flechtmaschine *f*

trenzar ⟨1f⟩ A VT *cabello, cordones, mimbres, alambres, revestimiento de cables* (über Kreuz) flechten; *fútbol*: **~ pases** hervorragend zuspielen B VI *caballo* tänzeln; *en el baile*: Sprungschritte machen C VR **trenzarse** 1 *Am mujer* sich (*dat*) die Haare flechten 2 *Am* (*reñir*) raufen

trepa A F 1 *en las montañas*: Klettern *n*; *fam* (*voltereta*) Purzelbaum *m* 2 *de madera*: Maserung *f* 3 TEX Borte *f*, Kleiderbesatz *m* 4 *fam fig* (*astucia*) Schlauheit *f*, List *f* 5 *fam fig* (*paliza*) Tracht *f* Prügel B M/F *Esp fam* Karrieremacher *m*, -in *f*, Aufsteiger *m*, -in *f*, Senkrechtstarter *m*, -in *f fam*; **trepadera** F *Am* Steigeisen *npl*; Steiggurt *m der Palmfruchtsammler etc*; **trepado** A ADJ 1 (*retrepado*) zurückgelehnt 2 *animal* kräftig (und nicht zu groß) B M 1 TEX Falbel *f*, Besatz *m* 2 *de papel, sello postal*: Perforierung *f*, Zackung *f*

trepador A ADJ kletternd, Kletter… B M 1 **~es** *mpl* (*garfio*) Steig-, Klettereisen *npl* 2 ORN **~ azul** Kleiber *m* 3 *fam fig persona*: Senkrechtstarter *m* (*fam fig*); **trepadora** F 1 BOT (**planta** *f*) **~** Kletterpflanze *f* 2 *Ven* ZOOL **~ esmeralda** Hundskopfboa *f* 3 *fam fig persona*: Senkrechtstarterin *f* (*fam fig*)

trepanar VT MED trepanieren; **~ con escoplo** aus-, aufmeißeln

trépano M 1 MED *instrumento*: Trepan(iermeißel) *m* 2 MIN Meißel *m*; **~ de sondeo** Bohrmeißel *m*

trepar¹ VI (*subir*) klettern (**a** auf *acus*); *planta* sich ranken (**por** um *acus*); *fam fig* SOCIOL sich rücksichtslos emporarbeiten, rücksichtslos hochklettern

trepar² A VT 1 (*taladrar*) durchbohren 2 TEX *vestido* mit Falbeln besetzen B VR **treparse** sich zurücklehnen

trepatroncos M ORN Baumsteiger *m* (*tropischer Vogel*)

trepe M *fam* (*reprimenda*) Rüffel *m fam*; (*pelea*) Streit *m*; Krach *m fam*

trepidación F 1 (*temblor*) Beben *n*, Zittern *n*, Zucken *n*; (*pataleo*) Stampfen *n* 2 (*sacudida*) Erschütterung *f*; **trepidante** ADJ zitternd, bebend; *adv* **a ritmo ~** sehr schnell; **trepidar** VI (*temblar*) beben, zittern; (*patear*) stampfen; *Chile fig* (*vacilar*) schwanken, zögern

tres A NUM drei; *fam fig* **como ~ y dos son cinco** völlig klar (der Fall); so sicher, wie zwei mal zwei vier ist; *fam* **de ~ al cuarto** billig, minderwertig, mies *fam*; halbseiden *fam*; *adv fig* **ni a la de ~** unmöglich, um nichts auf der Welt; niemals B M Drei *f*, *reg* Dreier *m*

tresañejo ADJ dreijährig

tresbolillo ADV **a(l) ~** auf Lücke, versetzt

trescientos NUM dreihundert; *uso ordinal*: dreihundertste(r, -s); **trescuartos** M TEX

dreiviertellanger Mantel *m*; dreiviertellange Jacke *f*; **tresdoble** ADJ; dreifach; dreimal größer
tresillista M/F *juego de cartas*: Tresillospieler *m*, -in *f*; **tresillo** M 1 *juego de cartas*: Tresillospiel *n* 2 MÚS Triole *f* 3 (*grupo de asientos*) Sitzgruppe *f*, Polstergarnitur *f* (*Sofa und 2 Sessel*); *joyas*: Garnitur *f* von drei Steinen
tresmesino ADJ → tremesino
tresnal M AGR Garbenhocke *f*; Schober *m*
trestanto A ADV dreimal so viel B M *das* Dreifache
treta F List *f*, Kniff *m*, Trick *m*; *esgrima*: Finte *f*
Tréveris M Trier *n*
trezavo M Dreizehntel *n*
triaca F FARM, HIST Theriak *m*; *fig* Gegengift *n*, Heilmittel *n*
triada F *t/t* Trias *f*, Triade *f*; Dreiheit *f*
trial M DEP Trial *n*
triangulación F GEOM trigonometrische Vermessung *f*, Triangulierung *f*; **triangular** ADJ dreieckig, Dreieck(s)...; dreikantig, Dreikant...; *tb* MED **paño** *m* ~ Dreiecktuch *n*
triángulo M 1 Dreieck *n* (*tb* GEOM); **~ equilátero** gleichseitiges Dreieck *n*; **~ escaleno** ungleichseitiges Dreieck *n*; *transporte*: **~ (de preseñalización) de peligro** *o* **de averías** AUTO Warndreieck *n*; **~ rectángulo** rechtwinkliges Dreieck *n* 2 ANAT Trigonum *n*; **~ de la muerte** Teil *m* (*des Gesichts*) zwischen Nase und Oberlippe 3 MÚS Triangel *m* 4 *fig* **(el eterno) ~** (*relación de a tres*) Dreiecksverhältnis *n*, Ehe *f* zu dritt
triásico A ADJ GEOL triassisch, Trias... B M Trias *f*
triatleta M/F DEP Dreikämpfer *m*, -in *f*; **triatlón** M DEP Dreikampf *m*
tribada F, **tríbada** F, **tríbade** F *liter* Lesbierin *f*
tribal ADJ Stammes...
triboelectricidad F Reibungselektrizität *f*
tribu F Stamm *m*; **jefe** *m* **de ~** Stammeshäuptling *m*; **tribual** ADJ → tribal
tribulación F Drangsal *f*; Widrigkeit *f*; Leid *n*
tríbulo M BOT → abrojo
tribuna F Tribüne *f*; *en la iglesia*: Empore *f*; **~ de honor** Ehrentribüne *f*; **~ de oradores** Rednertribüne *f*
tribunado M HIST Tribunat *n*
tribunal M 1 JUR (*juzgado*) Gericht(shof *m*) *n*; **~ administrativo** Verwaltungsgericht *n*; **~ especial** *o* **de excepción** Sondergericht *n*; **~ de apelación** Berufungsgericht *n*; **~ arbitral** *o* **de arbitraje** Schiedsgericht *n*; **~ de comercio/de guerra** Handels-/Kriegsgericht *n*; **~ de cuentas** Rechnungshof *m*; **~ ordinario** ordentliches Gericht *n*; **~ constitucional** Verfassungsgericht *n*; **~ de honor/de menores** Ehren-/Jugendgericht *n*; **~ de jurados/de regidores** Schwur-/Schöffengericht *n*; **~ laboral/marítimo** Arbeits-/Seegericht *n*; **~ popular** Volksgericht(shof *m*) *n*; HIST **~ de la sangre** Blutgericht *n*; **acudir a los ~es** vor Gericht gehen; **llevar ante el ~** *o* **los ~es** vor Gericht bringen (*o* anhängig machen) 2 *nombres propios*: *Valencia*: **Tribunal de las Aguas** Wassergericht *n*; **Tribunal Europeo de Derechos del Hombre** Europäischer Gerichtshof *m* für Menschenrechte; **Tribunal Europeo de Justicia** Europäischer Gerichtshof *m*; *Perú* **Tribunal de Garantías Constitucionales** Verfassungsgericht *n*; **Tribunal Internacional de Justicia** Internationaler Gerichtshof *m*; **Tribunal Internacional de presas** Internationales Prisengericht *n*; *Esp* **Tribunal Superior de Justicia** Oberster Gerichtshof *m* (*einer autonomen Region*); *Esp* **Tribunal Supremo** Oberster Gerichtshof *m* 3 (*comisión examinadora*) Prüfungskommission *f*; **~ (calificador)** Preisgericht *n*
tribuno M HIST Tribun *m*; *fig* (*orador popular*) Volksredner *m*; *tb fig* **~ de la plebe** Volkstribun *m*
tributable ADJ abgabe-, besteuerungsfähig; **tributación** F Besteuerung *f*; **sujeto a ~** steuerpflichtig; **tributar** A V/T als Steuer zahlen; *fig elogio, veneración* zollen; *respeto* erweisen B V/I Steuer(n) zahlen; **tributario** A ADJ Steuer...; steuerpflichtig; **derecho** *m* **~** Steuerrecht *n*; **sistema** *m* **~** Steuersystem *n* B M Nebenfluss *m*
tributo M Tribut *m* (*tb fig*); Steuer *f*, Abgabe *f*; *fig* **~ de sangre** Blutzoll *m*; *fig liter* **pagar ~ a la muerte** sterben; **rendir ~ a alg** j-m eine Ehre erweisen; **rendir ~ a a/c** einer Sache (*dat*) Tribut zollen
trica F *Méx fam* Rausch *m*
tricahue M *Chile* ORN grüner Papagei *m*; *fam fig* **saliva** *f* **de ~** nicht gehaltenes Versprechen *n*, kalter Kaffee *m* (*fam fig*)
tricampeón M DEP dreifacher Meister *m*
tricéfalo ADJ dreiköpfig
tricentenario M dreihundertster Jahrestag *m*
tríceps M ⟨*pl inv*⟩ ANAT **(músculo** *m***) ~** Trizeps *m*, dreiköpfiger Muskel *m*
triciclo M Dreirad *n*; **~ de reparto** Lieferdreirad *n*; **tricolor** ADJ dreifarbig; **bandera** *f* **~** Trikolore *f*
tricomoniasis F MED Trichomoniase *f*
tricornio M Dreispitz *m*
tricot M 1 *tejido*: Trikotstoff *m* 2 *vestido*: Trikot *n*; **tricota** F *Arg* Trikot *n*; **tricotar** V/T & V/I TEX wirken
tricotomía F *t/t*, FIL Trichotomie *f*, Dreiteilung *f*; **tricótomo** ADJ *t/t* dreigeteilt; **tricotosa** F TEX Strickmaschine *f*; **tricromía** F TIPO Dreifarbendruck *m*; **tricúspide** F ANAT **(válvula** *f***) ~** Trikuspidalklappe *f*; **tridente** M Dreizack *m*
tridentino tridentinisch, auf Trient bezogen; REL, HIST **Concilio** *m* **Tridentino** Konzil *n* von Trient, Tridentinum *n* (*1545–1563*)
tridimensional ADJ dreidimensional
triduo M REL dreitägige Andacht *f*; **trienal** ADJ dreijährig; dreijährlich; **trienio** M Zeitraum *m* von drei Jahren; **triera** F → trirreme
trifásico ADJ ELEC dreiphasig; Dreiphasen..., Dreh...; **corriente** *f* **-a** Drehstrom; **trifolio** M BOT Kleeblatt *m*; **triforio** M ARQUIT *en iglesias*: Triforium *n*; **triforme** ADJ dreigestaltig
trifulca F 1 *fam fig* (*riña*) Streit *m*; Prügelei *f*, Keilerei *f fam* 2 HIST, MIN *aparato*: Gebläsewerk *n*
trifurcarse V/R 1 BOT drei Äste bilden 2 *camino* sich in drei Wege teilen
triga F Dreigespann *n*
trigal M Weizenfeld *n*
trigarante ADJ dreifache Garantie bietend; **trigémino** M ANAT Trigeminus *m*; **trigésimo** NUM dreißigste(r, -s)
trigo M 1 BOT Weizen *m*; **~ candeal** *o* **común** Weichweizen *m*; **~ duro** Hartweizen *m*; **~ fanfarrón** *Art* Hartweizen *m* (*Triticum linneanum*); **~ marzal** *o* **tremesino** Sommerweizen *m*; **~ otoñal** *o* **de invierno** Winterweizen *m*; **~ mocho** *ein grannenloser Weizen m*; **~ mor(un)o** Berberweizen *m*; **~ sarraceno** *o* **negro** Buchweizen *m*; **separar el ~ de la paja** die Spreu vom Weizen trennen; *fam fig* **no ser ~ limpio** nicht in Ordnung (*o fam* nicht sauber *o* nicht koscher) sein 2 *fam fig* (*dinero*) Geld *n*, Moos *n fam*
trigón M 1 *pez*: Feuerrochen *m* 2 MÚS, HIST *Art* Leier *f*
trígono M MAT, ASTRON Trigon *n*
trigonometría F MAT Trigonometrie *f*; **trigonométrico** ADJ trigonometrisch
trigueño ADJ 1 bräunlich; *color del cabello*: dunkelblond, brünett 2 *Am Mer* (*moreno*) dunkelhäutig
triguero A ADJ Getreide...; Weizen... B M 1 (*criba*) Getreidesieb *n* 2 ORN Grauammer *f*
trilero M, **-a** F *Esp fam* Hütchenspieler *m*, -in *f fam*; **juego** *m* **del ~** Hütchenspiel *n*
triles FPL *Esp fam* Hütchenspiel *n fam*
trilingüe ADJ dreisprachig
trilla[1] F *pez* → salmonete
trilla[2] F AGR 1 (*separar el grano de la paja*) Dreschen *n*, Drusch *m*; Dreschzeit *f* 2 → trillo 1 3 *Cuba* → trillo 2; **trillado** ADJ AGR ausgedroschen; *fig* abgedroschen; *camino y fig* ausgetreten; **trilladora** F Dreschmaschine *f*; **trilladura** F Dreschen *n*; Drusch *m*
trillar V/T 1 AGR (aus)dreschen 2 (*utilizar mucho*) *fig* immer wieder durchackern; (*desgastar*) abnutzen 3 *fam fig* (*maltratar*) misshandeln
trillizos MPL Drillinge *mpl*
trillo M 1 AGR *instrumento*: Dreschbrett *n* 2 *Antillas* (*senda*) (Trampel)Pfad *m*; (Urwald)Schneise *f*
trillón M Trillion *f*
trimembre ADJ dreigliedrig; **trimensual** ADJ dreimal im Monat (*erscheinend etc*); **trimestral** ADJ Dreimonats..., Quartals...; **trimestre** M 1 Vierteljahr *n*, Quartal *n*; Trimester *n* 2 (*alquiler o pago trimestral*) Vierteljahresmiete *f* (*o* -zahlung *f*); **trimorfo** ADJ dreigestaltig; **trimotor** A ADJ dreimotorig B M AVIA dreimotoriges Flugzeug *n*
trinado M 1 Trillern *n*; MÚS Triller *m* 2 *de pájaros*: Tirilieren *n*, Zwitschern *n*; **trinar** V/I MÚS trillern; *pájaro* tirilieren; *fam fig* **está que trina** er tobt vor Wut
trinca F Dreiergruppe *f*; *fam* Kleeblatt *n*, Dreigestirn *n*
trincar[1] V/T ⟨1g⟩ (*partir*) zerteilen, zerstückeln
trincar[2] ⟨1g⟩ A V/T 1 (*sujetar*) festbinden, MAR festzurren 2 (*abrazar fuertemente*) umklammern; *malhechor* schnappen, einsperren 3 *fam* (*robar*) klauen 4 *pop fig, frec* **~se** (*comer*) essen, mampfen *fam* 5 (*matar*) killen *pop*, umlegen *pop* B V/I *fam* zechen, bechern *fam* C V/R **trincarse** *pop* vernaschen (*Sex*)
trincha F (Hosen)Schnalle *f*
trinchador M, **trinchadora** F Vorschneider *m*, -in *f*, Tran(s)chierer *m*, -in *f*; **trinchante** M 1 *instrumento*: Tran(s)chiermesser *n*; -gabel *f* 2 *persona*: Vorschneider *m* 3 (*martillo de puntas*) Spitzhammer *m für Steinhauer*; **trinchar** V/T tran(s)chieren, vorschneiden, zerlegen
trinche M *Am* (Küchen)Gabel *f*; **trinchera** F 1 MIL (*excavación para protegerse*) (Schützen)Graben *m* 2 CONSTR *künstlicher Geländeeinschnitt zur Durchführung einer Straße etc* 3 TEX Trenchcoat *m*; **trinchero** A ADJ **plato** *m* **~** Vorlegeteller *m* B M Vorlegetisch *m*
trinchete M Schusterkneif *m*
trinco trinco ADV *fam* (in) bar
trineo M Schlitten *m* (*tb* TEC); **~ de caballo(s)/de motor/de perros/de vela** Pferde-/Motor-/Hunde-/Segelschlitten *m*; **ir en ~** Schlitten fahren
tringa F ORN Strandläufer *m*
trinidad F 1 REL Dreifaltigkeit *f*, Dreieinigkeit *f*, Trinität *f*; **Trinidad** Dreifaltigkeitssonntag *m*, Trinitatis; **Orden** *f* **de la Trinidad** Trinitarierorden *m* 2 *fig frec desp* (*unión de tres personas*) Dreieinigkeit *f*, Dreierclique *f* (*desp*) 3 GEOG **Trinidad y Tobago** Trinidad und Tobago *n* 4 BOT **flor** *f* **de la Trinidad** Stiefmütterchen *n*

T

trinitaria F 1 BOT Stiefmütterchen *n* 2 CAT Trinitarierin *f*; **trinitario** CAT A ADJ trinitarisch B M Trinitarier *m*
trino A ADJ 1 REL dreieinig 2 *(triple)* dreifach; dreizählig B M Triller *m (tb* MÚS*)*
trinómico ADJ MAT trinomisch; **trinomio** M MAT Trinom *n*
trinque M *fam* 1 *(bebida)* Trinken *n*; *(borrachera)* Sauferei *f fam* 2 *(robo)* Stehlen *n*, Klauerei *f*
trinquete M 1 MAR *palo*: Fockmast *m*; *verga*: Fockrahe *f*; *vela*: Focksegel *n* 2 TEC Gesperre *n*, Klinke *f* 3 *juego de pelota*: *ein (Hallen)Ballspiel* 4 *fam* **a cada ~** jeden Augenblick
trinquetilla F MAR Stagfock *f*
trinquis M *fam* Schluck *m (Wein etc)*
trío M MÚS *y fig* Trio *n*
triodo M ELEC Triode *f*
Triones MPL ASTRON Großer Wagen *m*
trióxido M QUÍM Trioxid *n*
tripa A F 1 *(intestino)* Darm *m*; *fam (vientre)* Bauch *m (tb de una vasija)*; *fig en cigarros*: Einlage *f*; *fam fig* **echar ~** (einen) Bauch ansetzen; *pop fig* **hacer una ~ a una mujer** einer Frau ein Kind machen *pop*; *fam* **rascarse la ~** sich auf die faule Haut legen; *fam fig* **sacar la ~ de mal año** sich *(dat)* (ordentlich) den Bauch vollschlagen *fam*; **¿qué ~ se te ha roto?** was hast du denn auf einmal? 2 PL **~s** Eingeweide *n(pl)*; *fig* Innere(s) *n*; *fam fig* **echar las ~s** sich *(dat)* die Seele aus dem Leib kotzen *pop*; *fig* **hacer de ~s corazón** sich ermannen, sich *(dat)* ein Herz fassen; in den sauren Apfel beißen; *fam fig* **revolverle a alg las ~s** j-m äußerst widerlich sein, j-n ankotzen *pop*; **se me revuelven las ~s** mir dreht sich der Magen um; *fam fig* **sacar las ~s a alg** j-n gewaltig schröpfen; **tener malas ~s** bösartig (*o* grausam) sein 3 *Ven* AUTO *(cámara de aire)* Schlauch *m (Reifen)* B M *Esp fam* Materialist *m*, Egoist *m*
tripacallos MPL → callo 3; **tripada** F *fam* → panzada
tripartir V/T dritteln
tripato ADJ POL, HIST **Pacto** *m* **~** Dreierpakt *m*
tripazo M *fam* → panzada
tripe M TEX Tripp *m*, Halbsamt *m*
tripero M, **-a** F 1 *comerciante*: Kaldaunenhändler *m*, -in *f* 2 *fam (tragón)* Vielfraß *m (fam fig)*
tripi M *drogas pop* Pappe *f pop*; **comerse un ~** sich *(dat)* eine Pappe einwerfen
triple A ADJ dreifach B M *das* Dreifache
triplicado A ADJ verdreifacht B M Drittausfertigung *f*; **por ~** in dreifacher Ausfertigung; **triplicar** V/T ⟨1g⟩ verdreifachen
trípode M Dreifuß *m*; Stativ *n*
tripolar ADJ ELEC dreipolig
tripoli(ta)no A ADJ aus Tripolis B M, **-a** F Tripolitaner *m*, -in *f*
tripón *fam* A ADJ 1 *(tripudo)* dickbäuchig 2 *(glotón)* verfressen *fam* B M *(panza)* dicker Bauch *m*
tríptico M 1 PINT Triptychon *n*, dreiteiliges Altarbild *n* 2 TIPO *(folleto)* (dreiteiliges) Faltblatt 3 AUTO *documento*: Triptyk *n*
triptongo M FON Triphthong *m*, Dreilaut *m*
tripudo ADJ *fam* dickbäuchig
tripulación F MAR, AVIA Crew *f*, Besatzung *f*, Mannschaft *f*; **sin ~** unbemannt; **tripulado** ADJ bemannt; **no ~** unbemannt; **tripulante** M/F MAR, AVIA Mitglied *n* der Besatzung; **tripular** V/T 1 bemannen; *vehículo* lenken 2 *Chile fam fig (mezclar líquidos)* pan(t)schen
trique M 1 *(estallido)* Knall *m*; Knacken *n*; *fam* **a cada ~** jeden Augenblick; alle nas(e)lang *fam* 2 *Antillas, Méx (tres en raya)* Mühle(spiel *n*) *f*; *fig (artimaña)* Trick *m* 3 *Chile trigo*: grob gemahlenes Mehl *n*; Kleie *f* 4 *Chile* BOT Tiquebaum *m*; Purgierschwertel *f* 5 *Méx frec* **~s** *(trastos)* Gerümpel *n*
triquina F ZOOL Trichine *f*; **triquinosis** F MED Trichinose *f*
triquiñuela F *fam* Ausflucht *f*; Trick *m fam*, Dreh *m fam*; **andar con ~s** immer eine Ausrede haben
triquitraque M 1 *ruido*: Knattern *n*, Rattern *n*; Klirren *n*; **a cada ~** jeden Augenblick; alle nas(e)lang *fam* 2 *petardo*: Knallfrosch *m*
trirreme M MAR, HIST Triere *f*, Dreiruderer *m*
tris M *fam* 1 *sonido*: Knacks *m*; *onom* **¡~!** knacks!; **~, tras** ping, pang; poch, poch 2 **en un ~** im Nu; **estuvo en un ~ (de caerse)** um ein Haar (wäre er gefallen); *Col* **un ~** ein bisschen
trisca F Knacken *n*; *p. ext* Lärm *m*, Radau *m fam*; **triscar** ⟨1g⟩ A V/I 1 *con los pies*: trippeln 2 *(brincar)* herumspringen, herumtollen B V/T 1 *(mezclar)* durcheinanderbringen, *(enredar)* verheddern 2 TEC *sierra* schränken
trismo M MED Kieferklemme *f*, Trismus *m*
triste A ADJ 1 traurig *(tb fig desp)*, betrübt, niedergeschlagen; *estado de ánimo tb* finster, düster; **estar ~** traurig (gestimmt) sein; **es ~** das ist traurig 2 *fig (miserable)* armselig, elend, trostlos; *tiempo* trist; *liter* **¡ay, ~ de mí!** ach, ich Arme(r)!; **un ~ consuelo** ein armseliger (*o* schwacher) Trost *m* 3 *de carácter melancólico*: trübsinnig, schwermütig B M *Arg, Perú* MÚS schwermütiges (Liebes)Lied *n*
tristeza F 1 *(melancolía)* Traurigkeit *f*; Trauer *f*, Betrübnis *f*; Wehmut *f*; Schwermut *f*, Trübsinn *m* 2 *fig (desconsuelo)* Trost-, Freudlosigkeit *f*
tristón ADJ *fam* trübsinnig; trist; traurig (gestimmt)
tritón M 1 ZOOL *anfibio*: Molch *m*; **~ crestado** Kammmolch *m*; **~ ibérico** Bosca-Wassermolch *m*; **~ jaspeado** Marmormolch *m*; **~ pirenáico** Pyrenäen-Gebirgsmolch *m* 2 FÍS Triton *n* 3 MIT Triton *m*
trituración F Zermalmung *f*; Zerreibung *f*, Zermahlung *f*; **triturador** M TEC Brecher *m*; **~ de basura** Müllzerkleinerer *m*; **trituradora** F *aparato*: TEC Brecher *m*; MIN Stampfwerk *n*; AGR Schrotmühle *f*; **~ de basuras** Müllzerkleinerer *m*
triturar V/T *(aplastar)* zermalmen, zerquetschen; *(desmenuzar)* zerkleinern, zermahlen; AGR schroten; FARM verreiben; TEC brechen; MIN *minerales* (ver)mahlen; *fig argumentos, etc* zerpflücken; AGR **cebada** *f* **triturada** Gerstenschrot *m*
triunfador A ADJ siegreich, triumphierend B M, **triunfadora** F Sieger *m*, -in *f*; Triumphator *m*, -in *f*; **triunfal** ADJ Triumph..., Sieges...; **arco** *m* **~** Triumphbogen *m*; **corona** *f* **~** Siegeskrone *f*; **triunfalismo** M Triumphiergehabe *n*; Selbstgefälligkeit *f*; POL (offizieller) Zweckoptimismus *m*; **triunfalista** A ADJ selbstgefällig; zweckoptimistisch B M/F selbstgefällige Person *f*; Zweckoptimist *m*, -in *f*; **triunfante** ADJ triumphierend, siegreich
triunfar V/I 1 triumphieren; siegen **(de, sobre** über *acus*) 2 *juego de cartas*: einen Trumpf ausspielen, trumpfen
triunfo M 1 *(victoria)* Triumph *m*; Sieg *m*; *fam fig* **costar un ~** einen Riesenaufwand (*o* große Anstrengungen) erfordern 2 *juego de cartas*: Trumpf *m*; *tb fig* **echar un ~** einen Trumpf ausspielen; *fig* **tener todos los ~s** alle Trümpfe in der Hand haben
triunviral ADJ HIST *y fig* Triumvirats...; **triunvirato** M HIST Triumvirat *n*; **triunviro** M HIST Triumvir *m*
trivalencia F QUÍM Dreiwertigkeit *f*; **trivalente** ADJ dreiwertig
trivial ADJ platt, alltäglich, abgedroschen, trivial; **trivialidad** F Plattheit *f*; Gemeinplatz *m*, Trivialität *f*; **trivializar** V/T herunterspielen, banalisieren
trivio M 1 HIST Trivium *n* 2 *división triple del camino*: Dreiweg *m*, dreifacher Kreuzweg *m*
triza F Stück *n*; Fetzen *m*; *fam* **hacer ~s** zerstückeln, zerfetzen; kurz und klein schlagen; *fig* j-n fertigmachen; **hacerse ~s** kaputtgehen; **hecho ~s** entzwei, kaputt *fam (tb fig)*
trizar V/T ⟨1f⟩ zerfetzen
troca A F *Méx fonotecnia*: Tonabnehmer *m* B M *Perú vulg* Bordell *n*, Puff *m*
trocaico ADJ LIT trochäisch *(Versmaß)*
trocar[1] M MED Trokar *m*
trocar[2] ⟨1g *y* 1m⟩ A V/T 1 *(intercambiar)* (um-, ein)tauschen **(por** für, gegen *acus*); (aus-, ein)wechseln 2 *(canjear)* vertauschen 3 *(convertir)* verwandeln B V/R **trocarse** 1 *(cambiar)* sich ändern; sich wenden; sich verwandeln **(en** in *acus*) 2 *Cuba (no acertar)* danebenhauen; *(desconcertarse)* aus der Fassung geraten
trocear V/T in Stücke teilen; zerstückeln; **troceo** M 1 *(división)* Teilung *f* in Stücke 2 MAR *(cabo grueso)* Rack *n*
trocha F 1 *(sendero)* Pfad *m*, Steig *m*; *Am reg von Menschen angelegter* Urwaldpfad *m* 2 *Am* FERR Spurweite *f*
troche ADV *fam* **a ~ y moche** *o* **a ~moche** auf gut Glück, aufs Geratewohl; kreuz und quer; **trochemoche** ADV → troche
trocito M kleines Stückchen *n*
trocla, trócola F Flaschenzug *m*
trofeo M 1 *(insignia de la victoria)* Trophäe *f*; (Sieges)Preis *m* 2 *(adorno de armas)* Waffenschmuck *m* 3 *fig (victoria)* Sieg *m*, Triumph *m*
trófico ADJ BIOL trophisch, Ernährungs...
trofología F Ernährungswissenschaft *f*
troglodita A M/F Höhlenbewohner *m*, -in *f*; *fig* Barbar *m*, -in *f* B ADJ *fam desp* völlig veraltet; Asbach uralt *fam*; **troglodítico** ADJ Troglodyten...
troica, troika F Troika *f*
troj(e), *Am* **troja** F AGR *para el trigo*: Kornkammer *f*, Kornspeicher *m*; *para las aceitunas*: Olivenkammer *f*; *Arg para el maíz*: Maisspeicher *m*
trola F 1 *fam (mentira)* Lüge *f*, Schwindel *m* 2 *Perú vulg (pene)* Schwanz *m pop*
trole M ELEC *del tranvía*: Stromabnehmer *m*; **~ de arco** Kontaktbügel *m*
trolebús M Oberleitungsbus *m*, Obus *m fam*, *Suiza* Trolleybus *m*
trolero A ADJ *fam* verlogen B M, **-a** F *fam* Lügner *m*, -in *f*
trolo M *Arg, Ur fam* passiver Homosexueller *m*
troludo ADJ *Arg, Ur fam* mit dummem (*o* unangenehmem) Benehmen
tromba F 1 METEO **~ (de agua)** Wasserhose *f*; Wolkenbruch *m* 2 *fig adv* **en ~** *(violento)* heftig; *(de prisa)* in Windeseile; **entrar en ~** hereinstürmen; **pasar en ~** vorbeirasen
trombo M MED Blutgerinnsel *n*, -pfropfen *m*, Thrombus *m*; **trombón** M MÚS 1 *instrumento*: Posaune *f*; **~ de pistones/de varas** Ventil-/Zugposaune *f* 2 *músico*: Posaunenbläser *m*, Posaunist *m*
trombosis F MED Thrombose *f*
trompa A F 1 MÚS Horn *n*; **~ de caza** Jagdhorn *n*; **~ gallega** Brummeisen *n*; **~ marina** Maultrommel *f* 2 ZOOL *de cerdo, elefante, tapir, insectos*: Rüssel *m*; *fam fig (nariz prominente)* große Nase *f*, Zinken *m fam*, Rüssel *m fam*; *(hocico)* vorspringender Mund *m*, Schmollmund *m*, Schnute *f fam* 3 *fam fig (borrachera)* Rausch *m* 4 MED **~ de Eustaquio** eustachische Röhre *f*; **~ de Falopio** *o* **uterina** Eileiter *m*, Tube *f* 5 *juguete*: Brummkreisel *m* 6 TEC *(bomba inyectora)* Strahlpumpe *f* 7 ARQUIT Trompe *f* 8 MAR → tromba 9 *Am* FERR Räumgitter *n* B M/F Hornist *m*, -in *f*, Waldhornbläser *m*, -in *f* C ADJ betrunken,

besoffen *fam*; **estar ~** einen sitzen haben *fam*
trompada F, **trompazo** M *fam* 1 *(encontrón)* Zusammenstoß *m*; *(choque)* Zusammenprall *m mit den Köpfen*; *(golpe fuerte) p. ext* heftiger Stoß *m*; *(puñetazo)* Faustschlag *m*; *fam* **hay que andar a ~s** *o* **a ~ limpio con él** man muss ihn sehr hart anfassen 2 MAR Rammstoß *m* 3 *Méx* GASTR *dulce*: ***Süßigkeit aus rohem Zucker***
trompero ADJ trügerisch
trompeta A F MÚS Trompete *f*; BOT **~ de la muerte** Totentrompete *f*; MAR **~ de niebla** Nebelhorn *n*; **al son de (las) ~(s)** bei Trompetenschall; **tocar la ~** MÚS Trompete blasen; *fam fig* einen kräftigen Schluck aus der Pulle nehmen *fam* B M/F Trompeter *m*, -in *f*
trompetazo M Trompetenstoß *m*; *fam fig* große Albernheit *f*; **trompetear** V/I trompeten; *fig* ausposaunen; **trompetería** F MÚS *órgano*: Trompetenregister *n (der Orgel)*; **trompetero** A M, **-a** F 1 *fabricador(a)*: Trompetenmacher *m*, -in *f* 2 *músico, -a*: Trompeter *m*, -in *f* B M *pez*: Schnepfenfisch *m*; **trompetilla** F Hörrohr *n*; **trompetista** M/F Trompeter *m*, -in *f*
trompicar ⟨1g⟩ A V/T stolpern lassen, stoßen B V/I straucheln, stolpern; **trompicón** M Straucheln *n*; Stoß *m*; **a -ones** stoßweise, ruckweise
trompis M *fam* Faustschlag *m*
trompo M 1 *(juguete: peón)* Kreisel *m*; *fam fig (hombre ignorante)* Hohlkopf *m*; *fam fig* **ponerse como un ~** *al comer y beber*: sich vollstopfen; **roncar como un ~** gewaltig schnarchen *fam*, sägen *fam*, ratzen *fam* 2 ZOOL Spitzkreiselschnecke *f*
trompón: **de** *o* **a ~** unordentlich, liederlich
tron M *Esp fam* Kumpel *m*
trona F Hochstuhl *m (für Kinder)*
tronada F Gewitter *n*; **tronado** ADJ *fam* 1 *(andrajoso)* schäbig, *(empobrecido)* heruntergekommen, abgebrannt *(fam fig)* 2 *fam (loco)* verrückt, bekloppt *fam* 3 *Ven drogas* high; **tronador** M Kanonenschlag *m (Feuerwerkskörper)*
tronar ⟨1m⟩ A V/I donnern; *fam fig (echar pestes)* wettern (**contra** gegen *acus*); *fam fig (rabiar)* toben, brüllen; **~ con alg** sich mit j-m verkrachen B V/T *Guat, Méx pop* umlegen *pop*, abknallen *pop*; *Cuba funcionario, etc* absägen *fam* C V/R **tronarse** *fig* abwirtschaften, Pleite machen *fam*
troncal ADJ Stamm...; **troncar** V/T ⟨1g⟩ → truncar
troncha F *Am* 1 *(tajada)* Scheibe *f*, Schnitte *f*; Stück *n* 2 *(ganga)* gutes Geschäft *n*, Schnäppchen *n fam*; **tronchante** ADJ *fam* witzig, urkomisch, zum Kaputtlachen *fam*
tronchar A V/T 1 *(arrancar)* abreißen; (um)knicken 2 *fig (destruir)* zunichtemachen; kaputt machen *(tb fig)* 3 *fam fig (cansarse)* ermüden *fam*, erschöpfen B V/R **troncharse** zer-, abbrechen; **~ (de risa)** sich totlachen
troncho A ADJ *Arg* → trunco B M 1 *hortaliza*: Strunk *m* 2 *pop (pene)* Schwengel *m pop* 3 *Perú drogas fam* Joint *m*
tronco M 1 *(tallo fuerte y grueso)* Stamm *m (tb* LING *y fig)*; *fig (ascendencia)* Abstammung *f*, Ursprung *m*; **~ (de árbol)** Baumstamm *m*; ANAT **~ arterial** Arterienstamm *m*; ANAT **~ nervioso** Nervenstamm *m*, -strang *m* 2 *fig (persona insensible)* Klotz *m*; *fam fig* **estar hecho un ~** steif und unbeweglich sein wie ein Klotz; **dormir como un ~** schlafen wie ein Klotz 3 *espec* GEOM Stumpf *m*; **~ de columna** Säulenstumpf *m*; GEOM **~ de cono** Kegelstumpf *m* 4 ANAT *(parte superior del cuerpo)* Rumpf *m*, Oberkörper *m* 5 *carruaje*: Deichselgespann *n*; **caballo** *m* **de ~** Deichselpferd *n* 6 *Esp fam leng. juv (compañero)* Kumpel *m (bes als Anrede)* 7 *Ven fam* **un ~ de ...** ein prima *fam (o* herrlicher, großer*)* ... 8 *Ec* → troncho
troncocónico ADJ kegelstumpfförmig; **troncón** M, **tronconera** F *Cuba* Baumstumpf *m*
tronera A F 1 *(abertura para disparar)* Schießscharte *f*; MAR Geschützluke *f*; *p. ext (pequeña ventana)* (Dach)Luke *f* 2 *(agujero en el billar)* Billardloch *n* 3 *juguete de niños*: Klatsche *f* B M/F *fam* Luftikus *m*
tronío M 1 *(pompa)* Prunk *m*, Pracht *f*; **una mujer de ~** eine Klassefrau 2 *desp (ostentación)* Protzerei *f*, Angabe *f fam*
trono M Thron *m (tb* REL *y fig)*; REL **~s** *mpl* Throne *mpl (Engelordnung)*; **subida** *f* **al ~** Thronbesteigung *f*; **acceder** *o* **subir al ~** den Thron besteigen
tronzador M CONSTR, TEC Ablängsäge *f*
tronzar V/T ⟨1f⟩ 1 *(destrozar)* zerbrechen; *género* fälteln 2 *fig (cansar excesivamente)* zermürben 3 CONSTR, TEC ablängen
tropa F 1 *(turba)* Trupp *m*, Haufen *m* 2 MIL *(gente militar)* Truppe *f*; Mannschaft *f*; *p. ext (toque militar)* Zeichen *n* zum Sammeln; **~s** *pl* **aerotransportadas/de a pie** Luftlande-/Fußtruppen *fpl*; POL **~s** *pl* **de KFOR** Kfor-Truppen *fpl*; **~s** *pl* **de pacificación** Friedenstruppe(n) *f(pl)* 3 *Am Mer, espec RPl (rebaño trashumante)* Wanderherde *f*; *(recua)* Zug *m* von Lasttieren
tropear V/T *Arg, Par, Ur ganado* von einem Ort zum anderen treiben
tropecientos MPL *fam* viele, eine Menge, zig; **-as (mil) veces** Zigtausend Mal; **durante ~ años** zig Jahre lang
tropel M 1 *(conjunto desordenado)* (wirrer) Haufen *m*, (Menschen)Menge *f (in Bewegung)*; lärmendes Durcheinander *n*; **en ~** haufen-, scharenweise; in wilder Hast; wild durcheinander 2 *jerga del hampa (cárcel)* Gefängnis *n*; **tropelero** M *jerga del hampa* Straßenräuber *m*; **tropelía** F 1 *(aceleración desordenada)* wilde Hast *f* 2 *(atropello)* Gewalttat *f*; Übergriff *m*; Pöbelei *f* 3 *(engaño)* Übertölpelung *f*
tropeña F *Ec*, **tropera** F *Am Cent* ***mit den Freischärlertruppen ziehende Soldatenfrau***; **tropero** M *RPl* Führer *m* einer Wanderherde *etc*
tropezar ⟨1f *y* 1k⟩ A V/I 1 *(dar un traspié)* stolpern, straucheln *(tb fig)* 2 *(chocar)* zusammenstoßen (**con** mit *dat*); **~ con a/c** sich an etw *(dat)* stoßen 3 *(encontrarse)* stoßen (**con, en** auf *acus*); **~ con alg** j-n unvermutet treffen; mit j-m zusammenstoßen *(tb fig)* B V/R **tropezarse** 1 *animales, espec caballos*: sich treten *(o* scheuern) 2 *fam fig (chocar)* zusammenstoßen
tropezón M 1 Stolpern *n*; *fig* Fehltritt *m*, Ausrutscher *m*; **a -ones** stolpernd; stockend; stotternd; **dar un ~** stolpern 2 GASTR **-ones** *mpl* Einlage *f*
tropical ADJ tropisch, Tropen...; **tropicalismo** M *Col* Übertreibung *f*; **tropicalizar** V/T ⟨1f⟩ tropenfest machen
trópico M GEOG Wendekreis *m*; **~s** *mpl* die Tropen *pl*; ASTRON **~ de Cáncer/de Capricornio** Wendekreis *m* des Krebses/des Steinbocks
tropiezo M 1 *(obstáculo)* Hindernis *n*; *(dificultad)* Schwierigkeit *f* 2 *fig (paso en falso)* Fehltritt *m*; *(desliz)* Entgleisung *f*, Schnitzer *m fam*; **dar un ~** *o* **dar ~s** straucheln *(tb fig)* 3 *(choque)* Anstoß *m*; *fam* Zusammenstoß *m*; *(pelea)* Streit *m* 4 GASTR *fam fig* **~s** *mpl* Fleischstückchen *npl im Eintopf etc*
tropilla F *RPl* Trupp *m* Pferde *in Bewegung*
tropismo M BIOL Tropismus *m*; **tropo** M RET Tropus *m*, Trope *f*
troquel M Münz-, Prägestempel *m*; Stanzwerkzeug *n*; **troquelado** M Stanzen *n*; **troqueladora** F Prägepresse *f für Münzen*; Stanzmaschine *f*; **troquelar** V/T (präge)stanzen
troqueo M LIT Trochäus *m*
trotacalles ⟨*pl inv*⟩ A M/F *fam (azotacalles)* Pflastertreter *m*, -in *f*; Flaneur *m*, -in *f* B F *fam (prostituta)* Straßendirne *f*, Stricherin *f fam*;
trotaconventos F ⟨*pl inv*⟩ HIST *fig* Kupplerin *f*
trotada F *Am* Trab *m*; (im Trab zurückgelegtes Stück *n*) Weg *m*; **trotador** ADJ *caballo* lauffreudig; **trotadora** F *Esp fam* Stricherin *f*; **trotamundos** M/F ⟨*pl inv*⟩ Weltenbummler *m*, -in *f*, Globetrotter *m*, -in *f*
trotar V/I traben, trotten *(tb fig)*; *fig* umherlaufen
trote M 1 *equitación*: *y fig* Trab *m*; *p. ext (ruido de cascos)* Hufschlag *m*; *tb fig* **al ~** im Trab; *equitación*: **de ~ duro** hoch trabend; *fam fig* **para todo ~** für den Alltag(sgebrauch); *equitación*: **~ corto/largo** kurzer/verstärkter Trab *m*; *equitación*: **~ cochinero** kurzer und schneller Trab *m*; *fam fig* **andar a ~ corto** trippeln; *equitación*: **ir al ~** im Trab reiten, traben 2 *fam fig (faena apresurada y fatigosa)* schwere (und schnell zu erledigende) Arbeit *f*; *fig* **ya no estoy para esos ~s** das ist nichts mehr für mich, das geht über meine Kräfte; dafür bin ich zu alt
trotinar V/I *Am Centr* → trotar; **trotón** M *equitación*: Traber *m*; *Am (rocín)* Klepper *m*; **trotona** F *pop desp* Nutte *f fam*
trotskismo M HIST, POL Trotzkismus *m*; **trotskista** HIST, POL A ADJ trotzkistisch B M/F Trotzkist *m*, -in *f*; **trotsko** *pop* → trotskista
troupe [trup] F (Zirkus-, Varieteé-)Truppe *f*
trova F LIT Gedicht *n*, Lied *n*, Trove *f*; **trovador** M Troubadour *m*; Minnesänger *m*; **trovadoresco** ADJ Troubadour...; **trovar** A V/I Verse *(nach Art der Troubadours)* schreiben B V/T *fig etw* umdeuten; **trovero** M LIT Trouvère *m*; **trovo** M LIT ***altspanisches (Liebes)Lied***
Troya F HIST Troja *n*; *fig* **¡arda ~!** und wenn der Himmel einstürzt!; *hum* jetzt kann's losgehen!; *fam irón* **¡aquí** *o* **allí fue ~!** da haben wir die Bescherung! *fam*
troyano A ADJ trojanisch; MIT *y fig* **(el) caballo de ~** das Trojanische Pferd B M, **-a** F Tro(jan)er *m*, -in *f* C M INFORM Trojaner *m*, Trojanisches Pferd *n*
troza F 1 *(tronco aserrado)* abgelängter Baumstamm *m* 2 MAR Rack *n (Halterung der Rah am Mast)*
trozar V/T ⟨1f⟩ zerbrechen, zerstückeln; *tronco* ablängen
trozo M Stück *n*; **a ~s** stückweise
trúa F *Arg fam* Rausch *m*; **estar en ~** einen sitzen haben *fam*
trucado ADJ gefälscht, falsch; *cartas tb* gezinkt; **trucaje** M 1 FILM *técnica*: Tricktechnik *f* 2 *(falsificación)* Verfälschung *f*; **trucar** V/T ⟨1g⟩ 1 *(preparar con ardides)* mit Tricks darstellen 2 *(falsificar)* (ver)fälschen; *motor* frisieren
trucha F 1 *pez*: Forelle *f*; **~ ahumada** GASTR geräucherte Forelle *f*; **~ arco-iris** Regenbogenforelle *f*; **~ de arroyo** (Bach-)Saibling *m*; **~ asalmonada** Lachsforelle *f*; **~ de río** Bachforelle *f*; GASTR **~ rellena de jamón** mit Schinken gefüllte Forelle *f*; *fam fig* **pescar una ~** patschnass werden *fam* 2 *Am Centr (puesto)* Stand *m*, kleiner Laden *m* 3 *fam fig (persona astuta)* Schlaukopf *m fam*; gerissener Kerl *m fam*
truchero A ADJ Forellen...; **río** *m* **~** Forellenwasser *n* B M, **-a** F 1 *pescador*: Forellenfischer *m*, -in *f*; *comerciante*: Forellenhändler *m*, -in *f* 2 *Am Centr (mercader)* Krämer *m*, -in *f*
truchimán M → trujamán; **trucho** ADJ *Arg, Ur fam mercancía* gefälscht, geschmuggelt

truco M 1 *(ardid, trampa)* Trick *m;* **coger el ~** auf den Dreh kommen *fam* 2 *Arg, Bol, Chile* → puñada 3 *Arg (juego de cartas) ein Kartenspiel*
truculencia F 1 *(crueldad)* Schaurigkeit *f,* Grausamkeit *f* 2 *(cuento de horror)* Schauergeschichte *f,* Moritat *f fam;* **truculento** ADJ grausam, schaurig; blutrünstig; abstoßend
trueco → trocar[2]
trueno M 1 METEO Donner *m* 2 *(estampido)* Knall *m; fam fig (pelea)* Krach *m fam,* Streit *m;* **~ gordo** Knalleffekt *m;* Knüller *m fam;* Riesenskandal *m fam;* **voz de ~** Donnerstimme *f* 3 *(petardo)* Knallkörper *m*
trueque M 1 *(intercambio)* Tausch *m;* Tauschhandel *m;* **a ~ de** (im Tausch) gegen *(acus),* für *(acus)* 2 *Col* **~s** *mpl (monedas)* Wechselgeld *n*
trufa F 1 BOT, GASTR Trüffel *f;* **falsa ~** Kartoffelbovist *m* 2 *fam fig (mentira)* Lüge *f,* Schwindel *m;* **trufado** ADJ *fig* **~ de** vollgestopft mit *(dat),* gespickt mit *(dat);* **trufador** M, **trufadora** F *fam* Lügner *m,* -in *f,* Schwindler *m,* -in *f;* **trufar** A VT GASTR mit Trüffeln füllen; trüffeln B VI *fam fig (mentir)* flunkern, lügen, schwindeln
truhán M, **truhana** F Gauner *m,* -in *f;* **truhanería** F Gaunerei *f;* **truhanesco** ADJ spitzbübisch
truja F 1 *en el molino de aceite:* Olivenkammer *f in Ölmühlen* 2 *pop (cigarrillo)* Zigarette *f;* **trujal** M *(prensa de aceitunas)* Ölpresse *f; (prensa de uvas)* Traubenpresse *f*
trujamán M HIST Dolmetsch *m,* Dragoman *m;* Vermittler *m*
trulla F 1 *(ruido)* Lärm *m, (estrépito)* Getöse *n* 2 *(turba)* Schwarm *m* 3 *(llana)* Kelle *f*
trullo M 1 ORN Krickente *f* 2 *reg (lagar)* Kelter *f* 3 *jerga del hampa (cárcel)* Knast *m,* Kittchen *n fam*
truncado ADJ verstümmelt; GEOM **cono** *m* **~** Kegelstumpf *m;* **truncamiento** M Verstümmelung *f;* **truncar** A VT ⟨1g⟩ 1 *(cortar)* abschneiden, kappen 2 *(mutilar)* verstümmeln *(tb fig texto, etc)* 3 *fig ilusiones, esperanzas* zunichtemachen 4 *coche* hoch-, auffrisieren B VR **truncarse** zunichtewerden; **truncatura** F LING Wortverkürzung *f;* **trunco** ADJ *Am* unvollständig
trusa F 1 *Am reg (calzoncillos)* Unterhose *f; tb* Schlüpfer *m* 2 *Am reg (traje de baño)* **~ (de señora)** Badeanzug *m;* **~ (de hombre)** Badehose *f*
trust(e) M ECON Trust *m*
truticultura F Forellenzucht *f*
TS M ABR (Tribunal Supremo) oberster Gerichtshof *m*
tsantsa F *Am Mer* Schrumpfkopf *m*
tse-tsé F **(mosca** *f***) ~** Tsetsefliege *f*
TSJ M ABR (Tribunal Superior de Justicia) *Esp* oberster Gerichtshof *m* einer autonomen Region
tu, tus PR POS dein, deine
tú PR PERS du; *fam* **~ y tu(s)** … du und deine … *(Vorwurf);* **¡~ y tus quejas!** du und deine (ewigen) Beschwerden!; **tratar** *o* **hablar de ~** duzen; **tratar** *o* **hablar de ~ a ~ con alg** auf Du und Du mit j-m stehen
tuareg MPL *etnología:* Tuareg *pl*
tuatúa F BOT *eine Wolfsmilchstaude*
tuáutem M *fam* Hauptperson *f;* Hauptsache *f*
tuba[1] F MÚS (Bass)Tuba *f*
tuba[2] F *bebida alcohólica:* Palmwein *m*
tuberculina F MED Tuberkulin *n;* **tuberculización** F MED Tuberkuloseinfektion *f*
tubérculo M 1 BOT *(bulbo)* Knolle *f* 2 *(protuberancia)* Höcker *m,* Vorsprung *m* 3 MED *(espec* Tuberkulose)Knötchen *n,* Tuberkel *m*
tuberculosis F MED Tuberkulose *f;* **~ pulmonar** Lungentuberkulose *f;* **tuberculoso** MED A ADJ tuberkulös B M, **-a** F an Tuberkulose Erkrankte *m/f*
tubería F (Rohr)Leitung *f;* **~ a gran distancia** Rohrfernleitung *f;* **~ de distribución** Verteiler(rohr)netz *n;* **~ de entrada/de gas** Zugangs-/Gasleitung *f*
tuberosa F BOT Tuberose *f;* **~ blanca** (mexikanische) Nachtlilie *f*
tuberosidad F MED Knolle *f;* Höcker *m; tb* Knollenbildung *f;* Geschwulst *f;* **tuberoso** ADJ knollenförmig; BOT **planta** *f* **-a** Knollengewächs *n*
tubiforme ADJ röhrenförmig
tubo M 1 Röhre *f (tb* ELEC, TV); Rohr *n;* ÓPT, MED Tubus *m;* TEC **~ acodado** Knierohr *n,* Krümmer *m;* **~ acústico** Hör-, Schall-, Sprachrohr *n;* ELEC **~ amplificador** Verstärkerröhre *f;* **~ aspirante** Saugrohr *n;* **~ bajante** *o* **de bajada** *o* **de caída** Fallrohr *n;* ELEC **~ catódico** Kathodenröhre *f;* **~ de derrame** Überlaufrohr *n;* TV **~ electrónico de imagen** (Elektronen-)Bildröhre *f;* ÓPT **~ de enfoque** Einstelltubus *m;* **~ de escape** AUTO Auspuffrohr *m;* TEC Ablassrohr *n;* ELEC **~ fluorescente** Leuchtstoffröhre *f;* **~ de gas** Gasrohr *n;* Gasschlauch *m; Arg* Gasballon *m;* **~ montando** *o* **de subida** Steigrohr *n;* **~ de Roentgen** *o* **de rayos X** Röntgenröhre *f;* **~ en T** T-Rohr *n,* Dreischenkelrohr *n;* ELEC **~ de vacío** Vakuumröhre *f* 2 **~ (flexible)** Schlauch *m;* BOT **~ fecundante** Befruchtungsschlauch *m;* **~ luminoso** Lichtschlauch *m; Ven* AUTO *(cámara de aire)* Schlauch *m (eines Reifens)* 3 ANAT **~ digestivo/intestinal** Verdauungs-/Darmkanal *m;* MED, FÍS **~ capilar** Kapillar-, Haarröhrchen *n* 4 *(cilindro)* Zylinder *m;* Stahlflasche *f;* **~ (de cristal** *o* **de lámpara)** Lampenzylinder *m;* MÚS **~ (de órgano)** Orgelpfeife *f* 5 *pequeño:* Röhrchen *n; (cáscara)* Hülse *f;* **~ de papel** Papphülse *f* 6 *recipiente para pasta dentífrica etc:* Tube *f;* **~ de ensayo** Reagenzglas *n;* **~ graduado** Messbecher *m* 7 *Bol, Méx (rulo)* Lockenwickler *m* 8 *fam fig* **pasar por el ~** *etw (Unangenehmes)* herunterschlucken; zu Kreuze kriechen *fam; fam* **por un ~** massenhaft, in rauen Mengen
tubuladura F *espec Am* Rohrstutzen *m;* **tubular** ADJ röhrenförmig
tucán M ORN Tukan *m,* Pfefferfresser *m*
tuco M *Arg, Chile, Perú, Ur* GASTR *dicke, kräftig gewürzte Tomatensoße für Nudelgerichte*
tudel M MÚS Röhrenende *n eines Blasinstruments (zum Aufsetzen des Mundstücks)*
tudesco A ADJ altdeutsch, germanisch; *liter* deutsch B M, **-a** F *frec desp* Germane *m,* Germanin *f;* Deutsche *m/f;* **beber/comer como un ~** übermäßig trinken/essen
tuerca F TEC (Schrauben)Mutter *f;* **~ mariposa/tapón/tensora** Flügel-/Überwurf-/Spannmutter *f; fam fig* **apretar las ~s a alg** j-m Zunder geben *fam,* j-m Dampf machen *fam; fig* **dar una vuelta de ~** die Schraube anziehen; *fig* **tiene una ~ floja** bei ihm ist eine Schraube locker *fam*
tuercebotas M/F *fam* Niete *f fam,* Null *f fam*
tuerto A ADJ 1 *(corvo)* krumm, *(torcido)* schief; *fam fig* **a -as** verkehrt; **a ~ o a derecho** *o* **a -as o a derechas** (mit) Recht oder Unrecht; so oder so 2 *(falto de vista en un ojo)* einäugig; **~ del ojo derecho** auf dem rechten Auge blind B M, **-a** F Einäugige *m/f; fam fig* **parece que me ha mirado un ~** anscheinend hab ich immer Pech
tueste A → tostar B M Rösten *n*
tuesto → tostar
tuétano M (Knochen)Mark *n; fam fig* **hasta los ~s** bis ins Mark; durch und durch; *fam fig* **enamorado hasta los ~s** bis über beide Ohren verliebt
tufarada F durchdringender Geruch *m;* Gestank *m; después de beber alcohol:* (Schnaps)Fahne *f fam*
tufillas M/F ⟨pl inv⟩ *fam* leicht aufbrausender Mensch *m*
tufillo M *fam* Gerüchlein *n; fig* **dar el ~** Verdacht erregen (*o* wecken)
tufo M 1 *(transpiración)* Ausdünstung *f; (hedor)* Gestank *m;* Mief *m fam;* **~ (de carbón)** Kohlendunst *m;* MIN Kohlengas *n* 2 *fam fig frec* **~s** *mpl (soberbia)* Dünkel *m;* Angeberei *f;* **tener muchos ~s** sich *(dat)* Gott weiß was einbilden *fam* 3 *(rizo en la sien)* Schläfenlocke *f;* Haarbüschel *n* 4 MINER Tuff(stein) *m*
tugurio M 1 *(choza)* (Schäfer)Hütte *f* 2 *fig (habitación mezquina)* Bruchbude *f,* Loch *n;* Kaschemme *f;* **tugurizar** VT *Perú edificio* verkommen lassen
tul M TEX Tüll *m;* **~ ilusión** feinster Tüll *m*
tula F 1 *Chile* ORN weißer Reiher *m* 2 *Col (bolsa de viaje)* längliche Reisetasche *f*
tulipán M BOT Tulpe *f;* **tulip(an)ero** M BOT Tulpenbaum *m*
tullido A ADJ gelähmt, lahm; **quedó ~ de un brazo** ein Arm blieb steif B M, **-a** F Gelähmte *m/f;* Krüppel *m*
tullidura F CAZA Losung *f der Greifvögel*
tullimiento M Gliederlähmung *f*
tullir ⟨3h⟩ A VT lähmen; zum Krüppel schlagen B VR **tullirse** lahm werden
tumba F 1 *(sepulcro)* Grab *n,* Grabstätte *f;* Grabmal *n;* CAT Tumba *f (Katafalk);* **~ del soldado desconocido** Grabmal *n* des Unbekannten Soldaten; *fig* **mudo como una ~** stumm wie ein Grab; **reposo** *m* **de la ~** Grabesruhe *f; fig* **cavar su propia ~** sich *(dat)* sein eigenes Grab schaufeln; *fig* **a ~ abierta** rasend schnell, volle Kanne *fam;* blindlings; *fam* **correr a ~ abierta** einen Affenzahn draufhaben *fam,* fahren wie eine gesengte Sau *fam; fam* **lanzarse a ~ abierta** *tb* sich blindlings hineinstürzen **(en** in *acus); fam fig* **revolverse en su ~** sich im Grab umdrehen; *fig* **estar con** (*o* **tener) un pie en la ~** mit einem Fuß im Grab(e) stehen; *fam fig* **ser una ~** verschweigen wie ein Grab sein 2 *de un carruaje:* rundes Verdeck *n* 3 *(voltereta)* Purzelbaum *m* 4 *Antillas (desmonte)* Rodung *f* 5 *Arg (carne de mala calidad)* schlechtes Fleisch *n,* Armeleuteessen *n*
tumbaburros M *fam hum* Wörterbuch *n;*
tumbacuartillos M ⟨pl inv⟩ *fam* Zechbruder *m,* Trunkenbold *m*
tumbaga F Tombak *m (Schmucklegierung)*
tumbagobierno ADJ *Ven fam* umstürzlerisch, revolutionär
tumbala F *Esp pop* Juwel *n;* **~s** Klunker *mpl fam*
tumbar A VT 1 *(derribar)* umwerfen, zu Boden werfen, umhauen *fam;* MAR *barco* kielholen; *Antillas árboles* fällen 2 *fam fig (matar)* umlegen *fam,* killen *pop* 3 *en el examen:* durchrasseln lassen *fam* 4 *mujer* verführen, umlegen *fam* B VI *(caer)* hinfallen, hinpurzeln *fam* C VR **tumbarse** 1 *(caerse)* sich (nieder)fallen lassen; *fam (echarse a descansar)* sich hinlegen, sich aufs Ohr hauen *fam* 2 *fig en el trabajo:* nachlassen, nicht mehr weiterarbeiten
tumbavasos M ⟨pl inv⟩ *pop* Säufer *m fam*
tumbo M 1 *(caída violenta)* Fall *m,* Sturz *m;* Ruck *m* 2 *(ondulación)* Schwanken *n; (tambalear)* Taumeln *n;* **dar ~s** taumeln, torkeln
tumbón[1] M Kasten *m,* Truhe *f (mit gewölbtem Deckel)*
tumbón[2] ADJ *(pícaro)* verschmitzt; *(alevoso)* hinterhältig; *(perezoso)* faul
tumbona F Liege *f*
tumefacción F MED Schwellung *f;* **tumefacer** VT ⟨2s⟩ MED anschwellen lassen; **tumefacto** ADJ geschwollen
tumescencia F (An)Schwellung *f;* **tumes-**

T

cente ADJ (an)schwellend

túmido ADJ geschwollen; *fig* schwülstig; ARQUIT **arco** *m* ~ Schwellbogen *m*

tumor M MED Geschwulst *f*, Tumor *m*; ~ **benigno** gutartiger Tumor *m*; ~ **blanco** Gelenkabszess *m*; ~ **cerebral** Gehirntumor *m*; ~ **maligno** bösartiger Tumor *m*

tumoración F Tumor-, Geschwulstbildung *f*

tumulario ADJ Grab…, Grabhügel-…; **piedra** *f* **-a** Grabstein *m*

túmulo M 1 *(sepulcro levantado en la tierra)* Grabhügel *m* 2 *(armazón fúnebre)* Grabmal *n*; Katafalk *m bei Trauerfeiern*

tumulto M Aufruhr *m*, Tumult *m*; Krawall *m*; Getümmel *n*; **tumultuario, tumultuoso** ADJ stürmisch, turbulent; tumultuös; lärmend

tun M *Guat folclore*: Holztrommel *f*

tuna F 1 BOT *(nopal)* Feigenkaktus *m*; *fruto*: Kaktus-, Opuntienfeige *f* 2 *Esp (estudiantina)* Studentenkapelle *f in historischer Tracht* 3 *(vida holgazana)* Faulenzerleben *n*; **correr la ~** ein Lotterleben führen

tunal M 1 BOT Feigenkaktus *m* 2 *(terreno con nopales)* mit Opuntien bestandenes Gelände *n*

tunantada F Gaunerei *f*; **tunante** A ADJ spitzbübisch; Gauner… B M Ganove *m*; Gauner *m*; Faulenzer *m*; **tunantear** VI faulenzen; ein Lotterleben führen; **tunantesco** ADJ Faulenzer…; Gauner…

tunar VI faulenzen

tunda F 1 TEX *(acción de tundir)* Schur *f*, Scherung *f* 2 *fam fig (castigo)* Tracht *f* Prügel; **pegar** *(o* **dar) una ~ a alg** j-n verwamsen *fam*, j-m die Hucke voll hauen *fam*

tundido M TEX Scheren *n*; **tundidor** M Tuchscherer *m*; **tundidora** F 1 TEX *persona*: Tuchschererin *f* 2 *máquina*: TEX Schermaschine *f*; *p. ext (cortacésped)* Rasenmäher *m*; **tundir** VT 1 *tela* scheren; *p. ext césped* schneiden 2 *fam fig (dar una paliza)* verprügeln

tundra F GEOG Tundra *f*

tunduque M *Chile, RPl* ZOOL große Andenmaus *f*

tunear VI umherstrolchen, gammeln

tunecí A ADJ tunesisch B M/F → tunecino

tunecino, -a Tunesier *m*, -in *f*

túnel M Tunnel *m*; TEC ~ **aerodinámico (de prueba)** *o* **del viento** Windkanal *m*; ~ **de carretera** Straßentunnel *m*; ~ **ferroviario** Eisenbahntunnel *m*; AUTO ~ **de lavado** Waschstraße *f*; ~ **de peatones** *o* **peatonal** Fußgängertunnel *m*

tunero M *Am* Kaktusfeigenverkäufer *m*

Túnez M *país*: Tunesien *n*; *ciudad*: Tunis *n*

túngaro M *Col* ZOOL Riesenkröte *f*

tungsteno M QUÍM Wolfram *n*

túnica F 1 TEX *(vestidura)* Tunika *f* 2 BIOL *(membrana)* Häutchen *n* 3 BOT ~ **de Cristo** *Art* Stechapfel *m*

tunicados MPL ZOOL Manteltiere *npl*

Tunicia F Tunesien *n*

tuno A ADJ → tunante B M 1 *(ratero)* Spitzbube *m*, Ganove *m* 2 Mitglied *n* einer Tuna *(Studentenkapelle)* 3 *Col, Cuba* BOT *(chumbera)* Feigenkaktus *m*

tuntún *sólo en*: **al (buen) ~** aufs Geratewohl, ins Blaue hinein

tuñeco ADJ *Ven* körperbehindert

tupé M 1 *(copete)* Stirnlocke *f*; Schopf *m* 2 *(bisoñé)* Toupet *n* 3 *fam fig (atrevimiento)* Frechheit *f*

tupí A ADJ *etnología*: Tupi… B M/F Tupiindianer *m*, -in *f* C M *lengua*: Tupi(sprache *f*) *n*

tupición F *Am* 1 *(espesura)* Dickicht *n* 2 *(multitud)* Menge *f*

tupido ADJ 1 *pelo, follaje, etc* dicht; *tejido tb* engmaschig 2 *fig razón, sentidos* stumpf; *persona* schwer von Begriff, ungeschickt, schwerfällig 3 *Arg, Ur fam (frecuente)* häufig, *(abundante)* reichlich

tupir A VT *(apretar)* zusammenpressen, zusammendrücken B VR **tupirse** 1 *(hartarse de comer)* sich übersättigen; sich volltrinken 2 *fig razón, sentidos* abstumpfen 3 *Am reg (desconcertarse)* verlegen werden

turba F 1 *material combustible*: Torf *m*; *(mezcla fertilizante)* Torfdüngermischung *f*; **extracción** *f* **de ~** Torfstich *m* 2 *(multitud)* Haufen *m*, Menge *f*; Schwarm *m*; *desp* Pöbel *m*

turbación F 1 *(agitación)* Aufregung *f*, Durcheinander *n* 2 *(alteración)* Störung *f* 3 *(intranquilidad)* Unruhe *f*, Beunruhigung *f*, Bestürzung *f*; **turbado** ADJ *fig* verlegen, verwirrt; **turbador** A ADJ aufregend; beunruhigend B M, **turbadora** F Störer *m*, -in *f*, Störenfried *m*

turbal M → turbera

turbamulta F Gewühl *n*, Gedränge *n*; Menge *f*; wütender Pöbel *m*

turbante M Turban *m*; BOT ~ **de moro** Turbankürbis *m*

turbar A VT 1 *transcurso, trabajo, orden, tranquilidad* stören; *agua* trüben 2 *(intranquilizar)* beunruhigen; *(sobresaltar)* bestürzen; *(desconcertar)* verlegen machen B VR **turbarse** in Aufregung geraten; bestürzt *(o* verlegen) werden

turbativo ADJ beunruhigend

turbera F Torfmoor *n*; Torfgrube *f*, Torfstich *m*

turbina F TEC Turbine *f*; ~ **de gas/de vapor** Gas-/Dampfturbine *f*; ~ **hidráulica** Wasserturbine *f*

turbinto M *Am* BOT Falscher Pfefferbaum *m*

turbio ADJ *(deslucido, sucio)* trüb; *(borroso)* unklar, verworren; *vista* getrübt, schwach; *fig negocio, etc* schmutzig; anrüchig; undurchsichtig; **aguas** *fpl* **-as** trübe Gewässer *npl*

turbión M *(chaparrón)* Regenguss *m*; *(polvareda)* Staubwirbel *m*; *fig de cosas*: Schwall *m*, Flut *f*, Hagel *m (fig)*

turbo A ADJ *en palabras compuestas*: Turbo… B M → turbocompresor

turboalternador M ELEC Turbogenerator *m*; **turbobomba** F Turbopumpe *f*; **turbocapitalismo** M Turbokapitalismus *m*; **turbocompresor** M TEC Turbokompressor *m*; **turbodiesel** M AUTO Turbodiesel *m*; **turbogenerador** M TEC Turbogenerator *m*, Generatorturbine *f*; **turbohélice** M AVIA Turboproptriebwerk *n*; **turbomotorizado** ADJ turbogetrieben

turbonada F Regenbö(e) *f*, -sturm *m*

turbopropulsión F Turboantrieb *m*; **turbopropulsor** M Propellerturbine *f*; AVIA Turbo-Prop-Triebwerk *n*; **turborreactor** M AVIA Turboluftstrahltriebwerk *n*, TL-Triebwerk *n*

turbulencia F 1 *(alteración)* Aufregung *f*; Verwirrung *f* 2 FÍS, AVIA Turbulenz *f* 3 TEC Wirbelung *f* 4 *(ímpetu)* Ungestüm *n*; Ausgelassenheit *f*; **turbulento** ADJ 1 *(alborotado)* turbulent, stürmisch, wild bewegt; *corriente* wirbelnd *(tb* TEC) 2 *(agitado)* aufgeregt; ungestüm, wild; ausgelassen

turca F 1 *persona*: Türkin *f* 2 *fam fig (chispa)* Schwips *m*; **coger una ~** sich beschwipsen

turco A ADJ türkisch; *Am fam p. ext aus dem Bereich des früheren Osmanischen Reiches stammend, also auch syrisch, arabisch etc* B M 1 *persona*: Türke *m*; *Am fam p. ext* Syrer *m*, Araber *m*, Levantiner *m etc*; HIST **Gran Turco** Großtürke *m* 2 *lengua*: Türkisch *n* 3 *fam fig* **cabeza** *f* **de ~** Sündenbock *m*, Prügelknabe *m fam*

turcople M/F *Mischling mit türkischem Vater und griechischer Mutter*

túrdiga F Lederriemen *m*; *Am* Fetzen *m*, Streifen *m*

turf M DEP 1 *(carrera de caballos)* Pferderennen *n* 2 *(hipódromo)* Pferderennbahn *f*; **turfista** ADJ Pferderennen…

turgencia F 1 *(bulto)* Schwellung *f*, Wölbung *f*; Rundung *f (des weiblichen Körpers)* 2 MED Anschwellung *f*, Blutreichtum *m*; *p. ext (tumor)* Geschwulst *f* 3 *fig (pomposidad)* Schwulst *m (liter)*; **turgente** ADJ 1 *(hinchado)* schwellend, strotzend; *p. ext (abultado)* (hoch) gewölbt 2 *fig estilo* geschwollen

túrgido ADJ *poét* geschwollen; schwülstig

Turín M Turin *n*

Turingia F Thüringen *n*

turismo M 1 Fremdenverkehr *m*, Tourismus *m*; Touristik *f*; *Esp tb (vacaciones)* Ferien *pl*; ~ **de aventura** Abenteuerurlaub *m*; ~ **de élite** gehobener Tourismus *m*; ~ **de masas** *o* **masivo** Massentourismus *m*; ~ **rural** *corresponde a*: Ferien *fpl* auf dem Bauernhof; ~ **social** Sozialtourismus *m*; ~ **sol y playa** Sonnen- und Badetourismus *m*; ~ **verde** grüner *(o* sanfter) Tourismus *m*; **oficina** *f* **de ~** Fremdenverkehrsamt *n* 2 AUTO *(coche)* Personenwagen *m*, Pkw *m*

turista M/F Tourist *m*, -in *f*; Ausflügler *m*, -in *f*; **turístico** ADJ touristisch; Fremdenverkehrs…

Turkmenistán M Turkmenistan *n*

turma F 1 BOT ~ **(de tierra)** Trüffel *f*; ~ **de ciervo** Hirschtrüffel *f*, -brunst *f* 2 → testículo

turmalina F MINER Turmalin *m*

turnar A VI abwechseln B VR **turnarse** sich ablösen

turno M 1 *orden sucesivo*: Reihe *f*; Reihenfolge *f*; Ordnung *f*; **es su ~** *o* **le toca el ~** Sie sind an der Reihe 2 *en el trabajo*: Schicht *f*; *(relevo)* Ablösung *f*; ~ **de día/de noche** Tag-/Nachtschicht *f*; **cambio** *m* **de ~** Schichtwechsel *m*; **de ~** diensttuend, diensthabend; *farmacia, etc* dienstbereit; **estar de ~** Dienst haben, an der Reihe sein; **de un solo ~** Einschicht…; **por ~(s)** schichtweise; abwechselnd; **trabajar por ~s** Schicht arbeiten

turolense A ADJ aus Teruel B M/F Einwohner *m*, -in *f* von Teruel

turón M ZOOL Iltis *m*

turpial M *Am* ORN Gilbvogel *m*, Turpial *m*

turquesa F Türkis *m*

Turquestán M Turkestan *n*

turquí ADJ türkis(blau)

Turquía F Türkei *f*

turquino ADJ türkisblau

turro M *Arg fam* 1 *(persona afortunada)* beneidenswerter Glückspilz *m* 2 *(imbécil)* Schwachkopf *m*, Blödmann *m*

turrón M 1 GASTR *corresponde a* weißer Nougat *m Süßigkeit in Spanien für die Weihnachtszeit*; ~ **de Alicante** *harte Turrón-Sorte*; ~ **de Jijona** *weiche Turrón-Sorte* 2 *fam fig (beneficio del estado)* Versorgung *f*, Anstellung *f in einem Amt*

turronería F Turronhandlung *f*; **turronero** M, **turronera** F Turronhändler *m*, -in *f*

turulato *fam* A ADJ verblüfft, baff *fam*; dumm; **quedar ~** sprachlos sein B M, **-a** F Trottel *m fam*, Dummkopf *m*

turullo M Hirtenhorn *n*

turulo ADJ *Arg, Ur fam* dumm, ungeschickt

tururú A ADJ *fam* bescheuert *fam*, beknackt *fam*; **estás ~** du spinnst *fam* B INT *fam irón* ¡~! Quatsch!; kommt nicht in die Tüte! C M *juego de cartas*: Dreiertrumpf *m (drei Karten einer Farbe)*

tus INT *al perro*: hierher!; *fam* **sin decir tus ni mus** ohne einen Mucks von sich *(dat)* zu geben *fam*

tusa F 1 *Am Mer, P. Rico (mazorca del maíz)* entkörn-

ter Maiskolben *m* **2** *Am Centr, Cuba (hoja de la mazorca)* Maishülse *f* **3** *Col (hoyo de viruela)* Pockennarbe *f*; *fam fig (persona despreciable)* Lump *m* **4** *Chile (crines del caballo)* Mähnenhaar *n (beim Pferd)*; *(barbas de la mazorca, etc)* Pflanzenhaare *npl (bes bei Maiskolben)* **5** *Cuba cigarrillo*: Maisstrohzigarette *f* **6** *Ec fam fig (pena)* Kummer *m*

tusar VT **1** *Am pelo de los animales* stutzen, glätten; *fam fig en el hombre: cabello* schlecht schneiden **2** *Guat (rastrillar)* durchhecheln *(fam fig)*

tusilago M BOT Huflattich *m*; **~ mayor** Rosspappel *f*

tuso ADJ **1** *reg (con rabo corto)* stummelschwänzig **2** *Col (picado de viruelas)* pockennarbig **3** *cabello* gestutzt

tuta *Col* **llevar a ~** *espec niño* huckepack tragen

tute M **1** *(juego de cartas)* ***ein Kartenspiel*** **2** *fam fig (trabajo)* Arbeit *f*; *(esfuerzo)* Mühe *f*; *(preocupación)* Sorge *f*; *pop fig tb (situación desagradable)* unangenehme Situation *f*; *(paliza)* Tracht *f* Prügel; *fam fig* **darse un ~** sich abrackern

tutear **A** VT duzen **B** V/R **tutearse** sich duzen

tutela F Vormundschaft *f*; POL Treuhandschaft *f*; *fig (protección)* Schutz *m*; POL **Consejo** *m* **de Tutela** Treuhänderrat *m*; **tribunal** *m* **de ~s** Vormundschaftsgericht *n*; **bajo la ~ de** unter dem Schutz (*o* der Aufsicht) von *(dat)*; **poner bajo ~** unter Vormundschaft stellen, entmündigen; **sometido a ~** entmündigt

tutelar **A** ADJ Vormundschafts…; Schutz…; POL Treuhänder…; JUR **juez** *m* **~** Vormundschaftsrichter *m*; REL **santo** *m* **~** Schutzheilige *m* **B** VT unter seiner Vormundschaft haben; *fig* schützen, betreuen

tuteo M Duzen *n*

tutía F **1** FARM, HIST Zinkoxidpräparat *n (Augensalbe)* **2** *fam fig* **no hay ~** dagegen ist kein Kraut gewachsen

tutiplén *fam sólo en*: **a ~** vollauf; reichlich

tutor **1** M, **tutora** F JUR *persona encargada de alg*: JUR Vormund *m*; Pfleger *m*, -in *f*; Betreuer *m*, -in *f* **2** UNIV Tutor *m*, -in *f* **3** M AGR *(rodrigón)* Stützpfahl *m für Pflanzen*; **tutoría** F Vormundschaft *f*

tutú M *ballet*: Tutu *n*

tutumo M *Am* BOT Kalebassenbaum *m*

tuturuto *fam* **A** ADJ *Am* **1** *(borracho)* beschwipst **2** → turulato **B** M *Chile* Kuppler *m*

tuturutú M *onom* Tätärätä *n*

tuve, tuvo → tener

tuy INT *Arg fam* was für eine Bullenhitze!

tuya F BOT Lebensbaum *m*, Thuja *f*

tuyo, -a PR POS **1** USO ADJETIVO: dein, deine; **este libro es ~** das ist dein Buch; das Buch gehört dir; **un amigo ~** ein Freund von dir **2** USO SUSTANTIVO: **el ~** deiner; der dein(ig)e; **lo ~** das dein(ig)e; *(tu propiedad)* dein Eigentum *n*; *(tu obligación)* deine Pflicht *f*; *(tu contribución)* dein Beitrag *m*; *(tu trabajo)* deine Arbeit *f*; **los ~s** die deinen/Deinen, deine Familie, deine Angehörigen

tuza F *Am* ZOOL *Art* Erdratte *f (Geomys mexicanus)*; *Méx* **~ real** Goldhase *m*, Aguti *m/n*

TV F ABR (Televisión) Fernsehen *n*

TVE F ABR (Televisión Española) spanisches Fernsehen *n*

TVG F ABR (Televisión de Galicia) galicisches Fernsehen *n*

twist M MÚS *baile*: Twist *m*

txakoli M *Esp* ***leichter baskischer Wein***

txangurro M GASTR *País Vasco*: Meerspinne *f*

txapela F *Esp* Baskenmütze *f*

tzompantli M REL, HIST Schädelgerüst *n auf den Tempelpyramiden*

U

U, u F U, u *n*

u CJ *(vor einem mit „o" oder „ho" beginnenden Wort = o)* oder; **invierno ~ otoño** Winter oder Herbst; **siete ~ ocho** sieben oder acht

ubajay M *RPl* BOT ***Baum, Myrtengewächs und seine quittenförmige Frucht*** *(Eugenia edulis)*

ubérrimo ADJ *sup liter* sehr fruchtbar; *(abundante)* überreich

ubetense **A** ADJ ***auf die Stadt Úbeda (Jaén, Spanien) bezogen*** **B** Einwohner *m*, -in *f* von Úbeda

ubicable ADJ *Ur* auffindbar

ubicación F **1** *espec Am (lugar)* Lage *f*; Standort *m* **2** *(presencia)* Anwesenheit *f* **3** *Am (alojamiento)* Unterbringung *f*; *(colocación)* Platzierung *f*; **oficina** *f* **de ~** Wohnungsamt *n* **4** *Am (localización)* Lokalisierung *f*

ubicado ADJ *Am* **estar ~** liegen, gelegen sein; *Arg, Ur* **estar bien ~** eine gute Stellung haben

ubicar ⟨1g⟩ *Am* **A** VT **1** *(alojar)* unterbringen; einen Wohnsitz anweisen; *(colocar)* platzieren; *(alinear)* aufstellen; AUTO parken **2** lokalisieren, ausfindig machen **3** *Cuba trabajo, vivienda* zuweisen **B** VI sich *(an einem bestimmten Ort)* befinden **C** V/R **ubicarse** **1** *(encontrarse)* sich befinden **2** *(establecerse)* sich niederlassen **3** *Chile (orientarse)* sich orientieren, sich zurechtfinden

ubicuidad F REL *y fig* Allgegenwart *f*; **ubicuo** ADJ allgegenwärtig

ubre F *de la vaca*: Euter *n*; *de otros animales*: Zitze *f*

UC ABR (Universidad Católica) katholische Universität *f*

ucase M HIST Ukas *m (tb fig)*

UCD F ABR (Unión de Centro Democrático) *Esp* HIST Zentrumspartei *f*

UCE F ABR (Unión de Consumidores de España) *Esp* ***Verbraucherschutzverband***

ucedista **A** ADJ *Esp* POL, HIST auf die UCD bezogen **B** M/F Mitglied *n* (*o* Anhänger *m*, -in *f*) der UCD

uchuva F *Col* BOT *fruta*: Physalis *f*, Kapstachelbeere *f*, Ananaskirsche *f*; **uchuvo** M *Col* BOT *árbol*: Ananaskirsche *f*

UCI F ABR (Unidad de Cuidados Intensivos) MED Intensivstation *f*

UCR F ABR *Arg* (Unión Cívica Radical) ***große argentinische Partei***

Ucrania F Ukraine *f*

ucrani(an)o **A** ADJ ukrainisch **B** M, **-a** F Ukrainer *m*, -in *f* **C** M *lengua*: Ukrainisch *n*

Ud. ABR (Usted) *tratamiento*: Sie *(sg)*

Uds. ABR (Ustedes) *tratamiento*: Sie *(pl)*

UE F ABR (Unión Europea) EU *f* (Europäische Union)

UEM F ABR (Unión Económica y Monetaria) WWU *f* (Wirtschafts- und Währungsunion)

UEO F ABR (Unión Europea Occidental) WEU *f* (Westeuropäische Union)

uf INT ach!, puh!, uff! *(Müdigkeit, Unwillen)*

ufanarse V/R stolz werden; **~ de** *o* **con** sich brüsten mit *(dat)*, sich rühmen *(gen)*; **ufanía** F *(arrogancia)* Aufgeblasenheit *f*; *(autocomplacencia)* Selbstgefälligkeit *f*; *(presunción)* Einbildung *f*; **ufano** ADJ **1** *(soberbio)* stolz, hochmütig; selbstgefällig **2** *(satisfecho)* zufrieden

UFI F ABR (Unión de Ferias Internacionales) Internationaler Messeverband *m*

ufología F Ufologie *f*

ufólogo M, **-a** F Ufologe *m*, Ufologin *f*

Uganda M Uganda *n*

ugandeño → ugandés; **ugandés** **A** ADJ ugandisch **B** M, **-a** F Ugander *m*, -in *f*

ugetista *Esp* **A** ADJ ***auf die (sozialistisch orientierte) Gewerkschaft UGT bezogen*** **B** M/F Mitglied *n* der UGT

UGM F (Unidad de Ganado Mayor) AGR Großvieheinheit *f*

ugro **A** ADJ ugrisch **B** M, **-a** F Ugrier *m*, -in *f*

ugrofinés ADJ *espec* LING finnisch-ugrisch, finn(o)ugrisch

UGT F ABR (Unión General de Trabajadores) *Esp* ***sozialistische Gewerkschaft***

UHF M ABR (Ultra High Frequency) UHF (Ultrahochfrequenz) *f*

UHT ABR (Ultra High Temperature) **leche** *f* **~** H-Milch *f*

UIE F ABR (Unión Internacional de Estudiantes) ISB *m* (Internationaler Studentenbund)

UIMP F ABR (Universidad Internacional Menéndez y Pelayo) ***spanische Universität für Fortbildungsseminare und Sommerkurse***

UIS F ABR (Unión Internacional de Socorro) Welthilfsverband *m*

UIT F ABR (Unión Internacional de Telecomunicaciones) ITU *f* (Internationale Fernmelde--Union)

UITP F ABR (Unión Internacional de Transportes Públicos) Internationaler Verein *m* für öffentliches Verkehrswesen

ujier M *(criado de palacio)* Saaldiener *m*; *(empleado subalterno)* Gerichts-, Amtsdiener *m*

ukás, ukase M → ucase

ukelele M MÚS Ukulele *f/n*

ulano M MIL, HIST Ulan *m*

úlcera F MED Geschwür *n*; **~ duodenal/gástrica** Zwölffingerdarm-/Magengeschwür *n*

ulceración F MED Geschwürbildung *f*; **ulcerado** ADJ MED schwärig; **ulcerante** ADJ MED schwärend, geschwürig; **ulcerar** **A** VT MED zur Geschwürbildung führen; *fig* tief verletzen **B** V/R **ulcerarse** MED schwären, geschwürig werden; *t/t* ulzerieren; **ulceroso** ADJ MED schwärend

uliginoso ADJ sehr feucht, sumpfig; BOT Sumpf…

Ulises M Odysseus *m*

ulluco M *Col* BOT ***eine Kletterpflanze mit essbaren Knollenfrüchten*** *(Ullucus tuberosus)*

ulmáceas FPL BOT Ulmengewächse *npl*

ulna F ANAT Elle *f*; *t/t* Ulna *f*

ulpo M *Chile, Perú* ***Getränk aus geröstetem Mehl mit Wasser (und Zucker)***

ulterior ADJ **1** *(más allá)* jenseitig; Hinter… **2** *(más ampliamente)* weiter gehend; *(más)* weiter, ferner; *temporal*: später; *(por otro lado)* anderweitig, sonstig; **desarrollo** *m* **~** Weiterentwicklung *f*; **medidas** *fpl* **~es** weitere Maßnahmen *fpl*

ulteriormente ADV **1** *(además)* ferner; außerdem **2** *(más tarde)* später, nachher; *(posterior)* nachträglich

ultílogo M *liter de un libro*: Nachwort *n*

ultimación F *(término)* Beendigung *f*; *(cierre)* Abschluss *m*

últimamente ADV **1** *(finalmente)* schließlich, zuletzt **2** *(recién)* kürzlich; in letzter Zeit

ultimar VT **1** *(terminar)* beenden, abschließen; vollenden; zum Abschluss bringen **2** *Am (matar)* umbringen; hinrichten; **ultimátum** M Ultimatum *n*; **lanzar un ~ a alg** j-m ein Ultimatum stellen; **ultimidad** F Letztlichkeit *f*; Zuletztsein *n*

último ADJ **1** *en una serie*: letzte(r, -s); äußerste(r, -s); unterste(r, -s); **-a capa** *f* letzte Schicht *f*; letzter Anstrich *m*, Deckanstrich *m*; **~ fin** *m* letztes Ziel *n*, Endziel *n*; **por ~** zuletzt; schließlich, endlich; zu guter Letzt; **el ~ de** *o* **entre**

todos der Allerletzte; **llegamos los ~s** wir kamen zuletzt an; **ser el ~ en llegar** als Letzter (an)kommen; *fam* **es lo ~** das ist das Letzte *fam*; **está a lo ~** er ist am Ende; **por** *o* **como ~ recurso** als letztes Mittel; **está en las -as** *(está por morir)* er liegt in den letzten Zügen; *fam fig (está sin dinero)* er ist abgebrannt **2** *en el tiempo*: **a -a hora** *o* **en el ~ momento** in letzter Minute, (ganz) zuletzt; **a ~s de octubre** Ende Oktober; **a ~s de mes** am Monatsende, Ende des Monats; **en ~ término** *o* **en ~ lugar** zuletzt; letzten Endes **3** COM **lo ~ de la temporada** die letzte Neuheit *(der Saison)*; **a la -a moda** *o fam* **a la -a** nach der neuesten Mode **4** **con -a precisión** mit allergrößter Genauigkeit **5** *juego de cartas*: **hacer las diez de ~s** die zehn Punkte beim letzten Stich gewinnen; *fam fig* sein gestecktes Ziel nicht erreichen; *fam fig* **está en las diez de ~s** bei ihm ist Matthäi am Letzten

ultra **A** ADV außerdem **B** PREP außer *(dat)*, nebst *(dat)* **C** M/F POL (Rechts)Extremist *m*, -in *f*, *tb* Ultra *m/f*

ultra... PREF ultra..., Ultra...; Über...; äußerst; jenseits (liegend); **ultracentrífuga** F FÍS, TEC Ultrazentrifuge *f*; **ultracongelado** ADJ tiefgefroren, -gekühlt; **ultraconservador** ADJ erzkonservativ; **ultracorrección** F LING Hyperkorrektion *f*; **ultraderecha** F POL extreme Rechte *f*; **ultraderechista** **A** ADJ rechtsextremistisch, rechtsradikal **B** M/F Rechtsextremist *m*, -in *f*, Rechtsradikale *m/f*; **ultraforzado** ADJ TEC höchstbeansprucht; **ultraísmo** M LIT *Erneuerungsbewegung im spanischen Sprachraum (ab 1919)*; **ultraísta** M/F Anhänger *m*, -in *f* des Ultraísmo; **ultraizquierda** F POL extreme (*o* äußerste) Linke *f*; **ultraizquierdista** **A** ADJ linksextremistisch, linksradikal **B** M/F Linksextremist *m*, -in *f*, Linksradikale *m/f*

ultrajador **A** ADJ beleidigend **B** M, **ultrajadora** F *de una persona*: Beleidiger *m*, -in *f*; *de un monumento, cementerio*: Schänder *m*, -in *f*; *sexual*: Vergewaltiger *m*, -in *f*; **ultrajante** ADJ beleidigend; schändend

ultrajar V/T *(injuriar)* beleidigen; *(insultar)* beschimpfen, schmähen; *monumento, cementerio* schänden; *sexual*: vergewaltigen; **ultraje** M *(ofensa)* Beleidigung *f*, Schimpf *m*; *(deshonra)* Schmach *f*, Schande *f*; *(profanación, difamación)* Schändung *f*; *sexual*: Vergewaltigung *f*

ultraligero M AVIA Ultraleichtflugzeug *m*; **ultramar** M Übersee *f*; **de ~** überseeisch; **ultramarino** **A** ADJ überseeisch **B** **~s** MPL *Esp* Kolonialwaren *fpl*; **tienda** *f* **de ~s** Lebensmittelgeschäft *n*; **ultramicroscopio** M Ultramikroskop *n*; **ultramoderno** ADJ hochmodern; **ultramontano** **A** ADJ **1** jenseits der Berge wohnend **2** POL HIST ultramontan **B** M, **-a** F POL HIST Ultramontane *m/f*; *fig* Erzkonservative *m/f*; **ultramundano** ADJ überweltlich; **ultranacionalista** **A** ADJ extrem nationalistisch **B** M/F extremer Nationalist *m*, extreme Nationalistin *f*

ultranza: **a ~** **A** ADV auf Leben und Tod; *fig* aufs Äußerste; bis zum Exzess *fam* **B** ADJ radikal, extrem; ECON **competencia** *f* **financiera a ~** finanzieller Verdrängungswettbewerb *m*

ultrapesado ADJ TEC, MIL überschwer; **ultrapirenaico** ADJ jenseits der Pyrenäen (gelegen); **ultrapuertos** M ‹pl inv› Gebiet *n* jenseits eines Gebirgspasses; **ultrarradiación** F FÍS Ultrastrahlung *f*; **ultrarrápido** ADJ überschnell, äußerst schnell; **ultrarrojo** ADJ FÍS ultrarot; **ultrasensible** ADJ überempfindlich; höchst empfindlich; **ultrasensorial** ADJ übersinnlich; **ultrasónico** ADJ FÍS Ultraschall...; **ultrasonido** M FÍS Ultraschall *m*; **ultratumba** **A** ADV jenseits des Grabes **B** F Jenseits *n*; **ultravioleta** ADJ ultraviolett; **ultravirus** M BIOL Ultravirus *n*

ulular V/I *viento* heulen; *persona* johlen; *(gritar)* schreien; **ululato** M *(lloriqueo)* Geheul *n*; *(griterío)* Gejohle *n*; Geschrei *n*

umbela F BOT Dolde *f*; **umbelíferas** FPL BOT Doldengewächse *npl*; **umbelífero** ADJ BOT Dolden...

umbilicado ADJ nabelförmig; **umbilical** ADJ Nabel...; ANAT **cordón** *m* **~** Nabelschnur *f*; **hernia** *f* **~** Nabelbruch *m*

umbráculo M Sonnendach *n (aus Flechtwerk oder Zweigen)*

umbral M **1** *de la puerta*: Türschwelle *f*; **pisar el ~** über die Schwelle treten **2** *fig* Schwelle *f*; FISIOL **~ de excitación** Reizschwelle *f*; *tb* PSIC **valor** *m* **~** Schwellenwert *m*; **estar en los ~es de la juventud** am Beginn der Jugendzeit stehen; **estar por debajo del ~ de la pobreza** unterhalb der Armutsgrenze liegen

umbrático ADJ Schatten spendend; **umbría** F Schattenseite *f (im Gelände)*; Nordhang *m*; **umbrío** ADJ schattig; *(oscuro)* dunkel; **umbroso** ADJ schattig

UME F ABR (Unión Monetaria Europea) EWU *f* (Europäische Währungsunion)

un ART INDEF ein(e); **~ libro** ein Buch; **~ tomate** eine Tomate; *ante sustantivos femininos que empiezan por a o ha*: **~ alma gemela** eine verwandte Seele

UN F ABR (Universidad Nacional) *Am* staatliche Universität *f*

una **A** ART INDEF eine **B** PRON → uno[1]

unánime ADJ einmütig; einstimmig; **unánimemente** ADV einstimmig; **unanimidad** F Einmütigkeit *f*; Einstimmigkeit *f*; Einhelligkeit *f*; **por ~** einstimmig; **hay ~ sobre eso** darüber ist man sich einig; damit ist jeder einverstanden

unau M *Am Mer* ZOOL Zweizehenfaultier *n*

uncial ADJ **(letras) ~es** FPL Unzialschrift *f*

unción F **1** MED Einsalbung *f*; Einreibung *f* **2** REL Salbung *f*; **~ de los enfermos** Krankensalbung *f*; letzte Ölung *f* **3** *fig (devoción)* Andacht *f*, Inbrunst *f*; **con ~** salbungsvoll; inbrünstig; hingebungsvoll

uncir V/T ‹3b› ins Joch spannen; ein-, anspannen

undecágono M Elfeck *n*

undécimo ADJ elfte(r, -s); **-a parte** *f* Elftel *n*; **undécuplo** ADJ elffach

underground ['andɛrɣraŭn] M *pop* Underground *m pop*

undísono ADJ *poét arroyo* plätschernd; *más fuerte*: rauschend; *mar* wogend

undoso *adj cabello, etc* gewellt

UNED F ABR (Universidad Nacional de Educación a Distancia) *Esp* staatliche Fernuniversität *f*

ungido ADJ *Biblia*: **el Ungido del Señor** der Gesalbte des Herrn; **ungimiento** M Salben *n*; Einsalbung *f*

ungir V/T ‹3c› salben; REL **~ a un enfermo** eine Krankenölung vornehmen

ungüento M **1** *(pomada)* Salbe *f*; FARM **~ amarillo** Königssalbe *f*; *fig* Allheilmittel *n*; QUÍM **~ bórico** Borsalbe *f* **2** *fig (bálsamo)* Balsam *m*, Linderung *f*

unguis M MED Tränenbein *n*

ungulado **A** ADJ hufig **B** ZOOL **~s** MPL Huftiere *npl*; **ungular** ADJ ANAT Nagel...

uni... PREF Ein..., ein...; *t/t* uni..., Uni...

uniata REL **A** ADJ uniert; **griego ~** griechisch-uniert **B** M/F Unierte *f/m*

unible ADJ vereinigungsfähig

unicameral ADJ POL **sistema ~** Einkammersystem *n*; **unicelular** BIOL **A** ADJ einzellig **B** M Einzeller *m*; **unicidad** F Einzigartigkeit *f*; Einmaligkeit *f*

único ADJ **1** *(solo)* einzig; einzigartig; *fig (excepcional)* einmalig; **hijo** *m* **~**, **hija** *f* **-a** Einzelkind *n*; **su ~ hijo** sein (*o* ihr) einziger Sohn *m* **2** *(uniforme)* Einheits...; GASTR **plato** *m* **~** Eintopf *m*

unicolor ADJ einfarbig; **unicornio** M MIT Einhorn *n*

unidad F **1** *cantidad de comparación*: Einheit *f (tb* TEC, MIL, FARM); AGR **Unidad de Ganado Mayor** Großvieheinheit *f*; **~ monetaria** Währungseinheit *f*; TEC **~ normalizada** genormte Baugruppe *f*; FÍS **~ de tiempo** Zeiteinheit *f* **2** COM Stück *n*; **precio por ~** Stückpreis *m* **3** MAT *(uno)* Einer *m*; *(entidad)* Einheit *f* **4** *(sección)* Station *f*, Abteilung *f*; **~ canina** *policía*: Hundestaffel *f*; **~ de cuidados intensivos** *o* **~ de vigilancia intensiva** Intensivstation *f*; **~ de investigación** Forschungsabteilung *f*; **~ de primera asistencia** Notaufnahme *f*; *en la cárcel*: **~ de máxima seguridad** Hochsicherheitstrakt *m* **5** *aparato*: **~ (de lectura)** Laufwerk *n*; **~ de CD(-ROM)** CD(-ROM)-Laufwerk *n*; **~ de DVD** DVD-Laufwerk *n*; **~ periférica** Peripheriegerät *n* **6** RADIO, TV **~ móvil** Übertragungswagen *m*, Ü-Wagen *m*

unidimensional ADJ eindimensional; **unidireccional** ADJ ELEC, TEC einseitig *(Richtung)*

unido ADJ vereinigt; vereint; einig; verbunden; ELEC gekoppelt; **estar muy ~s** sich sehr gut verstehen

unifamiliar ADJ Einfamilien...

unificable ADJ vereinigungsfähig; vereinbar; **unificación** F **1** *(normalización)* Vereinheitlichung *f* **2** POL Vereinigung *f*, Zusammenschluss *m* **3** *(acuerdo)* Einigung *f*; **unificador** **A** ADJ vereinheitlichend; vereinigend **B** M, **unificadora** F Einiger *m*, -in *f*; **unificar** ‹1g› **A** V/T **1** *(unir)* vereinen; vereinigen **2** *(normalizar)* vereinheitlichen **B** V/R **unificarse** sich zusammenschließen

uniformador ADJ einförmig (*o* gleichmäßig) machend; **uniformar** V/T **1** *(homogenizar)* einheitlich gestalten; gleichförmig machen **2** *(estandardizar)* vereinheitlichen **3** *de vestimenta*: einheitlich kleiden; in eine Uniform stecken, uniformieren

uniforme **A** ADJ **1** *(parejo)* gleichförmig; gleichmäßig **2** *(monótono)* einförmig **3** *(homogéneo)* einheitlich; Einheits... **B** M *espec* MIL Uniform *f*; *de enfermera*: Schwesterntracht *f*; *de trabajo*: Berufskleidung *f*; **de ~** uniformiert; in Uniform; MIL **~ de camuflaje** Tarnanzug *m*; **~ de gala** *o* **de etiqueta** Gala-, Paradeuniform *f*; MIL **~ de paseo** *m* Ausgehanzug *m*; **~ de trabajo** Arbeitsanzug *m*, -zeug *n*

uniformemente ADV gleichförmig

uniformidad F **1** *(monotonía)* Einförmigkeit *f* **2** *(homogeneidad)* Gleichförmigkeit *f*; Gleichmäßigkeit *f*; **uniformizar** V/T vereinheitlichen; gleichförmig machen

unigénito ADJ *niño* einzig; *Biblia*: eingeboren; **hijo ~**, **hija** *f* **-a** Einzelkind *n*

unilateral ADJ einseitig *(tb* JUR); POL unilateral; **unilateralidad** F Einseitigkeit *f (tb fig)*

unión F **1** *(unificación)* Vereinigung *f*; Verbindung *f*; *fig* **~ conyugal** *o* **matrimonial** eheliche Verbindung *f*, Ehebund *m*; Heirat *f*; **~ de hecho** eheähnliche Lebensgemeinschaft *f*; **lazo** *m* **de ~** Band *n (fig)* **2** *(concordia)* Einigkeit *f*; *(unidad)* Einheit *f*; **en ~ de** *o* **con** zusammen mit; **la ~ hace la fuerza** Einigkeit macht stark **3** *institución*: Verein *m*, Bund *m*; *espec* POL Union *f*; **~ aduanera** Zollunion *f*; **~ de Estados** Staatenunion *f*, Staatenstaat *m*; **Unión Europea** Europäische Union *f*; **Unión de Europa Occidental** Westeuropäische Union *f*; **Unión Interna-**

cional de Estudiantes Internationaler Studentenbund *m*; **Unión Internacional de Socorro** Welthilfsverband *m*; POL **Unión para el Mediterráneo** Mittelmeerunion *f*; ECON, POL **Unión Monetaria** Währungsunion *f*; HIST **Unión Patriótica** *spanische Staatspartei unter Primo de Rivera*; **~ personal** Personalunion *f*; **Unión Postal Universal** Weltpostverein *m*; HIST **la ~ protestante y la Liga católica** Union *f* und Liga *f* (*1608/09*); **~ real** Realunion *f*; HIST **Unión Soviética** Sowjetunion *f* 4 *espec* TEC, CONSTR Verbindung *f*; (Ver)Laschung *f*; Stoß *m*; **~ en ángulo** Winkelverbindung *f*; QUÍM **~ atómica** Atomverband *m*; **~ atornillada** Verschraubung *f*; ELEC **~ de cables/de tubos** Kabel-/Rohrverbindung *f*; CONSTR **~ a caja y espiga** einfacher Zapfen *m*; FERR **~ de carriles** Schienenstoß *m*; ELEC **~ de fases** Phasenverkettung *f*; **~ remachada** Vernietung *f*; **~ por soldadura** Verschweißung *f*; **~ a tope** stumpfer Stoß *m*

unionista M/F POL Unionist *m*, -in *f*

unipartidista ADJ POL Einparteien...; **sistema** *m* **~** Einparteiensystem *n*

unípede ADJ einfüßig

unipersonal ADJ aus einer Person bestehend; **hogar** *m* **~** Einpersonenhaushalt *m*; JUR **juez** *m* **~** Einzelrichter *m*

unipolar ADJ einpolig; **unipolaridad** F Einpoligkeit *f*

unir A VT (*unificar*) (ver)einigen; (*juntar*) verbinden, zusammenfügen; (*reunir*) zusammenfassen; **~ por** (*o* **con**) **tornillos/por clavijas** verschrauben/verstiften B VR **unirse** sich vereinigen; sich zusammentun; **~ a alg** sich j-m anschließen; **~ en matrimonio** sich ehelich verbinden

unisex(o) ADJ *inv* Unisex..., unisex; *espec Am* **(peluquería** *f*) **~** *m* Herren- und Damenfriseur *m*; **unisexual** ADJ BIOL eingeschlechtig; **unisón** A ADJ → unísono B M MÚS einstimmiges Stück *n*; **unisonancia** F MÚS Einstimmigkeit *f*; MÚS *y fig* Einklang *m*

unísono A ADJ MÚS gleichstimmig; einstimmig; unisono; *fig* eintönig; *tb fig* **al ~** einstimmig, unisono B M MÚS Unisono *n*

unitario A ADJ *espec* REL, POL einheitlich, Einheits...; COM Stück..., Einzel...; **precio** *m* **~** Stückpreis *m* B M, **-a** F REL Unitarier *m*, -in *f*; **unitarismo** M REL, POL, MED Unitarismus *m*

unitivo ADJ (ver)einigend; verbindend; REL **vía** *f* **-a** Weg *m* der Einung

univalente ADJ QUÍM einwertig; **univalvo** ADJ BIOL *molusco* einschalig

universal ADJ 1 (*general*) allgemein; universal; FIL **la discusión de los ~es** der Universalienstreit; **principio** *m* **~** allgemeingültiger Grundsatz *m*, Universalprinzip *n* (*tb* JUR) 2 (*amplio*) vielseitig; (all)umfassend; **erudición** *f* **~** umfassende Gelehrsamkeit *f*; **genio** *m* **~** allumfassender Geist *m*; Alleskönner *m*; Universalgenie *n*; **hombre** *m* **~** vielseitiger (*o* vielseitig begabter) Mann *m* 3 (*global*) weltumfassend, Welt...; universell; **Historia** *f* **~** Weltgeschichte *f*; **iglesia** *f* **~** weltumfassende Kirche *f*, Weltkirche *f*; **renombre** *m* **~** Weltruhm *m*, weltweiter Ruhm *m* 4 TEC vielseitig verwendbar; Mehrzweck..., Allzweck...; Universal...; universell; **máquina** *f* **~** Mehrzweckmaschine *f*; **motor** *m* **~** Universalmotor *m*

universalidad F 1 (*generalidad*) Allgemeinheit *f*; (*validez universal*) Allgemeingültigkeit, allumfassende Geltung *f*; (*ilimitación*) Unbeschränktheit *f* 2 (*polifacetismo*) Vielseitigkeit *f*; Universalität *f*; **universalismo** M *t/t* Universalismus *m*; **universalista** M/F Universalist *m*, -in *f*; **universalizar** VT ⟨1f⟩ allgemein verbreiten; verallgemeinern

universidad F Universität *f*; Hochschule *f*; **~ comercial** Handelshochschule *f*; **la Universidad Complutense** *Universität von Madrid*; **~ a distancia** Fernuniversität *f*; *Esp* **~ laboral** Fachhochschule *f*; **~ popular** Volkshochschule *f*; **~ politécnica** technische Hochschule *f* (*o* Universität *f*); **~ técnica** Technische Hochschule *f*; Fachhochschule *f*; **~ virtual** virtuelle Universität *f*; **estudiante** *m/f* **de ~** Student *m*, -in *f*, Hochschüler *m*, -in *f*; **~ de verano** Sommeruniversität *f*

universitario A ADJ Universitäts...; **autonomía** *f* **-a** Universitätsautonomie *f*; **grado** *m* **~** akademischer Grad *m*; **profesor** *m* **~** Universitätsdozent *m* B M, **-a** F 1 (*académico, -a*) Akademiker *m*, -in *f* 2 (*persona perteneciente a la universidad*) Universitätsangehörige *m/f* 3 (*estudiante*) Student *m*, -in *f*

universo A ADJ Welt...; Gesamt... B M 1 (*cosmos*) Weltall *n*; Universum *n*; *fig* **sus estudios eran su ~** seine/ihre Studien waren seine/ihre Welt 2 *estadística*: Grundgesamtheit *f*

univitelino ADJ BIOL eineiig; **gemelos** *mpl* **univitelinos** eineiige Zwillinge

univocación F FIL Eindeutigkeit *f*; LING Gleichnamigkeit *f*; **univocarse** V/R ⟨1g⟩ (*ser inequívoco*) eindeutig sein; (*ser equivalente*) gleichbedeutend sein

univocidad F FIL, LING Eindeutigkeit *f*

unívoco ADJ 1 FIL, LING eindeutig; einnamig; *t/t* univok 2 LING gleich lautend 3 MAT gleichnamig

unjú INT *Am* soll das wahr sein?; *pop* ja, ja!; hm!; meinst du?

uno[1], **-a** PRON eins; eine(r, -s); jemand; man; (*idéntico*) ein und derselbe; **~s (cuantos)** einige (wenige), ein paar; **~ a ~** einer nach dem andern, der Reihe nach; **(todos) a -a** gemeinsam; gleichzeitig; **ir a -a** gemeinsam handeln; **a la -a** um eins, um ein Uhr; **cada ~** jeder(mann); **~(s) con otro(s)** miteinander; eins ins andere gerechnet; durchschnittlich; **de ~ en ~** einzeln; Stück für Stück; **de -a vez**, *enfático*: *fam* **de -a** auf einmal; ein für alle Mal; gleich; **-a de dos: o ... o ...** eins von beiden: entweder ... oder...; **~ de mis amigos** einer meiner Freunde, ein Freund von mir; **~ de tantos** einer von den vielen; ein Dutzend- (*o* Alltags)mensch; **¡-a de gritos que hubo!** es gab ein furchtbares Geschrei!; **tres en ~** dreieinig; **hasta la -a** bis um eins (*Uhrzeit*); **~ por ~** einzeln; Stück für Stück; Mann für Mann; **~ que otro** mancher, manch einer, hie und da einer; **~(s) sobre otro(s)** übereinander; **~ tras otro** einer hinter dem andern, hintereinander; *fam* **¡váyase lo ~ por lo otro!** damit sind wir quitt!; **~ se pregunta** man fragt sich; **(todo) es ~** es ist ganz einerlei; **-a y la misma cosa** ein und dasselbe; **-a y no más** einmal und nicht wieder; **~ y otro** beide; **~ y otros** alle(samt); *prov* **-a no es ninguna** einmal ist keinmal

uno[2] M Eins *f*, *reg* Einser *m*

untable ADJ GASTR streichfähig; **untada** F 1 *acción*: Bestreichen *n*; *pan*: bestrichenes (*o* belegtes) Brot *n* 2 *Arg, Col, Ur fam* (*soborno*) Bestechung *f*, Schmiergeld *n*; **untadura** F Schmieren *n* (*tb fig*)

untar A VT 1 (*engrasar*) salben; einfetten; (ein)schmieren; einreiben; *pan* bestreichen (*o* schmieren *fam*); **~ con crema** mit Creme einreiben; **~ con manteca** mit Schmalz (*o* Butter) bestreichen; **pan** *m* **untado con** *o* **de mantequilla** Butterbrot *n* 2 *fig* (*sobornar*) **~ (la mano)** bestechen, schmieren *fam* B V/R **untarse** 1 (*darse crema*) sich eincremen, sich einsalben **(con** mit *dat*); (*engrasarse*) sich beschmieren 2 *fam fig* (*enriquecerse*) sich bereichern, abstauben (*fam fig*)

unte M → untadura

unto M 1 (*grasa*) Schmiere *f* 2 (*grasa animal*) tierisches Fett *n*; MED Salbe *f* 3 *fam fig* (*soborno*) Bestechung *f*, Schmieren *n fam*; *fam* **~ de Méjico** *o* **de rana** Bestechungssumme *f*, Schmiergeld *n* 4 *Chile* (*betún*) Schuhcreme *f*, Stiefelwichse *f* 5 *Méx, Perú* (*untadura*) Einreiben *n*; Schmieren *n* (*tb fig*)

untuosidad F 1 (*crasitud*) Schmierigkeit *f*; Fettigkeit *f* 2 (*lubricidad*) Schlüpfrigkeit *f*, Geschmeidigkeit *f*; **untuoso** ADJ 1 (*grasoso*) schmierig; geschmeidig, schlüpfrig 2 *fig* (*zalamero*) salbungsvoll; **untura** F 1 *acción*: Einschmieren *n*; Einreiben *n* 2 (*pomada*) Salbe *f*

uña F 1 ANAT (Finger-, Zehen)Nagel *m*; **~ encarnada** eingewachsener Nagel; **comerse** *o* **morderse las ~s** an den Nägeln kauen; *fig* **defenderse con ~s y dientes** sich mit Händen und Füßen wehren; *fam fig* **dejarse las ~s** schuften, sich abrackern; *fig* **empezar a afilarse las ~s** an die Arbeit gehen, in die Hände spucken (*fam fig*); *fig* **estar de ~s** auf gespanntem Fuß stehen; *fig* **todo el santo día se está mirando las ~s** er tut überhaupt nichts, er ist stinkfaul *fam*; *fig* **ponerse de ~s** aufbegehren; rebellieren; *fig* **ser ~ y carne** ein Herz und eine Seele sein; *fig* **ser largo de ~s** ein Langfinger sein; *fig* **tener a/c en la ~** etw ganz fest im Griff haben, etw genauestens kennen, etw bestens verstehen 2 *de vacuno, caballo*: Huf *m*; *de animales de presa*: Klaue *f* (*tb fig*); (*garra*) Kralle *f*; *del escorpión*: Stachel *m*; **la ~ del león** die Klaue des Löwen; *fam fig* **a ~ de caballo** spornstreichs; *fig* **descubrir** *o* **enseñar** *o* **mostrar** *o* **sacar las ~s** seine Krallen zeigen 3 ZOOL *molusco*: Meerdattel *f* 4 BOT **~ de caballo** Huflattich *m*; **~ de gato** *Art* Fetthenne *f* 5 TEC Kralle *f*, Klaue *f*; Greifer *m*; (*espiga*) Dorn *m*; (*entalladura*) Kerbe *f*; **~ del trinquete** Sperrklinke *f*

uñada F, **uñarada** F Kratzwunde *f*, Kratzer *m fam*

uñeo M *Ven fam* Griff *m* in die Kasse *fam*; Unterschlagung *f*

uñero M 1 *inflamación*: Nagelentzündung *f*; Nagelbettgeschwür *n* 2 *uña*: eingewachsener Nagel *m*; **uñeta** F 1 kleiner Nagel *m* 2 TEC Greifer *m*; kleinere Sperrklinke *f* 3 *juego*: Münzwerfen *n* 4 *Chile* MÚS Plektron *n*; **uñetada** F *Esp fam* Kratzer *m*; **uñetas** M ⟨*pl inv*⟩ *fam* Langfinger *m fam*, Dieb *m*

uñoso ADJ mit langen Nägeln

upa A F *Col fam* **el año de ~** anno Tobak *fam* B INT **¡~!** auf!, hoch!, hopp! (*zu Kindern*); **llevar a alg a ~** j-n huckepack tragen

upacho M *Arg pop* Kuss *m*

upar VT *fam* auf die Beine helfen (*dat*); *espec niño* hochheben

upas M Upas *n* (*Pfeilgift*)

uperización F Ultrapasteurisation *f*, Uperisation *f*

UPL F ABR (Unión del Pueblo Leonés) *Esp Regionalpartei in León*

UPN F ABR (Unión del Pueblo Navarro) *Esp Regionalpartei in Navarra*

uppercut M *boxeo*: Uppercut *m*, Aufwärtshaken *m*

UPU F ABR (Unión Postal Universal) UPU *m* (Weltpostverein)

upupa F ORN Wiedehopf *m*

ura F 1 *Arg, Ur* ZOOL, VET Made *f* (*in den Scheuerwunden der Tiere*) 2 *Arg vulg* (*vagina*) Fotze *f vulg*

Ural M *río*: Ural *m*

uralaltaico ADJ LING uralaltaisch

Urales MPL *montaña*: Ural *m*

uralita® F *corresponde a*: Eternit® *n*

uranífero ADJ uranhaltig; Uran...; **uranina**

U

F MINER Uranpechblende *f*
uranio M QUÍM Uran *n*; ~ **enriquecido/empobrecido** angereichertes/abgereichertes Uran *n*
urato M QUÍM Urat *n*
urbanidad F Höflichkeit *f*, Gewandtheit *f*, Weltläufigkeit *f*; **urbanismo** M Städteplanung *f*; Städtebau *m*; **urbanista** M/F Städtebauer *m*, -in *f*, -planer *m*, -in *f*
urbanística F Stadtbauwesen *n*, Urbanistik *f*; **urbanístico** ADJ städtebaulich
urbanita M/F *fam* Stadtmensch *m*; **urbanizable** ADJ *terreno* erschließbar; **suelo** *m o* **terreno** *m* ~ Bauerwartungsland *n*
urbanización F 1 *poblado*: Verstädterung *f*; *fig (refinamiento de las costumbres)* Verfeinerung *f* der Sitten 2 ARQUIT Bebauung *f*, Erschließung *f*; Städteplanung *f*; **plan** *m* **de** ~ Bebauungsplan *m* 3 *(zona residencial)* Wohnsiedlung *f*; *más elegante*: Villenkolonie *f*; *(zona a poblar)* Bauerschließungs-, Siedlungsgebiet *n*
urbanizar V/T ⟨1f⟩ 1 ARQUIT erschließen, bebauen 2 *(socializar)* städtisch machen; feinere Sitten einführen bei *(o* in *dat)*; *(cultivar)* bilden
urbano A ADJ 1 *(de la ciudad)* städtisch; Stadt..., Orts... 2 *(cortés)* wohl gesittet; höflich B M *fam* **(guardia)** ~ Stadt-, Verkehrspolizist *m*
urbe F Großstadt *f*; Weltstadt *f*; moderne Wohnsiedlung *f*
urdido M TEX Zetteln *n*; **urdidor** M 1 TEX Zettler *m* 2 *fig (instigador)* Anstifter *m*; **urdidora** F 1 TEX Haspelmaschine *f*; Zettelmaschine *f*, Scherbank *f* 2 *fig (instigadora)* Anstifterin *f*; **urdidura** F *liter* → urdido
urdimbre F 1 TEX (Web)Kette *f*, Zettel *m* 2 *fig (intriga)* Intrige *f*, Komplott *n*
urdir V/T 1 TEX zetteln, scheren 2 *fig (maquinar)* anzetteln; *complot* schmieden
urea F Harnstoff *m*
uremia F MED Urämie *f*, Harnvergiftung *f*
urémico ADJ urämisch
urente ADJ *dolor* brennend
uréter M MED Harnleiter *m*
uretra F MED Harnröhre *f*; **uretritis** F MED Harnröhrenentzündung *f*
uretroscopio M MED Urethroskop *n*; **uretrotomía** F MED Harnröhrenschnitt *m*
urgencia F 1 *(apuro)* Dringlichkeit *f*; Eile *f*; POL **moción** *f* **de** ~ Dringlichkeitsantrag *m*; **plan** *m* **de** ~ Notstandsplan *m*; *adv* **con (la máxima)** ~ (ganz) dringend 2 MED Notfall *m*; **(servicio** *m* **de) ~s** *fpl* Not-, Bereitschaftsdienst *m*; *de una clínica*: Notaufnahme *f*
urgente ADJ dringend; eilig; dringlich; *correos*: **carta** *f* ~ Eilbrief *m*
urgir ⟨3c⟩ A V/I dringend sein; eilen; **urge hacerlo** es muss schleunigst getan werden B V/T drängen, antreiben
úrico ADJ Harn...; QUÍM **ácido** *m* ~ Harnsäure *f*; MED **cálculo** *m* ~ Harnstein *m*
urinal ADJ Harn...; **urinario** A ADJ Harn...; ANAT **vías** *fpl* **-as** Harnwege *mpl* B M Pissoir *n*;
urinífero ADJ: ANAT **conducto** *m* ~ Harngang *m*
urna F *(arca)* Urne *f*; *(caja de vidrio)* Glaskasten *m*, *(vitrina)* Vitrine *f*; ~ **cineraria** Aschenurne *f*; POL ~ **electoral** Wahlurne *f*; POL **acudir** *o* **ir a las ~s** zur Wahl gehen
uro M ZOOL Auerochse *m*, Ur *m*
urobilina F FISIOL Urobilin *n*
urogallo M ORN Auerhahn *m*
urogenital ADJ MED **aparato** *m* ~ Urogenitalapparat *m*, Harn- und Geschlechtsorgane *npl*;
urolito M MED Harnstein *m*; **urología** F MED Urologie *f*; **urológico** ADJ urologisch
urólogo M, **-a** F MED Urologe *m*, Urologin *f*
uroscopia F MED Harnuntersuchung *f*

urraca F ORN Elster *f*; *fam fig* **hablar más que una** ~ geschwätzig wie eine Elster sein; **ser una** ~ nichts wegwerfen können, alles sammeln; **ser más ladrón que una** ~ wie ein Rabe stehlen
úrsidos MPL t/t ZOOL Bären *mpl*
urso M *Arg fam* bärenstarker Kerl *m fam*
URSS F ABR HIST (Unión de Repúblicas Socialistas Soviéticas) UdSSR *f* (Union der Sozialistischen Sowjetrepubliken)
ursulina F CAT Ursulinernonne *f*
urta F *reg pez*: Zahnbrasse *f*
urticáceas FPL BOT Nesselpflanzen *fpl*; **urticante** ADJ stechend, Nesselbrennen verursachend; BOT Brenn..., Nessel...; **pelos** *mpl* **~s** Nesselhaare *npl*; **urticaria** F MED Nesselausschlag *m*, -fieber *n*
urubú M *Par* ORN Rabengeier *m (Coragyps atratus)*; Truthahngeier *m (Cathartes aura)*
Uruguay M Uruguay *n*
uruguayo A ADJ uruguayisch B M, **-a** F Uruguayer *m*, -in *f*
usado ADJ 1 *(gastado)* gebraucht, abgenutzt; *vestimenta* abgetragen 2 *(habitual)* üblich; **usador** A ADJ benutzend B M, **usadora** F Benutzer *m*, -in *f*
usagre M MED Milchschorf *m*
usanza F Brauch *m*, Sitte *f*, Gepflogenheit *f*; **a la antigua** ~ nach altem Brauch
usar A V/T 1 *(utilizar)* gebrauchen, benutzen; anwenden; *vestimenta* tragen; ~ **gafas** eine Brille tragen; **de ~ y tirar** Wegwerf..., Einweg...; **listo para** ~ gebrauchsfertig; **sin** ~ unbenutzt; *ropa* nicht getragen 2 *(gastarse)* abnutzen B V/I 1 ~ *(inf)* pflegen zu *(inf)* 2 ~ **de** Gebrauch machen von *(dat)* C V/R **usarse** 1 gebraucht *(o* verwendet) werden; **pronto** *o* **listo para** ~ gebrauchsfertig 2 *(habitualmente)* üblich *(o* gebräuchlich) sein; (in) Mode sein
usbeco, usbekistano ADJ → uzbeco
usina F *RPl* Elektrizitätswerk *n*
uslero M *Chile* Nudelholz *m*, Teigrolle *f*
uso M 1 *(utilización)* Gebrauch *m*, Benutzung *f*; Verwendung *f*; ~ **obligatorio del cinturón (de seguridad)** Anschnallpflicht *f*; **instrucciones** *fpl* **de** ~ Gebrauchsanleitung *f*, Gebrauchsanweisung *f*; **hacer** ~ in Anspruch nehmen; Gebrauch machen (**de** von *dat*); **hacer ~ indebido** zweckentfremden; **hacer ~ de la palabra** das Wort ergreifen; **de ~ general** für den Allgemeingebrauch; **de un solo ~** Einweg...; **en pleno ~ de sus facultades** im Vollbesitz seiner geistigen Kräfte; **fuera de ~** außer Gebrauch; **para** *o* **al ~ de la enseñanza** für Unterrichtszwecke; **para (el) ~ doméstico** für den Hausgebrauch; FARM **para** *o* **de ~ externo** *(o* **tópico)/interno** äußerlich/innerlich anzuwenden; **para el propio ~** *o* **para el ~ personal** für den persönlichen Gebrauch 2 *fig* ~ **de (la) razón** Verständigkeit *f*; Vernunftgebrauch *m*; *en niños*: vernünftiges Alter *n*; **ya le viene el ~ de la razón** *niño* er/sie wird allmählich vernünftig 3 *(costumbre)* Brauch *m*, Sitte *f*; *(moda)* Mode *f*; *(usanza)* Gewohnheit *f*, Gepflogenheit; ~ **comercial** Handelsbrauch *m*, Usance *f*; **~s** *pl* **y costumbres** Brauchtum *n*, Sitte *f*; **~s** *pl* **de (la) guerra** Kriegsbrauch *m*; **al ~** dem Brauch *(o* der Sitte) gemäß; **al ~ español** nach spanischer Sitte; GASTR nach spanischer Art; **de ~ general** allgemein üblich; **según (el) ~ del lugar** ortsüblich; **andar al ~** sich der herrschenden Sitte *(o* Mode) anpassen; **entrar en los ~s** die geltenden *(o* ortsüblichen) Gewohnheiten annehmen; **ser de ~** gebräuchlich *(o* üblich) sein 4 *(estado)* Zustand *m*; *(desgaste)* Abnutzung *f*; **en buen ~** in gutem Zustand 5 *Esp* **~s** *pl* **y consumos** Verbrauchssteuer *f*

USO F ABR (Unión Sindical Obrera) *spanische Gewerkschaft f*
ustaga F MAR Blockrolle *f*
usted 1 *tratamiento de cortesía*: Sie *(sg)*; *Esp* **~es** Sie *(pl)*; **¡a ~!** *respondiendo al agradecimiento*: gern geschehen!; RADIO, TV **¡con ~es ...!** Sie hören jetzt ...!, jetzt spricht zu Ihnen ...!; **~(es** *pl***) dirá(n)** Sie haben jetzt das Wort; Sie haben die Wahl; **tratar** *o* **hablar a alg de ~** zu j-m Sie sagen, j-n siezen 2 *Am* **~es** *pl (vosotros)* ihr, euch
ustilagináceas FPL BOT Brandpilze *mpl*
ustorio ADJ **espejo** *m* ~ Brennspiegel *m*
usual ADJ *(habitual)* gebräuchlich, üblich; *(tradicional)* herkömmlich; *(común)* weit verbreitet; **poco** ~ ungeläufig; ungebräuchlich
usuario M, **usuaria** F ADMIN (Be)Nutzer *m*, -in *f*; JUR *tb* Nutzungsberechtigte *m/f*; INFORM *tb* User *m*, -in *f*; ~ *m*, **-a** *f* **de gafas** Brillenträger *m*, -in *f*; ~ **de Internet** Internetnutzer *m*; ~ **de Linux®** Linuxuser *m*; ~ **de la(s) vía(s) pública(s)** Verkehrsteilnehmer *m*; **guía** *m* **del** ~ Benutzerhandbuch *n*
usucapiente M/F JUR Ersitzende *m/f*; **usucapión** F JUR Ersitzung *f*
usufructo M Nießbrauch *m*, Nutznießung *f*;
usufructuar ⟨1e⟩ A V/T die Nutznießung *(o* den Nießbrauch *o* den Ertrag) haben von *(dat)* B V/I Nutzen *(o* Ertrag) bringen; **usufructuario** A ADJ Nutznießungs... B M, **-a** F Nutznießer *m*, -in *f*
usura F Wucher *m*; **interés** *m* **de ~** Wucherzins *m*; **usurario** ADJ wucherisch; Wucher...; **crédito** *m* ~ Wucherkredit *m*
usurear V/I Wucher treiben, wuchern; **usurero** M, **usurera** F Wucherer *m*, Wucherin *f*; Halsabschneider *m*, -in *f fam*, Kredithai *m fam*
usurpación F Usurpation *f* *(tb fig)*; *(apoderamiento ilícito)* widerrechtliche Aneignung *f*; *(robo de la corona)* Thronraub *m*; JUR ~ **de funciones** Amtsanmaßung *f*
usurpador A ADJ *espec* POL usurpierend B M, **usurpadora** F Usurpator *m*, -in *f*; Thronräuber *m*, -in *f*
usurpar V/T usurpieren; *espec poder estatal, etc* (widerrechtlich) an sich *(acus)* reißen; *p. ext* sich anmaßen, zu Unrecht in Anspruch nehmen;
usurpatorio ADJ usurpatorisch; widerrechtlich
usuta F *Am Mer* indianische Sandale *f*
uta F *Perú* MED Geschwür *n* im Gesicht
UTE F ABR *(Unión Temporal de Empresas)* Joint Venture *n*
utensilio M Gerät *n*; **~s** *mpl tb* Utensilien *pl*; Handwerkszeug *n*; **~s** *mpl* **para limpiar** Putzzeug *n*; **~s** *mpl* **domésticos** Haushaltsgeräte *npl*
uterino ADJ Gebärmutter...; ANAT **cuello** *m* ~ Gebärmutterhals *m*; **furor** *m* ~ Mannstollheit *f*; **hermano** *m* ~ Halbbruder *m* (mütterlicherseits)
útero M ANAT Gebärmutter *f*, Uterus *m*; MED **prolapso** *m* **del** ~ Gebärmuttervorfall *m*
útil A ADJ 1 *(provechoso)* nützlich, dienlich; *(apropiado)* brauchbar, tauglich; *(favorable)* förderlich; *liter* ~ **a la Patria** zum Nutzen des Vaterlands; **día** *m* ~ Arbeitstag *m*; **madera** *f* ~ Nutzholz *n*; **tiempo** *m* ~ Nutzungszeit *f*; ADMIN anrechnungsfähige Zeit *f*; **trabajo** *m* ~ nützliche Arbeit *f*; FÍS, TEC Nutzarbeit *f*; **hay que saber unir lo ~ con lo agradable** man muss das Angenehme mit dem Nützlichen verbinden 2 *persona* tauglich, fähig, geeignet; *(capáz)* arbeits-, dienstfähig; *p. ext (sano)* heil, gesund, unverletzt; ~ **para el servicio** dienstfähig B M *(utensilio)* Werkzeug *n*; *espec* **~es** *mpl* Handwerkszeug *n*; Gerät *n*; MIN Gezähe *n*
utilera F Materialverwalterin *f*; TEAT Requisiteurin *f*; **utilería** F 1 *col (utensilios)* Gerät-

schaften *fpl* 2 TEAT Requisiten *npl*; *Am* Dekorationsmaterial *n*; **utilero** M Materialverwalter *m*; TEAT Requisiteur *m*

utilidad F 1 (*beneficio*) Nutzen *m*; (*provecho*) Vorteil *m*; ECON **~ marginal** Grenznutzen *m* 2 (*posibilidad de utilización*) Nützlichkeit *f*; Nutzbarkeit *f*; (*aptitud*) Tauglichkeit *f*; (*conveniencia*) Zweckmäßigkeit *f*; **~ material** materielle Nutzbarkeit *f*; **de ~ pública** gemeinnützig; **ser de gran ~** sehr nützlich sein

utilidades FPL Einkünfte *fpl*; Einkommen *n*

utilitario A ADJ Nützlichkeits...; Nutz...; *persona* auf Nutzen bedacht B M (**coche** *m*) **~** Nutzfahrzeug *n*; **utilitarismo** M Utilitarismus *m*; Nützlichkeitsprinzip *n*; **utilitarista** A ADJ utilitaristisch B M/F Utilitarist *m*, -in *f*

utilizable ADJ (*útil*) brauchbar; (*usable*) nutzbar, verwertbar; **área** *f* **~** Nutzfläche *f*; **~ de nuevo** wieder verwendbar

utilización F 1 (*uso*) Benutzung *f*; Verwendung *f*; Inanspruchnahme *f* 2 (*aprovechamiento*) Nutzung *f*; Verwertung *f*; **~ de la energía atómica con fines pacíficos** friedliche Nutzung *f* der Atomenergie; **~ comercial** kommerzielle Verwertung *f*; **~ del espacio** Raumausnutzung *f*

utilizador A ADJ (aus-, be)nutzend B M, **utilizadora** F (Be)Nutzer *m*, -in *f*

utilizar VT ⟨1f⟩ benutzen; ver-, anwenden; *patente* auswerten; *tiempo* nutzen; *atención, derecho* in Anspruch nehmen; *persona* ausnutzen; **no utilizado** nicht genutzt; unbenutzt; nutzlos; **~ los retales** die Stoffreste verwerten; *tb* MIL **~ el terreno** das Gelände ausnutzen; **todo puede ~se** alles ist verwendbar (*o* verwertbar)

utillaje M Werkzeug *n*; *industria*: Ausrüstung *f*

utopía, utopia F, Utopie *f*; *fig* (Wunsch)Traum *m*; **vivir de ~s** in einer Traumwelt leben

utópico ADJ utopisch; Wunsch...

utopismo M Utopismus *m*, zu Utopien neigendes Denken *n*; **utopista** A ADJ zu Utopien neigend; **pensar** *m* **~** Denken *n* in Utopien B M/F Utopist *m*, -in *f*; (Zukunfts)Träumer *m*, -in *f*; Schwärmer *m*, -in *f*

utrero M zweijähriges Stierkalb *n*

utricularia F BOT Wasserhelm *m*

utrículo M MED schlauchförmiges Gebilde *n*, Zyste *f*

UV ABR 1 (*ultravioleta*) UV; **rayos ~** UV-Strahlen 2 *Esp* (*Unión Valenciana*) *valenzianische Regionalpartei*

uva F 1 BOT Traube *f*; **~ albilla** Gutedeltraube *f*; **~ blanca** grüne (*o* helle) Traube *f*; **~ crespa** *o* **espina** Stachelbeere *f*; **~ de gato** *o* **de perro** *o* **de pájaro** Mauerpfeffer *m*, scharfe Fetthenne *f*; **~ lupina** *o* **de lobo** Eisenhut *m*; **~ marina** *o* **de mar** Meerträubel *n*; **~(s)** *f(pl)* **de mesa** Tafeltrauben *fpl*; **~ moscatel** Muskatellertraube *f*; **~ negra** blaue Traube *f*; **~ de oso** Bärentraube *f*; **~ pasa** Rosine *f*; **~ de pastor** Fetthenne *f*; **~ de playa** Strandtraube *f*; **~ de raposa** *o* **de zorro** Einbeere *f*; **~ sin semilla(s)** kernlose Traube *f*; **~ tempran(ill)a** Frühtraube *f*; **~ tinta** blaue (*o* dunkle) Traube *f* 2 *fam fig* **mala ~** (*mal humor*) schlechte Laune *f*; (*segunda intención*) Hintergedanken *mpl*, schlechte Absichten *fpl*; (*fastidio*) Ärger *m*; (*molestia*) Unannehmlichkeit *f*; *fam fig* **estar de buena/mala ~** guter/schlechter Laune sein; *fam fig* **estar hecho una ~** sternhagelvoll sein *fam*; *fam fig* **tener mala ~** einen miesen Charakter haben *fam*; böswillig sein; **de ~s a peras** *o* **brevas** *fam* sehr selten; alle Jubeljahre einmal *fam* 3 *Esp fam* (*vino*) Wein *m*; *fam* **darle a la ~** saufen *pop*

uvada F reiche Weinernte *f*; **uvaduz** F BOT Bärentraube *f*

uval ADJ traubenähnlich; **uvate** M eingemachte Trauben *fpl*, Traubenkonserve *f*

uve F *Esp* V *n* (*Name des Buchstabens*); **~ doble** W *n*

úvea F ANAT Traubenhaut *f* (*des Auges*), Uvea *f*

uvero A ADJ Trauben... B M *Am* BOT Strandtraubenbaum *m* C M, **-a** F 1 *vendedor(a)*: Traubenverkäufer *m*, -in *f* 2 *fam* (*borracho, -a*) Säufer *m*, -in *f*

UVI F ABR (Unidad de Vigilancia Intensiva) MED Intensivstation *f*

uviforme ADJ traubenförmig; **uvilla** F BOT 1 *Am árbol*: Strandtraubenbaum *m* 2 *Chile Art* wilde Johannisbeere *f*

úvula F ANAT Zäpfchen *n*

uvular ADJ ANAT, FON Zäpfchen...; FON **R** *f* **~** Zäpfchen-R *n*; **uvularia** F BOT *Art* Mäusedorn *m*

uxoricida M Gattenmörder *m*; Mörder *m* der Ehefrau; **uxoricidio** M Mord *m* an der Ehefrau, Gattenmord *m*

uy INT ach!, nanu!; unglaublich!

uzbeco, uzbeko A ADJ usbekisch B M, **-a** F Usbeke *m*, Usbekin *f*

Uzbekistán M Usbekistan *n*

uzear VI *Chile* (mit der Hand) klopfen, schlagen

V

V, v F V, v *n*; → *tb* **uve**; *espec Am* → *tb* **ve**

va → **ir**; *fam* **es el no ~ más** das ist das Höchste, das ist spitze *fam*; das ist das Nonplusultra *fam*

V.A. ABR (Vuestra Alteza) Eure Hoheit

vaca F 1 ZOOL (*hembra del toro*) Kuh *f*; **~ lechera** Milchkuh *f*; *fig* Melkkuh *f*; AGR **~ de labor** Arbeitskuh *f*; AGR **~ reproductora** Zuchtkuh *f*; *tb fig* **~ sagrada** heilige Kuh *f*; *fam fig* **ser la ~ de la boda** die Melkkuh sein (*fig*); *fig* **las ~s flacas/gordas** die mageren/fetten Jahre *npl*; **mal** *m* *o* **enfermedad** *f* **de las ~s locas** Rinderwahn(sinn) *m*, BSE *n* 2 GASTR (**carne** *f* **de**) **~** Rindfleisch *n*; **~ cocida** gekochtes (Suppen)Fleisch *n*; **asado** *m* **de ~** Rinder-, Rindsbraten *m*; **lomo** *m* **de ~** Rinderlende *f*, -filet *n*; **pierna** *f* **de ~** Rinderkeule *f* 3 (**cuero** *m* **de**) **~** Rind(s)leder *n* 4 ZOOL **~ marina** Seekuh *f*; **~ de montaña** *o* **de ante** Tapir *m*; **~ de San Antón** (*mariquita*) Marienkäfer *m* 5 *pop fig* (*barrigudo*) Fettwanst *m fam*, Tonne *f* (*fam fig*) 6 *Am Mer* BOT **árbol** *m* **de ~** Milch-, Kuhbaum *m* 7 *Am Mer* **hacer una ~** (*juntar dinero*) Geld sammeln (*o* zusammenlegen) 8 *Perú fam* **hacerse la ~** (*no asistir al colegio*) Schule *f* schwänzen

vacacional ADJ Ferien..., Urlaubs...; **centro** *m* **~** Ferienzentrum *n*; **periodo** *o* **período** *m* **~** Urlaubszeit *f*, Ferienzeit *f*

vacacionar VI *Am reg* Ferien (*o* Urlaub) machen

vacaciones FPL Ferien *pl*; Urlaub *m*; **~ anuales** Jahresurlaub *m*; **~ en casas de labranza** Ferien *pl* auf dem Bauernhof; **~ escolares** Schulferien *pl*; JUR **~ judiciales** Gerichtsferien *pl*; **~ retribuidas** bezahlter Urlaub *m*; **estar de ~** in Ferien (*o* im Urlaub) sein; **irse de ~** in (die) Ferien (*o* in Urlaub) fahren; **tomarse unas ~** Urlaub machen; sich (*dat*) Urlaub nehmen

vacacionista M/F Urlauber *m*, -in *f*; Feriengast *m*

vacada F Rinderherde *f*

vacaje M *Arg, Chile, Ur* → **vacada**

vacancia F → **vacante** B

vacante A ADJ (*sin ocupar*) unbesetzt; erledigt; *puesto, habitación* frei; *puesto tb* vakant; **dejar ~** *un puesto, etc* nicht mehr besetzen B F 1 (*puesto de trabajo libre*) offene (*o* freie) Stelle *f*, Vakanz *f*; **cubrir una ~** eine Stelle besetzen; **producirse una ~** *puesto, cargo* frei werden 2 *Perú plaza escolar o universitaria*: freier Schul- (*o* Studien)platz *m*

vacar VI ⟨1g⟩ 1 *cargo, puesto* unbesetzt sein (*o* frei werden) 2 *persona* (vorübergehend) nicht arbeiten 3 **~ a** *o* **en a/c** sich einer Sache (*dat*) widmen; Zeit haben für (*acus*)

vacatura F Vakanz(zeit) *f*, Zeit *f* der Amtsverwaisung

vaccíneo ADJ, **vaccínico** ADJ MED Impfstoff...; **inoculación** *f* **-a** Überimpfung *f*

vaciada F *Arg vulg* (*eyaculación*) Samenerguss *m*; **vaciadero** M 1 (*descarga*) Ausguss *m*, (*desagüe*) Abfluss *m* 2 *bandeja*: Ausgussschale *f* 3 (*alcantarilla*) Gosse *f*; **vaciadizo** ADJ (ab)gegossen (*in Metall*)

vaciado A ADJ 1 (*desocupado*) ausgeräumt, entleert 2 (*formado en molde*) gegossen, abgeformt (*in Gips, Metall etc*) 3 (*pulido*) geschliffen, (*afilado*) geschärft 4 *Col fam* (*sin dinero*) abgebrannt *fam*, blank *fam* B M 1 (*evacuación*) Entleeren *n*; **~ con bomba** Leerpumpen *n* 2 (*objeto formado en molde*) Abguss *m*, Guss *m* (*in Gips, Bronze etc*); **~ en molde** Abformung *f*, Modellierung *f* 3 ARQUIT (*excavación*) Ausheben *n*; *al pie de una columna*: Rille *f* 4 (*pulimento*) Schleifen *n*, (*afilamiento*) Schärfen *n*; **~ hueco** Hohlschleifen *n*; Hohlschliff *m*

vaciador M TEC 1 (*fundidor*) Gießer *m*; Schmelzer *m*; **~ de velas** Kerzengießer *m*; **~ en metales** (Metall)Gießer *m* 2 (*afilador*) Schleifer *m*, Schärfer *m* 3 (*instrumento para afilar*) Instrument *n* zum Schärfen; **~ de hojas** Klingenschärfer *m* 4 (*cucharón*) Gießkelle *f*

vaciante F sinkende Flut *f*, Ebbe *f*

vaciar ⟨1c⟩ A VT 1 (*desocupar*) (aus-, ent)leeren; (*evacuar*) (aus)räumen; (*sacar*) wegschaffen; (*derramar, echar*) (aus)gießen; (*extraer*) (aus)schöpfen 2 *fig* (*explicar muy detalladamente*) sehr ausführlich (*o* weitschweifig) erläutern 3 *ojo* ausschlagen, ausstechen *etc*; *pipa* ausklopfen; *barril* leeren; TEC *bomba* entlüften; **~ con bomba** aus-, leerpumpen 4 TEC *yeso, metal, cera, figura, forma, etc* gießen; **~ en molde** abformen, gießen 5 *cuchillos, tijeras* schärfen, schleifen; *cuchillos tb* abziehen; **~ (hueco)** hohlschleifen 6 (*ahuecar*) aushöhlen 7 LING (*extractar*) herausschreiben, exzerpieren B VI 1 (*desembocar*) sich ergießen, münden (**en** in *acus*) 2 *Arg* (*tener una eyaculación*) einen Samenerguss haben C VR **vaciarse** 1 *recipiente* sich leeren; *agua* abfließen 2 *fam fig* (*abrir el corazón*) sein Herz ausschütten; (*irse de la lengua*) sich verplappern 3 DEP (*agotarse*) sich verausgaben 4 *vulg* (*masturbarse*) sich (*dat*) einen abwichsen *vulg*; *Perú vulg* (*tener una eyaculación*) einen Samenerguss haben

vaciedad F Leere *f*; Albernheit *f*, Plattheit *f*

vacilación F 1 (*tambaleo*) Schwanken *n*, Wanken *n*; Wackeln *n* 2 *fig* (*titubeo*) Unentschlossenheit *f*, Schwanken *n*, Zaudern *n*, Unschlüssigkeit *f*; **vacilada** F *Méx fam* 1 (*jolgorio*) lärmendes Vergnügen *n* 2 (*burla*) Scherz *m*, Streich *m*; **vacilante** ADJ schwankend (*tb fig*); unsicher; *luz* flackernd

vacilar A VI 1 (*balancearse*) schwanken (*tb fig*); *fig* (*titubear*) zaudern, zögern; (*dudar*) unschlüssig sein; **sin ~** unverzagt; ohne Bedenken; **~ en hacer a/c** zögern, etw zu tun 2 *fam* (*burlar*) spötteln; (*charlar*) schwatzen, Märchen erzählen (*fam fig*) 3 *fam* (*ser fantástico*) ganz toll (*o* super) sein *fam* 4 *Esp fam* (*impresionar*) Eindruck schinden *fam* 5 *Guat, Méx, Perú, P. Rico fam* (*parrandear*) einen draufmachen *fam*, sich

V

toll amüsieren **B** VR Méx **~se a alg** j-n täuschen, j-n hereinlegen
vacilón pop **A** ADJ **1** (burlón) witzig; spöttisch **2** (locuaz) redselig **3** (fantástico) fam super fam, toll fam **4** drogas **ponerse ~** high sein fam **B** M, **-ona** F fam **1** Esp (bromista) Witzbold m, Spaßvogel m **2** drogas (grifota) Kiffer m, -in f fam **3** Am Centr, Méx, Ven → juerguista **C** M Am Centr, Méx fam → juerga
vacío **A** ADJ **1** leer; (hueco) hohl; FÍS **~ (de aire)** luftleer; AGR **hembra** f **-a** nicht trächtiges (frec unfruchtbares) Muttertier n; **peso** m **en ~** Leergewicht n; **marchar en ~** máquina leerlaufen; **volver de ~** leer (o unbeladen) zurückkommen; fig unverrichteter Dinge zurückkommen **2** casa unbewohnt; leer (stehend); nicht besucht **3** fig (vacuo) inhaltslos, nichtssagend; müßig **4** fig (vanidoso) eitel, aufgeblasen **B** M **1** Leere f; (agujero, hueco) Lücke f (tb fig); CONSTR, TEC Aussparung f; p. ext (puesto de trabajo sin ocupar) freier Arbeitsplatz m; JUR **~ legal** Gesetzeslücke f, rechtsfreier Raum m; **~ de poder** Machtvakuum n; fig **caer en el ~** kein Echo finden; fig **dejar un ~** eine Lücke reißen; **llenar un ~** eine Lücke (aus)füllen (tb fig) **2** ANAT Weiche f, Flanke f, Seite f **3** FÍS, TEC Vakuum n, luftleerer Raum m; **hacer el ~** ein Vakuum herstellen; fig **hacer el ~ a alg** j-n links liegen lassen; j-n wie Luft behandeln
vacuidad F Leere f; Leerheit f
vacuna F MED Impfstoff m, Vakzine f; **~ tífica** Typhusimpfstoff m
vacunación F MED (Schutz)Impfung f; **~ anticolérica/antirrábica** Cholera-/Tollwutimpfung f; **~ antivariólica** Pocken(schutz)impfung f; **~ obligatoria** Impfpflicht f; Pflichtimpfung f; **~ preventiva** Schutzimpfung f; **certificado** m **de ~** Impfschein m; Impfpass m
vacunar **A** VT impfen (**contra** gegen acus) **B** VR **vacunarse** sich impfen lassen
vacuno **A** ADJ Rind(s)..., Rinder...; AGR **ganado** m **~** Rindvieh n; Rinder npl **B** M ZOOL Rind n; GASTR Rindfleisch n
vacunoterapia F MED Vakzinebehandlung f
vacuo **A** ADJ fig leer, hohl; (sin significado) nichts sagend **B** M (vacío) Leere f; Lücke f; Vakuum n
vacuola F ANAT Vakuole f; **vacuómetro** M FÍS, TEC Unterdruckmesser m, Vakuummeter n
vade M (Schul)Mappe f
vadeable ADJ aguas seicht, durchwatbar; fig dificultad überwindbar; **vadeador** M Furtenkenner m
vadear VT **1** aguas durchwaten **2** fig dificultad überwinden, zurechtkommen mit; (tantear) abtasten, sondieren
vademécum M Vademekum n, Leitfaden m
vadera F breite Furt f
vado M **1** Furt f; fig (salida) Ausweg m **2** transporte: abgesenkte Bordsteinkante f; **~ permanente** Halteverbot n vor Ausfahrten; cartel: Ausfahrt f frei halten; **vadoso** ADJ paraje furtenreich; río durchwatbar
vagabunda F Landstreicherin f, Vagabundin f; fam (prostituta) Dirne f; **vagabundaje** M → vagabundeo; **vagabundear** VI **1** (errar) umherstreichen, sich herumtreiben **2** (holgazanear) faulenzen; **vagabundeo** M, **vagabundería** F fam Landstreicherei f; Gammeln n; de un perro callejero: Streunen n; **vagabundo** **A** ADJ **1** umherstreifend, vagabundierend; schweifend (tb fig); **perro** m **~** streunender Hund m **2** Chile aguas flach **B** M Landstreicher m, Vagabund m
vagamente ADV verschwommen, vage; **vagamundo** ADJ fam → vagabundo A; **vagancia** F **1** (pereza) Müßiggang m; Faulenzerei f **2** forma de vivir: Vagabundentum n
vagar **A** VI ⟨1h⟩ **1** (estar ocioso) müßiggehen, faulenzen **2** (ir de un lado a otro) umherstreifen, -irren; fig (expresarse sin claridad) sich vage ausdrücken **B** M Muße f; **andar de ~** müßig sein
vagaroso ADJ poét schweifend, unstet
vagido M del lactante: Schreien n, Quäken n fam; **el primer ~** der erste Schrei des Neugeborenen
vagina F ANAT Scheide f, Vagina f; **vaginal** ADJ ANAT Scheiden...; vaginal; **vaginitis** F MED Scheidenentzündung f
vago **A** ADJ **1** (errante) umherschweifend, vagabundierend; **estrella** f **-a** Wandelstern m; Sternschnuppe f; **en ~** ohne Stütze; mueble wacklig; fig (en vano) vergeblich; ins Leere (fig) **2** fig (indeterminado) unbestimmt, undeutlich, verschwommen, vage; (inconstante) unstet, flüchtig **3** (ocioso) müßig, faul, träge **B** M, **-a** F **1** (merodeador) Herumtreiber m, -in f; (vagabundo) Landstreicher m, -in f, Stromer m, -in f **2** (holgazán) Faulpelz m, Faulenzer m, -in f; **hacer el ~** faulenzen **C** M ANAT nervio: Vagus(nerv) m
vagón M FERR Wag(g)on m, (Eisenbahn)Wagen m; **~ basculante (lateralmente)** (Seiten)Kippwaggon m, (Seiten)Kipper m; **~-cama** o Am **~ dormitorio** Schlafwagen m; **~ cerrado** gedeckter (o geschlossener) Wagen m; **~ cisterna** o **tanque** Tankwagen m; **~ directo** Kurswagen m; **~ frigorífico** Kühlwagen m; **~ de ganado** Viehwagen m; **~ isotermo** Kühlwagen m; **~ jaula** Käfigwagen m für Raubtiere etc; **~ de mercancías** o Am **de carga** Güterwagen m; **~ plataforma** offener Güterwagen m; Plattform-, Flachwagen m; **~ de plataforma baja** Tiefladewagen m; **~ de pasajeros** Personenwagen m; **~ postal** Postwagen m; **~ restaurante** Speisewagen m; **~ tolva** Bunkerwagen m; **fábrica** f **de -ones** Waggonfabrik f
vagonada F Wagen-, Waggonladung f; **vagonero** M MIN Schlepper m; **vagoneta** **A** F TEC Kippwagen m, Lore f; MIN Förderwagen m, Hund m **B** M fam (holgazán) fauler Kerl m fam
vagotonía F MED Vagotonie f
vagra F MAR Unterspant n; **~s** fpl Wegerung f
vaguada F GEOG (Tal)Sohle f
vaguear VI **1** (vagar) sich herumtreiben, herumstreunen **2** (holgazanear) faulenzen; **vaguedad** F (borrosidad) Verschwommenheit f; Unbestimmtheit f; **~es** fpl tb unklares Gerede n; **hablar sin ~es** sich klar ausdrücken
vaguería fam Faulheit f; **vaguerío** F fam (expresión no clara) unklare Ausdrucksweise f
vaharada F Dunstwolke f; Schwaden m; Atemdunst m; **vaharera** F MED Ausschlag m in den Mundwinkeln bei Kleinkindern
vahear VI ausdünsten, dampfen; Schwaden bilden
vahído M MED Schwindel m; kurze Ohnmacht f; **me dio un ~** ich erlitt plötzlich einen Schwindelanfall
vaho M Dunst m; (vapor) Dampf m; (transpiración) Ausdünstung f; **el ~ de la respiración** der dampfende Atem
vaído ADJ ARQUIT **bóveda** f **-a** Kreuzrippengewölbe n
vaina **A** F **1** del puñal, de la espada, etc: (Messer-, Degen)Scheide f; p. ext (funda) Futteral n **2** ANAT (Mark)Scheide f; de abejas: Stachelscheide f; **~ sinovial (de los tendones)** Sehnenscheide f **3** BOT de semillas, granos: (Samen)Hülse f, Schote f; MIL (cartucho) Geschosshülse, Austr Geschoßhülse f **4** MAR Segel- (o Flaggen)saum m (zum Durchziehen der Leinen) **5** Am (molestia) Unannehmlichkeit f, üble Sache f; Problem n; Col fam **¿qué es la ~?** was ist los?, worum geht es?; **echar ~s a alg** j-n belästigen, j-n anöden **6** Am reg y Esp jerga del hampa pop (coito) Koitus m, Fick m vulg; **echar una ~** koitieren, ficken vulg **7** País Vasco: GASTR **~s** pl große, grüne Bohnen fpl **B** M fam Taugenichts m; **ser un ~** Am ein unangenehmer Bursche sein; Esp ein Gauner sein
vainazas M ⟨pl inv⟩ pop Schlappschwanz m fam; schlampiger Kerl m fam
vainica F **1** (deshilado) Hohlsaum m **2** Am reg BOT (judía verde) grüne Bohne f
vainilla **A** F BOT, GASTR Vanille f; **~ azucarada** Vanillezucker m; **bastoncillo** m **de ~** Vanillestange f **B** M fam feiger Kerl m fam
vainillera F BOT Vanille f; **vainillina** F QUÍM Vanillin n; **vainillón** M Am Mer, Méx BOT großschotige wilde Vanille f; C. Rica wilde Vanille f
vainita F Bol, C. Rica, Perú, S.Dgo BOT, GASTR grüne Bohne f
vais → ir
vaivén M Hin und Her n; Auf und Ab n (tb fig); FERR Pendelverkehr m; **puerta** f **de ~** Pendeltür f; **el ~ de las olas** das Spiel der Wellen
vajilla F Geschirr n; **~ de cocina** Küchengeschirr n
valar ADJ Zaun...; Wall...
valdense REL, HIST **A** ADJ waldensisch **B** M/F Waldenser m, -in f
valdeorras M Esp Wein m aus Galicien
valdepeñas M Esp Wein m aus Valdepeñas
valdivia F **1** Col BOT *Bittereschengewächs*; FARM (purgante) *Brech- und Purgiermittel* **2** Chile fam fig **de Valdivia** umsonst **3** Ec ORN (guaco) *Art Klettervogel, dessen Gesang als böses Omen gilt*
valdiviano M Chile GASTR *Gericht aus Dörrfleisch, Knoblauch, Zwiebeln und Paprika*
vale[1] M **1** (bono) Gutschein m, Bon m; (entrada gratuita) Freikarte f; (bono de beneficio) Bezugschein m; **~ de comida** Essen(s)marke f **2** Col, Méx, S.Dgo, Ven pop fig (compañero) Kumpel m fam
vale[2] → valer[1]
vale[3] **A** M despedida: Lebewohl n **B** INT liter **¡~!** lebe wohl!
valedero ADJ geltend, gültig; JUR rechtskräftig; **valedor** M **1** (protector) Beschützer m; Gönner m **2** (garante) Bürge m **3** Méx pop → vale[1] 2; **valedora** F **1** (protectora) Beschützerin f; Gönnerin f **2** (garante) Bürgin f
valencia F t/t, BIOL, QUÍM Valenz f, Wertigkeit f
Valencia F *spanische Stadt, Region*
valencianismo M **1** LING valenzianischer Ausdruck m **2** POL valenzianischer Nationalismus m; **valenciano** **A** ADJ aus Valencia **B** M, **-a** F Valenzianer m, -in f
valentía F **1** (valor) Mut m, Tapferkeit f, Kühnheit f; (hazaña) tapfere Tat f **2** fig escritor, artista: Schwung m, schwungvolle Art f **3** irón (jactancia) Prahlerei f; **valentísimo** ADJ sup äußerst tapfer; fig **escritor** m **~** vollendeter Schriftsteller m
valentón **A** ADJ großsprecherisch **B** M, **-ona** F Prahlhans m, Großmaul n; **valentona(da)** F Aufschneiderei f, Prahlerei f
valer[1] ⟨2q⟩ **A** VT & VI **1** mercancía kosten; factura betragen, sich belaufen auf (acus); suma (aus)machen; (tener el valor de) den Wert haben von (dat), wert sein; (equivaler) entsprechen (dat); **¿cuánto vale?** wie viel kostet das?; **~ diez euros** zehn Euro wert sein (o kosten) **2** (tener valor) wert sein; (tener validez) gelten, gültig sein; **hacer ~** zur Geltung bringen; geltend machen (tb JUR); **este ejemplo vale por todos**

dieses Beispiel gilt (*o* steht) für alle; **más vale así** (es ist) besser so; desto besser; **más vale** (*inf*) es ist besser zu (*inf*); **vale más que se lo diga** sagen Sie es ihm lieber!; *prov* **más vale un «por si acaso» que un «¿quién pensara?»** besser Vorsicht als Nachsicht; **~ mucho** viel wert sein; *fig* ausgezeichnet (*o* wertvoll) sein; *fig* **sabe lo que vale** er ist sich (*dat*) seines Wertes bewusst; **vale la pena leer el libro** es lohnt sich, das Buch zu lesen; *fig* **~ (en oro) lo que pesa** nicht mit Gold aufzuwiegen sein; **~ por dos** so viel wert sein wie zwei; *fig* **~ un tesoro** *o* **un Perú** *o* **un Potosí** unendlich wertvoll sein (*tb fig*); *reg y liter* **¡valga lo que valiere!** um jeden Preis, auf alle Fälle, was auch kommen mag; *Am reg vulg* **me vale verga** das ist mir scheißegal *vulg* 3 *uso negativo*: **este billete no vale** diese Banknote (*o* dieser Fahrschein *etc*) ist ungültig; *en el juego*: **no ~ nada** nichts wert sein; ungültig sein; nichts gelten; **¡eso no vale!** das gilt nicht!; so geht es nicht!; *en subastas*: **¿no vale más?** keiner bietet mehr?; *fam fig* **no vale el pan** *o* **lo que come** er ist nicht wert, dass ihn die Sonne bescheint; **aquí no vale perder tiempo** hier ist keine Zeit zu verlieren 4 (*ser útil*) taugen, brauchbar sein; (*servir*) nützen; *persona* **~ mucho** tüchtig sein; **demostró lo que valía** er zeigte, was in ihm steckt (*fig*); **no vale lo que tú** er ist nicht so tüchtig wie du; **~ para** *tb* kompetent sein für (*acus*); Befugnis (*o* die Macht) haben zu (*dat o inf*); **no ~ para nada** zu nichts taugen; **esta máquina no vale para nada** diese Maschine taugt gar nichts; **todo esto no me vale (para) nada** das alles nützt mir nichts 5 INT **¿vale?** ist das klar?; verstanden?; **¡vale!** okay!, o.k.!, in Ordnung!; **¡vale ya!** *o* **¡ya vale!** das reicht!; jetzt reicht's aber! 6 *éxito, fama, beneficio, ingresos, dificultades, reprimenda* einbringen, eintragen 7 (*ser de ayuda*) helfen; (*amparar*) (be)schützen, bewahren; **ahora no te valdrán excusas** jetzt helfen (*o* nützen) dir keine Ausreden; **¡válgame Dios!** Gott steh mir bei!; mein Gott!; Herrgott, was sagen Sie da!; nein, so was!; **¡válganos el cielo!** möge uns der Himmel bewahren! B V/R **~se de a/c** sich einer Sache (*gen*) bedienen; zu etw (*dat*) greifen, etw benutzen; von etw (*dat*) Gebrauch machen; **~se de alg** bei j-m Hilfe suchen, auf j-n zurückgreifen, bei j-m seine Zuflucht nehmen; **~se de todos los recursos** sich aller Mittel bedienen; alle Hebel in Bewegung setzen (*fig*); **no poder ~se** sich (*dat*) nicht helfen (*o* nicht bewegen) können; sich (*dat*) nicht zu helfen wissen; **tener que ~se por sí mismo** auf sich (*acus*) selbst gestellt sein

valer² M 1 (*valor*) Wert *m*; (*mérito*) Verdienst *n* 2 (*reputación*) Ansehen *n*; (*influencia*) Einfluss *m* 3 (*capacidad*) Tüchtigkeit *f*

valeriana F BOT Baldrian *m*; **valerianato** M QUÍM Valerianat *n*

valerosidad F Tapferkeit *f*; Tüchtigkeit *f*; **valeroso** ADJ 1 (*valiente*) tapfer; wacker 2 (*valioso*) wertvoll

valet M Diener *m*

valetudinario ADJ siech, kränkelnd, kränklich

valga, valgo → valer¹

valí M 1 POL Wali *m*, Gouverneur *m* (*in einem Verwaltungsgebiet der Türkei, Algeriens etc*) 2 *islamismo*: Wali *m* (*muslimischer Heiliger*)

valía F 1 (*valor*) Wert *m*; **de gran ~** von hohem Wert; **mayor ~** höherer Wert *m*; höherer Preis *m* 2 (*estima*) Wertschätzung *f*; (*importancia*) Bedeutung *f*; (*capacidad*) Leistungsfähigkeit *f* (*einer Person*)

validación F *espec* JUR 1 (*puesta en vigencia*) Gültigmachung *f*; Gültigkeitserklärung *f* 2 (*entrada en vigor*) (Erlangung *f* der) Rechtsgültigkeit *f*; **validar** V/T *estudios, título* gültig machen; für gültig erklären

validez F Geltung *f*; Gültigkeit *f*; **~ (jurídica)** Rechtsgültigkeit *f*; **~ general** Allgemeingültigkeit *f*; **tener ~** gültig sein

valido A ADJ 1 (*apoyado en a/c*) gestützt (**de** auf *acus*) 2 (*reconocido*) angesehen; in Gunst stehend B M (*favorito*) Günstling *m*; *espec* POL HIST Favorit *m eines Fürsten*, allmächtiger Minister *m*

válido ADJ 1 (*vigente*) gültig; geltend; **ser ~** gültig sein, gelten; **ser ~ hasta ...** gelten bis ...; **no ser ~** ungültig sein 2 (*sano*) gesund; (*con capacidad de trabajar*) arbeitsfähig

valiente ADJ 1 (*valeroso*) tapfer, (*corajudo*) mutig 2 (*eficaz*) tüchtig; gehörig; *irón* (*grande*) schön, nett, so ein ...; **¡~ amigo eres!** du bist mir ein schöner Freund!; **¡~ granuja!** so ein Lump!; *irón* **¡ ~ sorpresa!** eine schöne Überraschung!; **¡en ~ lío te has metido!** da hast du dir was Schönes eingebrockt!

valija F 1 (*maleta*) *espec Am* Handkoffer *m*; (*maletín*) Reisetasche *f*; **~ diplomática** Diplomatenkoffer *m*, -gepäck *n* 2 *correos*: (*bolsa*) Postbeutel *m*; **valijero** M (diplomatischer) Kurier *m*

valimiento M 1 (*privanza*) Gönnerschaft *f*, Schutz *m*; (*intercesión*) Fürsprache *f*, Rückhalt *m* 2 (*reputación*) Ansehen *n*, (*favor*) Gunst *f*; **valioso** ADJ (*de mucho valor*) wertvoll; (*capaz*) tüchtig, tatkräftig

valisoletano → vallisoletano

valkiria F → valquiria

valla F 1 (*cerco*) Zaun *m*; Umzäunung *f*; *p. ext* → tapia; *transporte*: **~ protectora** Leitplanke *f*; **~ (publicitaria)** Reklametafel *f*; DEP **publicidad *f* en las ~s** Bandenwerbung *f* 2 (*estacada*) Palisade *f* 3 (*impedimento, obstáculo*) Hürde *f*; *fig* Hindernis *n*; DEP **(carrera *f* de) ~s** *fpl* Hürdenlauf *m*; *fig* **poner una ~** einen Damm (*o* eine Schranke) errichten (*fig*); ein Hindernis in den Weg legen (*fig dat* **a**) 4 *Antillas* Hahnenkampfplatz *m*

valladar M (*vallado*) Umzäunung *f*; (*terraplén*) Wall *m*; *fig* (*obstáculo*) Hindernis *n*; **valladear** V/T umzäunen; mit einem Wall umgeben; **vallado** M Zaun *m*; Einzäunung *f*

Valladolid M *spanische Stadt, Provinz*

vallar A ADJ → valar B M → valladar C V/T einzäunen; mit einem Wall umgeben

valle M Tal *n*; GEOG **~ transversal** Quertal *m*; *fig* **~ de lágrimas** (irdisches) Jammertal *n*

vallenato M *Col* MÚS *typischer Volkstanz und Volksweise der kolumbianischen Atlantikküste*

vallisoletano A ADJ aus Valladolid B M, **-a** F Einwohner *m*, -in *f* von Valladolid

vallista M/F DEP Hürdenläufer *m*, -in *f*

valón A ADJ wallonisch B M 1 *persona*: Wallone *m* 2 *lengua*: Wallonisch *n*; **valona** F 1 *persona*: Wallonin *f* 2 *Col, Ec, Ven cuello de mulas y asnos*: gestutzte Mähne *f der Reittiere* 3 *Méx* MÚS *eine Volksweise in der Art des cante flamenco* 4 *Méx fam* (*favor*) **hacer la ~ a alg** j-m einen Dienst erweisen

valonear V/I *Am Centr* sich (beim Reiten) vorbeugen (*um etw zu ergreifen*)

Valonia F GEOG Wallonien *n*

valor M 1 (*precio, calidad*) Wert *m*; **~ adquisitivo/cumbre/límite** Anschaffungs-/Spitzen-/Grenzwert *m*; ECON **~ añadido** *o Am* **agregado** Wertzuwachs *m*; Mehrwert *m*; **~ catastral** *de inmuebles*: Einheitswert *m*; **~ efectivo** Effektivwert *m*, Istwert *m*; **~ exigido** Sollwert *m*; ECON **~ (en) efectivo** Barwert *m*; **~ formativo** Bildungswert *m*; **~ informativo** Anhaltswert *m*; ECON **~ nominal** Nennwert *m*; **~ psíquico** *o* **emocional** Gemütswert *m*; **~ real** Istwert *m*; COM Barwert *m*; Sachwert *m*; reeller Wert *m* (*tb* MAT); *tb estática*: **~ de referencia** Bezugswert *m*; AUTO **~ residual** Schrottwert *m*; **~ teórico** theoretischer Wert *m*, Sollwert *m*; **~ útil** Nutz(ungs)wert *m*; ADMIN **declaración *f* de ~** Wertangabe *f*; FIL **filosofía *f* del ~** Wertphilosophie *f*; **objeto *m* de ~** Wertgegenstand *m*; **de ~** Wert...; wertvoll; **de gran ~** hochwertig; sehr wertvoll; **de escaso ~** von geringem Wert; minderwertig; **por ~ de** im Wert(e) von (*dat*); **sin ~** wertlos 2 MAT, TEC, *etc* (Mess-)Wert *m*; **~ por defecto** Defaultwert *m*; **~ empírico** Erfahrungswert *m*; MAT, FÍS **~ final** Endwert *m*; FISIOL **~ nutritivo** *o* **alimenticio** Nährwert *m*; **~ límite** *m* Grenzwert *m*; **~ máximo/medio/mínimo** Höchst-/Mittel-/Mindestwert *m*; **~ medido** gemessener Wert *m*; FÍS, TEC Messwert *m*; **~ normal** Normalwert *m*; **~ nulo** *o* **cero** Nullwert *m*; **~ nutritivo** Nährwert *m*; **~ de orientación** Richtwert *m*; **~ práctico** praktischer Wert *m*; *en cálculos tb* Erfahrungswert *m* 3 ECON **~es** *pl* Wertpapiere *npl*, Effekten *pl*; **~es** *pl* **de arbitraje** Arbitragewerte *mpl*; **~es** *pl* **bancarios/mineros** Bank-/Minenwerte *mpl*; **~es** *pl* **bursátiles/de dividendo** Börsen-/Dividendenpapiere *npl*; **~es** *pl* **en cartera** Effektenbestand *m*; **~es** *pl* **de inversión** Anlagewerte *mpl*; **~es** *pl* **negociables** börsenfähige Wertpapiere *npl*; **~es** *pl* **negociados al contado** Kassawerte *mpl*; **~es** *pl* **a la orden/al portador** Order-/Inhaberpapiere *npl*; *espec* JUR **títulos-~es** *mpl* Wertpapiere *npl* 4 *correos*: **~es** *pl* **declarados** *o* **carta *f* con ~ declarado** Wertbrief *m*; -sendung *f* 5 (*coraje*) Mut *m*; **~ cívico** Zivilcourage *f*; **armarse de ~** Mut fassen; **tener ~ para** (*inf*) *p. ext tb* die Dreistigkeit haben, zu (*inf*); **cobrar** *o* **tomar ~** Mut fassen; *fam* **¡~ y al toro!** Augen zu und durch!

valoración F 1 (*determinación del valor*) Wertbestimmung *f*, Wertung *f* 2 (*calificación*) Bewertung *f*; (Ab)Schätzung *f* 3 (*evaluación*) Auswertung *f*; **valorar** V/T (*estimar*) schätzen; (*calificar*) bewerten; (*juzgar*) beurteilen; MAT *curva* auswerten; **valorización** F 1 (*valuación*) (Be)Wertung *f* 2 (*revaluación*) Aufwertung *f*; **valorizar** V/T ⟨1f⟩ 1 (*calificar*) bewerten, beurteilen 2 (*aumentar el valor*) aufwerten

valquiria F MIT Walküre *f*

vals M MÚS Walzer *m*; **~ lento** langsamer Walzer *m*; **valsar** V/I Walzer tanzen; **valseado** M *Am reg* → vals

valuación F Schätzung *f*, Bewertung *f*; **valuador** ADJ schätzend, bewertend

valuar V/T ⟨1e⟩ schätzen

valuta F 1 ECON (*moneda, divisa*) Währung *f* 2 FIN (*valor*) Wertstellung *f*; (*cotización*) Geldkurs *m*

valva F Klappe *f* (*einer Muschel*)

válvula F 1 TEC, ANAT *mecanismo*: Klappe *f*; **~ de aire (no viciado)** (Frisch)Luftklappe *f*; ANAT **~ aórtica** Aortenklappe *f*; ANAT **~ cardíaca** Herzklappe *f*; **~ de luz** Lichtschleuse *f*; MAR *submarino*: **~ de inundación** Flutklappe *f*; AUTO **~ de mariposa** Drosselklappe *f*; ANAT **~ mitral** Mitralklappe *f* 2 TEC *y órgano*: Ventil *n*; **de ~** TEC Ventil...; *fam fig* umsonst; hintenherum; **~ de admisión** Einlassventil *n*; **~ de descarga** *o* **de salida** Ablassventil *n*; **~ de escape** Auslassventil *n*; *fig* Ausflucht *f*; Ausweg *m*, Ventil *n* (*fig*); AUTO *etc* **~ de neumático** Schlauchventil *n*; TEC **~ de plato** Tellerventil *n*; **~ de regulación** Regel-, Ausgleichsventil *n*; **~ de seguridad** Sicherheitsventil *n* 3 ELEC Röhre *f*; **~ amplificadora** Verstärkerröhre *f*; Audion *n*; **~ electrónica/emisora** Elektronen-/Senderöhre *f*; **~ de excitación/de alta frecuencia** Steuer-/Hochfrequenzröhre *f*; **~ de potencia/de reactancia** Leistungs-/Reaktanzröhre *f*; ~ **termoiónica** Vakuumröhre *f*

valvular ADJ TEC, MED Klappen...; *espec* TEC Ventil...; TEC **cámara** *f* ~ Ventilkammer *f*; MED **defecto** *m* ~ **(del corazón)** (Herz)Klappenfehler *m*

valvulitis F MED Herzklappenentzündung *f*

vamp F, **vampi(resa)** F *fam* Vamp *m*; **vampirismo** M *folclore*: Glaube *m* an Vampire; **vampiro** M 1 ZOOL *y folclore*: Vampir *m* 2 *fig (chupasangre)* Blutsauger *m* 3 *Méx* GASTR *bebida alcohólica*: *Mixgetränk auf Tequilabasis*

van → ir

vanadio M QUÍM Vanadium *m*

vanagloria F *(ambición por la gloria)* Ruhmsucht *f*; *(vanidad)* Eitelkeit *f*, Dünkel *m*; **vanagloriarse** V/R ‹1b› *(jactarse)* sich rühmen, sich brüsten (**de** *gen*); prahlen (**de** mit *dat*); **vanaglorioso** ADJ *(ávido de gloria)* ruhmsüchtig; *(fanfarrón)* prahlerisch; *(vano)* eitel, eingebildet

vanamente ADV 1 *(en vano)* vergeblich; umsonst 2 *(sin fundamento)* ohne vernünftige Begründung 3 *(con arrogancia)* dünkelhaft; **vanarse** V/R *Chile, Col, Ven* AGR *nueces, etc* taub geraten; *frutas* nicht ausreifen

vanda F BOT *Orchideenart*

vandalaje M *Am* → vandalismo; **vandálico** ADJ vandalisch *(tb fig)*, *tb* wandalisch; **vandalismo** M Zerstörungswut *f*, Vandalismus *m*, *tb* Wandalismus *m*

vándalo A ADJ vandalisch, *tb* wandalisch B M, **-a** F HIST *y fig* Vandale *m*, Vandalin *f*, *tb* Wandale *m*, Wandalin *f*

vandeano ADJ 1 GEOG aus der Vendée 2 *fig (reaccionario)* erzreaktionär

vanesa F *mariposa*: Admiral *m*

vanguardia F MIL Vorhut *f*; LIT, *arte*: Avantgarde *f*, Vorkämpfer *pl*; **de** ~ LIT, *arte*: avantgardistisch; MIL vorgeschoben *(Posten)*; **vanguardismo** M Avantgardismus *m*; **vanguardista** A ADJ avantgardistisch B M/F Avantgardist *m*, -in *f*; Vorkämpfer *m*, -in *f*

vanidad F 1 *(bagatela, palabra vana)* Nichtigkeit *f* 2 *(ilusión)* Wahn *m* 3 *(orgullo, arrogancia)* Eitelkeit *f*, Dünkel *m* 4 *(insignificancia)* Gehaltlosigkeit *f*, Nichtigkeit *f*; **vanidoso** ADJ eitel, dünkelhaft, eingebildet

vanillina F QUÍM Vanillin *n*

vanilocuencia F (eitle) Geschwätzigkeit *f*; **vanilocuente** → vanilocuo; **vanilocuo** A ADJ geschwätzig B M, **-a** F Schwätzer *m*, -in *f*; *desp* Fas(e)ler *m*, -in *f*; **vaniloquio** M eitles Geschwätz *n*

vanistorio M *fam (arrogancia ridícula)* lächerlicher Dünkel *m*

vano A ADJ 1 *(presuntuoso)* eitel, *(nulo)* nichtig; *(sin valor)* wertlos; *(vacío)* leer; *(hueco)* hohl; *nuez, etc* taub 2 *(sin fundamento)* grundlos, unbegründet; *(inútil)* vergeblich; **en** ~ umsonst, vergebens, vergeblich; nutz-, zwecklos B M 1 ARQUIT Maueröffnung *f*, Nische *f* 2 *(luz)* lichte Weite *f*, Spannweite *f*

vapor M 1 Dampf *m*; *más leve*: Dunst *m*; **~es** *mpl* Dämpfe *mpl*, Schwaden *mpl*; **al** ~ GASTR gedämpft, gedünstet; *fam fig* schnell, mit Dampf *(fam fig)*; TEC *y fig* **a todo** ~ mit Volldampf; ~ **de agua** Wasserdampf *m*; ~ **de escape** *o* **de descarga** Abdampf *m*; **~es** *mpl* **de gasolina** Benzindämpfe *mpl*; **fuerza** *f* **de(l)** ~ Dampfkraft *f*; **emitir** ~ dampfen; **someter a la acción del** ~ dämpfen 2 MAR *buque*: Dampfer *m*; ~ **de altura** *o* **de alta mar** Hochseedampfer *m*; ~ **costero/mercante/piloto/rápido** Küsten-/Handels-/Lotsen-/Schnelldampfer *m*; ~ **frutero** Frucht-, Obst-, *fam* Bananendampfer *m*; ~ **de hélice/de lujo/de ruedas/de turbinas** Schrauben-/Luxus-/Rad-/Turbinendampfer *m*; ~ **de pesca** *o* ~ **pesquero/de recreo** Fisch-/Ausflugs- *o* Vergnügungsdampfer *m*

vapora F *espec Am* Flussdampfer *m*; **vaporación** F Verdunstung *f*; **vaporario** M Dampfbad *n*; **vaporeta** F Dampfreiniger *m* *(für Teppiche etc)*

vaporizable ADJ verdampfbar; **vaporización** F 1 *(volatilización)* Verdunstung *f*; Verdampfen *n* 2 *(pulverización)* Zerstäubung *f* 3 MED Dämpfung *f*; **vaporizado** M 1 *comida*: Dämpfen *n* 2 *(pulverizar)* Zerstäuben *n*; **vaporizador** M Zerstäuber *m*

vaporizar ‹1f› A V/T 1 *por acción del calor*: eindampfen, verdampfen; *por acción natural*: verdunsten lassen 2 *espec perfume* zerstäuben B V/R **vaporizarse** verdampfen; verdunsten

vaporoso ADJ 1 *(humeante)* dampfend; *(brumoso)* dunstig 2 *fig (ligero)* leicht; *vestido* luftig, duftig

vapulación F, **vapulamiento** M Prügel *pl*; **vapulear** V/T verprügeln; *fam fig* beuteln; **vapuleo** M *fam* Tracht *f* Prügel

vaqueiro M *reg* → vaquero

vaquera F Rinderhirtin *f*; *en América del Norte*: Cowgirl *m*; **vaquería** F 1 *establo*: Kuhstall *m* 2 *tienda*: Milchgeschäft *n*; *(lugar para beber leche)* Milchtrinkstube *f* 3 → vacada; **vaqueriza** F *establo*: Kuhstall *m*; **vaquerizo** A ADJ Rinder... B M → vaquero M

vaquero A ADJ Rinderhirten...; **camisa** *f* **-a** Jeanshemd *n*; **chaqueta** *f* **-a** Jeansjacke *f*; **falda** *f* **-a** Jeansrock *m*; **pantalón** *m* ~ (Blue) Jeans *pl*, Jeanshose *f* B M 1 *pastor*: Rinderhirt *m*; *en Texas y México*: Vaquero *m*; *en América del Norte*: Cowboy *m* 2 TEX **~s** *mpl* (Blue) Jeans *pl*

vaqueta F 1 *(cuero)* Rind(s)leder *n* 2 *pez*: *Art* Mittelmeer-Lippfisch *m*

vaquilla F junge Kuh *f* *(von 1½–2 Jahren)*; **~s** *fpl* Stierkampf *m von Amateuren mit Jungstieren*; **vaquillona** F *Arg, Chile, Nic* → vaquilla

váquira F *Ven*, **vaquira** F *Col* ZOOL Nabelschwein *n*

vara F 1 *(palo)* Stab *m*; Stange *f*; *de un carruaje*: Deichsel(stange) *f*; *(larguero de la escalera)* Leiterholm *m*; **~s** *fpl* Gabeldeichsel *f* 2 BOT Rute *f*, Gerte *f*; *tallo con flores*: Blütenstängel *m*; ~ **de nardo** Nardenstängel *m*; ~ **de San José** *o* **de oro** Goldrute *f* 3 *(bastón de mando)* Amtsstab *m*; Kommandostab *m*; ~ **de Esculapio** Äskulapstab *m*; HIST *fig* ~ **de Inquisición** Beauftragte *m* der Inquisition; ~ **de Mercurio** Merkurstab *m*; *fam fig* **dar la** ~ **a alg** j-m lästig fallen, j-n anöden; *fig* **doblar la** ~ **de la Justicia** das Recht beugen; **tener** ~ **alta** großen Einfluss haben; *Perú fam fig* **tener** ~ gute Beziehungen haben, Vitamin B haben *fam* 4 TAUR Stoßlanze *f*, Pike *f*; *p. ext (garrochazo del picador)* Lanzenstoß *m* des Pikadors; *fam fig* **picar de** ~ **larga** auf Nummer sicher gehen; **tomar ~s** *toro* gegen die Lanze des Pikadors anrennen; *fam fig mujer* gern mit Männern anbändeln 5 HIST *medida*: Elle *f* *(reg 0,835 m)*; *fig* **medirlo todo con la misma** ~ alles über einen Kamm scheren, alles über einen Leisten schlagen 6 MÚS *del trombón*: Zug *m (der Posaune)* 7 *Am* ~ **de la fortuna** *o Arg, Col, C.Rica* ~ **de premio** Klettermast *m bei Volksfesten*

varada F 1 MAR *(encalladura)* Strandung *f*; → *tb* varadura 2 *Col, C. Rica, Hond* AUTO *(avería)* Panne *f*; **varadero** M MAR Stapelplatz *m*; **varado** ADJ *Am* ohne feste Beschäftigung, arbeitslos; **varadura** F MAR Aufschleppen *n eines Schiffs (auf den Schiffsstapelplatz)*

varal M 1 *(vara gruesa)* dicker Stab *m*; lange Stange *f*; TEAT (Beleuchtungs)traverse *f* 2 *fam fig persona*: lange Latte *f*, Bohnenstange *f* *(fam fig)* 3 *construcción de barcos*: Rüstholz *n*

varamiento M MAR Auflaufen *n*, Stranden *n*

varano M ZOOL Waran *m*

varapalo M 1 *(vara larga)* lange Stange *f* 2 *golpe*: Schlag *m* mit einer Stange 3 *fam fig (pérdida)* Verlust *m*, *(daño)* Schaden *m*, Schlag *m (fig)*; Verdruss *m* 4 *(reprensión grande)* scharfe Zurechtweisung *f*; TEAT, FILM, LIT, *etc (crítica dura)* harte Kritik *f*, Verriss *m*

varar A V/T MAR *bote* auf Strand setzen; an Land ziehen, aufschleppen B V/I MAR *(tocar fondo)* Grund berühren, auflaufen; stranden; *fig* stecken bleiben C V/R **vararse** *Am* MAR stranden; *Col, C. Rica, Hond, Méx* AUTO eine Panne haben

varazo M Rutenhieb *m*, -streich *m*

varear V/T 1 *frutas, etc* (vom Baum) abschlagen 2 TAUR *picador* mit der Pike stechen 3 *RPl caballo, etc* einreiten *für Rennen*

varec M BOT Tang *m*, Seegras *n*

varenga F MAR Wrange *f*; **varengaje** M MAR Wrangen *fpl*; Bodenplatten *fpl*; *p. ext* Auflanger *mpl*

vareo M Abschlagen *n der Baumfrüchte*

vareta F 1 *(pequeña vara)* kleine Stange *f*; *puntiaguda*: kleiner Spieß *m* 2 *fig (indirecta)* Anspielung *f*, Stichelei *f*; *fam* **echar una** ~ eine Anspielung machen; sticheln; anpflaumen *fam* (**a alg** j-n); *Cuba fam* **pasarle la** ~ **a alg** j-n wie Luft behandeln 3 *(palillo para cazar pájaros)* Leimrute *f*; *fam fig* **estar** *o* **irse de ~s** *(tener diarrea)* Durchfall haben 4 TEX *(franjas en la tela)* Streifen *m im Stoff*

varetazo M TAUR seitlich geführter Hornstoß *m*; **varetear** V/T TEX Streifen (ein)weben; **vareto** M *Col drogas* Joint *m*; **varetón** M CAZA Spießer *m (Hirsch)*

varganal M Pfahlzaun *m*

varia MPL Varia *pl*, Verschiedene(s) *n*; **variabilidad** F Veränderlichkeit *f*, Unbeständigkeit *f*; **variable** A ADJ 1 *(inestable)* veränderlich *(tb* METEO*)*; wandelbar; unbeständig, wechselvoll; TEC *tb (ajustable)* verstellbar 2 *fig (inconstante)* wankelmütig; unstet B F MAT Variable *f*, Veränderliche *f*

variación F 1 *(cambio)* (Ver)Änderung *f*, Wechsel *m*; Abwechslung *f* 2 *(desviación)* Abweichung *f*, Schwankung *f*; ~ **magnética** (Gesamt)Abweichung *f* *(o* Missweisung *f)* der Magnetnadel 3 *t/t*, MÚS Variation *f*; **variado** ADJ 1 *(diverso)* verschiedenartig; *(alternativo)* abwechselnd; *(múltiple)* mannigfach 2 *(polifacético)* vielseitig, abwechslungsreich; *(amplio)* reichhaltig; *(de muchos colores)* bunt 3 GASTR *helado, ensalada, etc*: gemischt; **variador** M TEC Regelgetriebe *n*, Wandler *m*; ~ **(de velocidad) sin escalones** stufenlos regelbares Getriebe *n*; **variante** A ADJ wechselnd B F Variante *f*; *transporte*: Umgehungsstraße *f*; BIOL Abart *f*; *crítica textual*: abweichende Lesart *f*, Variante *f*

variar ‹1c› A V/T (ab-, ver)ändern, variieren, abwandeln; **para** ~ zur Abwechslung B V/I *(cambiar)* wechseln, sich wandeln, sich ändern; *(desviarse)* abweichen, variieren; *(ser diferente)* verschieden sein

varicela F MED Wind-, Wasserpocken *fpl*

varices FPL → variz

varicocele M MED Varikozele *f*, Krampfaderbruch *m*; **varicosidad** F MED Krampfaderbildung *f*; **varicoso** ADJ MED varikös; Krampfader...

varículas FPL ANAT Besenreiser *npl*

variedad F 1 *(diversidad)* Mannigfaltigkeit *f*; Vielfalt *f*; Verschiedenartigkeit *f*; Abwechslung *f* 2 BIOL Varietät *f*; Abart *f*; AGR *jardinería*: Sorte *f* 3 **(teatro** *m* **de) ~es** Varieteé(theater) *n*

varilarguero M TAUR Pikador *m*

varilla F 1 *(vara delgada)* Gerte *f*, Rute *f*; dünne Stange *f*; *(tabla larga y delgada)* Latte *f*, Leiste *f*; *p. ext (vara del cortinaje)* Vorhangstange *f*; **~s** *fpl* Gestänge *n (tb* TEC*)* 2 ~ **mágica** *o* **adivinadora**

o ~ **de virtudes** Zauberstab m; (varilla de zahorí) Wünschelrute f 3 (bastón) Stab m (tb TEC); de un abanico: Fächerstab m; de un paraguas: Schirmstab m; ~ **de ballena** Fischbein(stäbchen) n; ~ **de calefacción eléctrica** elektrischer Heizstab m; NUCL ~ **de combustible** Brennstab m; ~ **de cristal** o **de vidrio** Glasstab m; ~ **(metálica)** Stativstab m, Spreize f; ~ **roscada** Gewindestift m 4 Méx de un vendedor ambulante: Warenauswahl f der Hausierer

varillaje M Gestänge n (tb TEC); ~ **de(l) paraguas** Schirmgestänge n

varillar V/T Ven → varear 3

varillero M Méx Hausierer m

vario ADJ 1 (diferente) verschieden, unterschiedlich; **~s** mpl manche, einige, mehrere 2 (inconstante) wechselhaft, unstet 3 **Varios** orden del día: Verschiedenes n

variólico ADJ MED → varioloso; **variolización** F MED Pockenimpfung f; **varioloide** F MED Variolois f; **varioloso** MED A ADJ Pocken…; pockenkrank B M, **-a** F Pockenkranke m/f

variómetro M FÍS, ELEC Variometer n

variopinto ADJ (kunter)bunt (tb fig)

varita A F 1 kleiner Stab m 2 ~ **mágica** o **de virtudes** Zauberstab m; (varilla de zahorí) Wünschelrute f B M Arg fam Verkehrspolizist m

variz F MED Krampfader f

varo M Méx fam 1 moneda: ein Peso 2 (pasta) Zaster m fam

varón A ADJ männlich(en Geschlechts); (von) männlich(er Wesensart) B M 1 (hombre) Mann m; männliches Wesen n; fam **ser un santo** ~ eine Seele von Mensch sein 2 MAR (cadena para timonear) Ruderkette f

varona F, **varonesa** F Mannweib n; **varonía** F männliche Linie f; **varonil** ADJ männlich; Mannes…; mannhaft, mutig

Varsovia F Warschau n

varsoviano A ADJ aus Warschau B M, **-a** F Warschauer m, -in f

vas → ir

vasallaje M 1 HIST Lehnspflicht f; Vasallentum n (tb fig) 2 fig (esclavitud) Knechtschaft f; (dependencia) Abhängigkeit f; (sumisión) Hörigkeit f; **vasallo** A ADJ lehnspflichtig B M, **-a** F 1 HIST (súbdito) Vasall m, -in f, Lehnspflichtige m/f 2 fig (súbdito, -a) Abhängige m/f, Unterstellte m/f

vasar M Küchen-, Abstellbord n

vasco A ADJ baskisch; **País Vasco** Baskenland n B M, **-a** F Baske m, Baskin f C M lengua: Baskisch n; **vascofrancés** A ADJ aus dem französischen Baskenland B M, **-esa** F französischer Baske m, französische Baskin f; **vascohablante** A ADJ Baskisch sprechend B M/F Baskischsprecher m, -in f

vascólogo M, **-a** F Baskologe m, -login f

vascón ADJ aus dem alten Baskenland

Vascongadas FPL baskische Provinzen fpl, Baskenland n

vascongado ADJ aus den baskischen Provinzen; **vascónico** ADJ altbaskisch; **vascuence** A ADJ baskisch B M lengua: Baskisch n

vascular ADJ BIOL, MED Gefäß…; **vascularización** F Gefäßbildung f; **vasculoso** ADJ → vascular

vasectomía F MED Vasektomie f

vaselina F FARM Vaseline f; **vaselinoso** ADJ fam schmalzig, schnulzig

vasera F Geschirrbord n

vasija F Gefäß n; ~ **con rosca** Schraubglas n

vasillo M (celdilla): Wabenzelle f der Bienen

vaso M 1 (recipiente) Gefäß n; QUÍM etc ~ **colector** Sammelgefäß n; FÍS **~s** pl **comunicantes** kommunizierende Röhren fpl 2 para beber: (Trink)Glas n; ~ **de agua** Glas n Wasser; ~ **para agua** Wasserglas n; ~ **de cartón** o **desechable** o **de papel** Pappbecher m; Méx ~ **jaibolero** o Am **largo** Highballglas n; **a ~s** glasweise; **un ~ de vino** ein Glas Wein; **beber del** ~ aus dem Glas trinken; fig **colmar el** ~ das Maß vollmachen 3 ANAT Gefäß n; ANAT ~ **capilar** Haar-, Kapillargefäß n; ANAT ~ **sanguíneo** Blutgefäß n 4 REL ~ **de elección** Auserwählte m/f des Herrn

vasoconstricción F MED Gefäßverengung f; **vasodilatación** F MED Gefäßerweiterung f

vaso-medida M Messbecher m

vasomotor ADJ MED vasomotorisch

vasquista M/F Baskologe m, -login f

vasquización F Baskisierung f; **vasquizar** V/T baskisieren

vástago M 1 BOT Schössling m; Sprössling m (tb fig hijo); ~ **rastrero** Ausläufer m 2 TEC (mango) Schaft m; (mano de mortero) Stößel m; (perno) Zapfen m; (bastón) Stab m; ~ **de émbolo** Kolbenstange f; ~ **del remache** Nietenschaft m

vastedad F Weite f; Geräumigkeit f, Ausdehnung f

vasto ADJ 1 (extenso) weit, ausgedehnt; geräumig, groß; **el ~ mar** das weite Meer, die unendliche See 2 fig (amplio) umfassend; (grande) groß; (magnífico) großartig

vate M 1 liter (poeta) Dichter m; (adivino) Seher m, Künder m 2 Cuba fam (compañero) Kumpel m

váter M WC n

vaticanista ADJ auf die Politik des Vatikans bezogen (o eingeschworen)

vaticano A ADJ vatikanisch; päpstlich; **(Biblioteca) Vaticana** f Vatikanische Bibliothek f B M **el Vaticano** der Vatikan; **Ciudad** f **del Vaticano** Vatikanstadt f

vaticinador A ADJ persona wahrsagend, prophezeiend; anuncio prophetisch B M, **vaticinadora** F Wahrsager m, -in f, Prophet m, -in f; **vaticinar** V/T wahrsagen, prophezeien; voraus-, vorhersagen; **vaticinio** M Wahrsagung f, Prophezeiung f; Voraussage f

vatímetro M ELEC Wattmeter n; **vatio** M ELEC Watt n

vaya[1] 1 → ir 2 INT **¡~!** aber (geh)!; na so etwas!; so ein …!; **¡~ pareja!** ist das (vielleicht) ein Paar!; **¡~ si sabe!** und ob er Bescheid weiß!

vaya[2] F (burla) Spott m, Frotzelei f fam; (broma) Spaß m

V.B. ABR (Visto Bueno) gesehen und genehmigt

Vd. ABR (Usted) tratamiento: Sie sg

Vda. ABR (Viuda) Witwe f

Vds. ABR (Ustedes) tratamiento: Sie pl

ve A F espec Am ~ **(baja** o **corta** o **chica** o **de vaca)** V n (Name des Buchstabens) B 1 → ir 2 → ver[1]

V.E. ABR (Vuestra Excelencia) S. (o Ew.) Exz. (Seine [o Eure] Exzellenz)

vea → ver[1]

vecero M, **-a** F (Stamm)Kunde m, Kundin f

veces FPL → vez

vecinal ADJ 1 (comunal) Gemeinde…; **camino** m ~ Ortsverbindungsweg m, Nebenstraße f 2 nachbarlich

vecindad F 1 calidad de vecino: Nachbarschaft f; POL **relaciones** fpl **de buena** ~ gutnachbarliche Beziehungen fpl 2 (cohabitantes) Mitbewohner mpl, Nachbarn mpl eines Hauses, eines Viertels; p. ext → vecindario 3 (cercanías) Nähe f, Umgebung f 4 derecho: Gemeindebürgerrecht n, Anerkennung f als Bürger einer Gemeinde

vecindario M Einwohnerschaft f

vecino A ADJ 1 benachbart (mit dat a); **país** m ~ Nachbarland n 2 ~ **de** (domiciliado) aus (dat); ansässig (o wohnhaft) in (dat) B M, **-a** F Nachbar m, -in f; p. ext (habitante) Einwohner m, -in f; **asociación** f **de ~s** m corresponde a: Bürgerinitiative f; **casa** f **de ~s** m Mietshaus n

vector A ADJ MAT, FÍS **radio** m ~ Radiusvektor m, Leitstrahl m B M 1 MAT, FÍS Vektor m 2 MED Überträger m 3 astronáutica: Trägerrakete f; **vectorial** ADJ vektoriell, Vektor…

veda F 1 CAZA, pesca: Schonzeit f 2 (prohibición) Verbot n; **vedado** M 1 CAZA Gehege n; Privatjagd f; ~ **de caza** Jagdrevier n 2 SILV (cercado) Gehege f, Schonung f

vedar V/T (prohibir) verbieten; (impedir) (ver)hindern

Vedas MPL Weden mpl

vedet(t)e F (Revue)Star m

védico ADJ wedisch; Weden…

vedija F Wollflocke f; fig Rauchwölkchen n

veedor M, **veedora** F HIST Inspektor m, -in f; **veeduría** F HIST Inspektorat n

vega F 1 GEOG (Fluss)Aue f; fruchtbare Ebene f; Chile (terreno húmedo) Feuchtgebiet n 2 M ~ **sicilia** schwerer Spitzenrotwein aus Valladolid 3 Cuba AGR (plantación de tabaco) Tabakpflanzung f

vegetación F Pflanzenwuchs m, Vegetation f; MED **-ones** fpl Wucherungen fpl

vegetal A ADJ pflanzlich, vegetabil(isch), Pflanzen… B M 1 (planta) Pflanze f 2 fig (parásito) Parasit m, Schmarotzer m

vegetar V/I planta wachsen; fig persona vegetieren; **vegetarianismo** M Vegetarismus m, Vegetariertum n; **vegetariano** A ADJ vegetarisch B M, **-a** F Vegetarier m, -in f; ~ **estricto** strenger Vegetarier m; Veganer m

vegetativo ADJ 1 BOT Pflanzen… 2 BIOL wachsend; **órgano** m ~ Wachstums- (o Fortpflanzungs)organ n 3 fig persona vegetierend, sein Leben fristend 4 MED vegetativ; **sistema** m **nervioso** ~ vegetatives Nervensystem n

veguer M POL, Andorra, hasta 1993: *Stellvertreter eines der beiden Staatsoberhäupter*

veguero A ADJ Vega…, Flur… B M, **-a** F 1 (cultivador[a]) Vegabauer m, -bäuerin f (→ vega 1) 2 Cuba, Ven (cultivador[a] de tabaco) Tabakpflanzer m, -in f C M (cigarro) aus einem Blatt ohne Einlage gewickelte Zigarre f

vehemencia F 1 (ímpetu, violencia) Heftigkeit f, Vehemenz f; Ungestüm n 2 fig en la expresión: Kraft f, Feuer n; **vehemente** ADJ 1 (violento, impulsivo) heftig, ungestüm, vehement 2 fig estilo kraftvoll, feurig; **vehementemente** ADV vehement

vehículo M 1 Fahrzeug n; ~ **acuático/aerodeslizante** Wasser-/Luftkissenfahrzeug n; ~ **blindado** gepanzertes Fahrzeug n; ~ **espacial** Raumfahrzeug n; ~ **industrial** Nutzfahrzeug n; ~ **de carretera/sobre rieles** Straßen-/Schienenfahrzeug n; ~ **de motor** o ~ **automóvil** Motor-, Kraftfahrzeug n, Kfz n; ~ **todoterreno** Geländefahrzeug n; ~ **de tracción animal** Fuhrwerk n 2 fig (transmisor) Träger m, Vehikel n; Vermittler m, MED Überträger m

veintavo A ADJ zwanzigstel B M Zwanzigstel n

veinte NUM zwanzig; uso ordinal: zwanzigste(r, -s); **de ~ años** zwanzigjährig; **veinteañero** A ADJ zwanzigjährig B M, **-a** F Zwanzigjährige m/f

veintena F zwanzig Stück; **una ~** etwa 20 Stück; **veinteno** A ADJ zwanzigste(r) B M Zwanzigstel n

vejación F (molestia) Belästigung f; (fastidio) Schikane f; (humillación) Demütigung f; **vejador** ADJ quälend; **vejamen** M liter 1 → vejación 2 (reprensión satírica) bissige Zurechtweisung f; beißende Stichelei f

vejancón fam desp A ADJ steinalt B M,

V

-ona F Tattergreis *m*, -in *f fam*
vejar V/T *(molestar)* belästigen; *(maltratar)* quälen, plagen, drangsalieren *fam*; **vejarrón** *fam* → vejancón; **vejatorio** ADJ quälend; *(opresivo)* bedrückend; *(humillante)* demütigend; *condiciones* drückend
vejerana F *Cuba fam* alte Schachtel *f fam*; **vejerano** M *Cuba fam* alter Knacker *m fam*
vejestorio M *desp* 1 *cosas*: alter Plunder *m* 2 *persona*: alter Knacker *m fam*; alte Schachtel *f fam*
vejete M *desp* altes Männchen *n*
vejez F 1 *(edad de viejo)* (Greisen)Alter *n*; *liter* Lebensabend *m*; **pensión** *o* **renta de ~** Altersrente *f*; *prov* **a la ~, viruelas** Alter schützt vor Torheit nicht; alles hat seine Zeit 2 *(envejecimiento)* Altern *n*; *p. ext (actitudes de viejo)* Altersbeschwerden *fpl*; *(comportamiento senil)* seniles Verhalten *n* 3 *fig (charlatanería)* greisenhafte Geschwätzigkeit *f*; *(narración ya muy sabida)* abgedroschene Geschichte *f*, alter Kohl *m fam*
vejiga F 1 ANAT, MED Blase *f*; **~ de cerdo** Schweinsblase *f*; **~ de la hiel** Gallenblase *f*; ZOOL **~ natatoria** Schwimmblase *f*; **~ (urinaria)** Harnblase *f*; MED **levantar ~s** Blasen bilden (*o* ziehen) 2 BOT **~ de perro** Blasenkirsche *f*
vejigatorio M MED Zugpflaster *n*; **vejigo** M *Cuba fam* junger Bursche *m*, Junge *m*; **vejigoso** ADJ voller Blasen
vela[1] F 1 *(candela)* Kerze *f*; **~ aromática** Duftkerze *f*; **~ de cera** Wachskerze *f*; **~ perfumada** Duftkerze *f*; *fig* **derecho como una ~** kerzengerade; *fam fig* **nadie te da ~ en este entierro** hier hast du gar nichts zu suchen; hier hast du nichts verloren; *fam fig* **enceder una ~ a Dios** *o* **a San Miguel y otra al diablo** auf zwei Hochzeiten tanzen *(fig)*, auf beiden Schultern Wasser tragen *(fig)*; *fig* **tener la ~** Helfershelfer sein; j-m in seinen Liebesnöten helfen; den Kuppler machen; *fam fig* **tener una ~ encendida por si la otra se apaga** auf alle Fälle sichergehen, ein weiteres Eisen im Feuer haben *(fig)*; *fam fig* **estar a dos ~s** mittellos (*o* blank *fam*) sein; *fam fig* **entre dos ~s** leicht angetrunken; *fig* **entre cuatro ~s** im Sarg 2 *(vigilia)* Wachen *n*; *de noche*: Nachtwache *f*; **en ~** schlaflos; wach(end); **pasar la noche en ~** kein Auge zutun 3 CAT Anbetung *f* vor dem Allerheiligsten 4 *fam fig (moco de los niños)* **~s** *pl* Rotzglocke *f pop*
vela[2] MAR Segel *n*; *(toldo)* Sonnensegel *n*; *(barco de vela)* Segelschiff *n*, Segler *m*; DEP Segeln *n*, Segelsport *m*; **~ de abanico/de cuchillo** Spriet-/Schratsegel *n*; **~ de batículo** Treiber (-segel *n*) *m bei Jollen*; **~ cuadrada/mayor** Rah-/Großsegel *n*; **~ latina** lateinisches Segel *n*, Lateinsegel *n*; **~ de mesana** Besan(segel *n*) *m*; **~ suplementaria** Beisegel *n*, Spinnaker *m*; **~ de temporal** *o* **de capa** Sturmsegel *n*; **avión** *m* **a ~** Segelflugzeug *n*; **barco** *m* *o* **buque** *m* **de ~** Segelschiff *n*; **deportista** *m* **de ~** Segler *m*; **alzar** *o espec fig* **levantar ~s** Segel setzen; *fig* (plötzlich) aufbrechen; sich davonmachen; **apocar las ~s** weniger Segel(fläche) setzen; **cambiar la ~** das Segel in den Wind drehen; **estar a la ~** unter Segel stehen; *fig* bereit sein; **hacerse a la ~** *o* **dar ~** *o* **largar las ~s** unter Segel gehen, absegeln; fahren; **navegar a ~** segeln; **poner ~s** Segel setzen; **recoger** *o* **amainar ~s** die Segel einziehen (*o* streichen, *tb fig*); **tender las ~s** die Segel in den Wind spannen; *fig* die Gelegenheit nutzen; *tb fig* **a toda(s) ~(s)** *o* **a ~s llenas** *o* **desplegadas** *o* **tendidas** mit vollen Segeln
velacho M MAR Vortoppsegel *n*
velación F 1 *para un muerto*: Totenwache *f* 2 *(ocultación del rostro)* Verhüllung *f* mit dem Schleier; **-ones** *fpl* kirchliche Trauung *f*; *p. ext* Trauzeit *f*
velada F 1 *de noche*: Nachtwache *f* 2 *(evento nocturno)* (Abend)Veranstaltung *f*; Abendgesellschaft *f*; Soiree *f*; (gemütlicher) Abend *m*; **~ musical/poética** Musik-/Dichterabend *m*
velado A ADJ 1 *(ocultado)* verschleiert *(tb* FOT*)* 2 *fig amenaza, etc* verhüllt 3 **con voz -a** mit umflorter Stimme B M, **-a** F Verschleierte *m/f*
velador A ADJ wachend; wachsam B M 1 *(cuidador)* Hüter *m*, Wächter *m*; *Méx tb (sereno)* Nachtwächter *m* 2 *(candelero)* (Kerzen)Leuchter *m* 3 *(mesita redonda)* rundes Tischchen *n*; Kaffeehaustisch *m*, Bistrotisch *m*; *Am reg (mesa de noche)* Nachttisch *m*; **veladora** F 1 *(cuidadora)* Hüterin *f*, Wächterin *f* 2 *Col, Ur, Méx* Nachttischlampe *f*
veladura F PINT Lasur(farbe) *f*; Übermalen *n*
velaje, velamen M MAR Segel(werk *n*) *npl*
velandria F *Col* Spott *m*
velar[1] A V/T 1 *(hacer de centinela)* bewachen; *fig (observar atentamente)* aufmerksam beobachten; **~ las armas** HIST Schwertwache halten; *fig* sich vorbereiten; **~ a alg** bei j-m wachen; **~ a un muerto** Totenwache halten 2 *(encubrir)* verschleiern *(tb fig)*; *fig (ocultar)* verhüllen; *(turbar)* trüben 3 PINT *(barnizar)* lasieren, übermalen; FOT Schleierbildungen verursachen *(durch Fehlbelichtung)* B V/I 1 *(permanecer despierto)* wachen, wach bleiben; *(trabajar de noche)* nachts arbeiten 2 *(estar atento)* wachsam sein; *(cuidar)* wachen (**por** über *acus*); sorgsam Acht geben (**sobre** auf *acus*); **~ en defensa de sus privilegios** seine Vorrechte wachsam verteidigen 3 MAR *escollo, etc*: über die Oberfläche ragen C V/R **velarse** 1 *(cubrirse con un velo)* sich verschleiern *(tb fig)* 2 *fig voz* einen dumpfen (*o* trüben *o* traurigen) Klang annehmen, belegt sein; FOT Schleierbildungen zeigen *(durch Fehlbelichtung)*
velar[2] FON A ADJ velar, Hintergaumen… B F Velar *m*, Hintergaumenlaut *m*
velarizar V/T ⟨1f⟩ FON velarisieren
velatorio M Toten-, Leichenwache *f*
velay INT *fam* 1 *Esp* hm, weiß nicht so recht!, na ja! 2 *Am* hier, bitte!
velazqueño ADJ PINT auf *(den spanischen Maler)* Velázquez bezüglich
velcro M Klettverschluss *m*
veleidad F 1 *(antojo)* Anwandlung *f*, Laune *f* 2 *(caprichos)* Launenhaftigkeit *f*; *(inconsistencia)* Wankelmut *m*; *(arbitrariedad)* Willkür *f*; **veleidoso** ADJ *(inconstante)* wankelmütig; *(antojadizo)* wetterwendisch, launisch
velería F 1 MAR *taller*: Segelmacherwerkstatt *f*; *fábrica*: Segelmacherei *f* 2 *(tienda de candelas)* Kerzengeschäft *n*; *(fundición de candelas)* Kerzengießerei *f*
velero A M 1 MAR *barco*: Segelschiff *n*; Schnellsegler *m*, Klipper *m*; **~ de cuatro palos** Viermaster *m* 2 AVIA **~ planeador** *m* Segelflugzeug *n* 3 ZOOL Segelqualle *f* B M, **-a** F 1 *fabricante de velas para buques*: Segelmacher *m* 2 *fabricante de candelas*: Kerzenzieher *m*, -in *f*; Kerzengießer *m*, -in *f* 3 CAT *(peregrinador[a])* Wallfahrer *m*, -in *f*; Teilnehmer *m*, -in *f* an einer Vela (→ vela[1] 3)
veleta A F 1 *indicador del viento*: Wetterfahne *f* 2 MIL Lanzenwimpel *m* 3 *pesca*: Schwimmer *m* der Angelschnur; Gleitpose *f* B M/F *fig persona*: wetterwendischer Mensch *m* C ADJ 1 *(cambiante, indeciso)* wetterwendisch, unentschlossen 2 *Bol mujer* kokett
velillo M TEX hauchzarter Flor *m*
velintonia F BOT → wellingtonia
velís M *Méx* → veliz
velito M kleiner Hutschleier *m*
velívolo ADJ MAR *poét* im Fluge dahinsegelnd
veliz M ⟨*pl* -ices⟩ *Méx* Koffer *m*
vello M Flaum(haar *n*) *m* *(tb* BOT*)*; Körperhaar *n*; **~ pubiano** Schamhaare *npl*; **vellocino** M Schaffell *n*, Vlies *n*; MIT **el Vellocino de oro** das Goldene Vlies
vellón M 1 *(cuero de oveja)* Schaffell *n*, Vlies *n* 2 *(lana de oveja)* Schurwolle *f* 3 *(copo de lana)* Wollflocke *f*; **vellorí(n)** M mittelfeines Tuch *n*; **vellorita** F BOT 1 *(maya)* Maßliebchen *n* 2 *(primavera)* Schlüsselblume *f*; **vellosidad** F (dichte) Behaarung *f*; **~ intestinal** Darmzotte *f*; **vellosita** F BOT Mausohr *n*, Langhaariges Habichtskraut *f* *(Hieracium pilosella)*; **velloso** ADJ stark behaart; haarig; wollig, zottig; **velludillo** M TEX Velvet *m/n*, *glatter* Halb- (*o* Baumwoll)samt *m*; **velludo** A ADJ stark behaart B M TEX Seidenplüsch *m*, Felbel *m*; **vellutero** M, **vellutera** F TEX Seidenplüsch-Facharbeiter *m*, -in *f*
velo M 1 *(prenda para cubrir algo)* Schleier *m* *(tb* FOT, TIPO *y fig)*; *p. ext* FOT, QUÍM Schleierbildung *f*; **~ contra las abejas** Bienen-, Imkerschleier *m*; **~ de cristianar/de gasa/de luto/de novia/de viuda** Tauf-/Gaze-/Trauer-/Braut-/Witwenschleier *m*; *fig* **correr un tupido ~ sobre a/c** einen dichten Schleier über etwas breiten…; *fig* **descorrer el ~** den Schleier lüften; **ponerse el ~** sich verschleiern; *fig* **tener un ~ ante los ojos** einen Schleier vor den Augen haben; *fig* CAT **tomar el ~** den Schleier nehmen, Nonne werden 2 TEX Flor *m*, Vlies *n*; **~ de fibras** Faservlies *n*; **~ peinado** Kammzug *m* 3 ANAT Segel *n*, Velum *n*; **~ del paladar** Gaumensegel *n* 4 *fig (ocultación)* Verhüllung *f*, Deckmantel *m*; *(apariencia)* Schein *m*; *(pretexto)* Vorwand *m*; *fig* **(des)correr el ~** den Schleier wegziehen, enthüllen; bloß legen; *fig* **correr** *o* **echar un ~ sobre** einen Schleier breiten über *(acus)*, verhüllen *(acus)* 5 *(red fina de pesca)* feinmaschiges Fischnetz *n*
velocidad F Geschwindigkeit *f*; AUTO Gang *m*; **cambio** *m* **de ~** Geschwindigkeitswechsel *m*; AUTO Gang(schaltung *f*) *m*; AUTO **cambio** *m* **de cuatro ~es** Viergangschaltung *f*; FERR **en gran ~** (als) Eilgut; **en pequeña ~** (als) Frachtgut *n*; FÍS **~ angular/propia** Winkel-/Eigengeschwindigkeit *f*; MAR, AVIA **~ comercial**, AVIA, AUTO **~ de crucero** Reisegeschwindigkeit *f*; **~ excesiva** überhöhte Geschwindigkeit *f*; **~ máxima** *o* **punta** Höchstgeschwindigkeit *f*; **~ media** mittlere Geschwindigkeit *f*; Durchschnittsgeschwindigkeit *f*; **~ récord** Rekordgeschwindigkeit *f*; MED **~ de (la) sedimentación globular** *o* **sanguínea** Blutsenkungsgeschwindigkeit *f*; **~ del sonido** Schallgeschwindigkeit *f*; AVIA **~ supersónica** Überschallgeschwindigkeit *f*; **a gran ~** mit hoher Geschwindigkeit; **(lanzado) a toda ~** mit rasender Geschwindigkeit, mit vollem Tempo; **ganar ~** schneller werden; **ir a toda ~** sausen, rasen
velocímetro M Geschwindigkeitsmesser *m*; MAR Fahrtmesser *m*; AUTO Tacho(meter *n*) *m*;
velocípedo M Velo(ziped) *n*, Fahrrad *n*; FERR **~ (para vía férrea)** Draisine *f*; **velocista** M/F DEP Sprinter *m*, -in *f*, Kurzstreckenläufer *m*, -in *f*
velódromo M Radrennbahn *f*, Velodrom *n*
velomar M Tretboot *n*; **velomotor** M Mofa *n*
velón A M HIST (mehrflammige) Öllampe *f* *(auf Ständer, drehbar und nach oben und unten verschiebbar)* B ADJ *Col* mit Blicken bittend *(bes um Essen)*
velorio M 1 *reunión alegre*: abendliches Dorfvergnügen *n mit Musik und Tanz* 2 *(velatorio)* Totenwache *f (bes bei einem Kind)* 3 CAT *de una mon-*

ja: feierliche Profess *f* einer Klosterfrau **4** *Arg (fiesta aburrida)* langweilige Veranstaltung *f*; *int* **¡~!** *corresponde a*: wäre ja ganz schön, aber …
veloz ADJ ‹*pl* **-oces**› schnell; flink, behände
velum M BOT Velum *n*, Schleier *m bei Pilzen*
ven **1** → venir **2** → ver[1]
vena F **1** ANAT Vene *f*, Blutader *f*; **~ cava** Hohlvene *f*; **~ porta** Pfortader *f* **2** MIN *y fig* Ader *f*; **~s** *fpl tb* Aderung *f*, *de madera, mármol*: Maserung *f*; MINER Erzader *f*; **~ de agua** Wasserader *f*; **~ metálica** Erzader *f*; *fig* **~ (poética)** dichterische Ader *f*; *fig* **le dio la ~** *(ocurrencia)* er kam auf den verrückten Einfall (, zu *inf* de *inf*); *(rabia)* ihn packte die Wut; **estar en ~** im Zuge (*o* in Stimmung *o* gut aufgelegt) sein; **no estar en ~ de** *o* **para** *(inf)* nicht in der rechten Stimmung sein, zu *(inf)*; **lo lleva en las ~s** es liegt ihm im Blut; **tener ~ de a/c** eine Ader (*o* Begabung) für etw *(acus)* haben; **tener ~ de loco** *(ser incalculable)* unberechenbar sein; *(estar loco)* übergeschnappt sein *fam* **3** BOT (Blatt)Rippe *f*
venable ADJ → venal[2]; **venablo** M (Jagd)Spieß *m*; *fig* **echar ~s** wüten, toben; **venada** F **1** *fam (ataque de ira)* Tobsuchtsanfall *m* **2** ZOOL *(cierva)* Hirschkuh *f* **3** *(vaso sanguíneo)* Ader *f*; **venadero** M CAZA *lugar de descanso*: Lager *n* des Hochwilds
venado M ZOOL *(ciervo)* Hirsch *m* (*tb* GASTR); Rotwild *n*; *ante*: Hirschleder *n*; **venador** M Jäger *m*
venaje M Wasseradern und Quellen *fpl eines Flusses*
venal[1] ADJ Ader…
venal[2] ADJ käuflich *(tb fig)*; *fig* bestechlich; **venalidad** F Käuflichkeit *f*; Bestechlichkeit *f*
venático *fam* **A** ADJ halb verrückt, übergeschnappt *fam* **B** M, **-a** F närrische Person *f*, verrücktes Huhn *n (fig)*
venatorio ADJ *liter* Jagd…
vencedero ADJ COM fällig
vencedor **A** ADJ siegreich **B** M, **vencedora** F Sieger *m*, -in *f*
vencejo[1] M ORN Mauersegler *m*
vencejo[2] M *lazo*: (Garben)Band *n*; Strick *m*
vencer ‹2b› **A** VT besiegen, siegen über *(acus)*; *(derrotar)* überwältigen; *adversario* bezwingen; *obstáculo, sueño, indisposición, resistencia* überwinden; *dificultad* meistern; *competidor* übertreffen; COM **~ a los competidores** die Konkurrenz aus dem Felde schlagen; **el sueño le ha vencido** der Schlaf hat ihn übermannt; **no dejarse ~** nicht nachgeben; sich nicht unterkriegen lassen *fam*; **se dieron por vencidos** sie gaben nach; sie gaben klein bei **B** VI **1** *(prevalecer)* siegen; Sieger bleiben; *prov* **vine, vi y vencí**, *frec tb* **veni, vidi, vici** ich kam, sah und siegte **2** *espec* COM fällig werden (*o* sein); *plazo, contrato* ablaufen; *letra de cambio* verfallen **C** VR **vencerse** **1** *(dominarse)* sich beherrschen; **~ a sí mismo** sich selbst überwinden **2** *(ser ladeado)* verkantet sein; *(ser torcido)* verbogen sein; *(sobresalir)* überhängen **3** *Am reg (desgastarse)* verschleißen, kaputtgehen; *comestibles* verderben; *fecha de vencimiento de comestibles y remedios*: ablaufen
vencetósigo M BOT Schwalbenwurz *f*
vencible ADJ besiegbar; **vencida** F **ir de ~** besiegt werden; *plazo* ablaufen; **a la tercera va la ~** *estímulo*: aller guten Dinge sind drei; *advertencia*: beim dritten Mal gibt's Ärger
vencido ADJ **1** *(derrotado)* besiegt; **darse por ~** sich geschlagen geben **2** COM *letra de cambio* fällig **3** *(ladeado)* schief; verkantet; **vencimiento** M **1** *(victoria)* Besiegung *f*; Sieg *m* (**de** über *acus*) **2** COM *(caducidad)* Verfall(stag) *m*; Fälligkeit *f*; **~ residual** Restlaufzeit *f*; **al ~** bei Fälligkeit; **al ~ del contrato/plazo** bei Ablauf des Vertrags/der Frist

venda F Binde *f*; HIST Stirnband *n*, -binde *f (Zeichen der Königs- o Priesterwürde)*; MED **~ de Esmarch/de gasa** Stau-/Mullbinde *f*; MED **~ escayolada** *o* **enyesada** Gipsbinde *f*; MED **~ umbilical** Nabelbinde *f*; MED **~ de goma** Gummibinde *f (Bandage)*; **~ de los ojos** Augenbinde *f*; *fig* **se le ha caído la ~ de los ojos** ihm fiel es wie Schuppen von den Augen; *fig* **hacerle caer la ~ de los ojos a alg** j-m die Augen öffnen; *fig* **tener una ~ sobre** *o* **en los ojos** mit Blindheit geschlagen sein
vendaje[1] M MED Verband *m*; Bandage *f*; **~ de brazo/de cabeza/de emergencia** Arm-/Kopf-/Notverband *m*; **~ compresivo/contentivo** Druck-/Stützverband *m*; **~ escayolado** *o* **de yeso** Gipsverband *m*; **~ de gelatina con óxido de cinc** Zinkleimverband *m*; **~ de urgencia** *o* **plástico** Schnellverband *m*; **~ quirúrgico** Operationswäsche *f*
vendaje[2] M *Am Mer, Cuba* COM Zugabe *f beim Kauf*
vendar **A** VT *herida*: verbinden; *(atar)* zubinden; *tb fig* **con los ojos vendados** mit verbundenen Augen **B** VR *fig* **~se los ojos** seine Augen vor der Wirklichkeit verschließen
vendaval M starker See- (*o* Südwest)wind *m*; *p. ext* Sturm *m (tb fig)*
vendedor **A** ADJ Verkaufs… **sociedad** *f* **~a** Verkaufsgesellschaft *f* **B** M, **vendedora** F Verkäufer *m*, -in *f*; **~ de almacén** Ladenverkäufer *m*; **~ ambulante/callejero** Straßenhändler *m*, fliegender Händler *m*; **~ a domicilio** Hausierer *m*; **~ de droga(s)** Drogenverkäufer *m*; **~ de helados** Eisverkäufer *m*, Eismann *m fam*; **~ de viejo** Altwarenhändler *m*, Trödler *m*
vendehúmos M ‹*pl inv*› *fam* Großmaul *n*, Schaumschläger *m*; **vendepatria** M *Méx* vaterlandsloser Geselle *m*, Verräter *m*
vender **A** VT verkaufen; *espec* COM absetzen, vertreiben; *fig (traicionar)* verraten; *fig* **~ cara su vida** sein Leben teuer verkaufen; COM **~ a precios ruinosos** *mercancía* verschleudern; **~ al por menor** im Kleinhandel vertreiben (*o* absetzen) **B** VR **venderse** **1** *uso pasivo*: *mercancía* verkauft werden, Absatz finden; **~ como pan caliente** *o* **como rosquillas** weggehen wie warme Semmeln **2** *persona (dejarse sobornar)* sich bestechen (*o* schmieren *fam*) lassen **3** *fig (hacerse pasar)* sich ausgeben (**por** als *nom*) **4** *(delatarse)* sich verraten; sich verplappern *fam*
vendí M Verkaufsbescheinigung *f*; **vendible** ADJ verkäuflich, absetzbar; **vendido** ADJ *fig* **¡aquí estamos (como) ~s!** hier sind wir (doch) verraten und verkauft!
vendimia F Weinlese(zeit) *f*; *fig* Ernte *f*, Frucht *f (fig)*; **vendimiador** M, **vendimiadora** F Weinleser *m*, -in *f*; Winzer *m*, -in *f*
vendimiar ‹1b› **A** VT **1** AGR *uvas*: Trauben (*o* Wein) lesen **2** *fig (cosechar)* ernten *(bes da, wo man nicht gesät hat)*, den Gewinn haben **3** *fam fig (matar)* töten **B** VI Weinlese halten
vending M COM Automatenverkauf *m*; **máquina** *f* **de ~** Verkaufsautomat *m*
vendré *etc* → venir
venduta F **1** *RPl, Cuba (subasta)* Versteigerung *f* **2** *Cuba (verdulería)* Gemüseladen *m*, Gemüsestand *m* **3** *Cuba gener (puesto)* (Verkaufs)Stand *m*, *(pequeña tienda)* kleiner Laden *m*; **vendutero** M, **vendutera** F *Cuba* Besitzer *m*, -in *f* einer Venduta
Venecia F Venedig *n*
veneciano **A** ADJ venezianisch **B** M, **-a** F Venezianer *m*, -in *f*
venencia F Stechheber *m der Küfer*
veneno M Gift *n (tb fig)*; *fig tb (malicia)* Bosheit *f*; *(ira)* Zorn *m*; **~ para flechas** Pfeilgift *n*
venenosidad F Giftigkeit *f*; **venenoso** ADJ giftig *(tb fig)*; *fig (maligno)* boshaft, bösartig; **plantas** *fpl* **-as** Giftpflanzen *fpl*; **seta** *f* **-a** Giftpilz *m*

venera F **1** ZOOL Pilger-, Jakobs-, Kammmuschel *f* **2** *fig condecoración*: Ehrenkreuz *n verschiedener Ritterorden*; *fam fig* **no se te caerá la** *o* **ninguna ~** es wird dir kein Stein aus der Krone fallen; *fig* **empeñar la ~** sein Bestes tun
venerable **A** ADJ ehrwürdig, verehrungswürdig *(tb* CAT) **B** M/F CAT *tratamiento*: Ehrwürden *m*, ehrwürdige Mutter *f*; *etapa de la canonización*: Venerabilis *m* **C** M **1** CAT **el ~** das Venerabile, das Sanktissimum **2** *masón*: Hochmeister *m einer Loge*
veneración F Verehrung *f*
venerar VT verehren
venéreo ADJ MED venerisch, Geschlechts…; **enfermedad** *f* **-a** Geschlechtskrankheit *f*
venereólogo M, **-a** F MED Facharzt *m*, -ärztin *f* für Geschlechtskrankheiten; *t/t* Venerologe *m*, -in *f*
venero M **1** *(manantial)* Quell *m*; MIN *(criadero)* Erzader *f*; *fig* Urquell *m* **2** *reloj de sol*: Schatten-, Stundenstrich *m einer Sonnenuhr* **3** *fig (jóvenes científicos)* wissenschaftlicher Nachwuchs *m*
véneto **A** ADJ aus Venedig; venezianisch **B** M, **-a** F **1** Venezianer *m*, -in *f* **2** HIST Veneter *m*, -in *f*
venezolanismo M LING venezolanische (Sprach)Eigentümlichkeit *f*; **venezolano** **A** ADJ venezolanisch **B** M, **-a** F Venezolaner *m*, -in *f*
Venezuela F Venezuela *n*
venga → venir
vengable ADJ was Rache verdient, zu rächen(d); **vengador** **A** ADJ rächend; **espíritu** *m* **~** Rachegeist *m*, Rächer *m* **B** M Rächer *m*; **vengadora** F Rächerin *f*; *pop fig* Halbweltdame *f*; MIT **Vengadora** Rachegöttin *f*
venganza F Rache *f* (**de, por** für *acus*); **acto** *m* **de ~** Racheakt *m*; **espíritu** *m* **de ~** Rachegeist *m*, Rachgier *f*; **~ de sangre** Blutrache *f*; **clamar** *o* **pedir ~** nach Rache schreien, Rache fordern; *fig* **la ~ es un plato que se come frío** die Rache muss man kalt genießen; **~, placer de dioses** Rache ist süß
vengar ‹1h› **A** VT rächen; *(castigar)* strafen **B** VR **vengarse** sich rächen, Rache nehmen, Vergeltung üben (**de** für *acus*; **en** an *dat*); **vengativo** ADJ rachsüchtig; **justicia** *f* **-a** strafende Gerechtigkeit *f*
vengo → venir, vengar
venia F **1** *(permiso)* Erlaubnis *f*; **con la** *o* **su** *etc* **~** mit Verlaub (gesagt); **dar ~** erlauben **2** *(inclinación)* leichte Verneigung *f*; MIL *(saludo)* Gruß *m*
venial ADJ verzeihlich; *espec* REL **pecado** *m* **~** lässliche Sünde *f*; **venialidad** F Verzeihlichkeit *f*; *de un pecado*: Lässlichkeit *f*
venida F **1** *(llegada)* Ankunft *f*; Kommen *n*; **a la ~ de la noche** bei Anbruch der Nacht **2** *esgrima*: Ausfall *m* **3** *fig (ímpetu)* Ungestüm *n*; *(ocurrencia)* Anwandlung *f*, Einfall *m*
venidero **A** ADJ kommend; (zu)künftig **B** MPL **los ~s** die Nachkommen *mpl*; die Nachfolger *mpl*; die künftigen Geschlechter *npl*; **venido** **A** → venir **B** ADJ **~ a menos** *tb* verarmt
venir ‹3s› **A** VI **1** *(llegar)* kommen; *(aparecer)* erscheinen, sich einstellen; *idea* einfallen; **~ a caballo/a pie** zu Pferd/zu Fuß kommen; **~ al caso** *o* **a propósito** dahin gehören, angebracht sein; **¡vengamos al caso!** kommen wir (wieder) zur Sache!; **~ a cuentas** zur Abrechnung kommen, abrechnen; **~ a la memoria** einfallen; **~ a menos** abnehmen; *fig* herunterkommen; **~ a partido** zu einem Entschluss (*o* zu einer Vereinbarung) kommen; **~ a paz y concordia** zu Frieden und Eintracht gelangen;

V

¿a qué viene eso? was soll das?, worauf zielt das ab?; **hacer ~ al suelo a alg** j-n zu Boden strecken; *fam fig* **¡no me vengas con cuentos!** erzähl mir keine Geschichten!; **no me vengas ahora con …** komm mir jetzt nicht mit …; *fig* **viene conmigo** er steht auf meiner Seite; **~ de casa/de Madrid** von daheim/aus Madrid kommen; TIPO **viene de la página 7** Fortsetzung von Seite 7; **~ en avión/en barco** mit dem Flugzeug/mit dem Schiff kommen; **~ en ayuda** zu Hilfe kommen; **~ en conocimiento de a/c** etw in Erfahrung bringen, etw kennenlernen; **cuando le venga en gana** wann immer Sie Lust haben; **~ en la idea** auf den Einfall kommen; **~ por carretera** über die Straße (o COM per Achse) kommen; **~ por mar** auf dem Seeweg kommen; **va a ~ una desgracia** es wird ein Unglück geben; **el mes que viene** nächsten Monat; *fam fig* **ni va ni viene** er ist unschlüssig; **le vino el deseo de estudiar** er bekam Lust zu studieren; **vino la noche** die Nacht brach herein; **¡ven acá!** komm her!; *fam fig* na komm!; nun sei (doch) vernünftig; **¡venga!** los!; her damit!; **¡venga el libro!** her mit dem Buch!; **¡venga esa mano!** gib (o geben Sie) mir die Hand!; schlag ein!, topp!; **¡venga pan!** Brot her!; **¡venga lo que venga** o *liter* **lo que viniere!** was auch (immer) komme(n mag)!; unter allen Umständen!; auf jeden Fall!; **¡que venga!** er soll kommen 2 **~ a** (*inf*) dahin gelangen, zu (*inf*); **~ a buscar** holen; **vengo a decir que no es así** ich möchte sagen, dass es sich so nicht verhält; **~ a hacer a/c** schließlich etw tun; etw erreichen; **~ a salir(le a alg) por 100 euros** (j-n) etwa 100 Euro kosten; **~ a ser** werden; zu *etw (dat)* werden; **~ a ser igual** o **lo mismo** das läuft auf dasselbe hinaus; **~ a tener mil euros** etwa tausend Euro haben; **~ a verle a alg** j-n auf- (o be)suchen; ADMIN **vengo en conferir** ich verleihe (hiermit); ADMIN **~ en declarar** eine Erklärung abgeben; ADMIN **~ en decretar** ver-, anordnen, bestimmen 3 *con prep*: **el Estado por ~** der künftige Staat, der Staat der Zukunft; **en lo por ~** künftig; **~ por** o *fam* **a por a/c** etw (ab)holen (wollen) 4 *con pp* **según viene diciendo** wie er (schon oft) gesagt hat; **eso venimos diciendo** darauf (o auf das, was Sie gesagt haben) wollen wir hinaus; **~ volando** (an)geflogen kommen 5 (*proceder*) abstammen (**de** von *dat*); herrühren (**de** von *dat*); *en el diario, etc*: stehen; **~ de buena familia** aus gutem Hause stammen 6 *fig* (*convenir*) passen; *vestimenta* sitzen, stehen; **~ bien/mal** gut/schlecht passen (o *vestimenta* stehen); *fam* **le vendría muy bien** es (o das) wäre genau das Richtige für ihn; **el traje te viene bien/estrecho** der Anzug steht dir gut/ist dir zu eng; *fig* **~le ancha una cosa a alg** einer Sache nicht gewachsen sein; etw (*espec un cargo*) nicht ganz verdientermaßen bekommen haben; *fam* **le viene a contrapelo** es geht ihm gegen den Strich; es ist ihm zuwider; es passt ihm nicht; *fam* **~ clavada una cosa a otra** vorzüglich zueinanderpassen B *V/R* **venirse** 1 *fam* kommen, gehen; **~(se) abajo** einstürzen; *fig sala por el ruido y aplausos*: erdröhnen, wackeln (*fam fig*); *fig* (*fracasar*) scheitern, fehlschlagen; **~ a (las) buenas** sich gütlich vergleichen; nachgeben; **~ cayendo** beinahe fallen; **lo que se nos viene encima** was da auf uns zukommt; **hacer ~ al suelo** zu Fall bringen; **~ a tierra** zusammenbrechen, einstürzen 2 *pop* (*eyacular*) einen Samenerguss haben, kommen *pop*

venoso *ADJ* 1 MED Venen…; venös 2 (*con venas*) aderig; geädert

venta *F* 1 Verkauf *m*; COM Absatz *m*; **~(s** *pl*) Umsatz *m*; **~ ambulante** Straßenverkauf *m*, -handel *m*; **~ anticipada** Vorverkauf *m*; **~ al contado** Barverkauf *m*; **~ por correo** o **por catálogo** Versandhandel *m*; **~ al detalle** o **al por menor** Einzelverkauf *m*; **~ directa de fábrica** o **~s** *pl* **en la fábrica** Fabrikverkauf *m*; **~ exclusiva** Alleinverkauf *m*; JUR **~ forzada** Zwangsverkauf *m*; **~ judicial** gerichtliche Versteigerung *f*; **~ en línea** Onlineverkauf *m*; **~ (al) por mayor y por menor** Groß- und Kleinverkauf *m*; **~ a plazo/a plazos** Verkauf *m* auf Ziel/auf Ratenzahlung; **~ simulada** Scheinverkauf *m*; **~ total** Ausverkauf *m*; **cifra** *f* **de ~s** Absatzzahlen *fpl*; Umsatz *m*; **condiciones** *fpl* **de ~** Verkaufsbedingungen *fpl*; **facilidad** *f* o **posibilidad** *f* **de ~** Verkäuflichkeit *f*; **imposibilidad** *f* **de ~** Unverkäuflichkeit *f*; **impuesto** *m* **sobre la ~** Verkaufssteuer *f*; **producto** *m* **de la(s) ~(s)** Verkaufserlös *m*; **sección** *f* o **departamento** *m* **de ~s** Verkaufsabteilung *f eines Werks*; **de ~ fácil** leicht verkäuflich, gut abzusetzen(d); **en ~** zu verkaufen; (*disponible*) erhältlich (**en** in, bei *dat*); **estar de ~** verkauft werden; **estar** o **hallarse a la ~** verkäuflich sein; vorrätig sein, zu haben sein; **poner a la** o **en ~** zum Verkauf anbieten, in den Handel bringen 2 HIST (*hospedaje*) Herberge *f*; Wirts-, Gasthaus *n am Wege* 3 *reg fam fig* (*zona inhospitalaria*) unwirtliche Gegend *f* 4 *Chile* (*puesto de venta*) Verkaufsstand *m*

ventada *F* heftiger Windstoß *m*

ventaja *F* 1 (*beneficio*) Vorteil *m*; (*preferencia*) Vorzug *m*; (*superioridad*) Überlegenheit *f*; **~ fiscal** Steuervergünstigung *f*; **ganar ~** einen Vorsprung gewinnen; **llevar ~** einen Vorteil haben; im Vorteil sein; *tb fig* **llevarle ~ a alg** vor j-m einen Vorsprung haben; **sacar ~ de a/c** Nutzen aus etw ziehen; **todo tiene sus ~s y sus inconvenientes** o **desventajas** alles hat seine Vor- und Nachteile 2 DEP, *juego de cartas*: Vorsprung; *m* Vorgabe *f*; *tb fig* **jugar con ~** versteckte Trümpfe (in der Hand) haben 3 (*sueldo adicional*) Vorzugsprämie *f*, Sondergehalt *n*

ventajear *V/T Am* 1 (*sacar ventaja*) *j-n* ausnutzen 2 (*superar*) *j-n* übertreffen; **ventajero** *M* 1 *fam* (*empollón*) Streber *m*; *Am fam* (*malhechor*) Gauner *m*, geriebener Kunde *m fam* 2 *Arg* (*suertudo*) Glückspilz *m*; **ventajismo** *M Am* Gaunerei *f*, skrupellose Geschäftemacherei *f*; **ventajista** *M/F* Gauner *m*, -in *f*, skrupellose(r) Geschäftemacher *m*, -in *f*; **ventajoso** A *ADJ* (*lucrativo*) vorteilhaft; gewinnbringend B *M*, **-a** *F Am* → ventajista

ventalla *F* BOT halbe Samenkapsel *f*

ventana *F* Fenster *n* (*tb* MED, TEC, INFORM); *máscara antigás, casco de buceador, etc*: Sichtglas *n*; **~ basculante/corrediza/doble/enrejada** Kipp-/Schiebe-/Doppel-/Gitterfenster *n*; AVIA **~ de emergencia** Notausstieg *m*; **~ de las flores** o **de las plantas** Blumenfenster *n*; **~ de fuelle** Kippflügelfenster *n*; **~ giratoria/móvil** Ausstell-, Schwenk/Klappfenster *n*; **~ de guillotina** Schiebefenster *n*; ANAT **~ de la nariz** Nasenöffnung *f*, -loch *n*; **~ nasal** Nasenloch *n*; ARQUIT **~ de arco ojival** Spitzbogenfenster *n* (*Gotik*); INFORM **~ pop-up** Pop-up-Fenster *n*; ARQUIT **~ redonda** Rundfenster *n* (*Romanik*); **~ de socorro** Notausstieg *m*; **~ de ventilación** Lüftungsklappe *f*; FOT **~ del visor** Ausblickfenster *n*, Sucher *m*; **vano** *m* **de ~** Fensteröffnung *f*; *fig* **tirar a ~ conocida** o **señalada** auf j-n anspielen; **echar** o **tirar por la ~** aus dem Fenster werfen (*tb fig*), *fig* verschwenden

ventanaje *M* ARQUIT Anordnung *f* der Fenster; **ventanal** *M* großes Fenster *n*; **ventanazo** *M* Zuschlagen *n* eines Fensters; **ventanear** *V/I fam* oft am Fenster stehen; sich am Fenster zeigen; **ventaneo** *M fam das* Sich-am-Fenster-Zeigen; **ventanero** A *ADJ fam mujer* sich oft am Fenster zeigend; *hombre* nach Frauen in den Fenstern Ausschau haltend B *M* Fensterschreiner *m*

ventanilla *F* 1 (*pequeña ventana*) Fensterchen *n*; **~ (de) corredera** kleines Schiebefenster *n* 2 AUTO, FERR, AVIA (*ventana*) Fenster *n*; MAR (*ojo de buey*) Bullauge *n*; AUTO **~ derivabrisas/trasera** Ausstell-/Heckfenster *n* 3 *mostrador*: Schalter *m*; Schalterfenster *n*; FIN **~ de cambios** Wechselschalter *m* 4 *de un sobre*: Fenster *n* 5 ANAT Nasenloch *n*

ventanillo *M* 1 Fensterchen *n*, Luke *f*; *en la puerta de casa*: Guckloch *n*; **~ de servicio** Durchreiche *f* 2 (*tragaluz*) Dachgaubenfenster *n*; MAR Oberlicht *n*, Luke *f*; Bullauge *n*; **ventano** *M* (*pequeña ventana*) kleines Fenster *n*

ventar ⟨1k⟩ A *V/T* lüften B *V/I* 1 *viento* wehen 2 *animales* wittern (*tb fig*), CAZA winden; herumschnüffeln (*tb fig*); **ventarrón** *M fam* starker Wind *m*; heftiger Windstoß *m*; **venteadura** *F* Windspalt *m*, -kluft *f im Holz*

ventear A *V/T* 1 *animal* wittern, beschnüffeln 2 (*airear*) lüften 3 *fig* (*husmear*) (aus)schnüffeln, aufspüren B *V/I* 1 (*olfatear*) schnüffeln 2 *viento* wehen C *V/IMP* **ventea** der Wind geht, es ist windig D *V/R* **ventearse** 1 (*rajarse*) rissig werden, springen; *ladrillos al cocerse*: blasig werden 2 (*estropearse por acción del aire*) unter dem Einfluss der Luft verderben 3 → ventosear 4 *Chile fam* (*estar fuera de casa*) oft außer Hause sein; *desp* sich draußen herumtreiben

ventero *M*, **-a** *F* Herbergswirt *m*, -in *f*

ventilación *F* Lüftung *f*, Belüftung *f*, Ventilation *f*; MIN Wetterführung *f*; **ventilador** *M* Ventilator *m*; TEC, AUTO *tb* Gebläse *n*; **~ calefactor** Heizlüfter *m*

ventilar *V/T* 1 (*airear*) (aus-, ent-, be)lüften 2 *fig* (*discutir un tema*) erörtern, ventilieren 3 *fam fig* **~le a alg las orejas** (*abofetear*) j-n ohrfeigen 4 *pop* (*matar*) umlegen *fam*, killen *pop*

ventisca *F* heftiges Schneetreiben *n*, -gestöber *n*; Schneesturm *m*; **ventiscar** ⟨1g⟩, **ventisquear** *V/IMP* stürmen und schneien; **ventisquero** *M* 1 (*borrasca de nieve*) Schneewehe *f* 2 (*glaciar*) Gletscher *m*

vento *M Arg pop* (*dinero*) Zaster *m fam*, Kohle *f fam*

ventolada *F P. Rico* starker Wind *m*; **ventolera** *F* 1 (*golpe de viento*) starker Windstoß *m* 2 *juguete*: Windmühle *f* 3 *fam fig* (*pensamiento extravagante*) Angabe *f fam*; verrückter Einfall *m*; Spinnerei *f fam*; **le dio la ~ de …** er kam auf die (verrückte) Idee zu …

ventor *ADJ de animales*: Spür…; **(perro** *m*) **~** *m* Spürhund *m*

ventosa *F* 1 *para airear*: Luft-, Windloch *n* 2 ZOOL Saugnapf *m* 3 *aparato*: Saugnapf *m*, TEC *tb* Saugteller *m*; MED Schröpfkopf *m*; MED **pegar a alg una ~** j-m einen Schröpfkopf aufsetzen, j-n schröpfen (*tb fig*)

ventosear *V/I* y *V/R* **~se** Winde streichen lassen, einen fahren lassen *fam*, furzen *pop*; **ventosidad** *F* MED Blähung *f*; **~es** *fpl* Winde *mpl*, Gas *n*; **ventoso** *ADJ* 1 windig 2 MED (*flatulento*) blähend

ventral *ADJ* ANAT Bauch…; **ventrecha** *F* Bauch(speck) *m* (o Innereien *fpl*) *der Fische*; **ventrecillo** *M* Bäuchlein *n*; **ventregada** *F* ZOOL Wurf *m*; **ventrera** *F* Leibbinde *f*; *equitación*: Bauchgurt *m*; **ventresca** → ventrecha

ventrículo *M* 1 ANAT Ventrikel *m*, Höhlung *f*; **~s** *mpl* **cerebrales** Hirnhöhlen *fpl*; **~s** *mpl* **del corazón** Herzkammern *fpl* 2 ZOOL Blättermagen *m der Wiederkäuer*

ventril *M* Richtbalken *m einer Ölmühle*; **ventrílocuo** A *ADJ* Bauchredner… B *M*, **-a** *F*

Bauchredner *m*, -in *f*; **ventriloquia** F Bauchrednerei *f*; **ventroso, ventrudo** ADJ dickbäuchig

ventura F 1 (*felicidad*) Glück *n*; (*contingencia favorable*) glückliches Ereignis *n*; **buena ~** → buenaventura; **mala ~** Unglück *n*; **a la (buena) ~** auf gut Glück, aufs Geratewohl; **por ~** glücklicherweise; vielleicht; **sin ~** ohne Glück, unglücklich; **probar ~** sein Glück versuchen 2 (*peligro*) Wagnis *n*

venturado, venturoso ADJ glücklich

Venus F MIT, ASTRON Venus *f*; *fig* **venus** Schönheit *f*

venusiano ADJ ASTRON auf den Planet Venus bezogen; **venusino** ADJ MIT, ASTRON auf die Venus bezogen; **venustez** F Anmut *f*, Schönheit *f*; **venustidad** F → venustez; **venusto** ADJ 1 (*hermoso*) anmutig, schön 2 *fig* (*voluptuoso*) geil, wollüstig

veo → ver[1]

ver[1] ⟨2v⟩ A VT & VI 1 (*percibir por los ojos*) sehen; (*mirar*) sehen nach (*dat*); **~ bien/mal** gut/schlecht sehen; **es como si lo viera** es ist, als ob ich es vor mir sähe; das kann ich mir ganz genau vorstellen; **~ y esperar** abwarten und Tee trinken; **le vimos entrar/entrando** wir sahen ihn eintreten/beim Eintreten; **darse a ~** sich kurz sehen lassen; **dejarse ~** sich sehen lassen, sich zeigen; **ser de** *o* **para ~** sehenswert sein; **volver a ~** wiedersehen; **(bien) se echa de ~ que …** man sieht sofort, dass …; *fig* **no poder ~ a alg** j-n nicht ausstehen (*o* riechen *fam*) können; **¿(lo) ves?** siehst du wohl?; **no veo dos pasos** *o* **(a) dos palmos de narices** *o fam* **tres en un burro** ich kann die Hand vor den Augen nicht sehen; *fam* **… que no había más que ~** es war eine ganz eigenartige Sache; *fig* **si te he visto, no me acuerdo** er tut, als ob er mich nie gesehen hätte (, *und dabei hat er mir so viel zu verdanken*); **¡quien te ha visto y quien te ve!** du bist (ja) nicht wiederzuerkennen!, ich hätte dich nicht wiedererkannt!; *fam* **tengo un hambre que no veo** ich habe einen Bärenhunger; *fam* **ni quien tal vio** *Verstärkung einer Negation*: **no lo hizo él ni quien tal vio** er hat es bestimmt nicht getan; **(Santo Tomé,) ~ y creer** ein ungläubiger Thomas sein; *prov* (*liter* **si a Roma fueres,**) **haz como vieres** mit den Wölfen muss man heulen; *fam fig* **¡verá usted lo que es bueno!** jetzt werden Sie etwas zu sehen kriegen! 2 *fig* (*percibir por la inteligencia*) **~ claro** verstehen; klarsehen; **no lo veo claro** es ist mir nicht (ganz) klar; **lo estoy viendo** das ist (für mich) offensichtlich 3 (*juzgar*) **~ bien/mal a/c** *fig* einer Sache (*dat*) wohlwollend/negativ gegenüberstehen; **a mi modo** *o* **manera de ~** meiner Ansicht (*o* Meinung) nach; **¿cómo lo ves?** was meinst du (dazu)? 4 (*revisar*) nachsehen, durchsehen; **sin más ~** ohne nähere Untersuchung (der Umstände) 5 **(no) tener (nada) que ~ con** *o* **en** (nichts) zu tun haben mit (*dat*) 6 (*experimentar, vivir*) **ya (lo) veremos** wir werden es (schon *o* noch) erleben; **estar por ~** noch unbestimmt (*o* zweifelhaft) sein; **está por ~** das bleibt abzuwarten; **queda por ~** es bleibt abzuwarten; **a ~ si lo sabe usted** nun, vielleicht wissen Sie es; **(llegar a) ~lo** es (noch) erleben (werden); **¡viera qué sorpresa!** die Überraschung hätten Sie erleben müssen! 7 (*intentar*) **~ de conseguirlo** zusehen (*o* versuchen), es zu erreichen; **ya veremos** wir wollen einmal sehen (, *was sich tun lässt*) 8 (*sospechar*) *fam fig* **~las venir** etwas (voraus)ahnen; *fig* auf der Lauer liegen; *fam fig* **te veo venir** ich habe deine Absichten erkannt, ich habe dich durchschaut; **me lo veía venir** das habe ich kommen sehen 9 **hacer ~** (*mostrar*) sehen lassen, zeigen, aufweisen; (*denotar*) schließen lassen auf (*acus*); (*dilucidar*) deutlich machen, erklären; **le haré ~ quién soy yo** ich werde ihm zeigen (*o* beibringen *fam*), mit wem er es zu tun hat, der wird mich noch kennen lernen *fam* 10 (*visitar*) aufsuchen, besuchen; **ir** *o* **venir a ~** besuchen; **~ mundo** Reisen machen, sich (*dat*) die Welt ansehen; *p. ext* (*hacer sociedad*) gesellschaftliche Veranstaltungen besuchen, unter die Leute gehen 11 JUR *juicio* verhandeln, abhalten; *testigos* hören 12 INT **¡a ver!** *animando*: mal sehen!; auf!, los!; zeig mal her!, lass mal sehen!; her damit!; *fam como respuesta*: natürlich!; *Col* TEL hallo! (*Angerufener*); **¡vamos a ~!** wir wollen mal sehen, sehen wir einmal zu!; **¡a ~ el libro!** gib (*o* geben Sie) das Buch (doch) mal her!; **¡veamos!** sehen wir einmal zu!; **¡veremos!** wir werden sehen; warten wir es ab!; *al ceder*: na, schön!; **¡ya se ve!** allerdings, freilich, natürlich!; **¡para que veas!** damit du's siehst!; da hast du's!; **¡a** *o* **hasta más ~!** auf Wiedersehen!; **¡hay que ~!** unglaublich!, nein, so etwas!; *fam* **¡tendría que ~!** das würde noch fehlen! B V/R **verse** 1 sich sehen; (*hacer visitas recíprocas*) sich gegenseitig besuchen; **~ con alg** sich mit j-m treffen, mit j-m zusammenkommen; **~ en el espejo** sich im Spiegel sehen; **~ obligado** *o* **forzado a** sich gezwungen sehen zu (*inf o dat*); *fam fig* **nos veremos las caras** wir haben noch ein Wörtchen miteinander zu reden; *fig* **vérselas con alg** mit j-m zu tun haben 2 (*notarse*) zu sehen sein; **se ve que** man sieht, dass; man merkt, dass; *tb* es ist klar, dass; **véase más abajo/más arriba** siehe weiter unten/weiter oben; **se ve que no lo harán** man sieht (*o* man erkennt), dass sie es nicht tun werden 3 (*encontrarse*) sich befinden; **~ en un apuro** in einer schwierigen Lage sein; **~ pobre** (plötzlich) verarmen; *fam fig* **tener que ~** (*o* **vérselas) y desearse** (*o* **deseárselas) para hacer a/c** nur mit größter Mühe etw tun können

ver[2] M 1 (*sentido de la vista*) Sehen *n* 2 (*apariencia*) Aussehen *n*; **de buen ~** gut aussehend 3 (*opinión*) Meinung *f*; **a mi ~** meiner Ansicht nach, meiner Meinung nach

vera[1] F (*borde*) Rand *m*, Saum *m*; (*lado*) Seite *f*; (*orilla*) Ufer *n*; **a la ~ de** neben (*dat*); **a la ~ del camino** am Weg(es)rand

vera[2] F *Am* BOT *guajakähnlicher Baum* (*Zygophyllum arboreum*)

veracidad F Wahrhaftigkeit *f*

veracruzano A ADJ aus Veracruz (*Mexiko*) B M, -a F Einwohner *m*, -in *f* von Veracruz *f*

veralca F *Chile* Guanakofell *n* (*Teppich, Zudecke*)

veranada F AGR Zeit *f* der Sommerweide; *RPl* → veranadero; **veranadero** M AGR Sommerweide *f*

veranda F Veranda *f*

veraneadero M *Col* Sommerfrische *f*; **veraneante** A ADJ Sommerfrischler… B M/F Sommergast *m*, Sommerurlauber *m*, -in *f*; **veranear** VI den Sommer(urlaub) verbringen; **veraneo** M 1 Sommerfrische *f*; **estar de ~** in der Sommerfrische sein 2 AGR → veranadero

veranero A M 1 AGR Sommerweide *f* 2 *Ec* ORN → pardillo B ADJ → veraniego

veraniego ADJ sommerlich, Sommer…; *fam fig* (*superficial*) oberflächlich; (*fugaz*) flüchtig; (*insignificante*) unbedeutend; **veranillo** M Nachsommer *m*; *Esp* **~ de San Martín** Altweibersommer *m*; **veranito** M *Am* **~ de San Juan** Altweibersommer *m*

verano M 1 Sommer *m*; **en (el) ~** im Sommer; **(durante) todo el ~** den ganzen Sommer (lang); **pasar un ~ inolvidable** einen unvergesslichen Sommer verbringen; **vestirse de ~** sich sommerlich kleiden; *fam fig* **de ~** lass mich in Ruhe!; ich bin jetzt nicht zu sprechen; *fig* **pasar como una nube de ~** rasch vorübergehen 2 *Am Mer* (*época seca*) trockene Jahreszeit *f*

veras FPL Wahrheit *f*; Wahrhaftigkeit *f*; **de ~** im Ernst, wirklich; ernsthaft; aufrichtig; **hacer a/c muy de ~** sich für etw (*acus*) ganz einsetzen

veratro M BOT weiße Nieswurz *f*

veraz ADJ ⟨*pl* -aces⟩ wahrhaft(ig); wahrheitsliebend

verba F Geschwätzigkeit *f*, Quasselei *f*

verbal ADJ mündlich; GRAM verbal, Verb…; JUR **contrato** *m* **~** mündlich vereinbarter Vertrag *m*; **verbalismo** M *t/t* Verbalismus *m*; Vorherrschaft *f* des Wortes; *desp* Wortklauberei *f*; **verbalista** A ADJ zum Verbalismus neigend, verbalistisch B M/F *desp* Wortklauber *m*, -in *f*; **verbalización** F GRAM Verbalisierung *f*; **verbalizar** VT in Worte fassen; mit Worten ausdrücken; GRAM verbalisieren

verbasco M BOT Königskerze *f*

verbena F 1 BOT Eisenkraut *n* 2 *Esp* (*fiesta popular*) Volksfest *n*, Kirmes *f*; *p. ext* (Sommernachts)Ball *m* (*bes zu Wohltätigkeitszwecken*); **Verbena de San Juan**, *in Madrid*: **Verbena de la Paloma** *besonders bekannte Volksfeste am Vorabend der genannten Patrone*

verbenáceas FPL BOT Eisenkrautgewächse *npl*; **verbenear** VI *fig* wimmeln; sich rasch vermehren; **verbenero** M, -a F *Esp fam* Person *f*, die gerne auf Feste geht

verberar VT peitschen, geißeln (*tb fig viento, olas*)

verbigracia zum Beispiel

verbo M 1 GRAM Verb *n*, Zeitwort *n*; **~ activo** *o* **transitivo** transitives Verb *n*; **~ auxiliar** Hilfsverb *n*; **~ deponente** Deponens *n*; **~ factitivo** faktitives Verb *n*, bewirkendes Zeitwort *n*; **~ impersonal** unpersönliches Verb; **~ intransitivo** *o* **neutro** intransitives Verb *n*; **~ reflexivo** *o* **reflejo** reflexives Verb *n*, rückbezügliches Zeitwort *n* 2 *poét* (*palabra*) Wort *n*; REL **el Verbo** das Wort, der Logos; REL **el Verbo Divino** das göttliche Wort, das Gotteswort

verborragia *fam*, **verborrea** F *fam* Wortschwall *m*; Geschwätzigkeit *f*; **verbosidad** F Wortschwall *m*; **verboso** ADJ wortreich

verdacho M Blassgrün *n* (*Erdfarbe*)

verdad F 1 Wahrheit *f*; **la ~ al desnudo** *o* **la ~ sin adornos** die reine (*o* ungeschminkte *o* nackte) Wahrheit; **una ~ a medias** eine Halbwahrheit; **es un amigo de ~** er ist ein echter Freund; **hay un grano de ~ en la cosa** es ist etw Wahres (*o* ein Körnchen Wahrheit) an der Sache; **faltar a la ~** die Unwahrheit sagen; **a decir ~** eigentlich; offen (*o* ehrlich) gesagt; **a la ~** in der Tat; **de ~** im Ernst; **en ~** wirklich, wahrhaftig; tatsächlich; **la ~ …** eigentlich …; **atenerse a la ~** bei der Wahrheit bleiben; **es ~** es ist wahr; das stimmt; **¿(no es) ~?** nicht wahr?; **la ~ es que …** Tatsache ist, dass …; **~ es que** *o* **bien es ~ que …** zwar …, (**pero** aber) 2 *fig* **~ de Perogrullo** Binsenwahrheit *f*; **~es** *pl* bittere Wahrheiten *fpl*; *fam fig* **decirle a alg cuatro ~es** j-m ordentlich die Meinung sagen; *fam fig* **decirle a alg las ~es del barquero** j-m gehörig den Kopf waschen (*fam fig*); **no todas las ~es son para ser dichas** es ist nicht immer ratsam, die Wahrheit zu sagen 3 *juramento*: **la ~, toda la ~ y nada más que la ~** die reine Wahrheit, ohne etw hinzuzufügen noch etw zu verschweigen

verdaderamente ADV wirklich; **verdadero** ADJ wahr; wahrhaftig; wirklich; eigentlich; echt; **la historia resultó -a** die Geschichte erwies sich als wahr

verdal ADJ BOT grünlich

verdasca F *noch grüne* Gerte *f*, Rute *f*

verde A ADJ 1 *color:* grün (*tb* POL); *transporte:* **onda** *f o Am* **ola** *f* **~ (de los semáforos)** grüne Welle *f*; **~ aceituna** olivgrün; **~ botella** flaschengrün; **~ chillón** giftgrün; **~ hierba** grasgrün; **~ mar** meergrün; **~ musgo** moosgrün; **~ oliva** olivgrün; *urbanismo:* **zona** *f* **~** grüne Zone *f*, Grüngürtel *m der Städte; fam fig* **poner a alg ~** j-n gewaltig abkanzeln *fam* 2 *fig* (*no maduro*) grün, unreif; *vino* herb; *verdura* frisch; *persona* grün, jung; **fruta** *f* **~** unreifes Obst *n*; **joven** *m* **muy ~ aún** ein noch recht unreifer junger Mann *m*; *prov* **¡están ~s!** die Trauben sind mir (*etc*) zu sauer! 3 *fam fig chiste, etc* schlüpfrig, schmutzig, unanständig 4 (*lascivo*) lüstern, geil *fam*; **viejo ~** Lustgreis *m*; **viuda** *f* **~** lustige Witwe *f* B M 1 *color, vegetación:* Grün *n*; *p. ext* (*forraje*) Grünfutter *n*; *fig del vino:* Herbe *f*; **~ claro** Hellgrün *n*; **~ oscuro** Dunkelgrün *n*; MINER **~ de montaña** Malachit *m*; **~ (de) malaquita** Malachitgrün; *fam fig* **darse un ~** einmal ausspannen, sich einmal verschnaufen 2 POL **los ~s** die Grünen *pl* 3 *Esp fam* **los ~s** die Guardia civil 4 *Esp* HIST *fam* (*billete de mil pesetas*) Tausendpesetenschein *m*

verdear A VI 1 *color:* ins Grüne spielen 2 BOT grün werden, sprießen B VT *reg* AGR *olivas, uvas* (für den Verkauf) pflücken; **verdeazul** ADJ blaugrün; **verdeceladón, verdeceledón** ADJ blassgrün; **verdecer** VI ⟨2d⟩ (er)grünen; **verdecillo** M ORN Girlitz *m*; **verdegay** hellgrün; **verdeguear** VI → verdecer; **verdemar** ADJ *inv* türkisfarben

verdeo M AGR Ernte *f* von unreifen (*o* grünen) Oliven; **verdeoscuro** ADJ dunkelgrün

verderón M 1 ZOOL Grünfink *m* 2 *Esp fam persona:* Grünschnabel *m* 3 *Esp* HIST *pop* Tausendpesetenschein *m*

verdín M 1 *de las plantas:* Grünschimmer *m*; zartes erstes Grün *n* 2 (*musgo*) Baummoos *n*; *p. ext* (*moho*) Schimmel *m* 3 (*cardenillo*) Grünspan *m* 4 (*capa de algas*) Algenteppich *m*; **verdinegro** ADJ tief dunkelgrün; **verdiseco** ADJ *vegetación* halb dürr

verdolaga F BOT Portulak *m*

verdor M *de plantas:* frisches Grün *n*; *fig* (*vigor de la juventud*) Jugendkraft *f*; **verdoso** ADJ grünlich

verdugada F ARQUIT → verdugo 4; **verdugazo** M Gertenschlag *m*

verdugo M 1 BOT (*vástago*) Reis *n*, Trieb *m*; (*varilla*) Gerte *f* 2 *p. ext* (*azote*) Peitsche *f*; *fig* (*roncha*) Strieme *f* 3 (*ejecutor*) Henker *m* (*tb fig*) 4 ARQUIT Lage *f* von Ziegelsteinen *zwischen anderem Mauerwerk* 5 ORN Raubwürger *m*; **verdugón** M 1 (*varilla*) stärkere Gerte *f* 2 (*roncha*) (Peitschen)Strieme *f*; **verduguillo** M 1 *dim* → verdugo 2 *gallapfelähnlicher Auswuchs an Blättern* 3 (*navaja*) schmales Rasiermesser *n* 4 (*arete*) Ohrring *m*

verdulera F Gemüsefrau *f*; Marktweib *n* (*tb fig desp*); **verdulería** F Obst- und Gemüsehandlung *f*; *fam fig* (*obscenidad*) Zote *f*; **verdulero** 1 M/F *comerciante:* Gemüsehändler *m*, -in *f* 2 M *mueble:* Gemüseregal *n*, -ständer *m* 3 M *bandeja:* Gemüseschale *f*

verdura F 1 *color y vegetación:* Grün *n*; (*follaje*) Laub *n*, Belaubung *f* 2 PINT *y gobelino:* Verdure *f* 3 GASTR (*hortalizas*) Grünzeug *n*; Gemüse *n*; Suppenkraut *n* 4 *fam fig* (*obscenidad*) Schlüpfrigkeit *f*; Pikanterie *f*; Obszönität *f*; *Col* **~s** *pl* derbe Schimpfwörter *npl*; **verdusco** ADJ schwärzlich grün; **verduzco** ADJ → verdusco

verecundia F *liter* Schamhaftigkeit *f*, Schamgefühl *n*, Scheu *f*; **verecundo** ADJ schamhaft

vereda F 1 (*camino peatonal*) Fußweg *m*; Pfad *m*; **~ de bosque** Schneise *f*; *fig* **meter** *o* **poner en ~** auf den rechten Weg (*o* ins richtige Gleis) bringen 2 *Am Mer, Cuba* (*acera*) Geh-, Bürgersteig *m* 3 *Col* (*zona de un municipio*) Bezirk *m einer Dorfgemeinde*

veredicto M JUR *y fig* Verdikt *n*; Spruch *m* der Geschworenen; *fig* Urteil *n*, Meinung *f*; **~ de culpabilidad** Verurteilung *f*; Schuldspruch *m*

verga F 1 (männliches) Glied *n*, ZOOL Rute *f* 2 MAR Rahe *f* 3 *de la ballesta:* Bogen *m einer Armbrust*; **vergajo** M Ochsenziemer *m*

vergé ADJ **papel** *m* **~** Papier *n* mit gitterartigem Wasserzeichen

vergel M (Obst)Garten *m*; Ziergarten *m*

vergencia F ÓPT, GEOL Vergenz *f*

vergeteado ADJ *heráldica:* gestreift

verglás M Glatteis *n*

vergonzante ADJ **pobre** *m/f* **~** verschämte Arme *m/f*; **vergonzoso** A ADJ 1 (*humillante*) beschämend; (*infame*) schändlich, schandbar; **acción** *f* **-a** Schandtat *f* 2 (*púdico*) schamhaft; (*tímido*) schüchtern, verlegen; **partes** *fpl* **-as** Schamteile *mpl* B M, **-a** F Schüchterne *m/f* C M ZOOL *Art* Gürteltier *n*

vergüenza F 1 *turbación del ánimo:* Scham *f*; Schamhaftigkeit *f*; Schüchternheit *f*; **me da ~** ich schäme mich; **¿no te da ~?** schämst du dich nicht?; **se le cae la cara de ~** er schämt sich in Grund und Boden; **sentir ~ ajena** sich für j-n schämen; **sin ~** schamlos; → *tb* sinvergüenza; **tener ~** sich schämen; *espec niños* schüchtern sein; **no tener ~** schamlos (*o* unverschämt) sein 2 (*deshonor*) Schande *f*; **es una ~** es ist eine Schande; **¡qué ~!** so eine Schande! 3 (*pundonor*) Anständigkeit *f*, Ehrgefühl *n*; **hombre** *m* **de ~** Mann *m* mit Ehrgefühl 4 ANAT **~s** *pl* (*partes pudendas*) Schamteile *mpl*

vericueto M 1 (*camino en la montaña*) Bergpfad *m*; *fig frec* **~s** *pl* verschlungene Wege *mpl* 2 *terreno:* unwegsames, zerklüftetes Gelände *n*

verídico ADJ wahr; wahrheitsgetreu

verificable ADJ nachweisbar

verificación F 1 (*control*) (Nach-, Über)Prüfung *f*, Kontrolle *f*; **~ de cuentas** Rechnungsprüfung *f*; **~ (por pruebas) al azar** Stichprobe(nkontrolle) *f* 2 (*comprobación*) Nachweis *m*, Feststellung *f*; **~ de daños** Schadensnachweis *m*

verificador M Prüfer *m* (*tb aparato*); **~ de contadores** Zählerprüfer *m*, Kontrolleur *m für Wasseruhren etc*; AUTO **~ de presión de aire** Luftdruckprüfer *m*; **verificadora** F Prüferin *f*

verificar ⟨1g⟩ A VT 1 (*confirmar*) bestätigen, ADMIN beglaubigen; (*comprobar*) feststellen, nachweisen 2 (*controlar*) (nach-, über)prüfen, kontrollieren; nachsehen; **~ al azar** eine Stichprobe machen; **~ una medida** etw nachmessen 3 (*realizar*) aus-, durchführen; verwirklichen B VR **verificarse** 1 (*resultar cierto*) sich bewahrheiten; bestätigt (*o* nachgewiesen) werden 2 (*tener lugar*) stattfinden, erfolgen, eintreten

verificativo ADJ nachweisend; beweisend; bestätigend; *Méx* **tener ~** stattfinden

verija F 1 ANAT (*pubis*) Unterleib *m*; Schamteile *mpl* 2 *Am del caballo:* Weichen *fpl*

veril M MAR Rand *m* (einer Untiefe); **verilear** VI MAR an einer Untiefe entlangfahren

verismo M *arte:* Verismus *m*; **verista** *arte:* A ADJ veristisch B M/F Verist *m*, -in *f*

verja F 1 (*reja*) Gitter *n*; (*enrejado*) Gatter *n*; **~ extensible** Scherengitter *n* 2 *puerta:* Gittertür *f*; *ventana:* Fenstergitter *n*

verjurado ADJ → vergé

verme M MED Wurm *m*; **vermicida** M MED Wurmmittel *n*; **vermicular, vermiforme** ADJ wurmförmig; **vermífugo** FARM A ADJ wurmabtreibend B M Wurmmittel *n*

vermú, vermut M 1 *vino:* Wermut(wein) *m* 2 *Am* FILM, TEAT (*función de la tarde*) Nachmittagsvorstellung 3 *Esp* (*aperitivo*) Aperitif *m*

vernáculo ADJ einheimisch; **lengua** *f* **-a** Heimat-, Landessprache *f*

vernal ADJ Frühlings...

vernier M MAT, TEC Nonius *m*

vero M 1 ZOOL Zobel *m* 2 *piel:* Zobelpelz *m*

verónica F 1 BOT Ehrenpreis *m* 2 TAUR *Figur, bei welcher der Stierkämpfer den Stier mit der Capa an sich vorbeilenkt*; **~ de rodillas** Veronica *f auf Knien* 3 CAT Schweißtuch *n* der Veronika 4 *Chile* (*manto negro*) schwarzer Umhang *m für Frauen*

verosímil ADJ (*probable*) wahrscheinlich; (*creíble*) glaubhaft; **verosimilitud** F Wahrscheinlichkeit *f*

verraco A M 1 ZOOL (*cerdo*) Eber *m*; (*jabalí*) Keiler *m* 2 *Col, Ven fam* (*muchacho osado*) toller Bursche *m fam*, Draufgänger *m* 3 *Cuba* (*tonto*) *fam* blöder Kerl *m fam* B ADJ *Col fam* toll *fam*, enorm *fam*; **verraquear** VI 1 (*gruñir*) schimpfen, knurren 2 *niño* heulen, brüllen;

verraquera F 1 *fam de niños:* Trotzweinen *n* 2 (*situación difícil*) schwierige Lage *f* 3 *Col* (*pujanza*) Pep *m fam*, Schwung *m*; (*arrojo*) Draufgängertum *n* 4 *Col* (*excitación sexual*) sexuelle Erregung *f* 5 *Col* **¡es la ~!** das ist super! *fam*

verriondera F *Col fam* Ärger *m*; **verriondez** F 1 ZOOL (*época de celo*) Brunst(zeit) *f* (*bes beim Eber*) 2 *fam fig de legumbres:* Halb-gar-Sein *n*; **verriondo** ADJ 1 ZOOL brünstig 2 *fam fig legumbres* halb roh

verruga F Warze *f*; **verrugato** M *pez:* Schattenfisch *m*; **verrugo** M *fam* Geizhals *m*, Knicker *m*, Knauser *m*; **verrugosa** F *Ven* ZOOL *serpiente venenosa:* Buschmeister *m*; **verrugosidad** F warzenartige Wucherung *f*; **verrugoso** A ADJ warzig B M *Col* ZOOL Kaiman *m*; **verrugueta** F *jerga del hampa* Mogeln *n beim Kartenspiel*

versado ADJ bewandert, beschlagen, geschickt, versiert (**en** in *dat*)

versal F TIPO (**letra** *f*) **~** Großbuchstabe *m*, Versal *m*; TIPO Versalie *f*; **versalita** F TIPO Kapitälchen *n*

Versalles M Versailles *n*

versallesco ADJ 1 *auf Versailles bezogen* 2 HIST *auf das höfische Leben in Versailles im 18. Jh. bezogen* 3 *fig* (*afectadamente cortés*) (modisch) geziert

versar A VI **~ sobre** sich drehen um (*acus*); handeln von (*dat*) B VR **versarse** sich üben;

versátil ADJ 1 (*giratorio*) drehbar 2 (*de múltiple uso*) vielseitig (verwendbar) (*tb* TEC) 3 *fig* (*inconstante*) wetterwendisch; wankelmütig 4 *actor, artista, etc:* wandlungsfähig; **versatilidad** F 1 (*utilidad múltiple*) Vielseitigkeit *f*, vielseitige Verwendbarkeit *f* (*tb* TEC) 2 (*inconsistencia*) Wankelmut *m*, Sprunghaftigkeit *f*; (*falta de carácter*) Charakterlosigkeit *f* 3 *de actores, artistas, etc:* Wandlungsfähigkeit *f*

versear VT *Arg fam* anschwindeln

versícula F REL Chorbuchschrank *m*; **versículo** M Bibelvers *m*

versificación F LIT 1 (*composición*) Versbau *m* 2 *arte:* Verskunst *f*, -lehre *f* 3 (*conversión a versos*) Übertragung *f* in Versen; **versificador** M, **versificadora** F Versemacher *m*, -in *f*, Verskünstler *m*, -in *f*

versificar ⟨1g⟩ A VT in Verse bringen B VI Verse machen; reimen; (*componer*) dichten

versión F 1 (*interpretación*) Version *f*; Darstellung *f*; Lesart *f* (*tb fig*); Ausführung(sweise) *f* (*tb* TEC); INFORM **~ actualizada** Update *n* 2 (*traducción*) Übersetzung *f* (*bes in die Muttersprache*) 3 FILM Fassung *f* 4 MED *del feto:* Wendung

f

verso[1] M 1 LIT Vers m; ~ **blanco** o **suelto** Blankvers m; ~ **libre** freier Vers m; **drama** m **en** ~ Versdrama n; **hacer** o **componer** ~**s** Verse machen (o schmieden), dichten; *Méx fam fig* **echar** ~ schöne Reden führen 2 *Arg, Ur fam fig (exageración)* Übertreibung f, *(mentira)* Lüge f

verso[2] ADJ **folio** m ~ Verso n, Rückseite f (eines Blattes); MAT **seno** m ~ Umkehrfunktion f des Sinus, Kosekans m

versolari M Stegreifdichter m *(im Baskenland)*

versta F *medida de longitud*: Werst f *(1,067 km)*

vértebra F ANAT Wirbel m; ~ **cervical/dorsal** Hals-/Rückenwirbel m; ~ **lumbar/sacra** Lenden-/Kreuzbeinwirbel m

vertebración F Zusammenhalten n; **vertebrado** A ADJ **animal** m ~ Wirbeltier n B MPL ~**s** Wirbeltiere npl; **vertebral** ADJ Wirbel...; *tb fig* **columna** f ~ Rückgrat n; **vertebrar** VT *fig* gliedern; zusammenhalten; **vertebroplastia** F MED Vertebroplastie f

vertedera F AGR Streichbrett n *am Pflug*; **vertedero** M 1 ~ **(de basuras)** *sitio*: Müll-, Schuttabladeplatz m, Müllkippe f, -deponie f; *evacuador*: Müllschlucker m; ~ **incontrolado** wilde Deponie f 2 *conducto*: Ablaufbahn f; Ablaufrinne f; *de una presa*: Überfall m, Abfluss m

vertedor M 1 *(canal de aguas)* Abzugsrinne f, -kanal m; ~ **inclinado** Rutsche f 2 *(cuchara excavadora)* Löffel m *eines Baggers* 3 MAR *(cucharón)* Wasser-, Kahnschaufel f; *(bomba del barco)* Schiffspumpe f

verter ⟨2g⟩ A VT 1 *líquido* (aus-, ver)gießen; (aus-, ver)schütten; auskippen; *a otro recipiente*: eingießen; *fig opinión* äußern; ~ **sus aguas** *río* sich ergießen **(a, en** in *acus*) 2 *(traducir)* übersetzen **(a, en** in *acus*) *(bes in die Muttersprache)*; ~ **al alemán** ins Deutsche übersetzen B VI herab-, hinabfließen; *río* münden (in *acus* a) C VR **verterse** *líquido* ausfließen; *recipiente* umkippen

vertical A ADJ senkrecht, lotrecht B F MAT, TEC Senk-, Lotrechte f; **estar fuera de la** ~ vom Lot abweichen; überhängen; DEP **hacer la** ~ (einen) Handstand machen C M ASTRON Vertikal(kreis) m

verticalidad F senkrechte Lage f (o Richtung f); lotrechter Verlauf m

vértice M 1 *(punto culminante)* Scheitel(punkt) m (*tb* MAT); Höhepunkt m *(tb fig)* 2 ANAT *(coronilla)* Scheitel m; *p. ext (punta)* Spitze f; ~ **del pulmón** Lungenspitze f

verticidad F Drehbarkeit f, Beweglichkeit f

vertido M Ausgießen n; MAR Verklappung f; ~ **de sustancias tóxicas** Verklappung f von Giftstoffen; ~**s** *pl* **tóxicos** Giftmüll m

vertiente A ADJ *agua* herabströmend B F 1 *(techo en pendiente)* Dachschräge f, Abdachung f 2 *(declive)* Hang m; Gefälle n; *p. ext de un río*: Einzugsgebiet n *eines Flusses* 3 *fig (punto de vista)* Standpunkt m, Ansicht f 4 *Arg, Chile (manantial)* Quelle f

vertiginosidad F Schwindel Erregende(s) n; **vertiginoso** ADJ 1 *(que padece vértigo)* schwindelig 2 *(que causa vértigo)* schwindelerregend *(tb fig)*; *altura* schwindelnd; *fig (palpitante)* atemberaubend

vértigo M MED Schwindel m, Schwindelgefühl n; *fig* Rausch m; MED ~ **de las alturas** Höhenschwindel m, -taumel m; ~ **giratorio** Drehschwindel m; **de** ~ *movimiento* rasend; *fig* atemberaubend; *Cuba fam fig* **coger un** ~ auf die Palme gehen

vertimiento M Ausgießen n; Ergießen n; Vergießen n

vesania F *liter* Geistesstörung f, Irrsinn m; **vesánico** ADJ *liter* irrsinnig

vesicación F MED Blasenbildung f; **vesical** ADJ BIOL Blasen...; **vesicante** ADJ MED Blasen ziehend; **cataplasma** m ~ Umschlag m mit Zugsalbe

vesícula F BIOL, MED Bläschen n; ~ **biliar** Gallenblase f; ~ **seminal** Samenbläschen n

vesperal ADJ vorabendlich

véspero M *liter (lucero de la tarde)* Abendstern m; *(anochecer)* Abenddämmerung f

vespertino A ADJ abendlich, Abend... B M **(periódico** m**)** ~ Abendblatt n, -zeitung f

vesre M *Arg Argotsprache, in der die Silben der Wörter vertauscht werden: vesre = revés*

vestal F HIST Vestalin f

vestíbulo M 1 ARQUIT *(atrio)* Vorhalle f; Diele f, Flur m; TEAT Foyer n 2 ANAT *del oído*: Vorhof m, Vestibulum n *im Innenohr*

vestido M 1 *prenda*: (Frauen)Kleid n; ~ **camisero/de cóctel/de noche** Hemdblusen-/Cocktail-/Abendkleid n; ~ **de lentejuelas** Paillettenkleid n; ~ **de novia/playero** Braut-/Strandkleid n; ~ **palabra de honor** trägerloses Kleid n, Bustierkleid n; ~ **de punto de lana** Strickkleid n 2 *conjunto*: Kleidung f; Tracht f; *Col* ~ **de baño** Badeanzug m 3 *espec Am (traje)* (Herren)Anzug m

vestidor M Umkleideraum m, -kabine f; *para lactantes*: Wickelkommode f; **vestidura** F Kleidung f; Gewand n; REL ~**s** *pl* **litúrgicas** o **sagradas** liturgische Gewänder npl; *fig* **rasgarse las** ~**s** sich (scheinheilig) aufregen (o entrüsten)

vestier M *Col, Ven* Umkleideraum m

vestigio M Spur f *(tb fig)*; *fig* **no quedaron** ~**s de ...** es blieb keine Spur (o nichts) von ... *(dat)* erhalten

vestimenta F Kleidung f; REL ~**s** *pl* **(eclesiásticas)** Paramente pl

vestir ⟨3l⟩ A VT (be)kleiden; anziehen; *vestimenta* tragen, anhaben; MIL *reclutas* einkleiden; *p. ext (adornar)* schmücken; *muebles, etc* beziehen **(de** mit *dat*); *fig verdad* verhüllen; **cuarto de** ~ Ankleideraum m; REL ~ **el altar** den Altar schmücken; ~ **la damajuana de paja** die Korbflasche mit Stroh umhüllen; *fig* ~ **el discurso** die Rede ausschmücken (o rhetorisch ausgestalten); *fam fig* **quedar(se) para** ~ **santos** eine alte Jungfer werden; *fig* ~ **el rostro de alegría** eine freudige Miene zeigen; *prov* **vísteme despacio, que estoy de** (o **tengo)prisa** eile mit Weile!; immer langsam voran! B VI sich kleiden; *vestimenta* (gut) stehen; **bien vestido** gut angezogen, gut gekleidet; **vestido de blanco/de luto** weiß gekleidet/in Trauerkleidung; *fam fig* **irse al cielo vestido y calzado** bestimmt (o spornstreichs) in den Himmel kommen; **de (mucho)** ~ (sehr) kleidsam, (sehr) elegant; ~ **(de) corto** kurz(e Kleider) tragen; ~ **de máscara** ein Maskenkostüm anhaben; ~ **de paisano/de uniforme** Zivil(kleidung)/Uniform tragen; ~ **mucho** sehr elegant sein; *fam fig* **soy/es el mismo que viste y calza** ich bin's, und kein anderer/er ist's, wie er leibt und lebt C VR **vestirse** sich ankleiden, sich anziehen; *fig* sich bedecken **(de** mit *dat*); ~ **a la moda** sich modisch kleiden; ~ **con el mejor sastre** beim besten Schneider arbeiten lassen; *fig* **los árboles se visten de flores** die Bäume ziehen ihren Blütenschmuck an; ~ **de cura** geistliche Kleidung anlegen

vestón M *Chile* TEX Sakko n, Jackett n

vestuario M 1 *lugar*: (Künstler)Garderobe f; *espec* DEP Umkleideraum m 2 *(conjunto de prendas)* Kleidung(sstücke npl) f 3 *depósito*: Kleiderkammer f (*tb* MIL) 4 TEAT Kostümfundus m

vesubiano ADJ Vesuv...; *fig* vulkanisch

Vesubio M Vesuv m

veta F 1 *de madera, mármol*: Maser(ung) f 2 MIN Ader f, Gang m; ~ **metálica** Erzader f; *p. ext* ~ **de tocino magro** Streifen m (o Schicht f) mageren Specks *(im fetten Speck)* 3 *Ec (cinta)* Band n; *pop* **tirar de** ~ bumsen *pop*

vetar VT POL (s)ein Veto einlegen gegen *(acus)*; verbieten

veteado ADJ gemasert; geädert; marmoriert

vetear VT masern; marmorieren

veteranía F Veteranenschaft f; MIL, ADMIN lange Dienstzeit f; **la** ~ **es un grado** Erfahrung ist viel wert

veterano A ADJ altgedient; *Méx fam (anciano)* altmodisch; ~ **en a/c** mit langer Erfahrung in etw B M, **-a** F Veteran m, -in f; Kriegsteilnehmer m, -in f; *fig* alter Hase m *(fam fig)* C M *fam* AUTO **(coche** m**)** ~ Oldtimer m, Schnauferl n *(al.d.S fam)*

veterinaria F 1 *disciplina*: Tierheilkunde f; Tiermedizin f 2 *persona*: Tierärztin f, Veterinärin f 3 *Perú* **(clínica** f**)** ~ Tierklinik f, Tierarztpraxis f; **veterinario** A ADJ Veterinär..., tiermedizinisch B M Tierarzt m, Veterinär m

veto M Einspruch m, Veto n; **poner el** ~ **a** (s)ein Veto einlegen gegen; Einspruch erheben gegen; **derecho** m **de** ~ Vetorecht n

vetustez F hohes Alter n; **vetusto** ADJ sehr alt, uralt

vexilología F Vexillologie f *(Lehre von der Bedeutung der Flaggen)*; **vexilólogo** M, **vexilóloga** F Vexillologe m, -login f

vez F ⟨pl veces⟩ 1 *en enumeraciones*: Mal n; Reihe(nfolge) f; **(alg)una que otra** ~ bisweilen, gelegentlich; hin und wieder; **a la** ~ zugleich, gleichzeitig; **a mi/tu** meiner-/deinerseits; **a su** ~ seiner-/ihrerseits; **cada** ~ jedes Mal; **cada** ~ **más** immer mehr; immer stärker; immer lauter *etc*; *cj* **cada** ~ **que** jedes Mal wenn; **de una** ~ mit einem Mal, auf einmal; **de una** ~ **(para siempre)** o **de una** ~ **por todas** ein für alle Mal; **de** ~ **en cuando** gelegentlich, hin und wieder; *prep* **en** ~ **de** statt *(gen)*, anstelle von *(dat)*; **es mi** ~ ich bin an der Reihe; **esta** ~ diesmal; **muchas veces** oft; **ninguna** ~ keinmal; **la otra** ~ beim letzten Mal, neulich; **otra** ~ ein andermal; noch einmal, noch mal, nochmals; wieder; **otra** ~ **será** dann eben ein andermal; **por primera** ~ o **por** ~ **primera** zum (aller)ersten Mal; **por** ~ der Reihe nach; **rara** ~ selten, kaum; **tal** ~ etwa, vielleicht; **tal cual** ~ o **tal y tal** ~ ganz gelegentlich, selten; **una** ~ einmal; irgendwann; **una** ~ **más** noch einmal; **una y otra** ~ ständig; immer wieder; **una** ~ **acabado el trabajo** sofort nach Fertigstellung der Arbeit; **una** ~ **no cuenta** einmal ist keinmal; **una** ~ **más** noch einmal; *cj* **una** ~ **que** *(ind)* da einmal; weil nämlich; *cj* **una** ~ **que** *(subj)* wenn erst einmal, sobald; ~ **y media** anderthalbfach; *cuento de hadas*: **érase una** ~ **(que se era)** es war einmal; **te ha llegado la** ~ **de hablar** jetzt bist du an der Reihe zu sprechen; **pedir la** ~ *en salas de espera, etc*: die Reihennummer verlangen; **tomar la** ~ **de alg** j-s Stelle einnehmen; *fam fig* **tomarle a alg la** ~ j-m zuvorkommen; j-m den Rang ablaufen; **a veces** manchmal; zuweilen, gelegentlich; **¿cuántas veces?** wie oft?; **las más de las veces** o **(en) la mayoría de las veces** meist(ens); **much(ísim)as veces** (sehr) oft; **tantas veces** so oft; *cj* **todas las veces que** *(ind)* immer wenn; *(subj)* sobald; **varias veces** verschiedentlich, mehrmals, mehrfach; **¡las veces que te lo tiene dicho tu padre!** wie oft hat dein Vater dir das schon gesagt!; **hacer las veces de alg** j-s Stelle vertreten; **hacer las veces de tutor** Vormundstelle einnehmen 2 *reg* AGR Gemeindeherde f *(Schweineherde einer Dorfgemeinde)*

veza F BOT Wicke f

vezar VT ⟨1f⟩ → acostumbrar
v.g. ABR (verbigracia) z. B. (zum Beispiel)
vi → ver[1]
vía A F 1 *(camino)* Weg *m*; Bahn *f (tb* TEC*)*; Straße *f*; *fig* Weg *m*, Mittel *n*; **~ acuática** Wasserweg *m*; TEC **~ de cinta** *o* **transportadora** Bandstraße *f*; *transporte:* **~s** *pl* **de comunicación** Verkehrswege *mpl*; **~ de evacuación** Fluchtweg *m*; *Perú transporte:* **~ expresa** *f* Autoschnellstraße *f*; **~ fluvial** Wasserweg *m*; ASTRON **Vía Láctea** Milchstraße *f*; *transporte:* **~ navegable** *o* **de navegación** Schifffahrtsstraße *f*; **~ pública** (öffentliche) Straße *f*, Verkehrsweg *m*; *transporte:* **~ (de circulación) rápida** Schnellstraße *f*; TEC **~ de rodillos** Rollen(lauf)bahn *f*; TEC **~ (de) transferidora(s)** Transferstraße *f*; *Am* ASTRON **una ~** Einbahnstraße *f*; ECOL **~ verde** ECOL Grüner Weg *m*; Grüne Route *f* *(spanisches Ökotourismusprogramm)*; *con prep:* MAR **¡a la ~!** gut (o recht) so!; *fig* **en ~s de** im Begriff zu *(inf)*; **por la ~ acostumbrada** *o* **usual** auf dem üblichen Wege; **por ~ aérea** auf dem Luftwege; mit (o per) Luftpost; **por ~ diplomática** auf diplomatischem Wege; COM **por la ~ más económica** auf dem billigsten Wege; als Frachtgut; **por ~ de ensayo** probeweise; **por ~ férrea** auf dem Schienenweg; **por ~ lacustre** auf dem (Binnen)Seeweg; **por ~ marítima** auf dem Seewege, über See; **por ~ postal** auf dem Postweg, mit der Post®; **por ~ de seguridad** sicherheitshalber; **por ~ terrestre** auf dem Landweg(e) 2 FERR Bahn *f*, Strecke *f*; *(carril)* Gleis *n*; **~ aérea** *o* **colgante** *o* **suspendida** Hängebahn *f*; **~ ancha** Breitspur *f*; *fam* Normalspur *f*; **~ (de ancho) normal** Normalspur *f*; AUTO **~ delantera** *o* **anterior** Vorderspur *f*; **~ de empalme** Anschlussgleis *n*; Gleisanschluss *m*; **~ de enlace** *o* **de acarreo** Zubringer *m*; **~ estrecha** Schmalspur *f*; *fig* Schmalspur...; engstirnig, kleinlich; **~ industrial** *o* **de fábrica** Werksbahn *f*; **~ lateral** Nebengleis *n*; Zweigstrecke *f*; Zweigbahn *f*; **~ de maniobras** *o* **de formación** Aufstellgleis *n*, Verschiebekopf *m*; MIN **~ de mina** Grubenbahn *f*; **~ muerta** totes Gleis *n*; Abstellgleis *n*; *fig* **entrar en ~ muerta** *negociaciones, etc:* sich festfahren; **~ de grandes pendientes** Bergstrecke *f*; Bergbahn *f*; **~ portátil** Feldbahn *f*; Feldbahngleis *n*; **~ de salida** Ausfahrgleis *n*; Abfahrtsgleis *n*; *tb* AUTO **ancho** *m* **de ~** Spurweite *f*; **cruce** *m* **de ~s** Bahn-, Gleiskreuzung *f*; **partir de la ~ 9** von Gleis 9 abfahren; *fig* **poner en la ~** ins Geleise bringen; **de doble ~** zwei-, doppelgleisig; **de una ~** eingleisig, einspurig 3 ADMIN **~ administrativa** Verwaltungsweg *m*; **~ jerárquica** Dienstweg *m*; **~ oficial** Amtsweg *m*, Dienstweg *m*; **por ~ oficial** auf dem Amtsweg 4 JUR Verfahren *n*; **~ contenciosa** Prozessweg *m*, Rechtsweg *m*; **~ ejecutiva** Vollstreckungsverfahren *n*; **~ sumaria** abgekürztes Verfahren *n*, Schnellverfahren *n*; **acudir a la ~ judicial** den Rechtsweg beschreiten; **por ~ judicial** auf dem Rechtsweg 5 MED *(conducto)* Weg *m*, Bahn *f*, Kanal *m*; **por ~ bucal** durch den Mund; **por ~ oral** oral; zum Einnehmen; **~s** *pl* **digestivas** Verdauungswege *mpl*, -trakt *m*; **~s** *pl* **respiratorias/urinarias** Atem-/Harnwege *mpl*; **~ sanguínea** Blutbahn *f*; **~ sensitiva** Gefühlsbahn *f*, sensible Bahn *f* 6 MAR **~ de agua** Leck *n*, Leckage *f* 7 REL **~ sacra** → vía crucis 8 LIT **cuaderna ~** *wichtigste Strophenform des spanischen Mittelalters, einreimige Vierzeiler in Alexandrinern* B ADV über, via; **~ Buenos Aires** über (o via) Buenos Aires; **~ recta** geradewegs
viabilidad F 1 *(capacidad de vida)* Lebensfähigkeit *f* 2 *(posibilidad)* Durchführbarkeit *f* 3 *transporte: de una calle, etc:* Befahrbarkeit *f*; **viable** ADJ 1 *recién nacido* lebensfähig 2 *(realizable)* durchführbar; *fig (aceptable, admisible)* annehmbar; gangbar 3 *transporte: camino* begehbar, befahrbar
vía crucis M ⟨*pl inv*⟩ REL *y fig* Kreuzweg *m*; *fig* Leidensweg *m*; *(aflicción) fig* Drangsal *f*, Plackerei *f*
viador M, **viadora** F REL Erdenwanderer *m*, -wanderin *f*; **viaducto** M Viadukt *m*, Überführung *f*
viagra® M/F MED Viagra® *n*
viajante M/F (Geschäfts)Reisende *m/f*; **~ de comercio** Handlungsreisende *m/f*
viajar A VI 1 reisen; *tb* fahren; *Ven fam* **~ en cola** *o Am fam* **~ a dedo** per Anhalter reisen, trampen 2 *drogas* auf einem (Drogen)Trip sein B VT COM *representante* reisen in *(dat)*
viaje M 1 *(traslado)* Reise *f*; *p. ext* Gang *m*; Fahrt *f*; **¡buen ~!** *o* **¡feliz ~!** gute Reise! *o* glückliche Reise!; **~ aéreo** *o* **por avión** Luft-, Flugreise *f*; **~ de bodas** *o* **de novios** *o* **de luna de miel** Hochzeitsreise *f*; **~ de exploración** Forschungsreise *f*; **~ colectivo/en comisión de servicio** Gruppen-/Dienstreise *f*; **~ de ida y vuelta** Hin- und Rückfahrt *f*; **~ interplanetario/interurbano** Raum-/Überlandfahrt *f*; **~ de inauguración/de prueba** Jungfern-/Versuchs- (o Probe)fahrt *f*; **~ de negocios** Geschäftsreise *f*; **~ organizado** Gesellschaftsreise *f*; UNIV **~ del paso del ecuador** *(gemeinsame) Reise nach Abschluss der ersten Hälfte der Studienzeit*; **~ de placer** Vergnügungsreise *f*; *Am reg* **~ redondo** Rundreise *f*; **~ de retorno** Rückreise *f*; **~ sorpresa** Fahrt *f* ins Blaue; **~ todo incluido** Pauschalreise *f*; *Arg, Perú, Ur fam* **agarrar ~** einen Vorschlag (o eine Einladung) annehmen; **estar de ~** *(estar preparado)* reisefertig sein; *(estar fuera del lugar donde se vive)* verreist (o COM auf Reisen) sein; *fam fig (estar al corriente)* Bescheid wissen, im Bilde sein; **hacer un ~** eine Reise machen, verreisen; **irse** *o* **salir de ~** verreisen 2 *informe:* Reisebericht *m*, -buch *n* 3 *drogas fam* (Drogen)Trip *m fam*
viajero A ADJ 1 *(que viaja)* reisend 2 *aficionado:* reiselustig; wanderlustig *m* B M, **-a** F Reisende *m/f*; Passagier *m*, -in *f*; Fahrgast *m*; **~ m, -a f en tránsito** Transitreisende *m/f*
vial A ADJ Straßen...; Verkehrs...; **enseñanza** *f* **~** Verkehrsunterricht *m*, -erziehung *f*; **seguridad** *f* **~** Verkehrssicherheit *f* B M MED Ampulle *f*
vialidad F 1 *(calidad de transitable)* Begehbarkeit *f*; Befahrbarkeit *f* 2 *(construcción de calles)* Wegebauwesen *n* 3 *Arg (red callejera)* Straßennetz *n*
vianda F 1 *(comida)* Speise *f*, Essware *f*; *frec* **~s** *pl* Lebensmittel *npl* 2 *Arg, Bol, Par, Ur (fiambrera)* Picknickdose *f*
viandante M/F 1 *(caminante)* Wanderer *m*, Wanderin *f*; Reisende *m/f* 2 *(peatón)* Fußgänger *m*, -in *f*
viaraza F 1 *Am (acción irreflexiva)* unüberlegte Handlung *f* 2 *Arg, Ur (ataque de rabia)* Wutanfall *m*
viario ADJ *transporte:* Straßen...; **educación** *f* **-a** Verkehrserziehung *f*
VIASA F ABR (Venezolana Internacional de Aviación, S.A.) *venezolanische Fluggesellschaft*
viaticar A VT CAT die Sterbesakramente erteilen B VI *Col fam* eine Dienstreise machen
viático M 1 *(expensas)* Reisekosten *pl*, -spesen *pl*; *espec Am (dieta)* Tagegeld *n* 2 CAT Viatikum *n*; Sterbesakramente *npl*; **el ~** die letzte Wegzehrung; **administrar el ~** die Sterbesakramente spenden 3 *(provisiones)* Wegzehrung *f*
víbora F 1 ZOOL Viper *f*; *Am (culebra)* Schlange *f*; **~ común (europea)** Kreuzotter *f*; **~ aspid** Aspisviper *f* 2 *fig persona:* Giftschlange *f*; Lästermaul *n*; *fig* **criar la ~ en el seno** eine Schlange am Busen nähren
viborezno M junge Viper *f*
vibración F FÍS Schwingung *f (tb* FON*)*, Vibration *f*
vibrador M 1 FÍS, TEC, TEL Vibrator *m* 2 ELEC *(zumbador)* Summer *m* 3 RADIO Zerhacker *m*; **~ sincrónico** Synchronzerhacker *m* 4 CONSTR Rüttler *m* 5 *aparato:* Vibrationsgerät *n*; **~ (de relax)** *(consolador)* Massagestab *m*, Vibrator *m (tb juguete erótico)*
vibráfono M MÚS Vibrafon *n*
vibrante ADJ 1 FÍS *(oscilante)* schwingend; vibrierend; TEC rüttelnd 2 FON *voz* klangvoll 3 *fig discurso, etc* schwungvoll
vibrar VT & VI schwingen; vibrieren *(tb fig)*; TEC rütteln
vibrátil ADJ schwingungsfähig; BIOL **pestañas** *fpl* **~es** Flimmerhärchen *npl*; **vibrato** M MÚS Vibrato *n*; **vibratorio** ADJ schwingend; vibrierend; **vibrisas** FPL ANAT Nasenhärchen *npl*; **vibrógrafo** M FÍS Schwingungsschreiber *m*
viburno M BOT Schneeball *m*
vicaria F CAT Vikarin *f*, zweite Oberin *f*; **vicaría** F REL Vikariat *n*, Pfarramt *n*; *fam* **pasar por la ~** sich kirchlich trauen lassen; **vicariato** M REL *cargo y duración:* Vikariat *n*
vicario M REL *y* HIST Vikar *m*; *fig (suplente)* Stellvertreter *m*; REL *fig (cura)* Pfarrer *m*; **~ general** Generalvikar *m*; **~ general castrense** Militärbischof *m*; **~ de Jesucristo** Statthalter *m* Christi
vicealmirante M MAR Vizeadmiral *m*; **vicecanciller** M Vizekanzler *m*; **vicecónsul** M Vizekonsul *m*; **viceconsulado** M Vizekonsulat *n*; **vicegerente** M/F stellvertretende(r) Geschäftsführer *m*, -in *f*; **vicegobernador** M, **vicegobernadora** F Vizegouverneur *m*, -in *f*; **vicejefe** M *fam* Stellvertreter *m* des Chefs, Vize *m fam*
vicenal ADJ 1 *(de 20 años)* zwanzigjährig 2 *(cada 20 años)* sich alle 20 Jahre wiederholend
Vicente N PR M Vinzenz *m*
vicepresidente M, **vicepresidenta** F Vizepräsident *m*, -in *f*; **vicerrector** M, **vicerrectora** F Prorektor *m*, -in *f*, stellvertretende(r) Rektor *m*, -in *f*; Konrektor *m*, -in *f*; **vicesecretaría** F Vizesekretariat *n*; **vicesecretario** M, **vicesecretaria** F Vizesekretär *m*, -in *f*; **vicetiple** F Revue-, Chorgirl *n*; Ballettratte *f fam*
viceversa ADV umgekehrt
viche A ADJ *Col fruta* grün, unreif; *fig* schwächlich B M *Am* BOT *verschiedene Arten Cassia*
vichear VT *Arg, Ur pop* heimlich beobachten
vicia F BOT Wicke *f*
viciable ADJ verderblich; **viciado** ADJ 1 *(estropeado)* verdorben *(tb fig)*; *aire* schlecht, verbraucht 2 *(defectuoso)* fehlerhaft
viciar ⟨1b⟩ A VT 1 *(corromper)* verderben; *(adulterar)* verfälschen 2 JUR *(anular)* ungültig machen B V/R **viciarse** 1 *moralmente:* sittlich verkommen 2 *(dañarse)* schadhaft werden; *(adulterarse)* verdorben (o verfälscht) werden; *aire* schlecht werden
vicio M 1 *de una persona:* Laster *n*; *p. ext hábito:* schlechte Angewohnheit *f*; **el ~ de la lectura** die Lesewut *f*; *fam* **de ~** aus reiner *o* bloßer Gewohnheit; (bloß) gewohnheitsmäßig; *queja, etc* grundlos 2 COM, JUR *(defecto)* Mangel *m*, Fehler *m*; **~ de forma** JUR Formfehler *m*; **~ oculto** verborgener Mangel *m* 3 LING **~ de dicción** unkorrekter Sprachgebrauch *m*
vicioso ADJ 1 *carácter* verdorben, lasterhaft; verkommen; *fig niño* schlecht erzogen, *(mimado)* verwöhnt 2 COM *(defectuoso)* fehlerhaft, mangelhaft; schadhaft 3 BOT

(*abundante*) üppig wuchernd
vicisitud F Schicksalsschlag *m*; (*folgenreiches*) Geschehnis *n*; **las ~es de la vida** das Auf und Ab (*o* die Wechselfälle *mpl*) des Lebens; **vicisitudinario** ADJ wechselvoll
víctima F *persona o animal*: Opfer *n* (*tb* REL); *fig* (*dañado*) Geschädigte *m/f*; **~ mortal** Todesopfer *n*; **cobrar ~s** Opfer fordern; **hubo treinta ~s entre muertos y heridos** dreißig Opfer an Toten und Verletzten waren zu beklagen; **ser ~ de alg/a/c** j-m/etw zum Opfer fallen; **ser ~ de una intriga** einer Intrige zum Opfer fallen
victimar V/T töten, umbringen; **victimario** M **1** Mörder *m*, Totschläger *m* **2** *en religiones primitivas*: Opferpriester *m*
víctor → vítor
victoria F **1** (*vencimiento*) Sieg *m*; DEP **~ en casa** Heimsieg *m*; **~ pírrica** Pyrrhussieg *m*; DEP **~ por puntos** Punktsieg *m*; *fig* **cantar ~** Siegeshymnen anstimmen, jubilieren **2** *Am* (*carruaje*) Pferdedroschke *f*
victoriano ADJ viktorianisch; **victorioso** ADJ siegreich; sieghaft
vicuña F ZOOL Vikunja *n* (*südamerikanisches höckerloses Kamel*)
vid F AGR Weinstock *m*, Rebe *f*
vida F **1** *gener* Leben *n*; (*viveza*) Lebendigkeit *f*; **~ afectiva** Gemüts-, Gefühlsleben *n*; **~ familiar** Familienleben *n*; **~ interior** Innen-, Seelenleben *n*; MED **~ intrauterina** Leben *n* im Mutterleib; **~ laboral** Arbeitsleben *n*; **~ privada** Privatleben *n*; **~ sentimental/sexual** Liebes-/Sexualleben *n*; TEC **~ útil** Lebensdauer *f*; **compañero** *m* **de ~** Lebensgefährte *m*; **estilo** *m* **lleno de ~** lebendiger Stil *m*; **seguro** *m* **de ~** Lebensversicherung *f*; **contento de la ~** lebensfroh; **consumir la ~ a alg** j-n allmählich zugrunde richten; TEAT **dar ~ a** verkörpern; **así es la ~** wie das Leben so spielt; **les va la ~ en este detalle** diese Einzelheit ist für sie lebenswichtig; **llevar la ~ jugada** sein Leben aufs Spiel setzen; verspielt haben (*fig*); **pasar a mejor ~** sterben, ins Jenseits abgerufen werden (*liter*); **perder la ~** ums Leben komen; **quitarse la ~** sich (*dat*) das Leben nehmen; *fig* **les está quitando la ~** er/sie bringt sie noch um (*fig*); *fig* **tienen la ~ pendiente de un hilo** ihr Leben hängt an einem seidenen Faden; *fig* **tener siete ~s (como los gatos)** zäh sein (wie eine Katze); *fig* **vender cara su ~** sein Leben teuer verkaufen **2** *con prep*: **a ~ o muerte** auf Leben und Tod; **dejar con ~** am Leben lassen; **escapar** *o* **salir con ~** mit dem Leben davonkommen; **somos amigos de toda la ~** wir sind schon immer Freunde gewesen; **de por ~** auf Lebenszeit; JUR *cárcel*: lebenslänglich; **durante** *o* **por** *o* **para toda la ~** zeitlebens; **en ~** bei Lebzeiten; *antepuesto*: **en mi ~ (he visto tal cosa)** noch nie in meinem Leben (habe ich so etw gesehen); **estar entre la ~ y la muerte** zwischen Leben und Tod schweben; **(estar) sin ~** leblos (sein) **3** *forma, estilo*: Lebensart *f*, Lebensweise *f*, Leben *n*; **~ familiar** Familienleben *n*; Häuslichkeit *f*; *fam* **la ~ y milagros de alg** j-s Tun und Treiben *n*; *irón* **la ~ pasada de alg** j-s (nicht ganz saubere) Vergangenheit *f*; *fam fig* **~ de perros** Hundeleben *n fam*; **~ en pareja** Zweierbeziehung *f*; **~ privada/sentimental/sexual** Privat-/Liebes-/Sexualleben *n*; **abrazar la ~ religiosa** ins Kloster gehen; **me está dando mala ~** er/sie macht mir das Leben schwer; **darse** *o* **pegarse buena ~** es sich (*dat*) gut gehen lassen; **hacer ~ de fraile/de pobre**, *etc* wie ein Mönch/ein Armer *etc* leben; **hacer la ~ imposible a alg** j-m das Leben zur Hölle machen; *fig* **hacer ~ marital** zusammenleben, in wilder Ehe leben; *fam* **pegarse la gran ~** wie Gott in Frankreich leben; **¿qué es de tu ~?** was treibst du so?; **vivir su ~** sein eigenes Leben führen (*o* leben) **4** (*subsistencia*) Lebensunterhalt *m*; **ganarse la ~** seinen Lebensunterhalt verdienen; *fam* **hacer por la ~** essen; *fam fig* **pasar la ~** sich (so) durchschlagen (*fam fig*) **5** (*historial*) Leben *n*; Lebenslauf *m*; Vita *f* (*t/t o irón*) **6** **¡~ mía!** mein Liebling!, mein Schatz! **7** *fig* **echarse a la ~** *o* **ser de la ~** (*prostituirse*) anschaffen (*o* auf den Strich) gehen *fam*
vidalita F *Arg* MÚS *schwermütige Volksweise*
videncia F Hellsehen *n*; **vidente** M/F Seher *m*, -in *f*
vídeo M, *Am* **video** **1** *cinta*: Video(band) *n*; **~ casero** *o* **doméstico** *o* **personal** Privatvideo *n* **2** *aparato*: Videorekorder *n*; **grabar en ~** auf Video aufnehmen **3** *cámara*: Videokamera *f*
videoarte M Videokunst *f*; **videocámara** F Videokamera *f*; **videocasete, videocassette** M/F **1** *cinta*: Videokassette *f* **2** *aparato*: Videorekorder *m*; **videocinta** F Videoband *n*; **videoclip** M TV Videoclip *m*; **videoclub** M Videothek *f*; **videoconferencia** F Videokonferenz *f*; **videoconsola** F Spielkonsole *f*; **videocontrol** M Fernsehüberwachung *f*; **videodisco** M Bild-, Videoplatte *f*; **videograbación** F Videoaufzeichnung *f*; **videograbadora** F *Am* Videorecorder *m*; **videografía** F Videografie *f*; **videograma** M Fernseh-, Videoaufzeichnung *f*; **videojuego** M Videospiel *n*; **videoportero** M Videokamera *f*; **videotape** M → videocinta; **videoteca** F Videothek *f*; **videoteléfono** M Bild-, Videotelefon *n*; **videoterminal** M Bildschirm(gerät *n*) *m*; **videotex(t), videotexto** M **~ (interactivo)** Bildschirmtext *m*, Btx; **videotocadiscos** M ⟨*pl inv*⟩ Bildplattenspieler *m*; **videovigilancia** F Fernsehüberwachung *f*
vidorra F *fam* genüssliches (*o* geruhsames) Leben *n*; **vidorria** F *fam* **1** *Arg* → vidorra **2** *Ven* (*vida de perros*) Hundeleben *n* (*fam fig*)
vidriado **A** ADJ *cerámica* glasiert; *ojos* glasig **B** M **1** (*barniz*) Glasur *f* **2** *vajilla*: glasiertes Geschirr *n*
vidriar ⟨1b⟩ **A** V/T *cerámica* glasieren **B** V/R **vidriarse** *ojos* glasig werden; brechen
vidriera F **1** (*ventana*) Glasfenster *n*; (*puerta de vidrio*) Glastür *f*; (*techo de vidrio*) Glasdach *n*; (*ventana de la iglesia*) Kirchenfenster *n*; **~ de colores** buntes Glasfenster *n* **2** *persona*: Glaserin *f*; Glasarbeiterin *f* **3** *Am* (*escaparate*) Schaufenster *n* **4** *Antillas* (*kiosco de tabacos*) Tabakkiosk *m*
vidriería F **1** *taller*: Glaserei *f* **2** *fábrica*: Glasbläserei *f*; Glashütte *f*, -fabrik *f*; **vidrierismo** M *Am* Schaufensterdekoration *f*; **vidrierista** M/F *Am* Schaufensterdekorateur *m*, -in *f*; **vidriero** M Glaser *m*; Glasarbeiter *m*
vidrio M *material*: Glas *n*; *de una ventana, etc*: Glas-, Fensterscheibe *f*; **~s** *pl* Glaswaren *fpl*; **~ alambrado** *o* **armado** Drahtglas *n*; **~ compuesto** *o* **laminado** Verbundglas *n*; **~ dúplex/estriado** Zweischichten-/Riffelglas *n*; **~ catedral/de cristal** Kathedral-/Kristallglas *n*; **~ fundido** Glasschmelze *f* (*Masse*); **~ laminado** Verbundglas *n*; **~ opaco** *o* **esmerilado** Mattglas *n*; **~ opalino** Milchglas *n*; **~ reciclado** Recyclingglas *n*; **~ de reloj/de seguridad** Uhr-/Sicherheitsglas *n*; QUÍM **~ soluble** Wasserglas *n* (*Masse*); **~ a prueba de tiros** Panzerglas *n*; **~ usado** Altglas *n*; **~ de** *o* **para ventanas** Fensterglas *n*; **lana** *f* **de ~** Glaswolle *f*; *fam fig* **tener que pagar los ~s rotos** die Zeche bezahlen müssen, es ausbaden müssen
vidrioso ADJ **1** glasig (*tb ojos*); (*quebradizo*) zerbrechlich; (*resbaladizo*) rutschig **2** *fig* (*sensible*) empfindlich **3** *Arg, Ur fam meta* schwer erreichbar
vidurria F *Arg fam* leichtes, angenehmes Leben *n*
vieira F **1** ZOOL *marisco*: Pilgermuschel *f*; *espec* GASTR Jakobsmuschel *f*; **~s** *pl* **a la gallega** GASTR überbackene Jakobsmuscheln *fpl*; **~s** *pl* **guisadas** geschmorte Jakobsmuscheln *fpl* **2** ZOOL *pez*: **~ colorada** Papageienfisch *m*
vieja F **1** (*mujer de edad*) Alte *f*, alte Frau *f* **2** *pez*: Gehörnter Schleimfisch *m*; *Islas Canarias*: GASTR **~s** *pl* **con papas arrugadas** gekochte Fische *mpl* mit „zerknitterten" Kartoffeln
viejales M/F ⟨*pl inv*⟩ *fam* alter Knacker *m fam*
viejo **A** ADJ alt; *p. ext* (*gastado*) abgenutzt, verbraucht; (*fuera de uso*) ausgedient; *fam fig* **se está haciendo ~** er/sie wird alt **B** M Alte *m*; **un ~ experimentado** ein erfahrener Alter, ein alter Hase *m fam*; *fam* **~ verde** Lustgreis *m fam*
Viena F Wien *n*
viendo → ver[1]
viene → venir
vienés **A** ADJ wienerisch **B** M, **-esa** F Wiener *m*, -in *f*
viento M **1** (*corriente de aire*) Wind *m*; METEO **~ en altura** Höhenwind *m*, Aufwind *m*; METEO, AVIA **~s** *pl* **ascendentes** Aufwinde *mpl*; **~ de cola** *o* **de espalda** Rückenwind *m*; **~ de costado/de cara** *o* **de frente** Seiten-/Gegenwind *m*; TEC, AVIA **~ de la hélice** Propellerwind *m*; **~ marino** Seewind *m*; **~ en popa** Rückenwind *m*; *adv* MAR vor dem Wind; *fig* großartig, prächtig; **~ racheado** *o* **rafagoso** böiger Wind *m*; **~ terral** Landwind *m*; MÚS **instrumentos** *mpl* **de ~** Blasinstrumente *npl*; **con ~ contrario** gegen den Wind (*tb fig*); MAR **contra ~ y marea** gegen Wind und Seegang; *fig* allen Widerständen zum Trotz; **dejar atrás los ~s** schneller sein als der Wind; **hace ~** es ist windig; **ir** *o* **correr como el ~** schnell wie der Wind laufen; *fig* **moverse a todos ~s** ein schwankendes Rohr im Wind sein; sich wie ein Fähnchen im Wind drehen; MAR **poner en ~** in den Wind drehen, voll brassen; *fam* **beber los ~s de alg** in j-n total verknallt sein *fam*; *fam* **mandar a alg con ~ fresco** j-n brüsk verabschieden, j-n abfahren lassen *fam*; *fig* **proclamar** *o* **decir a los cuatro ~s** ausposaunen; *prov* **quien siembra ~s recoge** *o* **cosecha tempestades** wer Wind sät, wird Sturm ernten **2** CAZA (*olfato*) Wind *m*, Witterung *f*; **tener buenos ~s** *perro de caza* eine gute Nase haben; **tomar el ~** Witterung aufnehmen **3** *fig* (*rumor*) Gerücht *n*, Wind *m*; *fig* **soplan** *o* **corren malos ~s** die Dinge stehen schlecht; *fam fig* **¿conque de ahí sopla el ~, eh?** also dorther weht der Wind (, wie)? **4** *tienda de campaña*: **~s** *pl* Zeltleinen *fpl* **5** *fig* (*vanidad*) Eitelkeit *f*, (*afán de gloria*) Ruhmsucht *f*, (*jactancia*) Angabe *f fam*
vientre M Bauch *m*; Leib *m*; **bajo ~** Unterleib *m*; **~ caído**, *espec* MED **~ colgante** *o* **péndulo** Hängebauch *m*; **~ materno** Mutterleib *m*; *fig* **desde el ~ de su madre** von seiner Geburt an; **descargar** *o* **exonerar** *o* **evacuar** *o* **mover el ~** Stuhlgang haben; **hacer** *o* **dar** *o* **ir de(l) ~** Stuhlgang haben; *fam* **sacar el ~ de mal año** sich einmal ordentlich satt essen; REL *y fam fig* **servir al ~** schlemmen; *hum* der Baucheslust frönen
viernes M Freitag *m*; **el ~** am Freitag; **(todos) los ~** (immer) freitags; **el ~ por la mañana** am Freitagmorgen; **los ~ por la tarde** freitagabends; **Viernes Santo** Karfreitag *m*; *Col fam hum* **~ cultural** Ausgehen *n*, Tanzvergnügen *etc* am Freitagabend; *fam fig* **cara** *f* **de ~** verhärmtes Gesicht *n*; **comida** *f* **de ~** fleischlose Kost *f*
vierteaguas M ⟨*pl inv*⟩ ARQUIT, AUTO Regenleiste *f*
Vietnam M Vietnam *n*

V

vietnamés ADJ → vietnamita; **vietnamita** A ADJ vietnamesisch B M/F Vietnamese m, Vietnamesin f C M *lengua:* Vietnamesisch n

viga F ARQUIT Balken m; Träger m; **~ maestra** Hauptbalken m; Binder m, Bindebalken m; **~s** *pl* **del tejado** Dachgebälk n; *fam fig* **estar contando las ~s** ins Leere starren, (vor sich *acus* hin) dösen *fam*

vigencia F Gültigkeit f, Geltung f; JUR Rechtskraft f; **vigente** ADJ gültig; JUR rechtskräftig; **según las normas ~s** nach den geltenden Bestimmungen

vigesimal ADJ Zwanziger..., Vigesimal...; **vigésimo** A NUM zwanzigste(r, -s) B M Zwanzigstel n

vigía A F 1 *acción:* Wache f 2 *(atalaya)* Wach(t)turm m 3 MAR *escollo:* über das Wasser ragende Klippe f B M/F Wächter m, -in f, Wachhabende m/f C M MAR **~ (de tope)** Ausguck m

vigilancia F 1 *(atención)* Wachsamkeit f 2 *(cuidado)* Be-, Überwachung f 3 *(supervisión)* Aufsicht f, Beaufsichtigung f; **bajo ~ de la policía** unter Polizeiaufsicht; **sometido a ~** unter Aufsicht gestellt

vigilante A ADJ wachsam; aufmerksam B M/F Wächter m, -in f; Überwacher m, -in f; Aufseher m, -in f; *Am* Polizist m, -in f; **~ nocturno, -a** Nachtwächter m, -in f; **~ de piscina** Bademeister m, -in f; **~ de seguridad** Wachmann m, -frau f, Privatpolizist m, -in f; FERR **~ de vía** Streckenwärter m, -in f

vigilar V/T & V/I (be)wachen; überwachen; **vigilativo** ADJ wach haltend

vigilia F 1 *(acción de estar en vela)* Wachen n; *(vela nocturna)* Nachtwache f; *fig trabajo intelectual:* geistige Nachtarbeit f 2 *(víspera)* Vorabend *m eines Festes;* REL Vigil f; **~ de bodas** Polterabend m; **~ de Navidad** Weihnachtsabend m 3 *fig (abstinencia)* Abstinenz f; *comida:* Fastenspeise f; **(día** *m* **de) ~** Fasttag m; **comer de ~** Abstinenz halten; *p. ext (ayunar)* fasten

Vigo M *spanische Stadt, Provinz*

vigor M 1 *(fuerza)* Kraft f; *fig* Nachdruck m; *fig* **estar en pleno ~** in seiner Vollkraft stehen 2 JUR *(validez)* Gültigkeit f; Gesetzeskraft f; **entrar/poner en ~** in Kraft treten/setzen; **estar en ~** gelten, gültig sein

vigorexia F MED krankhaftes Bodybuilding n; **vigorizar** V/T ⟨1f⟩ kräftigen, stärken; *fig* beleben; **vigoroso** ADJ 1 *(fuerte)* kräftig, stark; *(robusto)* rüstig 2 *(enérgico)* forsch, kernig 3 *fig (insistente)* nachdrücklich, energisch; *(violento)* heftig, stürmisch

vigota F MAR Klampbock m

viguería F ARQUIT Balkenwerk n; **~ de madera** Holzgebälk n

vigués A ADJ aus Vigo B M, **-esa** F Einwohner m, -in f von Vigo

vigueta F ARQUIT kleiner Balken m; Träger m

VIH M ABR (Virus de Inmunodeficiencia Humana) HIV m *(Aidsvirus)*

vihuela F MÚS *corresponde a:* Laute f; *Perú fam* Gitarre f; **tocar la ~** spanische Laute spielen, *fam fig* müßiggehen, faulenzen; **vihuelista** M/F Lautenspieler m, -in f

vikingo M, **-a** F HIST Wikinger m, -in f

vil ADJ 1 *(bajo)* niedrig; *(despreciable)* gemein 2 *(desleal)* treulos; *(infame)* niederträchtig; *(miserable)* elend, *(canallesco)* schurkisch; **~ ingratitud** f schnöder Undank m; *Biblia y fig* **el ~ metal** der schnöde Mammon

vilano M BOT Federkelch m, -krone f *(z. B. Distelblüten)*

vileza F Gemeinheit f, Niederträchtigkeit f

vilipendiar V/T ⟨1b⟩ 1 *(despreciar)* gering schätzen; *(tratar con desprecio)* verächtlich behandeln 2 *(denigrar)* verleumden; herabsetzen *(fig)*; **vilipendio** M 1 *(desprecio)* Geringschätzung f 2 *(calumnia)* Verleumdung f

villa F 1 *(casa)* Villa f 2 *(población)* Stadt *f mit historischem Stadtrecht;* Kleinstadt f; **~ olímpica** olympisches Dorf n; **casa** *f* **de la ~** Rathaus n; **la Villa y Corte** Madrid n 3 *Arg* **~ miseria** *(conjunto de chabolas)* Elendsviertel n, Baracken-, Hüttensiedlung f

Villadiego: **tomar** *o* **coger las de ~** Reißaus nehmen, Fersengeld geben

villamarquín M *Am Mer* Drillbohrer m

villanaje M Bauernschaft f *(im Gegensatz zum Adel)*; **villanamente** ADV bäurisch; *fig* gemein

villancico M MÚS, *folclore:* Volksweise n, *espec* Weihnachtslied n

villanesca F MÚS Bauerntanz m, -lied n; **villanesco** ADJ HIST Bauern...

villanía F *(infamia)* Gemeinheit f, Niederträchtigkeit f

villano A ADJ 1 *(bajo de nacimiento)* gemein, bäurisch, nicht adlig 2 *(grosero)* grob; *(desatento)* unhöflich; *(bajo)* niedrig; *(infame)* gemein B M, **-a** F 1 HIST *(vecino de estado llano)* Gemeinfreie m/f, Nichtadlige m/f; Bauer m, Bäuerin f; *fam fig* **~ harto de ajos** ungebildeter Klotz m *(fig)* 2 TEAT, FILM *(malvado)* Bösewicht m, Schurke m

villar M kleiner Ort m

villero M *Arg* Bewohner *m* eines Elendsviertels

villorrio M *desp* elendes Nest n, Kaff *n fam*

vilo ADV **en ~** in der Schwebe; im Ungewissen; *fam fig* **estar en ~** in Ungewissheit schweben; (wie) auf glühenden Kohlen sitzen *(fig)*; **levantar en ~** hochheben; **llevar en ~** auf den Armen tragen

vilordo ADJ schwerfällig; faul, träge

vilorta F 1 *(abrazadera)* Zwinge f; *(arandela)* Eisenring *m an Pflug oder Karren* 2 *juego: tennisähnliches Schlagballspiel (mit Holzball)* 3 BOT → vilorto 1; **vilorto** M 1 BOT *Art* Waldrebe f 2 *(raqueta)* Ballschläger *m für das Vilortaspiel*

vinacha F schlechter Wein m, Rachenputzer *m fam;* **vinagrada** F Essigwasser *n* mit Zucker *(Erfrischung)*

vinagre M Essig m; **~ balsámico** Balsamessig m; **~ de vino** Weinessig m; *fam fig* **cara** *f* **de ~** Griesgram m; *fam* **estar hecho un ~** stocksauer sein *fam;* **poner cara de ~** ein saures *(o* langes) Gesicht machen

vinagrera F 1 *fabricante:* Essigfabrikantin f 2 *comerciante:* Essighändlerin f 3 *botella:* Essigflasche f; **~s** *pl* Essig- und Ölgestell n, Menage f; **vinagrería** F Essigfabrik f; **vinagrero** M 1 *fabricante:* Essigfabrikant m 2 *comerciante:* Essighändler m; **vinagreta** F GASTR Vinaigrette(soße) f; **vinagrón** M *fam* umgeschlagener Wein m; **vinagroso** ADJ *gusto* essigartig; *fig* sauertöpfisch, griesgrämig; **vinajera** F 1 CAT Messkännchen n 2 → vinagrera 3

vinal M *Arg* BOT *Art* Johannisbrotbaum m *(Prosopis ruscifolia)*

vinariego M, **vinariega** F Winzer m, -in f; **vinatería** F *tienda:* Weinhandlung f; *(comercio de vinos)* Weinhandel m; **vinatero** A ADJ Wein...; **industria** *f* **-a** Weinbau m, Weinhandel m und Wein verarbeitende Industrie f B M, **-a** F Weinhändler m, -in f

vinaza F Tresterwein m; **~s** *pl* Schlempe f; **vinazo** M *fam* schwerer Wein m

vinca F *Am* BOT 1 → nopal 2 → vincapervinca; **vincapervinca** F BOT Judenmyrte f

vincha F *Am Mer, Hond cinta:* Stirnband n; *diadema:* Stirnreif m

vinchuca F 1 *Bol, Chile, Ec, Perú, RPl insecto:* geflügelte Wanze f 2 *Chile (flechilla)* kleiner Wurfpfeil m

vinculable ADJ ECON, JUR verbindlich machbar; **vinculación** F 1 *(ligadura)* Verknüpfung f, enge (Ver)Bindung f; ECON *(bloqueo)* Sperre f, Vinkulation f 2 JUR *legado:* Fideikommiss(vermächtnis) *n (z. B. Erbhof)*; **vinculante** ADJ JUR, POL *(obligatorio)* verbindlich, bindend

vincular V/T 1 *(unir)* verbinden, verknüpfen, in enge Verbindung bringen (**a** mit *dat*); knüpfen (**a** an *acus*); **~ sus esperanzas en** seine Hoffnungen knüpfen an *(acus)*; **~ a alg con a/c** j-n mit etw in Verbindung *(o* in Zusammenhang) bringen 2 *(comprometer)* binden, verpflichten; **el contrato nos vincula** der Vertrag bindet uns 3 INFORM *Internet:* (ver)linken (**con** auf *acus, zu dat*) 4 ECON verbindlich machen; *t/t* vinkulieren; *(bloquear)* sperren 5 JUR *(hacer inajenable)* unveräußerlich machen, als Fideikommiss *(o* Majorat *etc)* vermachen; **vinculatorio** ADJ JUR verbindlich, bindend

vínculo M 1 *(unión)* Verbindung f; *fig (lazo)* Bindung f, Band n; **~s** *pl* **de sangre** Blutsbande *npl;* **~ matrimonial** eheliche Verbindung f 2 JUR Bindung f, Verpflichtung f; *p. ext* Sicherheitsklausel f; **~ enfitéutico** Bindung an Erbpacht; **gravar los bienes a ~ para perpetuarlos en la familia** seine Güter durch rechtliche Bindungen zum unveräußerlichen Erbe innerhalb der Familie machen 3 INFORM Link m

vindicación F 1 *(venganza)* Rache f; *(expiación)* Sühne f; *(satisfacción)* Genugtuung f 2 *(defensa) (espec* schriftliche) Verteidigung f *(gegen Verleumdung)* 3 JUR *(reclamación)* Rückforderung f; **vindicador** ADJ rächend

vindicar V/T ⟨1g⟩ 1 *(vengar)* rächen, *(pedir satisfacción)* Genugtuung fordern für *(acus)* 2 *(defender)* verteidigen; *(exculpar)* wieder zu Ehren bringen 3 JUR *(reclamar)* zurückfordern; **vindicativo** ADJ 1 *(vengador)* rächend; *(vengativo)* rachsüchtig; **justicia** *f* **-a** strafende Gerechtigkeit f 2 *(defensor)* verteidigend, ehrenrettend; **vindicatorio** ADJ 1 *de venganza:* Rache...; *de expiación:* Sühne... 2 *(defensor contra calumnias)* gegen Verleumdung verteidigend 3 JUR → *tb* reivindicatorio

vindicta F *(venganza)* Rache f, *(expiación)* Sühne f; *(sanción)* Ahndung f, Strafe f

vindobonense ADJ *liter* → vienés

vine *etc* → venir

vinería F *RPl, Chile* Weinhandlung f

vínico ADJ *espec* QUÍM Wein...; **ácido** *m* **~** Weinsäure f

vinícola A ADJ Weinbau... B M/F Winzer m, -in f, Weinbauer m, -bäuerin f

vinicultor M, **vinicultora** F Weinbauer m, -bäuerin f; Winzer m, -in f; **vinicultura** F Weinbau m

viniendo → venir

vinífero ADJ AGR **zona** *f* **-a** Wein(an)baugebiet n

vinificación F Weinbereitung f

vinílico ADJ QUÍM Vinyl...

vinillo M *Esp* leichter Wein m

vinilo M 1 QUÍM Vinyl n 2 *fam* MÚS (Vinyl)Schallplatte f

vino[1] M 1 *bebida:* Wein m; **~ atabernado/aromático** Schank-/Würzwein m; **~ blanco/clarete** Weiß-/Roséwein n; **~ caliente** Glühwein m; **~ dulce/espumoso** Süß-/Schaumwein m; **~ de la casa** Hauswein m; **~ de propia cosecha** Eigenbau m; **~ embotellado** Flaschenwein m; **~ de garrote** Kelterwein m; **~ fuerte** starker *(o* schwerer) Wein m; **~ de Jerez** Sherry m; **~ ligero** leichter Wein m; **~ generoso** feiner Tischwein m; **~ de postre** Dessertwein m; **~ mezclado** verschnittener *(o* gemischter) Wein

V

m; ~ **nuevo** neuer (*o* junger) Wein *m*; ~ **de mesa** Tischwein *m*; CAT ~ **de misa** Messwein *m*; ~ **moscatel** Muskateller *m*; ~ **natural** *o* ~ **de origen** Naturwein *m*, naturreiner Wein *m*; *fam* ~ **de una oreja**, *más fuerte*: ~ **de dos orejas** ganz hervorragender Wein *m*; ~ **del país** Landwein *m*; ~ **pardillo** hellroter Wein *m*, dunkler Rosé *m*; *fam* ~ **peleón** ganz gewöhnlicher Wein *m*, Krätzer *m fam*; ~ **picante/raspante** prickelnder/herber Wein *m*; ~ **en pipas** Fasswein *m*; ~ **de la región** (*o* **de la tierra**) hiesiger Wein *m*; ~ **rosado** Rosé(wein) *m*; ~ **tinto** *o Col, C.Rica, Ec, Ven* ~ **rojo** Rotwein *m*; ~ **seco/semiseco** herber *o* trockener/halbtrockener Wein *m*; ~ **de solera** alter (*o* abgelagerter) Wein *m*; ~ **con sifón** Weinschorle *f*; ~ **de yema** bester Wein *m*; **carta** *f* **de ~s**, COM **lista** *f* **de ~s** Weinkarte *f*; GASTR **al ~ blanco** in Weißweinsoße; *fam fig* **bautizar** *o* **cristian(iz)ar el ~** den Wein taufen *fam*; *fig* **dormir el ~** seinen Rausch ausschlafen; **encabezar el ~** den Wein (*mit stärkerem Wein oder mit Alkohol*) verschneiden; *fam fig* **tener el ~ agrio/alegre** vom Wein böse/lustig werden; *fam fig* **tener mal ~** in der Trunkenheit anfangen, Krawall zu machen *fam*; *tb* sich beschwipsen **2** MED ~ **medicinal** Medizinalwein *m*; ~ **de quina** Chinawein *m* **3** ~ **de honor** Umtrunk *m*

vino² → venir

vinolencia F *liter* Unmäßigkeit *f* im Weintrinken; **vinolento** ADJ unmäßig (Wein trinkend); **vinosidad** F Weinartigkeit *f*; **vinoso** ADJ weinartig; *color*: weinrot; **voz** *f* **-a** Säuferstimme *f*

viña F Weinberg *m*; *fig* Goldgrube *f* (*fig*); *fam fig* **de mis ~s vengo** ich habe mit der Sache nichts zu tun; mein Name ist Hase; *prov* **de todo tiene la ~ (del Señor)** jeder hat seine Fehler; niemand ist vollkommen

viñador M, **viñadora** F, **viñatero** M, **viñatera** F *Am Mer* Winzer *m*, -in *f*

viñedo M AGR Weinberg *m*; Weingarten *m*

viñeta F **1** TIPO (*adorno*) Vignette *f*, Randverzierung *f*, Zierleiste *f* **2** *en tiras cómicas, etc*: Kästchen *n mit Zeichnungen*; **viñetero** M TIPO *armario*: Vignettenschrank *m*

vio → ver¹

viola¹ MÚS **A** F Viola *f*, Bratsche *f*; *Perú fam* Gitarre *f*; ~ **de gamba** Gambe *f*; **tocar la ~** Bratsche spielen **B** M/F Bratschist *m*, -in *f*, Bratscher *m*, -in *f*

viola² F BOT → violeta; **violáceas** FPL BOT Veilchengewächse *npl*; **violáceo** ADJ veilchenartig; violett

violación F **1** (*deshonra*) Schändung *f* (*tb fig*); *de una mujer*: Vergewaltigung *f* **2** JUR (*infracción*) Verletzung *f*

violado¹ ADJ *mujer* vergewaltigt; JUR *derecho, etc* verletzt

violado² ADJ *color*: violett

violador **A** ADJ (*que viola*) Gewalt antuend; *de un ley, etc*: verletzend **B** M *de una mujer*: Vergewaltiger *m* **C** M, **violadora** F Verletzer *m*, -in *f*; *de una sepultura, etc*: Schänder *m*, -in *f*; ~ *m*, **~a** *f* **de la ley** Gesetzesbrecher *m*, -in *f*

violar VT **1** *mujer* vergewaltigen; (*deshonrar*) schänden (*tb fig*) **2** JUR *derecho, etc* verletzen; *mandamiento* übertreten **3** *fig* (*profanar*) entweihen (*tb recuerdo*); *sepultura* schänden

violencia F **1** (*fuerza, poder*) Gewalt *f*; (*brutalidad*) Gewalttätigkeit *f*; (*coacción*) Zwang *m*; Nötigung *f*; *a una mujer*: Vergewaltigung *f*; ~ **callejera** Ausschreitungen *fpl*, Straßenschlachten *fpl*; ~ **doméstica** häusliche Gewalt *f*, Gewalt *f* in der Familie; **no ~** Gewaltlosigkeit *f*; **emplear la ~** Gewalt anwenden; tätlich werden; **hacer ~ a** Gewalt antun (*dat*); nötigen (*acus*) **2** (*ímpetu*) Heftigkeit *f*, Wucht *f*

violentar **A** VT **1** ~ **a alg** (*aplicar violencia*) j-m Gewalt antun; (*obligar*) j-n zwingen, *sexualmente*: j-n vergewaltigen; *fig* j-n in Verlegenheit bringen; **me violenta …** es ist mir unangenehm **2** ~ **una puerta** eine Tür aufbrechen; ~ **las palabras de alg** j-s Worte verdrehen **B** V/R **violentarse** seinem Herzen Gewalt antun; sich wider Willen entschließen (müssen)

violento ADJ **1** (*gigantesco*) gewaltig; (*con ímpetu*) heftig, wuchtig **2** (*colérico*) aufbrausend; jähzornig **3** (*brutal*) gewalttätig; **acto** *m* ~ Gewalttat *f*; *p. ext* **interpretación** *f* **-a** gewaltsame (*o* entstellende) Deutung *f*; **¡es (muy) ~!** das ist ein starkes Stück!; **morir de muerte -a** eines gewaltsamen Todes sterben **4** (*embarazoso*) peinlich, sehr unangenehm; *fig* **estar** *o* **sentirse ~** sich gehemmt fühlen; **estoy** (*o* **me es** *o* **me resulta**) ~ *tb* das ist mir (sehr) unangenehm (*o* peinlich)

violero M MÚS Geigenbauer *m*

violeta **A** F BOT Veilchen *n*; *Ven fam fig* **recoger ~s** schwul sein *fam* **B** M *color*: Violett *n* **C** ADJ *inv* violett; **violetera** F **1** *vendedora*: Veilchenverkäuferin *f*; *p. ext* Blumenverkäuferin *f* **2** *Cuba* (*conductora de un coche de alquiler*) Fahrerin *f* eines Mietautos

violín M MÚS **1** *instrumento*: Geige *f*, Violine *f*; **tocar el ~** Geige spielen; ~ **de Ingres** *mit Erfolg gepflegtes* Steckenpferd *n* (*o* Hobby *n*) **2** *músico*: Geiger *m*, -in *f*

violinista M/F Geiger *m*, -in *f*; **violista** M/F Bratscher, -in *f*, Bratschist *m*, -in *f*; **violón** M MÚS **1** *instrumento*: Bassgeige *f*, Kontrabass *m*; *fam fig* **tocar el ~** faulenzen, nichts tun; Unsinn treiben; den Verrückten spielen **2** *músico*: Bassgeiger *m*, -in *f*, Kontrabassist *m*, -in *f*

violonc(h)elista M/F MÚS Cellist *m*, -in *f*; **violonc(h)elo** M MÚS **1** *instrumento*: (Violon)Cello *n*; **tocar el ~** Cello spielen **2** *músico*: Cellist *m*, -in *f*

vip, VIP M ABR (very important person) VIP *m/f*

viperino ADJ Viper…; *fam fig* **lengua** *f* **-a** Lästerzunge *f*

viquingo M → vikingo

vira F **1** (*saeta*) feiner, spitzer Pfeil *m* **2** *del calzado*: Brandsohle *f*

virada F **1** (*cambio de rumbo*) Schwenkung *f*; Drehung *f*, Wendung *f*; Kehre *f* **2** *Esp fam* (*lesbiana*) Lesbe *f*; **virado** M **1** FOT Positivtönung *f* **2** *Esp fam* (*homosexual*) Schwuler *m*

virago F Mannweib *n*

viraje M **1** *espec* MAR, AVIA (*giro*) Wendung *f*, Schwenkung *f*; *p. ext espec Am* AUTO (*curva*) Kurve *f*, (*vuelta*) Kehre *f*; *tb* AUTO **(círculo** *m* **de)** ~ Wendekreis *m*; **hacer un ~** eine Schwenkung machen; AUTO eine Kurve nehmen **2** *fig* (*cambio brusco*) Umschwung *m*, Wende *f*

viral ADJ MED Virus…; **infección** *f* ~ Virusinfektion *f*

virar **A** VI drehen, wenden; AUTO eine Kurve nehmen; MAR, AVIA abdrehen; *fig* (*cambiar*) sich ändern **B** VT **1** MAR (*cambiar de rumbo*) drehen, schwenken; *ancla* aufwinden **2** FOT *negativo* (positiv) tonen **3** *Cuba fam* (*matar*) umlegen *fam*, killen *pop*

virásico ADJ MED → viral

viravira F *Am Mer* BOT *ein Wollkraut*

virazón M **1** *viento*: *regelmäßig wechselnd nachts vom Land und tags von der See kommender Wind* **2** (*cambio repentino de viento*) plötzliches Umschlagen *n* des Windes **3** *fig* (*cambio repentino*) plötzlicher Umschwung *m*; Kurswechsel *m*

virgen **A** ADJ **1** *mujer* jungfräulich; *fig* (*inmaculada*) unberührt, rein, unschuldig; *reputación* makellos **2** *p. ext* Roh…, Ur…; *tierra, etc* unbetreten, unerforscht; *película* unbelichtet; *cinta* unbespielt; **aceite** *m* ~ kalt gepresstes Öl *n*; **cassette** *m/f* ~ Leerkassette *f*; **cinta** *f* ~ Leerband *n*; **lana** *f* ~ Schurwolle *f*; **miel** *f* ~ Jungfernhonig *m*, Honigseim *m*; **selva** *f* ~ Urwald *m*; **tierra** *f* ~ Neuland *n* **B** F **1** (*doncella*) Jungfrau *f* (*tb* REL); *p. ext imagen*: Marienbild *n*, -gemälde *n*, -statue *f*; **la Virgen (María)** *o* **la Santísima Virgen** die (Heilige) Jungfrau Maria; *fam fig* **ser un(a) viva la ~** leichtfertig (*o fam* ein Windhund) sein *fam* **2** *fig en un molino de aceite*: Richtbalken *m einer Ölmühle*

virginal ADJ jungfräulich; *fig* rein, unbefleckt; **virginiano** ADJ aus Virginia; **virginidad** F Jungfräulichkeit *f*

virgo M Jungfräulichkeit *f*; Hymen *n*

Virgo F ASTRON Jungfrau *f*

virguería F **1** *fam* (*cachivaches*) Plunder *m*, Schnörkel *m*, Firlefanz *m* **2** (*cosa excelente*) herrliche Sache *f*; Meisterwerk *n*; *fig* **hacer ~s** Wunder (*o* Kunststücke) vollbringen

virguero ADJ *pop* toll *fam*, klasse *fam*, riesig (*fam fig*)

vírgula F (*raya*) Strich *m*; (*palito*) Stäbchen *n*; MED Vibrio *m*

virgulilla F **1** (*rayita*) kleiner Strich *m* **2** LING *corresponde a*: (Bei)Strich *m* (*Sammelname für Komma, Apostroph, Cedille und Tilde*)

viriásico ADJ Virus…; **viriasis** F Virusinfektion *f*, -erkrankung *f*

vírico ADJ → viral

viril¹ ADJ männlich; mannhaft; **edad ~** Mannesalter *n*

viril² M CAT Lunula *f einer Monstranz*; *gener* Glasgehäuse *n*, -sturz *m*

virilidad F **1** (*masculinidad*) Männlichkeit *f*; Mannbarkeit *f*, *p. ext* (*pene*) Penis *m* **2** (*edad viril*) Mannesalter *n*; Manneskraft *f* **3** (*valentía*) Mannhaftigkeit *f*; **virilismo** M MED Virilismus *m*; Vermännlichung *f* der Frau; **virilizar** VT vermännlichen

viringo ADJ *Col fam* nackt

viripotente ADJ → vigoroso

virofijador M FOT Tonfixierbad *n*

virol M *heráldica*: Horn *n* (*Schalltrichterumriss*)

virola F TEC (*abrazadera*) Zwinge *f*; (*arandela*) Metallring *m*; *contera*: (Schrumpf)Ring *m*

virolento **A** ADJ pockennarbig **B** M, **-a** F Pockenkranke *m/f*

virología F MED Virologie *f*, Virusforschung *f*; **virosis** F MED Virose *f*, Viruserkrankung *f*

virote M **1** *de la ballesta*: Armbrustbolzen *m* **2** *fam fig* (*mozo soltero y ocioso*) junger Tunichtgut *m*, *en mujeres corresponde a*: Feger *m* (*fam fig*); *desp tb* aufgeblasener Wicht *m* **3** *Méx fam* (*pan duro*) hartes (*o* hart gewordenes) Brot

virreina F Vizekönigin *f*; **virreinal** ADJ Vizekönigs…; **virrein(at)o** M **1** *distrito de gobernación*: Vizekönigreich *n*, -tum *n* **2** *tiempo que dura el cargo*: Regierungszeit *f* eines Vizekönigs

virrey M Vizekönig *m*

virtual ADJ möglich; virtuell; *fig* verborgen, schlummernd; ÓPT **imagen** *f* ~ virtuelles (*o* scheinbares) Bild *n*; INFORM **mundo** *m* ~ virtuelle Welt *f*; **realidad** *f* ~ virtuelle Realität *f*

virtualidad F innewohnende Kraft *f* (*o* Möglichkeit *f*)

virtud F **1** (*aptitud*) Fähigkeit *f*; (*fuerza*) Kraft *f* (*tb Biblia*); *fig* (*mérito*) Vorzug *m*; ~ **(de curar)** Heilkraft *f*; **en ~ de** kraft (*gen*), vermöge (*gen*); aufgrund von (*dat*); **en ~ de lo cual** weswegen, demzufolge; *fig* **ser un hombre lleno de ~es** ein Mann mit sehr vielen Vorzügen sein; **tener ~** Wirkung haben **2** (*conformidad con la ley moral*) Tugend *f*; (*recto modo de proceder*) Rechtschaffenheit *f*; (*moralidad*) Sittsamkeit *f*; ~ **moral** (moralische *o* ethische) Tugend *f*; **lleno de ~es** *tb* sehr tugendhaft

virtuosidad F hohe Kunstfertigkeit f, Virtuosität f; Meisterschaft f; **virtuosismo** M 1 (*perfección*) Virtuosentum n; *desp* Effekthascherei f 2 → virtuosidad; **virtuoso** A ADJ 1 (*que practica la virtud*) tugendhaft 2 (*perfecto*) virtuos, meisterlich B M, **-a** F Virtuose m, Virtuosin f; **un ~ del violín** ein Violinvirtuose

viruela F MED 1 *enfermedad*: Pocken *fpl*, Blattern *fpl obs*; **~s** *pl* **locas** → varicela 2 (*pústula*) Pocke f, Pustel f

virulé *en la locución*: **a la ~** *fam* (*estropeado*) kaputt, hin, erledigt; (*torcido*) schief; verdreht; *fam fig* **ojo a la ~** blaues Auge n, Veilchen n *fam*

virulencia F 1 MED (*venenosidad*) Giftigkeit f, (*capacidad de contagio*) Ansteckungskraft f, Virulenz f 2 *fig* (*malignidad*) Boshaftigkeit f; Bösartigkeit f; **virulento** ADJ 1 MED virulent, (*ponzoñoso*) giftig 2 (*maligno*) bösartig; boshaft

virus M ⟨*pl inv*⟩ 1 MED Virus n/m (*tb fig*); *fig* Bazillus m 2 INFORM Virus m; **~ hoax** Hoax m (*falsche Virenwarnung im Internet*); **~ informático** Computervirus m; **~ de macro** Makrovirus m

viruta F 1 (*astilla*) Span m; **~s** *pl* (Hobel)Späne *mpl*; **~s** *pl* **metálicas** Metallspäne *mpl*; **arranque** m **de (las) ~s** *acepilladora*: Spanabhebung f; *fam adv* **echando ~s** blitzschnell 2 *Col* (*excrementos de la oveja*) Schafmist m

virutas M *inv Esp fam* (*carpintero*) Schreiner m, Tischler m

vis F **~ cómica** Komik f; komische Ader f

visa F *Am*, **visado** M *Esp* Visum n, Sichtvermerk m; **~ de entrada/salida** Ein-/Ausreisevisum n; **~ de permanencia** Aufenthaltserlaubnis f; **~ de tránsito** Durchreisevisum n; **~ de turista/estudiante** Touristen-/Studentenvisum n; **solicitar una ~** ein Visum beantragen

visagista → visajista

visaje M Fratze f; Grimasse f; **hacer ~s** Fratzen schneiden; **visajero** A ADJ **ser ~** (gern) Gesichter schneiden B M, **-a** F Fratzenschneider m, -in f; **visajista** M/F Visagist m, -in f

visar V/T 1 *documento, pasaporte* visieren, mit einem (Sicht)Vermerk versehen 2 (*dirigir la vista*) (an)visieren (*tb fig*); (*apuntar*) zielen auf (*acus*) 3 *Bol* AVIA *equipaje* aufgeben

víscera F ANAT *frec* **~s** PL Eingeweide *npl*, Weichteile *mpl*

visceral ADJ 1 MED viszeral, Eingeweide... 2 *fig* (*profundo*) tief sitzend

visco M Leimrute f (*für den Vogelfang*)

vis comica F → vis

viscosa F QUÍM Viskose f; **viscosidad** F (*pegajosidad*) Klebrigkeit f; *propiedad de los fluidos*: Zähigkeit f; QUÍM, TEC Viskosität f; **viscoso** ADJ (*pegajoso*) klebrig; (*espeso*) zähflüssig; (*mucoso*) schleimig; QUÍM viskos; *fig* schlüpfrig

visera F 1 HIST *del yelmo de la armadura*: Visier n *einer Rüstung*; MIL *del tanque*: Sehschlitz m *eines Panzers* 2 *de la gorra*: Mützenschirm m 3 AUTO *protección contra el sol*: Sonnen(schutz)blende f 4 ARQUIT (*alero*) Vordach n 5 *Esp fam* (*pestaña*) Wimper f

visibilidad F Sichtbarkeit f; *transporte*: Sicht (weite) f; **a** o **con plena ~** bei voller (o klarer) Sicht; **de ~ reducida** *curva, etc* unübersichtlich; **visibilizar** V/T ⟨1f⟩ sichtbar machen; **visible** ADJ sichtbar, wahrnehmbar; (*evidente*) offenkundig

visigodo A ADJ westgotisch B M, **-a** F Westgote m, -gotin f C M *lengua*: Westgotisch n; **visigótico** ADJ westgotisch

visillo M Scheibengardine f

visión F 1 (*vista*) Sehen n; ÓPT, MED Sicht f; MED *capacidad*: Sehvermögen n; *fig* (*imaginación*) Vorstellung f, (*idea*) Idee f; **con certera ~** mit sicherem Blick; **~ de conjunto** Gesamtbild n; Übersicht f; **~ de futuro** Weitblick m 2 REL **~ beatífica** (selige) Anschauung f Gottes 3 (*ilusión*) Gesicht n, Vision f, *en sueños*: Traumbild n, (*aparición*) Erscheinung f; *fam fig* **estar** o **quedarse como viendo -ones** seinen Augen nicht trauen, sprachlos sein; *fam fig* **ver -ones** sich (*dat*) etw nur einbilden, Gespenster sehen *fam* 4 *fam fig* (*persona fea y ridícula*) lächerliche Gestalt f, Witzfigur f

visionar V/T FILM ansehen, sich (*dat*) vorspielen lassen

visionario A ADJ 1 (*con imaginación*) visionär 2 (*fantástico*) fantastisch; (*de imaginación exagerada*) von (üb)erhitzter Einbildungskraft B M, **-a** F 1 (*que tiene imaginación*) Visionär m, -in f 2 (*persona que ve fantasmas*) Geisterseher m, -in f; (*entusiasta*) Schwärmer m, -in f, (*soñador*) Träumer m, -in f, Fantast m, -in f

visir M HIST Wesir m; **gran ~** Großwesir m; **visirato** M Wesirat n

visita F 1 *acción de visitar*: Besuch m; **~ de condolencia** o **de duelo** Beileidsbesuch m; **~ de despedida** Abschiedsbesuch m; **~ de cortesía** Höflichkeitsbesuch m; **~ de cumplido** Anstands- o Routinebesuch m; **~ a domicilio** *de médicos, representantes, etc*: Hausbesuch m; **~ oficial** offizieller Besuch m; POL Staatsbesuch m; *tb* POL **primera ~** o *Am* **~ de llegada** Antrittsbesuch m; **~ de pésame** Beileidsbesuch m; *espec* POL **~ relámpago** Blitzbesuch m; CAT **~ al Santísimo Sacramento** kurze Andacht f vor dem ausgesetzten Allerheiligsten, Sakramentsbesuch m; **pagar** o **devolver la ~** den Besuch erwidern; **hacer una ~** einen Besuch machen (o abstatten) 2 (*visitante*) Besucher m, -in f, Besuch m; **tener ~(s) en casa** zu Hause Besuch haben 3 (*inspección*) Besichtigung f, Besuch m; (*reconocimiento*) Untersuchung f; MED Visite f; REL **~ (pastoral)** Visitation f; JUR **~ domiciliaria** Haussuchung f; **~ comentada** Führung f (*bes in Museen*); **~ guiada** Führung f (*z. B. in einer Stadt*); MED **~ del médico** *espec en el hospital*: Visite f; *fam fig* **~ de(l) médico** Stippvisite f *fam*; **pasar la ~ de aduanas** durch die Zollkontrolle gehen

Visitación F REL Mariä Heimsuchung f (*2. Juli*)

visitador M 1 (*que visita frequentemente*) (häufiger) Besucher m; Besichtiger m 2 (*controlador*) Untersuchungs-, Kontrollbeamte m; (*inspector*) Inspektor m; REL Visitator m; **~ a domicilio** Hausbesucher m; **~ médico** Ärztebesucher m; Pharmareferent m

visitadora F 1 (häufige) Besucherin f; Besichtigerin f; *Esp asistencia social*: Sozialfürsorgerin f 2 *funcionario público*: Untersuchungs-, Kontrollbeamtin f; Inspektorin f 3 *Hond, Ven fam* (*enema*) Klistier n; **visitante** M/F Besucher m, -in f; **~ ferial** o **de la feria** Messebesucher m, -in f

visitar V/T 1 *amigos* besuchen; *ciudad, monumento, palacio, etc* besichtigen 2 (*inspeccionar*) untersuchen (*tb* MED), kontrollieren; *aduana*: (zoll)amtlich durchsuchen; MED *médico* einen Krankenbesuch (*o espec en hospitales*: Visite) machen bei (*dat*); *asistente social j-n zu Fürsorgezwecken* aufsuchen; **el doctor no visita hoy** heute ist keine Sprechstunde 3 REL *Dios* heimsuchen, prüfen

visiteo M häufiges Besuchen n; **visitero** M, **visitera** F *fam* häufige(r) Besucher m, -in f

visivo ADJ Seh...; **potencia** f **-a** Sehkraft f

vislumbrar V/T 1 (*ver tenuemente*) (undeutlich) sehen, (gerade noch) ausmachen 2 *fig* (*conjeturar*) mutmaßen, vermuten, ahnen

vislumbre F 1 *de la luz*: Abglanz m; (schwacher) Schimmer m 2 *fig* (*conjetura*) Mutmaßung f, Vermutung f, Ahnung f; *fam fig* **no tener ni una ~ siquiera** keinen blassen Schimmer (o Dunst) haben (**de** von *dat*) *fam*

Visnú N PR M REL Vischnu m

viso M 1 (*resplandecer*) Schillern n, *espec* TEX *de género*: Changieren n; **hacer ~s** schillern, *género* changieren 2 *fig* (*destello*) Anflug m; (*resplandor*) Schimmer m; *frec* **~s** *pl* (*apariencia*) Anschein m; (*puntos de vista*) Gesichtspunkte *mpl*; *tb* (*segundas intenciones*) Nebenabsichten *fpl*; *fig* **a dos ~s** in zwei (ganz) verschiedenen Absichten; *fig* **de ~** angesehen; **hacer buen/mal ~** sich gut/schlecht ausnehmen; **tener ~s de** den Anschein haben von (*dat*) 3 TEX *tela*: Moiréfutter n 4 CAT Tabernakeltafel f, -abdeckung f 5 (*lugar alto para observar*) Anhöhe f, Aussichtspunkt m

visón M ZOOL *y piel*: Nerz m; **abrigo de ~** Nerzmantel m

visor M 1 ÓPT, MIL *de armas de fuego*: Visier n; MIL **~ de bombardeo** Bombenzielgerät n; **~ telescópico** Zielfernrohr n 2 FOT *de la cámara fotográfica*: Sucher m 3 *aparato*: Sichtgerät n; **~ de la luz infrarroja** Infrarotsichtgerät n; **~ nocturno** Nachtsichtgerät n

visorio ADJ Seh..., Gesichts...

víspera F Vorabend m; *p. ext* Vortag m; REL **~s** *pl* Vesper f; **en ~s de** (*la noche anterior*) am Vorabend von (*dat*); (*momentos antes*) kurz vor (*dat*); (*en espera*) in Erwartung (*gen*); HIST **las Vísperas Sicilianas** die Sizilianische Vesper (*1282*)

vista A F 1 *sentido*: Gesichtssinn m, Sehen n; *capacidad*: Sehvermögen n; *espec fig* **~ de águila/de lince** Adler-/Luchsauge(n) n(pl); MED **~ cansada** Alterssichtigkeit f; *fig* **segunda ~** *das* Zweite Gesicht n; MED **graduación** f **de la ~** Sehprobe f; **sentido** m **de la ~** Gesichtssinn m; **tener la ~ borrosa** verschwommen sehen; **tener buena/mala ~** gute/schlechte Augen haben, gut/schlecht sehen; *fam fig* **tener (mucha) ~** ein schlauer (o cleverer *fam*) Bursche sein; *fig* **tener ~ para** ein Auge haben für (*acus*); **se me va la ~** es flimmert mir vor den Augen; **a la ~** vor Augen, offensichtlich; *fam fig* (*al punto*) sofort; **a simple ~** mit bloßem Auge; **a la ~ de todos** vor aller Augen; *fig* **con ~s a** im Hinblick auf; **corto de ~** kurzsichtig 2 (*mirada*) Blick m; *fig* (*intención*) Absicht f; **punto** m **de ~** Gesichts-, Blickpunkt m, Sicht f; **aguzar la ~** den Blick schärfen; **apartar la ~** wegsehen; **clavar la ~ en** den Blick heften auf (*acus*); **dejar vagar la ~** seine Blicke schweifen lassen, umherschauen; **dirigir la ~ a** den Blick richten auf (*acus*), *j-n* anblicken; **echar una ~ a** ein Auge haben auf (*acus*); **echar la ~ a** ein Auge werfen (o haben) auf (*acus*); **echar la ~ encima a alg** j-n sehen, j-m begegnen; *fam fig* **hacer la ~ gorda** ein Auge zudrücken; so tun, als sähe man nichts; **levantar la ~** aufsehen, aufblicken; *fig* **poner la ~ en alg/a/c** ein Auge auf j-n/etw werfen; *fig* **tener buena ~** *traje, etc* gut aussehen; **volver la ~** den Blick wenden; sich umschauen; *fig* **volver la ~ atrás** den Blick zurückgehen lassen (in die Vergangenheit), zurückdenken; *con prep*: **al alcance de la ~** in Sehweite; im Blickfeld; überschaubar, übersichtlich; **a ~ de** angesichts (*gen*); **a ~ de pájaro** aus der Vogelschau; **a ~ perdida** o **a pérdida de ~** unabsehbar; **a primera ~** auf den ersten Blick; **a ~ de testigos** vor Zeugen; *tb fig* **estar a la ~** (*estar al alcance*) in Sicht sein; (*ser evidente*) auf der Hand liegen; **estar a la ~ de a/c** gespannt auf etw warten; *fam fig* **comérse** o **tragárse a alg con la ~** j-n mit den Augen verschlingen; **de ~** vom Ansehen, vom Sehen (her); ÓPT, FOT **de ~ correcta** seitenrichtig; **perder de ~** aus den Augen verlieren; MÚS **tocar de ~** vom Blatt spielen; **en ~ de** in Anbetracht (*gen*), angesichts (*gen*); *espec* ADMIN **en ~ de lo cual** weswegen; woraufhin; wozu (o zu diesem Zweck); **en ~ de ello** dar-

V

aufhin; **¡hasta la ~!** auf Wiedersehen! *(bei voraussichtlich längerer Trennung)*; *irón* auf Nimmerwiedersehen! **3** *(aspecto)* Anblick *m*, Ansicht *f* *(tb opinión)*; FOT Aufnahme *f*; *(perspectiva)*, *frec* **~s** *pl* *(panorama)* Aussicht *f*; *(ventanas o puertas)* Fenster *npl*; FOT **~ aérea** Luftbild *n*, Luftaufnahme *f*; **~ de atrás** *o* **por atrás** *o* **trasera** Rückansicht *f*; **~ exterior/lateral/parcial** Außen-/Seiten-/Teilansicht *f*; **~ frontal** *o* **~ de cara** *o* **~ de frente** Vorderansicht *f*; **~ del interior/de interiores** Innenansicht *f*/Innenaufnahme *f*; **~ panorámica** Rundblick *m*; **~ previa** INFORM Seitenansicht *f*; **~ total** Gesamtbild *n*; Übersichtsbild *n*; **tener ~(s) al mar** Aussicht aufs Meer haben; *espec* FILM **tomar ~s** Aufnahmen machen, Einzeleinstellungen drehen **4** JUR *(juicio)* Gerichtsverhandlung *f*; **~ de la causa** Hauptverhandlung *f*; **día** *m* **de ~** Verhandlungstag *m*; **~ oral** Hauptverhandlung *f* **5** ECON Sicht *f*; **a la ~** bei *o* auf Sicht; Sicht...; **a tres meses ~** drei Monate nach Sicht **6** *de una camisa*: Kragen, Brust und Manschetten *pl eines Hemdes*; *(regalos de novia)* Brautgeschenke *npl* **7** *(reunión)* Zusammenkunft *f* **B** M/F **~ (de aduanas)** Zollbeamte *m*, -beamtin *f*

vistazo M **dar** *o* **echar un ~ a** einen Blick werfen auf *(acus)*

viste → ver¹, vestir

vistear VI *RPl* einen Scheinkampf aufführen

vistillas FPL Aussichtspunkt *m*

visto **A** PP → ver¹ **B** ADJ gesehen; **está ~ que** es liegt klar zutage, dass; es ist offensichtlich, dass; **~ que** in Anbetracht dessen, dass; da ja, da nun einmal; *fig* **bien/mal ~** beliebt/unbeliebt; gern/ungern gesehen; *fig* **ni ~ ni oído** blitzschnell; **nunca ~** noch nie da gewesen; unerhört; **por lo ~** augenscheinlich, offensichtlich, offenbar; *fig* **estar mal ~** *cosa* nicht gern gesehen werden, verpönt sein; **sin ser ~** ungesehen; **~ y no ~** ehe man sich's versieht; blitzschnell **C** M **~ bueno** Genehmigungsvermerk *m*; Sichtvermerk *m*; ADMIN **dar el ~ bueno a a/c** etw genehmigen

vistoso ADJ ansehnlich; auffällig; prächtig

Vístula M Weichsel *f*

visu: **de ~** aus (eigener) Anschauung; augenscheinlich

visual **A** ADJ Seh..., Gesichts...; **rayo** *m* **~** Sehstrahl *m* **B** F ÓPT Sehlinie *f*; **visualidad** F *(magnificencia)* Pracht *f*, Stattlichkeit *f*, schöner optischer Eindruck *m*; **visualización** F Veranschaulichung *f*; Visualisierung *f*; INFORM Anzeige *f*; **visualizar** VT ⟨1f⟩ veranschaulichen, sichtbar machen; grafisch darstellen; INFORM anzeigen

vital ADJ Lebens...; vital; **cuestión** *f* **~** lebenswichtige Frage *f*; **energía** *f* **~** Lebenskraft *f*

vitalicio ADJ lebenslang, *cargo, renta* auf Lebenszeit; **funcionario** *m* **~** Beamte *m* auf Lebenszeit; **renta** *f* **-a** Leibrente *f*

vitalidad F *(capacidad de vivir)* Lebensfähigkeit *f*; *fuerza*: Lebenskraft *f*, Vitalität *f*; **vitalismo** M FIL Vitalismus *m*; **vitalista** **A** ADJ FIL vitalistisch; *fig* lebensbejahend, -froh **B** M/F FIL Vitalist *m*, -in *f*; **vitalizar** VT ⟨1f⟩ *(dar fuerza o vigor)* beleben; *(rejuvenecer)* verjüngen; *(fortalecer)* kräftigen

vitamina F MED Vitamin *n*; **rico en ~s** vitaminreich; **vitaminado** ADJ mit Vitaminzusatz; **vitaminar** VT → vitaminizar; **vitamínico** ADJ Vitamin...; **vitaminizar** VT ⟨1f⟩ mit Vitaminen anreichern; vitaminisieren

vitando **A** ADJ verabscheuungswürdig; zu meiden(d) **B** M, **-a** F REL im Bann Stehende *m/f*, Ausgestoßene *m/f*

vitela F **1** *(piel de ternero)* Kalbsleder *n* **2** *papel*: Velin *n*; **vitelina** F BIOL Vitellin *n*; **vitelo** M BIOL (Ei)Dotter *m/n*

vitícola ADJ AGR Weinbau...

viticultor M, **viticultora** F Winzer *m*, -in *f*; **viticultura** F Weinbau *m*; **vitivinícola** **A** ADJ Weinbau treibend, Wein erzeugend **B** M/F Weinbauer *m*, -bäuerin *f*; **vitivinicultor** **A** ADJ Weinbau... **B** M, **vitivinicultora** F Winzer *m*, -in *f*, Weinbauer *m*, -bäuerin *f*; **vitivinicultura** F Weinbau *m*

vito M MÚS *andalusischer Tanz (3/8 Takt)*

vitola F **1** *de un cigarro*: Bauchbinde *f*, Banderole *f* **2** *Esp fam (calidad)* Klasse *f*, Qualität *f*

vítor M Hochruf *m*; *frec* **~es** *pl* Hochrufe *mpl*

vitorear **A** VT hochleben lassen **B** VI Hurra *(o Hoch)* rufen

Vitoria F *spanische Stadt, Provinz*

vitoriano **A** ADJ aus Vitoria **B** M, **-a** F Einwohner *m*, -in *f* von Vitoria

vitral M Kirchenfenster *n*

vítreo ADJ gläsern, Glas...; glasartig; ANAT **cuerpo** *m* **~** Glaskörper *m*

vitrificación F **1** QUÍM Verglasung *f* **2** *de cerámica etc*: Sinterung *f*; **vitrificar** ⟨1g⟩ **A** VT **1** QUÍM *(convertir en vidrio)* verglasen **2** *cerámica, etc* glasieren, sintern **B** V/R **vitrificarse** verglasen, zu Glas werden

vitrina F **1** *armario*: Glasschrank *m* **2** *cajón*: Schaukasten *m*, Vitrine *f*; **~ de refrigeración** *o* **refrigerado** Kühlvitrine *f* **3** *Am (escaparate)* Schaufenster *n* **4** QUÍM Glaskasten *m*

vitrinista M/F *Am* Schaufensterdekorateur *m*, -in *f*; **vitriólico** ADJ *fig* ätzend, bissig; **vitriolo** M QUÍM (Kupfer)Vitriol *n*; **~ verde** Eisenvitriol *n*

vitrocerámica F Glaskeramik *f*; **placa** *f* **de ~** Glaskeramikkochfeld *n*; **vitrofibra** F Glasfaser *f*, -fiber *f*

vituallar VT mit Lebensmitteln versehen; **vituallas** FPL Lebensmittel *npl*; Proviant *m*

vítulo marino M ZOOL Seekalb *n*

vituperable ADJ tadelnswert, verwerflich; **vituperación** F → vituperio; **vituperador** **A** ADJ schimpflich **B** M, **vituperadora** F Tadler *m*, -in *f*; **vituperar** VT *(reprender)* tadeln, rügen; *(insultar)* schmähen; *(desechar)* verwerfen; **vituperio** M *(reprimenda)* Tadel *m*, Rüge *f*; *(insulto)* Schmähung *f*

viuda F **1** Witwe *f*; **quedarse ~** Witwe werden, verwitwen **2** ZOOL *araña*: **~ negra** Schwarze Witwe *f (Spinne)* **3** *Am Centr* ORN Truthahngeier *m*

viudal ADJ Witwen...

viudedad F **1** → viudez **2** **(pensión** *f* **de) ~** Witwenrente *f*; **viudez** F Witwen-, Witwerstand *m*; **viudita** F **1** *fam joven*: junge, lebenslustige Witwe *f* **2** *Am* ZOOL Witwenaffe *m* **3** *Col* GASTR *gekochtes Fischgericht mit Kartoffeln, Maniok und Bananen*; **viudo** **A** ADJ verwitwet **B** M Witwer *m*; **quedarse ~** Witwer werden, verwitwen

viura M **~**, **blanco** *m* **de Viura** *Weißwein aus dem Rioja-Gebiet*

viva **A** INT **¡~!** hurra!, hoch!; **¡~ el Papa!** es lebe der Papst! **B** M Hoch *n*, Hochruf *m*; **lanzar ~s** Hoch rufen **C** → vivir¹

vivac M → vivaque

vivacidad F Lebhaftigkeit *f*; Lebendigkeit *f*; **vivalavirgen** M/F *Esp fam* leichtsinniger Vogel *m (fam fig)*

vivales M/F ⟨*pl inv*⟩ *fam* **ser un ~** ein cleverer Bursche sein *fam*

vivamente ADV lebhaft; **lo siento ~** ich bedaure es zutiefst

vivandero M, **-a** F **1** HIST *(vendedor de víveres)* Marketender *m*, -in *f* **2** *Am reg en el mercado*: Marktkrämer *m*, -in *f*; *Perú en la calle*: fliegende(r) Händler *m*, -in *f*

vivaque M Biwak *n*; **vivaquear** VI biwakieren

vivar¹ M **1** *(conejera)* Kaninchenbau *m* **2** *de peces*: Fischteich *m*

vivar² VT *Am j-n* hochleben lassen

vivaracho ADJ *(muy vivo de genio)* sehr lebhaft, übermütig; *(alegre)* lebenslustig; *pop (astuto)* gerissen *fam*

vivario M ZOOL Vivarium *n*

vivaz ADJ ⟨*pl* **-aces**⟩ **1** *(lleno de vida)* lebhaft **2** *(con fuerza)* lebenskräftig, *(duradero)* langlebig; BOT *flor* mehrjährig (blühend), *planta* ausdauernd

vivencia F PSIC, FIL Erlebnis *n*

víveres MPL Lebensmittel *npl*, Proviant *m*

viverista M/F SILV Baumschulbesitzer *m*, -in *f*;

vivero M **1** SILV *(terreno con arbolillos)* Baumschule *f* **2** AGR Pflanzgarten *m* **3** *para peces, etc*: Fischteich *m*, -weiher *m* **4** *fig (semillero)* Brutstätte *f*

vivérridos MPL ZOOL Schleichkatzen *fpl*

viveza F **1** *en las acciones, etc*: Lebhaftigkeit *f*, Lebendigkeit *f*, Rührigkeit *f*; *de sentimientos, etc*: Heftigkeit *f* **2** *(perspicacia)* Scharfsinn *m*; *(listeza)* Aufgewecktheit *f*; *p. ext desp (astucia)* Gerissenheit *f* **3** *de colores*: Lebhaftigkeit *f*, Leuchtkraft *f*

vividero ADJ bewohnbar; **vivido** ADJ LIT erlebt; aus dem Erleben gestaltet *(Darstellung)*

vívido ADJ *liter* **1** *(intenso)* lebhaft, lebendig **2** *(lleno de vida)* lebendig, *(válido)* wirksam **3** *(perspicaz)* scharfsinnig

vividor **A** ADJ **1** *(laborioso)* regsam, fleißig **2** *a expensas de otros*: auf Kosten anderer lebend, nassauerisch **3** → vivaz **B** M, **vividora** F **1** *(sibarita)* Genießer *m*, -in *f*; Lebemann *m*, -frau *f* **2** *(gorrón)* Nassauer *m*, -in *f*

vivienda F **1** *(piso)* Wohnung *f*; **~ gran confort** Wohnung *f* mit allem Komfort, Luxuswohnung *f*; **~ de alquiler** Mietwohnung *f*; *Esp* **~ (de protección) oficial** *(o Am reg* **de interés social)** Sozialwohnung *f*; **~ de régimen libre** frei finanzierte Wohnung *f*; **segunda ~** Zweitwohnung *f*; **~ tutelada** betreutes Wohnen *n*; **~ unifamiliar** Einfamilienhaus *n* **2** *(manera de vivir)* Lebensweise *f*

viviente **A** ADJ lebend, lebendig; **ser** *m* **~** Lebewesen *n* **B** M lebendes Wesen *n*; **vivificador** ADJ, **vivificante** ADJ belebend; **vivificar** VT ⟨1g⟩ *(dotar de vida)* beleben, lebendig machen; *(reforzar)* kräftigen; **vivificativo** ADJ belebend

vivífico ADJ *liter (vivo)* lebendig; *(generador de vida)* Leben spendend; **vivíparo** ADJ ZOOL lebend gebärend

vivir¹ **A** VI **1** leben; *p. ext (subsistir)* dauern, lebendig bleiben; **~ al día** in den Tag hinein leben; von der Hand in den Mund leben; **~ honradamente** ein ehrbares *(o* ehrliches*)* Leben führen; *fig* **no dejar ~ a alg** j-m keine Ruhe lassen; *prov* **~ y dejar ~** leben und leben lassen; *prov* **no se vive más que una vez** man lebt nur einmal; *fig* **~ para ver** man wird noch sehen, die Zukunft wird es zeigen *(o* lehren*)*; **¡~ para ver!** kaum zu glauben!; wer hätte das gedacht!; **¡(que) viva(n)!** hoch!; er/sie soll (sie sollen) leben!; **¡esto es ~!** das heißt leben!, so kann man's aushalten! *fam*; **¡vive quien vence!** *corresponde a*: der Sieger hat immer Recht; man soll immer auf die besten Pferde setzen *(fig)*; *fig* **¡y a ~!** und jetzt hinein ins Vergnügen! **2** *(habitar)* leben, wohnen; **~ en el campo/en la ciudad** auf dem Land/in der Stadt leben *o* wohnen; **irse a ~ a** umziehen nach *(dat)* **3** *(alimentarse)* sich ernähren; **de esto vivo** davon lebe ich; *fig* das ist mein täglich(es) Brot, damit muss ich mich täglich herumschlagen *fam*; *irón* und das nennt man Leben!; **tener apenas para ~** kaum das zum

V

Leben Notwendigste haben; **tener con qué ~** sein Auskommen haben **B** VT (experimentar) erleben; verleben; **~ su vida** sein (eigenes) Leben leben; sich ausleben
vivir² M **1** (modo de vida) Lebensweise f; Lebenswandel m; **de mal ~** schlecht, verrufen **2** (subsistencia) Auskommen n, Leben n
vivisección F MED Vivisektion f; **viviseccionar** VT, **vivisectar** VT vivisezieren; **vivisector** M, **vivisectora** F Vivisezierende m/f
vivismo M FIL Lehre f des Luis Vives (1492–1540); **vivista** FIL **A** ADJ auf Vives bezüglich **B** M/F Anhänger m, -in f des Philosophen Luis Vives
vivito ADJ **~ y coleando** pescado: lebend frisch; fig in alter Frische (wieder da); asunto immer noch von Bedeutung; fam **estar ~** quicklebendig sein
vivo¹ **A** ADJ **1** lebendig; (vivaz) lebhaft; LIT **estilo** m **~** lebendiger (o packender) Stil m; **al ~** o **a lo ~** narración, dibujo nach dem Leben; (vehemente) heftig, kräftig; **a -a fuerza** mit Gewalt; **de -a voz** mündlich; fig **como de lo ~ a lo pintado** wie Tag und Nacht, ganz und gar verschieden; **enterrar ~** lebendig begraben; **está ~** er/sie lebt (noch); er/sie ist gerettet; instrucción sie gilt (noch); fig **dar** o **herir en lo ~** den wunden Punkt berühren (fig); fig **llegar a** o **tocar en lo más ~** an die wundeste Stelle rühren, im Tiefsten treffen; **quedar ~** am Leben bleiben; TEAT **representar cuadros ~** lebende Bilder aufführen (o stellen); **recuerdo** m **~** frische Erinnerung f; lebendiges Andenken n; fig **era su ~ deseo que** (subj) er/sie wünschte lebhaft, dass (subj) **2** fam (inteligente) gescheit, auf Draht, aufgeweckt; (astuto) gerissen, clever fam; (ágil) flink **3** color frisch, leuchtend; cal ungelöscht; canto scharf; ángulo spitz; tb Biblia: **agua** f **-a** lebendiges Wasser n; MAR **aguas** fpl **-as** Flut f; **piedra** f **-a** Naturstein m **4** TV, RADIO **en ~** live **B** M, **-a** F **1** (viviente) Lebende m/f Lebendige m/f **2** fam fig (zorro) Schlauberger m; geriebener Kunde m, geriebene Kundin f (fam fig)
vivo² M TEX Biese f (an Uniformen etc)
vizcacha F ZOOL Viscacha n (hasenähnliches Nagetier der argentinischen Pampa); **vizcachera** F **1** Schlupfloch n des Viscacha **2** Arg fig (aposento) Rumpelkammer f (tb fig) **3** Andes BOT Art Federgras n (giftig für Vieh)
vizcaíno **A** ADJ biskayisch **B** M, **-a** F Biskayer m, -in f
Vizcaya F Biskaya f
vizcondado M **1** territorio: Vizegrafschaft f **2** título: Titel m eines Vicomte; **vizconde** M Vicomte m; **vizcondesa** F Vicomtesse f
V.O. F ABR (Versión Original) FILM OF (Originalfassung f)
V°B° ABR (Visto Bueno) gesehen und genehmigt
vocablo M Wort n; Ausdruck m; Vokabel f
vocabulario M **1** registro: Wörterverzeichnis n, Vokabular n; (conjunto de las palabras) Wortschatz m; LING **~ básico** o **fundamental** Grundwortschatz m; **~ técnico** Fachwortschatz m; fig **no necesitar de ~** keinen Ausleger benötigen **2** fam (manera de hablar) Redeweise f
vocabulista M/F Wortschatzforscher m, -in f
vocación F Berufung f; Bestimmung f; **errar la ~** seinen Beruf verfehlen; **sentir ~ literaria** sich zur Literatur berufen fühlen; **tener ~** berufen sein (**por** zu dat); p. ext REL zum Priester (amt) berufen sein
vocacional ADJ Berufs...; aus Berufung
vocal **A** ADJ mündlich; Stimm...; Vokal... (tb MÚS); MÚS **música** f **~** Vokalmusik f **B** M/F stimmberechtigtes Mitglied n in einem Gremium; Vorstandsmitglied n **C** F FON Vokal m; FON **~ abierta** offener Vokal m; **~ de apoyo** Stützvokal m; **~ breve** kurzer Vokal m; **~ cerrada** geschlossener Vokal m; **~ larga** langer Vokal m
vocálico ADJ FON vokalisch, Vokal...; **vocalismo** M FON Vokalismus m, Vokalsystem n;
vocalista M/F MÚS (espec Refrain)Sänger m, -in f
vocalización F **1** FON Vokalisation f; Vokalisierung f **2** MÚS Stimmübung f; **vocalizar** VI ‹1f› **1** FON vokalisieren **2** MÚS Stimmübungen machen
vocativo M GRAM Vokativ m
voceador M, **voceadora** F **1** (pregonero, -a) Ausrufer m, -in f; Schreier m, -in f **2** Bol, Col, Cuba, Guat, Méx, Nic (vendedor[a] de diarios) Zeitungsverkäufer m, -in f
vocear **A** VI schreien **B** VT (laut) verkünden; fam fig ausposaunen; mercancías ausrufen; **vocejón** M fam raue, heisere Stimme f; **voceras** M/F ‹pl inv› fam Großmaul n fam, Schwätzer m, -in f; **vocerío** M Geschrei n; **vocero** M, **vocera** F espec Am Sprecher m, -in f (der Regierung etc); Wortführer m, -in f
voces FPL → voz
vociferación F Schreien n, Kreischen n, Zetern n; **vociferador** ADJ schreiend, brüllend; zeternd; **vociferar** VI schreien, zetern
vocinglería F Geschrei n, Gekreisch n; **vocinglero** **A** ADJ schreiend, kreischend; p. ext aufdringlich geschwätzig **B** M, **-a** F Schreihals m; p. ext (boceras) aufdringliche(r) Schwätzer m, -in f
vodca M → vodka
vodevil M Am Varieteé n
vodka F Wodka m
vodú M → vudú; **voduismo** M → vuduismo
vol. M ABR (volumen) Bd. (Band m)
volada **1** vuelo: kurzer Flug m; de un pájaro: Auffliegen n; Col fam **pegarse una ~** abhauen fam **2** ARQUIT Auskragung f; Ausleger m (tb TEC) **3** fam fig (timo) Prellerei f **4** RPl (oportunidad) Gelegenheit f
voladera F (Wasser)Radschaufel f; **voladero** **A** ADJ **1** ORN flügge **2** fig (volátil) flüchtig, rasch enteilend **B** M Absturz m, Steilhang m;
voladizo ARQUIT **A** ADJ vorspringend; fliegend **B** M Auskragung f; Vorsprung m, Vorbau m
volado **A** ADJ **1** TIPO hochgestellt **2** Am temperamento: jähzornig **3** fam (chiflado) bescheuert fam **4** Cuba fam (furioso) wütend **5** drogas high; fam **estar ~** high sein **6** Méx **echar un ~** durch einen Münzwurf losen **B** M Méx Fenstergitter n; fig Frauenheld m, Don Juan m **C** ADV Méx eilig
volador **A** ADJ fliegend; **aparato** m **~** Fluggerät n **B** M **1** pez: Fliegender Fisch m **2** (cohete) Rakete f **3** Am BOT *verschiedene Bäume und Pflanzen*; **voladora** F **1** en el molino: Läuferstein m einer Mühle **2** Col (bote a motor) Motorboot n; **voladura** F Sprengung f
volandas ADV **en ~** fliegend; fig wie im Fluge; DEP, TAUR **llevar en ~** den Sieger auf den Schultern tragen
volandera F **1** TEC en el eje del carro: Scheibe f an der Radachse; (arandela) Zwischenscheibe f **2** → voladora 1 **3** fam (mentira) Schwindel m, Ente f
volandero ADJ **1** ORN flügge; flatternd **2** fig unstet; **volando** ADV eiligst; **irse ~** losrasen, -sausen; **pasar ~** vorbeirasen; tiempo (wie) im Fluge vergehen
volantazo M AUTO fam **dar un ~** das Steuer herumreißen
volante **A** ADJ fliegend, Flug...; (errante) umherirrend; MIL **cuerpo** m **~** fliegendes Korps n, Einsatzkorps n, Feuerwehr f fam; fig **hilos** mpl **~s** Sommerfäden mpl; **mesa** f **~** Spiritistentischchen n; ZOOL **perro** m **~** Flughund m, Fledermaus f **B** M **1** AUTO Lenkrad n, Steuer(rad) n; **ir al ~** am Steuer sitzen; **ponerse al** o **tomar el ~** sich ans Steuer setzen **2** TIPO, COM (hoja con un aviso) Flugblatt n; (folleto) Handzettel m; (guía de circulación) Begleitschein m; MED **~ (del seguro)** Kranken-, Überweisungsschein m **3** TEC Schwungrad n; del reloj: Unruh f; de la sierra de cinta: Bandrolle f **4** DEP (badminton) Federball(spiel n) m **5** TEX en el vestido: Volant m, Rüsche f
volanteras M inv Esp AUTO fam (Berufs)Fahrer m
volantín M **1** para pescar: Wurfangel(schnur) f **2** Am (voltereta) Überschlag m, Salto m **3** Arg, Chile, Cuba, P. Rico (cometa de papel) (Papier)Drachen m **4** Bol fuegos artificiales: Schwärmer m **5** Bol (folleto) Flugblatt n; Handzettel m
volantón **A** ADJ ORN flügge **B** M, **-ona** F **1** ORN flügger Vogel m **2** Ec fig (vagabundo) Stromer m, -in
volapié M **1** TAUR *der dem stehenden Stier aus dem Lauf heraus versetzte Degenstoß*; **dar una estocada a ~** dem stehenden Stier einen Degenstoß versetzen **2** **a ~** pájaros hüpfend und flatternd; en un cruce de río, etc: bald schwimmend, bald gehend
volar ‹1m› **A** VI **1** (moverse en el aire) fliegen; **~ alto/bajo** hoch/tief fliegen; AVIA **~ en crucero** mit Reisegeschwindigkeit fliegen; **echarse a ~** los-, wegfliegen; **~ sobre la ciudad** die Stadt überfliegen; **hacer ~** in die Luft sprengen (o fliegen lassen fam) **2** fig (darse prisa) eilen **3** tiempo verfliegen, sich verflüchtigen; p. ext (desaparecer) verschwinden (tb fig) **4** drogas fam high sein fam **B** VT **1** (hacer saltar) (in die Luft) sprengen; fig (irritar) aufbringen, reizen **2** CAZA aves aufscheuchen **3** TIPO hochstellen (als Exponent o Index) **C** V/R **volarse** **1** (escaparse) auf-, wegfliegen; entfliegen; fam fig **se le volaron los pájaros** mit seinen Plänen (o Hoffnungen etc) ist es aus; tb die Gäule gingen mit ihm durch **2** Am (encolerizarse) wütend werden
volate M Col Hetze f, Hektik f, Trubel m
volatería F **1** CAZA (halconería) Falkenjagd f, Falknerei f **2** (conjunto de aves) Geflügel n; **volátil** **A** ADJ QUÍM flüchtig; fig flatterhaft **B** M Federvieh n; Stück n Geflügel
volatilidad F QUÍM Flüchtigkeit f; **volatilización** F QUÍM Verflüchtigung f; **volatilizar** ‹1f› **A** VT verflüchtigen **B** V/R **volatilizarse** sich verflüchtigen; fig tb sich in Luft auflösen
volatín¹ ADJ MAR **hilo** m **~** Segelgarn n
volatín² M **1** ejercicio: Seiltänzerkunststück n **2** → volatinero; **volatinero** M, **volatinera** F Seiltänzer m, -in f, Akrobat m, -in f
vol-au-vent [bɔlo'βan] M → volován
volcador **A** ADJ Kipper..., Kipp...; (mecanismo m) **~** Kippanlage f **B** M Arg AUTO Kipplaster m
volcán M Vulkan m (tb fig); **~ activo** aktiver Vulkan m; fig **estar sobre un ~** wie auf einem Vulkan leben; fig **estar hecho un ~** (enfadado) stinksauer sein; (excitado) sehr erregt sein (tb sexual)
volcánico ADJ vulkanisch; fig feurig; **volcanismo** M Vulkanismus m
volcar ‹1g y 1m› **A** VT **1** (tumbar) umwerfen; (derribar) umstürzen; (derramar) (aus)kippen; recipiente umstülpen, stürzen; **¡no ~!** nicht stürzen! **2** p. ext vaho, olor benommen machen **3** fig (persuadir) j-n umstimmen; convicción vollkommen ändern **4** fam fig (enfadar) in Wut

bringen **B** VI (*caer*) *coche, etc* umstürzen, umkippen; AVIA kippen **C** V/R **volcarse** aus-, um-, überkippen; *fam fig* sein Bestes tun, sein Letztes geben; *fig* **~ con alg** j-n stürmisch feiern; sich um j-n reißen; **~ (de** *o* **en atenciones)** sich (vor Liebenswürdigkeit) überschlagen; *fig* **~ en el trabajo** sich in die Arbeit stürzen; **~ sobre alg** über j-n lästern

volea F DEP Flugball *m*, Volley *m*; **de ~** volley; **volear** VT *tenis*: volley schlagen; *fútbol*: volley schießen

voleibol M DEP Volleyball *m*; **~ de playa** Beachvolleyball *n*

voleo M *juego de pelota*: Schlag *m*; *tenis*: Volley *m*, Flugball *m*; *fig* **a ~** (*a montones*) haufenweise; (*al azar*) aufs Geratewohl; AGR **sembrar a ~** breitwürfig säen

volero M *Col* TEX Volant *m*, Rüsche *f*

volframio M QUÍM Wolfram *n*; **volframita** F MINER Wolframit *m*

Volga M Wolga *f*

volibol M *Méx* DEP Volleyball *m*; **volibolista** M/F Volleyballspieler *m*, -in *f*

volición F FIL Willensakt *m*; LING Wollen *n*

volitar VI → revolotear

volitivo ADJ FIL, LING Willens...

volley-ball ['bolεi-bɔl] M → voleibol

volován M GASTR Vol-au-Vent *m*, Blätterteigpastete *f*

volovelismo M AVIA Segelfliegen *n*, Segelflugwesen *n*; **volovelista** M/F Segelflieger *m*, -in *f*

volqueo M TEC Kippen *n*; **volqueta** F *Col* AUTO Kipplaster *m*; **volquete** M Kipplore *f*

vols. MPL ABR (volúmenes) Bde. (Bände *mpl*)

voltaico[1] ADJ HIST aus Obervolta (*heute Burkina Faso*)

voltaico[2] ADJ ELEC **arco ~** Lichtbogen *m*

voltaje M ELEC Spannung *f*, Voltzahl *f*

volteada F *Arg* Abtrennung *f eines Teils der Viehherde*; **volteador** M, **1** *acróbata*: Luftakrobat *m*, Voltigierer *m*; *Am* Kunstreiter *m* **2** TEC *máquina*: Kant-, Wendevorrichtung *f*; **volteadora** F Luftakrobatin *f*; Voltigiererin *f*; *Am* Kunstreiterin *f*

voltear **A** VT **1** (*dar vueltas*) herumdrehen; (*poner al revés*) umkehren; *honda, etc* schwingen; *campanas* läuten **2** *Am* (*derribar*) umwerfen, (um)stürzen; umkippen **3** *Méx, Col, P. Rico* → volver **B** VI (*volverse*) sich herumdrehen; (*dar volteretas*) sich überschlagen; *en el circo*: voltigieren; *Am reg transporte*: **~ a la derecha/izquierda** rechts/links abbiegen **C** V/R **voltearse** *Am reg fam fig desp* (*cambiar de partido*) (unerwartet) die Seite (*o* POL die Partei) wechseln; *desp fig* **~le a alg** j-n verraten; j-m in den Rücken fallen

voltejear MAR **A** VT (um)wenden **B** VI am Wind segeln

volteo M **1** (*giro*) Umdrehen *n*, Wenden *n*; TEC Kippen *n* **2** (*salto al aire*) Luftsprung *m*; DEP **~ de tigre** Hechtrolle *f* **3** *de campanas*: Läuten *n* **4** *Cuba* AUTO (*camión basculante*) Kipplaster *m*;

voltereta F **1** (*salto al aire*) Luftsprung *m*; *de niños*: Purzelbaum *m*; **dar ~s** *niños* Purzelbäume schlagen; *en el circo*: Zirkussprünge machen; AUTO sich überschlagen **2** *juego de cartas*: Volte *f* **3** *fig* (*cambio repentino*) plötzlicher Umschlag *m*, unerwarteter Wechsel *m*

voltímetro M ELEC Spannungsmesser *m*, Voltmeter *n*; **voltio** M ELEC Volt *n*; *fam fig* **darse un ~** einen Bummel machen

volubilidad F **1** **~ de la lengua** Zungenfertigkeit *f* **2** (*inestabilidad*) Unbeständigkeit *f*, (*inconstancia*) Flatterhaftigkeit *f*; (*volatilidad*) Flüchtigkeit *f* (*tb* QUÍM); **voluble** ADJ **1** (*inestable*) unbeständig, unstet; *persona* wetterwendisch, flatterhaft **2** (*volátil*) flüchtig (*tb* QUÍM)

volumen M ⟨*pl* volúmenes⟩ **1** (*cantidad*) Umfang *m*, Menge *f*; (*contenido*) Rauminhalt *m*; Volumen *n*; COM **~ comercial** Handelsvolumen *n*; ARQUIT **~ de edificación** umbauter Raum *m*; MAT **~ de esfera** Kugelinhalt *m*; MED **~ por latido** Schlagvolumen *n des Herzens*; COM **~ de negocios/de ventas** Geschäfts-/Warenumsatz *m*; COM **~ de pedidos** Auftragseingang *m*; **~ de trabajo** Arbeitsanfall *m* **2** TIPO (*tomo*) Band *m*; **en tres volúmenes** dreibändig **3** (*intensidad del tono*) Laut-, Tonstärke *f*; MÚS *tb* Klangfülle *f*; **a todo ~** mit voller Lautstärke; **bajar el ~** (das Gerät) leiser stellen

voluminoso ADJ umfangreich, voluminös

volunta M MIL *fam* Freiwilliger *m*

voluntad F **1** Wille *m*; *potencia, fuerza*: Willenskraft *f*; (*gana*) Lust *f*; **a ~** nach Belieben; **con poca ~** halb freiwillig, halb gezwungen; *fig* **~ de acero** eiserner Wille *m*; **~ de trabajo** Arbeitswille *m*, -lust *f*; **buena ~** guter Wille *m*; **por ~ propia** aus freiem Willen; aus freien Stücken; **última ~** Letzter Wille *m*, Testament *n*; *fam* **hacer su sant(ísim)a ~** seinen Kopf durchsetzen; *en servicios ocasionales*: **¿qué le debo?** – **¡la ~!** was bin ich Ihnen schuldig? – nach Belieben! (*o* was Sie eben geben mögen!); **quitarle a alg la ~** j-m die Lust nehmen, j-m etw ausreden **2** (*afecto*) Zuneigung *f*; **buena/mala ~** Wohl-/Übelwollen *n*, Zu-/Abneigung *f*; **tenerle mucha ~ a alg** eine große Zuneigung zu j-m haben

voluntariado M **1** *espec* MIL freiwilliger Dienst *m* **2** *en catástrofes, etc*: freiwilliger Einsatz *m*; **voluntariedad** F **1** (*determinación propia*) Freiwilligkeit *f* **2** (*arbitrariedad*) Willkür *f*; **voluntario** **A** ADJ freiwillig **B** M, **-a** F Freiwillige *m/f*; **voluntarioso** ADJ (*arbitrario*) eigenwillig; (*perseverante*) zäh, zielstrebig; willensstark; **voluntarismo** M FIL Voluntarismus *m*; **voluntarista** **A** ADJ voluntaristisch **B** M/F Voluntarist *m*, -in *f*

voluptuosidad F Wollust *f*; *poét* Lust *f*; **voluptuoso** ADJ (*con muchas ganas*) lustvoll; (*sensual*) sinnenfreudig; (*lascivo*) wollüstig

voluta F MAT, ARQUIT Schnecke *f*, Spirale *f*, Volute *f*; **~ de humo** Rauchring *m*, Rauchkringel *m*; **en ~s** schnecken-, schraubenförmig

volvedera F AGR Garbenwender *m*; **volvedor** M TEC Wendeeisen *n*; Drehwerk *n*

volver ⟨2h; *pp* vuelto⟩ **A** VT **1** (*girar*) drehen; (*dar vuelta a*) (um)wenden, umkehren; *página* umblättern; *vestimenta* wenden; **~ al revés** umstülpen; umkehren; **~ de canto/de plano** hochkant stellen/flach legen; **~ hacia a/c** in Richtung auf etw (*acus*) lenken; *espec fig* **~ lo de arriba abajo** das Unterste zuoberst kehren, alles auf den Kopf stellen; **~ la mirada al cielo** den Blick zum Himmel wenden **2** (*devolver*) **~ a/c a alg** j-m etw zurückgeben; zurückschicken **3** (*convertir*) verwandeln (**en** in *acus*); **~** (*adj*) *zu etw* (*dat*) machen; **~ loco** verrückt machen; *fam* **~ tarumba a alg** j-n verwirren; j-n ganz durcheinanderbringen **B** VI **1** (*volver sobre sus pasos*) umkehren; (*regresar*) zurückkommen, zurückkehren; zurückfahren; **~ a casa** heimkehren; nach Hause kommen; **volviendo al caso** um auf die Sache zurückzukommen; **no ~ de su asombro** aus dem Staunen nicht herauskommen; **~ en sí** wieder zu sich (*dat*) kommen; **~ por** sich einsetzen für (*acus*); **~ por sí** seine Ehre verteidigen; **~ sobre el asunto** auf die Angelegenheit zurückkommen; **~ sobre sí** in sich (*acus*) gehen, sich besinnen **2** (*torcer*) abbiegen; sich kehren (**a, hacia** nach *dat*); **el río vuelve hacia la izquierda** der Fluss macht eine Biegung nach links **3** **~ a** (*inf*) wieder (*ind*); **si vuelves a hacerlo** wenn du es noch einmal tust; **~ a apretar** *tornillo* nachziehen; **~ a contar** nachzählen **C** V/R **volverse** **1** sich (um)drehen; *fig leche* sauer werden; *fig* **~ atrás** einen Rückzieher machen; **~ al público** sich zum (*o* ans) Publikum wenden; **~ contra alg** sich gegen j-n wenden, j-n angreifen; auf j-n losgehen; **todo se le vuelve en contra** *o* **del revés** alles geht ihm schief; **~ hacia la pared** sich zur Wand kehren **2** **~** (*adj*) (*convertirse*) werden; **~ loco** verrückt werden; **~ de todos los colores** sich verfärben

vólvulo M MED Darmverschluss *m*

vómer M ANAT Pflugscharbein *n*

vómico ADJ BOT, FARM **nuez** *f* **-a** Brechnuss *f*

vomitado **A** ADJ (*desmedrado*) hundeelend, sterbenskrank; (*descolorido*) totenbleich; *fig* **está ~** *tb* er sieht aus wie gekotzt *pop* **B** M Erbrochenes *n*

vomitador ADJ sich erbrechend; **vomitar** VT & VI (er)brechen; ausspucken; *fig* (aus)speien; **ganas** *fpl* **de ~** → vomitera; **vomitera** F Brechreiz *m*; **vomitivo** M FARM Brechmittel *n*

vómito M MED **1** *acción*: (Er)Brechen *n* **2** (*lo vomitado*) Erbrochene(s) *n*

vomitón ADJ *fam* zum Erbrechen neigend; **vomitona** F *fam* heftiges Erbrechen *n*; **vomitorio** M HIST, ARQUIT Vomitorium *n* (*im alten Rom etc*)

voracidad F Gefräßigkeit *f*

vorágine F Strudel *m* (*tb fig*)

voraz ADJ ⟨*pl* -aces⟩ gefräßig (*tb fig*)

vórtice M **1** (*remolino*) Wirbel *m*, Strudel *m* **2** ANAT (*vértebra*) Wirbel *m*, Vortex *m*

vos PRON **1** *Am Cent, Arg, Par, Ur*: du **2** *Am Centr, Arg, Par, Ur con prep*: dich, dir; **un regalo para ~** ein Geschenk für dich; **hablo con ~** ich spreche mit dir **3** (HIST *y liter*: *usted*) Ihr

VOS F ABR (Versión original subtitulada) OmU *f* (Originalfassung mit Untertiteln)

vosear VT *RPl* mit „vos" anreden; **voseo** M *RPl* Anrede *f* mit „vos"

Vosgos MPL Vogesen *pl*

vosotros M, **vosotras** F PRON ihr *pl*; *con prep*: euch

votación F POL Abstimmung *f*; **~ a mano alzada** Abstimmung *f* durch Handzeichen; **~ de desempate** Stichwahl *f*; **poner a ~** zur Abstimmung stellen

votante M/F Abstimmende *m/f*; Stimmberechtigte *m/f*; Wähler *m*, -in *f*

votar **A** VT & VI abstimmen (über *acus*); *ley* verabschieden; **acto** *m* **de ~** Abstimmung *f*, Wahlvorgang *m*; **derecho** *m* **a ~** Stimmberechtigung *f*; **tener derecho a ~** stimmberechtigt sein **B** VI geloben; schwören

votivo ADJ angelobt; Votiv...; **misa** *f* **-a** Votivmesse *f*

voto M **1** POL Stimme *f*, Votum *n*; **~ por aclamación** Wahl *f* durch Zuruf (*o* durch Akklamation); **~ afirmativo** Zustimmung *f*; **~ (en) blanco** Abgabe *f* leerer Stimmzettel; **~ de calidad** ausschlaggebende Stimme *f*; **~ dirimente** Stichentscheid *m*; **~ de castigo** Stimmabgabe *f* aus Protest; **~ de censura/de confianza** Misstrauens-/Vertrauensvotum *n*; **~ por correo** *o* **correspondencia** Briefwahl *f*; **~ favorable/negativo** Ja-/Neinstimme *f*; **~ nulo** ungültige Stimme *f*; **~ obligatorio** Wahl-, Stimmzwang *m*; **con/sin derecho a ~** stimmberechtigt/nicht stimmberechtigt; **por 230 ~s contra 170 con 9 abstenciones** mit 230 gegen 170 Stimmen bei 9 Enthaltungen; **siete ~s (emitidos) a favor/en contra de alg** sieben (abgegebene) Stimmen für/gegen j-n; **tener ~** Stimmberechtigung haben, stimmberechtigt sein **2** REL (*promesa a Dios*) Gelübde *n*; CAT **~ de castidad** Keuschheitsgürtel *m*; **~s**

pl **monásticos** Mönchsgelübde *npl*; **~s** *pl* **perpetuos/simples/solemnes** ewige/einfache/feierliche Gelübde *npl*; **hacer ~s para que ...** innigst wünschen, dass ...; beten, dass ...

votura F *Cuba* AUTO Panne *f*

voy → ir

voyeur M/F Voyeur *m*, -in *f*; **voyeurismo** M Voyeurismus *m*

voz F ‹*pl* voces› **1** Stimme *f* (*tb* MÚS); (*sonido*) Laut *m*, Ton *m*, Klang *m*; **~ argentina** Silberstimme *f*; **~ cascada** gebrochene Stimme *f* (*Stimmbruch*); *fig* **una ~ interior** eine innere Stimme; MÚS **~ principal/acompañante** Haupt- (*o* Solo-)/Begleitstimme *f*; MÚS **primera/segunda ~** erste/zweite Stimme *f*; *fig* **~ pública** *die* Stimme des Volkes; **~ quebrada** gebrochene (*o* matte) Stimme *f*; **la ~ de la razón** die Stimme der Vernunft; *fig* **~ de trueno** Donnerstimme *f*; MÚS **~ del violín** *en la orquesta, etc*: Violinstimme *f*; *sonido*: Violinklang *m*; **aclararse la ~** sich räuspern; **alzar** *o* **levantar la ~** die Stimme erheben, lauter sprechen; *fig* laut werden; **alzar** *o* **levantar la ~ a alg** j-n anschreien; *fig* **se alzan** *o* **se oyen voces** Stimmen werden laut; *fig* **se le anudó la ~** er konnte (*vor Aufregung etc*) nicht sprechen, es verschlug ihm die Stimme; **apagar la ~** die Stimme (*o* den Klang) dämpfen (*tb* MÚS); **conocer en** (*o* **por**) **la ~** an der Stimme erkennen; *fig* **estar en ~** *orador* bei Stimme sein; **llevar la ~ cantante** MÚS die erste Stimme singen (*o* spielen); *fig* den Ton angeben, die erste Geige spielen (*fig*); *fig* **no se oye más ~ que la suya** er führt das große Wort; MÚS **ponerse en ~** *o* **romper la ~** sich einsingen; MÚS **tener** (**buena**) **~** eine gute Stimme haben; *fig* **tener ~ en el capítulo** ein Wörtchen mitzureden haben **2** *con prep*: MÚS **a dos voces** zweistimmig; **a media ~** (mit) halblaut(er Stimme); **a una ~** einstimmig; **a ~ en cuello** *o* **en grito** aus vollem Halse, lauthals; **de ~ débil** von schwacher Stimme, stimmschwach; **con ~ fuerte** mit lauter Stimme; **de viva ~** mündlich, in einem persönlichen Gespräch; MÚS **de dos/tres voces** zwei-/dreistimmig; **en ~ alta/baja** mit lauter/leiser Stimme **3** (*llamado*) Ruf *m*; (*grito*) Schrei *m*; **voces** *fpl tb* (*griterío*) Geschrei *n*; **voces al viento** *o* **en el desierto** in den Wind (*fig*), umsonst; MIL **~ de mando** Kommando *n*, Befehl *m*; **dar la ~** MIL *Posten* anrufen; *fig abs* etw (*o* es) bekannt machen; es den Leuten sagen; **dar voces** rufen; schreien; **dar voces de socorro** (laut) um Hilfe rufen; *fig* **pedir a/c a voces** schreien nach; dringend nötig haben; MAR **a la ~** in Rufweite **4** *fig* (*rumor*) Gerücht *n*; *fig* **corre la ~** (**de**) **que ...** es geht das Gerücht (um), dass ...; *fig* **hacer correr la ~** weitersagen; *fig* **poner mala ~ a alg** j-n in Misskredit (*o* in Verruf) bringen; *espec* MIL **tomar ~** Erkundigungen einziehen **5** LING (*palabra*) Wort *n*, Vokabel *f*; (*forma del verbo*) Form *f* des Verbs; **~ activa/media/pasiva** Aktiv *n*/Medium *n*/Passiv *n* **6** POL **~** (**consultiva**) *o* **~** (**sin voto**) beratende Stimme *f*; POL **tener ~ y voto** Sitz und Stimmer haben; *fig* **sin ~ ni voto** ohne jeden Einfluss; *fig* **no tener ~ ni voto** nichts zu sagen (*o* melden *fam*) haben

vozarrón M *fam* laute, raue (*o* kräftige) Stimme *f*

VPO F ABR *Esp* (Vivienda de protección oficial) Sozialwohnung *f*

vudú M Wodu(kult) *m*; **vuduismo** M → vudú; **vuduista** A ADJ Wodu... B M/F Anhänger *m*, -in *f* des Wodukults

vuece(le)ncia F *tratamiento*: Euer Exzellenz

vuelapluma → pluma

vuelco A → volcar B M **1** (*acción de volcar*) Umwerfen *n*; Umkippen *n*; (*caída*) Fall *m*; (*voltereta*) Überschlag *m* (*tb* AUTO, AVIA); TEC **~ automático** automatische Entleerung *f*; **dar un ~** sich überschlagen; *fig* eine Kehrtwendung machen **2** *fig* **el corazón me dio un ~** es gab mir plötzlich einen Stich; das Herz schlug mir bis zum Hals **3** *fig* (*cambio brusco*) Umschwung *m*; (*revolución*) Umsturz *m*; POL *en elecciones, etc*: Erdrutsch *m*

vuelo A → volar B M **1** Flug *m*; *fig* (*auge*) Aufschwung *m*; **~ acrobático** Kunstflug *m*; **~ de aproximación** Anflug *m*; **~ bajo** *o* **rasante** *o* **a baja cota** Tiefflug *m*; **~ chárter** Charterflug *m*; **~ de bajo coste** Billigflug *m*; **~ de conexión** Anschlussflug *m*; **~ directo** Direktflug *m*; *espec Am* **~ doméstico** Inlandsflug *m*; **~ de enlace/de entrenamiento** Anschluss-/Übungsflug *m*; **~ sin escala(s)** Nonstop-Flug *m*; **~ espacial** *o* **interplanetario** (**tripulado**) (bemannter) Weltraumflug *m*; **~ internacional** Auslandsflug *m*; **~ de largo recorrido** *o* **de larga distancia** Langstreckenflug *m*; **~ libre** *o* **en ala delta** Drachenfliegen *n*; **~ sin motor** *o* **a vela** Segelflug *m*; **~ nacional** Inlandsflug *m*; **~ nocturno/planeado** Nacht-/Gleitflug *m*; **~ orográfico** Gleitflug *m* am Hang; **~ en picado** Sturzflug *m*; **~ de prueba** Testflug *m*; **~ rasante** Tiefflug *m*; **~ de reconocimiento** Erkundungsflug *m*; **~ regular** *o* **de línea** Linienflug *m*; **~ térmico** Aufwindflug *m*, Gleitflug *m*; DEP **~ a vela** Segelflieger *m*; **~ sin visibilidad** Blindflug *m*; **emprender el ~** weg-, abfliegen; **tomar ~** hinaufschweben; auffliegen; *fig* (*animarse*) sich aufschwingen; (*avanzar*) gut vorankommen, gedeihen; (*ganar en importancia*) an Bedeutung gewinnen; **al ~** im Fluge; *fig* so nebenbei, so nebenher; *fam fig* **cogerlas** *o* **cazarlas al ~** alles gleich aufschnappen (*o* mitbekommen), alles sofort begreifen; CAZA **tirar al ~** im Flug schießen, aus der Luft herunterschießen; *fig* **tocar a ~ las campanas** alle Glocken (*o* mit vollem Geläut) läuten; **de altos ~s** bedeutend, sehr wichtig; **en** *o* **a ~** im Flug **2** (*ala*) Schwinge *f*, Flügel *m* (*tb fig*); *amplitud*: Schwungweite *f*; **alzar** *o* **levantar el ~** ORN auffliegen; *fig* sich davonmachen *fam*; AVIA **levantar ~** vom Boden abheben; *fig* **levantar los ~s** sich Höherem zuwenden; eingebildet werden; *fig* **cortar los ~s a alg** j-m die Flügel stutzen **3** ARQUIT Ausladung *f* **4** (*ancho*) Weite *f*; **falda** *f* **de poco ~** ziemlich enger Rock *m* **5** *de mangas*: Ärmelaufschlag *m*; Spitzenmanschette *f*

vuelta F **1** (*giro*) (Um)Drehung *f* (*tb* TEC); TEC *tb* Wendung *f*; DEP Kehre *f* (*tb gimnasia*); *equitación*: Volte *f*; AGR Umpflügen *n*; **media ~** Kehrtwendung *f*; MIL **¡media ~!** kehrt!; MAR **~ de cabo** Stek *m*, Knotenschlinge *f*; *transporte*: **~** (**de camino**) Kehre *f*; **~ de campana** Luftsprung *m*, Salto *m*; Überschlag *m* (*tb* AUTO); AVIA Looping *m*; TEC **~ de manivela** Kurbeldrehung *f*; MED **~ de venda** Bindetour *f*; **dar la ~** (*virar*) wenden; (*voltear*) umdrehen; *equitación*: **dar ~ al caballo** die Volte reiten; *fig* **ya dará la ~ la tortilla** das Blatt wird sich schon wenden, es wird noch anders kommen; *fam* **dar la ~ a un agente** einen Agenten umdrehen *fam*; **dar una ~ de campana** einen Salto machen; AUTO sich überschlagen; **dar media ~** kehrtmachen; **le dio una ~ a la llave** er drehte den Schlüssel um; **dar ~s** sich drehen; (*revolcarse*) sich herumwälzen; *fig* (*pensarlo bien*) hin und her überlegen; **dando ~s** durch (Ver)Drehen; **dar ~s a a/c** etw drehen; *fam fig* **dar cien ~s a alg** j-m haushoch überlegen sein; *fig* **dar muchas ~s a a/c** sich (*dat*) etw hin und her überlegen; *fig* **no hay que darle ~s** *o* **no hay que andar con ~s** man darf nicht um die Sache herumreden; *fig* **dar una ~ de tuerca** die Schraube anziehen; **la cabeza me da ~s** *o* **las cosas me dan ~s** mir dreht sich alles vor den Augen, mir ist ganz schwindelig; **no le des más ~s** denk nicht weiter darüber nach; **por más ~s que (le) doy al asunto, no veo ninguna solución** ich mag es drehen und wenden, wie ich will, ich sehe keine Lösung; **no tiene ~(s) atrás** es gibt kein Zurück mehr; *fig* **tener ~s** launisch sein; MAR **tomar la ~ a tierra** auf Landkurs gehen **2** *fig* (*cambio*) Wende *f*, Wendung *f* (*tb* TEC); *fam fig* **¡~!** schon wieder!, immer dieselbe Leier! *fam*; *fig* **~ atrás** Rückzieher *m*; **otra ~** noch einmal **3** (*regreso*) Wiederkehr *f*, Rückkehr *f*; *a casa*: Heimkehr *f*; FERR Rückfahrt *f*, -reise *f*; MED **~ a la vida** Wiederbelebung *f*; **estar de ~** *viajero* zurück sein; *fam fig* (*estar informado*) (schon) im Bilde sein **4** *con prep*: **a la ~** (*al dorso*) umstehend, umseitig; (*al regreso*) auf dem Rückweg, auf der Rückfahrt; **a la ~ de la esquina** gleich um die Ecke; *fig* sehr nahe; unmittelbar bevorstehend; **a la ~ de pocos años** einige Jahre später; *correos*: **a ~ de correo** postwendend; *fig* **a ~ de insistir y más insistir** (, **le convenció**) durch immer stärkeres Drängen (überredete er ihn schließlich); **de ~** auf der Rückseite **5** (*ronda*) Runde *f* (*tb* DEP *y juego de cartas*), DEP *tb* Tour *f*; (*paseo*) Spaziergang *m*, Bummel *m fam*; (*gira*) Rundreise *f*; *espec* DEP **~ de honor** Ehrenrunde *f*; TAUR **~ al ruedo** Runde *f* um die Arena (*Parade des Stierkämpfers*); **dar una vuelta** *o* **vueltecita** einen (kleinen) Spaziergang machen; **dar la ~ al mundo** eine Weltreise machen **6** (*cambio de dinero*) Rückgabe *f*; **~(s)** *f(pl)* (*herausgegebenes*) Wechselgeld *n*; **dar la ~** Wechselgeld herausgeben; **dar de ~** zurückgeben, herausgeben; **no tener ~** nicht herausgeben können; **¡quédese con la ~!** behalten Sie den Rest! (*als Trinkgeld*); **aquí tiene tres euros de ~** Sie bekommen drei Euro heraus **7** *del vestido*: Aufschlag *m*; Umschlag *m*; (*el revés*) Kehrseite *f*; **la ~ de la medalla** die Kehrseite der Medaille **8** *fam fig* **coger las ~s a alg** j-n zu nehmen wissen; *fam fig* **encontrar la ~** den Ausweg (*o* den Dreh *fam*) finden; *fig* **guardar las ~s** sich vorsehen, auf der Hut sein; *fam* **ser de muchas ~s** viele Kniffe (und Schliche) kennen **9** *fam fig* (*paliza*) Tracht *f* Prügel; **andar a ~s** sich herumprügeln; **buscar las ~s a alg** es auf j-n abgesehen haben; j-m eins auswischen wollen; **le dio una ~** er verprügelte ihn; **poner a alg de ~ y media** j-m gehörig die Meinung sagen **10** (*sinuosidad*) Windung *f* (*tb* TEC, ELEC); TEC **~ helicoidal** Schnecken-, Schraubenwindung *f* **11** TEX *al tejer*: Maschenreihe *f*

vuelto A PP → volver B **~ a casar** wieder verheiratet; **~ de todo** viel herumgekommen, mit viel Erfahrung C M *Am reg* Wechselgeld *n*

vuelvepiedras M ‹*pl inv*› ORN Steinwälzer *m*

vuelvo → volver

vuestro, -a PR POS **1** USO ADJETIVO: euer, eure; **~ casa** euer Haus; **es un amigo ~** es ist einer eurer Freunde, er ist ein Freund von euch; **por ~a parte** eurerseits; **¿es ~?** gehört das euch? **2** USO SUSTANTIVO: **el ~** euer; der eur(ig)e/Eur(ig)e; **lo ~** das eur(ig)e/Eur(ig)e; (*vuestra propiedad*) euer Eigentum *n*; (*vuestra obligación*) eure Pflicht *f*; (*vuestra contribución*) euer Beitrag *m*; (*vuestro trabajo*) eure Arbeit *f*; **los ~s** *tb* die euren/Euren, eure Familie, eure Angehörigen

vulcanicidad F GEOL Vulkanismus *m*; **vulcanismo** M Vulkanismus *m*; Plutonismus *m*; **vulcanista** M/F HIST Anhänger *m*, -in *f* des Plutonismus

vulcanización F TEC Vulkanisierung *f*; **vulcanizar** V/T ‹1f› TEC (auf)vulkanisieren; (*neumático*) runderneuern

V

vulcanología F Vulkanologie *f*; **vulcanólogo** M, **vulcanóloga** F Vulkanologe *m*, -login *f*

vulgacho M *desp* Pöbel *m*, Mob *m*

vulgar ADJ **1** *(común)* alltäglich, gewöhnlich; Volks... **2** *(ordinario)* vulgär; *(infame)* gemein, *(bajo)* niedrig; **vulgaridad** F **1** *(infamia)* Gemeinheit *f*, Vulgarität *f* **2** *(trivialidad)* Trivialität *f*, Gemeinplatz *m*; **vulgarismo** M vulgärer Ausdruck *m*; **vulgarizador** M, **~a** F Populärwissenschaftler *m*, -in *f*; **vulgarizar** V/T ⟨1f⟩ *conocimientos* (allgemein) verbreiten, zum Gemeingut machen; *circunstancias* allgemein verständlich darstellen; **vulgarmente** ADV gewöhnlich, gemeinhin

vulgo M gewöhnliches (*o* einfaches) Volk *n*; breite Masse *f*

vulnerabilidad F Verwundbarkeit *f*, Verletzlichkeit *f*; *(susceptibilidad)* Empfindlichkeit *f*; **vulnerable** ADJ verwundbar, verletzlich; *(susceptible)* empfindlich; *para enfermedades, etc*: anfällig

vulnerar V/T verwunden, verletzen *(tb fig)*; **vulneraria** F BOT Wundkraut *n*, -klee *m*; **vulnerario** M Wundspiritus *m*; Wundmittel *n*

vulpeja F ZOOL Fuchs *m*; Füchsin *f*, Fähe *f*; **vulpino** **A** ADJ Fuchs...; *fig* schlau wie ein Fuchs **B** M BOT Fuchsschwanz *m*

vultuoso ADJ MED *cara* verquollen und entzündet

vultúridos MPL ORN Geier *mpl*

vulva F ANAT weibliche Scham *f*, Vulva *f*; **vulvaria** F BOT Bocksmelde *f*; **vulvitis** F MED Vulvitis *f*; **vulvovaginal** ADJ ANAT vulvovaginal

W

W, w F W, w *n*; → *tb* uve *(uve doble)*

waffle M *Am* Waffel *f*; **wafflera** F *Am* Waffeleisen *n*; **wafflería** F *Am* Waffel(verkaufs)stand *m*

wagneriano MÚS **A** ADJ Wagner... **B** M, **-a** F Wagnerianer *m*, -in *f*, Verehrer *m*, -in *f* der Musik Richard Wagners

walkie-talkie M Walkie-Talkie *n*

walkiria F MIT Walküre *f*

walkman® ['wɔlman, 'walman] M Walkman® *m*

Wamba: **en tiempos del rey ~** zu Olims Zeiten, anno Tobak *fam*

warrant [wa'rrant] M COM Lagerschein *m*

washingtoniano **A** ADJ aus Washington **B** M, **-a** F Einwohner *m*, -in *f* von Washington

watchpad ['gŭatʃpað] M TEC WatchPad *m/n*

wáter ['batɛr] M (Wasser)Klosett *n* WC *n*

waterpolista [batɛrpo'lista] M/F DEP Wasserballspieler *m*, -in *f*; **waterpolo** M DEP Wasserball *m*

watt [bat] M ELEC Watt *n*

web [wɛβ] INTERNET **A** F **(página** *f***) ~** Webseite *f*; **crear una (página) ~** eine Webseite erstellen; **sitio** *m* **~** Website *f* **B** F INFORM Web *n*; **~ bug** Web Bug *m*; **webcam** [-kam] F INFORM Webcam *f*

weber ['beβɛr], **wéber** ['beβɛr], **weberio** M FÍS *unidad*: Weber *n (SI-Einheit)*

weimarés M, **-esa** F Weimarer *m*, -in *f*

wellingtonia [belin'tonĭa] F BOT **~ (gigante)** Mammutbaum *m*, Wellingtonie *f*

welter ['wɛltɛr, 'bɛltɛr] M *boxeo*: **(peso** *m***) ~** Welter(gewicht) *n (bis 66,6 kg)*

western ['westɛrn] M FILM Western *m*, Wildwestfilm *m*; *fam* **~-espagueti** Italowestern *m*

Westfalia F Westfalen *n*

westfaliano **A** ADJ westfälisch **B** M, **-a** F Westfale *m*, Westfälin *f*

whiskería [wiske'ria, gŭiske'ria] F *Arg, Ur* Whiskybar *f*

whisky ['wiski, 'gŭiski] M Whisky *m*; **~ con soda** Whisky Soda *m*

whist [wist] M *juego de cartas*: Whist *n*

windsurf(ing) ['winsurf(in)] M DEP Windsurfen *n*; **practicar el ~** (wind)surfen; **windsurfista** M/F Windsurfer *m*, -in *f*

wobulador M TEL, ELEC Wobbler *m*, **~ de impedancia** Impedanz-Wobbler *m*

wólfram M → wolframio

wolframio M QUÍM Wolfram *n*

wulfenita F MINER Wulfenit *m*, Gelbbleierz *n*

Wurtemberg M Württemberg *n*

wurtembergués **A** ADJ württembergisch **B** M, **-esa** F Württemberger *m*, -in *f*

wurtzita F MINER Strahlenblende *f*, Wurtzit *n*

X, x F X, x *n*; MED **rayos** *mpl* **X** Röntgenstrahlen *mpl*; **película** *f* **X** Pornofilm *m*; **cine** *m* *o* **sala** *f* **X** Pornokino *n*; → *tb* equis

xana ['ʃana] F *folclore*: *Quell- und Bergnymphe des asturischen Volksglaubens*

xantina F QUÍM Xanthin *n*

xantofila F BIOL Xanthophyll *n*; **xantoma** M MED Xanthom *n*, Gelbknoten *m*

xaría [ʃa'ria] F REL *islamismo*: Scharia *f*

xenocracia F POL Fremdherrschaft *f*; **xenofilia** F Vorliebe *f* für Fremde

xenófilo ADJ fremden-, ausländerfreundlich

xenofobia F Fremdenfeindlichkeit *f*, -hass *m*; **xenófobo** ADJ fremdenfeindlich

xenón M QUÍM Xenon *n (Edelgas)*; **lámpara** *f* **~** Xenonlampe *f*

xenotrasplante M MED Xenotransplantation *f*

xerocopia F Xerokopie *f*; **xerocopiar** V/T xerokopieren

xerófilo ADJ BOT xerophil, die Trockenheit liebend

xeroftalmía F MED Xerophthalmie *f*, Augendarre *f*

xerografía F TIPO Xerografie *f*; **xerografiar** V/T xerografieren

xerógrafo M, **xerógrafa** F Xerograf *m*, -in *f*

xeromorfo ADJ BOT xeromorph

xi F Xi *n (griechischer Buchstabe)*

xifoideo ADJ ANAT Schwertfortsatz...; **xifoides** M ANAT Schwertfortsatz *m*

xiíes [ʃi'ies], **xiitas** [ʃi'itas] MPL REL *islamismo*: Schiiten *mpl*

xilófago ADJ ZOOL Holz fressend, xylophag

xilofón, xilófono M MÚS Xylofon *n*; **xilofonista** M/F MÚS Xylofonspieler *m*, -in *f*

xilografía F Holzschneidekunst *f*; Holzschnitt *m*

xilógrafo M, **-a** F Holzschneider *m*, -in *f*; Xylograf *m*, -in *f*

xilol M QUÍM Xylol *n*

xilolita F Xylolith *m (Kunststein)*

xiloprotector **A** ADJ Holzschutz... **B** M Holzschutzmittel *n*

xilosa F QUÍM Holzzucker *m*, Xylose *f*

xión ADV *jerga del hampa* → sí[1]

xix [ʃiʃ] M *Guat, Méx de las bebidas, etc*: Bodensatz *m*

xoco(atole) M *Méx* stark gesalzene Maispastete *f*

xocosóchil M BOT → jocosúchil

xoubas ['ʃɔŭβas] FPL *en Galicia*: kleine Sardinenart

Xunta ['ʃunta] F *en Galicia*: Regierung *f* der autonomen Region Galicien

Y, y F Y, y *n*; → *tb* ye, I *(i griega)*

y CJ und; und zwar; **bueno, ¿~ qué?** na schön, was ist denn schon dabei!; na und? *fam*

ya **A** ADV **1** schon; *(ahora)* jetzt; **~ lo sabe usted** Sie wissen ja (schon); **~ me lo imaginaba yo** das habe ich mir doch gleich gedacht; **si ~ te lo he dicho mil veces** ich habe es dir doch schon tausendmal gesagt; **~ lo creo** das will ich meinen! **2** *(pronto)* gleich, sofort; **~ voy** ich komme gleich; **~ nos veremos** wir sehen uns bald (wieder); **~ es hora de marcharnos** es wird Zeit, dass wir gehen **3** *en negaciones*: **~ no** nicht mehr; **~ nadie se acuerda de ella** niemand denkt mehr an sie **B** CJ **1** **~ que** da ja, da (nämlich), weil **2** **~ ... ~ ...** bald ..., bald ...; entweder ... oder ...; **~ llorando, ~ riendo** bald weinend, bald lachend **3** **no ~ ..., sino ...** nicht nur ..., sondern (auch) ... **C** INT **¡~!** ach so!; **~, ~** ja, ja (so ist es); **¡ah, ~!** ach ja!; *frec irón* natürlich!; *fam* **¡pues ~!** aber freilich!, klarer Fall! *fam*

yaacabó M *Am Mer* ORN *ein insektenfressender Vogel; gilt als Unglücksvogel*

yac M ZOOL Jak *m*, Yak *m*

yacaré M *Am Mer* ZOOL Kaiman *m*

yacedor M Nachthirt *m*, Pferdehüter *m (der die Tiere auf die Nachtweide treibt)*; **yacente** **A** ADJ liegend **B** M MIN Liegende(s) *n*

yacer V/I ⟨2y⟩ **1** *liter persona* liegen **2** *cadáver* begraben sein; **aquí yace** hier ruht **3** *fig* **~ con alg** mit j-m schlafen **4** AGR *caballos* auf der Nachtweide sein

yachting ['jatin] M DEP Regatta *f*; Jacht- (*o* Yacht-), Segelsport *m*

yacija F **1** *(lecho)* Lager *n*, Bett *n*; *fam fig* **ser de mala ~** schlecht schlafen; *p. ext* ein übler Kunde sein **2** *(sepultura)* Grabstätte *f*, -lege *f*

yacimiento M MIN *(sitio)* Fundort *m*, Lager *n*, -stätte *f*, Vorkommen *n*; **~s** *pl* **petrolíferos** *o* **de petróleo** Erdölvorkommen *npl*

yacón M *Perú kartoffelähnliches Gemüse*

yactura F Schaden *f*

yacú M ORN Jakuhuhn *n*

yacuibeño **A** ADJ aus Yacuiba *(Stadt in Bolivien)* **B** M, **-a** F Einwohner *m*, -in *f* von Yacuiba

yacutinga F, **yacutoro** M → yacú

yacuz(z)i M Whirlpool *m*

ya(g)ruma F *Antillas*, **ya(g)rumo** M *P. Rico, Ven* BOT Trompeten-, Armleuchterbaum *m*

yagua F *Antillas, Ven* BOT *(palma real)* (Blattansatz *m* der) Königspalme *f*

yagual M *Am Centr, Méx* Trag-, Kopfring *m (zum Tragen von Lasten auf dem Kopf)*

yaguané M *RPl* **1** ZOOL → zorrilla **2** *ganado*: Rind *n* (*o* Pferd *n*) *von unterschiedlicher Färbung an verschiedenen Körperteilen* **3** *(piojo)* Laus *f (tb Bol)*

yaguar M *Ec*, **yaguareté** *Arg, Par* ZOOL Jaguar *m*

yaguarundi M *Am* ZOOL Wieselkatze *f*

yaguré M *Am Mer* ZOOL Stinktier *n*

Yahvé, Yavé N PR REL Jahwe *m*

yak M ZOOL Jak *m*, Yak *m*
yámbico ADJ jambisch
yambo¹ M *métrica:* Jambus *m*
yambo² M *Antillas* BOT Jambusenbaum *m*
yanacón M *Am Mer*, **yanacona** M 1 *Am Mer* HIST dienstverpflichteter Indianer *m* 2 *Bol, Perú* AGR *(indio aparcero)* (indianischer) Halbpächter *m*
yang M Yang *n*; → yin
yanomami ADJ *auf die Yanomamiindianer bezogen*
yanqui A ADJ nordamerikanisch, Yankee... B M/F Yankee *m/f*
Yanquilandia F *desp* Amiland *n fam*, USA *pl*
yantar A V/I *obs fam* futtern, essen B M Essen *n*
yapa F *Am Mer* 1 *(añadidura)* Zugabe *f*, Beigabe *f*; Zusatz *m* 2 COM *(extra)* Zugabe *f*; *p. ext (propina)* Trinkgeld *n*; **de ~** als Zugabe; *(además)* obendrein; *(gratuitamente)* umsonst
yarará F, **yararaca** F *RPl, Bol* ZOOL Yararaca *f*, Halbmond-Lanzenotter *f (Giftschlange)*
yaraví M *Am Mer* MÚS *schwermütige Volksweise indianischen Ursprungs*
yarda F Yard *n (engl. Längenmaß)*
yardero M *Hond* Gärtner *m*
yare M *Gift einer Yuccapflanze*
yarey M *Cuba* Zwergpalme *f*
Yartum M Khartum *n*
yataí → yatay
yátaro M ORN Tukan *m*
yatay M *RPl* BOT Yataypalme *f*
yate M MAR Jacht *f*, Yacht *f*; **yatismo** M Jacht- *(o* Yacht-), Segelsport *m*
yautía F *Cuba, P. Rico, S.Dgo* BOT Kolokasie *f*, Taro *m*
yauyino ADJ aus Yauyos *(peruanische Provinz)*
yaya F 1 *Am (dolor)* leichter Schmerz *m*; *(herida)* Wunde *f*; *(cicatriz)* Narbe *f*; *Cuba* **dar ~** verprügeln 2 *Esp reg leng. inf (abuela)* Oma *f fam* 3 *Cuba, P. Rico, Ven* BOT *ein Baum, Anonazee*
yayo M *Esp reg, leng inf* Opa *m fam*
ye F Y *n (Name des Buchstabens)*
yecla M *Tischwein aus der Region Valencia*
yeclano ADJ aus Yecla *(Provinz Murcia)*
yeco M *Chile* ORN *Art* Wasserrabe *m (Graculus brasilianus)*
yedra F BOT Efeu *m*
yegua A F 1 *(hembra del caballo)* Stute *f* 2 *Am Centr, Bol (colilla)* Zigaretten-, Zigarrenstummel *m* 3 *Arg, Cuba pop (prostituta)* Nutte *f pop*; *fam Cuba tb (mujer estupenda)* Klasseweib *n fam* 4 *Cuba fam (homosexual)* Schwuler *m fam* B ADJ *Am reg* 1 *(enorme)* riesig, mächtig 2 *(estúpido)* dumm; **yeguada** F 1 *(conjunto de caballos)* Pferdeherde *f* 2 *Am Centr (disparate)* Unsinn *m*, Eselei *f*; **yeguar** ADJ Stuten...; **yegüería** F → yeguada; **yegüerizo** A ADJ → yeguar B M → yegüero; **yegüero** M, **yegüera** F Pferdehirt *m*, -in *f*
yeísmo M *Aussprache von „ll" als „y"*; **yeísta** ADJ *wer „ll" als „y" ausspricht*
yelmo M HIST Helm *m*; Sturmhaube *f*
yema F 1 *(brote)* Knospe *f*; BOT **~ frutal** Fruchtknoten *m*; ANAT **~s** *pl* **gustativas** Geschmacksknospen *fpl* 2 *parte del huevo:* Eigelb *n*, (Ei-)Dotter *m*; **~ (mejida)** geschlagenes Eigelb *n* mit (Milch und) Zucker; **~s** *pl* GASTR *Ávila: Konfekt aus Eigelb und Zucker* 3 **~ (del dedo)** Fingerkuppe *f* 4 *fig (lo mejor)* Beste(s) *n*, Feinste(s) *n*; *(medio)* Mitte *f*; *fig* **dar en la ~** den Nagel auf den Kopf treffen *(fig)*
yemación F BIOL → gemación
Yemen M Jemen *m*
yemení, yemenita A ADJ jemenitisch B M/F Jemenit *m*, -in *f*
yen M Yen *m (japanische Währungseinheit)*
yendo → ir
yente A PART → ir B *ger* gehend
yeral M Ervenlinsenfeld *n*
yerba A F 1 *(pasto)* Gras *n*; Kraut *n*; Heu *n*; → *tb* hierba 2 *Am* Mate; **~ mate** *arbusto:* Matestrauch *m*; *té:* Mate(tee) *m* 3 *drogas fam* Marihuana *n*, Hasch *n fam*, Gras *n fam* B M *Ur fam* Soldat *m* in Uniform
yerbajo M *desp* Kraut *n*
yerbal M *Am* Matepflanzung *f*; **yerbatero** M, **yerbatera** F 1 *Am (curandero, -a)* Kräuterheilkundige *m/f*; *desp* Kurpfuscher *m*, -in *f* 2 *Arg, Bol* Matesammler *m*, -in *f*
yerbazal M *Am* Grasebene *f*
yerbazgo M *Am* Gras *n*
yerbear V/I *Arg* Mate(tee) trinken; **yerbera** F 1 *RPl recipiente:* Mategefäß *n* 2 *Arg, Bol persona:* Matesammlerin *f vendedora:* Mateverkäuferin *f*; **yerbería** F *Chile* Kräuterladen *m*; **yerbero** M *Arg, Bol* Matesammler *m*
yerboso ADJ grasig; grasreich
yergo → erguir
yermar V/T *campo* brachliegen lassen; *(despoblar)* entvölkern; **yermo** A ADJ unbewohnt; öde, wüst B M Ödland *n*
yerna F *Am reg fam* Schwiegertochter *f*
yerno M Schwiegersohn *m*; **los ~s** die Schwiegerkinder *npl*
yero M BOT Erve *f*, Linsenwicke *f*
yerra F *RPl, Chile* Markierung *f* des Viehs mit dem Brandeisen
yerro A → errar B M Irrtum *m*, Missgriff *m*; Fehltritt *m*
yérsey M, **yersi** M leichter Strickpullover *m*
yerto ADJ starr, steif (**de** vor *dat*); **~ de frío** starr vor Kälte
yervo M BOT → yero
yesal, yesar M Gipsgrube *f*
yesca F 1 *(materia seca e inflamable)* Zunder *m*; Feuerschwamm *m*; **lumbre** *f o* **conjunto** *m* **de ~(s)** *fpl* Feuerzeug *n (mit Stahl, Stein und Zunder)* 2 *fig* Anreiz *m*; *que excita la sed:* Durstmacher *m*
yesera F 1 *yacimiento:* Gipsgrube *f* 2 *obrera:* Gipsarbeiterin *f*, Stuckateurin *f*; *vendedora:* Gipsverkäuferin *f*; **yesería** F Gipsbrennerei *f*; **yesero** M *obrero:* Gipsarbeiter *m*; Stuckateur *m*; *vendedor:* Gipsverkäufer *m*
yeso M 1 *material:* Gips *m* 2 *obra:* Gipsabguss *m* 3 *(tiza)* (Schul-, Tafel)Kreide *f*; **yesón** M abgefallener Gips *m*, Gipsbrocken *m*; **yesoso** ADJ gipsig, gipsern, gipsartig
yesquero A M, **-a** F *comerciante:* Gipshändler *m*, -in *f*; Gipsverkäufer *m*, -in *f* B M *recipiente:* Zunder-, Feuerschwammbehälter *m*; *(encendedor)* (Sturm- *o* Zunder)Feuerzeug *n*; **hongo** *m* **~** Zunderschwamm *m*
yeta F *RPl* Unglück *n*, Pech *n fam*; **yetar** V/T *Arg* mit dem bösen Blick verhexen; **yetatore** M *Arg* wer den bösen Blick hat
yeti M Yeti *m*, Schneemensch *m*
yet set F Jetset *m*
ye-yé *fam* A ADJ Beat...; **chica ~** *Modemädchen im Stil der Beatkultur der späten Sechzigerjahre* B M 1 MÚS Beatmusik *f* 2 *cultura:* Beatkultur *f der späten Sechzigerjahre*
yeyuno M ANAT Leerdarm *m*, Jejunum *n*
yibutiano ADJ aus Djibuti
yid(d)ish LING A ADJ jiddisch B M Jiddisch *n*
yin¹ M *Am reg* Blue Jeans *pl*
yin² M FIL *China:* Yin *n*; **yin y yang** Yin und Yang
yipe M AUTO Jeep *m*, Geländewagen *m*
yira F *fam* 1 *Arg (prostituta)* Nutte *f pop* 2 *Cuba (dinero)* Knete *f fam*, Zaster *m fam*
yirar V/I *Arg fam* huren, in den Puff gehen *fam*
yiro M *fam* Huren *n*
yo PRON ich; **~ mismo** ich selbst; TEL „(selbst) am Apparat"; **soy ~** ich bin's; **~ que tú** ich an deiner Stelle
yod F *das aus der Zusammenziehung von „i" oder „y" mit dem darauffolgenden Vokal gebildete Phonem; entspricht dem deutschen Jot*
yodado ADJ jodhaltig; **sal** *f* **-a** Jodsalz *n*; **yodato** M QUÍM Jodat *n*, jodsaures Salz *n*; **yodhidrato** M QUÍM Jodhydrat *n*; **yodífero** ADJ jodhaltig; **yodismo** M MED Jodvergiftung *f*
yodo M QUÍM Jod *n*; **tintura** *f* **de ~** Jodtinktur *f*; **yodoalbúmina** F FISIOL Jodeiweiß *n*;
yodoformo M QUÍM Jodoform *n*
yoduro M QUÍM Jodid *n*
yoga M Joga *m/n*; **yogh(o)urt** M → yogur;
yogui M/F Jogi *m*; **yoguico** ADJ Joga...
yogur M Joghurt *m/n*; **~ desnatado** *(o* **descremado)** fettarmer Joghurt *m*, fettarmes Joghurt *n*; **~ de fruta** Fruchtjog(h)urt *m*; **~ natural** Jog(h)urt *m* nature; *Cuba fam fig* **ser un ~** unausstehlich sein
yogurt M → yogur; **yogurtera** F *máquina:* Joghurtbereiter *m*
yola F MAR Jolle *f*
yonqui M/F *fam* Junkie *m fam*
yopo M *Col* BOT Yopo *m (Baumart)*
yóquei M, **yoquey** M ⟨*pl* yoqueis⟩ Jockei *m*
york M **jamón** *m* **de ~** gekochter Schinken *m*
yotacismo M FON Itazismus *m*
yoyó, yo-yó M *juego:* Jo-Jo *n*
YPF ABR (Yacimientos Petrolíferos Fiscales) *staatliche argentinische Erdölgesellschaft*
YPFB ABR (Yacimientos Petrolíferos Fiscales Bolivianos) *staatliche bolivianische Erdölgesellschaft*
ypsilón, ýpsilon F Ypsilon *n (griechischer Buchstabe)*
yuca F 1 BOT Maniok *m*; Yucca *f*; BOT **~ brava** Kassave *f* 2 *Perú vulg (pene)* Schwanz *m*; **yucal** M Yuccapflanzung *f*
yucateco A ADJ aus Yukatan B M, **-a** F Yukateke *m*, Yukatekin *f*
yucazo M *Cuba, Nic* Schlag *m*
yudo M → judo; **yudoca** M/F Judoka *m/f*, Judosportler *m*, -in *f*
yugada F 1 *(yunta)* Gespann *n* Ochsen 2 *medida de tierra:* Tag(e)werk *n*
yuglandáceas FPL BOT Walnussgewächse *npl*
yugo M 1 AGR Joch *n (tb fig dominio)*; *fig* **~ opresor** Joch *n* der Unterdrückung; *fig* **sacudir(se) el ~** das Joch abschütteln; **sometérse** *o* **sujetarse al ~ de alg** sich j-m unterwerfen 2 REL *(velo)* Trauschleier *m*; *fam* **~ matrimonial** Ehejoch *n* 3 ARQUIT Joch *n*; Glockenstuhl *m* 4 ELEC **~ polar** Poljoch *n* 5 MAR Worp *m*
Yugo(e)slavia F HIST Jugoslawien *n*
yugo(e)slavo HIST A ADJ jugoslawisch B M, **-a** F Jugoslawe *m*, Jugoslawin *f*
yugos MPL *Cuba* Manschettenknöpfe *mpl*
yugular A ADJ ANAT Kehl...; **vena** *f* **~** Halsvene *f*, Drosselader *f*, **-vene** *f* B V/T 1 *(degollar)* köpfen 2 *fig (detener)* aufhalten; unterbinden
yunga A ADJ aus Yungas B M *lengua: Sprache der Indios aus Yungas*
yungas FPL *Perú, Bol die feuchtwarmen Andentäler und Niederungen am Osthang der Anden*
yungla → jungla
yunque M Amboss *m (tb* ANAT); *fig* Arbeitspferd *n*, -tier *n*; TEC **~ estampador** Gesenkamboss *m*
yunta F Joch *n*; Gespann *n* (Ochsen *o* Maultiere); **yuntas** FPL *P. Rico, Ven* Manschettenknöpfe *mpl*; **yuntería** F Gespanne *npl*; *p. ext paraje:* Stall *m* für die Gespanne; **yunto** A ADJ → junto B ADV AGR **arar ~** engfurchig pflügen
yupi INT **¡~!** juhu!

yuppie M/F Yuppie *m*
yuppismo M Yuppietum *n*
yuppy → yuppie
yurta F Jurte *f*
yurumí M *Par* ZOOL großer Ameisenbär *m*
yusera F Bodenstein *m bei Ölmühlen*
yuta[1] M 1 *indio*: Utahindianer *m* 2 *lengua*: Utahsprache *f*
yuta[2] F *Chile* ZOOL *(babosa)* Nacktschnecke *f*
yuta[3] F *Arg fam* Polente *f fam*; **hacer la ~** die Schule schwänzen
yute M Jute *f*, Jutegewebe *n*; **hilo de ~** Jutegarn *m*; **yutero** ADJ aus Jute
yuxtaponer VT ⟨2r⟩ nebeneinanderstellen *(o -setzen o -legen)*; **yuxtaposición** F Nebeneinanderstellung *f*; Aneinanderreihung *f*; **yuxtapuesto** ADJ nebeneinanderliegend
yuyal M *RPl* mit Gras und Gestrüpp bewachsenes Gelände *n*; **yuyanco** M *Arg* Kräuterlikör *m*; **yuyería** F *Arg, Par Ur* Heilkräuterladen *m*; **yuyero** M, **yuyera** *Arg, Par, Ur* Heilkräuterverkäufer *m*, -in *f*; Naturheilkundige *m/f*
yuyo, yuyu M 1 *Arg, Bol, Chile (hierba inútil)* Unkraut *n* 2 *Am Cent* MED *ampollas*: Blasen *fpl (o Hühneraugen npl etc) an den Füßen* 3 *Am Centr (masa usada como cataplasma)* Kräutertunke *f*, -masse *f für Umschläge* 4 *Chile (colza)* Raps *m* 5 *Ec, Perú comestibles*: Blattgemüse *n* 6 *Col, Ec hierbas que sirven de condimento*: Gewürzkräuter *npl*
yuyuba F BOT Brustbeere *f*

Z

Z, z F Z, z *n*; → *tb* zeta
za INT weg da!, pfui!
zabajón M *Col* Eierlikör *m*
zabarcera F *reg* Obst- und Lebensmittelkleinhändlerin *f*
zabeca F *Arg, Ur fam* Birne *f*, De(e)z *m fam*
zábila F *Ven* BOT Aloe *f*
zaborda F MAR Strandung *f*; **zabordar** VI stranden; **zabordo** M Stranden *n*
zaborrero ADJ *reg* pfuscherhaft
zacahuil M *Méx* Maistamal *n (Art Pastete, Teigtasche)*
zacapela F *fam* Schlägerei *f*
zacatal M *Am Centr, Méx* Weide *f*; **zacate** M *Am Centr, Méx* Gras *n*; Grünfutter *n*; *Méx tb* Futterstroh *n*, Heu *n*
zacateada F *Méx* Tracht Prügel *f*; **zacatear** VT *Méx* prügeln
zacateca M *Cuba* Beauftragte *m* eines Beerdigungsinstituts; Totengräber *m*; **zacatecano** ADJ *Méx* aus Zacateca; **zacatecanos** MPL *Méx ein Indianerstamm*
zacatera F *Salv, Hond* Wiese *f*; **zacatero** M *Nic* Heuverkäufer *m*
zacatín M *reg* Trödelmarkt *m*
zafacón M *P. Rico* Abfalleimer *m*
zafada F *Col fam* skandalöses Benehmen *n*; **zafado** A ADJ 1 *Am (descarado)* unverschämt, dreist 2 *Méx pop (loco)* verrückt, plemplem *fam* B M *fam* Lästermaul *n*; **zafadura** F *Am* Verrenkung *f*; **zafaduría** F *Arg, Chile, P. Rico* Unverschämtheit *f*, Frechheit *f*
zafar[1] VT *(adornar)* schmücken, verschönen, zieren; ausstatten
zafar[2] A VT 1 MAR *barco* klarmachen; *(poner en movimiento)* flottmachen 2 *arma* entsichern 3 *p. ext (liberar)* frei machen, befreien B VI *Arg leng. juv* **~ con a/c** etw durchsetzen, etw erreichen C VR **zafarse** 1 MAR *barco* freikommen 2 *p. ext (soltarse)* sich lösen, abrutschen; *(escaparse)* entfliehen; *(ocultarse, excusarse)* sich verbergen; sich drücken **(de** von, vor *dat)* 3 *Am reg (dislocarse)* sich verrenken
zafareche M *reg* Teich *m*, kleiner See *m*
zafarí ADJ *higo, granada* sehr süß und weich; Honig...
zafarrancho M 1 MAR Klarmachen *n*, Klarschiff *n*; MIL **¡~ de combate!** klar zum Gefecht! 2 *fig (riña)* Streit *m*, Krach *m*; **armar ~** Krach schlagen
zafiedad F Flegelhaftigkeit *f*
zafio ADJ 1 *(grosero)* grob; derb 2 *fig (inculto)* ungebildet; flegelhaft; ungehobelt
zafir M → zafiro; **zafirina** F MINER Saphirin *m*, blauer Chalcedon *m*; **zafirino** ADJ saphirblau; **zafiro** A ADJ saphirblau B M Saphir *m (tb en el tocadiscos)*
zafo ADJ 1 MAR *(listo)* klar (zum Gefecht) 2 *fig (sano y salvo)* (heil und) ohne Schaden
zafra F 1 *(cosecha de la caña)* Zucker(rohr)ernte *f*; *fabricación*: Zuckerherstellung *f (aus Zuckerrohr)*; **~ azucarera** Zuckerrohrkampagne *f* 2 MIN *(escombro)* Abraum *m* 3 *comercio de aceite*: Ölbehälter *m*, Abtropfgefäß 4 *Arg de vacunos*: Schlachtung *f*
zaga F 1 *(parte trasera)* hinterer Teil *m*, Hinterteil *n einer Sache*; *(carga trasera)* Hinterlast *f*; **a la ~** hintenan *(tb fig)*; hinterdrein; **ir a la ~** zurückbleiben *(tb fig)*; AUTO **irse de ~** hinten ausbrechen; *fig* **no quedarse a la ~ de** *o* **no ir(se) en ~ a alg** j-m nicht nachstehen 2 DEP Abwehr *f*, Verteidigung *f*
zagal M 1 *(pastor joven)* Hirtenjunge *m* 2 *reg y liter (muchacho)* Bursche *m* 3 *(ayudante de caballerías)* Stangenreiter *m (tb* MIL*)*; **zagala** F 1 *(pastora joven)* Hirtenmädchen *n* 2 *reg y liter (chica)* Mädchen *n*; **zagalejo** M *(pastor joven)* Hirtenjunge *m*; **zagalón** M kräftiger Bursche *m*
zagua F BOT *Art* Salzkraut *n*
zagual M (Kanu)Paddel *n*
zaguán M 1 *(recibidor)* Diele *f*, Hausflur *m* 2 *(vestíbulo)* Flurportal *n*, Vorhalle *f*; **zaguanete** M HIST (Wachstube *f* der) Leibwache *f*
zaguero A ADJ hintere(r, -s); *fig* rückständig B M Nachzügler *m*; *juego de pelota*: Hintermann *m*; *fútbol*: Verteidiger *m*
zahareño ADJ 1 *(tímido)* menschenscheu 2 *(esquivo)* scheu, spröde 3 *(intratable)* unlenksam; störrisch
zaheridor M Tadler *m*; **zaherimiento** M Tadeln *n*, Heruntermachen *n*
zaherir VT ⟨3i⟩ 1 *(reprochar)* rügen, heftig tadeln; abkanzeln *fam*, herunterputzen *fam*; **~le a alg con a/c** j-m etw vorhalten 2 *(humillar)* kränken, demütigen
zahón M, **-ones** MPL Überhosen *fpl der berittenen Hirten etc*
zahonado ADJ *pata del ganado*: andersfarbig
zahondar A VT aufgraben B VI (mit den Füßen) einsinken
zahorí M/F ⟨*pl* -íes⟩ (Wünschel)Rutengänger *m*, -in *f*; *fig (clarividente)* Gedankenleser *m*, -in *f*, Hellseher *m*, -in *f*
zahúrda F Schweinestall *m*, Koben *m*; *fig* Bruchbude *f fam*; Dreckloch *n fam*
zaino, zaíno ADJ 1 *(traidor)* falsch, hinterhältig; tückisch 2 *caballo* kastanienbraun; *vacuno* schwarz
Zaire M HIST Zaire *n*
zairense ADJ → zaireño A; **zaireño** A ADJ zairisch; aus Zaire B M, **-a** F Zairer *m*, -in *f*; **zairés** ADJ → zaireño A
zalamear VI schmeicheln; **zalamería** F Schmeichelei *f*, Schöntuerei *f*; **zalamero** A ADJ schmeichlerisch; aufdringlich B M, **-a** F Schmeichler *m*, -in *f*
zálamo M Beißkorb *m*
zalea F Schafpelz *m*
zalema F Verbeugung *f*
zamacuco M *fam* 1 *(sabelotodo)* Schlauberger *m* 2 *(tonto)* Dummkopf *m*, Simpel *m fam* 3 *fig (embriaguez)* Schwips *m*; Rausch *m*
zamacueca F *Am Mer, espec Bol, Chile, Perú* MÚS *ein Volkstanz*
zamaquear VT *Perú* schütteln; herumzerren
zamarra F 1 *prenda de vestir*: (Hirten)Pelz *m*; Pelzweste *f*; Schaffelljacke *f* 2 METAL Luppe *f* 3 *(bribona)* Gaunerin *f*
zamarrear VT hin und her schütteln; herumzerren; zerzausen; **zamarreo** M Zerren *n*, Zausen *n*
zamarrico M Vorrats-, Schultertasche *f aus Schaffell der Hirten*; **zamarrilla** F BOT *Art* Gamander *m (Teucrium capitatum)*; **zamarro** M 1 *(piel de carnero)* Lammfell *n* 2 *chaqueta*: Pelzjacke *f der Bauern und Hirten*; **~s** *pl Col, Ven (zahones) Art* Überhose *f zum Reiten* 3 *fig (torpe)* Tölpel *m*; Flegel *m* 4 *(bribón)* Gauner *m*; heimtückischer Mensch *m*
zamba F *Arg, Bol* MÚS *ein Volkstanz*
zambacueca F → zamacueca
zambarco M Brustriemen *m der Zugpferde*
zambardo M *Arg fam* 1 *(suerte)* Glück *n* im Spiel 2 *(tontería)* Dummheit *f*
zambés ADJ → zambiano
Zambia F Sambia *n*
zambiano A ADJ sambisch, aus Sambia B M, **-a** F Sambier *m*, -in *f*; **zambio** ADJ → zambiano
zambo A ADJ krummbeinig, x-beinig B M, **-a** F 1 X-Beinige *m/f* 2 *Am (descendiente de negro e india)* Zambo *m*, Zamba *f (Mischling aus Schwarzem und Indianerin oder umgekehrt)* C M *Am* ZOOL *ein Greifschwanzaffe (Ateles hybridus)*
zambomba F MÚS *instrumento*: Schnarr-, Reibtrommel *f*; *int fam* **¡~!** Donnerwetter! *(Überraschung)*; **zambombazo** M *fam* heftiger Schlag *m*; Knall *m*; *fam* **me di un ~ contra la puerta** ich bin gegen die Tür geknallt *fam*
zambombo M *fam* Rüpel *m*; Tölpel *m*
zambor(r)otudo *fam* A ADJ dick; grob; ungeschlacht B M, **-a** F dicker Kerl *m*, dicke Frau *f*; *fig* Pfuscher *m*, -in *f*
zambra F 1 *fiesta popular*: *Volksfest der Mauren oder Zigeuner* 2 *baile*: *ein andalusischer Volkstanz* 3 *fig (bulla)* Trubel *m*; Rummel *m*; Krawall *m*
zambucar VT ⟨1g⟩ *fam* verbergen, rasch verschwinden lassen; **zambuco** M *fam* Verstecken *n*, Verschwindenlassen *n*
zambullida F Untertauchen *n*; *(salto de cabeza)* Kopfsprung *m*; **dar(se) una ~** einen Kopfsprung machen; *p. ext* baden gehen; **zambullimiento** M (schnelles) Eintauchen *n*
zambullir ⟨3h⟩ A VT (schnell) eintauchen; untertauchen; *(tirar al agua)* ins Wasser werfen; *fam fig* **~ en la cárcel** einlochen *fam*, einbuchten *fam* B VR **zambullirse** (unter)tauchen; *fig (esconderse)* sich verbergen, untertauchen *(fig)*; *fig en una actividad, etc*: sich stürzen, sich vertiefen
zambullo M *Am (recipiente de basura)* Mülltonne *f*; *(basura)* Abfall *m*; **zambullón** *Am Mer* M → zambullida
zamburina F, **zamburiña** F ZOOL bunte Kammmuschel *f*
Zamora F *spanische Stadt, Provinz*; *fig* **no se ganó ~ en una hora** Rom ist nicht an einem Tag erbaut worden
zamorano A ADJ aus Zamora *(Kastilien)* B M, **-a** Einwohner *m*, -in *f* von Zamora
zampa F (Ramm)Pfahl *m*
zampabollos M/F ⟨*pl inv*⟩ *fam* Vielfraß *m*;
zampado ADJ *Perú fam* beschwipst *fam*;

zampalimosnas M/F ⟨pl inv⟩ *fam desp* Bettler *m*, -in *f*, Fechtbruder *m fam*
zampar A VT 1 *(ocultar)* (rasch und unauffällig) verschwinden lassen 2 *(devorar)* (hinunter)schlingen; vertilgen 3 *Méx (golpear)* schlagen B VR **zamparse** 1 *(aparecer de repente)* plötzlich erscheinen, auftauchen, hereinplatzen *fam* 2 *(devorar)* hinunterschlingen, verdrücken *fam*
zampatortas M/F ⟨pl inv⟩ *fam* 1 *(comilón, -ona)* Fresser *m*, -in *f*; Vielfraß *m* 2 *(torpe)* Lümmel *m*; Tölpel *m*
zampeado M ARQUIT Pfahldamm *m*; Pfahlwerk *n*, -gründung *f*; **zampear** VT ARQUIT verpfählen
zampón A ADJ *fam* gefräßig B M, **-ona** F 1 *(comilón, -ona)* Fresser *m*, Vielfraß *m*; *(glotón, -ona)* Schlemmer *m* 2 *huésped no invitado*: unerwünschter, uneingeladener Gast *m*
zampoña F MÚS Hirten-, Pan(s)flöte *f*
zampuzar VT ⟨1f⟩ 1 *(zambullir)* ein-, untertauchen 2 *fam (ocultar)* rasch verbergen; **zampuzo** M Eintauchen *n*
zamuro M *Ven* ORN Rabengeier *m (Coragyps atratus)*; Truthahngeier *m (Cathartes aura)*
zanaco ADJ *Cuba fam* blöd, dumm
zanahoria A F BOT Mohrrübe *f*, Gelbe Rübe *f*, Möhre *f*; Karotte *f*; **crema** *f* **de ~s** Karottencremesuppe *f*; **~s** *pl* **ralladas** Karottenrohkost *f*; *fig* **nariz** *f* **de ~** Säufer-, Schnapsnase *f fam* B M *Arg fam* blöder Kerl *m*
zanca F 1 ORN Vogelbein *n*, Ständer *m*; *fam fig del hombre*: (langes) Bein *n*, Stelze *f fam* 2 ARQUIT *(apoyo en una escalera)* Treppenwange *f*; **~ exterior** Freiwange *f (einer Treppe)* 3 *fam fig* **por ~s o por barrancas** irgendwie; wenn's sein muss, mit Gewalt; schneidig, forsch
zancada F langer Schritt *m*; **dar ~s** große Schritte machen; *fig* **en dos ~s** ganz schnell;
zancadilla F Beinstellen *n*; *fig (ardid)* List *f*; **echar** *o* **poner la ~ a alg** j-m ein Bein *(o fig* eine Falle) stellen; **zancadillear** VT ein Bein *(o fig* eine Falle) stellen
zancado ADJ **salmón** *m* **~** Magerlachs *m (abgelaichtes Lachsweibchen)*
zancajear VI (geschäftig) herumrennen; *fam fig* sich abrackern; **zancajera** F Auftritt *m*, Wagentritt *m*, Trittbrett *n*; **zancajiento** ADJ → zancajoso
zancajo M 1 ANAT Fersenbein *n* 2 *en el pie*: Ferse *f*, Hacken *m*; *en la media o zapato*: Absatz *m*; *fam fig* **darle al ~** rennen, die Beine unter den Arm nehmen *fam*; **roer a alg los ~s** kein gutes Haar an j-m lassen 3 *fam fig* → zancarrón 1
zancajoso ADJ 1 *(con piernas torcidas)* krumm-, säbel-, o-beinig 2 *(con grandes zancajos)* mit großen Hacken; *p. ext (con medias agujereados)* mit Löchern in der (Strumpf)Ferse
zancarrón M *fam* 1 *(hueso despojado de carne)* großer, abgenagter Knochen *m* 2 *persona*: alter, hässlicher Kerl *m*; *p. ext enseñanza*: unwissender Schulmeister *m*
zanco M 1 Stelze *f*; **andar** *o* **ir en ~s** auf Stelzen gehen 2 *fam fig* **andar** *o* **estar en ~s** (sozial) aufgestiegen sein; **ponerse** *o* **subirse en ~s** vorankommen, es zu etwas bringen 3 MAR Wimpelstock *m*
zancochar VT *comida* lieblos zubereiten; **zancocho** M Mostsirup *m*; **zancón** ADJ *Méx, Ven fam vestimenta* zu eng, zu kurz; **zancudas** FPL ORN Stelzvögel *mpl*; **zancudo** A ADJ stelzbeinig; ORN **ave** *f* **-a** Stelzvogel *m* B M *Am insecto*: Stechmücke *f*
zanfonía F, **zanfoña** F MÚS Drehleier *f*
zanga F *ein Kartenspiel zu viert*
zangala F TEX *Art* Steifleinen *n*
zangamanga F *fam* Kniff *m*, Schlich *m*; **zanganada** F *fam* 1 *(impertinencia)* Dreistigkeit *f* 2 *(tontería)* Dummheit *f*, Unsinn *m*
zangandongo *fam*, **zangandullo** *fam*, **zangandungo** M *fam* 1 *(torpe)* Tollpatsch *m* 2 *(haragán)* Faulenzer *m*
zanganear VI *fam* herumlungern; faulenzen; **zanganeo** M *fam* Müßiggang *m*; **zanganería** F *fam* Faulenzerei *f*
zángano A M *abeja*: Drohne *f (tb fig)* B M, **-a** F *fam persona*: Müßiggänger *m*, -in *f*, Faulenzer *m*, -in *f*; *(gorrón, -ona)* Schnorrer *m*, -in *f fam*
zangarilleja F *reg fam* verwahrlostes Mädchen *n*, Streunerin *f*
zangarrear VI *fam* auf der Gitarre klimpern
zangarriana F 1 VET Wassersucht *f der Schafe* 2 *fam fig (enfermedad leve y pasajera)* leichte, oft wiederkehrende Krankheit *f*; *p. ext* Wehwehchen *n fam*; *(mal humor)* Missmut *f*; *(negligencia)* Nachlässigkeit *f*, Schlamperei *f*
zangarro M *Méx* Krämerladen *m*, Bude *f*
zangarullón M *fam* fauler Kerl *m*
zangolotear *fam* A VT schlenkern; (heftig) schütteln B VI umherschlendern, flanieren C VR **zangolotearse** schlottern, schlackern; **zangoloteo** M Schlenkern *n*; Schlottern *n*
zangolotino ADJ *fam* **niño** *m* **~** kindischer Bursche *m (, der jünger erscheinen möchte als er ist)*; *tb* eingebildeter, törichter junger Mann *m*
zangón M *fam* fauler Bengel *m*, fauler Kerl *m*;
zangotear VT & VI *fam* → zangolotear
zanguanga F *fam* 1 Krankspielen *n*, Drückebergerei *f*; **hacer la ~** sich krank stellen 2 → zalamería; **zanguango** A ADJ faul B M 1 *(haragán)* Faulpelz *m*, Drückeberger 2 *Arg, Ur fam (grosero)* Flegel *m*; Tölpel *m*
zanguayo M *fam* junger Drückeberger *m (, der sich dumm stellt)*
zanja F 1 *(excavación)* Graben *m*; CONSTR Baugrube *f*; MIL **~ de comunicaciones** Laufgraben *m*; **~ de desagüe** Abflussgraben *m*; **abrir una ~** einen Graben (o eine Baugrube) ausheben 2 *(arroyo)* Bach *m*; Bewässerungsgraben *m*
zanjadora F ARQUIT Grabenbagger *m*
zanjar A VT Gräben (o eine Baugrube) ausheben in *(dat)*; *fig dificultad* beseitigen; *controversia* bereinigen; *conflicto* schlichten; *incidente* beilegen B VR **~se de a/c** sich vor etw *(dat)* drücken
zanjón M 1 *(zanja grande)* tiefer Graben *m*, tiefes (Bach)Bett *n* 2 *Arg, Chile (abismo)* Abgrund *m*; Schlucht *f*
zanqueador A ADJ spreizbeinig B M, **zanqueadora** F unermüdliche(r) Fußgänger *m*, -in *f*; **zanqueamiento** M 1 Spreizen *n* der Beine 2 tüchtiges Ausschreiten *n*
zanquear VI 1 *(torcer las piernas)* die Beine spreizen 2 *(deambular)* umherlaufen; *fig (matarse trabajando)* sich abrackern
zanquilargo ADJ *fam* stelzbeinig; **zanquituerto** ADJ *fam* krummbeinig
Zanzíbar M Sansibar *n*
zapa F 1 *(pala)* Grabschaufel *f*, Pionierspaten *m* 2 MIL *excavación*: Sappe *f*; Laufgraben *m*; Stollen *m*; **caminar a la ~** Sappen vortreiben; *fig* **labor** *o* **trabajos** *mpl* **de ~** Wühlarbeit *f* 3 *(piel áspera)* Haihaut *f zum Schmirgeln*; Reibleder *n*
zapador M MIL Pionier *m*
zapallada F *fam* 1 *Ur (tontería)* Dummheit *f* 2 *Arg (chiripa)* Zufallstreffer *m*; **zapallitos** MPL *Am Mer* BOT *(Perú tb* **~ italianos**) Zucchini *pl*
zapallo M 1 *Am Mer* BOT *(calabaza)* Kürbis *m* 2 *Arg, Chile fam fig (chiripa)* Zufallstreffer *m*, Glück *n*, Schwein *n fam* 3 *Ec persona*: rundliche und kleine Person *f* 4 *Am reg fam (cabeza)* Birne *f fam*, Deez *m fam*; **zapallón** ADJ *Arg, Chile, Perú fam* pummelig *fam*
zapapico M Kreuzhacke *f*; Picke *f*, Pickel *m*
zapar *espec* MIL A VI schanzen; graben B VT untergraben
zaparrastrar VI *fam* die Kleider nachschleppen; **zaparrastroso** ADJ *fam* → zarrapastrón
zaparrazo M Kratzer *m*, Kratzwunde *f*
zapata F Hemmschuh *m*; Bremsklotz *m*; AUTO, FERR Bremsbacke *f*; ELEC **~ polar** Polschuh *m beim Elektromotor*; **zapatazo** M 1 *(patada)* Schlag *m* (o Tritt *m*) mit einem Schuh; *fig (ruido de un golpe)* dröhnender Schlag *m*; *fam fig* **tratar a alg a ~s** j-n wie ein Stück Vieh behandeln *fam* 2 MAR Wappern *n der Segel*
zapateado M MÚS *andalusischer Volkstanz*;
zapatear VT & VI 1 *(golpear con el zapato)* mit dem Schuh treten; *fig (maltratar)* misshandeln; schikanieren, schurigeln *fam* 2 *(patalear)* stampfen, trampeln; *conejo* klopfen 3 MÚS *als Begleitung zu Gitarre, Tanz und Gesang im Takt mit dem Fuß aufstampfen und in die Hände klatschen* 4 *animal de silla* sich treten, stolpern 5 MAR *vela* anschlagen, wappern; **zapatella** F *P. Rico* TEC Dichtung *f*; **zapatera** F Schuhmacherin *f*, Schusterin *f*
zapatería F 1 *tienda*: Schuhgeschäft *n* 2 *taller*: Schuhmacherwerkstatt *f* 3 *oficio*: Schuhmacherhandwerk *n*; **zapatero** M 1 *profesión*: Schuhmacher *m*, Schuster *f*; **~ remendón** *o* **de viejo** Flickschuster *m*; *juego de cartas*: **quedarse ~** keinen Stich machen; *fig* leer ausgehen; *prov* **¡~ a tus zapatos!** Schuster, bleib bei deinem Leisten! 2 **(mueble** *m*) **~** Schuhschrank *m* 3 ZOOL Wasserläufer *m*
zapateta F 1 *(golpe)* Schlag *m* auf den Schuh *beim Tanzsprung* 2 *(salto)* Freudensprung *m*; **dar ~s** Freudensprünge machen 3 INT **¡~!** potztausend! *(Überraschung, Freude)*
zapatiesta F *fam* Krawall *m*, Krach *m*
zapatilla F 1 *en casa*: Hausschuh *m*; Pantoffel *m*; *de ballet*: Ballettschuh *m*; **~ de baño** Badeschuh *m*; **~ de deporte** Turnschuh *m* 2 *Cuba* TEC Dichtung *f*; **zapatillero** M, **zapatillera** F Pantoffelmacher *m*, -verkäufer *m*, -in *f*
zapatismo M *Méx revolutionäre Bewegung unter Emilio Zapata*; **zapatista** A ADJ *Méx auf den Aufstand der Zapatisten bezogen* B M/F Anhänger *m*, -in *f* Emilio Zapatas; Zapatist *m*, -in *f*
zapato M 1 *(calzado)* Schuh *m*; **~ bajo** Halbschuh *m*; **~ de baile** Tanzschuh *m*; **~ de caballero/de señora** Herren-/Damenschuh *m*; **~ de charol** Lackschuh *m*; **~ de cordones/de cuero** Schnür-/Lederschuh *m*; **~ deportivo** Sportschuh *m*; **~ de lona** Segeltuchschuh *m*, Stoffschuh *m*; *fig* **sé dónde te aprieta el ~** ich weiß, wo dich der Schuh drückt; *fig* **no quisiera estar en sus ~s** ich möchte nicht in seiner Lage sein; *fig* **vivimos como tres en un ~** bei uns geht es sehr beengt (und ärmlich) zu 2 BOT **~ de Venus** Frauenschuh *m* 3 ELEC **~ polar** Polschuh *m beim Elektromotor*
zapatón M *Col* Galosche *f*, Überschuh *m*
zape A INT **¡~!** pfui!; kusch! *(um Katzen zu verscheuchen)* B ADJ *fam* schwul; **zapear** A VT 1 *gatos* scheuchen 2 *fam fig (espantar)* verjagen, verscheuchen 3 *juego de cartas*: nicht bedienen B VI TV *fam* zappen *fam*; **zapeo** M → zapping
zaperoco M *Ven fam* Krach *m*, Radau *m fam*
zapote M 1 BOT Breiapfel *m*, Sapote *f* 2 *árbol*: Breiapfelbaum *m*, Sapotillbaum *m*
zapoteca ADJ *Méx* aus Oscaca
zapping M TV Zappen *n*; **hacer ~** zappen
zaque M 1 *(odre pequeño)* kleiner Weinschlauch *m* 2 *fam fig (borracho)* Säufer *m*; **estar hecho un ~** blau sein *(fam fig)*
zaquizamí M ⟨pl -íes⟩ Dachkammer *f*; *fig* schmutziges Kämmerchen *n*, elendes Loch *n*

(fam fig)
zar M Zar *m*
zarabanda F *baile*: Sarabande *f*; *fig (alboroto)* Lärm *m*, Rummel *m*
zaragata F *fam* Lärm *m*; Rauferei *f*, Krakeel *m fam*; **zaragatero** ADJ streitsüchtig
Zaragoza F Saragossa *n (span Stadt, Provinz)*
zaragozano A ADJ aus Saragossa B M, **-a** F Einwohner *m*, -in *f* von Saragossa
zaranda F 1 *(pasador)* Sieb *n (tb para trigo y frutas)* 2 *Esp fam (fiesta)* Fete *f fam*, Party *f*; **zarandajas** FPL Lappalien *fpl*, Nebensachen *fpl*; **zarandear** A V/T sieben; *fig* schütteln, zausen B V/R **zarandearse** *fam fig* 1 *(ajetrearse)* sich tummeln; sich abplagen 2 *Méx, P. Rico, Ven (contonearse)* sich (in den Hüften) wiegen *beim Gehen*; **zarandeo** M Sieben *n*; Schütteln *n*; **zarandillo** M kleines Sieb *n*; *fam fig persona*: Quirl *m*, Quecksilber *n (fam fig)*; *fam fig* **traer** *o* **llevar a alg como un ~** j-n herumhetzen; **zarangollo** M *Esp* GASTR *typischer Gemüseeintopf aus Murcia*
zarapito M ZOOL **~ real** Großer Brachvogel *m*
zaratán M MED Brustkrebs *m*
zaraza F TEX grober Kattun *m*
zarazo ADJ 1 *Am fam (emborrachado)* betrunken 2 *Am fruta* halb reif
zarcillo[1] M 1 *(arete)* Ohrring *m* 2 BOT Ranke *f* 3 *Arg* AGR *marca del ganado*: Ohrschnitt *m (als Besitzerzeichen beim Vieh)*
zarcillo[2] M AGR Jäthacke *f*
zarco ADJ 1 *(azul claro)* blau; hellblau 2 *Arg albino* rotäugig 3 *Chile ojos* trüb
zarevich M HIST Zarewitsch *m*
zarigüeya F ZOOL Beutelratte *f*, Opossum *n*
zarina F Zarin *f*; **zarismo** M Zarentum *n*; Zarismus *m*; **zarista** A ADJ zaristisch B M/F Zarist *m*, -in *f*; Anhänger *m*, -in *f* des Zaren (*o* des Zarismus)
zarpa F 1 ZOOL *(garra)* Pranke *f*, Tatze *f*; *fam fig (mano)* Hand *f*, Pfote *f fam*; *fam fig* **echar la ~** zupacken; **echar la ~ a a/c** *tb (hurtar)* etw klauen *fam*, sich *(dat)* etw unter den Nagel reißen *fam* 2 MAR *de un barco* Auslaufen *n*
zarpada F MAR Lichten *n* der Anker; **zarpar** V/T & V/I MAR die Anker lichten; auslaufen, in See stechen (**para** nach *dat*); *fig* **~ con rumbo desconocido** eine Fahrt ins Blaue machen; **zarpazo** M 1 *(golpazo)* Prankenhieb *m* 2 *ruido*: Plumps *m*, Platschen *n*; Geklirr *n*; **zarpear** V/T *C. Rica, Méx, Salv* mit Schmutz bespritzen; **zarposo** ADJ schmutzig, beschmutzt
zarracatería F Heuchelei *f*, Speichelleckerei *f*; **zarracatín** M *fam* Trödler *m*
zarramplín M *fam* ungeschickter Tölpel *m*; Pfuscher *m*
zarrapastrón *fam*, **zarrapastroso** ADJ *fam* zerlumpt; schmutzig, schlampig (gekleidet)
zarria[1] F Riemen *m* am Bauernschuh
zarria[2] F 1 *(lodo pegado a la ropa)* Schmutzspritzer *m*, Schmutzklümpchen *n* 2 *(trapo)* Fetzen *m*, Lumpen *m*; **zarriento** ADJ schmutzig, kotig
zarza F 1 *arbusto*: Dornbusch *m* 2 *mora*: Brombeerstrauch *m*; **zarzal** M Dorngestrüpp *n*
zarzamora F BOT Brombeere *f*; **zarzaparrilla** F BOT Sassaparille *f*; **zarzaperruna** F BOT 1 Hecken-, Hundsrose *f* 2 *(escaramujo)* Hagebutte *f*; **zarzarrosa** F BOT wilde Rose *f*, Heckenrose *f (Blüte)*
zarzo M 1 *tejido*: flaches Weiden- (*o* Rohr)geflecht *n*; Hürde *f*; *fam fig* **menear a alg el ~** j-m das Fell gerben, j-n verhauen *fam* 2 *Arg (anillo)* Ring *m*
zarzoso ADJ voller Dorngestrüpp

zarzuela[1] F GASTR **~ de mariscos** *Gericht aus gebratenen Meeresfrüchten*
zarzuela[2] F MÚS *spanisches Singspiel*
Zarzuela F *esp* (**Palacio** *m* **de la**) **~** *Sitz der spanischen Königsfamilie*
zarzuelero ADJ MÚS auf die Zarzuela bezogen; **zarzuelesco** ADJ → zarzuelero; **zarzuelista** M/F MÚS Komponist *m*, -in *f* (*o* Librettist *m*, -in *f*) einer Zarzuela; **zarzuelístico** ADJ → zarzuelero
zas INT *onom*zack!, peng!; klatsch!, patsch!; *tiro etc*: paff!, peng!; *fig (rápidamente)*schwupp!
zascandil M *fam* Luftikus *m fam*, Windbeutel *m fam*; **zascandilear** V/I nutzloses Zeug tun; (ziellos) herumlaufen; sich herumtreiben
zazo(so) ADJ stotternd; mit der Zunge anstoßend, lispelnd
zeda F → zeta
zedilla F Cedille *f*
zéjel M ⟨*pl* zéjeles⟩ LIT *hispanoarabische, strophisch gegliederte Volksdichtungsform mit Kehrreim*
zelota, zelote M/F HIST Zelot *m*, -in *f*
zen M REL Zen *n*
zenit M ASTRON Zenit *m*; **zenital** ADJ → cenital
ZEPA ABR F (Zona de Especial Protección para las Aves) Vogelschutzgebiet *n*
zep(p)elín M Zeppelin *m*
zeta A F Z *n (Name des Buchstabens)* B M *Esp fam (coche de la policía)* Funkstreifenwagen *m*
zeu(g)ma F RET Zeugma *n*
zigomático ADJ ANAT Jochbein…; **hueso** *m* **~** Jochbein *n*; **zigomorfo** ADJ BOT zygomorph; **zigospora** F BOT Zygospore *f*; **zigote, zigoto** M BIOL Zygote *f*
zigzag M Zickzack *m*; **en ~** zickzackförmig; **máquina de coser en ~** Zickzacknähmaschine *f*; **zigzaguear** V/I im Zickzack gehen (*o* fahren); sich schlängeln; *borracho* torkeln; **zigzagueo** M Zickzackbewegung *f*; Zickzacklaufen *n*, -gehen *n*, -fahren *n*
zimasa F BIOL Zymase *f*
Zimbabue F Simbabwe *n*
zimbabuense ADJ simbabwisch; **zimbabuo** A ADJ simbabwisch B M, **-a** F Simbabwer *m*, -in *f*
zinc M Zink *n*; MED **pomada** *f* **de óxido de ~** Zinksalbe *f*; **zincar** V/T ⟨1g⟩ verzinken; **zincífero** ADJ zinkhaltig; **zincograbado** M → cincograbado
zíngaro ADJ Zigeuner… *(neg!)*
zingiberáceas FPL BOT Ingwergewächse *npl*
zipear V/I INFORM *archivo* zippen
zíp(p)er M *Méx, Antillas* Reißverschluss *m*
zipizape M *fam (riña)* Schlägerei *f*; *(alboroto)* Radau *m fam*, Krakeel *m fam*
zircón M MINER Zirkon *m*
zis, zas INT *onom* klitsch, klatsch!
zloty M Zloty *m (polnische Währungseinheit)*
zoantropía F *t/t* Zoanthropie *f (Wahnglaube, in ein Tier verwandelt zu sein)*
zócalo M 1 Sockel *m (tb* ARQUIT, ELEC*)*; *de un edificio*: Unterbau *m*; *de una columna*: Fuß *m*; *de una máquina*: Grundgestell *n* 2 *Méx (centro de la plaza mayor, etc)* Zentrum *n* eines öffentlichen Platzes (*o* Parks)
zocatearse V/R *fruta madura* teigig werden, einschrumpfen; **zocato** A ADJ 1 *fruta* teigig 2 *fam (zurdo)* linkshändig B M, **-a** F Linkshänder *m*, -in *f*
zoclo M 1 *(zueco)* Holzschuh *m*; Clog *m* 2 ARQUIT Sockel *m*
zoco[1] A ADJ → zurdo A B M → zoclo
zoco[2] M *en África del norte*: Markt(platz) *m*; *Esp desp* (Markt)Stand *m*
zocolar V/T *Ec* roden
zodiacal ADJ ASTROL Tierkreis…; **zodíaco** M *o* **zodiaco** M ASTROL Tierkreis *m*; **signo** *m* **del ~** Tierkreiszeichen *n*
zolocho *fam* A ADJ dumm, einfältig B M dummer Tropf *m*, Simpel *m fam*
zombi A ADJ *(atontado)* benommen B M, **zombie** M Zombie *m*
zompancle M BOT → zumpancle
zompo ADJ 1 *(tonto)* dumm, tölpelhaft, ungeschickt 2 *(mutilado)* verkrüppelt *(an Hand oder Fuß)*
zona A F 1 *(región)* Gebiet *n*, Zone *f (tb* MIL, POL*)*; **~ de abastecimiento** Versorgungsgebiet *n*; **~ aérea prohibida** Luftsperrgebiet *n*; *urbanismo*: **~ ajardinada** *o* **verde** Grünfläche *f*, -zone *f*; AUTO **~ azul** Kurzparkzone *f*; MIL **~ batida** bestrichener (*o* unter Beschuss liegender) Raum *m*; **~ catastrófica** Katastrophengebiet *n*; HIST **~ cero** Ground Zero *m*; **~ de aglomeración** Ballungsgebiet *n*; **~ de captación de aguas potables** Wasserschutzgebiet *n*; MIL **~ de combate** Kampfgebiet *n*; MIL **~ de concentración y espera** Aufmarschgebiet *n*; ECON **~ del dólar** Dollarblock *m*; **~ de ensanche** *diseño de ciudades, etc*: Ausweitungs-, Ausbaugebiet *n*; **~ euro** Euroland *n*, Eurozone *f*; MIL, POL **~ de exclusión aérea** Flugverbotszone *f*; MIN **~ de explotación** Abbaugebiet *n*; **~ franca** *aduana*: Freizone *f*; **~ fronteriza** Grenzgebiet *n*; *fig* **~ gris** Grauzone *f*; **~ monetaria/marginada** Währungs-/Notstandsgebiet *n*; **~ de influencia** Einflussbereich *m*; **~ de libre cambio** *o* **comercio** Freihandelszone *f*; MAR **~ de las tres millas** Dreimeilenzone *f*; **~ nudista** FKK-Strand *m*; **~ de ocupación** Besatzungszone *f*; **~ no ocupada** unbesetztes Gebiet *n*; **~ de operación** Tätigkeitsfeld *n*; MIL **~ de operaciones** Operationsgebiet *n*; **~ peatonal** Fußgängerzone *f*; **~ prohibida** Sperrgebiet *n*; **~ de recreo** (*o* **recreativa**)**/residencial** Freizeit-/Wohngebiet *n*; **~ de recreo infantil** Spielgelände *n*, Spielplatz *m*; ADMIN Spielfläche *f*; **~ de seguridad** Sicherheitszone *f*, Sicherheitsbereich *m*; **~ de silencio** *transporte*: hupfreie Zone *f*; RADIO, TV Funkschatten *m*; ADMIN **~ de validez** Gültigkeitsbereich *m*; COM **~ de venta** Absatzgebiet *n*; **~ verde** Grünfläche *f*, Grünzone *f*; **por ~s** stellenweise; nach Gebieten 2 GEOG, METEO Zone *f*; GEOG (Erd)Gürtel *m*; METEO Klimazone *f*; **~ árida** Trockengebiet *n*; **~ costera** Küstengebiet *n*; **~ glacial** *o* **fría** *o* **helada** kalte Zone *f*; **~ de precipitaciones** *o* **de lluvias** Niederschlagsgebiet *n*; **~ templada/tórrida** gemäßigte/heiße Zone *f*; **por ~s** strichweise 3 TEC, *etc* Bereich *m (tb fig)*, Zone *f*; AUTO **~ de absorción de impactos** *o* **de absorción de energía** Knautschzone *f*; **~ limítrofe** Grenzbereich *m*; **~ de máximo desgaste** Bereich *m* des höchsten Verschleißes; FÍS, FISIOL **~ de perceptibilidad** Wahrnehmungsbereich *m*; **~ de rotura** Bruchzone *f*, Bruchstelle *f*; TEC **~ tolerada** *o* **de tolerancia** Toleranzfeld *n* 4 *(faja)* (gürtelähnlicher) Streifen *m*; MED Gürtelrose *f* B M MED Gürtelrose *f*
zonal ADJ gürtelförmig, zonal *(tb* MED*)*
zoncer(í)a F *Am* Albernheit *f*; Abgeschmacktheit *f*; Dummheit *f*
zonda M *Arg* (**viento** *m*) **~** *ein heißer Andenwind (dem Föhn vergleichbar)*
zonzo A ADJ *Am persona*: *(soso)* fade, reizlos; geschmacklos; *espec RPl (tonto)* tölpelhaft, dumm; *(aburrido)* langweilig B M ORN Rohrammer *f*, -spatz *m*
zoo M Zoo *m*, Tiergarten *m*
zoo… PREF Tier…, Zoo…
zoofilia F Sodomie *f*, Geschlechtsverkehr *m* mit Tieren; *t/t* Zoophilie *f*; **zoófilo** M, **zoófila** F Zoophile *m/f*

zoófito M BIOL Zoophyt *m*

zoografía F Tierbeschreibung *f*; **zoolatría** F REL Tierkult *m*; **zoología** F Tierkunde *f*, Zoologie *f*; **zoológico** ADJ zoologisch; **jardín** *m* (*o* **parque** *m*) **~** zoologischer Garten *m*, Zoo *m*, Tierpark *m*

zoólogo M, **-a** F Zoologe *m*, Zoologin *f*

zoom [θum, sum] M FOT, FILM Zoom(objektiv) *n*; **usar el ~** zoomen

zoomorfo ADJ zoomorph, tierähnlich; **zoonosis** F MED Zoonose *f*; **zooparásito** M ZOOL auf Tieren lebender Schmarotzer *m*; **zooplancton** M BIOL Zooplankton *n*; **zoopsia** F MED Zoopsie *f*; **zoospermo** M BIOL Samentierchen *n*; **zoospora** F BOT Zoospore *f*; **zootecnia** F Tierzucht *f*; **~ menor** Kleintierzucht *f*; **zootécnico** A ADJ tierzüchterisch B M, **-a** F Tierzüchter *m*, -in *f*; **zootomía** F VET Tieranatomie *f*

zopas M/F *fam* Lispler *m*, -in *f*

zopenco *fam* A ADJ dumm, doof *fam* B M Trottel *m fam*; Trampeltier *n* (*fam fig*)

zopilote M 1 ORN *Méx, Am Centr* Truthahngeier *m* (*Cathartes aura*); **rey de ~s** Königsgeier *m* 2 *Am Cent* BOT *verschiedene Nachtschattengewächse*

zopo ADJ an Hand (*o* Fuß) verkrüppelt

zoquete[1] M 1 (*pedazo de madera*) (Abfall)Klotz *m*, Holzklötzchen *n* 2 (*cacho*) Brocken *m* (*o* Kanten *m*) Brot 3 *fam fig persona*: kleiner dicker Bursche *m*, *der einen üblen Eindruck macht*, Giftproppen *m fam*; (*imbécil*) Tölpel *m*, Trottel *m fam*

zoquete[2] M 1 *Am Centr, Antillas, Méx* (*suciedad en el cuerpo*) (Körper)Schmutz *m* (*bes an den Füßen*); Schmutz *m*, Dreck *m fam* 2 *Arg fam excrementos*: (Kot-)Haufen *m fam*

zoquete[3] M *Arg* (*calcetín*) Söckchen *n*

zoquetero M *fam* (Brot)Bettler *m*; **zoquetudo** ADJ (*grosero*) roh, grob; ungeschliffen (*Person*)

zoquite M *Méx* (*barro*) Schlamm *m*, Morast *m*; (*mugre*) Schmutz *m*

zorcico M MÚS *baskischer Tanz (5/8-Takt)*

zorito ADJ → zurito

zoroastra, zoroastriano, zoroástrico ADJ REL *auf die Lehre Zarathustras bezogen*; **zoroastrismo** M REL Lehre *f* Zarathustras

Zoroastro N PR M Zarathustra *m*

zorollo ADJ AGR *trigo* halbreif geschnitten

zorongo M 1 *pañuelo*: Kopftuch *n der aragonesischen Bauern* 2 (*moño*) flacher Haarknoten *m* 3 MÚS *schneller andalusischer Volkstanz*

zorra[1] F 1 ZOOL (weiblicher) Fuchs *m*; Füchsin *f*; **~ argentada** Silberfuchs *m*; (**piel** *f* **de**) **~** Fuchsbalg *m*, -pelz *m* 2 *fam fig* (*persona astuta*) gerissene Person *f* 3 *vulg desp* (*prostituta*) Nutte *f fam* 4 *fam* (*borrachera*) Rausch *m*; **desollar** *o* **dormir la ~** seinen Rausch ausschlafen; **pillar una ~** sich (*dat*) einen Rausch antrinken 5 *Arg pop* (*vagina*) Fotze *f vulg*

zorra[2] F 1 (*carro*) Block-, Rollwagen *m* 2 *Arg* (*vagoneta*) Lore *f*

zorral ADJ 1 *Am Centr, Col* (*inoportuno*) unpassend; (*molesto*) lästig, aufdringlich 2 *Ec* (*poco amable*) unfreundlich, frech; (*porfiado*) halsstarrig; **zorrastrón** M *fam* gerissener Schlaukopf *m*

zorrear A VT *vestidos* ausklopfen B VI 1 (*obrar con astucia*) schlau handeln 2 *fam prostituta*: auf den Strich gehen *fam*

zorrera F 1 *cueva*: Fuchsbau *m* 2 *fam fig* (*azorramiento*) schwerer Kopf *m* 3 *fam fig* (*pocilga*) Bruchbude *f*; Saustall *m fam*; **zorrería** F *fam* Schlauheit *f*, List *f*; Durchtriebenheit *f*

zorrero[1] A ADJ arglistig, durchtrieben B M CAZA *perro*: Fuchs-, Dachshund *m*

zorrero[2] ADJ 1 MAR schwerfällig segelnd 2 *fam fig* (*lerdo*) schwerfällig, langsam

zorrilla F *Col, Pan*, **zorrillo** M *Am*, **zorrino** M *RPl* ZOOL Stinktier *n*

zorro A ADJ listig, verschlagen; *vulg fig* **no tener ni -a idea** keine blasse Ahnung haben B M 1 ZOOL Fuchs *m*; **~ azul** Blaufuchs *m*; **~ plateado** Silberfuchs *m*; *Ven* **~ lavamanos** *m* Waschbär *m*; **~ rojo** Rotfuchs *m*; **~ volador** Flug-, Flederhund *m* 2 *fig persona*: schlauer Fuchs *m* (*fig*); **hacerse el ~** sich dumm stellen; *fam* **hecho un ~** sehr schläfrig, im Tran *fam*; *fam* **estar hecho unos ~s** total fertig (*o* kaputt) sein *fam*; *tb* am Boden zerstört sein *fam*; **ser un ~ viejo** ein alter Fuchs sein 3 *piel*: Fuchsfell *n*, Fuchs *m* 4 **~s** *pl utensilio para limpiar*: Klopfer *m*; Fuchsschwänze *mpl zum Abstauben* 5 *pez*: **~ marino** Fuchshai *m*, Drescher *m* 6 *Esp vulg* (*vagina*) Fotze *f vulg*

zorrocloco M *fam* 1 (*vivo*) Schlaumeier *m*, ausgekochter Bursche *m* 2 (*lisonja*) (hinterlistige) Schmeichelei *f* 3 GASTR *reg* **~s** *pl Art* Mandelgebäck *n*

zorrona F *fam* Dirne *f*, Nutte *f pop*

zorruno ADJ Fuchs...; fuchsartig

zorzal M 1 ORN Drossel *f*; *pez*: **~ marino** *o* **de mar** Meerpfau *m* 2 *fam fig* (*persona astuta*) Schlaumeier *m* 3 *Arg, Bol, Chile* (*tonto*) Dummkopf *m*; **zorzalada** F *Chile* Dummheit *f*, Kinderei *f*; **zorzalear** VT *Chile* anpumpen; **zorzaleño** ADJ **aceituna** *f* **-a** Drosselolive *f* (*kleine Olivenart*); **zorzalero** M Drosseljäger *m*

zote A ADJ dumm, schwer von Begriff; schwerfällig B M/F Dummkopf *m*

zozobra F 1 MAR Scheitern *n*; Kentern *n*; *peligro*: Gefahr *f* des Kenterns durch umschlagende Winde 2 *fig* (*inquietud*) (innere) Unruhe *f*, Besorgnis *f*; (*nerviosismo*) Aufregung *f*; (*aflicción*) Kummer *m*; **zozobrar** A VI 1 MAR (*irse a pique*) kentern, scheitern (*tb fig*) 2 *fig* (*tener miedo*) sich ängstigen B VT *barco* zum Kentern bringen; scheitern lassen (*tb fig*) C VR **zozobrarse** MAR kentern, scheitern (*tb fig*)

zúa → zuda

zuavo M HIST Zuave *m*

zubia F Wasserfang *m*, -gefälle *n*

zuda F (Fluss)Wehr *n*

zueco M *de madera*: Holzschuh *m*; Clog *m*; *con suela de corcho*: Schuh *m* mit Holz- (*o* Kork)sohle

zulaque M Teerkitt *m* -werg *m*; **zulaquear** VT mit Teerwerg verkitten

zulla[1] F BOT Blutklee *m*

zulla[2] F *fam* (*excremento*) (Menschen)Kot *m*, Kacke *f fam*; **zullarse** VR *fam* (in die Hose) kacken *fam*; furzen *fam*; **zullón** *pop* A ADJ furzend *fam* B M 1 *persona*: alter Furzer *m pop* 2 (*pedo*) Blähung *f*, Furz *m fam*

zulo M *Esp* (Waffen- *o* Personen)Versteck *n* (*bes von Terroristen*)

zulú ‹*pl* zulúes› A ADJ Zulu... B M/F Zulu *m/f* C M *lengua*: Zulu *n*

zum M → zoom

zumaque M BOT Sumach *m*

zumaya F ORN 1 (*chotacabras*) Ziegenmelker *m* 2 (*autillo*) Baumeule *f* 3 (*martinete*) Nachtreiher *m*

zumba F 1 (*cencerro grande*) große Kuhglocke *f*; Glocke *f* des Leittiers 2 *juguete*: (Hirten-, Kinder)Schnarre *f* 3 *fig* (*chasco, burla*) Neckerei *f*; Stichelei *f*, Frotzelei *f*; **dar una ~ a alg** j-n necken 4 *Am* (*paliza*) Tracht *f* Prügel 5 *Am* (*borrachera*) Rausch *m* 6 *Col int* **¡~!** pfui! (*um Hunde zu scheuchen*); **zumbado** ADJ *fam* 1 *Esp* (*loco*) bescheuert 2 *Ven* (*veloz*) sehr schnell; **zumbador** A ADJ schnarrend; schnurrend; brummend; surrend; sausend B M 1 ELEC Summer *m*; TEL Schnarre *f* 2 *etnología*: Schnarre *f*; *tb* Schwirrholz *n* 3 *Antillas, Méx* ORN *fam* Kolibri *m*; **zumbadora** F *Am Centr* ZOOL Waldteufel *m* (*Art Klapperschlange*)

zumbar A VI 1 brummen (*tb* TEC); summen; surren; brausen (*tb viento*), sausen; schwirren; *tb* MED **me zumban los oídos** es saust mir in den Ohren; MED ich habe Ohrensausen; **ir zumbando** dahinsausen; **llegar zumbando** *lanza, etc* heranschwirren; **pasar zumbando** *tren, coche* vorbeisausen, vorübersausen; **salir zumbando** loslaufen; *fam fig* **ya le zumban los sesenta años** er ist schon nahe an den sechzig 2 *Col, Cuba* (*escaparse*) heimlich (*o* in aller Eile) verschwinden B VT 1 *fam golpe* versetzen; *daño* zufügen; *Am* verprügeln; **~le una bofetada a alg** j-m eine (Ohrfeige) herunterhauen *fam* 2 (*bromear*) necken 3 *Col perros* verjagen, scheuchen 4 *Col, Méx, P. Rico* (*tirar*) (weg)werfen, (weg)schleudern C VR **zumbarse** 1 **~ con alg** sich mit j-m herumraufen; **~ de** verspotten (*acus*); sich lustig machen über (*acus*); *fam fig* **~ a una mujer** eine Frau vernaschen *fam* 2 *Col, Cuba* (*escaparse*) heimlich (*o* in aller Eile) verschwinden

zumbel M 1 *del trompo*: Kreiselschnur *f*; Kreiselstock *m* 2 *fam fig expresión*: verkniffener Gesichtsausdruck *m*; Stirnrunzeln *n*; finsteres Gesicht *n*

zumbido M 1 (*canto a boca cerrada*) Summen *n*; **~ (de oídos)** Ohrensausen *n* (*tb* MED) 2 (*retumbo*) Dröhnen *n*; ELEC Summton *m*, Brummen *n*; **~ de la red** Netzbrummen *n* 3 *fam fig* (*golpe*) Schlag *m*; Stoß *m*; **zumbón** A ADJ 1 (*bromista*) neckisch, spöttisch 2 (*disputador*) streitsüchtig, rauflustig B M, **-a** F Spötter *m*, -in *f*; Spaßvogel *m*

zumeles MPL *Chile* Araukanerstiefel *mpl*, Gauchostiefel *mpl*

zumillo M 1 *dim* → zumo 2 BOT Thapsia *f* villosa

zumo M 1 (*jugo*) (Frucht)Saft *m*; **~ de frutas** Fruchtsaft *m*; **~ de limón/de manzana/de naranja/de piña/de tomate/de uva/de verdura(s)** Zitronen-/Apfel-/Orangen-/Ananas-/Tomaten-/Trauben-/Gemüsesaft *m*; **~ de parras** *o* **de cepas** Rebensaft *m*, Wein *m*; **~ de regaliz** eingedickter Lakritzensaft *m*, Lakritze *f* 2 *fig* (*provecho*) Gewinn *m*, Nutzen *m*; **sacar ~ de a/c** Nutzen aus etw ziehen; **de aquello no sacas ~** das nützt dir nichts; daran ist nichts zu verdienen

zumoso ADJ saftreich

zumpancle M *Méx* BOT Korallenbaum *m* (*Erythrina coralloides, DC.; Erythrina americana, Mill*)

zunchado M TEC Halterung *f*, Klammerung *f*; *t/t* Aufschrumpfung *f*; **~ de cajas** (Kisten)Umreifung *f*; **zunchar** VT klammern; umreifen; aufziehen; *t/t* aufschrumpfen

zuncho M TEC, CONSTR Metallring *m*; (Eisen)Klammer *f*; Zwinge *f*

zunzún M *Cuba* 1 ORN Kolibri *m* 2 *fig juego de niños*: **~ de la carabela** Plumpsack *m*

zupia F 1 *del vino*: Bodensatz *m*; *p. ext vino*: umgeschlagener Wein *m* 2 *desp* (*líquido de mal aspecto y sabor*) (trübe) Brühe *f*; Gesöff *n* (*fam desp*) 3 *fam fig* (*desecho*) Abfall *m*, Mist *m* (*fam fig*)

ZUR F ABR (Zona de Urgente Reindustrialización) *Gebiet, das vorrangig wieder industrialisiert werden soll*

zurcido M (*remiendo*) Stopfen *n*; Flicken *n*; (*costura*) Flicknaht *f* (*tb* TEC); *lugar*: Stopf-, Flickstelle *f*; **zurcidor** M, **zurcidora** F Flicker *m*, -in *f*; (Kunst)Stopfer *m*, -in *f*

zurcir VT & VI ‹3b› 1 (*remendar*) flicken; stopfen; zunähen; *pop fig* **¡(anda) que te zurzan!** du kannst mir gestohlen bleiben! *fam*; scher dich zum Kuckuck! *fam* 2 *fig* (*unir*) fein zusammenflicken; zusammenstoppeln *fam* 3 *fig* (*combinar mentiras*) sich (*dat*) etwas zusammenlügen

zurda F linke Hand *f*; **zurdazo** M *boxeo*: linker Haken *m*; **zurder(í)a** F Linkshändigkeit *f*;

fig (*torpeza*) Ungeschick *n*; Plumpheit *f*
zurdo A ADJ linkshändig; *fig* (*torpe*) ungeschickt; linkisch; plump B M, **-a** F Linkshänder *m*, -in *f*; *fam fig* **no es ~** der kann was *fam*, der hat was auf dem Kasten *fam*
zurear VI (*paloma*) gurren; *fig* turteln
zuri M *Esp fam* **darse el ~** abhauen *fam*, die Fliege machen *fam*
Zúrich ['surik, 'θurik] SIN ART Zürich *n*; **lago** *m* **de ~** Zürichsee *m*; **zuriqués** A ADJ Zür(i)cher B M, **-esa** F Zür(i)cher *m*, -in *f*
zurito ADJ **(paloma** *f*) **-a** F ORN Hohl-, Wildtaube *f*
zuro[1] ADJ *paloma* wild
zuro[2] M entkörnter Maiskolben *m*, Maisspindel *f*
zurra F 1 (*curtido*) Gerben *n* 2 *fig* (*trabajo duro*) Plackerei *f*, Maloche *f fam*; *enseñanza*: Büffeln *n fam*, Ochsen *n fam*; *Esp fam* **darse una ~** sich abrackern, schuften *fam*, malochen *fam* 3 (*paliza*) Tracht *f* Prügel; Prügelei *f*; **dar una ~ a alg** j-n verprügeln
zurradera F Gerberhobel *m*; **zurrador** M, **zurradora** F Gerber *m*, -in *f*
zurrapa F 1 *frec* **~s** *pl* (*poso*) Bodensatz *m* 2 *fig* (*desecho*) Ausschuss *m*, Schund *m* 3 *persona*: Missgeburt *f*; **zurraposo** ADJ *fam líquido* trübe; *fig* (*descuidado*) schlampig; mies *fam*
zurrar A VT 1 (*curtir*) gerben 2 (*apalear*) prügeln; *fam fig* **~ la badana** *o* **la pandereta** *o Am reg* **la pavana a alg** j-m das Fell gerben *fam* 3 *fam fig* (*abroncar*) anschnauzen (*o* herunterputzen) *fam* B VR **zurrarse** in die Hose machen; *fam fig* **~ de miedo** sich (*dat*) vor Angst in die Hose machen
zurraspa F *pop* Kackerest *m*
zurriaga F 1 (*correa para azotar*) Peitsche *f*; Knute *f* 2 *Esp fam* (*prostituta*) Nutte *f pop*; **zurriagar** VT ⟨1h⟩ peitschen; **zurriagazo** M Peitschenhieb *m* (*tb fig*); *fig* (*desgracia*) Schlag *m*, plötzliches Unglück *n*; **zurriago** M 1 (*látigo*) Peitsche *f* 2 *del trompo*: Kreiselriemen *m der Kinder* 3 *p. ext juego de niños*: Plumpsack *m*
zurriar VI ⟨1b⟩ summen, brummen
zurribanda F *fam* Prügel *pl*; Prügelei *f*; **armar una ~** Krakeel machen *fam*
zurriburri M *fam* 1 (*barullo*) Durcheinander *n*; Wirrwarr *m*; Krawall *m* 2 *persona*: Gauner *m*, Lump *m* 3 (*gentuza*) Gesindel *n*
zurrido[1] M *fam* (*golpe*) Hieb *m*, Stockschlag *m*
zurrido[2] M *sonido*: Summen *n* (*tb* TEC), Brummen *n*; Surren *n*; Sausen *n* (*tb* MED)
zurrir VI surren; brummen, summen
zurrón M 1 *bolsa*: Hirtentasche *f*; **~ de mendigo** Bettelsack *m*; Schnappsack *m* 2 BOT **~ de pastor** Hirtentäschel *n* 3 BIOL, BOT (Frucht)Sack *m*; ZOOL Schafhaut *f*, Eihaut *f* (*des Embryos*) 4 *Col fam* (*tonto*) Blödmann *m fam*; **zurrona** F *fam* Schlampe *f fam*; (gerissene) Nutte *f pop*
zurrucutuna F GASTR *País Vasco*: **~ de bacalao** *in Knoblauch gebratener Stockfisch*
zurruscarse VR ⟨1g⟩ *pop* → zurrar B
zurullo M 1 *de masa, etc*: Klumpen *m Teig etc* 2 *de excrementos*: Kotklumpen *m*, Haufen *m fam*
zurumbático ADJ 1 *reg* (*pasmado*) baff, verblüfft 2 *Am* (*aturdido*) benommen; (*embriagado*) beschwipst
zurumbela F *Am Mer* ORN *ein Singvogel*
zutano M ein gewisser Herr X; **fulano, mengano y ~** Herr X, Herr Y und Herr Z; *fig* Hinz und Kunz; **fulano, ~, mengano y perengano** Hinz und Kunz; dieser und jener
zuzo INT **¡~!** *al perro*: fass!
zuzón M BOT Graues Grindkraut *n*
zwingliano REL HIST A ADJ Zwingli...; zwinglianisch B M, **-a** F Zwinglianer *m*, -in *f*

Alemán – Español

A[1], **a** N ⟨~; ~⟩ 1 *Buchstabe*: A, a *f*; **das A und O** el alfa y omega; **von A bis Z** de punta a cabo; *umg* de pe a pa, de cabo a rabo; **wer A sagt, muss auch B sagen** quien dice A debe decir B 2 MUS la *m*; **A-Dur** la mayor; **a-Moll** la menor
A[2] ABK 1 (*Austria, Österreich*) A (Austria) 2 (*Ampere*) Ampere 3 → Autobahn
à PRÄP (*nom*) HANDEL a, de; **zwei Briefmarken ~ einen Euro** dos sellos de un euro
A'a N *umg kinderspr* **~ machen** *umg* hacer caca
AA N ABK (Auswärtiges Amt) Ministerio *m* de Asuntos Exteriores
'Aachen N ⟨~s⟩ Aquisgrán *m*
Aal M ⟨~(e)s; ~e⟩ *Fisch*: anguila *f*
'aalen V/R **sich ~** desperezarse; **sich in der Sonne ~** tumbarse como lagarto al sol
'aal'glatt ADJ escurridizo (*a. fig*)
'Aalkorb M (cesta *f*) anguilera *f*
a. a. O. ABK (am angeführten Ort) en el lugar citado
Aar M ⟨~(e)s; ~e⟩ *poet* águila *f*
'Aare F ⟨~⟩ *río suizo*
'Aargau M ⟨~s⟩ GEOG Argovia *f*
Aas N ⟨~es; ~e⟩ 1 carroña *f* 2 ⟨*pl* Äser⟩ *sl pej Person*: mal bicho *m*; **so ein ~!** ¡qué canalla!; *umg* **kein ~** (*niemand*) nadie, ni un alma
'aasen V/I *umg* **mit etw ~** malgastar a/c, dilapidar a/c, derrochar a/c
'Aasfliege F moscarda *f*, mosca *f* de la carne;
Aasgeier M 1 *fig* buitre *m* 2 ORN alimoche *m*, *Mex* zopilote *m*
'aasig A ADJ 1 carroñoso 2 *fig* (*gemein, ekelhaft*) **ein ~es Lächeln** una sonrisa cruel B ADV *umg fig* **er hat ~ viel Geld** está podrido de rico
'Aaskäfer M necróforo *m*; **Aaskrähe** F ORN corneja *f*
ab A PRÄP (*dat*) 1 *räumlich*: desde, de; **~ Seite 17** de(sde) la página 17; **~ Berlin** de(sde) Berlín 2 HANDEL **~ ...***Ort* puesto en ...; **~ Bahnhof** franco estación; **~ Fabrik** *od* **Werk/Lager** puesto en fábrica/almacén; **~ dort** entregado en ésa; **die Preise verstehen sich ~ hier** los precios se entienden para entrega en ésta 3 *zeitlich*: a partir de, a contar de, desde; **~ 3 Uhr** desde las tres; **~ heute** desde hoy, a partir de hoy; *umg* **von ... ~** de ... en adelante; **von jetzt ~** de ahora en adelante, en lo sucesivo; **von da ~** desde allí, a partir de allí; desde entonces 4 *mit Zahlenangaben*: **~ 5 Euro** a partir de 5 euros, de 5 euros en adelante (*od* para arriba); *Personen*: **~ 18** de(sde) los 18 (en adelante) 5 (*abzüglich*) menos; HANDEL deducido; **~ Unkosten** gastos a deducir B ADV 1 **~ sein** (*los sein*) haberse caído; (*abgebrochen sein*) haberse roto 2 (*weg, fort*) fuera; **vier Schritt vom Wege ~** a cuatro pasos del camino; **weit ~ von** lejos de; *umg* **~!** ¡fuera! 3 BAHN **Berlin ~ 16.30** salida de Berlín a las 16.30 4 **~ und zu** *od nordd* **~ und an** a veces, de vez en cuando, a ratos 5 *fig* (*erschöpft sein*) estar agotado (*od umg* molido) 6 THEAT mutis; **Hamlet ~** mutis de Hamlet
AB M ABK → Anrufbeantworter
'Abakus ⟨~; ~⟩ M ábaco *m* (*a.* ARCH)
'abänderlich ADJ alterable, variable (*a.* GRAM), modificable; JUR *Urteil* enmendable;
abändern V/T alterar, *teilweise*: modificar; (*umarbeiten*) rehacer, reformar; (*berichtigen*) rectificar; POL, JUR enmendar; **Abänderung** F ⟨~; ~en⟩ alteración *f*; *teilweise*: modificación *f*; (*Berichtigung*) rectificación *f*; enmienda *f* (*a.* JUR)
'Abänderungsantrag M POL enmienda *f*;
abänderungsfähig ADJ modificable
Aban'don [abã:'dõ:] M ⟨~s; ~s⟩ HANDEL abandono *m*; **abandon'nieren** V/T ⟨*ohne* ge-⟩ abandonar
'abarbeiten A V/T *Schuld* pagar (una deuda) trabajando B V/R **sich ~** cansarse (*od umg* matarse) trabajando, trabajar como un negro; **abgearbeitet** (a)trabajado, consumido por el trabajo
'Abart F ⟨~; ~en⟩ variedad *f* (*a.* BOT *u.* ZOOL); modalidad *f*; *fig* variedad *f*, versión *f*
'abartig A ADJ anormal; *sexuell a.*: perverso B ADV **~ veranlagt** invertido; *sexuell a.*: perverso
'abäsen V/T ramonear; **abästen** V/T desramar, podar; **abätzen** V/T corroer; MED cauterizar
Abb. ABK (Abbildung) figura *f*
'abbalgen V/T desollar; despellejar
'Abbau M ⟨~(e)s; ~e⟩ 1 TECH desmontaje *m* (*a. e-s Zelts*), despiece *m* 2 BERGB explotación *f*; **~ von Bodenschätzen** explotación *f* (*od* extracción *f*) de recursos naturales, extracción *f* natural; **~ unter Tage** explotación *f* subterránea 3 *v. Preisen, Steuern etc*: reducción *f* (*a. v. Personal*), disminución *f*; *v. Missständen, Vergünstigungen etc*: supresión *f*; *v. Vorurteilen*: eliminación *f*; *v. Zöllen*: desarme *m*; **~ von Arbeitsplätzen** reducción *f* (*od* supresión *f*) de puestos de trabajo; reducción *f* de plantilla 4 CHEM desintegración *f*, descomposición *f*, desdoblamiento *m*; PHYSIOL catabolismo *m*
'abbaubar ADJ ÖKOL degradable; **biologisch ~** biodegradable
'abbauen A V/T 1 *Zelt, Lager, Maschinen, etc*: desmontar, desarmar; *Gerüste, Kulissen etc* desmantelar (*a.* MIL) 2 BERGB *Kohle, Erz* explotar 3 *fig* (*vermindern*) reducir; *Arbeitsplätze, Personal a.* suprimir, *Preise, Steuern, Schulden, Lagerbestand a.* disminuir 4 (*abschaffen*) *Missstände, Vergünstigungen* suprimir; *Vorurteile* eliminar; *Zölle* desarmar 5 CHEM desintegrar; descomponer, desdoblar; PHYSIOL catabolizar B V/I *umg* (*nachlassen*) debilitarse; **sie hat sehr** *od* **stark abgebaut** está muy desmejorada
'abbaufähig ADJ BERGB explotable, aprovechable
'Abbaugebiet N BERGB área *f* de explotación; **Abbaugerechtigkeit** F BERGB derecho *m* de explotación minera; **Abbauprodukt** N CHEM producto *m* de desintegración (*bzw* descomposición); **abbauwürdig** ADJ BERGB explotable, aprovechable
'abbeeren V/T desgranar
'abbeißen V/T & V/I ⟨*irr*⟩ mordiscar; quitar de un mordisco; **(ein Stück) von etw ~** morder a/c; *umg* **möchtest du mal ~?** ¿quieres probar?
'abbeizen V/T decapar; METALL desoxidar; **Abbeizmittel** N METALL desoxidante *m*; *für Lack*: mordiente *m*
'abbekommen V/T ⟨*irr*; *ohne* ge-⟩ 1 (*loskriegen*) lograr desprender (*od* quitar) 2 (*bekommen*) **seinen Teil** *od* **etwas ~** recibir su parte; *fig* (*verletzt werden*) resultar herido; (*beschädigt werden*) deteriorarse; **nichts ~** (*unverletzt bleiben*) quedar ileso; **das Auto hat nichts ~** al coche no le pasó nada
'abberufen V/T ⟨*irr*; *ohne* ge-⟩ llamar, relevar; *von e-m Amt*: separar (del cargo); relevar; retirar del puesto; **Abberufung** F ⟨~; ~en⟩ llamada *f*, orden *f* de regreso; separación *f* (del cargo); relevo *m*; *vorläufige*: suspensión *f* (de empleo)
'abbestellen V/T ⟨*ohne* ge-⟩ HANDEL **etw ~** anular (el pedido de) a/c; *Tisch, Zimmer etc* anular la reserva de a/c; **die Zeitung ~** anular la suscripción del periódico; **j-n ~** desavisar a alg; anular la cita con alg; **Abbestellung** F ⟨~; ~en⟩ anulación *f* (del pedido *bzw* de la reserva *bzw* de la cita)
'abbetteln V/T *umg* **j-m etw ~** obtener a/c implorando; pedir con insistencia a/c a alg
'abbezahlen V/T ⟨*ohne* ge-⟩ → abzahlen
'abbiegen ⟨*irr*⟩ A V/I ⟨sn⟩ *Auto etc*, girar, torcer; *Am a.* voltear; *Straße* desviarse; **nach rechts/links ~** girar (*od* doblar *od* torcer, *Am* voltear) a la derecha/izquierda; **von der Hauptstraße ~** salir de la calle principal; **in eine Nebenstraße ~** entrar en una carretera secundaria B V/T 1 (*wegbiegen*) doblar; torcer 2 *fig* evitar, dar un giro a
'Abbiegespur F carril *m* de giro (*od* de cambio de dirección); **Abbiegung** F ⟨~; ~en⟩ *e-r Straße*: desviación *f*
'Abbild N ⟨~(e)s; ~er⟩ 1 (*Nachbildung*) copia *f*, reproducción *f*, *fig* trasunto *m* 2 *fig* (*Ebenbild, Bildnis*) imagen *f* (*a.* OPT), efigie *f*; **das ~ seines Vaters** el vivo retrato de su padre; *umg* su padre clavado
'abbilden V/T 1 (*wiedergeben*) copiar, reproducir; *Person* retratar, pintar; (*zeichnen*) dibujar; *als Skulptur*: modelar 2 (*zeigen*) representar; **wie oben abgebildet** como se ve en la imagen de arriba; **Abbildung** F ⟨~; ~en⟩ 1 (*Wiedergabe*) reproducción *f*; (*Darstellung*) representación *f* 2 (*Bild*) figura *f*, imagen *f*, *in e-m Buch*: ilustración *f*, lámina *f*; **mit ~en versehen** ilustrar 3 TECH gráfica *f*; diagrama *m*
'abbinden ⟨*irr*⟩ A V/T 1 (*losbinden*) desatar, desligar, soltar 2 MED (*abschnüren*) ligar; estrangular; *Wunde* aplicar un torniquete 3 GASTR *Soße etc* espesar B V/I BAU *Leim* secar; *Zement* fraguar
'Abbinden N ⟨~s⟩ 1 (*Losbinden*) desligadura *f*, desprendimiento *m* 2 MED ligadura *f*, estrangulación *f* 3 *des Leims*: secado *m*; *des Zements*: fraguado *m*
'Abbitte F ⟨~; ~n⟩ excusas *fpl*; **j-m ~ leisten** *od* **tun** dar (*od* presentar) sus excusas a alg (**wegen, für** por), disculparse a alg; pedir perdón a alg; **öffentlich ~ leisten** retractarse públicamente; pedir perdón públicamente
'abbitten V/T **j-m etw ~** pedir perdón a alg por a/c; **eine Beleidigung ~** reparar una ofensa
'abblasen V/T ⟨*irr*⟩ 1 (*wegblasen*) quitar soplando; *Dampf* dejar (*od* hacer) escapar, vaciar; *Gas a.* lanzar 2 TECH (*sandstrahlen*) limpiar con chorro de arena 3 *fig* anular; revocar, cancelar; *bes Streik, Veranstaltung* desconvocar, suspender; MIL **den Angriff ~** tocar a retirada
'Abblasventil N TECH válvula *f* de escape
'abblättern V/I deshojarse; *Verputz* desconcharse; MINER exfoliarse; MED *Haut* descamarse
'abblenden A V/T *Lichtquelle* amortiguar; AUTO *Scheinwerfer* abatir, tapar B V/I 1 AUTO bajar las luces; dar la luz de cruce 2 FOTO diafragmar

'Abblenden N ⟨~s⟩ **1** amortiguamiento *m* **2** AUTO antideslumbramiento *m* **3** FOTO diafragmación *f*; **Abblendlicht** N AUTO luz *f* de cruce (*od* corta)

'abblitzen VI *umg* ser rechazado; **(bei j-m) ~** recibir un desplante (de alg); **j-n ~ lassen** dar un desplante a alg, dar calabazas a alg, *umg* mandar a alg a paseo; **abblocken** VT *fig* bloquear, rechazar; **abblühen** VI BOT marchitar(se) (*a. fig*), desflorecer; **abgeblüht sein** estar marchito (*od* ajado); **abböschen** VT BAU escarpar, ataludar; **abbrausen** **A** VT duchar **B** VR **sich ~** ducharse, darse una ducha **C** VI *umg* (*schnell wegfahren*) salir disparado (*od* pitando); embalarse

'abbrechen ⟨*irr*⟩ **A** VT **1** romper, quebrar; truncar; *Spitze* despuntar; **ein Stück Brot (Schokolade** *etc*) **~** partir un trozo de pan (de chocolate, *etc*) **2** *Zelt, Gerüst etc* desmontar; *Zelt a.* desarmar; *Lager, Belagerung* levantar **3** *Gebäude* demoler, derribar, echar abajo **4** (*beenden*) *Beziehungen, Verhandlungen etc* romper, dar por terminado (*od* finalizado); *Studium* abandonar, dejar; *Streik* desconvocar; IT *Vorgang, Programm etc* cancelar, interrumpir **5** (*zeitweilig beenden*) suspender (*a. Spiel, Sitzung, Reise*); *Reise a.* interrumpir; **brechen wir hier für heute ab!** ¡dejémoslo aquí por hoy! **6** *umg* **sich** (*dat*) **einen ~** andarse con remilgos; *umg* romperse los cuernos (**für** para); **brich dir keinen ab!** *umg* ¡no te mates! **B** VI **1** ⟨sn⟩ romperse, quebrarse; **die Spitze ist abgebrochen** *a.* la punta se ha roto **2** ⟨h⟩ *fig* (*aufhören*) parar(se), cesar, interrumpirse; *plötzlich*: parar en seco; *beim Sprechen*: callarse, dejar de hablar

'abbremsen VT & VI **1** (re)frenar, moderar la velocidad; AUTO **scharf ~** dar un frenazo, frenar en seco **2** *fig* refrenar, contener; (*verzögern*) retardar; (*auffangen*) amortiguar; *Kernspaltung* moderar

'abbrennen ⟨*irr*⟩ **A** VI quedar destruido por el fuego, quemarse; *Kerzen etc* quemarse (por completo), consumirse; CHEM **schnell ~ (lassen)** deflagrar; → *a.* abgebrannt **B** VT **1** quemar; *völlig* quemar por completo, reducir a cenizas; **ein Feuerwerk ~** disparar unos fuegos artificiales **2** METALL refinar, *Stahl* templar

'Abbrennen N ⟨~s⟩ quema *f* (*a. Feuerwerk*); combustión *f*; CHEM deflagración *f*

'abbringen VT ⟨*irr*⟩ **1** (*weglenken*) desviar, apartar; **von der Spur** *od* **Fährte ~** despistar; **j-n vom (rechten) Wege ~** apartar a alg del (buen) camino (*a. fig*) **2** *fig* **j-n von etw ~** disuadir (*od* hacer desistir) a alg de a/c; quitar a alg a/c de la cabeza; *v. e-r Gewohnheit*: desacostumbrar, deshabituar a alg de a/c; **j-n vom Thema ~** desviar (*od* apartar) a alg del tema; **j-n davon ~, etw zu tun** disuadir a alg de hacer a/c; **sich nicht ~ lassen** insistir en su opinión; *umg* seguir en sus trece; **davon lasse ich mich nicht ~** no hay quien me aparte de esto, nadie me hará cambiar de idea **3** *umg* (*ablösen*) quitar, sacar **4** SCHIFF *gestrandetes Schiff* desencallar; poner a flote

'abbröckeln VI desmigajarse, desmenuzarse; *Verputz, Glasur etc* desconcharse; *Mauern* desmoronarse (*a. fig*); *fig* WIRTSCH *Kurse* debilitarse

'Abbruch M ⟨~(e)s; ~̈e⟩ **1** *e-s Gebäudes*: demolición *f*, derribo *m*; **auf ~ verkaufen** vender (una casa) para derribo **2** *fig v. Beziehungen, Verhandlungen etc*: ruptura *f*; *e-r Reise*: interrupción *f*; *e-s Spiels, Wettkampfs etc*: suspensión *f*; *des Studiums* abandono *m* **3** IT cancelación *f* **4** (*Schaden*) **einer Sache** (*dat*) **(keinen) ~ tun** (no) perjudicar a/c, (no) dañar a/c **5** (*abgebrochenes Stück*) trozo *m* roto

'Abbrucharbeiten PL trabajos *mpl* de demolición; **abbruchgefährdet** ADJ GEOL en peligro de derrumbe (*od* de derrumbamiento); **abbruchreif** ADJ *Gebäude* (en estado) ruinoso; **Abbruchunternehmen** N empresa *f* de derribos (*od* de demolición)

'abbrühen VT **1** GASTR escaldar **2** *fig* → abgebrüht; **abbrummen** VT *umg Strafe* → abbüßen

'abbuchen VT **1** FIN (*belasten*) cargar en cuenta, adeudar; **eine Summe von j-s Konto ~** cargar una cantidad en la cuenta de alg; **etw ~ lassen** domiciliar a/c; **der Betrag wird abgebucht** el importe se cargará en cuenta **2** WIRTSCH (*abschreiben*) cancelar

'Abbuchung F ⟨~; ~en⟩ FIN adeudo *m*, cargo *m* (**von** de)

'Abbuchungsauftrag M FIN orden *f* de domiciliación de pagos; **Abbuchungsverfahren** N FIN domiciliación *f* de pagos

'abbürsten VT **1** *Kleider* cepillar; *Staub* quitar **2** *umg fig* **j-n ~** (*zurechtweisen*) reprender a alg; (*zur Ordnung rufen*) llamar al orden a alg

'abbüßen VT REL expiar, purgar; JUR **eine Strafe ~** cumplir condena

'Abbüßen N ⟨~s⟩ REL expiación *f*; JUR **nach ~ der Haftstrafe** después de cumplir condena (de cárcel)

Ab'c [a:be:'tse:] N ⟨~; ~⟩ abecedario *m*, alfabeto *m*, abecé *m*; *fig* rudimentos *mpl*; **nach dem ~** por orden alfabético, alfabéticamente; **Abc-Buch** N, **Abc-Fibel** F cartilla *f*, silabario *m*, abecedario *m*

Abchase M ⟨~n; ~n⟩, **Abchasin** F ⟨~; ~nen⟩ abjasio *m*, -a *f*; **Abchasien** [ab'xasiən] N ⟨~s⟩ Abjasia *f*; **abchasisch** ADJ abjasio

'abchecken VT *umg* verificar, controlar; *Am* chequear; *Personen* pasar lista

Ab'c-Schütze M (*Schulanfänger, -in*) alumno *m*, -a *f* principiante

AB'C-Staaten MPL (*Argentina-Brasil-Chile*) los Estados *mpl* (del) ABC; **ABC-Waffen** FPL armas *fpl* ABQ (atómicas, biológicas y químicas)

'abdachen VT BAU ataludar, construir en declive; **Abdachung** F ⟨~; ~en⟩ declive *m*, talud *m*, pendiente *f*; *flache*: explanada *f*

'abdämmen VT **1** (*zurückhalten*) contener; poner diques a; *Fluss* represar, embalsar **2** (*isolieren*) aislar **3** *fig* detener; **Abdämmung** F ⟨~; ~en⟩ **1** *e-s Flusses etc*: estancamiento *m* **2** (*Isolierung*) aislamiento *m*

'Abdampf M vapor *m* de escape; **abdampfen** **A** VI **1** TECH evaporar(se) **2** *Zug* ponerse en marcha **3** *umg fig Person* esfumarse, largarse, eclipsarse **B** VT TECH **etw ~ (lassen)** evaporar a/c, (*verflüchtigen*) volatilizar a/c; **Abdampfen** N ⟨~s⟩ evaporación *f*, volatilización *f*; **abdämpfen** VT → dämpfen

'Abdampfrohr N tubo *m* de vapor de escape; **Abdampfrückstände** MPL residuos *mpl* de evaporación; **Abdampfturbine** F turbina *f* de vapor de escape

'abdanken VI *Minister etc* dimitir, presentar su dimisión; *König* abdicar (en alg); **Abdankung** F ⟨~; ~en⟩ *e-s Ministers etc*: dimisión *f*; *e-s Königs*: abdicación *f*

'Abdeckband N ⟨~(e)s; ~̈er⟩ cinta *f* perfiladora; **Abdeckblech** N plancha *f* (*od* placa *f*) de cubierta

'abdecken VT **1** (*aufdecken*) descubrir, destapar; *Dach* destejar; *Haus* destechar **2** *Tisch* quitar la mesa **3** (*zu-, verdecken*) tapar, cubrir, revestir, recubrir **4** *fig Risiko, Thema etc* cubrir **5** HANDEL *Schuld* pagar; **einen Kredit ~** re(e)mbolsar un crédito

'Abdecker M ⟨~s; ~⟩ *obs* desollador *m*

'Abdeckplane F toldo *m*, cubierta *f* de lona; **Abdeckplatte** F plancha *f* (*od* placa *f*) de cubierta; **Abdeckung** F ⟨~; ~en⟩ **1** (*das Abdecken*) recubrimiento *m*, revestimiento *m* **2** TECH tapa *f* **3** HANDEL *v. Krediten*: cobertura *f*, provisión *f* de fondos

'abdestillieren VT ⟨*ohne* ge-⟩ CHEM destilar

'abdichten VT *allg* aislar; *Loch* obturar, cegar, estopar; *Maschinenteil* empaquetar; *gegen Lärm*: insonorizar; *gegen Wasser etc*: impermeabilizar; estanqueizar; SCHIFF calafatear; **hermetisch ~** cerrar herméticamente; **Abdichtung** F ⟨~; ~en⟩ aislamiento *m*; *hermetische*: cierre *m* hermético; *e-s Lochs*: obturación *f*; *e-s Maschinenteils*: empaquetadura *f*; *gegen Lärm*: insonorización *f*; *gegen Wasser etc*: impermeabilización *f*; SCHIFF calafateado *m*

'abdrängen VT apartar (a la fuerza); separar empujando; AUTO *beim Überholen*: obligar a apartarse; SCHIFF abatir, derrotar; FLUG desviar de la ruta; **Abdrängung** F ⟨~; ~en⟩ SCHIFF abatimiento *m*; FLUG desviación *f*

'abdrehen **A** VT **1** (*zudrehen*) *Gas, Wasserhahn* cerrar; *umg Licht* apagar **2** (*entfernen*) destornillar, desenroscar **3** TECH tornear, cilindrar **4** FILM terminar de rodar, ultimar el rodaje **B** VI ⟨sn *od* h⟩ FLUG, SCHIFF cambiar de rumbo; *Schiff in der Windrichtung*: barloventear; (*wegfliegen*) virar en redondo, escapar

'Abdrift F → Abtrift

'abdriften VI ⟨sn⟩ perder el rumbo

'abdrosseln VT *Motor* cortar el gas; TECH estrangular

'Abdruck[1] M ⟨~(e)s; Abdrücke⟩ *e-s Fingers, Fußes etc*: huella *f*; (*Gipsabdruck*) impresión *f*; (*Abguss*) molde *m* (*a. Zahnabdruck*); (*Stempelabdruck*) impronta *f*

'Abdruck[2] M ⟨~(e)s; ~e⟩ TYPO **1** (*das Abdrucken*) impresión *f*; (*Nachdruck*) reproducción *f* **2** (*Exemplar*) copia *f*; (*Probeabdruck*) prueba *f*

'abdrucken VT copiar; moldear; TYPO imprimir, reproducir; (*veröffentlichen*) publicar; **wieder ~** reimprimir

'abdrücken **A** VT **1** **j-m die Luft ~** estrangular a alg; *fig* **j-m das Herz ~** partir el corazón a alg **2** (*abformen*) moldear **3** *fig* (*umarmen*) abrazar efusivamente **4** *umg Geld* pagar **B** VI (*schießen*) apretar el gatillo; **auf j-n ~** disparar a alg **C** VR **sich ~** dejar huellas

'Abdruckrecht N derecho *m* de reproducción

'Abdrückschraube F TECH tornillo *m* de presión

'Abdruckstempel M TYPO calcotipia *f*

'abducken VI *Boxen*: esquivar de cabeza

Ab'duktor M ⟨~s; -'toren⟩ ANAT músculo *m* abductor

'abdunkeln VT *Licht* atenuar, reducir; *Raum* oscurecer; *Farben* ensombrecer, rebajar; **abduschen** **A** VT duchar **B** VR **sich ~** ducharse, tomar (*od* darse) una ducha; **abebben** VI ⟨sn⟩ **1** *Gezeiten*: refluir, bajar la marea **2** *Wind* amainar **3** *fig* decaer, aplacarse

'Abend M ⟨~s; ~e⟩ **1** *früher*: tarde *f*; *später*: noche *f*; **diesen ~** *od* **heute ~** esta noche (*bzw* tarde); **morgen ~** mañana por la noche (*bzw* tarde); **gestern ~** anoche, ayer por la noche (*bzw* tarde); **gegen ~** hacia la noche (*bzw* tarde), al atardecer; **es wird ~** anochece, se hace de noche; **am ~** *od geh* **des ~s** por la noche (*bzw* tarde); de noche; **zu ~ essen** cenar; → Sonntagabend **2** *geselliger, musikalischer, literarischer*: velada *f*; **bunter ~** velada *f* festiva, *umg* guateque *m* **3** (*Vorabend*) víspera *f*; (*Abend danach*) tarde *f bzw* noche *f* siguiente; **am ~ vor(her)** la víspera de; **am nächsten ~** la tarde *bzw* la noche siguiente **4** *Begrüßung etc*: **guten ~!** ¡buenas noches! *bzw* ¡buenas tardes!; **bis heute ~!** ¡hasta la noche! **5** *sprichw* **man soll den Tag nicht vor dem ~ loben** no se debe cantar victoria hasta el final; *sprichw* **es ist noch nicht aller Tage ~** la suerte no está aún echada

'**Abendandacht** F KATH vísperas *fpl*; PROT oficio *m* de la tarde; **Abendanzug** M traje *m* de etiqueta (*od* negro); **Abendausgabe** F *e-r Zeitung*: edición *f* de la noche (*bzw* tarde); **Abendblatt** N → Abendzeitung; **Abendbörse** F HANDEL bolsín *m* de última hora; **Abendbrot** N cena *f*; **Abendbrottisch** M mesa *f* (dis)puesta para cenar; **Abenddämmerung** F crepúsculo *m* (vespertino); caída *f* de la tarde, anochecer *m*, atardecer *m*; **Abendessen** N → Abendbrot

'**abendfüllend** ADJ *Veranstaltung* que dura toda la noche; **~er Film** largometraje *m*

'**Abendgebet** N REL oración *f* de la noche, KATH ángelus *m*; **Abendgeläute** N ángelus *m*; **Abendgesellschaft** F tertulia *f*; velada *f*; soirée *f*; **Abendgottesdienst** M KATH misa *f* vespertina; PROT servicio *m* de la tarde; **Abendkasse** F THEAT taquilla *f*; **Abendkleid** N traje *m* de noche; **Abendkühle** F relente *m*; **Abendkurs** M *Unterricht*: curso *m* de noche (*od* nocturno), clase(s) *f(pl)* nocturna(s); **Abendland** N ⟨~(e)s⟩ Occidente *m*; **abendländisch** ADJ occidental; **abendlich** ADJ de la tarde, vespertino; **Abendluft** F sereno *m*

'**Abendmahl** N **1** REL (Sagrada) Comunión *f*; *Sakrament*: Eucaristía *f*; *Bibel*: (Santa) Cena *f*; **das ~ empfangen** *od* **nehmen** recibir a Dios, comulgar; **das ~ reichen** administrar (*od* dar) la comunión **2** *geh* → Abendbrot

'**Abendmahlgänger** M, **Abendmahlgängerin** F REL comulgante *m/f*

'**Abendmesse** F REL misa *f* vespertina; **Abendrot** N, **Abendröte** F luz *f* crepuscular, arrebol *m* vespertino

'**abends** ADV por la noche, de noche; **um 8 Uhr ~** a las 8 de la noche; **sonntags ~** el domingo por la tarde (*od* noche) → spätabends

'**Abendschule** F escuela *f* nocturna; **Abendsonne** F sol *m* poniente (*od* crepuscular); **Abendständchen** N serenata *f*; **Abendstern** M lucero *m* de la tarde (*od* vespertino); **Abendstunde** F anochecer *m*; **Abendtoilette** F vestido *m* de noche; **Abendvorstellung** F función *f* de tarde (*bzw* noche); **Abendzeitung** F (periódico *m*) vespertino *m*

'**Abenteuer** N ⟨~s; ~⟩ aventura *f*; (*Wagnis*) empresa *f* temeraria (*od* aventurada); (*Liebesabenteuer*) aventura *f* amorosa; lío *m* amoroso; **~** *pl a.* andanzas *fpl*; **auf ~ ausgehen** ir en busca de aventuras; **sich in ein ~ stürzen** meterse en una aventura

'**abenteuerlich** ADJ aventurero; *fig* quijotesco, descabellado; *Plan etc* aventurado, arriesgado; **Abenteuerlichkeit** F ⟨Abenteuerlichkeit⟩ quijotismo *m*, carácter *m* aventurero; extravagancia *f*

'**Abenteuerlust** F espíritu *m* aventurero, aventurismo *m*; **abenteuerlustig** ADJ aventurero; **Abenteuerroman** M novela *f* de aventuras

'**Abenteurer** M ⟨~s; ~⟩, **Abenteurerin** F ⟨~; ~nen⟩ aventurero *m*, -a *f*; **Abenteurerleben** N **ein ~ führen** llevar una vida aventurera

'**aber** **A** KONJ pero, mas; **~ doch** *od* **~ dennoch** sin embargo, no obstante; **oder ~** o bien; **nun ~** ahora bien, pues bien **B** INT **1** **~, ~!** ¡pero cómo!; **~ ja!** *od* **~ sicher!** ¡pues claro! ¡claro que sí!, ¡por supuesto!; *Am* ¡cómo no!; **~ nein!** ¡nada de eso!, *umg* ¡ni hablar!; *verwundert*: ¡no me diga!; *vorwurfsvoll*: **~ Peter!** ¡pero hombre, Peter! **2** *mit adv, adj*: **jetzt ~ schnell!** ¡vamos, vamos!; ¡pero de prisa!; **das ist ~ nett von dir!** ¡pero qué amable (eres)!; **sie kommt ~ früh heute!** ¡viene pronto hoy!; *iron*: ¡pues sí que viene pronto hoy! **C** ADV *obs* (*wiederum*) otra vez, de nuevo

'**Aber** N ⟨~s; ~⟩ pero *m*, reparo *m*; **die Sache hat ein ~** la cosa tiene su pero; **da gibt es kein ~** no hay pero que valga; **ohne Wenn und ~** sin (poner) peros (*od* reparos); **er hat immer ein (Wenn und) ~** siempre tiene un pero (*od* reparos) que poner

'**Aberglaube** M ⟨~ns⟩ superstición *f*; **abergläubisch** ADJ supersticioso

aberhundert(e), Aberhundert(e) ADJ **Hundert(e) und Aberhundert(e)** cientos y cientos

'**aberkennen** VT ⟨*irr*; *ohne* ge-⟩ JUR *Recht* privar de; desposeer de; *Sache* negar el derecho a; *Schadenersatz* denegar; **j-m etw ~** no reconocer a/c a alg; **j-m ein Recht ~** privar a alg de un derecho

'**Aberkennung** F ⟨~; ~en⟩ denegación *f*; JUR desposeimiento *m*; privación *f*; **~ der bürgerlichen Ehrenrechte** interdicción *f* civil, privación *f* de los derechos civiles

'**abermalig** ADJ reiterado, repetido, nuevo; **abermals** ADV de nuevo, otra vez, una vez más

'**abernten** VT cosechar, recolectar; *Früchte a.* recoger

Aberrati'on F ⟨~; ~en⟩ PHYS aberración *f*

'**Aberwitz** M ⟨~es⟩ locura *f*, desvarío *m*; disparate *m*; **aberwitzig** ADJ loco, desatinado, disparatado

'**abessen** VT ⟨*irr*⟩ comer sin dejar resto; *Teller* dejar limpio; *Knochen* roer

Abf. ABK (Abfahrt) salida *f*

'**abfackeln** VT *Gas* quemar; *sl* **ein Auto ~** prender fuego a un coche

'**abfahrbereit** ADJ listo para salir; *Auto, Bus etc* **~ dastehen** estar aparcado listo para salir

'**abfahren** ⟨*irr*⟩ **A** VI **1** (*wegfahren*) salir, partir (**nach** para); BAHN *amtlich*: efectuar su salida; *Zug* (*sich in Bewegung setzen*) arrancar; SCHIFF salir, zarpar (**nach** para); *fig* **der Zug ist abgefahren** (*es ist zu spät*) se ha pasado la hora **2** *Skisport*: descender **3** *umg fig* **auf j-n/etw voll ~** alucinar(se) con alg/a/c **4** *umg* **j-n ~ lassen** dar calabazas a alg **B** VT **1** *Güter, Schutt etc* transportar, acarrear **2** *Strecke* recorrer; *überwachend*: patrullar **3** *Reifen* gastar

'**Abfahrt** F ⟨~; ~en⟩ **1** salida *f* (*a. v. der Autobahn*, SCHIFF), partida *f*, marcha *f* (**nach** para); **bei ~ des Zuges** a la salida del tren; **das Zeichen zur ~ geben** dar la salida **2** *Ski*: descenso *m*; **~ der Damen/Herren** descenso *m* femenino/masculino

'**abfahrt(s)bereit** ADJ → abfahrbereit

'**Abfahrtsignal** → Abfahrtssignal

'**Abfahrtslauf** M *Ski*: (carrera *f* de) descenso *m*; **Abfahrtsläufer** M, **Abfahrtsläuferin** F *Ski*: velocista *m/f*; **Abfahrtssignal** N señal *f* de salida; **Abfahrtstag** M día *m* de salida; **Abfahrtszeit** F hora *f* de salida

'**Abfall** M ⟨~(e)s; ~e⟩ **1** *oft* PL **Abfälle** residuos *mpl*; desechos *mpl*, desperdicios *mpl*; (*Müll*) basura *f*; *beim Schlachten*: despojos *mpl*; **atomare Abfälle** residuos *mpl* (*od* desechos *mpl*) radiactivos; **biologische Abfälle** residuos *mpl* (*od* desechos *mpl*) biológicos; **den ~ beseitigen** *od* **entsorgen** eliminar los desechos (*od* los residuos); **Abfälle weiterverarbeiten** transformar los desechos (*od* los residuos); **~ trennen** separar los desechos (*od* los residuos) **2** (*das Abfallen*) caída *f* (*a. Laub u. fig*) **3** *fig* (*Abnahme*) descenso *m*, disminución *f*; *bes* ELEK baja *f*, caída *f* **4** (*Böschung*) declive *m*, pendiente *f* **5** *von e-r Partei etc*: defección *f*, disidencia *f*; *zum Gegner*: deserción *f*; REL apostasía *f*

'**Abfallaufbereitung** F tratamiento *m* de residuos; **Abfallbehälter** M recipiente *m* de desechos (*od* de basura); **Abfallbeseitigung** F eliminación *f* (*od* evacuación *f*) de (los) desechos; **Abfallcontainer** M contenedor *m* para (*od* de) desechos; **Abfalleimer** M cubo *m* de la basura

'**abfallen** VI ⟨*irr*; sn⟩ **1** (*herunterfallen, sich ablösen*) caer(se), desprenderse (**von** de) **2** *Gelände* ir en declive, descender; **steil ~** ser empinado **3** (*abnehmen*) disminuir, mermar, descender; **~ gegenüber** ser inferior a **4** (*übrig bleiben*) sobrar; *umg* (*herausspringen*) tocar (**bei** con; **für** a); **es wird etw für dich ~** te tocará algo; **was fällt für mich dabei ab?** ¿y qué saco yo con eso? **5** POL abandonar (**von j-m** a alg); REL **vom Glauben ~** abjurar, apostatar, renegar

'**abfallend** ADJ **1** *Gelände* pendiente, en declive; **steil ~** tajado, empinado **2** BOT deciduo, caduco

'**Abfallentsorgung** F eliminación *f* de los residuos (*od* desechos); **getrennte ~** eliminación *f* de los residuos por separado; **Abfallerzeugnis** N → Abfallprodukt; **Abfallgrube** F basurero *m*; (*Müllkippe*) vertedero *m*; **Abfallholz** N desperdicios *mpl* de madera; *v. Bäumen*: escamondadura *f*

'**abfällig** **A** ADJ desfavorable; despectivo; *Kritik* adverso **B** ADV desfavorablemente, despectivamente; **~ über j-n** *od* **von j-m sprechen** menospreciar a alg; hablar despectivamente de alg; **~ beurteilen** censurar

'**Abfallmanagement** N gestión *f* de residuos (*od* de desechos); **Abfallprodukt** N producto *m* residual; producto *m* de desecho; *verwertbares*: subproducto *m*; **Abfallrecycling** N reciclado *m* de desechos; reciclaje *m* de residuos; **Abfallsäure** F CHEM ácido *m* residual; **Abfallstoff** M sustancia *f* de desecho; **Abfalltrennung** F separación *f* (*od* selección *f*) de residuos (*od* desechos); **Abfallvermeidung** F evitación *f* de los residuos (*od* desechos); **Abfallverwertung** F aprovechamiento *m* (*od* recuperación *f*) de residuos (*od* desechos); **Abfallwärme** F calor *m* de desecho; **Abfallwirtschaft** F gestión *f* de residuos (*od* de desechos)

'**abfälschen** VT *Ball* desviar

'**abfangen** VT ⟨*irr*⟩ **1** *Brief, Nachricht, Flugzeug* interceptar; *Person* coger, atrapar, aprehender; SCHIFF apresar **2** TECH *Stöße* absorber, amortiguar **3** (*abstützen*) ARCH, BERGB apuntalar **4** FLUG (*wieder unter Kontrolle bringen*) enderezar **5** JAGD rematar; **Abfangjäger** M MIL (avión *m*) interceptor *m*

'**abfärben** VI **1** desteñir(se); **~ auf** (*acus*) manchar **2** *fig* **auf j-n ~** influir sobre alg; **auf etw** (*acus*) **~** trascender a a/c

'**abfasen** VT TECH achaflanar, biselar; **abfasern** VI *Stoff* deshilacharse

'**abfassen** VT *Text etc* componer; redactar; formular; *Akten, Urkunden etc* extender; **kurz abgefasst** redactado concisamente; **Abfassung** F ⟨~; ~en⟩ redacción *f*, composición *f*

'**abfaulen** VI pudrirse

'**abfedern** VT **1** TECH suspender elásticamente; poner muelles a; *gegen Stöße*: amortiguar (*a.* SPORT); **einzeln abgefederte Räder** ruedas con suspensión independiente **2** *fig Verluste, soziale Härten etc* amortiguar, suavizar

'**Abfederung** F ⟨~; ~en⟩ amortiguamiento *m*; AUTO suspensión *f* elástica

'**abfegen** VT barrer, limpiar con la escoba; **abfeiern** VT **Überstunden ~** librar por horas extras; no trabajar para compensar las horas extraordinarias; **abfeilen** VT limar, rebajar (con la lima); *fig* pulir; **abfeilschen** VT → abhandeln

'abfertigen VT 1 *Gepäck* facturar; *Briefe etc* expedir, despachar; *Waren* despachar 2 *(bedienen)* atender, despachar; **j-n kurz ~** despedir bruscamente a alg, despachar mal a alg
'Abfertigung F ⟨~; ~en⟩ despacho *m*; facturación *f*; expedición *f*; **zollamtliche ~** trámites *mpl* de aduana
'Abfertigungsgebäude N, **Abfertigungshalle** F FLUG terminal *f*; **Abfertigungsschalter** M ventanilla *f* de despacho; FLUG mostrador *m* de facturación; **Abfertigungsschein** M certificado *m* de despacho aduanero; **Abfertigungsstelle** F (oficina *f* de) despacho *m*; **Abfertigungszeit** F horas *fpl* de despacho
'abfeuern VT 1 *Waffe* disparar, descargar 2 *Fußball* tirar, *umg* chutar; **abfiltern** VT, **abfiltrieren** VT ⟨*ohne* ge-⟩ filtrar
'abfinden ⟨*irr*⟩ A VR 1 **sich mit etw ~** resignarse (*od* conformarse *od* apechugar) con a/c; **sich mit den Gegebenheiten ~** hacer frente a las circunstancias; **damit kann ich mich nicht ~!** ¡no me puedo resignar a eso! 2 **sich mit j-m ~** llegar a un arreglo (*od* acuerdo) con alg, arreglarse con alg B VT *finanziell*: satisfacer, pagar; *(entschädigen)* compensar, indemnizar
'Abfindung F ⟨~; ~en⟩ 1 *Vereinbarung*: arreglo *m*, ajuste *m* 2 *Summe*: compensación *f*, indemnización *f*
'Abfindungssumme F compensación *f*; indemnización *f*; **Abfindungsvertrag** M pacto *m* de transacción
'abfischen VT *Teich* vaciar de pesca, despoblar (de peces)
'abflachen A VT aplanar, allanar, nivelar; TECH achatar; *Gewinde* truncar B VI 1 allanarse 2 *fig (schwächer werden)* disminuir; *Konjunktur, Wirtschaft* ralentizar, desacelerar; **der Preisanstieg flacht ab** el aumento (*od* la subida) de los precios desacelera (*od* disminuye) C VR **sich ~** disminuir; *Wasser* perder profundidad
'abflauen VI 1 *Wind* (en)calmarse, amainar 2 *fig (schwächer werden)* aflojar, declinar; *Interesse* disminuir; *Geschäft* languidecer; *Konjunktur* estar en baja *od* en retroceso 3 HANDEL *Kurse* debilitarse, mostrar flojedad, remitir, ceder; → *a* abflachen B 2
'abfliegen ⟨*irr*; sn⟩ A VI 1 *(losfliegen)* levantar el vuelo; *Flugzeug* despegar; emprender vuelo (**nach** hacia) 2 *(abreisen)* partir en avión B VT *Gebiet* patrullar; recorrer en avión
'abfließen VI ⟨*irr*; sn⟩ desaguar; escurrir, salirse, derramarse; *Gelder* salir
'Abflug M ⟨~(e)s; -flüge⟩ 1 *(Abreise)* salida *f* (**nach** hacia *od* con destino a) 2 *(Start)* despegue *m*; **abflugbereit** ADJ *Flugzeug* preparado para despegar; **Abflugdeck** N cubierta *f* de despegue; **Abflughafen** M aeropuerto *m* de salida; **Abflughalle** F terminal *m* de salidas; **Abflugtag** M día *m* de salida; **Abflugterminal** [-tœrminəl] N terminal *f* de salida
'Abfluss M ⟨~es; ~̈e⟩ 1 *(Abfließen)* salida *f*, derrame *m* 2 *(Ausfluss)* descarga *f*, desagüe *m*; *e-s Teiches*: surtidero *m* 3 *fig v. Geld*: salida *f*; **~ von Kapital ins Ausland** salida *f* de capitales al extranjero
'Abflussgebiet N zona *f* colectora; vertiente *f*; **Abflussgraben** M albañal *m*, alcantarilla *f*; **Abflusshahn** M llave *f* de desagüe (*bzw* de descarga); **Abflusskanal** M canal *m* de desagüe (*bzw* de descarga); *v. e-m Staubecken*: vaciadero *m*, aliviadero *m*; **Abflussreiniger** M (producto *m*) desatascador *m*; destapador *m* de cañerías; **Abflussrinne** F desaguadero *m*; **Abflussrohr** N tubo *m* de desagüe; TECH tubo *m* de descarga; **Abflussventil** N TECH válvula *f* de descarga

'Abfolge F ⟨~; ~n⟩ sucesión *f*; serie *f*
'abfordern VT pedir; exigir, reclamar; **j-m Rechenschaft ~** pedir cuentas a alg
'abformen VT modelar; amoldar; *(kopieren)* copiar; TECH moldear
'abforsten VT → abholzen
'Abfrage F ⟨~; ~n⟩ IT consulta *f*; **~ von Daten** consulta *f* de datos
'abfragen VT 1 preguntar; *e-n Schüler* tomar la lección a 2 IT *Daten* consultar; **abfräsen** VT TECH fresar; **abfressen** VT ⟨*irr*⟩ comer (sin dejar resto); *Vieh, Wild* pacer; *Nagetier* roer; *Wurm* carcomer; TECH corroer
'abfrieren ⟨*irr*⟩ A VI ⟨sn⟩ helarse, congelarse B VT *umg* **sich** *(dat)* **einen ~** congelarse, quedarse helado
'abfühlen VT → abtasten
'Abfuhr F ⟨~; ~en⟩ 1 *(Abtransport)* transporte *m*; recogida *f*; acarreo *m* 2 *fig (Abweisung)* desaire *m*, repulsa *f*; *(Schlappe)* derrota *f*, descalabro *m* (*a.* SPORT); **j-m eine ~ erteilen** echar a alg con cajas destempladas; **sich** *(dat)* **eine ~ holen** sufrir un desaire
'abführen A VT 1 *Häftling* llevar(se) detenido 2 *(ableiten)* conducir; *(abtransportieren)* transportar; acarrear 3 *fig vom Wege, Thema etc* apartar de 4 MED purgar 5 *Geld* pagar (**an** *acus* a) B VI MED *Medikament* purgar; tener efecto purgante; **abführend** ADJ MED purgante, laxante
'Abfuhrkosten PL gastos *mpl* de acarreo
'Abführmittel N MED purgante *m*, laxante *m*, laxativo *m*; **ein ~ nehmen** purgarse; **Abführtee** M té *m* purgante; **Abführung** F ⟨~; ~en⟩ 1 *e-s Häftlings*: puesta *f* bajo custodia policial 2 *(Transport)* transporte *m*, conducción *f*, acarreo *m* 3 *v. Geld*: pago *m* 4 MED purga *f*
'Abfüllanlage F planta *f* envasadora; *in Flaschen*: planta *f* embotelladora
'abfüllen VT *Flüssigkeiten* trasegar; *in Flaschen*: embotellar; *in Packungen*: envasar; *in Säcke*: ensacar
'Abfüllgewicht N peso *m* al envasar; **Abfüllmaschine** F envasadora *f*; *in Flaschen*: embotelladora *f*; **Abfüllung** F ⟨~; ~en⟩ envase *m*; *in Flaschen*: embotellado *m*; *(Umfüllung)* trasiego *m*
'abfüttern VT 1 *Vieh* dar pienso 2 *umg Gäste* dar de comer 3 *Kleidung* forrar
Abg. ABK (Abgeordnete) diputado *m*, -a *f*
'Abgabe F ⟨~; ~n⟩ 1 *(Ablieferung)* entrega *f* (*a. Gepäck*) 2 *(Verkauf)* venta *f* 3 *e-r Erklärung*: emisión *f* 4 *Fußball*: pase *m* 5 *Gebühr*: derecho *m*, tasa *f*; gabela *f*; *(Steuer)* contribución *f*; impuesto *m*; **~n** *pl* impuestos *mpl*; **soziale ~n** cargas *fpl* sociales 6 PHYS *v. Strahlen, Wärme etc*: emisión *f*; desprendimiento *m*
'Abgabedatum N → Abgabetermin
'abgabenfrei ADJ libre (*od* exento) de impuestos (*od* derechos); **Abgabenfreiheit** F exención *f* de impuestos; **abgabenpflichtig** ADJ sujeto a impuestos *bzw* derechos
'Abgabepreis M HANDEL precio *m* de venta; **Abgabetermin** M fecha *f* de entrega, fecha *f* tope
'Abgang M ⟨~(e)s; ~̈e⟩ 1 BAHN, SCHIFF salida *f*, partida *f*; THEAT mutis *m* 2 *aus e-r Stellung*: renuncia *f*; *v. der Schule*: terminación *f* (de los estudios); **Abgänge** *pl der Belegschaft*: bajas *fpl*; *fig* **sich** *(dat)* **einen guten ~ verschaffen** dejar buena impresión 3 HANDEL *v. Waren*: (*a. pl* **Abgänge**) despacho *m*; *(Absatz)* venta *f*, salida *f* 4 *(Verlust)* merma *f*; *bei Flüssigkeiten*: derrame *m*; **Abgänge** *pl Bankbilanz*: deducción *f* 5 MED flujo *m*; expulsión *f*; *des Fötus*: aborto *m* 6 *Turnen*: salida *f*

'abgängig ADJ HANDEL *(fehlend)* falto, deficiente; **~ sein** haber desaparecido
'Abgangshafen M puerto *m* de salida; **Abgangsprüfung** F SCHULE examen *m* final; *sp* reválida *f*, examen *m* de grado; **Abgangsstation** F HANDEL estación *f* de salida; **Abgangszeit** F *(Abfahrtszeit)* hora *f* de salida; *e-r Sendung*: hora *f* de despacho; **Abgangszeugnis** N certificado *m* (*od* diploma *m*) de fin de estudios
'Abgas N ⟨~es; ~e⟩ gas *m* de escape; **abgasarm** ADJ, **abgasreduziert** ADJ bajo en gases de escape; **Abgastest** M prueba *f* de gases de escape; **Abgasuntersuchung** F AUTO control *m* de gases de combustión; **Abgasverwertung** F aprovechamiento *m* de los gases de escape
'abgaunern VT *pej* **j-m etw ~** dar un timo a alg, socaliñar a/c a alg
'abgearbeitet ADJ → abarbeiten
'abgeben ⟨*irr*⟩ A VT 1 *(abliefern) Brief, Geld etc* entregar (**an** *acus* a); *Gepäck, Mantel* consignar, dejar; *(zurückgeben)* devolver; **abzugeben bei** para entregar a (*od* en casa de) 2 *(geben, schenken)* ceder, dar; *(weggeben)* deshacerse de; SPORT **den Ball ~** pasar el balón; **j-m etw ~** ceder a alg a/c (**von** de); **von etw ~** dar una parte de a/c, repartir con a/c 3 *Amt* renunciar a; **die Leitung/Macht ~** pasar (*od* ceder) la dirección/el poder (**an** *acus* a) 4 HANDEL *Ware* suministrar, proveer; *(verkaufen)* vender; *e-n Wechsel* librar; **billig/günstig ~** vender barato 5 *mit subst*: **eine Erklärung ~** hacer una declaración; **eine Meinung über etw** *(acus)* **~** opinar de a/c, emitir una opinión sobre a/c, *kritisch*: juzgar a/c; **einen Schuss ~** disparar un tiro; **seine Stimme ~** depositar su voto, votar 6 TECH *Wärme, Dampf etc* irradiar, emitir, desprender; *Strom* suministrar; **abgegebene Leistung** potencia efectiva generada (*bzw* suministrada) 7 *umg (darstellen, sein)* parecer de, tener aspecto de; *Person* actuar de, hacer de; **er würde einen guten Ingenieur/Lehrer** *etc* **~** sería un buen ingeniero/profesor, *etc* B VI SPORT pasar C VR **sich ~ mit etw** ocuparse de a/c; **sich mit j-m ~** tratar a (*od* tener trato con) alg; **damit kann ich mich nicht ~** no puedo ocuparme de eso
'abgebrannt ADJ 1 destruido por el fuego, arrasado por un incendio 2 *umg fig (pleite)* **~ sein** estar sin blanca, *sl* estar a dos velas; **abgebrüht** ADJ *fig* escaldado; curtido
'abgedroschen ADJ *fig* trivial, insustancial; *Wort, Wendung* trillado, manido, socorrido; **~e Redewendung** cliché *m*; **Abgedroschenheit** F ⟨~⟩ banalidad *f*, trivialidad *f*
'abgefahren ADJ 1 *Reifen* desgastado 2 *umg fig* **(total) ~** *(beeindruckend) umg* alucinado; **abgefeimt** ADJ *sl pej* taimado, astuto; **~er Spitzbube** granuja *m*, pillastre *m*; **abgefuckt** ADJ [-fakt] *sl pej (heruntergekommen, in schlechtem Zustand)* jodido *sl*; **abgegriffen** ADJ gastado; sobado, manido; *Buch* manoseado; **abgehackt** ADJ *fig Stil, Sprechweise* entrecortado; **abgehangen** ADJ *Fleisch* manido; **abgehärmt** ADJ consumido; afligido; **abgehärtet** ADJ aguerrido; endurecido; curtido
'abgehen ⟨*irr*; sn⟩ A VI 1 *(abfahren)* salir, partir (*a.* BAHN, SCHIFF *etc*) (**nach** para); SCHIFF zarpar, hacerse a la mar 2 *(fortgehen)* irse, marcharse; THEAT **(von der Bühne) ~** hacer mutis (*a. fig*); *Straße etc* apartarse (**von** de); **vom (rechten) Wege ~** apartarse del (buen) camino (*a. fig*) 3 *von e-m Amt*: renunciar, dimitir; **von der Schule ~** dejar la escuela 4 *Briefe etc* salir; *Waren* venderse; **~ lassen** *Sendung* expedir, mandar, despachar 5 *(sich loslösen)* desprenderse, despegarse; *Farbe* irse; *Knopf* desco-

serse, soltarse 6 *fig* **von etw ~** *von e-m Thema, e-r Regel, der Wahrheit etc*: apartarse de a/c; *von e-m Vorhaben*: desistir de de a/c; **von einer Meinung ~** cambiar de opinión; **nicht von etw ~** persistir (*od* insistir) en a/c; **davon gehe ich nicht ab!** ¡nadie me hará cambiar de opinión!; ¡insisto en ello! 7 *(abgezogen werden) Betrag etc* deducirse, descontarse (**von** de); **vom Preis ~** rebajar el precio; **davon geht** *bzw* **gehen … ab** a deducir …, de ello hay que descontar …; **hiervon gehen 7% ab** se descuenta el 7% 8 *umg fig (fehlen)* **j-m ~** faltar a alg, hacer falta a alg; **was ihm abgeht, ist Mut** lo que le hace falta es valor; **ihm geht jeder Humor ab** no tiene ni una pizca de humor; **sich** *(dat)* **nichts ~ lassen** no privarse de nada, *umg* darse la gran vida; **ihm geht nichts ab** no carece de nada; **er geht mir sehr ab** le echo mucho de menos 9 MED ser expulsado 10 *(enden)* acabar; **gut** *od* **glatt ~** tener éxito, salir bien; **schlecht ~** salir mal, fracasar; **es ging nicht ohne Streit ab** no se consiguió sin disputas B VT *Strecke* recorrer, inspeccionar; *(überwachen)* patrullar, rondar

'abgehetzt ADJ ajetreado; *(erschöpft)* hecho polvo; *(atemlos)* desalentado; **abgekämpft** ADJ *fig* rendido, agotado

'abgekartet ADJ *umg* **~e Sache** golpe *m* tramado (*od* montado), trama *f*; **ein ~es Spiel** un juego amañado

'abgeklärt ADJ *fig* asentado, maduro; **abgelagert** ADJ *Wein* reposado; *(alt)* añejo, rancio; *Holz* curado; GEOL sedimentado

'abgelaufen ADJ *Frist, Haltbarkeitsdatum* expirado, vencido; **das ~e Jahr** el año pasado; WIRTSCH el ejercicio precedente; **im ~en Geschäftsjahr** en el ejercicio precedente; **~er Wechsel** letra *f* vencida; **die Frist ist ~** el plazo ha expirado; **der Pass ist ~** el pasaporte ha caducado; **noch nicht ~** todavía en vigor; VERS **noch nicht ~e Versicherungsdauer** años *mpl* de duración por transcurrir; años *mpl* restantes a cubrir

'abgelegen ADJ distante, apartado; lejano; perdido; *(abgeschieden)* solitario, retirado; **Abgelegenheit** F ⟨~⟩ lejanía *f*; apartamiento *m*, aislamiento *m*; **abgelöst** ADJ 1 *(losgelöst)* desatado, desprendido; *von fest Haftendem*: despegado, desligado; *Ast* desgajado 2 *(ausgelöst) Person* rescatado, redimido; *Pfand a.* desempeñado 3 *Schuld* amortizado, reembolsado; *Rente* capitalizado 4 *Wache* relevado; *(ersetzt)* relevado de su cargo, sustituido, reemplazado

'abgelten VT ⟨irr⟩ *Ausgaben* compensar, indemnizar; *Schuld* satisfacer, liquidar; **Abgeltung** F ⟨~; ~en⟩ compensación *f*, pago *m*; *(Abfindung)* arreglo *m*; *(Entschädigung)* indemnización *f*; **Abgeltungssteuer** F BRD WIRTSCH ≈ impuesto *m* de compensación

'abgemacht ADJ → abmachen

'abgemagert ADJ enjuto; escuálido; **~ sein** *a. umg* estar en los huesos

'abgemessen ADJ mesurado; *Rede* moderado, pausado; **Abgemessenheit** F ⟨~⟩ precisión *f*; mesura *f*; *e-r Rede*: moderación *f*

'abgeneigt ADJ poco inclinado, reacio; **j-m ~ sein** sentir antipatía hacia alg; **einer Sache (gegenüber) nicht ~ sein** no ser contrario a una cosa; **ich bin nicht ~ zu** *(inf)* no me opongo a, no tengo inconveniente en *(inf)*

'Abgeneigtheit F ⟨~⟩ → Abneigung

'abgenutzt ADJ usado, gastado; *Kleidung* raído, deslustrado

'Abgeordnete M/F ⟨~n; ~n; → A⟩ diputado *m*, -a *f*; *i. w. S* delegado *m*, -a *f*

'Abgeordnetenhaus N, **Abgeordnetenkammer** F POL Congreso *m*, Cámara *f* de (los) Diputados; *sp* Cortes *fpl*

'Abgeordneter M → Abgeordnete

'abgepackt ADJ *Ware* empaquetado, envasado

'abgerissen ADJ 1 *(zerrissen)* roto 2 *(zerlumpt)* andrajoso, desharrapado; *(schäbig)* desaliñado, astroso; *Person* desastrado 3 *fig Sprache* inconexo; *Gedanken, Rede* incoherente; **Abgerissenheit** F ⟨~⟩ 1 *(Zerlumptheit)* andrajosidad *f*; desaliño *m* 2 *fig der Rede etc* incoherencia *f*

'abgerundet A ADJ *Zahl, Geschmack* redondo; *Stil, Bildung* esmerado B ADV en números redondos, en cifras redondas

'Abgesandte M/F ⟨~n; ~n; → A⟩ enviado *m*, -a *f*; emisario *m*, -a *f*

'abgeschabt ADJ *Stoff* raído

'abgeschaltet ADJ ELEK desconectado, cortado, puesto fuera de circuito; *Maschine, Motor* parado; *Licht, Fernseher* apagado

'abgeschieden ADJ *geh (abgelegen)* aislado; *(einsam)* solitario, retirado; **Abgeschiedenheit** F ⟨~⟩ soledad *f*, retiro *m*; aislamiento *m*

'abgeschlafft ADJ *umg (erschöpft)* hecho polvo, fatigado; **abgeschlagen** ADJ 1 SPORT descolgado 2 *reg* → abgespannt

'abgeschliffen ADJ pulido; *fig Stil, Sprache a.* esmerado; refinado (*a. Benehmen*); **Abgeschliffenheit** F ⟨~⟩ pulidez *f*; finura *f*, distinción *f*

'abgeschlossen ADJ 1 *Tür etc* cerrado (con llave) 2 *(beendet)* concluido, completo (*a. Ausbildung*); *Arbeit a.* terminado; **sie hat eine ~e Berufsausbildung** tiene una formación completa 3 *fig (isoliert)* aislado, retirado, recluido; *Wohnung, Maschine* **(in sich** *dat*) **~** independiente 4 *(abgemacht)* concluso; → *a.* abschließen; **Abgeschlossenheit** F ⟨~⟩ 1 *(Abgeschiedenheit)* aislamiento *m*, reclusión *f* 2 *(Abrundung)* redondeado *m*, acabado *m*

'abgeschmackt ADJ *(von schlechtem Geschmack)* de mal gusto, vulgar, chabacano; *(albern)* absurdo, disparatado; **Abgeschmacktheit** F ⟨~⟩ vulgaridad *f*, mal gusto *m*, chabacanería *f*

'abgeschnitten A PPERF → abschneiden B ADJ aislado, separado; **völlig ~ von** (totalmente) aislado de

'abgesehen A PPERF → absehen B ADV **~ von** aparte de, a excepión de; salvo, amén de; **~ davon** aparte de eso; **(ganz) ~ davon, dass** prescindiendo (en absoluto) de que, sin tener en cuenta (para nada) que

'abgesondert ADJ separado (**von** de); *fig* → abgeschieden, abgeschlossen

'abgespannt ADJ *fig* cansado, rendido; **Abgespanntheit** F ⟨~⟩ cansancio *m*, fatiga *f*

'abgestanden ADJ desabrido, pasado; rancio, manido (*a. fig*); **abgestorben** ADJ → absterben

'abgestumpft ADJ 1 *Schneide* sin filo; *Spitze* romo; *Werkzeug* embotado 2 GEOM *Kegel* truncado 3 *fig Person (teilnahmslos)* apático, abúlico; *(gleichmütig)* indiferente, insensible (**gegen** a); *(verroht)* embrutecido; **Abgestumpftheit** F ⟨~⟩ *(Teilnahmslosigkeit)* apatía *f*; *(Gleichmut)* indiferencia *f*, insensibilidad *f*; *(Verrohung)* embrutecimiento *m*

'abgetakelt ADJ 1 SCHIFF → abtakeln 2 *fig Person* gastado, estropeado, ajado; **abgetan** → abtun; **abgeteilt** ADJ dividido; separado; **~er Raum** compartim(i)ento *m*; **abgetragen** ADJ *Kleider* usado, deslustrado; raído; (des)gastado; **abgetreten** ADJ *Absätze* desgastado; **abgewetzt** ADJ *Stoff, Leder* gastado, raído

'abgewinnen VT 1 **einer Sache** *(dat)* **etw** abgewinnen encontrar (*od* sacar) a una cosa a/c; **einer Sache** *(dat)* **Geschmack ~** tomar gusto a a/c 2 **j-m einen Vorsprung ~** tomar la delantera a alg, anticiparse a alg; **j-m einen Vorteil ~** tener ventaja sobre alg

'abgewirtschaftet ADJ arruinado, tronado

'abgewöhnen VT ⟨ohne ge-⟩ desacostumbrar; **j-m etw ~** quitar a alg la costumbre de a/c; **das werde ich dir bald ~** te lo quitaré pronto; **sich** *(dat)* **etw ~** perder el hábito de a/c; **sich** *(dat)* **das Rauchen ~** dejar (el hábito) de (*od* deshabituarse de) fumar

'abgezehrt ADJ demacrado, macilento, MED emaciado

'abgießen VT ⟨irr⟩ 1 verter, derramar; trasegar; CHEM decantar 2 *in Gips etc*: vaciar; TECH moldear

'Abglanz M ⟨~es⟩ reflejo *m* (*a. fig*), vislumbre *m*; destello *m*; **ein schwacher ~ von etw sein** ser un reflejo pálido de a/c

'abgleichen VT ⟨irr⟩ 1 *(angleichen)* igualar; ajustar (*a. Konten*), adaptar (*alle a.* TECH); *(ebnen)* nivelar, alisar 2 *(vergleichen)* comparar (**mit** con); *Texte a.* cotejar 3 *Messtechnik*: equilibrar; *Funk, Radar*: compensar; **Abgleichfehler** M TECH defecto *m* de equilibrio; **Abgleichkondensator** M condensador *m* (*Arg* capacitor *m*) de ajuste; **Abgleichung** F ⟨~; ~en⟩ igualación *f*; ajuste *m*; nivelación *f*; equilibrio *m*; compensación *f*

'abgleiten ⟨irr; sn⟩ *geh* 1 escurrir, resbalar, deslizar(se); AUTO patinar 2 *Waffe* desviarse 3 *fig* **alle Vorwürfe gleiten an ihm ab** es insensible a todo reproche

'abglitschen VI ⟨sn⟩ *umg* resbalar, deslizarse; **abglühen** VT *Metalle* caldear; poner al rojo vivo

'abgöttisch A ADJ idólatra, idolátrico B ADV con idolatría; **j-n ~ lieben** idolatrar a alg

'abgraben VT ⟨irr⟩ 1 *Erde etc* desmontar 2 *Wasserlauf* avenar; *fig* **j-m das Wasser ~** minar el terreno a alg

'abgrasen VT 1 *Wiese* pacer 2 *umg fig (absuchen)* **etw (nach etw/j-m) ~** recorrer a/c (buscando a/c/a alg)

'abgraten VT TECH desbarbar

'abgreifen VT ⟨irr⟩ 1 *(abnutzen)* ajar, manosear; → *a.* abgegriffen 2 *(abtasten)* palpar 3 *(abmessen)* **die Entfernung mit dem Zirkel ~** medir la distancia con el compás 4 *umg (mitnehmen, gratis bekommen)* llevarse, coger

'abgrenzen VT 1 *Gelände etc* deslindar, (de)limitar, demarcar; *(trennen)* separar (**gegen, von** de) 2 *fig* **(gegeneinander) ~** diferenciar; delimitar 3 *Begriffe* definir, precisar; **Abgrenzung** F ⟨~; ~en⟩ 1 deslinde *m*, (de)limitación *f*; demarcación *f* 2 *von Begriffen*: definición *f*

'Abgrund M ⟨~(e)s; -gründe⟩ abismo *m* (*a. fig*); *steiler*: precipicio *m*; *fig* **am Rande des ~s** al borde del precipicio; **abgrundhässlich** ADJ *umg* más feo que Picio

'abgründig ADJ abismático, insondable (*a. fig*); **abgrundtief** A ADJ → abgründig B ADV **~ böse** *od* **schlecht** más malo que el diablo; **~ hässlich** *umg* más feo que Picio

'abgucken VT *umg* **j-m etw ~** *bzw* **etw bei** *od* **von j-m ~** copiar a/c de alg

'Abguss M ⟨~es; -güsse⟩ 1 *(Gipsabguss) etc* vaciado *m* 2 CHEM decantación *f* 3 *reg* → Ausguss

'abhaben VT ⟨irr⟩ *umg* **etw ~ wollen** querer (*od* reclamar) su parte; **willst du etwas (davon) ~** ¿quieres un poco de esto?

'abhacken VT partir, cortar (a hachazos); *Worte* entrecortar; → *a.* abgehackt

'abhaken VT 1 *(loshaken)* desenganchar, descolgar 2 *in e-r Liste*: marcar, señalar; puntear 3 *fig* **etw ~** *(erledigen)* concluir a/c, liquidar a/c

'abhalftern VT 1 *Pferd* descabestrar 2 *Person (absetzen)* destituir; *(entlassen) umg* echar a la calle

'abhalten ⟨irr⟩ A V/T 1 (*fern halten*) mantener a distancia; (*abwehren*) rechazar; MIL *den Feind* detener; **etw/j-n von sich** (*dat*) **~** mantener a/c/a alg a distancia 2 *fig* (*hindern*) impedir; (*zurückhalten*) contener; (*abschrecken*) amedrentar; **j-n von etw ~** impedir a/c a alg; **lassen Sie sich nicht (davon) ~** no se moleste usted 3 *Prüfung, Versammlung, Gottesdienst* celebrar; *Lehrstunde, Kurs* dar, impartir; *Vorlesung* **abgehalten werden** tener lugar B V/I SCHIFF **~ auf** (*acus*) dirigirse a (*od* hacia); **vom Land ~** alejarse de la costa

'Abhaltung F ⟨~; ~en⟩ 1 (*Hinderung*) impedimento *m*, contratiempo *m* 2 *e-r Versammlung etc*: celebración *f*

'abhandeln V/T 1 **j-m etw ~** *durch Kauf*: comprar, adquirir a/c a alg; *durch Feilschen*: regatear 2 *Thema etc* tratar; *mündlich*: discutir, debatir; *vortragend*: disertar sobre, exponer

ab'handenkommen V/T ⟨irr; sn⟩ perderse, extraviarse; **mir ist meine Uhr abhandengekommen** se me ha perdido el reloj

'Abhandlung F ⟨~; ~en⟩ tratado *m*; ensayo *m*; *wissenschaftliche a.*: trabajo *m*; estudio *m*

'Abhang M ⟨~(e)s; ⸚e⟩ cuesta *f*, declive *m*, pendiente *f*; *steiler*: precipicio *m*, despeñadero *m*; *e-s Hügels*: ladera *f*; *e-s Gebirges*: vertiente *f*, falda *f*

'abhängen[1] V/T 1 *Auto-Anhänger etc* desenganchar 2 *umg fig Verfolger* dar esquinazo, despistar; *Konkurrenten* descolgar, dejar atrás (*a.* SPORT)

'abhängen[2] V/I ⟨irr⟩ 1 **~ von** depender de; *von e-r Zustimmung, Vorschrift a.*: estar sometido (*od* sujeto) a; **es hängt von dir ab** de ti depende, tú dirás; **das hängt ganz davon ab** depende 2 *Fleisch* manir 3 *sl Jugendspr* (*herumhängen*) vaguear, holgazanear; **vor der Glotze ~** quedarse prendido (*od* pegado) al televisor

'abhängig ADJ 1 **~ von** dependiente de; *von e-r Zustimmung, Vorschrift a.*: sujeto (*od* sometido) a; **von j-m/etw ~ sein** depender de alg/a/c; **etw ~ machen von** supeditar a/c a; **voneinander ~** interdependientes 2 MED *von Drogen, Tabletten etc*: adicto (**von** a) 3 GRAM **~er Satz** proposición *f* (*od* oración *f*) subordinada

'Abhängigkeit F ⟨~; ~en⟩ 1 *allg* dependencia *f*; **gegenseitige ~** interdependencia *f* 2 *von Drogen etc*: adicción *f* 3 GRAM subordinación *f*; **Abhängigkeitsverhältnis** N relación *f* de dependencia

'abhärmen V/R **sich ~** angustiarse, afligirse; consumirse de pena; → *a.* abgehärmt

'abhärten A V/T endurecer; curtir; aguerrir B V/R **sich ~** endurecerse, curtirse (**gegen** frente a, contra); → *a.* abgehärtet; **Abhärtung** F ⟨~⟩ endurecimiento *m*; curtimiento *m*

'abhaspeln V/T 1 *Seil etc* hilar, devanar 2 *umg fig Text* recitar de carrerilla

'abhauen ⟨irr⟩ A V/T cortar; *Baum a.* talar, tronchar B V/I *umg* largarse, esfumarse; (*fliehen*) *umg* poner pies en polvorosa; **hau ab!** *umg* ¡lárgate!; ¡fuera de aquí!

'abhäuten V/T desollar, despellejar

'abheben ⟨irr⟩ A V/T 1 (*hochnehmen*) levantar; (*wegnehmen*) quitar (de encima); **den Deckel von etw ~** destapar a/c; TEL **den Hörer ~** descolgar el teléfono 2 FIN **Geld ~** retirar *od* sacar dinero 3 *Karten* cortar B V/I 1 FLUG despegar 2 TEL coger (el teléfono) 3 *beim Kartenspiel*: cortar 4 *umg im Rausch etc umg* estar colocado; **hebst du jetzt völlig ab?** ¿es que estás delirando? C V/R **sich ~ gegen** *od* **von** contrastar con; *gegen e-n Hintergrund*: destacarse de, recortarse sobre

'Abheben N ⟨~s⟩ FLUG despegue *m*; **Abhebung** F ⟨~; ~en⟩ *v. Geld*: retirada *f*

'abheften V/T archivar; **abheilen** V/I ⟨sn⟩ *Wunde* cicatrizar(se), cerrarse

'abhelfen V/I ⟨irr⟩ 1 **einer Sache** (*dat*) **~** remediar a/c, poner remedio a a/c; *e-m Fehler* corregir a/c; *e-m Mangel* suplir a/c, subvenir a/c; *e-r Schwierigkeit* vencer a/c, allanar a/c 2 **dem ist nicht abzuhelfen** no tiene arreglo (*od* remedio)

'abhetzen A V/T rendir, cansar; *Pferd* reventar B V/R **sich ~** ajetrearse, afanarse; *umg* echar los bofes

'Abhilfe F ⟨~⟩ remedio *m*; ayuda *f*, auxilio *m*; **~ schaffen** *od* **leisten** poner remedio

'abhobeln V/T (a)cepillar, desbastar; *Parkett* acuchillar; *fig* pulir

'abholbereit ADJ **die Ware ist ~** la mercancía está lista para ser recogida (*od* retirada)

'abhold ADJ *geh* **einer Sache (nicht) ~ sein** (no) estar opuesto a a/c

'Abholdienst M servicio *m* de recogida

'abholen V/T recoger, retirar; ir (*bzw* venir) a buscar; **j-n von der Bahn ~** recoger a alg en la estación; **~ lassen** enviar por (*od umg* a por), mandar buscar

'Abholer M ⟨~s; ~⟩, **Abholerin** F ⟨~; ~nen⟩ persona *f* que recoge; **Abholmarkt** M almacén *m* autoservicio; **Abholung** F ⟨~; ~en⟩ recogida *f*, retirada *f*

'abholzen V/T *Wald* desmontar, talar, de(s)forestar; **Abholzung** F ⟨~; ~en⟩ tala *f*, desmonte *m*, de(s)forestación *f*, corte *m*; **zur ~ geeignet** maderable

'Abhöranlage F instalación *f* para escuchas

'abhorchen V/T 1 MED auscultar 2 *heimlich*: escuchar (disimuladamente); → *a.* abhören

'Abhördienst M servicio *m* de escucha

'abhören V/T 1 TEL *Nachricht, Anrufbeantworter etc* escuchar 2 (*abfragen*) preguntar, pasar; **j-m die Vokabeln ~** tomar la lección a alg 3 *Spionage etc*: *Person* espiar; *Funkspruch, Telefongespräch* interceptar 4 MED (*abhorchen*) auscultar

'Abhören N 1 escucha *f* (*a. v. Nachrichten, Telefongesprächen*) 2 *Spionage etc*: interceptación *f*; **Abhörgerät** N dispositivo *m* (*od* aparato *m*) de escucha; *Spionage*: micrófono *m* oculto, micro-espía *m*; **abhörsicher** ADJ a prueba de escuchas, antiescucha; **Abhörstation** F *Spionage*: estación *f* interceptora

'abhülsen V/T desvainar, mondar

'Abi N ⟨~s; ~s⟩ *umg* → Abitur

'abirren V/I ⟨sn⟩ *geh* extraviarse, descarriarse (*beide a. fig*), perderse; *fig Gedanken, Rede* divagar; **Abirrung** F ⟨~; ~en⟩ extravío *m*; *fig* divagación *f*; OPT aberración *f*

Abi'tur N ⟨~s; ~e⟩ (exámenes *mpl* finales de) bachillerato *m*; **das ~ machen** ≈ aprobar el bachillerato; **sie hat ~** tiene el título de bachiller

Abituri'ent M ⟨~en; ~en⟩, **Abiturientin** F ⟨~; ~nen⟩ *vor, während der Prüfung*: candidato *m*, -a *f* a bachiller; *nach bestandener Prüfung*: bachiller *m/f*

Abi'turklasse F ≈ último curso *m* del instituto; **Abiturprüfung** F exámenes *mpl* finales de bachillerato; **Abiturzeugnis** N título *m* de bachiller

'abjagen A V/T 1 *Pferd* rendir, reventar 2 **j-m etw ~** arrebatar, hacer soltar a/c a alg B V/R **sich ~** → abhetzen B

Abk. ABK (Abkürzung) abreviatura *f*

'abkacken V/I ⟨sn *od* h⟩ *sl* 1 (*völlig versagen*) *vulg* joderse; *Person vulg* cagarla; **das Auto ist abgekackt** se ha jodido el coche 2 (*seine Notdurft verrichten*) *sl* cagar 3 (*sterben*) *sl* palmarla; *umg* diñarla; *umg* estirar la pata

'abkämmen V/T limpiar, quitar con peine; *Wolle* cardar; **abkanten** V/T TECH achaflanar; biselar; descantillar; *Bleche* plegar, rebordear;

abkanzeln V/T *umg* **j-n ~** sermonear a alg, echar un sermón (*od umg* una bronca) a alg; poner a alg de vuelta y media; **abkapseln** V/R **sich ~** 1 MED encapsularse, enquistarse 2 *Person* aislarse; **abkassieren** ⟨*ohne* ge-⟩ A V/I cobrar; *umg fig* hacer su agosto (**bei** en) B V/T **j-n ~** (*bei j-m kassieren*) cobrar a alg

'abkauen V/T masticar, mascar; **sich** (*dat*) **die Fingernägel ~** morderse las uñas

'abkaufen V/T 1 comprar (**j-m etw** a/c a alg) 2 *umg fig* (*glauben*) **das kaufe ich dir nicht ab!** ¡eso no me lo trago!; ¡cuéntaselo a tu abuela!

'Abkehr F ⟨~⟩ alejamiento *m*; (*Verzicht*) abandono *m* (**von** de), renuncia *f* (**von** a)

'abkehren A V/T 1 *reg* → abfegen 2 **den Blick ~** apartar la mirada (**von** de) B V/R **sich ~** apartarse, distanciarse (**von** de); *fig* **sich von j-m ~** volver la espalda a alg

'abketten V/T TEX desencadenar

'abklappern V/T recorrer, *umg* patear; *Straße etc* ir de casa en casa; **die Geschäfte ~** *a.* ir de tienda en tienda; **die ganze Stadt (nach etw) ~** recorrer (*od* patear) toda la ciudad (buscando a/c)

'abklären V/T 1 clarificar; CHEM decantar 2 *fig* (*aufklären*) aclarar; → *a.* abgeklärt; **Abklärung** F ⟨~⟩ CHEM clarificación *f*, decantación *f*

'Abklatsch M ⟨~es; ~e⟩ calco *m*, copia *f*; **schwacher ~** pálido retrato *m*

'abklatschen V/T 1 *beim Tanz*: *indicarle a un bailador que se quiere ocupar su lugar (con una palmada en el hombro)* 2 SPORT *Torwart* **den Ball ~** rechazar la pelota 3 THEAT **eine Szene ~** parar *od* interrumpir una escena con aplausos

'abklemmen V/T 1 MED estrangular 2 ELEK desconectar

'abklingen V/I ⟨irr; sn⟩ 1 *Ton* extinguirse, apagarse 2 (*weniger werden*) decrecer; *fig* ir disminuyendo; atenuarse 3 MED *Fieber etc* ceder, declinar

'abklopfen A V/T 1 golpear; *Staub* sacudir; TECH *Guss* martillar; *Kesselstein* picar 2 MED percutir 3 *umg fig Argumente etc* examinar (**auf** *acus* buscando); **etw auf seinen Wahrheitsgehalt/seine Erfolgsaussichten ~** analizar el contenido de verdad/las perspectivas de éxito de a/c B V/I MUS *Dirigent* parar (la orquesta)

'abknabbern V/T mordiscar, mordisquear; *Knochen* roer; **abknallen** V/T *sl* **j-n ~** *sl* cargarse a alg; **abknappen, abknapsen** V/T escatimar, tacañear; *umg* **sich** (*dat*) **etw ~** quitarse a/c de la boca; **abkneifen** V/T ⟨irr⟩ arrancar con pinzas; **abknicken** A V/T doblar; (*abbrechen*) romper doblando; *Zweige* desgajar; *Schlauch* retorcer B V/I (*knicken*) doblarse; (*abbrechen*) romperse doblando

'abknöpfen V/T 1 desabrochar, desabotonar 2 *umg* **j-m etw ~** sacar a/c a alg; **j-m Geld ~** *umg* hacer aflojar la mosca a alg, *umg* dar un sablazo a alg

'abknutschen *umg* A V/T sobar, besuquear B V/R **sich ~** besuquearse

'abkochen V/T cocer; hervir; CHEM hacer una decocción

'abkommandieren V/T ⟨*ohne* ge-⟩ MIL destacar; *Offizier* enviar en comisión de servicio; **Abkommandierung** F ⟨~; ~en⟩ comisión *f* de servicio, destacamento *m*

'Abkomme M ⟨~n; ~n⟩ *geh* descendiente *m*; JUR **ohne leibliche ~n sterben** morir sin descendencia

'abkommen V/I ⟨irr; sn⟩ 1 **vom Weg ~** perderse, extraviarse; AUTO **von der Fahrbahn ~** salirse de la carretera; despistarse; **vom Kurs ~** perder el rumbo; desviarse 2 *fig* **~ von** *von* *e-r Gewohnheit, Idee etc*: abandonar, renunciar a; **von seiner Meinung ~** cambiar de opinión; **vom Thema ~** perderse, irse por las ramas; **davon bin ich abgekommen** ya he renunciado a eso; **von diesem Brauch ist man jetzt abgekommen** esta práctica ya se ha abandonado **3** *(loskommen)* FLUG despegar; SPORT arrancar; *Schießen*: apuntar

'Abkommen N ⟨~s; ~⟩ **1** *(Übereinkunft)* acuerdo *m*; convenio *m*; pacto *m*; HANDEL *mit Gläubigern*: transacción *f*; POL **Schengener ~** Acuerdo *m* de Schengen; **ein ~ treffen** llegar a un acuerdo **2** *Schießen*: puntería *f*

'Abkommenschaft F ⟨~⟩ *geh obs* descendencia *f*, posteridad *f*

'abkömmlich ADJ disponible, libre; **sie ist (nicht) ~** está disponible (ocupada); **Abkömmling** M ⟨~s; ~e⟩ *geh* descendiente *m*

'abkönnen VT ⟨irr⟩ *umg* **etw nicht ~** no poder soportar (*od* no tragar) a/c

'abkoppeln VT desenganchar; *Raumfahrt*: desacoplar

'abkratzen **A** VT raspar, raer **B** VI ⟨sn⟩ *sl (sterben) umg* diñarla, estirar la pata; *sl* palmarla

'abkriegen VT *umg* → abbekommen

'abkühlen **A** VT refrescar, enfriar; *künstlich*: refrigerar **B** VI enfriarse **C** VR **sich ~** refrescar(se) *(a. Wetter)*; *fig Beziehungen, Gefühle* enfriarse, entibiarse; **Abkühlung** F ⟨~⟩ enfriamiento *m (a. Wetter u. fig)*; *künstliche*: refrigeración *f*

'Abkunft F ⟨~; -künfte⟩ *geh* **1** *(Herkunft)* origen *m*, descendencia *f*; **polnischer ~** de origen polaco **2** *(Familie)* estirpe *m*, linaje *m*; **von guter ~** de buena familia, de rancio abolengo; **von edler** *od* **hoher ~** de noble alcurnia *od* linaje; **von niedriger ~** de baja extracción; de humilde cuna

'abkuppeln VT TECH desacoplar

'abkürzen VT acortar *(a. Weg)*; *Inhalt* resumir, extractar; *Verhandlungen, Wort, Besuch* abreviar; **abgekürzte Fassung** edición *f* compendiada; JUR **abgekürztes Verfahren** procedimiento *m* sumario

'Abkürzung F ⟨~; ~en⟩ **1** *(Verkürzung)* acortamiento *m*, abreviación *f* **2** *Weg*: atajo *m* **3** TYPO abreviatura *f*; sigla *f*

'Abkürzungsliste F, **Abkürzungsverzeichnis** N lista *f* de abreviaturas; **Abkürzungsweg** M atajo *m*; **Abkürzungszeichen** N sigla *f*

'abküssen VT **j-n ~** besuquear a alg

'Abladegebühr F derechos *mpl* de descarga

'abladen VT ⟨irr⟩ **1** *Waren* descargar; *Müll, Schutt* verter **2** *fig* **seinen Ärger bei j-m ~** descargar su enfado con alg

'Abladen N ⟨~s⟩ descarga *f*, descargue *m*; *v. Müll etc*: vertido *m*; **Abladeplatz** M descargadero *m*; SCHIFF puerto *m* de descarga; *(Müllabladeplatz)* vertedero *m*

'Ablader M ⟨~s; ~⟩ descargador *m*; HANDEL cargador *m*

'Ablage F ⟨~; ~n⟩ **1** depósito *m*; *(Ablagebord, Ablagebrett)* bandeja *f*; *hum* **in ~ P(apierkorb)** en la papelera **2** *im Büro* clasificación *f*; *v. Akten*: archivo *m*; **~ machen** archivar; **Ablagebord** N bandeja *f*; **Ablagebox** F AUTO bandeja *f* portaobjetos; **Ablagebrett** N bandeja *f*; **Ablagefach** N casilla *f*; **Ablagekorb** M, **Ablagekörbchen** N cesta *f* de correspondencia

'ablagern **A** VT depositar; *(lagern)* almacenar; *Holz, Tabak* curar; *Bier* clarificar **B** VI posarse, depositarse; *Wein* reposarse, añejarse **C** VR **sich ~** *Kalk etc* posarse, depositarse (**auf**, **in** *dat* en)

'Ablagerung F ⟨~; ~en⟩ **1** GEOL, CHEM sedimentación *f*; *(Abgelagertes)* sedimento *m*, depósito *m* **2** HANDEL *(Lagerung)* almacenamiento *m*; **Ablagesystem** N sistema *m* de clasificación

'ablängen VT TECH tronzar; **Ablängsäge** F tronzador *m*

'Ablass M ⟨~es; ~̈e⟩ **1** TECH salida *f*, desagüe *m*; escape *m* **2** HANDEL reducción *f* **3** HIST KATH indulgencia *f*; **Ablassbrief** M HIST KATH bula *f* de indulgencia; **Ablassdruck** M ⟨~(e)s; -drücke⟩ TECH presión *f* de escape

'ablassen ⟨irr⟩ **A** VT **1** *Wasser, Dampf, Luft* dar salida a, dejar escapar; *Teich* desaguar, vaciar; *Reifen* desinflar; **die Luft aus etw ~** dejar escapar el aire de a/c, desinflar a/c **2** HANDEL **etw (vom Preis) ~** rebajar a/c (de precio) **B** VI *(aufhören)* cesar, parar; **von etw ~** desistir de a/c, renunciar a a/c, abandonar a/c; **von j-m ~** desistir de alg; **nicht von etw ~** insistir en a/c, persistir en a/c

'Ablasshahn M TECH grifo *m* (*od* llave *f*) de escape (*bzw* descarga); **Ablasshandel** M KATH, HIST tráfico *m* de indulgencias; **Ablassventil** N TECH válvula *f* de escape

'Ablativ M ⟨~s; ~e⟩ GRAM ablativo *m*

'Ablauf M ⟨~(e)s; -läufe⟩ **1** *(Abfluss)* desagüe *m*; descarga *f*; *Vorrichtung*: tubería *f* de desagüe; alcantarilla *f*, desaguadero *m* **2** *e-s Schiffes*: botadura *f* **3** *e-r Frist*: expiración *f*, vencimiento *m*; *e-s Vertrages*: terminación *f*; *e-s Passes*: caducidad *f*; HANDEL *e-s Wechsels*: vencimiento *m*; **bei ~ der Frist** al vencimiento del plazo; a la expiración del plazo; **nach ~ der Frist** transcurrido el plazo señalado; **nach ~ von drei Tagen** al cabo (*od* después) de tres días; **vor ~ der Woche** antes de finalizar esta semana **4** *(Verlauf)* transcurso *m*; desarrollo *m*; **es gab Probleme im ~** hubo problemas en el desarrollo

'Ablaufbahn F SCHIFF rampa *f* de deslizamiento; FLUG pista *f* de despegue; **Ablaufberg** M BAHN albardilla *f*; **Ablaufdatum** M fecha *f* de expiración (*od* de vencimiento); **Ablaufdiagramm** N diagrama *m* de flujos, flujograma *m*

'ablaufen ⟨irr⟩ **A** VI **1** *Wasser* escurrirse, salir **2** *Zeit* transcurrir, pasar; *Handlung* desarrollarse; **gut/schlecht ~** salir bien/mal, tener éxito/acabar mal **3** *fig (enden) Frist, Vertrag etc* expirar, vencer, terminar; *Pass* caducar; HANDEL *Wechsel* vencer; *Uhr* pararse; *fig* **deine Zeit ist abgelaufen** *umg* te llegó la hora **B** VT **1** *Sohlen* (des)gastar; *umg fig* **sich** *(dat)* **die Beine** (*od umg* **Hacken**) **~ nach** hacer lo imposible por lograr a/c, desvivirse por a/c **2** *Gegend* recorrer; *Geschäfte, Straßen a.* patear **3** *fig* **j-m den Rang ~** superar a alg

'Ablauffrist F término *m*, fecha *f* límite; **Ablaufplanung** F planificación *f od* esquema *m* de operaciones; **Ablaufschema** N → Ablaufdiagramm; **Ablauftermin** M fecha *f* de expiración (*bzw* de vencimiento)

'ablaugen VT *Holz, Möbel* quitar la pintura con lejía

'Ablaut M LING apofonía *f*

'ableben VI *geh* morir, fallecer

'Ableben N ⟨~s⟩ *geh* fallecimiento *m*; defunción *f*, óbito *m*

'ablecken VT lamer; chupar; **sich** *(dat)* **die Finger ~** chuparse los dedos

'Ablegekorb M *Büro*: bandeja *f*; **Ablegemappe** F carpeta *f* (para correspondencia)

'ablegen **A** VT **1** *Last, Tasche etc* deponer, depositar; *Kleider* quitarse; *alte Kleider* desechar; *Karten* descartarse; **abgelegte Kleider** ropa *f* usada **2** *Akten, Briefe* clasificar; archivar **3** *Fehler* corregir; *Gewohnheit* quitarse, enmendarse **4** *Eid* prestar; *Gelöbnis etc* pronunciar; *Geständnis* hacer; **eine Prüfung ~** examinarse, pasar (*od* someterse a) un examen; *erfolgreich*: aprobar un examen **5** **Rechenschaft ~** rendir cuentas (**über** *acus* de) **B** VI **1** SCHIFF alejarse de la orilla, zarpar **2** *Kleidung*: **bitte, legen Sie ab!** ¡por favor, quítese el abrigo!

'Ablegen N ⟨~s⟩ → Ablegung; **Ableger** M ⟨~s; ~⟩ BOT, AGR acodo *m*; vástago *m (a. fig)*; **Ablegung** F ⟨~⟩ deposición *f*; *e-s Eids*: prestación *f*

'ablehnen **A** VT **1** *(zurückweisen)* rechazar *(a. POL Antrag)*; rehusar; *Gesuch, Antrag* desestimar, denegar; **einen Auftrag ~** rechazar un pedido; **die Zahlung ~** negarse a pagar, denegar el pago **2** *Ehre, Einladung, Verantwortung* declinar **3** *(ungünstig beurteilen)* desaprobar, censurar; reprobar, condenar **4** JUR *Geschworene, Zeugen etc* recusar; *Zeugen a.* tachar **B** VI declinar; **dankend ~** declinar agradecidamente

'ablehnend **A** ADJ negativo, desfavorable **B** ADV **sich ~ verhalten** negarse, adoptar una actitud negativa (**gegenüber** contra)

'Ablehnung F ⟨~; ~en⟩ **1** *(Zurückweisung)* rechazo *m*; negativa *f*; JUR recusación *f*; repudiación *f*; *von Zeugen a.*: tacha *f*; POL **Antrag auf ~ einer Vorlage stellen** presentar una moción desaprobatoria **2** *(ungünstige Beurteilung)* desestimación *f*, denegación *f* **3** HANDEL no aceptación *f*; **Ablehnungsbescheid** M notificación *f* negativa; noticia *f* de denegación

'ableiern VT → herunterleiern

'ableisten VT **den Militärdienst ~** cumplir *od* hacer el servicio militar

'ableitbar ADJ derivable; PHIL deducible

'ableiten VT desviar *(a. Fluss)*; *Ursprung, Herkunft* remontar a; ELEK *Strom*, LING, MATH derivar *(a. fig)*; *Formel* desarrollar; *(folgern)* deducir (**aus** de), inferir; **seine Herkunft ~ von** remontar su origen a

'ableitend ADJ derivativo

'Ableiter M ⟨~s; ~⟩ ELEK conductor *m*; **Ableitung** F ⟨~; ~en⟩ **1** *Fluss*: desviación *f*; *Wasser*: desagüe *m* **2** ELEK, MATH, LING derivación *f*; MATH *(das Abgeleitete)* derivada *f* **3** *(Folgerung)* deducción *f*, conclusión *f*

'Ableitungsrinne F atarjea *f*; desaguadero *m*; **Ableitungssilbe** F LING sílaba *f* derivativa

'ablenken **A** VT **1** apartar, desviar; *Strahlen* desviar; *Licht* difractar; *Magnetnadel* declinar **2** *Aufmerksamkeit, Gedanken* distraer, *umg* despistar; *(unterhalten)* divertir; **j-n ~** *(zerstreuen)* distraer a alg; **j-s Aufmerksamkeit ~** distraer la atención de alg; **den Verdacht von sich ~** desviar las sospechas que recaen sobre uno **B** VI **(vom Thema) ~** irse (del tema) **C** VR **sich ~** *(sich zerstreuen)* distraerse, disiparse

'Ablenkung F ⟨~; ~en⟩ **1** TECH desvío *m*; PHYS deflexión *f*; *von Licht*: difracción *f* **2** *(Zerstreuung)* distracción *f*, diversión *f*

'Ablenkungsangriff M MIL ataque *m* diversivo; **Ablenkungsmanöver** N MIL, *fig* maniobra *f* de diversión; **Ablenkungsmesser** M PHYS deflectómetro *m*, declinómetro *m*

'Ablesefehler M TECH error *m* de lectura; **Ablesegerät** N instrumento *m* de lectura directa

'ablesen VT ⟨irr⟩ **1** *Text* leer **2** *Instrument* leer, efectuar la lectura de; **Strom/Gas ~** hacer la lectura del contador de la electricidad/del gas **3** *fig (feststellen, erkennen)* leer, notar (**an** *dat* en); **j-m etw vom Gesicht ~** leer (*od* notar) a/c a alg en la (expresión de la) cara; **er liest mir jeden Wunsch von den Augen ab** se adelanta a mis deseos **4** *Früchte* cosechar, (re)coger; *Raupen* quitar

'Ablesestrich M trazo *m* divisorio; **Ablesung** F ⟨~⟩ lectura *f*

'ableuchten VT **etw ~** controlar a/c a la luz de una linterna, *etc*

'ableugnen VT (de)negar; desmentir; *Glauben* renegar; **Ableugnung** F ⟨~⟩ (de)negación *f*; mentís *m*

'ablichten VT 1 → fotografieren 2 → fotokopieren

'abliefern VT entregar, dar; **Ablieferung** F ⟨~; ~en⟩ entrega *f*; HANDEL **bei** *od* **nach ~** a la entrega

'Ablieferungsort M lugar *m od* punto *m* de entrega; **Ablieferungsschein** M talón *m* de entrega; **Ablieferungssoll** N cuota *f* de entrega obligatoria; **Ablieferungstag** M, **Ablieferungstermin** M fecha *f* de entrega

'abliegen VI ⟨irr; sn⟩ *(abgelegen sein)* distar mucho, estar lejos (**von** de)

'ablisten VT **j-m etw ~** sonsacar a/c a alg; quitar a/c a alg con astucia; conseguir *od* obtener a/c de alg con astucia (*od* maña)

'ablocken VT **j-m etw ~** *mit List*: → ablisten, *mit Schmeichelei*: → abschmeicheln

'ablösbar ADJ 1 separable 2 HANDEL *Anleihe* amortizable; *Schuld* reembolsable; *Rente* capitalizable; JUR redimible

'ablöschen VT TECH *(abkühlen)* enfriar; *Kalk* apagar; *Stahl* templar

'Ablöse F ⟨~; ~n⟩ *bei Wohnungsübernahme*, SPORT traspaso *m*

'ablösen A VT 1 *(loslösen)* desatar, desligar; desprender; despegar 2 *fig Person* sustituir, re(e)mplazar, tomar el relevo de; MIL *Wache, Einheit* relevar 3 *Schuld* reembolsar; rescatar 4 *Wohnung* traspasar; *Anleihe* amortizar, redimir B VR **sich ~** 1 *(sich loslösen)* desprenderse; *schuppig*: descamarse 2 *(sich abwechseln)* turnarse, alternarse (**bei** en); → *a.* abgelöst

'Ablösesumme F traspaso *m*

'Ablösung F ⟨~; ~en⟩ 1 *(Loslösen)* desprendimiento *m*, separación *f* 2 *e-r Person*: relevo *m* (*a.* MIL); *im Amt*: sustitución *f* 3 *e-r Schuld*: re(e)mbolso *m*; *e-r Anleihe*: amortización *f*, redención *f* 4 *(Ablösesumme) Wohnung etc*: traspaso *m* 5 *(Arbeitsschicht)* turno *m*

'Ablösungsanleihe F HANDEL empréstito *m* de amortización; **Ablösungsmannschaft** F (equipo *m* de) relevo *m*

'ablöten VT TECH desoldar

'abluchsen VT *umg* → ablocken

'Abluft F TECH aire *m* de escape (od evacuado); **Abluftanlage** F depuradora *f* del aire de salida

ABM F ABK (Arbeitsbeschaffungsmaßnahme) ≈ plan *m* de empleo

'abmachen VT 1 *(entfernen)* deshacer; quitar; *(ablösen)* desprender, desatar 2 *fig (vereinbaren)* concertar, convenir; *Preis* concretar, fijar; *im Vertrag*: estipular; **abgemacht!** ¡de acuerdo!, ¡trato hecho!

'Abmachung F ⟨~; ~en⟩ acuerdo *m*, arreglo *m*; *(Klausel)* estipulación *f*; **eine ~ treffen** concertar un arreglo, llegar a un acuerdo

'abmagern VI adelgazar, enflaquecer; → *a.* abgemagert; **Abmagerung** F ⟨~⟩ adelgazamiento *m*, enflaquecimiento *m*; **Abmagerungskur** F cura *f* de adelgazamiento

'abmähen VT segar, cortar; *mit der Sense*: guadañar

'Abmahnung F ⟨~; ~en⟩ WIRTSCH, VERW amonestación *f*; **j-m eine ~ erteilen** amonestar a alg; cursar a alg una amonestación

'abmalen VT pintar; retratar; *(kopieren)* copiar

'Abmarsch M ⟨~(e)s; -märsche⟩ partida *f*, salida *f*, marcha *f*; **abmarschbereit** ADJ preparado (*od* dispuesto) para la marcha (*od* para salir); **abmarschieren** VI ⟨ohne ge-; sn⟩ ponerse en marcha (*od* en camino)

'abmeißeln VT escoplear, quitar con el escoplo

'abmelden A VT anular la inscripción; dar de baja (*a.* AUTO); *umg fig* **bei mir ist er abgemeldet** ya no tengo nada que ver con él; él para mí ya no existe B VR **sich ~** darse de baja; **Abmeldung** F ⟨~; ~en⟩ baja *f*; anulación *f* de la inscripción

'abmessen VT ⟨irr⟩ 1 medir, tomar las medidas; calibrar; *Hohlgefäß* cubicar; *fließende Wassermenge* aforar 2 *fig* ponderar; **seine Worte ~** medir sus palabras 3 → *a.* abgemessen; **Abmessung** F ⟨~; ~en⟩ 1 *(Abmessen)* medición *f* 2 *(Maß)* dimensión *f*, medida *f*; proporción *f*; **~en** *fpl* medidas *fpl*

'abmildern VT mitigar, aliviar; **abmindern** VT → mindern; **abmontieren** VT ⟨ohne ge-⟩ desarmar, desmontar; *Werksanlage* desmantelar; **abmühen** VR **sich ~** afanarse, esforzarse; ajetrearse; *umg* bregar; **sich mit etw ~** esforzarse por a/c; **abmurksen** VT *sl* **j-n ~** despachar (*od* liquidar) a alg; *sl* cargarse a alg; **abmustern** SCHIFF, MIL A VT licenciar B VI licenciarse; **abnabeln** A VT MED *Baby* cortar el cordón umbilical de B VR *fig* **sich ~** independizarse; **abnagen** VT roer, mordiscar

'abnähen VT TEX dobladillar; **Abnäher** M ⟨~s; ~⟩ TEX pinza *f*

'Abnahme F ⟨~⟩ 1 *(Verminderung)* disminución *f*; *v. Wachstum*: decrecimiento *m*; *(Abfallen)* caída *f* (*a.* ELEK); *der Kräfte*: debilitamiento *m*; *der Tage*: acortamiento *m* 2 HANDEL *e-r Lieferung*: recogida *f*; *(Kauf)* compra *f*, adquisición *f*; HANDEL **bei ~ von** tomando una partida de 3 *(Annahme)* aceptación *f*; *der Bilanz*: aprobación *f*; TECH recepción *f* 4 MED amputación *f*, ablación *f*

'Abnahmeprüfung F TECH examen *m* de recepción, inspección *f* para aceptación; **Abnahmeverpflichtung** F HANDEL compromiso *m* de aceptación; **Abnahmeverweigerung** F negativa *f* de aceptación; **Abnahmevorschrift** F norma *f* de verificación

'abnehmbar ADJ desmontable; de quita y pon; amovible

'abnehmen ⟨irr⟩ A VT 1 *(entfernen)* quitar; *Hut, Bart* quitar(se); *Vorhänge* descolgar; MED *Glied* amputar; ELEK *Strom* tomar; TEL **den Hörer ~** coger (*od* descolgar) el teléfono; **den Deckel von etw ~** destapar a/c 2 **j-m etw ~** *(wegnehmen)* quitar a/c a alg, sustraer a/c a alg; *e-e Mühe* librar (*od* descargar) a alg de a/c; **j-m den Ausweis ~** retirar a alg el carnet; **j-m Blut ~** sacar sangre a alg; **j-m einen Eid ~** tomar un juramento a alg; **j-m Geld ~** cobrar dinero a alg 3 HANDEL *Ware* comprar, adquirir 4 *(prüfen)* verificar; inspeccionar; *Rechnung a.* comprobar; TECH **ein Gerät** *etc* **~** aprobar un aparato; **eine Prüfung ~** examinar (j-m a alg) 5 TEX *Maschen* menguar 6 *umg fig (glauben)* **das nimmt dir, ihr** *etc* **keiner ab** eso no hay quien se lo crea B VI 1 *(sich verringern)* disminuir; *Preis* bajar; *Wachstum* decrecer; *(schwinden)* mermarse; *fig Macht etc* declinar; *Kräfte* decaer 2 *an Gewicht*: perder peso; adelgazar 3 *Mond* menguar (*a. fig*); *Sturm, Wind* amainar; *Tage* acortarse 4 TEL contestar, coger (*od* descolgar) el teléfono

'abnehmend ADJ decreciente; *Mond* menguante

'Abnehmer M ⟨~s; ~⟩, **Abnehmerin** F ⟨~; ~nen⟩ HANDEL comprador *m*, -a *f*; cliente *m/f*; **keine ~** *pl* **finden** no encontrar comprador (**für** para); **Abnehmerkreis** M clientela *f*; **Abnehmerland** N ⟨~(e)s; ¨~er⟩ país *m* comprador

'Abneigung F ⟨~; ~en⟩ *(Widerwillen)* animadversión *f*, repulsión *f*; rechazo *m*; *(Abscheu)* aversión *f*, repugnancia *f*; *gegen Personen*: antipatía *f*, desafecto *m*; JUR **gegenseitige ~** mutuo disenso *m*, incompatibilidad *f* de caracteres; **eine ~ fassen gegen** tomar aversión a; **eine ~ haben gegen** tener aversión a

'abnicken VT *umg pej* aceptar asintiendo con la cabeza; *fig* aceptar sin preguntas; **abnippeln** VI *umg (sterben) umg* diñarla, *umg* estirar la pata

ab'norm ADJ anormal, anómalo

Abnormi'tät F ⟨~; ~en⟩ anormalidad *f*, anomalía *f*; *(Scheußlichkeit)* monstruosidad *f*

'abnötigen VT *geh* **j-m etw ~** arrancar (*od* extorsionar) a/c a alg; **j-m Achtung** *od* **Respekt ~** imponer a alg; infundir respeto a alg; **sie hat mir Bewunderung abgenötigt** no he podido menos de admirarla

'abnutzen, abnützen A VT (des)gastar; usar; deteriorar B VR **sich ~** (des)gastarse

'Abnutzung, Abnützung F ⟨~⟩ desgaste *m* (*a.* MIL); *(Abrieb)* abrasión *f*

'Abnutzungsbeständigkeit F TECH resistencia *f* al desgaste; **Abnutzungserscheinung** F señal *f* de desgaste; **Abnutzungskrieg** M MIL guerra *f* de desgaste; **Abnutzungsprüfung** F TECH verificación *f* (*od* prueba *f*) de desgaste

'Abo N ⟨~s; ~s⟩ ABK → Abonnement

Abonne'ment [abɔnə'mɑ̃:] N ⟨~s; ~s⟩ suscripción *f*; THEAT abono *m*; **~ für Jugendliche/Rentner** abono *m* joven/para jubilados (*od* para la tercera edad)

Abonne'mentpreis M *e-r Zeitung* precio *m* de suscripción; **Abonnementvorstellung** F THEAT función *f* de abono

Abon'nent M ⟨~en; ~en⟩, **Abonnentin** F ⟨~; ~nen⟩ *e-r Zeitung*: suscriptor *m*, -a *f*; THEAT abonado *m*, -a *f*

abon'nieren VT & VI ⟨ohne ge-⟩ suscribir(se) a, abonar(se) a; **eine Zeitung abonniert haben** estar suscrito a un periódico

'abordnen VT diputar, delegar, comisionar; **Abordnung** F ⟨~; ~en⟩ delegación *f*, diputación *f* (*a. Personengruppe*)

A'bort M ⟨~(e)s; ~e⟩ 1 *obs (Toilette)* retrete *m*, excusado *m*; *öffentlich*: urinario *m*; lavabos *mpl*; MIL letrina *f* 2 MED aborto *m*

'abpacken VT descargar; *(abfüllen)* empaquetar, envasar

'abpassen VT *Person, Gelegenheit* esperar, aguardar; *(belauern)* acechar, espiar; **den richtigen Zeitpunkt ~** esperar el momento adecuado

'abpausen VT calcar; **abpellen** VT pelar

'abpfeifen VT ⟨irr⟩ SPORT parar (*bzw* interrumpir) el juego; *bei Spielende*: dar la pitada final, pitar el final; **Abpfiff** M SPORT pitada *f* (*od* pitido *m*) final

'abpflücken VT (re)coger; **abplacken, abplagen** VR **sich ~** bregar (**mit** con), *umg* matarse trabajando; **abplatten** VT allanar, aplanar; **abplatzen** VI saltar, desprenderse

'abprägen VR **sich ~** dejar señal; **es hat sich auf seinem Gesicht abgeprägt** le ha quedado impreso en el rostro

'Abprall M ⟨~(e)s; ~e⟩ rebote *m*

'abprallen VI *Ball, Kugel* rebotar, resaltar; *fig* **an j-m ~** resbalar a alg, ser indiferente a alg; *fig* **es prallte von ihm ab** permaneció inmutable, *umg* se quedó tan fresco

'Abpraller M ⟨~s; ~⟩ SPORT rebotado *m*

'abpressen VT 1 **j-m etw ~** arrancar (*od* extorsionar) a/c a alg 2 **sich** *(dat)* **ein Lächeln ~** forzar una sonrisa

'abpumpen VT extraer con la bomba

'abputzen VT 1 *(säubern)* limpiar; *(wegwischen)*

quitar; **sich** *(dat)* **die Schuhe ~** limpiarse los zapatos **2** ARCH enlucir, revocar

'**abquälen** VR **sich (mit etw) ~** bregar, luchar (con a/c); esforzarse (por a/c); *seelisch*: atormentarse (por a/c)

'**abqualifizieren** VT ‹*ohne* ge-› descalificar

'**abquetschen** VT aplastar; magullar

'**abrackern** VR *umg* **sich ~** matarse a trabajar; *umg* desriñonarse

'**Abraham** EIGENN M Abrahán *m*, Abraham *m*; *fig* **in ~s Schoß sitzen** estar en el seno de Abraham

'**abrahmen** VT *Milch* desnatar, descremar

Abraka'dabra N ‹~s› abracadabra *m*

'**abrasieren** VT ‹*ohne* ge-› afeitar, rapar

'**abraspeln** VT raspar

'**abraten** VI ‹*irr*› **j-m von etw ~** disuadir a alg de a/c, desaconsejar a/c a alg; **ich rate Ihnen davon ab** no se lo aconsejo

'**Abraum** M ‹~(e)s› BERGB escombros *mpl* cascote *m*

'**abräumen** VT quitar; despejar, desembarazar; *Schutt* desescombrar; **den Tisch ~** quitar (*od* levantar) la mesa

'**Abraumhalde** F BERGB escombrera *f*

'**abreagieren** VT ‹*ohne* ge-› **A** VT *Ärger etc* desfogar; descargar (**an** *dat* en, contra) **B** VR **sich ~** desahogarse; *(sich beruhigen)* aplacarse, serenarse

'**Abreaktion** F PSYCH abreacción *f*; descarga *f*

'**abrechnen** **A** VT **1** liquidar **2** *(abziehen)* deducir; descontar; **abgerechnet** menos, deducido, aparte de **B** VI **1** echar la cuenta, *umg* hacer números; ajustar (*od* arreglar) cuentas **2** *fig* **mit j-m ~** ajustar las cuentas con alg

'**Abrechnung** F ‹~; ~en› **1** *(Abrechnen)* liquidación *f*, cálculo *m*; **halbjährliche/monatliche ~** liquidación *f* semestral/mensual; **laut ~** según liquidación **2** *bes fig* ajuste *m* (*od* arreglo *m*) de cuentas **3** *(Abzug)* descuento *m*, deducción *f*; **nach ~ von** deducción hecha de **4** *(Rechnung)* cuenta *f*, (nota *f* de) liquidación *f*; **auf ~** a cuenta

'**Abrechnungsart** F modo *m* de liquidación; **Abrechnungsstelle** F cámara *f* de compensación; **Abrechnungstag** M fecha *f* de liquidación (*od* de compensación); **Abrechnungsverkehr** M operaciones *fpl* de compensación, clearing *m*; **Abrechnungszeitraum** M período *m* de liquidación (*od* de compensación)

'**Abrede** F ‹~› **1** *(Vereinbarung)* acuerdo *m*, convenio *m* **2** VERW **in ~ stellen** negar, desmentir, poner en tela de juicio

'**abreden** VI → abraten

'**abregen** VR *umg* **sich ~** calmarse

'**abreiben** VT ‹*irr*› frotar, restregar, *bes* MED friccionar; *(polieren)* pulir; TECH raer, raspar, desgastar (por fricción); *Zitronenschale etc* rallar; **Abreibung** F ‹~; ~en› **1** frotamiento *m*, friega *f*, fricción *f*; TECH abrasión *f* **2** *umg (Prügel)* paliza *f*, tunda *f*

'**Abreise** F ‹~; ~n› salida *f*, partida *f*, marcha *f* (**nach** para); **bei meiner ~** al partir, al emprender el viaje; **Abreisedatum** N fecha *f* de salida

'**abreisen** VI salir (de viaje), partir, marchar; ausentarse

'**Abreisetag** M fecha *f* de salida

'**Abreißblock** M taco *m*

'**abreißen** ‹*irr*› **A** VT **1** arrancar **2** *Gebäude*: demoler, derribar; desmantelar **3** *(zerreißen)* desgarrar, romper **B** VI **1** romperse, quebrarse **2** *fig (plötzlich aufhören)* cesar de repente, interrumpirse; **das reißt nicht ab** esto no acaba nunca; → *a.* abgerissen

'**Abreißkalender** M (calendario *m* de) taco *m*

'**abreiten** ‹*irr*› **A** VI marcharse (*od* salir) a caballo (**nach** para) **B** VT **1** *Pferd* cansar, fatigar **2** *Strecke* recorrer (a caballo)

'**abrichten** VT **1** *Tier* amaestrar, adiestrar; domar **2** TECH ajustar, rectificar, nivelar; **Abrichter** M ‹~s; ~›, **Abrichterin** F ‹~; ~nen› domador *m*, -a *f*, amaestrador *m*, -a *f*; **Abrichtung** F ‹~› **1** *e-s Tiers*: doma *f*; amaestramiento *m*; adiestramiento *m* **2** TECH ajuste *m*

'**Abrieb** M ‹~(e)s› TECH abrasión *f*, desgaste *m*

'**abriegeln** VT *Tür* echar el cerrojo a; *Straße* barrear; *durch Polizei*: acordonar; MIL bloquear; **Abriegelung** F ‹~; ~en› acordonamiento *m*

'**abrinden** VT *Baum* descortezar

'**abringen** VT ‹*irr*› *j-m, dem Meer etc* **etw ~** arrancar a/c a; **sich** *(dat)* **etw ~** arrancarse a/c; **sich** *(dat)* **ein Lächeln ~** forzar una sonrisa

'**Abriss** M ‹~es; ~e› **1** *v. Gebäuden*: demolición *f*, derribo *m* **2** *(Skizze)* bosquejo *m*, boceto *m*, croquis *m* **3** *fig (kurze Darstellung)* resumen *m*, sumario *m*; *(Übersicht)* compendio *m*, sinopsis *f*; LIT epítome *m*

'**abrollen** **A** VT **1** *Seil etc* desarrollar, desenrollar **2** *(wegrollen)* rodar; HANDEL *Waren* acarrear **B** VI ‹sn› *fig Ereignis* desarrollarse (**vor** *dat* ante) **C** VR **sich ~** *beim Turnen, im Fallen etc*: hacer una voltereta

'**abrücken** **A** VT apartar, retirar (**von** de) **B** VI ‹sn› **1** *bes* MIL marcharse **2** *fig* **von j-m/etw ~** apartarse, retirarse, distanciarse de alg/de a/c

'**Abruf** M ‹~(e)s› **1** HANDEL petición *f* de entrega; **auf ~** a demanda **2** *(Abberufung)* llamada *f*; **sich auf ~ bereithalten** mantenerse a disposición

'**abrufbar** ADJ IT *Daten* accesible; *(verfügbar)* disponible; **abrufbereit** ADJ listo, disponible

'**abrufen** VT ‹*irr*; *ohne* ge-› **1** *j-n* llamar **2** HANDEL *Waren* retirar **3** IT *Daten* pedir

'**abrunden** VT **1** *Summe* redondear (*a. fig*); hacer números redondos; (**nach unten**) **abrunden** redondear hacia abajo **2** TECH redondear; *fachspr* achaflanar **3** *(vervollständigen)* completar; → *a.* abgerundet; **Abrundung** F ‹~; ~en› redondeado *m*

'**abrupfen** VT arrancar

ab'rupt ADJ abrupto; **Abruptheit** F ‹~› manera *f* abrupta

'**abrüsten** VI MIL desarmar; **Abrüstung** F ‹~› desarme *m*; **Abrüstungskonferenz** F POL conferencia *f* de desarme

'**abrutschen** VI ‹sn› resbalar, deslizarse; AUTO *a.* patinar; FLUG resbalar sobre el ala

Abs. ABK **1** *(Absatz)* párrafo *m* **2** *(Absender)* rte. (remitente)

ABS N ABK (Antiblockiersystem) AUTO sistema *m* antibloqueo de frenos

'**absäbeln** VT *umg* cortar torpemente

'**absacken** VI **1** *Boden* hundirse (*a.* SCHIFF); *Mauer, Flugzeug* desplomarse; *Flugzeug a.* caer en un bache **2** *fig Person* hundirse, dar un bajón

'**Absage** F ‹~; ~n› **1** *e-r Veranstaltung, e-s Treffens*: anulación *f*; cancelación *f*; *e-s Streiks etc*: desconvocatoria *f* **2** *(Ablehnung)* negativa *f*; *fig* **j-m/einer Sache eine ~ erteilen** dar a alg/a/c una negativa **3** HANDEL contraorden *f*

'**absagen** **A** VT **1** *Einladung* declinar, rehusar; *Besuch, Treffen* cancelar, anular; *Vorstellung, Veranstaltung etc* suspender; *Streik etc* desconvocar **2** HANDEL dar contraorden **B** VI **1** excusarse; declinar (*od* rehusar) la invitación; **j-m ~** anular una cita con alg; disculparse con alg; **j-m ~ lassen** desconvidar a alg **2** *geh (entsagen)* renunciar

'**absägen** VT **1** (a)serrar **2** *umg fig* **j-n ~** eliminar (*od* echar) a alg; *von e-m Amt*: separar del cargo a alg; **absahnen** **A** VI *umg fig* forrarse; **kräftig ~** hacer su agosto (**bei con**) **B** VT *Milch* desnatar; **absatteln** VT *Pferd* desensillar; *Esel* desalbardar

'**Absatz** M ‹~es; ⸚e› **1** *am Schuh*: tacón *m* **2** *(Treppenabsatz)* descansillo *m*; *(Felsabsatz)* saliente *m* **3** HANDEL venta *f*; salida *f*; *(Vertrieb)* distribución *f*; **den ~ fördern/steigern** promocionar/aumentar la venta; **reißenden ~ finden** tener muy buena salida, venderse bien **4** TYPO aparte *m*; *(Abschnitt)* párrafo *m* (*a.* JUR); *im Diktat*: punto *m* y aparte

'**Absatzbelebung** F HANDEL incremento *m* de la venta; **Absatzchancen** FPL HANDEL perspectivas *fpl* de venta; **Absatzerwartung** F estimación *f* de ventas

'**absatzfähig** ADJ **1** HANDEL *Ware* vendible **2** *von der Steuer*: deducible

'**Absatzflaute** F estancamiento *m* en las ventas; **Absatzförderung** F HANDEL promoción *f* de ventas; **Absatzformat** N IT *Textverarbeitung*: atributo *m* de párrafo; **Absatzgebiet** N HANDEL zona *f* de venta; mercado *m*; **Absatzkrise** F HANDEL crisis *f* de venta; **Absatzlenkung** F HANDEL control *m* de las ventas; **Absatzmarkt** M HANDEL mercado *m* (de salida *od* de consumo); **neue Absatzmärkte erschließen** conquistar (*od* abrirse) nuevos mercados; **Absatzmöglichkeit** F HANDEL posibilidad *f* de venta (*od* de salida); **Absatzorganisation** F HANDEL organización *f* de ventas; comercialización *f*; **Absatzplan** M plan *m* de ventas; **Absatzplanung** F HANDEL marketing *m*; **Absatzrückgang** M HANDEL descenso *m* de la venta; **Absatzsteigerung** F HANDEL incremento *m* (*od* aumento *m*) de ventas; **Absatzstockung** F HANDEL estancamiento *m* del mercado; **Absatzvolumen** N HANDEL volumen *m* de ventas

'**absatzweise** ADV intermitente; párrafo por párrafo; TECH escalonadamente

'**Absatzzahlen** FPL HANDEL cifras *fpl* de ventas (*od* de distribución)

'**absaufen** VI ‹*irr*; sn› SCHIFF hundirse, irse a pique; *umg u. Motor* ahogarse

'**absaugen** VT **1** *(saugen)* chupar; succionar (*a.* MED); *bes Luft*: aspirar **2** *(säubern)* vaciar por aspiración; *Teppich* limpiar (con aspirador); **Absaugen** N ‹~s›, **Absaugung** F ‹~› succión *f* (*a.* MED); *bes v. Luft*: aspiración *f*

'**abschaben** VT raer, raspar, rascar; *(abnützen)* (des)gastar; → *a.* abgeschabt; **Abschaber** M ‹~s; ~› rascador *m*, raspador *m*; **Abschabsel** N ‹~s; ~› raspadura *f*, raedura *f*

'**abschaffen** VT abolir, suprimir; *Gesetz* derogar, abrogar; *Missbrauch* acabar con, suprimir; *Sache* deshacerse de; **Abschaffung** F ‹~› abolición *f*, supresión *f*; *e-s Gesetzes*: derogación *f*, abrogación *f*

'**abschälen** VT → schälen

'**Abschaltautomatik** F desactivación *f* automática del sistema

'**abschalten** **A** VT **1** *Licht, Radio etc* apagar; *Strom* desconectar, apagar, cortar; *Maschine, Motor etc* parar **2** *umg fig* **sein Gehirn ~** desconectar el cerebro **B** VI *umg fig* desconectar; *(nicht mehr aufpassen) a.* dejar de concentrarse; *(sich entspannen) a.* relajarse

'**Abschaltung** F ‹~; ~en› apagado *m*; ELEK desconexión *f*, corte *m*

'**abschätzbar** ADJ **1** apreciable **2** → absehbar

'**abschätzen** VT **1** *(schätzen)* apreciar; *Wert*

calcular, estimar 2 (*bewerten*) evaluar, valorar (*a. Situation*), tasar; **abschätzend** A ADJ *Blick*: evaluador B ADV **j-n ~ betrachten** mirar a alg de arriba abajo; **abschätzig** ADJ despectivo; **Abschätzung** F ⟨~; ~en⟩ apreciación *f*, estimación *f*; (*Bewertung*) evaluación *f*, valoración *f*; tasación *f*

'abschauen VT *bes südd, österr, schweiz* **etw bei** *od* **von j-m ~** copiar a/c de alg

'Abschaum M ⟨~(e)s⟩ *fig pej* escoria *f*; **der ~ der Menschheit** la hez (*od* escoria) de la humanidad; **der ~ der Gesellschaft** la escoria social

'abschäumen VT TECH espumar, quitar la espuma

'abscheiden ⟨*irr*⟩ A VT TECH separar, apartar; CHEM precipitar; METALL refinar; PHYSIOL segregar B VI *geh* morir, fallecer

'Abscheiden N ⟨~s⟩ *geh* fallecimiento *m*, óbito *m*; **Abscheider** M ⟨~s; ~⟩ TECH separador *m*, colector *m*; **Abscheidung** F ⟨~; ~en⟩ separacion *f*; CHEM precipitación *f*; PHYSIOL secreción *f*

'abscheren VT ⟨*irr*⟩ 1 *Schafe* esquilar 2 *Haare, Bart* cortar; *sehr kurz*: rapar

'Abscheu M ⟨~(e)s⟩ horror *m*, repulsión *f*, asco *m* (**vor** de); repugnancia *f* (**vor** a); **~ erregen** causar repugnancia; **(eine) ~ haben vor** (*dat*) tener (*od* sentir) repugnancia (*od* aversión) a

'abscheuern A VT 1 (*säubern*) fregar 2 (*entfernen*) quitar (restregando) 3 (*abnutzen*) gastar 4 *Haut* levantar, rozar B VR **sich ~** 1 (*abnutzen*) (des)gastarse 2 *Haut* levantarse, rozarse

ab'scheulich ADJ 1 horrible, abominable; (*widerlich*) detestable; execrable; *Verbrechen* atroz 2 *umg fig* (*böse, frech*) odioso; antipático; *Kind* malo; **Abscheulichkeit** F ⟨~; ~en⟩ horror *m*, abominación *f*; (*Bosheit*) odiosidad *f*; (*Untat*) atrocidad *f*

'abschicken VT enviar, mandar; HANDEL expedir, despachar

'abschieben ⟨*irr*⟩ A VT 1 *von e-r Wand*: apartar, empujar 2 **j-n ~** POL, JUR (*ausweisen*) expulsar a alg; *umg fig* (*loswerden*) deshacerse de alg 3 *Schuld* achacar (**auf** *acus* a); *Verantwortung* cargar (**auf** *acus* a) B VI *umg* (*weggehen*) largarse, esfumarse; **Abschiebung** F ⟨~; ~en⟩ POL, JUR expulsión *f*

'Abschied M ⟨~(e)s⟩ 1 (*Abreise*) despedida *f*, adiós *m*; **~ nehmen von** despedirse de, decir adiós a 2 (*Entlassung*) despido *m*; dimisión *f*; MIL retiro *m*; **j-m den ~ geben** despedir a alg; MIL licenciar a alg; dar de baja a alg; *strafweise*: separar del servicio a alg; **seinen ~ einreichen** presentar su dimisión; MIL pedir el retiro; **seinen ~ nehmen** dimitir; MIL retirarse

'Abschiedsansprache F discurso *m* de despedida; **Abschiedsauftritt** M THEAT función *f* de despedida; **Abschiedsbrief** M carta *f* de despedida; **Abschiedsfest** N fiesta *f* de despedida; **Abschiedsgesuch** N dimisión *f*; MIL petición *f* de retiro; **Abschiedsparty** → Abschiedsfest; **Abschiedsschmerz** M ⟨~es⟩ dolor *m* de la despedida; **Abschiedstrunk** M copa *f* del estribo; **Abschiedsvorstellung** F función *f* de despedida; **Abschiedsworte** NPL palabras *fpl* de despedida

'abschießen VT ⟨*irr*⟩ 1 *Waffe* disparar, descargar; *Rakete, Torpedo* lanzar 2 (*töten*) matar a tiros (*od* a balazos); *Flugzeug* derribar; *Panzer* destruir, inutilizar 3 *umg fig* **j-n ~** (*absetzen*) despachar a alg; **den Vogel ~** *umg* llevarse la palma

'abschilfern VI *reg* exfoliarse, descamarse; **abschinden** ⟨*irr*⟩ VR *umg* **sich ~** → abrackern

'Abschirmdienst M MIL servicio *m* de contraespionaje

'abschirmen A VT proteger; MIL cubrir; ELEK, RADIO blindar, apantallar B VR **sich ~ (von** *od* **gegen)** protegerse (de); **Abschirmung** F ⟨~; ~en⟩ protección *f*; ELEK, RADIO blindaje *m*, apantallamiento *m*

'abschirren VT *Pferd etc* desaparejar, desenjaezar; **abschlachten** VT degollar (*a. fig*); sacrificar; **abschlaffen** VI ⟨sn⟩ *umg* aflojarse; (*müde werden*) cansarse; → *a.* abgeschlafft

'Abschlag M 1 HANDEL (*Preisabschlag*) rebaja *f*, reducción *f*; descuento *m*; **mit einem ~ von** con un descuento de; **mit ~ verkaufen** vender a precios reducidos 2 → Abschlagszahlung; **auf ~** a cuenta; a plazos 3 SPORT *Fußball*: saque *m* de puerta; *Golf*: comienzo *m* 4 *Baum*: tala *f*

'abschlagen VT ⟨*irr*⟩ 1 (*abhacken*) cortar; *Baum* cortar, talar; *Spitze a.* romper; **j-m den Kopf ~** decapitar a alg 2 *Angriff* rechazar, repeler; *Stoß* parar 3 *fig* (*ablehnen*) rehusar, (de)negar; *Bitte* rechazar; **j-m nichts ~ können** (*nicht Nein sagen können*) no poder negar nada a alg 4 SPORT *Ball* sacar 5 *vom Preis*: hacer un descuento 6 *reg* (*abbauen*) *Lager* levantar 7 TECH desarmar, desmontar

'abschlägig VERW A ADJ negativo; **~e Antwort** (respuesta *f*) negativa *f* B ADV **~ bescheiden** *Gesuch* responder negativamente a, denegar

'Abschlagsdividende F HANDEL dividendo *m* a cuenta; **Abschlagszahlung** F (*Anzahlung*) pago *m* a cuenta; señal *f*; (*Vorauszahlung*) adelanto *m*; (*erste Rate*) entrada *f*; (*Teilzahlung*) pago *m* parcial

'abschlämmen VT *Erze* decantar, lavar

'abschleifen ⟨*irr*⟩ A VT TECH rebajar (*a. Zahn*); alisar; *Edelsteine* tallar; *Kristall* biselar; *Parkett* acuchillar; *Messer* vaciar, afilar; *fig* pulir, afinar B VR **sich ~** desbastarse; *fig* suavizarse

'Abschleppdienst M servicio *m* de remolque (*bzw* de grúa)

'abschleppen A VT 1 *Auto etc* remolcar, llevar a remolque 2 *umg fig* **j-n ~** arrastrar a alg B VR **sich ~ mit** cargar con; ir cargado de

'Abschleppkran M AUTO grúa-remolque *f*; **Abschleppseil** N AUTO cuerda *f* (*od* cable *m*) para remolcar (*od* de remolque); **Abschleppwagen** M grúa *f*, coche-grúa *m*

'abschleudern VT lanzar, proyectar; FLUG lanzar con catapulta, catapultar; **abschließbar** ADJ *que puede ser cerrado con llave*

'abschließen ⟨*irr*⟩ A VT 1 *Tür etc* cerrar con llave 2 (*isolieren*) TECH cerrar herméticamente; *fig* aislar (**von** de) 3 (*vollenden*) terminar, acabar, rematar; *Brief, Rede* concluir, cerrar; *Kongress, Tagung* clausurar 4 *Verkauf* realizar; *Versicherung, Wette* hacer, cerrar; *Vertrag* concluir, firmar; *Anleihe* negociar, contratar; **einen Handel ~** concertar (*od* concluir) un negocio; cerrar un trato; **einen Vergleich ~** llegar a una transacción (*od* a un arreglo) 5 HANDEL *Konten, Rechnungen* saldar; finiquitar; **die Bücher ~** cerrar los libros, hacer balance 6 (*begrenzen*) limitar B VI 1 (*enden*) acabar (**mit** con); terminar; **mit etw ~** *in e-r Rede*: terminar diciendo 2 HANDEL **mit j-m ~** llegar a un acuerdo con alg 3 *fig* **mit dem Leben abgeschlossen haben** haberse resignado a morir; *fig* haber perdido toda esperanza C VR **sich ~** cerrarse, aislarse, recluirse (**von** de)

'abschließend A ADJ concluyente; definitivo, final B ADV finalmente, por último, en conclusión; **~ sagte er** concluyó diciendo

'Abschluss M ⟨~es; -schlüsse⟩ 1 (*Beendigung*) terminación *f*, conclusión *f*; (*Ende*) término *m*, fin *m*; *e-r Tagung*: clausura *f*; **zum ~** para concluir; **zum ~ von** *a.* como colofón a 2 *e-s Vertrages*: conclusión *f*; *e-s Geschäfts, Verkaufs*: realización *f*; (*Geschäft*) transacción *f*; operación *f*; (*Verkauf*) venta *f*; **einen ~ tätigen** concertar una operación; cerrar un trato; **vor dem ~ stehen** estar a punto de concluirse; **zum ~ bringen** llevar a término, concluir, rematar, ultimar 3 (*Kontoabschluss*) balance *m* final; (*Rechnungsabschluss*) cierre *m*; finiquito *m*, liquidación *f* 4 *bes* UNIV título *m*, diploma *m*

'Abschlussbilanz F HANDEL balance *m* final; **Abschlussklasse** F clase *f* terminal; **Abschlusskommuniqué** N, **Abschlusskommunikee** N comunicado *m* final; **Abschlussprüfung** F examen *m* final; **Abschlusszeugnis** N certificado *m* de fin de estudios; diploma *m*

'abschmecken VT probar, (de)gustar; (*würzen*) condimentar, sazonar; **mit Salz ~** probar (*od* corregir) de sal

'abschmeicheln VT **j-m etw ~** obtener con adulación (*od* halago) a/c de alg

'abschmelzen ⟨*irr*⟩ A VT separar por fusión; METALL fundir B VI empezar a fundirse; *Gletscher* derretirse; TECH, ELEK fundirse

'abschmieren A VT TECH lubri(fi)car, engrasar B VI (*abrutschen*) resbalar, deslizarse; FLUG deslizar de ala

'Abschmieren N 1 TECH engrase *m*, lubri(fi)cación *f* 2 FLUG deslizamiento *m*; **Abschmiergrube** F foso *m* (*od* pozo *m*) de engrase

'abschminken A VT 1 (*die Schminke entfernen von*) desmaquillar 2 *umg fig* (*verzichten*) **das kannst du dir ~!** ¡ya te puedes ir olvidando de eso! B VR **sich ~** desmaquillarse

'abschmirgeln VT esmerilar, lijar; *Lack etc* (*entfernen*) quitar con esmeril

Abschn. ABK (Abschnitt) párrafo *m*

'abschnallen A VT 1 AUTO *Sicherheitsgurt* desabrochar 2 *Degen etc* desceñir B VR **sich ~** AUTO desabrocharse

'abschneiden ⟨*irr*⟩ A VT 1 cortar (*a. fig*); TECH (re)cortar; **den Weg ~** (*abkürzen*) tomar un atajo 2 MIL *Rückzug etc* copar, aislar; *von der Außenwelt*: incomunicar; **j-m den Weg ~** cerrar el paso a alg 3 *fig* **j-m das Wort ~** cortar la palabra (*od* interrumpir) a alg B VI **gut ~** salir bien (*od* airoso), lucirse; **schlecht ~** salir mal (*od* malparado)

'abschnellen A VT lanzar, soltar B VI soltarse, desbandarse

'Abschnitt M ⟨~(e)s; ~e⟩ 1 (*Teil*) sección *f*, corte *m*, trozo *m*; MATH segmento *m*; *e-s Gebiets*: sector *m*; *e-s Buchs, Textes*: pasaje *m*, párrafo *m* 2 (*Zeitabschnitt*) lapso *m*; período *m*; *e-r Entwicklung*: fase *f* 3 *e-r Reise*: etapa *f*; (*Strecke*) tramo *m* 4 (*Kontrollabschnitt*) talón *m*; resguardo *m*; (*Kupon*) cupón *m*

'abschnitt(s)weise ADV por secciones; por párrafos

'abschnüren VT 1 ligar (*a.* MED) 2 **j-m die Luft ~** estrangular a alg 3 *fig* (*blockieren*) aislar, separar

'abschöpfen VT quitar; *Schaum* espumar; HANDEL *Gewinne* beneficiarse; **überschüssige Kaufkraft ~** absorber el excesivo poder adquisitivo

'abschotten A VT *bes* WIRTSCH *Märkte* cerrar, proteger, aislar B VR **sich ~** aislarse

'abschrägen VT sesgar; TECH biselar, achaflanar; **Abschrägung** F ⟨~; ~en⟩ bisel *m*, chaflán *m*

'abschraubbar ADJ destornillable; **abschrauben** VT destornillar; desenroscar

'abschrecken VT 1 intimidar, escarmentar; desalentar; POL disuadir; **das schreckt mich nicht ab** eso no me asusta; **sich durch nichts**

~ lassen ir contra viento y marea 2 GASTR *Eier etc* pasar por agua fría 3 METALL enfriar bruscamente

'abschreckend A ADJ espantoso, horroroso; *fig* ejemplar; disuasorio; **~es Beispiel** *bzw* **~e Strafe** escarmiento *m* B ADV **~ wirken** servir de escarmiento

'Abschreckung F ⟨~; ~en⟩ intimidación *f*; POL disuasión *f*; **zur ~ dienen** servir como disuasorio

'Abschreckungsmethode F método *m* de disuasión; **Abschreckungsmittel** N medio *m* disuasorio *od* intimidatorio; escarmiento *m*; **Abschreckungsstreitkräfte** FPL MIL fuerzas *fpl* de disuasión; **Abschreckungswaffe** F arma *f* de disuasión

'abschreiben ⟨*irr*⟩ A VT 1 copiar; (*übertragen*) transcribir; *betrügerisch*: plagiar 2 WIRTSCH amortizar; (*streichen*) anular, cancelar; (*abziehen*) descontar 3 *fig* **j-n/etw ~** ya no contar con alg/a/c B VI SCHULE **(von j-m) ~** copiar (a *od* de alg)

'Abschreiber M, **Abschreiberin** F copista *m/f*; *betrügerisch*: plagiario *m*, -a *f*

'Abschreibung F ⟨~; ~en⟩ WIRTSCH amortización *f*; **lineare/degressive ~** amortización *f* constante/decreciente *od* acelerada; **steuerlich zulässige ~en** amortizaciones *fpl* fiscales (*del inmovilizado*)

'Abschreibungsbetrag M WIRTSCH cuota *f* de amortización; **Abschreibungsfonds** M, **Abschreibungsrücklage** F WIRTSCH fondo *m* de amortización

'abschreiten VT ⟨*irr*⟩ medir a pasos; MIL **die Front ~** pasar revista a las tropas

'Abschrift F ⟨~; ~en⟩ copia *f*, transcripción *f*; (*Doppel*) duplicado *m*, doble *m*; **beglaubigte ~** copia *f* legalizada (*od* certificada); **eine ~ anfertigen** sacar una copia

'abschriftlich A ADJ copiado B ADV en (*od* por) copia; **abschrubben** VT fregar; restregar; **abschuften** VR **sich ~** → abrackern; **abschuppen** A VT *Fisch* escamar B VR **sich ~** descamarse (*a. Haut*)

'abschürfen VT raspar, raer; MED **sich** (*dat*) **die Haut ~** excoriarse la piel; **Abschürfung** F ⟨~; ~en⟩ MED excoriación *f*, erosión *f*

'Abschuss M ⟨~es; ~̈e⟩ 1 *e-r Waffe*: disparo *m*, descarga *f*; *e-r Rakete, e-s Torpedos*: lanzamiento *m* 2 *v. Wild*: caza *f* 3 *e-s Flugzeugs* derribo *m*; *e-s Panzers*: destrucción *f*; **Abschussbasis** F base *f* de lanzamiento

'abschüssig ADJ escarpado, en declive; (*steil*) despeñadizo, *Küste* acantilado; **Abschüssigkeit** F ⟨~⟩ declive *m*, escarpa *f*

'Abschussliste F *umg fig* **j-n auf die ~ setzen** poner a alg en la lista negra; **auf der ~ stehen** estar en la lista negra; **Abschussrampe** F plataforma *f* de lanzamiento

'abschütteln VT sacudir (*a. fig*); **j-n ~** sacudirse (*od* quitarse de encima) a alg; **abschütten** VT *Wasser etc* verter, derramar; echar; *Gefäß* vaciar

'abschwächen A VT 1 (*schwächen*) debilitar 2 (*abmildern*) mitigar, paliar; suavizar; *Sturz, Stoß* amortiguar; *Farben* atenuar; FOTO rebajar 3 *fig Kritik* suavizar; quitar importancia (*od* hierro) a B VR **sich ~** debilitarse, aflojarse; WIRTSCH *Preise, Kurs* perder firmeza; **Abschwächung** F ⟨~; ~en⟩ 1 debilitación *f*, debilitamiento *m*; WIRTSCH *Kurse*: tendencia *f* bajista 2 (*Abmilderung*) suavización *f*; mitigación *f*; *e-s Sturzes, Stoßes*: amortiguamiento *m*; *v. Farben*: atenuación *f*

'abschwatzen VT *umg* **j-m etw ~** *umg* sonsacar a/c a alg (a fuerza de labia)

'abschweifen VI apartarse, desviarse (**von** de); *in Gedanken*: divagar; **vom Thema ~** apartarse del tema, irse por las ramas; **abschweifend** ADJ divagador; **Abschweifung** F ⟨~; ~en⟩ desviación *f*, divagación *f*; digresión *f*

'abschwellen VI ⟨*irr; sn*⟩ MED deshincharse; *Geräusch* ir extinguiéndose, decrecer; **Abschwellung** F ⟨~⟩ MED deshinchazón *f*

'abschwemmen VT socavar, arrastrar (por la acción del agua); **Abschwemmung** F ⟨~; ~en⟩ erosión *f* (por agua)

'abschwenken VI (*abbiegen*) torcer; girar; MIL hacer una conversión, conversar; SCHIFF virar; *fig* cambiar de opinión

'abschwindeln VT **j-m etw ~** estafar a/c a alg

'abschwirren VI *umg hum* largarse, esfumarse, eclipsarse

'abschwören ⟨*irr*⟩ A VT **einer Sache** (*dat*) **~** abjurar a/c, renegar a/c (*a.* REL) B VI (*widerrufen*) retractarse; **Abschwörung** F ⟨~⟩ abjuración *f*; (*Widerruf*) retractación *f*

'Abschwung M ⟨~(e)s; -schwünge⟩ WIRTSCH declive *m*, depresión *f*; baja *f*; **sich im ~ befinden** estar en declive; encontrarse en un periodo de depresión (*od* recesión)

'absegeln VI ⟨sn⟩ hacerse a la vela (*od* a la mar); **absegnen** VT *umg hum* dar el visto bueno a, bendecir

'absehbar ADJ previsible; concebible, imaginable; **in ~er Zeit** dentro de poco, en un futuro próximo, en breve; **nicht ~** imprevisible

'absehen ⟨*irr*⟩ A VT 1 (*voraussehen*) prever, ver; **es ist kein Ende abzusehen** no se ve cómo acabará esto; **die Folgen sind nicht abzusehen** esto puede acarrear graves consecuencias; **das war ja abzusehen** era previsible, se veía venir 2 **es auf etw/j-n abgesehen haben** haber puesto la mira (*od* la vista) en alg/a/c; **es war auf dich abgesehen** eso iba por ti 3 (*nachmachen*) **j-m etw ~** aprender de otro imitándole, copiar a/c de alg 4 **j-m einen Wunsch an den Augen ~** adivinar los deseos de alg B VI **von etw ~** prescindir (*od* abstenerse) de a/c; *von e-m Plan*: abandonar a/c; → *a.* abgesehen

'abseifen VT (en)jabonar, lavar con jabón; **abseihen** VT colar, filtrar; **abseilen** A VT *Bergsteigen*: descender, descolgar por la cuerda B VR **sich ~** 1 descolgarse 2 *umg fig* esfumarse

'abseits A PRÄP (*gen*) apartado de; **~ des Weges** apartado del camino B ADV 1 (*extra, für sich*) aparte; a solas, separadamente; **~ gelegen** apartado, alejado (**von** *dat* de) 2 (*am Rand*) al margen; SPORT fuera de juego; *fig* **sich ~ halten** mantenerse al margen (**von** *dat* de)

'Abseits N ⟨~⟩ 1 SPORT fuera *m* de juego; **im ~ stehen** estar fuera de juego 2 *fig* **j-n ins ~ drängen** marginar (*od* arrinconar) a alg; **ins ~ geraten** quedar arrinconado; **Abseitsfalle** F SPORT trampa *f* de fuera de juego; **Abseitstor** N SPORT gol *m* en fuera de juego

'absenden VT ⟨*irr*⟩ mandar, enviar, HANDEL *Waren* expedir, despachar; SCHIFF consignar

'Absender M ⟨~s; ~⟩, **Absenderin** F ⟨~; ~nen⟩ remitente *m/f*, HANDEL expedidor *m*, -a *f*; SCHIFF consignador *m*, -a *f*; **zurück an den ~** devuélvase al remitente

'Absendestelle F lugar *m* de expedición; *Funk*: oficina *f* de origen; **Absendung** F ⟨~; ~en⟩ envío *m*; HANDEL despacho *m*

'absengen VT chamuscar; sollamar

'absenken VT 1 AGR acodar 2 BERGB *Schacht* ahondar, profundizar 3 *Niveau* bajar

'Absenker M ⟨~s; ~⟩ BOT → Ableger; **Absenkung** F ⟨~; ~en⟩ 1 (*das Absenken*) rebajamiento *m*; **~ des Grundwasserspiegels** rebajamiento *m* del nivel freático 2 (*Vertiefung*) depresión *f*

'abservieren ⟨*ohne* ge-⟩ A VI GASTR quitar la mesa B VT *umg* **j-n ~** echar a la calle a alg

'absetzbar ADJ 1 *Beamter* amovible 2 HANDEL *Ware* vendible; **leicht ~** de fácil salida 3 *von der Steuer*: deducible

'Absetzbecken N tanque *m* de sedimentación; **Absetzbewegung** F MIL, *fig* retirada *f*, repliegue *m*

'absetzen A VT 1 (*abnehmen*) depositar; *Hut* quitarse; *Last* dejar (*od* poner) (en el suelo) 2 *Fahrgast etc* dejar; MIL *Fallschirmjäger* lanzar 3 *Präsidenten etc* destituir; *Beamte a.*: separar del (*od* de su) cargo; *König* destronar 4 *Termin* cancelar; THEAT, FILM **(vom Spielplan) ~** quitar, retirar (del cartel) 5 HANDEL *Waren* vender, colocar, dar salida (a) 6 **von der Steuer ~** deducir de los impuestos 7 *Medikament* dejar de tomar 8 TYPO *Text* componer 9 *Baby, Tier, von der Brust*: destetar B VI *beim Sprechen, Schreiben, Trinken*: detenerse, hacer pausa; **ohne abzusetzen** sin parar (*od* interrupción), de un tirón C VR **sich ~** 1 (*sich unterscheiden*) destacar (**von** *dat* de), contrastar (**von** *dat* con) 2 (*sich davonmachen*) largarse; **sich ins Ausland ~** huir al extranjero 3 MIL *vom Feind*: retirarse, replegarse 4 CHEM (*sich ablagern*) depositarse

'Absetzen N ⟨~s⟩ 1 *v. der Steuer etc*: deducción *f* 2 MIL *v. Fallschirmjägern*: lanzamiento *m*; (*Rückzug*) retirada *f*; **Absetzung** F ⟨~; ~en⟩ 1 *von Amtsinhabern*: destitución *f*, deposición *f*, separación *f* del cargo; *des Königs*: destronamiento *m* 2 TYPO composición *f* 3 *v. der Steuer etc*: deducción *f* 4 THEAT, FILM retirada *f*

'absichern A VT asegurar, proteger (**gegen** contra) B VR **sich ~** asegurarse, protegerse (**gegen** contra)

'Absicht F ⟨~; ~en⟩ intención *f*, designio *m*, propósito *m*; (*Ziel*) objeto *m*, fin *m*; **in der ~ zu** ... con la intención (*od* el fin) de ..., con (el) objeto de ...; **in der besten ~** con la mejor intención; JUR **in betrügerischer ~** con ánimo de dolo; **mit ~** adrede, a propósito; **mit voller ~** deliberadamente; **mit der festen ~** con la firme determinación (*od* el firme propósito) de; **ohne ~** sin intención; **ich habe die ~ zu** (*inf*) tengo (la) intención de (*inf*)

'absichtlich A ADJ intencionado, deliberado; JUR premeditado B ADV intencionadamente; adrede, a propósito; (*mit voller Absicht*) deliberadamente

'Absichtserklärung F declaración *f* de intenciones; **absichtslos** ADJ & ADV sin intención; sin querer

'absingen VT ⟨*irr*⟩ cantar; *vom Blatt*: cantar a primera vista

'absinken VI ⟨*irr*⟩ bajar, disminuir (*a. fig*)

Ab'sinth M ⟨~(e)s; ~e⟩ HIST ajenjo *m*

'absitzen ⟨*irr*⟩ A VI *vom Pferd*: desmontar, apearse B VT *Zeit, Unterricht* pasar sentado; **eine Strafe ~** cumplir (una) condena

abso'lut A ADJ absoluto; *umg* **~er Unsinn** un perfecto desatino B ADV absolutamente, terminantemente; **~ nicht** de ningún modo, en absoluto; **~ nichts** nada en absoluto, nada de nada; **~ unmöglich** materialmente (*od* de todo punto) imposible; **wenn du ~ gehen willst** si te empeñas en ir

Abso'lute(s) N ⟨~n; → A⟩ **das ~** lo absoluto

Absoluti'on F ⟨~; ~en⟩ REL absolución *f*, perdón *m*; **j-m (die) ~ erteilen** absolver, dar la absolución a alg

Absolu'tismus M ⟨~⟩ absolutismo *m*; **Absolu'tist** M ⟨~en; ~en⟩, **Absolu'tistin** F ⟨~; ~nen⟩ absolutista *m/f*; **absolu'tistisch** ADJ absolutista

Absol'vent [-'vɛnt] M ⟨~en; ~en⟩, **Absol-**

'**ventin** F ⟨~; ~nen⟩ ex alumno *m*, -a *f*; graduado *m*, -a *f*; *Am* egresado *m*, -a *f*; **absol'vieren** VT ⟨*ohne* ge-⟩ 1 *Studien* hacer, cursar; (*abschließen*) terminar, completar; *Kurs, Prüfung* aprobar; *Hochschule* graduarse 2 KATH absolver

ab'sonderlich ADJ singular; raro, extraño; **Absonderlichkeit** F ⟨~; ~en⟩ rareza *f*; particularidad *f*

'**absondern** A VT 1 separar (*a.* CHEM); apartar; (*isolieren*) aislar; *Gefangene* incomunicar 2 PHYSIOL segregar, secretar B VR **sich ~** aislarse, retirarse; **absondernd** ADJ PHYSIOL secretor(io)

'**Absonderung** F ⟨~; ~en⟩ 1 separación *f* (*a. bei Konkurs*); apartamiento *m*; aislamiento *m*; *v. Gefangenen*: incomunicación *f* 2 PHYSIOL secreción *f*, segregación *f*

absor'bierbar ADJ absorbible; **absor'bieren** VT ⟨*ohne* ge-⟩ absorber; **wieder ~** re(ab)sorber; **absor'bierend** ADJ absorbente

Absorpti'on F ⟨~; ~en⟩ absorción *f*

Absorpti'onsfähigkeit, Absorptionskraft F capacidad *f* de absorción, poder *m* absorbente; **Absorptionsmittel** N absorbente *m*; **Absorptionsvermögen** N capacidad *f* de absorción (*a.* WIRTSCH *e-s Marktes*)

'**abspalten** A VT separar; hendir; CHEM desdoblar, disociar B VR **sich ~** escindirse (**von** de)

'**Abspann** M ⟨~(e)s; -spänne⟩ FILM genéricos *mpl* de fin; **Abspanndraht** M TECH alambre *m* de retención (*od* amarre)

'**abspannen** VT 1 (*die Spannung lösen*) aflojar (*a.* MUS *Saiten*); relajar; ELEK *Strom* rebajar, reducir 2 *Pferde* desenganchar; *Ochsen* desuncir 3 TECH (*verspannen*) amarrar, sujetar, retener; *fig* → abgespannt

'**Abspannisolator** M TECH aislador *m* de amarre; **Abspannklemme** F ELEK borne *m* de retención

'**Abspannung** F ⟨~; ~en⟩ 1 (*Ermüdung*) cansancio *m*, lasitud *f*, abatimiento *m* 2 TECH (*Verspannung, Festzurren*) retención *f*, amarre *m* 3 ELEK (*Freileitung*) atirantado *m* (*de la línea aérea*) 4 (*Lockerung*) aflojamiento *m*

'**absparen** VT **sich** (*dat*) **etw vom Munde ~** *umg* quitarse a/c de la boca

'**abspecken** VI *umg* perder peso; adelgazar (*a. fig*); **abspeichern** VT IT *Daten* almacenar, memorizar, guardar

'**abspeisen** VT *fig* **j-n (mit leeren Worten) ~** despachar a alg (con buenas palabras)

'**abspenstig** ADJ **~ machen** extrañar (**j-m etw** a alg de alg); sonsacar; *Kunden etc* quitar; → *a* abwerben

'**absperren** VT 1 *Straße* cerrar, bloquear, barrear; *durch Polizei etc*: acordonar 2 *Wasser, Gas, Strom* cortar 3 *österr, südd* (*zuschließen*) cerrar con llave 4 (*isolieren*) aislar, incomunicar; **Absperrhahn** M grifo *m* (*od* llave *f*) de cierre (*od* de paso); **Absperrung** F ⟨~; ~en⟩ 1 cierre *m*; *der Straße*: barrera *f*; bloqueo *m*; *durch die Polizei*: acordonamiento *m*, cordón *m* (policial); (*Barrikade*) acordonamiento *m*, barrera *f* 2 *v. Strom, Gas, Wasser*: corte *m* 3 (*Isolierung*) aislamiento *m*

'**abspiegeln** A VT reflejar (*a. fig*) B VR **sich ~** reflejarse

'**Abspiel** N ⟨~s; ~e⟩ SPORT pase *m*

'**abspielen** A VT 1 *CD, Kassette etc* poner; *Musikstück* tocar 2 SPORT *Ball* pasar B VR **sich ~** ocurrir, suceder; THEAT *Handlung etc* desarrollarse

'**absplittern** VT & VI astillar(se); desprenderse (una esquirla)

'**Absprache** F ⟨~; ~n⟩ acuerdo *m*, convenio *m*, arreglo *m*; *geheime*: pacto *m*; **mit j-m eine ~ treffen** llegar a un acuerdo con alg; **laut ~** según lo acordado

'**absprechen** ⟨*irr*⟩ A VT 1 (*verabreden*) convenir, concertar, apalabrar 2 JUR (*aberkennen*) **j-m etw ~** (de)negar a/c a alg B VR **sich ~** concertarse; **sich mit j-m ~** llegar a un acuerdo con alg (**über** *acus* sobre)

'**absprengen** VT 1 (*lossprengen*) (hacer) volar, (hacer) saltar 2 MIL (*abtrennen*) separar (del grueso de las fuerzas) 3 *reg Blumen* regar, rociar

'**abspringen** VI ⟨*irr*; sn⟩ 1 (*herunterspringen*) saltar, arrojarse; *vom Pferd*: desmontar, echar pie a tierra; FLUG **mit dem Fallschirm ~** lanzarse (*od* tirarse) en paracaídas 2 *Splitter, Glasur, Knopf* saltar, desprenderse 3 SPORT tomar impulso; saltar 4 (*abprallen*) rebotar 5 *umg fig* (*sich zurückziehen*) **von etw ~** abandonar a/c, desertar de a/c

'**abspritzen** A VT *mit Wasser*: rociar, regar; (*lackieren*) pintar a (la) pistola B VI 1 (*spritzend abprallen*) salpicar 2 *vulg* (*ejakulieren*) *sl* regar; *vulg* correrse

'**Absprung** M ⟨~(e)s; -sprünge⟩ 1 salto *m*; *mit Fallschirm a.*: descenso *m* 2 SPORT salida *f* 3 *fig* **den ~ wagen** dar el salto; **den ~ schaffen** aprovechar la oportunidad (*od* la ocasión) para irse *bzw* liberarse; **Absprungbalken** M, **Absprungbrett** N tablón *m*; **Absprunggebiet** N FLUG área *f* de descenso; **Absprunghöhe** F altura *f* de salto

'**abspulen** VT *Tonband, Film etc* devanar; desbobinar; *fig* desgranar; **abspülen** VT lavar; *Geschirr* fregar, lavar los platos; **abstammen** VI descender, proceder (**von** *dat* de); LING, CHEM derivar

'**Abstammung** F ⟨~; ~en⟩ 1 descendencia *f*, filiación *f*; (*Herkunft*) origen *m*, procedencia *f*; **(von) polnischer ~** de origen polaco 2 *edle*: linaje *m*, alcurnia *f*, abolengo *m* 3 LING derivación *f*; **Abstammungslehre** F BIOL teoría *f* de la evolución (*od* de la descendencia)

'**Abstand** M ⟨~(e)s; ~e⟩ 1 *räumlich*: distancia *f* (**von** *dat* de), espacio *m* (*a.* TECH); **in gleichen Abständen** equidistantes; **~ halten** *od* **wahren** guardar distancia 2 *zeitlich*: intervalo *m*; **in regelmäßigen Abständen** a intervalos regulares, periódicamente 3 *fig* distancia *f*; (*Unterschied*) diferencia *f*, contraste *m*; *fig* **mit ~** (*bei Weitem*) con mucho; SPORT **mit ~ gewinnen** ganar por amplio margen; *fig* **von etw ~ nehmen** renunciar a a/c, prescindir de a/c; desistir de a/c 4 → Abstandsgeld

'**Abstandsgeld** N, **Abstandssumme** F indemnización *f*, compensación *f*; *bei Entlassung*: indemnización *f* por despido; *Börse*: dinero *m* de opción; *Wohnung, Laden*: traspaso *m*

'**abstatten** VT **j-m einen Besuch ~** hacer (*od* girar) a alg una visita; **j-m seinen Dank ~** expresar su agradecimiento a alg, dar las gracias a alg

'**abstauben** VT 1 desempolvar; sacudir (*od* quitar) el polvo 2 *umg* (*mitgehen lassen*) *sl* limpiar, mangar; **Abstaubertor** N SPORT gol *m* oportunista

'**abstechen** ⟨*irr*⟩ A VI **gegen** *od* **von etw ~** contrastar con, desentonar de a/c B VT 1 *Kanal* abrir; *Teich* sangrar; TECH *Hochofen* sangrar, hacer la colada 2 *Rasen* cortar 3 (*töten*) matar; *Schwein* degollar, sacrificar 4 *Fechten*: tocar 5 *Wein* trasegar

'**Abstecher** M ⟨~s; ~⟩ escapada *f*; vuelta *f*; *fig* digresión *f*; **einen ~ machen** dar una vuelta (**nach** por)

'**abstecken** VT 1 TEX *Kleid* ajustar, apuntar 2 (*markieren*) *Kurs, Grundriss* trazar; *Piste* balizar; *mit Pfählen*: jalonar, estacar; *Grenzen* demarcar, delimitar; *mit Grenzsteinen*: amojonar

'**Abstecken** N ⟨~s⟩ *e-s Grundrisses*: trazado *m*; *e-r Piste* balizaje *m*; *mit Pfählen*: jalonamiento *m*; **Absteckfähnchen** N guión *m*; **Absteckpfahl** M jalón *m*

'**abstehen** VI ⟨*irr*⟩ 1 (*herausragen*) destacarse, salir 2 (*entfernt sein*) distar (**von** de) 3 *Wasser etc* reposar; → *a* abgestanden 4 *geh* **von etw ~** desistir de a/c; renunciar a a/c; **abstehend** ADJ destacado, saliente; **~e Ohren** orejas *fpl* separadas (*od* de soplillo)

'**absteifen** VT ARCH *Mauer* apuntalar; BERGB entibar; **Absteifung** F ⟨~; ~en⟩ apuntalamiento *m*; entibación *f*

'**Absteige** F ⟨~; ~n⟩ *pej* (*schlechtes Hotel*) *umg* hotel *m* de mala muerte; (*Stundenhotel*) casa *f* de citas

'**absteigen** VI ⟨*irr*; sn⟩ 1 descender, bajar (*a.* SPORT) 2 *vom Pferd*: desmontar; apearse (*a. v. Fahrzeug*) 3 *im Hotel etc*: hospedarse, alojarse (en); **Absteigequartier** N apeadero *m*

'**Absteiger** M ⟨~s; ~⟩ SPORT club *m* (*bzw* equipo *m*) descendido

'**Abstellbahnhof** M estación *f* de depósito

'**abstellen** VT 1 *an e-m Ort*: depositar (**bei** en); *auf den Boden*: dejar, poner; AUTO estacionar, aparcar 2 (*abschalten*) *Maschine, Motor* parar; *Gerät, Wecker, Heizung* apagar; *Strom, Gas, Wasser* cerrar, cortar 3 *bes* MIL **zu etw ~** *Person* destinar *od* enviar a (hacer) a/c; *Truppen* destacar a (hacer) a/c 4 *fig Missstand* subsanar, remediar 5 **~ auf** (*acus*) adaptar a, ajustar a; centrar en

'**Abstellgleis** N BAHN apartadero *m*, vía *f* muerta (*od* de aparcamiento); *fig* **j-n aufs ~ schieben** dejar a alg al margen; **Abstellhahn** M grifo *m* de cierre; **Abstellplatz** M AUTO aparcadero *m*, (plaza *f* de) estacionamiento *m*; FLUG plataforma *f* de estacionamiento; **Abstellraum** M (cuarto *m*) trastero *m*; **Abstelltisch** M trinchero *m*

'**abstemmen** VT TECH escoplear, cincelar

'**abstempeln** VT 1 *Brief, Urkunde* estampillar, timbrar; *Ausweis* sellar; *Postwesen: Briefmarke* matasellar, inutilizar 2 *Fahrkarte* cancelar 3 *fig* **j-n ~ als** *od* **zu** tildar a alg de

'**absteppen** VT TEX pespuntear

'**absterben** VI ⟨*irr*; sn⟩ morir; MED *Glied* mortificarse; *Gewebe* necrosarse; BOT (*verwelken*) marchitarse, ajarse

'**Absterben** N ⟨~s⟩ muerte *f*; MED mortificación *f*; necrosis *f*

'**Abstich** M ⟨~(e)s; ~e⟩ 1 (*Öffnung*) piquera *f*; METALL *vom Hochofen*: sangría *f*, colada *f* 2 *v. Wein*: trasiego *m*

'**Abstieg** M ⟨~(e)s⟩ 1 *vom Gipfel* bajada *f*, descenso *m* (*a* SPORT) 2 *fig sozialer* decadencia *f*

'**Abstiegsgefahr** F SPORT peligro *m* de descenso; **Abstiegskampf** M SPORT lucha *f* contra el descenso

'**abstillen** VT *Kind* destetar

'**abstimmen** A VI POL *etc* votar; **über etw** (*acus*) **~** votar a/c; **über etw ~ lassen** someter a/c a votación B VT 1 MUS afinar, acordar; RADIO sintonizar; *Farben* matizar; *zeitlich*: sincronizar; **~ auf** (*acus*) armonizar con; *fig Interessen* ajustar a; **aufeinander ~** armonizar 2 (*absprechen*) **etw mit j-m ~** acordar a/c con alg C VR **sich ~** ponerse de acuerdo (**mit** con); concertarse

'**Abstimmende** M/F ⟨~n; ~n; → A⟩ votante *m/f*

'**Abstimmknopf** M RADIO (botón *m*) sintonizador *m*; **Abstimmschärfe** F ELEK *e-r Frequenz*: selectividad *f*

'**Abstimmung** F ⟨~; ~en⟩ 1 (*Wahl*) votación *f*, voto *m* (**über** *acus* de); **geheime ~** voto *m* secreto; **zur ~ bringen** someter (*od* poner) a votación 2 (*Harmonisierung*) armonización *f*, coordinación *f*; *zeitliche*: sincronización *f*; RADIO sin-

tonización *f*, sintonía *f*
'Abstimmungsergebnis N resultado *m* de la votación; **Abstimmungsverhalten** N *der Wähler*: comportamiento *m* electoral
absti'nent ADJ abstinente, abstemio
Absti'nenz F ⟨~⟩ abstinencia *f*; abstención *f*; **Abstinenzler** M ⟨~s; ~⟩, **Abstinenzlerin** ⟨~; ~nen⟩ abstemio *m*, -a *f*
'abstoppen VT 1 *(anhalten)* parar, detener 2 *mit Stoppuhr*: cronometrar
'Abstoß M ⟨~es; -stöße⟩ lanzamiento *m*; *Fußball*: saque *m* de puerta
'abstoßen ⟨irr⟩ A VT 1 *vom Ufer*: apartar, alejar 2 *(beschädigen) Ecken* despuntar; *Porzellan* desportillar 3 ZOOL *Geweih* descornar 4 *fig (anwidern)* repeler *(a.* PHYS) 5 MED *verpflanztes Organ etc* rechazar 6 HANDEL *Ware, Aktien* deshacerse de, desprenderse de B VI 1 *Fußball* sacar de puerta 2 *vom Ufer*: apartar, alejar C VR **sich ~** apartarse (con fuerza) (**von** de)
'abstoßend ADJ *fig* repugnante, repulsivo; **Abstoßung** F ⟨~⟩ PHYS repulsión *f*; MED rechazo *m*; **Abstoßungsreaktion** F MED reacción *f* de rechazo
'abstottern VT *umg* pagar a plazos
abstra'hieren [-st-] VT ⟨ohne ge-⟩ abstraer
ab'strakt [-st-] A ADJ abstracto *(a. Kunst)* B ADV en abstracto
Abstrakti'on [-st-] F ⟨~; ~en⟩ abstracción *f*
'abstrampeln VR *umg* **sich ~** 1 *beim Radfahren*: hacer un gran esfuerzo pedaleando 2 *fig (sich abmühen)* derrengarse
'abstreben VT ARCH apuntalar; **Abstrebung** F ⟨~; ~en⟩ apuntalamiento *m*
'abstreichen VT ⟨irr⟩ 1 raspar; *Maß* rasar; *Rasiermesser* suavizar 2 *(abhaken)* puntear 3 *(abziehen)* deducir 4 *(ausstreichen)* cancelar, suprimir
'abstreifen VT 1 *(entfernen)* quitar; *Kleider, Ring etc* quitarse, despojarse de; *Geweih, Haut* mudar; **sich** *(dat)* **die Schuhe ~** quitarse los zapatos 2 *fig Vorurteile etc* dejar, deshacerse de; abandonar 3 *Gelände* reconocer, patrullar
'abstreiten VT ⟨irr⟩ disputar, contradecir; *(leugnen)* negar; desmentir
'Abstrich M ⟨~(e)s; ~e⟩ 1 *(Abzug)* deducción *f*; *(Kürzung)* reducción *f*, recorte *m*; *fig* **~e bei** (*od* **von**) **etw machen** amputar (*od* recortar) a/c; *fig* **~e machen müssen** tener que reducir (*od* recortar) gastos (**an** *dat* en) 2 MED frotis *m*; **einen ~ machen** hacer un frotis 3 TYPO trazo *m* vertical; MUS arco *m* (*od* arcada *f*) abajo
ab'strus [-st-] ADJ abstruso
'abstufen VT escalonar; graduar; *Gelände* abancalar; *Farben* matizar; **Abstufung** F ⟨~; ~en⟩ 1 *(das Abstufen)* escalonamiento *m*; graduación *f* 2 *(Farbnuance)* matiz *m*
'abstumpfen A VT 1 despuntar; *Ecke, Kante* achaflanar; *Schneide* embotar; *Kegel* truncar 2 *fig Gefühle, Sinne* embotar; **j-n ~** insensibilizar a alg B VI ⟨sn⟩ *Gefühle, Sinne* embotarse; *Person* insensibilizarse (**gegen** contra); → *a.* abgestumpft
'Abstumpfung F ⟨~⟩ embotamiento *m (a. fig)*
'Absturz M ⟨~es; -stürze⟩ 1 *(Fall)* caída *f*; FLUG **zum ~ bringen** derribar, abatir 2 *(steiler Abhang)* despeñadero *m*, precipicio *m* 3 IT fallo *m* total (*od* general); caída *f* del sistema
'abstürzen VI 1 *Bergsteiger* caer, despeñarse; *Fallschirmspringer* precipitarse (a tierra); *Flugzeug* estrellarse, caer a tierra 2 IT fallar totalmente, caerse; *umg* colgarse
'abstützen A VT apoyar, sostener; ARCH estribar, apuntalar; BERGB *Schacht* entibar; SCHIFF *Schiffe im Dock*: escorar B VR **sich ~** apoyarse (**an** *acus* en)
'absuchen VT explorar; buscar por todas partes; *Gelände* rastrillar, peinar, batir
'Absud M ⟨~(e)s; ~e⟩ CHEM decocción *f*
ab'surd ADJ absurdo
Ab'surdistan N ⟨~(s)⟩ *iron* Absurdistán *m*; **Absurdi'tät** F ⟨~; ~en⟩ absurdo *m*, absurdidad *f*
Ab'szess M ⟨~es; ~e⟩ MED absceso *m*
Ab'szisse F ⟨~; ~n⟩ MATH abscisa *f*
Abt M ⟨~(e)s; ⸚e⟩ abad *m*
Abt. ABK (Abteilung) sección *m*; departamento *m*
'abtakeln VT 1 SCHIFF desarmar, desaparejar; *Masten* desjarciar 2 *fig* **abgetakelt** gastado, pasado
'abtasten VT 1 tentar; *bes* MED palpar; *(absuchen)* registrar (**nach** buscando); *fig* tantear, sond(e)ar; *fig* **j-n ~** cachear a alg 2 TV, *Radar*: explorar, leer
'Abtasten N ⟨~s⟩ 1 MED palpación *f*, tactación *f* 2 TV *etc* exploración *f*; **Abtaster** M ⟨~s; ~⟩ TV *etc* explorador *m*, analizador *m*
'abtauen A VT *Kühlschrank* descongelar B VI ⟨sn⟩ *Eis, Schnee* deshelar(se), derretir(se)
Ab'tei F ⟨~; ~en⟩ abadía *f*
Ab'teil N ⟨~(e)s; ~e⟩ BAHN compartim(i)ento *m*, departamento *m*
'abteilbar ADJ divisible, separable
'abteilen VT dividir, partir, separar; *(absondern)* aislar; *durch Trennwand, Fächer etc*: compartir, separar
'Abteilung[1] F ⟨~; ~en⟩ *(das Abteilen)* división *f*, partición *f*, separación *f*
Ab'teilung[2] F ⟨~; ~en⟩ 1 *e-s Betriebs*: departamento *m*, sección *f*; *e-s Warenhauses*: sección *f*; *e-s Krankenhauses a.*: servicio *m*; *e-r Behörde*: *a.* negociado *m*, división *f*; **die ~ leiten** dirigir el departamento, *etc*; **verschiedene ~en durchlaufen** recorrer varios departamentos, *etc*; **in e-e andere ~ versetzt werden** ser trasladado a otro departamento, *etc* 2 MIL sección *f*, destacamento *m* 3 *(Fach)* compartimento *m*
Ab'teilungsleiter M, **Abteilungsleiterin** F *im Betrieb*: jefe *m*, -a *f* de departamento; *im Warenhaus*: jefe *m*, -a *f* de sección
'abtelefonieren ⟨ohne ge-⟩ A VT 1 **die Telefonkarte ~** telefonear hasta que se termine la tarjeta 2 **eine Reihe von Kunden ~** llamar a una serie de clientes B VI *umg (telefonisch absagen)* excusarse por teléfono
'abteufen VT BERGB excavar, abrir; **abtippen** VT *umg Text, Brief etc* pasar (*od* copiar) a máquina *bzw* a ordenador
Äb'tissin F ⟨~; ~nen⟩ abadesa *f*
'abtönen VT MAL matizar; **Abtönung** F ⟨~; ~en⟩ graduación *f*; matiz *m*
'abtöten VT matar; *fig Gefühl* amortiguar; **das Fleisch ~** mortificar la carne; **Abtötung** F ⟨~⟩ mortificación *f*
'abtragen VT ⟨irr⟩ 1 *(wegtragen)* quitar 2 *Gebäude* derribar, demoler; *Erde* desmontar; *Gelände* nivelar, aplanar 3 MED resecar 4 *Kleider* (des)gastar 5 *Schuld* ir pagando, liquidar; *Hypothek* amortizar 6 **den Tisch ~** quitar la mesa
'abträglich ADJ *geh* 1 *(schädlich)* dañoso, perjudicial; **der Gesundheit ~** perjudicial para la salud 2 *Kritik* desfavorable, adverso
'Abtransport M transporte *m*; acarreo *m*; MIL evacuación *f*; **abtransportieren** VT ⟨ohne ge-⟩ transportar; evacuar
'abtreiben[1] ⟨irr⟩ A VT *Wind, Strömung* **etw ~** arrastrar a/c, hacer desviar a/c B VI ⟨sn⟩ SCHIFF, FLUG desviarse del rumbo, SCHIFF derivar, ir a la deriva
'abtreiben[2] ⟨irr⟩ MED A VT *Kind* hacer abortar; *Würmer* expulsar B VI abortar; provocar un aborto; **abtreibend** ADJ MED abortivo; **Abtreibung** F ⟨~; ~en⟩ MED aborto *m*
'Abtreibungsmittel N MED abortivo *m*; **Abtreibungspille** F MED píldora *f* abortiva
'abtrennbar ADJ separable; **nicht ~** inseparable
'abtrennen VT separar; segregar; *Gebiete* desmembrar; *Kupon* cortar; *Saum etc* descoser; **Abtrennung** F ⟨~; ~en⟩ separación *f*; desmembramiento *m*
'abtretbar ADJ JUR cesible
'abtreten ⟨irr⟩ A VT 1 *Eigentum* transferir; *Geschäft* traspasar; JUR **j-m etw ~** *od* **etw an j-n ~** ceder a/c a alg 2 *Schuhe* gastar; *Stufen* desgastar; *Schnee von den Füßen*: limpiarse; *umg* (**sich** *dat*) **die Füße ~** limpiarse los pies B VI 1 *(zurücktreten)* retirarse *(a. fig)*, marcharse; *fig v. e-m Amt*: renunciar 2 THEAT hacer mutis 3 MIL romper filas; **~!** ¡rompan filas!
'Abtretende M/F ⟨~n; ~n; → A⟩ JUR cedente *m/f*
'Abtreter M ⟨~s; ~⟩ *(Fußabtreter)* limpiabarros *m*, felpudo *m*; **Abtretung** F ⟨~; ~en⟩ JUR cesión *f*; *e-s Geschäfts*: traspaso *m*; *Seeversicherung*: abandono *m*; *des Thrones*: abdicación *f*; JUR **~ an Zahlungs statt** dación *f* en pago
'Abtretungsurkunde F JUR escritura *f* de cesión
'Abtrieb M ⟨~(e)s; ~e⟩ AGR *von der Alm*: bajada *f* del ganado *(de las praderas alpinas)*
'Abtrift F ⟨~; ~en⟩ SCHIFF, FLUG deriva *f*; abatimiento *m*; **Abtriftmesser** M derivómetro *m*
'Abtritt M ⟨~(e)s; ~e⟩ 1 renuncia *f*; salida *f*; THEAT mutis *m* 2 → Abort 1
'abtrocknen A VT enjugar, secar; (**sich** *dat*) **die Hände ~** secarse las manos; **Geschirr ~** secar los platos B VI secarse
'Abtropfbrett N escurreplatos *m*
'abtropfen VI gotear, escurrir
'Abtropfgestell N, **Abtropfständer** M escurreplatos *m*
'abtrotzen VT **j-m etw ~** extorsionar a/c a alg; **abtrudeln** VI ⟨sn⟩ 1 FLUG entrar en barrena 2 *umg (abhauen) umg* largarse
'abtrünnig ADJ MIL desertor; rebelde; POL disidente; REL apóstata, renegado; *fig* infiel; **~ machen** inducir a la deserción; **~ werden** → abfallen 5
'Abtrünnige M/F ⟨~n; ~n; → A⟩ M desertor *m*, -a *f*; disidente *m/f*; REL apóstata *m/f*, renegado *m*, -a *f*; **Abtrünnigkeit** F ⟨~⟩ deserción *f*; defección *f*; REL apostasía *f*
'abtun VT ⟨irr⟩ 1 *umg Kleider* quitar(se) 2 *fig (von sich weisen)* rechazar, descartar (**als** como) 3 *(abfertigen)* despachar; **etw kurz ~** despachar a/c brevemente (*bzw* con pocas palabras); **etw mit einem Achselzucken ~** rechazar a/c encogiéndose de hombros 4 *(beenden) Streit etc* poner fin, terminar; **das ist alles abgetan** eso es asunto concluido; **damit ist es nicht abgetan** con eso no basta
'abtupfen VT MED tamponar
'aburteilen VT JUR juzgar; enjuiciar; **Aburteilung** F ⟨~; ~en⟩ enjuiciamiento *m*
'abverkaufen VT ⟨ohne ge-⟩ liquidar; **abverlangen** VT ⟨ohne ge-⟩ **j-m etw ~** exigir a/c a alg; **abwägen** VT pesar; *fig* ponderar, sopesar; *Worte* medir; **abwählen** VT 1 **j-n ~** destituir por voto a alg 2 *Schulfach* no elegir, dejar
'abwälzen VT **etw auf j-n ~** *Schuld, Verantwortung* cargar a/c sobre alg; **die Kosten auf den Verbraucher ~** cargar los gastos al consumidor; **etw von sich ~** *Schuld, Verdacht* librarse de a/c
'abwandeln VT modificar, variar
'abwandern VI ⟨sn⟩ emigrar
'Abwanderung F ⟨~; ~en⟩ éxodo *m*, emigración *f*; **~ der Landbevölkerung** éxodo *m* rural; WIRTSCH **~ von Kapital** evasión *f* (*od* fu-

ga *f*) de capitales; **~ von Wissenschaftlern** fuga *f* de cerebros

'**Abwandlung** F ⟨~; ~en⟩ modificación *f*, variación *f*; **Abwärme** F TECH calor *m* de escape (*od* desecho)

'**abwarten** VT & VI esperar, aguardar; **seine Zeit ~** dar tiempo al tiempo; **das bleibt abzuwarten** está por ver; eso se verá; *umg* **warten wir's ab!** ya veremos; *umg fig* **~ und Tee trinken!** paciencia y barajar; ver y esperar

'**abwartend** A ADJ expectante; **eine ~e Haltung einnehmen** mantenerse a la expectativa B ADV **sich ~ verhalten** mantenerse a la expectativa

'**abwärts** ADV hacia abajo

'**Abwärtsbewegung** F WIRTSCH baja *f*, descenso *m*; *Börse*: tendencia *f* a la baja (*od* bajista); (movimiento *m* de) retroceso *m*; **abwärtsführen** VI bajar, descender; **abwärtsgehen** VI ⟨*irr*; sn⟩ bajar, descender; *umg fig* **mit ihm geht's abwärts** va de capa caída; **Abwärtshub** M TECH *Motor*: carrera *f* descendente; **Abwärtstransformator** M ELEK transformador *m* reductor; **Abwärtstrend** M *Börse*: tendencia *f* a la baja (*od* bajista)

'**Abwasch** M ⟨~(e)s⟩ platos *mpl* sucios; **den ~ machen** fregar los platos; *umg fig* **alles in einem ~** todo de una pasada

'**abwaschbar** ADJ lavable; **abwaschen** VT ⟨*irr*⟩ 1 lavar; *Geschirr* fregar; *Schiffsdeck* baldear; *fig Schande* lavar 2 GEOL *Erdboden* derrubiar, erosionar; **Abwaschen** N ⟨~s⟩ lavado *m*; fregado *m*

'**Abwasser** N ⟨~s; -wässer⟩ *oft* PL **Abwässer** aguas *fpl* residuales; *bes Chile* aguas *mpl* servidas; **Abwasseraufbereitung** F depuración *f* (*od* tratamiento *m*) de aguas residuales; **Abwasseraufbereitungsanlage** F planta *f* de tratamiento de aguas residuales; **Abwasserkanal** M alcantarilla *f* (de desagüe); cloaca *f*; **Abwasserleitung** F desagüe *m*; **Abwasserreinigung** F depuración *f* de aguas residuales

'**abwechseln** A VI (*aufeinanderfolgen*) alternar, turnar (**mit** con) B VR **sich ~** turnarse, alternarse (**bei** en); **abwechselnd** A ADJ alterno, alternativo; (*abwechslungsreich*) variado B ADV alternativamente; por turno

'**Abwechslung** F ⟨~; ~en⟩ cambio *m*, variación *f*; (*Vielfalt*) variedad *f*, diversidad *f*; (*Zerstreuung*) distracción *f*, diversión *f*; **~ brauchen** necesitar un cambio; **~ in etw** (*acus*) **bringen** romper la monotonía de a/c; **zur ~** para variar (*od* cambiar); **~ muss sein** entre col y col, lechuga

'**abwechslungsreich** ADJ (muy) variado; (*ereignisreich*) rico en impresiones

'**Abweg** M extravío *m*; (*falscher Weg*) camino *m* equivocado; **auf ~e führen** descaminar, llevar por mal camino (*a. fig*); **auf ~e geraten** extraviarse, ir por mal camino (*a. fig*)

'**abwegig** ADJ absurdo, desatinado, descabellado; (*unangebracht*) improcedente, fuera de lugar

'**Abwehr** F ⟨~⟩ 1 defensa *f* (*a.* SPORT); (*Widerstand*) resistencia *f*; (*Schutz*) protección *f* 2 (*Ablehnung*) rechazo *m* 3 → Abwehrbewegung 4 *umg* MIL → Abwehrdienst; **Abwehrbewegung** F *Fechten*: parada *f*; *Fußball*: parada *f*; despeje *m*; **Abwehrdienst** M MIL (servicio *m* de) contraespionaje *m*

'**abwehren** A VT *Angriff, Gegner* rechazar, repeler (*a.* MIL); *Stoß* parar, desviar; *Fußball*: despejar; parar; *Unglück* prevenir B VI *fig* (*ablehnen*) rehusar, declinar; **abwehrend** ADJ defensivo

'**Abwehrgriff** M *Ringen*: contrallave *f*; **Abwehrkampf** M MIL lucha *f* defensiva; **Abwehrkraft** F 1 MIL *etc* fuerza *f* defensiva, poder *m* defensivo 2 MED **Abwehrkräfte** *fpl* defensas *fpl* (del organismo); **die Abwehrkräfte stärken** fortalecer las defensas (del organismo); **Abwehrmechanismus** M BIOL mecanismo *m* de defensa; **Abwehrmittel** N medio *m* defensivo; MED profiláctico *m*; **Abwehrreaktion** F reacción *f* de defensa (**gegen** contra); **Abwehrschlacht** F MIL batalla *f* defensiva; **Abwehrspiel** N SPORT juego *m* defensivo (*od* a la defensiva); **Abwehrspieler** M, **Abwehrspielerin** F SPORT defensa *m/f*; **Abwehrstoffe** MPL BIOL, MED anticuerpos *mpl*; **Abwehrwaffe** F MIL arma *f* defensiva

'**abweichen** VI ⟨*irr*; sn⟩ 1 *vom Weg etc*: apartarse, desviarse (**von** *dat* de) (*a. fig*), divergir; *Meinung* discrepar; *Magnetnadel* declinar; **von der Regel ~** ser una excepción *od* irregularidad 2 (*sich unterscheiden*) **~ von** diferir de; **voneinander ~** discrepar

'**abweichend** ADJ diferente, divergente; discrepante; *von der Norm*: irregular, anómalo

'**Abweichler** M ⟨~s; ~⟩, **Abweichlerin** F ⟨~; ~nen⟩ POL *pej* desviacionista *m/f*; **Abweichlertum** N ⟨~s⟩ POL *pej* desviacionismo *m*

'**Abweichung** F ⟨~; ~en⟩ 1 (*Abwandlung, Unterschied*) desviación *f*, divergencia *f*; OPT difracción *f*; ASTRON aberración *f*; TECH *zulässige*: tolerancia *f* 2 *fig von e-r Meinung*: discrepancia *f*; *von e-r Regel*: irregularidad *f*, anomalía *f*; **in ~ von** apartándose de 3 *der Magnetnadel*: declinación *f* 4 *vom Weg*: desvío *m*

'**abweiden** VT pacer, pastar

'**abweisen** VT ⟨*irr*⟩ 1 (*zurückweisen*) rehusar, rechazar; *Antrag, Bitte* denegar; JUR *Klage* desestimar; *Zeugen, Richter* recusar 2 **j-n ~** (*nicht empfangen*) no recibir a alg; (*fortschicken*) despedir a alg; despachar a alg; *umg* mandar a paseo a alg; (*j-m den Eintritt verwehren*) negar la entrada a alg; **(glatt) abgewiesen werden** recibir una negativa (rotunda)

'**abweisend** A ADJ reservado, negativo B ADV **j-n ~ behandeln** tratar con frialdad (*od* reserva) a alg; **Abweisung** F ⟨~; ~en⟩ 1 (*Ablehnung*) rechazo *m*, negativa *f* 2 JUR denegación *f*; *e-r Klage*: recusación *f*

'**abwendbar** ADJ evitable

'**abwenden** A VT ⟨*irr*⟩ 1 *Gesicht etc* apartar, desviar; **den Blick von etw ~** apartar la vista de a/c 2 *Stoß* parar, desviar 3 *fig Gefahr, Unheil* evitar, prevenir; alejar B VR **sich ~** volverse, apartarse (**von** de) (*a. fig*); *fig* **sich von j-m ~** volver la espalda a alg

'**Abwendung** F ⟨~⟩ evitación *f*, prevención *f*

'**abwerben** VT ⟨*irr*⟩ *Arbeitskräfte* atraer (*od* reclutar) (**von anderen Firmen** de otras empresas); *Kunden* atraer, seducir; **Abwerbung** F ⟨~; ~en⟩ **~ von Arbeitskräften** reclutamiento *m* (*od* atracción *f*) de mano de obra de otras empresas; **~ von Kunden** seducción *f* (*od* atracción *f*) de clientes

'**abwerfen** VT ⟨*irr*⟩ 1 (*herunterwerfen*) tirar; *Bombe, Ballast* lanzar, arrojar; *Reiter* despedir, derribar; *Blätter* perder 2 WIRTSCH *Gewinn* producir, rendir, arrojar; *Zinsen* devengar; **es wirft nichts ab** no rinde ningún beneficio 3 *fig* (*sich befreien von*) liberarse de; *Joch* sacudir 4 *Haut* mudar 5 SPORT *Ball* sacar de puerta 6 *Spielkarte* descartarse de

'**abwerten** VT 1 (*herabsetzen*) desvalorizar; depreciar, quitar valor a 2 WIRTSCH *Währung* devaluar; **den Dollar um 2% ~** devaluar el dólar en un 2%; **abwertend** ADJ *fig* peyorativo; **Abwertung** F ⟨~; ~en⟩ 1 (*Herabsetzung*) desvalorización *f* 2 WIRTSCH *e-r Währung*: devaluación *f*

'**abwesend** ADJ 1 (*nicht anwesend*) ausente; **~ sein** faltar 2 *fig* distraído, ensimismado; **(geistig) ~ sein** *a. umg* estar en la luna; **Abwesende** M/F ⟨~n; ~n; → A⟩ ausente *m/f*

'**Abwesenheit** F ⟨~⟩ 1 ausencia *f*; **in ~ von** en ausencia de; JUR **in ~ verurteilen** condenar en rebeldía (*od* por contumacia); **durch ~ glänzen** brillar por su ausencia 2 *fig* distracción *f*

'**Abwesenheitspfleger** M, **Abwesenheitspflegerin** F JUR curador *m*, -a *f* de ausentes; **Abwesenheitsurteil** N JUR sentencia *f* de rebeldía

'**abwetzen** VT (*abnutzen*) (des)gastar

'**abwickeln** A VT 1 *Garn* devanar; *Knäuel* desovillar; *Verband* deshacer; *Kabel, Schlauch* desenrollar; ELEK desbobinar 2 (*erledigen*) *Geschäfte* realizar; llevar a término (*od* a cabo) 3 *Angelegenheit* resolver; *Geschäft, Auftrag* realizar 4 WIRTSCH *Konkurs, Betrieb* liquidar; *Schuld* liquidar, pagar B VR *fig* **sich ~** desarrollarse

'**Abwickler** M ⟨~s; ~⟩, **Abwicklerin** F ⟨~; ~nen⟩ WIRTSCH liquidador *m*, -a *f*, ajustador *m*, -a *f*; **Abwicklung** F ⟨~; ~en⟩ 1 (*Erledigung, Durchführung*) realización *f* 2 WIRTSCH, HANDEL liquidación *f*; **Abwicklungsstelle** F oficina *f* de liquidación

'**abwiegen** VT ⟨*irr*⟩ pesar; *mit der Hand*: sopesar; **abwimmeln** VT *umg* deshacerse (*od* librarse) de; **j-n ~** *a.* quitarse a alg de encima

'**Abwind** M FLUG corriente *f* (de aire) descendente

'**abwinden** VT ⟨*irr*⟩ *Kabel etc* → abwickeln; **abwinkeln** VT escuadrar; acodillar; *Arm etc* doblar

'**abwinken** A VI 1 SPORT dar la señal de salida 2 *ablehnend*: (de)negar por señas (*od* con un gesto); *umg* **bis zum Abwinken** *umg* hasta decir basta B VT **(ein Rennen) ~** cruzar la bandera (en una carrera)

'**abwischen** VT limpiar, quitar (con un trapo); (*scheuern*) fregar; (*abtrocknen*) secar, enjugar (*a. Tränen etc*); **sich** (*dat*) **den Mund ~** limpiarse la boca

'**abwracken** VT SCHIFF desguazar, desarmar; **Abwracken** N ⟨~s⟩ SCHIFF desguace *m*; **Abwrackprämie** F *BRD umg* AUTO bono *m* chatarra (*incentivo para comprar un nuevo automóvil entregando el viejo*)

'**Abwurf** M ⟨~(e)s; ⸚e⟩ lanzamiento *m* (*a. Bomben u.* SPORT); **Abwurfbehälter** M FLUG recipiente *m* de lanzamiento; *für Kraftstoff*: depósito *m* desenganchable; **Abwurfvorrichtung** F dispositivo *m* de lanzamiento

'**abwürgen** VT estrangular (*a.* AUTO); *Motor* calar, ahogar; *fig Diskussion, Forderung* ahogar, reprimir

'**abzahlen** VT pagar, liquidar; *Kredit etc* **in Raten/Monatsraten ~** pagar a plazos/mensualidades

'**abzählen** VT contar; recontar; **an den Fingern ~** contar por los dedos; *fig* **das kannst du dir an den** (*od* **an fünf**) **Fingern ~** esto se puede contar con los dedos de la mano; MIL **~!** ¡numerarse!

'**Abzählen** N ⟨~s⟩ conteo *m*, recuento *m*; **Abzählreim** M → Abzählvers

'**Abzahlung** F ⟨~; ~en⟩ 1 pago *m* total, liquidación *f* 2 (*Ratenzahlung*) pago *m* a plazos; **auf ~ kaufen** comprar a plazos

'**Abzahlungsgeschäft** N operación *f* (*od* venta *f*) a plazos; **Abzahlungskredit** M crédito *m* de pago a plazos; **Abzahlungssystem** N sistema *m* de ventas a plazos

'**Abzählvers** M *cancioncilla en los juegos infantiles para elegir a alg*

'**abzapfen** VT 1 *Bier etc* sacar; *Fass* vaciar 2

umg **j-m Blut ~** sangrar a alg; *fig* **j-m Geld ~** sablear (*od* sangrar) a alg, *umg* dar un sablazo a alg

'abzäumen VT desembridar, desenfrenar

'abzäunen VT vallar, cercar; **Abzäunung** F ⟨~; ~en⟩ (*Zaun*) cercado *m*

'abzehren VT consumir (*a. fig*), demacrar; **Abzehrung** F ⟨~⟩ consunción *f*, MED emaciación *f*

'Abzeichen N ⟨~s; ~⟩ 1 (*Vereinsabzeichen, Sportabzeichen*, MIL *Rangabzeichen*) insignia *f*; (*Hoheitsabzeichen*) emblema *m* 2 (*Zeichen*) señal *f*; distintivo *m* 3 (*Auszeichnung*) condecoración *f*

'abzeichnen A VT 1 (*abbilden*) dibujar (copiando), copiar (**von de**) 2 *Schriftstücke* rubricar; (*abhaken*) puntear; *mit Zeichen*: marcar, señalar; (*signieren*) firmar B VR **sich ~** 1 (*erkennbar werden*) dibujarse; *Umrisse* perfilarse, vislumbrarse (*a. fig*) 2 (*sich abheben*) **sich ~ gegen** destacarse de, contrastar con

abzgl. ABK → abzüglich

'abziehbar ADJ FIN deducible (**von de**)

'Abziehbild N calcomanía *f* (*a.* TECH)

'abziehen ⟨*irr*⟩ A VT 1 (*entfernen*) separar; *Ring etc* quitarse; *Schlüssel* sacar, quitar (de la cerradura); *Gelder, Truppen* retirar; **die Haut ~** sacar la piel (**von de**); HANDEL **Kunden ~** quitar la clientela 2 MATH restar, sustraer; (*abrechnen*) descontar; WIRTSCH *vom Preis, Gehalt*: deducir, retener (**von de**) 3 FOTO sacar una copia (**von de**); TYPO tirar (una prueba); mimeografiar 4 **das Bett ~** quitar las sábanas 5 CHEM destilar 6 *Messer* afilar, vaciar; *Rasiermesser* suavizar 7 (*abhobeln*) (a)cepillar; *Parkett* acuchillar 8 *fig j-s Aufmerksamkeit* distraer 9 GASTR **mit einem Ei ~** incorporar un huevo batido B VI ⟨sn⟩ 1 MIL retirarse 2 *umg* (*weggehen*) irse, marcharse; *umg* largarse 3 *Gewitter* alejarse; *Rauch* salir

'Abziehfeile F lima *f* dulce; **Abziehpapier** N papel *m* calcográfico; **Abziehriemen** M suavizador *m*

'abzielen VI 1 **auf etw** (*acus*) **~** poner la mira en a/c; tender a a/c; aspirar a a/c; **worauf zielte er ab?** ¿qué es lo que pretendía? 2 **auf j-n ~** referirse a alg; **auf wen zielte das ab?** ¿a quién se refería eso?

'abzirkeln VT medir a compás; *fig Begriffe* definir exactamente

'abzischen VI *umg* largarse, salir pitando

'Abzocke F ⟨~⟩ *sl* (*Betrügerei*) estafa *f*, *umg* timo *m*

'abzocken VI *umg* **j-n ~** desplumar a alg, despojar a alg; **Abzocker** M ⟨~s; ~⟩, **Abzockerin** F ⟨~; ~nen⟩ *persona que despoja a alg, fundamentalmente en el juego*

'Abzug M ⟨~(e)s; ⸚e⟩ 1 (*Weggang*) salida *f*, partida *f*; MIL retirada *f* 2 WIRTSCH deducción *f*; (*Rabatt*) rebaja *f*; descuento *m*; **Abzüge** *pl v. Lohn, Gehalt*: retenciones *fpl*; **in ~ bringen** deducir, descontar; rebajar; **nach ~ von** deducción hecha de, previa deducción de; **nach ~ aller Kosten** deducidos todos los gastos; **frei von Abzügen** neto 3 TECH salida *f*, escape *m*; *im Kamin etc*: tiro *m* 4 *am Gewehr*: gatillo *m*, disparador *m*; **den ~ drücken** apretar el gatillo 5 TYPO prueba *f*; copia *f* (*a.* FOTO)

'abzüglich ADV menos; deduciendo; **~ der Kosten** deducidos los gastos

'Abzugsbogen M TYPO prueba *f*, galerada *f*; **Abzugsbügel** M *Gewehr*: guardamonte *m*; **abzugsfähig** ADJ deducible; **Abzugsgraben** M canal *m* (*od* zanja *f*) de desagüe; **Abzugshaube** F campana *f* extractora; **Abzugskanal** M alcantarilla *f*; cloaca *f*; **Abzugsrohr** N tubo *m* de salida (*od* de escape)

'abzupfen VT arrancar; *Fäden etc* deshilachar;

abzwacken VT *umg fig* **j-m etw ~** arrancar a/c a alg

'Abzweig M ⟨~(e)s; ~e⟩ 1 ELEK derivación *f* 2 *schweiz* bifurcación *f*; **Abzweigdose** F caja *f* de derivación

'abzweigen A VI ⟨sn⟩ ramificarse; *Weg* derivar, bifurcarse B VT separar, derivar (*a.* ELEK); *Gelder etc* desviar

'Abzweigklemme F ELEK borne *m* de derivación; **Abzweigung** F ⟨~; ~en⟩ 1 ramificación *f*; *e-s Wegs*: bifurcación *f* 2 ELEK derivación *f* 3 BAHN (*Zweigstrecke*) ramal *m*

'abzwitschern VI *umg hum* largarse, eclipsarse, esfumarse

Acces'soires [aksɛ'soa:rs] NPL accesorios *mpl*; complementos *mpl* (de moda)

Ace... → Azetat *etc*

Ace'rolakirsche F BOT, MED acerola *f*

Ace'tylsalicylsäure [atse'ty:lsalitsy:l-] F PHARM ácido *m* acetilsalicílico

ach INT 1 ¡oh!; *sehnsüchtig*: ¡ah!; *klagend*: ¡ay!; **~ je!** oh!; **~ nein!** ¡no me diga!; **~ ja!** ¡ah sí!; *zweifelnd*: **~ ja?/~ nein?** ¿ah sí?/¿ah no?; *überrascht*: **~ so!** ¡(ah) ya!; **~ was!** ¡bah!, ¡qué va!; **~ wo!** ¡de ningún modo!; ¡nada de eso!; *umg* ¡ni hablar! 2 **~ und weh** *od* **Ach und Weh schreien** poner el grito en el cielo; **mit Ach und Krach** a duras penas; *umg* por un pelo; *umg* a trancas y barrancas

A'chat [a'xa:t] M ⟨~(e)s; ~e⟩ ágata *f*

A'chillesferse F *fig* talón *m* de Aquiles; **Achillessehne** F ANAT tendón *m* de Aquiles

achro'matisch [-k-] ADJ FOTO acromático

'Achsabstand [-ks-] M distancia *f* entre ejes; **Achsdruck** M ⟨~(e)s; ⸚e⟩ → Achslast

'Achse ['aksə] F ⟨~; ~n⟩ eje *m* (*a.* TECH); (*Welle*) árbol *m*; *umg fig* **immer auf ~ sein** estar siempre de viaje; **sich um die eigene ~ drehen** girar sobre el propio eje; **per ~** (*mit dem Anhänger*) con remolque

'Achsel ['aksəl] F ⟨~; ~n⟩ hombro *m*; ANAT axila *f*; **die ~n** *od* **mit den ~n zucken** encogerse de hombros; **Achseldrüse** F ganglio *m* axilar; **Achselhöhle** F axila *f*, sobaco *m*; **Achselklappe** F MIL capona *f*; **Achselstück** N hombrera *f*; charretera *f*; **Achselzucken** N encogimiento *m* de hombros

'Achsenantrieb [-ks-] M accionamiento *m* de eje; **Achsenbruch** M rotura *f* del eje; **Achsendrehung** F rotación *f* axial; **Achsenschnitt** M MATH intersección *f* de los ejes; **Achsensymmetrie** F simetría *f* axial

'Achslast [-ks-] F peso *m* por eje; **Achsschenkel** M muñón *m* del eje; **Achszapfen** M gorrón *m*

acht [axt] A ADJ 1 ocho; **die Nummer ~** el número ocho; **sie ist ~ (Jahre alt)** tiene ocho años; **er wird im Mai ~** cumple ocho años (*od* los ocho) en mayo; **alle ~ Wochen** cada ocho semanas 2 *Uhrzeit*: **~ Uhr** las ocho; **es ist ~ Uhr** son las ocho; **um ~ Uhr** a las ocho; **fünf vor/nach ~** las ocho menos/y cinco; **halb ~** las siete y media; **fünf vor halb ~** las siete y veinticinco 3 **~ Tage** ocho días; *i. w. S* una semana; **in ~ Tagen** dentro de ocho días (*bzw* de una semana); **vor ~ Tagen** hace ocho días (*bzw* una semana) B ADV **zu ~ sein** ser ocho

Acht[1] F ⟨~; ~en⟩ *Zahl*: (número *m*) ocho *m* (*a. Buslinie, Spielkarte*)

Acht[2] F ⟨~⟩ (*Obacht*) atención *f*, cuidado *m*; **~ geben** → achtgeben; **etw außer ~ lassen** descuidar a/c, prescindir (od hacer caso omiso) de a/c; **sich in ~ nehmen** estar prevenido, tener cuidado, *umg* andar con ojo; **nimm dich vor dem Hund in ~!** ¡ten cuidado con el perro!, *umg* ¡ojo con el perro!

Acht[3] F ⟨~⟩ HIST (*Bann*) proscripción *f*; destierro *m*

'achtbar ADJ respetable, honorable; **Achtbarkeit** F ⟨~⟩ respetabilidad *f*, honorabilidad *f*

'achte(r, -s) ADJ octavo; **die ~ Klasse** ≈ el octavo curso; **am** *od* **den ~n Mai** el ocho de mayo; **sie ist Achte geworden** ha llegado octava

'Achteck N MATH octágono *m*; **achteckig** ADJ octagonal

'achtein'halb ADJ ocho y medio

'achtel ADJ octavo

'Achtel N ⟨~s; ~⟩ octavo *m*, octava parte *f*; **Achtelfinale** N SPORT octavos *mpl* de final; **Achtelliter** M ciento veinticinco mililitros *mpl*; **Achtelnote** F MUS corchea *f*; **Achtelpause** F MUS silencio *m* de corchea; **Achteltakt** M MUS compás *m* de corchea

'achten A VI 1 (*aufpassen*) **auf j-n ~** cuidar de alg; **auf seine Gesundheit ~** cuidar la (*od* su) salud 2 (*beachten*) **~ auf** (*acus*) atender a, prestar atención a, fijarse en; **~ Sie darauf, dass** fíjese en que, procure que B VT 1 *Person* respetar; estimar; (*schätzen*) apreciar 2 *Gesetze etc* acatar, observar; **Vorfahrt ~!** ¡ceda el paso!

'ächten VT proscribir; *fig* boicotear, hacer el vacío a

'Achtender M ⟨~s; ~⟩ JAGD ciervo *m* de ocho candiles

'achtens ADV (en) octavo (lugar)

'Achter M ⟨~s; ~⟩ 1 ocho *m* (*a. Eislauf*) 2 *Boot*: bote *m* de ocho remos; outrigger *m* a ocho 3 *umg* **einen ~ im Rad haben** tener un neumático torcido

'achteraus ADV SCHIFF hacia popa

'Achterbahn F montaña *f* rusa; **Achterdeck** N SCHIFF cubierta *f* de popa

'achterlei ADJ de ocho clases

'achtern ADV SCHIFF a popa, en popa

'Achterreihe F fila *f* de ocho; **Achterschiff** N SCHIFF popa *f*; **Achtersteven** M ⟨~s; ~⟩ SCHIFF codaste *m*

'achtfach A ADJ ocho veces, óctuplo B ADV **~ vergrößert** ocho veces mayor; **achtflächig** ADJ MATH; **Achtflächner** M ⟨~s; ~⟩ octaedro *m*

'achtgeben VI ⟨*irr*⟩ tener cuidado, poner atención **~ auf** (*acus*); **gib acht!** ¡atención!, ¡cuidado!; *umg* ¡ojo!; **gib acht, dass du nicht fällst!** ¡ten cuidado de no caerte!; **du musst (darauf) ~, dass er pünktlich ist** procura que sea puntual

'acht'hundert ADJ ochocientos

'achtjährig ADJ de ocho años; **Achtjährige** M/F ⟨~n; ~n; → A⟩ niño *m*, -a *f* de ocho años; **Achtjähriger** → Achtjährige

'achtlos A ADJ (*nachlässig*) descuidado, negligente; (*zerstreut*) distraído; (*rücksichtslos*) desconsiderado, desatento B ADV (*nachlässig*) descuidadamente; (*rücksichtslos*) desconsideradamente; **Achtlosigkeit** F ⟨~⟩ (*Nachlässigkeit*) descuido *m*, negligencia *f*; (*Zerstreutheit*) distracción *f*, inadvertencia *f*; (*Rücksichtslosigkeit*) desconsideración *f*, desatención *f*

'achtmal ADV ocho veces; **achtpfündig** ADJ *Brot etc* de cuatro kilos; **achtprozentig** ADJ *Zahl* de(l) ocho por ciento

'achtsam ADJ atento (**auf** *acus* a); cuidadoso, solícito; **Achtsamkeit** F ⟨~⟩ atención *f*, cuidado *m*

'achtseitig ADJ de ocho páginas; **achtsilbig** ADJ *Vers* octosílabo; **achtstellig** ADJ *Zahl* de ocho cifras; **achtstöckig** ADJ *Haus* de ocho pisos

Acht'stundentag M jornada *f* de ocho horas

'achtstündig ADJ de ocho horas; **achttä-**

gig ADJ de ocho días
'acht'tausend ADJ ocho mil; **Achttausender** M ⟨~s; ~⟩ *Berg*: montaña *f* de ocho mil metros
'Achttonner M ⟨~s; ~⟩ *Lkw*: camión *m* de ocho toneladas
'Achtung F ⟨~⟩ **1** *Warnruf*: **~!** ¡atención!; MIL *a.* ¡en guardia!; (*Vorsicht!*) ¡cuidado!, *umg* ¡ojo!; *auf Schildern*: ¡precaución!; ¡peligro!; FILM **~ Aufnahme!** ¡silencio, se rueda!; **~ Stufe!** ¡cuidado con el escalón!; SPORT **~, fertig, los!** ¡preparados, listos, ya! **2** (*Hochachtung*) respeto *m*, estima(ción) *f*, aprecio *m*; **~ erweisen** respetar; **~ gebieten** infundir respeto; *geh* **~ hegen für j-n** tener a alg en gran estima; **sich** (*dat*) **~ verschaffen** hacerse respetar, imponerse; **aus ~ vor** por respeto a; **bei aller ~ vor Ihnen** con todos los respetos debidos (a usted); **in j-s ~** (*dat*) **steigen** crecer en la estima de alg; *geh* **in hoher ~ stehen** ser muy respetado; **alle ~!** ¡enhorabuena!; *umg* ¡chapó!
'Ächtung F ⟨~; ~en⟩ proscripción *f*; *fig* ostracismo *m*; *v. Sachen*: boicot *m*
'achtunggebietend ADJ, **Achtung gebietend** ADJ imponente, respetable
'Achtungserfolg M éxito *m* de estima; **achtungsvoll** ADJ atento, respetuoso
'achtzehn ADJ dieciocho; **achtzehnhundert** ADJ *bes in Jahreszahlen*: mil ocho cientos; **achtzehnte(r, -s)** ADJ décimoctavo
'achtzig ADJ **1** ochenta; **um die ~ (Jahre alt) sein** rondar por (*od* frisar en) los ochenta **2** *umg* **auf ~ sein** estar a cien **3** **~er Jahre** → Achtzigerjahre
'Achtzig F ⟨~⟩ ochenta *m*
'Achtziger M ⟨~s; ~⟩, **Achtzigerin** F ⟨~; ~nen⟩ octogenario *m*, -a *f*; *umg* ochentón *m*, -ona *f*; **Achtzigerjahre** NPL **die ~** los años ochenta, la década de los 80
'achtzigjährig ADJ octogenario; **Achtzigjährige** M/F ⟨~n; ~n; → A⟩ octogenario *m*, -a *f*; **Achtzigjähriger** →Achtzigjährige
'achtzigste(r, -s) ADJ octogésimo; **Achtzigstel** N ochentavo *m*
'Achtzylinder M *umg*, **Achtzylindermotor** M motor *m* de ocho cilindros
'ächzen VI gemir
'Ächzen N ⟨~s⟩, **Ächzer** M ⟨~s; ~⟩ *umg* gemido *m*
'Acid ['ɛsit] N ⟨~s⟩ *Drogenjargon*: (*LSD*) ácido *m*
'Acker M ⟨~s; ⸚⟩ campo *m*; (*Boden*) terreno *m*, tierra *f* de labor; **Ackerbau** M ⟨~(e)s⟩ agricultura *f*; **~ treibend** agrícola; **Ackerbeet** N amelga *f*; **Ackerbestellung** F labranza *f*; **Ackerboden** M → Ackerland; **ackerfähig** ADJ arable; **Ackerfläche** F superficie *f* cultivada; **Ackerfurche** F surco *m*; **Ackergaul** M caballo *m* de labor; **Ackergerät** N aperos *mpl* de labranza; **Ackerkrume** F capa *f* arable; **Ackerland** N ⟨~(e)s⟩ tierra *f* laborable (*od* de labor *od* de cultivo)
'ackern VI **1** AGR labrar, cultivar la tierra **2** *umg fig* trabajar duramente, bregar
'Ackern N ⟨~s⟩ labranza *f*; **Ackerschlepper** M tractor *m* agrícola; **Ackerschnecke** F ZOOL babosa *f*; **Ackerscholle** F terruño *m*, gleba *f*; terrón *m*; **Ackerwalze** F rodillo *m* (agrícola); **Ackerwinde** F BOT enredadera *f*, correhuela *f*
a conto ADV HANDEL a cuenta
Ac'ryl [a'kry:l] N ⟨~s⟩ CHEM acrílico *m*, fibra *f* acrílica; **Acrylfarbe** F pintura *f* acrílica; **Acrylglas** N vidrio *m* acrílico
'Action ['ɛkʃən] F ⟨~⟩ acción *f*; **Actionfilm** M película *f* de acción
a. d. ABK (an der) *bei Ortsnamen*: del
a. D. ABK (außer Dienst) jubilado; retirado
ad absurdum: **etw ~ führen** reducir (*od* llevar) a/c al absurdo
ADA'C M ABK (Allgemeiner Deutscher Automobil-Club) Automóvil Club *m* General de Alemania
ad acta: **etw ~ legen** archivar a/c; *umg fig* dar carpetazo a a/c
'Adam NPL **1** M: Adán *m* **2** *fig* **bei ~ und Eva anfangen** (*weit ausholen*) empezar con Adán y Eva; **nach ~ Riese** como dos y dos son cuatro
'Adamsapfel M ANAT nuez *f* (*od* bocado *m*) de Adán, nuez *f*; **Adamskostüm** N *umg hum* **im ~** en cueros (vivos), *sl* en pelotas
Adaptati'on F ⟨~; ~en⟩ TV adaptación *f*
A'dapter M ⟨~s; ~⟩ TECH adaptador *m*
adap'tieren VT ⟨*ohne* ge-⟩ TV adaptar
adä'quat ADJ adecuado
ad'dieren VT ⟨*ohne* ge-⟩ sumar, adicionar
Additi'on F ⟨~; ~en⟩ suma *f*, adición *f*; **Ad-di'tiv** N ⟨~s; ~e⟩ CHEM aditivo *m*
a'de INT *reg* ¡adiós!; **Ade sagen** decir adiós, despedirse
'Adel M ⟨~s⟩ nobleza *f* (*a. fig*); aristocracia *f*; *bes fig* hidalguía *f*; **von ~ sein** ser noble; **von altem ~** de rancio abolengo
'adelig ADJ noble; nobiliario
'Adelige M/F ⟨~n; ~n; → A⟩ noble *m/f*; **die ~n** los nobles, la nobleza
'adeln VT ennoblecer
'Adelsbrief M título *m* (*od* carta *f*) de hidalguía, ejecutoria *f*; **Adelsbuch** N nobiliario *m*; **Adelsstand** M nobleza *f*, estado *m* noble; **in den ~ erheben** ennoblecer; **Adelsstolz** M orgullo *m* aristocrático; **Adelstitel** M título *m* nobiliario
'Ader F ⟨~; ~n⟩ **1** ANAT vaso *m* sanguíneo; vena *f*; (*Schlagader*) arteria *f*; *obs od fig* (*finanziell*) **j-n zur ~ lassen** sangrar a alg (*a. fig*) **2** BERGB veta *f*, filón *m* **3** *im Holz*: veta *f* **4** *fig* vena *f*; **er hat eine poetische ~** tiene vena de poeta
'Äderchen N ⟨~s; ~⟩ ANAT arteriola *f*; vénula *f*
'Aderhaut F ANAT coroides *f*; **Aderlass** M *obs od fig* sangría *f*
'ädern VT vetear
'Aderpresse F MED torniquete *m*; **Aderung** F ⟨~; ~en⟩ BOT nervadura *f*, nerv(i)ación *f*
ADF'C ABK (Allgemeiner Deutscher Fahrrad-club) *asociación alemana de usuarios de bicicletas*
Adhäsi'on F ⟨~; ~en⟩ PHYS adhesión *f*, adherencia *f*; **Adhäsionskraft** F fuerza *f* de adhesión
ad hoc ADV ad hoc
adi'eu [adi'ø:] INT → ade
Adipositas [adi'po:zitas] F ⟨~⟩ MED obesidad *f*
'Adjektiv N ⟨~s; ~e⟩ GRAM adjetivo *m*; **adjektivisch** [-v-] GRAM **A** ADJ adjetivo, adjetival **B** ADV adjetivadamente
Adju'tant M ⟨~en; ~en⟩ MIL ayudante *m*
'Adler M ⟨~s; ~⟩ ORN águila *f*; **junger ~** aguilucho *m*; **Adlerauge** N *fig* **~n haben** tener ojo de lince; **Adlerblick** M ojo *m* de lince, vista *f* de águila; **Adlerhorst** M nidal *m* de águilas; **Adlernase** F nariz *f* aguileña (*od* aquilina)
'adlig ADJ → adelig
'Adlige M/F → Adelige
Admi'ral M ⟨~s; ~e⟩ **1** MIL, SCHIFF almirante *m* **2** ZOOL vanessa *f* atalanta
Admirali'tät F ⟨~; ~en⟩ almirantazgo *m*
Admi'ralsflagge F insignia *f* de almirante; **Admiralsschiff** N buque *m* insignia
Admi'ralstab M Estado *m* Mayor de la Armada
Admi'ralswürde F almirantazgo *m*
ADN M ABK (Allgemeiner Deutscher Nachrichtendienst) HIST *DDR*: Servicio *m* General de Informaciones
A'donis EIGENN M MYTH, *a. fig* Adonis *m*; **Adonisröschen** N BOT adonis *f* (vernalis)
adop'tieren VT ⟨*ohne* ge-⟩ adoptar, prohijar; **Adopti'on** F ⟨~; ~en⟩ adopción *f*; **Adopti'onsurkunde** F JUR acta *f* de adopción
Adop'tiveltern PL padres *mpl* adoptivos; **Adoptivkind** N hijo *m* adoptivo
Adr. ABK (Adresse) dirección *f*
Adrena'lin N ⟨~s⟩ PHYSIOL adrenalina *f*; **Adrenalinjunkie** M *umg* yonqui *m/f* de la adrenalina; **Adrenalinstoß** M descarga *f* de adrenalina
Adres'sant M ⟨~en; ~en⟩, **Adres'santin** F ⟨~; ~nen⟩ remitente *m/f*; *v. Waren*: expedidor *m*, -a *f*; **Adres'sat** M ⟨~en; ~en⟩, **Adres'satin** F ⟨~; ~nen⟩ destinatario *m*, -a *f*; *v. Waren a.*: consignatario *m*, -a *f*
A'dressbuch N *öffentliches*: directorio *m*; *privates*: agenda *f* de direcciones; *Am* directorio *m*; IT *für E-Mail-Adressen*: libreta *f* de direcciones
A'dresse F ⟨~; ~n⟩ dirección *f*, señas *fpl*; **per ~** en casa de, al cuidado de; *fig* **da bist du an die falsche ~ geraten** te has equivocado de puerta; *umg* a otro perro con ese hueso
A'dressenänderung F cambio *m* de dirección; **Adressendatei** F archivo *m* de direcciones; **Adressenliste** F lista *f* de direcciones; **Adressenverzeichnis** N índice *m* de direcciones
adres'sieren VT ⟨*ohne* ge-⟩ *Brief* poner las señas (*od* la dirección) a; HANDEL *Güter* consignar; **etw an j-n ~** dirigir a/c a alg; **falsch ~** poner mal la dirección (de); **adressierter Umschlag** sobre *m* con la dirección puesta
Adres'siermaschine F máquina *f* para imprimir direcciones
a'drett ADJ acicalado; aseado, bonito
'Adria F ⟨~⟩ (Mar *m*) Adriático *m*
adri'atisch ADJ **Adriatisches Meer** Mar *m* Adriático
ADS N ABK → Aufmerksamkeits-Defizit-Syndrom
ADSL N ABK (Asymmetric Digital Subscriber Line) TEL ADSL *f* (Línea de Abonado Digital Asimétrica); **ADSL-Anschluss** M conexión *f* ADSL
adsor'bieren ⟨*ohne* ge-⟩ CHEM, TECH VT adsorber
Adsorpti'on F ⟨~; ~en⟩ adsorción *f*
Adsorpti'onsmittel N adsorbente *m*; **Adsorptionsvermögen** N capacidad *f* de adsorción; poder *m* adsorbente
'A-Dur N la *m* mayor
Ad'vent M ⟨~(e)s; ~e⟩ REL adviento *m*, Adviento *m*; **der erste ~** el primer domingo de Adviento
Adven'tist M ⟨~en; ~en⟩, **Adventistin** F ⟨~; ~nen⟩ REL adventista *m/f*
Ad'ventskalender M calendario *m* de Adviento; **Adventskranz** M corona *f* de Adviento; **Adventssonntag** M domingo *m* de Adviento; **Adventszeit** F (época *f* del) Adviento *m*
Ad'verb N ⟨~s; Adverbien⟩ GRAM adverbio *m*
adverbi'al ADJ GRAM adverbial; **~e Bestimmung** complemento *m* circunstancial; **Adverbialsatz** M GRAM oración *f* adverbial
Advo'kat M ⟨~en; ~en⟩ *obs od reg* abogado *m*; **Advokatin** F ⟨~; ~nen⟩ *obs od reg* abogada *f*
AEG F ABK (Allgemeine Electricitäts-Gesellschaft) *marca comercial alemana*
Ae'robic [ɛ'ro:bɪk] N ⟨~s⟩ aerobic *m*

Aerody'namik [aero-] F ⟨~⟩ aerodinámica *f*; **aerody'namisch** ADJ aerodinámico; **Aerome'chanik** F aeromecánica *f*; **Aero'nautik** F ⟨~⟩ aeronáutica *f*; **Aero'sol** N ⟨~s⟩ aerosol *m*; **Aero'statik** F aerostática *f*
Af'färe [a'fɛːrə] F ⟨~; ~n⟩ **1** *(Angelegenheit)* asunto *m*, caso *m*, affaire *m*; *(Vorfall)* incidente *m* **2** *(Liebesaffäre)* lío *m* (amoroso), amorío *m* **3** *fig* **sich aus der ~ ziehen** salir del apuro, *umg* escurrir el bulto; *gut, geschickt*: salir airoso
'Äffchen N ⟨~s; ~⟩ monito *m*
'Affe M ⟨~n; ~n⟩ **1** ZOOL mono *m*, simio *m*; *umg fig* **ich glaub, mich laust der ~** *umg* si no lo veo, no lo creo; *fig* **einen ~n an j-m gefressen haben** *(in j-n vernarrt sein)* estar *(od* andar) loco por alg **2** *umg Schimpfwort*: **(blöder) ~** imbécil *m*, memo *m*; **eingebildeter ~** estúpido *m* engreído *m*, mentecato *m* **3** *sl fig (Rausch)* mona
Af'fekt M ⟨~(e)s; ~e⟩ **1** PSYCH afecto *m*; emoción *f*; **im ~ handeln** actuar a impulsos **2** JUR estado *m* (*od* ímpetu *m*) pasional; **im ~ begangenes Verbrechen** crimen *m* pasional; **Affekthandlung** F acto *m* pasional
affek'tiert ADJ afectado; remilgado; *Stil* amanerado; **Affektiertheit** F ⟨~⟩ afectación *f*; amaneramiento *m*; remilgo *m*
Af'fektstau M PSYCH bloqueo *m* emocional
'äffen V/T **1** → narren **2** → nachäffen
'affenartig ADJ simiesco; *umg fig* **mit ~er Geschwindigkeit** con la rapidez del rayo
'Affenbrotbaum M baobab *m*; **Affenhaus** N *im Zoo*: casa de los monos; **Affenhitze** F *umg* calor *m* terrible (*od* de justicia); **Affenliebe** F amor *m* ciego; **Affenmensch** M pitecántropo *m*; **Affenpinscher** M (perro *m*) grifón *m*; **Affenschande** F *umg pej* vergüenza *f*, escándalo *m*; **Affentheater** N *umg fig* farsa *f* (ridícula); tinglado *m*; **Affenweibchen** N → Äffin; **Affenzahn** M *umg* **einen ~ draufhaben** ir a toda marcha
'affig ADJ amanerado, afectado; *(lächerlich)* ridículo
af'fin ADJ MATH, *geh* afino
'Äffin F ⟨~; ~nen⟩ mona *f*, simia *f*
Affini'tät F ⟨~; ~en⟩ MATH, *geh* afinidad *f*
affirma'tiv ADJ *geh* afirmativo
'Affix N ⟨~es; ~e⟩ LING afijo *m*
Af'front [a'frɔŋ, a'frõː] M ⟨~s⟩ *geh* afrenta *f*, ofensa *f*
Af'ghane M ⟨~n; ~n⟩, **Afghanin** F ⟨~; ~nen⟩ afgano *m*, -a *f*; **afghanisch** ADJ afgano; **Afghanistan** N ⟨~s⟩ Afganistán *m*
'Afrika N ⟨~s⟩ Africa *m*
Afri'kaans N ⟨~⟩ *Sprache*: afrikaans *m*
'Afrikaforscher M, **Afrikaforscherin** F → Afrianist
Afri'kaner M ⟨~s; ~⟩, **Afrikanerin** F ⟨~; ~nen⟩ africano *m*, -a *f*; **afrikanisch** ADJ africano
Afrika'nist M ⟨~en; ~en⟩, **Afrikanistin** F ⟨~; ~nen⟩ africanista *m/f*; **afrikanistisch** ADJ africanista
'Afroamerikaner M, **Afroamerikanerin** F afroamericano *m*, -a *f*; **afroamerikanisch** ADJ afroamericano; **afrodeutsch** ADJ afroalemán; **Afrodeutsche** M/F ⟨~n; ~n⟩ afroalemán *m*, -ana *f*
'Afrolook [-lʊk] M ⟨~s⟩ **im ~** con peinado afro
'After M ⟨~s; ~⟩ ANAT ano *m*; **Afterflosse** F ZOOL aleta *f* anal
'Afterhour ['aːftəraʊər] F ⟨~; ~s⟩ afterhours *m*, after-hours *m*; **Aftershave** [-ʃeːv] N ⟨~s; ~s⟩, **Aftershavelotion** F, **Aftershave-Lotion** F aftershave *m*, loción *f* para después del afeitado
AG F ABK (Aktiengesellschaft) S.A. *f* (Sociedad Anónima)
Ä'gäis F ⟨~⟩ (Mar *m*) Egeo *m*
ä'gäisch ADJ **Ägäisches Meer** Mar *m* Egeo
Agar-Agar M/N ⟨~s⟩ BIOL, GASTR agar-agar *m*
A'gave F ⟨~; ~n⟩ BOT agave *m/f*, pita *f*
AGB(s) FPL ABK (Allgemeine Geschäftsbedingungen) CGC *fpl* (Condiciones Generales de Contratación); IT *a.* TCS *mpl* (Términos y Condiciones de Servicio)
A'genda F ⟨~; Agenden⟩ agenda *f* (*a.* POL); **~ 2000** agenda *f* 2000; **auf der ~ stehen** estar en la agenda
A'gende F ⟨~; ~n⟩ PROT liturgia *f*; KATH ritual *m*; añalejo *m*
'Agens N ⟨~; Agenzien⟩ **1** CHEM, LING agente *m* **2** *fig* factor *m* decisivo
A'gent M ⟨~en; ~en⟩ agente *m* (*a.* POL); HANDEL *a.* representante *m*; **Agentennetz** N red *f* de agentes; **Agentin** F ⟨~; ~nen⟩ agente *f*
Agen'tur F ⟨~; ~en⟩ agencia *f*; **Agenturbericht** M, **Agenturmeldung** F noticia *f* de agencia
Agglome'rat N ⟨~s; ~e⟩ TECH, GEOL aglomerado *m*
aggluti'nieren V/I ⟨ohne ge-⟩ CHEM, LING aglutinar
Aggre'gat N ⟨~(e)s; ~e⟩ **1** TECH unidad *f*; grupo *m* **2** CHEM agregado *m*; **Aggregatzustand** M estado *m* de agregación
Aggressi'on F ⟨~; ~en⟩ agresión *f*; **aggres'siv** ADJ agresivo; **Aggressivi'tät** [-v-] F ⟨~; ~en⟩ agresividad *f*
Ag'gressor M ⟨~s; -s'soren⟩ POL, MIL agresor *m*
Ä'gide F ⟨~⟩ *geh* égida *f*; **unter der ~ von** *od (gen)* bajo los auspicios (*od* la égida) de
a'gieren V/I ⟨ohne ge-⟩ *geh* actuar (**als** de)
a'gil ADJ *geh* ágil
Agili'tät F ⟨~⟩ *geh* agilidad *f*
'Agio ['aːgio] N ⟨~s⟩ WIRTSCH agio *m*; prima *f*
Agio'tage [agio'taːʒə] F ⟨~; ~n⟩ WIRTSCH agiotaje *m*
Agitati'on F ⟨~; ~en⟩ POL agitación *f*
Agi'tator M ⟨~s; -'toren⟩, **Agita'torin** F ⟨~; ~nen⟩ agitador *m*, -a *f*; **agita'torisch** ADJ agitador; **agi'tieren** V/I ⟨ohne ge-⟩ POL agitar
A'gnostiker M ⟨~s; ~⟩, **Agnostikerin** F ⟨~; ~nen⟩ REL agnóstico *m*, -a *f*; **agnostisch** ADJ agnóstico
Agnosti'zismus M ⟨~⟩ REL agnosticismo *m*
Ago'nie F ⟨~; ~n⟩ *geh* agonía *f*
A'graffe F ⟨~; ~n⟩ broche *m*, prendedor *m*
A'grar... IN ZSSGN agrícola, agrario; **Agrarerzeugnisse** NPL productos *mpl* agrícolas; **Agrargesetze** NPL leyes *fpl* agrarias; **Agrarland** N ⟨~(e)s; ¨er⟩ país *m* agrícola; **Agrarmarkt** M mercado *m* agrícola; **Agrarpolitik** F política *f* agrícola (*od* agraria); **Gemeinsame ~** política *f* agrícola común; **Agrarrecht** N derecho *m* agrario; **Agrarreform** F reforma *f* agraria; **Agrarsektor** M sector *m* agrario (*od* agrícola); **Agrarstaat** M Estado *m* agrícola; **Agrar- und Lebensmittelsektor** M sector *m* agroalimentario; **Agrarwirtschaft** F economía *f* agrícola
A'grarwissenschaft F agronomía *f*; **Agrarwissenschaftler** M, **Agrarwissenschaftlerin** F agrónomo *m*, -a *f*
Agré'ment [agre'maŋ, -mãː] N ⟨~s; ~s⟩ POL *für e-n Diplomaten*: plácet *m*
Ä'gypten N Egipto *m*; **Ägypter** M ⟨~s; ~⟩, **Ägypterin** F ⟨~; ~nen⟩ egipcio *m* -a *f*; **ägyptisch** ADJ egipcio
ah INT ¡ah!
äh INT **1** *überlegend*: esto **2** *angeekelt*: ¡eh!
a'ha INT ~! ¡ajá!; ¡ya!; **Aha-Erlebnis** N PSYCH reacción *f* ¡ajá!
ahd. ABK → althochdeutsch
'Ahle F ⟨~; ~n⟩ TECH lezna *f*
Ahn M ⟨~en; ~en⟩ antepasado *m*; **~en** *pl poet a.* mayores *mpl*
'ahnden V/T *geh* castigar; sancionar; **Ahndung** F ⟨~; ~en⟩ *geh* castigo *m*, sanción *f*
'ähneln V/I **j-m ~** parecerse a alg, (a)semejarse a alg; *v. Kindern*: salir a alg; **sich** *(dat)* **~** (*od geh* **einander**) **~** parecerse
'ahnen **A** V/T *(vermuten)* sospechar; *(vorhersehen)* prever; vislumbrar; *Vorgefühl*: presentir, barruntar; **ohne zu ~, dass** sin pensar ni remotamente que; **wie konnte ich ~, dass** cómo iba yo a suponer que; **etw ~ lassen** dejar entrever a/c; **du ahnst nicht ...** no tienes idea ...; **ich hab's geahnt!** ¡me lo imaginaba! **B** V/UNPERS **mir ahnt, dass** me dice el corazón que; **mir ahnt nichts Gutes** me da mala espina
'Ahnenforschung F investigación *f* genealógica; genealogía *f*; **Ahnengalerie** F galería *f* de antepasados; **Ahnenreihe** F línea *f* genealógica; **Ahnentafel** F tabla *f* genealógica
'Ahnin F ⟨~; ~nen⟩ antepasada *f*
'ähnlich **A** ADJ parecido, semejante; *(entsprechend)* similar; análogo; **~ sein** *(dat)* ser parecido a; **j-m ~ sehen** parecerse a alg; *iron* **das sieht ihm ~** eso es una de las suyas (*od* muy suyo); **er ist der Mutter ~** ha salido a la madre; **ich habe nie etwas Ähnliches gesagt** nunca he dicho semejante cosa; **so etwas Ähnliches** algo parecido; **oder so ~** o cosa parecida, por el estilo **B** ADV **mir geht es ~** a mí me pasa lo mismo
'Ähnlichkeit F ⟨~; ~en⟩ parecido *m*, semejanza *f*; *(Entsprechung)* similitud *f*, analogía *f*; **viel ~ haben mit** ser muy parecido a
'Ahnung F ⟨~; ~en⟩ **1** *(Vorgefühl)* presentimiento *m*, barrunto *m*; *plötzliche*: corazonada *f*; *(Argwohn)* sospecha *f* **2** *(Vorstellung)* idea *f*, noción *f*; **keine (blasse) ~ von etw haben** no tener (la menor *od* la más remota) idea de a/c; *umg* no saber de la misa la media; **er hat keine ~, wie das geht** no tiene ni idea de cómo funciona; **hast du eine ~!** *iron* ¡qué sabes tú!; ¡estás tú bueno!; **keine ~!** ¡no tengo ni idea!
'ahnungslos ADJ desprevenido; sin sospechar nada; **ahnungsvoll** ADJ lleno de presentimientos
'Ahorn M ⟨~s; ~e⟩ BOT arce *m*
'Ähre F ⟨~; ~n⟩ BOT espiga *f*; **~n lesen** espigar; **Ährenlese** F AGR espigueo *m*
Aids, AIDS [eːts] N ⟨~⟩ *mst ohne Artikel*: sida *m*, SIDA *m*, síndrome *m* de inmunodeficiencia adquirida; **'Aidshilfe** F fundación *f* de lucha contra el sida, asociación *f* contra el sida; **'Aidsimpfung** F vacuna *f* contra el sida
'aidsinfiziert ['eːts-] ADJ *(aidspositiv)* seropositivo al VHI; **aidskrank** ADJ enfermo de (*od* con) SIDA; sidoso, sídico
'Aidskranke ['eːts-] M/F enfermo *m*, -a *f* de (*od* con) SIDA; sidoso *m*, -a *f*; sídico *m*, -a *f*; **Aidspatient** M, **Aidspatientin** F paciente *m/f* de (*od* con) SIDA; **aidspositiv** ADJ → aidsinfiziert; **Aidstest** M prueba *f* (*od* test *m*) del SIDA; **Aidstherapie** F terapia *f* contra el SIDA (*od* contra el VIH); **Aidstote** M/F víctima *f* mortal del SIDA; **Aidswaise** F huérfano *m* del sida, huérfana *f* del sida
'Airbag ['ɛːrbɛk] M ⟨~s; ~s⟩ AUTO bolsa *f* (*od* cojín *m od* globo *m*) de aire; airbag *m*; **Air-**

bus® [-bʊs] M ⟨-ses; -se⟩ FLUG aerobús *m*, airbus *m*
'ais, 'Ais [a'ɪs] N ⟨~; ~⟩ MUS la *m* sostenido
akad. ABK → akademisch
Akade'mie F ⟨~; ~n⟩ academia *f*
Aka'demiker M ⟨~s; ~⟩, **Akademikerin** F ⟨~; ~nen⟩ (*Hochschulabsolvent, -in*) universitario *m*, -a *f*; hombre *m*, mujer *f* de carrera; (*Akademiemitglied*) académico *m*, -a *f*
aka'demisch A ADJ académico; universitario; **~e Bildung** formación *f* universitaria B ADV **~ gebildet sein** tener formación universitaria
A'kazie F ⟨~; ~n⟩ BOT acacia *f*; **falsche ~** acacia *f* falsa, robinia *f*
Ake'lei F ⟨~; ~en⟩ BOT aguileña *f*
akklimati'sieren ⟨*ohne* ge-⟩ A V/T aclimatar (*a. fig*) B V/R **sich ~** aclimatarse; **Akklimatisierung** F ⟨~; ~en⟩ aclimatación *f*
Ak'kord M ⟨~(e)s; ~e⟩ 1 MUS acorde *m* 2 WIRTSCH destajo *m*; **im ~ arbeiten** trabajar a destajo 3 JUR (*Einigung*) acuerdo *m*; *mit Gläubigern*: arreglo *m*; **Akkordarbeit** F trabajo *m* a destajo; **Akkordarbeiter** M, **Akkordarbeiterin** F trabajador *m*, -a *f* a destajo, destajista *m/f*, destajero *m*, -a *f*
Ak'kordeon N ⟨~s; ~s⟩ MUS acordeón *m*; **Akkordeonspieler** M, **Akkordeonspielerin** F acordeonista *m/f*
Ak'kordlohn M (salario *m* a) destajo *m*; **Akkordsatz** M tasa *f* del destajo
akkredi'tieren V/T ⟨*ohne* ge-⟩ POL acreditar (**bei** *dat* cerca de); **Akkreditierung** F acreditación *f*
Akkredi'tiv N ⟨~s; ~e⟩ 1 HANDEL, FIN carta *f* de crédito; crédito *m* documentario; **bestätigtes/unwiderrufliches ~** carta *f* de crédito confirmada/irrevocable; **j-m ein ~ eröffnen/ausstellen** abrir/expedir una carta de crédito a favor de alg 2 POL (cartas *fpl*) credenciales *fpl*
Akkredi'tivgestellung F ⟨~⟩ HANDEL, FIN apertura *f* de un crédito documentario
'Akku M ⟨~s; ~s⟩ → Akkumulator; **Akkuladegerät** N cargador *m* de batería(s)
Akkumu'lator M ⟨~s; ~en⟩ TECH acumulador *m*; **Akkumula'torenfahrzeug** N vehículo *m* de acumuladores; **Akkumu'latorsäure** F ácido *m* para acumulador
akkumu'lieren V/I ⟨*ohne* ge-⟩ acumular
akku'rat ADJ *reg* exacto; esmerado, escrupuloso; **Akkura'tesse** F ⟨~⟩ exactitud *f*; esmero *m*, escrupulosidad *f*
'Akkusativ M ⟨~s; ~e⟩ GRAM acusativo *m*; **Akkusativobjekt** N GRAM complemento *m* directo
'Akne F ⟨~; ~n⟩ MED acné *m/f*
A'kontozahlung F HANDEL pago *m* a cuenta; **als ~ erhalten** recibido a cuenta
akqui'rieren V/T ⟨*ohne* ge-⟩ *Kunden, Aufträge* adquirir, conseguir
Ak'quise F ⟨~; ~n⟩ HANDEL → Akquisition
Akquisi'teur [-tøːr] M ⟨~s; ~e⟩, **Akquisi'teurin** [-tøːrɪn] F ⟨~; ~nen⟩ HANDEL corredor *m*, -a *f* de anuncios; **Akquisi'tion** F ⟨~; ~en⟩ adquisición *f*
Akri'bie F ⟨~⟩ meticulosidad *f*; rigor *m* científico
a'kribisch ADJ meticuloso, de rigor científico
Akro'bat M ⟨~en; ~en⟩ acróbata *m*; **Akrobatik** F ⟨~⟩ acrobacia *f*; **Akrobatin** F ⟨~; ~nen⟩ acróbata *f*; **akrobatisch** ADJ acrobático
Akro'nym [-'nyːm] N acrónimo *m*
Akt M ⟨~(e)s; ~e⟩ 1 (*Tat*) acto *m* (*a.* THEAT); (*Handlung*) *a.* acción *f* 2 (*Geschlechtsakt*) cópula *f*, acto *m* (carnal) 3 MAL, FOTO desnudo *m*
'Akte F ⟨~; ~n⟩ acta *f*; documento *m*; VERW expediente *m*; dossier *m*; **zu den ~n legen** archivar; *Unerledigtes*: *umg* dar carpetazo a (*a. fig*)
'Aktenauszug M JUR apuntamiento *m*; **Aktenbündel** N legajo *m*; **Aktendeckel** M carpeta *f*; **Akteneinsicht** F JUR vista *f* de los autos; **Aktenkoffer** M portafolios *m*; attaché *m*; *Am* maletín *m* ejecutivo; **aktenkundig** ADJ JUR, VERW **~ sein** constar en los archivos (*od* en acta); **Aktenmappe** F cartera *f* (para documentos), portafolios *m*; **aktenmäßig** ADJ JUR según consta en autos; conforme con los autos; **Aktenmensch** M burócrata *m/f*; **Aktennotiz** F apunte *m*, anotación *f*; **Aktenordner** M archivador *m*; **Aktenschrank** M archivador *m*, clasificador *m*; **Aktenstoß** M legajo *m*; **Aktenstück** N pieza *f* documental; acta *f*; **Aktentasche** F → Aktenmappe; **Aktenvernichter** M triturador *m* (*od* trituradora *f*) de papel; destructora *f* (*od* destructor *m*) de documentos
'Aktenzeichen N VERW, HANDEL número *m* de registro (*od* de referencia); **Ihr/unser ~** su/nuestra referencia; **bei Beantwortung bitte (obiges) ~ angeben** sírvase indicar en su contestación el número de referencia
Ak'teur [ak'tøːr] M ⟨~s; ~e⟩, **Akteurin** F ⟨~; ~nen⟩ 1 actor *m*, - a *f* 2 THEAT, FILM actor *m*, actriz *f*
'Aktfoto N (foto *f* al) desnudo *m*; desnudo *m* fotográfico
'Aktie ['aktsiə] F ⟨~; ~n⟩ WIRTSCH acción *f*; **junge ~** acción *f* nueva; **~ mit/ohne Stimmrecht** acción *f* con/sin derecho a voto; **voll einbezahlte ~** acción *f* totalmente liberada; **~n ausgeben/zeichnen** emitir/suscribir acciones; **mit ~n handeln** negociar con acciones; **die ~n fallen/steigen** las acciones están en baja/están al alza; *umg fig* **wie stehen die ~n?** ¿cómo andan los negocios?; *fig* **seine ~n sind gestiegen** su papel está en alza
'Aktienabschnitt M cupón *m*; **Aktienausgabe** F emisión *f* de acciones; **Aktienfonds** M fondo *m* de acciones; fondo *m* de renta variable; **Aktiengesellschaft** F sociedad *f* anónima; **eine ~ gründen** fundar (*od* constituir) una sociedad anónima; **Aktienhandel** M comercio con (*od* de) acciones; **Aktienindex** M índice *m* de las cotizaciones de las acciones; índice *m* bursátil; **Aktieninhaber** M, **Aktieninhaberin** F accionista *m/f*; titular *m/f* (*od* tenedor *m*, -a *f*) de una acción (*od* de acciones); **Aktienkapital** N capital *m* en acciones (*bzw* social); **Aktienmarkt** M mercado *m* de acciones; sector *m* de renta variable; **Aktienmehrheit** F mayoría *f* de acciones; **Aktienpaket** N paquete *m* de acciones; **ein ~ abstoßen/übernehmen** deshacerse de/adquirir un paquete de acciones; **Aktienschein** M certificado *m* de acciones; **Aktien(um)tausch** M cambio *m* (*od* canje *m*) de acciones; **Aktienzertifikat** N → Aktienschein
Akti'on F ⟨~; ~en⟩ acción *f*; MIL *a.* operación *f*; (*Werbeaktion etc*) campaña *f*; *pl* **~en** *a.* actividades *fpl*; **in ~ treten** entrar en acción
Aktio'när M ⟨~s; ~e⟩, **Aktionärin** F ⟨~; ~nen⟩ accionista *m/f*; **stimmberechtigter ~** accionista *m* con derecho a voto
Aktio'närs(haupt)versammlung F junta *f* de accionistas; **die ~ einberufen** convocar la junta de accionistas
Akti'onsbereich M radio *m* (*od* campo *m*) de acción (*a.* MIL, TECH *u. fig*); **Aktionsfreiheit** F libertad *f* de acción; **Aktionsgruppe** F POL grupo *m* de acción; **Aktionspreis** M (*Sonderpreis*) precio *m* especial; **Aktionsradius** M → Aktionsbereich
ak'tiv ADJ *allg* activo (*a. fig*); MIL en (servicio) activo; **~er Wortschatz** vocabulario *m* activo; **~ werden** activarse, entrar en acción
'Aktiv N ⟨~s⟩ GRAM voz *f* activa
Ak'tiva NPL HANDEL activo *m*; **~ und Passiva** activo y pasivo
Ak'tivbestand M HANDEL activo *m*; MIL efectivos *mpl*; **Aktivbilanz** F balance *m* favorable
akti'vieren [-v-] V/T ⟨*ohne* ge-⟩ HANDEL (a)sentar en el activo, pasar al activo; CHEM *u. fig* activar, relanzar; **Aktivierung** F ⟨~; ~en⟩ activación *f*; HANDEL asiento *m* en el activo
Akti'vist M ⟨~en; ~en⟩, **Aktivistin** F ⟨~; ~nen⟩ activista *m/f*
Aktivi'tät [-v-] F ⟨~; ~en⟩ actividad *f*; **unternehmerische ~** actividad *f* empresarial
Ak'tivkohle F CHEM carbón *m* activado; **Aktivposten** M HANDEL activo *m*; asiento *m* activo; **Aktivsaldo** M HANDEL saldo *m* activo (*od* acreedor); **Aktivseite** F WIRTSCH lado *m* del activo; **auf der ~** en el (*od* del) lado del activo; **Aktivurlaub** M vacaciones *fpl* activas; **Aktivzinsen** MPL intereses *mpl* deudores
'Aktmodell N modelo *m/f* que posa desnudo, -a; **Aktstudie** F desnudo *m*
aktuali'sieren V/T ⟨*ohne* ge-⟩ actualizar
Aktuali'tät F ⟨~; ~en⟩ actualidad *f*
aktu'ell ADJ actual, de actualidad; *Probleme a.* del día, palpitante; (*modern*) de moda, en boga
'Aktzeichnung F desnudo *m*
Akupres'sur F MED acupresura *f*, masaje *m* chino
akupunk'tieren V/T ⟨*ohne* ge-⟩ MED tratar con acupuntura; **Akupunk'tur** F ⟨~; ~en⟩ MED acupuntura *f*
A'kustik F ⟨~⟩ acústica *f*; **gute ~** buenas condiciones acústicas; **akustisch** ADJ acústico
a'kut ADJ agudo (*a.* MED); *fig a.* candente, crítico
AKW N ABK (Atomkraftwerk) central *f* nuclear (*od* atómica)
Ak'zent M ⟨~(e)s; ~e⟩ acento *m*; *mundartlicher a.*: dejo *m*, deje *m*; *fig* **den ~ auf etw** (*acus*) **legen** poner el acento en a/c; **akzentfrei, akzentlos** ADJ & ADV sin acento
akzentu'ieren V/T ⟨*ohne* ge-⟩ acentuar (*a. fig*)
Ak'zept N ⟨~(e)s; ~e⟩ HANDEL aceptación *f*; (*Wechsel*) letra *f* aceptada; **bedingtes ~** aceptación *f* condicional; **Verweigerung** *f* **des ~s** rehuso *m* (*od* falta *f*) de aceptación; **mangels ~** por falta de aceptación
akzep'tabel ADJ aceptable; **Akzep'tant** M ⟨~en; ~en⟩, **Akzep'tantin** F ⟨~; ~nen⟩ HANDEL aceptante *m/f*; **Akzep'tanz** F ⟨~⟩ aceptación *f*; **akzep'tieren** V/T ⟨*ohne* ge-⟩ aceptar (*a. Wechsel*)
Ak'zeptkredit M HANDEL crédito *m* de aceptación
Akzi'denzdruck M ⟨~(e)s; ~e⟩ TYPO (impresión *f* de) remiendos *mpl*
Ala'baster M ⟨~s⟩ alabastro *m*
A'larm M ⟨~s; ~e⟩ alarma *f*, alerta *f*; **falscher** (*od* **blinder**) **~** falsa alarma *f*; **~ schlagen** tocar alarma (*od* a rebato); dar la (voz de) alarma (*a. fig*)
A'larmanlage F sistema *m* (*od* dispositivo *m*) de alarma; **alarmbereit** ADJ alerta; **Alarmbereitschaft** F **in ~** en (estado de) alerta; **Alarmglocke** F timbre *m* de alarma
alar'mieren V/T ⟨*ohne* ge-⟩ alarmar, alertar (*a. fig*), dar la (voz de) alarma; **alarmierend** ADJ *fig* alarmante, inquietante
A'larmsignal N señal *f* de alarma; **Alarmsirene** F sirena *f* de alarma; **Alarmstufe** F **höchste ~** grado *m* máximo de alerta; **~**

Rot alerta *f* roja; **Alarmzeichen** N señal *f* de peligro; alerta *f* (*a. fig*); **Alarmzustand** M estado *m* de alerta; **in den ~ versetzen** poner en estado de alerta

A'laska N ⟨~s⟩ Alaska *m*; **Alaska-Seelachs** M abadejo *m* de Alaska

A'laun M ⟨~s⟩ CHEM alumbre *m*; **Alaunerde** F alúmina *f*; **alaunhaltig** ADJ aluminoso

Al'baner M ⟨~s; ~⟩, **Albanerin** F ⟨~; ~nen⟩ albanés *m*, -esa *f*; **Albanien** N ⟨~s⟩ Albania *f*; **albanisch** ADJ albanés

'Albatros M ⟨~; ~se⟩ ORN albatros *m*

'Albdruck M ⟨~(e)s; ¨~e⟩, **Albdrücken** N ⟨~s⟩ pesadilla *f*

'albern[1] ADJ tonto, bobo; *Arg* otario; **sei nicht ~!** ¡no hagas el tonto (*od* el indio)!; ¡no digas tonterías!

'albern[2] V/I hacer el tonto, tontear

'Albernheit F ⟨~; ~en⟩ tontería *f*; bobada *f*

Al'bino M ⟨~s; ~s⟩ albino *m*

'Albtraum M pesadilla *f* (*a. fig*)

'Album N ⟨~s; Alben⟩ álbum *m* (*a.* MUS); MUS **sein/ihr neuestes ~** su último álbum

Albu'min N ⟨~s; ~e⟩ albúmina *f*

Alchi'mie [-ç-] F ⟨~⟩ HIST alquimia *f*; **Alchi'mist** M ⟨~en; ~en⟩, **Alchi'mistin** F ⟨~; ~nen⟩ alquimista *m/f*

Alcopops ['alkopɔps] PL ⟨~s;⟩ alcopops *pl*

Alde'hyd M ⟨~s; ~e⟩ CHEM aldehído *m*

Ale'xander NPL M **1** *Vorname*: Alejandro *m* **2** **~ der Große** Alejandro Magno

Ale'xandria N ⟨~s⟩ Alejandría *f*

Alexan'driner M ⟨~s;~⟩ LIT *Vers*: alejandrino *m*

'Alge F ⟨~; ~n⟩ alga *f*

'Algebra F ⟨~⟩ MATH álgebra *f*

alge'braisch ADJ MATH algebraico

'Algenteppich M pradera *f* (*od* alfombra *f*) de algas; **Algentherapie** F algoterapia *f*

Al'gerien N ⟨~s⟩ Argelia *f*; **Algerier** M ⟨~s; ~⟩, **Algerierin** F ⟨~; ~nen⟩ argelino *m* -a *f*; **algerisch** ADJ argelino

'Algier ['alʒiːr] N ⟨~s⟩ *Stadt*: Argel *m*

'alias ADV alias

'Alibi N ⟨~s; ~s⟩ JUR coartada *f*; **sein ~ nachweisen** probar la coartada; **Alibifrau** F mujer *f* que sirve de coartada; **Alibifunktion** F coartada *f*

Ali'mente NPL JUR alimentos *mpl*, pensión *f* alimenticia; **Alimentenforderung** F pretensión *f* alimenticia

Al'kali N ⟨~s; ~en⟩ CHEM álcali *m*; **alkaliartig** ADJ CHEM alcalinoso

al'kalisch ADJ CHEM alcalino

alkali'sieren V/T ⟨*ohne* ge-⟩ CHEM alcalinizar

Alkalo'id N ⟨~(e)s; ~e⟩ CHEM alcaloide *m*

'Alkohol M ⟨~s; ~e⟩ alcohol *m*; **alkoholabhängig** ADJ alcohólico, adicto al alcohol; **Alkoholabhängige** M/F ⟨~n; ~n; → A⟩ alcohólico *m*, -a *f*; adicto *m*, -a *f* al alcohol; **Alkoholeinfluss** M **unter ~** bajo los efectos del alcohol; **alkoholfeindlich** ADJ antialcohólico; **alkoholfrei** ADJ sin alcohol; **Alkoholgehalt** M graduación *f* alcohólica; *im Blut*: alcoholemia *f*; **Alkoholgenuss** M ingesta *f* de alcohol; **alkoholhaltig** ADJ alcohólico

Alko'holika NPL bebidas *fpl* alcohólicas; **Alkoholiker** M ⟨~s; ~⟩, **Alkoholikerin** F ⟨~; ~nen⟩ alcohólico *m*, -a *f*; **alkoholisch** ADJ alcohólico; *i. w. S* etílico; **~e Getränke** bebidas *fpl* alcohólicas (*od* espirit[u]osas)

alkoholi'sieren V/T ⟨*ohne* ge-⟩ alcoholizar; **alkoholi'siert** ADJ alcoholizado; **in ~em Zustand** bajo los efectos del alcohol

Alkoho'lismus M ⟨~⟩ alcoholismo *m*

'Alkoholkonsum M consumo *m* de alcohol; **Alkoholmissbrauch** M abuso *m* del alcohol; **Alkoholprobe** F AUTO prueba *f* de alcoholemia; **Alkoholproblem** N problema *m* de alcoholismo; **ein ~ *od* ~e haben** tener problemas con el alcohol

'Alkoholschmuggel M contrabando *m* de licores; **Alkoholschmuggler** M, **Alkoholschmugglerin** F contrabandista *m/f* de licores

'Alkoholspiegel M nivel *m* de alcohol en la sangre, alcoholemia *f*; **alkoholsüchtig** ADJ adicto al alcohol; **Alkoholsünder** M, **Alkoholsünderin** F *umg* conductor *m*, -a *f* embriagado, -a; conductor *m*, -a *f* bajo los efectos (*od* la influencia) del alcohol; **Alkoholtest** M prueba *f* de alcoholemia; **Alkoholverbot** N prohibición *f*, ley *f* seca; **Alkoholvergiftung** F intoxicación *f* alcohólica (*od* etílica)

Al'koven M ⟨~s; ~⟩ *geh obs* alcoba *f*

all → alle[1], alles

All N ⟨~s⟩ universo *m*, cosmos *m*

all'abendlich ADV todas las noches, cada noche

'allbekannt ADJ universalmente conocido, archiconocido; notorio; **es ist ja ~, dass** no es un secreto para nadie que, todo el mundo sabe que

'alle[1] INDEF PR **A** ADJ **1** PL todos/as; (*jeder*) cada; **~ beide** ambos/as, los/las dos; **auf ~ Fälle** en todo caso, de todos modos; **ein für ~ Mal** (de) una vez para siempre; **~ Leute** *od* **Welt** todo el mundo; **in ~r Form** formalmente **2** SG todo/a; **~ Kraft** toda la fuerza; **~r Ärger** todo el fastidio, todos los problemas; → alles **3** *zeitlich*: **~ Augenblicke** a cada momento; en cualquier momento; **~ Tage** todos los días, a diario; **~ acht Tage** cada ocho días; **~ zwei Jahre** cada dos años; **für ~ Zeiten** para siempre **B** *subst* **1** todos; todo el mundo; **~ und jeder** todos (y cada uno); **sie/wir ~** todos ellos/nosotros; **~ die** (todos) cuantos, todos los que; **~ mal herhören!** ¡escuchad todos! **2** *umg* **du hast sie wohl nicht mehr ~!** ¡estás loco!

'alle[2] ADV *umg* **1** (*aufgebraucht*) acabado, terminado; **es ist ~** se ha acabado, no hay más; **~ machen** acabar con; **~ werden** acabarse, agotarse **2** *fig* (*erschöpft*) *umg* hecho polvo

alle'dem PRON **bei ~** con todo

Al'lee [a'leː] F ⟨~; ~n⟩ avenida *f*; paseo *m*

Allego'rie F ⟨~; ~n⟩ alegoría *f*; **alle'gorisch** ADJ alegórico

al'lein[1] **A** ADJ solo; (*einsam*) solitario; **ganz ~** completamente solo; *umg* solito **B** ADV **1** (*nur*) sólo, solamente, únicamente; (*ausschließlich*) exclusivamente; **einzig und ~** tan sólo, únicamente; **dies ~ genügt nicht** esto solo no basta; **du ~ bist schuld!** ¡la culpa es sólo tuya!; **nicht ~ ..., sondern auch** no sólo ... sino también **2** (*ohne Hilfe*) por sí solo; **das schafft er ganz ~** él se basta (y se sobra) para hacer eso **3** (*einsam, ohne andere Anwesende*) a solas; (*getrennt*) separadamente, por separado; **~ leben** vivir solo; **ich möchte dich ~ sprechen** quiero hablar contigo a solas **4** *geh* **(schon) ~ der Gedanke** sólo con pensarlo **5** *umg* **von ~** automáticamente; **der Schmerz ist von ~ weggegangen** el dolor se pasó solo

al'lein[2] KONJ *geh* (*jedoch*) mas, pero

Al'leinauslieferung F exclusiva *f*; **Alleinbesitz** M posesión *f* exclusiva

al'leine *umg* → allein[1]

Al'leinerbe M, **Alleinerbin** F heredero *m*, -a *f* universal (*od* único, -a)

al'leinerziehend ADJ, **allein erziehend** ADJ **~e Mutter** madre *f* soltera

Al'leinerziehende M/F ⟨~n; ~n; → A⟩ madre *f* soltera, padre *m* soltero

Al'leinflug M vuelo *m* individual; **Alleingang** M **1** **im ~** solo, a solas, en solitario **2** SPORT jugada *f* individual (*od* en solitario); **Alleinhandel** M monopolio *m*; **Alleinherrschaft** F autocracia *f*; **Alleinherrscher** M, **Alleinherrscherin** F autócrata *m/f*; **Alleinhersteller** M fabricante *m* exclusivo

al'leinig ADJ solo, único; (*ausschließlich*) exclusivo

Al'leinsein N ⟨~s⟩ soledad *f*

al'leinstehend ADJ solo; *Gebäude* aislado; (*ledig*) soltero, célibe

Al'leinstehende M/F ⟨~n; ~n; → A⟩ soltero *m*, -a *f*; **Alleinstellungsmerkmal** N HANDEL ventaja *f* diferencial; Propuesta *f* Única de Venta; **Alleinunterhalter** M, **Alleinunterhalterin** F animador *m*, -a *f*; **Alleinverdiener** M, **Alleinverdienerin** F *persona cuyo sueldo es el único de la casa*; **Alleinverkauf** M venta *f* exclusiva; *Recht*: exclusiva *f* (*od* monopolio *m*) de venta

Al'leinvertreter M, **Alleinvertreterin** F representante *m/f* exclusivo, -a; **Alleinvertretung** F representación *f* exclusiva; **Alleinvertretungsvertrag** M contrato *m* de representación exclusiva

Al'leinvertrieb M (distribución *f*) exclusiva *f*; **Alleinvertriebsrechte** NPL derechos *mpl* de distribución exclusiva

'allemal ADV (*leicht, auf jeden Fall*) de todos modos, sin duda (alguna); **das können wir ~ besser** eso lo podemos hacer mejor sin duda alguna; **das reicht ~** esto alcanza de todos modos

'allenfalls ADV (*höchstens*) cuando más, a lo sumo; (*vielleicht*) quizá, acaso; **allenthalben** ADV *geh* en (*od* por) todas partes, por dondequiera, por doquier(a)

'aller INDEF PR M → alle[1] A 1

'aller... IN ZSSGN el más ... (de todos)

'aller'art ADJ de todas clases

'aller'beste(r, -s) **A** ADJ el mejor de todos; **(nur) das Allerbeste** (sólo) lo mejor de todo; **aufs Allerbeste** del mejor modo posible **B** ADV **am ~n** lo mejor

'aller'dings ADV **1** *einschränkend*: pero, sin embargo; **ich schwimme gern, ~ nur im Sommer** me gusta nadar, pero sólo en verano; **das ist ~ etwas anderes** claro que eso es otra cosa; **das ist ~ wahr** eso también es verdad **2** *verstärkend*: en efecto, realmente; (*gewiss*) por cierto, ciertamente; **~!** ¡ya lo creo!, ¡claro que sí!, ¡por supuesto!

'aller'erste(r, -s) ADJ **der/die Allererste** el primero/la primera de todos

Aller'gen N ⟨~s; ~e⟩ MED alérgeno *m*

Aller'gie F ⟨~; ~n⟩ MED alergia *f*

Al'lergiker M ⟨~s; ~⟩, **Allergikerin** F ⟨~; ~nen⟩ alérgico *m*, -a *f*; **allergisch** **A** ADJ MED alérgico (**gegen** a) **B** ADV **auf etw** (*acus*) **~ reagieren** ser alérgico a a/c

'aller'hand ADJ **1** (*vielerlei*) diversos, varios, toda clase de **2** (*viel*) mucho; *umg* **~ Geld** un dineral; **sie hat ~ mitgemacht** *umg* las ha pasado moradas; **das ist ja ~!** *lobend*: ¡esto es extraordinario!, *umg* ¡qué bárbaridad!; *tadelnd*: ¡esto es el colmo!

'Aller'heiligen N (día *m* de) Todos los Santos; **allerheiligst** ADJ REL santísimo; **Allerheiligste(s)** N ⟨~n; → A⟩ REL Santísimo *m* (Sacramento); *jüdisch u. fig*: sancta-sanctórum *m*

'aller'höchste(r, -s) ADJ altísimo, supremo; **auf ~n Befehl** por orden suprema; **es ist ~ Zeit zu ...** es ya más que hora de ...; **es ist ~ Zeit!** ¡ya es hora!; **allerhöchstens** ADV a lo sumo, todo lo más, *umg* a todo tirar

'aller'lei ADJ → allerhand 1
'Aller'lei N ⟨~s; ~s⟩ mezcla *f* heterogénea, *umg* mezcolanza *f*; GASTR **Leipziger ~** *plato típico a base de verduras variadas*
'aller'letzte(r, -s) ADJ el último/la última de todos; *umg* **das ist ja (wirklich) das Allerletzte!** ¡eso es lo que faltaba!
'aller'liebste(r, -s) **A** ADJ encantador, delicioso, *umg Kind* monísimo **B** ADV **am ~n** lo que más me, te, *etc* gustaría; **sie mag am ~n Erbsen** lo que más le gustan son los guisantes
'aller'meiste(r, -s) **A** ADJ la mayor parte, la mayoría de; **die ~n (Menschen)** la gran mayoría **B** ADV **am ~n** sobre todo, máxime
'aller'nächste(r, -s) **A** ADJ el más próximo; **in ~r Zeit** en un futuro muy próximo, dentro de muy poco **B** ADV **am ~n** muy próximamente
'aller'neu(e)ste(r, -s) ADJ el más nuevo; **das Allerneu(e)ste** *Nachrichten, Mode*: la última novedad
'Aller'nötigste(s) N, **Allernot'wendigste(s)** N ⟨~n; → A⟩ **das ~** lo estrictamente necesario, lo indispensable
'aller'orten ADV *obs*, **aller'orts** ADV *geh* en todas partes
'aller'schlimmste(r, -s) **A** ADJ el peor (de todos) **B** ADV **am ~n** lo peor de lo peor
'Aller'seelen N día *m* de (los fieles) difuntos
'aller'seits ADV de (*od* por) todas partes; *umg* a todos (los presentes); *umg* **guten Morgen ~!** ¡buenos días a todos!
'aller'spätestens ADV a más tardar
'Aller'welts... IN ZSSGN común, ordinario; **Allerweltskerl** M *umg* factótum *m*, mequetrefe *m*
'aller'wenigste(r, -s) **A** ADJ **das ist das Allerwenigste** esto es lo de menos **B** ADV **am ~n** lo menos (de todo)
'Aller'werteste(r) M ⟨~n; ~n; → A⟩ *umg hum* trasero *m*
'alles INDEF PR **1** *allg* todo, todas las cosas; **~ was** (todo) cuanto, todo lo que; **~ oder nichts** o todo o nada; **ist das ~?** ¿nada más?; **das ist ~** eso es todo; **das ist noch nicht ~** esto no quedará así; no se acaba todo ahí; **damit ist ~ gesagt** con eso está dicho todo (*od* queda todo dicho); **er/sie kann ~** sabe de todo; **auf ~ gefasst sein** estar preparado para cualquier cosa; **~ in allem** en total; en resumen, en resumidas cuentas; a fin de cuentas; **trotz allem** a pesar de todo; *umg* **um ~ in der Welt!** por (el amor de) Dios!; **vor allem** sobre todo, ante todo **2** *vor subst*: **~ Mögliche** todo lo posible, de todo; **~ Spanische** todo lo español; *Glückwunsch*: **~ Gute!** ¡enhorabuena!, ¡felicidades!; *am Briefschluss*: **~ Liebe** ≈ un abrazo **3** *fig* **er ist mein Ein und Alles** él lo es todo para mí **4** *umg* (*alle*) **~ aussteigen!** bájense todos!; **wer kommt ~** ¿quién va venir?
'allesamt ADV todos juntos, todos sin excepción
'Allesfresser M ZOOL omnívoro *m*; **Alleskleber** M pegamento *m* universal; *umg* pegalotodo *m*; **Allesschneider** M (máquina *f*) cortadora *f* universal; **Alleswisser** M *umg pej* sabelotodo *m*
'allezeit ADV siempre, en todo tiempo, en todos los tiempos
allg. ABK (allgemein) general(mente)
All'gegenwart F omnipresencia *f*, ubicuidad *f*; **allgegenwärtig** ADJ omnipresente, ubicuo
'allge'mein **A** ADJ general, universal; **~e Redensart** generalidad *f*; **~e Versicherungsbedingungen** condiciones *fpl* generales de(l) seguro; HANDEL **~es Zoll- und Handelsabkommen** acuerdo *m* general sobre aranceles y comercio; **zur ~en Überraschung** para sorpresa de todos; **B** ADV **1** en general; generalmente, universalmente; **~ anerkannt** universalmente reconocido (*od* aceptado); **~ bekannt sein** ser del dominio público; **~ beliebt sein** ser muy popular; **~ gesprochen** (dicho) en términos generales; **~ gültig** → allgemeingültig; **~ üblich** de uso general; **~ verbreitet** generalizado; popular; **~ verständlich** comprensible para todos → *a* allgemeinbildend **2** **im Allgemeinen** en (*od* por lo) general, por regla general
Allge'meinarzt M, **Allgemeinärztin** F → Allgemeinmediziner; **Allgemeinbefinden** N ⟨~s⟩ estado *m* general
allge'meinbildend ADJ, **allgemein bildend** ADJ *Schule* de formación general
Allge'meinbildung cultura *f* general
allge'meingültig ADJ universal, generalmente aceptado
Allge'meingut N bien *m* común; **(zum) ~ werden** generalizarse, vulgarizarse; **Allgemeinheit** F ⟨~⟩ generalidad *f*; (*Öffentlichkeit*) el común de las gentes, público *m* (en general)
Allge'meinmedizin F medicina *f* general; **Allgemeinmediziner** M, **Allgemeinmedizinerin** F médico *m*, -a *f* (de medicina) general, médico *m*, -a *f* generalista
Allge'meinplatz M lugar *m* común, tópico *m*; (*Plattheit*) trivialidad *f*
allge'meinverständlich ADJ → allgemein A
Allge'meinwissen N conocimiento *m* general; **Allgemeinwohl** N bien(estar) *m* común; **Allgemeinzustand** M → Allgemeinbefinden
'Allgewalt F ⟨~⟩ *geh* omnipotencia *f*; **allgewaltig** ADJ omnipotente, todopoderoso
All'heilmittel N panacea *f* (*a. fig*), *umg* sanalotodo *m*, curalotodo *m*
Alli'anz F ⟨~; ~en⟩ alianza *f*
Alli'gator M ⟨~s; ~en⟩ ZOOL aligátor *m*
alli'ieren V/R ⟨*ohne* ge-⟩ **sich ~** aliarse **(mit** con, a); **alli'iert** ADJ aliado; **Alli'ierte** M/F ⟨~n; ~n; → A⟩ aliado *m*, -a *f*; HIST POL **die ~n** *pl* los Aliados
Alliterati'on F ⟨~; ~en⟩ aliteración *f*
'all'jährlich **A** ADJ anual **B** ADV anualmente, todos los años
'Allmacht F ⟨~⟩ omnipotencia *f*
all'mächtig ADJ omnipotente, todopoderoso; **der Allmächtige** (*Gott*) el Todopoderoso
all'mählich **A** ADJ gradual, paulatino **B** ADV gradualmente, paulatinamente, poco a poco; **ich werde ~ müde** me empiezo a sentir cansado; **es wurde ~ Zeit!** ¡ya iba siendo hora!
'all'monatlich **A** ADJ mensual **B** ADV mensualmente, cada mes
Allo'path M ⟨~en; ~en⟩ MED alópata *m*; **Allopa'thie** F ⟨~⟩ MED alopatía *f*; **Allo'pathin** F ⟨~; ~nen⟩ MED alópata *f*
Al'lotria N ⟨~(s)⟩ *obs* travesura *f*; **~ treiben** travesear, hacer travesuras
'Allpar'teien... IN ZSSGN de todos los partidos; **Allparteienkoalition** F coalición *f* de todos los partidos
'Allradantrieb M propulsión *f* integral, tracción *f* en (*od* sobre) las cuatro ruedas
'allseitig **A** ADJ universal **B** ADV por todas partes; **allseits** ADV en todas partes, con (*od* por) todo el mundo
'Alltag M vida *f* cotidiana; día a día *m*; **der graue ~** la triste rutina; **im ~** en la vida cotidiana, en el día a día
all'täglich ADJ **1** cotidiano, de cada día **2** (*gewöhnlich*) corriente; común, trivial, banal; **etwas ganz Alltägliches** algo muy corriente (*bzw* trivial); **Alltäglichkeit** F ⟨~; ~en⟩ cotidian(e)idad *f*; (*Gewöhnlichkeit*) trivialidad *f*, banalidad *f*
'alltags ADV cotidianamente
'Alltagsdinge PL cosas *fpl* de cada día; **Alltagskleid** N vestido *m* de diario; **Alltagskost** F comida *f* ordinaria (*od* corriente), *umg* pitanza *f*; **Alltagsleben** N vida *f* cotidiana, rutina *f* diaria; **Alltagsmensch** M hombre *m* vulgar (*od* adocenado); **Alltagsstress** M estrés *m* de todos los días
'allumfassend ADJ universal
Al'lüren FPL *geh pej* caprichos *mpl*; aires *mpl*
'all'wissend ADJ omnisciente; **Allwissenheit** F ⟨~⟩ omnisciencia *f*
'all'wöchentlich ADJ semanal
'Allzeithoch N *Börse*: alza *f* constante; **Allzeittief** N *Börse*: baja *f* constante
'allzu ADV demasiado; **~ früh** demasiado pronto; **~ gut** demasiado bien; **~ sehr** demasiado, en exceso; **~ viel** demasiado
'Allzweck... IN ZSSGN universal, para todos los usos; **Allzweckreiniger** M limpiador *m* general
Alm F ⟨~; ~en⟩ pasto *m* alpino
'Almanach M ⟨~s; ~e⟩ almanaque *m*, calendario *m*
'Almosen N ⟨~s; ~⟩ limosna *f*, caridad *f*; **um (ein) ~ bitten** pedir limosna; **Almosenempfänger** M, **Almosenempfängerin** F *pej* persona *f* que vive de la caridad pública
'Aloe ['a:loə] F ⟨~; ~n⟩ BOT áloe *m*
Alp F ⟨~; ~en⟩ *schweiz u. reg* → Alm
Al'paka N ⟨~s⟩ ZOOL *u. Stoff*: alpaca *f*; **Alpaka(silber)** N metal *m* blanco, alpaca *f*
al 'pari ADV HANDEL a la par
'Alpdruck → Albdruck
'Alpe F ⟨~; ~n⟩ *österr* → Alm
'Alpen FPL Alpes *mpl*; **Alpenglühen** M arrebol *m* alpestre (*od* en los Alpes); **Alpenjäger** M MIL cazador *m* alpino; **Alpenkonvention** F; POL Convención *f* Alpina; **Alpenrose** F rosa *f* de los Alpes, rododendro *m*; **Alpenveilchen** N ciclamino *m*, ciclamen *m*; **Alpenverein** M club *m* alpino
Alpha'bet N ⟨~(e)s; ~e⟩ alfabeto *m*, abecedario *m*; **alpha'betisch** **A** ADJ alfabético **B** ADV alfabéticamente; por orden alfabético; **~ ordnen** ordenar alfabéticamente; **alphabeti'sieren** V/T ⟨*ohne* ge-⟩ alfabetizar; **alphanu'merisch** ADJ alfanumérico
'Alphastrahlen MPL PHYS rayos *mpl* alfa; **Alphateilchen** N PHYS partícula *f* alfa; **Alphatier** N ZOOL, *fig* macho *m* alfa
'Alphorn N MUS cuerno *m* alpino, alphorn *m*
al'pin ADJ alpino, alpestre
Alpi'nismus M ⟨~⟩ alpinismo *m*; **Alpinist** M ⟨~en; ~en⟩, **Alpinistin** F ⟨~; ~nen⟩ alpinista *m/f*, montañero *m* -a *f*; **alpinistisch** ADJ alpinista
'Alptraum M → Albtraum
Al'raun M ⟨~(e)s; ~e⟩, **Al'raune** F ⟨~; ~n⟩ MYTH mandrágora *f*
als KONJ **1** *Art, Eigenschaft*: como, de, en calidad (*od* concepto) de; **~ Entschädigung** en concepto (*od* a título) de indemnización; **~ Entschuldigung** como disculpa; **~ Frau/Mann** *etc* como mujer/hombre, *etc*; **er war ~ Botschafter in Berlin** estaba como (*od* de) embajador en Berlín; **er starb ~ Held** murió como un héroe; **in ihrer Eigenschaft ~ Direktorin** en su calidad de directora; **~ Führer dienen** servir de guía **2** *nach komp*: que; *vor e-r Zahl*: de; **größer ~** mayor que; **du bist jünger ~ ich** eres más joven que yo; **ich würde eher sterben ~ …** antes me moriría que …; **mehr ~ 20 Jahre** más de 20 años; **mehr ~ genug**

más que suficiente; **umso mehr ~** tanto más cuanto que **3** *im Vergleich*: de la (*od* lo) que, del que; **ich tue mehr ~ ich kann** hago más de lo que puedo; **ich habe mehr Geld ~ ich brauche** tengo más dinero del que necesito; **er ist zu gut, ~ dass** es demasiado bueno para (*inf*) (*od* para que *subj*); **~ ob** *od* **~ wenn** como si (*subj*) **4** (*anstelle von*) a guisa de **5** *zeitlich*: cuando; **damals ~** entonces cuando; **gerade ~** precisamente cuando; **~ ich ihn fragte** cuando le pregunté; **sofort ~ ich ihn sah** en cuanto (*od* tan pronto como) le vi **6** *nach Negation*: menos, excepto; **alles andere ~ hübsch** todo menos (*od* excepto) bonito; **niemand anders ~ du** nadie sino tú, nadie más que tú **7** **sowohl ... ~ auch ...** tanto ... como ...

als'bald ADV *geh* en seguida, inmediatamente; **als'dann** ADV *geh* entonces; luego, después

'also **A** ADV así, de este modo **B** KONJ **1** *folgernd*: conque; por tanto, por consiguiente; (*das heißt*) o sea; *verstärkend*: bueno; *zusammenfassend*: **du kommst ~ nicht?** ¿entonces no vienes?, ¡es decir (*od* de modo) que no vienes! **2** (*nun gut*) pues bien, ahora bien; **~ gut!** ¡pues bueno (*od* bien)! **3** INT **~ doch!** ¡que sí!; **~ los!** ¡vámonos pues!, *umg* ¡venga ya!; **na ~!** ¡en (*od* por) fin!; *umg* **~, so was!** ¡bueno, mira!

alt ADJ ⟨"er; "este⟩ **1** *allg* viejo; *Person a.* anciano; *Sache a.* vetusto; **~ machen** envejecer; **~ werden** hacerse viejo; **~ aussehen** parecer mayor; *umg fig* encontrarse en apuros; **er sieht nicht so ~ aus, wie er ist** no aparenta la edad que tiene **2** *Altersangaben*: **wie ~ sind Sie?** ¿cuántos años (*od* qué edad) tiene usted?; **er ist zehn Jahre ~** tiene diez años; **ein zehn Jahre ~er Junge** un chico de diez años; **sie ist so ~ wie ich** tiene la misma edad que yo; **sie ist doppelt so ~ wie ich** me dobla la edad **3** (*historisch*) antiguo; **das ~e Rom** la Roma Antigua; **die ~en Sprachen** las lenguas *fpl* antiguas (*od* clásicas); **die ~en Germanen** los antiguos teutones **4** (*früher*) viejo, de antes; **eine ~e Bekannte** una vieja conocida; **in ~en Zeiten** en tiempos pasados, en viejos tiempos **5** *umg fig* **das ~e Lied** *od* **die ~e Leier** la misma cantinela; *hum* **hier werde ich nicht ~** aquí no tengo futuro **6** (*erprobt*) experimentado; veterano **7** (*gebraucht*) usado, gastado; (*nicht mehr frisch*) *Brot etc* viejo

Alt M ⟨~s; ~e⟩ MUS contralto *m*

Al'tan M ⟨~(e)s; ~e⟩ ARCH azotea *f*, terraza *f*; galería *f*

Al'tar M ⟨~s; -täre⟩ altar *m*; **Altarbild** N retablo *m*; **Altardecke** F → Altartuch; **Altarraum** M presbiterio *m*; **Altartuch** N sabanilla *f*

'altbacken ADJ sentado, reposado

'Altbau M ⟨~(e)s; ~ten⟩ construcción *f* antigua; **Altbausanierung** F saneamiento *m* de un edificio antiguo; **Altbauwohnung** F piso *m* en un edificio antiguo

'altbekannt ADJ archiconocido; **altbewährt** ADJ (bien) probado, acreditado; **altdeutsch** ADJ alemán antiguo

'Alte M/F ⟨~n; ~n; → A⟩ **1** *allg* viejo *m*, -a *f*, anciano *m*, -a *f* **2** *umg* **der ~** (*Vater*) el padre, *umg* el viejo; (*Chef*) el jefe; *umg* **die ~** (*Mutter*) la madre; **die ~n** *pl umg* (*Eltern*) los padres *mpl*; HIST los antiguos *mpl* **3** *umg neg!* **meine ~** (*Gattin*) *umg* mi costilla (*od* media naranja); THEAT **komische ~** *f* característica *f* **4** *fig* **er ist immer noch der ~** es el (mismo) de siempre; **sie ist wieder ganz die ~** ha vuelto a ser la de antes

'Alte(s) N ⟨~n; → A⟩ (lo) viejo; (lo) antiguo; **es bleibt alles beim ~n** todo sigue igual, todo sigue como antes

'alt'ehrwürdig ADJ *geh* venerable

'alt'eingesessen ADJ establecido desde largo tiempo

'Alteisen N chatarra *f*; **Alteisenhändler** M, **Alteisenhändlerin** F chatarrero *m*, -a *f*

'Altenheim N residencia *f* de ancianos (*od* de la tercera edad); **Altenpflege** F cuidado *m* de ancianos, gerocultura *f*; **Altenpflegeheim** N centro *m* geriátrico; **Altenpfleger** M, **Altenpflegerin** F gerocultor *m*, -a *f*, cuidador *m*, -a *f* (de ancianos); **Altenteil** N JUR reserva *f* (legal); *fig* **sich aufs ~ setzen** *od* **zurückziehen** retirarse (de los negocios); **Altenwohnanlage** F instalación *f* residencial para la tercera edad; **Altenwohnheim** N residencia *f* para ancianos (*od* la tercera edad)

'Alter[1] N ⟨~s; ~⟩ **1** edad *f*; **im ~ von** a la edad de; **im ~ von 30 Jahren** a la edad de 30 años; **in meinem ~** a mi edad; **er ist in meinem ~** es de mi edad; **hohes ~** avanzada edad; **mittleren ~s** de mediana edad; **aus dem ~ bin ich heraus** ya no estoy para estos trotes **2** (*Altsein*) vejez *f*, ancianidad *f*, senectud *f*; (*Dienstalter*) antigüedad *f*; **im ~** en la vejez; *sprichw* **~ schützt vor Torheit nicht** a la vejez, viruelas

'Alter[2] M → Alte

'älter ADJ (*komp v.* **alt**) **1** más viejo; **er ist 10 Jahre ~ als ich** tiene 10 años más que yo, me lleva 10 años; **er sieht ~ aus, als er ist** parece más viejo de lo que es; **~ werden** hacerse mayor; **j-n ~ machen** *Kleidung* hacer parecer mayor a alg **2** *Bruder, Schwester etc* mayor; **mein ~er Bruder** mi hermano mayor **3** **eine ~e Dame** una señora de (cierta) edad; **ein ~er Herr** un señor metido (*od* entrado) en años

'altern V/I envejecer, hacerse viejo, *umg* ir para viejo

'Altern N ⟨~s⟩ envejecimiento *m*

alterna'tiv ADJ **~es Leben** vida *f* alternativa; **Alternativangebot** N oferta *f* alternativa

Alterna'tive [-v-] F ⟨~; ~n⟩ alternativa *f*, opción *f*, disyuntiva *f*; **Alternativlösung** F solución *f* alternativa; **Alternativmedizin** F medicina *f* alternativa

alter'nieren V/I ⟨*ohne* ge-⟩ alternar

'alters ADV **von ~ her** desde muy antiguo

'Altersaufbau M estructura *f* por edades; **Altersbeschwerden** FPL achaques *mpl* de la vejez; **Alterserscheinung** F síntoma *m* de vejez; **Altersfleck** M MED lentigo *m* solar, lentigo *m* senil; **Altersforschung** F gerontología *f*; **Altersfürsorge** F asistencia *f* a la vejez, *sp* Servicio *m* Social de la Tercera Edad; **Altersgenosse** M, **Altersgenossin** F coetáneo *m*, -a *f*; **Altersgrenze** F límite *m* de edad; *für Beamte*: edad *f* de jubilación; **Altersgründe** MPL **aus ~n** por razones de edad; **Altersgruppe** F grupo *m* de personas de la misma edad; **Altersheilkunde** F geriatría *f*; **Altersheim** N residencia *f* de ancianos (*od* para la tercera edad); **Altersklasse** F clase *f* de edad; MIL quinta *f*; **Alterskrankheit** F enfermedad *f* senil; **Facharzt** *m* **für ~en** geriatra *m*; **Alterspräsident** M, **Alterspräsidentin** F decano *m*, -a *f*; **Alterspyramide** F pirámide *f* de edades; **Altersrente** F pensión *f* de vejez; **Altersruhegeld** N pensión *f* de jubilación

'altersschwach ADJ caduco, decrépito; **Altersschwäche** F MED debilidad *f* senil, decrepitud *f*; **Altersschwachsinn** M MED demencia *f* senil; *umg* chochez *f*

'Alterssichtigkeit F ⟨~⟩ MED presbicia *f*; **Altersteilzeit** F ⟨~⟩ WIRTSCH reducción *f* de jornada por la edad; **Altersunterschied** M diferencia *f* de edad; **Altersunterstützung** F ayuda *f* por (*od* de) ancianidad; **Altersversicherung** F seguro *m* de vejez; **Altersversorgung** F jubilación *f*; pensión *f*; MIL retiro *m*; **betriebliche ~** plan *m* de pensiones para los empleados; **private ~** jubilación privada; **Altersvorsorge** F **private ~** previsión *f* privada de pensiones; **Alterszulage** F prima *f* (*od* plus *m*) de antigüedad

'Altertum N ⟨~s⟩ antigüedad *f*, edad *f* antigua

'altertümelnd ADJ arcaizante

'Altertümer PL antigüedades *fpl*; **altertümlich** **A** ADJ antiguo, arcaico; (*obs*) antiguado; *Gebäude, Möbel* vetusto **B** ADV a la antigua

'Altertumsforscher M, **Altertumsforscherin** F arqueólogo *m*, -a *f*; **Altertumsforschung** F, **Altertumskunde** F arqueología *f*

'Alterung F ⟨~; ~en⟩ TECH maduración *f*; envejecimiento *m*

'älteste(r, -s) ADJ (*sup v.* **alt**) el más viejo (*bzw* antiguo); *Sohn, Tochter* mayor; **meine ~ Tochter** la mayor de mis hijas

'Älteste M/F ⟨~n; ~n; → A⟩ **1** *Kind etc* **mein ~r** mi hijo mayor (*bzw* primogénito); **meine ~** la mayor de mis hijas **2** *e-r Körperschaft*: decano *m*, -a *f*; **Ältestenrat** M POL Consejo *m* de Ancianos; **Ältester** M → Älteste

'Altflöte F MUS flauta *f* contralto (*od* en sol)

'Altglas N vidrio *m* (*od* cristal *m*) usado; *wiederverwertbar*: vidrio *m* (*od* cristal *m*) reciclable; **Altglascontainer** [-kɔnteːnər] M contenedor *m* de vidrio (*od* de botellas)

alt'hergebracht ADJ tradicional, antiguo

'althochdeutsch ADJ antiguo alto alemán

'Althochdeutsch N ⟨~en⟩ antiguo alto alemán *m*

Al'tist M ⟨~en; ~en⟩, **Altistin** F ⟨~; ~nen⟩ MUS contralto *m/f*

alt'jüngferlich ADJ de solterona

'altkatholisch ADJ católico viejo (*od* liberal)

'Altkleidercontainer [-kɔnteːnər] M contenedor *m* de ropa usada; **Altkleiderhändler** M, **Altkleiderhändlerin** F ropavejero *m*, -a *f*; **Altkleidersammlung** F recogida *f* de ropa usada

'altklug ADJ precoz; (*vorlaut*) petulante, *umg* sabihondo

'Altlast F **1** (*stillgelegte Müllkippe, Halde etc*) depósito *m* viejo, vertedero *m* antiguo; **~en** *fpl a.* residuos *mpl* contaminantes **2** *allg* carga *f* heredada (del pasado); **Altlastensanierung** F saneamiento *m* de residuos contaminantes (*od* de depósitos viejos)

'ältlich ADJ entrado en años; de edad

'altmachen V/T, **'alt machen** V/T envejecer

'Altmaterial N material *m* viejo; *verwertbares*: material *m* de recuperación; **Altmeister** M SPORT ex campeón *m*; **Altmetall** N metal *m* viejo

'altmodisch ADJ anticuado; pasado de moda

'Altöl N aceite *m* usado (*od* de desecho)

'Altpapier N papel *m* usado (*od* viejo), TYPO maculatura *f*; (*Recyclingpapier*) papel reciclable; **Altpapiercontainer** [-kɔnteːnər] M contenedor *m* de papel (usado); **Altpapiersammlung** F recogida *f* del papel usado

'Altphilologe M filólogo *m* clásico; **Altphilologie** F filología *f* clásica; **Altphilologin** F filóloga *f* clásica

'altrosa ADJ ⟨*inv*⟩ rosa viejo

Altru'ismus M ⟨~⟩ *geh* altruismo *m*; **altruistisch** ADJ *geh* altruista

'Altstadt F casco *m* antiguo; **Altstadtsa-**

nierung F saneamiento m del casco antiguo

'Altsteinzeit F paleolítico m; **Altstimme** F MUS contralto m

'Alt-Taste F IT tecla f ALT

'altväterlich ADJ patriarcal

'Altwarenhändler M, **Altwarenhändlerin** F chamarilero m, -a f; trapero m, -a f

Alt'weibersommer M 1 veranillo m de San Martín; *Am. Mer* veranillo m de San Juan 2 *(Spinnfäden)* hilos mpl volantes

'Alu N ⟨~s⟩ *umg* aluminio m

'Alufolie F hoja f de aluminio

Alu'minium N ⟨~s⟩ aluminio m

'Alzheimer M ⟨~(s)⟩ *umg*, **Alzheimerkrankheit** F MED enfermedad f de Alzheimer

am PRÄP (= **an dem**) 1 *räumlich:* en; **~ Fenster** a la ventana; **~ Ufer** a la orilla; **~ Himmel** en el cielo; **~ Weg** a la orilla del camino; *bei Flüssen:* **~ Main** *usw* (a orillas) del Meno, etc 2 *zeitlich:* **~ ersten Mai** el uno de mayo; **~ Anfang** al principio 3 **~ Leben sein** estar con vida 4 *mit Superlativ:* **~ besten** lo mejor; **sie war ~ mutigsten** ella fue la más valiente 5 *umg* **er ist (gerade) ~ Schreiben** está escribiendo

a. M. ABK (am Main) del Meno

Amal'gam N ⟨~s; ~e⟩ amalgama f

amalga'mieren ⟨ohne ge-⟩ CHEM VT amalgamar (*a. fig*); **Amalgamierung** F ⟨~; ~en⟩ amalgamación f

Ama'teur [-tøːr] M ⟨~s; ~e⟩ aficionado m, amateur m; **Amateurfilmer** M, **Amateurfilmerin** F cineasta m/f amateur; **Amateurfunk** M radioafición f; **Amateurfunker** M, **Amateurfunkerin** F radioaficionado m, -a f; **Amateurin** F ⟨~; ~nen⟩ aficionada f; amateur f; **Amateursport** M deporte m amateur; amateurismo m; **Amateurstatus** M calidad f de amateur

Ama'zonas M Amazonas m

Ama'zone F amazona f (*a. fig*)

'Amber M → Ambra

Ambi'ente N ⟨~s⟩ atmósfera f

Ambiti'on F ⟨~; ~en⟩ *geh* ambición f; **ambitio'niert** ADJ *geh Plan etc* ambicioso

ambiva'lent [-v-] ADJ ambivalente; **Ambiva'lenz** F ⟨~; ~en⟩ ambivalencia f

'Amboss M ⟨~es; ~e⟩ yunque m (*a.* ANAT)

'Ambra F ⟨~; ~s⟩ ámbar m gris

Am'brosia F ⟨~⟩ MYTH ambrosía f

ambu'lant A ADJ 1 MED ambulatorio; **~e Behandlung** tratamiento m ambulatorio; **~e Krankenpflege** asistencia f sanitaria ambulatoria 2 HANDEL ambulante; **~es Gewerbe** venta f ambulante B ADV MED **~ behandeln** tratar ambulatoriamente

Ambu'lanz F ⟨~; ~en⟩ MED 1 *e-r Klinik:* ambulatorio m; *(Poliklinik)* dispensario m; policlínica f 2 *(Krankenwagen)* ambulancia f

'Ameise F ⟨~; ~n⟩ ZOOL hormiga f; **weiße ~** termita f, hormiga f blanca

'Ameisenbär M ZOOL oso m hormiguero; **Ameisenhaufen** M hormiguero m; **Ameisenlöwe** M ZOOL hormiga f león; **Ameisensäure** F CHEM ácido m fórmico

'amen ADV amén, así sea

'Amen N ⟨~s; ~⟩ amén m; *fig* **zu allem Ja und ~ sagen** consentir en todo; *umg* **so sicher wie das ~ in der Kirche** tan cierto como dos y dos son cuatro

A'merika N ⟨~s⟩ 1 América f 2 *umg (USA)* Estados Unidos mpl

Ameri'kaner M ⟨~s; ~⟩, **Amerikanerin** F ⟨~; ~nen⟩ americano m, -a f; **amerikanisch** ADJ americano

amerikani'sieren VT ⟨ohne ge-⟩ americanizar; **Amerika'nismus** M ⟨~; Amerikanismen⟩ americanismo m

Ame'thyst M ⟨~(e)s; ~e⟩ MINER amatista f

'Ami M ⟨~s; ~s⟩ *umg* americano m; *Am pej* gringo m

A'minosäure F CHEM aminoácido m

'Amme F ⟨~; ~n⟩ ama f de cría, nodriza f

'Ammenmärchen N cuento m de viejas

'Ammer F ⟨~; ~n⟩ ORN escribano m

Ammoni'ak N ⟨~s⟩ CHEM amoniaco m, amoníaco m; **ammoniakartig, ammoniakhaltig** ADJ CHEM amoniacal; **Ammoniakwasser** N ⟨~s⟩ CHEM agua f amoniacal

Am'monium N ⟨~s⟩ CHEM amonio m; **Ammoniumchlorid** N CHEM cloruro m amónico (*od* de amonio); **Ammoniumfluorid** N CHEM fluoruro m amónico (*od* de amonio)

Amne'sie F ⟨~; ~n⟩ MED amnesia f

Amnes'tie F ⟨~; ~n⟩ JUR amnistía f; **amnes'tieren** VT ⟨ohne ge-⟩ amnistiar

A'möbe F ⟨~; ~n⟩ BIOL amiba f; **Amöbenruhr** F MED disentería f amebiana

'Amok M ⟨~s⟩ **~ laufen** correr poseído de locura homicida; **Amoklauf** M amok m; **Amokläufer** M loco m homicida

'Amor M MYTH Amor m, Cupido m

'amoralisch ADJ amoral

a'morph ADJ CHEM amorfo

Amortisati'on F ⟨~; ~en⟩ WIRTSCH amortización f

amorti'sierbar ADJ amortizable; **amorti'sieren** ⟨ohne ge-⟩ A VT amortizar B VR **sich ~** amortizarse

'Ampel F ⟨~; ~n⟩ 1 *Verkehr:* semáforo m, disco m; **die ~ wird grün** el semáforo se pone verde 2 *Lampe:* lámpara f colgante 3 *(Blumenampel)* maceta f colgante; **Ampelsäule** F poste m de semáforo

Am'pere [am'pɛːr] N ⟨~(s); ~⟩ ELEK amperio m; **Amperemeter** N ELEK amperímetro m; **Amperestunde** F ELEK amperio-hora m; **Amperezahl** F ELEK amperaje m

'Ampfer M ⟨~s; ~⟩ BOT acedera f

Ampheta'min N ⟨~s; ~e⟩ PHARM anfetamina f

Am'phibie F ⟨~; ~n⟩ ZOOL anfibio m; **Amphibienfahrzeug** N vehículo m anfibio; **Amphibienflugzeug** N avión m anfibio; **amphibisch** ADJ anfibio

Am'phitheater N anfiteatro m

Am'phore F ⟨~; ~n⟩ ánfora f

Ampli'tude F ⟨~; ~n⟩ PHYS amplitud f

Am'pulle F ⟨~; ~n⟩ ampolla f, MED *a.* inyectable m

Amputati'on F ⟨~; ~en⟩ MED amputación f; **Amputati'onsstumpf** M muñón m

ampu'tieren VT ⟨ohne ge-⟩ MED amputar; **Amputierte** M/F ⟨~n; ~n; → A⟩ amputado m, -a f

'Amsel F ⟨~; ~n⟩ ORN mirlo m

Amt N ⟨~(e)s; ⸚er⟩ 1 *(Stellung)* cargo m, puesto m; *(Aufgabe)* misión f; función f; **sein ~ antreten** tomar posesión de su cargo; **sein ~ zur Verfügung stellen** poner a disposición su cargo, resignar su puesto; *j-n* **des ~es entheben** relevar a alg de su cargo; **im ~ sein** estar en funciones; **im ~ bleiben** permanecer en su cargo, continuar en funciones; **in ~ und Würden sein** estar bien colocado; **kraft meines ~es** en virtud de mis atribuciones 2 *(Behörde)* autoridad f; administración f; *(Dienststelle)* departamento m, sección f; *(Büro)* oficina f, despacho m; **von ~s wegen** de oficio; oficialmente; por orden de la autoridad 3 TEL *obs (Vermittlung)* central f 4 REL misa f cantada; oficio m divino

'Ämterhäufung F acumulación f de cargos; **Ämtertausch** M permuta f de cargos

am'tieren VI ⟨ohne ge-⟩ 1 VERW ejercer (*od* desempeñar) un cargo; **~ als** actuar de 2 REL oficiar; **amtierend** ADJ accidental, en funciones, en ejercicio

amtl. ABK → amtlich

'amtlich A ADJ oficial; **in ~er Eigenschaft** con carácter oficial; *fig* **mit ~er Miene** con un aire solemne B ADV **etw ~ beglaubigen** certificar a/c (oficialmente); *Kopie* compulsar a/c

'Amtmann M ⟨~(e)s; ⸚er *od* -leute⟩ 1 *BRD:* ≈ funcionario m público 2 HIST bailío m, corregidor m

'Amtsanmaßung F arrogación f (*od* usurpación f) de funciones; **Amtsantritt** M entrada f en funciones, toma f de posesión (de un cargo); **beim ~** al asumir el cargo

'Amtsarzt M, **Amtsärztin** F médico m, -a f oficial; **amtsärztlich** ADJ *Untersuchung etc* por un médico oficial

'Amtsausübung F ejercicio m del cargo; **Amtsbefugnis** F atribuciones fpl, competencia f; **Amtsbereich** M, **Amtsbezirk** M jurisdicción f; **Amtsblatt** N *sp* Boletín m Oficial (del Estado); **Amtsbruder** M REL colega m; **Amtsdauer** F (duración f del) mandato m; **Amtsdiener** M *hist* ujier m; ordenanza m; JUR alguacil m; **Amtseid** M jura f del cargo; **den ~ ablegen** jurar el cargo; **Amtsenthebung** F remoción f, destitución f; separación f (del cargo); **vorläufige ~** suspensión f del cargo; **Amtsführung** F desempeño m del (*bzw* de un) cargo; gestión f, actuación f (de un *bzw* del cargo); **Amtsgeheimnis** N secreto m (*od* sigilo m) oficial (*bzw* profesional); **Amtsgericht** N JUR juzgado m municipal (*bzw* de primera instancia); **Amtsgeschäfte** NPL funciones fpl del cargo, asuntos mpl oficiales; **Amtsgewalt** F autoridad f, poder m público; **Amtshandlung** F acto m oficial; actuación f pública; **Amtshilfe** F ayuda f administrativa; **Amtsinhaber** M, **Amtsinhaberin** F tenedor m -a f de un cargo m; **Amtsmiene** F aire m solemne; **Amtsmissbrauch** M abuso m de autoridad; prevaricación f

'amtsmüde ADJ cansado de (ejercer) un cargo

'Amtsniederlegung F renuncia f, dimisión f de un cargo; **Amtsperson** F funcionario m público; JUR togado m; **Amtspflicht** F deberes mpl del cargo; **Amtsrichter** M, **Amtsrichterin** F JUR juez m, -a f municipal (*bzw* de primera instancia); **Amtsschimmel** M *umg hum* rutina f burocrática, expedienteo m; **Amtsschreiber** M *hist* escribano m (público); **Amtssiegel** N sello m oficial; **Amtssprache** F lenguaje m administrativo; lengua f oficial; **Amtsstunden** FPL horas fpl de oficina; **Amtstracht** F traje m de ceremonia; uniforme m; UNIV, JUR toga f; **die ~ anlegen** revestirse; **Amtsüberschreitung** F extralimitación f (en las atribuciones); **Amtsunterschlagung** F apropiación f indebida por funcionario; **Amtsvergehen** N delito m de un funcionario; **Amtsvorgänger** M, **Amtsvorgängerin** F predecesor m, -a f; **Amtsvormund** M JUR tutor m de oficio (*od* oficial); **Amtsvorsteher** M, **Amtsvorsteherin** F jefe m, -a f de negociado; **Amtsweg** M tramitación f oficial; **auf dem ~** por (la) vía oficial, por los trámites reglamentarios; **Amtszeichen** N TEL *obs (Freizeichen)* señal f; **Amtszeit** F duración f del cargo (*bzw* del mandato); **Amtszimmer** N oficina f, despacho m

Amu'lett N ⟨~(e)s; ~e⟩ amuleto m

amü'sant ADJ divertido, gracioso
amü'sieren ‹*ohne* ge-› A VT **j-n ~** divertir a alg B VR **sich ~** 1 (*sich die Zeit vertreiben*) distraerse, entretenerse 2 (*sich gut unterhalten*) pasarlo bien; *stärker: umg* divertirse de lo lindo; ir(se) de juerga 3 **sich ~ über** (*acus*) burlarse de; **amü'siert** A ADJ divertido B ADV divertido; **etw ~ betrachten** mirar a/c divertido
Amü'siertheit F ‹~› diversión *f*; **Amüsierviertel** N barrio *m* de diversión
an A PRÄP 1 (*dat*) *Lage*: en; a; (*dicht an*) junto a; **nahe ~** cerca de, junto a; **~ Bord** a bordo; **~ der Ecke** en la esquina; **am Fenster** junto a la ventana; **~ der Grenze** en la frontera; **am Himmel** en el cielo; **~ Land** a tierra; **am Meer** junto al mar; **~ seinem Platz** en su sitio; **~ einer Schule** en una escuela; **~ seiner Stelle** en su lugar; **am Tisch** a la mesa; **Tür ~ Tür wohnen** vivir puerta con puerta; **am Ufer** a la orilla; **~ der Wand** en la pared; **am Weg** a la orilla del camino 2 (*acus*) *Richtung*: a; contra; **~ Bord gehen** subir a bordo, embarcar; **~ Land gehen** desembarcar; **~ die Tür klopfen** tocar a la puerta; **~ der Universität** en la universidad; **~ die Wand (lehnen)** (apoyar) contra la pared; **~ die Arbeit!** ¡al trabajo!, ¡manos a la obra! 3 *in Ortsnamen*: **Frankfurt am Main** Francfort del Meno; **~ der Spree** a orillas del Spree 4 (*dat*) *zeitlich*: **am 2. Juni** el dos de junio; **am Anfang** al principio; **am Morgen** por la mañana; **am Tag(e)** de día; **~ einem kalten Tag** en un día frío; **es ist ~ der Zeit** es hora de 5 (*dat*) (*mittels*) **~ der Hand nehmen** tomar de la mano; **~ den Fingern abzählen** contar con los dedos; **j-n ~ der Stimme erkennen** conocer a alg por la voz 6 (*dat*) *kausal*: de; **~ etw leiden** sufrir (*od* estar aquejado) de a/c; **~ einer Krankheit sterben** morir de una enfermedad 7 *mit sup*: **am besten** lo mejor; **sie war am mutigsten** ella fue la más valiente 8 (*acus*) (*bestimmt für*) para; **ein Brief ~ mich** una carta para mí; una carta dirigida a mí; **ich hätte eine Bitte ~ Sie** quisiera pedirle un favor; **es ist ~ dir zu** (*inf*) te toca a ti (*inf*); **es liegt ~ ihr** ella tiene la culpa; depende de ella 9 *fig* **arm/reich ~ …** (*dat*) pobre/rico en …; **fünf ~ der Zahl** cinco en total; **am Leben sein** estar con vida; **~ (und für) sich** en sí, de por sí; en principio; propiamente dicho 10 *umg mit inf*: **er ist (gerade) am Schreiben** está escribiendo B ADV 1 *Fahrplan*: **Berlin ~ …** llegada a Berlín … 2 *zeitlich*: **von heute ~** desde hoy, a partir de hoy; **von nun ~** desde ahora, de ahora en adelante 3 (*angezogen*) **mit dem Mantel ~** con el abrigo puesto 4 (*eingeschaltet*) **~ sein** estar encendido; *Bedienungsanweisung*: **~ – aus** abierto – cerrado 5 *umg mit Zahlenangaben*: **~ die 20 Euro** unos veinte euros; **~ die 100 Personen** unos (*od* cerca de) cien personas; **sie ist ~ die 20 Jahre alt** ronda (*od* frisa en) los veinte (años)
Ana'bolikum N ‹~s; Anabolika› PHARM anabolizante *m*
Anachro'nismus M ‹~; Anachronismen› anacronismo *m*; **anachronistisch** ADJ anacrónico
anae'rob ADJ BIOL anaerobio
Ana'gramm N ‹~s; ~e› anagrama *m*
a'nal A ADJ MED, PSYCH anal; PSYCH **~e Phase** fase anal B ADV MED **~ einführen** introducir en *od* por el ano
ana'log ADJ análogo, analógico
Analo'gie F ‹~; ~n› analogía *f*
Ana'logkäse M *umg* (*Kunstkäse*) GASTR sucedáneo *m* de queso
Ana'logrechner M calculadora *f* analógica
Analpha'bet M ‹~en; ~en› analfabeto *m*; **Analphabetentum** N ‹~s› analfabetismo *m*; **Analphabetin** F ‹~; ~nen› analfabeta *f*
A'nalverkehr M *Sex*: sexo *m* anal
Ana'lyse F ‹~; ~n› análisis *m*; **eine kritische/gründliche ~** un análisis crítico/profundo; **Analysezertifikat** N certificado *m* de análisis
analy'sieren VT ‹*ohne* ge-› analizar
A'nalysis F ‹~› MATH análisis *m*
Ana'lytiker M ‹~s; ~›, **Analytikerin** F ‹~; ~nen› analista *m/f*; **analytisch** ADJ analítico
Anä'mie F ‹~› MED anemia *f*
a'nämisch ADJ MED anémico
Ana'mnese F ‹~; ~n› MED anamnesis *f*, anamnesia *f*
'Ananas F ‹~; ~se› piña *f* (de América); *Am* ananás *m*
Anar'chie F ‹~; ~n› anarquía *f*
an'archisch ADJ anárquico
Anar'chismus M ‹~› anarquismo *m*; **Anarchist** M ‹~en; ~en›, **Anarchistin** F ‹~; ~nen› anarquista *m/f*, ácrata *m/f*; **anarchistisch** ADJ anárquico; anarquista
A'narcho M ‹~s; ~s› *umg* anarco *m*
Anästhe'sie F ‹~; ~n› MED anestesia *f*; **anästhesieren** VT ‹*ohne* ge-› anestesiar; **Anästhesist** M ‹~en; ~en›, **Anästhesistin** F ‹~; ~nen› anestesista *m/f*
Ana'tolien N ‹~s› Anatolia *f*; **anatolisch** ADJ anatolio
Ana'tom M ‹~en; ~en› anatomista *m*
Anato'mie F ‹~; ~n› MED 1 anatomía *f* 2 → Anatomiesaal; **Anatomiesaal** M anfiteatro *m* anatómico; sala *f* de disección
Ana'tomin F ‹~; ~nen› anatomista *f*; **anatomisch** ADJ anatómico
'anbaggern VT *sl* (*anmachen*) ligar, flirtear, coquetear; **j-n ~** entrar a alg; (intentar) ligar con alg; **anbahnen** A VT **etw ~** preparar (*od* iniciar) a/c B VR **sich ~** iniciarse, irse preparando, abrirse paso
'anbändeln VI *umg* **mit j-m ~** coquetear (*od* flirtear *od umg* ligar) con alg
'Anbau¹ M ‹~(e)s; ~ten› ARCH anejo *m*, anexo *m*; (*Flügel*) ala *f*; (*Nebenhaus*) edificio *m* contiguo
'Anbau² M ‹~(e)s› AGR cultivo *m*; **biologischer/ökologischer ~** cultivo *m* biológico/ecológico, producción *f* biológica/ecológica; **Anbaubeschränkung** F AGR limitación *f* de cultivos
'anbauen VT 1 AGR cultivar, plantar 2 ARCH adosar (**an** *acus* a); ensanchar; TECH añadir; montar; **anbaufähig** ADJ AGR cultivable
'Anbaufläche F AGR superficie *f* cultivada (*od* cultivable); área *f* de cultivo; **Anbaugebiet** N AGR zona *f* de cultivo; **Anbaugerät** N 1 TECH dispositivo *m* adicional 2 AGR apero *m* montado (*od* colgado); **Anbaumöbel** NPL muebles *mpl* por elementos (*od* funcionales)
'Anbeginn M ‹~(e)s› *geh* principio *m*, origen *m*; **von ~** desde un principio
'anbehalten VT ‹‹*irr*›; *ohne* ge-› *Kleid etc* dejar puesto, no quitarse
an'bei ADV *im Brief*: adjunto, incluso, anexo
'anbeißen ‹*irr*› A VT *Apfel etc* morder en, dar un mordisco a; *umg fig* **zum Anbeißen sein** estar para comérselo (*od* muy apetitoso) B VI *Fisch* picar; *fig Person* tragar (*od* picar en) el anzuelo
'anbelangen VT ‹*ohne* ge-› concernir, atañer; **was … anbelangt** en cuanto a …, por lo que se refiere a …, respecto a …; **was mich anbelangt** por lo que a mí toca, por mi parte, por mí
'anbellen VT *Hund* ladrar a
'anberaumen VT ‹*ohne* ge-› *Termin* señalar, fijar; JUR emplazar; *Sitzung* convocar; **Anberaumung** F ‹~; ~en› *e-s Termins*: fijación *f*; señalamiento *m*; JUR emplazamiento *m*; *e-r Sitzung*: convocatoria *f*
'anbeten VT adorar; venerar; idolatrar (*alle a. fig*); **Anbeter** M ‹~s; ~›, **Anbeterin** F ‹~; ~nen› adorador *m*, -a *f*; *fig* admirador *m*, -a *f*
'Anbetracht M **in ~** (*gen*) en atención (*od* consideración) a, en vista de; **in ~ (der Tatsache), dass …** considerando (el hecho) que …; teniendo en cuenta que …, visto que …
'anbetreffen VT ‹*irr*; *ohne* ge-› → anbelangen
'anbetteln VT **j-n um etw ~** mendigar (*od* pedir) a alg a/c
'Anbetung F ‹~› adoración *f*; veneración *f*; **anbetungswürdig** ADJ adorable
'anbiedern VR *umg* **sich bei j-m ~** congraciarse (*od* hacerse el simpático) con alg
'anbieten A VT ‹*irr*› 1 ofrecer, brindar; *bes* HANDEL ofertar; **j-m etw ~** *Getränk etc* ofrecer a/c a alg; **zum Verkauf ~** poner a la venta 2 (*vorschlagen*) proponer B VR **sich ~** 1 *Möglichkeit* brindarse, ofrecerse; *Erklärung* ofrecerse 2 **sich ~ (, etw zu tun)** ofrecerse (a hacer a/c)
'Anbieter M ‹~s; ~›, **Anbieterin** F ‹~; ~nen› HANDEL vendedor *m*, -a *f*, licitante *m/f*
'anbinden VT ‹*irr*› 1 *mit e-r Schnur etc*: atar, sujetar, ligar (**an** *acus* a); *Boot* amarrar; *Hund* (*anketten*) encadenar; (*an der Leine führen*) llevar atado 2 *Verkehr*: **~ an** (*acus*) unir con
'Anbindung F ‹~; ~en› *Verkehr*: *e-r Region*: unión *f* (**an** *acus* con)
'anblasen VT ‹*irr*› 1 soplar; *Feuer* atizar; *mit Blasebalg*: afollar; *Hochofen* encender 2 *umg fig* (*rüffeln*) *umg* echar un rapapolvo a; **anblecken** VT *umg* **(j-n) ~** enseñar los dientes (a alg)
'Anblick M ‹~(e)s; ~e› (*Bild*) vista *f*, panorama *m*; (*Aussehen*) aspecto *m*; espectáculo *m*; **ein trauriger ~** un triste espectáculo; **bei ihrem ~** al verla; **beim ersten ~** a primera vista, *umg* al primer vistazo
'anblicken VT mirar; *flüchtig*: echar una ojeada; (*besehen*) contemplar; **anblinzeln** VT guiñar (*od* hacer guiños) a; **anbohren** VT TECH (empezar a) taladrar, barrenar; *Zahn* abrir; *Schiff* dar barreno a; **anbraten** VT ‹*irr*› GASTR asar ligeramente, dorar; sofreír; **anbrausen** VI *Zug etc* aproximarse a gran velocidad; **angebraust kommen** *umg* llegar disparado; **anbrechen** ‹*irr*› A VT *Vorräte* empezar; *Flasche etc* abrir; **ein angebrochener Abend** ≈ lo que queda de la noche B VI *geh* empezar; *Tag* alborear, despuntar; *Nacht* entrar
'anbrennen ‹*irr*› A VI ‹sn› 1 *allg* encenderse; *Speisen* quemarse; *Brei* pegarse; achicharrarse; **angebrannt riechen/schmecken** oler/saber a quemado 2 *umg fig* **sie lässt nichts ~** no pierde oportunidad B VT 1 *Gebäude* pegar (*od* prender) fuego a, incendiar 2 *Zigarre, Kerze* encender
'anbringen VT ‹*irr*› 1 (*befestigen*) fijar, colocar (**an** *dat* a); poner; aplicar; TECH instalar, montar 2 (*herbringen*) traer 3 (*setzen*) *Stempel, Unterschrift* poner, *umg* echar 4 *Bitte, Kritik etc* formular; *Gründe* alegar, exponer; *Verbesserungen etc* hacer, efectuar; *im Gespräch*: mencionar; *Wissen etc* sacar (*od* salir) a relucir; **eine Beschwerde ~** formular una queja; **eine Klage ~** presentar una demanda 5 → *a.* angebracht
'Anbruch M ‹~(e)s; ~e› *geh* principio *m*, comienzo *m*; **bei ~ des Tages/der Nacht** al amanecer/al anochecer
'anbrüllen VT **j-n ~** gritar a alg; *umg* echar una bronca a alg; **anbrüten** VT empollar

An'chovis F → Anschovis

'Andacht F ⟨~; ~en⟩ REL **1** *Gebet:* devoción *f*; recogimiento *m* (*bes fig*); **seine ~ verrichten** hacer sus devociones **2** (*Gebetsgottesdienst*) oficio *m* divino; misa *f*

'andächtig **A** ADJ devoto, piadoso; *fig* atento, absorto, recogido **B** ADV **~ zuhören** escuchar atentamente

'Andachtsbuch N REL devocionario *m*; **Andachtsübungen** FPL REL ejercicios *mpl* espirituales

Anda'lusien N ⟨~s⟩ Andalucía *f*; **Andalusier** M ⟨~s; ~⟩, **Andalusierin** F ⟨~; ~nen⟩ andaluz *m* -a *f*; **andalusisch** ADJ andaluz

An'dante N ⟨~s; ~s⟩ MUS andante *m*

'andauern VI durar, continuar; persistir; **andauernd** **A** ADJ continuo; permanente; (*unaufhörlich*) incesante **B** ADV continuamente; **er stört ~ (die anderen)** molesta continuamente (a los otros)

'Anden PL Andes *mpl*

'Andenken N recuerdo *m* (*a. Gegenstand*), memoria *f*; **ein freundliches ~ bewahren** guardar grato recuerdo; **zum ~ an** (*acus*) en memoria de; como (*od* en) recuerdo de; **das ~ feiern** conmemorar

'Andenpakt M POL Pacto *m* Andino

'andere(r, -s) **A** ADJ **1** otro; *von zweien: a.* segundo; **ein ~s Buch** otro libro; **er ist ein ~r Mensch** (*hat sich sehr verändert*) parece otro; **mit ~n Worten** dicho en otras palabras **2** (*verschiedene*) diferente, distinto; **das ~ Geschlecht** el sexo opuesto **3** (*folgende*) siguiente; **am ~n Tag** al día siguiente, al otro día **B** INDEF PR **1** *person:* **ein ~r** otro; **eine ~** otra; **die ~n** los otros; **einer nach dem ~n** uno por uno, uno tras otro; **kein ~r als er** nadie (*od* ningún otro) sino él; **der eine oder (der) ~** (el) uno o (el) otro **2** *Sache:* **das ~** lo otro; (*das Übrige*) lo demás; **etwas ~s** otra cosa; **das ist etwas ~s** eso es otra cosa; **das ist etwas ganz ~s** es algo muy distinto; *umg* ese es otro cantar (*od* harina de otro costal); **alles ~** todo lo demás; **alles ~ als** todo (*od* cualquier cosa) menos que; **das ist nichts ~s als** eso no es nada más que; **eins nach dem ~n** una cosa tras la otra; **unter ~m** entre otros, entre otras cosas; **und vieles ~ mehr** y un largo etcétera; **sofern nichts ~s bestimmt ist** salvo que esté prevista otra cosa

'anderen'falls ADV → andernfalls

'andererseits ADV por otra parte, por otro lado

'andermal ADV **ein ~** otra vez, otro día

'ändern **A** VT **1** cambiar, mudar; *teilweise:* modificar; *oft verschlechternd:* alterar; **seine Meinung ~** cambiar de opinión (*od* de parecer); **das ändert die Sache** eso cambia la situación; **das ist nicht zu ~** la cosa no tiene remedio (*od* arreglo); **ich kann es nicht ~** no puedo remediarlo; **etw an einer Sache** (*dat*) **~** cambiar a/c de algo; **es ändert nichts an der Tatsache, dass** eso no altera en nada el hecho de que **2** *Kleid* arreglar, retocar **B** VR **sich ~** cambiar; **die Zeiten ~ sich** los tiempos cambian

'andernfalls ADV en otro caso; de lo contrario, en caso contrario; **andernorts** ADV *geh* en otra parte; **anderntags** ADV *geh* al día siguiente; **andernteils** ADV por otra parte

'anders ADJ *u.* ADV **1** (*verschieden*) otro; diferente, distinto; **~ aussehen** parecer otro, estar cambiado; **~ aussehen als** tener otro (*od* distinto) aspecto que; **~ sein** ser distinto (**als** a, de); **~ werden** cambiar; **irgendwo ~** en otro lugar; **jemand ~** algún otro, cualquier otro **2** *mit als:* **~ als seine Freunde** distinto de sus amigos; **er spricht ~ als er denkt** dice una cosa y piensa otra; **ich konnte nicht ~ als** no he podido por menos que; **niemand ~ als er** nadie sino él; **wer ~ als ...?** ¿quién sino ...? **3** (*auf andere Art*) de otro modo, de otra manera; en otra forma; **~ gesagt** dicho de otro modo (*od* en otras palabras); **~ übersetzen** traducir de otra manera; **~ (verhielt sich) Herr Meier** no así el Sr. Meier; **das ist nun mal nicht ~** la cosa es así; **wenn es nicht ~ geht** si no hay más remedio; **falls nicht ~ bestimmt** si no se dispone otra cosa; → *a* andersdenkend **4** *umg* (*unwohl*) **mir wird ganz ~** me siento mareado

'andersartig ADJ distinto, de otro tipo

'andersdenkend ADJ, **anders denkend** ADJ que piensa de otro modo; de otra ideología *bzw* mentalidad

'Andersdenkende M/F ⟨~n; ~n; → A⟩ persona *f* de diferente opinión; POL disidente *m/f*

'andersgeartet ADJ, **anders geartet** ADJ → andersartig; **anders gesinnt** ADJ → andersdenkend

'andersgläubig ADJ REL heterodoxo; **andersherum**, *umg* **andersrum** ADV **1** a la inversa **2** *umg fig* invertido, homosexual; **anderswie** ADV *umg* de otro modo; **anderswo** ADV *umg* en otra parte, en otro lugar; **anderswoher** ADV *umg* de otra parte; **anderswohin** ADV *umg* a otra parte

andert'halb ADJ uno y medio; **~ Stunden** (una) hora y media; **anderthalbjährig** ADJ de año y medio (de edad)

'Änderung F ⟨~; ~en⟩ **1** cambio *m*; *teilweise:* modificación *f*; *oft verschlechternd:* alteración *f*; HANDEL **~en vorbehalten** salvo modificación **2** *an Kleidern:* arreglo *m*, retoque *m*

'Änderungswunsch M deseo *m* de cambiar

'anderwärts ADV *geh* en otra parte; **anderweitig** **A** ADJ otro; ulterior **B** ADV de otro modo; (*andernorts*) en otra parte

'andeuten **A** VT **1** (*hinweisen auf*) indicar, señalar, significar **2** (*anspielen auf*) aludir; (*zu verstehen geben*) dar a entender; insinuar **3** MAL bosquejar; esbozar (*a. fig Lächeln*) **B** VR **sich ~** vislumbrarse

'Andeutung F ⟨~; ~en⟩ **1** indicación *f*; señal *f*, indicio *m*; *e-s Lächelns:* esbozo *m* **2** (*Anspielung*) alusión *f*; insinuación *f*; (*Unterstellung*) indirecta *f*; **~en machen** hacer alusiones **3** MAL bosquejo *m*; **andeutungsweise** ADV (*indirekt*) por alusión; (*in groben Zügen*) someramente, a grandes rasgos

'andichten VT **1** **j-m etw ~** imputar (*od* achacar) a/c a alg, atribuir (falsamente) a/c a alg **2** **j-n ~** dedicar versos a alg

'andonnern VT *umg* echar un rapapolvo (*od* una bronca) a

An'dorra N ⟨~s⟩ Andorra *f*

Andor'raner M ⟨~s; ~⟩, **Andorranerin** F ⟨~; ~nen⟩ andorrano *m*, -a *f*; **andorranisch** ADJ andorrano

'Andrang M ⟨~(e)s⟩ **1** afluencia *f*, concurrencia *f*; (*Gedränge*) aglomeración *f*, gentío *m*; **es herrschte großer ~** había un gran gentío **2** MED congestión *f*; aflujo *m*

'andrängen VI ⟨sn⟩ empujar, apretar (**gegen** contra); agolparse

'andrehen VT **1** *Gas, Heizung* abrir; ELEK *Licht* dar, encender **2** *Gerät* poner en marcha **3** *Schraube* apretar **4** *umg* **j-m etw ~** endosar (*od umg* colar *od* endilgar) a/c a alg

'andrerseits ADV → andererseits

'andringen VI ⟨*irr*; sn⟩ acometer, arremeter (**gegen** contra, sobre); *Blut* afluir

'androhen VT **j-m etw ~** amenazar a alg con a/c, conminar a alg con a/c; **Androhung** F ⟨~; ~en⟩ amenaza *f*; conminación *f*; JUR **unter ~ von** *od* (*gen*) bajo pena de

'Andruck M ⟨~(e)s; ~e⟩ TYPO prueba *f* (de imprenta)

'andrücken VT apretar (**an** *acus* contra); comprimir; **Andrückwalze** F TECH cilindro *m* de presión

'anecken VI ⟨sn⟩ *umg fig* causar mala impresión (**bei j-m** a alg)

'aneignen VT **sich** (*dat*) **etw ~** apropiarse (*od* adueñarse) de a/c; *Gewohnheit* contraer a/c; *Kenntnisse* adquirir a/c; *Meinung* adoptar a/c; *widerrechtlich:* usurpar a/c; *Gebiet* anexionar a/c; **Aneignung** F ⟨~; ~en⟩ apropiación *f* (*a.* JUR); *widerrechtliche:* usurpación *f*; *e-s Gebiets:* anexión *f*

anein'ander ADV juntos, el uno al (en el, con el, *etc*) otro; **~ denken** pensar el uno en el otro; **die Mädchen haben sich ~ gewöhnt** las chicas se acostumbraron la(s) una(s) a la(s) otra(s); **~ vorbeigehen** pasar de largo; **~ vorbeireden** hablarse sin entenderse

anein'anderbinden VT ⟨*irr*⟩ unir, atar uno con otro; **aneinanderfügen** VT juntar; **aneinandergeraten** VI ⟨*irr*; sn⟩ reñir, tener un altercado (**mit** con); enzarzarse (**mit** con); *handgreiflich:* llegar a las manos; **aneinandergrenzen** VI lindar, confinar; **aneinanderhängen** **A** VT adherir, juntar, unir; **zwei Wagen ~** unir dos vagones **B** VI ⟨*irr*⟩ estar unidos; *fig emotional:* tenerse mucho apego, ser muy amigos; **aneinanderprallen** VI ⟨sn⟩ chocar (uno con otro); **aneinanderreihen** **A** VT enfilar, poner en fila; ensartar (*a. fig*) **B** VR **sich ~** sucederse; **aneinanderrücken** VT & VI acercar(se), aproximar (entre sí); **aneinanderstoßen** VI ⟨*irr*; sn⟩ (*zusammenstoßen*) chocar; (*sich berühren*) tocarse, colindar

Ä'neis F ⟨~⟩ MYTH, LIT Eneida *f*

Anek'dote F ⟨~; ~n⟩ anécdota *f*; **anekdotenhaft, anekdotisch** ADJ anecdótico

an'ekeln VT repugnar; asquear; causar repugnancia; *umg* dar asco; **es ekelt mich an** me repugna; *umg* me da asco (*od* náuseas)

Ane'mone F ⟨~; ~n⟩ BOT anémona *f*, anemona *f*

'Anerbieten N ⟨~s; ~⟩ *geh* ofrecimiento *m*, oferta *f*; proposición *f*

anerk. ABK (*anerkannt*) rec. (reconocido)

'anerkannt ADJ reconocido; (*angesehen*) renombrado, acreditado; **allgemein ~** generalmente aceptado

'anerkannter'maßen ADV notoriamente

'anerkennbar ADJ reconocible

'anerkennen VT ⟨*irr*; *ohne* ge-⟩ **1** *allg* reconocer (**als** por, como); *Leistung a.* apreciar; *Regeln, Ansprüche a.* admitir; *Schuld a.* confesar; *Wechsel* aceptar **2** (*billigen*) aprobar, aceptar; *gerichtlich, gesetzlich:* legalizar; legitimar (*a. Kind*); *Zeugnisse etc* convalidar **3** SPORT homologar; *Fußball:* **ein Tor ~** dar por válido un gol; **ein Tor nicht ~** anular un gol

'anerkennend ADJ aprobatorio; elogioso, laudatorio; **~e Worte sprechen** pronunciar palabras de reconocimiento; **anerkenswert** ADJ laudable, digno de aprecio; **Anerkenntnis** N ⟨~ses; ~se⟩ *geh*, JUR allanamiento *m*

'Anerkennung F ⟨~; ~en⟩ **1** *allg* reconocimiento *m* (*a.* POL); *lobende:* apreciación *f*; *e-s Wechsels:* aceptación *f*; **in ~ seiner Verdienste** en reconocimiento de sus méritos; **~ verdienen** merecer el reconocimiento; *geh* **j-m ~ zollen** rendir homenaje a alg **2** (*Billigung*) aprobación *f*; JUR legitimación *f*; *v. Urkunden:* legalización *f*; *v. Zeugnissen etc:* convalidación *f* **3** (*öffentliche Erwähnung*) mención *f* honorífica **4** SPORT homologación *f*; HANDEL conformidad

f

'Anerkennungsschreiben N carta f de reconocimiento

Anero'id(barometer) N FLUG barómetro m aneroide

'anerziehen V/T ‹irr; ohne ge-› **j-m etw ~** inculcar (por educación) a/c a alg; **anfachen** V/T *Feuer* atizar; *fig a.* avivar, incitar

'anfahren ‹irr› **A** V/T **1** *Güter etc* acarrear **2** *(rammen)* tropezar con, chocar contra; *Fußgänger* arrollar, atropellar **3** *(ansteuern)* dirigirse a; *Schiff* poner rumbo a; SCHIFF **einen Hafen ~** arribar a puerto **4** IT *Symbol usw* seleccionar **5** *umg fig* **j-n ~** *(heftig zurechtweisen)* increpar, increpar, encordiar a alg; **j-n grob ~** echar una bronca a alg **B** V/I **1** *Auto, Zug* arrancar, ponerse en marcha **2** **angefahren kommen** llegar (en un vehículo)

'Anfahrt F ‹~; ~en› **1** *(Anlieferung)* acarreo m **2** *(Anreise)* (trayecto m de) ida f; *(Ankunft)* llegada f **3** *(Zufahrt)* acceso m, entrada f

'Anfahrtskosten PL gastos *mpl* de desplazamiento; **Anfahrtsskizze** F mapa m de ubicación, indicaciones *fpl* para ir en coche; **Anfahrtsweg** M vía f de acceso

'Anfall M ‹~(e)s; ≈e› **1** ataque m, acceso m (a. MED); *v. Wahnsinn a.*: rapto m; *v. Zorn a.*: arrebato m; *fig hum* **in einem ~ von Großzügigkeit** en un rasgo de generosidad **2** HANDEL *(Ertrag)* producto m; *(Gewinn)* ganancia f; *e-r Erbschaft*: delación f; devolución f

'anfallen **A** V/T *(angreifen)* acometer, agredir; *a. fig* atacar, asaltar **B** V/I *(sich ergeben)* resultar, originarse; *Gewinn* obtener; *Zinsen* devengar; *Probleme* presentarse, plantearse; **angefallene Gebühren** derechos devengados; **angefallene Kosten** gastos originados

'anfällig ADJ **1** *allg* susceptible **(für** a); MED propenso (*od* predispuesto) **(für** a) **2** *(gebrechlich)* achacoso; **Anfälligkeit** F ‹~› susceptibilidad f; propensión f; *bes* MED predisposición f

'Anfang M ‹~(e)s; ≈e› comienzo m, principio m, inicio m; *(Entstehung)* origen m; *e-s Schreibens*: encabezamiento m; **~ Juni** a primeros de junio; **~ 2006** a principios de 2006; **der ~ vom Ende** el principio del fin; **sie ist ~ dreißig** tiene poco más de treinta años; **den ~ machen** empezar, comenzar **(mit** con); **am** *od* **zu ~** al principio; **in den Anfängen** *(gen)* en los albores de; **von ~ an** desde un (*od* el) principio; **von ~ bis (zu) Ende** del principio al fin; *sprichw* **aller ~ ist schwer** el primer paso es el que cuesta

'anfangen V/T & V/I ‹irr› **1** *(beginnen)* empezar, comenzar **(mit** por; **zu** *inf* a); ponerse **(zu** *inf* a); *plötzlich*: echar(se), romper **(zu** *inf* a); *(einleiten)* iniciar; *Gespräch a.* entablar; *Streit, Diskussion a.* promover, suscitar; **~ zu laufen** *(loslaufen)* echar a correr; **~ zu weinen** echarse a llorar; **mit der Arbeit ~** empezar a trabajar; **wieder ~** *od* **von vorn ~** empezar de nuevo, recomenzar; **immer wieder mit der gleichen Sache ~** *umg* volver a la misma canción (*od* sobre la carga); **fängst du schon wieder damit an?** ¿ya estás otra vez con eso?; **das fängt ja gut an!** ¡empezamos bien!; **sie hat angefangen!** ¡empezó ella! **2** *(machen)* hacer; **etw schlau ~** darse maña para hacer a/c; **was wirst du morgen ~?** ¿qué vas a hacer mañana?; **was fangen wir nun an?** ¿y qué vamos a hacer ahora?; **was soll ich bloß ~?** ¿qué voy a hacer?; **mit ihm ist heute nichts anzufangen** hoy no sirve para nada; **ich weiß nichts damit anzufangen** no sé qué hacer con esto; **sie weiß nichts mit sich anzufangen** no sabe qué hacer consigo mismo

'Anfänger M ‹~s; ~› principiante m; *(Neuling)* novicio m, *umg* novato m; neófito m; *bes* THEAT debutante m; **Anfängerglück** N suerte f de principiante; **Anfängerin** F ‹~; ~nen› principiante f; *(Neue)* novicia f, *umg* novata f; *bes* THEAT debutante f; **Anfängerkurs** M curso m elemental (*od* para principiantes)

'anfänglich **A** ADJ inicial; *(ursprünglich)* primero, primitivo **B** ADV → anfangs

'anfangs ADV al principio, primeramente; **gleich ~** ya desde el principio

'Anfangsbuchstabe M inicial f; **Anfangsgehalt** N sueldo m inicial; **Anfangsgeschwindigkeit** F velocidad f inicial; **Anfangsgründe** MPL elementos *mpl*, rudimentos *mpl*, nociones *fpl* (elementales); **Anfangskapital** N capital m inicial; **Anfangskurs** M WIRTSCH cotización f de apertura; **Anfangspunkt** M punto m de origen (*od* de partida); **Anfangsstadium** N fase f inicial; **Anfangsunterricht** M enseñanza f elemental; **Anfangszeile** F primera línea f

'anfassen **A** V/T **1** *(berühren)* tocar; *(packen)* tomar; asir, agarrar, *sp* coger **2** *fig (behandeln)* tratar; **j-n hart ~** tratar a alg con dureza; *fig* **j-d zum Anfassen** alg a quien puede tratarse **3** *fig (anpacken) Problem a.* enfocar; *Aufgabe* abordar **B** V/I **(mit) ~** *(helfen)* ayudar, echar una mano, *umg* arrimar el hombro **C** V/R **sich** *(einander)* **~** cogerse de las manos

'anfauchen V/T *Katze* bufar; *fig* → anschnauzen; **anfaulen** V/I empezar a pudrirse, picarse

'anfechtbar ADJ impugnable (*a.* JUR), discutible, controvertible; **Anfechtbarkeit** F ‹~› impugnabilidad f

'anfechten V/T ‹irr› **1** JUR impugnar; *Gültigkeit* discutir, negar; *Meinung* rebatir **2** *geh (beunruhigen)* inquietar; **was ficht dich an?** ¿qué te pasa?; **Anfechtung** F ‹~; ~en› **1** JUR impugnación f **2** *geh (Versuchung)* tentación f; **Anfechtungsklage** F acción f de impugnación

'anfeinden V/T hostilizar, hostigar; **angefeindet werden** tener muchos enemigos; **Anfeindung** F ‹~; ~en› hostilidad f; animosidad f

'anfertigen V/T hacer; elaborar, *industriell*: fabricar; manufacturar; *Kleid* confeccionar; *Schriftstück* redactar; **Anfertigung** F ‹~; ~en› elaboración f; *industriell*: fabricación f; manufactura f; *e-s Kleides*: confección f; **~ auf Bestellung** fabricación f (*bzw* confección f) a pedido; **~ nach Maß** confección f a medida

'anfeuchten V/T humedecer, mojar; *geh* humectar; *Wäsche* rociar; **Anfeuchter** M *für Briefmarken*: mojador m, mojasellos m

'anfeuern V/T **1** *Ofen etc* encender **2** *fig*, SPORT alentar, animar; enardecer; **Anfeuerung** F ‹~; ~en› **1** ignición f **2** *fig*, SPORT aliento m, animación f; enardecimiento m; **Anfeuerungsruf** M grito m de ánimo (*od* de animación)

'anflehen V/T implorar, suplicar; **j-n um etw ~** implorar a/c a alg

'anfliegen ‹irr› **A** V/T volar hacia; FLUG *(ansteuern)* dirigirse (en avión) a; *e-n Flughafen a.*: hacer escala en; *(sich nähern)* aproximarse a; *regelmäßig*: cubrir (*od* servir) la línea de **B** V/I ‹sn› **angeflogen kommen** llegar (volando); *fig* llegar como caído del cielo

'Anflug M ‹~(e)s; -flüge› **1** FLUG (vuelo m de) aproximación f; **im ~ sein** aproximarse **2** *fig (Spur)* asomo m, ribete m; *(Beigeschmack)* dejo m, deje m, tinte m; **ein ~ von Bart** un bozo; **ein ~ von Spott** un tinte de sarcasmo; **ein ~ von Traurigkeit** un asomo de tristeza

'Anflugradar N FLUG radar m de aproximación; **Anflugweg** M FLUG ruta f de acceso (*od* de aproximación)

'anflunkern V/T *umg* **j-n ~** decir mentirijillas a alg; **anfordern** V/T pedir, requerir; *stärker*: exigir, reclamar

'Anforderung F ‹~; ~en› **1** *(Bestellung)* petición f, solicitud f, demanda f; **auf ~** a petición; **~ von Informationen** solicitud f de información **(über de)** **2** *(Anspruch)* exigencia f, requerimiento m; **hohe ~en stellen an** *(acus)* exigir mucho de (*od* a); ser muy exigente con; **den ~en entsprechen** reunir las condiciones; **allen ~en genügen** satisfacer todas las exigencias, reunir (*od* cumplir) todos los requisitos; **den ~en nicht genügen** no cumplir las exigencias

'Anfrage F ‹~; ~n› pregunta f, cuestión f; VERW *(Antrag)* demanda f; POL interpelación f; **auf ~** a demanda; **eine ~ richten an** *(acus)* hacer (*od* formular) una pregunta a

'anfragen V/I preguntar **(bei** a); informarse; POL interpelar; **bei j-m (wegen etw) ~** preguntar (a/c) a alg; pedir informes a alg (sobre a/c)

'anfressen V/T ‹irr› **1** *(annagen)* roer; *Vogel* picotear; *Insekten* picar; carcomer **2** CHEM *etc* corroer **3** *sl (verärgern)* **angefressen sein** *umg* estar cabreado

'anfreunden V/R **1** **sich mit j-m ~** hacerse amigo de alg; intimar con alg **2** **sich mit etw ~** familiarizarse con a/c; **sich mit dem Gedanken ~, dass ...** hacerse a la idea de que ...

'anfrieren V/I ‹irr; sn› adherirse por congelación; helarse

'anfügen V/T añadir, agregar, juntar **(an** *acus* a); *Anlage im Brief*: adjuntar, acompañar; **Anfügung** F ‹~; ~en› **1** adición f; *(Angefügtes)* adjunto m **2** TECH *(Verbindung)* juntura f, unión f

'anfühlen **A** V/T tocar; *tastend*: palpar **B** V/R **sich hart/weich** *etc* **~** ser duro/blando, *etc* al tacto; **das fühlt sich wie Wolle an** tiene el tacto de la lana

'Anfuhr F ‹~; ~en› acarreo m; porte m, transporte m; *mit Lastwagen*: camionaje m

'anführen V/T **1** *(leiten)* dirigir; guiar; capitanear (*a. fig*), encabezar (*a. fig Liste*); MIL *Truppe* mandar; *bes* MIL acaudillar **2** *(erwähnen)* mencionar; citar; *einzeln*: especificar, enumerar; *Beweise, Gründe* aducir, alegar **3** *umg (täuschen)* **j-n ~** chasquear *od* embaucar a alg; *umg* tomar el pelo a alg

'Anführer M, **Anführerin** F jefe m, -a f; *bes* POL, SPORT líder m/f; guía m/f; MIL caudillo m, -a f, adalid m; *pej e-r Bande*: cabecilla m/f

'Anführung F ‹~; ~en› *v. Gründen, Beweisen*: alegación f; especificación f; *(Zitat)* cita f; *(Erwähnung)* mención f

'Anführungsstriche MPL, **Anführungszeichen** NPL comillas *fpl*; **in ~ setzen** poner entre comillas, entrecomillar

'anfüllen V/T llenar **(mit** de); *übermäßig*: colmar **(mit** de) *(a. fig)*; **ganz ~** llenar por completo (*od* hasta los topes)

Ang. ABK **1** → Angabe **2** → Angebot **3** → Angestellte

'Angabe F ‹~; ~n› **1** indicación f; *v. Einzelheiten*: detalle m, especificación f; *beim Zoll*: declaración f; *(Anweisung)* instrucción f; *(Auskunft)* informe m, información f; **ohne ~ von Gründen** sin justificar **2** PL **~n zur Person** datos *mpl* personales, generalidades *mpl*; **allgemeine ~n** *pl* generalidades *fpl*; **besondere ~n** datos *mpl* particulares; **genauere** *od* **nähere ~n machen** dar pormenores *mpl*; **technische/statistische ~n** *fpl* datos *mpl* técnicos/estadísticos **3** SPORT servicio m; saque m **4** *umg (Prahlerei)* fanfarronada f; *sl* chulería f

'angaffen VT *umg* mirar boquiabierto
'angeben ⟨*irr*⟩ A VT 1 *allg* indicar; señalar; *Namen, Adresse, Uhrzeit* dar; *im Einzelnen*: detallar, especificar; *beim Zoll*: declarar; **als Grund ~** alegar 2 (*mitteilen*) exponer; explicar, declarar; (*behaupten*) afirmar 3 *bei der Polizei etc*: denunciar, delatar 4 *Tempo, Ton* dar B VI 1 *umg* (*prahlen*) jactarse, presumir, alardear, fanfarronear (**mit** *dat* de); **mit etw ~** *a. umg* fardar de a/c 2 SPORT sacar; *Kartenspiel*: jugar primero, *umg* ser mano
'Angeber M ⟨~s; ~⟩ *umg* presumido *m*; fanfarrón *m*
Angebe'rei F ⟨~; ~en⟩ *umg* alardeo *m*; fanfarronería *f*
'Angeberin F ⟨~; ~nen⟩ *umg* presumida *f*; fanfarrona *f*; **angeberisch** ADJ fanfarrón; presumido
'angeblich A ADJ supuesto, presunto; (*vorgeblich*) pretendido B ADV según dicen, por lo que dicen; presuntamente
'angeboren ADJ innato; MED congénito; (con)natural; de nacimiento
'Angebot N ⟨~(e)s; ~e⟩ ofrecimiento *m*; *bes* HANDEL oferta *f*; *in der Auktion*: postura *f*; (*Vorschlag*) proposición *f*; WIRTSCH **~ und Nachfrage** oferta y demanda; **befristetes/beschränktes ~** oferta *f* a plazo/limitada; **breites ~** amplia oferta *f* (**an** *acus* de); **günstiges** *od* **vorteilhaftes ~** oferta *f* ventajosa; **mündliches/schriftliches ~** oferta *f* oral/por escrito; **unverbindliches/unverlangtes ~** oferta *f* sin compromiso/no solicitada; **verbindliches ~** oferta *f* en firme, oferta *f* vinculante; **ein ~ machen/einholen** pasar/pedir una oferta; **das ~ ablehnen/annehmen** rechazar/aceptar la oferta; **auf ein ~ eingehen** hacer uso de una oferta; **das ~ gilt bis …** la oferta es válida hasta …; **im ~ sein** estar de oferta; **laut (Ihrem) ~** según su oferta
'Angebotsüberhang M exceso *m* de oferta; **Angebotsvielfalt** F variedad *f* de oferta
'angebracht ADJ pertinente; (*ratsam*) aconsejable, recomendable; (*gut angebracht*) apropiado, oportuno, indicado; **nicht ~** inoportuno, fuera de lugar; **etw für ~ halten** considerar oportuno (*od* procedente); **es für ~ halten zu gehen** *etc* considerar oportuno irse, *etc*
'angebunden ADJ *fig* **kurz ~** áspero, huraño; **kurz ~ sein** *a.* gastar pocas palabras
'angedeihen VI ⟨*irr; ohne* ge-⟩ *geh, oft iron* **j-m etw ~ lassen** (*zukommen lassen*) hacer llegar/otorgar a/c a alg
'angefordert A PPERF → anfordern B ADJ **~e Menge** cantidad *f* demandada
'angegossen ADJ *fig* **wie ~ passen** *od* **sitzen** sentar como de molde, *umg* estar como pintado
'angegraut ADJ *Haar* entrecano; **angegriffen** ADJ cansado; *Gesundheit* quebrantado; *Organ* afectado; **er sieht ~ aus** tiene mal aspecto; **angeheiratet** ADJ emparentado por matrimonio; **mein ~er Vetter** mi primo político; **angeheitert** ADJ achispado, alegre, *umg* piripi
'angehen ⟨*irr*⟩ A VT 1 ⟨sn⟩ (*betreffen*) respectar, referirse, concernir, interesar a; **was … angeht** en cuanto a …; **was mich angeht, …** por lo que a mí respecta …; **was geht das mich an?** ¿qué me importa a mí?; *umg* ¿a mí qué?; **das geht dich nichts an** (eso) no te importa nada, no es cosa tuya; **wen es angeht** a quien corresponda (*od* proceda) 2 ⟨h⟩ (*angreifen*) combatir; arremeter contra (*a. fig*); *Problem, Hindernis* abordar; **gehen wir es an!** ¡al trabajo! 3 ⟨sn⟩ *obs* **j-n um etw ~** solicitar a/c de alg, pedir a/c a alg B VI ⟨sn⟩ 1 *Feuer etc* prender, encenderse; *Pflanze, Impfung* prender 2 *umg* (*anfangen*) comenzar, empezar 3 **gegen etw ~** luchar contra a/c, oponerse a a/c C V/UNPERS ⟨sn⟩ (*vertretbar sein*) poder pasar, ser aceptable (*od* tolerable); **es kann nicht ~, dass …** no puede ser que …
'angehend ADJ 1 (*beginnend*) incipiente; *Anfänger*: principiante, novel 2 (*künftig*) en ciernes, futuro; aspirante a
'angehören VI ⟨*ohne* ge-⟩ **~** (*dat*) pertenecer a, ser de; *e-r Partei, e-m Verein*: ser miembro de, estar afiliado a; **angehörig** ADJ perteneciente a, correspondiente a
'Angehörige M/F ⟨~n; ~n; → A⟩ 1 (*Mitglied*) miembro *m*; socio *m*, -a *f* 2 *mst* PL **~(n)** (*Verwandte*) parientes *mpl*, allegados *mpl*; **meine ~n** los míos, mis familiares, mi familia; **die nächsten ~n** los parientes más próximos
'angejahrt ADJ *Person* entrado en años; *Sache* vetusto
'Angeklagte M/F ⟨~n; ~n; → A⟩ acusado *m* -a *f*; procesado *m*, -a *f*; reo *m/f*
'angeknackst ADJ *umg Knöchel etc* magullado; *Selbstbewusstsein* mermado
'Angel [-ŋ-] F ⟨~; ~n⟩ 1 *Fischfang*: caña *f* de pescar; **einen Fisch an der ~ haben** tener un pez en el anzuelo 2 (*Türangel*) gozne *m*, bisagra *f*; quicio *m*; **aus den ~n heben** sacar de quicio, desquiciar (*a. fig*); *fig* **aus den ~n geraten** *umg* salirse de sus casillas; *fig* **zwischen Tür und ~** de prisa y corriendo
'angelegen ADJ *geh* **sich** (*dat*) **etw ~ sein lassen** cuidar de a/c, tomar a/c a pecho
'Angelegenheit F ⟨~; ~en⟩ asunto *m*, cuestión *f*; materia *f*; **dringende ~** asunto *m* urgente; **das ist seine ~** eso es asunto suyo; **kümmere dich um deine ~en** ocúpate de tus asuntos; no te metas en lo que no te importa
'angelegentlich *geh* A ADJ solícito, diligente B ADV insistentemente; encarecidamente; **angelehnt** ADJ *Tür* entreabierto, entornado; → *a.* anlehnen; **angelernt** ADJ aprendido; adquirido; **~er Arbeiter** trabajador *m* semicualificado
'Angelgerät [-ŋ-] N avío *m* (*od* aparejos *mpl*) de pesca; **Angelhaken** M anzuelo *m*
'angeln [-ŋ-] A VI 1 pescar (con caña); **~ gehen** ir de pesca 2 *umg fig* pescar, atrapar; **nach etw ~** *intentar coger algo que está un poco fuera de alcance*; **nach j-m ~** echar el anzuelo a alg B VT pescar; **sich** (*dat*) **j-n ~** pescar a alg
'Angeln [-ŋ-] N ⟨~s⟩ pesca *f* con caña; **Angelpunkt** M eje *m*; *fig a.* punto *m* crucial, *umg* quid *m*; **Angelrute** F caña *f* de pescar
'Angelsachse [-ŋ-] M ⟨~n; ~n⟩, **Angelsächsin** F ⟨~; ~nen⟩ anglosajón *m*, -ona *f*; **angelsächsisch** ADJ anglosajón
'Angelschein [-ŋ-] M licencia *f* de pesca; **Angelschnur** F sedal *m*; **Angelsport** M pesca *f* (con caña)
'angemessen ADJ 1 (*passend*) adecuado, apropiado; (*entsprechend*) correspondiente, proporcionado; **der Lage (nicht) ~** (*gen*) (no) apropiado para la ocasión 2 (*angebracht*) conveniente, oportuno; *Benehmen* propio, debido; *Frist* prudencial; *Preis* razonable, aceptable; **für ~ halten** creer conveniente (*od* oportuno, procedente); **Angemessenheit** F ⟨~⟩ adecuación *f*; (justa) proporción *f*; *im Benehmen etc*: conveniencia *f*
'angenehm ADJ agradable, grato; (*behaglich*) confortable; *Unterhaltung, Lektüre* ameno; *Person* simpático; **das Angenehme mit dem Nützlichen verbinden** unir lo útil con lo agradable; **(sehr) ~!** *bei Vorstellung*: ¡encantado!, ¡mucho (*od* tanto) gusto!
'angenommen → annehmen
'angepasst ADJ 1 PSYCH adaptado; SOZIOL, *a. pej* conformista 2 **den Umständen ~** a tono con (*od* de acuerdo a) las circunstancias
'Anger [-ŋ-] M ⟨~s; ~⟩ *reg* pasto *m* comunal; dula *f*
'angerannt ADJ *umg* **~ kommen** llegar corriendo; *fig* **wegen jeder Kleinigkeit ~ kommen** venir corriendo por tonterías
'angeregt A ADJ *Unterhaltung* animado B ADV **sich ~ unterhalten** tener una animada conversación
'angesagt A PPERF → ansagen B ADJ 1 (*in*) **~ (sein)** (estar) de moda 2 **~ sein** (*auf dem Programm stehen*) estar previsto
'angesäuselt ADJ *umg* → angeheitert
'angeschlagen ADJ 1 *Porzellan* desportillado 2 *umg fig Person* magullado
'Angeschuldigte M/F ⟨~n; ~n; → A⟩ JUR inculpado *m*, -a *f*
'angeschwemmt ADJ aluvial
'angesehen ADJ respetado; (*geschätzt*) estimado, apreciado; HANDEL acreditado
'Angesicht N ⟨~(e)s; ~e *od* ~er⟩ *geh* rostro *m*, semblante *m*, faz *f*; **von ~ zu ~** cara a cara; **im ~** (*gen*) → angesichts
'angesichts PRÄP (*gen*) 1 delante de 2 *fig* en (*od* a la) vista de, ante, teniendo en cuenta; **angespannt** A ADJ tenso, tirante (*a. fig*) B ADV **~ arbeiten** trabajar intensamente; **angestammt** ADJ ancestral; hereditario; *Haus* solariego
'angestellt ADJ **~ (sein)** (estar) empleado; **befristet ~ sein** tener un contrato temporal; **fest ~** empleado de plantilla, empleado fijo
'Angestellte M/F ⟨~n; ~n; → A⟩ empleado *m*, -a *f*; HANDEL *a.* dependiente *m* -a *f*; **leitender ~r** (alto) ejecutivo *m*; directivo *m*; **leitende ~** *pl a.* empleados *mpl* dirigentes, altos cargos *mpl*; **~r im öffentlichen Dienst** empleado *m* público; **die ~n** el personal
'Angestelltenversicherung F seguro *m* de empleados; **Angestellter** M → Angestellte
'angestrengt A ADJ *Arbeit* duro, intenso B ADV **~ arbeiten/nachdenken** *etc* trabajar/pensar, *etc* intensamente; **~ arbeiten** *a.* trabajar de firme; **~ nachdenken** *a.* aguzar (*od* afilar) el ingenio
'angetan A PPERF → antun B ADJ *fig* **von j-m/etw ~ sein** estar encantado con (*od* de) alg/a/c; estar impresionado por alg/a/c; **er war von dem Gedanken wenig ~** la idea no le entusiasmó
'angetrunken ADJ bebido, medio borracho, *umg* achispado; **angewandt** ADJ *Wissenschaft, Kunst* aplicado
'angewiesen ADJ **~ sein auf** (*acus*) depender de; no poder prescindir de; **auf sich** (*acus*) **selbst ~ sein** tener que arreglárselas por sí mismo; → *a.* anweisen
'angewöhnen VT ⟨*ohne* ge-⟩ **j-m etw ~** acostumbrar a alg a a/c; **sich** (*dat*) **etw ~** acostumbrarse a a/c, habituarse a a/c, contraer el hábito de a/c
'Angewohnheit F ⟨~; ~en⟩ costumbre *f*, hábito *m*; **schlechte ~** vicio *m*; **die ~ haben zu** tener la (*od* por) costumbre de
'angewurzelt ADJ **wie ~ dastehen** quedarse de una pieza; quedarse como clavado en el suelo
'angiften *umg* A VT **j-n ~** abroncar a alg B V/R **sich ~** echar pestes uno contra el otro
An'gina [-ŋg-] F ⟨~; Anginen⟩ MED angina *f*; **~ pectoris** angina *f* de pecho, estenocardia *f*
'angleichen VT ⟨*irr*⟩ 1 (*gleich machen*) asimilar (**an** *acus* a); igualizar, nivelar 2 (*anpassen*) *Löhne, Preise* reajustar; TECH adaptar, ajustar (**an** *acus*

a); **Angleichung** F ⟨~; ~en⟩ 1 asimilación f; nivelación f, igualización f 2 (*Anpassung*) adaptación f, (re)ajuste m; *der Renten*: actualización f

'**Angler** [-ŋ-] M ⟨~s; ~⟩, **Anglerin** F ⟨~; ~nen⟩ pescador m, -a f (de caña)

'**angliedern** VT asociar (**an** *acus* a, con); afiliar (**an** *acus* a); *Gebiet* anexionar (*od* incorporar) (**an** *acus* a); (*eingliedern*) integrar (**an** *acus* en); **Angliederung** F ⟨~; ~en⟩ afiliación f; integración f; *e-s Gebiets*: anexión f; incorporación f

Angli'kaner [-ŋg-] M ⟨~s; ~⟩, **Anglikanerin** F ⟨~; ~nen⟩ REL anglicano m, -a f; **anglikanisch** ADJ anglicano

angli'sieren [-ŋg-] VT ⟨*ohne* ge-⟩ anglizar

An'glist [-ŋg-] M ⟨~en; ~en⟩ anglista m, anglicista m; **Anglistik** F ⟨~⟩ anglística f, filología f inglesa; **Anglistin** F ⟨~; ~nen⟩ anglista f, anglicista f

Angli'zismus [-ŋg-] M ⟨~; Anglizismen⟩ LING anglicismo m

'**anglotzen** VT *umg* mirar con ojos desorbitados (*od* con la boca abierta)

An'gola [-ŋg-] N ⟨~s⟩ Angola f

Ango'laner [-ŋg-] M ⟨~s; ~⟩, **Angolanerin** F ⟨~; ~nen⟩ angoleño m, -a f; **angolanisch** ADJ angolano

An'gora [-ŋg-] N ⟨~s⟩ → Angorawolle; **Angorakatze** F gato m de Angora; **Angorawolle** F angora f, lana f de Angora

'**angreifbar** ADJ atacable; *fig* vulnerable

'**angreifen** VT ⟨*irr*⟩ 1 *Gegner etc* atacar (*a.* SPORT, MIL *u. fig*); (*überfallen*) asaltar; JUR **j-n tätlich ~** agredir (*od* acometer) a alg 2 *Vorräte* (empezar a) consumir; tocar; *Kapital* (empezar a) gastar; *Ersparnisse* echar mano de 3 *fig* (*anpacken*) *Aufgabe* acometer, emprender 4 (*schwächen*) cansar, fatigar; debilitar; *Material* atacar (*a. Nerven*); CHEM *a.* corroer; *Gesundheit* perjudicar; *Gemüt* afectar, conmover, emocionar; → *a.* angegriffen

'**angreifend** ADJ 1 agresivo, ofensivo 2 *körperlich*: fatigoso; **Angreifer** M ⟨~s; ~⟩, **Angreiferin** F ⟨~; ~nen⟩ atacante m/f, asaltante m/f; agresor m, -a f (*a.* POL)

'**angrenzen** VI (co)lindar, confinar (**an** *acus* con); **angrenzend** ADJ **~** (**an** *acus*) adyacente (a); limítrofe, colindante (con); contiguo (a)

'**Angriff** M ⟨~(e)s; ~e⟩ ataque m (*a. fig u.* SPORT); asalto m; MIL *a.* acometida f, carga f; *strategisch*: ofensiva f; POL agresión f; JUR **tätlicher ~** agresión f; **einen ~ starten** lanzar un ataque; *fig* **in ~ nehmen** emprender, abordar, acometer; *umg* atacar; MIL **zum ~ übergehen** pasar a la ofensiva; *sprichw* **~ ist die beste Verteidigung** la mejor defensa es el ataque

'**Angriffsbefehl** M orden m de ataque; **Angriffsfläche** F *fig* punto m de ataque; **keine ~ bieten** ser invulnerable; **Angriffskraft** F MIL potencia f ofensiva; **Angriffskrieg** M MIL guerra f ofensiva (*bzw* de agresión); **Angriffslinie** F SPORT línea f de ataque; **Angriffslust** F agresividad f, acometividad f; **angriffslustig** ADJ agresivo; **Angriffspunkt** M 1 MIL punto m de ataque 2 TECH punto m de aplicación 3 *fig* → Angriffsfläche; **Angriffsspieler** M, **Angriffsspielerin** SPORT atacante m/f; **Angriffswaffe** F arma f ofensiva; **Angriffsziel** N objetivo m (del ataque)

'**angrinsen** VT **j-n ~** mirar burlonamente (*od* con ironía) a alg

angst [aŋst] ADJ **mir ist ~ (und bange)** tengo (mucho) miedo, *umg* no las tengo todas conmigo

Angst F ⟨~; ¨~e⟩ miedo m, temor m; (*Besorgnis*) ansiedad f (*a.* PSYCH); (*Beklemmung*) angustia f, congoja f; (*Schreck*) terror m, pavor m; (*große Angst*) espanto m; (*umg* **es mit der**) **~ bekommen** asustarse, coger miedo; *umg* agallinarse, *sl* acojonarse; **~ haben vor** (*dat*) tener miedo a; **davor habe ich keine ~** esto no me asusta; **um j-n/etw ~ haben** estar preocupado por alg/a/c; **j-m ~ machen** dar miedo a alg, asustar a alg; **aus ~ vor** (*dat*) por temor de, por miedo a; **in ~ geraten** asustarse, alarmarse; **vor ~ vergehen** morirse de miedo; (**nur**) **keine ~!** no tengas miedo!

'**angsterfüllt** ADJ asustado; angustiado

'**Angstgefühl** N ansiedad f, sensación f de miedo; **Angstgeschrei** N grito m de espanto; **Angsthase** M cobarde m/f, *umg* cagón m, cagóna f, *umg* gallina m/f

'**ängstigen** A VT dar miedo, asustar; (*besorgt machen*) inquietar, alarmar B VR **sich ~** tener miedo (**vor** *dat* a, de), angustiarse, inquietarse (**um** por)

'**Angstkäufe** MPL compras fpl de pánico

'**ängstlich** ADJ 1 miedoso, temeroso, medroso; (*besorgt*) receloso, inquieto 2 (*schüchtern*) tímido 3 (*peinlich genau*) escrupuloso; **Ängstlichkeit** F ⟨~⟩ ansiedad f; recelo m; (*Schüchternheit*) timidez f; pusilanimidad f

'**Angstneurose** F PSYCH neurosis f de ansiedad; **Angstpsychose** F PSYCH psicosis f de ansiedad; **Angstschrei** M grito m de espanto; **Angstschweiß** M sudor m frío; **Angsttraum** M pesadilla f; sueño m de angustia; **angstvoll** ADJ angustiado, lleno de angustia; **Angstzustand** M PSYCH estado m de ansiedad

'**angucken** VT *umg* mirar

'**angurten** FLUG, AUTO A VT **j-n ~** poner a alg el cinturón de seguridad B VR **sich ~** ponerse el cinturón (de seguridad)

Anh. ABK (Anhang) apéndice m

'**anhaben** VT ⟨*irr*⟩ 1 *Kleider* llevar (puesto); **nichts ~** estar desnudo 2 *fig* **j-m etw ~ wollen** habérselas con alg; *sl* tener hincha a alg; **er kann mir nichts ~** no puede hacerme nada

'**anhaften** VI 1 adherir(se) a, estar adherido a 2 *fig* **j-m/einer Sache ~** *Makel* traer consigo; **ihm haftet etwas Eigentümliches an** tiene un no sé qué de particular

'**anhaftend** ADJ adherente, adhesivo; *fig* inherente a; **anhaken** VT enganchar (**an** *acus* a); *an e-n Haken*: colgar (de un gancho)

'**Anhalt**[1] M ⟨~(e)s; ~e⟩ 1 (*Stütze*) apoyo m, soporte m, sostén m 2 (*Anzeichen*) indicio m

'**Anhalt**[2] N ⟨~s⟩ GEOG Anhalt m; → Sachsen-Anhalt

'**anhalten** ⟨*irr*⟩ A VT 1 (*zum Halten bringen*) detener, parar (*a.* AUTO, TECH); *polizeilich a.* dar el alto; *Atem* contener; *Ton* sostener; **den Atem ~** retener la respiración 2 (*ansprechen*) **j-n ~** abordar a alg 3 (*ermahnen*) **j-n zu etw ~** animar (*od* estimular) a alg para a/c B VI 1 (*stoppen*) detenerse, pararse 2 (*andauern*) continuar; durar; persistir 3 *obs* **um j-s Hand ~** pedir la mano de alg (**bei** a)

'**anhaltend** ADJ continuo; persistente; permanente; **~e Bemühungen** continuados esfuerzos *mpl*; **~er Fleiß** asiduidad f; **~er Beifall** prolongados aplausos *mpl*

'**Anhalter** M ⟨~s; ~⟩, **Anhalterin** F ⟨~; ~nen⟩ *umg* auto(e)stopista m/f; **per ~ fahren** hacer (*od* viajar por) autostop

anhal'tinisch ADJ de (Sajonia-)Anhalt

'**Anhaltspunkt** M indicio m, punto m de apoyo (*bzw* de referencia); (*Grundlage*) base f

an'hand PRÄP **~ von** (*od gen*) mediante, por medio de

'**Anhang** M ⟨~(e)s; ¨~e⟩ 1 *im Buch etc*: apéndice m; anexo m; *e-s Testaments*: codicilo m; (*Beilage*) suplemento m 2 *oft hum* (*Angehörige*) parientes *mpl*, allegados *mpl*; familia f; **ohne ~** sin familia 3 *geh* (*Gefolgschaft*) seguidores *mpl*, partidarios *mpl*

'**anhängen**[1] A VT 1 (*aufhängen*) *Schild etc* colgar (**an** *acus* de, en), suspender (**an** *acus* de) 2 (*hinzufügen*) añadir, juntar, unir (**an** *acus* a) 3 AUTO, BAHN (*ankuppeln*) enganchar (**an** *acus* a) 4 *fig* **j-m etw ~** cargar (*od umg* colgar) a/c a alg; *e-e Krankheit*: pegar a/c a alg; **j-m einen Prozess ~** entablar pleito contra alg B VR **sich ~** colgarse (**an** *acus* de, en), suspenderse (**an** *acus* de); **sich an j-n ~** colgarse de alg

'**anhängen**[2] VI 1 *e-r Partei, Sekte* adherir a, ser partidario de, seguir 2 (*anhaften*) **ihm hängt der Ruf an zu** (*inf*) tiene fama de (*inf*)

'**Anhänger**[1] M ⟨~s; ~⟩ 1 (*Schmuck*) dije m, colgante m 2 (*Autoanhänger*) remolque m

'**Anhänger**[2] M ⟨~s; ~⟩, **Anhängerin** F ⟨~; ~nen⟩ 1 (*Parteigänger*) partidario m, -a f; seguidor m, -a f; secuaz m/f; *e-r Lehre*: adepto m, -a f; *e-r Sekte*: sectario m, -a f 2 SPORT *etc*: (*Fan*) aficionado m, -a f; *umg* hincha m; SPORT hincha f; **Anhängerschaft** F ⟨~⟩ seguidores *mpl*, secuaces *mpl*, partidarios *mpl*; *bes* SPORT hinchada f

'**anhängig** ADJ JUR pendiente; **einen Prozess ~ machen** entablar un pleito contra, proceder judicialmente contra

'**anhänglich** ADJ afecto, apegado; (*treu*) fiel (**an** *acus* a); *stärker*: devoto; **Anhänglichkeit** F ⟨~⟩ afecto m, apego m; cariño m; *stärker*: devoción f; (*Treue*) delidad f

'**Anhängsel** N ⟨~s; ~⟩ 1 *Schmuck*: dije m, colgante m 2 *umg pej* apéndice m; **Anhauch** M ⟨~(e)s⟩ *geh* toque m; matiz m

'**anhauchen** VT 1 soplar, aspirar contra 2 *fig mit adj*: **asiatisch/künstlerisch** *etc* **~** con un toque asiático/artístico, *etc*; **er ist dichterisch angehaucht** tiene vena poética

'**anhauen** VT *umg* **j-n ~** abordar a alg; *um Geld*: *umg* dar un sablazo a alg

'**anhäufeln** VT AGR → häufeln

'**anhäufen** A VT amontonar, acumular, apilar; *Geld* atesorar; (*hamstern*) acaparar; *Vorräte* acopiar B VR **sich ~** acumularse; **Anhäufung** F ⟨~; ~en⟩ amontonamiento m, acumulación f; (*Vorrat*) acopio m

'**anheben** ⟨*irr*⟩ A VT levantar, alzar; *Preise, Löhne* aumentar B VI *geh* (*beginnen*) empezar, comenzar (**zu** *inf* a)

'**anheften** VT fijar, pegar (**an** en), sujetar (**an** a); *mit Stecknadel*: prender; (*annähen*) hilvanar

'**anheilen** VI MED cerrarse, cicatrizar(se)

an'heim ADV *geh* → anheimfallen, → anheimstellen

'**anheimelnd** ADJ acogedor; *umg* como en casa

an'heimfallen VI ⟨*irr*; sn⟩ **j-m ~** *Vermögen etc* recaer en alg; **der Vergessenheit ~** caer en el olvido; **anheimstellen** VT **j-m etw ~** dejar a/c al buen criterio (*od* a la discreción) de alg; **es j-m ~ etw zu tun** dejar al buen criterio de alg hacer a/c

'**anheizen** VT calentar (*a. fig*), encender, hacer fuego en; *fig Diskussion etc* avivar; **anherrschen** VT hablar en tono imperioso; increpar; **anheuern** *bes* SCHIFF A VT alistar, enrolar B VI alistarse, enrolarse

'**Anhieb** M ⟨~(e)s⟩ **auf ~** de golpe, a la primera, a las primeras de cambio

'**anhimmeln** VT REL adorar, idolatrar; *fig* **j-n ~** comerse a alg con los ojos

'**Anhöhe** F ⟨~; ~n⟩ altura f, elevación f, eminencia f; (*Hügel*) cerro m

'**anhören** A VT 1 *Musik, Rede etc* escuchar; **sich** (*dat*) **etw ~** escuchar a/c 2 JUR *Zeugen* oír 3 **das hört man dir an!** ¡se te nota en la voz!; **man hört ihm den Franzosen an** se le nota el acento francés B VR **sich gut/schlecht ~** sonar bien/mal; *umg fig* **das hört sich gut an!** suena bien!

'Anhörung F ⟨~; ~en⟩ JUR audición *f*; POL *(Konsultation)* consulta *f*; **nach ~ der Parteien** oídas las partes

Anhy'drid N ⟨~s; ~e⟩ CHEM anhídrido *m*

Ani'lin N ⟨~s⟩ CHEM anilina *f*; **anilinblau** ADJ azul de anilina; **Anilinfarbstoff** M colorante *m* de anilina

ani'malisch ADJ animal

Anima'teur [-tøːr] M ⟨~s; ~⟩, **Anima'teurin** F ⟨~; ~nen⟩ *in Ferienclubs etc*: animador *m*, -a *f* turístico, -a; **Animati'on** F ⟨~; ~en⟩ TV, IT *etc* animación *f*

'Anime M ⟨~s; ~(s)⟩ *u.* F ⟨~; ~(s)⟩ anime *m*

Ani'mierdame F *pej* animadora *f*; tanguista *f*; chica *f* de alterne

ani'mieren V/T **1** **j-n zu etw ~** animar *od* incitar *od* estimular a alg a a/c **2** TV *etc* animar; **Animierlokal** N *pej* bar *m* de alterne

Animosi'tät F ⟨~; ~en⟩ animosidad *f*

'Anion N ⟨~s; ~en⟩ PHYS, CHEM anión *m*

A'nis M ⟨~es; ~e⟩ BOT anís *m*; **Anislikör** M anís *m*, anisete *m*

'anjochen V/T enyugar; uncir

Ank. ABK (Ankunft) llegada *f*

'ankämpfen V/I luchar (**gegen** contra)

'Ankauf M ⟨~(e)s; -käufe⟩ compra *f*, adquisición *f*

'ankaufen **A** V/T comprar, adquirir **B** V/R **sich ~** afincarse; **ankeilen** V/T *umg reg* **j-n ~** abordar a alg (para pedirle algo)

'Anker [-ŋk-] M ⟨~s; ~⟩ **1** SCHIFF ancla *f*; **den ~ lichten** levar anclas; **vor ~ gehen** *od* **werfen** anclar, echar anclas; **vor ~ liegen** estar fondeado (*od* surto *od* anclado); **vor ~ treiben** garr(e)ar **2** TECH áncora *f* (*a. e-r Uhr*); ELEK inducido *m*; *(Läufer)* rotor *m*; *(Ständer)* estator *m*

'Ankerboje F SCHIFF boya *f* de anclaje; **Ankerdraht** M **1** ELEK hilo *m* del inducido **2** SCHIFF *am Mast*: cable *m* de amarre; **Ankerfeld** N ELEK campo *m* del inducido; **Ankergang** M *Uhr*: escape *m* de áncora; **Ankergeld** N SCHIFF (derechos *mpl* de) anclaje *m*; **Ankergrund** M tenedero *m*; **Ankerkette** F SCHIFF cadena *f* del ancla; **Ankermine** F SCHIFF, MIL mina *f* anclada

'ankern V/I anclar, fondear

'Ankerplatz M SCHIFF fondeadero *m*, ancladero *m*; **Ankerspill** N ⟨~(e)s; ~e⟩ SCHIFF → Ankerwinde; **Ankertau** N SCHIFF amarra *f*; **Ankerwicklung** F ELEK arrollamiento *m* (*od* devanado *m*) del inducido; **Ankerwinde** F SCHIFF cabrestante *m*

'anketten V/T encadenar; *fig* atar

'ankitten V/T pegar (con pegamento); enmasillar

'Anklage F ⟨~; ~n⟩ JUR acusación *f*; *(Beschuldigung)* inculpación *f*, incriminación *f*; **~ erheben** formular la acusación; presentar la (*od* formar) acción pública (**gegen** contra); **die ~ vertreten** sostener la acusación; actuar como representante de la acusación; **unter ~ stehen** estar procesado (**wegen** por); **unter ~ stellen** procesar; encausar

'Anklagebank F ⟨~; ¨-e⟩ JUR banquillo *m* (de los acusados); **auf der ~ sitzen** estar en el banquillo; **Anklagebehörde** F JUR autoridad *f* acusadora; **Anklageerhebung** F JUR acto *m* acusatorio; formación *f* de la acción pública

'anklagen V/T acusar (**wegen** de); *(beschuldigen)* (in)culpar, incriminar; **j-n einer Sache** *(gen)* **~** acusar (*od* inculpar) a alg de a/c

'Anklagepunkte MPL JUR cargos *mpl*, conclusiones *fpl* (fiscales)

'Ankläger M ⟨~s; ~⟩ acusador *m*; **öffentlicher ~** fiscal *m*

'Anklagerede F informe *m*, discurso *m* del fiscal

'Anklägerin F ⟨~; ~nen⟩ acusadora *f*

'Anklageschrift F JUR escrito *m* acusatorio (*od* de acusación *od* de calificación); **Anklageverlesung** F JUR lectura *f* de las conclusiones fiscales; **Anklagevertreter** M, **Anklagevertreterin** F JUR representante *m/f* de la acusación; *bei Militärgerichten*: fiscal *m/f* togado; **Anklagezustand** M JUR estado *m* de acusación; **j-n in ~ versetzen** encausar a alg, procesar a alg

'anklammern **A** V/T TECH engrapar; sujetar con pinzas; fijar con grapas **B** V/R **sich ~ an** *(acus)* asirse (*od* agarrarse) de; *fig* aferrarse a

'Anklang M ⟨~(e)s; -klänge⟩ resonancia *f*; reminiscencia *f*; **~ finden** hallar buena acogida, ser del agrado (**bei** de); ser bien acogido; *Waren* tener aceptación, venderse bien

'ankleben **A** V/T pegar, fijar; *mit Leim*: encolar; *mit Gummi*: engomar; **Ankleben verboten!** ¡se prohibe fijar carteles **B** V/I pegarse, adherirse

'Ankleidekabine F cabina *f*

'ankleiden V/T & V/R **(sich) ~** vestir(se)

'Ankleideraum M, **Ankleidezimmer** N cuarto *m* de vestir; *e-r Dame*: tocador *m*; THEAT camerino *m*; SPORT *etc* vestuario *m*

'anklicken V/T IT hacer clic; **etw ~** hacer clic en (*od* sobre) a/c; **anklingeln** V/T *umg* → anläuten; **anklingen** V/I *⟨irr⟩ fig* (hacer) recordar, traer a la memoria (**an etw** *acus* a/c); **~ lassen** evocar

'anklopfen V/I llamar (**an** *dat* a) (*a.* TEL); *an der Tür*: llamar a la puerta

'Anklopfen N ⟨~s⟩ TEL llamada *f* en espera

'anknabbern V/T roer, mordisquear; **anknipsen** V/T ELEK *umg* **das Licht ~** encender (*od* dar) la luz; **anknöpfen** V/T abotonar, abrochar

'anknüpfen **A** V/T anudar, atar, ligar; *fig* **Beziehungen ~** entablar (*od* entrar en) relaciones; **ein Gespräch ~** trabar (*od* entablar) conversación, *umg* pegar la hebra; **wieder ~** reanudar **B** V/I **an etw** *(acus)* **~** referirse a a/c; partir de a/c, fundarse en a/c; *(etw fortführen)* reanudar a/c, continuar a/c

'Anknüpfungspunkt M punto *m* de partida (*bzw* de contacto)

'ankommen *⟨irr; sn⟩* **A** V/I **1** *(eintreffen)* llegar; venir; SCHIFF arribar; *fig* **ist das endlich bei dir angekommen?** *(hast du nun kapiert?)* ¿por fin lo has captado? **2** *umg (Anklang finden)* **(gut) ~** ser bien recibido *od* acogido (**bei** *dat* entre, por); *bes* THEAT tener éxito; **schlecht ~** ser mal recibido (*od* acogido); **beim Publikum ~** llegar al público/tener buena acogida entre el público **3** **gegen j-n/etw nicht ~** no poder (imponerse) a alg/a/c; **gegen ihn kommt man nicht an** no hay quien le puede; **bei mir kommst du damit nicht an** no me impresionas con eso **B** V/UNPERS **1** *(abhängen)* **~ auf** *(acus)* depender de; **das kommt (ganz) darauf an** depende; según; **es kommt darauf an, ob …** depende de si…; **worauf es ankommt, ist …** de lo que se trata es …; la cuestión es … **2** *(wichtig sein)* importar; **darauf kommt es ja gerade an!** ¡de eso se trata precisamente!; **darauf kommt es (mir) nicht an** eso no (me) importa nada; **es kommt nicht auf den Preis an** el precio es lo de menos; **es kommt mir darauf an, zu** *(inf)* lo que me interesa (*od* que yo quiero) es *(inf)*; **wenn es darauf ankommt** en caso necesario (*od* de necesidad), si es preciso **3** **es auf etw** *(acus)* **~ lassen** correr el riesgo de a/c; **ich lasse es darauf ~** me aventuro a ello, me arriesgo; **es nicht darauf ~ lassen** no arriesgarse; curarse en salud; **das kommt auf einen Versuch an** hay que intentarlo, por intentar que no quede

'Ankömmling M ⟨~s; ~e⟩ recién llegado *m* (*od* venido *m*)

'ankönnen V/I *⟨irr⟩ umg* **nicht gegen j-n ~** no poder a alg

'ankoppeln V/T TECH acoplar; *Wagen* enganchar; **Ankoppelung** F ⟨~; ~en⟩ acoplamiento *m* (*a. Raumfahrt*)

'ankotzen V/T *sl fig* causar repugnancia, dar asco, dar náuseas; **es kotzt mich an, dass …** me da asco que …

'ankrallen V/R **sich ~ an** *(acus)* agarrarse a; **ankreiden** V/T *umg* **j-m etw ~** reprochar (*od* imputar) a/c a alg; **ankreuzen** V/T marcar con una cruz

'ankündigen **A** V/T anunciar (*a. fig Besuch etc*); avisar; *(mitteilen)* participar, hacer saber; **feierlich ~** proclamar; **öffentlich ~** publicar; **offiziell ~** notificar **B** V/R **sich ~** anunciarse; *zu e-m Besuch*: anunciar su visita; *fig* hacerse sentir

'Ankündigung F ⟨~; ~en⟩ aviso *m*, anuncio *m*; *amtlich*: notificación *f*; *öffentlich*: proclama *f*; *Plakat*: cartel *m*; **Ankunft** F ⟨~⟩ llegada *f*; venida *f*; SCHIFF arribo *m*

'Ankunftsbahnsteig M andén *m* de llegada; **Ankunftshalle** F FLUG terminal *f* de llegadas; **Ankunftstag** M día *m* de llegada; **Ankunftsterminal** [-tœrminal] N terminal *f* de llegada; **Ankunftszeit** F hora *f* de llegada

'ankuppeln V/T acoplar, enganchar (**an** a)

'ankurbeln V/T **1** *früher Motor* poner en marcha **2** *fig Verbrauch, Stimmung* estimular; fomentar; *bes Wirtschaft* reactivar, relanzar; **Ankurbelung** F ⟨~; ~en⟩ *der Wirtschaft*: reactivación *f*, relanzamiento *m*

Anl. ABK (Anlage) *im Brief*: anejo *m*

'anlächeln V/T sonreír a, mirar sonriendo a

'anlachen V/T **1** **j-n ~** mirar a alg riendo **2** *umg fig* **sich** *(dat)* **j-n ~** ligarse a alg; **sich** *(dat)* **eine Freundin ~** echarse una amiga

'Anlage F ⟨~; ~n⟩ **1** *(das Anlegen)* colocación *f*, instalación *f*; BAU construcción *f*; *(Bau)* construcción *f*, edificación *f*; establecimiento *m*; *(Entwurf)* plano *m*; diseño *m* **2** *(Vorrichtung)* instalación *f*; dispositivo *m*; **sanitäre ~n** instalaciones *fpl* (sanitarias) **3** TECH *(Fabrikanlage)* instalación *f*, planta *f*; **~n und Maschinen** plantas y maquinaria **4** *(Grünanlage)* jardín *m* público, parque *m*; *(Sportanlage)* polideportivo *m* **5** *(Musikanlage)*, IT equipo *m* **6** *(Fähigkeit)* talento *m*, aptitud *f*; dotes *fpl*; *(Veranlagung)* disposición *f* (**zu** para); MED predisposición *f* **7** WIRTSCH *(Kapitalanlage)* inversión *f*, colocación *f*; **festverzinsliche ~** inversión *f* de renta fija **8** *(Beilage, z. B. beim Brief)* anexo *m*, adjunto *m*; suplemento *m*; **in der ~** adjunto

'Anlageberater M, **Anlageberaterin** F WIRTSCH asesor *m*, -a *f* de inversión; **Anlageberatung** F asesoramiento *m* de inversión; **Anlagekapital** N WIRTSCH capital *m* invertido (*bzw* fijo); **Anlagekosten** PL gastos *mpl* de instalación

'Anlagenbau M ⟨~(e)s⟩ TECH construcción *f* de instalaciones (*od* de plantas); ingeniería *f* de plantas (industriales)

'Anlagepapiere NPL WIRTSCH valores *mpl* de inversión; **Anlagevermögen** N WIRTSCH **1** *e-r Gesellschaft*: activo *m* fijo, inmovilizado *m* **2** *e-r Person*: capital *m* invertido

'anlangen **A** V/I llegar, SCHIFF arribar **B** V/T **1** → anbelangen **2** *reg* → anfassen

'Anlass M ⟨~es; ¨-e⟩ **1** *(Gelegenheit)* ocasión *f*; **bei diesem ~** en esa ocasión; **bei offiziellen Anlässen** en acontecimientos oficiales **2** *(Grund)* motivo *m*, razón *f* (**zu** para); *(Ursache)*

causa *f*; **~ geben zu** dar motivo (*od* pie) para, dar ocasión (*od* pábulo *od* lugar) a; **j-m ~ zur Klage geben** dar a alg motivo de queja; **allen ~ haben zu** tener todos los motivos para; **aus aktuellem ~** por motivos de actualidad; **aus diesem ~** por esta razón, con tal motivo; **aus gegebenem ~** por motivos precedentes; **beim geringsten ~** a la más mínima; **ohne jeden ~** sin ningún motivo; **etw zum ~ nehmen zu** (*inf*) aprovechar a/c para (*inf*)

'anlassen ‹*irr*› A VT 1 *Kleid* dejar puesto, no quitarse 2 *Eingeschaltetes*: dejar correr; no apagar 3 (*in Gang setzen*) poner en marcha; AUTO *a.* arrancar B VR *umg* **sich gut ~** presentarse bien, empezar bien, prometer (éxito); **wie lässt es sich an?** ¿cómo lo ves?

'Anlasser M ‹~s; ~› AUTO (dispositivo *m* de) arranque *m*, arrancador *m*, starter *m*; *Knopf*: botón *m* de arranque

'Anlasskurbel F manivela *f* de arranque

'anlässlich PRÄP (*gen*) con motivo (*od* ocasión) de

'Anlassmotor M motor *m* de arranque; **Anlasswiderstand** M ELEK resistencia *f* (*od* reóstato *m*) de arranque

'anlasten VT **j-m etw ~** imputar a/c a alg

'Anlauf M ‹~(e)s; -läufe› 1 SPORT carrera *f* de impulso; **(einen) ~ nehmen** tomar impulso (*od* carrera *od* carrerilla) 2 *fig* intento *m*; **im** *od* **beim ersten ~** a la primera 3 (*Anlaufen*) arranque *m* (*a.* TECH); **Anlaufbahn** F SPORT pista *f* de impulso

'anlaufen ‹*irr*› A VI ‹sn› 1 (*starten*) *Aktion, Produktion etc* ponerse en marcha (*a. Motor*), arrancar; TECH *a.* ponerse en funcionamiento; FILM estrenarse; **~ lassen** comenzar, poner en marcha 2 **angelaufen kommen** venir corriendo; llegar a la carrera 3 SPORT tomar la salida; coger impulso (*od* carrerilla) 4 *fig* **gegen etw ~** (*anstürmen*) luchar contra a/c 5 (*sich verfärben*) *Spiegel* empañarse; *Metall* oxidarse, deslustrarse; **blau ~** amoratarse; **rot ~** ponerse rojo; *Person* ruborizarse, sonrojarse B VT SCHIFF *Hafen* hacer escala, tocar en

'Anlaufen N ‹~s› 1 (*Starten*) arranque *m* 2 *v. Metall etc*: deslustre *m*; **Anlaufhafen** M SCHIFF puerto *m* de escala; **Anlaufkosten** PL WIRTSCH costos *mpl* iniciales; **Anlaufkredit** M WIRTSCH crédito *m* de puesta en marcha; **Anlaufmoment** N TECH par *m* (*od* momento *m*) de arranque; **Anlaufschwierigkeiten** FPL dificultades *fpl* de arranque; **Anlaufstelle** F servicio *m* de atención; **Anlaufzeit** F tiempo *m* de arranque; *fig* período *m* de puesta en marcha (*od* inicial)

'Anlaut M PHON sonido *m* inicial; **im ~** en comienzo de dicción

'anlauten VI empezar (**mit** con, por); **anläuten** VT *südd, österr, schweiz* llamar por teléfono; **anlautend** ADJ PHON inicial

'Anlegebrücke F 1 (*Kai*) muelle *m*, embarcadero *m* 2 *am Schiff*: pasarela *f*; **Anlegegebühren** FPL derechos *mpl* de atraque; **Anlegehafen** M puerto *m* de escala

'anlegen A VT 1 poner, colocar; *Kleid, Schmuck* poner(se); *Maßstab*, MED *Verband* aplicar; *Säugling* dar el pecho a; *Gewehr* encarar; *fig* **einen strengen Maßstab ~** aplicar un criterio duro 2 (*planen*) trazar, delinear 3 (*bauen*) edificar, construir; *Garten* plantar; *Straße, Bahnlinie* trazar; *Stadt, Kolonie* fundar, establecer 4 *Kartei* hacer; *Vorrat* almacenar; IT *Datei, Verzeichnis* crear 5 *Geld* invertir, colocar; *Konto* abrir; (*ausgeben*) gastarse (**für en**) 6 *fig* **es auf etw** (*acus*) **~** proponerse a/c, poner la mira en a/c B VI 1 SCHIFF atracar; hacer escala, tocar en; **im Hafen ~** tomar puerto; **am Kai ~** atracar en el muelle 2 *mit dem Gewehr*: **~ auf** (*acus*) apuntar a, encañonar; MIL **legt an!** ¡apunten! C VR **sich mit j-m ~** buscar pelea con alg, tomarla (*od* meterse) con alg

'Anleger M ‹~s; ~›, **Anlegerin** F ‹~; ~nen› WIRTSCH inversor *m*, -a *f*, inversionista *m/f*

'Anlegestelle F SCHIFF atracadero *m*, puesto *m* de atraque; embarcadero *m*

'anlehnen A VT 1 **etw an etw** (*acus*) **~** adosar (*od* arrimar) a/c a a/c, apoyar a/c en (*od* contra) a/c 2 *Tür, Fenster* entornar B VR **sich ~ an** (*acus*) apoyarse en (*od* contra); *fig* (*als Vorbild nehmen*) imitar a, tomar por modelo

'Anlehnung F ‹~› contacto *m* (*a. fig*); **in ~ an** conforme a; siguiendo el ejemplo de, a imitación de; **anlehnungsbedürftig** ADJ que busca apoyo (*bzw* contacto)

'anleiern VT *umg* (*in Gang bringen*) organizar, montar

'Anleihe F ‹~; ~n› WIRTSCH empréstito *m*; (*Wertpapier*) *a.* obligación *f*; **öffentliche ~** empréstito *m* público; **eine ~ aufnehmen** contraer un empréstito; **eine ~ bei j-m machen** recibir un préstamo de alg; *fig* (*etw von j-m abschreiben, abgucken*) copiar a alg; *Buch*: plagiar a alg

'Anleihepapiere NPL WIRTSCH bonos *mpl* de empréstito

'anleimen VT encolar, pegar (con cola)

'anleiten VT guiar, conducir, dirigir; *beim Arbeiten, Lernen*: instruir, adiestrar; **j-n zu etw ~** animar a alg para a/c; **Anleitung** F ‹~; ~en› 1 dirección *f*; directivas *fpl*; instrucción *f* (*a.* TECH); guía *f*; **unter seiner ~** bajo su dirección 2 (*Lehrbuch*) manual *m*

'anlernen VT **j-n ~** instruir a alg, adiestrar a alg; → *a.* angelernt

'anlesen VT ‹*irr*› **sich** (*dat*) **etw ~** aprender leyendo a/c; **angelesenes Wissen** ciencia *f* libresca

'anliefern VT suministrar, entregar; **Anlieferung** F ‹~; ~en› suministro *m*, entrega *f*; acarreo *m*

'anliegen VI ‹*irr*› 1 **~ an** estar contiguo a, (co)lindar con; **eng ~** *Kleid* ceñirse (al cuerpo), estar muy ajustado 2 *umg* (*zu erledigen sein*) quedar por hacer; **was liegt an?** ¿qué queda por hacer?; ¿qué hay?; (*was möchten Sie?*) ¿que desea Ud.?

'Anliegen N ‹~s; ~› (*Wunsch*) deseo *m*; (*Bitte*) ruego *m*, petición *f*; solicitación *f*; (*Ziel*) objetivo *m*; **ich habe ein ~ an Sie** quisiera pedirle un favor; **anliegend** ADJ 1 (*beiliegend*) contiguo, adyacente; *in Briefen*: adjunto, incluso 2 *Kleid* **(eng) ~** ceñido, ajustado

'Anlieger M ‹~s; ~› colindante *m*, aledaño *m*, vecino *m*; *Verkehr*: **~ frei** *od* **nur für ~** paso *m* prohibido excepto vecinos; **Anliegerstaat** M Estado *m* vecino; *am Fluss od Meer*: Estado *m* ribereño

'anlocken VT atraer; engolosinar; *Vogel* reclamar; *Kunden* captar; **anlöten** VT TECH soldar; **anlügen** VT ‹*irr*› **j-n ~** mentir a alg

Anm. ABK (Anmerkung) observación *f*, nota *f*; **~ d. Red.** (*Anmerkung der Redaktion*) NdlR (Nota de la Redacción)

'Anmache *umg* F ‹~› *umg* guiño *m*, ligue *m*

'anmachen VT 1 (*befestigen*) atar, fijar (**an** *dat* a) 2 (*einschalten*) *Feuer, Strom, Licht* encender 3 *Salat* aderezar, aliñar 4 *Mörtel, Gips* amasar 5 *umg* (*reizen, verlocken*) **j-n ~** atraer a alg; **das macht mich nicht an** no me provoca *od* atrae; no me apetece 6 *umg* (*provozieren*) **j-n ~** provocar a alg, excitar a alg; (*belästigen*) abordar a alg; **j-n blöd ~** (*beschimpfen*) echar una bronca a alg 7 (*aufreißen*) ligarse a alg; **du hast ihn ganz schön angemacht** cómo te lo has ligado

'Anmacher M *umg* ligón *m*

'anmahnen VT reclamar

anmailen ['anmeːlən] VT *umg* **j-n~** mandar un e-mail a alg

'anmalen A VT pintar; **rot ~** pintar de rojo B VR *umg* **sich ~** pintarse (la cara)

'Anmarsch M ‹~(e)s; -märsche› MIL llegada *f*, (marcha *f* de) aproximación *f*; **im ~ sein** aproximarse; *fig* **er ist im ~** está llegando

'anmarschieren VI aproximarse, avanzar

'Anmarschweg M MIL ruta *f* de avance (*od* de aproximación)

'anmaßen VT **sich** (*dat*) **etw ~** atribuirse a/c, adjudicarse a/c; *Rechte, Titel* arrogarse a/c, usurpar a/c; (*beanspruchen*) pretender a/c; **sich** (*dat*) **~ zu** (*inf*) permitirse (*inf*), tomarse la libertad de (*inf*); **ich maße mir kein Urteil darüber an** no me permito opinar sobre ello

'anmaßend ADJ arrogante, altanero, petulante; (*eingebildet*) presumido, presuntuoso, pretencioso

'Anmaßung F ‹~; ~en› 1 *im Wesen*: arrogancia *f*, petulancia *f*; presunción *f*; *bes Am* pretensión *f* 2 JUR *v. Rechten*: **(widerrechtliche) ~** usurpación *f*

'Anmeldeformular N formulario *m* (*od* boletín *m*) de inscripción; **Anmeldefrist** F plazo *m* de inscripción (*bzw* presentación); **Anmeldegebühr** F derechos *mpl* de inscripción

'anmelden A VT 1 *Besucher etc* anunciar, avisar; *schriftlich*: notificar; **sich ~ lassen** hacerse anunciar, pasar tarjeta 2 *Schüler, zu e-m Kurs etc*: matricular 3 TV, RADIO inscribir, declarar; *zur Steuer etc*: declarar; AUTO matricular; **ein Patent ~** solicitar una patente; TEL **ein Gespräch ~** pedir conferencia (**mit** con) 4 (*geltend machen*) *Ansprüche, Forderungen* presentar B VR **sich ~** inscribirse (**zu, bei, in** *dat* en, para) (*a.* SPORT); *Schüler* matricularse; VERW darse de alta; *beim Arzt etc*: pedir hora (de visita); **sind Sie angemeldet?** ¿tiene hora?; **sich polizeilich ~** darse de alta, empadronarse

'Anmeldepflicht F registro *m* obligatorio; declaración *f* obligatoria; **anmeldepflichtig** ADJ sujeto a declaración; de declaración obligatoria; **Anmeldeschein** M hoja *f* de inscripción; cédula *f* de registro; **Anmeldeschluss** M cierre *m* de inscripción (*bzw* de matrícula); **Anmeldestelle** F oficina *f* de registro; **Anmeldetermin** M → Anmeldefrist

'Anmeldung F ‹~; ~en› 1 (*Ankündigung*) aviso *m*, notificación *f* 2 *an e-r Schule etc*: inscripción *f* (*a.* SPORT), matrícula *f* 3 *e-s Besuchers*: anuncio *m*; *beim Arzt*: petición *f* de hora; **nur nach vorheriger ~** sólo previa cita 4 (*Empfangsbüro*) recepción *f* 5 VERW alta *f*; *Zoll*: declaración *f*; **polizeiliche ~** empadronamiento *m* 6 *fig von Ansprüchen etc*: presentación *f*

'anmerken VT 1 (*bemerken*) observar, notar; **j-m seinen Ärger** *etc* **~** notar su enfado, *etc* a alg; **man merkt es ihm an** se le nota; **sich** (*dat*) **nichts ~ lassen** disimular; no dejar traslucir nada; **lass dir nichts ~** disimula; procura que no se te note 2 *in e-m Text*: **etw ~** (*anstreichen*) marcar a/c; (*notieren*) anotar *od* apuntar a/c, tomar nota de a/c; (*hinzufügen*) añadir a/c (**zu** a)

'Anmerkung F ‹~; ~en› (*Bemerkung*) observación *f*, advertencia *f*; *schriftliche*: nota *f*, anotación *f*; **~ des Herausgebers/der Redaktion** nota *f* del editor/de la redacción; **mit ~en versehen** anotar; **Ausgabe mit ~en** edición *f* comentada (*od* con notas); **wenn ich eine ~ machen darf** quisiera hacer una observación

'anmessen VT ‹*irr*› **j-m etw ~** tomar (la) medida a alg para a/c; → *a.* angemessen

'anmustern VT MIL, SCHIFF reclutar, alistar;

SCHIFF *a.* enrolar; **sich ~ lassen** alistarse, enrolarse; **Anmusterung** F ⟨~; ~en⟩ alistamiento *m*

'Anmut F ⟨~⟩ gracia *f*; *umg* garbo *m*, atractivo *m*, encanto *m*

'anmuten V/T *geh* parecer; **heimatlich ~** recordar la patria chica; **j-n seltsam ~** parecer extraño (*od* causar una impresión extraña) a alg

'anmutig ADJ gracioso, garboso

'Anmutung F ⟨~; ~en⟩ apariencia *f*

'annageln V/T clavar; *fig* **wie angenagelt** como clavado (en el suelo)

'annähen V/T coser (**an** *acus* a)

'annähern A V/T acercar, aproximar (*a. fig*) B V/R **sich einer Sache** (*dat*) *od* **an etw** (*acus*) **~** acercarse (*od* aproximarse) a a/c (*a. fig*); **annähernd** A ADJ aproximado, aproximativo B ADV aproximadamente; poco más o menos, cerca de; **nicht ~** ni por aproximación; *umg* ni de cerca; **Annäherung** F ⟨~; ~en⟩ aproximación *f*, acercamiento *m* (*a. fig*)

'Annäherungspolitik F política *f* de acercamiento; **Annäherungsversuch** M intento *m* de acercamiento (*bzw* de reconciliación); *amourös*: insinuación *f*; **~e machen** insinuarse; **annäherungsweise** ADV aproximadamente; **Annäherungswert** M valor *m* aproximativo

'Annahme F ⟨~; ~n⟩ 1 HANDEL *von Waren etc*: aceptación *f* (*a. e-s Wechsels*); recepción *f*; **die ~ verweigern** rehusar (la aceptación), *Wechsel*: no aceptar; *Postwesen*: **~ verweigert** (envío *m*) rehusado 2 *e-s Gesetzes*: aprobación *f* 3 *e-s Schülers etc*: admisión *f* 4 (*Vermutung*) suposición *f*; presunción *f*; supuesto *m*; PHIL hipótesis *f*; **alles spricht für die ~, dass** todo parece indicar que; **in der ~, dass** suponiendo que, en la creencia de que

'Annahmeschalter M ventanilla *f* de entrega; **Annahmestelle** F HANDEL despacho *m* de entrega; *Lotto*: despacho *m* de lotería; **Annahmeverweigerung** F negativa *f* de aceptación, no aceptación *f*

An'nalen PL anales *mpl*

'annehmbar ADJ aceptable; *Preis* razonable; *Grund* plausible; (*zulässig*) admisible; (*leidlich*) pasable, tolerable

'annehmen ⟨*irr*⟩ A V/T 1 *allg* aceptar; *Kind, Titel, Haltung* adoptar; *Aussehen, Form* adoptar, tomar; *Farbe* tomar; *Gewohnheit* contraer; *Glauben* abrazar; *Rat* seguir; TEL **ein Gespräch ~** atender *od* aceptar una llamada 2 *Schüler* admitir 3 *Gesetz* aprobar; *Antrag etc a.* acceder a 4 (*vermuten, voraussetzen*) suponer, presumir; **als sicher ~** dar por seguro; **ich nehme es (nicht) an** (no) lo creo, (no) lo supongo; **nehmen wir an, dass** *od* **angenommen, dass** suponiendo que, supongamos que; **angenommen, sie kommt noch** suponiendo que aún venga B V/R **sich einer Sache** (*gen*) **~** encargarse (*od* ocuparse) de a/c; **sich j-s ~** cuidar de (*od* interesarse por) alg

'Annehmlichkeit F ⟨~; ~en⟩ amenidad *f*; comodidad *f*; conveniencia *f*

annek'tieren V/T ⟨*ohne* ge-⟩ anex(ion)ar

An'nex M ⟨~es; ~e⟩ anexo *m*, anejo *m*

Annexi'on F ⟨~; ~en⟩ POL anexión *f*

'annieten V/T TECH remachar

'anno ADV en el año (de); **~ 1910** en el año 1910; **Anno Domini** en el año de Nuestro Señor; *umg* **~ dazumal** antaño; **von ~ dazumal** *umg* del año de la pera, de los tiempos de Maricastaña

An'nonce [a'nɔŋsə] F ⟨~; ~n⟩ anuncio *m*, *Am* aviso *m*; inserción *f*; **annon'cieren** V/T & V/I ⟨*ohne* ge-⟩ anunciar; poner un anuncio

Annui'tät F ⟨~; ~en⟩ anualidad *f*; **Annuitätendarlehen** N FIN préstamo *m* por anualidades

annul'lieren V/T ⟨*ohne* ge-⟩ anular, cancelar; *Méx* nulificar; JUR *Urteil, Vertrag etc* rescindir, casar, anular; **eine Bestellung ~** anular (*od* cancelar) un pedido; **Annullierung** F ⟨~; ~en⟩ anulación *f*, cancelación *f*; JUR rescisión *f*

A'node F ⟨~; ~n⟩ ELEK ánodo *m*

'anöden V/T aburrir; (*belästigen*) fastidiar, molestar; *umg* dar la lata

A'nodenbatterie F ELEK batería *f* anódica (*od* de placa); **Anodengleichrichter** M ELEK rectificador *m* de ánodo; **Anodenkreis** M ELEK circuito *m* de ánodo; **Anodenspannung** F ELEK tensión *f* de ánodo (*od* de placa); **Anodenstrahlen** MPL PHYS rayos *mpl* anódicos; **Anodenstrom** M ELEK corriente *f* anódica

a'nodisch ADJ ELEK anódico

'anomal ADJ anómalo, anormal

Anoma'lie F ⟨~; ~n⟩ anomalía *f*, anormalidad *f*

ano'nym ADJ anónimo; **Anonymi'tät** F ⟨~⟩ anónimo *m*; anonimato *m*

'Anorak M ⟨~s; ~s⟩ anorak *m*

'anordnen V/T 1 (*befehlen*) disponer, ordenar, mandar; *behördlich*: decretar 2 (*ordnen*) ordenar, disponer; arreglar; **in Gruppen ~** agrupar

'Anordnung F ⟨~; ~en⟩ 1 (*Befehl*) orden *f*, mandamiento *m*; (*Anweisung*) instrucción *f*; (*Vorschrift*) ordenanza *f*, disposición *f*; **~en treffen** dar órdenes (*od* instrucciones) para; tomar sus disposiciones; disponer; **auf ~ von** (*od gen*) por orden de 2 (*Ordnung*) orden *m*, disposición *f*; **~ in Gruppen** agrupación *f*

Anore'xie F ⟨~⟩ MED anorexia *f*

'anorganisch ADJ CHEM inorgánico

'anormal ADJ anormal

'anpacken A V/T 1 asir, agarrar, coger; empuñar 2 *umg Aufgabe* acometer, emprender; *Arbeit, Problem* abordar, *umg* atacar; **packen wir's an!** ¡al trabajo! B V/I *umg* **(mit) ~** (*helfen*) echar una mano, arrimar el hombro

'anpassen A V/T adaptar (*dat od* **an** *acus* a); acomodar (a); TECH *a.* amoldar, ajustar B V/R **sich ~** (*dat od* **an** *acus*) adaptarse (a), amoldarse (a); acomodarse (a); *ans Klima*: aclimatarse; → *a.* angepasst

'Anpassung F ⟨~; ~en⟩ adaptación *f*; acomodación *f*; *ans Klima*: aclimatación *f*

'anpassungsfähig ADJ adaptable; acomodaticio; flexible; **Anpassungsfähigkeit** F adaptabilidad *f*; **mangelnde ~** inadaptación *f*; **Anpassungsproblem** N problema *m* (*od* dificultad *f*) de adaptación

'anpeilen V/T SCHIFF arrumbar; *Funk, Radar*: localizar; FLUG relevar; **anpfeifen** V/T ⟨*irr*⟩ 1 SPORT dar el pitido inicial 2 *umg fig* **j-n ~** *umg* abroncar (*od* echar una bronca) a alg; **Anpfiff** M ⟨~(e)s; ~e⟩ 1 SPORT pitada *f* (*od* pitido *m*) inicial 2 *umg fig* reprimenda *f*, rapapolvo *m*, bronca *f*

'anpflanzen V/T plantar; cultivar; **Anpflanzung** F ⟨~; ~en⟩ 1 (*das Anpflanzen*) cultivo *m* 2 (*bepflanztes Terrain*) plantación *f*, plantío *m*

'anpflaumen V/T *umg* (*zurechtweisen*) echar una bronca (a alg); (*auf den Arm nehmen*) tomar el pelo (a alg); **anpflocken, anpflöcken** V/T estacar; **anpiepsen** V/T *umg* **j-n ~** *Arzt in Bereitschaft etc*: llamar al buscapersonas (*od* al beeper *od* al bíper *od* al busca), bipear de alg; **anpinseln** V/T pintar, embadurnar; **anpirschen** V/R *bes* JAGD **sich ~** acercarse cautelosamente; **anpöbeln** V/T abordar groseramente; atropellar, importunar

'Anprall M ⟨~(e)s⟩ choque *m*, colisión *f*

'anprallen V/I chocar (*od* dar) (**an** *acus* contra)

'anprangern V/T (**öffentlich**) **~** denunciar públicamente; poner en la picota; **Anprangerung** F ⟨~; ~en⟩ denuncia *f* pública

'anpreisen V/T *Ware etc* recomendar; elogiar, alabar; *umg* cacarear; **Anpreisung** F ⟨~; ~en⟩ recomendación *f*; elogio *m*; (*Reklame*) reclamo *m*

'Anprobe F ⟨~; ~n⟩ prueba *f*; *Raum*: probador *m*; **Anproberaum** M probador *m*

'anprobieren V/T ⟨*ohne* ge-⟩ probar(se)

'anpumpen V/T *umg* dar un sablazo a, sablear; **j-n (um 10 Euro) ~** dar un sablazo a alg (de 10 euros)

'anquatschen V/T *umg* abordar (**j-n** a alg)

'Anrainer M ⟨~s; ~⟩ *österr* vecino *m*; **Anrainerstaat** M país *m* vecino

'anranzen V/T *umg reg* → anschnauzen

'anraten V/T ⟨*irr*⟩ aconsejar; recomendar

'Anraten N ⟨~s⟩ **auf sein/ihr ~** siguiendo su consejo; **auf ~ des Arztes** siguiendo el consejo del médico

'anrauchen V/T 1 *Zigarre* encender; comenzar a fumar; *Pfeife* culotar 2 **j-n ~** (*j-m Rauch ins Gesicht blasen*) soplar humo de cigarrillo a la cara a alg

'anrechenbar ADJ computable

'anrechnen V/T 1 (*berücksichtigen*) tener en cuenta (*od* en consideración); HANDEL cargar en cuenta; (*gutschreiben*) abonar en cuenta; (*verrechnen*) computar; **auf etw** (*acus*) **~** compensar; *Summe a.* liquidar con a/c 2 *fig* atribuir; achacar, imputar; (*würdigen*) valorar, estimar; **(j-m) etw als Fehler ~** contar a/c como error a alg; **j-m etw hoch ~** estar muy agradecido a alg por a/c

'Anrechnung F ⟨~; ~en⟩ 1 (*Gutschreibung*) abono *m* en cuenta; (*Berücksichtigung*) consideración *f*; **in ~ bringen** → anrechnen 1; JUR **unter ~ der Untersuchungshaft** con abono del tiempo de prisión preventiva 2 *fig* atribución *f*, imputación *f*

'anrechnungsfähig ADJ imputable

'Anrecht N ⟨~(e)s; ~e⟩ derecho *m*, título *m* (**auf** *acus* a); **(ein) ~ haben auf** (*acus*) tener derecho a; hacerse merecedor de

'Anrede F ⟨~; ~n⟩ tratamiento *m*; RHET apóstrofe *m*; *im Brief*: encabezamiento *m*

'anreden V/T 1 (*ansprechen*) **j-n ~** hablar a alg, dirigir la palabra a alg; *feierlich*: arengar a alg; *auf der Straße etc*: abordar 2 *Art der Anrede*: **mit Sie ~** tratar de usted; **mit Du ~** tratar de tú, tutear

'anregen V/T 1 (*vorschlagen*) sugerir, proponer 2 (*ermuntern*) animar, incitar; **j-n zum Nachdenken ~** dar que pensar a alg 3 *bes* PHYSIOL excitar, estimular; *Appetit* despertar, abrir; *Fantasie* incitar, estimular

'anregend A ADJ sugestivo, incitante; estimulante (*a.* MED), excitante B ADV **~ gestalten** amenizar; **~ wirken** resultar excitante (*od* sugestivo)

'Anregung F ⟨~; ~en⟩ 1 (*Vorschlag*) sugerencia *f*, propuesta *f*; iniciativa *f*; **auf ~ von** por iniciativa (*od* sugerencia) de 2 *des Appetits, der Fantasie*: estímulo *m*, excitación *f* (*a.* MED); incitación *f*; **Anregungsmittel** N estimulante *m*

'anreichern A V/T CHEM, TECH enriquecer (**mit** con) B V/R **sich ~** acumularse, llenarse (**mit** con; **in** *acus* en); **Anreicherung** F ⟨~; ~en⟩ enriquecimiento *m* (**mit** con); acumulación *f* (**in** en)

'anreihen A V/T enfilar; *Perlen* ensartar; TECH alinear, disponer en serie B V/R **sich ~** sucederse

'Anreise F ⟨~; ~n⟩ (trayecto *m* de) ida *f*; **während der ~** en el trayecto de ida

'anreisen V/I (*reisen*) viajar; (*ankommen*) llegar

(de viaje)

'Anreisetag M día *m* de llegada; **Anreisetermin** M fecha *f* de llegada

'anreißen VT ‹irr› **1** rasgar (un poco) **2** *fig Vorrat etc* empezar; *Thema* tocar; aludir **3** (*anzeichnen*) marcar, trazar

'Anreißer M ‹~s; ~› *Werkzeug*: trazador *m*; **Anreißnadel** F punta *f* de trazar

'anreiten VI ‹irr; sn› **~ od angeritten kommen** llegar a caballo

'Anreiz M ‹~es; ~e› estímulo *m*, incentivo *m*, aliciente *m*; **finanzielle ~e** incentivos financieros; **~e schaffen** generar (*od* crear) incentivos (*od* estímulos)

'anreizen VT estimular; (*verlocken*) incitar, instigar; tentar; **anreizend** ADJ estimulador, incitativo; **Anreizprämie** F (prima *f* de) incentivo *m*

'anrempeln VT atropellar; empujar; *versehentlich a.*: tropezar con

'anrennen VI ‹irr; sn› **1 ~ gegen** MIL arremeter (*od* cargar) contra; *fig gegen Vorurteile etc*: arremeter (*od* luchar) contra **2 angerannt kommen** llegar (*od* acudir *od* venir) corriendo

'Anrichte F ‹~; ~n› aparador *m*, bufete *m*; (*Tisch*) trinchero *m*

'anrichten VT **1** *Speisen* preparar, aderezar; (*auftragen*) servir; **es ist angerichtet!** ¡está servido! **2** *fig Unheil etc* causar, ocasionar; *iron* **da hast du was Schönes angerichtet!** *umg* ¡buena la has armado (*od* hecho)!; ¡te has lucido!

'Anriss M ‹~es; ~e› (*Skizze*) trazado *m*

'anrollen **A** VT *Güter* acarrear **B** VI FLUG rodar sobre la pista; **anrosten** VI empezar a oxidarse; **anrüchig** ADJ de mala fama (*od* reputación); (*verdächtig*) equívoco, sospechoso; **anrücken** **A** VT *Möbel* empujar, arrimar a **B** VI aproximarse, MIL *a.* avanzar

'Anruf M ‹~(e)s; ~e› **1** *allg* llamada *f*; MIL *des Postens*: quién vive *m* **2** TEL llamada *f* (telefónica); **gebührenfreier ~** llamada *f* sin recargo; **einen ~ durchstellen/entgegennehmen** pasar/atender una llamada; **Anrufbeantworter** M TEL contestador *m* automático; **~ mit Fernabfrage** contestador *m* con mando a distancia; **den ~ abhören** escuchar el contestador (*od* los mensajes)

'anrufen ‹irr› **A** VT **1 j-n ~** llamar a alg; TEL llamar (por teléfono) *od* telefonear a alg; MIL *Posten* dar el alto a alg **2** REL *Gott etc* invocar; (*anflehen*) *a.* implorar **3** JUR **ein Gericht ~** apelar a los tribunales **B** VI TEL llamar; **bei j-m ~** llamar a casa de alg; **nach München** (*bzw* **in die Schweiz**) **~** llamar a Múnich (*bzw* a Suiza); **ich rufe an im Auftrag von …** llamo de parte de …

'Anrufer M ‹~s; ~›, **Anruferin** F ‹~; ~nen› **der ~, die ~in** el, la que llama *bzw* que ha llamado; **heute gab es 50 ~** hoy han llamado 50 personas

'Anrufung F ‹~; ~en› REL invocación *f*; JUR apelación *f*; **Anrufweiterschaltung** F TEL desvío *m* (*od* reenvío *m*) de llamadas

'anrühren VT **1** (*berühren*) tocar (*a. fig*) **2** (*mischen*) mezclar (revolviendo); *Farben* mezclar, diluir; *Teig, Mörtel* amasar; **anrührend** ADJ conmovedor

ans = **an das**; → an

'Ansage F ‹~; ~n› anuncio *m* (*a.* RADIO), aviso *m*; notificación *f*; TV presentación *f*; TEL *auf dem Anrufbeantworter*: mensaje *m* de bienvenida; **automatische ~** anuncio *m* automático; -dienst *m* TEL servicio *m* de contestador automático

'ansagen **A** VT **1** (*ankündigen*) anunciar, avisar; *Versammlung* convocar; *Programm* presentar; *Kartenspiel*: acusar, cantar **2** *umg fig* → angesagt **B** **B** VR **sich angesagt haben** haber anunciado su visita

'Ansager M ‹~s; ~›, **Ansagerin** F ‹~; ~nen› TV presentador *m*, -a *f*; RADIO locutor *m*, -a *f*; (*Conférencier, -cieuse*) animador *m*, -a *f*

'ansammeln **A** VT **1** (*versammeln*) reunir, juntar; MIL *Truppen* concentrar **2** (*anhäufen*) acumular, amontonar; *Schätze* atesorar; *Vorräte* acopiar; *Zinsen* acumular **B** VR **sich ~** **1** (*sich versammeln*) reunirse, juntarse **2** (*sich anhäufen*) acumularse, amontonarse; **Ansammlung** F ‹~; ~en› **1** (*Versammlung*) reunión *f*; *von Menschen*: aglomeración *f*; (*Zulauf*) afluencia *f*; *von Truppen*: concentración *f* **2** (*Anhäufung*) amontonamiento *m*; acumulación *f*; (*Haufen*) montón *m*; acopio *m*

'ansässig ADJ *Person* domiciliado, residente (**in** *dat* en); *Firma* establecido (**in** *dat* en); **~ sein in** (*dat*) residir en; **sich ~ machen** *od* **~ werden** establecerse en, fijar la residencia en

'Ansatz M ‹~es; ⸚e› **1** (*Lösungsansatz*) planteamiento *m*, planteo *m* (*a.* MATH); enfoque *m* **2** (*Anfang*) comienzo *m* **3** TECH (*Ansatzstück*) pieza *f* adicional; (*Verlängerung*) prolongación *f* **4** ANAT *v. Muskel, Sehne*: inserción *f*; (*Haaransatz*) raíz *f* **5** BIOL rudimento *m*; vestigio *m* **6** MUS *am Blasinstrument*: embocadura *f*; *des Sängers*: entonación *f* **7** (*Ablagerung*) depósito *m*, sedimento *m*; incrustación *f* **8** HANDEL *in e-r Rechnung*: asiento *m*; (*Schätzung*) apreciación *f*, tasación *f*; *im Voranschlag*: estimación *f*; **in ~ bringen** asentar en cuenta

'Ansatzpunkt M punto *m* de partida; **Ansatzrohr** N tubo *m* de empalme; **Ansatzstelle** F ANAT punto *m* de inserción; **Ansatzstück** N TECH pieza *f* insertable (*bzw* de unión); **ansatzweise** ADV en parte; de manera superficial, a la ligera, someramente, de forma esquemática

'ansäuern VT *Teig* poner levadura; CHEM acidificar; *leicht*: acidular; *fig* (*Person*) **leicht angesäuert** *umg* mosqueado, mosca

'ansaugen VT aspirar (*a.* MED, TECH)

'Ansaugen N ‹~s› aspiración *f*; succión *f*; **Ansaugleitung** F tubería *f* de admisión; **Ansaugventil** N válvula *f* de admisión

'anschaffen VT **1** (*besorgen*) procurar, facilitar; (*kaufen*) comprar, adquirir; **sich** (*dat*) **etw ~** proveerse de a/c **2** *sl* (*sich prostituieren*) **~ gehen** prostituirse; **Anschaffung** F ‹~; ~en› adquisición *f*, compra *f*

'Anschaffungskosten PL gastos *mpl* de adquisición; **Anschaffungspreis** M precio *m* de adquisición

'anschalten VT ELEK *Licht, Radio, Elektrogerät* encender; *Heizung* abrir; *Maschine* conectar

'anschauen VT mirar; *länger*: contemplar; *bes* FILM visionar; **anschaulich** **A** ADJ gráfico, expresivo, plástico; **etw ~ machen** dar una idea clara de a/c, ilustrar a/c **B** ADV **~ schildern** describir plásticamente; **Anschaulichkeit** F ‹~› evidencia *f*, claridad *f*

'Anschauung F ‹~; ~en› **1** (*Betrachtung*) contemplación *f* **2** (*Erfahrung*) experiencia *f*; **etw aus eigener ~ kennen** saber a/c por experiencia propia **3** (*Ansicht*) opinión *f*, parecer *m*; (*Einstellung*) punto *m* de vista, modo *m* de ver **4** (*Vorstellung*) concepto *m*, noción *f*, idea *f*; (*Auffassung*) concepción *f*

'Anschauungsmaterial N material *m* de ilustración (*od* documental); *audiovisuell*: medios *mpl* audiovisuales; **Anschauungsunterricht** M enseñanza *f* intuitiva (*od* objetiva)

'Anschein M ‹~(e)s› apariencia *f*; semblante *m*; **dem ~ nach** según parece; **allem ~ nach** según las apariencias, a lo que parece, a todas luces; **den ~ erwecken** dar la impresión de; **es hat den ~, als ob** parece que (*od* como si); **sich** (*dat*) **den ~ von etw geben** aparentar a/c, afectar a/c, hacer creer a/c

'anscheinend ADV por lo visto, al parecer, en apariencia; **anscheißen** VT ‹irr› *sl* → anschnauzen; **anschicken** VR *geh* **sich ~ zu** (*+inf*) disponerse a, prepararse para, aprestarse a; (*anfangen*) proceder a, ponerse a (*+inf*); *gerade*: estar a punto de (*+inf*); **anschieben** VT ‹irr› empujar (*a.* AUTO), dar un empujón; **anschießen** VT ‹irr› **1** (*verletzen*) herir de bala **2** *Gewehr* probar **3** *umg* **angeschossen kommen** llegar disparado; **anschimmeln** VI ‹sn› comenzar a enmohecer(se); **anschirren** VT *Pferd* enjaezar; aparejar; *Ochsen* uncir

'Anschiss M ‹~es; ~e› *sl* reprimenda *f*, *umg* rapapolvo *m*; **einen ~ bekommen** *umg* recibir un rapapolvo

anschl. ABK → anschließend

'Anschlag M ‹~(e)s; ⸚e› **1** (*Bekanntmachung*) anuncio *m*; (*Plakat*) cartel *m*; (*Schild*) letrero *m* **2** (*Attentat*) atentado *m* (**auf** *acus* contra); **einen ~ auf j-n verüben** atentar contra la vida de alg **3** (*das Anschlagen*) golpe *m*; choque *m*; MUS, *Schreibmaschine*: pulsación *f*; **180 Anschläge pro Minute** 180 pulsaciones *fpl* por minuto **4** (*Anschlagpunkt*) TECH tope *m*; *beim Schwimmen*: toque *m* **5** *Gewehr*: encaro *m*; **im ~ halten auf** (*acus*) apuntar a **6** HANDEL (*Voranschlag*) **in ~ bringen** tener en cuenta; computar

'Anschlagbrett N tablón *m* de anuncios; cartelera *f*

'anschlagen ‹irr› **A** VT **1** golpear, dar golpes a; (*anstoßen*) chocar (**an** *acus* contra); **sich** (*dat*) **den Kopf an etw** (*acus*) **~** darse con la cabeza contra a/c **2** (*befestigen*) fijar (**an** *acus* a); sujetar; *mit Nägeln*: clavar; *Plakat* pegar, fijar **3** MUS *Instrument* pulsar; *Klavier, Glocke* tocar; **die Stunde ~** dar *od* sonar la hora; *fig* **einen anderen Ton ~** cambiar de tono **4** *Gewehr* apuntar **5** (*berechnen*) calcular; computar; **zu hoch ~** sobreestimar; **zu niedrig ~** subestimar **B** VI **1** ‹sn› (*anstoßen*) golpear, chocar, dar contra; *Wellen* romperse contra **2** ‹h› (*wirken*) *Medikament* surtir efecto, dar (buen) resultado (**bei** en) **3** ‹h› *Klingel etc* sonar **4** ‹h› *Hund* (ponerse a) ladrar

'Anschlagfläche F TECH superficie *f* de detención; **Anschlagsäule** F columna *f* anunciadora; **Anschlagschraube** F tornillo *m* de tope; **Anschlagstellung** F MIL, JAGD posición *f* de tiro; **Anschlagtafel** F → Anschlagbrett; **Anschlagzettel** M anuncio *m*; cartel *m*; letrero *m*

'anschleichen VR ‹irr› **sich ~** acercarse sigilosamente (**an** *acus* a)

'anschließen ‹irr› **A** VT **1** *mit Schloss*: asegurar con un candado (**an** *acus* a); (*anketten*) encadenar, aherrojar **2** ELEK, TECH conectar (**an** *acus* con, a); empalmar; *mit Stecker*: enchufar; **an den Computer ~** conectar al ordenador **3** (*anfügen*) añadir, agregar (**an** *acus* a); juntar; (*angliedern*) incorporar **B** VI *räumlich*: colindar (**an** *acus* con); BAHN enlazar; *Strecke* empalmar; *zeitlich*: seguir **C** VR **sich ~** **1** (*angrenzen*) **sich ~ an** (*acus*) colindar con **2** *fig* (*folgen*) seguir; **an den Vortrag schloss sich eine Diskussion an** la conferencia fue seguida de un coloquio **3 sich j-s Meinung** (*dat*) **~** adherirse a la opinión de alguien **4 sich j-m** *od* **an j-n ~** asociarse (*od* unirse) a alg; **sich einer Partei** (*dat*) **~** unirse a un partido

'anschließend **A** ADJ **1** *zeitlich*: subsiguiente; **unmittelbar ~** inmediato **2** *räumlich*: adyacente, colindante, contiguo **B** ADV seguidamente, a continuación, acto seguido; **~ an** (*acus*) tras

'Anschluss M ‹~es; -schlüsse› **1** (*Verbindung*) contacto *m* (**an** *acus* con); *an e-e Gruppe, Par-*

tei etc: afiliación f, adhesión f; ~ **suchen/finden** buscar/encontrar compañía (od amistades); **im ~ an** (acus) a continuación de; a raíz de; VERW **im ~ an mein Schreiben vom …** con referencia a mi carta del … 2 TECH juntura f 3 TEL, ELEK conexión f; v. Gas, Wasser, Licht: toma f, acometida f; (Verbindung) **(keinen) ~ bekommen** (no) obtener conexión od comunicación; **kein ~ unter dieser Nummer** este número no corresponde a ningún abonado 4 BAHN, FLUG enlace m, correspondencia f; Bahnstrecke: empalme m; **~ haben** tener enlace (od correspondencia) (**nach** a), empalmar (**nach** con); **den ~ verpassen** BAHN perder el tren (a. fig); fig perder la oportunidad 5 POL, HIST unión f; unfreiwilliger: anexión f

'Anschlussbahn F BAHN ramal m, línea f de empalme; **Anschlussberufung** F JUR apelación f adhesiva; **Anschlussdose** F ELEK caja f de conexión; toma f de corriente; **Anschlussflug** M vuelo m de conexión (od de enlace); **Anschlussgebühr** F TEL cuota f de conexión; **Anschlussgleis** N BAHN vía f de empalme; **Anschlusskabel** N ELEK cable m de conexión (od de unión); **Anschlussklemme** F ELEK borne m de conexión; **Anschlussleitung** F tubería f de empalme; ELEK, TEL línea f de conexión; **Anschlusslinie** F BAHN, FLUG línea f de enlace; **Anschlussmodul** N IT módulo m de interfaz; **Anschlussrohr** N tubo m de unión; **Anschlussstation** F BAHN estación f de empalme; **Anschlussstecker** M ELEK clavija f de enchufe, conector m adaptador; **Anschlussstelle** F Autobahn: nudo m de enlace; **Anschlusswert** M ELEK consumo m nominal; **Anschlusszug** M BAHN tren m de enlace

'anschmachten VT umg pej **j-n ~** comerse a alg con los ojos

'anschmieden VT unir forjando

'anschmiegen VR **sich ~ an** (acus) estrecharse contra, arrimarse a; Kleid ajustarse al cuerpo, ceñirse estrechamente al cuerpo; **anschmiegsam** ADJ (zärtlich) cariñoso, mimoso

'anschmieren VT 1 (beschmieren) embadurnar, pringar 2 umg fig (betrügen) umg pegársela a alg, tomar el pelo a alg

'anschnallen A VT abrochar, sujetar (con hebilla); Degen ceñir(se); FLUG, AUTO **j-n ~** poner el cinturón de seguridad a alg B VR **sich ~** FLUG, AUTO abrocharse (od ponerse) el cinturón (de seguridad)

'Anschnallgurt M FLUG, AUTO cinturón m de seguridad; **Anschnallpflicht** F Verkehr: uso m obligatorio del (od obligación f de utilizar el) cinturón de seguridad

'anschnauzen VT umg **j-n ~** abroncar a alg, echar una bronca a alg; **Anschnauzer** M ⟨~s; ~⟩ umg reprimenda f, rapapolvo m; umg bronca f

'anschneiden VT ⟨irr⟩ 1 (empezar a) cortar; Brot encentar; Melone etc calar 2 fig Thema abordar; Frage plantear, poner sobre el tapete

'Anschnitt M ⟨~(e)s; ~e⟩ (primer) corte m; Brot: encentadura f

An'schovis F ⟨~; ~⟩ anchoa f

'anschrauben VT (a)tornillar, fijar con tornillos; enroscar

'anschreiben VT ⟨irr⟩ 1 an die Tafel etc: apuntar; anotar; Schuld cargar en cuenta; Spielstand marcar; tantear 2 **j-n ~** brieflich: escribir a alg 3 **etw ~ lassen** comprar a/c a crédito (od a fiado) 4 fig **bei j-m gut angeschrieben sein** entrar a alg por el ojo derecho, estar bien visto por alg; **bei j-m schlecht angeschrieben sein** estar mal visto por alg

'Anschreiben N carta f adjunta, escrito m

'anschreien VT ⟨irr⟩ gritar, hablar a gritos, levantar la voz a

'Anschrift F ⟨~; ~en⟩ dirección f, señas fpl; **~ unleserlich** dirección ilegible

'anschuldigen VT acusar, (in)culpar; **Anschuldigung** F ⟨~; ~en⟩ acusación f, inculpación f

'anschwärmen VT → anschmachten

'anschwärzen VT 1 (schwarz machen) ennegrecer 2 fig (schlechtmachen) denigrar, calumniar; (denunzieren) denunciar; **j-n ~ bei** denunciar a alg a, desacreditar a alg ante; **Anschwärzung** F ⟨~; ~en⟩ 1 ennegrecimiento m 2 fig denigración f, calumnia f; (Denunzierung) denunciación f

'anschweißen VT soldar, unir por soldadura

'anschwellen VI ⟨irr⟩ 1 Füße hincharse (a. MED), inflarse; Fluss crecer 2 fig Musik, Stimme crecer, aumentar; Lärm a. ir en aumento; **Anschwellung** F ⟨~; ~en⟩ 1 MED hinchazón f; tumefacción f; (Beule) bulto m, umg chichón m 2 fig aumento m

'anschwemmen VT acarrear, arrastrar (a tierra); arrojar (a la orilla); Sand depositar; **Anschwemmung** F ⟨~; ~en⟩ depósito m (aluvial), aluvión m

'anschwindeln VT **j-n ~** engañar (od mentir) a alg; umg decir mentirillas a alg

'ansegeln VT Hafen abordar

'ansehen VT ⟨irr⟩ 1 (betrachten) mirar; contemplar; prüfend: examinar; bes FILM visionar; (beobachten) observar; **es war schrecklich anzusehen** era horrible verlo; **sich** (dat) **ein Bild/einen Film** etc **~** mirar un cuadro/una película, etc; **sich** (dat) **etw genau ~** examinar a/c 2 **man sieht es ihr an, dass …** se le nota en la cara que …; **man sieht ihm sein Alter nicht an** no aparenta la edad que tiene 3 (zusehen) **etw mit ~** presenciar; fig sufrir, soportar, tolerar; fig **ich kann es nicht länger mit ~** no puedo soportarlo (od aguantarlo) más 4 fig (halten für) considerar (**als, für** como); fälschlich: tomar (**als** por); (behandeln als) tratar (**als** como); **angesehen werden als** pasar por 5 (beurteilen) **etw mit anderen Augen ~** ver las cosas con otros ojos 6 umg **sieh mal (einer) an!** ¡vaya, vaya!; ¡fíjate!; ¡quién lo diría!; ¡toma (ya)!; → a. angesehen

'Ansehen N ⟨~s⟩ 1 apariencia f, aspecto m; **j-n vom ~ kennen** conocer a alg de vista; **dem ~ nach urteilen** juzgar por las apariencias; **sich** (dat) **ein ~ von … geben** darse aires de …; geh **ohne ~ der Person** sin acepción de personas; sin preferencia 2 (Achtung) prestigio m; consideración f, aprecio m, estima(ción) f; (Ruf) reputación f, fama f; **von hohem ~** de gran prestigio; **in hohem ~ stehen** od **großes ~ genießen** gozar de gran estima(ción) (od prestigio); **an ~ verlieren** desprestigiarse, caer en descrédito; ir de capa caída; **~ verleihen** dar prestigio (od crédito)

'ansehnlich ADJ 1 (eindrucksvoll) imponente; Gegenstand vistoso; Person agradable, atractivo 2 Menge (beträchtlich) importante, considerable

'anseilen A VT atar con cuerda B VR **sich ~** encordarse

'ansengen VT quemar; chamuscar

'ansetzen A VT 1 poner, colocar; (anfügen) juntar, unir; (anstücken) empalmar; Hebel, Werkzeug aplicar; Blasinstrument embocar; Becher etc llevar a los labios; SPORT **einen Griff ~** aplicar una presa 2 Bowle, Teig, CHEM preparar 3 Frist, Termin señalar, fijar; Sitzung etc convocar 4 (veranschlagen) estimar, calcular; HANDEL Preis fijar; MATH Gleichung plantear; **zu hoch/niedrig ~** fijar un valor excesivamente alto/bajo 5 **j-n auf etw** (acus) **~** encargar a alg de a/c; **einen Hund (auf eine Spur) ~** poner en la pista a un perro 6 (entwickeln) desarrollar; Blätter echar; **Knospen ~** brotar; **Körner ~** granar; **Fett ~** engordar; umg echar carnes; **Rost ~** oxidarse B VI **zu etw ~** empezar a (hacer) a/c; (dis)ponerse a (hacer) a/c; prepararse para a/c; (etw versuchen) intentar a/c; **zum Endspurt ~** prepararse para el sprint final; FLUG **zur Landung ~** iniciar el aterrizaje; **zum Sprechen ~** empezar a hablar; **zum Sprung ~** tomar impulso C VR **sich ~** pegarse; CHEM depositarse

'Ansetzung F ⟨~; ~en⟩ e-s Termins: señalamiento m, fijación f

'Ansicht F ⟨~; ~en⟩ 1 vista f; aspecto m 2 fig (Meinung) opinión f, parecer m (**über** acus sobre); **meiner ~ nach** en mi opinión, a mi modo de ver, desde mi punto de vista; **anderer ~ sein** tener otra opinión; **die ~en sind geteilt** hay división de opiniones; **der ~ sein, dass …** od **die ~ vertreten, dass …** opinar que …, estimar que …, ser de la opinión de que …; **zu der ~ kommen, dass** llegar a la conclusión de que 3 HANDEL **zur ~** como muestra (para revisión)

'ansichtig ADJ geh **einer Sache** (gen) **~ werden** divisar a/c

'Ansichtsexemplar N bes Buch: muestra f; **Ansichts(post)karte** F Postwesen: (tarjeta f) postal f ilustrada; **Ansichtssache** F cuestión f de pareceres; **das ist ~** es cuestión de pareceres; **Ansichtssendung** F HANDEL envío m de muestra

'ansiedeln VT & VR **(sich) ~** asentar(se), establecer(se), in e-m Ort: avecindar(se); WIRTSCH establecer(se), domiciliar(se); **Ansiedlung** F ⟨~; ~en⟩ 1 (Ort) colonia f, asentamiento m 2 (das Ansiedeln) colonización f; establecimiento m

'Ansinnen N ⟨~s; ~⟩ pretensión f; ungerechtfertigtes: exigencia f injustificada; **an j-n ein ~ stellen** pretender (od exigir) a/c de alg

'Ansitz M ⟨~es; ~e⟩ JAGD → Anstand 4

'anspannen VT 1 Pferde atar, enganchar; Ochsen uncir 2 Seil, Muskeln tensar, poner tenso; **alle Kräfte ~** hacer un esfuerzo supremo, no regatear esfuerzos; **Anspannung** F ⟨~; ~en⟩ tensión f; esfuerzo m

'ansparen VT ahorrar

'Anspiel N ⟨~(e)s; ~e⟩ SPORT saque m (inicial); Kartenspiel: apertura f del juego

'anspielen A VI 1 SPORT abrir el juego; sacar; Kartenspiel: ser mano 2 fig **~ auf** (acus) aludir a, hacer alusión a B VT SPORT **j-n ~** pasar la pelota a alg; **Anspielung** F ⟨~; ~en⟩ alusión f (**auf** acus a), insinuación f; (Wink) indirecta f; **versteckte ~** reticencia f

'anspinnen ⟨irr⟩ A VT 1 Faden unir hilando 2 fig tramar, urdir; Unterhaltung entablar B VR Unterhaltung **sich ~** trabarse, entablarse

'anspitzen VT aguzar; afilar; Stift sacar punta a; **Anspitzer** M ⟨~s; ~⟩ sacapuntas m, afilalápices m

'Ansporn M ⟨~(e)s⟩ estímulo m; aguijón m, acicate m; (Anreiz) incentivo m; **Anspornen** VT Pferd espolear (a. fig); fig estimular, incitar, aguijonear

'Ansprache F ⟨~; ~n⟩ 1 discurso m, alocución f, arenga f; REL plática f; **eine ~ halten an** (acus) pronunciar un discurso a; dirigir una alocución a; arengar a 2 umg **keine ~ haben** no tener (a nadie) con quien hablar

'ansprechbar ADJ PHYSIOL reactivo; MED capaz de reaccionar; umg **er war nicht ~** no se podía hablar con él

'ansprechen ⟨irr⟩ A VT 1 **j-n ~** dirigir la palabra a alg (**wegen por**); auf der Straße a.: abordar a alg; **j-n auf etw** (acus) **~** hablar a alg de a/c; **j-n mit dem Vornamen ~** llamar a alg por su nombre; **j-n um etw ~** pedir un favor a alg; **sie fühlte sich angesprochen** se sintió aludida 2 **j-n ~** *(j-m gefallen)* agradar a alg, gustar a alg 3 **etw ~** mencionar a/c; *Problem etc* abordar a/c B VI 1 *(zusagen)* agradar, gustar, encontrar eco 2 *(reagieren)*, *bes* MED **auf etw** *(acus)* **~** reaccionar a a/c, responder a a/c, ser sensible a a/c

ˈAnsprechen N ⟨~s⟩ *des Motors etc*: respuesta *f*; **ansprechend** ADJ agradable, grato; atractivo; simpático; **Ansprechpartner** M, **Ansprechpartnerin** F interlocutor *m*, -a *f*, persona *f* de contacto (*od* a contactar); **wer ist der ~ für ...?** ¿a quién hay que dirigirse para ...?

ˈanspringen ⟨irr; sn⟩ A VT **j-n ~** saltar sobre alg, embestir a alg B VI *Auto, Motor* arrancar

ˈAnspringen N ⟨~s⟩ *Motor*: arranque *m*

ˈanspritzen VT salpicar

ˈAnspruch M ⟨~(e)s; -sprüche⟩ 1 *(Erwartung)* pretensión *f*; *(Forderung)* exigencia *f*, demanda *f*; **(hohe) Ansprüche stellen** tener (muchas) pretensiones; ser (muy) exigente (**an j-n** con alg); **bescheidene Ansprüche** modestas aspiraciones (*od* pretensiones); **allen Ansprüchen gerecht werden** *od* **genügen** satisfacer todas las exigencias 2 **in ~ nehmen** recurrir a; *j-s Aufmerksamkeit* reclamar; *Zeit* requerir; exigir; **etw/j-n zu sehr in ~ nehmen** abusar de a/c/de alg; **j-n ganz in ~ nehmen** absorber (*od* ocupar) por completo a alg; **ganz (und gar) für sich in ~ nehmen** monopolizar; **sehr in ~ genommen sein** estar ocupadísimo, estar abrumado de trabajo; ser muy solicitado 3 *(Anrecht)* derecho *m* (**auf** *acus* a) (*a.* JUR); reclamación *f*; reivindicación *f*; **Ansprüche anmelden** presentar reivindicaciones, *allg* reclamar sus derechos; **~ auf etw** *(acus)* **haben** tener derecho a a/c; **auf etw** *(acus)* **~ erheben** reclamar (el derecho a) a/c; *bes* POL reivindicar a/c; **einen ~ geltend machen** hacer valer su derecho

ˈAnspruchsberechtigte M/F ⟨~n; ~n; → A⟩ beneficiario *m*, -a *f*; **Anspruchsdenken** N ⟨~s⟩ *actitud que manifiesta exceso de demandas sociales al Estado*

ˈanspruchslos ADJ 1 *(genügsam)* sin pretensiones, contentadizo, poco exigente; *(bescheiden)* modesto 2 *(schlicht)* sencillo; *Essen* frugal; **Anspruchslosigkeit** F ⟨~⟩ *(Bescheidenheit)* modestia *f*; *(Schlichtheit)* sencillez *f*, frugalidad *f*; **anspruchsvoll** ADJ 1 pretencioso; *geistig, kulturell*: de gusto refinado 2 *(fordernd, schwierig)* exigente, difícil; *Person a.* difícil de contentar

ˈanspucken VT escupir a; **anspülen** VT → anschwemmen; **anstacheln** VT aguijonear, apremiar (**zu etw** a hacer a/c); *fig a.* incitar, estimular; *umg* pinchar (**zu etw** a hacer a/c)

ˈAnstalt F ⟨~; ~en⟩ 1 establecimiento *m*; institución *f*; **~ des öffentlichen Rechts** establecimiento *m* público 2 *(Heilanstalt)* sanatorio *m*; **j-n in eine ~ einweisen** internar a alg 3 *obs* *(Lehranstalt)* instituto *m*; centro *m*

ˈAnstalten PL preparativos *mpl*; medidas *fpl*; disposiciones *fpl*; **~ machen** *od* **treffen zu** *(inf)* prepararse para *(inf)*, disponerse a *(inf)*; **er machte keine ~ zu gehen** no daba muestras de querer irse

ˈAnstaltsarzt M, **Anstaltsärztin** F médico *m*, -a *f* residente (*bzw* hospitalario, -a)

ˈAnstand[1] M ⟨~(e)s⟩ 1 *(Anständigkeit) e-r Person*: decencia *f*, educación *f* 2 *(Form, Moral)* decencia *f*, decoro *m*; conveniencias *fpl*; **den ~ wahren** guardar el decoro; **den ~ verletzen** faltar a la decencia, ofender el decoro; **mit ~** decorosamente, decentemente 3 *südd, österr* *(Bedenken)* reparo *m*, escrúpulo *m*; **~ nehmen** vacilar, titubear, poner reparo a; **keinen ~ nehmen** no tener reparo en

ˈAnstand[2] M ⟨~(e)s; ⸗e⟩ JAGD acecho *m*, espera *f*, aguardo *m*; **auf dem ~ sein** estar de acecho (*od* al aguardo)

ˈanständig A ADJ 1 *Person, Benehmen* decente; correcto 2 *umg Preis* aceptable, razonable; *(beachtlich)* respetable; considerable; **eine ~e Arbeit** un buen trabajo; **ein ~es Stück (Weg)** un buen trozo (de camino) B ADV 1 decentemente, como es debido, decorosamente; *(ehrlich)* honradamente, honestamente; **sich ~ benehmen** portarse como es debido 2 *umg* **es regnet ~** está cayendo un buen chaparrón

ˈAnständigkeit F ⟨~⟩ decencia *f*, decoro *m*; honradez *f*

ˈAnstandsbesuch M visita *f* de cumplido; **Anstandsdame** F *obs* señora *f* de compañía, *umg* carabina *f*; **Anstandsformen** FPL buenos modales *mpl*; **Anstandsgefühl** N delicadeza *f*, tacto *m*

ˈanstandshalber ADV por cumplir, por cumplido, para guardar las formas; **anstandslos** ADV sin dificultad; sin reparo (*od* objeción); sin vacilar; *(ungehindert)* libremente, sin más ni más

ˈAnstandsregel F (regla *f* de) etiqueta *f*; **Anstandswauwau** M ⟨~s; ~s⟩ *umg iron* carabina *f*

ˈanstänkern VT *umg* **gegen etw ~** criticar a/c

ˈanstarren VT mirar fijamente (*od* de hito en hito); clavar la mirada en

anˈstatt A PRÄP *(gen)* en vez (*od* lugar) de B KONJ **~ zu kommen/arbeiten** en vez (*od* en lugar) de venir/trabajar

ˈanstauben VI cubrirse de polvo, empolvarse; **leicht angestaubt** con un poco de polvo; *fig (ein bisschen altmodisch)* algo anticuado

ˈanstauen A VT estancar, represar B VR **sich ~** acumularse; **anstaunen** VT mirar asombrado (*od* embobado); **anstechen** VT ⟨irr⟩ pinchar; *Fass* espitar, picar; MED *Geschwür etc* pinchar; puncionar

ˈanstecken A VT 1 *mit Nadeln*: prender; *Ring, Abzeichen* poner(se) 2 *(anzünden)* encender; *Haus* pegar fuego a 3 MED contagiar (*a. fig*), infectar; **angesteckt werden** contagiarse; **er hat mich mit seiner Grippe angesteckt** me ha pegado la gripe B VI MED ser contagioso, contagiarse C VR MED **sich ~** contagiarse (**mit etw** a/c); **ich habe mich bei ihr angesteckt** me ha contagiado; *mit Grippe*: *umg* me ha pegado la gripe

ˈansteckend ADJ MED contagioso, infeccioso; *fig* pegadizo; **Anstecknadel** F alfiler *m*; *(Brosche)* broche *m*, prendedor *m*; **Ansteckung** F ⟨~; ~en⟩ MED contagio *m*, infección *f*

ˈAnsteckungsgefahr F MED peligro *m* de contagio; **Ansteckungsherd** M MED foco *m* infeccioso

ˈanstehen VI ⟨irr⟩ 1 *(Schlange stehen)* formar (*od* hacer) cola 2 *(zu erledigen sein) Angelegenheit, Problem* pendiente; **~de Schuld** deuda *f* atrasada; **zur Entscheidung ~** estar pendiente (de decisión); **~ lassen** *(aufschieben)* diferir, aplazar; *Schuld* retardar el pago 3 *(zu erwarten sein)* ser inminente; **zum Verkauf ~** estar a la venta 4 *(zögern)* **nicht ~ zu** no tener reparos en 5 GEOL aflorar, estar a flor de tierra

ˈansteigen VI ⟨irr; sn⟩ 1 *Flut, Töne etc* subir; *Gelände etc* ascender; **steil ~d** escarpado, abrupto 2 *fig (zunehmen)* aumentar

anˈstelle PRÄP *(gen)*, ADV **~ von** en lugar de, en vez de

ˈanstellen A VT 1 *(einstellen)* **j-n ~** contratar (*od* emplear) a alg; **j-n fest ~** dar empleo fijo a alg; **angestellt sein bei** trabajar en; *umg* **j-n zu etw ~** encargar a alg de a/c 2 *(in Gang setzen)* poner en marcha; *Wasser, Heizung etc* poner; RADIO, TV *a.* encender 3 *Leiter etc* colocar (**an** *acus* contra) 4 *(durchführen)* realizar, efectuar; *Unfug etc* hacer, causar; **etw ~** hacer (*od* cometer) a/c; **etwas Dummes ~** cometer un disparate; **Nachforschungen ~** investigar; **was hast du wieder angestellt?** ¿qué has hecho ahora?; **wie hast du das angestellt?** *umg* ¿cómo te las has arreglado? B VR **sich ~** 1 *(Schlange stehen)* hacer (*od* formar) cola 2 *(sich verhalten)* obrar, conducirse, (com)portarse; **sich ~, als ob** aparentar, fingir *(inf)*; **sich (bei etw) geschickt/ungeschickt ~** darse buena/mala maña (con a/c) 3 *(sich zieren)* andar con remilgos (*od* melindres); **stell dich nicht so an!** *umg* ¡déjate de comedias!; ¡menos cuento!

ˈanstellig ADJ *(geschickt)* hábil, mañoso; *(willig)* de buena voluntad

ˈAnstellung F ⟨~; ~en⟩ 1 *(Einstellung)* contratación *f*; **~ auf Probe** empleo *m* a prueba 2 *(Stelle)* colocación *f*, empleo *m*, puesto *m*

ˈAnstellungsbedingungen FPL condiciones *fpl* de empleo

ˈanstemmen VR **sich ~ gegen** apoyarse (*od* apretarse) contra; *fig* oponerse a, resistirse a; **ansteuern** VT SCHIFF navegar hacia, hacer rumbo a (*a.* FLUG)

ˈAnstich M ⟨~(e)s; ~e⟩ *e-s Fasses*: picadura *f*; MED punción *f*

ˈAnstieg M ⟨~(e)s; ~e⟩ ascensión *f*; subida *f* (*a. fig*); *Straße*: repecho *m*, cuesta *f*; *fig* aumento *m*, incremento *m*, alza *f*

ˈanstieren VT *pej* mirar embobado

ˈanstiften VT *(verursachen)* causar, provocar; *(anzetteln)* urdir, tramar, maquinar; *(anreizen)* instigar, incitar (**zu** a); JUR inducir; **j-n zu etw ~** instigar a alg a a/c

ˈAnstifter M ⟨~s; ~⟩, **Anstifterin** F ⟨~; ~nen⟩ instigador *m*, -a *f*, incitador *m*, -a *f*; JUR inductor *m*, -a *f*; *(Rädelsführer, -in)* cabecilla *m/f*; **Anstiftung** F ⟨~; ~en⟩ instigación *f*, incitación *f*; provocación *f*; JUR inducción *f*; **auf ~ von** por instigación de

ˈanstimmen VT *Lied* entonar; *fig* **ein Klagelied ~** prorrumpir en lamentaciones; *iron* rasgarse las vestiduras

ˈAnstoß M ⟨~es; -stöße⟩ 1 *Fußball*: saque *m* inicial 2 *fig (Antrieb)* impulso *m*, empuje *m*; **den ~ geben (zu)** ser motivo (de); *Person* dar una idea (para hacer a/c) 3 *(Ärgernis)* escándalo *m*; **~ erregen** causar escándalo; **bei j-m ~ erregen** escandalizar a alg, chocar a alg; **~ nehmen** escandalizarse (**an** *dat* de, con) 4 TECH punto *m* de contacto; juntura *f*

ˈanstoßen ⟨irr⟩ A VT empujar, impulsar; dar un empujón a; **j-n (mit dem Ellbogen) ~** dar un codazo a alg; **die Gläser ~** (entre)chocar los vasos; **sich** *(dat)* **den Kopf ~** darse un golpe en la cabeza (**an** *dat* con) B VI 1 ⟨sn⟩ **~ an** *(dat)* tropezar con, chocar (*od* dar) contra; **mit dem Kopf ~** golpearse la cabeza; **mit dem Ellenbogen ~** dar de codo 2 ⟨h⟩ **auf etw** *(acus)* **~** brindar por a/c; **auf j-s Wohl** *(acus)* **~** brindar a la salud de alg 3 ⟨h⟩ **mit der Zunge ~** trastrabarse la lengua; cecear 4 ⟨h⟩ *(angrenzen)* **~ an** *(acus)* lindar con, estar contiguo a 5 ⟨h⟩ *Fußball*: sacar, hacer el saque (inicial)

ˈanstoßend ADJ contiguo (**an** *acus* a), adyacente, (co)lindante (con), aledaño

ˈAnstößer M ⟨~s; ~⟩, **Anstößerin** F ⟨~; ~nen⟩ *schweiz* vecino *m*, -a *f*

ˈanstößig ADJ chocante; *(unanständig)* indecente, inmoral; *(empörend)* escandaloso; *Wort*

malsonante; **Anstößigkeit** F ⟨~; ~en⟩ indecencia *f*; escándalo *m*; chabacanería *f*
'anstrahlen VT 1 *Gebäude etc* iluminar, enfocar 2 *fig (anlachen)* **j-n ~** mirar radiante a alg; **anstreben** VT aspirar a; pretender; *Ziel* perseguir
'anstreichen VT ⟨irr⟩ 1 pintar, dar una capa (*od* mano) de pintura; *(tünchen)* blanquear 2 *Fehler, Textstelle* subrayar, marcar; **rot ~** poner en rojo
'Anstreicher M ⟨~s; ~⟩, **Anstreicherin** F ⟨~; ~nen⟩ pintor *m*, -a *f* (de brocha gorda)
'anstrengen A VT 1 *(ermüden)* cansar, fatigar; *Sinne, Verstand* aguzar; **alle Kräfte ~** emplearse a fondo; **seinen Geist ~** devanarse los sesos; → *a* angestrengt 2 JUR *Prozess* poner B VI cansar, fatigar C VR **sich ~** esforzarse, hacer un esfuerzo; esmerarse
'anstrengend ADJ *(hart, mühsam)* penoso, duro; *(ermüdend)* fatigoso, agotador; *(arbeitsreich)* trabajoso, laborioso
'Anstrengung F ⟨~; ~en⟩ esfuerzo *m*; fatiga *f*; **mit** *od* **unter äußerster ~** en un esfuerzo supremo; **ohne ~** sin esfuerzo
'Anstrich M ⟨~(e)s; ~e⟩ 1 (capa *f* de) pintura *f* 2 *fig* tinte *m*, toque *m*; *leichter*: viso *m*, asomo *m*; matiz *m*; *(Aussehen)* apariencia *f*, aire *m*; *umg* pinta *f*; **sich** *(dat)* **den ~ geben von** *od (gen)* darse aires de
'anstricken VT cabecear
'anstücke(l)n VT añadir (una pieza) (**an** *acus* a); *(flicken)* remendar; *(verlängern)* alargar; TECH juntar (dos piezas)
'anstupsen VT empujar (ligeramente)
'Ansturm M ⟨~(e)s⟩ 1 MIL, *fig* asalto *m*, arremetida *f*; *des Publikums*: afluencia *f* (masiva); HANDEL demanda *f* (**auf** *acus* de); **beim ersten ~** al primer asalto 2 *poet der Wellen*: embate *m* (*a. fig*)
'anstürmen VI asaltar, acometer, embestir; **gegen etw** *(acus)* **~** asaltar a/c, arremeter contra a/c; **anstürzen** VI *mst* **angestürzt kommen** llegar presurosamente; *umg* llegar como un bólido; **ansuchen** VI *obs* **bei j-m um etw ~** pedir, solicitar a/c de alg
'Ansuchen N ⟨~s⟩ ruego *m*; petición *f*, solicitud *f*; **auf ~ von** a petición de, a ruego de, a instancias de
Antago'nismus M ⟨~; Antagonismen⟩ antagonismo *m*; **Antago'nist** M ⟨~en; ~en⟩, **Antago'nistin** F ⟨~; ~nen⟩ antagonista *m/f*
'antanzen VI *umg* presentarse; **j-n ~ lassen** *(herbeizitieren)* ordenar a alg que venga
Ant'arktis F ⟨~⟩ Antártida *f*, tierras *fpl* antárticas; **antarktisch** ADJ antártico
'antasten VT 1 tocar (*a. fig*); palpar 2 *Kapital, Vorräte* empezar (a gastar) 3 *j-s Rechte* violar, atentar a 4 *Ehre* ofender
'antäuschen VT SPORT fingir *(un tiro etc)*
'Anteil M ⟨~(e)s; ~e⟩ 1 *allg* parte *f*, porción (**an** *dat* de) *f*; *(Bestandteil)* componente *m*; *(Zuteilung)* prorrata *f*; *(Quote)* cuota *f*; contingente *m*, *fig* **er hatte keinen ~ am Erfolg** no tuvo parte en el éxito 2 WIRTSCH *(Beteiligung)* participación *f*; **~e besitzen** poseer participaciones (**an** *dat* de); **~e einbringen** aportar participaciones (**in** *acus* a) 3 *fig (Anteilnahme)* interés *m*; *(Mitgefühl)* simpatía *f*; **~ haben an** *(dat)* participar en; **~ nehmen an** *(dat)* interesarse por; compartir, mostrar compasión por
'anteilig, anteilmäßig A ADJ proporcional; a prorrata B ADV proporcionalmente
'Anteilnahme F ⟨~⟩ participación *f*; interés *m*; *(Mitgefühl)* simpatía *f*; *(Beileid)* condolencia *f*; **seine ~ ausdrücken** expresar su sentimiento; **Anteilschein** M WIRTSCH cupón *m*; *(Aktie)* acción *f*, título *m* de participación
'Anteilseigner M, **Anteilseignerin** F WIRTSCH → Aktionär; **anteilsmäßig** ADJ → anteilig
'antelefonieren VT ⟨ohne ge-⟩ llamar (por teléfono)
An'tenne F ⟨~; ~n⟩ antena *f* (*a.* ZOOL)
An'tennenableitung F bajada *f* de antena; **Antennenkreis** M circuito *m* de antena; **Antennenleistung** F capacidad *f* de antena; **Antennenmast** M mástil *m* de antena; **Antennenstecker** M clavija *f* de antena
Antholo'gie F ⟨~; ~n⟩ LIT antología *f*
Anthra'zit M ⟨~s; ~e⟩ MINER antracita *f*
Anthropo'loge M ⟨~n; ~n⟩ antropólogo *m*; **Anthropolo'gie** F ⟨~⟩ antropología *f*; **Anthropo'login** F ⟨~; ~nen⟩ antropóloga *f*; **anthropo'logisch** ADJ antropológico; **anthropo'morph** ADJ antropomorfo; **Anthroposo'phie** F ⟨~⟩ PHIL antroposofía *f*; **anthropo'sophisch** antroposófico
Anti..., anti... IN ZSSGN anti...
Anti-Ag(e)ing-Creme [-'aɪdʒɪŋ-] F *Kosmetik*: crema *f* anti-envejecimiento (*od* antiedad); **Anti-Ag(e)ing-Medizin** F medicina *f* anti-envejecimiento (*od* antiedad)
Antialko'holiker M, **Antialkoholikerin** F antialcohólico *m*, -a *f*, abstemio *m*, -a *f*
Antiamerika'nismus M ⟨~⟩ POL antiamericanismo *m*; **antiautori'tär** ADJ antiautoritario; **Anti'babypille** F píldora *f* (anticonceptiva); **Antibi'otikum** N ⟨~s; Antibiotika⟩ MED antibiótico *m*; **antibi'otisch** ADJ MED antibiótico; **Antiblo'ckiersystem** N AUTO sistema *m* antibloqueo; **anticham'brieren** VI [-ʃam'bri:rən] ⟨ohne ge-⟩ *geh* hacer antesala (*od* antecámara)
'Antichrist M *Bibel*: anticristo *m*
Antidepres'sivum N ⟨~s; Antidepressiva⟩ PHARM antidepresivo *m*
Antifa'schismus M ⟨~⟩ antifascismo *m*; **Antifaschist** M ⟨~en; ~en⟩, **Antifaschistin** F ⟨~; ~nen⟩ antifascista *m/f*; **antifaschistisch** ADJ antifascista
Anti'gen N PHYSIOL antígeno *m*
'Antiheld M LIT antihéroe *m*
an'tik ADJ antiguo
Antikar'tellgesetz N WIRTSCH ley *f* anticártel (*od* contra los cárteles); *sp* Ley *f* de Defensa de la Competencia
An'tike F ⟨~⟩ antigüedad *f*, edad *f* antigua; **Antiken** FPL *Kunstwerke*: antigüedades *fpl*; **Antikensammlung** F colección *f* de antigüedades
Antiklerika'lismus M ⟨~⟩ anticlericalismo *m*; **Anti'klopfmittel** N AUTO antidetonante *m*
'Antikörper M PHYSIOL anticuerpo *m*
An'tillen PL Antillas *fpl*
Anti'lope F ⟨~; ~n⟩ ZOOL antílope *m*
Antima'terie F PHYS antimateria *f*
Antimilita'rismus M antimilitarismo *m*; **Antimilitarist** M ⟨~en; ~en⟩, **Antimilitaristin** F ⟨~; ~nen⟩ antimilitarista *m/f*; **antimilitaristisch** ADJ antimilitarista
Anti'mon N ⟨~s⟩ CHEM antimonio *m*; **Antimonblende** F CHEM kermesita *f*; **Antimonglanz** M CHEM estibina *f*
Antipa'thie F ⟨~; ~n⟩ antipatía *f*; **anti'pathisch** ADJ antipático; **Anti'personenmine** F MIL *(Tretmine)* mina *f* antipersonas, mina *f* de contacto; **Anti'pode** M ⟨~n; ~n⟩ antípoda *m*
'antippen VT *umg* tocar ligeramente; *fig* mencionar de paso
An'tiqua F ⟨~⟩ TYPO letra *f* romana
Anti'quar M ⟨~s; ~e⟩ anticuario *m* (*a. Kunsthändler*), librero *m* de viejo
Antiquari'at N ⟨~(e)s; ~e⟩ librería *f* de ocasión (*od* de lance)
Anti'quarin F ⟨~; ~nen⟩ anticuaria *f* (*a. Kunsthändlerin*), librera *f* de viejo; **antiquarisch** ADJ de segunda mano; de lance, de ocasión, usado
anti'quiert ADJ *pej* anticuado
Antiqui'tät F ⟨~; ~en⟩ antigüedad *f*
Antiqui'tätenhändler M, **Antiquitätenhändlerin** F anticuario *m*, -a *f*; **Antiquitätenladen** M tienda *f* de antigüedades; **Antiquitätensammler** M, **Antiquitätensammlerin** F coleccionista *m/f* de antigüedades
Antise'mit M ⟨~en; ~en⟩, **Antise'mitin** F ⟨~; ~nen⟩ antisemita *m/f*; **antise'mitisch** ADJ antisemítico; **Antisemi'tismus** M ⟨~⟩ antisemitismo *m*
Anti'septikum N ⟨~s; Antiseptika⟩ MED antiséptico *m*; **anti'septisch** ADJ MED antiséptico; **anti'statisch** ADJ antiestático; **Anti'these** F antítesis *f*; **anti'toxisch** ADJ MED antidotal, antitóxico; **Anti'trustgesetz** [-'trast-] N WIRTSCH, JUR ley *f* antitrust
Anti'virenprogramm N IT programa *m* antivirus; **Antivirensoftware** F IT software *m* antivirus
anti'zyklisch ADJ *bes* WIRTSCH anticíclico, anticoyuntural; **~e Maßnahmen** medidas *fpl* anticíclicas (*od* anticoyunturales)
'Antlitz N ⟨~es; ~e⟩ *poet* rostro *m*, semblante *m*, faz *f*
'antörnen VT *(anmachen, aufreizen)* **j-n ~** *umg* excitar (*od* calentar) a alg; atraer a alg
'Antrag M ⟨~(e)s; -träge⟩ 1 *(Gesuch)* solicitud *f*, petición *f*; POL moción *f*; VERW instancia *f*; **einen ~ stellen auf** *(acus)* presentar una solicitud para; **auf ~ von** *od (gen)* a petición (*od* solicitud) de, JUR a instancia de parte 2 *(Heiratsantrag)* propuesta *f* de matrimonio; **j-m einen ~ machen** pedir la mano a alg; **er machte ihr einen ~** le hizo una propuesta de matrimonio
'antragen VT ⟨irr⟩ ofrecer, proponer
'Antragsformular N modelo *m* de instancia; formulario *m* de solicitud
'Antragsteller M ⟨~s; ~⟩, **Antragstellerin** F ⟨~; ~nen⟩ 1 *e-s Gesuchs*: peticionario *m* -a *f*; solicitante *m/f*, postulante *m/f* 2 *e-s Entwurfs*: proponente *m/f*; POL autor *m* -a *f*; de una moción
'antreffen VT ⟨irr⟩ encontrar, hallar
'antreiben ⟨irr⟩ A VT 1 empujar, impulsar; TECH accionar, impeler; *bes* FLUG, SCHIFF, AUTO propulsar; *Lasttier* arrear 2 *fig* estimular, incitar; *zur Eile*: acuciar B VI llegar flotando; *an Land*: ser arrojado (a la costa)
'antreten ⟨irr; sn⟩ A VT 1 **ein Amt ~** tomar posesión de un cargo; **die Arbeit ~** empezar (el trabajo); **den Beweis ~** proponer la prueba; **den Dienst ~** entrar en servicio; JUR **eine Erbschaft ~** adir (*od* aceptar *od* tomar posesión de) una herencia; **die Regierung ~** asumir el poder; **eine Reise ~** emprender un viaje; JUR **eine Strafe ~** (empezar a) cumplir condena 2 *Motorrad* arrancar (con el pedal) B VI 1 *(sich aufstellen)* formar, presentarse; ocupar su puesto 2 *(erscheinen)* presentarse (**bei** a) 3 SPORT enfrentarse (**gegen** con, a; **bei** en; **zu** para) 4 MIL formarse; **angetreten!** ¡formar!; **zum Kampf ~** disponerse al combate
'Antrieb M ⟨~(e)s; ~e⟩ 1 *fig* impulso *m*; estímulo *m*; *(Ansporn)* acicate *m*; **einer Sache** *(dat)* **neuen ~ verleihen** dar nuevo impulso a a/c; **aus eigenem** *od* **freiem ~** por propia iniciativa, espontáneamente, (de) motu propio; **aus natürlichem ~** por instinto 2 TECH im-

pulsión *f*, propulsión *f*; tracción *f*; accionamiento *m*, mando *m*

'Antriebsachse F TECH eje *m* motor; **Antriebsaggregat** N TECH grupo *m* propulsor; **Antriebskraft** F fuerza *f* motriz; SCHIFF fuerza *f* de propulsión; **Antriebsmotor** M motor *m* de accionamiento (*od* de impulsión); **Antriebsriemen** M correa *f* de transmisión; **Antriebsschwäche** F PSYCH falta *f* de empuje; **Antriebswelle** F TECH, AUTO árbol *m* motor

'antrinken VT ⟨*irr*⟩ *umg* **sich** (*dat*) **einen (Rausch) ~** borracharse, *umg* achisparse; **sich** (*dat*) **Mut ~** beber para cobrar valor; → *a.* angetrunken

'Antritt M ⟨~(e)s⟩ **1** (*Anfang*) comienzo *m*; *fig* primer paso *m*; *e-s Amtes*: toma *f* de posesión; entrada *f* en funciones; *e-r Erbschaft*: adición *f*; **~ der Macht** toma *f* del poder; **bei ~ der Reise** al emprender el viaje **2** SPORT **einen schnellen ~ haben** correr rápidamente

'Antrittsaudienz F presentación *f* oficial; **Antrittsbesuch** M primera visita *f*; **Antrittsrede** F discurso *m* inaugural; **Antrittsvorlesung** F UNIV lección *f* inaugural

'antrocknen VI (empezar a) secar(se)

'antun VT ⟨*irr*⟩ **1 j-m etw ~** hacer a/c a alg; **j-m Gewalt ~** hacer violencia a alg; *e-r Frau*: violar (*od* forzar) a alg; **j-m etw Gutes ~** hacer un favor a alg; **sich** (*dat*) **etwas** *od* **ein Leid ~** atentar contra la propia vida; *umg* **tu mir das nicht an!** ¡no me hagas eso! **2** *fig* **es j-m angetan haben** entusiasmar a alg; **die Ohrringe hatten es ihr angetan** le encantaron los pendientes; → *a.* angetan **3** *geh Kleider* ponerse

'anturnen ['antœrnən] → antörnen

Ant'werpen N ⟨~s⟩ Amberes *f*

'Antwort F ⟨~; ~en⟩ contestación *f*, respuesta *f* (*a. fig*); (*Entgegnung*) réplica *f*; *fig* reacción *f*; **negative/positive ~** respuesta *f* negativa/positiva; **als ~ auf** (+*acus*) en respuesta a; **in ~ auf** (*acus*) en contestación (*od* respuesta) a; **um ~ wird gebeten** se ruega contestación; **die ~ schuldig bleiben** dar la callada por respuesta; **keine ~ schuldig bleiben** tener respuesta para todo, no quedarse corto; **keine ~ ist auch eine ~** quien calla otorga

'antworten VT & VI contestar, responder (**auf** *acus* a); (*erwidern*) replicar (a); *fig* reaccionar; **auf eine Frage ~** responder una pregunta; **j-m ~** responder a alg

'Antwortkarte F *Postwesen*: tarjeta *f* postal-respuesta; **Antwortschein** M *Postwesen*: cupón-respuesta *m* (internacional); **Antwortschreiben** N contestación *f*, respuesta *f*

'anvertrauen **A** VT ⟨*ohne* ge-⟩ confiar (*a. Geheimnis*), encomendar (**j-m etw** a/c a alg) **B** VR **sich j-m ~** confiarse a alg; *umg* abrirse a alg

'anverwandt ADJ *geh* → verwandt[2]

'anvisieren VT ⟨*ohne* ge-⟩ MIL visar; *fig a.* poner la mira en

'anwachsen VI ⟨*irr*; sn⟩ **1** (*Wurzeln schlagen*) arraigar, echar raíces; (*festwachsen*) adherirse (**an** *acus* a), unirse con **2** (*zunehmen*) crecer, aumentar, acrecentarse; incrementarse; *Betrag* **auf 1000 Euro ~** elevarse a 1000 euros

'Anwachsen N ⟨~s⟩ (*Zuwachs*) aumento *m*, crecimiento *m*, incremento *m*; **Anwachsung** F ⟨~; ~en⟩ JUR acrecimiento *m*

'Anwalt M ⟨~(e)s; -wälte⟩, **Anwältin** ⟨~; ~nen⟩ **1** abogado *m*, -a *f*, letrado *m*, -a *f*; *nicht plädierend*: procurador *m*, -a *f*; **einen ~ befragen** consultar a (*od* con) un abogado **2** *fig* (*e-r Sache*) defensor *m*, -a *f*; **ein ~ der kleinen Leute** un defensor de la gente humilde

'Anwaltschaft F ⟨~⟩ abogacía *f*

'Anwaltsgebühr F, **Anwaltshonorar** N honorarios *mpl* de abogado, minuta *f*; **Anwaltskammer** F Colegio *m* de Abogados; **Anwaltskanzlei** F bufete *m* (de abogados); **Anwaltszwang** M obligatoriedad *f* de ser asistido por abogado

'anwandeln VT *geh* asaltar (*od* acometer) de pronto; **ihn wandelte die Lust an, zu** de pronto le dieron ganas de

'Anwandlung F ⟨~; ~en⟩ arrebato *m*, impulso *m*, *umg* arrechucho *m*; *plötzliche*: arranque *m*, corazonada *f*; (*Laune*) capricho *m*; **aus einer ~ heraus** en un arrebato; **in einer ~ von Schwäche** en un momento de flaqueza; **in einer ~ von Großzügigkeit** en un arranque (*od* alarde) de generosidad

'anwärmen VT calentar (ligeramente), templar; desenfriar; TECH precalentar

'Anwärter M ⟨~s; ~⟩, **Anwärterin** F, ⟨~; ~nen⟩ aspirante *m/f* (*a.* SPORT); candidato *m*, -a *f*; pretendiente *m/f* (*a. Thronanwärter*)

'Anwartschaft F ⟨~; ~en⟩ candidatura *f*; expectativa *f* (*a.* JUR), futura *f* (**auf** *acus* de)

'anwehen VT **1** soplar contra **2** *Schnee, Sand* amontonar

'anweisen VT ⟨*irr*⟩ **1** (*anleiten*) instruir; enseñar (**zu** a) **2** (*beauftragen*) encargar; (*befehlen*) dar orden, ordenar (**zu** de); **angewiesen sein zu** tener orden de **3** (*zuweisen*) indicar, señalar; asignar, destinar; **j-m einen Platz ~** indicar a alg su puesto **4** *Geld* girar, consignar, librar

'Anweisung F ⟨~; ~en⟩ **1** (*Anleitung*) indicación *f*; directiva *f*; asignación *f*, señalamiento *m* **2** (*Anordnung*) instrucción *f*; orden *f*, mandamiento *m*; (*Vorschrift*) precepto *m*; **~en geben** dar instrucciones **3** (*Gebrauchsanweisung*) instrucciones *fpl* **4** *v. Geld*: giro *m*, consignación *f*, libranza *f*

'anwendbar ADJ aplicable (**auf** *acus* a); (*brauchbar*) utilizable, aprovechable; **Anwendbarkeit** F ⟨~⟩ posibilidad *f* de aplicación, aplicabilidad *f*; utilidad *f* (práctica)

'anwenden VT ⟨*irr*⟩ **1** (*benutzen*) emplear, usar, utilizar; **falsch ~** desaprovechar; **etw gut/schlecht ~** aprovechar/desaprovechar a/c; **etw nützlich ~** sacar provecho de a/c; **Vorsicht ~** tomar precauciones **2** *Gesetz, Regel, Methode, Heilmittel etc* aplicar (**auf** *acus* a) **3** *List, Trick* recurrir a

'Anwender M ⟨~s; ~⟩ (*Benutzer*) usuario *m* (*a.* IT); utilizador *m*; **anwenderfreundlich** ADJ fácil para el usuario

'Anwenderin F ⟨~; ~nen⟩ (*Benutzerin*) usuaria *f* (*a.* IT); utilizadora *f*; **Anwenderprogramm** N, **Anwendersoftware** [-sɔftwɛːr] F IT (programa *m* de) aplicación *f*; software *m* de aplicación

'Anwendung F ⟨~; ~en⟩ aplicación *f* (*a.* MED, IT); empleo *m*, uso *m*, utilización *f* (**auf** *acus* a); **falsche ~** aplicación *f* equivocada; **gewerbliche ~** aplicación *f* industrial; **rückwirkende ~** aplicación *f* retroactiva; **~ von Gewalt** uso *m* de la fuerza; **in ~ von** en aplicación de; **unter ~ von Zwang** bajo coacción; **zur ~ kommen** *od* **~ finden auf** (*acus*) aplicarse (*od* ser aplicable) a

'Anwendungsbeispiel N ejemplo *m* de uso; **Anwendungsbereich** M campo *m* de aplicación; POL **~ eines Gesetzes** alcance *m* de una ley; **Anwendungsmöglichkeit** F aplicabilidad *f*; **Anwendungsprogramm** N IT aplicación *f*; **Anwendungsvorschrift** F instrucciones *fpl* de uso; **Anwendungsweise** F modo *m* de aplicación (*bzw* empleo)

'anwerben VT ⟨*irr*⟩ **1** *Arbeiter* contratar; *umg* enganchar **2** MIL alistar, reclutar; **sich ~ lassen** alistarse, enrolarse; **Anwerbung** F ⟨~; ~en⟩ **1** *v. Arbeitern*: contratación *f*; *umg* enganche *m* **2** MIL alistamiento *m*, reclutamiento *m*

'anwerfen ⟨*irr*⟩ **A** VI SPORT salir, sacar **B** VT **1** *Motor* poner en marcha **2** BAU revocar

'Anwesen N ⟨~s; ~⟩ finca *f*; propiedad *f* (rural); *Am* hacienda *f*; *Gebäude*: inmueble *m*; mansión *f*

'anwesend ADJ presente (**bei** en); asistente (**bei** a); **~ sein** estar presente en, asistir a; **nicht ~ sein** estar ausente

'Anwesende M/F ⟨~n; ~n; → A⟩ presente *m/f*; **die ~n** *pl* la concurrencia, los asistentes, los (aquí) presentes; (*Umstehende*) los circunstantes; **~** *pl* **ausgenommen** mejorando lo presente

'Anwesenheit F ⟨~⟩ presencia *f*, asistencia *f*; **in ~ von** (*od gen*) en presencia de; **die ~ feststellen** pasar lista

'Anwesenheitskontrolle F control *m* de presencia; **Anwesenheitsliste** F lista *f* de asistencia

'anwidern VT **j-n ~** dar asco (*od* repugnar) a alg

'Anwohner M ⟨~s; ~⟩, **Anwohnerin** F, ⟨~; ~nen⟩ vecino *m* -a *f*

'Anwurf M ⟨~(e)s; ⸚e⟩ **1** SPORT saque *m* inicial **2** *fig* (*Anschuldigung*) acusación *f*, imputación *f*

'anwurzeln VI ⟨sn⟩ BOT arraigar, enraizar, echar raíces (*a. fig*); → *a.* angewurzelt

'Anwurzeln N ⟨~s⟩ BOT arraigo *m*

'Anzahl F ⟨~⟩ número *m*, cantidad *f*; porción *f*; **eine große ~** (*gen od* **von**) un gran número (de), (una) multitud (de)

'anzahlen VT pagar a cuenta; **Anzahlung** F ⟨~; ~en⟩ pago *m* a cuenta, primer pago *m*, señal *f*; *Ratenkauf, Wohnung*: entrada *f*; **als ~** como paga y señal; **eine ~ leisten** pagar una señal *od* entrada

'anzapfen VT *Fass* espitar, picar; TECH, *Bäume etc* sangrar; ELEK derivar; *umg Telefon* interceptar, *umg* pinchar; *umg* **j-n ~** *um Geld*: *umg* dar un sablazo a alg

'Anzeichen N ⟨~s; ~⟩ indicio *m*, señal *f* (**für** de); MED síntoma *m* (*a. fig*); (*Vorbedeutung*) presagio *m*, augurio *m*; **alle ~ sprechen dafür, dass ...** todo parece indicar que ...

'anzeichnen VT señalar, marcar

'Anzeige F **1** (*Ankündigung*) anuncio *m*, noticia *f*; *amtliche*: notificación *f*; declaración *f*; HANDEL *e-r Sendung*: aviso *m* **2** JUR denuncia *f*; **(bei der Polizei) ~ erstatten** presentar una denuncia (a la policía); **gegen j-n ~ erstatten** denunciar a alg **3** (*Zeitungsanzeige*) anuncio *m*; **eine ~ aufgeben/schalten** poner/insertar un anuncio **4** TECH señal *f*, indicación *f*; *auf dem Bildschirm*: visualización *f*; (*Monitor*) pantalla *f*

'Anzeigebereich M TECH campo *m* de indicación; **Anzeigefeld** N *am Radio etc*: visor *m*, display *m*; **Anzeigegerät** N TECH indicador *m*; **Anzeigelampe** F, **Anzeigeleuchte** F (lámpara *f*) piloto *m*; testigo *m*

'anzeigen VT **1** *Richtung, Zeit, Temperatur* indicar, señalar; TECH marcar, registrar; *auf dem Bildschirm*: visualizar, monitorizar; **das Thermometer zeigt 10° unter Null an** el termómetro marca 10° bajo cero **2** (*ankündigen*) anunciar; (*melden*) declarar, manifestar; HANDEL avisar; (*mitteilen*) comunicar, participar; *amtlich*: notificar; *Zukünftiges* presagiar, vaticinar **3** JUR denunciar **4** (*deuten auf*) denotar, indicar; presagiar; **angezeigt** (*ratsam*) indicado, aconsejable; **für angezeigt halten** estimar conveniente; **es erscheint angezeigt zu** (*inf*) parece conveniente (*inf*)

'Anzeigenabteilung F sección *f* de anuncios; **Anzeigenblatt** N hoja *f* de anuncios; **Anzeigengeschäft** N WIRTSCH negocio *m* publicitario; (*Anzeigenwesen*) publicidad *f*;

Anzeigenkunde M, **Anzeigenkundin** F anunciante *m/f*; **Anzeigenpreisliste** F lista *f* de tarifas *od* precios de los anuncios; **Anzeigentarif** M tarifa *f* de publicidad; **Anzeigenteil** M *e-r Zeitung*: sección *f* de anuncios; **Anzeigenvertreter** M, **Anzeigenvertreterin** F corredor *m*, -a *f* de anuncios

'Anzeigepflicht F 1 MED declaración *f* obligatoria 2 JUR deber *m* de denuncia(r); **anzeigepflichtig** ADJ de declaración obligatoria

'Anzeiger M ⟨~s; ~⟩ 1 TECH indicador *m*; registrador *m* 2 *(Amtsblatt)* gaceta *f*; *mst Zeitungstitel*: noticiero *m*; **Anzeigetafel** F 1 SPORT marcador *m*; panel *m* de anuncios 2 TECH panel *m* indicador

'anzetteln V/T *umg Verschwörung etc* urdir, tramar; maquinar; **einen Streit ~** provocar una discusión

'anziehen ⟨irr⟩ A V/T 1 *(spannen)* tender, estirar; *Seil* tensar; *Bremse, Schraube* apretar; *Zügel* sujetar 2 **(sich** *dat***) etw ~** ponerse a/c; *Kleider a.* vestir a/c; *Schuhe a.* calzar a/c; **j-n ~** vestir a alg 3 *fig* atraer *(a.* PHYS), cautivar 4 *Bein* encoger B V/I 1 *Pferd* salir, arrancar 2 HANDEL *Preise* subir; ir subiendo 3 *Schach* salir C V/R **sich ~** 1 *(sich ankleiden)* vestirse 2 **sich (gegenseitig) ~** atraerse (mutuamente) D V/UNPERS **es zieht an** *(es wird frieren)* va a helar

'anziehend ADJ atrayente, atractivo

'Anzieher M ⟨~s; ~⟩, **Anziehmuskel** M ANAT (músculo *m*) aductor *m*; **Anziehung** F ⟨~; ~en⟩ atracción *f* (a. PHYS)

'Anziehungskraft F 1 PHYS fuerza *f* de atracción (*od* atractiva); *(Gravitation)* atracción *f* gravitatoria 2 *fig e-r Person*: atracción *f*, atractivo *m*; *umg* gancho *m*; **Anziehungspunkt** M punto *m* (*od* centro *m*) de atracción

'Anzug[1] M ⟨~(e)s; ¨~e⟩ *Kleidung*: traje *m*; conjunto *m*; *dreiteiliger*: terno *m*; MIL uniforme *m*

'Anzug[2] M ⟨~(e)s⟩ 1 *(Anrücken)* venida *f*, llegada *f*; **im ~ sein** ser inminente, estar a punto de llegar; *Gewitter, Gefahr* cernerse, amenazar; **es ist etwas im ~** algo flota en el ambiente 2 *Schach*: salida *f* 3 AUTO → Anzugsvermögen

'anzüglich ADJ *Bemerkung etc* alusivo; *beleidigend*: ofensivo; *(unanständig)* atrevido; picante, verde; **~ werden** lanzar indirectas; **Anzüglichkeit** F ⟨~; ~en⟩ alusión *f* (ofensiva); indirecta *f*

'Anzugsmoment N AUTO par *m* (*od* momento *m*) de arranque; **Anzugsvermögen** N potencia *f* (*od* fuerza *f*) de arranque

'anzünden V/T encender; *Haus etc* incendiar, prender (*od* pegar) fuego a; **Anzünder** M ⟨~s; ~⟩ encendedor *m*

'anzweifeln V/T dudar (de), poner en duda (*od* en tela de juicio)

AOK F ABK (Allgemeine Ortskrankenkasse) Caja *f* Local de Enfermedad

'Äolsharfe F arpa *f* eolia

Ä'onen MPL *geh* eones *mpl*

a. o. Prof. ABK (außerordentlicher Professor) agregado, -a *m/f* de cátedra; catedrático *m* supernumerario

A'orta F ⟨~; Aorten⟩ ANAT aorta *f*

a'part ADJ especial, particular; original; refinado, selecto; **Apartheid** F ⟨~⟩ apartheid *m*; **Aparthotel** N aparthotel *m*, apartotel *m*

A'partment N ⟨~s; ~s⟩ apartamento *m* (pequeño); **Apartmenthaus** N edificio *m* de apartamentos

Apa'thie F ⟨~⟩ apatía *f*

a'pathisch ADJ apático

Apen'nin M ⟨~s⟩, **Apenninen** PL Apeninos *mpl*

'aperiodisch ADJ ELEK aperiódico

Aperi'tif M ⟨~s; ~s⟩ aperitivo *m*

'Apfel M ⟨~s; Äpfel⟩ manzana *f*; *fig* **in den sauren ~ beißen** hacer de tripas corazón, pasar por el aro, tragarse la píldora; *fig* **für einen ~ und ein Ei (kaufen)** (comprar) por un pedazo de pan; *sprichw* **der ~ fällt nicht weit vom Stamm** de tal palo, tal astilla

'Apfelbaum M manzano *m*; **Apfelkuchen** M pastel *m* de manzana; **Apfelmost** M mosto *m* de manzana; **Apfelmus** N compota *f* de manzana; **Apfelsaft** M zumo *m* de manzana; **Apfelsäure** F CHEM ácido *m* málico; **Apfelschimmel** M *Pferd*: (caballo *m*) tordo *m*; **Apfelschorle** F *zumo de manzana mezclado con agua mineral*

Apfel'sine F ⟨~; ~n⟩ naranja *f*

Apfel'sinenbaum M naranjo *m*; **Apfelsinenblüte** F (flor *f* de) azahar *m*; **Apfelsinensaft** M zumo *m* de naranja, naranjada *f*

'Apfelstrudel M pastel *m* de manzana; **Apfeltorte** F tarta *f* de manzana; **Apfelwein** M sidra *f*

Apho'rismus M ⟨~; Aphorismen⟩ aforismo *m*; **aphoristisch** ADJ aforístico

Aphrodi'siakum N ⟨~s; Aphrodisiaka⟩ afrodisíaco *m*

Aphro'dite EIGENN F MYTH Afrodita *f*

Apoka'lypse F ⟨~; ~n⟩ Apocalipsis *m*; **apokalyptisch** ADJ apocalíptico; **die vier ~en Reiter** los cuatro jinetes del Apocalipsis

'apolitisch ADJ apolítico

A'poll(o) EIGENN M MYTH Apolo *m* (a. *fig*)

Apolo'get M ⟨~en; ~en⟩, **Apolo'getin** F ⟨~; ~nen⟩ LIT apologista *m/f*; **Apolo'gie** F ⟨~; ~n⟩ apología *f*

A'postel M ⟨~s; ~⟩ REL apóstol *m* (a. *fig*); **Apostelamt** N apostolado *m*; **Apostelgeschichte** F *Bibel*: Hechos *mpl* (*od* Actos *mpl*) de los Apóstoles

apos'tolisch ADJ REL apostólico; **das Apostolische Glaubensbekenntnis** el Credo; KATH **der Apostolische Stuhl** la Santa Sede Apostólica

Apo'stroph [-st-] M ⟨~s; ~e⟩ apóstrofo *m*; **apostro'phieren** V/T ⟨ohne ge-⟩ apostrofar

Apo'theke F ⟨~; ~n⟩ farmacia *f*; *umg* botica *f*; **apothekenpflichtig** ADJ PHARM de venta (exclusiva) en farmacias

Apo'theker M ⟨~s; ~⟩ farmacéutico *m*; *umg* boticario *m*; **Apothekergehilfe** M, **Apothekergehilfin** F auxiliar *m/f* de farmacia; mancebo *m* (de botica); **Apothekergewicht** N peso *m* medicinal; **Apothekerin** F ⟨~; ~nen⟩ farmacéutica *f*; **Apothekerwaren** FPL productos *mpl* farmacéuticos

Apothe'ose F ⟨~; ~n⟩ apoteosis *f*

App. ABK (Apparat) aparato *m*

Appa'rat M ⟨~(e)s; ~e⟩ 1 *(Gerät)* aparato *m* (a. *fig*); ingenio *m*; *(Vorrichtung)* dispositivo *m* 2 TEL teléfono *m*, Apparat *m*; TEL **am ~!** ¡al habla!; **am ~ bleiben** esperar al aparato; **bleiben Sie am ~!** ¡no cuelgue!, ¡no se retire!; **an den ~ gehen** ponerse; **niemand geht an den ~** nadie contesta; **wer ist am ~?** ¿con quién hablo? 3 FOTO *umg* máquina *f*; RADIO *umg* radio *f*; *fig* organismo *m*

Appa'ratemedizin F ⟨~⟩ medicina *f* con soporte técnico; **Appara'tur** F ⟨~; ~en⟩ aparato *m*, dispositivo *m*; *größere*: instalación *f*, equipo *m*

Apparte'ment [apartə'mã:] N ⟨~s; ~s⟩ apartamento *m*

Ap'pell [a'pɛl] M ⟨~s; ~e⟩ 1 MIL llamada *f* (a. *fig*); *(Besichtigung)* revista *f*; **zum ~ blasen** tocar llamada 2 *fig* llamamiento *m*; **einen ~ richten an** *(acus)* hacer un llamamiento a

Appellati'onsgericht N JUR tribunal *m* de apelación; **appel'lieren** V/I ⟨ohne ge-⟩ apelar, hacer (*od* dirigir) un llamamiento (**an** *acus* a)

Appe'tit M ⟨~(e)s; ~e⟩ apetito *m* (a. *fig*), gana(s) *f(pl)* (de comer); **guten ~!** ¡que aproveche!; ¡buen provecho!; **auf etw** *(acus)* **~ haben** apetecer a/c; **worauf haben Sie ~?** ¿qué le apetece?; **ich habe ~ auf ...** me apetece ...; **~ machen** abrir (*od* despertar) el apetito (**auf** *acus* de); **den ~ verderben/verlieren** quitar/perder el apetito; *sprichw* **der ~ kommt beim Essen** el apetito viene comiendo

appe'titanregend ADJ aperitivo; **Appetithäppchen** N, **Appetithappen** M tapa *f*; **appetithemmend** A ADJ inhibidor del apetito B ADV **~ wirken** tener efecto inhibidor del apetito; **Appetithemmer** M ⟨~s; ~⟩ → Appetitzügler; **appetitlich** ADJ apetitoso (a. *fig*); **appetitlos** ADJ sin apetito, desganado, MED inapetente; **Appetitlosigkeit** F ⟨~⟩ falta *f* de apetito, desgana *f*, inapetencia *f*; **Appetitzügler** M ⟨~s; ~⟩ PHARM inhibidor *m* del apetito

applau'dieren V/I ⟨ohne ge-⟩ aplaudir

Ap'plaus M ⟨~es; ~e⟩ aplauso *m*

appor'tieren V/T ⟨ohne ge-⟩ *Hund* **etw ~** traer a/c; *Jagd a.*: cobrar a/c

Appositi'on F ⟨~; ~en⟩ GRAM aposición *f*

appre'tieren V/T ⟨ohne ge-⟩ TECH, TEX aprestar, aderezar; **Appre'tur** F ⟨~; ~en⟩ aderezo *m*; apresto *m*

Approbati'on F ⟨~; ~en⟩ autorización *f* de ejercer como médico; **appro'biert** ADJ facultado (para ejercer)

Apr. ABK *(April)* abril

Après-Ski N ⟨~⟩ après-ski *m*, apresquí *m*

Apri'kose F ⟨~; ~n⟩ albaricoque *m*; *Am* damasco *m*; **Aprikosenbaum** M albaricoquero *m*; *Am* damasco *m*

Ap'ril M ⟨~s *od* ~; ~e⟩ 1 abril *m*; **im ~** en (el mes de) abril; **Anfang/Mitte/Ende ~** a principios/mediados/finales de abril 2 *Datumsangaben*: **der erste ~** el uno (*od* primero) de abril; **der zweite, dritte** *etc* **~** el dos, tres, *etc* de abril; **am 10. ~** el 10 de abril 3 *fig* **j-n in den ~ schicken** dar una inocentada a alg (*el primero de abril*); **~, ~!** ¡caíste!

Ap'rilscherz M inocentada *f* (*que se gasta el primero de abril*); **Aprilwetter** N tiempo *m* inestable (*od* cambiante)

apro'pos [-'po:] ADV a propósito

'Apsis F ⟨~; Ap'siden⟩ ARCH ábside *m*

Aquä'dukt M ⟨~(e)s; ~e⟩ acueducto *m*

'Aquajogging N SPORT aquajogging *m*; **Aquakultur** F acuacultura *f*, acuicultura *f*

Aquama'rin M ⟨~s; ~e⟩ MINER aguamarina *f*

'Aquapark M parque *m* acuático

Aqua'planing N ⟨~(s)⟩ AUTO aquaplaning *m*

Aqua'rell N ⟨~s; ~e⟩ acuarela *f*; **Aquarellfarbe** F acuarela *f*; **Aquarellmaler** M acuarelista *m*; **Aquarellmalerei** F pintura *f* a la acuarela; **Aquarellmalerin** F acuarelista *f*

A'quarium N ⟨~s; Aquarien⟩ acuario *m*; pecera *f*; **Aquariumsfisch** M pez *m* de acuario

Ä'quator M ⟨~s⟩ ecuador *m*

äquatori'al ADJ ecuatorial; **Äquatorialguinea** N ⟨~s⟩ Guinea *f* ecuatorial

Ä'quatortaufe F bautismo *m* de la línea

äquiva'lent [-v-] ADJ equivalente; **Äquivalent** N ⟨~(e)s; ~e⟩ equivalente *m*; **Äquivalenz** F ⟨~; ~en⟩ equivalencia *f*

Ar [a:r] N ⟨~s; ~e⟩ *Flächenmaß*: área *f*

'Ära F ⟨~; Ären⟩ era *f*

'Araber M ⟨~s; ~⟩ 1 *Person*: árabe *m* 2 *Pferd*: (caballo *m*) árabe *m*; **Araberin** F ⟨~; ~nen⟩

árabe *f*

Ara'beske F ⟨~; ~n⟩ arabesco *m*

A'rabien N ⟨~s⟩ Arabia *f*; **arabisch** ADJ árabe; arábigo

Ara'bist M ⟨~en; ~en⟩, **Arabistin** F ⟨~; ~nen⟩ arabista *m/f*

Ara'gonien N ⟨~s⟩ Aragón *m*

'Arbeit F ⟨~; ~en⟩ 1 *(Tätigkeit)* trabajo *m*, labor *f*; *bes körperliche*: faena *f*; *(Beschäftigung)* ocupación *f*; *(Feldarbeit, Hausarbeit)* quehaceres *fpl*; **geistige ~** trabajo *m* intelectual *(od* mental); **körperliche ~** trabajo *m* corporal *(od* físico); **laufende ~** trabajo *m* rutinario; **wissenschaftliche ~** trabajo *m* científico; **Tag** *m* **der ~** Día *m* del trabajo; **die ~ aufnehmen** empezar a trabajar, *wieder*: reanudar el trabajo; **die ~ einstellen** *od* **niederlegen** suspender el trabajo; **j-m (viel) ~ machen** dar *od* costar (mucho) trabajo a alg; **an die ~ gehen** *od* **sich an die ~ machen** ponerse a trabajar, poner manos a la obra; **an** *od* **bei der ~** *Person* en el trabajo, trabajando; TECH *Maschine etc* en acción, en funcionamiento; **bei der ~ sein** estar trabajando 2 *(Berufstätigkeit)* trabajo *m*, empleo *m*; **~ haben/finden** tener/encontrar trabajo; **(eine) ~ suchen** buscar trabajo; **keine ~ haben** no tener trabajo, estar parado; **j-m ~ geben** dar empleo *(od* trabajo) a alg; **ohne ~** sin trabajo; *(arbeitslos)* parado, en paro; **zur ~ gehen** ir al trabajo; *sprichw* **wie die ~, so der Lohn** tal obra, tal pago 3 *bes* SCHULE *(Aufgabe)* tarea *f*; *Prüfung*: examen *m*; *zu Hause*: deberes *mpl*, tareas *fpl*; **eine ~ in Englisch schreiben** escribir un examen de inglés 4 *(Werk)* obra *f*; **künstlerische ~** obra *f* de arte 5 BAU **~en** *pl* obras *fpl*; **öffentliche ~en** obras *fpl* públicas 6 *Wendungen mit* **in**: **etw in ~ geben** mandar hacer a/c; encargar; **etw in ~ haben** estar trabajando en a/c, tener a/c entre manos; **(tief) in ~ stecken** estar (muy) atareado 7 *umg iron* **ganze ~ leisten** *umg* no andarse con chiquitas

'arbeiten A VI 1 *(tätig, angestellt sein)* trabajar (**an** *dat*, **bei** en; **als** de); ocuparse (**an** *dat* en); **sie arbeitet als Lehrerin** trabaja como profesora; **bei j-m ~** trabajar para alg; **bei der Firma Scholl ~** estar empleado en la empresa Scholl; **für eine Prüfung ~** *a.* preparar un examen; *sprichw* **wer nicht arbeitet, soll auch nicht essen** el que no trabaja, que no coma 2 TECH *Maschine etc* funcionar, marchar; *Herz, Lunge etc* funcionar 3 WIRTSCH *Kapital* producir, rendir (beneficio); **~ lassen** *Kapital* colocar productivamente; **sein Geld ~ lassen** *a.* hacer producir el dinero; **mit Verlust ~** hacer pérdidas B VT trabajar, producir C VR 1 **sich durch etw ~** abrirse paso a través de a/c 2 *fig* **sich zu Tode ~** matarse trabajando

'Arbeiten N ⟨~s⟩ TECH funcionamiento *m*; **arbeitend** ADJ **die ~e Bevölkerung** la población activa; POL **die ~en Klassen** las clases activas

'Arbeiter M ⟨~s; ~⟩ trabajador *m*; *im Ggs zu Angestellten*: obrero *m*; *bes an der Maschine*: operario *m*; *(Landarbeiter)* bracero *m*; *(Hilfsarbeiter)* peón *m*; **angelernter/ungelernter ~** trabajador *m* semicualificado/(no) cualificado; **geistiger ~** trabajador intelectual

'Arbeiterbewegung F movimiento *m* obrero *(od* obrerista), obrerismo *m*; **Arbeiterdichter** M, **Arbeiterdichterin** F poeta *m/f* obrero; **arbeiterfeindlich** ADJ antiobrerista; **Arbeiterfrage** F cuestión *f* obrera; **Arbeiterführer** M, **Arbeiterführerin** F líder *m/f* obrerista *(od* de los trabajadores); dirigente *m/f* obrero; **Arbeiterfürsorge** F asistencia *f* laboral; **Arbeitergewerkschaft** F sindicato *m* obrero

'Arbeiterin F ⟨~; ~nen⟩ 1 *Person*: trabajadora *f*; *im Ggs zu Angestellten*: obrera *f*; *bes an der Maschine*: operaria *f*; **angelernte/ungelernte ~** trabajadora *f* semicualificada/(no) cualificada 2 ZOOL *(Biene)* obrera *f*; **Arbeiterjugend** F juventud *f* trabajadora; **Arbeiterklasse** F clase *f* obrera *(od* trabajadora); **Arbeiterkolonne** F brigada *f* de obreros; **Arbeitermangel** M escasez *f* de mano de obra; **Arbeiterpartei** F partido *m* obrero; **Arbeiterpriester** M sacerdote *m* obrero; **Arbeiterschaft** F ⟨~⟩ los obreros; **Arbeitersiedlung** F colonia *f* obrera; **Arbeiterstand** M SOZIOL clase *f* obrera *(od* trabajadora); **Arbeitertrupp** M brigada *f* de obreros; equipo *m* de operarios; **Arbeitervertreter** M, **Arbeitervertreterin** F representante *m/f* obrero; **Arbeiterviertel** N barrio *m* obrero, barriada *f* obrera

'Arbeitgeber M ⟨~s; ~⟩ empresario *m*, patrón *m*, empleador *m*; **die ~** *pl (Arbeitgeberseite)* la patronal; **Arbeitgeberanteil** M *zur Sozialversicherung*: cuota *f* patronal *(od* del patrono); **Arbeitgeberin** F ⟨~; ~nen⟩ empresaria *f*; patrona *f*; **Arbeitgeberverband** M (asociación *f*) patronal *f*, asociación *f* empresarial

'Arbeitnehmer M ⟨~s; ~⟩ *(Arbeiter)* trabajador *m*, obrero *m*; *(Angestellte)* empleado *m*; asalariado *m*; **Arbeitnehmeranteil** M *zur Sozialversicherung*: cuota *f* del empleado; **Arbeitnehmerin** F ⟨~; ~nen⟩ *(Arbeiterin)* trabajadora *f*, obrera *f*; *(Angestellte)* empleada *f*; asalariada *f*; **Arbeitnehmerverband** M asociación *f* de empleados *(bzw* de trabajadores); sindicato *m*; **Arbeitnehmervertreter** M, **Arbeitnehmervertreterin** F representante *m/f* de los empleados *bzw* trabajadores

'Arbeitsablauf M desarrollo *m (od* organización *f)* del trabajo; **Arbeitsagentur** F *BRD*: oficina *f* de empleo; *sp* ≈ Instituto *m* Nacional de Empleo

'arbeitsam ADJ *(fleißig)* trabajador, laborioso, diligente; *(eifrig)* activo, asiduo, hacendoso; **Arbeitsamkeit** F ⟨~⟩ *(Fleiß)* laboriosidad *f*, diligencia *f*; *(Eifer)* asiduidad *f*

'Arbeitsamt N 1 *österr, schweiz* oficina *f* de empleo 2 *BRD, bis 2003*: → Arbeitsagentur; **Arbeitsanfall** M ⟨~(e)s⟩ volumen *m* de trabajo; **Arbeitsangebot** N oferta *f* de trabajo; **Arbeitsanzug** M traje *m* de faena, mono *m*, buzo *m*; **Arbeitsaufsicht** F inspección *f* de trabajo; **Arbeitsaufwand** M cantidad *f (od* gasto *m)* de trabajo; **Arbeitsausfall** M pérdida *f* (de horas) de trabajo; **Arbeitsausschuss** M comisión *f* de estudio; **Arbeitsbedarf** M horas *fpl* de trabajo necesarias, trabajo *m* necesario; **Arbeitsbedingungen** FPL condiciones *fpl* de trabajo; **Arbeitsbeginn** M comienzo *m* del trabajo; **Arbeitsbelastung** F carga *f* de trabajo; **Arbeitsbereich** M campo *m* de actividad; **Arbeitsbereitschaft** F disposición *f* para el trabajo; **Arbeitsbeschaffung** F creación *f* de empleo *(od* de puestos de trabajo)

'Arbeitsbeschaffungsmaßnahme F medida *f (od* plan *m)* de fomento de empleo; plan *m* de empleo; **Arbeitsbeschaffungsprogramm** N programa *m* de creación *(od* fomento) de empleo

'Arbeitsbescheinigung F certificado *m* de empleo; **Arbeitsbreite** F *e-s Geräts*: ancho *m (od* anchura *f)* de trabajo; **Arbeitsbuch** N libreta *f* de trabajo; **Arbeitsbühne** F TECH plataforma *f* de servicio; **Arbeitsdienst** M *hist* servicio *m* de trabajo; MIL servicio *m* de cuartel; **Arbeitseifer** M afán *m* de trabajar; asiduidad *f*; **arbeitseifrig** ADJ afanoso, asiduo; **Arbeitseinheit** F TECH unidad *f* de trabajo; PHYS ergio *m*; **Arbeitseinkommen** N renta *f* de trabajo; **Arbeitseinstellung** F suspensión *f (od* cese *m)* del trabajo; paro *m*; **Arbeitsentgelt** N remuneración *f*; **Arbeitserlaubnis** F permiso *m* de trabajo; **(un)befristete ~** permiso *m* de trabajo (i)limitado *(od* de duración [in]determinada); **Arbeitsersparnis** F ahorro *m* de trabajo *(od* de mano de obra); **Arbeitsessen** N almuerzo *m (bzw* cena *f)* de trabajo

'arbeitsfähig ADJ apto *(od* útil) para el trabajo, capaz de trabajar; **Arbeitsfähigkeit** F capacidad *f* laboral *(od* de trabajo)

'Arbeitsfeld N campo *m* de actividad(es) *(od* de acción); **Arbeitsfläche** F *in der Küche etc*: encimera *f*; **Arbeitsfluss** M flujo *m* de trabajo; **Arbeitsförderung** F fomento *m* de(l) empleo; **Arbeitsfreude** F afición *f* al trabajo; **Arbeitsgang** M operación *f*; fase *f* de trabajo; **Arbeitsgebiet** N → Arbeitsfeld; **Arbeitsgemeinschaft** F grupo *m* de trabajo; círculo *m* de estudios; **Arbeitsgenehmigung** F → Arbeitserlaubnis; **Arbeitsgerät** N aperos *mpl* de trabajo, herramientas *fpl*; **Arbeitsgericht** N JUR tribunal *m* laboral; *sp* Magistratura *f* de Trabajo; **Arbeitsgesetzgebung** F legislación *f* laboral; **Arbeitsgruppe** F → Arbeitsgemeinschaft; **Arbeitshub** M TECH carrera *f* de trabajo

'arbeitsintensiv ADJ WIRTSCH de gran intensidad laboral; de mucho trabajo

'Arbeitskampf M WIRTSCH conflicto *m (od* lucha *f)* laboral; **Arbeitskampfmaßnahmen** FPL medidas *fpl* para la lucha *(od* el conflicto) laboral

'Arbeitskleidung F ropa *f* de trabajo; **Arbeitsklima** N ambiente *m (od* clima *m)* laboral; **Arbeitskollege** M, **Arbeitskollegin** F compañero *m*, -a *f* (de trabajo), colega *m/f*; **Arbeitskommando** N MIL destacamento *m* de trabajo; **Arbeitskonflikt** M conflicto *m* laboral; **Arbeitskosten** PL costo *m* de trabajo *(od* de mano de obra); **Arbeitskraft** F 1 capacidad *f (od* fuerza *f)* de trabajo 2 *Person*: empleado *m*, -a *f*; obrero *m*, -a *f*; **Arbeitskräfte** *fpl* mano *f* de obra; **Arbeitskräftemangel** M escasez *f* de mano de obra; **Arbeitskreis** M grupo *m* de trabajo; -leben *n* vida *f* laboral; **Arbeitslager** N *Straflager*: campo *m* de trabajo; **Arbeitsleistung** F prestación *f* de trabajo *(od* laboral); rendimiento *m*; *e-r Maschine a.*: potencia *f*; **Arbeitslohn** M paga *f*, salario *m*; *(Tagesarbeitslohn)* jornal *m*

'arbeitslos ADJ en paro, parado; sin trabajo, sin empleo; **~ sein** estar en paro; **~ werden** quedarse en paro

'Arbeitslose M/F ⟨~n; ~n; → A⟩ parado *m*, -a *f*, desempleado *m*, -a *f*

'Arbeitslosengeld N subsidio *m* de *(od* por) desempleo; **~ I** *(BRD: im ersten Jahr der Arbeitslosigkeit gezahltes Arbeitslosengeld)* subsidio *m* de desempleo, nivel I *(cuyo monto se basa en el último salario recibido)*; **~ II** *(BRD: im Anschluss an ALG I gezahltes Arbeitslosengeld)* subsidio *m* de desempleo, nivel II *(cuyo monto se basa en las necesidades del beneficiario)*; **~ beziehen** percibir el subsidio de desempleo, *umg* cobrar el paro; **Arbeitslosenquote** F tasa *f (od* índice *m)* de paro *(od* desempleo); **Arbeitslosenversicherung** F seguro *m* de desempleo *(od* de paro); **Beitrag** *m* **zur ~** cotización *f* al seguro de desempleo; **Arbeitslosenzahl** F cifra *f* de parados

'Arbeitsloser M → Arbeitslose

'Arbeitslosigkeit F ⟨~⟩ paro *m*, desempleo

m; **rationalisierungsbedingte ~** paro *m* tecnológico; **saisonale/strukturelle ~** paro *m* (*od* desempleo *m*) estacional/estructural; **verdeckte ~** paro *m* (*od* desempleo *m*) disimulado (*en las estadísticas*)

'Arbeitslust F afición *f* al trabajo; **Arbeitsmangel** M falta *f* de trabajo

'Arbeitsmarkt M mercado *m* laboral (*od* del trabajo); **die Lage auf dem ~** la situación del empleo (*od* del mercado de trabajo); **Arbeitsmarktreform** F reforma *f* laboral

'Arbeitsmaterial N material *m* de trabajo; **Arbeitsmedizin** F medicina *f* laboral; **Arbeitsmethode** F → Arbeitsweise

'Arbeitsminister M, **Arbeitsministerin** F ministro *m*, -a *f* de trabajo; **Arbeitsministerium** N Ministerio *m* de Trabajo

'Arbeitsmoral F espíritu *m* de trabajo; conciencia *f* laboral; **Arbeitsnachweis** M servicio *m* de colocación; bolsa *f* de trabajo; **Arbeitsniederlegung** F → Arbeitseinstellung; **Arbeitsnorm** F norma *f* de trabajo; **Arbeitsordnung** F reglamento *m* laboral, régimen *m* de trabajo; **Arbeitspapiere** NPL documentos *mpl* de trabajo; **Arbeitspause** F descanso *m*; **Arbeitspensum** N volumen *m* de trabajo; **Arbeitspferd** N **1** caballo *m* de labor **2** *fig* → Arbeitstier; **Arbeitsplan** M plan *m* (*od* programa *m*) de trabajo

'Arbeitsplatz M **1** puesto *m* de trabajo; *Stelle*: colocación *f*, empleo *m*; **den ~ wechseln** cambiar de empleo; **Arbeitsplätze schaffen/vernichten** crear/destruir empleo (*od* puestos de trabajo) **2** *Ort*: lugar *m* de trabajo

'Arbeitsplatzabbau M reducción *f* de puestos de trabajo; **Arbeitsplatzbeschreibung** F descripción *f* del puesto de trabajo; **Arbeitsplatzcomputer** M IT workstation *m*, terminal *m*; **Arbeitsplatzsicherung** F seguridad *f* del puesto de trabajo; **Arbeitsplatzverlust** M pérdida *f* del puesto de trabajo; **Arbeitsplatzvernichtung** F destrucción *f* de puestos de trabajo

'Arbeitsprobe F muestra *f* de(l) trabajo; **Arbeitsprozess** M proceso *m* laboral; **j-n wieder in den ~ eingliedern** reinsertar a alg en la vida laboral; **Arbeitspsychologie** F psicología *f* del trabajo; **Arbeitsraum** M sala *f* de trabajo; taller *m*

'Arbeitsrecht N derecho *m* laboral (*od* de trabajo); **Arbeitsrechtler** M, **Arbeitsrechtlerin** F JUR laboralista *m/f*; **arbeitsrechtlich** ADJ jurídico-laboral

'arbeitsreich ADJ laborioso, de mucho trabajo; **arbeitsscheu** ADJ vago, holgazán

'Arbeitsscheu F aversión *f* al trabajo, pereza *f*; **Arbeitsschicht** F turno *m*, equipo *m*; **Arbeitsschluss** M fin *m* del trabajo

'Arbeitsschutz M seguridad *f* en el (*od* protección *f* del) trabajo; **Arbeitsschutzbestimmung** F disposición *f* (*od* reglamentación *f*) relativa a la protección del trabajo; **Arbeitsschutzgesetz** N ley *f* de seguridad y protección en el trabajo

'Arbeitssitzung F sesión *f* de trabajo; **arbeitssparend** ADJ que ahorra trabajo; **Arbeitsspeicher** M IT memoria *f* de trabajo; **Arbeitsstelle** F → Arbeitsplatz; **Arbeitsstreitigkeit** F conflicto *m* laboral; **Arbeitsstunde** F hora *f* de trabajo; hora-hombre *f*; **Arbeitssuche** F ⟨~⟩ → Arbeitsuche

'arbeitssüchtig ADJ obsesionado con el trabajo

'Arbeitstag M **1** jornada *f* (de trabajo) **2** (*Werktag*) día *m* laborable (*od* hábil); **Arbeitsteilung** F división *f* del trabajo; **Arbeitstherapie** F ergoterapia *f*; **Arbeitstier** N **1** ZOOL animal *m* de trabajo (*od* de labor) **2** *umg fig* trabajador *m* infatigable; *umg* mula *f* (trabajando)

'Arbeitsuche F ⟨~⟩ búsqueda *f* de trabajo; **auf ~ sein** estar buscando trabajo; **Arbeitsuchende** M/F ⟨~n; ~n; → A⟩ demandante *m/f* de empleo

'Arbeitsumfeld N entorno *m* (*od* ambiente *m*) de trabajo (*od* laboral)

'arbeitsunfähig ADJ *zeitweilig*: incapaz para el trabajo; *dauernd*: inválido; **(vom Arzt) ~ geschrieben sein** ser dado de bajo (por el médico); **Arbeitsunfähigkeit** F *zeitweilig*: incapacidad *f* laboral; *dauernd*: invalidez *f*

'Arbeitsunfall M accidente *m* de(l) trabajo (*od* laboral); **Arbeitsunterlagen** FPL documentos *mpl* de trabajo; **Arbeitsverhältnis** N relación *f* laboral; **befristetes ~** empleo *m* (*od* puesto *m* de trabajo) temporal *od* de duración determinada; **festes ~** relación *f* laboral fija; empleo *m* (*od* puesto *m* de trabajo) estable; **Arbeitsvermittlung** F *Büro*: agencia *f* (*od* servicio *m*) de colocación; **Arbeitsversäumnis** N absentismo *m*

'Arbeitsvertrag M contrato *m* de trabajo; **befristeter ~** *od* **~ auf Zeit** contrato *m* de trabajo temporal; **unbefristeter ~** contrato *m* de trabajo (por tiempo) indefinido; **einen ~ unterschreiben/kündigen** firmar/rescindir un contrato de trabajo

'Arbeitsverzeichnis N IT directorio *m* de trabajo; **Arbeitsvorbereitung** F preparación *f* de trabajo; **Arbeitsvorgang** M operación *f*, proceso *m* de trabajo; **Arbeitsweise** F modo *m* (*od* método *m*) de trabajo; TECH modo *m* de funcionar; **Arbeitswelt** F mundo *m* del trabajo (*od* laboral); universo *m* laboral; **arbeitswillig** ADJ dispuesto a trabajar; **Arbeitswillige** M/F ⟨~n; ~n; → A⟩ persona *f* dispuesta (a trabajar)

'Arbeitszeit F horas *fpl* de trabajo, horario *m* (*od* jornada *f*) laboral; **flexible** *od* **gleitende ~** horario *m* de trabajo flexible, jornada *f* flexible (*od* móvil); **die ~ verkürzen/verlängern** reducir la jornada laboral

'Arbeitszeitkonto N relación *f* de las horas de trabajo (cumplidas); **Arbeitszeitverkürzung** F reducción *f* de la jornada (*od* del horario) laboral; **Arbeitszeitverlängerung** F prolongación *f* (*od* aumento *m*) de la jornada laboral

'Arbeitszeug N **1** → Arbeitsanzug **2** → Arbeitsgerät; **Arbeitszeugnis** N certificado *m* de trabajo; **Arbeitszimmer** N despacho *m*, estudio *m*; **Arbeitszwang** M obligación *f* de trabajar

Arbi'trage [-a:ʒə] F ⟨~; ~n⟩ HANDEL arbitraje *m*

Arch. ABK **A** M/F (*Architekt, -in*) Arq. (arquitecto, -a) **B** N (*Archiv*) Arch. (archivo)

ar'chaisch [-ç-] ADJ arcaico

Archäo'loge [-ç-] M ⟨~n; ~n⟩ arqueólogo *m*; **Archäolo'gie** F ⟨~⟩ arqueología *f*; **Archäo'login** F ⟨~; ~nen⟩ arqueóloga *f*; **archäo'logisch** ADJ arqueológico

'Arche F arca *f*; **die ~ Noah** el arca de Noé

Archi'pel [arçi'pe:l] M ⟨~s; ~e⟩ archipiélago *m*

Archi'tekt M ⟨~en; ~en⟩, **Archi'tektin** F ⟨~; ~nen⟩ arquitecto *m*, -a *f*; **architek'tonisch** ADJ arquitectónico; **Architek'tur** F ⟨~; ~en⟩ arquitectura *f*; **~ studieren** estudiar arquitectura; **Archi'trav** M ⟨~s; ~e⟩ ARCH arquitrabe *m*

Ar'chiv N ⟨~s; ~e⟩ archivo *m*

Archi'var [-v-] M ⟨~s; ~e⟩, **Archivarin** F ⟨~; ~nen⟩ archivero *m*, -a *f*

Ar'chivaufnahme F, **Archivbild** N imagen *f* de archivo

archi'vieren [-v-] V/T ⟨*ohne* ge-⟩ archivar; **Archivierung** F archivamiento *m*, archivo *m*; **Archivierungssystem** N sistema *m* de archivo

ARD F ABK (Arbeitsgemeinschaft der öffentlich-rechtlichen Rundfunkanstalten der Bundesrepublik Deutschland) asociación *f* de las estaciones de radiodifusión de la República Federal de Alemania

Ar'dennen PL GEOG Ardenas *fpl*

Are'al N ⟨~s; ~e⟩ área *f*

A'rena F ⟨~; Arenen⟩ arena *f*; STIERK *a.* ruedo *m*, plaza *f* de toros; *fig* **in die ~ steigen** bajar a la arena, entrar en liza

arg **A** ADJ ⟨ärger; ärgste⟩ **1** *reg* (*schlimm*) malo; *Fehler* grave; **immer ärger** cada vez peor; **sein ärgster Feind** su peor enemigo; **das ist (doch) zu ~** esto ya es demasiado **2** *geh obs* (*bösartig*) malo, maligno; **nichts Arges denken** no ver *od* sospechar nada malo (**bei** en) **3** **im Argen liegen** ir por mal camino; ir de mal en peor **B** ADV **1** (*schlimm*) mal; **es zu ~ treiben** ir demasiado lejos, pasarse **2** *umg* (*sehr*) muy; **ist es ~ schlimm?** ¿es muy grave?

Arg N ⟨~s⟩ *geh obs* malicia *f*; **ohne ~** sin malicia, de buena fe

Argen'tinien N ⟨~s⟩ Argentina *f*; **Argentinier** M ⟨~s; ~⟩, **Argentinierin** F ⟨~; ~nen⟩ argentino *m* -a *f*; **argentinisch** ADJ argentino

'Ärger M ⟨~s⟩ **1** (*Verdruss*) enfado *m*, disgusto *m* (**über** *acus* por, con); (*Verärgerung*) enojo *m*; irritación *f*; **~ haben** tener (un) disgusto; **seinen ~ hinunterschlucken** tragar quina (*od* saliva); **seinen ~ an j-m auslassen** desfogar su enojo (*od* descargar su rabia) en alg; **zu meinem ~** para disgusto mío **2** (*Unannehmlichkeit*) fastidio *m*, contrariedad *f*; problemas *mpl*; **j-m ~ machen** causar problemas a alg, poner dificultades a alg; **mit j-m ~ haben** tener problemas con alg; **das gibt ~** eso trae problemas; **mach keinen ~!** ¡no (me) lo pongas difícil!

'ärgerlich ADJ **1** *Sache* enojoso; fastidioso, molesto; **~ sein** *a.* ser desagradable; **wie ~!** *od* **so etwas Ärgerliches!** ¡qué rabia!, ¡qué fastidio! **2** *Person* enfadado, enojado, disgustado (**über etw** *acus* por a/c; **auf j-n** con alg); **~ werden** enfadarse; *umg* cabrearse

'ärgern **A** V/T **1** (*wütend machen*) enfadar, enojar, dar rabia a **2** (*stören*) fastidiar, incomodar **3** (*hänseln*) embromar a; *umg* tomar el pelo a **B** V/R **sich ~** enojarse, enfadarse, incomodarse; **ärgere dich nicht!** ¡no te enfades!; → schwarzärgern **C** V/UNPERS **es ärgert mich, dass …** me molesta que … (*subj*)

'Ärgernis N ⟨~ses; ~se⟩ **1** (*Missstand*) contrariedad *f* **2** (*Skandal*) escándalo *m*; **~ erregen** causar escándalo, escandalizar; **~ erregend** escandaloso; JUR **Erregung** *f* **öffentlichen ~ses** escándalo *m* público

'Arglist F ⟨~⟩ *geh* malicia *f*, perfidia *f*; JUR dolo *m*; **arglistig** ADJ *geh* **1** malicioso; pérfido **2** JUR doloso; **~e Täuschung** dolo *m*

'arglos ADJ sin malicia; de buena fe; confiado; (*naiv, harmlos*) ingenuo, cándido; **Arglosigkeit** F ⟨~⟩ ingenuidad *f*, candidez *f*, buena fe *f*

Ar'got [ar'go:] N & M ⟨~s; ~s⟩ jerga *f*, argot *m*

Argu'ment N ⟨~(e)s; ~e⟩ argumento *m*; **Argumentati'on** F ⟨~; ~en⟩ argumentación *f*; **argumen'tieren** V/I ⟨*ohne* ge-⟩ argüir, argumentar

'Argwohn M ⟨~s⟩ *geh* sospecha *f*; recelo *m*, suspicacia *f*; desconfianza *f*; escama *f*; **~ erregen** despertar (*od* infundir) sospechas; **~ he-**

gen abrigar sospechas
'argwöhnen VT *geh* sospechar de; recelar; **argwöhnisch** ADJ desconfiado; receloso; suspicaz; escamado; **~ machen** dar mala espina, escamar
a. Rh. ABK (am Rhein) del Rin
'Arie ['a:riə] F ⟨~; ~n⟩ MUS aria *f*
'Arier M ⟨~s; ~⟩, **Arierin** F ⟨~; ~nen⟩ *Nationalsozialismus*: ario *m*, -a *f*; **arisch** ADJ ario
Aristo'krat M ⟨~en; ~en⟩ aristócrata *m*; **Aristokra'tie** F ⟨~; ~n⟩ aristocracia *f*; **Aristo'kratin** F ⟨~; ~nen⟩ aristócrata *f*; **aristo'kratisch** ADJ aristocrático
Arith'metik F ⟨~⟩ aritmética *f*; **Arithmetiker** M ⟨~s; ~⟩, **Arithmetikerin** F ⟨~; ~nen⟩ aritmético *m*, -a *f*; **arithmetisch** ADJ aritmético; **~es Mittel** media *f* aritmética; **~e Reihe** progresión *f* aritmética
Ar'kade F ⟨~; ~n⟩ arcada *f*, soportal *m*
'Arktis F ⟨~⟩ regiones *fpl* (*od* tierras *fpl*) árticas; **arktisch** ADJ ártico; **~e Kaltluft** aire *m* polar
arm ADJ ⟨ärmer; ärmste⟩ **1** *allg* pobre (**an** *dat* en); (*bedürftig*) necesitado, menesteroso, indigente **2** (*schwach, ungenügend*) deficiente **3** (*bemitleidenswert*) pobre; **der ~e Kerl** *od* **Teufel** *od* **Schlucker** el pobre diablo (*od* hombre) **4** GASTR **~e Ritter** ≈ torrijas *fpl*; **~ machen** *bzw* **werden** empobrecer
Arm M ⟨~(e)s; ~e⟩ **1** *Körperteil*: brazo *m* (*a. Fluss u.* TECH); **~ in ~ gehen** ir de(l) brazo (*od* de bracero); **j-m den ~ reichen** dar el brazo a alg; **auf den ~ nehmen** *Kind* tomar en brazos; *fig* tomar el pelo a; **in die ~e schließen** *od* **nehmen** coger (*od* estrechar) en los brazos; abrazar **2** *fig* **j-m in den ~ fallen** contener, detener a alg; **j-m in die ~e laufen** topar (*od* tropezar) con alg; **sich j-m in die ~e werfen** echarse en brazos de alg (*a. fig*); **j-n mit offenen ~en empfangen** recibir a alg con los brazos abiertos; **j-m unter die ~e greifen** socorrer (*od* ayudar *od* echar una mano) a alg (**mit** con) **3** *oft iron* **der ~ des Gesetzes** el brazo secular; **einen langen ~ haben** tener mucha influencia (*od umg* enchufe)
Arma'tur F ⟨~; ~en⟩ *mst* **~en** PL *im Auto, Flugzeug, etc*: mando *m*, instrumentos *mpl*; *im Bad*: grifería *f*; **Armaturenbrett** N AUTO, FLUG tablero *m* (*od* cuadro *m*) de instrumentos (*od* de mandos); AUTO *a.* salpicadero *m*
'Armband N ⟨~(e)s; ¨er⟩ pulsera *f*; brazalete *m*; (*Schutzarmband, Kraftarmband*) muñequera *f*; **Armbanduhr** F reloj *m* de pulsera; **Armbewegung** F movimiento *m* del brazo; *beim Schwimmen*: brazada *f*; **Armbinde** F brazal *m*; MED cabestrillo *m*; **Armblatt** N TEX sobaquera *f*; **Armbruch** M MED fractura *f* del brazo; **Armbrust** F ballesta *f*; **Armbrustschütze** M ballestero *m*
'Arme M/F ⟨~n; ~n; → A⟩ pobre *m/f*; **die ~n** los pobres; *bemitleidend*: **der ~!** ¡el pobre(cito)!, el pobre hombre; **die ~!** ¡la pobre (mujer)!; **ich ~(r)!, du ~(r)!** *etc* ¡pobre de mí!, ¡pobre de ti, *etc*
Ar'mee F ⟨~; ~n⟩ MIL ejército *m*; **Armeebefehl** M orden *f* del día; **Armeekorps** N cuerpo *m* de ejército
'Ärmel M ⟨~s; ~⟩ manga *f*; **ohne ~** sin mangas; **die ~ hochkrempeln** (ar)remangarse (*a. fig*); *umg fig* **aus dem ~ schütteln** traer en la manga, sacar(se) de la manga, improvisar
'Ärmelaufschlag M bocamanga *f*; **Ärmelausschnitt** M sisa *f*; **Ärmelbrett** N *zum Bügeln*: manguero *m*, planchamangas *m*; **Ärmelkanal** M GEOG Canal *m* de la Mancha; **Ärmelloch** N → Ärmelausschnitt; **ärmellos** ADJ sin mangas; **Ärmelschoner** M *obs* mangote *m*, manguito *m*
'Armenanwalt M, **Armenanwältin** F JUR abogado *m*, -a *f* de pobres (*od* de oficio); **Armenhaus** N asilo *m*, casa *f* de caridad (*od* de beneficencia)
Ar'menien N ⟨~s⟩ Armenia *f*; **Armenier** M ⟨~s; ~⟩, **Armenierin** F ⟨~; ~nen⟩ armenio *m*, -a *f*; **armenisch** ADJ armenio
'Armenpflege F asistencia *f* pública; **Armenrecht** N JUR *hist* beneficio *m* de pobreza, asistencia *f* judicial gratuita; **unter ~ klagen** acogerse al beneficio de pobreza
'Armer M → Arme
Arme'sündergesicht N *hist* cara *f* patibularia; **Armesünderglocke** F *hist* toque *m* de agonía; **Armesündermiene** F → Armesündergesicht
'Armhöhle F ANAT axila *f*; sobaco *m*
ar'mieren VT ⟨*ohne* ge-⟩ TECH armar, equipar; **Armierung** F ⟨~; ~en⟩ TECH armadura *f*, equipamiento *m*
'Armlehne F brazo *m* (de sillón); → *a.* Armstütze; **Armleuchter** M **1** candelabro *m* **2** *sl fig* idiota *m*; *umg* majadero *m*; *sl* cántaro *m*, gilipollas *m*
'ärmlich ADJ pobre; miserable, mísero; mezquino; **in ~en Verhältnissen leben** vivir estrechamente; **aus ~en Verhältnissen stammen** ser de origen humilde
'Ärmlichkeit F ⟨~⟩ pobreza *f*, miseria *f*; estrechez *f*; mezquindad *f*
'Armloch N sisa *f*
'armmachen VT → arm 4
'Armreif(en) M brazalete *m*; *glatter*: esclava *f*; **Armschiene** F MED tablilla *f*; **Armschlinge** F cabestrillo *m*
'armselig ADJ pobre, miserable
'Armsessel M, **Armstuhl** M sillón *m*, butaca *f*; **Armstütze** F apoyabrazos *m*, reposabrazos *m*
'Armut F ⟨~⟩ pobreza *f*; *stärker*: indigencia *f*; (*Mangel*) falta *f*, deficiencia *f*; **in ~ geraten** empobrecer, caer en la penuria
'Armutsgrenze F umbral *m* de pobreza; **an/unter der ~ liegen** estar en el/por debajo del umbral de la pobreza; **Armutszeugnis** N *fig* muestra *f* de incapacidad; **sich** (*dat*) **ein ~ ausstellen** demostrar su incapacidad
'Armvoll M, **Arm voll** M **ein ~ Holz** *etc* un brazado (*od* una brazada) de leña *etc*
'Arnika F ⟨~; ~s⟩ BOT árnica *f*
A'roma N ⟨~s; ~s *od* Aromen *od obs* Aromata⟩ aroma *m* (*a.* GASTR), perfume *m*; **Aromatherapie** F MED aromaterapia *f*
aro'matisch ADJ aromático
aromati'sieren VT ⟨*ohne* ge-⟩ aromatizar
Ar'peggio N ⟨~s; ~s *od* Arpeggien⟩ MUS arpegio *m*
'Arrak M ⟨~s; ~s *od* ~e⟩ aguardiente *m* de arroz
Arrange'ment [arãʒ'mã:] N ⟨~s; ~s⟩ arreglo *m* (*a.* MUS), apaño *m*; **Arran'geur** [-'ʒø:r] M ⟨~s; ~e⟩, **Arran'geurin** [-ʒø:rɪn] F ⟨~; ~nen⟩ MUS arreglista *m/f*; adaptador *m*, -a *f*; **arran'gieren** [-'ʒi:rən] ⟨*ohne* ge-⟩ **A** VT arreglar (*a.* MUS), disponer; organizar **B** V/R **sich ~** arreglarse, ponerse de acuerdo (**mit** con)
Ar'rest M ⟨~es; ~e⟩ **1** (*Haft*) arresto *m* (*a.* MIL); SCHULE *hist* retención *f* **2** JUR (*Beschlagnahme*) embargo *m* (**dinglicher** preventivo); **mit ~ belegen** embargar
Ar'restbefehl M orden *f* de embargo; **Arrestlokal** N VERW → Arrestzelle; **Arreststrafe** F (pena *f* de) arresto *m*; **Arrestzelle** F prevención *f*; calabozo *m*; MIL prisión *f* militar
arre'tieren VT ⟨*ohne* ge-⟩ **1** detener; MIL arrestar **2** TECH parar, retener
arri'viert ADJ *geh* reconocido, famoso
arro'gant ADJ arrogante; presumido, creído; **Arro'ganz** F ⟨~⟩ arrogancia *f*
Arsch M ⟨~es; Ärsche⟩ *sl* **1** *Körperteil*: culo *m*; **sich** (*dat*) **den ~ aufreißen** *sl* partirse el culo (**für** para); **leck mich am ~!** ¡que te den por culo!; **j-m am ~ vorbeigehen** importar un bledo a alg; **j-m in den ~ kriechen** lamer el culo a alg **2** *iron* **am ~ der Welt** en la quinta puñeta; **im ~ sein** (*kaputt sein*) estar jodido **3** *Schimpfwort*: *sl* cabrón *m*
'Arschbacke F *sl* nalga *f*; **Arschgeweih** N *vulg tatuaje encima del trasero*; **Arschkarte** F *sl fig* **die ~ ziehen** tener la negra; **Arschkriecher** M *vulg*, **Arschkriecherin** F *vulg* lameculos *m*; **Arschloch** N *vulg* **1** *konkret*: ojo *m* del culo **2** *Schimpfwort*: *sl* mierda *m*, *sl* cabrón *m*
Ar'sen N ⟨~s⟩ CHEM arsénico *m*
Arse'nal N ⟨~s; ~e⟩ arsenal *m* (*a.* SCHIFF)
Art F ⟨~; ~en⟩ **1** (*Weise, Methode*) manera *f*, modo *m*; (*Beschaffenheit*) condición *f*, calidad *f*; **~ und Weise** modo (y manera); **seine ~ zu sprechen** su manera de hablar; **auf diese ~** así, de ese modo, de esta manera; **auf irgendeine ~** de algún modo; **auf seine ~** a su manera; **auf spanische ~** a la española; **nach ~ von** a modo de, a la manera de; **nach alter ~** a la vieja usanza, a la antigua; GASTR **nach ~ des Hauses** de la casa **2** (*Wesensart*) naturaleza *f*, carácter *m*, índole *f*; **sie hat eine nette ~ mit Kindern (umzugehen)** sabe tratar a los niños; **es ist nicht seine ~ zu** (*inf*) no es su manera de (*inf*); **das ist nicht ihre ~** *od* **das entspricht nicht ihrer ~** no es su estilo; *fig* **aus der ~ schlagen** degenerar **3** *umg* (*Benehmen*) modos *mpl*, maneras *fpl*, modales *mpl*; **er hat eine unverschämte ~** es un insolente; **das ist doch keine ~!** ¡no es manera (*od* modo) de comportarse! **4** (*Sorte*) género *m*, tipo *m*; (*Kategorie*) categoría *f*, clase *f*; **aller ~** de todo tipo; **Fragen** *fpl* **allgemeiner ~** preguntas *fpl* de tipo general; **Geräte jeder ~** aparatos de todas clases; **einzig in seiner ~** único en su género **5** BIOL especie *f* **6** *pej* **eine ~ Dichter** un supuesto poeta
Art. ABK (Artikel) artículo *m*
Arte'fakt N ⟨~es; ~e⟩ ARCHÄOL, *geh* artefacto *m*
'arteigen ADJ propio, característico, genuino; BIOL específico
'arten VI **nach j-m ~** parecerse a, salir a; **gut/schlecht geartet** de buen/mal genio
'artenreich ADJ BIOL rico en especies
'Artenreichtum M BIOL, ÖKOL riqueza *f* en especies, gran variedad *f* de especies; **Artenschutz** M BIOL, ÖKOL protección *f* de las especies; **Artenvielfalt** F BIOL, ÖKOL diversidad *f* de especies; biodiversidad *f*
'Arterhaltung F BIOL conservación *f* (*od* preservación *f*) de la(s) especie(s)
Ar'terie F ⟨~; ~n⟩ ANAT arteria *f*; **Arterienverkalkung** F, **Arterio'sklerose** F ⟨~; ~n⟩ MED arterio(e)sclerosis *f*
ar'tesisch ADJ **~er Brunnen** pozo *m* artesiano
'artfremd ADJ ajeno, extraño (a la especie); **Artgenosse** M, **Artgenossin** F congénere *m/f*; **artgerecht** ADJ ÖKOL **~e Tierhaltung** cría *f* de animales adaptada a la especie
Ar'thritis F ⟨~⟩ MED artritis *f*; **Arthrose** F ⟨~; ~n⟩ MED artrosis *f*
'artig ADJ *Kind* (*brav*) bueno, formal, obediente; (*höflich*) cortés, atento; (*liebenswürdig*) amable, afable; **sei (schön) ~!** ¡sé bueno!; **Artigkeit** F ⟨~; ~en⟩ **1** *Benehmen*: formalidad *f*; (*Höflichkeit*) cortesía *f*, atención *f*; (*Liebenswürdigkeit*) amabilidad *f*, gentileza *f* **2** *Bemerkung*: **j-m ~en sagen** *umg* piropear, echar piropos a alg

Ar'tikel M ⟨~s; ~⟩ 1 *Ware, (Zeitungsartikel)* artículo *m* 2 GRAM artículo *m*; **bestimmter/unbestimmter ~** artículo *m* determinado *od* definido/indeterminado *od* indefinido; **Artikelnummer** F HANDEL número *m* del artículo; **Artikelschreiber** M, **Artikelschreiberin** F articulista *m/f*

Artikulati'on F ⟨~; ~en⟩ articulación *f*; **artiku'lieren** ⟨ohne ge-⟩ A V/T articular B V/R sich ~ expresarse

Artille'rie F ⟨~; ~n⟩ MIL artillería *f*; **schwere ~** artillería *f* pesada; **leichte ~** artillería *f* ligera; *hist* **reitende ~** artillería *f* a caballo

Artille'riebeschuss M, **Artilleriefeuer** N fuego *m* de artillería; **Artilleriegeschoss**, *österr* **Artilleriegeschoß** N proyectil *m* de artillería; **Artilleriegeschütz** N pieza *f* de artillería; **Artillerievorbereitung** F preparación *f* artillera

Artille'rist M ⟨~en; ~en⟩ artillero *m*

Arti'schocke F ⟨~; ~n⟩ BOT alcachofa *f*; **Artischockenboden** M GASTR fondo *m* de alcachofa

Ar'tist M ⟨~en; ~en⟩ artista *m* de variedades (*bzw* de circo); acróbata *m*; **Artistik** F ⟨~⟩ acrobacia *f*; **Artistin** F ⟨~; ~nen⟩ artista *f* de variedades (*bzw* de circo); acróbata *f*; **artistisch** ADJ artístico, acrobático

'Artmerkmal N característica *f* específica; **artverwandt** ADJ afín

Arz'nei F ⟨~; ~en⟩ *obs* medicina *f*, medicamento *m*; *(Heilmittel)* remedio *m*; **Arzneibuch** N farmacopea *f*; **Arzneifläschchen** N frasco *m* de medicina; **Arzneikasten** M botiquín *m*; **Arzneikunde** F farmacología *f*

Arz'neimittel N medicamento *m* (**gegen** contra); **Arzneimittelabhängigkeit** F adicción *f* a los fármacos; **Arzneimittelmissbrauch** M abuso *m* de medicamentos; **Arzneimittelsucht** F farmacodependencia *f*

Arz'neipflanze F planta *f* medicinal (*od* oficinal); **Arzneischrank** M botiquín *m*; **Arzneitrank** M poción *f*; *Tee:* tisana *f*; **Arzneiverordnung** F medicación *f*; prescripción *f* médica; **Arzneiwaren** FPL productos *mpl* farmacéuticos

Arzt M ⟨~es; Ärzte⟩ médico *m*, facultativo *m*; *umg* doctor *m*, galeno *m*; **zum ~ gehen** ir al médico; **den ~ holen (lassen)** llamar al médico

'Ärztehaus N centro *m* médico; **Ärztekammer** F Colegio *m* de Médicos; **Ärzteschaft** F ⟨~⟩ cuerpo *m* médico (*od* facultativo)

'Arzthelfer M, **Arzthelferin** F auxiliar *m/f* de médico

'Ärztin F ⟨~; ~nen⟩ médica *f*; *umg* doctora *f*

ärztl. ABK *(ärztlich)* méd. *(médico)*

'ärztlich ADJ médico, facultativo; **~es Attest** *od* **Zeugnis** certificado *m* médico; **~e Behandlung** tratamiento *m* médico; **~e Hilfe** asistencia *f* médica (*od* facultativa); **~e Verordnung** prescripción *f* médica

'Arztpraxis F consultorio *m* (médico); **Arztwahl** F **freie ~** libre elección *f* del médico (*od* facultativo)

as, As[1] N ⟨~; ~⟩ MUS la *m* bemol; **As-Dur** *n* la *m* bemol mayor; **as-Moll** *n* la *m* bemol menor

As[2] N *Kartenspiel u. fig* → Ass

'A-Saft *umg* M → Apfelsaft

As'best M ⟨~es; ~e⟩ asbesto *m*; amianto *m*; **Asbestanzug** M traje *m* de asbesto; **asbestbelastet** ADJ contaminado con asbesto (*od* amianto); **Asbestdichtung** F junta *f* (*od* empaquetadura *f*) de asbesto; **Asbestpappe** F cartón-asbesto *m*; **Asbestplatte** F placa *f* de amianto; **Asbestzement** M fibrocemento *m*

'aschblond ADJ rubio ceniza

'Asche F ⟨~; ~n⟩ ceniza *f*; **glühende ~** rescoldo *m*; *poet* **aus der ~ (auf)erstehen** renacer de sus cenizas; **in ~ verwandeln** reducir a cenizas; **Friede seiner ~!** ¡descanse en paz!

'Aschenbahn F SPORT pista *f* de ceniza; **Aschenbahnrennen** N carrera *f* sobre pista de ceniza

'Aschenbecher M cenicero *m*; **Aschenbrödel** N ⟨~s⟩ Cenicienta *f* (*a. fig*); **Aschenkasten** M cenicero *m*; **Aschenputtel** N ⟨~s⟩ → Aschenbrödel; **Aschenurne** F urna *f* cineraria

'Ascher M ⟨~s; ~⟩ *umg* cenicero *m*

Ascher'mittwoch M REL miércoles *m* de ceniza

'aschfahl, aschfarben, aschfarbig ADJ ceniciento, (de) color ceniza; **aschgrau** ADJ gris ceniza

ASCII-Code M IT código *m* ASCII; **ASCII-Datei** F archivo *m* ASCII, fichero *m* ASCII; **ASCII-Dokument** N documento *m* ASCII; **ASCII-Zeichen** N carácter *m* ASCII

Ascor'binsäure F CHEM ácido *m* ascórbico

'äsen V/I *Wild* pacer

a'septisch ADJ aséptico

Asi'at M ⟨~en; ~en⟩, **Asiatin** F ⟨~; ~nen⟩ asiático *m* -a *f*; **asiatisch** ADJ asiático

'Asien N ⟨~s⟩ Asia *f*

As'kese F ⟨~⟩ ascética *f*, ascetismo *m*

As'ket M ⟨~en; ~en⟩, **Asketin** F ⟨~; ~nen⟩ asceta *m/f*; **asketisch** ADJ ascético

Äsku'lapstab M vara *f* de Esculapio; caduceo *m*

'asozial ADJ asocial, antisocial

As'pekt M ⟨~(e)s; ~e⟩ aspecto *m*

As'phalt M ⟨~(e)s; ~e⟩ asfalto *m*; **Asphaltbeton** M hormigón *m* de asfalto; **Asphaltdecke** F revestimiento *m* asfáltico, pavimento *m* de asfalto, asfaltado *m*

asphal'tieren V/T ⟨ohne ge-⟩ asfaltar; **Asphaltieren** N ⟨~s⟩, **Asphaltierung** F ⟨~⟩ asfaltado *m*

As'phaltpappe F cartón *m* asfaltado; **Asphaltstraße** F carretera *f* asfaltada

As'pik M ⟨~s; ~e⟩ GASTR jalea *f*, gelatina *f* (de carne)

Aspi'rant M ⟨~en; ~en⟩, **Aspirantin** F ⟨~; ~nen⟩ aspirante *m*, candidato *m*

aspi'rieren V/T ⟨ohne ge-⟩ LING aspirar

Aspi'rin® N ⟨~s⟩ aspirina *f*; **Aspirintablette** F comprimido *m* de aspirina

Ass N ⟨~es; ~e⟩ *Kartenspiel u. fig* as *m*

Ass. ABK A F → Assekuranz B M/F *(Assistent, -in)* ayud. *(ayudante)*

aß → essen

Asseku'ranz F ⟨~; ~en⟩ *österr* aseguradora *f*; empresa *f* de seguros

'Assel F ⟨~; ~n⟩ ZOOL cochinilla *f* de humedad

Assessement-Center [a'sɛsmɛntsɛntər] N ⟨~s, ~⟩ centro *m* de evaluación, centro *m* de valoración

As'sessor M ⟨~s; ~en⟩, **Assessorin** F ⟨~; ~nen⟩ JUR aspirante *m/f* a la judicatura; *Lehrer:* ≈ profesor *m*, -a *f* agregado, -a de bachillerato

Assimilati'on F ⟨~; ~en⟩ asimilación *f*; **assimi'lieren** V/T ⟨ohne ge-⟩ asimilar

Assis'tent M ⟨~en; ~en⟩, **Assistentin** F ⟨~; ~nen⟩ asistente *m/f*, ayudante *m/f*; UNIV profesor *m*, -a *f* ayudante

Assis'tenzarzt M, **Assistenzärztin** F médico *m*, -a *f* ayudante

assis'tieren V/I ⟨ohne ge-⟩ asistir, ayudar

Assoziati'on F ⟨~; ~en⟩ asociación *f*; **assozi'ieren** V/T ⟨ohne ge-⟩ asociar

As'syrer M ⟨~s; ~⟩, **Assyrerin** F ⟨~; ~nen⟩ HIST asirio *m*, -a *f*; **Assyrien** N ⟨~s⟩ HIST Asiria *f*; **assyrisch** ADJ asirio

Ast M ⟨~(e)s; ⸗e⟩ 1 BOT rama *f*; *im Holz:* nudo *f*; *umg fig* **den ~ absägen, auf dem man sitzt** matar la gallina de los huevos de oro; *fig* **er ist auf dem absteigenden ~** *umg* va de capa caída 2 *umg fig* **sich** *(dat)* **einen ~ lachen** troncharse (*od* morirse) de risa

AStA M ABK (Allgemeiner Studentenausschuss) Asociación *f* General de Estudiantes

'Aster F ⟨~; ~n⟩ BOT aster *m*

Asthe'nie F ⟨~; ~n⟩ MED astenia *f*

As'theniker M ⟨~s; ~⟩, **Asthenikerin** F ⟨~; ~nen⟩ asténico *m*, -a *f*; **asthenisch** ADJ asténico

Äs'thet M ⟨~en; ~en⟩ esteta *m*; **Ästhetik** F ⟨~⟩ estética *f*; **Ästhetiker** M ⟨~s; ~⟩, **Ästhetikerin** F ⟨~; ~nen⟩ estético *m*, -a *f*; **Ästhetin** F ⟨~; ~nen⟩ esteta *m*; **ästhetisch** ADJ estético

'Asthma N ⟨~s⟩ MED asma *f*

Asth'matiker M ⟨~s; ~⟩, **Asthmatikerin** F ⟨~; ~nen⟩ asmático *m* -a *f*; **asthmatisch** ADJ asmático

astig'matisch ADJ MED astigmático; **Astigma'tismus** M ⟨~⟩ astigmatismo *m*

'Astloch N agujero *m* de nudo

As'tralleib M cuerpo *m* astral

'astrein ADJ *umg* impecable; **das ist nicht ganz ~** eso no está muy católico

Astro'loge M ⟨~n; ~n⟩ astrólogo *m*; **Astrolo'gie** F ⟨~⟩ astrología *f*; **Astro'login** F ⟨~; ~nen⟩ astróloga *f*; **astro'logisch** ADJ astrológico

Astro'naut M ⟨~en; ~en⟩ astronauta *m*; **Astro'nautik** F ⟨~⟩ astronáutica *f*; **Astro'nautin** M ⟨~; ~nen⟩ astronauta *f*

Astro'nom M ⟨~en; ~en⟩ astrónomo *m*; **Astrono'mie** F ⟨~⟩ astronomía *f*; **Astro'nomin** F ⟨~; ~nen⟩ astrónoma *f*; **astro'nomisch** ADJ astronómico (*a. fig*)

Astrophy'sik F astrofísica *f*; **Astro'physiker** M, **Astro'physikerin** F astrofísico *m*, -a *f*

As'turien N ⟨~s⟩ Asturias *f*; **asturisch** ADJ asturiano, astur

'Astwerk N ⟨~(e)s⟩ ramaje *m*

ASU F ABK (Abgassonderuntersuchung) → AU

A'syl N ⟨~s; ~e⟩ asilo *m* (*a. Heim*); *fig* refugio *m*; **politisches ~** asilo *m* político; **um ~ bitten** *od* **~ beantragen** pedir (*od* solicitar) asilo; **j-m ~ gewähren** conceder (*od* dar) asilo a alg, asilar a alg

Asy'lant M ⟨~en; ~en⟩ *oft neg!* asilado *m*; *(Asylbewerber)* solicitante *m* de asilo; **Asylanten(wohn)heim** N *oft neg!* residencia *f* (*od* refugio *m*) de solicitantes de asilo; centro *m* de acogida de solicitantes de asilo; **Asylantin** F ⟨~; ~nen⟩ *oft neg!* asilada *f*; *(Asylbewerberin)* solicitante *f* de asilo

A'sylantrag M solicitud *f* (*od* petición *f*) de asilo; **Asylbewerber** M, **Asylbewerberin** F solicitante *m/f* de asilo; **Asylrecht** N derecho *m* de asilo

Asymme'trie F ⟨~; ~n⟩ asimetría *f*

'asymmetrisch ADJ asimétrico

'asynchron ADJ ELEK asincrónico

A. T. ABK (Altes Testament) Antiguo Testamento *m*

Ata'vismus M ⟨~; Atavismen⟩ atavismo *m*; **atavistisch** ADJ atávico

Ate'lier [-lie:] N ⟨~s; ~s⟩ taller *m*; MAL, FILM estudio *m*

'Atem M ⟨~s⟩ 1 *(geatmete Luft)* aliento *m*; *(das Atmen)* respiración *f*; *poet* hálito *m*; **einen schlechten ~ haben** tener mal aliento, tener halitosis; **den ~ anhalten** contener la respiración; **~ holen** *od* **schöpfen** tomar aliento; **tief ~ holen** respirar hondo; **der ~ stockte ihm** se quedó sin (*od* se le cortó la) respiración; **j-m den ~ verschlagen** cortar la respiración a alg; **außer ~** sin aliento, sofocado; sin respiración; **außer ~ kommen** perder el aliento, quedarse sin respiración; **wieder zu ~ kommen** cobrar aliento **2** *fig* **j-n in ~ halten** no dejar respirar (*od* descansar) a alg; *in Spannung*: tener a alg en vilo (*od* suspense); **das verschlug mir den ~** eso me dejó atónito

'Atembeklemmung F sofocación *f*, ahogo *m*; **atemberaubend** ADJ impresionante; palpitante; vertiginoso; **Atembeschwerden** FPL trastornos *mpl* respiratorios, molestias *fpl* respiratorias; **Atemgerät** N aparato *m* respiratorio; **Atemgeräusch** N MED murmullo *m* respiratorio; **Atemgymnastik** F gimnasia *f* respiratoria; **Atemholen** N ⟨~s⟩ respiración *f*; inspiración *f*

'atemlos A ADJ sin aliento, jadeante, sofocado B ADV sin aliento

'Atemmaske F careta *f* de respiración; **Atemnot** F MED disnea *f*, sofocación *f*; **Atempause** F pausa *f* respiratoria; *fig* respiro *m*; **Atemstillstand** M MED paro *m* respiratorio; **Atemübungen** FPL ejercicios *mpl* respiratorios; **Atemwege** MPL vías *fpl* respiratorias

'Atemzug M respiración *f*; inspiración *f*; **bis zum letzten ~** hasta el último aliento; **den letzten ~ tun** dar el último suspiro; **in einem** *od* **im gleichen ~** de un aliento

Athe'ismus M ⟨~⟩ ateísmo *m*

Athe'ist M ⟨~en; ~en⟩, **Atheistin** F ⟨~; ~nen⟩ ateo *m* -a *f*, ateísta *m/f*; **atheistisch** ADJ ateo, ateísta

A'then N ⟨~s⟩ Atenas *f*

A'thene EIGENN F MYTH Atena *f*

A'thener M ⟨~s; ~⟩, **Athenerin** F ⟨~; ~nen⟩ ateniense *m/f*; **athenisch** ADJ ateniense

'Äther M ⟨~s⟩ **1** PHYS, CHEM éter *m*; **mit ~ betäuben** anestesiar con éter, eterizar **2** RADIO **etw durch den ~ schicken** lanzar a/c al espacio

ä'therisch ADJ etéreo (*a. fig*); CHEM *a.* volátil; *Öl a.* esencial

'Äthernarkose F MED eterización *f*

Äthi'opien N ⟨~s⟩ Etiopía *f*; **Äthiopier** M ⟨~s; ~⟩, **Äthiopierin** F ⟨~; ~nen⟩ etíope *m/f*; **äthiopisch** ADJ etiópico

Ath'let M ⟨~en; ~en⟩ atleta *m*; **Athletenherz** N MED corazón *m* de atleta; **Athletik** F ⟨~⟩ atletismo *m*; **Athletin** F ⟨~; ~nen⟩ atleta *f*; **athletisch** ADJ atlético

Ä'thyl N ⟨~s⟩ CHEM etilo *m*; **Äthylalkohol** M CHEM alcohol *m* etílico

Äthy'len N ⟨~s⟩ CHEM etileno *m*

At'lant M ⟨~en; ~en⟩ ARCH atlante *m*

At'lantik M ⟨~s⟩ (Océano *m*) Atlántico *m*; **Atlantikpakt** M POL Pacto *m* (del) Atlántico

At'lantis F MYTH Atlántida *f*

at'lantisch ADJ atlántico; **Atlantischer Ozean** → Atlantik

'Atlas[1] ⟨~ *od* ~ses; ~se *od* Atlanten⟩ *Landkartenwerk*: atlas *m*

'Atlas[2] M GEOG, MYTH Atlas *m*

'Atlas[3] ⟨~ *od* ~ses⟩ ANAT atlas *m*

'Atlas[4] ⟨~ *od* ~ses; ~se⟩ TEX (*Seidenatlas*) satén *m*; (*Baumwollatlas*) raso *m*; **atlasartig** ADJ TEX satinado, arrasado

'atmen A VI respirar; **schwer ~** jadear, resollar; **tief ~** respirar hondo B VT respirar (*a. fig*)

'Atmen N ⟨~s⟩ respiración *f*

Atmo'sphäre F ⟨~; ~n⟩ atmósfera *f*; *fig a.* ambiente *m*; **Atmosphärendruck** M ⟨~(e)s⟩ presión *f* atmosférica; **atmosphärisch** ADJ atmosférico; **~e Störungen** interferencias *fpl* (*od* perturbaciones *fpl*) atmosféricas

'Atmung F ⟨~⟩ respiración *f*; **künstliche ~** respiración *f* artificial

'Atmungsorgan N órgano *m* respiratorio; *pl* **~e** *a.* aparato *m* respiratorio; **Atmungsstoffwechsel** M PHYSIOL metabolismo *m* respiratorio; **Atmungszentrum** N centro *m* respiratorio

'Ätna M ⟨~(s)⟩ GEOG Etna *m*

A'toll N ⟨~s; ~e⟩ atolón *m*

A'tom N ⟨~s; ~e⟩ átomo *m*; **Atomantrieb** M propulsión *f* nuclear

ato'mar ADJ atómico; **~es Endlager** depósito *m* (*od* cementerio *m*) de residuos radiactivos; depósito *m* de desechos nucleares; **~e Rüstung** armamento *m* nuclear

A'tomausstieg M POL, ÖKOL abandono *m* de la energía nuclear, desnuclearización *f*; **Atombombe** F MIL bomba *f* atómica; **atombombensicher** ADJ a prueba de bombas atómicas; **Atombrennstoff** M combustible *m* atómico; **Atombunker** M refugio *m* (anti)atómico (*od* antinuclear)

A'tomenergie F energía *f* atómica (*od* nuclear); **Atomenergiekommission** F Comisión *f* de Energía Atómica

A'tomexplosion F explosión *f* atómica (*od* nuclear); **Atomforscher** M, **Atomforscherin** F investigador *m*, -a *f* (*od* científico *m*, -a *f*) atómico, -a (*od* nuclear); **Atomforschung** F investigación *f* nuclear; **Atomgegner** M, **Atomgegnerin** F antinuclear *m/f*; **Atomgemeinschaft** F **Europäische ~** Comunidad *f* Europea de Energía Atómica; **Atomgeschoss**, *österr* **Atomgeschoß** N proyectil *m* atómico; **atomgetrieben** ADJ a propulsión *f* atómica (*od* nuclear); **Atomgewicht** N peso *m* atómico; **Atomhülle** F nube *f* de electrones

atomi'sieren VT ⟨*ohne* ge-⟩ atomizar

A'tomkern M núcleo *m* atómico; **Atomkraft** F energía *f* atómica (*od* nuclear); **Atomkraftwerk** N central *f* nuclear (*od* atómica); **Atomkrieg** M guerra *f* atómica; **Atommacht** F POL potencia *f* nuclear; **Atommasse** F PHYS masa *f* atómica; **Atommeiler** M pila *f* atómica; **Atommodell** N modelo *m* de átomo

A'tommüll M residuos *mpl* (*od* desechos *mpl*) radiactivos (*od* atómicos); basura *f* radiactiva; **Atommülldeponie** F, **Atommülllager** N basurero *m* atómico (*od* radiactivo), depósito *m* (*od* vertedero *m*) nuclear, cementerio *m* atómico

A'tomphysik F física *f* nuclear; **Atomphysiker** M, **Atomphysikerin** F físico *m*, -a *f* nuclear

A'tompilz M seta *f* radiactiva; **Atomrakete** F cohete *m* (*od* misil *m*) atómico; **Atomreaktor** M reactor *m* atómico (*od* nuclear); **Atomspaltung** F fisión *f* nuclear; **Atomsperrvertrag** M → Atomwaffensperrvertrag; **Atomsprengkopf** M cabeza *f* (*od* ojiva *f*) nuclear; **Atomstützpunkt** M base *f* atómica; **Atomtechnik** F técnica *f* nuclear; **Atomteilchen** N PHYS partícula *f* atómica; **Atomtest** M prueba *f* nuclear; **Atomtransport** M transporte *m* de desechos nucleares; **Atomtreibstoff** M combustible *m* atómico; **Atom-U-Boot** N, **Atomunterseeboot** N submarino *m* atómico (*od* nuclear); **Atomversuch** M prueba *f* nuclear; **Atomwaffe** F arma *f* nuclear (*od* atómica)

a'tomwaffenfrei ADJ **~e Zone** zona *f* desnuclearizada; **Schaffung einer ~en Zone** desnuclearización *f*; **Atomwaffensperrvertrag** M POL tratado *m* de no proliferación de armas nucleares

A'tomzahl F número *m* atómico; **Atomzeitalter** N era *f* atómica; **Atomzerfall** M desintegración *f* atómica; **Atomzertrümmerung** F transformación *f* nuclear

'atonal ADJ MUS atonal

Atonali'tät F ⟨~⟩ MUS atonalidad *f*

ätsch INT ¡fastídiate!, *umg* ¡pupa que te empapes!

Atta'ché [ata'ʃeː] M ⟨~s; ~s⟩ POL agregado *m*

At'tachment [ɛ'tɛtʃment] N ⟨~s; ~s⟩ IT attachment *m*, adjunto *m*

At'tacke F ⟨~; ~n⟩ ataque *m* (*a.* MED)

atta'ckieren VT ⟨*ohne* ge-⟩ atacar; embestir

'Attentat N ⟨~(e)s; ~e⟩ atentado *m*; **ein ~ auf j-n verüben** atentar contra (la vida de) alg, cometer un atentado contra alg; **Attentäter** M ⟨~s; ~⟩, **Attentäterin** F ⟨~; ~nen⟩ autor *m*, -a *f* del atentado

At'test N ⟨~(e)s; ~e⟩ certificado *m*; atestado *m*; **ein ~ ausstellen** extender (*od* expedir) un certificado

attes'tieren VT ⟨*ohne* ge-⟩ certificar; testificar

Attrakti'on F ⟨~; ~en⟩ atracción *f*; **attrak'tiv** ADJ atractivo; **(sehr) ~ sein** *umg* tener gancho

At'trappe F ⟨~; ~n⟩ objeto *m* imitado (*od* *umg* de pega); (*leere Hülle*) envase *m* vacío

Attri'but N ⟨~(e)s; ~e⟩ atributo *m* (*a.* GRAM); (*Sinnbild*) emblema *m*

attribu'tiv ADJ atributivo

atü N ABK (Atmosphärenüberdruck) sobrepresión *f* atmosférica

'Ätzdruck M ⟨~(e)s; ~e⟩ TECH grabado *m* al agua fuerte

at-Zeichen, @-Zeichen N IT arroba *f*

'ätzen VT & VI corroer, morder; *auf Kupfer etc*: grabar al agua fuerte; MED cauterizar; **ätzend** ADJ **1** cáustico (*a. fig*), corrosivo, mordiente; MED cauterizante **2** *umg fig* **echt ~** horrible

'Ätzkali N potasa *f* cáustica; **Ätzkalk** M cal *f* viva; **Ätzkraft** F causticidad *f*; **Ätzmittel** N corrosivo *m*, mordiente *m*; *bes* MED cáustico *m*; **Ätznadel** F buril *m*; **Ätznatron** N ⟨~s⟩ sosa *f* cáustica; **Ätzung** F ⟨~; ~en⟩ corrosión *f*; MED cauterización *f*; *Zeichnung*: aguafuerte *m*; **Ätzwasser** N ⟨~s⟩ agua *f* fuerte

au INT **1** *Schmerz*: ¡ay! **2** **~ ja!** ¡ay sí!

'Au F ⟨~; ~en⟩ *reg* → Aue

AU F ABK (Abgasuntersuchung) AUTO control *m* de gases de combustión

Auber'gine [obɛr'ʒiːnə] F ⟨~; ~n⟩ BOT berenjena *f*

auch A ADV **1** (*ebenfalls*) también; **~ nicht** tampoco; **ich ~** yo también; **ich ~ nicht** yo tampoco; **oder ~** o también; o sea; o bien; **sie hat Hunger, ich ~** tiene hambre, yo también; **er kann es nicht, ich ~ nicht** él no sabe, yo tampoco **2** (*sogar*) incluso; **ohne ~ nur zu fragen** sin siquiera preguntar **3** (*außerdem*) **~ das noch!** ¡y encima eso!; ¡lo que (me) faltaba! B PARTIKEL **1** *bekräftigend*: **so ist es ~** así es, en efecto, efectivamente; **so schlimm ist es nun ~ wieder nicht!** ¡tampoco es tan horrible! **2** *zugestehend*: **wenn ~** *od* **~ wenn** aunque, aun cuando; si bien; **wenn er mir ~ sagt** aunque me dice (*bzw* diga); **und wenn ~** *Antwort*: y aunque así sea; ¿y qué?; **so sehr ich es ~ bedauere** a pesar de lo que lo siento; **mag er ~ noch so reich sein** por muy rico que sea; **so schwierig es ~ sein mag** sea lo difícil que sea **3** *verallgemeinernd*: **wann ~ (immer)** cuando sea; **wer ~ immer ...**quienquiera que ... (*subj*); **wer es ~ (immer) sei** quienquiera que sea; sea quien sea (*od* fuere); **wo ~ (immer)** sea donde fuere; dondequiera que fuese; **wie dem ~ sei** sea lo que sea; **was er ~ immer sagen mag** diga lo que diga; diga lo que quiera **4** *verstärkend*: de veras, de verdad; **ist es ~ wahr?** ¿es de veras?; *ich gebe dir das Buch,* **nun lies es aber ~!** ¡no dejes de leerlo!; **wirst du es ~ (wirklich) tun?** ¿lo harás de verdad?

Audi'enz F ⟨~; ~en⟩ audiencia *f*; **eine ~ gewähren** conceder una audiencia

Audioguide [-gaɪt] M ⟨~s; ~s⟩ audioguía *m*; **audiovisu'ell** ADJ audiovisual; **~e Medien** medios *mpl* audiovisuales

Audi'torium N ⟨~s; Auditorien⟩ (*Saal, Zuhörer*) auditorio *m*; *Saal a.*: auditórium *m*; **~ maximum** paraninfo *m*, aula *f* magna

'Aue F ⟨~; ~n⟩ **1** *lit* (*Flussaue*) vega *f* **2** *geh od reg* (*Wiese*) prado *m*, pradera *f*; **Auenwald** M ÖKOL bosque *m* de vega

'Auerhahn M gallo *m* silvestre, urogallo *m*; **Auerochse** M uro *m*

auf

A Präposition B Adverb
C Konjunktion D Interjektion

— A Präposition —

1 (*dat*) *räumlich*: sobre, encima de; *an e-m bestimmten Ort*: en; *Weg*: por; **~ dem Tisch** sobre la mesa; **~ der Welt** en el mundo; **~ dem Land** en el campo; **~ einem Ball/einer Schule/einer Universität** en un baile/una escuela/una universidad; **~ dem Markt** en el mercado; **~ der Post®** en correos; **~ seiner Seite** a su lado; **~ Seite 15** en la página 15; **~ der Straße** en la calle; **~ dem nächsten Weg (e)** por el camino más corto; **der Weg, ~ dem wir gehen** el camino por el que vamos; **~ seinem Zimmer** en su habitación **2** (*acus*) *räumlich, Richtung*: sobre, encima de; en; a; **~ den Tisch legen** poner encima de (*od* sobre) la mesa; **~ eine Entfernung von** a una distancia de; **~ die Erde fallen** caer a (*od* dar en) tierra; **~s Land gehen** ir al (*bzw* de) campo; **sie zogen ~s Land** se fueron a vivir al campo; **er ging ~ die Straße** se fue a la calle; **ich ging ~ die Post®** fui a correos; **geh ~ dein Zimmer!** ¡vete a tu cuarto! **3** (*acus*) *zeitlich*: por, durante; **es geht ~ neun Uhr** van a dar las nueve; **~ einige Tage** durante (*od* por) algunos días; **~ Jahre hinaus** durante (*od* por) años; **~ ewig** para siempre; **~ die Minute (genau)** al minuto; **~ morgen** hasta mañana; **~ morgen verschieben** dejar(lo) para mañana; *umg* **~ bald!** hasta pronto!; **von klein ~** desde niño **4** (*dat*) (*während*) *bzw mit* sein, gehen *etc*: **~ Besuch sein/kommen** estar/venir de visita; **~ der Jagd sein** estar de caza; **~ der Reise** durante el viaje, en el viaje; **~ Reisen gehen/sein** estar/ir de viaje **5** *Art u. Weise*: de; en; **~ diese Weise** de este modo; **~ Französisch/Deutsch** en francés/alemán; **~ einmal** de una vez; de pronto; **~ „d" enden** terminar en „d"; **~s Beste** del mejor modo posible; **~s Höchste** en sumo grado **6** *konsekutiv*: **~ ... hin** (*kraft, gemäß*) conforme a, de acuerdo con; *als Antwort*: en respuesta a; **~ meine Bitte (hin)** accediendo a mi petición, a petición mía, atendiendo mi ruego; **~ meinen Befehl** por orden mía; **~ seinen Rat (hin)** siguiendo su consejo; **~ seine Veranlassung** por iniciativa suya; **~ seinen Vorschlag** a propuesta suya **7** *Mengenangabe*: **~ einen Zentner gehen 50 Kilo** en un quintal entran 50 kilos; **von 80 ~ 100 Tonnen erhöhen** aumentar de 80 a 100 toneladas; **~ jeden entfallen ...** a cada uno le corresponde ... **8** **alle bis ~ einen** todos excepto uno; **bis ~ die Hälfte** hasta la mitad **9** **es hat nichts (damit) ~ sich** no tiene importancia

— B Adverb —

1 (*offen*) abierto; **Augen ~!** ¡abre los ojos!; **die Tür/der Laden** *etc* **ist ~** la puerta/la tienda, *etc* está abierta **2** (*wach*) levantado; **ich war die ganze Nacht ~** estuve toda la noche despierto **3** **~ und ab** arriba y abajo; **~ und ab gehen** ir y venir, ir de un lado para otro; **~ und davon gehen** *od* **sich ~ und davon machen** escapar(se)

— C Konjunktion —

~ dass para que, a fin de que (*subj*); **~ dass nicht** para que no, para evitar que

— D Interjektion —

~! arriba!; *umg* **~ geht's!** *antreibend*: ¡vamos!; ¡andando!; ¡ea!, ¡adelante!; *ermunternd*: ¡ánimo!; ¡hala!

Auf N **das ~ und Ab (der Preise** *etc*) los altibajos (de los precios, *etc*)

'aufarbeiten VT **1** *Rückstände* poner al día; PSYCH *Erinnerungen* evocar, recrear **2** (*vollenden*) acabar, terminar **3** (*erneuern*) renovar (*a. Kleid*); *Möbel* restaurar **4** *fig* (*überwinden*) superar; **Aufarbeitung** F ⟨~; ~en⟩ **1** (*Vollendung*) acabado *m* **2** (*Erneuerung*) retoque *m*; renovación *f* **3** *fig* elaboración *f* (*a.* PSYCH); **~ der Vergangenheit** elaboración *f* del pasado

'aufatmen VI respirar (*a. fig*)

'aufbahren VT *Leiche* levantar el catafalco; amortajar; **aufgebahrt sein** estar de cuerpo presente; **Aufbahrung** F ⟨~; ~en⟩ *feierliche*: (instalación *f* de la) capilla *f* ardiente

'Aufbau M ⟨~(e)s; ~ten⟩ **1** construcción *f*, edificación *f*; TECH montaje *m*; *fig* **im ~ (begriffen) sein** estar en (vías de) construcción **2** (*Anordnung*) estructura *f*, constitución *f*; *fig* organización *f*; (*Anlage*) disposición *f* **3** AUTO carrocería *f* **4** **~ten** *mpl* SCHIFF superestructura *f*

'Aufbauarbeit F trabajo *m* constructivo (*a. fig*)

'aufbauen **A** VT **1** construir, edificar, erigir; TECH montar; CHEM sintetizar; **wieder ~** reconstruir **2** *fig* (*schaffen*) crear, fundar; organizar; **sich** (*dat*) **eine Existenz ~** dar fundamento a su vida **3** (*anordnen*) disponer, organizar; (*gliedern*) estructurar **4** **etw auf etw** (*dat*) **~ (lassen)** basar a/c en a/c **5** *umg* (*aufmuntern*) **j-n ~** animar a alg; poner a alg en (el) candelero **B** VI **~ auf** (*dat*) basar(se) en **C** VR **1** **sich ~ aus** formarse (*od* estar formado) de **2** *umg* **sich vor j-m/etw ~** plantarse (*od* ponerse) ante alg/a/c; **er baute sich vor mir auf** se plantó delante de mí

'aufbauend ADJ constructivo; **~ auf** (*dat*) basándose en

'aufbäumen VR **sich ~** **1** *Pferd* encabritarse **2** *fig Person* rebelarse (**gegen** contra)

'aufbauschen VT abultar (*a. fig*); *fig* **etw (künstlich) ~** exagerar a/c; *bes Nachricht* hinchar a/c; **aufbegehren** VI ⟨*ohne* ge-⟩ *geh* protestar, rebelarse (**gegen** contra); **aufbehalten** VT ⟨*irr; ohne* ge-⟩ *Hut* dejar puesto; **aufbeißen** VT ⟨*irr*⟩ romper con los dientes; *Nüsse* cascar

'aufbekommen VT ⟨*irr; ohne* ge-⟩ **1** (*öffnen können*) *Tür etc* lograr abrir; *Knoten* deshacer **2** *Hausaufgabe* tener que hacer **3** *nordd* (*aufessen können*) comer sin dejar resto

'aufbereiten VT ⟨*ohne* ge-⟩ **1** (*Vorbereitung*) TECH preparar (*a. Erze*); IT *Daten* preparar, editar; *bes Waren* acondicionar **2** *Abfall etc* procesar, tratar; *Wasser* potabilizar, depurar, tratar; **Aufbereitung** F ⟨~; ~en⟩ **1** (*Vorbereitung*) preparación *f*; *v. Waren*: acondicionamiento *m* **2** TECH, *bes v. Abfall*: tratamiento *m*, procesamiento *m*; (*Wiederaufbereitung*) reciclaje *m*; *v. Wasser*: tratamiento *m*, depuración *f*

'aufbessern VT mejorar; *Gehalt* aumentar; **Aufbesserung** F ⟨~; ~en⟩ mejoramiento *m*; *des Gehalts*: aumento *m*

'aufbewahren VT ⟨*ohne* ge-⟩ conservar; guardar; (*lagern*) depositar, *im Lager*: almacenar; **kühl/trocken ~** consérvese en frío/en sitio seco); **gut aufbewahrt** a buen recaudo

'Aufbewahrung F ⟨~⟩ conservación *f*; custodia *f*; depósito *m*; *für Gepäck*: consigna *f*; **zur ~ geben** entregar en depósito; *Koffer* consignar; **j-m etw zur ~ geben** confiar a/c a la custodia (*od* al cuidado) de alg

'Aufbewahrungsgebühr F derechos *mpl* de depósito (*a. für Wertpapiere*); **Aufbewahrungsort** M depósito *m*; BAHN *für Gepäck*: consigna *f*

'aufbieten VT ⟨*irr*⟩ **1** *Mittel, Einfluss etc* emplear, poner en juego; **alle seine Kräfte ~** *od* **alles ~** apelar a todos los recursos, *umg* hacer lo imposible **2** MIL movilizar (*a. fig*) **3** *Brautpaar* amonestar

'Aufbietung F ⟨~⟩ movilización *f*; **unter ~ aller Kräfte** con un supremo esfuerzo, con todas sus fuerzas; **unter ~ seiner ganzen Überredungskunst** con toda su capacidad de convicción

'aufbinden VT ⟨*irr*⟩ **1** (*losbinden*) desatar, desliar, soltar **2** (*befestigen, anbinden*) sujetar, atar **3** *umg fig* **j-m etw** *od* **einen Bären ~** hacer creer a/c a alg; *umg* pegársela a alg; **sich** (*dat*) **nichts ~ lassen** *umg* no chuparse el dedo

'aufblähen **A** VT hinchar, inflar (*a. fig*) **B** VR **sich ~** **1** hincharse, inflarse; *umg pej* pavonearse **2** MED, WIRTSCH abota(r)garse; **Aufblähung** F ⟨~; ~en⟩ hinchazón *f* (*a. fig*); MED timpanización *f*, meteorismo *m*

'Aufblasartikel MPL artículos *mpl* hinchables; **aufblasbar** ADJ hinchable

'aufblasen ⟨*irr*⟩ **A** VT hinchar, inflar **B** VR *fig* **sich ~** inflarse; *umg pej* pavonearse; → *a.* aufgeblasen

'aufbleiben VI ⟨*irr*; sn⟩ **1** *Tür etc* quedar abierto **2** *Person* (*wach bleiben*) velar, no acostarse; **(immer) lange ~** estar levantado (*od* no acostarse) hasta muy tarde (*od* hasta altas horas de la noche)

'aufblenden VI AUTO poner la luz larga (*od* de carretera); **aufblicken** VI alzar la vista (*od* la mirada), levantar los ojos (**zu** a); *fig* **zu j-m ~** mirar a alg con (mucho) respeto; **aufblitzen** VI **1** *Licht* relampaguear, centellear, destellar **2** *Feuer* chispear, lanzar una llamarada

'Aufblitzen N ⟨~s⟩ **1** *v. Licht*: centelleo *m*, destello *m*; relampagueo *m* **2** *e-s Funkens*: chispazo *m* **3** *e-s Schusses*: fogonazo *m*

'aufblühen VI ⟨sn⟩ **1** BOT abrirse **2** *fig* florecer, prosperar, estar en auge; **wieder ~** *Person* rejuvenecer, revivir

'Aufblühen N ⟨~s⟩ floración *f*, florescencia *f*; *fig* auge *m*

'aufbocken VT AUTO levantar sobre tacos; **aufbohren** VT TECH abrir (taladrando); **aufbrauchen** VT agotar, acabar

'aufbrausen VI ⟨sn⟩ **1** *Wasser etc* (empezar a) hervir; CHEM producir efervescencia **2** *fig zornig*: encolerizarse; *umg* echar (*od* lanzar) chispas; **er braust leicht auf** es muy irascible

'Aufbrausen N ⟨~s⟩ **1** *v. Wasser etc*: efervescencia *f* **2** *fig* irritabilidad *f*, pérdida *f* de la calma; **aufbrausend** ADJ **1** efervescente **2** *fig* irascible, colérico; **~ sein** ser muy irascible

'aufbrechen ⟨*irr*⟩ **A** VT **1** (*öffnen*) abrir, romper; *gewaltsam*: forzar, violentar; *Schloss* descerrajar **2** JAGD *Wild* destripar **B** VI **1** (*sich öffnen*) abrirse (*a. Knospe*); (*platzen*) reventar; *Eis* romperse; *Haut* agrietarse **2** (*weggehen*) marcharse, ponerse en marcha (*od* camino) (**nach**

para)

'aufbrennen ⟨irr⟩ A VT *Zeichen* marcar a hierro candente B VI inflamarse, prender fuego

'aufbringen VT ⟨irr⟩ 1 *umg* (*öffnen können*) *Tür etc* lograr abrir 2 (*beschaffen*) procurar, proporcionar; *Geld* reunir; *Kosten* cubrir; *Truppen* levantar 3 *Mode etc* lanzar; *Gerücht* inventar; poner en circulación 4 SCHIFF *Schiff* apresar 5 *fig* (*erzürnen*) enojar, enfadar, irritar; **j-n gegen sich ~** poner a alg contra uno, hacer que alg se irrite con uno; → *a.* aufgebracht

'Aufbruch M ⟨~(e)s; ~̈e⟩ 1 salida *f*, partida *f* (**nach, zu** para); marcha *f* (**nach, zu** a); **das Zeichen zum ~ geben** dar la señal de salida 2 *fig* (*Aufschwung*) resurgimiento *m*; auge *m* 3 JAGD entrañas *fpl*

'aufbrühen VT dar un hervor a; *Tee, Kaffee* hacer, preparar; **aufbrummen** VT *umg* **j-m eine Strafe/Arbeit ~** *umg* endilgar un castigo/trabajo a alg; **aufbügeln** VT planchar; pasar la plancha por; **aufbürden** VT *geh* **j-m etw ~** cargar (*od umg* endosar) a/c a alg (*a. fig*)

'aufdecken A VT 1 descubrir (*a. fig*); *Topf* destapar; **das Bett ~** abrir la cama 2 *fig Geheimnis etc* revelar, descubrir, desvelar 3 (*ein Tischtuch auflegen*) poner el mantel B VI (*den Tisch decken*) poner la mesa; **Aufdeckung** F ⟨~; ~en⟩ descubrimiento *m*, revelación *f*

'aufdonnern VR *umg* **sich ~** *umg* emperejilarse, emperifollarse; → *a.* aufgedonnert

'aufdrängen A VT **j-m etw ~** obligar a alg a tomar a/c; *fig* imponer a/c a alg B VR **sich j-m ~** importunar a alg

'aufdrehen A VT 1 (*aufschrauben*) aflojar, desenroscar; *Ventil, Gas etc* abrir 2 *Faden* destorcer 3 *umg Stereoanlage etc* poner más alto B VI 1 *umg* AUTO pisar el gas a fondo; hundir el pedal 2 *umg fig Person* animarse mucho; **aufgedreht sein** *umg* estar en vena, tener cuerda

'aufdringlich ADJ importuno, molesto; pesado, *umg* cargante; **~ werden** propasarse; **~er Mensch** *umg* pesado *m*, pelma(zo) *m*, pegote *m*

'Aufdringlichkeit F ⟨~; ~en⟩ importunidad *f*; pesadez *f*

'Aufdruck M ⟨~(e)s; ~e⟩ impresión *f*; **aufdrucken** VT imprimir, estampar; **aufdrücken** VT 1 (*öffnen*) abrir empujando 2 *Stempel etc* poner, estampar; **den Bleistift fest ~** apretar el lápiz 3 *umg fig* **j-m etw ~** (*aufzwingen*) endilgar a/c a alg

aufein'ander ADV 1 (*übereinander*) uno sobre otro 2 (*gegeneinander*) uno contra otro; **~ losgehen** llegar a las manos 3 (*nacheinander*) uno tras otro, uno por uno 4 **~ abgestimmte Farben** colores *mpl* armonizados entre sí; **~ angewiesen sein** depender uno de otro

Aufein'anderfolge F sucesión *f*, serie *f*

aufeina'nderfolgen VI ⟨sn⟩, **aufeinander folgen** VI sucederse, seguirse; **aufeinanderfolgend** ADJ, **aufeinander folgend** ADJ sucesivo, consecutivo, seguido; **an drei ~en Tagen** en tres días consecutivos; **aufeinanderhäufen** VT acumular, apilar, amontonar; **aufeinanderlegen** VT poner (*od* colocar) uno encima de otra, sobreponer, superponer; **aufeinanderliegen** VI ⟨*irr*; *südd a.* sn⟩ estar uno sobre otro; **aufeinanderprallen** VI ⟨sn⟩ chocar uno con otro; **aufeinanderstellen** VT poner (*od* colocar) uno encima del otro; **aufeinanderstoßen** VI ⟨*irr*; sn⟩ chocar (uno contra otro), entrechocarse (*beide a. fig*); AUTO *etc* entrar en colisión; **aufeinandertreffen** VI ⟨*irr*; sn⟩ encontrarse

'Aufenthalt M ⟨~(e)s; ~e⟩ 1 (*Verweilen*) estancia *f*, estadía *f*; *längerer*: permanencia *f* 2 BAHN parada *f*; **ohne ~** sin parada, directo; BAHN **wie lange haben wir ~?** ¿cuánto tiempo para el tren (*od* paramos) aquí? 3 (*Verzögerung*) demora *f*, retraso *m*; **ohne ~** sin demora 4 VERW (*Wohnsitz*) domicilio *m*; residencia *f*

'Aufenthaltsbestätigung F certificado *m* de residencia; **Aufenthaltsdauer** F (duración *f* de la) estancia *f*

'Aufenthaltserlaubnis F, **Aufenthaltsgenehmigung** F permiso *m* de residencia (*od* de estancia); **befristete/unbefristete ~** permiso *m* de residencia permanente/temporal; **Aufenthaltsort** M paradero *m*; *ständiger*: lugar *m* de residencia, domicilio *m*; **sein gegenwärtiger ~ ist unbekannt** se ignora su paradero

'Aufenthaltsraum M sala *f* de estar; **Aufenthaltsrecht** N *bes EU*: derecho *m* de residencia; **Aufenthaltszeit** F tiempo *m* de permanencia

'auferlegen VT ⟨*ohne* ge-⟩ *geh allg* imponer; *Steuern a.* gravar, cargar; *Strafe* imponer, infligir; **sich** (*dat*) **(keinen) Zwang ~** (no) reprimirse, (no) contenerse; **Auferlegung** F ⟨~; ~en⟩ imposición *f*

'auferstehen VI ⟨*irr*; *ohne* ge-; sn⟩ resucitar; *fig a.* resurgir; **Auferstehung** F ⟨~⟩ REL *u. fig* resurrección *f*; **auferwecken** VT ⟨*ohne* ge-⟩ *Bibel*: resucitar; *fig a.* revivir

'aufessen VT ⟨*irr*⟩ comer(se) todo, acabar; *umg* dejar el plato limpio; **auffädeln** VT enhebrar, enfilar; *Perlen* ensartar

'auffahren ⟨*irr*⟩ A VI ⟨sn⟩ 1 AUTO embestir (**auf** *acus* a); chocar (**auf** *acus* con); SCHIFF *auf Grund*: encallar, embarrancar; **zu dicht ~** acercarse demasiado 2 *fig erregt*: enfurecerse, montar en cólera; *erschrocken*: estremecerse, sobresaltarse; *aus dem Schlaf*: despertar sobresaltado 3 (*aufsteigen*) subir 4 (*vorfahren*) **~ vor** (*dat*) desfilar por; parar delante de B VT 1 MIL *Geschütze* emplazar, poner en posición 2 *umg Speisen* traer a la mesa, poner sobre la mesa

'auffahrend ADJ irascible, colérico, irritable

'Auffahrt F 1 (*Hinauffahren*) subida *f*; *in e-m Ballon*: ascensión *f* 2 (*Rampe*) rampa *f* 3 (*Zufahrt*) acceso *m* (*a. Autobahn*); *zu e-m Haus*: entrada *f*

'Auffahrunfall M *Verkehr*: accidente *m* por alcance

'auffallen VI ⟨*irr*; sn⟩ 1 (*auffällig sein*) llamar la atención, saltar a la vista (**j-m** a alg); (*befremden*) extrañar, chocar; **er fiel unangenehm auf** causó mala impresión, hizo un mal papel; **nicht ~** pasar inadvertido (*od* desapercibido); **das fällt nicht auf** eso no se nota 2 **auf etw** (*acus*) **~** *Licht, Strahlen etc* caer en (*od* sobre) a/c

'auffallend ADJ vistoso, ostentoso, aparatoso; (*sensationell*) espectacular, sensacional; (*überspannt*) excéntrico, extravagante; (*abstoßend*) chocante; *Kleider etc* llamativo; *Farbe* chillón

'auffällig ADJ → auffallend

'auffangen VT ⟨*irr*⟩ 1 *Ball etc* coger (al vuelo) (*a. fig*) 2 (*sammeln*) *Flüssigkeit* recoger (*a.* TECH) 3 *fig Brief etc* interceptar; *Funkspruch a.* captar; *Neuigkeiten etc* pescar 4 *fig Flüchtlinge* acoger 5 (*dämpfen*) *Fall, Stoß* amortiguar; *Schlag* parar; *Angriff* contener; HANDEL compensar, absorber

'Auffanglager N *für Flüchtlinge*: campo *m* de recepción; **Auffangschale** F TECH recipiente *m* colector; bandeja *f*; **Auffangstellung** F MIL posición *f* de refugio

'auffassen VT 1 (*begreifen*) comprender, entender 2 (*auslegen*) concebir; (*deuten*) interpretar; **~ als** considerar como; **etw als Scherz ~** considerar a/c una broma; **etw falsch ~** interpretar mal a/c

'Auffassung F ⟨~; ~en⟩ 1 concepción *f*; (*Deutung*) interpretación *f*; (*Meinung*) opinión *f*, parecer *m*, modo *m* de ver; **falsche ~** interpretación *f* errónea, concepto *m* equivocado; **nach meiner ~** en mi opinión, a mi modo de ver, a mi entender, a mi juicio; **die ~ vertreten, dass** opinar que 2 *Fähigkeit*: → Auffassungsgabe

'Auffassungsgabe F, **Auffassungsvermögen** N entendimiento *m*, (capacidad *f* de) comprensión *f*

'auffindbar ADJ localizable

'auffinden VT ⟨*irr*⟩ hallar; encontrar; localizar; (*entdecken*) descubrir; **Auffindung** F ⟨~; ~en⟩ descubrimiento *m*, hallazgo *m*

'auffischen VT *umg* pescar (*a. fig*); **aufflackern** VI ⟨sn⟩ llamear, avivarse; *fig* revivir; *Kampf etc* recrudecerse; **aufflammen** VI ⟨sn⟩ llamear, arder (en llamas); CHEM deflagrar; *fig* reavivarse; **aufflechten** VT ⟨*irr*⟩ destrenzar

'auffliegen VI ⟨*irr*; sn⟩ 1 *Vögel* echar a volar, levantar (*od* alzar) el vuelo 2 *umg Tür* abrirse de golpe 3 *umg fig Schwindel, Betrüger* descubrirse; **~ lassen** *Plan etc* torpedear; *Bande etc* desmantelar, desarticular

'auffordern VT invitar; *bittend*: pedir; *anordnend*: ordenar, mandar; *höflich*: requerir; (*mahnen*) exhortar, intimar; *ermunternd*: animar; **zum Tanz ~** sacar a bailar; **zum Essen ~** invitar a comer; **j-n ~ (, etw zu tun)** pedir (*od* JUR requerir) a alg (que haga a/c); **j-n dringend ~** (**zu** *inf*) exigir a alg (que *subj*)

'Aufforderung F ⟨~; ~en⟩ invitación *f* (**zu** a); *höfliche*: requerimiento *m*; (*Mahnung*) exhortación *f*, intimación *f*; JUR (*Vorladung*) citación *f*

'aufforsten VT repoblar, *bes Am* aforestar; **Aufforstung** F ⟨~; ~en⟩ repoblación *f* forestal, *bes Am* aforestación *f*

'auffressen VT ⟨*irr*⟩ devorar, comerse; *umg fig* **die Arbeit frisst mich auf** el trabajo me devora

'auffrischen A VT refrescar (*a. Gedächtnis*); *Kenntnisse* desempolvar; (*erneuern*) renovar; (*wiederbeleben*) (re)avivar B VI *Wind* refrescar, arreciar; **Auffrischungskurs** M cursillo *m* de refresco (*od* de reciclaje)

'aufführbar ADJ THEAT representable

'aufführen A VT 1 THEAT representar; FILM exhibir, presentar; MUS ejecutar 2 (*aufzählen*) enumerar; citar; mencionar; *Zeugen* presentar; HANDEL (*eintragen*) asentar; *auf e-r Liste*: incluir; **namentlich ~** citar por el nombre; **einzeln ~** especificar (de uno en uno *od* por separado); citar de uno en uno 3 *geh* ARCH construir, edificar, levantar B VR **sich ~** (com)portarse; **sich unmöglich ~** (com)portarse muy mal (*od umg* de pena)

'Aufführung F ⟨~; ~en⟩ 1 THEAT representación *f*; FILM exhibición *f*, proyección *f*; MUS ejecución *f*; (*Konzert*) audición *f*; THEAT **zur ~ bringen** llevar a escena 2 (*Nennung*) enumeración *f*; mención *f*; (*Einzelaufführung*) especificación *f*; *v. Zeugen*: presentación *f* 3 ARCH construcción *f*, edificación *f*

'Aufführungsrechte NPL THEAT derechos *mpl* de representación; MUS derechos *mpl* de ejecución

'auffüllen VT (re)llenar; HANDEL *Bestände* reponer; *Personal* completar; **auffüttern** VT cebar

'Aufgabe F ⟨~; ~n⟩ 1 (*Arbeit*) tarea *f*; (*Pflicht*) deber *m*, obligación *f*; (*Obliegenheit*) función *f*, cometido *m*; misión *f*; **eine ~ übernehmen** aceptar una tarea, asumir una función; **~n wahrnehmen** desempeñar tareas; **sich** (*dat*) **etw zur ~ machen** tener empeño en, hacerse un deber de; **es sich** (*dat*) **zur ~ machen zu**

(*inf*) proponerse (*inf*); **das ist nicht meine ~** no es asunto mío (*od* de mi incumbencia) **2** *Schule*: lección *f*, tema *m*; (*Übung*) ejercicio *m*; (*Denkaufgabe*, MATH) problema *m*; (*Hausaufgabe*) deber *m* **3** (*das Aufgeben*) entrega *f*; *e-s Briefes etc*: envío *m*, remisión *f*, expedición *f*; *v. Gepäck*: facturación *f* **4** (*Verzicht*) renuncia *f* (**von** *od gen* a); abandono *m* (**von** *od gen* de); (*Beendigung*) cese *m*; *e-s Amtes*: renuncia *f*, dimisión *f*; *e-s Geschäftes*: cesación *f*, cese *m*, liquidación *f*; SPORT, STIERK retirada *f*; **wegen ~ des Geschäfts** por cese del negocio

ˈ**aufgabeln** VT **1** AGR *Heu etc* coger con la horquilla **2** *umg Person* pescar

ˈ**Aufgabenbereich** M, **Aufgabengebiet** N esfera *f* de acción, campo *m* de actividades, ámbito *m* de funciones; **nicht in j-s ~** (*acus*) **fallen** no ser de la incumbencia de alg; **Aufgabenheft** N cuaderno *m* de ejercicios; **Aufgabenkreis** M → Aufgabenbereich; **Aufgabenverteilung** F reparto *m* de tareas

ˈ**Aufgabeort** M *Postwesen*: punto *m* de origen; **Aufgabeschein** M *Postwesen*: resguardo *m*, recibo *m*; **Aufgabestempel** M *Postwesen*: sello *m* de la oficina expedidora

ˈ**Aufgang** M ⟨~(e)s; ¨~e⟩ **1** subida *f* **2** ASTRON salida *f* **3** (*Treppe*) escalera *f*

ˈ**aufgeben** ⟨*irr*⟩ **A** VT **1** *Brief etc* echar (al correo); remitir, enviar; *Telegramm* poner, cursar; *Gepäck* facturar; HANDEL *Bestellung* encargar, hacer (*un pedido*); *Anzeige* poner, insertar **2** *Problem* plantear; *Rätsel* (pro)poner; *Hausaufgabe* dar; **j-m etw ~** encomendar (*od* encargar) a/c a alg **3** (*verzichten*) renunciar a; desistir de; *Dienst, Arbeit, Gewohnheit* dejar de; *Plan etc* abandonar; **das Rauchen ~** dejar de fumar; *umg* **gib's auf!** ¡déjalo ya! **4** *Hoffnung a.* perder; **j-n ~** darse por vencido con alg; perder las esperanzas con alg; *Kranken* desahuciar a alg **5** *Geschäft* cerrar, liquidar **B** VI SPORT *u. fig* abandonar, rendirse, darse por vencido; *Boxen u. fig* arrojar la toalla (*od* la esponja)

ˈ**aufgeblasen** ADJ inflado, hinchado; *fig a.* arrogante, presentuoso; **Aufgeblasenheit** F ⟨~⟩ engreimiento *m*; arrogancia *f*; fatuidad *f*; petulancia *f*

ˈ**Aufgebot** N ⟨~(e)s; ~e⟩ **1** *öffentliches*: proclama *f*, bando *m*; (*Eheaufgebot*) proclama *f* matrimonial, amonestaciones *fpl*; **das ~ bestellen** correr las amonestaciones **2** (*Menge*) gran cantidad *f*; *fig* **mit starkem ~ erscheinen** aparecer con un gran despliegue **3** *schweiz* MIL (*Einberufungsbefehl*) orden *f* de incorporación a filas **4** *hist* MIL llamamiento *m* a filas, *bes Am* conscripción *f*; **allgemeines ~** leva *f* general

ˈ**Aufgebotsverfahren** N JUR procedimiento *m* edictal

ˈ**aufgebracht** **A** PPERF → aufbringen **B** ADJ furioso, irritado (**gegen** contra, con; **über** *acus* con, por); indignado, airoso; **aufgedonnert** ADJ *umg* peripuesto, emperejilado; **aufgedreht** ADJ *umg* muy alegre; **aufgedunsen** ADJ hinchado, inflado; *Gesicht a.* abultado; *Leib* abotargado

ˈ**aufgehen** VI ⟨*irr*; sn⟩ **1** (*sich öffnen*) abrirse (*a. Blüte, Knospe, Geschwür*); *Knoten* deshacerse, desatarse; *Naht* descoserse; THEAT **der Vorhang geht auf** se levanta el telón; *fig* **das Herz geht mir auf** se me llena de gozo el corazón **2** *Sonne, Mond* salir **3** *Saat* brotar **4** *Teig* fermentar, esponjarse **5** MATH salir exacto (y sin resto); **die Aufgabe geht nicht auf** el ejercicio no sale **6** **j-m aufgehen** (*j-m klarwerden*) aclarárse(le) a alg; **jetzt geht mir auf, dass/warum …** ahora comprendo que/porque … **7** *fig* **in etw** (*dat*) **~** dedicarse plenamente a a/c; ser absorbido por a/c; **er ging ganz in seiner Arbeit auf** estaba absorbido por su trabajo; sólo vivía para su trabajo **8** **in Flammen ~** ser pasto de las llamas

ˈ**aufgehend** ADJ ASTRON naciente

ˈ**aufgehoben** PPERF → aufheben

ˈ**aufgeilen** *sl* **A** VT poner cachondo **B** VR **sich ~** ponerse caliente (*od* cachondo) (**an** *dat* con)

ˈ**aufgeklärt** ADJ **1** instruido; *fig* ilustrado, esclarecido; (*ohne Vorurteile*) libre de prejuicios **2** *sexuell*: **~ sein** estar iniciado (*sexualmente*); **Aufgeklärtheit** F ⟨~⟩ ilustración *f*

ˈ**aufgekratzt** ADJ *umg fig* alegre, de buen humor; (*nervös*) excitado, nervioso

ˈ**Aufgeld** N HANDEL agio *m*; (*Zuschlag*) recargo *m*

ˈ**aufgelegt** ADJ **1** **gut/schlecht ~ sein** estar de buen/mal humor; **gut ~ sein** *a.* estar de buen rollo **2** **zu etw ~ sein** estar dispuesto (*od* de humor) para, tener ganas de; **er ist nicht zum Scherzen ~** no está para bromas (*od* para fiesta); **ich bin heute nicht zum Arbeiten ~** no tengo ganas de trabajar

ˈ**aufgelöst** ADJ **1** *Haar* suelto **2** *fig* (*verwirrt*) fuera de sí; deshecho; **aufgeräumt** **A** PPERF → aufräumen **B** ADJ *fig* alegre, jovial, festivo, de buen humor

ˈ**aufgeregt** ADJ agitado, nervioso; excitado; **Aufgeregtheit** F ⟨~; ~en⟩ agitación *f*; excitación *f*; nerviosismo *m*

ˈ**aufgerundet** ADJ redondeado; **~er Betrag** suma *f* redondeada (hacia arriba)

ˈ**aufgeschlossen** **A** PPERF → aufschließen **B** ADJ *fig* (de espíritu) abierto (**für** a); franco; (*mitteilsam*) comunicativo; **Aufgeschlossenheit** F ⟨~⟩ franqueza *f*, abertura *f*

ˈ**aufgeschlüsselt** ADJ desglosado; **aufgeschmissen** ADJ *umg* **~ sein** *umg* estar listo (*od* aviado *od* apañado); *vulg* estar jodido; **aufgeschossen** PPERF → aufschießen; **aufgesetzt** ADJ *fig Lächeln* forzado; **aufgesprungen** **A** PPERF → aufspringen **B** ADJ *Hände, Lippen etc* cortado, reseco; **aufgestaut** ADJ *fig Ärger* estancado, acumulado; **aufgetakelt** PPERF *umg* → auftakeln

ˈ**aufgeweckt** ADJ despierto (*a. fig*); *fig* (*klug*) despejado, despabilado; (*schlau*) avispado, vivo; **Aufgewecktheit** F ⟨~⟩ listeza *f*, viveza *f*

ˈ**aufgeworfen** **A** PPERF → aufwerfen **B** ADJ *Lippen* abultados

ˈ**aufgießen** VT ⟨*irr*⟩ *Wasser* verter; *Tee a.* hacer, preparar; CHEM poner en infusión

ˈ**aufgliedern** VT (sub)dividir (**in** *acus* en); especificar; *Daten etc* desglosar (**nach** *dat* por); **Aufgliederung** F ⟨~; ~en⟩ (sub)división *f*; especificación *f*; desglose *m*

ˈ**aufgraben** VT ⟨*irr*⟩ cavar, abrir (cavando); **aufgreifen** VT ⟨*irr*⟩ **1** coger al paso, *umg* pescar; *Dieb* capturar, prender **2** *fig* **etw ~** *Gedanken* hacer suyo a/c, volver sobre a/c; *Nachricht* hacerse eco de a/c

aufˈgrund, auf Grund PRÄP (*gen*), ADV **~ von** (*wegen*) a causa de, a raíz de, en razón de *od* a; (*basierend auf*) a base de; (*kraft*) en virtud de; **~ seines Könnens** por (*od* a causa de *od* en virtud de) su capacidad; **~ eines Urteils** por (*od* a causa de *od* a raíz de) un fallo judicial; **~ von Indizien (wurde er verurteilt)** (fue condenado) a base de indicios

ˈ**Aufguss** M ⟨~(e)s; -güsse⟩ **1** *Tee etc*: infusión *f* **2** *Sauna*: humidificación *f*; **Aufgussbeutel** M bolsita *f* de té

ˈ**aufhaben** ⟨*irr*⟩ **A** VT **1** *Hut, Brille* tener (*od* llevar) puesto **2** (*offen haben*) tener abierto **3** *Aufgaben* tener que hacer; **was habt ihr heute auf?** ¿qué deberes tenéis hoy? **B** VI *Geschäft* estar abierto

ˈ**aufhacken** VT abrir (a hachazos); *Erde* cavar; **aufhaken** VT desabrochar; desenganchar; **aufhalsen** VT *umg* **j-m etw ~** *umg* endosar (*od* endilgar) a/c a alg; **sich** (*dat*) **etw ~** cargarse de (*od* con) a/c, echarse a/c encima

ˈ**aufhalten** ⟨*irr*⟩ **A** VT **1** (*offen halten*) (man)tener (*od* dejar) abierto; *Hand* tender, alargar **2** (*anhalten*) parar (*a. Schlag*), detener; (*verzögern*) retardar, demorar, retrasar; **j-n ~** (*zurückhalten, hinhalten*) retener a alg, detener a alg; (*stören*) molestar a alg, estorbar a alg; **ich will Sie nicht länger ~** no quiero entretenerle más **B** VR **sich ~** **1** (*sich befinden*) estar, hallarse, encontrarse (**in** *dat* en); permanecer (**in** *dat* en); *zu lang*: demorarse; **sich im Ausland ~** estar en el extranjero **2** **sich mit etw ~** entretenerse con a/c; *negativ*: perder el tiempo en (*od* con) a/c; **lassen Sie sich nicht ~!** ¡no se moleste usted!

ˈ**aufhängen** **A** VT **1** colgar (**an** *dat* de, en); suspender (**an** *dat* de); **die Wäsche ~** tender la ropa; **j-n ~** ahorcar (*od* colgar) a alg **2** *umg* **j-m etw ~** *umg* colar (*od* cargar *od* endosar) a/c a alg **B** VR **sich ~** ahorcarse, colgarse

ˈ**Aufhänger** M ⟨~s; ~⟩ **1** cinta *f*, tira *f* (para colgar) **2** *umg* (*Grund*) motivo *m*, base *f*; **Aufhängevorrichtung** F TECH dispositivo *m* de suspensión

ˈ**Aufhängung** F ⟨~; ~en⟩ TECH suspensión *f*

ˈ**aufhäufen** **A** VT amontonar, acumular, apilar **B** VR **sich ~** acumularse; **Aufhäufung** F ⟨~; ~en⟩ acumulación *f*; acopio *m*; amontonamiento *m*

ˈ**aufhebbar** ADJ JUR *Vertrag* anulable

ˈ**aufheben** VT ⟨*irr*⟩ **1** levantar (*a. fig Tafel*); (*hochheben*) *a.* alzar; *vom Boden a.*: recoger **2** (*aufbewahren*) guardar, conservar; *für später*: reservar; **gut** *od* **sicher aufgehoben sein** estar en buenas manos (*od* en lugar seguro *od* a buen recaudo); *Person* estar bien atendido (*od* cuidado) **3** (*abschaffen*) suprimir; abolir; cancelar; *zeitweilig*: suspender; *Streik* desconvocar; *Gesetz* abrogar, derogar; *Belagerung, Bann, Sitzung* levantar; *Verlobung* romper; (*für ungültig erklären*) anular (*a. Ehe*), invalidar; *Vertrag* rescindir; JUR *Urteil* revocar; casar; **ein Verbot ~** levantar una prohibición **4** (*ausgleichen*) compensar, equilibrar; CHEM *Wirkung* neutralizar (*a. fig*); **sich gegenseitig ~** *od* **einander ~** compensarse, equilibrarse, neutralizarse **5** MATH *Bruch* reducir (a números enteros)

ˈ**Aufheben** N ⟨~s⟩ **viel ~(s) von** *od* **um etw machen** hacer (*od* meter) mucho ruido por a/c; *umg* cacarear a/c

ˈ**Aufhebung** F ⟨~; ~en⟩ **1** (*Abschaffung*) supresión *f*, abolición *f*; *vorläufige*: suspensión *f*; **~ der Todesstrafe** abolición *f* de la pena de muerte **2** *der Belagerung etc*: levantamiento *m*; *e-s Streiks*: desconvocatoria *f* **3** *v. Gesetzen*: abrogación *f*, derogación *f*; *e-s Vertrages*: rescisión *f*; JUR *e-s Urteils*: revocación *f*; casación *f*; CHEM, *fig e-r Wirkung*: neutralización *f*

ˈ**aufheitern** **A** VT **j-n ~** animar a alg **B** VR **sich ~** *Wetter* aclararse, abonanzar, serenarse; *Himmel* despejarse; *Gesicht* alegrarse, animarse; **Aufheiterung** F ⟨~; ~en⟩ **1** METEO apertura *f* de claros **2** *fig* diversión *f*, distracción *f*

ˈ**aufheizen** VT & VR ⟨*irr*⟩ **(sich) ~** calentar(se); **aufhelfen** VI ⟨*irr*⟩ **j-m ~** ayudar a alg a levantarse; *fig* socorrer (*od* auxiliar) a alg; **aufhellen** **A** VT aclarar; *fig a.* esclarecer, dilucidar **B** VR **sich ~** → aufheitern B

ˈ**aufhetzen** VT instigar, incitar, soliviantar, amotinar; *Hunde* azuzar; **j-n zu etw ~** instigar (*od* incitar) a alg a a/c; **j-n ~ gegen** soliviantar a alg contra

ˈ**Aufhetzer** M ⟨~s; ~⟩, **Aufhetzerin** F ⟨~; ~nen⟩ instigador *m*, -a *f*; POL demagogo *m*, -a

f, agitador *m*, -a *f*, provocador *m*, -a *f*; **Aufhetzung** F ⟨~; ~en⟩ instigación *f*, incitación *f*; POL demagogia *f*, provocación *f*
'aufheulen VI 1 echar a llorar 2 *Motor* rugir;
aufholen A VT 1 *Zeit etc* recuperar, recobrar 2 SCHIFF izar; *Segel* halar B VI SPORT *u. fig* ganar terreno; **aufhorchen** VI escuchar atentamente; *fig* aguzar los oídos, ser todo oídos
'aufhören VI acabar, terminar (**mit** con); cesar; *Sturm* calmarse; *(abbrechen)* interrumpirse, pararse; **~ zu** *(inf)* dejar de, cesar de *(inf)*; **~ zu arbeiten** suspender el trabajo; **ohne aufzuhören** sin cesar; **er hörte nicht auf zu reden** no paraba de hablar; **wo haben wir aufgehört?** ¿dónde nos habíamos quedado?; *umg* **da hört (sich) doch alles auf!** ¡esto es el colmo!, ¡es el acabóse!; **hör auf (damit)!** ¡basta ya!, ¡acaba ya de una vez!
'aufjagen VT *Wild* batir, levantar, ojear
'aufjauchzen VI lanzar gritos de alegría; jubilar
'Aufkauf M HANDEL compra *f* (en grande); acopio *m*; *spekulativer*: acaparamiento *m*; **aufkaufen** VT comprar (en grandes cantidades); acopiar; acaparar; **Aufkäufer** M, **Aufkäuferin** F comprador *m*, -a *f* (en gran escala); acopiador *m*, -a *f*; HANDEL agente *m/f* de compras
'aufkehren VT barrer; **aufkeimen** VT germinar; brotar *(a. fig)*; **aufkeimend** ADJ *fig* en germen, naciente, incipiente; **aufklappbar** ADJ plegable; AUTO *Verdeck* descapotable; **aufklappen** VT 1 *Buch, Messer* abrir 2 *Kragen etc* levantar; **aufklaren** VI METEO aclarar(se), escampar
'aufklären A VT 1 *(klären)* aclarar, dilucidar; *Verbrechen etc a.* esclarecer; *Flüssigkeit* clarificar 2 *(informieren)* informar (**über** *acus* sobre); *(unterrichten)* instruir, ilustrar, orientar; **j-n über einen Irrtum ~** desengañar a alg; *umg* abrir los ojos a alg 3 *sexuell*: **j-n ~** iniciar *(od* educar) (sexualmente) a alg 4 MIL reconocer, explorar B VR **sich ~** 1 *(sich klären)* resolverse, clarificarse; *Verbrechen* esclarecerse 2 METEO despejarse, escampar
'Aufklärer M ⟨~s; ~⟩ 1 HIST enciclopedista *m*; racionalista *m* 2 MIL explorador *m* 3 → Aufklärungsflugzeug
'Aufklärung F ⟨~; ~en⟩ 1 *(Erklärung)* aclaración *f*, esclarecimiento *m*, dilucidación *f*; **~ verlangen** exigir una explicación; **sich** *(dat)* **~ verschaffen** informarse sobre a/c 2 *e-s Falls etc*: resolución *f* 3 **(sexuelle) ~** educación *f* sexual 4 MIL exploración *f*, reconocimiento *m* 5 HIST Ilustración *f*
'Aufklärungsabteilung F MIL patrulla *f* de reconocimiento; **Aufklärungsfeldzug** M campaña *f* de información (*od* de divulgación *od* orientativa); **Aufklärungsfilm** M película *f* de iniciación sexual; **Aufklärungsflugzeug** N MIL avión *m* de reconocimiento; **Aufklärungsquote** F *v. Verbrechen*: porcentaje *m* de casos resueltos; **Aufklärungssatellit** M satélite *m* espía; **Aufklärungsschrift** F folleto *m* de vulgarización (*od* de divulgación); **Aufklärungstätigkeit** F 1 actividad *f* educativa (*od* divulgativa) 2 MIL actividad *f* de reconocimiento; **Aufklärungszeitalter** N HIST Siglo *m* de las Luces
'Aufklebeetikett N marbete *m*, etiqueta *f* adhesiva
'aufkleben VT pegar; *mit Leim*: encolar; *Briefmarken* pegar, poner
'Aufkleber M ⟨~s; ~⟩ adhesivo *m*, pegatina *f*; **Aufklebezettel** M marbete *m*
'aufklinken VT *Tür* abrir; **aufknacken** VT *Nuss* cascar; *umg Geldschrank* forzar; **aufknöpfen** VT desabotonar, desabrochar; **aufknüpfen** VT 1 *Knoten* deshacer, desatar 2 *umg Person* ahorcar, *sl* colgar; **aufkochen** A VT **~ (lassen)** hervir, dar un hervor (a) B VI ⟨sn⟩ (romper a) hervir
'aufkommen VI ⟨irr; sn⟩ 1 *Wind, Gewitter* levantarse 2 *(entstehen) Mode, Brauch etc* introducirse, surgir; aparecer; *(sich ausbreiten)* propagarse, difundirse; **Zweifel ~ lassen** dar lugar a dudas; **nicht ~ lassen** no permitir, no tolerar 3 *beim Sprung*: aterrizar 4 **für etw ~** *(bezahlen)* pagar (*od* sufragar) a/c; **für j-n ~** mantener a alg; **für den Schaden ~** pagar una indemnización 5 **niemanden neben sich** *(dat)* **~ lassen** no tolerar competencia (*od* rivales)
'Aufkommen N ⟨~s⟩ 1 *e-r Mode etc*: introducción *f*; aparición *f*; propagación *f* 2 *(Steueraufkommen) etc* ingresos *mpl*, recaudación *f*
'aufkratzen A VT rascar, raspar; *Wunde* abrir (rascándose) B VR **sich ~** rascarse, rasparse; *blutig*: hacerse sangre (rascándose); → *a.* aufgekratzt
'aufkrempeln VT *Hose, Ärmel* arremangar; **aufkreuzen** VI 1 SCHIFF barloventear 2 *umg fig (auftauchen)* recalar; *umg* descolgarse *(por un sitio)*; *umg* dejarse caer; **aufkriegen** VT *umg* → aufbekommen; **aufkündigen** VT 1 → kündigen 2 *Gehorsam* negar 3 **j-m die Freundschaft ~** romper con alg
Aufl. ABK (Auflage) edición *f*; tirada *f*
'auflachen VI soltar una carcajada; **laut ~** reír a carcajadas
'aufladbar ADJ *Batterie* recargable
'Aufladegerät N cargador *m*
'aufladen ⟨irr⟩ A VT 1 *Fracht* cargar (**auf** *acus* en); **sich** *(dat)* **etw ~** cargarse de (*od* con) a/c; echarse a/c encima; *umg fig* **j-m etw ~** cargar (*od* endosar) a/c a alg 2 ELEK *Batterie etc* cargar; **wieder ~** recargar 3 TECH *Motor* sobrealimentar B VR **sich ~** ELEK (re)cargarse
'Auflader M ⟨~s; ~⟩ cargador *m*; **Aufladung** F ⟨~; ~en⟩ 1 carga *f* 2 *Motor*: sobrealimentación *f*
'Auflage F ⟨~; ~n⟩ 1 TYPO *e-s Buches, e-r Zeitung*: edición *f*; *(Nachdruck)* reimpresión *f*; *(Auflagenhöhe)* tirada *f*; **verbesserte und erweiterte ~** edición *f* corregida y aumentada (*od* ampliada) 2 *(Bedingung)* condición *f*; **(j-m) etw zur ~ machen** poner a/c (a alg) como condición 3 TECH recubrimiento *m*; *(Anstrich, Schicht)* capa *f*; *(Metallauflage)* chapado *m* 4 *e-r Steuer*: imposición *f*; *(Steuer)* impuesto *m*; tributo *m* 5 WIRTSCH *e-r Anleihe*: emisión *f*
'Auflagefläche F superficie *f* de apoyo
'Auflage(n)höhe F TYPO tirada *f*
'auflagenschwach ADJ TYPO de baja tirada; *Zeitung* de poca circulación; **auflagenstark** ADJ TYPO de amplia tirada; *Zeitung* de gran circulación
'Auflager N TECH apoyo *m*, soporte *m*, asiento *m*
'auflassen VT ⟨irr⟩ 1 *Tür, Hahn* dejar abierto 2 *Hut* dejar puesto 3 JUR ceder 4 BERGB abandonar 5 *Ballon* soltar; **Auflassung** F ⟨~; ~en⟩ 1 JUR cesión *f*; *Grundstück* transmisión *f* de la propiedad 2 BERGB abandono *m*
'auflauern VI **j-m ~** acechar, espiar a alg
'Auflauf M ⟨~(e)s; -läufe⟩ 1 *v. Menschen*: agolpamiento *m*, gentío *m*; *stürmischer*: tumulto *m*, alboroto *m* 2 GASTR soufflé *m*; *überbackener*: gratinado *m*
'auflaufen VI ⟨irr; sn⟩ 1 SCHIFF encallar, varar 2 *(zusammenprallen)* chocar (**auf** *acus* con); *umg fig* **j-n ~ lassen** no hacer caso a alg 3 *Gelder, Zinsen* acumularse
'Auflaufform F molde *m* para gratinado
'aufleben VI *Mode etc* **(wieder) ~** revivir; resucitar; renacer; *fig (munter werden)* reanimarse; **er lebte förmlich auf** se reanimó por completo
'auflecken VT lamer; *Hund, Katze* beber a lengüetadas
'Auflegematratze F colchoneta *f*
'auflegen A VT 1 *allg* poner, colocar (**auf** *acus* sobre); *Pflaster, Verband* aplicar; *Make-up* ponerse; *Arm* apoyar (**auf** *acus* sobre); **j-m die Hände ~** (im)poner las manos a alg (*od* sobre alg) 2 TEL **den Hörer ~** colgar el teléfono 3 MUS *CD* poner 4 TYPO *Buch* editar; **wieder** *bzw* **neu ~** reeditar; reimprimir 5 WIRTSCH *Wertpapiere* emitir, lanzar; **zur Zeichnung ~** abrir la suscripción 6 SCHIFF amarrar, desaparejar B VI 1 TEL colgar 2 MUS **DJ Bob legt auf** la música la pone DJ Bob
'Auflegung F ⟨~; ~en⟩ 1 *(Auferlegung)* imposición *f* 2 WIRTSCH *e-r Anleihe*: emisión *f*
'auflehnen VR **sich ~** 1 protestar, rebelarse, sublevarse (**gegen** *acus* contra) 2 *reg (s. aufstützen)* apoyarse (**auf** *acus* en, sobre); **Auflehnung** F ⟨~; ~en⟩ rebelión *f*, sublevación *f* (**gegen** *acus* contra); oposición *f* (**gegen** *acus* a), resistencia *f*; protesta *f*
'aufleimen VT pegar (**auf** *acus* a); **auflesen** VT ⟨irr⟩ recoger; *Ähren* espigar, rebuscar; **aufleuchten** VI resplandecer, centellear; *fig* iluminarse; **aufliegen** ⟨irr⟩ A VI estar (colocado), descansar (**auf** *dat* sobre); *Waren* estar expuesto (para la venta) B VR **sich ~** MED decentarse; **auflisten** VT hacer una lista de; recoger en una lista, alistar; **einzeln ~** detallar
'auflockern A VT 1 *(lockern)* aflojar; esponjar, ahuecar; AGR *Boden* mullir 2 *fig* aligerar; relajar 3 *(abwechslungsreich gestalten)* diversificar B VR **sich ~** 1 *Bewölkung* dispersarse 2 SPORT relajar los músculos 3 *fig Atmosphäre* relajarse; **Auflockerung** F ⟨~; ~en⟩ 1 AGR *des Bodens*: mullimiento *m* 2 SPORT, *der Atmosphäre*: relajación *f* 3 *(abwechslungsreiche Gestaltung)* diversificación *f*; **Auflockerungsübung** F ejercicio *m* de relajación
'auflodern VI inflamarse, llamear
'auflösbar ADJ (di)soluble; MATH resoluble; **Auflösbarkeit** F ⟨~⟩ (di)solubilidad *f*
'auflösen A VT 1 *in Flüssigkeiten*: disolver, diluir, desleír 2 *(öffnen) Knoten etc* desatar, desenlazar, deshacer; *(entwirren)* desenredar 3 *(zerlegen)* desintegrar, disociar; *(zersetzen)* descomponer 4 *Rätsel* resolver *(a.* MUS *Dissonanz)*; MUS *Vorzeichen* anular; MATH *Gleichung* resolver, despejar; *Brüche* reducir 5 *Beziehungen* romper; *Parlament, Verein, Ehe, Versammlung* disolver; *Demonstration* dispersar 6 *Vertrag* rescindir; *Unternehmen* liquidar; *Wohnung* deshacer 7 MIL *Einheit* disolver; licenciar B VR **sich ~** disolverse; desleírse; MIL desbandarse; *Wolken* dispersarse; *Drama*: desenlazarse; *fig* **sich in nichts ~** quedar(se) en nada; irse todo en humo; **sich in seine Bestandteile ~** descomponerse; → *a.* aufgelöst
'Auflösung F ⟨~; ~en⟩ 1 *in e-r Flüssigkeit*: disolución *f (a. fig)*; CHEM *a.* solución *f* 2 *(Zerlegung)* disociación *f*, descomposición *f*, desintegración *f* 3 *e-s Rätsels, e-r Rechenaufgabe*: solución *f* (a. MATH); MUS resolución *f*; THEAT *e-s Dramas*: desenlace *m* 4 *v. Beziehungen*: ruptura *f* 5 *e-s Vertrages*: rescisión *f*; *e-s Unternehmens*: disolución *f*, liquidación *f* 6 OPT, FOTO resolución *f*; IT *des Bildschirms*: definición *f (en pixels)* 7 MIL **in völliger ~** a la desbandada
'Auflösungsursache F JUR causa *f* de disolución; **Auflösungsvereinbarung** F JUR acuerdo *m* de disolución; **Auflösungsvermögen** N 1 CHEM poder *m* disolvente 2 OPT poder *m* resolutivo; **Auflösungszeichen** N MUS becuadro *m*
'aufmachen A VT 1 *(öffnen)* abrir *(a. Ge-*

schäft); *Flasche a.* descorchar; *Knoten* deshacer; *Paket* abrir, desempaquetar; *Vorhang* descorrer; *Verschnürtes* desatar; *Zugeknöpftes* desabotonar, desabrochar; **mach deine Augen auf!** ¡abre los ojos! 2 (*zurechtmachen*) decorar, disponer atractivamente; *Ware* acondicionar; presentar 3 **eine Rechnung ~** calcular B VI abrir; **j-m ~** abrir la puerta a alg C VR (*gehen*) **sich ~ nach** ponerse en camino hacia

'Aufmacher M ⟨~s; ~⟩ *umg e-r Zeitung*: tema *m* principal; **Aufmachung** F ⟨~; ~en⟩ *Ware*: presentación *f* (*a. Buch*); acondicionamiento *m*; *Schaufenster*: decoración *f*; *Kleidung*: atavío *m*; **in großer ~** *Kleidung*: de etiqueta; *umg* de tiros largos; *Zeitung*: con grandes títulos; **etw in großer ~ herausbringen** presentar a/c por todo lo alto

'Aufmarsch M MIL despliegue *m*; evolución *f*; concentración *f*; (*Parade*) desfile *m*; **Aufmarschgebiet** N MIL zona *f* de concentración (*bzw* de despliegue)

'aufmarschieren VI ⟨*ohne* ge-⟩ desfilar; MIL concentrarse; desplegarse; **Aufmarschplan** M MIL plan *m* de operaciones

'aufmeißeln VT abrir con escoplo; MED trepanar; **aufmerken** VI estar atento, prestar atención (**bei** a); → *a.* aufhorchen

'aufmerksam A ADJ 1 atento; (*wachsam*) alerta; **j-n auf etw** (*acus*) **~ machen** llamar la atención de alg sobre a/c, señalar (*od* hacer observar) a/c a alg; **auf etw** (*acus*) **~ werden** fijar la atención (*od* fijarse) en a/c 2 *fig* (*zuvorkommend*) cortés, atento; *Damen gegenüber*: galante B ADV 1 **~ durchlesen** leer con detenimiento; **~ verfolgen** seguir atentamente; **~ zuhören** escuchar con atención, *umg* ser todo oídos 2 **j-n sehr ~ behandeln** tener toda clase de atenciones con alg

'Aufmerksamkeit F ⟨~; ~en⟩ 1 ⟨*ohne pl*⟩ atención *f* (*a. fig*); **~ erregen** *od* **die ~ auf sich** (*acus*) **ziehen** atraer la atención; **die ~ auf etw** (*acus*) **lenken** llamar la atención sobre a/c; **seine ~ richten auf** (*acus*) dedicar (*od* centrar) su atención a; **j-m/einer Sache ~ schenken** *od* **zuwenden** prestar atención a alg/a/c 2 *fig* ⟨*ohne pl*⟩ delicadeza *f*; deferencia *f*; galantería *f* 3 (*aufmerksame Tat*) atención *f*; (*Geschenk*) obsequio *m*; **er überschüttete ihn mit ~en** le colmó de atenciones

'Aufmerksamkeitsdefizit N déficit *m* de atención; **Aufmerksamkeitsdefizitsyndrom** N, **Aufmerksamkeitsdefizit-Syndrom** N ⟨~s⟩ MED trastorno *m* hiperactivo de déficit de atención

'aufmöbeln VT *umg* 1 *etw* renovar, reponer 2 **j-n ~** (*aufmuntern*) reanimar a alg; (*ermutigen*) levantar la moral a alg; **aufmontieren** VT ⟨*ohne* ge-⟩ montar; **aufmucken** VI *umg* rechistar, respingar; **~ gegen** rebelarse contra; **aufmuntern** VT **j-n ~** (re)animar a alg; (*ermutigen*) levantar la moral a alg

'aufmunternd ADJ estimulante; **~e Worte** palabras *fpl* de ánimo; **Aufmunterung** F ⟨~; ~en⟩ animación *f*; estímulo *m*

'aufmüpfig ADJ *umg* rebelde; respondón

'aufnähen VT coser (**auf** *acus* sobre)

'Aufnahme F ⟨~; ~n⟩ 1 (*Empfang*) acogida *f*, recibimiento *m*, recepción *f* (*a. Büro*); **~ finden** ser acogido (**bei** en); **j-m eine freundliche ~ bereiten** dispensar a alg una cordial acogida; **gute/schlechte ~ finden** ser bien/mal recibido; THEAT *etc* ser bien/mal acogido 2 (*Unterbringung*) alojamiento *m*, hospedaje *m*; *im Krankenhaus*: ingreso *m* 3 (*Eingliederung*) incorporación *f*; (*Einbeziehung*) inclusión *f*; *in e-e Organisation, Schule etc*: ingreso *m* (**in** *acus* en); (*Zulassung*) admisión *f* 4 *v. Feuchtigkeit*: absorción *f*; PHYSIOL *v. Nahrung*: ingesta *f*, ingestión *f*; *v. Nährstoffen*: asimilación *f* 5 (*Beginn*) comienzo *m*; *v. Beziehungen etc*: establecimiento *m* 6 WIRTSCH *e-s Kredits*: préstamo *m*; toma *f* de crédito; empréstito *m*; *e-r Anleihe*: negociación *f* 7 FOTO foto *f*; vista *f*; FILM filmación *f*, toma *f*; (*Tonaufnahme*) grabación *f*; **eine ~ machen** FOTO tomar una fotografía; *umg* sacar una foto; FILM filmar; *Ton*: grabar; FILM **Achtung ~!** ¡silencio, se rueda! 8 **~ eines Protokolls** levantamiento *m* de un acta 9 *topografische*: croquis *m*; levantamiento *m*

'Aufnahmeantrag M solicitud *f* de admisión; **Aufnahmeatelier** N FILM estudio *m* (cinematográfico); **Aufnahmebedingungen** FPL condiciones *fpl* de admisión

'aufnahmefähig ADJ 1 *in e-e Vereinigung*: admisible 2 CHEM absorbible 3 *geistig*: receptivo; sensible; **Aufnahmefähigkeit** F capacidad *f* de absorción (*a.* HANDEL); receptividad *f*; capacidad *f* de asimilación; *räumlich*: cabida *f*

'Aufnahmegebühr F cuota *f* de ingreso; **Aufnahmegerät** N TECH grabadora *f*; FILM cámara *f*; **Aufnahmeland** N ⟨~(e)s; ⸚er⟩ *v. Flüchtlingen, Gastarbeitern*: país *m* de acogida; país *m* receptor; **Aufnahmeleiter** M, **Aufnahmeleiterin** F FILM director *m*, -a *f* ejecutivo, -a; RADIO director *m*, -a *f* de grabación; **Aufnahmeprüfung** F examen *m* de ingreso, prueba *f* de acceso; **Aufnahmeraum** M sala *f* de grabación; **Aufnahmestab** M FILM equipo *m* de filmación; **Aufnahmestudio** N RADIO estudio *m* de grabación; **Aufnahmevermögen** N capacidad *f* de absorción; **Aufnahmewagen** M RADIO, TV unidad *f* móvil

'aufnehmen VT ⟨*irr*⟩ 1 *Gegenstand, Last* tomar, recoger; (*hochheben*) alzar, levantar; *vom Boden a.*: recoger 2 (*beherbergen*) albergar, hospedar, alojar; MED *im Krankenhaus*: ingresar; **j-n bei sich ~** acoger a alg en casa; **aufgenommen werden** *in ein Krankenhaus, e-e Schule*: ingresar (**in** *acus* en) 3 *in e-e Organisation, Schule, Partei etc*: admitir (**in** *acus* en) 4 (*eingliedern*) incluir (**in** *acus* en), incorporar (**in** *acus* en); (*eintragen*) anotar, apuntar; *in Listen*: alistar, inscribir, incluir; (*katalogisieren*) catalogar; **etw in das Programm ~** incluir a/c en el programa 5 (*empfangen*) recibir; acoger; (*annehmen*) aceptar 6 *Nahrung* ingerir; *Feuchtigkeit* absorber; PHYSIOL asimilar 7 (*fassen*) abarcar, dar cabida a (*a. fig Menschenmenge*) 8 *geistig*: comprender; (*auffassen*) interpretar; **etw gut/schlecht** (*od* **geh übel**) **~** tomar a bien/a mal a/c 9 *Kredit, Hypothek* tomar (prestado); **eine Anleihe ~** negociar un empréstito; **Kapital ~** contratar capital 10 (*beginnen*) comenzar, iniciar; entrar en 11 *Kontakte* establecer; *Verhandlungen, Beziehungen* entablar; **wieder ~** *Thema* retomar; *Tätigkeit* reanudar, reemprender 12 *Protokoll* levantar; *Diktat* escribir al dictado 13 FOTO fotografiar, hacer una foto de; tomar una vista; FILM filmar; *Ton*: grabar, registrar 14 *fig* **es mit j-m ~ (können)** (poder) competir (*od* rivalizar) con alg; **mit ihm kann es niemand ~** *umg* no hay quien le pueda (*od* tosa) 15 TEX *Masche* coger 16 **eine Spur ~** seguir la pista; JAGD seguir el rastro

'Aufnehmer M ⟨~s; ~⟩ *reg* (*Putzlappen*) bayeta *f*

'aufnötigen VT, **aufoktroyieren** VT ⟨*ohne* ge-⟩ **j-m etw ~** imponer a/c a alg; obligar a alg a aceptar a/c

'aufopfern VT(VR) **(sich) ~** sacrificar(se); **aufopfernd** ADJ abnegado; sacrificado; **Aufopferung** F abnegación *f*; sacrificio *m*

'aufpacken VT *Last* cargar (**auf** *acus* sobre)

'aufpäppeln VT *umg Säuglinge* criar con biberón (*bzw* con papillas); *Kranke, Schwache* sobrealimentar

'aufpassen VI 1 (*aufmerksam sein*) prestar (*od* poner) atención (**auf** *acus* a); (*vorsichtig sein*) tener cuidado (**auf** *acus* con); estar en guardia (*od* alerta); andar con ojo; **aufgepasst!** *od* **passt auf!** ¡atención!; (*Vorsicht!*) ¡cuidado!, *umg* ¡ojo!; *umg* **pass (mal) auf!** ¡escucha!, ¡oye!; ¡fíjate! 2 *auf Kinder, Kranke*: cuidar (**auf** *acus* de); (*beobachten*) observar; vigilar; *umg* **pass gut auf dich auf!** cuídate!

'Aufpasser M ⟨~s; ~⟩, **Aufpasserin** F ⟨~; ~nen⟩ (*Wächter, -in*) guardia *m/f*, guardián *m*, -ana *f*; vigilante *m/f*; (*Spitzel*) espía *m/f*

'aufpeitschen VT *fig Menge* excitar; instigar

'aufpflanzen A VT *Fahne* enarbolar; plantar; MIL HIST **das Bajonett ~** armar la bayoneta B VR *umg* **sich vor j-m ~** plantarse delante de alg

'aufpfropfen VT AGR injertar; **aufpicken** VT 1 (*pickend aufnehmen*) picar, picotear 2 (*durch Picken öffnen*) abrir a picotazos; **aufplatzen** VI reventar; estallar; *Naht* descoserse; **aufplustern** VR **sich ~** 1 *Vogel* ahuecar el plumaje 2 *umg fig Person* hincharse, hacerse el importante

'aufpolieren VT ⟨*ohne* ge-⟩ pulir, dar (*od* sacar) brillo (a); **sein Image ~** pulir su imagen

'aufpoppen VI ⟨sn⟩ *umg* IT *im Internet*: emerger, *umg* popearse; *Fenster a.* abrirse; **aufprägen** VT imprimir (**auf** *acus* en); estampar (**auf** *acus* sobre)

'Aufprall M ⟨~(e)s; ~e⟩ choque *m*; *Geschoss, Ball*: bote *m*, rebote *m*; (*Einschlag*) impacto *m*

'aufprallen VI chocar (**auf** *acus* contra); (re)botar (**auf** *acus* contra)

'Aufpreis M HANDEL sobreprecio *m*, recargo *m*; suplemento *m*; **gegen ~** contra suplemento (*od* recargo); **ohne ~** sin recargo (*od* suplemento); sin carga adicional

'aufprobieren VT ⟨*ohne* ge-⟩ *Mütze, Brille* probar; **aufpulvern** VT *umg* → aufputschen; **aufpumpen** VT inflar, hinchar

'aufputschen A VT estimular, excitar; *mit Drogen*: dopar; *zu etwas*: incitar, instigar (**zu** a) B VR **sich ~** tomar estimulantes; *Sportler a.* doparse; **Aufputschmittel** N estimulante *m*; excitante *m*

'Aufputz M ⟨~es⟩ atavío *m*; (*Schmuck*) aderezo *m*; adorno *m*

'aufputzen A VT adornar; ataviar, engalanar B VR **sich ~** ataviarse, engalanarse; *umg* emperejilarse

'aufquellen VI ⟨*irr*; sn⟩ hincharse; **~ lassen** *Bohnen etc* poner a remojo

'Aufquellen N ⟨~s⟩ hinchazón *f*, hinchamiento *m*

'aufraffen A VT (*aufheben*) recoger; (*an sich raffen*) arrebañar B VR **sich ~** desperezarse, hacer un esfuerzo, sacar fuerzas de flaqueza; **sich zu etw ~** *bzw* **sich ~, etw zu tun** animarse a hacer a/c

'aufragen VI elevarse; alzarse; **über etw** (*acus, dat*) **~** sobresalir de a/c; **aufrappeln** VR *umg* **sich (wieder) ~** levantar (*od* alzar) cabeza; restablecerse (*bes Kranke*); **aufrauen** VT TECH *Oberfläche* rallar, raspar; *Stoff* perchar; *Wolle* cardar

'Aufräumarbeiten FPL (trabajos *mpl* de) des(es)combro *m*

'aufräumen VT & VI 1 arreglar, ordenar, poner en orden; (*an seinen Platz räumen*) poner en su sitio; **Schutt ~** des(es)combrar 2 *fig* **mit etw ~** acabar con a/c 3 *umg fig* → *a.* aufgeräumt

'Aufräumungsarbeiten FPL → Aufräumarbeiten

'aufrechnen VT contar; (*belasten*) cargar (*od*

poner) en cuenta; **etw ~ gegen** compensar a/c con; **Aufrechnung** F ⟨~; ~en⟩ HANDEL balance *m;* compensación *f*

'aufrecht ADJ & ADV 1 derecho; erguido; **~ stehen** estar de pie; **~ stellen** poner derecho; **sich ~ halten** *(sich gerade halten)* mantenerse derecho; *(stehen)* mantenerse en pie 2 *fig (rechtschaffen)* recto, íntegro

'aufrechterhalten VT ⟨irr; ohne ge-⟩ 1 mantener en pie 2 *fig* mantener, sostener; *(bewahren)* conservar; **die Ordnung ~** mantener el orden; **Aufrechterhaltung** F mantenimiento *m;* sostenimiento *m;* conservación *f*

'aufregen A VT 1 *(erregen)* agitar; *(beunruhigen)* alterar, perturbar, inquietar; **j-n ~** excitar *(od* exaltar) a alg 2 *(ärgern)* irritar, enfadar B VR **sich ~** 1 alterarse; ponerse nervioso; *heftiger:* excitarse; *innerlich:* emocionarse; **sich (künstlich) ~** poner el grito en el cielo; **reg dich nicht so auf!** ¡no te pongas nervioso!, ¡no te pongas así! 2 *(sich ärgern)* irritarse, enfadarse (**über** *acus* por)

'aufregend ADJ excitante; emocionante; **das ist nichts Aufregendes** *(nichts Besonderes)* no es cosa del otro jueves

'Aufregung F ⟨~; ~en⟩ *(Beunruhigung)* agitación *f;* nerviosismo *m; innerliche:* emoción *f; stärker:* excitación *f; (Ärger)* irritación *f;* **die ganze ~ war umsonst** toda la excitación fue en vano; **nur keine ~!** ¡sobre todo, tranquilidad!

'aufreiben ⟨irr⟩ A VT 1 *Haut etc* escoriar, excoriar, desollar; **sich** *(dat)* **etw ~** escoriarse a/c 2 MIL aniquilar 3 *fig Gesundheit* arruinar, minar; *Kräfte* agotar; **j-n ~** *(ermüden)* agotar a alg B VR **sich ~** consumirse, extenuarse; *fig* agotarse

'aufreibend ADJ agotador; **aufreihen** A VT enfilar; *auf e-n Faden etc:* ensartar; *Personen* poner (*od* colocar) en fila B VR **sich ~** ponerse en fila

'aufreißen ⟨irr⟩ A VT 1 arrancar; *Packung* abrir; *Tür etc* abrir bruscamente; *Straße* levantar; *Haut* arañar; *Kleid* desgarrar 2 *umg* **die Augen ~** abrir los ojos como platos 3 *umg* **j-n ~** pescar a alg 4 *(zeichnen)* trazar, delinear B VI ⟨sn⟩ *Haut* agrietarse; *(sich spalten)* rajarse, henderse; *Naht* descoserse

'aufreizen VT *(erregen)* excitar, irritar; *(provozieren)* provocar; *(aufhetzen)* incitar, soliviantar; **aufreizend** ADJ provocador; provocativo; **Aufreizung** F ⟨~; ~en⟩ excitación *f*, irritación *f; (Provokation)* provocación *f; (Aufhetzung)* incitación *f*

'aufrichten A VT 1 *(aufstellen)* poner derecho (*od* en pie); levantar, alzar; *Mauer etc a.* erigir; SCHIFF adrizar; TECH, FLUG enderezar 2 *fig (trösten)* consolar, alentar, levantar la moral a B VR **sich ~** 1 levantarse, ponerse de pie; enderezarse; *im Bett:* incorporarse 2 *fig* recuperar la moral (**an** *dat* por)

'aufrichtig ADJ sincero, franco; cándido; *(ehrlich)* leal, recto; **es tut mir ~ leid** lo siento de veras; **Aufrichtigkeit** F ⟨~⟩ sinceridad *f*, franqueza *f; (Ehrlichkeit)* rectitud *f*

'Aufrichtung F ⟨~; ~en⟩ 1 erección *f;* establecimiento *m* 2 *fig* consolación *f*

'aufriegeln VT descorrer el cerrojo; desatrancar

'Aufriss M ⟨~es; ~e⟩ ARCH proyección *f* vertical; alzado *m*

'aufritzen VT arañar, rasguñar

'aufrollen VT 1 *(zusammenrollen)* arrollar, enrollar; *(aufspulen)* devanar 2 *(auseinanderrollen)* desenrollar 3 *fig Frage etc* desarrollar; **(wieder) ~** *Thema* retomar; *Fall* abrir de nuevo 4 MIL envolver

'aufrücken VI ⟨sn⟩ 1 *(befördert werden)* ser ascendido (*od* promovido) (**zu** a); *bes* MIL ascender; avanzar *(a. fig)* 2 *(aufschließen)* hacer sitio, correrse; SPORT ganar terreno; MIL *in Reih u. Glied:* cerrar (las) filas

'Aufrücken N ⟨~s⟩ ascenso *m;* promoción *f;* avance *m*

'Aufruf M ⟨~(e)s; ~e⟩ 1 proclama(ción) *f;* llamamiento *m* (**an** *acus*, **zu** a); POL manifiesto *m; zum Streik etc:* convocatoria *f;* **einen ~ erlassen** hacer un llamamiento 2 *v. Banknoten:* retirada *f* de la circulación 3 IT llamada *f* 4 MIL *e-s Jahrgangs:* llamamiento *m* a filas

'aufrufen VT ⟨irr⟩ 1 *Schüler, Wartende etc* llamar; **die Namen ~** pasar lista 2 **j-n ~, etw zu tun** llamar (*od* exhortar) a alg para que haga a/c; **zum Streik ~** convocar una huelga 3 IT *Programm, Datei* llamar, activar; acceder a 4 *Banknoten* retirar

'Aufruhr M ⟨~(e)s; ~e⟩ 1 *(Lärm, Unruhe)* alboroto *m*, disturbio *m*, tumulto *m; (Aufregung)* agitación *f;* **in ~ versetzen** agitar, perturbar; producir gran revuelo; **in ~ geraten** agitarse, alborotarse 2 POL *(Aufstand)* rebelión *f*, levantamiento *m;* insurrección *f*

'aufrühren VT 1 revolver; remover; agitar 2 *fig* excitar, atizar; *alte Geschichten* desenterrar; remover; *Erinnerungen* rememorar, revivir

'Aufrührer M ⟨~s; ~⟩, **Aufrührerin** F ⟨~; ~nen⟩ sedicioso *m* -a *f*, insurrecto *m* -a *f*, insurgente *m/f; umg Am* bochinchero *m*, -a *f;* **aufrührerisch** ADJ rebelde, revoltoso, sedicioso

'aufrunden VT redondear (hacia arriba); **auf 100 Euro ~** redondear a cien euros

'aufrüsten VT & VI 1 MIL armar; **wieder ~** rearmar 2 IT PC actualizar, mejorar; **Aufrüstung** F ⟨~; ~en⟩ 1 MIL rearme *m* 2 IT actualización *f*

'aufrütteln VT sacudir; *fig a.* animar; *aus dem Schlaf:* despertar

aufs = **auf das;** → auf A

'aufsagen VT *Gedicht* recitar; declamar

'aufsammeln VT recoger

'aufsässig ADJ rebelde, levantisco; *bes* MIL insubordinado; **Aufsässigkeit** F ⟨~; ~en⟩ espíritu *m* de rebeldía; insubordinación *f*

'Aufsatz M ⟨~es; ⸚e⟩ 1 *Text:* disertación *f;* ensayo *m; (Schulaufsatz)* redacción *f*, composición *f; (Zeitungsaufsatz)* artículo *m;* **einen ~ schreiben** hacer *od* escribir una redacción 2 *(aufgesetztes Stück)* pieza *f* sobrepuesta; *(Tafelaufsatz)* centro *m* de mesa; TECH aditamento *m;* ARCH remate *m;* **Aufsatzthema** N tema *m* de redacción

'aufsaugen VT absorber *(a. fig);* **wieder ~** re(ab)sorber; **aufsaugend** ADJ absorbente; **Aufsaugung** F ⟨~⟩ absorción *f*

'aufscharren VT *Erde* escarbar; **aufschauen** VI → aufblicken; **aufschäumen** VI producir (*od* hacer) espuma; espumar; **aufscheuchen** VT espantar, ahuyentar; *Wild* levantar; **aufscheuern** VT *Haut* excoriar, desollar

'aufschichten VT apilar, disponer en capas; **Aufschichtung** F ⟨~; ~en⟩ apilamiento *m*

'aufschiebbar ADJ prorrogable

'aufschieben VT ⟨irr⟩ 1 *Tür etc* abrir empujando 2 *(zeitlich verschieben)* aplazar (**auf** *acus*, **bis** a, hasta); dejar para más tarde *(bzw)* otro día; *(verzögern)* diferir, demorar; retardar; *Frist* prorrogar; **es lässt sich nicht ~** no admite demora

'aufschiebend ADJ JUR suspensivo, dilatorio; **(keine) ~e Wirkung haben** no tener efecto suspensivo, no suspender la ejecución del acto recurrido

'aufschießen VT ⟨irr; sn⟩ 1 levantarse bruscamente; BOT brotar 2 *fig (wachsen) umg* dar un estirón, espigar; **ein lang aufgeschossener Junge** *umg* un grandullón *m*, un grandillón *m*

'Aufschlag M ⟨~(e)s; ⸚e⟩ 1 *(Auftreffen)* golpe *m*, choque *m* (**auf** *acus* con); *e-s Geschosses:* impacto *m;* **dumpfer ~** golpe *m* seco 2 TEX *am Ärmel:* bocamanga *f;* vuelta *f (a. an der Hose); am Rock:* solapa *f* 3 WIRTSCH *bei Preisen:* subida *f*, aumento *m; (Zuschlag)* recargo *m*, suplemento *m*, sobreprecio *m; auf die Steuer:* sobretasa *f;* **e-n ~ von 10% erheben** cobrar un recargo de 10% 4 SPORT *Ballspiel:* saque *m;* **j-m den ~ abnehmen** romper el saque a alg; **~ haben** servir

'aufschlagen ⟨irr⟩ A VI 1 ⟨sn⟩ *(aufprallen)* chocar (**auf** *acus, dat* contra), caer (**auf** *acus, dat* en); *Geschoss* hacer impacto; *Flugzeug* estrellarse 2 ⟨h⟩ *Preise etc* subir (**um** en) 3 ⟨h⟩ SPORT *Ballspiel:* servir, sacar B VT 1 *(öffnen)* abrir (de golpe), romper; *Ei, Nuss* cascar; *Augen, Buch* abrir; *Bettdecke* replegar; **Seite 10 ~** abrir en la página 10 2 *Gerüst* montar; *Zelt* plantar, armar 3 *Wohnsitz* fijar, establecer; MIL *Quartier* montar; **seinen Wohnsitz in Berlin ~** establecerse en Berlín 4 HANDEL *Preis* subir, aumentar; *auf den Preis:* recargar; **auf eine Ware zwei Euro ~** subir el precio de una mercancía en dos euros 5 **sich** *(dat)* **das Knie/den Kopf** *etc* **~** abrirse la rodilla/el cráneo, *etc* 6 *Ärmel* arremangar; *Hutkrempe* levantar 7 TEX *Maschen* montar

'Aufschlaglinie F *Tennis:* línea *f* de servicio; **Aufschlagzünder** M MIL espoleta *f* de percusión

'aufschließen ⟨irr⟩ A VT 1 *Tür etc* abrir (con llave) 2 CHEM desintegrar B VI 1 *(aufrücken)* hacer sitio, correrse; MIL cerrar las filas 2 *(vorrücken)* avanzar; SPORT **zu j-m ~** alcanzar a alg C VR *fig* **sich j-m ~** abrir su corazón a alg, expansionarse con alg; → *a.* aufgeschlossen

'aufschlitzen VT hender, rajar; **den Bauch ~** abrir el vientre; **aufschluchzen** VI prorrumpir en sollozos

'Aufschluss M ⟨~es; -schlüsse⟩ explicación *f;* aclaración *f;* información *f;* **j-m ~ geben über** *(acus)* informar a alg sobre; **sich** *(dat)* **~ verschaffen über** *(acus)* informarse (*od* enterarse) de

'aufschlüsseln VT desglosar; **Aufschlüsselung** F ⟨~; ~en⟩ desglose *m*

'aufschlussreich ADJ instructivo; revelador

'aufschmieren VT *Fett etc* extender (**auf** *acus* sobre), untar (**auf** *acus* con, de); **aufschnallen** VT 1 *(befestigen)* sujetar con correas 2 *(öffnen)* desabrochar, deshebillar; **aufschnappen** VT 1 *(fangen)* atrapar, coger al vuelo 2 *umg fig (hören)* pescar, coger al vuelo; **aufschneiden** ⟨irr⟩ A VT 1 *(öffnen)* abrir (cortando) 2 *(in Stücke schneiden) Brot etc* cortar; *Braten* trinchar; *Wurst* cortar en rodajas (*od* rajas) B VI *(prahlen)* fanfarronear, farolear; *umg* fardar; exagerar; *Arg* macanear

'Aufschneider M ⟨~s; ~⟩ fanfarrón *m*, farolero *m;* charlatán *m*

Aufschneide'rei F ⟨~; ~en⟩ fanfarronada *f*, fanfarronería *f;* patraña *f; Arg* macana *f*

'Aufschneiderin F ⟨~; ~nen⟩ fanfarrona *f*, farolera *f;* charlatana *f;* **aufschneiderisch** ADJ fanfarrón, farolero

'aufschnellen VI *Deckel etc* abrirse de golpe

'Aufschnitt M ⟨~(e)s⟩ *allg* fiambre(s) *m(pl); Wurst a.:* embutido *m;* **Aufschnittmaschine** F cortafiambre(s) *m*

'aufschnüren VT *(lösen)* desatar, deshacer; *Paket* abrir; *Schuhe* desatar(se); **aufschrammen** VT *Haut etc* excoriar; **aufschrauben** VT 1 *(anschrauben)* atornillar 2 *(lösen)* destornillar; *Glas etc* desenroscar

'aufschrecken A VT asustar, espantar B VI ⟨sn⟩ asustarse; sobresaltarse; **aus dem**

Schlaf ~ despertarse de sobresalto

'Aufschrei M grito *m*; chillido *m*

'aufschreiben VT ‹irr› anotar, apuntar; *(eintragen)* registrar; **j-n ~** *Polizist* tomar los datos personales de alg; **sich** *(dat)* **etw ~** *(Notizen machen)* tomar notas (*od* apuntes)

'aufschreien VI ‹irr› gritar, lanzar un grito; **vor Schmerz ~** dar gritos de dolor

'Aufschrift F inscripción *f*; *auf e-r Ware:* etiqueta *f*; *auf e-r Münze:* leyenda *f*; *(Schild)* letrero *m*, rótulo *m*

'Aufschub M ‹~(e)s; -schübe› aplazamiento *m*; *(Verzögerung)* demora *f*, dilación *f*; *e-r Frist:* prórroga *f*; **einen ~ bewilligen** conceder una prórroga; **ohne ~** sin demora; **keinen ~ dulden** no admitir demora

'aufschürfen VT *Haut* excoriar, escoriar; **sich** *(dat)* **das Knie ~** rozarse la rodilla, escoriarse (*od* excoriarse) la rodilla; **aufschürzen** VT *Rock etc* recoger, arregazar; **aufschütteln** VT sacudir, agitar; *Polster* mullir

'aufschütten VT echar; verter; *(aufhäufen)* amontonar; *Erde* terraplenar; *Straße* rellenar (con grava); **Aufschüttung** F ‹~; ~en› terraplén *m*; *(Damm)* dique *m*; GEOL acumulación *f*, depósito *m*

'aufschwatzen VT *umg* **j-m etw ~** *umg* colar (*od* endosar) a/c a alg; **aufschweißen** VT TECH desoldar; **aufschwellen** VI ‹irr› hincharse

'aufschwemmen VT esponjar; hinchar, abotargar; **aufgeschwemmtes Gesicht** cara *f* abotargada; **Aufschwemmung** F ‹~; ~en› CHEM suspensión *f*

'aufschwingen VR ‹irr› **sich ~** 1 *Vögel* alzar el vuelo 2 *fig* **sich zu etw ~** decidirse (*od* lanzarse) a hacer a/c

'Aufschwung M ‹~(e)s; -schwünge› 1 *bes* WIRTSCH auge *m*, crecimiento *m*; **wirtschaftlicher ~** *a.* despliegue *m* económico; **einen ~ erleben** experimentar un auge; **im ~ sein** prosperar; tomar vuelo; estar en auge (*od* en expansión); **in vollem ~** en pleno auge 2 *fig (Auftrieb)* impulso *m*, despegue *m*; progreso *m*; *der Seele:* elevación *f* 3 SPORT *Turnen:* elevación *f*

'aufsehen VI ‹irr› levantar los ojos; alzar la vista; *fig* **zu j-m ~** admirar a alg

'Aufsehen N ‹~s› sensación *f*; *ärgerliches:* escándalo *m*; **~ erregen** llamar la atención; *stärker:* causar sensación; *negativ:* causar escándalo; levantar ampollas; **um ~ zu vermeiden** para evitar un escándalo

'aufsehenerregend, Aufsehen erregend ADJ *positiv:* sensacional, espectacular; *negativ:* escandaloso

'Aufseher M ‹~s; ~›, **Aufseherin** F ‹~; ~nen› 1 supervisor *m*, -a *f*; inspector *m*, -a *f*; *(Wächter, -in)* vigilante *m/f*; guarda *m/f*, guardián *m*, -ana *f*, *über Arbeiter:* capataz *m*, -a *f*; *im Gefängnis:* carcelero *m*, -a *f*; oficial *m/f* (*od* celador *m*, -a *f*) de prisiones 2 *in Museen:* celador *m*, -a *f*

auf'seiten, auf Seiten PRÄP *(gen)* por la parte de; **~ der Verbraucher** de parte de los consumidores; **~ der Politik** por parte de la política

'aufsetzen A VT 1 poner (encima), sobreponer; *Flicken* aplicar; *Hut, Brille* ponerse; **den Hut ~** *a.* cubrirse; *fig* **ein (dummes** *etc***) Gesicht ~** poner cara de (tonto, *etc*); **aufgesetzte Tasche** bolsillo *m* de parche 2 *(aufrichten)* levantar 3 *Wasser* calentar; *Essen* poner al fuego 4 *schriftlich:* redactar; *Entwurf* esbozar; *Urkunde* extender B VI FLUG posarse, tomar tierra, aterrizar C VR **sich ~** sentarse, incorporarse; → *a.* aufgesetzt

'Aufsetzer M ‹~s; ~› SPORT tiro *m* picado

(*od* de bote)

'aufseufzen VI suspirar, dar un suspiro

'Aufsicht F ‹~; ~en› 1 *(Überwachung)* vigilancia *f*, supervisión *f*; control *m*; **die ~ haben** *od* **führen über etw** *(acus)* vigilar (*od* supervisar) a/c; **~ führend** encargado de la vigilancia (*bzw* supervisión); **unter ~ stehen** estar bajo vigilancia (*polizeilich:* de la policía); **unter ~ stellen** someter a vigilancia; **unter ärztlicher ~** bajo control médico; **ohne ~** sin vigilancia 2 *Person:* vigilante *m/f*; → Aufseher

'Aufsichtsbeamte(r) M, **Aufsichtsbeamtin** F inspector *m*, -a *f*; supervisor *m*, -a *f*; **Aufsichtsbehörde** F, **Aufsichtsinstanz** F, **Aufsichtsorgan** N autoridad *f* inspectora; organismo *m* de vigilancia; **Aufsichtspersonal** N personal *m* de vigilancia; **Aufsichtspflicht** F obligación *f* de vigilancia; **Aufsichtsrat** M WIRTSCH *e-r deutschen AG:* consejo *m* de vigilancia; *sp* ≈ consejo *m* de administración

'Aufsichtsratsmitglied N consejero *m*, -a *f*; *e-r deutschen AG:* miembro *m* del consejo de vigilancia; *sp* ≈ miembro *m* del consejo de administración; **Aufsichtsratssitzung** F *e-r deutschen AG:* reunión *f* del consejo de vigilancia; *sp* ≈ reunión *f* del consejo de administración; **Aufsichtsratsvorsitzende** M/F *e-r deutschen AG:* presidente *m*, -a *f* del consejo de vigilancia; *sp* ≈ presidente *m*, -a *f* del consejo de administración

'aufsitzen VI ‹irr› 1 TECH *(aufliegen)* estar colocado (*od* puesto) (**auf** *acus* sobre) 2 *Reiter* montar (a caballo); **hinten ~** ir a (las) ancas; **~!** *od* **aufgesessen!** ¡a caballo!, ¡a montar! 3 *umg fig* **j-m/einer Sache ~** dejarse engañar por alg/a/c; *umg* **j-n ~ lassen** *umg* dejar plantado a alg; dejar a alg en la estacada

'aufspalten A VT hender, rajar; CHEM desdoblar, disociar; desintegrar; *(trennen)* dividir B VR **sich ~** rajarse; *(sich trennen)* dividirse; **Aufspaltung** F ‹~; ~en› CHEM desdoblamiento *m*, disociación *f*; desintegración *f*

'aufspannen VT tender; extender; TECH *(befestigen)* fijar; *Saite* poner; *Schirm* abrir; *Segel* desplegar; **Aufspannvorrichtung** F TECH dispositivo *m* de sujeción

'aufsparen VT ahorrar, economizar; *fig* reservar; dejar para más tarde; **seine Kräfte ~** reservar (sus) fuerzas

'aufspeichern VT almacenar; *(horten)* atesorar; ELEK *u. fig* acumular; **Aufspeicherung** F ‹~; ~en› almacenamiento *m*; acumulación *f*

'aufsperren VT 1 *umg* abrir; *weit:* abrir de par en par; **Mund und Nase ~** quedarse con la boca abierta 2 *südd (aufschließen)* abrir (con llave)

'aufspielen A VT & VI MUS tocar; **zum Tanz ~** *Kapelle* comenzar a tocar para bailar B VR **sich ~** *umg* darse tono (*od* importancia); **sich ~ als** presumir de, echárselas (*od* dárselas) de; **sich als Held ~** dárselas de héroe

'aufspießen VT *mit Lanze, Speer etc:* atravesar con; *mit Hörnern:* coger, empitonar; *am Bratspieß:* espetar, ensartar; *auf e-m Pfahl:* empalar

'aufsplittern VT/VI/VR *fig* **(sich) ~** fraccionar(se); **Aufsplitterung** F ‹~; ~en› fraccionamiento *m*, atomización *f*

'aufsprengen VT hacer saltar, volar; *Tür* forzar

'aufspringen VI ‹irr; sn› 1 *vom Sitz:* levantarse de golpe 2 *auf ein Fahrzeug:* subirse (**auf** *acus* a) 3 *Ball* (re)botar 4 *Knospen* brotar; *Haut, Lippen* agrietarse; *Lack* resquebrajarse 5 *Tür* abrirse de golpe; → *a.* aufgesprungen

'aufsprudeln VI ‹sn› burbujear; *kochend:* borboll(e)ar; **aufsprühen** VT **etw (auf etw** *acus*) **~** pulverizar (a/c) con a/c

'Aufsprung M ‹~(e)s› salto *m*; SPORT aterrizaje *m*

'aufspulen VT devanar, bobinar; **aufspüren** VT 1 *(finden)* localizar; dar con la pista de; JAGD rastrear; husmear 2 *fig* descubrir, detectar (*a. Mine etc*); **aufstacheln** VT aguijonear; *fig a.* estimular, incitar; instigar (**zu** *dat* a); *Leidenschaften* excitar; **aufstampfen** VI 1 **(mit dem Fuß) ~** patalear; dar patadas en el suelo, golpear el suelo (con los pies) 2 TECH apisonar

'Aufstand M ‹~(e)s; ¨e› rebelión *f*, insurrección *f*; sublevación *f*, levantamiento *m*; *(Meuterei)* amotinamiento *m*

'aufständisch ADJ rebelde; **Aufständische** M/F ‹~n; ~n; → A› insurrecto *m*, -a *f*

'aufstapeln VT apilar; HANDEL *Waren* almacenar; **aufstauen** VT *Wasser* remansar, retener, estancar; **aufstechen** VT ‹irr› pinchar; MED *Geschwür* abrir

'aufstecken VT 1 fijar; *mit Nadeln:* prender, asegurar (con alfileres); *Haar* recoger 2 *umg (aufgeben)* abandonar, dejar; **Aufsteckkamm** M peineta *f*

'aufstehen VI ‹irr; sn› 1 *(offen stehen)* estar abierto 2 *(sich erheben)* levantarse (*a. vom Bett u. nach e-r Krankheit*); *vom Sitz a.:* ponerse de (*od* en) pie; **vom Tisch ~** levantarse de la mesa 3 *(protestieren)* alzarse en armas (**gegen** contra), sublevarse

'aufsteigen VI ‹irr; sn› 1 subir, ascender (*a. fig*); *Ballon a.* elevarse; *Flugzeug* despegar; tomar altura; *Sterne* salir; *Wolken* levantarse 2 *Bergsteiger* hacer una ascensión; subir (**auf** *acus* a) 3 *aufs Rad etc:* montar(se) (**auf** *acus* en); **(aufs Pferd) ~** montar a caballo 4 SPORT *in e-e höhere Liga:* ascender 5 *beruflich:* ascender; encumbrarse 6 *fig Gefühle* surgir; **ein Gedanke stieg in mir auf** se me ocurrió una idea; **in mir stieg der Verdacht auf (, dass)** me asaltó la sospecha (de que *subj*)

'aufsteigend ADJ ascend(i)ente; ascensional; **Aufsteiger** M ‹~s; ~› 1 SPORT club *m* (*bzw* equipo *m*) ascendido 2 *fig Person:* trepador *m*; **Aufsteigerin** F trepadora *f*

'aufstellen A VT 1 poner, colocar, disponer; *Waren* exponer, exhibir 2 *(aufrichten)* poner en pie, levantar; *Bauten* erigir, levantar; *Maschine* montar, armar, instalar; *Geschütz* emplazar 3 MIL *u. Mannschaft* formar; alinear; *Truppen* poner en pie (de guerra); *Wachposten* apostar; *Kandidaten* designar, proponer; *Zeugen* presentar; **sich ~ lassen** *als Kandidat:* presentarse como candidato (**für** a) 4 *Rechnung, Liste, Tabelle* hacer; *Etat, Programm, Bilanz* establecer; *Kosten* especificar; *Rekord* marcar, establecer; *Problem* plantear; *Regel* estatuir; *Grundsatz, Theorie* formular, sentar B VR **sich ~** ponerse, colocarse, situarse, apostarse, *Am* ubicarse; MIL formar(se); alinearse (*a.* SPORT); **sich hintereinander ~** ponerse en fila

'Aufstellgleis N BAHN vía *f* de formación

'Aufstellung F ‹~; ~en› 1 colocación *f*, disposición *f*; *(Aufrichten)* erección *f*; TECH *e-r Maschine etc:* montaje *m*, instalación *f* 2 *(Nominierung)* nominación *f*, designación *f*; SPORT *(Mannschaftsaufstellung)* alineación *f*; *e-s Spielers:* nominación *f*; MIL formación *f*; **~ als Kandidat** candidatura 3 *e-r Liste, e-s Plans:* establecimiento *m*; confección *f*; *des Etats:* elaboración *f*; *im Einzelnen:* especificación *f* 4 *(Liste)* relación *f*, lista *f*; *(Tabelle)* tabla *f*; *(Inventar)* inventario *m*; *(Bilanz)* balance *m*

'aufstemmen A VT forzar B VR **sich ~** apoyarse sobre; *mit dem Ellenbogen:* acodarse

'Aufstieg M ‹~(e)s; ~e› 1 subida *f*, ascensión *f* (*a. e-s Ballons*); *Bergsteigen a.:* escalada *f*; FLUG despegue *m* 2 *fig* auge *m*; *(Beförderung)*

ascenso *m* (*a.* SPORT), promoción *f*; (*Fortschritt*) progreso *m*, avance *m*; **den ~ schaffen** conseguir el ascenso

'Aufstiegschancen FPL, **Aufstiegsmöglichkeiten** FPL SPORT, *Beruf*: posibilidades *fpl* de ascenso (*od* de promoción); **berufliche ~** *a.* desarrollo *m* profesional; **Aufstiegsspiel** N SPORT partido *m* de promoción

'aufstöbern VT *Wild* levantar; *fig* localizar, descubrir, encontrar; **aufstocken** VT 1 ARCH sobreedificar; añadir un nuevo piso 2 WIRTSCH aumentar; *Kapital a.* ampliar; **aufstöhnen** VI dar un fuerte suspiro; **aufstören** VT espantar, ahuyentar

'aufstoßen ‹irr› A VT *Tür etc* abrir (de un empujón) B VI 1 (*aufprallen*) chocar (**auf** *acus* contra), dar (**auf** *acus* con, contra), topar (**auf** *acus* con); SCHIFF *auf Grund*: encallar 2 (*rülpsen*) eructar; *umg fig* **j-m ~** (*auffallen*) llamar la atención a alg

'Aufstoßen N ‹~s› eructo *m*; MED **saures ~** acedía *f*, pirosis *f*

'aufstreben VI 1 (*hochragen*) elevarse 2 *fig* aspirar (**zu** a); **aufstrebend** ADJ *fig* floreciente; de alto vuelo; **eine ~e Firma** una empresa floreciente; **eine ~e Industriestadt** una ciudad industrial que progresa

'aufstreichen VT ‹irr› extender sobre; *aufs Brot*: untar; **aufstreifen** VT *Ärmel etc* arremangar; **aufstreuen** VT espolvorear; esparcir; **Aufstrich** M ‹~(e)s; ~e› 1 *v. Farbe*: capa *f*, mano *f* (de pintura) 2 MUS arcada *f* (*od* arco *m*) (hacia) arriba 3 *beim Schreiben*: perfil *m*; **aufstülpen** VT *Ärmel etc* arremangar; *Hut* calar; **aufstützen** A VT apoyar (**auf** *acus* sobre) B VR **sich ~** apoyarse, acodarse (**auf** *acus* sobre/en)

'aufsuchen VT buscar; (*besuchen*) ir a ver, visitar; *e-n Arzt a.* consultar; *e-n Ort* ir a; **häufig ~** frecuentar

'auftakeln A VT SCHIFF aparejar, enjarciar B VR *umg fig* **sich ~** emperifollarse, emperejilarse; **aufgetakelt** emperejilado, peripuesto

'Auftakt M ‹~(e)s; ~e› 1 MUS anacrusa *f* 2 *fig* preludio *m*; comienzo *m*; **den ~ bilden** ser el comienzo (**zu** de)

'auftanken VT & VI AUTO echar gasolina; repostar (*a.* FLUG)

'auftauchen VI ‹sn› 1 *aus dem Wasser etc*: emerger; salir a la superficie 2 (*erscheinen*) aparecer (de pronto), hacer acto de presencia, presentarse; *fig Gedanke etc* surgir, salir a la superficie

'auftauen A VT derretir; *Tiefgekühltes* descongelar B VI ‹sn› 1 *Gewässer* deshelarse; *Schnee, Eis* derretirse 2 *fig* romper el hielo, salir de su reserva

'Auftauen N ‹~s› derretimiento *m*; *v. Tiefgekühltem*: descongelación *f*

'aufteilen VT dividir; (*verteilen*) repartir, distribuir; prorratear; *Land* parcelar; **Aufteilung** F ‹~; ~en› división *f*; (*Verteilung*) reparto *m*, distribución *f*; prorrateo *m*; *v. Land*: parcelación *f*

'auftischen VT 1 poner sobre la mesa, servir 2 *umg fig Lügen etc* contar; **j-m ein Märchen ~** contar a alg un cuento chino

'Auftrag M ‹~(e)s; -träge› 1 encargo *m*, comisión *f*; (*Anweisung*) orden *f*; **einen ~ erteilen** dar orden (**zu** de); **im ~ von** por orden (*bzw* encargo) de; por parte de 2 POL mandato *m*; MIL, POL misión *f*; **im besonderen ~** en misión especial 3 HANDEL (*Bestellung*) orden *f*, pedido *m*; **größerer/unerledigter ~** pedido *m* importante, pendiente; **~ an Zulieferer** subcontratación *f*; **einen ~ erteilen/vergeben** hacer (*od* pasar)/colocar un pedido; **den ~ annehmen/ablehnen** aceptar/rechazar el pedido; **den ~ ausführen/bearbeiten** servir/atender el pedido; **den ~ bestätigen** confirmar el pedido, acusar recibo del pedido; **den ~ stornieren** cancelar el pedido; **etw (bei j-m) in ~ geben** encomendar a/c (a alg); **im ~ und auf Rechnung von** por orden y cuenta de 4 *von Farbe etc*: aplicación *f*

'auftragen ‹irr› A VT 1 *Speisen* servir 2 *Farben etc* aplicar (**auf** *acus* a) 3 *Kleidung* gastar 4 *Grüße* mandar; **j-m etw ~** encargar (*bzw* encomendar) a/c a alg; **j-m ~, etw zu tun** encargar a alg hacer a/c B VI 1 *Kleid etc* abultar 2 *umg fig* **dick ~** (*übertreiben*) (re)cargar las tintas; *umg* hinchar el perro

'Auftraggeber M ‹~s; ~›, **Auftraggeberin** F ‹~; ~nen› HANDEL (*Besteller, -in*) comitente *m/f*; (*Kunde, Kundin*) cliente *m/f*, comprador *m*, -a *f*; JUR mandante *m/f*; **Auftragnehmer** M ‹~s; ~›, **Auftragnehmerin** F ‹~; ~nen› HANDEL comisionista *m/f*; JUR mandatario *m*, -a *f*

'Auftragsabwicklung F, **Auftragsbearbeitung** F ejecución *f* (*od* realización *f*) de un pedido; **Auftragsbestand** M volumen *m* (*od* cartera *f*) de pedidos; **Auftragsbestätigung** F confirmación *f* del pedido (*bzw* de la orden); **Auftragseingang** M entrada *f* del pedido (*bzw* de pedidos); **Auftragserteilung** F 1 *e-r Bestellung*: otorgamiento *m* (de un pedido) 2 *bei e-r Ausschreibung*: concesión *f* de contrata; **Auftragsformular** N formulario *m* de pedido; **auftragsgemäß** ADV conforme al pedido; **Auftragsnummer** F número *m* del pedido; **Auftragsvergabe** F adjudicación *f* del pedido, contratación *f*; **~ an Zulieferer** subcontratación *f*; **Auftragsvolumen** N cartera *f* de pedidos; **Auftragszettel** M nota *f* de pedido

'Auftragwalze F TYPO rodillo *m* dador

'auftreffen VI ‹irr› chocar, dar (**auf** *acus* contra); **Auftreffen** N ‹~s› PHYS incidencia *f*; **auftreffend** ADJ incidente; **Auftreffpunkt** M punto *m* de choque (*bzw* de impacto)

'auftreiben VT ‹irr› 1 (*beschaffen*) procurar, proporcionar; *umg* (*finden*) encontrar, dar con; *Geld* sacar, reunir 2 (*aufblähen*) hinchar; **auftrennen** VT deshilvanar, deshacer; *Naht* descoser

'auftreten ‹irr› A VI 1 *mit dem Fuß*: sentar el pie (en el suelo); pisar (**auf** *acus* sobre, en); **leise ~** andar despacio; **er kann mit dem verletzten Fuß nicht ~** no puede apoyar el pie lesionado 2 (*erscheinen*) aparecer, presentarse; **öffentlich ~** aparecer en público; **~ als** hacer de, actuar como; JUR **als Zeuge (vor Gericht) ~** declarar (*od* deponer) como testigo; **als Vermittler ~** hacer de intermediario 3 THEAT (*die Bühne betreten*) entrar en (*od* salir a) escena; *als Schauspieler, Künstler*: actuar (**als** de); **Hamlet tritt auf** sale a escena Hamlet; **zum ersten Mal ~** debutar 4 (*handeln*) actuar; proceder; (*sich benehmen*) (com)portarse, conducirse; **~ gegen** oponerse a; **energisch ~** mostrar firmeza 5 (*eintreten*) presentarse, suceder, ocurrir; *Krankheit, Ereignis* sobrevenir; *Schwierigkeiten, Zweifel* surgir B VT *Tür* abrir a puntapiés (*od* a patadas)

'Auftreten N ‹~s› 1 (*Erscheinen*) aparición *f*; presentación *f*; MED incidencia *f* 2 THEAT actuación *f*; **erstes ~** debut *m* 3 (*Benehmen*) comportamiento *m*; modales *mpl*; conducta *f*; actitud *f*; **sicheres ~** aplomo *m*

'Auftrieb M 1 PHYS fuerza *f* ascensional; FLUG sustentación *f*; SCHIFF flotabilidad *f*; WIRTSCH *v. Preisen etc*: alza *f* 2 *fig* (*Antrieb*) impulso *m*, empuje *m*; **(neuen) ~ verleihen** dar (nuevo) impulso 3 *v. Vieh auf die Alm*: salida *f* al pasto; *auf den Viehmarkt*: entradas *fpl* de ganado

'Auftriebskraft F fuerza *f* ascensional, empuje *m* ascendente

'Auftritt M ‹~(e)s; ~e› 1 THEAT, MUS (*das Auftreten*) salida *f* a escena; entrada *f* en escena; (*Vorstellung, Vorspiel*) actuación *f*; *a. fig* **das war ihr großer ~** ése fue su gran momento 2 THEAT (*Szene*) escena *f* 3 *umg fig* escena *f*; (*Streit*) pelea *f*, disputa *f*

Auftr.-Nr. ABK (Auftragsnummer) np *m* (número de pedido)

'auftrumpfen VI salirse con la suya; demostrar su superioridad; **mit seinem Wissen** *etc* **~** presumir de sus conocimientos, *etc*

'auftun ‹irr› A VT 1 *geh* (*öffnen*) abrir 2 *umg* (*auf den Teller legen*) **j-m etw ~** servir a/c a alg 3 *umg fig* (*entdecken*) **etw ~** descubrir a/c; **j-n ~** encontrar a alg B VR **sich ~** abrirse; *fig* **da tun sich Abgründe auf** hay *od* se abre un abismo

'auftürmen VT(VR) **(sich) ~** amontonar(se), apilar(se); **aufwachen** VI ‹sn› despertarse; **aufwachsen** VI ‹irr; sn› crecer, criarse (**in** *dat* en)

'aufwallen VI hervir, (re)bullir (*a. fig*); *brausend*: burbujear; **Aufwallen** N ‹~s›, **Aufwallung** F ‹~; ~en› hervor *m*, ebullición *f*; (*Sprudeln*) efervescencia *f*; *fig geh a.* transporte *m*, arrebato *m*

'Aufwand M ‹~(e)s› 1 (*Einsatz*) esfuerzo *m*; *an Dingen*: despliegue *m* (**an** *dat* de); *an Geld*: gastos *mpl*; dispendio *m*; **mit großem ~ an** (*dat*) con gran despliegue de; **einen großen ~ an Energie** *etc* **erfordern** exigir mucha energía, *etc*; **großen ~ für ein Fest treiben** preparar una fiesta a lo grande; **der ganze ~ war umsonst** todo el esfuerzo fue para nada 2 (*Prunk*) suntuosidad *f*, ostentación *f*, pompa *f*; **unnützer ~** derroche *m*

'aufwändig → aufwendig

'Aufwandsentschädigung F HANDEL reembolso *m* de (*od* indemnización *f* por) gastos *mpl* de representación

'aufwärmen A VT 1 *Essen* recalentar 2 *fig Erinnerung* evocar, refrescar; *alte Geschichten* desenterrar B VR **sich ~** calentarse (*a.* SPORT)

'Aufwartefrau F *reg obs* asistenta *f*, mujer *f* de faenas

'aufwarten VI *geh* **mit etw ~** ofrecer a/c, presentar a/c

'aufwärts ADV (hacia) arriba; (*bergan*) cuesta arriba; **den Fluss ~** río arriba; **von ... (an) ~** a partir de ...; **von 2 Millionen ~** de 2 millones en adelante (*od* arriba); *fig* **mit ihm geht es ~** va prosperando (*od umg* viento en popa)

'Aufwärtsbewegung F WIRTSCH movimiento *m* expansivo; *der Preise*: tendencia *f* alcista; **aufwärtsführen** VI *Weg* ir cuesta arriba; **Aufwärtshaken** M *Boxen*: uppercut *m*; **Aufwärtshub** M TECH carrera *f* ascendente; **Aufwärtstrend** M tendencia *f* ascendente; *bes* WIRTSCH tendencia (*od* movimiento *m*) al alza; ciclo *m* ascendente; **~ der Konjunktur** coyuntura *f* en alza

'Aufwartung F ‹~; ~en› 1 *geh* (*Besuch*) visita *f* de cumplido; **j-m seine ~ machen** visitar (*od* ofrecer sus respetos) a alg 2 *obs* servicio *m* 3 *reg* → Aufwartefrau

'Aufwasch M ‹~(e)s› 1 *reg* platos *mpl* sucios; *Tätigkeit*: lavado *m* de los platos; **den ~ machen** fregar los platos 2 *umg fig* **in einem ~** de una vez, de una pasada; **alles in einem ~** todo de una pasada

'aufwaschen VT ‹irr› *reg Teller* lavar, fregar; **aufwecken** VT despertar; *fig a.* reanimar; → *a.* aufgeweckt

'aufweichen A VT ablandar, reblandecer; *in Wasser*: remojar; macerar B VI reblandecerse; **aufweichend** ADJ emoliente

'aufweisen VT ‹irr› mostrar, presentar; *Defizit, Überschuss* acusar, arrojar; **Mängel ~** presentar defectos

'aufwenden VT ‹irr› *Zeit etc* emplear (**für** para), dedicar (**für** a); *Geld* gastar (**für** para), invertir (**für** en); **viel Mühe ~** prodigar esfuerzos, esforzarse mucho

'aufwendig ADJ costoso, dispendioso; lujoso

'Aufwendung F ‹~; ~en› empleo *m*; gasto *m*; **~en** *pl* gastos *mpl*; *Buchhaltung* **außergewöhnliche/betriebliche ~en** gastos *mpl* extraordinarios/empresariales

'aufwerfen ‹irr› A VT 1 *Damm* levantar; *Graben* abrir 2 *fig Frage* suscitar, plantear B VR *fig* **sich ~ zu** erigirse en; **sich zum Richter ~** erigirse en juez

'aufwerten VT revalorizar; *Währung a.* revaluar; **Aufwertung** F ‹~; ~en› revalorización *f*, revaluación *f*

'aufwickeln A VT 1 enrollar, arrollar; (*spulen*) devanar, bobinar; *Haar* poner rulos 2 (*auswickeln*) desenrollar; *Paket* desenvolver B VR **sich ~** devanarse, enrollarse

'aufwiegeln VT sublevar, incitar (a la rebelión); soliviantar; *zur Meuterei*: amotinar; **j-n ~ gegen** soliviantar a alg contra; **Aufwiegelung** F ‹~; ~en› incitación *f*, instigación *f* (a la rebelión)

'aufwiegen VT ‹irr› 1 **j-n mit Gold ~** pagar a alg su peso en oro 2 *fig* contrapesar, contrabalancear; compensar (**mit** con)

'Aufwiegler M ‹~s; ~›, **Aufwieglerin** F ‹~; ~nen› agitador *m*, -a *f*, amotinador *m*, -a *f*; **aufwieglerisch** ADJ sedicioso; → *a* aufrührerisch

'Aufwind M 1 FLUG corriente *f* (*od* viento *m*) ascendente 2 *fig* impulso *m*, estímulo *m*; **im ~ sein** WIRTSCH estar en auge; *fig* ir viento en popa

'aufwinden VT ‹irr› enrollar; *Garn* devanar; *mit e-r Winde*: levantar, guindar, SCHIFF izar; *Anker* levar

'aufwirbeln A VT arremolinar; levantar; *fig* **(viel) Staub ~** levantar (gran) polvareda B VI arremolinarse, levantarse en torbellinos

'aufwischen VT limpiar, fregar; (*auftrocknen*) secar, enjugar (con un trapo); **Aufwischlappen** M trapo *m*; bayeta *f*

'aufwühlen VT 1 revolver; *Erde* (ex)cavar; escarbar 2 *fig Seele* agitar, excitar, emocionar; **aufwühlend** ADJ excitante; emocionante

'aufzählen VT enumerar; *im Einzelnen*: detallar, especificar; *Geld* contar; **Aufzählung** F ‹~; ~en› enumeración *f*; relación *f*; *genaue*: especificación *f*

'aufzäumen VT embridar

'aufzehren VT consumir (*a. fig*); *fig* absorber; **Aufzehrung** F ‹~; ~en› consumo *m*

'aufzeichnen VT 1 (*zeichnen*) dibujar, trazar 2 (*notieren*) apuntar, anotar; (*registrieren*) registrar (*a.* TECH) 3 TECH grabar; **auf Video ~** grabar en video

'Aufzeichnung F ‹~; ~en› 1 (*Notiz*) nota *f*, apunte *m*; registro *m*; **sich** (*dat*) **~en machen** tomar apuntes (**über** *acus* sobre) 2 TECH grabación *f*; TV (*Übertragung*) retransmisión *f* diferida; TV **in einer ~** en diferido

'aufzeigen VT mostrar, señalar; (*klarmachen*) demostrar, evidenciar; (*offenbaren*) revelar, descubrir

'aufziehen ‹irr› A VT 1 (*hochziehen*) subir, levantar, alzar; *Segel, Flagge* izar; *Anker* levar 2 (*öffnen*) *Schublade* abrir; *Vorhang* descorrer, THEAT levantar 3 *Saiten* poner; *Karte, Bild* montar; *fig* **andere Saiten ~** apretar las tuercas 4 *Uhr, Spieluhr etc* dar cuerda a; **aufgezogen sein** tener cuerda 5 *Kind* criar; *Vieh* (re)criar; *Pflanze* cultivar 6 *umg fig Unternehmen etc* organizar, *umg* montar 7 *umg* (*foppen*) **j-n ~** tomar el pelo a alg B VI ‹sn› 1 MIL *in Marschordnung*: desfilar; *Wache* relevarse 2 *Gewitter* cernerse, levantarse

'Aufziehen N ‹~s› 1 MIL *der Wache*: relevo *m* 2 *umg* (*Foppen*) tomadura *f* de pelo 3 *Spielzeug*: **zum ~** de cuerda

'Aufzucht F ‹~› (re)cría *f*; crianza *f* (*a. e-s Säuglings*); *v. Pflanzen*: cultivo *m*

'Aufzug M ‹~(e)s; ⸚e› 1 (*Fahrstuhl*) ascensor *m*; (*Lastenaufzug*) montacargas *m*; (*Küchenaufzug*) montaplatos *m* 2 THEAT acto *m*; *in der klassischen spanischen Dichtung*: jornada *f* 3 *umg* (*Kleidung*) atuendo *m*, atavío *m* 4 *Weberei*: cadena *f*; *Uhr*: cuerda *f*; *Turnen*: elevación *f* 5 *feierlicher*: procesión *f*; cabalgata *f*; *bes* MIL desfile *m*, parada *f*

'Aufzugführer M, **Aufzugführerin** F ascensorista *m/f*; **Aufzughebel** M FOTO palanca *f* de avance; **Aufzugkabine** F cabina *f*, camarín *m*; **Aufzugschacht** M hueco *m* del ascensor

'aufzwingen VT ‹irr› **j-m etw ~** obligar a alg a aceptar a/c; *fig* imponer a/c a alg

Aug. ABK (August) agosto

'Augapfel M ANAT globo *m* ocular; *fig* ojito *m* derecho; **etw wie seinen ~ hüten** guardar a/c como la niña de sus ojos (*od* como oro en paño)

'Auge N ‹~s; ~n› 1 ANAT ojo *m*; **künstliches ~** ojo artificial (*od* de cristal); **grüne ~n haben** tener los ojos verdes; *umg hum* **das ~ des Gesetzes** la policía; **sich** (*dat*) **die ~n reiben** restregarse los ojos; **die ~n verdrehen** poner los ojos en blanco; **die ~n fallen mir zu** se me cierran los ojos; **kein ~ zutun** *od* **zumachen** no pegar ojo; MIL **(die) ~n rechts!** ¡vista a la derecha! 2 (*Sehkraft*) vista *f*; **gute/schlechte ~n haben** tener buena/mala vista; **mit bloßem ~** a simple vista; **sich** (*dat*) **die ~n verderben** estropearse (*od* dañarse) la vista; **so weit das ~ reicht** hasta donde llega la vista 3 *fig mit Verb*: **die ~n aufmachen** abrir el ojo, estar (ojo) alerta; **das ~ beleidigen** ofender la vista (*od* los ojos); **die ~n gehen mir auf** ahora veo claro; **ein ~ auf etw** (*acus*) **haben** vigilar a/c; velar sobre a/c; **die ~n überall haben** estar en todo; **keine ~n im Kopf haben** tener telarañas en los ojos; **kein ~ lassen von** no quitar los ojos de; **~n machen** (*staunen*) quedarse impresionado; **die ~n offen halten** tener los ojos bien abiertos, estar (ojo) alerta; **j-m die ~n öffnen** desengañar a alg, abrir los ojos a alg, quitar a alg la venda de los ojos; *umg* **ein ~ riskieren** mirar disimuladamente; *umg* **die ~n sind größer als der Magen** tiene los ojos más grandes que la panza; **ich traute meinen ~n nicht** *od* **kaum** no daba crédito a mis ojos; **die ~n vor etw verschließen** cerrar los ojos a a/c; **ein ~ werfen auf** (*acus*) poner la mira en; **ein ~ zudrücken** hacer la vista gorda 4 *fig, mit adj*: *umg* **blaues ~** ojo *m* morado (*od* a la funerala); *fig* **mit einem blauen ~ davonkommen** salir bien librado; **große ~n machen** abrir tanto ojo; abrir (mucho) los ojos; poner los ojos como platos; **j-m schöne ~n machen** coquetear (con la mirada); *umg* hacer ojitos a alg 5 *mit präp*: **geh mir aus den ~n!** ¡quítate de mi vista!; **j-n/etw nicht aus den ~n lassen** no quitar los ojos de alg/a/c, no perder de vista alg/a/c; **aus den ~n verlieren** perder de vista; *sprichw* **aus den ~n, aus dem Sinn** si te he visto, no me acuerdo; **nur fürs ~** sólo para disfrutar de su vista; **~ in ~** cara a cara; frente a frente; **in meinen ~n** en mi opinión, a mi juicio; **im ~ behalten** no perder de vista; tener presente; **ins ~ fallen** llamar la atención, resaltar; *fig* **ins ~ fassen** considerar; pensar hacer, tener en cuenta; *umg* **ins ~ gehen** acabar mal; **im ~ haben** *umg* tener entre ceja y ceja; **j-m in die ~n sehen** mirar a alg a la cara; *fig* **dem Tod** *etc* **ins ~ sehen** afrontar la muerte, *etc*; *fig* **in die ~n springen** *od* **ins ~ stechen** saltar a la vista; **mit anderen ~n ansehen** mirar con otros ojos; *fig* **mit den ~n essen** comer con los ojos; **mit verbundenen ~n** con los ojos tapados; **j-m mit den ~n verschlingen** comerse a alg con los ojos; **~ um ~** ojo por ojo; **unter vier ~n** a solas; **j-m unter die ~n treten** presentarse ante alg; **komm mir nicht wieder unter die ~n!** ¡no quiero volver a verte!; **vor seinen ~n** delante de sus ojos; **vor aller ~n** a la vista de todos; en público; *fig* **sich** (*dat*) **etw vor ~n halten** tener presente a/c; *fig* **j-m etw vor ~n halten** *od* **führen** (de)mostrar a/c a alg; aclarar a/c a alg; *umg* **~n zu und durch!** ¡valor y al toro! 6 BOT yema *f*, botón *m*, ojo *m* 7 (*Fettauge*) ojo *m* 8 *auf dem Würfel*: punto *m*

äugen VI *Tier, fig* mirar

'Augenabstand M distancia *f* interocular; **Augenarzt** M, **Augenärztin** F oculista *m/f*, oftalmólogo *m*, -a *f*; **Augenbinde** F venda *f* (para los ojos)

'Augenblick M ‹~(e)s; ~e› momento *m*, instante *m*; **alle ~e** a cada momento (*od* instante); **jeden ~** de un momento a otro; **das ist Sache eines ~s** es cosa de un momento; **im ~** en este momento; (*sofort*) al instante, al punto; **in diesem ~** en ese momento; **in einem ~** en un instante; (*im Nu*) *umg* en un santiamén, en un abrir y cerrar de ojos; **im ersten ~** de momento; en el primer momento; **im letzten ~** en el último momento; **im nächsten ~** enseguida, al poco rato

'augenblicklich A ADJ instantáneo, inmediato; (*vorübergehend*) momentáneo B ADV en este momento; ahora mismo, al instante; (*vorläufig*) de (*od* por el) momento; (*sofort*) instantáneamente, inmediatamente

'Augenblicksaufnahme F FOTO instantánea *f*; **Augenblickserfolg** M éxito *m* pasajero (*od* fugaz); **Augenblickswirkung** F efecto *m* instantáneo (*od* inmediato)

'Augenbraue F ‹~; ~n› ceja *f*

'Augenbrauenbogen M arco *m* superciliar; **Augenbrauenstift** M lápiz *m* de cejas

'Augendiagnose F iridiagnosis *f*; **Augenentzündung** F MED oftalmía *f*; **augenfällig** ADJ evidente, manifiesto, patente; **Augenfarbe** F color *m* de los ojos; **Augenflimmern** N MED centelleo *m*; escotoma *f* centellante; **Augenheilkunde** F MED oftalmología *f*; **Augenhöhe** F **in ~** a la altura del ojo; **Augenhöhle** F órbita *f*, cuenca *f* del ojo; **Augeninnendruck** M ‹~(e)s› MED presión *f* intraocular; **Augenklappe** F parche *m* de ojo; **Augenklinik** F clínica *f* oftalmológica; **Augenleiden** N enfermedad *f* de los ojos; **Augenlicht** N vista *f*; **Augenlid** N ‹~(e)s; ~er› párpado *m*; **Augenlinse** F ANAT cristalino *m*; **Augenmaske** F antifaz *m*, mascarilla *f*; *als Lichtschutz*: mascarilla *f* antiluz

'Augenmaß N **nach ~** a ojo (de buen cubero); **ein gutes ~ haben** tener buen ojo

'Augenmerk N **sein ~ auf etw** (*acus*) **richten** poner la mira en a/c, fijar (*od* centrar) la atención en a/c

'Augenmuskel M ANAT músculo *m* del ojo; **Augennerv** M nervio *m* óptico; **Augen-**

operation F MED operación f de ojos; **Augensalbe** F PHARM pomada f (oftálmica)

'Augenschein M 1 (Anschein) apariencia f, evidencia f; **dem ~ nach** por las apariencias 2 JUR inspección f ocular; **in ~ nehmen** examinar, inspeccionar

'augenscheinlich A ADJ aparente; evidente, manifiesto B ADV al parecer, en apariencia

'Augenspiegel M MED oftalmoscopio m; **Augensprache** F lenguaje m de los ojos; **Augenstern** M poet pupila f; fig niña f del ojo; **Augentäuschung** F ilusión f óptica; **Augentropfen** MPL PHARM colirio m; **Augenweide** F deleite m para los ojos, gozo m de la vista; **Augenwimper** F pestaña f; **Augenwinkel** M ángulo m (od rabillo m) del ojo, ANAT comisura f palpebral

Augenwische'rei F ⟨~; ~en⟩ umg falacia f, patraña f

'Augenzahn M (diente m) canino m, colmillo m; **Augenzeuge** M, **Augenzeugin** F testigo m/f ocular (od presencial); **~ sein bei** presenciar a/c; **Augenzittern** N MED nistagmo m; **Augenzwinkern** N guiñada f; parpadeo m

Au'giasstall M geh **den ~ ausmisten** limpiar los establos de Augías

'Augsburg N ⟨~s⟩ Augsburgo m

'Augur M ⟨~s od ~en; ~en⟩ HIST augur m

Au'gust¹ M ⟨~(e)s od ~; ~e⟩ Monat: agosto m; **im ~** en agosto

'August² NPL M 1 Vorname: Augusto m 2 (Clown) payaso m; **der dumme ~** el tonto del circo (a. fig)

Augus'tiner M ⟨~s; ~⟩, **Augustinermönch** M agustino m

Aukti'on F subasta f, licitación f; Am remate m; **zur ~ kommen** salir a subasta (od licitación)

Auktio'nator M ⟨~s; -'toren⟩ subastador m, licitador m; Am rematador m

Aukti'onshaus N casa f de subastas; **Auktionskatalog** M catálogo m de la subasta; **Auktionslokal** N sala f de subastas

'Aula F ⟨~; Aulen⟩ SCHULE salón m de actos; UNIV a. paraninfo m

Au-'pair-Mädchen [o'pɛːr-] N au pair f

aus A PRÄP (dat) 1 räumlich: de, por; **~ dem Fenster sehen/werfen** mirar/arrojar por la ventana; **~ der Flasche** de la botella; **~ einem Glas trinken** beber en un vaso; **~ dem Haus gehen** salir de la casa; **~ unserer Mitte** de (entre) nosotros; **~ der Zeitung** del periódico 2 Herkunft: **er ist ~ Berlin** es de Berlín; BAHN, FLUG **~ Berlin** (procedente) de Berlín; **~ ganz Spanien** de toda España; **~ guter Familie** de buena familia; **~ dem 19. Jahrhundert** del siglo XIX; **~ dem Deutschen (übersetzt)** (traducido) del alemán; **~ einem Buch lernen** aprender en un libro 3 Material: de; **~ Gold/Marmor/Holz** etc de oro/de mármol/de madera, etc 4 Veränderung: **~ ihm wurde ein guter Arzt** se convirtió en un gran médico; **was ist ~ ihm geworden?** ¿qué ha sido de él?; **~ ihm wird nie etwas werden** nunca llegará a ser algo 5 Grund: por; **~ guter Absicht** con buena intención; **~ diesem Grunde** por esta razón; **~ Liebe** por amor (**zu** a); **~ Mitleid/Neugier** etc por compasión/curiosidad, etc; **~ Prinzip** por principio; **~ Spaß** de broma; **~ Versehen** por despiste B ADV 1 **von ... ~** örtlich: desde ...; **von hier ~** desde aquí; **von Natur ~** de naturaleza; umg **von mir ~** por mí, por lo que a mí toca; **von sich ~** por propia iniciativa 2 umg (ausgeschaltet, gelöscht) apagado; **ein – ~** on – off, encender – apagar; **das Licht ist ~** la luz está apagada; **das Feuer ist ~** el fuego se ha apagado 3 umg (vorbei) acabado, terminado; **die Schule ist ~** se terminó la escuela; **damit ist es (jetzt) ~!** ¡se acabó!; **mit ihm ist es ~** está arruinado (od acabado); **alles ist ~** todo se acabó 4 SPORT fuera 5 mit ein: **bei j-m ein und ~ gehen** frecuentar la casa de alg; **ich weiß nicht mehr ein noch ~** estoy entre la espada y la pared 6 **~ der Mode sein** estar pasado de moda 7 **wir waren gestern Abend ~** anoche salimos 8 **auf etw** (acus) **~ sein** poner la mira en a/c, aspirar a a/c; **er ist nur auf ihr Geld ~** sólo va por su dinero

Aus N ⟨~⟩ 1 SPORT **im ~** fuera; **ins ~ gehen** salir fuera 2 fig **das bedeutete das ~ für ihn** significó el fin para él

'ausarbeiten VT elaborar; schriftlich: redactar; componer; Thema, Plan desarrollar; (vervollkommnen) perfeccionar; acabar; **Ausarbeitung** F ⟨~; ~en⟩ elaboración f; schriftliche: redacción f; composición f; desarrollo m; (Vervollkommnung) perfeccionamiento m; TECH acabado m

'ausarten VI ⟨sn⟩ degenerar (**zu** en); **Ausartung** F ⟨~; ~en⟩ degeneración f

'ausästen VT desramar, escamondar

'ausatmen VT & VI espirar; (ausdünsten) exhalar; **Ausatmung** F ⟨~; ~en⟩ espiración f; exhalación f

'ausbaden VT umg **etw ~ (müssen)** umg (tener que) pagar el pato (od los platos rotos) por a/c; **es ~ müssen** a. cargar con el mochuelo

'ausbaggern VT dragar; excavar

'Ausbaggern N ⟨~s⟩ dragado m; excavación f

'ausbalancieren VT ⟨ohne ge-⟩ contrabalancear, contrapesar, equilibrar

'ausbaldowern VT umg espiar; descubrir

'Ausball M SPORT balón m fuera (de banda)

'Ausbau M ⟨~(e)s⟩ 1 (Vergrößerung) ampliación f (a. ARCH); ensanche m 2 TECH (Abnahme) desmontaje m 3 fig (Erweiterung) desarrollo m, expansión f; (Verstärkung) intensificación f; WIRTSCH **~ von Handelsbeziehungen** fomento m (od intensificación f) de las relaciones comerciales 4 (Festigung) consolidación f

'ausbauchen VT abombar; **Ausbauchung** F ⟨~; ~en⟩ abombamiento m

'ausbauen VT 1 TECH Teil, Gerät desmontar (**aus** de) 2 (vergrößern) ampliar; ensanchar; **das Dach ~** transformar el desván en habitación 3 fig (erweitern) desarrollar, ampliar; intensificar; **Handelsbeziehungen ~** desarrollar (od ampliar) relaciones comerciales; **seinen Vorsprung ~** ampliar su ventaja 4 (festigen) Position etc consolidar

'ausbaufähig ADJ 1 (erweiterbar) ampliable 2 TECH (entfernbar) desmontable 3 fig desarrollable; con potencial de desarrollo; **~e Stellung** puesto m con perspectivas (de ascenso)

'ausbedingen VT ⟨irr; ohne ge-⟩ geh estipular; **sich** (dat) **etw ~** reservarse (el derecho de) a/c; poner por condición a/c; **sich** (dat) **~, dass ...** reservarse (el derecho a) que

'ausbeißen VT ⟨irr⟩ arrancar con los dientes; **sich** (dat) **einen Zahn ~** romperse un diente; **sich** (dat) **die Zähne ~** romperse los dientes (**an etw** dat con a/c); fig a. pinchar en hueso

'ausbessern VT reparar, arreglar; SCHIFF carenar; (flicken) remendar; Kunstwerk restaurar; Bild retocar

'Ausbesserung F ⟨~; ~en⟩ reparación f, arreglo m; v. Kleidung: remiendo m; e-s Kunstwerks: restauración f; e-s Bildes: retoque m; SCHIFF carena f

'ausbesserungsbedürftig ADJ necesitado de reparación; **ausbesserungsfähig** ADJ reparable

'ausbeulen A VT TECH desabollar B VR Hose **sich ~** dar de sí, deformarse; → a. ausgebeult

'Ausbeute F ⟨~; ~n⟩ producto m, ganancia f; rendimiento m (a. BERGB u. TECH); fig fruto m, cosecha f

'ausbeuten VT **etw ~** explotar a/c (a. pej); fig **j-n ~** explotar a alg; (ausnutzen) aprovecharse de alg; i. w. S vivir a costa de alg; **Ausbeuter** M ⟨~s; ~⟩, **Ausbeuterin** F ⟨~; ~nen⟩ explotador m, -a f (a. pej); **ausbeuterisch** ADJ explotador; **Ausbeutung** F ⟨~⟩ explotación f (a. pej); aprovechamiento m; **ausbeutungsfähig** ADJ explotable

'ausbezahlen VT ⟨ohne ge-⟩ pagar (del todo), liquidar, saldar; **Ausbezahlung** F ⟨~; ~en⟩ pago m total; liquidación f

'ausbiegen ⟨irr; sn⟩ A VT encorvar; bornear B VI reg (ausweichen) desviarse, apartarse; ceder el paso

'ausbilden A VT 1 (schulen) formar; instruir (a. MIL); geistig: educar; cultivar; SPORT ejercitar, preparar, entrenar; **sich ~ lassen in** (dat) perfeccionarse en 2 (entwickeln) desarrollar; perfeccionar B VR **sich ~** 1 (entstehen) formarse; desarrollarse 2 **sich ~ (lassen) zu** formarse como, hacer una formación de; → a. ausgebildet

'Ausbilder M ⟨~s; ~⟩, **Ausbilderin** F ⟨~; ~nen⟩ instructor m, -a f (a. MIL); SPORT preparador m, -a f, entrenador m, -a f

'Ausbildung F ⟨~; ~en⟩ 1 berufliche: formación f (profesional); instrucción f; geistige: educación f; **innerbetriebliche ~** formación f en la empresa; **in der ~ stehen** estar en período de formación 2 (Entwicklung) desarrollo m; perfeccionamiento m; SPORT preparación f, entrenamiento m

'Ausbildungsbeihilfe F VERW ayuda f al estudio; **Ausbildungsgang** M rama f profesional; **Ausbildungslager** N campo m de entrenamiento (bzw de instrucción); **Ausbildungslehrgang** M curso m (od cursillo m) de instrucción (bzw de formación); **Ausbildungsniveau** N nivel m de formación; **Ausbildungsplatz** M plaza f (od puesto m) de formación profesional; **Ausbildungsprogramm** N programa m de formación (od aprendizaje od perfeccionamiento); **Ausbildungsstätte** F centro m de formación (od de enseñanza); **Ausbildungssystem** N **(duales) ~** sistema m de formación (dual); **Ausbildungsverhältnis** N relación f de formación profesional; **Ausbildungszeit** F período m de formación

'ausbitten VT ⟨irr⟩ geh **sich** (dat) **etw ~** pedir a/c (**von j-m** a alg); (fordern) exigir a/c; insistir en a/c

'ausblasen VT ⟨irr⟩ 1 Kerze etc apagar (de un soplo), extinguir; Hochofen matar el fuego; fig **j-m das Lebenslicht ~** quitar la vida a alg 2 **ein Ei ~** soplar un huevo para vaciarlo

'ausbleiben VI ⟨irr; sn⟩ no venir, no aparecer, no llegar; (fehlen) faltar; MED **ihre Periode blieb aus** no le venía la regla; **(nicht) lange ~** (no) tardar mucho; (no) retrasarse; **es konnte nicht ~, dass** era inevitable que; **über Nacht ~** trasnochar

'Ausbleiben N ⟨~s⟩ ausencia f, falta f; demora f, tardanza f; e-r Zahlung: impago m, falta f de pago; JUR incomparecencia f, no comparecencia f

'ausbleichen ⟨irr⟩ A VT blanquear B VI perder el color, desteñirse; **ausblenden** VT 1 RADIO, FILM hacer desaparecer (bzw extinguir) gradualmente 2 IT ocultar

'Ausblick M ⟨~(e)s; ~e⟩ vista f (**auf** acus a), panorama m; fig perspectiva f; **Zimmer mit ~ auf den See** habitación f con vistas al lago

'ausblühen VI MINER eflorecer(se); **aus-**

bluten VI *Wunde* cesar de sangrar; *Person* desangrarse; **~ lassen** desangrar (*a. fig*); **ausbohren** VT taladrar, perforar; horadar; **ausbomben** VT bombardear; **ausbooten** VT 1 SCHIFF desembarcar en botes 2 *umg fig* **j-n ~** desbancar a alg; **ausborgen** A VT *bes österr* 1 (*verleihen*) prestar 2 (*entleihen*) pedir (*od* tomar) prestado B VR **sich ~** pedir (*od* tomar) prestado

'ausbrechen ‹*irr*› A VI ‹sn› 1 (*entstehen*) producirse; *Krankheit, Feuer* declararse; *Sturm* desencadenarse; *Krieg* estallar; *Vulkan* entrar en erupción; **ihm brach der Schweiß aus** empezó a sudar 2 *Gefangene* evadirse, fugarse, escaparse (**aus** *dat* de) 3 **in Beifall ~** prorrumpir en aplausos; **in Gelächter ~** soltar una carcajada; **in Tränen ~** romper a llorar B VT 1 romper, arrancar; **sich** (*dat*) **einen Zahn ~** romperse un diente 2 (*erbrechen*) vomitar; *umg* devolver

'Ausbrecher M ‹~s; ~›, **Ausbrecherin** F ‹~; ~nen› evadido *m*, -a *f*, evasor *m*, -a *f*, fugitivo *m*, -a *f*

'ausbreiten A VT 1 extender; (*entfalten*) desplegar, desdoblar; *Ware* exponer 2 *Arme, Flügel* extender, abrir 3 *fig* (*verbreiten*) propagar; *Nachricht a.* divulgar B VR **sich ~** 1 extenderse; desplegarse; *Nachricht* propagarse, divulgarse; ganar terreno (*a. Feuer*); *Panik* cundir 2 (*ausführlich werden*) entrar en detalles, explayarse; **Ausbreitung** F ‹~› extensión *f*; despliegue *m*; propagación *f* (*a.* MED, REL), difusión *f*; divulgación *f*

'ausbremsen VT *umg* **j-n ~** *obstaculizar a otro vehículo frenando delante de éste*

'ausbrennen ‹*irr*› A VT 1 quemar del todo 2 MED *obs* cauterizar B VI 1 *Feuer* extinguirse, apagarse 2 *Haus* quemarse hasta los cimientos; → *a.* ausgebrannt

'Ausbrennen N ‹~s› MED cauterización *f*

'ausbringen VT ‹*irr*› **einen Trinkspruch auf j-n ~** brindar por alg

'Ausbruch M ‹~(e)s; ~̈e› 1 *e-s Vulkans*: erupción *f* 2 (*Beginn*) comienzo *m*, arranque *m*; *e-r Krankheit*: aparición *f*; **bei ~ des Krieges** al estallar la guerra; **zum ~ kommen** estallar; declararse (*a.* MED) 3 (*Flucht*) evasión *f*, fuga *f*; **~ (aus dem Gefängnis)** evasión *f* (de la cárcel) 4 *fig* desencadenamiento *m*, explosión *f*, estallido *m*; *von Gefühlen*: arrebato *m*, arranque *m*

'Ausbruchsversuch M 1 *v. Gefangenen*: intento *m* de evasión 2 MIL intento *m* de salida

'ausbrüten VT *Küken* empollar, incubar (*a. fig Krankheit*); *fig Komplott* urdir, tramar; *umg* cocer; **Ausbrüten** N ‹~s›, **Ausbrütung** F ‹~› incubación *f*; *fig* maquinación *f*

'ausbuchten A VT abombar; *Blech* embutir B VR **sich ~** abombarse; **Ausbuchtung** F ‹~; ~en› convexidad *f*; sinuosidad *f*

'ausbuddeln VT *umg* desenterrar, sacar; excavar; **ausbügeln** VT 1 *Falten* quitar (con la plancha); planchar 2 *fig Fehler* arreglar; **ausbuhen** VT *umg* abuchear; **Ausbuhen** N ‹~s› abucheo *m*

'Ausbund M ‹~(e)s› *geh, oft iron* modelo *m*, dechado *m*, prodigio *m* (**an** *dat* de); **ein ~ an** *od* **von Gelehrsamkeit** *umg* un pozo de ciencia; **ein ~ an** *od* **von Tugend/Bosheit** un dechado de virtudes/maldades

'ausbürgern VT **j-n ~** (*j-n ausweisen*) expatriar a alg; (*j-m die Staatsbürgerschaft entziehen*) desnaturalizar a alg, retirar la ciudadanía a alg; **Ausbürgerung** F ‹~; ~en› (*Ausweisung*) expatriación *f*; (*Entzug der Staatsbürgerschaft*) privación *f* de la ciudadanía; desnaturalización *f*

'ausbürsten VT cepillar; **ausbüxen** VI *umg* largarse; *von zu Hause*: escaparse de casa; **auschecken** [-tʃ-] VI 1 *im Hotel*: formalizar la salida; hacer los trámites de salida 2 FLUG desembarcar

'Ausdauer F ‹~› 1 perseverancia *f*, constancia *f*; (*Geduld*) paciencia *f*; (*Zähigkeit*) tenacidad *f*, persistencia *f*; SPORT resistencia *f*, aguante *m*; **er hat keine ~** no tiene aguante, no es constante 2 (*Fleiß*) tesón *m*; **ausdauernd** ADJ perseverante, constante; (*geduldig*) paciente; (*zäh*) tenaz, persistente; BOT perenne

'ausdehnbar ADJ extensible, dilatable

'ausdehnen A VT 1 extender (**auf** *acus* a), dilatar (*a.* PHYS *u. fig*); *fig a.* hacer extensivo (**auf** *acus* a); (*größer machen*) ampliar, agrandar; TECH *in die Länge*: alargar; *in die Breite*: ensanchar 2 *zeitlich*: prolongar B VR **sich ~** 1 *räumlich*: extenderse (**auf** *acus* a), dilatarse (*a.* PHYS *u. fig*); (*größer werden*) ampliarse, agrandarse; TECH *in die Länge*: alargarse; *in die Breite*: ensancharse 2 *Epidemie etc* extenderse, propagarse 3 *zeitlich*: prolongarse; → *a.* ausgedehnt

'Ausdehnung F ‹~; ~en› 1 *räumlich*: extensión *f*; dilatación *f* (*a.* PHYS); ampliación *f*; *bes* POL, WIRTSCH expansión *f*; TECH *in die Länge*: alargamiento *m*; *in die Breite*: ensanchamiento *m* 2 *zeitlich*: prolongación *f*

'Ausdehnungskoeffizient M PHYS coeficiente *m* de dilatación; **Ausdehnungsvermögen** N fuerza *f* expansiva

'ausdenkbar ADJ imaginable

'ausdenken VT imaginar; inventar; **sich** (*dat*) **etw ~** (*vorstellen*) imaginarse, figurarse a/c; (*sich etw einfallen lassen*) pensar a/c; **ich werde mir schon etwas ~** ya pensaré algo; **nicht auszudenken** inconcebible; *i. w. S* **es ist nicht auszudenken** sería desastroso (*od* fatal)

'ausdiskutieren VT ‹*ohne* ge-› discutir a fondo (*hasta llegar a algo*); **ausdocken** VT SCHIFF sacar del dique; **ausdorren** VI secarse (totalmente); **ausdörren** VT desecar; *Boden* aridecer; **ausgedörrt** reseco; *Boden* árido; **ausdrehen** VT 1 (*schließen*) *Gas, Wasserhahn* cerrar; *Licht* apagar 2 TECH (*drechseln*) tornear

'Ausdruck[1] M ‹~(e)s; ~̈e› 1 (*Redewendung*) dicho *m*, giro *m*, locución *f*; (*Wort*) término *m*, voz *f*, vocablo *m*; (*Schimpfwort*) palabrota *f*; **bildlicher ~** metáfora *f*; **idiomatischer ~** expresión *f* idiomática; **veralteter ~** arcaísmo *m* 2 *Miene*: expresión *f* 3 *äußerliches Zeichen* expresión *f* (*a. fig,* MATH); **zum ~ bringen** expresar, manifestar; poner de manifiesto; **zum ~ kommen** manifestarse, quedar de manifiesto

'Ausdruck[2] M ‹~(e)s; ~e› IT 1 (*Ausdrucken*) impresión *f* 2 (*Ausgedrucktes*) impreso *m*; listado *m*; hoja *f* impresa

'ausdrucken VT TYPO imprimir (*a.* IT), sacar (por impresión)

'ausdrücken A VT 1 expresar; *Gefühle* exteriorizar; **anders ausgedrückt** dicho de otro modo; *fig* **nicht auszudrücken** indecible, indescriptible 2 (*auspressen*) exprimir, estrujar 3 *Zigarette* apagar, aplastar B VR **sich ~** expresarse; *fig* traducirse; **sich deutlich ~** hablar claro (*a. fig*)

'ausdrücklich A ADJ expreso, explícito; *Verbot* terminante, categórico; **~er Befehl** orden *f* explícita B ADV expresamente

'ausdrucksfähig ADJ expresivo; **Ausdruckskraft** F expresividad *f*; **ausdruckslos** ADJ inexpresivo; **ausdrucksvoll** ADJ expresivo; **Ausdrucksweise** F modo *m* (*od* manera *f*) de expresarse, forma *f* de expresión; (*Stil*) dicción *f*; estilo *m*; *i. w. S* lenguaje *m*

'ausdünnen VT AGR aclarar, entresacar

'ausdünsten A VT exhalar, despedir B VI evaporarse, transpirar; **Ausdünstung** F ‹~; ~en› evaporación *f*, transpiración *f*, exhalación *f*

ausein'ander ADV separado(s); **weit ~** muy distante(s) entre sí; **die Kinder sind zwei Jahre ~** los niños se llevan dos años

ausein'anderbrechen VT & VI ‹*irr*; sn› romper(se), partir(se) en dos; **auseinanderbringen** VT ‹*irr*› separar; *fig a.* desunir, enemistar; **auseinanderfallen** VI ‹*irr*; sn› caer en pedazos; *fig* desmoronarse; **auseinanderfalten** VT desdoblar, desplegar; **auseinandergehen** VI ‹*irr*; sn› 1 (*sich trennen*) *Personen* separarse; *Menge* dispersarse; *Versammlung* disolverse; *Bündnis etc* romperse; *Wege* dividirse, ramificarse; *Meinungen* discrepar, diferir, divergir (*a.* PHYS, MATH) 2 *umg* (*dick werden*) engordar; **auseinandergehend** ADJ divergente; **auseinanderhalten** VT ‹*irr*› *fig* (*unterscheiden*) distinguir (entre), no confundir uno con otro; **auseinanderjagen** VT dispersar; **auseinanderkommen** VI ‹*irr*; sn› ser separado de; *im Gedränge*: perderse (de vista); *fig* distanciarse; **auseinanderlaufen** VI ‹*irr*; sn› *Menge* dispersarse; *Linien etc* divergir; **auseinanderleben** VR **sich ~** distanciarse; vivir desunidos; **auseinanderliegen** VI ‹*irr*; *reg a.* sn› estar alejados (*od* distantes); **auseinandernehmen** VT ‹*irr*› deshacer, descomponer, desunir; TECH desarmar, desmontar; *umg* **j-n ~** ir a por alg; *umg* apretar las tuercas a alg; (*verprügeln*) dar una paliza a alg; **auseinanderreißen** VT ‹*irr*› romper, desgarrar; **auseinanderrollen** VT desenrollar; **auseinanderrücken** VI apartarse; **auseinanderschreiben** VT ‹*irr*› **... schreibt man auseinander** ... se escribe separado

ausein'andersetzen A VT 1 (*trennen*) separar 2 (*erklären*) explicar, exponer; **j-m etw ~** explicar a/c a alg B VR **sich mit j-m ~** discutir con alg; HANDEL (*sich einigen*) arreglarse (*od* llegar a un acuerdo) con alg (**über** *acus* sobre); **sich mit etw ~** ocuparse de a/c; *gründlich*: ahondar en a/c; **sich mit einem Problem ~** enfrentarse con un problema

Ausein'andersetzung F ‹~; ~en› 1 *mit e-m Problem etc*: enfrentamiento *m* (**mit** con) 2 (*Erklärung*) explicación *f*, exposición *f*; (*Erörterung*) discusión *f* 3 (*Streit*) disputa *f*, discrepancia *f*, altercado *m*; **bewaffnete** *od* **kriegerische ~** conflicto *m* armado

ausein'andersprengen VT *Feind, Menge* dispersar, MIL *a.* desbandar; **auseinanderstehen** VI ‹*irr*› estar alejados (*od* distantes); **auseinanderstieben** VI ‹*irr*; sn› dispersarse, desbandarse; **auseinandertreiben** VT ‹*irr*› separar; dispersar; **auseinanderziehen** VT & VI ‹*irr*› estirar; distender; MIL *Truppen* desplegar

'auserkoren ADJ *geh*, REL elegido, escogido; **auserlesen** ADJ selecto, escogido; exquisito; **ausersehen** VT ‹*irr*; *ohne* ge-› *geh* (*auswählen*) escoger, elegir; (*bestimmen*) destinar (**zu** a), designar (**für** para)

'auserwählen VT elegir, escoger; **seine Auserwählte** (*Braut*) su futura, su novia; REL **das auserwählte Volk** el pueblo elegido

'ausessen VT ‹*irr*› comérselo todo; *Schüssel* arrebañar, vaciar

'ausfahrbar ADJ TECH telescópico

'ausfahren ‹*irr*› A VT 1 **j-n ~** *im Rollstuhl, Kinderwagen*: pasear a alg; *im Auto*: pasear a alg en coche 2 *Waren* entregar, repartir 3 TECH desplegar, extender; FLUG **das Fahrgestell ~** bajar (*od* desplegar) el tren de aterrizaje; SCHIFF **das Sehrohr ~** subir el periscopio 4 AUTO *Kurve* no acortar; *e-n Wagen* (**voll**) **~** ir a todo gas, pisar a fondo 5 *Weg* desgastar B VI ‹sn› 1 (*spazieren fahren*) salir (*od* pasearse) en coche

2 BAHN salir; SCHIFF zarpar 3 BERGB subir de la mina
'Ausfahrer M ⟨~s; ~⟩, **Ausfahrerin** F ⟨~; ~nen⟩ (chófer *m/f*) repartidor *m*, -a *f*; **Ausfahrgleis** N BAHN vía *f* de salida
'Ausfahrt F ⟨~; ~en⟩ 1 salida *f* (*a. Autobahn*); (*Torweg*) puerta *f* cochera; **~ frei halten** dejen la salida libre 2 (*Ausflug*) excursión *f* (*od* paseo *m od* vuelta *f*) en coche, *etc*
'Ausfall M ⟨~(e)s; ⸚e⟩ 1 (*Haarausfall, Zahnausfall*) caída *f* 2 (*Verlust*) pérdida *f*, merma *f* 3 TECH (*Panne*) avería *f*; (*Versagen*) fallo *m* 4 *e-r Veranstaltung*: suspensión *f* 5 (*Abwesenheit*) ausencia *f*; (*Mangel*) deficiencia *f*; *v. Personen*: baja *f* 6 HANDEL (*Fehlbetrag*) déficit *m* 7 CHEM precipitado *m* 8 *Fechten*: asalto *m* 9 MIL salida *f* 10 *fig* ataque *m*; (*Beschimpfung*) invectiva *f*; **Ausfallbürgschaft** F WIRTSCH garantía *f* para (caso de) déficit (*od* pérdida)
'ausfallen VI ⟨*irr*; sn⟩ 1 caerse (*a. Zähne, Haar*) 2 (*nicht stattfinden*) no tener lugar, no celebrarse, suspenderse; **~ lassen** suspender; **die Schule fällt heute aus** hoy no hay escuela (*od* clase); **der Zug fällt aus** el tren no circula 3 TECH (*versagen*) averiarse, fallar 4 *Person* (*fehlen*) no estar, faltar; (*ausscheiden*) SPORT *etc* ser eliminado; *durch Krankheiten etc*: causar (*od* ser) baja; *fig* **er fällt aus** no entra en consideración (*od* en cuenta) 5 *Ergebnis* resultar, salir; **gut/schlecht ~** salir (*od* resultar *od* quedar) bien/mal; **der Sieg fiel knapp aus** fue una victoria ajustada; **nach Wunsch ~** responder a lo esperado, salir como se deseaba 6 MIL hacer una salida
'ausfällen VT CHEM precipitar
'ausfallend, ausfällig ADJ *fig* agresivo; (*beleidigend*) insultante, injurioso; **~ werden** levantarse a mayores, ponerse violento
'Ausfallerscheinung F MED síntoma *m* de deficiencia; **Ausfallstraße** F *Verkehr*: carretera *f* de salida; **Ausfallwinkel** M PHYS, OPT ángulo *m* de reflexión
'ausfasern VT & VI deshilachar(se); **ausfechten** VT ⟨*irr*⟩ resolver por las armas; *Kampf* disputar; *fig Streit* dirimir; **ausfegen** VT barrer, pasar la escoba por; **ausfeilen** VT 1 TECH limar 2 *fig Plan etc* perfeccionar; *Text a.* retocar, pulir, dar la última mano a; **ausfertigen** VT VERW expedir, despachar; *Schriftstück* redactar; *Urkunde, Rechnung* extender; *Urteil* librar
'Ausfertigung F ⟨~; ~en⟩ VERW 1 (*das Ausfertigen*) extensión *f*; expedición *f* 2 (*Schriftstück*) copia *f*; **erste ~** original *m*; **zweite ~** copia *f*, duplicado *m*; **in doppelter** *od* **zweifacher ~** por duplicado; **in dreifacher ~** por triplicado
'ausfindig ADJ **~ machen** encontrar, localizar; (*entdecken*) descubrir; *zufällig*: dar con
'ausfliegen ⟨*irr*; sn⟩ A VT evacuar por aire B VI 1 volar (*a. fig*); *Vögel* abandonar el nido; *fig* escaparse; *fig* **der Vogel ist ausgeflogen** el pájaro voló 2 (*e-n Ausflug machen*) hacer una excursión
'ausfließen VI ⟨*irr*; sn⟩ derramarse, verterse, escurrirse; *fig* emanar (**von** de)
'ausflippen VI ⟨sn⟩ *umg* 1 *vor Freude*: *umg* flipar, alucinar 2 *vor Wut*: tener un arrebato 3 *durch Drogen*: *umg* fliparse
'Ausflucht F ⟨~; -flüchte⟩ evasiva *f*, subterfugio *m*, rodeo *m*; escapatoria *f*; (*Vorwand*) excusa *f*, pretexto *m*; **Ausflüchte machen** inventar pretextos; buscar subterfugios
'Ausflug M ⟨~(e)s; -flüge⟩ excursión *f*; **einen ~ machen** ir de (*od* hacer una) excursión; **Ausflügler** M ⟨~s; ~⟩, **Ausflüglerin** F ⟨~; ~nen⟩ excursionista *m/f*; **Ausflugslokal** N merendero *m*
'Ausfluss M ⟨~(e)s; ⸚e⟩ 1 salida *f*, desagüe *m*; *e-s Teiches etc*: descarga *f* 2 MED flujo *m* 3 *fig geh* efluvio *m*; emanación *f*; **Ausflussrohr** N tubo *m* de descarga; **Ausflussventil** N válvula *f* de descarga (*od* de salida)
'ausforschen VT escudriñar, explorar; (*untersuchen*) investigar, inquirir; **j-n ~** tantear (*od* sondear *od* sonsacar) a alg; **ausfragen** VT preguntar; *prüfend*: examinar; *verhörend*: interrogar; *neugierig*: sond(e)ar, *umg* tirar de la lengua; **ausfransen** A VT desflecar B VI ⟨sn⟩ deshilacharse; **ausfräsen** VT fresar
'ausfressen VT ⟨*irr*⟩ 1 *Trog etc* vaciar 2 CHEM corroer 3 *umg fig* **etwas ~** hacer algo malo; *Verbrecher* cometer (un delito); **er hat wieder etwas ausgefressen** ha vuelto a hacer otra de las suyas; **was hat er ausgefressen?** ¿qué barbaridad ha hecho?
'Ausfuhr F ⟨~; ~en⟩ HANDEL exportación *f*; **Ausfuhrartikel** M HANDEL artículo *m* de exportación
'ausführbar ADJ 1 *Plan etc* factible, realizable, practicable, viable 2 HANDEL exportable; **Ausführbarkeit** F ⟨~⟩ factibilidad *f*, viabilidad *f*
'Ausfuhrbeschränkungen FPL HANDEL restricciones *fpl* a la exportación; **Ausfuhrbestimmung** F disposición *f* (*od* normativa *f*) en materia de exportación; **Ausfuhrbewilligung** F licencia *f* (*od* permiso *m*) de exportación
'ausführen VT 1 HANDEL exportar 2 (*durchführen*) realizar, efectuar; (*umsetzen*) poner en práctica; *Auftrag, Befehl* ejecutar, cumplir; *Verbrechen* cometer, perpetrar; (*vollenden*) acabar, llevar a cabo; **Reparaturen ~** hacer arreglos (**an** *dat* en) 3 (*darlegen*) exponer, desarrollar, explicar; *im Einzelnen*: detallar, pormenorizar 4 *Kind, Hund* pasear, llevar (*od* sacar) de paseo 5 **j-n ~** *zum Essen, ins Theater*: sacar *od* llevar a alg; invitar a alg (**zu** a)
'ausführend ADJ ejecutivo; **Ausführende** M/F ⟨~n; ~n; → A⟩ *bes* MUS ejecutante *m/f*, intérprete *m/f*
'Ausfuhrförderung F fomento *m* de la exportación; **Ausfuhrgenehmigung** F → Ausfuhrbewilligung; **Ausfuhrgüter** NPL exportaciones *fpl*; **Ausfuhrhafen** M puerto *m* de exportación; **Ausfuhrhandel** M comercio *m* de exportación; **Ausfuhrkontingent** N cupo *m* (*od* contingente *m*) de exportación; **Ausfuhrland** N ⟨~(e)s; ⸚er⟩ país *m* exportador
'ausführlich A ADJ amplio, extenso; (*genau*) detallado, minucioso; (*umständlich*) prolijo, circunstanciado; **~ werden** entrar en detalles B ADV ampliamente, extensamente; por extenso; (*genau*) detalladamente; **sehr ~** muy detallado, con todo detalle; **~ beschreiben** circunstanciar; detallar
'Ausführlichkeit F ⟨~⟩ extensión *f*; (*Genauigkeit*) minuciosidad *f*; (*Umständlichkeit*) prolijidad *f*
'Ausfuhrlizenz F licencia *f* de exportación; **Ausfuhrprämie** F prima *f* a la exportación; **Ausfuhrquote** F cuota *f* de exportación; **Ausfuhrschein** M permiso *m* de exportación; **Ausfuhrsperre** F embargo *m* (de exportación); **Ausfuhrüberschuss** M excedente *m* de exportación
'Ausführung F ⟨~; ~en⟩ 1 (*Durchführung*) realización *f*; ejecución *f* (*a.* MUS); *e-s Gesetzes, Befehls*: cumplimiento *m*; JUR *e-s Verbrechens*: perpetración *f*; (*Vollendung*) acabado *m*, terminación *f* 2 (*Ausstattung*) acabado *m* 3 (*Typ*) modelo *m*, tipo *m*; versión *f*; hechura *f* 4 (*Darlegung*) explicación *f*, exposición *f*; **~en** *pl* declaraciones *fpl*; (*Kommentar*) comentario *m* (**zu** *dat* a, **über** *acus* sobre)
'Ausführungsbestimmung F VERW norma *f* (*bzw* decreto *m*) de aplicación; disposición *f* reguladora
'Ausfuhrverbot N prohibición *f* de exportación; **Ausfuhrwaren** FPL mercancías *fpl* (*od* artículos *mpl*) de exportación; **Ausfuhrzoll** M derechos *mpl* de exportación
'ausfüllen VT 1 (re)llenar (*a.Formular*); *Raum a.* ocupar; *Zeit* emplear; *j-s Gedanken* absorber; *fig* **eine Lücke ~** llenar un vacío 2 (*befriedigen*) satisfacer; **ihre Arbeit füllt sie nicht aus** su trabajo no la deja satisfecha
'ausfüttern VT *Kleid* forrar
Ausg. ABK (Ausgabe) edición *f*
'Ausgabe F ⟨~; ~n⟩ 1 (*Verteilung*) entrega *f*; distribución *f*, reparto *m*; *v. Fahrkarten etc*: despacho *m*; *v. Briefmarken, Aktien, Wertpapieren*: emisión *f* 2 TYPO *v. Büchern*: edición *f*; *e-r Zeitung a.*: número *m*; **neue ~** reedición *f*; **überarbeitete ~** edición *f* revisada 3 *v. Geld*: gasto(s) *m(pl)*; (*Auslage*) desembolso *m*; **abzugsfähige ~n** *Steuer* gastos *mpl* deducibles; **kleine ~n** gastos *mpl* menores; **laufende/unvorhergesehene ~n** gastos *mpl* corrientes/imprevistos; **die ~n erstatten** reembolsar los gastos; **die ~n (um 10 %) kürzen** *od* **verringern** reducir los gastos (en un 10%) 4 IT *von Daten*: salida *f*
'Ausgabeaufschlag M FIN *Fondssparen*: prima *f* de emisión; **Ausgabebank** F ⟨~; ~en⟩ banco *m* emisor; **Ausgabefehler** M IT error *m* de salida; **Ausgabekurs** M *Börse*: tipo *m* de emisión
'Ausgabenbuch N agenda *f* de gastos
'Ausgabestelle F oficina *f* de distribución (*bzw* de expendición); *v. Fahrkarten etc*: despacho *m*, taquilla *f*
'Ausgang M ⟨~(e)s; ⸚e⟩ 1 *räumlich*: salida *f* (*a.* HANDEL); **am ~ des Dorfes** a la salida del pueblo 2 (*Ende*) fin *m*, final *m*; (*Ergebnis*) resultado *m*; *fig e-s Dramas etc*: desenlace *m*; **einen schlimmen ~ nehmen** acabar mal; **tödlicher ~** desenlace *m* fatal; **Unfall** *m* **mit tödlichem ~** accidente *m* mortal 3 (*Beginn*) punto *m* de partida; **seinen ~ nehmen von** tener su origen en 4 MIL **~ haben** tener permiso
'Ausgangserzeugnis N producto *m* inicial; **Ausgangskapital** N capital *m* inicial; **Ausgangsleistung** F ELEK potencia *f* de salida; **Ausgangsmaterial** N material *m* original; **Ausgangspost** F correspondencia *f* de salida; **Ausgangspunkt** M origen *m* (*a. fig*), punto *m* de partida (*od* de arranque); **Ausgangssperre** F *bes* MIL toque *m* de queda; **Ausgangssprache** F lengua *f* de partida; **Ausgangsstellung** F posición *f* inicial, SPORT *a.* posición *f* de salida; **Ausgangsvermerk** M registro *m* de salida; **Ausgangszoll** M derechos *mpl* de salida
'ausgeben ⟨*irr*⟩ A VT 1 (*verteilen*) distribuir, repartir; *Fahrkarten* expender; *Aktien* emitir; *Banknoten a.* poner en circulación 2 *Geld* gastar 3 *Befehl* dar 4 **eine Runde ~** (*od umg* **einen**) ~ pagar una ronda 5 **~ für** *od* **als** hacer pasar por B VR **sich ~ als** *od* **für** hacerse pasar por
'ausgebeult ADJ *Hose* con rodilleras; **ausgebildet** ADJ 1 *Beruf*: formado; **voll ~** cualificado; especializado 2 BIOL **vollständig ~** completamente desarrollado; **ausgebombt** ADJ damnificado por un bombardeo; **ausgebrannt** A PPERF → ausbrennen B ADJ arrasado por un incendio; **ausgebucht** ADJ completo; **ausgebufft** ADJ *umg* (*erfahren*) experimentado, ducho; (*raffiniert*) *umg* vivo, astuto, taimado
'Ausgeburt F *fig* engendro *m*, aborto *m*; **eine ~ der Fantasie** *a.* una quimera
'ausgedehnt ADJ extenso (*a. zeitlich*), amplio, vasto; **ausgedient** ADJ 1 *Sache* gastado, vie-

jo; *Maschine* fuera de uso; **~ haben** haber cumplido su finalidad 2 *Soldat* veterano; *Beamter* jubilado; *Offizier* retirado; **ausgefallen** A PPERF → ausfallen B ADJ insólito; raro; extravagante, estrafalario; **ausgefeilt** ADJ *fig* pulido; **ausgefuchst** ADJ *umg* → ausgebufft

'ausgeglichen A PPERF → ausgleichen B ADJ 1 *Charakter* equilibrado, sereno; **sie ist ein sehr ~er Mensch** es una persona muy equilibrada 2 *Stil* ponderado 3 FIN **~es Konto** cuenta saldada; **Ausgeglichenheit** F ⟨~⟩ *seelische*: equilibrio *m*; serenidad *f*

'Ausgehanzug M MIL traje *m* de gala

'ausgehen VI ⟨*irr*; sn⟩ 1 salir; (*spazieren gehen*) dar un paseo; **er ist ausgegangen** ha salido 2 (*enden*) terminar, acabar; *Drama etc* desenlazarse; **gut/schlecht ~** salir (*od* acabar) bien/mal; **unentschieden ~** terminar en empate; **~ auf** (*acus*) terminar en; *Wort* **auf einen Vokal ~** terminar en vocal 3 *Feuer, Licht* apagarse; *Haar* caerse; *Geld, Vorrat* acabarse; *Waren* escasear; agotarse; **mir ging das Geld aus** me quedé sin dinero; **ihr ging die Geduld aus** se le acabó la paciencia; *umg* **ihm ging die Puste aus** se quedó sin aliento 4 **~ von** *e-r Sache*: partir de; basarse en; *e-r Person*: provenir de, proceder de; **die Sache ging von ihm aus** la idea fue suya, la iniciativa salió de él; **wenn wir davon ~, dass ...** si partimos de que ...; **ich gehe davon aus, dass ...** supongo que ... 5 *Person* **leer ~** quedarse con las ganas; **straffrei ~** salir impune 6 **auf etw** (*acus*) **~** (*aus sein*) ir en busca de a/c; **auf Abenteuer ~** buscar aventuras; **auf Betrug ~** tratar de engañar

'ausgehend ADJ **~ von** partiendo de; SCHIFF **~es Schiff** barco *m* saliente; **~e Fracht** carga *f* de salida; **das ~e Mittelalter** las postrimerías de la Edad Media

'Ausgehtag M *obs* día *m* de salida

'ausgehungert ADJ 1 famélico, hambriento 2 *fig* ansioso (**nach** de); **~ sein nach etw** ansiar a/c

'Ausgehuniform F MIL uniforme *m* de paseo; **Ausgehverbot** N (*Sperrstunde*) (toque *m* de) queda *f*

'ausgeklügelt ADJ ingenioso, sofisticado

'ausgekocht ADJ *umg fig* astuto, ladino, taimado; **~er Bursche** redomado granuja *m*

'ausgelassen A PPERF → auslassen B ADJ *Kind* travieso, retozón; (*übermütig*) muy alegre; desenfadado, desenvuelto; (*laut*) revoltoso, turbulento; **Ausgelassenheit** F ⟨~; ~en⟩ alborozo *m*; travesura *f*; alegría *f* desbordante

'ausgelastet ADJ plenamente utilizado, a plena carga; **~e Werke** factorías *fpl* que trabajan a plena carga; **nicht ~ sein** TECH estar infrautilizado; *Person* no tener bastante que hacer; **voll ~** WIRTSCH, TECH utilizado en toda su capacidad; *Person* cargado de trabajo; **unsere Kapazität ist ~** nuestra capacidad está agotada; **die Maschinen sind ~** las máquinas están trabajando a plena capacidad

'ausgelaugt ADJ *umg fig* **~ sein** estar hecho polvo; **ausgeleiert** ADJ (des)gastado; *Schraube* pasado de rosca; *Gummi, Hosenbund* gastado

'ausgemacht ADJ 1 (*abgemacht*) convenido, acordado, concertado; **das ist eine ~e Sache** es cosa decidida, *umg* son habas contadas; **als ~ ansehen** dar por descontado 2 *Gauner* redomado; *umg* de siete suelas; *umg* **~er Blödsinn** una solemne tontería; *umg* **~er Dummkopf** tonto *m* de remate (*od* de solemnidad)

'ausgemergelt ADJ macilento; *umg* esmirriado

'ausgenommen A KONJ excepto; **~, wenn** excepto si, a no ser que (*subj*); **~, dass** excepto que, salvo que, a menos que B PRÄP (*nom*) exepto, salvo; a excepción de, amén de; **alle, ~ er** todos menos él

'ausgepicht ADJ → ausgekocht; **ausgepowert** ADJ *umg* (**total**) **~ sein** estar hecho polvo; **ausgeprägt** ADJ marcado, pronunciado; acentuado, acusado; **~es Pflichtgefühl** acentuado sentido *m* del deber; **ausgepumpt** ADJ *umg fig* hecho polvo; **ausgerechnet** ADV *fig* precisamente, justamente; **ausgereift** ADJ maduro (*a. fig Idee etc*)

'ausgeschlossen A PPERF → ausschließen B ADJ 1 excluido; **sich ~ fühlen** sentirse excluido 2 imposible; (**das ist**) **~!** ¡ni pensarlo!; ¡no puede ser!; *umg* ¡ni hablar!; ¡ni por pienso!; **jeder Zweifel ist ~** queda fuera de duda

'ausgeschnitten A PPERF → ausschneiden B ADJ *Kleid* (**tief**) **~** (muy) escotado

'Ausgesiedelte M/F ⟨~n; ~n; → A⟩ evacuado *m*, -a *f*

'ausgesprochen A PPERF → aussprechen B ADJ pronunciado, marcado; manifiesto, patente; típico; evidente; **das war ~es Pech** fue verdaderamente mala suerte C ADV típicamente; francamente; **~ schlecht** malo de solemnidad; especialmente mal

'ausgestalten VT ⟨*ohne* ge-⟩ formar; perfeccionar, desarrollar; *Feier* organizar

'ausgestattet ADJ 1 *materiell*: **~ sein** estar equipado (**mit** de); estar surtido (**mit** de) 2 *finanziell*: **~ sein** estar dotado (**mit** de); **mit großen Geldmitteln ~ sein** disponer de grandes recursos financieros

'ausgestorben ADJ *Tier* extinguido, extinto; *Straße* **wie ~** como desierto

'Ausgestoßene M/F ⟨~n; ~n; → A⟩ *fig* paria *m/f*

'ausgesucht ADJ exquisito; selecto, escogido; **~e Qualität** calidad *f* selecta; **mit ~er Höflichkeit** con exquisita cortesía

'ausgetreten ADJ *Weg* batido; trillado (*a. fig*); **ausgewachsen** A PPERF → auswachsen B ADJ 1 crecido, desarrollado; formado, hecho; (*erwachsen*) adulto 2 *umg fig* puro; **das ist ~er Unsinn** son puras tonterías; **ausgeweidet** ADJ *Vieh* en canal

'Ausgewiesene M/F ⟨~n; ~n; → A⟩ expulsado *m*, -a *f*

'ausgewogen A PPERF → auswiegen B ADJ equilibrado, armonioso; (*überlegt*) ponderado; **~e Ernährung** alimentación *f* equilibrada

'ausgezeichnet A ADJ distinguido; (*großartig*) excelente, magnífico; *umg* estupendo; **~!** ¡perfecto!, ¡de primera! B ADV **etw ~ können** saber a/c al dedillo; **das passt mir ~** me viene perfecto

'ausgiebig A ADJ abundante, copioso; **~en Gebrauch machen von** hacer abundante uso de B ADV con abundancia, abundantemente; ampliamente; **~ duschen** darse una larga ducha; **~ frühstücken** desayunar copiosamente

'ausgießen VT ⟨*irr*⟩ 1 echar; (*leeren*) vaciar; (*verschütten*) derramar, verter 2 *mit Füllstoff*: llenar (**mit** de); **Ausgießung** F ⟨~; ~en⟩ 1 (*das Ausgießen*) derramamiento *m* 2 KATH **~ des Heiligen Geistes** efusión *f* del Espíritu Santo

'Ausgleich M ⟨~(e)s; ~e⟩ 1 (*Entschädigung*) compensación *f* (**für** por); (*Vergleich*) arreglo *m*, compromiso *m*; HANDEL *e-s Kontos*: liquidación *f*; *e-r Rechnung*: saldo *m*; *des Budgets*: equilibrio *m*; (*Entschädigung*) indemnización *f*; **als ~ für** como compensación por; **zum ~** para equilibrar (*od* compensar); **zum ~ unseres Kontos** para saldar nuestra cuenta 2 (*Gleichmachung*) nivelación *f*, igualación *f* 3 SPORT empate *m*, igualada *f*; *Tennis*: igualación *f*

'Ausgleichdüse F TECH tobera *f* de compensación

'ausgleichen ⟨*irr*⟩ A VT 1 *Unebenheiten* nivelar, allanar; TECH ajustar, nivelar; *fig* equilibrar; compensar (*a.* TECH, ELEK, HANDEL *Lasten, Verlust*); *Streitigkeiten etc* arreglar; conciliar 2 SPORT igualar, empatar 3 WIRTSCH *Konten* saldar, liquidar; compensar; *Rechnung a.* pagar B VI SPORT empatar; → *a.* ausgeglichen

'Ausgleichsfonds M fondo *m* de compensación; **Ausgleichsgetriebe** N AUTO diferencial *m*; **Ausgleichsgymnastik** F gimnasia *f* correctiva; **Ausgleichsposten** M HANDEL partida *f* de compensación; **Ausgleichssport** M deporte *m* de mantenimiento; **Ausgleichstor** N, **Ausgleichstreffer** M SPORT gol *m* de empate; **Ausgleichszahlung** F pago *m* compensatorio; (pago *m* de) compensación *f*

'ausgleiten VI ⟨*irr*; sn⟩ resbalar, patinar; **ausgliedern** VT separar; eliminar; **ausglühen** VT METALL recocer; CHEM calcinar

'ausgraben VT ⟨*irr*⟩ desenterrar (*a. fig*); *Leiche* exhumar; *Ruinen etc* excavar; **Ausgrabung** F ⟨~; ~en⟩ exhumación *f*; excavación *f*

'ausgreifen VI ⟨*irr*⟩ *Pferd* alargar el paso

'ausgreifend ADJ **mit (weit) ~en Schritten** a grandes pasos, dando zancadas; **eine ~e Bewegung** un amplio movimiento

'ausgrenzen VT excluir; **Ausgrenzung** F ⟨~; ~en⟩ separación *f* del conjunto, marginación *f*, exclusión *f*

'Ausguck M ⟨~(e)s; ~e⟩ puesto *m* de observación; atalaya *f*; SCHIFF vigía *f*

'ausgucken A VI → ausschauen B VT *umg* **sich** (*dat*) **die Augen ~** abrir los ojos como platos

'Ausguss M ⟨~es; -güsse⟩ 1 (*Spülbecken*) pila *f*; (*Abfluss*) desagüe *m*; TECH (orificio *m* de) descarga *f* 2 (*Tülle*) pitorro *m*, pico *m*

'aushacken VT 1 AGR sacar (*od* arrancar) con la azada (*bzw* con el pico) 2 *Auge* sacar

'aushaken A VT descolgar; desenganchar; desabrochar B V/UNPERS *umg* **da hakt's bei mir aus!** ¡ahí ya me pierdo!

'aushalten ⟨*irr*⟩ A VT 1 (*ertragen*) soportar, aguantar; *Angriff, Kälte, Probe, Vergleich etc* resistir; **viel/wenig ~ können** tener mucho/poco aguante; **es ist nicht auszuhalten** *od* **nicht zum Aushalten** es insoportable, no hay quien lo aguante (*od* quien pueda resistirlo); **ich halte es vor Hunger nicht mehr aus** me muero de hambre 2 MUS sostener 3 *umg Geliebte* mantener, entretener B VI perseverar; resistir; **er hält es nirgends lange aus** en ningún sitio se queda mucho tiempo

'aushandeln VT (*handeln um*) regatear; (*verhandeln*) negociar; **die Löhne ~** negociar los salarios

'aushändigen VT entregar; hacer entrega (de); facilitar (en mano); **persönlich ~** entregar en propia mano; **Aushändigung** F ⟨~⟩ entrega *f*

'Aushang M ⟨~(e)s; ¨~e⟩ anuncio *m*; (*Plakat*) cartel *m*

'Aushängebogen M TYPO capilla *f*

'aushängen A VT 1 *Plakat* colgar, fijar 2 *Tür* desquiciar 3 (*aushaken*) descolgar (*a.* TEL) B VI ⟨*irr*⟩ estar expuesto C VR **sich ~** *Kleider* desarrugarse; **Aushängeschild** N letrero *m*, rótulo *m*; *fig* figura *f* decorativa

'ausharren VI perseverar; resistir; *umg* aguantar; **Ausharren** N ⟨~s⟩ perseverancia *f*

'aushauchen VT *geh* expirar, exhalar; **sein Leben ~** dar el último suspiro

'aushauen VT 1 FORST talar, aclarar 2 *Steine* (*grob aushauen*) desbastar; (*behauen*) esculpir, cincelar 3 (*aushöhlen*) excavar

'**ausheben** VT ‹irr› **1** *Graben* abrir; *Erde* sacar **2** *Tür* desquiciar **3** MIL *Truppen* levantar, reclutar **4** *Verbrecherbande etc* desalojar; desarticular, desmantelar; **aushebern** VT TECH extraer por sifón; **Aushebung** F ‹~; ~en› **1** MIL leva *f*, reclutamiento *m* **2** *e-r Bande*: desarticulación *f*, desmantelamiento *m*

'**aushecken** VT *umg fig* tramar; maquinar, fraguar, *umg* cocer

'**ausheilen** VT & VI curar(se) (por completo); irse curando; **Ausheilung** F ‹~› curación *f* (total)

'**aushelfen** VI ‹irr› ayudar, socorrer; **j-m ~** sacar a alg de apuros

'**Aushilfe** F ‹~; ~n› **1** *(Beistand)* asistencia *f*, ayuda *f*, socorro *m* **2** *Person*: auxiliar *m/f*; *befristete*: trabajador *m*, -a *f* temporal; **bei j-m zur ~ arbeiten** trabajar provisionalmente para alg

'**Aushilfsarbeiter** M, **Aushilfsarbeiterin** F obrero *m*, -a *f* eventual; **Aushilfskraft** F temporero *m*, -a *f*; auxiliar *m/f*; **Aushilfspersonal** N personal *m* eventual *(od* temporero); **aushilfsweise** ADV provisionalmente; temporalmente

'**aushöhlen** VT **1** excavar; ahuecar **2** *(untergraben)* socavar, minar *(a. fig)* **3** *(vertiefen)* ahondar, ahoyar; **Aushöhlung** F ‹~; ~en› **1** excavación *f*; *(Vertiefung)* ahondamiento *m*, ahuecamiento *m* **2** *(Höhle)* hueco *m*, concavidad *f*

'**ausholen** **A** VI **1** *zum Schlag*: coger impulso; **mit dem Arm ~** levantar el brazo **(zu** para) **2** *fig beim Erzählen*: **weit ~** empezar de muy lejos **B** VT → aushorchen

'**aushorchen** VT **j-n ~** tantear *(od* sond[e]ar) a alg, tirar de la lengua a alg **(über** *acus* sobre); **aushülsen** VT desvainar; desgranar; descascarar; **aushungern** VT matar de hambre; MIL rendir por (el) hambre; → *a.* ausgehungert; **aushusten** VT escupir tosiendo; MED expectorar; **ausixen** VT *umg* tachar (con máquina); **ausjäten** VT desherbar, escardar; **auskämmen** VT *Haar* peinar; desenredar; **auskämpfen** VT luchar hasta el fin *(a. fig)*

'**auskehlen** VT TECH acanalar, estriar; **Auskehlung** F ‹~; ~en› TECH acanaladura *f*, estriado *m*

'**auskehren** VT barrer, pasar la escoba; **flüchtig ~** dar una escobada; **auskeimen** VI BOT germinar; **auskeltern** VT prensar, estrujar

'**auskennen** VR ‹irr› **sich ~ mit** *od* **in etw** *(dat)* estar familiarizado con a/c, conocer (a fondo) a/c; *in e-m Ort*: **sich ~ in** *(dat)* conocer; **ich kenne mich nicht mehr aus** estoy completamente desorientado

'**auskernen** VT *Obst* deshuesar; **auskippen** VT verter; descargar; **ausklammern** VT **1** MATH sacar del paréntesis **2** *fig* dejar de *(od* a un) lado

'**Ausklang** M ‹~(e)s; -klänge› MUS *u. fig* final *m*; **zum ~** como colofón

'**ausklappbar** ADJ abatible; desplegable

'**auskleiden** **A** VT **1** *(entkleiden)* desnudar, desvestir **2** TECH *(verkleiden)* revestir, forrar **(mit** *dat* de); *mit Holz*: entarimar **B** VR **sich ~** desnudarse, desvestirse; **Auskleidung** F ‹~; ~en› TECH revestimiento *m*

'**ausklingen** VI ‹irr; sn› *Geräusch* irse extinguiendo; *fig* terminar, acabar **(mit** *dat* con, **in** *dat* en); **ausklinken** **A** VT FLUG *Bomben, Segelflugzeug* soltar, desenganchar **B** VR **sich ~** desengancharse; descolgarse *(a. umg fig)*; *(weggehen)* irse; **ausklopfen** VT *Kleider, Teppich* sacudir; *Pfeife* vaciar; *Kessel* desincrustar; **ausklügeln** VT imaginar; idear; discurrir (con sutileza); → *a.* ausgeklügelt; **ausknipsen** VT *umg Licht* apagar; **ausknobeln** VT **etw ~** *mit Würfeln*: jugar a/c a los dados; *umg fig (ausdenken)* desentrañar *(od* discurrir) a/c; **ausknöpfbar** ADJ *Futter etc* amovible; **auskochen** VT extraer por cocción; *Gefäß* escaldar; *Wäsche* hervir; MED esterilizar; *umg fig* cocer; → *a.* ausgekocht

'**Auskochen** N ‹~s› cocción *f*; MED esterilización *f*

'**auskommen** VI ‹irr; sn› **1** *(genügend haben)* **knapp ~** ir pasando *(od* tirando); **mit etw ~** tener bastante de a/c, defenderse con a/c; **mit dem Geld** saber manejarse *(od* arreglarse) con el dinero; **ohne etw ~** pasar(se) sin a/c **2** *(sich verstehen)* **mit j-m ~** entenderse con alg; **gut mit j-m ~** llevarse bien con alg; hacer buenas migas con alg, *umg* estar a partir un piñón con alg; **mit ihm ist nicht auszukommen** no hay modo de entenderse con él

'**Auskommen** N ‹~s› subsistencia *f*, medios *mpl* de vida; **sein ~ haben** tener (lo suficiente) para vivir; *gutes*: vivir desahogadamente

'**auskömmlich** ADJ suficiente; **auskörnen** VT AGR desgranar; **auskosten** VT saborear, paladear; gozar de; **auskotzen** VT *sl* devolver; **auskramen** VT sacar; *aus Schubladen*: desencajonar; *fig* sacar a relucir

'**auskratzen** VT raspar *(a.* MED), rascar; *(entfernen) a.* arrancar; *fig* **j-m die Augen ~** sacar los ojos a alg; **Auskratzung** F ‹~; ~en› MED raspado *m*

'**auskriechen** VI ‹irr; sn› *Küken etc* salir del cascarón *(bzw* del huevo), eclosionar; **Auskriechen** N ‹~s› eclosión *f*

'**auskriegen** VT *umg* **die Hose (Schuhe** *etc)* **nicht ~** no conseguir quitarse el pantalón (los zapatos, *etc)*

'**auskugeln** VT MED **sich** *(dat)* **den Arm ~** dislocarse el brazo

'**auskühlen** **A** VT enfriar, hacer perder temperatura **B** VI ‹sn› enfriarse

Auskultati'on F ‹~; ~en› MED *fachspr* auscultación *f*; **auskul'tieren** VT ‹ohne ge-› MED auscultar

'**auskundschaften** VT explorar; *heimlich*: espiar; MIL reconocer; *(ausfindig machen)* (acabar por) descubrir, localizar

'**Auskunft** F ‹~; -künfte› **1** *allg* información *f* **(über** *acus* sobre), informe *m*; *über e-e Person*: referencia *f*; **nähere ~ bei** *od* **in …** para más detalles véase *(od* consúltese) …; **~ einholen über** *(acus)* informarse *(od* tomar informes) sobre; **~ erteilen** *od* **geben** informar, dar informes; proporcionar información **(über** *acus* sobre); **um ~ bitten** solicitar informes; **j-n um ~ bitten** pedir informes a alg **2** TEL, *(Auskunftsstelle)* información *f*; **bei der ~ anrufen** llamar a información; **wenden Sie sich bitte an die ~!** vaya a información

Auskunf'tei F ‹~; ~en› agencia *f* de informaciones *(od* de informes)

'**Auskunftsbüro** N oficina *f* de información; **Auskunftspflicht** F obligación *f* de información; **Auskunftsstelle** F (centro *m* de) información *f*

'**auskuppeln** VT TECH desacoplar; desenganchar; AUTO desembragar; **Auskuppeln** N ‹~s› AUTO desembrague *m*

'**auskurieren** ‹ohne ge-› **A** VT curar por completo **B** VR **sich ~** restablecerse por completo

'**auslachen** VT **j-n ~** reírse *(od* burlarse) de alg; **er wurde von ihnen ausgelacht** se rieron de él

'**Ausladehafen** M puerto *m* de descarga

'**ausladen** ‹irr› **A** VT **1** descargar; *Truppen, Passagiere* desembarcar **2** *(Einladung widerrufen)* **j-n ~** anular la invitación a alg **B** VI ARCH resaltar; salir; **Ausladen** N ‹~s› descarga *f*; desembarque *m*; **ausladend** ADJ ARCH saliente, saledizo

'**Auslader** M ‹~s; ~› SCHIFF descargador *m* (de muelle); **Ausladestelle** F descargadero *m*; SCHIFF desembarcadero *m*, muelle *m* de desembarque; **Ausladung** F ‹~› ARCH saliente *m*; *beim Drehkran*: alcance *m* del brazo

'**Auslage** F ‹~; ~n› **1** *v. Geld*: desembolso *m*; **~n** *fpl (Unkosten)* gastos *mpl*; **j-m seine ~n ersetzen** *od* **(zurück)erstatten** reembolsar los gastos a alg **2** *v. Ware*: exposición *f*; *(Schaufenster)* escaparate *m*; vitrina *f* **3** *Fechten u. Boxen*: guardia *f*

'**auslagern** VT **1** *Waren* desalmacenar; *Kunstwerke etc* poner a salvo **2** WIRTSCH **einen Betriebsteil ~** hacer una dependencia de una parte de la firma; **die Produktion ~** externalizar la producción *(od* la fabricación); **(ins Ausland) ~** *Firmenteile* trasladar (al extranjero)

'**Auslagerung** F ‹~; ~en› WIRTSCH *der Produktion, von Firmenteilen*: externalización *f*; **~ ins Ausland** traslado *m* al extranjero

'**Ausland** N ‹~(e)s› extranjero *m*; **ins ~ gehen** ir al extranjero; **im ~** en el extranjero

'**Ausländer** M ‹~s; ~› extranjero *m*; **Ausländeranteil** M cuota *f (od* tasa *f)* de extranjeros; **Ausländerbeirat** M consejo *m* consultivo de extranjeros; **ausländerfeindlich** ADJ xenófobo; **Ausländerfeindlichkeit** F xenofobia *f*; **ausländerfreundlich** ADJ partidario *(od* amigo) de los extranjeros; **Ausländerin** F ‹~; ~nen› extranjera *f*; **Ausländerpolizei** F policía *f* de extranjeros; **Ausländerwohnheim** N residencia *f (od* albergue *m)* para extranjeros

'**ausländisch** ADJ extranjero; **~e Besucher** visita *f* del extranjero

'**Auslands…** IN ZSSGN *oft* extranjero; internacional; **Auslandsabteilung** F HANDEL departamento *m* extranjero *(bzw* de comercio exterior); **Auslandsanleihe** F empréstito *m* exterior; **Auslandsaufenthalt** M estancia *f* en el extranjero; **Auslandsauftrag** M pedido *m* del extranjero

'**Auslandsberichterstatter** M, **Auslandsberichterstatterin** F corresponsal *m/f* en el extranjero

'**Auslandsbrief** M carta *f* para el extranjero; **Auslandsdeutsche** M/F ‹~n; ~n; → A› alemán *m*, -ana *f* residente en el extranjero; **Auslandsdienst** M servicio *m* exterior; **Auslandseinsatz** M POL, MIL misión *f* en el extranjero *od* en el exterior; **Auslandsfiliale** F sucursal *f* en el extranjero; **Auslandsflug** M vuelo *m* al extranjero; **Auslandsgespräch** N TEL conferencia *f* internacional; **Auslandshilfe** F ayuda *f* exterior *(od* al extranjero); **Auslandsinvestitionen** FPL inversión *f* en el extranjero

'**Auslandskorrespondent** M ‹~en; ~en›, **Auslandskorrespondentin** F ‹~; ~nen› TV, *Zeitung*: corresponsal *m/f* para *(bzw* en) el extranjero

'**Auslandskrankenschein** M volante *m* de asistencia médica para el extranjero; **Auslandskrankenversicherung** F seguro *m* médico en el extranjero

'**Auslandskredit** M crédito *m* exterior *(od* extranjero); **Auslandsmarkt** M mercado *m* exterior; **Auslandspatent** N patente *f* extranjera; **Auslandsporto** N *Postwesen*: porte *m* para el extranjero; tarifa *f* internacional; **Auslandspresse** F prensa *f* extranjera; **Auslandsreise** F viaje *m* por el *(od* al) extranjero; **Auslandsschuld** F deuda *f* externa; **Auslandsschutzbrief** M AUTO, VERS seguro *m* (de coches) para el extranjero; **Auslandstarif** M tarifa *f* internacional;

Auslandsüberweisung F transferencia *f* internacional; **Auslandsvermögen** N bienes *mpl* en el extranjero; **Auslandsverschuldung** F endeudamiento *m* externo; **Auslandsvertretung** F representación *f* en el extranjero; **Auslandswechsel** M HANDEL letra *f* sobre el extranjero; **Auslandszulage** F sobresueldo *m* por servicio en el exterior

'auslangen VI *österr umg* (*ausreichen*) bastar, ser suficiente; **das Auslangen finden** (*zufrieden sein*) estar satisfecho (**mit** con); *finanziell*: tener (lo suficiente) para vivir

'Auslass M ⟨~es; ⁓e⟩ TECH salida *f*; descarga *f*; escape *m*

'auslassen ⟨*irr*⟩ A VT 1 (*weglassen*) omitir; *Gelegenheit* dejar pasar; (*nicht beachten*) pasar por alto; (*überspringen*) saltar 2 (*abreagieren*) descargar, desfogar (**an** *dat* con); **seinen Ärger an j-m ~** desfogarse con alg 3 GASTR *Speck* derretir 4 *Kleid* (*länger, weiter machen*) alargar, ensanchar; (*nicht anziehen*) no ponerse 5 *umg* (*ausgeschaltet lassen*) dejar apagado B VR **sich ~ über** (*acus*) extenderse (*od* manifestarse) sobre; *negativ*: criticar; **sich (lang und breit) über etw** (*acus*)**~** explayarse sobre a/c, entrar en detalles sobre a/c; **er ließ sich nicht weiter aus** no se explicó más, no entró en detalles

'Auslassung F ⟨~; ~en⟩ 1 omisión *f*; LING elipsis *f* 2 (*Äußerung*) manifestación *f*, observación *f*; **Auslassungszeichen** N apóstrofo *m*; **Auslassventil** N TECH válvula *f* de escape (*od* de alivio)

'auslasten VT 1 *Arbeitskräfte, Maschinen* utilizar a pleno rendimiento; **nicht ausgelastet** infrautilizado 2 (*beanspruchen*) ocupar plenamente; **Auslastung** F ⟨~⟩ *e-r Maschine*: (grado *m* de) utilización *f* (*bzw* ocupación *f*); *v. Räumen*: tasa *f* de ocupación; **ungenügende** *od* **unzureichende ~** infrautilización *f*

'Auslauf M ⟨~(e)s; -läufe⟩ 1 (*Auslass*) desagüe *m*, descarga *f* 2 (*Bewegungsfreiheit*) **die Kinder haben keinen ~** los niños no tienen espacio al aire libre 3 *für Tiere*: corral *m*, corraliza *f* 4 SCHIFF salida *f*, partida *f* 5 FLUG carrera *f* de aterrizaje 6 SPORT carrera *f* final

'auslaufen VI ⟨*irr*; sn⟩ 1 *Flüssigkeit* derramarse, *Gefäß a.* vaciarse 2 SCHIFF *Schiff* zarpar, salir, hacerse a la mar; *Segler a.* hacerse a la vela 3 *Farbe* correrse 4 (*enden*) terminar, acabar; *Vertrag etc* expirar; *Motor* pararse; **~ in** (*dat*) terminar en; **spitz ~** rematar en punta 5 HANDEL *Modell* ya no producirse; **die Produktreihe läuft aus** la producción descontinúa (*od* cesa)

'Ausläufer M ⟨~s; ~⟩ 1 BOT estolón *m*, vástago *m* 2 *e-s Gebirges*: estribación *f*; **Auslaufmodell** N HANDEL modelo *m* fuera de producción; modelo *m* fin de colección

'auslaugen VT 1 CHEM lixiviar 2 *fig* **j-n ~** dejar sin fuerza a alg, agotar a alg

'Auslaut M LING sonido *m* final

'auslauten VI LING terminar (**auf** *acus* en); **ausleben** VR **sich ~** disfrutar de la vida, vivir su vida; **auslecken** VT lamer, sacar lamiendo

'ausleeren VT vaciar; *Glas* apurar; **Ausleerung** F ⟨~; ~en⟩ vaciado *m*

'auslegbar ADJ (*deutbar*) interpretable

'auslegen VT 1 (*ausbreiten*) extender; HANDEL *Waren* exponer, exhibir (para la venta) 2 *Kabel* tender; SCHIFF *Boje* fondear 3 (*auskleiden*) cubrir, revestir; *mit Holz*: entarimar; **mit Fliesen ~** embaldosar; **mit Papier ~** empapelar; **mit Teppich ~** enmoquetar, alfombrar 4 *Geldsumme* anticipar, adelantar 5 (*deuten*) interpretar; **falsch ~** interpretar mal; **j-m etw übel ~** tomar a/c a alg a mal 6 TECH (*planen*) concebir, diseñar (**für, auf** *acus* para)

'Ausleger M ⟨~s; ~⟩ 1 *Person*: intérprete *m*; *der Bibel*: exegeta *m* (*a. fig*) 2 ARCH arbotante *m* 3 *e-s Krans*: brazo *m*, pescante *m* 4 SCHIFF *a.* botalón *m*; **Auslegerboot** N outrigger *m*; **Auslegerbrücke** F puente *m* cantilever

'Auslegeware F moqueta *f*

'Auslegung F ⟨~; ~en⟩ 1 HANDEL *v. Waren etc*: exposición *f*, exhibición *f* 2 (*Auskleidung*) revestimiento *m* 3 (*Deutung*) interpretación *f*; *der Bibel*: exégesis *f*

'ausleiden VI ⟨*irr*⟩ **er hat ausgelitten** sus sufrimientos han terminado, acaba de morir; **ausleiern** VT/VI/VR **(sich) ~** dar de sí, deformar(se); *Gewinde* pasar(se) de rosca

'Ausleihe F ⟨~; ~n⟩ *Bibliothek*: sección *f* de préstamo; **ausleihen** VT ⟨*irr*⟩ 1 (*verleihen*) prestar; *für Geld*: alquilar; *Buch* prestar a domicilio 2 (*entleihen*) **(sich** *dat***) etw ~** tomar (*od* pedir) prestado a/c

'auslernen VI terminar los estudios (*bzw* el aprendizaje); **man lernt nie aus** siempre se aprende algo nuevo

'Auslese F ⟨~; ~n⟩ selección *f*; *Wein*: vino *m* de cosecha seleccionada (*od* escogida); *fig* crema *f*, flor y nata *f*, élite *f*; BIOL **natürliche ~** selección *f* natural

'auslesen VT ⟨*irr*⟩ 1 escoger, seleccionar; (*sortieren*) separar 2 *Buch* leer hasta el fin; terminar (de leer)

'ausleuchten VT TECH, FILM iluminar; **Ausleuchtung** F ⟨~⟩ iluminación *f*

'Auslieferer M ⟨~s; ~⟩, **Auslieferin** F ⟨~; ~nen⟩ HANDEL distribuidor *m*, -a *f*, proveedor *m*, -a *f*

'ausliefern VT 1 *Waren* entregar; HANDEL *a.* distribuir 2 POL, JUR **j-n ~** extraditar a alg 3 **j-m ausgeliefert sein** estar a la merced (*od* en manos) de alg; **Auslieferung** F ⟨~; ~en⟩ 1 HANDEL distribución *f*; (*Einzelauslieferung*) entrega *f* 2 POL, JUR *v. Personen*: extradición *f*

'Auslieferungsantrag M, **Auslieferungsersuchen** N JUR, POL demanda *f* de extradición; **Auslieferungslager** N HANDEL almacén *m* de distribución (*od* de entrega); **Auslieferungsschein** M HANDEL nota *f* de entrega; **Auslieferungsstelle** F HANDEL centro *m* de distribución; **Auslieferungsvertrag** M JUR, POL tratado *m* de extradición

'ausliegen VI ⟨*irr*⟩ estar expuesto; *Zeitungen* estar a disposición de los lectores

'ausloben VT JUR prometer una recompensa; **Auslobung** F ⟨~; ~en⟩ promesa *f* de recompensa

'auslöffeln VT sacar a cucharadas; *fig* **die Suppe ~** pagar los vidrios rotos (*od* el pato); **ausloggen** VI(VR) IT **(sich) ~** salir, desconectarse (**aus** de); **auslosbar** ADJ sorteable

'auslöschen VT *Licht etc* apagar, extinguir (*a. fig*); *Schrift* borrar (*a. fig*); **Auslöschung** F ⟨~; ~en⟩ extinción *f*

'Auslösehebel M palanca *f* de desenganche; FOTO palanca *f* del disparador; **Auslöseknopf** M TECH botón *m* de accionamiento; FOTO botón *m* disparador

'auslosen VT *Gewinne, Wertpapiere* sortear (*a. Wertpapiere*); echar (a) suertes; *mit e-r Münze*: echar a cara o cruz; (*durch Auslosung zuteilen*) adjudicar por sorteo; (*verlosen*) *a.* rifar; **den Gewinner ~** elegir por sorteo al ganador

'auslösen VT 1 TECH disparar (*a.* FOTO); (*losmachen*) desenganchar 2 *Pfand* desempeñar; *Gefangene* rescatar 3 HANDEL *Wechsel* redimir 4 *fig* (*hervorrufen*) desencadenar (*a.* PSYCH); provocar, suscitar, causar; **(großen) Beifall ~** ser (muy) aplaudido

'auslösend ADJ *Faktor etc* desencadenante

'Auslöser M ⟨~s; ~⟩ 1 disparador *m* (*a.* FOTO); **auf den ~ drücken** pulsar (*od* presionar *od* apretar) el disparador 2 (*Anlass*) desencadenante *m*, desencadenador *m* (*a.* PSYCH); **der ~ für etw sein** desencadenar a/c

'Auslösevorrichtung F mecanismo *m* de desenganche; FLUG dispositivo *m* de lanzamiento; **Auslosung** F ⟨~; ~en⟩ sorteo *m*; (*Verlosung*) *a.* rifa *f*; HANDEL reembolso *m* por sorteo; **Auslösung** F ⟨~; ~en⟩ 1 TECH, FOTO disparo *m* 2 *v. Gefangenen*: rescate *m*; *e-s Pfands*: desempeño *m* 3 HANDEL *e-s Wechsels*: redención *f* 4 *fig* desencadenamiento *m*; provocación *f*

'ausloten VT SCHIFF sondear (*a. fig*)

'auslüften VT airear, ventilar

'ausmachen VT 1 *Licht, Feuer, Gerät* apagar; *Feuer a.* extinguir 2 (*vereinbaren*) fijar, convenir, concertar (**mit** con); (*festsetzen*) estipular; (*klären, erledigen*) decidir, resolver; **das sollen sie unter sich ~!** ¡allá ellos!, ¡que se arreglen (*od* se las compongan) como puedan! 3 (*bilden*) integrar, formar, constituir; **das macht den Reiz seiner Bilder aus** ahí está el encanto de sus cuadros 4 (*erkennen*) divisar, distinguir, detectar 5 (*ins Gewicht fallen*) importar, ascender a; **was macht das aus?** ¿y eso qué importa?; **das macht nichts aus** no importa, es lo mismo; **es macht viel aus** importa mucho; **wenn es Ihnen nichts ausmacht** si no le importa; **würde es Ihnen etwas ~, wenn ...?** ¿tendría usted inconveniente en ...?; ¿le molestaría que ...?; **macht es Ihnen etwas aus, wenn ich rauche?** ¿le molesta si fumo?; **die Kälte macht mir nichts aus** el frío no me afecta 6 (*betragen*) **wie viel macht das aus?** ¿cuánto es (*od* vale) esto? 7 *reg Kartoffeln* arrancar

'ausmahlen VT moler

'ausmalen VT 1 *Zimmer* pintar 2 *Bild etc* colorear, colorir 3 *fig* describir, pintar; **sich** (*dat*) **etw ~** imaginarse a/c, figurarse a/c

'ausmanövrieren VT *umg* **j-n ~** desbancar a alg

'Ausmarsch M salida *f* (MIL de las tropas); marcha *f*, partida *f*; **ausmarschieren** VI ⟨*ohne* ge-⟩ salir, marcharse

'Ausmaß N ⟨~es; ~e⟩ dimensión *f*; medida *f*; extensión *f*; **in großem ~** en gran escala; **erschreckende ~e annehmen** adquirir alarmantes proporciones

'ausmauern VT mampostear; revestir de piedras; **Ausmauerung** F ⟨~; ~en⟩ mampostería *f*

'ausmeißeln VT cincelar; escoplear; **ausmerzen** VT *allg* eliminar; (*ausrotten*) extirpar, exterminar; erradicar; AGR *Unkraut, Schädlinge a.* destruir

'ausmessen VT ⟨*irr*⟩ medir, tomar la medida; *Rauminhalt* cubicar; **Ausmessung** F ⟨~; ~en⟩ medición *f*; (*Maß*) medida *f*

'ausmisten VT 1 *Stall* sacar el estiércol 2 *umg fig* desechar, limpiar; **ausmittig** ADJ TECH *fachspr* excéntrico; **ausmünzen** VT amonedar; acuñar moneda

'ausmustern VT 1 desechar, eliminar 2 MIL *bei der Musterung*: declarar inútil, dar de baja; *nach dem Wehrdienst*: licenciar; **Ausmusterung** F ⟨~; ~en⟩ 1 HANDEL *v. Waren*: eliminación *f* 2 MIL *bei der Musterung*: declaración *f* de inútil; *nach dem Wehrdienst*: licencia *f*

'Ausnahme F ⟨~; ~n⟩ 1 *allg* excepción *f*; **mit ~ von** *od* (*gen*) a excepción de, excepto, exceptuando a; **ohne ~** sin excepcion; **eine ~ bilden** constituir una excepción; **(bei j-m) eine ~ machen** hacer una excepción (con alg); **die ~ bestätigt die Regel** la excepción confirma la regla; **keine Regel ohne ~** no hay regla sin excepción 2 *Steuer etc*: (*Befreiung*) exención *f*

'Ausnahme... IN ZSSGN excepcional, de excepción; **Ausnahmebestimmung** F cláusula *f* de excepción; **Ausnahmefall** M caso *m* excepcional, excepción *f*; **Ausnahmegenehmigung** F autorización *f* excepcional; **Ausnahmegesetz** N ley *f* excepcional; **Ausnahmezustand** M POL estado *m* de excepción; **den ~ verhängen** decretar el estado de excepción (**über** *acus* en)

'ausnahmslos ADJ sin excepción; **ausnahmsweise** ADV excepcionalmente, por excepción

'ausnehmen ‹*irr*› **A** VT **1** (*ausschließen*) excluir, exceptuar; (*befreien*) eximir **2** (*ausweiden*) *Tier* destripar, eviscerar, vaciar; *Fisch* limpiar **3** *Nest* sacar los huevos **4** *umg fig* (*schröpfen*) **j-n ~** timar (*od* desplumar) a alg **5** *österr* (*wahrnehmen*) reconocer, distinguir **B** VR **sich gut/schlecht ~** tener buen/mal aspecto; hacer buen/mal efecto

'ausnehmend *geh* **A** ADJ excepcional, extraordinario; (*einzigartig*) singular **B** ADV excepcionalmente, extraordinariamente

'ausnüchtern VT desembriagar, desemborrachar

'ausnutzen, ausnützen VT **1** (*nutzen*) aprovechar, utilizar; aprovecharse de, sacar provecho (*od* partido) de; **nicht ~** desaprovechar **2** (*missbrauchen*) explotar (*a. Person*)

'Ausnutzung, Ausnützung F ‹~› **1** (*Nutzung*) utilización *f*, aprovechamiento *m* **2** (*Missbrauch*) explotación *f* (*a. v. Personen*)

'auspacken **A** VT desenvolver, desembalar; *Paket* desempaquetar, abrir; *Koffer* deshacer **B** VI *umg fig* desembuchar, cantar; **auspeitschen** VT azotar, fustigar; **auspellen** **A** VT pelar **B** VR *umg* **sich ~** desnudarse

'auspfänden VT JUR embargar; **Auspfändung** F embargo *m*

'auspfeifen VT ‹*irr*› abuchear, silbar; **auspflanzen** VT BOT trasplantar; **auspichen** VT SCHIFF embrear; → *a* ausgepicht; **auspinseln** VT pincelar

Aus'pizien NPL REL, *fig* auspicios *mpl*

'ausplaudern VT divulgar, propalar; *umg* irse de la lengua

'ausplündern VT saquear; pillar; *Person, Auto etc* desvalijar; **bis aufs Hemd ~** dejar en cueros (*od* en camisa); **Ausplünderung** F saqueo *m*; pillaje *m*; desvalijamiento *m*

'auspolstern VT acolchar; *mit Watte*: guatear; **ausposaunen** VT ‹*ohne* ge-› *umg* proclamar (*od* pregonar) a los cuatro vientos; *umg* vocear, cacarear; **auspowern** [-paʊərn] VT *umg* depauperar; explotar; **ausprägen** **A** VT *Münzen* acuñar **B** VR **sich ~** expresarse, revelarse, traducirse (**in** *dat* en); → *a.* ausgeprägt; **auspressen** VT prensar; exprimir, estrujar (*a. fig*); **ausprobieren** VT ‹*ohne* ge-› probar, ensayar; experimentar

'Auspuff M ‹~(e)s; ~e› AUTO escape *m*; **Auspuffgas** N gas *m* de escape; **Auspuffklappe** F válvula *f* de escape; **Auspuffrohr** N AUTO tubo *m* (*Arg* caña *f*) de escape; **Auspufftakt** M carrera *f* de escape; **Auspufftopf** M AUTO silenciador *m* (de escape)

'auspumpen VT **1** sacar con bomba, bombear; *Teich* desaguar; SCHIFF, BERGB achicar; MED *Magen* lavar; PHYS hacer el vacío **2** *umg fig* **ausgepumpt** (*erschöpft*) agotado, rendido; *umg* hecho polvo **3** *umg fig* **sich** (*dat*) **etw ~** (*leihen*) tomar prestado

'Auspumpen N ‹~s› bombeo *m*; SCHIFF, BERGB achique *m*

'auspunkten VT *Boxen*: batir (*od* vencer *od* imponerse) por puntos; **auspusten** [-uː-] VT apagar de un soplo

'ausputzen VT **1** (*säubern*) limpiar **2** *Bäume* podar, escamondar **3** *obs* (*schmücken*) adornar, decorar; **Ausputzer** M ‹~s; ~› *umg Fußball*: líbero *m*; *umg* escoba *m*

'ausquartieren VT ‹*ohne* ge-› desalojar (*a.* MIL); **Ausquartierung** F ‹~; ~en› desalojamiento *m*

'ausquetschen VT **1** (*auspressen*) exprimir, estrujar **2** *umg fig* (*ausfragen*) **j-n ~** acosar a alg a preguntas; **ausradieren** VT ‹*ohne* ge-› **1** borrar **2** *fig* (*vernichten*) arrasar; **ausrangieren** [-ŋˈʒiːrən] VT ‹*ohne* ge-› desechar, eliminar; BAHN retirar del servicio; *fig* apartar, arrinconar; **ausrasten** VI ‹sn› **1** TECH soltarse, desclavarse **2** *umg fig* ponerse furioso; **sie ist total ausgerastet** se puso como una furia; **ausrauben** VT desvalijar; *Person a.* robar; **ausrauchen** VT *Pfeife etc* apurar; **ausräuchern** VT ahumar; fumigar

'Ausräuchern N ‹~s› fumigación *f*

'ausraufen VT arrancar; *Federn* desplumar, pelar; *fig* **sich** (*dat*) **die Haare ~** mesarse los cabellos

'ausräumen VT **1** vaciar; evacuar; *Zimmer* desamueblar; *Möbel etc* quitar (**aus** de); *umg* (*ausplündern*) desvalijar **2** (*reinigen*) limpiar; *Verstopftes*: desobstruir **3** *fig Bedenken etc* disipar, eliminar; *Missverständnis* aclarar

'ausrechnen VT calcular (*a. fig*), computar; *fig* (**sich** *dat*) **etw ~** contar con a/c; → *a.* ausgerechnet; **Ausrechnung** F ‹~; ~en› cálculo *m*, cómputo *m*

'ausrecken **A** VT estirar (*a. Hals*), extender **B** VR **sich ~** estirarse

'Ausrede F ‹~; ~n› excusa *f*; evasiva *f*, escapatoria *f*; (*Vorwand*) pretexto *m*, subterfugio *m*; **faule ~** excusa *f* barata; **er weiß immer eine ~** siempre tiene una excusa a mano; **keine ~!** ¡nada de excusas!; ¡no hay pero que valga!

'ausreden **A** VI acabar de hablar; **j-n ~ lassen** dejar hablar a alg; escuchar a alg sin interrumpir; **j-n nicht ~ lassen** no dejar hablar a alg; cortar la palabra a alg **B** VT **j-m etw ~** disuadir a alg de a/c

'ausreiben VT ‹*irr*› frotar, restregar; *Flecken* quitar frotando

'ausreichen VI ser suficiente, bastar, alcanzar; **mit etw ~** tener bastante con; **ausreichend** ADJ bastante, suficiente

'ausreifen VI ‹sn› madurar (*a. fig*); **ausgereift** maduro

'Ausreise F ‹~; ~n› salida *f* (*a.* SCHIFF), partida *f*; **bei der ~** al salir; **Ausreisegenehmigung** F permiso *m* de salida

'ausreisen VI salir (de un país); **Ausreisevisum** N visado *m* de salida

'ausreißen ‹*irr*› **A** VT arrancar; *Zähne a.* extraer; *mit der Wurzel*: desarraigar, descuajar, erradicar; **sich** (*dat*) **etw ~** arrancarse a/c; *umg* **er reißt sich** (*dat*) **kein Bein aus** no se mata (trabajando); cubre el expediente **B** VI ‹sn› **1** romper(se), desgarrarse **2** (*fliehen*) huir; escapar(se) (*a.* SPORT); *umg* largarse; poner pies en polvorosa; *Pferd* desbocarse; **vor j-m ~** huir de alg; **von zu Hause ~** escaparse de casa

'Ausreißer M ‹~s; ~›, **Ausreißerin** F ‹~; ~nen› fugitivo *m*, -a *f*; SPORT escapado *m*, -a *f*; **Ausreißversuch** M SPORT (intento *m* de) escapada *f*

'ausreiten ‹*irr*› **A** VT *Pferd* sacar a pasear, ejercitar **B** VI salir a caballo; **ausrenken** VT dislocar; **sich** (*dat*) **den Arm ~** dislocarse el brazo

'ausrichten **A** VT **1** TECH ajustar; *in e-r Reihe*: alinear; *in e-e Richtung*: orientar (**nach, auf** *acus* hacia) **2** *fig* (*anpassen*) adaptar (**nach, auf** *acus* a); *bes geistig*: orientar **3** (*bewirken*) hacer, efectuar; (*erlangen*) lograr, conseguir; **man kann bei ihr nichts ~** no se puede conseguir nada de ella; **gegen ihn kann ich nichts ~** no puedo con él; **damit richtest du nichts aus** con eso no arreglas nada **4** *Botschaft* entregar, dar; **einen Gruß ~** dar recuerdos; **richten Sie ihm meinen Gruß aus** déle usted recuerdos (*od* salúdele) de mi parte; **kann ich etwas ~?** ¿puedo dar algún recado?; **ich werde es ihr ~** le daré el recado **5** *Veranstaltung* organizar **B** VR **sich ~** **1** alinearse **2** *fig* **sich nach j-m/etw ~** orientarse (*od* comportarse) según alg/a/c

'Ausrichter M ‹~s; ~›, **Ausrichterin** F ‹~; ~nen› organizador *m*, -a *f*; **Ausrichtung** F ‹~; ~en› **1** TECH alineación *f*; ajuste *m* **2** *fig* (*Orientierung*) orientación *f* **3** *e-r Veranstaltung etc*: organización *f*; **Ausrichtungsfonds** M **Europäischer Ausrichtungs- und Garantiefonds** *m* **für die Landwirtschaft** Fondo *m* Europeo de Orientación y Garantía Agrícola, *abk* FEOGA *m*

'Ausritt M paseo *m* a caballo

'ausrollen **A** VT **1** *Teig* estirar, extender (con el rodillo) **2** *Kabel* desenrollar **B** VI FLUG rodar hasta pararse

'Ausrollen N ‹~s› FLUG rodadura *f* (final)

'ausrotten VT extirpar, erradicar (*a. fig*); exterminar (*a. Tiere etc*); **Ausrottung** F ‹~; ~en› extirpación *f*, erradicación *f* (*bes fig*); (*Vernichtung*) exterminio *m*, exterminación *f*

'ausrücken **A** VI ‹sn› **1** MIL salir, marchar(se) **2** *umg* (*weglaufen*) (**von zu Hause**) **~** escaparse (*od umg* largarse) (de casa) **B** VT **1** TYPO sangrar **2** TECH *Kupplung* desembragar; **Ausrücker** M ‹~s; ~› TECH dispositivo *m* de desembrague; **Ausrückhebel** M TECH palanca *f* de desembrague

'Ausruf M ‹~(e)s; ~e› grito *m*, voz *f*; exclamación *f*; GRAM interjección *f*; *öffentlicher*: proclama(ción) *f*

'ausrufen ‹*irr*› **A** VI gritar, exclamar **B** VT **1** llamar; **j-n (über Lautsprecher) ~ lassen** llamar a alg (por el altavoz) **2** POL proclamar; *Streik* convocar; (*verkünden*) publicar; **j-n zum König ~** proclamar a alg rey **3** (*anbieten*) *Waren* pregonar; *Zeitungen* vocear

'Ausrufer M ‹~s; ~›, **Ausruferin** F ‹~; ~nen› pregonero *m*, -a *f*

'Ausrufesatz M GRAM oración *f* exclamativa; **Ausrufewort** N ‹~(e)s; ~er› GRAM interjección *f*; **Ausrufezeichen** N (signo *m* de) exclamación *f* (*od* admiración *f*)

'Ausrufung F ‹~; ~en› proclamación *f*; pregón *m*; **Ausrufungszeichen** N → Ausrufezeichen

'ausruhen VI(VR) (**sich**) **~** decansar (**von** *dat* de), reposar; **Ausruhen** N ‹~s› descanso *m*, reposo *m*

'ausrupfen VT arrancar; *Federn* desplumar, pelar

'ausrüsten VT *allg* equipar; MIL armar, pertrechar; SCHIFF aparejar; TECH acabar; **mit etw ~** equipar de a/c, proveer de a/c; dotar de a/c (*a. fig*); *mit Proviant*: aprovisionar de a/c; **Ausrüster** M ‹~s; ~› SCHIFF armador *m*, naviero *m*; **Ausrüstung** F ‹~; ~en› **1** *allg* equipo *m*; MIL armamento *m*, pertrechos *mpl*; SCHIFF aparejo *m*; TECH acabado *m* **2** (*Geräte*) equipo *m*, utensilios *mpl*; (*Zubehör*) *a.* accesorios *mpl*

'ausrutschen VI ‹sn› resbalar (**auf** *dat* sobre); AUTO *a.* patinar; *fig* meter la pata; **die Hand ist ihm ausgerutscht** se le fue la mano

'Ausrutscher M ‹~s; ~› *umg* (*Blamage*) desliz *m*, *umg* patinazo *m*, *umg* metedura *f* de pata

'Aussaat F ‹~; ~en› AGR **1** (*Säen*) siembra *f* **2** (*Ausgesätes*) sementera *f*; **aussäen** VT

AGR sembrar; *fig* esparcir, diseminar

'Aussage F ⟨~; ~n⟩ 1 *bes* JUR declaración *f*; *vor Gericht a.*: deposición *f*; *(Zeugnis)* testimonio *m*; **eine ~ machen** prestar declaración, deponer (ante un tribunal); **die ~ verweigern** negarse a declarar 2 PHIL *(Behauptung)* aserción *f* (*a.* MATH); afirmación *f* 3 GRAM enunciado *m* 4 *e-s Kunstwerks etc*: mensaje *m*

'Aussagekraft F representatividad *f*; **aussagekräftig** ADJ representativo

'aussagen VT & VI 1 decir; afirmar; declarar (*a.* JUR); JUR *a.* prestar declaración; *Zeugen* deponer 2 LING enunciar 3 *fig* FILM, LIT *etc* expresar

'Aussagesatz M GRAM oración *f* enunciativa; **Aussageverweigerung** F JUR negativa *f* a declarar

'Aussatz M ⟨~es⟩ 1 MED lepra *f* 2 *Billard*: bola *f* de salida; **aussätzig** ADJ MED leproso; **Aussätzige** M/F ⟨~n; ~n; → A⟩ MED leproso *m* -a *f*

'aussaugen VT 1 chupar, succionar 2 *fig* esquilmar, extenuar, agotar; **j-n ~** *(ausbeuten)* explotar a alg; **j-n bis aufs Blut ~** chupar la sangre a alg

'ausschaben VT MED raspar; **Ausschabung** F ⟨~; ~en⟩ MED raspado *m*

'ausschachten VT excavar; *bes Brunnen u.* BERGB abrir (un pozo); **Ausschachtung** F ⟨~; ~en⟩ excavación *f*

'ausschälen VT *Nüsse* descascarar; *Bohnen etc* desgranar; MED enuclear

'ausschalten VT 1 ELEK *Licht* apagar; RADIO *a.* cerrar; *Strom* desconectar, cortar; *Maschine* parar 2 *fig Gegner, Konkurrenten* eliminar; *Fehler, Irrtum a.* excluir; MIL neutralizar; **Ausschalter** M ELEK interruptor *m*; **Ausschaltung** F 1 ELEK desconexión *f* 2 *fig e-s Gegners etc*: eliminación *f*; *e-s Fehlers a.*: exclusión *f*

'Ausschank M ⟨~(e)s; -schänke⟩ 1 *(Ausschenken)* despacho *m* (*od* venta *f*) de bebidas 2 *Schankraum*: quiosco *m* de bebidas; *(einfache Gastwirtschaft)* taberna *f*, tasca *f*

'ausscharren VT desenterrar

'Ausschau F **nach etw/j-m ~ halten** buscar con la vista a/c/a alg

'ausschauen VI 1 **~ nach** mirar; esperar ansiosamente 2 *südd, österr umg* → aussehen; **ausschaufeln** VT sacar (a paladas); excavar

'ausscheiden ⟨irr⟩ A VT 1 eliminar (*a.* MATH) 2 *(aussondern)* separar, excluir 3 PHYSIOL *(absondern)* excretar, secretar; CHEM segregar B VI 1 *aus e-m Verein*: darse de baja, causar baja; **aus seinem Amt ~** renunciar a (*od* retirarse de) su cargo 2 SPORT ser eliminado (**aus de**) 3 **das scheidet aus** esto no entra en consideración

'Ausscheiden N ⟨~s⟩ 1 eliminación *f*; *(Aussonderung)* separación *f* 2 *(Rücktritt)* retiro *m*; dimisión *f*; **ausscheidend** ADJ *aus e-m Amt*: saliente, dimisionario; **Ausscheidung** F ⟨~; ~en⟩ 1 eliminación *f* (*a.* SPORT); *(Aussonderung)* separación *f* 2 PHYSIOL secreción *f*; excreción *f* (*a. Ausgeschiedenes*)

'Ausscheidungskampf M *bes* SPORT (competición *f*) eliminatoria *f*; **Ausscheidungsorgan** N PHYSIOL órgano *m* excretor(io); **Ausscheidungsprüfung** F prueba *f* eliminatoria; **Ausscheidungsrennen** N SPORT carrera *f* eliminatoria; **Ausscheidungsspiel** N SPORT eliminatoria *f*, partido *m* eliminatorio

'ausschelten VT ⟨irr⟩ reñir, reprender; **ausschenken** VT *Getränke* echar, escanciar; HANDEL *(verkaufen)* vender, despachar; **ausscheren** VI FLUG, SCHIFF separarse de una formación; AUTO salirse de la fila; **ausschicken** VT enviar; **nach j-m ~** mandar por (*od umg* a por) alg; **ausschießen** VT ⟨irr⟩ 1 destrozar de un tiro 2 TYPO imponer

'ausschiffen VT(VR) **(sich) ~** desembarcar; **Ausschiffung** F ⟨~⟩ desembarco *m*; *v. Waren*: desembarque *m*

'ausschimpfen VT reñir, reprender, regañar; *umg* echar una bronca; **ausschirren** VT desenjaezar; desenganchar

ausschl. ABK (ausschließlich) excl. *(excluido)*

'ausschlachten VT 1 *Tier* descuartizar 2 TECH desguazar 3 *umg fig (ausnutzen)* explotar, aprovechar

'ausschlafen ⟨irr⟩ A VI(VR) **(sich) ~** dormir a su gusto (*bzw* bastante) B VT *umg* **seinen Rausch ~** dormir la mona

'Ausschlag M ⟨~(e)s; ¨e⟩ 1 MED erupción *f* cutánea; exantema *m* 2 PHYS, TECH *e-s Zeigers, Pendels*: oscilación *f*; desviación *f*; *der Waage*: caída *f* del peso; *der Magnetnadel*: declinación *f*, desviación *f*; *e-r Schwingung*: amplitud *f* 3 *fig* **den ~ geben** decidir (el resultado), ser decisivo (**für para**) 4 *e-r Mauer*: eflorescencia *f*; exudación *f*

'ausschlagen A VT 1 *Auge, Zahn* saltar, *Auge a.* vaciar 2 *(auskleiden)* cubrir, revestir, forrar (**mit** *dat* de) 3 *(ablehnen)* rehusar, rechazar; *Erbschaft* repudiar B VI 1 *Pferd* cocear, dar coces 2 *Zeiger, Pendel* oscilar; *Magnetnadel* desviarse; *Waage* inclinarse 3 BOT *Bäume* brotar, reverdecer, echar hoja 4 *fig (enden)* resultar, salir; **es schlug zu seinem Nachteil aus** redundó (*od* resultó) en perjuicio suyo

'ausschlaggebend ADJ decisivo; **~e Stimme** voto *m* preponderante; **Ausschlagung** F ⟨~⟩ *e-r Erbschaft*: repudiación *f*

'ausschließen ⟨irr⟩ A VT 1 dejar fuera, cerrar la puerta a 2 *fig j-n aus e-r Gruppe*: excluir (**aus, von** de); *(ausstoßen)* expulsar (**aus** de); SPORT descalificar (**aus** de); *zeitweilig*: suspender 3 *Möglichkeit, Irrtum etc* excluir, descartar 4 TYPO justificar, espaciar B VR **sich ~** 1 *(sich aussperren)* **sich ausgeschlossen haben** quedarse fuera sin llaves 2 **sich ~ von** no participar en, no tomar parte en, excluirse de; → *a.* ausgeschlossen

'ausschließlich A ADJ exclusivo; privativo B ADV exclusivamente; *(nicht gerechnet)* exclusive; excluido; **Ausschließlichkeit** F ⟨~⟩ exclusividad *f*

'Ausschließung F ⟨~; ~en⟩ 1 *(Ausschluss)* exclusión *f*; expulsión *f*; SPORT descalificación *f*; suspensión *f* 2 *(Aussperrung)* cierre *m*

'ausschlüpfen VI salir del huevo (*od* del cascarón), eclosionar; **Ausschlüpfen** N ⟨~s⟩ eclosión *f*

'ausschlürfen VT beber a sorbitos; sorber

'Ausschluss M ⟨~es; -schlüsse⟩ 1 exclusión *f*; expulsión *f*; SPORT descalificación *f*; **unter ~ von** con exclusión (*od* excepción) de; JUR, *fig* **unter ~ der Öffentlichkeit** a puerta cerrada 2 TYPO cuadrado *m*

'Ausschlussklausel F JUR cláusula *f* de exclusión

'ausschmelzen VT ⟨irr⟩ fundir; *Fett* derretir; **ausschmieren** VT 1 untar; *(fetten)* engrasar; *Schiffsfugen* calafatear 2 *umg fig reg (hereinlegen)* **j-n ~** pegársela a alg, tomar el pelo a alg

'ausschmücken VT 1 adornar; decorar 2 *fig Erzählung* embellecer, hermosear, exornar; **Ausschmückung** F ⟨~; ~en⟩ 1 adorno *m*; decoración *f* 2 *fig e-r Erzählung etc*: embellecimiento *m*

'ausschnauben VT *umg reg* **sich** (*dat*) **die Nase ~** sonarse, limpiar las narices; **ausschnaufen** VI *umg südd, österr* → verschnaufen

'ausschneiden VT ⟨irr⟩ 1 cortar; *aus e-r Zeitung*: recortar 2 MED extirpar 3 *Bäume* podar 4 *Kleid* escotar; **Ausschneiden** N ⟨~s⟩ MED excisión *f*; extirpación *f*

'Ausschnitt M ⟨~(e)s; ~e⟩ 1 *(Teil)* parte *f*, sección *f*; fragmento *m* (**aus** de); *aus e-m Bild*: detalle *m*; *aus e-m Film*: escena *f* 2 *am Kleid*: escote *m*; escotadura *f* (*a.* TECH); **mit tiefem ~** muy escotado 3 *(Zeitungsausschnitt)* recorte *m* 4 MATH sector *m*

'ausschnüffeln VT *umg* olfatear; husmear; **ausschöpfen** VT 1 *Wasser etc* sacar, extraer; *Gefäß* vaciar; *Boot* achicar 2 *fig Thema etc* agotar; apurar; *Möglichkeiten a.* aprovechar; **ausschrauben** VT destornillar, desenroscar

'ausschreiben VT ⟨irr⟩ 1 *Wort etc* escribir (enteramente); *Zahl* escribir en letra 2 *Scheck, Attest etc* extender; *Rechnung* hacer, pasar 3 *(ankündigen)* anunciar; *Wahlen etc* convocar; *e-e Stelle* sacar a concurso; *Am* llamar a licitación; **einen Wettbewerb ~** abrir un concurso; **öffentlich ~** *Bauauftrag* sacar a subasta pública

'Ausschreibung F ⟨~; ~en⟩ 1 *(Bekanntmachung)* anuncio *m*; *v. Wahlen etc*: convocatoria *f* 2 *e-s Wettbewerbs, v. Stellen*: concurso *m* 3 WIRTSCH *e-s Auftrags*: **öffentliche ~** licitación *f* pública; concurso-subasta *m* público; **an einer ~ teilnehmen** participar en un concurso (-subasta)

'Ausschreibungsbedingungen FPL condiciones del concurso-subasta (*od* de la licitación); **Ausschreibungsunterlagen** FPL pliego *m* de condiciones del concurso-subasta (*od* de la licitación); documentación *f* del concurso-subasta (*od* de la licitación)

'ausschreien VT ⟨irr⟩ *Waren* vocear, pregonar

'ausschreiten VI ⟨irr⟩ *geh* **kräftig** *od* **ordentlich ~** ir a buen paso; **weit ~** alargar el paso; **Ausschreitung** F ⟨~; ~en⟩ *mst* **~en** PL excesos *mpl*; disturbios *mpl*, desmanes *mpl*

'Ausschuss M ⟨~es; ¨e⟩ 1 *(Komission)* comisión *f*, comité *m*; **einen ~ einsetzen** convocar un comité 2 *(Abfall)* desecho *m*; HANDEL → Ausschussware 3 *(Austrittstelle e-s Geschosses)* orificio *m* de salida

'Ausschussmitglied N miembro *m* del comité; **Ausschusspapier** N TYPO maculatura *f*; **Ausschusssitzung** F reunión *f* del comité; **Ausschussvorsitzende** M/F presidente *m/f* de la comisión (*od* del comité); **Ausschussware** F HANDEL géneros *mpl* de desecho; pacotilla *f*

'ausschütteln VT sacudir

'ausschütten A VT 1 verter, derramar; *(leeren)* vaciar 2 WIRTSCH *Gewinne, Dividende* repartir, distribuir 3 *fig* **j-m sein Herz ~** abrir su corazón (*od* pecho) a alg; desahogarse con alg, franquearse con alg B VR **sich vor Lachen ~** desternillarse (*od* mondarse *od* partirse *od* troncharse) de risa

'Ausschüttung F ⟨~; ~en⟩ WIRTSCH *v. Gewinnen, Dividenden*: reparto *m*

'ausschwärmen VI 1 *Bienen* enjambrar 2 MIL abrir las filas, desplegarse; **Ausschwärmen** N ⟨~s⟩ 1 enjambrazón *f* 2 MIL despliegue *m*

'ausschwefeln VT azufrar

'ausschweifen A VI 1 *(abschweifen)* divagar 2 *(maßlos sein)* desenfrenarse B VT TECH *bes Tischlerei: Stuhlbein etc* redondear, contornear; **ausschweifend** ADJ 1 *Fantasie etc* desenfrenado, exuberante 2 *Lebensweise* disoluto, libertino, licencioso; **Ausschweifungen** FPL *(Maßlosigkeit)* exceso *m*, desenfreno *m*; *Lebensweise*: libertinaje *m*

'ausschweigen VR ⟨irr⟩ **sich ~** guardar silencio (**über** *acus* sobre), no soltar prenda; **ausschwenken** VT *Gläser etc* enjuagar

'ausschwitzen VT 1 exudar, (tra)sudar 2 *Wände* rezumar; **Ausschwitzung** F ⟨~; ~en⟩ exudación *f*, trasudación *f*

'aussehen ⟨*irr*⟩ A VI 1 *mit adj*: parecer, tener aspecto *od* cara; *bei Personen a.*: estar; **sie sieht blass aus** está pálido; **gut/schlecht ~** tener buen/mal aspecto; tener buena/mala cara; **in dem Kleid siehst du gut aus** *a.* ese vestido te sienta bien; **hübsch/hässlich ~** estar guapo/feo; **er sieht jünger/älter aus, als er ist** parece más joven/viejo de lo que es, aparenta menos/más edad 2 **~ wie** tener cara (*od* aspecto) de; (*ähnlich sein*) parecerse a; **wie sieht er aus?** ¿cómo es?, ¿qué aspecto (*od umg* pinta) tiene?; **wie siehst du denn aus?** *bzw* **wie du nur aussiehst!** *umg* ¡vaya facha que tienes!; *umg* **sie sah vielleicht aus!** ¡llevaba una pinta!; *iron* **so siehst du aus!** ¡que te lo has creído!, ¡no faltaba más!; ¡ni pensarlo!; *umg* ¡narices! 3 **nach etwas ~** parecerse a algo; **nach etw ~ wollen** querer aparentar a/c; **nach nichts ~** aparentar poca cosa, no lucir nada; **damit es nach etwas aussieht** para que parezca algo; *umg* **danach sieht er auch aus!** ¡tiene cara de eso! 4 (*Ausschau halten*) **nach j-m ~** buscar a alg con la vista B V/UNPERS *umg* **es sieht nach Regen aus** parece que va a llover, amenaza lluvia; **wie sieht es bei dir aus?** ¿cómo van tus asuntos?; **es sieht schlecht aus** las cosas se ponen feas; **es sieht schlecht mit ihm aus** va de capa caída

'Aussehen N ⟨~s⟩ apariencia *f* (física), aspecto *m*, físico *m*; *fig* cariz *m*; **dem ~ nach urteilen** juzgar por las apariencias

'außen ADV 1 afuera, fuera; **nach ~** hacia fuera; al exterior; **nach ~ (hin)** para fuera, externamente; *fig* (*um den Anschein zu wahren*) para guardar las apariencias; **von ~** por fuera, de (*od* desde) fuera 2 *umg* **~ vor bleiben** quedar fuera (*od* al margen); **etw ~ vor lassen** dejar fuera (*od* al margen *od* excluido) a a/c

'Außenansicht F vista *f* exterior; **Außenantenne** F antena *f* exterior; **Außenaufnahme** F FILM escena *f* de exteriores; **~n** *pl* (tomas *fpl*) exteriores *mpl*; **Außenbahn** F SPORT calle *f* exterior; **Außenbezirke** MPL *e-r Stadt*: extrarradio *m*; arrabales *mpl*; **Außenborder** M ⟨~s; ~⟩ *umg*, **Außenbordmotor** M SCHIFF (motor *m*) fueraborda *m*

'aussenden VT ⟨*irr*⟩ 1 *j-n* enviar, mandar 2 PHYS emitir

'Außendienst M HANDEL servicio *m* exterior (*od* móvil); POL *im Ausland*: servicio *m* en el extranjero; **im ~ tätig sein** trabajar en el servicio exterior (*bzw* en el extranjero); **Außendienstleiter** M, **Außendienstleiterin** F jefe *m*, -a *f* del servicio exterior; **Außendienstmitarbeiter** M, **Außendienstmitarbeiterin** F colaborador *m*, -a *f* en el servicio exterior; (*Reisende*) comercial *m/f*, representante *m/f*

'Außendurchmesser M diámetro *m* exterior; **Außenfinanzierung** F financiación *f* externa; **Außenfläche** F superficie *f* (exterior); **Außenhafen** M antepuerto *m*; **Außenhandel** M comercio *m* exterior; **den ~ liberalisieren** liberalizar el comercio exterior

'Außenhandelsbilanz F HANDEL balanza *f* comercial (*od* de comercio) exterior; **Außenhandelsdefizit** N HANDEL déficit en (*od* del) comercio exterior; **Außenhandelsförderung** F promoción *f* del comercio exterior; **Außenhandelspolitik** F política *f* de(l) comercio exterior; **Außenhandelsüberschuss** M HANDEL superávit *m* (*od* excedente *m*) comercial exterior

'Außenhaut F 1 ANAT epidermis *f* 2 SCHIFF forro *m* exterior; **Außenluft** F aire *m* exterior

'Außenminister M, **Außenministerin** F ministro *m*, -a *f* de Asuntos (*Am* Relaciones) Exteriores; **Außenministerium** N Ministerio *m* de Asuntos (*Am* Relaciones) Exteriores

'Außenpolitik F política *f* exterior; **Außenpolitiker** M **Außenpolitikerin** F político *m*, -a *f* de exterior; **außenpolitisch** ADJ (referente a la política) exterior; *i. w. S* internacional

'Außenposten M MIL puesto *m* avanzado; **Außenseite** F exterior *m*; ARCH fachada *f*; **Außenseiter** M ⟨~s; ~⟩, **Außenseiterin** F ⟨~; ~nen⟩ excéntrico *m* -a *f*; inconforme *m/f*; fuera de serie *m/f*; marginado *m*, -a *f*; *bes* SPORT outsider *m/f*; **Außenspiegel** M AUTO retrovisor *m* exterior; **Außenstände** MPL WIRTSCH cobros *mpl* pendientes, deudas *fpl* activas, atrasos *mpl*; **~ eintreiben** cobrar los atrasos; **Außenstehende** M/F ⟨~n; ~n; → A⟩ espectador *m*, -a *f*; profano *m*, -a *f*; **Außenstelle** F agencia *f*, delegación *f*; **Außenstürmer** M, **Außenstürmerin** F *Fußball*: (delantero *m*, -a *f*) extremo *m*, -a *f*; **Außentemperatur** F temperatura *f* exterior; **Außenverteidiger** M, **Außenverteidigerin** F *Fußball*: defensa *m/f* lateral; **Außenwand** F muro *m* exterior

'Außenwelt F mundo *m* exterior; **(völlig) von der ~ abgeschnitten sein** quedar (totalmente) aislado

'Außenwerbung F publicidad *f* exterior; **Außenwerke** NPL MIL *obs* aproches *mpl*; **Außenwinkel** M GEOM ángulo *m* externo; **Außenwirtschaft** F economía *f* exterior; **Außenzoll** M arancel *m* exterior

'außer A PRÄP (*dat*) 1 *räumlich*: fuera de; **~ Haus** fuera de casa 2 *fig* **~ sich sein** estar fuera de sí; **~ sich geraten** no caber en sí (**vor Freude** de alegría); arrebatarse; *vor Wut*: ponerse furioso, enfurecerse 3 (*neben*) aparte de, amén de; (*zusätzlich zu*) además de 4 (*ausgenommen*) salvo, excepto, menos, a excepción de; **alle ~ einem/dir** todos excepto (*od* menos) uno/tú B KONJ **~ dass** excepto (*od* salvo) que; **~ wenn** a menos que, a no ser que

Außer'achtlassung F ⟨~⟩ negligencia *f*, descuido *m*

'außeramtlich ADJ no oficial, extraoficial; **außerberuflich** ADJ extraprofesional; **außerbetrieblich** ADJ externo (a la empresa); extraempresarial; **~e Revision** inspección *f* (*od* auditoría *f*) externa; **für ~e Zwecke** con fines externos

Außerbe'triebsetzung F ⟨~⟩ puesta *f* fuera de servicio

'außerdem ADV además, aparte (*od* fuera) de eso; por añadidura

'außerdienstlich ADJ extraoficial

Außer'dienststellung F ⟨~⟩ retirada *f* del servicio; *Kriegsschiff*: desarme *m*

'äußere(r, -s) ADJ exterior, externo; **~ Angelegenheiten** asuntos *mpl* externos; **der ~ Schein** las apariencias; **~ Verletzungen** heridas *fpl* externas

'Äußere(s) N ⟨~n; → A⟩ exterior *m*; apariencia *f*; **ein angenehmes ~s haben** tener un físico agradable; **auf sein ~s achten** cuidar su aspecto; **nach dem ~n zu urteilen** a juzgar por las apariencias; **Minister des ~n** → Außenminister

'außerehelich ADJ 1 *Kind* natural, ilegítimo 2 *Verkehr* extraconyugal, extramatrimonial; **außeretatmäßig** ADJ extraordinario; extrapresupuestario; **außereuropäisch** ADJ extraeuropeo; **außerfahrplanmäßig** ADJ BAHN suplementario, de refuerzo; **außergerichtlich** A ADJ extrajudicial, extraprocesal; **~er Vergleich** arreglo *m* (*od* acuerdo *m*) extrajudicial B ADV por la vía extrajudicial; **sich ~ einigen** llegar a un acuerdo extrajudicial; **außergewöhnlich** ADJ extraordinario, excepcional, fuera de serie

'außerhalb A PRÄP (*gen*) fuera de; al exterior de B ADV (por) fuera, externamente; **von ~** de fuera

'außerirdisch ADJ extraterrestre; **außerkirchlich** ADJ no eclesiástico

Außer'kraftsetzung F ⟨~⟩ anulación *f*; abolición *f*; *v. Gesetzen*: derogación *f*, abrogación *f*; **Außer'kurssetzung** F ⟨~⟩ retirada *f* de la circulación

'äußerlich A ADJ 1 exterior, externo; MED **~es Mittel** tópico *m*; MED **zum ~en Gebrauch** *od* **zur ~en Anwendung** para uso externo 2 *fig* (*scheinbar*) aparente; (*oberflächlich*) superficial; (*nicht wesentlich*) extrínseco B ADV por fuera; **~ betrachtet** visto por fuera

'Äußerlichkeit F ⟨~; ~en⟩ superficialidad *f*; **~en** *pl* formalidades *fpl*; exterioridades *fpl*; **bloße ~en** sólo formalidades

'äußern A VT 1 (*erklären*) expresar, declarar; (*bemerken*) observar; *Meinung a.* emitir; GRAM enunciar 2 (*ausdrücken*) expresar, manifestar; (*zeigen*) mostrar, hacer ver B VR **sich ~** expresarse, manifestarse, opinar (**über** *acus*, **zu** *dat* sobre); (*zum Ausdruck kommen*) mostrarse, manifestarse

'außer'ordentlich A ADJ extraordinario (*a.* POL); excepcional, singular; (*hervorragend*) eminente; (*ungeheuer*) enorme, descomunal; **~er Professor** catedrático *m* supernumerario B ADV extraordinariamente, sumamente, sobremanera; **es tut mir ~ leid** lo siento muchísimo

'außerparlamentarisch ADJ extraparlamentario; **außerplanmäßig** ADJ extraordinario, especial; *Beamter* supernumerario

'außersinnlich ADJ **~e Wahrnehmung** percepción *f* extrasensitiva

'äußerst ADV extrema(da)mente, sumamente, en extremo

'außerstande, außer Stande ADJ **~ sein zu** (*inf*) no estar en condiciones de (*inf*); ser incapaz de (*inf*)

'äußerste(r, -s) ADJ 1 *räumlich*: extremo; (*entfernteste*) más lejano (*od* distante *od* remoto); **am ~n Ende** en el (último) extremo; **die ~ Grenze** el límite máximo; POL **die ~ Rechte/Linke** la extrema derecha/izquierda 2 *zeitlich*: último; **~r Termin** la última fecha 3 (*größt-, höchstmöglich*) extremo, *Preis* último; **mit ~r Anstrengung** en un supremo esfuerzo; **im ~n Fall** en caso extremo; (*im schlimmsten Fall*) en el peor de los casos; **mit ~r Kraft** con extrema fuerza; **von ~r Wichtigkeit** de suma (*od* extrema) importancia

'Äußerste(s) N ⟨~n; → A⟩ extremo *m*; extremidad *f*; **sein ~s tun** hacer todo lo posible; hacer lo imposible; **aufs ~** en extremo, extrema(da)mente, hasta el máximo; **auf das ~ gefasst sein** estar preparado para lo peor; **bis zum ~n** hasta lo último; hasta el último trance; **bis zum ~n gehen** llegar hasta el extremo (*od* límite); **bis zum ~n treiben** llevar al extremo, extremar; **zum ~n entschlossen** decidido a arriesgarlo todo

'Äußerung F ⟨~; ~en⟩ 1 (*Ausdruck*) expresión *f*, manifestación *f* 2 (*Erklärung*) declaración *f*; (*Bemerkung*) observación *f*; comentario *m*; (*Aussage*) enunciación *f*; **~en** *fpl a.* palabras *fpl*

'aussetzen A VT 1 poner fuera; SCHIFF desembarcar; *Boote* lanzar (al agua), botar 2 *Kind, Tier* abandonar 3 *fig* **j-n einer Gefahr (Kränkung** *dat etc*) **~** exponer a alg a un peligro (a una ofensa/un agravio) 4 *(festsetzen)* fijar; *Belohnung* ofrecer; *Vermächtnis* legar; *Rente, Gehalt* asignar; *Summe* destinar; **einen Preis auf j-s Kopf** *acus* ~ poner precio a la cabeza de alg 5 *(unterbrechen)* interrumpir, suspender; *Tätigkeit* cesar; *Zahlung,* JUR *Urteil, Verfahren* suspender; *beim Spiel*: **eine Runde ~** pasar un turno 6 **etwas an j-m/etw auszusetzen haben** criticar a alg/a a/c; poner reparos (*od umg* peros) a alg/a a/c; **er hat an allem etwas auszusetzen** siempre pone reparos; **was haben Sie daran auszusetzen?** ¿qué tiene que objetar?; **daran ist nichts auszusetzen** no tiene peros B VI 1 *(unterbrechen)* pararse, cesar; interrumpirse; *beim Spiel*: pasar (un turno); **mit etw ~** discontinuar a/c, interrumpir a/c; **ohne auszusetzen** sin interrupción, sin parar 2 *(Pause machen, ausruhen)* hacer una pausa; **einen Tag ~** guardar un día de descanso 3 MED *(versagen)* fallar; *Herz, Pulsschlag* **(wiederholt) ~** ser intermitente 4 *umg* **da setzt es bei mir aus** ya no doy para más C VR **sich einer Sache** *(dat)* **~** exponerse a a/c

'Aussetzen N ⟨~s⟩ *(Unterbrechung)* interrupción *f*; *(Versagen)* fallo *m*; MED *des Pulses*: intermitencia *f*

'aussetzend ADJ discontinuo, intermitente; **Aussetzung** F ⟨~; ~en⟩ 1 exposición *f* 2 SCHIFF desembarque *m* 3 *(Festsetzung)* asignación *f*, fijación *f* 4 JUR suspensión *f*; *(Vertagung)* aplazamiento *m*

'Aussicht F ⟨~; ~en⟩ 1 *(Ausblick)* vista *f*; *(Rundblick)* panorama *m*, vista *f* panorámica; **~ auf die Straße/den Hof haben** dar a la calle/al patio; **~ aufs Meer haben** tener vista al mar 2 *fig* perspectiva(s) *f(pl)*, probabilidad *f*, esperanza *f*; **gute ~en haben** tener buenas expectativas; **gute ~en auf Erfolg haben** tener buenas perspectivas de éxito; **nicht die geringste ~ haben** *(inf)* no tener ni la más remota probabilidad de *(inf)*; **er/sie hat ~en zu gewinnen** tiene posibilidades de ganar; **etw in ~ haben** tener a/c en perspectiva; **in ~ stehen** ser de esperar; *drohend*: amenazar, amagar; **etw in ~ stellen** prometer *od* ofrecer a/c; *iron* **das sind ja schöne ~en!** ¡vaya un panorama!

'aussichtslos ADJ inútil, estéril; sin esperanza; desesperado; **Aussichtslosigkeit** F ⟨~⟩ inutilidad *f*

'Aussichtsplattform F observatorio *m*; terraza *f* de observación; **Aussichtspunkt** M punto *m* de observación; mirador *m*; **aussichtsreich** ADJ prometedor; **Aussichtsturm** M atalaya *f*; mirador *m*; **aussichtsvoll** ADJ → aussichtsreich; **Aussichtswagen** M → Panoramawagen

'aussieben VT cribar; tamizar, cerner; *fig Bewerber* seleccionar

'aussiedeln VT evacuar; **Aussiedlung** F ⟨~; ~en⟩ evacuación *f*

'aussinnen VT ⟨irr⟩ *geh* imaginar, idear, discurrir

'aussöhnen A VT reconciliar (**mit** con) B VR **sich mit j-m ~** reconciliarse con alg, hacer las paces con alg; **Aussöhnung** F ⟨~; ~en⟩ reconciliación *f*

'aussondern VT escoger, seleccionar, entresacar; *(trennen)* separar, apartar; eliminar; **Aussonderung** F ⟨~; ~en⟩ selección *f*; separación *f*, apartamiento *m*; eliminación *f*; JUR *aus der Konkursmasse*: de dominio; **Aussonderungssrecht** N JUR derecho *m* de separación

'aussortieren VT ⟨ohne ge-⟩ seleccionar; separar; *(entfernen)* eliminar; **ausspähen** A VT espiar; atisbar, acechar B VI **nach etw ~** buscar a/c (con la vista)

'ausspannen A VT 1 *(ausbreiten)* (ex)tender 2 *Pferde* desenganchar; *Ochsen* desuncir; *umg fig* **j-m die Freundin ~** quitar (*od umg* escamotear *od umg* birlar) a alg la novia B VI *(ausruhen)* descansar; relajarse

'aussparen VT dejar libre (*od* vacío); TECH escotar; *fig Thema* dejar de lado; **Aussparung** F ⟨~; ~en⟩ hueco *m*, vacío *m*; TECH escotadura *f*

'ausspeien VT ⟨irr⟩ escupir; *fig* vomitar

'aussperren A VT 1 **j-n ~** cerrar la puerta a alg (**aus** de) 2 WIRTSCH **die Arbeiter, Beschäftigten ~** declarar (*od* aplicar) el cierre patronal; declarar el lock-out B VR **sich ausgesperrt haben** quedarse fuera sin llaves

'Aussperrung F ⟨~; ~en⟩ 1 prohibición *f* de entrada; cierre *m* 2 WIRTSCH *v. Arbeitern*: cierre *m* patronal, suspensión *f* de empleo y sueldo; lock-out *m*; **eine ~ beschließen** decidir la suspensión de empleo y sueldo; **eine ~ verhängen** aplicar (*od* imponer) la suspensión de empleo y sueldo

'ausspielen A VT 1 *Karte* jugar; arrastrar; **ausgespielt werden** *Lotterie etc* jugarse 2 *fig Gegner* **gegeneinander ~** aprovechar la rivalidad de; **j-n gegen j-n ~** jugar uno contra otro B VI 1 *beim Kartenspiel*: ser mano, salir; **wer spielt aus?** ¿quién sale? 2 *fig* **ausgespielt haben** estar acabado, haber jugado la última carta; **bei mir hat er ausgespielt** ya no quiero saber más de él

'Ausspielung F ⟨~; ~en⟩ *Lotterie*: sorteo *m*

'ausspinnen ⟨irr⟩ A VT *fig Erzählung, Bericht etc* ampliar, extender B VR *umg* **spinn dich aus!** ¡déjate de tonterías!

'ausspionieren VT ⟨ohne ge-⟩ espiar

'Aussprache F ⟨~; ~n⟩ 1 *e-s Worts etc*: pronunciación *f*; *deutliche*: articulación *f* 2 *(Erörterung)* discusión *f*; POL debate *m*; *(Meinungsaustausch)* cambio *m* de opiniones (*bzw* impresiones); **Ausspracheangabe** F transcripción *f* fonética

'aussprechbar ADJ pronunciable

'aussprechen ⟨irr⟩ A VT 1 *Wort* pronunciar, *deutlich*: articular 2 *Beileid, Wunsch etc* expresar, manifestar; *Meinung etc* decir, exponer, dar 3 JUR *Urteil etc* pronunciar B VI *(zu Ende sprechen)* terminar (la frase); **lass mich ~!** ¡déjame hablar! C VR 1 **sich (offen) ~** hablar con franqueza (*od* sin reservas); *(sein Herz ausschütten)* desahogarse, sincerarse; **sich mit j-m ~** cambiar impresiones (*od* explicarse) con alg 2 **sich für etw ~** abogar por a/c; pronunciarse a favor (*od* en pro) de a/c; **sich gegen etw ~** declararse en contra de a/c; → *a.* ausgesprochen

'aussprengen VT 1 *mit Sprengstoff*: volar 2 *Wasser* rociar 3 *fig Gerücht* divulgar, propalar; **ausspritzen** A VT 1 *Flüssigkeit* lanzar, arrojar; *Sperma* eyacular 2 MED *(ausspülen)* irrigar; *Ohr* jeringar B VI salir, surtir, brotar

'Ausspruch M dicho *m*, sentencia *f*

'ausspucken VI & VT escupir; *umg fig* **spuck's aus!** *(erzähl!)* *sl* ¡desembucha!

'ausspülen VT 1 enjuagar (*a. Mund*); *Wäsche* aclarar 2 GEOL derrubiar 3 MED irrigar; *Magen* lavar; **Ausspülung** F ⟨~; ~en⟩ 1 enjuague *m* 2 GEOL derrubio *m* 3 MED irrigación *f*; lavado *m*

'ausstaffieren VT ⟨ohne ge-⟩ equipar (**mit** *dat* con); *mit Kleidern*: ataviar; **Ausstaffierung** F ⟨~; ~en⟩ equipo *m*; atavío *m*

'Ausstand M ⟨~(e)s; ¨~e⟩ 1 huelga *f*; **in den ~ treten** declararse en huelga 2 *(Abschiedsfeier)* despedida *f*; **seinen ~ geben** dar una fiesta de despedida

'ausstanzen VT TECH estampar; perforar, punzonar; **ausstatten** VT equipar (**mit** con); dotar, proveer, surtir (**mit** de); MIL pertrechar; *Wohnung* amueblar; decorar (*a.* THEAT); *fig mit Befugnissen*: investir (**mit** de)

'Ausstattung F ⟨~; ~en⟩ 1 *(das Ausstatten)* equipo *m*, dotación *f* (*a.* TECH) 2 *(Gerät, Zubehör)* equipo *m*; *(Möbel)* mobiliario *m* 3 *(Ausschmückung)* adorno *m*; *e-s Buchs*: presentación *f* 4 THEAT, FILM decoración *f*, decorado *m* 5 *obs (Mitgift)* dote *m/f*; *(Aussteuer)* equipo *m* de novia; ajuar *m*

'Ausstattungsfilm M película *f* de gran espectáculo; **Ausstattungsstück** N THEAT comedia *f* (*bzw* revista *f*) de gran espectáculo

'ausstechen VT ⟨irr⟩ 1 sacar, abrir; *Apfel* despepitar; *Rasen* cortar; *Torf* extraer; *Augen* vaciar, sacar; TECH *mit Stichel*: burilar, grabar 2 *fig* **j-n ~** *(übertreffen)* superar *od* aventajar *od* sobrepujar a alg; *(verdrängen)* suplantar a alg; desbancar a alg

'ausstehen ⟨irr⟩ A VI *Entscheidung etc* estar (*od* quedar) pendiente (*a. Zahlung*); faltar; *Sendung* no haber llegado todavía; **ihre Antwort steht noch aus** aún falta su respuesta; **Geld ~ haben** tener cobros pendientes; **~de Forderungen** pagos vencidos, atrasos *mpl* B VT *(ertragen)* sufrir, aguantar, soportar; **j-n nicht ~ können** no poder aguantar (*od umg* tragar) a alg; **es ist noch nicht ausgestanden** todavía no ha pasado

'aussteigen VI ⟨irr; sn⟩ 1 *aus dem Auto, Zug*: bajar (**aus** de); SCHIFF, FLUG desembarcar 2 *aus der Firma*: retirarse; **er ist aus dem Französischkurs ausgestiegen** se ha dejado el curso de francés 3 *umg aus der Gesellschaft*: automarginarse, abandonar todo

'Aussteiger M ⟨~s; ~⟩, **Aussteigerin** F ⟨~; ~nen⟩*umg* *persona que decide llevar una vida alternativa*

'aussteinen VT *Steinobst* deshuesar; despepitar

'ausstellen VT 1 *(zur Schau stellen) Kunst, Waren* exhibir, exponer 2 *(ausfertigen) Attest, Rechnung, Scheck, Rezept* extender; *Pass, Zeugnis a.* expedir (**auf j-s Namen** *acus* a nombre de alg); *Wechsel* girar, librar (**auf** *acus* sobre) 3 *umg (ausschalten)* apagar

'Aussteller M ⟨~s; ~⟩, **Ausstellerin** F ⟨~; ~nen⟩ 1 *auf Messen etc*: expositor *m*, -a *f* 2 *e-s Schecks, e-r Urkunde*: otorgante *m/f*; *e-s Wechsels*: librador *m*, -a *f*, girador *m*, -a *f*; **Ausstellfenster** N AUTO ventanilla *f* giratoria

'Ausstellung F ⟨~; ~en⟩ 1 *(Schau)* exposición *f*; *(Messe)* feria *f*; *v. Waren*: exhibición *f* 2 *(Ausfertigung) e-r Rechnung, e-s Attests, Schecks, Rezepts*: extensión *f*; *e-s Passes, Zeugnisses a.*: expedición *f*; *e-s Schecks, e-r Urkunde a.*: otorgamiento *m*; *e-s Wechsels*: giro *m*, libranza *f*, libramiento *m*

'Ausstellungsdatum N *Pass*: fecha *f* de expedición; *Wechsel*: fecha *f* de libramiento; **Ausstellungsfläche** F área *f* de exposición, superficie *f* expositiva; **Ausstellungsgelände** N recinto *m* de la exposición (*bzw* ferial); **Ausstellungshalle** F pabellón *m*; **Ausstellungskatalog** M catálogo *m* de la exposición; **Ausstellungsort** M 1 *e-s Dokuments*: lugar *m* de expedición 2 *e-r Messe etc*: lugar *m* de la exposición; **Ausstellungsraum** M sala *f* de exposición; **Ausstellungsstand** M puesto *m*, stand *m*; **Ausstellungsstück** N objeto *m* expuesto; **Ausstellungszentrum** N centro *m* de exposición

'ausstempeln VI fichar *(al salir del trabajo)*

'aussterben VI ⟨irr; sn⟩ *Pflanzen, Tiere, Volk* extinguirse, desaparecer; *Ortschaft* despoblarse; *Brauch* caer en desuso; → *a.* ausgestorben

'Aussterben N ⟨~s⟩ extinción *f*; **vom ~ bedroht sein** estar en peligro (*od* en vías) de extinción; **aussterbend** ADJ en vías de extin-

ción (*od* desaparición)
'**Aussteuer** F ⟨~; ~n⟩ *obs* ajuar *m*; equipo *m* de novia
'**aussteuern** V/T ELEK, *Tontechnik* modular; **Aussteuerung** F ⟨~; ~en⟩ 1 ELEK *Tontechnik*: modulación *f* 2 VERS suspensión *f* del pago (de una renta)
'**Ausstieg** M ⟨~(e)s; ~e⟩ 1 *(Ausgang)* salida *f* 2 *(Aussteigen)* salida *f*, bajada *f* (**aus de**) 3 *fig* abandono *m*; **~ aus der Atomenergie** desnuclearización *f*
'**ausstopfen** V/T rellenar (**mit** *dat* de); taponar; *Tiere* disecar
'**Ausstopfen** N ⟨~s⟩ *v. Tieren*: taxidermia *f*, disecación *f*
'**Ausstoß** M ⟨~(e)s; -stöße⟩ 1 expulsión *f*; *(Abgabe)* emisión *f*; TECH eyección *f*; ÖKOL **~ von Schadstoffen** emisión *f* de contaminantes (*od* de sustancias nocivas) 2 WIRTSCH (volumen *m* de) producción *f*; cantidad *f* de producción (*od* producida); output *m*; **~ je Arbeitsstunde** producción *f* por hora (trabajada)
'**ausstoßen** V/T ⟨irr⟩ 1 *Rauch* expeler; *Lava* arrojar; *aus dem Körper*: evacuar; expulsar; TECH *Gase etc* expeler; echar; PHYS emitir; SCHIFF *Torpedo* lanzar 2 WIRTSCH producir, fabricar 3 *Fluch* proferir; *Schrei* dar, lanzar; *Seufzer* exhalar, dar 4 *fig (verstoßen)* **j-n ~** expulsar (*od* excluir) a alg (**aus** de)
'**Ausstoßrohr** N SCHIFF tubo *m* lanzatorpedos; **Ausstoßung** F ⟨~; ~en⟩ 1 TECH expulsión *f*; *(Auswurf)* eyección *f* 2 *fig (Verstoßung)* expulsión *f*, exclusión *f*; **Ausstoßvorrichtung** F TECH dispositivo *m* de expulsión, eyector *m*
'**ausstrahlen** A V/T (ir)radiar, emitir (*a.* RADIO, TV); *Wärme a.* desprender; RADIO *a.* radiar; TV *a.* televisar B V/I radiar; emanar (*a. fig*); *Schmerz* irradiar; **Ausstrahlung** F ⟨~; ~en⟩ 1 (ir)radiación *f*; emisión *f* (*a.* RADIO, TV); emanación *f* (*a. fig*) 2 *fig e-r Person*: carisma *m*
'**ausstrecken** A V/T extender; *Hand* tender; *Beine, Arme* estirar; **die Hand ~ nach** *(dat)* tender la mano hacia; **die Beine ~** estirar las piernas B V/R **sich ~** extenderse, estirarse; **sich lang ~** (ex)tenderse (**auf** *dat* sobre); **sich bequem ~** arrellanarse (**auf** *dat* en)
'**ausstreichen** V/T ⟨irr⟩ 1 *Geschriebenes* tachar, rayar, borrar 2 *(glätten)* alisar, aplanar 3 *(verteilen)* extender; *Fugen* llenar, tapar 4 *mit Fett: Kuchenform etc* untar
'**ausstreuen** V/T diseminar (*a. fig*); esparcir, desparramar; *fig Gerüchte* propagar, propalar, (hacer) correr; **Ausstreuung** F ⟨~; ~en⟩ diseminación *f*; *v. Gerüchten*: propagación *f*
'**ausströmen** A V/T 1 *Duft* despedir, emanar, exhalar 2 PHYS emitir, radiar 3 *fig Ruhe etc* rezumar B V/I *Flüssigkeit* derramarse; salir (*a. Dampf*); *Gas* escapar(se); **Ausströmung** F ⟨~; ~en⟩ 1 *e-r Flüssigkeit*: derrame *m*; *v. Gas*: escape *m* 2 *e-s Dufts*: emanación *f*; exhalación *f*
'**ausstudieren** ⟨ohne ge-⟩ A V/T estudiar a fondo B V/I terminar sus estudios
'**aussuchen** V/T elegir, escoger, seleccionar; → *a.* ausgesucht
'**austäfeln** V/T → täfeln
'**austapezieren** V/T ⟨ohne ge-⟩ empapelar; *mit Stoff*: tapizar
'**Austausch** M ⟨~(e)s⟩ 1 *allg* intercambio *m*, cambio *m*; *v. Gütern a.*: trueque *m*; **im ~ gegen** *od* **für** a trueque (*od* cambio) de 2 POL *v. Noten, Gefangenen*: canje *m* 3 *(Ersatz)* recambio *m*; SPORT sustitución *f*
'**Austausch...** IN ZSSGN de (re)cambio
'**austauschbar** ADJ TECH (inter)cambiable; **Austauschbarkeit** F ⟨~⟩ (inter)cambiabilidad *f*
'**austauschen** V/T 1 cambiar (**gegen** *acus* por); *untereinander*: intercambiar; *Waren* trocar 2 *(auswechseln)* recambiar; *bes* SPORT sustituir 3 POL *Noten, Gefangene* canjear
'**Austauschmotor** M motor *m* de recambio; **Austauschprogramm** N programa *m* de intercambio; **Austauschrelationen** FPL HANDEL términos *mpl* de intercambio; **Austauschschüler** M, **Austauschschülerin** F alumno *m*, -a *f* de intercambio; **Austauschstück** N TECH pieza *f* de recambio; **Austauschstudent** M, **Austauschstudentin** F estudiante *m/f* de intercambio
'**austeilen** V/T repartir, distribuir (**unter** *acus* entre); *Hiebe, Karten* dar; REL *Sakrament* administrar; **den Segen ~** impartir la bendición; **Austeilung** F ⟨~; ~en⟩ distribución *f*, reparto *m*; administración *f*
'**Auster** F ⟨~; ~n⟩ ZOOL ostra *f*
'**Austernbank** F ⟨~; ¨~e⟩ banco *m* de ostras; ostral *m*; **Austernfang** M pesca *f* de ostras; **Austernpark** M criadero *m* de ostras; **Austernzucht** F ostricultura *f*
'**austesten** V/T *umg* (**gründlich**) **~** probar (a fondo)
'**austilgen** V/T *(auslöschen)* borrar, tachar; *(ausrotten)* exterminar; extirpar, desarraigar (*a. fig*); **Austilgung** F ⟨~; ~en⟩ exterminio *m*, extirpación *f*
'**austoben** A V/T *Zorn etc* desfogar, abandonarse a B V/R **sich ~** desfogarse; *Kinder* retozar, travesear (a su gusto); *Sturm* desatarse
'**Austrag** M ⟨~(e)s; -träge⟩ decisión *f*; arreglo *m*; **zum ~ kommen** *Streitfrage* resolverse, llegar a un ajuste
'**austragen** V/T ⟨irr⟩ 1 *Briefe, Zeitungen etc* repartir, distribuir 2 *Kind* gestar, tener 3 *Konflikt* resolver; *Streit* dirimir 4 SPORT *Wettkampf etc* organizar, disputar
'**Austräger** M ⟨~s; ~⟩, **Austrägerin** F ⟨~; ~nen⟩ *v. Briefen etc*: repartidor *m*, -a *f*, distribuidor *m*, -a *f*
'**Austragung** F ⟨~; ~en⟩ 1 *v. Briefen etc*: reparto *m*, distribución *f* 2 SPORT disputa *f*; **Austragungsort** M SPORT lugar *m* del encuentro
Aus'**tralien** N ⟨~s⟩ Australia *f*; **Australier** M ⟨~s; ~⟩, **Australierin** F ⟨~; ~nen⟩ australiano *m* -a *f*; **australisch** ADJ australiano
'**austreiben** ⟨irr⟩ A V/T 1 *(vertreiben)* expulsar; *Teufel* exorcizar 2 *fig* **j-m etw ~** quitar a alg a/c (de la cabeza); *(abgewöhnen)* quitar a alg (la costumbre de) a/c 3 MED expeler, *Kind* expulsar 4 *Vieh* llevar a pastar B V/I BOT echar hojas; **Austreibung** F ⟨~; ~en⟩ expulsión *f*; *e-s Teufels*: exorcismo *m*; **Austreibungsphase** F MED período *m* de expulsión
'**austreten** ⟨irr⟩ A V/T 1 pisar; *Feuer, Zigarette* apagar (*od* extinguir) con los pies 2 *Schuhe, Treppe* (des)gastar (con el uso) B V/I ⟨sn⟩ 1 *(sich zurückziehen)* retirarse, salirse (**von, aus** *dat* de); *aus e-r Schule*: abandonar; *aus e-m Verein etc*: darse de baja 2 *Gas, Dampf* escaparse, salir(se) (**aus** de); *Wasser* desbordarse (**aus** de); MED *Blut* extravasarse 3 *umg (Bedürfnis verrichten)* ir al servicio, (ir a) hacer sus necesidades, *sl* ir a mear; → *a.* ausgetreten
'**austricksen** *umg* V/T engañar
'**austrinken** V/T & V/I ⟨irr⟩ *Glas etc* vaciar, apurar; *Getränk* beber; (**alles**) **~** beberlo todo
'**Austritt** M ⟨~(e)s; ~e⟩ 1 *(Entweichen)* salida *f* (**aus** de); *v. Luft, Gas*: escape *m*, fuga *f* (**aus** de); MED *v. Blut*: extravasación *f* 2 *aus e-r Organisation*: retirada *f*; retiro *m*; baja *f* (**aus** de); **seinen ~ erklären** darse de baja
'**Austrittsdüse** F TECH tobera *f* de salida; **Austrittserklärung** F dimisión *f*, renuncia *f*; **Austrittsöffnung** F orificio *m* de salida; **Austrittsphase** F MED *Geburt*: fase *f* expulsiva
'**austrocknen** A V/I secarse; desecarse; *Boden a.* aridecerse; *Neubau* sentarse B V/T secar; desecar (*a.* MED); *(trockenlegen)* desaguar; **Austrocknung** F ⟨~⟩ desecación *f*
'**austrompeten** V/T ⟨ohne ge-⟩ *umg* → ausposaunen
'**austüfteln** V/T *umg* → ausklügeln
'**ausüben** V/T ejercer; *Beruf a.* ejercitar; *Amt* desempeñar; *(betreiben)* practicar (*a.* SPORT); **Druck auf j-n ~** ejercer presión (*od* presionar) sobre alg
'**ausübend** ADJ *Arzt* en ejercicio; **~er Künstler** ejecutante *m*; **~e Gewalt** (poder *m*) ejecutivo *m*
'**Ausübung** F ⟨~⟩ ejercicio *m*, ejercitación *f*; práctica *f*; *e-s Amtes*: desempeño *m*; **in ~ seines Dienstes** (*od* **Amtes**) en acto de servicio (*od* desempeñando su cargo); **in ~ seiner Pflicht** cumpliendo su obligación; **in ~ seiner Rechte** en el ejercicio de sus derechos
'**ausufern** V/I *fig* salir de sus cauces, desbordarse, llegar a un extremo
'**Ausverkauf** M HANDEL saldo(s) *m(pl)*; rebajas *fpl*; *(Totalausverkauf)* venta *f* total; liquidación *f*, **im ~ kaufen** comprar en las rebajas; **ausverkaufen** V/T HANDEL liquidar existencias, saldar; *alles*: vender todas las existencias; **Ausverkaufspreis** M HANDEL precio *m* de saldo; **ausverkauft** ADJ 1 HANDEL *Ware* vendido; agotado 2 THEAT lleno; *Bekanntgabe*: **~!** agotadas las localidades; **~ sein** registrar un lleno total
'**auswachsen** ⟨irr⟩ A V/I ⟨sn⟩ 1 terminar de crecer; alcanzar pleno desarrollo; BOT espigarse 2 *umg* **es ist zum Auswachsen** *(zum Verrücktwerden)* es para volverse loco; *(langweilig) umg* es una lata (*od* un rollo) B V/R **sich ~** 1 *(sich normalisieren)* normalizarse, corregirse 2 **sich ~ zu** degenerar en; → *a.* ausgewachsen
'**Auswahl** F ⟨~; ~en⟩ 1 *(Auswählen)* elección *f*; selección *f*; **eine ~ treffen** elegir, escoger; hacer una selección; **zur ~** a escoger 2 HANDEL *(Angebot)* surtido *m*; **eine reiche ~** un gran surtido (*od* una gran variedad) de; **eine große ~ haben** estar bien surtido 3 LIT *v. Gedichten etc*: antología *f* 4 SPORT *(Mannschaft)* selección *f*
'**auswählen** V/T escoger, elegir (**aus** de, de entre); seleccionar; LIT **ausgewählte Werke** obras selectas (*od* escogidas)
'**Auswahlmannschaft** F SPORT selección *f*; **Auswahlverfahren** N proceso *m* (*od* procedimiento *m*) de selección; *Statistik*: muestreo *m*
'**auswalzen** V/T 1 METALL laminar 2 *umg fig* **etw breit ~** explicar a/c con pelos y señales; **Auswalzen** N ⟨~s⟩ METALL laminado *m*, laminación *f*
'**Auswanderer** M, **Auswanderin** F emigrante *m/f*
'**auswandern** V/I ⟨sn⟩ emigrar; expatriarse
'**Auswanderung** F emigración *f*; *fig* éxodo *m*; **Auswanderungsbehörde** F VERW oficina *f* de emigración
'**auswärtig** ADJ 1 de fuera; *(nicht einheimisch)* forastero; *(ausländisch)* extranjero; *Schüler* externo; *bes* POL exterior 2 POL **~e Angelegenheiten** asuntos *mpl* exteriores; *BRD*: **das Auswärtige Amt** el Ministerio *m* de Asuntos Exteriores
'**auswärts** ADV fuera, afuera; **von ~** de (a)fuera; **~ essen/spielen** *etc* comer/jugar, *etc* fuera (de casa); **Auswärtsspiel** N SPORT partido *m* fuera de casa (*od* en campo ajeno)
'**auswaschen** V/T ⟨irr⟩ 1 lavar; *(spülen)* enjuagar; *Fleck* limpiar 2 GEOL derrubiar; abarrancar; *(auslaugen) Boden* lixiviar; **Auswaschung**

F 1 lavado *m* 2 GEOL derrubio *m*; erosión *f*; (*Auslaugung*) lixiviación *f*

'**Auswechselbank** F ⟨~; -¨e⟩ SPORT banquillo *m* (de suplentes); **auswechselbar** ADJ recambiable (*a.* TECH); (inter)cambiable; amovible

'**auswechseln** VT 1 cambiar; (*ersetzen*) sustituir (**gegen** por) (*a.* SPORT); canjear; TECH recambiar 2 *fig* **sich wie ausgewechselt fühlen** sentirse como nuevo; **er ist wie ausgewechselt** está completamente cambiado

'**Auswechselspieler** M, **Auswechselspielerin** F SPORT (jugador *m*, -a *f*) suplente *m/f*; sustituto *m*, -a *f*

'**Auswechs(e)lung** F cambio *m*; TECH *a.* recambio *m*; canje *m*

'**Ausweg** M ⟨~(e)s; ~e⟩ 1 salida *f* (**aus** de) (*a. fig*) 2 *fig* escapatoria *f*; (*Mittel*) recurso *m*, expediente *m*; (**als**) **letzter ~** (como) último recurso; **ich sehe keinen ~** no veo ninguna solución

'**ausweglos** ADJ sin salida; **eine ~e Lage** un callejón sin salida; **Ausweglosigkeit** F ⟨~⟩ imposibilidad *f* de (encontrar) salida

'**ausweichen** VI ⟨*irr*; sn⟩ 1 apartarse de; desviarse; *seitlich*: hacerse a un lado (de); (**einem Schlag**) **~** esquivar (un golpe); hurtar el cuerpo; **einem Fahrzeug ~** dejar pasar un vehículo, ceder el paso a un vehículo 2 *fig* **einer Sache** (*dat*) **~** evitar a/c, esquivar a/c; *e-r Frage*: eludir a/c; *e-m Hindernis, e-r Schwierigkeit*: sortear, evitar, esquivar; **j-m ~** evitar un encuentro con alg; **j-s Blicken** (*dat*) **~** evitar la mirada de alg 3 **~ auf** (*acus*) cambiar a

'**Ausweichen** N ⟨~s⟩ desviación *f*

'**ausweichend** ADJ evasivo; **~e Antwort** evasiva *f*

'**Ausweichgleis** N BAHN (vía *f* de) apartadero *m*; **Ausweichklausel** F cláusula *f* escapatoria; **Ausweichmanöver** N AUTO maniobra *f* de desviación; **Ausweichmöglichkeit** F alternativa *f*; **Ausweichstelle** F BAHN apartadero *m*; **Ausweichstrecke** F *Verkehr*: ruta *f* (*od* vía *f od* carretera *f*) alternativa

'**ausweiden** VT destripar

'**ausweinen** VT & VR **sich** *od* **seinen Kummer ~** desahogarse llorando (**bei j-m** con alg); **sich** (*dat*) **die Augen ~** deshacerse en lágrimas, llorar a lágrima viva

'**Ausweis** M ⟨~es; ~e⟩ legitimación *f*; carnet *m* (acreditativo), carné *m*; (*Personalausweis*) carnet *m* (*od* documento *m*) de identidad

'**ausweisen** ⟨*irr*⟩ A VT 1 *aus e-m Land*: expulsar (**aus** de); (*verbannen*) proscribir, desterrar 2 (*identifizieren*) **j-n ~ als** identificar a alg como; *fig* acreditar (*od* mostrar) a alg como B VR **sich ~** 1 legitimarse; probar su identidad; (*e-n Ausweis vorzeigen*) presentar su documento de identidad (*od* su documentación) 2 **sich als Experte** *etc* **~** acreditarse como experto, *etc*; **ein ausgewiesener Experte** un experto acreditado

'**Ausweiskarte** F carnet *m*; pase *m*; **Ausweiskontrolle** F control *m* de identidad; **Ausweispapiere** NPL documentación *f* (personal); **ohne ~** indocumentado; **Ausweispflicht** F deber *m* de estar documentado; **Ausweisung** F ⟨~; ~en⟩ expulsión *f*; (*Verbannung*) proscripción *f*; destierro *m*; **Ausweisungsbefehl** M orden *f* de expulsión

'**ausweiten** A VT ensanchar; alargar; (*dehnen*) dilatar; TECH abocardar; *Bohrloch* escariar B VR **sich ~** 1 ensancharse; (*sich dehnen*) dilatarse 2 *fig* **sich ~ zu** degenerar en; **Ausweitung** F ⟨~; ~en⟩ 1 ensanche *m*; dilatación *f* 2 *fig* expansión *f*

'**auswendig** ADV de memoria; **~ lernen** aprender de memoria; MUS **~ spielen** tocar de memoria; **etw ~ wissen** *bzw* **können** saber a/c de memoria

'**Auswendiglernen** N memorización *f*

'**auswerfen** VT ⟨*irr*⟩ 1 echar (fuera), arrojar; *Angel* lanzar; *Anker* echar; *Lava* lanzar, vomitar; (*ausstoßen*) expeler, expulsar (*a.* MIL *Hülsen*); TECH, IT eyectar 2 *fig* (*produzieren*) producir; *Summe* asignar; señalar, fijar 3 MED expectorar; esputar

'**Auswerfen** N ⟨~s⟩ 1 (*Werfen*) lanzamiento *m* 2 TECH eyección *f*; expulsión *f* 3 MED expectoración *f*

'**auswerten** VT 1 analizar; interpretar; (*einschätzen*) evaluar; valorar 2 (*verwerten*) aprovechar; explotar (*a. Patent*); **Auswertung** F ⟨~; ~en⟩ 1 análisis *m*; interpretación *f*; (*Einschätzung*) evaluación *f*, valoración *f* 2 (*Verwertung*) aprovechamiento *m*; explotación *f*

'**auswickeln** VT desenvolver; (*auspacken*) desempaquetar; **auswiegen** VT ⟨*irr*⟩ pesar; → *a.* ausgewogen

'**auswirken** VR **sich ~** producir (*od* surtir) efecto; **sich positiv/negativ ~** repercutir positivamente/negativamente; **sich ~ auf** (*acus*) repercutir en, afectar a; **sich positiv/negativ auf etw** (*acus*) **~** afectar positivamente/negativamente a a/c; **sich ~ in** (*dat*) traducirse en

'**Auswirkung** F ⟨~; ~en⟩ efecto *m*; *auf die Umwelt a.*: impacto *m*; (*Rückwirkung*) repercusión *f*, consecuencia *f*; (*Ergebnis*) resultado *m*; **~en haben auf** *e-e Sache*: tener repercusiones sobre a/c : *auf e-e Person*: tener repercusiones para alg

'**auswischen** VT 1 (*reinigen*) limpiar, enjugar 2 *Schrift* borrar 3 **sich** (*dat*) **die Augen ~** restregarse los ojos 4 *umg fig* **j-m eins ~** *umg* jugar a alg una mala pasada

'**auswittern** VI GEOL *Erz, Salze etc* eflorecerse; **auswringen** VT ⟨*irr*⟩ (re)torcer

'**Auswuchs** M ⟨~(e)s; -wüchse⟩ 1 excrecencia *f* (*a.* MED); protuberancia *f*; (*Missbildung*) deformidad *f*; (*Höcker*) gibosidad *f*, joroba *f* 2 *fig mst* **Auswüchse** *pl* abusos *mpl*, excesos *mpl*; *der Fantasie etc*: aberraciones *fpl*

'**auswuchten** VT TECH equilibrar; *Am* balancear

'**Auswuchten** N ⟨~s⟩ TECH equilibrado *m*

'**Auswurf** M ⟨~(e)s; ¨e⟩ 1 TECH descarga *f*, eyección *f* 2 MED expectoración *f*, esputo *m* 3 *fig* **der ~ der Menschheit** la escoria (*od* la hez) de la humanidad

'**auswürfeln** VT **etw ~** jugar a los dados por a/c; **auszacken** VT dentar

'**auszahlbar** ADJ pagadero

'**auszahlen** A VT 1 *Geld* pagar; *v. Konto*: retirar; hacer efectivo; *Kredit* pagar; **sich** (*dat*) **etw ~ lassen** hacerse pagar a/c 2 **j-n ~** pagar *od* indemnizar a alg B VR *fig* **sich ~** valer la pena; **das zahlt sich nicht aus** *a.* esto no sale a cuenta

'**auszählen** VT 1 (re)contar; *Stimmen* escrutar 2 *Boxen*: contar al límite

'**Auszählen** N ⟨~s⟩ → Auszählung

'**Auszahlung** F ⟨~; ~en⟩ 1 *Vorgang*: pago *m*, desembolso *m*; *v. Konto* reintegro *m* 2 (*gezahltes Geld*) pago *m*

'**Auszählung** F ⟨~; ~en⟩ conteo *m*, recuento *m*; *der Stimmen*: escrutinio *m*

'**Auszahlungsanweisung** F orden *m* de pago; **Auszahlungsformular** N formulario *m* de reintegro; **Auszahlungsliste** F nómina *f*; **Auszahlungsstelle** F pagaduría *f*

'**auszanken** VT *reg* reñir; reprender; *umg* regañar

'**auszehren** VT consumir, extenuar; *Land* empobrecer; **auszehrend** ADJ consuntivo; **Auszehrung** F ⟨~; ~en⟩ MED consunción *f*, tisis *f*

'**auszeichnen** A VT 1 señalar; marcar; *Waren a.* rotular; poner etiqueta (*bzw* precio) a 2 **j-n ~** distinguir a alg; (**mit einem Orden**) **~** condecorar; **mit einem Preis ~** galardonar, premiar B VR **sich ~** sobresalir, distinguirse (**als** como; **in** *acus* en); (*sich unterscheiden*) distinguirse, caracterizarse, señalarse (**durch** por)

'**Auszeichnung** F ⟨~; ~en⟩ 1 marca *f*; HANDEL etiqueta *f*; rotulación *f* 2 *fig* distinción *f*; (*Orden*) condecoración *f*; (*Preis*) premio *m*; galardón *m*; *Prüfungsnote*: **mit ~** con matrícula de honor

'**Auszeit** F SPORT tiempo *m* muerto; *fig, beruflich*: **eine ~ brauchen/nehmen** necesitar/tomar un respiro

'**ausziehbar** ADJ TECH extensible, telescópico; (*herausnehmbar*) amovible; **~er Tisch** mesa *f* extensible

'**ausziehen** ⟨*irr*⟩ A VT 1 *Kleidung* quitar, sacar; **j-n ~** desnudar *od* desvestir a alg, quitar la ropa a alg; **sich** (*dat*) **die Schuhe** *etc* **~** quitarse los zapatos, *etc*; **sich** (*dat*) **die Kleider ~** *a.* desvestirse 2 (*herausziehen*) tirar; sacar (**aus** de); *heftig*: arrancar 3 *Tisch, Leiter* alargar; *Bett, Sofa* abrir 4 CHEM extraer 5 MAL *Zeichnung* pasar en tinta B VI 1 *aus e-r Wohnung*: mudarse (de casa) 2 *in die Fremde etc*: marchar; salir; irse a otra parte; **~ auf** (*acus*) ir en busca de C VR **sich ~** desnudarse

'**Ausziehen** N ⟨~s⟩ 1 *aus e-r Wohnung*: mudanza *f* 2 CHEM extracción *f*

'**Auszieher** M ⟨~s; ~⟩ TECH extractor *m*; **Ausziehleiter** F escalera *f* telescópica (*od* extensible); **Ausziehplatte** F *e-s Tisches*: tabla *f* corredera; **Ausziehrohr** N tubo *m* telescópico; **Ausziehtisch** M mesa *f* extensible (*od* de corredera); **Ausziehtusche** F MAL tinta *f* china

'**auszirkeln** VT medir con el compás

'**auszischen** VT THEAT sisear, abuchear

'**Auszubildende** M/F ⟨~n; ~n; → A⟩ aprendiz *m*, -a *f*

'**Auszug** M ⟨~(e)s; ¨e⟩ 1 (*Weggang*) salida *f*, partida *f*, marcha *f* (*a.* MIL); *Bibel u. fig* éxodo *m* 2 *aus e-r Wohnung*: mudanza *f* 3 *aus e-m Buch*: extracto *m* (**aus** de) (*a.* FIN, CHEM) 4 (*Zusammenfassung*) resumen *m*, compendio *m*, sumario *m*

'**Auszugsmehl** N harina *f* de flor; **auszugsweise** ADV en resumen, en extracto, en compendio

'**auszupfen** VT arrancar; *Fäden a.* deshilachar

au'tark ADJ autárquico

Autar'kie F ⟨~; ~n⟩ autarquía *f*, autosuficiencia *f*

au'thentisch ADJ auténtico

Authentizi'tät F ⟨~⟩ autenticidad *f*

'**Auto** N ⟨~s; ~s⟩ coche *m*, auto(móvil) *m*; *Am* carro *m*; **~ fahren** conducir, *Am* manejar; llevar el coche; **~ fahren können** saber conducir; **mit dem** *od* **im ~ fahren** ir en coche (**nach** a)

'**Autoapotheke** F botiquín *m*; **Autoatlas** M atlas *m* de carreteras; **Autoausstellung** F exposición *f* de automóviles; salón *m* del automóvil

'**Autobahn** F autopista *f*; **Autobahnauffahrt** F entrada *f* a la autopista; **Autobahnausfahrt** F salida *f* de la autopista; **Autobahndreieck** N cruce *m* de autopista; **Autobahngebühr** F peaje *m*; **Autobahnkreuz** N cruce *m* de autopista; **Autobahnraststätte** F área *f* de servicio; **Autobahnzubringer** M carretera *f* de acceso a la autopista

Autobiogra'fie F, **Autobiographie** F autobiografía *f*; **autobio'grafisch** ADJ,

autobio'graphisch ADJ autobiográfico
'Autobombe F coche-bomba *m; Am* carro-bomba *m;* **Autobrille** F gafas *fpl* de automovilista
'Autobus M autobus *m, umg* bus *m;* *(Reiseautobus)* autocar *m;* *(Überlandautobus)* coche *m* de línea; **Autobusbahnhof** M estación *f* (*od* terminal *f*) de autobuses; **Autobushaltestelle** F parada *f* de autobuses; **Autobuslinie** F línea *f* de autobuses
autoch'thon ADJ autóctono
Autodi'dakt M ⟨~en; ~en⟩, **Autodidaktin** F ⟨~; ~nen⟩ autodidacta *m/f;* **autodidaktisch** ADJ autodidacta
'Autodiebstahl M robo *m* de coche(s); **Autofähre** F transbordador *m,* ferry(boat) *m;* **Autofahrer** M, **Autofahrerin** F automovilista *m/f;* **Autofahrt** F viaje *m* (*bzw* excursión *f*) en coche
'Autofokus M FOTO autofoco *m,* autofocus *m,* autoenfoque *m*
'autofrei ADJ *Zone etc* cerrado al tráfico; *Tag* sin circulación de vehículos
'Autofriedhof M cementerio *m* de coches
auto'gen ADJ **1** TECH autógeno; **~es Schweißen** soldadura *f* autógena **2** PSYCH **~es Training** entrenamiento *m* de autorrelajación
Auto'gramm N ⟨~(e)s; ~e⟩ autógrafo *m;* **~e geben** firmar autógrafos; **Autogrammjäger** M, **Autogrammjägerin** F cazaautógrafos *m/f,* cazador *m,* -a *f* de autógrafos; **Autogrammstunde** F sesión *f* de autógrafos
'Autohändler M, **Autohändlerin** F comercial *m/f* (*od* concesionario *m,* -a *f*) de coches; **Autohupe** F bocina *f,* claxon *m;* **Autoindustrie** F industria *f* del automóvil (*od* automovilística); **Autokarte** F mapa *m* de carreteras; **Autokino** N autocine *m*
Auto'klav M ⟨~s; ~en⟩ TECH *(Drucktank)* autoclave *f*
'Autoknacker M, **Autoknackerin** F *umg* desvalijador *m,* -a *f* de coches; **Autokolonne** F convoy *m* (*bzw* caravana *f*) de automóviles (*od* coches)
Auto'krat M ⟨~en; ~en⟩ autócrata *m;* **Autokra'tie** F ⟨~; ~n⟩ autocracia *f;* **Auto'kratin** F ⟨~; ~nen⟩ autócrata *f;* **auto'kratisch** ADJ autocrático
'Automarder M *umg* descuidero *m* (*od* desvalijador *m*) de coches
Auto'mat M ⟨~en; ~en⟩ autómata *m;* máquina *f* automática; *(Verkaufsautomat)* distribuidor *m* automático
Auto'matenverkauf M venta *f* por distribuidor (*od* expendedor) automático; venta *f* automatizada
Auto'matik F ⟨~; ~en⟩ automatismo *m;* TECH sistema *m* (*bzw* funcionamiento *m*) automático; **Automatikgetriebe** N AUTO cambio *m* automático; **Automatik-Sicherheitsgurt** M AUTO cinturón *m* automático enrollable
Automati'on F ⟨~⟩ automatización *f*
auto'matisch ADJ automático
automati'sieren V/T automatizar; **Automatisierung** F ⟨~; ~en⟩ automatización *f*
Automa'tismus M ⟨~ses; Automatismen⟩ automatismo *m*
'Automechaniker M, **Automechanikerin** F mecánico *m,* -a *f* de coches (*od* de automóviles); **Autominute** F **10 ~n entfernt** a diez minutos en (*od* de) coche
Automo'bil N ⟨~(e)s; ~e⟩ automóvil *m;* **Automobilausstellung** F exposición *f* de automóviles; salón *m* del automóvil; **Automobilhersteller** M fabricante *m* (*od* productor *m*) de automóviles; fabricante *m* automovilístico; **Automobilindustrie** F industria *f* automovilística; sector *m* (*od* ramo *m*) del automóvil; **Automobilklub** M Automóvil Club *m;* **Automobilkonzern** M consorcio *m* automovilístico; grupo *m* empresarial de la industria automovilística
auto'nom ADJ autónomo; *umg* POL *a.* anarquista; **~e Szene** escena *f* autónoma; grupos *mpl* anarquistas; **Auto'nome** M/F ⟨~n; ~n; → A⟩ *umg* POL anarquista *m/f*
Autono'mie F ⟨~; ~n⟩ autonomía *f;* **Autonomieabkommen** N POL convenio *m* de autonomía; **Autonomieverhandlungen** FPL POL negociaciones *fpl* de autonomía
'Autonummer F número *m* de matrícula; **Autopapiere** NPL documentación *f* del coche; **Autopilot** M FLUG piloto *m* automático; **Autoplastik** F MED autoplastia *f*
Autop'sie F ⟨~; ~n⟩ autopsia *f*
'Autor M ⟨~s; -'toren⟩ autor *m*
'Autoradio N autorradio *f;* **Autoreifen** M neumático *m;* **Autoreisezug** M BAHN autotrén *m,* autoexpreso *m;* **Autorennbahn** F autódromo *m;* **Autorennen** N carrera *f* de automóviles; **Autoreparaturwerkstatt** F taller *m* de reparación de automóviles
Au'torin F ⟨~; ~nen⟩ autora *f*
autori'sieren V/T ⟨ohne ge-⟩ autorizar
autori'tär ADJ autoritario; **Autori'tät** F ⟨~; ~en⟩ autoridad *f;* **autorita'tiv** ADJ autoritativo
'Autorschaft F ⟨~⟩ paternidad *f* (literaria)
'Autosalon M Salón *m* del Automóvil; **Autoschalter** M HANDEL autobanco *m;* **Autoschlange** F caravana *f* de coches; **Autoschlosser** M, **Autoschlosserin** F mecánico *m,* -a *f* de automóviles; **Autoschlüssel** M llave *f* del coche; **Autosektor** M sector *m* del automóvil; **Autoskooter** [-sku:tər] M ⟨~s; ~⟩ auto *m* de choque; **Autosport** M automovilismo *m;* **Autostart** M IT autoarranque *m,* inicio *m* automático, autostart *m;* **Autostopp** M ⟨~(s)⟩ autostop *m;* **Autostopper** M ⟨~s; ~⟩, **Autostopperin** F ⟨~; ~nen⟩ autostopista *m/f;* **Autostraße** F carretera *f* (reservada para automóviles); **Autostunde** F **zwei ~n entfernt** a dos horas en (*od* de) coche
Autosuggesti'on F autosugestión *f*
'Autotelefon N teléfono *m* para coche (*od* de automóvil); **Autotür** F puerta *f* del coche
Autoty'pie F ⟨~; ~n⟩ TYPO impresión *f* autotípica, autotipia *f*
'Autounfall M accidente *m* de automóvil (*od* de coche); **Autoverkehr** M circulación *f* de automóviles, circulación *f* rodada; tráfico *m* motorizado; **Autoverleih** M, **Autovermietung** F alquiler *m* de automóviles (*od* de coches); **Autowaschanlage** tren *m* (*od* túnel *m*) de lavado; **Autowäsche** F lavado *m* de coches; **Autowerkstatt** F taller *m* (de coches)
'Autowinder [-waındər] M ⟨~s; ~⟩ FOTO arrollador *m* automático
'Autozubehör N accesorios *mpl* para automóvil
autsch INT ¡ay!
A'val [-v-] M ⟨~s; ~e⟩ HANDEL aval *m;* **Avalakzept** N HANDEL aval *m* (sobre una letra de cambio)
ava'lieren V/I ⟨ohne ge-⟩ HANDEL avalar
A'vancen [a'vãsən] FPL **j-m ~ machen** *aus Verliebtheit:* cortejar a alg; *geschäftlich:* ir al encuentro de alg
avan'cieren [avã'si:rən] V/I ⟨ohne ge-⟩ ser ascendido (**zu** a); subir de categoría
Avant'garde [avã:-] F ⟨~; ~n⟩ vanguardia *f;* **Avantgar'dismus** M ⟨~⟩ vanguardismo *m;* **Avantgar'dist** M ⟨~en; ~en⟩, **Avantgar'distin** F ⟨~; ~nen⟩ vanguardista *m/f;* **avantgar'distisch** ADJ vanguardista, de vanguardia
AvD M ABK (Automobilclub von Deutschland) *asociación de automovilistas de Alemania*
Aversi'on F ⟨~; ~en⟩ aversión *f;* **eine ~ gegen etw haben** tener aversión a a/c
A'vis [a'vi:(s)] M, N ⟨~es; ~e⟩ HANDEL aviso *m;* **laut ~** según aviso
avi'sieren V/T ⟨ohne ge-⟩ HANDEL avisar
A'V-Medien NPL ABK (audiovisuelle Medien) medios *mpl* audiovisuales
Avo'cado F ⟨~; ~s⟩ aguacate *m*
'AWO F ABK ⟨~⟩ (Arbeiterwohlfahrt) *asociación alemana de utilidad pública*
axi'al ADJ axial
axil'lar ADJ ANAT, BOT axilar
Axi'om N ⟨~s; ~e⟩ axioma *m*
Axt F ⟨~; ¨~e⟩ hacha *f;* azuela *f;* **Axthieb** M hachazo *m*
Az. ABK (Aktenzeichen) referencia *f*
AZ F ABK ⟨~⟩ **1** → Abendzeitung **2** → Arbeitszeit
Aza'lee F ⟨~; ~n⟩ BOT azalea *f*
Aze'tat N ⟨~s; ~e⟩ CHEM acetato *m*
Aze'ton N ⟨~s⟩ CHEM acetona *f*
Azety'len N ⟨~s⟩ CHEM acetileno *m;* **Azetylenschweißung** F TECH soldadura *f* al acetileno
Azi'mut N & M ⟨~s; ~e⟩ ASTRON acimut *m*
A'zoren PL **die ~** Azores *mpl*
Az'teke M ⟨~n; ~n⟩, **Aztekin** F ⟨~; ~nen⟩ azteca *m/f;* **aztekisch** ADJ azteca
A'zubi M ⟨~s; ~s⟩, F ⟨~; ~s⟩ ABK (Auszubildende) *umg* aprendiz *m,* -a *f*
A'zur M ⟨~s⟩ azur *m*
a'zurblau, a'zurn ADJ azur, celeste
'azyklisch ADJ acíclico

B

B¹, b N **1** *Buchstabe:* B, b *f* **2** MUS *Note:* si *m* bemol; *Erniedrigungszeichen:* bemol *m;* **B-Dur** si bemol mayor; **b-Moll** si bemol menor
B² ABK (Bundesstraße) carretera *f* federal
b. ABK (bei) *bei Ortsangaben:* cerca de; *Adresse:* en casa de
BAB ABK → Bundesautobahn
ba'ba, bä'bä *umg kinderspr* **(das ist) ~!** ¡caca!
'babbeln V/I *umg Kinder* balbucear; *Erwachsene umg* parlotear, charlar
'Baby ['be:bi] N ⟨~s; ~s⟩ bebé *m; Am* rorro *m;* **Babyausstattung** F canastilla *f;* **Babybett** N cama *f* de bebé; **Babyfenster** N, **Babyklappe** torno *m* de adopción (*lugar en un hospital donde se pueden entregar anónimamente recién nacidos*); **Babyfon®** N ⟨~s; ~e⟩ intercomunicador *m* (para bebés); **Babykleidung** F ropa *f* de (*od* para) bebé
baby'lonisch ADJ babilónico; *Bibel:* **Babylonische Gefangenschaft** cautiverio *m* de Babilonia
'Babynahrung ['be:bi-] F alimento *m* para bebé; **Babypause** F *umg* **1** → Elternzeit **2** *der Mutter bes Am* período *m* pos(t)natal (de la madre); **Babyphon** N → Babyfon®; **babysitten** V/I ⟨nur inf⟩ hacer de canguro *umg;* **Babysitter** M ⟨~s; ~⟩, **Babysitterin** F ⟨~; ~nen⟩ *umg* canguro *m/f;* **Babysitz** M silla *f* (del coche); **Babyspeck** M *umg hum* redondeces *fpl* de bebé; **Babystrich** M pros-

titución *f* de menores, carrera *f* de menores; **Babytragesack** M mochila *f* portabebés; **Babytragetasche** F portabebés *m*, moisés *m*; **Babywaage** F pesabebés *m*; **Babywäsche** F ropa *f* de (*od* para) bebé; **Babyzelle** F ELEK pila *f* (eléctrica) baby
Bac'chant [ba'xant] M ⟨~en; ~en⟩, **Bacchantin** F ⟨~; ~nen⟩ MYTH bacante *m/f*; **bacchantisch** ADJ báquico
'Bacchus M MYTH Baco *m*
Bach M ⟨~(e)s; ¨~e⟩ arroyo *m*; riachuelo *m*
'Bachblüten PL, **Bachblütentherapie** F MED (terapia *f* de) flores *fpl* de Bach
'Bache F ⟨~; ~n⟩ ZOOL jabalina *f*
Bachelor ['bɛtʃələ] M ⟨~(s); ~s⟩ *Universitätsabschluss* ≈ diplomatura *f*
'Bachforelle F *Fisch*: trucha *f* de río
'Bächlein N ⟨~s; ~⟩ arroyuelo *m*
'Bachsaibling M ⟨~s; ~e⟩ *Fisch*: trucha *f* de arroyo; *fachspr* salvelino *m*; **Bachstelze** F ⟨~; ~n⟩ ORN lavandera *f* blanca; **Bachweide** F BOT mimbre *m* azul
Back F ⟨~; ~en⟩ SCHIFF castillo *m* de proa
'Backblech N bandeja *f* de horno
'backbord ADV SCHIFF a babor
'Backbord N SCHIFF babor *m*; **Backbordmotor** M motor *m* de babor
'Backe F ⟨~; ~n⟩ **1** ANAT mejilla *f*, carrillo *m*; moflete *m*; **mit vollen ~n kauen** comer a dos carrillos **2** (*Gesäßbacke*) nalga *f* **3** TECH zapata *f*, mordaza *f*, mandíbula *f*
'backen ⟨*irr*⟩ **A** VT **1** GASTR *Brot, Kuchen* hacer; *im Ofen*: asar; *in der Pfanne*: freír; *Obst* secar (al horno) **2** *umg fig* **etw gebacken kriegen** lograr (*od* conseguir) a/c **B** VI *im Ofen*: cocer
'Backen¹ N ⟨~s⟩ cochura *f*, cocción *f*
'Backen² M ⟨~s; ~⟩ TECH → Backe 3
'Backenbart M patillas *fpl*; **Backenbremse** F AUTO freno *m* de zapatas; **Backenfutter** N TECH plato *m* de mordazas; **Backenknochen** M ANAT pómulo *m*; **Backentasche** F ZOOL abazón *m*; **Backenzahn** M muela *f*, (diente *m*) molar *m*
'Bäcker M ⟨~s; ~⟩ panadero *m*; **beim ~** en la panadería
Bäcke'rei F ⟨~; ~en⟩ panadería *f*
'Bäckergeselle M oficial *m* panadero; **Bäckerhefe** F levadura *f* de panificación; **Bäckerin** F ⟨~; ~nen⟩ panadera *f*; **Bäckerladen** M panadería *f*; **Bäckermeister** M maestro *m* panadero
'Backfisch M **1** GASTR pescado *m* frito **2** *umg fig Mädchen*: *umg* pollita *f*, niña *f* yeyé; **Backfischalter** N *umg* edad *f* del pavo
'Backform F molde *m* (para tarta)
'Backgammon ['bɛkgɛmən] M ⟨~s; ~s⟩ backgammon *m*; **Background** ['-graʊnt] M ⟨~s; ~s⟩ (tras)fondo *m*; MUS trasfondo *m* musical
'Backhähnchen N, *südd, österr* **Backhendl** N, **Backhuhn** N pollo *m* empanado
'Backmulde F → Backtrog; **Backobst** N fruta *f* pasa (*od* seca); **Backofen** M horno *m* (*a. fig*); *fig* tostadero *m*; **Backpapier** N papel *m* manteca (*od* de horno); **Backpflaume** F ciruela *f* pasa (*od* seca); **Backpulver** N levadura *f* en polvo; **Backröhre** F horno *m*
'Backslash ['bɛkslɛʃ] M ⟨~es; ~es⟩ IT, TYPO barra *f* invertida; backslash *m/f*
'Backstein M ladrillo *m*; **Backsteingebäude** N edificio *m* de ladrillos; **Backsteingotik** F ARCH *estilo gótico del norte de Alemania* (*que utiliza ladrillos*); **Backsteinkirche** F iglesia *f* de ladrillos
'Backstube F horno *m*, amasadero *m*; **Backtrog** M artesa *f*, amasadera *f*
'Back-up ['bɛkʔap] N ⟨~s; ~s⟩ IT copia *f* de seguridad, back-up *m*; **Back-up-Datei** F IT fichero *m* de (copia de) seguridad; archivo *m* de seguridad
'Backwaren FPL (productos *mpl* de) bollería *f* y panadería *f*; **Backwerk** N bollería *f*; repostería *f*; pastelería *f*
Bad N ⟨~(e)s; ¨~er⟩ **1** baño *m* (*a.* TECH, CHEM); **ein ~ nehmen** tomar un baño, darse un baño; *fig* **~ in der Menge** olor *m* de multitud **2** (*Badezimmer*) (cuarto *m* de) baño *m* **3** (*Badeort*) balneario *m*; estación *f* termal
'Badeanstalt F baños *mpl* públicos; piscina *f* (municipal); **Badeanzug** M traje *m* de baño, bañador *m*; **Badearzt** M, **Badeärztin** F médico *m*, -a *f* de balneario; **Badefrau** F *obs* bañera *f*; **Badegast** M bañista *m/f*, *in Badeorten*: agüista *m/f*; **Badegel** N gel *m* de baño; **Badehose** F bañador *m*; **Badekabine** F cabina *f* (*od* caseta *f*) de baños; **Badekappe** F gorro *m* de baño; **Badekur** F cura *f* balnearia (*od* de aguas); **eine ~ machen** tomar las aguas; **Bademantel** M albornoz *m*, *Am* bata *f* de baño; **Badematte** F esterilla *f* (*od* alfombra *f*) (de baño); **Bademeister** M, **Bademeisterin** F bañero *m*, -a *f*; **Bademütze** F → Badekappe
'baden **A** VI bañar(se); **~ gehen** ir a bañarse; irse a bañar; *umg fig* (*pleitegehen*) *umg* irse al cuerno (*od* al agua) **B** VT bañar **C** V/R **sich ~** **1** *in e-r Wanne*: bañarse; tomar un baño **2** *fig* bañarse (**in** *dat* en)
'Baden¹ N ⟨~s⟩ baño *m*
'Baden² N ⟨~s⟩ GEOG Baden *m*
'Badende M/F ⟨~n; ~n; → A⟩ bañista *m/f*
'Baden-'Württemberg N Baden-Wurtemberg *m*
'baden-'württembergisch ADJ de Baden-Wurtemberg
'Badeofen M *obs* calentador *m* de baño; termo(sifón) *m*; **Badeort** M balneario *m*, estación *f* balnearia; estación *f* termal; (*Seebad*) playa *f*; **Badeplatz** M sitio *m* para bañarse
'Bader M ⟨~s; ~⟩ HIST cirujano *m* barbero; sangrador *m*
'Bäderbehandlung F MED balneoterapia *f*; **Bäderkunde** F balneología *f*
'Badesaison F temporada *f* de baño(s); **Badesalz** N sales *fpl* de baño; **Badeschlappen** *umg*, **Badeschuhe** MPL chanclas *fpl* (*od* zapatillas *fpl*) de baño; **Badestrand** M playa *f*; **Badeteppich** M → Badematte; **Badetuch** N toalla *f* de baño; **Badewanne** F bañera *f*; **Badewetter** N tiempo *m* para bañarse; **Badezeit** F **1** *Öffnungszeiten*: horas *fpl* de apertura (*de una piscina, de una playa*) **2** *Dauer*: duración *f* del baño **3** (*Saison*) temporada *f* de baño(s); **Badezeug** N objetos *mpl* de baño; **Badezimmer** N cuarto *m* de baño
'badisch ADJ GEOG badense
'Badminton ['bɛtmɪntən] N ⟨~⟩ SPORT bádminton *m*; **~ spielen** jugar al bádminton
'Badreiniger M limpiabaños *m*
baff ADJ *umg* **~ sein** quedarse boquiabierto, estar asombrado; **da waren wir ~** nos quedamos boquiabiertos
'Bafög N ⟨~⟩ ABK (Bundesausbildungsförderungsgesetz) *BRD*: **1** *ley alemana reguladora del crédito oficial para la financiación de los estudios* **2** (*Bafög-Stipendium*) **~ beziehen** ser becario Bafög; recibir un crédito del Estado
Ba'gage [ba'ga:ʒə] F ⟨~; ~n⟩ **1** *obs* → Gepäck **2** *fig pej* chusma *f*
Baga'telle F ⟨~; ~n⟩ bagatela *f*, fruslería *f*; **bagatelli'sieren** VT ⟨*ohne* ge-⟩ quitar importancia a, minimizar
Baga'tellsache F JUR litigio *m* de mínima cuantía; **Bagatellschaden** M daño *m* insignificante (*od* de poca importancia); JUR siniestro *m* leve; **Bagatellstrafsache** F JUR juicio *m* de faltas
'Bagger M ⟨~s; ~⟩ TECH (*Erdbagger*) excavadora *f*; (*Schwimmbagger*) draga *f*; **Baggereimer** M cangilón *m* (de draga); **Baggerlöffel** M *fachspr* → Baggerschaufel
'baggern VI & VT **1** TECH excavar; *nass*: dragar **2** SPORT *Volleyball*: pase *m* de manos bajas **3** *umg* **er musste ziemlich ~, um den Job zu bekommen** tuvo que sudar(las) para obtener el empleo
'Baggerschaufel F cucharón *m*, pala *f* excavadora; **Baggersee** M lago *m* artificial
Ba'guette [ba'gɛt] N ⟨~s; ~s⟩ *od* F ⟨~; ~n⟩ GASTR barra *f* (de pan)
bah INT ¡bah!
Ba'hamainseln, Ba'hamas FPL **die ~** las Bahamas *fpl*
'bähen VI *Schaf* balar
Bahn¹ F ⟨~; ~en⟩ **1** (*Weg*) vía *f*, camino *m*; (*Fahrspur*) calzada *f*; SCHIFF derrotero *m*, rumbo *m* (*a. fig*); **freie ~ haben** tener campo libre; **~ frei!** ¡paso (libre)!, *Arg* ¡cancha!; **~ brechen** abrir nuevos caminos (*od* horizontes); **sich** (*dat*) **~ brechen** abrirse paso (*od* camino) (*a. fig*); *fig* **auf die schiefe ~ geraten** ir por mal camino, descarriarse; **in die richtigen ~en lenken** encarrilar; encauzar por el buen camino **2** (*Flugbahn*) trayecto *m*; *e-s Geschosses*: trayectoria *f*; ASTRON órbita *f* **3** SPORT (*Rennbahn*) pista *f*; (*Einzelbahn*) calle *f*, callejón *m*; (*Eisbahn*) pista *f* (de hielo); (*Kegelbahn*) bolera *f* **4** (*Stoffbahn, Tapetenbahn*) tira *f*
Bahn² F ⟨~; ~en⟩ **1** (*Zug*) ferrocarril *m*, tren *m*; **mit der ~** en tren; por ferrocarril; **mit der ~ fahren** ir en tren; **j-n zur ~ bringen** acompañar a alg a la estación; **zur ~ gehen** ir a la estación; **in der ~** en el tren **2** (*Straßenbahn*) tranvía *m* **3** HANDEL **frei ~** franco estación
Bahn... IN ZSSGN de ferrocarril, ferroviario
'Bahnangestellte M/F empleado *m* ferroviario, empleada *f* ferroviaria; **Bahnanlagen** FPL instalaciones *fpl* ferroviarias; **Bahnanschluss** M enlace *m* ferroviario, conexión *f* de trenes (*od* por tren); **Bahnarbeiter** M peón *m* de vía; ferroviario *m*; **Bahnbau** M ⟨~(e)s⟩ construcción *f* de una vía férrea; **Bahnbeamte(r)** M, **Bahnbeamtin** F empleado *m* ferroviario, empleada *f* ferroviaria
'bahnbrechend ADJ pionero; revolucionario; **~ sein** romper moldes; **Bahnbrecher** M, **Bahnbrecherin** F pionero *m*, -a *f*; iniciador *m*, -a *f*; innovador *m*, -a *f*
'Bahncard® F ⟨~; ~s⟩ *BRD*: tarjeta *f* de tren (*para obtener descuentos*); **Bahndamm** M terraplén *m*
'bahnen VT *Weg* abrir; (*ebnen*) aplanar, allanar (*a. fig*); *im Gestrüpp*: desbrozar; *fig* **den Weg ~** preparar el camino (**für** para); **sich** (*dat*) **einen Weg ~** abrirse camino (*od* paso) (**durch** en, por) (*a. fig*)
'Bahnfahren N *Radsport*: ciclismo *m* en pista; **Bahnfahrkarte** F billete *m* de tren; **Bahnfahrt** F viaje *m* en tren; **Bahnfracht** F HANDEL transporte *m* ferroviario; **Bahnfrachtbrief** M carta *f* de porte ferroviario; talón *m* de ferrocarril; **bahnfrei** ADV HANDEL franco estación; **Bahngleis** N vía *f* (ferroviaria)
'Bahnhof M estación *f* (de ferrocarril); *kleiner*: apeadero *m*; **auf dem ~** en la estación; *sl fig* **nur ~ verstehen** no entender ni jota; *fig* **großer ~** recibimiento *m* por todo lo alto
'Bahnhofsbuchhandlung F librería *f* de la estación; **Bahnhofsgaststätte** F bar

m (*bzw* restaurante *f*) de la estación; **Bahnhofshalle** F vestíbulo *m* de la estación; **Bahnhofsplatz** M plaza *f* de la estación; **Bahnhofsrestaurant** restaurante *m* de la estación; **Bahnhofsvorsteher** M, **Bahnhofsvorsteherin** F jefe *m*, -a *f* de estación; **Bahnhofswirtschaft** F fonda *f* (*od* cantina *f*) de la estación
'Bahnkörper M asiento *m* de vía; **Bahnkreuzung** F cruce *m* de vía; **bahnlagernd** ADJ en depósito (en la estación); **Bahnlinie** F línea *f* férrea (*od* ferroviaria); **bahnmäßig** ADV HANDEL **~ verpackt** embalado para transporte ferroviario; **Bahnnetz** N red *f* de ferrocarriles (*od* ferroviaria); **Bahnpolizei** F policía *f* de ferrocarriles; **Bahnpost** F oficina *f* (de correos) ambulante; **Bahnpostwagen** M coche *m* correo; **Bahnreise** viaje *m* en tren; **Bahnrennen** N SPORT carrera *f* en pista; **Bahnschranke** F barrera *f* de paso a nivel; **Bahnschwelle** F traviesa *f*; **Bahnstation** F estación *f* (de ferrocarril)
'Bahnsteig M ⟨~(e)s; ~e⟩ andén *m*; **Bahnsteigkarte** F billete *m* de andén; **Bahnsteigsperre** F barrera *f* del andén; **Bahnsteigunterführung** F acceso *m* subterráneo al andén
'Bahnstrecke F trayecto *m*, recorrido *m*; (*Teilstrecke*) sección *f* de vía; **Bahntarif** M tarifa *f* ferroviaria; **Bahntransport** M transporte *m* ferroviario (*od* por ferrocarril); **Bahnüberführung** F paso *m* superior (*od* sobre nivel); **Bahnübergang** M *schienengleicher*: paso *m* a nivel; **Bahnunterführung** F paso *m* inferior (*od* subterráneo *od* bajo nivel); **Bahnverbindung** F comunicación *f* ferroviaria (*od* por ferrocarril), enlace *m* ferroviario; **Bahnverkehr** M tráfico *m* ferroviario
'Bahnwärter M, **Bahnwärterin** F guardavía(s) *m/f*; guardabarrera *m/f*; **Bahnwärterhäuschen** N garita *f* (*od* caseta *f*) de guardavía
'Bahre F ⟨~; ~n⟩ (*Tragbahre*) angarillas *fpl*; andas *fpl*; (*Krankenbahre*) camilla *f*, parihuela(s) *f(pl)*; (*Totenbahre*) féretro *m*; **Bahrenträger** M camillero *m*; **Bahrtuch** N paño *m* mortuorio
Bai F ⟨~; ~en⟩ bahía *f*; *kleine*: ensenada *f*
Bai'ser [bɛ'ze:] N ⟨~s; ~s⟩ GASTR merengue *m*
'Baisse ['bɛs(ə)] F ⟨~; ~n⟩ WIRTSCH baja *f*; **auf ~ spekulieren** especular a la baja; **Baissespekulant** M, **Baissespekulantin** F WIRTSCH bajista *m/f*; **Baissespekulation** F WIRTSCH especulación *f* a la baja; **Baissetendenz** F WIRTSCH tendencia *f* a la baja (*od* bajista)
Bais'sier [bɛ'sje:] M ⟨~s; ~s⟩ WIRTSCH bajista *m*
Ba'jazzo M ⟨~s; ~s⟩ payaso *m*
Bajo'nett N ⟨~(e)s; ~e⟩ MIL bayoneta *f*; **Bajonettfassung** F ELEK portalámpara *m* de bayoneta; **Bajonettverbindung** TECH F, **Bajonettverschluss** M TECH cierre *m* de bayoneta
'Bake F ⟨~; ~n⟩ SCHIFF boya *f*, baliza *f* (*a.* VERKEHR); **mit ~n bezeichnen** balizar
Bake'lit® N ⟨~s⟩ baquelita *f*, bakelita *f*
'Bakenboje, Bakentonne F boya *f*, baliza *f*
Bak'terie [-'te:riə] F ⟨~; ~n⟩ bacteria *f*
bakteri'ell ADJ bacteriano
Bak'terienforschung F bacteriología *f*, investigación *f* bacteriológica; **Bakteriengift** N toxina *f* bacteriana; **Bakterienkultur** F cultivo *m* bacteriano; **Bakterienstamm** M cepa *f* bacteriana
Bakterien tötend ADJ bactericida; **~es Mittel** bactericida *m*
Bakterio'loge M ⟨~n; ~n⟩ bacteriólogo *m*; **Bakteriolo'gie** F ⟨~⟩ bacteriología *f*; **Bakterio'login** F ⟨~; ~nen⟩ bacterióloga *f*; **bakterio'logisch** ADJ bacteriológico; **Bakterio'phage** M ⟨~n; ~n⟩ BIOL bacteriófago *m*
bakteri'zid ADJ bactericida; **Bakteri'zid** N ⟨~s; ~e⟩ bactericida *m*
Ba'lance [ba'laŋsə, ba'lã:s] F ⟨~; ~n⟩ equilibrio *m*; **Balanceakt** M ⟨~(e)s; ~e⟩ juego *m* de equilibrio
balan'cieren [balaŋ'si:rən, balã'-] ⟨*ohne* ge-⟩ **A** VT mantener en equilibrio; equilibrar **B** VI mantenerse en equilibrio; equilibrarse; **Balancierstange** F balancín *m*
bald ADV **1** (*in Kürze*) pronto, dentro de poco; (*demnächst*) próximamente; **~ darauf** poco después; al poco tiempo; **er wird ~ kommen** no tardará en venir; **bis ~!** ¡hasta pronto!; **so ~ als** *od* **wie möglich** lo más pronto posible, cuanto antes, tan pronto como sea posible **2** **~ …, ~ …** ora … ora …, ya … ya … **3** *umg* (*beinahe*) casi, por poco
'Baldachin [balda'xi:n] M ⟨~s; ~e⟩ baldaquín *m*, dosel *m*; *tragbarer*: palio *m*
'Bälde F VERW **in ~** en breve, dentro de poco; en un futuro próximo
'baldig ADJ pronto; cercano, próximo; *stärker*: inminente; **auf (ein) ~es Wiedersehen** hasta pronto; **baldigst** ADV, **baldmöglichst** ADV lo antes posible, cuanto antes
'Baldrian M ⟨~s⟩ BOT valeriana *f*; **Baldriansalz** N valerianato *m*; **Baldriantropfen** MPL gotas *fpl* de valeriana
Bale'aren PL **die ~** las (Islas) Baleares
'Balg¹ M ⟨~(e)s; ¨~e⟩ **1** *von Tieren*: piel *f*, pellejo *m*; **den ~ abziehen** despellejar **2** ANAT, BOT folículo *m* **3** (*Orgelbalg, Blasebalg*, FOTO) fuelle *m*
'Balg² M, N ⟨~(e)s; ¨~er⟩ *umg* (*unartiges Kind*) pillete *m*, diablillo *m*; **Balgdrüse** F ANAT folículo *m* lingual
'balgen VR **sich ~** *umg* pelearse, andar a la greña
Balge'rei F ⟨~; ~en⟩ *umg* pelea *f*, pelotera *f*
'Balkan M **der ~** los Balcanes; **Balkanländer** NPL países *mpl* balcánicos; **Balkansyndrom** N síndrome *m* de los Balcanes
'Balken M ⟨~s; ~⟩ **1** ARCH viga *f*; (*Holzbalken*) *a.* madero *m*; (*Querbalken*) travesaño *m*; (*Stützbalken*) puntal *m*; *umg* **lügen, dass sich die ~ biegen** mentir más que se habla; mentir más que un sacamuelas; *sprichw* **Wasser hat keine ~** el mar es traicionero **2** (*Waagebalken*) astil *m*, brazo *m* **3** MUS barra *f*; SPORT barra *f* de equilibrios **4** ANAT cuerpo *m* calloso **5** (*Wappenbalken*) palo *m*
'Balkencode M código *m* de barras; **Balkendecke** F techo *m* de vigas; **Balkendiagramm** N gráfico *m* de barras; **Balkengerüst** N castillejo *m*; *Zimmerwerk*: armadura *f*; **Balkenholz** N madera *f* (*od* viga *f*) escuadrada; **Balkenträger** M (*Stützbalken*) puntal *m*; **Balkenüberschrift** F titular *m*; cabecera *f*; **Balkenwaage** F balanza *f* de cuadrante (*od* de cruz); **Balkenwerk** N viguería *f*, maderamen *m*, maderaje *m*
Bal'kon [bal'kɔŋ] M ⟨~s; ~s⟩ ARCH balcón *m*; *verglaster*: mirador *m*; THEAT platea *f*; galería *f*; **Balkonkasten** M jardinera *f*
Ball¹ M ⟨~(e)s; ¨~e⟩ (*Spielball*) pelota *f*; (*Fußball*) balón *m*; **~ spielen** jugar a la pelota; pelotear; *umg fig* **am ~ bleiben** mantenerse al tanto; seguir atento; quedar pendiente
Ball² M ⟨~(e)s; ¨~e⟩ (*Tanzveranstaltung*) baile *m*; **auf dem ~** en el baile; **auf den ~ gehen** ir al baile (*od* a bailar)
Bal'lade F ⟨~; ~n⟩ balada *f*
'Ballast M, *österr, schweiz* **Bal'last** ⟨~(e)s; ~e⟩ lastre *m*; *fig* carga *f* (inútil); **~ abwerfen** deslastrar; **~ aufnehmen** lastrar
'Ballastladung F carga *f* muerta; **Ballaststoffe** MPL PHYSIOL fibras *fpl* (vegetales); materias *fpl* fibrosas; **Ballastwiderstand** M ELEK resistencia *f* de carga
'Ballbeherrschung F SPORT dominio *m* (*od* control *m*) del balón
'Balldame F pareja *f* de baile
'ballen **A** VT apelotonar; **die Faust ~** apretar, cerrar el puño **B** VR **sich ~** apelotonarse, amontonarse; aglomerarse; → *a.* geballt
'Ballen M **1** ANAT pulpejo *m*; tenar *m*; (*Hornhaut am Fuß*) callosidad *f* **2** HANDEL (*Packen*) bala *f*, paca *f*; fardo *m*; **~ Papier** bala de papel; **Ballenpresse** F prensabalas *m*, prensa *f* embaladora; **Ballenwaren** FPL géneros *mpl* en balas, mercancía *f* en fardos; **ballenweise** ADV en balas, por fardos
Balle'rina F ⟨~; Ballerinen⟩ **1** *Tänzerin*: bailarina *f* **2** *Schuhe*: **~s** *fpl* bailarinas *fpl*
'Ballermann M ⟨~(e)s; ¨~er⟩ *sl* revólver *m*
'ballern VI *umg* **1** (*schießen*) tirotear, disparar **2** (*schlagen*) **gegen etw ~** golpear contra a/c
Bal'lett N ⟨~s; ~s⟩ ballet *m*; *Gruppe*: cuerpo *m* de baile; **Ballettmeister** M maestro *m* de baile; **Ballettratte** F *umg hum bailarina f que aún está formándose*; **Ballettschuhe** MPL zapatillas *fpl* (de punta); **Ballettschule** F academia *f* de baile; **Balletttänzer** M ⟨~s; ~⟩, **Balletttänzerin** F, ⟨~; ~nen⟩ bailarín *m*, -ina *f*; **Balletttruppe** F compañía *f* (*bzw* cuerpo *m*) de baile
Bal'listik F ⟨~⟩ balística *f*; **ballistisch** ADJ balístico
'Balljunge M *Tennis*: recogepelotas *m*; **Ballkleid** N vestido *m* de baile; **Ballkünstler** M *Fußball*: virtuoso *m* del balón; **Ballmädchen** N recogepelotas *f*
Bal'lon M ⟨~s; ~s *od* ~e⟩ **1** FLUG globo *m* (aerostático), aeróstato *m*; *lenkbarer*: (globo *m*) dirigible *m* **2** (*Luftballon*) globo *m* **3** (*Ballonflasche*) damajuana *f*, bombona *f*; (*Glasballon*) balón *m*; CHEM matraz *m* esférico **4** *umg* (*großer Kopf*) chola *f*
Bal'lonaufstieg M, **Ballonfahrt** F ascensión *f* en globo; **Ballonführer** M, **Ballonführerin** F piloto *m/f* (de globo); **Ballonkorb** M barquilla *f*; **Ballonreifen** M neumático *m* balón; **Ballonseide** F ≈ tela *f* de poliéster
Ballo'tage [-ta:ʒə] F ⟨~; ~n⟩ POL balotaje *m*; **ballo'tieren** VI ⟨*ohne* ge-⟩ balotar
'Ballsaal M salón *m* de baile; **Ballschläger** M *Kricket*: pala *f*; (*Racket*) raqueta *f*; **Ballschuh** M escarpín *m*; **Ballspiel** N juego *m* de pelota; **Ballspielplatz** M frontón *m*; cancha *f*
'Ballung F ⟨~; ~en⟩ aglutinación *f*; aglomeración *f*; MIL *von Truppen*: concentración *f*
'Ballungsgebiet N, **Ballungsraum** M aglomeración *f* urbana; **Ballungszentrum** N centro *m* de aglomeración
'Ballwechsel M peloteo *m*
Balneolo'gie F ⟨~⟩ balneología *f*; **Balneothera'pie** F balneoterapia *f*
'Balsam M ⟨~s; ~e⟩ bálsamo *m* (*a. fig*); **Balsamessig** M vinagre *m* balsámico; **Balsamharz** N resina *f* de bálsamo; **Balsamholz** N palo *m* balsamero
balsa'mieren VT ⟨*ohne* ge-⟩ embalsamar
Balsa'mine F ⟨~; ~n⟩ BOT balsamina *f*
bal'samisch ADJ balsámico
'Balte M ⟨~n; ~n⟩ báltico *m*; **Baltikum** N **das ~** los países *mpl* bálticos; **Baltin** F ⟨~; ~nen⟩ báltica *f*; **baltisch** ADJ báltico
Balu'strade F ⟨~; ~n⟩ balaustrada *f*; barandilla *f*

Balz F ⟨~; ~en⟩ ORN *Zeit*: época *f* de celo; *(Werbung)* parada *f* nupcial; *(Paarung)* apareamiento *m*

'balzen VI ORN estar en celo; *(sich paaren)* aparearse

'Bambus M ⟨~(ses); ~se⟩ bambú *m*; **Bambusrohr** N caña *f* de bambú; **Bambussprossen** FPL brotes *mpl* tiernos de bambú; **Bambusvorhang** M POL, HIST telón *m* de bambú

'Bammel M ⟨~s⟩ *(Angst)* *umg* canguelo *m*, cagueta *f*; **~ haben** tener miedo (**vor** *dat* a, de);

bammeln VI *reg* bambolearse

ba'nal ADJ trivial, insubstancial, banal

banali'sieren VT ⟨*ohne* ge-⟩ trivializar; **Banali'tät** F ⟨~; ~en⟩ trivialidad *f*, insubstancialidad *f*, banalidad *f*

Ba'nane F ⟨~; ~n⟩ BOT plátano *m*; *Am* banana *f*

Ba'nanenbaum M BOT platanero *m*; *Am* bananero *m*, banano *m*; **Bananenstecker** M ELEK clavija *f* banana

Ba'nause M ⟨~n; ~n⟩ inculto *m*; **banausenhaft** ADJ inculto; *(vulgär)* vulgar; **Banausin** F ⟨~; ~nen⟩ inculto *m*, -a *f*; **banausisch** ADJ → banausenhaft

Band[1] N ⟨~(e)s; ⸚er⟩ 1 cinta *f* (*a. Maßband, Haarband, Isolierband, Tonband*); *(Hutband)* cordoncillo *m*; *(Lederband)* correa *f*; *(Gurtband)* faja *f*; *(Schuhband)* lazo *m*; cordón *m*; *Tontechnik*: **auf ~ aufnehmen** grabar en cinta 2 TECH *(Fließband)* cadena *f*; **am laufenden ~** en serie; *fig* sin parar, sin interrupción, incesantemente 3 ANAT ligamento *m* 4 RADIO *(Bereich)* banda *f* 5 *(Metallband) der Bandsäge*: hoja *f*; *(Fassband)* arco *m*

Band[2] N ⟨~(e)s; ~e⟩ *fig geh (Verbindung)* vínculo *m*, lazo *m*; *mst* **~e** *pl* vínculos *mpl*, lazos *mpl*; *obs (Fesseln)* cadenas *fpl*

Band[3] M ⟨~(e)s; ⸚e⟩ TYPO tomo *m*, volumen *m*; *fig* **das spricht Bände** eso lo dice todo; esto es harto elocuente

Band[4] [bɛnt] F ⟨~; ~s⟩ MUS grupo *m*, banda *f*, conjunto *m*

Ban'dage [-'daːʒə] F ⟨~; ~n⟩ MED vendaje *m*; *fig* **mit harten ~n** sin consideraciones, despiadadamente

banda'gieren [-'ʒiːrən] VT ⟨*ohne* ge-⟩ MED vendar

'Bandantenne F antena *f* de cinta; **Bandarchiv** N archivo *m* magnético; **Bandaufnahme** F grabación *f* en cinta (*od* magnetofónica); **Bandbreite** F 1 WIRTSCH margen *m* (*od* banda *f*) de fluctuación; *(Schwankungsbreite)* margen *m* de intervención 2 *fig* diversidad *f*; **eine große ~ an** *(dat)* una gran variedad de 3 RADIO anchura *f* de banda; **Bandbremse** F TECH freno *m* de cinta

'Bande[1] F ⟨~; ~n⟩ *umg* 1 *(Gruppe)* pandilla *f*; *pej* gentuza *f*, chusma *f*; *umg* **die ganze ~** *umg* todo el equipo 2 *(Verbrecherbande)* banda *f*, cuadrilla *f*

'Bande[2] F ⟨~; ~n⟩ SPORT banda *f*

'Bandeisen N fleje *m* (de hierro)

'Bandenchef [-ʃɛf] M, **Bandenchefin** F, **Bandenführer** M, **Bandenführerin** F jefe *m*, -a *f* (de una banda); cabecilla *m/f*; **Bandenkrieg** M guerra *f* entre bandas (*od* de bandas); **Bandenkriminalität** F delincuencia *f* (*od* criminalidad *f*) de bandas; **Bandenunwesen** N ⟨~s⟩ bandidaje *m*, bandolerismo *m*

'Bandenwerbung F *am Fußballfeld*: publicidad *f* estática

Bande'role F ⟨~; ~n⟩ HANDEL precinta *f*, precinto *m*, sello *m*

'Bänderriss M MED rotura *f* de ligamento; **Bänderzerrung** F MED distensión *f* de ligamento

'Bandfeder F TECH resorte *m* de cinta; **Bandfilter** M RADIO filtro *m* de banda, pasabanda *m*; **Bandförderer** M transportador *m* de cinta

'bändigen VT domar; *Pferde a.* desbravar; *Zorn* reprimir, contener; *Haare* sujetar; *Naturgewalten, Zorn* dominar; **Bändiger** M ⟨~s; ~⟩, **Bändigerin** F ⟨~; ~nen⟩ domador *m*, -a *f*; **Bändigung** F ⟨~; ~en⟩ doma(dura) *f*; *fig* represión *f*, refrenamiento *m*, dominio *m*

Ban'dit M ⟨~en; ~en⟩ bandido *m*, bandolero *m*; *umg fig* **einarmiger ~** máquina *f* slot

Ban'ditentum N ⟨~s⟩, **Banditenunwesen** N ⟨~s⟩ bandolerismo *m*, bandidaje *m*

Ban'ditin F ⟨~; ~nen⟩ bandida *f*, bandolera *f*

'Bandkabel N cable *m* plano; **Bandkeramik** F ARCHÄOL cerámica *f* de cintas (*od* bandas); **Bandmaß** N cinta *f* métrica; **Bandmikrofon** N micrófono *m* de cinta; **Bandnudeln** FPL tallarines *mpl*; tagliatelli *mpl*; **Bandpass** M → Bandfilter; **Bandsaat** F AGR siembra *f* en fajas; **Bandsäge** F sierra *f* de cinta; **Bandscheibe** F ANAT disco *m* intervertebral; **Bandscheibenvorfall** M MED hernia *f* discal; **Bandstahl** M fleje *m* de acero

'Bandwurm M ZOOL, MED tenia *f*, solitaria *f*; **Bandwurmglied** N anillo *m*; **Bandwurmmittel** N MED tenífugo *m*

'bang(e) ADJ 1 *(unruhig)* desasosegado, inquieto; *(ängstlich)* miedoso, medroso, temeroso; **eine ~e Stunde** una hora de angustia 2 **mir ist ~ um ihn** temo por él; **mir ist ~ davor** tengo miedo a eso, me da miedo; **davor ist mir nicht ~** no me inquieta eso

'Bange F ⟨~⟩ temor *m*; **j-m ~ machen** inquietar a alg; asustar a alg; meter miedo a alg; **(nur) keine ~!** ¡no tenga(n) miedo!; no tema(n) usted(es) nada

'Bangemacher M, **Bangemacherin** F *umg* alarmista *m/f*

'bangen A VI **~ um** temer por, estar inquieto por; **um j-s Leben ~** temer por la vida de alg; **er bangt um seine Stellung** teme (*od* tiene miedo de) perder su empleo B V/UNPERS **j-m bangt (es) vor etw** *(dat)* alg (le) teme a a/c

'Bangigkeit F ⟨~⟩ *geh* miedo *m*, inquietud *f*, desasosiego *m*; angustia *f*

'bänglich ADJ *geh* medroso; **~es Gefühl** sensación de inquietud, desasosiego *m*

'Banjo ['banjo] N ⟨~s; ~s⟩ MUS banjo *m*

Bank[1] F ⟨~; ⸚e⟩ 1 *(Sitzbank)* banco *m* (*a.* TECH); *ohne Lehne, a.* SPORT: banquillo *m*; banqueta *f*; **auf der ersten ~** en primera fila; *fig* **etw auf die lange ~ schieben** dar largas a a/c; *umg fig* **durch die ~** indistintamente, (todos) sin excepción 2 GEOL, SCHIFF banco *m*

Bank[2] F ⟨~; ~en⟩ 1 *(Geldinstitut)* banco *m*; *(Bankwesen)* banca *f*; **auf der ~** en el banco; **auf die** *od* **zur ~ gehen** ir al banco; **Geld auf die ~ bringen** llevar dinero al banco; **Geld auf der ~ haben** tener dinero en el banco 2 *(Spielbank)* banca *f*; **die ~ halten/sprengen** tener/saltar la banca

'Bankaktie F acción *f* bancaria; **Bankakzept** N aceptación *f* bancaria; **Bankangestellte** M/F ⟨~n; ~n; → A⟩ empleado *m*, -a *f* de banco; **Bankanweisung** F asignación *f* a un banco; giro *m* bancario; **Bankaufsichtsbehörde** F organismo *m* encargado de la inspección bancaria; *Am* superintendencia *f* bancaria; **Bankausweis** M estado *m* (*od* informe *m*) bancario; **Bankautomat** M cajero *m* automático; **Bankaval** N aval *m* de un banco, garantía *f* bancaria; **Bankbeamte(r)** M, **Bankbeamtin** F empleado *m*, -a *f* de banco; **Bankdepot** N depósito *m* bancario; **Bankdienstleistungen** FPL servicios *mpl* bancarios; **Bankdirektor** M, **Bankdirektorin** F director *m*, -a *f* de(l) banco; **Bankdiskont** M (tipo *m* de) descuento *m* bancario; **Bankeinlage** F depósito *m* (bancario)

'Bankeinzug M, **Bankeinzugsverfahren** N domiciliación *f* bancaria (de recibos)

'Bänkellied N romance *m* (*od* copla *f*) de ciego; **Bänkelsänger** M, **Bänkelsängerin** F cantor *m*, -a *f* callejero, -a (*od* de feria); coplero *m*, -a *f*

'Bankenkonsortium N consorcio *m* bancario; **Bankenkrise** F WIRTSCH crisis *f* bancaria

'Banker ['bɛŋkər] M ⟨~s; ~⟩, **Bankerin** F ⟨~; ~nen⟩ *umg (Bankier)* banquero *m*, -a *f*; *Angestellter*: empleado *m*, -a *f* de banco

Ban'kett N ⟨~(e)s; ~e⟩ 1 *(Festmahl)* banquete *m*; festín *m*; LIT ágape *m* 2 TECH, *Straßenbau*: banqueta *f*; arcén *m*

'Bankfach N ramo *m* bancario; *(Stahlfach)* caja *f* de seguridad (particular); **bankfähig** ADJ negociable (en un banco), bancable; **Bankfiliale** F sucursal *f* (de un banco); **Bankgebühren** FPL derechos *mpl* bancarios; **Bankgeheimnis** N secreto *m* bancario; **das ~ wahren** guardar el secreto bancario; **Bankgeschäft** N 1 *Branche*: banca *f*; negocios *mpl* bancarios 2 *Vorgang*: operación *f* (*od* transacción *f*) bancaria; **Bankguthaben** N haber *m* bancario, saldo *m* acreedor (en un banco); **Bankhalter** M *Spielbank*: banquero *m*; cr(o)upier *m*; **Bankhaus** N banca *f*, establecimiento *m* bancario

Ban'kier [baŋ'kieː] M ⟨~s; ~s⟩ banquero *m*; *(Finanzier)* financiero *m*

'Bankinstitut N instituto *m* bancario; **Bankkauffrau** F ≈ técnica *f* de gestión empresarial - especialidad banca; empleada *f* (titulada) de banca; *Mex* diplomada *f* en banca; **Bankkaufmann** M ≈ técnico *m* de gestión empresarial - especialidad banca; empleado *m* (titulado) de banca; *Mex* diplomado *m* en banca; **Bankkonto** N cuenta *f* bancaria; **Bankkrach** M desastre *m* financiero, krach *m*; **Bankkredit** M crédito *m* bancario; **Bankleitzahl** F número *m* de sucursal bancaria; **bankmäßig** ADJ bancario; *Wertpapiere* negociable; **Banknote** F billete *m* de banco; **Banknotenausgabe** F emisión *f* de billetes de banco

Banko'mat M ⟨~en; ~en⟩ *bes österr* cajero *m* automático (*od* permanente)

'Bankpapiere NPL valores *mpl* de banco; **Bankprovision** F comisión *f* bancaria; **Bankraub** M atraco *m* bancario; **Bankräuber** M, **Bankräuberin** F atracador *m*, -a *f* (*od* asaltante *m/f*) de bancos; ladrón *m*, -ona *f* de bancos

bank'rott ADJ en quiebra, quebrado; en bancarrota; *(zahlungsunfähig)* insolvente; **sich für ~ erklären** declararse en quiebra (*od* insolvente); *umg fig (pleite)* **~ sein** estar en quiebra

Bank'rott M ⟨~(e)s; ~e⟩ bancarrota *f* (*a. fig*), quiebra *f*; **betrügerischer ~** quiebra *f* fraudulenta; **den ~ erklären** declararse en quiebra; **~ machen** → bankrottgehen; **in den ~ führen** llevar a la quiebra (*od* a la bancarrota)

Bank'rotterklärung F JUR declaración *f* judicial de (la) quiebra

Bankrot'teur [-tøːr] M ⟨~s; ~e⟩, **Bankrotteurin** F ⟨~; ~nen⟩ bancarrotista *m/f*

bankrottgehen VI ⟨*irr*; sn⟩ hacer quiebra (*od* bancarrota), quebrar

'Banksatz M tipo *m* de descuento bancario; **Bankschalter** M ventanilla *f*; **Bankscheck** M cheque *m* bancario; **Bank-**

schließfach N depósito *m* bancario, caja *f* fuerte (*od* de caudales); caja *f* de seguridad de un banco; **Bankspesen** PL gastos *mpl* (*od* cargos *mpl*) bancarios; **Banktratte** F letra *f* de cambio; **Banküberfall** M → Bankraub; **Banküberweisung** F transferencia *f* bancaria; giro *m* bancario

'Bankverbindung F **1** (*Konto*) (número *m* de) cuenta *f* bancaria; **die ~ angeben** proporcionar (*od* facilitar *od* dar) el número de la cuenta bancaria **2** *e-r Bank*: corresponsal *m*

'Bankverkehr M operaciones *fpl* bancarias; **Bankvollmacht** F poder *m* bancario; **Bankvorstand** M dirección *f* de un banco; **Bankwechsel** M letra *f* bancaria, efecto *m* bancario; **Bankwerte** MPL valores *mpl* bancarios; **Bankwesen** N ⟨~s⟩ banca *f*; **Bankzinsen** MPL intereses *mpl* bancarios

Bann M ⟨~(e)s; ~e⟩ **1** (*Ächtung*) destierro *m*, proscripción *f*; (*Kirchenbann*) excomunión *f*; anatema *m*; *schwächer*: entredicho *m*, interdicto *m*; *obs* **in den ~ tun** desterrar, proscribir; *kirchlich*: excomulgar; anatematizar **2** *fig* (*Zauber*) encantamiento *m*, hechizo *m*; **den ~ brechen** romper el hechizo; **j-n in seinen ~ schlagen** *od* **ziehen** cautivar a alg; **unter dem ~ stehen von** estar bajo la influencia (*od* el hechizo) de; *stärker*: estar fascinado (*od* cautivado) por

'Bannbrief M HIST paulina *f*; **Bannbulle** F ⟨~; ~n⟩ KATH HIST bula *f* de excomunión

'bannen V/T **1** REL excomulgar; anatematizar **2** *Gefahr, Geister* conjurar; *Dämonen, Teufel* exorcizar; **die Gefahr ist gebannt** el peligro está conjurado; ha pasado el peligro **3** *fig* (*fesseln*) cautivar, fascinar; (*bezaubern*) encantar, hechizar; **wie gebannt** como hechizado; **wie gebannt zuhören** estar pendiente de los labios de alg **4** *fig* **etw auf die Leinwand ~** inmortalizar a/c sobre la pantalla

'Banner N ⟨~s; ~⟩ bandera *f*; pendón *m*; estandarte *m*; **Bannerträger** M abanderado *m*, portaestandarte *m*

'Bannfluch M anatema *m*; **Bannkreis** M (*Machtbereich*) esfera *f* (de influencia)

'Bannmeile F **1** HIST término *m* municipal; **innerhalb der ~** dentro del radio (municipal); **außerhalb der ~** en el extrarradio **2** POL zona *f* de protección (*alrededor del edificio parlamentario*)

'Bantamgewicht N SPORT peso *m* gallo

Bap'tist M ⟨~en; ~en⟩, **Baptistin** F ⟨~; ~nen⟩ REL bautista *m/f*

bar ADJ **1** WIRTSCH **~es Geld** dinero en metálico, *umg* dinero contante y sonante; **gegen** *od* **in ~** al contado, en efectivo; **~ bezahlen** pagar al contado **2** (*rein*) puro, auténtico; **~es Gold** oro *m* puro; **~er Unsinn** un puro disparate, un solemne desatino **3** (*ohne*) falto de, desprovisto de, carente de; (*nackt*) desnudo; **~ jeder Hoffnung** sin ninguna esperanza; **~ jeglicher Vernunft** sin ningún sentido

Bar[1] F ⟨~; ~s⟩ **1** *Lokal*: bar *m* americano **2** (*Theke*) barra *f*; **an der ~** en la barra

Bar[2] N ⟨~s; ~s *od* ~⟩ PHYS bar *m*

Bär M ⟨~en; ~en⟩ **1** ZOOL oso *m*; *umg fig* **j-m einen ~en aufbinden** meter bulos a alg; *umg* tomar el pelo a alg; contar a alg un cuento chino **2** ASTRON **der Große/Kleine ~** la Osa Mayor/Menor **3** TECH (*Rammklotz*) martinete *m* pisón

'Barabfindung F indemnización *f* en efectivo

Ba'racke F ⟨~; ~n⟩ barraca *f*; (*Hütte*) choza *f*; barracón *m*

Ba'rackenbewohner M, **Barackenbewohnerin** F *pej* barraquista *m/f*; **Barackenlager** N campamento *m* de barracas

'Barauslage F WIRTSCH desembolso *m*; **Barauszahlung** F pago *m* en efectivo

Bar'bar M ⟨~en; ~en⟩ bárbaro *m*; salvaje *m*; **Barba'rei** F ⟨~; ~en⟩ barbarie *f*; (*Grausamkeit*) barbaridad *f*; salvajismo *m*; **Bar'barin** F ⟨~; ~nen⟩ mujer *f* bárbara; **bar'barisch** ADJ bárbaro; salvaje

Barba'rismus M ⟨~; Barbarismen⟩ LING barbarismo *m*

'Barbe F ⟨~; ~n⟩ *Fisch*: barbo *m*

'bärbeißig ADJ gruñón, de mal genio, arisco; *umg* de malas pulgas

'Barbestand M WIRTSCH disponibilidades *fpl* en efectivo, existencia *f* en caja; **Barbetrag** M importe *m* líquido; **Barbezüge** PL emolumentos *mpl*

Barbitur'at N CHEM barbitúrico *m*; **Barbi'tursäure** F CHEM ácido *m* barbitúrico

'barbusig ADJ con el pecho desnudo; *umg* con los senos al aire

Barce'lona N ⟨~s⟩ Barcelona *f*

'Barchent M ⟨~s; ~e⟩ TEX fustán *m*; *geköpert*: bombasí *m*

'Barcode M HANDEL código *m* de barras

'Bardame F camarera *f* de bar (americano)

'Barde M ⟨~n; ~n⟩ bardo *m*; *fig* vate *m*, cantor *m*

'Bardeckung F WIRTSCH cobertura *f* en metálico (*od* en efectivo); **Bardepot** N WIRTSCH depósito *m* en efectivo; **Bareingang** M → Bareinnahmen; **Bareinlage** F aportación *f* dineraria, depósito *m* en efectivo; **Bareinnahmen** FPL WIRTSCH ingresos *mpl* en efectivo

'Bärendienst M *umg* **j-m einen ~ erweisen** prestar un flaco servicio a alg; **Bärenfell** N piel *f* de oso; **Bärenführer** M *obs* osero *m*; **Bärenhatz** F ⟨~; ~en⟩ caza *f* del oso; **Bärenhaut** F piel *f* de oso; **auf der ~ liegen** holgazanear, gandulear; **Bärenhöhle** F osera *f*; **Bärenhunger** M *umg* **einen ~ haben** tener (un) hambre *f* canina; **Bärenklau** F ⟨~; ~⟩ *od* M ⟨~s; ~⟩ BOT acanto *m*

'bären'stark ADJ hercúleo, fuerte como un toro

'Bärentraube F BOT aguavilla *f*, gayuba *f*; **Bärenzwinger** M foso *m* (*bzw* jaula *f*) de los osos

Ba'rett N ⟨~(e)s; ~e⟩ birrete *m*; *der Kardinäle*: birreta *f*; *viereckiges*: bonete *m*

'barfuß, barfüßig ADJ descalzo

'Bargeld N dinero *m* (en) efectivo (*od* al contado), metálico *m*, moneda *f* contante; numerario *m*

'bargeldlos ADJ **~ einkaufen** comprar con cheque (*od* con tarjeta); **~er Zahlungsverkehr** pagos *mpl* sin movimiento de numerario; pagos *mpl* realizados por cheque (*bzw* a través de cuentas)

'Bargeldumlauf M circulación *f* fiduciaria; **Bargeschäft** N operación *f* al contado; **Barguthaben** N efectivo *m* en caja

'barhäuptig ADJ & ADV con la cabeza descubierta; *umg* a pelo

'Barhocker M taburete *m* de bar

'Bärin F ⟨~; ~nen⟩ ZOOL osa *f*

'Bariton M ⟨~s; ~e⟩ MUS barítono *m*

'Barium N ⟨~s⟩ CHEM bario *m*

Bar'kasse F ⟨~; ~n⟩ SCHIFF barcaza *f*; lancha *f*

'Barkauf M HANDEL compra *f* al contado

'Barke F ⟨~; ~n⟩ SCHIFF barca *f*

'Barkeeper [-kiːpər] M ⟨~s; ~⟩ barman *m*

'Barkredit M FIN crédito *m* en efectivo

'Bärlapp M ⟨~s; ~e⟩ BOT licopodio *m*; **Bärlauch** M ⟨~s⟩ BOT, GASTR ajo *m* de oso

'Barlohn M WIRTSCH salario *m* en metálico (*od* en dinero *od* en efectivo)

barm'herzig ADJ misericordioso; (*mildtätig*) caritativo (**gegen, mit** con, para con); KATH **Barmherzige Schwester** hermana de la Caridad

Barm'herzigkeit F ⟨~⟩ misericordia *f*, piedad *f*; caridad *f*; **aus ~** por caridad

'Barmittel NPL WIRTSCH fondos *mpl* líquidos; dinero *m* en metálico

'Barmixer M barman *m*

ba'rock ADJ barroco (*a. fig*); *fig* rebuscado, amanerado

Ba'rock M, N ⟨~(s)⟩ barroco *m*; **Barockstil** M estilo *m* barroco *m*; *sp a.* estilo *m* churrigueresco

Baro'graf M, **Baro'graph** ⟨~en; ~en⟩ barógrafo *m*

Baro'meter N ⟨~s; ~⟩ barómetro *m*; **das ~ steigt/fällt** el barómetro sube/baja; **das ~ steht auf schön** el barómetro anuncia buen tiempo

Baro'meterdruck M ⟨~(e)s⟩ presión *f* barométrica; **Barometersäule** F columna *f* barométrica; **Barometerstand** M altura *f* barométrica

baro'metrisch ADJ barométrico

Ba'ron M ⟨~s; ~e⟩ barón *m*

Baro'nesse F ⟨~; ~n⟩, **Ba'ronin** F ⟨~; ~nen⟩ baronesa *f*

'Barpreis M HANDEL precio *m* al contado

'Barras M ⟨~⟩ *umg* mili *f*; **beim ~ gewesen sein** haber estado (haciendo) la mili

'Barrel ['bɛrəl] N ⟨~s; ~s⟩ *Maßeinheit*: barril *m* (*aprox. 159 l*)

'Barren M ⟨~s; ~⟩ **1** (*Goldbarren, Silberbarren*) barra *f*; lingote *m* **2** SPORT (barras *fpl*) paralelas *fpl*; **Barrengold** N oro *m* en barras (*od* en pasta)

Barri'ere [bari'ɛːrə] F ⟨~; ~n⟩ barrera *f*; **Barrierefreiheit** F ⟨~⟩ ausencia *f* de barreras arquitectónicas

Barri'kade F ⟨~; ~n⟩ barricada *f*; **~n errichten** levantar barricadas; *fig* **auf die ~n gehen** luchar (**für** por a/c)

Barri'kadenkampf M lucha *f* de barricadas

barsch ADJ rudo, áspero, brusco; **~e Stimme** voz *f* bronca; **~e Antwort** exabrupto *m*, salida *f* de tono; **~es Wesen** carácter *m* arisco

Barsch M ⟨~es; ~e⟩ *Fisch*: perca *f*

Barscheck M FIN cheque *m* abierto (*od* al contado), cheque *m* de ventanilla

'Barschheit F ⟨~⟩ rudeza *f*; aspereza *f*, brusquedad *f*

'Bart M ⟨~(e)s; ⸚e⟩ **1** ANAT barba *f*; **einen ~ bekommen** echar barba; **sich** (*dat*) **einen wachsen** (*od* **~ stehen**) **lassen** dejarse (crecer la) barba; **in den ~ brummen** *od* **murmeln** refunfuñar, hablar entre dientes, decir para su capote; barbot(e)ar **2** *fig* **j-m um den ~ gehen** hacer la pelota (*od* pelotilla) a alg; *umg* dar jabón (*od* coba) a alg; **um des Kaisers ~ streiten** disputar por una nadería; *umg* **der ~ ist ab** se acabó **3** **das hat so einen ~!** ¡eso ya es agua pasada! **4** *v. Maiskolben*: barbas *fpl*; *v. Ähren*: arista *f*, raspa *f* **5** (*Schlüsselbart*) paletón *m* **6** TECH *Gussnaht*: rebaba *f*

'Barte F ⟨~; ~n⟩ barba *f* de ballena

'Bartfaden M *der Fische*: barbilla *f*; **Bartflechte** F MED sicosis *f*; tricofitosis *f*; **Barthaar** N pelo *m* de la barba; **erste ~e** bozo *m*

'bärtig ADJ **1** barbudo; *mit Backenbart*: partilludo **2** BOT, ZOOL barbado

'bartlos ADJ sin barba; (*jung*) imberbe

'Bartnelke F BOT clavellina *f*; **Bartstoppeln** FPL cañones *mpl* (de la barba)

'Barvergütung F remuneración *f* en metálico; **Barverkauf** M venta *f* al contado; **Barverlust** M pérdida *f* en efectivo; **Barvermögen** N disponibilidades *fpl* en efectivo; **Barwert** M valor *m* efectivo; **Barzah-**

B

lung F pago *m* al contado (*od* en efectivo)
'Barzahlungsgeschäft N operación *f* al contado; **Barzahlungspreis** M precio *m* al contado; **Barzahlungsrabatt** M descuento *m* por pago al contado
Ba'salt M ⟨~(e)s; ~e⟩ basalto *m*; **basalten, basalthaltig** ADJ basáltico
Ba'sar M ⟨~s; ~e⟩ bazar *m*
'Base[1] F ⟨~; ~n⟩ (*Kusine*) prima *f*
'Base[2] F ⟨~; ~n⟩ CHEM base *f*
'Baseball ['be:sbɔl] M ⟨~s⟩ béisbol *m*; **Baseballschläger** M bate *m* (de béisbol)
'Basedow ['basedo:] M ⟨~s⟩, **Basedowkrankheit** F, **Basedowsche Krankheit** F MED hipertiroidismo *m*; enfermedad *f* de Basedow, bocio *m* exoftálmico
'Basel N ⟨~s⟩ Basilea *f*; **Baseler** M ⟨~s; ~⟩, **Baselerin** F ⟨~; ~nen⟩ basilense *m/f*
'Basenbildung F CHEM basificación *f*, formación *f* de base
BASF F ABK (Badische Anilin- und Soda-Fabrik) Fábrica *f* Badense de Anilina y Soda (*empresa química alemana*)
BASIC N ABK (Beginner's All Purpose Symbolic Instruction Code) IT *Programmiersprache*: BASIC *m*
ba'sieren VI ⟨*ohne* ge-⟩ funda(menta)rse, basarse (**auf** *dat* en)
Ba'silika F ⟨~; Basiliken⟩ ARCH basílica *f*
Ba'silikum N ⟨~s; ~s *od* Basiliken⟩ BOT albahaca *f*
Basi'lisk M ⟨~en; ~en⟩ basilisco *m*
'Basis F ⟨~; Basen⟩ base *f* (*a.* MATH, ARCH *u.* MIL); *v. Säulen*: basa *f*; *fig* fundamento *m*; **an der ~** en la base; **auf gleicher ~** en iguales condiciones
'basisch ADJ CHEM básico
'Basisdemokratie F democracia *f* básica; **Basislager** N *Bergsteigen*: campamento *m* de base; **Basisstation** F estación *f* (de) base
Basizi'tät F ⟨~⟩ CHEM basicidad *f*
'Baske M ⟨~n; ~n⟩ vasco *m*; **Baskenland** N ⟨~(e)s⟩ país *m* vasco, Euskadi *m*; **Baskenmütze** F chapela *f*, boina *f*
'Basketball M SPORT baloncesto *m*, basketball *m*, basquetbol *m*; **Basketballkorb** M canasta *f*; **Basketballmannschaft** F equipo *m* de baloncesto
'Baskin F ⟨~; ~nen⟩ vasca *f*; **baskisch** ADJ vasco, vascongado
'Baskisch N ⟨~en⟩ **~, das ~e** *Sprache*: el vascuence, el euskera *od* euskara
'Basler M ⟨~s; ~⟩, **Baslerin** F ⟨~; ~nen⟩ *bes schweiz* → Baseler
'Basrelief N ⟨~s; ~s⟩ bajorrelieve *m*
bass ADV **~ erstaunt** pasmado, muy sorprendido
Bass M ⟨~es; ~̈e⟩ MUS **1** *Instrument*: (contra)bajo *m*; **bezifferter ~** bajo *m* cifrado **2** *Stimme*: bajo *m*; **tiefer ~** bajo *m* profundo
'Bassbariton M barítono-bajo *m*; **Bassbläser** M bajo *m*, bajonista *m*; **Bassbuffo** M caricato *m*; **Bassflöte** F bajón *m*; **Bassgeige** F *umg* contrabajo *m*, violón *m*; **Bassgitarre** F guitarra *f* baja
Bas'sin [ba'sɛŋ] N ⟨~s; ~s⟩ pila *f*; depósito *m*, tanque *m*; (*Schwimmbassin*) piscina *f*
Bas'sist M ⟨~en; ~en⟩ *Sänger*: bajo *m*; *Spieler*: contrabajo *m*
'Bassklarinette F clarinete *m* bajo; **Bassregler** M *Tontechnik*: mando *m* de bajo; **Basssaite** F bordón *m*; **Bassschlüssel** M clave *f* de fa (*od* de bajo); **Bassstimme** F (voz *f* de) bajo *m*; *Partie*: parte *f* de bajo; **Basstuba** F bombardón *m*
Bast M ⟨~es; ~e⟩ **1** BOT líber *m*; rafia *f*; *bei Flachs etc*: hilaza *f* **2** ZOOL *am Geweih*: borra *f*

'basta INT ¡basta!, ¡ni una palabra más!; *umg* **und damit ~!** ¡y punto final!, ¡y sanseacabó!
'Bastard M ⟨~(e)s; ~e⟩ **1** *Schimpfwort*: bastardo *m*; *sl* hijo *m* de puta **2** BOT, ZOOL híbrido *m*, bastardo *m*; **Bastardbildung** F BOT, ZOOL hibridación *f*
bastar'dieren VT ⟨*ohne* ge-⟩ BOT, ZOOL bastardear, hibridar; **Bastardierung** F ⟨~; ~en⟩ BOT, ZOOL hibridación *f*
'Bastardpflanze F BOT planta *f* híbrida
Bas'tei F ⟨~; ~en⟩ bastión *m*, baluarte *m*
'Bastelarbeit F bricolaje *m*; trabajo *m* manual de aficionado
Baste'lei F ⟨~; ~en⟩ **1** *Tätigkeit*: bricolaje *m*; *pej* chapuza *f* **2** *Sache*: manualidades *fpl*
'basteln **A** VT hacer (a mano) **B** VI dedicarse al bricolage; hacer trabajos manuales; *umg* **an etw** (*dat*) **~** manipular a/c (*para intentar mejorarla*)
'Basteln N ⟨~s⟩ bricolaje *m*
'Bastfaser F fibra *f* liberiana; **Basthut** M sombrero *m* de rafia
Basti'on F ⟨~; ~en⟩ bastión *m*, baluarte *m* (*a. fig*)
'Bastler M ⟨~s; ~⟩, **Bastlerin** F ⟨~; ~nen⟩ aficionado *m*, -a *f* al bricolaje, bricolador *m*, -a *f*
'Bastmatte F estera *f* (*od* esterilla *f*) de rafia; **Bastseide** F TEX seda *f* cruda
BAT M ABK (Bundesangestelltentarif) *BRD*: convenios *mpl* para los empleados del sector público
Batail'lon [batal'jɔŋ] N ⟨~s; ~e⟩ MIL batallón *m*; **Bataillonskommandeur** [-dø:r] M MIL comandante *m* (*od* jefe *m*) de un batallón
Ba'tate F ⟨~; ~n⟩ BOT batata *f*, boniato *m*; *Am* camote *m*
'Batik M ⟨~s; ~en⟩ batik *m*; **batiken** VT & VI teñir al batik
Ba'tist M ⟨~es; ~e⟩ TEX batista *f*; *feiner*: holanda *f*
Batte'rie F ⟨~; ~n⟩ **1** ELEK batería *f* (*a.* AUTO); pila *f*; *aufladbare*: batería *f* (*od* pila *f*) recargable **2** TECH, MIL batería *f* **3** *umg fig* (*Reihe*) batería *f*
Batte'riebetrieb M funcionamiento *m* (*od* alimentación *f*) con batería (*od* a pilas); **batteriebetrieben** ADJ → batteriegespeist; **Batterieelement** N pila *f*; **batteriegespeist** ADJ alimentado (*od* accionado) por batería (*od* pilas); **Batterieladegerät** N cargador *m* de baterías; **Batterieprüfer** M verificador *m* de baterías; **Batterierecycling** N reciclado *m* de baterías (*od* de pilas); **batterieschonend** ADJ economizador de pilas; **Batteriespannung** F tensión *f* de batería; **Batteriestrom** M corriente *f* de batería; **Batteriezündung** F AUTO encendido *m* por batería
'Batzen M ⟨~s; ~⟩ (*Klumpen*) terrón *m*; *umg fig* **das kostet einen ~** esto cuesta un dineral (*od* un ojo de la cara)
Bau[1] M ⟨~(e)s⟩ **1** *Vorgang*: edificación *f*, construcción *f*; **im ~ (sein)** (estar) en construcción **2** ⟨*pl* ~ten⟩ *Gebäude*: edificio *m*; edificación *f*; **~ten** *mpl* ARCH obras *fpl*; FILM, THEAT decoración *f*; decorados *mpl*; **öffentliche ~ten** obras *fpl* públicas **3** *Gewerbe*: construcción *f*; **er arbeitet auf dem ~** trabaja en la construcción **4** TECH construcción *f*; (*Aufbau*) estructuración *f* **5** (*Bauart*) estructura *f*; BIOL *e-s Körpers*: organización *f* **6** *umg* MIL (*Gefängnis*) chirona *f*, calabozo *m* **7** *südd, österr* AGR cultivo *m*
Bau[2] M ⟨~(e)s; ~e⟩ (*Tierhöhle*) guarida *f*; madriguera *f*; *e-s Raubtiers*: cueva *f*; (*Fuchsbau*) zorrera *f*; (*Kaninchenbau*) conejera *f*; (*Dachsbau*) tejonera *f*
'Bauabschnitt M tramo *m* (*od* fase *f*) de construcción; **Bauakademie** F escuela *f* de arquitectura; **Bauamt** N oficina *f* (pública) de obras y construcciones; **Bauarbeiten** FPL obras *fpl* (de construcción); **Bauarbeiter** M, **Bauarbeiterin** F obrero *m*, -a *f* de la construcción; **Bauart** F construcción *f*, estilo *m*; (*Gefüge*) estructura *f*; TECH sistema *m* de construcción; (*Typ*) tipo *m*, modelo *m*; **Bauaufsichtsamt** N **1** inspección *f* de obras **2** → Bauamt; **Baubaracke** F barraca *f* de obras; caseta *f*; **Baubedarf** M materiales *mpl* de construcción; **Baubewilligung** F → Bauerlaubnis; **Baubranche** F WIRTSCH ramo *m* (*od* sector *m*) de la construcción
Bauch M ⟨~(e)s; ~e⟩ **1** vientre *m*, *umg* barriga *f*, tripa *f*; ANAT abdomen *m*; (*Dickbauch*) *umg* panza *f*; **einen ~ bekommen** *umg* echar barriga (*od* tripa); **einen ~ haben** tener barriga (*od* panza); **auf dem ~ liegen** estar boca abajo (*od* echado de bruces); **sich** (*dat*) **(vor Lachen) den ~ halten** desternillarse de risa; *umg fig* **aus dem ~ (heraus)** espontáneamente **2** *e-s Schiffes*: fondo *m*; bodega *f*; *e-r Flasche etc*: vientre *m*
'Bauchansatz M barriga *f* incipiente; **Bauchatmung** F respiración *f* abdominal; **Bauchbinde** F faja *f*; *e-r Zigarre*: vitola *f*; **Bauchdecke** F ANAT pared *f* abdominal
'bauchen VR **sich ~** abombarse
'Bauchentscheidung F *umg* decisión *f* emocional; **Bauchfell** N ANAT peritoneo *m*; **Bauchfellentzündung** F MED peritonitis *f*; **Bauchflosse** F *v. Fischen*: aleta *f* abdominal
'bauchfrei ADJ *Mode*: que enseña el ombligo; **~es T-Shirt** top *m* (*od* camiseta *f* corta) que enseña el ombligo
'Bauchgegend F región *f* abdominal; **Bauchgurt** M *des Sattels*: barriguera *f*, cincha *f*
'Bauchhöhle F ANAT cavidad *f* abdominal; **Bauchhöhlenschwangerschaft** F MED embarazo *m* extrauterino *od* abdominal, gravidez *f* extrauterina
'bauchig ADJ ventrudo; *umg* panzudo, barrigudo; ARCH abombado, convexo
'Bauchladen M caja *f* de buhonería; **Bauchlage** F MED decúbito *m* prono (*od* abdominal); **Bauchlandung** F FLUG aterrizaje *m* ventral; **eine ~ machen** aterrizar ventralmente; *umg fig* quedarse con un palmo de narices; **Bauchmuskel** M músculo *m* abdominal; **Bauchnabel** M ombligo *m*; **Bauchraum** M región *f* abdominal; **Bauchreden** N ventriloquia *f*; **Bauchredner** M, **Bauchrednerin** F ventrílocuo *m*, -a *f*; **Bauchringe** MPL *umg* michelines *mpl*; **Bauchschmerzen** MPL dolor *m* de vientre (*od umg* de tripa); **er hat ~** le duele la tripa
'Bauchspeicheldrüse F ANAT páncreas *m*; **Bauchspeicheldrüsenkrebs** M MED cáncer *m* de páncreas
'Bauchtanz M danza *f* oriental (*od* de vientre); **bauchtanzen** VI bailar danza oriental; **Bauchtänzerin** F bailarina *f* oriental (*od* de vientre); **Bauchung** F ⟨~; ~en⟩ convexidad *f*; abolsamiento *m*; **Bauchweh** N *umg* → Bauchschmerzen
'Baude F ⟨~; ~n⟩ *reg* cabaña *f*; *im Gebirge*: refugio *m*
'Baudenkmal N monumento *m*; **Bauelement** N elemento *m* constructivo; módulo *m*
'bauen **A** VT **1** construir; *Haus* edificar; (*errichten*) erigir, levantar; *Nest* hacer, construir **2** (*herstellen*) fabricar, manufacturar, elaborar **3** *umg fig* (*verursachen*) originar; **Mist ~** *umg* meter la pata; *umg* **einen Unfall ~** tener (*od* provocar) un accidente **B** VI **1** edificar, construir **2** *fig* **~ auf** (*acus*) (*vertrauen*) confiar en; (*sich ver-*

lassen auf) contar con, fiarse de; *Hoffnung, Urteil* fundar (*od* basar) en

'Bauer[1] M ⟨~n; ~n⟩ 1 campesino *m*; *(Landwirt)* agricultor *m*; *kleiner:* labrador *m*, labriego *m*; *(Landbewohner) a.* paisano *m* 2 *fig pej (grober Mensch)* paleto *m*, patán *m* 3 *Schach:* peón *m*; *Kartenspiel:* sota *f*

'Bauer[2] N & M ⟨~s; ~⟩ *(Vogelbauer)* jaula *f*

'Bäuerchen N ⟨~s; ~⟩ *kinderspr* **ein ~ machen** soltar el aire

'Bäuerin F ⟨~; ~nen⟩ campesina *f*; *(Landwirtin)* agricultora *f*; *kleinere:* labradora *f*; *(Landbewohnerin) a.* paisana *f*; **bäuerisch** ADJ *pej* 1 rústico *(a. fig)*, campestre 2 *fig (grob)* tosco; *Person a.* palurdo, paleto

'Bauerlaubnis F licencia *f* (*od* permiso *m*) de construcción (*od* de edificación); permiso *m* de obras

'bäuerlich ADJ rústico, campesino; *(ländlich)* rural, aldeano

'Bauernbrot N pan *m* de pueblo; (*od reg* de payés); **Bauernbursche** M joven campesino *m*, mozo *m* (de campo); **Bauernfänger** M timador *m*; *umg* engañabobos *m*

'Bauernfängerei F ⟨~⟩ timo *m*, estafa *f*; **Bauernhaus** N casa *f* de campo (*bzw* de labor); casa *f* rústica; caserío *m*; **Bauernhochzeit** F boda *f* de aldea; **Bauernhof** M granja *f*, finca *f* rústica; casa *f* de labranza; **Bauernlümmel** M *umg pej* rústico *m*, *umg* paleto *m*; **Bauernmädchen** N joven campesina *f*; **Bauernmöbel** NPL muebles *mpl* rústicos; **Bauernpartei** F partido *m* campesino; partido *m* agrario; **Bauernregel** F proverbio *m* campesino; **Bauernschaft** F gente *f* del campo; paisanaje *m*; **bauernschlau** ADJ socarrón; **Bauernschläue** F socarronería *f*; astucia *f* aldeana; **Bauernstand** M *obs* campesinado *m*; clase *f* campesina; **Bauernstolz** M orgullo *m* rústico, *fig* orgullo *m* necio; **Bauerntölpel** M *pej* palurdo *m*, patán *m*; **Bauerntrampel** M *umg pej* maritornes *f*; **Bauerntum** N ⟨~s⟩ lo campesino; campesinado *m*; **Bauernverband** M asociación *f* (*sp* hermandad *f*) de labradores

'Bauersfrau F → Bäuerin

'Baufach N ramo *m* de la construcción

'baufällig ADJ ruinoso; **~ sein** amenazar ruina; **Baufälligkeit** F ⟨~⟩ estado *m* ruinoso

'Baufirma F empresa *f* constructora (*od* de la construcción); **Baufluchtlinie** F alineación *f*; **Bauführer** M, **Bauführerin** F aparejador *m*, -a *f*; **Baugelände** N terrenos *mpl* para edificar; zona *f* edificable; *i. e. S* solar *m*; **Baugenehmigung** F → Bauerlaubnis; **Baugenossenschaft** F cooperativa *f* de construcción; **Baugerüst** N andamio *m*, andamiaje *m*; **Baugeschäft** N empresa *f* constructora; **Baugesellschaft** F sociedad *f* de construcciones; **Baugesetz** N ley *f* de (la) edificación; **Baugewerbe** N (ramo *m od* sector *m* de la) construcción *f*; **Baugrube** F zanja *f* de fundación; **Baugrund** M, **Baugrundstück** N solar *m*; **Bauhandwerker** M, **Bauhandwerkerin** F obrero *m*, -a *f* de la construcción; **Bauherr** M, **Bauherrin** F propietario *m*, -a *f*; *Unternehmer(in):* contratista *m/f* de obras; **Bauholz** N madera *f* de construcción; **Bauhütte** F → Baubaracke; **Bauindustrie** F industria *f* de la construcción

'Bauingenieur M [-iøːr], **Bauingenieurin** F ingeniero *m*, -a *f* de obras civiles

'Baujahr N año *m* de construcción; AUTO año *m* de fabricación; **Baukasten** M caja *f* de construcción (*od* construcciones)

'Baukastenprinzip N, **Baukastensystem** N *bes* TECH sistema *m* (de montaje) modular

'Bauklotz M cubo *m* de madera; *umg* **Bauklötze staunen** quedarse pasmado (*od* maravillado)

'Baukolonne F brigada *f* de obreros

'Baukosten PL gastos *mpl* (*od* costes *mpl*) de construcción; **Baukostenvoranschlag** M presupuesto *m* de obras; **Baukostenzuschuss** M contribución *f* a los gastos de construcción

'Baukran M grúa *f* para obras; **Baukunst** F arquitectura *f*; **Bauland** N ⟨~(e)s⟩ terreno *m* edificable; **Bauleiter** M, **Bauleiterin** F aparejador *m*, -a *f*, director *m*, -a *f* de obra; **Bauleitung** F dirección *f* de obras

'baulich ADJ arquitectónico; **in gutem ~em Zustand** en buenas condiciones de habitabilidad; **Baulichkeiten** FPL edificios *mpl*

Baum M ⟨~(e)s; Bäume⟩ 1 BOT árbol *m* (*a.* TECH); *Bibel:* **der ~ der Erkenntnis** el árbol de la ciencia (del bien y del mal) 2 SCHIFF botavara *f*; botalón *m*; **'Baumallee** F alameda *f*, arboleda *f*

'Baumarkt M mercado *m* de materiales para la construcción; *(Heimwerkermarkt) a.* tienda *f* de bricolaje

'baumartig ADJ arbóreo, arborescente

'Baumaschinen FPL maquinaria *f* para la construcción; **Baumaterial(ien)** N(PL) materiales *mpl* de construcción

'Baumbestand M arbolado *m*

'baumbewohnend ADJ ZOOL arborícola; **Baumbewohner** M ZOOL arborícola *m*

'Baumblüte F floración *f* de los árboles; *Zeit:* época *f* de la floración

'Bäumchen N ⟨~s; ~⟩ arbolillo *m*, arbolete *m*; *umg* **~-wechsle-dich spielen** jugar a las cuatro esquinas

'Baumeister M arquitecto *m*; *i. e. S* aparejador *m*, maestro *m* de obras

'baumeln VI 1 *(hängen)* bambolear(se); **~ an** *(dat)* balancearse en 2 **mit den Beinen ~** balancear las piernas

'bäumen VR **sich ~** *Pferde* encabritarse

'Baumfalke M ORN alcotán *m*; **Baumfarn** M helecho *m* arborescente; **Baumfrevel** M FORST delito *m* forestal; **Baumgrenze** F límite *m* del arbolado; **Baumharz** N resina *f*; **Baumkrone** F copa *f* (del árbol); **Baumkuchen** M GASTR *bizcocho alto y de forma cilíndrica*; **Baumkultur** F arboricultura *f*; **Baumkunde** F dendrografía *f*, dendrología *f*

'baumlang ADJ *umg* alto como un pino; **~er Kerl** varal *m*

'Baumläufer M ORN agateador *m*; trepador *m*

'baumlos sin árboles, desarbolado

'Baummarder M ZOOL marta *f* común; **Baumpfahl** M rodrigón *m*, tutor *m*; **Baumrinde** F corteza *f*; **Baumschere** F podadera *f*, tijeras *fpl* de podar; **Baumschule** F vivero *m*, plantel *m*, semillero *m*; **Baumstamm** M tronco *m* (del árbol)

'baumstark ADJ fuerte como un roble

'Baumstumpf M cepa *f*, tocón *m*; *(Wurzelballen)* cepellón *m*; **Baumstütze** F rodrigón *m*, tutor *m*; **Baumwachs** N AGR mastic *m* para injertar

'Baumwoll... IN ZSSGN algodonero

'Baumwolle F ⟨~⟩ algodón *m*; **baumwollen** ADJ de algodón; **Baumwollpflanzung** F algodonal *m*; **Baumwollstaude** F algodonero *m*

'Baumzucht F arboricultura *f*; **Baumzüchter** M, **Baumzüchterin** F arboricultor *m*, -a *f*

'Baunummer F número *m* de serie; **Bauordnung** F ordenanzas *fpl* para la edificación; **Bauplan** M 1 *(Bauvorhaben)* proyecto *m* de construcción 2 *(Entwurf)* plan *m* de ejecución de las obras; esquema *m* de montaje 3 BIOL plan *m* estructural; **Bauplatz** M *unbebauter:* solar *m*; *im Bau:* obra *f*; **Baupolizei** F inspección *f* de edificaciones; **Baurat** M ingeniero-inspector *m* de obras públicas; **Bausatz** kit *m*; equipo *m* de construcción

Bausch M ⟨~es; Bäusche⟩ 1 *Watte:* algodón *m*; ta(m)pón *m* 2 *fig* **in ~ und Bogen** en globo, en bloque; a bulto, *umg* a ojo de buen cubero; **etw in ~ und Bogen verurteilen** condenar a/c sin más

'bauschen A VT hinchar, henchir B VR **sich ~** *Kleidung* abolsarse; *(sich blähen)* inflarse; **bauschig** ADJ hinchado, henchido; hueco, ahuecado; holgado

'Bauschlosser M, **Bauschlosserin** F cerrajero *m*, -a *f* de obra(s); **Bauschreiner** M, **Bauschreinerin** F carpintero *m*, -a *f*; **Bauschutt** M escombros *mpl*, cascotes *mpl*; **Bauspardarlehen** N préstamo *m* hipotecario; **Bausparen** N ahorro-vivienda *m*

'Bausparkasse F Caja *f* de Ahorros para la construcción; **Bausparkonto** N cuenta vivienda *f*; **Bausparvertrag** M contrato *m* de ahorro-vivienda

'Baustein M 1 ARCH piedra *f* de construcción; sillar *m* 2 *fig* elemento *m*, componente *m*, elemento constitutivo; módulo *m* (*a.* IT)

'Baustelle F obra(s) *f(pl)*; **auf der ~ arbeiten** trabajar en la construcción; *umg fig* **das ist eine andere ~** *umg* ése es otro cantar, ésa es otra canción

'Baustil M estilo *m* arquitectónico; **Baustoff** M material *m* de construcción; **Baustopp** M interrupción *f* de obras; parón *m* de las obras; **einen ~ verhängen** prohibir las obras; **Bautätigkeit** F actividad *f* constructora; **Bautechniker** M, **Bautechnikerin** F constructor *m*, -a *f* de obras, técnico *m*, -a *f* de la construcción; **Bauteil** N A N TECH componente *m*; elemento *m* (*bzw* pieza *f*) de construcción B M *(Gebäudeteil)* edificio *m*; **Bautischler** M → Bauschreiner; **Bauträger** M constructor *m*; **Bautrupp** M equipo *m* (*od* brigada *f*) de obreros; **Bauunternehmen** N empresa *f* constructora (*od* de construcción)

'Bauunternehmer M, **Bauunternehmerin** F contratista *m/f* (de obras)

'Bauvorhaben N proyecto *m* de construcción; *bei Städten:* plan *m* de urbanización; **Bauvorschriften** FPL reglamento *m* de la edificación; **Bauweise** F modo *m* de construcción; **Bauwerk** N *Gebäude:* edificio *m*; *Brücke, Staudamm etc:* construcción *f*; **Bauwesen** N ⟨~s⟩ construcción *f*; **öffentliches ~** obras *fpl* públicas

Bau'xit M ⟨~s; ~e⟩ MINER bauxita *f*

bauz INT ¡cataplum!, ¡cataplún!

'Bauzeit F plazo *m* de ejecución de una obra; tiempo *m* de construcción

b. a. w. ABK (bis auf Weiteres) hasta nuevo aviso; MIL hasta nueva orden

bay. ABK → bayerisch

'Bayer M ⟨~n; ~n⟩, **Bayerin** F ⟨~; ~nen⟩ bávaro *m*, -a *f*; **bayerisch** ADJ → bayrisch; **Bayern** N ⟨~s⟩ Baviera *f*; **bayrisch** ADJ bávaro

Ba'zar M ⟨~s; ~e⟩ *Markt:* bazar *m*; *Wohltätigkeitsveranstaltung:* quermés *f*

Ba'zille F ⟨~; ~n⟩ *umg* → Bazillus

Ba'zillenstamm M cepa *f* bacilar; **Bazillenträger** M MED portador *m* de bacilos

Ba'zillus M ⟨~; Bazillen⟩ bacilo *m*

Bd. ABK (Band) t. (tomo); vol. (volumen)

B

Bde. ABK (Bände) ts. (tomos); vols. (volúmenes)

BDI M ⟨~⟩ ABK (Bundesverband der Deutschen Industrie) Unión *f* Federal de la Industria Alemana

BdL F ABK (Bank deutscher Länder) HIST Banco *m* Central de Alemania

BE F ABK ⟨~⟩ → Broteinheit

be'absichtigen V/T ⟨*ohne* ge-⟩ proyectar; proponerse; **~ etw zu tun** tener (la) intención de hacer a/c; pensar hacer a/c

be'absichtigt ADJ intencionado, premeditado; intencional; **das war (nicht) ~** (no) ha sido con intención

be'achten V/T ⟨*ohne* ge-⟩ **1** (*achten auf*) fijarse en; atender a, prestar atención a; (*berücksichtigen*) tener en cuenta, tener presente, considerar; **bitte ~!** ¡atención, por favor!; **nicht ~** ignorar, hacer caso omiso de, pasar por alto **2** *Regel* observar, seguir

be'achtenswert ADJ notable; digno de atención, atendible; **beachtlich** ADJ considerable; (*bemerkenswert*) notable, remarcable

Be'achtung F ⟨~⟩ atención *f*; (*Berücksichtigung*) consideración *f*; (*Befolgung*) observancia *f*; **j-m ~ schenken** fijarse en alg; prestar atención a alg, hacer caso de alg; **einer Sache** (*dat*) **~ schenken** prestar atención a a/c; (*berücksichtigen*) tener en cuenta a/c; **~ verdienen** merecer (*od* ser digno de) atención; **unter ~ von** considerando, con sujeción a; **zur ~!** ¡Advertencia!

Be'achtungsklausel F JUR cláusula *f* de obligado cumplimiento

'Beachvolleyball [bi:tʃ-] **A** M *Ball*: pelota *f* de volleyplaya **B** N *Spiel*: volleyplaya *f*

be'ackern V/T ⟨*ohne* ge-⟩ *Feld* labrar, arar; *umg fig Sachgebiet* estudiar a fondo

'Beamer ['bi:mər] M ⟨~s; ~⟩ IT cañón *m* (de proyección)

Be'amte M ⟨~n; ~n; → A⟩ (*Staatsbeamte*) funcionario *m* (público)

Be'amtenbeleidigung F desacato *m* (a la autoridad); **Beamtenherrschaft** F burocracia *f*; **Beamtenschaft** F ⟨~⟩ cuerpo *m* de funcionarios, funcionariado *m*; **Beamtenstab** M plantilla *f*; **Beamtentum** N ⟨~s⟩ calidad *f* de funcionario

Be'amter M → Beamte; **Beamtin** F ⟨~; ~nen⟩ (*Staatsbeamtin*) funcionaria *f* (pública)

be'ängstigen V/T ⟨*ohne* ge-⟩ alarmar, inquietar; *stärker*: angustiar; **beängstigend** ADJ alarmante; inquietante; *stärker*: angustioso; **Beängstigung** F ⟨~⟩ alarma *f*; inquietud *f*; angustia *f*

be'anspruchen V/T ⟨*ohne* ge-⟩ **1** (*fordern*) reclamar, exigir; *als Recht*: reivindicar; *unberechtigt*: pretender **2** *Mühe, Zeit, Platz* requerir **3** *Aufmerksamkeit* absorber, exigir; **j-n ganz ~** absorber a alg **4** (*ermüden*) cansar, fatigar; *Nerven* cansar **5** TECH cargar, esforzar; *Maschine* desgastar

be'ansprucht ADJ ocupado, atareado

Be'anspruchung F ⟨~; ~en⟩ **1** *v. Rechten etc*: reclamación *f*; reivindicación *f*; *unberechtigte*: pretensión *f* **2** *v. Kräften, v. j-s Zeit etc*: empleo *m*, utilización *f*; (*Anstrengung*) esfuerzo *m* (*a.* TECH); TECH carga *f*; (*Verschleiß*) desgaste *m*

be'anstanden V/T ⟨*ohne* ge-⟩ **etw ~** objetar a a/c, poner reparos a a/c; *Mängel* reclamar (*od* protestar) contra a/c; HANDEL hacer una reclamación; **Beanstandung** F ⟨~; ~en⟩ objeción *f*, reparo *m*; *von Mängeln*: reclamación *f* (*a.* HANDEL)

be'antragen V/T ⟨*ohne* ge-⟩ (*vorschlagen*) proponer; *durch Gesuch*: solicitar; pedir (**bei j-m** a alg); POL presentar (una moción de)

be'antworten V/T ⟨*ohne* ge-⟩ contestar, responder a; **Beantwortung** F ⟨~; ~en⟩ contestación *f*, respuesta *f*; **in ~** en contestación a; contestando a

be'arbeiten V/T ⟨*ohne* ge-⟩ **1** *Material* trabajar; elaborar; (*formen*) formar, modelar; (*umarbeiten*) modificar, transformar; *Steine* labrar; *Metall* trabajar; CHEM tratar (**mit con**) **2** AGR *Boden* cultivar, labrar **3** (*erledigen*) concluir; despachar; *Antrag etc* tramitar; *Akten* estudiar; JUR *Fall* diligenciar **4** *Thema* tratar; THEAT, FILM, TV adaptar (**für** para); *Buch, Text* (**neu**) **~** revisar; refundir; *Musikstück* arreglar **5** *fig* **j-n ~** (*beeinflussen*) tratar de persuadir a alg; *stärker*: presionar sobre alg; *umg* (*verprügeln*) pegar una paliza a alg

Be'arbeiter M ⟨~s; ~⟩, **Bearbeiterin** F ⟨~; ~nen⟩ **1** (*Buchbearbeiter*) refundidor *m*, -a *f*; THEAT adaptador *m*, -a *f*; MUS *a.* arreglista *m/f* **2** (*Sachbearbeiter*) encargado *m*, -a *f*; persona *f* competente

Be'arbeitung F ⟨~; ~en⟩ **1** trabajo *m*; TECH elaboración *f*; labra *f*; (*Umarbeitung*) transformación *f*, modificación *f* **2** AGR *des Bodens*: cultivo *m*; labrado *m* **3** VERW *e-s Antrags etc*: tramitación *f*; **in ~** en tramitación **4** *e-s Textes* revisión *f*; *e-s Buchs*: refundición *f*; THEAT, FILM, TV adaptación *f* **5** MUS arreglo *m*

Be'arbeitungsgebühr F WIRTSCH derechos *mpl* de tramitación; *beim Kredit* gastos *mpl* corrientes, comisión *f*; **Bearbeitungsverfahren** N procedimiento *m* de elaboración; **Bearbeitungszeit** F FIN tiempo *m* de tramitación

be'argwöhnen V/T ⟨*ohne* ge-⟩ sospechar de, recelar de, desconfiar de

be'atmen V/T MED **j-n (künstlich) ~** practicar a alg la respiración artificial; **Beatmung** F ⟨~; ~en⟩ respiración *f* artificial

be'aufsichtigen V/T ⟨*ohne* ge-⟩ supervisar, vigilar; *Kinder a.* cuidar de; **Beaufsichtigung** F ⟨~; ~en⟩ supervisión *f*, vigilancia *f*

be'auftragen V/T ⟨*ohne* ge-⟩ comisionar; (*anweisen*) delegar; (*ermächtigen*) autorizar; JUR apoderar; **j-n mit etw ~** encargar (*od* encomendar) a/c a alg

Be'auftragte M/F ⟨~n; ~n; → A⟩ encargado *m*, -a *f*; comisionado *m*, -a *f*; (*Abgeordnete*) delegado *m*, -a *f*; JUR (*Bevollmächtigte*) mandatario *m*, -a *f*; **Beauftragung** F ⟨~; ~en⟩ comisión *f*; encargo *m*; delegación *f*

be'baken V/T ⟨*ohne* ge-⟩ (a)balizar

be'bauen V/T ⟨*ohne* ge-⟩ **1** ARCH *Grundstück, Gelände* edificar, construir; (*erschließen*) urbanizar; **bebautes Gelände** terreno *m* edificado **2** AGR cultivar, labrar

Be'bauung F ⟨~; ~en⟩ **1** ARCH *mit Häusern*: edificación *f*, construcciones *fpl*; (*bebautes Gebiet*) urbanización *f* **2** AGR cultivo *m*; **Bebauungsplan** M ARCH plan *m* de urbanización (*od* de edificación)

'beben V/I **1** (*vibrieren*) vibrar **2** *fig* temblar (**vor** *dat* de); (*schaudern*) estremecerse

'Beben N ⟨~s; ~⟩ **1** (*Erdbeben*) terremoto *m* **2** *fig* (*Zittern*) temblor *m*; estremecimiento *m*; **bebend** ADJ tembloroso; *Stimme a.* trémulo

be'bildern V/T ⟨*ohne* ge-⟩ ilustrar, adornar con grabados; **reich bebildert** con muchas ilustraciones; **Bebilderung** F ⟨~; ~en⟩ ilustración *f*

be'brillt ADJ con gafas

be'brüten V/T ⟨*ohne* ge-⟩ incubar; empollar

Bécha'melsoße [beʃamɛl-] F GASTR (salsa *f*) bechamel *f*

'Becher M ⟨~s; ~⟩ **1** vaso *m*; *mit Fuß*: copa *f* **2** BOT cúpula *f* **3** TECH *e-s Baggers*: cangilón *m*; **becherförmig** ADJ acopado, cupuliforme; **Becherglas** N CHEM probeta *f*; **Becherkette** F cadena *f* de cangilones

'bechern V/I *umg* copear, *umg* empinar el codo

'Becherwerk N TECH elevador *m* de cangilones; noria *f*

be'circen V/T → bezirzen

'Becken N ⟨~s; ~⟩ **1** *Gefäß*: pila *f*; (*Waschbecken*) lavabo *m*; (*Spülbecken*) pila *f*, fregadero *m*; (*Klosettbecken*) taza *f* **2** (*Schwimmbecken*) piscina *f* **3** ANAT pelvis *f* **4** GEOG cuenca *f* **5** MUS címbalos *mpl*; platillos *mpl*

'Beckenboden M ANAT suelo *m* pélvico (*od* pelviano); **Beckenbruch** M MED fractura *f* de pelvis; **Beckengürtel** M ANAT cinturón *m* pelviano

Beckmesse'rei F ⟨~; ~en⟩ *pej obs* crítica *f* mezquina

Becque'rel N ⟨~; ~⟩ PHYS becquerel *m*

be'dachen V/T ⟨*ohne* ge-⟩ techar, cubrir

be'dacht **A** PPERF → bedenken **B** ADJ circunspecto, mirado; (*sorgfältig*) cuidadoso; **~ auf** (*acus*) atento a; **auf etw** (*acus*) **~ sein** cuidar de a/c; pensar en a/c; **darauf ~ sein zu** (*inf*) cuidar de que (*subj*)

Be'dacht M ⟨~(e)s⟩ **mit ~** (*überlegt*) deliberadamente, ex profeso; (*umsichtig*) con cuidado

be'dächtig ADJ **1** (*vorsichtig*) prevenido, precavido; (*umsichtig*) mirado; (*überlegt*) circunspecto, mirado **2** (*langsam*) lento, mesurado, acompasado; **Bedächtigkeit** F ⟨~⟩ lentitud *f*; reposo *m*

be'dachtsam **A** ADJ → bedächtig **B** ADV con cuidado

Be'dachung F ⟨~; ~en⟩ techumbre *f*, tejado *m*

be'danken V/R ⟨*ohne* ge-⟩ **1** **sich bei j-m (für etw) ~** dar las gracias a alg (por a/c), agradecer (a/c) a alg; *iron* **dafür bedanke ich mich!** ¡muchas gracias, se lo regalo! **2** **sich ~** (*dankend ablehnen*) declinar agradecidamente

Be'darf M ⟨~(e)s⟩ (*Mangel*) necesidad(es) *f(pl)*, falta *f* (**an** *dat* de); exigencia(s) *f(pl)*; *bes* HANDEL (*Nachfrage*) demanda *f*; **Güter** *npl* **des täglichen ~s** artículos *mpl* de primera necesidad; **~ haben an** necesitar, precisar; **den ~ decken** cubrir las necesidades; *bes* HANDEL satisfacer la demanda (**an** *dat* de); **einen ~ schaffen** crear una necesidad; **es besteht großer ~** hay mucha demanda; **bei ~** en caso necesario; **(je) nach ~** según las necesidades; en la medida necesaria, según fuera preciso; *iron* **mein ~ ist gedeckt** estoy harto; a mí me basta

Be'darfsartikel M artículo *m* de consumo (*od* de primera necesidad); **Bedarfsdeckung** F WIRTSCH satisfacción *f* (*od* cobertura *f*) de la demanda (*od* de las necesidades); **Bedarfsfall** M **im ~** en caso de necesidad, si el caso lo requiere; **Bedarfsgut** N → Bedarfsartikel; **Bedarfshaltestelle** F *Verkehr*: parada *f* discrecional; **Bedarfssättigung** F WIRTSCH saturación *f* de la demanda; **Bedarfsträger** M VERW consumidor *m*; **Bedarfsweckung** F creación *f* de necesidades (*od* de demanda)

be'dauerlich ADJ lamentable, deplorable; **es ist sehr ~** es una gran pena

be'dauerlicher'weise ADV desafortunadamente

be'dauern ⟨*ohne* ge-⟩ **A** V/T **etw ~** lamentar a/c, sentir a/c; deplorar a/c; **j-n ~** compadecer a alg, tener lástima de alg; **ich bedaure sehr, dass ...** siento (*od* lamento) mucho que ... (*subj*); **er ist zu ~** es digno de lástima **B** V/I **bedaure!** ¡lo lamento!, ¡lo siento (mucho)!

Be'dauern N ⟨~s⟩ sentimiento *m*; pesar *m*; (*Mitleid*) compasión *f*; **mit ~** con pesar; con sentimiento; **zu meinem (großen) ~** (bien *od* muy) a pesar mío, sintiéndolo (mucho)

be'dauernswert, bedauernswürdig ADJ *Person* digno de lástima (*od* de compasión);

Sache deplorable, lamentable

be'decken ⟨*ohne* ge-⟩ **A** VT **1** cubrir (**mit** de, con); *Öffnung* tapar, cerrar **2** (*auskleiden*) revestir **B** VR **sich ~** cubrirse; *Himmel* encapotarse, nublarse

be'deckt ADJ **1** cubierto (*a. Himmel*); tapado; *Himmel a.* encapotado **2 sich ~ halten** reservarse la opinión; **Bedeckung** F ⟨~; ~en⟩ **1** cubierta *f*, cobertura *f*; (*Deckel*) tapa *f*, cobertera *f* **2** (*Schutz*) abrigo *m*; MIL, SCHIFF escolta *f* **3** ASTRON ocultación *f*

be'denken ⟨⟨*irr*⟩; *ohne* ge-⟩ **A** VT **1** (*erwägen*) considerar; (*beachten*) tener presente (*od* en cuenta); (*überlegen*) reflexionar sobre, pensar en; (*vorher bedenken*) premeditar; **die Folgen ~** considerar (*od* pensar en) las consequencias; **wenn man sein Alter bedenkt** si consideramos su edad; **wenn man es recht bedenkt** considerándolo (*od* mirándolo) bien **2** *geh* **j-n mit etw ~** agraciar a alg con a/c; **j-n in seinem Testament ~** legar a/c a alg **B** VR **sich ~** reflexionar, meditar; (*zögern*) vacilar

Be'denken PL **1** (*Erwägungen*) consideraciones *fpl*; (*Überlegungen*) reflexiones *fpl*, meditaciones *fpl* **2** (*Einwände*) reparos *mpl*; (*Zweifel*) dudas *fpl*; escrúpulos *mpl*; **es bestehen ~** hay dudas; **~ haben** tener sus dudas; (*zögern*) vacilar; **~ haben, etw zu tun** dudar (*od* vacilar) en hacer a/c; **(wegen etw) keine ~ haben** no ver (en a/c) ningún inconveniente; no vacilar (en a/c); **mir kommen ~** comienzo a dudar; **ohne ~** sin vacilación

be'denkenlos ADJ sin escrúpulos; irreflexivo; (*ohne zu zögern*) sin vacilar; (*blindlings*) sin pensar; **bedenklich** ADJ **1** (*zweifelhaft*) dudoso; (*misstrauenerregend*) sospechoso **2** *Lage, Zustand* (*ernst*) grave, serio; inquietante; (*heikel*) delicado, arriesgado; **Bedenklichkeit** F ⟨~⟩ *der Lage etc* gravedad *f*

Be'denkzeit F plazo *m* (*od* tiempo *m*) para reflexionar (*od* decidirse a) a/c; **sich (von j-m) ~ ausbitten** pedir tiempo para reflexionar (a alg); **ich gebe dir bis morgen ~** te dejo pensarlo hasta mañana

be'deppert ADJ *umg* (*betreten*) cortado, aturdido, perplejo

be'deuten VT ⟨*ohne* ge-⟩ **1** (*heißen*) *Symbol, Wort etc* significar, querer decir **2** (*hindeuten auf*) significar, presagiar; (*in sich schließen*) implicar, suponer; **was soll das ~?** ¿qué significa eso?; ¿a qué viene eso?; **das hat nichts zu ~** no tiene importancia; *umg* **das hat was zu ~** aquí hay gato encerrado **3** (*wichtig sein*) **j-m viel ~** importar a alg, ser muy importante para alg; **j-m nichts ~** no significar nada para alg; **sie bedeutet mir alles** ella lo es todo para mí **4** *geh* (*zu verstehen geben*) indicar, sugerir; **j-m ~, dass ...** sugerir a alg que ...

be'deutend **A** ADJ **1** (*beträchtlich*) considerable **2** (*wichtig*) importante; (*bemerkenswert*) notable **3** (*hervorragend*) distinguido, eminente **B** ADV considerablemente; **bedeutsam** ADJ significativo; (*bezeichnend*) sintomático; (*wichtig*) importante; (*weittragend*) trascendente; **Bedeutsamkeit** F ⟨~⟩ importancia *f*; trascendencia *f*

Be'deutung F ⟨~; ~en⟩ **1** (*Sinn*) significado *m*, significación *f*; *e-s Wortes a.*: acepción *f*; sentido *m* **2** (*Wichtigkeit*) importancia *f*; (*Tragweite*) trascendencia *f*, alcance *m*; **einer Sache** (*dat*) **~ beimessen** atribuir importancia a a/c; **von ~** de consideración, de importancia (**für** para); **von ~ sein** revestir importancia; **es ist nichts von ~** carece de (*od* no tiene) importancia

Be'deutungsfeld N LING campo *m* semántico; **Bedeutungslehre** F LING semántica *f*

be'deutungslos ADJ insignificante, sin importancia; **Bedeutungslosigkeit** F ⟨~⟩ insignificancia *f*

be'deutungsvoll ADJ significativo; muy importante; (*bedeutsam*) trascendental

Be'deutungswandel M LING cambio *m* semántico

be'dienen ⟨*ohne* ge-⟩ **A** VT **1** *Gäste, Kunden* servir, atender; *umg iron* **ich bin bedient** estoy harto; estoy servido **2** TECH *Maschine* manejar; maniobrar, manipular; **einfach zu ~** fácil de manejar **3** MIL *Geschütz* servir **B** VI **1** *bei Tisch*: servir (a la mesa) **2** *umg* SPORT servir; tener el servicio **3** *beim Kartenspiel*: servir **C** VR **sich ~ 1** *bei Tisch*: servirse; **~ Sie sich!** ¡sírvase usted! **2 sich j-s/einer Sache ~** servirse de alg/de a/c; hacer uso de alg/de a/c; valerse de alg/de a/c

Be'dienstete M/F ⟨~n; ~n; → A⟩ *obs* empleado *m*, -a *f*; **die ~n** (*Hauspersonal*) el personal de servicio; la servidumbre

Be'dienung F ⟨~; ~en⟩ **1** *Person*: camarero *m*, -a *f* **2** (*das Bedienen*) *e-s Gastes*: servicio *m* **3** TECH (*das Bedienen*) *von Geräten*: servicio *m* (*a.* MIL), manejo *m*; maniobra *f*; accionamiento *m*

Be'dienungsanleitung F, **Bedienungsanweisung** F instrucciones *fpl* de empleo (*od* de servicio *od* para el manejo); manual *m* de instrucciones; **Bedienungsfehler** M error *m* operacional (*od* en la operación); fallo *m* (*od* error *m*) de manejo; **Bedienungshandbuch** F manual *m* de instrucciones (*od* de uso); **Bedienungshebel** M palanca *f* de maniobra (*bzw* de mando); mando *m*; **Bedienungsknopf** M pulsador *m* de maniobra, botón *m* de mando; **Bedienungskomfort** M manejo *m* fácil; comodidad *f* de manejo; **Bedienungsmann** M ⟨~(e)s; -leute⟩ TECH operario *m*; MIL sirviente *m*; **Bedienungsmannschaft** F (plantilla *f* de) operadores *mpl*; *Am* operarios *mpl*; MIL sirvientes *mpl*; **Bedienungspersonal** N personal *m* de servicio; TECH plantilla *f* de operadores; **Bedienungspult** N pupitre *m* de mando; **Bedienungsstand** M puesto *m* de mando; **Bedienungsvorschrift** F → Bedienungsanleitung

be'dingen VT ⟨*ohne* ge-⟩ **1** (*erfordern*) requerir; (*voraussetzen*) presuponer **2** (*bewirken*) condicionar; causar, ocasionar; (*mit sich bringen*) implicar, incluir

be'dingt **A** ADJ condicionado; condicional; (*beschränkt*) limitado; (*abhängig*) dependiente (**durch** de); JUR **~e Freilassung** libertad *f* condicional; **~ sein durch** *a.* deberse a, ser motivado por; estar condicionado por **B** ADV condicionalmente; (*eingeschränkt*) con reservas; con restricciones; **das ist nur ~ richtig** eso sólo es verdad en parte (*od* hasta cierto punto)

Be'dingtheit F ⟨~⟩ condicionalidad *f*; limitación *f*; relatividad *f*

Be'dingung F ⟨~; ~en⟩ **1** *allg* condición *f*; (*Vertragsbedingung*) estipulación *f*, cláusula *f*; **e-e Reihe von ~en** una serie de condiciones; **~en stellen** poner (*bzw* imponer) condiciones; **unter der ~, dass** a (*od* con la) condición de que, con tal que, siempre que (*alle subj*); **unter diesen ~en** en (*od* bajo) esas condiciones; **unter keiner ~** de ningún modo; **es zur ~ machen, dass** poner por condición que (*subj*) **2** (*Anforderung*) requisito *m*; condición *f*; **die ~en erfüllen** cumplir las condiciones **3** (*Einschränkung*) restricción *f*, limitación *f* **4** HANDEL **zu günstigen/vorteilhaften ~en** en condiciones favorables/ventajosas

be'dingungslos **A** ADJ sin condiciones, incondicional **B** ADV sin reservas; **Bedingungssatz** M GRAM oración *f* condicional; **bedingungsweise** ADV condicionalmente

be'drängen VT ⟨*ohne* ge-⟩ **1 j-n ~** acosar (*od* importunar *od* apremiar) a alg; *mit Bitten, Fragen*: asediar a alg **2** (*quälen, bedrücken*) vejar, oprimir, atormentar **3** *Gegner* asediar; **in bedrängter Lage** en situación apurada, en un apuro

Be'drängnis F ⟨~; ~se⟩ *seelische*: aflicción *f*, tribulación *f*; (*Druck*) opresión *f*; estrechez *f*; (*Notlage*) apuro *m*, aprieto *m*

be'drohen VT ⟨*ohne* ge-⟩ amenazar (**mit** de); *mit Strafe*: conminar; ZOOL **bedrohte Arten** especies *fpl* amenazadas; **bedrohlich** ADJ amenazador, amenazante, crítico; **Bedrohung** F ⟨~; ~en⟩ amenaza *f*; conminación *f*

be'dröppelt ADJ *umg* abatido; **guck nicht so ~** no pongas esa cara de abatido (*od* de angustia); **bedrucken** VT ⟨*ohne* ge-⟩ **1** *Papier* imprimir sobre **2** *Tuch* estampar

be'drücken VT ⟨*ohne* ge-⟩ oprimir, vejar, atormentar; *seelisch*: atribular, abatir, afligir; *Sorgen* agobiar; **bedrückend** ADJ agobiante, opresivo, vejatorio; deprimente

be'drückt ADJ deprimido; atribulado, abatido; **~ von** aquejado de (*od* por); **Bedrückung** F ⟨~; ~en⟩ opresión *f*; vejación *f*; agobio *m*; *seelische*: tribulación *f*

Bedu'ine M ⟨~n; ~n⟩, **Beduinin** F ⟨~; ~nen⟩ beduino *m*, -a *f*

be'dürfen ⟨*irr*; *ohne* ge-⟩ *geh* **A** VI **einer Sache/j-s ~** necesitar a/c/a alg, requerir a/c/a alg, tener necesidad de a/c/de alg; hacer falta a/c/alg **B** V/UNPERS **es bedarf weiterer Beweise** requiere más pruebas; **es bedarf nur eines Wortes** basta con una palabra

Be'dürfnis N ⟨~ses; ~se⟩ **1** necesidad *f* (**nach** de); (*Wunsch*) deseo *m*; **ich habe das ~ zu** tengo el deseo de; *geh* **es ist mir ein ~ zu** (*inf*) siento la necesidad de (*inf*); **j-s ~se befriedigen** satisfacer las necesidades (*bzw* los deseos) de alg; WIRTSCH **auf die ~se des Marktes reagieren** responder a las necesidades del mercado **2** (*Erfordernis*) exigencia *f* **3** *iron* **(menschliches) ~** necesidades *fpl*; **(s)ein ~ verrichten** hacer una (sus) necesidad(es), hacer aguas

Be'dürfnisanstalt F VERW urinario *m* (público), mingitorio *m*

be'dürfnislos ADJ sin necesidades; (*bescheiden*) modesto, sin pretensiones; *im Essen und Trinken*: sobrio, frugal; **Bedürfnislosigkeit** F ⟨~⟩ modestia *f*; sobriedad *f*, frugalidad *f*

be'dürftig ADJ **1** necesitado, indigente; pobre **2** *geh* **einer Sache** (*gen*) **~ sein** tener necesidad de a/c; **Bedürftigkeit** F ⟨~⟩ necesidad *f*, indigencia *f*; pobreza *f*

be'duselt ADJ *umg* (*angeheitert*) achispado, *umg* piripi

'Beefsteak ['bi:fste:k] N ⟨~s; ~s⟩ bistec *m*, bisté *m*

be'ehren VT ⟨*ohne* ge-⟩ *geh* honrar; favorecer (**mit** con); **er beehrte mich mit seinem Besuch** me honró con su visita, me hizo el honor de su visita

be'eid(ig)en VT ⟨*ohne* ge-⟩ **1** jurar, juramentar; **etw ~** afirmar a/c bajo juramento **2** *bes österr* (*vereidigen*) **j-n ~** tomar juramento a alg; **beeidigt** ADJ JUR jurado; **Beeidigung** F ⟨~; ~en⟩ **1** (confirmación *f* por) juramento *m* **2** *österr* (*Vereidigung*) toma *f* (*bzw* prestación *f*) de juramento

be'eilen VR ⟨*ohne* ge-⟩ **sich ~** darse prisa, apresurarse; *bes Am* apurarse; **beeil dich!** ¡date prisa!; **Beeilung** F *umg* **etwas ~!** *umg* ¡venga, rápido!; ¡venga, vamos!

be'eindruckbar ADJ impresionable; **beeindrucken** VT ⟨*ohne* ge-⟩ impresionar, causar impresión; **beeinflussbar** ADJ sugestionable; influenciable; **beeinflussen** VT ⟨*ohne* ge-⟩ influir en, influenciar; **Beein-**

B

flussung F ⟨~; ~en⟩ influencia *f*, influjo *m*
be'einträchtigen VT ⟨*ohne* ge-⟩ dañar, perjudicar; (*behindern*) estorbar, embarazar; (*schmälern*) mermar, menoscabar; **Beeinträchtigung** F ⟨~; ~en⟩ perjuicio *m*, daño *m*; (*Behinderung*) estorbo *m*; (*Minderung*) merma *f*, menoscabo *m*
Be'elzebub M ⟨~⟩ *Bibel*: Belcebú *m*; *fig* **den Teufel mit (dem) ~ austreiben** ≈ el remedio es peor que la enfermedad
be'enden VT ⟨*ohne* ge-⟩ 1 (*enden lassen*) terminar, poner fin a; (*abschließen*) concluir, ultimar; (*fertigstellen*) acabar 2 IT **ein Programm ~** salir de un programa; finalizar (*od* terminar) un programa; **Beend(ig)ung** F ⟨~⟩ terminación *f*, remate *m*; (*Abschluss*) *a.* conclusión *f*; ultimación *f*
be'engen VT ⟨*ohne* ge-⟩ estrechar, apretar; (*beklemmen*) oprimir; *fig* cohibir
be'engt A ADJ estrecho; **in ~en Verhältnissen wohnen** vivir con estrecheces; **sich ~ fühlen** sentirse incómodo B ADV **~ wohnen** vivir estrecho; **Beengtheit** F ⟨~⟩ estrechez *f*; **Beengung** F ⟨~⟩ estrechamiento *m*; estrechez *f*; (*Beklemmung*) opresión *f*
be'erben VT ⟨*ohne* ge-⟩ **j-n ~** suceder a alg; ser heredero de alg
be'erdigen VT ⟨*ohne* ge-⟩ enterrar, inhumar, sepultar; **Beerdigung** F ⟨~; ~en⟩ entierro *m*; inhumación *f*
Be'erdigungsinstitut N funeraria *f*, (empresa *f* de) pompas *fpl* fúnebres; **Beerdigungskosten** PL gastos *mpl* del entierro
'Beere F ⟨~; ~n⟩ BOT baya *f*; (*Weinbeere*) grano *m*; **~n tragend** BOT baccífero
'Beerenauslese F *Wein*: vino *m* de uvas selectas; **Beerenobst** N fruta *f* de baya, bayas *fpl*
Beet N ⟨~(e)s; ~e⟩ AGR (*Gartenbeet*) bancal *m*; (*Blumenbeet*) cuadro *m*, macizo *m*, parterre *m*
'Beete F *reg* BOT → Bete
be'fähigen VT ⟨*ohne* ge-⟩ habilitar, capacitar (**zu** para); (*berechtigen*) facultar, autorizar (**zu** para); **j-n dazu ~, etw zu tun** habilitar (*od* capacitar) a alg para hacer a/c
be'fähigt ADJ 1 (*geeignet*) apto (**zu, für** para), capaz (**zu, für** de); (*begabt*) de talento 2 (*berechtigt*) capacitado, autorizado (**zu, für** para); **zu etw ~ sein** estar capacitado para hacer a/c
Be'fähigung F ⟨~⟩ 1 (*Eignung*) aptitud *f*, capacidad *f*; (*Begabung*) talento *m*; **seine ~ nachweisen** justificar su aptitud 2 (*Berechtigung*) habilitación *f*; autorización *f*; facultad *f*; (*Qualifikation*) c(u)alificación *f* (**zu** para); **Befähigungsnachweis** M certificado *m* de aptitud; diploma *m* acreditativo
be'fahrbar ADJ *Straße etc* transitable, practicable, viable; SCHIFF *Wasserwege* navegable; **nicht ~** intransitable, impracticable, SCHIFF no navegable
be'fahren[1] VT ⟨*irr; ohne* ge-⟩ 1 *Wege* pasar por; SCHIFF navegar por; *Straßen* transitar por; circular por; *Bus etc* **eine Strecke ~** cubrir un trayecto 2 BERGB **einen Schacht ~** bajar por un pozo de mina
be'fahren[2] ADJ **stark ~e Straße** calle *f* (*bzw* carretera *f*) de mucho tránsito
Be'fall M ⟨~(e)s⟩ *v. Parasiten etc*: invasión *f*, infestación *f*, ataque *m*
be'fallen[1] VT ⟨*irr; ohne* ge-⟩ 1 **j-n ~** acometer a alg; *unvermutet*: sobrecoger a alg; *Furcht* invadir a alg; *Zweifel* asaltar a alg; *Krankheit* atacar a alg, afectar a alg 2 *Schädlinge* **etw ~** invadir a/c, infestar a/c; *fig Furcht etc*
be'fallen[2] ADJ 1 *von Schädlingen*: infestado 2 *fig* **von Furcht/Schrecken ~** preso de miedo/pánico
be'fangen ADJ 1 **~ sein** (*schüchtern sein*) estar cohibido, ser tímido; (*verlegen sein*) estar confuso 2 (*parteiisch*), *a.* JUR parcial; (*voreingenommen*) predispuesto; **~ sein** estar predispuesto contra; JUR tener interés en la causa; JUR **sich für ~ erklären** recusarse 3 *geh* **in einem Irrtum ~ sein** estar equivocado
Be'fangenheit F ⟨~⟩ 1 (*Schüchternheit*) timidez *f*, cohibición *f*; (*Verlegenheit*) confusión *f* 2 (*Parteilichkeit*) parcialidad *f*; JUR interés *m* en la causa; JUR **wegen ~ ablehnen** recusar por presunta parcialidad
be'fassen ⟨*ohne* ge-⟩ A VR **sich ~ mit** ocuparse de; dedicarse a; (*behandeln*) tratar de; *prüfend*: estudiar, examinar, considerar B VT JUR **ein Gericht ~ (mit)** llevar ante el tribunal
be'fehden ⟨*ohne* ge-⟩ *geh obs* A VT hostilizar, hacer la guerra a; *fig* atacar B VR **sich ~** hacerse la guerra, *umg* andar a la greña
Be'fehl M ⟨~(e)s; ~e⟩ 1 (*Anweisung*) orden *f*; instrucción *f*; (*Auftrag*) *a.* mandato *m*; JUR (*Gebot*) mandamiento *m*; comando *m*; **ausdrücklicher ~** orden *f* expresa; **~ geben zu** dar orden de; **einen ~ ausführen/erteilen** ejecutar/dar una orden; **den ~ führen über** tener el mando de; **(den) ~ haben zu** (*inf*) tener orden de (*inf*); **einen ~ rückgängig machen** deshacer una orden; dar la contraorden; **auf höheren ~** por orden superior; **auf ~ von** *od* (*gen*) por orden de; **unter dem ~ von** al mando de; **zu ~!** ¡a la orden!; ¡a sus órdenes!; *sprichw* **~ ist ~** *umg* quien manda, manda 2 (*Befehlsgewalt*) mando *m* (*a.* MIL); **den ~ haben** tener el mando (**über** *acus* sobre); **den ~ übernehmen** tomar (*od* asumir) el mando 3 IT orden *f*; instrucción *f*; **einen ~ ausführen** ejecutar una orden
be'fehlen ⟨*irr; ohne* ge-⟩ A VT 1 **j-m etw ~** mandar a/c a alg; ordenar a/c a alg; **ich lasse mir von ihm nichts ~** no admito órdenes de él; **wie Sie ~** como usted mande 2 *geh* **seine Seele Gott ~** encomendar su alma a Dios B VI dar las órdenes (**über** *acus* de *od* para)
be'fehlend ADJ imperioso; autoritario, *umg* mandón; **befehligen** VT ⟨*ohne* ge-⟩ MIL (co)mandar; acaudillar; capitanear
Be'fehlsbereich M zona *f* de mando; **Befehlsform** F GRAM imperativo *m*; **befehlsgemäß** ADV de acuerdo con las órdenes, según las instrucciones; **Befehlsgewalt** F mando *m*
Be'fehlshaber M ⟨~s; ~⟩, **Befehlshaberin** F ⟨~; ~nen⟩ comandante *m/f*; capitán *m/f*; **befehlshaberisch** ADJ imperioso; dominante, *umg* mandón
Be'fehlskette F cadena *f* de órdenes (*od* de instrucciones); **Befehlsstand** M, **Befehlsstelle** F puesto *m* de mando; **Befehlstaste** F IT tecla *f* de mandato (*od* de comando); **Befehlsübermittlung** F transmisión *f* de órdenes; **Befehlsverweigerung** F desobediencia *f* a una orden; **befehlswidrig** ADJ contrario a las órdenes
be'festigen VT ⟨*ohne* ge-⟩ 1 (*festmachen*) fijar (**an** *dat* en); *bes* TECH sujetar, afianzar, asegurar; *mit Tauen*: amarrar; *mit Stricken*: atar; **an der Wand ~** fijar a la pared 2 *Ufer, Straße* afirmar 3 MIL fortificar; **Befestigung** F ⟨~; ~en⟩ 1 sujeción *f*, fijación *f* (*a.* TECH), afianzamiento *m* 2 *e-r Straße*: afirmado *m* 3 MIL fortificación *f*
Be'festigungsanlagen FPL MIL obras *fpl* de fortificación; **Befestigungsschraube** F TECH tornillo *m* de sujeción; **Befestigungswerke** NPL MIL → Befestigungsanlagen
be'feuchten VT ⟨*ohne* ge-⟩ mojar, humedecer, humectar; **Befeuchtung** F ⟨~⟩ humectación *f*; mojadura *f*
be'feuern VT FLUG balizar; **Befeuerung** F ⟨~; ~en⟩ balizamiento *m* luminoso
'Beffchen N ⟨~s; ~⟩ alzacuello *m*
be'finden ⟨*irr; ohne* ge-⟩ A VR **sich ~** 1 *örtlich*: hallarse, encontrarse; *in e-r Liste*: figurar; *fig* **sich im Irrtum ~** hallarse en un error 2 *in e-m Zustand*: hallarse, encontrarse; *gesundheitlich a.*: estar, sentirse; **wie ~ Sie sich?** ¿cómo está usted? B VT *mit adj*: **j-n/etw für nützlich** *etc* **~** considerar a alg/a/c útil *etc*; **etw für gut ~** tener a bien a/c, aprobar a/c; JUR **für schuldig/unschuldig ~** declarar culpable/inocente C VI *mst* VERW (*entscheiden*) decidir; **~ in** (*dat*) *od* **über** (*acus*) decidir de; JUR **über eine Sache ~** conocer (*od* entender) de una causa
Be'finden N ⟨~s⟩ 1 (*Gesundheitszustand*) estado *m* (de salud); **sich nach j-s ~ erkundigen** preguntar por la salud de alg 2 *geh* (*Meinung*) parecer *m*, opinión *f*
be'findlich ADJ (*gelegen*) situado, sito, ubicado; existente en; **alle im Haus ~en Möbel** todos los muebles que se encuentran en la casa; **Befindlichkeit** F ⟨~; ~en⟩ estado *m* de ánimo; **allgemeine ~** estado *m* (general) de ánimo, disposición *f* anímica
be'fingern VT ⟨*ohne* ge-⟩ manosear, toquetear; **be'flaggen** VT ⟨*ohne* ge-⟩ embanderar; SCHIFF empavesar
be'flecken VT ⟨*ohne* ge-⟩ 1 manchar (*a. fig*); (*beschmutzen*) ensuciar; (*bespritzen*) salpicar 2 *fig* (*entweihen*) profanar; *Ehre, Ruf* mancillar; **Befleckung** F ⟨~; ~en⟩ 1 mancha *f* 2 *fig* mancilla *f*; (*Entweihung*) profanación *f*
be'fleißigen VR ⟨*ohne* ge-⟩ *geh* **sich einer Sache** (*gen*) **~** aplicarse a a/c, dedicarse (con ahínco) a a/c; esforzarse en a/c
be'flissen ADJ (*diensteifrig*) aplicado, estudioso, diligente; **Beflissenheit** F ⟨~⟩ aplicación *f*, estudio *m*, diligencia *f*; (*Eifer*) celo *m*, empeño *m*
be'flügeln VT ⟨*ohne* ge-⟩ *geh, bes fig* dar alas a; estimular, inspirar; **j-s Schritte ~** acelerar *od* avivar *od* aligerar el paso de alg; **j-s Fantasie ~** estimular la fantasía de alg
be'flügelt ADJ *fig* alado; estimulado; *poet* alígero; *Schritte*: acelerado, aligerado
be'folgen VT ⟨*ohne* ge-⟩ *Befehl* ejecutar; *Gebot, Gesetz* obedecer, observar; *Vorschrift* cumplir; *Rat etc* seguir; **Befolgung** F ⟨~⟩ *e-s Befehls*: ejecución *f*; *e-s Gesetzes*: obediencia *f*; observancia *f*; *e-r Vorschrift*: cumplimiento *m*; *e-s Rates*: seguimiento *m*
be'fördern VT ⟨*ohne* ge-⟩ 1 transportar, enviar; *Güter a.* acarrear; (*versenden*) expedir, enviar; despachar 2 *im Amt od Rang*: ascender, promover; **j-n ~ zu …** ascender a alg a …; MIL **zum Major befördert werden** ser ascendido a comandante
Be'förderung F ⟨~; ~en⟩ 1 (*Transport*) transporte *m*; acarreo *m*; (*Versand*) expedición *f*; *von Briefen etc*: envío *m*; despacho *m*; **~ mit der Bahn** transporte *m* por ferrocarril; **~ per Schiff** transporte *m* por barco 2 *im Rang*: ascenso *m*, promoción *f*; **j-n bei der ~ übergehen** postergar el ascenso de alg
Be'förderungsart F modo *m* de transporte; **Beförderungsbedingungen** FPL condiciones *fpl* de transporte; **Beförderungskosten** PL gastos *mpl* de transporte; **Beförderungsliste** F (*Rangliste*) escalafón *m*; **Beförderungsmittel** N medio *m* de transporte; **Beförderungstarif** M BAHN tarifa *f* de transporte (ferroviario)
be'frachten VT ⟨*ohne* ge-⟩ 1 cargar; SCHIFF fletar 2 *fig* **~ mit** cargar con; **Befrachter** M ⟨~s; ~⟩ cargador *m*; fletador *m*; **Befrachtung** F ⟨~; ~en⟩ carga *f*, cargamento *m*; SCHIFF fletamento *m*

be'frackt ADJ (vestido) de frac

be'fragen VT ‹ohne ge-› *allg* preguntar (**wegen, nach** por); *bei e-r Umfrage*: encuestar; *Zeugen etc (verhören)* interrogar (**über** *acus* sobre); *(interviewen)* entrevistar; *(zurate ziehen)* consultar

Be'fragte M/F ‹~n; ~n; → A› entrevistado *m*, -a *f*, encuestado *m*, -a *f*; **Befragung** F ‹~; ~en› consulta *f*; JUR *e-s Zeugen etc*: interrogatorio *m*; *(Umfrage)* encuesta *f*, sondaje *m*; **eine ~ durchführen** realizar (*od* hacer) una encuesta, encuestar

be'freien ‹ohne ge-› A VT 1 *(retten)* liberar, librar (**aus, von** de) 2 *(freilassen)* libertar, poner en libertad, soltar; *gegen Lösegeld*: rescatar 3 **von etw ~** *von e-r Verpflichtung*: eximir de a/x, dispensar de a/c; *von e-r Last, von Sorgen*: librar de a/c, exonerar de a/c; *von Steuern, vom Militärdienst*: exonerar de a/c, exentar de a/c; **vom Unterricht ~** dispensar de B VR **sich ~** librarse, deshacerse (**von, aus** de); *aus Schwierigkeiten*: desembarazarse; zafarse

Be'freier M ‹~s; ~›, **Befreierin** F ‹~; ~nen› libertador *m*, -a *f*

be'freit ADJ MIL, *v. Steuern etc*: exento; *v. e-r Pflicht*: dispensado

Be'freiung F ‹~; ~en› 1 *(Rettung, Freilassung)* liberación *f* (**aus, von** de) 2 *von Steuern, vom Militärdienst*: exención *f*; exoneración *f*; *vom Unterricht*: dispensa *f*; *von e-r Last, von Sorgen*: liberación *f*, exoneración *f*

Be'freiungsbewegung F movimiento *m* de liberación; **Befreiungskampf** M lucha *f* por la libertad; **Befreiungskrieg** M guerra *f* de independencia

be'fremden VT ‹ohne ge-› **j-n ~** *(irritieren)* extrañar a alg; parecer extraño a alg; **Befremden** N ‹~s› extrañeza *f* (**über** *acus* por); sorpresa *f*; **befremdend** → befremdlich; **befremdet** ADJ sorprendido; *(irritiert)* extrañado

be'fremdlich ADJ extraño; raro, insólito

be'freunden VR ‹ohne ge-› **sich mit j-m ~** hacer (*od* trabar) amistad con alg, hacerse amigo de alg; **sich mit etw ~** → *a* anfreunden

be'freundet ADJ **~ sein mit** ser amigo(s) *bzw* amiga(s) de

be'frieden VT ‹ohne ge-› POL pacificar

be'friedigen ‹ohne ge-› A VT *Bedürfnis* satisfacer (*a. fig*); *Hunger* saciar; **j-n ~** *(zufriedenstellen)* contentar a alg, complacer a alg; **schwer zu ~** difícil de contentar B VR **sich (selbst) ~** *(onanieren)* masturbarse

be'friedigend ADJ 1 *(zufriedenstellend)* satisfactorio; **~ ausfallen** dar resultado satisfactorio 2 *Schulnote*: ≈ bien

be'friedigt ADJ *allg* satisfecho; *Person a.* contento; **Befriedigung** F ‹~› satisfacción *f* (**über** *acus* por); *(Zufriedenheit)* complacencia *f*; contentamiento *m*, contento *m*

Be'friedung F ‹~› pacificación *f*

be'fristen VT ‹ohne ge-› **(auf einen Monat) ~** limitar (a un mes), fijar un plazo (de un mes)

be'fristet ADJ (**auf** *acus* a) a plazo (fijo), a (*od* con) plazo señalado; **(zeitlich) ~** temporal (*a. Arbeitsstelle*); **~er Vertrag** *m* contrato *m* de duración determinada; **Befristung** F ‹~; ~en› limitación *f*; fijación *f* de un plazo

be'fruchten VT ‹ohne ge-› BIOL fecundar (*a. fig*), fertilizar; **künstlich ~** inseminar artificialmente; **befruchtend** ADJ fecundante; **Befruchtung** F ‹~; ~en› fecundación *f*; fertilización *f*; **künstliche ~** inseminación *f* (*od* fecundación *f*) artificial, fertilización *f* (*od* inseminación *f*) in vitro

be'fugen VT ‹ohne ge-› autorizar, facultar

Be'fugnis F ‹~; ~se› 1 *(Ermächtigung)* autorización *f*; facultad *f*; *(Vollmacht)* poder *m*; **j-m ~ erteilen zu** autorizar (*od* facultar) a alg para 2 *(Zuständigkeit)* competencia *f*; atribución *f*; **keine ~ haben zu** *(inf)* no tener atribuciones para *(inf)*; **seine ~se überschreiten** sobrepasar sus límites de responsabilidad

be'fugt ADJ autorizado, facultado (**zu** para); *(zuständig)* competente (**zu** para); **zu etw ~ sein** tener competencia para a/c; **er ist dazu nicht ~** no tiene derecho (*bzw* no está autorizado) a hacer eso

be'fühlen VT ‹ohne ge-› tentar, palpar

be'fummeln VT ‹ohne ge-› *umg* manosear, toquetear, sobar; *sl sexuell*: magrear

Be'fund M ‹~(e)s; ~e› 1 *(festgestelltes Ergebnis)* resultado *m*; comprobación *f*; MED diagnóstico *m*; resultado *m* del reconocimiento; MED **ohne ~** normal, con resultado negativo; sin hallazgos 2 *(Gutachten)* informe *m*, dictamen *m*

be'fürchten VT ‹ohne ge-› temer, recelar(se); *(argwöhnen)* sospechar; **das hatte ich befürchtet** me lo temía; **das Schlimmste ist zu ~** debemos estar preparados para lo peor; hay que temer un desenlace fatal; **es ist zu ~, dass …** es de temer que … *(subj)*; **es ist nicht zu ~, dass** no es de temer que, no hay temor de que *(subj)*

Be'fürchtung F ‹~; ~en› temor *m*, recelo *m*; *(Argwohn)* sospecha *f*; **j-s ~en zerstreuen** disipar las sospechas de alg; **meine schlimmsten ~en haben sich bewahrheitet** mis peores temores se han hecho realidad

be'fürworten VT ‹ohne ge-› *(gutheißen)* aprobar; *(eintreten für, empfehlen)* recomendar; abogar por, interceder (en favor de); *(unterstützen)* apoyar, secundar; **Befürworter** M ‹~s; ~›, **Befürworterin** F ‹~; ~nen› recomendante *m/f*; defensor *m*, -a *f*; **Befürwortung** F ‹~; ~en› recomendación *f*; apoyo *m*

be'gaben VT ‹ohne ge-› *geh* **~ mit** dotar de, proveer de; **be'gabt** ADJ de talento, talentoso; dotado (**mit** de); *Schüler* aventajado; inteligente; **~ sein** tener talento (**für** para)

Be'gabtenförderung F fomento *m* de talentos

Be'gabung F ‹~; ~en› talento *m*; dotes *fpl*; *(Eignung)* aptitud *f*, habilidad *f* (**für** para); *i. w. S* inteligencia *f*; **natürliche ~** don *m* natural; **Begabungsforschung** F investigación *f* de talento

be'gaffen VT ‹ohne ge-› *umg* mirar boquiabierto

be'gatten ‹ohne ge-› A VT ZOOL copular con, aparearse B VR **sich ~** copularse, juntarse (carnalmente); **Begattung** F ‹~; ~en› coito *m*, cópula *f*, acto *m* carnal; ZOOL apareamiento *m*, acoplamiento *m*; **Begattungsorgan** N órgano *m* copulador

be'gebbar ADJ HANDEL negociable; *(übertragbar)* transferible; **Begebbarkeit** F ‹~› negociabilidad *f*

be'geben ‹irr; ohne ge-› A VR *geh* **sich ~** 1 *(gehen)* ir; trasladarse, desplazarse (**nach, zu** a); **sich an die Arbeit ~** ir a trabajar; poner manos a la obra; **sich in Behandlung ~** ponerse en tratamiento (médico); **sich auf die Flucht ~** darse a la fuga; **sich auf die Reise ~** salir de viaje (**nach** para); **sich auf die Suche nach etw ~** salir en busca de a/c; **sich in Gefahr ~** exponerse a un peligro; **sich zur Ruhe ~** retirarse a descansar, acostarse 2 *(sich ereignen)* ocurrir, suceder, acontecer B VT HANDEL *Anleihen* emitir; *Wechsel* negociar; *durch Giro*: endosar

Be'gebenheit F ‹~; ~en› suceso *m*; acontecimiento *m*

Be'gebung F ‹~; ~en› HANDEL *e-r Anleihe*: emisión *f*; **Begebungsvermerk** M HANDEL endoso *m* (de negociación)

be'gegnen VI ‹ohne ge-; sn› 1 *(treffen)* **j-m ~** encontrar a (*od* con) alg; **sich** *(dat) od* **einander ~** encontrarse 2 *Schwierigkeiten etc* encontrarse con, topar con, tropezar con; *e-m Fahrzeug*: cruzarse con 3 *(behandeln)* tratar; **j-m freundlich (grob** *etc***) ~** acoger amistosamente (con malos modos, *etc*) a alg 4 *(vorkommen)* suceder, ocurrir; **j-m ~** *(zustoßen)* suceder a alg, pasar a alg; **so etwas ist mir noch nie begegnet** nunca he visto tal cosa; *stärker*: en mi vida (no) me ha pasado semejante cosa 5 *(entgegentreten)* contrarrestar, combatir; *(abhelfen)* remediar; *(vorbeugen)* prevenir, precaver

Be'gegnung F ‹~; ~en› encuentro *m* (*a.* SPORT); *(Zusammenkunft)* reunión *f*, entrevista *f*

be'gehbar ADJ *Weg* transitable, practicable, viable; **~er Schrank** *m* ≈ vestidor *m*

be'gehen VT ‹irr; ohne ge-› 1 *Fehler, Dummheit etc* hacer, cometer; *Verbrechen* perpetrar, cometer, consumar; **Selbstmord ~** suicidarse 2 *(feiern)* celebrar; conmemorar; *Feiertag* observar, guardar 3 *Weg* recorrer, pasar por; *häufig*: frecuentar 4 *(besichtigen) Strecke, Baustelle* inspeccionar, recorrer

Be'gehen N ‹~s› → Begehung

Be'gehr M, N ‹~s› *geh* → Begehren

be'gehren VT ‹ohne ge-› *geh* 1 *(wünschen)* desear (*a. sexuell*); apetecer; *heftig*: anhelar, ansiar; HANDEL *Ware* **(sehr) begehrt sein** ser (muy) solicitado 2 *gierig, neidisch*: codiciar; *Bibel*: **du sollst nicht ~ …** no codiciarás … 3 **etw von j-m ~** pedir, solicitar a/c de alg

Be'gehren N ‹~s; ~› 1 *geh (Wunsch)* deseo *m*, gana(s) *f(pl)*; **heftiges ~** anhelo *m*, afán *m* (**nach** de, por) 2 VERW *(Gesuch)* petición *f*

be'gehrenswert ADJ deseable; apetecible; **begehrlich** ADJ *Blick* ansioso; *(habgierig)* codicioso, ávido; *(heftig wünschend)* ansioso, anhelante; **Begehrlichkeit** F ‹~› codicia *f*; avidez *f*; *(Lüsternheit)* concupiscencia *f*

Be'gehung F ‹~; ~en› 1 *e-s Verbrechens*: comisión *f*, perpetración *f* 2 *e-r Feier*: celebración *f*; conmemoración *f* 3 *von Wegen*: recorrido *m* 4 *(Besichtigung)* inspección *f*

be'geifern VT ‹ohne ge-› *fig* calumniar, difamar; denigrar

be'geistern ‹ohne ge-› A VT entusiasmar, apasionar; *das Publikum a.* electrizar, enardecer; *Dichter* inspirar; **j-n ~** entusiasmar a alg (**für** por, con) B VI provocar entusiasmo (**durch** con) C VR **sich ~** entusiasmarse, apasionarse (**für** *acus* por); **sich ~ an** *(dat)* inspirarse en, embelesarse en

be'geisternd ADJ apasionante; enardecedor; **begeistert** A ADJ entusiástico, apasionado; entusiasmado (**von** con; **für** por); **~er Anhänger von** *od (gen)* entusiasta *m/f* de B ADV con entusiasmo; **Begeisterung** F ‹~› entusiasmo *m*, pasión *f* (**für** por); exaltación *f*; éxtasis *m*; embeles(amient)o *m*; **dichterische ~** inspiración *f*, estro *m* poético

Be'gier F ‹~› *geh*, **Begierde** F ‹~; ~n› deseo *m*, gana(s) *f(pl)* (**nach** de); *(Gelüste)* apetito *m*, apetencia *f*; *(Sinnenlust)* concupiscencia *f*; *(Sehnsucht, Verlangen)* anhelo *m*, ansia *f* (**nach** de); *(Lüsternheit, Gier)* avidez *f*; *(Habgier)* codicia *f*

be'gierig ADJ 1 deseoso, ganoso (**nach, auf** *acus* de); *(ungeduldig)* ansioso (**auf** *acus* de), impaciente (**auf** *acus* por); **ich bin ~ zu erfahren** estoy curioso por saber 2 *(lüstern)* ávido (**auf** *acus*, **nach** *dat* de)

be'gießen VT ‹irr; ohne ge-› 1 *Pflanzen* regar 2 *Braten* rociar 3 *umg hum (feiern)* **etw ~** celebrar a/c (bebiendo); *umg* **das müssen wir ~!** *umg* ¡esto hay que mojarlo!

Be'ginn M ‹~(e)s› principio *m*, comienzo *m*, inicio *m*; *e-s Kurses, e-r Verhandlung*: apertura *f*; **am** *od* **zu** *od* **bei ~** al principio, al comienzo, al inicio

be'ginnen VT & VI ‹irr› 1 empezar, comenzar

B

(**zu** a; **mit** con *od* por); **etw beginnt** a/c comienza, a/c empieza; **mit etw ~** comenzar (*od* empezar) por (*od* con) a/c 2 (*unternehmen*) emprender

Be'ginnen N ⟨~s⟩ *geh* (*Unternehmen*) empresa *f*; **beginnend** ADJ incipiente; inicial

be'glaubigen VT ⟨*ohne* ge-⟩ 1 (*bescheinigen*) certificar; *amtlich*: legalizar; (*gegenzeichnen*) refrendar; **notariell ~** legalizar (*od* certificar) notarialmente 2 POL *e-n Gesandten* acreditar (**bei** cerca de); **beglaubigt** ADJ certificado; JUR legalizado; **~e Abschrift** copia *f* compulsada

Be'glaubigung F ⟨~; ~en⟩ certificación *f*; *amtliche*: legalización *f*; (*Gegenzeichnung*) refrendo *m*; JUR **zur ~ dessen** en fe de lo cual; para que conste; **Beglaubigungsschreiben** N POL (cartas *fpl*) credenciales *fpl* (**überreichen** presentar)

be'gleichen VT ⟨*irr; ohne* ge-⟩ HANDEL *Rechnung* pagar, liquidar; saldar; **Begleichung** F ⟨~⟩ pago *m*; arreglo *m*; liquidación *f*

Be'gleitadresse F boletín *m* de expedición; **Begleitbrief** M carta *f* de envío, carta *f* adjunta

be'gleiten VT ⟨*ohne* ge-⟩ 1 acompañar (*a.* MUS); **j-n nach Hause ~** acompañar a alg a casa; **j-n am Klavier ~** acompañar a alg al piano 2 (*führen*) conducir; MIL, SCHIFF escoltar, convoyar

Be'gleiter M ⟨~s; ~⟩, **Begleiterin** F ⟨~; ~nen⟩ acompañante *m/f* (*a.* MUS); (*Gefährte, Gefährtin*) compañero *m*, -a *f*

Be'gleiterscheinung F MED síntoma *m* concomitante; efecto *m* (*od* fenómeno *m*) secundario; **Begleitfahrzeug** N *bei Radrennen etc*: vehículo *m* acompañante; **Begleitflugzeug** N avión *m* de escolta; **Begleitmannschaft** F MIL escolta *f*; **Begleitmusik** F música *f* de acompañamiento; FILM música *f* de fondo; **Begleitpapiere** NPL documentación *f*; **Begleitperson** F persona *f* acompañante; *bes zum Schutz*: escolta *m/f*; **Begleitschein** M HANDEL guía *f* de circulación (*od* tránsito); *beim Zoll*: permiso *m* de aduana; **Begleitschiff** N buque *m* de escolta; **Begleitschreiben** N carta *f* de envío; carta *f* adjunta; **Begleitschutz** M MIL escolta *f*; **Begleitumstände** MPL circunstancias *fpl* (concomitantes); JUR res gestae

Be'gleitung F ⟨~; ~en⟩ 1 acompañamiento *m* (*a.* MUS); MIL, SCHIFF escolta *f*, convoy *m*; **in ~ von** (*od gen*) en compañía de; acompañado de (*od* por) 2 (*Begleitperson*) acompañante *m/f*; (*Gefolge*) comitiva *f*, séquito *m*; **Begleitworte** NPL palabras *fpl* de presentación; **Begleitzettel** M HANDEL hoja *f* de ruta

be'glücken VT ⟨*ohne* ge-⟩ 1 **j-n ~** hacer feliz a alg, agraciar a alg (**mit** con) 2 *iron* **j-n mit etw ~** colar a/c a alg; sorprender a alg con a/c; **beglückend** ADJ encantador, placentero; **~es Gefühl** sensación *f* de felicidad

Be'glücker M ⟨~s; ~⟩, **Beglückerin** F ⟨~; ~nen⟩ bienhechor *m*, -a *f*

be'glückt ADJ afortunado; feliz, dichoso

be'glückwünschen VT congratular; felicitar, dar la enhorabuena (**zu, wegen** por); **Beglückwünschung** F ⟨~; ~en⟩ congratulación *f*, felicitación *f* (**zu, wegen** por); (*Glückwunsch*) *a.* enhorabuena *f*

be'gnadet ADJ genial, muy agraciado, altamente (*od* muy) dotado; **eine ~e Künstlerin** una artista inspirada (*od* genial)

be'gnadigen VT ⟨*ohne* ge-⟩ perdonar; JUR indultar; POL amnistiar; conceder la amnistía; **Begnadigung** F ⟨~; ~en⟩ perdón *m*; indulto *m*; gracia *f*; amnistía *f*

Be'gnadigungsgesuch N petición *f* de gracia; **Begnadigungsrecht** N JUR derecho *m* de gracia (*od* indulto)

be'gnügen V/R ⟨*ohne* ge-⟩ **sich ~ mit** contentarse con, darse por satisfecho con

Be'gonie F ⟨~; ~n⟩ BOT begonia *f*

be'graben VT ⟨*irr; ohne* ge-⟩ 1 (*beerdigen*) enterrar (*a. fig*), inhumar; **~ liegen** reposar; *umg* **sich mit etw ~ lassen können** poder darse por perdido con a/c 2 (*verschütten*) sepultar, dar sepultura (**unter** *dat* bajo) 3 *fig* (*beenden*) **einen Streit ~** echar tierra a una discusión; **seine Hoffnungen ~** renunciar a toda esperanza

Be'gräbnis N ⟨~ses; ~se⟩ entierro *m*; inhumación *f*; sepelio *m*; **Begräbnisfeier(lichkeiten)** F(PL) funeral *m*, honras *fpl* fúnebres, exequias *fpl*; **Begräbnisstätte** F sepulcro *m*; (*Totenstadt*) necrópolis *f*

be'gradigen VT ⟨*ohne* ge-⟩ TECH alinear (*a.* MIL); *Fluss, Kurve* rectificar; **Begradigung** F ⟨~; ~en⟩ alineación *f*; rectificación *f*

be'greifen VT ⟨*irr; ohne* ge-⟩ 1 (*verstehen*) entender, comprender; captar; **schnell ~** ser despabilado (*od* vivo de entendimiento); **schwer ~** ser tardo de comprensión; **es ist nicht zu ~** es incomprensible 2 (*betrachten*) **etw/j-n ~ als ...** considerar a/c/a alg como ... 3 (*umfassen*) abarcar; **in sich** (*dat*) **~** encerrar, comprender, incluir; → *a.* begriffen

be'greiflich ADJ comprensible; (*verständlich*) inteligible; (*vorstellbar*) concebible; **j-m etw ~ machen** hacer comprender a/c a alg; **begreiflicher'weise** ADV por supuesto, lógicamente, naturalmente, como es natural

be'grenzen VT ⟨*ohne* ge-⟩ 1 (*beschränken*) limitar, reducir, restringir (**auf** *acus* a); (*festlegen*) circunscribir, definir; **begrenzte Mittel** recursos *mpl* limitados 2 (*die Grenze bilden*) (de)limitar; demarcar, marcar el límite de

Be'grenztheit F ⟨~⟩ limitación *f*; (*Beschränktheit*) restricción *f*, cortedad *f*; **Begrenzung** F ⟨~; ~en⟩ 1 (*Grenze*) límite *m* 2 (*Beschränkung*) (de)limitación *f*; restricción *f* (**auf** *acus* a); **Begrenzungsleuchte** F AUTO luz *f* de gálibo

Be'griff[1] M ⟨~(e)s; ~e⟩ 1 (*Vorstellung*) idea *f*, noción *m*; **ist dir das ein ~?** ¿te suena?; ¿te dice algo?; **das ist mir kein ~** no me suena, no me dice nada; **einen ~ von etw geben** dar (una) idea de a/c; **keinen ~ von etw haben** no tener la menor idea de a/c, *umg* no entender ni jota de a/c; **sich** (*dat*) **einen ~ von etw machen** hacerse (*od* formarse) una idea de a/c; **du machst dir keinen ~!** ¡no tienes idea!, ¡no puedes imaginarte! 2 (*Ausdruck*) concepto *m*, término *m* 3 *fig* **ein ~ sein** (*berühmt sein*) ser muy conocido (*bzw* famoso) 4 (*Begreifen*) **für meine ~e** en mi concepto, a mi entender; **das geht über meinen ~** no puedo concebirlo, no alcanzo a comprenderlo; **das übersteigt alle ~e** esto supera todo lo imaginable; *umg* **schwer von ~ sein** *umg* ser corto de entendederas

Be'griff[2] M *nur in*: **im ~ sein, etw zu tun** estar a punto de hacer a/c

be'griffen A PPERF → begreifen B ADJ **~ sein in etw** (*dat*) estar ocupado en (*od* haciendo) a/c; estar en vías de a/c; **im Aufbruch ~ sein** estar a punto de marcharse; **im Entstehen ~** en (proceso de) formación

be'grifflich ADJ abstracto; conceptual

Be'griffsbestimmung F definición *f*; **begriffsstutzig** ADJ duro de mollera, tardo de comprensión; **Begriffsvermögen** N entendimiento *m*; facultad *f* comprensiva, comprensión *f*; **Begriffsverwirrung** F confusión *f* de ideas

be'gründen VT ⟨*ohne* ge-⟩ 1 (*Grund angeben*) explicar, exponer el motivo; (*rechtfertigen*) *Handlung etc* justificar, motivar (**mit** por); *Behauptung* exponer las razones de; alegar pruebas; *Antrag* apoyar, defender 2 (*gründen*) fundar (**auf** *dat* en); *fig* fundamentar, cimentar; constituir; *Geschäft* establecer

be'gründend ADJ justificativo; JUR constitutivo; **Begründer** M ⟨~s; ~⟩, **Begründerin** F ⟨~; ~nen⟩ fundador *m*, -a *f*; iniciador *m*, -a *f*; **begründet** ADJ fundado, razonado; (*gerechtfertigt*) justificado; *bes* JUR **~er Verdacht** sospecha fundada (*od* justificada)

Be'gründung F ⟨~; ~en⟩ 1 razón *f*, motivo *m*; (*Motivierung*) motivación *f*; (*Rechtfertigung*) justificación *f*; (*Beweisführung*) argumentación *f*; JUR *des Urteils*: exposición *f* de motivos; **mit der ~, dass** basándose en que, alegando que; **ohne jede ~** sin explicación alguna 2 (*das Gründen*) fundación *f*; establecimiento *m*; iniciación *f*

be'grünen VT ⟨*ohne* ge-⟩ ajardinar; **Begrünung** F ⟨~; ~en⟩ ajardinamiento *m*

be'grüßen VT ⟨*ohne* ge-⟩ 1 saludar; (*willkommen heißen*) dar la bienvenida; **offiziell ~** cumplimentar 2 (*gutheißen*) **etw ~** celebrar a/c, aplaudir a/c, acoger con satisfacción a/c

be'grüßenswert ADJ laudable, plausible

Be'grüßung F ⟨~; ~en⟩ saludo *m*; salutación *f*; (*Willkommen*) bienvenida *f*; (*Empfang*) recibimiento *m*

Be'grüßungsansprache F discurso *m* de bienvenida; **Begrüßungsworte** NPL palabras *fpl* de bienvenida

be'gucken VT ⟨*ohne* ge-⟩ *umg* mirar, atisbar; ojear

be'günstigen VT ⟨*ohne* ge-⟩ 1 *allg* favorecer, beneficiar; (*fördern*) fomentar, proteger 2 (*vorziehen*) preferir 3 (*bevorrechten*) privilegiar; JUR encubrir 4 *Täter* hacerse cómplice de

Be'günstigte M/F ⟨~n; ~n; → A⟩ beneficiario *m*, -a *f*; beneficiado *m*, -a *f*; **Begünstigung** F ⟨~; ~en⟩ 1 *allg* favorecimiento *m*; (*Gunst*) favor(es) *m(pl)*; protección *f*; (*Förderung*) fomento *m* 2 (*Bevorzugung*) preferencia *f*, trato *m* preferente; *pej* favoritismo *m* 3 JUR encubrimiento *m*; **Begünstigungsklausel** F cláusula *f* de beneficio

be'gutachten VT ⟨*ohne* ge-⟩ 1 dictaminar sobre; dar su opinión (*bzw* un dictamen) sobre; **~ lassen** someter a dictamen (**von** de); **etw ~ lassen** ordenar un dictamen sobre a/c 2 (*prüfen*) examinar

Be'gutachter M ⟨~s; ~⟩, **Begutachterin** F ⟨~; ~nen⟩ dictaminador *m*, -a *f*; perito *m*, -a *f*; **Begutachtung** F ⟨~; ~en⟩ dictamen *m*; peritaje *m*

be'gütert ADJ *obs* acaudalado, rico, pudiente; *an Grundbesitz*: hacendado; **be'gütigen** VT ⟨*ohne* ge-⟩ (*beruhigen*) calmar, sosegar; (*besänftigen*) apaciguar, aplacar, ablandar; **be'haart** ADJ peludo, piloso; *Körper* velloso, *dicht*: velludo

be'häbig ADJ 1 (*schwerfällig*) flemático; (*langsam*) lento; (*bequemlich*) cómodo; *umg* comodón 2 (*beleibt*) *Gestalt* grueso, corpulento; **Behäbigkeit** F ⟨~⟩ 1 flema *f*; comodidad *f* 2 (*Beleibtheit*) corpulencia *f*

be'haftet ADJ **~ sein mit** (*dat*) tener, adolecer de (*a. Krankheit*); **mit Schulden ~** cargado de deudas, *umg* entrampado

be'hagen VI ⟨*ohne* ge-⟩ **j-m ~** gustar (*od* agradar) a alg; **das behagt mir ganz und gar nicht** no me gusta en absoluto

Be'hagen N ⟨~s⟩ gusto *m*, agrado *m*; (*Wohlbefinden*) comodidad *f*, bienestar *m*; (*Vergnügen*) placer *m*, deleite *m*, gozo *m*; **~ finden an** (*dat*) encontrar gusto (*od* placer) en

be'haglich A ADJ (*angenehm*) agradable; (*bequem*) cómodo, confortable B ADV **sich ~ fühlen** sentirse a gusto, *umg* estar a sus anchas; **Behaglichkeit** F ⟨~; ~en⟩ comodidad *f*;

confort *m*; bienestar *m*

be'halten VT ‹irr; ohne ge-› 1 (bewahren) guardar (a. Geheimnis); quedarse con; conservar; **etw für sich ~** retener (en su poder), quedarse con a/c; **behalte das für dich!** ¡guárdatelo para ti! 2 **im Gedächtnis ~** retener en la memoria; MATH *e-e Zahl* llevar 3 **recht ~** llevar razón

Be'hälter M ‹~s; ~› recipiente *m*; receptáculo *m*; *großer:* depósito *m*; *für Flüssigkeiten a.:* tanque *m*; (Sammelbehälter) contenedor *m*; **Behälterinhalt** M capacidad *f* del depósito (*od* tanque); **Behälterwagen** M vagón *m* (*bzw* camión *m*) cisterna

Be'hältnis N ‹~ses; ~se› → Behälter

be'hämmert ADJ *umg* chiflado, tocado

be'händ(e) ADJ (flink) ágil, ligero; (schnell) rápido, veloz; (gewandt) hábil, diestro

be'handeln VT ‹ohne ge-› 1 *allg* tratar; MED *a.* atender, asistir; **etw schlecht ~** tratar mal (*od* hacer mal uso de) a/c; **j-n gut ~** dar buen trato a alg 2 (handhaben) manejar, manipular

Be'händigkeit F ‹~› (Flinkheit) agilidad *f*; (Schnelligkeit) prontitud *f*, rapidez *f*, presteza *f*; (Gewandtheit) destreza *f*

Be'handlung F ‹~; ~en› tratamiento *m* (*a.* MED); (Umgang) trato *m*; (Handhabung) manejo *m*, manipulación *f*; MED *a.* asistencia *f* médica, terapia *f*; **in (ärztlicher) ~ sein** estar en (*od* sometido a) tratamiento (médico)

Be'handlungsweise F modo *m* de tratar; MED método *m* de tratamiento, procedimiento *m* terapéutico; **Behandlungszimmer** N MED sala *f* de cura

Be'hang M ‹~(e)s; ≃e› 1 (Wandbehang) colgadura *f*; (Drapierung) cortinaje *m*; (Ausschmückung) decoración *f* 2 *des Hundes:* orejas *fpl* (colgantes)

be'hängen VT ‹ohne ge-› cubrir, guarnecer (**mit** con, de); (schmücken) adornar; *Wände* tapizar; **sich ~ mit** ponerse, adornarse con

be'harren VI ‹ohne ge-› **auf etw** (dat) **~** insistir en a/c; obstinarse en a/c; *umg* **darauf ~, dass …** estar empeñado en que …; **beharrlich** ADJ insistente; persistente; (ausdauernd) perseverante; (stetig) firme, constante; (zäh) tenaz; **Beharrlichkeit** F ‹~›, **Beharrung** F ‹~› 1 (das Beharren) insistencia *f*, empeño *m*; tenacidad *f* 2 (Ausdauer) perseverancia *f* 3 (Festigkeit) constancia *f*; firmeza *f*

Be'harrungsvermögen N PHYS inercia *f*; **Beharrungszustand** M TECH estado *m* permanente; permanencia *f*; PHYS estado *m* de inercia; ELEK régimen *m* permanente

be'hauchen VT ‹ohne ge-› LING aspirar; **Behauchung** F ‹~› aspiración *f*

be'hauen VT ‹irr; ohne ge-› *Steine* tallar, picar; *rechtwinklig:* escuadrar; (bearbeiten) labrar; SKULP esculpir; *grob:* desbastar

be'haupten ‹ohne ge-› A VT 1 (beteuern, versichern) asegurar, aseverar, afirmar; (erklären) declarar; (vorgeben) pretender; **steif und fest ~, dass …** afirmar rotundamente que …; **ich habe nicht behauptet** yo no he dicho; **von j-m ~, dass …** decir de alg que …; **man behauptet von ihm** se dice de él 2 *Stellung* mantener, sostener; (verteidigen) defender B VR **sich ~** 1 (sich durchsetzen) imponerse 2 HANDEL *Preise, Kurse* sostenerse, mantenerse firme

Be'hauptung F ‹~; ~en› 1 aserción *f*; (Versicherung) afirmación *f*; aseveración *f*; (Erklärung) declaración *f*; **leere** *od* **bloße ~** afirmación *f* gratuita; **eine ~ aufstellen** hacer una afirmación 2 (Aufrechterhaltung) mantenimiento *m*, sostenimiento *m*

Be'hausung F ‹~; ~en› *geh* vivienda *f*, morada *f*; domicilio *m*; *ärmliche:* casucha *f*, tugurio *m*, chabola *f*

be'heben VT ‹irr; ohne ge-› eliminar, quitar; *Schaden* reparar; *Missstand* remediar, poner remedio a; *Zweifel* disipar; **Behebung** F ‹~› eliminación *f*; *e-s Schadens:* reparación *f*

be'heimatet ADJ domiciliado (**in** dat en); **er ist in Altdorf ~** es natural (*od* oriundo) de Altdorf; **be'heizbar** ADJ calentable; *Autoscheibe* térmico; **be'heizen** VT ‹ohne ge-› calentar

Be'helf M ‹~(e)s; ~e› expediente *m*, recurso *m* (*a.* JUR); (Provisorium) solución *f* provisional; *umg* parche *m*

be'helfen VR ‹irr; ohne ge-› **sich ~** defenderse, acomodarse; **sich mit etw ~** servirse de a/c, arreglarse con a/c; **sich ohne etw ~** arreglarse sin a/c, pasarse sin a/c

Be'helfs… IN ZSSGN auxiliar; provisional; **Behelfsantenne** F antena *f* auxiliar (*bzw* provisional); **Behelfsausfahrt** F *der Autobahn:* salida *f* auxiliar; **Behelfsbrücke** F puente *m* provisional (*bzw* improvisado); **Behelfslösung** F solución *f* provisional (*od umg* de paños calientes); **behelfsmäßig** ADJ (provisorisch) improvisado, provisional

be'helligen VT ‹ohne ge-› **j-n (mit etw) ~** importunar (*od* molestar *od* incomodar) a alg (con a/c); **Behelligung** F ‹~; ~en› importunidad *f*, molestia *f*

be'hend(e) → behänd(e); **Behendigkeit** → Behändigkeit

be'herbergen VT ‹ohne ge-› hospedar, alojar; albergar; *fig* cobijar; **Beherbergung** F ‹~› hospedaje *m*, alojamiento *m*; *fig* cobijo *m*

be'herrschen ‹ohne ge-› A VT 1 *Land, Welt, Leute* dominar (*a. fig*), señorear; (regieren) gobernar, reinar sobre 2 *fig Lage etc* dominar, ser dueño de; *Zorn* reprimir 3 (gut können) *Thema etc* conocer a fondo; *Sprache* dominar, saber, hablar perfectamente; **sein Handwerk ~** dominar su oficio; saber lo suyo 4 (überragen) *Berg etc* dominar B VR **sich ~** dominarse; contenerse; (sich mäßigen) moderarse; *umg* **ich kann mich (noch) ~** puedo esperar

be'herrschend ADJ dominante

Be'herrscher M ‹~s; ~›, **Beherrscherin** F ‹~; ~nen› soberano *m*, -a *f*; señor *m*, -a *f*; *fig* dueño *m*, -a *f*

be'herrscht ADJ *Person* dueño de sí

Be'herrschung F ‹~› 1 *e-s Landes:* dominio *m*; dominación *f*; gobierno *m* 2 *e-r Situation, über sich selbst:* control *m*; *des Zorns:* contención *f*; *der Triebe:* continencia *f*; **die ~ verlieren** perder los estribos 3 (Können) dominio *m*

be'herzigen VT ‹ohne ge-› **etw ~** tomar a/c en consideración; **beherzigenswert** ADJ digno de consideración; **Beherzigung** F ‹~› consideración *f*, ponderación *f*

be'herzt ADJ (tapfer) valiente, corajoso; (entschlossen) resuelto; intrépido; **Beherztheit** F ‹~› (Tapferkeit) valentía *f*, valor *m*, coraje *m*; (Entschlossenheit) resolución *f*

be'hexen VT ‹ohne ge-› embrujar, hechizar (*a. fig*); **Behexung** F ‹~› embrujamiento *m*; hechicería *f*; *fig* hechizo *m*, embrujo *m*

be'hilflich ADJ **j-m ~ sein** ayudar a alg (**bei** en; **etw zu erreichen** a lograr a/c); ser útil a alg; *umg* echar una mano a alg

be'hindern VT ‹ohne ge-› (erschweren) dificultar, obstaculizar (*a.* VERKEHR); (lästig sein) molestar, estorbar; (verhindern) impedir, obstruir (**bei** en)

be'hindert ADJ discapacitado; **körperlich ~** disminuido físico, minusválido; **geistig ~** disminuido psíquico; → *a.* schwerbehindert

Be'hinderte M/F ‹~n; ~n; → A› discapacitado *m*, -a *f*; disminuido *m*, -a *f*; **behindertengerecht** ADJ adaptado a personas con movilidad reducida (*bzw* con discapacidad); acondicionado para discapacitados (*od* disminuidos); **~e Einrichtungen** *fpl a.* instalaciones *fpl* para discapacitados

Be'hinderung F ‹~; ~en› 1 (Hindernis) *bes* SPORT, *Verkehr:* obstrucción *f*; (Hemmnis) estorbo *m*, traba *f*; impedimento *m*; *fig* dificultad *f* 2 MED discapacidad *f*, disminución *f*

Be'hörde F ‹~; ~n› autoridad *f*; *i. e. S* (Amt); servicio *m* administrativo; (Abteilung) negociado *m*, departamento *m*; **die ~n** las autoridades, la administración

be'hördlich A ADJ oficial, de la(s) autoridad(es); administrativo B ADV por (orden de) la autoridad; **~ genehmigt** autorizado oficialmente

Be'huf M ‹~(e)s; ~e› *obs* **zu diesem ~** al efecto, a tal fin; con tal motivo

be'hufs PRÄP (gen) *obs* VERW con el propósito de, al objeto de

be'humsen VT ‹ohne ge-› *sl reg* timar

be'hüten VT ‹ohne ge-› (res)guardar, proteger, defender (**vor** dat de, contra); **Gott behüte!** ¡Dios me libre!; ¡no lo quiera Dios!; **Behüter** M ‹~s; ~›, **Behüterin** F ‹~; ~nen› guardián *m*; protector *m*, -a *f*

be'hutsam A ADJ (vorsichtig) caut(elos)o, prudente; (sorgsam, rücksichtsvoll) cuidadoso, precavido B ADV con cautela; con cuidado; con precaución; **Behutsamkeit** F ‹~› precaución *f*, prudencia *f*; cuidado *m*, cautela *f*

bei PRÄP (dat) 1 *örtlich:* en; (nahe bei) cerca; **~ Berlin** cerca de Berlín; **~m Bäcker/Buchhändler** en la panadería/librería; **~ den Griechen** entre los griegos; *Arbeitsplatz:* **~ der Armee/Marine** en el Ejército/en la Marina; **sie arbeitet ~ der Firma Zuber** trabaja (*od* está colocado) en la casa Zuber; **er ist ~ der Bahn** trabaja en la compañía ferroviaria; *in Spanien:* trabaja en RENFE; **Botschafter** *m* **~m Vatikan** embajador *m* cerca de la Santa Sede 2 *mit Personen:* con; (zu Hause) en casa de; (neben) cerca de, al lado de; **~ mir/dir/sich** conmigo/contigo/consigo; **~ ihm/uns** con él/nosotros; cerca de él (nosotros); a su (nuestro) lado; **~ j-m sitzen** estar sentado con alg; **er wohnt ~ mir/uns (zu Hause)** vive en mi/nuestra casa; **~ meinen Eltern** con (*od* en casa de) mis padres; **~ Familie Braun** *od* **~ den Brauns** en casa de los Braun; *Adresse:* **~ Schmidt** en casa de Schmidt; **er nimmt Unterricht ~ …** toma clases con …; **das ist ~ Kindern oft so** esto ocurre con frecuencia en los niños 3 *an j-m:* **~ sich** (dat) **haben** llevar consigo (*umg* encima); **ich habe kein Geld ~ mir** no llevo dinero (encima); **~ der Hand haben** tener a mano; **man fand einen Brief ~ ihm** se le encontró una carta; *umg fig* **er ist nicht ganz ~ sich** *umg* no está bien de la cabeza 4 *Zeit:* a, en; (während) durante; **~ meiner Ankunft/Abfahrt** a mi llegada/partida; **~m Essen** durante (*od* en) la comida; **~ seiner Geburt/Hochzeit** en su nacimiento/boda; **~ Nacht/Tag** de noche/día; **~ Tagesanbruch** al amanecer 5 *Umstände:* con, a; **~m ersten Anblick** a primera vista; **~ Gefahr** en caso de peligro; **~ Gelegenheit** si hay ocasión; **~ guter Gesundheit** en buen estado de salud; **~ einem Glas Wein** tomando un vaso de vino; **~ offenem Fenster** con la ventana abierta; **~ Kerzenlicht** a la luz de una vela; **~ Licht/Regen** con luz/lluvia; **~ Strafe von 30 Euro** bajo multa de 30 euros; **~ jedem Schritt** a cada paso; **~ Unfällen** en caso de accidente; **~ schönem Wetter** con buen tiempo; si hace buen tiempo; **~ diesem Wetter** con este tiempo, con el tiempo que hace; **~ dieser Gelegenheit** en esta (con tal) ocasión; **~ seinem Charakter** con el carácter que tiene 6 *Zitat:* **~ Goethe lesen wir** dice Goethe; leemos en Goethe 7 *Einräumung:* (angesichts) **~ so vielen Schwierigkeiten** ante (*od* en vista de) tantas dificultades; (trotz) ~ **all seiner Vorsicht** a pesar de (od con) todas sus precauciones; ~ **alledem** con todo, aun así, a pesar de todo 8 *Anrufung*: ~ **Gott!** ¡por Dios! 9 *Handlung*: **~m Arbeiten** *etc* trabajando, al trabajar, *etc*; ~ **der Arbeit sein** estar trabajando; **~m Spiel/Lesen** jugando, al jugar/leyendo *od* al leer

'beibehalten VT ⟨*irr; ohne* ge-⟩ guardar, conservar; *Angewohnheit, Regelung* mantener; **Beibehaltung** F ⟨~⟩ conservación *f*; mantenimiento *m*; retención *f*

'Beiblatt N suplemento *m* (**zu** a)

'Beiboot N SCHIFF lancha *f* (*od* bote *m*) de a bordo; embarcación *f* auxiliar

'beibringen VT ⟨*irr*⟩ 1 (*lehren*) **j-m etw** ~ enseñar a/c a alg 2 (*mitteilen*) comunicar, decir; (*zu verstehen geben*) hacer comprender a/c a alg; *nachdrücklich*: inculcar a/c a alg; **j-m etw schonend** ~ decir a/c a alg con precaución (*od* con delicadeza) 3 (*zufügen*) *Wunde* inferir, producir; *Niederlage* infligir; *Verluste* causar, ocasionar; *Arznei, Gift* dar, administrar; *Schlag* asestar, dar, descargar 4 (*herbeischaffen*) traer; procurar; *Beweise* aducir, aportar, producir; *Unterlagen, Zeugen, Bescheinigung* presentar; *Gründe* alegar

'Beibringung F ⟨~⟩ JUR *v. Beweismitteln*: aportación *f*, producción *f*; *v. Gründen*: alegación *f*

'Beichte F ⟨~; ~n⟩ confesión *f*; **die ~ ablegen** confesarse (**bei** con); **j-m die ~ abnehmen** oír la confesión de alg; oír en confesión a alg; confesar a alg; **zur ~ gehen** ir a confesarse (**bei** con)

'beichten A VT confesar; **(j-m) etw** ~ confesar a/c (a alg) B VI confesarse (**bei** *dat* con)

'Beichtgeheimnis N secreto *m* de confesión; sigilo *m* sacramental; **Beichtkind** N penitente *m*, hijo *m* de confesión; **Beichtstuhl** M confes(i)onario *m*; **Beichtvater** M confesor *m*; director *m* espiritual

'beidäugig ADJ binocular

'beide INDEF PR 1 *positiv*: los/las dos, ambos/ambas; **einer von ~n** uno de los dos; **meine ~n Brüder/Schwestern** mis dos hermanos/hermanas; **wir** ~ nosotros (*od* los) dos/nosotras (*od* las) dos; **alle** ~ los/las dos, ambos/ambas; **in ~n Fällen** en ambos casos; ~ **Male** las dos veces; **die ~n ander(e)n** los otros/las otras dos; **zu ~n Seiten** a ambos lados, a uno y otro lado; *Tennis*: **30 ~ 30** iguales; → *a* beides 2 *verneint*: **keiner** *bzw* **keines von ~n** ni uno ni otro, ninguno de los dos

'beiderlei ADJ de los dos (*od* de ambos) (*mit pl*), de uno y otro (*mit sg*); de ambas (*od* de las dos) clases; ~ **Geschlechts** de los dos sexos, de uno y otro sexo; GRAM de género ambiguo; **auf ~ Art** de ambas maneras, de una manera o de otra

'beiderseitig ADJ de ambas partes; (*gegenseitig*) mutuo, recíproco; **beiderseits** A ADV a ambos lados de; de una y otra parte, de ambas partes; (*gegenseitig*) mutuamente, recíprocamente B PRÄP (*gen*) a ambos lados de, de una parte y de otra de

'beides SG ambas (*od* las dos) cosas

'Beidhänder M ⟨~s; ~⟩, **Beidhänderin** F ⟨~; ~nen⟩ ambidextro *m*, -a *f*, ambidiestro *m*, -a *f*; **beidhändig** ADJ 1 (*beidhändig geschickt*) ambidextro, ambidiestro 2 (*mit beiden Händen*) con las dos manos

'beidrehen VT & VI SCHIFF fachear, ponerse en facha; *bei Sturm*: capear (el temporal), ponerse a la capa

'beidseitig ADV en ambos lados; ~ **drucken/kopieren** imprimir/fotocopiar por ambas caras; ~ **tragbar** *Kleidung* reversible

beiein'ander ADV 1 *örtlich*: uno con otro; (*zusammen*) juntos/juntas; reunidos/reunidas; unos con otros/unas con otras; **dicht** *od* **nahe** ~ muy cerca (el uno del otro) 2 *umg fig* **du hast wohl nicht alle ~!** *umg* ¡tú no estás en tus cabales!; ¡tú no estás bien de la cabeza! 3 *umg gesundheitlich*: **er ist nicht gut** ~ no se encuentra bien, *umg* está malucho

beif. ABK (beifolgend) adjunto

'Beifahrer M, **Beifahrerin** F *allg* acompañante *m/f*; *im Motorrad a.*: *umg* paquete *m*; *Lastwagen*: conductor *m*, -a *f* auxiliar; *bei Rennen*: copiloto *m/f*

'Beifall M ⟨~(e)s⟩ 1 (*Applaus*) aplauso(s) *m(pl)*; (*Zurufe*) ovación *f*; aclamación *f*; ~ **klatschen** aplaudir; *geh* ~ **spenden** *od* **zollen** aplaudir; ovacionar; aclamar, vitorear; **stürmischen ~ hervorrufen** provocar (*od* cosechar) una tempestad (*od* salva) de aplausos 2 (*Billigung*) asentimiento *m*, aprobación *f*; **großen ~ ernten** *od* **finden** tener gran aceptación; ser muy aplaudido, cosechar grandes aplausos; **es findet seinen ~** lo ve con buenos ojos

'beifällig A ADJ aprobatorio; (*günstig*) favorable; (*schmeichelhaft*) lisonjero B ADV favorablemente; ~ **nicken** aprobar con la cabeza

'Beifallsklatschen N aplausos *mpl*, palmas *fpl*; **Beifallsruf** M bravo *m*; vítor *m*; aclamación *f*; **Beifallssturm** M salva *f* (*od* tempestad *f*) de aplausos

'Beifilm M cortometraje *m*, *umg* corto *m*

'beifolgend ADJ *obs* adjunto, incluso; ~ **sende ich** adjunto le remito

'beifügen VT (*hinzufügen*) añadir, agregar; *e-m Brief*: incluir en, adjuntar, acompañar a; (*anheften*) unir; **Beifügung** F ⟨~; ~en⟩ 1 GRAM atributo *m*; adición *f* 2 (*Beilage*) inclusión *f*; **unter ~ von** incluyendo; añadiendo

'Beifuß M ⟨~es⟩ BOT artemisa *f*

'Beigabe F añadidura *f*, aditamento *m*, *umg* extra *m*; *gedruckte*: suplemento *m*; **als ~** como suplemento

'beige [be:ʒ] ADJ ⟨*inv*⟩ beige

'beigeben ⟨*irr*⟩ A VT (*hinzufügen*) añadir, agregar; *Begleiter* dar, asignar B VI *umg fig* **klein ~** ceder; *umg* deshincharse; meter el rabo entre piernas

'beigeordnet ADJ GRAM coordinado; **Beigeordnete** M/F ⟨~n; ~n; → A⟩ agregado *m*, -a *f*, adjunto *m*, -a *f*; ~ **des Bürgermeisters** teniente *m/f* de alcalde; **Beigeordneter** → Beigeordnete

'beigeschlossen ADJ & ADV *österr* adjunto, incluso

'Beigeschmack M ⟨~(e)s⟩ gustillo *m*, saborcillo *m*, resabio *m* (**von** a); **einen unangenehmen ~ haben** dejar mal sabor de boca (*a. fig*)

'beigesellen ⟨*ohne* ge-⟩ *geh* A VT agregar; asociar B VR **sich j-m ~** juntarse con (*od* asociarse a) alg

'Beihilfe F ⟨~; ~n⟩ 1 *finanzielle*: ayuda *f*, asistencia *f*; *bes staatliche*: subvención *f*; subsidio *m*; (*Unterstützung*) socorro *m* 2 JUR complicidad *f*; **(j-m) ~ leisten** actuar como cómplice (de alg); **j-n wegen ~ (zu Mord) verurteilen** condenar a alg por complicidad (de asesinato); **Beihilfeempfänger** M, **Beihilfeempfängerin** F beneficiario *m*, -a *f*

'beiholen VT SCHIFF *Segel* amainar

'beikommen VI ⟨*irr; sn*⟩ *e-r Sache*: dominar, resolver; **j-m ~** imponerse a alg, poder con alg; **ihm ist nicht beizukommen** *umg* no hay por dónde echarle mano

beil. ABK (beiliegend) adjunto

Beil N ⟨~(e)s; ~e⟩ hacha *f*; *kleines*: hachuela *f*, destral *m*

'Beilage F ⟨~; ~n⟩ 1 pieza *f* añadida; *e-r Zeitung*: suplemento *m* 2 GASTR guarnición *f*, acompañamiento *m* 3 *im Brief* anexo *m*, adjunto *m*

'beiläufig A ADJ *Bemerkung* incidental; (*gelegentlich*) ocasional B ADV de paso, incidentemente, incidentalmente; ~ **erwähnen** mencionar de paso; ~ **gesagt** dicho sea de paso (*od* entre paréntesis)

'beilegen VT 1 añadir, agregar; *im Brief*: incluir, acompañar, adjuntar 2 (*zuschreiben*) atribuir; *Titel* conceder, otorgar; *Namen, Bedeutung* dar; **sich** (*dat*) **etw ~** darse 3 *Schwierigkeiten* orillar, obviar; **einen Streit (gütlich) ~** arreglar *od* zanjar una discusión

'Beilegung F ⟨~; ~en⟩ 1 (*Beifügung*) añadidura *f*, adición *f* 2 (*Zuschreibung*) atribución *f* 3 *e-s Streits*: arreglo *m*; **gütliche ~** arreglo *m* amistoso, conciliación *f*

bei'leibe ADV ~ **nicht!** ¡de ninguna manera!; *umg* ¡ni por asomo!; **etw ~ nicht tun** guardarse muy bien de hacer a/c

'Beileid N ⟨~(e)s⟩ pésame *m*, condolencia *f*; **j-m sein ~ aussprechen** dar a alg el pésame; **(mein) herzliches ~!** ¡le acompaño en el sentimiento!

'Beileidsbesuch M visita *f* de pésame (*od* de condolencia); **Beileidsbezeigung** F, **Beileidsbezeugung** F condolencias *fpl*, testimonio *m* de pésame; **Beileidsschreiben** N carta *f* de pésame

'Beilhieb M hachazo *m*

'beiliegen VI ⟨*irr*⟩ 1 *e-m Brief* ir adjunto, ir incluido 2 SCHIFF capear, estarse a la capa; pairar, estar al pairo; **beiliegend** ADJ & ADV adjunto, incluido; ~ **erhalten Sie ...** adjunto le enviamos ...

beim = bei dem; → bei

'beimengen VT → beimischen

'beimessen VT ⟨*irr*⟩ atribuir; *Schuld* imputar; achacar; *Bedeutung, Wert* dar, conceder; **einer Sache** (*dat*) **Bedeutung/Wert ~** dar (*od* atribuir) importancia/valor a a/c

'beimischen VT *e-r Sache* **etw ~** añadir a/c; agregar a/c; **Beimischung** F ⟨~; ~en⟩ adición *f*; añadidura *f*, aditamento *m*; mezcla *f*

Bein N ⟨~(e)s; ~e⟩ 1 ANAT pierna *f*; (*Tierbein*) pata *f*; *Hund* **ein ~ heben** *um zu pinkeln*: levantar la pata; **j-m ein ~ stellen** poner la zancadilla a alg; **sich** (*dat*) **die ~e vertreten** estirar las piernas; *umg* **sich** (*dat*) **die ~e in den Bauch stehen** *umg* estar de plantón; **dauernd auf den ~en sein** *umg* estar siempre con un pie en el aire; **früh auf den ~en sein** levantarse pronto; **wieder auf den ~en sein** *Kranker* estar recuperado; **sich kaum auf den ~en halten können** no tenerse (*od* apenas aguantarse) de pie; **j-m auf die ~e helfen** ayudar a alg a levantarse (*od* a ponerse en pie); **mit beiden ~en (fest) auf der Erde stehen** tener los pies sobre la tierra 2 *fig* **auf eigenen ~en stehen** ser independiente, volar con sus propias alas; **etw auf die ~e stellen** poner en pie a/c, levantar a/c, sacar adelante a/c, organizar a/c; **wieder auf die ~e bringen** *Geschäft* (lograr) restablecer, *umg* poner (*od* sacar) a flote; **sich auf die ~e machen** ponerse en camino; *umg* **die ~e in die Hand** *od* **unter den Arm nehmen** echar a correr, *umg* salir pitando, *umg* poner pies en polvorosa; *umg* **j-m ~e machen** meter prisa a alg; echar a alg; *umg* **etw/j-n am ~ haben** tener que cargar con a/c/alg 3 *von Möbeln*: pata *f*, pie *m* 4 (*Hosenbein*) pierna *f* 5 MED (*Knochen*) hueso *m*

'beinah(e) ADV casi; por poco; (*ungefähr*) cerca de, aproximadamente; ~ **zwei Stunden** casi dos horas; ~ **wäre ich gefallen** por poco me caigo

'Beinahezusammenstoß M FLUG accidente *m* que estuvo a punto de ocurrir

'Beiname M ⟨~ns; ~n⟩ sobrenombre *m*;

(Spitzname) apodo *m*, *umg* mote *m*; **j-m einen ~n geben** apodar a alg; motejar

'Beinarbeit F SPORT juego *m* de piernas; **Beinbruch** M fractura *f* de (la) pierna; *fig* **das ist kein ~** ¡no es nada (grave)!; ¡no es para tanto!; **Hals- und ~!** ¡suerte!; *im Theater:* ¡mucha mierda!

'beinern ADJ óseo; de hueso

'Beinfreiheit F *beim Sitzen im Flugzeug, Auto etc:* espacio *m* para las piernas; **Beingriff** M *beim Ringen:* presa *f* de pierna

be'inhalten V/T contener; *(einschließen)* incluir

'Beinhaus N REL osario *m*; **Beinkleid** N *obs* pantalón *m*; HIST calzas *fpl*; **Beinprothese** F prótesis *f* de pierna; pierna *f* artificial; **Beinschiene** F 1 SPORT canillera *f*, espinillera *f* *(a. e-r Rüstung)* 2 MED tablilla *f*; **Beinschlag** M *Schwimmen:* batido *m* de piernas; **Beinstellen** N zancadilla *f*; **Beinstumpf** M muñón *m* de pierna

'beiordnen V/T agregar, asociar (**einer Sache** *dat* a a/c); coordinar *(a.* GRAM*)*; **Beiordnung** F ⟨~; ~en⟩ agregación *f*; coordinación *f*

'beipacken V/T empaquetar junto, incluir; añadir; **Beipackzettel** M PHARM hoja *f* informativa adjunta; prospecto *(od* folleto *m)* informativo adjunto

'beipflichten V/I aprobar; *e-r Sache* asentir a; adherirse a; consentir en; **j-m (in etw** *dat***) ~** ser de la misma opinión que alg; dar la razón a alg (en a/c); convenir con alg (en a/c); **Beipflichtung** F ⟨~⟩ aprobación *f*, asentimiento *m*, consentimiento *m*

'Beiprogramm N FILM complemento *m*; programación *f* complementaria

'Beirat M ⟨~(e)s; ¨~e⟩ 1 *Gremium:* consejo *m* *(od* comité *m)* consultivo, junta *f* *(od* comisión *f)* consultiva; consejo *m* asesor 2 *Person:* consejero *m*, asesor *m*

'Beiried N ⟨~es⟩ *od* F ⟨~⟩ *österr (Roastbeef)* rosbif *m*

be'irren V/T *(ohne* ge-*)* desconcertar; turbar; aturdir; **er lässt sich nicht ~** no se deja desconcertar

bei'sammen ADV juntos, reunidos; *umg fig* **schlecht/gut ~ sein** sentirse indispuesto/bien de salud; **beisammenhaben** V/T *(irr) umg* **nicht alle ~** no estar en su sano juicio; **Beisammensein** N ⟨~s⟩ reunión *f*; **gemütliches ~** tertulia *f*

'Beisatz M GRAM aposición *f*; **Beischlaf** M ⟨~es⟩ *geh od* VERW coito *m*, cópula *f*; *bes* JUR yacimiento *m*

'beischließen V/T *(irr) österr (beifügen)* incluir, acompañar, adjuntar

'Beisegel N SCHIFF boneta *f*; **Beisein** N ⟨~s⟩ presencia *f*; **im ~ von** *od (gen)* en presencia de, ante

bei'seite ADV aparte, a un lado; separadamente

bei'seitebringen V/T *(irr)* hacer desaparecer; **beiseitegehen** V/I *(irr; sn)* apartarse, hacerse a un lado; **beiseitelassen** V/T *(irr)* descartar; dejar aparte *(od* a un lado); **beiseitelegen** V/T *(weglegen)* poner aparte; *(sparen)* ahorrar, reservar; **beiseitenehmen** V/T *(irr)* **j-n ~** hablar a solas con alg; **beiseiteräumen** V/T **etw beiseiteräumen** retirar a/c; **beiseiteschaffen** V/T remover, echar a un lado; *(verstecken)* hacer desaparecer; *umg (umbringen)* quitar de en medio, matar; **beiseiteschieben** V/T *(irr) Objekt, Bedenken* apartar, empujar a un lado; *fig Person* arrinconar; **beiseitesprechen** V/T *(irr)* THEAT hablar aparte; **beiseitestellen** V/T apartar; **beiseitetreten** V/I *(irr; sn)* hacerse a un lado

'Beisel ['baɪzl] N ⟨~s; ~n⟩ *österr* bar *m*, *umg* tasca *f*

'beisetzen V/T 1 *Leiche* enterrar, inhumar; sepultar, dar sepultura a 2 SCHIFF *Segel* desplegar; **alle Segel ~** largar todas las velas; **Beisetzung** F ⟨~; ~en⟩ entierro *m*, inhumación *f*, sepultura *f*; sepelio *m*

'Beisitzer M ⟨~s; ~⟩, **Beisitzerin** F ⟨~; ~nen⟩ vocal *m/f*; JUR (juez *m*, -a *f*) asesor *m*, -a *f*

'Beispiel N ⟨~(e)s; ~e⟩ 1 ejemplo *m*; *praktisches:* demostración *f*; *abschreckendes:* ejemplaridad *f*; **ein ~ geben** poner un ejemplo; **sich** *(dat)* **ein ~ an j-m/etw nehmen** tomar ejemplo de alg/de a/c; **als ~** a título de ejemplo; **als ~ dienen** servir de ejemplo; **als ~ nennen** poner por caso; **mit gutem ~ vorangehen** predicar con el ejemplo; dar buen ejemplo; ejemplarizar; **nach dem ~ von** *od (gen)* a ejemplo de 2 **zum ~** por ejemplo, *lit* verbigracia; **wie zum ~** como por ejemplo, tal como

'beispielhaft ADJ ejemplar; **beispiellos** ADJ sin ejemplo, sin precedente; *(unerhört)* inaudito; *(unvergleichlich)* sin par, sin igual; **Beispiellosigkeit** F ⟨~⟩ singularidad *f*, carácter *m* excepcional; **beispielsweise** ADV por ejemplo, tal como

'beispringen V/I *(irr; sn) geh* **j-m ~** acudir en socorro *(od* auxilio) de alg, socorrer *(od* auxiliar *od* ayudar) a alg

'beißen *(irr)* A V/T 1 **etw/j-n ~** morder a/c/a alg; **sich** *(dat)* **auf die Lippen/Zunge ~** morderse los labios/la lengua; *fig* **er wird dich schon nicht ~!** ¡no te va a morder! 2 *(kauen)* masticar, mascar; *umg* **nichts zu ~ haben** *(hungern müssen) umg* no tener qué llevarse a la boca 3 *Insekten* picar B V/I 1 morder (**auf** *od* **in etw** *acus* a/c); **ins Brot ~** morder el pan; **nach j-m ~** *(schnappen)* tratar de pegar un mordisco a alg 2 *Pfeffer, Rauch, Insekten etc* picar; *(brennen)* quemar, escocer C V/UNPERS *umg* **es beißt** *(es juckt)* pica D V/R **sich ~** *Farben* desentonar (**mit** con)

'beißend ADJ 1 *Kälte, Wind* cortante; *Rauch, Geruch* fuerte, picante 2 *fig Kritik etc* mordaz, punzante, cáustico; *Bemerkung a.* sarcástico

'Beißring M *für Babys:* mordedor *m*; **Beißzange** F tenazas *fpl* *(od* alicates *mpl)* (de corte)

'Beistand M ⟨~(e)s⟩ 1 *(Hilfe)* ayuda *f*, asistencia *f*; *(Stütze)* apoyo *m*; *in der Not:* auxilio *m*, socorro *m*; *(Schutz)* protección *f*; **j-m ~ leisten** asistir *(od* ayudar) a alg; prestar ayuda a alg 2 *Person:* asistente *m*; defensor *m*, protector *m*; **Beistandspakt** M POL pacto *m* de asistencia (mutua)

'beistehen V/I *(irr)* **j-m ~** asistir a alg, ayudar a alg; *unterstützend:* apoyar a alg, *in der Not:* socorrer a alg

'Beistelltisch M, **Beistelltischchen** N mesa *f* auxiliar

'beisteuern V/T contribuir (**zu** *dat* a); *Kapital* aportar (**zu** a); **10.000 Euro zur Wahlkampagne ~** aportar 10.000 euros a la campaña electoral

'beistimmen V/I *e-r Sache* aprobar; **j-m ~** asentir *(od* convenir *od* estar de acuerdo) con alg

'Beistrich M TYPO coma *f*

'Beitrag M ⟨~(e)s; ¨~e⟩ 1 *(Mitgliedsbeitrag)* cuota *f*; *(Versicherungsbeitrag)* prima *f*; *zur Sozialversicherung:* cotización *f*; **Beiträge zahlen** (*od* **entrichten**) cotizar, pagar las cuotas 2 *(Mitwirkung)* contribución *f*, aportación *f*; **einen ~ leisten (zu)** contribuir (a), colaborar (en) 3 *(Anteil)* parte *f*, cuota *f*; *(Kapitalbeitrag)* aportación *f* 4 *für e-e Zeitung etc* artículo *m*

'beitragen V/T & V/I *(irr)* **~ zu** contribuir a; colaborar en

'Beitragsanpassung F *bes* VERS adaptación *f* de la cuota *(od* prima *od* cotización)

'Beitragsbemessungsgrenze F tope *m* máximo de la base de cotización; **Beitragsbemessungsgrundlage** F base *f* de cotización

'Beitragserhöhung F aumento *m* *(od* subida *f od* incremento *m)* de las cuotas *(od* de las cotizaciones); **beitragsfrei** ADJ exento *(od* libre) de cuotas; **Beitragsjahr** N año *m* de cotización; **Beitragsklasse** F grupo *m* de cotización; **Beitragspflicht** F obligación *f* de cotizar; **beitragspflichtig** ADJ *Person* obligado a cotizar; contribuyente; **Beitragssatz** M tipo *m* de cotización, cuota *f*; **Beitragssumme** F importe *m* de la cotización; **Beitragsteil** M cuota *f*

'Beitragszahler M ⟨~s; ~⟩, **Beitragszahlerin** F ⟨~; ~nen⟩ contribuyente *m/f*, cotizante *m/f*; **Beitragszahlung** F (pago *m* de la) cotización *f*

'beitreibbar ADJ JUR exigible

'beitreiben V/T *(irr)* JUR *Gelder* cobrar, recaudar; *(fordern)* exigir, reclamar; MIL requisar; **Beitreibung** F ⟨~⟩ JUR cobro *m*, cobranza *f*, recaudación *f*; MIL requisición *f*

'beitreten V/I *(irr; sn) e-m Verein:* ingresar en, entrar en; *e-r Partei a.:* afiliarse a; POL *e-m Vertrag etc:* adherirse a; **Beitritt** M ⟨~(e)s; ~e⟩ ingreso *m* (**zu** en); afiliación *f* (**zu** a); *bes* POL adhesión *f* (**zu** a)

'Beitrittserklärung F declaración *f* de adhesión *(bzw* ingreso); **Beitrittskandidat** M → Beitrittsland; **Beitrittskriterien** PL POL criterios *mpl* de adhesión; **Beitrittsland** N ⟨~(e)s; ¨~er⟩ país *m* adherido; **Beitrittsurkunde** F instrumento *m* de adhesión; **Beitrittsverhandlungen** FPL POL negociaciones *fpl* de adhesión

'Beiwagen M *am Motorrad:* sidecar *m*; *(Anhänger)* remolque *m*; **Beiwagenfahrer** M, **Beiwagenfahrerin** F pasajero *m*, -a *f* del sidecar; *umg* paquete *m*; **Beiwagenmaschine** F motocicleta *f* con sidecar

'Beiwerk N ⟨~(e)s⟩ accesorios *mpl*; **modisches ~** *a.* complementos *mpl* de moda

'beiwohnen V/T *geh* 1 *e-r Sache* asistir a, estar presente, presenciar 2 *sexuell:* cohabitar, yacer (**j-m** con alg); **Beiwohnen** N ⟨~s⟩ *(Anwesenheit)* asistencia *f*; **Beiwohnung** F ⟨~; ~en⟩ JUR *sexuell:* cohabitación *f*, yacimiento *m*

'Beiwort N ⟨~(e)s; ¨~er⟩ GRAM adjectivo *m*; *schmückendes:* epíteto *m*

'Beize[1] F ⟨~; ~n⟩ 1 CHEM, TECH *Verfahren:* corrosión *f*; decapado *m* 2 *(Beizmittel)* corrosivo *m*, mordiente *m*; *für Holz:* barniz *m*; *für Stoff:* mordiente *m*; *für Leder:* adobo *m*; *für Metall:* decapante *m*; *für Tabak:* salsa *f* 3 GASTR adobo *m*, escabeche *m* 4 AGR desinfección *f*; *Mittel:* desinfectante *m* 5 *Kupferstechen:* agua *f* fuerte

'Beize[2] F ⟨~; ~n⟩ JAGD cetrería *f*

bei'zeiten ADV *(früh)* temprano; *(rechtzeitig)* oportunamente, a tiempo

'beizen[1] V/T 1 *(ätzen)* corroer; *Metalle* decapar; *Leder* adobar; *Färberei:* bañar en mordiente; *Tabak* aderezar; *Holz* barnizar 2 GASTR adobar, escabechar, poner en escabeche 3 AGR desinfectar

'beizen[2] V/T JAGD cazar con halcón

'beizend ADJ corrosivo; cáustico; *Farbstoff* mordiente

'Beizfalke M JAGD halcón *m* de caza; **Beizjagd** F JAGD cetrería *f*

'Beizmittel N → Beize[1] 2

be'jahen V/T *(ohne* ge-*)* *Frage* responder afirmativamente, afirmar; *fig (befürworten)* **etw ~** aprobar a/c, estar en pro de a/c; **bejahend** ADJ afirmativo; **bejahendenfalls** ADV en caso afirmativo

be'jahrt ADJ entrado en años; de cierta edad, de edad avanzada, anciano

Be'jahung F ⟨~; ~en⟩ afirmación *f*, respuesta *f* afirmativa; *fig* aprobación *f*

be'jammern VT ⟨*ohne* ge-⟩ *sein Schicksal etc* lamentar, deplorar; **bejammernswert** ADJ lamentable, deplorable; digno de lástima

be'jubeln VT ⟨*ohne* ge-⟩ aclamar, vitorear

BEK F ABK (Barmer Ersatzkasse) *mutua alemana de enfermedades*

be'kämpfen VT ⟨*ohne* ge-⟩ combatir; luchar contra; *Meinung* impugnar; *fig a.* reprimir; **Bekämpfung** F ⟨~⟩ lucha *f* (*gen* contra); *fig a.* represión *f* (*gen* de)

be'kannt ADJ **1** *allg* conocido; sabido; **allgemein ~** público, notorio; *Person* renombrado; **als ~ voraussetzen** dar por supuesto (*od* sabido); **das ist mir ~** lo sé, estoy enterado de ello; *Amtsstil*: me consta; **es dürfte Ihnen ~ sein, dass** sin duda sabrá usted que; **das kommt mir ~ vor** me suena; **davon ist mir nichts ~** lo ignoro, nada sé de ello; **es ist ~, dass ...** se sabe que ...; → *a* bekannt geben, bekannt machen *etc* **2** (*berühmt*) afamado, célebre, famoso (**wegen** por); **er ist ~ als** es conocido como; **dafür ~ sein, dass ...** ser famoso por ... **3 mit j-m ~ sein** conocer a alg; **j-n mit j-m ~ machen** presentar alg a alg

Be'kannte M/F ⟨~n; ~n; → A⟩ conocido *m*, -a *f*; **ein ~r von mir** un conocido mío; **Bekanntenkreis** M (círculo *m* de) conocidos *mpl*; (círculo *m* de) amistades *fpl*; **mein ~** mis amistades, mis conocidos; **Bekannter** M → Bekannte

Be'kanntgabe F notificación *f*, anuncio *m*; (*Veröffentlichung*) publicación *f*; *offiziell*: proclamación *f*, promulgación *f*; *behördlich*: bando *m*, anuncio *m*

be'kanntgeben, bekannt geben VT ⟨*irr*⟩ → bekannt machen A,1

Be'kanntheitsgrad M (grado *m* de) popularidad *f*, (grado *m* de) notoriedad *f*; *v. Produkten, Ideen*: grado *m* de divulgación

be'kanntlich ADV como es sabido, como todos sabemos; ya se sabe que

be'kanntmachen, bekannt machen A VT **1** hacer saber, dar a conocer; notificar; *öffentlich*: hacer público, publicar; divulgar; (*verkünden*) anunciar; proclamar; *feierlich*: promulgar; *in der Zeitung*: anunciar **2 j-n mit einer Person ~** presentar a alg a una persona; **darf ich Sie mit Herrn Hansen ~?** permítame que le presente al señor Hansen **3** *fig* **j-n mit etw ~** familiarizar a alg con a/c, explicar a alg a/c B VR **1** *zwei Personen* **sich ~** presentarse **2** *fig* **sich mit etw ~** familiarizarse con a/c

Be'kanntmachung F ⟨~; ~en⟩ → Bekanntgabe; **Bekanntschaft** F ⟨~; ~en⟩ **1** conocimiento *m*; (*Umgang*) trato *m*; (*Beziehungen*) relaciones *fpl*; **mit j-m ~ schließen** trabar conocimiento con alg **2** → Bekanntenkreis

be'kanntwerden, bekannt werden VI **1** llegar a conocerse (*od* saberse); *öffentlich*: hacerse público, divulgarse; *Person* adquirir renombre (*od* fama); hacerse popular; (*durchsickern*) trascender **2 mit j-m ~** (llegar a) conocer a alg

Bekas'sine F ⟨~; ~n⟩ ORN agachadiza *f* común

be'kehren ⟨*ohne* ge-⟩ A VT **1** REL **j-n ~** convertir a alg (**zu a**) **2** *fig zu e-r Ansicht*: hacer adoptar B VR **sich ~ 1** REL convertirse (**zu a**) **2** (*sich bessern*) enmendarse, mudar de vida

Be'kehrte M/F ⟨~n; ~n; → A⟩ converso *m*, -a *f*, convertido *m*, -a *f*; prosélito *m*, -a *f*; **Bekehrung** F ⟨~; ~en⟩ conversión *f*; *zum Christentum*: cristianización *f*; **Bekehrungseifer** M proselitismo *m*

be'kennen ⟨*irr*; *ohne* ge-⟩ A VT (*eingestehen*) confesar; (*zugeben*) admitir; reconocer; **Farbe ~** poner las cartas sobre la mesa (*od* boca arriba) B VR **sich ~ zu** declararse en favor de; *zu j-m, e-r Haltung etc*: declararse partidario de, adherirse a; *zu e-r Tat*: reivindicar, asumir la autoría de, confesarse autor de; **sich zum Islam** *etc* **~** profesar el islam *etc*; **sich schuldig ~** declararse culpable

Be'kenner M ⟨~s; ~⟩ REL confesor *m*; **Bekennerbrief** M carta *f* de reivindicación; **Bekennerin** M ⟨~; ~nen⟩ REL confesora *f*; **Bekennerschreiben** N carta *f* de reivindicación

Be'kenntnis N ⟨~ses; ~se⟩ **1** (*Eingeständnis*) confesión *f* **2** (*Eintreten für*) declaración *f* (**zu** en favor de) **3** REL confesión *f*; *zu e-m Glauben*: profesión *f*; **ein ~ ablegen** hacer profesión de fe; **Bekenntnisschule** F escuela *f* confesional

be'klagen ⟨*ohne* ge-⟩ A VT lamentar, deplorar; (*bemitleiden*) compadecer; **Menschenleben sind nicht zu ~** no hubo víctimas (*od* desgracias personales) B VR **sich ~** quejarse (**über j-n/etw** de alg/a/c; **bei j-m** a alg)

be'klagenswert ADJ lamentable, deplorable; *Person* digno de compasión

Be'klagte M/F ⟨~n; ~n; → A⟩ JUR demandado *m*, -a *f*, parte *f* demandada

be'klatschen VT ⟨*ohne* ge-⟩ aplaudir; palmotear; dar palmas

be'klauen VT **j-n ~** robar a alg

be'kleben VT ⟨*ohne* ge-⟩ pegar; **etw mit etw ~** pegar a/c en a/c; **mit Papier ~** pegar papeles sobre, empapelar; **das Bekleben der Wand ist verboten** se prohibe fijar carteles

be'kleckern ⟨*ohne* ge-⟩ A VT manchar, embadurnar (**mit** de); *mit Schmutz*: ensuciar B VR **sich ~** embadurnarse, mancharse (**mit** de); *umg* **da hast du dich nicht gerade mit Ruhm bekleckert** *umg* no te has lucido precisamente

be'klecksen VT(VR) ⟨*ohne* ge-⟩ **(sich) ~** manchar(se) (**mit** de); *mit Tinte*: emborronar(se)

be'kleiden VT ⟨*ohne* ge-⟩ **1** vestir **2** *Wände etc* revestir, cubrir (**mit** de) **3** *geh Amt, Stellung* desempeñar, ejercer, regentar; ocupar; **mit einem Amt ~** investir de (*od* con) un cargo

Be'kleidung F ⟨~; ~en⟩ **1** vestidos *mpl*; vestimenta *f*, ropa *f* **2** TECH revestimiento *m* **3** *fig mit e-m Amt*: investidura *f*; *e-s Amtes*: desempeño *m*, ejercicio *m*

Be'kleidungsbranche F, **Bekleidungsindustrie** F industria *f* de la confección; sector *m* del vestir (*od* de la confección)

be'klemmen VT ⟨*ohne* ge-⟩ oprimir; *fig a.* angustiar, acongojar; **beklemmend** ADJ opresivo; *fig* angustioso; **Beklemmung** F ⟨~; ~en⟩ (*Atembeklemmung*) opresión *f*; *fig* angustia *f*, congoja *f*; **~en haben** sentir una opresión en el pecho

be'klommen ADJ acongojado, angustiado; **Beklommenheit** F ⟨~⟩ angustia *f*, congoja *f*

be'klopfen VT ⟨*ohne* ge-⟩ golpear; MED percutir; **be'kloppt, be'knackt** ADJ *umg* chiflado, chalado; **be'knien** VT ⟨*ohne* ge-⟩ pedir de rodillas, suplicar; *umg* **j-n ~** instar a alg; **be'kochen** VT ⟨*ohne* ge-⟩ *umg* cocinar, hacer la comida (**j-n** para alg)

be'kommen ⟨*irr*; *ohne* ge-⟩ A VT **1** *allg* (*erhalten*) recibir; *mit Mühe*: (**fertig**) **~** lograr, conseguir, obtener; **wir ~ Besuch** vamos a tener visita, viene visita; **einen Orden ~** ser condecorado; **wir werden Regen ~** vamos a tener lluvia, va a llover; **nasse Füße ~** mojarse los pies; **einen Schreck ~** llevarse un susto; **es ist nicht zu ~** no puede conseguirse, ya no hay **2** *Krankheit, Erkältung etc* contraer, coger, *Zähne, Haare, Bauch* echar; *fig Kräfte, Mut* cobrar; **Hunger/Durst ~** ir teniendo apetito/sed; **ich bekomme Hunger** *a.* me entra hambre; **Zähne ~** echar los dientes **3** *umg Zug, Bus etc* coger, alcanzar **4 ein Kind ~** (*gebären*) dar a luz (*od* tener) un hijo; (*schwanger sein*) estar embarazada; ZOOL **Junge ~** parir **5** (*finden*) encontrar; **wo bekommt man ...?** ¿dónde puedo encontrar ? **6** *im Geschäft*: **was ~ Sie?** ¿qué desea?; **~ Sie schon?** ¿le atienden a usted?; *als Bezahlung*: **wie viel ~ Sie?** ¿cuánto es?, ¿cuánto le debo?; **sie bekommt 15 Euro die Stunde** le pagan quince euros la hora **7** *mit inf od pperf*: **was kann ich zu essen ~?** ¿qué hay de comer?; **etw geschenkt ~** recibir a/c como regalo (*od* de regalo); **ich habe es geschenkt ~** me lo han regalado; **ich bekomme es zugeschickt** me lo envían a casa (*od* a domicilio) B VI **j-m gut/schlecht** *od* **nicht ~** sentar (*od* probar) bien/mal a alg; **wohl bekomm's!** ¡buen provecho!, ¡que aproveche!

be'kömmlich ADJ provechoso, beneficioso; *Klima, Luft* sano, saludable; *Speise* digestible, de fácil digestión, ligero; **schwer ~** indigesto

be'köstigen VT ⟨*ohne* ge-⟩ dar comida a, alimentar; **Beköstigung** F ⟨~; ~en⟩ (*Essen*) comida *f*, alimento *m*

be'kräftigen VT ⟨*ohne* ge-⟩ confirmar, afirmar; (*erhärten*) corroborar; **eidlich ~** afirmar bajo juramento; **Bekräftigung** F ⟨~⟩ confirmación *f*, afirmación *f*; (*Erhärtung*) corroboración *f*; **zur ~ seiner Worte** en apoyo de sus palabras

be'kränzen VT ⟨*ohne* ge-⟩ coronar de; festonear; *mit Girlanden a.*: enguirnaldar; **be'kreuzigen** VR ⟨*ohne* ge-⟩ KATH **sich ~** persignarse; santiguarse, hacer la señal de la cruz; **be'kriegen** ⟨*ohne* ge-⟩ A VT hacer (la) guerra a, guerrear contra B VR **sich ~** hacerse la guerra; **be'kritteln** VT ⟨*ohne* ge-⟩ censurar, poner reparos a, *umg* criticar; critiquizar; **be'kritzeln** VT ⟨*ohne* ge-⟩ cubrir de garabatos, emborronar

be'kümmern VT ⟨*ohne* ge-⟩ (*betrüben*) afligir, entristecer, apenar; (*beunruhigen*) inquietar; preocupar; **Bekümmernis** F ⟨~; ~se⟩ *geh* aflicción *f*, pena *f*; preocupación *f*; **bekümmert** ADJ (*traurig*) afligido, apenado; (*besorgt*) preocupado

be'kunden VT ⟨*ohne* ge-⟩ **1** (*zeigen*) (de)mostrar; patentizar; (*aufweisen*) revelar, denotar; *Interesse* manifestar **2** JUR deponer, declarar; (*bezeugen*) atestiguar, testimoniar; **Bekundung** F ⟨~; ~en⟩ **1** manifestación *f*; demostración *f* **2** declaración *f*

be'lächeln VT ⟨*ohne* ge-⟩ mofarse de, reírse de; **be'lachen** VT ⟨*ohne* ge-⟩ burlarse de, reírse de

be'laden VT ⟨*irr*; *ohne* ge-⟩ cargar (**mit** con, de); *fig* abrumar, agobiar; **Beladung** F ⟨~; ~en⟩ carga *f*

Be'lag M ⟨~(e)s; ¨e⟩ **1** (*Decke*) cubierta *f*; (*Schicht*) capa *f*; (*Auskleidung*) revestimiento *m*; (*Fußbodenbelag*) solado *m*; (*Brückenbelag*) tablero *m*; (*Straßenbelag*) pavimento *m*; (*Bremsbelag*) revestimiento *m* **2** (*Brotbelag*) *fiambre, queso, etc para poner en el pan*; (*Kuchenbelag*) capa *f*, cobertura *f* **3** MED (*Zungenbelag*) saburra *f*; (*Zahnbelag*) sarro *m* **4** (*Ablagerung*) depósito *m*; (*Verkrustung*) incrustación *f*

Be'lagerer M ⟨~s; ~⟩ MIL sitiador *m*

be'lagern VT ⟨*ohne* ge-⟩ sitiar, asediar (*a. fig*), poner sitio (*od* cerco) a; **Belagerung** F ⟨~; ~en⟩ sitio *m*, cerco *m*, asedio *m* (*a. fig*); **Belagerungszustand** M estado *m* de sitio

be'lämmert ADJ *umg* **1 ein ~es Gesicht machen** *umg* tener cara de perro apaleado **2 das**

ist ~ es un fastidio (*od* un chasco)

Be'lang M ⟨~(e)s; ~e⟩ **1** importancia *f*; **von ~** de importancia, de consideración (**für** para); **das ist nicht von ~** no tiene importancia; **ohne ~** insignificante, sin importancia (**für** para) **2** PL **~e** (*Interessen*) intereses *mpl*

be'langen VT ⟨*ohne* ge-⟩ **1** JUR **j-n (gerichtlich) ~** demandar a alg (en juicio *od* judicialmente); formar causa (*od* encausar) a alg **2** (*betreffen*) concernir, atañer, tocar; **was mich belangt** en cuanto a mí, por lo que a mí toca

be'langlos ADJ sin importancia, insignificante, de poca monta, intrascendente, irrelevante (**für** para, en); (*gering*) fútil, nimio; **Belanglosigkeit** F ⟨~; ~en⟩ (*Unwichtigkeit*) insignificancia *f*; nimiedad *f*; intrascendencia *f*; (*belanglose Sache etc*) nadería *f*

Be'langung F ⟨~⟩ JUR demanda *f*; pleito *m*

be'lassen VT ⟨*irr; ohne* ge-⟩ dejar; **etw an seinem Platz ~** dejar a/c en su sitio; **alles beim Alten ~** dejar las cosas como estaban; **wir wollen es dabei ~** dejémoslo (así); **j-n in seiner Stellung ~** dejar (*od* mantener) a alg en su puesto

be'lastbar ADJ TECH resistente, con capacidad de carga (**bis zu** hasta); *fig* fuerte, resistente, de aguante; **Belastbarkeit** F ⟨~; ~en⟩ TECH, ELEK capacidad *f* de carga; *fig* resistencia *f*, aguante *m*

be'lasten VT ⟨*ohne* ge-⟩ **1** cargar (**mit** con, de); (*beanspruchen*) someter a un esfuerzo **2** *fig* (*bedrücken*) pesar sobre; abrumar (**mit** con); **damit kann ich mich jetzt nicht ~** ahora no puedo hacerme cargo de eso **3** WIRTSCH *mit Abgaben*: gravar (*a.* JUR); FIN **j-s Konto mit 500 Euro ~** cargar a alg en cuenta (*od* adeudar a alg *od* debitar a alg) 500 euros **4** (*beschuldigen*) **j-n ~** incriminar a alg; JUR **j-n mit etw ~** imputar a/c a alg **5** ÖKOL *mit Schadstoffen*: contaminar

be'lastend ADJ abrumador; JUR agravatorio; *Umstand* agravante; ÖKOL contaminante

be'lästigen VT ⟨*ohne* ge-⟩ **1** (*stören*) *a.* importunar; (*plagen*) molestar, incomodar; **j-n mit Fragen ~** asediar a alg con preguntas **2** *sexuell* acosar; **Belästigung** F ⟨~; ~en⟩ molestia *f*; importunidad *f*; fastidio *m*; vejación *f*; **sexuelle ~** acoso *m* sexual

Be'lastung F ⟨~; ~en⟩ **1** TECH carga *f* **2** *psychisch*: carga *f*, estrés *m* **3** WIRTSCH *Buchhaltung*: débito *m*, adeudo *m* en cuenta; *steuerliche*: gravación *f*; gravamen *m*; **finanzielle ~** carga *f* financiera; **außergewöhnliche ~en** *Steuer* gastos *mpl* excepcionales **4** JUR cargo *m*, incriminación *f*; **politische ~** incriminación *f* política **5** ÖKOL perjuicio *m*

Be'lastungsanzeige F WIRTSCH nota *f* de débito; **Belastungsfähigkeit** F capacidad *f* de carga; **Belastungsmaterial** N JUR pruebas *fpl* de cargo; **Belastungsmomente** NPL JUR cargos *mpl*; **Belastungsprobe** F TECH prueba *f* de carga; *fig* (dura) prueba *f*; **Belastungszeuge** M, **Belastungszeugin** F JUR testigo *m/f* de cargo

be'laubt ADJ cubierto de hojas; **dicht ~** frondoso; **Belaubung** F ⟨~; ~en⟩ **1** *Vorgang*: foliación *f* **2** *Laub*: follaje *m*; **dichte ~** frondosidad *f*

be'lauern VT ⟨*ohne* ge-⟩ acechar; espiar

be'laufen VR ⟨*irr; ohne* ge-⟩ **sich ~ auf** (*acus*) elevarse (*od* ascender) a; alcanzar la cifra de; importar

be'lauschen VT ⟨*ohne* ge-⟩ escuchar; espiar

be'leben ⟨*ohne* ge-⟩ **A** VT *fig* vivificar; animar; (*ermutigen*) dar aliento, infundir ánimo; (*anregen*) estimular; (*kräftigen*) vigorizar, dar nuevas fuerzas; *Feuer, Farben* avivar; *Wirtschaft etc* (re)activar; **neu ~** revivificar, dar nueva vida, reanimar **B** VR **sich ~** animarse, cobrar vida

be'lebend ADJ vivificador; vigorizador; (*anregend*) estimulante; **~es Mittel** estimulante *m*

be'lebt ADJ vivo, animado (*a.* HANDEL *Straße*); *Ort* concurrido, frecuentado; **Belebtheit** F ⟨~⟩ **1** (*das Lebendigsein*) vida *f* **2** *e-r Straße etc*: animación *f*

Be'lebung F ⟨~; ~en⟩ **1** vivificación *f*; animación *f* (*a. fig*); (*Anregung*) estimulación *f* **2** WIRTSCH auge *m*; (re)activación *f*; **~ des Marktes/der Nachfrage** reactivación *f* (*od* reanimación *f*) del mercado/de la demanda

be'lecken VT ⟨*ohne* ge-⟩ lamer; *fig* **von der Kultur kaum beleckt** con un ligero barniz de cultura

Be'leg M ⟨~(e)s; ~e⟩ **1** (*Beweis*) justificante *m*; (*Beweisstück*) prueba *f* documental; *fig* prueba *f* **2** (*Quittung*) recibo *m*, resguardo *m*; HANDEL comprobante *m*; (documento *m*) justificativo *m* **3** LING (*Belegstelle*) cita *f*; **Belegarzt** M, **Belegärztin** F *médico externo, -a que tiene una cantidad de camas en el hospital para sus propios pacientes*

be'legbar ADJ demostrable, comprobable

Be'legbett N *cama (od plaza) en el hospital para los pacientes de un médico externo*

be'legen VT ⟨*ohne* ge-⟩ **1** (*bedecken*) cubrir (**mit** de, con); (*auskleiden*) revestir; **mit Fliesen ~** embaldosar; **mit Dielen ~** entarimar; **mit Teppichen ~** alfombrar **2** GASTR (*garnieren*) guarnecer; *Brot* **mit Schinken** *etc* **~** poner jamón, *etc* en **3** (*reservieren*) *Platz* reservar; (*besetzt halten*) ocupar, guardar; *e-e Wohnung etc* ocupar **4** SPORT clasificarse; **den ersten/zweiten** *etc* **Platz ~** ocupar el primer/segundo, *etc* puesto **5** UNIV *Fach, Kurse* matricularse en **6** *mit Abgaben*: gravar; **mit Steuern ~** gravar con impuestos; **mit einer Strafe ~** penalizar; infligir un castigo; *mit Geldstrafe*: gravar con una multa, multar **7** (*beweisen*) documentar, probar (documentalmente); justificar; *durch Beispiele*: ilustrar con ejemplos, ejemplificar **8** MIL **mit Beschuss ~** cubrir con fuego de; **mit Bomben ~** bombardear **9** ZOOL cubrir

Be'legexemplar N ejemplar *m* justificativo (*od* de prueba); **Beleghebamme** F *comadrona independiente que tiene una cantidad de camas en el hospital para sus propias pacientes*; **Belegkrankenhaus** N *hospital m con departamentos dirigidos por médicos externos*; **Belegschaft** F ⟨~; ~en⟩ *e-r Firma*: personal *m*, plantilla *f*

Be'legschaftsversammlung F reunión *f* del personal; **Belegschaftsvertreter** M, **Belegschaftsvertreterin** F delegado *m*, -a *f* del personal; **Belegschaftsvertretung** F delegación *f* del personal

Be'legschein M comprobante *m*; (*Quittung*) recibo *m*; **Belegstelle** F cita *f*; referencia *f*

be'legt ADJ **1** *Platz, Raum etc* ocupado; reservado; *Hotel* **(voll) ~ sein** estar completo; TEL **es ist ~** está comunicando, está ocupado **2** MED *Zunge* saburrosa, sucia; *fig Stimme* empañada, *umg* tomada **3** GASTR **~es Brot** sandwich *m*; emparedado *m*; (*Kanapee*) canapé *m*; **~es Brötchen** bocadillo *m* **4** (*nachgewiesen, dokumentiert*) probado, documentado

Be'legung F ⟨~; ~en⟩ ocupación *f*; reserva (ción) *f*

be'lehnen VT ⟨*ohne* ge-⟩ HIST investir; enfeudar; **Belehnung** F ⟨~; ~en⟩ HIST investidura *f*; enfeudamiento *m*

be'lehren VT ⟨*ohne* ge-⟩ instruir; informar; aconsejar (**über** sobre, acerca de); (*aufklären*) ilustrar; **j-n eines Besseren ~** abrir los ojos a alg, desengañar a alg; **sich ~ lassen** tomar consejo de, dejarse aconsejar; avenirse a razones

be'lehrend ADJ instructivo; aleccionador; didáctico; **Belehrung** F ⟨~; ~en⟩ instrucción *f*; enseñanza *f*; información *f*; (*Zurechtweisung*) reprimenda *f*

be'leibt ADJ corpulento, grueso; **Beleibtheit** F ⟨~⟩ corpulencia *f*

be'leidigen VT ⟨*ohne* ge-⟩ ofender (*a. fig*); (*beschimpfen*) insultar, injuriar, denostar; *öffentlich*: afrentar; ultrajar; **ich wollte Sie nicht ~!** ¡no quería ofenderle!; **beleidigend** ADJ ofensivo; injurioso, insultante; ultrajante

Be'leidiger M ⟨~s; ~⟩, **Beleidigerin** F ⟨~; ~nen⟩ ofensor *m*, -a *f*; injuriador *m*, -a *f*

be'leidigt ADJ ofendido, molesto; **sich ~ fühlen** sentirse ofendido, ofenderse, *umg* picarse (**durch** *acus* de, por); **tief** (*od umg* **tödlich**) **~ sein** estar muy molesto (*od umg* muy picado)

Be'leidigte M/F ⟨~n; ~n; → A⟩ ofendido *m*, -a *f*; injuriado *m*, -a *f*; ultrajado *m*, -a *f*; **Beleidigung** F ⟨~; ~en⟩ ofensa *f*; injuria *f* (*a.* JUR); insulto *m*; ultraje *m*; afrenta *f*; **Beleidigungsklage** F JUR demanda *f* por injurias

be'leihbar ADJ WIRTSCH pignorable

be'leihen VT ⟨*irr; ohne* ge-⟩ **etw ~** *Geldgeber*: prestar (dinero) sobre a/c, dar dinero a cuenta de a/c; *Geldnehmer*: tomar (dinero) prestado sobre a/c

be'lemmert ADJ *umg* → belämmert

Belem'nit M ⟨~es; ~e⟩ GEOL belemnita *f*

be'lesen ADJ instruido; leído; **Belesenheit** F ⟨~⟩ erudición *f*, ilustración *f*, instrucción *f*; **ein Mann von großer ~** un hombre muy erudito

be'leuchten VT ⟨*ohne* ge-⟩ alumbrar; *festlich*: iluminar (*a. fig*); *fig Problem, Thema* dilucidar, esclarecer, ilustrar; **Beleuchter** M ⟨~s; ~⟩, **Beleuchterin** F ⟨~; ~nen⟩ THEAT, FILM iluminador *m*, -a *f*, luminotécnico *m*, -a *f*; **Beleuchtung** F ⟨~; ~en⟩ alumbrado *m*; *festliche*: iluminación *f*; *i. e. S* luz *f*; *fig* elucidación *f*, ilustración *f*; **indirekte ~** luz *f* indirecta

Be'leuchtungsanlage F instalación *f* de alumbrado; **Beleuchtungskörper** M TECH aparato *m* de alumbrado (*od* de iluminación); **Beleuchtungsstärke** F intensidad *f* luminosa (*od* lumínica); **Beleuchtungstechnik** F luminotecnia *f*, ingeniería *f* (*od* técnica *f*) de iluminación; **Beleuchtungstechniker** M, **Beleuchtungstechnikerin** F luminotécnico *m*, -a *f*, técnico *m*, -a *f* de iluminación (*od* de luces)

be'leum(un)det ADJ **gut/schlecht ~** de buena/mala reputación

'Belgien N ⟨~s⟩ Bélgica *f*; **Belgier** M ⟨~s; ~⟩, **Belgierin** F ⟨~; ~nen⟩ belga *m/f*; **belgisch** ADJ belga

'Belgrad N ⟨~s⟩ Belgrado *m*

be'lichten VT ⟨*ohne* ge-⟩ FOTO exponer, impresionar; **Belichtung** F ⟨~; ~en⟩ FOTO exposición *f*, impresión *f*

Be'lichtungsautomatik F FOTO exposición *f* automática; **Belichtungsmesser** M FOTO fotómetro *m*; exposímetro *m*; **Belichtungszeit** F FOTO tiempo *m* de exposición

be'lieben ⟨*ohne* ge-⟩ *geh* **A** VT (*gefallen*) gustar de; **~ zu** (*inf*) dignarse (*inf*), tener a bien (*inf*); **tu, was dir beliebt** haz lo que te plazca (*od* lo que quieras) **B** V/UNPERS *oft iron* **es beliebt j-m zu** (*inf*) alg tiene a bien (*inf*); **wie es Ihnen beliebt** como usted guste (*od* quiera)

Be'lieben N ⟨~s⟩ voluntad *f*; gusto *m*, agrado *m*; discreción *f*; **nach ~** a (su) gusto, a voluntad; a discreción; **es steht in Ihrem ~** lo dejo a su discreción

be'liebig **A** ADJ cualquiera; (*wahlfrei*) discrecional; (*willkürlich*) arbitrario; **in ~er Reihenfolge** en cualquier orden; en el orden que se de-

B

see; **jedes ~e Buch** cualquier libro; **zu jeder ~en Zeit** a cualquier hora; **jeder Beliebige** cualquiera, cualquier persona **B** ADV a voluntad, a gusto; a discreción; **~ viele** cualquier cantidad, cuantos se deseen (*od* quieran)

be'liebt ADJ *Person* estimado, apreciado, querido; *beim Volk*: popular, en boga (**bei** en); *Waren* solicitado; *Sache* de moda, en boga; **sich bei j-m ~ machen** hacerse querer de (*od* por) alg; congraciarse con alg; **Beliebtheit** F ⟨~⟩ popularidad *f* (**bei** entre); *(Gunst)* favor *m*; **sich großer ~ erfreuen** gozar de gran popularidad (*od* de grandes simpatías)

Be'lieferer M ⟨~s; ~⟩ suministrador *m*; **beliefern** VT ⟨*ohne* ge-⟩ surtir, proveer, abastecer (**mit** de); **Belieferung** F ⟨~; ~en⟩ suministro *m*, abastecimiento *m*

'bellen VI *Hund* ladrar; *sprichw* **Hunde, die ~, beißen nicht** *sprichw* perro ladrador, poco mordedor

'Bellen N ⟨~s⟩ ladrido *m*

Belle'trist M ⟨~en; ~en⟩ literato *m*; **Belletristik** F ⟨~⟩ bellas letras *fpl*; **Belletristin** F ⟨~; ~nen⟩ literata *f*; **belletristisch** ADJ literario; **~e Zeitschrift** revista *f* literaria

be'lobigen VT ⟨*ohne* ge-⟩ elogiar, alabar; **Belobigung** F ⟨~; ~en⟩ elogio *m*, alabanza *f*; **Belobigungsschreiben** N carta *f* laudatoria

be'lohnen VT ⟨*ohne* ge-⟩ (re)compensar (**für** por; **mit** con); *(vergelten)* retribuir; *mit Geld*: remunerar, gratificar; *mit e-m Preis*: premiar, galardonar; **Belohnung** F ⟨~; ~en⟩ recompensa *f*; *finanzielle*: retribución *f*; remuneración *f*; *für Fundsachen*: gratificación *f*; *(Preis)* premio *m*, galardón *m*; **zur ~** como recompensa

be'lüften VT ⟨*ohne* ge-⟩ ventilar, airear; **Belüftung** F ⟨~; ~en⟩ ventilación *f*, aireación *f*

Be'lüftungsanlage F instalación *f* de ventilación; **Belüftungsklappe** F registro *m* de ventilación

be'lügen ⟨*irr; ohne* ge-⟩ **A** VT **j-n ~** mentir a alg **B** VR **sich selbst ~** engañarse (a sí mismo)

be'lustigen ⟨*ohne* ge-⟩ **A** VT *(zum Lachen bringen)* divertir; *(erfreuen)* recrear **B** VR *geh (sich lustig machen)* **sich ~ über** *(acus)* burlarse, reírse de; **belustigend** ADJ divertido; regocijante, gracioso; **Belustigung** F ⟨~; ~en⟩ regocijo *m*, regodeo *m*; *(Vergnügen)* *a.* diversión *f*, divertimiento *m*; **zur allgemeinen ~** para diversión de todos, *umg* para cachondeo general

Bem. ABK (Bemerkung) observación *f*; nota *f*

be'mächtigen VR ⟨*ohne* ge-⟩ *geh* **sich einer Sache** *(gen)* **~** apoderarse (*od* adueñarse) de a/c; *widerrechtlich*: usurpar a/c

be'mäkeln VT ⟨*ohne* ge-⟩ critiquizar; poner tachas (*od* reparos) a

be'malen ⟨*ohne* ge-⟩ **A** VT pintar; **blau** *etc* **~** pintar de azul, *etc* **B** VR *umg* **sich ~** pintarse (la cara), maquillarse; **Bemalung** F ⟨~; ~en⟩ pintura *f*; *des Gesichts*: maquillaje *m*

be'mängeln VT ⟨*ohne* ge-⟩ criticar, censurar; **daran ist nichts zu ~** no hay nada censurable en ello; **Bemängelung** F ⟨~; ~en⟩ crítica *f*, censura *f*

be'mannen VT ⟨*ohne* ge-⟩ SCHIFF tripular, dotar, equipar; *Raumschiff* tripular

be'mannt ADJ *Raumschiff* tripulado; **~e Raumfahrt** astronáutica *f* tripulada; **Bemannung** F ⟨~; ~en⟩ SCHIFF, *Raumfahrt*: tripulación *f*, dotación *f*

be'mänteln VT ⟨*ohne* ge-⟩ *geh (verdecken)* encubrir, disimular, velar; *(beschönigen)* paliar, cohonestar; **Bemäntelung** F ⟨~; ~en⟩ *geh* disimulo *m*; *(Beschönigung)* cohonestación *f*

be'masten VT ⟨*ohne* ge-⟩ SCHIFF arbolar; **Bemastung** F ⟨~; ~en⟩ arboladura *f*

be'merkbar ADJ **1** **sich ~ machen** *Sache* hacerse sentir (*od* notar); manifestarse; *Person* atraer la atención **2** *(wahrnehmbar)* perceptible, sensible

be'merken VT ⟨*ohne* ge-⟩ **1** notar, observar; darse cuenta de; *(wahrnehmen)* percibir; *(entdecken)* descubrir **2** *(äußern)* observar, decir; *(erwähnen)* mencionar; **bemerkenswert** ADJ notable, destacable, digno de atención (**wegen, durch** por)

Be'merkung F ⟨~; ~en⟩ observación *f*, comentario *m*; *schriftlich*: nota *f*, advertencia *f*; **~en machen über** hacer observaciones acerca de (*od* sobre)

be'messen[1] VT ⟨*irr; ohne* ge-⟩ medir; proporcionar (**nach** a); TECH dimensionar; *zeitlich*: limitar; *(abschätzen)* estimar, apreciar

be'messen[2] ADJ medido; proporcionado; ajustado; **meine Zeit ist (knapp) ~** mi tiempo es (muy) limitado, dispongo de poco tiempo

Be'messungsgrundlage F base *f* de cálculo

be'mitleiden VT ⟨*ohne* ge-⟩ compadecer a, compadecerse de; **ich bemitleide ihn** me da lástima (*od* pena); **bemitleidenswert** ADJ digno de compasión (*od* lástima)

be'mittelt ADJ *geh* acomodado, adinerado, acaudalado, pudiente; **be'mogeln** VT ⟨*ohne* ge-⟩ *umg* engañar, timar, *umg* trampear; **be'moost** ADJ **1** musgoso, cubierto de musgo **2** *fig* añoso, vetusto

be'mühen ⟨*ohne* ge-⟩ **A** VR **sich ~** **1** *(sich anstrengen)* **sich ~ zu** *(inf)* molestarse en, tomarse la molestia de *(inf)*; *(sich anstrengen)* esforzarse por (*od* en); **bemüht sein zu** *(inf)* procurar *(inf)*; **~ Sie sich nicht!** no se moleste usted **2** *(sich kümmern)* **sich für j-n ~** interceder por (*od* en favor de) alg; **sich um j-n ~** atender a alg; **sich um einen Verletzten ~** auxiliar (*od* atender) a un herido **3** *(erlangen wollen)* **sich um etw ~** esforzarse por (*od* para) conseguir a/c; *bei Behörden*: gestionar a/c; *durch Antrag, Bewerbung*: solicitar a/c **B** VT *geh* **j-n ~** molestar (*od* incomodar) a alg; *Arzt, Fachmann etc* llamar (*od* acudir) a alg; **darf ich Sie (darum) ~?** ¿me permite solicitar su ayuda (para ello)?

Be'mühung F ⟨~; ~en⟩ molestia *f*; *(Anstrengung)* esfuerzo *m*; **~en** *fpl bei Behörden*: gestiones *fpl*, diligencias *fpl*

be'müßigt ADJ *geh* **sich ~ fühlen zu** *(inf)* sentirse obligado a *(inf)*

be'mustern VT ⟨*ohne* ge-⟩ HANDEL acompañar de muestras; **bemustert** ADJ HANDEL **~es Angebot** oferta *f* con muestras

be'muttern VT ⟨*ohne* ge-⟩ *oft hum* cuidar como una madre; **be'nachbart** ADJ vecino; *(angrenzend)* colindante, limítrofe

be'nachrichtigen VT ⟨*ohne* ge-⟩ avisar (**von** de) (*a.* HANDEL); informar (**von** sobre); *formell*: notificar; *im Voraus*: advertir, prevenir; **Benachrichtigung** F ⟨~; ~en⟩ aviso *m* (*a.* HANDEL); *formelle*: notificación *f*; *(Ankündigung)* advertencia *f*; **Benachrichtigungsschreiben** N HANDEL carta *f* de aviso

be'nachteiligen VT ⟨*ohne* ge-⟩ perjudicar, causar perjuicio; *sozial etc*: discriminar; **Benachteiligung** F ⟨~; ~en⟩ *(Nachteil)* perjuicio *m*; detrimento *m*; *soziale*: discriminación *f*

be'nagen VT ⟨*ohne* ge-⟩ roer

be'nebeln ⟨*ohne* ge-⟩ **A** VT *fig* ofuscar **B** VR *umg* **sich ~** achisparse; **benebelt** ADJ *(beschwipst) umg* achispado

bene'deien VT REL bendecir

Benedik'tiner M ⟨~s; ~⟩ benedictino *m* (*a.* *Likör*), benito *m*; **Benediktinerorden** M Orden *f* Benedictina (*od* de San Benito)

Bene'fizkonzert N concierto *m* benéfico; **Benefizveranstaltung** F, **Benefizvorstellung** F función *f* benéfica; **~ für** función *f* a beneficio de

be'nehmen ⟨*irr; ohne* ge-⟩ **A** VR **sich ~** comportarse, conducirse, portarse (**gegen** con); **sich gut/schlecht ~** portarse bien/mal; **sich j-m gegenüber ~** (com)portarse con (*od* frente a) alg; **er weiß sich nicht zu ~** no tiene modales; **benimm dich!** *zu e-m Kind*: ¡pórtate bien!; ¡no hagas el indio!, ¡estáte quieto! **B** VT *geh (entziehen)* quitar, arrebatar; privar de; **die Sinne ~** embargar los sentidos

Be'nehmen N ⟨~s⟩ **1** conducta *f*, comportamiento *m*; *(Manieren)* maneras *fpl*, modales *mpl*; **gutes ~** buenos modales, buenas maneras; urbanidad *f*; **anständiges ~** formalidad *f* **2** VERW **sich mit j-m ins ~ setzen** ponerse en relación (*od* contacto) con alg; ponerse de acuerdo con alg (**über** *acus* sobre)

be'neiden VT ⟨*ohne* ge-⟩ envidiar; **j-n (um etw) ~** envidiar a alg (por a/c); tener envidia a alg (de *od* por a/c); **beneidenswert** ADJ envidiable; **~ sein** dar envidia

Bene'luxstaaten MPL (Estados *mpl* del) Benelux *m*

be'nennen VT ⟨*irr; ohne* ge-⟩ **1** *(e-n Namen geben)* denominar; poner nombre a, nombrar; *(bezeichnen)* titular, calificar **2** *(angeben)* nombrar, designar; **j-n als Zeugen** *etc* **~** designar a alg como testigo, *etc*; **Benennung** F ⟨~; ~en⟩ **1** *(Name)* denominación *f*; *konkret*: nombre *m*, designación *f*; *(Bezeichnung)* calificación *f*, título *m* **2** *e-s Zeugen* designación *f*

be'netzen VT ⟨*ohne* ge-⟩ *(befeuchten)* mojar, humedecer; *(bespritzen)* salpicar; rociar

Ben'gale M ⟨~n; ~n⟩ bengalí *m*; **Bengalen** N ⟨~(s)⟩ Bengala *f*; **Bengalin** F ⟨~; ~nen⟩ bengalí *f*; **bengalisch** ADJ bengalí; **~es Feuer** luces *fpl* de Bengala

'Bengel M ⟨~s; ~⟩ *(Junge)* rapaz *m*, chaval *m*; *Arg* pibe *m*, pebete *m*; *(Lausbub)* pillín *m*, pilluelo *m*

Be'nimm M ⟨~s⟩ *umg* modales *mpl*; **Benimmregeln** FPL reglas *fpl* de comportamiento

be'nommen ADJ aturdido, atontado; MED obnubilado; **einen ~en Kopf haben** tener la cabeza pesada; **sich ~ fühlen** sentirse aturdido; **Benommenheit** F ⟨~⟩ entorpecimiento *m*; aturdimiento *m*; estupor *m*, sopor *m*; MED obnubilación *f*

be'noten VT ⟨*ohne* ge-⟩ calificar, dar notas

be'nötigen VT ⟨*ohne* ge-⟩ necesitar, precisar; estar necesitado de; **(dringend) benötigt werden** hacer (mucha) falta; **ich benötige ...** me hace(n) falta ...

Be'notung F ⟨~; ~en⟩ calificación *f*

be'nutzbar ADJ utilizable, aprovechable

be'nutzen, be'nützen VT ⟨*ohne* ge-⟩ usar, hacer uso de, utilizar, emplear; *(sich zunutze machen)* sacar provecho de, aprovecharse (*od* servirse) de; *Gelegenheit* aprovechar; *Zug etc* tomar

Be'nutzer M usuario *m* (*a.* IT); utilizador *m*; *e-s Nachschlagewerks*: consultor *m*; **Benutzercode** M clave *m* (*od* código *m*) de usuario; **benutzerfreundlich** ADJ de fácil manejo, de manejo sencillo, fácil de utilizar; **Benutzerfreundlichkeit** F facilidad *f* de manejo; ergonomía *f*; **Benutzerhandbuch** N guía *f* (*od* manual *m*) de(l) usuario

Be'nutzerin F usuaria *f* (*a.* IT); utilizadora *f*; *e-s Nachschlagewerks*: consultora *f*; **Benutzerkonto** N IT cuenta *f* de usuario; **Benutzername** M IT nombre *m* de usuario; **Benutzeroberfläche** F IT superficie *f* de utilización; superficie *f* guía; superficie *f* de usuario; **Benutzerschnittstelle** F IT interfaz *m* de usuario

Be'nutzung, *südd, österr, schweiz a.* **Be'nüt-**

zung F ⟨~⟩ uso m; empleo m, utilización f; aprovechamiento m

Be'nutzungsgebühr F tasa f de utilización; e-r Straße: peaje m; **Benutzungsrecht** N derecho m de uso

Ben'zin N ⟨~s⟩ CHEM bencina f; AUTO gasolina f; Arg nafta f; **bleifreies ~** gasolina f sin plomo

Ben'zin... IN ZSSGN de gasolina; **Benzinbehälter** M depósito m de gasolina; **Benziner** M umg AUTO coche m con motor de gasolina; **Benzinfeuerzeug** N mechero m de gasolina; **Benzingutschein** M bono m de gasolina; **Benzinkanister** M bidón m (od lata f) de gasolina; **Benzinmotor** M motor m de gasolina; **Benzinpreis** M precio m de la gasolina; **Benzinpumpe** F bomba f de gasolina; **Benzinscheck** M cheque-gasolina m; **Benzintank** M depósito m de gasolina; **Benzinuhr** F indicador m de gasolina; **Benzinverbrauch** M consumo m de gasolina

Ben'zoe [bɛnˈtsoːə] F ⟨~⟩ benjuí m; **Benzoesäure** F CHEM ácido m benzoico

Ben'zol N ⟨~s; ~e⟩ CHEM benceno m, benzol m

be'obachten VT ⟨ohne ge-⟩ 1 observar; genau: examinar, estudiar; (betrachten) contemplar 2 (beschatten, überwachen) vigilar (estrechamente), espiar (a alg) 3 (bemerken) observar, advertir, notar 4 geh Gesetz acatar, respetar; Anweisung seguir, obedecer

Be'obachter M ⟨~s; ~⟩, **Beobachterin** F ⟨~; ~nen⟩ observador m, -a f (a. MIL, POL); (Zuschauer, -in) espectador m, -a f

Be'obachtung F ⟨~; ~en⟩ 1 observación f; **unter ~ stehen** estar en observación 2 fig (Einhaltung) observancia f, cumplimiento m

Be'obachtungsflugzeug N avión m de reconocimiento (od de observación); **Beobachtungsgabe** F don m de observación; dotes fpl para la observación; **Beobachtungsposten** M MIL Person: centinela m; vigía m; Stelle: puesto m de observación; **Beobachtungsstation** F 1 MED sala f de observación 2 ASTRON observatorio m

be'ordern VT ⟨ohne ge-⟩ enviar, destinar a; comisionar; **j-n ~ nach** od **zu** destinar a alg para; (herbeordern) llamar a alg a; **be'packen** VT ⟨ohne ge-⟩ cargar de (od con); **be'pflanzen** VT ⟨ohne ge-⟩ plantar (**mit** de); mit Bäumen a.: poblar de; **Bepflanzung** F ⟨~; ~en⟩ plantación f (**mit** de); **be'quatschen** VT ⟨ohne ge-⟩ umg (sich unterhalten über) charlar de, conversar de; **j-n ~** (überreden) convencer a alg

be'quem A ADJ 1 (behaglich) cómodo, confortable; Kleidung a. holgado 2 (leicht) fácil; (mühelos) cómodo; Leben acomodado 3 Person (faul) cómodo, perezoso, umg comodón; **es sich** (dat) **~ machen** ponerse cómodo; im Sessel: arrellanarse B ADV cómodamente; (leicht) fácilmente, sin esfuerzo; **~ leben** vivir con holgura (od desahogadamente)

be'quemen VR **sich dazu ~, etw zu tun** condescender(se) en (od a) hacer a/c, prestarse (od avenirse) a hacer a/c; **sich zu einer Antwort** etc **~** dignarse responder, etc; **Bequemlichkeit** F ⟨~; ~en⟩ (Komfort) comodidad f, confort m; pej (Trägheit) indolencia f, pereza f

be'rappen VT ⟨ohne ge-⟩ umg (zahlen) pagar, umg apoquinar, aflojar la mosca

be'raten ⟨irr; ohne ge-⟩ A VT e-e Person aconsejar a, dar consejos a; fachlich: asesorar; orientar; **etw ~** deliberar sobre a/c; **sich ~ lassen von** dejarse aconsejar por; tomar consejo de; **gut/schlecht ~ sein** estar bien/mal aconsejado B VI **über etw** (acus) deliberar sobre a/c C VR **sich ~** consultar(se) (**mit** con); evacuar (od mantener) consultas, **sich mit j-m über etw** (acus) **~** consultar a/c con alg

be'ratend ADJ consultivo; POL Versammlung deliberante

Be'rater M ⟨~s; ~⟩, **Beraterin** F ⟨~; ~nen⟩ consejero m, -a f; consultor m, -a f; bes WIRTSCH asesor m, -a f; **Beraterstab** M bes POL equipo m asesor; **Beratervertrag** M WIRTSCH contrato m de asesoría/asesoramiento

be'ratschlagen VI ⟨ohne ge-⟩ deliberar (**über** acus sobre)

Be'ratung F ⟨~; ~en⟩ 1 (Rat) consejo m; berufliche etc orientación f; fachliche: asesoramiento m; bes MED, JUR consulta f (**über** acus de) 2 (Besprechung) deliberación f 3 (Beratungsstelle) consultorio m

Be'ratungsfirma F consultoría f, asesoría f; **Beratungsstelle** F consultorio m, centro m de consultas (od de orientación); asesoría f; MED a. dispensario m; **Beratungszimmer** N sala f de conferencias (od de deliberaciones)

be'rauben VT ⟨ohne ge-⟩ geh robar, expoliar; e-s Rechtes privar de; e-s Besitzes desposeer de; fig privar(se) de; **j-n einer Sache** (gen) **~** robar a/c a alg, despojar a alg de a/c; **j-n seiner Freiheit ~** privar a alg de su libertad

Be'raubung F ⟨~; ~en⟩ geh robo m; despojo m; expolio m; (Entziehung) privación f

be'rauschen ⟨ohne ge-⟩ A VT embriagar (a. fig) B VR **sich ~** emborracharse; embriagarse (**an** dat con) (a. fig); **berauschend** ADJ embriagador (a. fig); Wein fuerte; umg iron **das ist nicht gerade ~** no causa precisamente mucho entusiasmo

be'rauscht ADJ embriagado, ebrio (a. fig)

'Berber M ⟨~s; ~⟩ 1 Nordafrikaner: beréber m; berberisco m 2 Teppich: alfombra f berberisca 3 umg Jargon (Nichtsesshafter) vagabundo m; **Berberin** F ⟨~; ~nen⟩ 1 Nordafrikanerin: beréber f; berberisca f 2 umg (Nichtsesshafte) vagabunda f; **berberisch** ADJ beréber, berberisco

Berbe'ritze F ⟨~; ~n⟩ BOT agracejo m

be'rechenbar ADJ 1 Kosten etc calculable, computable 2 fig previsible; **sie ist sehr ~** es muy previsible, se pueden prever sus reacciones

be'rechnen VT ⟨ohne ge-⟩ 1 (ausrechnen) calcular (a. fig); contar; computar 2 HANDEL (in Rechnung stellen) cargar (en cuenta), cobrar; (fakturieren) facturar 3 (vorsehen, veranschlagen) prever, calcular; **für 5 Personen berechnet sein** estar previsto (od calculado) para cinco personas

be'rechnend ADJ pej calculador; previsor; pej (eigennützig) egoísta, interesado

Be'rechnung F ⟨~; ~en⟩ 1 cálculo m; cuenta f; cómputo m; ungefähre: estimación f 2 HANDEL **~ von Kosten** facturación f 3 fig pej deliberación f; (Vorsatz) premeditación f; **mit ~** con premeditación, deliberadamente; **aus ~** por egoísmo; por cálculo

Be'rechnungsgrundlage F base f de cálculo; **Berechnungstabelle** F tabla f de cálculo

be'rechtigen ⟨ohne ge-⟩ A VT dar derecho (**zu** a); (ermächtigen) autorizar a (od para); (befähigen) habilitar, facultar para; **j-n (zu etw) ~** autorizar a alg (a a/c), facultar a alg (para a/c) B VI **zu der Annahme/Hoffnung ~, dass ...** permitir suponer/esperar que ...; **zu Hoffnungen ~** a. ser muy prometedor

be'rechtigt ADJ 1 con derecho (**zu** a); (befugt) autorizado; (befähigt) habilitado, facultado (**zu** para); **zu etw ~ sein** tener derecho a hacer a/c 2 (begründet) fundado; Anspruch etc legítimo; Klage etc fundado, justificado

Be'rechtigte M/F ⟨~n; ~n; → A⟩ beneficiario m, -a f; JUR derechohabiente m/f; **Berechtigung** F ⟨~; ~en⟩ 1 (Befugnis, Ermächtigung) autorización f; habilitación f 2 (Rechtmäßigkeit) legitimidad f; derecho m; (Rechtfertigung) justificación f; **mit voller ~** con justo título

Be'rechtigungsnachweis M legitimación f; **Berechtigungsschein** M ≈ certificado m de derecho

be'reden A VT ⟨ohne ge-⟩ (besprechen) **etw ~** hablar de a/c, discutir sobre a/c, debatir sobre a/c, tratar a/c; (überreden) **j-n ~, etw zu tun** persuadir (od inducir) a alg para que haga a/c B VR **sich ~** consultar(se); **sich mit j-m ~** conferenciar (od entrevistarse) con alg

be'redsam ADJ elocuente; **Beredsamkeit** F ⟨~⟩ elocuencia f; (Redekunst) oratoria f

be'redt ADJ elocuente (a. fig); (geschwätzig) locuaz; umg facundo

Be'regnung F ⟨~; ~en⟩ AGR riego m por aspersión, lluvia f artificial

Be'reich M ⟨~(e)s; ~e⟩ 1 räumlich: recinto m, área f, zona f; (Reichweite) alcance m; RADIO gama f (a. fig) 2 fig ámbito m, área f; campo m; a. TECH dominio m; (Machtbereich, Einflussbereich) esfera f; **im sozialen ~** en el sector social; **im ~ des Möglichen liegen** estar dentro de lo posible 3 (Aufgabenbereich) competencia f; (Befugnisse) atribuciones fpl; **es fällt nicht in meinen ~** no es de mi competencia

be'reichern ⟨ohne ge-⟩ A VT enriquecer; Wissen ampliar, aumentar B VR **sich ~** enriquecerse (**an** dat con); **Bereicherung** F ⟨~; ~en⟩ enriquecimiento m

Be'reichsleiter M, **Bereichsleiterin** F jefe m, -a f de sección; gerente m/f de área; **bereichsübergreifend** ADJ suprasectorial, intersectorial

be'reifen VT ⟨ohne ge-⟩ 1 METEO (mit Reif überziehen) escarchar 2 Fass enarcar 3 AUTO poner (los) neumáticos; **Bereifung** F ⟨~; ~en⟩ AUTO neumáticos mpl, bandaje m

be'reinigen VT ⟨ohne ge-⟩ 1 Fehler subsanar, aclarar; Unklarheiten disipar; Missverständnis etc esclarecer, aclarar 2 Streit zanjar, arreglar 3 HANDEL Bilanzen regularizar; Konto (ausgleichen) allanar; **Bereinigung** F ⟨~; ~en⟩ 1 v. Fehlern: subsanación f; aclaración f; v. Unklarheiten: disipación f 2 e-s Streits etc: arreglo m 3 HANDEL **~ der Bilanzen** regularización f de balances

be'reisen VT ⟨ohne ge-⟩ Land viajar por, recorrer (a. WIRTSCH)

be'reit ADJ listo, preparado, a punto (**zu, für** para); (gewillt) dispuesto (**zu** a, **für** para); **bist du ~?** ¿estás preparado?; **sich ~ erklären zu** consentir en, declararse dispuesto a; **(sich) ~ machen** preparar(se) para, disponer(se) a

be'reiten VT ⟨ohne ge-⟩ 1 (zubereiten) Speise, Getränk preparar, hacer; (herstellen) elaborar, confeccionar 2 fig (verursachen) causar, hacer; Empfang dispensar; Sorge, Freude, Vergnügen etc dar, crear, Niederlage infligir; Schwierigkeiten crear, poner

be'reitfinden VR ⟨irr⟩ **sich ~ zu** hallarse dispuesto a

be'reithalten A VT **etw ~** tener a/c preparada B VR **sich ~** estar dispuesto (**für** para, a); estar a disposición; **bereitlegen** VT preparar; disponer; **bereitliegen** VI estar preparado (od listo); **bereitmachen** VT → bereit

be'reits ADV ya

Be'reitschaft F ⟨~⟩ 1 disposición f; (Bereitwilligkeit) buena voluntad f 2 Arzt, Sanitäter etc **~ haben** estar de guardia; **in ~ sein** (bereit sein) estar dispuesto (**für** para); MIL, Polizei estar en (estado de) alerta; **(sich) in ~ halten** estar a disposición (*od* en reserva) **3** MIL, *Polizei*: (*Trupp*) retén *m*; piquete *m* (de prevención)

Be'reitschaftsarzt M, **Bereitschaftsärztin** F médico *m*, -a *f* de guardia; **Bereitschaftsdienst** M servicio *m* de urgencia; **mobiler ~** servicio *m* móvil; MED **~ haben** estar de guardia; **Bereitschaftspolizei** F policía *f* antidisturbios; policía *f* móvil; guardia *f* de asalto; **Bereitschaftstasche** F FOTO estuche *m* pronto uso

be'reitstehen VI ⟨*irr; südd, österr, schweiz* sn⟩ estar preparado (*od* dispuesto) para; (*verfügbar sein*) estar disponible; **bereitstellen** VT **1** (*vorbereiten*) preparar, aprestar; (*zur Verfügung stellen*) proveer, proporcionar, poner a disposición **2** WIRTSCH *Gelder* facilitar; *Rücklagen* reservar; **e-n Kredit ~** facilitar un crédito **3** MIL *Truppen* concentrar; **Bereitstellung** F ⟨~⟩ **1** preparación *f*; (*Beschaffung*) provisión *f* **2** *e-s Kredits etc*: facilitación *f* **3** MIL concentración *f*

Be'reitung F ⟨~⟩ (*Zubereitung*) preparación *f*; (*Herstellung*) elaboración *f*; confección *f*

be'reitwillig ADJ gustoso; (*dienstfertig*) solícito, complaciente, servicial; **Bereitwilligkeit** F ⟨~⟩ buena voluntad (*od* disposición) *f*; solicitud *f*, complacencia *f*

be'reuen VT ⟨*ohne* ge-⟩ **etw ~** arrepentirse de a/c; (*bedauern*) sentir a/c

Berg M ⟨~(e)s; ~e⟩ **1** montaña *f*; (*Berggipfel*) pico *m*; *bes vor Eigennamen*: monte *m*; **über ~ und Tal** por montes y valles **2** *fig* **~e versetzen** mover montañas; **j-m goldene ~e versprechen** prometer el oro y el moro a alg; **mit etw hinter dem ~ halten** ocultar (*od* disimular) a/c; **er hielt damit nicht hinterm ~** lo dijo bien claro, *umg* no se mordió la lengua; **über den ~ sein** haber pasado lo peor; *Kranker*: ir mejorando; **wir sind noch nicht über den ~** aún no se han vencido todas las dificultades; *umg* es pronto para cantar victoria; *umg* **sie ist über alle ~e** ha puesto tierra por medio, *umg* se ha largado, *umg* el pájaro voló; **die Haare standen ihm zu ~e** se le pusieron los pelos de punta **3** *fig* (*große Menge*) montón *m*; **~e von** *umg* montones de

berg'ab ADV cuesta abajo; *fig* **es geht ~** va de mal en peor; **es geht ~ mit ihm** va de mal en peor; cada vez está peor

'Bergabhang M ladera *f*, vertiente *f*; **Bergakademie** F Escuela *f* de Minas; **Bergamt** N Dirección *f* de Minas

berg'an ADV cuesta arriba (*a. fig*)

'Bergarbeiter M, **Bergarbeiterin** F minero *m*, -a *f*

berg'auf ADV cuesta arriba (*a. fig*); *fig* **es geht wieder ~** las cosas vuelven a mejorar

'Bergbahn F ferrocarril *m* de montaña; (*Zahnradbahn*) ferrocarril *m* de cremallera; (*Seilbahn*) funicular *m*, teleférico *m*; **Bergbau** M ⟨~(e)s⟩ minería *f*; industria *f* minera; **Bergbaugebiet** N región *f* (*od* cuenca *f*) minera; **Bergbewohner** M ⟨~s; ~⟩ **Bergbewohnerin** F ⟨~; ~nen⟩ montañés *m*, -esa *f*

'Bergegeld N SCHIFF gastos *mpl* (*bzw* premio *m*) de salvamento

'bergehoch ADJ altísimo

'bergen VT ⟨*irr*⟩ **1** (*retten*) salvar, poner a salvo, rescatar; *Raumkapsel* recuperar **2** SCHIFF **die Segel ~** aferrar las velas **3** (*enthalten*) (**in sich** *dat*) **~** encerrar, contener; *fig* entrañar, implicar; **eine gewisse Gefahr (in sich** *dat*) **~** encerrar cierto peligro

'Bergenge F desfiladero *m*; **Bergfach** N BERGB minería *f*; **Bergfahrt** F excursión *f* a la montaña; **Bergfried** M, **Burgfried** M torre *f* de homenaje; **Bergführer** M, **Bergführerin** F guía *m/f* de montaña; **Berggeist** M gnomo *m*; **Berggipfel** M cima *f*, cumbre *f*; **Berggrat** M cresta *f* (de montaña); **Berghang** M falda *f*, ladera *f*; vertiente *f*; **Berghütte** F refugio *m* (de montaña)

'bergig ADJ montañoso

'Bergingenieur [-iøːr] M, **Bergingenieurin** F ingeniero *m*, -a *f* de minas

'Bergkamm M cresta *f*; **Bergkäse** M queso *m* alpino; **Bergkette** F cordillera *f*, cadena *f* montañosa; sierra *f*; **Bergkrankheit** F mal *m* de montaña, *Am* soroche *m*; **Bergkristall** M cristal *m* de roca; **Bergland** N ⟨~(e)s; ⸚er⟩ país *m* montañoso; región *f* montañosa; **Bergmann** M ⟨~(e)s; -leute⟩ BERGB minero *m*; **bergmännisch** ADJ minero; **Bergmassiv** N macizo *m* montañoso; **Bergmeister** M BERGB inspector *m* de minas; **Bergpredigt** F *Bibel*: Sermón *m* de la montaña; **Bergrecht** N código *m* (*bzw* derecho *m*) minero; **Bergrücken** M loma *f*; **Bergrutsch** M desprendimiento *m* (*od* deslizamiento *m od* corrimiento *m*) de tierras, derrumbamiento *m*; **Bergsattel** M collado *m*; **Bergschuhe** MPL bota *f* de montaña; botas *fpl* de montañero; **Bergspitze** F pico *m*; **Bergsport** M alpinismo *m*; *Am* andinismo *m*; **Bergsteigen** N ⟨~s⟩ alpinismo *m*, montañismo *m*; *Am* andinismo *m*

'Bergsteiger M ⟨~s; ~⟩ montañero *m*, alpinista *m*, escalador *m*; *Am* andinista *m*; **Bergsteigerausrüstung** F equipo *m* de montañero; **Bergsteigerin** F ⟨~; ~nen⟩ montañera *f*, alpinista *f*, escaladora *f*; *Am* andinista *f*

'Bergstiefel M → Bergschuhe; **Bergstock** M **1** (*Wanderstab*) bastón *m* (de alpinista) **2** GEOL macizo *m*; **Bergstraße** F carretera *f* de montaña; ruta *f* por la montaña; **Bergtour** F excursión *f* por la montaña; escalada *f*; **Berg-und-'Tal-Bahn** F montaña *f* rusa

'Bergung F ⟨~; ~en⟩ salvamento *m*, rescate *m*; *e-r Raumkapsel etc*: recuperación *f*

'Bergungsarbeiten FPL trabajos *mpl* de salvamento (*od* de rescate); **Bergungsdienst** M servicio *m* de rescate; **Bergungskosten** PL gastos *mpl* de salvamento; **Bergungsmannschaft** F equipo *m* de salvamento (*od* de rescate); **Bergungsschiff** N **1** SCHIFF buque *m* de salvamento **2** *Raumfahrt*: buque *m* de recuperación; **Bergungstaucher** M, **Bergungstaucherin** F buzo *m/f* (*od* buceador *m*, -a *f*) de rescate

'Bergvolk N pueblo *m* montañés, gente *f* de la montaña; **Bergwacht** F servicio *m* de salvamento en la montaña; **Bergwald** M bosque *m* de montaña; **Bergwand** F pared *f* (de montaña); **Bergwanderung** F excursión *f* a la montaña; caminata *f* por la montaña; **Bergwelt** F mundo *m* alpino

'Bergwerk N ⟨~(e)s; ~e⟩ mina *f*; **ein ~ betreiben** explotar una mina

'Bergwerksaktie F acción *f* minera; **Bergwerksgesellschaft** F compañía *f* minera

Be'richt M ⟨~(e)s; ~e⟩ **1** *allg* relación *f* (**über** *acus* de); *bes amtlich*: informe *m* (**über** *acus* sobre); (*Erzählung*) relato *m*, narración *f*; **einen ~ erstellen/verfassen** elaborar/redactar un informe; **(j-m) ~ erstatten** dar un (*od* presentar) informe (a alg); informar (a alg) **2** *Zeitung*, RADIO, TV: reportaje *m* **3** MIL, MED parte *m*; (*Gutachten*) dictamen *m* **4** POL ponencia *f* **5** (*Verlautbarung*) comunicado *m*; *amtlich*: boletín *m* **6** (*geschichtlich, Tagesbericht*) crónica *f*; (*Protokoll*) actas *fpl*; memoria *f* **7** HANDEL **laut ~** según aviso

be'richten ⟨*ohne* ge-⟩ **A** VT **j-m etw ~** referir (*od* relatar) a/c a alg; (*erzählen*) contar a/c a alg **B** VI **1 über etw** (*acus*) **~** informar sobre (*od* de) a/c; **wie die Presse berichtet** según la prensa **2** HANDEL **an j-n ~** dar cuenta a alg

Be'richterstatter M ⟨~s; ~⟩, **Berichterstatterin** F ⟨~; ~nen⟩ informador *m*, -a *f*; *Presse*: reportero *m*, -a *f*; *auswärtiger*: corresponsal *m/f*; JUR relator *m/f*; POL ponente *m/f*; **Berichterstattung** F ⟨~; ~en⟩ **1** información *f*; *in der Presse a.*: cobertura *f* informativa **2** (*Bericht*) informe *m*; POL ponencia *f*

be'richtigen ⟨*ohne* ge-⟩ **A** VT (*richtigstellen*) rectificar; (*verbessern*) corregir, enmendar; TECH ajustar **B** VR **sich ~** corregirse; **Berichtigung** F ⟨~; ~en⟩ **1** rectificación *f*; arreglo *m*; TECH *a.* ajuste *m* **2** (*Verbesserung*) corrección *f*, enmienda *f* **3** *von Schulden*: pago *m*, saldo *m*

Be'richtigungsaktie F WIRTSCH acción *f* gratuita; **Berichtigungsanzeige** F rectificación *f*, nota *f* rectificativa; **Berichtigungsschraube** F TECH tornillo *m* de ajuste; **Berichtigungswert** M coeficiente *m* de rectificación

Be'richtsjahr N año *m* (*od* HANDEL ejercicio *m*) de referencia; **Berichtszeitraum** M período *m* de referencia

be'riechen ⟨*irr; ohne* ge-⟩ **A** VT oler; olfatear, oliscar **B** VR *umg fig* **sich ~** estudiarse, sondearse mutuamente

be'rieseln VT ⟨*ohne* ge-⟩ **1** AGR *Feld, Garten, Land* regar, irrigar; (*besprengen*) rociar **2** *fig mit Musik*: bañar; **Berieselung** F ⟨~; ~en⟩ **1** AGR *von Feldern, Gärten etc*: riego *m*, irrigación *f*; rociado *m* **2** *fig mit Musik*: baño *m*; **Berieselungsanlage** F AGR instalación *f* (*od* sistema *m*) de riego (por aspersión)

be'ringen VT ⟨*ohne* ge-⟩ *Vögel* anillar; **Beringung** F ⟨~; ~en⟩ anillado *m*, anillamiento *m*

be'ritten ADJ montado, a caballo

Ber'lin N ⟨~s⟩ Berlín *m*

Ber'liner[1] **A** ADJ berlinés **B** M (*Krapfen*) berlinesa *f*; bola *f* de Berlín

Ber'liner[2] M ⟨~s; ~⟩, **Berlinerin** F ⟨~; ~nen⟩ berlinés *m*, berlinesa *f*; **berlin(er)isch** ADJ berlinés

'Berme F ⟨~; ~n⟩ BAU berma *f*

Ber'mudas FPL **1** GEOG islas *fpl* bermudas **2** TEX bermudas *fpl od mpl*; shorts *mpl*; **Bermudashorts** PL → Bermudas 2

Bern ⟨~s⟩ N Berna *f*; **'Berner** ADJ de Berna

'Bernhard EIGENN M **1** *Vorname* Bernardo *m* **2** *Heiliger*: (San) Bernardo *m*

Bernhar'diner M ⟨~s; ~⟩ **1** *Mönch*: bernardo *m* **2** *Hund*: (perro *m* de) San Bernardo *m*

'Bernstein M ⟨~(e)s; ~e⟩ ámbar *m*; **bernsteinfarben** ADJ ambarino

Ber'serker M ⟨~s; ~⟩ berserk *m*; **wie ein ~** como una fiera

'bersten VI ⟨*irr*; sn⟩ reventar, estallar (*a. fig*); *Eis, Glas etc* quebrarse, romperse; **zum Bersten voll** atiborrado de, lleno hasta los topes; *fig* **~ vor** (*dat*) estallar de

be'rüchtigt ADJ de mala fama (**wegen** por); desacreditado; *iron* famoso; tristemente célebre (**wegen** por)

be'rücken VT ⟨*ohne* ge-⟩ encantar, cautivar, embelesar; **berückend** ADJ encantador, cautivador; **~e Schönheit** belleza *f* cautivadora (*od* fascinadora)

be'rücksichtigen VT ⟨*ohne* ge-⟩ tener (*od* tomar) en consideración (*od* en cuenta); *Gesuch* atender (favorablemente); **nicht ~** desatender, no tomar en consideración, pasar por alto; **Berücksichtigung** F ⟨~⟩ consideración *f*; **unter ~ von** *od* (*gen*) considerando, teniendo en cuenta, en atención a

Be'ruf M ⟨~(e)s; ~e⟩ profesión *f*; (*Handwerk*) oficio *m*; (*Tätigkeit*) ocupación *f*; **freie ~e** profesiones *mpl* liberales; **einen ~ ausüben/erlernen** ejercer/aprender una profesión; **einen ~ ergreifen** adoptar una profesión; tomar un oficio; emprender una carrera; **einem ~ nachgehen** seguir (*od* dedicarse a) una profesión (*bzw* un oficio); **seinen ~ verfehlt haben** haber errado la vocación; **von ~** de profesión; de oficio; **was sind Sie von ~?** ¿qué profesión tiene usted?

be'rufen[1] ‹*irr; ohne* ge-› A VT **j-n zu etw ~** nombrar (*od* designar) para; **~ werden** ser nombrado para B VR **sich auf etw** (*acus*) **~** remitirse a a/c, acogerse a a/c; *bes* JUR invocar a/c; (*etw geltend machen*) *a.* hacer valer a/c; **sich auf j-n ~** remitirse *od* apelar a alg; **sich darauf ~, dass ...** hacer valer que ...; remitirse a que ...; **sich auf seine Unkenntnis ~** alegar su ignorancia

be'rufen[2] ADJ llamado; REL elegido; (*befugt*) autorizado; (*zuständig*) competente; (*geeignet*) idóneo; **~ sein zu** estar llamado (*od* destinado) a; tener vocación para; **sich zu etw ~ fühlen** sentirse llamado a a/c; sentir vocación de a/c

be'ruflich A ADJ profesional B ADV de profesión; profesionalmente; **was machen Sie ~** ¿cuál es su profesión?; ¿a qué se dedica usted?; **was macht sie/er ~?** *a.* ¿en qué trabaja?; **~ erfolgreich sein** tener éxito profesional; **~ verhindert** impedido por sus obligaciones profesionales

Be'rufsanfänger M, **Berufsanfängerin** F principiante *m/f* (en la profesión); **Berufsarmee** F ejército *m* profesional; **Berufsausbildung** F formación *f* profesional; **Berufsausbildungsvertrag** M *Lehre* contrato *m* de aprendizaje; **Berufsaussichten** FPL salida *f* profesional, perspectivas *fpl* profesionales; **Berufsbeamte(r)** M, **Berufsbeamtin** F funcionario *m*, -a *f* de carrera

Be'rufsberater M, **Berufsberaterin** F orientador *m*, -a *f* profesional, consejero *m*, -a profesional; **Berufsberatung** F orientación *f* (*od* asesoramiento *m*) profesional; **Berufsberatungsstelle** F oficina *f* (*od* centro *m*) de orientación profesional

Be'rufsbezeichnung F denominación *f* de una profesión; identificación *f* de puestos; **Berufsbild** N configuración *f* de una profesión; **Berufseignung** F aptitud *f* profesional; **Berufserfahrung** F experiencia *f* profesional; **mangelnde ~** falta *f* de experiencia profesional; **Berufsethos** N ética *f* profesional; **Berufsfachschule** F escuela *f* (*od* centro *m*) de formación profesional; *sp a.* instituto *m* laboral; **Berufsfahrer** M, **Berufsfahrerin** F 1 conductor *m*, -a *f* de oficio 2 SPORT corredor *m*, -a *f* profesional; **Berufsgeheimnis** N secreto *m* profesional; **Berufsgenossenschaft** F asociación *f* profesional; *i. e. S* mutua(lidad) *f* de accidentes (de trabajo); **Berufsgruppe** F categoría *f* profesional; **Berufsheer** N ejército *m* profesional; **Berufskleidung** F ropa *f* de trabajo; vestuario *m* profesional; **Berufskonsul** M cónsul *m* de carrera; **Berufskrankheit** F enfermedad *f* profesional

Be'rufsleben N vida *f* profesional; **im ~ stehen** estar en activo

be'rufsmäßig ADJ profesional

Be'rufsmusiker M, **Berufsmusikerin** F músico *m*, -a *f* de profesión (*od* profesional); **Berufsoffizier** M oficial *m* de carrera; **Berufspflichten** FPL deberes *mpl* profesionales; funciones *fpl* del cargo; **Berufspraxis** F práctica *f* (*od* experiencia *f*) profesional; **Berufsrisiko** N riesgo *m* profesional; **Berufsschule** F centro *m* (*od* escuela *f*) de formación profesional, *sp* instituto *m* laboral, escuela *f* de enseñanza profesional

Be'rufsschüler M, **Berufsschülerin** F alumno *m*, -a *f* de formación profesional

Be'rufsschullehrer M, **Berufsschullehrerin** F profesor *m*, -a *f* de formación profesional; **Berufsschulwesen** N enseñanza *f* (*bzw* formación *f*) profesional

Be'rufssoldat M, **Berufssoldatin** F soldado *m/f* profesional; **Berufsspieler** M, **Berufsspielerin** F (jugador *m*, -a *f*) profesional *m/f* (*a.* SPORT); **Berufssportler** M, **Berufssportlerin** F (deportista *m/f*) profesional *m/f*; **Berufssportlertum** N ‹~s› profesionalismo *m*; **Berufsstand** M gremio *m*

be'rufstätig ADJ que ejerce una profesión, que trabaja, activo; **~ sein** trabajar; ejercer un oficio (*bzw* una profesión); **Berufstätige** M/F ‹~n; ~n; → A› persona *f* en activo; **Berufstätigkeit** F actividad *f* profesional

Be'rufsunfähigkeit F incapacidad *f* profesional; **völlige/teilweise ~** incapacidad *f* permanente total/parcial para la profesión habitual; **Berufsunfall** M accidente *m* de trabajo (*od* laboral); **Berufsverband** M asociación *f* (*od* organización *f*) profesional; colegio *m* profesional; **Berufsverbot** N inhabilitación *f* profesional; **Berufsverbrecher** M, **Berufsverbrecherin** F delincuente *m/f* habitual; **Berufsverkehr** M tráfico *m* en hora punta; **Berufswahl** F elección *f* de una carrera (*bzw* profesión); **Berufszweig** M ramo *m* profesional

Be'rufung F ‹~; ~en› 1 (*Ernennung*) nombramiento *m* (**an** *acus*, **auf** *acus* para); (*Einberufung*) convocatoria *f* 2 *innere*: vocación *f* (**zu** a) 3 (*Verweisung*) referencia *f* (**auf** *acus* a); **unter ~ auf** (*acus*) refiriéndose a; apelando a, invocando (*acus*) 4 JUR apelación *f*; **~ einlegen** apelar (**bei** a; **gegen** contra), apelar; interponer (recurso de) apelación; **einer ~ stattgeben/eine ~ verwerfen** admitir/desestimar un recurso

Be'rufungsbeklagte M/F ‹~n; ~n; → A› JUR apelado *m*, -a *f*; **Berufungsgericht** N tribunal *m*, *Am* corte *f* de apelación; **Berufungsinstanz** F JUR instancia *f* de apelación; **Berufungskammer** F sala *f* de apelación; **Berufungsklage** F recurso *m* de apelación; **Berufungskläger** M, **Berufungsklägerin** F apelante *m/f*; **Berufungsrecht** N derecho *m* de apelación; **Berufungsrichter** M, **Berufungsrichterin** F juez *m*, -a *f* de apelación; **Berufungsverfahren** N procedimiento *m* de apelación

be'ruhen VI ‹*ohne* ge-› 1 **auf etw** (*dat*) **~** basarse en a/c, fundarse en a/c; apoyarse en a/c; (*zurückführbar sein auf*) ser debido a a/c; provenir de a/c, radicar en a/c; **das beruht auf Gegenseitigkeit** es recíproco 2 **etw auf sich** (*acus*) **~ lassen** dejar a/c como está, dejar a/c estar

be'ruhigen ‹*ohne* ge-› A VT 1 **j-n ~** calmar a alg, sosegar a alg; (*j-m die Angst, Sorgen nehmen*) *a.* tranquilizar a alg, aquietar a alg; (*j-n besänftigen*) apaciguar a alg, aplacar a alg; **seien Sie beruhigt!** ¡pierda usted cuidado! 2 *Lage* estabilizar; *Land* pacificar B VR **sich ~** tranquilizarse; calmarse (*a. Meer, Wind*), sosegarse, serenarse (*a. Wetter*); *Lage* estabilizarse; **~ Sie sich!** ¡cálmese usted!

be'ruhigend ADJ tranquilizador, tranquilizante; MED sedante, calmante; **Beruhigung** F ‹~; ~en› 1 apaciguamiento *m*; *der Lage*: estabilización *f* 2 (*Gefühl der Sicherheit*) tranquilidad *f*; **zu deiner/Ihrer ~** para tu/su tranquilidad; **Beruhigungsmittel** N MED calmante *m*, tranquilizante *m*; *fachspr* sedante *m*

be'rühmt ADJ famoso, célebre (**wegen** por); (*bekannt*) renombrado, conocido (**wegen** por); (*hochberühmt*) ilustre; eminente, insigne; **sich ~ machen** hacerse famoso (*od* célebre); **~ werden** adquirir fama (*od* renombre), saltar a la fama; **~-berüchtigt** tristemente famoso; *umg iron* **das ist nicht gerade ~!** ¡no es nada del otro mundo!

Be'rühmtheit F ‹~; ~en› 1 renombre *m*, notoriedad *f*; fama *f*; notabilidad *f*; **~ erlangen** alcanzar fama, saltar a la fama 2 *Person*: celebridad *f*, eminencia *f*; FILM estrella *f*, astro *m* (de la pantalla)

be'rühren ‹*ohne* ge-› A VT 1 *körperlich*: tocar (*a. fig*); (*streifen*) rozar; MATH ser tangente a 2 (*erwähnen, ansprechen*) *Thema, Problem* mencionar, aludir a, tocar 3 *seelisch*: conmover, afectar; **j-n (un)angenehm ~** (des)agradar, causar una impresión (des)agradable a alg; **j-n peinlich ~** avergonzar a alg; **das berührt mich nicht** eso no me impresiona, me deja frío 4 SCHIFF *Hafen* hacer escala en, tocar en B VR **sich ~** 1 tocarse (*a. fig*) 2 (*aneinandergrenzen*) estar contiguo a

Be'rührung F ‹~; ~en› 1 *körperliche*: (con)tacto *m*, toque *m*; (*Streifen*) roce *m* 2 *fig* contacto *m*; relación *f*; **mit j-m/etw in ~ kommen** entrar en contacto (*od* en relación) con alg/a/c 3 MATH tangencia *f*

Be'rührungsangst F hafefobia *f*, miedo *m* al contacto; **Berührungsbildschirm** M IT pantalla *f* táctil; **Berührungsebene** F MATH plano *m* tangente; **Berührungsfläche** F superficie *f* de contacto; **berührungsfrei** ADJ ELEK sin contacto, independiente; **Berührungslinie** F MATH tangente *f*; **Berührungspunkt** M punto *m* de contacto (*a. fig*)

be'rußen VT ‹*ohne* ge-› tiznar (de hollín)

bes. ABK (besonders) especialmente; en particular

be'sabbern VT ‹*ohne* ge-› *umg* ensalivar(se); echar babas; **be'säen** VT ‹*ohne* ge-› sembrar (**mit** de) (*a. fig*); → *a.* besät

be'sagen VT ‹*ohne* ge-› (querer) decir, indicar; (*bedeuten*) significar; (*lauten*) rezar; **das will nicht viel ~** eso no tiene importancia; **das besagt (noch) gar nichts!** ¡eso no quiere decir nada!

be'sagt ADJ mencionado, aludido; (*bereits erwähnt*) susodicho; **der Besagte** *a.* el tal; **an der ~en Stelle** en dicho sitio (*od* lugar), en el sitio (*od* lugar) en cuestión

be'saiten VT ‹*ohne* ge-› MUS encordar; *fig* **zart besaitet** sensible, impresionable

be'samen VT ‹*ohne* ge-› BIOL inseminar; **Besamung** F ‹~; ~en› inseminación *f* (**künstliche** artificial)

Be'san M ‹~s; ~e› SCHIFF mesana *f*

be'sänftigen ‹*ohne* ge-› A VT apaciguar; (*beruhigen*) calmar; aplacar; suavizar; **nicht zu ~** implacable B VR **sich ~** apaciguarse; **Besänftigung** F ‹~; ~en› apaciguamiento *m*

Be'sanmast M SCHIFF (palo *m* de) mesana *f*

be'sät ADJ sembrado (**mit** de); *fig a.* constelado de; salpicado de

Be'satz M ‹~es; ⸚e› guarnición *f*, aplicación *f*; (*Saum*) borde *m*, orla(dura) *f*; (*Volant*) volante *m*; (*Bandbesatz*) ribete *m*

Be'satzer M invasor *m*

Be'satzung F ‹~; ~en› 1 MIL (*Besetzung*) ocupación *f*; (*Garnison*) guarnición *f* 2 SCHIFF, FLUG tripulación *f*; SCHIFF *a.* dotación *f*

Be'satzungsbehörde F autoridades *fpl* de ocupación; **Besatzungsheer** N ejército *m* de ocupación; **Besatzungsmacht** F potencia *f* ocupante (*od* de ocupación); **Besat-**

B

zungssoldat M soldado *m* del ejército ocupante; **Besatzungsstatut** N estatuto *m* de ocupación; **Besatzungstruppen** FPL tropas *fpl* (*od* fuerzas *fpl*) de ocupación; **Besatzungszone** F zona *f* de ocupación

be'saufen V/R ‹*irr; ohne* ge-› *sl* **sich ~** emborracharse; *umg* coger (*od* agarrar) una borrachera (*od* mona *od* cogorza)

Be'säufnis N ‹~ses; ~se› *od* F ‹~; ~se› *sl* reunión *f* para emborracharse; *von Jugendlichen in Parks o. Ä.*: botellón *m*

be'schädigen V/T ‹*ohne* ge-› estropear; dañar; *leicht*: deteriorar (*a.* HANDEL), SCHIFF averiar; **beschädigt** ADJ dañado; **~e Ware** mercancía *f* dañada; **Beschädigung** F ‹~; ~en› deterioro *m*, deterioración *f*; daño *m*; SCHIFF avería *f*; *leichte*: desperfecto *m*

be'schaffen[1] V/T ‹*ohne* ge-› procurar, proporcionar, facilitar; HANDEL *Deckung* proveer; **etw für j-n ~** (*liefern*) *a.* suministrar a/c a alg; **Gelder ~** reunir (*od* allegar *od* captar) fondos

be'schaffen[2] ADJ acondicionado; constituido, hecho; **gut/schlecht ~** bien/mal acondicionado; en buen/mal estado; **wie ist die Straße ~?** ¿en qué condiciones está la carretera?; **so ~, dass** hecho de tal manera que

Be'schaffenheit F ‹~› (*Zustand*) estado *m*, condición *f*; (*Eigenschaft*) índole *f*; (*Qualität*) calidad *f*; (*Art*) naturaleza *f*, índole *f*; *des Körpers*: complexión *f*, constitución *f*; PHIL, PHYS modalidad *f*

Be'schaffung F ‹~› facilitación *f*; suministro *m*; (*Erwerb*) *a.* adquisición *f*; HANDEL *von Deckung etc*: provisión *f*

Be'schaffungskosten PL gastos *mpl* de adquisición; **Beschaffungskriminalität** F delincuencia *f* relacionada con el suministro de drogas

be'schäftigen ‹*ohne* ge-› **A** V/T **1** (*zu tun geben*) **j-n ~** ocupar (*od* dar ocupación) a alg; dar que hacer a alg **2** (*einstellen*) **j-n ~** emplear a alg, dar trabajo (*od* empleo) a alg; colocar a alg **3** *Problem* **j-n ~** preocupar a alg **4** *j-s Aufmerksamkeit etc* ocupar, absorber **B** V/R **sich ~** ocuparse (**mit j-m** de alg; **mit etw** en *od* con a/c), dedicarse (**mit** a); *als Zeitvertreib*: entretenerse (**mit** con); *mit Problemen*: preocuparse, estar inquieto (**mit** por); *fig* **das beschäftigt mich sehr** me preocupa mucho

be'schäftigt ADJ **1** ocupado (**mit** con); **sehr ~ sein** estar muy ocupado (*od* atareado) **2** (*angestellt*) **~ sein bei** estar empleado (*od* colocado) en **3** *geistig*: preocupado (**mit** con)

Be'schäftigte M/F ‹~n; ~n; → A› empleado *m*, -a *f*; **Beschäftigtenzahl** F número *m* de empleados; **Beschäftigter** M → Beschäftigte

Be'schäftigung F ‹~; ~en› **1** (*Tätigkeit*) ocupación *f*, actividad *f*; *bes häusliche*: quehaceres *mpl* **2** (*Arbeit*) trabajo *m*; (*Anstellung*) colocación *f*, empleo *m*; **ohne ~** parado **3** *mit e-m Problem*: preocupación *f* (**mit** por)

Be'schäftigungslage F WIRTSCH nivel *m* de empleo; situación *f* laboral; **beschäftigungslos** ADJ sin ocupación (*od* trabajo); (*arbeitslos*) parado; (*untätig*) inactivo; **Beschäftigungsnachweis** M certificado *m* de empleo; **Beschäftigungspakt** POL, WIRTSCH M pacto *m* de (creación de) empleo; **Beschäftigungspolitik** F política *f* de empleo, política *f* ocupacional; **Beschäftigungsprogramm** N POL, WIRTSCH programa *m* de empleo (*od* ocupacional); *fig z. B. für Kinder*: terapia *f* ocupacional; **Beschäftigungsstand** M nivel *m* de empleo; **Beschäftigungstherapie** F MED terapia *f* ocupacional

be'schälen V/T ‹*ohne* ge-› *Pferde* cubrir, aballar; **Beschäler** M ‹~s; ~› *Hengst* semental *m*

be'schämen V/T ‹*ohne* ge-› avergonzar; abochornar; (*demütigen*) humillar; (*übertreffen*) sobrepujar, dejar atrás; eclipsar; **beschämend** ADJ vergonzoso, bochornoso; humillante; **~ sein** ser vergonzoso; dar vergüenza

be'schämt ADJ avergonzado; **über etw** (*acus*) **~ sein** estar avergonzado por a/c; **Beschämung** F ‹~; ~en› vergüenza *f*; humillación *f*

be'schatten V/T ‹*ohne* ge-› **1** (*Schatten spenden*) sombrear (*a.* MAL), dar sombra a **2** *fig* (*verfolgen*) vigilar estrechamente, seguir los pasos (a alg); **Beschattung** F ‹~; ~en› (*Verfolgung*) seguimiento *m*

Be'schau F ‹~› inspección *f*

be'schauen V/T ‹*ohne* ge-› contemplar; mirar, ver; (*prüfen*) examinar; inspeccionar; **Beschauer** M ‹~s; ~›, **Beschauerin** F ‹~; ~nen› espectador *m*, -a *f*; (*Prüfer, -in*) inspector *m*, -a *f*; **beschaulich** ADJ contemplativo; (*friedlich*) apacible; plácido, sereno; **Beschaulichkeit** F ‹~› contemplación *f*; sosiego *m* espiritual; **Beschauung** F ‹~; ~en› → Beschau

Be'scheid M ‹~(e)s; ~e› **1** (*Auskunft*) información *f* (**über** *acus* sobre); informes *mpl*; (*Benachrichtigung*) aviso *m*, noticia *f*; *behördlich*: notificación *f*, comunicación *f*; **~ erhalten** ser informado de, recibir noticia (*od* aviso); **(j-m) ~ geben** (*Auskunft erteilen*) dar razón (a alg); (*benachrichtigen*) informar (*od* avisar) (a alg); *behördlich*: notificar a alg; **~ hinterlassen** dejar aviso (*od* nota); dar *od* dejar (un) recado **2** (*Entscheidung*) resolución *f*, decisión *f*; JUR *a.* fallo *m*; *vorläufiger*: providencia *f*; *e-s Schiedsgerichtes*: laudo *m*; **abschlägiger ~** (respuesta *f*) negativa *f* **3** **~ wissen** estar enterado *od* informado; estar al corriente; **ich weiß hier ~** conozco bien este lugar; **mit** *od* **in etw** (*dat*) **~ wissen** conocer el oficio (*od umg* el paño), saberse la cartilla; **über etw** (*acus*) **~ wissen** estar enterado (*od* al corriente *od* al tanto) de a/c **4** *umg* **j-m gehörig ~ sagen** *umg* decir a alg cuatro verdades, cantar a alg las cuarenta

be'scheiden[1] ADJ **1** *Person* modesto; (*zurückhaltend*) discreto; (*genügsam*) frugal; (*schlicht*) sencillo, sin pretensiones **2** *Preise etc* moderado, módico **3** (*demütig, ärmlich*) humilde; **aus ~en Verhältnissen stammen** ser de origen humilde

be'scheiden[2] ‹*irr; ohne* ge-› **A** V/T **1** VERW comunicar; (*benachrichtigen*) informar, enterar; *Antrag* **abschlägig ~** rechazar **2** *geh* **es ist mir beschieden** ha sido mi destino; **es war mir nicht beschieden** no me fue dado, no he tenido la suerte de **B** V/R *geh* **sich ~** (*sich begnügen*) conformarse, contentarse (**mit** con)

Be'scheidenheit F ‹~› **1** *e-r Person*: modestia *f*; (*Genügsamkeit*) frugalidad *f*; (*Zurückhaltung*) discreción *f*; (*Demut*) humildad *f* **2** (*Schlichtheit*) sencillez *f*

be'scheinen V/T ‹*irr; ohne* ge-› iluminar; alumbrar; **von der Sonne beschienen** bañado por el sol

be'scheinigen V/T ‹*ohne* ge-› certificar; (*bezeugen*) testificar; atestar, atestiguar; (*beglaubigen*) legalizar; (*bestätigen*) confirmar; **den Empfang ~** *e-s Briefes* acusar recibo de; *e-r Summe* extender un recibo de; VERW **es wird hiermit bescheinigt, dass …** por la presente, certifico que …

Be'scheinigung F ‹~; ~en› certificación *f*; (*Schein*) certificado *m*; atestado *m*; (*Quittung*) recibo *m*

be'scheißen V/T ‹*irr; ohne* ge-› *sl fig* (*betrügen*) engañar; estafar, timar; **j-n (um etw) ~** estafar (a/c) a alg

be'schenken V/T ‹*ohne* ge-› **j-n mit etw ~** obsequiar a alg con a/c; regalar a/c a alg; **reichlich ~** colmar de regalos

Be'schenkte M/F ‹~n; ~n; → A› obsequiado *m*, -a *f*; JUR donatario *m*, -a *f*

be'scheren ‹*ohne* ge-› **A** V/T **1** regalar (**j-m etw** a/c a alg) **2** *fig* **j-m eine Überraschung ~** deparar una sorpresa a alg **B** V/I repartir, distribuir los regalos

Be'scherung F ‹~; ~en› **1** *bes an Weihnachten*: distribución *f* (*od* reparto *m*) de regalos **2** *umg iron* **das ist ja eine schöne ~!** lo que faltaba!, ¡vaya sorpresa!; **da haben wir die ~!** ¡estamos listos (*od* apañados)! **3** *umg fig* (*Durcheinander*) desaguisado *m*, tinglado *m*

be'scheuert ADJ *umg* chiflado, chalado

be'schichten V/T TECH revestir; **beschichtet** ADJ *Pfanne etc* antiadhesivo; **Beschichtung** F ‹~; ~en› TECH revestimiento *m*, recubrimiento *m*

be'schicken V/T ‹*ohne* ge-› **1** TECH *Hochofen etc* cargar, alimentar **2** HANDEL *Märkte* abastecer; *Ausstellung* participar, exponer en; *Messe* concurrir a, estar representado en; **Beschickung** F ‹~; ~en› **1** TECH carga *f*, alimentación *f* **2** *e-s Marktes*: abastecimiento *m*

be'schießen V/T ‹*irr; ohne* ge-› hacer fuego (*od* tirar) sobre, disparar sobre (*od* contra); *Am a.* abalear; *mit Geschützen*: cañonear, bombardear (*a.* PHYS); *mit Maschinengewehren*: ametrallar; **Beschießung** F ‹~; ~en› bombardeo *m*, cañoneo *m*

be'schiffen V/T ‹*ohne* ge-› navegar por

be'schildern V/T ‹*ohne* ge-› *bes* VERKEHR rotular, señalizar; **Beschilderung** F ‹~; ~en› **1** rotulación *f* **2** (*Schilder*) señalización *f*

be'schimpfen V/T ‹*ohne* ge-› insultar, injuriar, incordiar; afrentar, denostar, ultrajar; **Beschimpfung** F ‹~; ~en› insulto *m*, injuria *f*; afrenta *f*, ultraje *m*

be'schirmen V/T ‹*ohne* ge-› proteger (**vor** contra), amparar; abrigar (de)

Be'schiss M ‹~es› *sl* timo *m*

be'schissen ADJ *sl* jodido; hecho una mierda; **~ aussehen** *umg* tener una pinta horrenda; **es ist alles ~** todo es una mierda; **mir geht's ~** *umg* estoy fatal

be'schlafen V/T ‹*irr; ohne* ge-› **1** *umg* **j-n ~** acostarse con **2** *fig* **etw ~** (*überschlafen*) consultar a/c con la almohada

Be'schlag M ‹~(e)s; ~̈e› **1** TECH guarnición *f*; (*dünner Metallbeschlag*) chapa *f*; (*Eisenbeschlag, Hufbeschlag*) herraje *m*; *pl* **Beschläge** *an Türen, Büchern*: bisagras *fpl* **2** *auf Glas*: vaho *m*; *auf Fensterscheiben etc a.*: empañadura *f*; CHEM eflorescencia *f* **3** *fig* **in ~ nehmen** *od* **mit ~ belegen** *Plätze* ocupar; *fig* monopolizar; JUR *Besitz* embargar, incautarse de; confiscar; *Konto* intervenir; *Schmuggel-, Raubgut* decomisar; MIL requisar; *fig* **j-n in ~ nehmen** acaparar a alg; *j-s Aufmerksamkeit*: acaparar la atención de alg

be'schlagen[1] ‹*irr; ohne* ge-› **A** V/T TECH reforzar, guarnecer de; *mit Platten*: chapear; *Schuh* clavetear; *mit Eisen*: herrar (*a. Pferd*), ferrar; *mit Ziernägeln*: tachonar **B** V/I(V/R) **(sich) ~** *Fenster, Spiegel etc* empañarse; *Metall* deslustrarse, oxidarse; *Wände* cubrirse de humedad

be'schlagen[2] ADJ *fig* entendido, versado; experimentado; **in etw** (*dat*) **(gut) ~ sein** ser un entendido en a/c; conocer a fondo a/c; **Beschlagenheit** F ‹~› experiencia *f*, conocimiento *m* profundo (**in** de)

Be'schlagnahme F ‹~; ~n› JUR *v. Besitz* embargo *m*; incautación *f*, confiscación *f*; *e-s Kontos*: intervención *f*; *v. Schmuggel-, Raubgut*: decomiso *m*; MIL requisa *f*; **beschlagnahmen** V/T ‹*ohne* ge-› JUR confiscar, secuestrar, incautarse de, intervenir, decomisar, embargar

be'schlagsicher ADJ *Glas* antivaho

be'schleichen VT *‹irr; ohne* ge-› 1 acercarse cautelosamente (*od* a pasos sigilosos); *Wild a.* rastrear 2 *fig Angst etc* **j-n ~** sobrecoger a alg, asaltar a alg

be'schleunigen ‹*ohne* ge-› A VT acelerar (*bes* AUTO, PHYS); *a. Angelegenheit* apresurar; precipitar; (*vorantreiben*) *a.* agilizar; **das Tempo ~** acelerar (*od* aumentar) la velocidad; **seine Schritte ~** aligerar (*od* agilizar) el paso B VI acelerar (la velocidad) C VR **sich ~** *Tempo* aumentar

be'schleunigend ADJ acelerante, acelerador; **Beschleuniger** M ‹~s; ~› TECH, PHYS acelerador *m*

be'schleunigt ADJ acelerado, apresurado; MED **~er Puls** pulso *m* acelerado; JUR **~es Verfahren** (juicio *m*) sumario *m*

Be'schleunigung F ‹~; ~en› aceleración *f* (*a.* AUTO, PHYS), *a. e-r Angelegenheit*: apresuramiento *m*; **plötzliche ~** acelerón *m*, *Mex* acelerada *f*

Be'schleunigungskraft F PHYS fuerza *f* aceleradora; **Beschleunigungsmesser** M acelerómetro *m*; **Beschleunigungsspur** F *Verkehr*: carril *m* de aceleración; **Beschleunigungsvermögen** N AUTO poder *m* de aceleración, reprise *f*; **Beschleunigungszeit** F AUTO tiempo *m* de aceleración

be'schließen VT ‹*irr; ohne* ge-› 1 (*beenden*) terminar, acabar, concluir; *e-e Kolonne etc* cerrar 2 (*entscheiden*) decidir, resolver; *gemeinsam*: acordar; (*anordnen*) ordenar; **~ zu** (*inf*) decidir (*inf*); POL *durch Abstimmung*: votar; **das ist beschlossene Sache** es asunto concluido

Be'schluss M ‹~s; ¨~e› decisión *f*; *bes politischer*: resolución *f*, *gemeinsamer*: acuerdo *m*; JUR auto *m*; **einen ~ fassen** tomar una decisión (*od* un acuerdo)

be'schlussfähig ADJ **(nicht) ~ sein** POL (no) haber (*od* [no] alcanzar el) quórum; **Beschlussfähigkeit** F quórum *m*; **die ~ feststellen** comprobar el quórum

Be'schlussfassung F ‹~› toma *f* de decisiones; **beschlussunfähig** ADJ sin quórum; **~ sein** no alcanzar el quórum

be'schmieren VT ‹*ohne* ge-› 1 (*beschmutzen*) embadurnar, pringar 2 (*bestreichen*) *Brot* untar (**mit** con); *mit Fett*: pringar, engrasar; *mit Teer*: embrear 3 (*bekritzeln*) garabatear; emborronar

be'schmutzen VT ‹*ohne* ge-› 1 manchar (*a. fig*), ensuciar (**mit** con); *stärker*: emporcar; (*bespritzen*) salpicar 2 *fig* enfangar; profanar; **das eigene Nest ~** lavar en público los trapos sucios

Be'schneidemaschine F máquina *f* recortadora; *für Papier*: guillotina *f*; **Beschneidemesser** N *für Papier*: cuchilla *f* recortadora

be'schneiden VT ‹*irr; ohne* ge-› 1 (*kürzen*) (re)cortar; acortar; *Baum* podar; *Reben* desbarbillar; *Hecken etc* recortar, igualar; *Fingernägel* cortar; *Buch* desvirar 2 *fig Freiheit, Rechte etc* recortar 3 MED circuncidar

Be'schneidung F ‹~; ~en› 1 (re)corte *m* (*a. fig*); cercenadura *f*; *Baum*: poda *f* 2 *fig* acortamiento *m*, reducción *f* 3 MED circuncisión *f*

be'schneit ADJ nevado, cubierto de nieve

Be'schnittene(r) M ‹~n; ~n; → A› circunciso *m*

be'schnuppern ‹*ohne* ge-›, **be'schnüffeln** ‹*ohne* ge-› A VT *Hund etc* husmear, olfatear, oliscar B VR **sich (gegenseitig) ~** aproximarse

be'schönigen VT ‹*ohne* ge-› paliar; cohonestar; (*bemänteln*) disimular, encubrir; (*schönfärben*) colorear; **beschönigend** ADJ paliativo; **~er Ausdruck** eufemismo *m*; **Beschönigung** F ‹~; ~en› paliación *f*, atenuación *f*, cohonestación *f*; excusa *f*; disimulo *m*

be'schottern VT ‹*ohne* ge-› BAHN balastar; *Straße* enguijarrar, cubrir de grava; **Beschotterung** F ‹~› balasto *m*

be'schränken ‹*ohne* ge-› A VT limitar (**auf** *acus* a); circunscribir; (*einengen*) restringir, reducir; coartar B VR **sich ~ auf** (*acus*) limitarse a, contraerse a, ceñirse a; **beschränkend** ADJ limitativo; restrictivo, JUR taxativo

be'schrankt ADJ BAHN con barreras

be'schränkt ADJ 1 *Mittel* limitado, escaso; restringido; (*eng*) estrecho, apretado; (*gering*) escaso; (*ungenügend*) insuficiente; **in ~en Verhältnissen leben** vivir con estrechez; HANDEL **~e Annahme** aceptación *f* condicionada 2 *fig* (*engstirnig, geistig beschränkt*) corto (de alcances), de pocas luces, de pocos alcances

Be'schränktheit F ‹~› 1 *der Mittel*: limitación *f*, escasez *f*; *e-s Raumes*: estrechez *f*; insuficiencia *f*; (*Mangel*) escasez *f*; *der Zeit*: brevedad *f*; *des Einkommens*: modicidad *f* 2 *fig* (*Engstirnigkeit*) corto entendimiento *m*; insuficiencia *f* mental

Be'schränkung F ‹~; ~en› limitación *f*, restricción *f* (**auf** *acus* a); medida *f* restrictiva; (*Kürzung*) acortamiento *m*; **~en auferlegen** imponer restricciones

be'schreiben VT ‹*irr; ohne* ge-› 1 (*schildern*) describir; *anschaulich*: pintar, retratar; *erzählend*: relatar, narrar; (*erläutern*) explicar; *Person* dar las señas de; **genau ~** detallar, entrar en detalles sobre, particularizar, *bes* HANDEL especificar; **nicht zu ~** indescriptible 2 *Papier* escribir en (*od* sobre) 3 *fig Kreis, Bahn etc* describir; GEOM *a.* trazar

be'schreibend ADJ descriptivo

Be'schreibung F ‹~; ~en› (*Schilderung*) descripción *f*; (*Darstellung*) retrato *m*; *im Steckbrief*: señas *fpl* personales; (*Bericht*) relato *m*, narración *f*; relación *f*; HANDEL especificación *f*; TECH instrucciones *fpl*; **kurze ~** reseña *f*; **der ~ nach** según la descripción; *umg fig* **das spottet jeder ~** no hay palabras para describirlo

be'schreiten VT ‹*irr; ohne* ge-› andar sobre; pisar; poner el pie en; *fig* **einen Weg ~** tomar (*od* abrir *od* seguir) un camino; *fig* **neue Wege ~** abrir nuevos caminos

be'schriften VT ‹*ohne* ge-› rotular, poner una inscripción en; HANDEL *Kisten etc* marcar; *mit Etikett*: etiquetar; **Beschriftung** F ‹~; ~en› inscripción *f*; etiquetado *m*; (*Etikett, Schild*) rótulo *m*, etiqueta *f*; *e-r Münze etc*: leyenda *f*

be'schuht ADJ calzado

be'schuldigen VT ‹*ohne* ge-› **j-n ~** acusar a alg, inculpar a alg, incriminar a alg; **j-n einer Sache** (*gen*) **~** acusar (*od* inculpar) a alg de a/c; imputar a/c a alg; **Beschuldigte** M/F ‹~n; ~n; → A› JUR inculpado *m*, -a *f*; encausado *m*, -a *f*; **Beschuldigung** F ‹~; ~en› acusación *f*; inculpación *f*, incriminación *f*; (*Bezichtigung*) imputación *f*

Be'schulung F ‹~› VERW escolarización *f*

be'schummeln VT ‹*ohne* ge-› *umg* engañar, embaucar; estafar, timar; **j-n ~** *umg* pegársela a alg, timar a alg

Be'schuss M ‹~es› MIL fuego *m*; cañoneo *m*, bombardeo *m* (*a.* PHYS); **unter ~ nehmen** → beschießen; *fig* **unter ~ geraten** ser blanco de todas las críticas, ser duramente criticado

be'schütten VT ‹*ohne* ge-› cubrir (**mit** de); *mit Flüssigkeiten*: verter sobre

be'schützen VT ‹*ohne* ge-› proteger (**vor** *dat* de, contra), guardar (**vor** *dat* de); amparar (**vor** *dat* de); defender (**vor** *dat* de, contra); **Beschützer** M ‹~s; ~›, **Beschützerin** F ‹~; ~nen› protector *m*, -a *f*; defensor *m*, -a *f*; **Beschützung** F ‹~› protección *f*; amparo *m*; defensa *f*

be'schwatzen VT ‹*ohne* ge-› *umg* **j-n ~** (, **etw zu tun**) engatusar a alg (para que haga a/c)

Be'schwerde F ‹~; ~n› 1 (*Klage, Kritik*) queja *f* (*a.* JUR); reclamación *f*; *Prozessrecht*: recurso *m* (de queja); *sp* recurso *m* de alzada; **~ einlegen gegen** elevar una protesta contra; formular una queja contra; presentar una reclamación (**bei** a); JUR interponer recurso de queja; **j-m Grund zu ~n geben** dar a alg motivos de queja 2 MED *mst pl* **~n** achaques *mpl*; molestias *fpl*; dolores *mpl*; (*Störung*) trastorno *m*; **~n des Alters** achaques de la vejez 3 (*Bürde*) carga *f*; (*Mühe*) pena *f*; fatiga *f*; molestia *f*

Be'schwerdebrief M carta *f* de reclamación; **Beschwerdebuch** N libro *m* de reclamaciones

be'schwerdefrei ADJ MED sin molestias; **~ sein** *a.* estar libre de molestias; no tener molestias

Be'schwerdeführer M ‹~s; ~›, **Beschwerdeführerin** F ‹~; ~nen› reclamante *m/f*; JUR recurrente *m/f*; **Beschwerdepunkt** M objeto *m* de la queja (*bzw* reclamación); **Beschwerdeschrift** F escrito *m* de queja; **Beschwerdeverfahren** N JUR procedimiento *m* del recurso de queja

be'schweren ‹*ohne* ge-› A VT cargar (**mit** de); (*schwerer machen*) poner un peso a; *fig* gravitar sobre; *seelisch*: pesar sobre; ser una carga (*od* un peso) para B VR **sich (bei j-m) ~** quejarse (a *od* ante alg) (**über** *acus* de)

be'schwerlich ADJ (*lästig*) molesto, enojoso, oneroso; (*ermüdend*) fatigoso; (*unbequem*) incómodo; (*hart*) penoso, pesado; **j-m ~ fallen** molestar; importunar a alg; **Beschwerlichkeit** F ‹~; ~en› molestia *f*, importunidad *f*; (*Unbequemlichkeit*) incomodidad *f*; (*Schwierigkeit*) dificultad *f*

Be'schwerung F ‹~; ~en› carga *f*

be'schwichtigen VT ‹*ohne* ge-› tranquilizar, aquietar, calmar (*a. fig Gewissen*); (*besänftigen*) apaciguar; *Zorn* aplacar; **Beschwichtigung** F ‹~; ~en› apaciguamiento *m*; tranquilización *f*; aplacamiento *m*

be'schwindeln VT ‹*ohne* ge-› 1 mentir (a alg) 2 (*betrügen*) engañar, embaucar, *umg* timar, socaliñar

be'schwingt ADJ alado; (*froh gestimmt*) alegre, eufórico, animado; *Gang* ligero; **~e Melodien** música *f* amena; **Beschwingtheit** F ‹~› animación *f*; dinamismo *m*

be'schwipst ADJ *umg* alegre, bebido; *umg* alumbrado, achispado, piripi

be'schwören VT ‹*irr; ohne* ge-› 1 *bes* JUR afirmar bajo juramento; jurar 2 (*heraufbeschwören*) *Geister, Erinnerungen* evocar 3 (*bannen*) *Geister, Schlangen* conjurar; *Geister a.* exorcizar; *Schlangen a.* encantar 4 **j-n ~** (*anflehen*) suplicar a alg, implorar a alg, conjurar a alg

Be'schwörer M ‹~s; ~›, **Beschwörerin** F ‹~; ~nen› conjurador *m*, -a *f*; exorcista *m/f*; **Beschwörung** F ‹~; ~en› 1 *bes* JUR confirmación *f* (*bzw* afirmación *f*) bajo juramento 2 (*Heraufbeschwörung*) evocación *f* 3 (*Bannung*) conjuro *m*; exorcismo *m* 4 (*Flehen*) *oft pl*: **~en** súplicas *fpl*; **Beschwörungsformel** F fórmula *f* de exorcismo; conjuro *m*

be'seelen VT ‹*ohne* ge-› *geh* animar; inspirar; (*beleben*) dar aliento a, vivificar

be'seelt ADJ *geh* animado (**von** por); inspirado; **Beseelung** F ‹~› *geh* animación *f*; inspiración *f*

be'sehen VT ‹*irr; ohne* ge-› **(sich** *dat*) **etw/j-n ~** (*betrachten*) mirar (*od* contemplar) a/c/a alg; *prüfend a.*: examinar a/c/a alg; **genau ~** mirándolo bien

be'seitigen VT ‹*ohne* ge-› 1 *Müll etc* eliminar;

quitar; *Hindernisse* remover, quitar de en medio; *Schwierigkeiten* allanar, orillar; *Missstände* aclarar; *Spuren* borrar; *Zweifel* disipar, desvanecer **2** *(abschaffen)* abolir; suprimir **3** *Schaden* reparar; *Übel* remediar **4** **j-n ~** eliminar a alg; *Gegner* deshacerse de alg; POL liquidar a alg; *(töten)* deshacerse de alg; eliminar a alg

Be'seitigung F ⟨~; ~en⟩ **1** *v. Müll etc*: eliminación *f*; *v. Hindernissen a.*: remoción *f* **2** *(Abschaffung)* abolición *f*; supresión *f* **3** *e-s Gegners*: eliminación *f*; liquidación *f*

be'seligen VT ⟨ohne ge-⟩ *geh* hacer feliz (*od* dichoso), llenar de felicidad; REL beatificar; **beseligt** ADJ *geh* lleno de felicidad

'Besen M ⟨~s; ~⟩ **1** escoba *f*; *grober*: escobón *m*; *fig* **mit eisernem ~ kehren** poner orden con mano dura; *umg fig* **ich fresse einen ~, wenn ...!** ¡que me maten si ...!; *sprichw* **neue ~ kehren gut** escoba nueva barre bien **2** MUS *(Jazzbesen)* escobilla *f* **3** *umg fig pej (Frau)* loro *m*, callo *m*; arpía *f*

'Besenbinder M ⟨~s; ~⟩, **Besenbinderin** F ⟨~; ~nen⟩ escobero *m*, -a *f*; **Besenginster** M BOT retama *f* de escobas, escobón *m*; **besenrein** ADV barrido; **Besenreiser** NPL *umg* MED arañitas *fpl*, varículas *fpl*; **Besenschrank** M escobero *m*

'Besenstiel M palo *m* (*od* mango *m*) de (la) escoba; *umg fig* **steif wie ein ~** con cara de palo; *umg* **er hat wohl einen ~ verschluckt** *umg* está más tieso que un ajo, está tieso como un ajo

be'sessen ADJ **1** poseído (**von** *dat* de); *fig* obsesionado (**von** *dat* con); endemoniado; **von einer Idee ~ sein** estar obsesionado con una idea **2** *(rasend)* frenético, furioso; **wie ~** como loco

Be'sessene M/F ⟨~n; ~n; → A⟩ poseso *m*, -a *f*, endemoniado *m*, -a *f*; obseso *m*, -a *f*; **wie ein ~r** como un loco; **Besessenheit** F ⟨~⟩ obsesión *f*, idea *f* fija; manía *f*; *(Raserei)* frenesí *m*, furia *f*

be'setzen VT ⟨ohne ge-⟩ **1** *(in Besitz nehmen) Platz, Haus etc* ocupar (*a.* MIL); *Sitzplatz a.* reservar; MIL *feindliche Stellung* tomar **2** *Amt, Stelle*, proveer, cubrir; **eine offene Stelle ~** cubrir una vacante **3** THEAT *Rolle* repartir; MUS instrumentar, orquestar; **die Rollen ~** repartir los papeles, hacer el reparto **4** *Kleid etc* guarnecer (**mit** de); *(schmücken)* adornar (**mit** con) **5** BOT *(bepflanzen)* plantar de **6** *Teich mit Fischen*: poblar **7** TECH *Bohrloch* llenar

be'setzt ADJ **1** *Platz etc* ocupado (*a.* MIL, TEL, WC); *Zug, Bus, Hotel* completo; *Stelle* cubierto; **dicht ~** repleto, abarrotado, atestado; **voll ~** a tope; THEAT **voll ~es Haus** lleno *m* total **2** TEL **~ sein** estar comunicando, estar ocupado; **die Leitung ist ~** no hay línea

Be'setztton M, **Besetztzeichen** N TEL señal *f* de ocupado (*od* de línea ocupada)

Be'setzung F ⟨~; ~en⟩ **1** *e-s Hauses, Landes*: ocupación *f* (*a.* MIL) **2** *e-s Amts, Postens*: provisión *f* **3** THEAT reparto *m*, *bes Am* elenco *m* **4** MUS *mit Musikern*: composición *f* (del conjunto instrumental), plantilla *f* instrumental; *mit Instrumenten*: instrumentación *f* **5** SPORT *(Mannschaft)* composición *f* del equipo

be'sichtigen VT ⟨ohne ge-⟩ **1** *Sehenswürdigkeit* visitar; *Gegend* ver, mirar; reconocer **2** *prüfend*: inspeccionar (*a.* MIL); examinar; MIL *Truppen* revistar, pasar revista a; **Besichtigung** F ⟨~; ~en⟩ **1** *von Sehenswürdigkeiten*: visita *f* **2** *(Prüfung)* examen *m*; *amtlich*: inspección *f* (*a.* MIL); *(Parade)* revista *f*

be'siedeln VT ⟨ohne ge-⟩ poblar; *(kolonisieren)* colonizar; **dicht/dünn besiedelt** densamente/poco poblado; **Besiedelung** F ⟨~; ~en⟩ colonización *f*; **Besiedelungsdichte** F densidad *f* de población

be'siegeln VT ⟨ohne ge-⟩ sellar (*a. fig*); *fig a.* rubricar; decidir; **sein Schicksal ist besiegelt** su destino está decidido

be'siegen VT ⟨ohne ge-⟩ vencer (*a. fig*); SPORT *a.* derrotar, batir; **sich für besiegt erklären** darse por vencido; **Besiegte** M/F ⟨~n; ~n; → A⟩ vencido *m*, -a *f*

be'singen VT ⟨irr; ohne ge-⟩ cantar; *(preisen, rühmen)* celebrar, cantar las glorias de, loar

be'sinnen V/R ⟨irr; ohne ge-⟩ **sich ~** **1** *(überlegen)* reflexionar, meditar; **sich anders** *od* **eines anderen ~** cambiar de opinión (*od* de parecer); **sich eines Besseren ~** cambiar de parecer; pensárselo mejor; **sich hin und her ~** buscar en la memoria; *(zögern)* vacilar; **ohne sich (lange) zu ~** sin vacilar, sin pensarlo dos veces **2** *(sich erinnern)* **sich ~ auf** *(acus)* recordar, acordarse de, hacer memoria de; **wenn ich mich recht besinne** si mal no recuerdo; **~ Sie sich doch!** ¡haga usted memoria!

Be'sinnen N ⟨~s⟩ reflexión *f*; meditación *f*; recuerdo *m*; **besinnlich** ADJ *(nachdenklich)* pensativo; contemplativo; meditabundo; tranquilo; *Buch etc* que da que pensar

Be'sinnung F ⟨~⟩ **1** *(Bewusstsein)* conocimiento *m*; sentido *m*; **die ~ verlieren** perder el conocimiento (*od* el sentido), desmayarse; **(wieder) zur ~ kommen** recobrar el conocimiento (*od* el sentido), volver en sí **2** *fig (Vernunft)* razón *f*, sentido *m*; **j-n zur ~ bringen** hacer entrar en razón a alg; **(wieder) zur ~ kommen** entrar en razón; volver a la razón **3** *(Überlegung)* reflexión *f*, meditación *f* (**auf** *acus* sobre); **Stunde der ~** hora *f* de meditación

be'sinnungslos ADJ **1** *(bewusstlos)* sin conocimiento (*od* sin sentido), desmayado **2** *(unüberlegt)* inconsciente, insensato; *(außer sich)* sin sentido, insensato; **Besinnungslosigkeit** F ⟨~⟩ **1** *(Bewusstlosigkeit)* desmayo *m*, síncope *m* **2** *fig* inconsciencia *f*; *(Außersichsein)* insensatez *f*

Be'sitz M ⟨~es⟩ **1** posesión *f* (*gen od* **an, von** *dat* de); *v. Aktien, Waffen etc*: tenencia *f*; **unrechtmäßiger ~** detentación *f*; **im ~ von** *od (gen)* **sein** estar en posesión de, poseer; **in ~ nehmen** *od* **~ ergreifen von** tomar posesión de, posesionarse de; **in den ~ von etw gelangen** entrar en posesión de a/c; **in j-s ~** *(acus)* **übergehen** pasar a posesión de alg **2** *(Besitztum)* propiedad *f*, posesión *f*; *(Güter)* bienes *mpl*; *(Vermögen)* patrimonio *m*

be'sitzanzeigend ADJ GRAM posesivo; **~es Fürwort** (pronombre *m*) posesivo *m*

be'sitzen VT ⟨irr; ohne ge-⟩ poseer; *(innehaben)* estar en posesión de, tener (*a. Eigenschaft etc*); *als Eigentümer*: ser propietario de; *unrechtmäßig*: detentar; *Talent etc* estar dotado de; *(ausgestattet sein mit)* estar provisto de, estar equipado con; *(sich erfreuen)* gozar de; **die ~den Klassen** las clases pudientes

Be'sitzer M ⟨~s; ~⟩ poseedor *m*, posesor *m*; *(Inhaber)* tenedor *m*; portador *m*; *(Eigentümer)* propietario *m*, dueño *m*; amo *m*; **den ~ wechseln** cambiar de dueño

Be'sitzergreifung F toma *f* de posesión (**von** de); *bes* MIL ocupación *f*; JUR accesión *f*; *widerrechtliche, gewaltsame*: usurpación *f*; *(Annexion)* anexión *f*

Be'sitzerin F ⟨~; ~nen⟩ poseedora *f*, posesora *f*; *(Inhaberin)* tenedora *f*; *(Eigentümerin)* propietaria *f*, dueña *f*; **besitzerlos** ADJ AUTO *etc* abandonado; **Besitzerwechsel** M cambio *m* de propietario; traspaso *m* de propiedad

Be'sitzklage F JUR acción *f* posesoria; **besitzlos** ADJ sin bienes; **Besitznahme** F ⟨~⟩ → Besitzergreifung; **Besitzrecht** N derecho *m* de posesión; título *m* de propiedad; **Besitzstand** M estado *m* de posesión; HANDEL *(Aktiva)* activo *m*; **seinen ~ vergrößern** aumentar su patrimonio (*od* su activo *od* su fortuna); **Besitzstandsdenken** N mentalidad *m* orientada a los derechos adquiridos; **Besitztitel** M JUR título *m* de propiedad; *Urkunde*: escritura *f* (de propiedad); **Besitztum** N ⟨~s; ¨er⟩ posesión *f*; bienes *mpl*; *(Anwesen) a.* finca *f*, propiedad *f* (rural), hacienda *f*; **Besitzübertragung** F transmisión *f* (*bzw* traspaso *m*) de propiedad

Be'sitzung F ⟨~; ~en⟩ *geh* → Besitztum

Be'sitzurkunde F → Besitztitel; **Besitzwechsel** M → Besitzerwechsel

be'soffen ADJ *sl* embriagado, borracho; **~ sein** *umg* tener una tajada (*od* una merluza *od* una cogorza *od* una curda); **total ~ sein** estar hecho una cuba; **Besoffenheit** F ⟨~⟩ borrachera *f*, embriaguez *f*

be'sohlen VT ⟨ohne ge-⟩ poner medias suelas

be'solden VT ⟨ohne ge-⟩ *bes Beamte*: asalariar, pagar (un sueldo) a; **besoldet** ADJ asalariado; **Besoldung** F ⟨~; ~en⟩ *v. Beamten, Soldaten*: sueldo *m*; MIL *a.* paga *f*; *für ein Amt*: emolumentos *mpl*

Be'soldungsgruppe F ≈ escalafón *m*; **Besoldungsordnung** F reglamentación *f* de sueldos; **Besoldungsstelle** F pagaduría *f*; **Besoldungszulage** F sobresueldo *m*, suplemento *m* de sueldo

be'sondere(r, -s) ADJ **1** *allg* especial, particular; *(unterscheidend)* distintivo; **~ Kennzeichen** particularidades *fpl*; características *fpl* especiales; *e-r Person*: señas *fpl* particulares; **~ Umstände** circunstancias *fpl* especiales; **im Besonderen** en particular, sobre todo, especialmente **2** *(eigentümlich)* propio, peculiar; *(typisch)* típico, específico; **das Besondere daran ist ...** lo más notable en ello es ... **3** *(außergewöhnlich)* excepcional, extraordinario; *(einmalig)* singular, único; **etw Besonderes** *(etw Ungewöhnliches)* algo fuera de lo común; *(etw anderes)* algo aparte; algo desacostumbrado; **er hat etw Besonderes in seiner Art** tiene un no sé qué en su modo de ser; **sie hält sich für etw Besonderes** se cree algo especial; cree que es algo aparte **4** *verneint*: **ohne ~ Begeisterung** sin gran entusiasmo; **nichts Besonderes** nada (de) extraordinario; *pej* **das ist nichts Besonderes** no es gran cosa, no tiene importancia, *umg* no es ninguna cosa del otro jueves (*od* mundo)

Be'sonderheit F ⟨~; ~en⟩ especialidad *f*; particularidad *f*; *(Einmaligkeit)* singularidad *f*; *(Eigentümlichkeit)* peculiaridad *f*; *bes* HANDEL especialidad *f*

be'sonders ADV **1** particularmente, especialmente; *(ausdrücklich) a.* expresamente; **ganz ~** especialmente, excepcionalmente **2** *(vor allem)* en especial, en particular; *(hauptsächlich)* principalmente; sobre todo; máxime **3** *(sehr)* muy; **nicht ~** *als Antwort*: regular, así así **4** *(außergewöhnlich)* excepcionalmente, singularmente **5** *(gesondert)* aparte, por separado

be'sonnen ADJ *(vernünftig)* sensato, considerado, reflexivo; *(vorsichtig)* prudente, circunspecto; **Besonnenheit** F ⟨Besonnenheit⟩ sensatez *f*, reflexión *f*; *(Vorsicht)* prudencia *f*; circunspección *f*; *(Geistesgegenwart)* presencia *f* de ánimo

be'sonnt ADJ *Landschaft etc* soleado

be'sorgen VT ⟨ohne ge-⟩ **1** *(beschaffen)* procurar, proporcionar, facilitar (**j-m etw** a/c a alg); conseguir (**j-m etw** a/c para alg); **sich** *(dat)* **etw ~** procurarse a/c **2** *(erledigen)* hacer, agenciar; ocuparse en (*od* de); *(übernehmen)* encargarse de; *Auftrag* hacer, ejecutar, efectuar; *Geschäfte*

B

atender a; *Brief* despachar; *Korrespondenz* llevar; **den Haushalt ~** llevar la casa **3** *reg (kaufen)* adquirir, comprar **4** *umg* **dem habe ich es aber (gründlich) besorgt!** *umg* le he dicho cuatro verdades

Be'sorgnis F ⟨~; ~se⟩ preocupación *f*, inquietud *f*; *(Furcht)* temor *m*; aprensión *f*; **~ erregen** causar preocupación (*od* inquietud); **in ~ geraten** alarmarse

be'sorgniserregend, Besorgnis erregend ADJ alarmante, inquietante, preocupante

be'sorgt ADJ preocupado (**wegen, um** por); intranquilo, inquieto, *stärker:* alarmado (**wegen** por); *(ängstlich bemüht)* solícito; **das macht mich ~** esto me preocupa (*bzw* me inquieta)

Be'sorgtheit F ⟨~⟩ inquietud *f*, preocupación *f*; solicitud *f*

Be'sorgung F ⟨~; ~en⟩ **1** *(Beschaffung)* consecución *f*; provisión *f* **2** *(Einkauf)* compra *f*; *(Botengang)* recado *m*; **~en machen** ir de compras; hacer recados **3** *(Erledigung)* gestión *f*, ejecución *f*; *von Geschäften:* despacho *m*

be'spannen VT ⟨ohne ge-⟩ **1** *mit Stoff* revestir (de tela); MUS *mit Saiten:* encordar, poner cuerdas a; *Geigenbogen* encerdar **2** *mit Pferden:* enganchar; *mit Ochsen:* uncir; **Bespannung** F ⟨~; ~en⟩ *mit Stoff:* revestimiento *m* (*a.* FLUG); MUS, *v. Tennisschlägern:* cordaje *m*; *(Saiten)* encordado

be'spicken VT ⟨ohne ge-⟩ *Braten* mechar; *fig* **bespickt mit** erizado de; **be'spiegeln** VR ⟨ohne ge-⟩ **sich ~** mirarse al espejo; *fig* admirarse; **be'spielen** VT ⟨ohne ge-⟩ *Kassette, Tonband etc:* grabar (**mit** con); **be'spitzeln** VT ⟨ohne ge-⟩ **j-n ~** espiar a alg, seguir los pasos a alg; **be'spötteln** VT ⟨ohne ge-⟩ burlarse (*od* hacer mofa) de

be'sprechen ⟨irr; ohne ge-⟩ **A** VT **1** *Angelegenheit* hablar de (*od* sobre), tratar de; conferenciar sobre; *(erörtern)* discutir sobre, debatir; **etw mit j-m ~** consultar a/c con alg **2** *(rezensieren) Buch etc* reseñar, hacer una crítica de **3** TEL, MUS **das Band ~** grabar un mensaje *etc* en **4** *Krankheit* curar por ensalmo, ensalmar **B** VR **sich mit j-m ~** conversar (*od* conferenciar) con alg (**über** *acus* sobre); entrevistarse (*od* abocarse) con alg; consultar con alg

Be'sprechung F ⟨~; ~en⟩ **1** *(Gespräch)* conversación *f*; entrevista *f*; *(Beratung)* consulta *f*; *(Erörterung)* discusión *f*, debate *m* **2** *(Sitzung, Konferenz)* conferencia *f*, reunión *f*; **eine ~ abhalten** celebrar una reunión; **die ~ absagen** suspender la reunión; **er ist in einer ~** está reunido **3** *(Rezension, Kritik)* reseña *f*, crítica *f*; *(Kommentar)* comentario *m* **4** REL *(Beschwörung)* conjuro *m*

Be'sprechungsexemplar N ejemplar *m* de reseña; **Besprechungsraum** M, **Besprechungszimmer** N sala *f* de reuniones (*od* de conferencias); sala *f* de juntas

be'sprengen VT ⟨ohne ge-⟩ rociar; regar; KATH *mit Weihwasser:* asperjar, hisopear; **Besprengung** F ⟨~⟩ rociad(ur)a *f*; KATH *mit Weihwasser:* aspersión *f*; *(Bewässerung)* riego *m*

be'springen VT ⟨irr; ohne ge-⟩ ZOOL cubrir, montar; **Bespringen** N ⟨~s⟩ ZOOL cubrición *f*, monta *f*

be'spritzen VT ⟨ohne ge-⟩ rociar; regar; *mit Schmutz:* salpicar; **be'spucken** VT ⟨ohne ge-⟩ escupir en (*od* sobre); **be'spülen** VT ⟨ohne ge-⟩ *Ufer etc* bañar; *Felsen* batir

'Bessemerbirne F TECH convertidor *m* (de) Bessemer

'besser (*komp v.* **gut** *u.* **wohl**) **A** ADJ **1** mejor; *(verbessert)* mejorado; *(überlegen)* superior (**als** a); **ein ~er Herr** un señor, un caballero; **die ~en Leute** *umg* la gente bien; **~ sein** ser mejor (**als** que); ser superior (**als** a); *(mehr wert sein)* valer más; **es wäre ~, wenn** sería mejor (*od* preferible) *(inf)*, más valdría *(inf)*; *iron* **das wäre noch ~!** ¡es lo que faltaba!; **~ ist ~** lo seguro seguro es; por si acaso; **~ werden** mejorar (*a. Wetter*); *Kranke a.* aliviarse **2** *substantivisch:* **der Bessere** el mejor; **das Bessere** lo mejor; **j-n eines Besseren belehren** desengañar a alg, abrir los ojos a alg; **etwas Besseres können Sie nicht tun** no podría usted hacer mejor cosa; **ich habe Besseres zu tun** tengo otras cosas (*od* cosas más importantes) que hacer (*bzw* en qué pensar); **sich zum Besseren wenden** *od* **eine Wendung zum Besseren nehmen** cambiar a mejor **B** ADV **1** *allg* mejor (**als** que); **~ als nichts** mejor que nada, algo es algo; **immer ~** cada vez mejor, de mejor en mejor; **je eher, desto ~** cuanto antes mejor; **umso ~** (tanto) mejor **2** *mit inf, pperf:* **er ist ~ dran als ich** está en mejor posición que yo; **das gefällt mir ~** me gusta más; **es geht** *(wirtschaftlich)* **~** las cosas van mejorando; **es geht ihm heute ~** hoy se encuentra mejor; hoy está (*od* sigue) mejor; **~ gesagt** mejor dicho, más bien; **etw ~ können** poder hacer mejor a/c; **~ machen** mejorar; hacer mejor; **etw ~ wissen** saber mejor a/c; **ich täte ~ (daran) zu gehen** sería mejor (*od* más valdría) que me marchase; **lass das ~ bleiben** mejor, déjalo

'bessern **A** VT mejorar, perfeccionar; *(reformieren)* reformar **B** VR **sich ~** *moralisch:* corregirse, enmendarse, cambiar de vida; reformarse; *gesundheitlich:* aliviarse, mejorar(se); HANDEL *Kurse, Preise* subir; *Wetter* mejorar(se), serenarse

'Besserung F ⟨~⟩ mejora *f*; mejoramiento *m*; *moralisch:* enmienda *f*, corrección *f*; reforma *f*; MED mejoría *f* (*a. Wetter*), alivio *m*; WIRTSCH *des Marktes:* recuperación *f*; *Preis, Kurs:* alza *f*; MED **auf dem Wege der ~ (sein)** (estar) en vías de restablecimiento; **gute ~!** ¡que se alivie (*od* mejore)!

'Besserungsanstalt F *obs* correccional *m*, reformatorio *m*; **besserungsfähig** ADJ corregible

'Besserverdienende M/F ⟨~n; ~n; → A⟩ persona *f* con ingresos altos; **Besserwisser** M ⟨~s; ~⟩, **Besserwisserin** F ⟨~; ~nen⟩ *umg* sabelotodo *m/f*, sabihondo *m*, -a *f*

be'stallen VT ⟨ohne ge-⟩ VERW **j-n ~** *(ernennen)* nombrar a alg *(para un cargo)*; *(einsetzen)* instalar a alg (**zu** en); **Bestallung** F ⟨~; ~en⟩ nombramiento *m*; **Bestallungsurkunde** F nombramiento *m*; credencial *f*; patente *f*

Be'stand M ⟨~(e)s; ⸚e⟩ **1** *(Bestehen)* existencia *f*; *(Fortbestand)* permanencia *f*; *(Dauerhaftigkeit)* durabilidad *f*; *(Haltbarkeit)* estabilidad *f*; consistencia *f*; **von ~ sein** *od* **~ haben** ser estable, ser durable (*od* duradero), (per)durar **2** HANDEL *(Warenbestand)* existencias *fpl* (**an** *dat* de), stock *m*; *(Sachverzeichnis)* inventario *m*; *(Kassenbestand)* efectivo *m* en caja; *an Effekten:* cartera *f*; *v. Tieren, Pflanzen:* población *f*; *v. Vieh:* efectivo *m* (*a.* MIL), censo *m*; **den ~ aufnehmen** hacer inventario, inventariar; **die Bestände ergänzen** reponer existencias

be'standen ADJ **A** PPERF → bestehen **B** ADJ **1** *Prüfung* aprobado **2** **mit Bäumen ~** arbolado

be'ständig ADJ **1** estable (*a. Wetter u.* WIRTSCH); constante; *(unveränderlich)* invariable, inalterable **2** *(dauerhaft)* permanente; *(andauernd)* constante, continuo, persistente **3** *Person (beharrlich)* perseverante, persistente **4** TECH *(widerstandsfähig)* resistente (**gegen** a); *Farben* fijo, inalterable; *Material* consistente; **Beständigkeit** F ⟨~⟩ **1** *a. des Wetters:* estabilidad *f* **2** *(Dauerhaftigkeit)* constancia *f*; persistencia *f*; permanencia *f*; *(Unveränderlichkeit)* invariabilidad *f*, inmutabilidad *f* **3** *e-r Person: (Beharrlichkeit)* perseverancia *f* **4** *gegen Hitze:* resistencia *f*

Be'standsaufnahme F *(Inventur)* (formación *f* de) inventario *m* (*a. fig*); **körperliche ~** inventario *m* físico; **eine ~ machen** hacer inventario (*a. fig*); **Bestandsbuch** N libro-inventario *m*; **Bestandskontrolle** F control *m* de existencias (*od* de inventario); **Bestandsliste** F **Bestandsverzeichnis** N inventario *m*

Be'standteil M componente *m*; *(Einzelteil)* parte *f*; *(Zusatz)* ingrediente *m*; *(Grundbestandteil)* elemento *m*; **wesentlicher ~** parte *f* esencial (*od* integrante *od* constitutiva), constitutivo *m*; **sich in seine ~e auflösen** descomponerse, desintegrarse; *umg i. w. S* estropearse

be'stärken VT ⟨ohne ge-⟩ fortalecer; *(unterstützen)* apoyar (**in** *dat* en); *(bestätigen)* confirmar, corroborar; **Bestärkung** F ⟨~; ~en⟩ confirmación *f*, corroboración *f*

be'stätigen ⟨ohne ge-⟩ **A** VT **1** *(für richtig erklären)* confirmar (*a. Urteil, Aufträge*); *(bescheinigen)* certificar; *amtlich:* legalizar; *Vertrag* ratificar; *Gesetz* sancionar; *(rechtsgültig machen)* validar; **den Empfang ~** acusar recibo de; **j-n im Amt ~** confirmar a alg en su cargo **2** *Vermutung, Theorie etc* confirmar, corroborar, reforzar **B** VR **sich ~** confirmarse, resultar ser cierto

be'stätigend ADJ comprobante; *bes* JUR confirmatorio

Be'stätigung F ⟨~; ~en⟩ **1** *(Auftragsbestätigung)* confirmación *f*; certificación *f*; legalización *f*; *e-s Schreibens:* acuse *m* de recibo; *(Bescheinigung)* certificado *m* **2** *e-r Vermutung, Theorie:* comprobación *f*; **Bestätigungsschreiben** N carta *f* confirmatoria; confirmación *f* escrita

be'statten VT ⟨ohne ge-⟩ enterrar, inhumar, sepultar; dar sepultura a; **Bestattung** F ⟨~; ~en⟩ entierro *m*, inhumación *f*, sepultura *f*; sepelio *m*

Be'stattungsinstitut N funeraria *f*, pompas *fpl* fúnebres; **Bestattungskosten** PL gastos *mpl* del entierro; **Bestattungsunternehmer** M, **Bestattungsunternehmerin** F dueño *m*, -a *f* (*od* titular *m/f*) de una funeraria; empresario *m*, -a *f* de pompas fúnebres

be'stäuben VT ⟨ohne ge-⟩ **1** empolvar; espolvorear; GASTR **mit Mehl ~** enharinar **2** BOT polinizar; **Bestäubung** F ⟨~; ~en⟩ **1** empolvoramiento *m*; espolvoreo *m* **2** BOT polinización *f*

be'staunen VT ⟨ohne ge-⟩ mirar con asombro; *(bewundern)* admirar

'beste(r, -s) ADJ & ADV (*sup v.* **gut** *u.* **wohl**) **1** *allg* mejor, óptimo; **mein ~r Freund** mi mejor amigo; **~n Dank!** *a. iron* un millón de gracias **2** **am ~n** lo mejor; **es ist am ~n so** es mejor así; **das gefällt mir am ~n** es lo que más me gusta; **sie fährt am ~n mit dem Zug** lo mejor es que vaya en tren; **es wäre am ~n, wenn ich jetzt ginge** lo mejor sería que me fuese ahora **3** *Wendungen mit präp:* **aufs ~** *od* **Beste** lo mejor posible; del mejor modo posible; **auf dem ~n Weg(e) sein zu** *inf* estar en el mejor camino para *inf*; **im ~n Alter** *od* **in den ~n Jahren** en la flor de su edad, en la plenitud de la vida; en los mejores años; **in ~m Einvernehmen** en la mayor armonía; **im ~n Fall(e)** en el mejor de los casos, *umg* a todo tirar; **in ~m Zustand** en perfecto estado; **mit den ~n Wünschen** con los mejores deseos; **nach ~n Kräften** con todo empeño; **sich von der ~n Seite zeigen** mostrarse por el lado bueno

'Beste M/F ⟨~n; ~n; → A⟩ **der/die ~** el/la mejor;

B

der/die erste ~ el primero/la primera que se presente (*od* que llegue); cualquiera
'Beste(s) N ⟨~n; → A⟩ **1** **das ~** lo mejor; **das erste ~** lo que sea; **das ~ vom ~n** lo más selecto; la flor y nata; **ich will nur dein ~s** sólo quiero lo mejor para ti; **zu Ihrem ~n** en interés suyo, por su bien; **zum ~n von** *od* (*gen*) a beneficio de **2** (*das Bestmögliche*) **sein ~s tun** *od* **geben** hacer todo lo posible; hacer lo (mejor) que se pueda; **das ~ aus etw machen** sacar el mejor partido a a/c **3** *fig* **etw zum ~n geben** recitar a/c en público; **j-n zum ~n halten** *od* **haben** burlarse de alg, *umg* tomar el pelo a alg
be'stechen ⟨*irr; ohne* ge-⟩ **A** VT **j-n ~** sobornar a alg, corromper a alg; *umg* untar a alg (*od* la mano de alg); *Beamte, Richter a.* cohechar a alg (**durch** por); **sich ~ lassen** venderse; **sich nicht ~ lassen** ser incorruptible **B** VI *fig* seducir (**durch** por)
be'stechend ADJ seductor, tentador
be'stechlich ADJ sobornable, corruptible; (*käuflich*) venal; **~ sein** *umg* abrir la mano; **Bestechlichkeit** F ⟨~⟩ corruptibilidad *f*; venalidad *f*; **Bestechung** F ⟨~; ~en⟩ soborno *m*; *v. Beamten, Richtern a.*: cohecho *m*
Be'stechungsgeld N soborno *m*, *umg* unto *m*; **Bestechungsversuch** M tentativa *f* de soborno (*od umg* de unto)
Be'steck N ⟨~(e)s; ~e⟩ **1** (*Essbesteck*) cubierto *m*, *koll* cubertería *f* **2** MED instrumental *m*, estuche *m* (de instrumentos) **3** SCHIFF (*Standortbestimmung*) estima *f*; **das ~ nehmen** tomar la estima
be'stecken VT ⟨*ohne* ge-⟩ guarnecer de; *mit Nadeln*: prender con; **mit Pflanzen ~** adornar con plantas
Be'steckkasten M cubertero *m*
be'stehen ⟨*irr; ohne* ge-⟩ **A** VI **1** *zssgn* V/UNPERS (*existieren*) existir, haber (*Bedenken etc*); (*fortbestehen*) subsistir, (per)durar, permanecer, persistir; (*noch bestehen*) quedar; (*weiter Gültigkeit haben*) seguir vigente; **~ bleiben** seguir, quedar en pie; *fig* perdurar; persistir; **es besteht keine Gefahr mehr** ya no hay peligro **2** **~ aus** *Material* ser de; (*zusammengesetzt sein*) constar de, componerse de, estar formado (*od* compuesto) por; **~ in** (*dat*) consistir en, fundarse (*od* basarse) en; residir (*od* estar) en **3** (*beharren*) **~ auf** (*dat*) insistir en; persistir en; mantenerse en; *hartnäckig*: empeñarse (*od* obstinarse) en; **darauf ~, dass ...** insistir en que ... (*subj*); **sie besteht auf ihrer Meinung** insiste en su opinión **4** (*sich behaupten*) **~ (können)** mantenerse, sostenerse; *mit seiner Ansicht*: mantener su punto de vista; **gegen j-n ~** mantenerse firme (*od* mantener su punto de vista) frente a alg **B** VT **1** (*aushalten, überstehen*) soportar; *Gefahren* superar, arrostrar; *Kampf* sostener; *Sturm, Krise* aguantar; **ein Abenteuer ~** pasar una aventura **2** *erfolgreich*: salir victorioso de; *Probe* resistir, salir airoso de; **eine Prüfung ~** aprobar un examen; **eine Prüfung nicht ~** suspender (*od* no aprobar) un examen; *fig* **die Probe ~** pasar la prueba, salir airoso
Be'stehen N ⟨~s⟩ **1** existencia *f*; **seit ~ unserer Firma** desde el establecimiento de nuestra casa **2** (*Beharren*) insistencia *f* (**auf** *dat* en)
be'stehend ADJ **1** (*existierend*) existente; (*gegenwärtig*) presente, actual; (*gültig*) vigente; (*noch bestehend*) subsistente; **vorher ~** preexistente **2** (*zusammengesetzt*) **~ aus** compuesto de, formado por
be'stehlen VT ⟨*irr; ohne* ge-⟩ **j-n ~** robar a alg; **ich bin bestohlen worden** me han robado
be'steigen VT ⟨*ohne* ge-⟩ *Bus, Thron etc* subir a; *Fahrrad* montar en; *Pferd* montar a; *Berg* subir a, ascender a, escalar; *Schiff, Flugzeug* subir a bordo; **Besteigung** F ⟨~; ~en⟩ subida *f*; *e-s Berges a.*: ascensión *f*, escalada *f*; *des Thrones*: subida *f*, advenimiento *m*
Be'stellabteilung F departamento *m* de pedidos; **Bestellbuch** N HANDEL libro *m* de pedidos
be'stellen VT ⟨*ohne* ge-⟩ **1** *Waren* encargar; HANDEL *a.* hacer un pedido; *Taxi, im Lokal*: pedir; *Platz, Zimmer etc* reservar **2** (*kommen lassen*) hacer (*od* mandar) venir; **j-n (zu sich) ~** llamar (*od* citar) a alg, hacer venir a alg **3** *Grüße, Nachricht* dar (**für, an** *acus* a; **von** de parte de); **j-m eine Nachricht** *etc* **bestellen** dar un recado, *etc* a alg; **kann ich ihm/ihr etw ~?** ¿le puedo dar un recado? **4** AGR *Feld* cultivar; *fig geh* **sein Haus ~** organizar su casa **5** **es ist schlecht um sie bestellt** va mal; **es ist schlecht damit bestellt** esto toma mal cariz **6** (*ernennen*) nombrar; **j-n zum Verteidiger ~** nombrar a alg defensor **7** *umg fig* **er hat hier nicht viel** *od* **nichts zu ~** *umg* no pinta nada aquí
Be'steller M ⟨~s; ~⟩, **Bestellerin** F ⟨~; ~nen⟩ ordenante *m/f*, comitente *m/f*; (*Kunde, Kundin*) cliente *m/f*; comprador *m*, -a *f*; *e-r Zeitung*: suscriptor *m*, -a *f*
Be'stellformular N formulario *m* de pedidos, hoja *f* de pedido; **Bestellgebühr** F, **Bestellgeld** N derechos *mpl* de entrega a domicilio; **Bestellkarte** F tarjeta *f* de pedido; **Bestellliste** F catálogo *m*; **Bestellnummer** F número *m* de referencia (*od* de pedido); **Bestellschein** M hoja *f* (*od* nota *f od* boletín *m*) de pedido; *e-r Zeitung etc*: boletín *m* de suscripción
Be'stellung F ⟨~; ~en⟩ **1** (*Auftrag*) encargo *m*, HANDEL *a.* pedido *m*, orden *f*; *e-r Zeitung*: suscripción *f*; (*Vorbestellung*) reserva *f*; **auf ~ von** por encargo de; **bei ~** al hacer el pedido; **laut ~** según encargo (*od* orden); **eine ~ aufgeben** hacer un pedido; **~ per Internet** telepedido *m* **2** (*Botschaft*) recado *m* **3** AGR cultivo *m* **4** (*Ernennung*) nombramiento *m*
Be'stellzettel M HANDEL → Bestellschein; *Bibliothek*: papeleta *f* de petición
'bestenfalls ADV en el mejor de los casos; (*höchstens*) a lo sumo, como máximo
'bestens ADV muy bien, estupendamente; **das hat sich ~ bewährt** ha dado un resultado estupendo; **(ich) danke ~!** ¡muchísimas gracias! (*a. iron*)
'bester, bestes ADJ → beste(r, -s)
Bester M → Beste
be'steuerbar ADJ imponible
be'steuern VT ⟨*ohne* ge-⟩ gravar (con impuestos); imponer contribuciones; **Besteuerung** F ⟨~; ~en⟩ imposición *f* (de tributación) gravamen *m*; tributación *f*
Be'steuerungsgrundlage F base *f* imponible; **Besteuerungszeitraum** M período *m* impositivo
'Bestform F ⟨~⟩ SPORT mejor condición *f* (*od* forma *f*); **in ~ sein** estar en su mejor momento; estar en perfecta forma; **zur ~ auflaufen** mejorar, optimizar su juego
besti'alisch ADJ bestial, brutal; **Bestiali'tät** F ⟨~; ~en⟩ bestialidad *f*, brutalidad *f*
be'sticken VT ⟨*ohne* ge-⟩ bordar, recamar
'Bestie F ⟨~; ~n⟩ **1** bestia *f* feroz, fiera *f* **2** *fig Mensch*: bestia *f*, fiera *f* (humana), monstruo *m*, bruto *m*
be'stimmbar ADJ determinable; *von Begriffen*: definible
be'stimmen ⟨*ohne* ge-⟩ **A** VT **1** (*festlegen*) fijar, determinar; *vertraglich*: estipular; (*entscheiden*) *a.* decidir; (*anordnen*) decidir, mandar; (*vorschreiben*) prescribir; **er/sie hat hier nichts zu ~** ahí no tiene (ni) voz ni voto **2** **j-n ~ etw zu tun** (*überzeugen*) determinar a alg a hacer a/c; (*beeinflussen*) incitar (*od* inducir) a alg a hacer a/c; **sich von etw ~ lassen** dejarse influir por a/c **3** (*vorsehen*) disponer, destinar (**für** para); (*aussersehen*) designar; destinar (**zu, für** a); **zum Erben ~** instituir (por) heredero; **j-n zu seinem Nachfolger ~** nombrar a alg sucesor **4** (*ermitteln*) analizar, determinar (*a.* CHEM, MATH, PHYS, BIOL); *genau*: precisar, especificar; MED *Krankheit* diagnosticar **5** BOT, ZOOL *Pflanzen, Tiere* identificar; (*einordnen*) clasificar; *Begriff* definir **6** (*vorherbestimmen*) predeterminar, predestinar **B** VI (*befehlen*) decidir, mandar; *umg* **hier bestimme ich!** ¡aquí mando yo!; **wer hat hier zu ~?** ¿quién manda aquí?; **über etw** (*acus*) **~** decidir a/c; **über j-n ~** disponer de alg
be'stimmend ADJ determinante, decisivo; definitorio; GRAM determinativo
be'stimmt **A** ADJ **1** (*feststehend*) determinado (*a.* MATH), concreto, fijo **2** (*speziell*) especial; (*gewiss*) cierto; **~e Leute** *pl* ciertas personas *fpl*; **etwas Bestimmtes** algo concreto; **nichts Bestimmtes** nada en especial (*od* en concreto) **3** (*entschieden*) decidido; seguro; (*deutlich*) explícito, expreso; (*energisch*) *Ton, Worte* enérgico, terminante, categórico; *im Auftreten etc*: firme, resuelto **4** (*vorgesehen*) **~ sein für** *od* **zu** estar destinado para; *v. Schicksal*: estar predestinado para; SCHIFF *etc* **~ nach** con destino a **5** GRAM determinado, definido; GRAM **der ~e Artikel** el artículo determinado *od* definido **B** ADV (*gewiss, sicher*) seguro; ciertamente, seguramente; **ganz ~** con toda (*od* absoluta) seguridad, con toda certeza, sin falta; **etw ~ wissen** saber a/c a ciencia cierta (*od* de seguro), estar seguro de a/c; **er/sie kommt ~** viene seguro; es seguro que vendrá, vendrá sin falta
Be'stimmtheit F ⟨~⟩ **1** (*Entschlossenheit*) resolución *f*, determinación *f* **2** (*Sicherheit*) seguridad *f*; (*Gewissheit*) certeza *f* **3** **mit ~** (*gewiss*) con certeza (*od* seguridad); (*kategorisch*) categóricamente
Be'stimmung F ⟨~; ~en⟩ **1** (*Feststellung*) determinación *f*; (*Festsetzung*) fijación *f*; (*Entscheidung*) decisión *f* **2** (*Vorschrift*) reglamento *m*; (*Verfügung*) disposición *f*; *e-s Vertrages*: estipulación *f*, cláusula *f* (*a. e-s Testamentes*); *e-s Gesetzes*: prescripción *f*; *oft pl*: **die ~en** el reglamento; **das verstößt gegen die ~en** va contra el reglamento **3** (*Zweck*) destino *m*; **seiner ~ übergeben** *Gebäude etc* abrir al público **4** (*Schicksal*) destino *m*; (*Berufung*) vocación *f*; (*Ernennung*) designación *f*; *fig* **das war ~** estaba escrito **5** GRAM (*nähere Bestimmung*) complemento *m*; **adverbiale ~** complemento *m* adverbial **6** (*Schätzung*) apreciación *f*; tasación *f*; CHEM análisis *m* (cuantitativo *bzw* cualitativo); MED *e-r Krankheit*: diagnóstico *m*; BOT, ZOOL identificación *f*; (*Einordnung*) clasificación *f*
Be'stimmungsbahnhof M estación *f* de destino; **Bestimmungshafen** M puerto *m* de destino; **Bestimmungsland** N ⟨~(e)s; ¨er⟩ país *m* de destino; **Bestimmungsmethode** F CHEM método *m* de análisis; **Bestimmungsort** M lugar *m* (*od* punto *m*) de destino; HANDEL **frei ~** porte pagado, franco lugar de destino; **am ~ eintreffen** llegar al punto de destino; **Bestimmungswort** N ⟨~(e)s; ¨er⟩ GRAM determinante *m*; **Bestimmungszweck** M destino *m*
be'stirnt ADJ estrellado, constelado
'Bestleistung F, **Bestmarke** F **1** SPORT récord *m*, mejor marca *f*, plusmarca *f* **2** TECH rendimiento *m* máximo; **bestmöglich** ADJ el/la/lo mejor posible

Best.-Nr. ABK (Bestellnummer) número *m* de pedido
be'stoßen VT ⟨irr; ohne ge-⟩ TECH (abkanten) descantillar
be'strafen VT ⟨ohne ge-⟩ castigar (**wegen, für** por; **mit** con); JUR penar; sancionar; *mit Geld*: multar, imponer una multa a; SPORT penalizar; **Bestrafung** F ⟨~; ~en⟩ castigo *m*; punición *f*; JUR pena *f*; sanción *f*; SPORT penalización *f*
be'strahlen VT ⟨ohne ge-⟩ **1** (*hell erleuchten*) iluminar **2** PHYS irradiar (*a.* MED); MED *Therapie*: tratar con rayos X; **Bestrahlung** F ⟨~; ~en⟩ **1** iluminación *f* **2** PHYS irradiación *f* (*a.* MED); exposición *f* a la radiación; MED *Therapie*: radioterapia *f*
be'streben VR ⟨ohne ge-⟩ **sich ~** esforzarse por, afanarse por; pretender
Be'streben N ⟨~s⟩ empeño *m*; afán *m*, anhelo *m*; **in dem ~ …** animado(s) del deseo …
be'strebt ADJ **~ sein, etw zu tun** esforzarse por (hacer) a/c; **Bestrebung** F ⟨~; ~en⟩ esfuerzo *m*; afán *m*, intento *m*; tentativa *f*; aspiración *f*, anhelo *m*
be'streichen VT ⟨irr; ohne ge-⟩ (*überziehen*) cubrir (**mit** con, de); *Brot etc* untar; *mit Öl*: aceitar; **mit Butter ~** untar con mantequilla; **mit Farbe ~** pintar
be'streiken VT *Betrieb, Fabrik* boicotear (mediante huelga)
be'streitbar ADJ discutible, contestable; disputable, impugnable
be'streiten VT ⟨irr; ohne ge-⟩ **1** (*abstreiten, leugnen*) negar; (*bezweifeln*) poner en duda (*od* en tela de juicio) **2** *Kosten* cubrir, pagar, sufragar; **seinen Unterhalt selbst ~** mantenerse a sí mismo **3** *fig* **die Unterhaltung ~** hacer el gasto de la conversación
Be'streitung F ⟨~; ~en⟩ (*das Abstreiten*) disputa *f*; negación *f*; **zur ~ seines Lebensunterhalts** para asegurar su sustento; **zur ~ der Unkosten** para costear los gastos
be'streuen VT ⟨ohne ge-⟩ espolvorear (**mit** de, con); *Boden* esparcir sobre, cubrir de; *mit Mehl*: enharinar; *mit Blumen etc*: sembrar de; *mit Sand*: enarenar; *mit Salz und Pfeffer*: salpimentar
be'strickend ADJ *geh* encantador, seductor, cautivador
'Bestseller M superventas *m*; best-séller *m*; **Bestsellerliste** F lista *f* de best-séllers
be'stücken VT ⟨ohne ge-⟩ MIL, SCHIFF artillar; armar (**mit Kanonen** con cañones); **Bestückung** F ⟨~; ~en⟩ MIL, SCHIFF (piezas *fpl* de) artillería *f*, cañones *mpl*; armamento *m*
be'stürmen VT ⟨ohne ge-⟩ asaltar (*a.* MIL); **mit Bitten ~** importunar con ruegos; **mit Fragen ~** asediar (*od* asaetar *od* acosar) a preguntas; **Bestürmung** F ⟨~; ~en⟩ asalto *m*
be'stürzen VT ⟨ohne ge-⟩ consternar; (*aus der Fassung bringen*) *a.* aturdir, desconcertar; (*erschrecken*) asustar, sobresaltar
be'stürzt ADJ consternado; (*fassungslos*) desconcertado, aturdido; (*sprachlos*) pasmado, estupefacto, perplejo (**über** *acus* por); (*erschrocken*) asustado; *stärker*: espantado, aterrado; **Bestürzung** F ⟨~⟩ consternación *f*; (*Fassungslosigkeit*) aturdimiento *m*; (*Sprachlosigkeit*) pasmo *m*, estupefacción *f*, perplejidad *f*; (*Schrecken*) sobresalto *m*; **zu meiner ~** para mi consternación
'Bestwert M (valor *m*) óptimo *m*; **Bestzeit** F SPORT mejor tiempo *m*, mejor marca *f*
Be'such M ⟨~(e)s; ~e⟩ **1** visita *f* (**bei, in** *dat* a, en); *regelmäßiger od häufiger*: frecuentación *f* de; **j-m einen ~ abstatten** hacer una visita a alg (*a.* MED); **seinen ~ ankündigen** anunciar su visita; **einen ~ (bei j-m) machen** visitar (*od* ir a ver) (a alg); **auf** *od* **zu ~ sein** estar de visita **2** *e-r Schule etc*: asistencia *f* **3** *Gast, Gäste* visita *f*; **sie hat ~** tiene visita; **es ist ~ da** hay visita
be'suchen VT ⟨ohne ge-⟩ **1** **j-n ~** visitar a alg, ir a ver a alg, hacer una visita a alg; **sie besucht mich morgen** viene a verme mañana; **wann ~ Sie uns mal wieder?** ¿cuándo tendremos el gusto de que nos vuelva a visitar? **2** *Ort, Sehenswürdigkeiten* visitar, ver; *Städte a.* recorrer; *oft, gewohnheitsmäßig*: frecuentar; **gut/schwach besucht** muy/poco concurrido; **gut besucht sein** *a.* registrar una buena entrada; **viel besucht** muy frecuentado **3** *Vortrag, Versammlung, Schule etc* asistir a, ir a
Be'sucher M ⟨~s; ~⟩, **Besucherin** F ⟨~; ~nen⟩ **1** (*Gast*) visita *f*; huésped *m*; *offizielle(r)*: visitante *m/f*; **gerade einen ~ empfangen** estar con una visita, tener una visita **2** (*Zuschauer, -in*) espectador *m*, -a *f*; **Besucher** *pl a.* público *m*, concurrencia *f* **3** *regelmäßig*: cliente *m* habitual, parroquiano *m*; **Besucherzahl** F número *m* de visitantes; concurrencia *f*, entrada *f*, asistencia *f*
Be'suchsbericht M HANDEL informe *m* de visita; **Besuchskarte** F tarjeta *f* de visita; **Besuchstag** M día *m* de visita; (*Empfangstag*) día *m* de recibo; **Besuchstermin** M **einen ~ vereinbaren** concertar una cita; **Besuchszeit** F hora(s) *f(pl)* de visita; **Besuchszimmer** N recibidor *m*, sala *f* de visitas
be'sudeln VT ⟨ohne ge-⟩ manchar (*a. fig*), ensuciar; embadurnar; *Namen etc a.* mancillar; (*entweihen*) profanar; **be'tagt** ADJ *geh* de edad avanzada; entrado en años; **be'takeln** VT ⟨ohne ge-⟩ SCHIFF aparejar, enjarciar; **be'tasten** VT ⟨ohne ge-⟩ tocar, tentar, palpar (*a.* MED)
'Betastrahlen MPL PHYS rayos *mpl* beta
be'tätigen ⟨ohne ge-⟩ **A** VT TECH (*bedienen*) accionar; maniobrar, hacer funcionar; (*in Gang setzen*) poner en funcionamiento (*od* en marcha) **B** VR **sich ~** actuar (**in** *dat* en), ocuparse (**in** *dat* de, en); **sich ~ an** (*dat*) *od* **bei** participar en, tomar parte (activa) en; **sich ~ als** actuar de, trabajar de; **sich politisch ~** dedicarse a la política
Be'tätigung F ⟨~; ~en⟩ **1** (*Tätigkeit*) actividad *f*, acción *f*; actuación *f*, ocupación *f*; **körperliche ~** ejercicio *m* físico **2** TECH (*Bedienen*) accionamiento *m*; puesta *f* en marcha (*od* en funcionamiento)
Be'tätigungsfeld N campo *m* de actividades; esfera *f* de acción; **Betätigungshebel** M palanca *f* de accionamiento
be'tatschen VT ⟨ohne ge-⟩ *umg plump*: sobar, manosear; *bes Frau sl* magrear
be'täuben ⟨ohne ge-⟩ **A** VT **1** MED *durch Narkose*: anestesiar, narcotizar; **örtlich ~** insensibilizar **2** **j-n ~** *durch e-n Schlag*: aturdir a alg; *durch Lärm*: ensordecer a alg; *durch e-n Duft etc*: embriagar a alg **3** *Schmerz* calmar, amortiguar; *fig* **seinen Kummer** *etc* **~** ahogar las penas **B** VR **sich ~** aturdirse (**mit** *dat* con, **durch** *acus* por)
be'täubend ADJ **1** MED anestesico, narcótico **2** *Lärm* ensordecedor; *Schlag* aturdidor (*a. fig*); *Duft* embriagador; **be'täubt** ADJ (*ohnmächtig*) desmayado; (*benommen*) aturdido (*a. fig*), atontado; **wie ~ sein** estar como atontado
Be'täubung F ⟨~; ~en⟩ **1** MED anestesia *f*, narcotización *f*, *Zustand*: narcosis *f*; **örtliche ~** anestesia *f* local **2** (*Benommenheit*) aturdimiento *m* (*a. fig*); (*Taubheit*) entumecimiento *m*; **Betäubungsmittel** N MED anestésico *m*, narcótico *m*; (*Rauschmittel*) estupefaciente *m*
Betaversion ['be:taverzio:n] F IT etapa *f* beta
'Betbruder M *pej* beato *m*, santurrón *m*, *umg* chupacirios *m*
'Bete F ⟨~; ~n⟩ BOT **Rote ~** remolacha *f* roja
be'teiligen ⟨ohne ge-⟩ **A** VT **j-n ~ an** *od* **bei etw** (*dat*) hacer participar a alg en a/c; interesar a alg en a/c (*a.* HANDEL); (*teilhaben lassen*) dar a alg participación en a/c **B** VR **sich an** *od* **bei etw** (*dat*) **~** tomar parte en a/c, participar en a/c; *Beitrag leistend*: contribuir a a a/c; *helfend*: cooperar a a/c, coadyuvar a a/c; *eingreifend*: intervenir en a/c
be'teiligt ADJ **~ sein** **1** (*mitwirken*) tomar parte (**an** *dat* en); *gefühlsmäßig*: estar interesado, tomar interés (**an** *dat* en) **2** HANDEL, *a. finanziell*: **an etw** (*dat*) **~ sein** participar en a/c; **am Gewinn ~ sein** participar en las ganancias; **mit 30 % ~ sein** participar con un 30 % **3** (*verwickelt sein*) estar implicado (*od* comprometido) (**an** *dat* en)
Be'teiligte M/F ⟨~n; ~n; → A⟩ **1** participante *m/f*, interesado *m*, -a *f* **2** JUR *e-r Straftat*: cómplice *m/f*; *an e-m Prozess* parte *f* interesada **3** WIRTSCH (*Teilhaber*) socio *m*, -a *f*, asociado *m*, -a *f* **4** *an e-m Unfall*: implicado *m*, -a *f*
Be'teiligung F ⟨~; ~en⟩ **1** participación *f* (*a.* SPORT) (**an** *dat* en); interés *m* (*a.* WIRTSCH) **2** (*Teilnehmerzahl*) concurrencia *f*, asistencia *f*; **hohe ~** alta participación *f* **3** (*Mitwirkung*) cooperación *f*, colaboración *f*, concurso *m*; contribución *f* **4** (*Verwicklung*) implicación *f* (**an** *dat* en); JUR complicidad *f*
'Betel M ⟨~s⟩ BOT betel *m*; **Betelnuss** F nuez *f* de areca
'beten VT & VI rezar, orar (**für j-n** por alg; **um etw** por a/c); **zu Gott ~** rogar (*od* pedir) a Dios; *bei Tisch*: bendecir la mesa, rezar el benedícite
be'teuern VT ⟨ohne ge-⟩ afirmar (*od* aseverar) (con insistencia); **seine Unschuld ~** proclamar su inocencia; **Beteuerung** F ⟨~; ~en⟩ protesta *f*; aseveración *f*; afirmación *f* (solemne)
'Bethlehem N ⟨~s⟩ Belén *m*
be'titeln VT ⟨ohne ge-⟩ (in)titular; *Person* tratar de, calificar de; **betitelt sein** llevar por título
Be'ton M ⟨~s; ~s⟩ hormigón *m*; *Am a.* concreto *m*; **Betonbauweise** F construcción *f* en hormigón
be'tonen VT ⟨ohne ge-⟩ **1** *Silbe, Wort* acentuar (*a. fig u.* MUS) **2** *fig* (*hervorheben*) **etw ~** destacar a/c, hacer resaltar a/c; (*unterstreichen*) subrayar a/c; *nachdrücklich*: insistir en a/c, hacer hincapié en a/c, poner de relieve a/c
Be'tonie [be'to:niə] F ⟨~; ~n⟩ BOT betónica *f*
beto'nieren VT ⟨ohne ge-⟩ hormigonar; **Betonieren** N ⟨~s⟩, **Betonierung** F ⟨~; ~en⟩ hormigonado *m*
Be'tonkopf M *fig pej* cabeza *f* de hormigón; **Betonmischer** M, **Betonmaschine** F hormigonera *f*
be'tonnen ⟨ohne ge-⟩ SCHIFF VT (a)balizar; **Betonnung** F ⟨~; ~en⟩ balizaje *m*
be'tont **A** ADJ **1** acentuado; *fig a.* marcado, recalcado; **mit ~er Höflichkeit/Gleichgültigkeit** con ostensible (*od* manifiesta) cortesía/indiferencia **2** PHON **~e Silbe** sílaba *f* tónica **B** ADV acentuadamente, marcadamente, señaladamente; **~ lässig** especialmente desenvuelto
Be'tonung F ⟨~; ~en⟩ acentuación *f* (*a.* MUS); PHON (*Akzent*) acento *m* (*a. fig*); *fig* insistencia *f*, énfasis *m*
be'tören VT ⟨ohne ge-⟩ *geh* **1** (*verführen*) seducir; (*entzücken*) fascinar, embelesar; hechizar; (*verliebt machen*) trastornar, enloquecer **2** (*täuschen*) engañar; **betörend** ADJ seductor; **~es Lächeln** sonrisa *f* seductora
betr. ABK (betreffend, betreffs) concerniente a; con respecto a
Betr. ABK (Betreff) referencia *f*; objeto
Be'tracht M consideración *f*; **außer ~ blei-**

ben dejar de lado; quedar descontado (*od* descartado); **außer ~ lassen** no tomar en consideración (*od* en cuenta); dejar de (*od* a un) lado, pasar por alto; (*nicht erwähnen*) omitir; **(nicht) in ~ kommen** (no) entrar en consideración (*od* en cuenta); (no) hacer (*od* venir) al caso; **für j-n (nicht) in ~ kommen** (no) convenir a alg; **in ~ ziehen** tomar en consideración (*od* en cuenta), considerar

be'trachten VT ‹*ohne* ge-› 1 (*ansehen*) mirar; *genau*: examinar; (*beobachten*) observar; *sinnend*: contemplar; meditar, reflexionar sobre; **genau betrachtet** bien mirado, mirándolo bien; **so betrachtet** visto así 2 *fig* (*halten für*) considerar (**als como**); **j-n als Feind** *etc* **~** considerar enemigo, *etc* a alg

Be'trachter M ‹~s; ~›, **Betrachterin** F ‹~; ~nen› observador *m*, -a *f*, espectador *m*, -a *f*

be'trächtlich ADJ considerable, de consideración; importante, notable; *Kosten, Verluste* cuantioso

Be'trachtung F ‹~; ~en› 1 (*Anschauen*) contemplación *f*; meditación *f*; **bei näherer ~** visto de cerca; **in ~ versunken** meditabundo 2 (*Überlegung*) consideración *f* (**über** *acus* de); reflexión *f* (**über** *acus* sobre); (*Prüfung*) examen *m*; **~en anstellen** reflexionar (**über** *acus* sobre)

Be'trachtungsweise F modo *m* de ver

Be'trag M ‹~(e); ⸚e› 1 (*Summe*) importe *m*, suma *f*, cuantía *f*; (*Gesamtbetrag*) total *m*, montante *m*; **ausstehender ~** importe *m* pendiente; **einen ~ auslegen** adelantar un importe; *Quittung*: **~ erhalten** recibí 2 (*Wert*) valor *m*; **im ~ von** por valor de; que asciende a

be'tragen[1] VT ‹*irr; ohne* ge-› *Geldsumme* ascender a, elevarse a; *Rechnung* importar; **insgesamt ~** totalizar

be'tragen[2] VR ‹*irr; ohne* ge-› **sich ~** comportarse, portarse, conducirse (**gegen** con); **sich schlecht ~** comportarse mal

Be'tragen N ‹~s› comportamiento *m*, conducta *f*; (*Manieren*) modales *mpl*

be'trauen VT ‹*ohne* ge-› **j-n mit etw ~** confiar (*od* encomendar) a/c a alg; **mit einem Amt ~** conferir (*od* investir con) un cargo

be'trauern VT ‹*ohne* ge-› **j-n ~** llorar (*od* sentir) la muerte de alg; **etw ~** *e-n Verlust etc*: lamentar (*od* deplorar) la pérdida de a/c

Be'treff M ‹~(e)s; ~e› HANDEL, VERW *im Briefkopf*: asunto *m*, objeto *m*; **in ~** (*gen*) respecto a (*od* de); a propósito de

be'treffen VT ‹*irr; ohne* ge-› 1 (*angehen*) concernir, atañer, afectar; **das betrifft mich nicht** eso no me afecta (*od* concierne); **was mich betrifft** por lo que a mí respecta (*od* toca), en cuanto a mí, por mi parte; **was das betrifft** en cuanto a esto 2 *geh Unglück etc* **j-n ~** sorprender a alg, coger de improviso a alg 3 *fig* (*berühren*) tocar; (*seelisch bewegen*) afectar, conmocionar; (*sich beziehen auf*) referirse a

be'treffend ADJ (*fraglich*) respectivo; en cuestión; (*zuständig*) competente; (*erwähnt*) aludido; **das ~e Buch** el libro en cuestión; **das ~e Geschäft** el asunto en cuestión, el asunto referido; **der Betreffende** el interesado

be'treffs PRÄP → (*in*) Betreff

be'treiben VT ‹*irr; ohne* ge-› 1 (*ausüben*) *Beruf, Gewerbe, Hobby* ejercer, practicar (*a.* SPORT); *Gewerbe, Studien, Politik* dedicarse a; (*leiten*) dirigir; *Geschäft a.* tener; *Bergbau, Fabrik* explotar; *Prozess* seguir (*una causa*) 2 VERW *Angelegenheit* gestionar; *amtlich a.*: tramitar 3 TECH *Maschine etc* accionar; TECH **mit Strom betrieben werden** funcionar con electricidad

Be'treiben N ‹~s› (*Ausübung*) ejercicio *m*; *e-s Plans etc*: persecución *f*; **auf ~ von** *od* (*gen*) por iniciativa de; a instigación de; *Bitte*: a instancias (*od* a ruego) de

Be'treiber M ‹~s; ~› WIRTSCH operador *m*; gestionador *m*; explotador *m*; **Betreibergesellschaft** F sociedad *f* explotadora

Be'treiberin F ‹~; ~nen› WIRTSCH operadora *f*; gestionadora *f*; explotadora *f*; **Betreibung** F ‹~; ~en› *e-r Sache*: gestión *f*

be'treten[1] VT ‹*irr; ohne* ge-› andar sobre; *Rasen* pisar; poner los pies en; *Raum* entrar en; *Boden* hollar

be'treten[2] A ADJ 1 (*verwirrt*) confuso, desconcertado; perplejo; (*verlegen*) turbado, cortado 2 *Weg* trillado (*a. fig*) B ADV **~ abziehen** ir(-se con el) rabo entre piernas

Be'treten N ‹~s› **~ verboten!** ¡prohibido el paso!; **das ~ des Rasens ist verboten!** ¡prohibido pisar el césped!

be'treuen VT ‹*ohne* ge-› (*sorgen für*) cuidar de; (*pflegen*) atender a, cuidar a; (*helfen*) socorrer a; (*beraten*) asesorar; *Gruppe* acompañar

Be'treuer M ‹~s; ~›, **Betreuerin** F ‹~; ~nen› 1 *e-r Gruppe*: acompañante *m/f*; *für Kinder*: monitor *m*, -a *f*, guía-monitor *m/f* 2 SPORT cuidador *m*, -a *f* 3 SCHULE, UNIV tutor *m*, -a *f* 4 *e-s Kranken*: enfermero *m*, -a *f*

be'treut ADJ **~es Wohnen** N pisos *mpl* con asistencia

Be'treuung F ‹~; ~en› cuidado *m*; atenciones *fpl*; (servicio *m* de) asistencia *f*; asesoramiento *m*; **ärztliche ~** asistencia *f* médica; **Betreuungsstelle** F centro *m* asistencial

Be'trieb M ‹~(e)s; ~e› 1 (*Unternehmen*) empresa *f*, establecimiento *m*; *bes* AGR explotación *f*; (*Fabrik*) fábrica *f*, factoría *f*, manufactura *f*; (*Werkstatt*) taller *m*; **ausbildender ~** establecimiento *m* de formación profesional; **gewerblicher ~** establecimiento *m* industrial *od* comercial; **landwirtschaftlicher ~** explotación *f* agrícola; **öffentlicher** (*od* **staatlicher**) **~** empresa *f* pública; **verarbeitender ~** empresa *f* transformadora; **einen ~ leiten** dirigir una empresa; **einen ~ stilllegen** cesar la explotación, cerrar la empresa 2 TECH (*Ablauf, Gang*) funcionamiento *m*; servicio *m*; marcha *f*; (*Arbeitsweise*) accionamiento *m*; **den ~ aufnehmen** *Fabrik* entrar en funcionamiento; **den ~ einstellen** *e-r Maschine*: suspender el servicio; *e-r Fabrik*: suspender la producción; **in ~ sein** estar en marcha, estar en funcionamiento (*od* funcionando); **in ~ gehen** *Maschine* entrar en servicio; **in ~ setzen** poner en marcha, accionar; **in vollem ~** en plena marcha (*od* actividad); **außer ~** fuera de servicio; *Aufschrift*: no funciona; **außer ~ sein/setzen** *Maschine* estar/poner fuera de servicio 3 *fig* (*Betriebsamkeit*) actividad *f* (intensa), tráfago *m*; (*Rummel*) animación *f*, bullicio *m*, *umg* jaleo *m*; **wir hatten heute viel ~** hoy estuvo (esto) muy animado

be'trieblich ADJ de(l) servicio; empresarial; de (la) empresa; **aus ~en Gründen** por razones técnicas; **~e Altersversorgung** WIRTSCH plan *m* de pensiones para los empleados; plan *m* de pensiones de la empresa

be'triebsam ADJ activo; (*fleißig*) laborioso, trabajador, diligente; industrioso; **Betriebsamkeit** F ‹~› actividad *f*; laboriosidad *f*, diligencia *f*

Be'triebsangehörige M/F miembro *m* de la empresa; **Betriebsanlage** F instalación *f* (técnica); planta *f* industrial; (*Maschinenpark*) equipo *m*; material *m*; **Betriebsanleitung** F, **Betriebsanweisung** F instrucciones *fpl* de servicio; manual *m* del usuario (*od* de servicio); manual *m* de instrucciones; **Betriebsarzt** M, **Betriebsärztin** F médico *m*, -a *f* de empresa; **Betriebsaufwand** M → Betriebskosten; **Betriebsausflug** M excursión *f* colectiva (del personal); **Betriebsausgaben** FPL gastos *mpl* de explotación (*od* de operación); gastos *mpl* operativos

be'triebsbedingt ADJ 1 TECH condicionado por el servicio 2 WIRTSCH **~e Kündigung** *f* despido *m* por razones empresariales (*od* técnicas)

Be'triebsbedingungen FPL condiciones *fpl* de servicio; **Betriebsberater** M, **Betriebsberaterin** F asesor *m*, -a *f* (*od* consultor *m*, -a *f*) de empresas

be'triebsbereit ADJ listo para el empleo; dispuesto para el funcionamiento (*od* para el servicio); preparado; **Betriebsbereitschaft** F disponibilidad *f* de servicio (*od* operacional); IT standby *m*

be'triebsblind ADJ *que ya no ve los defectos de su propia empresa o de su propio trabajo*

Be'triebsbuchführung F contabilidad *f* empresarial; **Betriebsdauer** F duración *f* del servicio; (*Lebensdauer*) *e-r Maschine*: duración *f* útil; **Betriebsdirektor** M director *m* gerente; **betriebseigen** ADJ propio de la empresa; **Betriebseinschränkung** F restricción *f* de servicio; **Betriebseinstellung** F cese *m* de explotación, cierre *m* (de una fábrica); suspensión *f* de servicio; **Betriebsergebnis** N *Buchhaltung* resultado *m* económico (*od* analítico); resultado *m* de explotación; **betriebsfähig** ADJ en condiciones de funcionamiento (*bzw* de servicio); **Betriebsferien** PL vacaciones *fpl* generales (*od* colectivas) de la empresa (*od* del personal); **betriebsfremd** ADJ extraño a la empresa; **Betriebsführer** M, **Betriebsführerin** F jefe *m*, -a *f* de servicio (*bzw* de explotación); **Betriebsführung** F dirección *f* de empresa, gestión *f* empresarial; **Betriebsgeheimnis** N secreto *m* de empresa (*bzw* de explotación); **Betriebsgelände** N recinto *m* de la empresa; **Betriebsgemeinschaft** F explotación *f* en común; **Betriebsgewinn** M WIRTSCH beneficio *m* de explotación; **einen ~ erzielen** lograr (*od* realizar) un beneficio de explotación; **Betriebshaftpflichtversicherung** F seguro *m* de responsabilidad patronal

Be'triebsingenieur [-iøːr] M, **Betriebsingenieurin** F ingeniero *m*, -a *f* del servicio técnico

be'triebsintern ADJ en el seno de la empresa, interempresarial; **~e Schwierigkeiten** dificultades en el seno de la empresa

Be'triebsjahr N ejercicio *m* económico; **Betriebsjubiläum** N aniversario *m* de la empresa; **Betriebskapital** N capital *m* de explotación (circulante); capital *m* operacional; fondos *mpl* operacionales; **Betriebsklima** N condiciones *fpl* de trabajo; ambiente *m* laboral; ambiente *m* de (*od* en) la empresa; **das ~ verbessern** mejorar el ambiente de trabajo; **Betriebskosten** PL gastos *mpl* (*od* costos *mpl*) de explotación (*bzw* de servicio); **allgemeine ~** costes *mpl* fijos de explotación; **Betriebskrankenkasse** F *mutua alemana de enfermedades*; **Betriebsleiter** M, **Betriebsleiterin** F jefe *m*, -a *f* de servicio (*bzw* de explotación), jefe *m* técnico; **Betriebsleitung** F dirección *f* (de la empresa); **Betriebsmaterial** N material *m* de servicio; BAHN material *m* móvil; **Betriebsmittel** NPL medios *mpl* (*od* fondos *mpl*) de explotación; **Betriebsnudel** F *umg hum* F persona *f* muy (*bzw* demasiado) activa; **Betriebsobfrau** F, **Betriebsobmann** M representante *m/f* del personal obrero; **Betriebsordnung** F reglamento *m* de la empresa; **Betriebsprüfer** M, **Betriebsprü-**

ferin F auditor *m*, -a *f*; *staatlicher*: contador *m* público, contadora *f* pública; **Betriebsprüfung** F WIRTSCH auditoría *f*; **externe/interne ~** inspección *f* interna/externa de la empresa; TECH ensayo *m* de servicio; **Betriebsrat** M 1 *Organ*: ≈ comité *m* (*od* consejo *m*) de empresa; **den ~ wählen** elegir el comité de empresa 2 *Person*: miembro *m/f* del comité de empresa

Be'triebsratsvorsitzende M/F ≈ presidente *m*, -a *f* del comité de empresa; **Betriebsratswahlen** FPL elecciones *fpl* del (*od* al) comité de empresa

Be'triebsrente F pensión *f* pagada por la empresa; **Betriebsschließung** F cierre *m* (definitivo) de una empresa; suspensión *f* de servicios; **betriebssicher** ADJ en perfecto estado de funcionamiento; **Betriebssicherheit** F seguridad *f* de funcionamiento (*bzw* de servicio); fiabilidad *f*; **Betriebsspannung** F ELEK tensión *f* de servicio; **Betriebsstilllegung** F → Betriebseinstellung; **Betriebsstockung** F paralización *f* (*bzw* interrupción *f*) del servicio; **Betriebsstoff** M combustible *m*; carburante *m*; **Betriebsstoffwechsel** M PHYSIOL metabolismo *m* energético; **Betriebsstörung** F interrupción *f* del funcionamiento; avería *f*; **Betriebsstrom** M ELEK corriente *f* de servicio; **Betriebssystem** N IT sistema *m* operativo; **Betriebsunfall** M accidente *m* de trabajo; **Betriebsurlaub** M vacaciones *fpl* del personal; **Betriebsvereinbarung** F convenio *m* de empresa; **Betriebsverfassung** F régimen *m* empresarial (*od* de empresa); **Betriebsverfassungsgesetz** N *BRD*: ley *f* de régimen de empresa; **Betriebsverluste** MPL pérdidas *fpl* de explotación; **Betriebsversammlung** F asamblea *f* general de los trabajadores de la empresa

Be'triebswirtschaft F economía *f* de la empresa; *als Studium a.*: ciencias *fpl* (económicas y) empresariales; **betriebswirtschaftlich** ADJ relativo a la gestión de la empresa; **ein ~es Studium absolvieren** cursar estudios de ciencias *fpl* empresariales; **Betriebswirtschaftslehre** F ciencias *fpl* (económicas y) empresariales

Be'triebszeit F período *m* de servicio (*od* de funcionamiento); **Betriebszugehörigkeit** F antigüedad *f*

be'trifft ADJ asunto, objeto

be'trinken V/R ⟨*irr; ohne* ge-⟩ **sich ~** embriagarse, emborracharse

be'troffen ADJ 1 (*beteiligt*) afectado, tocado (**von** por); **die ~en Personen** las personas afectadas; **~ werden von** ser afectado de, ser víctima de; **sich (nicht) ~ fühlen** (no) darse por aludido 2 *emotional*: afectado; (*bestürzt*) consternado; (*betrübt*) afligido, entristecido; (*verlegen*) perplejo, confuso, turbado; **j-n ~ machen** afectar (*od* conmocionar) a alg

Be'troffenheit F ⟨~⟩ (*Bestürzung*) consternación *f* (**über** *acus* por); (*Betrübtheit*) aflicción *f*; (*Verlegenheit*) confusión *f*, perplejidad *f*

be'trüben V/T ⟨*ohne* ge-⟩ (*bekümmern*) afligir, apenar; (**über** *acus* por); *stärker*: desconsolar; (*traurig machen*) entristecer; **betrüblich** ADJ triste; *stärker*: desconsolador; **Betrübnis** F ⟨~; ~se⟩ *geh* aflicción *f*, tribulación *f*; (*Trauer*) tristeza *f*

be'trübt ADJ (*bekümmert*) afligido, apenado (**über** *acus* por); (*traurig*) triste, entristecido; **tief ~** desconsolado; **Betrübtheit** F ⟨~⟩ aflicción *f*

Be'trug M ⟨~(e)s⟩ engaño *m*; fraude *m*; JUR estafa *f*; dolo *m*; *umg* timo *m*; (*Hochstapelei*) impostura *f*, superchería *f*; *beim Spiel*: trampa *f*, fullería *f*

be'trügen ⟨*irr; ohne* ge-⟩ A V/T engañar (*a. Ehepartner*), embaucar; JUR estafar, defraudar (*a. fig*); **j-n um etw ~** estafar (*od* defraudar) a/c a alg; **in seinen Hoffnungen betrogen werden** quedar defraudado en sus esperanzas, quedar desilusionado B V/I *beim Spiel*: hacer trampas C V/R **sich (selbst) ~** engañarse (a sí mismo); hacerse (*od* forjarse) ilusiones

Be'trüger M ⟨~s; ~⟩ engañador *m*; JUR estafador *m*, *umg* timador *m*; (*Hochstapler*) impostor *m*; embustero *m*; *beim Spiel*: tramposo *m*, fullero *m*

Betrüge'rei F ⟨~; ~en⟩ → Betrug

Be'trügerin F ⟨~; ~nen⟩ engañadora *f*; JUR estafadora *f*, *umg* timadora *f*; (*Hochstaplerin*) impostora *f*; embustera *f*; *beim Spiel*: tramposa *f*, fullera *f*

be'trügerisch ADJ fraudulento, engañoso, falaz; JUR **~er Bankrott** quiebra *f* fraudulenta; JUR **in ~er Absicht** con ánimo de dolo

be'trunken ADJ embriagado, ebrio, borracho; **sinnlos ~** borracho perdido (*od umg* como una cuba), *umg* hecho una uva; **in ~em Zustand** en estado de embriaguez (*od* etílico)

Be'trunkene M/F ⟨~n; ~n; → A⟩ borracho *m*, -a *f*, beodo *m*, -a *f*; **Betrunkenheit** F ⟨~⟩ embriaguez *f*, borrachera *f*, *umg* curda *f*

'Betsaal M oratorio *m*; **Betschwester** F *pej* santurrona *f*, beata *f*; **Betstuhl** M reclinatorio *m*

Bett N ⟨~(e)s; ~en⟩ 1 cama *f*; *lit* lecho *m*; **die ~en beziehen** poner la ropa a la cama; **das ~ hüten (müssen)** (tener que) guardar cama; **das ~ machen** hacer la cama; **am ~** junto a (*od* al pie de) la cama; **er findet nicht aus dem ~** se le pegan las sábanas; **im ~** en la cama; **im ~ liegen** estar en la cama, estar acostado, *Kranke* estar en cama; **sich ins** (*od* **zu**) **~ legen** *od* **ins** (*od* **zu**) **~ gehen** acostarse, ir(se) a la cama, *krankheitshalber*: encamarse, meterse en (la) cama; **j-n ins** *od* **zu ~ bringen** acostar a alg; **ins ~ machen** ensuciarse 2 *fig* **sich ins gemachte ~ legen** encontrárselo todo hecho; *umg* **mit j-m ins ~ gehen** acostarse con alg 3 (*Flussbett*) cauce *m*, lecho *m* 4 TECH bancada *f* (de torno); asiento *m*

'Bettbezug M funda *f* (*para el edredón*); **Bettcouch** F sofá-cama *m*; cama *f* nido; **Bettdecke** F 1 (*Schlafdecke*) manta *f*; *gesteppte*: edredón *m* 2 (*Tagesdecke*) cubrecama *f*, sobrecama *f*, colcha *f*

'Bettel M ⟨~s⟩ (*Plunder*) trastos *mpl*; chismes *mpl*; pacotilla *f*; **den ~ hinwerfen** mandarlo todo a paseo

'bettel'arm ADJ más pobre que las ratas; **~ sein** *a.* estar a la cuarta pregunta

'Bettelbrief M carta *f* petitoria

Bette'lei F ⟨~; ~en⟩ mendicidad *f*, pordioseo *m*

'Bettelmönch M (fraile *m*) mendicante *m*

'betteln V/I mendigar, pordiosear, pedir limosna (*alle a. fig*); **um etw ~** pedir a/c (con insistencia); **~ gehen** darse a la mendicidad, *umg* echarse a pedir limosna

'Bettelorden M orden *f* mendicante

'Bettelstab M *fig* **an den ~ bringen** arruinar, reducir a la pobreza, hundir en la miseria; *fig* **an den ~ geraten** venir a menos

'betten A V/T 1 **j-n ~** acostar a alg 2 TECH asentar B V/R **sich ~** hacerse la cama, acostarse; *sprichw* **wie man sich bettet, so liegt man** quien mala cama hace, en ella se yace; como cebas, así pescas

'Bettfedern FPL plumas *fpl*, plumón *m*; **Bettflasche** F bolsa *f* de agua caliente; **Bettgeschichten** FPL *pej* historias *fpl* de alcoba; **Bettgestell** N armadura *f* de cama; **Betthimmel** M dosel *m*, pabellón *m*; **Betthupferl** N *dulce que se da a alguien al acostarse*; **Bettjacke, Bettjäckchen** N mañanita *f*

'bettlägerig ADJ echado en la cama; **~ sein** guardar cama; **~er Patient** paciente *m* encamado

'Bettlaken N sábana *f*; **Bettlektüre** F libro *m* de cabecera

'Bettler M ⟨~s; ~⟩, **Bettlerin** F ⟨~; ~nen⟩ mendigo *m*, -a *f*, pordiosero *m*, -a *f*; pobre *m/f*; pedigüeño *m*, -a *f*; *Am* limosnero *m*, -a *f*; **zum Bettler machen** arruinar, dejar en la indigencia

'Bettnässen N ⟨~s⟩ MED enuresis *f* nocturna, incontinencia *f* nocturna (de orina); **Bettnässer** M ⟨~s; ~⟩, **Bettnässerin** F ⟨~; ~nen⟩ incontinente *m/f* nocturno, -a; *umg* meón *m*, -ona *f*

'Bettpfanne F → Bettschüssel; **Bettruhe** F reposo *m* (en cama); **j-m (strenge) ~ verordnen** mandar reposo (absoluto) a alg; **Bettschüssel** F cuña *f*, silleta *f*; **Bettstatt** F ⟨~; ¨en *schweiz* ~en⟩ *geh*, **Bettstelle** F armadura *f* de cama; **Betttuch** N sábana *f*; **Bettüberzug** M funda *f* (de edredón)

'Bettung F ⟨~; ~en⟩ TECH asentamiento *m*, bancada *f*, base *f*; BAHN balasto *m*; MIL plataforma *f*

'Bettvorleger M alfombrilla *f*, pie *m* de cama; **Bettwanze** F ZOOL chinche *f*; **Bettwäsche** F, **Bettzeug** N ropa *f* (*od* juego *m*) de cama

be'tucht ADJ *umg* adinerado; *umg* **(gut) ~ sein** estar forrado (de dinero)

be'tulich ADJ solícito, atento

be'tupfen V/T ⟨*ohne* ge-⟩ 1 tocar ligeramente, dar toques (ligeros) a 2 (*besprenkeln*) salpicar, motear

'Beuge F ⟨~; ~n⟩ 1 ANAT, SPORT flexión *f* 2 (*Biegung*) curva(tura) *f*; recodo *m*; **Beugehaft** F JUR arresto *m* reflexivo; **Beugemuskel** M ANAT (músculo *m*) flexor *m*

'beugen A V/T 1 flexionar, doblar (*a. Knie, Rumpf etc*), doblegar (*a. fig*); *Kopf* inclinar; **vom Alter gebeugt** encorvado por la edad 2 **das Recht** *od* **das Gesetz ~** violar la ley, torcer la justicia, JUR prevaricar 3 GRAM *Substantiv, Adjektiv* declinar; *Verb* conjugar 4 *fig Stolz* humillar; *durch Kummer*: agobiar, abrumar 5 PHYS difractar B V/R **sich ~** 1 (*sich bücken*) agacharse; (*sich neigen*) inclinarse (**zu** *dat* hacia, **über** *acus* sobre); **sich aus dem Fenster ~** asomarse a la ventana 2 *fig* (*nachgeben*) **sich (j-m/einer Sache) ~** someterse (a alg/a a/c), plegarse (a alg/a a/c), rendirse (a alg/a a/c); doblegarse (a alg/a a/c); humillarse (a alg/a a/c)

'Beugung F ⟨~; ~en⟩ 1 *bes* GRAM flexión *f*; *e-s Substantiv, Adjektivs a.*: declinación *f*; *e-s Verbs a.*: conjugación *f* 2 *des Rechts*: prevaricación *f*; violación *f* 3 *des Knies*: genuflexión *f*; *der Stimme*: inflexión *f* 4 PHYS difracción *f* 5 (*Biegung*) curvatura *f*

'Beule F ⟨~; ~n⟩ 1 *am Kopf etc*: chichón *m*; (*Anschwellung*) hinchazón *f*, tumefacción *f*; *eitrige*: bubón *m* 2 *im Blech*: bollo *m*, abolladura *f*

'Beulenpest F peste *f* bubónica

be'unruhigen ⟨*ohne* ge-⟩ A V/T agitar, perturbar; alarmar; *Gemüt* inquietar, intranquilizar, desasosegar; preocupar; MIL hostigar B V/R **sich ~** preocuparse; inquietarse; alarmarse (**über** *acus*, **wegen** por); **beunruhigend** ADJ preocupante, inquietante; alarmante; **Beunruhigung** F ⟨~; ~en⟩ inquietud *f*, desasosiego *m*; alarma *f*; preocupación *f*

be'urkunden V/T ⟨*ohne* ge-⟩ probar documentalmente, documentar; *Geburt, Todesfall* certificar, autenticar; *durch Notar*: legalizar; **Beurkundung** F ⟨~; ~en⟩ documentación

B

f; atestación *f* documental; **notarielle ~** autorización *f* notarial

be'urlauben ⟨*ohne* ge-⟩ **A** VT **1** (*Urlaub gewähren*) dar licencia (*od* permiso); MIL licenciar; **sich ~ lassen** pedir la excedencia; *bes* MIL solicitar licencia (*bzw* permiso) **2** (*suspendieren*) suspender de empleo **3** (*freistellen*) conceder la excedencia **B** VR **sich ~** despedirse

be'urlaubt ADJ con licencia, con (*od* de) permiso; MIL licenciado; (*freigestellt*) con excedencia; **Beurlaubung** F ⟨~; ~en⟩ **1** (concesión *f* de) licencia *f* (*od* permiso *m*); MIL licenciamiento *m* **2** (*Suspendierung*) suspensión *f* de empleo **3** (*Freistellung*) excedencia *f*

be'urteilen VT ⟨*ohne* ge-⟩ juzgar de, enjuiciar; formarse un juicio de; *fachmännisch*: dictaminar sobre; *Buch* criticar; reseñar; *Leistung, Wert* valorar; apreciar; censurar (**nach** por); **falsch ~** juzgar mal (*od* erróneamente); **das kann ich nicht ~** yo no soy quien para jugar eso

Be'urteiler M ⟨~s; ~⟩, **Beurteilerin** F ⟨~; ~nen⟩ juez *m*, -a *f*; *kritisch*: crítico *m*, -a *f*; censor *m*, -a *f*; **Beurteilung** F ⟨~; ~en⟩ **1** (*Einschätzung*) juicio *m*; opinión *f* **2** (*Gutachten*) dictamen *m*; apreciación *f*; (*Bewertung*) valoración *f*

'Beute F ⟨~⟩ botín *m* (*a.* MIL *u. Diebesbeute*); despojo *m*; (*Fang*) captura *f*; SCHIFF, JAGD *u. e-s Raubtieres*: presa *f*; *fig geh* (*Opfer*) víctima *f*; *geh* **~ der Flammen** pasto *m* de las llamas; **~ machen** hacer botín; **auf ~ ausgehen** salir en busca de botín; buscar presa

'beutegierig ADJ ávido de botín

'Beutegut N MIL botín *m*; material *m* capturado; SCHIFF presa *f*; **Beutekunst** F *bes 2. Weltkrieg* obras *fpl* de arte robadas

'Beutel M ⟨~s; ~⟩ **1** bolsa *f*; talego *m*, talega *f*; *kleiner*: saquito *m*; (*Geldbeutel*) monedero *m* **2** ZOOL *der Beuteltiere*: bolsa *f* marsupial

'beuteln **A** VT sacudir; *fig* vapulear, castigar; **vom Leben** *od* **Schicksal gebeutelt** castigado (*od* vapuleado) por la vida **B** VT/VR **(sich) ~** *Kleider* abolsarse; *Hose* formar rodilleras

'Beuteltier N ZOOL didelfo *m*, marsupial *m*

'Beutezug M correría *f*, razzia *f*

be'völkern ⟨*ohne* ge-⟩ **A** VT poblar; **dicht bevölkert** densamente poblado; populoso **B** VR poblarse; **Bevölkerung** F ⟨~; ~en⟩ población *f*; habitantes *mpl*; **erwerbstätige ~** población *f* activa

Be'völkerungsabnahme F descenso *m* de la población, regresión *f* (*od* recesión *f*) demográfica; **Bevölkerungsaufbau** M ⟨~(e)s⟩ estructura *f* demográfica; **Bevölkerungsbewegung** F movimiento *m* demográfico; **Bevölkerungsdichte** F densidad *f* de población (*od* demográfica); **Bevölkerungsentwicklung** F evolución *f* demográfica; **Bevölkerungsexplosion** F explosión *f* demográfica; **Bevölkerungspolitik** F política *f* demográfica; **bevölkerungspolitisch** ADJ político-demográfico; **bevölkerungsreich** ADJ populoso; **Bevölkerungsrückgang** M → Bevölkerungsabnahme; **Bevölkerungsschicht** F nivel *m* social; **Bevölkerungsüberschuss** M exceso *m* de población; **Bevölkerungsverschiebung** F desplazamiento *m* de población; **Bevölkerungswachstum** N crecimiento *m* demográfico; **Bevölkerungszunahme** F, **Bevölkerungszuwachs** M aumento *m* demográfico (*od* de población)

be'vollmächtigen VT ⟨*ohne* ge-⟩ **j-n ~** autorizar a alg, habilitar a alg (**zu** para); JUR, HANDEL apoderar (*od* dar poder) a alg (**zu** para)

be'vollmächtigt ADJ autorizado; JUR, HANDEL apoderado; POL plenipotenciario; **~er Vertreter** *m* representante *m* autorizado; **Bevollmächtigte** M/F ⟨~n; ~n; → A⟩ WIRTSCH apoderado *m*, -a *f*; JUR *a.* mandatario *m*, -a *f* poderhabiente *m/f*; procurador *m*, -a *f*; JUR habilitado *m*, -a *f*; POL plenipotenciario *m*, -a *f*; **Bevollmächtigung** F ⟨~; ~en⟩ (*Vollmacht*) autorización *f*; JUR habilitación *f*, poder *m*; WIRTSCH **durch ~** por poder

be'vor KONJ antes de que (*subj*), antes de (*inf*)

be'vormunden VT ⟨*ohne* ge-⟩ **j-n ~** tener a alg bajo tutela; *fig* **ich lasse mich nicht ~** no necesito tutela de nadie; **Bevormundung** F ⟨~; ~en⟩ tutela *f* (*a. fig*), paternalismo *m*

be'vorraten VT ⟨*ohne* ge-⟩ almacenar; **Bevorratung** F ⟨~; ~en⟩ almacenamiento *m*; formación *f* de stocks

be'vorrechtigen VT ⟨*ohne* ge-⟩ privilegiar; **bevorrechtigt** ADJ privilegiado; preferente

be'vorschussen VT ⟨*ohne* ge-⟩ anticipar (*od* adelantar) dinero, dar un anticipo (sobre); **Bevorschussung** F ⟨~; ~en⟩ anticipo *m*, adelanto *m*

be'vorstehen VI ⟨*irr*⟩ *Ereignis* estar próximo; estar en vísperas; ser inminente (*a. Gefahr*); (*drohen*) amagar, amenazar; **kurz ~** estar al caer; estar a la vuelta de la esquina; **ihm steht eine große Enttäuschung bevor** le espera una gran desilusión

be'vorstehend ADJ próximo; *Gefahr* inminente; **bevorzugen** VT ⟨*ohne* ge-⟩ **1** (*vorziehen*) preferir, anteponer (**vor, gegenüber** *dat* a); (*bevorrechten*) privilegiar **2** (*begünstigen*) favorecer, aventajar; **bevorzugt** ADJ preferido; favorecido; privilegiado; **~e Behandlung** trato *m* (*od* tratamiento *m*) preferente (*od* de favor); **Bevorzugung** F ⟨~; ~en⟩ **1** preferencia *f*; favores *mpl* **2** (*Günstlingswirtschaft*) favoritismo *m*

be'wachen VT ⟨*ohne* ge-⟩ vigilar; guardar; *Schatz, Gefangene* custodiar; **Bewacher** M ⟨~s; ~⟩, **Bewacherin** F ⟨~; ~nen⟩ guarda *m/f*, guardián *m*, -ana *f*, vigilante *m/f*

be'wachsen ADJ cubierto (**mit** de)

Be'wachung F ⟨~; ~en⟩ **1** guarda *f*; guardía *f*; custodia *f*; vigilancia *f* **2** (*Wachmannschaft*) guardia *f*

be'waffnen ⟨*ohne* ge-⟩ **A** VT armar (**mit** con); (*ausrüsten*) equipar (**mit** de) **B** VR **sich ~** armarse (**mit** de); (*sich ausrüsten*) equiparse (**mit** de)

be'waffnet ADJ armado; **~er Überfall** asalto *m* a mano armada; **bis an die Zähne ~** armado hasta los dientes

Be'waffnung F ⟨~; ~en⟩ armamento *m*; (*Ausrüstung*) equipo *m*

be'wahren VT ⟨*ohne* ge-⟩ (*beibehalten*) guardar (*a. fig*); (*erhalten*) conservar, mantener; (*behüten*) guardar (**vor** *dat* de); preservar (de), guarecer (de); **die Fassung ~** guardar la calma; **Gott bewahre!** ¡en absoluto!; **Gott bewahre mich davor!** ¡no lo quiera Dios!

be'währen VR ⟨*ohne* ge-⟩ **sich ~** **1** *Person* acreditarse, demostrar su capacidad (**als** como) **2** *Sache* probar su eficacia; dar buen resultado; satisfacer las exigencias (**als** como)

Be'wahrer M ⟨~s; ~⟩, **Bewahrerin** F ⟨~; ~nen⟩ guardián *m*, -ana *f*; custodio *m/f*

be'wahrheiten VR ⟨*ohne* ge-⟩ **sich ~** confirmarse, resultar cierto

be'währt ADJ acreditado; eficaz; (*erprobt*) probado; (*erfahren*) experimentado; (*zuverlässig*) seguro

Be'wahrung F ⟨~⟩ conservación *f*; preservación *f* (**vor** *dat* de); (*Beschützung*) protección *f* (**vor** *dat* contra)

Be'währung F ⟨~; ~en⟩ **1** confirmación *f*; verificación *f*; prueba *f* **2** JUR libertad *f* condicional, probación *f*; *Strafe* **zur ~ aussetzen** suspender en prueba; **j-n auf ~ entlassen** poner en libertad condicional a alg

Be'währungsfrist F JUR plazo *m* de prueba; **Bewährungshelfer** M, **Bewährungshelferin** F JUR asistente *m/f* durante el plazo de prueba; **Bewährungsprobe** F prueba *f*

be'walden VT ⟨*ohne* ge-⟩ poblar de bosques; **bewaldet** ADJ poblado de bosques, boscoso

be'wältigen ⟨*ohne* ge-⟩ (*meistern*) dominar (*a. Lehrstoff*); *Problem, Vergangenheit* vencer; superar; *Berg* conquistar; *Arbeit, Aufgabe* llevar a cabo, consumar; *Strecke* cubrir, hacer; **etw nicht ~** no dar abasto con; no poder con

Be'wältigung F ⟨~; ~en⟩ dominio *m*; *e-s Problems, der Vergangenheit*: superación *f*; *e-r Arbeit, Aufgabe*: terminación *f*; *e-s Bergs*: conquista *f*; superación *f*

be'wandert ADJ versado, experto; (*erfahren*) experimentado (**in** *dat* en); **in etw** (*dat*) **(gut) ~ sein** ser (muy) versado (*od* experto) en a/c; estar al corriente (*od* al tanto) de a/c; saber un rato de a/c

Be'wandtnis F ⟨~; ~se⟩ **damit hat es folgende ~** el caso es el siguiente, pasa (*od* ocurre) lo siguiente; **das hat eine ganz andere ~** el caso es completamente distinto; **damit hat es seine eigene ~** es un caso particular

be'wässern VT ⟨*ohne* ge-⟩ regar; **Bewässerung** F ⟨~; ~en⟩ riego *m*, irrigación *f*; **landwirtschaftliche ~** riego *m* agrícola

Be'wässerungsanlagen FPL instalaciones *fpl* de riego; **Bewässerungsgraben** M regadero *m*, reguera *f*, acequia *f*; **Bewässerungskanal** M canal *m* de riego; **Bewässerungskultur** F AGR cultivo *m* (*od* cultura *f*) de regadío; **Bewässerungsland** N ⟨~(e)s⟩ (terreno *m* de) regadío *m*

be'wegen[1] ⟨*ohne* ge-⟩ **A** VT **1** mover; (*in Bewegung setzen*) poner en movimiento (*od* en marcha), accionar; TECH impulsar; **hin und her ~** agitar **2** *fig* (*erregen*) **j-n ~** agitar a alg; (*ergreifen, rühren*) conmover a alg; impresionar, emocionar a alg; (*beschäftigen*) preocupar a alg **B** VR **sich ~** **1** moverse; (*gehen*) marchar; circular; *fig* ocurrir; **sich im Kreise ~** girar; dar vueltas; **sich ~ um** girar alrededor de (*od* en torno a); **sich von der Stelle ~** desplazarse; **sich nicht von der Stelle ~** no moverse (*od* no dejarse apartar); *fig* **sich in gehobenen Kreisen ~** frecuentar (*od* alternar con) la alta sociedad **2** WIRTSCH *Preise* oscilar, variar, fluctuar (**zwischen** entre); **sich ~ zwischen ... und ...** oscilar entre ... y ...

be'wegen[2] VT ⟨*irr; ohne* ge-⟩ (*veranlassen*) **j-n zu etw ~** inducir (*od* mover *od* determinar) a alg a (hacer) a/c; **sich ~ lassen, etw zu tun** dejarse persuadir a hacer a/c; (*nachgeben*) condescender en hacer a/c; **sich nicht ~ lassen** mostrarse firme (*od* inflexible); **er war nicht dazu zu ~** fue imposible (*od* no hubo modo de) convencerle

be'wegend ADJ **1** movedor; TECH motor, motriz; **~e Kraft** fuerza *f* motriz **2** *fig* conmovedor; emotivo; emocionante

Be'weggrund M móvil *m*; motivo *m*

be'weglich ADJ **1** móvil, movible (*a.* REL *Feiertag*); TECH *a.* (*elastisch*) flexible; (*tragbar*) portátil; transportable; **leicht ~** movedizo; **~e Teile** partes *fpl* móviles **2** **~er Besitz** bienes *mpl* muebles; **~e Güter** (*Vieh*) bienes *mpl* muebles (*bzw* semovientes) **3** AUTO *etc* (*wendig*) maniobrable **4** *fig* (*rührig*) activo; (*behände*) ágil; *Geist a.* vivaz

Be'weglichkeit F ⟨~⟩ **1** movilidad *f*, *wissenschaftlich*: motilidad *f*; (*Biegsamkeit*) flexibilidad *f*

2 (*Behändigkeit*) agilidad *f* (*a. geistige*), soltura *f* 3 (*Lebhaftigkeit*) vivacidad *f*, viveza *f*

be'wegt ADJ 1 movido (*a. fig*); agitado (*a. See*); **~e See** *a.* mar *f* gruesa 2 *fig* (*gerührt*) conmovido, emocionado 3 **~e Unterhaltung** conversación *f* animada (*bzw* acalorada) 4 (*unruhig*) **~es Leben** vida *f* inquieta (*od* agitada); vida *f* movida; **~e Zeiten** tiempos *mpl* azarosos (*od* turbulentos *od* movidos)

Be'wegtheit F ⟨~⟩ 1 (*Unruhe*) agitación *f* 2 (*Rührung*) emoción *f*

Be'wegung F ⟨~; ~en⟩ 1 *allg* movimiento *m* (*a.* POL); MIL *v. Truppen a.*: evolución *f*; *um e-e Achse*: rotación *f*; **keine ~!** ¡que nadie se mueva! 2 TECH **in ~ setzen** poner en funcionamiento; **(sich) in ~ setzen** poner(se) en movimiento (*bzw* en marcha); *fig* **in eine Sache ~ bringen** poner una cosa en marcha; *fig* **etw ist in ~** a/c está en movimiento 3 (*Gebärde*) gesto *m*; **(körperliche) ~** ejercicio *m*; **sich** (*dat*) **~ machen** hacer ejercicio 4 (*Gemütsbewegung, Rührung*) emoción *f*, *heftige*: agitación *f*

Be'wegungsenergie F PHYS energía *f* cinética

be'wegungsfähig ADJ movible; capaz de moverse; **Bewegungsfähigkeit** F movilidad *f*, *wissenschaftlich*: motilidad *f*

Be'wegungsfreiheit F libertad *f* de movimiento (*fig* de acción); **Bewegungskraft** F fuerza *f* motriz; **Bewegungskrieg** M guerra *f* de movimiento; **Bewegungslehre** F cinemática *f*

be'wegungslos ADJ inmóvil; sin movimiento; **Bewegungslosigkeit** F ⟨~⟩ inmovilidad *f*

Be'wegungsmelder M captador *m* (*od* detector *m*) de movimientos; **Bewegungsnerv** M nervio *m* motor; **Bewegungstherapie** F cinesiterapia *f*, kinesi(o)terapia *f*

be'wegungsunfähig ADJ incapaz de moverse; inmovilizado

be'wehren VT ⟨*ohne* ge-⟩ armar (**mit** de, con); TECH reforzar; revestir (*a. Kabel*); **be'weibt** ADJ *hum* casado; **be'weihräuchern** VT ⟨*ohne* ge-⟩ incensar (*a. fig*); **be'weinen** VT ⟨*ohne* ge-⟩ llorar (*j-n acus, etw* por); (*beklagen*) deplorar

Be'weis M ⟨~es; ~e⟩ 1 prueba *f* (**für** de); (*Beweisgrund*) argumento *m*; (*Feststellung*) comprobación *f* 2 MATH demostración *f*; JUR **~e** *pl* pruebas *fpl*; **als** *od* **zum ~** como prueba (*od* testimonio) (**für** *od gen* de); **den ~ für etw erbringen** (*od* **beibringen** *od* **liefern**) aducir (*od* aportar *od* suministrar) las pruebas para a/c; **als ~ vorlegen** presentar como prueba; **~e liefern für** dar pruebas de; **~ erheben** practicar la prueba, recoger las pruebas; (*Zeichen*) señal *f*, muestra *f* 3 **als ~ seiner Zuneigung** en señal de su afecto

Be'weisantritt M JUR producción *f* de (las) pruebas; **Beweisaufnahme** F JUR práctica *f* de (la) prueba; **beweisbar** ADJ probable, demostrable

be'weisen VT ⟨*irr; ohne* ge-⟩ 1 probar; demostrar (*a.* MATH); **deutlich ~** poner en evidencia, evidenciar 2 (*zeigen*) *Mut etc* mostrar; manifestar

Be'weiserhebung F JUR práctica *f* de (la) prueba; **Beweisführung** F argumentación *f*; demostración *f*; **Beweisgrund** M argumento *m*; **Beweiskraft** F ⟨~⟩ fuerza *f* probatoria (*od* demostrativa); **beweiskräftig** ADJ concluyente, probatorio; fehaciente; **~ sein** hacer fe; **Beweislast** F ⟨~⟩ carga *f* de pruebas (*od* probatoria); **Beweismaterial** N, **Beweismittel** N medio *m* probatorio (*od* de prueba); prueba *f*; evidencia *f*; **Beweisstück** N JUR instrumento *m* de prueba; (*Beleg*) comprobante *m*, justificante *m*; JUR *zur Überführung*: cuerpo *m* del delito; pieza *f* de convicción

be'wenden VI ⟨*nur inf*⟩ **es bei etw ~ lassen** darse por satisfecho con a/c; **wir wollen es dabei** (*od* **damit**) **~ lassen** dejemos las cosas así; **lass es dabei ~!** ¡déjalo!

Be'wenden N ⟨~s⟩ **damit hat es sein ~** todo queda ahí

be'werben ⟨*irr; ohne* ge-⟩ A VR **sich ~** 1 *um e-e Stelle, ein Amt*: presentarse (**um** para; **bei** a, en), presentar su candidatura *od* solicitud; *sp, öffentlicher Dienst*: hacer oposiciones (**um** a); POL (*kandidieren*) presentar su candidatura (**um** para); **sich um** *od* **auf eine Stelle ~** *a.* presentarse como candidato a un puesto de trabajo; **sich (um eine Stelle) als Fotograf** *etc* **~** solicitar un empleo de fotógrafo, *etc* 2 WIRTSCH *bei Ausschreibungen*: concurrir 3 *um e-n Preis, Titel*: competir (**um** para) (*a.* SPORT) B VT HANDEL *Produkt* promocionar

Be'werber M ⟨~s; ~⟩, **Bewerberin** F ⟨~; ~nen⟩ 1 *für e-e Stelle*: solicitante *m/f*; aspirante *m/f*; (*Kandidat, -in*) candidato *m*, -a *f*; *sp, öffentlicher Dienst*: opositor *m*, -a *f* 2 WIRTSCH *bei e-r Ausschreibung*: concursante *m/f* 3 *für e-n Preis, Titel*: participante *m/f*; SPORT *a.* competidor *m*, -a *f* 4 *nur m obs* (*Freier*) pretendiente *m*

Be'werbung F ⟨~; ~en⟩ 1 *allg* solicitación *f*, solicitud *f* (**um** de); aspiración *f* (**um** a); (*Kandidatur*) candidatura *f* 2 *um e-n Posten*: solicitud *f* de un empleo (*od* de un cargo); candidatura *f* para un empleo (*od* un cargo); *sp, öffentlicher Dienst*: oposición *f*; **seine ~ einreichen** presentar su solicitud de candidatura

Be'werbungsgespräch N entrevista *f* (de presentación); **ein ~ führen** tener (*od* celebrar) una entrevista (de presentación); **Bewerbungsmappe** F ≈ dossier *m* de candidatura (*od* de candidato); **Bewerbungsschreiben** N solicitud *f* de empleo; escrito *m* de candidatura; **sein ~ einreichen** enviar su solicitud de candidatura; **Bewerbungsunterlagen** FPL dossier *m* (*od* documentación *f*) de la candidatura

be'werfen VT ⟨*irr; ohne* ge-⟩ 1 arrojar contra (*od* sobre); echar sobre; cubrir de; **j-n/etw mit etw ~** arrojar a/c a alg/a a/c 2 ARCH revocar

be'werkstelligen VT ⟨*ohne* ge-⟩ realizar, efectuar; llevar a cabo (*od* a efecto); hacer; ejecutar; **es ~, dass** conseguir (*od* lograr) que (*subj*); **Bewerkstelligung** F ⟨~⟩ realización *f*; ejecución *f*; consecución *f*

be'werten VT ⟨*ohne* ge-⟩ valorar (**auf** *acus* en), evaluar; (*abschätzen*) apreciar, estimar, tasar; *Arbeit, Schule* calificar (**mit** con); (*klassifizieren*) clasificar (*a.* SPORT); **zu hoch ~** sobrestimar, sobrevalorar; **zu niedrig ~** subestimar, infravalorar

Be'wertung F ⟨~; ~en⟩ valoración *f*; evaluación *f*; (*Schätzung*) tasación *f*; clasificación *f*; *Schule*: calificación *f*; SPORT (*Punktzahl*) puntuación *f*

be'wiesen A PPERF → beweisen; **~e Tatsachen** hechos *mpl* probados B ADJ JUR acreditado

be'willigen VT ⟨*ohne* ge-⟩ *Mittel etc* conceder, otorgar; POL, *Antrag* aprobar; (*genehmigen*) autorizar; permitir; consentir en; **Bewilligung** F ⟨~; ~en⟩ *von Mitteln etc*: concesión *f*, otorgamiento *m*; POL *e-s Antrags*: aprobación *f*; (*Erlaubnis*) autorización *f*; consentimiento *m*

be'willkommnen VT ⟨*ohne* ge-⟩ *geh* dar la bienvenida a; **Bewillkommnung** F ⟨~; ~en⟩ *geh* bienvenida *f*

be'wirken VT ⟨*ohne* ge-⟩ 1 (*erreichen*); conseguir, hacer (**dass** que *subj*); (*veranlassen*) ocasionar, determinar, *stärker*: provocar; **das Gegenteil ~** conseguir lo contrario 2 (*hervorrufen*) producir; causar, originar

be'wirten VT ⟨*ohne* ge-⟩ dar de comer (y beber); obsequiar, convidar; agasajar; **glänzend ~** regalar; **j-n (mit etw) ~** convidar a alg (a a/c); agasajar a alg (con a/c)

be'wirtschaften VT ⟨*ohne* ge-⟩ 1 *Betrieb, Gut, Land, Boden* explotar, cultivar; *Hof, Gaststätte etc* administrar 2 *Waren* intervenir; *Devisen* controlar; **Bewirtschaftung** F ⟨~; ~en⟩ 1 AGR *e-s Hofes*: explotación *f*; *e-r Gaststätte*: administración *f* 2 *v. Devisen*: control *m*

Be'wirtung F ⟨~; ~en⟩ agasajo *m*; hospitalidad *f*; *im Gasthaus*: servicio *m*; (*Kost*) cocina *f*; **Bewirtungsspesen** PL HANDEL gastos *mpl* de agasajo

be'wohnbar ADJ habitable; **Bewohnbarkeit** F ⟨~⟩ habitabilidad *f*

be'wohnen VT ⟨*ohne* ge-⟩ habitar, vivir en; *Haus, Zimmer etc a.* ocupar; *lit* morar en

Be'wohner M ⟨~s; ~⟩, **Bewohnerin** F ⟨~; ~nen⟩ *e-r Stadt etc*: habitante *m/f*; *lit* morador *m*, -a *f*; *e-s Hauses*: vecino *m*, -a *f*; (*Mieter, -in*) inquilino *m*, -a *f*

be'wölken A VT ⟨*ohne* ge-⟩ (a)nublar B VR **sich ~** (a)nublarse, cubrirse de nubes; (*sich bedecken*) encapotarse; *fig* ensombrecerse

be'wölkt ADJ (a)nublado, nuboso; (*bedeckt*) encapotado; *fig* sombrío; **Bewölkung** F ⟨~; ~en⟩ nubosidad *f*; nubes *fpl*

Be'wunderer M ⟨~s; ~⟩, **Bewunderin** F ⟨~; ~nen⟩ admirador *m*, -a *f*

be'wundern VT ⟨*ohne* ge-⟩ admirar (**wegen** por); **bewundernswert, bewundernswürdig** ADJ admirable, digno de admiración; maravilloso

Be'wunderung F ⟨~⟩ admiración *f*; **in ~ versetzen** maravillar

Be'wurf M ⟨~(e)s; ¨~e⟩ ARCH revoque *m*, revoco *m*; *mit Gips*: enlucido *m*

be'wusst A ADJ 1 consciente; **sich** (*dat*) **einer Sache** (*gen*) **~ sein** ser consciente de a/c; darse cuenta (exacta) de a/c; tener conciencia de a/c; **er war sich** (*dat*) **dessen nicht mehr ~** ya no lo recordaba; **sich** (*dat*) **einer Sache** (*gen*) **~ werden** tomar conciencia de a/c, concienciarse con a/c; **soviel mir ~ ist** que yo sepa; **sich** (*dat*) **etw ~ machen** concienciarse de a/c 2 (*absichtlich*) deliberado, intencionado, de propósito 3 (*besagt*) en cuestión, consabido, *umg* de marras B ADV (*absichtlich*) deliberadamente; a proposito; **~ handeln** obrar conscientemente

be'wusstlos ADJ inconsciente, sin conocimiento (*od* sentido); (*ohnmächtig*) *a.* desmayado, desvanecido; **~ werden** desmayarse, desvanecerse; perder el conocimiento (*od* el sentido); **Bewusstlosigkeit** F ⟨~⟩ inconsciencia *f*; (*Ohnmacht*) pérdida *f* del conocimiento (*od* del sentido); desvanecimiento *m*, desmayo *m*

be'wusstmachen VT → bewusst B 1

Be'wusstsein N ⟨~s⟩ 1 conocimiento *m*; conciencia *f*; **ohne ~ sein** estar inconsciente; **bei vollem ~** plenamente consciente; **das ~ verlieren** perder el conocimiento (*od* el sentido); desvanecerse, desmayarse; **das ~ wiedererlangen** volver en sí; **wieder zu ~ kommen** recobrar el conocimiento, volver en sí 2 *fig* **j-m etw zu ~ bringen** hacer a alg comprender (*bzw* recordar) a/c; **etw kommt j-m zum ~** alg se da cuenta de a/c; **in dem ~** consciente (*gen* de; **dass** que)

Be'wusstseinsbildung F toma *f* de conciencia, concienciación *f*; **Bewusstseinsprozess** M proceso *m* de toma de conciencia; proceso *m* de concientización (*od* concienciación); **Bewusstseinsspaltung** F desdoblamiento *m* de la personalidad; **Be-**

B

wusstseinsstörung F trastorno *m* mental; **Bewusstseinstrübung** F obnubilación *f*; **Bewusstseinsverlust** MED pérdida *f* del conocimiento (od del sentido)

Be'wusstwerden N ⟨~s⟩ toma *f* de conciencia

bez. ABK 1 *(bezahlt)* pagado 2 *(bezüglich)* referente a; con referencia a; referido a

Bez. ABK 1 *(Bezeichnung)* denominación *m* 2 *(Bezirk)* distrito *m*

be'zahlbar ADJ pagadero, pagable; *(erschwinglich)* asequible

be'zahlen ⟨*ohne* ge-⟩ A VT pagar; *Rechnung a.* liquidar, saldar; *Schuld a.* satisfacer; *(belohnen)* **j-n ~** remunerar a alg, gratificar a alg; **j-m etw ~** pagar a/c a alg; **in Raten ~** pagar a plazos; **per Nachnahme/im Voraus ~** pagar contra reembolso/por adelantado; **teuer ~** pagar caro B VI pagar; *im Café etc*: **bitte ~!** ¡la cuenta, por favor!

Be'zahlfernsehen N televisión *f* (privada) de pago

be'zahlt ADJ pagado; **gut ~** bien pagado; **schlecht ~** mal pagado (*od* retribuido); **sich ~ machen** producir ganancia, rendir beneficio; *fig* valer la pena

Be'zahlung F ⟨~; ~en⟩ 1 *(das Bezahlen)* pago *m*; **sofortige ~** pago *m* inmediato; **~ in Raten** pago *m* a plazos; **~ per Nachnahme/im Voraus** pago *m* contra reembolso/por adelantado; **~ in Naturalien** *od* **Sachmitteln** pago *m* en especie; **bei ~ von** pagando; **nur gegen ~** sólo mediante pago (*od* por dinero) 2 *(Entgelt, Vergütung)* remuneración *f*, retribución *f*; *(Honorar)* honorarios *mpl*

be'zähmbar ADJ domable, domesticable

be'zähmen ⟨*ohne* ge-⟩ A VT domar (*a. fig*); *fig Neugier* refrenar, reprimir B VR **sich ~** dominarse, contenerse

be'zaubern VT ⟨*ohne* ge-⟩ hechizar, encantar (*a. fig*); *fig* cautivar, fascinar, embelesar; **bezaubernd** ADJ hechicero, encantador; *fig* cautivador, fascinador; **Bezauberung** F ⟨~; ~en⟩ hechizo *m*, encanto *m*, encantamiento *m*; *(Verzückung)* embeleso *m*

be'zeichnen VT ⟨*ohne* ge-⟩ 1 *(kennzeichnen) Weg, Waren etc* marcar; *mit Etikett, Schild*: rotular 2 *(benennen)* denominar; *(bestimmen)* designar; *(angeben)* señalar, indicar; **~ als** calificar de 3 *(bedeuten)* significar, expresar, denotar; *(näher bezeichnen)* detallar, especificar

be'zeichnend ADJ significativo; *(typisch)* característico, típico (**für** de); **bezeichnender'weise** ADV significativamente

Be'zeichnung F ⟨~; ~en⟩ 1 *(Kennzeichnung)* rotulación *f*; marcación *f*; designación *f*; *(Etikett)* etiqueta *f*; *(Schild)* rótulo *m* 2 *(Name)* nombre *m*, denominación *f*; expresión *f*; *(Angabe)* indicación *f*; *nähere*: especificación *f*; *(Zeichen)* señal *f*, marca *f*; signo *m* 3 MUS, MATH notación *f*

be'zeigen VT ⟨*ohne* ge-⟩ mostrar; expresar, manifestar; demostrar; **j-m seine Ehre ~** tributar a alg los honores; profesar a alg su admiración; **Bezeigung** F ⟨~; ~en⟩ expresión *f*, manifestación *f*, demostración *f*

be'zeugen VT ⟨*ohne* ge-⟩ 1 testimoniar, atestiguar (*a.* JUR); **etw ~** testificar a/c; dar fe de a/c; *(bescheinigen)* certificar a/c; *durch Zeugnisse*: atestar a/c; *(beweisen)* probar a/c 2 → bezeigen; **Bezeugung** F ⟨~; ~en⟩ 1 testimonio *m*; atestiguamiento *m* 2 → Bezeigung

be'zichtigen VT ⟨*ohne* ge-⟩ *(beschuldigen)* **j-n einer Sache** *(gen)* **~** inculpar (*od* acusar) a alg de a/c; **Bezichtigung** F ⟨~; ~en⟩ acusación *f*, inculpación *f*

be'ziehbar ADJ 1 *Haus* habitable, ocupable (en el acto) 2 HANDEL *Ware* **~ bei** de venta en

be'ziehen ⟨*irr; ohne* ge-⟩ A VT 1 *Bett* poner la ropa; **das Bett frisch ~** poner ropa limpia a la cama 2 *mit Stoff etc*: recubrir, revestir (**mit** con, de); *Polstermöbel* tapizar; MUS *mit Saiten*: encordar 3 *Wohnung, Haus* instalarse en, ir a vivir en; *Lager* acampar, ocupar; *Quartier* alojarse, instalarse en; **Wache ~** montar la guardia; MIL *u. fig* **Stellung ~** tomar posición 4 *(erhalten) Ware* comprar (**aus** en; **von** a); *Zeitung* estar suscrito a; *Informationen* obtener; *Leistungen* cobrar, percibir; HANDEL *Wechsel* librar; *umg fig Schläge* recibir, *umg* encajar; **zu ~ durch** en (*od* de) venta en 5 **~ auf** *(acus)* aplicar a; **er bezog es auf sich** se dio por aludido B VR **sich ~** 1 *Himmel* cubrirse, (a)nublarse, encapotarse 2 **sich ~ auf** *(acus)* referirse a; remitirse a; **bezogen auf** referido a

Be'zieher M ⟨~s; ~⟩, **Bezieherin** F ⟨~; ~nen⟩ *e-r Zeitung*: suscriptor *m*, -a *f*; *(Käufer, -in)* comprador *m*, -a *f*; *e-r Rente etc*: beneficiario *m*, -a *f*; *e-s Wechsels*: librador *m*

Be'ziehung F ⟨~; ~en⟩ 1 *(Verbindung)* relación *f* (**zu** con); **freundschaftliche ~** relación *f* amistosa; **diplomatische/geschäftliche/wirtschaftliche ~en** relaciones *fpl* diplomáticas/comerciales/económicas; **in guten ~en stehen** estar en buenas relaciones (**zu** *j-m* con); **in ~ zu j-m treten** establecer (*od* entrar en) relaciones con alg 2 *mst* PL *(einflussreiche Verbindungen)* contacto *m*; *umg* enchufe *m*; **(gute) ~en haben** estar bien relacionado, tener buenas relaciones, *umg* tener enchufe(s); **seine ~en spielen lassen** mover sus contactos 3 *umg (Liebesbeziehung)* relación *f* amorosa; *umg* ligue *m*; **eine feste ~ haben** tener una relación estable 4 *(inneres Verhältnis)* **sie hat keine ~ zum Sport** el deporte no le dice nada (*od* no le llama la atención) 5 *(Zusammenhang)* relación *f*; *(Bezugnahme)* referencia *f*; **in ~ setzen** relacionar, poner en relación (**zu, mit** con); **in ~ stehen zu** estar relacionado con; **in keiner ~ stehen zu** no tener relación con 6 *(Hinsicht)* aspecto *m*; **in ~ auf** *(acus)* respecto a (*od* de), con relación a, en lo relativo a; **in dieser ~** en este aspecto; **in gewisser ~** en cierta manera; en cierto respecto; hasta cierto punto; **in jeder ~** en todos los aspectos, a todas luces; **in keiner ~** en ningún respecto; **in mancher ~** en algunos aspectos

Be'ziehungskiste F *umg fig* relación *f* amorosa; *umg* ligue *m*; **beziehungslos** ADJ sin relación; **Beziehungssatz** M LING oración *f* relativa; **beziehungsweise** ADV respectivamente *(nachgestellt)*; *(genauer gesagt)* o sea; *(oder aber)* o (bien); **Beziehungswort** N ⟨~(e)s; ¨er⟩ GRAM antecedente *m*

be'ziffern ⟨*ohne* ge-⟩ A VT 1 *(nummerieren)* numerar; *Seiten a.* paginar 2 *(schätzungsweise angeben)* cifrar (**auf** *acus* en) B VR **sich ~ auf** *(acus)* *(sich belaufen auf)* ascender a; **Bezifferung** F ⟨~; ~en⟩ numeración *f*; MUS cifrado *m*

Be'zirk M ⟨~(e)s; ~e⟩ 1 distrito *m*; departamento *m*; VERW *a.* circunscripción *f* 2 *(Umkreis)* circuito *m*; recinto *m*; región *f*; *(Stadtbezirk)* barrio *m* 3 *(Bereich)* sector *m*, campo *m*

Be'zirksgericht N JUR ≈ juzgado *m* comarcal

be'zirzen VT ⟨*ohne* ge-⟩ *umg* **j-n ~** engatusar (*od* cautivar) a alg; embrujar a alg

Be'zogene M/F ⟨~n; ~n; → A⟩ HANDEL librado *m*, -a *f*; girado *m*, -a *f*

Be'zug M ⟨~(e)s; ¨e⟩ 1 *(Überzug)* funda *f* (*a. Kissenbezug*); *(Polster)* tapizado *m* 2 *(Erhalt) v. Waren*: compra *f*, adquisición *f*; *v. Aktien, e-r Zeitung*: suscripción *f*; *v. Lohn, Rente*: percepción *f*; *v. Leistungen*: cobro *m*; **bei ~ von 25 Stück** tomando (*od* adquiriendo) 25 piezas 3 **Bezüge** *mpl* *(Gehalt)* emolumentos *mpl*, remuneración *f*, percepciones *fpl* 4 *fig (Beziehung, Zusammenhang)* relación *f*; referencia *f* (**auf** *acus* a); **in** *od* **mit ~ auf** *(acus)* respecto a (*od* de), acerca de; con referencia a; **~ haben auf** *(acus)* tener relación con; **~ nehmen auf** *(acus)* referirse a; **~ nehmend auf** *(acus)* con referencia a

be'züglich A ADJ referente, relativo; GRAM **~es Fürwort** pronombre *m* relativo B PRÄP *(gen)* referente a, concerniente a, relativo a

Be'zugnahme F ⟨~; ~n⟩ referencia *f*; **unter** *od* **mit ~ auf** *(acus)* con referencia a; refiriéndome (*bzw* refiriéndonos) a

Be'zugsanweisung F orden *f* de entrega; **Bezugsbedingungen** FPL condiciones *fpl* de entrega; *Abonnement*: condiciones *fpl* de suscripción; **Bezugsberechtigte** M/F ⟨~n; ~n; → A⟩ beneficiario *m*, -a *f*

be'zugsfertig ADJ *Wohnung* habitable (*od* ocupable) en el acto

Be'zugsperson F PSYCH persona *f* de referencia; **Bezugspreis** M HANDEL precio *m* de suscripción (*bzw* de venta); **Bezugspunkt** M punto *m* de referencia; **Bezugsquelle** F fuente *f* de suministro (*od* de aprovisionamiento); **die ~ wechseln** cambiar de proveedor; **Bezugsrecht** N *auf Aktien*: derecho *m* de suscripción; **Bezugsschein** M *für Mangelware*: vale *m*; **Bezugswert** M valor *m* de referencia; **Bezugszeichen** N *im Geschäftsbrief*: referencia *f*

be'zwecken VT ⟨*ohne* ge-⟩ **etw ~** proponerse a/c; tener por objeto a/c (**mit** con)

be'zweifeln VT ⟨*ohne* ge-⟩ dudar de; poner en duda; **nicht zu ~ sein** estar fuera de toda duda; **ich bezweifle es** lo dudo

be'zwingen ⟨*irr; ohne* ge-⟩ A VT 1 *(besiegen)* vencer (*a. fig*), triunfar sobre; SPORT *a.* batir, derrotar; reducir; *Berg* conquistar; *Festung* tomar, expugnar 2 *(unterwerfen)* someter; *(zähmen)* domar; *Gefühle, Neugier, Schmerz etc* dominar, reprimir B VR **sich ~** *(beherrschen)* dominarse; contenerse, reprimirse; **Bezwinger** M ⟨~s; ~⟩, **Bezwingerin** F ⟨~; ~nen⟩ vencedor *m*, -a *f*; SPORT *a.* ganador *m*, -a *f*; **Bezwingung** F ⟨~⟩ triunfo *m* (sobre); *e-s Bergs*: conquista *f*

Bf. ABK (Bahnhof) estación *f*

bfr. ABK (belgischer Franc) HIST franco belga

BGB N ABK (Bürgerliches Gesetzbuch) Código *m* civil; **BGB-Gesellschaft** F sociedad *f* civil

BGS M ⟨~⟩ *BRD*: (Bundesgrenzschutz) Policía *f* Federal de Fronteras

BH M ABK (Büstenhalter) *umg* sujetador *m*

Bhf. ABK (Bahnhof) estación *f*

bi ADJ *umg (bisexuell)* bi

'Biathlet M ⟨~en; ~en⟩, **Biathletin** F ⟨~; ~nen⟩ biatleta *m/f*

'Biathlon N ⟨~s; ~s⟩ SPORT biatlón *m*

'bibbern VI *umg* temblar; *vor Kälte a.*: tiritar

'Bibel F ⟨~; ~n⟩ Biblia *f*; Sagrada Escritura *f*; **Bibelauslegung** F exégesis *f*; **bibelfest** ADJ versado en la Biblia; **Bibelforscher** M, **Bibelforscherin** F biblista *m*; **Bibelgesellschaft** F Sociedad *f* Bíblica; **Bibelspruch** M versículo *m*; **Bibelstelle** F pasaje *m* de la Biblia; **Bibelstunde** F *der Konfirmanden*: instrucción *f* religiosa; **Bibelwerk** N Biblia *f* comentada

'Biber[1] M ⟨~s; ~⟩ ZOOL castor *m*

'Biber[2] M *od* N ⟨~s⟩ TEX franela *f* de algodón

'Biberbau M ⟨~(e)s; ~e⟩ construcción *f* de castor

'Biberbettwäsche F ropa *f* de cama de franela de algodón

Biber'nelle F ⟨~;~n⟩ BOT → Pimpernell

'Biberpelz M (piel *f* de) castor *m*; **Biberschwanz** M 1 ZOOL rabo *m* de castor 2

BAU *Flachziegel*: teja *f* plana
Biblio'graf M, **Biblio'graph** M ⟨~en; ~en⟩ bibliógrafo *m*; **Bibliogra'fie** F, **Bibliogra'phie** F ⟨~; ~n⟩ bibliografía *f*; **Biblio'grafin** F, **Biblio'graphin** F ⟨~; ~nen⟩ bibliógrafa *f*; **biblio'grafisch** ADJ, **biblio'graphisch** ADJ bibliográfico; **biblio'phil** ADJ bibliófilo; **Biblio'phile** M/F ⟨~n; ~n; → A⟩ bibliófilo *m*, -a *f*; **Bibliophi'lie** F ⟨~⟩ bibliofilia *f*
Biblio'thek F ⟨~; ~en⟩ biblioteca *f*; **Biblio-the'kar** M ⟨~s; ~e⟩, **Bibliothe'karin** F ⟨~; ~nen⟩ bibliotecario *m*, -a *f*; **Biblio'thekswissenschaft** F biblioteconomía *f*
'biblisch ADJ bíblico; **Biblische Geschichte** Historia *f* Sagrada
'Bickbeere F BOT *nordd* arándano *m*
Bi'det [-'deː] N ⟨~s; ~s⟩ bidé *m*
'bieder ADJ **1** (*ehrlich*) honrado; (*rechtschaffen*) probo; íntegro **2** *pej* (*spießig*) burgués; **Biederkeit** F ⟨~⟩ hombría *f* de bien, honradez *f*; (*Rechtschaffenheit*) probidad *f*; integridad *f*; **Biedermann** M ⟨~(e)s; ⁓er⟩ **1** hombre *m* de bien (*od* honrado); *hum* buen hombre *m* **2** *pej* burgués *m*; **Biedermeier** N *Kunst*, LIT época *f* (*bzw* estilo *m*) Biedermeier
'Biegefestigkeit F TECH resistencia *f* a la flexión
'biegen ⟨*irr*⟩ **A** VT **1** doblar, doblegar; torcer; (*falten*) plegar; (*krümmen*) encorvar; *Holz* alabear; *Metall* curvar; combar **2** *fig* **auf Biegen und** *od* **oder Brechen** a todo trance; de grado o por fuerza **B** VI ⟨sn⟩ **um die Ecke ~** doblar (*od* torcer) la esquina **C** VR **sich ~** torcerse, doblarse; **sich vor Lachen ~** desternillarse (*umg* troncharse) de risa
'biegsam ADJ flexible (*a. fig*); doblegable; (*faltbar*) plegable; (*geschmeidig*) maleable, dúctil, manejable (*alles a. fig*); **Biegsamkeit** F ⟨~⟩ flexibilidad *f* (*a. fig*); elasticidad *f*; maleabilidad *f*
'Biegung F ⟨~; ~en⟩ flexión *f*; inflexión *f*; curvatura *f*; curva *f*; (*Flussbiegung*) recodo *m*; (*Wegbiegung*) *a.* revuelta *f*; *Holz, Eisen*: combadura *f*
'Biegungselastizität F TECH elasticidad *f* flexional; **Biegungsspannung** F TECH tensión *f* de flexión
'Biene F ⟨~; ~n⟩ **1** ZOOL abeja *f* **2** *umg* (*Mädchen*) *sl* ninfa *f*, chavala *f*
'Bienenfleiß M *fig* celo *m*, asiduidad *f*, diligencia *f*; **bienengefährlich** ADJ ÖKOL, AGR peligroso para (las) abejas; **Bienenhaus** N colmenar *m*; **Bienenkönigin** F (abeja *f*) reina *f*; **Bienenkorb** M colmena *f*; **Bienenschwarm** M enjambre *m* de abejas; **Bienenstaat** M colonia *f* de abejas; **Bienenstich** M **1** *Stich*: picadura *f* de abeja **2** *Kuchen*: *tipo de pastel de vainilla cubierto de almendras*; **Bienenstock** M → Bienenkorb; **Bienenwabe** F panal *m* de miel; **Bienenwachs** N cera *f* de abejas; **Bienenzelle** F alvéolo *m*, celdilla *f* (del panal); **Bienenzucht** F apicultura *f*; **Bienenzüchter** M, **Bienenzüchterin** F apicultor *m*, -a *f*
Bier N ⟨~(e)s; ~e⟩ cerveza *f*; **helles/dunkles ~** cerveza *f* rubia/negra; **~ vom Fass** cerveza *f* de barril; *umg* **das ist nicht mein ~!** ¡no es mi problema!; ¡esto no es cosa mía!
'Bierbrauer M cervecero *m*; **Bierbrauerei** F cervecería *f*, fábrica *f* de cerveza; **Bierbrauerin** F cervecera *f*; **Bierdeckel** M posavasos *m* (de cartón); **Bierdose** F lata *f* de cerveza; **bierernst** ADJ muy serio; **Bierfass** N barril *m* de cerveza; **Bierfilz** M → Bierdeckel; **Bierflasche** F botella *f* de (*bzw* para) cerveza; **Biergarten** M cervecería *f* al aire libre; **Bierglas** N vaso *m* de (*od* para) cerveza; **Bierhefe** F levadura *f* de cerveza; **Bierkeller** M bodega *f* para cerveza; *Lokal*: cervecería *f*; **Bierkrug** M jarro *m* de cerveza; **Bierlokal** N cervecería *f*; **Bierseidel** N jarra *f* de cerveza; **Bierstube** F cervecería *f*; **Bierwürze** F mosto *m* de cerveza
'Biese F ⟨~; ~n⟩ TEX vivo *m*, cordoncillo *m*; pestaña *f*
Biest N ⟨~es; ~er⟩ **1** *Tier*: *umg* bestia *f*; mal bicho *m* (*a. fig*) **2** *umg pej Person*: mal bicho *m*; **sie ist ein (richtiges) ~** *pej* es un mal bicho; *anerkennend*: es una tipa lista
'bieten ⟨*irr*⟩ **A** VT **1** (*anbieten*) ofrecer (*a.* HANDEL); **j-m die Hand ~** tender la mano a alg **2** *Anblick, Gelegenheit etc* presentar **3** *bei Versteigerungen*: licitar, pujar; *beim Spiel*: envidar **4** *fig* **sich** (*dat*) **etw (nicht) ~ lassen** (no) tolerar a/c; **das lasse ich mir nicht ~** eso no lo tolero **B** VI *bei Versteigerungen*: pujar, dar; **wer bietet mehr?** ¿quién da más? **C** VR **sich ~** *Anblick, Gelegenheit etc* ofrecerse, brindarse, presentarse
'Bieten N ⟨~s⟩ *bei Versteigerungen*: licitación *f*; *beim Spiel*: envite *m*; **Bietende** M/F ⟨~n; ~n; → A⟩ → Bieter
'Bieter M ⟨~s; ~⟩, **Bieterin** F ⟨~; ~nen⟩ *bei Versteigerungen*: postor *m*, -a *f*, licitador *m*, -a *f*, pujador *m*, -a *f*
Bifo'kalgläser NPL lentes *fpl* bifocales
Biga'mie F ⟨~; ~n⟩ bigamia *f*; **Bigamist** M ⟨~en; ~en⟩, **Bigamistin** F ⟨~; ~nen⟩ bígamo *m*, -a *f*
bi'gott ADJ (*übertrieben fromm*) beato, santurrón; (*scheinheilig*) mojigato
Bigotte'rie F ⟨~; ~n⟩ beatería *f*; (*Scheinheiligkeit*) mojigatería *f*
Bi'kini M ⟨~s; ~s⟩ biquini *m*, bikini *m*; **Bikinizone** F línea *f* del bikini
Bi'lanz F ⟨~; ~en⟩ **1** WIRTSCH balance *m*; *Außenhandel*: balanza *f*; **aktive/passive ~** balance con saldo activo/pasivo; **die ~ frisieren** retocar el balance **2** *fig* (*Überblick*) balance *m*; **~ ziehen** hacer (el) balance
Bi'lanzaufstellung F formación *f* del balance; **Bilanzauszug** M extracto *m* del balance; **Bilanzbuchhaltung** F contabilidad *f* de balances
bilan'zieren VI ⟨*ohne* ge-⟩ hacer (*od* establecer) balance
Bi'lanzposten M partida *f* del balance; **Bilanzprüfer** M, **Bilanzprüferin** F interventor *m*, -a *f* (de cuentas); revisor *f*, -a *f* de cuentas; **Bilanzprüfung** F revisión *f* de(l) balance; **Bilanzsumme** F total *m* (*od* suma *f*) del balance; **Bilanzverschleierung** F balance *m* amañado; **Bilanzwert** M valor *m* en balance; valor *m* contable (*od* de inventario)
bilate'ral ADJ POL bilateral
Bild N ⟨~(e)s; ~er⟩ **1** imagen *f*; (*Abbild*) *a.* retrato *m*; (*Gemälde*) cuadro *m*, pintura *f*; (*Zeichnung*) dibujo *m*; (*Abbildung, Illustration*) ilustración *f*; *auf Spielkarten etc*: figura *f*; *auf Münzen etc*: efigie *f* **2** (*Foto*) foto(grafía) *f* **3** (*Anblick*) aspecto *m*, cuadro *m*; **ein ~ des Elends** un cuadro de miseria; **ein ~ des Jammers/der Zerstörung** una imagen desoladora/de la destrucción; *fig* **ein ~ von einem Mädchen** una preciosidad, un bombón **4** *fig* (*Vorstellung, Eindruck*) idea *f*, imagen *f*; (*Schilderung*) descripción *f*, cuadro *m*, retrato *m*; **ein ~ von etw entwerfen** ofrecer un cuadro de a/c, describir a/c; **sich** (*dat*) **ein ~ machen von** hacerse (*od* formarse) una idea de; **du machst dir kein ~ (davon)** no te puedes imaginar; **ein falsches ~ bekommen** formarse una falsa imagen (**von de**) **5** **im ~e sein** estar al corriente (*od* al tanto *od* en antecedentes) (**über** *acus* de); **ich bin über dich im ~e** te conozco perfectamente; **j-n ins ~ setzen** poner al corriente (*od* en antecedentes) a alg **6** (*Metapher*) metáfora *f*, imagen *f*; (*Gleichnis*) símil *m*
'Bildagentur F agencia *f* de fotos; **Bildarchiv** N archivo *m* fotográfico, fototeca *f*; **Bildatlas** M atlas *m* gráfico; **Bildaufklärung** F FLUG reconocimiento *m* fotográfico; **Bildaufzeichnung** F TV videograma *m*; **Bildband** M ⟨~(e)s; ⁓e⟩ *Buch*: álbum *m* gráfico (*od* de fotos)
'Bildbericht M reportaje *m* gráfico, información *f* gráfica; **Bildberichterstatter** M, **Bildberichterstatterin** F informador *m*, -a *f* (*od* reportero *m*, -a *f*) gráfico, -a
'bilden **A** VT **1** (*formen*) formar; (*gestalten*) dar forma a, (con)figurar; (*modellieren*) modelar; **eine Regierung ~** formar gobierno; **einen Verein ~** formar una asociación; **sich** (*dat*) **eine Meinung ~** formarse (una) opinión (**über** *acus* sobre) **2** (*hervorbringen*) producir **3** (*darstellen*) representar, constituir, ser; **eine Ausnahme ~** constituir (*od* ser) una excepción **4** (*erziehen*) educar, instruir; *den Geist*: cultivar; *fig* **den Charakter ~** formar el carácter **B** VI formar; educar; **Lesen bildet** leer forma **C** VR **sich ~** **1** (*entstehen*) formarse, producirse; desarrollarse **2** *geistig*: formarse, educarse; instruirse
'bildend ADJ **1** formativo, formador; (*belehrend*) instructivo; (*erziehend*) educativo, educador **2** **die ~en Künste** las artes plásticas (*bzw* gráficas)
'Bilderbibel F Biblia *f* ilustrada; **Bilderbogen** M *obs* pliego *m* de aleluyas; **Bilderbuch** N libro *m* de ilustraciones (*od* de dibujos); **Bilderbuch...** IN ZSSGN (*wunderbar*) *umg* de película; **Bildergalerie** F pinacoteca *f*, galería *f* de pinturas; **Bilderrahmen** M marco *m*; **Bilderrätsel** N jeroglífico *m*; **bilderreich** ADJ *Buch* profusamente ilustrado; RHET metafórico; *fig* florido; **Bilderschrift** F escritura *f* jeroglífica (*od* ideográfica); pictografía *f*; **Bildersprache** F lenguaje *m* metafórico (*od* simbólico *od* figurado); **Bilderstürmer** M, **Bilderstürmerin** F *geh* iconoclasta *m/f*
'Bildfeld N FOTO campo *m* de imagen; **Bildfenster** N ventanilla *f* de proyección
'Bildfläche F **1** plano *m* focal; TV plano *m* de la imagen **2** *umg fig* **auf der ~ erscheinen** aparecer (en escena); surgir; **von der ~ verschwinden** desaparecer (de (la) escena); *umg* esfumarse
'Bildfolge F sucesión *f* de imágenes; FILM secuencia *f*; FOTO intervalo *m* entre las exposiciones; **Bildformat** N FOTO tamaño *m* de la fotografía; **Bildfrequenz** F frecuencia *f* de imagen, videofrecuencia *f*; **Bildfunk** M telefotografía *f*; **bildhaft** ADJ plástico, gráfico (*a. fig*)
'Bildhauer M ⟨~s; ~⟩ escultor *m*
Bildhaue'rei F ⟨~⟩ escultura *f*
'Bildhauerin F ⟨~; ~nen⟩ escultor *m*, -a *f*
'bild'hübsch ADJ guapísimo
'Bildjournalismus M periodismo *m* (foto)gráfico; fotoperiodismo *m*; **Bildjournalist** M, **Bildjournalistin** F → Bildreporter
'Bildlaufleiste F IT barra *f* de desplazamiento (*od* de enrollado)
'bildlich ADJ gráfico, plástico; figurativo; *Ausdruck* metafórico
'Bildmaterial N documentación *f* (foto)gráfica; **Bildmischer** M, **Bildmischerin** F TV mezclador *m*, -a *f* de imagen
'Bildnis N ⟨~ses; ~se⟩ *geh* imagen *f*; FOTO, MAL retrato *m*; *auf Münzen*: efigie *f*
'Bildplatte F TV videodisco *m*; **Bildpunkt** M IT, TV punto *m* (*od* elemento *m*) de imagen;

pixel *m*; **Bildqualität** F FOTO, TV calidad *f* de imagen; **Bildreportage** F reportaje *m* gráfico; **Bildreporter** M, **Bildreporterin** F reportero *m*, -a *f* (*od* informador *m*, -a *f*) gráfico, -a; **Bildröhre** F TV tubo *m* de imagen

'bildsam ADJ plástico; *fig a.* flexible, dúctil; (*erziehbar*) educable

'Bildsäule F estatua *f*; **Bildschärfe** F FOTO nitidez *f* de imagen

'Bildschirm M pantalla *f*; monitor *m*; **einfarbiger/farbiger ~** IT pantalla *f* monocromática/en color; monitor *m* monocromático/en color; **geteilter ~** pantalla *f* dividida

'Bildschirmarbeit F trabajo *m* en pantalla; trabajo *m* frente al ordenador *bzw* al computador; **Bildschirmarbeitsplatz** M puesto *m* de trabajo informático (*od* con pantalla de visualización); **Bildschirmfilter** M filtro *m* de pantalla; **Bildschirmreiniger** M limpiador *m* de pantalla; **Bildschirmschoner** M protector *m* de pantallas; salvapantallas *m*; **Bildschirmseite** F página de pantalla; **Bildschirmtext** M videotexto *m*

'Bildschnitzer M ⟨~s; ~⟩ tallista *m*; *von Heiligenbildern*: imaginero *m*; **Bildschnitzerei** F ⟨~; ~en⟩ talla *f*; imaginería *f*; **Bildschnitzerin** F ⟨~; ~nen⟩ tallista *f*; *von Heiligenbildern*: imaginera *f*

'bild'schön ADJ precioso, bellísimo, hermosísimo; de belleza escultural

'Bildseite F *e-r Münze*: anverso *m*, cara *f*; **Bildstock** M 1 *südd*, *österr* REL calvario *m* 2 TYPO clisé *m*; **Bildstörung** F TV interrupción *f* de la imagen; **Bildstreifen** M FILM cinta *f*; **Bildsucher** M FOTO visor *m*; **Bildtelefon** N videoteléfono *m*, videófono *m*; **Bildtelegrafie** F fototelegrafía *f*, telefotografía *f*; **Bildtelegramm** N fototelegrama *m*; **Bildübertragung** F transmisión *f* telefotográfica

'Bildung F ⟨~; ~en⟩ 1 *geistige*: cultura *f*; ilustración *f*; (*Gelehrsamkeit*) erudición *f*; (*Kenntnisse*) conocimientos *mpl*; **ein Mann von ~** un hombre culto (*od* ilustrado); **von hoher** (*od* **umfassender**) **~** erudito, de vastos conocimientos; **ohne ~** inculto, iletrado; sin cultura 2 (*Ausbildung*) formación *f*, instrucción *f*; (*Schulbildung, Erziehung*) educación *f* 3 (*Entstehung*) formación *f*; (*Entwicklung*) desarrollo *m*; (*Wachstum*) crecimiento *m*; **die ~ von Wolken** *etc* la formación de nubes, *etc* 4 (*das Formen*) formación *f* (*a. von Wörtern, e-r Regierung etc*); (*Gründung*) constitución *f*, establecimiento *m*; (*Schaffung*) creación *f*; (*Zusammensetzung*) composición *f*

'Bildungsanstalt F establecimiento *m* (*od* centro *m*) de enseñanza, centro *m* docente; **Bildungschancen** [-ʃãsən] PL oportunidades *fpl* de formación; **Bildungsdrang** M → Bildungstrieb; **bildungsfähig** ADJ educable; **Bildungsgang** M curso *m* de estudios; **Bildungsgrad** M nivel *m* cultural; **Bildungslücke** F laguna *f* (de formación); **Bildungsmisere** F estado *m* de emergencia de la enseñanza; **Bildungsmittel** N medio *m* didáctico; **Bildungspolitik** F política *f* educativa; **Bildungspolitiker** M, **Bildungspolitikerin** F político *m*, -a *f* del área de educación; **Bildungsreform** F reforma *f* educativa; **Bildungsreise** F viaje *m* educativo; **bildungssprachlich** ADJ culto; **Bildungsstand** M nivel *m* cultural (*od* de estudios); **Bildungsstätte** F → Bildungsanstalt; **Bildungsstufe** F → Bildungsgrad; **Bildungssystem** N sistema *m* educativo (*od* de educación); **Bildungstrieb** M afán *m* de saber; **Bildungsurlaub** M vacaciones *fpl* de formación; **Bildungsweg** M vía *f* de formación; **auf dem zweiten ~** en la vía subsidiaria de formación; **Bildungswert** M valor *m* formativo; **Bildungswesen** N ⟨~s⟩ enseñanza *f*

'Bildunterschrift F leyenda *f*; pie *m* del grabado; **Bildverarbeitung** F IT procesamiento *m* de imágenes; **Bildwand** F pantalla *f* (de proyección); **Bildweite** F distancia *f* focal; **Bildwerk** N escultura *f*, obra *f* plástica; **Bildwiederholfrequenz** F IT frecuencia *f* (de repetición) de imagen; **Bildwörterbuch** N diccionario *m* por la imagen; **Bildzähler** M FOTO contador *m* de exposiciones; **Bildzeichen** N símbolo *m*; **Bildzerleger** M ⟨~s; ~⟩ TV disector *m* de imágenes; **Bildzuschrift** F *auf e-e Zeitungsannonce*: carta *f* con foto

bilingu'al ADJ *fachspr* bilingual

Biliru'bin N ⟨~s⟩ ANAT bilirubina *f*

'Billard ['bɪljart] N ⟨~s; ~e⟩ billar *m*; **~ spielen** jugar al billar; **Billardkugel** F bola *f* de billar; **Billardqueue** [-kø] F, **Billardstock** M taco *m* de billar; **Billardtisch** M mesa *f* de billar

Bil'lett [bɪ'ljɛt] N ⟨~s⟩ *schweiz* 1 ⟨*pl* ~e⟩ (*Fahrkarte*) billete *m*; tiquete *m*; *Am* boleto *m* 2 ⟨*pl* ~s⟩ (*Eintrittskarte*) entrada *f* 3 *obs*, *österr* (*Briefchen*) esquela *f*

Billi'arde F ⟨~; ~n⟩ mil billones *mpl*

'billig A ADJ 1 *Preis*: barato, económico (*a. fig pej*); módico, bajo; **sehr ~** tirado, a precio de ganga; **~er werden** bajar de precio, abaratarse 2 *fig Ausrede, Rat, Trick etc* malo, primitivo 3 *obs* (*berechtigt, angemessen*) justo, equitativo; (*vernünftig, zumutbar*) razonable, aceptable; **das ist nur recht und ~** no es sino lo justo; es (de) justicia B ADV **~ abzugeben** *in Anzeigen*: se vende barato; *fig* **~ davonkommen** salir bien parado

'Billiganbieter M oferente *m* de precios bajos

'billigen V/T (*zustimmen*) aprobar, dar por bueno; consentir en; *Erklärung* admitir, aceptar; *gesetzlich*: autorizar, sancionar

'billiger'weise ADV con razón; equitativamente, justamente

'Billigflagge F SCHIFF pabellón *m* (*od* bandera *f*) de conveniencia; **Billigflieger** M aerolínea *f* de bajo coste; **Billigflug** M vuelo *m* barato (*od* de bajo coste); **Billigimport** M importación *f* a bajo precio; **Billigjob** M *pej* empleo *m* basura; **Billigkeit** F ⟨~⟩ 1 *Preis*: baratura *f*, modicidad *f* (de precios) 2 (*Angemessenheit*) equidad *f*; **Billiglohn** M sueldo *m* bajo; **Billiglohnland** N ⟨~(e)s; ⸚er⟩ país *m* con sueldos (*od* salarios) bajos; **Billigpreis** M precio *m* bajo (*od* barato); **Billigprodukte** NPL productos *mpl* de precio bajo (*pej* de baja calidad); gama *f* baja

'Billigung F ⟨~; ~en⟩ aprobación *f*; consentimiento *m*; sanción *f*

'Billigware F gama *f* baja; (*verbilligte Ware*) mercancía *f* rebajada

Bil'lion [bɪli'oːn] F ⟨~; ~en⟩ billón *m*

'Bilsenkraut N BOT beleño *m*

'Biluxlampe F AUTO lámpara *f* bilux, faro *m* de dos luces

bim INT **~, bam!** ¡talán, talán!

'Bimbam N ⟨~s⟩ tintín *m*; *umg* **heiliger ~!** ¡Dios mío!, ¡santo Dios!

'Bimmel F ⟨~; ~n⟩ *umg* campanilla *f*; **Bimmelbahn** F *umg* tren *m* carreta

'bimmeln V/I *umg* tintin(e)ar; repicar, repiquetear; *Kuhglocke* cencerrear; *Telefon, Türglocke* sonar

'Bimmeln N ⟨~s⟩ tintineo *m*; repique(teo) *m*

'Bimsstein M (piedra *f*) pómez *f*

bi'när ADJ binario; **Binärcode** M IT código *m* binario

'binational ADJ binacional

'Binde F ⟨~; ~n⟩ 1 (*Band*) cinta *f*; (*Schärpe*) banda *f*; (*Leibbinde*) faja *f*; (*Armabzeichen*) brazal *m* 2 MED (*Verband*) venda *f*, *feste*: ligadura *f*; (*Armschlinge*) cabestrillo *m* 3 (*Damenbinde*) compresa *f* 4 *fig* **j-m die ~ von den Augen nehmen** abrir los ojos a alg; *umg* **sich** (*dat*) **einen hinter die ~ gießen** *od* **kippen** *umg* echarse una copa al coleto, empinar el codo

'Bindebalken M ARCH tirante *m*; **Bindedraht** M alambre *m* de ligadura; **Bindefähigkeit** F TECH poder *m* aglutinante; *v. Zement*: fraguabilidad *f*; **Bindegewebe** N ANAT tejido *m* conjuntivo; **Bindeglied** N *e-r Kette*: eslabón *m* (*a. fig*); *fig* vínculo *m*; nexo *m* de unión

'Bindehaut F ANAT conjuntiva *f*; **Bindehautentzündung** F MED conjuntivitis *f*

'Bindemittel N 1 TECH aglomerante *m*; aglutinante *m* 2 GASTR espesante *m*

'binden ⟨*irr*⟩ A V/T 1 (*anbinden*) atar; ligar (*a.* LING, MUS) (**an** *acus* a); (*befestigen*) sujetar; (*verschnüren*) liar; *mit Stricken*: encordelar; *Knoten, Schlips, Krawatte, Schal, Schnürsenkel etc* anudar 2 (*verbinden*) unir, enlazar; (*zusammenbinden*) *Besen, Kranz, Strauß* hacer; (*bündeln*) enfardar; *Fässer* enarcar 3 *Buch* encuadernar; **~ lassen** *Buch* hacer encuadernar 4 CHEM, TECH fijar, combinar, ligar; (*absorbieren*) absorber; PHYS *Wärme* conservar, acumular 5 MIL *feindliche Streitkräfte* retener 6 GASTR *Soße* espesar 7 WIRTSCH *Preise* fijar 8 *fig* (*verpflichten*) obligar, comprometer B V/I TECH *Zement, Mörtel* fraguar; *Leim, Kunststoff, Klebstoff* pegar C V/R **sich ~** ligarse, comprometerse (**an** *acus* a)

'bindend ADJ 1 aglutinante, aglomerante 2 *fig* (*verpflichtend*) obligatorio (**für** para)

'Binder M ⟨~s; ~⟩ ARCH tizón *m*; perpiaño *m*; cercha *f*

'Bindestrich M guión *m*; **Bindewort** N ⟨~(e)s; ⸚er⟩ GRAM conjunción *f*; **Bindezeichen** N MUS ligadura *f*

'Bindfaden M cordel *m*, bramante *m*; *Am* piola *f*; **es regnet Bindfäden** está lloviendo a cántaros, caen chuzos de punta

'Bindung F ⟨~; ~en⟩ 1 (*Verbindung*) ligazón *f*; ligadura *f* (*a.* MUS, MED); ligado *m* (*a.* MUS); atadura *f*; enlace *m* (*a.* CHEM, TECH) 2 (*Beziehung*) relación *f*, compromiso *m*; **eine ~ eingehen** contraer un (firme) compromiso 3 (*Verbundenheit*) apego *m* (**an** *acus* a) 4 *fig* (*Verpflichtung*) compromiso *m* (*a.* POL), obligación *f* 5 (*Skibindung*) fijación *f*, atadura *f* 6 WIRTSCH *von Mitteln*: sujeción *f*, inactividad *f*

'Bindungsenergie F CHEM energía *f* de enlace; **Bindungswärme** F CHEM calor *m* de combinación

'Bingo N ⟨~s⟩ *Glücksspiel*: bingo *m*; *umg* **~!** ¡bingo!

'binnen PRÄP (*dat od geh gen*) en, dentro de; en el plazo (*od* término) de; **~ drei Tagen** en tres días; **~ eines Jahres** en el plazo de un año; **~ Kurzem** dentro de poco, en breve

'Binnenfischerei F pesca *f* de agua dulce; **Binnengewässer** N aguas *fpl* continentales (*od* interiores); **Binnenhafen** M puerto *m* interior (*bzw* fluvial); **Binnenhandel** M comercio *m* interior; **Binnenland** N ⟨~(e)s; ⸚er⟩ país *m* interior (*od* sin salida al mar); interior *m* (del país); **Binnenmarkt** M WIRTSCH mercado *m* interior (*od* nacional); **europäischer ~** mercado *m* único europeo; **Binnenmeer** N mar *m* interior; **Binnenschifffahrt** F navegación *f* (por aguas) interior(es) (*od* fluvial); **Binnensee** M lago *m* (continental); **Binnenverkehr** M tráfico *m* interior; **Binnenwanderung** F SOZIOL

B

bes EU: migración *f* interna (*od* interior); movimientos *mpl* migratorios internos; **Binnenwasserstraße** F vía *f* fluvial (*od* de navegación interior); **Binnenzoll** M, **Binnenzölle** PL aranceles *mpl* interiores

binoku'lar ADJ binocular

Bi'nom N ⟨~s; ~e⟩ MATH binomio *m*; **binomisch** ADJ binómico, binomio

'Binse F ⟨~; ~n⟩ 1 BOT junco *m* 2 *umg fig* **in die ~n gehen** *Sache* estropearse, echarse a perder; *Plan* frustrarse, quedar en nada

'Binsenmatte F estera *f* de junco; **Binsenwahrheit** F, **Binsenweisheit** F perogrullada *f*, verdad *f* de perogrullo

'Bio N ⟨~s⟩ *Schülersprache*: (*Biologie*) biología *f*

Bioche'mie F bioquímica *f*; **Bio'chemiker** M, **Bio'chemikerin** F bioquímico *m*, -a *f*; **bio'chemisch** ADJ bioquímico

'Biodiesel M TECH, AUTO biodiesel *m*, biogasóleo *m*; **Biodiversität** F ⟨~⟩ ÖKOL biodiversidad *f*

biody'namisch ADJ biodinámico; **~es Erzeugnis** producto *m* natural (*od* biológico *od* ecológico)

'Bioerzeugnis N ÖKOL producto *m* ecológico; **Bioethik** F bioética *f*; **Biogemüse** N verdura *f* ecológica

bio'gen ADJ biógeno; **Bioge'nese** F biogénesis *f*; **bioge'netisch** ADJ biogenético

Bio'graf M ⟨~en; ~en⟩, **Bio'grafin** F ⟨~; ~nen⟩ biógrafo *m*, -a *f*; **Biogra'fie** F ⟨~; ~n⟩ biografía *f*; **bio'grafisch** ADJ biográfico

Bio'graph *etc* → Biograf *etc*

'Biokost F comida *f* ecológica; **Biokraftstoff** M biocombustible *m*; **Biokunststoff** M bioplástico *m*; **Bioladen** M tienda *f* de productos naturales

Bio'loge M ⟨~n; ~n⟩ biólogo *m*; **Biolo'gie** F ⟨~⟩ biología *f*; **Bio'login** F ⟨~; ~nen⟩ bióloga *f*; **bio'logisch** A ADJ biológico B ADV **~ abbaubar** biodegradable

'Biomasse F biomasa *f*; masa *f* viva

Biome'trie F ⟨~⟩ biometría *f*; **bio'metrisch** ADJ biométrico; **~es Lesegerät** lector *m* biométrico; **~es Identifizierungssystem** sistema *m* de identificación biométrica

'Biomüll M basura *f* orgánica (*od* biológica); residuos *mpl* (*od* desperdicios *mpl*) biológicos; *seltener*: biobasura *f*; biodesechos *mpl*

Bi'onik F ⟨~⟩ biónica *f*

'Biophysik F biofísica *f*; **Bioprodukt** N producto *m* ecológico

Biop'sie F ⟨~; ~n⟩ MED biopsia *f*

'Bioresonanz F MED biorresonancia *f*; **Biorhythmus** M biorritmo *m*

Bio'sphäre F biosfera *f*; **Biosphärenreservat** N reserva *f* de biosfera

'Biosprit M *umg* biocombustible *m*

'Biotechnik F, **Biotechnologie** F biotecnología *f*; bioingeniería *f*; **Bioterrorismus** M POL bioterrorismo *m*; **Biotonne** F ÖKOL contenedor *m* para basura orgánica

Bio'top M, N ⟨~s; ~e⟩ biótopo *m*, biotopo *m*

'Biotreibstoff M biocarburante *m*; **Biowaschmittel** detergente *m* biodegradable; **Biowissenschaften** FPL ciencias *fpl* biológicas

BIP N ABK (Bruttoinlandsprodukt) PIB *m* (Producto Interior Bruto)

'Birke F ⟨~; ~n⟩ BOT abedul *m*; **Birkenholz** N (madera *f* de) abedul *m*; **Birkenrinde** F corteza *f* de abedul

'Birkhahn M ORN gallo *m* lira; **Birkhuhn** N ORN (hembra *f* del) gallo *m* lira

'Birma N ⟨~s⟩ Birmania *f*; **Bir'mane** M ⟨~n; ~n⟩, **Bir'manin** F ⟨~; ~nen⟩ birmano *m*, -a *f*; **bir'manisch** ADJ birmano

'Birnbaum M peral *m*

'Birne F ⟨~; ~n⟩ 1 BOT pera *f* 2 ELEK (*Glühbirne*) bombilla *f* 3 *umg* (*Kopf*) *umg* coco *m*, chola *f*; **eine weiche ~ haben** estar tocado (*od* mal) de la cabeza

'birnenförmig ADJ periforme, piriforme, (en) forma de pera; **Birnenmost** M sidra *f* de peras, perada *f*; **Birnenmus** N perada *f*

bis A PRÄP 1 *zeitlich*: a; hasta; para; **~ heute** hasta hoy, hasta la fecha; **~ heute Abend** hasta la (*od* esta) noche; **~ jetzt** hasta ahora; **~ nachher!** *od* **~ gleich!** ¡hasta luego!; **~ morgen!** ¡hasta mañana!; **~ dann** *od* **~ bald!** ¡hasta luego!; **~ dann** *od* **~ dahin** hasta entonces, hasta ahí; **~ 5 Uhr** hasta las cinco; **~ auf Weiteres** hasta nuevo aviso; **~ (spät) in die Nacht hinein** hasta muy avanzada la noche; **~ über Weihnachten (hinaus)** hasta después de Navidad; **~ vor** hasta hace; **~ vor wenigen Jahren** hasta hace pocos años; **~ zum Ende** hasta el final, el fin; **~ zum Tode** hasta la muerte; **~ wann ...?** (*wird es dauern*) ¿hasta cuándo ...?; (*ist es fertig*) ¿para cuándo ...? 2 *räumlich*: hasta; a; **~ hierher** hasta aquí; **~ dahin** hasta allí; **~ wohin?** ¿hasta dónde?; **~ ans Knie** hasta la rodilla; **~ (nach) Berlin** hasta Berlín 3 *Zwischenraum, -zeit* **von ... ~ ...** de ... a ...; **von 7 ~ 9 Uhr** de siete a nueve; **von hier ~ Köln** de(sde) aquí a (*od* hasta) Colonia; **von Montag ~ (einschließlich) Samstag** de lunes a sábado (ambos inclusive) 4 *mit Zahlenangabe*: **2 ~ 3 Euro** de dos a tres euros; **vier ~ fünf Personen** cuatro o cinco personas; **sieben ~ zehn Tage** de siete a diez días; **fünf ~ sechs Wagen** cinco o seis coches; **vier- ~ fünfmal** entre cuatro y cinco veces; **~ zu neun Meter hoch** hasta nueve metros de altura; **~ 14 Tage** hasta 14 días; **Kinder ~ 12 Jahre** niños de hasta 12 años; **~ zehn zählen** contar hasta diez 5 *Grad*: **~ aufs Höchste** hasta el máximo; **~ zum Äußersten** hasta más no poder; hasta el límite; **~ ins Kleinste** hasta el más pequeño detalle 6 **~ auf** (*acus*) (*außer*) excepto, salvo, con la excepción de; (*einschließlich*) hasta; **alle ~ auf einen** todos excepto (*od* menos) uno B KONJ **~ (dass)** hasta que; hasta (*inf*); **es wird lange dauern, ~ sie es merkt** pasará mucho tiempo antes de (*od* hasta) que lo note

'Bisam M ⟨~s; ~e *od* ~s⟩ 1 *Tier*: rata *f* almizclera; *Pelz*: piel *f* de (la) rata almizclera 2 (*Moschus*) almizcle *m*; **Bisampelz** M piel *f* de (la) rata almizclera; **Bisamratte** F rata *f* almizclera

'Bischof M ⟨~s; ⸚e⟩ obispo *m*

'Bischöfin F ⟨~; ~nen⟩ obispo *f*

'bischöflich ADJ episcopal

'Bischofsamt N episcopado *m*; obispado *m*; **Bischofshut** M, **Bischofsmütze** F mitra *f*; **Bischofsring** M anillo *m* pastoral; **Bischofssitz** M sede *f* episcopal; **Bischofsstab** M báculo *m* pastoral; **Bischofssynode** F sínodo *m* episcopal, sínodo *m* de los obispos; **Bischofswürde** F dignidad *f* episcopal, episcopado *m*

'Bisexualität F ⟨~⟩ bisexualidad *f*; **bisexuell** ADJ bisexual

bis'her ADV hasta ahora; hasta la fecha; **wie ~** como hasta ahora; **bisherig** ADJ anterior, que hubo hasta ahora; **der ~e Direktor** el ex director, el director anterior; **die ~en Erfolge** los éxitos alcanzados hasta ahora

Bis'kaya F ⟨~⟩ Vizcaya *f*; **Golf** *m* **von ~** Golfo *m* de Vizcaya

Bis'kuit [bɪsˈkviːt] N ⟨~(e)s; ~s⟩ *Gebäck u. Porzellan*: bizcocho *m*; **Biskuitrolle** F ≈ brazo *m* de gitano; **Biskuitteig** M masa *f* para bizcocho

bis'lang ADV → bisher

'Bison M ⟨~s; ~s⟩ ZOOL bisonte *m*

biss → beißen

Biss M ⟨~es; ~e⟩ 1 (*Zubeißen*) mordisco *m*; dentellada *f*; *e-r Schlange*: mordedura *f* (*a. Bisswunde*); *v. Insekten*: picadura *f* 2 GASTR *v. Nudeln*: **~ haben** estar en su punto 3 *fig* (*großer Einsatz*) chispa; **~ haben** tener chispa (*od* gracia), tener sal (ero), tener inspiración; **die Mannschaft spielte ohne ~** el equipo jugó con poca inspiración

'bisschen INDEF PR 1 **ein ~** un poco, un poquito; **ein ~ Salz** *usw* un poco de sal, *etc*; **ein kleines ~** un poquitín (de); **kein ~** nada, ni una mota, ni chispa, ni pizca de; **nicht ein ~** (*überhaupt nicht*) (nada) en absoluto; **auch nicht ein ~** ni pizca siquiera, ni un átomo de; nada de nada; **ein ~ viel** un poco demasiado 2 **das ~ Einkommen** lo poquito (*od sl* la miseria) que uno gana; **mein ~ Geld** el poco dinero que tengo; **ein ~ Wahrheit** un punto de verdad; **warten Sie ein ~** espere usted un momentito 3 *umg* **ach du liebes ~!** ¡Dios mío!

'Bissen M 1 trozo *m*; (*Mundvoll*) bocado *m*; **ein ~ Brot** un pedazo de pan; **keinen ~ zu sich nehmen** *od* **anrühren** no probar bocado 2 (*Imbiss*) *umg* piscolabis *m* 3 *fig* **ein fetter ~** un buen bocado; **bissenweise** ADV a bocados

'bissig ADJ 1 *Hund* mordedor; **~er Hund!** ¡cuidado con el perro! 2 *fig Person, Bemerkung* mordaz, cáustico; sarcástico; **Bissigkeit** F ⟨~⟩ mordacidad *f*; *fig a.* acrimonia *f*, causticidad *f*; sarcasmo *m*

'Bisswunde F mordisco *m*; *von Schlangen*: mordedura *f*

bist → sein[1]

'Bistum N ⟨~s; ⸚er⟩ obispado *m*; diócesis *f*

bis'weilen ADV algunas veces, a veces; a ratos; en ocasiones; (*dann und wann*) de vez en cuando

Bit N ⟨~s; ~s⟩ IT bit *m*, bitio *m*

'Bittbrief M carta *f* petitoria

'bitte ADV 1 *Wunsch, Aufforderung*: por favor; **~, geben Sie mir ...** haga el favor (*od* tenga la bondad) de darme ...; **~ nicht stören!** ¡por favor, no molesten!; **~ zahlen!** ¡la cuenta, por favor! 2 *Antwort*: **~ (sehr** *od* **schön)** *auf e-n Dank*: de nada, no hay de qué; *auf e-e Entschuldigung*: (no ha sido) nada 3 *anbietend*: **~!** ¡sírvase, por favor!; *gebend*: aquí tiene 4 *Aufforderung*: **(kommen Sie) ~ (herein)!** ¡pase, por favor! 5 **wie ~?** ¿mande?, ¿cómo dice (*od* decía) usted?; *am Telefon*: **ja, ~?** ¿diga?; **aber ~!** ¡Usted manda!, ¡claro que sí!, ¡cómo no! 6 *umg* **na, ~!** ¡lo ves!

'Bitte F ⟨~; ~n⟩ 1 ruego *m*; (*dringende Bitte*) instancia *f*; (*demütige Bitte*) súplica *f*; **eine ~ an j-n richten** hacer un ruego a alg; **eine ~ gewähren** acceder a un ruego; **ich habe eine ~ an Sie** quisiera pedirle un favor 2 (*Gesuch*) solicitud *f*; (*Ersuchen*) petición *f*, *stärker*: requerimiento *m*; **auf ~n von** a ruego(s) de; a instancias de; a petición de

'bitten V/T ⟨irr⟩ pedir (**j-n um etw** a/c a alg); *förmlich, inständig*: rogar (**zu** que *subj*); solicitar; (*ersuchen*) requerir; *dringend*: instar; *flehend*: suplicar; **um Erlaubnis ~** pedir permiso; **j-n um einen Gefallen ~** pedir un favor a alg; **j-n ~, etw zu tun** pedir a alg que haga a/c; **ich bitte Sie darum** se lo ruego; **j-n zu sich ~** convocar a alg (*bzw* invitar a alg) a venir a casa; **sich (lange) ~ lassen** hacerse rogar; **für j-n ~** *geh* rogar por alg; interceder por alg; **dürfte ich Sie um ... ~?** ¿me haría usted el favor de ...?, ¿tendría usted la bondad de ...?; **es wird gebeten** (*inf*) se ruega (*inf*); **wenn ich ~ darf** haga el favor; si tiene la bondad;

B

entrüstet: **ich muss doch sehr ~!** ¡por favor!; ¡mire usted bien lo que dice!; **aber ich bitte dich!** ¡pero, por Dios!; **darf ich um Ihren Namen ~?** ¿su nombre, por favor?; **ich bitte um Ruhe!** ¡silencio, por favor!

'bitter A ADJ 1 *Geschmack*: amargo, agrio; **~e Mandel** almendra *f* amarga; **~e Schokolade** chocolate *m* amargo 2 *fig* áspero; (*schmerzlich*) amargo; *Worte* acerbo; **das ist ~!** ¡qué duro es!; **eine ~e Enttäuschung** una amarga desilución; **die ~e Wahrheit** la cruel verdad; *geh obs* **~e Tränen weinen** llorar amargamente; **Bitteres durchmachen** pasar amarguras (*od* por tragos amargos) 3 (*groß, stark*) **~e Armut** extremada pobreza; **~e Kälte** frío intenso; **~e Not leiden** padecer extrema necesidad; **es ist mein ~er Ernst** estoy hablando muy en serio B ADV (*sehr*) **etw ~ bereuen** lamentar a/c amargamente; **etw ~ nötig haben** estar necesitadísimo de a/c; **~ wenig** poquísimo

'bitter'böse ADJ (*zornig*) furioso, muy enojado; (*schlimm*) malvado

'Bittere(r) M ⟨~n; ~n; → A⟩ *Schnaps*: bíter *m*

'bitter'ernst ADJ muy serio; **es ist mir ~ (damit)** lo digo muy en serio

'bitter'kalt ADJ terriblemente frío

'Bitterkeit F ⟨~⟩ amargor *m*, amargura *f*; *fig a.* acrimonia *f*, acritud *f*

'Bitterklee M BOT trébol *m* de agua, menianto *m*

'bitterlich A ADJ amargo B ADV amargamente; **~ weinen** llorar amargamente

'Bittermandelöl N aceite *m* de almendras amargas; **Bitternis** F ⟨~; ~se⟩ *geh* → Bitterkeit; **Bitterorange** F BOT naranja *f* amarga; **Bittersalz** N CHEM sulfato *m* magnésico; epsomita *f*, sal *f* de la Higuera; **Bitterschokolade** F chocolate *m* amargo; **Bitterspat** M MINER magnesita *f*

'bittersüß ADJ agridulce

'Bittgang M REL (procesión *f*) rogativa *f*; **Bittgebet** N rogativa *f*; **Bittgesuch** N, **Bittschreiben** N, **Bittschrift** F petición *f*; carta *f* petitoria; **Bittsteller** M ⟨~s; ~⟩, **Bittstellerin** F ⟨~; ~nen⟩ solicitante *m/f*, peticionario *m*, -a *f*

Bi'tumen N ⟨~s; ~ *od* Bitumina⟩ betún *m*

bitumi'nös ADJ bituminoso

'bitzeln VI *südd* → prickeln

'Biwak N ⟨~s; ~s *od* ~e⟩ vivaque *m*

biwa'kieren VI ⟨*ohne* ge-⟩ vivaquear, acampar

BIZ F ABK (Bank für Internationalen Zahlungsausgleich) BPI *m* (Banco de Pagos Internacionales)

bi'zarr ADJ extravagante, raro; quijotesco; estrafalario

'Bizeps M ⟨~es; ~e⟩ ANAT bíceps *m*

BKK F ABK ⟨~; ~⟩ (Betriebskrankenkasse) *mutua alemana de enfermedades*

Bl. ABK (Blatt) hoja *f*

Bla'bla N ⟨~(s)⟩ (*leeres Geschwätz*) puro blablabla *m*

'Blackout N & M, **'Black-out** N & M ['blɛk?aʊt] ⟨~(s); ~e⟩ 1 (*totaler Stromausfall*) apagón *m* (*a.* THEAT *plötzliches Dunkelwerden*) 2 *fig* (*Geistesabwesenheit, Erinnerungslücke*) pérdida *f* de la memoria, laguna *f*; **einen ~ haben** perder la conciencia (*od* la memoria) temporalmente 3 IT black-out *m*

'blähen A VT hinchar, inflar B VI MED provocar gases, causar flatos C VR **sich ~** 1 *Segel, Vorhang* hincharse, inflarse 2 *fig* (*sich wichtigtun*) envanecerse, engreírse, pavonearse; **blähend** ADJ MED flatulento; **Blähsucht** F MED flatulencia *f*; **Blähung** F ⟨~; ~en⟩ flatulencia *f*, flato *m*, ventosidad *f*; **Blähungsmittel** N MED carminativo *m*

bla'mabel ADJ vergonzoso

Bla'mage [-a:ʒə] F ⟨~; ~n⟩ vergüenza *f*; *umg* plancha *f*, patinazo *m*, metidura *f* de pata

bla'mieren ⟨*ohne* ge-⟩ A VT poner en ridículo B VR **sich ~** quedar en (*od* hacer el) ridículo (**vor j-m** ante alg); dar la nota; *umg* hacer el ridi, meter la pata, dar un patinazo

blan'chieren [blã'ʃi:rən] VT ⟨*ohne* ge-⟩ GASTR blanquear; escaldar

blank A ADJ 1 (*glänzend*) reluciente; brillante; TECH *Metall* bruñido; (*sauber*) limpio; (*glatt*) liso; (*poliert*) pulido; *Schuhe* lustroso; **~e Waffe** arma *f* blanca 2 (*bloß*) desnudo (*a.* TECH); (*unbeschrieben*) en blanco 3 *umg* (*abgetragen*) lustroso (por el uso); (*abgewetzt*) desgastado, con brillos 4 *fig* (*rein, pur*) limpio, puro; **~er Hohn** pura ironía *f*; **aus ~em Neid** por pura envidia; **~er Unsinn** un solemne disparate 5 *umg* (*ohne Geld, pleite*) **(total) ~ sein** estar sin blanca; *sl* estar a dos velas B ADV **~ polieren** pulir, *Metall* bruñir; **~ putzen** lustrar, sacar brillo a, dar lustre a

'blanko ADJ & ADV HANDEL en blanco; al descubierto; *Börse*: **~ verkaufen** vender al descubierto; **etw ~ unterschreiben** firmar a/c en blanco

'Blankoakzept N HANDEL aceptación *f* al descubierto; **Blankoformular** N formulario *m* en blanco; **Blankogiro** N endoso *m* (*od* giro *m*) en blanco; **Blankokredit** M crédito *m* abierto (*od* en blanco); **Blankoscheck** M cheque *m* en blanco; **Blankounterschrift** F firma *f* en blanco; **eine ~ leisten** firmar en blanco; **Blankovollmacht** F carta *f* blanca (*a. fig*); pleno poder *m*; **Blankowechsel** M HANDEL letra *f* en blanco

'Blankvers M LIT verso *m* blanco (*od* suelto)

'blankziehen VT ⟨*irr*⟩ *obs* desenvainar (*la espada, etc*)

'Bläschen N ⟨~s; ~⟩ 1 burbujita *f* 2 ANAT, MED, BOT vesícula *f*; **Bläschenausschlag** M MED herpes *m*

'Blase F ⟨~; ~n⟩ 1 (*Luftblase, Gasblase, Wasserblase*) burbuja *f* (*a.* TECH); **~n werfen** burbujear 2 ANAT (*Harnblase*) vejiga *f* 3 MED (*Hautblase*) ampolla *f*, vejiga *f*; **~n ziehen** levantar ampollas (*od* vejigas); **~n ziehend** vesicante 4 *umg pej* (*Bande, Gruppe*) panda *f*, pandilla *f*; **die ganze ~** toda la panda

'Blasebalg M fuelle *m*; *der Schmiede*: barquín *m*

'blasen ⟨*irr*⟩ A VT 1 soplar (*a. Glas*) 2 MUS tocar; **die Posaune ~** tocar el trombón 3 *fig* **Trübsal ~** estar triste; *umg fig* **j-m den Marsch ~** cantar a alg las cuarenta; *umg fig* **ich werde dir was ~!** ¡narices!; ¡y un cuerno! 4 *vulg* **j-m einen ~** hacer una mamada a alg B VI 1 (*wehen*) soplar 2 MUS tocar (**auf** *dat a/c*); **auf der Flöte ~** tocar la flauta; MIL **zum Angriff ~** tocar al ataque

'blasenartig ADJ vesicular

'Blasenausschlag M MED erupción *f* vesiculosa; pénfigo *m*; **Blasenbildung** F 1 MED vesicación *f*, formación *f* de ampollas 2 TECH producción *f* de burbujas; **Blasenentzündung** F MED cistitis *f*

'blasenförmig ADJ vesicular

'Blasengrieß M MED arenilla *f*; **Blasenkatarr(h)** M catarro *m* vesical, cistitis *f*; **Blasensonde** F MED catéter *m*; **Blasenspiegelung** F MED sondaje *m* vesical, cistoscopia *f*; **Blasensprung** M MED rotura *f* de (la bolsa de) las aguas; **Blasenstein** M MED cálculo *m* vesical

'Bläser M ⟨~s; ~⟩ 1 MUS *Person*: *músico que toca un instrumento de viento*; *Teil des Orchesters*: **die ~** *pl* los vientos; los instrumentos de viento 2 TECH soplador *m*

bla'siert ADJ *pej* afectado, hastiado

'blasig ADJ 1 MED vesicular; vesiculoso 2 TECH *Material* lleno de burbujas

'Blasinstrument N MUS instrumento *m* de viento; **Blaskapelle** F banda *f* (*od* orquesta *f*) de instrumentos de viento; **Blasmusik** F músca *f* para instrumentos de viento; **Blasorchester** N orquesta *f* de vientos

Blasphe'mie F ⟨~; ~n⟩ blasfemia *f*; **blas'phemisch** ADJ blasfemo, blasfematorio

'Blasrohr N 1 *Waffe*: cerbatana *f*, bodoquera *f* 2 *der Glasbläser*: caña *f* (de vidriero)

blass ADJ 1 (*bleich*) pálido (**vor** *dat* de); (*krankhaft*) macilento; **~ werden** palidecer, perder el color 2 *Farbton*: (*farblos*) descolorido; (*hell*) desvaído, mortecino; (*weißlich*) blanquecino 3 (*fahl*) *Lichtschein* lívido 4 *fig* (*nichtssagend, unscheinbar*) incoloro, insipido 5 (*vage*) vago, confuso; **~e Erinnerung** recuerdo *m* confuso; **keine ~e Ahnung haben** no tener ni la más remota idea 6 (*rein, pur*) puro; **~er Neid** pura envidia *f*

'blassblau ADJ azul pálido

'Blässe F ⟨~⟩ palidez *f*

'blassgelb ADJ amarillo pálido

'Blässhuhn N ORN focha *f* común

'blässlich ADJ paliducho

Blatt N ⟨~(e)s; ≃er, *pero* 100 ~⟩ 1 BOT, *Papier, Buch*: hoja *f*; *Buch, Papier a.*: folio *m*; (*Bogen*) pliego *m*; (*Seite*) página *f*; MUS **vom ~ spielen** repentizar, tocar a primera vista 2 *fig* **ein unbeschriebenes ~ sein** no tener antecedentes; **kein ~ vor den Mund nehmen** *umg* no tener pelos en la lengua, no morderse la lengua; hablar sin rodeos; **das steht auf einem anderen ~** *umg* eso es harina de otro costal; **das ~ hat sich gewendet** ha cambiado la suerte; la cosa ha cambiado; *umg* se ha vuelto la tortilla 3 (*Zeichnung*) dibujo *m* 4 TECH lámina *f*; chapa *f*, plancha *f*; (*Sägeblatt*) hoja *f*; (*Schaufelblatt, Ruderblatt*) pala *f* 5 (*Zeitung*) hoja *f*, periódico *m*, diario *m* 6 (*Spielkarte*) carta *f*; *gezogene Karten*: mano *f* 7 JAGD codillo *m*

'Blattader F BOT nervio *m*, nervadura *f*; **blattartig** ADJ foliáceo

'Blättchen N ⟨~s; ~⟩ 1 (*kleines Blatt*) hojita *f*, papelillo *m*, hojuela *f* 2 TECH laminilla *f*

'blätterig ADJ 1 BOT foliado 2 *Teig* hojaldrado 3 TECH laminado, lameliforme; **Blättermagen** M ZOOL libro *m*, librillo *m*, omaso *m*

'Blattern FPL *obs* → Pocken

'blättern A VI 1 ⟨h⟩ **in einem Buch ~** hojear (un libro) 2 (*umblättern*) pasar hojas; *am Computer*: pasar las páginas 3 ⟨sn⟩ (*sich ablösen*) *Farbe, Putz* desconcharse B VT 1 **Geldscheine/Karten auf den Tisch ~** extender billetes/cartas sobre la mesa 2 AGR (*von Blättern befreien*) deshojar

'Blatternarbe F MED hoyo *m* de viruela; **blatternarbig** ADJ picado (*od* marcado) de viruelas, picoso

'Blätterpilz M, **Blätterschwamm** M BOT agárico *m*; **Blättertabak** M tabaco *m* en hojas; **Blätterteig** M hojaldre *m*

'Blattfall M caída *f* de las hojas; **Blattfeder** F TECH muelle *m* (*od* resorte *m*) de láminas; AUTO ballesta *f*; **blattförmig** ADJ en forma de hoja, foliado, foliáceo; **Blattgold** N pan *m* de oro, oro *m* batido (*od* en hojas); **Blattgrün** N BOT clorofila *f*; **Blatthalter** M *an der Schreibmaschine*: soporte *m* de papel; **Blattknospe** F yema *f* foliar; **Blattlaus** F ZOOL pulgón *m*; **blattlos** ADJ sin hojas, BOT áfilo; **Blattmetall** N hoja *f* de metal; **Blattpflanze** F planta *f* de hoja

'blättrig ADJ → blätterig

'Blattrippe F BOT costilla *f* foliar; **Blattsä-**

ge F serrucho m; **Blattsalat** M lechuga f; **Blattsilber** N pan m de plata, plata f en hojas; **Blattstiel** M BOT pecíolo m; **Blattvergoldung** F dorado m en hojas; **blattweise** ADJ hoja por hoja; **Blattwerk** N follaje m
blau ADJ **1** Farbe: azul; Wappen u. poet azur; vor Kälte: amoratado; **~e Augen** ojos mpl azules; **~es Blut haben** ser de sangre azul, ser noble; **~e Traube** uva f negra (od tinta) **2** fig **~es Auge** ojo m amoratado (od umg a la funerala); **mit einem ~en Auge davonkommen** salir bien librado; **~er Fleck** cardenal m, moratón m, morado m, MED equimosis f **3** **~er Brief** (Kündigung) carta f de despido; SCHULE aviso m (del colegio a los padres de un escolar) **4** umg MIL **~e Bohnen** umg píldoras fpl **5** umg fig (betrunken) borracho, ebrio
Blau N ⟨~s; ~ od umg ~s⟩ azul m
'**blauäugig** ADJ **1** de ojos azules **2** fig crédulo, ingenuo, cándido
'**Blaubart** M Barba m Azul; **Blaubeere** F arándano m; **blaublütig** ADJ de sangre azul, noble; **Blaubuch** N POL libro m azul
'**Blaue(s)** N ⟨~n; → A⟩ **1** azul m **2** **ins ~ hinein** al aire, a lo que salga, umg al (buen) tuntún; **ins ~ hinein reden** hablar a tontas y a locas; hablar por hablar; **Fahrt ins ~** viaje m sin destino conocido; viaje m con rumbo sorpresa; **Schuss ins ~** tiro m al azar **3** **das ~ vom Himmel herunterlügen** umg mentir más que un sacamuelas; **j-m das ~ vom Himmel versprechen** prometer el oro y el moro a alg
'**Bläue** F ⟨~⟩ azul m; für Wäsche: azulete m
'**blauen** VI azulear
'**bläuen** VT **1** (blau färben) azular, teñir de azul **2** umg → verbläuen
'**Blaufelchen** M Fisch: farra f; **Blaufuchs** M ZOOL zorro m azul, raposo m ferrero
blau gefroren ADJ amoratado de frío
'**blaugrau** ADJ gris azulado; **blaugrün** ADJ verde azulado
'**Blauhelm** M (UNO-Soldat) casco m azul; **Blauhelmeinsatz** M misión f, despliegue m de cascos azules
'**Blauholz** N palo m campeche; **Blaujacke** F SCHIFF umg marinero m; **Blaukraut** N reg südd, österr lombarda f; **Blaukreuz(gas)** N MIL gas m cruz azul
'**bläulich** ADJ azulado
'**Blaulicht** N **mit ~** con luz azul, con sirena
'**Bläuling** M Schmetterling licénido m
'**blaumachen** VI umg holgar, hacer fiesta (od novillos)
'**Blaumann** M ⟨~(e)s; ⸚er⟩ umg mono m (azul); **Blaumeise** F ORN herrerillo m común; **Blaupapier** N papel m carbón azul; **Blaupause** F cianotipo m, fotocalco m azul; **Blausäure** F CHEM ácido m prúsico (od cianhídrico); **blauschwarz** ADJ negro azulado; **Blaustift** M lápiz m azul; **Blaustrumpf** M umg fig marisabidilla f; **Blausucht** F MED cianosis f; **Blauwal** M ZOOL ballena f azul
'**Blazer** ['ble:zər] M ⟨~s; ~⟩ TEX blazer m, chaqueta f, saco m
Blech N ⟨~(e)s; ~e⟩ **1** Material: chapa f; lámina f; plancha f; (Weißblech) hojalata f, hoja f de lata **2** (Backblech, Kuchenblech) bandeja f (de horno) **3** MUS metal m, cobres mpl **4** umg fig (Unsinn) disparate m, chorrada f, tontería f; **rede doch kein ~!** ¡no digas disparates (od tonterías)!, ¡no desbarres!
'**Blechbelag** M revestimiento m de chapa; **Blechbläser** MPL MUS metal m; **Blechbüchse, Blechdose** F lata f
'**blechen** **A** VT umg (zahlen) pagar **B** VI umg aflojar la mosca, rascarse el bolsillo
'**blechern** ADJ **1** (aus Blech) de hojalata **2** Klang metálico
'**Blechgeschirr** N vajilla f de hojalata; **Blechinstrument** N MUS instrumento m de metal; **~e** pl cobres mpl; **Blechkanister** M, **Blechkanne** F lata f, bidón m; **Blechlawine** F fig caravana f (od avalancha f) de coches; **Blechmarke** F chapa f; **Blechmusik** F música f para instrumentos de metal; charanga f; **Blechschaden** M AUTO daños mpl materiales; daños mpl en la carrocería; **Blechschere** F cizalla f; **Blechschmied** M chapista m; hojalatero m; **Blechschmiede** F chapistería f; hojalatería f; **Blechtrommel** F tambor m de hojalata; **Blechverkleidung** F revestimiento m de chapa
'**blecken** VT **die Zähne ~** enseñar (od regañar) los dientes
Blei[1] N ⟨~(e)s; ~e⟩ **1** plomo m; **aus ~** de plomo; **~ gießen** fundir plomo; **schwer wie ~** más pesado que el plomo; fig **es lag ihm wie ~ in den Gliedern** sentía una pesadez de plomo **2** (Senkblei) sonda f, plomada f **3** (Schrot) perdigones mpl
Blei[2] M ⟨~(e)s; ~e⟩ Fisch: brema f, sargo m
'**Bleiader** F filón m plomífero; **Bleibarren** M barra f (od lingote m) de plomo
'**Bleibe** F ⟨~; ~n⟩ umg paradero m; (Herberge) albergue m; (Unterkunft) alojamiento m, cobijo m; lit morada f; **keine ~ haben** estar sin hogar, umg no tener casa ni hogar
'**bleiben** **A** VI ⟨irr; sn⟩ **1** (sich aufhalten) quedar(se); **im Bett/zu Hause ~** quedarse en la cama/en casa; **bei j-m ~** quedarse con (bzw en) casa de alg; **für sich ~** mantenerse apartado; umg **und wo bleibe ich?** ¿y (qué hago) yo? **2** (weiterhin bleiben) seguir, continuar; (andauern) permanecer; **geschlossen ~** permanecer cerrado; **gesund ~** seguir con (od disfrutando de) buena salud; **sich** (dat) **gleich ~** seguir inalterable; seguir siendo el mismo; **j-m/einer Sache** (dat) **treu ~** seguir fiel a alg/a/c; atenerse a alg/a/c; TEL **~ Sie am Apparat!** ¡no cuelgue!; **bei etw ~** insistir od persistir en a/c; mantenerse firme en a/c; **bei der Sache ~** atenerse al (od no desviarse del) asunto; **bei der Wahrheit ~** atenerse a la verdad; **alles bleibt beim Alten** todo sigue (od queda) como antes; **ohne Folgen ~** no tener consecuencias; **so kann es nicht ~** esto no puede seguir así **3** (übrig bleiben) sobrar, quedar, restar; (bestehen bleiben) subsistir, quedar en pie; **am Leben ~** quedar con vida **4** (ausbleiben) tardar; **wo ~ Sie denn?** ¿por qué no viene Vd.?; **wo bist du so lange geblieben?** ¿por qué has tardado tanto?; **wo ist sie nur geblieben?** ¿pero dónde se habrá quedado?, ¿qué habrá sido de ella? **5** **zwei von sieben bleibt fünf** siete menos dos son cinco **6** TYPO **bleibt!** ¡queda! **B** V/UNPERS **das bleibt sich gleich** lo mismo da; viene a ser lo mismo; **dabei wird es nicht ~** esto no quedará así; **es bleibt dabei!** ¡queda convenido!; ¡conforme!; umg lo dicho, dicho; **und dabei bleibt es!** ¡así es!; **das bleibt unter uns** esto queda entre nosotros; **es bleibt abzuwarten** habrá que ver en qué para esto
'**bleibend** ADJ permanente; (dauerhaft) durable; Schaden duradero, persistente; **~er Eindruck** impresión f imborrable
'**bleibenlassen, 'bleiben lassen** VT ⟨irr; ohne ge-⟩ dejar (de hacer); **lass das bleiben!** ¡no hagas eso!; ¡déjalo!; **das werde ich schön ~** me guardaré bien de hacerlo
'**Bleiberecht** N JUR derecho m de permanencia; → a Aufenthaltsrecht
'**Bleibergwerk** N mina f de plomo
bleich ADJ pálido; lívido (**vor** de); krankhaft: macilento; (verblasst) descolorido; **~ werden** palidecer, ponerse pálido
'**Bleiche**[1] F ⟨~⟩ (Blässe) palidez f
'**Bleiche**[2] F ⟨~; ~n⟩ der Wäsche, v. Papier: blanqueo m
'**bleichen** **A** VT Wäsche etc blanquear; Farbe desteñir; Haare de(s)colorar; **sich** (dat) **die Haare ~ (lassen)** de(s)colorarse el pelo **B** VI palidecer; (weiß werden) blanquearse; (verblassen) Haare, Stoffe desteñirse; descolorarse
'**Bleichen** N ⟨~s⟩ blanqueo m
'**Bleichgesicht** N hum rostro m pálido; **Bleichkalk** M cloruro m de cal; **Bleichmittel** N (agente m) descolorante m
'**bleiern** ADJ **1** (aus Blei) de plomo **2** fig plomizo, plúmbeo
'**Bleierz** N mineral m (od mena f) de plomo; **Bleifarbe** F color m de (bzw al) plomo; **bleifarben, bleifarbig** ADJ plomizo; **bleifrei** ADJ sin plomo; **~es Benzin** gasolina f (od Am nafta f) sin plomo; **Bleigehalt** M contenido m de plomo; **Bleigelb** N CHEM masicote m; **Bleigewicht** N plomo m; **Bleigießer** M plomero m, fundidor m de plomo; **Bleiglanz** M MINER galena f; CHEM sulfuro m de plomo; **Bleiglas** N vidrio m de plomo
'**bleigrau** ADJ gris plomo; **bleihaltig** ADJ plomífero, plúmbico, plomizo
'**Bleihütte** F fundición f de plomo; **Bleikabel** N cable m bajo plomo; **Bleikristall** N cristal m de plomo (od plomífero); **Bleikugel** F (bala f de) plomo m; **Bleilot** N ARCH plomada f; SCHIFF sonda f; **Bleiplombe** F precinto m de plomo; **Bleisäure** F CHEM ácido m plúmbico
'**blei'schwer** **A** ADJ pesado como el plomo; plúmbeo (a. fig) **B** ADV **~ im Magen liegen** sentar muy mal; umg sentar como un tiro
'**Bleisiegel** N sello m de plomo; **Bleisoldat** M soldad(it)o m de plomo
'**Bleistift** M lápiz m; **Bleistifthalter** M lapicero m; **Bleistifthülse** F portalápiz m; **Bleistiftspitzer** M afilalápices m, sacapuntas m; **Bleistiftstummel** M pedazo m (od trozo m) de lápiz; **Bleistiftzeichnung** F dibujo m a lápiz
'**Bleivergiftung** F MED saturnismo m, intoxicación f saturnina; **Bleiverschluss** M emplomado m; **Bleiweiß** N CHEM blanco m de plomo, cerusa f, albavalde m
'**Blende** F ⟨~; ~n⟩ **1** (Lichtschutz) etc pantalla f; (Sonnenblende) quitasol m; (Mützenschirm) visera f **2** FOTO, OPT diafragma m **3** ARCH Fenster: ventana f falsa (od ciega); Tür: puerta f falsa (od ciega); Fassade: fachada f simulada **4** am Kleid etc: tira f **5** MINER blenda f
'**blenden** **A** VT **1** j-n, j-s Augen cegar (a. fig); auf kurze Zeit: deslumbrar, ofuscar **2** (beeindrucken) deslumbrar; (bezaubern) fascinar **3** fig (täuschen) engañar, ilusionar, encandilar, alucinar **B** VI **1** Licht cegar **2** (täuschen) engañar
'**Blenden** ⟨~s⟩ N AUTO der Scheinwerfer: deslumbramiento m; **Blendenautomatik** F FOTO diafragma m automático
'**blendend** **A** ADJ **1** Licht deslumbrador; (strahlend) deslumbrante, brillante **2** fig (prächtig) magnífico, maravilloso; espectacular; (genial) brillante **3** fig (täuschend) engañoso, ilusorio **B** ADV fig **~ weiß** blanco deslumbrante; **sich ~ amüsieren** divertirse de lo lindo, divertirse mucho; **~ aussehen** estar deslumbrante
'**Blendeneinstellung** F FOTO graduación f del diafragma; **Blendenöffnung** F FOTO abertura f del diafragma; **Blendenzahl** F FOTO diafragmado m (del objetivo)
'**Blender** M ⟨~s; ~⟩, **Blenderin** F ⟨~; ~nen⟩ fig pej efectista m/f; farolero m, -a f
'**blendfrei** ADJ antideslumbrante
'**Blendgranate** F MIL granada f cegadora;

B

Blendlaterne F linterna *f* sorda; **Blendrahmen** M bastidor *m*; **Blendschirm** M pantalla *f*
'Blendschutz M AUTO antideslumbrante *m*; *(Schirm)* parasol *m*; **Blendschutzglas** N cristal *m* antideslumbrante; **Blendschutzscheibe** F AUTO pantalla *f* antideslumbrante
'Blendstein M ARCH ladrillo *m* de revestimiento; piedra *f* de adorno
'Blendung F ⟨~; ~en⟩ **1** *(Sehverlust)* deslumbramiento *m* *(a. fig)*, ofuscación *f*; *(Blindheit)* ceguedad *f* *(a. fig)* **2** *fig* fascinación *f*; *(Täuschung)* ilusión *f*; engaño *m*
'Blendwerk N ⟨~(e)s; ~e⟩ *geh, pej (Sinnestäuschung)* ilusión *f* (óptica), espejismo *m*; *(Vorspiegelung)* fantasmagoría *f*, *umg* trampantojo *m*; alucinación *f*
'Blesse F ⟨~; ~n⟩ **1** *(heller Fleck)* lucero *m*, estrella *f* **2** *Pferd:* caballo *m* estrellado
'Blesshuhn → Blässhuhn
'bleuen → bläuen 1
Blick M ⟨~(e)s; ~e⟩ **1** mirada *f* (**auf** *acus* a) *(a. Augenausdruck)*; *flüchtiger:* ojeada *f*, vistazo *m*; **der böse ~** aojamiento *m*, aojo *m*, mal *m* de ojo; **auf einen ~** de una mirada; **auf den ersten ~** a primera vista, al primer vistazo; a simple vista; **Liebe auf den ersten ~** flechazo *m*; **mit einem ~** con (*od* de) un golpe de vista; **mit sicherem ~** con certera visión; **den ~ richten auf** *(acus)* poner la mirada (*od* los ojos) en; **einen ~ werfen auf** *(acus)* echar una ojeada (*od* una mirada, un vistazo) a; **j-m einen ~ zuwerfen** lanzar a alg una mirada; **die ~e auf sich** *(acus)* **ziehen** atraer las miradas **2** *(Aussicht)* vista *f*; panorama *m*; **mit ~ auf** *(acus)* con vistas a **3** *(Urteilsvermögen)* ojo *m*, vista *f*; **einen (guten) ~ für etw haben** tener ojo clínico para a/c; **keinen ~ für etw haben** no hacer caso de a/c
'blicken VI mirar (**auf** *acus* a); **um sich ~** mirar a su alrededor; **sich ~ lassen** aparecer, dejarse ver; hacer acto de presencia; **das lässt tief ~** eso da (bastante) que pensar
'Blickfang M centro *m* de atención; **Blickfeld** N campo *m* visual; *fig* horizonte *m*; **etw ins ~ rücken** centrar la atención sobre a/c; **Blickkontakt** M contacto *m* visual; **Blickpunkt** M **1** punto *m* visual **2** *fig* foco *m*; centro *m* del interés **3** *(Gesichtspunkt)* punto *m* de vista; **Blickrichtung** F **1** dirección *f* (visual) **2** *fig* perspectiva *f*; **Blickwinkel** M **1** ángulo *m* visual **2** *fig* punto *m* de vista; **unter diesem ~** bajo este aspecto
blieb → bleiben
blies → blasen
blind **A** ADJ **1** ciego (*a. fig* **vor** *dat* de; **für** *acus* para); invidente; *geistig:* obcecado, ofuscado; **auf einem Auge ~ sein** ser tuerto; ANAT **~er Fleck** punto *m* ciego; **~ geboren** ciego de nacimiento; **~ machen** cegar, dejar ciego; **~ werden** cegar, perder la vista, quedar(se) ciego **2** *fig* **~er Alarm** falsa alarma *f*; **~er Gehorsam** obediencia *f* ciega; **~es Glück** pura suerte *f*; *bes* SCHIFF **~er Passagier** polizón *m* **3** *(trüb)* opaco; *Glas, Spiegel* empañado; *Metall (glanzlos)* deslustrado **4** ARCH *Tür, Fenster etc* falso, ciego, simulado **B** ADV a ciegas, ciegamente; *fig* **j-m ~ vertrauen** confiar ciegamente en alg; → blindschreiben, blindspielen
'Blindband M ⟨~(e)s; ¨~e⟩ TYPO maqueta *f*; **Blindbewerbung** F solicitud *f* enviada a ciegas; **Blindboden** M ARCH falso entarimado *m*
'Blinddarm M ANAT apéndice *m*; (intestino *m*) ciego *m*; **Blinddarmentzündung** F MED apendicitis *f*
'Blinde M/F ⟨~n; ~n; → A⟩ ciego *m*, -a *f*; invidente *m/f*; *fig* **das sieht doch ein ~r** eso lo ve (hasta) un ciego
'Blindekuh F **~ spielen** jugar a la gallina ciega
'Blindenführer M, **Blindenführer** F lazarillo *m/f*; **Blindenhund** M perro *m* lazarillo, perro-guía *m*; **Blindenschrift** F escritura *f* para ciegos (*od* de Braille), (alfabeto *m*) braille *m*
'Blinder M → Blinde
'blindfliegen VI volar sin visibilidad (*od* con instrumentos)
'Blindflug M vuelo *m* sin visibilidad; **Blindgänger** M ⟨~s; ~⟩ **1** MIL granada *f* (*od* bomba *f*) sin estallar **2** *umg fig (Versager)* fracasado *m*, *umg* piernas *m*
'Blindheit F ⟨~⟩ ceguera *f*, ceguedad *f* *(a. fig)*; *(Verblendung)* obcecación *f*; *fig* **mit ~ geschlagen sein** tener una venda (*od* telarañas) en los ojos; **Blindlandung** F FLUG aterrizaje *m* a ciegas (*od* sin visibilidad)
'blindlings ADV ciegamente, a ciegas; a ojos cerrados; *(ins Ungewisse)* al azar, a la ventura; *(bedingungslos)* incondicionalmente
'Blindschleiche F ⟨~; ~n⟩ ZOOL lución *m*
'blindschreiben VI *Computer etc:* escribir al tacto (*od* sin mirar al teclado); **blindspielen** VI *Schach* jugar a ciegas
'Blindversuch M PHARM prueba *f* a ciegas; **Blindwiderstand** M ELEK reactancia *f*
'Blinkbake F FLUG baliza *f* de luz intermitente
'blinken VI **1** *(funkeln, glitzern)* fulgurar; destellar, centellear; *(glänzen)* relucir; brillar **2** *(aufleuchten)* resplandecer **3** *(Lichtzeichen geben)* hacer (*bzw* emitir) señales luminosas; AUTO poner el intermitente
'Blinker M ⟨~s; ~⟩ **1** AUTO intermitente *m* **2** *beim Angeln:* cucharilla *f*, cebo *m* luminoso **3** MIL señalador *m*; **Blinkfeuer** N luz *f* (*od* fuego *m*) de destello(s); SCHIFF faro *m* de luz intermitente; **Blinklicht** N **1** *Lichtsignal:* luz *f* intermitente (*od* destellante); MIL, SCHIFF luz *f* de destello(s) **2** AUTO intermitente *m*; *an Krankenwagen etc* lanzadestellos *m*; *Verkehrszeichen:* semáforo *m* destellante; **Blinkzeichen** N señal *f* luminosa
'blinzeln VI parpadear, pestañear; guiñar; **Blinzeln** N ⟨~s⟩ parpadeo *m*, pestañeo *m*; guiño *m*
'Blister M ⟨~s; ~⟩, **Blisterverpackung** F blíster *m*
Blitz M ⟨~es; ~e⟩ **1** *einschlagender:* rayo *m*; *Schein:* relámpago *m*; **der ~ hat eingeschlagen** el rayo cayó (**in** sobre); **vom ~ getroffen** alcanzado (*bzw* herido) por el rayo; **vom ~ getötet** fulminado; *fig vergleichend: umg* **wie ein geölter ~** como una flecha; **(schnell) wie der ~** rápido como un rayo; *fig* **wie vom ~ getroffen** estupefacto, anonadado, como herido por el rayo; **wie ein ~ aus heiterem Himmel einschlagen** caer como una bomba **2** *umg* FOTO *(Blitzlicht)* flash *m*
'Blitzableiter M ⟨~s; ~⟩ pararrayos *m*; **Blitzaktion** F acción *f* relámpago; **blitzartig** ADJ fulminante; **Blitzaufnahme** F FOTO foto *f* con flash; **Blitzbesuch** M visita *f* relámpago
'blitz'blank ADJ reluciente, resplandeciente; *(sauber)* como una ascua de oro
'Blitzeis N ⟨~⟩ *hielo que se forma cuando llueve sobre superficie helada*
'blitzen **A** V/UNPERS relampaguear; **es blitzt (und donnert)** hay relámpagos (y truenos) **B** VI *fig (glänzen)* brillar, relucir; resplandecer, fulgurar **C** VT **1** FOTO utilizar el flash **2** *umg Radarkontrolle:* **j-n ~** hacer una foto a alg
'Blitzesschnelle F ⟨~⟩ rapidez *f* del rayo; **in ~** con la rapidez del (*od* de un) rayo
'Blitzgerät N FOTO flash *m*; **Blitzgespräch** N TEL conversación *f* relámpago; **Blitzkarriere** F carrera *f* vertiginosa (*od* fulgurante); ascenso *m* profesional extraordinario; **Blitzkrieg** M guerra *f* relámpago; **Blitzlicht** N FOTO flash *m*; **mit ~ fotografieren** hacer una foto con flash; **Blitzlichtaufnahme** F fotografía *f* con flash; **Blitzoffensive** F MIL ofensiva *f* relámpago; **Blitzreise** F viaje *m* relámpago
'blitz'sauber ADJ limpísimo, *umg* limpio como una patena
'Blitzschaden M daño *m* causado por el rayo; **Blitzschlag** M (caída *f* del) rayo *m*
'blitz'schnell **A** ADJ rápido como un rayo **B** ADV con la rapidez del rayo; *umg* en un santiamén
'Blitzschutzsicherung F ELEK fusible *m* protector contra rayos; **Blitzstart** M arranque *m* relámpago; **Blitzstrahl** M rayo *m*; **Blitztelegramm** N telegrama *m* urgentísimo; **Blitzumfrage** F encuesta *f* (*od* sondeo *m*) relámpago
Block M ⟨~(e)s⟩ **1** ⟨*pl* ¨~e⟩ *(Steinblock, Holzblock)* bloque *m*; *(Hauklotz)* tajo *m*; *(Quader)* sillar *m*; BAHN block *m* **2** ⟨*pl* ~s⟩ *(Häuserblock)* manzana *f*, *Am* cuadra *f*; *(Wohnblock)* bloque **3** ⟨*pl* ¨~e *od* ~s⟩ *(Notizblock, Schreibblock)* bloc *m*; *(Kalenderblock, Kartenblock)* taco *m* **4** ⟨*pl* ¨~e⟩ POL bloque *m* **5** ⟨*pl* ¨~e⟩ TYPO, IT *(Textblock)* bloque *m* de texto
Blo'ckade F ⟨~; ~n⟩ bloqueo *m*; **die ~ aufheben/brechen/verhängen** levantar/romper/decretar el bloqueo; **Blockadebrecher** M forzador *m* de(l) bloqueo; **Blockadepolitik** F política *f* de bloqueo
'Blockbuchstabe M TYPO letra *f* de imprenta; **in ~n schreiben** escribir con la letra de imprenta
'Blockeis N hielo *m* en barras
'blocken VT BAHN, SPORT bloquear
'Blockflöte F MUS flauta *f* dulce (*od* de pico); **blockfrei** ADJ POL no alineado; **Blockfreie(n)** PL POL países *mpl* no alineados; **Blockfreiheit** F POL no alineación *f*; **Blockhaus** N cabaña *f* de madera; MIL blocao *m*, blockhaus *m*; **Blockheizkraftwerk** N TECH planta *f* de cogeneración
blo'ckieren VT ⟨*ohne* ge-⟩ bloquear; **Blockierung** F ⟨~; ~en⟩ bloqueo *m* *(a. MIL)*
'Blockkondensator M ELEK condensador *m* de bloqueo; **Blockkonstruktion** F construcción *f* en una pieza; **Blocksatz** M ⟨~es⟩ TYPO composición *f* en forma de bloque; **im ~** justificado; **Blockschaltbild** N diagrama *m* de bloques; **Blockschokolade** F chocolate *m* de hacer; **Blockschrift** F TYPO caracteres *mpl* de imprenta; letra *f* de palo; **Blockstaaten** MPL POL países *mpl* pertenecientes a un bloque; países *mpl* alineados; **Blockstelle** F BAHN estación *f* de enclavamiento
'blöd(e) ADJ *umg* **1** *(schwachsinnig)* imbécil, idiota; débil mental; *(dumm, ungeschickt)* tonto, bobo, lelo, *umg* gilí **2** *(unsinnig)* tonto, estúpido, bobo; **was für eine ~e Frage** qué pregunta más tonta; **~es Geschwätz** tonterías *fpl*, *umg* chorradas *fpl* **3** *(unangenehm, ärgerlich)* fastidioso, molesto; **eine ~e Situation** una situación estúpida; **~er Kerl** *umg* merluzo *m*
'blödeln VI *umg* hacer el tonto; decir burradas (*od* bobadas); **Blödheit** F ⟨~⟩ imbecilidad *f*; idiotez *f*; estupidez *f*; **Blödian** M ⟨~(e)s; ~e⟩, **Blödmann** M ⟨~(e)s; ¨~er⟩ *(Dummkopf)* idiota *m*, tonto *m* del bote; imbécil *m*, *sl pej (blöder Kerl)* gilipollas *m*
'Blödsinn M disparate *m*; tontería *f*, bobada *f*; **blödsinnig** ADJ *(unsinnig)* absurdo, insensato, disparatado; **Blödsinnige** M/F ⟨~n;

~n; → *A*⟩ idiota *m/f*; imbécil *m/f*

Blog [blɔg] M&N INTERNET blog *m*, weblog *m*, bitácora *f*; **bloggen** VI INTERNET blogear; **Blogger** M ⟨~s; ~⟩, **Bloggerin** F ⟨~; ~nen⟩ INTERNET blogger *m/f*

'blöken VI *Rind* mugir; *Kalb* berrear; *Schaf* balar; **Blöken** N ⟨~s⟩ mugido *m*; berrido *m*; balido *m*

blond ADJ rubio

'blondhaarig ADJ pelirrubio

blon'dieren VT ⟨*ohne* ge-⟩ teñir de rubio; enrubiar; oxigenar; **Blon'dine** F ⟨~; ~n⟩ rubia *f*

'Blondkopf M, **Blondschopf** M pelirrubio *m*, -a *f*; rubio *m*, -a *f*, *umg* rubiales *m/f*

bloß **A** ADJ **1** (*unbedeckt*) descubierto; (*nackt*) desnudo, en cueros; (*entblößt*) desnudado; **mit ~em Auge** a simple vista; **mit ~en Füßen** descalzo; **mit ~em Kopf** descubierto; **~ legen** (*aufdecken*) poner al descubierto (*od* al desnudo) → bloßlegen;**~ liegen** quedar al descubierto **2** (*nichts anderes als*) mero, solo; **~es Gerede** puras habladurías; **~e Worte** palabras vacías; **~er Neid** pura envidia; **der ~e Gedanke** la sola idea; **die ~e Tatsache** el mero hecho **B** ADV **1** (*nur*) (tan) sólo, solamente; simplemente, meramente; nada más que; **~ ein Mechaniker** un simple mecánico; **es kostet ~ zwei Euro** sólo cuesta (*od* no cuesta más que) dos euros; **wenn ich ~ daran denke** sólo de pensarlo; **~ jetzt nicht!** ¡en cualquier momento menos ahora! **2** *verstärkend, oft unübersetzt*: **wie konnte das ~ geschehen?** ¿cómo pudo pasar?; **tu das ~ nicht** ¡ni se te ocurra hacerlo!; **komm ~ nicht hier herein!** ¡no se te ocurra entrar aquí!; **wie machst du das ~?** ¿cómo te arreglas para ello?

'Blöße F ⟨~; ~n⟩ **1** (*Nacktheit*) desnudez *f* **2** *fig* (*schwacher Punkt*) punto *m* débil, flaco *m*, flaqueza *f*; **eine ~ bieten** *Fechten*: descubrirse; *Boxsport*: abrir la guardia; **sich** (*dat*) **eine ~ geben** mostrar (*od* descubrir) su (punto) flaco

'bloßlegen VT *fig* revelar, desvelar, sacar a la luz; **bloßliegen** VI ⟨*irr*⟩ → bloß A1; **bloßstellen** **A** VT comprometer; desairar, poner en evidencia; *fig* desenmascarar; exponer **B** VR **sich ~** comprometerse; exponerse; **Bloßstellung** F comprometimiento *m*; exposición *f*

Blou'son [bluzõ:] N&M ⟨~(s); ~s⟩ TEX cazadora *f*

'blubbern VI gorgotear, hacer gorgoteos

'Blue'jeans [blu'dʒi:ns] PL *od* F ⟨~; ~⟩ vaqueros *mpl*, tejanos *mpl*

'Bluff [blœf] M ⟨~s; ~s⟩ patraña *f*, bluff *m*; *bes Kartenspiel*: farol *m*

'bluffen ['blœfən] VI farolear, echar(se) un farol; **sie blufft nur** sólo está echando *od* echándose un farol

'blühen VI **1** BOT florecer (*a. fig*), estar en flor **2** *fig* (*gedeihen*) *a.* prosperar **3** *umg* (*bevorstehen*) **j-m ~** esperar a alg; **wer weiß, was uns noch blüht** quién sabe lo que nos espera (*od* aguarda); **das kann uns auch ~** lo mismo puede ocurrirnos a nosotros

'Blühen N ⟨~s⟩ florecimiento *m* (*a. fig*), BOT floración *f*

'blühend ADJ **1** BOT floreciente (*a. fig*), florido **2** *fig* próspero (*a. Geschäft, Handel etc*); **im ~en Alter** en la flor de la vida; **~ aussehen** tener un aspecto saludable, rebosante de salud **3** (*lebhaft*) **eine ~e Fantasie haben** tener una fantasía exuberante

'Blümchen N ⟨~s; ~⟩ florecilla *f*, florecita *f*; **Blümchenkaffee** M *umg hum reg* café *m* flojo, recuelo *m*

'Blume F ⟨~; ~n⟩ **1** BOT flor *f*; **lasst ~n sprechen** dilo con flores **2** **j-m etw durch die ~** sagen decir a alg a/c con indirectas **3** *des Weins*: (*Geruch*) aroma *m*; (*Geschmack*) buqué *m*, bouquet *m* **4** *des Biers*: (*Schaum*) espuma *f* **5** JAGD (*Schwanz*) cola *f*

'Blumenbeet N cuadro *m* de flores, arriate *m*; macizo *m* de flores, parterre *m*; **Blumenbinder** M ⟨~s; ~⟩, **Blumenbinderin** F ⟨~; ~nen⟩ ramilletero *m*, -a *f*, florista *m/f*; **Blumenerde** F tierra *f* para plantas; mantillo *m*; **Blumengarten** M jardín *m* de flores; vergel *m*; **Blumengärtner** M, **Blumengärtnerin** F floricultor *m*, -a *f*; **Blumengeschäft** N → Blumenladen; **Blumengewinde** N guirnalda *f*, festón *m*; **Blumenhändler** M ⟨~s; ~⟩, **Blumenhändlerin** F ⟨~; ~nen⟩ florista *m/f*; **Blumenhandlung** F → Blumenladen; **Blumenkasten** M jardinera *f*; macetero *m*; **Blumenkind** N hippie *m/f*; **Blumenkohl** M BOT coliflor *f*; **Blumenkorb** M canastilla *f* de flores; **Blumenkranz** M corona *f* de flores; **Blumenkrone** F BOT corola *f*; **Blumenkübel** M maceta *f*; **Blumenladen** M floristería *f*, florería *f*; **Blumenmuster** N dibujo *m* de flores (*od* floral)

'blumenreich ADJ abundante en flores; florido (*a. fig*)

'Blumenschale F jardinera *f*; **Blumenstand** M puesto *m* (*od* quiosco *m*) de flores; **Blumenständer** M macetero *m*; jardinera *f*; **Blumenstängel** M, **Blumenstiel** M pedúnculo *m* floral; **Blumenstrauß** M ramo *m* de flores, *kleiner*: ramillete *m*; **Blumenstück** N MAL florero *m*; **Blumentopf** M tiesto *m*; maceta *f*; **Blumenübertopf** M portamacetas *m*; **Blumenvase** F florero *m*; **Blumenzucht** F floricultura *f*; **Blumenzüchter** M ⟨~s; ~⟩, **Blumenzüchterin** F ⟨~; ~nen⟩ floricultor *m*, -a *f*; **Blumenzwiebel** F bulbo *m*

'blumig ADJ **1** florido (*a. fig Stil etc*) **2** *Wein* aromático

'Bluse F ⟨~; ~n⟩ blusa *f*; **blusig** ADJ ablusado

Blut N ⟨~(e)s⟩ **1** *allg* sangre *f*; **blaues ~** sangre *f* azul; **~ spenden** donar sangre; **~ vergießen** derramar sangre; **mit ~ beflecken** ensangrentar, manchar de sangre; **das ~ stieg ihm zu Kopf** la sangre se le subió a la cabeza **2** *fig* **böses ~ machen** quemar la sangre, excitar el odio; hacer mala sangre; **die Musik liegt ihm im ~** lleva la música en la sangre; **immer ruhig ~!** ¡calma!, ¡no se altere!; **ruhig ~ bewahren** guardar (su) sangre fría; **er hat ~ geleckt** ha tomado gusto a; **j-n bis aufs ~ reizen** quemar la sangre a alg **3** *fig* **~ und Wasser schwitzen** *vor Angst*: *umg* sudar sangre; *vor Anstrengung*: *umg* sudar la gota gorda **4** *geh Person* **junges ~** joven *m/f*, mozo *m*, -a *f*

'Blutader F vena *f*; **Blutalkohol(gehalt)** M alcoholemia *f*; **Blutandrang** M congestión *f*, aflujo *m* de sangre

'blutarm ADJ **1** MED anémico **2** *fig* indigente, *umg* pobre como una rata

'Blutarmut F MED anemia *f*; **Blutbad** N matanza *f*, carnicería *f*, *umg* degollina *f*; **Blutbahn** F ANAT torrente *m* circulatorio, vía *f* sanguínea; **Blutbank** F ⟨~; ~en⟩ MED banco *m* de sangre

'blutbefleckt, blutbeschmiert ADJ ensangrentado, manchado de sangre

'Blutbild N MED hemograma *m*; cuadro *m* hemático

'blutbildend, Blut bildend ADJ MED hem(at)opoyético

'Blutbildung F formación *f* de la sangre, MED hem(at)opoyesis *f*; **Blutblase** F ampolla *f* de sangre; **Blutbuche** F BOT haya *f* roja (*od* de sangre)

'Blutdruck M ⟨~(e)s⟩ presión *f* sanguínea; tensión *f* arterial; **erhöhter ~** hipertensión *f*; **zu niedriger ~** hipotensión *f*; **zu hohen/zu niedrigen ~ haben** tener la tensión demasiado alta/baja

'Blutdruckmesser M tonómetro *m*, tensiómetro *m*; **blutdrucksenkend** ADJ MED hipotensivo

'Blutdurst M sed *f* de sangre; **blutdürstig** ADJ sanguinario, sediento de sangre

'Blüte F ⟨~; ~n⟩ **1** BOT flor *f*; **~n treiben** florecer, echar flor; *fig* **seltsame ~n treiben** tomar una forma extraña, tomar formas extrañas **2** (*Blühen*) flor *f*; (*Blütezeit*) floración *f*; florescencia *f*; **in voller ~ stehen** estar en plena flor; *geh* **in der ~ der Jahre** en la flor de la vida (*od* edad) **3** *fig wirtschaftlich*: prosperidad *f*, florecimiento *m*; (*Höhepunkt*) apogeo *m*, auge *m* **4** (*Elite*) la flor (y nata), lo más granado (*od* florido); **die ~ der Jugend** la flor de la juventud **5** *umg* (*gefälschte Banknote*) billete *m* falso

'Blutegel M ⟨~s; ~⟩ ZOOL sanguijuela *f*

'bluten VI **1** sangrar, echar sangre (**aus** por); *fig* **mein Herz blutet** me duele en el alma, se me parte el corazón **2** *fig* (*bezahlen*) **schwer ~ müssen** tener que pagar muy caro; **j-n ~ lassen** desangrar a alg

'Blütenbecher M BOT cúpula *f*; **Blütenblatt** N BOT pétalo *m*; **Blütenboden** M BOT tálamo *m*, receptáculo *m*

'blutend ADJ sangrante; *fig* **~en Herzens** con el alma partida

'Blütenhonig M miel *f* de (mil)flores; **Blütenkelch** M cáliz *m*; **Blütenkelchblatt** N sépalo *m*; **Blütenknospe** F botón *m* (*od* yema *f*) floral, capullo *m*; **Blütenlese** F *fig* florilegio *m*, antología *f*; **Blütenpflanzen** FPL BOT fanerógamas *fpl*; **Blütenstand** M inflorescencia *f*; **Blütenstängel** M pedúnculo *m* floral; **Blütenstaub** M polen *m*

'Blutentnahme F MED extracción *f* (*od* toma *f*) de sangre

'blütentragend, Blüten tragend ADJ BOT florífero

'Blütentraube F BOT racimo *m* de flores; **Blütenzweig** M rama *f* de flores

'Bluter M ⟨~s; ~⟩ MED hemofílico *m*

'Bluterguss M ⟨~es; -ergüsse⟩ MED derrame *m* de sangre; hematoma *m*

'Bluterkrankheit F MED hemofilia *f*

'Blütezeit F BOT floración *f*, florescencia *f*; florecimiento *m* (*a. fig*); *fig* apogeo *m*; *wirtschaftliche a.*: prosperidad *f*

'Blutfarbstoff M MED hemoglobina *f*; **Blutfaserstoff** M fibrina *f*; **Blutfleck** M mancha *f* de sangre; **Blutgefäß** N ANAT vaso *m* sanguíneo; **Blutgerinnsel** N coágulo *m* (sanguíneo)

'blutgetränkt ADJ empapado en sangre; **blutgierig** ADJ sanguinario, feroz; sediento de sangre

'Blutgruppe F MED grupo *m* sanguíneo; **Blutgruppenbestimmung** F determinación *f* del grupo sanguíneo

'Bluthochdruck M hipertensión *f* (arterial); **Bluthund** M **1** ZOOL (perro *m*) braco *m*; perro *m* de presa **2** *fig* hombre *m* sanguinario; **Bluthusten** M MED hemoptisis *f*

'blutig ADJ **1** sangriento (*a. Kampf*); (*blutbefleckt*) ensangrentado; (*mit Blut vermischt*) sanguinolento; *Operation* cruento (*a. fig*) **2** *fig* cruel; trágico; **~e Tränen** lágrimas *fpl* amargas **3** GASTR *Steak* con sangre **4** *verstärkend*: **~er Anfänger** un novato, un bisoño *m*; **das ist ~er Ernst** completamente en serio

'blut'jung ADJ muy joven(cito); jovencete

'Blutklumpen M MED coágulo *m* (sanguíneo); **Blutkonserve** F MED conserva *f* de sangre

'**Blutkörperchen** N ANAT glóbulo *m* sanguíneo; **weißes ~** glóbulo *m* blanco, leucocito *m*; **rotes ~** glóbulo *m* rojo, eritrocito *m*, hematíe *m*

'**Blutkrankheit** F MED hemopatía *f*; **Blutkrebs** M leucemia *f*; **Blutkreislauf** M PHYSIOL circulación *f* sanguínea; **Blutlache** F charco *m* de sangre; **Blutlaus** F ZOOL pulgón *m* lanígero; **blutleer** ADJ exangüe; **Blutleere** F isquemia *f*; **~ im Gehirn** anemia *f* cerebral; **Blutmangel** M MED hipemia *f*; anemia *f*; **Blutorange** F BOT (naranja *f*) sanguina *f*; **Blutpfropf** M trombo *m*; **Blutplasma** N plasma *m* sanguíneo; **Blutplättchen** N ANAT trombocito *m*, plaqueta *f* sanguínea; **Blutprobe** F MED análisis *m* de sangre; *entnommene*: prueba *f* de sangre; **eine ~ nehmen** tomar una prueba de sangre; **Blutrache** F venganza *f* de la sangre, vendetta *f*; **Blutrausch** M delirio *m* homicida

'**blutreinigend, Blut reinigend** ADJ depurativo

'**Blutreinigungsmittel** N depurativo *m*

'**blut'rot** ADJ rojo sanguíneo (*od* de sangre); **~ werden** *umg* ponerse como un tomate

'**blutrünstig** ADJ sangriento (*a. Film etc*); *fig* sanguinario; *Geschichte* truculento

'**Blutsauger** M **1** *Insekt*: vampiro *m* (*a. fig*) **2** *fig pej* chupasangre *m*

'**Blutsbrüderschaft** F hermandad *f* de sangre

'**Blutschande** F incesto *m*; **blutschänderisch** ADJ incestuoso; **Blutschuld** F homicidio *m*; asesinato *m*; **Blutschwamm** M (hem)angioma *m*; **Blutsenkung** F MED sedimentación *f* sanguínea (*od* globular); **Blutserum** N suero *m* sanguíneo; **Blutspende** F donación *f* de sangre; **Blutspender** M, **Blutspenderin** F donante *m/f* de sangre; **Blutspucken** N MED expectoración *f* sanguinolenta, hemoptisis *f*; **Blutspur** F huella *f* (*bzw* reguero *m*) de sangre; **Blutstauung** F congestión *f*; **Blutstein** M MINER hematites *f*; sanguinaria *f*

'**blutstillend, Blut stillend** ADJ hemostático; **~es Mittel** hemostático *m*

'**Blutstiller** M ⟨~s; ~⟩ MED *Stift*: cortasangre *m*; **Blutstillung** F hemostasis *f*

'**Blutstropfen** M gota *f* de sangre

'**Blutsturz** M MED hemorragia *f* violenta

'**blutsverwandt** ADJ consanguíneo; **Blutsverwandte** M/F pariente *m/f* consanguíneo *m*, -a *f*; **Blutsverwandtschaft** F consanguinidad *f*; parentesco *m* de sangre

'**Bluttat** F hecho *m* sangriento, delito *m* de sangre; **Bluttransfusion** F transfusión *f* de sangre

'**bluttriefend** ADJ chorreando (de) sangre; **blutüberströmt** ADJ bañado en sangre

'**Blutung** F ⟨~; ~en⟩ hemorragia *f*; **innere ~en** hemorragias *fpl* internas

'**blutunterlaufen** ADJ **1** *Auge* inyectado de sangre **2** MED equimótico; *Haut* acardenalado, lleno de cardenales

'**Blutuntersuchung** F análisis *m* de sangre; **Blutvergießen** N *geh* derramamiento *m* de sangre; **Blutvergiftung** F MED septicemia *f*; toxemia *f*, intoxicación *f* (*od* envenenamiento *m*) de la sangre; **Blutverlust** M pérdida *f* de sangre

'**blutverschmiert** ADJ embadurnado de sangre

'**Blutwäsche** F MED hemodiálisis *f*

'**blut'wenig** ADJ *umg reg* casi nada, una miseria

'**Blutwurst** F GASTR morcilla *f*; butifarra *f* negra; **Blutzoll** M *fig* tributo *m* de sangre

'**Blutzucker** M PHYSIOL glucemia *f*; **Blutzuckermessgerät** N glucómetro *m*; **Blutzuckerspiegel** M MED nivel *m* de azúcar en la sangre

'**Blutzufuhr** F provisión *f* de sangre

BLZ F ABK (Bankleitzahl) código *m* de identificación de la entidad bancaria

BMI [beːʔɛm'ʔiː] M ABK (Body-Mass-Index) IMC *m* (índice de masa corporal)

BMW® ABK (Bayerische Motorenwerke) **1** PL BMW (*fábrica alemana de automóviles*) **2** M ⟨~(s); ~(s)⟩ *Auto*: BMW *m*

BND M ABK (Bundesnachrichtendienst) Servicio *m* Alemán de Inteligencia

Bö F ⟨~; ~en⟩ ráfaga *f*; racha *f*

'**Boa** ['boːa] F ⟨~; ~s⟩ **1** ZOOL boa *f* **2** (*Federboa*) boa *m*

'**Bob** M ⟨~s; ~s⟩ bob(sleigh) *m*; **Bobbahn** F pista *f* de bob; **Bobrennen** N carrera *f* de bobs; **Bobschlitten** M → Bob

'**Boccia** ['bɔtʃa] N ⟨~; ~s⟩, **Bocciaspiel** N (juego *m* de la) bocha *f*; *sp a.* petanca *f*

Bock[1] M ⟨~(e)s; ⸚e⟩ **1** ZOOL (*Schafbock*) carnero *m*, morueco *m*; (*Ziegenbock*) macho *m* cabrío; cabrón *m*; *umg fig* **den ~ zum Gärtner machen** *umg* encomendar las ovejas al lobo **2** *sl fig pej* **alter** *od* **geiler ~** *umg* viejo *m* verde; *umg fig* **sturer ~** *umg* cabezota *m* **3** SPORT potro *m* **4** TECH (*Gestell*) caballete *m*; (*Hebebock*) cabria *f*; (*Sägebock*) burro *m*; (*Kutschbock*) pescante *m*; MIL (*Sturmbock*) ariete *m* **5** *umg fig* **einen ~ schießen** *umg* meter la pata **6** *Jugendspr* **null ~ auf etw** (*acus*) **haben** no tener ningunas ganas de a/c; **total ~ auf etw** (*acus*) **haben** *umg* tener mogollón de ganas de a/c

Bock[2] N & M ⟨~s; ~⟩ → Bockbier

'**bockbeinig** ADJ *umg* tozudo, obstinado, estarudo, *umg* cabezota

'**Bockbier** N *cerveza fuerte*

'**Böckchen** N ⟨~s; ~⟩ cabrito *m*

'**bocken** VI **1** *Pferd* corcovear, encabritarse **2** *Motor, Auto* calarse **3** *fig Mensch* (*störrisch sein*) ponerse terco (*od* reacio); (*schmollen*) respingar, *umg* estar de morros (*od* hocicos); **bockig** ADJ → bockbeinig

'**Bockleiter** F escalera *f* doble (*od* de tijera); **Bockmist** M *umg* sandeces *fpl*, idioteces *fpl*

'**Bocksbart** M **1** barba *f* cabruna **2** *bei Menschen*: perilla *f* **3** BOT barba *f* de cabra; **Bockshorn** N *fig* **sich nicht ins ~ jagen lassen** no dejarse intimidar (*od* amedrentar); *umg* no dejarse meter en un puño; **Bockshornklee** M BOT, GASTR fenogreco *m*, alholva *f*

'**Bockspringen** N **1** SPORT salto *m* de potro **2** *Spiel*: saltacabrillas *m*; **Bocksprung** M **1** SPORT: salto *m* de potro **2** *fig* **Bocksprünge machen** hacer cabriolas

'**Bockwurst** F GASTR salchicha *f*

'**Boden** M ⟨~s; ⸚⟩ **1** (*Erde, Erdboden*) tierra *f*, terreno *m* (*a.* AGR); **fester ~** terreno *m* firme (*a. fig*); *fig* **auf fruchtbaren ~ fallen** no caer en saco roto; *fig* **etw aus dem ~ stampfen** hacer surgir a/c de la nada; **wie Pilze aus dem ~ schießen** brotar como hongos **2** (*Fußboden*) suelo *m*, piso *m*; **am** (*od* **auf dem**) **~** en (*od* por) el suelo; **am ~ liegen** estar tendido en el suelo; **auf den ~** (*od* **zu ~**) **fallen** caer al suelo; **auf den ~** (*od* **zu ~**) **werfen** *Gegenstand* tirar al suelo; *Boxen*: **zu ~ gehen** ser derribado; **zu ~ sinken** desplomarse; **sich auf den ~** (*od* **zu ~**) **werfen** arrojarse al suelo; *demütigend*: postrarse; *umg fig* **er war (völlig) am ~ zerstört** *umg* estaba hecho polvo, estaba destrozado; *fig* **festen ~ unter den Füßen haben** pisar fuerte; *fig* **den ~ unter den Füßen verlieren** perder pie; *fig* **j-m den ~ unter den Füßen wegziehen** minar el terreno a alg; *fig* **der ~ brennt ihm unter den Füßen** tiene que huir **3** *e-s Gewässers*: fondo *m* **4** *e-s Behälters, e-r Flasche*: base *f*, culo *m*; **doppelter ~** doble fondo *m*; *fig* **das ist ein Fass ohne ~** es un pozo sin fondo **5** (*Dachboden*) desván *m* **6** POL (*Besitz, Gebiet*) terreno *m*, territorio *m*; *fig* **(an) ~ gewinnen/verlieren** ganar/perder terreno; **auf historischem ~ stehen** encontrarse en territorio histórico **7** *fig* (*Grundlage, Basis*) base *f*, fundamento *m*; **sich auf schwankendem ~ bewegen** moverse por terreno resbaladizo; **den ~ (vor)bereiten** preparar el terreno **8** GASTR (*Tortenboden*) base *f od* fondo *m* (*de una tarta*)

'**Bodenabstand** M AUTO → Bodenfreiheit; **Bodenabwehr** F MIL defensa *f* contra aviones; **Bodenart** F clase *f* de(l) suelo; **Bodenbearbeitung** F cultivo *m* del suelo; **Bodenbelag** M revestimiento *m* del suelo; *Straße*: pavimento *m*; **Bodenbelastung** F ÖKOL contaminación *f* del suelo; **Bodenbeschaffenheit** F naturaleza *f* del terreno (*od* suelo); **Bodenbewegung** F **1** BAU trabajos *mpl* de explanación **2** GEOL movimiento *m* del terreno

'**Boden-'Boden-Rakete** F MIL misil *m* tierra-tierra

'**Bodendecke** F capa *f* (superior) del suelo; cobertura *f* del suelo; **Bodenerhebung** F elevación *f* (de terreno), eminencia *f*; **Bodenertrag** M AGR rendimiento *m* del suelo; **Bodenfalte** F pliegue *m* del terreno; **Bodenfenster** N claraboya *f*; (*Luke*) lumbrera *f*; **Bodenfläche** F superficie *f*; área *f*; **Bodenfräse** F AGR fresa(dora) *f* agrícola; **Bodenfreiheit** F AUTO distancia *f* del suelo, despejo *m* sobre el suelo; **Bodenfrost** M helada *f* (a ras) del suelo; **Bodengüte** F AGR calidad *f* del terreno; **Bodenhaftung** F AUTO *der Reifen*: adherencia *f* al suelo; **Bodenkammer** F buhardilla *f*; *für Gerümpel*: desván *m*; **Bodenkredit** M crédito *m* territorial; **Bodenkrume** F AGR tierra *f* vegetal; **Bodenkunde** F AGR edafología *f*, pedología *f*

'**bodenlos** ADJ **1** (*ohne Boden, tief*) sin fondo, insondable **2** *fig* (*unerhört*) inaudito, increíble, enorme; **~e Gemeinheit** infamia *f*

'**Boden-'Luft-Rakete** F MIL misil *m* tierra-aire

'**Bodennähe** F FLUG altitud *f* cero; **Bodennebel** M neblina *f*; **Bodennutzung** F uso *m* del suelo; **Bodenpersonal** N FLUG personal *m* de tierra; **Bodenreform** F reforma *f* agraria; **Bodenrente** F renta *f* inmobiliaria; **Bodensatz** M depósito *m*; poso *m*, heces *fpl*; CHEM sedimento *m*; **Bodenschätze** MPL riquezas *fpl* del subsuelo

'**Bodensee** M GEOG lago *m* de Constanza

'**Bodensenkung** F depresión *f* del terreno; **Bodensicht** F FLUG visibilidad *f* del suelo; **Bodenspekulation** F especulación *f* en terrenos

bodenständig ADJ aborigen, autóctono, arraigado, típico; *Arg* criollo

'**Bodenstation** F *Raumfahrt*: estación *f* de tierra; **Bodenstewardess** [-stjuː-] F FLUG azafata *f* de tierra; **Bodenstreitkräfte** FPL MIL fuerzas *fpl* de tierra; **Bodenturnen** N ejercicios *mpl* de suelo; **Bodenverbesserung** F AGR mejoramiento *m* (*od* enmienda *f*) del suelo; **Bodenverseuchung** F ÖKOL contaminación *f* del suelo

'**Body** ['bɔdi] M ⟨~s; ~s⟩ TEX body *m*

'**Bodybuilder** [-bɪldər] M ⟨~s; ~⟩, **Bodybuilderin** F ⟨~; ~nen⟩ culturista *m/f*; **Bodybuilding** N ⟨~(s)⟩ culturismo *m*, físicoculturismo *m*

'**Bodyguard** [-gaːrt] M ⟨~s; ~s⟩ guardaespaldas *m*, guardián *m*, bodyguard *m*

Body-Mass-Index [bɔdimɛs'indɛks] M ⟨~(es)⟩ índice *m* de masa corporal

Böe F → Bö

bog → biegen

'Bogen M ⟨~s; ~ *od südd, österr, schweiz* ⁼̈⟩ 1 *(Biegung, Kurve)* curva *f*; *e-s Flusses*: recodo *m*; *umg fig* **einen (großen) ~ um j-n machen** evitar a alg; rehuir el trato con alg; *umg fig* **im hohen** (*od* **in hohem**) **~ hinausfliegen** *umg* ser echado con cajas destempladas 2 ARCH, MATH, MUS arco *m*; MUS *(Bindebogen)* ligadura *f* 3 TECH *(Krümmung)* curvatura *f*; *Holz*: combadura *f*; *Rohr*: codo *m* 4 SPORT *Eislauf*: curva *f*, círculo *m*; *Skilauf*: viraje *m*; *umg fig* **er hat den ~ raus** *umg* conoce el paño, sabe cuántas son cinco 5 *Schusswaffe*: arco *m*; **den ~ spannen** tender el arco; *fig* **den ~ überspannen** ir demasiado lejos, *umg* pasarse de rosca 6 TYPO *(Papierbogen)* hoja *f*, pliego *m*

'Bogenanleger M TYPO arrimapliegos *m*; **Bogenbrücke** F ARCH puente *m* de arco(s); **Bogenfenster** N ARCH ventana *f* arqueada; **bogenförmig** ADJ arqueado, en arco; *(gewölbt)* abovedado; **Bogenführung** F MUS arcada *f*; **Bogengang** M 1 ARCH arcada *f*; soportal *m* 2 ANAT conducto *m* semicircular; **Bogengewölbe** N ARCH bóveda *f* de arco; **Bogenhaare** NPL MUS crines *fpl*; **Bogenlampe** F ELEK lámpara *f* de arco (voltaico); **Bogenlicht** N ELEK luz *f* de arco (voltaico); **Bogenlinie** F curva *f*, línea *f* circular; **Bogenpfeiler** M ARCH arbotante *m*; **Bogensäge** F TECH sierra *f* de arco; **Bogenschießen** N tiro *m* con arco; **Bogenschütze** M, **Bogenschützin** F arquero *m*, -a *f*; **Bogensehne** F cuerda *f* de arco (*a.* MATH); **Bogenstrich** M MUS arcada *f*, golpe *m* de arco

Bogo'ta N ⟨~s⟩ Bogotá *m*

Bo'heme [bo'hɛːm] F ⟨~⟩ bohemia *f*

Bohe'mien [bohe'miɛ̃ː] M ⟨~s; ~s⟩ bohemio *m*; **Bohemienne** F ⟨~; ~s⟩ bohemia *f*

'Bohle *f* ⟨~; ~n⟩ tabla *f*, madero *m*; *stärker*: tablón *m*; **Bohlenbelag** M entarimado *m* de tablones

'Böhme M ⟨~n; ~n⟩ bohemio *m*; **Böhmen** N ⟨~s⟩ Bohemia *f*; **Böhmin** F ⟨~; ~nen⟩ bohemia *f*; **böhmisch** ADJ bohemio; *umg fig* **das sind ~e Dörfer für mich** esto es chino para mí; esto me suena a chino

'Bohne F ⟨~; ~n⟩ 1 BOT judía *f*, alubia *f*; *Am* poroto *m*; *bes Am* fréjol *m*, fríjol *m*; **weiße ~n** judías blancas; **grüne ~n** judías verdes; *Am* chauchas *fpl*; **dicke ~n** habas *fpl* 2 *(Kaffeebohne)* grano *m* (de café); **Kaffee in ~n** café en grano 3 *fig* **nicht die ~!** ¡absolutamente nada!, *umg* ¡ni pizca! 4 *fig obs* **blaue ~n** *(Gewehrkugeln)* balas *fpl* (de fusil)

'Bohnenkaffee M café *m* (auténtico), café *m* en grano, *umg* café café *m*; **Bohnenkraut** N BOT ajedrea *f*; **Bohnenstange** F 1 rodrigón *m* 2 *umg hum fig Person umg* varal *m*, espárrago *m*, *umg* (persona *f*) espigada *f*; *pej* larguirucho *m*; **Bohnenstroh** N paja *f* de habas; *umg fig* **dumm wie ~** más tonto que una mata de habas

'Bohner M ⟨~s; ~⟩, **Bohnerbesen** M encerador *m*; **Bohnerbürste** F cepillo *m* lustrador; **Bohnermaschine** F enceradora *f*

'bohnern V/T encerar; dar cera

'Bohnerwachs N cera *f* (para el suelo *od* para pisos), encáustico *m*

'Bohrarbeiten FPL TECH trabajos *mpl* de perforación (*od* sondeo); **Bohreinsatz** M broca *f*

'bohren A V/T agujerear, horadar; TECH *Brunnen, Schacht, Tunnel* perforar; *(aufbohren)* taladrar; *Stein, Holz* barrenar; SCHIFF **in den Grund ~** echar a pique B V/I 1 BERGB sondear; **nach Öl ~** buscar petróleo, hacer sondeos (*od* prospecciones) 2 *mit dem Finger etc*: hurgarse (**in** *dat* en); **in der Nase ~** hurgarse (en) la nariz; meterse el dedo en la nariz 3 *Zahnarzt* taladrar; MED trepanar 4 *fig Schmerz, Reue, Zweifel* hurgar, atormentar 5 *umg fig (hartnäckig fragen)* insistir, volver a la carga C V/R **sich ~ in** *(acus)* penetrar en

'Bohren N ⟨~s⟩ taladrado *m*; barrenado *m*; sondeo *m*; perforación *f*

'bohrend ADJ *fig Schmerz* taladrante; *Blick, Fragen* penetrante

'Bohrer M ⟨~s; ~⟩ 1 TECH *Gerät, Maschine*: taladro *m*; *(Bohreinsatz)* broca *f*; *(Handbohrer)* barrena *f*; BERGB *a.* barreno *m*; MED trépano *m*; *Zahnmedizin*: torno *m* 2 *(Arbeiter)* taladrador *m*, perforador *m*; **Bohrerin** F ⟨~; ~nen⟩ taladradora *f*, perforadora *f*; **Bohrerspitze** F broca *f*

'Bohrfutter N portabrocas *m*; **Bohrinsel** F plataforma *f* petrolera (*od* de prospección); plataforma *f* de sondeo (*od* de perforación); **Bohrloch** N taladro *m*; pozo *m* de sondeo; agujero *m* de perforación; BERGB *(Sprengloch)* (agujero *m* del) barreno *m*; *für Erdöl*: pozo *m* de sondeo (*od* de petróleo); **Bohrmaschine** F TECH taladradora *f*; perforadora *f*; barrenadora *f*; *(Handbohrmaschine)* taladro *m*; **Bohrmeißel** M trépano *m* (de sondeo); **Bohrschrauber** M ⟨~s, ~⟩ TECH taladro-atornillador *m*, taladradora-atornilladora *f*; **Bohrturm** M castillete *m* (*od* torre *f*) de sondeo (*od* de perforación)

'Bohrung F ⟨~; ~en⟩ 1 perforación *f*; taladro *m* 2 *Ölbohrung, etc*: sondeo *m*; MED trepanación *f* 3 AUTO *(Zylinderbohrung)* diámetro *m* interior; *(Kaliber)* calibre *m*

'Bohrwinde F TECH berbiquí *m*; **Bohrwurm** M ZOOL carcoma *f*

'böig A ADJ racheado, rafagoso B ADV **~ auffrischen** *Wind* rachear

'Boiler M ⟨~s; ~⟩ termo(sifón) *m*; calentador *m* de agua

'Boje F ⟨~; ~n⟩ SCHIFF boya *f*, baliza *f*

Bo'lero M ⟨~s; ~s⟩ MUS *u. Mode*: bolero *m*

Bolivi'aner M ⟨~s; ~⟩, **Bolivianerin** F ⟨~; ~nen⟩ boliviano *m*, -a *f*; **bolivianisch** ADJ boliviano

Bo'livien N ⟨~s⟩ Bolivia *f*

'Böller M ⟨~s; ~⟩ morterete *m*; **~ schießen** → böllern

'böllern V/I tirar una salva

'Bollwerk N MIL bastión *m*, baluarte *m* (*a. fig*)

Bolsche'wismus M ⟨~⟩ HIST bolchevismo *m*; **Bolschewist** M ⟨~en; ~en⟩, **Bolschewistin** F ⟨~; ~nen⟩ bolchevique *m/f* bolchevista *m/f*; **bolschewistisch** ADJ bolchevique; bolchevista

'Bolzen M ⟨~s; ~⟩ TECH perno *m*, bulón *m*; espiga *f*; *(Stift)* clavija *f*; *(Zapfen)* pivote *m*; *der Armbrust*: virote *m*; **mit ~ befestigen** empernar; **bolzengerade** ADJ derecho como un huso

Bombarde'ment [-'mɑ̃ː] N ⟨~s; ~s⟩ bombardeo *m* (*a.* PHYS); **bombar'dieren** V/T ⟨*ohne* ge-⟩ bombardear (**mit** con) (*a. fig u.* PHYS)

Bom'bast M ⟨~es⟩ ampulosidad *f*, redundancia *f*; rimbombancia *f*; **bombastisch** ADJ ampuloso, redundante; enfático, rimbombante

'Bombe F ⟨~; ~n⟩ bomba *f*; **mit ~n belegen** bombardear; *fig* **es schlug wie eine ~ ein** cayó como una bomba

'Bombenabwurf M lanzamiento *m* de bombas; **Bombenabwurfvorrichtung** F (dispositivo *m*) lanzabombas *m*; **Bombenalarm** M alarma *f* de bombas; **Bombenangriff** M bombardeo *m*; **Bombenanschlag** M, **Bombenattentat** N atentado *m* con bomba (**auf** *acus*); **Bombendrohung** F amenaza *f* de bomba

'Bombenerfolg M *umg fig* éxito *m* clamoroso (*od* ruidoso), *umg* exitazo *m*, bomba *f*

'bombenfest[1] ADJ *(gepanzert)* a prueba de bomba(s)

'bomben'fest[2] ADJ *umg fig (sehr fest)* inamovible, fijo

'Bombenflugzeug N → Bomber

'Bomben'form F SPORT *(Höchstform)* **in ~ sein** estar en plena forma; estar completamente en forma

'Bombenge'halt N *umg* sueldo *m* de miedo; sueldo *m* fabuloso, *umg* sueldazo *m*; **Bombenge'schäft** N *umg* negocio *m* redondo

'Bombengeschwader N escuadrilla *f* de bombardeo; **Bombenleger** M, **Bombenlegerin** F (terrorista *m/f*) colocador *m*, -a *f* de bombas; **Bombenschaden** M daños *mpl* causados por bombardeo

'Bomben'schuss M *Fußball*: cañonazo *m*

'bombensicher[1] ADJ a prueba de bomba

'bomben'sicher[2] ADJ *fig (ganz sicher)* infalible, totalmente seguro; a cal y canto, de cal y canto

'Bombensplitter M casco *m* (*od* metralla *f*) de bomba

'Bomben'stimmung F *umg* **es herrschte eine ~** había un ambiente fantástico

'Bombenteppich M lluvia *f* de bombas; **mit einem ~ belegen** lanzar una lluvia de bombas; bombardear en alfombra; **Bombentrichter** M embudo *m* (*od* cráter *m*) de bomba; **Bombenwerfer** M, **Bombenwerferin** F lanzabombas *m/f*; **Bombenwurf** M lanzamiento *m* de bombas; **gezielter ~** bombardeo *m* de precisión; **Bombenzielgerät** N alza *f* (*od* visor *m*) de bombardeo

'Bomber M ⟨~s; ~⟩ MIL FLUG avión *m* de bombardeo, bombardero *m*; **Bomberjacke** F TEX chaqueta *f* bombardero; **Bomberverband** M MIL formación *f* de bombarderos

'bombig ADJ *umg (großartig)* fantástico, magnífico

Bon [bɔŋ, bõː] M ⟨~s; ~s⟩ 1 HANDEL bono *m*; *(Gutschein)* vale *m* 2 *(Kassenbon)* tícket *m*

Bon'bon [bɔŋ'bɔŋ, bõː'bõː] M *od* N ⟨~s; ~s⟩ caramelo *m*; *fig* algo muy especial

Bonbon(n)i'ere [-i'ɛːrə] F ⟨~; ~n⟩ bombonera *f*

Bond M ⟨~s; ~s⟩ WIRTSCH obligación *f*, bono *m*

Bonifikati'on F ⟨~; ~en⟩ HANDEL bonificación *f*; **Boni'tät** F ⟨~; ~en⟩ WIRTSCH *finanzielle*: solvencia *f*, crédito *m*

Boni'tätsbeurteilung F, **Bonitätsprüfung** F WIRTSCH grado *m* de solvencia estimado; calificación *f* de solvencia

Bon'mot [bõ'moː] N ⟨~s; ~s⟩ comentario *m* ingenioso

'Bonus M ⟨~ *od* ~ses; ~ *od* ~se *od* Boni⟩ gratificación *f*; HANDEL bono *m*; dividendo *m* extraordinario (*od* complementario)

'Bonze M ⟨~n; ~n⟩ bonzo *m*; *bes* POL *pej* cacique *m*

'Bonzentum N caciquismo *m*

'Bookmark ['bʊkmark] F ⟨~; ~s⟩ *od* N ⟨~s; ~s⟩ IT marcador *m*, bookmark *m*

Boom [buːm] M ⟨~s; ~s⟩ boom *m*, auge *m*; alta coyuntura *f*; **boomen** V/I *Wirtschaft* prosperar, experimentar un auge; **das Geschäft boomt** el negocio prospera

Boot N ⟨~(e)s; ~e⟩ embarcación *f*; barca *f*; lancha *f*; *(Ruderboot)* bote *m*; *großes*: barco *m*; *bes für illegale Einwanderer*: patera *f*; **~ fahren** ir en bar-

B

ca; *fig* **im gleichen ~ sitzen** estar en la misma barca

'booten ['bu:tən] VT IT inicializar

'Bootsanhänger M AUTO remolque *m* náutico (*od* para barcos); **Bootsbau** M ⟨~(e)s⟩ construcción *f* de barcos; **Bootsbesatzung** F tripulación *f*

'Boot-Sektor ['bu:t-] M IT sector *m* de inicialización

'Bootsfahrt viaje *m* (*od* travesía *f*) en barca (*od* en bote); **Bootsflüchtlinge** MPL balseros *mpl*; inmigrantes *mpl* en patera; refugiados *mpl* que escapan (*od* huyen) en botes (*od* pateras); **Bootsführer** M, **Bootsführerin** F botero *m*, -a *f*; barquero *m*, -a *f*; patrón *m*, -a *f*; SPORT timonel *m*; **Bootshaken** M bichero *m*; **Bootshaus** N casa *f* guardabotes; **Bootsleine** F calabrote *m* de remolque; **Bootsmann** M ⟨~(e)s; -leute⟩ SCHIFF contramaestre *m*; **Bootsmotor** M motor *m* marino; **Bootsrennen** N carrera *f* motonáutica; **Bootssteg** M (des)embarcadero *m*; **Bootsverleih** M alquiler *m* de botes

Bor N ⟨~s⟩ CHEM boro *m*

'Borax M ⟨~es⟩ CHEM bórax *m*

Bord[1] N ⟨~(e)s; ~e⟩ (*Bücherbord etc*) estante *m*, anaquel *m*

Bord[2] M ⟨~(e)s; ~e⟩ SCHIFF, FLUG bordo *m*; (*Bordwand*) SCHIFF borda *f*; **an ~** a bordo; **an ~ gehen** ir (*od* subir) a bordo, embarcarse; **an ~ nehmen** tomar a bordo, embarcar; **von ~ gehen** desembarcar; **über ~ gehen/werfen** caer/arrojar (*od* echar/tirar) por la borda (*a. fig*); **Mann über ~!** ¡hombre al agua!

'Bordbuch N SCHIFF cuaderno *m* de bitácora; FLUG libro *m* de a bordo; **Bordcomputer** M AUTO ordenador *m* (*od* computador *m*) de a bordo (*od* de viaje)

Bor'deaux N **1** *Stadt*: Burdeos *f* **2** → Bordeauxwein; **bordeauxrot** ADJ burdeos; **Bordeauxwein** M (vino *m* de) Burdeos *m*

Bor'dell N ⟨~s; ~e⟩ burdel *m*, casa *f* pública (*od* de lenocinio), prostíbulo *m*, *sl* casa *f* de putas; *Arg* quilombo *m*

'bördeln VT TECH rebordear; **Bördelpresse** F TECH prensa *f* de rebordear

'Bordflugzeug N avión *m* de a bordo; **Bordfunk** M radiotelégrafo *m* de a bordo; **Bordfunker** M, **Bordfunkerin** F SCHIFF, FLUG radiotelegrafista *m/f* (de a bordo)

'Bordingenieur M [-inʒeniø:r], **Bordingenieurin** F ingeniero *m*, -a *f* de vuelo

'Bordkarte F FLUG tarjeta *f* de embarque; **Bordkonnossement** N HANDEL conocimiento *m* de embarque; **Bordmechaniker** M, **Bordmechanikerin** F FLUG mecánico *m*, -a *f* de a bordo; **Bordpersonal** N personal *m* de a bordo; **Bordradar** N FLUG radar *m* de a bordo; **Bordschwelle** F, **Bordstein** M bordillo *m*, encintado *m*

Bor'düre F ⟨~; ~n⟩ TEX orla *f*, cenefa *f*

'Bordwaffen FPL armamento *m* de a bordo; **Bordwand** F SCHIFF costado *m*

Borg M ⟨~(e)s⟩ **auf ~** a crédito, al fiado, prestado

'borgen VT **1** (*verleihen*) prestar; **j-m etw ~** prestar a/c a alg **2** (*entleihen*) tomar prestado (**sich** *dat*) **etw von** *od* **bei j-m ~** tomar prestada a/c de alg

'Borke F ⟨~; ~n⟩ (*Rinde*) corteza *f*; (*Kruste*) costra *f*; MED (*Schorf*) escara *f*; **Borkenkäfer** M ZOOL bóstrico *m*; **borkig** ADJ costroso

Born M ⟨~(e)s; ~e⟩ *poet* fuente *f*, manantial *m*; *fig a.* pozo *m*

bor'niert ADJ torpe, corto de (*od* de pocos) alcances, estrecho de miras; *umg* duro (*od* cerrado) de mollera; **Borniertheit** F ⟨~⟩ torpeza *f*, estrechez *f* de miras

'Borretsch M ⟨~(e)s; ~e⟩ BOT borraja *f*

'Borsalbe F PHARM pomada *f* boricada; **Borsäure** F CHEM ácido *m* bórico

'Börse F ⟨~; ~n⟩ **1** (*Geldbeutel*) monedero *m*; bolsa *f* **2** WIRTSCH Bolsa *f*; **an der ~ handeln/spekulieren** negociar/especular en Bolsa; **an der ~ zugelassen sein** ser admitido a cotización (en Bolsa); **an der ~ gehandelt** *od* **notiert werden** cotizarse en Bolsa; **an die ~ gehen** salir en (*od* a) Bolsa

'Börsenaufsicht F autoridad *f* bursátil; **Börsenbarometer** *umg* N *umg* barómetro *m* bursátil; **Börsenbeginn** M comienzo *m* de la jornada bursátil; apertura *f* de la Bolsa; **Börsenbericht** M boletín *m* de la Bolsa; *in der Zeitung*: información *f* bursátil, página(s) *f(pl)* bursátil(es); **Börsenblatt** N periódico *m* de información financiera; **Börsencrash** *umg* M crac *m* (bursátil); caída *f* de la Bolsa

'börsenfähig ADJ cotizable (*od* negociable) en Bolsa; **Börsengang** M salida *f* a Bolsa; **börsengängig** ADJ negociable en Bolsa

'Börsengeschäft N operación *f* bursátil; **~e tätigen** concertar operaciones bursatiles; **Börsenindex** M índice *m* bursátil; **Börsenkrach** M caída *f* (*od* derrumbamiento *m*) de la Bolsa; krach *m*; **Börsenkrise** F crisis *f* bursatil, crisis *f* de la bolsa; **Börsenkurs** M cotización *f* bursátil (*od* en Bolsa); **die ~e steigen/fallen** las cotizaciones suben/bajan; **Börsenmakler** M, **Börsenmaklerin** F corredor *m*, -a *f* de Bolsa; **Börsenmarkt** M mercado *m* bursátil

'börsenmäßig ADJ bursátil

'Börsennotierung F cotización *f* oficial en Bolsa; **Börsenordnung** F reglamento *m* de la Bolsa; **Börsenpapiere** NPL valores *mpl* bursátiles (*od* admitidos en Bolsa); **Börsenplatz** M plaza *f* bursátil; **Börsenschluss** M cierre *m* bursátil (*od* de la Bolsa); **Börsensitzung** F sesión *f* bursátil, jornada *f* bursátil; **Börsenspekulant** M, **Börsenspekulantin** F especulador *m*, -a *f* de Bolsa; bolsista *m*; agiotista *m*; **Börsentermingeschäft** N operación *f* bursátil a plazo; **Börsentipp** M sugerencia *f* (*od* soplo *m*) (para invertir en Bolsa); **Börsenumsatz** M volumen *m* de contratación; **Börsenvorstand** M *sp* Junta *f* Sindical de Agentes de Cambio y Bolsa; **Börsenzeitung** F periódico *m* financiero; revista *f* financiera; **Börsenzettel** M listín *m* de Bolsa; **Börsenzulassung** F *von Effekten*: admisión *f* a cotización oficial en Bolsa

Börsi'aner M ⟨~s; ~⟩, **Börsianerin** F ⟨~; ~nen⟩ bolsista *m/f*

'Borste F ⟨~; ~n⟩ cerda *f*; seda *f*, seta *f*

'borstenartig ADJ cerdoso, BOT setáceo; setiforme

'Borstenbesen M escoba *f* de cerdas; **Borstenvieh** N ganado *m* de cerda

'borstig ADJ cerdoso; erizado

'Borte F ⟨~; ~n⟩ (*Besatz*) ribete *m*; (*Tresse*) galón *m*, pasamano *m*; (*Franse*) franja *f*

'Borwasser N ⟨~s⟩ agua *f* boricada

'bös ADJ → böse

'bösartig ADJ malo; (*hinterhältig*) malicioso; MED maligno; **Bösartigkeit** F ⟨~⟩ maldad *f*; malicia *f*; MED malignidad *f*

'Böschung F ⟨~; ~en⟩ talud *m*; (*Abhang*) pendiente *f*; declive *m*

'Böschungswinkel M ángulo *m* (de inclinación) del talud

'böse ADJ **A** ADJ **1** *moralisch*: malo, malvado; (*böswillig*) malévolo; **ein ~r Mensch** un hombre malvado; **jenseits von Gut und Böse sein** estar por encima del bien y del mal **2** (*schlecht, schlimm*) malo, maligno; *Krankheit a.* pernicioso; **eine ~ Erkältung** un fuerte resfriado, un resfriado muy fuerte; **ein ~r Fehler** un grave error; una grave falta; **~ Folgen** malas consecuencias; **~ Nachrichten** malas noticias; **eine ~ Sache** un mal asunto; **~ Zeiten** tiempos duros **3** *umg* (*ärgerlich, wütend*) disgustado, enfadado (**auf** *acus* con); (*zornig*) enojado, irritado; **~ werden** enojarse, enfadarse, disgustarse; **j-m** (*od* **auf j-n**) **~ sein** estar enfadado con alg; **sei mir nicht ~, wenn** no me tomes a mal que **4** *umg* (*ungezogen, unartig*) malo, travieso **5** *umg* (*entzündet*) **einen ~n Finger haben** tener un dedo inflamado **B** ADV (*schlimm*) mal, malamente; **~ ausgehen** acabar mal; **es sieht ~ aus** esto tiene mala pinta, la cosa presenta mal cariz, esto tiene mal aspecto; **er ist ~ dran** está en mala situación; **sich ~ irren** equivocarse de mala manera; **ich habe es nicht ~ gemeint** no lo he hecho a mala idea (*od* con mala intención)

'Böse M/F ⟨~n; ~n; → A⟩ **1** malo *m*, -a *f*; **die ~n** los malos **2** **der ~** el diablo, el demonio, Satanás, el (espíritu) maligno

'Böse(s) N ⟨~n; → A⟩ lo malo; el mal; **~s tun** hacer mal; **j-m etw ~s antun** causar daño (*od* hacer mal) a alg; **~s ahnen** tener un mal presentimiento; **~s im Sinn(e) haben** tener malas intenciones; **~s reden über** hablar mal de; **~s mit Gutem vergelten** devolver bien por mal; **im Guten wie im ~n** en lo bueno y en lo malo; **nichts ~s ahnend** no pensando nada malo

'Böser M → Böse

'Bösewicht M ⟨~(e)s; ~e(r)⟩ malvado *m*, maleante *m*; desalmado *m*; (*Schlingel*) bribón *m*; pillo *m*

'boshaft ADJ malo; maligno; malicioso; **Boshaftigkeit** F ⟨~; ~en⟩, **Bosheit** F ⟨~; ~en⟩ malicia *f*; maldad *f*; **aus ~** por malicia; *sl* con coña; *umg hum* **mit konstanter ~** sin cesar; reiteradamente

'Bosnien N ⟨~s⟩ Bosnia *f*; **Bosnien-Herzegowina** N ⟨~s⟩ Bosnia-Herzegovina *f*

'Bosnier M ⟨~s; ~⟩, **Bosnierin** F ⟨~; ~nen⟩ bosnio *m*, -a *f*; **bosnisch** ADJ bosnio

'Bosporus ⟨~⟩ M Bósforo *m*

Boss M ⟨~es; ~e⟩ jefe *m*; *umg* jefazo *m*, mandamás *m*

bos'sieren VT ⟨*ohne* ge-⟩ TECH repujar; modelar

'böswillig **A** ADJ malévolo; malintencionado; JUR *früher* **~es Verlassen** abandono *m* culpable (*od* malicioso) **B** ADV de mala fe; con mala intención; **Böswilligkeit** F ⟨~⟩ malicia *f*; mala intención *f*; malevolencia *f*

Bo'tanik F ⟨~⟩ botánica *f*; **Botaniker** M ⟨~s; ~⟩, **Botanikerin** F ⟨~; ~nen⟩ botánico *m*, -a *f*; **botanisch** ADJ botánico

botani'sieren VT ⟨*ohne* ge-⟩ herborizar; **Botanisiertrommel** F caja *f* de herborista

'Bote M ⟨~n; ~n⟩, mensajero *m*; correo *m*; (*Laufbursche*) mandadero *m*; botones *m*; (*Dienstmann*) recadero *m*; (*Amtsbote*) ordenanza *m*

'Botengang M recado *m*; **einen ~ tun** llevar un recado; **Botenlohn** M propina *f*; **Botenzustellung** F entrega *f* por mensajero (*od* recadero)

'Botin F ⟨~; ~nen⟩ mensajera *f*, recadera *f*

'botmäßig ADJ *geh* (*untertänig*) súbdito; (*tributpflichtig*) tributario

'Botschaft F ⟨~; ~en⟩ **1** (*Nachricht*) mensaje *m* (*a. fig*); noticia *f*; (*Auftrag*) recado *m*; misión *f*; **frohe ~** buena noticia (*od* nueva); REL **die frohe ~** el Evangelio, la Buena Nueva; **eine ~ übermitteln** entregar un mensaje **2** POL embajada *f*

'Botschafter M ⟨~s; ~⟩, **Botschafterin** F ⟨~; ~nen⟩ POL embajador *m*, -a *f*

'Botschaftsangehörige M/F miembro *m* de la embajada; **Botschaftsrat** M consejero *m* de embajada

'Böttcher M ⟨~s; ~⟩ *reg* tonelero *m*, barrilero *m*; cubero *m*

Böttche'rei F ⟨~; ~en⟩ tonelería *f*

'Böttcherin F ⟨~; ~nen⟩ tonelera *f*, barrilera *f*; cubera *f*

'Bottich M ⟨~s; ~e⟩ cuba *f*, tina *f*

'bottnisch ADJ **der Bottnische Meerbusen** el Golfo de Botnia

Bouc'lé M ⟨~s; ~s⟩ TEX bucle *m*, rizo *m*, astracán *m*; **Bouclé-Pullover** M jersey *m* de rizo

Bouil'lon [bul'jɔŋ, bul'jõ:] F ⟨~; ~s⟩ caldo *m*, consomé *m*; **Bouillonwürfel** M cubito *m* de caldo

Boule [bu:l] N ⟨~s⟩ *Spiel* petanca *f*; **~ spielen** jugar a la petanca

Boule'vard [bulə'va:r] M ⟨~s; ~s⟩ avenida *f*, bulevar *m*; **Boulevardblatt** N periódico *m* sensacionalista; **Boulevardpresse** F prensa *f* amarilla (*od* sensacionalista); **Boulevardstück** N comedia *f* ligera; **Boulevardtheater** N teatro *m* de comedia ligera; **Boulevardzeitung** F periódico *m* sensacionalista

Bou'quet [bu'ke:] N ⟨~s; ~s⟩ *des Weins*: buqué *m*

Bour'geois [bʊr'ʒoa] M ⟨~; ~⟩ *pej* burgués *m*

Bourgeoi'sie [bʊrʒoa'zi:] F ⟨~; ~n⟩ *pej* burguesía *f*

Bou'tique [bu'tik] F ⟨~; ~n⟩ boutique *f*

'Bowdenzug ['bo:dən-] M TECH cable *m* Bowden

'Bowle ['bo:lə] F ⟨~; ~n⟩ **1** *Getränk*: ponche *m*; *sp* (*Rotweinbowle*) sangría *f* **2** *Gefäß*: ponchera *f*; bol *m*

'Bowling ['bo:lɪŋ] N ⟨~s; ~s⟩ bolos *mpl* americanos, bowling *m*

Box F ⟨~; ~en⟩ **1** (*Pferdebox*) box *m* (*a. Auto*) **2** (*Behälter*) caja *f* **3** *Tontechnik*: (*Lautsprecherbox*) bafle *m*

'boxen VI boxear

'Boxen N ⟨~s⟩ boxeo *m*; **Boxenluder** N *umg* chica *f* de la Fórmula 1

'Boxer M ⟨~s; ~⟩ **1** SPORT boxeador *m*, púgil *m* **2** *Hund*: bóxer *m*; **Boxerin** F ⟨~; ~nen⟩ boxeadora *f*; **Boxermotor** M AUTO motor *m* bóxer; **Boxershorts** PL TEX (calzoncillos *mpl*) bóxers *mpl*

'Boxhandschuh M guante *m* de boxeo; **Boxkampf** M (combate *m* de) boxeo *m*, pugilato *m*; **Boxring** M ring *m*, cuadrilátero *m*; **Boxsport** M boxeo *m*

Boy [bɔy] M ⟨~s; ~s⟩ (*Hotelboy*) botones *m*; **Boygroup** [-gru:p] F ⟨~; ~s⟩ MUS boy band *f*

Boy'kott M ⟨~s; ~s⟩ boicot(eo) *m*; **einen ~ über etw/j-n verhängen** boicotear a/c/a alg; **boykot'tieren** VT ⟨*ohne* ge-⟩ boicotear

BP F ABK (Bundespost) HIST Correos *mpl* Federales

BR M ABK **1** (*Bayerischer Rundfunk*) Radio *m* de Baviera **2** → Betriebsrat

'brabbeln VI *umg* mascullar; refunfuñar

brach[1] → brechen

brach[2] ADJ AGR baldío (*a. fig*); *zeitweilig*: de barbecho; *dauernd*: yermo

'Brache F ⟨~; ~n⟩ AGR barbecho *m*; (terreno *m*) baldío *m*; **Brachfeld** N AGR barbecho *m*; (terreno *m*) baldío *m*

brachi'al ADJ braquial

Brachi'algewalt F fuerza *f* bruta; **mit ~** a viva fuerza, a brazo partido

'Brachland N ⟨~(e)s⟩ AGR erial *m*; barbecho *m*; (terreno *m*) baldío *m*; **brachliegen** VI AGR *Feld* estar en (*od* de) barbecho; *fig Talent* quedar (*od* estar) improductivo; **~ lassen** dejar baldío (*bzw* en barbecho); *fig* dejar improductivo; **Brachvogel** M ORN **Großer ~** zarapito *m* real

'Bracke M ⟨~n; ~n⟩ (perro *m*) braco *m*

'brackig ADJ salobre(ño); **Brackwasser** N ⟨~s⟩ agua *f* salobre

'Brägen M → Bregen

Brah'mane M ⟨~n; ~n⟩ brahmán *m*; **Brahmanentum** N ⟨~s⟩ brahmanismo *m*; **brahmanisch** ADJ brahmánico; **Brahmanismus** N ⟨~⟩ brahmanismo *m*

'Brainstorming ['bre:nstɔrmɪŋ] N ⟨~s; ~s⟩ brainstorming *m*, tormenta *f* de ideas

'Bramsegel N SCHIFF juanete *m*

'Branche ['brɑ̃ʃə] F ⟨~; ~n⟩ WIRTSCH ramo *m*, sector *m*; **~ mit Zukunft** ramo *m* con futuro

'Branchenadressbuch N guía *f* por ramos; **branchenbedingt** ADJ inducido por el ramo; **Branchendurchschnitt** M promedio *m* (*od* media *f*) del ramo; **Branchenfernsprechbuch** N TEL índice *m* comercial; páginas *fpl* amarillas; **Branchenführer** M **1** (*Anführer*) empresa *f* líder del sector (*od* del ramo) **2** (*Wegweiser*) directorio *m* comercial; **Branchenkenntnis** F conocimiento *m* del ramo; **branchenkundig** ADJ conocedor del ramo; **Branchenriese** M gigante *m* del (*od* en el) ramo; **branchenspezifisch** ADJ propio (*od* específico) del ramo; **branchenüblich** ADJ usual (*od* habitual) en el ramo; **Branchenverzeichnis** N TEL índice *m* comercial, *umg* páginas *fpl* amarillas

Brand M ⟨~(e)s; ¨~e⟩ **1** (*Feuer*) fuego *m*, incendio *m*; conflagración *f* (*a. fig*); (*Verbrennen*) combustión *f*; **in ~** en llamas; **in ~ sein** arder, quemar(se); **in ~ geraten** inflamarse, incendiarse; **in ~ stecken** pegar (*od* prender) fuego a; *Haus a.* incendiar; (*entzünden*) encender, inflamar **2** *v. Ziegeln, Keramik*: cochura *f*; *gebrannter Satz*: hornada *f* **3** MED gangrena *f*; necrosis *f* **4** BOT tizón *m*; carbón *m* **5** *umg* (*starker Durst*) **einen ~ haben** tener una sed abrasadora

'brandaktuell ADJ de gran actualidad, actualísimo

'Brandanschlag M atentado *m* de incendio (**auf** *acus* a); **Brandbekämpfung** F lucha *f* contra incendios; **Brandblase** F ampolla *f*, MED flictena *f*; **Brandbombe** F bomba *f* incendiaria; **Brandbrief** M *umg* carta *f* apremiante (pidiendo ayuda); **Branddirektor** M, **Branddirektorin** F jefe *m*, -a *f* de bomberos

'branden VI ⟨sn⟩ *geh* romper (**an** *acus*, **gegen** contra)

'Brandenburg N ⟨~s⟩ Brandeburgo *m*

'Brandfackel F tea *f* incendiaria; **Brandfleck(en)** M **1** quemadura *f* **2** MED placa *f* gangrenosa; **Brandfuchs** M *Pferd*: alazán *m* tostado; **Brandgefahr** F peligro *m* de incendio; **Brandgeruch** M olor *m* a quemado (*od* chamusquina); **Brandgranate** F granada *f* incendiaria; **Brandherd** M foco *m* de(l) incendio

'brandig **A** ADJ **1** BOT atizonado **2** MED gangrenoso; necrótico **B** ADV **~ riechen/schmecken** oler/saber a quemado

'Branding ['brɛndɪŋ] N ⟨~⟩ WIRTSCH branding *m*

'Brandkasse F VERS caja *f* de seguros contra incendio; **Brandkatastrophe** F incendio *m* gigantesco; **Brandmal** N marca *f* de fuego; *fig* estigma *m*, sambenito *m*

Brandmale'rei F *Kunst*: pirograbado *m*, encausto *m*

'brandmarken VT **1** marcar a fuego, marcar con hierro candente **2** *fig* estigmatizar;

Brandmauer F (muro *m*) cortafuego(s) *m*; **Brandmeister** M → Branddirektor

'brand'neu ADJ flamante

'Brandopfer N REL holocausto *m*; **Brandrede** F discurso *m* inflamado (*od* incendiario); catilinaria *f*, filípica *f*; **Brandsalbe** F MED pomada *f* para quemaduras; **Brandschaden** M daño *m* causado por un incendio

'brandschatzen VT imponer tributo de guerra; (*plündern*) saquear, pillar; **Brandschatzung** F ⟨~; ~en⟩ tributo *m* de guerra; saqueo *m*, pillaje *m*

'Brandsohle F plantilla *f*; **Brandstätte** F, **Brandstelle** F lugar *m* del incendio; **Brandstifter** M ⟨~s; ~⟩, **Brandstifterin** F ⟨~; ~nen⟩ incendiario *m*, -a *f*; **Brandstiftung** F incendio *m* intencionado (*od* provocado)

'Brandung F ⟨~; ~en⟩ oleada *f*; rompiente *m* (del mar); embate *m* de las olas; (*Dünung*) resaca *f*

'Brandungswelle F golpe *m* de mar, embate *m*

'Brandursache F causa *f* del incendio; **Brandwache** F retén *m* (de bomberos); **Brandwunde** F quemadura *f*; **Brandzeichen** N marca *f* de fuego

'Branntkalk M cal *f* viva

'Branntwein M aguardiente *m*; brandy *m*, brandi *m*; **Branntweinbrenner** M destilador *m*; **Branntweinbrennerei** F destilería *f* de aguardientes; **Branntweinbrennerin** F destiladora *f*

Brasili'aner M ⟨~s; ~⟩, **Brasilianerin** F ⟨~; ~nen⟩ brasileño *m*, -a *f*, brasilero *m*, -a *f*; **brasilianisch** ADJ brasileño, brasilero

Bra'silien N ⟨~s⟩ Brasil *m*

'Brasse[1] F ⟨~; ~n⟩ SCHIFF braza *f*

'Brasse[2] F ⟨~; ~n⟩ *Fisch*: sargo *m*

'brassen VT SCHIFF bracear

'Brassen M ⟨~s; ~⟩ *Fisch*: sargo *m*

'Bratapfel M manzana *f* asada

'braten VT ⟨*irr*⟩ **1** *in der Pfanne*: freír; *im Backofen*: asar; *reg* rustir; (*braun braten*) dorar; **im Ofen ~** asar al horno; **auf dem Rost ~** asar a la parrilla; **wenig/stark gebraten** poco/muy pasado **2** *umg hum* **in der Sonne ~** tostarse al sol

'Braten[1] N ⟨~s⟩ freidura *f*

'Braten[2] M ⟨~s; ~⟩ asado *m*, carne *f* asada; *fig* **ein fetter ~** un pingüe negocio; *umg* **den ~ riechen** *umg* oler la tostada; *umg* descubrir el pastel

'Bratenfett N grasa *f* del asado; **Bratensaft** M jugo *m* de asado; **Bratenschüssel** F fuente *f* de (*bzw* para el) asado; **Bratensoße** F salsa *f* del asado; **Bratenwender** M asador *m*

Brate'rei F ⟨~; ~en⟩ freiduría *f*

'bratfertig ADJ listo (*od* a punto) para freír

'Bratfett N grasa *f* para asar; **Bratfisch** M pescado *m* frito; **Brathähnchen** N, *südd, österr* **Brathendl** N → Brathuhn; **Brathering** M arenque *m* asado; arenque *m* en salmuera; **Brathuhn** N *gebratenes*: pollo *m* asado; *zum Braten*: pollo *m* para asar; **Bratkartoffeln** FPL patatas *fpl* doradas salteadas; **Bratofen** M horno *m* (de asar); **Bratpfanne** F sartén *f*; **Bratröhre** F → Bratofen; **Bratrost** M parrilla *f*

'Bratsche F ⟨~; ~n⟩ MUS viola *f*; **Bratscher** M ⟨~s; ~⟩, **Bratscherin** F ⟨~; ~nen⟩ viola *m/f*, violista *m/f*

Bratsch'ist M ⟨~en; ~en⟩, **Bratschistin** F ⟨~; ~nen⟩ viola *m/f*, violista *m/f*

'Bratspieß M asador *m*, broqueta *f*, espetón *m*; *kleiner*: pinchito *m*; **Bratwurst** F *roh*: salchicha *f* (para asar *bzw* freír); *gebratene*: salchi-

B

cha *f* asada (*bzw* frita)
Bräu N ⟨~(e)s; ~s *od* ~e⟩ *südd* **1** (*Bier*) cerveza *f* **2** (*Brauhaus*) cervecería *f*
Brauch M ⟨~(e)s; Bräuche⟩ uso *m*, costumbre *f*; (*Gewohnheit*) *a.* hábito *m*; (*Übung*) práctica *f*; (*herkömmlicher Brauch*) tradición *f*; **~ sein** ser costumbre; **außer ~ kommen** caer en desuso; **nach altem ~** a la vieja (*od* antigua) usanza
'**brauchbar** ADJ útil; (*geeignet*) apropiado; apto, idóneo (**zu, für** para); (*verwendbar*) aprovechable, utilizable; **Brauchbarkeit** F ⟨~⟩ utilidad *f*; aptitud *f*; capacidad *f*
'**brauchen** V/T **1** (*nötig haben*) necesitar, precisar; (*erfordern*) requerir; **wozu brauchst du das?** ¿para qué quieres eso?; **wir ~ es nicht mehr** ya no lo necesitamos, ya no nos hace falta; **er braucht viel Geld** gasta mucho dinero **2** *bes zeitlich*: llevar, tardar; **wie lange wird es ~?** ¿cuánto tardará?; **wie viel Zeit braucht man, um zu ...?** ¿cuánto tiempo se necesita para (*od* se tarda en) ...?; **das braucht viel Zeit** esto requiere (*od* lleva) mucho tiempo **3** (*gebrauchen, verwenden*) emplear, usar; utilizar, aprovechar **4** ⟨*pperf* brauchen⟩ *mit "zu" + inf*: **du brauchst dich nicht zu beunruhigen** no hay motivo para que te alarmes; **man braucht nur den Knopf zu drücken** basta (*od* no hay más que) oprimir el botón; **er braucht nicht zu kommen** no es necesario que venga; **sie braucht es nur zu sagen!** ¡no tiene más que decirlo!; **du brauchst es mir nicht zu sagen** no necesitas decírmelo, no hace falta que me lo digas; **du brauchst es nicht zu tun** no hace falta que lo hagas; **sie braucht es nicht zu wissen** no hace falta que lo sepa
'**Brauchtum** N ⟨~(e)s; -tümer⟩ usos *mpl* y costumbres; folklore *m*
'**Braue** F ⟨~; ~n⟩ ceja *f*
'**brauen** V/T **1** *Bier* hacer, fabricar (*cerveza*) **2** (*zubereiten*) *Kaffee, Tee etc* preparar, hacer
'**Brauer** M ⟨~s; ~⟩ cervecero *m*
Braue'rei F ⟨~; ~en⟩ cervecería *f*
'**Brauerin** F ⟨~; ~nen⟩ cervecera *f*
'**Brauhaus** N → Brauerei
'**Braukessel** M caldera *f* cervecera; **Braumalz** N malta *f* de cervecería; **Braumeister** M maestro *m* cervecero
braun ADJ **1** marrón; pardo; *Haar* castaño; *Pferd* bayo; (*dunkelbraun*) zaino; **~e Butter** mantequilla *f* derretida; **~ braten** dorar **2** *Haut* moreno; *von der Sonne*: bronceado, tostado, atezado; **~ werden** *von der Sonne*: ponerse moreno, tostarse, broncearse
Braun N ⟨~s; ~ *od umg* ~s⟩ color *m* marrón (*od* pardo *bzw* castaño); '**braunäugig** ADJ de ojos pardos, *umg* ojimoreno; '**Braunbär** M ZOOL oso *m* pardo; '**Braunbier** N cerveza *f* negra
'**Braune(r)** ⟨~n; ~n; → A⟩ M *Pferd*: caballo *m* bayo (*bzw* zaino)
'**Bräune** F ⟨~⟩ tez *f* morena; (*Sonnenbräune*) bronceado *m*
'**Brauneisenerz** N, **Brauneisenstein** M MINER hematites *f* parda, limonita *f*
'**bräunen** **A** V/T oscurecer; *Haut* tostar, atezar, curtir; GASTR *Brot* tostar; *Mehl, Zwiebeln* dorar; *Zucker* caramelizar **B** V/I(V/R) (**sich**) **~** *Haut, Person* ponerse moreno, broncearse, tostarse; *Braten* dorarse; **sich in der Sonne ~ (lassen)** broncearse
braun gebrannt ADJ bronceado, tostado por el sol
'**braunhaarig** ADJ de pelo castaño
'**Braunkohle** F lignito *m*; **Braunkohletagebau** M extracción *f* de lignito a cielo abierto
'**bräunlich** ADJ pardo, pardusco; *Teint* trigueño

'**Braunschweig** N ⟨~s⟩ Brunswick *m*
'**Bräunungscreme** F crema *f* bronceadora; **Bräunungsstudio** N estudio *m* de bronceado
'**Brause** F ⟨~; ~n⟩ **1** (*Dusche*) ducha *f* **2** (*Gießkannenbrause, Duschkopf*) roseta *f*, boca *f* de regadera **3** *Getränk*: gaseosa *f*; **Brausebad** N ducha *f*; **Brausekabine** F cabina *f* de ducha; **Brausekopf** M TECH boca *f* de regadera; **Brauselimonade** F gaseosa *f*
'**brausen** V/I **1** ⟨h⟩ *Sturm, Meer, Brandung* bramar, rugir; *Wind* soplar (con violencia) **2** ⟨h⟩ (*aufwallen*) hervir; (*schäumen*) espumar; CHEM entrar en efervescencia **3** ⟨h⟩ (*dröhnen*) retumbar; zumbar; **die Ohren ~ mir** me zumban los oídos **4** ⟨sn⟩ *umg Fahrzeug* ir a toda velocidad; ir a toda prisa; *Zug* pasar zumbando; **das Auto brauste um die Ecke** el coche dobló volando la esquina
'**Brausen** N ⟨~s⟩ **1** bramido *m*, rugido *m* **2** zumbido *m* **3** CHEM efervescencia *f*; **brausend** ADJ **1** *Lärm* estrepitoso **2** *Meer, Wind* embravecido; rugiente **3** CHEM efervescente **4** *fig* impetuoso; arrebatado; **~er Beifall** aplausos *mpl* atronadores
'**Brausepulver** N polvos *mpl* efervescentes; **Brausetablette** F comprimido *m* (*od* pastilla *f*) efervescente
'**Braut** F ⟨~; ~e⟩ novia *f*; (*Verlobte*) prometida *f*, *umg* futura *f*; *am Hochzeitstag*: desposada *f*; **Brautausstattung** F ajuar *m*; equipo *m* de novia; **Brautführer** M padrino *m* de boda
'**Bräutigam** M ⟨~s; ~e⟩ novio *m*; (*Verlobter*) prometido *m*, *umg* futuro *m*; *am Hochzeitstag*: desposado *m*
'**Brautjungfer** F doncella *f* de honor; **Brautkleid** N vestido *m* de novia, traje *m* de boda; **Brautkranz** M corona *f* nupcial; **Brautleute** PL → Brautpaar
'**bräutlich** ADJ de novia, de desposada, nupcial
'**Brautnacht** F noche *f* de bodas; **Brautpaar** N **das ~** los novios; *am Hochzeitstag*: los desposados, los recién casados; **Brautschau** F *umg hum* **auf (die) ~ gehen** buscar novia; **Brautschleier** M velo *m* nupcial; **Brautstrauß** M ramo m de novia; **Brautwerbung** F *obs* petición *f* de mano; **Brautzeit** F noviazgo *m*; **Brautzug** M cortejo *m* nupcial
brav [bra:f] ADJ **1** (*artig*) bueno; **sei ~!** ¡sé bueno! **2** (*bieder, ordentlich*) honrado, formal (*a. pej*); serio (*a. Kleid etc*); **ein ~er Mann** un hombre de bien **3** *obs* (*wacker*) honrado, cabal
'**bravo** INT ¡bien!; ¡bravo!; ¡ole!, ¡olé!; **Bravorufe** MPL vítores *mpl*, bravos *mpl*
Bra'vour [bra'vu:r] F ⟨~⟩ bravura *f*, valentía *f*; arrojo *m*, intrepidez *f*; **mit ~** con brillantez; **Bravourarie** F MUS aria *f* de bravura
bravou'rös **A** ADJ brillante **B** ADV con brillantez
Bra'vourstück N (*Glanzstück*) proeza *f*, obra *f* sensacional; MUS pieza *f* para virtuosos
Bra'vur *etc* → Bravour *etc*
BRD F ABK (Bundesrepublik Deutschland) RFA *f* (República Federal de Alemania)
'**Breakdance** ['bre:kda:ns] M ⟨~s⟩ breakdance *m*
Break-'even-Point [bre:k'i:vənpɔvnt] M ⟨~s; ~s⟩ WIRTSCH umbral *m* de (la) rentabilidad; punto *m* de equilibrio (financiero)
'**brechbar** ADJ **1** rompible; (*zerbrechlich*) frágil **2** OPT refrangible
'**Brechbohnen** FPL judías *fpl* verdes, *Arg* chauchas *fpl*; **Brechdurchfall** M MED colerina *f*; **Brecheisen** N TECH palanca *f*, alzaprima *f*; *des Einbrechers*: palanqueta *f*

'**brechen** ⟨*irr*⟩ **A** V/T **1** (*zerbrechen, durchbrechen*) romper, quebrar; *Knochen* romper, fracturar; (*spalten*) partir, hender; *Flachs* agramar; **in Stücke ~** romper en pedazos; **ich habe mir den Arm gebrochen** me he roto un brazo **2** (*abbrechen, trennen*) separar, dividir; *Blumen* coger, cortar; **das Brot ~** *geh* dividir el pan **3** (*herausbrechen*) *Marmor, Steine* quebrar, extraer **4** *fig Gesetz* violar, quebrar, quebrantar; *Wort, Versprechen, Vertrag etc* faltar a; *Frieden, Treue* violar; **die Ehe ~** cometer adulterio; **sein Schweigen ~** romper el silencio **5** *fig j-s Widerstand, Willen* vencer **6** SPORT *Rekord* batir, superar **7** PHYS, OPT *Licht, Strahlen etc* refractar **8** MED (*erbrechen*) vomitar **B** V/I **1** ⟨sn⟩ (*zerbrechen, durchbrechen*) romperse, quebrarse; partirse; **in Stücke ~** hacerse pedazos; **das Eis bricht** *a. fig* se rompe el hielo **2** ⟨sn⟩ *Augen* vidriarse; *Stimme* quebrarse; **mit gebrochener Stimme** *a.* con (la) voz entrecortada **3** ⟨h⟩ **mit j-m ~** romper (las relaciones) con alg **4** ⟨h⟩ *umg* (*sich erbrechen*) vomitar **C** V/R **sich ~** **1** *Wellen etc* romperse **2** PHYS, OPT *Licht, Strahlen* refractarse
'**Brechen** N ⟨~s⟩ **1** rompimiento *m*; quebrantamiento *m*; rotura *f*, fractura *f* **2** OPT refracción *f* **3** *bes fig* ruptura *f* **4** MED vómito *m*;
brechend ADV **~ voll** lleno a rebosar (*od* hasta los topes); abarrotado (*od* atestado) (de gente)
'**Brecher** M ⟨~s; ~⟩ **1** SCHIFF (*Welle*) golpe *m* de mar, ola *f* rompiente **2** TECH quebrantadora *f*, trituradora *f*
'**Brechmittel** N MED vomitivo *m*, emético *m*; *umg fig* **er ist ein (wahres) ~** me da verdadero asco; da asco verle (*bzw* oírle); **Brechnuss** F nuez *f* vómica; **Brechreiz** M náuseas *fpl*, ganas *fpl* de vomitar; **Brechstange** F → Brecheisen
'**Brechung** F ⟨~; ~en⟩ OPT refracción *f*
'**Brechungsebene** F OPT plano *m* de refracción; **Brechungswinkel** M OPT ángulo *m* de refracción; **Brechungszahl** F OPT índice *m* de refracción
'**Bregen** M ⟨~s; ~⟩ GASTR sesos *mpl*
Brei M ⟨~(e)s; ~e⟩ puches *mpl*, gachas *fpl*; *aus Grieß, Reis für Kleinkinder*: papilla *f*, papas *fpl*; (*Erbsenbrei, Kartoffelbrei etc*) puré *m*; (*Teig*) pasta *f*; TECH (*Papierbrei*) pasta *f* de papel; **zu ~ machen** hacer papilla (*a. fig* **j-n** a alg); *umg* **zu ~ schlagen** *umg* moler a alg los huesos; **um den heißen ~ herumreden** andar con rodeos
'**breiig** ADJ como papilla; pastoso
breit **A** ADJ **1** ancho (*a. bei Maßangabe*); (*weit, ausgedehnt*) amplio; (*geräumig*) espacioso; *Nase* chato; **eine ~e Straße** una calle ancha; **~e Schultern** hombros *mpl* anchos; **drei Meter ~** tres metros de ancho; **~er machen** ensanchar **2** *fig* **ein ~es Angebot** una amplísima oferta; **ein ~es Interesse** un amplio interés; **die ~e Masse** la gran masa; *pej* la plebe; **die ~e Öffentlichkeit** el gran público; **ein ~es Publikum** un público muy variado (*bzw* numeroso *od* nutrido) **3** *fig* (*weitschweifig*) prolijo, *bes Stil* difuso, ampuloso **B** ADV **lang und ~** (*weitschweifig*) con todos los detalles od los pormenores; **~ treten** aplastar (con el pie)
'**Breitbandantibiotikum** N ⟨~s; -ka⟩ MED antibiótico *m* de amplio espectro; **Breitbandkabel** N ⟨~s; ~⟩ ELEK cable *m* de banda ancha
'**breitbeinig** **A** ADJ abierto de piernas, patiabierto, esparrancado **B** ADV **~ dastehen** *umg* despatarrarse, esparrancarse;
breitblätt(e)rig ADJ de hojas anchas, BOT latifoliado
breit drücken V/T aplastar; achatar
'**Breite** F ⟨~; ~n⟩ **1** *räumlich*: ancho *m* (*a. Stoff*),

anchura *f*; (*Ausdehnung*) extensión *f*; (*Geräumigkeit*) espaciosidad *f*; (*Dicke*) espesor *m*, grueso *m*; SCHIFF (*Schiffsbreite*) manga *f*; **in die ~ gehen** extenderse, ensancharse; *umg* (*dick werden*) engordar; *fig* (*weitschweifig werden*) ser prolijo, extenderse en detalles; **der ~ nach** a lo ancho 2 GEOG latitud *f*; ASTRON amplitud *f* 3 *fig* amplitud *f*, prolijidad *f*, ampulosidad *f*

'breiten VT extender; ensanchar

'Breitengrad M grado *m* de latitud; **Breitenkreis** M paralelo *m*; **Breitensport** M deporte *m* popular

breit gefächert ADJ (*reichhaltig*) amplio

'breitkrempig ADJ de ala ancha; **Breitleinwand** F FILM pantalla *f* panorámica

breitmachen V/R **sich ~** 1 *Person* acomodarse, arrellanarse; instalarse (cómodamente); ocupar mucho sitio; *fig* (*sich wichtigmachen*) pavonearse, ponerse ancho 2 *Stimmung, Gewohnheit* extenderse

breitschlagen VT ‹*irr*› *umg* **j-n ~** persuadir, acabar por convencer a alg; **sich ~ lassen** dejarse convencer (*bzw* persuadir), ablandarse

'breitschult(e)rig ADJ ancho de espaldas (*od* hombros); *umg* espaldudo; **Breitschwanz** M *Pelz*: breitschwanz *m*; **Breitseite** F 1 *e-s Tisches etc*: costado *m* (*a.* SCHIFF) 2 MIL (*Salve*) andanada *f*; **breitspurig** ADJ 1 BAHN de vía (*Am* trocha) ancha 2 *fig* (*großspurig*) pagado de sí mismo; **Breitstrahler** M AUTO faro *m* de amplia dispersión; **breittreten** VT ‹*irr*› *fig Thema etc* tratar prolijamente, tratar con todo lujo de detalles; *umg fig* **etw überall ~** contar a/c por todas partes; → breit B; **Breitwand** F → Breitleinwand; **Breitwandfilm** M película *f* en pantalla panorámica

'Breiumschlag M cataplasma *f*

'Bremsausgleich M compensador *m* de frenada; **Bremsbacke** F zapata *f* (*od* mordaza *f*) de freno; **Bremsbelag** M guarnición *f* (*od* forro *m*) de(l) freno; **Bremsbetätigung** F accionamiento *m* del freno

'Bremse[1] F ‹~; ~n› TECH freno *m*; **die ~ betätigen** *od* **anziehen** frenar, accionar (*od* echar) el freno

'Bremse[2] F ‹~; ~n› ZOOL tábano *m*

'bremsen A VT frenar; (*abbremsen*) reducir la velocidad; (*auffangen*) amortiguar; *fig* (re)frenar B VI aplicar el freno C V/R *umg* **sich ~** frenarse

'Bremsen N ‹~s› frenado *m*, frenada *f*; *scharfes*: frenazo *m*

'Bremser M ‹~s; ~› 1 BAHN *obs* guardafrenos *m/f* 2 *umg fig* rémora *f*; **Bremserhäuschen** N BAHN garita *f* (del guardafrenos); **Bremserin** F ‹~; ~nen› *umg fig* rémora *f*

'Bremsfallschirm M paracaídas *m* de frenado (*od* de aterrizaje); **Bremsflüssigkeit** F líquido *m* de freno; **Bremsklappe** F FLUG freno *m* aerodinámico; **Bremsklotz** M zapata *f* (*od* almohadilla *f*) de freno; **Bremskraft** F, **Bremsleistung** F poder *m* frenante; potencia *f* del freno; **Bremsleuchte** F, **Bremslicht** N AUTO luz *f* de fren(ad)o; **Bremspedal** N (pedal *m* de) freno; **Bremsrakete** F retrocohete *m*, cohete *m* de fren(ad)o; **Bremsscheibe** F disco *m* de freno; **Bremsschlussleuchte** F AUTO luz *f* trasera de los frenos; **Bremsschuh** M zapata *f* (de freno); **Bremsspur** F huella *f* de frenado (*od* frenada); **Bremstrommel** F tambor *m* de freno; **Bremsung** F ‹~; ~en› frenado *m*, frenada *f*; *plötzliche*: frenazo *m* (*a. fig*); **Bremsvorrichtung** F dispositivo *m* de freno; **Bremsweg** M distancia *f* de frenado (*od* de parada); recorrido *m* de parada; **Bremswirkung** F efecto *m* de freno; **Bremszylinder** M cilindro *m* de freno

'brennbar ADJ combustible; inflamable; **Brennbarkeit** F ‹~› combustibilidad *f*; inflamabilidad *f*

'Brenndauer F 1 duración *f* de combustión 2 ELEK *e-r Lampe*: horas *fpl* de alumbrado; **Brennebene** F OPT plano *m* focal; **Brenneisen** N hierro *m* candente; *für Vieh*: hierro *m* de marcar; MED termocauterio *m*; **Brennelement** N NUKL elemento *m* combustible

'brennen ‹*irr*› A VI 1 quemar(se); abrasar(-se); *Gebäude etc* arder; (*aufbrennen*) encenderse; estar en llamas; **es brennt** hay un incendio; *umg fig* corre mucha prisa; *Ausruf*: **es brennt!** ¡fuego! 2 *Licht, Lampe* estar encendido; *Ofen* funcionar 3 *Sonne* abrasar 4 *Gewürze, Rauch, Nessel* picar; *Augen, Haut, Wunde* escocer 5 *fig* **vor Ungeduld ~** morirse (*od* arder *od* consumirse) de impaciencia; *umg fig* **es brennt** (*eilt*) corre mucha prisa; *umg fig* **wo brennt's denn?** ¿qué pasa?; *umg* **darauf ~ zu** (*inf*) anhelar el momento (*od* sentir ansias) de (*inf*) B VT 1 *Ton, Ziegel, Porzellan, Keramik* cocer; *Ziegel a.* hornear; *Mehl* tostar 2 *CD, DVD* grabar; *umg a.* quemar 3 *Schnaps* destilar 4 **Kalk ~** quemar la cal; **Kohlen ~** *im Meiler*: hacer carbón, carbonear (leña); **zu Kohle ~** carbonear; (*verkohlen*) carbonizar 5 *Vieh* marcar (con hierro candente)

'Brennen N ‹~s› 1 *v. Kalk*: calcinación *f*; *v. Keramik, Ziegeln*: cochura *f*, cocción *f* 2 *v. Schnaps*: destilación *f* 3 MED *e-r Wunde*: escozor *m*, resquemor *m* 4 *v. Pfeffer*: picor *m* 5 *v. Kaffee*: torrefacción *f*

'brennend A ADJ 1 ardiente (*a. fig*); (*in Flammen*) en llamas 2 *Kerze, Lampe, Zigarette etc* encendido 3 *fig Schmerz* punzante, agudo, fuerte; *fig Hitze, Durst* abrasador; MED (*ätzend*) cáustico 4 *fig* (*sehr wichtig*) actual, palpitante, candente; *Wunsch* ardiente, ferviente; **~e Frage** cuestión *f* candente B ADV 1 **~ heiß** muy caliente 2 *umg fig* (*sehr*) vivamente; **sich ~ für etw interessieren** interesarse vivamente por a/c

'Brenner M ‹~s; ~› 1 TECH (*Gasbrenner, Ölbrenner*) quemador *m*; mechero *m*; (*Schweißbrenner*) soplete *m* 2 IT *für CDs*: grabadora *f* (de CD) 3 (*Schnapsbrenner*) destilador *m*

Brenne'rei F ‹~; ~en› (*Schnapsbrennerei*) destilería *f*

'Brennerin F ‹~; ~nen› (*Schnapsbrennerin*) destiladora *f*

'Brennglas N vidrio *m* ustorio; **Brennholz** N leña *f*; **Brennkammer** F cámara *f* de combustión; **Brennmaterial** N combustible *m*; **Brennnessel** F BOT ortiga *f*; **Brennofen** M horno *m* de calcinación; *für Keramik, Ziegel*: horno *m* de cocción

'Brennpunkt M OPT, MATH *u. fig* foco *m*; *fig a.* centro *m* (del interés); punto *m* neurálgico; **im ~ des Interesses stehen** ser el centro de interés; figurar en el primer plano de la actualidad; **in den ~ rücken** convertirse en el centro

'Brennschere F rizador *m*, tenacillas *fpl* para rizar; **Brennschneider** M TECH soplete *m* oxiacetilénico; **Brennspiegel** M espejo *m* ustorio; **Brennspiritus** M alcohol *m* de (*od* para) quemar; **Brennstab** M NUKL barra *f* combustible; **Brennstempel** M hierro *m* para marcar a fuego

'Brennstoff M combustible *m*; AUTO *a.* carburante *m*; **fossiler ~** combustible *m* fósil; **Brennstoffdüse** F tobera *f* de combustible; **Brennstoffverbrauch** M consumo *m* de combustible; **Brennstoffzelle** F pila *f* de combustible; **Brennstoffzuführung** F AUTO alimentación *f* de carburante (*od* de gasolina)

'Brennstrahl M OPT rayo *m* focal; **Brennweite** F OPT distancia *f* focal

'brenzlig ADJ *fig* crítico, delicado; *umg* **die Sache wird ~** las cosas se ponen feas

'Bresche F ‹~; ~n› brecha *f*; **eine ~ schlagen** abrir (una) brecha (**für** por) (*a. fig*), aportillar; *fig* **in die ~ springen** ponerse en la brecha

Bre'tagne F ‹~› Bretaña *f*

Bre'tone M ‹~n; ~n›, **Bretonin** F ‹~; ~nen› bretón *m*, -ona *f*; **bretonisch** ADJ bretón

Brett N ‹~(e)s; ~er› tabla *f*; plancha *f* (de madera); *dickes*: tablón *m*; (*Schrankbrett*) anaquel *m*; (*Bücherbrett, Regalbrett*) estante *m*; (*Tablett*) bandeja *f*; (*Spielbrett*) tablero *m*; SPORT (*Sprungbrett*) trampolín *m*; **Schwarzes ~** tablón *m* de anuncios; *umg* **~er** (*Skier*) esquís *mpl*; (*Boxring*) lona *f*; THEAT **die ~er (, die die Welt bedeuten)** las tablas; **über die ~er gehen** *Stück*: representarse, ver la escena; *Boxen*: **auf die ~er schicken** tirar a la lona; **mit ~ern belegen** entablar, cubrir con tablas; *fig* **ein ~ vor dem Kopf haben** ser cerrado de mollera; no ver más allá de sus narices; **hier ist die Welt mit ~ern vernagelt** es un callejón sin salida

'Brettchen N ‹~s; ~› tablilla *f*

'Bretterboden M tablado *m*; entarimado *m*; suelo *m* de tablas; **Bretterbude** F cobertizo *m*; chabola *f*; tinglado *m*; **Bretterbühne** F tablado *m*; **Bretterdach** N tejado *m* de tablas; **Bretterschuppen** M → Bretterbude; **Bretterverkleidung** F revestimiento *m* de tablas; **Bretterverschlag** M, **Bretterwand** F tabique *m* de madera; talanquera *f*; **Bretterzaun** M valla *f*

'Brettnagel M clavo *m* tablero; **Brettsäge** F sierra *f* de leñador; **Brettspiel** N juego *m* de tablero

Bre'vier N ‹~s; ~e› breviario *m*

'Brezel F ‹~; ~n› ≈ rosquilla *f* (*tipo especial de rosca de pan*)

'Bridge N ‹~› bridge *m*

Brief M ‹~(e)s; ~e› 1 carta *f* (**an** *acus* a); *kurzer*: nota *f*, billete *m*; REL, LIT, *iron* epístola *f*; **einen ~ diktieren/verfassen** dictar/redactar una carta; **mit j-m ~e wechseln** sostener (*od* mantener) correspondencia con alg, *umg* cartearse con alg 2 (*Urkunde*) documento *m*; patente *f*; HANDEL *Börse*: oferta *f*; *fig* **auf etw** (*acus*) **~ und Siegel geben** comprometerse solemnemente a hacer a/c

'Briefabfertigung F *Büro*: cartería *f*; **Briefablage** F archivo *m*; **Briefaufschrift** F dirección *f*, señas *fpl*; **Briefbeschwerer** M pisapapeles *m*; **Briefblock** M bloc *m* de cartas; **Briefbogen** M hoja *f*, pliego *m*; **Briefbombe** F carta-bomba *f*; **Briefeinwurf** M buzón *m*; *Schlitz*: boca *f* de buzón

'briefen VT *umg* **j-n ~** dar instrucciones a alg

'Brieffach N apartado *m* de correos; **Briefformat** N formato *m* de una carta; **Brieffreund** M, **Brieffreundin** F amigo *m*, -a *f* por correspondencia; **Briefgeheimnis** N secreto *m* postal; **Briefhypothek** F hipoteca *f* inmobiliaria

'Briefkasten M buzón *m*; **elektronischer ~** buzón *m* (de correo) electrónico; mailbox *m*; **den ~ leeren** recoger las cartas; **etw in den ~ werfen** tirar a/c al buzón

'Briefkastenfirma F WIRTSCH empresa *f* buzón; **Briefklammer** F clip *m*; **Briefkopf** M membrete *m*; (*Anrede*) encabezamiento *m*; **Briefkurs** M HANDEL *Börse*: oferta *f*, cotización *f* ofrecida

'brieflich ADJ & ADV por carta, por escrito; epistolar; **~er Verkehr** correspondencia *f*

'Briefmappe F carpeta *f*

'Briefmarke F sello *m* (postal *od* de correo), *Am* estampilla *f*, *Mex* timbre *m*

B

'Briefmarkenalbum N álbum *m* de sellos (*od* filatélico); **Briefmarkenanfeuchter** M ⟨~s; ~⟩ mojasellos *m*; **Briefmarkenautomat** M distribuidor *m* (*od* expendedor *m*) automático de sellos; **Briefmarkensammeln** N filatelia *f*; **Briefmarkensammler** M, **Briefmarkensammlerin** F coleccionista *m/f* de sellos, filatelista *m/f*; **Briefmarkensammlung** F colección *f* de sellos; **Briefmarkenserie** F serie *f* de sellos de correo

'Briefmuster N modelo *m* de carta; **Brieföffner** M abrecartas *m*, cortapapeles *m*, plegadera *f*; **Briefordner** M archivador *m*, clasificador *m* (de correspondencia); **Briefpapier** N papel *m* de cartas; *mit Trauerrand*: papel *m* de luto; **Briefpartner** M, **Briefpartnerin** F correspondiente *m/f*; **Briefporto** N franqueo *m*; **Briefpost** F correo *m*; **Briefroman** M novela *f* epistolar; **Briefschreiber** M, **Briefschreiberin** F autor *m*, -a *f* (de una carta); **Briefsortierer** M, **Briefsortiererin** F clasificador *m*, -a *f* de cartas; **Briefstempel** M matasellos *m*; **Briefstil** M estilo *m* epistolar; **Brieftasche** F **1** cartera *f* (de bolsillo); billetero *m*, *Am* billetera *f* **2** *österr* (*Geldbörse*) monedero *m*; **Brieftaube** F paloma *f* mensajera

'Brieftaubenzucht F colombofilia *f*; **Brieftaubenzüchter** M, **Brieftaubenzüchterin** F colombófilo *m*, -a *f*

'Brieftelegramm N telegrama-carta *m*; **Briefträger** M, **Briefträgerin** F cartero *m*, -a *f*; **Briefumschlag** M sobre *m*; **Briefverkehr** M correspondencia *f*; **Briefwaage** F pesacartas *m*; **Briefwahl** F POL voto *m* por correo

'Briefwechsel M correspondencia *f*; **mit j-m in ~ stehen** estar en (*od* mantener la) correspondencia con alg; *j-m* **den ~ führen** hacer la correspondencia de alg

'Briefzensur F censura *f* postal

Bries N ⟨~es; ~e⟩, **'Brieschen** N ⟨~s; ~⟩ ZOOL timo *m*; GASTR lechecillas *fpl*, mollej(uel)as *fpl*

Bri'gade F ⟨~; ~n⟩ MIL brigada *f*; **Brigadegeneral** M general *m* de brigada

Brigg F ⟨~; ~s⟩ SCHIFF bergantín *m*

Bri'kett N ⟨~s; ~s⟩ briqueta *f*, aglomerado *m*

briket'tieren V/T ⟨*ohne* ge-⟩ aglomerar

bril'lant ADJ brillante; excelente

Bril'lant [bri'ljant] **A** M ⟨~en; ~en⟩ brillante *m* **B** F ⟨~⟩ TYPO diamante *m*

Brillant'ine F ⟨~; ~n⟩ brillantina *f*

Bril'lantnadel F alfiler *m* de brillantes; **Brillantring** M anillo *m* de brillantes

'Brille F ⟨~; ~n⟩ **1** gafas *fpl*; anteojos *mpl*; lentes *fpl*; **eine ~ tragen** usar (*od* llevar) gafas; **die ~ aufsetzen/abnehmen** ponerse/quitarse las gafas; *fig* **durch eine schwarze ~ betrachten** verlo todo negro; **alles durch eine rosige ~ sehen** verlo todo (de) color de rosa **2** (*Toilettensitz*) asiento *m* de(l) retrete

'Brillenetui N estuche *m* para gafas; **Brillenfassung** F montura *f* de gafas; **Brillenfutteral** N estuche *m* para gafas; **Brillengestell** N montura *f* de gafas; **Brillenglas** N cristal *m* de gafas; **Brillenschlange** F **1** ZOOL cobra *f*, serpiente *f* de anteojos **2** *umg mst pej* (*Brillenträger, -in*) gafotas *m/f*, cuatrojos *m/f*; **Brillenträger** M ⟨~s; ~⟩, **Brillenträgerin** F ⟨~; ~nen⟩ persona *f* que lleva gafas; **~ sein** llevar gafas

Brim'borium N ⟨~s⟩ *umg* chisme *m*, habladuría *f*; (*Getue*) aspavientos *mpl*

'bringen V/T ⟨*irr*⟩ **1** (*herbringen*) traer; (*hinbringen*) llevar; (*befördern*) transportar; **was ~ Sie (Neues)?** ¿qué trae usted (de nuevo)?; **bring dieses Paket nach Hause!** ¡lleva este paquete a casa!; **er wurde ins Krankenhaus gebracht** ha sido hospitalizado, fue llevado (*od* trasladado) al hospital **2** (*begleiten, führen, geleiten*) acompañar; **ich bringe dich zum Bahnhof** te acompañaré a la estación; **ich bringe dich nach Hause** te llevo (*od* te compaño) a casa **3** (*bieten*) dar, ofrecer; *Opfer, Geschenk, Ehre* hacer **4** (*darbieten*) FILM, THEAT *Stück* echar, hacer, dar, representar; MUS *Lied etc* interpretar; **was bringt die Zeitung?** ¿qué dice el periódico?; **die Zeitung hat es gebracht** ha salido en el periódico **5** (*veröffentlichen*) sacar; *Zeitungartikel, Nachricht etc* traer **6** (*einbringen*) producir, traer; (*verursachen*) causar, producir, motivar; *Ertrag* rendir; *Gewinn* arrojar; *Zinsen* devengar; *Glück, Unglück, Vorteil* traer; **das bringt Ärger** eso nos va a traer problemas; **das bringt nichts** no conduce a nada, *umg* no cuaja; *umg* **das bringt's (auch) nicht!** ¡eso no conduce a nada!, ¡así no vamos a ninguna parte! **7** (*erreichen, schaffen*) conseguir, lograr; **er brachte es auf 7 Punkte** llegó a conseguir 7 puntos; **es bis auf 80 Jahre ~** alcanzar (*od* llegar a) la edad de ochenta años; **er brachte es auf 20 Siege** llegó a conseguir veinte victorias; **es auf 100 km ~** alcanzar una velocidad de cien kilómetros; **es bis zum General ~** llegar a (ser) general; *umg* **er bringt es nicht** no le sale **8** *mit adv*: **es** *bzw* **j-n dahin ~, dass** conseguir (*od* hacer) que *subj*; **j-n dazu ~, etw zu tun** determinar (*od* inducir) a alg a hacer a/c; (*zwingen*) obligar a alg a hacer a/c; **es weit ~** llegar lejos; hacer carrera; triunfar en la vida; **es so weit ~, dass** llevar las cosas a tal punto que **9** *mit präp*: **an sich** (*acus*) **~** apropiarse de, adueñarse de, apoderarse de; **j-n auf etw** (*acus*) **~** sugerir a/c a alg; hacer pensar a alg en a/c; **das bringt mich auf etwas** esto me trae a la memoria (*od* me hace recordar) una cosa; **hinter sich** (*acus*) **~** acabar, terminar; llevar a cabo; *Entfernung*: recorrer; **in Aufregung ~** excitar; **mit sich ~** traer (*od* llevar) consigo; implicar; tener como consecuencia; **die Umstände ~ es mit sich** las circunstancias lo exigen (*od* lo hacen inevitable); **es über sich** (*acus*) **~** resolverse a; **Unglück über j-n ~** traer desgracia a alg; **j-n um etw ~** hacer perder a/c a alg; **unter sich** (*acus*) *od* **unter seine Gewalt ~** someter a su dominio; **bis vors Haus ~** dejar a (*od* en) la puerta de casa; **j-n wieder zu sich ~** hacer volver en sí a alg; **j-n zum Lachen/Weinen ~** hacer a alg reír/llorar; **es zu etw ~** abrirse camino; medrar; hacer carrera; **es zu nichts ~** fracasar (en la vida), *umg* no dar una

'Bringer M ⟨~s; ~⟩ *umg* **1** *Person*: fuera *m/f* de serie **2** (*Erfolg*) *umg* bombazo *m*, éxito *m*

'Bringschuld F obligación *f* de aportar

bri'sant ADJ explosivo; **Brisanz** F ⟨~⟩ fuerza *f* explosiva (*a. fig*); **Brisanzmunition** F MIL munición *f* altamente explosiva

'Brise F ⟨~; ~n⟩ brisa *f*; **steife ~** fuerte brisa

Bri'tannien N ⟨~s⟩ HIST Britania *f*

'Brite ['bri:tə] M ⟨~n; ~n⟩, **Britin** F ⟨~; ~nen⟩ británico *m*, -a *f*; **britisch** ADJ británico; **die Britischen Inseln** las Islas Británicas; **das Britische Weltreich** el Imperio Británico

'Bröckchen N ⟨~s; ~⟩ pedacito *m*, trocito *m*; *Brot*: migaja *f*; **bröckelig** ADJ (*zerbrechlich*) quebradizo; (*zerfallend*) desmoronadizo; *Brot* desmenuzable; *Lehm* deleznable; *Gestein, Boden* friable

'bröckeln **A** V/I **1** ⟨h⟩ (*zerfallen*) *Gestein, Mauer etc* desmoronarse **2** ⟨sn⟩ (*sich ablösen*) **von der Wand ~** desprenderse de la pared **B** V/T (*zerteilen*) desmigajar; **das Brot in die Soße ~** desmenuzar el pan en la salsa

'brocken V/T desmig(aj)ar; (*eintunken*) mojar, *umg* hacer moje(te)

'Brocken M ⟨~s; ~⟩ **1** (*Stück*) trozo *m*, pedazo *m*; *Brot a.*: zoquete *m*, *umg* cacho *m*, mendrugo *m*; GEOL *e-s Steins etc*: fragmento *m*; (*Bissen*) bocado *m*; *fig* **ein paar ~** un poco; **ein paar ~ Englisch können** chapurrear el inglés; *fig* **ein fetter ~** un pingüe negocio; *umg fig* **ein harter ~ sein** *umg* ser un hueso duro de roer **2** *umg* (*massige Person*) mole *f*; **brockenweise** ADJ a pedacitos, en trocitos

'brodeln V/I **1** *Flüssigkeit, Lava* hervir a borbotones; borbot(e)ar; burbujear **2** *fig* **es brodelt unter den Arbeitern** entre los obreros hay un auténtico hervidero

'Brodeln N ⟨~s⟩ ebullición *f*; hervidero *m*; efervescencia *f* (*a. fig*)

'Brodem M ⟨~s⟩ vaho *m*, vapor *m* caliente; (*Ausdünstung*) exhalación *f*; (*Qualm*) humo *m*

Bro'kat M ⟨~s; ~e⟩ TEX brocado *m*

'Broker M ⟨~s; ~⟩, **Brokerin** F ⟨~; ~nen⟩ WIRTSCH agente *m/f* (de Cambio y Bolsa); corredor *m*, -a *f* (de cambio); broker *m/f*

'Brokkoli M ⟨~s; ~s⟩ *od* PL BOT bróculi *m*, bróculi *m*, brécol(es) *m(pl)*

Brom N ⟨~s⟩ CHEM bromo *m*

Brom'at N CHEM bromato *m*

'Brombeere F BOT (zarza)mora *f*; **Brombeerstrauch** M zarza *f*

Bro'mid N ⟨~(e)s; ~e⟩ CHEM bromuro *m*

'Bromsäure F CHEM ácido *m* brómico; **Bromsilberpapier** N FOTO papel *m* (de) bromuro (de plata)

Bronchi'alkatarr(h) [brɔnçi'a:l-] M MED catarro *m* bronquial; bronquitis *f*

'Bronchien FPL ANAT bronquios *mpl*

Bron'chitis F ⟨~⟩ bronquitis *f*

'Bronze ['brõsə] F ⟨~; ~n⟩ bronce *m*; **bronzefarben** ADJ de color de bronce, bronceado; **Bronzelack** M laca *f* de bronce, barniz *m* bronceante; **Bronzemedaille** F medalla *f* de bronce

'bronzen ADJ broncíneo

'Bronzezeit F edad *f* de(l) bronce

bron'zieren [-'si:rən] V/T ⟨*ohne* ge-⟩ broncear; **Bronzieren** N ⟨~s⟩, **Bronzierung** F ⟨~; ~en⟩ bronceado *m*

'Brosame F ⟨~; ~n⟩ *geh* miga *f*; migaja *f* (*a. fig*)

brosch. ABK (broschiert) en rústica

'Brosche F ⟨~; ~n⟩ broche *m*, prendedor *m*

'Bröschen N ⟨~s; ~⟩ GASTR lechecillas *fpl* (de ternera)

bro'schieren V/T ⟨*ohne* ge-⟩ encuadernar en rústica; **broschiert** ADJ en rústica

Bro'schüre F ⟨~; ~n⟩ folleto *m*; opúsculo *m*

'Brösel M ⟨~s; ~⟩ miga(ja) *f*; **bröseln** V/T desmigajar

Brot N ⟨~(e)s; ~e⟩ **1** pan *m*; **eine Scheibe ~** una rebanada de pan; **belegtes ~** bocadillo *m*, *Am* sándwich *m*; **~ backen** hacer pan; **~e schmieren** (*Brote belegen*) preparar bocadillos *bzw Am* sándwiches **2** *fig* **das tägliche ~** el pan de cada día; el sustento diario; *Bibel*: **unser tägliches ~** el pan nuestro de cada día; **sein (tägliches) ~ verdienen** ganarse la vida (*od* el pan); **sich** (*dat*) **das ~ vom Munde absparen** quitarse el pan de la boca; **j-n um sein ~ bringen** quitar el sustento (*od* el pan) a alg; **j-s ~ essen** comer el pan de alg **3** *umg* **j-m etw aufs ~ schmieren** echar en cara a alg a/c, *umg* refregar (por las narices); **der kann mehr als ~ essen** *umg* no tiene pelo de tonto

'Brotaufstrich M *mantequilla, mermelada, etc que se unta en el pan*; **Brotbacken** N elaboración *f* de pan; panificación *f*; **Brotbäcker** M, **Brotbäckerin** F panadero *m*; **Brotbaum** M BOT árbol *m* del pan; **Brot-**

belag M *embutido, queso, etc. que se pone en el pan*; **Brotbeutel** M bolsa *f* del pan; zurrón *m*; MIL morral *m*

'Brötchen N ⟨~s; ~⟩ bollo *m* de pan, panecillo *m*; *umg* **seine ~ verdienen** *umg* ganar(se) el garbanzo; **Brötchengeber** M, **Brötchengeberin** F *umg* patrón *m*, -ona *f*

'Broteinheit F MED *unidad alimenticia equivalente de 12 g de carbohidratos*; **Broterwerb** M ganapán *m*; **Brotfabrik** F panificadora *f*, fábrica *f* de pan; **Brotfruchtbaum** M → Brotbaum; **Brotgetreide** N cereales *mpl* panificables; **Brotherr** M *obs* amo *m*; patrono *m*, *Am* patrón *m*; **Brotherstellung** F panificación *f*; **Brotkanten** M cantero *m*; **Brotkasten** M panera *f*, caja *f* de pan; **Brotkorb** M panera *f*; *fig* **j-m den ~ höher hängen** atar corto a alg; **Brotkrume** F, **Brotkrümel** M migaja *f* (de pan); **Brotlaib** M hogaza *f*; **brotlos** ADJ *fig* sin pan; sin empleo; sin recursos; **j-n ~ machen** quitar el pan a alg, dejar en la calle a alg; **~e Kunst** profesión *f* improductiva (*od* poco lucrativa); **Brotmesser** N cuchillo *m* del (*od* para) el pan; **Brotneid** M envidia *f* profesional; **Brotrinde** F corteza *f* de pan; **Brotröster** M tostador *m* de pan; **Brotschneidemaschine** F máquina *f* para cortar (el) pan; **Brotschnitte** F rebanada *f* (de pan); **Brotschrift** F TYPO tipos *mpl* corrientes; **Brotstudium** N estudio *m* para ganarse la vida, *umg* ciencia *f* que da de comer; **Brotteig** M masa *f*; **Brotzeit** F *südd* 1 hora *f* del bocadillo; *nachmittags*: merienda *f* 2 (*Imbiss*) bocadillo *m*, merienda *f*

'Browser ['braʊzər] M ⟨~s; ~⟩ INTERNET navegador *m*, browser *m*

brr INT (*halt!*) ¡so!

BRT F ABK (Bruttoregistertonne) tonelada *f* de registro bruto

Bruch[1] M ⟨~(e)s; ⸚e⟩ 1 rotura *f*; *fig* ruptura *f*, rompimiento *m*; quebrantamiento *m* 2 MED (*Knochenbruch*) fractura *f*; **einfacher/komplizierter ~** fractura *f* simple/conminuta 3 MED (*Eingeweidebruch*) hernia *f*; **eingeklemmter ~** hernia *f* estrangulada; **sich** (*dat*) **einen ~ heben** herniarse 4 GEOL falla *f*; BERGB hundimiento *m*; derrumbamiento *m*; MINER fractura *f*; *Riss, Spalt*: grieta *f*, hendidura *f*; TECH *e-r Maschine*: avería *f*; rotura *f*; **zu ~ gehen** hacerse añicos; quedar destrozado (*od* destruido); FLUG **~ machen** *od* **bauen** aterrizar con avería 5 (*Zerbrochenes*) despojos *mpl*, restos *mpl*; (*Scherben*) añicos *mpl*; (*zerbrochene Ware*) trozos *mpl* sueltos 6 MATH fracción *f*, quebrado *m* 7 *fig des Friedens, Eides*: quebrantamiento *m*; *e-s Vertrages etc*: violación *f*; *der Freundschaft etc*: ruptura *f*; **in die Brüche gehen** malograrse; frustrarse, fracasar; (*zerbrechen*) romperse, hacerse añicos (*od* trizas), *umg* hacerse polvo; **~ mit der Vergangenheit** ruptura *f* con el pasado

Bruch[2] M, N ⟨~(e)s; ⸚e⟩ (*Sumpf*) pantano *m*; marisma *f*

'Bruchband N ⟨~(e)s; ⸚er⟩ MED braguero *m*; **Bruchbelastung** F TECH carga *f* de rotura; **Bruchbude** F *umg* chabola *f*; cutrichil *m*; antro *m*; **bruchfest** ADJ resistente a la rotura (*od* fractura); irrompible; a prueba de rotura; **Bruchfestigkeit** F TECH resistencia *f* a la rotura (*od* fractura); **Bruchfläche** F superficie *f* de fractura

'brüchig ADJ 1 *Material* quebradizo; (*rissig*) resquebrajadizo; (*zerbrechlich*) frágil; (*bröckelig*) desmoronadizo, friable; *Lehm* deleznable 2 **~e Stimme** voz *f* cascada 3 *Beziehung* frágil, deleznable; **Brüchigkeit** F ⟨~⟩ fragilidad *f*, friabilidad *f*

'Bruchlandung F FLUG aterrizaje *m* forzoso; aterrizaje *m* con avería; **eine ~ machen** aterrizar con avería; **bruchleidend** ADJ MED herniado, hernioso; **Bruchleidende** M/F ⟨~n; ~n; → A⟩ herniado *m*, -a *f*, hernioso *m*, -a *f*; **Bruchoperation** F MED herniotomía *f*; **Bruchrechnung** F MATH cálculo *m* de fracciones; **Bruchschaden** M HANDEL (daño *m* por) rotura *f*; **bruchsicher** ADJ → bruchfest; **Bruchstein** M mampuesto *m*; **Bruchstelle** F punto *m* (*od* lugar *m*) de rotura (*od* fractura); **Bruchstrich** M MATH raya *f* (*od* línea *f*) de quebrado; **Bruchstück** N fragmento *m*, trozo *m* (*a. fig*); **bruchstückhaft** A ADJ fragmentario B ADV de forma fragmentaria; **Bruchteil** M fracción *f*; **im ~ einer Sekunde** en una fracción de segundo

'Bruchwasserläufer M ORN andarríos *m* bastardo

'Bruchzahl F MATH número *m* fraccionario (*od* quebrado)

'Brücke F ⟨~; ~n⟩ 1 puente *m* (*a.* SCHIFF, ELEK, *Zahnbrücke, Ringen, Turnen u. fig*); BAHN viaducto *m*; **über die ~ gehen** cruzar el puente; **eine ~ schlagen** (*a. fig*) tender un puente (**über** sobre); *fig* **alle ~n hinter sich** (*dat*) **abbrechen** quemar las naves; *fig* **j-m goldene ~n bauen** hacer la puente de plata a alg 2 (*kleiner Teppich*) alfombra *f* pequeña

'Brückenbalken M viga *f* (*od* travesaño *m*) de puente; **Brückenbau** M ⟨~(e)s⟩ construcción *f* de puentes; **Brückenbogen** M arco *m*; **Brückenboot** N pontón *m*; **Brückengeländer** N pretil *m*, barandilla *f*; **Brückengeld** N → Brückenzoll; **Brückenjoch** N pilotaje *m* de puente; **Brückenkopf** M MIL cabeza *f* de puente; **Brückenkran** M grua *f* puente; **Brückenpfeiler** M pilar *m* (*od* pila *f*) de puente; **Brückenschaltung** F ELEK conexión *f* en puente; **Brückensteg** M pasarela *f*; **Brückentag** M *zwischen Feiertag und Wochenende*: (día *m* de) puente *m*; **e-n ~ nehmen** hacer puente; **Brückentragwerk** N estructura *f* de sustentación del puente; **Brückenwaage** F báscula *f* de puente; *für Wagenlast*: báscula *f* de plataforma; **Brückenwärter** M, **Brückenwärterin** F guardapuentes *m/f*; **Brückenzoll** M pontazgo *m*, peaje *m*

'Bruder M ⟨~s; ⸚⟩ 1 hermano *m*; **mein älterer/jüngerer ~** mi hermano mayor/menor 2 REL hermano *m*; (*Ordensbruder*) fraile *m*; *vor dem Vornamen*: fray *m* 3 *fig* (*Vereinsbruder, Skatbruder etc*) compañero *m*; **unter Brüdern** (*ohne Übervorteilung*) entre hermanos; *umg* **das ist unter Brüdern 50 Euro wert** a precio de amigo le cobraré 50 euros 4 *umg* (*Kerl*) individuo *m*, sujeto *m*, *umg* tío *m*; **ein lustiger ~** *od* **~ Lustig** bromista *m*, guasón *m*; *sl pej* **warmer ~** *umg* marica *m*, *sl* maricón *m*

'Brüderchen N ⟨~s; ~⟩ hermanito *m*

'Bruderkrieg M guerra *f* fratricida; **Bruderkuss** M beso *m* fraternal

'brüderlich ADJ fraternal; fraterno; **~ teilen** repartir como buenos hermanos; **Brüderlichkeit** F ⟨~⟩ fraternidad *f*

'Bruderliebe F cariño *m* fraternal; **Brudermord** M fratricidio *m*; **Brudermörder** M ⟨~s; ~⟩, **Brudermörderin** F ⟨~; ~nen⟩ fratricida *m/f*; **brudermörderisch** ADJ fratricida; **Bruderschaft** F 1 REL congregación *f* 2 (*Laienbruderschaft*) cofradía *f*, hermandad *f*

'Brüderschaft F ⟨~⟩ (con)fraternidad *f*; **~ schließen** fraternizar, unirse fraternalmente; **mit j-m ~ trinken** ofrecer a alg el tuteo (*brindando*), ofrecer el tú (*brindando*)

'Brudervolk N pueblo *m* hermano, nación *f* hermana; **Bruderzwist** M discordia *f* (*od* querella *f*) entre hermanos

'Brügge N Brujas *m*

'Brühe F ⟨~; ~n⟩ 1 (*Fleischbrühe*) caldo *m*, consomé *m*; (*Soße*) salsa *f*; (*Saft*) jugo *m* 2 (*schmutziges Wasser*) agua *f* sucia 3 *pej* (*Getränk*) calducho *m*; (*dünner Kaffee, Tee etc*) aguachirle *m* 4 *umg* (*Schweiß*) *umg* sopa *f*

'brühen V/T 1 (*aufbrühen*) *Kaffee, Tee* hacer, preparar 2 (*überbrühen*) *Tomaten, Mandeln* escaldar; hervir 3 *Wäsche* colar

'brüh'heiß ADJ (*sehr heiß*) muy caliente, hirviendo

'Brühkartoffeln FPL patatas *fpl* cocidas con caldo

'brüh'warm A ADJ *fig* caliente, fresco; **~e Nachricht** noticia *f* fresca B ADV **j-m etw ~ weitererzählen** ir a alg con una notica fresca

'Brühwürfel M pastilla *f* (*od* cubito *m*) de caldo

'Brüllaffe M ZOOL mono *m* aullador; *Arg* carayá *m*

'brüllen A V/I 1 *Löwe* rugir; *Stier* bramar; *Rind* mugir; *Kalb* berrear; (*heulen*) aullar 2 (*laut schreien, schimpfen*) vociferar; **~des Gelächter** (tempestad *f* de) carcajadas *fpl*; **vor Schmerzen ~** gritar de dolor; **vor Lachen ~** reír a carcajada limpia 3 (*laut weinen*) *Kind umg* berrear B V/T *Befehl etc* bramar

'Brüllen N ⟨~s⟩ 1 *Löwe*: rugido *m*; *Rind*: mugido *m*; *Schaf, Kalb*: berrido *m*; *Affe, Hund etc*: aullido *m* 2 (*Geschrei*) vocerío *m* 3 **es ist zum ~** es para morirse (*od* cascarse) de risa

'Brummbär M *fig* gruñón *m*, *umg* cascarrabias *m*; **Brummbass** M MUS bordón *m*; *Stimme*: bajo *m* profundo; **brummeln** V/I refunfuñar

'brummen A V/I 1 *Insekt, Flugzeug, Motor etc* zumbar; *Motor a.* ronronear 2 *Bär* gruñir 3 *Mensch* rezongar, refunfuñar, gruñir 4 **mir brummt der Kopf** *umg* tengo la cabeza como un bombo (*od* una olla de grillos) 5 *umg* (*im Gefängnis sein*) *sl* estar a la sombra (*od* en chirona); (*nachsitzen*) *Schüler* quedar retenido en clase B V/T **etw (in seinen Bart) ~** refunfuñar (*od* gruñir) a/c

'Brummen N ⟨~s⟩ zumbido *m* (*a. Motor*); gruñido *m*; refunfuño *m*

'Brummer M ⟨~s; ~⟩ (*Fliege*) moscardón *m*, moscón *m*

'Brummi M ⟨~s; ~s⟩ *umg* (*großer Lastwagen*) camión *m* pesado

'brummig ADJ gruñón, rezongón, regañón; **Brummkreisel** M trompo *m* zumbador; **Brummschädel** M *umg* pesadez *f* de cabeza; (*Kopfschmerz*) dolor *m* de cabeza; (*Kater*) resaca *f*; **Brummton** M ELEK zumbido *m*

Brunch [bran(t)ʃ] N & M ⟨~(e)s *od* ~; ~(e)s *od* ~e⟩ (combinación *f* de) desayuno-almuerzo *m*

brü'nett ADJ moreno, castaño; **Brünette** F ⟨~n; ~n; → A⟩ *Frau*: morena *f*, castaña, *Arg* morocha *f*

Brunft F ⟨~; ⸚e⟩ JAGD época *f* de celo; berrea *f*, brama *f*

'brunften V/I JAGD estar en celo; **brunftig** ADJ JAGD en celo; **Brunftplatz** M JAGD bramadero *m*; **Brunftschrei** M JAGD bramido *m*; **Brunftzeit** F JAGD época *f* de(l) celo, brama *f*

brü'nieren V/T ⟨ohne ge-⟩ TECH pavonar, bruñir; **Brünierung** F ⟨~; ~en⟩ pavonado *m*, bruñido *m*

'Brunnen M ⟨~s; ~⟩ 1 pozo *m*; (*Quelle*) manantial *m*; (*Springbrunnen, Trinkbrunnen*) fuente *f* (*alle a. fig*); **warmer ~** caldas *fpl*, aguas *fpl* termales; **einen ~ graben** abrir un pozo 2 MED (*Heilwasser*) aguas *fpl* minerales; **(den) ~ trinken** tomar las aguas

'Brunnenbauer M, **Brunnenbauerin** F pocero *m*, -a *f*; **Brunnenbecken** N pila *f*, pilón *m*; **Brunnenkresse** F BOT berro *m* de agua (*od* de fuente); **Brunnenkur** F MED cura *f* hidrológica (*od* de aguas); **eine ~ machen** hacer una cura de aguas, tomar las aguas; **Brunnenrand** M brocal *m*; **Brunnenröhre** F caño *m*; **Brunnenwasser** N ⟨~s; ~⟩ agua *f* de pozo (*bzw* de fuente)

Brunst F ⟨~; ¨~e⟩ ZOOL (época *f* de) celo *m*, calores *mpl*; *fig* ardor *m*

'brünstig ADJ ZOOL en celo; *fig* ardiente, ferviente

brüsk ADJ brusco; (*grob*) grosero

brüs'kieren V/T ⟨*ohne* ge-⟩ desairar; provocar; dar en la cabeza (**j-n** a alg); *umg* dar un desplante

'Brüssel N ⟨~s⟩ Bruselas *f*; **~er Spitzen** encajes *mpl* de Bruselas

Brust F ⟨~; ¨~e⟩ 1 ANAT pecho *m*; (*Brustkorb*) tórax *m*; **~ an ~** hombro a hombro; **aus voller ~** a voz en cuello; **j-n an die ~ drücken** estrechar a alg contra el pecho; *umg* **es auf der ~ haben** padecer del pecho; *umg* **einen zur ~ nehmen** *umg* empinar el codo; *fig* **sich** (*dat*) **an die ~ schlagen** darse golpes de pecho; **sich in die ~ werfen** ufanarse, engreírse, pavonearse 2 (*Busen*) seno *m*, *sl* teta *f*, MED mama *f*; **einem Kind die ~ geben** dar el pecho a un niño; **an der ~ trinken** tomar el pecho 3 *fig* alma *f*, corazón *m* 4 GASTR (*Geflügelbrust*) pechuga *f*; (*Kalbsbrust, Rinderbrust*) pecho *m* 5 SPORT (*Brustschwimmen*) braza *f*; **100 m ~** 100 metros braza

'Brustatmung F respiración *f* costal (*od* torácica); **Brustbeere** F yuyuba *f*; **Brustbein** N ANAT esternón *m*; *der Vögel*: quilla *f*; **Brustbeklemmung** F, **Brustbeschwerden** FPL opresión *f* de pecho; **Brustbeutel** M *monedero que cuelga del cuello*; **Brustbild** N retrato *m* de medio cuerpo; (*Büste*) busto *m*; **Brustbreite** F SPORT **um ~ gewinnen** ganar por un pecho; **Brustdrüse** F ANAT glándula *f* mamaria; **Brustdrüsenentzündung** F MED mastitis *f*

'brüsten V/R **sich (mit etw) ~** hacer ostentación (de a/c)

'Brustfell N ANAT pleura *f*; **Brustfellentzündung** F MED pleuritis *f*, pleuresía *f*; **Brustflosse** F *Fisch*: aleta *f* pectoral; **Brustharnisch** M peto *m*, coraza *f*; **Brusthöhe** F altura *f* del pecho; **Brusthöhle** F ANAT cavidad *f* torácica; **Brustkasten** M, **Brustkorb** M ANAT caja *f* torácica, tórax *m*; **brustkrank** ADJ enfermo del pecho, (*schwindsüchtig*) tuberculoso, tísico; **Brustkrankheit** F enfermedad *f* del pecho; afección *f* pulmonar (*bzw* tuberculosa); **Brustkrebs** M MED cáncer *m* de mama; **Brustkreuz** N REL pectoral *m*; **Brustleiden** N → Brustkrankheit; **Brustmuskel** M ANAT (músculo *m*) pectoral *m*; **Brustriemen** M *am Pferdegeschirr*: pretal *m*; **Brustschild** M escudo *m*; **brustschwimmen** V/I, **Brust schwimmen** V/I nadar a braza; **Brustschwimmen** N (natación *f* a *od* estilo *m*) braza *f*; **Brustschwimmer** M, **Brustschwimmerin** F bracista *m/f*; **Bruststimme** F MUS voz *f* de pecho; **Bruststück** N *Geflügel*: pechuga *f*; **Brusttasche** F bolsillo *m* interior; **Brusttee** M tisana *f* (*od* té *m*) pectoral; **Brustton** M 1 MUS voz *f* de pecho 2 *fig* **im ~ der Überzeugung** en tono convencido; en el tono del más profundo convencimiento; **Brusttuch** N pechera *f*; pañoleta *f*; **Brustumfang** M ancho *m* del pecho; perímetro *m* torácico

'Brüstung F ⟨~; ~en⟩ (*Geländer*) pretil *m*, *e-s Balkons, e-r Brücke*: baranda *f*, barandilla *f*; balaustrada *f*; parapeto *m*; (*Fensterbrüstung*) antepecho *m*

'Brustwarze F pezón *m*; *männliche*: tetilla *f*; **Brustwehr** F MIL parapeto *m*; **Brustweite** F ancho *m* del pecho; **Brustwirbel** M ANAT vértebra *f* torácica

brut [brvt] ADJ ⟨*inv*⟩ *Sekt, Champagner* brut

Brut F ⟨~⟩ 1 (*Brüten*) incubación *f* 2 (*Jungtiere*) cría *f*; camada *f*; *von Vögeln a.*: nidada *f*, pollada *f*; *von Fischen a.*: alevín *m*, freza *f* 3 *umg pej* engendro *m*; (*Gesindel*) ralea *f*

bru'tal ADJ A ADJ 1 brutal 2 *umg fig* **ein ~er Angeber** un perfecto fanfarrón B ADV *umg* (*sehr*) **heute ist ~ viel los!** hoy hay mucho movimiento

Brutali'tät F ⟨~; ~en⟩ brutalidad *f*

'Brutanstalt F establecimiento *m* de incubación; **Brutapparat** M incubadora *f*; **Brutei** N huevo *m* para incubar; *angebrütet*: huevo *m* empollado

'brüten V/I 1 ORN incubar, empollar 2 *fig Sonne* quemar 3 *fig* (*grübeln*) **über etw ~** (*dat*) meditar sobre a/c; SCHULE (*büffeln*) empollar

'Brüten N ⟨~s⟩ incubación *f*; empolladura *f*

'brütend ADJ **~e Hitze** calor *m* aplastante; **es ist ~ heiß** hace un calor infernal

'Brüter M ⟨~s; ~⟩ NUKL reactor *m* regenerador (*od* reproductor); **Schneller ~** reactor *m* rápido (*od* de neutrones rápidos)

'Bruthenne F clueca *f*

'Brut'hitze F calor *m* achicharrante (*od* sofocante)

'Brutkasten M 1 incubadora *f* (*a.* MED) 2 *umg fig* (*heißer Ort*) horno *m*; **Brutofen** M incubadora *f*; *Bakteriologie*: estufa *f* de cultivos; **Brutreaktor** M NUKL reactor *m* regenerador (*od* reproductor); **Brutschrank** M → Brutofen; **Brutstätte** F *fig* semillero *m*; MED foco *m*

'brutto ADV WIRTSCH bruto; en bruto

'Bruttobetrag M importe *m* bruto; **Bruttoeinkommen** N ingreso *m* bruto; **Bruttoeinnahmen** FPL ingresos *mpl* brutos; **Bruttogehalt** N sueldo *m* bruto; **Bruttogewicht** N peso *m* bruto; **Bruttogewinn** M beneficio *m* bruto; ganancia *f* bruta

Brutto'inlandsprodukt N producto *m* interior bruto; *Am* producto *m* bruto interno

'Bruttolohn M salario *m* (*od* sueldo *m*) bruto; **Bruttopreis** M precio *m* bruto; **Bruttoregistertonne** F tonelada *f* bruta de registro

Bruttosozi'alprodukt N producto *m* nacional (*od* social) bruto

'Bruttoverdienst M salario *m* (*od* sueldo *m*) bruto

'Brutzeit F período *m* de incubación; época *f* de cría; *bes der Hühner*: cloquera *f*

'brutzeln A V/T *umg* freír B V/I crepitar (al freír); chisporrotear

'Brutzwiebel F BOT bulbillo *m*

Bru'yère-Pfeife F pipa *f* (en madera) de brezo

BSE N ABK (bovine spongiforme Enzephalopathie) EEB *f* (encefalopatía espongiforme bovina); *umg* mal *m* de las vacas locas; **BSE-Risikomaterial** N material *m* específico de riesgo, *abk* MER; **BSE-Verdacht** M sospecha *f* de EEB

BSP N ABK (Bruttosozialprodukt) PNB *m* (Producto Nacional Bruto)

Btx M ABK (Bildschirmtext) videotexto *m*; **Btx-tauglich** ADJ apto para videotexto

Bub M ⟨~en; ~en⟩ *südd, österr, schweiz* chico *m*, muchacho *m*; chiquillo *m*, rapaz *m*; (*Bengel*) pilluelo *m*, granuja *m*

'Bube M ⟨~n; ~n⟩ 1 *Kartenspiel*: sota *f* 2 *obs* (*Schurke*) pillo *m*, pícaro *m*

'Bubenstreich M travesura *f*, chiquillada *f*; picardía *f*; **Bubenstück** N *obs* (*Gaunerstück*) bellaquería *f*; canallada *f*, bribonada *f*

'Bubi M ⟨~s; ~s⟩ *umg pej* nene *m*; **Bubikopf** M *Frisur*: peinado *m* (*od* pelo *m*) a lo chico; **Bubikragen** M *Mode* cuello *m* Mao

'bübisch ADJ 1 pícaro, pillo 2 *obs* (*schurkisch*) bellaco, bribón; canallesco; infame

'Buch [-u:-] N ⟨~(e)s; ¨~er⟩ 1 libro *m*; (*Band*) tomo *m*, volumen *m*; **reden wie ein ~** *umg* hablar por los codos; *fig* **wie er** *bzw* **sie** *bzw* **es im ~e steht** típico; por excelencia; *umg* tal como lo pintan; como Dios manda; *umg* **immer über den Büchern sitzen** pasarse la vida estudiando, *umg* quemarse las cejas; REL **das ~ der Bücher** la Biblia; **das ~ Hiob** el libro de Job; *fig* **das ist mir ein ~ mit sieben Siegeln** es un enigma (*od* un libro cerrado) para mí, *umg* esto no está en mis libros 2 HANDEL libro *m*; **~ führen, die Bücher führen** llevar los libros (*od* la contabilidad); **die Bücher der Firma führen** llevar la contabilidad (*od* los libros) de la empresa; **über etw** (*acus*) **~ führen** apuntar a/c; **etw in die Bücher eintragen** asentar a/c; **mit 1000 Euro zu ~ stehen** estar asentado con el valor de 1000 euros 3 (*Drehbuch*) guion *m*; MUS libreto *m* 4 TYPO (*Papiermaß*) mano *f* (de papel)

'Buchabschluss M WIRTSCH cierre *m* de las cuentas; **Buchausstattung** F presentación *f* de un libro; **Buchbesprechung** F reseña *f* literaria; **Buchbinder** M encuadernador *m*

Buchbinde'rei F ⟨~; ~en⟩ 1 *Werkstatt*: taller *m* de encuadernación 2 *Gewerbe*: encuadernación *f*

'Buchbinderin F encuadernadora *f*; **Buchdeckel** M cubierta *f*, tapa *f*; **Buchdruck** M ⟨~(e)s⟩ imprenta *f*; tipografía *f*; impresión *f* tipográfica; **Buchdrucker** M impresor *m*; tipógrafo *m*

Buchdrucke'rei F (taller *m* de) imprenta *f*; tipografía *f*

'Buchdruckerin F impresora *f*; tipógrafa *f*; **Buchdruckerkunst** F arte *f* tipográfico (*od* de imprimir)

'Buchdruckpresse F prensa *f* tipográfica

'Buche [-u:-] F ⟨~; ~n⟩ BOT haya *f*; **Buchecker** F ⟨~; ~n⟩ hayuco *m*

'Bucheinband M cubierta *f*, tapa *f*; encuadernación *f*

'Buchel F ⟨~; ~n⟩ BOT hayuco *m*

'buchen[1] V/T 1 WIRTSCH (*verbuchen*) contabilizar; sentar (en cuenta); **etw als Erfolg ~** apuntarse como un éxito a/c; apuntarse un tanto en a/c 2 *Flug, Reise, Zimmer etc* reservar; inscribirse (para un viaje)

'buchen[2] ADJ de haya

'Buchenholz N (madera *f* de) haya *f*; **Buchenwald** M hayal *m*, hayedo *m*

'Bücherabschluss M WIRTSCH balance *m* (*od* cierre *m*) de los libros; **Bücherbord** N, **Bücherbrett** N estante(ría *f*) *m*, anaquel *m*

Büche'rei F ⟨~; ~en⟩ biblioteca *f*

'Bücherfreund M ⟨~(e)s; ~e⟩, **Bücherfreundin** F ⟨~; ~nen⟩ bibliófilo *m*, -a *f*; **Büchergestell** N estantería *f*; **Bücherkunde** F bibliografía *f*; bibliología *f*; **Büchernarr** M, **Büchernärrin** F bibliómano *m*, -a *f*; **Bücherregal** N estante *m*, estantería *f*, librería *f*; **Bücherrevisor** M WIRTSCH revisor *m* de cuentas, *Am* contador *m* público; **Büchersammlung** F colección *f* de libros; biblioteca *f*; **Bücherschrank** M biblioteca *f*, armario *m* para libros, librería *f*; **Bücherstand** M puesto *m* de libros; **Büchersta-**

pel M pila *f* de libros; **Bücherstütze** F soportalibros *m*; **Bücherverzeichnis** N catálogo *m* de libros; índice *m*; **Bücherwand** librería *f* (mural); **Bücherweisheit** F ciencia *f* libresca; **Bücherwurm** M 1 ZOOL polilla *f* 2 *umg fig umg* ratón *m* de biblioteca

'Buchfink M ORN pinzón *m* común

'Buchforderung F WIRTSCH deuda *f* activa; crédito *m* quirografario

'Buchführung F WIRTSCH teneduría *f* de libros; contabilidad *f*; **doppelte/einfache ~** contabilidad (por partida) doble/simple; **~ per Computer** contabilidad *f* informatizada; **die ~ machen** llevar la contabilidad

'Buchführungspflicht F contabilidad *f* obligatoria; **Buchgeld** N WIRTSCH dinero *m* en depósitos (*od* en cuentas); **Buchgemeinschaft** F club *m* del libro; círculo *m* de lectores; **Buchgewinn** M beneficio *m* contable

'Buchhalter M, **Buchhalterin** F WIRTSCH tenedor *m*, -a *f* de libros, contable *m/f*; *Am* contador *m*, -a *f*; **buchhalterisch** A ADJ contable B *adv* en términos de contabilidad; **Buchhaltung** F WIRTSCH 1 *Abteilung*: contabilidad *f* 2 → Buchführung

'Buchhandel M comercio *m* de libros; librería *f*; **produzierender/verbreitender ~** comercio *m* productor/distribuidor de libros; **im ~ erhältlich** disponible en librerías

'Buchhändler M, **Buchhändlerin** F librero *m*, -a *f*; **Buchhandlung** F librería *f*; **Buchhülle** F guardalibros *m*; **Buchhypothek** F WIRTSCH hipoteca *f* sin cédula; **Buchklub** M club *m* de libros; club *m* del libro; **Buchkredit** M WIRTSCH crédito en cuenta; **Buchladen** M librería *f*, tienda *f* de libros

'Büchlein N ⟨~s; ~⟩ librito *m*

'Buchmacher M *für Pferderennen etc*: corredor *m* de apuestas; **Buchmesse** F feria *f* del libro; **Buchprüfer** M, **Buchprüferin** F WIRTSCH revisor *m*, -a *f* de cuentas; **vereidigter ~** censor *m* jurado de cuentas; **Buchprüfung** F WIRTSCH revisión *f* de cuentas; **Buchrücken** M lomo *m*

'Buchs [bʊks] M ⟨~es⟩, **Buchsbaum** M BOT boj(e) *m*

'Buchschnitt M canto *m* (de libro); **Buchschuld** F WIRTSCH deuda *f* activa (sentada en los libros); crédito *m* quirografario

'Buchse ['bʊksə] F ⟨~; ~n⟩ TECH cojinete *m*, casquillo *m*; manguito *m*; ELEK enchufe *m*, hembrilla *f*

'Büchse ['bʏksə] F ⟨~; ~n⟩ 1 (*Dose*) caja *f*; bote *m*; (*Konservenbüchse*) lata *f*; **in ~n füllen** *bzw* **verpacken** enlatar; *fig* **die ~ der Pandora** la caja de Pandora 2 (*Gewehr*) escopeta *f*, carabina *f*, fusil *m* rayado

'Büchsenfleisch [-ks-] N carne *f* en conserva (*od* en lata); **Büchsengemüse** N verduras *fpl* en conserva (*od* en lata)

'Büchsenlauf [-ks-] M cañón *m* de carabina; **Büchsenmacher** M armero *m*; escopetero *m*

'Büchsenmilch [-ks-] F leche *f* condensada; **Büchsenöffner** M abrelatas *m*

'Büchsenschuss [-ks-] M tiro *m* de carabina; escopetazo *m*

'Buchshecke [-ks-] F seto *m* de boj

'Buchstabe M ⟨~ns; ~n⟩ letra *f*; TYPO *mst pl* caracteres *mpl*, tipos *mpl* (de imprenta); **großer/kleiner ~** mayúscula *f*/minúscula *f*; **fetter ~** negrilla *f*; **dem ~n nach** literalmente; al pie de la letra, a la letra; **bis zum letzten ~n** hasta la última letra; *umg hum* **die vier ~n** (*Popo*) el trasero, el mapamundi

'Buchstabenfolge F orden *m* alfabético; **buchstabengetreu** ADJ al pie de la letra; **Buchstabenglaube** M ortodoxia *f*; dogmatismo *m*; **Buchstabengleichung** F MATH ecuación *f* algebraica; **Buchstabenrätsel** N logogrifo *m*; **Buchstabenrechnung** F cálculo *m* algebraico, álgebra *f*; **Buchstabenschloss** N candado *m* de letras (*od* de combinación)

buchsta'bieren VT ⟨*ohne* ge-⟩ deletrear; **Buchstabieren** N ⟨~s⟩ deletreo *m*

'buchstäblich A ADJ literal; textual B ADV literalmente; textualmente; al pie de la letra, a la letra (*a. fig*)

'Buchstütze F sujetalibros *m*, soportalibros *m*

Bucht F ⟨~; ~en⟩ 1 bahía *f*, ensenada *f*, rada *f*; *kleine*: cala *f*, abra *f*; caleta *f*; *große*: golfo *m* 2 *reg* AGR *für Tiere*: box *m*; **'buchtig** ADJ ensenado, sinuoso; tortuoso

'Buchtitel M título *m* (de un libro); **Buchumschlag** M sobrecubierta *f*

'Buchung F ⟨~; ~en⟩ 1 WIRTSCH asiento *m*; contabilización *f*; (*Posten*) partida *f* 2 *Reise etc*: reserva *f*, inscripción *f*

'Buchungsbeleg M comprobante *m od* justificante *m* de asiento; **Buchungsfehler** M error *m* de contabilidad; **Buchungsmaschine** F (máquina *f*) contabilizadora *f*; **Buchungsmethode** F sistema *m* de contabilidad; **Buchungsnummer** F número *m* de registro *od* orden; **Buchungsposten** M partida *f*; **Buchungsstelle** F organismo *m* de contabilidad; **Buchungstag** M fecha *f* del asiento

'Buchverlag M casa *f* editora de libros; **Buchweizen** M BOT alforfón *m*, trigo *m* sarraceno; **Buchwert** M WIRTSCH valor *m* contable; **Buchwissen** N saber *m* libresco; **Buchzeichen** N *Bibliothek*: signatura *f*; (*Eignerzeichen*) ex libris *m*

'Buckel M ⟨~s; ~⟩ 1 MED corcova *f*, gibosidad *f*; joroba *f*, giba *f*; *umg* chepa *f*; **einen ~ haben** tener joroba 2 *umg* (*Rücken*) espalda *f*; *fig* **einen ~ machen** bajar la cabeza; *Katze*: arquear el lomo; *umg* **j-m den ~ vollhauen** *umg* moler a alg a palos; *fig* **einen breiten ~ haben** tener buenas espaldas; *umg fig* **etw auf dem ~ haben** llevar a/c a cuestas; *fig* **den ~ hinhalten** cargar con el mochuelo; *umg* **du kannst mir den ~ runterrutschen** *umg* ¡vete a freír espárragos! 3 (*Ausbuchtung*) protuberancia *f*; (*Hügel*) prominencia *f*; (*Wölbung*) abombamiento *m*

'buckelig ADJ → bucklig

'bücken V/R bajarse; (*sich neigen*) inclinarse; (*sich ducken*) agacharse (para coger a/c); *unter e-r Last*: encorvarse por (*a. fig*); *fig* (*sich unterwerfen*) humillarse; **sich nach etw ~** bajarse (*od* agacharse) para coger a/c; **er bückte sich nach einem Stein** se agachó para coger una piedra; **gebückt gehen** ir encorvado

'Bücking M → Bückling[1]

'bucklig ADJ 1 MED cheposo, jorobado; corcovado, giboso 2 (*gewölbt*) abombado; *Fläche, Weg* accidentado, escabroso; **Bucklige** M/F ⟨~n; ~n; → A⟩ jorobado *m*, -a *f*

'Bückling[1] M ⟨~s; ~e⟩ (*Räucherhering*) arenque *m* ahumado

'Bückling[2] M ⟨~s; ~e⟩ *umg* (*Verbeugung*) reverencia *f*; inclinación *f*

'Buddel F ⟨~; ~n⟩ *umg* botella *f*

'buddeln V/I & V/T *umg* cavar; remover la tierra; *Kinder* jugar en la arena

Bud'dhismus M ⟨~⟩ budismo *m*; **Buddhist** M ⟨~en; ~en⟩, **Buddhistin** F ⟨~; ~nen⟩ budista *m/f*; **buddhistisch** ADJ budista

'Bude F ⟨~; ~n⟩ 1 (*Marktstand, Kiosk*) puesto *m*, tenderete *m*; caseta *f*, *umg* tinglado *m*; (*Schaubude*) barraca *f* de feria 2 *umg pej* (*Haus*) *umg* cuchitril *m*; (*Hütte*) *umg* chabola *f*; (*armselige Wohnung*) chiribitil *m*; cuchitril *m*; (*Zimmer*) cuarto *m* (modesto), habitación *f*; *pej* cuartucho *m*, *umg* leonera *f*; **Leben in die ~ bringen** *umg* llevar animación al cotarro, animar el patio (*od* el cotarro); *umg* **j-m auf die ~ rücken** *umg* dejarse caer, descolgarse (en casa de alg); pedir explicaciones a alg 3 *umg pej* (*Laden, Lokal*) tenducho *m*; *umg* **die ~ zumachen** cerrar (la tienda, el negocio, *etc*); liquidar (*a. fig*)

'Budenzauber M *umg* guateque *m*; *umg* juerga *f*

Bud'get [bʏ'dʒeː] N ⟨~s; ~s⟩ presupuesto *m*; **ein ~ aufstellen** establecer un presupuesto; **ein ~ verabschieden** votar (*od* aprobar) un presupuesto; **im ~ vorsehen** incluir en el presupuesto; **Budgetberatung** F discusión *f* del presupuesto

Bu'dike F ⟨~; ~n⟩ *umg* taberna *f*, *sl* tasca *f*; *pej* cafetucho *m*; *Arg* boliche *m*

Bü'fett [bʏ'feː] N ⟨~s; ~s⟩ 1 (*Anrichte*) aparador *m*, bufete *m* 2 (*Schanktisch*) mostrador *m* 3 GASTR **kaltes ~** buffet *m* frío 4 *schweiz* (*Bahnhofswirtschaft*) cantina *f*; **Büfettfräulein** N *obs* empleada *f* del mostrador

'Büffel M ⟨~s; ~⟩ ZOOL búfalo *m*; **Büffelleder** N piel *f* de búfalo

'büffeln V/I SCHULE *umg* empollar, quemarse las cejas, *sl* pencar

'Buffo M ⟨~s; ~s⟩ MUS bufo *m*

Bug[1] M ⟨~s; ~e⟩ 1 SCHIFF proa *f*; FLUG morro *m* 2 ZOOL (*hintere Kniebeuge*) corva *f*, *der Vierfüßler*: corvejón *m*; (*Vorderbug*) *des Pferdes*: codillo *m* 3 GASTR *beim Rind*: espaldilla *f*

Bug[2] [bak] M ⟨~s; ~s⟩ IT bug *m*

'Buganker M SCHIFF ancla *f* de leva

'Bügel M ⟨~s; ~⟩ 1 (*Kleiderbügel*) percha *f*, colgador *m* 2 arco *m* (*a.* TECH); (*Steigbügel*, TECH, ELEK) estribo *m*; ELEK (*Stromabnehmer*) trole *m* 3 *der Brille*: patilla *f*, varilla *f* 4 (*Handgriff*) asa *f*, manija *f*; (*Klammer*) abrazadera *f* 5 *am Gewehr*: guardamonte *m*; **Bügelautomat** M planchadora *f* automática; **Bügelbrett** N tabla *f* (*od* mesa *f*) de planchar; **Bügeleisen** N plancha *f*; **Bügelfalte** F raya *f* del pantalón; **bügelfrei** ADJ (que) no necesita plancha; **Bügelhorn** N MUS fiscorno *m*, flicorno *m*; **Bügelmaschine** F máquina *f* de planchar, planchadora *f* (automática)

'bügeln V/T planchar; *Naht* sentar

'Bügeln N ⟨~s⟩ planchado *m*; **Bügelriemen** M ación *f*; **Bügelsäge** F sierra *f* de arco; **Bügelwäsche** F planchado *m*

'Bugfigur F SCHIFF mascarón *m* de proa

'Buggy ['bagi] N ⟨~s; ~s⟩ 1 (*Kinderbuggy*) cochecito *m* (de bebé) plegable 2 AUTO todoterreno *m*

'buglahm ADJ *Pferd* deslomado, despaldillado; **buglastig** ADJ FLUG cargado de proa

'Bügler M ⟨~s; ~⟩, **Büglerin** F ⟨~; ~nen⟩ planchador *m*, -a *f*

bug'sieren VT ⟨*ohne* ge-⟩ remolcar; sirgar; **Bugsierleine** F cable *m* de remolque

'Bugspriet N & M ⟨~(e)s; ~e⟩ SCHIFF bauprés *m*; **Bugwelle** F ola *f* de proa

'buhen V/I *umg* patear; abuchear

'buhlen V/I *geh pej* **um etw ~** pretender a/c (con ahínco), aspirar a; **um j-s Gunst ~** mendigar el favor de alg

'Buhmann M ⟨~(e)s; ⸚er⟩ *umg* bu *m*; coco *m*; cabeza *f* de turco; **j-n zum ~ machen** hacer a alg el chivo expiatorio

'Buhne F ⟨~; ~n⟩ espigón *m*; escollera *f*; rompeolas *m*

'Bühne F ⟨~; ~n⟩ 1 THEAT (*Spielfläche*) escenario *m*, escena *f* (*a. fig*); **auf der ~** en escena; **auf**

B

die ~ **bringen** poner en escena, escenificar; **hinter der ~** entre bastidores (*a. fig*); *umg fig (erfolgreich durchführen)* **über die ~ bringen** llevar a cabo; **über die ~ gehen** ser representado, representarse; *fig* **glatt über die ~ gehen** salir redondo; *fig* **von der politischen ~ abtreten** dejar el escenario político; desaparecer de la escena política **2** *i. w. S (Theater)* teatro *m*, *fig* tablas *fpl*; **zur ~ gehen** dedicarse al teatro, hacerse actor (*bzw* actriz) **3** *(Gerüst)* tablado *m*; *(Rednerbühne)* tribuna *f*; TECH plataforma *f*

'Bühnenanweisung F indicación *f* escénica; acotación *f*; **Bühnenarbeiter** M, **Bühnenarbeiterin** F tramoyista *m/f*; **Bühnenausstattung** F decorado *m*, decoración *f*; **Bühnenbearbeitung** F adaptación *f* escénica, escenificación *f*; **Bühnenbeleuchtung** F iluminación *f* (de escena); **Bühnenbild** N decorado *m*, escenografía *f*; **Bühnenbildner** M, **Bühnenbildnerin** F escenógrafo *m*, -a *f*; **Bühnendichter** M, **Bühnendichterin** F autor *m*, a *f* dramático, -a; **Bühnendichtung** F poesía *f* dramática; *Stück*: obra *f* dramática; **Bühneneingang** M entrada *f* de artistas; **Bühnenerfolg** M éxito *m* teatral; **bühnenfähig** ADJ representable; **Bühnenfähigkeit** F teatralidad *f*; **Bühnenfassung** F versión *f* escénica; **Bühnenheld** M ⟨~en; ~en⟩, **Bühnenheldin** F ⟨~; ~nen⟩ héroe *m*, heroína *f* (de una obra teatral); **Bühnenkritiker** M, **Bühnenkritikerin** F crítico *m*, -a *f* teatral; **Bühnenkunst** F arte *m* escénico, teatro *m*; **Bühnenlaufbahn** F carrera *f* teatral; **Bühnenmaler** M, **Bühnenmalerin** F pintor *m*, -a *f* de decorados; **Bühnenmaschinerie** F tramoya *f*; **Bühnenmeister** M maquinista *m* jefe; **Bühnenraum** M escenario *m*; **Bühnenrechte** NPL derechos *mpl* de representación; **bühnenreif** ADJ maduro para la escena (od el teatro); **Bühnenstück** N pieza *f* de teatro; **Bühnentechnik** F escenotécnica *f*; **bühnentechnisch** ADJ teatral, escénico; **Bühnenwände** FPL bastidores *mpl*; **Bühnenwerk** N obra *f* dramática; pieza *f* teatral; **bühnenwirksam** ADJ con efecto escénico od teatral; **Bühnenwirksamkeit** F, **Bühnenwirkung** F efecto *m* teatral (*od* escénico)

'Buhrufe MPL abucheo *m*

'Bukarest N ⟨~s⟩ Bucarest *m*

Bu'kett N ⟨~(e)s; ~s *od* ~e⟩ ramillete *m*; *des Weins*: aroma *m*, buqué *m*, perfume *m*

Bu'lette F ⟨~; ~n⟩ *reg* GASTR albóndiga *f*

Bul'gare M ⟨~n; ~n⟩ búlgaro *m*; **Bulgarien** N ⟨~s⟩ Bulgaria *f*; **Bulgarin** F ⟨~; ~nen⟩ búlgara *f*; **bulgarisch** ADJ búlgaro

'Bullauge N SCHIFF portilla *f*, ojo *m* de buey; **Bulldog** M ⟨~s; ~s⟩ AGR *Zugmaschine*: tractor *m*; **Bulldogge** F ZOOL buldog *m*; **Bulldozer** [-do:zər] M ⟨~s; ~⟩ niveladora *f*, buldozer *m*

'Bulle[1] M ⟨~n; ~n⟩ **1** *(Stier)* toro *m* **2** *umg fig (kräftiger Mensch)* tiarrón *m*; atleta *m*, hombre *m* fornido **3** *sl pej (Polizist) umg* madero *m*, polizonte *m*

'Bulle[2] F ⟨~; ~n⟩ REL bula *f*; **päpstliche ~** bula *f* pontificia

'Bullenbeißer M ⟨~s; ~⟩ *Hund*: perro *m* de presa; **Bullenhitze** F *umg* calor *m* infernal, calor *m* achicharrante (*od* sofocante), *umg* horno *m*; **Bullenkalb** N ternero *m*, becerro *m*

Bulle'rei F ⟨~⟩ *sl pej (Polizei) sl* pasma *f*, *sl* maderos *mpl*

'bullern VI *umg Ofen* crepitar

Bulle'tin [bʏl'tɛ̃:] N ⟨~s; ~s⟩ boletín *m*; **Bulletinboard** [-bɔ:rt] N ⟨~s; ~s⟩ IT tablón *m* de anuncios

'bullig ADJ **1** *Person* fornido, *umg* fortote **2** **~e Hitze** calor *m* sofocante (*od* infernal)

bum INT ¡pum!

'Bumerang M ⟨~s; ~s *od* ~e⟩ bumerang *m*, bumerán *m*

'Bummel M ⟨~s; ~⟩ *umg* paseo *m* ocioso; callejeo *m*; *umg* garbeo *m*; **einen ~ machen** *umg* darse un garbeo, callejear

Bumme'lant M ⟨~en; ~en⟩, **Bummelantin** F ⟨~; ~nen⟩ *umg* → Bummler

Bumme'lei F **1** *(Trödeln)* roncería *f*; remolonería *f* **2** *(Faulenzen)* gandulería *f*, holgazanería *f* **3** *(Nachlässigkeit)* negligencia *f*, descuido *m*; desaliño *m*

'bummelig ADJ **1** *(langsam)* tardo, lento **2** *(faul)* gandul **3** *(nachlässig)* negligente, descuidado; **Bummelleben** N vida *f* ociosa, ganduleo *m*; vida *f* bohemia

'bummeln VI **1** *(schlendern)* callejear, vagar; **~ gehen** callejear; *umg (Lokale besuchen)* ir de juerga (*od* de parranda); echar una cana al aire; *Arg* farrear **2** *(trödeln)* remolonear; roncear; ser lento; trabajar con lentitud **3** *(faulenzen)* holgazanear, gandulear; **Bummelstreik** M huelga *f* de celo (*od* de brazos lentos); huelga *f* de trabajo lento; **Bummelzug** M tren *m* burra, tren *m* ómnibus, *umg* tren *m* botijo (*od* carreta)

'Bummler M ⟨~s; ~⟩, **Bummlerin** F ⟨~; ~nen⟩ **1** *(Spaziergänger, -in)* callejero *m*, -a *f*; *umg* azotacalles *m/f* **2** *(Trödler, -in)* remolón *m*, -ona *f* **3** *(Faulenzer, -in)* holgazán *m*, -ana *f*, gandul *m*, -a *f*, vago *m*, -a *f*; **bummlig** ADJ → bummelig

bums INT ¡pum!; ¡zas!; ¡cataplún!

Bums M ⟨~es; ~e⟩ golpetazo *m*; *umg beim Hinfallen*: batacazo *m*

'bumsen **A** VI **1** ⟨h⟩ *umg (pochen)* golpear; **an die Tür ~** golpear la puerta **2** ⟨sn⟩ *umg (prallen, stoßen)* dar; *(krachen)* estallar; crujir; **mit dem Kopf an etw** *(acus)* **~** dar(se) con la cabeza en a/c **3** ⟨h⟩ *sl sexuell*: **mit j-m ~** *sl* joder a alg **B** VT *sl sexuell*: **j-n ~** *sl* joder a alg **C** V/UNPERS **es hat gebumst** hubo un accidente; **Bumslokal** N *umg* tasca *f* (*od* bar *m*) de mala fama

Bund[1] N ⟨~(e)s; ~e⟩ **1** haz *m*; *Zwiebeln*: ristra *f*; *Karotten, Radieschen etc*: ramillete *m* **2** *(Schlüsselbund)* manojo *m*

Bund[2] M ⟨~(e)s; ¨~e⟩ **1** *(Vereinigung)* unión *f*; *(Verband)* asociación *f*, liga *f*, confederación *f* **2** POL *(Staatenbund)* (con)federación *f*; *(Parteienbund)* coalición *f*; **der ~** *in Deutschland*: la Federación *f*; *in der Schweiz*: la Confederación *f*; *umg (die Bundeswehr)*: ≈ *umg* la mili *f* **3** *(Bündnis)* alianza *f*; pacto *m*; **einen ~ schließen mit** confederarse con; aliarse con; hacer un pacto con; *fig* **den ~ fürs Leben schließen** casarse **4** *fig (Band)* vínculo *m*; REL **der Alte/Neue ~** el Antiguo/Nuevo Testamento; **im ~e mit** aliado con, en unión con; coaligado con

Bund[3] M ⟨~(e)s; ¨~e⟩ **1** TEX *(Rockbund)* cintura *f*; *(Hosenbund)* pretina *f* **2** MUS *e-s Zupfinstruments*: traste *m* **3** TECH *e-r Welle*: collar *m*

BUND ABK (Bund für Umwelt und Naturschutz) *organización ecologista alemana*

'Bündchen N ⟨~s; ~⟩ *am Ärmel*: puño *m*; *am Hals*: cuello *m*

'Bündel N ⟨~s; ~⟩ **1** lío *m*; *(Paket)* envoltorio *m*; *Kleider*: hato *m*; *Holz, Stroh*: haz *m*; *Wolle, Garn*: madeja *f*; *Ähren*: gavilla *f*; *Akten*: legajo *m*; *Banknoten*: fajo *m*; HANDEL paquete *m*; *(Ballen)* fardo *m*; *Briefe, Wäsche* lío *m*, fardo *m* **2** *fig (Gepäck)* fardo *m*, paquete *m*; **sein ~ schnüren** liar el hato (*od* el petate) **3** PHYS *(Strahlenbündel)* haz *m*

'bündeln VT hacer paquetes de; enfard(el)ar; atar en líos (*fardos, etc*); conjuntar; **bündelweise** ADV en paquetes (*bzw* haces *od* fardos)

'Bundes... IN ZSSGN *mst* POL federal

'Bundesagentur F *BRD, seit 2004*: **~ für Arbeit** ≈ Instituto *m* Federal de Empleo; *in Spanien entspricht* Instituto *m* Nacional de Empleo; **Bundesamt** N *BRD*: oficina *f* federal; **Statistisches ~** Oficina *f* Federal de Estadística; **Bundesangestelltentarif** M → BAT; **Bundesanleihe** F *BRD*: bono *m* del Estado; **Bundesanstalt** F Instituto *m* Federal; **~ für Arbeit** *bis 2003*: → Bundesagentur; **Bundesausbildungsförderungsgesetz** N → Bafög; **Bundesautobahn** F *BRD, österr* autopista *f* federal; **Bundesbahn** F HIST *BRD*: **Deutsche ~** Ferrocarriles *mpl* Federales (Alemanes); **Bundesbank** F **(Deutsche) ~** Banco *m* Federal de Alemania; **Bundesbehörde** F autoridad *f* federal; **Bundesbruder** M UNIV miembro *m* de una asociación estudiantil; **Bundesbürger** M, **Bundesbürgerin** F ciudadano *m*, -a *f* de la República Federal (de Alemania); **bundesdeutsch** ADJ de la República Federal de Alemania; *früher a.* germanofederal; **Bundesebene** F **auf ~** a nivel federal

'bundeseigen ADJ federal

'Bundesgebiet N territorio *m* federal; **Bundesgenosse** M, **Bundesgenossin** F confederado *m*, -a *f*; aliado *m*, -a *f*; **Bundesgericht** N Tribunal *m* Federal; **Bundesgerichtshof** M Tribunal *m* Federal Supremo; **Bundesgesetz** N ley *f* federal; **Bundesgesetzgebung** F legislación *f* federal; **Bundesgrenzschutz** M *BRD* Policía *f* Federal de Fronteras; **Bundeshauptstadt** F capital *f* federal; **Bundeshaushalt** M presupuesto *m* federal; **Bundesheer** N *österr* MIL ejército *m* de la República federal; **Bundeskabinett** N *bes BRD*: consejo *m* de ministros; gabinete *m* federal; **Bundeskanzler** M, **Bundeskanzlerin** F *BRD, Österreich*: canciller *m*, -a *f* federal; **Bundeskanzleramt** N cancillería *f* federal; **Bundeskartellamt** N ≈ Oficina *f* Federal de Defensa de la Competencia *od* Antimonopolio; **Bundeskriminalamt** N Oficina *f* Federal de Investigación Criminal

'Bundeslade F *Bibel*: arca *f* de la alianza (*od* del testamento)

'Bundesland N ⟨~(e)s; ¨~er⟩ estado *m* federado, land *m*; **die alten/neuen Bundesländer** los antiguos/nuevos Estados federados

'Bundesliga F SPORT liga *f* alemana; **erste/zweite ~** primera/segunda división *f* (alemana)

'Bundesminister M, **Bundesministerin** F ministro *m*, -a *f* (del gobierno federal alemán); **Bundesministerium** N ministerio *m* federal

'Bundesnachrichtendienst M → BND; **Bundespost** F *hist* **Deutsche ~** Correos *mpl* Federales Alemanes; **Bundespräsident** M, **Bundespräsidentin** F **1** *BRD, Österreich*: Presidente *m/f* de la República Federal **2** *Schweiz*: Presidente *m/f* de la Confederación; **Bundespresseamt** N *BRD* Oficina *f* Federal de Prensa

'Bundesrat M **1** *BRD*: Bundesrat *m*; Cámara *f* Alta (*od* Segunda Cámara *f*) de la República Federal **2** *schweiz Gremium*: Gobierno *m* Federal Suizo **3** *schweiz Person*: ministro *m* (suizo); **Bundesrätin** *schweiz* ministra *f* (suiza); **Bundesrechnungshof** M *BRD*: Tribunal *m* Federal de Cuentas; **Bundesrecht** N derecho *m* federal; **Bundesregierung** F Gobierno *m* Federal

'Bundesrepublik F república *f* federal; **die ~ Deutschland** la República *f* Federal de Ale-

mania
'bundesrepublikanisch ADJ de la RFA
'Bundesstaat M 1 *einzelner*: Estado *m* (con)federado (*od* federal) 2 *Gesamtheit der einzelnen*: (con-)federación *f*; **bundesstaatlich** ADJ federal; federativo
'Bundesstraße F carretera *f* federal; **Bundestag** M 1 *BRD*: Bundestag *m*; Cámara Baja (*od* Primera Cámara) del Parlamento *m* Federal 2 HIST Dieta *f* federal
'Bundestagsabgeordnete M/F diputado *m*, -a *f* del Parlamento alemán; **Bundestagswahl(en)** F(PL) *BRD*: elecciones *fpl* al Parlamento alemán
'Bundes'umweltamt N → UBA (*Umweltbundesamt*)
'Bundesverdienstkreuz N *BRD*: *la condecoración más alta de Alemania*; **Bundesverfassung** F Constitución *f* Federal; **Bundesverfassungsgericht** N Tribunal *m* Constitucional de la República Federal; **Bundesversammlung** F *schweiz, BRD* asamblea *f* federal; **Bundeswehr** F *BRD* MIL ejército *m* de la República federal
'Bundfaltenhose F pantalón *m* de pinzas
'bündig ADJ 1 (*überzeugend*) convincente; *Beweis* terminante, concluyente 2 *Stil, Rede Antwort* conciso, sucinto, terso, lapidario; **kurz und ~** en pocas palabras 3 TECH (*fluchtrecht*) enrasado, ras con ras; **Bündigkeit** F ⟨~⟩ precisión *f*; concisión *f*, laconismo *m*
'bündisch ADJ (con)federado; asociativo; corporativo; federal
'Bündnis N ⟨~ses; ~se⟩ alianza *f*, liga *f*; POL, WIRTSCH **~ für Arbeit** alianza *f od* pacto *m* para el empleo; **Bündnisgrüne** M/F POL miembro *m/f* de los Verdes; verde *m/f*; **die ~n** *pl* la Unión de los Verdes; **Bündnispartner** M, **Bündnispartnerin** F (co)aliado *m*, -a *f*; **Bündnispolitik** F política *f* de alianzas (*od* de alineamiento); **Bündnisvertrag** M tratado *m* de alianza
'Bundweite F TEX cintura *f*
'Bungalow ['bʊŋgalo:] M ⟨~s; ~s⟩ bungalow *m*, chalé *m*, chalet *m*
'Bungeejumping ['bandʒidʒampɪŋ] N ⟨~s⟩, **Bungeespringen** N ⟨~s⟩ SPORT puenting *m*
'Bunker M ⟨~s; ~⟩ 1 MIL (*Schutzraum*) búnker *m*, refugio *m*; (*Luftschutzbunker*) refugio *m* antiaéreo 2 SCHIFF (*Kohlenbunker*) carbonera *f*, pañol *m* (de carbón); (*Behälter*) depósito *m*, silo *m* 3 *umg* MIL (*Gefängnis*) *umg* hoyo *m* 4 *Golfsport*: búnker *m*; **Bunkerkohle** F carbón *m* para buques
'bunkern V/T 1 SCHIFF **Kohle** (*bzw* **Brennstoff**) **~** tomar carbón (*bzw* combustible) 2 *fig hum* acaparar
'Bunsenbrenner M CHEM mechero *m* Bunsen
bunt ADJ 1 (*farbig*) de color 2 (*mehrfarbig*) en colores; de (varios) colores, multicolor, policromo; policromado; *umg* variopinto (*a. fig*); (*bunt gefleckt*) pintado; (*scheckig*) abigarrado; (*marmoriert*) jaspeado; (*gesprenkelt*) mosqueado; punteado 3 *pej* (*farblich unpassend, übertrieben bunt*) confuso, abigarrado; (*grell*) llamativo, chillón, *umg* pajarero 4 *fig* (*abwechslungsreich*) variado; animado; **~er Abend** noche *f* variada; velada *f* artística; **~es Allerlei** de todo un poco; **ein ~es Durcheinander** una mezcla; **eine ~e Menge** una multitud abigarrada; **~e Platte** surtido *m* de fiambres; **~e Reihe machen** alternar damas y caballeros; **~es Treiben** animación *f*, *umg* jarana *f*, jaleo *m*; **~e Unterhaltung** (*Kabarett*, RADIO *etc*) programa *m* de variedades 5 *umg* **das wird mir doch zu ~** esto ya pasa de castaño oscuro; *umg* **er treibt es zu ~** *umg* se extralimita, se pasa de la raya
'Buntdruck M ⟨~(e)s; ~e⟩ impresión *f* en colores; cromotipia *f*; *auf Stoff*: estampación *f* multicolor
bunt gefiedert ADJ de plumaje multicolor
'Buntheit F ⟨~⟩ 1 policromía *f*; variedad *f* de colores; abigarramiento *m* 2 *fig* variedad *f*; **Buntmetall** N metal *m* no férreo; **Buntpapier** N papel *m* de colores; **Buntsandstein** M arenisca *f* abigarrada (*od* de color); **buntscheckig** ADJ abigarrado
bunt schillernd ADJ irisado; tornasolado; opalino
'Buntspecht M ORN pico *m* picapinos; **Buntstift** M lápiz *m* de color; **Buntwäsche** F ropa *f* de color
'Bürde F ⟨~; ~n⟩ *geh* carga *f* (*a. fig*); peso *m* (*a. fig*); **unter der ~ der Jahre** bajo el peso de los años; **j-m eine ~ auferlegen** imponer una carga a alg
'Bure M ⟨~n; ~n⟩ bóer *m*; **Burenkrieg** M HIST guerra *f* de los bóeres
Bü'rette F ⟨~; ~n⟩ CHEM bureta *f*
Burg F ⟨~; ~en⟩ castillo *m*; (*Festung*) fortaleza *f*, fuerte *m*; *fig* refugio *m*
'Bürge M ⟨~n; ~n⟩ JUR fiador *m*, garante *m*; HANDEL avalista *f*; **einen ~n stellen** dar fiador
'bürgen V/I 1 **für j-n/etw ~** responder por alg/a/c; **für etw ~** *a.* garantizar a/c; **für j-n ~** JUR salir fiador por (*od* de) alg; **mit seinem Wort ~** empeñar su palabra 2 HANDEL avalar; **für etw ~** garantizar (*od* avalar) a/c
'Bürger M ⟨~s; ~⟩, **Bürgerin** F ⟨~; ~nen⟩ 1 (*Staatsbürger*) ciudadano *m*, -a *f* 2 (*Stadt- od Gemeindebewohner*) vecino *m*, -a *f*; *i. w. S* habitante *m/f* 3 (*Angehöriger des Mittelstandes*) burgués *m*; **Bürgerinitiative** F iniciativa *f* (*od* campaña *f*) ciudadana; **Bürgerkrieg** M guerra *f* civil; **Bürgerkunde** F instrucción *f* cívica
'bürgerlich ADJ 1 (*staatsbürgerlich*) civil; cívico; **~es Gesetzbuch** Código *m* Civil 2 (*zum Bürgertum gehörig*) burgués, de clase media; (*nicht adlig*) villano; **~er Beruf** profesión *f* acomodada; **gut ~e Küche** cocina *f* casera; **~e Partei** partido *m* de la burguesía; **die Bürgerlichen** la clase media; la burguesía 3 *pej* (*spießig*) burgués
'Bürgerliche M/F ⟨~n; ~n; → A⟩ burgués *m*, -esa *f*; (*nicht Adlige*) villano *m*, -a *f*; **Bürgermeister** M *sp* alcalde *m*; *BRD*: burgomaestre *m*; *Am* intendente *m* municipal; *sp* **stellvertretender ~** teniente *m* de alcalde; **Bürgermeisteramt** N alcaldía *f*; **Bürgermeisterin** F alcaldesa *f*
'bürgernah ADJ cerca del pueblo; **Bürgernähe** F proximidad *f* al ciudadano *od* a los ciudadanos
'Bürgerpflicht F deber *m* cívico (*od* ciudadano); **Bürgerrecht** N (derecho *m* de) ciudadanía *f*; derecho *m* ciudadano; **Bürgerrechtler** M, **Bürgerrechtlerin** F defensor *m*, -a *f* de los derechos civiles; **Bürgerrechtsbewegung** F movimiento *m* por los derechos civiles; **Bürgerschaft** F 1 burguesía *f* 2 *e-r Stadt*: vecindario *m*; **Bürgersinn** M civismo *m*, espíritu *m* cívico; **Bürgerstand** M clase *f* media; burguesía *f*; **Bürgersteig** M acera *f*, *Arg* vereda *f*; **Bürgerstolz** M orgullo *m* cívico; **Bürgertum** N ⟨~s⟩ ciudadanía *f*; *Stand*: clase *f* media (*od* burguesa); **Bürgerverein** M asociación *f* cívica; **Bürgerwehr** F milicia *f* (popular)
'Burgfrau F HIST castellana *f*; **Burgfräulein** N HIST castellana *f*, *weitS.* doncella *f* noble; **Burgfriede** M POL tregua *f* política; **Burggraben** M foso *m* (del castillo); **Burggraf** M burgrave *m*; **Burggrafschaft** F burgraviato *m*; **Burgherr** M, **Burgherrin** F castellano *m*, -a *f*
'Bürgin F ⟨~; ~nen⟩ JUR garante *f*, fiadora *f*; HANDEL avalista *f*
'Bürgschaft F ⟨~; ~en⟩ 1 JUR *Vertrag*: fianza *f*, aval *m*; **eine ~ übernehmen** constituirse en fiador; **eine ~ für ... übernehmen** prestar el afianzamiento (*od* el aval) de ... 2 (*Garantie, Gewähr*) aval *m*, garantía *f*; HANDEL *a.* afianzamiento *m* 3 (*Bürgschaftssumme*) caución *f*, fianza *f*; **~ leisten** dar (*od* prestar) fianza (*bzw* garantía) (**für** por); JUR depositar una fianza; HANDEL **für einen Wechsel ~ leisten** avalar una letra de cambio; **gegen ~ freilassen** poner en libertad bajo fianza
'Bürgschaftsleistung F prestación *f* de fianza; *Wechsel*: avalamiento *m*; **Bürgschaftsprovision** F HANDEL comisión *f* por garantía bancaria; **Bürgschaftsschein** M HANDEL garantía *f*; JUR escritura *f* de fianza; **Bürgschaftssumme** F caución *f*, cuantía *f* de la fianza (*a.* JUR); **Bürgschaftswechsel** M letra *f* avalada
Bur'gund N ⟨~s⟩ Borgoña *f*; **Burgunder** M ⟨~s; ~⟩ 1 (*Einwohner Burgunds*) borgoñón *m* 2 → Burgunderwein; **Burgunderin** F ⟨~; ~nen⟩ borgoñona *f*; **Burgunderwein** M borgoña *m*; **burgundisch** ADJ borgoñón
'Burgverlies N mazmorra *f*; **Burgvogt** M alcaide *m*; castellano *m*; **Burgwarte** F vigía *f*
'Burin F ⟨~; ~nen⟩ bóer *f*
bur'lesk ADJ burlesco, jocoso; **Burleske** F ⟨~; ~n⟩ THEAT sainete *m*, farsa *f*, juguete *m* cómico
'Burn-Out-Syndrom ['bœrnaʊt-] N MED síndrome *m* burn out, síndrome *m* del quemado
'Burnus M ⟨~ses; ~se⟩ albornoz *m*; chilaba *f*
Bü'ro N ⟨~s; ~s⟩ oficina *f*; despacho *m*; **im ~** en el despacho; **im ~ arbeiten** trabajar en una oficina
Bü'roangestellte M/F ⟨~n; ~n; → A⟩ empleado *m*, -a *f* de oficina, oficinista *m/f*; *umg pej* chupatintas *m/f*; **Büroarbeit** F trabajo *m* de oficina; **Büroartikel** MPL, **Bürobedarf** M artículos *mpl* de escritorio, material *m* de oficina; **Bürochef** M, **Bürochefin** F jefe *m*, -a *f* de oficina; **Bürocomputer** M ordenador *m* (*od* computadora *f*) de oficina; **Bürodiener** M *obs* ordenanza *m*; **Büroeinrichtung** F muebles *mpl* (*od* mobiliario *m*) de oficina; equipo *m* de oficina; **Bürofläche** F espacio *m* de oficina(s); **Bürogebäude** N, **Bürohaus** N edificio *m* de oficinas (*od* administrativo); **Bürokauffrau** F oficinista *f*; **Bürokaufleute** PL → Bürokaufmann; **Bürokaufmann** M oficinista *m*; **Büroklammer** F sujetapapeles *m*; clip *m*; **Bürokommunikation** F ofimática *f*; automatización *f* de oficinas; comunicaciones *fpl* de oficina
Büro'krat M ⟨~en; ~en⟩ burócrata *m*; **Bürokra'tie** F ⟨~; ~n⟩ burocracia *f*; **Büro'kratin** F ⟨~; ~nen⟩ burócrata *f*; **büro'kratisch** ADJ burocrático; *pej* oficinesco; con mucho papeleo; **Bürokra'tismus** M ⟨~⟩ *pej* burocratismo *m*; expedienteo *m*, formalismo *m* burocrático
Bü'romaschine F máquina *f* de oficina; **Büromaterial** N material(es) *m(pl)* de escritorio *od* de oficina; **Büromiete** F alquiler *m* de oficina; **Büromöbel** NPL muebles *mpl* de oficina (*od* de escritorio); **Büroorganisation** F organización *f* de la oficina; **Büroschluss** M (hora *f* de) cierre *m* (de la oficina); **Bürostuhl** M silla *f* de oficina; **Bürostunden** FPL horas *fpl* de oficina; **Bürotätigkeit** F trabajo *m* de oficina; **Bürovorsteher** M, **Bürovorsteherin** F jefe *m*, -a *f* (*od* encar-

gado *m*, -a *f*) de oficina; **Bürozeit** F horario *m* de oficina
'Bürschchen M ⟨~s; ~⟩ mozuelo *m*, mozalbete *m*; *umg* chaval *m*, *sl* chavea *m*; *pej* golfillo *m*
'Bursche M ⟨~n; ~n⟩ 1 *(Junge)* muchacho *m*, chico *m*, joven *m*, mozo *m*; *umg* pollo *m*; **ein kluger ~** un chico listo; *umg* **ein strammer ~** un buen mozo 2 *(Kerl)* individuo *m*, *umg* tío *m*; *pej* **ein sauberer ~** *umg* una buena pieza; **ein seltsamer ~** *umg* un bicho raro; **ein toller ~** *umg* un tío majo; **ein übler ~** un mal sujeto, *sl* un tipo de cuidado 3 MIL *(Offiziersbursche)* asistente *m*
'Burschenschaft F UNIV corporación *f* de estudiantes (tradicional); cofradía *f* estudiantil
burschi'kos ADJ desenvuelto; campechano, jovial; sin cumplidos
'Bürschlein N ⟨~s; ~⟩ → Bürschchen
'Bürste F 1 cepillo *m*, escobilla *f*; *(Pferdebürste)* bruza *f* (*a.* TYPO) 2 ELEK escobilla *f*
'bürsten V/T cepillar; **sich** *(dat)* **die Haare ~** cepillarse el pelo
'Bürstenabzug M TYPO prueba *f* a la broza, primera prueba *f*; **Bürstenbinder** M, **Bürstenbinderin** F fabricante *m/f* de cepillos; brucero *m*, -a *f*; **Bürstenhalter** M ELEK portaescobillas *m*; **Bürstenschnitt** M *Frisur*: corte *m* de pelo al rape; pelo *m* de cepillo; **Bürstenwalze** F TECH cepillo *m* rotativo, cilindro *m* cepillador; **Bürstenwaren** FPL cepillería *f*
'Bürzel M ⟨~s; ~⟩ ORN rabadilla *f*; *Geflügel a.*: obispillo *m*; **Bürzeldrüse** F glándula *f* uropigial
Bus M ⟨~ses; ~se⟩ 1 autobús *m*, *umg* bus *m*; *(Reisebus, Schulbus)* autocar *m*; **mit dem ~ fahren** ir en autobús 2 IT bus *m*
Busch M ⟨~es; ~e⟩ 1 *(Strauch)* mata *f*; arbusto *m*; *(Gestrüpp)* matorral *m*, maleza *f* 2 *fig* **auf den ~ klopfen** sondear (*od* tantear) el terreno; *umg* **mit etw hinterm ~ halten** callar a/c; **etwas ist im ~!** ¡aquí hay gato encerrado!; *umg* **sich (seitwärts) in die Büsche schlagen** *umg* desaparecer a la chita callando; escurrir el bulto 3 *(Buschland)* selva *f* 4 *(Federbusch)* penacho *m*; *(Haarbusch)* mechón *m*
'Büschel N 1 *v. Gras etc*: manojo *m*; *Blumen*: ramillete *m*; *(Bündel)* haz *m*; *(Trauben)* racimo *m* 2 TEX *(Quaste)* borla *f*; *(Franse)* fleco *m* 3 *Haare*: mechón *m*; *Federn*: penacho *m* 4 BOT, ANAT fascículo *m*; **büschelförmig** ADJ BOT fascicular; **büschelweise** ADV en haces
'Buschhemd N sahariana *f*; *Am* guayabera *f*; **Buschholz** N monte *m* bajo; **buschig** ADJ espeso, tupido; *(voll Gebüsch)* matoso; *Laub* frondoso; *Augenbrauen, Schwanz* poblado; **Buschmann** M ⟨~(e)s; ~er⟩ bosquimano *m*; **Buschmesser** N machete *m*; **Buschwerk** N maleza *f*, matorral *m*, breñal *m*; **Buschwindröschen** N BOT anemona *f*, anémona *f*, anemone *f*
'Busen M ⟨~s; ~⟩ 1 pecho *m*; seno *m* *(beide a. fig)*; *fig a.* corazón *m*; *geh* **im ~ hegen** abrigar en su corazón 2 *(Meerbusen)* golfo *m*; bahía *f*, ensenada *f*; **Busenfreund** M, **Busenfreundin** F amigo *m*, -a *f* íntimo, -a
'Busfahrbahn F → Busspur; **Busfahrer** M, **Busfahrerin** F conductor *m*, -a *f* de autobús; **Bushaltestelle** F parada *f* de autobuses
'Businessclass F, **Business-Class** ['bɪznɪzklaːs] F ⟨~⟩ FLUG clase *f* ejecutiva, business class *f*; **Businessplan** ['bɪznɪzplaːn] M plan *m* de negocio(s), plan *m* de gestión
'Buslinie F línea *f* de autobús
'Bussard M ⟨~s; ~e⟩ ORN ratonero *m*, busardo *m* (ratonero)
'Buße F ⟨~; ~n⟩ 1 REL penitencia *f*; *(Reue)* arrepentimiento *m*; contrición *f*; **~ tun** hacer penitencia 2 JUR *(Strafe)* sanción *f*; *(Geldbuße)* multa *f*; **~ tun** hacer penitencia
'büßen V/T & V/I 1 expiar (**für etw** a/c); *(Buße tun)* hacer penitencia; *(bereuen)* arrepentirse 2 *(Strafe erleiden)* sufrir una pena, ser castigado por; *mit Geld*: pagar una multa; *(wiedergutmachen)* reparar; *fig* pagar por, sufrir; **er büßte es mit seinem Leben** lo pagó con su vida; **das sollst du mir ~** me las pagarás, me las vas a pagar
'Büßer M ⟨~s; ~⟩ penitente *m*; **Büßergewand** N sayo *m*, hábito *m* de penitencia; **Büßerhemd** N cilicio *m*; *der Ketzer*: sambenito *m*; **Büßerin** F ⟨~; ~nen⟩ penitente *f*
'bußfertig ADJ REL penitente; arrepentido; *(geknickt)* contrito; **Bußfertigkeit** F ⟨~⟩ arrepentimiento *m*; contrición *f*; **Bußgeld** N multa *f*
Bus'sole F ⟨~; ~n⟩ SCHIFF brújula *f*
'Bußpredigt F REL exhortación *f* a penitencia; sermón *m* cuaresmal
'Busspur F *Verkehr*: carril-bus *m*
'Bußtag M día *m* de penitencia; PROT **Buß- und Bettag** Día *m* de oración y penitencia
'Büste F ⟨~; ~n⟩ busto *m*; FOTO retrato *m* de medio cuerpo
'Büstenhalter M sostén *m*, sujetador *m*; *Am* brasier *m*
Bus'tier [bʏsti'eː] N ⟨~s; ~s⟩ TEX bustier *m*; **Bustierkleid** N vestido *m* palabra de honor
Bu'tan N ⟨~s⟩ CHEM butano *m*; **Butangas** N gas *m* butano
'Butler ['batlər] M ⟨~s; ~⟩ mayordomo *m*
Butt M ⟨~(e)s; ~e⟩ *Fisch*: rodaballo *m*
'Bütte F ⟨~; ~n⟩ cuba *f*; tina *f*, tinaja *f*; *(Fass)* pipa *f*; tonel *m*
'Büttel M ⟨~s; ~⟩ alguacil *m*; *pej* esbirro *m*
'Büttenpapier N papel *m* de tina (*od* de mano); **Büttenrede** F discurso *m* carnavalesco
'Butter F ⟨~⟩ mantequilla *f*, *Am* manteca *f*; **mit ~ bestreichen** untar con mantequilla; *umg* **es ist alles in ~** todo marcha bien, todo está arreglado; *umg* eso va que chuta; **Butterbirne** F pera *f* de agua; **Butterblume** F BOT botón *m* de oro; **Butterbrot** N (rebanada *f* de) pan *m* con mantequilla; bocadillo *m*, *sl* bocata *f*; *umg fig* **für ein ~ (kaufen)** *umg* (comprar) por un pedazo (*od* un cacho) de pan; **für ein ~ (arbeiten)** (trabajar) por un mendrugo (*od* una miseria); **Butterbrotpapier** N papel *m* parafinado; **Buttercreme** F crema *f*; **Butterdose** F mantequera *f*; **Butterfass** N *zum Buttern*: mantequera *f*; **Buttermaschine** F mantequera *f*; **Buttermesser** N cuchillo *m* para manteca; **Buttermilch** F suero *m* de leche (*od* mantequilla), leche *f* de manteca
'buttern A V/T 1 *Brot etc* untar con mantequilla 2 *umg fig* **Geld in etw ~** invertir dinero en a/c B V/I *(Butter herstellen)* hacer mantequilla
'Buttersäure F CHEM ácido *m* butírico; **Butterschmalz** N mantequilla *f* derretida; **Butterschnitte** F → Butterbrot; **Buttersoße** F manteca *f* derretida
'butter'weich ADJ 1 *(sehr weich)* muy blando, blando como la mantequilla (*od* manteca) 2 FLUG *Landung* muy suave 3 *Birne* muy maduro 4 SPORT *Zuspiel* blandengue
'Büttner M ⟨~s; ~⟩ *reg* tonelero *m*
'Button ['batən] M ⟨~s; ~s⟩ botón *m*; *Mode*: insignia *f*
Bu'tylalkohol M CHEM alcohol *m* butílico
'Butzemann M ⟨~(e)s; ~er⟩ duende *m*; coco *m*
'Butzenscheibe F cristal *m* abombado *(para ventanas emplomadas)*
Büx F ⟨~; ~en⟩, **'Buxe** F ⟨~; ~n⟩ *nordd* pantalón *m*
b. w. ABK (bitte wenden) véase al dorso
BW ABK → Baden-Württemberg
Bw. ABK → Bundeswehr
BWL F ABK (Betriebswirtschaftslehre) ciencias *fpl* empresariales; **~ studieren** estudiar ciencias empresariales
'Bypass ['baɪpaːs] M ⟨~(es); ~e⟩ desvío *m*, derivación *f*; *bes* MED puente *m* (coronario), bypass *m*; **j-m einen ~ legen** implantar a alg un bypass (*od* un puente coronario a alg)
Byte [baɪt] N ⟨~(s); ~(s)⟩ IT byte *m*
byzan'tinisch ADJ bizantino; **Byzanti'nismus** M ⟨~⟩ bizantinismo *m*
By'zanz N Bizancio *m*
bzw. ABK (beziehungsweise) respectivamente

C

C[1], **c** N ⟨~; ~⟩ 1 *Buchstabe*: C, c *f* 2 MUS *n* do *m*; **hohes ~** *des Tenors*: do de pecho; **~-Dur** *n* do *m* mayor; **~-Moll** *n* do *m* menor; **~-Schlüssel** *m* clave *f* de fa
C[2] ABK (Celsius) centígrado; Celsio; **20° ~** 20° C (*od* centígrados)
ca. ABK (circa, ungefähr, etwa) aproximadamente; *vor Zahlen*: unos; **~ 20 Personen** unas veinte personas
Caba'ret [kaba'reː, 'kabareː] N → Kabarett
'Cabrio ['kaːbrio] N ⟨~s; ~s⟩, **Cabrio'let** [kabrio'leː] N ⟨~s; ~s⟩ AUTO descapotable *m*
CAD ABK 1 N IT *(computer aided design)* diseño *m* asistido por ordenador; **~/CAM** diseño *m* y manufactura asistidos por ordenador 2 *Währung*: dólar *m* canadiense
'Cadmium N → Kadmium
CAD-System N sistema de diseño *m* asistido por ordenador
Ca'fé N ⟨~s; ~s⟩ café *m*
Cafete'ria F ⟨~; ~s⟩ cafetería *f*
Caipi'rinha [kaɪpi'rinja] F ⟨~, ~s⟩ GASTR caipiriña *f*
cal ABK (Kalorie) cal (caloría)
'Calcium N → Kalzium
'Callboy ['kɔːlbɔy] M ⟨~s; ~s⟩ prostituto *m* masculino; call-boy *m*; *pej* chapero *m*; **Call-by-'Call-Abrechnung** [-baɪ'koːl-] F ≈ facturación *f* llamada por llamada; **Callcenter** [-sɛntər] N WIRTSCH call center *m*, centro *m* (de atención) de llamadas; **Callgirl** [-gøːrl] N ⟨~s; ~s⟩ call-girl *f*
CAM N ABK (computer aided manufacturing) IT manufactura *f* asistida por ordenador
'Camcorder ['kɛmkɔrdər] M TV videocámara *f*; camcorder *m*; **Camgirl** ['-gøːrl] N ⟨~s; ~s⟩ *im Internet*: chica *f* webcam
'Camion ['kamjõ] M ⟨~s; ~s⟩ *schweiz* camión *m*
Camp [kɛmp] N ⟨~s; ~s⟩ campamento *m*
Cam'pagne → Kampagne
'campen V/I acampar; hacer camping; **Camper** M ⟨~s; ~⟩, **Camperin** F ⟨~; ~nen⟩ acampador *m*, -a *f*; campista *m/f*
'Camping ['kɛmpɪŋ] N ⟨~s⟩ camping *m*; **Campingausrüstung** F equipo *m* de camping; **Campingbus** M caravana *f*; **Campingkocher** M hornillo *m* de gas; **Campingplatz** M lugar *m* de acampamento; camping *m*; **Campingstuhl** M silla *f* de camping
'Campus M ⟨~; ~⟩ UNIV campus *m* (*od* recinto *m*) universitario
Can'can [kã'kãː] M ⟨~s; ~s⟩ *Tanz*: cancán *m*
'canceln ['kɛnsəln] V/T IT cancelar

C

cand. ABK (Kandidat) candidato *m*

'Candle-Light-Dinner ['kɛndəllaɪtdɪnər] N ⟨~s; ~(s)⟩ cena *f* con velas

'Cannabis M ⟨~⟩ *Pflanze, Droge*: cannabis *m*

'Canyon ['kɛnjən] M ⟨~s; ~s⟩ barranco *m*; **Canyoning** ['kɛnjənɪŋ] N ⟨~s⟩ SPORT barranquismo *m*, cañonismo *m*, canyoning *m*

Cape [ke:p] N ⟨~s; ~s⟩ capa *f*, manto *m*

Cappuc'cino [kapu'tʃi:no] M ⟨~(s); ~(s)⟩ (café *m*) capuchino *m*

'Caprihose F pantalón *m* pirata

Caro'tin N → Karotin

'Carport ['ka:rpɔrt] M ⟨~s; ~s⟩ plaza *f* de garaje abierta; **Carsharing** [-ʃɛ:rɪŋ] N ⟨~(s)⟩ coche *m* compartido

Car'toon [kar'tu:n] M ⟨~(s); ~s⟩ (*Karikatur*) caricatura *f*; (*Comic*) tira *f* cómica

Cartoo'nist M ⟨~en; ~en⟩, **Cartoonistin** F ⟨~; ~nen⟩ caricaturista *m/f*

'carven VI SPORT hacer carving

'Carvingski M, **'Carving-Ski** M SPORT esquí *m* carving

'Cäsar EIGENN M HIST César *m*

Cä'sarenherrschaft F, **Cäsarentum** N ⟨~s⟩ cesarismo *m*; **cäsarisch** ADJ cesáreo; cesariano

cash [kɛʃ] ADV en efectivo; **~ bezahlen** pagar en efectivo

Cash [kɛʃ] *umg* N ⟨~(s)⟩ efectivo *m*

'Cashewnuss ['kaʃu-] F anacardo *m*

'Cashflow ['kɛʃflo:] M ⟨~s⟩ FIN cash flow *m*, flujo *m* financiero, flujo *m* de caja

Ca'sino N *österr* → Kasino

'Cäsium ['tsɛ:ziʊm] N ⟨~s⟩ CHEM cesio *m*

Ca'ssette F → Kassette

'Casting ['ka:stɪŋ] N ⟨~(s); ~s⟩ *bes* FILM cásting *m*, elenco *m* (de una película); **Castingagentur** F, **Casting-Agentur** F agencia *f* de casting; **Castingdirektor** M, **Casting-Direktor** M FILM director *m* de reparto (*od* de casting); **Castingdirektorin** F, **Casting-Direktorin** F directora *f* de reparto (*od* de casting)

'Castor® M ⟨~s; ~en⟩ ABK (Cask for Storage and Transport of Radioactive Material) NUKL CASTOR® (*bidón para almacenar y transportar residuos radiactivos*)

'Catcher ['kɛtʃər] M ⟨~s; ~⟩ SPORT luchador *m* (de catch)

'Catering ['ke:tərɪŋ-] N ⟨~s⟩ catering *m*; **Cateringfirma** F, **Catering-Firma** F empresa *f* de catering (*od* de abastecimiento); **Cateringservice** M, **Catering-Service** [-zø:rvɪs] M servicio *m* de catering; **Cateringunternehmen** N, **Catering-Unternehmen** → Catering-Firma

'CAT-Scanner ['katskɛnər] M MED escáner *m* TAC

Ca'yennepfeffer [ka'jɛn-] M cayena *f*, pimienta *f* de Cayena

cbm ABK (Kubikmeter) metro *m* cúbico

ccm ABK (Kubikzentimeter) centímetro *m* cúbico

CD [tse:'de:] F ABK (Compact Disc) CD *m*; cedé *m*; disco *m* compacto; **CD-Brenner** M grabadora *f* de CD; **CD-Player** [-ple:ər] M ⟨~s; ~⟩ (reproductor *m* de) CD *m*; **CD-Rohling** M CD *m* virgen

CD-ROM F CD-ROM *m*; cederrón *m*; **CD-ROM-Laufwerk** N unidad *f* (lectora) de CD-ROM, lector *m* de CD-ROM (*od* de cederrón); **CD-ROM-Version** versión *f* CD-ROM (*od* cederrón)

CD-Spieler M → CD-Player

CDU F ⟨~⟩ ABK (Christlich-Demokratische Union) *BRD*: Unión *f* Democrática Cristiana

C-Dur N MUS do *m* mayor

CD-Wechsler M cambiador *m* de CDs

'CeBIT ['tse:bɪt] F ABK ⟨~⟩ (*Centrum der Büro- und Informationstechnik*) *feria alemana de informática y telecomunicaciones*

Cel'list [tʃɛ'lɪst] M ⟨~en; ~en⟩, **Cellistin** F ⟨~; ~nen⟩ MUS violonc(h)elista *m/f*

'Cello ['tʃɛlo] N ⟨~s; ~s *od* Celli⟩ MUS violonc(h)elo *m*

Cello'phan® ['tsɛlo'fa:n] N ⟨~s⟩ celofán *m*

Cellu'litis F → Zellulitis

'Celsius M **Grad ~** grado *m* centígrado; **20 Grad ~** 20 grados centígrados; **Celsiusthermometer** N termómetro *m* centígrado

Cemba'list [tʃɛmba'lɪst] M ⟨~en; ~en⟩, **Cembalistin** F ⟨~; ~nen⟩ clavicembalista *m/f*

'Cembalo ['tʃɛmbalo] N ⟨~s; ~s *od* Cembali⟩ clavicémbalo *m*, clave *m*

Cent [(t)sɛnt] M ⟨~(s); ~(s)⟩ **1** (*Eurocent*) *offiziell*: cent *m*; *inoffiziell*: céntimo *m* (de euro) **2** *andere Währungen mst*: centavo *m*; **'Centstück** N moneda *f* de un céntimo (de euro)

Ce'ranfeld® N, **Ce'rankochfeld®** N TECH cocina *f* (*od* placa *f*) de vitrocerámica

Cere'alien PL → Cerealien

ces, Ces N ⟨~; ~⟩ MUS do *m* bemol

'Ceylon ['tsaɪlo:n] N ⟨~s⟩ HIST Ceilán *m*

Ceylo'nese M ⟨~n; ~n⟩, **Ceylonesin** F ⟨~; ~nen⟩ HIST ceilandés *m*, -esa *f*, cingalés *m*, -esa *f*; **ceylonesisch** ADJ ceilandés, cingalés

'Ceylontee ['tsaɪlo:n-] M ⟨~s⟩ té *m* de Ceilán

CH F ABK (Confederatio Helvetica) Confederación *f* Helvética

'Cha-'Cha-'Cha ['tʃa'tʃa'tʃa] M ⟨~(s); ~s⟩ *Tanz*: chachachá *m*, cha-cha-cha *m*

Cha'grinleder [ʃag'rɛ̃:-] N tafilete *m*, chagrín *m*

Chaise'longue [ʃɛzə'lõ:k] F ⟨~; ~n *od* ~s⟩ chaise *f* longue

'Chakra ['tʃa:kra] N ⟨~s; ~s *od* Chakren⟩ chakra *m*

Cha'let [ʃa'le:] N ⟨~s; ~s⟩ *schweiz* chalet *m*

Cha'mäleon [ka'mɛ:leɔn] N ⟨~s; ~s⟩ ZOOL camaleón *m*

cha'mois [ʃa'moa] ADJ color gamuza

Cha'mois M ⟨~⟩, **Chamoisleder** N gamuza *f*

Cham'pagner® [ʃam'panjər] M ⟨~s; ~⟩ champaña *m*, champán *m*

'Champignon ['ʃampɪnjɔŋ, -jõ:] M ⟨~s; ~s⟩ BOT champiñón *m*; **Champignoncremesuppe** F crema *f* de champiñones

'Champion ['tʃɛmpiən] M ⟨~s; ~s⟩ SPORT campeón *m*, -ona *f*

'Champions League ['tʃɛmpiənsli:k] F ⟨~⟩ *Fußball*: Liga *f* de Campeones, Champions-League *f*

'Chance ['ʃã:s(ə), 'ʃaŋsə] F ⟨~; ~n⟩ posibilidad *f*; probabilidad *f* (de éxito); (*Gelegenheit*) oportunidad *f*, ocasión *f*; (*Aussicht*) perspectiva *f*; **gute ~n bieten** ofrecer buenas perspectivas; **j-m eine ~ geben** dar una oportunidad a alg; **bei j-m ~n/keine ~ haben** tener/no tener posibilidades con alguien

'Chancengleichheit F igualdad *f* de oportunidades

chan'gieren [ʃã'ʒi:rən] VI ⟨*ohne* ge-⟩ (*wechseln*) cambiar; (*schillern*) irisar, tornasolar

Chan'son [ʃã:sõ:] N ⟨~s; ~s⟩ canción *f*; cuplé *m*; **Chanso'nier** [-oni'e:] M ⟨~s; ~s⟩, **Chanso'nette** F ⟨~; ~n⟩ cupletista *m/f*

'Chaos ['ka:ɔs] N ⟨~⟩ caos *m*

Cha'ot [ka'o:t] M ⟨~en; ~en⟩, **Chaotin** F ⟨~; ~nen⟩ caótico *m*, -a *f*; persona *f* caótica; POL extremista *m/f*; anarcocaótico *m*, -a *f*; **chaotisch** ADJ caótico

Cha'rakter M ⟨~s; ~e⟩ **1** (*Wesensart*) carácter *m*; (*Veranlagung*) idiosincrasia *f*, condición *f* **2** (*Art*) carácter *m*; naturaleza *f*, índole *f*; *Meldung etc* **keinen offiziellen ~ haben** no tener carácter oficial **3** (*sittliche Stärke*) carácter *m*; entereza *f*, firmeza *f* de carácter; **sie hat ~** tiene carácter; **ein Mann von ~** un hombre de carácter

Cha'rakterbild N retrato *m* moral; semblanza *f*; **charakterbildend** ADJ formativo del carácter; **Charakterbildung** F formación *f* del carácter; **Charakterdarsteller** M ⟨~s; ~⟩, **Charakterdarstellerin** F ⟨~; ~nen⟩ actor *m*, actriz *f* de carácter; **Charaktereigenschaft** F rasgo *m* característico; **Charakterfehler** M vicio *m* (*od* defecto *m*) de carácter; debilidad *f* (de carácter); **charakterfest** ADJ entero, de carácter firme; firme de carácter; **Charakterfestigkeit** F entereza *f*, firmeza *f* de carácter

charakteri'sieren VT ⟨*ohne* ge-⟩ caracterizar (als como); **Charakterisierung** F ⟨~; ~en⟩ caracterización *f*, descripción *f*

Charakte'ristik F ⟨~; ~en⟩ característica *f* (*a.* MATH); descripción *f* (*bzw* análisis *m*) del carácter; **Charakteristikum** N ⟨~s; Charakteristika⟩ característica *f*; (*Merkmal*) rasgo *m* característico; **charakteristisch** ADJ característico, típico (für de)

cha'rakterlos ADJ (*schwach*) falto de carácter; sin carácter; **Charakterlosigkeit** F ⟨~⟩ falta *f* de carácter; **Charakterrolle** F THEAT papel *m* de carácter; **Charakterschilderung** F descripción *f* del carácter; caracterización *f*; **Charakterschwäche** F debilidad *f* de carácter; **Charakterstärke** F fuerza *f* de carácter; entereza *f*; **Charakterzug** M rasgo *m* característico

'Charge ['ʃarʒə] F ⟨~; ~n⟩ **1** TECH, HANDEL *fachspr* carga *f* **2** THEAT papel *m* secundario **3** (*Amt*) cargo *m* **4** MIL grado *m*, graduación *f*; **~n** *fpl* (*Unteroffiziere*) clases *fpl* (de tropa)

'Charisma ['ça:rɪsma] N ⟨~s; Charismen *od* Charismata⟩ carisma *m*

charis'matisch [ça-] ADJ carismático

char'mant [ʃar'mant] ADJ encantador; atractivo, agradable

'Charme [ʃarm] M ⟨~s⟩ encanto *m*; atractivo *m*; salero *m*; **~ haben** *umg* tener ángel; **seinen ~ spielen lassen** servirse de su encanto

'Charta ['karta] F ⟨~; ~s⟩ POL carta *f*

'Charter ['(t)ʃartər] M ⟨~s; ~s⟩ chárter *m*; WIRTSCH fletamento *m*; **Charterer** M WIRTSCH fletador *m*; **Charterflug** M vuelo *m* chárter (*od* fletado); **Charterfluggesellschaft** F compañía *f* de vuelos chárter; **Chartergesellschaft** F compañía *f* de chárter; **Chartermaschine** F avión *m* chárter (*od* fletado)

'chartern ['tʃartərn] VT fletar

'Charterpartie F HANDEL, SCHIFF póliza *f* de fletamento; **Charterung** F ⟨~; ~en⟩ fletamento *m*; **Chartervertrag** M contrato *m* de fletamento

Cha'rybdis [ça'rʏpdɪs] F ⟨~⟩ → Szylla

Chas'sis [ʃa'si:] N ⟨~; ~⟩ AUTO, RADIO chasis *m*, bastidor *m*

Chat [tʃɛt] M ⟨~s; ~s⟩ IT charla *f* (por Internet), chat *m*; **'Chatforum** N, **'Chatroom** [-ru:m] M sala *f* de chat, canal *m* de chat *od* de charla

'chatten ['tʃɛtən] VI charlar (por Internet), chatear

Chauf'feur [ʃo'fø:r] M ⟨~s; ~e⟩ conductor *m*, chófer *m*; **Chauf'feurin** F ⟨~; ~nen⟩, *schweiz* **Chauf'feuse** [ʃo'fø:z] F ⟨~; ~n⟩ conductora *f*, chófer *f*

Chaus'see [ʃo'se:] F ⟨~; ~n⟩ carretera *f* (asfaltada); **Chausseegraben** M cuneta *f*

'Chauvi M *umg pej* chovinista *m*; *(Sexist)* machista *m*

Chauvi'nismus [ʃovi'nɪsmʊs] M ⟨~⟩ 1 POL patriotería *f*, chovinismo *m od* chauvinismo *m* 2 **männlicher ~** machismo *m*; **Chauvinist** M ⟨~en; ~en⟩ 1 POL patriotero *m*, chovinista *m od* chauvinista *m* 2 *(Sexist)* machista *m*; **Chauvinistin** F ⟨~; ~nen⟩ POL patriotera *f*, chovinista *f od* chauvinista *f*; **chauvinistisch** ADJ 1 POL patriotero, chovinista *od* chauvinista 2 *(sexistisch)* machista

Check[1] [tʃɛk] M ⟨~s; ~s⟩ *(Überprüfung)* chequeo *m*

Check[2] [ʃɛk] M ⟨~s; ~s⟩ *schweiz* → Scheck

'checken ['tʃɛkən] V/T 1 *(prüfen)* revisar, chequear 2 *umg (begreifen) umg* captar, coger

Check-in ['tʃɛkɪn] ⟨~(s); ~s⟩ FLUG A N *(Einchecken)* facturación *f* B M *(Schalter)* check-in *m*; FLUG check-in *m*

'Checkliste F lista *f* de comprobación (*od* de chequeo *od* de control); FLUG lista *f* de embarque; **Check-up** [-ʔap] N ⟨~(s); ~s⟩ chequeo *m (a.* MED)

Chef [ʃef] M ⟨~s; ~s⟩ jefe *m*; HANDEL *a.* principal *m*; *(Arbeitgeber)* patrón *m*

'Chefankläger M, **Chefanklägerin** F *umg* JUR fiscal *m/f* jefe; **'Chefarzt** M, **'Chefärztin** F médico *m*, -a *f* jefe; **'Chefdolmetscher** M, **'Chefdolmetscherin** F intérprete *m/f* jefe; **'Chefetage** F piso *m* (*od* planta *f*) de la dirección; planta *f* noble

'Chefin F ⟨~; ~nen⟩ jefa *f*; **Chefingenieur** M, **Chefingenieurin** F ingeniero *m*, -a *f* jefe; **Chefredakteur** M, **Chefredakteurin** F redactor *m*, -a *f* jefe; **Chefsache** F 1 *(Sache des Chefs)* **das ist ~** es responsabilidad del jefe 2 *(wichtige Sache)* asunto *m* prioritario (*od* clave); **etw zur ~ erklären** declarar a/c como asunto prioritario; **Chefsekretär** M, **Chefsekretärin** F secretario *m*, -a *f* de dirección; **Chefsessel** M sillón *m* del jefe

Che'mie [çe'miː] F ⟨~⟩ química *f*; **(an)organische ~** química *f* (in)orgánica; **Chemiefabrik** F planta *f* química; **Chemiefaser** F fibra *f* química (*od* sintética); **Chemieindustrie** F industria *f* química

Che'miestudent [çe-] M, **Chemiestudentin** F estudiante *m/f* de química

Chemi'kalie [çe-] F sustancia *f* química; **~n** *pl a.* productos *mpl* químicos

'Chemiker [çe-] M ⟨~s; ~⟩, **Chemikerin** F ⟨~; ~nen⟩ químico *m*, -a *f*

'chemisch [çe-] A ADJ químico; **~e Industrie** industria *f* química; **~e Reinigung** limpieza *f* en seco B ADV **~ rein** químicamente puro

Chemo'techniker [çe-] M ⟨~s; ~⟩, **Chemotechnikerin** F ⟨~; ~nen⟩ químico *m*, -a *f* industrial; **chemotechnisch** ADJ quimiotécnico

Chemothera'pie [çe-] F MED quim(i)oterapia *f*

'Cherub ['çeːrʊp] M ⟨~s; ~im *od* ~inen⟩ querubín *m*

Che'vreau [ʃɛv'roː] N ⟨~s; ~s⟩, **Chevreauleder** N cabritilla *f*

'chic [ʃɪk] ADJ ⟨inv⟩ A ADJ elegante, chic; a la moda; *umg (prima)* estupendo B ADV **~ angezogen sein** ir muy elegante; **als ~ gelten** estar de moda

'Chic M ⟨~(e)s⟩ elegancia *f*; chic *m*; **~ haben** ser muy elegante

'Chicorée [ʃiko'reː] F ⟨~⟩ BOT endibia *f*, achicoria *f* de Bruselas

'Chiffre ['ʃɪfrə] F ⟨~; ~n⟩ cifra *f*; código *m*; **Chiffreanzeige** F anuncio *m* bajo cifra; **unter der ~** bajo la cifra (*od* las iniciales)

chif'frieren [ʃɪf'riːrən] V/T ⟨ohne ge-⟩ cifrar, escribir en cifra (*od* clave), poner en clave; **Chiffrieren** N ⟨~s⟩ cifrado *m*; **Chiffrierer** M ⟨~s; ~⟩, **Chiffriererin** F ⟨~; ~nen⟩ cifrador *m*, -a *f*; **Chiffrierschlüssel** M clave *f* cifrada

chif'friert [ʃɪf'riːrt] ADJ en cifra, en clave, cifrado

'Chile ['çiːlə, 'tʃiːlə] N ⟨~s⟩ Chile *m*

Chi'lene [çi'leːnə, tʃi'leːnə] M ⟨~n; ~n⟩, **Chilenin** F ⟨~; ~nen⟩ chileno *m*, -a *f*; **chilenisch** ADJ chileno

'Chilesalpeter ['çiːlə-, 'tʃiːlə-] M CHEM nitrato *m* (*od* salitre *m od* nitro *m*) de Chile

'chillen ['tʃɪlən] *umg* V/I ir al chill-out, *bes Am umg* chillear

Chi'märe [ʃi'mɛːrə] F ⟨~; ~n⟩ MYTH, BIOL, *fig* quimera *f*

'China ['çiːna] N ⟨~s⟩ China *f*; **Chinarinde** F PHARM quina *f*; **Chinarindenbaum** M BOT quino *m*, árbol *m* de la quina

Chi'nese M ['çi-] ⟨~n; ~n⟩ chino *m*; **Chinesenviertel** N barrio *m* chino; **Chinesin** F ⟨~; ~nen⟩ china *f*; **chinesisch** ADJ chino; **die Chinesische Mauer** la Gran Muralla; **~-japanisch** sinojaponés; **Chinesisch** N ⟨~(s)⟩ **(das) ~(e)** el chino; **auf ~** en chino; **~ können/lernen/sprechen** saber/aprender/hablar chino; **er spricht kein ~** no habla chino

Chi'nin [çi'niːn] N ⟨~s⟩ CHEM, MED quinina *f*; **chininhaltig** ADJ que contiene quinina

Chintz [tʃɪnts] M ⟨~ *od* ~es; ~e⟩ indiana *f*, chintz *m*

Chip [tʃɪp] M ⟨~s; ~s⟩ 1 IT chip *m*, microprocesador *m* 2 *(Kartoffelchip)* **~s** *mpl* patatas *fpl* fritas; **'Chiphersteller** M IT fabricante *m* (*od* productor *m*) de chips; **'Chipkarte** F IT tarjeta *f* electrónica; tarjeta *f* (*od* ficha *f*) chip; **'Chipkartenleser** M IT lector *m* de chips

Chiro'mant ['çiːro-] M ⟨~en; ~en⟩ quiromántico *m*; **Chiroman'tie** F ⟨~⟩ quiromancia *f*; **Chiro'mantin** F ⟨~; ~nen⟩ quiromántica *f*; **Chiro'praktiker** M ⟨~s; ~⟩, **Chiro'praktikerin** F ⟨~; ~nen⟩ MED quiropráctico *m*, -a *f*

Chi'rurg [çi'rʊrk] M ⟨~en; ~en⟩ cirujano *m*

Chirur'gie ['çi-] F ⟨~⟩ cirugía *f*; *(Chirurgieabteilung)* departamento *m* de cirugía; **plastische ~** cirugía *f* plástica

Chi'rurgin ['çi-] F ⟨~; ~nen⟩ cirujana *f*; **chi'rurgisch** ADJ quirúrgico; **~e Abteilung** departamento *m* de cirugía

Chlor [kloːr] N ⟨~s⟩ CHEM cloro *m*; **Chloraluminium** N CHEM cloruro *m* de aluminio

Chlo'rat N ⟨~(e)s; ~e⟩ CHEM clorato *m*

'chloren V/T *Wasser* clorar

'chlorfrei ADJ & ADV sin cloro; **~ gebleichtes Papier** papel *m* blanqueado sin cloro; **Chlorgas** N CHEM gas *m* cloro, cloro *m* gaseoso; **chlorhaltig** ADJ clorado, cloroso

Chlo'rid N ⟨~(e)s; ~e⟩ cloruro *m*

chlo'rieren V/T ⟨ohne ge-⟩ clorar; clorurar; **Chlo'rierung** F ⟨~; ~en⟩ *des Wassers*: clorización *f*; **'chlorig** ADJ cloroso

Chlo'rit N ⟨~(e)s⟩ CHEM clorita *f*; clorito *m*

'Chlorkalk M CHEM cloruro *m* de cal

Chloro'form N ⟨~s⟩ CHEM cloroformo *m*; **chlorofor'mieren** V/T ⟨ohne ge-⟩ cloroformizar; **Chlorofor'mierung** F ⟨~; ~en⟩ cloroformización *f*

Chloro'phyll N ⟨~s⟩ BOT clorofila *f*

'chlorsauer ADJ clórico; **Chlorsäure** F CHEM ácido *m* clórico; **Chlorverbindung** F cloruro *m*; **Chlorwasserstoff** M CHEM cloruro *m* de hidrógeno

Choke [tʃoːk] M ⟨~s; ~s⟩ AUTO estárter *m*; *umg* aire *m*

'Cholera ['koːlera] F ⟨~⟩ MED cólera *m*; **Choleraepidemie** F epidemia *f* de cólera; **cholerakrank** ADJ enfermo de cólera; colérico; **Cholerakranke** M/F enfermo *m*, -a *f* de cólera; colérico *m*, -a *f*; **Choleraschutzimpfung** F vacuna *f* anticolérica

Cho'leriker M ⟨~s; ~⟩, **Cholerikerin** F ⟨~; ~nen⟩ colérico *m*, -a *f*; **cholerisch** ADJ colérico, irascible

Choleste'rin N ⟨~s⟩ PHYSIOL colesterol *m*; **cholesterinfrei** ADJ sin colesterol; **Cholesterinhemmer** M MED inhibidor *m* de colesterol; **Cholesterinspiegel** M PHYSIOL nivel *m* de colesterol

Chor [koːr] M ⟨~(e)s; ≈e⟩ MUS coro *m (a.* THEAT, ARCH); *(Sängerchor) a.*: coral *f*; orfeón *m*; **in einem ~ (mit)singen** cantar en un coro; **im ~ singen** cantar a coro; **in den ~ einfallen** *(a. fig)* corear, hacer coro (con)

Cho'ral M ⟨~s; Choräle⟩ coral *m*; himno *m*; **Choralbuch** N libro *m* de coro, antifonario *m*, cantoral *m*

'Choraltar M altar *m* mayor; **Choramt** N oficio *m* de coro; **Chordirigent** M, **Chordirigentin** F director *m*, -a *f* (*od* maestro *m*, -a *f*) de coro

Choreo'graf M, **Choreo'graph** M ⟨~en; ~en⟩, coreógrafo *m*; **Choreogra'fie** F, **Choreogra'phie** F ⟨~; ~n⟩ coreografía *f*; **Choreo'grafin** F, **Choreo'graphin** F ⟨~; ~nen⟩ coreógrafa *f*; **choreo'grafisch** ADJ, **choreo'graphisch** ADJ coreográfico

'Chorführer M HIST corifeo *m*; **Chorgesang** M canto *m* a coro (*od* coral); **Chorgestühl** N sillería *f* (de coro); **Chorhemd** N sobrepelliz *f*; roquete *m*; **Chorherr** M canónigo *m*

Cho'rist M ⟨~en; ~en⟩, **Choristin** F ⟨~; ~nen⟩ corista *m/f*

'Chorknabe M niño *m* cantor (de coro); **Chorkonzert** N concierto *m* coral; **Chorleiter** M, **Chorleiterin** F director *m*, -a *f* (*od* maestro *m*, -a *f*) de coro; **Chorleitung** F dirección *f* coral; **Chornische** F ábside *m*; **Chorpult** N facistol *m*; **Chorrock** M capa *f* de coro; *der Bischöfe*: capa *f* magna; **Chorsänger** M, **Chorsängerin** F corista *m/f*, cantante *m/f* de coro; **Chorstuhl** M silla *f* de coro; **Chorumgang** M ARCH deambulatorio *m*; girola *f*

Christ M ⟨~en; ~en⟩ cristiano *m*; **'Christbaum** M árbol *m* de Navidad; **'Christdemokrat** M, **'Christdemokratin** F POL, *bes BRD*: cristianodemócrata *m/f*, democristiano *m*, -a *f*; **'christdemokratisch** ADJ cristianodemócrata, democristiano; **'Christdorn** M BOT espina *f* santa; acacia *f* de tres espinas

'christenfeindlich ADJ anticristiano

'Christenglaube M fe *f* cristiana; **Christenheit** F ⟨~⟩ cristiandad *f*; **Christenliebe** F caridad *f* cristiana; **Christenpflicht** F deber *m* (de) cristiano; **Christentum** N ⟨~s⟩ cristianismo *m*; **sich zum ~ bekennen** abrazar la fe cristiana; **zum ~ bekehren** convertir al cristianismo; *ein Land a.*: cristianizar, evangelizar; **Christenverfolgung** F persecución *f* de (los) cristianos

'Christfest N Natividad *f* del Señor, Navidad *f*

'Christin F ⟨~; ~nen⟩ cristiana *f*; **Christkind** N Niño *m* Jesús; **christlich** ADJ cristiano; *(wohltätig)* caritativo; **~e Nächstenliebe** caridad *f* cristiana, amor *m* al prójimo; **Christmesse** F, **Christmette** F misa *f* de(l) gallo; **Christnacht** F *reg* Nochebuena *f*

'Christoph EIGENN M 1 *Vorname* Cristóbal *m* 2 **~ Kolumbus** Cristóbal *m* Colón

'Christrose F BOT eléboro *m* negro

'Christus M Cristo *m*, Jesucristo *m*; **vor Christi**

Geburt antes de (Jesu)Cristo; **nach Christi Geburt** después de (Jesu)Cristo; **Christusdorn** M BOT → Christdorn
Chrom N ⟨~s⟩ CHEM cromo *m*
Chro'mat N ⟨~(e)s; ~e⟩ CHEM cromato *m*
Chro'matik F ⟨~⟩ MUS, PHYS cromatismo *m*
Chroma'tin N ⟨~(e)s⟩ BIOL cromatina *f*
chro'matisch ADJ MUS, OPT cromático; MUS **~e Tonleiter** escala *f* cromática
'Chromgelb N amarillo *m* de cromo; **Chromgerben** N TECH curtido *m* al cromo; **chromhaltig** ADJ cromífero; **Chromleiste** F AUTO moldura *f* cromada, embellecedor *m*; **Chromnickelstahl** M acero *m* al cromoníquel
Chromolithogra'fie F, **Chromolithogra'phie** F TYPO cromolitografía *f* (*a. Bild*)
Chromo'som N ⟨~s; ~en⟩ BIOL cromosoma *m*
Chromo'sphäre F ⟨~⟩ PHYS cromosfera *f*
'Chromsäure F CHEM ácido *m* crómico; **Chromstahl** M acero *m* al cromo
'Chronik F ⟨~; ~en⟩ crónica *f*; anales *mpl*
'chronisch ADJ MED crónico (*a. fig*); **~ werden** hacerse crónico
Chro'nist M ⟨~en; ~en⟩, **Chronistin** F ⟨~; ~nen⟩ cronista *m/f*
Chrono'loge M ⟨~n; ~n⟩ cronologista *m*, cronólogo *m*; **Chronolo'gie** F ⟨~; ~n⟩ cronología *f*; **Chrono'login** F ⟨~; ~nen⟩ cronologista *f*, cronóloga *f*; **chrono'logisch** ADJ cronológico
Chrono'meter N ⟨~s; ~⟩ cronómetro *m*; **chronometrisch** ADJ cronométrico
Chrysan'theme [krizan'teːmə] F ⟨~; ~n⟩ BOT crisantemo *m*
Chrysobe'ryll M ⟨~(e)s; ~e⟩ MINER crisoberilo *m*; **Chryso'lyth** M ⟨~en; ~en⟩ MINER crisolito *m*
'Cicero[1] ['tsiːtsero] EIGENN M HIST Cicerón *m*
'Cicero[2] ['tsiːtsero] F ⟨~⟩ TYPO cícero *m*, letra *f* de doce puntos
Cice'rone ['tʃitʃe-] M ⟨~(s); ~s *od* Ciceroni⟩ cicerone *m*
'circa ADV aproximadamente; cerca de; (poco) más o menos; *bei Zahlen*: unos, unas
'Circus → Zirkus
cis, Cis N ⟨~; ~⟩ MUS do *m* sostenido; **Cis-Dur** do sostenido mayor; **cis-Moll** do sostenido menor
'City ['sɪti] F ⟨~; ~s⟩ centro *m* urbano
cl ABK (Zentiliter) centilitro *m*
Clan M ⟨~s; ~e *od* ~s⟩ clan *m*; **Clanchef** M jefe *m* de clan
'Claque ['klakə] F THEAT claque *f*, *umg* alabarderos *mpl*
Cla'queur [kla'køːr] M ⟨~s; ~e⟩ alabardero *m*
clean [kliːn] ADJ *umg von Drogen*: limpio
'Clearing ['kliːrɪŋ] N ⟨~s; ~s⟩ WIRTSCH compensación *f*, clearing *m*; **Clearingstelle** F *für die Presse etc*: centro *m* de intercambio de informaciones; WIRTSCH oficina *f* de clearing, cámara *f* de compensación; **Clearingverkehr** M WIRTSCH operaciones *fpl* de compensación
Cle'matis F BOT → Klematis
Clemen'tine F BOT → Klementine
'clever ['klɛvər] ADJ listo, astuto
Cli'ché [kli'ʃeː] → Klischee
'Client ['klaɪənt] M ⟨~s; ~s⟩ IT cliente *m*
Clinch [klɪntʃ] M ⟨~(e)s⟩ *umg* **mit j-m im ~ liegen** estar peleado con alg; *umg* andar a la greña con alg
Clip [klɪp] M ⟨~s; ~s⟩ **1** (*Videoclip*) clip *m* **2** (*Ohrclip*) pendiente *m* de clip; **'Clipart** ['-ʔaːrt] N ⟨~s, ~s⟩ IT clipart *m*
'Clique ['klikə] F ⟨~; ~n⟩ panda *f*, pandilla *f*; clan *m*; POL camarilla *f*; **Cliquenwirtschaft** F pandillaje *m*; (*Vetternwirtschaft*) favoritismo *m*, nepotismo *m*; POL política *f* de camarilla
Clog [klɔk] M ⟨~s; ~s⟩ (*Holzschuh*) zueco *m*
Clou [kluː] ⟨~s; ~s⟩ M punto *m* principal; (*Hauptattraktion*) atracción *f* principal, *umg* plato *m* fuerte; **der ~ an dieser Sache ist …** lo mejor del asunto es …
Clown [klaʊn] M ⟨~s; ~s⟩ payaso *m*
Club M ⟨~s; ~s⟩ **1** → Klub **2** (*Diskothek*) club *m*, discoteca *f*
'Clubhaus *etc* → Klubhaus *etc*
cm ABK (Zentimeter) centímetro *m*
c-Moll N MUS do *m* menor
Co. ABK (Companie) Cía. *f* (compañía)
CO_2-Ausstoß M emisiones *konj* de CO_2; **CO_2-Bilanz** F balance *m* de CO_2; **CO_2-neutral** ADJ neutro en emisiones *konj* de CO_2
Coach [koːtʃ] M ⟨~(s); ~s⟩ SPORT, *auch beruflich*: entrenador *m* personal; **Coaching** ['koːtʃɪŋ] N ⟨~(s); ~s⟩ entrenamiento *m* personal
'Cockpit N ⟨~s; ~s⟩ FLUG, SCHIFF cabina *f* del piloto
'Cocktail ['kɔkteːl] M ⟨~s; ~s⟩ cóctel *m* (*a. Empfang*), combinado *m*; **Cocktailkleid** N vestido *m* de cóctel; **Cocktailparty** F cóctel *m*
Code ['koːd(ə)] M código *m* (*a.* BIOL); clave *f*; (*Geheimcode*) cifra *f*
'Codex M → Kodex
co'dieren VT ⟨*ohne* ge-⟩ codificar; **Codierung** F ⟨~; ~en⟩ codificación *f*
Coffe'in N → Koffein
Coif'feur [kwa'føːr] M ⟨~s; ~e⟩, **Coiffeuse** [-'føːz] F *schweiz* peluquero, -a *m/f*
'Coitus M → Koitus
'Cola N ⟨~(s); ~s⟩ *od* F ⟨~; ~s⟩ (refresco *m* de) cola *f*
Col'lage [-ʒə] F ⟨~; ~n⟩ MAL collage *m*
Col'lier [kɔ'ljeː] N → Kollier
'Comeback N, **'Come-back** ['kambɛk] N ⟨~(s); ~s⟩ regreso *m*; vuelta *f* (a la escena)
COMECON M, N ABK (Council for Mutual Economic Assistance/Aid; Rat für gegenseitige Wirtschaftshilfe) HIST CAEM *m* (Consejo de Asistencia Económica Mutua)
'Comic ['kɔmɪk] M ⟨~s; ~s⟩ *für Erwachsene*: cómic *m*; *für Kinder*: tebeo *m*, tira *f* cómica; **Comicheft** N *für Erwachsene*: cómic *m*; *für Kinder*: tebeo *m*
'Coming-out N, **'Comingout** ['kamɪŋʔaʊt] N ⟨~(s); ~s⟩ coming out *m*; *umg* salida *f* del armario; **sein ~ haben** revelarse (ante el público); *umg* salir del armario
Com'munity [kɔm'juːnitiː] F ⟨~; ~s⟩ **1** (*soziale Gruppe*) comunidad *f* **2** *im Internet* comunidad *f* virtual
'Compact Disc ['kɔmpɛktdɪsk] M, **'Compact Disk** ['kɔmpɛktdɪsk] M ⟨~; ~s⟩ → CD
Com'puter [-'pjuː-] M ⟨~s; ~⟩ *bes sp* ordenador *m*; *bes Am* computador *m*, computadora *f*; **tragbarer ~** ordenador *m* portátil; **am ~ arbeiten** trabajar con (el) ordenador; **der ~ ist abgestürzt** se ha colgado (od bloqueado) el ordenador
Com'puterabsturz [-'pjuː-] M fallo *m* (*od* bloqueo *m*) general del ordenador; **Computeranimation** F animación *f* por ordenador; **computeranimiert** ADJ animado por ordenador, digitalmente animado; **Computeranwender** M, **Computeranwenderin** F usuario *m*, -a *f* informático, -a, usuario *m*, -a *f* de(l) ordenador; **Computerarbeitsplatz** M *Job*: puesto *m* de trabajo informatizado (*od* con ordenador); *Sitzplatz*: sitio *m* de trabajo con ordenador; **Computerausdruck** M impresión *f* de salida; impreso *m*; **Computerbranche** [-'brãːʃə] F sector *m* (*od* ramo *m*) informático; **Computerfehler** M error *m* de(l) ordenador; **computergesteuert** ADJ dirigido por ordenador; **computergestützt** ADJ asistido por ordenador; computarizado, computerizado; **Computergrafik** F gráfico *m* de ordenador; **Computerhändler** M, **Computerhändlerin** F comerciante *m/f* (*od* vendedor *m*, -a *f*) de ordenadores; **Computerhersteller** M, **Computerherstellerin** F fabricante *m/f* (*od* productor *m*, -a *f*) de ordenadores
computeri'sieren [-'pjuː-] VT ⟨*ohne* ge-⟩ computarizar, computerizar; informatizar
Com'puterkriminalität [-'pjuː-] F delincuencia *f* (*od* criminalidad *f*) informática; delitos *mpl* informáticos; fraude *m* informático; **Computermaus** F ratón *m* del ordenador; **Computermesse** F feria *f* de la informática; **Computerprogramm** N programa *m* de ordenador; **Computerschrott** M chatarra *f* informática; **Computerschulung** F cursillo *m* de informática (*od* de ordenadores); **Computersimulation** F simulación *f* por ordenador; **Computersoftware** [-'vɛːr] F software *m* de ordenador(es), programa *m* informático; **Computerspiel** N juego *m* electrónico (*od* de ordenador); **Computersprache** F lenguaje *m* informático; **Computertechnik** F técnica *f* informática; **Computertechnologie** F tecnología *f* informática; **Computerterminal** N terminal *m*; **Computertomografie** F, **Computertomographie** F MED tomografía *f* (axial) computarizada; **computerunterstützt** ADJ → computergestützt; **Computervirus** N & M virus *m* informático
Conféren'cier [kõferãsi'eː] M ⟨~s; ~s⟩ *Kabarett etc*: presentador *m*; animador *m*
Confoede'ratio Hel'vetica [kɔnføde'raːtsio -] F ⟨~⟩ *schweiz* Confederación *f* suiza
Con'sulting [kɔn'saltɪŋ] N ⟨~s⟩ (*Beratung*) asesoramiento *m*; **Consultingfirma** F, **Consultinggesellschaft** F, **Consultingunternehmen** N consultoría *f*, empresa *f* consultora (*od* de consultoría *od* de consulting)
Con'tainer [kɔn'teːnər] M ⟨~s; ~⟩ container *m*, contenedor *m*; **in einem ~ transportieren** transportar en un contenedor; **Containerbahnhof** M estación *f* (de transbordo) de contenedores; estación *f* terminal de contenedores; **Containerhafen** M puerto *m* (terminal) de contenedores; **Containerschiff** N buque *m* (*od* barco *m*) portacontenedores; **Containerterminal** M puerto *m* para contenedores; terminal *f* de contenedores; **Containertransport** M transporte *m* contenedorizado
Conter'gan® N PHARM talidomida *f*; **contergangeschädigt** ADJ talidomídico; **Contergankind** N niño *m*, -a *f* talidomídico, -a
'contra → kontra
Con'troller [kɔn'troːlər] M ⟨~s; ~⟩, **Controllerin** F ⟨~; ~nen⟩ interventor *m*, -a *f*; controller *m/f*; **Controlling** N ⟨~s⟩ WIRTSCH controlling *m*, control *m*
'Cookie ['kukiː] N ⟨~s; ~s⟩ IT galleta *f*, cookie *m/f*
cool [kuːl] ADJ *umg* **1** (*gelassen*) tranquilo, imperturbable **2** (*prima*) (**echt**) **~** genial; *umg* guay, tranqui; **'Coolpack** ['-pɛk] N ⟨~s; ~s⟩ (*Kühlkissen*) bolsa *f* de hielo
Cop [kɔp] M ⟨~s; ~s⟩ *umg* (*Polizist*) policía *m*
'Copilot M, **Copilotin** F → Kopilot

'Copyright ['kɔpirait] N ⟨~s; ~s⟩ copyright *m*, derechos *mpl* de autor; **Copyshop** [-ʃɔp] M ⟨~s; ~s⟩ copistería *f*; tienda *f* de fotocopias

Cord ['kɔrt] *etc* → Kord *etc*

'Corner M ⟨~s; ~⟩ *österr, schweiz Fußball*: córner *m*; saque *m* de esquina

'Cornflakes ['kɔrnfle:ks] PL cereales *mpl*; corn flakes *mpl*

'Corporate De'sign ['kɔrpɔrɛt di'zaın] N diseño *m* corporativo; **Corporate Identity** [- 'aıdɛntiti:] F ⟨~; Corporate Identities⟩ (*Firmenphilosophie*) identidad *f* de la empresa, imagen *f* corporativa

Corps *etc* → Korps *etc*

'Corpus M → Korpus

'Corpus De'licti N ⟨~; Corpora Delicti⟩ JUR cuerpo *m* del delito

Cor'sage [-ʒə] F → Korsage

'Corso M → Korso

Corti'son N PHARM → Kortison

Costa 'Rica N ⟨~s⟩ Costa Rica *f*

Costa Ri'caner M ⟨~s; ~⟩, **Costa Ricanerin** F ⟨~; ~nen⟩ costarricense *m/f*

costa-ri'canisch ADJ costarricense

Couch [kaʊtʃ] F ⟨~; ~s *od* ~en⟩ *od schweiz* M ⟨~s; ~(e)s⟩ cama *f* turca, diván *m*, sofá *m*; **'Couchgarnitur** F tresillo *m*; **'Couchtisch** M mesa *f* de centro

Cou'lomb [ku'lõ:] N ⟨~s; ~s⟩ PHYS culombio *m*

Count'down M, N, **Count-'down** [kaʊnt'daʊn] M, N ⟨~(s); ~s⟩ cuenta *f* atrás; **der ~ läuft** ha comenzado (*od* empezado) la cuenta atrás

Coup [ku:] M ⟨~s; ~s⟩ golpe *m* (de efecto); proeza *f*; **einen ~ landen** dar un golpe

Cou'pé [ku:'pe:] N ⟨~s; ~s⟩ 1 AUTO cupé *m* 2 *obs* (*Bahnabteil*) compartimiento *m*

Cou'plet [ku'ple:] N ⟨~s; ~s⟩ tonadilla *f*, cuplé *m*; copla *f*

Cou'pon [ku'põ:, ku'pɔŋ] M → Kupon

Cour [ku:r] F ⟨~⟩ *obs* corte *f*, cortejo *m*; **j-m die ~ machen** hacer la corte a alg

Cou'rage [ku'ra:ʒ(ə)] F ⟨~⟩ valor *m*, bravura *f*, arrojo *m*, coraje *m*

coura'giert [kura:'ʒi:rt] ADJ *umg* valiente, de coraje

Cour'tage [kur'ta:ʒ(ə)] F ⟨~; ~n⟩ WIRTSCH (gastos *mpl* de) corretaje *m*

Cou'sin [ku'zɛ:] M ⟨~s; ~s⟩ primo *m*

Cou'sine [ku'zinə] F ⟨~; ~n⟩ prima *f*

Couturi'er [kutyri'e:] M ⟨~s; ~s⟩ modisto *m*

Cou'vert [ku'vɛ:r] *schweiz* →Kuvert

'Cover ['kavər] N ⟨~s; ~(s)⟩ *e-s Buchs, e-r CD*: cubierta *f*; **Covergirl** [-gø:rl] N cover-girl *f*, *Am* chica *f* de tapa

'Cowboy ['kaʊbɔy] M ⟨~s; ~s⟩ vaquero *m*

Crack[1] [krɛk] M ⟨~s; ~s⟩ SPORT deportista *m/f* de primera fila; IT crack *m*; *umg fig* máquina *m*

Crack[2] [krɛk] N ⟨~s⟩ *Droge*: crack *m*

'Crackanlage [krɛk-] F TECH instalación *f* para cracking

'Cracker ['krɛkər] M ⟨~s; ~⟩ 1 *mst* PL GASTR ≈ saladitos *mpl* 2 IT cracker *m*

'Crash [krɛʃ] M *umg* 1 *Börse*: crac *m*, derrumbamiento *m* 2 AUTO accidente *m*; **'Crashkurs** M (*Schnellkurs*) cursillo *m* rápido (*od* intensivo)

Crawl [kraʊl] SPORT crawl *m*, crol *m*

'crawlen VI → kraulen[2]

'Credo N ⟨~s; ~s⟩ credo *m* (*a. fig*)

'Creme ['kre:m(e)] F ⟨~; ~s⟩ *Salbe, Speise*: crema *f*

Crème ['kre:m(e)] F: *fig der Gesellschaft*: **die ~ (de la Crème)** lo mejorcito; la flor y nata

'cremefarben ['kre:m-] ADJ (de) color crema

Crème fraîche [kre:m'frɛʃ] F nata *f* fresca

'Cremetorte F tarta *f* de crema

'cremig ADJ cremoso

Crêpe[1] [krɛp] F ⟨~; ~s⟩ GASTR crepe *f*, *Am* panqueque *m*

Crêpe[2] [krɛp] M ⟨~s; ~⟩ TEX crespón *m*; **Crêpe de Chine** [-də'ʃin] M TEX crespón *m* de China

Cre'tonne [kre'tɔn] M/F ⟨~; ~s⟩ TEX cretona *f*

Creutzfeldt-'Jacob-Krankheit F MED enfermedad *f* de Creutzfeldt Jacob

Crew [kru:] F ⟨~; ~s⟩ FLUG, SCHIFF tripulación *f*

Crois'sant [kroa'sã:] N ⟨~(s); ~s⟩ GASTR cruasán *m*

'Cross-over ['krɔsʔo:vər] M ⟨~⟩ MUS música *f* de fusión, cross over *m*

Crou'pier [krupi'e:] M ⟨~s; ~s⟩ croupier *m*

Croû'ton [kru'tõ:] M ⟨~(s); ~s⟩ GASTR costrón *m*

Crux [krʊks] F ⟨~⟩ 1 (*Schwierigkeit*) problema *m*; **die ~ dabei ist, dass** el problema del asunto es que 2 (*Last*) cruz *f*

CSU F ⟨~⟩ ABK (Christlich-Soziale Union) *BRD*: Unión *f* Social-Cristiana

c. t. ABK (cum tempore) UNIV un cuarto de hora más tarde; **10, 11** *etc* **~** diez, once *etc* y cuarto

CT F ABK (Computertomografie) TAC *f* (Tomografía Axial Computerizada)

CT'G ABK MED A M (*Cardiotocograf, Kardiotokograf*) cardiotocógrafo *m* B *umg* N cardiotocografía *f*; *bes Am* monitoreo fetal; **ein ~ machen** *od* **schreiben** hacer una tocografía (*bzw* un monitoreo fetal)

Cup [kap] M ⟨~s; ~s⟩ SPORT, *BH*: copa *f*

Cu'pido EIGENN M MYTH Cupido *m*

Cur'riculum N ⟨~s; Curricula⟩ (*Lehrplan*) currículo *m*; plan *m* de estudios

'Curry ['kœri] N & M ⟨~s; ~s⟩ *Gewürz*: curry *m*; **Currywurst** F salchicha *f* al curry; salchicha *f* con salsa de curry

'Cursor ['kœrsər] M IT cursor *m*; **Cursortaste** F (*Pfeiltaste*) tecla *f* del cursor

'Cutter ['katər] M ⟨~s; ~⟩, **Cutterin** F ⟨~; ~nen⟩ FILM montador *m*, -a *f*; mezclador *m*, -a *f*

CVJM M ⟨~⟩ ABK (Christlicher Verein Junger Menschen) Asociación *f* Cristiana de Jóvenes

'Cybercafé ['saıbər-] N cibercafé *m*; **Cyberkrieg** M ciberguerra *f*; **Cybersex** M cibersexo *m*, sexo *m* virtual; **Cyberspace** [-spe:s] M ⟨~; ~s⟩ ciberespacio *m*, espacio *m* virtual, realidad *f* virtual; **Cyberterrorist** M, **Cyberterroristin** F ciberterrorista *m/f*

D

D[1], **d** N ⟨~; ~⟩ 1 *Buchstabe*: D, d *f* 2 MUS re *m*; **D-Dur** *n* re *m* mayor; **d-Moll** *n* re *m* menor

D[2] ABK 1 (*Damentoilette*) S (*señoras*), M (*mujeres*) 2 (*Deutschland*) *abreviatura nacional o postal de Alemania*

da

A Adverb   B Konjunktion

— A Adverb —

1 *zeigend*: (*dort*) ahí; *entfernter*: allí, allá; (*hier*) aquí; **die ~** esa de ahí; *pl* esos *m* de ahí; **der ~** ese de ahí; **der Mann ~** aquel hombre; **das Haus ~** aquella casa; **~ draußen** *bzw* **~ hinaus** allá fuera; **~ drinnen** *bzw* **~ hinein** ahí (*od* allí *od* allá) dentro; **~ drüben** allí (enfrente); **~ entlang** por allí (seguido); **~ oben/unten** allí arriba/abajo; **~ und dort** aquí y allí, acá y allá; **~ und ~** en tal (y tal) sitio (*od* lugar); **von ~** de(sde) allí; **~ wo** donde; MIL **wer ~?** ¿quién vive?; **~ hast du das Buch** aquí tienes el libro 2 (*anwesend*) **sie ist ~** (ella) está ahí (*od* presente); **nicht ~ sein** estar ausente; **~ bin ich** aquí estoy; **ist jemand ~?** ¿está (*od* hay) alguién (ahí)?; **wie viele waren ~?** ¿cuántos había (*od* estaban presentes)?; **ich bin gleich wieder ~** en seguida vuelvo; **ich bin noch nie ~ gewesen** aún no he estado allí; HANDEL **wir sind immer für Sie ~** estamos para servirle(s); estamos siempre a sus órdenes; **~ Gewesenes** → Dagewesenes 3 (*vorhanden*) **(noch) ~ sein** quedar; **~ sein** (*bestehen*) existir; **es ist kein Brot ~** no hay pan; **noch nie ~ gewesen** nunca visto; sin precedentes; **das ist noch nie ~ gewesen** nunca he visto tal cosa; **es ist alles schon ~ gewesen** no hay nada nuevo bajo el sol 4 *Ausruf*: **sieh ~!** ¡mira!; ¡fíjate en esto!; *iron* ¡vaya (, vaya)!; **nichts ~!** ¡de eso nada!; ¡nada de eso!; **ihr ~!** ¡eh, vosotros!; **~ ist er!** ¡ahí está!; ¡ahí le tenemos!; **~ hast du es!** ¡ahí lo tienes!, ¡toma!, ¡vaya!; (*da siehst du es*) ¡ya lo ves!; **~ haben wir es!** ¡ahí está!; *fig* (*da haben wir die Bescherung*) ¡si ya lo decía yo!; ¡pues sí que estamos bien! 5 *Zeit*: (*dann, damals*) entonces; en aquel tiempo; en aquella ocasión; **~ erst** sólo entonces; **von ~ an** *od* **ab** desde entonces, de entonces acá; desde aquella época; **~ sagte er zu mir ...** entonces me dijo ...; **hier und ~** a veces, alguna que otra vez, de vez en cuando 6 (*in diesem Fall*) en ese caso, en eso, entonces; **~ bin ich Ihrer Meinung** en eso, comparto su opinión; *oft unübersetzt*: **was gibt's denn ~ zu lachen?** ¿dónde está la gracia?; **und ~ zögerst du noch?** ¿y todavía dudas?; **was soll ich ~ machen?** ¿qué quiere usted que (le) haga?, ¿y qué voy a hacer?; **~ irren Sie sich** está usted muy equivocado 7 (*wach, bei Bewusstsein*) **geistig voll ~ sein** estar consciente; **er war noch nicht ganz ~** aún estaba un poco ido 8 *Füllwort, oft unübersetzt*: **als ~ sind** tales como; **es gibt Leute, die ~ glauben** hay gente que cree; **was ~ kommen mag** ocurra lo que ocurra

— B Konjunktion —

1 (*weil*) *im Vordersatz*: como; puesto que, ya que, dado que; *im Nachsatz*: porque; **~ doch** *od* **~ ja** *od* **~ nun einmal** ya (*od* puesto) que; una vez que; considerando (*od* en vista de) que; **~ dem so ist** en ese caso, siendo así; **~ ich keine Zeit habe** como no tengo tiempo 2 *geh zeitlich*: cuando, al tiempo que; *gleichzeitig*: mientras, cuando; **in dem Augenblick ~ ...** en el momento en que ...; **nun, ~ du es einmal gesagt hast** pues ahora que lo has dicho 3 *Gegensatz*: **~ aber** *od* **~ jedoch** pero (*od* LIT mas) como; pero considerando (*od* en vista de) que; **~ hingegen** pero como por otra parte

d. Ä. ABK (der Ältere) el Mayor

DAAD M ABK (Deutscher Akademischer Austauschdienst) Servicio *m* de Intercambio Académico Alemán

'dabehalten VT ⟨*irr*⟩ retener

da'bei, *betonend*: **'dabei** ADV 1 *räumlich*: adjunto, presente; (*nahe*) junto; cerca; **ein Brief war nicht ~** no llevaba carta (incluida); **ein Haus mit Garten ~** una casa con jardín; **~ sein** estar presente, estar en; *passiv*: asistir, concurrir a; *aktiv*: tomar parte, participar en; *beim Unterricht*: prestar atención; **warst du ~?** ¿estabas tú presente?; **er ist immer ~** ¡apunto!; no falta nunca; **ich bin ~!** participo; ¡me apunto! 2 (*im Begriff*) **~ sein, etw zu**

tun estar para (*od* a punto de) hacer a/c; estar haciendo a/c; **ich bin schon ~** ya lo estoy haciendo **3** (*währenddessen*) al mismo tiempo; diciendo, haciendo *etc* esto; **~ sah er mich scharf an** diciendo *etc* esto me miró fijamente; **essen und ~ lesen** comer y leer al mismo tiempo; **sie strickte und hörte ~ Radio** mientras hacía punto, estaba oyendo la radio **4** (*überdies*) además, a la vez; **er ist zurückhaltend und ~ freundlich** es reservado, pero a la vez amable; **sie ist sehr klug und ~ auch noch hübsch** es muy inteligente y además bonita **5** (*dennoch*) sin embargo, no obstante, con todo eso; **und ~ ist er doch schon alt** ¡y eso que ya es viejo!; **~ könnte sie längst Doktor sein** sin embargo ya hubiera podido sacarse el doctorado hace mucho tiempo; **du lachst, ~ ist es gar nicht witzig** te ríes, y sin embargo no tiene ninguna gracia **6** (*anlässlich*) con ocasión de; (*dadurch*) por ello, con ello, de ello, como resultado de; **es kommt nichts ~ heraus** eso no conduce a nada; no sirve para nada; **~ dürfen wir nicht vergessen …** no debemos olvidar …; **alle ~ entstehenden Unkosten** todos los gastos que por ello se originen **7** *Beziehung*: a, con, en ello (*od* eso); así; **~ kann man nicht arbeiten** así no se puede trabajar; **er fühlt sich wohl ~** se siente bien así **8** *allg, oft unübersetzt*: **er bleibt ~** insiste en ello; **es bleibt ~** de acuerdo, conforme; **und ~ ist es geblieben** y así quedaron las cosas; **ich dachte mir nichts ~** lo hice sin pensar(lo); **ich finde nichts ~** no veo nada malo en ello; **was ist schon ~?** ¿qué importa?, *umg* ¿y qué?; **das Schlimmste ~ ist …** lo peor es …; **lassen wir es ~** dejemos las cosas ahí; ¡dejémoslo como está!; **es ist nichts ~!** ¡no tiene nada de malo! **9** *umg* (*bei sich*) **ich habe nichts ~** no llevo nada (encima)

da'beibleiben VI ⟨*irr*; sn⟩ **1** (*nicht weggehen*) quedarse **2** (*nicht ablassen*) seguir haciendo (*a/c*); seguir con; seguir en la brecha; **dabeihaben** VT ⟨*irr*⟩ **1** *Geld etc* llevar consigo **2** *Person* ser acompañado por; tener (presente) a; **dabeisitzen** VI ⟨*irr*⟩ estar sentado (junto a), estar presente; **dabeistehen** VI ⟨*irr*⟩ estar ahí (presente); estar cerca; *allg* presenciar; **die Dabeistehenden** los circunstantes

'dableiben VI ⟨*irr*; sn⟩ quedarse, permanecer; *bes* SCHULE **~ müssen** quedar retenido

da'capo ADV ¡bis!; *umg* ¡que se repita!

Dach N ⟨~(e)s; ⸚er⟩ **1** *von innen*: techo *m* (*a.* AUTO *u. fig*); *von außen*: tejado *m*; *flaches*: azotea *f*, terrado *m*; *fig* (*Schutzdach*) asilo *m*, cobijo *m*; **kein ~ über dem Kopf haben** no tener (un) hogar; *fig* **unter ~ und Fach bringen** (*fertigstellen*) rematar, completar, llevar a término; **unter demselben ~ wohnen** vivir bajo el mismo techo **2** (*Dachwerk*) techado *m*, techumbre *f* **3** *umg* **eins aufs ~ bekommen** recibir una bronca; *umg* **j-m aufs ~ steigen** decir cuatro verdades (*od umg* cuatro frescas) a alg

'Dachantenne F antena *f* aérea (*od* exterior); **Dachbalken** M viga *f*; **Dachboden** M desván *m*; **Dachdecker** M ⟨~s; ~⟩, **Dachdeckerin** F ⟨~; ~nen⟩ techador *m*, -a *f*, tejador *m*, -a *f*; **Dachfenster** N lumbrera *f*, tragaluz *m*; claraboya *f*; **Dachfirst** M caballete *m*; cumbrera *f*; **Dachgarten** M azotea *f* jardín; **Dachgepäckträger** M AUTO portaequipajes *m* del techo, baca *f*; **Dachgeschoss**, *österr* **Dachgeschoß** N ático *m*; **Dachgesellschaft** F WIRTSCH holding *m*, organización *f* de control, sociedad *f* matriz; **Dachgesims** N ⟨~es; ~e⟩ cornisa *f*; **Dachkammer** F desván *m*, buhardilla *f*; **Dachluke** F → Dachfenster; **Dachmaison(n)ette** F apartamento *m* dúplex con ático; **Dachorganisation** F organización *f* central (*od* de tutela); organismo *m* de control (*od* superpuesto); **Dachpappe** F cartón *m* alquitranado; **Dachpfanne** F teja *f*; **Dachrinne** F canalón *m*, gotera *f*

Dachs [daks] M ⟨~es; ~e⟩ ZOOL tejón *m*; *fig* **wie ein ~ schlafen** dormir como un lirón; **'Dachsbau** M ⟨~(e)s; ~e⟩ tejonera *f*

'Dachschaden M ⟨~s⟩ *umg* **einen ~ haben** estar chiflado (*od* mal de la cabeza); **Dachschiefer** M pizarra *f* de techar; **Dachschindel** F ripia *f*, tablilla *f*

'Dachshund [-ks-] M ZOOL perro *m* zorrero (*od* raposero); → *a* Dackel

'Dachsparren M cabrio *m*; **Dachstube** F buhardilla *f*; **Dachstuhl** M entramado *m* del tejado, armadura *f* (del tejado); **Dachterrasse** F azotea *f*; **Dachtraufe** F gotera *f*; **Dachverband** M → Dachorganisation; **Dachwerk** N techumbre *f*, techado *m*; **Dachwohnung** F ático *m*; **Dachziegel** M teja *f*; **Dachzimmer** N buhardilla *f*

'Dackel M ⟨~s; ~⟩ ZOOL perro *m* salchicha, (perro *m*) pachón *m*, *umg* perro *m* tranvía

Dada'ismus M ⟨~⟩ dadaísmo *m*; **Dada'ist** M dadaísta *m*; **dada'istisch** ADJ dadaísta

da'durch, *betonend*: **'dadurch** **A** ADV **1** *örtlich*: por allí, por ahí **2** (*auf solche Weise*) así, de este (*od* ese) modo, de esta (*od* esa) manera; **~ verursacht** causado por eso **B** KONJ **~, dass** por (*inf*); (*wegen*) dado que, a causa de, debido a; (*dank*) gracias a

DaF ABK (Deutsch als Fremdsprache) *Lehrfach*: didáctica *f* del alemán como lengua extranjera

da'für, *betonend*: **'dafür** ADV **1** (*als Gegenleistung*) por esto, por eso, por ello; **~ habe ich zehn Euro bezahlt** he pagado diez euros por ello **2** *beim Tausch*: en cambio; (*anstatt*) en lugar de, en vez de; en su lugar; **arm, ~ aber glücklich** pobre pero feliz **3** (*zugunsten von*) en (*od* a) favor de; **ich bin ~** estoy a favor; *bei Abstimmungen a.*: voto a favor; **ich bin ~ zu bleiben** creo que es mejor quedarse; **~ und dagegen sprechen** hablar en pro y en contra; **alles spricht ~** todo habla en favor de ello, todo lo confirma; **~ spricht, dass …** el (hecho de) que; es un argumento a favor **4** (*für diese Sache*) *Zweck*: para eso; para que (*subj*); *Grund*: porque, por (*inf*); **~ wird sie bezahlt** para eso le pagan; **~ braucht es Mut!** ¡hace falta (*od* se necesita) valor!; **ich kann nichts ~** no tengo la culpa, no es mi culpa (*od* culpa mía); **ich kann nichts ~, dass ich lachen muss** no puedo remediarlo, (pero) tengo que reírme; **er wurde ~ bestraft, dass er gelogen hatte** fue castigado por haber mentido **5** **~, dass …** (*in Anbetracht dessen*) teniendo en cuenta que …; **~ sorgen, dass** cuidar de que, encargarse de que, procurar que

da'fürhalten VI *geh* opinar, creer, estimar; **Dafürhalten** N ⟨~s⟩ *geh* **nach meinem/ihrem** *etc* **~** en mi/su, *etc* opinión, a mi/su, *etc* juicio, a mi/su, *etc* entender

dag ABK (*Dekagramm*) decagramo *m*

DAG F ABK (Deutsche Angestellten-Gewerkschaft) *hist* Sindicato *m* Alemán de Empleados

da'gegen, *betonend*: **'dagegen** **A** ADV **1** *allg* contra esto, contra eso; contra aquello; **~ hilft Wärme** el calor lo remedia; **~ sein** estar en contra de eso, no estar de acuerdo (con eso); ser de opinión contraria, disentir; **~ stimmen** votar (en) contra; **ich bin ~ zu bleiben** no quiero quedarme; **ich bin ~, dass du allein gehst** no estoy de acuerdo con que vayas solo; **er sprach sich entschieden ~ aus** se opuso enérgicamente a ello **2** *Einwände*: **wenn Sie nichts ~ haben** si usted no tiene inconveniente; con su permiso; **ich habe nichts ~** no tengo nada en contra, no tengo nada que objetar (*od* oponer); no tengo (ningún) inconveniente; **haben Sie etwas ~, wenn ich rauche?** ¿le importa si fumo? **3** *Ersatz, Tausch*: en cambio **4** (*im Vergleich*) en comparación a, comparado con (eso); por el contrario **5** (*andererseits*) por otro lado, por otra parte **B** KONJ (*indessen*) al contrario, por el contrario, en cambio; (*während*) mientras que

da'gegenhalten VT ⟨*irr*⟩ (*erwidern*) replicar, objetar

'dagewesen PPERF → da A 3

'Dagewesene(s) N ⟨~n; → A⟩ **etwas noch nicht ~s** algo nunca visto (*od* sin precedentes); **das übertrifft alles bisher ~** esto supera todo lo que conocíamos hasta ahora

da'heim ADV *südd* (*zu Hause*) en casa; (*in der Heimat*) en la tierra (natal); **bei mir ~** en mi casa (*bzw* en mi tierra *od* país); **ist er ~?** ¿está en casa?

Da'heim N ⟨~s⟩ casa *f*, hogar *m*

da'her, *betonend*: **'daher** **A** ADV **1** *räumlich*: de allí, de allá; de aquel lado *od* lugar; desde allí; **bis ~** hasta aquí **2** *fig Ursache*: de ahí; **~ (stammt) die ganze Verwirrung** de ahí la confusión; **~ kam es, dass** de ahí que (*subj*) **B** KONJ **1** (*deshalb*) de ahí, por eso, por ende, por esa razón **2** (*folglich*) por consiguiente, por (lo) tanto, así que

da'herfliegen VI ⟨*irr*; sn⟩ llegar (*od* aproximarse) volando; **dahergelaufen** ADJ *umg* **jeder ~e Kerl** cualquier tipo; **daherreden** VI **dumm ~** disparatar, *umg* hablar sin ton ni son; **daherstolzieren** VI ⟨*ohne* ge-⟩ *umg* pavonearse

da'hin, *betonend*: **'dahin** **A** ADV **1** *räumlich*: allí, hacia ahí (*od* allí); en aquel lugar; **bis ~** hasta allí; **auf dem Weg ~** de camino hacia allí **2** *zeitlich*: **bis ~** hasta entonces; (*inzwischen*) entre tanto **3** *Ziel, Zweck*: **sich ~ gehend äußern, dass** opinar (*od* declarar) que; expresarse en el sentido de que; **man hat sich ~ geeinigt, dass** se ha convenido (*od* acordado) que; **meine Meinung geht ~, dass** en mi opinión, mi opinión es que **4** (*so weit*) **es ~ bringen, dass** lograr que (*subj*), llevar las cosas a tal punto que (*subj*); **j-n ~ bringen, dass** hacer que (*subj*); llegar a persuadir (*od* convencer) a alg para (*inf*) (*od* para que *subj*); **ist es ~ gekommen?** ¿se ha llegado a eso? **B** ADJ **~ sein** (*vergangen*) haber pasado; (*verloren*) estar perdido; (*zerbrochen*) estar roto

'dahinauf ADV por allí arriba; **dahinaus** ADV por allí, por aquella puerta (salida, *etc*)

da'hindämmern VI vegetar; **dahineilen** VI pasar corriendo; *Zeit* volar, pasar volando

'dahinein ADV allí (a)dentro

da'hinfliegen VI → dahineilen; **dahinfließen** VI **1** *Fluss*: discurrir **2** *fig* deslizarse suavemente; **dahingehen** VI **1** irse **2** *Zeit* pasar **3** *poet* (*sterben*) morir; **dahingehören** VI **(nicht) ~** *Gegenstand* (no) ir aquí *bzw* ahí; *fig* → hierher *gehören*

da'hingestellt ADJ **etw ~ sein lassen** dejar a/c en suspenso; *umg* dejar a/c en el aire; **es bleibt ~** queda en suspenso, queda por ver; **es sei ~, ob …** quede en tela de juicio si …

da'hinleben VI **1** *sorglos*: vivir al día **2** *kümmerlich*: ir tirando; **dahinraffen** VT *fig* arrebatar; segar (la vida); **dahinrasen** VI *umg* pasar como un bólido; **dahinsagen** VI **etw nur so ~** decir a/c por decir; **dahinscheiden** VI *poet* morir, fallecer; **dahinschwinden** VI *geh* desvanecerse, irse extinguiendo; *Person* consumirse; *Schönheit* marchitarse; **dahinsiechen** VI *geh* languidecer;

dahinstehen VI **es steht noch dahin** todavía no está decidido, aún queda por ver (*bzw* saber)

da'hinten ADV ahí (*od* allá) atrás, allí detrás; allá abajo; allá lejos

da'hinter, *betonend*: **'dahinter** ADV (allí) detrás, atrás; por atrás; detrás de (eso); tras (*bes fig*); *fig pej* **es ist nichts ~** no vale gran cosa

dahinter'her ADV *umg* (**sehr**) **~ sein** empeñarse en conseguir a/c

da'hinterklemmen V/R *umg* **sich** (**gewaltig**) **~** esforzarse (mucho); hacer un esfuerzo (sobrehumano); **dahinterkommen** VI (*herausfinden*) averiguar (*od* descubrir) el secreto, *umg* descubrir el pastel; (*verstehen*) caer (en la cuenta); **dahintermachen** V/R, **dahintersetzen** V/R **sich ~** poner manos a la obra

da'hinterstecken VI *fig* (*die Ursache, der Urheber sein*) estar detrás de eso; **wer steckt dahinter?** ¿quién está detrás de eso?; **was steckt dahinter?** ¿qué hay detrás de eso?; **da steckt etwas dahinter** aquí hay algo oculto; *umg* aquí hay gato encerrado; **da steckt Max dahinter** *umg* es Max quien lo mangonea; **es steckt nichts dahinter** no tiene nada dentro, no vale gran cosa

da'hintreiben VI *geh* SCHIFF ir (*od* flotar) a la deriva

'dahinunter ADV allí abajo

da'hinvegetieren VI ⟨*ohne* ge-⟩ vegetar, malvivir; **dahinwelken** VI *geh* marchitarse

'Dahlie F ⟨~; ~n⟩ BOT dalia *f*

'Daily 'Soap ['de:li 'so:p] F ⟨~; ~s⟩ TV culebrón *m*, telenovela *f*

DAK F ABK (Deutsche Angestellten-Krankenkasse) seguro *m* de enfermedad alemán para empleados

Da'kapo N ⟨~s; ~s⟩ THEAT bis *m*

'Daktylus M ⟨~; Daktylen⟩ dáctilo *m*

Dalai-'Lama M ⟨~(s); ~s⟩ Dalai Lama *m*

'dalassen V/T ⟨*irr*⟩ dejar (aquí); **daliegen** VI ⟨*irr*⟩ yacer, estar tendido

'dalli ADV *umg* **~(, ~)!** ¡vamos!; ¡de prisa!; ¡anda, corre!

Dal'matien N ⟨~s⟩ Dalmacia *f*

Dalma'tiner M ⟨~s; ~⟩ dálmata *m* (*a. Hund*); **Dalmatinerin** F ⟨~; ~nen⟩ dálmata *f*; **dalmatinisch** ADJ dálmata

'damalig ADJ de entonces, de aquel tiempo; **in der ~en Zeit** en aquellos tiempos

'damals ADV entonces, en aquella época

Da'maskus N Damasco *m*

Da'mast M ⟨~(e)s; ~e⟩ damasco *m*; **damastartig, damasten** ADJ adamascado

Damas'zenerklinge F hoja *f* damasquina

damas'zieren V/T ⟨*ohne* ge-⟩ **1** *Stoff* adamascar **2** *Stahl* damasquinar

'Dambock M → Damhirsch

'Dämchen N ⟨~s; ~⟩ damisela *f*

'Dame F ⟨~; ~n⟩ **1** (*Frau*) señora *f*; (**feine**) **~** dama *f*; **die ~ des Hauses** la señora de la casa; (*Tanzpartnerin*) pareja *f*; *an Toiletten*: **„~n"** Señoras; SPORT **die Abfahrt der ~n** el descenso femenino **2** *Anrede*: **meine ~n (und Herren)!** ¡señoras (y señores)!; **junge ~** señorita *f* **3** *Brettspiel*: (juego *m* de) damas *fpl*; *Spielstein*: dama *f*; **~ spielen** jugar a las damas **4** *Schachfigur*: reina *f* **5** *Spielkarte*: ≈ caballo *m*

'Damebrett N *Spielbrett*: damero *m*

'Damenbesuch M visita *f* de señora(s) (*od* mujeres); **Damenbinde** F paño *m* higiénico, compresa *f*; *Am* toalla *f* sanitaria; **Damendoppel** N *Tennis*: doble *m* femenino; **Dameneinzel** N *Tennis*: individual *m* femenino; **Damenfahrrad** N bicicleta *f* de señora; **Damenfriseur** [-zø:r] M, **Damenfriseurin** F peluquero *m*, -a *f* de señoras; **damenhaft** ADJ femenino, femenil, de señora; **Damenhandtasche** F bolso *m* de señora, *Am* cartera *f*; **Damenkleid** N vestido *m* (de señora); **Damenkleidung** F ropa *f* de señora; **Damenkonfektion** F confección *f* para señora; **Damenmannschaft** F SPORT equipo *m* femenino; **Damenmode** F moda *f* femenina; **Damenoberbekleidung** F prendas *fpl* exteriores de señora; **Damensattel** M silla *f* de amazona; **Damenschneider** M, **Damenschneiderin** F modisto *m*, -a *f*; **Damensitz** M **im ~ reiten** montar a mujeriegas; **Damentoilette** F servicio *m* de señoras; **Damenunterwäsche** F ropa *f* interior femenina (*od* de señora); **Damenwahl** F *baile en el que son las mujeres quienes sacan a los hombres*; **Damenwelt** F ⟨~⟩ el mundo femenino; las mujeres

'Damespiel N (juego *m* de) damas *fpl*; **Damestein** M ficha *f*

'Damhirsch M ZOOL gamo *m*

da'mit *betonend*: **'damit** **A** ADV (*mit dieser Sache*) con eso, con ello; por eso; (*auf diese Weise*) así, de este modo; **wir sind ~ einverstanden** estamos conformes (*od* de acuerdo) con ello; **ich bin ~ fertig** he terminado (con eso); **was will er ~ sagen?** ¿qué quiere decir con eso?; **was soll ich ~?** ¿qué hago yo con eso?; **wie steht es ~?** ¿qué hay de (*od* cómo va) eso?; **~ ist der Fall erledigt** con eso, se da por concluido el caso; **~ ist alles gesagt** con eso está dicho todo; **es ist aus ~** se acabó; **es ist nichts ~** no es nada; es inútil, no puede ser; **her ~!** ¡venga!; **heraus ~!** ¡habla!; explícate!; *sl* ¡desembucha!; **er fing ~ an, dass er versuchte** empezó por intentar **B** KONJ (*nur*: **da'mit**) para que, a fin de que (*subj*), con objeto de; **~ nicht** para que no, para (*od* a fin de) evitar (*od* impedir); **pass gut auf, ~ nichts passiert** ten cuidado, (para) que no pase nada

'Dämlack M ⟨~s; ~e *od* ~s⟩ *umg pej* estúpido *m*, *umg* imbécil *m*; **dämlich** ADJ *umg pej* estúpido, tonto, *umg* imbécil, *umg* bobón; **Dämlichkeit** F ⟨~; ~en⟩ *umg pej* estupidez *f*, tontería *f*, bobería *f*

Damm M ⟨~(e)s; ~̈e⟩ **1** (*Deich*) dique *m*; (*Staudamm*) presa *f*; BAHN, *Straßenbau*: terraplén *m*; (*Fahrdamm*) calzada *f*; (*Hafendamm*) muelle *m*; malecón *m*; *fig* barrera *f* **2** ANAT perineo *m* **3** *umg fig* **nicht auf dem ~ sein** no sentirse bien; estar pachucho; **ich bin heute nicht auf dem ~** hoy no estoy para nada; *gesundheitlich*: me siento algo indispuesto; *umg* estoy pachucho; no estoy muy católico; *umg* **wieder auf dem ~ sein** haberse recuperado

'Dammbruch M **1** rotura *f* de dique **2** MED → Dammriss

'dämmen V/T **1** *geh mit e-m Damm*: **die Fluten ~** levantar un dique contra las mareas; *Fluss* represar **2** TECH (*abdichten*) aislar; *Schall* absorber **3** *fig* reprimir, contener, refrenar

'Dämmer M ⟨~s⟩ crepúsculo *m*; penumbra *f*; **dämmerig** ADJ *Licht, Tag* crepuscular; *Raum* entreclaro, entre dos luces; *fig* vago, indeciso; **Dämmerlicht** N ⟨~(e)s⟩ crepúsculo *m*, luz *f* crepuscular; *morgens*: alba *m*; (*schwaches Licht*) penumbra *f*, media luz *f*

'dämmern **A** V/UNPERS **1** **es dämmert** *morgens*: amanece, alborea, *abends*: atardece, anochece **2** *umg fig* **es dämmert mir** empiezo a ver claro, se me trasluce, empiezo a darme cuenta **B** VI **vor sich** (*acus*) **hin ~** (*dösen*) dormitar

'Dämmerschein M ⟨~(e)s⟩ → Dämmerlicht; **Dämmerschlaf** M sueño *m* ligero; **Dämmerstunde** F hora *f* crepuscular

'Dämmerung F ⟨~; ~en⟩ *allg* crepúsculo *m*; (*Morgendämmerung*) *a.* alba *f*, amanecer *m*, albor *m*; (*Abenddämmerung*) *a.* ocaso *m*; **bei ~** *od* **in der ~** en el crepúsculo, entre dos luces; *morgens a.*: al amanecer; *abends a.*: al oscurecer, al atardecer (*bzw* anochecer)

'Dämmerzustand M MED estado *m* semi(in)consciente (*fachspr a.* crepuscular); (*Halbschlaf*) somnolencia *f*

'dämmrig → dämmerig

'Dammriss M MED desgarro *m* del perineo (*od* perineal); hernia *f* isquiorrectal; **Dammrutsch** M ⟨~(e)s; ~e⟩ GEOL desprendimiento *m* de tierras

'Dämmung F ⟨~; ~en⟩ TECH aislamiento *m*

'Damoklesschwert N ⟨~(e)s⟩ *geh, fig* espada *f* de Damocles

'Dämon M ⟨~s; ~en⟩ demonio *m* (*a. fig*); (*Teufel*) diablo *m*

dä'monisch ADJ demoníaco; (*teuflisch*) diabólico; (*besessen*) endemoniado

Dampf M ⟨~(e)s; ~̈e⟩ **1** (*Wasserdampf*) vapor *m*; (*Rauch, Pulverdampf*) humo *m* (*Dunst*) vaho *m*; (*Ausdünstung*) exhalación *f* **2** *umg fig* **~ ablassen** desahogarse; **da ist der ~ raus** se ha perdido el impulso; **j-m ~ machen** presionar a alg, hacer presión sobre alg; **~ hinter etw machen** impulsar a/c enérgicamente (*od* con energía), dar un acelerón a a/c

'Dampfantrieb M accionamiento *m* por vapor; tracción *f* de vapor; **Dampfbad** N baño *m* de vapor (*od* turco); **Dampfbügeleisen** N plancha *f* a (*od* de) vapor; **Dampfdruck** M ⟨~(e)s; ~̈e⟩ presión *f* del vapor; **Dampfdruckmesser** M ⟨~s; ~⟩ manómetro *m*

'dampfen VI **1** (*Dampf ausstoßen*) emitir (*bzw* CHEM desprender) vapor(es); producir vapor; *Suppe, Speisen etc* echar vaho, vah(e)ar **2** ⟨+ *Richtungsangabe*, **sn**⟩ (*fahren*) *Zug, Schiff* salir (*echando humo*)

'dämpfen V/T **1** (*abschwächen*) reducir, (re)bajar, disminuir; *Aufprall, Stoß* amortiguar, reducir; *Geräusch, Stimme* atenuar, rebajar; *Ton* moderar, apagar; *Licht* atenuar; tamizar; *Farben a.* rebajar; *Schwingungen* absorber; **gedämpftes Licht** media luz *f*; **mit gedämpfter Stimme** a media voz **2** *fig Stimmung* enfriar; *Freude, Begeisterung etc* bajar; *Leidenschaft* moderar; (*unterdrücken*) reprimir, sofocar; *Konjunktur etc* frenar **3** (*mit Dampf behandeln*) tratar con vapor; GASTR cocinar al vapor; rehogar

'Dampfer M ⟨~s; ~⟩ (barco *m od* buque *m* de) vapor *m*; *umg fig* **auf dem falschen ~ sein** estar equivocado, errar el tiro

'Dämpfer M ⟨~s; ~⟩ **1** MUS sordina *f*; *am Klavier*: apagador *m*; MUS **den ~ aufsetzen** poner la sordina **2** (*Schalldämpfer*) silenciador *m*; (*Stoßdämpfer*) amortiguador *m*; PHYS moderador *m* **3** *fig* **j-m einen ~ aufsetzen** bajar los humos a alg; **einer Sache** (*dat*) **einen ~ aufsetzen** poner sordina a a/c; *umg* **einen ~ bekommen** llevarse un chasco

'dampfförmig ADJ vaporoso; **Dampfhammer** M martinete *m* de vapor; **Dampfheizung** F calefacción *f* a vapor

'dampfig ADJ vaporoso

'dämpfig ADJ **1** *reg* (*schwül*) bochornoso, sofocante **2** VET asmático

'Dampfkessel M caldera *f* (de vapor), generador *m* de vapor; **Dampfkochtopf** M olla *f* a (*od* de) vapor; olla *f* exprés; **Dampfkraft** F ⟨~⟩ fuerza *f* de vapor; **Dampfkraftwerk** N central *f* térmica; **Dampflok(omotive)** F locomotora *f* de vapor; **Dampfmaschine** F máquina *f* de vapor; **Dampfnudel** F GASTR *bollo de masa de levadura que se prepara al vapor*; **Dampfpfeife** F pito *m* de vapor; **Dampfplauderer** M ⟨~s, ~⟩ *umg pej* (*Schwätzer*) *umg* cotorra *f*

'Dampfschiff N (buque *m* de) vapor *m*;

Dampfschifffahrt F navegación *f* a vapor; **Dampfschifffahrtsgesellschaft** F compañía *f* de vapores (*od* de navegación a vapor)
'Dampfstrahl M chorro *m* de vapor; **Dampfstrahlreiniger** M limpiadora *f* de chorro de vapor; **Dampfturbine** F turbina *f* de vapor; **Dampfüberhitzer** M recalentador *m* de vapor
'Dämpfung F ⟨~; ~en⟩ amortiguación *f*, amortiguamiento *m*; *fig* apagamiento *m*; atenuación *f*; absorción *f*; mitigación *f*; represión *f*; moderación *f*
'Dampfwalze F TECH apisonadora *f* (de vapor); *fig* rodillo *m*
'Damtier N gama *f*; **Damwild** N gamo *m*
da'nach *betonend*: **'danach** ADV **1** *zeitlich*: después, luego, más tarde; **bald ~** poco después **2** *räumlich*: después, detrás; (*anschließend*) a continuación, seguidamente, en seguida **3** (*entsprechend*) como corresponde; **~ handeln** actuar en consecuencia; **mir ist nicht ~** no me apetece; no estoy para ello; *iron* **er sieht ganz ~ aus** ¡tiene cara de eso!; *umg* **aber es war auch ~** ¡estaba a tono!; *umg* **das Wetter ist nicht ~** el tiempo no lo permite **4** (*nach dieser Sache*) por eso; **hast du ihn ~ gefragt** ¿se lo preguntaste?; **ich frage nicht ~** me tiene sin cuidado; **wenn es ~ ginge** si fuera por eso; **sich ~ sehnen (zu** *inf*) ansiar (*inf*)
'Danaergeschenk N *geh* obsequio *m* funesto
'Däne M ⟨~n; ~n⟩ danés *m*, dinamarqués *m*
da'neben ADV **1** *räumlich*: cerca de, al lado de; (*dicht daneben*) junto a, *umg* pegado a; **im Haus ~** en la casa de al lado **2** (*außerdem*) además **3** (*gleichzeitig*) al mismo tiempo **4** (*im Vergleich*) en comparación (con) **5** (*am Ziel vorbei*) fuera del blanco; **~!** ¡fuera!; *umg fig* **das war voll ~** (*unpassend*) estaba totalmente fuera de lugar
da'nebenbenehmen V/R *umg* **sich ~** comportarse mal; *umg* meter la pata; *umg* hacer una plancha; **danebengehen** V/I **1** *Schuss, Schlag etc* errar **2** *fig* (*misslingen*) fallar, fracasar, *umg* irse al agua; **danebengreifen** V/I equivocarse (*a.* MUS *u. umg fig*); **danebenhauen** V/I **1** errar el golpe, no acertar **2** *umg fig* desatinar; **immer ~** no dar una, no dar pie con bola; **danebenschießen** V/I, **danebentreffen** V/I errar el tiro
'Dänemark N ⟨~s⟩ Dinamarca *f*
da'niederliegen V/I ⟨*irr*⟩ *geh* **1** *krank*: estar postrado en cama **2** *fig* languidecer; estar paralizado
'Dänin F ⟨~; ~nen⟩ danesa *f*, dinamarquesa *f*; **dänisch** ADJ danés, dinamarqués
dank PRÄP (*dat od gen*) gracias a, merced a
Dank M ⟨~(e)s⟩ gracias *fpl*; (*Dankbarkeit*) agradecimiento *m*; gratitud *f*; (*Lohn*) recompensa *f*; (*Würdigung*) reconocimiento *m*; **j-m ~ sagen** dar las gracias a alg (**für** por); **j-m ~ schulden** quedar a alg agradecido, quedar obligado a alg (**für** por); **(haben Sie) vielen** *od* **besten ~!** ¡muchas gracias!, ¡muy agradecido!; **vielen herzlichen ~** muchísimas gracias; **tausend ~!** ¡un millón de gracias!; *iron* **das ist der (ganze) ~!** ¿así me (*bzw* se, *etc*) lo agradeces?; **als** *od* **zum ~ für** en reconocimiento (*od* recompensa) de
'Dankadresse F mensaje *m* de gracias (*od* de agradecimiento)
'dankbar ADJ **1** *Person* agradecido; (*anerkennend*) reconocido; (*verpflichtet*) obligado; **j-m für etw ~ sein** estar a alg agradecido por a/c; **ich bin Ihnen sehr ~** le estoy muy agradecido (*od* reconocido), se lo agradezco mucho; **ich wäre Ihnen ~, wenn ...** le quedaría muy agradecido si ... **2** *Sache* (*lohnend*) lucrativo, productivo, provechoso; (*befriedigend*) satisfactorio; **eine ~e Arbeit** un trabajo gratificante; **Dankbarkeit** F ⟨~⟩ gratitud *f*; agradecimiento *m*; reconocimiento *m*; **aus ~ für** en agradecimiento por
'Dankbrief M carta *f* de agradecimiento
'danke INT gracias; **~ sehr!** *od* **~ schön!** ¡muchas gracias!; *als Antwort*: **~, gleichfalls!** ¡gracias, igualmente!; **~, gut!** ¡bien, gracias!; **nein ~** ¡no, gracias!
'danken **A** V/I **j-m für etw ~** dar las gracias a alg por a/c; agradecer a/c a alg; **nichts zu ~!** ¡de nada!, ¡no hay de qué!; *iron* **na, ich danke!** *ablehnend*: ¡se (le) agradece!; ¡para quien lo quiera!; ¡a quien le guste! **B** V/T **1** *geh* (*verdanken*) deber a; **ihr ~ wir, dass** a ella le debemos que (*subj*), gracias a ella **2** **j-m etw ~** agradecer a/c a alg
'dankend ADV **~ erhalten** HANDEL recibí; **~ ablehnen** rechazar agradecido
'dankenswert ADJ digno de agradecimiento; **dankenswerter'weise** ADV de (una) manera digna de agradecer
'dankerfüllt ADJ agradecido, lleno de gratitud
'Dankesbezeigung F, ⟨~; ~en⟩, **Dankesbezeugung** F ⟨~; ~en⟩ muestra *f* (*od* prueba *f*) de gratitud (*od* agradecimiento); **Dankesbrief** M → Dankbrief
'Dankeschön N ⟨~s⟩ gracias *fpl*
'Dankesschuld F deuda *f* de gratitud; **Dankesworte** NPL palabras *fpl* de agradecimiento
'Dankfest N (fiesta *f* de) acción *f* de gracias; **Dankgebet** N oración *f* de acción de gracias; **Dankgottesdienst** M acción *f* de gracias, KATH tedéum *m*; **Dankopfer** N sacrificio *m* en acción de gracias; **Danksagung** F ⟨~; ~en⟩ (expresión *f* de) agradecimiento *m*; REL acción *f* de gracias; **Dankschreiben** N → Dankbrief
dann ADV **1** *zeitlich* luego, después; (*anschließend*) entonces; **~ und ~** en tal y tal fecha; **~ und wann** de vez en cuando, a veces, de cuando en cuando; **was geschah ~?** ¿y qué ocurrió entonces?; **und was ~?** ¿y luego qué? **2** (*in dem Fall*) entonces, en ese caso; **nur ~, wenn ...** solo si ...; **selbst ~** aun cuando; **selbst ~ nicht** ni aun cuando; *umg* **~ eben nicht!** ¡entonces no!, ¡bueno, pues no! **3** (*außerdem*) además; **und ~ ...** y además
'dannen ADV *geh, obs* **von ~** de allí; **von ~ gehen** *od* **ziehen** irse, marcharse
dar'an, *betonend*: **'daran** ADV **1** (*an etwas*) a, de, en, por (él, ella, ello *od* eso); **~ erkennst du ihn** le conocerás por ello; **halt dich ~ fest!** ¡agárrate (bien)!; **rühre** *od* **komm nicht ~!** ¡no lo toques! **2** *zeitlich*: **im Anschluss ~** a continuación; *räumlich*: **nahe ~** muy cerca (*od* al lado) de; *fig* **nahe ~ sein zu** (*inf*) estar a punto de (*inf*) **3** (*an dieser Sache*) a (*od* en) ello, en (*od* de) eso; **~ ist nicht zu denken** en eso no hay que pensar; **~ stirbt man nicht** de eso no se muere nadie; **es ist etwas (Wahres) ~** hay algo (de verdad) en ello; **es ist nichts ~** no hay nada en ello, no tiene importancia; **es liegt mir viel ~** tengo mucho interés en ello, me importa mucho; **es liegt ~, dass** la razón es que; **er/sie ist nicht schuld ~** él/ella no tiene la culpa; **das Schönste ~ war** lo mejor (de eso) fue **4** *umg fig* **ich denke nicht ~!** ¡ni por pienso!; **was liegt ~?** ¿qué importa?; **da ist alles ~** aquí hay de todo **5** *mit Verb*: **er tut gut ~, zu** (*inf*) hace bien en (*inf*); **ich dachte nicht ~, ihn zu beleidigen** estaba (muy) lejos de ofenderle
dar'angehen V/I comenzar (*od* empezar) a (*inf*); **~, etw zu tun** ponerse a hacer a/c; **daranmachen** V/R **sich ~, etw zu tun** ponerse a hacer a/c; **daransetzen** V/T arriesgar, exponer; *umg* jugarse; *fig* **alles ~ um zu** (*inf*) hacer (todo) lo posible para (*inf*); arriesgarlo todo para (*inf*)
dar'auf *betonend*: **'darauf** ADV **1** *räumlich*: encima (de eso); sobre ello; *Richtung*: **sie ging direkt ~ zu** fue directamente a ello **2** *zeitlich*: después (de ello *od* esto), luego; **bald ~** poco después; **gleich ~** acto seguido, a renglón seguido, a continuación, seguidamente; **am Tage ~** al día siguiente; **im Jahr ~** al año siguiente; **zwei Jahre ~** dos años después, a los dos años **3** *fig* (*auf diese Sache*) (de) ello; **~ bin ich stolz** estoy orgulloso de ello; **wie kommst du (nur) ~?** ¿por qué lo preguntas?, ¿de dónde se lo has sacado?; **~ beharren** obstinarse en ello; **~ stehen zwei Jahre Gefängnis** eso se castiga con dos años de cárcel; **~ können Sie sich verlassen** cuente con ello; **ich gebe nichts ~** no me importa **4** *fig Ziel*: **~ aus sein zu** proponerse (*inf*), aspirar a (*inf*); **er arbeitete ~ hin, zu** (*inf*) se empeñaba en (*inf*); intentaba conseguir (*inf*)
da'rauffolgend, da'rauf folgend ADJ (sub)siguiente; **der ~e Tag** el día siguiente; **am ~en Tag** al día siguiente
darauf'hin ADV **1** (*danach*) después, acto seguido, a continuación **2** (*als Reaktion*) con (*od* a) lo cual, en vista de ello **3** (*im Hinblick auf*) **etw ~ prüfen, ob** (com)probar a/c para saber si
dar'aus *betonend*: **'daraus** ADV **1** *räumlich*: de aquí, de ahí; de ello, de eso; **wer hat ~ getrunken?** ¿quién ha bebido de aquí?; **~ vorlesen** leer (de ahí) **2** (*aus dieser Sache*) de eso, de ello; **es folgt ~** de ello se deduce; **~ lernen** aprender (de eso); **~ schließen, dass** deducir (de eso) que **3** *mit werden, machen*: **was ist ~ geworden?** ¿qué ha sido de ello?; **was soll ~ werden?** ¿qué va a resultar de esto?, ¿a dónde irá a parar todo esto?; **es kann nichts ~ werden** de eso no puede resultar (*od* salir) nada; (*das wird nicht stattfinden*) no tendrá lugar; **~ wird nichts!** ¡no va a resultar!; **ich mache mir nichts ~** (*es ist mir egal*) no me interesa (*bzw* importa); (*ich mag es nicht*) no me gusta; **mach dir nichts ~!** ¡no (le) hagas caso!
'darben V/I *geh* sufrir privaciones (*bzw* hambre); estar en la miseria
'darbieten ⟨*irr*⟩ **A** V/T **1** *geh* (*anbieten*) ofrecer, brindar **2** (*vorführen*) (re)presentar **B** V/R *fig* **sich ~** ofrecerse, presentarse; **Darbietung** F ⟨~; ~en⟩ **1** *geh* presentación *f* **2** THEAT función *f*, representación *f* (*a. im Zirkus*); *i. w. S* programa *m*
'darbringen V/T ⟨*irr*⟩ *geh* ofrecer, dar; ofrendar; **ein Opfer ~** consumar (*od* hacer) un sacrificio; **Darbringung** F ⟨~; ~en⟩ *geh* ofrenda *f*; presentación *f*
Darda'nellen FPL Dardanelos *mpl*
dar'ein, *betonend*: **'darein** ADV *geh* en eso, en ello; allí dentro
dar'einfinden V/R *geh* , **dareinfügen** V/R *geh* **sich ~** resignarse, conformarse con; acomodarse, amoldarse a; **dareinreden** V/I → dreinreden; **dareinschauen** V/I → dreinschauen; **dareinsetzen** V/T **seinen ganzen Ehrgeiz ~, zu** (*inf*) esforzarse hasta el máximo para (*inf*); **dareinwilligen** V/I *geh* consentir, permitir que (*subj*)
darf → dürfen
dar'in *betonend*: **'darin** ADV **1** *räumlich* ahí (dentro), en; (a)dentro; **was ist ~?** ¿qué hay ahí (dentro)? **2** (*in dieser Sache*) en eso; en este punto; **~ ist sie sehr gut** en eso (*od* ahí) es muy buena; **~ irren Sie sich** en eso está usted equivocado; **~ liegt der Unterschied** ahí está

la diferencia; **der Unterschied liegt ~, dass …** la diferencia estriba en que …

'darlegen VT exponer; explicar; *(beweisen)* demostrar; probar; **offen ~** poner de manifiesto *(od* en evidencia), evidenciar; hacer patente; **im Einzelnen ~** detallar, pormenorizar; **Darlegung** F ⟨~; ~en⟩ exposición *f*; manifestación *f*; explicación *f*; demostración *f*

'Darlehen N ⟨~s; ~⟩ FIN préstamo *m*; **zinsloses ~** préstamo *m* sin intereses; **ein ~ aufnehmen/beantragen** tomar/solicitar un préstamo; **ein ~ bewilligen** *od* **gewähren** conceder *od* otorgar un préstamo

'Darlehensgeber M ⟨~s; ~⟩, **Darlehensgeberin** F ⟨~; ~nen⟩ dador *m*, -a *f* del préstamo, prestamista *m/f*; **Darlehenskasse** F caja *f* de préstamos; **Darlehensnehmer** M ⟨~s; ~⟩, **Darlehensnehmerin** F ⟨~; ~nen⟩ prestatario *m*, -a *f* tomador *m*, -a *f* del préstamo; **Darlehenstilgung** F amortización *f* de un préstamo; **Darlehensvertrag** M contrato *m* de préstamo *(od* de mutuo); **einen ~ abschließen** firmar un contrato de préstamo; **Darlehenszinsen** MPL intereses *mpl* de crédito; réditos *mpl*

Darm M ⟨~(e)s; ~̈e⟩ **1** ANAT intestino *m* **2** *(Wursthülle)*, tripa *f*

'Darmbein N ANAT ilion *m*; **Darmblutung** F MED hemorragia *f* intestinal; *fachspr* enterorragia *f*; **Darmentleerung** F evacuación *f* intestinal, defecación *f*; **Darmentzündung** F MED enteritis *f*; **Darmflora** F flora *f* intestinal; **Darmgeschwür** N úlcera *f* intestinal; **Darmgrippe** F gripe *f* intestinal; **Darmkatarr(h)** M catarro *m* intestinal; **Darmkrankheit** F → Darmleiden; **Darmkrebs** M MED cáncer *m* de intestino; **Darmleiden** N afección *f* intestinal, enfermedad *f* entérica; **Darmpolyp** ANAT *mst* PL **~en** pólipos *mpl* intestinales; enteropatía *f*; **Darmsaft** M jugo *m* intestinal; **Darmsaite** F cuerda *f* de tripa; **Darmschlinge** F ANAT asa *f* intestinal; **Darmspiegelung** F *Dickdarm*: colonoscopia *f*; *Dünndarm*: enteroscopia *f*; **Darmträgheit** F estreñimiento *m*; **Darmverschlingung** F ⟨~; ~en⟩ MED vólvulo *m*; **Darmverschluss** M MED oclusión *f* intestinal, íleo *m*; **Darmwand** F ANAT pared *f* intestinal; **Darmzotte** F ANAT vellosidad *f* intestinal

dar'niederliegen → daniederliegen

'Darre F ⟨~; ~n⟩ **1** *Ort*: secadero *m* **2** *Vorgang*: secado *m* **3** VET *der Vögel*: granillo *m*

'darreichen VT ofrecer, presentar; *Speisen* servir; REL, MED administrar

'darren VT (de)secar; **Darrmalz** N malta *f* desecada; **Darrofen** M horno *m* secador

'darstellbar ADJ representable

'darstellen **A** VT **1** *(beschreiben)* describir; **falsch ~** dar una idea falsa de **2** *(wiedergeben)* representar; reproducir; **symbolisch ~** simbolizar; **grafisch ~** representar gráficamente; **schematisch ~** esquematizar **3** *(bedeuten)* significar, representar, ser; **was soll das ~?** ¿qué se supone que es esto? **4** THEAT *Stück* representar; *Rolle a.* interpretar, caracterizar **5** MATH describir; TECH, CHEM elaborar, producir, preparar **B** VR **sich ~** representarse; **darstellend** ADJ descriptivo; MATH **~e Geometrie** geometría *f* descriptiva

'Darsteller M ⟨~s; ~⟩, **Darstellerin** F ⟨~; ~nen⟩ actor *m*, actriz *f*, *e-r Rolle*: intérprete *m/f*

'darstellerisch ADJ de representación; **j-s ~e Leistung** la actuación de alg

'Darstellung F ⟨~; ~en⟩ **1** exposición *f*; presentación *f*; *(Schilderung)* descripción *f*, relación *f*, relato *m* **2** THEAT *Rolle*: interpretación *f*, personificación *f*; *e-s Stückes*: representación *f* **3** **grafische ~** gráfico *m*; diagrama *m*; representación *f* gráfica **4** TECH, CHEM preparación *f*

'Darstellungskraft F capacidad *f* *(od* fuerza *f)* descriptiva; **Darstellungskunst** F THEAT talento *m* mímico; LIT talento *m* descriptivo; **Darstellungsverfahren** N TECH, CHEM método *m* de preparación; **Darstellungsweise** F *allg* manera *f* de exponer las cosas; LIT estilo *m* (literario)

'dartun VT ⟨irr⟩ *geh* *(beweisen)* evidenciar, probar, demostrar; *(erklären, zeigen)* mostrar, exponer, explicar

dar'über, *betonend*: **'darüber** ADV **1** *räumlich*: encima (de eso), sobre (eso); arriba, por arriba, allá arriba; *(querüber)* a través de; *(darüberhin)* por encima; **das Zimmer ~** la habitación de encima **2** *zeitlich* con eso, mientras tanto; **~ vergingen die Jahre** entre tanto pasaron los años; **~ habe ich ganz vergessen, dass …** esto me hizo olvidar que … **3** **~ hinaus** más allá; *fig* además **4** *Steigerung*: **zwei Pfund und etwas ~** dos libras y algo más *(od umg* y pico); **es geht nichts ~** no hay nada mejor; no tiene igual **5** *(über diese Sache)* **ich freue mich ~** me alegro de ello; **er beklagt sich ~, dass …** se queja de que …; **~ lässt sich streiten** eso es discutible; **~ bin ich nicht informiert** *od* **unterrichtet** no estoy informado (acerca) de eso; **~ sprechen wir noch** volveremos sobre ese punto; **er ist noch nicht ~ hinweg** todavía no lo ha superado

da'rüberstehen VI estar por encima de; *fig* **sie steht darüber** (ella) está por encima de eso

dar'um *betonend*: **'darum** ADV **1** *räumlich*: en torno a *(od* de); **~ (herum)** alrededor *(od* en torno) de (él, ella, ello); **~ herumfahren** dar vueltas (en automóvil, etc) alrededor de a/c **2** *(um diese Sache)* **er weiß ~** está enterado *(od* al corriente); **es ist mir nur ~ zu tun …** lo único que me importa es …, mi único objeto es …; **es ist mir sehr ~ zu tun, dass** me interesa mucho que *(subj)*; **er kümmert sich nicht ~** no hace caso de; no se preocupa de *(od* por); **es handelt sich ~, zu wissen, ob …** se trata de saber si …; **ich bitte dich ~** te lo pido; **~ geht es nicht** ¡ése no es el problema!; ¡no se trata de eso!; **~ handelt es sich (eben)** de eso se trata (precisamente); **~ handelt es sich nicht** eso no es el caso; **ich würde viel ~ geben, wenn …** daría lo que fuera por *(od* si) … **3** *(deshalb)* por eso, por esa razón, por ese motivo; **~ eben!** ¡por eso justamente!; ¡ahí está el quid!; *warum …?* **~!** ¡porque sí!

dar'unter *betonend*: **'darunter** ADV **1** *räumlich*: (por) debajo; abajo; debajo de (ello, eso); **die Wohnung ~** el piso de abajo; **~ trug sie …** por debajo llevaba … **2** *innerhalb e-r Gruppe*: entre ellos; *(einschließlich)* inclusive, incluido, comprendido en; **einige ~** algunos de ellos; **es waren auch … ~** también había … (entre ellos) **3** *unter e-m Wert*: (de)bajo; **… und ~** … y menos; **minus 20 Grad und ~** menos veinte grados y menos; *fig* **~ liegen** estar por debajo (de eso); **es nicht ~ abgeben können** no poder vender por menos; *umg* **~ tut er es nicht** no lo hace por menos **4** *(unter e-r Sache)* **was verstehst du ~?** ¿qué quieres decir con eso?; **~ kann ich mir nichts vorstellen** esto no me dice nada; **~ leiden, dass** sufrir por; **er litt sehr ~** sufrió mucho de ello

Darwi'nismus M ⟨~⟩ darwinismo *m*

das N SG *(dat* **dem**, *acus* **das)** **A** ART **1** *nom, acus* el, la *od* lo; **~ Buch** el libro; **~ Obst** la fruta; **~ Gute** lo bueno **2** *(gen* **des)** del, de la, de lo; **der Baum des Lebens** el árbol de la vida **3** *dat* el, la *od* lo; *von Personen*: al, a la; **sie ruft dem Kind** llama al niño **B** DEM PR *(gen* **dessen)** esto, eso; *a.* éste, ésta, ése, ése; ello, aquello; *acus a.* le, la *od* lo; **~ hier** eso (de aquí); **~ da** eso (de ahí); **~ sind seine Bücher** éstos son sus libros; **~ heißt** es decir; **~ ist es ja (gerade)** ¡es eso precisamente!; **nur ~ nicht** ¡eso, ni hablar! **C** REL *(gen* **dessen)** el, la, lo, que; **~, was** lo que; **~ Mädchen, mit dem ich sprach** la muchacha con quien *(od* con la cual) hablé

'Dasein N ⟨~s⟩ existencia *f*, vida *f*, ser *m*; *(Anwesenheit)* presencia *f*; **ins ~ treten** nacer

'Daseinsberechtigung F razón *f* de ser; **Daseinskampf** M lucha *f* por la existencia *(od* vida)

da'selbst ADV *obs* allá; allí mismo

'dasitzen VI ⟨irr⟩ estar sentado

'dasjenige DEM PR el que, la que, lo que, aquello que, aquella que

dass KONJ **1** *allg* que; *(damit)* para que *(subj)*, para *(inf)*; **ich weiß, ~ ich recht habe** sé que tengo razón; **er entschuldigte sich, ~ er zu spät kam** se disculpó por haber venido demasiado tarde; **nicht ~ ich wüsste** no que yo sepa; **nicht ~ es etwas ausmachte** no es que importara **2** *Wunschsatz*: **~ es doch wahr wäre!** ¡ojalá fuera verdad!; *umg* **~ ich es bloß nicht vergesse** que no se me olvide **3** *Befehl*: **~ du dich ja nicht rührst!** ¡(que) no te muevas!, ¡cuidado con moverte!; **~ du ja kommst!** ¡no dejes de venir! **4** *erweitert*: **auf ~** (a fin de) que *(subj)*, con objeto de *(inf)*; **bis ~** hasta que; **ohne ~** sin que *(subj)*, sin *(inf)*; **so ~** de modo que; **es sei denn, ~** a no ser *(od* a menos) que *(subj)*

das'selbe DEM PR el mismo, la misma, lo mismo **(wie que)**; **das ist (ein und) ~** es lo mismo; **es ist nicht ~** no es lo mismo; **es kommt auf ~ hinaus** viene a ser lo mismo; **~ tun** hacer lo mismo

'dastehen VI ⟨irr⟩ **1** *allg* estar allí (parado); **stumm ~** estar (ahí) sin decir palabra; **untätig ~** cruzarse de brazos **2** *fig* **gut ~** estar en buena posición; *fig* quedar bien; *Geschäft*: prosperar, marchar bien; **ganz allein ~** estar sólo; *(ohne Unterstützung)* no tener apoyo; *umg* **wie stehe ich nun da!** y ahora, ¿cómo quedo yo?

Date [deːt] N ⟨~(s); ~s⟩ *umg* *(Verabredung)* cita *f*; **Blind ~** cita *f* a ciegas; **ein ~ haben** tener una cita

Da'tei F ⟨~; ~en⟩ *bes* IT fichero *m*, archivo *m*; **eine ~ öffnen/schließen** abrir/cerrar un fichero; **Dateiformat** N formato *m* del fichero; **Dateimanager** M administrador *m* de archivos; **Dateiname** M nombre *m* del fichero *(od* del archivo); **Dateipfad** IT ruta *f*; vía *f* de acceso

'Daten NPL **1** → Datum **2** *bes* IT datos *mpl*; **~ abfragen/anfordern** consultar/pedir datos; **~ abspeichern** almacenar *(od* guardar) datos; **~ bearbeiten** *erarbeiten*: elaborar datos; *überarbeiten*: revisar datos; **~ eingeben** introducir *(od* insertar) datos; **~ erfassen** recoger *(od* registrar) datos; **~ komprimieren** comprimir datos; **~ löschen** borrar datos; **~ sichern** almacenar *(od* guardar) datos; **~ verarbeiten** procesar *(od* tratar) datos **3** *(Angaben)* datos *mpl*, características *fpl*; **numerische/statistische ~** datos *mpl* numéricos/estadísticos; **technische ~** datos *mpl* técnicos; especificaciones *fpl* *(od* características *fpl)* técnicas

'Datenabfrage F consulta *f* de datos; **Datenaufbereitung** F procesamiento *f* *(od* tratamiento *f)* de datos; **Datenausgabe** F salida *f* de datos; **Datenaustausch** M (inter)cambio *m* de datos; **Datenauswertung** F evaluación *f* de datos; **Datenautobahn** F autopista *f* electrónica *(od* de datos *od* de la información)

'Datenbank F ⟨~; ~en⟩ IT base *f* (*od* banco *m*) de datos; **Datenbankprogramm** N programa *m* de base de datos (*od* de administración de bases de datos); **Datenbanksystem** N sistema *m* de base de datos (*od* de administración de bases de datos)

'Datenbestand M cantidad *f* (*od* volumen *m*) de datos; **Datendiebstahl** M robo *m* de datos; **Dateneingabe** F entrada *f* (*od* introducción *f*) de datos; **Datenerfassung** F recogida *f* de datos; **Datenfehler** M error *m* en (*od* de) datos; **Datenfernübertragung** F teletransmisión *f* de datos; transmisión *f* de datos a distancia; **Datenfernverarbeitung** F teleproceso *m* (*od* teleprocesamiento *m*) de datos; **Datenfluss** M flujo *m* de datos; *innerhalb des Computers*: movimiento *m* de datos; **Datenformat** N formato *m* de datos; **Datenkomprimierung** F ⟨~; ~en⟩ compresión (*od* condensación *f*) de datos; **Datenleitung** F línea *f* (*od* enlace *m*) de datos; **Datenmenge** F cantidad *f* (*od* volumen *m*) de datos; **Datennetz** N red *f* de datos (*od* de información); **Datensatz** M juego *m* de datos

'Datenschutz M protección *f* de datos (privados); protección *f* de la privacidad informática; **Datenschutzbeauftragte** M/F encargado *m*, -a *f* (*od* comisionado *m*, -a *f*) de seguridad informática

'Datensicherheit F seguridad *f* informática; IT seguridad *f* de datos; **Datensicherung** F copia *f* de seguridad; back-up *n*; → *a* Datenspeicherung; **Datenspeicher** M memoria *f* de datos; **Datenspeicherung** F almacenamiento *m* de datos; **Datenstation** F terminal *m*; **Datenträger** M medio *m* (*od* soporte *m*) de datos; soporte *m* informático; **Datentransfer** M → Datenübermittlung; **Datentypist** M ⟨~en; ~en⟩, **Datentypistin** F ⟨~; ~nen⟩ operador *m*, -a *f* (de un terminal de datos); **Datenübermittlung** F, **Datenübertragung** F transmisión *f* (*od* transferencia *f*) de datos; *innerhalb e-s Rechners*: transcripción *f* de datos; **Datenübertragungssystem** N sistema *m* de transimisión de datos

'Datenverarbeitung F proceso *m* (*od* tratamiento *m*) de datos; *Am* procesamiento *m* de datos; *i. w. S* informática *f*; **automatische ~** proces(amient)o *m* (*od* tratamiento *m*) automático de datos; **elektronische ~** tratamiento *m* (*od* proceso *m*) electrónico de datos

'Datenverarbeitungsanlage F centro *m* de proces(amient)o de datos; **Datenverarbeitungsprogramm** N programa *m* de proces(amient)o (*od* tratamiento) de datos

'Datenverlust M pérdida *f* (*od* fuga *f*) de datos; *nach Manipulation*: extracción *f* (*od* sustracción *f*) de datos; **Datenzugriff** M acceso *m* a la información (*od* a los datos)

da'tieren ⟨*ohne* ge-⟩ **A** V/T *Brief etc* fechar, datar; **datiert sein vom ...** tener (*od* llevar) (la) fecha de; estar fechado el ... **B** V/I **~ vom ...** llevar fecha de; **aus dem Mittelalter ~** datar de la Edad Media

'Dativ M ⟨~s; ~e⟩ GRAM dativo *m*; **Dativobjekt** N GRAM complemento *m* dativo (*od* indirecto)

'dato ADV HANDEL **drei Monate ~** a tres meses fecha; **bis ~** hasta (el día de) hoy, hasta la fecha; **Datowechsel** M letra *f* a tantos días fecha

'Datscha F ⟨~; ~s *od* Datschen⟩ da(t)cha *f*; casa *f* de verano (*od* de campo)

'Datsche F ⟨~; ~n⟩ da(t)cha *f*; *hum DDR* (*Gartenlaube*) cenador *m*

'Dattel F ⟨~; ~n⟩ BOT dátil *m*; **Dattelbaum** M, **Dattelpalme** F palm(er)a *f* datilera; **Dattelpflaume** F ciruela *f* datilada

'Datum N ⟨~s; Daten⟩ fecha *f*; **unter dem heutigen ~** con (la) fecha de hoy; **ohne ~** sin fecha; **neueren ~s** de fecha reciente; **welches ~ haben wir heute?** ¿a qué fecha estamos hoy?; ¿a cuántos estamos?, ¿ qué fecha tenemos (hoy)?; **ohne ~** sin fecha

'Datumsangabe F fecha *f*; **ohne ~** sin fecha

'Datum(s)stempel M **1** sello *m* de fechas **2** *Gerät*: fechador *m*, datador *m*

DAU M ABK ⟨~s; ~s⟩ (Dümmster Anzunehmender User) INTERNET usuario *m* inútil, usuario *m* más torpe

'Daube F ⟨~; ~n⟩ (*Fassdaube*) duela *f*

'Dauer F ⟨~⟩ **1** duración *f*; (*Fortdauer*) continuidad *f*; permanencia *f*; **unbegrenzte ~** tiempo *m* ilimitado; **von ~** duradero, durable; **von kurzer ~** de corta duración; *fig* efímero, fugaz; **von langer ~** de gran (*od* larga) duración; **(nicht) von ~ sein** (no) durar mucho; (no) ser dueradero **2** (*Zeitspanne*) período *m* (*a.* MUS); *bes* HANDEL *u.* JUR plazo *m*; **für die ~ von** por un período de **3** (*lange Zeit*) **auf die ~** a la larga

'Dauerarbeitslose M/F WIRTSCH parado *m*, -a *f* (*od* desempleado *m*, -a *f*) permanente (*od* de larga duración); **Dauerarbeitslosigkeit** F ⟨~⟩ WIRTSCH paro *m* (*od* desempleo *m*) permanente; paro *m* de larga duración

'Dauerauftrag M FIN orden *f* (de pago) permanente; pago *m* domiciliado; **der Bank einen ~ erteilen** dar al banco una orden permanente; **Dauerausstellung** F exposición *f* permanente; **Dauerbelastung** F carga *f* continua; **Dauerbetrieb** M funcionamiento *m* continuo; servicio *m* permanente; **Dauerbrandofen** M estufa *f* de fuego continuo, salamandra *f*; **Dauerbrenner** M **1** TECH → Dauerbrandofen **2** *umg fig* éxito *m* permanente; **Dauererfolg** M *Film, Thema etc*: éxito *m* permanente; **Dauerfahrt** F carrera *f* de resistencia (*a.* SPORT); **Dauergast** M huésped *m/f* fijo, -a

'dauerhaft ADJ *Frieden, Lösung etc* duradero, permanente; *Frieden a.* estable; *Material* sólido (*a. Farbe*), resistente; **Dauerhaftigkeit** F ⟨~⟩ duración *f*; durabilidad *f*; estabilidad *f*; *v. Material*: solidez *f*; resistencia *f*

'Dauerkarte F (billete *m od* tarjeta *f* de) abono *m*; pase *m*; **Dauerlauf** M SPORT carrera *f* gimnástica (*bzw* de resistencia), footing *m*; **Dauerleistung** F TECH rendimiento *m* continuo; **Dauerlutscher** M pirulí *m*; **Dauermarsch** M MIL marcha *f* forzada; **Dauermieter** M, **Dauermieterin** F inquilino *m*, -a *f* fijo, -a

'dauern[1] V/I durar (*bes mit Zeitangabe*); (*andauern*) continuar, seguir; perdurar; **lange ~** tardar mucho; **zu lange ~** tardar demasiado; **wie lange dauert es?** ¿cuánto tarda?; **das kann noch (lange) ~** hay para rato; **es dauerte mir zu lange** se me hizo tarde, ya no podía esperar más; **es dauerte nicht lange, bis er wiederkam** no tardó en volver; **es dauerte über eine Woche, bis sie schrieb** no escribió hasta pasada una semana

'dauern[2] V/T & V/I *geh* (*leidtun*) **er** *bzw* **es dauert mich** me da pena (*od* lástima); **mich dauert mein Geld** me duele el gasto

'dauernd **A** ADJ (*ständig*) continuo, constante, permanente; (*unaufhörlich*) incesante **B** ADV (*ständig*) continuamente, sin cesar, constantemente; (*immer wieder*) a cada momento

'Dauerregen M lluvia *f* persistente (*od* continua); **Dauerstellung** F *Arbeitsplatz*: empleo *m* fijo; **Dauerton** M ⟨~(e)s; ⸚e⟩ TEL tono *m* continuo; **Dauerwelle** F *a.* **~n** FPL permanente *f*; moldeado *m*; **~n haben** llevar permanente (*od* moldeado); **sich** (*dat*) **eine ~ machen lassen** hacerse la permanente; **Dauerwurst** F salchichón *m* (ahumado); **Dauerzustand** M estado *m* permanente

'Däumchen N ⟨~s; ~⟩ pulgar *m*; *umg fig* **~ drehen** estar mano sobre mano

'Daumen M ⟨~s; ~⟩ ANAT (dedo *m*) pulgar *m*; **am ~ lutschen** chuparse el dedo; *fig* **j-m die ~ halten** *od* **drücken** desear suerte a alg, hacer votos por alg; *umg fig* **über den ~ gepeilt** a ojo de buen cubero

'Daumenabdruck M ⟨~(e)s; ⸚e⟩ impresión *f* dactilar del pulgar; **Daumenbreite** F ancho *m* del pulgar; **Daumenlutschen** N succión *f* del dedo; **Daumenregister** N uñero *m*; **Daumenschraube** F empulguera *f*; *fig* **j-m ~n anlegen** apretar a alg las clavijas

'Däumling M ⟨~s; ~e⟩ **1** TEX dedil *m* **2** *Märchenfigur*: Pulgarcito *m*

'Daune F ⟨~; ~n⟩ plumón *m*; **Daunendecke** F edredón *m* (nórdico); **Daunenjacke** F plumífero *m*; **Daunenschlafsack** M saco *m* de dormir de pluma

DAV M ABK ⟨~⟩ (Deutscher Alpenverein) *asociación alemana de alpinistas*

da'von, *betonend*: **'davon** ADV **1** *räumlich*: de ello, de es(t)o; de allí; **nicht weit ~** no lejos de allí **2** (*dadurch*) de esto, de eso, de ello; **was habe ich ~?** ¿de qué me sirve eso?; **das kommt ~!** *umg* ¡ahí lo ves!, ¡ahí lo tienes!; **das kommt ~, dass** eso es debido a que **3** (*darüber*) **hast du schon ~ gehört?** ¿has oído algo sobre eso?; **ich halte nicht viel ~** doy poca importancia a eso; **genug ~!** ¡basta ya! **4** (*v. e-r Sache, Menge*) de eso, de ello; **die Hälfte ~** la mitad de eso; **probier mal ~!** ¡pruébalo!

da'vonbrausen V/I ⟨sn⟩ *umg* (*schnell wegfahren*) salir disparado (*od* pitando); embalarse; **davoneilen** V/I ⟨sn⟩ irse (*od* marcharse) a toda prisa, *umg* salir pitando (*od* disparado); **davonfahren** V/I marcharse, alejarse; **davonfliegen** V/I ⟨*irr*; sn⟩ echar(se) a volar, alzar el vuelo; irse volando; **davonjagen** V/T (*vertreiben*) echar

da'vonkommen V/I ⟨*irr*; sn⟩ escapar(se); (*überleben*) salvarse, sobrevivir; **mit einer Verwarnung ~** llevarse sólo una amonestación; **gut ~** salir airoso; **wird er ~?** ¿saldrá con vida?; **wir sind noch einmal davongekommen** de buena nos hemos librado

da'vonlaufen V/I ⟨*irr*; sn⟩ **1** echar a correr; huir (a la carrera); escaparse; **j-m ~** (*ihn verlassen*) huir (*od* escaparse) de alguien **2** *umg* **es ist ja zum Davonlaufen!** *umg* ¡es (como) para volverse loco!; ¡es (como) para desesperarse!

da'vonmachen V/R **sich ~** escaparse, salir corriendo; *umg* largarse, salir pitando; **davonschleichen** V/I ⟨*irr*; sn⟩ escabullirse; salir a hurtadillas (*od* furtivamente); **davonstürzen** V/I salir precipitadamente (*od* disparado)

da'vontragen V/T ⟨*irr*⟩ **1** (*wegtragen*) llevar(se); obtener, conseguir **2** *fig* (*sich zuziehen*) llevarse; sufrir; **Verletzungen ~** sufrir daños **3** **den Sieg ~** triunfar, alzarse con la victoria; llevarse la palma (*a. fig*)

da'vor *betonend*: **'davor** ADV **1** *räumlich*: delante (de eso); (*gegenüber*) en frente de, frente a; **mit einem Garten ~** con un jardín delante **2** *fig* (*vor dieser Sache*) de ello; a ello; **~ habe ich Angst** (eso) me da miedo; **ich habe sie ~ gewarnt** le previne sobre eso; **er fürchtet sich ~** (le) tiene miedo; **sie bewahrte mich ~** me libró de ello; *zeitlich*: antes

DAX® M ABK (Deutscher Aktienindex) DAX®

D

m (índice alemán de acciones)

da'zu, *betonend*: **'dazu** ADV 1 *(zu etwas)* a eso, con eso; GASTR *(als Beilage)* como acompañamiento, como guarnición; **er gehört ~** pertenece al grupo 2 *(zu diesem Zweck)* para eso *(od* ello), con ese fin; a tal efecto; **er ist ~ da, zu** *(inf)* está aquí para *(inf)*; **~ ist er ja da!** ¡para eso está ahí! 3 *(zu dieser Sache)* (con respecto) a eso; **~ braucht es Mut** hace falta *(od* se necesita) valor (para eso); **~ gehört Zeit** eso requiere tiempo; **sie hat das Geld ~** tiene medios para ello; puede permitirse ese lujo; **wie kommen Sie ~?** ¿cómo se le ocurre eso?; **ich komme einfach nicht ~** no encuentro tiempo para eso; **~ darf es nicht kommen** no debe llegar a eso; **ich riet ihm ~** le aconsejé que lo hiciera; **was sagen Sie ~?** ¿qué dice usted a esto?, ¿qué le parece?; *umg* **ich kann nichts ~** no tengo la culpa 4 *(außerdem)* **noch ~** sobre eso; por añadidura; encima (de eso); **und ~** y además; **~ kommt, dass** a esto se une que; a esto hay que añadir que

da'zugeben VT *(irr)* añadir; **dazugehören** VI *(ohne* ge-*)* formar parte de, pertenecer a; **dazugehörig** ADJ correspondiente; perteneciente; pertinente; **dazukommen** VI *(irr;* sn*)* *Person* llegar (en el momento en que); unirse a un grupo; **sie kam gerade dazu, als …** acababa de llegar cuando …; → *a* dazu sobrevenir; **dazulernen** A VT aprender B VI aprender algo nuevo

'dazumal ADV (**Anno**) **~** en aquel entonces, en aquellos tiempos

da'zustoßen VI *(irr)* → dazukommen; **dazutun** VT *(irr)* añadir, agregar; **ohne sein Dazutun** sin su intervención, sin su ayuda

da'zwischen ADV 1 *räumlich*: en medio 2 *(darunter)* entre medio 3 *zeitlich* en medio, (de) por medio; **dazwischenfahren** *(irr;* sn*)*, *umg* **dazwischenfunken** VI interferir; *im Gespräch*: interrumpir, *umg* meter baza

da'zwischenkommen VI *(irr;* sn*)* intervenir; interponerse; *Ereignis*: sobrevenir, ocurrir; **wenn nichts dazwischenkommt** si no surge nada, salvo imprevisto, *umg* Dios mediante; **es ist etwas dazwischengekommen** ha ocurrido algo; **dazwischenliegen** VI haber pasado mientras tanto; **dazwischenliegend** ADJ intermedio; intermediario; interpuesto; **dazwischenreden** VI interrumpir (j-m a alg); *umg* meter baza; **dazwischentreten** VI *(irr;* sn*)* *fig* intervenir; interponerse, meterse de por medio; *(sich einschalten)* interceder; **Dazwischentreten** N intervención *f*

DB F ABK (Deutsche Bahn) Ferrocarriles *mpl* Alemanes

DBB M ABK (Deutscher Beamtenbund) Unión *f* de Funcionarios Alemanes

DBP ABK 1 *(Deutsche Bundespost)* HIST Correos *mpl* Federales Alemanes 2 *(Deutsches Bundespatent)* Patente *f* Federal Alemán

DDR F ABK (Deutsche Demokratische Republik) HIST **die ~** la RDA (República Democrática Alemana)

Deal [di:l] M *(~s; ~s)* *umg* negocio *m*; **einen ~ machen** hacer un negocio; **das ist ein ~!** ¡hecho!

'dealen ['di:lən] VI (**mit Drogen**) **~** traficar (con droga *od* drogas)

'Dealer ['di:lər] M *(~s; ~)*, **Dealerin** F *(~; ~nen)* *(Drogendealer)* traficante *m/f*; *umg* camello *m*

De'bakel N *(~s; ~)* desastre *m*, debacle *f*

De'batte F *(~; ~n)* debate *m*; discusión *f* (**über** *acus* sobre); **zur ~ stellen** hacer objeto de discusión; **zur ~ stehen** estar en discusión; **das steht hier nicht zur ~** de eso no se trata aquí; eso no es materia de discusión; *(das passt nicht hierher)* eso no viene al caso

debat'tieren VT & VI *(ohne* ge-*)* debatir, discutir; *bes* POL deliberar (**über** *acus* sobre)

'Debet ['de:bɛt] N *(~s; ~s)* HANDEL debe *m*, débito *m*; **Debetposten** M adeudo *m*; **Debetsaldo** M saldo *m* deudor; **Debetseite** F lado *m* deudor

debi'tieren VT *(ohne* ge-*)* HANDEL adeudar, cargar en cuenta

Debi'toren MPL HANDEL deudores *mpl*; *in der Bilanz a.*: cuentas *fpl* deudoras; **Debitorenbuchhaltung** F contabilidad *f* de deudores

De'büt [de'by:] N *(~s; ~s)* estreno *m*, debut *m*; **sein ~ geben** hacer su debut

Debü'tant M *(~en; ~en)*, **Debütantin** F *(~; ~nen)* principiante *m/f*, debutante *m/f*

debü'tieren VI *(ohne* ge-*)* estrenarse; debutar

De'chant [de'çant] M *(~en; ~en)* KATH deán *m*

dechif'frieren [deʃi'fri:rən] VT *(ohne* ge-*)* descifrar

Deck N *(~s; ~s)* 1 SCHIFF cubierta *f*; **an** *od* **auf/unter ~** sobre/bajo cubierta; **klar ~!** ¡despeja cubierta! 2 *e-s Wagens*: imperial *f*

'Deckadresse F dirección *f* fingida; **Deckanstrich** M pintura *f* de cubrición; **Deckaufbau** M *(~(e)s; ~ten)* SCHIFF superestructura *f* de cubierta; **Deckbett** N edredón *m*; *(Decke)* sobrecama *f*, colcha *f*; **Deckblatt** N 1 TYPO portada *f* 2 *Zigarre*: capa *f* 3 BOT bráctea *f*

'Deckchen N *(~s; ~)* pañito *m*, tapete *m*

'Decke F *(~; ~n)* 1 *(Bettdecke, Wolldecke)* manta *f*; *(Deckbett)* colcha *f*, sobrecama *f*; *(Tischdecke)* mantel *m*; *(Plane)* lona *f*; toldo *m*; *fig* **unter einer ~ stecken mit** hacer causa común con; estar confabulado *(umg* conchabado) con, estar en connivencia con 2 *(Bedeckung)* cubierta *f* *(a. Reifendecke)*; *(Schicht)* capa *f*; *(Überzug)* forro *m*; *(Hülle)* envoltura *f* 3 *(Zimmerdecke)* techo *m*; *fig* (**vor Freude**) **an die ~ springen** no caber en sí de contento; *umg* (**vor Wut**) **an die ~ gehen** subirse por las paredes; *fig* **sich nach der ~ strecken** amoldarse a las circunstancias; *fig* **mir fällt die ~ auf den Kopf** se me cae la casa encima 4 MUS *e-s Instruments*: tapa *f* 5 BOT tegumento *m* 6 JAGD piel *f*

'Deckel M *(~s; ~)* 1 *e-s Behälters*: tapa *f* *(a. Buchdeckel)*, tapadera *f*; *(Topfdeckel) a.* cobertera *f* 2 TYPO tímpano *m* 3 BOT, ZOOL opérculo *m* 4 *umg (Hut)* sombrero *m* 5 *umg* **j-m eins auf den ~ geben** *umg* echar una bronca a alg; *umg* **eins auf den ~ kriegen** *umg* recibir una bronca

'Deckelkrug M pichel *m*

'deckeln VT *umg* **die Kosten ~** reducir los gastos

'decken A VT 1 *allg* **etw über etw** *(acus)* **~** cubrir *(od* tapar) a/c con a/c 2 *Dach* cubrir, tejar; *Haus* cubrir, techar 3 **den Tisch ~** poner la mesa; **für sechs Personen ~** poner seis cubiertos 4 *(schützen)* **j-n ~** (en)cubrir a alg, proteger a alg 5 SPORT **j-n ~** marcar a alg 6 WIRTSCH *Kosten, Schaden* cubrir; *Nachfrage* satisfacer; *Wechsel* honrar 7 ZOOL *(begatten)* cubrir, montar B VI *Farbe* (**gut**) **~** cubrir (bien) C VR **sich ~** 1 *(sich schützen)* asegurarse, protegerse (**vor, gegen** contra); ponerse a cubierto (**vor, gegen** de); *Fechten, Boxen*: cubrirse 2 MATH coincidir; ser congruente 3 *fig Ansichten, Begriffe* **sich ~** (**mit**) corresponder(se) (con), coincidir (con)

'Decken N *(~s)* 1 *(Bedecken)* cubrimiento *m* 2 ZOOL cubrición *f*, monta *f* 3 SPORT marcaje *m*

'Deckenbalken M viga *f*; **Deckenbeleuchtung** F alumbrado *m* de techo; **Deckenfluter** M *(~s, ~)* ELEK lámpara *f* de pie halógena (con foco al techo); **Deckengemälde** N pintura *f* de techo *(od* de cielo raso); fresco *m* de techo, fresco *m* pintado en el techo; **Deckenlampe** F, **Deckenleuchte** F lámpara *f* de techo, plafón *m*; **Deckenlicht** N luz *f* de techo *(a.* AUTO); *(Oberlicht)* claraboya *f*; **Deckenträger** M ARCH viga *f* de techo

'Deckfarbe F pintura *f* opaca *(od* de fondo); **Deckglas** N *Mikroskop*: cubreobjetos *m*; **Deckhengst** M semental *m*; **Deckkonto** N FIN cuenta *f* ficticia; **Deckleiste** F tapajuntas *m*, cubrejuntas *m*; **Deckmantel** M *fig* tapadera *f*, cubierta *f*; **unter dem ~ von** so *(od* bajo) capa de; **Deckname** M nombre *m* falso *(od* fingido); nombre *m* de guerra; **Deckoffizier** M SCHIFF suboficial *m* de marina; **Deckplatte** F 1 *Stein*: losa *f* 2 TECH placa *f* de cubierta

'Deckung F *(~; ~en)* 1 *(Schutz)* defensa *f*, abrigo *m*; *bes* MIL **in ~ gehen** *od* **~ suchen** ponerse a cubierto (**vor** *dat* de); **unter ~** a cubierto de; **j-m ~ geben** cubrir a alg 2 SPORT *(Verteidigung)* defensa *f*; *e-s Spielers*: marcaje *m*; *Boxen, Fechten*: guardia *f* 3 FIN *e-s Schecks*: fondos *mpl*, cobertura *f*; *(Sicherheit)* garantía *f*, seguridad *f*; **ohne ~** en descubierto; **für ~ sorgen** hacer provisión *(od* proveer) de fondos; **mangels ~ zurück** devuelto por falta de fondos 4 *e-r Versicherung* cobertura *f*; **fehlende ~** descubierto *m*; **gesetzliche** *od* **vorgeschriebene ~** reserva *f* legal 5 MATH congruencia *f*

'Deckungsbeitrag M WIRTSCH *(zur Erreichung der Rentabilität)* margen *m* de contribución; **Deckungsbeitragsrechnung** F cálculo *m* del margen de contribución; cálculo *m* del umbral de rentabilidad; **Deckungsbetrag** M *e-r Versicherung*: cobertura *f* (máxima), límite *m* del seguro; **Deckungsfähigkeit** F capacidad *f* de cobertura; **Deckungsforderung** F petición *f* de remesa de fondos; **deckungsgleich** ADJ MATH, *fig* congruente; **Deckungsgrad** M grado *m* de cobertura; **Deckungskauf** M HANDEL compra *f* de provisión; **deckungslos** ADJ 1 al descubierto; **~es Gelände** campo *m* raso 2 *Scheck* en descubierto, sin fondos; **Deckungsmittel** NPL fondos *mpl* de cobertura; **Deckungssumme** F *e-r Versicherung*: suma *f* asegurada, límite *m* del seguro

'Deckweiß N blanco *m* opaco; **Deckwort** N palabra *f* clave

De'coder [de'ko:dər] M *(~s; ~)* TV de(s)codificador *m*

Dedikati'on F *(~; ~en)* dedicatoria *f*; **dedi'zieren** VT *(ohne* ge-*)* dedicar

Dedukti'on F *(~; ~en)* deducción *f*

deduk'tiv A ADJ deductivo B ADV **~ vorgehen** proceder deductivamente

dedu'zieren VT *(ohne* ge-*)* deducir (**aus** de)

de 'facto ADV de hecho

Defä'tismus M *(~)* derrotismo *m*; **Defätist** M *(~en; ~en)*, **Defätistin** F *(~; ~nen)* derrotista *m/f*; alarmista *m/f*; **defätistisch** ADJ derrotista

de'fekt ADJ 1 *(fehlerhaft)* defectuoso 2 *(beschädigt)* dañado, deteriorado; *bes Gerät*, AUTO averiado

De'fekt M *(~(e)s; ~e)* 1 defecto *m*, desperfecto *m* 2 *(Beschädigung)* deterioro *m*; *bes* AUTO avería *f*

defen'siv A ADJ defensivo B ADV **sich ~ verhalten** mantenerse *(od* estar) a la defensiva; **Defen'sive** F defensiva *f*; **in der ~ sein** estar a la defensiva

Defibrillator [defibri'la:tɔr] M MED desfibrilador *m*

defi'lieren VI ‹ohne ge-› desfilar; **Defiliermarsch** M MIL, MUS marcha *f* de desfile

defi'nierbar ADJ definible; **defi'nieren** VT ‹ohne ge-› definir; **Definiti'on** F ‹~; ~en› definición *f*; **defini'tiv** A ADJ definitivo B ADV definitivamente

'Defizit ['de:fitsɪt] N ‹~s; ~e› WIRTSCH déficit *m*; descubierto *m* (*a. fig*); **ein ~ decken** cubrir un déficit; **ein ~ aufweisen** arrojar un déficit (**von** de); **ein ~ ausgleichen** compensar *od* reparar un déficit; **mit einem ~ abschließen** liquidar con déficit

defizi'tär ADJ WIRTSCH deficitario, en déficit

Deflati'on F ‹~; ~en› WIRTSCH deflación *f*

deflatio'när ADJ deflacionario, deflacionista; **~e Tendenz** tendencia *f* deflacionista

Deflati'onsbewegung F movimiento *m* deflacionista; **Deflationsrate** F tasa *f* de deflación

Deflorati'on F ‹~; ~en› MED desfloramiento *m*; **deflo'rieren** VT ‹ohne ge-› desflorar

Deformati'on F ‹~; ~en› deformación *f*

defor'mieren VT ‹ohne ge-› deformar

'deftig ADJ robusto; sólido; *Essen* fuerte, sustancioso; *Witz, Ausdruck* fuerte, verde; *Preis* elevado; *fig Ohrfeige etc* fuerte, enérgico

'Degen M ‹~s; ~› espada *f*; (*Zierdegen*) espadín *m*; **den ~ ziehen/einstecken** desenvainar/envainar la espada

Degenerati'on F ‹~; ~en› degeneración *f*; **degene'rieren** VI ‹ohne ge-› degenerar

'Degenfechten N esgrima *f* de espada; **Degenfechter** M, **Degenfechterin** F espadista *m/f*; **Degengriff** M puño *m* de la espada; **Degenknauf** M pomo *m*; **Degenstoß** M estocada *f*

degra'dieren VT ‹ohne ge-› degradar; **Degradierung** F ‹~; ~en› degradación *f* (de rango)

degres'siv ADJ WIRTSCH degresivo, regresivo; **~e Abschreibung** amortización *f* degresiva; **~e Kosten** costes *mpl* degresivos

'dehnbar ADJ 1 extensible; *Seil, Stoff etc* elástico (*a. fig*); *Metall* dúctil; maleable 2 PHYS dilatable; *Gas* expansible 3 *fig* flexible; *fig* **ein ~er Begriff** un concepto vago; **Dehnbarkeit** F ‹~› 1 extensibilidad *f*; elasticidad *f*; *v. Metall*: ductilidad *f*; maleabilidad *f* 2 PHYS dilatabilidad *f*; *v. Gas*: expansibilidad *f* 3 *fig* flexibilidad *f*

'dehnen A VT 1 *Gummi, Stoff etc* extender, estirar 2 (*erweitern*) ensanchar; (*strecken*) estirar; (*verlängern*) alargar 3 MUS, LING alargar; *Worte* arrastrar; **gedehnter Vokal** vocal *f* larga B VR **sich ~** 1 extenderse, estirarse; *Person* desperezarse 2 *Stoffe etc in der Breite*: ensancharse; *in der Länge*: alargarse 3 PHYS (*sich ausdehnen*) dilatarse

'Dehnung F ‹~; ~en› *von Stoffen etc* extensión *f*; PHYS dilatación *f*; expansión *f*; MUS, LING alargamiento *m*; MED elongación *f*

'Dehnungsfuge F junta *f* de dilatación; **Dehnungshub** M TECH carrera *f* de expansión; **Dehnungsmesser** M PHYS dilatómetro *m*; TECH extensómetro *m*

dehy'drieren VT ‹ohne ge-› CHEM deshidrogenar

Deich M ‹~(e)s; ~e› dique *m*; **Deichbruch** M rotura *f* de dique; **Deichgraf** M, **Deichhauptmann** M HIST intendente *m* de diques

'Deichsel F ‹~; ~n› lanza *f*, pértigo *m*; timón *m*; **deichseln** VT *umg* **etw ~** (*in Ordnung bringen, hinkriegen*) arreglar a/c; manejar un asunto; **Deichselstange** F vara *f*

dein POSS PR A ADJ tu; **er ist ~ Freund** es tu amigo, *betont*: es amigo tuyo; **einer ~er Freunde** de uno de tus amigos; *am Briefschluss*: **Deine Claudia** Claudia; **das ist ~(e)s** esto (*od* eso) es lo tuyo; **ich bin ~** soy (*od* quedo) tuyo; *geh* **ich werde ~(er) gedenken** me acordaré de ti B *subst* **der/die/das Deine** *od* **~e** el tuyo, la tuya, lo tuyo; **immer der Deine** *od* **~e** siempre tuyo; **die Deinen** *od* **~en** (*deine Familie*) los tuyos, tu familia

'deiner'seits ADV de tu parte, por tu parte

'deines'gleichen PRON tu(s) igual(es), tus semejantes

'deinet'wegen ADV, *obs* **deinet'halben** (*wegen dir*) por ti; *negativ*: por tu culpa (*od* por culpa tuya); (*dir zuliebe*) por ti; **deinet'willen** ADV **um ~** por ti

'deinige POSS PR *geh* **der/das ~** *od* **Deinige** el/lo tuyo; **die ~** la tuya; **die ~n** *od* **Deinigen** los tuyos, tu familia

'deinstallieren VT ‹ohne ge-› desinstalar

De'ismus M ‹~› deísmo *m*

De'ist M ‹~en; ~en›, **Deistin** F ‹~; ~nen› deísta *m/f*; **deistisch** ADJ deísta

de jure ADV de derecho

De'kade F ‹~; ~n› década *f*

deka'dent ADJ decadente; **Dekadenz** F decadencia *f*

Deka'gramm N decagramo *m*

De'kan M ‹~s; ~e›, **Dekanin** F ‹~; ~nen› UNIV decano *m*, -a *f*; REL deán *m*, decana *f*

Deka'nat N ‹~(e)s; ~e› UNIV decanato *m*; REL deanato *m*

dekan'tieren VT ‹ohne ge-› decantar

deka'tieren VT ‹ohne ge-› TECH *Stoff* decatizar

Deklamati'on F ‹~; ~en› declamación *f*; recitación *f*; **Dekla'mator** M ‹~s; -'toren› declamador *m*; recitador *m*; **Deklama'torin** F ‹~; ~nen› declamadora *f*; recitadora *f*; **deklama'torisch** ADJ declamatorio; **dekla'mieren** VT ‹ohne ge-› declamar; recitar

Deklarati'on F ‹~; ~en› declaración *f*; **dekla'rieren** VT ‹ohne ge-› declarar

deklas'sieren VT ‹ohne ge-› 1 rebajar, desclasificar 2 SPORT vencer (*od* superar) ampliamente

Deklinati'on F ‹~; ~en› GRAM declinación *f*

dekli'nierbar ADJ GRAM declinable; **dekli'nieren** VT ‹ohne ge-› GRAM declinar

'Deko F *umg* decoración *f*

De'koder M → Decoder

Dekolle'té, Dekolle'tee N ‹~s; ~s› escote *m*; **tiefes ~** (vestido) muy escotado; **dekolle'tiert** ADJ escotado; **tief ~** muy escotado, *sl* despechugado

De'kor M ‹~s; ~s› decoración *f*; adorno *m*; THEAT decorado *m*

Dekora'teur M ‹~s; ~e›, **Dekorateurin** F ‹~; ~nen› 1 *Innenausstattung*, THEAT decorador *m*; -a *f* 2 (*Schaufensterdekorateur*) decorador *m*, -a *f* de escaparates, escaparatista *m/f*

Dekorati'on F ‹~; ~en› 1 decoración *f*; adorno *m*; THEAT decorado(s) *m(pl)* 2 (*Orden*) condecoración *f*; **Dekorati'onsmaler** M pintor *m* decorador; adornista *m*; **dekora'tiv** ADJ decorativo

deko'rieren VT ‹ohne ge-› decorar, adornar; *mit e-m Orden*: condecorar

De'kret N ‹~(e)s; ~e› decreto *m*

dekre'tieren VT ‹ohne ge-› decretar

Delegati'on F ‹~; ~en› delegación *f*; **eine ~ zusammenstellen** constituir una delegación

Delegati'onschef M, **Delegationschefin** F jefe *m*, -a *f* de (la) delegación

dele'gieren VT ‹ohne ge-› delegar; **Befugnisse ~** delegar poderes (**an** en); **Delegierte** M/F ‹~n; ~n; → A› delegado *m*, -a *f*

De'lete-Taste F [di'li:t-] (*Löschtaste*) tecla *f* de borrar (*od* de borrado)

Del'fin A M ‹~s; ~e› delfín *m* B N ‹~s› (estilo *m*) mariposa *f*; **Delfi'narium** N ‹~s; Delfinarien› acuarama *m*; **Del'finschwimmen** N (estilo *m*) mariposa *f*

deli'kat ADJ 1 (*köstlich*) delicioso, exquisito, rico 2 (*zart*) delicado 3 *fig* (*heikel*) delicado; espinoso, escabroso

Delika'tesse F ‹~; ~n› delicadeza *f* (*a. fig*); *Speise*: manjar *m* exquisito (*od* delicioso); plato *m* fino; (*Leckerbissen*) golosina *f*; **Delikatessenhandlung** F ‹~; ~en› tienda *f* de comestibles finos; *Am* fiambrería *f*

De'likt N ‹~(e)s; ~e› JUR delito *m*

Delin'quent M ‹~en; ~en›, **Delinquentin** F ‹~; ~nen› delincuente *m/f*

deli'rieren VI ‹ohne ge-› MED delirar

De'lirium N ‹~s; Delirien› delirio *m* (*a. fig*); *fig a.* éxtasis *m*; **~ tremens** delírium tremens *m*

Del'kredere N ‹~; ~› HANDEL garantía *f*, seguridad *f*, delcrédere *m*; **Delkredereprovision** F HANDEL comisión *f* de garantía

'Delle F ‹~; ~n› depresión *f*; (*Beule*) abolladura *f*, bollo *m*

Del'phin *etc* → Delfin *etc*

'delphisch ADJ délfico

'Delta N ‹~s; ~s *od* Delten› (*Flussdelta*) delta *m*; **Deltamuskel** M ANAT (músculo *m*) deltoides *m*; **Deltaschaltung** F ‹~; ~en› ELEK conexión *f* en triángulo (*od* delta)

dem *dat* SG → das, der[1]; **~ steht nichts im Wege** nada se opone a eso; **nach ~, was ich gehört habe** según (*od* por) lo que he oído; **das Mädchen, mit ~ ich sprach** la muchacha con quien (*od* con la cual) hablé; **wenn ~ so ist** en ese caso, siendo así, si es así; **wie ~ auch sei** sea como sea (*lit* fuere)

DEM ABK → DM

Dema'goge M ‹~n; ~n› demagogo *m*; **Demago'gie** F ‹~; ~n› demagogia *f*; **Dema'gogin** F ‹~; ~nen› demagoga *f*; **dema'gogisch** ADJ demagógico

Demarkati'onslinie F línea *f* de demarcación

demas'kieren VT ‹ohne ge-› **j-n ~** desenmascarar a alg, quitar la máscara a alg (*a. fig*)

de'ment ADJ MED demente

De'menti N ‹~s; ~s› *bes* POL mentís *m*, desmentida *f*, desmentido *m*

demen'tieren VT ‹ohne ge-› desmentir, dar un mentís

'dementsprechend, demgemäß A ADJ correspondiente, relativo B ADV conforme a (*od* de acuerdo con) ello (*od* eso); por tanto, por consiguiente; por este motivo; en consecuencia; *fig* **der Rest ist ~ (schlecht)** el resto es (tan malo) como era de esperar; **demgegenüber** ADV frente a eso; comparado con eso; por otro lado; en cambio

De'menz F ‹~› demencia *f*; **Demenzkranke** M/F demente *m/f*

Demissi'on F ‹~; ~en› dimisión *f*

demissio'nieren VI ‹ohne ge-› dimitir

'demnach ADV 1 (*folglich*) por consiguiente, por lo tanto, así pues 2 (*demgemäß*) según eso, de acuerdo con ello

dem'nächst ADV en breve, dentro de poco, próximamente

'Demo F ‹~; ~s› *umg* 1 *Protest*: manifestación *f* 2 (*Vorführung*) demostración *f*

'Demo... IN ZSSGN *Kassette, CD, Video etc* ... de demostración

demobili'sieren VT ‹ohne ge-› desmovilizar; **Demobilisierung** F ‹~; ~en› desmovilización *f*

Demo'graf M ‹~en; ~en› demógrafo *m*; **Demogra'fie** F ‹~; ~n› demografía *f*; **De-**

mo'grafin F ⟨~; ~nen⟩ demógrafa f; demo'grafisch ADJ demográfico
Demo'graph etc → Demograf etc
Demo'krat M ⟨~en; ~en⟩ demócrata m; Demokra'tie F ⟨~; ~n⟩ democracia f; Demo'kratin F ⟨~; ~nen⟩ demócrata f; demo'kratisch ADJ democrático; Person demócrata; demokrati'sieren VT ⟨ohne ge-⟩ democratizar
demo'lieren VT ⟨ohne ge-⟩ demoler; Demolierung F ⟨~; ~en⟩ demolición f
Demons'trant M ⟨~en; ~en⟩, Demons'trantin F ⟨~; ~nen⟩ manifestante m/f; Demonstrati'on F ⟨~; ~en⟩ demostración f; POL manifestación f; demonstra'tiv A ADJ demostrativo (a. GRAM) B ADV ostensiblemente; en señal de protesta; demons'trieren ⟨ohne ge-⟩ A VT demostrar B VI POL manifestarse (für por, gegen contra)
Demon'tage [-'ta:ʒə] F ⟨~; ~n⟩ TECH desmontaje m; ganzer Werkanlagen: desmantelamiento m; demon'tierbar ADJ desmontable; demon'tieren VT ⟨ohne ge-⟩ desmontar, desarmar; desmantelar
demorali'sieren VT ⟨ohne ge-⟩ desmoralizar
Demosko'pie F ⟨~; ~n⟩ demoscopia f, sondeo m de opinión, encuesta f demoscópica; demoskopisch ADJ demoscópico
'Demotivation [-v-] F desmotivación; demoti'vieren VT desmotivar; demoti'vierend ADJ desmotivador
'Demoversion F umg e-r CD, e-s EDV-Programms: (versión f) demo f
'Demut F ⟨~⟩ humildad f; (Unterwürfigkeit) sumisión f
'demütig ADJ humilde; (unterwürfig) sumiso
'demütigen A VT humillar; (kränken) mortificar B VR sich ~ humillarse (vor ante); (sich herabwürdigen) rebajarse; degradarse; demütigend ADJ humillante; Demütigung F ⟨~; ~en⟩ humillación f; mortificación f
'demzufolge ADV a consecuencia de eso; por consiguiente; entonces
den 1 acus sg → der[1]; nimm ~ hier toma ése 2 dat pl → die[2] A
denatu'rieren VT ⟨ohne ge-⟩ CHEM desnaturalizar; Denaturierung F ⟨~; ~en⟩ desnaturalización f; Denaturierungsmittel N desnaturalizante m
'denen dat PL → die[2] B, C
'dengeln VT Sense afilar, martillar
Den Haag N La Haya f
'Denkanstoß M materia f para la reflexión; Denkart F modo m de pensar; mentalidad f; Denkaufgabe F problema m
'denkbar A ADJ concebible, imaginable; es ist ~, dass ... puede ser que ... B ADV die ~ beste Methode el mejor método posible; in der ~ kürzesten Zeit en el tiempo más corto posible; das ist ~ einfach es sumamente (od umg la mar de) sencillo; ~ schlecht sumamente malo
'Denke F ⟨~⟩ umg (Denkart) mentalidad f; POL a. ideas fpl (políticas)
'denken ⟨irr⟩ A VI 1 allg pensar; (nachsinnen) reflexionar, meditar; PHIL raciocinar; logisch ~ pensar lógicamente, i. w. S razonar; gut/schlecht von j-m ~ pensar bien/mal de alg; j-m zu ~ geben dar a alg que pensar; solange ich ~ kann hasta donde mi memoria alcanza; sprichw der Mensch denkt, Gott lenkt el hombre propone y Dios dispone 2 (vermuten) pensar, suponer, presumir; (meinen) pensar, creer; ~ Sie nur! ¡imagínese!, ¡figúrese!; ich denke schon creo que sí; wie Sie ~ como usted guste (od diga), como mejor le parezca; wo ~ Sie hin? ¿qué se ha figurado (schärfer: creído) usted?; umg denkste! umg ¡narices!, ¡y un cuerno!; ¡tu padre! 3 ~ an (acus) pensar en; (sich erinnern) acordarse de; (erwägen) a. considerar; (beabsichtigen) a. proponerse; sie denkt daran zu kommen piensa venir; wenn ich nur daran denke! ¡sólo de pensarlo!; er wird noch daran ~ ya se acordará de esto; an Schlaf war nicht zu ~ de dormir, ni hablar; daran ist nicht zu ~ ¡ni pensarlo!; ~ Sie daran! (überlegen Sie) piénselo (bien); (erinnern Sie sich) ¡que no se le olvide!; ich denke nicht daran! ¡nada de eso!; umg ¡ni hablar!; wie denkst du darüber? ¿qué dices a esto? B VT 1 pensar; wer hätte das gedacht! ¡quién lo hubiera creído (od pensado)!; die Blumen waren für dich gedacht las flores estaban pensadas para ti; eine gedachte Linie una línea imaginada; gedacht, getan dicho y hecho 2 sich (dat) etw ~ (vorstellen) imaginarse, figurarse; ich dachte mir nichts dabei no le di importancia; das habe ich mir gedacht! ¡ya me lo había imaginado!; umg ¡ya lo decía yo!; das kann ich mir ~ me lo puedo imaginar; das hättest du dir ~ können ¡podrías habértelo supuesto!; es lässt sich ~, dass se comprende (od explica) que
'Denken N ⟨~s⟩ pensamiento m; (Nachdenken) reflexión f; meditación f; PHIL raciocinio m; logisches ~ pensamiento m lógico, i. w. S razonamiento m
'Denker M ⟨~s; ~⟩, Denkerin F ⟨~; ~nen⟩ pensador m, -a f; i. e. S filósofo m, -a f
'Denkfabrik F umg fábrica f de ideas
'denkfähig ADJ capaz de pensar; Denkfähigkeit F ⟨~⟩ facultad f de pensar, intelecto m
'denkfaul ADJ lento, lerdo, tardo de inteligencia; Denkfehler M error m de lógica, error m en el razonamiento; Denkfreiheit F libertad f de pensamiento
'Denkmal N ⟨~(e)s; -mäler⟩ monumento m; (Standbild) estatua f; denkmalgeschützt ADJ protegido como monumento histórico
'Denkmal(s)pflege F conservación f de monumentos; Denkmal(s)schutz M protección f de monumentos (od del patrimonio nacional); unter ~ stehen ser monumento nacional; unter ~ stellen declarar monumento nacional
'Denkpause F pausa f de reflexión; Denkprozess M proceso m mental; Denkschrift F memoria f; POL memorándum m; Denksportaufgabe F rompecabezas m; juego m de ingenio; Denkspruch M sentencia f; máxima f; aforismo m; Denkstein M lápida f conmemorativa; Denkübung F ejercicio m mental; Denkungsart F → Denkart; Denkvermögen N intelecto m; inteligencia f; capacidad f intelectiva; Denkweise F → Denkart
'denkwürdig ADJ memorable; Denkwürdigkeit F ⟨~; ~en⟩ hecho m memorable
'Denkzettel M fig lección f; (Strafe) escarmiento m; j-m einen ~ geben od verpassen dar una lección a alg
denn A KONJ 1 begründend: porque, pues, puesto que 2 geh nach komp (als) que, de; mehr ~ je más que nunca 3 es sei ~, (dass) a no ser que, a menos que, salvo que (subj); si no B PARTIKEL pues, pero; ist er ~ so arm? ¿pero tan pobre es?; nun ~ pues bien; wieso ~? ¿cómo es eso?; wieso ~ nicht! ¡cómo que no!; wo ist (od bleibt) er ~? pues ¿dónde está? (od ¿dónde se habrá quedado?); wo warst du ~? pero, ¿dónde estabas?, ¿dónde te metiste?; was (ist) ~? ¿qué es?; ¿qué pasa?
'dennoch KONJ sin embargo, no obstante; (trotzdem) a pesar de todo, con todo (eso), aún así
den'tal ADJ dental, dentario
Den'tal M ⟨~s, ~e⟩, Dentallaut M LING dental f
Den'tist M ⟨~en; ~en⟩, Dentistin F ⟨~; ~nen⟩ obs dentista m/f
Denunzi'ant M ⟨~en; ~en⟩, Denunzi'antin F ⟨~; ~nen⟩ denunciante m/f, delator m, -a f; Denunziati'on F ⟨~; ~en⟩ denuncia f, delación f; denun'zieren VT ⟨ohne ge-⟩ j-n ~ denunciar a alg, delatar a alg (bei a)
'Deo N ⟨~s; ~s⟩, Deodo'rant N ⟨~s; ~s od ~e⟩ desodorante m
'Deoroller M, desodorante m de bola; Deospray N desodorante m atomizador; Deostift M barra f desdorante; desodorante m en barra
Departement [-tmã:] N 1 schweiz ⟨~s; ~e⟩ (Ministerium) ministerio m 2 ⟨~s; ~s⟩ französischer Verwaltungbezirk departamento m
De'pesche F ⟨~; ~n⟩ telegrama m; POL despacho m
depla'tziert ADJ desplazado, fuera de lugar
depolari'sieren VT ⟨ohne ge-⟩ PHYS, ELEK despolarizar
Depo'nie F ⟨~; ~n⟩ (Mülldeponie) vertedero m de basuras; basurero m; wilde ~ vertedero m ilegal; depo'nieren VT ⟨ohne ge-⟩ depositar (a. Abfall), Geld auf od bei der Bank ~ depositar dinero en el banco; Depo'nierung F ⟨~; ~en⟩ depósito m
De'port M ⟨~s; ~s⟩ Börse prima f de aplazamiento, deport m
Deportati'on F ⟨~; ~en⟩ deportación f; depor'tieren VT ⟨ohne ge-⟩ deportar; Depor'tierte M/F ⟨~n; ~n; → A⟩ deportado m, -a f
Deposi'tar, Deposi'tär M ⟨~s; ~e⟩ HANDEL depositario m
Depo'siten NPL HANDEL depósitos mpl; Depositenbank F ⟨~; ~en⟩ banco m de depósitos; Depositenkasse F caja f de depósitos; Depositenkonto N cuenta f de depósitos
De'pot [de'po:] N ⟨~s; ~s⟩ HANDEL depósito m; (Warendepot) a. almacén m; (Wertpapierdepot) a. cartera f; in ~ geben depositar; Depotbank F ⟨~; ~en⟩ banco m depositario; Depotgeschäft N custodia f de valores; Depotschein M resguardo m de depósito
Depp M ⟨~en; ~en⟩ bes südd, österr umg tonto m, idiota m, imbécil m, umg papanatas m; jeder ~ cualquier idiota od tonto
Depressi'on F ⟨~; ~en⟩ depresión f; Depressi'onsmittel N PHARM antidepresivo m; depres'siv ADJ depresivo; ~ sein ser depresivo
depri'mieren VT ⟨ohne ge-⟩ deprimir; deprimiert sein estar deprimido; deprimierend ADJ deprimente
Depu'tat N ⟨~(e)s; ~e⟩ 1 JUR (Sachleistungen) remuneración f en especie 2 e-s Lehrers: horas fpl lectivas; ein volles ~ haben trabajar a tiempo completo
Deputati'on F ⟨~; ~en⟩ diputación f, delegación f; depu'tieren VT ⟨ohne ge-⟩ diputar; Depu'tierte M/F ⟨~n; ~n; → A⟩ diputado m, -a f
der[1] M SG (dat dem, acus den) A ART (gen des) artículo determinado masculino el, la; ~ Baum el árbol; ~ Löffel la cuchara B DEM PR (gen dessen) éste, ésta, ése, ésa; ~ hier éste, ésta de aquí; es war ~ und ~ fue un tal (od fulano de tal); ~ und sein Wort halten? ¿ése y cumplir su palabra? C REL (gen dessen) que, el, la cual; er war der erste, ~ él fue el primero que; keiner/jeder, ~ ninguno/cualquiera (od

todo aquel) que
der² *dat* SG → die¹; *gen* SG → die¹ A; **zu ~ und ~ Zeit** a tal y tal hora
der³ *gen* PL → die² A
DER ABK (Deutsches Reisebüro) Agencia *f* Alemana de Viajes
'derart ADV **1** (*so*) de tal modo (*od* manera); **~, dass** de modo (*od* suerte) que **2** (*so sehr*) hasta tal punto (*od* extremo), en tal medida; tan(to); **es ist ~ kalt, dass** hace tanto frío que; **~ groß war seine Freude** tan grande era su alegría; **derartig** ADJ tal, semejante, de esa índole (*od* naturaleza); **~e Leute** esta clase de gente; **etwas Derartiges** algo por el estilo, una cosa así
derb ADJ **1** (*kräftig*) recio, fuerte; robusto; (*grob*) grosero, soez; (*rau*) tosco, basto; *Stoff* burdo; (*hart*) duro, rudo (*a. fig*) **2** *fig Ausdruck etc* vulgar, grosero; *Scherz a.* pesado, de mal gusto; **'Derbheit** F ⟨~; ~en⟩ **1** *e-s Materials*: firmeza *f*; dureza *f*, rudeza *f*; (*Rauheit*) aspereza *f* **2** *von Witzen*: grosería *f*
'Derby ['dɛrbi, 'dœrbi] N ⟨~s; ~s⟩ derby *m*
'Deregulierung F ⟨~; ~en⟩ desreglamentación *f*, desregulación *f*
der'einst ADV *geh* algún día, un día; **dereinstig** ADJ futuro, venidero
'deren **A** PRON *gen sg* → die¹ B, C **B** *gen* PL → die² B, C **C** POSS PR **1** SG **meine Schwester und ~ Mann** mi hermana y su marido **2** PL **meine Kinder und ~ Freunde** mis hijos y sus amigos
'derent'wegen **A** ADV por ellos, por ellas **B** REL por los cuales, por las cuales; **derent'willen** ADV **um ~** → derentwegen
'dergestalt ADV → derart
der'gleichen DEM PR **1** (*solche*) tal, semejante; **~ Fragen** semejantes preguntas; **~ Leute** gente de esa clase **2** **etwas ~** tal cosa; algo parecido; **nichts ~** nada de eso; **und ~ (mehr)** y (otras) cosas por el estilo; etcétera
Deri'vat N ⟨~(e)s; ~e⟩ CHEM (producto *m*) derivado *m*; *Börse* derivado *m*
'derjenige DEM PR el, la que; **~, der** aquel que, aquella que
'derlei ADJ → dergleichen
'dermaßen ADV → derart 2
Dermato'loge M ⟨~n; ~n⟩ dermatólogo *m*; **Dermatolo'gie** F ⟨~⟩ dermatología *f*; **Dermato'login** F ⟨~; ~nen⟩ dermatóloga *f*; **dermato'logisch** ADJ dermatológico
der'selbe DEM PR el mismo, la misma (**wie** que); **ein und ~** la misma cosa, lo mismo; **immer ~** siempre igual; siempre el mismo
der'weil ADV mientras, entretanto
'Derwisch M ⟨~(e)s; ~e⟩ REL derviche *m*
'derzeit ADV actualmente; ahora, en este momento; (*damals*) a la sazón, (en aquel) entonces; **derzeitig** ADJ (*jetzig*) actual, presente; (*damalig*) de entonces, de aquel tiempo
des¹ *gen* SG → der¹ A, das A, 1
des², Des N ⟨~; ~⟩ MUS re *m* bemol; **Des-Dur** re *m* bemol mayor; **des-Moll** re *m* bemol menor
desavou'ieren [dezavu'i:rən] V/T ⟨*ohne* ge-⟩ **j-n ~** desautorizar a alg
'desensibilisieren V/T ⟨*ohne* ge-⟩ desensibilizar; **Desensibilisierung** F ⟨~; ~en⟩ desensibilización *f*
Deser'teur [-tøːr] M ⟨~s; ~e⟩, **Deser'teurin** F ⟨~; ~nen⟩ desertor *m*, -a *f*; **deser'tieren** V/I ⟨*ohne* ge-⟩ desertar; pasarse al enemigo
'Desertifikation F ⟨~; ~en⟩ ÖKOL (*Versteppung*) desertización *f*, desertificación *f*
desgl. ABK (desgleichen) id. (ídem)
des'gleichen ADV igualmente, asimismo; WIRTSCH ídem
'deshalb ADV por es(t)o, por esa razón, por ese motivo; *lit* por ende; (*für diesen Zweck*) con este fin, con tal motivo (*od* objeto); **eben ~** *od* **gerade ~** por eso mismo, precisamente por eso; **~ weil** porque; **ich tat es nur ~** lo hice tan sólo por eso
De'sign [di'zaɪn] N ⟨~s; ~s⟩ diseño *m*
De'signer [di'zaɪnər] M ⟨~s; ~⟩ diseñador *m*; **Designerdroge** F droga *f* de diseño (*od* sintética); **Designerin** F ⟨~; ~nen⟩ diseñadora *f*; **Designerjeans** PL vaqueros *mpl* de diseño; **Designermöbel** FPL muebles *mpl* de diseño; **Designermode** F moda *f* de diseño
desig'niert ADJ designado
desillusio'nieren V/T ⟨*ohne* ge-⟩ desilusionar; **desillusio'niert** ADJ desilusionado
Desinfekti'on F ⟨~; ~en⟩ desinfección *f*; **Desinfekti'onsmittel** N desinfectante *m*
desinfi'zieren V/T ⟨*ohne* ge-⟩ desinfectar; **desinfizierend** ADJ desinfectante
Desinforma'tion F ⟨~; ~en⟩ falta *f* de información, desinformación *f*
'Desinteresse N ⟨~s⟩ desinterés *m* (**an** *dat* por); **desinteressiert** ADJ desinteresado, indiferente
'Desktop-Publishing ['dɛsktɔppablɪʃɪŋ] N ⟨~(s)⟩ IT tratamiento *m* avanzado de texto; autoedición *f*
Desodo'rant N ⟨~s; ~s *od* ~e⟩ desodorante *m*; **desodo'rieren, desodori'sieren** V/T ⟨*ohne* ge-⟩ desodorizar
deso'lat ADJ desastroso, desolador
Desorganisati'on F desorganización *f*
desorien'tiert ADJ desorientado
Desoxidati'on F ⟨~; ~en⟩ CHEM desoxidación *f*
Desoxyribonukle'insäure F BIOL ácido *m* desoxirribonucleico
despek'tierlich ADJ *geh* irrespetuoso
Des'pot M ⟨~en; ~en⟩, **Despotin** F ⟨~; ~nen⟩ déspota *m/f*; tirano *m*, -a *f*; **despotisch** ADJ despótico
Despo'tismus M ⟨~⟩ despotismo *m*
'dessen **A** PRON *gen* SG → das B, C, der¹ B, C; de éste, de aquél; **~ bin ich sicher** estoy seguro de eso (*od* ello); **ich entsinne mich ~ nicht** no me acuerdo de ello, no lo recuerdo; **~ ungeachtet** no obstante, a pesar de esto; sin embargo; con todo (eso) **B** POSS PR **mein Bruder und ~ Frau** mi hermano y su mujer
'dessent'wegen ADV por el (lo) cual; **dessent'willen** ADV **um ~** → por el (lo) cual
'dessen'ungeachtet ADV → dessen A
Des'sert [de'sɛːr] N ⟨~s; ~s⟩ postre *m*; **zum ~ gibt es ...** de postre hay ...; **Dessertteller** M plato *m* de postre; **Dessertwein** M vino *m* de postre
Des'sin [de'sɛ̃ː] N ⟨~s; ~s⟩ dibujo *m*, diseño *m*
destabili'sieren V/T ⟨*ohne* ge-⟩ desestabilizar; **Destabilisierung** F ⟨~; ~en⟩ desestabilización *f*
Destil'lat N ⟨~s; ~e⟩ CHEM producto *m* destilado (*od* de destilación)
Destillati'on F ⟨~; ~en⟩ destilación *f*
Destil'lierapparat M aparato *m* de destilación; destilador *m*; **destil'lierbar** ADJ destilable; **destil'lieren** V/T ⟨*ohne* ge-⟩ destilar; **Destil'lierkolben** M alambique *m*
'desto **A** ADV *vor komp*: tanto; **~ besser** tanto mejor; **~ schlimmer** tanto peor; **~ weniger** tanto menos **B** KONJ **je mehr/eher** *etc*, **~ besser** cuanto más/antes *etc*, (tanto) mejor
destruk'tiv ADJ destructivo
'deswegen ADV por eso; **eben ~!** *od* **gerade ~!** ¡por eso mismo!
De'tail [de'taj] N ⟨~s; ~s⟩ detalle *m*, pormenor *m*; **ins ~ gehen** entrar en detalles (*od* pormenores); **bis ins kleinste ~** hasta el último detalle; HANDEL **im ~ verkaufen** vender al por menor
De'tailgeschäft N, **Detailhandel** M comercio *m* al por menor; **Detailhändler** M, **Detailhändlerin** F comerciante *m/f* al por menor, minorista *m/f*, detallista *m/f*; **Detailkenntnisse** FPL conocimientos *mpl* detallados
detail'lieren [detal'ji:rən] V/T ⟨*ohne* ge-⟩ detallar, dar detalles de; pormenorizar, particularizar; especificar; **detail'liert** **A** ADJ detallado, pormenorizado, especificado **B** ADV en detalle, con pormenores
De'tailpreis M HANDEL precio *m* al por menor; **Detailschilderung** F descripción *f* detallada; **Detailverkauf** M venta *f* al por menor; **Detailzeichnung** F TECH diseño *m* (*od* dibujo *m*) detallado
Detek'tei F ⟨~; ~en⟩ agencia *f* de informes (*od* de detectives)
Detek'tiv M ⟨~s; ~e⟩, **Detektivin** [-v-] F ⟨~; ~nen⟩ detective *m/f*; investigador *m*, -a *f*; (*Polizeidetektiv*) agente *m/f* de investigación; **detektivisch** [-v-] ADJ detectivesco; **Detektivroman** M novela *f* policiaca, novela *f* detectivesca
De'tektor M ⟨~s; -'toren⟩ TECH detector *m*; **Detektorempfänger** M RADIO receptor *m* de galena
Detonati'on F ⟨~; ~en⟩ detonación *f* (*a.* MUS)
Detonati'onsladung F ⟨~; ~en⟩ carga *f* explosiva; **Detonationswelle** F onda *f* explosiva
deto'nieren V/I ⟨*ohne* ge-⟩ detonar (*a.* MUS)
Deut M *geh* **keinen ~ wert sein** no valer nada; *umg* no valer un comino; **nicht einen ~ davon verstehen** no entender ni pizca (*od* ni jota) de a/c
Deute'lei F ⟨~; ~en⟩ interpretación *f* sofisticada (*od* sofística); sutilezas *fpl*
'deuteln V/I sutilizar (**an** *dat* sobre), sofisticar
'deuten **A** V/I (*zeigen*) **~ auf** (*acus*) señalar, indicar; *fig* (*ankündigen*) anunciar; presagiar; (*erkennen lassen*) sugerir; **mit dem Finger (auf etw** *acus*) **~** señalar (a/c) con el dedo **B** V/T (*auslegen*) interpretar (*a. Träume*); *Sterne, Handlinien* leer en; **falsch ~** interpretar mal
Deu'terium N ⟨~s⟩ CHEM deuterio *m*
'deutlich **A** ADJ **1** (*klar*) claro; distinto **2** (*spürbar*) manifiesto, evidente, marcado; **~er Fortschritt** progreso *m* evidente **3** (*verständlich*) comprensible, inteligible; *Handschrift* legible; **j-m etw ~ machen** explicar a/c a alg, hacer comprensible a/c a alg; evidenciar a/c a alg; **eine ~e Sprache sprechen** hablar con franqueza, *umg* llamar al pan, pan y al vino, vino **4** (*unverblümt*) franco; **~e Kritik (an etw/j-m) üben** criticar abiertamente (a/c/a alg); **~ werden** ser franco; **muss ich noch ~er werden?** ¿tengo que explicarme más? **B** ADV **1** **~ sprechen/schreiben** hablar/escribir de manera clara; **etw ganz ~ hören** oír a/c perfectamente; **hier ist es ~ kälter** aquí hace bastante más frío **2** (*unverblümt*) **etw klar und ~ sagen** decir a/c con todo lujo de detalles; **Deutlichkeit** F ⟨~⟩ claridad *f*; distinción *f*; evidencia *f*; (*Unverblümtheit*) franqueza *f*
deutsch ADJ alemán; de Alemania; *lit* germano; *bes* HIST *u. pej* teutón(ico); *bes* LIT germánico; HIST **der Deutsche Orden** la Orden Teutónica; HIST **das Deutsche Reich** el Imperio Alemán
Deutsch N ⟨~(s)⟩ alemán *m*; **~ als Fremdsprache** didáctica *f* del alemán como lengua extranjera; **(fließend) ~ sprechen** hablar ale-

D

mán (con fluidez); **er kann gut ~** habla bien (el) alemán; **auf** *od* **in ~** en alemán; *fig* **auf gut ~** sin rodeos, claramente; *umg* en cristiano
'Deutschamerikaner M, **Deutschamerikanerin** F americano *m*, -a *f* de origen alemán
'Deutsche A M/F ⟨~n; ~n; → A⟩ alemán *m*, alemana *f* B N ⟨~n; → A⟩ alemán *m*; **ins ~ übersetzen** traducir al alemán; → *a* Deutsch; **Deutschenhass** M germanofobia *f*; **Deutscher** M → Deutsche A; **deutschfeindlich** ADJ antialemán, germanófobo; **deutschfreundlich** ADJ germanófilo; **Deutschfreundlichkeit** F ⟨~⟩ germanofilia *f*
'Deutschland N ⟨~s⟩ Alemania *f*; **in ~** en Alemania; **nach ~ reisen** viajar (*od* ir) a Alemania; **das (wieder)vereinte ~** la Alemania (re)unificada; **Deutschlandlied** N *el himno nacional alemán*
'Deutschlehrer M, **Deutschlehrerin** F profesor *m*, -a *f* de alemán
deutsch-spanisch ADJ germano-español; hispano-alemán
'deutschsprachig ADJ de lengua (*od* de habla) alemana; **deutschstämmig** ADJ de origen alemán; **Deutschtum** N ⟨~s⟩ germanidad *f*; carácter *m* alemán; nacionalidad *f* alemana
'Deutung F ⟨~; ~en⟩ interpretación *f*; explicación *f*; REL exégesis *f*
Devaluati'on F ⟨~; ~en⟩, **Devalvati'on** F ⟨~; ~en⟩ WIRTSCH devaluación *f*, devalúo *m*; desvalorización *f*
De'vise F ⟨~; ~n⟩ 1 (*Wahlspruch*) divisa *f*, lema *m* 2 FIN (*fremde Währung*) **~n** *pl* divisas *fpl*, moneda *f* extranjera; **~n einführen** entrar *od* introducir divisas; **~n schmuggeln** introducir ilegalmente divisas
De'visenausgleichsfonds [-fõ:] M fondo *m* de compensación de divisas; **Devisenausländer** M, **Devisenausländerin** F no residente *m/f*; **Devisenbestand** M reserva *f* de divisas; **Devisenbestimmungen** FPL régimen *m* de divisas; reglamentación *f* en materia de divisas; **Devisenbewirtschaftung** F → Devisenkontrolle; **Devisenbilanz** F balanza *f* de divisas; **Devisenbörse** F WIRTSCH bolsa *f* de divisas; **Devisengeschäft** N operación *f* de divisas; **Devisenhandel** M comercio *m* (*od* operaciones *fpl*) de divisas; **Devisenhändler** M, **Devisenhändlerin** F cambista *m/f*, corredor *m*, -a *f* de divisas *od* de cambio(s); **Deviseninländer** M, **Deviseninländerin** F residente *m*; **Devisenkonto** N cuenta *f* en divisas; **Devisenkontrolle** F POL control *m* de moneda extranjera (*od* de divisas); **Devisenkurs** M cotización *f* de moneda extranjera; **Devisenmakler** M, **Devisenmaklerin** F → Devisenhändler; **Devisenmarkt** M mercado *m* de divisas (*od* de cambios); mercado *m* de moneda extranjera; **devisenrechtlich** ADJ sometido al régimen legal de divisas; **Devisenreserven** FPL reservas *fpl* de divisas; **Devisenschmuggel** M tráfico *m* (ilegal) de divisas; **Devisenspekulation** F especulación *f* con los cambios; **Devisensperre** F bloqueo *m* de divisas; **Devisentermingeschäft** N transacciones *fpl* a término en divisas, operaciones *fpl* (de cambio) a plazo; **Devisenterminmarkt** M mercado *m* de divisas a plazo; **Devisenvergehen** N infracción *f* en materia de divisas; **Devisenzuteilung** F asignación *f* (*od* adjudicación *f*) de divisas
de'vot ADJ (*unterwürfig*) servil, sumiso; (*frömmelnd*) beato
Dex'trin ⟨~s⟩ dextrina *f*; **Dextrose** F ⟨~⟩ dextrosa *f*
De'zember M ⟨~(s); ~⟩ diciembre *m*; **im ~** en diciembre
De'zennium N ⟨~s; Dezennien⟩ *geh* década *f*, decenio *m*
de'zent ADJ decoroso, decente; *Farbe, Kleid etc* discreto
'dezentral ADJ descentralizado
dezentrali'sieren V/T ⟨*ohne* ge-⟩ descentralizar; **Dezentralisierung** F ⟨~; ~en⟩ descentralización *f*
Dezer'nat N ⟨~(e)s; ~e⟩ departamento *m*; sección *f*; negociado *m*; **Dezer'nent** M ⟨~en; ~en⟩, **Dezer'nentin** F ⟨~; ~nen⟩ jefe *m*, -a *f* de negociado
'Dezibel N ⟨~s; ~⟩ decibelio *m*; **Dezigramm** N decigramo *m*; **Deziliter** M/N decilitro *m*
dezi'mal ADJ decimal; **Dezimalbruch** M fracción *f* decimal; **Dezimalrechnung** F cálculo *m* decimal; **Dezimalstelle** F decimal *f*; **Dezimalsystem** N sistema *m* decimal; **Dezimalwaage** F báscula *f* decimal; **Dezimalzahl** F número *m* decimal
'Dezime F ⟨~; ~n⟩ MUS, *poet* décima *f*
'Dezimeter M, N decímetro *m*
dezi'mieren V/T ⟨*ohne* ge-⟩ diezmar; **Dezimierung** F ⟨~; ~en⟩ (*Verminderung*) disminución *f*; reducción *f*; *durch Krankheit*: mortandad *f*; *durch andere Schäden*: estragos *mpl*
DFB M ABK (Deutscher Fußball Bund) Federación *f* Alemana de Fútbol
DFÜ F ABK → Datenfernübertragung
DGB M ABK (Deutscher Gewerkschaftsbund) Confederación *f* de Sindicatos Alemanes
dgl. ABK (dergleichen) tal; semejante; análogo
d. Gr. ABK (der/die Große) el/la Grande
d. h. ABK (das heißt) es decir; o sea
d. i. ABK (das ist) esto es
'Dia N ⟨~s; ~s⟩ *umg* FOTO diapositivo *m*
Dia'betes M ⟨~⟩ MED diabetes *f*; **Diabetiker** M ⟨~s; ~⟩, **Diabetikerin** F ⟨~; ~nen⟩ diabético *m*, -a *f*; **diabetisch** ADJ diabético
dia'bolisch ADJ diabólico; *fig* demoníaco, infernal
Dia'dem N ⟨~s; ~e⟩ diadema *f*
'Diafilm M FOTO película *f* (*od* carrete) para diapositiva
Dia'gnose F ⟨~; ~n⟩ diagnóstico *m*; **eine ~ stellen** establecer (*od* hacer) un diagnóstico; **Dia'gnostiker** M ⟨~s; ~⟩, **Dia'gnostikerin** F ⟨~; ~nen⟩ diagnosticador *m*, -a *f*; **diagnosti'zieren** V/T ⟨*ohne* ge-⟩ diagnosticar
diago'nal A ADJ diagonal B ADV **etw ~ lesen** leer a/c por encima; **Diagonale** F ⟨~; ~n⟩ diagonal *f*
Dia'gramm N ⟨~(e)s; ~e⟩ diagrama *m*, representación *f* gráfica; (*Übersicht*) cuadro *m* sinóptico
Dia'kon M ⟨~s; ~e⟩, **Dia'konin** F ⟨~; ~nen⟩ REL diácono *m*, diaconisa *f*
Diako'nisse F ⟨~; ~n⟩ *evangelische Schwesternschaft*: ≈ hermana *f* de la caridad
Dia'lekt M ⟨~(e)s; ~e⟩ dialecto *m*; **~ sprechen** hablar un dialecto; **Dialektausdruck** M expresión *f* dialectal; regionalismo *m*; **Dialektforschung** F dialectología *f*; **dialektfrei** ADJ *Sprache* puro, castizo
Dia'lektik F ⟨~⟩ PHIL, RHET dialéctica *f*; **Dialektiker** M ⟨~s; ~⟩, **Dialektikerin** F ⟨~; ~nen⟩, dialéctico *m*, -a *f*
dia'lektisch ADJ 1 *Sprache* dialectal 2 PHIL, RHET dialéctico
Dia'lektsprecher M, **Dialektsprecherin** F LING hablante *m/f* de un dialecto
Dia'log M ⟨~(e)s; ~e⟩ diálogo *m*; **einen ~ führen** dialogar; **Dialogbetrieb** M IT proceso *m* conversacional; **Dialogbox** F IT cuadro *m* de diálogo; **Dialogfähigkeit** F capacidad *f* de diálogo (*od* para el diálogo); capacidad *f* de (*od* para) dialogar; **Dialogfenster** N IT cuadro *m* de diálogo
dia'logisch ADJ dialogístico; dialogal
dialogi'sieren V/I ⟨*ohne* ge-⟩ *geh* dialogar
Dia'lyse F ⟨~; ~n⟩ MED (hemo)diálisis *f*; **Dialysebehandlung** F tratamiento *m* de hemodiálisis; **Dialysepatient** M, **Dialysepatientin** F paciente *m/f* de diálisis; **Dialysetechnik** F técnica *f* de la hemodiálisis
Dia'mant M ⟨~en; ~en⟩ diamante *m*
dia'manten ADJ diamantino; **~e Hochzeit** bodas *fpl* de diamante
Dia'mant(en)händler M, **Diamant(en)händlerin** F diamantista *m/f*
Dia'mantkollier [-lie:] N collar *m* de diamantes; **Diamantschleifer** M, **Diamantschleiferin** F diamantista *m/f*, abrillantador *m*, -a *f*; **Diamantschmuck** M aderezo *m* de diamantes
diame'tral A ADJ diametral B ADV **~ entgegengesetzt** diametralmente opuesto
dia'phan ADJ *geh* diáfano
'Diapositiv N ⟨~s; ~e⟩ FOTO diapositiva *f*; **Diaprojektor** M proyector *m* de diapositivas; **Diarahmen** M marco *m* de diapositivas
Diar'rhö(e) [dia'rø:] F ⟨~; ~n⟩ MED diarrea *f*
Di'aspora F ⟨~⟩ REL diáspora *f*; **in der ~ leben** vivir en la diáspora
Di'astole F ⟨~; ~n⟩ PHYSIOL diástole *m*
Di'ät F ⟨~; ~en⟩ dieta *f*, régimen *m* (dietético); **~ halten** *od* **leben** estar a dieta, seguir un régimen; **(strenge) ~ halten** guardar (*od* estar a) dieta (rigurosa); **j-n auf ~ setzen** poner a alg a dieta (*od* a régimen)
Di'ätassistent M, **Diätassistentin** F dietista *m/f*
Di'ätberater M, **Diätberaterin** F dietista *m/f*, dietólogo *m*, -a *f*, nutricionista *m/f*; *Arzt*: médico *m*, -a *f* dietista (*od* nutricionista), médico *m* dietólogo, médica *f* dietóloga
Di'äten PL POL dietas *fpl*
Diä'tetik F ⟨~; ~en⟩ dietética *f*; **diätetisch** ADJ *Lebensmittel* dietético
Di'ätfehler M error *m* dietético
Diather'mie F ⟨~⟩ MED diatermia *f*
Di'ätkost F ⟨~⟩ alimentos *mpl* dietéticos (*od* de régimen); **Diätküche** F dietética *f*
dia'tonisch ADJ MUS diatónico
dich, *in Briefen a.* **Dich** PRON (*acus v.* **du**) te; *betont* a ti; *nach präp*: ti; **beruhige ~!** ¡tranquilízate!; **sieh hinter ~!** ¡mira tras de ti!; *reflexiv*: **du solltest ~ schämen!** ¡tendría que darte vergüenza!
dicht ⟨~er; ~est⟩ A ADJ 1 *Verkehr, Bevölkerung* denso; *Wald, Gebüsch* espeso; *Haar, Laub, Stoff* tupido; *Bart a.* poblado; (*gedrängt*) apretado; compacto (*a.* TECH); *Nebel* espeso (*a.* PHYS) 2 (*undurchlässig*) impermeable; hermético; estanco 3 *umg* (*verrückt*) **er ist nicht ganz ~** no está bien de la cabeza 4 *umg* (*betrunken*) **~ sein** estar mamado B ADV 1 **~ an** (*dat*) *od* **bei** (muy) cerca de, junto a; **ganz ~ an** (*dat*) *a.* pegado a; **~ aneinander** muy cerca el uno del otro, muy juntos; *umg* muy juntitos; **~ an ~ stehen** estar uno junto al otro; **~ dabei** muy cerca; cercano, vecino; *umg* cerquita; **~ hinter j-m her sein** *umg fig* pisar los talones a alg; **~ hintereinander** en rápida sucesión; **~ neben** justo al lado de 2 **~ schließen** cerrar herméticamente
dicht behaart ADJ vellos, peludo; **dicht belaubt** ADJ frondoso; **dicht besiedelt**

ADJ, **dicht bevölkert** ADJ **~es Land** N país *m* densamente poblado; **dicht bewölkt** ADJ *Himmel* encapotado

'Dichte F ⟨~; ~n⟩ densidad *f* (*a.* PHYS, *Verkehr, Bevölkerung*); espesura *f*; *von Flüssigkeiten*: consistencia *f*

'dichten¹ VT (*abdichten*) impermeabilizar; estanqueizar; TECH empaquetar, estopar; *Fuge* tapar; SCHIFF calafatear

'dichten² A VT LIT componer; (*reimen*) rimar B VI hacer versos, componer

'Dichten N ⟨~s⟩ LIT composición *f* de versos; *fig* **all sein ~ und Trachten** todos sus anhelos e ilusiones

'Dichter M ⟨~s; ~⟩ poeta *m*; **Dichterin** F ⟨~; ~nen⟩ poeta *f*, poetisa *f*; **dichterisch** ADJ poético; **~e Freiheit** licencia *f* poética; **Dichterlesung** F recital *m* de poemas (*od* poético); **Dichterling** M ⟨~s; ~e⟩ *pej* poetastro *m*

dicht gedrängt ADJ apretado; **dicht gefolgt** ADJ **~ von** seguido muy de cerca por

'dichthalten VI ⟨irr⟩ *umg* callarse; guardar un secreto; **er hat nicht dichtgehalten** se le ha ido la lengua

'Dichtheit F ⟨~⟩ 1 → Dichte 2 → Dichtigkeit; **Dichtigkeit** F ⟨~⟩ (*Dichtsein*) impermeabilidad *f*; hermeticidad *f*

'Dichtkunst F ⟨~⟩ poesía *f*, arte *f* poética

'dichtmachen *umg* A VT *Betrieb etc* cerrar B VI *Betrieb etc* cerrar; *umg* echar el cerrojo

'Dichtung¹ F ⟨~; ~en⟩ TECH junta *f*; guarnición *f*; empaquetadura *f*; (*Abdichtung*) cierre *m*, obturación *f*

'Dichtung² F ⟨~; ~en⟩ 1 LIT poesía *f*; *einzelnes Werk a.*: poema *m*, obra *f* de poesía 2 (*Erdichtung*) ficción *f*; **~ und Wahrheit** ficción *f* y realidad *f*

'Dichtungsmaterial N, **Dichtungsmittel** N material *m* para empaquetaduras; **Dichtungsring** M TECH anillo *m* de junta; anillo *m* de cierre (*od* obturador)

dick A ADJ 1 *Sache* grueso; compacto, macizo; (*massig*) abultado; (*umfangreich*) voluminoso; *Stoff* fuerte, recio; (*dickflüssig*) espeso; (*zähflüssig*) viscoso; *Milch* cuajado; **5 cm ~ (sein)** de 5 cm de grosor (*od* espesor) 2 *Person* gordo, grueso; (*fett*) corpulento, obeso; **~ machen** engordar; **~ werden** ponerse gordo; engordar, *umg* echar tripa 3 *fig* **~e Luft** aire *m* viciado; *umg* **es ist ~e Luft** huele a chamusquina; *umg* **sie sind ~e Freunde** son íntimos amigos, son uña y carne; *umg fig* **er fährt einen ~en Wagen** tiene un cochazo; *umg* **mit j-m durch ~ und dünn gehen** seguir a alg incondicionalmente 4 (*geschwollen*) hinchado; **eine ~e Backe** un carrillo hinchado B ADV 1 **sich ~ anziehen** abrigarse bien; **etw ~ unterstreichen** remarcar a/c 2 *umg* **etw ~ haben** (*satthaben*) estar harto (*od* hasta la coronilla) de a/c; **ich habe es ~, alles allein zu machen** estoy harto de hacerlo todo

'dickbackig ADJ mofletudo, carrilludo; **Dickbauch** M → Dickwanst; **dickbauchig, dickbäuchig** ADJ ventrudo, panzudo, barrigón

'Dickdarm M ANAT intestino *m* grueso; **Dickdarmentzündung** F MED colitis *f*

'Dicke¹ F ⟨~; ~n⟩ 1 *v. Sachen*: espesor *m*; grosor *m*; grueso *m* 2 *v. Personen*: corpulencia *f*; gordura *f* 3 CHEM consistencia *f*

'Dicke² M/F ⟨~n; ~n; → A⟩ *Person*: gordo *m*, -a *f*; **ein kleiner ~r** un gordito

'Dickerchen N ⟨~s; ~⟩ *umg* regordete *m*, -a *f*; gordinflón *m*, -ona *f*; *umg* gordito *m*, -a *f*

'dickfellig ADJ insensible, indiferente; (*träge*) remolón, flemático; **Dickfelligkeit** F ⟨~⟩ insensibilidad *f*, indiferencia *f*; (*Trägheit*) flema *m*

'dickflüssig ADJ espeso, viscoso; **Dickhäuter** M ⟨~s; ~⟩ ZOOL paquidermo *m*

'Dickicht N ⟨~(e)s; ~e⟩ 1 (*dichter Bewuchs*) espesura *f*; matorral *m* 2 *fig* maleza *f*; laberinto *m*

'Dickkopf M testarudo *m*, -a *f*, *umg* cabezota *m/f*, cabezón *m*, -ona *f*; **seinen ~ durchsetzen** salirse con la suya; **einen ~ haben** ser un (*bzw* una) cabezota; **dickköpfig** ADJ terco, tozudo, testarudo, *umg* cabezón; **Dickköpfigkeit** F ⟨~⟩ obstinación *f*; terquedad *f*, testarudez *f*; **dickleibig** ADJ gordo, grueso; obeso

'dicklich ADJ *Person* (re)gordete, *umg* gordote; *Flüssigkeit* viscoso, espeso

'Dickmilch F cuajada *f*; **Dickschädel** M *umg* → Dickkopf; **dickschalig** ADJ de piel gruesa; **Dickwanst** M *umg* barrigón *m*, panzudo *m*

Di'daktik F ⟨~⟩ didáctica *f*; **didaktisch** ADJ didáctico

die¹ F SG (*dat* **der**, *acus* **die**) A ART (*gen* **der**) *artículo determinado femenino* la, el; **~ Oma** la abuela; **~ Nummer** el número B DEM PR (*gen* **deren**) ésta, éste, ésa, ése; **~ da meine ich** me refiero a ésa, ése de ahí; **~ mit der Brille** esa (*od* aquella) de gafas; **~ nicht!** ¡ésa, ése no!; **~ und schlank?** ¿delgada ésa? C REL (*gen* **deren**) que, la, el cual; **du, ~ du es weißt** tú que lo sabes

die² PL A ART (*gen* **der**, *dat* **der**, *acus* **die**) *artículo determinado plural*; los, las; **~ Autos** los coches; **~ Tische** las mesas; **~ armen Leute** la pobre gente B DEM PR (*gen* **deren**, *dat* **denen**, *acus* **die**) éstos, éstas, ésos, ésas; **wer sind ~ da?** ¿quiénes son ésos, ésas? C REL (*gen* **deren**, *dat* **denen**, *acus* **die**) que; los, las cuales; **die Leute, ~** la gente que; **alle, ~ davon betroffen sein können** todos aquellos a quienes pueda afectar

Dieb M ⟨~(e)s; ~e⟩ ladrón *m*; (*bes Taschendieb*) ratero *m*; **haltet den ~!** ¡al ladrón!; **Gelegenheit macht ~e** la ocasión hace al ladrón

Diebe'rei F ratería *f*

'Diebesbande F cuadrilla *f* (*od* banda *f*) de ladrones; **Diebesbeute** F, **Diebesgut** N ⟨~(e)s⟩ objetos *mpl* robados; botín *m*; **diebessicher** ADJ a prueba de robo, antirrobo

'Diebin F ⟨~; ~nen⟩ ladrona *f*; **diebisch** A ADJ ratero, ladrón; inclinado al robo; *umg* largo de uñas; *umg fig* **eine ~e Elster** una ladrona *f* B ADV *umg fig* **sich ~ freuen** alegrarse como un niño (**über** de); frotarse las manos

'Diebstahl M ⟨~(e)s; -stähle⟩ robo *m*; hurto *m*; latrocinio *m*; (*bes Taschendiebstahl*) ratería *f*; **schwerer ~** hurto *m* grave (*od* cualificado); **~ geistigen Eigentums** plagio *m*; **einen ~ begehen** cometer un robo; **Diebstahlschutz** M protección *f* contra robo (*od* antirrobo); **Diebstahlversicherung** F seguro *m* contra el robo

'diejenige DEM PR 1 SG el, la que; **~, die** aquel, aquella que 2 PL **~n, welche** los que, las que

'Diele F ⟨~; ~n⟩ 1 (*Brett*) tabla *f* (del entramado), tablón *m*; madero *m* 2 (*Fußboden*) piso *m*, suelo *m* 3 (*Vorraum*) vestíbulo *m*; recibidor *m*; zaguán *m*

'dielen VT entablar; entarimar

'Dielenbrett N → Diele 1

'dienen VI 1 servir (**als** de; **zu** para); **j-m ~** servir a alg; **zu etw ~** ser bueno (*od* útil) para; **j-m mit etw ~** ayudar a alg con a/c; **damit ist mir nicht gedient** eso no me sirve para nada; eso no me resuelve nada; **womit kann ich ~?** ¿en qué puedo servirle?; ¿qué se le ofrece a usted?; **das dient einem guten Zweck** eso es para una buena causa; **das dient als Ersatz für …** eso hace las veces de … 2 MIL hacer el servicio militar; estar en filas (*od* en el servicio); **bei der Armee ~** servir en el ejército; hacer el servicio militar; **bei der Marine ~** servir en la marina

'Diener M ⟨~s; ~⟩ 1 criado *m*; sirviente *m*, doméstico *m*; *bes fig* servidor *m*; **~ Gottes** *geh* siervo *m* de Dios; **stummer ~** (*Tischchen*) trinchero *m*; (*Kleiderständer*) galán *m* de noche 2 (*Verbeugung*) reverencia *f*; **einen ~ machen** hacer una reverencia

'Dienerin F ⟨~; ~nen⟩ criada *f*; sirvienta *f*; *fig* servidora *f*

'dienern VI hacer reverencias

'Dienerschaft F ⟨~⟩ servidumbre *f*; criados *mpl*

'dienlich ADJ útil; utilizable; (*zweckdienlich*) oportuno, conveniente; (*heilsam*) saludable, provechoso; **~ sein** ser útil (**j-m/einer Sache** a alg/a/c); servir (**zu** para); **es war mir sehr ~** fue una gran ayuda para mí

Dienst M ⟨~es; ~e⟩ 1 (*Hilfeleistung*) servicio *m*; **seine ~e anbieten** ofrecer sus servicios; **j-m einen guten/schlechten ~ erweisen** prestar un buen/flaco servicio a alg; **ich stehe Ihnen zu ~en** *geh* estoy a su servicio (*od* disposición) 2 (*Tätigkeit*) servicio *m*; (*Schicht*) turno *m*; **~ nach Vorschrift** huelga *f* de celo; **im ~ sein** *od* **~ haben** *od* **~ tun** estar de servicio (*bzw* de turno); **vom ~** de turno; de servicio; de guardia → diensthabend, diensttuend 3 (*Stelle*) servicio *m*; empleo *m*; (*Amt*) función *f*; (*Aufgabe*) cargo *m*, oficio *m*; *bes in idealem Sinn*: ministerio *m*; **öffentlicher ~** servicio *m* público; **außer ~** *Beamter* jubilado; MIL retirado; **in (aktivem) ~** *Beamter*, MIL en (servicio) activo; **den ~ antreten** *Beamter* entrar en funciones, *allg* comenzar el servicio; **in ~ nehmen** *obs* contratar; tomar a su servicio; **in j-s ~(en)** (*dat*) **stehen** estar al servicio de alg; **in j-s ~** (*acus*) **treten** entrar al servicio de alg; **sich in den ~ einer Sache** (*gen*) **stellen** consagrarse a una cosa; abrazar una causa 4 *v. e-r Sache*: **gute ~e leisten** hacer buen servicio, ser de gran utilidad

'Dienstabzeichen N placa-insignia *f*

'Dienstag M ⟨~(e)s; ~e⟩ martes *m*; **am ~** el martes; **an ~en** los martes; cada martes

Dienstag'abend M (am) ~ el martes por la tarde (*od* noche); **dienstag'abends** ADV los martes por la tarde (*od* noche); **Dienstag'mittag** M (am) ~ el martes a mediodía; **dienstag'mittags** ADV los martes a mediodía; **Dienstag'morgen** M **(am) ~** el martes por la mañana; **dienstag'morgens** ADV los martes por la mañana; **Dienstag'nachmittag** M (am) ~ el martes por la tarde; **dienstag'nachmittags** ADV los martes por la tarde

'dienstags ADV los martes; **immer ~** todos los martes

'Dienstag'vormittag M (am) ~ el martes por la mañana; **dienstag'vormittags** ADV los martes por la mañana

'Dienstalter N antigüedad *f* (en el servicio *od* en el cargo); antigüedad *f* profesional; **nach dem ~** por orden de antigüedad; **ein ~ von 25 Jahren haben** tener una antigüedad de 25 años; **Dienstalterszulage** F plus *m* de antigüedad; **Dienstälteste** M/F decano *m*, -a *f* (en el servicio); **der/die ~** el más antiguo/la más antigua en el servicio; el/la de mayor antigüedad (en el servicio); **Dienstantritt** M entrada *f* en funciones, entrada *f* en (el) servicio; toma *f* de posesión; **Dienstanweisung** F instrucciones *fpl* de servicio; reglamento *m*; *bes* MIL ordenanzas *fpl*; **Dienstanzug** M uniforme *m* de servicio; MIL *a.* uniforme *m* de diario

'dienstbar ADJ sometido (*od* sujeto) a servicio; (*gefällig*) servicial; **~er Geist** *fig hum* factótum *m*; **sich** (*dat*) **j-n/etw ~ machen** aprovecharse de alg/a/c; utilizar a/c; **Dienstbarkeit** F ⟨~; ~en⟩ JUR servidumbre *f*

'dienstbeflissen ADJ celoso, asiduo; (*gefällig*) servicial; obsequioso, solícito; *übertrieben*: oficioso; *pej* servil; **dienstbereit** ADJ dispuesto a servir; (*gefällig*) servicial; *Apotheke etc* de guardia; **Dienstbereitschaft** F oficiosidad *f*, obsequiosidad *f*

'Dienstbezüge MPL retribución *f*, sueldo *m*, emolumentos *mpl*; **Dienstbote** M criado *m*, sirviente *m*; *Arg* mucamo *m*; **~n** *pl* servidumbre *f*; **Dienstbotentreppe** F escalera *f* de servicio; **Diensteid** M juramento *m* profesional; *Minister etc*: jura *f* del cargo; **Diensteifer** M celo *m* profesional; obsequiosidad *f*; oficiosidad *f*; **diensteifrig** ADJ → dienstbeflissen; **Dienstenthebung** F ⟨~; ~en⟩ destitución *f*; *vorläufige*: suspensión *f* (en el servicio); **Dienstentlassung** F separación *f* del cargo, cese *m* (en el cargo)

'dienstfähig ADJ → diensttauglich; **dienstfrei** ADJ **~ sein** estar libre (*od* franco) de servicio; **~er Tag** día *m* libre; **~ haben** tener día libre

'Dienstgebrauch M ⟨~(e)s⟩ **zum ~** para finalidades del servicio; **nur für den ~** sólo para finalidades del servicio; **Dienstgeheimnis** N secreto *m* profesional; **Dienstgespräch** N TEL conferencia *f* (*od* llamada *f*) oficial

'Dienstgrad M categoría *f* (en el servicio); MIL graduación *f*, grado *m*; **Dienstgradabzeichen** N MIL insignia *f*; distintivo *m*

'diensthabend ADJ, **Dienst habend** ADJ estar de servicio (*bzw* de turno); **der ~habende Arzt** el médico de turno (*od* de servicio); **Diensthabende** M/F ⟨~n; ~n; → A⟩ MIL *etc* **der/die ~** el/la oficial de turno (*od* de servicio); **Diensthabender** M → Diensthabende; **Dienstherr** M patrono *m*; amo *m*; **Dienstjahre** NPL años *mpl* de servicio; **Dienstleister** M *Firma*: prestador *m* de servicios; **Dienstleistung** F (prestación *f* de) servicio *m*; **ausgelagerte Dienstleistungen** HANDEL servicios *mpl* exteriores

'Dienstleistungsangebot N oferta *f* de servicios; **Dienstleistungsbetrieb** M empresa *f* dedicada a la prestación de servicios; prestador *m* de servicios; **Dienstleistungsbranche** F sector *m* de servicios; **Dienstleistungsgesellschaft** F sociedad *f* de servicios; **Dienstleistungsgewerbe** N, **Dienstleistungssektor** M sector *m* terciario (*od* de servicios); **Dienstleistungsunternehmen** N → Dienstleistungsbetrieb

'dienstlich **A** ADJ oficial, de oficio **B** ADV **~ verhindert** impedido por razones de servicio; **~ unterwegs sein** estar en viaje de trabajo

'Dienstmädchen N criada *f*, sirvienta *f*; muchacha *f*, chica *f*; *umg* chacha *f*; *Arg* mucama *f*; **Dienstmann** M ⟨~(e)s; ~er *od* -leute⟩ mozo *m* de cuerda (*od* de cordel); *Arg* changador *m*; **Dienstmarke** F *der Polizei*: chapa *f* de identificación; **Dienstordnung** F reglamento *m* (del servicio); ordenanzas *fpl*; **Dienstpersonal** N personal *m* de servicio; *im Haushalt*: servidumbre *f*, servicio *m*; **Dienstpflicht** F obligaciones *fpl* (*od* deberes *mpl*) del cargo; MIL servicio *m* militar obligatorio; **dienstpflichtig** ADJ MIL sujeto al servicio militar; **Dienstpistole** F pistola *f* de reglamento; **Dienstprogramm** N IT programa *m* de utilidad (*od* de servicio); **Dienstreise** F viaje *m* oficial (*bzw* de servicio); viaje *m* de trabajo; **Dienstsache** F asunto *m* oficial; **Dienstschluss** M hora *f* de cierre; **nach ~** tras el cierre; **Dienstsiegel** N sello *m* oficial; **Dienststelle** F (*Büro*) oficina *f*; (*Behörde*) servicio *m*, negociado *m*, departamento *m*; sección *f* (administrativa); **Dienststellung** F función *f* oficial; (*Rangstufe*) categoría *f*; (*Posten*) empleo *m*; cargo *m*

'Dienststrafe F sanción *f* disciplinaria; **Dienststrafrecht** N derecho *m* disciplinario; **Dienststrafsache** F, **Dienststrafverfahren** N expediente *m* disciplinario

'Dienststunden FPL horas *fpl* de oficina (*od* de servicio)

'diensttauglich ADJ MIL apto para el servicio; **diensttuend** ADJ, **Dienst tuend** ADJ estar de servicio (*bzw* de turno); **dienstunfähig, dienstuntauglich** ADJ MIL inútil para el servicio; *dauernd*: inválido

'Dienstvergehen N falta *f* disciplinaria; delito *m* administrativo; **Dienstverhältnis** N empleo *m*, cargo *m*; MIL situación *f* de servicio; **dienstverpflichtet** ADJ obligado a prestar un servicio; **Dienstverpflichtung** F prestación *f* de servicio obligatoria; **Dienstvertrag** M contrato *m* de servicio; **Dienstvorschrift** F reglamento *m* (de servicio); instrucciones *fpl* para el servicio; ordenanzas *fpl*; **Dienstwagen** M coche *m* oficial

'Dienstweg M vía *f* reglamentaria; (*Amtsweg*) trámite *m* (*od* vía *f*) oficial; vía *f* jerárquica; **auf dem ~** por el trámite reglamentario; por vía oficial (*bzw* reglamentaria); **den ~ einhalten** *a. fig* seguir la vía oficial (*bzw* reglamentaria)

'dienstwidrig ADJ antirreglamentario; **dienstwillig** ADJ → dienstbereit

'Dienstwohnung F domicilio *m* oficial; vivienda *f* de servicio; **Dienstzeit** F **1** tiempo *m* de servicio; (*Dienststunden*) horas *fpl* de oficina (*od* de servicio *f*) **2** (*Amtsdauer*) permanencia *f* (*od* antigüedad *f*) en el cargo; años *mpl* de servicio; MIL servicio *m* activo; VERW situación *f* activa; **Dienstzeugnis** N certificado *m* de servicios

dies DEM PR eso, esto; **~ alles** todo eso; todo esto; **~ und jenes** *od* **~ und das** esto y lo otro; esto y aquello; tal y tal cosa; **~ ist mein Bruder** éste es mi hermano; **~ sind meine Schwestern** éstas son mis hermanas; → *a* diese(r, -s)

'diesbezüglich **A** ADJ correspondiente, pertinente **B** ADV al respecto, (con) respecto a eso; sobre el particular

'diese(r, -s) DEM PR **A** ADJ este, esta, esto; ese, esa, eso; **~** *pl* estos, estas; esos, esas; **am Dritten ~s Monats** el tres del corriente; **~ vielen Bücher** todos esos libros; **~r Tage** el otro día, *zukünftig*: uno de estos días **B** *subst* éste, ésta, esto; ése, ésa, eso; **~** *pl* éstos, éstas; ésos, ésas; **~r ist es** ése es; **~r und jener** éste y aquél; **von ~m und jenem sprechen** hablar de unas cosas y otras (*od* de todo un poco)

'Diesel M ⟨~(s); ~⟩ **1** *Kraftstoff*: gasóleo *m*; (combustible *m*) diesel *m* **2** *Motor, Fahrzeug*: diesel *m*; **Dieselantrieb** M propulsión *f* (*od* accionamiento *m*) por motor Diesel; BAHN tracción *f* Diesel

die'selbe DEM PR el mismo, la misma (wie que); **ein und ~** la misma cosa; **auf ~ Weise wie** de igual modo que

'Dieselmotor M motor *m* Diesel, diesel *m*; **Dieselöl** N gasoil *m*, gasóleo *m*

'dieser, 'dieses → diese(r, -s)

'diesig ADJ *Wetter* calinoso; brumoso; **~e Luft** calina *f*

'diesjährig ADJ de este año; **diesmal** ADV esta vez; **diesmalig** ADJ de esta vez; **diesseitig** ADJ de este lado; **diesseits** ADV de (*od* a) este lado, *lit* aquende; **~ des Flusses** de (*od* a) este lado del río; **Diesseits** N ⟨~⟩ **das ~** esta vida, este mundo

'Dietrich M ⟨~s; ~e⟩ ganzúa *f*; llave *f* falsa (*od* maestra)

Diffamati'on F ⟨~; ~en⟩ → Diffamierung

diffa'mieren V/T ⟨*ohne* ge-⟩ difamar, calumniar; **diffamierend** ADJ difamatorio, calumnioso; **Diffamierung** F ⟨~; ~en⟩ difamación *f*

Diffe'renz F ⟨~; ~en⟩ **1** (*Unterschied*) diferencia *f* **2** *der Meinung*: diferencia *f*, desavenencia *f*; (*Streit*) disputa *f*; **~en haben** tener diferencias, diferir **3** HANDEL (*Rest*) saldo *m*; (*Fehlbetrag*) déficit *m*; **Differenzgeschäft** N HANDEL operación *f* a diferencias

Differenzi'al [-'tsia:l] N ⟨~s; ~e⟩ MATH diferencial *f*; AUTO diferencial *m*; **Differenzialdiagnose** F MED diagnóstico *m* diferencial; **Differenzialgetriebe** N AUTO (engranaje *m*) diferencial *m*; **Differenzialgleichung** F MATH ecuación *f* diferencial; **Differenzialrechnung** F cálculo *m* diferencial; **Differenzialschalter** M TECH (interruptor *m*) diferencial *m*

differen'zieren V/T ⟨*ohne* ge-⟩ diferenciar; **differen'ziert** ADJ detallado; **Differen'zierung** F ⟨~; ~en⟩ diferenciación *f*

diffe'rieren V/I ⟨*ohne* ge-⟩ diferir, diferenciarse (um en)

diffun'dieren V/I ⟨*ohne* ge-⟩ difundir

dif'fus ADJ difuso, disperso

Diffusi'on F ⟨~; ~en⟩ difusión *f*

diffusi'onsfähig ADJ difusible; **Diffusionsvermögen** N difusibilidad *f*

'Digicam ['digikɛm] F ⟨~, ~s⟩ IT digicam *f*

digi'tal ADJ digital; **~es Netz** IT red *f* digital; **Digitalfernsehen** N televisión *f* digital

digitali'sieren V/T digita(liz)ar; **Digitalisierung** F ⟨~; ~en⟩ digitalización *f*

Digi'talkamera F cámera *f* digital; **Digitalrechner** M calculadora *f* digital; **Digitaltechnik** F tecnología *f* (*od* técnica *f*) digital, procedimiento *m* digital; **Digitaluhr** F reloj *m* digital

Dik'tat [dɪk'ta:t] N ⟨~(e)s; ~e⟩ **1** SCHULE *etc* dictado *m*; **nach ~** al dictado **2** (*Befehl*) imposición *f*, mandato *m*, dictado *m*

Dik'tator M ⟨~s; -'toren⟩, **Dikta'torin** F ⟨~; ~nen⟩ dictador *m*, -a *f*; **dikta'torisch** ADJ dictatorial; **Dikta'tur** F ⟨~; ~en⟩ dictadura *f*

dik'tieren V/T ⟨*ohne* ge-⟩ dictar (*a. fig*); **Diktiergerät** N dictáfono *m*, dictafón *m*

Di'lemma N ⟨~s; ~s⟩ dilema *m*; **sich in einem ~ befinden** estar en (*od* encontrarse ante) un dilema

Dilet'tant M ⟨~en; ~en⟩, **Dilet'tantin** F ⟨~; ~nen⟩ **1** aficionado *m*, -a *f* (in *dat* a) **2** *pej* diletante *m/f*; **dilet'tantisch** ADJ **1** de aficionado, diletante **2** *pej* (*oberflächlich*) superficial; **Dilettan'tismus** M ⟨~⟩ diletantismo *m*; inoperancia *f*

Dill M ⟨~s; ~e⟩ BOT eneldo *m*

Dimensi'on F ⟨~; ~en⟩ dimensión *f*; *fig a.* proporción *f*

Diminu'tiv N ⟨~s; ~e⟩ diminutivo *m*

'Dimmer M ⟨~s; ~⟩ (*Lichtregler*) interruptor *m* con regulador; regulador *m* de luz (*od* de luminosidad)

DIN® ABK **1** (*Deutsche Industrie-Norm*) norma *f* industrial alemana **2** (*Deutsches Institut für Normung*) Instituto *m* Alemán de Normalización

DIN-A4-Blatt N hoja *f* DIN A4

Di'ner [di'ne:] N ⟨~s; ~s⟩ *abends*: cena *f*; *mittags*: almuerzo *m*; *festlich*: banquete *m*

Ding N ⟨~(e)s; ~e *od umg* ~er⟩ **1** (*Sache*) cosa *f*; *umg* chisme *m*; (*Gegenstand*) objeto *m*; PHIL **das**

~ an sich el ente en sí 2 *(Angelegenheit)* cosa *f*; asunto *m*; **ich habe andere ~e im Kopf** tengo otras cosas en que pensar; **es ist ein ~ der Unmöglichkeit** es materialmente (*od* de todo punto) imposible; **der Stand der ~e** el estado de las cosas; **(so) wie die ~e liegen** *od* **stehen** tal como están las cosas; **das geht nicht mit rechten ~en zu** aquí hay (*od* pasa) algo raro; *umg* aquí hay gato encerrado; **vor allen ~en** ante todo, sobre todo, más (*od* antes) que nada; *sprichw* **gut ~ will Weile haben** lo bueno lleva su tiempo 3 *umg* **ein tolles ~** una cosa estupenda; *umg* **ein ~ drehen** *umg* dar un golpe; **das ist ja ein ~!** ¡vaya lío!; **das ist nicht mein ~** de eso no entiendo mucho (*od* gran cosa); no es lo mío 4 *geh* **guter ~e sein** estar de buen humor 5 *umg* *(Mädchen)* **armes ~** pobre criatura *f*; **dummes ~** tonta *f*; **ein nettes** *od* **niedliches ~** *umg* una monada, un bombón

'dingen VT *‹irr› obs (einstellen)* contratar; *Verbrecher* pagar

'Dingens N ‹~› *umg reg* → Dings

'dingfest ADJ **j-n ~ machen** detener, arrestar, capturar a alg; **dinglich** ADJ efectivo; JUR real; PHIL objetivo

Dings ‹~›, **'Dingsbums** ‹~›, **'Dingsda** ‹~› *umg* A N 1 *(Ding)* cosa *f* 2 N *Ort*: allá donde sea B M/F *Person*: **der, die ~** fulano, -a *m/f*; **Herr ~** el señor fulano de tal

di'nieren VI *‹ohne* ge-› almorzar, comer; *abends*: cenar; *festlich*: banquetear

'Dinkel M ‹~s; ~› BOT espelta *f*, escanda *f*; **Dinkelmehl** N harina *f* de espelta *od* escanda

'Dino M ‹~s; ~s› *umg*, **Dino'saurier** M ‹~s; ~› ZOOL dinosaurio *m*

Di'ode F ‹~; ~n› ELEK diodo *m*

Diop'trie F ‹~; ~n› OPT dioptría *f*

Dio'xid N ‹~(e)s; ~e›, **Dio'xyd** N ‹~(e)s; ~e› CHEM dióxido *m*, bióxido *m*

Diö'zese F ‹~; ~n› KATH diócesis *f*

Dip M ‹~s; ~s› GASTR salsa *f*

Diphthe'rie F ‹~; ~n› MED difteria *f*; **Diphtherieserum** N suero *m* antidiftérico

Diph'thong [dɪf'tɔŋ] M ‹~s; ~e› LING diptongo *m*; **diphthon'gieren** VT *‹ohne* ge-› diptongar

Dipl. ABK (Diplom) diploma *m*

Dipl.-Ing. M ABK (Diplom-Ingenieur) Ing. dipl. (ingeniero *m* diplomado)

Di'plom N ‹~s; ~e› *allg* diploma *m*; UNIV ≈ licenciatura *f*

Di'plom... IN ZSSGN diplomado; **Diplomarbeit** F tesina *f*; proyecto *m* de fin de carrera

Diplo'mat M ‹~en; ~en› diplomático *m*

Diplo'matengepäck N, **Diplomatenkoffer** M valija *f* diplomática; **Diplomatenlaufbahn** F carrera *f* diplomática

Diploma'tie F ‹~› diplomacia *f*; **Diplo'matik** F ‹~› diplomática *f*; **Diplo'matin** F ‹~; ~nen› diplomática *f*

diplo'matisch A ADJ diplomático (*a. fig*); **die ~en Beziehungen abbrechen/wieder aufnehmen** romper/reanudar las relaciones diplomáticas B ADV *fig* **~ vorgehen** actuar (*od* proceder) con diplomacia

Di'plom-Betriebswirt M, **Diplom-Betriebswirtin** F licenciado *m*, -a *f* en ciencias (económicas y) empresariales; licenciado *m*, -a *f* en administración y dirección de empresas

diplo'miert ADJ titulado, graduado; UNIV *in sp nach 3 Jahren*: diplomado; *in sp nach 5 Jahren*: licenciado

Di'plom-Ingenieur M, **Diplom-Ingenieurin** F ingeniero *m*, -a *f* diplomado, -a; **Diplom-Kauffrau** F intendente *f* mercantil; **Diplom-Kaufmann** M *sp* intendente *m* mercantil; **Diplom-Landwirt** M, **Diplom-Landwirtin** F ingeniero *m*, -a *f* agrónomo, -a; **Diplom-Volkswirt** M, **Diplom-Volkswirtin** F licenciado *m*, -a *f* en ciencias económicas

'Dipol M ‹~s; ~e› ELEK dípolo *m*

'dippen VT mojar, dipear (**in** *acus* en)

dir PERS PR, *in Briefen a.* **Dir** (*dat v.* **du**) te; *betont*: a ti; **ich danke ~** te doy las gracias; *reflexiv*: **wasch ~ die Hände!** ¡lávate las manos!; **wie geht es ~?** ¿cómo estás?; **mit ~** contigo; **neben ~** a tu lado

Dir. ABK (Direktor) dir.

di'rekt A ADJ directo; *(unmittelbar)* inmediato; *(entschieden)* decidido B ADV 1 directamente, derecho; *(ohne Umschweife)* *umg* sin más ni más; **~ gegenüber** justamente en frente; **~ vor dir** justo delante de ti 2 *(sofort)* en seguida; inmediatamente; RADIO, TV **~ übertragen** *(live)* (re)transmitir (TV *a.* televisar) en directo 3 *umg (geradezu)* **das ist ~ lächerlich** es realmente (*od* francamente) ridículo

Di'rektbank F ‹~; ~en› banco *m* directo; **Direktbestellung** F pedido *m* directo; **Direktbesteuerung** F imposición *f* directa; **Direkteinstieg** M primer empleo *m* *(inmediatamente después de la formación profesional)*; **Direktflug** M vuelo *m* directo (*od* sin escala); **Direktinvestition** F inversión *f* directa

Direkti'on F ‹~; ~en› dirección *f*; HANDEL *a.* gerencia *f*; *(Vorstand)* presidencia *f*

Direkti'onsassistent M, **Direktionsassistentin** F asistente *m/f* de dirección; **Direktionsmitglied** N directivo *m*, -a *f*; **Direktionssekretär** M, **Direktionssekretärin** F secretario *m*, -a *f* de dirección

Direk'tive [-'ti:və] F ‹~; ~n› directiva *f*, directriz *f*, instrucción *f*

Di'rektkandidat M, **Direktkandidatin** F POL candidato *m*, -a *f* elegido, -a directamente; **Direktmandat** N POL mandato *m* directo; **Direktmarketing** N WIRTSCH marketing *m* directo, método *m* de venta directa

Di'rektor M ‹~s; -'toren› director *m*; *der spanischen Staatsbank*: gobernador *m*; **kaufmännischer ~** director *m* comercial; **stellvertretender ~** director *m* adjunto, subdirector *m*

Direkto'rat N ‹~(e)s; ~e› dirección *f*, directorado *m*; *Büro*: despacho *m* del director

Direk'torin F ‹~; ~nen› directora *f*; **kaufmännische ~** directora *f* comercial; **stellvertretende ~** directora *f* adjunta, subdirectora *f*

Direk'torium N ‹~s; Direktorien› directorio *m* (*a.* POL); comité *m* directivo (*od* de dirección); junta *f* directiva

Direk'trice [-'tri:s] F ‹~; ~n› TEX directora *f* de diseño *od* creativa

Di'rektschuss M SPORT tiro *m* directo; **Direktsendung** F, **Direktübertragung** F RADIO, TV (re)transmisión *f* en directo (*od* en vivo); **Direktverkauf** M venta *f* directa; **Direktversicherer** M compañía *f* de seguros directos, asegurador *m* directo; **Direktvertrieb** M venta *f* (*od* distribución *f*) directa; **Direktwahl** F TEL marcación *f* directa de extensiones; **Direktwerbung** F publicidad *f* directa (*od* individual); publicidad *f* por correo directo

'Direx M ‹~; ~e› *umg (Schuldirektor)* *umg* dire *m*

Diri'gent M ‹~en; ~en› MUS director *m* (de orquesta); **Dirigentenstab** M, **Dirigentenstock** M batuta *f*; **Dirigentin** F ‹~; ~nen› MUS directora *f* (de orquesta)

diri'gieren *‹ohne* ge-› A VT MUS, *a. fig (leiten)* dirigir B VI MUS dirigir (la orquesta), llevar la batuta

Diri'gieren N ‹~s› MUS dirección *f* (de orquesta); **Diri'gismus** M ‹~› WIRTSCH, POL dirigismo *m*

Dirndl N ‹~s; ~›, **'Dirndlkleid** N traje *m* (*od* vestido *m*) tirolés

'Dirne F ‹~; ~n› mujer *f* pública (*od* de la vida), ramera *f*

dis, Dis N ‹~; ~› MUS re *m* sostenido; **Dis-Dur** re sostenido mayor; **dis-Moll** re sostenido menor

Dis'agio [dɪs'ʔa:dʒo] N ‹~s; ~s› HANDEL disagio *m*, descuento *m*

'Discjockey M ‹~s; ~s› pinchadiscos *m*

'Discman® ['dɪskmɛn] M ‹~(s); Discmen› discman® *m*

'Disco F ‹~; ~s› disco *f*

Dis'counter [dɪs'kaʊntər] M ‹~s, ~› HANDEL supermercado *m* (de) descuento; **Discountladen** M tienda *f* de descuento

Disharmo'nie F ‹~; ~n› MUS disonancia *f*, discordancia *f* (*beide a. fig*); *fig* desavenencia *f*; **dishar'monisch** ADJ disonante, discordante

Dis'kant M ‹~(e)s; ~e› MUS tiple *m*, discante *m*, discanto *m*; **Diskantschlüssel** M clave *f* de soprano; **Diskantstimme** F voz *f* atiplada (*od* de tiple)

Dis'kette F ‹~; ~n› F IT disquete *m*; **auf ~** en disquete; **auf ~ (ab)speichern** guardar (*od* archivar) en disquete

Dis'kettenbox M, **Diskettenkasten** M caja *f* de (*od* para) disquetes; **Diskettenlaufwerk** N IT disquetera *f*, unidad *f* de disco

'Diskjockey M → Discjockey

'Disko *etc* → Disco *etc*

Dis'kont M ‹~(e)s; ~e› HANDEL descuento *m*; **Diskontbank** F ‹~; ~en› banco *m* de descuento; **Diskonterhöhung** F elevación *f* del tipo de descuento; **diskontfähig** ADJ descontable; **Diskontgeschäft** N operación *f* de descuento

diskon'tieren VT *‹ohne* ge-› HANDEL descontar; **Diskontierung** F ‹~; ~en› descuento *m*

Dis'kontpolitik F política *f* de descuento; **Diskontsatz** M tipo *m* de descuento; **den ~ erhöhen/herabsetzen** aumentar/reducir el tipo de descuento; **Diskontsenkung** F reducción *f* del tipo de descuento; **Diskontwechsel** M letra *f* negociable

Disko'thek F ‹~; ~en› discoteca *f* (*a. Lokal*)

diskredi'tieren VT *‹ohne* ge-› desacreditar; desprestigiar

Diskre'panz F ‹~; ~en› discrepancia *f*; *(Abweichung)* divergencia *f*, disparidad *f*

dis'kret ADJ discreto, reservado; *(taktvoll)* delicado; **Diskreti'on** F ‹~› discreción *f*; *(Takt)* delicadeza *f*, tacto *m*

diskrimi'nieren VT *‹ohne* ge-› discriminar; **diskriminierend** ADJ discriminatorio; **Diskriminierung** F ‹~; ~en› discriminación *f*

'Diskus M ‹~; Disken *od* ~se› SPORT disco *m*; **~ werfen** lanzar el disco

Diskussi'on F ‹~; ~en› discusión *f*, debate *m* (**über** *acus* sobre); **eine ~ auslösen** provocar una discusión; **etw zur ~ stellen** someter a/c a discusión; **zur ~ stehen** estar sobre el tapete, ser materia de discusión; **das steht nicht zur ~** *(kommt nicht in Frage)* eso ya está decidido

Diskussi'onsbedarf M necesidad *f* de discutir (*od* conversar) más sobre un asunto; **Diskussionsbeitrag** M ponencia *f*; intervención *f*; **Diskussionsgrundlage** F base *f* de discusión; **Diskussionsleiter** M, **Diskussionsleiterin** F moderador *m*, -a *f*; **Diskussionsrunde** F mesa *f* redonda

'Diskuswerfen N ‹~s› lanzamiento *m* de

D

disco; **Diskuswerfer** M, **Diskuswerferin** F lanzador *m*, -a *f* de disco, discóbolo *m*, -a *f*; **Diskuswurf** M lanzamiento *m* de disco

disku'tabel ADJ discutible; **nicht ~** improcedente, fuera de lugar

disku'tieren ‹*ohne* ge-› **A** VT **etw ~** discutir a/c **B** VI **(mit j-m) über etw** *(acus)* **~** discutir a/c (con alg)

'Dislokation F ‹~; ~en› MED *fachspr* dislocación *f*

Dis'pens M ‹~es; ~e› KATH dispensa *f*, exención *f*; **(j-m) ~ erteilen** conceder dispensa (a alg)

dispen'sieren VT ‹*ohne* ge-› *bes* KATH **j-n ~** dispensar a alg; eximir a alg (**von** de)

Dispersi'onsfarbe F pintura *f* de dispersión

Dis'play [dɪs'pleː] N ‹~s; ~s› IT display *m*, pantalla *f* de visualización, terminal *m* de presentación visual

'Dispokredit M *umg* → Dispositionskredit

Dispo'nent M ‹~en; ~en›, **Disponentin** F ‹~; ~nen› HANDEL apoderado *m*, -a *f*, gerente *m/f*; controlador *m*, -a *f*

dispo'nibel ADJ disponible; **dispo'nieren** VI ‹*ohne* ge-› disponer (**über** *acus* de)

dispo'niert ADJ **gut/schlecht ~** bien/mal dispuesto; **nicht ~** indispuesto; MED **~ zu** predispuesto a

Dispositi'on F ‹~; ~en› disposición *f* (*a. Anlage*); MED predisposición *f*; **seine ~en treffen** disponer; **zur ~ stehen** estar a disposición; **nicht zur ~ stehen** (*kein Thema sein, nicht verhandelbar sein*) no admitir discusión; (*nicht verwendet werden können*) no estar a disposición; **für den Ankauf neuer Maschinen steht der Abteilung enormes Kapital zur ~** para la compra de nueva maquinaria el departamento dispone de un enorme capital

Dispositi'onskredit M FIN crédito *m* en cuenta corriente (*od* descubierto)

Disproporti'on F ‹~; ~en› desproporción *f*; **disproportio'nal** ADJ, **disproportio'niert** ADJ desproporcionado

Dis'put M ‹~(e)s; ~e› *geh* disputa *f*; discusión *f*

Disputati'on F ‹~; ~en› *geh* disputa *f*; controversia *f*; **dispu'tieren** VI ‹*ohne* ge-› disputar (**über** *acus* sobre)

Disqualifikati'on F ‹~; ~en› descalificación *f* (**wegen** por); **disqualifi'zieren** ‹*ohne* ge-› **A** VT descalificar (**wegen** por) **B** VR **sich ~** descalificarse (**durch, mit** por)

Diss. F ABK → Dissertation

Dissertati'on F ‹~; ~en› (*Doktorarbeit*) tesis *f* doctoral

Dissi'dent M ‹~en; ~en›, **Dissidentin** F ‹~; ~nen› disidente *m/f*

disso'nant ADJ disonante; discordante (*a. fig*); **Disso'nanz** F ‹~; ~en› MUS disonancia *f*; *fig a.* nota *f* discordante

Dis'tanz F ‹~; ~en› distancia *f* (*a. fig*); **~ halten** mantenerse a distancia (*od* apartado); guardar (las) distancias; **auf ~ gehen** distanciarse

distan'zieren ‹*ohne* ge-› **A** VT SPORT **j-n auf 5 Meter ~** sacar a alg cinco metros de ventaja **B** VR **sich ~** distanciarse; *i. w. S* apartarse (**von** de); **distan'ziert** **A** ADJ *Verhalten etc* distanciado **B** ADV **sich ~ benehmen** comportarse con reserva(s)

Dis'tanzritt M carrera *f* de resistencia (a caballo); **Distanzwechsel** M HANDEL letra *f* trayecticia

'Distel F ‹~; ~n› BOT cardo *m*; **Distelfink** M ORN jilguero *m*, colorín *m*

'Distichon N ‹~s; Distichen› dístico *m*

distin'guiert [-'giːrt] ADJ distinguido

Dis'trikt M ‹~(e)s; ~e› distrito *m*

Diszi'plin F ‹~; ~en› disciplina *f* (*a. Fach, Sportart*); (*Fach*) *a.* materia *f*, asignatura *f*

Diszipli'nargewalt F potestad *f* disciplinaria; **disziplinarisch** ADJ disciplinario; **Disziplinarstrafe** F pena *f* disciplinaria; castigo *m* disciplinario; **Disziplinarverfahren** N procedimiento *m* (*bzw* expediente *m*) disciplinario; **Disziplinarvergehen** N transgresión *f* disciplinaria, falta *f* contra la disciplina

diszipli'niert ADJ disciplinado

diszi'plinlos ADJ indisciplinado; **Disziplinlosigkeit** F ‹~› indisciplina *f*, falta *f* de disciplina

'dito ADV ídem, *abk* id., también

'Diva F ‹~; ~s *od* Diven› diva *f*; estrella *f*, vedette *f*

diver'gent ADJ divergente; **Diver'genz** F ‹~; ~en› divergencia *f*; **diver'gieren** VI ‹*ohne* ge-› divergir (**von** de)

di'vers ADJ *mst* **~e** PL diversos, diferentes

Di'verse(s) N ‹~n; → A› *bes* HANDEL géneros *mpl* diversos

Diversifika'tion F ‹~; ~en› diversificación *f*; **diversifi'zieren** VT ‹*ohne* ge-› diversificar; **Diversifi'zierung** ‹~; ~en› diversificación *f*

Divertiku'lose F ‹~; ~n› MED diverticulosis *f*

Divi'dend M ‹~en; ~en› MATH dividendo *m*; **Divi'dende** F ‹~; ~n› *Börse* dividendo *m*; **~n ausschütten** repartir dividendos

Divi'dendenausschüttung F ‹~; ~en› reparto *m* de dividendos; **dividendenberechtigt** ADJ con derecho a dividendo; **Dividendenpapiere** NPL valores *mpl* de dividendo; **Dividendenschein** M cupón *m* de dividendo

divi'dieren VT ‹*ohne* ge-› dividir (**durch** por)

Di'vis N ‹~es; ~e› TYPO guión *m*

Divisi'on F ‹~; ~en› MATH, MIL división *f*; **Divisionskommandeur** M MIL jefe *m* de división

Di'visor M ‹~s; ~en› MATH divisor *m*

'Diwan M ‹~s; ~e› diván *m*; **Diwandecke** F colcha *f*

d. J. ABK **1** (*dieses Jahres*) de este año; del (año) corriente **2** (*der Jüngere*) el Joven

DJ ['diːdʒeː] M ABK (Discjockey) pinchadiscos *m*, disc-jockey *m*

DJH [deːjɔt'haː] M ABK ‹~› (Deutscher Jugendherbergsverband) *federación alemana de albergues juveniles*

DKP F ABK (Deutsche Kommunistische Partei) HIST Partido *m* Comunista de Alemania; → *a* SED

dkr ABK (dänische Krone) corona *f* danesa

dl ABK (Deziliter) decilitro *m*

DLG F ABK (Deutsche Landwirtschafts-Gesellschaft) Sociedad *f* Alemana de Agricultura

DLRG [deːʔɛlʔɛr'geː] F ABK ‹~› (Deutsche Lebens-Rettungs-Gesellschaft) *asociación alemana de salvamento*

d. M. ABK (dieses Monats) de este mes; del (mes) corriente

DM ABK (Deutsche Mark) HIST marco *m* alemán

DNA ABK **1** M (*Deutscher Normenausschuss*) Comisión Alemana de Normalización **2** F (*Desoxyribonukleinsäure*) → DNS

DNS F ABK (Desoxyribonukleinsäure) BIOL ADN *m* (ácido desoxirribonucleico)

d. O. ABK (der Obige) el susodicho; el arriba mencionado

doch KONJ & ADV **1** *verstärkend:* pues; (*aber*) pero, sí; (*gewiss*) por supuesto, desde luego; **nicht ~!** ¡que no!; ¡pues no!; (*gewiss nicht*) no por cierto; **bring mir ~ (mal) ...** a ver si me traes ...; **pass ~ auf!** ¡pero ten cuidado!; **setz dich ~!** ¡pero siéntate!; **tun Sie es ~!** ¡hágalo, pues!; **warte ~!** ¡pero espera!; **das ist ~ Peter!** ¡pero si es Peter!; **das ist ~ zu arg!** ¡esto sí que es desagradable!; **das kann ~ nicht dein Ernst sein** no lo dirás en serio, ¿verdad? **2** *Antwort nach verneinter Frage:* **~!** ¡sí!, *stärker:* ¡claro que sí!, *bes Am* ¿cómo no?; **(aber) ja ~!** ¡que sí!, ¡pues (claro que) sí! **3** (*aber, dennoch*) pero, sin embargo, con todo; a pesar de ello, no obstante; (*schließlich*) después de todo; **also ~!** ¡así que sí!; **sie kam also ~?** ¿vino, pues?, ¿conque ha venido?; **du weißt ~, dass** tú sabes bien que, ya sabes que **4** *Wunsch:* **er kommt ~?** ¿sí que viene?; **wenn er ~ käme!** ¡si viniera!, ¡ojalá viniese!; **hättest du das ~ gleich gesagt!** ¡si lo hubieras dicho antes!

Docht M ‹~(e)s; ~e› mecha *f*; *e-r Kerze:* pábilo *m*

Dock N ‹~s; ~s› SCHIFF dique *m*; dársena *f*, dock *m*; **ins ~ gehen** entrar en carena (*od* dique); **'Dockarbeiter** M cargador *m* de muelle, docker *m*

'docken SCHIFF **A** VT carenar, poner en dique **B** VI entrar en dique (*od* carena)

'Doge ['doːʒə] M ‹~n; ~n› dux *m*

'Dogenpalast M palacio *m* ducal

'Dogge F ‹~; ~n› ZOOL (perro *m*) dogo *m*

'Dogma N ‹~s; Dogmen› dogma *m*; artículo *m* de fe; **zum ~ erheben** dogmatizar

Dog'matik F ‹~; ~en› dogmática *f*; **Dogmatiker** M ‹~s; ~›, **Dogmatikerin** F ‹~; ~nen› dogmático *m*, -a *f*; dogmatista *m/f*; **dogmatisch** ADJ dogmático

Dogma'tismus M ‹~› dogmatismo *m*

'Dohle F ‹~; ~n› ORN grajilla *f*

'doktern VI *umg* hacer de médico; medicinar; medicarse

'Doktor ['dɔktɔr] M ‹~s; -'toren› doctor *m* (*a. umg Arzt*); **~ der Philosophie** doctor *m* en filosofía; **~ der Rechte** doctor *m* en derecho; **den** *od* **seinen ~ machen** hacer el doctorado; doctorarse

Dokto'rand M ‹~en; ~en›, **Doktorandin** F ‹~; ~nen› doctorando *m*, -a *f*

'Doktorarbeit F tesis *f* doctoral, tesis *f* de doctorado

Dokto'rat N ‹~(e)s; ~e› doctorado *m*

'Doktordiplom N título *m* de doctor; **Doktorexamen** N examen *m* del doctorado; **Doktorgrad** M grado *m* de doctor; **Doktorhut** M birrete *m*; borla *f* de doctor

Dok'torin F ‹~; ~nen› doctora *f*

'Doktortitel M título *m* de doctor; **Doktorwürde** F doctorado *m*; **die ~ verleihen** conferir el título de doctor; **Verleihung der ~** investidura *f* doctoral

Dok'trin F ‹~; ~en› doctrina *f*

doktri'när ADJ doctrinario

'Doku ['doːku] F ‹~; ~s› → Dokumentation; **Dokudrama** N TV docudrama *m*

Doku'ment N ‹~(e)s; ~e› documento *m* (*a.* IT); (*Unterlage*) justificante *m*, comprobante *m*; HANDEL **~e gegen Akzept/Zahlung** HANDEL documentos *mpl* contra aceptación/pago

Dokumen'tarfilm M documental *m*; **dokumen'tarisch** **A** ADJ documental **B** ADV **~ belegt** documentado; **Dokumentati'on** F ‹~; ~en› documentación *f*

Doku'mentenakkreditiv N HANDEL crédito *m* documentario; **Dokumentenmappe** F cartera *f* (de documentos); **Dokumentenvernichter** M → Aktenvernichter

dokumen'tieren VT ‹*ohne* ge-› documentar

Doku'mentvorlage F IT plantilla *f*

'Doku-Soap [-so:p] F ⟨~; ~s⟩ TV docu-soap *m*

Dolch M ⟨~(e)s; ~e⟩ puñal *m*; estilete *m*; **'Dolchstich** M, **'Dolchstoß** M puñalada *f*; **'Dolchstoßlegende** F HIST mito *m* de la puñalada por la espalda

'Dolde F ⟨~; ~n⟩ BOT umbela *f*

'Doldengewächse NPL, **Doldenpflanzen** FPL BOT umbelíferas *fpl*

doll *bes nordd* A ADJ *(großartig)* fantástico; *(unglaublich)* increíble; **das war zu ~** fue demasiado B ADV *(sehr)* muy, enormemente

'Dollar M ⟨~s; ~s⟩ dólar *m*; **Dollarkurs** M cotización *f* del dólar; **Dollarraum** M área *f* del dólar; **Dollarzeichen** N signo *m* del dólar; *fig hum* **er hat ~ in den Augen** le hace los ojos chiribitas (por dinero)

'Dolle F ⟨~; ~n⟩ SCHIFF tolete *m*, escálamo *m*

'Dolmen M ⟨~s; ~⟩ ARCHÄOL dolmen *m*

'dolmetschen A VI actuar (*od* hacer) de intérprete B VT interpretar

'Dolmetschen N ⟨~s⟩ interpretación *f*; **Dolmetscher** M ⟨~s; ~⟩, **Dolmetscherin** F ⟨~; ~nen⟩ intérprete *m/f*

'Dolmetscherschule F escuela *f* de intérpretes; **Dolmetscherwesen** N ⟨~s⟩ interpretariado *m*

Dolo'mit M ⟨~s; ~e⟩ MINER dolomita *f*; **Dolomiten** PL GEOG Dolomitas *fpl*

Dom M ⟨~(e)s; ~e⟩ 1 *Kirche*: catedral *f*; **der Kölner ~** la catedral de Colonia 2 ARCH, TECH domo *m*, cúpula *f*

Do'mäne F ⟨~; ~n⟩ 1 *(Staatsgut)* finca *f* pública 2 *(Gebiet)* especialidad *f*

'Domherr M canónigo *m*; **Domherrenwürde** F canonjía *f*, canonicato *m*

domi'nant ADJ dominante; **Dominantakkord** M MUS acorde *m* de dominante

Domi'nante F ⟨~; ~n⟩ MUS dominante *f*; **Domi'nanz** F ⟨~; ~en⟩ dominancia *f* (*a.* BIOL)

domi'nieren VI ⟨*ohne* ge-⟩ 1 *Person* dominar, tener dominio sobre 2 *Sache* (pre)dominar, prevalecer, preponderar; **dominierend** ADJ (pre)dominante, preponderante

Domini'kaner M ⟨~s; ~⟩, **Dominikanerin** F ⟨~; ~nen⟩ 1 REL dominico *m*, -a *f* 2 *(Einwohner, -in der dominikanischen Republik)* dominicano *m*, -a *f*; **Dominikanerorden** M REL orden *f* dominicana (*od* de Santo Domingo)

domini'kanisch ADJ dominicano; **die Dominikanische Republik** la República Dominicana

'Domino[1] N ⟨~s; ~s⟩ *Spiel*: dominó *m*; **~ spielen** jugar al dominó

'Domino[2] M ⟨~s; ~s⟩ *Kostüm*: dominó *m*

'Dominostein M ficha *f* (*od* pieza *f*) de dominó

Domi'zil N ⟨~s; ~e⟩ domicilio *m* (*a.* WIRTSCH); **sein ~ wechseln** cambiar de domicilio, mudarse

domizi'lieren VT ⟨*ohne* ge-⟩ HANDEL domiciliar (bei en); **Domizilierung** F ⟨~; ~en⟩ domiciliación *f*

Domi'zilwechsel M HANDEL letra *f* domiciliada

'Domkapitel N ⟨~s; ~⟩ cabildo *m* (catedralicio); **Dompfaff** M ⟨~en; ~en⟩ ORN camachuelo *m* común; **Domprediger** M canónigo *m* magistral; **Dompropst** M prepósito *m* capitular

Domp'teur [-tø:r] M ⟨~s; ~e⟩ domador *m*; **Dompteuse** [-tø:zə] F ⟨~; ~n⟩ domadora *f*

'Dom. 'Rep. F ABK (Dominikanische Republik) República *f* Dominicana

'Donau F ⟨~⟩ Danubio *m*

'Döner M ⟨~s; ~⟩, **Dönerkebab** M ⟨~(s); ~s⟩ GASTR döner kebab *m*

Don Ju'an M ⟨~(s); ~s⟩ *fig* tenorio *m*

'Donner M ⟨~s; ~⟩ trueno *m*; *fig* **wie vom ~ gerührt** atónito; como herido del rayo; **Donnergetöse** N *fig* estruendo *m*, estrépito *m*; **mit ~** con estruendo; **Donnergott** M Júpiter *m* Tonante; **Donnerhall** M retumbo *m* del trueno; **Donnerlittchen** INT *umg* **~!** ¡caramba!; → *a* Donnerwetter B

'donnern A V/UNPERS **es donnert** truena B VI ⟨sn⟩ 1 tronar; *Zug etc* pasar tronando (*od* con mucho ruido) 2 *fig (schimpfen)* fulminar 3 *umg (schlagen)* **gegen etw ~** golpear fuertemente contra a/c; *(stoßen)* **er ist gegen das Tor gedonnert** se chocó fuertemente contra la puerta C VT *umg (schleudern)* lanzar *od* arrojar fuertemente; **j-m eine ~** dar una bofetada a alg

'Donnern N tronido *m*; **donnernd** ADJ **~er Applaus** un aplauso atronador

'Donnerschlag M estampido *m* del trueno; *fig* rayo *m*

'Donnerstag M ⟨~(e)s; ~e⟩ jueves *m*; **(am) ~** el jueves; **~ früh** el jueves por la mañana; **jeden ~** (todos) los jueves; **letzten ~** el jueves pasado; **nächsten ~** el próximo jueves

'Donnerstag'abend M **(am) ~** el jueves por la noche; **donnerstag'abends** ADV los jueves por la noche; **Donnerstag'mittag** M **(am) ~** el jueves a mediodía; **donnerstag'mittags** ADV los jueves a mediodía; **Donnerstag'morgen** M **(am) ~** el jueves por la mañana; **donnerstag'morgens** ADV los jueves por la mañana; **Donnerstag'nachmittag** M **(am) ~** el jueves por la tarde; **donnerstag'nachmittags** ADV los jueves por la tarde

'donnerstags ADV los jueves

'Donnerstag'vormittag M **(am) ~** el jueves por la mañana; **donnerstag'vormittags** ADV los jueves por la mañana

'Donnerstimme F voz *f* de trueno; **Donnerwetter** *umg* A N *(Krach)* bronca *f* B *umg* INT *anerkennend*: **~!** ¡hombre!; *unwillig*: **(zum) ~!** ¡caramba!, ¡caray!, ¡mecachis!; **warum/wo** *etc* **zum ~ ...?** ¿por qué/dónde, *etc* caray ...?

doof ADJ *umg* 1 *(dumm)* tonto, bobo, imbécil 2 *(langweilig)* soso, aburrido

'dopen SPORT A VT drogar, dopar; **gedopt sein** estar dopado B VR **sich ~** drogarse, doparse

'Doping N ⟨~s; ~s⟩ SPORT doping *m*; **Dopingkontrolle** F, **Dopingtest** M control *m* antidoping (*od* antidrogado)

'Doppel N ⟨~s; ~⟩ 1 *(Duplikat)* copia *f*, doble *m*; duplicado *m* 2 SPORT dobles *mpl*; **~ spielen** jugar dobles

'Doppel... IN ZSSGN *mst* doble; **Doppeladler** M *Wappen*: águila *f* bicéfala; **Doppelagent** M, **Doppelagentin** F espía *m/f* doble; **doppelarmig** ADJ TECH de dos brazos; **Doppel-B** N MUS doble bemol *m*; **Doppelbereifung** F AUTO neumáticos *mpl* dobles

'Doppelbesteuerung F WIRTSCH doble imposición; *f*; **Doppelbesteuerungsabkommen** N WIRTSCH acuerdo *m* de doble imposición

'Doppelbett N cama *f* de matrimonio; **Doppelboden** M doble fondo *m*; **Doppelbuchstabe** M letra *f* doble; **Doppel-CD** F CD *m* doble; **Doppeldecker** M ⟨~s; ~⟩ 1 FLUG biplano *m* 2 *Omnibus*: autobús *m* de dos pisos; **Doppeldeckung** F *Boxen*: doble cobertura *f*

'doppeldeutig ADJ ambiguo

'Doppelehe F bigamia *f*; **Doppelfehler** M *Tennis*: doble falta *f*; **Doppelfenster** N contravidriera *f*; doble ventana *f*; **Doppelflinte** F escopeta *f* de dos cañones; **Doppelgänger** M ⟨~s; ~⟩, **Doppelgängerin** F ⟨~; ~nen⟩ doble *m/f*, sosia(s) *m/f*

'doppelgängig ADJ *Schraube* de doble filete; **Doppelgleis** N vía *f* doble; **doppelgleisig** ADJ de doble vía

'Doppelgriff M MUS doble cuerda *f*; **Doppelhaus** N dos casas *fpl* adosadas; **Doppelhaushälfte** F (chalé *m*) adosado *m*; **Doppelkinn** N doble barbilla *f*, *umg* papada *f*; **Doppelklick** M ⟨~s; ~s⟩ IT doble clic *m*

'doppelklicken VI IT hacer doble clic; hacer clic dos veces

'Doppelkreuz N MUS doble sostenido *m*; **Doppellauf** M *Flinte*: cañón *m* doble; **doppelläufig** ADJ de dos cañones; **Doppellaut** M PHON diptongo *m*; **Doppelleben** N vida *f* doble; doble vida *f*; **ein ~ führen** llevar una doble vida

'doppeln VT doblar; duplicar

'Doppelname M nombre *m* compuesto; **Doppelpass** M *Fußball etc*: pared *f*; **einen ~ spielen** hacer pared; **doppelpolig** ADJ bipolar; **Doppelpunkt** M dos puntos *mpl*; **Doppelrad** N rueda *f* gemela; **Doppelreifen** M → Doppelbereifung; **Doppelreihe** F fila *f* doble; **doppelreihig** ADJ en dos filas; *Anzug* cruzado; **Doppelrolle** F doble papel *m*; **doppelschichtig** ADJ de dos capas; **Doppelschlag** M MUS grupeto *m*; **Doppelsehen** N MED diplopía *f*

'Doppelseite F doble página *f*; **doppelseitig** ADJ doble; bilateral; *Gewebe* reversible, doble faz; *Anzeige* de doble página

'Doppelsinn M doble sentido *m*, ambigüedad *f*; **doppelsinnig** ADJ de doble sentido; ambiguo; equívoco

'Doppelsitzer M vehículo *m* de dos plazas; **Doppelsohle** F suela *f* doble; **Doppelspiel** N 1 *Tennis*: partido *m* de dobles 2 *fig (Intrige)* doble juego *m*; **ein ~ treiben** hacer (un) doble juego; **Doppelstecker** M ELEK enchufe *m* doble; **Doppelsteuerung** F FLUG mando *m* doble; **Doppelstrich** M MUS doble barra *f*

'doppelt A ADJ 1 *allg* doble; **~e Staatsbürgerschaft** *od* **Staatsangehörigkeit** doble nacionalidad *f*; *fig* **ein ~es Spiel treiben** hacer (un) doble juego 2 HANDEL *etc* duplicado; por partida doble (*a. Buchführung*); **in ~er Ausfertigung** por duplicado B ADV 1 *(zweimal)* dos veces; doblemente; **~ sehen** ver doble 2 *(in zwei Exemplaren)* por duplicado; **etw ~ haben** tener a/c repetido 3 *mit so*: **er ist ~ so alt wie ich** me dobla la edad; **~ so groß, so schnell** *etc* dos veces mayor, más rápido, *etc*; **~ so viel** el doble; otro tanto más

'Doppelte(s) N ⟨~n; → A⟩ doble *m*; **das ~** el doble, *bes* MATH el duplo; **um das ~ größer** dos veces mayor

'doppeltkohlensauer ADJ CHEM **doppeltkohlensaures Natron** bicarbonato *m* sódico

'Doppeltür F puerta *f* doble; contrapuerta *f*; *(Flügeltür)* puerta *f* de dos hojas; **Doppelung** F ⟨~; ~en⟩ duplicación *f*; **Doppelverdiener** M ⟨~s; ~⟩ persona *f* con dos sueldos; *pl (Ehepaar)* matrimonio *m* con dos sueldos; **~ sein** ganar dos sueldos; **Doppelwährung** F HANDEL doble tipo *m* monetario; bimetalismo *m*; **Doppelzentner** M quintal *m* métrico; **Doppelzimmer** N habitación *f* doble

'doppelzüngig ADJ doble, ambiguo, falso; **Doppelzüngigkeit** F ⟨~⟩ doblez *f*, falsedad *f*

Dorf N ⟨~(e)s; Dörfer⟩ pueblo *m*; *kleineres*: al-

D

dea *f*; **auf dem ~ leben** vivir en el pueblo

'Dorfbewohner M ⟨~s; ~⟩, **Dorfbewohnerin** F ⟨~; ~nen⟩ aldeano *m*, -a *f*, lugareño *m*, -a *f*

'Dörfchen N ⟨~s; ~⟩ aldehuela *f*; *(Weiler)* caserío *m*

'Dorfgemeinde F comunidad *f* rural; REL parroquia *f* rural

'dörflich ADJ de(l) pueblo, rural, aldeano, rústico

'Dorfpfarrer M párroco *m* rural; **Dorfschänke, Dorfschenke** F taberna *f* del pueblo; **Dorftrottel** M *umg pej* tonto *m* del pueblo

'dorisch ADJ MUS, ARCH dórico; **~er Stil** orden *m* (*od* estilo *m*) dórico

Dorn M ⟨~(e)s; ~e(n)⟩ 1 ⟨*pl* ~en⟩ BOT espina *f*; *umg* pincho *m*; *fig* **er ist mir ein ~ im Auge** es un incordio para mí; le tengo manía; no lo puedo tragar 2 ⟨*pl* ~e⟩ TECH *(Bolzen, Stift)* espiga *f*; *krummer*: uña *f*; *(Drehdorn)* mandril *m*; *e-r Schnalle*: hebijón *m*, púa *f*

'Dornbusch M zarzal *m*

'Dornenhecke F seto *m* espinoso; **Dornenkrone** F corona *f* de espinas; **dornenlos** ADJ sin espinas; **Dornenstrauch** M zarza *f*; **dornenvoll** ADJ espinoso (*a. fig*), erizado de espinas

'dornig ADJ espinoso; *fig a.* escabroso

Dorn'röschen N ⟨~s⟩ *im Märchen*: la Bella Durmiente (del Bosque)

'dorren VI secarse

'dörren VT (de)secar; *durch Rösten*: tostar

'Dörren N ⟨~s⟩ secado *m*, desecación *f*; **Dörrfleisch** N cecina *f*, tasajo *m*; **Dörrgemüse** N legumbres *fpl* secas; **Dörrobst** N fruta *f* pasa (*od* seca)

Dorsch M ⟨~es; ~e⟩ *Fisch*: bacalao *m* (pequeño)

dort ADV allí, allá; ahí; **~ drüben** allí, en aquel lugar (*od* sitio); **~ oben** allí arriba; **~ entlang** por allí; **von ~** desde allí

'dort'her ADV (von) ~ (de) allí

'dort'hin ADV hacia allí, hasta allí

'dorthi'naus ADV por allí; *umg fig* **bis ~** a más no poder

'dorthi'nein ADV allá dentro

'dortig ADJ de allí; de ahí; HANDEL de (*bzw* en) ésa; **der ~e Bürgermeister** el alcalde del lugar

DOS ABK (Disk Operating System) IT DOS *m*, sistema *m* operativo de disco

'Dose F ⟨~; ~n⟩ 1 bote *m*; *(Konservendose)* lata *f*; *Erbsen etc* **aus der ~** de lata; **in ~n einmachen** enlatar 2 *für Kekse etc*: caja *f* 3 ELEK *(Steckdose)* enchufe *m*, caja *f*

'dösen VI *umg* dormitar; soñar despierto

'Dosenbier N cerveza *f* de lata; **Dosenfutter** N comida *f* de lata; **Dosenmilch** F leche *f* condensada; **Dosenöffner** M abrelatas *m*; **Dosenpfand** N ≈ depósito *m*; **Dosensicherung** F ELEK cortacircuito *m* de caja

do'sieren VT ⟨*ohne* ge-⟩ dosificar (*a. fig*); **Dosiermenge** F dosaje *m*, dosis *f*; **Dosierung** F ⟨~; ~en⟩ dosaje *m*, dosificación *f*; PHARM posología *f*

'dösig ADJ 1 *(schläfrig)* soñoliento; medio dormido 2 *umg fig (stumpfsinnig)* bobo, tonto

'Dosis F ⟨~; Dosen⟩ dosis *f* (*a. fig*), toma *f*; **zulässige ~** dosis *f* permitida; **die ~ erhöhen** aumentar la dosis

'DOS-kompatibel ADJ IT compatible con el DOS

Dos'sier [dɔs'jeː] N ⟨~s; ~s⟩ dos(s)ier *m*, expediente *m*

DOS-Welt F IT mundo *m* DOS

Dotati'on F ⟨~; ~en⟩ dotación *f*

do'tieren VT ⟨*ohne* ge-⟩ dotar, proveer (**mit** de, con); *Arbeitsstelle a.* remunerar; **eine gut dotierte Stelle** un puesto bien dotado (*od* remunerado); **Dotierung** F ⟨~; ~en⟩ dotación *f*, provisión *f*

'Dotter M *od* N ⟨~s; ~⟩ 1 GASTR yema *f* (de huevo) 2 BIOL vitelo *m*; **Dotterblume** F BOT hierba *f* centella; *fachspr* calta *f*; **dottergelb** amarillo yema

'doubeln ['duːbəln] VT & VI FILM hacer de doble (en una película)

'Double ['duːbəl] N ⟨~s; ~s⟩ 1 FILM doble *m* 2 *Fußball*: **das ~ gewinnen** ganar la Copa y el campeonato

'Dow-'Jones-Index ['daʊ'dʒoʊnz-] M índice *m* Dow Jones

down [daʊn] ADJ *umg* *(erschöpft)* **~ sein** estar agotado; *(deprimiert)* estar abatido; **Download** ['daʊnloːt] M & N ⟨~s; ~s⟩ IT carga *f*; **downloaden** ['daʊnloːdən] VT IT bajar, descargar (*aus dem Internet* de Internet *od* de la red)

'Down-Syndrom ['daʊn-] N MED síndrome *m* de Down

Do'yen [doa'jɛ̃ː] M ⟨~s; ~s⟩ POL, *fig* decano *m*

Doz. ABK (Dozent, -in) prof., profa. (profesor, -a)

Do'zent M ⟨~en; ~en⟩, **Dozentin** F ⟨~; ~nen⟩ profesor *m*, -a *f* (universitario, -a)

Dozen'tur F ⟨~; ~en⟩ cátedra *f*; docencia *f*

do'zieren VI ⟨*ohne* ge-⟩ 1 UNIV enseñar, dar clases; **~ über** (*acus*) explicar 2 *fig pej* hablar en tono magistral, *umg* poner (*od* sentar) cátedra

dpa F ABK (Deutsche Presse-Agentur) Agencia *f* Alemana de Prensa

d. R. ABK (der Reserve) MIL de la reserva

Dr. ABK (Doktor) doctor *m*

'Drache M ⟨~n; ~n⟩ MYTH dragón *m*

'Drachen M ⟨~s; ~⟩ 1 *(Papierdrachen)* cometa *f*; **einen ~ steigen lassen** echar una cometa a volar 2 SPORT ala-delta *m* 3 *fig pej (zänkische Frau)* arpía *f*, furia *f*; *umg* sargentona *f*

'Drachenbaum M drago *m*; **Drachenblut** N *Harz*: sangre *f* de drago; **Drachenfliegen** N SPORT vuelo *m* libre (*od* en ala-delta); **Drachenflieger** M, **Drachenfliegerin** F SPORT deportista *m/f* de ala-delta; **Drachenmaul** N BOT dragontea *f*

'Drachme F ⟨~; ~n⟩ HIST dracma *f*

Dra'gee, Dra'gée [-'ʒeː] N ⟨~s; ~s⟩ gragea *f*; pastilla *f*

Dra'goner M ⟨~s; ~⟩ 1 MIL dragón *m* 2 *umg pej (herrische Frau)* virago *f*, *umg* marimacho *m*, mujer *f* de armas tomar

Draht M ⟨~(e)s; Drähte⟩ 1 alambre *m*; *dünner*: hilo *m*; **mit ~ einzäunen** alambrar; TEL **heißer ~** teléfono *m* rojo 2 *umg fig* **auf ~ sein** *(wachsam sein)* ser despabilado; *umg* ser vivo; tener empuje; *wissensmäßig*: conocer el paño; **ich bin heute nicht auf ~** *a.* hoy no me siento bien

'Drahtbürste F cepillo *m* metálico

'drahten VT *obs* telegrafiar; poner un cable, cablegrafiar

'Drahtesel M *umg hum* bici *f*; **Drahtfenster** N alambrera *f*; **Drahtgeflecht** N enrejado *m* metálico, alambrera *f*, alambrado *m*; **Drahtgewebe** N tela *f* metálica; **Drahtgitter** N → Drahtgeflecht; **Drahtglas** N vidrio *m* armado (*od* alambrado); **Drahthaarterrier** M ZOOL fox(terrier) *m* de pelo duro

'drahtig ADJ *Person* nervudo; vigoroso

'drahtlos A ADJ sin hilos, inalámbrico; **~e Kommunikation** *f* comunicación *f* inalámbrica; **~e Telegrafie** radiotelegrafía *f*, telegrafía *f* sin hilos B ADV **~ kommunizieren** comunicarse sin hilos

'Drahtsaite F MUS cuerda *f* metálica; **Drahtschere** F cizalla *f*, cortaalambres *m*; **Drahtseil** N cable *m* metálico; **Drahtseilbahn** F funicular *m*; *(Hängebahn)* teleférico *m*, (funicular *m*) aéreo *m*; **Drahtsieb** N criba *f* metálica; **Drahtstärke** F grueso *m* de alambre; **Drahtstift** M punta *f* (de París), clavillo *m*; **Drahtverbindung** F ELEK *(Schaltung)* empalme *m* de alambres; **Drahtverhau** M alambrada *f*; **Drahtzange** F cortaalambres *m*; **Drahtzaun** M alambrado *m*; **Drahtzieher** M ⟨~s; ~⟩, **Drahtzieherin** F ⟨~; ~nen⟩ 1 TECH trefilador *m*, -a *f* 2 *fig* instigador *m*, -a *f* (oculto, -a), fautor *m*, -a *f*, maquinador *m*, -a *f*

Drain [drɛːn] M, **Drai'nage** [drɛ'naːʒə] F → Drän, Dränage

drai'nieren → dränieren

Drai'sine [dre'ziːnə] F ⟨~; ~n⟩ BAHN autocarril *m*, dresina *f*

dra'konisch ADJ *Strafe* draconiano

drall ADJ *(stämmig)* robusto, fornido, fuerte; *umg* frescachón; *obs* **~es Mädchen** mocetona *f*, real moza *f*

Drall M ⟨~(e)s; ~e⟩ 1 TECH *(Umwindung)* torsión *f*; *des Waffenlaufs*: (paso *m* del) rayado *m* 2 *fig* tendencia *f*, inclinación *f*

'Drama N ⟨~s; Dramen⟩ drama *m* (*a. fig*)

Dra'matik F ⟨~⟩ dramática *f*, dramaturgia *f*; *(Spannung)* dramatismo *m* (*a. fig*); **Dramatiker** M ⟨~s; ~⟩, **Dramatikerin** F ⟨~; ~nen⟩ dramaturgo *m*, -a *f*; (autor *m*, -a *f*) dramático *m*, -a *f*; **dramatisch** ADJ dramático (*a. fig*)

dramati'sieren VT ⟨*ohne* ge-⟩ dramatizar (*a. fig*); THEAT adaptar a la escena

Drama'turg M ⟨~en; ~en⟩ director *m* artístico; **Dramatur'gie** F ⟨~; ~n⟩ dramaturgia *f*; **Drama'turgin** F ⟨~; ~nen⟩ directora *f* artística

dran ADV 1 *(an der Reihe)* **wer ist ~?** ¿a quién le toca?; **ich bin ~** me toca a mí, es mi turno; *umg fig iron* **jetzt ist er ~** ahora va a saber lo que es bueno 2 *mit adj*: **er ist arm ~** es un pobre diablo; **er ist gut ~** está de enhorabuena; **er ist schlecht ~** le van mal las cosas; **spät ~ sein** llegar tarde; ya no tener tiempo 3 *mit Verb*: **~ glauben müssen** *(sterben)* morir; **an der Sache ist was ~** ahí hay algo (de verdad); **man weiß nie, wie man mit ihr ~ ist** con ella, uno nunca sabe a qué atenerse; **jetzt weiß ich, wie ich ~ bin** ahora ya sé a qué atenerme → *a* daran *etc*

Drän M ⟨~s; ~s⟩ tubo *m* de drenaje (*a.* MED)

Drä'nage [-'naːʒə] F ⟨~; ~n⟩ avenamiento *m*; drenaje *m* (*a.* MED)

Drang M ⟨~(e)s⟩ 1 *(Druck)* apremio *m* 2 *(Antrieb)* ímpetu *m*; impulso *m*; *(Trieb)* afán *m*, impulsión *f*, sed *f* (**nach** de) 3 PHYSIOL pujo *m*, *umg* ganas *fpl* de (orinar, *etc*)

Dränge'lei F ⟨~; ~en⟩ *umg* agolpamiento *m*; empujones *mpl*

'drängeln *umg* A VT codear; empujar; atropellar B VI apretujarse, empujar; *Arg* pechar

'drängen A VT 1 *räumlich*: **j-n ~** empujar a alg; **j-n ins Haus ~** empujar a alg dentro de la casa; **j-n aus der Tür ~** sacar a alg a empujones por la puerta 2 *(antreiben)* **j-n ~** estimular a alg; *Schuldner* apremiar a alg; *fig* acuciar a alg, urgir a alg, apurar a alg, atosigar a alg; **j-n zu etw ~** instar a alg a hacer a/c; **j-n zur Eile ~** dar (*od* meter) prisa a alg, instar *od* apremiar a alg a darse prisa; **ich möchte Sie nicht ~** no quiero presionarlo; **ich lasse mich nicht ~** no me dejo atosigar *od* presionar 3 *Sache (vorantreiben)* empujar B VI 1 *Angelegenheit etc* correr prisa, urgir; **die Sache drängt** la cosa urge, el asunto no admite demora; **die Zeit drängt** el tiempo apremia 2 **auf etw** (*acus*) **~** insistir en a/c; **auf eine Entscheidung ~** instar a tomar una decisión **3** *räumlich*: **zur Tür ~** apiñarse hacia la puerta **C** VR **sich ~** apretarse (contra); apiñarse, agolparse; atropellarse; arremolinarse; **sich durch die Menge ~** abrirse paso a través de la multitud; **sich um j-n ~** apiñarse en torno a alg; **sich zur Tür ~** apiñarse hacia la puerta **D** V/UNPERS **1** (*eilen*) **es drängt (nicht)** (no) corre prisa **2** (*antreiben*) **es drängt mich zu** (*inf*) me siento impulsado a (*inf*); me veo en la necesidad de (*inf*)

'Drängen N ⟨~s⟩ empujones *mpl*; *fig* insistencia *f*; apremio *m*; **auf sein/ihr** *etc* **~ hin** a instancias de él/ella, *etc*

'drängend ADJ *Problem* inaplazable

'Drängler M ⟨~s; ~⟩, **Dränglerin** F ⟨~; ~nen⟩ *im Autoverkehr*: automovilista *m/f* que va acosando

'Drangsal F ⟨~; ~e⟩ *geh obs* (*Notlage*) aprieto *m*, apuro *m*; (*Leiden*) sufrimientos *mpl*; tribulaciones *fpl*; *fig* calvario *m*

drangsa'lieren V/T ⟨ohne ge-⟩ vejar; atormentar; acosar, atosigar

'drangvoll ADJ *geh* **in ~er Enge** muy apretado, apiñado

'dranhalten V/R *umg* **sich ~** apresurarse

drä'nieren V/T ⟨ohne ge-⟩ avenar; desaguar; drenar; **Dränierung** F ⟨~; ~en⟩ avenamiento *m*; drenaje *m* (*a.* MED)

'drankommen V/I *umg* **ich komme (als nächster) dran** me toca a mí (*a.* SCHULE); **drankriegen** V/T *umg* **j-n ~** (*j-n reinlegen*) jugársela a alg; (*j-n erwischen*) pillar a alg; **drannehmen** V/T *umg* **j-n ~** *Kunde, Patient* atender a alg; SCHULE preguntar a alg

dra'pieren V/T ⟨ohne ge-⟩ adornar, engalanar; poner colgaduras; *Falten* drapear; **Drapierung** F ⟨~; ~en⟩ colgadura *f*; drapeado *m*; (*Gewänder*) ropaje *m*; paños *mpl*

Drä'sine F → Draisine

'drastisch ADJ drástico (*a.* MED *u. fig*); enérgico

drauf *umg* **A** ADV **1** → darauf **2 ~ und dran sein, etw zu tun** estar a punto (*od* a pique) de hacer a/c **3 gut/schlecht ~ sein** estar de buen/mal humor; **was ~ haben** ser muy bueno (**in** *dat* en); **er hatte 150 Sachen ~** iba a 150 **B** INT **~!** ¡duro!, ¡a (por) ellos!; (*schlag zu!*) ¡leña!, ¡dale duro!

'Draufgänger M ⟨~s; ~⟩, **Draufgängerin** F ⟨~; ~nen⟩ hombre *m*, mujer *f* de rompe y rasga (*od* de pelo en pecho); corajudo *m*, -a *f*; atrevido *m*, -a *f*; **draufgängerisch** ADJ emprendedor; atrevido; arrojado, osado; **Draufgängertum** N ⟨~s⟩ impetuosidad *f*, vehemencia *f*; arrojo *m*

'draufgehen V/I *umg* (*verbraucht werden*) consumirse, gastarse; (*verloren gehen*) perderse; *Geld* esfumarse, volar; (*kaputtgehen*) estropearse; *sl* (*sterben*) *sl* palmarla, diñarla

'Draufgeld N arras *fpl*

'draufkommen V/I *umg* **j-m ~** (*auf die Schliche kommen*) pillar a alg; **ich komme nicht drauf** (*es fällt mir nicht ein*) no se me ocurre, no caigo

'draufkriegen V/T *umg* **eins ~** recibir una bronca; **drauflegen** V/T *umg* poner encima; *Geld* añadir

drauf'los ADV *umg* sin darle más vueltas; **drauflosarbeiten** V/I trabajar a más no poder; **drauflosgehen** V/I ir derecho a, tirar adelante; **drauflosreden** V/I hablar a tontas y a locas, hablar sin pensar; **drauflosschlagen** V/I repartir palos a ciegas; **drauflosswirtschaften** V/I derrochar

'draufmachen V/T *umg* **einen ~** correrse una juerga

'Draufsicht F ⟨~⟩ vista *f* de(sde) arriba

'draufzahlen **A** V/T (*zusätzlich bezahlen*) añadir, pagar extra **B** V/I (*Verluste haben*) pagar para cubrir las pérdidas

draus *umg* → daraus

'draußen ADV afuera, fuera; (*im Freien*) al aire libre; (*in der Fremde*) en el extranjero; **da ~** allá fuera; **von ~** de afuera; **nach ~** afuera; **~ im Garten** fuera, en el jardín

'Drechselbank F ⟨~; ⸚e⟩ TECH torno *m*; **drechseln** V/T **1** TECH tornear **2** *fig* formar meticulosamente; **Drechsler** M ⟨~s; ~⟩ tornero *m*

Drechsle'rei F ⟨~; ~en⟩ tornería *f* (*a. Werkstatt*)

'Drechslerin F ⟨~; ~nen⟩ tornera *f*

Dreck M ⟨~(e)s⟩ *umg* **1** (*Schmutz*) suciedad *f*; (*Schlamm*) lodo *m*, fango *m*, barro *m*; *fig* **j-n mit ~ bewerfen** echar barro a alg; *fig* **j-n/etw in den ~ ziehen** poner verde a alg/a/c; arrastrar por los suelos (*od* por el fango) a alg/a/c **2** (*Abfälle*) porquería *f*; (*Müll*) basura *f*; (*Plunder*) trastos *mpl*, pacotilla *f* **3** (*Kot*) *sl* mierda *f* **4** *fig* **~ am Stecken haben** tener las manos sucias; **j-n wie den letzten ~ behandeln** tratar a alg como el último mono; **im ~ sitzen** estar apañado; *umg* **da sitzen wir schön im ~!** *umg* ¡estamos apañados!; ¡en buena nos hemos metido! **5** *sl fig* **das geht dich einen ~ an!** ¿a ti, qué te importa?; **er kümmert sich um jeden ~** *umg* mete las narices en todo; **er kümmert** *od* **schert sich einen ~ darum** *umg* le importa un comino (*od* rábano); **ich mache mir einen ~ daraus** *umg* me importa un bledo (*od vulg* una mierda); *sl* **du verstehst einen ~ davon** *umg* no entiendes ni jota de eso

'Dreckfink M → Dreckspatz

'dreckig **A** ADJ sucio (*a. fig*); *umg* guarro, puerco; (*eklig*) asqueroso; (*unanständig*) indecente; **~e Witze** chistes *mpl* verdes **B** ADV **~ lachen** reír del mal ajeno; *umg* **es geht ihm ~** *umg* está pasándolo muy mal

'Drecknest N *umg* pueblo *m* de mala muerte; **Drecksau** F, **Dreckschwein** N *vulg* cerdo *m*, -a *f*

'Dreckskerl M *sl* cerdo *m*, cochino *m*; canalla *m*

'Dreckspatz M *umg* puerco *m*, *umg* guarro *m*, gorrino *m*; **Dreckwetter** N *umg* tiempo *m* de perros

Dreh M ⟨~(e)s; ~s *od* ~e⟩ *umg* **1** (*Trick*) truco *m*, maña *f*; **auf den ~ kommen** dar con el truco; **den (richtigen) ~ heraushaben** conocer el truco, *umg* tenerle cogido el tranquillo **2 um den ~** (*um diese Zeit*) por ahí **3** FILM → Dreharbeiten

'Drehachse F eje *m* de rotación; *fig* pivote *m*; **Dreharbeiten** FPL FILM rodaje *m*; **Drehautomat** M torno *m* automático; **Drehbank** F ⟨~; ⸚e⟩ TECH torno *m*; **drehbar** ADJ giratorio, rotatorio; **Drehbeanspruchung** F TECH esfuerzo *m* de torsión; **Drehbeginn** M FILM comienzo *m* del rodaje; **Drehbewegung** F movimiento *m* giratorio, rotación *f*; **Drehbleistift** M portaminas *m*; **Drehbohrer** M taladro *m* rotatorio; **Drehbrücke** F puente *m* giratorio

'Drehbuch N FILM guión *m*; **Drehbuchautor** M, **Drehbuchautorin** F guionista *m/f*

'Drehbühne F **1** THEAT escenario *m* giratorio **2** TECH plataforma *f* giratoria

'drehen **A** V/T **1** *allg* girar; *Scheibe* (hacer) girar; *Kurbel etc* dar vueltas a; **wie man es auch dreht und wendet** por más vueltas que se le da **2** *Zigarette* liar; *Schnur* torcer, hilar; *Strick* trenzar **3** FILM rodar **4** *fig* **ein Ding ~** dar un golpe **5** TECH enroscar; girar; (*drechseln*) tornear **B** V/I **1 an etw** (*dat*) **~** girar a/c **2** *Wind* cambiar; rolar; *Schiff* virar; (*wenden*) volver; **der Wind dreht** el viento cambia **C** V/R **sich ~** **1** girar, dar vueltas (**um** alrededor de); **die Erde dreht sich um die Sonne** la tierra gira alrededor del sol; **mir dreht sich alles** (*mir ist schwindlig*) todo me da vueltas; *fig* **sich ~ und winden** andar con rodeos **2** *fig* **sich ~ um** (*sich handeln um*) tratarse de; *Gespräch a.* versar sobre; **es dreht sich darum, ob** se trata de si; **alles dreht sich um ihn** es el centro de atención

'Dreher M ⟨~s; ~⟩, **Dreherin** F ⟨~; ~nen⟩ TECH *Beruf*: tornero *m*, -a *f*

'Drehfeld N ELEK campo *m* rotatorio; **Drehfenster** N ventana *f* giratoria; **Drehflügel** M FLUG ala *f* giratoria; **Drehgestell** N BAHN bog(g)ie *m*; **Drehgriff** M *Motorrad*: empuñadura *f* giratoria; **Drehkondensator** M ELEK condensador *m* variable; **Drehkraft** F fuerza *f* de torsión (*bzw* de rotación); **Drehkran** M grúa *f* giratoria; **Drehkrankheit** F VET modorra *f*, torneo *m*; **Drehkreuz** N torniquete *m*, torno *m*; **Drehleiter** F *Feuerwehr*: autoescalera *f*; **Drehmoment** N PHYS momento *m* de giro (*od* torsión); **Drehorgel** F organillo *m*; **Drehpause** F FILM descanso *m* del rodaje; **Drehpunkt** M TECH centro *m* de rotación; *fig* pivote *m*; **Drehschalter** M ELEK interruptor *m* giratorio; **Drehscheibe** F placa *f* (*od* plataforma *f*) giratoria; *Töpferei*: torno *m* (de alfarero); **Drehsessel** M sillón *m* giratorio; **Drehspieß** M asador *m* giratorio; **Drehstabfederung** F AUTO suspensión *f* por barras de torsión; **Drehständer** M estante *m* giratorio; **Drehstrom** M ELEK corriente *f* trifásica; **Drehstrommotor** M motor *m* trifásico; **Drehstuhl** M silla *f* giratoria; **Drehtisch** M mesa *f* giratoria; **Drehtür** F puerta *f* giratoria

'Drehung F ⟨~; ~en⟩ vuelta *f*; *im Kreis*: *a.* giro *m*; *um e-e Achse*: rotación *f*; *um e-n Körper*: revolución *f*; (*Verwindung*) torsión *f*; SCHIFF virada *f*

'Drehwähler M selector *m* giratorio; **Drehwurm** M VET cenuro *m*; *umg fig* **den ~ haben** estar mareado

'Drehzahl F número *m* de revoluciones (por minuto); **Drehzahlmesser** M cuentarrevoluciones *m*; **Drehzahlregler** M regulador *m* del número de revoluciones

drei ADJ **1** *allg* tres; **~ Viertel** tres cuartos; **~viertel voll** lleno tres cuartos; **sie waren ~** eran (*od* había) tres (de ellos); *sprichw* **aller guten Dinge sind ~** *umg* a la tercera va la vencida **2** *Zeitangabe*: **es ist ~ Uhr** son las tres; **halb ~** las dos y media; *reg* **es war ~ viertel zwei** eran las dos menos cuarto **3** *fig* **ehe man bis ~ zählen konnte** en un santiamén, en un abrir y cerrar de ojos; *umg* **sie kann nichts bis ~ zählen** no sabe cuántos son dos y dos; **er tut, als ob er nicht bis ~ zählen könnte** *umg* se hace la mosca (*od* mosquita) muerta

Drei F ⟨~; ~en⟩ **1** *Zahl*: tres *m* **2** *Schulnote*: bien *m*

'Dreiachser M ⟨~s; ~⟩ AUTO coche *m* de tres ejes (*od* de seis ruedas)

Drei'achteltakt M MUS compás *m* de tres por ocho

'Dreiakter M ⟨~s; ~⟩ THEAT pieza *f* en tres actos; **dreiarmig** ADJ de tres brazos; **dreibändig** ADJ en tres tomos; **Dreibein** N trípode *m*; **dreibeinig** ADJ con tres pies; **dreiblätt(e)rig** ADJ BOT tripétalo; de tres hojas; **Dreibund** M ⟨~(e)s⟩ POL, HIST Triple Alianza *f*; **dreidimensional** ADJ tridimensional

'Dreieck N ⟨~(e)s; ~e⟩ triángulo *m*; *Riss*: *umg* siete *m*; **dreieckig** ADJ triangular; **Dreieckschaltung** F ELEK conexión *f* en delta

'Dreiecksgeschäft N HANDEL operación *f* triangular; **Dreiecksverhältnis** N triángulo *m*

drei'einig ADJ tres en uno, trino (y uno); **Dreieinigkeit** F ⟨~⟩ REL Trinidad *f*

'dreierlei ADJ de tres clases; **auf ~ Art** de tres maneras diferentes

'Dreiertakt M MUS compás *m* ternario (*od* de tres tiempos)

'dreifach ADJ triple, tres veces mayor; **in ~er Ausfertigung** por triplicado; **Dreifache(s)** N ⟨~n; → A⟩ triple *m*; **das ~e** el triple; **Dreifachstecker** M ELEK enchufe *m* tripolar

Drei'faltigkeit F ⟨~⟩ REL Trinidad *f*

Drei'farbendruck M ⟨~(e)s; ~e⟩ tricromía *f*; **Dreifarbenfotografie** F fotografía *f* tricrómica

'dreifarbig ADJ tricolor, de (*od* en) tres colores

Drei'felderwirtschaft F ⟨~⟩ AGR rotación *f* trienal

'Dreifuß M trípode *m*; **Dreiganggetriebe** N engranaje *m* de tres velocidades; **dreigängig** ADJ TECH *Gewinde* de triple rosca; **Dreigespann** N triga *f*; *fig* trío *m*, terna *f*; **Dreigestirn** N *fig* triunvirato *m*

'dreigeteilt ADJ tripartito; **dreiglied(e)rig** ADJ trino, ternario; MATH **~e Größe** trinomio *m*

Drei'groschenoper F ⟨~⟩ ópera *f* de cuatro peniques

'drei'hundert ADJ trescientos; **über/unter ~** más/menos de trescientos

Dreihundert'jahrfeier F tricentenario *m*

'drei'hundertjährig ADJ tricentenario; **dreihundertste** ADJ tricentésimo; **Dreihundertstel** N ⟨~s; ~⟩ tricentésimo *m*

'dreijährig ADJ trienal, de tres años; **Dreijährige** M/F ⟨~n; ~n; → A⟩ niño *m*, -a *f* de tres años; **dreijährlich** **A** ADJ trienal **B** ADV cada tres años

'dreikantig ADJ triangular

Drei'käsehoch M ⟨~s; ~s⟩ *umg* braguillas *m*, renacuajo *m*

'Dreiklang M MUS acorde *m* perfecto

Drei'königsfest N ⟨~(e)s⟩ Epifanía *f*, (día *m* de) Reyes *mpl*; **Drei'literauto** N coche *m* de tres litros; **Drei'mächteabkommen** N ⟨~s⟩ POL, HIST pacto *m* tripartito

'dreimal ADV tres veces; **dreimalig** ADJ triple; **sein ~er Versuch** sus tres intentos

'Dreimaster M ⟨~s; ~⟩ SCHIFF velero *m* de tres palos

Drei'meilenzone F SCHIFF zona *f* de las tres millas; **Drei'meterbrett** N trampolín *m* de tres metros

'dreimonatig ADJ de tres meses; **dreimonatlich** **A** ADJ trimestral **B** ADV cada tres meses, trimestralmente

'dreimotorig ADJ trimotor

drein *umg* → darein

'dreinblicken VI **nachdenklich ~** poner cara pensativa; **dreinfinden** V/R → dareinfinden; **dreinmischen** V/R → einmischen B; **dreinreden** VI (entro)meterse en la conversación; *umg* meter baza; **dreinschauen** VI **ernst** *etc* **~** poner cara seria, *etc*; **dreinschicken** V/R → dareinfinden; **dreinschlagen** VI acometer a golpes

'dreiphasig ADJ ELEK trifásico; **dreipolig** ADJ tripolar; **dreiprozentig** ADJ al tres por ciento; **Dreirad** N triciclo *m*; **Dreiradwagen** M AUTO triciclo *m* de reparto; **dreireihig** ADJ en (*od* de) tres filas

'Dreisatz M ⟨~es⟩ MATH regla *f* de tres

'dreischichtig ADJ de tres capas; *Glas* triplex; **dreiseitig** ADJ trilateral; MATH trilátero; **dreisilbig** ADJ trisílabo; **dreisitzig** ADJ de tres plazas; **dreispaltig** ADJ de (*od* en) tres columnas

'Dreispänner M ⟨~s; ~⟩ → Dreigespann; **dreispännig** ADJ con tres caballos; **Dreispitz** M ⟨~(e)s; ~e⟩ *obs* tricornio *m*, sombrero *m* de tres picos; **dreisprachig** ADJ en tres idiomas, trilingüe; **Dreispringer** M, **Dreispringerin** F SPORT saltador *m*, -a *f* de triple; **Dreisprung** M SPORT triple salto *m*

'dreißig ADJ treinta; **im Alter von ~ Jahren** a los treinta años (de edad); **etwa ~ Leute** unas treinta personas; una treintena de personas; **~er Jahre** → Dreißigerjahre

'Dreißig F ⟨~⟩ (número *m*) treinta *m*; **in den ~ern sein** haber pasado los treinta años; **sie ist Ende ~** va para los cuarenta

'Dreißiger M ⟨~s; ~⟩, **Dreißigerin** F ⟨~; ~nen⟩ hombre *m*, mujer *f* de treinta años; **Dreißigerjahre** NPL **die ~** los años treinta; **in den ~n** en los años treinta

'dreißigjährig ADJ de treinta años; HIST **der Dreißigjährige Krieg** la Guerra de los Treinta Años; **dreißigste** ADJ trigésimo; **Dreißigstel** N trigésima parte *f*; trigésimo *m*

dreist **A** ADJ audaz, osado; atrevido; (*frech*) insolente, impertinente; desvergonzado, descarado; *umg* fresco, sinvergüenza **B** ADV **~ antworten** responder de manera insolente (*od* impertinente)

'dreistellig ADJ *Zahl* de tres cifras

'Dreistigkeit F ⟨~; ~en⟩ audacia *f*, osadía *f*; atrevimiento *m*; (*Frechheit*) insolencia *f*, impertinencia *f*; descaro *m*, desfachatez *f*; *umg* frescura *f*

'dreistimmig MUS **A** ADJ de tres voces **B** ADV a tres voces; **dreistöckig** ADJ de tres pisos; **Dreistufenrakete** F cohete *m* de tres etapas; **dreistufig** ADJ de tres escalones; *Rakete a.* de tres etapas (*od* pisos); *Motor* de tres velocidades; **dreistündig** ADJ de tres horas; **dreitägig** ADJ de tres días

'drei'tausend tres mil

'Dreiteiler M **1** *Mode* traje *m* de tres piezas; *Herrenanzug: a.* terno *m* **2** TV ≈ serie *m* en tres capítulos; **dreiteilig** ADJ tripartito, de (*od* en) tres partes; *Schrank* de tres cuerpos; *Kleid* de tres piezas; **~er Anzug** → Dreiteiler 1

drei'viertel ADJ → drei 1, 2

Drei'viertelmehrheit F ⟨~⟩ mayoría *f* de tres cuartos; **Dreiviertel'stunde** F tres quartos *mpl* de hora; **Drei'vierteltakt** M MUS compás *m* de tres por cuatro; **Drei'wegekatalysator** M AUTO catalizador *m* de tres vías

'dreiwöchig ADJ de tres semanas

'Dreizack M ⟨~(e)s; ~e⟩ tridente *m*

'dreizehn ADJ trece; *umg fig* **jetzt schlägt's (aber) ~!** ¡esto es el colmo!; **dreizehnte(r, -s)** ADJ décimo tercero; **Dreizehntel** N ⟨~s; ~⟩ trezavo *m*

Dreizy'linder M, **Dreizylindermotor** M motor *m* de tres cilindros

Drell M ⟨~s; ~e⟩ → Drillich

'Dresche F ⟨~⟩ *umg* paliza *f*, tunda *f*; *umg* **~ kriegen** *umg* recibir una paliza *od* tunda

'dreschen V/T ⟨*irr*⟩ **1** AGR trillar **2** (*prügeln*) zurrar, apalear

'Dreschen N ⟨~s⟩ AGR trilla *f*; **Drescher** M ⟨~s; ~⟩, **Drescherin** F ⟨~; ~nen⟩ AGR *obs* trillador *m*, -a *f*; **Dreschflegel** M AGR trillo *m*; **Dreschmaschine** F AGR trilladora *f*; **Dreschtenne** F AGR era *f*

'Dresden N ⟨~s⟩ Dresde *f*

Dress ⟨~(e)s; ~e⟩ M SPORT traje *m* de deporte

Dres'seur [-søːr] M ⟨~s; ~e⟩ adiestrador *m*; (*Bändiger*) domador *m*; **dressieren** V/T ⟨*ohne* ge-⟩ adiestrar, amaestrar; (*zureiten*) *a.* domar

'Dressing N ⟨~s; ~s⟩ GASTR aliño *m*

'Dressman ['drɛsmən] M ⟨~s; Dressmen⟩ modelo *m* masculino

Dres'sur F ⟨~; ~en⟩ adiestramiento *m*, amaestramiento *m*; *Pferd a.*: doma *f*; **Dressurreiten** N hípica *f* de adiestramiento

Dr. h. c. M ABK (Doktor honoris causa) Doctor *m* honoris causa, Doctor *m* honorífico

'dribbeln V/T *Fußball*: regatear, driblar; **Dribbling** N ⟨~s⟩ regate *m*, dribbling *m*

Drill M ⟨~s⟩ MIL entrenamiento *m*, adiestramiento *m*; ejercicio *m* (intensivo), instrucción *f*

'Drillbohrer M berbiquí *m* (helicoidal)

'drillen V/T **1** (*bohren*) taladrar, barrenar **2** *Faden* torcer **3** MIL **j-n ~** instruir, ejercitar (intensivamente) a alg **4** AGR sembrar en hileras (*od* líneas)

'Drillich M ⟨~s; ~e⟩ TEX dril *m*; terliz *m*, *Am* brin *m*

'Drilling M ⟨~s; ~e⟩ **1** *Kind*: trillizo *m* **2** JAGD *Gewehr*: escopeta *f* de tres cañones

'Drillmaschine F AGR sembradora *f* en líneas

drin ADV *umg* **1** **er ist ~** está dentro; → *a* darin **2** (*möglich*) dentro de lo posible; **das ist (bei mir) nicht ~** a eso no llego; **mehr war nicht ~** ya no se pudo más; **es ist noch alles ~** todo es posible todavía

Dr.-Ing. M ABK (Doktor der Ingenieurwissenschaft) doctor *m* en ingeniería

'dringen VI ⟨*irr*; sn⟩ **1** (*gelangen*) **an die Öffentlichkeit ~** trascender al público; **aus etw ~** salir de a/c, venir de a/c; **bis zu j-m ~** llegar a alg; **durch etw ~** atravesar a/c, pasar a través de a/c; penetrar por a/c; *fig* **es dringt mir durchs Herz** me traspasa el corazón, me parte el alma; **in etw** (*acus*) **~** irrumpir en a/c; penetrar en a/c; **zu Herzen ~** llegar al corazón **2** *geh* **in j-n ~** apremiar a alg; *bittend*: instar a alg; *mit Fragen*: acosar a alg (a preguntas) **3** ⟨h⟩ *geh* **auf etw** (*acus*) **~** insistir en a/c; exigir a/c

'dringend **A** ADJ urgente; apremiante; *Gefahr* inminente; *Verdacht* fundado; *Notwendigkeit* imperioso, apremiante; *Termin* perentorio; **~e Bitte** instancia *f*, ruego *m* encarecido; **~ sein** correr prisa, urgir **B** ADV urgentemente, con urgencia; **~ abraten** desaconsejar seriamente; **~ bitten** rogar encarecidamente; **~ brauchen** necesitar perentoriamente; **~ notwendig** absolutamente necesario; **~ verdächtig** *Person* fundadamente (*od* altamente) sospechoso

'dringlich ADJ urgente; apremiante; perentorio; **Dringlichkeit** F ⟨~⟩ urgencia *f*; apremio *m*; perentoriedad *f*

'Dringlichkeitsantrag M POL moción *f* de urgencia; **Dringlichkeitsfall** M caso *m* de urgencia; **Dringlichkeitsliste** F lista *f* por orden de prioridad

Drink M ⟨~(s); ~s⟩ copa *f*, bebida *f*

'drinnen ADV (por *od* allá) dentro, adentro; en el interior

'dritt ADV **zu ~ sein** ser tres; **wir waren zu ~** éramos tres; **zu ~ weggehen** *etc* salir, *etc* los tres

'dritte(r, -s) ADJ tercer(o); **der ~ Juni** el tres de junio; **die Dritte Welt** el Tercer Mundo; GRAM **in der ~n Person** en (la) tercera persona; HIST **der ~ Stand** el tercer estado

'Dritte M/F ⟨~n; ~n; → A⟩ tercero *m*, -a *f*; **~r werden** ser tercero; **Ferdinand der ~ (III.)** Fernando Tercero (III)

'Drittel N ⟨~s; ~⟩ tercio *m*, tercera parte *f*; **zwei ~** dos tercios; **dritteln** V/T dividir en tres partes; **drittens** ADV tercero, en tercer lugar; **Dritter** M → Dritte

Dritte-'Welt-Laden M *tienda donde se venden exclusivamente productos de países en vías de desarrollo*

ˈdrittklassig ADJ de mala calidad
ˈDrittland N ⟨~(e)s; ≈er⟩ POL tercer país *m*, país *m* tercero; país *m* interpuesto (*od* intermedio); **sicheres ~** país tercero seguro
ˈdrittˈletzt ADJ antepenúltimo
Dr. jur. ABK (Doktor der Rechte) doctor *m* en derecho
DRK N ABK (Deutsches Rotes Kreuz) Cruz *f* Roja Alemana
Dr. med. ABK (Doktor der Medizin) doctor *m* en medicina
Dr. med. dent. ABK (Doktor der Zahnheilkunde) doctor *m* en odontología
Dr. med. vet. ABK (Doktor der Tierheilkunde) doctor *m* en veterinaria
ˈdroben ADV *reg* arriba; **da ~** allá (más) arriba; (*im Himmel*) en el cielo
ˈDroge F ⟨~; ~n⟩ droga *f*; **~n nehmen** drogarse, *sl* fliparse; **unter ~n stehen** estar bajo los efectos de la droga
ˈdrogenabhängig ADJ drogadicto; **Drogenabhängigkeit** F drogodependencia *f*
ˈDrogenbekämpfung F lucha *f* contra la droga; **Drogendealer** M → Dealer; **Drogenhandel** M narcotráfico *m*; **Drogenhändler** M, **Drogenhändlerin** F distribuidor *m*, -a *f* (*od* vendedor *m*, -a *f*) de droga(s); **Drogenkurier** M camello *m*; **Drogenmissbrauch** M abuso *m* de drogas; **Drogensucht** F drogadicción *f*, adicción *f* a las drogas, drogodependencia *f*
ˈdrogensüchtig ADJ → drogenabhängig; **Drogensüchtige** M/F ⟨~n; ~n; → A⟩ drogadicto *m*, -a *f*
ˈDrogenszene F ⟨~⟩ ambiente *m* (*od* mundillo *m*) de la droga
Drogeˈrie F ⟨~; ~n⟩, **Drogeriemarkt** M droguería *f*; parafarmacia *f*
Droˈgist M ⟨~en; ~en⟩, **Drogistin** F ⟨~; ~nen⟩ droguero, -a *m/f*, droguista *m/f*
ˈDrohbrief M carta *f* conminatoria (*od* amenazadora); carta *f* de amenaza
ˈdrohen VI **1** amenazar (**mit** *dat* con); **j-m (mit etw) ~** amenazar a alg (con a/c); **mit der Polizei ~** amenazar con llamar a la policía **2** (*bedrohlich bevorstehen*) amenazar, ser inminente; amagar; cernerse sobre; **er drohte zu ertrinken** se temía que se ahogara; **das Haus droht einzustürzen** la casa amenaza ruina; **es droht zu regnen** amenaza lluvia; **er weiß noch nicht, was ihm droht** todavía no sabe lo que le aguarda
ˈdrohend ADJ amenazador; (*bevorstehend*) inminente
ˈDrohne F ⟨~; ~n⟩ **1** ZOOL zángano *m* (*a. fig*), abejón *m*, abejorro *m* **2** FLUG avión *m* teledirigido
ˈdröhnen VI *Donner, Geschütz* retumbar; *Schritte* resonar; (*brummen*) *Motor etc* zumbar; **mein Kopf dröhnt** *od* **mir dröhnt der Kopf** me zumba la cabeza; me zumban los oídos
ˈDröhnen N ⟨~s⟩ *Donner*: estampido *m*; *Sturm*: bramido *m*; *Motor*: zumbido *m*; **dröhnend** ADJ *Stimme* campanudo
ˈDrohung F ⟨~; ~en⟩ amenaza *f*; (*Androhung*) conminación *f*; (*Einschüchterung*) intimidación *f*; **~en ausstoßen** prorrumpir en amenazas
ˈdrollig ADJ gracioso, divertido; chistoso; *Kind* salado; **Drolligkeit** F ⟨~; ~en⟩ gracia *f*, donosura *f*
Dromeˈdar N ⟨~s; ~e⟩ ZOOL dromedario *m*
Drops M ⟨~; ~⟩ caramelo *m* ácido
ˈDroschke F ⟨~; ~n⟩ **1** *hist* coche *m* de punto; simón *m* **2** *obs* taxi *m*
ˈDrossel F ⟨~; ~n⟩ **1** ORN tordo *m* **2** TECH *Kappe, Ventil*: estrangulador *m*; **Drosselader** F ANAT (vena *f*) yugular *f*; **Drosselklappe** F válvula *f* de mariposa (*od* de estrangulación)
ˈdrosseln VT *Geschwindigkeit* moderar, frenar; *Motor* estrangular
ˈDrosselspule F ELEK bobina *f* de reactancia; **Drosselung** F ⟨~; ~en⟩ estrangulación *f*; *fig* moderación *f*; **Drosselventil** N → Drosselklappe
Dr. phil. M ABK (Doktor der Philosophie) doctor *m* en filosofía (y letras)
Dr. rer. nat. M ABK (Doktor der Naturwissenschaften) doctor *m* en ciencias naturales
Dr. rer. pol. M ABK (Doktor der Staatswissenschaften) doctor *m* en ciencias políticas
Dr. theol. M ABK (Doktor der Theologie) doctor *m* en teología
ˈdrüben ADV (**da**) **~** allí, al otro lado; (más) allá; **drüber** *umg* → darüber
Druck[1] M ⟨~(e)s; Drücke⟩ **1** TECH, MED *etc* presión *f*; *der Hand*: apretón *m*; (*Zusammendrücken*) compresión *f*; **einen ~ im Kopf haben** sentir presión en la cabeza **2** (*Last*) peso *m*, carga *f*; (*Bedrückung*) opresión *f*; (*Schwere*) pesadez *f*, pesantez *f*; **einen ~ im Magen spüren** tener pesadez de estómago; *umg* **im ~ sein** estar agobiado; tener prisa **3** *fig* **~ auf j-n ausüben** *od* **j-n unter ~ setzen** presionar a (*od* sobre) alg; ejercer presión sobre alg; apretar a alg los tornillos (*od* las clavijas); **unter ~ stehen** estar en un aprieto (*od* en apuros) **4** **~ hinter etw** (*acus*) **machen** meter prisa a a/c, *umg* dar un acelerón a a/c
Druck[2] M ⟨~(e)s; ~e⟩ TYPO **1** *Verfahren*: impresión *f*; (*Kunstdruck*) grabado *m*; **in ~ gehen** ser imprimido; **im ~ sein** estar en prensa; **in ~ geben** dar a la estampa (*od* imprenta *od* prensa) **2** (*Gedrucktes*) imprenta *f*; (*Bild*) estampa *f*; *auf Stoff*: estampado *m* **3** (*Auflage*) edición *f*
ˈDruckabfall M TECH descenso *m* de la presión; **Druckbeanspruchung** F esfuerzo *m* de presión; **Druckbefehl** M IT comando *m* (*od* orden *f*) de impresión; **Druckbogen** M TYPO pliego *m* (de imprenta); **Druckbuchstabe** M letra *f* de imprenta; **~n** *pl a.* caracteres *mpl* de imprenta (*od* tipográficos); **in ~n schreiben** escribir en letra de imprenta
ˈDrückeberger M ⟨~s; ~⟩, **Drückebergerin** F ⟨~; ~nen⟩ *umg* (*Feigling*) cobarde *m/f*; *vor der Arbeit*: holgazán *m*, -ana *f*, gandul *m*, -a *f*; remolón *m*, -ona *f*; (persona *f*) que se escaquea; MIL *fig* emboscado *m*
ˈDruckempfindlichkeit F MED sensibilidad *f* a la presión
ˈdrucken VT TYPO imprimir; tirar; (*herausgeben*) publicar; editar; TECH estampar; *umg fig* **er lügt wie gedruckt** miente más que habla
ˈdrücken **A** VT **1** apretar; *Taste* pulsar, oprimir; (*schieben*) empujar; **etw platt ~** espachurrar a/c, aplastar a/c; **j-n ~** *Schuh* apretar a alg; *Magen* doler a alg; **j-n/etw an sich** (*acus*) **~** estrechar a alg/a/c en los brazos; **j-m die Hand ~** estrechar la mano a alg; **j-m etw in die Hand ~** dar a/c a alg **2** *fig* (*niederdrücken*) **j-n ~** oprimir *od* deprimir a alg; *Sorgen* abrumar a alg **3** *Preise, Kurse, Niveau* hacer bajar **B** VI **1** **auf den Knopf** *etc* **~** apretar (*od* oprimir *od* pulsar) el botón, *etc* **2** (*lasten*) *Hitze* oprimir; **~ auf** (*acus*) pesar sobre (*a. fig*); **auf die Stimmung ~** abatir, desalentar **3** (*zu eng sein*) apretar; **meine Schuhe ~** mis zapatos (me) aprietan **C** V/R *umg* **sich ~** *vor der Arbeit*: zafarse, *umg* escaquearse (**vor** *dat* de); *umg* escurrir el bulto; esquivarse; (*sich fortstehlen*) escabullirse, evaporarse; **sich vor etw** (*dat*) **~** escaquearse *od* zafarse de a/c; **sich vor einer Pflicht ~** rehuir (*od* sustraerse a) una obligación; **sich um eine Antwort ~** eludir la respuesta
ˈdrückend **A** ADJ abrumador, agobiador, apabullante; *Hitze* sofocante; *Wetter* bochornoso; *Schweigen* agobiante **B** ADV **es ist ~ heiß** hace un calor sofocante, hace bochorno
ˈDrucker M ⟨~s; ~⟩ **1** *Person*: impresor *m*; tipógrafo *m* **2** IT *Gerät*: impresora *f*
ˈDrücker M ⟨~s; ~⟩ **1** (*Druckknopf*) botón *m*, pulsador *m* **2** *am Gewehr*: gatillo *m*; TECH trinquete *m* **3** (*Türklinke*) picaporte *m*; pestillo *m*; (*Türöffner*) botón *m* (del portero automático) **4** *umg fig* **am ~ sitzen** ocupar un puesto estratégico, *umg* tener la sartén por el mango; **auf den letzten ~** en el último momento **5** *pej* (*Haustürverkäufer*) vendedor *m* ambulante
ˈDruckeranschluss M conexión *f* (*od* puerta *f*) de (la) impresora
Druckeˈrei F ⟨~; ~en⟩ imprenta *f*; taller *m* tipográfico
ˈDruckereinstellungen FPL IT ajustes *mpl* de (la) impresora
ˈDruckerin F ⟨~; ~nen⟩ tipógrafa *f*
ˈDrückerkolonne F equipo *m* de vendedores ambulantes
ˈDruckerlaubnis F permiso *m* de imprimir, *bes* REL imprimátur *m*
ˈDruckerpapier N papel *m* para impresora(s); **Druckerpatrone** F IT cartucho *m* de impresión; **Druckerpresse** F prensa *f* tipográfica; **Druckerschwärze** F tinta *f* de imprenta (*od* tipográfica); **Druckersoftware** F ⟨~⟩ software *m* (*od* programa *m*) para (la) impresora; **Druckertisch** M mesa *f* para impresora; **Druckertreiber** M ⟨~s; ~⟩ IT módulo *m* de control de la impresora; driver *m* de la impresora
ˈDruckerzeugnis N impreso *m*; **Druckfahne** F TYPO galerada *f*; **Druckfarbe** F tinta *f* de imprenta; **Druckfeder** F resorte *m* de compresión
ˈDruckfehler M errata *f*, error *m* de imprenta; **Druckfehlerteufel** M *hum* duende *m* tipográfico (*od* de las linotipias); **Druckfehlerverzeichnis** N fe *f* de erratas
ˈdruckfertig ADJ listo para la imprenta; *als Vermerk*: ¡tírese!; **druckfest** ADJ a prueba de presión
ˈDruckfestigkeit F TECH resistencia *f* a la (com)presión; **Druckformat** N formato *m* de impresión; **Druckgefälle** N caída *f* de presión
ˈDrückjagd F ⟨~; ~en⟩ montería *f*
ˈDruckkabine F cabina *f* presurizada; **Druckknopf** M **1** TECH botón *m*, pulsador *m* **2** TEX *am Kleid*: (botón *m*) automático *m*; botón *m* de presión; **Druckknopfanlasser** M arranque *m* por pulsador; **Drucklegung** F ⟨~; ~en⟩ TYPO impresión *f*; **Druckleitung** F TECH tubería *f* bajo presión; **Druckluft** F ⟨~⟩ aire *m* a presión; aire *m* comprimido; **Druckluftbremse** F freno *m* de aire comprimido; **Druckmaschine** F TYPO máquina *f* tipográfica (*od* de imprimir); **Druckmedien** NPL medios *mpl* impresos; prensa *f* escrita; diarios *mpl* y revistas; **Druckmesser** M ⟨~s; ~⟩ TECH manómetro *m*; **Druckmittel** N *fig* medio *m* de presión; medida *f* de coacción; **Druckpapier** N papel *m* de imprenta; **Druckpatrone** F IT cartucho *m* de impresión; **Druckplatte** F estereotipo *m*; **Druckposten** M *umg pej* (*leichte Arbeit*) puesto *m* de fácil trabajo; MIL puesto *m* de poco peligro; sinecura *f*; **Druckprobe** F **1** TYPO prueba *f* de imprenta **2** TECH prueba *f* de (com)presión; **Druckpumpe** F bomba *f* impelente; **Druckpunkt** M TECH punto *m* de presión; **druckreif** ADJ listo para la imprenta; **Drucksache** F *Postwesen*: impreso *m*; **Druckschraube** F TECH tornillo *m* de presión
ˈDruckschrift F **1** *Buchstaben*: letra *f* de molde; **~ schreiben** escribir con letra de molde;

D

in ~ en letra de molde 2 *Veröffentlichung*: folleto *m*, impreso *m*
'**Druckseite** F página *f* impresa; TYPO plana *f*
'**drucksen** VI *umg* titubear, vacilar
'**Druckstelle** F huella *f* de presión; marca *f*; *Obst*: maca *f*; **Druckstock** M TYPO clisé *m*, plancha *f*; **Drucktaste** F tecla *f*; **Druckventil** N válvula *f* de presión; **Druckverband** M MED vendaje *m* de compresión (*od* compresivo); **Druckverfahren** N procedimiento *m* tipográfico; **Druckwalze** F 1 TYPO rodillo *m* de imprenta 2 AGR rodillo *m* compresor; **Druckwelle** F onda *f* expansiva; **Druckzylinder** M 1 TYPO cilindro *m* impresor 2 TECH cilindro *m* compresor
'**Drudenfuß** M *Symbol*: pentagrama *m*, estrella *f* de cinco puntas
drum ADV *umg* 1 ~ **herumreden** *umg* andarse con rodeos; → *a* darum 2 **das ganze Drum und Dran** *umg* todo el tinglado; **mit allem Drum und Dran** con todos los requisitos; *umg* con pelos y señales
'**Drumhe'rum** N ⟨~s⟩ *umg* entorno *m*; **das ganze ~** *umg* todo el tinglado
'**drunten** ADV *reg* abajo; **da ~** allá abajo
'**drunter** ADV *umg* 1 → darunter 2 **alles ging ~ und drüber** allí no había orden ni concierto, *umg* estaba todo patas arriba
Drusch M ⟨~(e)s; ~e⟩ AGR trilla *f*
'**Druse**[1] F ⟨~; ~n⟩ 1 MINER drusa *f* 2 VET muermo *m*
'**Druse**[2] M ⟨~n; ~n⟩ REL druso *m*
'**Drüse** F ⟨~; ~n⟩ ANAT glándula *f*
'**Drüsen...** IN ZSSGN endócrino; **Drüsenentzündung** F MED adenitis *f*; **Drüsenkrankheit** F MED adenopatía *f*
'**drüsig** ADJ glandular; adenoso
'**Drusin** M ⟨~; ~nen⟩ REL drusa *f*
'**Dryade** F ⟨~; ~n⟩ MYTH dríade *f*, dríada *f*
'**Dschungel** M ⟨~s; ~⟩ selva *f*, jungla *f*; *fig* **das Gesetz des ~s** la ley de la selva
'**Dschunke** F ⟨~; ~n⟩ *Boot*: junco *m*
DSL N ABK (Digital Subscriber Line) TEL DSL *f*; **DSL-Router** M router *m* (*od* encaminador *m*) DSL
dt. ABK (deutsch) alemán, alemana
dto. ABK (dito) ídem
DTP ABK (Desktop-Publishing) DTP *m*, autoedición *f*; **DTP-Programm** N programa *m* de autoedición
Dtz(d). ABK (Dutzend) docena
du, *in Briefen a.* **Du** PERS PR 1 tú; *Arg* vos; **bist ~ das?** ¿eres tú?; *oft unübersetzt*: **kommst ~?** ¿vienes?; **~ Armer!** ¡pobre de ti!; **~ Glückliche(r)!** ¡qué suerte tienes!; **auf Du und Du mit ...** tuteándose con ...; **j-n mit ~** *od* **Du anreden** tutear (*od* tratar de tú) a alg; **mit j-m per ~** *od* **Du sein** tutearse con alg 2 *verstärkend*: **~, ich kann nicht** oye, no puedo 3 *sprichw* **wie ~ mir, so ich dir** *umg* donde las dan, las toman
d. U. ABK (der Unterzeichnete) el infrascrito; el abajo firmante
du'al A ADJ *a.* IT dual; MATH *a.* binario; **das ~e System** *Abfall, Ausbildung*: el sistema dual B ADV **~ verschlüsselt** codificado en binario
Du'al M ⟨~s⟩ LING dual *m*
Dua'lismus M ⟨~s⟩ dualismo *m*; **Duali'tät** F ⟨~; ~en⟩ dualidad *f*
'**Duathlon** M ⟨~s, ~s⟩ SPORT duatlón *m*
'**Dübel** M ⟨~s; ~⟩ TECH taco *m*; (*Holzdübel*) espiga *f*
'**dübeln** VT fijar con tacos, espigar
dubi'os ADJ dudoso
Du'blee N ⟨~s; ~s⟩ chapado *m* (de oro), dublé *m*
Du'blette F ⟨~; ~n⟩ duplicado *m*; *Edelstein* doblete *m*
'**ducken** A VT *den Kopf* bajar; inclinar; *umg fig* j-n ~ bajar los humos a alg B VR **sich ~** inclinarse, agacharse; agazaparse, acurrucarse; *fig* doblegarse, *umg* achantar(se) (**vor** *dat* ante)
'**Duckmäuser** M ⟨~s; ~⟩ *umg* (*Feigling*) cobarde; (*Heuchler*) mosquita *f* muerta, mátalas callando *m*; (*Scheinheiliger*) mojigato *m*; **duckmäuserisch** ADJ cobarde; mojigato
Dude'lei F ⟨~; ~en⟩ música *f* ratonera
'**dudeln** VI tocar mal (*bzw* siempre lo mismo); *umg* cencerrear
'**Dudelsack** M MUS gaita *f*, cornamusa *f*; **auf dem ~ spielen** tocar la gaita; **Dudelsackpfeifer** M, **Dudelsackspieler** M gaitero *m*
Du'ell [du'ɛl] N ⟨~s; ~e⟩ duelo *m*, lance *m* de honor; *obs* **~ auf Pistolen** duelo a pistola
Duel'lant M ⟨~en; ~en⟩ *obs* duelista *m*; **duel'lieren** VR ⟨*ohne* ge-⟩ *obs* **sich ~** batirse en duelo (**mit** con)
Du'ett [du'ɛt] N ⟨~(e)s; ~e⟩ MUS dúo *m*, dueto *m*; **im ~** a dúo
Duft M ⟨~(e)s; Düfte⟩ olor *m*; aroma *m*, fragancia *f*, perfume *m*
'**dufte** ADJ *umg* (*super*) estupendo, bárbaro, chulo, de órdago, de aúpa
'**duften** VI despedir (*od* exhalar) un aroma; oler bien, tener buen olor; **~ nach** oler a; **süß ~** tener un olor dulce; **duftend** ADJ fragante, aromático; perfumado; oloroso, de buen olor; **duftig** ADJ vaporoso (*a. Kleid*); (*leicht, zart*) delicado; primoroso; **Duftkerze** F vela *f* perfumada; **duftlos** ADJ inodoro, sin olor; **Duftnote** F aroma *f*; **Duftpflanze** F planta *f* aromática; **Duftstoff** M su(b)stancia *f* olorosa (*od* odorífera); **Duftwolke** F *oft hum von Parfum*: nube *f* de perfume
Du'katen M ⟨~s; ~⟩ HIST ducado *m*; **Dukatengold** N oro *m* fino
'**dulden** VT 1 (*zulassen*) admitir, tolerar, permitir, consentir; *stillschweigend*: *umg* hacer la vista gorda; **nicht ~, dass** no tolerar que; **keinen Aufschub ~** no admitir demora 2 *geh* (*ertragen*) sufrir; aguantar, soportar; conllevar
'**Dulder** M ⟨~s; ~⟩, **Dulderin** F ⟨~; ~nen⟩ *geh* sufridor *m*, -a *f*; REL mártir *m/f*
'**duldsam** ADJ tolerante (**gegen** para con), indulgente (**gegen** con); **Duldsamkeit** F ⟨~⟩ tolerancia *f*
'**Duldung** F ⟨~; ~en⟩ 1 JUR acto *m* de tolerancia 2 *geh* tolerancia, consentimiento *m*; resignación *f*
'**Duma** F ⟨~; ~s⟩ POL (*russisches Parlament*) Duma *f*, Cámara *f* Baja del Parlamento ruso
Dum'dumgeschoss, *österr* **Dumdumgeschoß** N MIL dumdum *m*, proyectil *m* de punta hueca
dumm ⟨dümmer; dümmste⟩ A ADJ 1 *Person* tonto, *Am a.* zonzo, *umg* pendejo; (*einfältig*) ingenuo, simple; (*unwissend*) ignorante, necio; (*blöde*) tonto, bobo, estúpido; (*albern*) tonto, necio, majadero; *umg* ganso; **~er Junge** mocoso *m*; *umg* **~e Gans** *umg* pava *f*; **~e Person** tontaina *m/f*; **er ist nicht so ~ (wie er aussieht)** *umg* no tiene un pelo de tonto; **sich ~ stellen** hacerse el tonto; **j-n für ~ verkaufen** tomar por tonto a alg; *umg* vender la moto a alg; **ich lasse mich nicht für ~ verkaufen** a mí no me toman el pelo 2 *Sache* estúpido, tonto; (*ärgerlich*) desagradable, fastidioso, molesto; **eine ~e Sache** un asunto desagradable (*od* feo); **~er Streich** travesura *f*, jugarreta *f*; **~es Zeug reden** decir disparates (*od* bobadas *od umg* chorradas); **~es Zeug!** ¡qué tontería!; **das ist zu ~!** *od* **so was Dummes!** ¡qué fastidio!; **die Sache wird mir zu ~** se me está acabando la paciencia; **schließlich wurde es mir zu ~** se me acabó la paciencia 3 *fig* **mir ist ganz ~ im Kopf** la cabeza me da vueltas B ADV *umg* **frag nicht so ~!** ¡no hagas preguntas tan estúpidas!; *umg* **j-m ~ kommen** ser atrevido con alguien; fastidiar a alg; *umg* **sich ~ und dämlich verdienen** ganar un dineral
'**Dummchen** N ⟨~s; ~⟩ → Dummerchen
'**dummdreist** ADJ impertinente, descarado
'**Dumme** M/F ⟨~n; ~n; → A⟩ tonto *m*, -a *f*; **der** *bzw* **die ~ sein** quedarse con las ganas; hacer el primo; **die ~n sterben nicht aus** los tontos nunca se acaban
Dumme'jungenstreich M chiquillada *f*
'**Dummer** M → Dumme
'**Dummerchen** N ⟨~s; ~⟩ *umg* tontaina *m/f*
'**dummerweise** ADV *umg* desgraciadamente
'**Dummheit** F ⟨~; ~en⟩ 1 (*Blödheit*) estupidez *f*; idiotez *f*; *Am a.* zonzera *f*, *umg* pendejada *f*; (*Unwissenheit*) ignorancia *f* 2 *Handlung*: tontería *f*; torpeza *f*; *umg* plancha *f*; **eine ~ begehen** *od* **machen** cometer una tontería; *umg* meter la pata; **mach (bloß) keine ~en!** ¡no hagas una estupidez!
'**Dummkopf** M tonto *m*, -a *f*, estúpido *m*, -a *f*; idiota *m/f*; *umg* imbécil *m/f*, merluzo *m*, -a *f*
'**dümmlich** A ADJ poco inteligente; simple, necio, lelo B ADV **~ lächeln** sonreír tontamente
dumpf ADJ 1 *Geräusch, Aufprall* ronco, sordo; *Stimme* bronco, ronco; *Schrei* ahogado 2 *Schmerz* sordo 3 *Luft* pesado, enrarecido; (*muffig*) enmohecido; *Wetter* sofocante, bochornoso 4 *Gefühl* (*undeutlich*) indistinto, impreciso; vago
'**Dumpfbacke** F *sl* tonto *m*, -a *f* (del bote *od* de remate *od* perdido, -a)
'**dumpfig** ADJ (*feucht*) húmedo; (*muffig*) enmohecido; (*stickig*) sofocante; (*schwül*) bochornoso; **~er Geruch** olor a cerrado
'**Dumping** ['dampɪŋ] N ⟨~s⟩ WIRTSCH dúmping *m*; **~ betreiben** practicar el dúmping; **Dumpinglohn** M salario *m* dúmping; **Dumpingpreis** M precio *m* dúmping
'**Düne** F ⟨~; ~n⟩ duna *f*
Dung M ⟨~(e)s⟩ abono *m*; (*Mist*) estiércol *m*
'**Düngemittel** N abono *m*, fertilizante *m*
'**düngen** VT abonar; fertilizar; *mit Mist*: estercolar
'**Dünger** M ⟨~s; ~⟩ abono *m*; fertilizante *m*; (*Mist*) estiércol *m*; **Düngererde** F mantillo *m*
'**Dunggrube** F fosa *f* de estiércol; **Dunghaufen** M estercolero *m*
'**Düngung** F ⟨~; ~en⟩ abonado *m*; fertilización *f*; *mit Mist*: estercoladura *f*
'**dunkel** A ADJ 1 *Nacht etc* oscuro, cerrado; (*finster*) tenebroso, lóbrego; (*düster*) sombrío; **dunkle Nacht** noche *f* cerrada; **~ machen** oscurecer; **~ werden** hacerse oscuro, oscurecer(se); **es wird ~** oscurece 2 *Farbe, Haar* oscuro; *Teint* moreno; **dunkles Bier** cerveza *f* negra 3 *fig* (*geheimnisvoll*) misterioso; enigmático; *Existenz* sospechoso, dudoso; *Geschäft* turbio 4 *Gefühl, Ahnung* vago; (*verworren, unklar*) confuso B ADV **sich ~ an etw** (*acus*) **erinnern** recordar vagamente a/c
'**Dunkel** N ⟨~s⟩ oscuridad *f*; *fig a.* tinieblas *fpl*; **im ~n** a oscuras; *fig* **j-n im ~n lassen** dejar a alg en la incertidumbre; *fig* **im ~n tappen** andar a tientas, *umg* dar palos al aire
'**Dünkel** M ⟨~s⟩ (*Anmaßung*) presunción *f*, arrogancia *f*; (*Eitelkeit*) vanidad *f*; petulancia *f*; (*Hochmut*) soberbia *f*
'**dunkelblau** ADJ azul oscuro; **dunkelblond** ADJ (rubio) trigueño; **dunkelbraun** ADJ castaño oscuro; **dunkelgrün** ADJ verde oscuro; **dunkelhaarig** ADJ moreno
'**dünkelhaft** ADJ arrogante; presuntuoso, vanidoso; petulante
'**dunkelhäutig** ADJ de piel oscura; moreno
'**Dunkelheit** F ⟨~; ~en⟩ oscuridad *f*; *tiefe*: ti-

nieblas *fpl*; (*Düsternis*) tenebrosidad *f*, lobreguez *f*; **bei anbrechender ~** al anochecer; **Dunkelkammer** F FOTO laboratorio *m*, cámara *f* oscura; **Dunkelmann** M ⟨~(e)s; ⸚er⟩ *pej* hampón *m*, o(b)scurantista *m*; individuo *m* sospechoso
'dunkeln A VI (*Farbe*) ponerse más oscuro; (*Abend*) oscurecer B V/UNPERS **es dunkelt** anochece, se hace de noche
'dunkelrot ADJ rojo oscuro
'Dunkelziffer F cifra *f* no registrada
'dünken A VI *geh obs* parecer; **es dünkt mich** *od* **mir, dass** me parece que B VR **sich ~** creerse, tenerse por; **er dünkt sich was Besseres** tiene una elevada opinión de sí mismo; *umg* se cree algo
Dün'kirchen N ⟨~s⟩ Dunquerque *m*
dünn A ADJ 1 *allg* delgado (*a. Papier, Stoff*); (*zart*) delicado, fino; *Faden, Haare* fino; *Kleidung* ligero; *Gewebe, Bart* ralo; **~ werden** *Haar* clarear 2 *Person* (*schlank*) esbelto; (*mager*) delgado; flaco; **~ werden** enflaquecer; adelgazar 3 *Kaffee, Tee* flojo; (*dünnflüssig*) fluido; (*wässerig*) claro, aguado, acuoso 4 *Luft* enrarecido 5 (*schwach*) débil; **~e Stimme** hilo *m* de voz B ADV 1 **~ auftragen** *Creme etc* ponerse una capa fina (de); **~ geschnitten** *Brot, Wurst etc* cortado fino 2 *umg fig* **sich ~ machen** (*Platz machen*) ocupar poco sitio; → *a.* dünnmachen
'dünn bevölkert, dünn besiedelt ADJ poco poblado
'Dünnbier N cerveza *f* floja; **Dünndarm** M ANAT intestino *m* delgado
'Dünndruck M ⟨~(e)s; ~e⟩, **Dünndruckausgabe** F *Buch*: edición *f* en papel biblia; **Dünndruckpapier** N papel *m* biblia
'Dünne F ⟨~⟩ 1 *allg* delgadez *f*; (*Zartheit*) tenuidad *f*; finura *f*; *e-s Gewebes a.*: raleza *f* 2 (*Schlankheit*) delgadez *f*; esbeltez *f* 3 *e-r Flüssigkeit*: fluidez *f*; *der Luft*: enrarecimiento *m* 4 (*Schwäche*) flojedad *f*, debilidad *f*
'dünnemachen → dünnmachen
'dünnflüssig ADJ (muy) fluido
dünn gesät ADJ *fig* escaso, raro
'Dünnheit F ⟨~⟩ → Dünne
'dünnmachen VR *umg* **sich ~** (*abhauen*) *umg* largarse, *umg* evaporarse
'Dünnschiss M ⟨~es⟩ *sl* cagalera *f*, cagueta *f*; **dünnwandig** ADJ de pared delgada
Dunst M ⟨~es; Dünste⟩ 1 (*Ausdünstung*) vapor *m*, vaho *m*, exhalación *f*; (*Dampf*) vapor *m*; (*Rauch*) humo *m*; (*leichter Nebel*) neblina *f*, bruma *f* 2 *fig* **j-m blauen ~ vormachen** engañar a alg, *umg* darla con queso a alg; **keinen (blassen) ~ von etw haben** no tener (ni) la menor idea de a/c
'Dunstabzug M salida *f* de vapor(es), salida *f* de humo(s); **Dunstabzugshaube** F *in der Küche*: campana *f* extractora de humos
'dunsten VI despedir vapor; vahear, echar vaho
'dünsten VT GASTR rehogar; estofar
'Dunstglocke F cúpula *f* de gases y humo, smog *m*; capa *f* (flotante) de calina
'dunstig ADJ vaporoso; (*feucht*) húmedo; (*neblig*) brumoso
'Dunstkreis M atmósfera *f*; *fig* ambiente *m*; **Dunstschleier** M velo *m* de niebla; **Dunstwolke** F vaharada *f*
'Dünung F ⟨~; ~en⟩ SCHIFF mar *m/f* de fondo; *am Strand*: resaca *f*
'Duo N ⟨~s; ~s⟩ MUS dúo *m*, dueto *m*
Duo'dez N ⟨~es⟩ TYPO **in ~** en dozavo; **Duodezband** M TYPO tomo *m* en dozavo; **Duodezfürst** M HIST principillo *m*, reyezuelo *m*
Duodezi'malsystem N ⟨~s⟩ sistema *m* duodecimal
dü'pieren VT ⟨*ohne* ge-⟩ *geh obs* **j-n ~** embaucar, engañar, engatusar a alg
'Duplex... IN ZSSGN dúplex (*nachgestellt*); **Duplexgarage** F plaza *f* de aparcamiento de dos pisos
Du'plik F ⟨~; ~en⟩ JUR dúplica *f*; contrarréplica *f*
Dupli'kat N ⟨~(e)s; ~e⟩ duplicado *m*; (*Kopie*) copia *f*
Duplizi'tät F ⟨~; ~en⟩ duplicidad *f*
Dur N ⟨~⟩ MUS modo *m* mayor
Duralu'min® N ⟨~s⟩ duraluminio *m*
durch A PRÄP (*acus*) 1 *räumlich*: por; **(quer) ~** a través de; **~ ganz Spanien** a través de España; por toda España; **~ den Fluss schwimmen** cruzar el río a nado; **der Zug fährt ~ Wien** el tren pasa por Viena 2 (*mittels*) por, por medio de, mediante; (*dank*) gracias a, merced a; **~ Zufall** por casualidad 3 MATH **(geteilt) ~** (dividido) por (*od* entre) 4 *zeitlich*: durante; **die ganze Nacht ~** (durante) toda la noche; **das ganze Jahr ~** (durante) todo el año B ADV *umg* 1 **es ist drei (Uhr) ~** son más de las tres, ya pasa de las tres, son las tres y pico; **hast du das Buch schon ~?** ¿has acabado ya el libro? 2 (*fertig*) **~ sein** *Speisen* estar en su punto (*od* a punto); **mit etw ~ sein** haber pasado (por) a/c 3 (*durchgekommen*) **~ sein** *Prüfling* haber aprobado; **der Antrag/das Gesetz ist ~** la solicitud/la ley ha sido aprobada 4 **~ und ~** (*völlig*) del todo, de parte a parte, de medio a medio, a carta cabal, *umg* de cabo a rabo; **~ und ~ kennen** conocer a fondo; **~ und ~ nass** *umg* calado hasta los huesos; **ein Politiker ~ und ~** un político de cuerpo entero
'durchackern VT 1 AGR *Feld* arar a fondo 2 *umg fig Text etc* trillar; estudiar a fondo; **durcharbeiten** A VT trabajar a fondo; *geistig, Buch*: estudiar (*bzw* leer) a fondo; **die Nacht ~** pasarse la noche trabajando B VI *ohne Pause*: trabajar sin descanso; hacer jornada intensiva C VR **sich ~** abrirse camino; **durchatmen** VI **(tief) ~** respirar hondo
durch'aus ADV absolutamente; enteramente, del todo, por completo; de todo punto; (*unbedingt*) a todo trance; **~!** ¡por supuesto!; **~ möglich** muy posible; **~ nicht** en absoluto, de ningún modo; **das ist ~ nicht einfach** no es nada fácil; **er ist ~ nicht reich** no es rico ni mucho menos; **wenn du es ~ willst** si te empeñas en ello
durch'beben VT ⟨*ohne* ge-⟩ estremecer
'durchbeißen A VT **etw ~** partir a/c con los dientes B VR *fig* **sich ~ (durch etw)** abrirse paso (por a/c), superar (a/c); **durchbetteln** VR **sich ~** vivir mendigando (*od* de limosnas); **durchbiegen** VR **sich ~** doblarse; **durchblättern** VT hojear; **durchbläuen, durchbleuen** VT *umg* apalear, vapulear, *umg* medir las costillas
'Durchblick M ⟨~(e)s; ~e⟩ vista *f*; perspectiva *f*; *fig* **keinen ~ haben** no estar al corriente; **sich** (*dat*) **den (nötigen) ~ verschaffen** ponerse al día
'durchblicken VI 1 mirar **(durch** por, a través de) 2 **~ lassen, dass** dejar entrever que, dar a entender que 3 *umg* (*verstehen*) comprender, entender; **da blicke ich nicht durch** no lo cojo
durch'bluten VT ⟨*ohne* ge-⟩ irrigar, regar; **gut durchblutet** con buena circulación; **Durchblutung** F ⟨~; ~en⟩ riego *m* sanguíneo; **Durchblutungsstörung** F trastorno *m* circulatorio
durch'bohren VT ⟨*ohne* ge-⟩ traspasar, atravesar; (*durchlöchern*) agujerear, horadar, barrenar; TECH *Wand etc* perforar, taladrar; **von Kugeln durchbohrt** acribillado de balas; *fig* **mit Blicken ~** atravesar con la mirada
durch'bohrend ADJ **~er Blick** mirada *f* penetrante; **Durchbohrung** F ⟨~; ~en⟩ perforación *f*
'durchbraten VT GASTR asar bien; **gut durchgebraten** bien hecho, a punto
'durchbrechen[1] ⟨*irr*⟩ A VT romper, quebrar; *Wand, Straße* abrir B VI ⟨sn⟩ 1 (*brechen*) romperse, quebrarse; (*einbrechen, zerbrechen*) irrumpir 2 *Zähne, Sonne* salir; *Geschwür* romper, quebrantar; *Blüten* brotar 3 MIL abrirse (*od* forzar el) paso, abrir (una) brecha **(durch** en)
durch'brechen[2] VT ⟨*ohne* ge-⟩ atravesar; abrirse camino a través de; *Front, Blockade* romper; *Vorschriften, Regel* infringir, quebrantar
'durchbrennen VI ⟨sn⟩ 1 ELEK *Sicherung, Lampe* fundirse 2 *umg fig* (*ausreißen*) **(mit j-m) ~** escaparse (con alg), fugarse (con alg); **durchbringen** A VT 1 *Kandidaten* hacer pasar; sacar adelante; *Gesetz* pasar 2 *Patienten* curar; *Kinder* criar 3 *Geld, Vermögen* derrochar, despilfarrar; malgastar B VR **sich ~** *finanziell*: ganarse la vida; sustentarse; defenderse
durch'brochen ADJ TEX *Stickerei*: calado
'Durchbruch M ⟨~(e)s; ⸚e⟩ 1 (*das Durchbrechen*) ruptura *f* (*a. Damm*); MED, TECH perforación *f*; *e-s Flusses*: desbordamiento *m*; **zum ~ kommen** abrirse paso; manifestarse, hacerse patente 2 (*Lücke*) abertura *f*, boquete *m*, brecha *f* 3 MIL irrupción *f*, penetración *f*; rotura *f* 4 *e-r Krankheit*: erupción *f*; *der Zähne*: dentición *f* 5 (*Erfolg*) éxito *m*
'Durchbruch(s)stelle F MIL punto *m* de penetración; **Durchbruch(s)versuch** M MIL intento *m* de ruptura del frente
'durchchecken [-tʃɛkən] VT revisar; MED **sich ~ lassen** hacerse un chequeo general
durch'dacht ADJ meditado, reflexionado; **gut ~** bien meditado, hecho con ponderación; *Plan* bien ideado (*od* concebido)
durch'denken VT ⟨*irr; ohne* ge-⟩ examinar minuciosamente (*od* a fondo); (*überlegen*) meditar, ponderar bien a/c
'durchdrängen VR **sich ~** abrirse paso (a codazos); **durchdrehen** A VI 1 *Räder* derrapar 2 *umg vor Angst*: perder los nervios; perder los estribos; volverse loco B VT *Fleisch* picar
durch'dringen[1] VT ⟨*ohne* ge-⟩ penetrar por (*od* a través de); atravesar; *mit Flüssigkeit*: impregnar; empapar; *fig* imbuir, inspirar; **j-n durchdringen** *Gefühl* llenar a alg; **sich gegenseitig ~** compenetrarse
'durchdringen[2] VI 1 abrirse paso, penetrar **(durch** por, a través de); *Flüssigkeit* calar, filtrarse; rezumar 2 *fig Person*: tener éxito; hacerse valer, imponerse; *Meinung*: prevalecer; *Geräusch, Stimme* oírse; **bis zu j-m ~** *Nachricht* llegar (*od* trascender a alg); **durchdringend** ADJ *Kälte, Geruch, Blick* penetrante; *Schrei* estridente; *Verstand* agudo, perspicaz
Durch'dringung F ⟨~; ~en⟩ penetración *f* (*a. fig u.* POL)
'durchdrücken VT 1 hacer pasar (a través de); romper (apretando) 2 *Knie* tender, estirar 3 *fig* (*durchsetzen*) **etw ~** imponer *od* lograr *od* conseguir a/c
durch'drungen ADJ imbuido **(von** de); penetrado **(von** de); (*überzeugt*) convencido **(von** de)
durch'eilen[1] VT ⟨*ohne* ge-⟩ recorrer (a toda prisa); cruzar de prisa
'durcheilen[2] VI ⟨sn⟩ pasar rápidamente
durchei'nander ADV 1 (*ungeordnet*) mezclado(s), revuelto(s) (unos con otros); en desorden, desordenadamente; sin orden ni concierto; (*wahllos*) sin distinción 2 (*verwirrt*) confuso; **ganz ~ sein** *Person* estar (muy) aturdido (*od*

confuso); *umg* estar hecho un lío; → durcheinanderbringen, durcheinandergeraten *etc*
Durchei'nander N ⟨~s⟩ *(Unordnung)* confusión *f*, desorden *m*, embrollo *m*; *(Wirrwarr)* caos *m*, lío *m*; *(Trubel) umg* jaleo *m*
durchei'nanderbringen VT ⟨irr⟩ **1** revolver, desordenar, poner patas arriba; **alles ~** revolverlo todo **2** **j-n ~** aturdir *od* desconcertar a alg **3** *Begriffe*: confundir; **durcheinandergeraten** VI ⟨irr; sn⟩ aturdirse, desconcertarse, *umg* hacerse un lío; *Sachen* quedar desordenado(s); **durcheinandermengen** VT (entre)mezclar; **durcheinanderreden** VI hablar confusamente; *gleichzeitig*: hablar todos a la vez; **durcheinanderwerfen** VT ⟨irr⟩ confundir; poner en desorden, embrollar
'durchexerzieren VT ⟨ohne ge-⟩ *umg* probar; experimentar
durch'fahren¹ VT ⟨ohne ge-⟩ **1** *Gebiet* atravesar; recorrer; cruzar *(a. fig)*; **das Meer ~** surcar el mar **2** *fig Idee, Gefühl* **j-n ~** ocurrírsele a alg; **der Gedanke durchfuhr mich, dass** me pasó por la mente la idea de que
'durchfahren² VI ⟨irr; sn⟩ **~ durch** pasar por *(un lugar)*; **der Zug fährt durch** el tren es directo *(od* no tiene parada); **~ bis** no parar hasta; **die ganze Nacht ~** viajar toda la noche
'Durchfahrt F ⟨~; ~en⟩ pasaje *m*; paso *m*; travesía *f*; *(Tor)* puerta *f* cochera; **auf der ~ sein** estar de paso; **~ verboten!** ¡prohibido el paso!
'Durchfahrtshöhe F altura *f* de paso; **Durchfahrtsrecht** N derecho *m* de pasaje
'Durchfall M ⟨~(e)s; ⸚e⟩ **1** MED diarrea *f* **2** *(Misserfolg)* fracaso *m*
'durchfallen VI ⟨irr; sn⟩ **1** caer (**durch** por) **2** *im Examen*: suspender, ser suspendido, sacar un suspenso (**in** *dat* en); SCHULE catear; **j-n ~ lassen** *im Examen*: suspender a alg, SCHULE catear a alg **3** THEAT fracasar, *umg* irse al foso **4** *bei e-r Wahl*: ser derrotado
'durchfaulen VI pudrirse completamente; **durchfechten** VT conseguir con grandes esfuerzos; hacer triunfar; JUR llevar hasta la última instancia; **durchfeiern** VI **ohne Pause ~** festejar *(od* celebrar) sin parar; **die Nacht ~** pasar la noche celebrando; **durchfeilen** VT **1** cortar con la lima **2** *fig (ausfeilen)* pulir, acabar
durch'feuchten VT ⟨ohne ge-⟩ humedecer, empapar
'durchfinden VR **sich ~** hallar el camino; orientarse; **er findet sich nicht mehr durch** está desorientado, se ha perdido
durch'fliegen¹ VT ⟨irr; ohne ge-⟩ *Gebiet* atravesar *(od* cruzar) volando *(bzw* en avión); *Strecke* cubrir en vuelo
'durchfliegen² VI ⟨sn⟩ **1** *hindurch*: pasar volando *(od* a vuelo) (**durch** por) **2** *ohne Unterbrechung*: volar sin pausa **3** *umg im Examen*: → durchfallen
durch'fließen¹ VT ⟨irr; ohne ge-⟩ atravesar; correr por; pasar por
'durchfließen² VI ⟨sn⟩ pasar; **~ durch** → durchfließen¹
'Durchfluss M ⟨~(e)s; ⸚e⟩ paso *m* (del agua); **Durchflussgeschwindigkeit** F TECH velocidad *f* de paso *(od* circulación); **Durchflussmenge** F caudal *m*
durch'fluten VT ⟨ohne ge-⟩ inundar; *fig a.* colmar; pasar por; *Licht fig* iluminar
durch'forschen VT ⟨ohne ge-⟩ investigar a fondo; indagar; escudriñar; *Land* explorar; **Durchforschung** F ⟨~; ~en⟩ investigación *f*; indagación *f*; exploración *f*
durch'forsten VT ⟨ohne ge-⟩ **1** *Wald* aclarar **2** *fig* rebuscar
'Durchfracht F ⟨~; ~en⟩ HANDEL transporte *m* *(od* flete *m*) directo; **Durchfrachtkonossement** N conocimiento *m* de tránsito
'durchfragen VR **sich ~ (zu)** orientarse preguntando, encontrarse a fuerza de preguntar; **sich zu j-m ~** encontrar a alg preguntando
'durchfressen ⟨irr⟩ **A** VT *nagend*: roer; *ätzend*: corroer **B** VR *umg* **sich ~** *als Schmarotzer*: vivir a costa de otros; *sl* vivir de gorra
'durchfrieren VI ⟨irr; sn⟩ helarse completamente
durch'froren ADJ *Person* transido *(od umg* pelado) de frío
'Durchfuhr F ⟨~; ~en⟩ HANDEL tránsito *m*
'durchführbar ADJ realizable, ejecutable; practicable; viable; **Durchführbarkeit** F ⟨~⟩ viabilidad *f*, posibilidad *f* de realización *(od* ejecución)
'durchführen **A** VT *(ausführen)* llevar a cabo, poner en práctica; *Plan, Beschluss* ejecutar, realizar; efectuar; *Gesetz* aplicar; *Befehl etc* cumplir; *(veranstalten)* organizar **B** VI *Weg, Straße etc* llevar *(od* conducir) (**durch** por)
'Durchführung F ⟨~; ~en⟩ **1** *(Ausführung)* ejecución *f*; realización *f* **2** *(Verfahren)* organización *f*; tramitación *f* **3** MUS desarrollo *m* (temático); *e-r Fuge*: exposición *f*
'Durchführungsbestimmungen FPL normas *fpl* para la ejecución; **Durchführungsverordnung** F *zum Gesetz*: decreto *m* de aplicación
'Durchfuhrzoll M aduana *f* *(od* derecho *m*) de tránsito
durch'furcht ADJ surcado *(a. fig)*
'durchfüttern VT mantener, alimentar; dar de comer a; **sich von j-m ~ lassen** vivir a costa de alg
'Durchgabe F ⟨~; ~n⟩ → Durchsage
'Durchgang M ⟨~(e)s; ⸚e⟩ **1** *(Weg, Öffnung)* paso *m*; pasaje *m*; *enger*: pasadizo *m*; *(Flur)* pasillo *m*; corredor *m*; HANDEL tránsito *m*; **~ verboten!** *od* **kein ~!** prohibido el paso; **den ~ versperren** cortar el paso **2** *bei Wahl, Wettkampf etc*: vuelta *f*; SPORT *a.* manga *f*
'Durchgänger M ⟨~s; ~⟩ *Pferd*: caballo *m* desbocado
'durchgängig **A** ADJ **1** *(fortlaufend)* continuo **2** *(allgemein)* general, universal **B** ADV generalmente, usualmente, en general
'Durchgangsbahnhof M estación *f* de tránsito; **Durchgangsgüter** NPL mercancías *fpl* en tránsito; **Durchgangshandel** M comercio *m* de tránsito; **Durchgangsschein** M guía *f* de circulación; **Durchgangsstraße** F vía *f* *(od* arteria *f*) de (gran) tránsito *(od* circulación); **Durchgangsverkehr** M tráfico *m* de tránsito; **Durchgangsvisum** N visado *m* de tránsito; **Durchgangswagen** M BAHN vagón *m* de pasillo; **Durchgangszoll** M derecho *m* de tránsito
'durchgeben VT ⟨irr⟩ *Nachricht* transmitir; *im Radio*: anunciar; *durch Funk*: radiar; **durchgebraten** ADJ bien asado; **durchgedreht** ADJ *umg* rendido; confuso, aturdido; *(verrückt)* chiflado, chalado; **durchgefroren** ADJ completamente helado; *Person a.* transido de frío
'durchgehen ⟨irr; sn⟩ **A** VI **1** *durch e-e Tür etc*: pasar (**durch** por), atravesar (**durch etw** a/c) **2** *(durchpassen)* caber (**durch** por) **3** *(durchkommen) Antrag* quedar aprobado; *Gesetz* pasar; **etw ~ lassen** *(a. umg fig)* dejar pasar a/c, hacer la vista gorda en a/c; **alles ~ lassen** consentirlo todo **4** *(andauern)* continuar, seguir **5** *(davonlaufen)* escaparse; fugarse; *Pferd*: desbocarse **6** *umg Gefühle* **etw geht mit j-m durch** alg se deja llevar de a/c; **ihm gingen die Nerven durch** le pudieron los nervios **B** VT **1** *Strecke* recorrer **2** *Text etc* revisar; **noch einmal ~** repasar
'durchgehend **A** ADJ *(fortlaufend)* continuo, permanente; *(ununterbrochen)* ininterrumpido; *Zug* directo; **~e Arbeitszeit** jornada *f* intensiva *(od* continuada) **B** ADV **1** → durchgängig **2** *(durchweg)* continuamente; **~ geöffnet** abierto a mediodía, con horario continuo
durch'geistigt ADJ espiritualizado
'durchgeknallt ADJ *umg* **total ~ sein** estar loco de remate; **durchgießen** VT echar (**durch** por); *(filtern)* colar, filtrar; **durchgleiten** VI ⟨irr; sn⟩ pasar deslizándose
'durchglühen¹ **A** VT poner al rojo **B** VI ⟨sn⟩ ELEK quemarse
durch'glühen² VT ⟨ohne ge-⟩ *fig* inspirar; inflamar
'durchgreifen VI **1** *mit der Hand*: pasar la mano (**durch** por) **2** *fig* intervenir enérgicamente; **hart ~** adoptar medidas rigurosas; poner mano dura (**gegen** contra); **durchgreifend** ADJ radical; enérgico, severo
'durchhalten **A** VT *Strapazen, Arbeitstag etc* resistir **B** VI no cejar; resistir, aguantar; mantenerse firme; perseverar (en); **Durchhalteparole** F palabras *fpl* de aliento; **Durchhaltevermögen** N resistencia *f*, aguante *m*
'Durchhang M ⟨~(e)s⟩ TECH comba *f*; **durchhängen** VI **1** *Decke etc* combarse **2** *umg (schlapp sein)* estar flojo *(od* agotado); *(deprimiert sein)* estar bajo de ánimo; **Durchhänger** M ⟨~s; ~⟩ *umg* **einen ~ haben** atravesar una mala racha
'durchhauen VT **1** cortar (de un golpe); *in zwei Teile*: partir por medio; *(spalten)* hender **2** *umg (prügeln)* **j-n ~** *umg* zurrar a alg, *umg* dar una paliza a alg; **durchhecheln** VT **1** rastrillar; cardar **2** *fig* criticar, censurar; *umg* despellejar (j-n a alg); **durchheizen** VT calentar bien; **durchhelfen** **A** VI ayudar (a pasar) **B** VR **sich ~** *umg* arreglárselas, componérselas
durch'irren VT ⟨ohne ge-⟩ vagar, errar, andar errante por
'durchixen VT tachar *od* borrar (escribiendo equis por encima); **durchjagen** VT pasar rápidamente (**durch** por)
'durchkämmen¹ VT *Haare, Wolle* peinar, pasar el peine por; *Wolle a.* cardar
durch'kämmen VT ⟨ohne ge-⟩ *(durchsuchen) Gelände etc* rastrillar, rastrear, peinar, registrar a fondo
'durchkämpfen **A** VT *Sache* lograr imponer **B** VR **sich ~** abrirse paso (luchando) *(a. fig)*; **durchkauen** VT **etw ~** masticar bien a/c; *fig* rumiar; **durchklingen** VI ⟨irr; sn⟩ resonar; *Gefühl* manifestarse; *fig* **etw ~ lassen** insinuar, dejar entrever; **durchkneten** VT *Teig etc* amasar bien; **durchkochen** VT cocer bien; recocer
'durchkommen VI ⟨irr; sn⟩ **1** *(hindurchkommen)* pasar (**durch** por); *(durchpassen)* caber (**durch** por); *Zahn, Sonne*: salir **2** TEL conseguir *od* coger línea **3** *(überleben)* salvarse **4** *(erfolgreich sein)* tener éxito; *bei Prüfung* aprobar; POL *Antrag etc* prosperar; **damit kommt sie nicht durch** con eso no va a ninguna parte **5** *(auskommen)* **mit etw ~** defenderse, *umg* arreglárselas
durch'kreuzen VT ⟨ohne ge-⟩ **1** cruzar, atravesar **2** *fig j-s Pläne* estorbar, contrariar, frustrar, desbaratar
'durchkriechen VI ⟨irr; sn⟩ pasar arrastrándose
'Durchlass M ⟨~es; ⸚e⟩ **1** paso *m*; pasaje *m*; **um ~ bitten** pedir permiso para pasar **2** *(Öffnung)* apertura *f* **3** *(Leitung)* conducto *m*;

(*Schleuse*) compuerta *f*

'durchlassen VT ‹irr› **1** *Wasser, Licht, Person* dejar pasar (a), dar paso (a); PHYS ser permeable a; **kein Licht ~** ser opaco **2** *Antrag, Prüfling* aprobar; admitir **3** *umg fig* **etw ~** (*tolerieren*) tolerar a/c, dejar pasar a/c

'durchlässig ADJ permeable; translúcido; (*porös*) poroso; *für Licht*: transparente; **Durchlässigkeit** F ‹~› permeabilidad *f*; porosidad *f*; *für Licht*: transparencia *f*

'Durchlaucht F ‹~; ~en› *Anrede*: Alteza *f* Serenísima; **Seine ~** Su Alteza; *als direkte Anrede*: **Euer ~** Alteza

'Durchlauf ‹~(e)s; ~̈e› **1** TECH ejecución *f* **2** SPORT vuelta *f*

durch'laufen[1] VT ‹ohne ge-› recorrer; *Schule, Ausbildung* hacer, seguir; SPORT **eine Strecke ~** cubrir una distancia

'durchlaufen[2] ‹irr› **A** VI ‹sn› **1** *durch e-e Tür*: pasar (**durch** por); pasar corriendo **2** *Flüssigkeit*: pasar (**durch** por); atravesar; filtrarse; *Kaffee* hacerse **3** *bes* IT **~ lassen** (hacer) pasar **B** VT *Sohlen* desgastar

'durchlaufend ADJ continuo (*a.* TECH); **Durchlauferhitzer** M ‹~s; ~› calentador *m* continuo

durch'leben VT ‹ohne ge-› *Zeit* pasar; vivir; **etw (mit) ~** ser testigo de a/c, presenciar a/c; *fig* **etw noch einmal ~** *in Gedanken*: revivir a/c

'durchleiten VT conducir (**durch** por *od* a través de); **durchlesen** VT **1** *von vorn bis hinten*: leer hasta el fin **2** *flüchtig*: recorrer leyendo, leer por encima

durch'leuchten[1] VT ‹ohne ge-› MED examinar con rayos X, radiografiar; *Eier* examinar al trasluz; *fig* (*prüfen, untersuchen*) investigar, analizar; (*aufklären*) dilucidar, aclarar, poner en claro

'durchleuchten[2] VI traslucir (*a. fig*)

Durch'leuchtung F ‹~; ~en› MED radioscopia *f*; examen *m* radioscópico; **Durchleuchtungsschirm** M pantalla *f* radioscópica

'durchliegen VR ‹irr; sn› MED **sich ~** decentarse

durch'löchern VT ‹ohne ge-› perforar; (*durchbohren*) agujerear, horadar; *mit Kugeln*: acribillar

'durchlüften[1] VT & VI **das Zimmer ~** airear (*od* ventilar) la habitación; **hier muss mal wieder gründlich durchgelüftet werden** ya es hora de que se ventile bien

durch'lüften[2] VT ‹ohne ge-› ventilar, airear; **Durchlüftung** F ‹~; ~en› ventilación *f*, aireación *f*

'durchmachen VT **1** *Ausbildung* pasar por, atravesar; *Kurs* seguir; **eine Klasse noch mal ~** repetir curso **2** *Leiden* sufrir, padecer; soportar, aguantar; **er hat viel durchgemacht** ha pasado mucho **3** (*durchfeiern*) **die Nacht ~** pasar la noche celebrando

'Durchmarsch M ‹~(e)s; ~̈e› paso *m*; marcha *f* (**durch** a través de); **durchmarschieren** VI ‹ohne ge-› **~ durch** pasar por (*od* a través de); **die Nacht ~** marchar toda la noche

durch'messen VT ‹irr; ohne ge-› (*durchschreiten*) atravesar; recorrer; *Strecke a.* cubrir

'Durchmesser M ‹~s; ~› diámetro *m*; TECH calibre *m*

'durchmischen VT (entre)mezclar; **durchmogeln** VR *umg* **sich ~** apañarse, arreglárselas; **durchmüssen** VI tener que pasar (por); **da musst du durch!** tienes que pasar tú solo por ello; **durchmustern** VT examinar minuciosamente; escudriñar; *bes* MIL pasar revista a

durch'nässen VT ‹ohne ge-› empapar, calar; **ganz durchnässt** *umg* calado hasta los huesos, hecho una sopa

'durchnehmen VT ‹irr› *Thema* tratar de; explicar; *in der Schule* estudiar, tratar; **durchnummerieren** VT ‹ohne ge-› numerar correlativamente; **durchpausen** VT calcar, copiar; **durchpeitschen** VT **1** fustigar, azotar **2** *fig* POL *Antrag* hacer votar precipitadamente; forzar la aprobación de; **durchpressen** VT hacer pasar a presión; pasar apretadamente por; **durchprobieren** VT ‹ohne ge-› probar uno tras otro; **alles ~** probar de todo un poco; **durchprügeln** VT **j-n ~** dar una paliza (*od* tunda) a alg

durch'pulst ADJ *geh fig* animado (**von** de)

durch'queren VT ‹ohne ge-› atravesar, cruzar; **Durchquerung** F ‹~; ~en› travesía *f*

'durchquetschen **A** VT hacer pasar apretando; GASTR pasar por el pasapurés **B** VR **sich ~** apretujarse (**durch** por)

durch'rasen[1] VT ‹ohne ge-› atravesar *od* recorrer a toda prisa

'durchrasen[2] VI ‹sn› *umg* pasar como un bólido; **~ durch** → durchrasen[1]

'durchrasseln VI *umg fig* ser suspendido (*od umg* cateado); **durchrechnen** VT calcular detalladamente (*od* con detalle); *Rechnung* repasar; **das muss ich mir ~** tengo que repasarlo; **durchregnen** VI/UNPERS **hier regnet es durch** aquí hay goteras; **durchreiben** VT → durchscheuern

'Durchreiche F *Küche*: (ventanilla *f*) pasaplatos *m*; **Durchreise** F paso *m*, tránsito *m*; **auf der ~ sein** estar de paso

'durchreisen[1] VI ‹sn› viajar (*od* pasar) (**durch** por); pasar sin detenerse

durch'reisen[2] VT ‹ohne ge-› *Land* viajar por; *Gebiet* recorrer

'Durchreisende M/F ‹~n; ~n; → A› viajero *m*, -a *f* de paso; **Durchreisevisum** N visado *m* de tránsito

'durchreißen **A** VT romper; *Papier* rasgar; *Stoff* desgarrar **B** VI ‹sn› romperse; desgarrarse; rasgarse

durch'reiten VT ‹ohne ge-› recorrer a caballo

durch'rennen[1] VT ‹irr; ohne ge-› pasar (*od* atravesar) corriendo

'durchrennen[2] VI ‹sn› **~ durch** → durchrennen[1]

durch'rieseln[1] VT ‹ohne ge-› correr por; *Bach* discurrir por; *fig* **es durchrieselte mich (kalt)** sentí un escalofrío

'durchrieseln[2] VI ‹sn› colarse, filtrarse; **durch etw ~** correr por a/c

'durchringen VR ‹irr› **sich ~** decidirse finalmente; *umg* hacer de tripas corazón; **sich dazu ~, etw zu tun** decidirse finalmente a hacer a/c; **sich zu einem Entschluss ~** decidirse después de larga reflexión

'durchrosten VI ‹sn› oxidarse por completo; **durchrühren** VT agitar, revolver bien; **durchrutschen** VI ‹sn› deslizarse a través; **durchrütteln** VT sacudir fuertemente; **durchsacken** VI ‹sn› FLUG descender bruscamente; **Durchsage** F ‹~; ~n› aviso *m*; **durchsagen** VT (*übermitteln*) transmitir; (*verkünden*) anunciar; **durchsägen** VT serrar, cortar con la sierra; **durchschalten** VT TEL conectar, poner en comunicación

'durchschauen[1] VI mirar (**durch** por *od* a través de)

durch'schauen[2] VT ‹ohne ge-› **etw ~** *Pläne, Absichten* comprender a/c; **j-n ~** descubrir (*od* calar) las intenciones de alg; *umg* ver el juego de alg

durch'schauern VT ‹ohne ge-› *geh* hacer estremecer; *fig* **es durchschauerte ihn** le dio un escalofrío

'durchscheinen VI ‹irr› traslucirse, transparentarse; lucir a través de; **durchscheinend** ADJ translúcido; transparente, diáfano; **durchscheuern** **A** VT restregar; rozar; *Stoff* gastarse por el roce **B** VR MED **sich ~** excoriarse

'durchschießen[1] VI ‹sn› *mit e-r Schusswaffe*: **~ durch** tirar por (*od* a través de)

durch'schießen[2] VT ‹ohne ge-› **1** atravesar (de un balazo, *etc*) **2** *mit e-r Schusswaffe*: tirar por (*od* a través de) **3** TYPO espaciar, regletear, interlinear **4** *Buchbinderei*: interfoliar

'durchschimmern VI entrelucir; traslucirse; **durchschlafen** VI & VT ‹irr› dormir de un tirón; **eine Nacht ~** dormir toda la noche

'Durchschlag M ‹~(e)s; ~̈e› **1** (*Sieb*) colador *m*, pasador *m* **2** (*Durchschrift*) copia *f* **3** TECH punzón *m*, sacabocados *m* **4** ELEK descarga *f* disruptiva **5** *e-s Geschosses*: penetración *f*, perforación *f*

durch'schlagen[1] VT ‹ohne ge-› (*durchbohren*) pasar por, atravesar; perforar; *Kugel a.* penetrar; **die Wand ~** atravesar la pared

'durchschlagen[2] **A** VI ‹sn› **1** pasar (**durch** por *od* a través de) **2** *Papier* embeberse; *Flüssigkeit* filtrarse; *Farbe* traspasar **3** ELEK *Sicherung* fundirse **4** *fig* (*wirken*) ser eficaz, hacer efecto (**auf** *acus* en) (*a.* MED) **B** VT **1** (hacer) pasar (**durch etw** por *od* a través de a/c); **durch ein Sieb ~** colar, pasar por el colador **2** (*entzweischlagen*) cortar, partir (en dos) **C** VR **1** **sich ~** abrirse paso; **sich mühsam ~** abrirse paso con esfuerzo **2** *fig* **sich (so) ~** (*zurechtkommen*) arreglarse; *umg* ir pasando (*od* tirando)

'durchschlagend ADJ (*wirkungsvoll*) eficaz; *Grund etc* contundente, convincente; *Beweis, Argument a.* irrefutable; **~er Erfolg** éxito *m* rotundo (*od* completo *od* arrollador)

'Durchschlagpapier N papel *m* para copias; *sehr dünnes*: papel *m* cebolla; **Durchschlagskraft** F ‹~› **1** *Geschoss*: fuerza *f* de percusión (*od* de penetración); capacidad *f* de perforación **2** *fig* eficiencia *f*, eficacia *f*

'durchschlängeln VR **1** **sich ~** colarse; abrirse paso (**durch** a través de) **2** *fig* **sich (so) ~** sortear dificultades, *umg* ir viviendo; **durchschleppen** **A** VT arrastrar por (*od* a través de) **B** VR *fig* **sich ~** ir viviendo (penosamente), *umg* ir tirando; **durchschleusen** VT **1** *Schiff* hacer pasar por una esclusa **2** *fig* **j-n ~** hacer pasar (*od* colar *od* guiar) a alg; **durchschlüpfen** VI ‹sn› deslizarse, escurrirse; pasar inadvertido; **durchschmelzen** VI fundirse; **durchschmoren** VI *umg* fundirse; **durchschmuggeln** **A** VT pasar de contrabando **B** VR *umg* **sich ~** colarse

'durchschneiden[1] VT cortar; partir en dos; MED seccionar

durch'schneiden[2] VT ‹ohne ge-› (*kreuzen*) cruzar, atravesar; MATH cortar; dividir; SCHIFF **die Wellen ~** surcar las olas

'Durchschnitt M ‹~(e)s; ~e› **1** (*Mittelwert*) término *m* medio, promedio *m*, media *f*; **im ~** por término medio; **über/unter dem ~** superior/inferior al promedio **2** TECH sección *f*

'durchschnittlich **A** ADJ medio; (*mittelmäßig*) mediano; (*gewöhnlich*) común, ordinario, corriente; *pej* mediocre, regular **B** ADV por término medio; de ordinario; **~ verdienen** tener un sueldo mediocre

'Durchschnitts... IN ZSSGN medio; **Durchschnittsalter** N edad *f* media; **Durchschnittsbürger** M, **Durchschnittsbürgerin** F ciudadano *m*, -a *f* (pro)medio, -a; **Durchschnittseinkommen** N ingreso *m* medio; **Durchschnittsgeschwin-**

D

digkeit F velocidad *f* media; **Durchschnittslohn** M salario *m* (*od* sueldo *m*) promedio; **Durchschnittsmensch** M hombre *m* medio; persona *f* adocenada (*od* mediocre); *umg* uno del montón; **Durchschnittsqualität** F calidad *f* mediana; **Durchschnittstemperatur** F temperatura *f* media; **Durchschnittsverdienst** M → Durchschnittslohn; **Durchschnittswert** M valor *m* medio

D

durch'schnüffeln VT ‹*ohne* ge-› husmear; curiosear en

'Durchschreibeblock M bloc *m* para calcar; **Durchschreibebuch** N HANDEL libro *m* copiador

'durchschreiben VT calcar

durch'schreiten¹ VT ‹*ohne* ge-› recorrer; cruzar; atravesar

'durchschreiten² VI ‹*irr*; sn› **~ durch** → durchschreiten¹

'Durchschrift F ‹~; ~en› (*Kopie*) calco *m*, copia *f*

'Durchschuss M ‹~es; ¨~e› **1** *Weberei*: trama *f* **2** TYPO espacio *m* entre líneas, interlínea *f* **3** MED (*Verletzung*) perforación *f* (de bala)

'durchschütteln VT sacudir (*bzw* agitar) fuertemente

durch'schweifen VT ‹*ohne* ge-› *geh* vagar por

'durchschwimmen¹ VI ‹*irr*; sn› pasar nadando *od* a nado

durch'schwimmen² VT ‹*ohne* ge-› pasar (*od* cruzar) a nado, pasar nadando por

'durchschwitzen VT trasudar; empapar de sudor

'durchsegeln¹ VI ‹sn› *umg in der Prüfung*: ser suspendido, *umg* catear

durch'segeln² VT ‹*ohne* ge-› **die Meere ~** cruzar (*od* surcar) los mares

'durchsehen **A** VI mirar (**durch** por *od* a través de) **B** VT **1** *prüfend*: revisar, repasar; examinar; **die Korrespondenz ~** revisar el correo **2** *flüchtig*: ojear; (*durchblättern*) hojear; **durchseihen** VT (tras)colar, filtrar; tamizar

'durchsetzen¹ **A** VT llevar adelante; llevar a cabo, lograr, conseguir; realizar; *Willen* imponer; *Meinung* hacer prevalecer; **es ~, dass** lograr que; **seinen Kopf** *od* **seinen Willen ~** *umg* salirse con la suya **B** VR **sich ~** imponerse (**gegen** contra), hacerse respetar (**gegen** por), afirmarse (**gegen** contra); (*erfolgreich sein*) consagrarse, triunfar (**als** como); *im Leben*: abrirse camino

durch'setzen² VT ‹*ohne* ge-› entremezclar (**mit** con, de)

durch'setzt ADJ **~ mit** entremezclado con

'durchsetzungsfähig ADJ *Person* capaz de imponerse, con madera de líder; **Durchsetzungsvermögen** N capacidad *f* de (*od* para) imponerse

'Durchsicht F ‹~; ~en› inspección *f*; examen *m*; revisión *f*, repaso *m*; *polizeiliche etc*: registro *m*; HANDEL **bei (der) ~ unserer Bücher** al revisar nuestros libros; **nach ~ der Akten** tras analizar las actas

'durchsichtig ADJ **1** transparente, diáfano; traslúcido **2** *fig* (*offensichtlich*) evidente; **Durchsichtigkeit** F ‹~› **1** transparencia *f*, diafanidad *f*; traslucidez *f* **2** *fig* evidencia *f*

'durchsickern VI ‹sn› *Wasser, Blut etc* filtrarse; *Informationen* trascender, filtrarse, difundirse

'durchsieben¹ VT colar, filtrar; tamizar, cribar

durch'sieben² VT ‹*ohne* ge-› *mit Kugeln*: acribillar (a balazos)

'durchspielen VT **1** MUS tocar (hasta el fin); SPORT jugar (hasta el fin) **2** *fig Möglichkeiten* reconstruir, simular; **durchsprechen** VT **1** (*erörtern*) tratar (*od* discutir) punto por punto **2** **durch etw ~** hablar por a/c; **durchstarten** VI **1** FLUG elevarse de nuevo **2** *umg* AUTO arrancar a toda velocidad **3** *umg fig* (*loslegen*) empezar, *umg* embalarse

durch'stechen¹ VT ‹*ohne* ge-› perforar; *Damm a.* cortar; atravesar, traspasar

'durchstechen² VI pinchar, picar (**durch** a través de)

'durchstecken VT (hacer) pasar (**durch** por); **durchstehen** VT aguantar, sufrir; **durchsteigen** VI ‹*irr*; sn› *umg* **nicht mehr ~** no entender nada; **durchstellen** VT TEL **zu j-m ~** poner con alg; **das Gespräch zum Chef ~** pasar la comunicación al jefe; **Durchstich** M ‹~(e)s; ~e› perforación *f*; (*Einschnitt*) trinchera *f*; (*Öffnung*) abertura *f*, boquete *m*; brecha *f*; **durchstieren** VT *schweiz Plan, etc* imponer; → *a* durchsetzen¹ A

durch'stöbern VT ‹*ohne* ge-› (*suchen*) revolver; *Raum* registrar buscando (**nach etw** a/c)

durch'stoßen¹ VT ‹*ohne* ge-› calar, atravesar; abrir, perforar; FLUG *Wolken* volar a través de

'durchstoßen² ‹*irr*› VI MIL avanzar impetuosamente (*a.* SPORT)

'durchstreichen VT ‹*irr*› tachar, borrar; rayar

durch'streifen VT ‹*ohne* ge-› vagar por; recorrer; MIL reconocer; patrullar por; *Gelände* batir, rastrear

durch'strömen¹ VT ‹*ohne* ge-› atravesar; invadir, inundar; *fig* colmar, llenar, inundar (**mit** de)

'durchströmen² VI ‹sn› correr (**durch** por); atravesar; *fig Gefühl* llenar, inundar

'durchstudieren VT ‹*ohne* ge-› estudiar a fondo

durch'suchen VT ‹*ohne* ge-› *Haus, Gepäck* registrar (**nach** buscando); *Gebiet* batir, reconocer; **j-n ~** *a.* cachear a alg (**nach** buscando); **Durchsuchung** F ‹~; ~en› registro *m*; *e-s Gebiets*: batida *f*; *e-r Person a.*: cacheo *m*

Durch'suchungsbefehl M orden *f* de registro; **Durchsuchungsrecht** N SCHIFF derecho *m* de visita

'durchtanzen¹ VT *Schuhe* desgastar bailando

durch'tanzen² VT ‹*ohne* ge-› **die Nacht ~** bailar toda la noche

'durchtrainiert ADJ bien ejercitado (*od* entrenado)

durch'tränken VT ‹*ohne* ge-› embeber, empapar (**mit** de); impregnar (**mit** de)

'durchtreten VT ‹*irr*› *Schuhe* desgastar; *Pedal* pisar a fondo

durch'trieben *pej* **A** ADJ (*schlau*) taimado, astuto; (*boshaft*) pícaro; pillo; malicioso; **~er Bursche** pajarraco *m* **B** ADV **~ lächeln** sonreír maliciosamente; **Durchtriebenheit** F ‹~› astucia *f*; picardía *f*; pillería *f*

durch'wachen VT ‹*ohne* ge-› **die Nacht ~** pasar la noche en vela, velar, trasnochar; **durchwachte Nacht** noche *f* blanca

durch'wachsen¹ ADJ **1** *Fleisch, Speck* entreverado **2** *umg* (*mal gut, mal schlecht*) regular

'durchwachsen² VI ‹*irr*; sn› **~ durch** crecer a través de

'durchwagen VR **sich ~** atreverse a pasar

'Durchwahl F ‹~› TEL comunicación *f* automática; llamada *f* (*od* selección *f*) directa (de extensiones); **durchwählen** VI TEL marcar directamente; **Durchwahlnummer** F TEL número *m* directo

'durchwalken VT TECH abatanar; *fig* batanear, *umg* moler a palos

durch'wandern VT ‹*ohne* ge-› recorrer a pie; hacer una excursión por; *lit* peregrinar por

durch'wärmen VT ‹*ohne* ge-›, **'durchwärmen** VT calentar bien

durch'waten VT ‹*ohne* ge-› vadear

'durchwaten VI ‹sn› **~ durch** vadear

durch'weben VT ‹*irr*; *ohne* ge-› entretejer

'durchweg ADV (*ausnahmslos*) sin excepción; (*allgemein*) generalmente, por lo general; (*durch und durch*) por completo; por entero, enteramente

durch'weichen VT ‹*ohne* ge-› ablandar; *durch Nässe*: empapar; **durch'weicht** ADJ (*völlig*) **~** empapado

'durchwinden VR ‹*irr*› **sich ~** **1** *Fluss*: serpentear (**durch** por) **2** *Person durch e-e Engstelle*: abrirse paso (**durch** a través de) **3** *fig* sortear dificultades; salir bien de un apuro, desenredarse

durch'wirken VT ‹*ohne* ge-› entretejer, entrelazar (**mit** con)

durch'wühlen VT ‹*ohne* ge-› **1** *Erde* remover, *von Schweinen*: hozar **2** (*durchsuchen*) rebuscar, revolver buscando (**nach etw** a/c)

'durchwühlen² VR **sich ~** (*sich durcharbeiten*) abrirse paso (**durch** por *od* entre)

'durchwursteln VR *umg* **sich ~** defenderse, *umg* arreglárselas

'durchzählen VT contar uno por uno; (*nachzählen*) recontar; **durchzechen** VT **die Nacht ~** pasar la noche bebiendo (*od umg* de juerga); **durchzeichnen** VT calcar; **Durchzeichnung** F calco *m*

'durchziehen¹ ‹*irr*› **A** VT **1** hacer pasar; *Linie* trazar; *Faden* enhebrar **2** *umg fig* (*durchführen*) llevar a cabo **B** VI ‹sn› **1** pasar (sin detenerse) **2** GASTR **gut ~ lassen** dejar macerar un buen rato **C** VR **sich durch etw ~** extenderse por a/c; recorrer a/c; *fig* estar presente en a/c

durch'ziehen² VT ‹*ohne* ge-› recorrer; atravesar, pasar por

durch'zucken VT ‹*ohne* ge-› *Blitz etc* cruzar; *Schmerz* sacudir; **j-n ~** *Gedanke* venir (*od* surgir) a alg

'Durchzug M ‹~(e)s; ¨~e› **1** (*Durchziehen*) paso *m*; tránsito *m* **2** (*Luftzug*) corriente *f* de aire; **~ machen** hacer corriente; *umg hum* **die Ohren auf ~ stellen** no escuchar

'durchzwängen **A** VT hacer pasar a la fuerza (**durch** por) **B** VR **sich ~** pasar (*od* abrirse paso) por la fuerza

'dürfen ‹*irr*› **A** V/AUX ‹*pperf* dürfen› **1** **etw tun ~** poder hacer a/c; (*die Erlaubnis haben*) tener permiso para hacer a/c; estar autorizado a (*od* para) hacer a/c; **darf ich Sie etwas fragen?** ¿me permite hacerle una pregunta?; **darf man hier rauchen?** ¿está permitido fumar aquí? **2** *verneint*: **etw nicht tun ~** no deber hacer a/c, tener prohibido hacer a/c; **ich darf keinen Alkohol trinken** tengo prohibido el alcohol; **das darfst du nicht tun** no debes hacer eso; **das darf man nicht tun** eso no se hace; **das hättest du nicht sagen ~** no debieras haber dicho eso **3** (*Grund haben*) **ich darf sagen** yo diría; **man darf wohl annehmen, dass …** bien puede suponerse que …; **wir ~ es bezweifeln** nos permitimos (*od* tenemos motivos para) dudarlo; **man darf erwarten** es de esperar **4** (*wahrscheinlich sein*) **das dürfte genügen** será suficiente; **es dürfte leicht sein** será fácil, no sería difícil; **das dürfte Frau Koch sein** (supongo que) será la señora Koch; **es dürfte allen bekannt sein, dass …** supongo que todos saben (*od* sabrán) que …; sabido es que…; **das dürfte stimmen** será cierto (*od* correcto); **das darf doch nicht wahr sein!** ¡no puede ser cierto! **5** *geh* **darf ich bitten?** cuando usted(es) guste(n) *od* quiera(n); *beim Einkauf*: **was darf es sein?** ¿que desea? **B** VI & VT ‹*pperf* gedurft› **darf ich?** ¿puedo?; **darf man?** ¿se puede?, ¿está permitido?; **darfst du das?** *a.* ¿te dejan?; **sie darf einfach alles** puede hacer lo que quiera

'dürftig ADJ 1 *(ungenügend)* insuficiente; *(spärlich)* escaso, exiguo; *(erbärmlich, gering)* mezquino, menguado; *(kümmerlich)* miserable; **~e Kenntnisse** conocimientos *mpl* escasos 2 *(arm)* pobre; indigente; **in ~en Verhältnissen leben** vivir con estrechez

'Dürftigkeit F ‹~› 1 *(Mangel)* insuficiencia *f*; *(Spärlichkeit)* escasez *f*, estrechez *f*; mezquindad *f* 2 *(Armut)* pobreza *f*; indigencia *f*

dürr ADJ 1 *(trocken)* seco; *Boden* árido, estéril 2 *(mager)* flaco, *Person a.* enjuto (de carnes) 3 **mit ~en Worten** en escuetas palabras, a secas

'Dürre F ‹~; ~n› 1 sequedad *f*; aridez *f*; sequía *f* 2 *e-r Person:* flacura *f*, flaqueza *f*; **Dürrekatastrophe** F catástrofe *f* de la sequía

Durst M ‹~es› sed *f* (**nach** de) *(a. fig)*; **~ haben/machen** tener/dar sed; **seinen ~ löschen** apagar la sed; *umg* **einen über den ~ trinken** beber más de la cuenta

'dürsten VI *geh* tener sed; *fig* estar sediento (**nach** de)

'durstig ADJ sediento (**nach** de) *(a. fig)*; **~ sein** estar sediento, tener sed; **durstlöschend, durststillend** ADJ que quita *(od* apaga) la sed; **Durststrecke** F *fig* período *m* difícil

'Durtonart F MUS tono *m* mayor; **Durtonleiter** F MUS escala *f* mayor

'Duschbad N baño-ducha *m*

'Dusche F ‹~; ~n› ducha *f*; *fig* **eine kalte ~** una ducha *(od* un jarrón de agua) fría, un chaparrón

'duschen A VI duchar, tomar una ducha B VT duchar C VR **sich ~** ducharse, tomar una ducha

'Duschgel N gel *m* de ducha; **Duschkabine** F cabina *f* de ducha; **Duschkopf** M roseta *f*, TECH *a.* boca *f* de regadera; **Duschraum** M ducha *f*; **Duschvorhang** M cortina *f* de la ducha

'Düse F ‹~; ~n› TECH tobera *f*; *(Zerstäubungsdüse)* pulverizador *m*; *(Einspritzdüse)* inyector *m*

'Dusel M ‹~s› *umg* 1 *(Glück)* suerte *f* (inesperada), *umg* chamba *f*, *sl* churra *f*; **~ haben** tener suerte *(od sl* churra) 2 *reg (Schwindel)* mareo *m*, vértigo *m*; **duselig** ADJ *reg (schwindlig)* mareado; *(schläfrig)* soñoliento, amodorrado

'duseln VI *reg* (**vor sich** *acus* **hin**) **~** dormitar; *(träumen)* soñar despierto

'düsen VI ‹sn› *umg* ir a toda pastilla

'Düsenantrieb M propulsión *f* por reacción *(od* de chorro); **Düsenflugzeug** N reactor *m*, avión *m* a reacción; **Düsenjäger** M (avión *m* de) caza *m* a reacción, cazarreactor *m*; **Düsenmotor** M motor *m* de reacción; **Düsentriebwerk** N propulsor *m* de reacción, reactor *m*; **Düsenvergaser** M AUTO carburador *m* de inyector

'Dussel M ‹~s; ~› *umg* tonto *m*; idiota *m*, estúpido *m*; *umg* pedazo *m* de alcornoque; **dusselig** ADJ *(dumm)* tonto; bobo; simple

düster ADJ *Tag, Wetter* oscuro, sombrío, tenebroso *(alle a. fig)*; lóbrego; *fig* tétrico, lúgubre; *Aussichten, Stimmung* sombrío; **Düsterheit** F ‹~›, **Düsterkeit** F ‹~› oscuridad *f*, tenebrosidad *f*; lobreguez *f*; *fig Aussehen:* aspecto *m* sombrío; *Atmosphäre:* ambiente *m* tétrico *od* lúgubre; *Stimmung:* humor *m* tétrico *od* lúgubre

Dutt M ‹~s; ~s› *reg* moño *m*

'Duty-free-Shop ['dju:tifri:ʃɔp] M ‹~s; ~s› tienda *f* libre de impuestos

'Dutzend N ‹~s; ~e› docena *f*; **zwei ~** dos docenas; **zu ~en** a docenas; **im ~ billiger** *umg* a trece por docena

'dutzend(e)mal ADV docenas de veces;

Dutzendmensch M *pej* persona *f* adocenada *(od* mediocre); **ein ~** *a. umg* uno de tantos *(od* del montón); **Dutzendware** F mercancía *f* ordinaria, *umg* género *m* de tres al cuarto; **dutzendweise** ADV por *(bzw* a) docenas; *fig* a montones, a porradas

'Duzbruder M → Duzfreund

'duzen A VT **j-n ~** tutear a alg, tratar *(od* hablar) de tú a alg B VR **sich ~** tutearse (**mit j-m** con alg)

'Duzfreund M, **Duzfreundin** F amigo *m*, -a *f* íntimo, -a

DV F ABK → Datenverarbeitung

DVB-T N ABK (Digital Video Broadcasting Terrestrial) TDT *f* (*Televisión Digital Terrestre*)

DVD F ABK (Digital Versatile Disk) DVD *m*; **DVD-Brenner** M grabadora *f od* grabador *m* de DVD; **DVD-Player** M (reproductor *m* de) DVD *m*

d. Vf. ABK (der Verfasser) el autor

dwars ADV SCHIFF tanto avante, de través; **'Dwarslinie** F SCHIFF línea *f* sencilla de frente; **'Dwarswind** M SCHIFF viento *m* a la cuadra

Dy'namik F ‹~› dinámica *f*; *fig* dinamismo *m*; **dynamisch** ADJ dinámico *(a. fig)*; **~e Entwicklung** desarrollo *m* dinámico

Dyna'mismus M ‹~› PHIL dinamismo *m*

Dyna'mit N ‹~s› dinamita *f (a. fig)*; **mit ~ sprengen** dinamitar

Dy'namo M ‹~s; ~s› dínamo *f*

Dynamo'meter N ‹~s; ~› dinamómetro *m*

Dynas'tie F ‹~; ~n› dinastía *f*

dy'nastisch ADJ dinástico

Dysente'rie F ‹~; ~n› MED disentería *f*

Dyspep'sie F ‹~; ~n› MED dispepsia *f*

Dystro'phie F ‹~; ~n› MED distrofia *f*

dys'trophisch ADJ distrófico

dz ABK (Doppelzentner) quintal *m* métrico

DZ ABK → Doppelzimmer

'D-Zug M BAHN tren *m* rápido; tren *m* directo; (tren *m*) expreso *m*

E

E, e N ‹~; ~› E, e *f*; MUS mi *m*; **E-Dur** *n* mi *m* mayor; **e-Moll** *n* mi *m* menor

E ABK 1 *(Eilzug)* BAHN, HIST rápido *m* 2 *(Europastraße)* eurovía *f*

'Eau de Co'logne ['o:dəkɔ'lɔnjə] N ‹~; Eaux de Cologne› agua *f* de colonia

'Ebbe F ‹~; ~n› reflujo *m*; marea *f* baja, bajamar *f*; **~ und Flut** flujo y reflujo; bajamar y pleamar; **es ist ~** la marea está baja; *umg fig* **in meinem Geldbeutel ist ~** estoy sin un céntimo

'ebben VI bajar la marea; **es ebbt** la marea está bajando

ebd. ABK (ebenda) ibid. (ibídem)

'eben A ADJ *(flach)* plano *(a.* MATH); *Boden* llano; *(glatt)* liso, raso; *(ebenmäßig)* igual; **zu ~er Erde** a ras del suelo, a flor de tierra; *(im Erdgeschoss)* en el piso bajo B ADV 1 *(soeben)* **~ jetzt** ahora mismo; **er wollte ~ gehen** estaba a punto de irse, ya iba a marcharse; **er ist (gerade) ~ angekommen** acaba de llegar; **sie kommt ~** está llegando 2 *(genau)* justamente, exactamente; precisamente; **~!** ¡justo!, ¡eso es!; **das ist es ja ~!** ¡eso (es)!, ¡ahí está!; **~ nicht!** ¡todo lo contrario!; **das nun ~ nicht** todo menos eso; **sie ist nicht ~ schön** no es precisamente una belleza; **er kam ~ recht** llegó en el preciso instante *(od* momento justo); **das wollte ich ~ sagen** justamente eso iba a decir; **das ~ suche ich** eso es justamente *(od* precisamente) lo que busco 3 *(knapp)* **~ noch** *(mit Mühe)* justo, en el último momento; **es wird ~ reichen** alcanzará por los pelos 4 *(nun einmal)* **sie ist ~ besser** (ella) es simplemente mejor; **dann ~ nicht!** ¡(bueno), pues no! 5 *als Füllwort:* **er ist ~ schon alt** al fin y al cabo, ya es (un hombre) mayor

'Ebenbild N fiel retrato *m*, viva imagen *f*; **das ~ seines Vaters** el vivo retrato de su padre

'ebenbürtig ADJ igual; de igual clase *(od* condición *od* calidad); **nicht ~** de condición inferior; **j-m ~ sein** ser igual a alg, poder medirse con alg; **ein ~er Nachfolger** un digno sucesor

'ebenda ADV allí mismo; *bei Zitaten:* ibídem, en el mismo lugar; **ebendasselbe** DEM PR (precisamente) lo mismo; **ebenderselbe** DEM PR (precisamente) el mismo; **ebendeshalb, ebendeswegen** ADV por eso mismo, precisamente por eso *(od* ello); **ebendieselbe** DEM PR (precisamente) la misma

'Ebene F ‹~; ~n› 1 GEOG llanura *f*; planicie *f*; llano *m*; *Arg* pampa *f*; *(Hochebene)* meseta *f* 2 MATH, TECH plano *m* 3 *fig* nivel *m*; **auf höherer ~** a un nivel más alto; **auf gleicher ~ liegen mit** estar al mismo nivel que *(od* de)

'ebenerdig ADJ de planta baja; a nivel del suelo; **ebenfalls** ADV asimismo, también; igualmente; **danke, ~!** ¡gracias, igualmente!; **Ebenheit** F ‹~› llanura *f*; lisura *f*; **Ebenholz** N ébano *m*; **Ebenmaß** N ‹~es› simetría *f*, proporción *f* armoniosa; armonía *f*; *lit* euritmia *f*; **ebenmäßig** ADJ simétrico, bien proporcionado; armónico; *lit* eurítmico

'ebenso ADV 1 lo mismo; del mismo modo, de la misma manera; **~ wie** lo mismo que, igual que; así como; **~ ... wie ...** tanto ... como ...; **es geht mir ~** estoy en el mismo caso 2 *mit adj, adv:* **~ groß wie** tan grande como; **ebenso gut** igual(mente), lo mismo; tan bueno (**wie** como); **~ lange** el mismo tiempo (**wie** que); **~ oft** con la misma frecuencia; las mismas veces; **~ sehr, ~ viel** tanto (**wie** como); **~ viele** otros tantos; **~ wenig** tan poco (**wie** como); **ich ~ wenig** yo tampoco

'Eber M ‹~s; ~› ZOOL verraco *m*; *(Keiler)* jabalí *m*; **Eberesche** F ‹~; ~n› BOT serbal *m*

EBK ABK → Einbauküche

'ebnen VT allanar *(a. fig)*, aplanar; alisar; *Boden* nivelar, igualar

'E-Book ['i:bʊk] N ‹~(s); ~s› IT libro *m* electrónico

'E-Business ['i:bɪznɪs] N ‹~› HANDEL comercio *m* electrónico, e-business *m*

EC ABK 1 M BAHN *(Eurocity)* Eurocity *m* 2 FIN *(Eurocard)* tarjeta *f* maestro

'Echo N ‹~s; ~s› eco *m (a. fig)*; *fig a.* resonancia *f*; repercusión *f*

'echoen VI producir eco, resonar

'Echokardiografie F, **'Echokardiographie** F ‹~; ~n› MED ecocardiografía *f*

'Echolot N sonda *f* acústica; ecómetro *m*; FLUG altímetro *m* acústico; **Echolotung** F ecoloca(liza)ción *f*

'Echse [ɛksə] F ‹~; ~n› saurio *m*, *i. w. S* lagarto *m*

echt A ADJ verdadero, genuino; *(rein)* puro; *(wirklich)* real; *(original)* original; *umg (typisch)* típico; *Farbe* sólido; *Haar* natural; *Gold, Leder etc, Urkunde* auténtico; MATH **~er Bruch** fracción *f* propia; **ein ~er Freund** un auténtico *(od* verdadero) amigo; **ein ~er Spanier** un español de pura cepa; **~es Gold** oro *m* de ley B ADV realmente, de verdad; *umg* **~ gut!** ¡estupendo!

'Echtheit F ‹~› autenticidad *f*; genuinidad *f*; pureza *f*; *Farbe:* solidez *f*; **Echtzeit** F ‹~› *(Ist-*

zeit) tiempo *m* real
Eck N ⟨~(e)s; ~e⟩ *südd, österr* esquina *f*
E'C-Karte F ≈ tarjeta *f* maestro; *obs* → Eurochequekarte
'Eckball M SPORT saque *m* de esquina, córner *m*; **Eckbrett** N rinconera *f*
'Ecke F ⟨~; ~n⟩ **1** *innen:* rincón *m* (*a. fig Gegend*); *außen:* esquina *f*; *Winkel bildend:* ángulo *m*; (*Kante*) canto *m*; **in die ~ drängen** arrinconar, acorralar (*a. fig*); **gleich um die ~** a la vuelta de la esquina; **um die ~ biegen** doblar la esquina; *umg* **an allen ~n und Enden** por todas partes; *umg fig* **um die ~ bringen** *umg* despachar, liquidar; quitar de en medio **2** SPORT esquina *f*, córner *m* **3** *umg* (*Stückchen*) pico *m*; (*Strecke*) trecho *m*; (*Gegend*) *umg* rincón *m*
'Eckfahne F SPORT banderín *m* de esquina; **Eckfenster** N ventana *f* rinconera; **Eckhaus** N casa *f* de (la) esquina (*bzw* que hace chaflán)
'eckig ADJ angular, anguloso; esquinado; *fig* torpe, desmañado; desgarbado
'Ecklohn M WIRTSCH salario *m* de referencia (*od* de base); **Eckpfeiler** M ARCH pilastra *f* angular; *Brückenbau:* estribo *m*; **Eckplatz** M asiento *m* de esquina; **Eckschrank** M rinconera *f*; **Eckstein** M piedra *f* angular (*a. fig*); **Eckstoß** M → Eckball; **Eckwert** M valor *m* de referencia (*od* referencial), valor *m* (de) base; **Eckzahn** M colmillo *m*, (diente *m*) canino *m*; **Eckzins** M FIN (tipo *m* de) interés *m* de referencia
'E-Commerce ['iːkɔmɛrs] M ⟨~⟩ comercio *m* electrónico
E'conomy-Class [ɪ'kɔnəmiklaːs] F ⟨~⟩ clase *f* turista (*od* económica)
'Ecstasy ['ɛkstəzi] N ⟨~(s)⟩ *Droge:* éxtasis *m*
E'cu [e'kyː] M ABK (European Currency Unit) HIST WIRTSCH ecu *m* (*unidad de cuenta europea*)
Ecua'dor N ⟨~s⟩ Ecuador *m*
Ecuadori'aner M ⟨~s; ~⟩, **Ecuadorianerin** F ⟨~; ~nen⟩ ecuatoriano *m*, -a *f*; **ecuadorianisch** ADJ ecuatoriano
Ed. ABK (Edition, Ausgabe) Ed. *f* (edición)
'edel **A** ADJ noble (*a. fig*); HIST hidalgo; caballeroso; *Pferd* de pura raza; *Stein, Metall* precioso; *Wein* generoso; *Gegend* fino **B** ADV *geh* **~ gesinnt** noble; generoso, magnánimo
'Edelfrau F dama *f* noble; **Edelfräulein** N doncella *f* noble; **Edelgas** N gas *m* noble; **Edelhirsch** M ciervo *m* real; **Edelholz** N madera *f* preciosa; **Edelkastanie** F castaño *m* común; **Edelknabe** M paje *m*; doncel *m*; **Edelmann** M ⟨~(e)s; -leute⟩ noble *m*; hidalgo *m*; caballero *m* (*a. fig*); gentilhombre *m*; **Edelmetall** N metal *m* precioso (*od* noble); **Edelmut** M nobleza *f* (de sentimientos); grandeza *f* de alma; HIST hidalguía *f*; (*Großherzigkeit*) generosidad *f*, magnanimidad *f*
'edelmütig ADJ noble; HIST hidalgo; generoso, magnánimo
'Edelreis N ⟨~es; ~er⟩ AGR púa *f* (para injertar); injerto *m*; **Edelrost** M pátina *f*; **Edelstahl** M acero *m* inoxidable; acero *m* especial; **Edelstein** M piedra *f* preciosa; *geschliffener:* gema *f*; **Edelsteintherapie** F *Alternativmedizin:* terapia *f* por gemas; **Edeltanne** F abeto *m* blanco, pinabete *m*; **Edelweiß** N ⟨~(es); ~e⟩ BOT edelweiss *m*
'Eden N ⟨~s⟩ *Bibel:* edén *m*
E'dikt N ⟨~(e)s; ~e⟩ edicto *m*
edi'tieren V/T ⟨*ohne* ge-⟩ *a.* IT editar
Editi'onsfenster N IT ventana *f* de edición
'Editor M ⟨~s; -'toren⟩ editor *m* (*a.* IT), IT *a.* programa *f* de edición
'Edle M/F ⟨~n; ~n; → A⟩ → Edelfrau, Edelmann
EDV F ABK (Elektronische Datenverarbeitung) procesamiento *m* (*od* tratamiento *m*) electrónico de datos; **auf ~ umstellen** informatizar, computarizar; **EDV-Abteilung** F departamento *m* de informática; **EDV-Anlage** F instalación *f* informática; **EDV-Zubehör** N accesorios *mpl* de informática (*od* para ordenadores)
EEG N ABK (Elektroenzephalogramm) electroencefalograma *m*
'Efeu M ⟨~s⟩ hiedra *f*, yedra *f*
Eff'eff N *umg* **etw aus dem ~ können** *umg* saber a/c al dedillo
Ef'fekt M ⟨~(e)s; ~e⟩ efecto *m*; TECH (*Wirkungsgrad*) *a.* eficiencia *f*; (*Ergebnis*) resultado *m*; **auf ~ angelegt** calculado para hacer efecto; efectista
Ef'fekten PL *Börse* valores *mpl*; (*Aktien und Obligationen*) títulos *mpl*; **Effektenbestand** M valores *mpl* en cartera, cartera *f* de valores; **Effektenbörse** F bolsa *f* de valores; **Effektengeschäft** N, **Effektenhandel** M negociación *f* de valores; **Effektenhändler** M, **Effektenhändlerin** F agente *m/f* de cambio y bolsa; **Effektenmarkt** M mercado *m* de valores; **Effektenpaket** N paquete *m* de valores
Ef'fekthascherei F ⟨~; ~en⟩ efectismo *m*; **effekthascherisch** ADJ efectista
effek'tiv ADJ efectivo (*a.* WIRTSCH, TECH); real; (*tatsächlich*) de hecho
Effek'tivbestand M efectivo *m*; **Effektivgehalt** N → Effektivlohn; **Effektivleistung** F TECH potencia *f* efectiva; **Effektivlohn** M salario *m* efectivo; **Effektivstärke** F MIL efectivos *mpl*
effektu'ieren V/T ⟨*ohne* ge-⟩ WIRTSCH efectuar, realizar; *Aufträge* ejecutar
ef'fektvoll ADJ de gran efecto; espectacular, sensacional
effizi'ent **A** ADJ *geh* eficiente, eficaz; **~e Methode** método *m* eficaz **B** ADV **~ arbeiten** trabajar eficientemente; **Effizi'enz** F ⟨~; ~en⟩ eficiencia *f*, eficacia *f*
EFH ABK → Einfamilienhaus
EFTA F ABK (European Free Trade Association, Europäische Freihandelsvereinigung) WIRTSCH AELC *f* (Asociación *f* europea de Libre Comercio); EFTA *f*
EG[1] N ABK (Erdgeschoss) piso *m* bajo, planta *f* baja
EG[2] F ABK (Europäische Gemeinschaft) CE *f* (Comunidad Europea); *heute mst:* → EU; *in zssgn* → EU-Agrarmarkt *etc*
e'gal ADJ igual; *umg* (*einerlei*) **das ist (ganz) ~** es igual, es (*od* da) lo mismo, no importa; **das ist mir (nicht) ~** (no) me da lo mismo, (no) me da igual; **mir ist alles ~** ya no me importa nada; *umg* paso de todo; **~ wer/was** quien/lo que sea; **ganz ~ wo** no importa dónde
egali'sieren V/T ⟨*ohne* ge-⟩ igualar; nivelar
'Egel M ⟨~s; ~⟩ ZOOL sanguijuela *f*
'Egge F ⟨~; ~n⟩ AGR grada *f*, rastra *f*
'eggen V/T rastrillar, gradar
'E-Gitarre F MUS guitarra *f* eléctrica
EGKS F ABK (Europäische Gemeinschaft für Kohle und Stahl) HIST CECA *f* (Comunidad Europea del Carbón y del Acero)
'Egli M ⟨-s; -s⟩ *schweiz* perca *f*; **Eglifilet** N *schweiz* filete *m* de perca
Ego'ismus M ⟨~; Egoismen⟩ egoísmo *m*; **Ego'ist** M ⟨~en; ~en⟩, **Ego'istin** F ⟨~; ~nen⟩ egoísta *m/f*; **ego'istisch** ADJ egoísta; **ego'zentrisch** ADJ egocéntrico
eh ADV (seit) **~ und je** de siempre; **wie ~ und je** como siempre
e. h. ABK (ehrenhalber) honoris causa; honorífico
'ehe KONJ antes de *inf*; antes (de) que *subj*; → *a.* eher, ehesten
'Ehe F matrimonio *m*; *obs* **wilde ~, ~ ohne Trauschein** concubinato *m*, amancebamiento *m*; *obs* **in wilder ~ leben** hacer vida marital; amancebarse, vivir amancebado; **sie führen eine glückliche ~** son un matrimonio feliz; **aus erster ~** del primer matrimonio; **in zweiter ~** en segundas nupcias
'eheähnlich ADJ **~e Gemeinschaft** convivencia *f* (*od* cohabitación *f*) como marido y mujer; pareja *f* de hecho
'Eheberater M, **Eheberaterin** F consejero *m*, -a *f* matrimonial; **Eheberatung** F orientación *f* (*od* consulta *f*) matrimonial; **Ehebett** N cama *f* de matrimonio; lecho *m* conyugal
'ehebrechen V/I ⟨*nur* inf⟩ cometer adulterio; **Ehebrecher** M ⟨~s; ~⟩, **Ehebrecherin** F ⟨~; ~nen⟩ adúltero *m*, -a *f*; **ehebrecherisch** ADJ adúltero
'Ehebruch M adulterio *m*; **Ehebund** M ⟨~(e)s; ⸚e⟩, **Ehebündnis** N unión *f* conyugal
'ehedem ADV antes, antaño, antiguamente; en tiempos pasados
'Ehefähigkeit F JUR capacidad *f* para contraer matrimonio; **Ehefähigkeitszeugnis** N JUR certificado *m* de capacidad matrimonial
'Ehefrau F → Ehegattin; **Ehegatte** M esposo *m*, marido *m*; *bes* JUR cónyuge *m*; **Ehegattin** F esposa *f*, señora *f*, *umg* mujer *f*; *bes* JUR cónyuge *f*; **Eheglück** N felicidad *f* conyugal
'Ehegüterrecht N JUR régimen *m* de bienes en el matrimonio; **Ehegüterstand** M JUR bienes *mpl* matrimoniales
'Ehehälfte F *umg hum* media naranja *f*; **Ehehindernis** N JUR impedimento *m* (para el matrimonio); **Eheinstitut** N agencia *f* matrimonial; **Ehekrach** M disputa *f* (*od* discusión *f*) matrimonial, reyerta *f* conyugal; **Eheleben** N vida *f* conyugal (*od* marital); **Eheleute** PL esposos *mpl*; consortes *mpl*; JUR cónyuges *mpl*
'ehelich ADJ conyugal; matrimonial, marital; *Kind* legítimo; **für ~ erklären** legitimar; **~e Gemeinschaft** comunidad *f* conyugal; **~e Pflichten** obligaciones *fpl* conyugales
'ehelichen V/T *obs hum* contraer matrimonio con, casarse con
'Ehelichkeit F ⟨~⟩ *e-s Kindes:* legitimidad *f*; **Ehelichkeitserklärung** F JUR legitimación *f*
'ehelos ADJ soltero, célibe; **Ehelosigkeit** F ⟨~⟩ soltería *f*; *bes* KATH celibato *m*
ehem., ehm. ABK (ehemals) antes; antiguamente
'ehemalig ADJ antiguo, ex (*vorangestellt*); pasado; anterior, de antes; **ehemals** ADV antiguamente; (*einst*) antaño, en tiempos pasados
'Ehemann M ⟨~(e)s; ⸚er⟩ marido *m*, esposo *m*; JUR cónyuge *m*; **ehemündig** ADJ JUR de edad legal para casarse; **Ehemündigkeit** F JUR mayoría *f* de edad matrimonial
'Ehenichtigkeit F JUR nulidad *f* matrimonial (*od* del matrimonio); **Ehenichtigkeitserklärung** F JUR declaración *f* de nulidad del matrimonio (*od* matrimonial)
'Ehepaar N matrimonio *m*; **Ehepartner** M, **Ehepartnerin** F cónyuge *m/f*, consorte *m/f*
'eher ADV **1** (*früher*) antes (**als que**); antes de (**als que** *subj*); más temprano; (*schneller*) más pronto; **je ~, desto besser** *od* **lieber** cuanto antes, mejor; **hättest du das doch ~ gesagt!** ¡haberlo dicho! **2** (*lieber*) más bien; (*leichter*) más fácilmente; (*wahrscheinlicher*) más proba-

blemente; **ich würde ~ sterben als** antes morir que; preferiría morir antes que; **das lässt sich ~ hören** eso ya suena mejor; **alles ~ als das** todo menos eso, todo antes que eso; **umso ~ als** tanto más cuanto que

'Eherecht N JUR derecho *m* matrimonial; **Ehering** M alianza *f*; anillo *m* de casado

'ehern ADJ de bronce; *fig a.* férreo

'Ehescheidung F divorcio *m*

'Ehescheidungsklage F JUR demanda *f* de divorcio; **Ehescheidungsprozess** M JUR proceso *m* de divorcio

'Eheschließende PL JUR **die ~n** los contrayentes; **Eheschließung** F JUR (celebración *f* del) matrimonio *m*, enlace *m* (matrimonial), casamiento *m*; **Zahl der ~en** nupcialidad *f*; **Ehestand** M ⟨~(e)s⟩ matrimonio *m*

'ehesten ADV **am ~** lo más pronto, primero; lo más fácilmente; **sie kann uns am ~ helfen** si alguien nos puede ayudar, es ella

'ehestens ADV lo antes posible, cuanto antes

'Ehestreit M → Ehekrach; **Ehetrennung** F JUR separación *f* legal; **Ehevermittler** M, **Ehevermittlerin** F agente *m/f* matrimonial; **Eheversprechen** N promesa *f* de matrimonio; **Ehevertrag** M capitulaciones *fpl* matrimoniales, contrato *m* matrimonial

'ehewidrig ADJ JUR incompatible con el (*od* contrario al) matrimonio

'Ehrabschneider M ⟨~s; ~⟩, **Ehrabschneiderin** F ⟨~; ~nen⟩ difamador *m*, -a *f*, calumniador *m*, -a *f*, detractor *m*, -a *f*

'ehrbar ADJ honrado; honorable, respetable; (*sittsam*) honesto, decoroso; (*anständig*) decente; **Ehrbarkeit** F ⟨~⟩ honradez *f*; honestidad *f*, integridad *f*; decencia *f*

'Ehre F ⟨~; ~n⟩ honor *m*; honra *f*; (*Auszeichnung*) distinción *f*; (*Ansehen*) reputación *f*, prestigio *m*; (*Ruhm*) gloria *f*; **die ~ haben** tener el honor (**zu** de); **j-m ~ erweisen** rendir honores a alg, honrar a alg; **j-m die letzte ~ erweisen** rendir el último tributo a alg; **j-m (keine) ~ machen** (no) ser un honor para alg; **es ist mir eine ~** *od hum* **habe die ~** es un honor para mí; **~, wem ~ gebührt** a tal señor, tal honor; **auf ~ und Gewissen** en conciencia; **j-n bei seiner ~ fassen** *od* **packen** apelar al honor de alg; **seine ~ darein setzen, zu …** hacer cuestión de honor de …; **etw in ~n halten** venerar a/c; **j-n in ~n halten** honrar la memoria de alg; **Ihr Wort in ~n** con (*od* guardando) todo el debido respeto a usted; **mit ~n bestehen** quedar bien; salir airoso de; **mit wem habe ich die ~?** ¿con quién tengo el honor (de hablar)?; **wieder zu ~n kommen** volver a gozar del favor de; **j-m/einer Sache zu ~n** en honor de alg/a/c, en homenaje a alg/a/c; **ihm zu ~n** en su honor; **zu ~n von** en honor de, en homenaje a

'ehren VT honrar; (*achten*) respetar; (*verehren*) venerar, reverenciar; *Jubilar* homenajear, rendir homenaje a; *sein Vertrauen etc* **ehrt mich** me honra, es un honor para mí; **das ehrt ihn** (eso) le honra

'Ehrenamt N cargo *m* honorífico; **ehrenamtlich** A ADJ honorífico; honorario B ADV a título honorífico; **Ehrenbezeigung** F ⟨~; ~en⟩, **Ehrenbezeugung** F ⟨~; ~en⟩ homenaje *m*; testimonio *m* de respeto; MIL saludo *m* militar; honores *mpl*; **Ehrenbürger** M, **Ehrenbürgerin** F hijo *m*, -a *f* predilecto, -a (*od* adoptivo, -a); *e-r Stadt*: ciudadano *m*, -a *f* de honor; **Ehrenbürgerrecht** N ciudadanía *f* honoraria; **Ehrendame** F dama *f* de honor; **Ehrendoktor** M doctor *m*, -a *f* honoris causa; **Ehrenerklärung** F JUR reparación *f*; satisfacción *f*; **Ehrengast** M huésped *m/f* (*od* invitado *m*, -a *f*) de honor; **Ehrengeleit** N escolta *f* de honor; **Ehrengericht** N tribunal *m* de honor

'ehrenhaft ADJ *Person* honorable, respetable; honrado; *Sache* honroso; **Ehrenhaftigkeit** F ⟨~⟩ dignidad *f*; honradez *f*, decencia *f*

'ehrenhalber ADV a título honorífico; honoris causa; **Doktor ~** doctor *m*, -a *f* honoris causa

'Ehrenlegion F Legión *f* de Honor; **Ehrenmal** N ⟨~(e)s; ~e *od* ¨er⟩ monumento *m* conmemorativo; (*Grabmal*) cenotafio *m*; **Ehrenmann** M ⟨~(e)s; ¨er⟩ hombre *m* de honor, caballero *m*; hombre *m* honrado (*od* de bien); **Ehrenmitglied** N miembro *m* honorario; **Ehrenpflicht** F deber *m* de honor; **Ehrenplatz** M puesto *m* (*od* sitio *m*) de honor; **Ehrenpräsident** M, **Ehrenpräsidentin** F presidente *m*, -a *f* honorario, -a (*od* de honor); **Ehrenpreis** M 1 premio *m* de honor 2 BOT verónica *f*; **Ehrenrecht** N JUR **bürgerliche ~e** derechos *mpl* cívicos; **Ehrenrettung** F rehabilitación *f*; **ehrenrührig** ADJ difamatorio; injurioso; infamante

'Ehrenrunde F 1 SPORT vuelta *f* de honor; STIERK vuelta *f* al ruedo 2 *umg hum* SCHULE **eine ~ drehen** (*durchfallen*) repetir (curso)

'Ehrensache F cuestión *f* (*od* punto *m*) de honor; **(das ist doch) ~** (pero si se trata de una) cuestión *f* de honor; **Ehrensalve** F salva *f* de honor; **Ehrensold** M honorario *m*, sueldo *m* honorífico (*od* de honor); **Ehrentafel** F cuadro *m* de honor; **Ehrentag** M aniversario *m*; día *m* memorable (*od* solemne); **Ehrentitel** M título *m* honorífico; **Ehrentor** N, **Ehrentreffer** M SPORT gol *m* (*od* tanto *m*) de honor; **Ehrentribüne** F tribuna *f* de honor

'ehrenvoll ADJ honroso; honorable; glorioso

'Ehrenvorsitz M presidencia *f* de honor; **Ehrenvorsitzende** M/F presidente *m/f* honorario, -a (*od* de honor)

'Ehrenwache F guardia *f* de honor

'ehrenwert ADJ honorable

'Ehrenwort N ⟨~(e)s; ~e⟩ palabra *f* de honor; **auf ~** bajo palabra (de honor); **sein ~ geben** dar su palabra de honor; **~!** ¡palabra (de honor)!

'ehrenwörtlich ADV bajo palabra de honor

'Ehrenzeichen N distintivo *m* honorífico; insignia *f*

'ehrerbietig ADJ respetuoso, deferente; reverente; **Ehrerbietigkeit** F ⟨~⟩, **Ehrerbietung** F ⟨~⟩ respeto *m*, deferencia *f*

'Ehrfurcht F ⟨~⟩ (profundo) respeto *m*; veneración *f*; reverencia *f*

'ehrfurchtgebietend, Ehrfurcht gebietend ADJ que impone respeto; imponente

'ehrfürchtig ADJ respetuoso; reverente; **ehrfurchtslos** ADJ irrespetuoso; irreverente; **ehrfurchtsvoll** ADJ → ehrfürchtig; **Ehrgefühl** N sentimiento *m* del honor; pundonor *m*; **falsches ~** (negra) honrilla *f*

'Ehrgeiz M ⟨~es⟩ ambición *f*; **ehrgeizig** ADJ ambicioso

'ehrlich A ADJ (*redlich*) honrado; recto; (*aufrichtig*) sincero; (*rechtschaffen*) probo, íntegro; (*anständig*) honesto; (*treu*) leal; (*offen*) franco; *Handel, Spiel etc* limpio, justo; **der ~e Name** el buen nombre; **ein ~er Mann** un hombre de bien; *umg* **eine ~e Haut** un hombre de buena pasta; **seien wir (doch) ~!** ¡seamos francos!; **~ währt am längsten** el que bien obra, nunca llega tarde B ADV sinceramente; **~ gesagt** a decir verdad, hablando con franqueza; **~ spielen** jugar limpio; **er meinte es ~** obró de buena fe; *umg* **~?** *umg* ¿de veras?

'Ehrlichkeit F ⟨~⟩ honradez *f*; honestidad *f*; integridad *f*; sinceridad *f*; lealtad *f*

'ehrlos ADJ sin honor; deshonrado; (*gemein*) vil, infame; **Ehrlosigkeit** F ⟨~⟩ deshonor *m*; falta *f* de honor; vileza *f*, infamia *f*; **Ehrsucht** F ⟨~⟩ ambición *f* desmedida; afán *m* de honores; **ehrsüchtig** ADJ (desmedidamente) ambicioso; ávido de honores; **Ehrung** F ⟨~; ~en⟩ homenaje *m* (*gen* a); **Ehrverlust** M desprestigio *m*; JUR interdicción *f* civil; degradación *f* cívica

'Ehrwürden M ⟨~(s)⟩ KATH *obs* **Euer ~** *Geistlicher*: Vuestra Reverencia; Reverendo Padre; **ehrwürdig** ADJ venerable; respetable; *Geistlicher* reverendo; **Ehrwürdigkeit** F ⟨~⟩ venerabilidad *f*

ei INT **~, ~!** ¡ah!, ¡toma!

Ei N ⟨~(e)s; ~er⟩ 1 huevo *m*; PHYSIOL óvulo *m*; **faules ~** huevo *m* podrido; **frisches/rohes ~** huevo *m* fresco/crudo; **hartes/weiches ~** huevo *m* duro/pasado por agua; **~er legen** poner huevos, aovar; **~er legend** ZOOL ovíparo; **aus dem ~ kriechen** salir del cascarón 2 *in Vergleichen*: **wie auf ~ern gehen** andar (como) pisando huevos; **sie gleichen sich wie ein ~ dem andern** se parecen como dos gotas de agua; **wie ein rohes ~ behandeln** tratar con guante blanco (*od* de seda); **wie aus dem ~ gepellt** de punta en blanco, *Am* muy paquete 3 *fig* **das ~ des Kolumbus** el huevo de Colón; *sprichw* **das ~ will klüger sein als die Henne** quiere *bzw* quieres enseñar el padrenuestro al cura 4 *umg* (*Geld*) **hundert ~er** cien euros, dólares, *etc* 5 *sl* **~er** (*Hoden*) huevos *mpl*

EIB F ABK (Europäische Investitionsbank) BEI *m* (Banco Europeo de Inversiones)

'Eibe F ⟨~; ~n⟩ BOT tejo *m*

'Eibisch M ⟨~es; ~e⟩ BOT altea *f*, malvavisco *m*

'Eichamt N oficina *f* de contraste (de pesas y medidas); **Eichapfel** M BOT agalla *f* de roble; **Eichblattsalat** M lechuga *f* de hoja de roble

'Eiche F ⟨~; ~n⟩ roble *m*; (*Steineiche*) encina *f*

'Eichel F ⟨~; ~n⟩ BOT bellota *f*; ANAT glande *m*, bálano *m*; *Spielkarte*: basto *m*; **Eichelhäher** M ⟨~s; ~⟩ ORN arrendajo *m*; **Eichelmast** F montanera *f*

'eichen[1] VT *Maße, Gewichte* contrastar, aforar; *Waage* tarar; (*kalibrieren*) *Instrumente* calibrar; *fig* **auf etw geeicht sein** ser experto (entendido *od* versado) en a/c

'eichen[2] ADJ de roble; *Steineiche*: de encina

'Eichenholz N ⟨~es⟩ (madera *f* de) roble *m*; **Eichenlaub** N hojas *fpl* de roble; **Eichenwald** M robledal *m*, robledo *m*

'Eichgewicht N ⟨~es; ~e⟩ pesa *f* de contraste; **Eichhörnchen**, *reg* **Eichkätzchen** N ZOOL ardilla *f*; **Eichmaß** N medida *f* de contraste (*od* de aforo); **Eichstempel** M sello *m* de contraste; **Eichung** F ⟨~; ~en⟩ TECH contraste *m*, aforo *m*; graduación *f*; *Waage*: tarado *m*; **Eichwert** M valor *m* de contraste

Eid M ⟨~(e)s; ~e⟩ juramento *m*; **falscher ~** juramento en falso, perjurio *m*; **an ~es statt** en lugar de juramento; **einen ~ leisten** *od* **ablegen** prestar juramento, jurar; **einen falschen ~ schwören** jurar en falso, perjurar; **j-m einen ~ abnehmen** tomar juramento a alg; **unter ~ aussagen** declarar bajo juramento; *fig* **darauf lege ich jeden ~ ab** puedo jurarlo

'Eidbrecher M ⟨~s; ~⟩, **Eidbrecherin** F ⟨~; ~nen⟩ perjuro *m*, -a *f*; **Eidbruch** M perjurio *m*; **eidbrüchig** ADJ perjuro; **~ werden** perjurarse, faltar a la fe jurada

'Eidechse F ⟨~; ~n⟩ ZOOL lagarto *m*; (*Zauneidechse*) lagartija *f*

'Eiderdaune F plumón *m* de flojel; edredón

m; **Eiderente** F pato m de flojel, eíder m

'Eidesabnahme F toma f de juramento; **Eidesformel** F JUR fórmula f de juramento; **Eidesleistung** F JUR prestación f de juramento

'eidesstattlich ADJ jurado; **~e Erklärung** declaración f jurada; **~e Versicherung** afidávit m

eidg. ABK → eidgenössisch

'Eidgenosse M confederado m; i. e. S suizo m; **Eidgenossenschaft** F **Schweizerische ~** Confederación f Helvética; **Eidgenossin** F confederada f; i. e. S suiza f; **eidgenössisch** ADJ federal; confederado; i. e. S suizo, helvético

'eidlich A ADJ jurado; **~e Aussage** od **Erklärung** declaración f bajo juramento B ADV bajo juramento; **~ bezeugen** testificar bajo juramento; **sich ~ verpflichten** juramentarse, comprometerse con juramento (**zu** a), jurar (inf)

'Eidotter M, N yema f (de huevo)

'Eierbecher M huevera f; **Eierbrikett** N ovoide m (de carbón); **Eierhandgranate** F MIL granada f ovoide; **Eierkocher** M hervidor m para huevos; **Eierkuchen** M ≈ tortilla f; süß: crepe m

'Eierlikör M licor m de huevos; **Eierlöffel** M cucharilla f para huevos; **Eiernudeln** FPL pasta f al huevo; **Eierschale** F cáscara f de huevo, cascarón m; **Eierschnee** M → Eischnee; **Eierschwammerl** N & M südd, österr (Pfifferling) rebozuelo m, cantarela f; **Eierspeise** F plato m de huevos; **Eierstock** M ANAT ovario m; **Eiertanz** M fig **einen ~ aufführen** bailar en la cuerda floja; **Eieruhr** F reloj m de arena; ampolleta f, contador m de minutos

'Eifer M ⟨~s⟩ celo m; glühender: fervor m (a. REL); leidenschaftlicher: ardor m; (Nachdruck) ahínco m; (Streben) afán m; (Emsigkeit) diligencia f; (Fleiß) empeño m; **blinder ~** pasión f ciega; REL fanatismo m; **in ~ geraten** acalorarse; **im ~ des Gefechts** en el fragor del combate (od de la batalla od de la lucha); fig en el calor de la disputa

'Eiferer M ⟨~s; ~⟩, **Eiferin** F ⟨~; ~nen⟩ fanático m, -a f

'eifern VI 1 (streben) **nach etw ~** aspirar a a/c, ambicionar a/c 2 (viel, fleißig arbeiten) trabajar con ahínco 3 oft pej (schmähen) polemizar, fulminar, lanzar invectivas (**gegen** contra)

'Eifersucht F ⟨~⟩ celos mpl (**auf** acus de); **aus ~** por celos

Eifersüchte'lei F ⟨~; ~en⟩ celos mpl mezquinos

'eifersüchtig ADJ celoso (**auf** acus de); **~ sein** tener celos (**auf** acus de); **~ machen** dar celos

'eiförmig ADJ oval(ado); aovado, ovoide

'eifrig A ADJ celoso; stärker: apasionado; (begeistert) ardiente, fervoroso; (emsig) diligente; oficioso; (fleißig) asiduo; estudioso, aplicado; (fürsorglich) solícito B ADV con empeño (bzw ahínco); **sich ~ bemühen um** afanarse por; **~ bemüht sein zu** (inf) afanarse en (od por) (inf)

eig., eigtl. ABK (eigentlich) propiamente

'Eigelb N ⟨~(e)s; ~e⟩ yema f (de huevo)

'eigen ADJ 1 possesiv: propio, personal; **ein ~es Haus/Zimmer haben** tener casa/habitación propia; **sein ~er Herr sein** ser independiente, no depender de nadie; **etw sein Eigen nennen** ser a/c de su propiedad; **auf ~e Kosten** a expensas propias; **auf** od **für ~e Rechnung** por cuenta propia; **auf ~e Gefahr** a propio riesgo; **aus ~em Antrieb** espontáneamente; por propio impulso, (de) motu propio; **aus ~er Erfahrung** por propia experiencia; **in ~er Sache** en un asunto personal (od propio); **mit ~en Augen** con mis (bzw tus, sus, etc) propios ojos; **mit ~er Hand** con mi (bzw tu, su, etc) propia mano; bei Unterschriften: de mi (bzw tu, su, etc) puño y letra; **sich** (dat) **etw zu ~ machen** apropiarse a/c; geistig: hacer suyo a/c 2 **j-m/einer Sache ~** (typisch) característico, típico de alg/a/c; específico para alg/a/c; (innewohnend) inherente a alg/a/c; (zugehörig) perteneciente a alg/a/c; **mit dem ihr ~en Charme** con su encanto característico 3 reg (besonders) especial, particular, peculiar; (seltsam) singular, curioso; (heikel) delicado; (genau) meticuloso, escrupuloso

'Eigenantrieb M TECH autopropulsión f

'Eigenart F particularidad f; singularidad f; peculiaridad f; des Wesens: idiosincrasia f; künstlerische etc: originalidad f

'eigenartig ADJ (besonders) particular; peculiar; característico; (seltsam) raro, extraño

'eigenartiger'weise ADV curiosamente

'Eigenbau M ⟨~(e)s⟩ 1 AGR cosecha f propia 2 umg **Marke ~** de fabricación propia (od casera); **Eigenbedarf** M necesidades fpl propias; consumo m propio; bei Wohnungskündigung: necesidad f del arrendador; **Eigenbesitz** M JUR propiedad f personal; **Eigenbetrieb** M WIRTSCH empresa f propia; **Eigenbewirtschaftung** F ⟨~; ~en⟩ AGR explotación f directa; **Eigenbrötler** M ⟨~s; ~⟩, **Eigenbrötlerin** F ⟨~; ~nen⟩ solitario m, -a f; extravagante m/f; umg tipo m raro; **eigenbrötlerisch** ADJ excéntrico, extravagante; **Eigenerzeugung** F producción f propia; **Eigenfabrikat** N artículo m de fabricación propia; **Eigenfinanzierung** F autofinanciación f; financiación f propia (od con recursos propios); **Eigengesetzlichkeit** F ⟨~⟩ autonomía f; **Eigengewicht** N ⟨~(e)s⟩ peso m propio (bzw muerto); (Leergewicht) tara f, peso m en vacío

'eigenhändig A ADJ personal, de propia mano; Brief autógrafo; Testament (h)ológrafo; **~e Unterschrift** propia firma f; firma f de puño y letra B ADV en propia mano; **~ übergeben** entregar en propia mano

'Eigenheim N casa f propia (od en propiedad); **Eigenheit** F ⟨~; ~en⟩ → Eigentümlichkeit; **Eigeninitiative** F iniciativa f propia; **Eigenkapital** N WIRTSCH capital m propio, recursos mpl (od fondos mpl) propios; **Eigenkapitalerhöhung** F WIRTSCH aumento m del capital propio; **Eigenleben** N vida f individual; fig **ein ~ entwickeln** emprender el propio camino; **Eigenliebe** F amor m propio (od de sí mismo); egoísmo m; egotismo m; **Eigenlob** N alabanza f propia, elogio m de sí mismo, umg autobombo m; **~ stinkt** la alabanza propia envilece; **eigenmächtig** A ADJ arbitrario B ADV **~ handeln** actuar od obrar arbitrariamente (bzw sin autorización); hacer por sí y ante sí; **Eigenmächtigkeit** F ⟨~; ~en⟩ arbitrariedad f; **Eigenname** M nombre m propio; **Eigennutz** M ⟨~es⟩ interés m personal, propio provecho m; egoísmo m; **aus ~** por interés; **eigennützig** A ADJ interesado; egoísta B ADV **~ handeln** actuar od obrar por interés (od interesadamente); **Eigenproduktion** F autoproducción f

'eigens ADV especialmente, expresamente; ex profeso

'Eigenschaft F ⟨~; ~en⟩ propiedad f; cualidad f; (Merkmal) atributo m, característica f, carácter m; (Beschaffenheit) calidad f; condición f; **gute ~** virtud f; **in seiner ~ als** en su calidad de

'Eigenschaftswort N ⟨~(e)s; ¨er⟩ GRAM adjetivo m

'Eigensinn M ⟨~(e)s⟩ obstinación f; porfía f; (Starrköpfigkeit) testarudez f, terquedad f, tozudez f; **eigensinnig** ADJ obstinado; (starrköpfig) testarudo, terco, tozudo, umg cabezón; (launisch) caprichoso, voluntarioso; **Eigenstaatlichkeit** F ⟨~⟩ soberanía f; **eigenständig** ADJ autónomo, independiente

'eigentlich A ADJ propio; (wirklich) real, verdadero; (innewohnend) bes Wert intrínseco; **im ~en Sinne (des Wortes)** en el sentido propio (od estricto od literal) (de la palabra) B ADV 1 (tatsächlich) en realidad, realmente, verdaderamente; **was wollen Sie ~?** ¿qué es lo que usted quiere? 2 (genau gesagt) propiamente dicho; (genau genommen) bien mirado, considerándolo (od mirándolo) bien; (im Grunde genommen) en el fondo 3 (offen gesagt) a decir verdad, en verdad 4 (genau) exactamente; **wo geschah das ~?** ¿dónde ocurrió eso exactamente?

'Eigentor N SPORT autogol m (a. fig); **ein ~ schießen** marcar en la propia meta

'Eigentum N ⟨~s⟩ propiedad f; **das ist mein ~** es de mi propiedad, es mío (od me pertenece); **geistiges ~** propiedad f intelectual; **gewerbliches ~** propiedad f industrial

'Eigentümer M ⟨~s; ~⟩, **Eigentümerin** F ⟨~; ~nen⟩ propietario m, -a f; dueño m, -a f; amo m, -a f; **Eigentümerversammlung** F junta f (od reunión f) de propietarios

'eigentümlich ADJ 1 particular, peculiar, característico, típico (**j-m/einer Sache** de alg/a/c); (innewohnend) inherente (**j-m/einer Sache** a alg/a/c) 2 (seltsam) singular, curioso; raro, extraño

'Eigentümlichkeit F ⟨~; ~en⟩ particularidad f, peculiaridad f; (Seltsamkeit) singularidad f; (Merkmal) carácter m propio; característica f, rasgo m distintivo (od característico)

'Eigentumsbeschränkung F limitación f de la propiedad; **Eigentumsbildung** F ⟨~⟩ formación f (od creación f) de propiedad; **Eigentumsdelikt** N delito m contra la propiedad; **Eigentumsnachweis** M título m de propiedad; **Eigentumsrecht** N derecho m de propiedad; juro m; **sich** (dat) **das ~ vorbehalten** reservarse el derecho de propiedad (od de dominio); **Eigentumsübertragung** F transmisión f de la propiedad; **Eigentumsvergehen** N falta f contra la propiedad; **Eigentumsvorbehalt** M JUR reserva f de dominio); **Eigentumswohnung** F piso m de propiedad

'Eigenverbrauch M consumo m propio, autoconsumo m; **Eigenvermögen** N bienes mpl propios; der Ehefrau: JUR bienes mpl parafernales; **Eigenwärme** F calor m específico; **Eigenwechsel** M HANDEL letra f al propio cargo; sp pagaré m; **Eigenwerbung** F autopublicidad f; **Eigenwert** M ⟨~(e)s⟩ valor m intrínseco; **Eigenwille** M propia voluntad f; → a. Eigensinn

'eigenwillig ADJ caprichoso, voluntarioso; arbitrario; Kunst etc original; → a. eigensinnig; **Eigenwilligkeit** F ⟨~⟩ voluntariedad f

'eignen VR **sich ~ (als** od **für)** Person ser apto (para), servir (para); Sache ser adecuado (od apropiado) (para), servir (de)

'Eigner M ⟨~s; ~⟩, **Eignerin** F ⟨~; ~nen⟩ → Eigentümer

'Eignung F ⟨~⟩ aptitud f, idoneidad f; calificación f

'Eignungsprüfung F → Eignungstest

'Eignungstest M examen m (od prueba f, test m) de aptitud; examen m (p)sicotécnico; **körperlicher ~** prueba f de aptitud física

'Eiland N ⟨~(e)s; ~e⟩ poet isla f; kleines: islote m

'Eilauftrag M encargo m urgente; **Eilbe-**

stellung F HANDEL pedido *m* (*od* remesa *f*) urgente; **Eilbote** M *Postwesen*: **durch ~n** por mensajería (*od* vía) urgente; *Am* entrega inmediata; **Eilbrief** M carta *f* urgente

'**Eile** F ⟨~⟩ prisa *f*; *Am* apuro *m*; (*Schnelligkeit*) rapidez *f*, celeridad *f*; (*Flinkheit*) presteza *f*, prontitud *f*; (*Dringlichkeit*) urgencia *f*; *überstürzte*: precipitación *f*; **~ haben** *Person* tener prisa; *Sache* ser urgente; **es hat keine ~** no corre (*od* no tiene) prisa; no es urgente, no urge; **in ~ sein** tener prisa; **in aller ~** a toda prisa, a todo correr; **in der ~** con las prisas; **j-n zur ~ drängen** meter prisa a alg

'**Eileiter** M ANAT oviducto *m*; trompa *f* uterina (*od* de Falopio); **Eileiterentzündung** F MED salpingitis *f*; **Eileiterschwangerschaft** F MED embarazo *m* tubárico

'**eilen** A VI ⟨sn⟩ 1 darse prisa, apresurarse; *Am* apurarse 2 (*laufen*) correr, volar; **die Zeit eilt** el tiempo vuela B V/UNPERS ⟨h⟩ **es eilt** corre prisa; es urgente, urge; *Aufschrift*: **Eilt!** Urgente C V/R **sich ~** → beeilen

'**eilends** ADV (muy) de prisa; a toda prisa, a escape, a todo correr

'**eilfertig** ADJ *geh* presuroso, apresurado; **Eilfertigkeit** F ⟨~⟩ *geh* apresuramiento *m*, presteza *f*

'**Eilfracht** F transporte *m* a gran velocidad; **Eilgut** N BAHN (mercancías *fpl* en) gran velocidad *f*; **als ~ befördern** enviar por (*od* en) gran velocidad

'**eilig** ADJ apresurado; (*hastig*) presuroso; (*rasch*) rápido, ligero; (*dringend*) urgente; apremiante; (*überstürzt*) precipitado; **es ~ haben** tener prisa, estar con prisa; **wohin so ~?** ¿a dónde tan de prisa?; **ich habe es nicht ~** no tengo (*od* no me corre) prisa; **er hatte nichts Eiligeres zu tun, als zu** (*inf*) le faltó tiempo para (*inf*)

'**eiligst** ADV a toda prisa, muy de prisa; (*so schnell wie möglich*) lo más pronto posible

'**Eilmarsch** M MIL marcha *f* forzada; **Eilpost** F correspondencia *f* (*bzw* correo *m*) urgente; **Eilschritt** M MIL paso *m* ligero; **Eilsendung** F *Postwesen*: → Eilzustellung; **Eiltempo** N **im ~** a marchas forzadas; **Eilzug** M *obs* (tren *m*) rápido *m*; **Eilzustellung** F *Postwesen*: envío *m* urgente

'**Eimer** M ⟨~s; ~⟩ cubo *m*, *bes Am* balde *m*; TECH cangilón *m*; *umg* **es ist alles im ~** todo está perdido, *umg* todo el gozo en el pozo; **Eimerkette** F *Bagger*: cadena *f* de cangilones; **eimerweise** ADV a cubos; *fig Regen* a cántaros

ein[1] A ADJ ⟨*f* ~e⟩ *Zahlwort* un, uno, una; **~ für allemal** de una vez para siempre; de una vez para todas; **in ~em fort** sin parar, continuamente; **~ und derselbe** el mismo; **es ist ~ und dasselbe** es (absolutamente) lo mismo; **er ist ihr Ein und Alles** él lo es todo para ella, es su único bien; **(nur) ~en Tag** un (solo) día; **~ bis zwei Tage** entre uno y dos días B ART ⟨*f* ~e⟩ un; una; **~es Tages** un día; **~ jeder** cada uno; cada cual; **~e andere Sache** otra cosa; **in ~em derartigen Fall** en un caso así, en tal caso; **welch ~ Glück!** ¡qué suerte!; **~ gewisser Herr Costa** (un) cierto señor Costa C INDEF PR ⟨*m* ~er, *f* ~e, *n* ~(e)s⟩ (*jemand*) uno, una; **der ~e oder (der) andere** uno que otro; **~er meiner Freunde** uno de mis amigos; **~er von beiden** uno de los dos; **~er von vielen** uno de tantos; **manch ~er** muchos; hay quien(es); **wenn ~er behauptet** si uno dice (*od* afirma); **was für ~er?** ¿cuál?; *umg* **was ist denn das für ~er?** *umg* ¿quién es ese tipo?; **das tut ~em gut** eso sienta bien (a uno)

ein[2] ADV 1 (*eingeschaltet*) conectado 2 **nicht ~ noch aus wissen** no saber qué hacer; **bei j-m ~ und aus gehen** frecuentar la casa de alg

'**einachsig** ADJ de un solo eje; *Anhänger* de dos ruedas; PHYS, BIOL uniaxial

'**Einakter** M ⟨~s; ~⟩ THEAT pieza *f* (*od* obra *f*) en un acto; paso *m*

ei'nander ADV uno(s) a otro(s); (*gegenseitig*) mutuamente, recíprocamente

'**einarbeiten** A V/T 1 **j-n ~** entrenar a alg, poner al día a alg 2 **etw ~ in** (*acus*) incorporar a/c a; insertar a/c en B V/R **sich ~ in** (*acus*) iniciarse en; adiestrarse en; capacitarse para

'**Einarbeitung** F ⟨~; ~en⟩ iniciación *f*; familiarización *f*, puesta *f* al día; **Einarbeitungszeit** F ⟨~; ~en⟩ período *m* de adaptación (*od* de iniciación); período *m* de prácticas

'**einarmig** ADJ manco; TECH de un solo brazo; *umg* **~er Bandit** *umg* tragaperras *m/f*

'**einäschern** V/T *Leiche* incinerar; *Stadt etc* reducir a cenizas; **Einäscherung** F ⟨~; ~en⟩ reducción *f* a cenizas; *v. Leichen*: incineración *f*, cremación *f*; **Einäscherungsofen** M horno *m* crematorio

'**einatmen** V/T inspirar; aspirar; **etw ~** inhalar a/c; **Einatmung** F ⟨~⟩ inspiración *f*; aspiración *f*; *von Dämpfen etc*: inhalación *f*

'**einatomig** ADJ PHYS monoatómico; **einätzen** V/T grabar (al agua fuerte); **einäugig** ADJ tuerto; OPT monocular

'**Einbahnstraße** F calle *f* de sentido único

'**einbalsamieren** V/T ⟨*ohne* ge-⟩ embalsamar; **Einbalsamierung** F ⟨~; ~en⟩ embalsamamiento *m*

'**Einband** M ⟨~(e)s; ¨~e⟩ encuadernación *f*; (*Einbanddecke*) cubierta *f*, tapa *f*

'**einbändig** ADJ en (*od* de) un tomo

'**Einbau** M ⟨~(e)s; ~ten⟩ TECH montaje *m*; *von Geräten*: instalación *f*; *zusätzlicher*: incorporación *f*; *in e-e Wand*: empotrado *m*; **einbaubar** ADJ empotrable, encastrable

'**einbauen** V/T montar; *Geräte* instalar; *zusätzlich*: incorporar, *in e-e Wand*: empotrar, encastrar; (*einfügen*) insertar

'**Einbaufehler** M defecto *m* de montaje; **Einbauküche** F cocina *f* empotrada (*od* empotrable)

'**Einbaum** M canoa *f*, piragua *f*

'**Einbauschrank** M armario *m* empotrado

'**einbegreifen** V/T ⟨*irr*; *ohne* ge-⟩ *geh* comprender, incluir; abarcar; englobar; **einbegriffen** ADJ → inbegriffen; **einbehalten** V/T ⟨*irr*; *ohne* ge-⟩ retener; conservar (en su poder); *zu Unrecht*: detentar; **Einbehaltung** F ⟨~⟩ retención *f*

'**einbeinig** ADJ de una sola pierna

'**einberufen** V/T ⟨*irr*; *ohne* ge-⟩ 1 *Versammlung etc* convocar 2 MIL **(zum Militärdienst) ~** llamar a filas, *Am* enrolar; **Einberufung** F ⟨~; ~en⟩ 1 *e-r Versammlung* convocatoria *f* 2 MIL llamamiento *m* a filas, *Am* enrolamiento *m*

Einbe'rufungsbescheid M MIL orden *f* de incorporación a filas; **Einberufungsschreiben** N convocatoria *f*

'**einbetonieren** V/T ⟨*ohne* ge-⟩ TECH empotrar en hormigón; **einbetten** V/T TECH empotrar, embutir; incluir (**in** *acus* en)

'**Einbettkabine** F SCHIFF camarote *m* individual; **Einbettzimmer** N habitación *f* individual (*od* de una cama)

'**einbeulen** V/T abollar; **Einbeulung** F ⟨~; ~en⟩ abolladura *f*; **einbeziehen** V/T ⟨*irr*; *ohne* ge-⟩ incluir (**in** *acus* en); **Einbeziehung** F ⟨~⟩ inclusión *f*; **unter ~** incluyendo

'**einbiegen** ⟨*irr*⟩ A V/T doblar hacia dentro B V/I **~ in** (*acus*) entrar en, girar (*od* torcer) hacia; doblar a; **links ~** doblar (*od* girar *od* torcer) a la izquierda

'**einbilden** V/T 1 **sich** (*dat*) **etw ~** imaginarse (*od* figurarse) a/c; *irrtümlich*: vivir en la ilusión de a/c; **sich** (*dat*) **etw steif und fest ~** meterse a/c en la cabeza; **das bildest du dir nur ein** eso son imaginaciones tuyas; **bilde dir ja nicht ein, dass …** no te creas que …, no pienses que …; **ich bilde mir nicht ein, ein Genie zu sein** no pretendo ser un genio 2 **sich** (*dat*) **etwas ~ auf** (*acus*) estar orgulloso de; preciarse (*od* presumir) de; envanecerse (*od* vanagloriarse) de; **sich** (*dat*) **viel ~** tener muchas ínfulas; **darauf kannst du dir etwas ~** puedes estar orgulloso de eso; **was bildest du dir eigentlich ein?** ¿qué te has creído?

'**Einbildung** F ⟨~; ~en⟩ 1 (*Fantasie*) imaginación *f*; fantasía *f*; (*Trugbild*) ilusión *f*; ficción *f*, quimera *f*; **das ist reine ~** eso no son más que fantasías 2 (*Überheblichkeit*) arrogancia *f*, presunción *f*, engreimiento *m*; (*Eitelkeit*) vanidad *f*

'**Einbildungskraft** F ⟨~⟩, **Einbildungsvermögen** N ⟨~s⟩ imaginación *f*; fantasía *f*; capacidad *f* (*od* fuerza *f*) imaginativa

'**einbinden** V/T ⟨*irr*⟩ encuadernar; **einblasen** V/T ⟨*irr*⟩ soplar (**in** *acus* en); TECH *a.* inyectar

'**Einblattdruck** M ⟨~(e)s; ~e⟩ TYPO HIST hoja *f* volante

'**einbläuen** V/T **j-m etw ~** inculcar a/c a alg, *umg* meter a alg a/c en la cabeza

'**einblenden** A V/T FILM *Untertitel, Vorschauen* sobreimprimir; TV, RADIO intercalar; TV **eingeblendet** en sobreimpresión B V/R **sich ~ in** (*acus*) conectar(se) con

'**einbleuen** → einbläuen

'**Einblick** M ⟨~(e)s; ~e⟩ mirada *f* (**in** *acus* en); *flüchtiger*: ojeada *f*, vistazo *m*; *fig* idea *f*; **einen ~ in etw bekommen** formarse una idea de (*od* sobre) a/c; **j-m ~ gewähren** poner a alg al corriente; **~ gewinnen** *bzw* **nehmen in** consultar; enterarse de, formarse una idea de; **er hat ~ in die Akten** tiene acceso a los documentos

'**einbrechen** ⟨*irr*⟩ A V/I 1 (*gewaltsam eindringen*) penetrar (**in** *acus* en); *Dieb* entrar a robar (**in** *acus* en); robar (*od* cometer robo) (con fractura); MIL irrumpir (**in** *acus* en), hacer irrupción (**in** *acus* en); *in ein Land*: invadir 2 (*zerbrechen*) romperse; (*einstürzen*) colapsar, venirse abajo 3 *ins Eis*: hundirse 4 *Kälte* llegar; *Nacht* caer; **die Nacht bricht ein** *a.* anochece, se hace de noche B V/T romper; *Tür* forzar; *Wand* derribar, echar abajo

'**Einbrecher** M ⟨~s; ~⟩, **Einbrecherin** F ⟨~; ~nen⟩ ladrón *m*, -ona *f* (*que roba con fractura*); salteador *m*, -a *f* (*od* desvalijador *m*, -a *f*) de pisos; *Gaunersprache* topero *m*

'**einbrennen** ⟨*irr*⟩ A V/T *südd, österr Mehl* tostar; **Zeichen ~** marcar a fuego (*bzw* con hierro candente) B V/R *fig* **sich ins Gedächtnis ~** grabarse en la memoria

'**einbringen** ⟨*irr*⟩ A V/T 1 *Ernte* acarrear, recoger 2 *Gesetz, Antrag, Klage etc* presentar 3 WIRTSCH *Kapital* contribuir, aportar (**in** *acus* a) (*a. fig*) 4 *Nutzen* rendir, producir; rentar; *Zinsen* devengar; *Verluste* reparar, compensar; *Zeit* recobrar, recuperar; *fig Tadel etc* valer; **das bringt nicht viel ein** no da mucho de sí B V/R **sich ~** participar (**in** *acus* en), contribuir (**in** *acus* a, en)

'**einbrocken** V/T 1 *Brot* (re)mojar 2 *fig* **j-m etw ~** jugar una mala pasada a alg; *fig* **sich** (*dat*) **etw ~** *umg* meterse en un lío; **da hast du dir etwas Schönes eingebrockt** ¡en buena te has metido!; ¡la has hecho buena!

'**Einbruch** M ⟨~(e)s; ¨~e⟩ 1 (*gewaltsames Eindringen*) irrupción *f*; MIL *in ein Land a.*: invasión *f* 2 *der Nacht*: caída *f*; **bei ~ der Dunkelheit** al anochecer, al hacerse (*od* cerrar) la noche 3 (*Einsturz*) hundimiento *m*; caída *f* 4 JUR (*Einbruchdiebstahl*) robo *m* (con fractura) 5 *Börse* bajón *m*, caída *f*

'**Einbruchsdiebstahl** M robo *m* con frac-

E

E

tura (*bzw* con escala); **einbruch(s)sicher** ADJ a prueba de robo, antirrobo; **Einbruchsversicherung** F seguro *m* contra el robo

'einbuchten VT *umg* meter en chirona, enchironar; **Einbuchtung** F ⟨~; ~en⟩ *e-s Flusses*: recodo *m*; (*Bucht*) ensenada *f*; (*Einschnitt*) escotadura *f*

'einbuddeln A VT *umg* enterrar B VR **sich ~** enterrarse; *Tier* esconderse bajo tierra; MIL atrincherarse

'einbürgern A VT nacionalizar, naturalizar; dar carta de naturaleza a; *fig Sitten, Pflanzen* introducir B VR **sich ~** nacionalizarse, adquirir (*od* tomar) carta de naturaleza (*a. fig*), naturalizarse; *fig* generalizarse; inveterarse; **Einbürgerung** F ⟨~; ~en⟩ nacionalización *f*, naturalización *f*; *fig* introducción *f*

'Einbuße F ⟨~; ~n⟩ (*Verlust*) pérdida *f*; menoscabo *m*, merma *f*, mengua *f* (**an** *dat* de); (*Schaden*) daño *m*; deterioro *m*, desperfecto *m*; **~n erleiden** sufrir pérdidas

'einbüßen VT perder, sufrir pérdidas; **an Einfluss** *etc* **~** perder influencia, *etc*; **an Wert ~** desmerecer

Ein'centstück N moneda *f* de un céntimo (de euro)

'einchecken FLUG A VT *Gepäck* facturar B VI *Person* embarcar; **eincremen** A VT poner crema, aplicar crema a, untar (con crema) B VR **sich ~** ponerse crema

'eindämmen VT poner diques a, contener (*a. fig*); *Fluss* encauzar; *Feuer* localizar; *fig a.* poner coto a; **Eindämmung** F ⟨~; ~n⟩ contención *f*; **Eindämmungspolitik** F ⟨~⟩ política *f* de contención

'eindecken A VT 1 cubrir; *Haus a.* techar 2 **j-n ~ mit** abastecer a alg de; **mit Arbeit eingedeckt sein** estar agobiado (*od* abrumado) de trabajo; estar hasta arriba de trabajo B VR **sich mit Waren ~** aprovisionarse (*od* abastecerse *od* surtirse) de mercancías

'Eindecker M ⟨~s; ~⟩ FLUG monoplano *m*

'eindeichen VT poner diques a

'eindeutig ADJ inequívoco, unívoco; (*offensichtlich*) claro, patente; *fig* terminante; **seine Haltung ist ~** su actitud no deja lugar a dudas

'Eindeutigkeit F ⟨~⟩ claridad *f*

'eindeutschen VT germanizar; **eindicken** VT espesar; CHEM condensar, concentrar; **eindimensional** ADJ unidimensional; **eindosen** VT enlatar; **eindösen** VI *umg* adormitarse, adormilarse; **eindrängen** VR **sich ~ (in** *acus od* **bei)** introducirse (*od* meterse) por fuerza (en); *in fremde Angelegenheiten*: entrometerse (en)

'eindringen VI ⟨*irr*; sn⟩ penetrar (**in** *acus* en) (*a. fig*); *gewaltsam* entrar (a *od* por la fuerza) (**in** *acus* en); irrumpir (**in** *acus* en); *in e-e Gesellschaft*: meterse sin ser llamado, *umg* colarse (**in** *acus* en); MIL *in ein Land*: internarse (**in** *acus* en), invadir; *Flüssigkeit, Spion* infiltrarse (**in** *acus* en); *fig* adentrarse, profundizar (**in** *acus* en); **auf j-n ~** acometer a alg; (aba)lanzarse sobre alg; *mit Worten*: instar a alg, presionar sobre alg

'Eindringen N ⟨~s⟩ penetración *f*; invasión *f*; infiltración *f*; **eindringlich** A ADJ insistente; enfático; enérgico; (*eindrucksvoll*) impresionante B ADV encarecidamente; con insistencia; **Eindringlichkeit** F ⟨~⟩ insistencia *f*; energía *f*; énfasis *m*; **Eindringling** M ⟨~s; ~e⟩ intruso *m*; (*Angreifer*) invasor *m*

'Eindruck M ⟨~(e)s; ≃e⟩ impresión *f*; (*Spur*) marca *f*, señal *f*; huella *f*; (*Wirkung*) efecto *m*; **guter/schlechter ~** buena/mala impresión; **auf j-n ~ machen** causar (*od* hacer) impresión en (*bzw* a) alg; impresionar a alg; hacer efecto a (*od* sobre) alg; **tiefen ~ machen** calar hondo (**auf** *acus* en); **den ~ erwecken, dass** *od* **als ob** ... dar (*od* causar) la impresión de que ...; **ich habe den ~, dass ...** tengo (*od* me da) la impresión (de) que ...; *umg* **(bei j-m) ~ schinden** darse importancia (frente a *od* con alg)

'eindrucken VT TYPO imprimir, estampar

'eindrücken A VT 1 (*zerbrechen*) romper, quebrar; (*platt drücken*) aplanar; (*zermalmen*) aplastar; (*einbeulen*) abollar, *stärker*: deformar; *Tür* forzar, derribar 2 *Spur* imprimir, estampar B VR **sich ~** *fig* grabarse

'eindrucksvoll ADJ impresionante, imponente; de gran efecto

'eine → ein[1]

'einebnen VT nivelar; aplanar, allanar

'Einehe F monogamia *f*

'eineiig ADJ **~e Zwillinge** gemelos *mpl* univitelinos

'Einelternfamilie F familia *f* monoparental

'einen VT unir, unificar

'einengen VT estrechar; (*begrenzen*) restringir, limitar, circunscribir; *fig* coartar

'einer PRON → ein[1]

'Einer M ⟨~s; ~⟩ 1 MATH unidad *f* 2 SPORT *Boot*: bote *m* individual, esquife *m*

'einer'lei ADJ igual; de la misma clase; (*gleichgültig*) indiferente; **das ist (ganz) ~** no importa, es lo mismo, igual (*od* lo mismo) da; **es ist mir ~** me es (*od* da) igual; **~ ob** tanto si, lo mismo si; **~ wer** quienquiera que sea, no importa quién; **~, wir gehen hin!** ¡no importa, vamos allá!

Einer'lei N ⟨~s⟩ uniformidad *f*; (*Eintönigkeit*) monotonía *f*; **das tägliche ~** la monotonía diaria

'einerseits, 'einesteils ADV por un lado, de (*od* por) una parte

Ein'eurostück N moneda *f* de un euro

Eine-'Welt-Laden M *tienda donde se venden exclusivamente productos de países en vías de desarrollo*

'einfach A ADJ 1 sencillo; simple; **~e Fahrkarte** billete *m* sencillo (*od* de ida) 2 (*bescheiden*) modesto, humilde; (*schmucklos*) escueto; (*nicht schwierig*) sencillo, fácil; (*elementar*) elemental; *Essen* frugal; **ein ~er Mann** un hombre sencillo; **ein ~er Mechaniker** un simple mecánico; **es ist nicht so ~** no es tan fácil (como parece); **die ~e Tatsache, dass** el mero hecho de; **aus dem ~en Grunde, dass** por la sencilla razón de B ADV sencillamente; simplemente; **das ist ~ wunderbar** es realmente maravilloso; **ich musste (ganz) ~ lachen** no pude más que reírme; **es war mir ~ unmöglich** me fue de todo punto (*od* del todo) imposible

'Einfachheit F ⟨~⟩ 1 sencillez *f*; simplicidad *f*; **der ~ halber** para simplificar las cosas 2 (*Bescheidenheit*) modestia *f*; frugalidad *f*

'einfädeln A VT *Nadel* enhebrar, enfilar; *Perlen* ensartar; *fig* tramar, urdir, maquinar B VR **sich ~** *Verkehr:* colocarse (*od* ponerse) en una fila

'einfahren ⟨*irr*⟩ A VI entrar (**in** *acus* en); BAHN *a.* efectuar su entrada; BERGB bajar (a la mina) B VT 1 *Ernte* acarrear 2 AUTO rodar 3 **Gewinne/Verluste ~** tener beneficios/sufrir pérdidas 4 *Zaun etc* derribar 5 *fig* **die Sache ist gut eingefahren** la cosa está bien encarrilada

'Einfahren N ⟨~s⟩ AUTO rodaje *m*

'Einfahrt F 1 (*das Einfahren*) entrada *f*; *e-s Zuges a.*: llegada *f*; BERGB bajada *f* (a la mina); BAHN **~ auf Gleis 1 haben** entrar por la vía 1 2 (*Zufahrt*) entrada *f*; acceso *m*; *zum Hafen*: boca *f* del puerto; BERGB bocamina *f*; (*Torweg*) puerta *f* cochera

'Einfahrzeit F ⟨~; ~en⟩ AUTO período *m* de rodaje

'Einfall M ⟨~(e)s; ≃e⟩ 1 (*Gedanke*) idea *f*; **geistreicher ~** ocurrencia *f*; **glücklicher ~** feliz (*od* ingeniosa) idea *f*; **witziger ~** salida *f*; **er kam auf den ~** se le ocurrió; *umg* **du hast vielleicht Einfälle!** *umg* ¡se te ocurre cada cosa!, ¡qué cosas tienes! 2 MIL incursión *f*, irrupción *f* (**in** *acus* en), invasión *f* (**in** *acus* de) 3 PHYS *v. Licht*: incidencia *f* 4 → Einsturz

'einfallen VI ⟨*irr*; sn⟩ 1 (*einstürzen*) derrumbarse, hundirse, venirse abajo 2 (*in den Sinn kommen*) **j-m fällt etw ein** se le ocurre a/c a alg; se le pasa a/c por la mente (*od* por la cabeza) a alg; **mir fällt ein** se me ocurre; **es fällt mir jetzt nicht ein** no lo recuerdo en este momento; **dabei fällt mir etwas ein** esto me recuerda (*od* me hace recordar) una cosa; **das fällt mir nicht (im Traum) ein!** *umg* ¡eso ni soñarlo!, ¡ni hablar!; **was fällt dir ein?** ¿qué te has figurado?, ¿pero qué te has creído?; **lass dir das ja nicht ~!** ¡no te atrevas a hacer eso!, ¡ni se te ocurra! 3 MIL invadir; irrumpir en; **in ein Land ~** invadir un país 4 *Licht* incidir 5 MUS entrar, atacar; **in den Chor ~** corear 6 *in die Rede*: interrumpir; **in das Gespräch ~** intervenir (*od* terciar) en la conversación

'einfallend ADJ PHYS incidente

'einfallslos ADJ sin imaginación; **Einfallslosigkeit** F ⟨~⟩ falta *f* de imaginación; **einfallsreich** ADJ imaginativo; ocurrente; **Einfallsreichtum** M ⟨~s⟩ riqueza *f* imaginativa

'Einfallswinkel M PHYS, OPT ángulo *m* de incidencia

'Einfalt F ⟨~⟩ ingenuidad *f*, candidez *f*; simplicidad *f*; (*Dummheit*) simpleza *f*; **einfältig** ADJ inocente; ingenuo, cándido; simple; (*töricht*) mentecato, bobo; **Einfältigkeit** F ⟨~⟩ → Einfalt; **Einfaltspinsel** M *umg pej* bobo *m*; simple *m*; bobalicón *m*; **Einfamilienhaus** N casa *f* (*bzw* chalet *m*) unifamiliar

'einfangen VT ⟨*irr*⟩ coger; *Verbrecher* capturar; *fig* **j-n ~** echar el gancho a alg; cazar a alg; **einfarbig** ADJ unicolor, monocolor; *Stoff* liso; *Bildschirm* monocromático; TYPO monocromo; **einfassen** VT guarnecer; *mit e-m Zaun*: cercar; (*umsäumen*) orlar, ribetear; *Quelle* captar; *Edelstein* engastar, engarzar

'Einfassung F ⟨~; ~en⟩ (*Gehege*) recinto *m*; (*Zaun*) cerca *f*; (*Rand*) borde *m*; (*Saum*) orla *f*, ribete *m*; *e-s Edelsteins*: engaste *m*

'einfetten VT untar; engrasar; TECH *a.* lubri(fi)car; **Einfetten** N ⟨~s⟩ engrase *m*; lubri(fi)cación *f*; **einfinden** VR ⟨*irr*⟩ **sich ~ (in** *dat od* **bei)** acudir (a); concurrir (a); presentarse (en), personarse (en), *bes* JUR comparecer (ante); **einflechten** VT ⟨*irr*⟩ 1 entretejer, entrelazar (**in** *acus* con); *Haare* trenzar 2 *fig* **etw (in die Rede) ~** mencionar a/c de paso (en el discurso); aludir a/c (en el discurso); (*einfügen*) intercalar a/c (en el discurso); **einfliegen** ⟨*irr*⟩ FLUG A VI ⟨sn⟩ entrar (**in** *acus* en) B VT 1 *Personen, Lebensmittel, Medikamente etc* traer en avión 2 *neues Flugzeug*: hacer vuelos de prueba con

'Einflieger M, **Einfliegerin** F piloto *m/f* de pruebas

'einfließen VI ⟨*irr*; sn⟩ entrar, desembocar (**in** *acus* en); (*münden in*) *a.* desaguar (**in** *acus* en); *fig* **etw ~ lassen** mencionar a/c (de paso); **einflößen** VT 1 MED instilar; administrar 2 *fig* inspirar, imbuir; **j-m Angst ~** infundir miedo a alg

'Einflug M FLUG vuelo *m* de aproximación; **Einflugschneise** F corredor *m* de entrada

'Einfluss M ⟨~es; ≃e⟩ 1 influencia *f*, influjo *m* (**auf** *acus* en, sobre); *bes moralisch*: ascendiente *m* (**auf** *acus* sobre); (*Ansehen*) prestigio *m*, crédito *m*; **~ haben** tener influjo (*od* influencia), influir (**auf** en, sobre); **großen ~ haben** tener gran (*od* mucha) influencia (**auf** *acus* en, sobre); **unter dem ~ von** bajo el influjo de 2 METEO **~ von Kaltluft** incursión *f* de aire frío

ˈ**Einflussbereich** M área *f* de influencia; **einflussreich** ADJ influyente, de mucha (*od* gran) influencia; **Einflusssphäre** F esfera *f* de influencia

ˈ**einflüstern** VT susurrar, decir al oído; *fig* sugerir, insinuar; SCHULE (*vorsagen*) soplar; **Einflüsterung** F ⟨~; ~en⟩ *fig* insinuación *f*, sugerencia *f*

ˈ**einfordern** VT HANDEL *Außenstände* reclamar, exigir (el pago); *Steuern* recaudar; **Einforderung** F ⟨~; ~en⟩ reclamación *f*; *von Geldern*: cobro *m*; *von Steuern*: recaudación *f*

ˈ**einförmig** ADJ uniforme; *fig* monótono; **Einförmigkeit** F ⟨~; ~en⟩ uniformidad *f*; *fig* monotonía *f*

ˈ**einfressen** V/R ⟨*irr*⟩ **sich ~** *Rost, Säure* corroer; *fig* incrustarse; **einfrieden** VT cercar; acotar; rodear (de un muro, *etc*); **Einfriedung** F ⟨~; ~en⟩ (*Zaun*) cerca *f*; cercado *m*, vallado *m*; (*Mauer*) muro *m*; **einfrieren** ⟨*irr*⟩ A VI ⟨sn⟩ helarse, congelarse; *Schiff* quedar aprisionado por los hielos B VT *Lebensmittel, Preise etc* congelar; *Guthaben a.* bloquear; **Einfrieren** N ⟨~s⟩ congelación *f* (*a. fig*)

ˈ**einfügen** A VT incluir, incorporar; IT *Tabelle, Text* insertar; (*einschieben*) *a.* intercalar; *zusätzlich*: añadir, agregar; adicionar B V/R **sich ~ in** (*acus*) *Person* adaptarse a; **Einfügetaste** F tecla *f* Insert; **Einfügung** F ⟨~; ~en⟩ inserción *f*; (*Einbindung*) inclusión *f*; *zusätzliche*: adición *f*

ˈ**einfühlen** V/R **sich ~ in** (*acus*) ponerse en el lugar de; identificarse con; **sich in j-n ~** (*mitempfinden*) *a.* compartir los sentimientos de alg; **einfühlsam** ADJ comprensivo, sensible

ˈ**Einfühlung** F ⟨~⟩, **Einfühlungsvermögen** N ⟨~s⟩ comprensión *f*; intuición *f*; compenetración *f*

ˈ**Einfuhr** F ⟨~; ~en⟩ WIRTSCH importación *f*; *Zoll a.*: entrada *f*; **Einfuhrabgabe** F tasa *f* de entrada, arancel *m* de importación

ˈ**einführbar** ADJ importable

ˈ**Einfuhrbegrenzungen** FPL limitación *f* de las importaciones; **Einfuhrbeschränkungen** FPL restricciones *fpl* a la importación; **Einfuhrbestimmungen** FPL disposiciones *fpl* reguladoras de la importación; **Einfuhrbewilligung** F → Einfuhrerlaubnis

ˈ**einführen** VT 1 *allg* introducir; *Mode, neue Artikel a.* lanzar; *Sitte, System* implantar, establecer; *Methode, Maßnahmen* adoptar 2 **j-n ~** presentar a alg (**in** *acus* en; **bei** a); **j-n in etw ~** (*einweihen*) iniciar a alg en a/c; **j-n in ein Amt ~** instalar (*od* introducir) en un cargo; dar posesión de un cargo; **gut eingeführt** *Person* bien relacionado; *Firma* acreditado 3 (*hineinstecken*) meter (**in** *acus* en) 4 WIRTSCH *Waren* importar

ˈ**Einfuhrerlaubnis** F, **Einfuhrgenehmigung** F licencia *f* (*od* permiso *m*) de importación; **Einfuhrhafen** M puerto *m* de entrada; **Einfuhrhandel** M ⟨~s⟩ comercio *m* de importación; **Einfuhrkontingent** N cupo *m* de importación; **Einfuhrland** N ⟨~(e)s; ⸚er⟩ país *m* importador; **Einfuhrlizenz** F licencia *f* de importación; **Einfuhrprämie** F prima *f* de importación; **Einfuhrquote** F cifra *f* de importaciones; **Einfuhrsperre** F, **Einfuhrstopp** M suspensión *f* (*od* bloqueo *m*) de las importaciones; **Einfuhrüberschuss** M excedente *m* de importación

ˈ**Einführung** F ⟨~; ~en⟩ *allg* introducción *f*; (*Vorstellung*) presentación *f*; (*Einweihung*) iniciación *f*; *in ein Amt*: instalación *f*; *von Maßnahmen*: adopción *f*; *von Sitten, Systemen*: implantación *f*, establecimiento *m*; *von Steuern*: imposición *f*; WIRTSCH importación *f*; *neuer Artikel*: lanzamiento *m*

ˈ**Einführungsangebot** N WIRTSCH oferta *f* de lanzamiento; **Einführungsgesetz** N JUR ley *f* de introducción; **Einführungskurs** M 1 curso *m* (*od* cursillo *m*) de iniciación 2 *Börse* cotización *f* de apertura; **Einführungspreis** M WIRTSCH precio *m* de lanzamiento (*od* de introducción); **Einführungsrabatt** M descuento *m* de lanzamiento; **Einführungsschreiben** N carta *f* de presentación

ˈ**Einfuhrverbot** N prohibición *f* de importar (*od* de importación); **ein ~ verhängen** declarar la prohibición de importar; **Einfuhrwaren** FPL mercancías *fpl* de importación; **Einfuhrzoll** M derecho *m* de importación; **~ erheben** imponer derechos de importación

ˈ**einfüllen** VT llenar; echar (**in** *acus* en); envasar; *in Flaschen*: embotellar

ˈ**Einfüllöffnung** F abertura *f* de relleno; **Einfülltrichter** M embudo *m* de relleno; TECH tolva *f* de carga

ˈ**Eingabe** F ⟨~; ~n⟩ 1 (*Bittschrift*) petición *f*, memorial *m*; *bes* JUR pedimento *m*, interpelación *f* judicial; (*Gesuch*) solicitud *f*, instancia *f*; **eine ~ machen** presentar una solicitud 2 IT entrada *f*; **Eingabeaufforderung** F IT instrucción *f* de entrada; **Eingabefehler** M IT error *m* de entrada (*od* de introducción); **Eingabefeld** M IT campo *m* de entrada; **Eingabetaste** F IT tecla *f* Enter (*od* de entrada)

ˈ**Eingang** M ⟨~(e)s; ⸚e⟩ 1 entrada *f* (*a.* TECH); (*Zugang*) acceso *m* (**zu** a); *Tunnel, U-Bahn*: boca *f*; **kein ~!** ¡se prohibe la entrada!; **sich** (*dat*) **~ verschaffen** (**zu** *od* **in** *dat*) conseguir entrada (en); abrirse paso (a) 2 HANDEL *von Waren*: llegada *f*; *von Geld*: ingreso *m*; *e-r Summe, e-s Schreibens*: recepción *f*; **~ vorbehalten** salvo buen cobro (*od* buen fin); **Eingänge** *von Waren*: entradas *fpl*, mercancías *fpl* recibidas; *von Zahlungen*: pagos *mpl* recibidos; *von Briefen*: correo *m* del día; **bei ~** a la recepción; **nach ~** previa recepción 3 (*Beginn*) comienzo *m*, principio *m*; (*Einleitung*) introducción *f*; preámbulo *m*; **zu ~** al principio

ˈ**eingängig** ADJ *Melodie* pegadizo

ˈ**eingangs** ADV al principio, al comienzo; **~ erwähnt** arriba mencionado

ˈ**Eingangsanzeige** F, **Eingangsbestätigung** F acuse *m* de recibo; **Eingangsbuch** N HANDEL libro *m* (*od* registro *m*) de entradas; **Eingangsdatum** N fecha *f* de entrada; **Eingangsformel** F preámbulo *m*; *im Brief*: encabezamiento *m*; **Eingangshalle** F vestíbulo *m*; **Eingangsnummer** F número *m* de entrada; **Eingangspost** F correspondencia *f* de entrada; **Eingangsstempel** M sello *m* de entrada (*od* de recepción); **Eingangssteuersatz** M tramo *m* inferior del impuesto; **Eingangstor** N puerta *f* de entrada; **Eingangstür** F puerta *f* de entrada (*od* de acceso); **Eingangsvermerk** M nota *f* (*od* anotación *f*) de entrada; **Eingangsworte** NPL palabras *fpl* de introducción

ˈ**eingebaut** ADJ TECH *Gerät* instalado; montado; *zusätzlich* incorporado; *in e-e Wand*: empotrado

ˈ**eingeben** VT ⟨*irr*⟩ 1 *Arznei* dar, administrar 2 IT *Daten, Text* introducir 3 *fig* **j-m einen Gedanken ~** inspirar (*od* sugerir) a alg una idea

ˈ**eingebildet** ADJ 1 *Sache* imaginario, ficticio; imaginado 2 *Person* presuntuoso, presumido, engreído; (*anmaßend*) arrogante; **sehr ~ sein** tener muchas ínfulas; **Eingebildetheit** F ⟨~⟩ presunción *f*

ˈ**eingeboren** ADJ 1 (*einheimisch*) nativo, indígena 2 REL *Sohn Gottes*: unigénito; **Eingeborene** M/F ⟨~n; ~n; → A⟩ *obs, oft neg* indígena *m/f*, natural *m/f*; (*Ureinwohner*) aborigen *m/f*

ˈ**Eingebung** F ⟨~; ~en⟩ inspiración *f*; sugestión *f*; insinuación *f*; (*Einfall*) brillante idea *f*

ˈ**eingedenk** ADJ *geh* **einer Sache** (*gen*) **~ sein** acordarse de a/c; tener presente a/c; **~ der Tatsache, dass ...** teniendo presente que ...

ˈ**eingefallen** ADJ 1 *Haus* derruido, ruinoso 2 (*abgezehrt*) demacrado; flaco; *Augen* hundido; *Gesicht umg* chupado; **eingefleischt** ADJ *fig* inveterado, arraigado; **~er Junggeselle** *umg* solterón *m* empedernido; **eingefuchst** [-kst] ADJ (*erfahren*) preparado; experto

ˈ**eingehen** ⟨*irr*; sn⟩ A VT *Ehe, Verbindlichkeiten* contraer; **ein Risiko ~** correr un riesgo; **einen Vergleich ~** arreglarse, llegar a un arreglo; **eine Wette ~** hacer una apuesta B VI 1 *Geld* ingresar (en caja); *Briefe, Waren etc* recibirse, llegar 2 **~ in** (*acus*) pasar a, entrar en, formar parte de; *umg* **das geht ihm nicht ein** no le entra (en la cabeza) 3 **~ auf** (*acus*) *Frage* responder a; *Thema* tratar, abordar; *Vorschlag etc* aceptar, acoger (favorablemente); *Wunsch* acceder a; **auf Einzelheiten ~** entrar en detalles; **auf j-n ~** corresponder a alg; *nachsichtig*: *umg* seguir el humor a alg; **auf nichts ~** no transigir con nada; no acceder a nada 4 *Betrieb* cerrar; *Zeitung* dejar de aparecer (*od* de publicarse); **der kleine Laden ist eingegangen** la pequeña tienda ha tenido que cerrar 5 *umg Tier, Pflanze* morir (**an** *dat* de); BOT *a.* perecer 6 *Stoff* encoger (se)

ˈ**eingehend** A ADJ (*genau*) detenido; detallado; (*sorgfältig*) escrupuloso, concienzudo B ADV detenidamente, con detención; detalladamente; a fondo; **sich ~ mit etw beschäftigen** estudiar a/c a fondo

ˈ**eingelegt** PPERF → einlegen

ˈ**Eingemachte(s)** N ⟨~n; → A⟩ conservas *fpl*; *Obst*: frutas *fpl* en conserva; *in Zucker*: compota *f*; dulce *m*; *umg fig* **es geht ans ~** cuesta Dios y ayuda

ˈ**eingemeinden** VT ⟨*ohne* ge-⟩ VERW incorporar a (*od* en) un municipio; **Eingemeindung** F ⟨~; ~en⟩ VERW incorporación *f* (de un municipio a otro)

ˈ**eingenommen** ADJ prevenido, predispuesto (**für** en *od* a favor de; **gegen** contra); **von etw ~ sein** estar encantado con a/c; **von j-m ~ sein** estar prendado de alg; **von sich ~** presumido, infatuado, pagado de sí mismo

ˈ**Eingenommenheit** F ⟨~⟩ prevención *f*; predisposición *f* (**für** a favor de; **gegen** contra); prejuicio *m* (**gegen** contra); *von sich selbst*: presunción *f*

ˈ**eingeplant** ADJ programado; **das war nicht ~** no estaba previsto

ˈ**eingeschlechtig** ADJ BIOL unisexuado, unisexual; **eingeschnappt** ADJ *umg* amostazado, *umg* picado; **~ sein** *a.*: *umg* estar mosca; **eingeschrieben** ADJ *Brief* certificado; *Am* registrado; **eingeschweißt** ADJ *in Folie*: sellado, envuelto en plástico; en blíster

ˈ**eingesessen** ADJ avecindado, afincado; (*eingeboren*) autóctono, indígena

ˈ**eingespielt** ADJ **(gut) aufeinander ~ sein** estar (bien) compenetrados

ˈ**eingestanden** PPERF → eingestehen; **eingestandenermaßen** ADV por confesión propia

ˈ**Eingeständnis** N confesión *f*; **eingestehen** VT ⟨*irr*⟩ confesar; reconocer; admitir

ˈ**eingestellt** ADJ 1 **~ auf** (*acus*) preparado para, dispuesto para; (*ausgerichtet auf*) orientado a

E

(*od* hacia); ~ **gegen** opuesto a; predispuesto contra **2** **konservativ ~ sein** tener ideas conservadoras; **sozial ~** con conciencia social; → *a.* einstellen

'**Eingewanderte** M/F ⟨~n; ~n; → A⟩ inmigrado *m*, -a *f*; **illegal ~** sinpapeles *m/f*, ilegal *m/f*

'**Eingeweide** NPL ANAT vísceras *fpl*; entrañas *fpl* (*a. fig*); (*Gedärme*) intestinos *mpl*, *umg* tripas *fpl*; **Eingeweidebruch** M MED hernia *f* intestinal, enterocele *m*

eingeweiht ADJ → einweihen; **Eingeweihte** M/F ⟨~n; ~n; → A⟩ iniciado *m*, -a *f*, adepto *m*, -a *f*

'**eingewöhnen** V/T(V/R) **(sich) ~** acostumbrar(se), habituar(se) (**in** *acus* a); aclimatar(se) (**in** *acus* a); **Eingewöhnung** F ⟨~⟩ aclimatación *f*; familiarización *f*; integración *f*

'**eingewurzelt** ADJ arraigado; inveterado

'**eingießen** V/T ⟨irr⟩ **1** echar, verter (**in** *acus* en) **2** TECH *in Harz, Kunststoff etc*: fundir; **eingipsen** V/T enyesar; MED *a.* escayolar

'**Einglas** N ⟨~es; ⸚er⟩ monóculo *m*

'**eingleisig** ADJ **1** BAHN de vía única, de una sola vía **2** *fig* estrecho de miras

'**eingliedern** **A** V/T **~ in** (*acus*) incorporar a; integrar en, incluir en; (*anpassen*) acomodar a, ajustar a **B** V/R **sich ~ in** (*acus*) acomodarse a, integrarse en

'**Eingliederung** F ⟨~; ~en⟩ **1** incorporación *f*; inserción *f*; *von Behinderten, Straffälligen*: integración *f*; **berufliche ~** integración *f* profesional **2** POL *Gebiet*: anexión *f*

'**eingraben** ⟨irr⟩ **A** V/T **1** *Pfahl, Leiche etc* enterrar; soterrar **2** *mit Stichel*: burilar; *mit Meißel*: cincelar **B** V/R **sich ~** *Tiere* esconderse bajo tierra; MIL atrincherarse; *fig* **sich in j-s Gedächtnis** (*acus*) **~** grabarse en la memoria de alg

'**eingravieren** [-v-] V/T ⟨*ohne* ge-⟩ grabar (**in** *acus* en)

'**eingreifen** V/I ⟨irr⟩ **1** intervenir (**in** *acus* en); *Polizei, Truppen, etc* entrar en acción; *vermittelnd*: terciar; *störend*: injerirse (**in** *acus* en), (entro)meterse (**in** *acus* en); **in j-s Rechte** (*acus*) **~** usurpar los derechos de alg; **in ein Gespräch ~** intervenir en una conversación **2** TECH *Zahnrad* engranar; encajar

'**Eingreifen** N ⟨~s⟩ intervención *f*; acción *f*; **eingreifend** ADJ *Maßnahme* enérgico; drástico; **Eingreiftruppe** F MIL fuerza *f* de intervención; **schnelle ~** fuerza *f* de intervención rápida

'**Eingriff** M ⟨~(e)s; ~e⟩ **1** MED operación *f*, intervención *f* quirúrgica **2** *fig* intervención *f* (**in** *acus* en); (*Einmischung*) intromisión *f*, injerencia *f* (**in** *acus* en); *in j-s Rechte*: usurpación *f* (**in** *acus* de)

'**eingruppieren** V/T ⟨*ohne* ge-⟩ clasificar; **einhacken** V/I **1** *Vogel* **~ auf** (*acus*) picotear **2** *fig* **auf j-n ~** importunar a alg

'**einhaken** **A** V/T enganchar **B** V/R **sich bei j-m ~** tomar el brazo de alg; **eingehakt gehen** ir del brazo; *umg* ir de bracete (*od* bracero) **C** V/I *umg fig* intervenir

'**Einhalt** M ⟨~(e)s⟩ *geh* **einer Sache** (*dat*) **~ gebieten** poner término a a/c; poner coto *od* freno a a/c

'**einhalten** ⟨irr⟩ **A** V/T *Frist, Bedingung, Termin* observar, respetar, atenerse a; *Versprechen, Verpflichtung* cumplir; *Richtung* seguir **B** V/I *geh* detenerse, pararse; **mit etw ~** dejar de hacer a/c; interrumpir a/c, suspender a/c; **halt ein!** ¡alto ahí!

'**Einhaltung** F ⟨~⟩ observancia *f*, cumplimiento *m*

'**einhämmern** V/T **1** martill(e)ar; *Nagel* clavar **2** *fig umg* (*einpauken*) machacar; **j-m etw ~** inculcar a/c a alg, *umg* meter a alg a/c en la cabeza; **einhandeln** V/T comprar, adquirir; (*eintauschen*) trocar (**gegen** *acus* por); *umg fig* **sich** (*dat*) **etw ~** *umg* buscarse a/c; **einhändig** ADJ **1** manco **2** MUS (*zssgn adv*) para una sola mano

'**einhängen** **A** V/T colgar (**in** *acus* de), *bes* TECH suspender; *Tür* enquiciar; TEL *obs* **den Hörer ~** colgar el teléfono **B** V/I TEL *obs* colgar **C** V/R **sich bei j-m ~** colgarse del brazo de alg

'**einhauchen** V/T insuflar; *fig* inspirar (**j-m etw** a alg a/c); **j-m neues Leben ~** dar nueva vida a alg

'**einhauen** ⟨irr⟩ **A** V/I **1** **auf j-n ~** dar de palos a alg, arremeter a golpes contra alg **2** *fig beim Essen*: *umg* hincar el diente, *umg* embaular, *umg* comer a dos carrillos **B** V/T **1** *Nagel* clavar **2** (*zertrümmern*) romper; derribar; *Tür* forzar; **einheften** V/T hilvanar (**in** *acus* en), coser (**in** *acus* en); *Akten* encarpetar; *Buch, Heft* encuadernar; **einhegen** V/T FORST cercar, vallar

'**einheimisch** ADJ nativo; aborigen; indígena (*a.* BOT); WIRTSCH interior, nacional; del país; **~e Arten** especies *fpl* autóctonas; **Einheimische** M/F ⟨~n; ~n; → A⟩ indígena *m/f*

'**einheimsen** V/T *umg* cosechar (*a. fig*); *fig* (*einstecken*) embolsar(se); **er hat dabei ordentlich eingeheimst** *umg* ha hecho su agosto, se ha puesto las botas

'**einheiraten** V/I **in ein Geschäft ~** entrar en un negocio por casamiento; **in eine Familie ~** emparentar con una familia mediante matrimonio

'**Einheit** F ⟨~; ~en⟩ **1** unidad *f* (*a.* MATH, MIL *u.* PHYS); (*Ganzes*) conjunto *m*; **eine ~ bilden** formar una unidad; **zu einer ~ verbinden** unificar; THEAT **die ~ von Handlung, Zeit und Ort** la unidad de acción, de tiempo y de lugar **2** POL **die deutsche ~** la unidad alemana **3** TEL paso *m* (*de contador*)

'**Einheitenzähler** M TEL telefonómetro *m*

'**einheitlich** ADJ uniforme; homogéneo; *Vorgehen etc* común, concorde; (*genormt*) normalizado, estandarizado; *Kommando* unificado; *Regierung* central(izado); POL unitario; centralista; **Einheitliche Europäische Akte** Acta *f* Única Europea; **Einheitlichkeit** F ⟨~⟩ uniformidad *f*; homogeneidad *f*

'**Einheitsbauart** F TECH tipo *m* normalizado (*od* estandarizado); **Einheitsbestrebungen** FPL tendencias *fpl* unitarias (*od* unificadoras); **Einheitsfront** F POL frente *m* único; **Einheitsgewerkschaft** F sindicato *m* único; **Einheitskurs** M HANDEL cambio *m* único; **Einheitspartei** F POL partido *m* único (*bzw* unificado); **Einheitspreis** M HANDEL precio *m* único; **Einheitssatz** M ⟨~es; ⸚e⟩ HANDEL tipo *m* unitario; **Einheitsschule** F escuela *f* única (*od* unitaria); **Einheitsstaat** M ⟨~(e)s; ~en⟩ Estado *m* unitario; **Einheitstarif** M tarifa *f* única; **Einheitswert** M *Steuer*: valor *m* unitario *od* catastral *od* base; **Einheitszeit** F ⟨~⟩ hora *f* oficial

'**einheizen** V/I calentar; *umg fig* **j-m ~** *umg* cantar a uno las cuarenta; hacer sudar a alg

'**einhellig** **A** ADJ unánime **B** ADV de común acuerdo; por unanimidad; **Einhelligkeit** F ⟨~⟩ unanimidad *f*

ein'hergehen V/I ⟨irr⟩ *geh* **1** ir caminando **2** *fig* **~ mit** estar (*od* ir) acompañado de; **einherschreiten** V/I ⟨irr⟩ *geh* ir a paso mesurado; **einherstolzieren** V/I ⟨*ohne* ge-⟩ *geh* andar muy ufano, pavonearse

'**einholen** **A** V/T **1** (*erreichen*) alcanzar, dar alcance a; *Zeit, Versäumtes* recuperar **2** (*beschaffen*) procurar(se), obtener; (*einsammeln*) recoger; *Ernte* cosechar; *Erlaubnis* solicitar; *Rat* tomar (**bei** de); **Auskünfte ~** pedir información (**über** *acus* sobre; **bei** en); **eine Genehmigung/einen Kostenvoranschlag ~** solicitar una autorización/un presupuesto **3** *umg* (*einkaufen*) comprar **4** *Segel, Flagge* arriar; *Tau, Schiff* halar **B** V/I *umg* (*einkaufen*) **~ gehen** ir de compras

'**Einhorn** N ⟨~(e)s; ⸚er⟩ MYTH unicornio *m*; **Einhufer** M ⟨~s; ~⟩ ZOOL solípedo *m*

'**einhüllen** V/T envolver (**in** *acus* en); cubrir (**mit** con); (*verdecken*) cubrir, tapar; *zum Schutz*: abrigar; **in Decken ~** envolver en mantas; abrigar con mantas

'**einhundert** ADJ ciento; *vor subst*: cien

'**einig** ADJ (*gleicher Meinung*) acorde, conforme; (*geeint*) unido; **mit j-m ~ sein** *od* **gehen** estar de acuerdo con alg (**über** *acus* sobre); **mit j-m ~ werden** ponerse de (*od* llegar a un) acuerdo con alg; **sich** (*dat*) **~ sein/werden** estar/ponerse de acuerdo; **er ist (mit) sich** (*dat*) **selbst nicht ~** está indeciso

'**einige** INDEF PR **1** ⟨PL⟩ unos, unas; algunos, algunas; unos cuantos, unas cuantas; varios, varias; **~ zwanzig** unos veinte; **~ hundert Jahre** unos cientos de años; **vor ~n Tagen** hace algunos días **2** ⟨SG⟩ **~s** algo; **~s Geld** algo de dinero; **ich könnte dir ~s erzählen** podría contarte un par de cosas; **sein Plan hat ~s für sich** *umg* su plan tiene miga **3** ⟨SG⟩ *zeitlich*: **vor ~r Zeit** hace algún tiempo

'**einigeln** V/R **sich ~** cerrarse como un erizo; *fig* (*sich zurückziehen*) aislarse; retirarse

'**einigen** **A** V/T unir; unificar; (*versöhnen*) conciliar **B** V/R **sich ~** ponerse de (*od* llegar a un) acuerdo; arreglarse; convenir (**über** *acus* en)

'**einigermaßen** ADV en cierto modo; hasta cierto punto; (*mehr oder weniger*) más o menos; *umg* regular; (*ziemlich*) bastante

'**Einigkeit** F ⟨~⟩ unión *f*; (*Eintracht*) concordia *f*; *der Ansichten*: conformidad *f*, acuerdo *m*; **~ macht stark** la unión hace la fuerza; **es herrschte ~ darüber, dass …** había unanimidad en …

'**Einigung** F ⟨~; ~en⟩ **1** POL (*Vereinigung*) unión *f*; unificación *f* **2** (*Verständigung*) acuerdo *m*; HANDEL (*Vergleich*) arreglo *m*; avenencia *f*; (*Versöhnung*) conciliación *f*; **~ erzielen** llegar a un acuerdo (*bzw* arreglo); **es wurde keine ~ erzielt** (**über** *acus*) no se llegó a ningún acuerdo (sobre)

'**Einigungsstelle** F JUR ≈ centro *m* de conciliación y arbitraje; **Einigungsvertrag** M HIST *Deutschland*: Tratado *m* de Unificación

'**einimpfen** V/T MED inocular (*a. fig*); *fig* imbuir, inculcar; **Einimpfung** F ⟨~; ~en⟩ inoculación *f* (*a. fig*)

'**einjagen** V/T **j-m Furcht ~** dar (*od* infundir) miedo, atemorizar a alg; **j-m einen Schreck(en) ~** dar (*od* pegar) un susto a alg, asustar a alg

'**einjährig** ADJ de un año; BOT anual; *Kalb, Lamm* añal; **Einjährige** M/F ⟨~n; ~n; → A⟩ niño *m*, -a *f* de un año

'**einkalkulieren** V/T ⟨*ohne* ge-⟩ incluir en el cálculo; *fig* tener en cuenta, contar con

Ein'kammersystem N POL sistema *m* unicameral, monocameralismo *m*

'**einkapseln** **A** V/T TECH encapsular **B** V/R **sich ~** MED enquistarse, encapsularse; *fig* aislarse, meterse en su concha

'**einkassieren** V/T ⟨*ohne* ge-⟩ cobrar; *Steuern* recaudar; **Einkassierung** F ⟨~; ~en⟩ cobro *m*; recaudación *f*

'**Einkauf** M ⟨~(e)s; ⸚e⟩ compra *f*, adquisición *f*; **Einkäufe machen** hacer (*bzw* ir) de compras

'**einkaufen** **A** V/T comprar **B** V/I hacer compras; **~ gehen** ir de compras **C** V/R **sich ~ in** (*acus*) adquirir una parte de; **sich in eine Firma ~** adquirir parte de una empresa

'**Einkäufer** M, **Einkäuferin** F comprador

m, -a *f*; HANDEL agente *m/f* de compras

'Einkaufsabteilung F HANDEL departamento *m* (*od* sección *f*) de compras; **Einkaufsbummel** M **einen ~ machen** ir de tiendas; **Einkaufsgenossenschaft** F cooperativa *f* de compras; **Einkaufskarte** F tarjeta *f* de compras; **Einkaufskorb** M cesta *f* de la compra; **Einkaufsleiter** M, **Einkaufsleiterin** F jefe *m*, -a *f* de compras; **Einkaufsliste** F lista *f* de (la) compra; **Einkaufsnetz** N bolsa *f* de malla; **Einkaufspassage** F galería *f od* pasaje *m* comercial; **Einkaufspreis** M precio *m* de compra; **zum ~** a(l) precio de compra; **Einkaufsstraße** F (*Ladenstraße*) calle *f* comercial; **Einkaufstasche** F bolsa *f* de compra; **Einkaufsviertel** N barrio *m* (*od* zona *f*) comercial; **Einkaufswagen** M *im Supermarkt*: carrito *m* de compra; *a.* INTERNET **etw in den ~ legen** agregar a/c al carrito de compras; **Einkaufszentrale** F HANDEL central *f* de compras; **Einkaufszentrum** N centro *m* comercial; **Einkaufszettel** M lista *f* de (la) compra

'Einkehr F ⟨~⟩ *auf der Reise etc*: parada *f*; *fig* introspección *f*; recogimiento *m*; **~ halten** hacer un examen de conciencia; **einkehren** VI ⟨sn⟩ entrar (**in** *acus* en); *um zu übernachten*: hospedarse, alojarse (**in** *acus* en)

'einkeilen VT enclavar; acuñar; *fig* **eingekeilt sein** *im Gedränge*: estar muy apretado (*od umg* como sardinas en lata); **einkellern** VT embodegar; **Einkellerung** F ⟨~; ~en⟩ embodegado *m*; **einkerben** VT hacer una muesca; entallar; **Einkerbung** F ⟨~; ~en⟩ muesca *f*; entalladura *f*; **einkerkern** VT encarcelar; **Einkerkerung** F ⟨~; ~en⟩ encarcelamiento *m*; **einkesseln** VT MIL copar; **Einkesselung** F ⟨~; ~en⟩ MIL copo *m*; **einklagbar** ADJ JUR reclamable judicialmente; exigible; **einklagen** VT JUR reclamar judicialmente; **einklammern** VT 1 TYPO poner entre paréntesis 2 TECH unir con grapas

'Einklang M ⟨~(e)s⟩ 1 MUS unisonancia *f*, acorde *m* (*a. fig*) 2 *fig* consonancia *f*, armonía *f*; **in ~ bringen** armonizar *od* conciliar) (**mit** con); compaginar (**mit** con); **im ~ stehen mit** armonizar con; compaginarse con; cuadrar con; (*entsprechen*) corresponder a, coincidir con; **nicht im ~ stehen mit** ser incompatible con; no estar en consonancia con

'einkleben VT pegar (**in** *acus* en)

'einkleiden A VT 1 vestir (**j-n a alg**); MIL uniformar, equipar; **eingekleidet werden** *Mönch* tomar el hábito; *Nonne* tomar el velo 2 *fig geh Gedanken* expresar en palabras B VR **sich (neu) ~** equiparse (con ropa nueva)

'Einkleidung F ⟨~; ~en⟩ *Mönch*: toma *f* de hábito; *Nonne*: toma *f* del velo; MIL equipo *m*

'einklemmen VT apretar; enclavar; aprisionar (**in** *acus* entre); (*kneifen*) coger (**in** *acus* entre); TECH (*einquetschen*) apretar (**in** *acus* entre); (*befestigen*) fijar (**in** *acus* en); sujetar (**in** *acus* en); engrapar (**in** *acus* en); MED estrangular; **sich** (*dat*) **den Finger ~** pillarse el dedo (**in** *acus* con); **Einklemmung** F ⟨~; ~en⟩ MED estrangulación *f*

'einklinken A VT 1 *Tür* cerrar con picaporte 2 TECH (*einrasten*) encajar (**in** *acus* en); (*einschnappen lassen*) engatillar (**in** *acus* en) B VR *umg* **sich ~** entrometerse, intervenir; **sich in die Diskussion ~** intervenir en el debate; **einknicken** A VT doblar; plegar; *winkelförmig*: acodar B VI doblarse; (*zerbrechen*) quebrarse; **einkochen** A VT (*einmachen*) poner en conserva; *mit Zucker*: confitar B VI (*eindicken*) concentrarse (*od* reducirse) por cocción

'Einkommen N ⟨~s; ~⟩ ingresos *mpl*, renta *f*; **festes/hohes/niedriges ~** ingresos *mpl* fijos/altos/bajos; **verfügbares ~** renta *f* disponible; → *a* Einkünfte

'Einkommensniveau N nivel *m* de renta; **hohes/niedriges ~** alto/bajo nivel *m* de renta

'Einkommen(s)steuer F impuesto *m* sobre la renta, *sp* impuesto *m* sobre la renta de las personas físicas; **Einkommen(s)steuererklärung** F declaración *f* del impuesto sobre la renta (de las personas físicas), declaración *f* de la renta; **die ~ abgeben** entregar la declaración de la renta

'Einkommensverlust M pérdida *f* de ingresos; **Einkommensverteilung** F distribución *f* de la renta

'einkratzen VT grabar

'einkreisen VT MIL envolver, cercar; *bes* POL aislar; **Einkreisung** F ⟨~; ~en⟩ cerco *m*; **Einkreisungspolitik** F ⟨~⟩ política *f* de aislamiento (*od* cerco)

'einkremen VT → eincremen

'Einkünfte PL ingresos *mpl*; rentas *fpl*; *Buchhaltung* ganancias *fpl*, beneficios *mpl*; *aus e-m Amt*: emolumentos *mpl*; *Steuer* renta *f*; **nicht steuerpflichtige ~** rentas *fpl* exentas del impuesto; **steuerpflichtige ~** renta *f* sujeta a impuestos; **~ aus nichtselbstständiger Arbeit** rendimientos *mpl* del trabajo dependiente; **~ aus selbstständiger und künstlerischer Tätigkeit** rendimientos *mpl* de las actividades profesionales y artísticas; **~ aus Kapitalvermögen/aus Vermietung und Verpachtung** rendimientos *mpl* del capital mobiliario/del capital inmobiliario

'einkuppeln VT TECH acoplar; AUTO embragar

'einladen VT ⟨irr⟩ 1 *Waren* cargar (**in** *acus* en); SCHIFF embarcar (**in** *acus* en) 2 *j-n* invitar (**zu** a); *bes zum Essen*: convidar (**zu** a); **einladend** ADJ (*verlockend*) tentador, seductor; (*anziehend*) atractivo; (*lecker*) apetitoso; **Einladung** F ⟨~; ~en⟩ invitación *f*; convite *m*; **auf ~ von** por invitación de

'Einladungskarte F tarjeta *f* de invitación; **Einladungsschreiben** N carta *f* de invitación

'Einlage F ⟨~; ~n⟩ 1 FIN imposición *f* (**befristete** a plazo; **feste** a vencimiento fijo); depósito *m*; (*Kapitaleinlage*) aportación *f* 2 (*Schuheinlage*) plantilla *f* ortopédica; *Schneiderei*: entretela *f*; (*Zahneinlage*) empaste *m* provisional; *e-r Zigarre*: tripa *f* 3 *im Brief*: anexo *m*, adjunto *m* 4 TECH (*Schicht*) capa *f* intermedia 5 GASTR (*Suppeneinlage*) guarnición *f*, acompañamiento *m* 6 THEAT, MUS intermedio *m*

'Einlagekapital N HANDEL capital *m* invertido (*bzw* aportado); **Einlagensicherung** F HANDEL garantía *f* de depósitos

'einlagern VT HANDEL almacenar; depositar; *unter Verschluss*: encerrar; *Früchte, Obst über den Winter*: conservar; *Boote etc*: guardar en depósito; HANDEL **Bestände ~** constituir existencias; **Einlagerung** F ⟨~; ~en⟩ HANDEL almacenamiento *m*, almacenaje *m*; *v. Früchten, Obst*: conservación *f*; **Einlagerungsgebühren** FPL derechos *mpl* de entrada en almacén *od* de almacenaje

'Einlass M ⟨~es; ¨e⟩ entrada *f* (**zu** a, en), admisión *f* (**zu** en) (*beide a.* TECH); **~ ab 18 Uhr** entrada a partir de las 6

'einlassen A VT ⟨irr⟩ dejar (*bzw* hacer) entrar; (*zulassen*) admitir; (*einführen*) introducir; (*einfügen*) insertar, encajar; TECH, ARCH empotrar (**in** *acus* en); **Badewasser ~** poner agua (en la bañera) B VR **sich ~ auf** *od* **in** (*acus*) meterse en; lanzarse a; aventurarse en, *umg* embarcarse en; **sich in eine Diskussion ~** meterse a discutir, entrar en discusiones; **sich mit j-m in ein Gespräch ~** entablar conversación con alg; *pej* **sich mit j-m ~** trabar (*od* entablar) relaciones con alg; *bes mit Frauen oder Männern*: *umg* liarse (*od umg* ligar) con; **ich lasse mich nicht darauf ein** no me meto en esas cosas; no hago caso de eso

'Einlasskarte F tarjeta *f* de admisión; **Einlassöffnung** F TECH entrada *f*, admisión *f*

'Einlassung F ⟨~; ~en⟩ JUR contestación *f* (a la demanda); **Einlassungsfrist** F JUR plazo *m* de contestación

'Einlassventil N válvula *f* de admisión

'Einlauf M ⟨~(e)s; ¨e⟩ 1 SPORT llegada *f* 2 MED enema *m/f*, lavativa *f* 3 *Postwesen*: entrada *f*

'einlaufen ⟨irr⟩ A VI ⟨sn⟩ 1 SPORT *aufs Spielfeld*: entrar; *ins Ziel*: llegar 2 *Schiff in e-n Hafen*: entrar, arribar 3 *Wasser etc* entrar; **Badewasser ~ lassen** poner agua (en la bañera) 4 *Stoff* encoger(se); **nicht ~d** inencogible B VT **Schuhe ~** adaptarse los zapatos C VR **sich ~** SPORT (*sich aufwärmen*) hacer ejercicios de precalentamiento

'Einlaufen N ⟨~s⟩ 1 entrada *f*, llegada *f*, SCHIFF *a.* arribada *f* 2 *e-s Motors*: rodaje *m* 3 *von Stoff*: encogimiento *m*

'einläuten VT tocar a; *fig* anunciar; **einleben** VR **sich ~ in** (*dat*) aclimatarse a; (*sich eingewöhnen*) habituarse a, acostumbrarse a

'Einlegearbeit F ⟨~; ~en⟩ taracea *f*, incrustación *f*, marquetería *f*

'einlegen VT 1 poner, meter (**in** *acus* en); *in e-n Brief*: incluir (**in** *acus* en), acompañar (**in** *acus* a); (*einschieben*) añadir (**in** *acus* a), intercalar (**in** *acus* en); *Diskette, CD* introducir (**in** *acus* en), insertar (**in** *acus* en); *Geld* depositar (**in** *acus* en); imponer (**in** *acus* en); **einen Film in die Kamera ~** cargar la cámara; AUTO **den dritten Gang ~** poner la tercera (marcha); AUTO **einen anderen Gang ~** cambiar de marcha 2 GASTR adobar; *in Essig*: poner en vinagre; *Fisch* poner en escabeche, escabechar; *Fleisch* macerar; *in Salz*: salar; **eingelegte Gurken** pepinillos en vinagre 3 **eine Pause ~** hacer (*od* intercalar) una pausa 4 (**sich** *dat*) **die Haare ~** marcarse (el pelo) 5 *fig* **ein gutes Wort für j-n ~** interceder en favor de alg 6 *Verzierungen in Holz*: incrustar, taracear; **eingelegte Arbeit** incrustación *f*; taracea *f*, marquetería *f*

'Einleger M ⟨~s; ~⟩, **Einlegerin** F ⟨~; ~nen⟩ WIRTSCH imponente *m/f*; depositante *m/f*

'Einlegesohle F plantilla *f*

'einleiten VT 1 (*in die Wege leiten*) iniciar; (*vorbereiten*) preparar, disponerse a hacer; *Fahndung* iniciar; *Verhandlungen* entablar; *Reformen* disponer; *Geburt* provocar; *Scheidung* solicitar; JUR *Untersuchung, Verfahren* instruir; **einen Prozess ~** incoar un proceso; *Zivilrecht*: entablar un pleito (**gegen** contra) 2 MUS preludiar (*a. fig*); *Buch* prologar; *Schriftstück* encabezar 3 *Schadstoffe* **~ in** (*acus*) arrojar a (*od* en), verter a (*od* en)

'einleitend ADJ *Worte etc* preliminar; *Maßnahme etc* introductorio

'Einleitung F ⟨~; ~en⟩ 1 *e-s Textes etc*: introducción *f*; MUS preludio *m* (*a. fig*); *e-s Buches*: prólogo *m*; *e-r Rede*: introducción *f*; exordio *m* 2 (*Eröffnung*) iniciación *f*, comienzo *m*, apertura *f*; (*Vorbereitungen*) preparativos *mpl*; JUR incoación *f*, instrucción *f*; JUR **~ eines Gerichtsverfahrens** enjuiciamiento *m* 3 *von Schadstoffen etc*: vertido *m*

'einlenken VI 1 (*versöhnlicher werden*) transigir, ceder; bajar el tono 2 (*einbiegen*) doblar (**in** *acus* a)

'einlesen ⟨irr⟩ A VT IT **Daten ~** introducir (*od* leer) datos B VR **sich ~ in** (*acus*) *ein Buch etc*:

E

familiarizarse con
'einleuchten VI parecer evidente; saltar a la vista; **j-m ~** convencer a alg; **es leuchtet mir nicht ein** no me convence; no lo comprendo; **einleuchtend** ADJ obvio; evidente, claro; convincente
'einliefern VT 1 *Person* hacer ingresar (**in** *acus* en); **j-n ins Krankenhaus ~** ingresar a alg en el hospital, hospitalizar a alg; **ins Gefängnis ~** conducir a la cárcel; **eingeliefert werden** ingresar 2 *(abliefern)* entregar
'Einlieferung F ⟨~; ~en⟩ entrega *f*; ingreso *m*; *ins Krankenhaus*: hospitalización *f*; **Einlieferungsschein** M ⟨~(e)s; ~e⟩ resguardo *m*; recibo *m*
'einliegend ADJ incluso, adjunto, incluido; **einlochen** VT 1 *Golf* meter en el hoyo 2 *umg (einsperren) umg* enchironar, *umg* meter en chirona, *umg* poner a la sombra
'einloggen VR IT **sich ~** entrar (**ins Netz** en la red), identificarse, registrarse
'einlösbar ADJ canjeable; pagadero; *(tilgbar)* redimible, re(e)mbolsable; **Einlösbarkeit** F ⟨~⟩ canjeabilidad *f*
'einlösen VT 1 *Wertpapiere* re(e)mbolsar; *Rechnung, Schuld* pagar, abonar, saldar; *Wechsel* pagar, honrar; *Scheck* cobrar, hacer efectivo; *Pfand* rescatar, desempeñar; *Gutschein etc* canjear 2 *fig Versprechen* cumplir
'Einlösung F ⟨~; ~en⟩ *von Wertpapieren etc*: re(e)mbolso *m*; *e-r Rechnung, Schuld*: pago *m*, abono *m*; *e-s Schecks*: cobro *m*; *e-s Pfands*: rescate *m*; *e-s Gutscheins*: canje *m*; **zur ~ vorlegen** *Wechsel* presentar al cobro
'Einlösungspflicht F ⟨~⟩ obligación *f* de re(e)mbolso (*od* de reintegro); **Einlösungstermin** M fecha *f* de vencimiento
'einlöten VT TECH soldar (**in** *acus* en); **einlullen** VT *umg* arrullar; *fig* entretener (con promesas falsas)
'einmachen VT poner en conserva; *Obst a.* confitar; **Einmachglas** N ⟨~es; ¨~er⟩ tarro *m*; **Einmachzucker** M azúcar *m* para confitar
'einmal ADV 1 una vez; *(ausnahmsweise)* por una vez; **~ im Jahr** una vez por año; **~ hell, ~ dunkel** a veces claro, a veces oscuro; **~ und nicht wieder** una y no más; **auf ~** *(plötzlich)* de pronto, de repente; *(mit e-m Schlag)* de golpe; *(gleichzeitig)* a la vez, al mismo tiempo; *(in e-m Zug)* de un golpe, *umg* de un tirón, de una sentada; **erst ~** en primer lugar; **noch ~** otra vez, una vez más; **er ist noch ~ so alt wie ich** me dobla la edad; **nur ~** una sola vez; **das gibt's nur ~** esto es de lo que no hay; **~** *(erstens)* **weil …** en primer lugar porque …; *sprichw* **~ ist keinmal** una no es ninguna; un día es un día 2 *(früher)* antes; en otro(s) tiempo(s), antaño; **es war ~** érase una vez; **das war ~** eso era antes, eso ya pasó (a la historia); **ich war schon ~ da** ya he estado aquí (antes); **haben Sie schon ~ … versucht?** ¿ha intentado usted alguna vez …? 3 *(zukünftig)* algún día, un día (u otro); **wenn ~** si (jamás); **wenn du ~ groß bist** cuando seas mayor 4 **nicht ~** ni aun, ni siquiera 5 **gib mir doch ~ …** dame …; **stell dir ~ vor (, dass)** imagínate, figúrate (que); **hör ~!** ¡escucha!; **lass ihn doch ~ reden!** ¡déjale hablar!; **es ist nun ~ so** ¡qué se le va a hacer!; **da du schon ~ hier bist** ya que estás aquí
Einmal'eins N ⟨~⟩ tabla *f* de multiplicar
'einmalig A ADJ 1 único *(a. fig)*; *Ausgabe* extraordinario; **nach ~em Durchlesen** después de una sola lectura 2 *fig (einzigartig)* sin par; sin precedente; excepcional, fuera de serie; **eine ~e Gelegenheit** *od* **Chance** una ocasión única B ADV excepcionalmente, extraordinariamente; **~ schön** precioso
'Einmaligkeit F ⟨~⟩ unicidad *f*
'Einmalzahlung F WIRTSCH pago *m* único
'Einmannbetrieb M empresa *f* unipersonal; *Bus etc*: servicio *m* con agente único
'Einmarsch M ⟨~(e)s; ¨~e⟩ MIL entrada *f*
'einmarschieren VI ⟨*ohne* ge-; sn⟩ entrar (**in** *acus* en); **einmauern** VT *(umgeben)* cercar con un muro; amurallar; emparedar; TECH, ARCH empotrar; **einmeißeln** VT cincelar (**in** *acus* en), grabar (**in** *acus* en), esculpir (**in** *acus* en); **einmengen** VT → einmischen; **einmieten** A VT AGR ensilar B VR **sich ~** alquilar una habitación (**in** *dat* en, **bei** en casa de); **einmischen** A VT mezclar, entremezclar B VR **sich ~ in** *(acus)* entrometerse en, inmiscuirse en, mezclarse en, *bes* POL injerirse en; *vermittelnd*: intervenir en
'Einmischung F ⟨~; ~en⟩ mezcla *f*; *fig* intromisión *f*, injerencia *f*; intervención *f*
'einmotorig ADJ de un motor, monomotor; **einmotten** VT *Kleidung* preservar contra la polilla; *fig* pasar a la reserva; **einmumme(l)n** VR *umg* **sich ~** abrigarse bien; *im Bett*: arroparse, arrebujarse; **einmünden** VI **~ in** *(acus) Fluss* desembocar en, desaguar en; *Straße, Gespräch, fig* desembocar en; **Einmündung** F ⟨~; ~en⟩ desembocadura *f*; desagüe *m*; **einmütig** A ADJ unánime B ADV de común acuerdo; por unanimidad; **Einmütigkeit** F ⟨~⟩ unanimidad *f*
'einnähen VT coser (**in** *acus* en); *(enger machen)* estrechar
'Einnahme F 1 ⟨~; ~n⟩ MIL toma *f*; *e-s Landes*: conquista *f* 2 HANDEL ingreso *m*, entrada *f*; *(Gewinn)* ganancia *f*; THEAT *etc* taquillaje *m*; **geringere/steigende ~n** ingresos *mpl* menores/crecientes; **die ~n steigen/sinken** los ingresos crecen/bajan 3 *v. Steuern*: recaudación *f* 4 MED toma *f*
'Einnahmeausfall M WIRTSCH pérdida *f* de ingresos; **Einnahmequelle** F fuente *f* de ingresos
'einnebeln VT (en)cubrir con niebla
'einnehmen VT ⟨irr⟩ 1 *Essen* tomar, comer; *Medikament* tomar, ingerir 2 *Geld* recibir, cobrar, percibir; *Steuern* recaudar; *(verdienen)* ganar 3 MIL tomar; apoderarse de; *Festung a.* expugnar; *Land* conquistar 4 *Platz, Stelle* ocupar; **seinen Platz ~** ocupar su puesto; **j-s Stelle ~** sustituir a alg en su puesto 5 *fig Standpunkt* adoptar; **eine Haltung ~** adoptar (*od* observar) una actitud 6 *fig* **j-n für sich ~** ganarse las simpatías de alg; ganarse a alg (para sí); **j-n für j-n/etw ~** prevenir a alg a favor de alg/a/c; **j-n gegen j-n/etw ~** prevenir a alg contra alg/a/c
'einnehmend ADJ *fig* agradable; atractivo, simpático; seductor
'einnicken VI adormitarse, dar una cabezada; **einnisten** VR **sich ~** anidar(se), hacer su nido (**in** *dat* en); MED *befruchtetes Ei*: anidarse, implantarse; *fig* establecerse; instalarse
'Einöde F ⟨~; ~n⟩ soledad *f*; *(Wüste)* desierto *m*; yermo *m*; **einölen** A VT *Kuchenblech etc* aceitar; *bes* TECH engrasar, lubri(fi)car B VR **sich ~** ponerse aceite solar
'einordnen A VT ordenar (**nach** *dat* por, según); poner en su sitio; encasillar *(a. Person)*; *Akten* clasificar; *ins Ganze*: integrar (**in** *acus* en; **unter** *acus* bajo) B VR **sich ~** 1 *Verkehr*: enfilarse; **sich rechts ~** tomar el carril (*od* la fila) de la derecha; situar el vehículo a la derecha 2 *fig in e-e Gemeinschaft etc*: **sich ~ in** *(acus)* adaptarse a; integrarse en
'Einordnung F ⟨~; ~en⟩ ordenamiento *m*
'einpacken A VT empaquetar, embalar; envasar; *(einwickeln)* envolver B VI hacer la maleta *(a. fig)*; *umg fig* **da können wir ~** *umg* podemos liar el petate; *umg* apaga y vámonos
'einparken VT & VI aparcar (entre dos coches); **Einparkhilfe** F **elektronische ~** sensor(es) *mpl* electrónico(s) de aparcamiento
Einpar'teiensystem N monopartidismo *m*
'einpassen VT TECH ajustar, adaptar (**in** *acus* a); encajar (**in** *acus* en); **einpauken** VT *umg* inculcar, *umg* machacar; **j-m etw ~** meter a alg a/c en la cabeza (a fuerza de repetírsela); **einpendeln** VR *fig* **sich ~** equilibrarse; encarrilarse; **einpennen** VI ⟨sn⟩ *umg* dormirse, quedarse dormido; **Einpersonenhaushalt** M hogar *m* unipersonal; **einpferchen** VT 1 *Vieh* apriscar; encorralar 2 *fig* hacinar; apretar como sardinas en lata (*od* en banasta); **einpflanzen** VT 1 BOT plantar 2 *fig* implantar; inculcar 3 MED **j-m eine Niere ~** implantar a alg un riñón; **einpfropfen** VT BOT injertar
Ein'phasen…, 'einphasig ADJ ELEK monofásico
'einplanen VT incluir en el plan; tener en cuenta (en la planificación); **einpökeln** VT GASTR salar, poner en salmuera; **Einpökeln** N ⟨~s⟩ GASTR salazón *f*; **einpolig** ADJ ELEK monopolar, unipolar
'einprägen A VT 1 grabar *(a. fig)*, estampar (**in** *acus* en); imprimir 2 *fig* **j-m etw ~** inculcar a/c a alg; **sich** *(dat)* **etw ~** grabarse a/c en la memoria B VR **sich ~** hacer impresión; *Worte* grabarse (**im Gedächtnis** en la memoria)
'einprägsam ADJ fácil de retener; *Melodie umg* pegadizo; **Einprägung** F ⟨~; ~en⟩ impresión *f*; *fig* inculcación *f*
'einpressen VT prensar; comprimir, apretar; **einprob(ier)en** VT ⟨*ohne* ge-⟩ THEAT ensayar; **einprogrammiert** ADJ *Fehler, Verhalten usw* programado; **einpudern** VT empolvar; *Gesicht a.* darse polvos; **einpuppen** VR ZOOL **sich ~** transformarse en crisálida (*bzw* en pupa)
'einquartieren ⟨*ohne* ge-⟩ A VT alojar; *Gäste a.* hospedar; MIL *a.* acantonar B VR **sich ~ (bei)** alojarse (*bzw* hospedarse) (en casa de); **Einquartierung** F ⟨~; ~en⟩ alojamiento *m*; MIL acantonamiento *m*; *Soldaten*: soldados *mpl* alojados (en una casa)
'einrahmen VT encuadrar, poner marco a; **einrammen** VT hincar; hundir (con un martinete); **einrasten** VI TECH engranar; encajar, engancharse (**in** *acus* en); **einräuchern** VT ahumar, llenar de humo
'einräumen VT 1 *Möbel* colocar (en su sitio); *Zimmer* amueblar; *(wegräumen)* recoger; *(einrichten)* arreglar, disponer 2 *(zugestehen)* reconocer, admitir; *Recht* reconocer; HANDEL *Frist, Kredit* conceder; *(abtreten)* ceder; **j-m eine Frist** *etc* **~** conceder un plazo, *etc* a alg
'Einräumung F ⟨~; ~en⟩ 1 colocación *f* 2 *(Anerkennung)* reconocimiento *m*; *(Bewilligung, Zugeständnis)* concesión *f*; **Einräumungssatz** M ⟨~es; -sätze⟩ GRAM proposición *f* concesiva
'Einraumwohnung F → Einzimmerwohnung
'einrechnen VT incluir (en una cuenta *od* en un cálculo); *fig* tener en cuenta; **(nicht) eingerechnet** (no) incluido
'Einrede F ⟨~; ~n⟩ JUR excepción *f*
'einreden A VT **j-m etw ~** hacer creer a/c a alg; persuadir a alg a/c; **j-m ~, dass …** hacer creer a alg que …; **sich** *(dat)* **etw ~** *umg* meterse a/c en la cabeza; **das lasse ich mir nicht ~** eso no lo creo; *umg* a otro perro con ese hueso B VI **auf j-n ~** hablar a alg con insistencia; tratar de convencer (*bzw* de persuadir) a alg
'einregnen V/UNPERS **es regnet sich ein** no

para de llover; **einregulieren** VT ‹ohne ge-› TECH ajustar, regular; **einreiben** ‹irr› **A** VT frotar, friccionar, *stärker*: restregar **B** VR **sich ~ (mit)** frotarse (con), restregarse (con)

'Einreibung F ‹~; ~en› frotamiento *m*, fricción *f*; friega *f*; **Einreibungsmittel** N ‹~s; ~› linimento *m*

'einreichen VT entregar; *Schriftstück* presentar, someter; *Gesuch* presentar, elevar; **seinen Abschied ~** solicitar (*od* pedir) el retiro; JUR **eine Klage ~** presentar una demanda (**bei** a)

'Einreichung F ‹~; ~en› entrega *f*; presentación *f*

'einreihen **A** VT incluir (**in** *acus* en; **unter** *acus* entre), incorporar (**in** *acus* a); colocar (**in** *acus* en) **B** VR **sich ~** ponerse en fila; *Verkehr*: enfilarse; *als Mitglied*: hacerse socio (*od* miembro) (**in** *acus* de); **Einreiher** M TEX *Anzug*: traje *m* con una sola fila de botones; **einreihig** ADJ **1** TEX *Anzug* de una fila de botones **2** TECH de una hilera; **~e Nietung** remachado simple

'Einreise F entrada *f*; **Einreisegenehmigung** F permiso *m* de entrada

'einreisen VI ‹sn› entrar (**in** *acus*, **nach** en)

'Einreisevisum N visado *m* de entrada; *Am* visa *f* de entrada

'einreißen ‹irr› **A** VT **1** (*zerreißen*) desgarrar; *Stoff, Papier* rasgar **2** *Haus etc* demoler, derribar **B** VI **1** desgarrarse; rasgarse **2** *fig Unsitte* extenderse, propagarse; arraigarse; **einreiten** ‹irr› **A** VI entrar a caballo **B** VT *Pferd* domar; **einrenken** **A** VT MED componer; reducir; *fig* arreglar **B** VR *umg fig* **sich ~** arreglarse

'einrennen VT ‹irr› *Tür etc* derribar, echar abajo; *fig* **offene Türen ~** *umg* descubrir el Mediterráneo; **sich** (*dat*) **den Kopf ~** estrellarse la cabeza contra la pared; **j-m das Haus ~** asediar a alg (a todas horas)

'einrichten **A** VT **1** (*ermöglichen*) arreglar; organizar; disponer; poner; **etw einzurichten wissen** arreglárselas; **es so ~, dass** hacer de modo que (*subj*); arreglar (*od* disponer) de forma que (*subj*); procurar (*inf*); **wenn du es ~ kannst** si puedes arreglarlo **2** *Wohnung* amueblar; decorar; *Büro etc* equipar; **sich** (*dat*) **eine Wohnung ~** poner casa (*od* piso) **3** (*errichten*) establecer; (*einführen*) implantar, introducir; (*gründen*) fundar, crear; TECH instalar **4** (*justieren*) ajustar; MED, MATH reducir; *Knochen* componer; MIL *Geschütz* apuntar **5** MUS arreglar; THEAT *Stück* adaptar **B** VR **1** **sich ~** establecerse; instalarse; (*sparsam leben*) ahorrar; vivir modestamente; *in e-r Wohnung*: **sich (neu) ~** equipar (de nuevo) el piso **2** *fig* **sich auf etw** (*acus*) **~** prepararse para a/c; adoptar las medidas convenientes para a/c

'Einrichtung F ‹~; ~en› **1** (*das Einrichten*) arreglo *m* (*a.* MUS); organización *f*; disposición *f*; (*Gründung*) fundación *f*, creación *f*; (*Einführung*) implantación *f*; (*Einbau*) instalación *f*, montaje *m*; (*Justierung*) ajuste *m*; (*Bearbeitung*) adaptación *f*; MED, MATH reducción *f* **2** (*Wohnungseinrichtung*) mobiliario *m*; decoración *f* **3** (*Ausrüstung*) equipo *m*; (*Anlage*) instalación *f*; (*Vorrichtung*) mecanismo *m*, dispositivo *m* **4** (*Institution*) establecimiento *m*, institución *f*; **öffentliche ~** institución *f* pública; **sanitäre ~en** sanitarios *mpl*

'Einrichtungsgegenstände MPL muebles *mpl*, enseres *mpl*; **Einrichtungshaus** N (*Möbelhaus*) tienda *f* de muebles; **Einrichtungskosten** MPL gastos *mpl* (*od* costes *mpl*) de instalación

'einriegeln VT cerrar con cerrojo; **Einriss** M desgarro *m*, MED *a.* fisura *f*; **einritzen** VT grabar (**in** *acus* en); **einrollen** VT enrollar, arrollar; **einrosten** VI oxidarse, enmohecerse (*a. fig*); **einrücken** **A** VT **1** TYPO *Zeile* sangrar; *in Briefen etc* dejar un espacio **2** TECH embragar; *Kupplung* acoplar, enganchar **3** *Anzeige* insertar; poner **B** VI **1** entrar (**in** *acus* en) **2** MIL incorporarse a filas, ingresar en el ejército; (*einmarschieren*) **~ in** (*acus*) hacer entrada en

'Einrücken N ‹~s› **1** TYPO sangría *f* **2** MIL incorporación *f* a filas **3** *e-r Anzeige*: inserción *f*; **Einrückhebel** M TECH palanca *f* de embrague; **Einrückvorrichtung** F TECH dispositivo *m* de embrague (*bzw* acoplamiento)

'einrühren VT mezclar revolviendo; (*anrühren*) diluir, desleír (**in** *acus* en); *Kalk, Mörtel* amasar

eins **A** ADJ **1** *Zahlwort*: uno; SPORT **~ zu zwei** uno a dos; *umg* **~ zu null für dich!** *umg* ¡ganas uno a cero! **2** *Uhrzeit*: la una; **um ~** a la una **3** (*gleich*) **~ sein mit j-m** estar de perfecto acuerdo con alg; **es ist mir alles ~** me da todo igual; **das ist doch alles ~** *od* **es kommt alles auf ~ hinaus** todo viene a ser lo mismo **B** INDEF PR uno; (*etwas*) una cosa; **~ gefällt mir nicht** hay una cosa que no me agrada *od* gusta; **~ nach dem andern!** ¡por partes!; **noch ~!** ¡uno (*od* otro) más!; **~ trinken** *umg* echar un trago; **~ ums andere** alternativamente; **eins von beiden** uno (*bzw* una) de los (*bzw* las) dos; **j-m ~ versetzen** dar (*od umg* atizar) un golpe a alg

Eins F ‹~; ~en› **1** *Zahl*: uno *m*; *Bus, U-Bahn etc* **mit der (Linie) ~ fahren** coger (*Am* tomar) el uno (*od* la línea uno) **2** *Schulnote*: ≈ sobresaliente *m*, *sp* nueve (sobre diez); **~ plus** *sp* diez; **eine ~ schreiben** sacar un sobresaliente **3** *umg fig* **wie eine ~** derecho

'einsacken VT ensacar; *umg Geld* embolsar; **einsalben** VT untar; ungir; **einsalzen** VT salar; adobar; **Einsalzen** N ‹~s› salazón *f*

'einsam ADJ **1** *Person* solitario; (*allein*) solo; **~er Mensch** hombre *m* retraido, solitario *m*; **~es Leben** vida *f* retirada **2** *Ort, Gegend* (*abgelegen*) aislado; apartado, retirado; (*unbewohnt*) desierto, inhabitado **3** *fig* **~e Spitze!** *umg* ¡genial!

'Einsamkeit F ‹~› soledad *f*; aislamiento *m*; retiro *m*

'einsammeln VT recoger; *Geld* recaudar; AGR recolectar; *fig* ganar, cosechar; **Einsammeln** N ‹~s› recogida *f*; recolección *f*; **einsargen** VT poner en el ataúd; *sl* **sich mit etw ~ lassen können** no llegar muy lejos con a/c, *umg* no valer un pito a/c

'Einsatz M ‹~es; ¨~e› **1** (*eingesetztes Stück*) pieza *f* insertada (*bzw* intercalada); *Tisch*: tabla *f* (adicional); *am Kleid*: aplicación *f*; *am Oberhemd*: pechera *f*; (*Spitzeneinsatz*) entredós *m*; *im Koffer*: bandeja *f* **2** (*Spieleinsatz, Wetteinsatz*) (a)puesta *f*; **den ~ verdoppeln** doblar la apuesta **3** (*Pfand*) señal *f*; *für Flaschen*: depósito *m* **4** MUS entrada *f*; **den ~ geben** dar la entrada **5** (*Verwendung*) empleo *m*, uso *m*, utilización *f*, aplicación *f*; MIL *von Truppen*: ataque *m*; entrada *f* en acción; (*Polizeieinsatz etc*) operación *f*, misión *f*; **im ~** en uso; en acción (*a.* MIL); TECH en funcionamiento; **zum ~ kommen** entrar en acción **6** (*Anstrengung*) esfuerzo *m*; (*Wagnis*) riesgo *m*, exposición *f*; **mit vollem ~** con todo empeño; **unter ~ seines Lebens** con riesgo de su vida

'Einsatzbefehl M MIL orden *f* de ataque (*od* de entrada en acción)

'einsatzbereit ADJ *allg* disponible; preparado para actuar; TECH dispuesto para funcionar; MIL listo para el combate; **Einsatzbereitschaft** F ‹~› *allg* disponibilidad *f*; disposición *f* (para entrar en acción)

'einsatzfähig ADJ utilizable; *Maschine* apto para el empleo; (*verfügbar*) disponible; MIL en condiciones para combatir; *Person* apto (*od* capaz) para un servicio

'Einsatzflug M misión *f* aérea; **Einsatzgruppe** F MIL grupo *m* para misión especial (*od* de operaciones especiales); **Einsatzhärtung** F ‹~; ~en› TECH cementación *f*; **Einsatzkommando** N comando *m*; **Einsatzleiter** M, **Einsatzleiterin** F jefe *m*, -a *f* de operaciones; **Einsatzstück** N TECH pieza *f* de inserción; **Einsatzwagen** M coche *m* de reserva; **Einsatzzug** M tren *m* suplementario (*bzw* de refuerzo)

'einsäuern VT CHEM acidificar; *Brot* leudar, fermentar con levadura; **einsaugen** VT aspirar; chupar; (*schlürfen*) sorber; (*aufsaugen*) empaparse de; *fig* absorber, embeber; **einsäumen** VT orlar; ribetear; hacer un dobladillo a

'einscannen VT IT escanear

'einschalten **A** VT **1** ELEK *Gerät* conectar; enchufar; *Licht* dar, encender; RADIO poner; *Motor* poner en marcha **2** (*beteiligen*) **j-n ~ (bei)** recurrir a alg (en) **3** *fig* (*dazwischenschieben*) insertar, encajar; intercalar **B** VR **sich ~** **1** intervenir (**in** *acus* en), tomar cartas en un asunto **2** TECH *Gerät* conectarse; *Licht etc* encenderse

'Einschalthebel M palanca *f* de mando; **Einschaltquote** F TV índice *m* de audiencia (*od* de aceptación); **Einschaltstellung** F TECH posición *f* de embrague; ELEK posición *f* de circuito cerrado; **Einschaltung** F ‹~; ~en› inserción *f*; intercalación *f*; ELEK conexión *f*, cierre *m* del circuito; TECH puesta *f* en marcha; *fig* intervención *f*

'einschärfen VT inculcar; **j-m etw ~** recomendar encarecidamente (*od* encarecer) a/c a alg

'einschätzen VT estimar; valorar; (*bewerten*) evaluar; (*kalkulieren*) calcular; **richtig ~** valorar debidamente, justipreciar; **falsch ~** equivocarse al valorar; **zu hoch/niedrig ~** sobre(e)stimar/subestimar

'Einschätzung F ‹~; ~en› estimación *f*; valoración *f*; (*Bewertung*) evaluación *f*; justiprecio *m*; **nach meiner ~** según mis cálculos

'einschenken VT echar (de beber); *Glas* llenar; **j-m (ein Glas) Wein ~** servir (un vaso de) vino a alg; **einscheren** VI AUTO colocarse en una fila; **einschicken** VT enviar, remitir; **einschieben** VT ‹irr› introducir, hacer entrar, meter; (*einfügen*) interponer; intercalar, insertar; **Einschiebung** F ‹~; ~en› introducción *f*; interposición *f*; intercalación *f*, interpolación *f*

'Einschienenbahn F monocarril *m*, monorraíl *m*

'einschießen ‹irr› **A** VT **1** MIL (*zerstören*) derribar a balazos *od* cañonazos **2** *neues Gewehr* probar **3** TEX *Weberei*: tramar **4** TYPO *zwischen die Druckbogen*: intercalar **5** *reg Brot* enhornar **B** VI ‹sn› *Muttermilch* subir (**in** *acus* a) **C** VR **1** **sich ~** MIL hacer ejercicios de tiro; afinar la puntería **2** **sich auf etw/j-m ~** arremeter contra a/c/alg; **einschiffen** **A** VT embarcar **B** VR **sich ~** embarcarse (**nach** para); **Einschiffung** F ‹~; ~en› *der Ladung*: embarque *m*; *v. Personen*: embarco *m*; **einschirren** VT *Zugtier* enjaezar

einschl. ABK (einschließlich) incl. (incluido)

'einschlafen VI ‹irr; sn› **1** adormecerse, dormirse, quedarse dormido; *lit* conciliar el sueño **2** *Glieder* entumecerse, dormirse **3** *verhüllend* (*sterben*) morir, fallecer **4** *fig Gespräch etc* apagarse, languidecer; *Beziehungen* entibiarse; *Brauch* decaer

'einschläfern VT **1** adormecer; MED (*narko-

tisieren) **j-n ~** dormir a alg, narcotizar a alg 2 *Tier* matar *od* sacrificar *(con narcótico)*; **ein·schläfernd** ADJ adormecedor; MED *(narkotisierend)* soporífero, soporífico; *fig a.* aburrido, pesado; **Einschläferung** F ⟨~; ~en⟩ adormecimiento *m*; *e-s Tiers*: sacrificio *m*

'Einschlag M ⟨~(e)s; ~̈e⟩ 1 *Blitz*: caída *f*; MIL *e-s Geschosses*: impacto *m* 2 *fig* matiz *m*; dejo *m*, deje *m*; tendencia *f*; **mit südländischem ~** con deje mediterráneo 3 AUTO giro *m* del volante 4 FORST tala *f* 5 TEX *am Kleid etc*: doblez *m*, alforza *f*; *Weberei*: trama *f* 6 *(Hülle)* envoltura *f*

'einschlagen ⟨irr⟩ A VT 1 *Nagel etc* clavar (**in** *acus* en); *Pfahl* hincar, hundir 2 *Fenster etc* romper; *Tür* derribar, echar abajo; *Zähne, Auge* saltar; *umg* **j-m den Schädel ~** *umg* partir el cráneo a alg 3 AUTO *Lenkrad* girar 4 *(einwickeln)* envolver (**in** *acus* en); *Saum* doblar; alforzar; *Weberei*: tramar 5 *Weg* seguir, tomar *(a. fig)*, echar por; *Laufbahn* seguir 6 GASTR *Eier in die Suppe*: desleír B VI 1 *Blitz* caer; *Geschoss* hacer impacto, impactar (**in** *acus* en); *fig* **wie eine Bombe ~** caer como una bomba 2 *(annehmen)* aceptar; **in j-s Hand** *(acus)* **~** estrechar la mano a alg; *fig* aceptar con un apretón de manos; **schlag ein!** ¡chócala!; ¡choca esos cinco! 3 *(Erfolg haben)* triunfar, tener éxito; HANDEL, THEAT tener buena acogida; **gut/schlecht ~** dar buen/mal resultado, salir bien/mal 4 **auf j-n ~** dar de golpes *(od* golpear) a alg

'einschlägig A ADJ pertinente; relativo a, referente a; *(entsprechend)* correspondiente; HANDEL del ramo B ADV **~ vorbestraft** con antecedentes penales (en un delito semejante)

'Einschlagpapier N papel *m* de envolver; **Einschlagwinkel** M 1 AUTO ángulo *m* de giro 2 MIL ángulo *m* del impacto

'einschleichen VR ⟨irr⟩ **sich ~** introducirse (furtivamente) (**in** *acus* en); *umg* colarse; *Fehler* deslizarse; **sich in j-s Vertrauen** *(acus)* **~** engatusar a alg

'einschleifen ⟨irr⟩ A VT TECH esmerilar; *Kolben etc* adaptar B VR **sich ~** *Gewohnheit* establecerse; **einschleppen** VT 1 *Krankheit* introducir 2 *Schiff* remolcar; **einschleusen** VT *fig* hacer entrar clandestinamente; POL infiltrar; **Einschleusung** F ⟨~; ~en⟩ POL infiltración *f*

'einschließen ⟨irr⟩ A VT 1 encerrar; cerrar (con llave) (**in** *acus* en); *in e-n Brief*: incluir (**in** *acus* en) 2 *(umgeben)* rodear, cercar (**mit** de); MIL *(umzingeln)* cercar; *Hafen* bloquear 3 *fig (umfassen)* incluir (**in** *acus* en); comprender, abarcar; **j-n ins Gebet ~** rogar por alg B VR **sich ~** encerrarse

'einschließlich A PRÄP *(gen)* **~ Porto** *etc* franqueo, *etc* incluido B ADV inclusive, incluido; **bis Seite 7 ~** hasta la página 7 incluida; **bis ~ Freitag** hasta el viernes incluido

'einschlummern VI ⟨sn⟩ *geh* 1 adormecerse, adormilarse, adormitarse 2 *verhüllend (sterben)* morir

'Einschluss M ⟨~es; ~̈e⟩ inclusión *f (a.* GEOL); **mit** *od* **unter ~ von** → einschließlich

'einschmeicheln VR **sich bei j-m ~** congraciarse con alg; insinuarse en el ánimo de alg; *umg* hacer la pelota *(od* la pelotilla) a alg; **einschmeichelnd** ADJ insinuante; congraciador; **Einschmeichelung** F ⟨~; ~en⟩ congraciamiento *m*; insinuación *f*

'einschmelzen VT ⟨irr⟩ fundir, refundir

'Einschmelzen N ⟨~s⟩, **Einschmelzung** F ⟨~; ~en⟩ refundición *f*

'einschmieren VT untar; TECH engrasar, lubri(fi)car; **einschmuggeln** A VT introducir de contrabando, *umg* pasar de matute; *umg* pasar de estraperlo; *umg* colar B VR **sich ~** (**in** *acus*) introducirse furtivamente (en), *umg* colarse (en); **einschnappen** VI 1 *Schloss* cerrarse de golpe; TECH engranar; cerrarse con resorte 2 *umg fig (beleidigt sein)* picarse, chincharse, mosquearse, *sl* cabrearse; → *a.* eingeschnappt; **einschneiden** ⟨irr⟩ A VT **~ (in** *acus*) cortar (en); hacer una incisión (en); *(einkerben)* (en)tallar (en); grabar (en) B VI *in die Haut*: clavarse (**in** *acus* en); **einschneidend** ADJ *fig (entscheidend)* esencial, decisivo; *(tief greifend)* drástico, profundo; **einschneien** VI ⟨sn⟩ cubrirse de nieve; **eingeschneit sein** quedar enterrado bajo *(od* detenido *od* bloqueado por) la nieve

'Einschnitt M ⟨~es; ~e⟩ 1 incisión *f (a.* MED); corte *m* 2 *(Kerbe)* entalladura *f*, muesca *f*; *im Gelände*: cortadura *f*, paso *m* 3 *fig (einschneidendes Ereignis)* momento *m* decisivo *(od* crucial); *(Zäsur)* cesura *f*

'einschnüren VT 1 *Paket* atar (con un cordel), encordelar 2 *(drücken)* apretar, oprimir

'einschränken A VT restringir; limitar, *(reduzieren)* reducir (**auf** *acus* a); *Freiheit etc a.* coartar; *räumlich*: localizar; **das Rauchen ~** fumar menos B VR **sich (finanziell) ~** economizar, reducir los gastos

'einschränkend ADJ restrictivo

'Einschränkung F ⟨~; ~en⟩ restricción *f*; limitación *f*; *(Reduzierung)* reducción *f*; *räumliche*: localización *f*; *der Freiheit etc a.*: coartación *f*; **ohne ~(en)** sin reservas; sin restricción

'einschrauben VT atornillar; enroscar

'Einschreibebrief M → Einschreiben; **Einschreibegebühr** F 1 *Postwesen*: derechos *mpl* de certificado 2 UNIV derechos *mpl* de matrícula; *Verein etc*: derechos *mpl* de inscripción

'einschreiben ⟨irr⟩ A VT 1 *(eintragen)* inscribir (**in** *acus* en); *in e-n Kurs a.*: matricular 2 *Postwesen*: *Brief etc* **~ (lassen)** certificar; *Am* registrar B VR **sich ~** inscribirse (**in** *acus* en); UNIV matricularse (**in** *acus* en)

'Einschreiben N ⟨~s; ~⟩ *Postwesen*: certificado *m*, carta *f* certificada; *Am* carta *f* registrada; **~ mit Rückantwortschein** carta *f* certificada con cupón de respuesta; **ein ~ aufgeben** enviar una carta certificada; **per ~** por correo certificado

'Einschreibung F ⟨~; ~en⟩ inscripción *f*; UNIV *etc* matrícula *f*, matriculación *f*

'einschreiten VI ⟨irr⟩ intervenir; **~ gegen** adoptar *(od* tomar) medidas (enérgicas) contra; JUR proceder judicialmente contra; **Einschreiten** N ⟨~s⟩ intervención *f*; **einschrumpeln** *umg*, **einschrumpfen** VI ⟨sn⟩ arrugarse, avellanarse; *Gewebe* encogerse; *Obst* acorcharse

'Einschub M ⟨~(e)s; ~̈e⟩ inserción *f*

'einschüchtern VT intimidar, amedrentar, amilanar; *stärker*: atemorizar, acobardar; **Einschüchterung** F ⟨~; ~en⟩ intimidación *f*; **Einschüchterungsversuch** M intento *m* de intimidación

'einschulen VT escolarizar; **Einschulung** F ⟨~; ~en⟩ escolarización *f*

'Einschuss M ⟨~es; ~̈e⟩ 1 *(Treffer)* impacto *m* 2 *(Loch)* orificio *m* de entrada *(a. Wunde)* 3 FIN inyección *f* de dinero, entrega 4 TEX *Weberei*: trama *f*; **Einschussgarn** N TEX hilo *m* de trama

'einschütten VT echar *(od* verter) (**in** *acus* en); **einschwärzen** VT ennegrecer; **einschweißen** VT *in Folie*: plastificar; **einschwenken** VI ⟨sn⟩ 1 *(einbiegen)* **links/rechts ~** torcer a la izquierda/derecha 2 *fig* **auf einen anderen Kurs ~** dar otro giro, dar un giro diferente

'einsegnen VT KATH *(weihen)* consagrar; *(segnen)* bendecir; PROT confirmar; **Einsegnung** F ⟨~; ~en⟩ KATH consagración *f*; bendición *f*; PROT confirmación *f*

'einsehen VT ⟨irr⟩ 1 *(prüfen) Bücher, Akten* examinar 2 *fig (verstehen)* comprender; echar de ver, darse cuenta de; *Unrecht, Irrtum* reconocer; **ich sehe nicht ein, warum** no entiendo *(od* veo) por qué 3 *(überblicken)* ver, abarcar con la vista; MIL tener vista sobre

'Einsehen N ⟨~s⟩ comprensión *f*; **ein ~ haben** ponerse en razón, mostrar conprensión; **kein ~ haben** no tener compasión *(od* comprensión)

'einseifen VT 1 (en)jabonar 2 *umg fig (betrügen)* engatusar, camelar

'einseitig ADJ TECH de un lado, de *(od* en) una cara; POL, JUR, MED unilateral; *(parteiisch)* parcial; *(ausschließlich)* exclusivo; exclusivista; *fig (engstirnig)* estrecho (de miras); simplista; **~e Ernährung** nutrición *f* incompleta; **Einseitigkeit** F ⟨~⟩ *fig* parcialidad *f*; exclusivismo *m*; *(Engstirnigkeit)* estrechez *f* de miras; criterio *m* unilateral

'einsenden VT ⟨irr⟩ enviar, remitir

'Einsender M ⟨~s; ~⟩, **Einsenderin** F ⟨~; ~nen⟩ remitente *m/f (a. an Zeitungen)*; **Einsendeschluss** M ⟨~es⟩ cierre *m* de admisión; **Einsendung** F ⟨~; ~en⟩ envío *m*; HANDEL remesa *f*

'einsenken VT hundir; hincar; **Einsenkung** F ⟨~; ~en⟩ hundimiento *m*; *(Mulde)* depresión *f*; hondonada *f*

'Einser M ⟨~s; ~⟩ *südd* uno *m*; → *a* Eins

'Einserkandidat M, **Einserkandidat** F → Einserschüler

'Einserschüler M, **Einserschülerin** F alumno *m*, -a *f* aventajado, -a

'einsetzen A VT 1 *(anbringen, einfügen)* colocar (**in** *acus* en), incorporar (**in** *acus* a, en); AGR plantar; MATH **eine Zahl in eine Gleichung ~** insertar un número en una ecuación; *Anzeige* insertar 2 *(anwenden) Arbeitskräfte* emplear; *Polizei, Truppen* movilizar; *Maschinen, Geräte* emplear, aplicar; *das Leben* arriesgar, exponer; **j-n ~ (in** *od* **bei** *dat*) incorporar a alg (a, en) 3 *(stiften, gründen)* establecer, instituir, crear; *Ausschuss etc* constituir 4 *(bestimmen)* **j-n als Erben ~** nombrar a alg heredero, instituir a alg (por) heredero; **j-n in ein Amt ~** nombrar a alg para un cargo 5 *Geld beim Spiel*: poner en juego; hacer una puesta B VR 1 **sich für etw** *(acus)* **~** abogar por a/c (**bei j-m** frente a alg); **sich für j-n ~** interceder por *(od* a favor de) alg; intervenir a favor de alg 2 **sich (voll) ~** emplearse a fondo C VI 1 *(beginnen)* comenzar, empezar 2 MUS entrar, atacar

'Einsetzung F ⟨~; ~en⟩ 1 colocación *f*; MATH sustitución *f*; *(Einfügung)* inserción *f* 2 *(Gründung, Stiftung)* institución *f*; constitución *f*; *in ein Amt*: instalación *f*, investidura *f*; nombramiento *m*, designación *f* 3 *(Verwendung)* empleo *m*

'Einsicht F ⟨~; ~en⟩ 1 inspección *f*; examen *m* (**in** *acus* de); **in etw** *(acus)* **~ nehmen** examinar a/c; enterarse de a/c, tomar conocimiento de a/c; HANDEL **zur ~** para su examen 2 *fig* discernimiento *m*, juicio *m*; *(Verständnis)* comprensión *f*; entendimiento *m*, inteligencia *f*; *(Vernunft)* razón *f*; **zur ~ kommen** entrar en razón

'einsichtig ADJ *(vernünftig)* razonable, juicioso; *(verständig)* comprensivo, considerado

'Einsichtnahme F ⟨~; ~n⟩ inspección *f*, examen *m*

'einsickern VI (in)filtrarse (**in** *acus* en) *(a. fig)*; **Einsickern** N ⟨~s⟩ infiltración *f*

Einsiede'lei F ⟨~; ~en⟩ ermita *f*

'Einsiedler M ⟨~s; ~⟩, **Einsiedlerin** F ⟨~;

~nen⟩ ermitaño *m*, -a *f*; anacoreta *m/f*, eremita *m*; *fig* solitario *m*; **einsiedlerisch** ADJ eremítico; solitario; **Einsiedlerkrebs** M ⟨~es; ~e⟩ ZOOL ermitaño *m*, paguro *m*
'einsilbig ADJ 1 LING monosilábico; **~es Wort** monosílabo *m* 2 *fig (wortkarg)* taciturno; de pocas palabras; *(kurz angebunden)* seco; lacónico; **Einsilbigkeit** F ⟨~⟩ *fig* taciturnidad *f*; laconismo *m*
'einsingen V/R ⟨*irr*⟩ MUS **sich ~** calentar la voz; **einsinken** V/I ⟨*irr*; sn⟩ hundirse; *im Wasser a.*: sumergirse; *(einstürzen)* derrumbarse; **einsitzen** V/I ⟨*irr*⟩ JUR estar preso
'Einsitzer M ⟨~s; ~⟩ monoplaza *m*; **einsitzig** ADJ monoplaza
'einsortieren V/T ⟨*ohne* ge-⟩ ordenar, clasificar (**in** *acus* en)
'einspannen V/T 1 tender (**in** *acus* entre); *Pferd* enganchar; *Ochsen* uncir; TECH *Werkstück* fijar (**in** *acus* en), sujetar (**in** *acus* en) 2 *umg fig* **j-n ~** hacer trabajar a alg (**für** en, por); **sehr eingespannt sein** estar muy ocupado
'Einspänner M ⟨~s; ~⟩ 1 *Wagen*: coche *m* de un caballo 2 *österr* café *m* vienés (*Glas mit schwarzem Kaffee u Schlagsahne*)
'einspännig ADJ *Wagen* de un caballo; **einsparen** V/T ahorrar, economizar; **Einsparung** F ⟨~; ~en⟩ ahorro *m*, economías *fpl* (**an** *acus* de); **einspeicheln** V/T ensalivar; **einspeisen** V/T *Strom* alimentar (**in** *acus* en); IT *Daten* introducir (**in** *acus* en)
'einsperren V/T encerrar; *ins Gefängnis*: encarcelar; *umg* enchiquerar; *ins Irrenhaus*: recluir; *in e-n Käfig*: enjaular
'einspielen A V/T 1 MUS *(aufnehmen)* grabar 2 *Geld* dar, producir, rentar; FILM dar en taquilla, recaudar 3 TV *(senden)* presentar, proyectar B V/R **sich ~** 1 SPORT entrenarse, adquirir práctica (*a.* MUS); MUS *a.* ejercitarse; **gut eingespielt sein** formar un buen equipo; SPORT estar bien entrenado (*od* en buena forma) 2 *fig Sache* normalizarse, arreglarse; encarrilarse; entrar en rodaje; **sich aufeinander ~** compenetrarse, completarse mutuamente
'Einspielergebnis N FILM recaudación *f*; ingresos *mpl* por taquilla, taquillaje *m*
'einspinnen V/R ⟨*irr*⟩ **sich ~** 1 ZOOL formar el capullo 2 *fig* aislarse; *in Gedanken*: ensimismarse
'Einsprache F *österr, schweiz* → Einspruch
'einsprachig ADJ monolingüe; **einsprechen** V/I ⟨*irr*⟩ **auf j-n ~** hablar a alg con insistencia; **einsprengen** V/T *Wäsche* rociar; **einspringen** V/I ⟨*irr*; sn⟩ 1 *(aushelfen)* ayudar, echar una mano; **für j-n ~** reemplazar (*od* suplir, sustituir) a alg 2 TECH encajar, engranar
'Einspritzdüse F AUTO inyector *m*
'einspritzen V/T inyectar
'Einspritzmotor M motor *m* de inyección; **Einspritzpumpe** F bomba *f* de inyección; **Einspritzung** F ⟨~; ~en⟩ inyección *f* (*a.* MED)
'Einspruch M ⟨~(e)s; ⸚e⟩ objeción *f*; reclamación *f*; protesta *f*; POL veto *m*; JUR oposición *f*; **~ erheben** protestar, formular reclamación (*od* una protesta) (**gegen** contra); *bes* POL poner veto (**gegen** a); JUR formar (un) recurso, elevar recurso
'Einspruchsfrist F plazo *m* de reclamación; **Einspruchsrecht** N derecho *m* de veto; JUR derecho *m* de inhibición
'einspurig ADJ 1 BAHN de vía (*od Am* de trocha) sencilla, de una sola vía 2 *Tonband* de una pista
einst ADV 1 *(vormals)* en otros tiempos, antiguamente, antaño 2 *(künftig)* algún día, un día
'einstampfen V/T *(zerkleinern)* machacar; *(feststampfen)* apisonar; TYPO *Auflage* destruir; **Einstand** M ⟨~(e)s⟩ 1 *(Antritt)* entrada *f* en funciones; **seinen ~ geben** *od* **feiern** celebrar su ingreso 2 *Tennis*: empate *m*; **Einstandspreis** M precio *m* de coste comercial; **einstauben** V/I cubrirse de polvo; **einstechen** V/T ⟨*irr*⟩ picar; pinchar; *mit Stichel*: punzar; *Loch* perforar; *(eingravieren)* grabar
'einstecken V/T 1 poner, meter (**in** *acus* en); *Nadel* clavar; pinchar; ELEK enchufar; *Schwert* envainar 2 *(mitnehmen)* llevar 3 *fig Gewinn* embolsar(se), quedarse con 4 *fig Beleidigung, Tadel etc* tragar(se); *umg Schlag* encajar; *umg* **er kann viel ~** tiene capacidad de encaje
'Einsteckkamm M peineta *f*
'einstehen V/I ⟨*irr*; sn⟩ **~ für** responder de, hacerse responsable de; **einsteigen** V/I ⟨*irr*; sn⟩ 1 *in den Bus, Zug etc*: subir(se) (**in** *acus* a); *durchs Fenster*: entrar (**in** *acus* por); BAHN **~!** ¡viajeros al tren! 2 *umg fig in ein Geschäft, ein Projekt, e-n Beruf etc*: (empezar a) participar (**in** *acus* en)
'einstellbar ADJ ajustable, regulable, graduable
'einstellen A V/T 1 *(unterstellen)* colocar, poner (**in** *acus*, **bei** en); *im Lager*: depositar en; AUTO encerrar (en el garaje) 2 *Arbeitskräfte* contratar, admitir; dar empleo a; **wieder ~** *nach Kündigung* readmitir 3 TECH *(justieren)* ajustar; regular, graduar; *Waage* equilibrar; RADIO sintonizar; OPT, FOTO enfocar (*a. fig*); *Richtung* orientar 4 MED **j-n auf ein Medikament ~** establecer la dosis óptima en alg 5 SPORT **einen Rekord ~** igualar una marca 6 *(beenden)* cesar, parar; *(unterbrechen)* dejar; *Zahlung, Verhandlungen* suspender; *Arbeit a.* abandonar; *(abschaffen)* suprimir; *Betrieb vorläufig*: suspender, interrumpir, *endgültig*: cesar, cerrar; MIL **das Feuer ~** cesar el fuego 7 JUR *Verfahren* sobreseer B V/R **sich ~** 1 *(erscheinen)* aparecer; *Personen* presentarse, acudir, personarse; *plötzlich*: sobrevenir; *Schmerzen, Folgen* hacerse sentir; *Wetter etc* llegar 2 *fig* **sich ~ auf** *(acus)* ajustarse a, adaptarse a; *(sich vorbereiten)* prepararse para; → *a.* eingestellt
'einstellig ADJ de una cifra; **~e Zahl** dígito *m*
'Einstellknopf M RADIO, TV botón *m* de sintonización; **Einstellmarke** F TECH marca *f* de referencia
'Einstellung F ⟨~; ~en⟩ 1 TECH ajuste *m*; regulación *f*, graduación *f*; OPT, FOTO enfoque *m* (*a. fig*); RADIO sintonización *f*; *Richtung*: orientación *f*; FILM plano *m* 2 *e-r Arbeitskraft etc*: contratación *f* 3 *(Beendigung)* cese *m*, paro *m*; *des Betriebs, v. Zahlungen*, MIL *v. Feindseligkeiten*: suspensión *f*; JUR *des Verfahrens*: sobreseimiento *m* 4 *(Haltung)* actitud *f* (**zu, gegenüber** frente a); *(Ansicht)* opinión *f*; punto *m* de vista; **ihre politische ~** sus ideas políticas; **s-e ~ ändern** cambiar de actitud; *a.* cambiar (*od* su) opinión
'Einstellungsgespräch N entrevista *f* de trabajo (*od* de empleo); **Einstellungspraxis** F política *f* de contratación
'einstemmen V/T TECH escoplear; **die Arme ~** *umg* ponerse en jarras
'Einstich M MED punción *f*; pinchazo *m*; **Einstichstelle** F señal *f* de pinchazo
'einsticken V/T bordar (**in** *acus* en)
'Einstieg M ⟨~(e)s; ~e⟩ entrada *f*; *(Öffnung)* registro *m*
'Einstiegsdroge F droga *f* inicial (*od* de inicio); primera droga *f*
'einstig ADJ antiguo
'einstimmen A V/I *fig* **in ein Lied/das Gelächter ~** hacer coro a, corear; juntarse a B V/T 1 MUS *Instrumente* acordar, afinar 2 **j-n ~** preparar a alg (**auf** *acus* para)
'einstimmig A ADJ 1 MUS de una sola voz; unísono 2 *fig* unánime B ADV al unísono; *fig a.* por unanimidad, unánimemente; **~ gewählt** elegido por unanimidad; **Einstimmigkeit** F ⟨~⟩ 1 MUS monofonía *f* 2 *fig* unanimidad *f*; común acuerdo *m*
'einstmals ADV → einst
'einstöckig ADJ ARCH de un piso; **einstoßen** V/T ⟨*irr*⟩ *Tür* derribar; *Fensterscheibe* romper, quebrar; **einstreichen** V/T ⟨*irr*⟩ *Geld* embolsar; **einstreuen** V/T esparcir (**in** *acus* entre); entremezclar (**in** *acus* con) (*a. fig*); *fig* insertar (**in** *acus* en); **einströmen** V/I ⟨sn⟩ fluir (**in** *acus* en), afluir (**in** *acus* a), entrar (**in** *acus* en); **einstudieren** V/T ⟨*ohne* ge-⟩ estudiar; THEAT *Stück* ensayar; *Rolle* estudiar; **einstufen** V/T clasificar; **einstufig** ADJ TECH de un solo paso (*od* escalón); **Einstufung** F ⟨~; ~en⟩ clasificación *f*; **einstündig** ADJ de una hora
'einstürmen V/I ⟨sn⟩ 1 **~ auf** *(acus)* (aba)lanzarse sobre; arremeter contra 2 *fig* asaltar; *Ideen* agolparse; **(mit Fragen) auf j-n ~** atacar a alg (con preguntas)
'Einsturz M ⟨~es; ⸚e⟩ desmoronamiento *m*; hundimiento *m*; derrumbamiento *m*; *Erdmassen*: desprendimiento *m*; **dem ~ nahe sein** amenazar ruina
'einstürzen V/I ⟨sn⟩ hundirse; derrumbarse; *Erdreich* desprenderse; *(verfallen)* desmoronarse; *fig* **auf j-n ~** lanzarse sobre; **einzustürzen drohen** amenazar ruina
'Einsturzgefahr F ⟨~⟩ amenaza *f* de ruina; riesgo *m* de desmoronamiento
'einst'weilen ADV entretanto, mientras tanto; *(vorläufig)* por de (*od* lo) pronto, por ahora, de momento; **einst'weilig** ADJ temporal, provisional; interino; JUR **~e Verfügung** auto *m* (*od* resolución *f*) provisional
'eintägig ADJ de un día; BOT, MED efímero (*a. fig*)
'Eintagsfliege F 1 *Insekt*: cachipolla *f*, efímera *f* 2 *fig* éxito *m* efímero
'Eintänzer M *umg* gigolo *m*
'eintauchen A V/T *ins Wasser*: zambullir; *unter Wasser*: sumergir; *Brot* mojar B V/I zambullirse, bucear; sumergirse; **Eintauchen** N ⟨~s⟩ inmersión *f*; **Eintausch** M ⟨~(e)s⟩ cambio *m*, trueque *m*; canje *m*; **eintauschen** V/T cambiar, trocar; canjear (**gegen** *acus* por)
'ein'tausend → tausend
'einteilen V/T 1 *(aufteilen)* dividir (**in** *acus* en, **nach** por); *in Klassen*: clasificar (**in** *acus* en, **nach** por); *in Grade*: graduar; *in Abschnitte*: seccionar; *in Parzellen*: parcelar 2 *(planen)* organizar; *(verteilen)* distribuir; *Zeit, Arbeit, Geld* disponer, repartir 3 **j-n für** *od* **zu etw ~** destinar a alg para (*od* a) a/c, asignar a alg a/c
'einteilig ADJ de una pieza
'Einteilung F ⟨~; ~en⟩ *(Aufteilung)* división *f*; *(Verteilung)* distribución *f*; *in Grade*: graduación *f*; *in Klassen*: clasificación *f*; *(Planung)* organización *f*; *von Zeit, Arbeit, Geld*: disposición
'eintippen V/T *umg* IT teclear; entrar, introducir
'eintönig ADJ monótono (*a. fig*); **Eintönigkeit** F ⟨~⟩ monotonía *f*; uniformidad *f*
'Eintopf M ⟨~(e)s⟩, **Eintopfgericht** N GASTR plato *m* único; puchero *m*
'Eintracht F ⟨~⟩ armonía *f*, concordia *f*; **einträchtig** A ADJ concorde; unánime B ADV en armonía
'Eintrag M ⟨~(e)s; ⸚e⟩ 1 *im Grundbuch, Handelsregister, etc*: inscripción *f*; anotación *f*; HANDEL *(Buchung)* asiento *m*; *im Einwohnermeldeverzeichnis*: empadronamiento *m*; **den ~ löschen** cancelar el asiento; *e-r Firma im Handelsregister*: cancelar *od* anular la inscripción 2 *im Wörterbuch, Lexikon*: entrada *f*

'eintragen ⟨irr⟩ **A** VT **1** inscribir; registrar; HANDEL asentar; *ins Einwohnermeldeverzeichnis etc*: empadronar; **sich ~ lassen** inscribirse (**in** *acus*, **bei** en) **2** *fig (verursachen)* ocasionar; *Nutzen* rendir, producir **B** VR **sich ~** inscribirse; matricularse; **sich in eine Liste ~** apuntarse (en una lista)

'einträglich ADJ lucrativo, productivo; remunerador, rentable; **Einträglichkeit** F ⟨~⟩ productividad *f*; rendimiento *m*

'Eintragung F ⟨~; ~en⟩ *im Grundbuch etc*: inscripción *f*; registro *m*; *im Einwohnermeldeverzeichnis*: empadronamiento *m*; HANDEL asiento *m*; **~ ins Handelsregister** inscripción *f* en el Registro de Comercio

'einträufeln VT instilar; **Einträufeln** N ⟨~s⟩ instilación *f*

'eintreffen VI ⟨irr; sn⟩ **1** *(ankommen)* llegar **2** *(sich erfüllen)* realizarse, cumplirse; **Eintreffen** N ⟨~s⟩ *(Ankunft)* llegada *f*; **eintreibbar** ADJ exigible; **eintreiben** VT ⟨irr⟩ **1** *Steuern* recaudar; *Schulden* cobrar **2** *Vieh* recoger, apriscar **3** *Nägel, Pfahl* clavar, fijar; **Eintreibung** F ⟨~; ~en⟩ cobro *m*; recaudación *f*

'eintreten ⟨irr⟩ **A** VI ⟨sn⟩ **1** *(hereinkommen)* entrar (**in** *acus* en); **bitte, treten Sie ein!** ¡pase, por favor! **2** **~** (**in** *acus*) *in e-e Firma etc*: ingresar (en); *in e-n Verein a.*: hacerse socio (de); *in e-e Partei*: adherirse (a), afiliarse (a) **3** *(sich ereignen)* ocurrir, suceder; realizarse; producirse; *Tod, unvermutete Umstände* sobrevenir; *Fall* presentarse, darse; *Schwierigkeiten* surgir **4** **für j-n ~** dar la cara por alg; abogar (*od* interceder) por alg; **für etw ~** luchar (*od* abogar) por a/c **B** VT pisar, apisonar; *Tür* romper de una patada; **sich** *(dat)* **einen Dorn ~** clavarse una espina en el pie

'eintretendenfalls ADV VERW si se diera el caso; en caso dado

'eintrichtern VT *fig* **j-m etw ~** inculcar (*od* machacar) a/c a alg; meter a alg a/c con cuchara

'Eintritt M ⟨~(e)s; ~e⟩ **1** *(Zutritt, Eintrittsgeld)* entrada *f*; *(Einlass)* admisión *f*; **~ frei** entrada libre (*od* gratuita); **~ verboten** prohibida la entrada **2** *in e-n Verein etc*: ingreso *m* (**in** *acus* en), afiliación *f* (**in** *acus* a); *in e-e Partei*: adhesión *f* **3** *(Anfang)* comienzo *m*, principio *m*

'Eintrittskarte F entrada *f*, localidad *f*; *Am* boleto *m*; **Eintrittspreis** M entrada *f*; precio *m* de la entrada (*od* de la localidad)

'eintrocknen VI ⟨sn⟩ irse secando; secarse; *(einschrumpfen)* avellanarse; **eintröpfeln** VT instilar; **eintrüben** VR **sich ~** enturbiarse; *Himmel* nublarse; **Eintrübung** F ⟨~; ~en⟩ nubosidad *f*; **eintrudeln** VI *umg* llegar (*od* aparecer) poco a poco *bzw* tarde; **eintunken** VT mojar (en salsa); **eintüten** VT *umg* embolsar, poner en bolsas; *in Kuverts etc* meter en sobres; **einüben** **A** VT estudiar; THEAT ensayar **B** VR **sich ~** practicar, ejercitarse; **Einübung** F ⟨~; ~en⟩ estudio *m*; ejercicio *m*, práctica *f*; THEAT ensayo *m*

'einundzwanzig NUM veintiuno, veintiún

'einverleiben VT ⟨ohne ge-⟩ incorporar a (*od* en); incluir en; *Land* anexionar; **sich** *(dat)* **etw ~** apropiarse (*od* adueñarse) de a/c; *umg (essen)* comerse a/c, *umg* tragarse a/c; **Einverleibung** F ⟨~; ~en⟩ incorporación *f*; anexión *f*

'Einvernahme F ⟨~; ~n⟩ JUR interrogatorio *m*, audición *f*

'Einvernehmen N ⟨~s⟩ acuerdo *m*, conformidad *f*; armonía *f*; **in gutem ~ mit j-m stehen** estar en buenas relaciones (*od* llevarse bien *od* entenderse bien) con alg; **im ~ mit** de acuerdo con, en armonía con; **in gegenseitigem ~** de mutuo acuerdo; **sich mit j-m ins ~ setzen** ponerse de acuerdo con alg

'einverstanden ADJ de acuerdo, conforme (**mit** con); **~ sein** estar de acuerdo (**mit** con); **nicht ~ sein** estar en desacuerdo (**mit** con); **sich ~ erklären** declararse conforme; **~!** ¡conforme!, ¡de acuerdo!

'Einverständnis N ⟨~ses; ~se⟩ conformidad *f*, acuerdo *m*; *(Zustimmung)* asentimiento *m*, consentimiento *m* (**zu** a); *geheimes*: inteligencia *f*; JUR connivencia *f*; colusión *f*; **sein ~ erklären** (**zu** *dat*) declararse de acuerdo (con)

'einwachsen[1] [-ks-] VT *mit Wachs*: encerar

'einwachsen[2] [-ks-] VI ⟨sn⟩ *Nagel* encarnarse, enclavarse; **eingewachsener Nagel** uñero *m*, uña *f* encarnada

'einwählen VR IT, TEL **sich ~** entrar (*in acus* en)

'Einwand M ⟨~(e)s; ¨e⟩ objeción *f*; reparo *m*; *(Entgegnung)* réplica *f*; **Einwände gegen etw erheben** formular (*od* hacer) objeciones a a/c, poner reparos a a/c

'Einwanderer M ⟨~s; ~⟩, **Einwanderin** F ⟨~; ~nen⟩ inmigrante *m/f*

'einwandern VI ⟨sn⟩ inmigrar; **Einwanderung** F ⟨~; ~en⟩ inmigración *f*; **Einwanderungsland** N ⟨~(e)s; ¨er⟩ país *m* de inmigración

'einwandfrei **A** ADJ inmejorable; correcto; *(unanfechtbar)* irrecusable; *(tadellos)* impecable, irreprochable, intachable **B** ADV **~ arbeiten** trabajar de manera inmejorable; **es steht ~ fest** no cabe duda

'einwärts ADV hacia adentro

'einweben VT entretejer; **einwechseln** VT cambiar (**gegen** por); *(tauschen) a.* trocar (**gegen** por); canjear; SPORT *Spieler* cambiar (**gegen** por); **einwecken** VT → einmachen

'Einweg... IN ZSSGN de un solo uso; no retornable, desechable, sin devolución; **Einwegerzeugnis** N producto *m* desechable; **Einwegflasche** F botella *f* sin retorno (*od* de un solo uso); **Einweggeschirr** N vajilla *f* desechable; **Einwegspritze** F MED jeringuilla *f* desechable; **Einwegverpackung** F envase *m* (*od* embalaje *m*) de un solo uso

'einweichen VT remojar, poner en remojo (*a. Wäsche*); *bes* GASTR macerar

'einweihen VT **1** inaugurar; REL consagrar; bendecir; *umg Kleid etc* estrenar **2** **j-n ~** iniciar a alg (**in** *acus* en); **j-n in ein Geheimnis ~** iniciar a alg en un secreto; **eingeweiht** *(Mitwisser)* **sein** estar en el secreto, *umg* estar en el ajo

'Einweihung F ⟨~; ~en⟩ inauguración *f*; REL consagración *f*; bendición *f*; *e-s Kleids etc*: estreno *m*; *in ein Geheimnis*: iniciación *f*

'Einweihungsfeier F fiesta *f* de inauguración; **Einweihungsrede** F discurso *m* inaugural

'einweisen VT ⟨irr⟩ **1** *in ein Heim etc*: ingresar, internar (**in** *acus* en); *in ein Krankenhaus*: hospitalizar, ingresar (**in** *acus* en); *in e-e Wohnung*: acomodar (**in** *acus* en) **2** *Personal in e-e Arbeit*: iniciar (**in** *acus* en); dar instrucciones; **Einweisung** F ⟨~; ~en⟩ **1** *in ein Heim etc*: internamiento *m*; **~ ins Krankenhaus** hospitalización *f* **2** *in die Arbeit*: iniciación *f* (**in** *acus* en); instrucción *f*

'einwenden VT ⟨irr⟩ objetar, poner reparos (**gegen** a); oponerse (**gegen** a, contra); **es lässt sich nichts dagegen ~** *od* **dagegen ist nichts einzuwenden** no hay nada que objetar, nada hay que decir contra eso

'Einwendung F ⟨~; ~en⟩ objeción *f*; reparo *m*; JUR excepción *f*

'einwerfen ⟨irr⟩ **A** VT **1** *Fenster* romper (a pedradas) **2** *Brief, Münzen* echar (**in** *acus* en) **3** SPORT *Ball* poner en juego **4** *fig Bemerkung etc* deslizar; mencionar **B** VI SPORT sacar de banda; **einwertig** ADJ CHEM monovalente, univalente

'einwickeln VT **1** *(verpacken)* envolver (**in** *acus* en) **2** *umg fig* **j-n ~** *umg* engatusar (*od* camelar) a alg; **Einwickelpapier** N papel *m* de embalaje (*od* de envolver)

'einwiegen VT *Kind in den Schlaf*: adormecer; arrullar (*a. fig*)

'einwilligen VI **in etw** *(acus)* **~** consentir en a/c; estar conforme con a/c; aprobar a/c; **Einwilligung** F ⟨~; ~en⟩ consentimiento *m*; aprobación *f*, conformidad *f*

'einwirken VI actuar, obrar; CHEM, *fig* **auf etw** *(acus)* **~** producir efecto en (*od* sobre) a/c; **auf j-n ~** influir en alg; MED **etw ~ lassen** hacer reaccionar a/c

'Einwirkung F ⟨~; ~en⟩ influencia *f*, influjo *m*; efecto *m*; acción *f*

'Einwohner M ⟨~s; ~⟩, **Einwohnerin** F, ⟨~; ~nen⟩ habitante *m/f*; *e-s Ortes*: vecino *m*, -a *f*

Einwohner'meldeamt N VERW oficina *f* de empadronamiento

'Einwohnerschaft F ⟨~⟩ habitantes *mpl*; vecindario *m*; **Einwohnerverzeichnis** N padrón *m* municipal; **Einwohnerzahl** F número *m* de habitantes, población *f*

'Einwurf M ⟨~(e)s; ¨e⟩ **1** SPORT saque *m* de banda **2** *für Briefe*: (boca *f* del) buzón *m*; *für Münzen*: ranura *f* **3** *fig* objeción *f*, reparo *m*

'einwurzeln VR **sich ~** arraigarse (*a. fig*); → *a.* eingewurzelt

'Einzahl F ⟨~⟩ GRAM singular *m*

'einzahlen VT ingresar (**auf ein Konto** en una cuenta); imponer; HANDEL **voll eingezahlt** totalmente desembolsado

'Einzahler M ⟨~s; ~⟩, **Einzahlerin** F ⟨~; ~nen⟩ imponente *m/f*; **Einzahlung** F ⟨~; ~en⟩ pago *m*, ingreso *m*; imposición *f*; *von Kapital*: desembolso *m*; **Einzahlungsbeleg** M, **Einzahlungsschein** M ⟨~(e)s; ~e⟩ recibo *m* (*od* resguardo *m*) de ingreso; comprobante *m* de pago

'einzäunen VT cercar, vallar; **Einzäunung** F ⟨~; ~en⟩ cerca *f*, cercado *m*, vallado *m*

'einzeichnen VT dibujar (**in, auf** en); marcar (**in, auf** en); *(einschreiben)* inscribir; **Einzeichnung** F ⟨~; ~en⟩ dibujo *m*; inscripción *f*

'Einzel N ⟨~s; ~⟩ *Tennis*: (partido *m*) individual *m*; **Einzelakkordlohn** M salario *m* de destajo individual; **Einzel(an)fertigung** F **1** producción *f* individual (*od* por pieza *od* fuera de serie); *auf Bestellung*: producción *f* de encargo **2** *(Einzelstück)* producto *m* único; **Einzelaufstellung** F ⟨~; ~en⟩ relación *f* detallada, especificación *f*; **Einzelbett** N cama *f* individual; **Einzelblatteinzug** M alimentador *m* de hojas separadas (*od* sueltas); **Einzelfall** M caso *m* aislado (*od* particular); **Einzelgänger** M ⟨~s; ~⟩, **Einzelgängerin** F ⟨~; ~nen⟩ *fig* solitario *m*, -a *f*; **Einzelhaft** F JUR aislamiento *m* celular, confinamiento *m* en solitario; incomunicación *f*; **in ~** incomunicado; **Einzelhandel** M ⟨~s⟩ comercio *m* al por menor (*od* al detalle)

'Einzelhandelsgeschäft N negocio *m* (*od* comercio *m*) al detalle; **Einzelhandelskauffrau** F, **Einzelhandelskaufmann** M detallista *m/f*, minorista *m/f*; **Einzelhandelskette** F cadena *f* del comercio minorista; **Einzelhandelspreis** M precio *m* al por menor (*od* al detalle *od* minorista); **Einzelhandelsrabatt** M descuento *m* al por menor

'Einzelhändler M, **Einzelhändlerin** F detallista *m/f*, minorista *m/f*

'Einzelheit F ⟨~; ~en⟩ detalle *m*, pormenor *m*; *besondere*: particularidad *f*; **mit allen ~en** con todo lujo (*od* toda suerte) de detalles;

umg con pelos y señales; **auf ~en eingehen** entrar en detalles

'Einzelkampf M 1 SPORT competición *f* individual 2 MIL lucha *f* cuerpo a cuerpo; **Einzelkämpfer** M, **Einzelkämpferin** F 1 luchador *m*, -a *f* solitario, -a 2 MIL luchador *m*, -a *f* cuerpo a cuerpo; **Einzelkind** N hijo *m* único

'Einzeller M BIOL organismo *m* unicelular; **einzellig** ADJ BIOL monocelular, unicelular

'einzeln A ADJ 1 singular; solo, único; (*besonders*) particular, especial; (*für sich allein*) individual; aislado; (*abgetrennt*) separado; suelto; **ein ~er Schuh** un zapato suelto; **die ~en Teile** las diferentes (*od* distintas, diversas) partes 2 **~e** *pl* unos, algunos B ADV uno por uno; individualmente; (*nacheinander*) por separado; **~ angeben** *od* **aufführen** especificar, detallar; **~ eintreten** entrar uno por uno; **~ stehend** aislado; *Gebäude a.* separado; HANDEL **~ verkaufen** vender al por menor

'Einzelne M/F ⟨~n; ~n; → A⟩ **ein ~r** uno solo; **eine ~** una sola; **der ~** el individuo; **jeder ~** cada uno, todos y cada uno; **jeder ~ von uns** cada uno de nosotros

'Einzelne(s) N ⟨~n; → A⟩ detalle *m*; **im ~n** en detalle, en particular; **ins ~ gehen** puntualizar, particularizar; pormenorizar, entrar en detalles

Einzelner M → Einzelne

'Einzelpaar N *Schuhe*: par *m* suelto; **Einzelperson** F individuo *m*; **Einzelpreis** M precio *m* por unidad; **Einzelradaufhängung** F ⟨~; ~en⟩ AUTO suspensión *f* independiente; **Einzelspiel** N *Tennis*: (partido *m*) individual *m*; **Einzelstück** N pieza *f* única; **Einzelteil** N elemento *m*, componente *m*; TECH pieza *f* suelta; **Einzelunternehmen** N empresa *f* individual; **Einzelunterricht** M clase *f* (*od* lección *f*) particular; **Einzelverkauf** M HANDEL venta *f* al por menor; **Einzelwesen** N ⟨~s; ~⟩ individuo *m*; **Einzelzimmer** N habitación *f* individual

'einziehbar ADJ TECH replegable; FLUG *Fahrgestell a.* escamotable; ZOOL retráctil; *Geld* cobrable; *Güter* embargable

'einziehen[1] ⟨*irr*⟩ A V/T 1 *Kopf* bajar; *Bauch* meter; TECH replegar; retraer; FLUG **das Fahrwerk ~** replegar el tren de aterrizaje 2 SCHIFF *Flagge* arriar; *Segel a.* aferrar, amainar; *Ruder* retirar 3 (*aus dem Verkehr ziehen*) retirar, confiscar; *Banknoten, Münzen* retirar de la circulación 4 *Steuern* recaudar; *Geld* cobrar, pasar al cobro 5 JUR (*beschlagnahmen*) incautar 6 *Informationen* recoger; **Erkundigungen ~** tomar (*od* pedir) informes (**über** sobre) 7 MIL (*einberufen*) llamar a filas B V/I ⟨sn⟩ 1 SPORT, MIL entrar (**in** *acus* a, en); **ins Parlament ~** entrar en el parlamento 2 *in e-e Wohnung*: mudarse (**in** *acus* a; **bei** a casa de); instalarse (**in** *acus* en; **bei** en casa de) 3 *Creme* penetrar, ser absorbido

'einziehen[2] ⟨*irr*⟩ V/T 1 BAU *Wand* levantar; *Balken* atravesar 2 *Faden, Band* pasar 3 TYPO *Zeile* hacer entrar

'Einziehung F ⟨~; ~en⟩ 1 HANDEL cobro *m*; *von Steuern*: recaudación *f*; *von Münzen*, MIL *Posten etc*: retirada *f* 2 JUR confiscación *f*; embargo *m* 3 MIL *zur Armee*: llamamiento *m* a filas

'einzig A ADJ único; solo; **kein ~es Auto** ni un solo coche; **~es Kind** hijo *m* único; **(nicht) ein ~es Mal** (ni) una sola vez; **der Einzige** el único; **die Einzige** la única; **das Einzige** lo único, la única cosa; **keine Einzige** ni una B ADV **~ und allein** únicamente

'einzigartig ADJ único; singular; incomparable; sin par; **Einzigartigkeit** F ⟨~; ~en⟩ unicidad *f*

'Einzige M/F → einzig A

Ein'zimmerwohnung F estudio *m*, apartamento *m* de una habitación

'einzuckern V/T azucarar; (*einmachen*) confitar

'Einzug M ⟨~(e)s; ⸚e⟩ 1 entrada *f* (**in** *acus* en); **seinen ~ halten in** hacer su entrada en 2 *in e-e Wohnung*: instalación *f* (**in** *acus* en) 3 TYPO (*Papiereinzug*) sangría *f*

'Einzugsermächtigung F FIN domiciliación *f* bancaria (de recibos); **Einzugsgebiet** N 1 *e-s Flusses*: cuenca *f* (*od* vertiente *f*) hidrográfica 2 *e-r Stadt etc*: área *f* (*od* zona *f*) de influencia; **Einzugsverfahren** N FIN domiciliación *f* de recibos

'einzwängen V/T introducir por fuerza; *fig* constreñir

'Eipulver N huevo *m* en polvo

'eis, 'Eis N ⟨~; ~⟩ MUS mi *m* sostenido

Eis N ⟨~es⟩ 1 (*gefrorenes Wasser*) hielo *m*; **auf ~ legen** poner en hielo; *fig Plan etc* congelar, aparcar; *fig* **das ~ brechen** romper el hielo; *fig* **j-n aufs ~ führen** tender un lazo a alg 2 (*Speiseeis*) helado *m*; **~ am Stiel** polo *m*

'Eisbahn F pista *f* de hielo; **Eisbank** F ⟨~; ⸚e⟩ banco *m* de hielo; **Eisbär** M ZOOL oso *m* blanco; **Eisbecher** M copa *f* de helado; **Eisbein** N 1 GASTR pata *f* de cerdo cocida 2 *umg fig* **~e haben** tener los pies helados; **Eisberg** M iceberg *m*; **die Spitze des ~s** la punta del iceberg (*a. fig*); **Eisbergsalat** M lechuga *f* iceberg; **Eisbeutel** M bolsa *f* de hielo; **eisblau** ADJ azul hielo; **Eisblumen** FPL *am Fenster*: flores *fpl* de escarcha; **Eisbombe** F GASTR helado *m* en molde; bomba *f* glacée; **Eisbrecher** M ⟨~s; ~⟩ SCHIFF rompehielos *m*; **Eiscafé** N heladería *f*

'Eischnee M GASTR clara *f* batida a punto de nieve

'Eiscreme F helado *m*; **Eisdecke** F capa *f* de hielo; **Eisdiele** F heladería *f*

'eisen V/T helar

'Eisen N ⟨~s; ~⟩ 1 hierro *m*; **~ verarbeitende Industrie** industria *f* siderúrgica 2 **altes ~** chatarra *f*; **zum alten ~ gehören** estar para el arrastre; *umg fig Person* ser de la vieja guardia; **zum alten ~ werfen** arrinconar, tirar (por inservible) 3 *fig* **ein heißes ~ anfassen** tocar una cuestión espinosa, pisar terreno peligroso; **zwei** *od* **mehrere ~ im Feuer haben** tener un pie en dos zapatos; jugar para los dos bandos; *sprichw* **(man muss) das ~ schmieden, solange es heiß ist** al hierro caliente, batir de repente

'Eisenbahn F ferrocarril *m*; **mit der ~** en tren; *umg fig* **es ist (aller)höchste ~** *umg* ya es hora

'Eisenbahn... IN ZSSGN ferroviario, → *a.* Bahnangestellte, Bahnanlagen *etc*; **Eisenbahnabteil** N departamento *m*, *bes Am* compartim(i)ento *m*; **Eisenbahnbetrieb** M explotación *f* de los ferrocarriles; servicio *m* ferroviario

'Eisenbahner M ⟨~s; ~⟩, **Eisenbahnerin** F ⟨~; ~nen⟩ *umg* ferroviario *m*, -a *f*

'Eisenbahnfähre F transbordador *m*, ferry (boat) *m*; **Eisenbahnfahrt** F viaje *m* en tren; **Eisenbahnknotenpunkt** M nudo *m* ferroviario; **Eisenbahnnetz** N red *f* de ferrocarriles; **Eisenbahnschiene** F carril *m*, riel *m*, rail *m*; **Eisenbahnstation** F estación *f* de ferrocarril; **Eisenbahntransport** M transporte *m* por ferrocarril; **Eisenbahnunglück** N accidente *m* ferroviario; **Eisenbahnverbindung** F comunicación *f* ferroviaria (*od* por tren); **Eisenbahnwagen** M vagón *m*; *für Personen a.*: coche *m*

'Eisenband N ⟨~(e)s; ⸚er⟩ fleje *m*; **Eisenbergwerk** N mina *f* de hierro; **Eisenbeschlag** M herraje *m*; **eisenbeschlagen** ADJ ferrado; **Eisenbeton** M hormigón *m* armado; **Eisenblech** N chapa *f* de hierro; palastro *m*; **Eisenchlorid** N CHEM cloruro *m* de hierro; **Eisendraht** M alambre *m* (de hierro); **Eisenerz** N mineral *m* de hierro; **Eisengehalt** M ⟨~(e)s⟩ contenido *m* en hierro; **Eisengießerei** F fundición *f* de hierro; **Eisenglanz** M MINER hematites *f*; **Eisenguss** M fundición *f* de hierro

'eisenhaltig ADJ ferruginoso; ferrífero

'Eisenhut M ⟨~(e)s⟩ BOT acónito *m*; **Eisenhütte** F planta *f* siderúrgica

'Eisenhüttenkunde F ⟨~⟩ siderurgia *f*; **Eisenhüttenwerk** N → Eisenhütte

'Eisenindustrie F industria *f* siderúrgica; **Eisenkraut** N ⟨~(e)s⟩ BOT verbena *f*; **Eisenmangan** N CHEM ferromanganeso *m*; **Eisenmangel** M MED falta *f* de hierro; **Eisenoxid** N CHEM óxido *m* de hierro; **Eisenpräparat** N PHARM preparado *m* de hierro

'Eisenschlacke F cagafierro *m*; **Eisenspäne** MPL virutas *fpl* (*od* limalla *f*) de hierro; **Eisenspat** M ⟨~(e)s; ~e *od* ⸚e⟩ MINER hierro *m* espático, siderosa *f*; **Eisenstange** F barra *f* de hierro; **Eisenträger** M BAU viga *f* (*od* vigueta *f*) de hierro

'Eisen- und Stahlindustrie F industria *f* del hierro y del acero

'Eisenwaren FPL (artículos *mpl* de) ferretería *f*; **Eisenwarenhändler** M, **Eisenwarenhändlerin** F ferretero *m*, -a *f*; **Eisenwarenhandlung** F ferretería *f*

'Eisenwerk N → Eisenhütte; **Eisenzeit** F ⟨~⟩ edad *f* de(l) hierro

'eisern A ADJ de hierro; metálico; *bes fig* férreo; *fig* (*unnachgiebig*) inflexible, rígido; (*unveränderlich*) inmutable, inalterable; *Fleiß* infatigable; **~er Bestand** última reserva *f*; **~e Gesundheit** salud *f* de hierro; MED HIST **~e Lunge** pulmón *m* de acero; **~e Regel** regla *f* inamovible; THEAT **~er Vorhang** telón *m* metálico; POL HIST **Eiserner Vorhang** telón *m* de acero, *Am* cortina *f* de hierro; **~er Wille** voluntad *f* férrea (*od* de acero) B ADV **an etw** (*dat*) **~ festhalten** aferrarse a a/c; **~ sparen** ahorrar con voluntad férrea

'Eisfach F heladera *f*; **Eisfeld** N campo *m* de hielo; **Eisfläche** F superficie *f* helada; **eisfrei** ADJ libre de hielo(s); **Eisgang** M ⟨~(e)s; ⸚e⟩ *auf Gewässern*: deshielo *m*; **eisgekühlt** ADJ helado; **Eisglätte** F piso *m* resbaladizo (por el hielo); **eisgrau** ADJ encanecido; canoso; **Eisheilige** MPL **die ~n** ≈ los santos *mpl* del hielo (*ciertos días en el mes de mayo con riesgo de heladas*)

'Eishockey N hockey *m* sobre hielo; **Eishockeyspieler** M, **Eishockeyspielerin** F jugador *m*, -a *f* de hockey sobre hielo

'eisig ADJ helado, glacial (*a. fig*)

'Eiskaffee M *café frío con helado y nata montada*; **eiskalt** ADJ helado, glacial, gélido; **Eiskeller** M depósito *m* de hielo; *fig* nevera *f*; **Eiskrem** F → Eiscreme; **Eiskübel** M cubo *m* de hielo

'Eiskunstlauf M ⟨~(e)s⟩ patinaje *m* artístico (sobre hielo); **Eiskunstläufer** M, **Eiskunstläuferin** F patinador *m*, -a *f* artístico, -a

'Eislauf M ⟨~(e)s⟩ patinaje *m* (sobre hielo)

'eislaufen V/I ⟨*irr*; sn⟩ patinar (sobre hielo)

'Eisläufer M, **Eisläuferin** F patinador *m*, -a *f*

'Eismaschine F heladora *f*; **Eismeer** N **Nördliches/Südliches ~** Océano *m* Glacial Ártico/Antártico; **Eispickel** M piolet *m*

'Eissprung M PHYSIOL ovulación *f*

'Eisregen M lluvia *f* helada; **Eisrevue** F re-

vista f sobre hielo; **Eissalat** M lechuga f iceberg
'Eisschnelllauf M ⟨~(e)s⟩ patinaje m de velocidad (sobre hielo); **Eisschnellläufer** M, **Eisschnellläuferin** F patinador m, -a f de velocidad
'Eisscholle F témpano m de hielo; **Eisschrank** M umg obs nevera f; → a. Kühlschrank; **Eissport** M deportes mpl sobre hielo; **Eisstadion** N pista f de hielo; **Eistanz** M SPORT danza f sobre hielo; **Eistee** M *té frío (con azúcar o limón)*; **Eistorte** F tarta f helada; **Eisvogel** M ORN martín m pescador, alción m; **Eiswaffel** F barquillo m; cucurucho m; **Eiswasser** N ⟨~s⟩ agua f helada; agua f de hielo; **Eiswürfel** M cubito m de hielo; **Eiswürfelbehälter** M cubitera f; **Eiszapfen** M carámbano m, canelón m; **Eiszeit** F ⟨~⟩ período m (od época f) glacial
'eitel ADJ **1** (selbstgefällig) vanidoso, fatuo; Frau a. coqueta **2** geh, obs (nichtig) Sache vano, frívolo; **eitles Gerede** pura palabrería, nada más que palabras; **eitle Hoffnung/Versprechung** vana esperanza/promesa **3** obs (bloß) puro, mero; hum **~ Freude/Sonnenschein** pura felicidad
'Eitelkeit F ⟨~⟩ vanidad f; coquetería f
'Eiter M ⟨~s⟩ MED pus m; **~ bildend** piógeno; **Eiterbeule** F absceso m
'eiterbildend ADJ piógeno
'Eiterbildung F ⟨~; ~en⟩ supuración f; **Eiterbläschen** N pústula f; **Eitererreger** M agente m piógeno; **Eiterherd** M foco m purulento
'eiterig ADJ → eitrig
'eitern V/I supurar; **Eiterung** F ⟨~; ~en⟩ supuración f
'eitrig ADJ purulento
'Eiweiß N ⟨~es; ~e⟩ **1** clara f de huevo **2** CHEM albúmina f; BIOL proteína f; **eiweißarm** ADJ pobre en proteína(s); **eiweißhaltig** ADJ albuminoso; **Eiweißkörper** M proteína f; **Eiweißmangel** M carencia f proteínica; **eiweißreich** ADJ rico en proteína(s)
'Eizelle F BIOL óvulo m
Ejakulati'on F ⟨~; ~en⟩ PHYSIOL eyaculación f; **ejaku'lieren** V/I ⟨ohne ge-⟩ eyacular
EK N ABK (Eisernes Kreuz) MIL, HIST Cruz f de Hierro
EKD F ABK (Evangelische Kirche in Deutschland) Iglesia f Protestante en Alemania
'Ekel[1] M ⟨~s⟩ asco m; (Überdruss) hastío m; (Übelkeit) náuseas fpl; (Widerwille) repugnancia f (**vor** dat a, de), aversión f (**vor** dat a); **~ empfinden vor** tener asco (bzw aversión) a, sentir repugnancia hacia; **~ erregen** dar asco (bzw náuseas), repugnar
'Ekel[2] N umg Person: umg tío m asqueroso
'ekelerregend, Ekel erregend ADJ → ekelhaft
'ekelhaft ADJ asqueroso; nauseabundo; fig (gemein) repugnante, repulsivo
'ekelig ADJ → ekelhaft
'ekeln **A** V/R **sich ~** tener asco (**vor** dat a) **B** V/UNPERS **es ekelt mich** me da asco (**vor** dat de); me repugna; siento náuseas
EKG N ABK (Elektrokardiogramm) electrocardiograma m
E'klat [e'kla:] M ⟨~s; ~s⟩ geh escándalo m, sensación f
ekla'tant ADJ sensacional; brillante; (offenbar) evidente, palmario
'eklig ADJ → ekelhaft
Ek'stase F ⟨~; ~n⟩ éxtasis m; **in ~ geraten** extasiarse; **ekstatisch** ADJ extático
Ekua'dor → Ecuador
Ek'zem N ⟨~s; ~e⟩ MED eczema m
E'lan M ⟨~s⟩ brío m, ímpetu m
e'lastisch ADJ elástico, flexible (a. fig)
Elastizi'tät F ⟨~⟩ elasticidad f; flexibilidad f
'Elbe F ⟨~⟩ Fluss: Elba m
Elch M ⟨~(e)s; ~e⟩ ZOOL alce m, anta f; **Elchtest** AUTO M umg hum test m del alce
Elec'tronic Banking [ɪlɛk'trɔnik'bɛŋkɪŋ] N ⟨~⟩ banca m electrónica; **Electronic Cash** [-'kɛʃ] N ⟨~⟩ moneda f electrónica, efectivo m electrónico
Ele'fant M ⟨~en; ~en⟩ elefante m; umg fig **sich wie ein ~ im Porzellanladen benehmen** comportarse como un elefante en una cacharrería
Ele'fantenhochzeit F WIRTSCH fusión f de gigantes; **Elefantenrunde** F **1** ≈ encuentro m de los grandes **2** bes BRD *coloquio televisivo después de las elecciones*
ele'gant **A** ADJ elegante; fig **eine ~e Lösung** una solución airosa **B** ADV con elegancia;
Ele'ganz F ⟨~⟩ elegancia f
Ele'gie F ⟨~; ~n⟩ elegía f
e'legisch ADJ elegíaco
elektrifi'zieren V/T ⟨ohne ge-⟩ electrificar; **Elektrifizierung** F ⟨~; ~en⟩ electrificación f
E'lektriker M ⟨~s; ~⟩, **Elektrikerin** F ⟨~; ~nen⟩ electricista m/f
e'lektrisch ADJ eléctrico; **~er Schlag** calambre m; **~er Strom** corriente f eléctrica, fluido m
elektri'sierbar ADJ electrizable; **elektri'sieren** V/T ⟨ohne ge-⟩ electrizar; fig a. galvanizar; **Elektri'sierung** F ⟨~; ~en⟩ electrización f
Elektrizi'tät F ⟨~⟩ electricidad f
Elektrizi'tätsmesser M ⟨~s; ~⟩ electrómetro m; **Elektrizitätsmessung** F ⟨~; ~en⟩ electrometría f; **Elektrizitätsunternehmen** N compañía f eléctrica; **Elektrizitätswerk** N central f eléctrica; **Elektrizitätszähler** M contador m de electricidad
E'lektro... IN ZSSGN mst electro..., eléctrico; **Elektroauto** N coche m eléctrico
Elektroche'mie F electroquímica f; **elektro'chemisch** ADJ electroquímico
Elek'trode F ⟨~; ~n⟩ electrodo m; **Elektrodenabstand** M distancia f entre los electrodos
Elektrodia'gnose F MED electrodiagnóstico m; **Elektrody'namik** F electrodinámica f; **elektrody'namisch** ADJ electrodinámico; **Elektroenzephalo'gramm** N MED electroencefalograma m
E'lektrogerät N aparato m eléctrico; electrodoméstico m; **Elektrogeschäft** N tienda f de artículos eléctricos (bzw de electrodomésticos); **Elektrogitarre** F guitarra f eléctrica; **Elektroherd** M cocina f eléctrica; **Elektroingenieur** M, **Elektroingenieurin** F ingeniero m, -a f electricista; **Elektrokardio'graf** M, **Elektrokardio'graph** M electrocardiógrafo m; **Elektrokardio'gramm** N MED electrocardiograma m; **Elektrokarren** M carro m eléctrico
Elektro'lyse F ⟨~; ~n⟩ electrólisis f; **Elektro'lyt** M ⟨~en; ~e⟩ electrólito m; **elektro'lytisch** ADJ electrolítico
Elektroma'gnet M electroimán m
Elektrome'chanik F electromecánica f
E'lektromechaniker M, **Elektromechanikerin** F (mecánico m, -a f) electricista m/f
elektrome'chanisch ADJ electromecánico
Elektro'meter N electrómetro m; **Elektromo'bil** N ⟨~s; ~e⟩ electromóvil m
E'lektromotor M motor m eléctrico
'Elektron N ⟨~s; ~en⟩ electrón m
Elek'tronenblitz M, **Elektronenblitzgerät** N FOTO flash m electrónico; **Elektronen(ge)hirn** N obs umg (Computer) cerebro m electrónico; **Elektronenhülle** F envoltura f electrónica; **Elektronenmikroskop** N microscopio m electrónico; **Elektronenröhre** F tubo m electrónico
Elek'tronik F ⟨~⟩ electrónica f; **Elektronikabteilung** F departamento m de electrónica; **Elektronikindustrie** F industria f electrónica
elek'tronisch ADJ electrónico; **~er Briefkasten** buzón m electrónico; **~e Datenverarbeitung** procesamiento m electrónico de datos, informática f; **~e Post** correo m electrónico
E'lektroofen M METALL horno m eléctrico; (Heizofen) estufa f eléctrica
Elektropho'rese F ⟨~⟩ PHYS electroforesis f; **Elektrophy'sik** F electrofísica f
E'lektrorasierer M maquinilla f eléctrica; **Elektroschock** M MED electrochoque m, electroshock m; **Elektroschrott** M chatarra f (de la industria) electrónica; **Elektroschweißung** F ⟨~; ~en⟩ soldadura f eléctrica
Elektro'skop N ⟨~s; ~e⟩ electroscopio m
E'lektrosmog M electrosmog m, contaminación f electromagnética
Elektro'statik F ⟨~⟩ electrostática f; **elektrostatisch** ADJ electrostático
Elektro'technik F electrotecnia f; **Elektrotechniker** M, **Elektrotechnikerin** F electrotécnico m, -a f; **elektrotechnisch** ADJ electrotécnico
elektrothera'peutisch ADJ electroterápico; **Elektrothera'pie** F electroterapia f; **elektro'thermisch** ADJ electrotérmico; **Elektroty'pie** F ⟨~; ~n⟩ TYPO electrotipia f
Ele'ment N ⟨~(e)s; ~e⟩ elemento m (a. CHEM, PHYS); (Bauteil) módulo m; fig **in seinem ~ sein** estar en su elemento; **~e** pl (Anfangsgründe) elementos mpl, rudimentos mpl
elemen'tar ADJ elemental; (grundlegend) a. fundamental, primordial; (wesentlich) esencial
Elemen'targewalt F fuerza f elemental; **Elementarklasse** F clase f elemental; **Elementarlehre** F MUS solfeo m; **Elementarschule** F obs escuela f primaria; **Elementarteilchen** N ⟨~s; ~⟩ PHYS partícula f elemental; **Elementarunterricht** M enseñanza f elemental (od primaria)
'Elen N & M ⟨~s; ~⟩ ZOOL anta f, alce m
'elend **A** ADJ **1** Sache miserable; (kärglich) mezquino; (beklagenswert) deplorable, lamentable; (schlecht) a. vil, ruin; Ort etc de mala muerte; **~e Bude** cuchitril m, tugurio m **2** Person (arm) mísero; (unglücklich) desgraciado, desdichado; (kränklich) enfermizo; **~ aussehen** tener mala cara (od mal aspecto) **B** ADV **1** Person **sich ~ fühlen** sentirse mal (od indispuesto) **2** umg **das ist ~ teuer** cuesta un dineral
'Elend N ⟨~s⟩ miseria f; (Not) necesidad f; (Unglück) desgracia f; **ins ~ geraten** caer en la miseria, empobrecer; **im (größten) ~ leben** vivir en la (mayor) miseria; **j-n ins ~ stürzen** arruinar a alg; **es ist schon ein ~ mit ihm** es una verdadera calamidad
'elendiglich ADV geh miserablemente
'Elendsviertel N barrio m pobre, barriada f de chabolas; **Elendswohnung** F chabola f
Ele'vator M ⟨~s; ~en⟩ TECH elevador m
E'leve M ⟨~n; ~n⟩, **Elevin** F ⟨~; ~nen⟩ (Ballett-, Schauspielschüler, -in) alumno m, -a f, discípulo m, -a f
elf ADJ once
Elf[1] F ⟨~; ~en⟩ (Fußballelf) once m
Elf[2] M ⟨~en; ~en⟩ MYTH elfo m, silfo m
'Elfe F ⟨~; ~n⟩ MYTH sílfide f, elfa f

'Elfenbein N ⟨~(e)s⟩ marfil *m*; **elfenbeinern** ADJ de marfil, marfileño, *poet* ebúrneo; **elfenbeinfarbig** ADJ (de) color marfil; **Elfenbeinküste** F ⟨~⟩ GEOG Costa *f* de Marfil; **Elfenbeinschnitzerei** F talla *f* en marfil; **Elfenbeinturm** M *fig* torre *f* de marfil
'Elfenkönig M MYTH rey *m* de los elfos; **Elfenkönigin** F MYTH reina *f* de los elfos; **Elfenreigen** M danza *f* de los silfos (*bzw* de las sílfides)
'elffach ADJ once veces; **elfhundert** ADJ mil cien
'elfisch ADJ de los elfos
'elfmal ADV once veces
Elf'meter M ⟨~s; ~⟩ SPORT penalti *m*, penalty *m*; **Elfmeterschießen** N tanda *f* de penaltis
elft ADV once; **zu ~ sein** ser once
'elf'tausend ADJ once mil
'elfte(r, -s) ADJ undécimo; *König, Jahrhundert, Datum* once; **Elftel** N ⟨~s; ~⟩ onzavo *m*; **elftens** ADV undécimo
elimi'nieren V/T ⟨*ohne* ge-⟩ eliminar; **Eliminierung** F ⟨~; ~en⟩ eliminación *f*
E'lisabeth EIGENN F **1** *Vorname*: Isabel *f* **2** *Königinnenname*: Isabel *f*
eli'tär ADJ elitista
E'lite F ⟨~; ~n⟩ élite *f*; **die ~** *a.* lo más selecto; la flor y nata
E'lite... IN ZSSGN selecto, escogido; (*elitär*) elitista; **Elitedenken** N pensamiento *m* elitista; **Elitetruppen** FPL MIL tropas *fpl* escogidas; **Eliteuniversität** F universidad *f* de élite
Eli'xier N ⟨~s; ~e⟩ elixir *m*
'Ellbogen M ⟨~s; ~⟩ codo *m*; **mit dem ~ stoßen** codear, dar con el codo a; *fig* **die ~ gebrauchen** abrirse paso a codazos
'Ellbogenfreiheit F *fig* libertad *f* de acción; **Ellbogengesellschaft** F SOZIOL sociedad *f* regida por la ley de la selva; **Ellbogenschützer** M ⟨~s; ~⟩ codera *f*
'Elle F ⟨~; ~n⟩ **1** ANAT cúbito *m* **2** *Maß*: yarda *f*; (*Messstock*) vara *f*
'Ellenbogen *etc* → Ellbogen *etc*
'ellenlang ADJ de una vara de largo; *fig* larguísimo, interminable
El'lipse F ⟨~; ~n⟩ **1** GEOM elipse *f* **2** LING elipsis *f*; **elliptisch** ADJ elíptico
'Elmsfeuer N fuego *m* de San Telmo
Elo'xalverfahren N TECH procedimiento *m* de oxidación electrolítica; **elo'xieren** V/T ⟨*ohne* ge-⟩ anodizar
El Salva'dor [-v-] N ⟨~s⟩ El Salvador *m*
'Elsass N ⟨~ *od* ~es⟩ Alsacia *f*
'Elsässer M ⟨~s; ~⟩, **Elsässerin** F ⟨~; ~nen⟩ alsaciano *m*, -a *f*; **elsässisch** ADJ alsaciano
'Elsass-Lothringen N ⟨~s⟩ Alsacia-Lorena *f*
'Elster F ⟨~; ~n⟩ ORN urraca *f*, picaza *f*
ELSTER F ABK (elektronische Steuererklärung) VERW ≈ PADRE *m* (*Programa de Ayuda a la Declaración de la Renta*)
'elterlich ADJ paterno, de los padres; JUR **~e Gewalt** patria potestad *f*
'Eltern PL padres *mpl*; *umg fig* **das ist nicht von schlechten ~** no es moco de pavo
'Elternabend M SCHULE reunión *f* de padres (de alumnos); **Elternbeirat** M SCHULE asociación *f* de padres de alumnos; Consejo *m* de Padres; **Elterngeld** N WIRTSCH *subsidio por maternidad od paternidad*; **Elternhaus** N casa *f* paterna, hogar *m* paterno; **Elternliebe** F amor *m* paternal; **elternlos** ADJ sin padres, huérfano; **Elternschaft** F ⟨~; ~en⟩ **die ~** los padres de los alumnos; **Elternteil** M (*Vater*) el padre; (*Mutter*) la madre; **ein ~** uno de los padres; **Elternzeit** F *BRD*: excedencia *f* por maternidad *bzw* paternidad (de hasta tres años)
EM [ʔeːˈʔɛm] F ABK (Europameisterschaft) campeonato *m* de Europa
E'mail [e'maɪl] N ⟨~s; ~s⟩ esmalte *m*
'E-Mail ['iːmeːl] F ⟨~; ~s⟩ *od* N ⟨~s; ~s⟩ **1** *System*: correo *m* electrónico **2** *Nachricht*: e-mail *m*, mensaje *m*; *umg* emilio *m*; **j-m ein(e) ~ schicken** mandar un (e-)mail a alg; **E-Mail--Adresse** F dirección *f* electrónica
E'mailarbeiter M, **Emailarbeiterin** F esmaltador *m*, -a *f*; **Emailfarbe** F pintura *f* de esmalte; **Emailgeschirr** N vajilla *f* esmaltada
E'maille [e'malje, e'maɪ] F ⟨~; ~n⟩ esmalte *m*
email'lieren V/T ⟨*ohne* ge-⟩ esmaltar
'E-Mail-Programm ['iːmeːl-] N programa *m* de correo electrónico
Emanati'on F ⟨~; ~en⟩ *geh* emanación *f*
E'manze F *umg oft pej* mujer *f* emancipada
Emanzipati'on F ⟨~; ~en⟩ emancipación *f*; **emanzi'pieren** V/R ⟨*ohne* ge-⟩ **sich ~** emanciparse; **emanzi'piert** ADJ emancipado
Em'bargo N ⟨~s; ~s⟩ embargo *m*; **ein ~ verhängen über** decretar el embargo sobre; **mit ~ belegen** embargar
Em'blem N ⟨~s; ~e⟩ emblema *m*
Embo'lie F ⟨~; ~n⟩ MED embolia *f*
'Embryo M ⟨~s; ~s⟩ embrión *m*
Embryolo'gie F ⟨~⟩ embriología *f*; **embryo'nal** ADJ embrionario
emeri'tieren V/T ⟨*ohne* ge-⟩ UNIV jubilar; **emeritiert** ADJ emérito; **Emeritierung** F ⟨~; ~en⟩ jubilación *f*
Emi'grant M ⟨~en; ~en⟩, **Emigrantin** F ⟨~; ~nen⟩ emigrante *m/f*; **Emigrati'on** F ⟨~; ~en⟩ emigración *f*; **emi'grieren** V/I ⟨*ohne* ge-; sn⟩ emigrar
emi'nent ADJ eminente, ilustre, insigne
Emi'nenz F ⟨~; ~en⟩ *Titel*: Eminencia *f*; *Anrede*: Eminentísimo Señor; *fig* **graue ~** eminencia *f* gris
'Emir M ⟨~s; ~e⟩ emir *m*
Emi'rat N ⟨~(e)s; ~e⟩ emirato *m*; **Vereinigte Arabische ~e** Emiratos *mpl* Árabes Unidos
Emissi'on F ⟨~; ~en⟩ HANDEL, PHYS emisión *f*
Emissi'onsbank F ⟨~; ~en⟩ HANDEL banco *m* de emisión de valores; **emissionsfrei** ADJ ÖKOL libre de emisiones *konj*, de emisión *f* cero; **Emissionshandel** M HANDEL intercambio *m* de emisiones; **Emissionskurs** M HANDEL tipo *m* de emisión
emit'tieren V/T ⟨*ohne* ge-⟩ HANDEL, PHYS emitir
'Emmentaler M, **~ Käse** M queso *m* em(m)ental
'EMNID-Institut N *instituto alemán de demoscopia*
Emoti'on F ⟨~; ~en⟩ emoción *f*; **emotio'nal** ADJ emocional, emotivo
Emp'fang M ⟨~(e)s; ⸚e⟩ **1** *allg* recepción *f* (*a. Veranstaltung*); **etw in ~ nehmen** recibir a/c; **bei ~ von ...** a la recepción de, al recibir ...; a la entrega de ...; **nach ~ von ...** después de recibir ... **2** (*Aufnahme*) acogida *f*, recibimiento *m*; **j-m einen guten/schlechten ~ bereiten** recibir bien/mal a alg; **j-m einen begeisterten ~ bereiten** dar una acogida entusiasta a alg **3** *im Hotel*: recepción *f*; **etw am ~ abgeben** *od* **hinterlassen** dejar a/c en recepción **4** RADIO recepción *f*; TEL cobertura *f*; **ich habe keinen ~** no tengo cobertura **5** HANDEL recibo *m*; **den ~ bestätigen** acusar recibo (**von** de)
emp'fangen V/T ⟨*irr; ohne* ge-⟩ **1** *allg* recibir; RADIO, TV *a.* captar **2** (*aufnehmen*) recibir (*bes Gäste*), acoger; **j-n freundlich ~** acoger a alg cordialmente **3** *Gehalt* cobrar, percibir **4** PHYSIOL *Kind* concebir
Emp'fänger[1] M ⟨~s; ~⟩ RADIO *Gerät*: receptor *m*
Emp'fänger[2] M ⟨~s; ~⟩, **Empfängerin** F ⟨~; ~nen⟩ **1** *Postwesen*: destinatario *m*, -a *f*; HANDEL *von Waren*: consignatario *m*, -a *f*; **dem ~ aushändigen** entregar al destinatario; **~ unbekannt verzogen** destinatario desconocido **2** *e-r Summe*: perceptor *m*, -a *f*, receptor *m*, -a *f*; *e-r Unterstützung etc*: beneficiario *m*, -a *f*
emp'fänglich ADJ susceptible; sensible (**für** a); MED predispuesto (**für** a); *für Eindrücke*: impresionable; **Empfänglichkeit** F ⟨~⟩ susceptibilidad *f*; sensibilidad *f*; (*Veranlagung*) predisposición *f*; *für Eindrücke*: impresionabilidad *f*
Emp'fängnis F ⟨~⟩ MED concepción *f*; **empfängnisfähig** ADJ conceptivo; **empfängnisverhütend** ADJ anticonceptivo, contraceptivo; **~es Mittel** (medio *m*) anticonceptivo *m*; **Empfängnisverhütung** F ⟨~⟩ anticoncepción *f*, contracepción *f*
Emp'fangsantenne F antena *f* receptora; **empfangsberechtigt** ADJ autorizado para recibir; **Empfangsbereich** M RADIO alcance *m* de recepción; **Empfangsbescheinigung** F ⟨~; ~en⟩ (acuse *m* de) recibo *m*, resguardo *m*; **Empfangsbestätigung** F ⟨~; ~en⟩ acuse *m* de recibo; **gegen ~** contra (acuse de) recibo; **eine ~ ausstellen** extender un (acuse de) recibo; **Empfangsbüro** N recepción *f*; **Empfangschef** M [-ʃɛf], **Empfangschefin** F jefe *m*, -a *f* de recepción; **Empfangsdame** F recepcionista *f*; **Empfangsgerät** N receptor *m*; **Empfangshalle** F recepción *f*; **Empfangsschein** M ⟨~(e)s; ~e⟩ recibo *m*; resguardo *m*; **Empfangsstärke** F RADIO intensidad *f* de recepción; **Empfangsstation** F **1** HANDEL estación *f* de destino **2** RADIO estación *f* receptora; **Empfangsstörung** F RADIO interferencia *f*; **Empfangstag** M HANDEL día *m* de recibo; **Empfangszimmer** N recibidor *m*; sala *f* de recepciones
emp'fehlen ⟨*irr; ohne* ge-⟩ **A** V/T recomendar; (*anvertrauen*) encomendar; **j-m ~, etw zu tun** aconsejar a alg hacer a/c; **... ist nicht zu ~** no conviene ... **B** V/R *geh* **sich ~** **1** (*sich verabschieden*) despedirse **2** **sich j-m ~** ofrecer sus respetos a; *geh od hum* **~ Sie mich Ihrer Frau Gemahlin** mis respetos a (*od* póngame a los pies de) su señora **C** V/UNPERS **es empfiehlt sich zu** (*inf*) conviene (*inf*); es recomendable (*od* aconsejable) (*inf*)
emp'fehlenswert ADJ recomendable
Emp'fehlung F ⟨~; ~en⟩ recomendación *f*; **gute ~en haben** tener buenas referencias; **auf ~ von** por recomendación de; *geh* **meine besten ~en an** (*acus*) muchos recuerdos (*od* saludos) de mi parte a
Emp'fehlungsschreiben N carta *f* de recomendación
emp'finden V/T ⟨*irr; ohne* ge-⟩ (*fühlen*) sentir; experimentar; (*wahrnehmen*) percibir
Emp'finden N ⟨~s⟩ sensación *f*, sentimiento *m*; **für mein ~** para mí
emp'findlich **A** ADJ **1** *Sache* sensible (**gegen** a) (*a.* FOTO, TECH); (*heikel*) delicado; **~e Stelle** punto *m* débil; FOTO **~ machen** sensibilizar **2** *Person* sensible; (*leicht gekränkt*) susceptible; (*reizbar*) irritable; (*empfindungsfähig*) sensitivo **3** (*fühlbar*) *Schmerz* intenso; *Kälte* agudo; *Strafe* severo, ejemplar; *Verlust, Mangel* sensible (*bzw* doloroso) **B** ADV (*fühlbar*) sensiblemente; (*reizbar*) irritablemente; (*leicht gekränkt*) susceptiblemen-

te; ~ **kalt** intensamente frío; ~ **auf etw** *(acus)* **reagieren** reaccionar susceptiblemente (*od* de manera irritada) a a/c
Emp'findlichkeit F ⟨~; ~en⟩ sensibilidad *f*; delicadeza *f*; *(Reizbarkeit)* susceptibilidad *f*; **empfindsam** ADJ sensible; emotivo; afectivo; *(gefühlvoll)* sentimental; **Empfindsamkeit** F ⟨~⟩ sensibilidad *f*; emotividad *f*; sentimentalismo *m*, *pej* sensiblería *f*
Emp'findung F ⟨~; ~en⟩ sensación *f*; *(Gefühl)* sentimiento *m*
emp'findungslos ADJ insensible (**für**, gegen a); **Empfindungslosigkeit** F ⟨~⟩ insensibilidad *f*; **Empfindungsvermögen** N ⟨~s⟩ sensibilidad *f*; **Empfindungswort** N ⟨~(e)s; ⸚er⟩ GRAM, *obs* interjección *f*
Em'phase F ⟨~; ~n⟩ énfasis *m*; **emphatisch** ADJ enfático
Em'pire[1] [ɑ̃ːˈpiːr] N ⟨~s⟩, **Empirestil** M ⟨~(e)s⟩ ARCH, *Kunst*: estilo *m* imperio
'Empire[2] [ˈɛmpaɪə] N ⟨~s⟩ HIST *(britisches Weltreich)* imperio *m* británico
Empi'rie F ⟨~⟩ empirismo *m*
Em'piriker M ⟨~s; ~⟩, **Empirikerin** F ⟨~; ~nen⟩ empírico *m*, -a *f*; **empirisch** ADJ empírico
em'por ADV *geh* (hacia) arriba; *umg* para arriba; **emporarbeiten** V/R *geh fig* **sich** ~ abrirse paso, hacer carrera; **emporblicken** V/I *geh* levantar los ojos, alzar la vista (**zu** a)
Em'pore F ⟨~; ~n⟩ ARCH *Kirche*: coro *m* alto; tribuna *f*, galería *f* (alta)
em'pören ⟨*ohne* ge-⟩ **A** V/T **j-n** ~ indignar a alg; *(aufbringen)* irritar *od* encolerizar a alg; *(schockieren)* escandalizar a alg **B** V/R **1** **sich** ~ indignarse (**über** *acus* por), escandalizarse (**über** *acus* de, por) **2** *(rebellieren)* **sich** ~ (**gegen**) rebelarse (contra)
em'pörend ADJ escandaloso; vergonzoso; indignante
Em'pörer M ⟨~s; ~⟩, **Empörerin** F ⟨~; ~nen⟩ *geh* rebelde *m/f*; revoltoso *m*, -a *f*; insurrecto *m*, -a *f*; **empörerisch** ADJ rebelde; revoltoso; insurreccional
em'porheben V/T ⟨*irr*⟩ *geh* **1** levantar, alzar **2** *fig* exaltar, ensalzar; **emporkommen** V/I ⟨*irr*; sn⟩ *geh* **1** subir; elevarse **2** *fig* prosperar, medrar; encumbrarse; **Emporkömmling** M ⟨~s; ~e⟩ *pej* advenedizo *m*; arribista *m*; nuevo rico *m*; **emporragen** V/I *geh* ~ **über** dominar; sobresalir de; elevarse encima de; **emporschießen** V/I ⟨*irr*; sn⟩ *geh Pflanzen* brotar; espigarse; *Fontäne* surtir; **emporschnellen** V/I ⟨sn⟩ *geh* levantarse de un salto; *Preise* dispararse; **emporschrauben** V/R *geh* FLUG **sich** ~ subir en espiral; **emporschwingen** V/R ⟨*irr*⟩ *geh* **sich** ~ **1** levantar el vuelo, elevarse **2** *fig* encumbrarse; **emporsteigen** V/I ⟨*irr*; sn⟩ *geh* subir, ascender; elevarse; **emporstreben** V/I *geh fig* tener altas aspiraciones
em'pört ADJ escandalizado (**über** *acus* de, por)
Em'pörung F ⟨~; ~en⟩ **1** *(Entrüstung)* indignación *f* (**über** *acus* por, de), sublevación *f* (**über** *acus* por) **2** *(Aufstand)* sublevación *f*; rebelión *f*; insurrección *f*
'emsig ADJ *(geschäftig)* activo, diligente; *(fleißig)* laborioso; asiduo; aplicado, estudioso; **Emsigkeit** F ⟨~⟩ actividad *f*, diligencia *f*, aplicación *f*; laboriosidad *f*; asiduidad *f*
'Emu M ⟨~s; ~s⟩ ZOOL emú *m*
emul'gieren V/T & V/I ⟨*ohne* ge-⟩ CHEM emulsionar; **Emulsi'on** F ⟨~; ~en⟩ emulsión *f*
'E-Musik F ⟨~⟩ música *f* seria
'Endbahnhof M estación *f* terminal (*od* término); **Endbearbeitung** F ⟨~; ~en⟩ TECH acabado *m*; **Endbuchstabe** M letra *f* final
'Ende N ⟨~s; ~n⟩ **1** *(Endstück)* extremo *m*, extremidad *f*; remate *m*; cabo *m*; JAGD *am Geweih*: punta *f*, candil *m*; **am anderen** ~ al otro extremo; **von einem** ~ **zum anderen** de un extremo a otro, *umg* de cabo a rabo **2** *zeitlich*: fin *m*, final *m*; término *m*; ~ **Mai** a fines de mayo; **sie ist** ~ **zwanzig** va para los treinta; **am** ~ al final; **am** ~ **des Monats** a fines (*od* últimos *od* finales) de mes; **das nimmt kein** ~ esto es cosa de nunca acabar, *umg* aquí hay tela para rato; **alles muss einmal ein** ~ **haben** todo tiene que acabar alguna vez **3** *(Abschluss)* conclusión *f*, terminación *f*; *(Ausgang)* desenlace *m*; *(Ergebnis)* resultado *m*; **Arbeit** *f* **ohne** ~ un sinfín de trabajo; **einer Sache** *(dat)* **ein** ~ **machen** acabar con a/c; poner término a a/c, dar fin a a/c; **seinem Leben ein** ~ **machen** *od* **setzen** suicidarse, quitarse la vida; *sprichw* ~ **gut, alles gut** bien está lo que bien acaba; todo está bien, si termina bien **4** *(Tod)* muerte *f*, desenlace *m* fatal; **ein unrühmliches** ~ **finden** tener una muerte poco honrosa **5** *fig umg* **das** ~ **vom Lied** el (triste) resultado; *umg* **das dicke** ~ **kommt noch** *umg* aún queda el rabo por desollar; **am** ~ *(nach allem, was geschehen ist)* después de todo; *(vielleicht)* a lo mejor; *(schließlich)* finalmente, por último; por fin; **am** ~ **(seiner Kraft) sein** estar rendido; **am** ~ **der Welt** en el fin del mundo; **ich bin mit meiner Geduld am** ~ se me acaba la paciencia; **letzten** ~**s** al fin y al cabo, en definitiva, en resumidas cuentas **6** *mit zu*: **zu** ~ **sein** haber terminado; *Vorräte* estar agotado; **zu** ~ **führen** *od* **bringen** acabar, terminar, dar cima a; llevar a cabo; *geh* **zu einem guten** ~ *od* **glücklich zu** ~ **führen** llevar a buen término; **zu** ~ **gehen** tocar a su fin; acabarse; *fig* extinguirse; *(knapp werden)* ir escaseando; **es geht mit ihm zu** ~ está muriéndose, *umg* está en las últimas **7** *umg (Strecke)* **es ist noch ein gutes** ~ **bis dahin** *umg* aún queda un buen trecho por recorrer
'Endeffekt M ⟨~(e)s⟩ **im** ~ al fin y al cabo; mirándolo bien
Ende'miegebiet N MED zona *f* endémica
en'demisch ADJ MED, BIOL endémico
'enden V/I **1** *allg* acabar(se), terminar(se); *(aufhören)* cesar; *Frist* vencer, caducar, expirar; ~ **mit** acabar con; **tragisch** ~ tener un final trágico; **nicht** ~ **wollend** interminable; incesante; **ich weiß nicht, wie das** ~ **soll** no sé cómo terminará eso **2** *geh (sterben)* morir, fallecer
'Endergebnis N resultado *m* final
'endgeil ADJ *umg Jugendspr* supergenial, fantástico
'Endgerät N terminal *m*, equipo *m* terminal; **Endgeschwindigkeit** F velocidad *f* final
'endgültig **A** ADJ definitivo **B** ADV definitivamente; **das steht** ~ **fest** ha quedado definitivamente acordado
'Endhaltestelle F (parada *f*) final *f*
'endigen V/I → enden
En'divie [ɛnˈdiːviə] F ⟨~; ~n⟩ BOT escarola *f*
'Endkampf M SPORT final *f*; **Teilnehmer am** ~ finalista *m*; **in den** ~ **kommen** calificarse para la final; ser finalista
'Endkunde M → Endverbraucher; **Endlager** N NUKL **(atomares)** ~ depósito *f* final (de residuos radiactivos); **endlagern** V/T almacenar definitivamente; **Endlagerung** F → Endlager; **Endlauf** M SPORT carrera *f* final
'endlich **A** ADJ final; *(endgültig)* definitivo; *(begrenzt)* limitado; MATH, PHIL finito **B** ADV finalmente, por fin, en fin; ~! ¡por fin!; **sei** ~ **still!** ¡cállate de una vez!; **Endlichkeit** F ⟨~⟩ PHIL lo finito
'endlos ADJ infinito; interminable, inacabable; *(unbegrenzt)* ilimitado; *(unaufhörlich)* incesante; TECH sin fin; continuo; TECH ~**es Band** sinfín *m*; **Endlospapier** N papel *m* continuo
'Endlösung F ⟨~; ~en⟩ *Nationalsozialismus*: solución *f* definitiva; **Endmontage** F TECH montaje *m* (*bes* AUTO ensamblaje *m*) final
Endos'kop N ⟨~s; ~e⟩ endoscopio *m*; **Endoskopie** F ⟨~; ~n⟩ endoscopia *f*; **endoskopisch** endoscópico
'Endphase F fase *f* final; *fig* recta *f* final; **Endprodukt** N producto *m* final (*od* terminado *od* acabado); **Endpunkt** M término *m*; **Endreim** M rima *f* consonante (perfecta); **Endresultat** N resultado *m* final; **Endrunde** F SPORT final *f*; *fig* recta *f* final; **in die** ~ **kommen** ser finalista (*a. fig*); **Endsilbe** F sílaba *f* final; **Endspiel** N SPORT encuentro *m* final, final *f*; **Endspurt** M sprint *m* final; *fig a.* recta *f* final; **Endstadium** N ⟨~s⟩ fase *f* final (*od* terminal); **Endstand** M SPORT resultado *m* final; **Endstation** F estación *f* final (*od* término); **Endstück** N terminal *m*; extremo *m*; **Endsumme** F total *m*; importe *m* (*od* monto *m*) definitivo, suma *f* final
'Endung F ⟨~; ~en⟩ GRAM desinencia *f*, terminación *f*
'Endurteil N JUR sentencia *f* final (*od* definitiva); **Endverbraucher** M, **Endverbraucherin** F consumidor *m*, -a *f* final; **Endverkaufspreis** M precio *m* de venta al público; **Endwert** M valor *m* final
'Endzeit F tiempo *m* final; fin(al) *m* de los tiempos; **Endzeitstimmung** F ambiente *m* apocalíptico
'Endziel N objetivo *m* final; **Endzweck** M finalidad *f*, objeto *m* final
Ener'getik F ⟨~⟩ PHYS energética *f*; **energetisch** ADJ energético
Ener'gie F ⟨~; ~n⟩ energía *f*; *von Personen a.*: fuerza *f*; ÖKOL **alternative** *od* **erneuerbare** ~ energía *f* renovable; ~ **sparen/verschwenden** ahorrar/derrochar energía; **mit** ~ **versorgen** abastecer (*od* proveer) de (*od* con) energía
Ener'giebedarf M demanda *f* energética (*od* de energía); **den** ~ **einschränken** reducir la demanda de energía; **Energieeinheit** F unidad *f* de energía; **Energieeinsparung** F, **Energieersparnis** F ahorro *m* de energía (*od* energético); **Energieerzeugung** F producción *f* (*od* generación *f*) de energía; **energiegeladen** ADJ *fig* desbordante de energía; **Energiekrise** F crisis *f* energética; **energielos** ADJ sin energía; **Energielosigkeit** F ⟨~⟩ falta *f* de energía; **Energiepolitik** F política *f* energética; **Energiequelle** F fuente *f* de energía (*od* energética); **Energiesektor** M sector *m* energético
ener'giesparend, Ener'gie sparend ADJ ahorrador de energía
Ener'giesparlampe F lámpara *f* de bajo consumo (de energía); **Energiesparmaßnahme** F medida *f* de ahorro de energía
Ener'giesteuer F impuesto *m* al consumo de energía; **Energieverbrauch** M consumo *m* (*od* gasto *m*) de energía; **Energieverschwendung** F despilfarro *m* de energía; **Energieversorgung** F ⟨~⟩ abastecimiento *m* energético; **Energiewirtschaft** F economía *f* energética; *Industrie*: industria *f* energética
e'nergisch **A** ADJ enérgico; *(tätig)* activo, dinámico; *(entschlossen)* decidido, resuelto **B** ADV enérgicamente; *(tätig)* activamente, dinámicamente; ~ **vorgehen** proceder enérgicamente (*od* con energía), adoptar medidas enérgicas
Energydrink [ˈɛnədʒɪdrɪŋk] M bebida *f* energética
eng **A** ADJ **1** *Durchgang etc* estrecho (*a. fig*); *bes*

Am angosto; Kleid ceñido, ajustado; Rock recto; **~er machen** Kleid estrechar, ajustar; Am angostar; **~er werden** estrecharse; **in ~en Grenzen** en estrechos límites **2** (beschränkt) limitado **3** (gedrängt) apretado; (dicht) denso, espeso; Masche tupido **4** fig Freund íntimo; **im ~sten Kreis** en la intimidad **5** fig **im ~eren Sinne** en sentido estricto; propiamente dicho; **in die ~ere Wahl kommen** llegar a la última (fase de) selección; alcanzar la fase final de selección; umg **das darf man nicht so ~ sehen!** ¡no hay que ser tan estricto! **B** ADV → eng anliegend, eng befreundet

'Engadin N schweiz ⟨~s⟩ Engadina f

Engage'ment [ãgaʒ(ə)'mã:] N ⟨~s; ~s⟩ **1** (Einsatz) compromiso m, dedicación f; **er war mit großem ~ bei der Sache** se tomó el asunto con gran empeño **2** THEAT (Stelle) contrata f

enga'gieren [-'ʒi:rən] ⟨ohne ge-⟩ **A** VT **1** contratar (a. THEAT) **2** obs (zum Tanz auffordern) sacar a bailar **B** VR **sich ~** comprometerse (**für, bei** en), emplearse (**für, bei** por); **enga'giert** [-'ʒi:rt] ADJ comprometido; **politisch ~** militante

eng anliegend ADJ Kleid estrecho, ajustado, ceñido; **eng befreundet** ADJ **~ sein** ser íntimos amigos

'Enge F ⟨~; ~n⟩ **1** estrechez f (a. fig); bes Am angostura f; **in die ~ treiben** acorralar, poner entre la espada y la pared; poner en un aprieto **2** Ort: paso m estrecho; (Meerenge) estrecho m; (Pass) desfiladero m

'Engel M ⟨~s; ~⟩ ángel m (a. fig); **du bist ein ~!** ¡eres un ángel!; umg fig **die ~ im Himmel singen hören** ver las estrellas

'Engelchen N ⟨~s; ~⟩, **Engelein** N ⟨~s; ~⟩ angelito m, querubín m; **engelgleich, engelhaft** ADJ → engelsgleich; **Engelschar** F ⟨~; ~en⟩ coro m de ángeles

'Engelsgeduld F paciencia f de Job; **eine ~ haben** tener más paciencia que Job; **engelsgleich** ADJ angelical; angélico; **Engelszunge** F **mit ~n reden** hablar como los ángeles

'Engelwurz F ⟨~⟩ BOT angélica f

'Engerling M ⟨~s; ~e⟩ ZOOL gusano m blanco

'engherzig ADJ fig estrecho; mezquino; poco generoso; **Engherzigkeit** F ⟨~⟩ mezquindad f, pequeñez f

engl. ABK (englisch) ingl. (inglés)

'England N ⟨~s⟩ Inglaterra f

'Engländer M ⟨~s; ~⟩ **1** inglés m **2** umg (Schraubenschlüssel) llave f inglesa; **Engländerin** F ⟨~; ~nen⟩ inglesa f

'englandfeindlich ADJ anglófobo; antibritánico; **englandfreundlich** ADJ anglófilo

'englisch ADJ inglés; in zssgn anglo...; **~-deutsch** POL anglo-alemán; Wörterbuch: inglés-alemán

'Englisch N ⟨~(s)⟩, **Englische** N ⟨~n⟩ **~, das ~e** el (idioma) inglés, la lengua inglesa; **~ sprechen/können** hablar/saber inglés; **auf ~** en inglés; **aus dem ~en/ins ~e übersetzen** traducir del inglés/en inglés

'Englischhorn N MUS corno m inglés; **Englischkenntnisse** FPL conocimientos mpl de inglés; **englischsprachig** ADJ anglófono, angloparlante

'engmaschig ADJ TEX de mallas tupidas (od finas); **Engpass** M **1** paso m estrecho (a. VERKEHR), desfiladero m **2** HANDEL, a. fig estrangulamiento m, cuello m de botella

en 'gros [ã'gro:] ADV HANDEL al por mayor

En'groshandel M HANDEL comercio m al por mayor; **Engroshändler** M, **Engroshändlerin** F HANDEL comerciante m/f al por mayor, mayorista m/f; **Engrospreis** M HANDEL precio m al por mayor

'engstirnig ADJ estrecho de miras; **Engstirnigkeit** F ⟨~⟩ estrechez f de miras (od de espíritu)

'Enkel M ⟨~s; ~⟩ nieto m; **Enkelin** F ⟨~; ~nen⟩, nieta f; **Enkelkind** N nieto m, -a f; **~er** npl nietos mpl; **Enkelsohn** M nieto m; **Enkeltochter** F nieta f

En'klave F ⟨~; ~n⟩ enclave m

enko'dieren VT ⟨ohne ge-⟩ codificar

e'norm **A** ADJ enorme; umg bárbaro, fenómeno **B** umg ADV **~ schnell/groß** etc increíblemente rápido/grande, etc

en passant [ãpa'sã:] ADV de paso

En'semble [ã'zãbl] N ⟨~s; ~s⟩ THEAT compañía f, elenco m; MUS u. Mode: conjunto m

ent'arten VI ⟨ohne ge-; sn⟩ degenerar (**zu** en); fig Sitten corromperse; **entartet** ADJ Nationalsozialismus: degenerado; decadente; **Entartung** F ⟨~; ~en⟩ Nationalsozialismus: degeneración f; corrupción f; decadencia f

ent'äußern VR ⟨ohne ge-⟩ geh **sich einer Sache** (gen) **~** deshacerse de a/c, desprenderse de a/c, enajenarse de a/c, desposeerse de a/c; **Entäußerung** F ⟨~; ~en⟩ enajenación f

ent'behren VT ⟨ohne ge-⟩ (nicht haben) carecer de; estar privado (od desprovisto) de; (vermissen) echar de menos (od en falta); **etw (nicht) ~ können** (no) poder prescindir de a/c; (no) poder pasarse sin a/c

ent'behrlich ADJ prescindible; (unnötig) innecesario, inútil; (überflüssig) superfluo; **Entbehrlichkeit** F ⟨~⟩ superfluidad f

Ent'behrung F ⟨~; ~en⟩ privación f

ent'bieten VT ⟨irr; ohne ge-⟩ geh ofrecer, brindar; **j-m seinen Gruß ~** saludar (bzw enviar od transmitir) sus saludos a alg

ent'binden ⟨irr; ohne ge-⟩ **A** VT **1** (befreien) **~ von** dispensar de, relevar de; von e-m Eid desligar de **2** MED Frau asistir en el parto **B** VI MED dar a luz; **Entbindung** F ⟨~; ~en⟩ **1** (Befreiung) dispensa f, exención f **2** MED (Geburt) parto m, alumbramiento m

Ent'bindungsanstalt F, **Entbindungsheim** N ⟨~(e)s; ~e⟩ obs (casa f de) maternidad f; **Entbindungsstation** F sala f de partos, paritorio m

ent'blättern **A** VT ⟨ohne ge-⟩ deshojar **B** VR **sich ~** **1** Baum deshojarse, perder las hojas **2** umg hum (sich ausziehen) desnudarse

ent'blöden VR ⟨ohne ge-⟩ geh od hum **sich nicht ~ zu** (inf) atreverse a (inf), osar (inf)

ent'blößen VT ⟨ohne ge-⟩ descubrir; Körper desnudar; Schwert desnudar, desenvainar; fig despojar, privar (**von** od gen de); **sein Haupt ~** descubrirse; **ent'blößt** ADJ descubierto; desnudo; fig despojado de, privado de; (ohne Hilfe) desamparado; (mittellos) sin recursos; **Ent'blößung** F ⟨~; ~en⟩ desnudamiento m; fig despojo m, privación f

ent'brennen VI ⟨irr; ohne ge-; sn⟩ geh inflamarse, encenderse (a. fig); Kampf trabarse, empeñarse; **von Zorn ~** encolerizarse

ent'decken ⟨ohne ge-⟩ **A** VT descubrir; (herausfinden) averiguar; (aufdecken) revelar, desvelar **B** VR geh **sich j-m ~** confiarse a alg

Ent'decker M ⟨~s; ~⟩, **Entdeckerin** F ⟨~; ~nen⟩ descubridor m, -a f; **Entdeckung** F ⟨~; ~en⟩ descubrimiento m; hallazgo m; revelación f; **Entdeckungsreise** F viaje m de exploración

entdramati'sieren VT ⟨ohne ge-⟩ fig desdramatizar

'Ente F ⟨~; ~n⟩ **1** ORN pato m; weibliche: pata f; fachspr (Entenvogel) ánade m/f **2** umg fig **lahme ~** umg manta m; umg fig **er/sie ist eine lahme ~** a. umg es más lento/lenta que el caballo del malo **3** fig (Zeitungsente) bulo m, bola f, camelo m **4** umg AUTO umg dos caballos m **5** GASTR **kalte ~** *bebida de vino blanco, champán y limón*

ent'ehren VT ⟨ohne ge-⟩ deshonrar (a. Frau); infamar (a. Sache); **entehrend** ADJ deshonroso; infamatorio, infamante (a. Strafe); **Entehrung** F ⟨~; ~en⟩ deshonor m; deshonra f; a. e-r Sache: infamación f

ent'eignen VT ⟨ohne ge-⟩ expropiar; desposeer; **Enteignung** F ⟨~; ~en⟩ expropiación f; desposeimiento m

ent'eilen VI ⟨ohne ge-; sn⟩ escapar(se); huir; Zeit pasar; **ent'eisen** VT ⟨ohne ge-⟩ deshelar, descongelar

ent'eisenen VT ⟨ohne ge-⟩ CHEM desferruginar; **Enteisenung** F ⟨~; ~en⟩ desferruginación f, desferrización f

Ent'eisung F ⟨~; ~en⟩ descongelación f

'Entenbraten M pato m asado; **Entenbrust** F GASTR magret m de pato; pechuga f de pato; **Entenei** N huevo m de pata; **Entenmuschel** F ZOOL percebe m

ent'erben VT ⟨ohne ge-⟩ desheredar; **Enterbung** F ⟨~; ~en⟩ desheredación f, desheredamiento m

'Enterhaken M SCHIFF arpón m (od gancho m) de abordaje

'Enterich M ⟨~s; ~e⟩ ORN pato m (macho)

'entern VT ⟨ohne ge-⟩ SCHIFF abordar

'Entern N ⟨~s⟩ SCHIFF abordaje m

'Entertainer [-te:nər] M ⟨~s; ~⟩, **Entertainerin** F ⟨~; ~nen⟩ bes TV: animador m, -a f

'Entertaste F IT tecla f Enter

ent'fachen VT ⟨ohne ge-⟩ atizar, inflamar; fig **Proteste ~** provocar protestas

ent'fahren VI ⟨irr; ohne ge-; sn⟩ geh escaparse

ent'fallen VI ⟨irr; ohne ge-; sn⟩ **1** aus dem Gedächtnis: escaparse; **ihr Name ist mir ~** se me ha olvidado su nombre **2** (wegfallen) suprimirse; (nicht in Frage kommen) no proceder, ser improcedente; Notiz: **entfällt** suspendido; in Formularen: ninguno, nada **3** als Anteil: **auf j-n ~** recaer en alg, corresponder a alg

ent'falten **A** VT ⟨ohne ge-⟩ desplegar (a. MIL, Fahne u. fig); desdoblar; desenvolver; (entrollen) desarrollar (a. fig) **B** VR **sich ~** Knospen etc abrirse; fig desarrollarse

Ent'faltung F ⟨~; ~en⟩ **1** desdoblamiento m **2** fig despliegue m, desarrollo m; desenvolvimiento m; **berufliche ~** desarrollo m profesional; **zur ~ bringen** (hacer) desplegar (od desarrollar); **zur ~ kommen/gelangen** desarrollarse, desplegarse

Ent'faltungsmöglichkeit F posibilidad f de desarrollo (od desenvolvimiento); **dieser Beruf bietet viele ~en** esta profesión brinda numerosas posibilidades para desarrollarse (od desenvolverse)

ent'färben ⟨ohne ge-⟩ **A** VT de(s)colorar, descolorir, desteñir **B** VR **sich ~** de(s)colorarse; (blass werden) palidecer; **Entfärbung** F ⟨~; ~en⟩ de(s)coloración f; **Entfärbungsmittel** N de(s)colorante m

ent'fernen ⟨ohne ge-⟩ **A** VT **1** (beseitigen) eliminar, quitar, remover; Fleck, Etikett quitar; MED extirpar **2** (streichen) tachar, borrar; IT borrar, eliminar **3** (fernhalten) alejar; (wegstellen) apartar; (von der Richtung abbringen) desviar **4** **j-n aus dem Amt ~** remover de su cargo a alg **B** VR **sich ~** **1** alejarse; apartarse (a. fig); (weggehen) irse, marcharse **2** fig vom Thema: desviarse; gefühlsmäßig: **sich voneinander ~** distanciarse

ent'fernt **A** ADJ (abgelegen) apartado, alejado; (entlegen) distante, lejano (a. Verwandte); **(weit) ~** remoto; **~e Ähnlichkeit** vaga semejanza f;

nicht im Entferntesten en absoluto; ni remotamente, ni con mucho **B** ADV **1** *räumlich*: **10 km von Granada ~** a 10 kilómetros de Granada; (**weit**) **~** muy lejos (**von** de); *fig* **weit ~ davon, zu** (*inf*) bien (*od* muy) lejos de (*inf*); **weit ~!** muy lejos de eso **2** **~ verwandt** pariente lejano

Ent'fernung F ⟨~; ~en⟩ **1** (*Abstand*) distancia *f*; **auf kurze/weite ~** a corta/larga distancia; **aus der ~** de lejos; **aus einiger ~** desde cierta distancia; **in einer ~ von** a una distancia de **2** (*Beseitigung*) eliminación *f*; MED extirpación *f*; extracción *f*; (*Abberufung*) remoción *f*, separación *f*; (*Fernhaltung*) alejamiento *m*, apartamiento *m* **3** (*Abwesenheit*) ausencia *f*

Ent'fernungsmesser M telémetro *m*; **Entfernungsskala** F FOTO escala *f* de distancias

ent'fesseln VT ⟨*ohne* ge-⟩ desencadenar (*a. fig*); desatar (*a. fig*); **Entfesselung** F ⟨~; ~en⟩ desencadenamiento *m* (*a. fig*)

Ent'fesselungskünstler M, **Entfesselungskünstlerin** F (artista *m/f*) escapista *m/f*; artista *m/f* de escapatorias

ent'fetten VT ⟨*ohne* ge-⟩ desengrasar, quitar la grasa; **Entfettung** F ⟨~; ~en⟩ desengrase *m*

Ent'fettungskur F MED cura *f* de adelgazamiento; **Entfettungsmittel** N CHEM desengrasante *m*

ent'flammbar ADJ inflamable

ent'flammen ⟨*ohne* ge-⟩ **A** VT inflamar, encender (*beide a. fig*) **B** VI ⟨sn⟩ inflamarse, encenderse; *fig a.* entusiasmarse, apasionarse (**für** *acus* por); **entflammend** ADJ inflamativo; **Entflammungspunkt** M punto *m* de inflamación

ent'flechten VT ⟨*irr; ohne* ge-⟩ desconcentrar; WIRTSCH *Kartelle* descartelizar, desmantelar; **Entflechtung** F ⟨~; ~en⟩ desconcentración *f*; descartelización *f*; desmantelamiento *m*

ent'fleuchen VI ⟨*ohne* ge-; sn⟩ *geh hum* → entfliehen; **ent'fliegen** VI ⟨*irr; ohne* ge-; sn⟩ volarse; alzar (*od* levantar) el vuelo; **ent'fliehen** VI ⟨*irr; ohne* ge-; sn⟩ *geh* huir, fugarse, escapar(se) (*dat* de); *Zeit* volar, pasar volando

ent'fremden ⟨*ohne* ge-⟩ **A** VT extrañar; alienar, enajenar; **etw seinem Zweck ~** hacer mal uso de a/c **B** VR **sich (j-m) ~** distanciarse (de alg), enajenarse (de alg); **Entfremdung** F ⟨~; ~en⟩ PHIL alienación *f*; *zwischen Menschen*: distanciamiento *m*

Ent'froster M ⟨~s; ~⟩ AUTO descongelador *m*

ent'führen VT ⟨*ohne* ge-⟩ secuestrar; raptar; **Entführer** M ⟨~s; ~⟩, **Entführerin** F ⟨~; ~nen⟩ raptor *m*, -a *f*; secuestrador *m*, -a *f*; (*Flugzeugentführer*) pirata *m/f* aéreo, -a; **Entführung** F ⟨~; ~en⟩ rapto *m*, secuestro *m*

ent'gasen VT ⟨*ohne* ge-⟩ desgasificar; **Entgasung** F ⟨~; ~en⟩ desgasificación *f*

ent'gegen **A** PRÄP (*dat*) *Gegensatz*: en oposición a; en contra de; contrariamente a; **~ allen Erwartungen** contra (*od* contrariamente a) todo lo que se esperaba **B** ADV *Richtung*: al encuentro de; hacia

ent'gegenarbeiten VI **einer Sache** (*dat*) **~** actuar contra a/c; contrariar a/c; contrarrestar a/c; **entgegenbringen** VT ⟨*irr*⟩ **1** (*darbieten*) presentar, ofrecer **2** *fig* mostrar; manifestar; **einer Sache** (*dat*) **Interesse ~** mostrar interés por a/c; **entgegeneilen** VI ⟨sn⟩ **j-m ~** correr *od* acudir al encuentro de alg; **entgegenfiebern** VI **einer Sache** (*dat*) **~** esperar a/c con gran impaciencia *od* impacientemente

ent'gegengehen VI ⟨*irr*; sn⟩ **j-m ~** ir (*od* salir) al encuentro de alg; ir hacia alg; *fig* aproximarse, acercarse a alg; **einer Gefahr ~** afrontar *od* arrostrar un peligro; *zeitlich*: **dem Ende ~** estar a punto de terminar, aproximarse (*od* acercarse) al final

ent'gegengesetzt ADJ opuesto (a); *fig a.* contrario (a); (*feindlich*) antagónico; (*widersprechend*) contradictorio; RHET antitético; **genau** *od* **gerade ~** diametralmente opuesto (a); **in ~er Richtung** en sentido contrario

ent'gegenhalten VT ⟨*irr*⟩ **j-m etw ~** (*reichen*) ofrecer *od* tender a/c a alg; *fig* **etw einer Sache** (*dat*) **~** (*einwenden*) objetar *od* oponer a/c a a/c; **entgegenhandeln** VI → zuwiderhandeln; **entgegenkommen** VI ⟨*irr*; sn⟩ **1** *Richtung: Fahrzeug* venir de frente; **j-m ~** ir (*od* salir) al encuentro de alg **2** *fig* **j-m ~** (*nachgeben*) transigir con alg, hacer concesiones a alg; dar facilidades a alg; **j-s Wünschen ~** satisfacer *od* atender los deseos de alg

Ent'gegenkommen N ⟨~s⟩ complacencia *f*; deferencia *f*, atención *f*; benevolencia *f*; **~ finden** ser bien acogido; **kein ~ finden** ser mal acogido

ent'gegenkommend ADJ **1** (*hilfreich*) complaciente; atento, deferente; servicial **2** *Auto* en dirección contraria; **entgegenlaufen** VI ⟨*irr*; sn⟩ **1** **j-m ~** correr al encuentro de alg **2** *fig* **einer Sache** (*dat*) **~** oponerse a a/c; ser contrario a a/c; **Entgegennahme** F ⟨~⟩ recepción *f*, aceptación *f*; **entgegennehmen** VT ⟨*irr*⟩ recibir, aceptar; (*in seine Obhut nehmen*) hacerse cargo de; **einen Anruf ~** atender una llamada

ent'gegensehen VI ⟨*irr*⟩ **einer Sache** (*dat*) **~** aguardar a/c, esperar a/c; *e-r Gefahr*: afrontar a/c; *förmlich, Briefschluss*: **Ihrer baldigen Antwort ~d** en espera de su pronta contestación

ent'gegensetzen VT **j-m etw ~** oponer a/c a alg; contraponer a/c a alg

ent'gegenstehen VI ⟨*irr*⟩ oponerse a; ser opuesto (*od* contrario) a; **einer Sache** (*dat*) **~** contraponerse a a/c; **dem steht nichts entgegen** no hay inconveniente

ent'gegenstehend ADJ contrario, opuesto, adverso; **entgegenstellen** VT oponer; objetar; **entgegenstemmen** VR **sich einer Sache** (*dat*) **~** oponerse enérgicamente a a/c, resistirse a a/c; **entgegenstrecken** VT **j-m etw ~** tender a/c a alg; extender a/c a alg

ent'gegentreten VI ⟨*irr*; sn⟩ **1** **j-m ~** acercarse a alg, salir a alg al paso (*a. fig*); *fig* oponerse a alg **2** *fig* **einer Sache** (*dat*) **~** salir al paso de a/c, oponerse a a/c; *e-r Gefahr etc*: hacer frente a a/c, afrontar a/c

ent'gegenwirken VI **einer Sache** (*dat*) **~** contrariar a/c, contrarrestar a/c; **entgegenziehen** VI ⟨*irr*; sn⟩ **j-m ~** avanzar *od* marchar hacia alg

ent'gegnen VI ⟨*ohne* ge-⟩ contestar, responder (**auf** *acus* a); *schärfer*: replicar (**auf** *acus* a); **Entgegnung** F ⟨~; ~en⟩ contestación *f*, respuesta *f*; réplica *f*

ent'gehen VI ⟨*irr; ohne* ge-; sn⟩ **1** (*verschont bleiben*) escapar (**j-m** a alg; **einer Sache** de a/c) **2** *fig* (*unbemerkt bleiben*) **j-m ~** pasar inadvertido a alg **3** (*versäumt werden*) **sich** (*dat*) **etw (nicht) ~ lassen** (no) perderse a/c, (no) dejar escapar a/c; **sich** (*dat*) **die Gelegenheit ~ lassen** desaprovechar (*od* desperdiciar) la ocasión; **sich** (*dat*) **das Vergnügen ~ lassen, zu** privarse del placer de

ent'geistert ADJ (**völlig**) **~** estupefacto, atónito, boquiabierto; **Entgeisterung** F ⟨~⟩ estupefacción *f*

Ent'gelt N ⟨~(e)s; ~e⟩ (*Vergütung*) remuneración *f*, retribución *f*; (*Belohnung*) recompensa *f*; **gegen ~** pagado, retribuido; **ohne ~** gratis, gratuitamente

ent'gelten VT ⟨*irr; ohne* ge-⟩ *geh* **j-m etw ~** pagar a/c a alg (*a. fig*); recompensar a/c a alg; *fig* **etw ~** (*büßen*) expiar a/c; **j-n etw ~ lassen** hacer pagar a/c a alg; **entgeltlich** ADJ & ADV mediante pago, (a título) oneroso

ent'giften VT ⟨*ohne* ge-⟩ **1** MED desintoxicar; desemponzoñar **2** *fig die Atmosphäre* purificar; **Entgiftung** F ⟨~; ~en⟩ descontaminación *f*; MED desintoxicación *f*; **Entgiftungsmittel** N desintoxicante *m*; antitóxico *m*

ent'glasen VT ⟨*ohne* ge-⟩ TECH desvitrificar

ent'gleisen VI ⟨*ohne* ge-; sn⟩ **1** BAHN descarrilar **2** *fig* salirse de tono; **Entgleisung** F ⟨~; ~en⟩ **1** BAHN descarrilamiento *m* **2** *fig* (*Geschmacklosigkeit*) desliz *m*; salida *f* de tono

ent'gleiten VI ⟨*irr; ohne* ge-; sn⟩ deslizarse; *aus den Händen*: escurrirse (*od* irse) (de las manos); *fig* evadirse, escaparse; **ent'gräten** VT ⟨*ohne* ge-⟩ quitar las espinas a

ent'haaren VT ⟨*ohne* ge-⟩ depilar; **Enthaarung** F ⟨~; ~en⟩ depilación *f*

Ent'haarungscreme F crema *f* depilatoria; **Enthaarungsmittel** N depilatorio *m*

ent'halten[1] ⟨*irr; ohne* ge-⟩ **A** VT contener; encerrar; *fig a.* abarcar; comprender, incluir **B** VR **sich ~** **1** (*sich mäßigen*) contenerse **2** POL **sich der Stimme** (*gen*) **~** abstenerse (de votar)

ent'halten[2] ADJ **~ sein** estar incluido (**in** *dat* en)

ent'haltsam ADJ abstinente; *vom Alkohol*: abstemio; *Am* temperante; *im Essen und Trinken*: sobrio; *sexuell*: continente; **Enthaltsamkeit** F ⟨~⟩ abstinencia *f*; *sexuelle*: continencia *f*

Ent'haltung F ⟨~; ~en⟩ POL abstención *f*

ent'härten VT ⟨*ohne* ge-⟩ *Wasser* ablandar; **Enthärtungsmittel** N reblandecedor *m*

ent'haupten VT ⟨*ohne* ge-⟩ decapitar, degollar, cortar la cabeza; **Enthauptung** F ⟨~; ~en⟩ decapitación *f*

ent'häuten VT ⟨*ohne* ge-⟩ desollar, despellejar

ent'heben VT ⟨*irr; ohne* ge-⟩ *geh* **j-n seines Amtes ~** relevar a alg de su cargo; **Enthebung** F ⟨~; ~en⟩ separación *f*; suspensión *f*

ent'heiligen VT ⟨*ohne* ge-⟩ profanar; **Entheiligung** F ⟨~; ~en⟩ profanación *f*

ent'hemmen VT ⟨*ohne* ge-⟩ desinhibir; **ent'hemmt** ADJ desinhibido; **Ent'hemmung** F desinhibición *f*

ent'hüllen **A** VT ⟨*ohne* ge-⟩ descubrir; destapar; *Denkmal* inaugurar; *fig* revelar, desvelar, sacar a la luz, *umg* tirar de la manta; (*entlarven*) desenmascarar **B** VR **sich ~ als** revelarse como; **Enthüllung** F ⟨~; ~en⟩ **1** (*das Enthüllen*) descubrimiento *m*; inauguración *f* **2** *fig* revelación *f*

ent'hülsen VT ⟨*ohne* ge-⟩ descascarar; mondar; *umg* pelar; *Hülsenfrüchte* desvainar

Enthusi'asmus M ⟨~⟩ entusiasmo; **Enthusi'ast** M ⟨~en; ~en⟩, **Enthusi'astin** F ⟨~; ~nen⟩ entusiasta *m/f*; SPORT *a. umg* hincha *m/f*; **enthusi'astisch** **A** ADJ entusiasta **B** ADV con entusiasmo

ent'jungfern VT ⟨*ohne* ge-⟩ desflorar; **Entjungferung** F ⟨~; ~en⟩ desfloración *f*

ent'kalken VT ⟨*ohne* ge-⟩ descalcificar

ent'keimen VT ⟨*ohne* ge-⟩ desgerminar; (*keimfrei machen*) esterilizar; desinfectar; *Milch* pasteurizar

ent'kernen VT ⟨*ohne* ge-⟩ **1** *Steinobst* deshuesar; *Äpfel* despepitar **2** BAU *Gebäude* restauración *f* integral (respetando la fachada); **Entkerner** M ⟨~s; ~⟩ deshuesador *m*

ent'kleiden ⟨*ohne* ge-⟩ *geh* **A** VT **1** (*ausziehen*) desnudar, desvestir **2** *fig* **j-n einer Sache** (*gen*) **~** quitar a alg a/c; despojar de a/c a alg **B** VR sich ~ desnudarse, desvestirse, quitarse la ropa

entkoffei'niert ADJ descafeinado

ent'kohlen VT ‹ohne ge-› TECH descarburar

entkoloniali'sieren VT ‹ohne ge-› descolonizar; **Entkolonialisierung** F ‹~; ~en› descolonización *f*

ent'kommen VI ‹irr; ohne ge-; sn› escapar(se), huir (**aus** *dat* de); **einer Gefahr ~** salvarse de un peligro; **j-m/einer Sache entkommen** escapárse(le) a alg/a a/c

Ent'kommen N ‹~s› huida *f*, fuga *f*; evasión *f*; **es gab kein ~** no había salida

ent'koppeln VT ‹ohne ge-› TECH, *fig* desacoplar; **ent'korken** VT ‹ohne ge-› descorchar, destapar; **ent'körnen** VT ‹ohne ge-› TECH desgranar; *Baumwolle* desmotar

ent'kräften VT ‹ohne ge-› **1** debilitar; *(erschöpfen)* extenuar, agotar **2** *fig* JUR infirmar; desvirtuar; **Entkräftung** F ‹~; ~en› *körperliche*: debilitación *f*; extenuación *f*, agotamiento *m*; MED inanición *f*

Ent'ladehafen M puerto *m* de descarga

ent'laden ‹irr; ohne ge-› **A** VT ‹irr; ohne ge-› descargar (*a.* ELEK) **B** VR **sich ~** ELEK *Gewitter*, *fig* descargarse; **Entlader** M ‹~s; ~› *Gerät*: descargador *m*

Ent'laderampe F rampa *f* de descarga; **Entladespannung** F ELEK tensión *f* de descarga; **Entladestrom** M ELEK corriente *f* de descarga

Ent'ladung F ‹~; ~en› descarga *f* (*a.* ELEK)

ent'lang **A** PRÄP *(acus)* a lo largo de; **die Straße ~** siguiendo la calle **B** ADV **hier ~, bitte** por aquí, por favor; **entlangfahren** VT & VI ‹irr; sn› **etw** *(acus)* **od an etw** *(dat)* **~** pasar por a/c, *See* bordear a/c; *Straße* seguir a/c; **entlanggehen** VT & VI ‹irr; sn› **etw** *(acus)* *od* **an etw** *(dat)* **~** pasar por a/c, caminar a lo largo de a/c

ent'larven [-f-] VT ‹ohne ge-› **j-n ~** desenmascarar a alg, quitar la máscara a alg (*a. fig*)

ent'lassen VT ‹irr; ohne ge-› **1** *Arbeitnehmer* despedir; MIL licenciar; *Beamte* separar, relevar (de su cargo), destituir; **j-n fristlos ~** despedir sin previo aviso a alg, despedir a alg bruscamente **2** *Patient* dar de alta; *Gefangene* poner en libertad, excarcelar

Ent'lassung F ‹~; ~en› **1** *(Kündigung)* despido *m*; MIL licenciamiento *m*; *v. Beamten*: separación *f* del cargo, destitución *f* **2** *aus dem Krankenhaus*: alta *f*; *aus dem Gefängnis*: excarcelación *f*

Ent'lassungsgesuch N **1** dimisión *f* **2** JUR petición *f* de libertad condicional; **Entlassungsgrund** M causa *f* (*od* motivo *m*) del despido; **Entlassungsschein** M ‹~(e)s; ~e› **1** MIL licencia *f* absoluta **2** MED certificado *m* de alta; **Entlassungsschreiben** N carta *f* de despido; **Entlassungswelle** F ola *f* de despidos

ent'lasten VT ‹ohne ge-› **1** *allg* descargar (*a. fig v. Arbeit etc*); aliviar, aligerar la carga; *von Pflichten etc*: exonerar **2** JUR exculpar, exonerar **3** *Vorstand* aprobar la gestión de **4** *Verkehr* descongestionar

Ent'lastung F ‹~; ~en› **1** *(Arbeitsentlastung)* descarga *f* (*a.* ARCH); alivio *m*; exoneración *f* **2** JUR exculpación *f*, exoneración *f* **3** HANDEL **~ des Vorstands** relevo *m* de la dirección; aprobación *f* de la gestión **4** *des Verkehrs*: descongestión *f*

Ent'lastungsangriff M MIL ataque *m* diversivo; **Entlastungsstraße** F *Verkehr*: carretera *f* de descongestión; **Entlastungsventil** N TECH válvula *f* de descarga (*od* de alivio); **Entlastungszeuge** M JUR testigo *m* de descargo; **Entlastungszug** M BAHN tren *m* suplementario (*od* de refuerzo)

ent'lauben VT ‹ohne ge-› deshojar; **Entlaubung** F ‹~; ~en› defoliación *f*; **Entlaubungsmittel** N defoliante *m*

ent'laufen VI ‹irr; ohne ge-; sn› huir; escaparse; *Gefangene a.* evadirse, fugarse; MIL desertar; *Hund, Katze* extraviarse

ent'lausen VT ‹ohne ge-› despiojar; **Entlausung** F ‹~; ~en› despiojamiento *m*

ent'ledigen VR ‹ohne ge-› *geh* **sich einer Sache** *(gen)* **~** deshacerse (*od* desprenderse) de a/c; desembarazarse de a/c; **sich seiner Kleider ~** despojarse de la vestimenta, quitarse la vestimenta; **sich eines Auftrages ~** cumplir (*od* librarse de) un encargo

Ent'ledigung F ‹~› *geh* descargo *m*; *fig* ejecución *f*, cumplimiento *m*

ent'leeren ‹ohne ge-› **A** VT vaciar; *Ballon* desinflar; *Darm etc* evacuar **B** VR **sich ~** evacuar, vaciarse; **Entleerung** F ‹~; ~en› vaciado *m*; evacuación *f*

ent'legen ADJ distante; lejano; remoto; *(abgelegen)* apartado, retirado; aislado; *fig (unüblich)* alejado; **Entlegenheit** F ‹~› alejamiento *m*; apartamiento *m*; aislamiento *m*

ent'lehnen VT ‹ohne ge-› tomar prestado; *(übernehmen)* tomar (*dat od* **aus, von** de); **Entlehnung** F ‹~; ~en› préstamo *m*; **~ aus dem Englischen** voz *f* inglesa; anglicismo *m*

ent'leihen VT ‹irr; ohne ge-› tomar prestado (**aus, von** de); **Entleiher** M ‹~s; ~›, **Entleiherin** F ‹~; ~nen› prestatario *m*, -a *f*

ent'loben VR ‹ohne ge-› *obs od hum* **sich ~** disolver los esponsales, romper el compromiso matrimonial; **Entlobung** F ‹~; ~en› *obs* disolución *f* de los esponsales

ent'locken VT ‹ohne ge-› sonsacar; *umg* tirar de la lengua; *Töne etc* arrancar; **j-m ein Geheimnis ~** sonsacar *od* arrancar un secreto a alg

ent'lohnen VT ‹ohne ge-› remunerar, retribuir; **Entlohnung** F ‹~; ~en› remuneración *f*, retribución *f*

ent'lüften VT ‹ohne ge-› ventilar, airear; *Heizkörper etc* purgar; **Entlüftung** F ‹~; ~en› ventilación *f*, aireación *f*; *e-s Heizkörpers etc*: purga *f*

Ent'lüftungsrohr N tubo *m* de evacuación del aire; **Entlüftungsschacht** M chimenea *f* de ventilación

ent'machten VT ‹ohne ge-› privar de poder; *Regierung, Herrscher* derrocar; *Minister, Beamte, Angestellte* destituir; **Entmachtung** F ‹~; ~en› privación *f* de poder; *Regierung, Herrscher*: derrocamiento *m*; *Minister, Beamte, Angestellten*: destitución *f*

entmagneti'sieren VT ‹ohne ge-› desiman(t)ar; **Entmagnetisierung** F ‹~; ~en› desiman(t)ación *f*

ent'mannen VT ‹ohne ge-› *geh obs* castrar, emascular; **Entmannung** F ‹~; ~en› castración *f*, emasculación *f*

ent'menscht ADJ inhumano; embrutecido, deshumanizado

entmilitari'sieren VT ‹ohne ge-› desmilitarizar; **Entmilitarisierung** F ‹~› desmilitarización *f*

ent'minen VT ‹ohne ge-› limpiar de minas

ent'mündigen VT ‹ohne ge-› poner bajo tutela; JUR incapacitar; **Entmündigte** M/F ‹~n; ~n; → A› incapacitado *m*, -a *f*; interdicto *m*, -a *f*; **Entmündigung** F ‹~; ~en› JUR incapacitación *f*; interdicción *f* civil

ent'mutigen VT ‹ohne ge-› desanimar, desalentar, descorazonar, desmoralizar; **entmutigend** ADJ desalentador, descorazonador; **Entmutigung** F ‹~; ~en› desaliento *m*, desánimo *m*

entmythologi'sieren VT ‹ohne ge-› desmitificar

Ent'nahme F ‹~; ~n› toma *f*; MED *von Blut etc*: extracción *f*; *von Geld*: retirada *f* (de fondos)

entnazifi'zieren VT ‹ohne ge-› HIST desnazificar; **Entnazifizierung** F ‹~; ~en› HIST desnazificación *f*

ent'nehmen VT ‹irr; ohne ge-› **1** tomar (**aus** *od dat* de); *der Tasche etc*: sacar (**aus** *od dat* de); *Geld* retirar **2** *fig als Information*: concluir (*od* deducir) (**aus** *od dat* de)

ent'nerven [-f-] VT ‹ohne ge-› enervar; **entnervend** ADJ enervante

ent'ölen VT ‹ohne ge-› desaceitar; **ent'packen** VT ‹ohne ge-› *bes* IT desempaquetar; **entper'sönlichen** VT ‹ohne ge-› despersonalizar; **entpoliti'sieren** VT ‹ohne ge-› despolitizar; **ent'puppen** VR ‹ohne ge-› *fig* **sich ~ als** revelarse como, resultar ser; **ent'rahmen** VT ‹ohne ge-› desnatar, descremar; **entrahmt** ADJ **~e Milch** leche descremada; **ent'rätseln** VT ‹ohne ge-› descifrar; descubrir; *(lösen)* resolver

ent'rechten VT ‹ohne ge-› **j-n ~** privar a alg de sus derechos; **Entrechtung** F ‹~; ~en› privación *f* de derechos

ent'reißen VT ‹irr; ohne ge-› **j-m etw ~** arrebatar *od* arrancar a/c a alg; **dem Tode** *etc* **~** salvar de la muerte, *etc*

ent'richten VT ‹ohne ge-› pagar, satisfacer, abonar; **Entrichtung** F ‹~; ~en› pago *m*, abono *m*

ent'riegeln VT ‹ohne ge-› correr el cerrojo *(para abrir)*; **ent'rinden** VT ‹ohne ge-› descortezar

ent'ringen ‹irr; ohne ge-› *geh* **A** VT **j-m etw ~** arrebatar (*od* quitar violentamente) a/c a alg **B** VR **sich ~** *j-s Lippen etc*: escaparse de

ent'rinnen VI ‹irr; ohne ge-› *geh* **1** *(entkommen)* escapar(se), huir (*dat* de); **j-m/einer Sache** escaparse (*od* evadirse) de alg/de a/c; **einer Gefahr ~** salvarse de un peligro **2** *poet Zeit* pasar, correr

Ent'rinnen N ‹~s› *geh* **es gibt kein ~** no hay escape (*od* salvación)

ent'rollen VT ‹ohne ge-› desarrollar, desenrollar; *Fahne, Segel* desplegar; **ent'rosten** VT ‹ohne ge-› desoxidar

ent'rücken VT ‹ohne ge-› *geh* apartar, alejar de; **den Blicken ~** sustraer a las miradas de; *fig* extasiar, arrobar; **ent'rückt** ADJ *fig* extasiado, arrobado; *(geistesabwesend)* ensimismado

ent'rümpeln VT ‹ohne ge-› quitar los trastos (viejos); **Entrümpelung** F ‹~; ~en› eliminación *f* de trastos

ent'rüsten ‹ohne ge-› **A** VT indignar, irritar, enojar **B** VR **sich ~** indignarse (**über** *acus* por); irritarse, enojarse; *bes sittlich*: escandalizarse (**über** *acus* de); **entrüstet** ADJ indignado; irritado, enojado; escandalizado; **Entrüstung** F ‹~; ~en› indignación *f*; irritación *f*, enojo *m*; exasperación *f*; **einen Sturm der ~ hervorrufen** levantar una ola de indignación; provocar una gran exasperación

ent'saften VT ‹ohne ge-› licuar; **Entsafter** M ‹~s; ~› licuadora *f*

ent'sagen VT ‹ohne ge-› *geh* **einer Sache** *(dat)* **~** renunciar a a/c, abstenerse de a/c; *(aufgeben)* desistir de a/c; abandonar a/c; **dem Thron ~** abdicar; **seinem Glauben ~** renegar de la fe; **Entsagung** F ‹~; ~en› renunciación *f*; renuncia *f*; resignación *f*; abdicación *f*; abstención *f*; abnegación *f*; **entsagungsvoll** ADJ abnegado

ent'salzen VT ‹ohne ge-› desalar, desalinizar; **Entsalzung** F ‹~; ~en› desalación *f*, desalinización *f*; **Entsalzungsanlage** F (planta *f*) desalinizadora *f*, planta *f* desaladora

Ent'satz M ‹~es› MIL socorro *m*; levantamiento *m* del sitio

ent'schädigen ⟨*ohne* ge-⟩ A VT **j-n ~ (für)** indemnizar a alg (por), compensar a alg (por) B VR **sich ~** desquitarse, resarcirse (**für** de); **Entschädigung** F ⟨~; ~en⟩ indemnización *f*; resarcimiento *m*; compensación *f*; (*Belohnung*) recompensa *f*; **Entschädigungszahlung** F *Auszahlung, Betrag*: indemnización *f*

ent'schärfen VT ⟨*ohne* ge-⟩ 1 *Sprengkörper* desactivar, desarmar 2 *umg fig Diskussion etc* quitar hierro a; **Entschärfung** F ⟨~; ~en⟩ desactivación *f*

Ent'scheid M ⟨~(e)s; ~e⟩ → Entscheidung

ent'scheiden ⟨*irr; ohne* ge-⟩ A VT decidir (**über** *acus* sobre); (*den Ausschlag geben*) resolver, determinar; JUR fallar; conocer de; SPORT *ein unentschiedenes Spiel*: desempatar; **das musst du ~** tú verás B VI decidir (**über** *acus* sobre) C VR **sich ~** decidirse (**für** por, a favor de; **gegen** contra); (*wählen*) **sich ~ für** optar por

ent'scheidend ADJ decisivo, determinante; (*endgültig*) definitivo; (*kritisch*) crítico; *Augenblick a.* crucial; JUR decisorio

Ent'scheider M ⟨~s; ~⟩, **Entscheiderin** F ⟨~; ~nen⟩ *bes* WIRTSCH, POL decisor *m*, -a *f*

Ent'scheidung F ⟨~; ~en⟩ decisión *f* (**über** *acus* sobre); determinación *f*; resolución *f*; JUR fallo *m*; *der Geschworenen*: veredicto *m*; (*Schiedsspruch*) laudo *m*; *zwischen zwei Dingen*: opción *f*; **eine ~ treffen** *od* **fällen** adoptar (*od* tomar) una decisión

Ent'scheidungsbefugnis F poder *m* de decisión; **Entscheidungsfindung** F ⟨~⟩ proceso *m* decisorio; proceso *m* de determinación; **Entscheidungskampf** M lucha *f* decisiva; SPORT (*Endspiel*) final *f*; **Entscheidungskriterium** N criterio *m* para decidir; criterio *m* para tomar una decisión; **Entscheidungsschlacht** F MIL batalla *f* decisiva; **Entscheidungsspiel** N SPORT *bei unentschiedenem Spiel*: (partido *m* de) desempate *m*; (*Endspiel*) final *f*; **Entscheidungsstunde** F hora *f* decisiva (*od* crítica); **Entscheidungsträger** M, **Entscheidungsträgerin** F persona *f* con poder decisorio; responsable *m/f* de la toma de decisiones

ent'schieden A ADJ decidido; resuelto, determinado; (*nachdrücklich*) *Ablehnung* categórico, terminante; rotundo; *Ton* autoritario, enérgico; **ein ~er Gegner von** un enemigo declarado de B ADV (*fest*) firmemente, resueltamente; (*zweifellos*) decididamente, indudablemente, sin duda; **ich bin (ganz) ~ dafür** estoy completamente a favor de esto

Ent'schiedenheit F ⟨~⟩ decisión *f*, determinación *f*; firmeza *f*; **mit (aller) ~ ablehnen** rechazar rotundamente

ent'schlacken VT ⟨*ohne* ge-⟩ TECH descorificar; MED desintoxicar; **Entschlackungskur** F MED cura *f* de desintoxicación

ent'schlafen VI ⟨*irr; ohne* ge-; sn⟩ *geh* dormirse; *fig* (*sterben*) morir, expirar; **Entschlafene** M/F ⟨~n; ~n; → A⟩ *geh* difunto *m*, -a *f*

ent'schleiern VT ⟨*ohne* ge-⟩ quitar el velo a; *fig* revelar, desvelar, descubrir

Ent'schleunigung F ⟨~⟩ **~ des Alltags** desaceleración *f* de la vida cotidiana

ent'schließen VR ⟨*irr; ohne* ge-⟩ **sich ~ (zu)** decidirse (a), resolverse (a), determinarse (a); **sich anders ~** cambiar de opinión

Ent'schließung F ⟨~; ~en⟩ *bes* POL resolución *f*; **eine ~ einbringen/annehmen** presentar/aprobar una resolución; **Entschließungsantrag** M POL moción *f* (*od* petición *f*) de resolución

ent'schlossen A ADJ resuelto, decidido, determinado (**zu** a) B ADV **kurz ~** sin vacilar;

Entschlossenheit F ⟨~⟩ resolución *f*, decisión *f*; firmeza *f*, energía *f*

ent'schlummern VI ⟨*ohne* ge-; sn⟩ *geh* dormirse, adormecerse; *fig* (*sterben*) morir, expirar;

ent'schlüpfen VI ⟨*ohne* ge-; sn⟩ escurrirse, deslizarse; escabullirse; escaparse (*a. fig*)

Ent'schluss M ⟨~es; ~̈e⟩ resolución *f*; decisión *f*; determinación *f*; **einen ~ fassen** tomar una decisión (*od* resolución); **den ~ fassen zu** (*inf*) tomar la decisión de (*inf*); **zu einem ~ kommen** *Versammlung* llegar a un acuerdo

ent'schlüsseln VT ⟨*ohne* ge-⟩ descifrar; de(s)codificar; **Entschlüsselung** F ⟨~; ~en⟩ desciframiento *m*, de(s)codificación *f*

Ent'schlussfassung F toma *f* de decisión; **Entschlusskraft** F ⟨~⟩ iniciativa *f*, determinación *f*; **Entschlusslosigkeit** F ⟨~⟩ indecisión *f*, vacilación *f*; falta *f* de decisión

ent'schuldbar ADJ disculpable, excusable, perdonable

ent'schuldigen A VR **sich ~** pedir disculpas (*od* perdón) (**bei j-m** a alg; **für etw** por a/c); disculparse, excusarse B VT ⟨*ohne* ge-⟩ 1 **etw ~** disculpar a/c, perdonar a/c; (*rechtfertigen*) *a.* justificar; **~ Sie die Verspätung!** ¡disculpe *od* perdone el retraso!; **das ist nicht zu ~** no tiene perdón, es imperdonable 2 **j-n ~** perdonar, disculpar a alg; **ich bitte Sie, mich zu ~** le ruego me perdone C VI **~ Sie!** ¡perdone (usted)!; ¡disculpe (usted)!

Ent'schuldigung F ⟨~; ~en⟩ 1 disculpa *f*; (*Rechtfertigung*) excusa *f*; (*Ausrede*) pretexto *m*; **j-n um ~ bitten** pedir perdón a alg (**für, wegen** por); **dafür gibt es keine ~** eso no tiene excusa, no hay excusa para eso; **~!** ¡perdón! 2 *Schule*: justificante *m*

Ent'schuldigungsgrund M excusa *f*; **Entschuldigungsschreiben** N carta *f* de excusa (*od* de disculpa)

Ent'schuldung F ⟨~; ~en⟩ liquidación *f* de deudas; *von Grundeigentum*: cancelación *f* de hipoteca

ent'schweben VI ⟨*ohne* ge-; sn⟩ *geh, oft hum* volarse, alzar el vuelo; **ent'schwefeln** VT ⟨*ohne* ge-⟩ desazufrar, desulfurar; **ent'schwinden** VI ⟨*irr; ohne* ge-; sn⟩ *geh* desaparecer; desvanecerse; **aus dem Gedächtnis ~** irse de la memoria; **ent'seelt** ADJ exánime, muerto, sin vida

Ent'sendegesetz N Ley *f* sobre el desplazamiento (de trabajadores)

ent'senden VT ⟨*irr; ohne* ge-⟩ enviar, mandar; *Vertreter* delegar

ent'setzen ⟨*ohne* ge-⟩ A VT 1 (*erschrecken*) espantar, horrorizar, aterrar 2 MIL *obs Festung* levantar el sitio de B VR **sich ~** espantarse, horrorizarse (**über** *acus* de); quedar espantado (*od* horrorizado, aterrado); *moralisch*: escandalizarse

Ent'setzen N ⟨~s⟩ horror *m*, espanto *m*, terror *m*, pavor *m*; **starr vor ~ (sein)** (estar) aterrado; **entsetzlich** A ADJ horrible, espantoso, terrible, horroroso (*alle a. umg fig ungemein, höchst*); aterrador; (*scheußlich*) atroz B *umg* ADV (*sehr*) *umg* terriblemente; **Entsetzlichkeit** F ⟨~; ~en⟩ atrocidad *f*

Ent'setzung F ⟨~; ~en⟩ MIL levantamiento *m* del sitio; liberación *f*

ent'seuchen VT ⟨*ohne* ge-⟩ descontaminar; desinfectar; **Entseuchung** F ⟨~; ~en⟩ descontaminación *f*; desinfección *f*; **Entseuchungsanlage** F planta *f* descontaminadora

ent'sichern VT ⟨*ohne* ge-⟩ *Waffe* quitar el seguro, desasegurar; **ent'siegeln** VT ⟨*ohne* ge-⟩ desellar, romper el sello (*bzw* precinto)

ent'sinnen VR ⟨*irr; ohne* ge-⟩ *geh* **sich einer Sache** (*gen*) **~** acordarse de a/c, recordar a/c; **wenn ich mich recht entsinne** si mal no recuerdo, si no me falla la memoria

Ent'sittlichung F ⟨~⟩ desmoralización *f*; depravación *f*, corrupción *f* moral

ent'sorgen VT ⟨*ohne* ge-⟩ *Abfälle etc* eliminar, evacuar; **Entsorger** M ⟨~s; ~⟩ *Unternehmen*: empresa *f* especializada en la eliminación de basuras; **Entsorgung** F ⟨~; ~en⟩ eliminación *f od* evacuación *f* (de desechos)

Ent'sorgungsanlage F instalación *m* de eliminación (*bzw* tratamiento) de basuras; **Entsorgungsfirma** F → Entsorger; **Entsorgungskonzept** N proyecto *m* (*od* planteamiento *m*) para la eliminación de desechos; **Entsorgungsunternehmen** N → Entsorger; **Entsorgungszentrum** N centro *m* de tratamiento de basuras

ent'spannen A VT ⟨*ohne* ge-⟩ aflojar; *Bogen* distender; *Muskeln, Körper* relajar B VR **sich ~** *Person* relajarse; recrearse; *Lage* mejorar; normalizarse, despejarse

ent'spannt ADJ relajado; *fig* distendido

Ent'spannung F ⟨~; ~en⟩ 1 aflojamiento *m*; relajación *f* 2 *fig* relajamiento *m*; (*Zerstreuung*) recreo *m*, esparcimiento *m*, distracción *f*; **etw zur ~ machen** hacer a/c para relajarse *bzw* distraerse 3 POL distensión *f*, deshielo *m*

Ent'spannungspolitik F política *f* de distensión; **Entspannungsübung** F ejercicio *m* de relajación

ent'sperren VT ⟨*ohne* ge-⟩ desbloquear; *Konten etc a.* descongelar; *Telefon a.* liberar; **Entsperrung** F ⟨~; ~en⟩ desbloqueo *m*; *v. Konten a.* descongelación *f*

ent'spiegelt ADJ *Brille, Glas* antirreflectante

ent'spinnen VR ⟨*irr; ohne* ge-⟩ **sich ~** originarse; *Streit etc* trabarse; *Gespräch* entablarse

entspr. ABK (entsprechend) corresp. (correspondiente)

ent'sprechen VI ⟨*irr; ohne* ge-⟩ 1 **~** (*dat*) (*übereinstimmen mit*) corresponder a; ser conforme a; *Erwartungen etc* responder a; *e-m Zweck* ser a propósito (*od* conveniente) para, convenir a; **den Anforderungen (nicht) ~** (no) responder a las exigencias 2 **~** (*dat*) (*gleichwertig sein*) equivaler a; (*sich decken mit*) coincidir con, concordar con 3 **~** (*dat*) *e-r Bitte, e-m Antrag* acceder a; *Wünschen* satisfacer; *e-r Vorschrift* cumplir (con)

ent'sprechend A ADJ correspondiente, conforme (*dat* a); (*angemessen*) adecuado (*dat* a), conveniente; (*sinngemäß*) análogo (*dat* a); (*im Verhältnis*) proporcionado (*dat* a); (*jeweilig betreffend*) respectivo; (*zweckentsprechend*) oportuno, pertinente B ADV en consecuencia; **~ handeln** actuar en consecuencia; (*angemessen*) **~ würdigen** apreciar debidamente; **~ gilt ...** lo mismo vale ... C PRÄP (*dat*) según, de acuerdo con; **der Norm ~** según la norma, de acuerdo con la norma; **den Umständen ~** de acuerdo con las circunstancias, según las circunstancias

Ent'sprechung F ⟨~; ~en⟩ 1 *allg* correspondencia *f*; conformidad *f*, concordancia *f* 2 (*Gleichwertigkeit*) equivalencia *f*; equivalente *m* 3 (*Ähnlichkeit*) analogía *f*

ent'sprießen VI ⟨*irr; ohne* ge-; sn⟩ *geh* brotar de; *fig a.* nacer de

ent'springen VI ⟨*irr; ohne* ge-; sn⟩ 1 *Fluss* nacer (**in** *dat* en) 2 *fig geh* (*entstehen*) **~ aus** (*od dat*) brotar de, originarse en, provenir de, proceder de 3 (*entfliehen*) escaparse, huir; evadirse (**aus** *dat* de)

ent'staatlichen VT ⟨*ohne* ge-⟩ desnacionalizar; **Entstaatlichung** F ⟨~; ~en⟩ desnacionalización *f*

ent'stammen VI ⟨ohne ge-; sn⟩ **~** *(dat) (abstammen von)* descender de; *(herrühren von)* proceder de, (pro)venir de, derivarse de; tener su origen en, desviarse de

ent'stauben VT ⟨ohne ge-⟩ desempolvar, limpiar de (*od* quitar el) polvo

ent'stehen VI ⟨irr; ohne ge-; sn⟩ 1 *(erscheinen, aufkommen)* nacer, surgir; *(sich herausbilden)* formarse; *(sich entwickeln)* desarrollarse; *Feuer, Kosten etc* producirse; *Schaden, Kosten a.* ocasionarse; *Gebäude* construirse; **hier entsteht ein Hochhaus** aquí se está construyendo un edificio alto; **im Entstehen begriffen** en proceso de formación; en estado embrionario *(a. fig)*; MED *Krankheit* incipiente 2 **~ aus** *(sich herleiten)* proceder de, derivarse de; **~ durch** resultar de, originarse de, ser causado (*od* originado, producido) por, ser debido a; **die daraus entstandenen Kosten** los gastos ocasionados por eso; **beim Brand entstand großer Sachschaden** el incendio causó muchos daños

Ent'stehung F ⟨~; ~en⟩ origen *m*; nacimiento *m*; formación *f*; creación *f*; génesis *f*; **Entstehungsgeschichte** F génesis *m*

ent'steigen VI ⟨irr; ohne ge-; sn⟩ *geh* salir (de); *e-m Wagen etc a.* bajar, apearse de; **ent'steinen** VT ⟨ohne ge-⟩ *Obst* deshuesar

ent'stellen VT ⟨ohne ge-⟩ 1 deformar, desfigurar; *(hässlich machen)* afear 2 *fig* alterar; *Tatsachen etc* desvirtuar, desfigurar, tergiversar; **etw entstellt wiedergeben** tergiversar a/c; **Entstellung** F ⟨~; ~en⟩ 1 deformación *f*, desfiguración *f* 2 *fig* alteración *f*; tergiversación *f*

ent'stören VT ⟨ohne ge-⟩ ELEK desparasitar, eliminar perturbaciones; **Ent'störer** M dispositivo *m* antiparasitario; **ent'stört** ADJ *Gerät, Motor* antiparasitado; **Ent'störung** F eliminación *f* de perturbaciones (*od* parásitos)

ent'strahlen VT ⟨ohne ge-⟩ NUKL descontaminar; **ent'strömen** VI ⟨ohne ge-; sn⟩ fluir, manar; *Gas etc* escapar; **ent'tarnen** VT ⟨ohne ge-⟩ desenmascarar

ent'täuschen VT ⟨ohne ge-⟩ **j-n ~** decepcionar a alg; *(j-m die Illusionen nehmen)* desengañar *od* desilusionar a alg; **j-s Hoffnungen ~** frustrar *od* defraudar las ilusiones de alg; **enttäuschend** ADJ frustrante, decepcionante

ent'täuscht ADJ decepcionado; *(desillusioniert)* desilusionado, desengañado; **~ sein** estar decepcionado (**von** por, con); **~ werden** desengañarse, sufrir un desengaño, llevarse una desilusión

Ent'täuschung F ⟨~; ~en⟩ desengaño *m*; desilusión *f*, decepción *f*

ent'thronen VT ⟨ohne ge-⟩ destronar; **Entthronung** F ⟨~; ~en⟩ destronamiento *m*

ent'völkern VT ⟨ohne ge-⟩ despoblar; **entvölkert** ADJ despoblado; **Entvölkerung** F ⟨~; ~en⟩ despoblación *f*

ent'wachsen [-ks-] VI ⟨irr; ohne ge-; sn⟩ **einer Sache** *(dat)* **~ sein** haber pasado la edad de a/c; **der Schule ~ sein** no estar ya en edad escolar; **der elterlichen Gewalt ~** emanciparse; libertarse de la tutela paterna

ent'waffnen VT ⟨ohne ge-⟩ desarmar *(a. fig)*; *fig* **entwaffnendes Lächeln** sonrisa desarmante; **Entwaffnung** F ⟨~; ~en⟩ desarme *m*

ent'walden VT ⟨ohne ge-⟩ desmontar; despoblar (de árboles); desforestar; **Entwaldung** F ⟨~; ~en⟩ desmonte *m*, desforestación *f*

ent'warnen VI ⟨ohne ge-⟩ dar la señal de fin de alarma; **Entwarnung** F ⟨~; ~en⟩ fin *m* (*od* cese *m*) de alarma; **~ geben** → entwarnen

ent'wässern VT ⟨ohne ge-⟩ AGR drenar, desaguar; *durch Gräben*: avenar; *Teich* desangrar; *Moor* desecar; **Entwässerung** F ⟨~; ~en⟩ drenaje *m*, desagüe *m*; avenamiento *m*

Ent'wässerungsanlage F instalaciones *fpl* de drenaje; **Entwässerungsgraben** M zanja *f* de drenaje; **Entwässerungsrohr** N tubo *m* de drenaje

'entweder KONJ **~ ... oder ...** o (bien) ... o (bien) ...; sea ... (o) sea ...; ya ... ya ...; **~, oder!** o una cosa u otra; *umg* lo toma o lo deja

ent'weichen VI ⟨irr; ohne ge-; sn⟩ 1 *Gas etc* escaparse 2 *(fliehen)* huir, escapar(se), fugarse; *Gefangene a.* evadirse

Ent'weichen N ⟨~s⟩ 1 *v. Gas etc*: escape *m*, fuga *f* 2 *(Flucht)* evasión *f*, fuga *f*

ent'weihen VT ⟨ohne ge-⟩ profanar; **Entweihung** F ⟨~; ~en⟩ profanación *f*; sacrilegio *m*

ent'wenden VT ⟨ohne ge-⟩ robar, quitar; sustraer; JUR hurtar; **j-m etw ~** sustraer (*od* hurtar) a/c a alg; **Entwendung** F ⟨~; ~en⟩ robo *m*; sustracción *f*; JUR hurto *m*

ent'werfen VT ⟨irr; ohne ge-⟩ 1 *Plan etc* elaborar; trazar; *bes fig* idear, concebir; *flüchtig*: bosquejar, esbozar *(a. fig)*; *schriftlich*: redactar, formular 2 *Muster* diseñar; *Konstruktion* planear, delinear

Ent'werfer M ⟨~s; ~⟩, **Entwerferin** F ⟨~; ~nen⟩ TECH delineante *m/f*; proyectista *m/f*

ent'werten VT ⟨ohne ge-⟩ 1 *Fahrkarte* cancelar, picar; *Briefmarke* inutilizar, matasellar; obliterar 2 WIRTSCH *Geld* desvalor(iz)ar, depreciar, devaluar; *fig* **(völlig) ~** desacreditar

Ent'werter M ⟨~s; ~⟩ *(Fahrscheinentwerter)* cancelador *m*; fechador *m*; **die Fahrkarte in den ~ stecken** fechar (*od* picar) el billete; **Entwertung** F ⟨~; ~en⟩ 1 *e-s Fahrscheins*: cancelación *f*; *e-r Briefmarke*: inutilización *f* 2 WIRTSCH *v. Geld*: desvalor(iz)ación *f*; depreciación *f*

ent'wickeln ⟨ohne ge-⟩ A VT 1 *allg* desarrollar *(a. fig)*; *bes* MIL desenvolver; *(erzeugen)* producir *(a. Gase)*; *Tatkraft etc* desplegar *(a.* MIL*)*; *Geschwindigkeit* alcanzar 2 FOTO revelar 3 *(darlegen)* exponer, desarrollar B VR 1 **sich ~** desarrollarse, evolucionar (**aus** de); CHEM producirse, desprenderse; MIL desplegarse; MATH engendrarse 2 **sich zu etw ~** transformarse (*od* convertirse) en a/c; llegar a ser a/c

Ent'wickler M ⟨~s; ~⟩ FOTO revelador *m*

Ent'wicklung F ⟨~; ~en⟩ 1 *allg* desarrollo *m*, evolución *f* (*bes* BIOL); desenvolvimiento *m* *(a.* MIL*)*; WIRTSCH **wirtschaftliche ~** desarrollo *m* económico; **(noch) in der ~ sein** *Jugendliche* estar (todavía) en fase de crecimiento 2 *(Bildung)* formación *f*; *(Erzeugung)* generación *f*, producción *f*, CHEM *v. Gasen a.*: desprendimiento *m* 3 *(Veränderung)* transformación *f* (**zu** en) 4 FOTO revelado *m* 5 *(Darlegung)* exposición *f*, desarrollo *m*

Ent'wicklungsabteilung F departamento *m* de (investigación y) desarrollo; **Entwicklungsaufwand** M **Forschungs- und ~** gastos *mpl* para investigación y desarrollo; **Entwicklungsbad** N FOTO baño *m* revelador; **Entwicklungsbank** F **Interamerikanische ~** Banco *m* Interamericano de Desarrollo; **entwicklungsfähig** ADJ susceptible (*od* capaz) de desarrollo; con potencial de desarrollo; **Entwicklungsfonds** [-fõ:] M fondo *m* de desarrollo; **Entwicklungsgang** M ⟨~(e)s; ⸚e⟩ proceso *m* evolutivo; evolución *f*; desenvolvimiento *m* progresivo

Ent'wicklungsgeschichte F ⟨~⟩ BIOL ontogenia *f*, historia *f* evolutiva; **entwicklungsgeschichtlich** ADJ ontogénico

Ent'wicklungshelfer M, **Entwicklungshelferin** F cooperante *m/f*; voluntario *m*, -a *f* *(en un país en vías de desarrollo)*; **Entwicklungshilfe** F ayuda *f* a los países en (vías de) desarrollo; **Entwicklungsjahre** NPL (años *mpl* de la) pubertad *f*; **Entwicklungskosten** PL costes *mpl* de desarrollo; **Entwicklungsland** N ⟨~(e)s; ⸚er⟩ país *m* en (vías de) desarrollo; **Entwicklungsmöglichkeit** F posibilidad *f* de desarrollo; **Entwicklungspolitik** F política *f* de desarrollo; **Entwicklungsstadium** N fase *f* (*od* estadio *m*) de desarrollo; **Entwicklungsstand** M nivel *m* de desarrollo; **Entwicklungsstörung** F PHYSIOL, PSYCH trastorno *m* del desarrollo; **Entwicklungsstufe** F grado *m* de desarrollo; **Entwicklungszeit** F período *m* de desarrollo; *(Pubertät)* pubertad *f*

ent'winden VT ⟨irr; ohne ge-⟩ **j-m etw ~** arrebatar (*od* arrancar) a/c de las manos a alg

ent'wirren VT ⟨ohne ge-⟩ desenredar, desenmarañar *(a. fig)*; *fig a.* desembrollar; **Entwirrung** F ⟨~; ~en⟩ desenredo *m*, desembrollo *m*

ent'wischen VI ⟨ohne ge-; sn⟩ *umg* escaparse, *umg* escurrirse, escabullirse

ent'wöhnen VT ⟨ohne ge-⟩ desacostumbrar, deshabituar (*gen* de); *Kind, von der Brust* destetar; **Entwöhnung** F ⟨~; ~en⟩ deshabituación *f*; *e-s Kindes von der Brust*: destete *m*

ent'wölken VR ⟨ohne ge-⟩ **sich ~** desencapotarse, despejarse; *fig a.* serenarse

ent'würdigen VT ⟨ohne ge-⟩ degradar, envilecer; **entwürdigend** ADJ degradante, envilecedor; humillante; **Entwürdigung** F ⟨~; ~en⟩ degradación *f*, envilecimiento *m*

Ent'wurf M ⟨~(e)s; ⸚e⟩ 1 *(Zeichnung)* dibujo *m*, trazado *m*, diseño *m*; *(Skizze)* bosquejo *m*, esbozo *m* *(beide a. fig)*, boceto *m*; croquis *m* 2 *(Modell)* modelo *m* 3 *(Projekt)* plan *m*, proyecto *m*; *(Konzept)* borrador *m*; **im ~ sein** estar en planeamiento

Ent'wurfszeichner M, **Entwurfszeichnerin** F delineante *m/f* proyectista

ent'wurzeln VT ⟨ohne ge-⟩ desarraigar *(a. fig)*; **Entwurzelung** F ⟨~; ~en⟩ desarraigo *m* *(a. fig)*

ent'zaubern VT ⟨ohne ge-⟩ desencantar, deshechizar; **Entzauberung** F ⟨~; ~en⟩ desencanto *m*

ent'zerren VT ⟨ohne ge-⟩ 1 FOTO rectificar 2 TEL corregir 3 *Verfahren, Arbeitsablauf*: espaciar; distanciar; **Entzerrer** M ⟨~s; ~⟩ TEL corrector *m*; **Entzerrung** F ⟨~; ~en⟩ rectificación *f*; TEL corrección *f*; *des Arbeitsablaufs, zeitlich*: espaciamiento *m*, distanciamiento *m*

ent'ziehen ⟨irr; ohne ge-⟩ A VT *(wegnehmen)* **j-m etw ~** sustraer *od* retirar a/c a alg; *bes Recht* privar a alg de a/c; CHEM extraer; **j-m ein Amt ~** destituir a alg del cargo; **j-m den Führerschein/das Wort ~** retirar a alg el carné de conducir/la palabra; **j-m Kräfte ~** restar energías a alg B VR 1 *Person* **sich ~** retirarse; esquivarse; **sich einer Sache** *(dat)* **~** retirarse de a/c, sustraerse a a/c; *e-r Pflicht etc* esquivarse a a/c; *(ausweichen)* hurtarse a a/c 2 *Sache* **sich jeder Berechnung ~** ser incalculable; *geh* **es entzog sich meiner Aufmerksamkeit/Kenntnis** se escapó a mi atención/conocimiento; **es entzieht sich meiner Zuständigkeit** está (*od* cae) fuera de mi competencia

Ent'ziehung F ⟨~; ~en⟩ 1 → Entzug 1 2 *umg* → Entziehungskur

Ent'ziehungsanstalt F centro *m* de desintoxicación; **Entziehungskur** F cura *f* de desintoxicación (*od* de deshabituación); **eine ~ machen** someterse a (*od* hacer) una cura de desintoxicación

ent'zifferbar ADJ descifrable; **entziffern** VT ⟨ohne ge-⟩ descifrar; **Entzifferung** F ⟨~; ~en⟩ desciframiento *m*

ent'zücken VT ⟨ohne ge-⟩ encantar; hacer las delicias de; *(faszinieren)* fascinar, cautivar; *stärker*: extasiar; *(hinreißen)* arrebatar, transpor-

tar; **Ent'zücken** N ⟨~s⟩ *geh* → Entzückung; **ent'zückend** ADJ encantador, delicioso; *(faszinierend)* fascinador, cautivador; **ent'zückt** ADJ encantado (**über** *acus*, **von** *dat* con, de); *(fasziniert)* fascinado (**über** *acus*, **von** *dat* con); **Ent'zückung** F ⟨~; ~en⟩ *geh* encanto *m*; embeleso *m*; *stärker*: éxtasis *m*; **in ~ geraten** extasiarse; transportarse
Ent'zug M ⟨~(e)s⟩ 1 *(das Entziehen)* sustracción *f*; *bes e-s Rechts*: privación *f*; retirada *f*; CHEM extracción *f* 2 → Entzugserscheinungen 3 *umg* → Entziehungskur
Ent'zugserscheinungen PL MED síndrome *m* de abstinencia, síntomas *mpl* de supresión; *sp umg* mono *m*
ent'zündbar ADJ inflamable; **Entzündbarkeit** F ⟨~⟩ inflamabilidad *f*
ent'zünden ⟨*ohne* ge-⟩ A VT inflamar (*a. fig u.* MED); *Feuer* encender (*a. fig*) B VR **sich ~** CHEM, TECH, MED inflamarse (*a. fig*); encenderse; *fig* **sich ~ an** *(dat)* originarse por
ent'zündet ADJ MED inflamado; **entzündlich** ADJ inflamable; MED inflamatorio; **Entzündung** F ⟨~; ~en⟩ inflamación *f* (*a.* MED); ignición *f*
ent'zündungshemmend ADJ MED antiinflamatorio; **Entzündungsherd** M MED foco *m* inflamatorio
ent'zwei ADV *(zerbrochen)* roto; deshecho, destrozado; hecho pedazos (*od umg* trizas); *(gespalten)* partido; **entzweibrechen** ⟨*irr*⟩ A VT partir *od* romper en dos B VI partirse *od* romperse en dos
ent'zweien ⟨*ohne* ge-⟩ A VT *Freunde* enemistar, desunir; desavenir B VR **sich ~** enemistarse (**mit** con)
ent'zweigehen VI ⟨*irr*; sn⟩ romperse en (*od* hacerse) pedazos; partirse en dos; **entzweireißen** ⟨*irr*⟩ A VT romper; rasgar; desgarrar B VI romperse; rasgarse; desgarrarse; **entzweischlagen** VT ⟨*irr*⟩ romper; hacer pedazos (*od umg* trizas); partir a golpes; **entzweischneiden** VT ⟨*irr*⟩ cortar (en dos)
Ent'zweiung F ⟨~; ~en⟩ desunión *f*; discordia *f*; desavenencia *f*
'Enzian M ⟨~s; ~e⟩ BOT genciana *f*
En'zyklika F ⟨~; Enzykliken⟩ encíclica *f*
Enzyklopä'die F ⟨~; ~n⟩ enciclopedia *f*; **enzyklo'pädisch** ADJ enciclopédico; **Enzyklopä'dist** M ⟨~en; ~en⟩ HIST enciclopedista *m*
En'zym N ⟨~s; ~e⟩ BIOL enzima *m/f*
enzy'matisch ADJ enzimático
Epau'lette F ⟨~; ~n⟩ [epo'lɛtə] F MIL HIST charretera *f*
ephe'mer ADJ efímero (*a. fig*)
Epide'mie F ⟨~; ~n⟩ epidemia *f*
epi'demisch ADJ epidémico
Epi'gone M ⟨~n; ~n⟩ *geh* epígono *m*
epi'gonenhaft ADJ *geh* decadente; imitativo; **Epigonentum** N ⟨~s⟩ decadentismo *m*
Epi'graf N, **Epi'graph** N ⟨~s; ~e⟩ HIST epígrafe *m*
Epi'gramm N ⟨~s; ~e⟩ LIT epigrama *m*
epigram'matisch ADJ epigramático
'Epik F ⟨~⟩ épica *f*; **Epiker** M ⟨~s; ~⟩, **Epikerin** F ⟨~; ~nen⟩ (poeta *m/f*) épico *m*, -a *f*
Epiku'reer M ⟨~s; ~⟩, **Epiku'reerin** F ⟨~; ~nen⟩ epicúreo *m*, -a *f*; *fig* sibarita *m/f*; **epiku'reisch** ADJ epicúreo; *fig* sibarita; **Epikure'ismus** M ⟨~⟩ epicureísmo *m*
Epilati'on F ⟨~; ~en⟩ *fachspr* depilación *f*
Epilep'sie F ⟨~; ~n⟩ MED epilepsia *f*
Epi'leptiker M ⟨~s; ~⟩, **Epileptikerin** F ⟨~; ~nen⟩ MED epiléptico *m*, -a *f*; **epileptisch** ADJ MED epiléptico; **~er Anfall** ataque *m* epiléptico
epi'lieren VT ⟨*ohne* ge-⟩ depilar; **Epiliergerät** N aparato *m* de depilación
Epi'log M ⟨~s; ~e⟩ LIT epílogo *m*
'episch ADJ épico
Epi'sode F ⟨~; ~n⟩ episodio *m*; **episodenhaft, episodisch** ADJ episódico
E'pistel F ⟨~; ~n⟩ REL, *a. hum* epístola *f*
Epi'taph N ⟨~s; ~e⟩ epitafio *m*
Epi'thel N ⟨~s; ~e⟩ BIOL epitelio *m*; **Epithelgewebe** N tejido *m* epitelial
'Epizentrum N GEOL epicentro *m*
epo'chal ADJ trascendente, que hace época; memorable
E'poche F ⟨~; ~n⟩ época *f*; **~ machen** hacer época (*od* raya); **~ machend** que hace época; trascendental; memorable
'Epos N ⟨~; Epen⟩ epopeya *f*; poema *m* épico
E'quipe [e'ki:p] F ⟨~; s⟩ *bes Reiten*: equipo *m*; **Equipement** [i'kvɪpmɛnt] N ⟨~s; s⟩ TECH, IT equipamiento *m*
er PERS PR él; **~ selbst** él mismo; **~ ist es** es él
Er M ⟨~; ~s⟩ 1 *Person*: **ein ~ und eine Sie** un hombre y una mujer, *umg* uno y una; *umg von Tieren*: **es ist ein ~** es macho 2 *veraltete Anrede*: vos
er'achten VT ⟨*ohne* ge-⟩ *geh* considerar, juzgar, estimar, creer; tener (**für, als** por); **für gut ~** juzgar (*od* estimar *od* creer) oportuno (*od* conveniente)
Er'achten N ⟨~s⟩ **meines** *etc* **~s** en mi, *etc* opinión, a mi, *etc* juicio (*od* parecer *od* entender)
er'arbeiten VT ⟨*ohne* ge-⟩ desarrollar, compilar; **sich** *(dat)* **etw ~** conseguir a/c (*con esfuerzo*); *Wissen* adquirir a/c
'Erbadel M nobleza *f* hereditaria; **Erbanfall** M JUR delación *f* (*od* devolución *f*) de la sucesión; **Erbanlage** F BIOL carácter *m* hereditario; **Erbanspruch** M JUR derecho *m* sucesorio (*od* hereditario); **Erbanteil** M cuota *f od* participación *f* hereditaria; hijuela *f*
er'barmen ⟨*ohne* ge-⟩ A VT **j-n ~** dar lástima (*od* pena) a alg B VR **sich (j-s/einer Sache) erbarmen** compadecerse (de alg/de a/c), tener compasión (con alg/con a/c); apiadarse (de alg/de a/c); REL **Herr, erbarme dich unser** Señor, ten piedad de nosotros
Er'barmen N ⟨~s⟩ conmiseración *f*, lástima *f*; *(Mitleid)* compasión *f*; *bes* REL piedad *f*, misericordia *f*; **ohne ~** despiadadamente, sin piedad; **~ haben mit** tener compasión de; REL tener piedad (*od* misericordia) de; **er sieht zum ~ aus** está hecho una lástima
er'barmenswert, erbarmenswürdig ADJ digno de lástima (*od* de compasión); deplorable, lamentable
er'bärmlich A ADJ 1 *(bedauernswert)* deplorable, lamentable; *(jämmerlich)* lastimoso; lastimero 2 *(elend)* pobre, miserable; de mala muerte 3 *(gering)* mezquino; *(gemein)* ruin, infame, vil B *umg* ADV *umg fig* terriblemente; **~ frieren** helarse; **~ wenig** muy poco
Er'bärmlichkeit F ⟨~⟩ 1 estado *m* (*od* condición *f*) lamentable 2 *(Elend)* pobreza *f*, miseria *f* 3 *(Kleinlichkeit)* mezquindad *f*; *(Gemeinheit)* ruindad *f*, bajeza *f*; infamia *f*, vileza *f*
er'barmungslos A ADJ despiadado; *Kampf* sin cuartel B ADV sin piedad, sin compasión; **erbarmungsvoll** ADJ compasivo; misericordioso
er'bauen A VT ⟨*ohne* ge-⟩ 1 construir, edificar; *(errichten)* erigir, levantar 2 *fig geh* edificar; *umg* **sie war nicht besonders erbaut davon** no estaba muy entusiasmada con ello B VR *geh* **sich an etw** *(dat)* edificarse con a/c
Er'bauer M ⟨~s; ~⟩, **Erbauerin** F ⟨~; ~nen⟩ constructor *m*, -a *f*
er'baulich ADJ *obs* edificante; *iron* **nicht sehr ~** no muy edificante
'Erbauseinandersetzung F liquidación *f* de la herencia
Er'bauung F ⟨~; ~en⟩ 1 *(Errichtung)* construcción *f*, edificación *f*; erección *f* 2 *fig* edificación *f*; **zu unserer ~** para nuestro placer
'erbbedingt ADJ hereditario; **erbberechtigt** ADJ con derecho a la sucesión; **Erbbild** N BIOL genotipo *m*
'Erbe[1] M ⟨~n; ~n⟩ heredero *m*; sucesor *m*; **j-n zum ~n einsetzen** instituir (por) heredero a alg
'Erbe[2] N ⟨~s⟩ herencia *f* (*a. fig*); sucesión *f*
er'beben VI ⟨*ohne* ge-; sn⟩ temblar; estremecerse; **Erbeben** N ⟨~s⟩ temblor *m*; estremecimiento *m*
'erbeigen ADJ hereditario; adquirido por herencia, heredado
'Erbeigenschaft F propiedad *f* hereditaria; **Erbeinsetzung** F ⟨~; ~en⟩ institución *f* de heredero
'erben VT heredar (**etw von j-m** a/c de alg); *umg fig* **hier ist nichts zu ~** aquí no nos dan nada
'Erbengemeinschaft F comunidad *f* sucesoria (*od* hereditaria); **Erbenhaftung** F responsabilidad *f* sucesoria
er'beten A PPERF → erbitten B ADJ **Zuschriften ~ unter** interesados contactar con
er'betteln VT ⟨*ohne* ge-⟩ (**sich** *dat*) **etw ~** conseguir a/c mendigando; *fig* conseguir a/c con ruegos; **etw von j-m ~** conseguir a/c de alg *(pidiéndola con insistencia)*
er'beuten VT ⟨*ohne* ge-⟩ SCHIFF, JAGD apresar; MIL capturar; *fig a.* ganar
'erbfähig ADJ JUR capaz de suceder (*od* heredar), hábil para suceder; **Erbfähigkeit** F ⟨~⟩ JUR capacidad *f* sucesoria
'Erbfaktor M BIOL factor *m* hereditario; **Erbfall** M JUR (caso *m* de) sucesión *f*; hecho *m* sucesorio; muerte *f* del causante; **im ~** en caso de sucesión (hereditaria); **Erbfehler** M defecto *m* (*od* vicio *m*) hereditario; **Erbfeind** M POL HIST enemigo *m* hereditario
'Erbfolge F ⟨~⟩ sucesión *f*; **gesetzliche ~** sucesión *f* intestada (*od* abintestato); **testamentarische ~** sucesión *f* testada (*od* testamentaria); **~ in gerader Linie** sucesión *f* en línea (di)recta; **Erbfolgekrieg** M HIST POL Guerra *f* de Sucesión
'Erbgang M transmisión *f* hereditaria; **Erbgut** N ⟨~(e)s⟩ patrimonio *m* (*a. fig*); BIOL patrimonio *m* hereditario; **Erbhof** M AGR heredad *f* no enajenable; *fig* esfera *f* de influencia
er'bieten VR ⟨*irr*; *ohne* ge-⟩ *geh* **sich ~** ofrecerse (**zu** a *od* para)
'Erbin F ⟨~; ~nen⟩, heredera *f*, sucesora *f*; **Erbinformation** F información *f* genética
er'bitten VT ⟨*irr*; *ohne* ge-⟩ solicitar, pedir
er'bittern VT ⟨*ohne* ge-⟩ irritar, exasperar, enconar; **erbittert** A ADJ 1 *(zornig)* irritado, exasperado, enconado 2 *(heftig)* fiero, enfurecido; *Kampf* encarnizado 3 *Gegner etc* acérrimo B ADV **~ kämpfen** luchar encarnizadamente
Er'bitterung F ⟨~⟩ 1 *(Zorn)* irritación *f*, exasperación *f*, encono *m* 2 *(Heftigkeit)* encarnizamiento *m*; furor *m*, saña *f*
'erbkrank ADJ MED afect(ad)o (*od* portador) de una enfermedad hereditaria; **Erbkrankheit** F ⟨~; ~en⟩ MED enfermedad *f* hereditaria
er'blassen VI ⟨*ohne* ge-; sn⟩ palidecer, perder el color, ponerse pálido
'Erblasser M ⟨~s; ~⟩, **Erblasserin** F ⟨~; ~nen⟩ JUR testador *m*, -a *f*; *a.* causante *m/f*
'Erblehre F BIOL genética *f*
er'bleichen VI ⟨*ohne* ge-; sn⟩ → erblassen
'erblich A ADJ hereditario; *(erbbar)* heredable, sucesible; MED **~e Belastung** tara *f* hereditaria

B ADV ~ **belastet sein** tener una tara hereditaria, estar tarado
'Erblichkeit F ⟨~⟩ carácter *m* hereditario; *bes* BIOL heredabilidad *f*
er'blicken V/T ⟨*ohne* ge-⟩ ver; distinguir; *in der Ferne:* divisar; avistar; *(entdecken)* descubrir; *geh od hum* **das Licht der Welt ~** nacer, venir al mundo
er'blinden V/I ⟨*ohne* ge-; sn⟩ cegar, perder la vista, quedar(se) ciego; *Spiegel* empañarse; **Erblindung** F ⟨~; ~en⟩ pérdida *f* de la vista; ceguedad *f*, *bes* MED ceguera *f*
er'blühen V/I ⟨*ohne* ge-; sn⟩ BOT abrirse; florecer (*a. fig*)
'Erbmasse F BIOL, JUR masa *f* hereditaria, patrimonio *m* hereditario; JUR *a.* acervo *m* (hereditario); **Erbonkel** M tío *m* rico; *umg fig* tío *m* de América
er'bosen ⟨*ohne* ge-⟩ *geh* **A** V/T enojar, exasperar, encolerizar **B** V/R **sich ~** enojarse, exasperarse, encolerizarse (**über etw** *acus* sobre a/c; **über j-n** con alg)
er'bötig ADJ *geh* dispuesto (**zu** a); **sich ~ machen** (*inf*) ofrecerse a (*inf*)
'Erbpacht F JUR enfiteusis *f*, censo *m* enfitéutico; **Erbpächter** M, **Erbpächterin** F JUR enfiteuta *m/f*; **Erbprinz** M príncipe *m* heredero
er'brechen ⟨*irr; ohne* ge-⟩ **A** V/T(V/R) (**sich**) ~ vomitar **B** V/T **1** MED vomitar, *umg* devolver **2** *obs Siegel* romper; *Brief* abrir
Er'brechen N ⟨~s⟩ MED vómito *m*; *umg fig* **bis zum ~** hasta la saciedad
'Erbrecht N derecho *m* sucesorio (*od* de sucesiones)
er'bringen V/T ⟨*irr; ohne* ge-⟩ **1** *bes* HANDEL producir, rendir, rentar **2** JUR *Beweise* aducir
'Erbschaft F ⟨~; ~en⟩ herencia *f*; **eine ~ machen** heredar; **die ~ ausschlagen** repudiar la herencia
'Erbschaftsangelegenheit F asunto *m* de sucesión; **Erbschaftsanspruch** M pretensión *f* a la herencia; título *m* sucesorio; **Erbschaftsausschlagung** F ⟨~; ~en⟩ JUR repudiación *f* de la herencia; **Erbschaftssteuer** F impuesto *m* sobre sucesiones
'Erbschein M ⟨~(e)s; ~e⟩ certificado *m* de heredero; **Erbschleicher** M ⟨~s; ~⟩ heredípeta *m*, captador *m od* cazador *m* de herencias; **Erbschleicherei** F ⟨~; ~en⟩ captación *f* de herencias; **Erbschleicherin** F ⟨~; ~nen⟩ heredípeta *f*, captadora *f* de herencias
'Erbse F ⟨~; ~n⟩ BOT, GASTR guisante *m*; *Am* arveja *f*
'Erbsenbrei M puré *m* de guisantes; **erbsenförmig** ADJ pisiforme; **erbsengroß** ADJ del tamaño de un guisante; **Erbsensuppe** F sopa *f* de guisantes
'Erbstück N objeto *m* heredado; mueble *m* de familia; **Erbsünde** F REL pecado *m* original; **Erbtante** F tía *f* rica; **Erbteil** N JUR cuota *f* hereditaria; hijuela *f*; **Erbteilung** F partición *f* de la herencia
'erbunfähig ADJ JUR incapaz de heredar; **Erbunfähigkeit** F incapacidad *f* sucesoria (*od* de suceder); **erbunwürdig** ADJ JUR indigno de suceder; **Erbunwürdigkeit** F indignidad *f* sucesoria
'Erbvertrag M pacto *m* sucesorio; **Erbverzicht** M renuncia *f* a la herencia
'Erdachse F ⟨~⟩ eje *m* terrestre; **Erdanschluss** M ELEK conexión *f* a tierra, toma *f* de tierra; **Erdanziehung** F ⟨~⟩ atracción *f* terrestre; **Erdapfel** M *bes österr* patata *f*, *Am* papa *f*; **Erdarbeiten** FPL obras *fpl* de excavación, movimiento *m* de tierras; **Erdatmosphäre** F ⟨~⟩ atmósfera *f* terrestre; **Erdbahn** F ⟨~⟩ ASTRON órbita *f* de la tierra; **Erdball** M ⟨~(e)s⟩ globo *m* terráqueo (*od* terrestre)
'Erdbeben N terremoto *m*; seísmo *m*; temblor *m* de tierra; **Erdbebenforscher** M, **Erdbebenforscherin** F sismólogo *m*, -a *f*; **Erdbebenforschung** F sismología *f*; **Erdbebengebiet** N zona *f* sísmica; **Erdbebengefährdung** F ⟨~; ~en⟩ sismicidad *f*; **Erdbebenherd** M foco *m* sísmico; **Erdbebenkunde** F ⟨~⟩ sismología *f*; **Erdbebenmesser** M sismógrafo *m*; **erdbebensicher** ADJ asísmico, antisísmico, a prueba de terremoto; **Erdbebenstation** F estación *f* sísmica
'Erdbeere F ⟨~; ~n⟩ BOT fresa *f*; *(Gartenerdbeere)* fresón *m*; *Am* frutilla *f*; *Pflanze:* fresal *m*; **Erdbeereis** N helado *m* de fresa; **Erdbeerkonfitüre** F mermelada *f* de fresa; **Erdbeerkuchen** M pastel *m* de fresas; **Erdbeermarmelade** F → Erdbeerkonfitüre; **Erdbeertorte** F tarta *f* de fresas
'Erdbevölkerung F población *f* de la tierra; **Erdbewegung** F ⟨~; ~en⟩ **1** ASTRON movimiento *m* de la Tierra **2** *(Erdarbeiten)* movimiento *m* de tierras
'Erdbewohner M, **Erdbewohnerin** F terrícola *m/f*; habitante *m/f* (*od* morador *m*, -a *f*) de la tierra
'Erdboden M ⟨~s⟩ tierra *f*; suelo *m*; terreno *m*; **etw dem ~ gleichmachen** arrasar a/c, no dejar piedra sobre piedra de a/c; **er ist wie vom ~ verschluckt** se lo ha tragado la tierra
'Erdbohrer M sonda *f* de suelo; **Erdbohrung** F sondeo *m*, perforación *f* del suelo; **Erddamm** M terraplén *m*
'Erde F ⟨~; ~n⟩ **1** *Planet:* Tierra *f*; **auf der ~** en (*od* sobre) la Tierra **2** *(Welt)* mundo *m*; **auf der ganzen ~** en todo el mundo **3** *(Erdboden)* suelo *m*, terreno *m*; *(Erdreich)* tierra *f*; **auf die** *od* **zur ~ fallen** caer a tierra (*od* al suelo); **unter der ~** bajo tierra, subterráneo; *fig* **j-n unter die ~ bringen** matar a disgustos a alg **4** CHEM **seltene ~n** tierras raras **5** ELEK (toma *f* de) tierra *f*
'erden V/T ELEK conectar (*od* poner) a tierra
'Erdenbürger M, **Erdenbürgerin** F ser *m* humano, criatura *f* humana; mortal *m/f*; **Erdenglück** N ⟨~(e)s⟩ dicha *f* terrenal
er'denken V/T ⟨*irr; ohne* ge-⟩ imaginar, concebir, idear; *(erfinden)* inventar; **erdenklich** ADJ imaginable, concebible; **sich** (*dat*) **alle ~e Mühe geben** hacer todo lo posible, no regatear (*od* escatimar) esfuerzos (**für** para)
'Erdenleben N *geh* vida *f* terrenal; **Erderwärmung** F calentamiento *m* (*od* aumento *m* de la temperatura) de la Tierra
'erdfarben, erdfarbig ADJ (de) color de tierra, terroso
'Erdferne F ASTRON apogeo *m*; **Erdfloh** M ZOOL altisa *f*, pulguilla *f*
'Erdgas N gas *m* natural; **Erdgasförderung** F explotación *f* de gas natural; **Erdgasheizung** F calefacción *f* de gas natural; **Erdgasleitung** F ⟨~; ~en⟩ gasoducto *m*
'Erdgeist M ⟨~(e)s; ~er⟩ MYTH (g)nomo *m*; **Erdgeschichte** F ⟨~⟩ geología *f*; **Erdgeschoss**, *österr* **Erdgeschoß** N piso *m* bajo, planta *f* baja, bajos *mpl*; **Erdhälfte** F hemisferio *m*; **erdhaltig** ADJ terroso, térreo; **Erdhörnchen** N ZOOL ardilla *f* terrestre; **Erdhügel** M terrero *m*, montículo *m*
er'dichten V/T ⟨*ohne* ge-⟩ *geh* imaginar; *(erfinden)* inventar, idear; *(vorgeben)* fingir, pretextar; **erdichtet** ADJ imaginado; inventado; *(vorgeblich)* fingido; imaginario, ficticio; **Erdichtung** F ⟨~; ~en⟩ invento *m*; invención *f*, ficción *f*
'erdig ADJ terroso, térreo; *Geschmack, Geruch* a tierra
'Erdinnere(s) N interior *m* de la tierra; **Erdkabel** N cable *m* subterráneo; **Erdkarte** F mapamundi *m*, planisferio *m*; **Erdklemme** F ELEK borne *m* de (puesta a) tierra; **Erdklumpen** M terrón *m*, gleba *f*; **Erdkreis** M ⟨~(e)s⟩ orbe *m*; **Erdkrümmung** F curvatura *f* terrestre; **Erdkruste** F → Erdrinde; **Erdkugel** F ⟨~⟩ globo *m* (terráqueo); **Erdkunde** F ⟨~⟩ geografía *f*; **erdkundlich** ADJ geográfico; **Erdleiter** M ELEK conductor *m* de tierra; **Erdleitung** F ELEK conexión *f* a tierra; toma *f* de tierra; **Erdmagnetismus** M magnetismo *m* terrestre; **Erdmandel** F BOT chufa *f*; **Erdmaus** F ZOOL arvícola *f* agreste; **Erdmessung** F geodesia *f*; **Erdnähe** F ASTRON perigeo *m*; **Erdnuss** F BOT cacahuete *m*, *Am* maní *m*; **Erdoberfläche** F ⟨~⟩ superficie *f* terrestre
'Erdöl N ⟨~(e)s⟩ petróleo *m*; **~ exportierende Länder** *pl* países *mpl* exportadores de petróleo
'Erdöl... IN ZSSGN → *a* Ölexport *etc*; **Erdölbohrung** F prospección *f* (*od* sondeo *m*) petrolífero
er'dolchen V/T ⟨*ohne* ge-⟩ *geh* apuñalar, matar a puñaladas
'Erdölfeld N campo *m* petrolífero; **Erdölgesellschaft** F compañía *f* petrolera; **Erdölgewinnung** F producción *f* de petróleo
'erdölhaltig ADJ petrolífero
'Erdölleitung F oleoducto *m*; **Erdölraffinerie** F refinería *f* de petróleo; **Erdölreichtum** M riqueza *f* petrolera; **Erdölvorkommen** N yacimiento *m* petrolífero
'Erdpech N ⟨~(e)s; ~e⟩ betún *m* (natural); **Erdreich** N ⟨~(e)s⟩ tierra *f*; terruño *m*
er'dreisten V/R ⟨*ohne* ge-⟩ *geh* **sich ~ zu** atreverse a; tener el atrevimiento (*od* la osadía) de; *umg* tener la desfachatez de
'Erdrinde F ⟨~⟩ corteza *f* terrestre
er'dröhnen V/I ⟨*ohne* ge-⟩ → dröhnen
er'drosseln V/T ⟨*ohne* ge-⟩ estrangular; **Erdrosselung** F ⟨~; ~en⟩ estrangulación *f*
er'drücken V/T ⟨*ohne* ge-⟩ aplastar (*a. fig*); *(ersticken)* ahogar, sofocar; **erdrückend** ADJ aplastante; **~e Beweise** pruebas *fpl* contundentes; **~e Mehrheit** mayoría *f* aplastante (*od* abrumadora, apabullante)
er'drückt ADJ *von Arbeit:* agobiado (**von** de); *von Sorgen:* abrumado (**von** de)
'Erdrutsch M corrimiento *m* (*od* desprendimiento *m*) de tierras; **Erdrutschsieg** M *bei Wahlen:* triunfo *m* aplastante
'Erdsatellit M satélite *m* terrestre; **Erdschicht** F capa *f* de tierra; **Erdschluss** M ⟨~es; ⸚e⟩ ELEK contacto *m* a tierra; **Erdscholle** F terrón *m*, gleba *f*; *fig* terruño *m*; **Erdsicht** F FLUG visibilidad *f* del suelo; **Erdspalte** F grieta *f*; **Erdstoß** M sacudida *f* sísmica; **Erdstrich** M GEOG zona *f*; región *f*; **Erdstrom** M corriente *f* telúrica (*od* terrestre); **Erdteil** M GEOG continente *m*; parte *f* del mundo
er'dulden V/T ⟨*ohne* ge-⟩ **1** *(aushalten)* aguantar, soportar; pasar **2** *(erleiden)* sufrir, padecer
'Erdumdrehung F ⟨~; ~en⟩ rotación *f* de la tierra; **Erdumfang** M ⟨~(e)s⟩ circunferencia *f* de la tierra; **Erdumkreisung** F orbitación *f* terrestre; **Erdumlaufbahn** F órbita *f* terrestre; **Erdumseg(e)lung** F ⟨~; ~en⟩ circunnavegación *f*; vuelta *f* al mundo
'Erdung F ⟨~; ~en⟩ ELEK toma *f* de tierra
'Erdwall M terraplén *m*; **Erdzeitalter** N era *f* (*od* época *f*) geológica
er'eifern V/R ⟨*ohne* ge-⟩ **sich ~** acalorarse

E

(**über** *acus* con), excitarse, alterarse (**über** *acus* por); apasionarse (**über** *acus* por); **Ereiferung** F ⟨~; ~en⟩ acaloramiento *m*, excitación *f*; (*Heftigkeit*) vehemencia *f*

er'eignen V/R ⟨*ohne* ge-⟩ **sich ~** suceder, ocurrir, acontecer, pasar; *bes lit* acaecer; (*stattfinden*) tener lugar

Er'eignis N ⟨~ses; ~se⟩ suceso *m*, acontecimiento *m*; *bes lit* acaecimiento *m*; (*Vorfall*) incidente *m*, evento *m*; *denkwürdiges*: efeméride *f*; **freudiges ~** (*Geburt*) feliz acontecimiento *m*

er'eignislos ADJ sin incidentes; **ereignisreich** ADJ rico en acontecimientos; movido

er'eilen V/T ⟨*ohne* ge-⟩ *geh Tod, Schicksal* **j-n ~** alcanzar a alg, sorprender a alg

Erekti'on F ⟨~; ~en⟩ PHYSIOL erección *f*

Ere'mit M ⟨~en; ~en⟩ eremita *m*, ermitaño *m*; anacoreta *m*

er'erbt ADJ heredado; hereditario

er'fahren[1] ⟨*irr; ohne* ge-⟩ **A** V/T **1** (*mitgeteilt bekommen*) enterarse de; (llegar a) saber; **etw ~ haben** estar enterado (*od* informado) de a/c, tener noticia (*od* conocimiento) de a/c; **er hat ~, dass** *a.* se ha enterado de que; **sie braucht davon nichts zu ~** no tiene por qué enterarse; **wie ich ~ habe** según me han informado **2** (*erleben*) experimentar; (*erleiden*) sufrir, padecer **B** V/I **von etw ~** tener noticia de a/c, enterarse de a/c

er'fahren[2] ADJ experimentado, experto; avezado; (*gewandt*) ducho, versado, entendido (**in** *dat* en)

Er'fahrung F ⟨~; ~en⟩ experiencia *f* (*a. Erlebnis*); (*Praxis*) práctica *f*; pericia *f*; **~ haben** tener práctica; **~en machen/sammeln** adquirir/reunir experiencia; **wir haben mit etw gute ~en gemacht** a/c ha dado buenos resultados; **die ~ machen, dass ...** darse cuenta de que ... (*mediante la experiencia*); **Mangel** *m* **an ~** inexperiencia *f*; **aus (eigener) ~** por (propia) experiencia; **durch ~ klug werden** escarmentar; **in ~ bringen** saber, enterarse de; (*herausfinden*) averiguar, llegar a saber

Er'fahrungsaustausch M intercambio *m* de experiencias; **erfahrungsgemäß** ADV por experiencia; según muestra la experiencia; **erfahrungsmäßig** ADJ experimental; PHIL empírico; **Erfahrungssatz** M PHIL principio *m* empírico; **Erfahrungswissenschaft** F ⟨~⟩ empirismo *m*

er'fassen V/T ⟨*ohne* ge-⟩ **1** (*packen*) asir, coger, *bes Am* agarrar; *Lawine etc* arrastrar; **von einem Auto erfasst werden** ser atropellado por un coche **2** *fig* **Furcht erfasste sie** el miedo se adueñó de ella; **von dem Verlangen erfasst werden** estar poseído del (*od* dominado por el) deseo de **3** *Daten* registrar, fichar; *statistisch*: registrar, censar; IT *Text* introducir, meter; VERW *Personen* empadronar; **steuerlich ~** registrar a efectos fiscales; **zahlenmäßig ~** expresar en números (*od* en términos numéricos) **4** (*einbeziehen*) incluir, considerar **5** (*begreifen*) comprender, captar; *umg* **du hast's erfasst!** *umg* ¡lo has cogido!

Er'fassung F ⟨~⟩ **1** *v. Daten, Texten etc*, registro *m* (*a.* IT), recopilación *f* **2** VERW empadronamiento *m*; MIL alistamiento *m*

Er'fassungsfehler M error *m* de registro (de datos); **Erfassungsstelle** F MIL *für Wehrpflichtige*: caja *f* de reclutamiento

er'finden V/T ⟨*irr; ohne* ge-⟩ **1** inventar; crear; idear **2** (*erdichten*) inventar, imaginar

Er'finder M ⟨~s; ~⟩ inventor *m*; **Erfindergeist** M genio *m* inventivo; ingenio *m*; **Erfinderin** F ⟨~; ~nen⟩ inventora *f*; **erfinderisch** ADJ inventivo; (*scharfsinnig*) ingenioso; (*fantasievoll*) imaginativo; (*findig*) fértil en recursos; *sprichw* **Not macht ~** la necesidad aguza el ingenio

Er'findung F ⟨~; ~en⟩ **1** invento *m*; invención *f*; (*Schöpfung*) creación *f* **2** (*Ausgedachtes*) ficción *f*, invención *f*

Er'findungsgabe F inventiva *f*, ingenio *m*, genio *m* (*od* talento *m*) inventivo; (*Fantasie*) imaginación *f*, fantasía *f*; **Erfindungspatent** N patente *f* de invención; **erfindungsreich** ADJ → erfinderisch

er'flehen V/T ⟨*ohne* ge-⟩ *geh* implorar, suplicar; *Gnade* impetrar

Er'folg M ⟨~(e)s; ~e⟩ **1** (*positives Ergebnis*) éxito *m*; **großer ~** gran éxito, éxito ruidoso; **~ haben** tener (*od* lograr, alcanzar) éxito, triunfar; (*gedeihen*) prosperar; **keinen ~ haben** no tener éxito, fracasar; *Unternehmung etc a.* malograrse; *Bemühungen* ser infructuoso (*od* estéril, inútil); **zum ~ beitragen** contribuir al éxito; **es war ein großer** *od* **voller ~** fue un éxito completo; **von ~ gekrönt** coronado de éxito; **er hatte keinerlei ~ bei ihm** no consiguió nada de él; **viel ~!** ¡(mucha) suerte! **2** (*Ergebnis*) resultado *m*; (*Folge*) consecuencia *f*; (*Wirkung*) efecto *m*; **mit dem ~, dass ...** con el efecto de que ...

er'folgen V/I ⟨*ohne* ge-; sn⟩ (*sich ereignen*) suceder, ocurrir; realizarse; (*stattfinden*) tener lugar; *Zahlung etc* efectuarse; **es ist noch keine Antwort erfolgt** todavía no se ha recibido contestación

er'folglos **A** ADJ *Bemühung etc* infructuoso, estéril, vano; (*unwirksam*) inútil, ineficaz; **~ sein** *Person, Firma* no tener éxito, fracasar **B** ADV sin éxito; sin resultado; infructuosamente; **Erfolglosigkeit** F ⟨~⟩ (*Scheitern*) fracaso *m*; (*Vergeblichkeit*) infructuosidad *f*, vanidad *f*; (*Unwirksamkeit*) ineficacia *f*; inutilidad *f*; **erfolgreich** **A** ADJ **1** *Person* feliz; afortunado; *Am* exitoso **2** (*wirksam*) eficaz **B** ADV con éxito

Er'folgsaussichten FPL perspectivas *fpl* de éxito; **Erfolgsbeteiligung** F participación *f* en el éxito; **Erfolgsbilanz** F *allg* balance *m* de resultados; WIRTSCH cuenta *f* de beneficios y pérdidas; **Erfolgschance** F oportunidad *f* de éxito; **Erfolgserlebnis** N (sensación *f* de) éxito *m*; **Erfolgsfilm** M película *f* taquillera; **Erfolgshonorar** N honorario *m* dependiente del éxito; *bes* JUR cuota *f* litis; **Erfolgskonzept** N plan(teamiento) *m* para tener éxito; **Erfolgskurs** M **auf ~ sein** estar encaminado al éxito; **Erfolgsrechnung** F HANDEL cuenta *f* de resultados; **Erfolgsrezept** N receta *f* de éxito; **Erfolgsstory** F *umg* historia *f* exitosa; **Erfolgszwang** M **unter ~ stehen** encontrarse obligado a tener éxito

er'folgversprechend, Erfolg versprechend ADJ prometedor, esperanzador

er'forderlich ADJ necesario, preciso; (*verlangt*) requerido; **unbedingt ~** indispensable, imprescindible; **falls ~** si es necesario, si es preciso; en caso necesario; **erforderlichenfalls** ADV en caso necesario (*od* de necesidad), si el caso lo requiere, si es *od* fuera necesario

er'fordern V/T ⟨*ohne* ge-⟩ requerir; pedir; reclamar, *stärker*: exigir, necesitar; (*erforderlich machen*) hacer necesario, precisar; *Zeit* requerir; *Arbeit, Kosten* suponer

Er'fordernis N ⟨~ses; ~se⟩ necesidad *f*; exigencia *f*; (*Voraussetzung*) requisito *m*

er'forschen V/T ⟨*ohne* ge-⟩ *Land* explorar; (*untersuchen*) investigar, estudiar; (*ergründen*) sondear, escudriñar; inquirir, indagar; **Erforscher** M ⟨~s; ~⟩, **Erforscherin** F ⟨~; ~nen⟩ explorador *m*, -a *f*; investigador *m*, -a *f*; **Erforschung** F ⟨~; ~en⟩ exploración *f*; investigación *f*; indagación *f*

er'fragen V/T ⟨*ohne* ge-⟩ preguntar, informarse de; **zu ~ bei** razón (en), dirigirse a

er'frechen V/R ⟨*ohne* ge-⟩ *geh* **sich ~ zu** tener el atrevimiento (*od* la osadía *od umg* la frescura) de; atreverse a

er'freuen ⟨*ohne* ge-⟩ **A** V/T alegrar, causar alegría a; (*belustigen*) regocijar, divertir; **erfreut sein über** (*acus*) alegrarse de **B** V/R *geh* **sich ~ an** (*dat*) gozar (de); alegrarse de; **sich einer Sache** (*gen*) **~** gozar (*od* disfrutar) de a/c

er'freulich ADJ agradable; favorable; *Nachrichten etc* grato; (*befriedigend*) satisfactorio; **das ist ein ~er Anblick** da gusto verlo; **erfreulicherweise** ADV afortunadamente, por fortuna (*od* suerte)

er'freut ADJ contento, satisfecho; encantado (**über** *acus* de); **ich bin sehr ~ darüber** me alegro mucho de ello; **sehr ~!** *beim Vorstellen*: ¡mucho (*od* tanto) gusto!, ¡encantado!

er'frieren ⟨*irr; ohne* ge-⟩ **A** V/I ⟨sn⟩ helarse (*a.* BOT); *Mensch, Tier* morirse de frío; *Füße, Ohren etc* congelarse; **ihm ist ein Finger erfroren** se le ha congelado un dedo; *umg* **ich bin halb erfroren** estoy transido de frío, estoy helado **B** V/T **sie hat sich** (*dat*) **die Ohren erfroren** se le han helado las orejas

Er'frierung F ⟨~; ~en⟩ MED heladura *f*, congelación *f*

er'frischen ⟨*ohne* ge-⟩ **A** V/T refrescar; (*beleben*) reanimar **B** V/R **sich ~** refrescarse; orearse; *geistig*: recrearse; **erfrischend** ADJ refrescante; refrigerante; *fig* reanimador; **Erfrischung** F ⟨~; ~en⟩ refresco *m* (*a. Getränk*); (*Imbiss*) refrigerio *m*, *umg* piscolabis *m*

Er'frischungsgetränk N bebida *f* refrescante, refresco *m*; **Erfrischungsraum** M bar *m*; cantina *f*; **Erfrischungstuch** N toallita *f* refrescante

er'füllen ⟨*ohne* ge-⟩ **A** V/T **1** llenar (**mit** de) (*a. fig*); *mit Freude etc a.*: colmar; **erfüllt sein von** estar lleno de; estar poseído de; **ein erfülltes Leben** una vida plena **2** (*verwirklichen, ausführen*) realizar, ejecutar; *Pflicht, Versprechen, Vertrag* cumplir; *Wunsch, Erwartungen* corresponder a, satisfacer; *Aufgabe a.* desempeñar; *Auftrag* ejecutar; *Bedingungen* cumplir con; **seinen Zweck ~** cumplir (con) su función; **nicht ~** incumplir **B** V/R **sich ~** realizarse; cumplirse

Er'füllung F ⟨~; ~en⟩ realización *f*; ejecución *f*; cumplimiento *m*; desempeño *m*; *geistige*: satisfacción *f*; **in ~ gehen** realizarse; cumplirse

Er'füllungsgehilfe M JUR auxiliar *m* ejecutivo; *pej* asistente *m*; **Erfüllungsklage** F JUR acción *f* de cumplimiento; **Erfüllungsort** M HANDEL lugar *m* de cumplimiento (*bzw* de pago); **~ der Lieferung** lugar *m* de suministro; **Erfüllungstag** M HANDEL fecha *f* de la liquidación (*bzw* del vencimiento)

er'funden ADJ inventado

erg. ABK (ergänze) complétese; añádese

Erg N ⟨~s; ~⟩ PHYS ergio *m*

er'gänzen ⟨*ohne* ge-⟩ **A** V/T **1** (*hinzufügen*) añadir, agregar **2** (*vervollständigen*) completar, complementar; *Fehlendes* suplir; (*auffüllen*) llenar; **laufend ~** poner al día **3** *Truppen* completar (*el contingente de*) **B** V/R **sich (gegenseitig) ~** completarse (mutuamente); (*das Pendant bilden*) hacer juego; **sich ~ zu** ser el complemento de (*a.* MATH)

er'gänzend ADJ complementario; suplementario; adicional; **Ergänzung** F ⟨~; ~en⟩ complemento *m* (*a.* GRAM); (*Zusatz*) suplemento *m*; adición *f*, añadidura *f*

Er'gänzungsband M ⟨~(e)s; ≈e⟩ suplemento *m*, volumen *m* suplementario; apéndice *m*; **Ergänzungsmannschaften** FPL MIL tropas *fpl* de reserva, reservas *fpl*; **Ergänzungsspieler** M, **Ergänzungsspiele-**

rin F SPORT ≈ jugador m, -a f suplente; **Ergänzungssteuer** F impuesto m suplementario; **Ergänzungswahl** F elección f complementaria; **Ergänzungswinkel** M MATH ángulo m complementario

er'gattern VT ⟨ohne ge-⟩ umg pescar, atrapar; birlar; Nachrichten etc cazar

er'gaunern VT ⟨ohne ge-⟩ conseguir por engaño, estafar, timar

er'geben¹ ⟨irr; ohne ge-⟩ A VT 1 als Folge: dar (como od por resultado) (a. MATH); Summe arrojar; (betragen) ascender a; **das ergibt keinen Sinn** eso no tiene (ningún) sentido 2 (abwerfen) Ertrag producir, rendir 3 (zeigen) probar, (de)mostrar, revelar; **die Umfrage hat ergeben, dass** la encuesta ha revelado que B VR **sich ~** 1 MIL, fig rendirse, capitular; **sich j-m ~** entregarse a alg 2 (sich fügen) resignarse (**in** acus a); **sich in sein Schicksal ~** rendirse a (od ante) su destino 3 geh **sich dem Laster/Alkohol ~** entregarse od darse al vicio/alcohol 4 (die Folge sein) Schwierigkeiten etc surgir; **sich ~ aus** resultar de; derivarse de; **daraus ergibt sich, dass** de ello resulta (od se infiere, se deduce) que; **es hat sich so ~** ha sucedido así; **wenn es sich ergibt** si llega el caso

er'geben² ADJ 1 (treu) leal, fiel; **~** (dat) entregado a; bes POL adicto a, afecto a; e-m Laster dado a, entregado a; geh od hum **Ihr (sehr) ~er Diener** su humilde servidor; oft hum **~st** respetuosamente 2 (gefasst) resignado

Er'gebenheit F ⟨~⟩ afecto m; devoción f; lealtad f; (Unterwerfung) sumisión f; (Gefasstheit) resignación f

Er'gebnis N ⟨~ses; ~se⟩ resultado m; (Folge) consecuencia f; (Wirkung) efecto m; (Ertrag) producto m, fruto m; **außerordentliches ~** resultado m extraordinario; **ergebnislos** A ADJ sin resultado; infructuoso, estéril; **~ bleiben** no dar resultado; quedar en nada B ADV infructuosamente

er'gebnisorientiert A ADJ utilitarista; **~es Denken/Management** pensamiento m/gestión f utilitarista B ADV **~ arbeiten/verhandeln** ≈ trabajar/negociar en términos prácticos

Er'gebnistafel F SPORT marcador m

Er'gebung F ⟨~⟩ 1 (Ergebenheit) sumisión f (**in** acus a); resignación f 2 MIL capitulación f, rendición f

er'gehen ⟨irr; ohne ge-; sn⟩ A VI 1 Einladung ser enviado (**an** acus a); Befehl darse; JUR Urteil ser pronunciado; recaer; **~ lassen** publicar; promulgar; Befehl dar 2 **etw über sich** (acus) **~ lassen** aguantar a/c, soportar (con paciencia) a/c; apechugar con a/c B VR **sich ~** 1 geh obs (spazieren gehen) pasearse, orearse 2 fig **sich ~ in** (acus) in Verwünschungen: desatarse en; in Klagen: desahogarse en; in Komplimenten: deshacerse en; **sich ~ über** (acus) (sich auslassen) extenderse (od explayarse) sobre C V/UNPERS **es wird ihm schlecht ~** lo pasará mal; **wie mag es ihr ergangen sein?** ¿qué habrá sido de ella?; **wie ist es dir ergangen?** ¿cómo te ha ido?, ¿cómo lo has pasado?

er'giebig ADJ 1 productivo; Geschäft a. lucrativo; Farbe etc de mucho rendimiento; **sehr ~ sein** rendir mucho 2 (fruchtbar) fértil, fecundo 3 (reich) rico, abundante (**an** dat en); **~e Regenfälle** mpl lluvias fpl abundantes

Er'giebigkeit F ⟨~⟩ 1 productividad f; rendimiento m 2 (Fruchtbarkeit) fertilidad f, fecundidad f 3 (Reichtum) riqueza f, abundancia f (**an** dat en)

er'gießen VR ⟨irr; ohne ge-⟩ **sich ~** derramarse, verterse (**über** acus sobre); **sich ~ aus** manar de; **sich ~ in** (acus) desaguar en; Fluss desembocar en

er'glänzen VI ⟨ohne ge-; sn⟩ poet resplandecer, brillar, relucir

er'glühen VI ⟨ohne ge-; sn⟩ poet entrar en ardor; fig enardecerse, encenderse; Gesicht ruborizarse; **vor Scham ~** sonrojarse

Ergo'nom M ⟨~en; ~en⟩ ergónomo m; **Ergono'mie** F ⟨~⟩ ergonomía f; **Ergo'nomin** F ⟨~; ~nen⟩ ergónoma f; **ergo'nomisch** ADJ ergonómico

'Ergotherapeut M, **Ergotherapeutin** F MED ergoterapeuta m/f; **Ergotherapie** F ergoterapia f

er'götzen geh A VT ⟨ohne ge-⟩ recrear, deleitar; divertir; (belustigen) regocijar B VR **sich ~ an** (dat) divertirse de (od con); deleitarse con; umg regodearse con; **Ergötzen** N ⟨~s⟩ geh deleite m, recreo m; diversión f; regocijo m; **ergötzlich** ADJ geh divertido, recreativo; (drollig) regocijante, festivo, gracioso

er'grauen VI ⟨ohne ge-; sn⟩ encanecer; i. w. S (altern) envejecer

er'greifen VT ⟨irr; ohne ge-⟩ 1 (packen) Gegenstand coger, asir, Am tomar, Arg agarrar (**an** dat de, **bei** por); mit der Hand a.: empuñar; echar mano de; fest: agarrar 2 fig Maßnahme tomar; Gelegenheit aprovechar; Beruf abrazar, seguir; **die Flucht ~** darse a la fuga; **das Wort ~** tomar la palabra 3 Verbrecher capturar, prender, aprehender 4 fig seelisch: **j-n ~** conmover a alg, emocionar a alg; **Angst ergriff sie** el miedo se apoderó de ella

er'greifend ADJ fig conmovedor; emocionante; patético; **Ergreifung** F ⟨~⟩ e-s Verbrechers: captura f, aprehensión f

er'griffen A PPERF → ergreifen B ADJ fig (bewegt) conmovido; impresionado, afectado; emocionado; **Ergriffenheit** F ⟨~⟩ emoción f; conmoción f

er'grimmen VI ⟨ohne ge-; sn⟩ geh irritarse, airarse, encolerizarse

er'gründen VT ⟨ohne ge-⟩ sondear; fig estudiar a fondo, profundizar en, ahondar en, penetrar en; (erforschen) explorar, indagar; (ermitteln) averiguar; **Ergründung** F ⟨~; ~en⟩ sondeo m, penetración f; (Erforschung) exploración f; indagación f

Er'guss M ⟨~es; ¨~e⟩ 1 derrame m (a. MED); (Samenerguss) eyaculación f 2 fig von Gefühlen: efusión f; desbordamiento m

er'haben ADJ 1 (hervorstehend) elevado; saliente; TECH en relieve; **~e Arbeit** ARCH relieve m; Metall, Stickerei: realce m 2 fig (herausragend) sublime, eminente, augusto; (großartig) grandioso, magnífico, majestuoso; Geist excelso; PHIL **das Erhabene** lo sublime 3 **~ über** (acus) superior a; por encima de

Er'habenheit F ⟨~⟩ elevación f, altura f; fig sublimidad f; grandiosidad f, magnificencia f, majestuosidad f

Er'halt M ⟨~(e)s⟩ recepción f, recibo m; **den ~ bestätigen** acusar recibo (**von** de)

er'halten¹ ⟨irr; ohne ge-⟩ A VT 1 (bekommen) recibir; obtener (a. CHEM); (gewinnen) ganar; conseguir; Gehalt cobrar, percibir 2 (bewahren) conservar; Frieden mantener; (unterstützen) sostener, entretener; **j-n am Leben ~** mantener a alg con vida B VR **sich ~** conservarse; am Leben: sustentarse; mantenerse; **sich ~ von** vivir de, sostenerse con; **sich gesund ~** conservar la salud, conservarse sano

er'halten² ADJ **gut ~** bien conservado (a. Person); en buen estado, en buenas condiciones; **sehr gut ~** en perfecto estado (de conservación); **schlecht ~** en mal estado, en malas condiciones; **~ bleiben** conservarse, mantenerse; continuar, seguir; **noch ~ sein** perdurar; sobrevivir

er'hältlich ADJ en venta (**bei** od **in** dat en); disponible; **nicht/schwer ~** imposible/difícil de conseguir; **Auskünfte sind ~ bei** informarán (od darán razón) en; **nur im Fachhandel ~** en venta únicamente en tiendas del ramo

Er'haltung F ⟨~⟩ 1 (Bewahrung) conservación f; mantenimiento m 2 (Unterhalt) entretenimiento m; manutención f 3 des Lebens: sustento m, sostenimiento m

er'handeln VT ⟨ohne ge-⟩ (kaufen) comprar, adquirir; (feilschen) regatear

er'hängen ⟨ohne ge-⟩ A VT colgar (**an** dat de), ahorcar B VR ⟨ohne ge-⟩ **sich ~** colgarse (**an** dat de), ahorcarse

er'härten VT ⟨ohne ge-⟩ 1 Verdacht, Vermutung corroborar, confirmar 2 (verhärten) endurecer; **Erhärtung** F ⟨~; ~en⟩ 1 e-s Verdachts etc: corroboración f, confirmación f 2 (Verhärtung) endurecimiento m

er'haschen VT ⟨ohne ge-⟩ atrapar; umg pescar, coger (al vuelo), captar

er'heben ⟨irr; ohne ge-⟩ A VT 1 (hochheben) levantar, alzar, subir; **die Hand ~ (gegen)** alzar la mano (contra); **seine Stimme ~** levantar la voz 2 fig (erhöhen) elevar (a. MATH); erigir (**zu** en) 3 Steuern (auferlegen) imponer; (eintreiben) recaudar, cobrar 4 Daten recoger 5 JUR **Anklage ~ (gegen)** acusar (a), formular acusación (contra); **Anspruch auf etw** (acus) **~** reclamar a/c 6 fig **Einwände ~** hacer objeciones (**gegen** a); **Protest ~** formular una protesta; protestar (**gegen** contra) B VR **sich ~** 1 (aufstehen) levantarse, ponerse en pie; Vogel alzar (od levantar) el vuelo; FLUG despegar; **sich ~ über** (acus) elevarse sobre; fig **sich über j-n ~** considerarse superior a alg 2 Berg, Gebäude elevarse (**über** acus sobre) 3 fig Frage, Problem plantearse; Streit suscitarse; Sturm, Wind levantarse; Schwierigkeiten surgir 4 (rebellieren) alzarse (en armas), rebelarse (od sublevarse) (**gegen** contra)

er'hebend ADJ fig (erhaben) sublime; (feierlich) solemne; (erbaulich) edificante; (rührend) conmovedor, emocionante

er'heblich A ADJ 1 (beträchtlich) considerable; Verluste, Schaden a. serio, grave; an Menge: cuantioso 2 (wichtig) importante, relevante; JUR pertinente B ADV considerablemente; **~ besser** mucho mejor; **~ jünger** mucho más joven; **Erheblichkeit** F ⟨~⟩ importancia f; gravedad f; JUR pertinencia f

Er'hebung F ⟨~; ~en⟩ 1 (Bodenerhebung) elevación f, eminencia f 2 fig (Erhöhung, Anhebung) elevación f (a. MATH) 3 (Ermittlung) investigación f; statistische: censo m; v. Daten: recolección f (de datos); (Umfrage) encuesta f; **~en anstellen über** (acus) recoger datos sobre; realizar investigaciones sobre; Umfrage: hacer una encuesta sobre 4 von Steuern: recaudación f, cobro m 5 (Aufstand) insurrección f, levantamiento m, sublevación f

er'heitern ⟨ohne ge-⟩ A VT alegrar; divertir; regocijar B VR **sich ~** alegrarse (a. Gesicht); divertirse; regocijarse; **erheiternd** ADJ hilarante; gracioso, divertido; **Erheiterung** F ⟨~; ~en⟩ diversión f; (Heiterkeit) hilaridad f

er'hellen ⟨ohne ge-⟩ A VT alumbrar, iluminar; Farben avivar; fig aclarar, esclarecer, poner en claro B VI JUR **daraus erhellt** (wird klar) de ahí resulta (od se infiere, se deduce) C VR **sich ~** Himmel serenarse; **Erhellung** F ⟨~; ~en⟩ iluminación f; esclarecimiento m

er'hitzen A VT ⟨ohne ge-⟩ 1 calentar, stärker: caldear 2 fig j-n excitar; apasionar; (erzürnen) irritar; **die Gemüter ~** encender las pasiones; caldear los ánimos B VR **sich ~** 1 calentarse 2 fig Gemüt excitarse; caldearse; Gespräch acalorarse; Gefühle enardecerse

Er'hitzer M ⟨~s; ~⟩ calentador m

er'hitzt ADJ calentado; caldeado; Person excitado; *fig Debatte etc* acalorado; **Erhitzung** F ⟨~⟩ calentamiento *m*; *bes* TECH caldeo *m*; *fig* acaloramiento *m*

er'hoffen VT ⟨*ohne* ge-⟩ (**sich** *dat*) **etw ~** esperar a/c (**von** de)

er'höhen ⟨*ohne* ge-⟩ A VT 1 (*höher machen*) levantar, alzar; elevar 2 *fig* (*steigern*) aumentar, elevar, subir (**um** en); acrecentar, incrementar; (*verstärken*) intensificar 3 *im Rang*: promover, ascender (**zu** a); *Würde, Verdienst, Wirkung* realzar 4 MUS poner un sostenido B VR **sich ~** aumentar (**auf** *acus* a; **um** en)

E

er'höht ADJ **in ~em Maße** en mayor medida, en mayores proporciones; MED **~e Temperatur haben** tener décimas (*od* un poco de fiebre), tener unas décimas de fiebre

Er'höhung F ⟨~; ~en⟩ 1 *allg* elevación *f* (*a.* MUS); *fig* (*Steigerung*) aumento *m*, subida *f*, incremento *m*; (*Verstärkung*) intensificación *f* 2 (*Anhöhe*) elevación *f*; eminencia *f*, altura *f*

Er'höhungswinkel M ángulo *m* de elevación; **Erhöhungszeichen** N MUS sostenido *m*

er'holen VR ⟨*ohne* ge-⟩ **sich ~** 1 (*sich entspannen*) descansar (**von** de), reposar; recrearse; **sich von der Arbeit ~** recobrar fuerzas después del trabajo; **sich (im Urlaub) gut ~** descansar (durante las vacaciones) 2 *nach Anstrengungen*: recuperarse; MED restablecerse; (*genesen*) convalecer; **~ Sie sich gut!** ¡que se recupere! 3 **sich von einem Schrecken ~** reponerse de un susto 4 WIRTSCH *Preise, Kurse* recuperarse (*a.* MED); *Geschäfte* mejorar; *von Verlusten*: resarcirse (**von** de)

er'holsam ADJ recreativo; reposado, sosegado; reparador

Er'holung F ⟨~⟩ 1 (*Entspannung*) reposo *m*, descanso *m*; recreo *m* 2 MED restablecimiento *m*, recuperación *f*; mejora *f*; (*Genesung*) convalecencia *f* 3 WIRTSCH recuperación *f*; mejora *f*

er'holungsbedürftig ADJ necesitado de reposo; **~ sein** *a.* necesitar reposo

Er'holungsfähigkeit F capacidad *f* de recuperación; **Erholungsgebiet** N zona *f* recreativa; **Erholungsheim** N casa *f* de salud (*od* de reposo); sanatorio *m*; **Erholungskur** F cura *f* de reposo; **Erholungspause** F descanso *m*; *umg* respiro *m*; **Erholungsphase** F fase *f* de recuperación; **Erholungsreise** F viaje *m* de recreo; **Erholungsurlaub** M vacaciones *fpl* de reposo; **Erholungswert** M valor *m* recreativo; **Erholungszentrum** N centro *m* de recreo

er'hören VT ⟨*ohne* ge-⟩ *Bitte, Gebet* atender, corresponder a; **Erhörung** F ⟨~⟩ condescendencia *f* (*gen* a); **~ finden** ser atendido (favorablemente)

'Erika F ⟨~; ~s *od* Eriken⟩ BOT brezo *m*, erica *f*

er'innern ⟨*ohne* ge-⟩ A VT **j-n an etw** (*acus*) **~** recordar a/c a alg; traer a la memoria a/c a alg; **j-n daran ~, dass** recordar a alg que; **das erinnert mich an eine Geschichte** esto me recuerda cierta historia B VR **sich ~** (*gen od* **an** *acus*) acordarse (de), recordar; (*die Erinnerung wachrufen*) evocar; **wenn ich mich recht erinnere** si mal no recuerdo; **soviel ich mich ~ kann** que yo recuerde, según puedo recordar C VI **~ an** (*acus*) recordar; evocar

Er'innerung F ⟨~; ~en⟩ 1 (*das Erinnern*) recuerdo *m*; reminiscencia *f*; evocación *f*; (*Gedenken*) conmemoración *f*; **j-m etw in ~ bringen** (hacer) recordar a/c a alg, traer a la memoria a/c a alg; **noch gut in ~ haben** recordar bien; **zur ~ an** (*acus*) en recuerdo (*od* en memoria *bzw* en conmemoración) de 2 (*Gedächtnis*) memoria *f* 3 (*Mahnung*) recordatorio *m*

Er'innerungsmedaille F medalla *f* conmemorativa; **Erinnerungsschreiben** N *bes* HANDEL carta *f* recordatoria, recordatorio *m*; **Erinnerungstafel** F placa *f* conmemorativa; *steinerne a.*: lápida *f* conmemorativa; **Erinnerungsvermögen** N ⟨~s⟩ memoria *f*; retentiva *f*; **Erinnerungswert** M valor *m* sentimental

E'rinnyen FPL MYTH erinias *fpl*

er'jagen VT ⟨*ohne* ge-⟩ *fig geh* cazar, pescar, atrapar; **er'kalten** VI ⟨*ohne* ge-; sn⟩ enfriarse; *fig Gefühle etc a.* entibiarse

er'kälten VR ⟨*ohne* ge-⟩ **sich ~** resfriarse, coger (*od umg* pescar) un resfriado, coger frío, constiparse; **er ist stark erkältet** tiene un fuerte resfriado

Er'kältung F ⟨~; ~en⟩ enfriamiento *m*, constipado *m*, resfriado *m*, *Am* resfrío *m*

er'kämpfen VT ⟨*ohne* ge-⟩ ganar (*od* conseguir) luchando; *Sieg* conseguir; **sich** (*dat*) **etw hart ~ müssen** tener que luchar mucho (*od* duramente) para conseguir a/c

er'kaufen VT ⟨*ohne* ge-⟩ *fig* **etw teuer ~ müssen** tener que pagar (muy) caro (por) a/c

er'kennbar ADJ reconocible (**an** *dat* por); (*wahrnehmbar*) perceptible; PHIL cognoscible; (*unterscheidbar*) distinguible; **kaum ~** casi irreconocible

er'kennen ⟨*irr; ohne* ge-⟩ A VT 1 reconocer (**an** *dat* en, por); (*identifizieren*) identificar (**an** *dat* en); MED *Krankheit* diagnosticar; **zu ~ geben** manifestar, exteriorizar; dar a entender; **sich zu ~ geben** darse a conocer; *fig* descubrirse, quitarse la máscara 2 (*wahrnehmen*) percibir; (*unterscheiden*) discernir, distinguir; **~ lassen** sugerir, dejar ver (*bzw* entrever) 3 (*einsehen*) ver, darse cuenta de; (*geistig erfassen*) conocer; **erkenne dich selbst!** ¡conócete a ti mismo! 4 JUR conocer, entender (**in einer Sache** *dat* de *od* en una causa); **j-n für schuldig ~** declarar culpable a alg B VI JUR **~ auf** (*acus*) condenar a; **auf Freispruch ~** pronunciar una sentencia absolutoria

er'kenntlich ADJ (*dankbar*) agradecido, reconocido; **sich j-m ~ zeigen für** mostrarse agradecido a alg por; **Erkenntlichkeit** F ⟨~⟩ agradecimiento *m*, reconocimiento *m*; gratitud *f*

Er'kenntnis[1] F ⟨~; ~se⟩ conocimiento *m*; (*Einsicht*) entendimiento *m*, comprensión *f*; discernimiento *m*; PHIL cognición *f*; **neueste ~se der Wissenschaft** los últimos avances de la ciencia; **in der ~ ...** reconociendo ...; **zu der ~ gelangen, dass ...** llegar a la conclusión de que ...; **zur ~ kommen** reconocer su error; darse cuenta de la realidad

Er'kenntnis[2] N ⟨~ses; ~se⟩ *österr, schweiz, sonst obs* JUR fallo *m*, sentencia *f*; **Erkenntnistheorie** F PHIL teoría *f* del conocimiento; **Erkenntnisvermögen** N ⟨~s⟩ cognición *f*, facultad *f* cognoscitiva; entendimiento *m*

Er'kennung F ⟨~⟩ reconocimiento *m*; identificación *f*

Er'kennungsdienst M servicio *m* de identificación; **erkennungsdienstlich** ADV **j-n ~ behandeln** ≈ fotografiar y tomar huellas dactilares a alg

Er'kennungsmarke F MIL chapa *f* (*od* placa *f*) de identidad; **Erkennungsmelodie** F RADIO sintonía *f*; **Erkennungswort** N ⟨~(e)s; ~er⟩ contraseña *f*, santo *m* y seña; **Erkennungszeichen** N (signo *m*) distintivo *m*; MED síntoma *m*; RADIO, TV indicativo *m*

'Erker M ⟨~s; ~⟩ mirador *m*; balcón *m* salidizo; **Erkerfenster** N ventana *f* de mirador; **Erkerzimmer** N aposento *m* salidizo

er'klärbar ADJ explicable

er'klären ⟨*ohne* ge-⟩ A VT 1 (*erläutern*) explicar; (*darlegen*) demostrar; (*kommentieren*) comentar; glosar; (*deuten*) interpretar; (*veranschaulichen*) ilustrar; (*klarstellen*) poner en claro, aclarar, dilucidar; **j-m etw ~** explicar a/c a alg; **ich kann es mir nicht ~** no puedo explicármelo, no lo comprendo 2 (*offiziell mitteilen*) manifestar, declarar, JUR *a.* deponer; (*verkünden*) proclamar; *Rücktritt* presentar; **~ für** *od* **als** dar por, declarar; calificar de; **j-n für schuldig/tot erklären** declarar culpable/muerto a alg B VR **sich ~** 1 *Sache* explicarse (**aus** por), ser debido a 2 *Person* (*sich aussprechen*) declararse (*a. Liebe*), explicarse; **sich für/gegen etw ~** declararse (*od* pronunciarse) a favor/en contra de a/c; **sich einverstanden ~** manifestarse de acuerdo (**mit** con)

er'klärend ADJ explicativo; ilustrativo; aclaratorio; *bes* JUR declaratorio

er'klärlich ADJ explicable; (*verständlich*) comprensible; (*offensichtlich*) evidente, obvio; **aus ~en Gründen** por razones comprensibles; **das ist leicht ~** eso es fácil de explicar; **es ist mir nicht ~, wie** no me explico cómo

er'klärt ADJ *Gegner* declarado

Er'klärung F ⟨~; ~en⟩ 1 (*Erläuterung*) explicación *f* (**für** de, para); (*Deutung*) interpretación *f*; (*Veranschaulichung*) ilustración *f*; **von j-m eine ~ fordern** pedir explicaciones a alg; **zur ~** como explicación 2 (*Grund*) razón *f*; motivo *m*; **das wäre eine ~ für seine Handlungsweise** eso explicaría su modo de proceder 3 (*Aussage*) declaración *f* (*a.* POL), manifestación *f*; (*Kommentar*) comentario *m*; glosa *f*; JUR deposición *f*, declaración *f*; **eine ~ abgeben (zu)** hacer una declaración (sobre)

Er'klärungsnotstand M **im ~ sein** estar obligado a dar explicaciones

er'klecklich ADJ *Summe* considerable, cuantioso; bastante grande

er'klettern ⟨*ohne* ge-⟩, **er'klimmen** VT ⟨*irr; ohne* ge-⟩ *Bäume* trepar a, encaramarse en; *Mauer etc* escalar (*a. fig*); *Berg a.* subir a, ascender a

er'klingen VI ⟨*irr; ohne* ge-; sn⟩ sonar, *stärker*: resonar; **~ lassen** *Lied* entonar; *Gläser* chocar

er'koren ADJ *geh* elegido, escogido

er'kranken VI ⟨*ohne* ge-; sn⟩ enfermar (**an** *dat* de), caer (*od* ponerse) enfermo

er'krankt ADJ **~ sein an** (*dat*) estar enfermo (*od* aquejado) de; **Erkrankung** F ⟨~; ~en⟩ enfermedad *f*, dolencia *f*; *e-s Organs*: afección *f*; **Erkrankungsfall** M **im ~** en caso de enfermedad

er'kühnen VR ⟨*ohne* ge-⟩ *geh* **sich ~ zu** atreverse a; osar (*inf*); tener la osadía (*od* el atrevimiento) de; **er'kunden** VT ⟨*ohne* ge-⟩ explorar; MIL *a.* reconocer; *die Lage* sondear

er'kundigen VR ⟨*ohne* ge-⟩ **sich ~ (nach** *dat od* **über** *acus*) informarse (de *od* sobre), preguntar (por); **sich bei j-m über etw** (*acus*) **~** preguntar a/c a alg; pedir a alg informes sobre a/c; **sich (bei j-m) nach dem Weg ~** preguntar (a alg) por el camino; **sich nach j-m** *od* **nach j-s Befinden ~** interesarse por la salud de alg

Er'kundigung F ⟨~; ~en⟩ información *f*; informe *m*; **~en einziehen** tomar informes, recoger informaciones

Er'kundung F ⟨~; ~en⟩ MIL reconocimiento *m*, exploración *f*; **Erkundungsflug** M vuelo *m* de reconocimiento

er'künsteln VT ⟨*ohne* ge-⟩ *geh* afectar, fingir, simular

erl. ABK (erledigt) despachado

er'lahmen VI ⟨*ohne* ge-; sn⟩ 1 paralizarse; MED *a.* quedar paralítico 2 *fig* ir debilitándose; *Kräfte* desfallecer, flaquear; *Interesse* decaer

er'langen VT ⟨*ohne* ge-⟩ (*erreichen*) alcanzar;

(bekommen) obtener; conseguir, lograr; *(gewinnen)* ganar; **Erlangung** F ⟨~⟩ obtención *f*; consecución *f*, logro *m*

Er'lass M ⟨~es; ~e⟩ **1** *(Verordnung)* decreto *m*; bando *m*; edicto *m*; *e-s Gesetzes*: promulgación *f* **2** *(Befreiung)* exención *f*; dispensa *f*; JUR *e-r Strafe*: remisión *f*; HANDEL *e-r Schuld*: condonación *f*

er'lassen VT ⟨*irr; ohne* ge-⟩ **1** *Schuld* perdonar; *Geldschuld* condonar; *Strafe* remitir; JUR indultar (**j-m etw** a alg de a/c); **j-m etw ~** eximir (*od* dispensar) a alg de a/c **2** *Befehl* dar, decretar; *Verordnung* dictar; *Gesetz* dictar, promulgar; *(veröffentlichen)* publicar

er'lässlich ADJ remisible; dispensable; perdonable

Er'lassung F ⟨~; ~en⟩ → Erlass

er'lauben VT ⟨*ohne* ge-⟩ **1** permitir, autorizar; **j-m etw ~** permitir a/c a alg; **j-m ~, etw zu tun** permitir a alg que haga a/c, permitir a alg hacer a/c **2 sich** *(dat)* **etw ~** *(gönnen)* permitirse a/c; **er kann sich** *(dat)* **das ~** *(leisten)* él puede permitírselo; **sich** *(dat)* **~ zu** *(inf)* permitirse *(inf)* **3 sich** *(dat)* **~ zu** *(inf)* *(es wagen)* tomarse la libertad de *(inf)*; **sich** *(dat)* **zu viel ~** tomarse libertades, propasarse; **was ~ Sie sich?** *od* **~ Sie mal!** ¿cómo se atreve?

Er'laubnis F ⟨~⟩ permiso *m*; *behördlich*: licencia *f*; *(Ermächtigung)* autorización *f*; *(Zustimmung)* consentimiento *m*; **um ~ bitten** pedir permiso (**j-n** a alg; **für** para); solicitar licencia; **~ erteilen** dar (*od* conceder) permiso (*bzw* licencia); autorizar; **Erlaubnisschein** M ⟨~(e)s; ~e⟩ permiso *m*; licencia *f*

er'laubt ADJ permitido, autorizado; *(zulässig)* lícito; admisible; **er'laucht** ADJ *geh, oft hum* ilustre, augusto, egregio; **er'lauschen** VT ⟨*ohne* ge-⟩ *geh* **(heimlich) ~** escuchar disimuladamente

er'läutern VT ⟨*ohne* ge-⟩ explicar; aclarar, dilucidar; ilustrar; *(kommentieren)* comentar; *durch Beispiele*: ejemplificar; **erläuternd** ADJ explicativo; aclaratorio; ilustrativo; **Erläuterung** F ⟨~; ~en⟩ **1** explicación *f*; aclaración *f*, dilucidación *f*; *(Kommentierung)* comentario *m*; *mit Beispielen*: ilustración *f* **2** *(Anmerkung)* nota *f* explicativa; apostilla *f*

'Erle F ⟨~; ~n⟩ BOT aliso *m*

er'leben VT ⟨*ohne* ge-⟩ **1** *(erfahren)* experimentar; vivir; *(durchmachen)* atravesar, sufrir, pasar (por); *Abenteuer etc* tener; *Überraschung* llevarse; **ich habe es oft erlebt(, dass ...)** ya me ha pasado muchas veces (que ...); **er will etwas ~** quiere divertirse; **hat man schon so etwas erlebt?** ¿habráse visto cosa igual? **2** *(dabei sein)* ver, presenciar, ser testigo de; *(kennenlernen)* conocer; **das wirst du nicht mehr ~** no llegarás a verlo; **wir werden es ja ~** ya veremos; vivir para ver **3** *Drohung*: *umg* **der kann was ~!** ¡va a ver lo que le aguarda!

Er'lebensfall M *Versicherung* **im ~** en caso de supervivencia *od* de vida; **Erlebensfallversicherung** F seguro *m* (de vida) para caso de supervivencia

Er'lebnis N ⟨~ses; ~se⟩ experiencia *f*; vivencia *f*; *(Ereignis)* acontecimiento *m*; suceso *m*; *(Abenteuer)* aventura *f*; lance *m*; **Erlebnisgastronomie** F evento *m* gastronómico; **Erlebnispark** M parque *m* de atracciones

er'ledigen ⟨*ohne* ge-⟩ **A** VT **1** *(durchführen)* efectuar, llevar a cabo, ejecutar; *amtlich*: gestionar; *auf dem Dienstweg*: tramitar; *Auftrag* cumplir; *Korrespondenz, Arbeit, Geschäft* despachar **2** *(beenden)* terminar, acabar, ultimar; *(aus der Welt schaffen)* liquidar **3** *(in Ordnung bringen)* arreglar; *Frage, Streit* resolver; **würden Sie das für mich ~?** ¿puede arreglarlo Ud. por mí? **4** *umg* **j-n ~** *(ruinieren)* arruinar a (*od* acabar con) alg; *(umbringen)* matar (*od umg* liquidar *od sl* cargarse) a alg **B** VR **sich (von selbst) ~** arreglarse (solo); **damit ~ sich die übrigen Punkte** con esto quedan resueltas las demás cuestiones

er'ledigt ADJ **1** *Sache* arreglado, resuelto; *(beendet)* terminado, acabado; *Aktenvermerk*: archívese; **(es ist) schon ~** ya está (hecho); **das wäre ~!** ¡terminado!, ¡resuelto! **2** *fig (erschöpft) umg* molido, rendido, hecho polvo **3** *(ruiniert)* arruinado; *umg* **er ist ~** está arruinado (*od* acabado); ya no cuenta para nada **4** *umg* **der ist für mich ~** ya no quiero saber nada más de él

Er'ledigung F ⟨~; ~en⟩ **1** *(Ausführung)* gestión *f*, tramitación *f*; ejecución *f* **2** *(Beendigung)* terminación *f*; cumplimiento *m* **3** *v. Problemen etc*: arreglo *m*; despacho *m* **4** *(Besorgung)* recado *m*; *(Einkauf)* compra *f*

er'legen VT ⟨*ohne* ge-⟩ **1** *Wild* matar **2** *österr, reg (zahlen)* pagar

er'leichtern **A** VT ⟨*ohne* ge-⟩ **1** *(entlasten) Gewicht* aligerar; *Not, Schmerz* aliviar, mitigar; *Gewissen* descargar; **sein Herz** *od* **sein Gewissen ~** desahogarse; **erleichtert aufatmen** dar un suspiro de alivio **2** *(vereinfachen)* facilitar **3** *umg (bestehlen)* **j-n um etw ~** *umg* mangar a/c a alg **B** VR **sich ~** **1** *seelisch*: desahogarse **2** *(seine Notdurft verrichten)* hacer sus necesidades

Er'leichterung F ⟨~; ~en⟩ **1** *(Vereinfachung)* facilitación *f*; WIRTSCH facilidades *fpl* **2** *seelisch*: alivio *m*, desahogo *m* (**über** *acus* de); **zu meiner ~** para alivio mío

er'leiden VT ⟨*irr; ohne* ge-⟩ **1** *(erdulden)* soportar, aguantar; *Niederlage, Verlust, Schaden* sufrir **2** *Veränderungen* experimentar

er'lernbar ADJ **leicht/schwer ~** fácil/difícil de aprender

er'lernen VT ⟨*ohne* ge-⟩ aprender; **Erlernen** N ⟨~s⟩ aprendizaje *m*; estudio *m*

er'lesen ADJ escogido; selecto; exquisito

er'leuchten VT ⟨*ohne* ge-⟩ alumbrar; iluminar (*a. fig*); *fig* ilustrar, esclarecer; inspirar; **Erleuchtung** F ⟨~; ~en⟩ iluminación *f*; *fig* ilustración *f*, esclarecimiento *m*; *(Einfall)* inspiración *f*, intuición *f*

er'liegen VI ⟨*irr; ohne* ge-; sn⟩ sucumbir (*dat* a); **einer Krankheit ~** sucumbir a una enfermedad; *(sterben an)* morir de una enfermedad; **der Versuchung ~** sucumbir a la tentación

Er'liegen N ⟨~s⟩ **zum ~ bringen** *Verkehr etc* paralizar, colapsar; **zum ~ kommen** quedar paralizado, verse colapsado

'Erlkönig M ⟨~s⟩ MYTH rey *m* de los elfos

er'logen ADJ falso, inventado; ficticio; **das ist ~** es una mentira (*od umg* patraña)

Er'lös M ⟨~es; ~e⟩ producto *m*, ingresos *mpl*, beneficio *m*; *e-r Veranstaltung*: recaudación *f*

er'loschen ADJ **1** extinguido, extinto (*a. fig u. Vulkan*); *Stimme* apagado **2** HANDEL *(verfallen)* caducado

er'löschen VI ⟨*irr; ohne* ge-; sn⟩ **1** apagarse; extinguirse (*a. fig Leben etc*) **2** HANDEL *Frist, Vertrag* caducar, expirar, vencer; *Ansprüche* prescribir; *Firma* dejar de existir

Er'löschen N ⟨~s⟩ **1** extinción *f* **2** HANDEL *e-r Frist, e-s Vertrags*: caducidad *f*, expiración *f*, vencimiento *m*; *v. Ansprüchen*: prescripción *f*

er'lösen VT ⟨*ohne* ge-⟩ **1** *(retten)* **j-n ~ (von)** salvar a alg (de), REL *a.* redimir a alg; *(befreien)* liberar a alg (de) **2** *fig* librar a alg (de); **erlösend** ADJ **das ~e Wort sprechen** romper el hielo; **ein ~es Gefühl** una sensación de alivio; **Erlöser** M ⟨~s; ~⟩ **1** REL Redentor *m*, Salvador *m* **2** *fig* POL libertador *m*; **Erlösung** F ⟨~⟩ salvación *f*; REL *a.* redención *f*; *(Befreiung)* liberación *f*; *(Loskauf)* rescate *m*, redención *f*; *(Erleichterung)* alivio *m*

er'lügen VT ⟨*irr; ohne* ge-⟩ inventar

er'mächtigen VT ⟨*ohne* ge-⟩ **j-n zu etw ~** autorizar (*od* habilitar) a alg para a/c, dar poderes a alg para a/c; **Ermächtigung** F ⟨~; ~en⟩ *(Befugnis)* autorización *f*; *(Vollmacht)* poder *m*; **Ermächtigungsgesetz** N HIST *Nationalsozialismus*: ley *f* de plenos poderes

er'mahnen VT ⟨*ohne* ge-⟩ exhortar; amonestar; *(warnen)* prevenir, advertir; **j-n zur Vorsicht ~** advertir a alg que tenga cuidado; **ermahnend** ADJ exhortador; amonestador; **Ermahnung** F ⟨~; ~en⟩ exhortación *f*; amonestación *f*; *(Warnung)* advertencia *f* (*a.* SPORT)

er'mangeln VI ⟨*ohne* ge-⟩ *geh* **einer Sache** *(gen)* **~** carecer de a/c, tener falta de a/c; echar de menos a/c; **uns ermangelt die Übung** nos falta la práctica

Er'mangelung F ⟨~⟩ falta *f*, carencia *f*; **in ~** *(gen)* *od* **von** a falta de, en defecto de; careciendo de; *geh* **in ~ eines Besseren** a falta de mejor cosa

er'mannen VR ⟨*ohne* ge-⟩ *geh* **sich ~** recobrar el valor

er'mäßigen ⟨*ohne* ge-⟩ **A** VT disminuir, rebajar; *Preise a.* reducir (**auf** *acus* en); **zu ermäßigten Preisen** a precios reducidos **B** VR **sich ~** reducirse (**auf** *acus* a; **um** en)

Er'mäßigung F ⟨~; ~en⟩ reducción *f*, rebaja *f*; *(Verringerung)* disminución *f*

er'matten ⟨*ohne* ge-⟩ **A** VI cansarse; fatigarse, *stärker*: agotarse; *(nachlassen)* desfallecer, flaquear, debilitarse; *Interesse etc* decaer **B** VT cansar; fatigar; **ermattet** ADJ cansado; fatigado; *stärker*: agotado; extenuado; **Ermattung** F ⟨~⟩ cansancio *m*; fatiga *f*; *stärker*: agotamiento *m*; lasitud *f*

er'messen VT ⟨*irr; ohne* ge-⟩ medir; *(abschätzen)* estimar, apreciar; *(beurteilen)* juzgar; *(erwägen)* considerar; *(begreifen)* comprender, concebir

Er'messen N ⟨~s⟩ juicio *m*; parecer *m*; criterio *m*; discreción *f*; JUR poder *m* discrecional; **in j-s ~** *(dat)* **liegen** quedar al criterio de alg; **ich stelle es in Ihr ~** lo dejo a su discreción (*od* a su buen criterio); **nach bestem ~** según mi, tu, *etc* mejor criterio; **nach freiem ~** a su albedrío (*od* arbitrio); a discreción; **nach meinem ~** en mi opinión, a mi parecer, a mi juicio; **nach menschlichem ~** según puede preverse (*od* juzgarse)

Er'messensfrage F cuestión *f* discrecional; **Ermessensmissbrauch** M abuso *m* de poder; **Ermessensspielraum** M margen *m* de juicio

er'mitteln ⟨*ohne* ge-⟩ **A** VT averiguar; *bes polizeilich*: indagar; *(ausfindig machen)* descubrir, hallar; *(feststellen)* determinar; establecer; comprobar; *Ort, Aufenthalt* localizar; **j-s Identität ~** identificar a alg; **nicht zu ~** ilocalizable **B** VI JUR **gegen j-n ~ (wegen)** instruir (sumario) contra alg (por)

Er'mittler M ⟨~s; ~⟩, **Ermittlerin** F ⟨~; ~nen⟩ agente *m/f*; investigador *m*, -a *f*; **verdeckter Ermittler** agente *m* (*od* investigador *m*) encubierto

Er'mittlung F ⟨~; ~en⟩ **1** *(Erforschung)* averiguación *f*; descubrimiento *m*; *(Feststellung)* determinación *f*; establecimiento *m*; comprobación *f*; *(Untersuchung)* investigación *f*; encuesta *f* **2** JUR **~en** *pl* indagaciones *fpl*, pesquisas *fpl*; **~en anstellen** hacer una investigación (**über** *acus* sobre); *polizeilich*: hacer pesquisas (**über** *acus* sobre), efectuar (*od* instruir) diligencias (**gegen** contra)

Er'mittlungsausschuss M comisión *f* investigadora; **Ermittlungsrichter** M, **Ermittlungsrichterin** F JUR juez *m*, -a *f* instructor, -a; **Ermittlungsverfahren** N JUR sumario *m*

er'möglichen VT ⟨*ohne* ge-⟩ facilitar, posibilitar, hacer posible (*od* factible) (j-m etw a/c a alg); **j-m ~, etw zu tun** dar a alg la posibilidad de hacer a/c

er'morden VT ‹ohne ge-› asesinar; **Ermordete** M/F ‹~n; ~n; → A› asesinado *m*, -a *f*; **Ermordung** F ‹~; ~en› asesinato *m*

er'müden ‹ohne ge-› A VI ‹sn› cansarse; fatigar(se) (*a.* TECH) B VT cansar, fatigar; **ermüdend** ADJ fatigoso, cansado; *fig* fastidioso, molesto; **Ermüdung** F ‹~› cansancio *m*; fatiga *f* (*a.* TECH); *stärker*: agotamiento *m*; (*Mattigkeit*) lasitud *f*

E

Er'müdungserscheinungen FPL síntomas *mpl* de fatiga; **Ermüdungsfestigkeit** F ‹~› METALL resistencia *f* a la fatiga; **Ermüdungsgrenze** F TECH límite *m* de fatiga; **Ermüdungszustand** M estado *m* de fatiga (*od* cansancio)

er'muntern ‹ohne ge-› A VT alentar, animar (**zu etw** a a/c; **etw zu tun** a hacer a/c); (*auf*) alegrar; (*munter machen*) despertar B VR **sich ~** animarse, cobrar ánimos; (*heiter werden*) alegrarse; **Ermunterung** F ‹~; ~en› 1 animación *f*; estimulación *f*, excitación *f* 2 (*Anreiz*) estímulo *m*; incentivo *m*

er'mutigen VT ‹ohne ge-› animar, alentar (**zu etw** a a/c; **etw zu tun** a hacer a/c); **ermutigend** ADJ alentador; estimulante; **Ermutigung** F ‹~; ~en› animación *f*; estímulo *m*

er'nähren ‹ohne ge-› A VT alimentar, nutrir; *fig* (*erhalten*) sustentar, mantener; **schlecht ernährt** mal alimentado; **künstlich ~** alimentar artificialmente B VR **sich ~ von** alimentarse de; vivir de (*a. fig*)

Er'nährer M ‹~s; ~›, **Ernährerin** F ‹~; ~nen› *e-r Familie*: mantenedor *m*, -a *f* de la familia; *fig* sostén *m* de la familia

Er'nährung F ‹~› alimentación *f*; *bes* PHYSIOL nutrición *f*; (*Nahrung*) dieta *f*; (*Unterhalt*) sustento *m*; **gesunde/ausgewogene ~** alimentación *f* sana/equilibrada

Er'nährungs... IN ZSSGN alimenticio, alimentario; *bes* PHYSIOL nutricional; **Ernährungsberater** M, **Ernährungsberaterin** F nutricionista *m/f*; **Ernährungsfaktor** M factor *m* nutritivo; **Ernährungsgewohnheiten** FPL hábitos *mpl* alimenticios; **Ernährungskrankheit** F enfermedad *f* nutricional; **Ernährungskunde** F ‹~› → Ernährungswissenschaft; **Ernährungsphysiologe** M, **Ernährungsphysiologin** F nutricionista *m/f*; **Ernährungsstörung** F trastorno *m* nutricional; **Ernährungstherapie** F trofoterapia *f*; **Ernährungsweise** F ‹~; ~n› régimen *m* alimenticio, dieta *f*; **Ernährungswirtschaft** F economía *f* de la alimentación

Er'nährungswissenschaft F bromatología *f*, dietética *f*; trofología *f*; **Ernährungswissenschaftler** M, **Ernährungswissenschaftlerin** F bromatólogo *m*, -a *f*; nutricionista *m/f*

Er'nährungszustand M estado *m* de nutrición

er'nennen VT ‹irr; ohne ge-› nombrar; designar; **j-n zum General ~** nombrar a alg general; **er wurde zum Vorsitzenden ernannt** fue nombrado (*od* designado para el cargo de) presidente

Er'nennung F ‹~; ~en› *e-s Beamten etc*: nombramiento *m*; designación *f*; **Ernennungsurkunde** F nombramiento *m*; credencial *f*

er'neuerbar ADJ renovable, recuperable; ÖKOL **~e Energien** energías *fpl* renovables

er'neuern ‹ohne ge-› A VT 1 renovar (*a. Vertrag*); (*neu beleben*) reavivar; regenerar; *Beziehungen* reanudar 2 *Beschädigtes* restablecer; (*reparieren*) reparar; *Gemälde, Gebäude* restaurar 3 (*auswechseln*) cambiar 4 (*wiederholen*) reiterar B VR **sich ~** renovarse

Er'neuerung F ‹~; ~en› renovación *f*; restauración *f*; reanudación *f*; cambio *m*; **Erneuerungsschein** M ‹~(e)s; ~e› HANDEL talón *m* de renovación

er'neut A ADJ repetido, reiterado B ADV de nuevo, otra vez

er'niedrigen ‹ohne ge-› A VT 1 (*herabwürdigen*) degradar, envilecer; (*demütigen*) humillar, rebajar 2 (*senken*) (re)bajar; *Preise a.* reducir, disminuir; MUS (a)bemolar, bajar B VR **sich ~** humillarse, rebajarse; **erniedrigend** ADJ (*demütigend*) degradante, envilecedor; humillante; **Erniedrigung** F ‹~; ~en› 1 (*Herabwürdigung*) degradación *f*, envilecimiento *m*; humillación *f*, rebajamiento *m* 2 *v. Preisen*: rebaja *f*, reducción *f*; **Erniedrigungszeichen** N MUS bemol *m*

ernst A ADJ serio; (*bedrohlich*) *a.* grave, crítico; (*feierlich*) *a.* solemne; formal; (*streng*) severo, riguroso; **~e Musik** música *f* seria; **~ bleiben** quedarse serio; **es ist nichts Ernstes** no es nada grave; **die Sache wird ~** la cosa se pone seria; *fig* **jetzt wird's ~!** ¡ahora va de veras!; *fig* **wenn es ~ wird** a la hora de la verdad B ADV 1 **etw ~ meinen** decir a/c en serio; **das war nicht ~ gemeint** no iba en serio 2 **etw/j-n ~ nehmen** tomar a/c/alg en serio; **etw nicht ~ nehmen** tomar a/c en broma (*od umg* a cachondeo); **etw zu ~ nehmen** tomar a/c por lo serio

Ernst[1] M ‹~es› 1 *e-r Sache*: seriedad *f*; *der Lage etc a.*: gravedad *f*; (*Würdigkeit*) solemnidad *f*; **allen ~es** seriamente, (muy) en serio; **der ~ des Lebens** el lado serio de la vida; **~ machen mit etw** comenzar en serio a/c 2 *e-r Person*: seriedad *f*; *Wesen*: formalidad *f*; (*Strenge*) severidad *f*, rigor *m* 3 **ist das Ihr ~?** ¿de veras?; ¿(habla usted) en serio?; **das ist nicht dein ~!** ¡estás bromeando!; **es ist mein voller ~** hablo (*od* lo digo) muy en serio; **im ~** en serio, de veras, de verdad; **etw im ~ meinen** tomar (*bzw* decir) a/c en serio; **in vollem ~** con toda seriedad; muy en serio; **wollen Sie das im ~ behaupten?** ¿lo dice en serio?

'Ernstfall M emergencia *f*; **im ~** en caso de peligro (*bzw* de urgencia); MIL en caso de guerra

'ernsthaft ADJ serio, grave; formal; **ernstlich** A ADJ serio, grave B ADV seriamente, gravemente; **~ krank** gravemente enfermo

'Ernte F ‹~; ~n› cosecha *f* (*a. fig*); recolección *f*; (*Getreideernte*) mies *f*; (*Heuernte*) siega *f*; (*Weinernte*) vendimia *f*; (*Zuckerernte, Ölernte*) zafra *f*; *fachspr* **~ auf dem Halm** mies *f* en pie; *fig geh* **reiche ~ einfahren** recoger una buena cosecha, cosechar laureles

'Erntearbeit F faenas *fpl* de la recolección; **Erntearbeiter** M, **Erntearbeiterin** F agostero *m*, -a *f*; segador *m*, -a *f*; bracero *m*, -a *f* (del campo); *Am* peón *m*; **Ernteausfall** M pérdida *f* de la cosecha; **Ernteaussichten** FPL perspectivas *fpl* de cosecha; **Erntedankfest** N acción *f* de gracias por la cosecha; **erntefrisch** ADJ *Obst, Gemüse* recién cosechado; **Erntehelfer** M, **Erntehelferin** F ayudante *m/f* de bracero; **Erntemaschine** F cosechadora *f*

'ernten VT 1 AGR cosechar (*a. fig*); *Obst, Gemüse* recoger, recolectar, hacer la recolección; *Trauben* vendimiar 2 *fig Lob etc* recibir

'Ernteschäden MPL daños *mpl* de la cosecha; **Erntesegen** M cosecha *f* abundante; **Ernteversicherung** F seguro *m* de cosechas; **Erntezeit** F tiempo *m* de la cosecha, época *f* de recogida (*od* de la recolección)

er'nüchtern VT ‹ohne ge-› *v. Alkohol*: desembriagar, desemborrachar; *fig* desengañar, desilusionar, desencantar; **Ernüchterung** F ‹~; ~en› *fig* desencanto *m*, desilusión *f*

Er'oberer M ‹~s; ~›, **Eroberin** F ‹~; ~nen› conquistador *m*, -a *f*; **erobern** VT ‹ohne ge-› conquistar (*a. fig*); *Stadt a.* tomar; **Eroberung** F ‹~; ~en› conquista *f* (*a. fig*); *e-r Stadt a.*: toma *f*

Er'oberungskrieg M guerra *f* de conquista; **eroberungslustig** ADJ conquistador

ero'dieren VI ‹ohne ge-, sn› GEOL erosionar

er'öffnen ‹ohne ge-› A VT 1 abrir (*a. Geschäft, Sitzung, Kredit, Konto, Aussichten*); *feierlich*: inaugurar 2 (*mitteilen*) declarar; comunicar, hacer saber, *förmlich*: notificar; **j-m etw ~** comunicar (*od* hacer saber) a/c a alg; descubrir (*od* revelar) a/c a alg 3 (*beginnen*) empezar, comenzar, dar comienzo a; MIL **das Feuer ~** abrir fuego 4 HANDEL **den Konkurs ~** decretar la quiebra B VI abrir C VR **sich ~** 1 *Möglichkeiten etc* abrirse, presentarse, ofrecerse 2 *fig* **sich j-m ~** desahogarse con alg

Er'öffnung F ‹~; ~en› 1 abertura *f*; apertura *f* (*a.* HANDEL, JUR *u. Schach*); *feierliche*: inauguración *f*; comienzo *m* 2 (*Mitteilung*) comunicación *f*; declaración *f*; notificación *f*

Er'öffnungsansprache F discurso *m* inaugural (*od* de apertura); **Eröffnungsanzeige** F HANDEL aviso *m* de apertura; **Eröffnungsbeschluss** M JUR auto *m* de procesamiento (*od* de apertura); **Eröffnungsbilanz** F HANDEL balance *m* de apertura; **Eröffnungsfeier** F acto *m* (*od* ceremonia *f*) inaugural; **Eröffnungskurs** M *Börse* cambio *m* (*od* cotización *f*) de apertura; **Eröffnungssitzung** F sesión *f* inaugural (*od* de apertura)

ero'gen ADJ erógeno; **~e Zone** zona *f* erógena

er'örtern VT ‹ohne ge-› discutir, debatir; ventilar; **Erörterung** F ‹~; ~en› discusión *f*, debate *m*; **zur ~ stehen** estar sometido a discusión; estar sobre el tapete

Erosi'on F ‹~; ~en› GEOL erosión *f*

E'rotik F ‹~› erotismo *m*; **erotisch** ADJ erótico

'Erpel M ‹~s; ~› ORN pato *m* (macho)

er'picht ADJ **~ auf** (*acus*) ávido de; ansioso de; *auf Geld etc*: codicioso de, sediento de; **auf etw** (*acus*) **sehr** (*od* **ganz**) **~ sein** estar loco por a/c; desvivirse por a/c

er'pressbar ADJ **er ist (nicht) ~** (no) se le puede chantajear

er'pressen VT ‹ohne ge-› **j-n ~** chantajear a alg (**mit etw** con a/c); **etw von j-m ~** extorsionar a/c a alg

Er'presser M ‹~s; ~› chantajista *m*, extorsionista *m*, extorsionador *m*; **Erpresserbrief** M carta *f* de chantaje; **Erpresserin** F ‹~; ~nen› chantajista *f*, extorsionista *f*, extorsionadora *f*

Er'pressung F ‹~; ~en› chantaje *m*; extorsión *f* (**von** de); **Erpressungsversuch** M tentativa *f* de chantaje; intento *m* de extorsión

er'proben VT ‹ohne ge-› probar, ensayar; someter a prueba; experimentar; **er'probt** ADJ 1 *Sache* probado, a toda prueba; (*zuverlässig*) seguro 2 *Person* (*erfahren*) experimentado; experto; **Er'probung** F ‹~; ~en› prueba *f*, ensayo *m*

er'quicken VT ‹ohne ge-› *geh* (*erfrischen*) refrescar; reanimar; (*erholen*) recrear; **erquickend** ADJ *geh* refrescante; recreativo; *Schlaf* reparador; **erquicklich** ADJ *geh* agradable; *iron* **nicht sehr ~** poco edificante; **Erquickung** F ‹~; ~en› *geh* refrescamiento *m*, refresco *m*; (*Erholung*) recreo *m*; recreación *f*

er'raten VT ‹irr; ohne ge-› adivinar; *Rätsel* resolver; *Lösung* acertar

er'ratisch ADJ GEOL errático

er'rechnen VT ⟨ohne ge-⟩ calcular, computar; **Errechnen** N ⟨~s⟩ cálculo *m*, cómputo *m*

er'regbar ADJ excitable; irritable; *(empfindlich)* sensible; susceptible; **Erregbarkeit** F ⟨~⟩ excitabilidad *f*; irritabilidad *f*; *(Empfindlichkeit)* sensibilidad *f*; susceptibilidad *f*

er'regen ⟨ohne ge-⟩ **A** VT **1** *Person* excitar *(a. sexuell u.* ELEK*)*; *(aufregen)* agitar; *Gemüt* conmover, emocionar; *(reizen)* irritar; *(anstacheln)* estimular, incitar **2** *(zornig machen)* enojar, encolerizar, enfurecer **3** *(verursachen, wecken)* causar, provocar, originar; *Argwohn, Begierde, Interesse* despertar; *Aufsehen, Bewunderung, Freude, Neid* causar; *Appetit* abrir, despertar; *Streit* promover, suscitar; *Verdacht* inspirar; **Gelächter ~** mover a risa, hacer reír; **j-s Zorn ~** irritar a alg **B** VR **sich ~ 1** *Person* excitarse (**über** *acus* con); *(zornig werden)* enojarse; indignarse, irritarse **2** *Gemüter* acalorarse

er'regend ADJ excitante; *(anrührend)* conmovedor; emocionante

Er'reger M ⟨~s; ~⟩ **1** MED agente *m* (*od* germen *m*) patógeno **2** ELEK excitador *m*; **Erregerspannung** F ELEK tensión *f* (*od* voltaje *m*) de excitación; **Erregerstrom** M ELEK corriente *f* de excitación

er'regt ADJ **1** *Person* excitado; agitado; *(zornig)* irritado; *(gerührt)* emocionado; *sexuell:* caliente **2** *Debatte etc* acalorado; *Zeit* turbulento

Er'regung F ⟨~; ~en⟩ **1** *(das Erregen)* excitación *f* (*a.* ELEK *u.* MED); agitación *f* **2** *(Zorn)* acaloramiento *m*; irritación *f* **3** *(Aufstachelung)* provocación *f*; JUR **~ öffentlichen Ärgernisses** escándalo *m* público

er'reichbar ADJ **1** *Ort, Ziel* accesible, al alcance, asequible; **(zu Fuß) leicht ~** fácil de alcanzar (a pie) **2** *Person* **er ist nie ~** nunca está localizable; **Erreichbarkeit** F ⟨~⟩ asequibilidad *f*, accesibilidad *f*

er'reichen VT ⟨ohne ge-⟩ **1** *Ort, Ziel* llegar a; *Zug* alcanzar; **ein hohes Alter ~** llegar a edad avanzada; **das Ufer ~** ganar la orilla; **leicht zu ~** fácil de alcanzar **2** *Person* localizar; *Am* ubicar; **wo kann ich Sie (telefonisch) ~?** ¿a dónde puedo llamarle (por teléfono)? **3** *fig (ausrichten)* conseguir, lograr; obtener; **etw (bei j-m) ~** conseguir a/c (de alg); **nichts wurde erreicht** todo fue en vano, no se consiguió nada **4** *(gleichkommen)* igualar (en)

Er'reichung F ⟨~⟩ logro *m*; consecución *f*; obtención *f* (*gen* de)

er'retten VT ⟨ohne ge-⟩ salvar (**von, aus** de); *(befreien)* libertar; **Erretter** M ⟨~s; ~⟩, **Erretterin** F ⟨~; ~nen⟩ salvador *m*, -a *f*; libertado *m*, -a *f*; REL → Erlöser; **Errettung** F ⟨~⟩ salvación *f*; salvam(i)ento *m*; liberación *f*; REL → Erlösung

er'richten VT ⟨ohne ge-⟩ **1** *(erbauen)* erigir; levantar (*a.* MATH), edificar, construir **2** *fig (gründen)* fundar, crear, establecer, constituir; *Geschäft* abrir, montar **3** JUR *Testament* otorgar; **Errichtung** F ⟨~⟩ **1** *(Bau)* erección *f*; edificación *f*, construcción *f* **2** *fig (Gründung)* fundación *f*, creación *f*; establecimiento *m*; constitución *f* **3** *e-s Testaments:* otorgamiento *m*

er'ringen VT ⟨irr; ohne ge-⟩ conseguir (luchando); *Erfolg* obtener; *Preis a.* ganar; **den Sieg ~** conseguir la victoria, triunfar; salir victorioso

er'röten VI ⟨ohne ge-; sn⟩ ruborizarse, *umg* ponerse colorado; *vor Scham:* sonrojarse

Er'röten N ⟨~s⟩ rubor *m*; sonrojo *m*; **j-n zum ~ bringen** sacar a alg los colores (a la cara)

Er'rungenschaft F ⟨~; ~en⟩ adquisición *f*; conquista *f*; *fig* avance *m*, adelanto *m*; **die sozialen ~en des 20. Jahrhunderts** los avances sociales del siglo XX

Er'satz M ⟨~es⟩ **1** *(Ersetzung)* sustitución *f*, re(e)mplazo *m*; **als ~ für** en sustitución de **2** *(Entschädigung)* compensación *f*, indemnización *f*; *(Wiedergutmachung)* reparación *f*; *(Rückerstattung)* restitución *f*, reintegro *m*; **j-m ~ leisten** indemnizar (*bzw* compensar) a alg **(für** por); **als ~ für** en compensación de **3** *Gegenstand:* sustitutivo *m*; *Produkt:* sucedáneo *m*; **als ~ dienen für** hacer las veces de **4** *Person:* sustituto, -a *m/f*; MIL reserva *f*

Er'satzanspruch M derecho *m* a indemnización; reclamación *f* por daños y perjuicios; **Ersatzbank** F ⟨~; ⸚e⟩ SPORT banquillo *m*; **Ersatzbatterie** F pila *f* de recambio; **Ersatzbefriedigung** F PSYCH compensación *f*; **Ersatzdienst** M ⟨~es⟩ MIL servicio *m* civil sustitutorio; **Ersatzeinheit** F MIL unidad *f* de reserva; **Ersatzerbe** M JUR sustituto *m* vulgar; **zum ~n einsetzen** sustituir; **Ersatzfrau** F sustituta *f*; suplente *f*; SPORT *a.* reserva *f*; **Ersatzkasse** F VERS *caja de enfermedad asimilada a la oficial*; **Ersatzleistung** F indemnización *f*, pago *m* de daños; **Ersatzlieferung** F suministro *m* de re(e)mplazo

er'satzlos ADV sin sustituto; **der Absatz wird ~ gestrichen** se suprime el párrafo

Er'satzmann M ⟨~(e)s; ⸚er *od* -leute⟩ sustituto *m*, suplente *m*; SPORT *a.* reserva *m*; **Ersatzmine** F *Kugelschreiber:* mina *f* de recambio; **Ersatzmutter** F ⟨~; ⸚⟩ madre *f* suplente; **Ersatzpflicht** F obligación *f* de indemnizar; **Ersatzprodukt** N sucedáneo *m*; **Ersatzrad** N ⟨~(e)s; ⸚er⟩ AUTO rueda *f* de recambio (*od* de repuesto); **Ersatzreifen** M neumático *m* de repuesto (*od* de recambio); **Ersatzspieler** M, **Ersatzspielerin** F SPORT suplente *m/f*, reserva *m/f*; **Ersatzstoff** M sustitutivo *m*

Er'satzteil N TECH pieza *f* de recambio (*od* de repuesto); **Ersatzteillager** N almacén *m* de piezas de recambio; **Ersatzteilliste** F lista *f* de recambios

Er'satzvater M padre *m* suplente; **Ersatzwahl** F POL elección *f* complementaria; **ersatzweise** ADV como alternativa

er'saufen VI ⟨irr; ohne ge-; sn⟩ *sl* ahogarse (*a. Motor*); BERGB inundarse

er'säufen VT ⟨ohne ge-⟩ ahogar; *umg* **seinen Kummer ~** ahogar sus penas en alcohol

er'schaffen VT ⟨irr; ohne ge-⟩ crear; *(erzeugen)* producir, hacer; **Erschaffer** M ⟨~s; ~⟩, **Erschafferin** F ⟨~; ~nen⟩ creador *m*, -a *f*; **Erschaffung** F ⟨~⟩ creación *f*; REL **die ~ der Welt** la creación del mundo

er'schallen VI ⟨ohne ge-; sn⟩ (re)sonar; *dumpf:* retumbar; *Gelächter* estallar

er'schauern VI ⟨ohne ge-; sn⟩ estremecerse; *vor Angst, Kälte etc* temblar (**vor** de); sentir escalofríos

er'scheinen ⟨irr; ohne ge-; sn⟩ **A** VI **1** *(sichtbar werden)* aparecer; *(sich offenbaren)* manifestarse; revelarse; *(auftauchen)* surgir; emerger **2** *(den Anschein haben)* parecer **3** *Person (sich zeigen)* presentarse, mostrarse; hacer acto de presencia; *bei e-m Fest etc:* concurrir a; **persönlich ~** personarse; **nicht ~** no presentarse, faltar; JUR **vor Gericht ~** comparecer en juicio; **j-m ~** *Gespenst* aparecérsele a alg **4** *Buch* publicarse, salir; **soeben erschienen** acaba de publicarse; **erschienen bei** *Verlag:* publicado por **B** V/UNPERS *(scheinen)* parecer; **es erscheint (mir) ratsam** (me) parece aconsejable

Er'scheinen N ⟨~s⟩ **1** *(Sichtbarwerden)* aparición *f* **2** *e-s Buches:* publicación *f* **3** *vor Gericht:* comparecencia *f*

Er'scheinung F ⟨~; ~en⟩ **1** *(Traumbild)* aparición *f*, visión *f* **2** *(Vorgang, Naturerscheinung)* fenómeno *m* **3** **in ~ treten** presentarse, manifestarse; *fig* surgir, entrar en escena; *(fühlbar werden)* hacerse (*od* dejarse) sentir **4** *(äußere Erscheinung)* apariencia *f*; físico *m*; *(Aussehen)* aspecto *m*; figura *f*; *(Auftreten)* presentación *f*

Er'scheinungsbild N BIOL fenotipo *m*; **Erscheinungsdatum** N fecha *f* de publicación; **Erscheinungsform** F apariencia *f*; aspecto *m*; **Erscheinungsjahr** N año *m* de publicación; **Erscheinungsort** M lugar *m* de publicación; **Erscheinungswelt** F ⟨~⟩ mundo *m* visible (*od* físico)

er'schienen **A** PPERF → erscheinen **B** ADJ aparecido (*a.* REL); **Erschienene** M/F ⟨~n; ~n; → A⟩ JUR compareciente *m/f*

er'schießen ⟨irr; ohne ge-⟩ **A** VT **1** matar (*od* dar muerte) a tiros; *(hinrichten)* fusilar, pasar por las armas **2** *umg fig* **ich bin völlig erschossen** *umg* estoy hecho polvo **B** VR **sich ~** matarse de un tiro, *umg* pegarse un tiro

Er'schießung F ⟨~; ~en⟩ *(Hinrichtung)* fusilamiento *m*; **Erschießungskommando** N piquete *m* (*od* pelotón *m*) de ejecución

er'schlaffen ⟨ohne ge-⟩ VI ⟨sn⟩ relajarse (*a. Muskel*); aflojarse; *fig a.* debilitarse, extenuarse, languidecer; **Erschlaffung** F ⟨~; ~en⟩ relajación *f*; aflojamiento *m*; *fig a.* debilitación *f*; MED atonía *f*; flaccidez *f* (*a. der Haut*)

er'schlagen[1] ⟨irr; ohne ge-⟩ VT matar (a golpes); **vom Blitz ~ werden** ser fulminado, morir electrocutado

er'schlagen[2] ADJ *umg* **1** *(erschöpft)* rendido, *umg* molido, hecho polvo; **wie ~** medio muerto **2** *(verblüfft)* atónito, estupefacto

er'schleichen VT ⟨irr; ohne ge-⟩ *pej* **sich** *(dat)* **etw ~** obtener *od* conseguir a/c por astucia; **sich** *(dat)* **j-s Gunst ~** insinuarse en el ánimo de alg; **sich** *(dat)* **j-s Vertrauen ~** ganarse (astutamente) la confianza de alg

Er'schleichung F ⟨~; ~en⟩ captación *f*; JUR subrepción *f*

er'schließen ⟨irr; ohne ge-⟩ **A** VT **1** *(nutzbar machen) Rohstoffe etc* explotar, poner en explotación **2** VERW *Baugelände, Gebiet* urbanizar; *Quelle* alumbrar **3** HANDEL *Absatzmärkte* abrir **4** *(folgern)* inferir, deducir; *Wort* derivar **B** VR **sich ~ 1** *(verständlich werden)* explicarse **2** *geh Blüte etc* abrirse **3** *geh* **sich j-m ~** *(sein Herz ausschütten)* abrir su pecho a alg; abrirse a alg

Er'schließung F ⟨~; ~en⟩ **1** *(Nutzbarmachung)* puesta *f* en explotación (*od* cultivo); *von Bodenschätzen etc:* aprovechamiento *m*; *e-r Quelle:* alumbramiento *m* **2** VERW *v. Bauland:* urbanización *f* **3** HANDEL *v. Märkten:* apertura *f*; **Erschließungskosten** PL VERW costes *mpl* de urbanización

er'schlossen PPERF → erschließen

er'schmeicheln VT ⟨ohne ge-⟩ *pej* captar; **sich** *(dat)* **j-s Gunst ~** granjearse el favor de alg

er'schöpfen ⟨ohne ge-⟩ **A** VT **1** *Person* agotar; apurar; *(ermüden)* cansar; fatigar; *völlig:* extenuar **2** *Thema* agotar; tratar exhaustivamente **B** VR **sich ~** agotarse, acabarse; **sich ~ in** *(dat)* reducirse a

er'schöpfend **A** ADJ **1** *körperlich:* agotador **2** *fig (gründlich)* exhaustivo **B** ADV *fig* a fondo, por extenso; exhaustivamente

er'schöpft ADJ **1** *Person* agotado, exhausto (**von** de), extenuado (**von** por); *(ermüdet) a.* cansado; fatigado, *umg* rendido **2** **meine Geduld ist ~** se me acabó la paciencia **3** HANDEL *Lagerbestände* agotado

Er'schöpfung F ⟨~⟩ agotamiento *m*; cansancio *m*, *stärker:* fatiga *f*; extenuación *f*; **bis zur ~** hasta el agotamiento

er'schossen **A** PPERF → erschießen **B** *umg*

ADJ *(erschöpft)* agotado, exhausto (**von** de)

er'schrecken[1] VT *‹ohne* ge-› asustar, dar un susto a; *stärker:* espantar, aterrar; *plötzlich* sobresaltar; **j-n zu Tode ~** dar a alg un susto mortal

er'schrecken[2] VI(VR) *‹irr; ohne* ge-; sn› **(sich) ~** asustarse, llevarse un susto; espantarse (**über** *acus*, **vor** *dat* de); sobresaltarse

Er'schrecken N ‹~s› susto *m*; espanto *m*, terror *m*; *plötzliches:* sobresalto *m*; **erschreckend** A ADJ espantoso, terrible, horrible; alarmante B ADV *(sehr)* **~ wenige** terriblemente pocos

er'schrocken A PPERF → erschrecken[2] B ADJ asustado; espantado; sobresaltado

er'schüttern VT *‹ohne* ge-› 1 *Boden etc* sacudir 2 *Vertrauen* hacer perder; *Gesundheit etc* quebrantar 3 *seelisch:* estremecer; *(rühren)* conmover, afectar, impresionar; emocionar; **das konnte ihn nicht ~** no le causó ninguna impresión, *umg* se quedó tan fresco

er'schütternd ADJ estremecedor; *(ergreifend)* conmovedor, impresionante; emocionante; **erschüttert** ADJ conmovido, afectado

Er'schütterung F ‹~; ~en› 1 *(Stoß)* sacudida *f*; choque *m*; TECH vibración *f*, trepidación *f* 2 *(Ergriffenheit)* conmoción *f* (*a.* MED); *(Rührung)* emoción *f*; **erschütterungsfrei** ADJ TECH exento de vibraciones

er'schweren VT *‹ohne* ge-› 1 *(schwieriger machen)* dificultar; complicar; hacer más difícil; *(behindern)* poner trabas a, entorpecer, obstaculizar 2 *(verschlimmern)* agravar; **erschwerend** A ADJ agravante (*a.* JUR); **~e Umstände** circunstancias *fpl* agravantes B ADV **das kommt ~ hinzu** eso lo hace más difícil (*bzw* más grave); **Erschwerung** F ‹~; ~en› 1 complicación *f*; *(Behinderung)* estorbo *m* 2 *(Verschlimmerung)* agravación *f*

er'schwindeln VT *‹ohne* ge-› obtener *od* conseguir fraudulentamente (*od* con trampas); estafar, *umg* timar

er'schwinglich ADJ asequible; **zu ~en Preisen** a precios asequibles *od* razonables; **für jedermann ~** *umg* al alcance de todos los bolsillos

er'sehen VT *‹irr; ohne* ge-› ver (**aus** *dat* de); *(entnehmen)* saber (*od* enterarse) por; **daraus ist zu ~, dass** de ello se infiere (*od* deduce *od* desprende) que

er'sehnen VT *‹ohne* ge-› *geh* ansiar, anhelar; añorar; esperar con ilusión

er'setzbar ADJ 1 re(e)mplazable, sustituible; TECH *a.* cambiable 2 *Schaden* reparable; resarcible; *Ausgaben* reembolsable; *Verlust* recuperable; compensable

er'setzen VT *‹ohne* ge-› 1 *(austauschen)* re(e)mplazar, sustituir (**durch** por); TECH *(auswechseln) Ersatzteile etc* cambiar 2 *(vertreten)* hacer las veces de 3 *(Ersatz leisten für)* compensar; *Schaden* reparar; **j-m etw ~** *(j-n entschädigen)* indemnizar a alg por a/c, resarcir a alg de a/c; **j-m die Auslagen ~** restituir (*od* compensar) los gastos a alg 4 IT **suchen und ersetzen** buscar y reemplazar

Er'setzung F ‹~; ~en› 1 *(Austausch)* sustitución *f* 2 *(Wiedergutmachung)* reparación *f*; resarcimiento *m*; *(Entschädigung)* indemnización *f*; compensación *f*; *(Rückerstattung)* reembolso *m*; restitución *f*

er'sichtlich ADJ visible; evidente, manifiesto; **ohne ~en Grund** sin motivo evidente; **daraus wird ~, dass** de ello se desprende que

er'sinnen VT *‹irr; ohne* ge-› *geh* imaginar, idear, concebir; *(erfinden)* inventar

er'sitzen VT *‹irr; ohne* ge-› JUR usucapir, adquirir por usucapión; **Ersitzung** F ‹~› JUR usucapión *f*, prescripción *f* adquisitiva

er'spähen VT *‹ohne* ge-› *geh* divisar; espiar; atisbar

er'sparen VT *‹ohne* ge-› 1 *Geld* ahorrar (*a. fig*), economizar 2 *fig* evitar; **j-m etw ~** ahorrar *od* evitar a/c a alg; **ihr bleibt nichts erspart** tiene que aguantar mucho; **~ Sie sich** *(dat)* **die Mühe** no se moleste usted

Er'sparnis F ‹~; ~se› 1 *an Zeit, Geld, Platz etc:* ahorro *m*, economía *f* (**an** *dat* de) 2 *Geld:* **~se** *pl* ahorros *mpl*

er'sprießlich ADJ *geh (nützlich)* útil, provechoso; *(heilsam)* saludable; *(vorteilhaft)* ventajoso; *umg* **wenig ~** poco edificante; **Ersprießlichkeit** F ‹~› *geh* utilidad *f*, provecho *m*

erst ADV 1 *(zuerst)* primero, primeramente; en primer lugar; *(anfangs)* al principio, al comienzo 2 *(zuvor)* antes, previamente; ante todo, sobre todo 3 *(nur)* sólo, solamente, tan sólo; nada más que; *(nicht früher als)* no antes de; no hasta que; **eben ~** ahora mismo, en este (mismo) instante (*od* momento); **~ als** sólo (*od Am* recién) cuando; **~ dann** sólo entonces; **~ jetzt** sólo ahora; precisamente ahora; *Am* recién ahora; **~ gestern** sólo (*od Am* recién) ayer; ayer mismo; **~ kürzlich** hace poco, últimamente, recientemente; **es ist ~ fünf Uhr** no son más que las cinco; **er kommt ~ morgen** no vendrá hasta mañana; **er ist eben ~ gekommen** acaba de venir 4 *verstärkend:* **~ recht** tanto más (**wenn** cuando; *umg* **wo** cuanto que); con mayor razón; **jetzt ~ recht!** ¡ahora más (que nunca)!; **jetzt ~ recht nicht** ahora sí que no, ahora menos que nunca; **und ich ~!** ¡y yo!; **wenn du ~ abgereist bist** una vez partido

er'starken VI *‹ohne* ge-; sn› fortalecerse, robustecerse; **Erstarkung** F ‹~› fortalecimiento *m*

er'starren VI *‹ohne* ge-; sn› 1 *(starr werden)* ponerse rígido (*od* tieso); PHYS, CHEM solidificarse 2 *Glieder* entumecerse, envararse 3 *fig vor Kälte:* arrecirse, pasmarse (de frío); **vor Schreck ~** quedarse de piedra 4 *(gerinnen)* cuajarse; *(gefrieren)* helarse, congelarse; *fig* **das Blut erstarrte ihm in den Adern** la sangre se le heló en las venas

er'starrt ADJ 1 *(starr)* rígido, tieso 2 *Glieder* entumecido, envarado 3 *fig (erstaunt)* estupefacto, pasmado; *fig* **er stand wie ~** se quedó de piedra; **Erstarrung** F ‹~› 1 *(Starrheit)* rigidez *f* 2 *v. Gliedern:* entumecimiento *m*, envaramiento *m* 3 *vor Staunen:* estupor *m*, estupefacción *f* 4 CHEM, PHYS solidificación *f* 5 *(Gefrieren)* congelación *f*; **Erstarrungspunkt** M PHYS punto *m* de solidificación

er'statten VT *‹ohne* ge-› 1 *(wiedererstatten)* restituir, devolver; *Kosten a.* re(e)mbolsar, reintegrar 2 **Bericht ~ über** *(acus)* dar cuenta de, informar sobre 3 JUR **Anzeige ~** presentar (una) denuncia (**gegen** contra); **Erstattung** F ‹~; ~en› 1 *(Rückgabe)* restitución *f*, devolución *f*; *e-r Zahlung a.:* re(e)mbolso *m*, reintegro *m* 2 *e-s Berichts:* presentación *f* (de un informe)

Er'stattungsbetrag M importe *m* de re(e)mbolso *od* de restitución; **erstattungsfähig** ADJ **(nicht) ~** (no) re(e)mbolsable

'Erstaufführung F ‹~; ~en› THEAT estreno *m*; MUS *a.* primera audición *f*; **Erstaufführungstheater** N *Kino:* cine *m* de estreno

er'staunen *‹ohne* ge-› A VI ‹sn› admirarse, asombrarse, maravillarse (**über** *acus* de); quedar asombrado (*od* maravillado) (**über** *acus* de); *(überrascht sein)* sorprenderse, quedar sorprendido (**über** *acus* de) B VT asombrar; sorprender

Er'staunen N ‹~s› asombro *m*; admiración *f*; *(Überraschung)* sorpresa *f*; *(Verblüffung)* estupefacción *f*; *(Befremden)* extrañeza *f*; **in ~ geraten** → erstaunen A; **in ~ (ver)setzen** asombrar; pasmar; *(überraschen)* sorprender; *(befremden)* extrañar; **sehr zu meinem ~** con gran sorpresa mía

er'staunlich A ADJ 1 *(staunenswert)* asombroso; pasmoso; sorprendente 2 *(außergewöhnlich)* extraordinario; *(gewaltig)* estupendo B ADV *(sehr)* asombrosamente; **erstaunlicherweise** ADV sorprendentemente

er'staunt ADJ asombrado; pasmado; admirado; *(überrascht)* sorprendido; estupefacto

'Erstausführung F ‹~; ~en› TECH prototipo *m*; **Erstausgabe** F TYPO primera edición *f*; edición *f* príncipe; **Erstausstrahlung** F TV estreno *m* en TV, estreno *m* televisivo

'erstbeste(r, -s) A ADJ cualquier, -a B *subst* **der/die Erstbeste** el primero/la primera que se presente; **das Erstbeste** lo que sea, cualquier cosa

'Erstbesteigung F primera ascensión *f*; **Erstbestellung** F pedido *m* inicial; **Erstbezug** M *e-s Neubaus:* estreno *m* (de un piso, una casa, *etc*); **Erstdruck** M ‹~(e)s; ~e› TYPO → Erstausgabe

'erste(r, -s) A ADJ primer(o), -a; **am ~n Mai** el primero de mayo; **der/die/das ~ Beste** → erstbeste(r, -s) B *subst* 1 **der/die/das Erste** el primer(o)/la primera/lo primero; **Karl der Erste (Karl I.)** Carlos Primero (Carlos I); **der Erste des Monats** el primero de mes; *fig* **der Erste** *(Beste, Stärkste etc)* el mejor; el más importante; **sie war die Erste (, die …)** fue la primera (en *inf* …); **das ist das Erste, was ich höre** es la primera noticia; **er las es als Erster** fue el primero en leerlo 2 **als Erstes** de entrada; **fürs Erste** por de (*od* por lo) pronto; por ahora, de (*od* por el) momento 3 *umg* TV, RADIO **im Ersten** *Programm umg* en la primera 4 *Auktion:* **zum Ersten, zum Zweiten, zum Dritten!** ¡a la una, a las dos, a las tres!

er'stechen VT *‹irr; ohne* ge-› *mit dem Messer:* acuchillar; *mit dem Dolch:* apuñalar, matar a puñaladas

er'stehen *‹irr; ohne* ge-› A VT *(kaufen)* comprar, adquirir B VI ‹sn› *geh (entstehen)* resurgir; *Haus* elevarse; **daraus werden dir Schwierigkeiten ~** vas a tener dificultades; **Erstehung** F ‹~; ~en› *(Kauf)* compra *f*, adquisición *f*

er'steigbar ADJ escalable

er'steigen VT *‹irr; ohne* ge-› escalar (*a. fig*); *Berg a.* subir a; *kletternd:* trepar; **Ersteiger** M ‹~s; ~› escalador *m*

Er'steigerer M *Auktion:* adjudicatario *m*

Er'steigerin[1] F ‹~; ~nen› *e-s Bergs:* escaladora *f*

Er'steigerin[2] F ‹~; ~nen› *bei e-r Auktion:* adjudicataria *f*

er'steigern VT *‹ohne* ge-› adquirir en una subasta; **Ersteigerung** F ‹~; ~en› adjudicación *f* (en subasta)

Er'steigung F ‹~; ~en› *e-s Bergs:* ascensión *f*

er'stellen VT *‹ohne* ge-› 1 *Plan* elaborar; *Bilanz, Liste, Gutachten* hacer; *Bericht* redactar, elaborar 2 *Gebäude* construir; **Erstellung** F ‹~› 1 *e-s Plans, Berichts:* elaboración *f*; redacción *f* 2 *e-s Gebäudes:* construcción *f*

'erstemal ADV **das ~** → Mal[2]

'erstens ADV primero, primeramente, en primer lugar; **erster** ADJ → erste(r, -s)

er'sterben VI *‹irr; ohne* ge-; sn› *geh* extinguirse, apagarse (*a. Ton etc*); **mit ~der Stimme** con voz apagada

'Erstere(r, -s) *subst* **der/die/das ~** el primer(o)/la primera/lo primero

'Erstgebärende F ‹~n; ~n› MED primípara *f*; **erstgeboren** ADJ primogénito; **Erstgeborene** M/F ‹~n; ~n; → A› primogénito, -a

m/f; **Erstgebot** N primera puja f, primera postura f; **Erstgeburt** F primogenitura f; **Erstgeburtsrecht** N JUR derecho m de primogenitura
'erstgenannt ADJ citado en primer lugar; **Erstgenannte** M/F ⟨~n; ~n; → A⟩ el citado, la citada en primer lugar
er'sticken ⟨ohne ge-⟩ **A** VI ⟨sn⟩ **1** ahogarse; sofocarse; asfixiarse (**durch, an** dat de); **an einer Gräte ~** ahogarse con una espina **2** fig **in Arbeit ~** estar abrumado de trabajo **3** **mit erstickter Stimme** con voz ahogada (od entrecortada) **B** VT ahogar (a. fig); Feuer sofocar (a. fig); bes durch Gas: asfixiar
er'stickend **A** ADJ asfixiante; fig sofocante, agobiante **B** ADV **~ heiß** sofocante; **Erstickung** F ⟨~⟩ ahogo m; sofocación f (a. fig); asfixia f
Er'stickungsanfall M MED sofoco m; **Erstickungstod** M muerte f por asfixia
er'stiegen PPERF → ersteigen
'Erstimpfung F ⟨~; ~en⟩ MED primovacunación f
'erstklassig ADJ de primera clase (bzw categoría); HANDEL de primera calidad; umg fig de primera
'Erstkommunion F KATH primera comunión f; **zur ~ gehen** hacer la primera comunión
'Erstling M ⟨~s; ~e⟩ **1** Kind: primogénito m, primer hijo m **2** fig primicia f **3** → a Erstlingswerk
'Erstlingsausstattung F e-s Babys: canastilla f; **Erstlingsversuch** M primer ensayo m; **Erstlingswerk** N LIT primera obra f, ópera f prima
'erstmalig **A** ADJ primero **B** ADV por primera vez; **erstmals** ADV por primera vez
er'strahlen VI ⟨ohne ge-; sn⟩ brillar, resplandecer
'erstrangig ADJ de primer orden; → a. erstklassig
er'streben VT ⟨ohne ge-⟩ geh aspirar a, pretender; ambicionar; **erstrebenswert** ADJ deseable; digno de esfuerzo
er'strecken VR ⟨ohne ge-⟩ **sich ~** **1** extenderse (**über** acus sobre, **bis** hasta) (a. fig u. zeitlich); zeitlich a.: durar **2** fig **sich ~ auf** (acus) aplicarse a, referirse a
'Erstschlag M MIL primer golpe m; **Erstsemester** N UNIV ≈ estudiante m/f de primer semestre
'Ersttagsbrief M Philatelie: sobre m (de) primer día
er'stunken ADJ umg **das ist ~ und erlogen** umg es una solemne mentira, es una mentira como una casa
er'stürmen VT ⟨ohne ge-⟩ MIL fig tomar al (od por) asalto; **Erstürmung** F ⟨~; ~en⟩ (toma f por) asalto m
er'suchen VT ⟨ohne ge-⟩ geh **um Auskunft ~** pedir informaciones; **j-n um etw ~** solicitar (od pedir) a/c a alg; **j-n ~ zu** (inf) pedir a alg que (subj)
Er'suchen N ⟨~s⟩ geh petición f; ruego m; solicitud f; JUR requisitoria f; exhorto m; **auf ~ von** a petición de, a ruego(s) de; a instancia(s) de; **auf ihr ~ hin** por petición suya
er'tappen ⟨ohne ge-⟩ sorprender; coger; **j-n auf frischer Tat ~** sorprender a alg en flagrante delito (od in fraganti), umg coger a alg con las manos en la masa; **j-n bei einem Fehler ~** coger a alg en falta; **j-n beim Stehlen ~** sorprender a alg robando
er'tauben VI ⟨ohne ge-; sn⟩ ensordecer; **Ertaubung** F ⟨~⟩ ensordecimiento m
er'teilen VT ⟨ohne ge-⟩ **1** Rat, Befehl, Auftrag etc dar **2** Erlaubnis etc dar, conceder; Kredit etc conceder, otorgar; **j-m das Wort ~** ceder a alg la palabra; **j-m Prokura ~** otorgar (od conferir) poder general a alg **3** Unterricht impartir
Er'teilung F ⟨~; ~en⟩ e-s Kredits etc: concesión f, otorgamiento m
er'tönen VI ⟨ohne ge-; sn⟩ sonar; resonar
Er'trag M ⟨~(e)s; ¨~e⟩ **1** allg rendimiento m; AGR cosecha f; producto m; fig fruto m **2** (Einnahme) ingreso m; beneficio m (**aus** de, por); (Kapitalertrag) renta f, rédito m; **Erträge** a. ganancias fpl; **außerordentliche Erträge** beneficios mpl extraordinarios; **betriebliche Erträge** ingresos mpl de explotación
er'tragen VT ⟨irr; ohne ge-⟩ soportar, geduldig: sobrellevar; (aushalten) aguantar, resistir; (dulden) tolerar; (leiden) sufrir; **das ist nicht zu ~** eso no hay quien lo aguante
er'tragfähig ADJ AGR productivo; **Ertragfähigkeit** F ⟨~⟩ productividad f
er'träglich ADJ **1** soportable; aguantable; tolerable, llevadero **2** fig (ziemlich gut) regular, pasable
er'tragreich ADJ AGR productivo
Er'tragssteuer F impuesto m de producto; **Ertragswert** M valor m de rendimiento; valor m capitalizado
er'tränken **A** VT ⟨ohne ge-⟩ ahogar; umg fig **seine Sorgen ~** ahogar sus penas (en alcohol) **B** VR **sich ~** ahogarse
er'träumen VT ⟨ohne ge-⟩ **sich** (dat) **etw ~** soñar con a/c, imaginar(se) a/c
er'träumt ADJ imaginario; quimérico; soñado, ideal
er'trinken VI ⟨irr; ohne ge-; sn⟩ ahogarse, morir ahogado
Er'trinken N ⟨~s⟩ ahogamiento m; **Ertrinkende** M/F ⟨~n; ~n; → A⟩ *persona que se ahoga en el agua*
er'trotzen VT ⟨ohne ge-⟩ geh conseguir porfiando; Erfolg forzar
er'trunken PPERF → ertrinken; **Ertrunkene** M/F ⟨~n; ~n; → A⟩ ahogado m, -a f
er'tüchtigen VT ⟨ohne ge-⟩ fortalecer, vigorizar; körperlich a.: ejercitar, entrenar; **Ertüchtigung** F ⟨~; ~en⟩ fortalecimiento m (corporal); körperlich a.: entrenamiento m
er'übrigen ⟨ohne ge-⟩ **A** VT Geld etc ahorrar, economizar; Zeit tener **B** VR **sich ~** (überflüssig sein) sobrar, holgar, estar de más; (nicht mehr nötig sein) ya no ser necesario; **es erübrigt sich zu sagen** huelga decir; ni que decir tiene; **es erübrigt sich jedes Wort** sobran las palabras
Erupti'on F ⟨~; ~en⟩ GEOL, MED erupción f; **Erup'tivgestein** N GEOL roca f volcánica (od eruptiva)
er'wachen VI ⟨ohne ge-; sn⟩ despertar(se) (a. fig); Tag amanecer, despuntar
Er'wachen N ⟨~s⟩ despertar m
er'wachsen[1] [-ks-] ADJ crecido; adulto, mayor
er'wachsen[2] [-ks-] VI ⟨irr; ohne ge-; sn⟩ (sich herausbilden) crecer, desarrollarse; (entstehen) nacer; **~ aus** brotar de; fig resultar de, originarse de
Er'wachsene M/F ⟨~n; ~n; → A⟩ adulto m, -a f; **die ~n** a. los mayores; **Erwachsenenbildung** F ⟨~⟩ formación f de adultos; **Erwachsener** M → Erwachsene
er'wägen VT ⟨irr; ohne ge-⟩ (überlegen) considerar, tomar en consideración; (abwägen) ponderar; (prüfen) examinar (detenidamente); **Erwägung** F ⟨~; ~en⟩ consideración f; ponderación f; **etw in ~ ziehen** tomar en consideración a/c; **in der ~, dass** considerando que
er'wählen VT ⟨ohne ge-⟩ geh elegir, escoger; Beruf a. abrazar
er'wähnen VT ⟨ohne ge-⟩ mencionar, hacer mención de; citar; **erwähnenswert** ADJ digno de mención; **Erwähnung** F ⟨~; ~en⟩ mención f; cita f
er'wärmen ⟨ohne ge-⟩ **A** VT **1** calentar; caldear **2** fig **j-n für etw ~** entusiasmar a alg por a/c **B** VR **sich ~** **1** calentarse **2** fig **sich für etw ~** entusiasmarse por a/c; (llegar a) interesarse por a/c
Er'wärmung F ⟨~; ~en⟩ calentamiento m; calefacción f; caldeamiento m; **die ~ der Erde** el calentamiento de la tierra (od del planeta)
er'warten VT ⟨ohne ge-⟩ esperar; (abwarten) a. aguardar; (rechnen mit) a. contar con; fig **ein Kind ~** esperar un niño; **etw kaum ~ können** esperar con ansia (bzw con impaciencia) a/c; **ich kann es kaum ~ zu** (inf) estoy impaciente por (inf); **es ist zu ~** es de esperar; **das war zu ~** era de esperar; **wenn er wüsste, was ihn erwartet!** ¡si supiera lo que le aguarda!
Er'warten N ⟨~s⟩ **über ~** más de lo que se esperaba; **wider (alles) ~** contra toda previsión, contra todo lo que podía esperarse
Er'wartung F ⟨~; ~en⟩ espera f; expectativa f; (Hoffnung) esperanza f; (Spannung) expectación f; **in ~ Ihrer Antwort** en espera de su respuesta; **den ~en entsprechen** ser conforme (od corresponder) a lo esperado; **die ~en übertreffen** od **über die ~en hinausgehen** superar las expectativas; **hinter den ~en zurückbleiben** defraudar las expectativas, quedar por debajo de lo que se esperaba
er'wartungsgemäß ADV como era de esperar; **Erwartungshaltung** F estado m (od actitud f) de espera; **erwartungsvoll** ADJ lleno de expectación; (ungeduldig) impaciente
er'wecken VT ⟨ohne ge-⟩ **1** Person despertar (a. fig); **j-n wieder zum Leben ~** resucitar a alg **2** fig (hervorrufen) provocar, dar lugar (od pie) a; Erinnerung evocar; Hoffnung alentar; Vertrauen inspirar; Furcht infundir; **bei j-m den Glauben ~, dass** hacer a alg creer que
er'wehren VR ⟨ohne ge-⟩ geh **sich einer Sache** (gen) **~** defenderse de a/c; librarse de a/c; **sich der Tränen/des Lachens ~** contener (od reprimir) las lágrimas/la risa; **man konnte sich des Eindrucks nicht ~, dass** no era posible sustraerse a la impresión de que
er'weichen VT ⟨ohne ge-⟩ ablandar (a. fig); suavizar; reblandecer (a. MED); fig (rühren) conmover, enternecer; **sich ~ lassen** ablandarse; enternecerse; ceder; **sich nicht ~ lassen** no ablandarse
er'weichend ADJ MED emoliente; **Erweichung** F ⟨~; ~en⟩ ablandamiento m; reblandecimiento m (a. MED); fig enternecimiento m
er'weisen ⟨irr; ohne ge-⟩ **A** VR **1** Sache **sich ~** evidenciarse; **sich als unbegründet/richtig ~** resultar infundado/cierto **2** Person **sich ~ als** mostrarse, dar pruebas (od muestras) de; **sich (j-m gegenüber) dankbar ~** mostrarse agradecido (a alg) **B** VT **1** (beweisen) probar, demostrar **2** Achtung, Dankbarkeit mostrar; Dienst prestar, hacer; Ehre rendir, tributar; Gefallen hacer; Gehorsam prestar; Gunst otorgar, conceder
er'weislich ADJ obs demostrable; comprobable
er'weitern ⟨ohne ge-⟩ **A** VT ensanchar; (ausdehnen) extender, ampliar (a. fig); (vermehren) aumentar; PHYS, MED dilatar (a. fig) **B** VR **sich ~** ampliarse, agrandarse; PHYS, MED dilatarse; **erweiternd** ADJ extensivo; **Erweiterung** F ⟨~; ~en⟩ ensanchamiento m, ensanche m; (Ausdehnung) extensión f; ampliación f (a. fig); PHYS, MED dilatación f
Er'weiterungsbau M ⟨~(e)s; ~ten⟩ (edificio m) anexo m; ensanche m; **erweiterungsfähig** ADJ ampliable; extensible; PHYS, MED dilatable

Er'werb M ⟨~(e)s; ~e⟩ adquisición *f*; *(Verdienst)* ganancia *f*; lucro *m*
er'werben V/T ⟨*irr; ohne* ge-⟩ **1** *bes* HANDEL adquirir *(a. fig)*; *durch Arbeit*: ganar; *Vermögen* hacer; **sich** *(dat)* **sein Brot ~** ganarse la vida *(od* el pan) **2** *fig j-s Achtung, Dank* merecer; *j-s Freundschaft etc* ganarse, granjearse; **sich** *(dat)* **Verdienste um etw ~** merecer bien de a/c
Er'werber M ⟨~s; ~⟩, **Erwerberin** F ⟨~; ~nen⟩ *bes* HANDEL adquisidor *m*, -a *f*, adquirente *m/f*
er'werbsfähig ADJ capaz de trabajar; apto para el trabajo; **im ~en Alter** en edad activa; **Erwerbsfähigkeit** F ⟨~⟩ capacidad *f* de trabajo
Er'werbsgenossenschaft F sociedad *f* cooperativa; **Erwerbsleben** N **ins ~ eintreten** incorporarse a la vida activa; **erwerbslos** ADJ parado, desocupado, sin empleo; **Erwerbslose** M/F ⟨~n; ~n; → A⟩ parado *m*, -a *f*, desempleado *m*, -a *f*, desocupado *m*, -a *f*
Er'werbsminderung F ⟨~; ~en⟩ incapacidad *f* parcial para el trabajo; **Erwerbsmittel** NPL medios *mpl* de subsistencia *(od* de vida); **Erwerbsquelle** F fuente *f* de recursos *(bzw* de ingresos); **Erwerbssinn** M ⟨~(e)s⟩ espíritu *m* industrioso
er'werbstätig ADJ activo; que ejerce una profesión *(bzw* un oficio); *weitS.* que tiene trabajo; **~e Bevölkerung** población *f* activa
Er'werbstätige M/F ⟨~n; ~n; → A⟩ asalariado *m*, -a *f*; activo *m*, -a *f*; **Erwerbstätigkeit** F ⟨~⟩ → Berufstätigkeit
Er'werbstrieb M afán *m* de lucro; **erwerbsunfähig** ADJ incapacitado para el trabajo
Er'werbsunfähigkeit F ⟨~⟩ incapacidad *f* laboral *(od* para el trabajo); **teilweise** *od* **verminderte ~** incapacidad *f* laboral parcial; **dauerhafte/vorübergehende ~** incapacidad *f* laboral permanente/transitoria
Er'werbsurkunde F JUR escritura *f* de compra; **Erwerbszweig** M ramo *m* industrial *(bzw* de negocios); *(Beruf)* profesión *f*; oficio *m*
Er'werbung F ⟨~; ~en⟩ adquisición *f*
er'widern V/T ⟨*ohne* ge-⟩ **1** *(antworten)* contestar, responder (**auf** *acus* a); *(entgegnen)* reponer, replicar *(a.* JUR) **2** *Besuch, Gruß* devolver; *Gefühle* corresponder a; **Erwiderung** F ⟨~; ~en⟩ **1** *(Antwort)* contestación *f*, respuesta *f*; réplica *f* *(a.* JUR) **2** *e-s Besuchs*: devolución *f*; *(Heimzahlung)* desquite *m*
er'wiesen **A** PPERF → erweisen **B** ADJ demostrado; **~e Tatsachen** hechos *mpl* probados
er'wiesener'maßen ADV según se ha demostrado
er'wirken V/T ⟨*ohne* ge-⟩ obtener, conseguir; *Zahlung* hacer efectivo
er'wirtschaften V/T ⟨*ohne* ge-⟩ producir; *Erträge* generar, realizar; **jährlich ~** producir *bzw* generar anualmente
er'wischen V/T ⟨*ohne* ge-⟩ **1** *Dieb etc umg* atrapar, coger; *umg* pillar, pescar; *umg* **sich ~ lassen** *umg* caer en el garlito, *umg* dejarse pillar **2** *umg* **den hat's erwischt!** *(er ist krank) umg* ¡le ha tocado!; *(er ist verliebt) umg* ¡está chalado por ella!; *(er ist tot) umg* ¡la palmó! **3** *umg* **j-n kalt ~** *(total überraschen, überrumpeln) umg* coger a alg desprevenido
er'wünscht ADJ deseado; *(wünschenswert)* deseable; *(günstig)* favorable, oportuno; **das ist mir sehr ~** me viene muy a propósito *(od* a pedir de boca)
er'würgen V/T ⟨*ohne* ge-⟩ estrangular; *hinrichten*: agarrotar; **Erwürgen** N ⟨~s⟩ estrangulación *f*
Erz N ⟨~es; ~e⟩ mineral *m*; *(Bronze)* bronce *m*; *(Roherz)* mena *f*
'Erz... IN ZSSGN *umg (arg, sehr)* archi...
'Erzader F BERGB vena *f (od* veta *f)* metálica, filón *m*
er'zählen ⟨*ohne* ge-⟩ **A** V/T **1** contar (**j-m** a alg); *kunstvoll*: narrar; *(berichten)* referir, relatar; **man hat mir erzählt** me han dicho *(od* contado); **man erzählt sich** se dice, corre la voz **2** *fig* **wem ~ Sie das!** ¡a quién se lo viene a decir!; *umg* **ich kann etwas davon ~** *(ich weiß Bescheid)* de eso podría yo contar muchas cosas, yo sé algo de eso; *umg* **das kannst du mir nicht ~!** *umg* ¡a mí no me engañas con eso!; **das können Sie anderen ~!** *umg* ¡cuénteselo a su abuela!, *umg* ¡otro perro con ese hueso! **B** V/I **~ von** *od* **über** *(acus)* contar de *(od* sobre); **erzähl mal!** ¡cuéntame!
er'zählend ADJ narrativo
Er'zähler M ⟨~s; ~⟩, **Erzählerin** F ⟨~; ~nen⟩ narrador *m*, -a *f*, LIT cuentista *m/f*, autor *m*, -a *f* de cuentos; **Erzählkunst** F ⟨~⟩ narrativa *f*, arte *m* narrativo; **Erzählung** F ⟨~; ~en⟩ narración *f*; cuento *m*; *(Bericht)* relato *m*; *(Beschreibung)* descripción *f*
'Erzaufbereitung F preparación *f* de minerales; **Erzbergwerk** N mina *f*
'Erzbischof M arzobispo *m*; **erzbischöflich** ADJ arzobispal; **Erzbistum** N arzobispado *m*
'Erz'bösewicht M malvado *m*
'Erzdiözese F arzobispado *m*
'erz'dumm ADJ *umg* tonto de remate
'Erzengel M REL arcángel *m*
er'zeugen V/T ⟨*ohne* ge-⟩ **1** HANDEL *(hervorbringen)* crear; producir, AGR *a.* cultivar; *industriell*: fabricar, manufacturar, elaborar; confeccionar **2** PHYS, CHEM, TECH generar; *(bilden)* formar **3** *fig (verursachen)* causar; provocar, originar
Er'zeuger M **1** *bes* HANDEL, AGR productor *m*; *(Hersteller) a.* fabricante *m* **2** ELEK generador *m* **3** *(Vater)* padre *m*, progenitor *m*; procreador *m*; **Erzeugerabfüllung** F *bes v. Wein*: embotellado *m* en origen; **Erzeugergemeinschaft** F, **Erzeugergenossenschaft** F AGR cooperativa *f (od* agrupación *f)* de productores
Er'zeugerin F ⟨~; ~nen⟩ **1** *bes* HANDEL, AGR productora *f*; *(Herstellerin) a.* fabricante *f* **2** *(Mutter)* madre *f*; **Erzeugerland** N ⟨~(e)s; ⁼er⟩ país *m* productor; **Erzeugerpreis** M HANDEL precio *m* al productor; **landwirtschaftlicher ~** precio *m* en granja
Er'zeugnis N ⟨~ses; ~se⟩ **1** HANDEL, AGR producto *m*; *(Fabrikat) a.* artículo *m*; **landwirtschaftliches ~** producto *m* agrícola **2** *geistiges*: producción *f*; *iron* engendro *m*; **eigenes ~** producción *f* propia
Er'zeugung F ⟨~; ~en⟩ **1** HANDEL, AGR producción *f (a. fig)*; *industrielle*: fabricación *f*, manufactura *f*, elaboración *f*; confección *f* **2** PHYS, CHEM, TECH generación *f*; *(Bildung)* formación *f* **3** *fig* creación *f*
Er'zeugungskosten PL coste *m (od* gastos *mpl)* de producción *(bzw* de fabricación); **Erzeugungskraft** F fuerza *f* generativa
'Erzfeind M enemigo *m* jurado *(od* mortal); REL **der ~** Satanás *m*
'Erzförderung F extracción *f* de minerales; **Erzgang** M → Erzader
'Erzgauner M pícaro *m* redomado *(od umg* de siete suelas)
'Erzgießer M ⟨~s; ~⟩ fundidor *m* de bronce; **Erzgießerei** F fundición *f* de bronce; **Erzgrube** F mina *f*; **erzhaltig** ADJ metalífero
'Erzherzog M archiduque *m*; **Erzherzogin** F archiduquesa *f*; **erzherzoglich** ADJ archiducal; **Erzherzogtum** N archiducado *m*
'Erzhütte F fundición *f* de metales
er'ziehbar ADJ educable; **schwer ~es Kind** niño *m*, -a *f* rebelde
er'ziehen V/T ⟨*irr; ohne* ge-⟩ educar; *(aufziehen)* criar; **j-n zu etw ~** preparar a alg para a/c; **gut/schlecht ~** educar bien/mal
Er'zieher M ⟨~s; ~⟩ **1** educador *m*; (guía-) monitor *m* **2** *obs (Hauslehrer)* preceptor *m*, ayo *m*; **Erzieherin** F ⟨~; ~nen⟩ **1** educadora *f*; monitora *f*, guía-monitor *f* **2** *obs (Hauslehrerin)* institutriz *f*; aya *f*; **erzieherisch** ADJ educador, educativo; educacional; pedagógico
Er'ziehung F ⟨~⟩ **1** *(das Erziehen)* educación *f*; *(das Aufziehen)* crianza *f* **2** *(Bildung)* educación *f*, instrucción *f*; *(Manieren)* buenas maneras, modales *mpl*; urbanidad *f*; **keine ~ haben** no tener educación, ser ineducado *(od* mal educado *od* malcriado)
Er'ziehungsanstalt F **1** establecimiento *m (od* centro *m)* educativo; instituto *m* pedagógico **2** reformatorio *m*; **Erziehungsbeihilfe** F subsidio *m* de educación; **Erziehungsberechtigte** M/F ⟨~n; ~n; → A⟩ titular *m/f* del derecho de educación; **Erziehungsgeld** M BRD: subsidio *m* de educación *(od* de crianza); **Erziehungsheim** N ⟨~(e)s; ~e⟩ reformatorio *m*; **Erziehungslehre** F ⟨~⟩ pedagogía *f*; **Erziehungsmethode** F método *m* educativo *(bzw* pedagógico); **Erziehungsurlaub** M → Elternzeit; **Erziehungswesen** N ⟨~s⟩ instrucción *f* pública; educación *f*; **Erziehungswissenschaft** F ciencia *f* de la educación, pedagogía *f*
er'zielen V/T ⟨*ohne* ge-⟩ **1** *Ergebnisse etc* obtener; conseguir, lograr; *Gewinne a.* realizar **2** HANDEL *Preis* alcanzar **3** SPORT *Treffer* marcar
er'zittern V/I ⟨*ohne* ge-; sn⟩ estremecerse; temblar (**vor** *dat* de)
'erzka'tholisch ADJ ultracatólico; **'erzkonserva'tiv** ADJ ultraconservador
'Erzlager N yacimiento *m* de mineral(es)
'Erzlügner M, **Erzlügnerin** F *pej* mentiroso *m*, -a *f* hasta el no va más
er'zogen **A** PPERF → erziehen **B** ADJ **gut ~** bien criado, bien educado; **schlecht ~** malcriado, maleducado
'Erzpriester M arcipreste *m*; **Erzrivale** M, **Erzrivalin** F eterno rival *m*, eterna rival *f*
'Erzscheider M ⟨~s; ~⟩ BERGB separador *m* de minerales
'Erzschurke M → Erzgauner
er'zürnen ⟨*ohne* ge-⟩ *geh* **A** V/T enojar, irritar; dar rabia a; encolerizar **B** V/R **sich über j-n ~** enfadarse con alg
er'zürnt ADJ *geh* enojado (**über** *acus* por)
'Erzvater M REL patriarca *m*
'Erzverhüttung F ⟨~; ~en⟩ fundición *f* de minerales
er'zwingbar ADJ *bes* JUR coercible
er'zwingen V/T ⟨*irr; ohne* ge-⟩ forzar, conseguir por (la) fuerza; **etw von j-m ~** obtener a/c de alg por fuerza; obligar a alg a hacer *(bzw* a dar) a/c; **Gehorsam ~** hacerse obedecer; **ein Geständnis ~** arrancar una confesión; **sich nicht ~ lassen** *Gefühle etc* no dejarse forzar; **erzwungen** forzado
es[1] PERS PR **1** *als Subjekt*: lo; *betont*: esto, eso, ello; aquello; *mst unübersetzt*: **~** *(das Messer, das Buch etc)* **ist auf dem Tisch** está sobre la mesa; **~ ist ein Mädchen** es una niña; *wer ist das? –* **~ ist mein Bruder** (es) mi hermano; **~ ist (nicht) wahr** (no) es verdad; **~ ist Zeit zu** es hora de *(inf)*; **~ wird erzählt** se dice *(od* se cuenta); **~ wurde getanzt** se bailó; **~ sei denn, dass** a menos *(od* salvo) que *(subj)*; no ser que *(subj)*; **so war ~** así fue **2** *bei*: **~ regnet** está lloviendo

do; ~ **schneit** nieva, está nevando; ~ **ist kalt** hace frío; ~ **gibt …** hay …; ~ **scheint** parece; ~ **ist zwei Jahre her** hace dos años 3 *als Objekt*: lo, la; **ich nahm** ~ *(das Buch)* lo tomé; *(das Haus)* la tomé; **da hast du ~!** ¡ahí lo tienes!; **ich weiß ~ (nicht)** (no) lo sé; **er wird ~ bereuen** se arrepentirá de ello; **ich will ~ versuchen** quiero intentarlo 4 *als Ersatz od Ergänzung des Prädikates*: **er ist reich, ich bin ~ auch** él es rico, yo también; **ich hoffe ~** así lo espero; **er hat ~ mir gesagt** él me lo ha dicho; **wer ist ~?** ¿quién es?; **bist du ~?** ¿eres tú?; *verkürzt*: **ich bin's!** ¡soy yo!; **sie sind ~** son ellos; *bist du bereit?* – **ja, ich bin ~** sí, lo estoy; *sind Sie krank?* – **nein, ich bin ~ nicht** no, no lo estoy; **ich kann ~** puedo; **ich will ~** quiero; *er befahl mir zu gehen*, **und ich tat ~** y así lo hice

es², **Es** N ⟨~; ~⟩ MUS mi *m* bemol; **Es-Dur** *n* mi *m* bemol mayor; **es-Moll** *n* mi *m* bemol menor

Es N ⟨~; ~⟩ PSYCH **das ~** el inconsciente

Es'cape-Taste [ɪsˈkeːp-] F IT tecla *f* Escape

Eschatolo'gie [ɛsça-] F ⟨~; ~n⟩ REL escatología *f*; **eschato'logisch** ADJ escatológico

'Esche F ⟨~; ~n⟩ BOT fresno *m*

'Eschenwald M fresneda *f*

'Esel M ⟨~s; ~⟩ 1 ZOOL burro *m*, asno *m*, borrico *m*; **junger ~** pollino *m* 2 *fig Person*: burro *m*; *umg* **ich ~!** ¡qué burro soy!; *umg* **(alter) Esel** *umg* estúpido *m*

Ese'lei F ⟨~; ~en⟩ burrada *f*, borricada *f*, asnada *f*

'eselhaft ADJ asnal, borrical

'Eselin F ⟨~; ~nen⟩ 1 ZOOL burra *f*, asna *f*, borrica *f*, *junge*: pollina *f* 2 *fig Person*: burra *f*

'Eselsbrücke F *fig* chuleta *f*; **Eselsdistel** F BOT cardo *m* borriquero; **Eselsgeschrei** N rebuzno *m*; **Eselsohr** N *im Buch*: doblez *m*

'Eseltreiber M, **Eseltreiberin** F burrero *m*, -a *f*, acemilero *m*, -a *f*, arriero *m*, -a *f*

Eskalati'on F ⟨~; ~en⟩ MIL, POL escalada *f*; **eska'lieren** VI ⟨ohne ge-⟩ agravarse

Eska'pade F ⟨~; ~n⟩ escapada *f*

'Eskimo M ⟨~s; ~s⟩ esquimal *m*; **Eskimofrau** F esquimal *f*; **Eskimohund** M perro *m* esquimal

Es'korte F ⟨~; ~n⟩ MIL escolta *f*; convoy *m*; **eskor'tieren** VT ⟨ohne ge-⟩ escoltar; convoyar

ES'L-Milch F (Extended-Shell-Life-Milch) GASTR leche *f* ESL, leche *f* de vida útil extendida

Eso'terik F ⟨~⟩ esotérica *f*, esoterismo *m*; **esoterisch** ADJ esotérico

Espar'sette F ⟨~; ~n⟩ BOT esparceta *f*, pipirigallo *m*

Es'partogras N BOT esparto *m*, atocha *f*

'Espe F ⟨~; ~n⟩ BOT álamo *m* temblón

'Espenlaub N *umg fig* **zittern wie ~** temblar como un azogado (*od* una hoja)

Espla'nade F ⟨~; ~n⟩ explanada *f*

Es'presso M ⟨~(s); ~s *od* Espressi⟩ (café *m*) exprés *m*

'Essapfel M manzana *f* de mesa

'Essay [ˈɛseː] M ⟨~s; ~s⟩ ensayo *m*

Essay'ist M ⟨~en; ~en⟩, **Essayistin** F ⟨~; ~nen⟩ ensayista *m/f*; **essayistisch** ADJ de ensayos

'essbar ADJ comestible

'Essbesteck N cubierto *m*

'Esse F ⟨~; ~n⟩ *(Rauchfang)* campana *f* de chimenea; *(Schornstein)* chimenea *f*

'Essecke F rinconera *f*

'essen VT & VI ⟨irr⟩ 1 *allg* comer; **alles ~** comer de todo; **gut/schlecht ~** comer bien/mal; **ich esse gern Fisch** me gusta el pescado; **auswärts ~** comer fuera; (**chinesisch** *etc*) **~ gehen** ir a comer (a un restaurante chino, *etc*); **man isst dort sehr gut** allí se come muy bien; **j-m zu ~ geben** dar de comer a alg; **was gibt's zu ~?** ¿qué hay de comer? 2 **zu Abend ~** cenar; **zu Mittag ~** almorzar, comer 3 **(den Teller) leer ~** rebañar el plato, *umg* dejar el plato limpio

'Essen N ⟨~s; ~⟩ 1 *allg* comida *f*; *(Kost)* alimento *m*; alimentación *f*; **~ bestellen** *(nach Hause)* pedir comida a domicilio; **j-n zum ~ einladen** invitar a alg a comer *(abends*: a cenar); **beim ~** durante la comida; **gerade beim ~ sein** estar comiendo; **vor/nach dem ~** antes/después de comer 2 *(Gericht)* plato *m* 3 *(Festessen)* banquete *m*, festín *m*; **ein ~ geben** dar una comida, *formell*: ofrecer un almuerzo (**für j-n** a alg)

'Essen(s)ausgabe F ⟨~⟩ MIL *etc* reparto *m* del rancho; **Essen(s)geld** N dinero *m* para la comida; **Essen(s)gewohnheiten** FPL costumbres *fpl* culinarias; **Essen(s)marke** F bono *m* (*bzw* ficha *f*) para comida; vale *m* de restaurante

'Essensträger M *Gerät*: portacomidas *m*; **Essenszeit** F ⟨~; ~en⟩ hora *f* de comer (*bzw* de cenar); **Essenszuschuss** M subsidio *m* (*od* subvención *f*) de comida

Es'senz F ⟨~; ~en⟩ esencia *f* (*a. fig*)

essen'ziell ADJ esencial

'Esser M ⟨~s; ~⟩ **ein schwacher ~ sein** comer poco; **starker ~** *umg* comilón *m*, tragón *m*; **ein tüchtiger ~ sein** *umg* tener buen saque (*od* buenas tragaderas); **er ist ein guter ~** *umg* tiene buen diente

'Essgeschirr N vajilla *f*; **Essgier** F glotonería *f*; **essgierig** ADJ glotón, voraz; *umg* tragón

'Essig M ⟨~s; ~e⟩ vinagre *m*; *umg fig* **damit ist es ~** *umg* todo el gozo en pozo; *umg* se aguó la fiesta; **Essigbaum** M BOT zumaque *m* de Virginia; **Essigbildung** F acetificación *f*; **Essigessenz** F vinagre *m* concentrado; **Essigester** M CHEM acetato *m* de etilo; **Essigfabrik** F vinagrería *f*; **Essigflasche** F vinagrera *f*; **Essiggärung** F fermentación *f* acética; **Essiggurke** F pepinillo *m* en vinagre; **essigsauer** ADJ CHEM acético; **Essigsäure** F ⟨~⟩ CHEM ácido *m* acético

'Esskastanie F castaña *f*; **Esslöffel** M cuchara *f*; **zwei ~ voll Zucker** dos cucharadas de azúcar; **Esslust** F apetito *m*, gana *f* (de comer); **Essstäbchen** NPL palillos *mpl*; **Esstisch** M mesa *f* de comedor; **Esswaren** FPL comestibles *mpl*; viandas *fpl*; *bes* MIL vituallas *fpl*; víveres *mpl*; **Esszimmer** N comedor *m*

'Este M ⟨~n; ~n⟩ estonio *m*

'Ester M ⟨~s; ~⟩ CHEM éster *m*

'Estin F ⟨~; ~nen⟩ estonia *f*; **Estland** N ⟨~(e)s⟩ Estonia *f*; **estländisch, estnisch** ADJ estonio

E'strade F ⟨~; ~n⟩ estrado *m*

'Estragon M ⟨~s⟩ BOT estragón *m*

'Estrich M ⟨~s; ~e⟩ *Boden*: pavimento *m*, solado *m*; **schwimmender ~** pavimento flotante

eta'blieren ⟨ohne ge-⟩ A VT establecer B VR **sich ~** establecerse (*a. geschäftlich*)

Etablisse'ment [etablisˈmɑ̃ː] N ⟨~s; ~s⟩ establecimiento *m*

E'tage [eˈtaːʒə] F ⟨~; ~n⟩ piso *m*

E'tagenbett N litera *f*, *Am* cama *f* superpuesta; **Etagenheizung** F calefacción *f* individual; **Etagenwohnung** F piso *m*

Eta'gere [-ˈʒeːrə] F ⟨~; ~n⟩ estantería *f*, estante *m*

E'tappe F ⟨~; ~n⟩ 1 etapa *f* (*a. fig*); **in ~n** en etapas 2 MIL (zona *f* de) retaguardia *f*

E'tappenschwein N *sl* MIL enchufado *m* (de retaguardia); **etappenweise** ADV por etapas

E'tat [eˈtaː] M ⟨~s; ~s⟩ presupuesto *m* (**aufstellen** establecer); → *a.* Haushalt; **Etatentwurf** M esbozo *m* de presupuesto; **etatmäßig** ADJ presupuestario; *Beamter etc* de plantilla; **Etatposten** M partida *f* presupuestaria

etc. ABK, **et cetera** ADV etc., etcétera

'etepe'tete ADJ *umg* remilgado; de mírame y no me toques

'Ether M → Äther

'Ethik F ⟨~⟩ ética *f*; **Ethikunterricht** M SCHULE clases *fpl* de ética

'ethisch ADJ ético

'ethnisch ADJ étnico; **~e Gruppe** grupo *m* étnico; **~e Minderheit** minoría *f* étnica

Ethno'graf M, **Ethno'graph** M ⟨~en; ~en⟩ etnógrafo *m*; **Ethnogra'fie** F, **Ethnogra'phie** F ⟨~⟩ etnografía *f*; **Ethno'grafin** F, **Ethno'graphin** F ⟨~; ~nen⟩ etnógrafa *f*; **ethno'grafisch** ADJ, **ethno'graphisch** ADJ etnográfico; **Ethno'loge** M ⟨~n; ~n⟩ etnólogo *m*; **Ethnolo'gie** F ⟨~⟩ etnología *f*; **Ethno'login** F ⟨~; ~nen⟩ etnóloga *f*

'Ethos N ⟨~⟩ principio *m* ético, ética *f*

E'thyl N → Äthyl

Ethy'len N → Äthylen

'E-Ticket N billete *m* electrónico, ticket *m* electrónico; *Am* boleto *m* electrónico

Eti'kett N ⟨~(e)s; ~e(n)⟩ etiqueta *f*, marbete *f*; rótulo *m*; *fig* **j-n/etw mit einem ~ versehen** poner una etiqueta a alg/a a/c

Eti'kette F ⟨~; ~n⟩ etiqueta *f*, ceremonial *m*; **Etikettenschwindel** M falsificación *f* de etiquetas; *fig* engaño *m*, estafa *f*

etiket'tieren VT ⟨ohne ge-⟩ poner etiqueta, etiquetar; rotular; **Etikettiermaschine** F rotuladora *f*; **Etikettierung** F ⟨~; ~en⟩ etiquetado *m*; rotulación *f*

'etliche INDEF PR 1 PL algunos/as, unos/as; **~ 20** unos/as veinte; **~ hundert** algunos centenares; **~ Mal** algunas (*bzw* repetidas) veces 2 SG **~s** algo, algunas (*od* varias) cosas

Etsch F ⟨~⟩ *Fluss*: Adigio *m*

E'tüde F ⟨~; ~n⟩ MUS estudio *m*

E'tui [eˈtviː] N ⟨~s; ~s⟩ estuche *m*; **Etuikleid** N *Mode* traje *m* recto

'etwa ADV 1 *(ungefähr)* aproximadamente, cerca de; más o menos *(nachgestellt)*; **(in) ~** aproximadamente; **wann in ~?** ¿cuándo más o menos?; **es wird ~ zehn Minuten dauern** durará unos (*od* será cosa de) diez minutos 2 *(vielleicht)* acaso, quizá, tal vez; **falls ~** por si acaso; **ist das ~ besser?** ¿acaso es mejor esto?; **du glaubst doch nicht ~ …?** ¿no creerás que …?; **denken Sie nicht ~, dass** no vaya usted a creer que 3 *(zum Beispiel)* por ejemplo, digamos

'etwaig ADJ eventual, posible; **~e Unkosten** los gastos que hubiere

'etwas A INDEF PR algo; alguna cosa, una cosa; *bei Verneinung*: nada; **~ anderes** otra cosa; **~ essen** comer algo; **~ Gutes** algo bueno; **~ zum Lesen** algo para leer; **ohne ~ zu sagen** sin decir nada; **aus ihm wird ~** es un hombre que promete (*od* que llegará a ser algo); **das wäre ~ für dich** esto te vendría muy bien; **noch ~!** ¡otra cosa!; ¡un poco más!; **noch ~?** ¿algo más?; **das ist doch ~** ya es algo; algo es algo; **so ~** una cosa así, algo por el estilo; **so ~!** *Staunen*: ¡hay que ver!; ¿pero es posible?; *Ärger*: ¡pues vaya!; ¡atiza!; **so ~ Unverschämtes!** ¡habráse visto desvergüenza!; **ich habe nie so ~ gehört** nunca he oído semejante cosa B ADV algo (de), un poco (de); **~ Geld** algo (*od* un poco) de dinero; **~ Salz** un poco de sal; **ich möchte ~ Milch** quisiera un poco de leche; **das ist ~ besser** eso es algo mejor; **~ über 100 Euro** algo más de cien euros, cien euros y pico

'Etwas N ⟨~; ~⟩ *umg* **das gewisse ~ haben** *umg* tener un no sé qué (*od* su aquél)
Etymo'loge M ⟨~n; ~n⟩ etimólogo *m*, etimologista *m*; **Etymolo'gie** F etimología *f*; **Etymo'login** F ⟨~; ~nen⟩ etimóloga *f*, etimologista *f*; **etymo'logisch** ADJ etimológico
E'U F ABK (Europäische Union) UE *f* (Unión Europea)
E'U-Agrarmarkt M mercado *m* agrario de la UE; **EU-Agrarpolitik** F política *f* agraria de la UE; **EU-Behörde** F autoridad *f* comunitaria; **EU-Beitritt** M adhesión *f* a Europa; **EU-Bestimmung** F POL disposición *f* europea; **EU-Binnenmarkt** M mercado *m* único europeo; mercado *m* interior (de la UE); **EU-Bürger** M, **EU-Bürgerin** F ciudadano *m*, -a *f* de la UE
euch PERS PR, *in Briefen a.* **Euch** *unbetont:* os; *betont:* a vosotros/vosotras; **setzt ~!** ¡sentaos!; **hinter ~** detrás de vosotros/as
Eucharis'tie F ⟨~; ~n⟩ REL eucaristía *f*; **Eucharistiefeier** F REL celebración *f* de la eucaristía
eucha'ristisch ADJ REL eucarístico
'euer ⟨eure, euere⟩, *in Briefen a.* **Euer** *etc* **A** POSS PR **1** ADJ vuestro/a; vuestros/as; de vosotros/as; **eure Mutter** vuestra madre; **eure Kinder** vuestros hijos; **dieses Buch ist das eure** este libro es el vuestro **2** *subst* **der/das Eu(e)re** *od* **eu(e)re** el/lo vuestro; **die Eu(e)re** *od* **eu(e)re** la vuestra **B** PERS PR (*gen v.* **ihr**) *geh* de vosotros/as
E'U-Erweiterung F ampliación *f* de la UE; **EU-Förderung** F subsidio(s) *m(pl)* comunitario(s); **EU-Führerschein** M carné *m* de conducir europeo; **EU-Gebiet** N territorio *m* de la UE
Eu'genik F ⟨~⟩ *Nationalsozialismus:* eugenesia *f*; **eugenisch** ADJ eugenésico
EuGH M *abk* (Europäischer Gerichtshof) Tribunal *m* de Justicia Europeo
Euka'lyptus M ⟨~; ~ *od* Eukalypten⟩ BOT eucalipto *m*
E'U-Kartellbehörde F Tribunal *m* (europeo) de Competencia; **EU-Kommissar** M, **EU-Kommissarin** F POL comisario *m*, -a *f* de la UE; **EU-Land** N país *m* de la UE, país *m* comunitario
'Eule F ⟨~; ~n⟩ ORN (*Schleiereule*) lechuza *f*; (*Uhu*) búho *m*; *koll* **~n** estrigiformes *mpl*; *fig* **~n nach Athen tragen** echar agua en el mar
'Eulenspiegel M ⟨~⟩ travieso *m*, pícaro *m*
Eulenspiege'lei F ⟨~; ~en⟩ travesura *f*, picardía *f*, jugarreta *f*
E'U-Ministerrat M consejo *m* de ministros de la UE; **EU-Mitgliedsstaat** M POL país *m* comunitario, país miembro de la UE
Eu'nuch [ɔʏ'nuːx] M ⟨~en; ~en⟩ eunuco *m*
E'U-Osterweiterung F ampliación *f* de la UE hacia el Este (*od* al Este)
Euphe'mismus M ⟨~; Euphemismen⟩ eufemismo *m*; **euphemistisch** ADJ eufemístico
Eupho'rie F ⟨~; ~n⟩ euforia *f*
eu'phorisch ADJ eufórico
'Euphrat M ⟨~(s)⟩ Éufrates *m*
E'U-Politik F política *f* europea *od* comunitaria; **EU-Politiker** M, **EU-Politikerin** F político *m*, -a *f* comunitario, -a
EUR ABK (Euro) euro *m*
Eu'rasien N ⟨~s⟩ Eurasia *f*; **Eurasier** M ⟨~s; ~⟩, **Eurasierin** F ⟨~; ~nen⟩ eurásico *m*, -a *f*; **eurasisch** ADJ eurásico
EURATOM F ABK (Europäische Atomgemeinschaft) Comunidad *f* Europea de Energía Atómica
'eure → euer
'eurer'seits ADV de vuestra parte
'eures'gleichen PRON gente como vosotros; vuestros semejantes
'euret'halben, euret'wegen ADV por vosotros; por vuestra causa; (con) respecto a vosotros; **euret'willen** ADV **um ~** por vosotros; por vuestra causa
Eurhyth'mie F ⟨~⟩ MUS euritmia *f*
E'U-Richtlinie F directiva *f* de la UE
'eurige POSS PR **der ~** *od* **Eurige** el vuestro; **die ~** *od* **Eurige** la vuestra; **das ~** *od* **Eurige** lo vuestro; **die ~n** *od* **Eurigen** los vuestros; vuestros parientes, vuestra familia
'Euro M ⟨~; ~⟩ *Währung:* euro *m*
'Euro... IN ZSSGN euro...; **Eurocard** F Eurocard *f*; **Eurocent** M ⟨~; ~⟩ céntimo *m* de euro
'Eurocheque [-ʃɛk] M *obs* eurocheque *m*; **Eurochequekarte** F tarjeta *f* de eurocheque
Euro'city [-'sɪtiː] M ⟨~s; ~s⟩ BAHN Eurocity *m*
'Eurokapitalmarkt M mercado *f* financiero europeo; **Eurokennzeichen** N matrícula *f* europea; **Eurokommunismus** M POL eurocomunismo *m*; **Eurokorps** N ⟨~⟩ MIL eurocuerpo *m*
Euro'krat M ⟨~en; ~en⟩, **Eurokratin** F ⟨~; ~nen⟩ eurócrata *m/f*
'Euroland N ⟨~(e)s; ¨er⟩ zona *f* del euro, eurolandia *f*; **Euromarkt** M euromercado *m*; **Euromillionär** M, **Euromillionärin** F euromillonario *m*, -a *f*; **Euronorm** F norma *f* europea
Eu'ropa N ⟨~s⟩ Europa *f*; **Europaabgeordnete** M/F ⟨~n; ~n; → A⟩ eurodiputado *m*, -a *f*; **Europacup** M SPORT copa *f* de Europa, Eurocopa *f*
Euro'päer M ⟨~s; ~⟩, **Europäerin** F ⟨~; ~nen⟩ europeo *m*, -a *f*
Eu'ropagedanke M ⟨~ns⟩ idea *f* europeísta, europeísmo *m*
euro'päisch ADJ **1** *allg* europeo; **Europäische Gemeinschaft** *f* Comunidad *f* Europea; **Europäischer Gerichtshof** *m* Tribunal *m* de Justicia Europeo; **Europäischer Rat** *m* Consejo *m* Europeo **2** POL *der EU:* **Europäischer Binnenmarkt** *m* Mercado *m* Único Europeo; **Europäische Kommission** *f* Comisión *f* Europea; **Europäisches Parlament** *n* Parlamento *m* Europeo; **Europäische Union** *f* Unión *f* Europea; **Europäische Verfassung** *f* Constitución *f* Europea; **Europäische Währungsunion** *f* Unión *f* Monetaria Europea; **Europäischer Wirtschaftsraum** *m* Espacio *m* Económico Europeo; **Europäische Zentralbank** *f* Banco *m* Central Europeo
europäi'sieren V/T ⟨ohne ge-⟩ europeizar; **Europäisierung** F ⟨~; ~en⟩ europeización *f*
Eu'ropameister M, **Europameisterin** F campeón *m*, -ona *f* de Europa; **Europameisterschaft** F campeonato *m* de Europa; **Europaparlament** N Parlamento *m* Europeo; **Europapolitik** F política *f* europea; **Europarat** M ⟨~(e)s⟩ Consejo *m* de Europa; **Europastraße** F eurovía *f*; **Europawahl(en)** F(PL) elecciones *fpl* europeas
eu'ropaweit ADJ & ADV en toda Europa, a nivel europeo
'Europessimismus M europesimismo *m*; **Europol** F ⟨~⟩ (*europäische Polizei*) europol *f*; **Euroscheck** M *obs* → Eurocheque
Euro'skeptiker M, **Euroskeptikerin** F euroescéptico *m*, -a *f*
'Eurostecker M TV euroconector *m*; **Eurotunnel** M *Verkehr:* (*Kanaltunnel*) eurotúnel *m*
Eurovisi'on F ⟨~⟩ eurovisión *f*
'Eurowährung F moneda *f* euro, euromoneda *f*, eurodivisa *f*
Euryth'mie → Eurhythmie
'Euter N ⟨~s; ~⟩ ubre *f*
Euthana'sie F ⟨~⟩ eutanasia *f*
Eutro'phierung F ⟨~; ~en⟩ ÖKOL eutrofización
E'U-Verordnung F decreto *m* de la UE; **EU-weit** **A** ADJ europeo **B** ADV a nivel europeo, en toda la Unión Europea
ev. ABK (evangelisch) protestante
e. V. M ABK (eingetragener Verein) asociación *f* registrada
evaku'ieren V/T ⟨ohne ge-⟩ evacuar; **Evakuierte** M/F ⟨~n; ~n; → A⟩ evacuado *m*, -a *f*; **Evakuierung** F ⟨~; ~en⟩ evacuación *f*
evan'gelisch [evaŋ'geːlɪʃ] ADJ evangélico; protestante; **Evange'list** M ⟨~en; ~en⟩ *Bibel:* evangelista *m*; **Evan'gelium** N ⟨~s; Evangelien⟩ evangelio *m*; **das ~ predigen** evangelizar
'Evaskostüm N *umg hum* **im ~** en traje de Eva; **Evastochter** F *hum* hija *f* de Eva
Event [i'vɛnt] M ⟨~s; ~s⟩ *bes Am* evento *m*
Eventuali'tät F ⟨~; ~en⟩ eventualidad *f*, contingencia *f*; **eventu'ell** **A** ADJ eventual **B** ADV eventualmente
evi'dent ADJ evidente
Evi'denz F ⟨~⟩ *geh* evidencia *f*
Evoluti'on F ⟨~; ~en⟩ evolución *f*
Evoluti'onstheorie F ⟨~⟩ teoría *f* de la evolución, evolucionismo *m*
evtl. ABK (eventuell) eventualmente
Ew. ABK (Euer) Vuestro
EWA N ABK (Europäisches Währungsabkommen) HIST AME *m* (Acuerdo Monetario Europeo)
'Ewer M ⟨~s; ~⟩ *nordd* SCHIFF gabarra *f*; **Ewerführer** M, **Ewerführerin** F gabarrero *m*, -a *f*
E-Werk N central *f* eléctrica
EWG F ABK (Europäische Wirtschaftsgemeinschaft) HIST CEE *f* (Comunidad Económica Europe)
EWI N ABK (Europäisches Währungsinstitut) IME *m* (Instituto Monetario Europeo)
'ewig **A** ADJ **1** (*immerwährend*) eterno, sempiterno; (*unaufhörlich*) perpetuo; **~er Frieden** paz *f* eterna; **das ~e Leben** la vida eterna; **~er Schnee** nieves *fpl* perpetuas; **seit ~en Zeiten** desde tiempos inmemoriales **2** REL **~e Lampe** luminaria *f*; **der Ewige** (*Gott*) el (Padre) Eterno; **die Ewige Stadt** (*Rom*) la Ciudad Eterna **3** *umg pej* (*ständig*) eterno, incesante, continuo; **das ~e Lied** la eterna canción; **du mit deinem ~en Jammern** tú con tus eternas lamentaciones **B** ADV **1** eternamente; perpetuamente; (*unaufhörlich*) sin cesar, constantemente; **auf (immer und) ~** para siempre; a perpetuidad **2** *umg fig* **~ lange** una eternidad; *umg* **es ist ~ schade** es una verdadera lástima; *umg* **das dauert ja ~** esto no acaba nunca
'Ewigkeit F ⟨~; ~en⟩ **1** *bes* REL eternidad *f*; perpetuidad *f*; **bis in alle ~** para siempre jamás; REL por los siglos de los siglos **2** *umg* **eine ~ brauchen** *bzw* **dauern** eternizarse; *umg* **ich habe eine ~ gewartet** *umg* he esperado una eternidad; *umg fig* **von ~en her** (*schon immer*) desde la eternidad
'ewiglich ADV *poet* eternamente
'Ewig'weibliche N ⟨~n⟩ *geh* **das ~** el eterno femenino
EWR M ABK (Europäischer Wirtschaftsraum) EEE *m* (Espacio Económico Europeo)
EWS N ABK (Europäisches Währungssystem) SME *m* (Sistema Monetario Europeo)
EWU F ABK (Europäische Währungsunion) UME *f* (Unión Monetaria Europea)

ex *umg* **(auf) ~ trinken** beberse de un trago; *fig* **der ist bald ~** cascará pronto
Ex[1] [ɛks] M/F ⟨~; ~⟩ *umg (Expartner)* **mein/deine ~** mi/tu ex *m/f*
Ex[2] *umg südd* F ⟨~; ~en⟩ SCHULE examen *m*
Ex. ABK → Exemplar
e'xakt A ADJ exacto; *(sorgfältig)* esmerado, cuidadoso; *bes österr, schweiz* → genau; **die ~en Wissenschaften** las ciencias exactas B ADV **~ (um) 14 Uhr** a las catorce en punto; **~!** ¡exactamente!
E'xaktheit F ⟨~⟩ exactitud *f*; esmero *m*; precisión *f*
exal'tiert ADJ exaltado; **Exaltiertheit** F ⟨~⟩ exaltación *f*
E'xamen N ⟨~s; ~ *od* Examina⟩ examen *m*; **ein ~ machen** examinarse; **ins ~ gehen** presentarse a examen, examinarse
Exami'nand M ⟨~en; ~en⟩, **Exami'nandin** F ⟨~; ~nen⟩ examinando *m*, -a *f*, candidato *m*, -a *f*; **Exami'nator** M ⟨~s; ~en⟩, **Exami'natorin** F ⟨~; ~nen⟩ examinador *m*, -a *f*; **exami'nieren** V/T ⟨*ohne* ge-⟩ *geh* examinar
Exe'gese F ⟨~; ~n⟩ exégesis *f*; **Exe'get** M ⟨~en; ~en⟩, **Exe'getin** F ⟨~; ~nen⟩ exegeta *m/f*
exeku'tieren V/T ⟨*ohne* ge-⟩ ejecutar
Exekuti'on F ⟨~; ~en⟩ ejecución *f*
Exeku'tive F ⟨~; ~n⟩, **Exekutivgewalt** F (poder *m*) ejecutivo *m*; **Exekutivorgan** N órgano *m* ejecutivo
E'xempel N ⟨~s; ~⟩ ejemplo *m*; **ein ~ an j-m statuieren** hacer un escarmiento de alg
Exem'plar N ⟨~s; ~e⟩ ejemplar *m (a. umg fig)*; *e-r Zeitschrift a.*: número *m*; **exemplarisch** A ADJ ejemplar *(a. Strafe)* B ADV ejemplarmente; **j-n ~ bestrafen** imponer a alg un castigo ejemplar
Exe'quatur N ⟨~s; Exequa'turen⟩ POL exequátur *m*
exer'zieren ⟨*ohne* ge-⟩ A V/T *bes* MIL ejercitar, instruir B V/I MIL hacer la instrucción (*bzw* ejercicios); **Exerzieren** N ⟨~s⟩ MIL instrucción *f*; ejercicio *m*; **Exerzierplatz** M campo *m* de instrucción (*od* de maniobras); plaza *f* de armas
Exer'zitien NPL REL ejercicios *mpl* (*od* retiros *mpl*) espirituales
'Exfrau F *umg* ex mujer *f*; **Exfreund** M, **Exfreundin** F *umg* ex novio *m*, -a *f*
Exhibitio'nismus M ⟨~⟩ exhibicionismo *m*; **Exhibitionist** M ⟨~en; ~en⟩, **Exhibitionistin** F ⟨~; ~nen⟩ exhibicionista *m/f*
exhu'mieren V/T ⟨*ohne* ge-⟩ exhumar; **Exhumierung** F ⟨~; ~en⟩ exhumación *f*
E'xil N ⟨~s; ~e⟩ exilio *m*; **im ~ (leben)** (estar *od* vivir) en el exilio; **ins ~ gehen** exiliarse; **ins ~ schicken** exiliar
E'xilliteratur F literatura *f* del exilio; **Exilregierung** F gobierno *m* en el exilio
exis'tent ADJ existente
Exis'tenz F ⟨~; ~en⟩ 1 *(Dasein)* existencia *f* 2 *(Lebensgrundlage)* sustento *m*; **eine sichere** *od* **gesicherte ~** una posición segura; **sich** *(dat)* **eine ~ aufbauen** crearse una base para la subsistencia 3 *fig (Wesen)* individuo *m*, ser *m*; **eine dunkle ~** un individuo sospechoso
Exis'tenzbedingungen FPL condiciones *fpl* de vida; **Existenzberechtigung** F ⟨~⟩ derecho *m* a existir; razón *f* de ser; **existenzfähig** ADJ capaz de existir; viable; **Existenzgründer** M, **Existenzgründerin** F creador *m*, -a *f* de una empresa, fundador *m*, -a *f* de una (nueva) empresa; **Existenzgründung** F creación *f* de una empresa
Existenzia'lismus M ⟨~⟩ existencialismo *m*; **Existenzia'list** M ⟨~en; ~en⟩, **Existenzia'listin** F ⟨~; ~nen⟩ existencialista *m/f*; **existenzia'listisch** ADJ existencialista
existen'ziell ADJ 1 existencial 2 *(lebenswichtig)* vital
Exis'tenzkampf M lucha *f* por la existencia (*od* por la vida); **Existenzminimum** N mínimo *m* vital; **Existenzmittel** NPL medios *mpl* de existencia (*od* de subsistencia)
exis'tieren V/I ⟨*ohne* ge-⟩ existir; vivir; **noch ~** subsistir
'Exitus M ⟨~⟩ MED éxitus *m*
exkl. ABK → exklusive
Ex'klave F ⟨~; ~n⟩ exclave *m*
exklu'siv A ADJ selecto, distinguido B ADV exclusivamente; **~ berichten aus** informar en exclusiva desde
Exklu'siv... IN ZSSGN exclusivo; **Exklusivbericht** M exclusiva *f* (**über** *acus* sobre)
exklu'sive ADV *(abzüglich)* exclusive, con exclusión de, excluyendo; *(mit Ausnahme)* excepto
Exklusivi'tät [-v-] F ⟨~⟩ exclusivismo *m*
Exklu'sivrechte NPL derechos *mpl* exclusivos *od* de exclusividad; **Exklusivvertrag** M contrato *m* de exclusividad
Exkommunikati'on F KATH excomunión *f*; **exkommuni'zieren** V/T ⟨*ohne* ge-⟩ KATH excomulgar
Exkre'ment N ⟨~(e)s; ~e⟩ excremento *m*; **~e** *pl a.* heces *fpl*
Ex'kret N ⟨~(e)s; ~e⟩, **Exkreti'on** F ⟨~; ~en⟩ PHYSIOL excreción *f*
Ex'kurs M ⟨~es; ~e⟩ digresión *f*; *(Anhang)* apéndice *m*; **Exkursi'on** F ⟨~; ~en⟩ excursión *f*; **Ex'libris** N ⟨~; ~⟩ ex libris *m*
'Exmann M *umg* ex marido *m*
Exmatrikulati'on F ⟨~⟩ UNIV anulación *f* de la matrícula; baja *f* en la universidad; **exmatriku'lieren** ⟨*ohne* ge-⟩ A V/T **j-n ~** anular la matrícula de alg B V/R **sich ~** anular la matrícula
'Exmeister M, **Exmeisterin** F SPORT ex campeón *m*, -ona *f*
'Exodus M ⟨~⟩ *geh* éxodo *m*
exo'gen ADJ exógeno
exorbi'tant ADJ *geh Preis, Forderung* exorbitante; exagerado
Exor'zismus M ⟨~; Exorzismen⟩ exorcismo *m*; **Exorzist** M ⟨~en; ~en⟩, **Exorzistin** F ⟨~; ~nen⟩ exorcista *m/f*
E'xot[1] M ⟨~en; ~en⟩ *Tier*: animal *m* exótico; *Pflanze*: planta *f* exótica
E'xot[2] M ⟨~en; ~en⟩, **Exotin** F ⟨~; ~nen⟩ persona *f* de un país exótico
E'xotik F ⟨~⟩ exotismo *m*; **exotisch** ADJ exótico
Ex'pander M ⟨~s; ~⟩ SPORT extensor *m*
expan'dieren V/I ⟨*ohne* ge-⟩ WIRTSCH estar en expansión, expansionarse; **expandierend** ADJ en expansión; **stark ~** en plena expansión
Expansi'on F ⟨~; ~en⟩ expansión *f* (*a.* WIRTSCH, TECH); TECH *(Dehnung)* dilatación *f*; **eine auf ~ ausgerichtete Wirtschaft** una economía orientada a la expansión; una economía expansionista; **expansio'nistisch** ADJ expansionista
Expansi'onsbestrebungen FPL, **Expansionsdrang** M POL expansionismo *m*; **Expansionskraft** F PHYS fuerza *f* expansiva; **Expansionspolitik** F ⟨~⟩ política *f* de expansión (*od* expansionista), expansionismo *m*; **Expansionsstrategie** F estrategia *f* de expansión; **Expansionsventil** N TECH válvula *f* de expansión
Expedi'ent M ⟨~en; ~en⟩, **Expedi'entin** F ⟨~; ~nen⟩ HANDEL expedidor *m*, -a *f*; **expe'dieren** V/T ⟨*ohne* ge-⟩ HANDEL expedir, despachar
Expediti'on F ⟨~; ~en⟩ expedición *f* (*a.* MIL, WIRTSCH, *Reise*)
Expediti'onskorps N MIL cuerpo *m* expedicionario; **Expeditionsleiter** M, **Expeditionsleiterin** F jefe *m*, -a *f* de (la) expedición; **Expeditionsteilnehmer** M, **Expeditionsteilnehmerin** F expedicionario *m*, -a *f*
Experi'ment N ⟨~(e)s; ~e⟩ experimento *m*, experiencia *f*
experimen'tell ADJ experimental; **experimen'tieren** V/I ⟨*ohne* ge-⟩ experimentar, hacer experimentos (*od* experiencias)
Experimen'tieren N ⟨~s⟩ experimentación *f*; **Experimentierfreude** F gusto *m* por la experimentación
Ex'perte M ⟨~n; ~n⟩ perito *m*, experto *m*; *(Spezialist)* especialista *m*
Ex'pertengutachten N → Expertise; **Expertenkommission** F comisión *f* de expertos; **Expertenmeinung** F opinión *f* de expertos *od* de especialistas; **Expertensystem** N IT sistema *m* experto
Ex'pertin F ⟨~; ~nen⟩ perita *f*, experta *f*; *(Spezialistin)* especialista *f*
Exper'tise F ⟨~; ~n⟩ peritaje *m*, dictamen *m* pericial; **eine ~ einholen** solicitar un peritaje
Expl. ABK (Exemplar) ejemplar
expli'zit ADJ *geh* explícito; expreso
explo'dierbar ADJ explosible; **explo'dieren** V/I ⟨*ohne* ge-; sn⟩ hacer explosión, estallar, reventar
Explosi'on F ⟨~; ~en⟩ explosión *f*; estallido *m*; **zur ~ bringen** hacer estallar (*od* explotar)
explosi'onsartig ADJ explosivo, como una explosión; **Explosionsdruck** M ⟨~(e)s⟩ presión *f* explosiva; **explosionsfähig** ADJ explosible; **Explosionsgefahr** F peligro *m* de explosión; **Explosionsmotor** M motor *m* de explosión; **explosionssicher** ADJ a prueba de explosión; **Explosionswelle** F onda *f* expansiva
explo'siv ADJ explosivo (*a. fig*); **Explosivlaut** M LING sonido *m* explosivo; **Explosivstoff** M materia *f* explosiva, explosivo *m*
Expo'nat N ⟨~(e)s; ~e⟩ objeto *m* expuesto; **Expo'nent** M ⟨~en; ~en⟩ MATH exponente *m* (*a. fig*); **exponenti'ell** A ADJ exponencial (*a. fig*) B ADV exponencialmente; **expo'nieren** ⟨*ohne* ge-⟩ A V/T exponer (*a. fig*) B V/R **sich ~** exponerse a; arriesgarse; **expo'niert** ADJ expuesto, arriesgado; **an ~er Stelle** *(gut sichtbar)* en un lugar prominente/muy visible; *(gefährdet)* en una posición expuesta
Ex'port M ⟨~(e)s; ~e⟩ 1 *(das Exportieren)* exportación *f*; **zollfreier ~** exportación *f* en (régimen de) franquicia; **den ~ fördern** estimular (*od* promover) la exportación; **zum ~ bestimmt** destinado a la exportación 2 *(Güter)* exportaciones *fpl* 3 IT **~ von Daten** exportación *f* de datos
ex'portabhängig ADJ dependiente de las exportaciones
Ex'portabteilung F sección *f* de exportación; **Exportartikel** M artículo *m* de exportación; **Exportbeschränkung** F restricción *f* a las exportaciones; **Exporterlaubnis** → Exportgenehmigung
Expor'teur [-tøːr] M ⟨~s; ~e⟩, **Exporteurin** F ⟨~; ~nen⟩ exportador *m*, -a *f*
ex'portfähig ADJ exportable
Ex'portfirma F casa *f* (*od* empresa *f*) exportadora; **Exportgenehmigung** F autorización *f* (*od* permiso *m*) de exportación; **Exportgeschäft** N 1 negocio *m* de exportación 2 → Exportfirma; **Exporthandel** M comercio *m* de exportación *od* exportador

expor'tieren V/T ⟨ohne ge-⟩ exportar (nach a) (a. IT)
Ex'portkauffrau F, **Exportkaufmann** M ⟨~(e)s; -kaufleute⟩ (negociante m/f) exportador m, -a f; **Exportkredit** M crédito m a la exportación; **Exportleiter** M, **Exportleiterin** F jefe m, jefa f de exportación; **Exportlizenz** F licencia f de exportación; **exportorientiert** ADJ orientado a la exportación; **Exportprämie** F prima f a la exportación; **Exportpreis** M precio m de exportación; **Exportüberschuss** M excedente m (od superávit m) de exportación; **Exportversicherung** F seguro m a la exportación; **Exportzahlen** FPL cifra f de exportaciones
Expo'sé, Expo'see N ⟨~s; ~s⟩ exposición f; informe m; FILM sinopsis f; **Expositi'on** F ⟨~; ~en⟩ geh exposición f (a. THEAT, MUS)
ex'press ADV expresamente; ~ **schicken** mandar por expreso
Ex'press M (tren m) expreso m; **per ~ schicken** mandar por expreso; **Expressgut** N mercancía f por expreso; **als ~ schicken** mandar por expreso
Expressio'nismus M ⟨~⟩ Kunst: expresionismo m; **Expressionist** M ⟨~en; ~en⟩, **Expressionistin** F ⟨~; ~nen⟩ expresionista m/f; **expressionistisch** ADJ expresionista
expres'siv ADJ geh expresivo; **Expressivi'tät** F ⟨~⟩ geh expresividad f
Ex'presssendung F envío m (bzw paquete m bzw carta f) exprés
exqui'sit ADJ exquisito
ex 'tempore ADV geh de pronto, de improviso
Ex'tempore N ⟨~s; ~s⟩ geh THEAT improvisación f, umg morcilla f
extempo'rieren V/T & V/I ⟨ohne ge-⟩ geh improvisar
exten'siv ADJ extensivo (a. AGR); **Extensi'vierung** F ⟨~; ~en⟩ AGR extensificación f
ex'tern ADJ geh, fachspr externo; IT **~er Speicher** memoria f externa (od periférica)
Exter'nat N ⟨~(e)s; ~e⟩ externado m
Ex'terne M/F ⟨~n; ~n; → A⟩ SCHULE (alumno m, -a f) externo m, -a f
exterritori'al ADJ POL extraterritorial; **Exterritoriali'tät** F ⟨~⟩ extraterritorialidad f
'extra ADV **1** (gesondert) por separado, aparte **2** (besonders) especialmente, muy; umg **~ für dich** especialmente para ti **3** (zusätzlich) extra, adicional; (obendrein) además, por añadidura **4** umg (absichtlich) expresamente, a propósito
'extra..., 'Extra... IN ZSSGN extraordinario, especial; (zusätzlich) accesorio, adicional
'Extra N ⟨~s; ~s⟩ extra m (a. AUTO)
'Extrablatt N Zeitung: extraordinario m, edición f especial; **Extradividende** F HANDEL dividendo m suplementario (od extraordinario); **extrafein** ADJ GASTR extrafino, de calidad superior
extra'hieren V/T ⟨ohne ge-⟩ extraer
Ex'trakt M ⟨~(e)s; ~e⟩ extracto m
Extraordi'narius M UNIV catedrático m supernumerario; **extrava'gant** ADJ extravagante, excéntrico; **Extrava'ganz** F ⟨~; ~en⟩ extravagancia f, excentricidad f; **extraver'tiert** ADJ → extravertiert
'Extrawurst F umg **eine ~ (gebraten) haben wollen** umg hacer rancho aparte
ex'trem ADJ extremo
Ex'trem N ⟨~s; ~e⟩ extremo m; **von einem ~ ins andere fallen** ir (od pasar) de un extremo a otro
Extre'mismus M ⟨~; Extremismen⟩ POL extremismo m; **Extremist** M ⟨~en; ~en⟩, **Extremistin** F ⟨~; ~nen⟩ extremista m/f, ultra m/f; **extremistisch** ADJ extremista
Extremi'täten FPL extremidades fpl
Ex'tremsport M, **Extremsportart** F deporte m de alto riesgo (od extremo); **Extremsportler** M, **Extremsportlerin** F deportista m/f extremo, -a; deportista m/f de riesgo
extrover'tiert ADJ PSYCH extravertido, extrovertido
Exz. ABK (Exzellenz) Excelencia
Exzel'lenz F ⟨~; ~en⟩ Excelencia f; **Euer ~** Anrede: Vuecencia; Su Excelencia; in Briefen: Excelentísimo
Ex'zenter M ⟨~s; ~⟩ TECH excéntrica f; **Exzenterpresse** F TECH prensa f excéntrica
Ex'zentrik F ⟨~⟩ fig excentricidad f; **exzentrisch** ADJ excéntrico (a. fig)
Exzentrizi'tät F ⟨~; ~en⟩ excentricidad f (a. fig)
exzer'pieren V/T ⟨ohne ge-⟩ extractar
Ex'zerpt N ⟨~(e)s; ~e⟩ extracto m, nota f extractada
Ex'zess M ⟨~es; ~e⟩ exceso m; abuso m; fig **bis zum ~** a más no poder
'Eyeliner ['aılaınər] M ⟨~s; ~⟩ delineador m (de ojos)
EZ ABK → Einzelzimmer
EZB F ABK (Europäische Zentralbank) BCE m (Banco Central Europeo)
EZU F ABK (Europäische Zahlungsunion) Unión f Europea de Pagos

F

F¹, f N ⟨~; ~⟩ **1** Buchstabe: F, f f **2** MUS fa m; **F-Dur** n fa m mayor; **f-Moll** n fa m menor
F² ABK (Fahrenheit) Fahrenheit
f. ABK **1** (folgende Seite) (página) siguiente **2** (für) para **3** MUS forte
Fa. ABK (Firma) casa f; razón f social
'Fabel F ⟨~; ~n⟩ **1** Geschichte: fábula f; erfundene, gelogene: patraña f, invención f; conseja f; **ins Reich der ~ gehören** pertenecer al reino de la fantasía **2** (Handlung) e-s Romans etc: argumento m, trama f; **Fabeldichter** M, **Fabeldichterin** F fabulista m/f
Fabe'lei F ⟨~; ~en⟩ cuentos mpl, historias fpl fantásticas; patrañas fpl
'fabelhaft ADJ **1** umg (großartig) fabuloso, estupendo, magnífico; (wunderbar) maravilloso; **ein ~er Kerl** umg un tío estupendo **2** (ins Reich der Fabel gehörend) (legendär) legendario; mítico
'fabeln V/I **1** (lügen) contar cuentos (chinos) **2** (faseln) divagar, desatinar; **Fabeltier** N animal m fabuloso; **Fabelwelt** F reino m de la fantasía (od de la fábula)
Fa'brik F ⟨~; ~en⟩ fábrica f; factoría f; **eine ~ errichten/gründen** instalar/fundar una fábrica; **eine ~ schließen** cerrar una fábrica; **Fabrikanlage** F instalación f, planta f fabril; planta f industrial
Fabri'kant M ⟨~en; ~en⟩, **Fabrikantin** F ⟨~; ~nen⟩ fabricante m/f, propietario m, -a f de una fábrica
Fa'brikarbeit F **1** trabajo m en la fábrica **2** → Fabrikware; **Fabrikarbeiter** M, **Fabrikarbeiterin** F obrero m, -a f de fábrica (od fabril); obrero m, -a f industrial; operario m, -a f
Fabri'kat N ⟨~(e)s; ~e⟩ **1** (Marke) marca f **2** (Produkt) producto m, artículo m manufacturado; fabricado m; **Fabrikati'on** F ⟨~; ~en⟩ fabricación f, producción f; manufactura f
Fabrikati'onsfehler M defecto m (od falla f od fallo m) de fabricación; **wegen eines ~s** por defecto de fabricación; **Fabrikationsgeheimnis** N secreto m de fabricación; **Fabrikationsnummer** F número m de fabricación; **Fabrikationsprogramm** N programa m (od plan m) de fabricación; **Fabrikationszweig** M ramo m industrial
Fa'brikbesitzer M, **Fabrikbesitzerin** F propietario m, -a f de una fábrica, fabricante m/f; **Fabrikdirektor** M, **Fabrikdirektorin** F director m, -a f de fábrica; **Fabrikgebäude** N (edificio m de la) fábrica f; **Fabrikgelände** N recinto m fabril; **Fabrikhalle** F nave f industrial; **Fabrikmarke** F marca f de fábrica
fa'brikmäßig **A** ADJ fabril **B** ADV **~ hergestellt** manufacturado, fabricado (en serie); **fabrikneu** ADJ salido de fábrica, nuevo de fábrica; umg (ganz neu) flamante
Fa'briknummer F número m de fábrica; **Fabrikpreis** M precio m de fábrica; **Fabrikschiff** N buque m factoría; **Fabrikstadt** F ciudad f fabril (od industrial); **Fabrikverkauf** M venta f directa de fábrica; **Fabrikware** F artículos mpl fabricados (od manufacturados); **Fabrikzeichen** N → Fabrikmarke
fabri'zieren V/T ⟨ohne ge-⟩ **1** obs fabricar, manufacturar **2** pej hacer
fabu'lieren V/I ⟨ohne ge-⟩ contar cuentos (chinos); **ins Fabulieren geraten** empezar a contar cuentos chinos
Fa'cette [-s-] F ⟨~; ~n⟩ faceta f
Fa'cettenauge N ZOOL ojo m compuesto
Fach¹ N ⟨~(e)s; ¨er⟩ **1** (Abteilung) compartimiento m; división f; (Postfach), e-s Regals etc: casilla f; (Schrankfach) anaquel m; (Schublade) cajón m; gaveta f; TYPO im Schriftkasten: cajetín m; **ich lege es in Ihr ~** se lo pongo en su casilla **2** ARCH der Tür, der Wand: panel m; (Balkenfeld) entrepaño m
Fach² N ⟨~(e)s; ¨er⟩ **1** Schule, UNIV asignatura f, materia f, disciplina f **2** (Spezialgebiet) ramo m; especialidad f; **Mann vom ~** perito m; especialista m; profesional m; **vom ~ sein** ser del oficio (od umg del paño); **sie versteht ihr ~** conoce bien su oficio; sabe lo que trae entre manos; **das schlägt nicht in mein ~** no soy competente en esto; no es de mi especialidad
'Fachabitur N ≈ formación f específica de grado superior; **Fachabteilung** F departamento m especializado; **Facharbeit** F trabajo m de especialista; **Facharbeiter** M, **Facharbeiterin** F obrero m, -a f especializado, -a; **Facharzt** M, **Fachärztin** F (médico m, -a f) especialista m/f (**für** en); **Fachausbildung** F educación f (od formación f) profesional; especialización f; **Fachausdruck** M ⟨~(e)s; ¨e⟩ tecnicismo m, término m técnico; **Fachausschuss** M comisión f de expertos; **Fachausstellung** F exposición f monográfica; **Fachberater** M, **Fachberaterin** F consejero m, -a f (od asesor m, -a f) técnico; **Fachbereich** M UNIV facultad f; **Fachbesucher** M, **Fachbesucherin** F e-r Messe: visitante m/f profesional; **Tage** mpl **für ~** días mpl para profesionales; **Fachbuch** N libro m especializado; libro m científico (od técnico); **Fachbuchhandlung** F librería f especializada (od técnica); **Fachchinesisch** N oft pej jerga f (profesional)
'fächeln **A** V/T & V/I abanicar **B** V/R **sich ~** abanicarse; **Fächeln** N ⟨~s⟩ abaniqueo m
'Fächer M ⟨~s; ~⟩ abanico m; **Fächerantenne** F antena f en abanico; **fächerartig** ADJ & ADV en abanico, con forma de abanico; **fächerförmig** ADJ en (forma de) abanico; **Fächerpalme** F BOT latania f

'Fachfrau F especialista *f*; experta *f*, perita *f*; **Fachgebiet** N especialidad *f*; materia *f*; **Fachgelehrte** M/F ⟨~n; ~n; → A⟩ especialista *m/f*

'fachgemäß, fachgerecht ADJ conforme a las reglas de arte

'Fachgeschäft N tienda *f* especializada (*od* del ramo); **Fachgruppe** F asociación *f* profesional; **Fachhandel** M comercio *m* especializado (**für** en); **nur im ~ erhältlich** en venta únicamente en tiendas del ramo; **Fachhändler** M, **Fachhändlerin** F comerciante *m/f* especializado, -a; **Fachhochschule** F escuela *f* técnica superior; **Fachidiot** M *pej* bárbaro *m* especialista (*especialista que se ocupa sólo de su campo*); **Fachjargon** M lenguaje *m* profesional (especializado); **Fachkenntnis** F *mst* PL ~e conocimientos *mpl* especiales (*od* técnicos); **Fachkraft** F especialista *m/f*, experto *m*, -a *f*; **Fachkräfte** *pl a.* personal *m* especializado (*od* técnico); **Fachkräftemangel** M falta *f* de personal cualificado; **Fachkreis** M **in ~en** en medios competentes; **fachkundig** ADJ competente, experto, perito; **Fachkurs** M curso *m* monográfico; **Fachlehrer** M, **Fachlehrerin** F profesor *m*, -a *f* especializado, -a; **Fachleute** MPL → Fachmann

'fachlich ADJ profesional, especial(izado), técnico

'Fachliteratur F literatura *f* técnica (*od* especial); bibliografía *f*; **Fachmann** M ⟨~(e)s; ⸚er *od* -leute⟩ profesional *m*; perito *m*, técnico *m*; especialista *m*; experto *m*; **fachmännisch** ADJ competente; profesional; del ramo; *Arbeit* de especialista, hecho con pericia; **Fachmesse** F feria *f* monográfica (*od* especializada); **Fachpersonal** N personal *m* especializado (*od* técnico); **Fachpresse** F prensa *f* técnica (*bzw* profesional); prensa *f* especializada; **Fachrichtung** F rama *f*, especialización *f* (académica); (*Lehrfach*) asignatura *f*, disciplina *f*; **Fachschaft** F ⟨~; ~en⟩ 1 *allg* organización *f* profesional 2 UNIV (*Studierende e-s Fachbereichs*) estudiantado *m* de una especialidad

Fachschule F escuela *f* profesional (*od* técnica); **Fachschulwesen** N enseñanza *f* técnica

Fachsimpe'lei F ⟨~; ~en⟩ charla *f* sobre cosas profesionales

'fachsimpeln VI hablar del oficio (*od* del negocio); hablar de asuntos de la profesión; **über etw** (*acus*) **~** charlar de a/c

'Fachsprache F terminología *f* técnica; lenguaje *m* profesional; **fachsprachlich** A ADJ del lenguaje técnico B ADV en términos técnicos; **Fachstudium** N estudios *mpl* especiales (*od* profesionales); **Fachverband** M asociación *f* profesional; **Fachwelt** F **die ~** el mundo profesional; los expertos, los especialistas

'Fachwerk N ARCH maderaje *m*, maderamen *m*; entramado *m*; **Fachwerkbrücke** F puente *m* de celosía; **Fachwerkhaus** N casa *f* con fachadas (*od* de paredes) entramadas

'Fachwissen N → Fachkenntnis; **Fachwissenschaft** F especialidad *f* científica; **Fachwort** N ⟨~(e)s; ⸚er⟩ término *m* técnico; **Fachwörterbuch** N diccionario *m* especial (*od* técnico); **Fachzeitschrift** F revista *f* especializada (*od* técnica)

'Fackel F ⟨~; ~n⟩ antorcha *f* (*a. fig*); (*Kienfackel*) tea *f*; (*Wachsfackel*) blandón *m*; (*Windfackel*) hacha *f*; **Fackellicht** N luz *f* de (las) antorchas; **bei ~** a la luz de las antorchas

'fackeln VI *umg* vacilar, titubear; **nicht lange ~** no perder tiempo; *umg* no andarse en contemplaciones, no pararse en barras

'Fackelträger M, **Fackelträgerin** F portador *m*, -a *f* de antorcha; **Fackelzug** M desfile *m* de antorchas

'Factoring ['fɛktərɪŋ] N ⟨~s⟩ WIRTSCH facturación *f*; factoraje *m*; venta *f* comercial de activos exigibles (*od* pendientes)

'Factory-'Outlet ['fɛktəri'aʊtlət] N ⟨~s; ~s⟩ *bes Mode* (tienda *f*) outlet *m*, factory *m*

'fad(e) ADJ *Essen* insípido, soso, insulso (*alle a. fig*); *bes Obst* desabrido; *bes Getränk* flojo; *fig Person* aburrido

'fädeln V/T *Perlen etc* **auf etw** (*acus*) **~** ensartar por a/c

'Faden M ⟨~s; ⸚⟩ 1 *dünne Schnur*: hilo *m*; (*Nähfaden*) *a.* hebra *f*; (*Bindfaden*) bramante *m*; MED **die Fäden ziehen** quitar (*od* levantar) los puntos (de sutura); **keinen trockenen ~ am Leibe haben** estar calado hasta los huesos 2 (*Faser*) hilo *m*, fibra *f*; ELEK *der Glühbirne*: filamento *m*; **Fäden ziehen** *Flüssigkeit* ahilarse, hacer madeja 3 SCHIFF (*Maß*) braza *f* 4 *beim Reden*: **roter ~** hilo *m* conductor; **den ~ verlieren** perder el hilo 5 *fig* **die Fäden in der Hand haben** tener vara alta; *umg* cortar el bacalao; **keinen guten ~ an j-m lassen** desollar vivo a alg; **an einem ~ (seidenen) hängen** pender (*od* colgar) de un hilo; **sein Leben hängt an einem seidenen ~** tiene la vida en un hilo

'Fadenbindung F *e-s Buchs*: encuadernación *f* con cosido (a hilo)

'fadenförmig ADJ filiforme

'Fadenführer M TEX guía-hilos *m*; **Fadenkreuz** N OPT retículo *m*, cruz *f* reticular; **Fadennudeln** FPL fideos *mpl*; **Fadenrolle** F carrete *m* de hilo

'fadenscheinig ADJ raído, deshilachado; *fig Ausrede* gratuito

'Fadenwurm M MED nematodo *m*; filaria *f*; **Fadenzähler** M ⟨~s; ~⟩ *Weberei*: cuentahilos *m*; **fadenziehend** ADJ filamentoso, hebroso

'Fadheit F ⟨~⟩ insipidez *f*, insulsez *f*; *fig a.* soser(í)a *f*

'Fading ['fe:dɪŋ] N ⟨~s; ~s⟩ RADIO desvanecimiento *m*, fading *m*

Fa'gott N ⟨~(e)s; ~e⟩ MUS fagot *m*; **Fagottbläser** M, **Fagottbläserin** F → Fagottist

Fagot'tist M ⟨~en; ~en⟩, **Fagottistin** F ⟨~; ~nen⟩ fagotista *m/f*

'fähig ADJ 1 (*befähigt*) capaz (**zu** de); apto (**zu** para) 2 (*geschickt*) hábil; (*tüchtig*) eficiente 3 (*geeignet*) idóneo, competente (**zu** para) 4 (*bereit*) **zu etw ~ sein** estar en condiciones de a/c; *pej* **zu allem ~** capaz de cualquier cosa (*od* de todo)

'Fähigkeit F ⟨~; ~en⟩ (*Befähigung*) capacidad *f*; aptitud *f*; (*Geschicklichkeit*) habilidad *f*; facultad *f*; (*Anlage*) disposición *f* (natural); talento *m*

'fahl ADJ (*blass*) pálido; (*bleich*) lívido; *Licht* mortecino; *Farbe* descolorido; **fahlgelb** ADJ amarillento; **fahlrot** ADJ leonado

'Fähnchen N ⟨~s; ~⟩ 1 (*kleine Fahne*) banderita *f*; (*Wimpel*) gallardete *m*; SCHIFF grímpola *f*; (*Lanzenfähnchen*) banderola *f*; (*Absteckfähnchen*) guión *m*; SPORT banderín *m* 2 MUS gancho *m* 3 *umg fig* (*Kleid*) vestido *m* barato, *pl a.* trapos *mpl*

'fahnden VI **nach j-m ~** perseguir (*od* buscar) a alg; **Fahndung** F ⟨~; ~en⟩ pesquisa *f*, persecución *f*; búsqueda *f*

'Fahndungsaufruf M requisitoria *f*; **Fahndungsblatt** N (carta *f*) requisitoria *f*; **Fahndungsplakat** N cartel *m* de búsqueda, cartel *m* de "se busca"; **Fahndungsstelle** F departamento *m* de investigación criminal

'Fahne F ⟨~; ~n⟩ 1 bandera *f*; enseña *f*; *bes* SCHIFF pabellón *m*; estandarte *m*; (*Kirchenfahne*) pendón *m*, guión *m*; *fig pej* **seine ~ nach dem Wind(e) hängen** irse con el viento que corre; *fig* **mit fliegenden ~n (zum Feind überlaufen)** (pasarse al enemigo) con banderas desplegadas; **mit fliegenden ~n untergehen** SPORT fracasar totalmente; MIL **zu den ~n rufen** llamar a filas 2 *umg* (*Alkoholfahne*) tufarada *f* de alcohol; **eine ~ haben** apestar a alcohol 3 TYPO galerada *f*, prueba *f*

'Fahnenabzug M TYPO galerada *f*; **Fahneneid** M MIL juramento *m* de la bandera; *Handlung*: jura *f* de la bandera; **den ~ leisten** *od* **ablegen** jurar la bandera; **Fahnenflucht** F MIL deserción *f*; **fahnenflüchtig** ADJ MIL desertor; **~ werden** desertar; **Fahnenflüchtige** M/F ⟨~n; ~n; → A⟩ MIL desertor *m*, -a *f*; **Fahnenmast** M → Fahnenstange; **Fahnenstange** F asta *f* de la bandera; *fig* **das Ende der ~ ist erreicht** hemos llegado al límite; **Fahnenträger** M, **Fahnenträgerin** F abanderado *m*, -a *f*, portaestandarte *m/f*; **Fahnenweihe** F MIL *obs* bendición *f* de la bandera

'Fähnlein N ⟨~s; ~⟩ 1 → Fähnchen 2 HIST bandera *f*; *fig* grupo *m*; tropa *f*; **Fähnrich** M ⟨~s; ~e⟩ MIL alférez *m* (*a.* HIST); SCHIFF **~ zur See** guardiamarina *m*, guardia *m* marina

'Fahrausweis M → Fahrkarte; **Fahrbahn** F *e-r Straße*: calzada *f*; (*Fahrbahndecke*) piso *m*, firme *m*; (*Fahrspur*) vía *f*

'fahrbar ADJ 1 → befahrbar 2 TECH móvil, portátil 3 *hum* **~er Untersatz** *m* coche *m*; *umg* cafetera *f* rodante

'Fahrbereich M radio *m* de acción

'fahrbereit ADJ dispuesto para salir; AUTO listo para rodar; **Fahrbereitschaft** F parque *m* móvil

'Fahrdamm M calzada *f*

'Fährdienst M servicio *m* de transbordador *od* ferry

'Fahrdienstleiter M, **Fahrdienstleiterin** F jefe *m*, -a *f* de movimiento (*od* de servicio)

'Fähre F ⟨~; ~n⟩ barco *m*; (*Autofähre, Zugfähre*) transbordador *m*, ferry(-boat) *m*

'Fahreigenschaften FPL AUTO propiedades *fpl* de marcha

'fahren ⟨*irr*⟩ A VI ⟨sn⟩ 1 ir (**mit** en); SCHIFF navegar; **mit dem Auto/dem Fahrrad/der Bahn ~** ir en coche/en bicicleta/en tren; **über einen Fluss/Platz** *etc* **~** cruzar (*od* atravesar) un río/una plaza, *etc*; **durch die Stadt ~** pasear (*od* dar un paseo) en coche por la ciudad; (*hindurchfahren*) pasar por (*od* atravesar) la ciudad 2 *Person am Steuer*: conducir; **er kann ~** sabe conducir; **sie fährt ein Cabrio** (*besitzt es*) tiene un descapotable; **rechts ~** circular por la derecha; **mit 80 km/h ~** ir a 80 km/h; **gegen etw ~** chocar (*od* dar) contra a/c; → rückwärtsfahren 3 (*reisen*) ir, viajar (**mit** en); **erster Klasse ~** viajar en primera (clase) 4 (*abfahren*) partir, salir 5 (*verkehren*) ir, circular; **der Bus fährt zweimal täglich** el autobús pasa dos veces al día 6 (*in Fahrt sein*) estar en marcha; **schnell/langsam ~** ir rápido/lento 7 *fig* **aus etw ~** salir de a/c; **aus dem Bett ~** saltar de la cama; despertar sobresaltado; **es fuhr mir durch den Kopf, dass** me pasó por la cabeza la idea de; **in etw** (*acus*) **~** entrar (*od* penetrar) en a/c; **in die Kleider ~** vestirse apresuradamente; **in die Tasche ~** meter la mano en el bolsillo; **der Schreck ist mir in die Glieder gefahren** me llevé un gran susto; **was ist bloß in ihn gefahren?** *umg* pero, ¿qué le pasa?, ¿qué mosca le ha picado?; **mit der Hand ~ über etw** (*acus*) pasar la mano por a/c 8 *umg fig* **gut/schlecht bei etw ~** salir bien/mal con a/c; **gut/schlecht**

mit j-m ~ salir bien/mal con alg; **Sie ~ besser/billiger, wenn** le conviene más (*inf*)/le sale más a cuenta (*inf*) (*od* si *ind*) **B** VT ⟨h *od* sn⟩ **1** *Auto (lenken)* conducir; pilotar **2** *Person* llevar, conducir (**nach** a); *Lasten* transportar, llevar; (*befördern*) *a.* acarrear **3** *Strecke, Runde* recorrer **4** → *a* Karussell, Rad, Ski *etc*

'**Fahren** N ⟨~s⟩ (*Reisen*) viaje *m*, viajar *m*; (*Verkehr*) circulación *f*; (*Fortbewegung*) locomoción *f*; *von Gütern*: transporte *m*, acarreo *m*

'**fahrend** ADJ **1** *Zug etc* en marcha **2** *obs* **~er Händler** vendedor *m* ambulante; **~es Volk** vagabundos *mpl*; gente *f* errante; HIST **~er Ritter** caballero *m* andante

F

fahren lassen VT **1** *Boot, Zug etc* poner en marcha; **j-n ~** dejar llevar a alg (el coche, *etc*); dejar (conducir un vehículo) a alg **2** (*aufgeben*) abandonar, renunciar a, dejar **3** (*loslassen*) soltar; *sl* **einen ~** *sl* soltar un aire

'**Fahrer** M ⟨~s; ~⟩ conductor *m*, *umg* chófer *m*; **Fahrerflucht** F delito *m* de fuga; huida *f* y omisión *f* de ayuda; (**nach einem Unfall**) **~ begehen** darse a la fuga (después de un accidente)

'**Fahrerin** F ⟨~; ~nen⟩ conductora *f*, *umg* chófer *f*; **Fahrerlaubnis** F permiso *m* de conducir; → *a* Führerschein

'**Fahrersitz** M asiento *m* del conductor

'**Fahrgast** M viajero *m*; AUTO *a.* ocupante *m*; *Taxi*: cliente *m*; SCHIFF, FLUG pasajero *m*; **Fahrgastraum** M AUTO habitáculo *m*; **Fahrgeld** N precio *m* del billete (*bzw* del viaje); SCHIFF pasaje *m*; *Taxi*: precio *m* del recorrido

'**Fährgeld** N barcaje *m*; pasaje *m*

'**Fahrgelegenheit** F **1** *Fahrzeug*: medio *m* de transporte **2** → Mitfahrgelegenheit; **Fahrgemeinschaft** F viaje *m* compartido; **Fahrgeschwindigkeit** F velocidad *f* (de marcha); **Fahrgestell** N **1** AUTO bastidor *m*, chasis *m* **2** FLUG tren *m* de aterrizaje

'**fahrig** ADJ (*unstet*) inconstante, voluble; (*nervös*) nervioso; (*zerstreut*) distraído, despistado

'**Fahrkarte** F billete *m*, *Am* boleto *m*; SCHIFF pasaje *m*; **einfache ~** billete *m* sencillo; **eine ~ lösen nach** tomar (*od* sacar) (un) billete para

'**Fahrkartenausgabe** F → Fahrkartenschalter; **Fahrkartenautomat** M → Fahrscheinautomat; **Fahrkartendrucker** M máquina *f* impresora de billetes; **Fahrkartenkontrolleur** M [-løːr], **Fahrkartenkontrolleurin** F BAHN *etc* revisor *m*, -a *f*; **Fahrkartenschalter** M taquilla *f* (de billetes); despacho *m* de billetes; *Am* boletería *f*; **Fahrkartenverkäufer** M, **Fahrkartenverkäuferin** F taquillero *m*, -a *f*

'**Fahrkomfort** [-foːr] M AUTO confort *m* de marcha; **Fahrkosten** PL → Fahrtkosten

'**fahrlässig** ADJ negligente, descuidado; JUR culposo; JUR **~e Tötung** homicidio *m* culposo (*od* por imprudencia); **Fahrlässigkeit** F ⟨~⟩ negligencia *f*; incuria *f*; descuido *m*; JUR imprudencia *f*; **grobe ~** imprudencia *f* temeraria; negligencia *f* grave

'**Fahrlehrer** M, **Fahrlehrerin** F profesor *m*, -a *f* de conducción (*od* de autoescuela); **Fahrleistung** F AUTO rendimiento *m* en carretera

'**Fährmann** M ⟨~(e)s; ~leute⟩ barquero *m*, balsero *m*

'**Fahrnis** F ⟨~; ~se⟩ JUR bienes *mpl* muebles

'**Fahrplan** M horario *m* (*de trenes, de autobuses, del metro, del suburbano, etc*); **fahrplanmäßig** **A** ADJ regular, según horario **B** ADV conforme al horario, según horario

'**Fahrpraxis** F práctica *f* en la conducción (de coches)

'**Fahrpreis** M precio *m* del billete (*bzw* del viaje); *Taxi*: precio *m* del recorrido; **Fahrpreisanzeiger** M ⟨~s; ~⟩ taxímetro *m*; **Fahrpreisermäßigung** F reducción *f* del precio del billete, tarifa *f* reducida

'**Fahrprüfung** F AUTO examen *m* de conducción

'**Fahrrad** N bicicleta *f*; *umg* bici *f*; (**mit dem**) **~ fahren** ir en bicicleta; **Fahrradfahrer** M, **Fahrradfahrerin** F ciclista *m/f*; **Fahrradgeschäft** N tienda *f* de bicicletas; **Fahrradkeller** M *espacio en el sótano para dejar la bicicletas*; **Fahrradkette** F cadena *f* de la bicicleta; **Fahrradkurier** M, -kurierin *f* ≈ mensajero *m*, -a *f* ciclista; **per ~** por mensajero ciclista; **Fahrradlenker** M manillar *m* de bicicleta; **Fahrradpumpe** F bomba *f* de aire; *Am a.* inflador *m*; **Fahrradsattel** M sillín *m* de bicicleta; **Fahrradständer** M **1** *am Fahrrad*: patilla *f* de apoyo **2** *Gestell für mehrere Fahrräder*: soporte *m* de bicicletas; **Fahrradtaxi** N bicitaxi *m*, velotaxi *m*; **Fahrradtour** F excursión *f* en bicicleta; **Fahrradträger** M portabicicletas *m*; **Fahrradverleih** M alquiler *m* de bicicletas; **Fahrradweg** M carril *m* bici, *Am* ciclovía *f*

'**Fahrrinne** F **1** SCHIFF canal *m* **2** (*Wagenspur*) rodada *f*

'**Fahrschein** M billete *m*, *Am* boleto *m*; **Fahrscheinautomat** M expendedor *m* (*od* distribuidor *m*) automático *m* (de billetes); **Fahrscheinentwerter** M (máquina *f*) canceladora *f* de billetes; **Fahrscheinheft** N tarjeta *f* (*od* carnet *m*) multiviaje

'**Fährschiff** N transbordador *m*, ferry(-boat) *m*

'**Fahrschule** F autoescuela *f*; **Fahrschüler** M **Fahrschülerin** F, aspirante *m/f* a conductor *m*, -a *f*

'**Fährseil** N andarivel *m*

'**Fahrsicherheit** F seguridad *f* al conducir; **Fahrspur** F *Verkehr*: carril *m* (de marcha); **Fahrsteig** M ⟨~(e)s; ~e⟩ (*Transportband für Personen, z. B. auf Flughäfen*) pasillo *m* móvil (*od* rodante); andén *m* móvil (*od* rodante); **Fahrstrecke** F trayecto *m*, recorrido *m*; **Fahrstreifen** M → Fahrspur

'**Fahrstuhl** M **1** (*Lift*) ascensor *m*; *Am* elevador *m*; *für Lasten*: montacargas *m* **2** (*Rollstuhl*) sillón *m* (*od* silla *f*) de ruedas; **Fahrstuhlführer** M, **Fahrstuhlführerin** F ascensorista *m*; **Fahrstuhlkabine** F camerín *m* (del ascensor); **Fahrstuhlschacht** M caja *f* (*od* hueco *m*) del ascensor

'**Fahrstunde** F AUTO clase *f* de conducir (*od* conducción)

Fahrt F ⟨~; ~en⟩ **1** (*Reise*) viaje *m*; desplazamiento *m*; (*Ausflug*) excursión *f*; (*Spazierfahrt*) paseo *m* en coche; **~ ins Blaue** viaje *m* sorpresa; **gute ~!** ¡buen viaje!; **auf der ~ nach ...** camino de ...; SCHIFF rumbo a ...; **während der ~** en el camino **2** *kurze*: trayecto *m*; *im Taxi*: recorrido *m* (*a. zurückgelegte Strecke*); carrera *f* **3** (*Fahren*) marcha *f*; (*Geschwindigkeit*) velocidad *f*; **freie ~!** ¡vía libre!; **freie ~ haben** tener vía libre (*a. fig*); BAHN **freie ~ geben** poner la señal de vía libre, dar vía libre; SCHIFF **halbe/volle ~** a media/a toda máquina (*od* velocidad); **in voller ~** en plena marcha; con toda velocidad; **während der ~** en marcha **4** *umg fig* **j-n in ~ bringen** irritar (*od* enfurecer) a alg; **in ~ kommen** animarse; (*wütend werden*) montar en cólera, *umg* ponerse a cien; **in ~ sein** estar muy animado; (*aufgebracht sein*) estar furioso (*od* irritado)

fährt → fahren

'**fahrtauglich** ADJ *Person* capaz de conducir; **Fahrtauglichkeit** F *e-r Person*: capacidad *f* de (*od* para) conducir

'**Fahrtausweis** M → Fahrkarte; **Fahrtdauer** F duración *f* del viaje

'**Fährte** F ⟨~; ~n⟩ huella *f*, rastro *m*; pista *f*; **auf der richtigen ~ sein** estar sobre una buena pista; **auf der falschen ~ sein** estar despistado; seguir una pista equivocada; **j-n auf eine falsche ~ locken** poner a alg a una pista falsa

'**Fahrtenbuch** N libro *m* de ruta; **Fahrtenmesser** N cuchillo *m* de excursionista; **Fahrtenschreiber** M AUTO tacógrafo *m*

'**Fährtensucher** M ⟨~s; ~⟩ pistero *m*

'**Fahrtkosten** PL gastos *mpl* de viaje (*od* de desplazamiento); gastos *mpl* de transporte; **die ~ übernehmen** asumir los gastos de desplazamiento; hacerse cargo de los gastos de transporte; **Fahrtmesser** M SCHIFF velocímetro *m*

'**Fahrtrichtung** F dirección *f* (**vorgeschriebene** obligatoria); sentido *m* de (la) marcha; SCHIFF rumbo *m*; **in ~** en el sentido de la marcha; **gegen die ~ fahren** ir en contradirección

'**Fahrtrichtungsanzeiger** M AUTO indicador *m* de dirección

'**fahrtüchtig** ADJ **1** *Person* capaz de conducir **2** *Auto* en estado de marcha; **Fahrtüchtigkeit** F **1** *e-r Person*: capacidad *f* de (*od* para) conducir **2** *e-s Autos*: estado *m* de marcha

'**Fahrtunterbrechung** F interrupción *f* del viaje; **Fahrtwind** M viento *m* relativo

'**fahruntüchtig** ADJ *Person* incapaz de conducir; **Fahruntüchtigkeit** F incapacidad *f* de (*od* para) conducir

'**Fahrverbot** N circulación *f* prohibida; **Fahrverhalten** N *des Wagens*: comportamiento *m* en carretera (*od* en ruta); **Fahrverkehr** M tráfico *m* (*od* tránsito *m*) rodado

'**Fahrwasser** N ⟨~s; ~⟩ SCHIFF agua *f* navegable; → *a.* Fahrrinne; *fig* **im richtigen** *od* **in seinem ~ sein** estar en su elemento (*od* en sus glorias); *fig* **in j-s ~** (*dat*) **segeln** seguir la corriente a alg; *fig* **in ein politisches ~ kommen** *Gespräch*: tomar un giro político

'**Fahrweg** M camino *m* carretero (*od* carretil); **Fahrweise** F forma *f* de conducir; **Fahrwerk** N FLUG tren *m* de aterrizaje; **Fahrwind** M → Fahrtwind; **Fahrzeit** F horas *fpl* de marcha (*od* de recorrido); (*Fahrtdauer*) duración *f* del viaje (*od* del trayecto)

'**Fahrzeug** N ⟨~(e)s; ~e⟩ vehículo *m*; SCHIFF embarcación *f*; **Fahrzeugbrief** M permiso *m* de circulación; **Fahrzeugflotte** F parque *m* móvil; **Fahrzeugführer** M, **Fahrzeugführerin** F conductor *m*, -a *f* del vehículo; **Fahrzeughalter** M ⟨~s; ~⟩, **Fahrzeughalterin** F ⟨~; ~nen⟩ AUTO titular *m/f* del vehículo; **Fahrzeugkolonne** F caravana *f* de automóviles; **Fahrzeugpapiere** NPL AUTO documentación *f* del automóvil; **Fahrzeugpark** M AUTO parque *m* móvil; BAHN material *m* móvil; **Fahrzeugschein** M documentación *f* del vehículo; **Fahrzeugverkehr** M circulación *f* de vehículos

'**Faible** ['fɛːbəl] N ⟨~s; ~s⟩ debilidad *f*, inclinación *f* (**für** por)

fair [fɛːr] ADJ leal, correcto; SPORT limpio; **~er Handel** comercio *m* justo; **~ sein (gegenüber)** ser justo (con *od* frente a); '**Fairness** F ⟨~⟩, '**Fairplay** [-pleː] N ⟨~⟩ actuación *f* correcta; SPORT juego *m* limpio

Fä'kalien PL materias *fpl* fecales, heces *fpl*

'**Fakir** M ⟨~s; ~e⟩ REL faquir *m*

Fak'simile N ⟨~s; ~s⟩ facsímil(e) *m*

Fakt M ⟨~(e)s; ~en⟩ hecho *m*

'**faktisch** **A** ADJ real, efectivo **B** ADV realmente, efectivamente, de hecho; **~ unmöglich** materialmente imposible

fakti'tiv ADJ LING factitivo

'Faktor M ⟨~s; -'toren⟩ factor *m* (*a.* MATH, BIOL *u. fig*); *fig a.* elemento *m*

Fak'torenanalyse F análisis *m* factorial

Fak'totum N ⟨~s; ~s *od* Faktoten⟩ factótum *m*

'Faktum N ⟨~s; Fakta *od* Fakten⟩ hecho *m*; realidad *f*; *pl a.* datos *mpl*

Fak'tura F ⟨~; Fakturen⟩ *österr, schweiz* HANDEL factura *f*, nota *f*

faktu'rieren VT ⟨*ohne* ge-⟩ facturar; **Fakturierung** F facturación *f*

Fakul'tät F ⟨~; ~en⟩ UNIV facultad *f*; **juristische ~** facultad *f* de derecho

fakulta'tiv ADJ facultativo

falb ADJ leonado; *Pferd* bayo

'Falbe M/F ⟨~n; ~n⟩ caballo *m* bayo (*bzw* overo)

'Falbel F ⟨~; ~n⟩ TEX volante *m*, faralá *m*

'Falke M ⟨~n; ~n⟩ ORN halcón *m* (*a. fig* POL)

'Falkenauge N *fig* ojo *m* de lince (*od* de águila); **Falkenbeize, Falkenjagd** F JAGD cetrería *f*

'Falklandinseln [fɔːklɛnt-] FPL, **Falklands** PL (Islas *fpl*) Malvinas *fpl*

'Falkner M ⟨~s; ~⟩, **Falknerin** F ⟨~; ~nen⟩ halconero *m*, -a *f*

Fall[1] M ⟨~(e)s; ⸗e⟩ 1 (*Sturz*) caída *f*; *im Fallschirm*: descenso *m*; **zu ~ kommen** caerse 2 *des Barometers*: descenso *m*; HANDEL *der Kurse, Preise*: baja *f* 3 *fig e-r Festung, Regierung etc* caída *f*; (*Niedergang*) decadencia *f*; ruina *f*; **zu ~ bringen** hacer caer; derribar (*a. Regierung*); POL *e-n Antrag* desechar; hacer fracasar; *fig Person* (*ruinieren*) causar la ruina de, arruinar a 4 (*Wasserfall*) cascada *f*; salto *m*; catarata *f*

Fall[2] 1 (*Angelegenheit*) asunto *m*, caso *m* (*a.* GRAM, MED); **das ist der ~** así es; **das ist nicht der ~** no es así, no es ése el caso; **das ist auch bei ihm der ~** ése es también su caso; **den ~ setzen** suponer el caso; **gesetzt den ~, dass** (dado el) caso de que, supongamos (*od* supuesto) que; **es gibt Fälle, in denen** hay (*od* se dan) casos en que; **für den ~, dass** para el caso que (*subj*), en caso de que (*subj*); caso de (*inf*); **im besten ~(e)** en el mejor caso; **im schlimmsten ~(e)** en el peor de los casos; si todo falla; en último caso; **in den meisten Fällen** en la mayoría de los casos; **in diesem ~(e)** en ese (*od* tal) caso; siendo así; **von ~ zu ~ (entscheiden)** (decidir) según el caso 2 JUR causa *f* 3 *fig* **auf alle Fälle** *od* **auf jeden ~** en todo caso, de todos modos; (*unbedingt*) a toda costa, a todo trance; sea como sea; **auf keinen ~** de ningún modo, de ninguna manera; en ningún caso; **für alle Fälle** en todo caso; *umg* por si acaso, *umg* por si las moscas 4 *umg fig* **das ist ganz mein ~** esto es lo que a mí me gusta; *umg* **der ist nicht mein ~** *umg* no es santo de mi devoción; *umg* **er ist ein ~ für sich** es un caso

Fall[3] N ⟨~s; ~en⟩ SCHIFF driza *f*

'fällbar ADJ CHEM precipitable

'Fallbeil N guillotina *f*; **Fallbeschleunigung** F aceleración *f* de la caída; **Fallbö** F FLUG bolsa *f* (*od* pozo *m*) de aire; **Fallbrücke** F puente *m* levadizo

'Falle F ⟨~; ~n⟩ 1 trampa *f* (*a. fig*); (*Schlinge*) lazo *m* (*a. fig*); **eine ~ stellen** armar una trampa; *fig* **j-m eine ~ stellen** tender una trampa (*od* un lazo) a alg; *fig* **in die ~ gehen** caer en la trampa (*od* en el lazo, *od umg* en el garlito); **in der ~ sitzen** estar cogido en la trampa (*a. fig*) 2 *umg* (*Bett*) *umg* catre *m*, sobre *m*

'fallen VI ⟨*irr*; sn⟩ 1 *allg* caer (**auf, an** *acus* a; **in** *acus* en); (*hinfallen*) dar una caída, caerse al suelo; (*plötzlich*) caerse, desplomarse; *Licht etc* dar (**auf** *acus* en); **das Kleid fällt hübsch** el vestido cae bien; 2 (*sinken*) bajar, descender (*a. Barometer, Flut, Preis, Vorhang etc*); *Aktien, Kurse* ir bajando, estar en baja; *fig* (*nachlassen*) disminuir, decrecer; declinar 3 *Schuss etc* oírse; SPORT *Tor* producirse; *fig Wort* mencionarse; **es fielen harte Worte** hubo palabras muy duras 4 MIL *Stellung, Festung, Stadt* caer 5 MIL (*sterben*) caer, morir (en acción de guerra) 6 (*wegfallen*) suprimirse 7 *Entscheidung* ser tomado 8 *mit präp*: **an j-n ~** *Erbe etc* recaer en alg; **auf j-n ~** *als Anteil*: tocar (*od* corresponder) a alg; *Verdacht* (re)caer sobre (*od* en) alg, **das Los fiel auf mich** me cayó en suerte; *Fest etc* **auf einen Sonntag** *etc* **~** caer en domingo, *etc*; **in dieselbe Kategorie ~** entrar (*od* pertenecer) a la misma categoría; **unter ein Gesetz ~** caer bajo (*od* estar amparado por) una ley

'Fallen N ⟨~s⟩ (*Sturz*) caída *f* (*a. fig*); (*Sinken*) descenso *m*, baja *f*

'fällen VT *Bäume* talar, cortar; *Gegner* derribar; MIL *Bajonett* calar; *Lot, Lanze* abatir; CHEM precipitar; *Entscheidung* tomar; JUR **ein Urteil ~** dictar sentencia, fallar; *fig* emitir juicio (**über** sobre)

'Fällen N ⟨~s⟩ 1 *von Bäumen*: tala *f* 2 JUR **~ (des Urteils)** pronunciamiento *m* (de sentencia)

'fallenlassen VT *fig Plan, Person* abandonar; *Plan a.* renunciar a

fallen lassen A VT *Gegenstand* dejar caer, soltar; *Bemerkung* deslizar, dejar caer B VR **sich ~** dejarse caer, tumbarse

'Fallensteller M ⟨~s; ~⟩, **Fallenstellerin** F ⟨~; ~nen⟩ trampero *m*, -a *f*; cazador *m*, -a *f* con trampas (*od* cepo)

'Fallgatter N rastrillo *m*; **Fallgeschwindigkeit** F PHYS velocidad *f* de caída; **Fallgrube** F trampa *f* (*a. fig*); **Fallhammer** M TECH martinete *m*; **Fallhöhe** F altura *f* de caída

fal'lieren VI ⟨*ohne* ge-⟩ HANDEL *obs* quebrar, declararse en quiebra

'fällig ADJ pagadero; vencedero; *Betrag* debido; *Rechnung* pendiente; *Wechsel* vencido; **(am ...) ~ werden** vencer (el ...); **zur Zahlung ~** pendiente de pago

'Fälligkeit F ⟨~⟩ vencimiento *m*; **bei ~** al vencimiento

'Fälligkeitsdatum N, **Fälligkeitstag** M, **Fälligkeitstermin** M fecha *f* (*bzw* día *m*) de vencimiento

'Fallklappe F trampilla *f*; **Fallobst** N fruta *f* caediza; **Fallreep** N ⟨~(e)s; ~e⟩ SCHIFF escalerilla *f* (de portalón); escala *f* de viento; **Fallreeptür** F SCHIFF portalón *m*; **Fallrohr** N tubo *m* de bajada; **Fallrückzieher** M SPORT tijera *f* (*od* tiro *m*) de espaldas

falls ADV (en) caso (de) que (*subj*), caso de (*inf*); (*angenommen*) suponiendo que (*subj*); (*vorausgesetzt*) siempre (y cuando) que (*subj*), si; **~ doch** en caso de que sí, en caso afirmativo; **~ nicht** en caso contrario, si no (llegase *od* llegara a ser el caso)

'Fallschirm M paracaídas *m*; **mit dem ~ abspringen** lanzarse con paracaídas; **Fallschirmabsprung** M descenso *m* en (*od* salto *m* con) paracaídas; **Fallschirmjäger** M paracaidista *m*; **Fallschirmkombination** F equipo *m* de paracaidista; **Fallschirmspringen** N paracaidismo *m*; **Fallschirmspringer** M, **Fallschirmspringerin** F paracaidista *m/f*; **Fallschirmtruppen** FPL tropas *fpl* paracaidistas

'Fallstrick M lazo *m*, trampa *f* (*beide a. fig*); *umg fig* garlito *m*; **Fallsucht** F ⟨~⟩ *obs* MED epilepsia *f*; **Falltreppe** F escalera *f* colgante; **Falltür** F trampa *f*; puerta *f* caediza (*od* de guillotina)

'Fällung F ⟨~; ~en⟩ CHEM precipitación *f*; **Fällungsmittel** N precipitante *m*

'Fallwind M viento *m* descendente; **Fallwinkel** M 1 *e-s Geschosses*: ángulo *m* de descenso 2 BERGB ángulo *m* de inclinación

falsch A ADJ 1 *allg* falso; (*unrichtig*) inexacto; incorrecto; *Ausdruck a.* impropio; (*irrig*) erróneo, equivocado; **~e Anwendung** mal empleo *m*; **auf dem ~en Weg sein** (*a. fig*) ir por mal camino 2 (*unecht*) falso; imitado; *Haar, Zähne* postizo; (*gefälscht*) falsificado; (*künstlich*) artificial; **unter ~em Namen** bajo un nombre supuesto 3 *Person* falso; (*betrügerisch*) fraudulento; (*treulos*) infiel, desleal; (*wortbrüchig*) pérfido; (*heimtückisch*) alevoso, traidor; *Spiel* (*unfair*) sucio; *Benehmen* (*heuchlerisch*) insincero, fingido B ADV 1 (*nicht korrekt*) **~ antworten** responder equivocadamente; **~ aussprechen** pronunciar mal; **~ rechnen** equivocarse (en el cálculo); **~ schreiben** escribir con faltas (*od* defectuosamente); **~ singen** desafinar, cantar mal 2 (*missverständlich*) mal; **~ auffassen** interpretar mal (*od* erróneamente); **~ unterrichtet** mal informado; **~ verstehen** comprender (*bzw* interpretar) mal 3 *Uhr* **~ gehen** ir (*od* andar) mal; **~ geraten!** ¡no ha acertado usted! 4 TEL **~ verbunden sein** haberse equivocado de número; **~ verbunden!** se ha equivocado de número 5 (*betrügerisch*) **~ schwören** jurar en falso 6 AUTO **~ parken** aparcar en lugar prohibido 7 *umg* **wir sind hier ~** nos hemos equivocado; → falschspielen

Falsch M ⟨~es⟩ *geh* falsedad *f*; **ohne ~** (*aufrichtig*) sincero, leal, sin doblez; (*naiv*) candoroso

'Falschaussage F falso testimonio *m*; **Falschbeurkundung** F ⟨~; ~en⟩ JUR falsedad *f* material; **Falschbuchung** F inscripción *f* errónea (*bzw* fraudulenta); **Falscheid** M juramento *m* falso

'fälschen VT 1 *Wahrheit, Tatsachen* falsear 2 *Urkunden, Unterschrift, Geld, Bild* falsificar 3 HANDEL *Rechnung, Bücher etc* amañar; **Fälscher** M ⟨~s; ~⟩, **Fälscherin** F ⟨~; ~nen⟩ falsario *m*, -a *f*; falsificador *m*, -a *f*

'Falschfahrer M, **Falschfahrerin** F conductor *m*, -a *f* suicida; **Falschgeld** N dinero *m* falso; *Münze*: moneda *f* falsa; *Banknote*: billete *m* falso (*od* falsificado); **Falschheit** F ⟨~⟩ falsedad *f*; *e-r Person*: falsía *f*; deslealtad *f*; (*Heimtücke*) perfidia *f*; (*Doppelzüngigkeit*) doblez *f*

'fälschlich A ADJ erróneo; (*irrtümlich*) equivocado B ADV por error, erróneamente, falsamente; (*irrtümlich*) por equivocación; (*absichtlich falsch*) fraudulentamente; **fälschlicherweise** ADV → fälschlich B

'Falschmeldung F noticia *f* falsa; (*Zeitungsente*) bulo *m*; **Falschmünzer** M ⟨~s; ~⟩ falsificador *m* de monedas

Falschmünze'rei F ⟨~; ~en⟩ falsificación *f* de moneda

'Falschmünzerin F ⟨~; ~nen⟩ falsificador *m*, -a *f* de monedas; **Falschparken** N AUTO estacionamiento *m* indebido; aparcamiento *m* en zona prohibida; **Falschparker** M ⟨~s; ~⟩, **Falschparkerin** F ⟨~; ~nen⟩ *persona que aparca en un lugar prohibido; automovilista en estacionamiento prohibido*;

falschspielen VI *Kartenspiel*: hacer trampas; **Falschspieler** M, **Falschspielerin** F fullero *m*, -a *f*, tramposo *m*, -a *f*; tahúr *m*, tahura *f*

'Fälschung F ⟨~; ~en⟩ 1 JUR falsedad *f* 2 (*Nachahmung*) *von Produkten, Urkunden, Unterschriften, Geld*: falsificación *f*, imitación *f*; **~ von Markenartikeln** falsificación *f* de artículos de marca 3 (*gefälschtes Produkt, gefälschte Urkunde etc*) falsificación *f*

'fälschungssicher ADJ infalsificable, a prueba de falsificación

F

Fal'sett N ⟨~(e)s; ~e⟩, **Falsettstimme** F MUS falsete *m*

Falsifika'tion F ⟨~; ~en⟩ 1 (*Fälschung*) falsificación *f* 2 (*Widerlegung*) refutación *f*; **Falsifi'zierbarkeit** F ⟨~⟩ falsificación *f*; **falsifi'zieren** VT ⟨ohne ge-⟩ 1 (*fälschen*) falsificar 2 (*widerlegen*) refutar

'faltbar ADJ plegable

'Faltblatt N (*Prospekt*) folleto *m*, prospecto *m*; **Faltboot** N bote *m* (*od* canoa *f*) plegable; **Faltdach** N AUTO techo *m* plegable

'Falte F ⟨~; ~n⟩ 1 pliegue *m* (*a.* GEOL); (*Schneiderfalte*) *a.* doblez *m*; (*Knitterfalte*) *a.* arruga *f*; **~n werfen** hacer pliegues (*od* bolsas); **in ~n legen** doblar, plegar 2 (*Runzel*) arruga *f*; **die Stirn in ~n ziehen** fruncir las cejas

'fälteln VT plegar, doblar; *Kleid, Stoff* plisar; hacer dobleces en; (*kräuseln*) rizar

'falten A VT *Stoff, Papier* doblar, plegar; **die Hände ~** juntar las manos B VR **sich ~** (*knittern*) arrugarse

'Faltenbildung F GEOL plegamiento *m*; **faltenlos** ADJ sin pliegues; (*ohne Runzeln*) sin arrugas, liso; **Faltenrock** M falda *f* plegada (*bzw* plisada); **Faltenwurf** M caída *f*

'Falter M ⟨~s; ~⟩ mariposa *f*

'faltig ADJ doblado; plegado; plisado; *Haut* arrugado; *Fläche* rugoso; (*gekräuselt*) rizado; *Stirn* arrugado; (*gerunzelt*) fruncido

'Faltkarton M caja *f* (de cartón) plegable; **Faltprospekt** M folleto *m*, prospecto *m*; **Faltschachtel** F caja *f* plegable; **Falttür** F puerta *f* plegable; **Faltung** F ⟨~; ~en⟩ plegado *m*; GEOL plegamiento *m*

'Falz M ⟨~es; ~e⟩ *Buchbinderei*: pliegue *m*; TECH rebajo *m*; *Tischlerei*: (*Fuge*) encaje *m*, ensambladura *f*, juntura *f*; (*Auskehlung*) ranura *f*, acanaladura *f*; **Falzbein** N plegadera *f*

'falzen VT plegar, doblar; *Tischlerei*: ensamblar; (*auskehlen*) ranurar, acanalar

'Falzhobel M guillame *m*; **Falzmaschine** F plegadora *f*; **Falzziegel** M teja *f* de encaje

Fam. ABK → Familie

famili'är ADJ familiar; íntimo; **aus ~en Gründen** por razones de familia

Fa'milie F ⟨~; ~n⟩ familia *f* (*a.* ZOOL, BOT); *fig* hogar *m*; **eine ~ gründen** fundar una familia; **(keine) ~ haben** (no) tener familia; **aus guter ~** de buena familia; **zur ~ gehören** ser de la familia; **es liegt in der ~** es propio de la familia, viene de casta; **das kommt in den besten ~n vor** esto pasa en las mejores familias

Fa'milienähnlichkeit F aire *m* (*od* parecido *m*) de familia; **Familienalbum** N álbum *m* familiar; **Familienangehörige** M/F ⟨~n; ~n; → A⟩ familiar *m/f*, pariente *m/f*; **Familienangelegenheit** F asunto *m* de familia; **Familienanschluss** M acogida *f* en la familia; **Familienaufstellung** F PSYCH Constelación *f* Familiar; **Familienauto** N monovolumen *m*; coche *m* familiar; **Familienbande** NPL *geh* lazos *mpl* familiares (*od* de familia); **Familienbeihilfe** F ⟨~; ~n⟩ subsidio *m* (*od* prestación *f*) familiar; **Familienberatung** F orientación *f* familiar; **Familienbesitz** M propiedad *f* (*od* patrimonio *m*) familiar; **Familienbetrieb** M explotación *f* (*od* empresa *f*) familiar; **Familienbuch** N libro *m* de familia; **Familieneinkommen** N (**verfügbares**) **~** renta *f* familiar (disponible); **Familienfeier** F fiesta *f* de familia; **Familiengericht** N JUR juzgado *m* de familia; **Familienglück** N felicidad *f* doméstica; **Familiengrab** N tumba *f* de familia; **Familiengruft** F panteón *m* familiar; **Familienkreis** M seno *m* de la familia; **im ~** en familia; **im engsten ~** en la más estrecha intimidad; **Familienleben** N vida *f* familiar (*od* de familia); **Familienmitglied** N miembro *m* de la familia, familiar *m*; **Familienname** M apellido *m*; **Familienoberhaupt** N cabeza *m* (*od* jefe *m*) de familia; **Familienpackung** F HANDEL tamaño *m* familiar; **Familienplanung** F planificación *f* familiar; **Familienrat** M consejo *m* de familia; **Familienrecht** N derecho *m* de familia; **Familienrichter** M, **Familienrichterin** F juez *m*, -a *f* familiar; **Familienstand** M ⟨~(e)s⟩ estado *m* (civil); **Familienstück** N recuerdo *m* de familia; **Familienunternehmen** N empresa *f* familiar; **Familienvater** M padre *m* de familia; **Familienverhältnisse** NPL situación *f* familiar, condiciones *fpl* familiares; **Familienvorstand** M → Familienoberhaupt; **Familienzulage** F plus *m* familiar; **Familienzusammenführung** F reagrupación *f* familiar; **Familienzuwachs** M ⟨~es⟩ aumento *m* de la familia

fa'mos ADJ *umg* estupendo, magnífico; *Arg* macanudo

Fan [fɛn] M ⟨~s; ~s⟩ *umg e-r Musikgruppe, e-s Stars*: fan *m/f*; *e-r Tätigkeit*: aficionado *m*, -a *f*; *e-s Sportklubs*: hincha *m/f*; *fig* **ich bin kein ~ von Horrorfilmen** (*ich mag sie nicht*) no me gustan las películas de terror

Fa'nal N ⟨~s; ~e⟩ fanal *m*, señal *f*; *fig a.* antorcha *f*

Fa'natiker M ⟨~s; ~⟩, **Fanatikerin** F ⟨~; ~nen⟩ fanático *m*, -a *f*; **fanatisch** ADJ fanático

fanati'sieren VT ⟨ohne ge-⟩ fanatizar; **Fana'tismus** M ⟨~⟩ fanatismo *m*

fand → finden

Fan'fare F ⟨~; ~n⟩ fanfarria *f*; *weitS.* clarín *m*; **Fanfarensignal** N clarinazo *m*

'Fang M ⟨~(e)s; ~̈e⟩ 1 (*Fangen*) captura *f*, apresamiento *m*; (*Fischfang*) pesca *f*; **auf ~ gehen** *Fischer*: faenar 2 (*Beute*) presa *f*; *im Netz*: redada *f* (*a. fig*); **einen guten ~ machen** (*od* **tun**) hacer una buena presa; *beim Fischen*: hacer una buena redada (*a. fig*) 3 ZOOL (*Reißzahn*) *mst pl* **Fänge** colmillos *mpl*; *e-s Greifvogels*: garras *mst pl*; **in j-s Fänge** (*acus*) **geraten** caer en las garras de alg; *etw od j-n* **in seinen Fängen halten** tener en sus garras

'Fangarm M ZOOL tentáculo *m*; **Fangeisen** N cepo *m*; (*Spieß*) venablo *m*

'Fangemeinde [fɛn-] F *bes* SPORT partidarios *mpl*; hinchada *f*

'fangen ⟨irr⟩ A VT 1 *Ball etc* coger, *Arg* agarrar; (*packen*) asir, tomar; agarrar 2 *Dieb etc* capturar, prender 3 *bes* SCHIFF apresar; (*fischen*) pescar 4 JAGD cazar; *in der Falle*: coger en la trampa; *im Netz*: coger en la red; *in e-r Schlinge*: coger con lazo; *mit dem Lasso*: enlazar; **sich ~ lassen** caer en la trampa; dejarse apresar 5 *fig* (*fesseln*) cautivar B VR 1 **sich ~** enredarse (**in** *dat* en) 2 *fig* **sich (wieder) ~** recobrar la serenidad; *Flugzeug* recuperar la posición horizontal

'Fangen N ⟨~s⟩ **~ spielen** jugar a parar

'Fangfrage F pregunta *f* capciosa; **Fanggrund** M *Fischerei*: caladero *m*; **Fangleine** F SCHIFF, FLUG amarra *f*; (*Lasso*) lazo *m*; **Fangmesser** N JAGD cuchillo *m* de monte

'Fango M ⟨~s⟩ fango *m*; **Fangobad** N baño *m* de fango; **Fangopackung** F envoltura *f* de fango

'Fangquote F, **Fangrate** F *Fischerei*: cuota *f* (*od* cupo *m*) de pesca; cuota *f* de captura; **Fangschuss** M JAGD tiro *m* de remate; **den ~ geben** rematar

fängt → fangen

'Fangvorrichtung F TECH dispositivo *m* de retención (*od* seguridad); *Straßenbahn*: salvavidas *m*; **Fangzahn** M ZOOL colmillo *m*

'Fanklub M club *m* de aficionados (*od* fans)

Fanta'sie F ⟨~; ~n⟩ 1 (*Einbildungskraft*) fantasía *f*; (*Einfallsreichtum*) imaginación *f* 2 (*Traumbild*) visión *f* (fantástica); (*Vorstellung*) *mst pl* **~n** imaginaciones *fpl* 3 MUS fantasía *f*; **fantasiebegabt** ADJ imaginativo; **Fantasiegebilde** N ⟨~s; ~⟩ visión *f*; quimera *f*; fantasía *f*; **fantasielos** ADJ sin imaginación; *fig* prosaico; **Fantasielosigkeit** F ⟨~⟩ falta *f* de imaginación; **Fantasiepreis** M precio *m* exorbitante (*od* prohibitivo *od* astronómico); **fantasiereich** ADJ → fantasievoll

fanta'sieren VI ⟨ohne ge-⟩ 1 fantasear; (*träumen*) soñar; (*faseln*) desvariar; desatinar 2 MED delirar 3 MUS improvisar

Fanta'sieren N ⟨~s⟩ desvarío *m*, desatino *m*; MED delirio *m*; MUS improvisación *f*

fanta'sievoll ADJ imaginativo, lleno de imaginación; **Fantasiewelt** F mundo *m* imaginario (*od* fantástico)

Fan'tast M ⟨~en; ~en⟩ soñador *m*; iluso *m*; visionario *m*; **Fantaste'rei** F ⟨~; ~en⟩ *mst* PL **~en** ilusiones *fpl*; fantasías *fpl*; ideas *fpl* fantásticas; quimeras *fpl*; **Fan'tastin** F ⟨~; ~nen⟩ soñadora *f*; ilusa *f*; visionaria *f*

fan'tastisch *allg* fantástico; *Preis, Vermögen a.* fabuloso; *umg* (*großartig*) *umg a.* estupendo, de primera

'Fantasy ['fɛntəzi:] F ⟨~⟩ Fantasy *f*; **Fantasyfilm** M película *f* fantástica; **Fantasyliteratur** F literatura *f* fantástica; **Fantasyroman** M novela *f* fantástica

'Farbabstufung F gradación *f* de los colores; **Farbabweichung** F aberración *f* cromática; **Farbanstrich** M capa *f* (*od* mano *f*) de pintura; **Farbaufnahme** F foto *f* en color; **Farbband** N cinta *f* mecanográfica (*od* de impresión)

'färbbar ADJ colorable, teñible

'Farbbild N foto *f* en color; **Farbbildschirm** M IT monitor *m* (*od* pantalla *f*) de color; **Farbdisplay** N *Handy*: display *m* de colores; **Farbdruck** M ⟨~(e)s; ~e⟩ impresión *f* en color; TYPO *a.* cromotipografía *f*; *Bild*: cromotipia *f*, cromo *m*; **Farbdrucker** M impresora *f* de color

'Farbe F ⟨~; ~n⟩ 1 color *m*; (*Farbton*) matiz *m*; (*Färbung*) colorido *m*; *zum Auftragen*: pintura *f*; *für Haar, Stoffe*: tinte *m*; TYPO tinta *f* 2 (*Gesichtsfarbe*) tez *f*; **die ~ wechseln** cambiar de color (*a. fig*); POL cambiar la chaqueta, *umg* chaquetear 3 (*Kartenfarbe*) palo *m*; **eine ~ bedienen** servir el palo; *fig* **~ bekennen** poner las cartas boca arriba; manifestar su verdadera opinión

'farbecht ADJ de color estable (*od* sólido); **Farbechtheit** F ⟨~⟩ solidez *f* de color

'Färbemittel N ⟨~s; ~⟩ colorante *m*; tinte *m*

'farbempfindlich ADJ sensible al color; FOTO ortocromático

'färben A VT 1 colorar; colorear (*a. fig*); *Stoff, Haare etc* teñir; (*anstreichen*) pintar, dar de color; (*tönen*) matizar; **blau ~** teñir de azul; **~ lassen** *Kleid* dar a teñir; **sich** (*dat*) **die Haare ~ (lassen)** teñirse el pelo (**rot** de rojo) 2 *fig Bericht* pintar; **mit Humor gefärbt** sazonado con humor B VR **sich ~** *Tomaten, Kirschen etc* colorear; **sich (rot) ~** teñirse (de rojo)

'Färben N ⟨~s⟩ coloración *f*; tinte *m*; tinción *f*

'Farbenbeständigkeit F solidez *f* del color

'farbenblind ADJ MED daltoniano; acromatóptico; **Farbenblindheit** F MED daltonismo *m*; acromatopsia *f*

'Farbendruck M → Farbdruck

'farbenfreudig, farbenfroh ADJ vistoso; *umg* variopinto

'Farbenindustrie F industria *f* de colorantes; **Farbenkasten** M → Farbkasten; **Farbenlehre** F PHYS teoría *f* de los colores; **Farbenmesser** M colorímetro *m*; **Farbenpracht** F riqueza *f* de colorido

'farbenprächtig, farbenreich ADJ de vistoso (*od* rico) colorido; rico en colores; *umg* variopinto

'Farbensehen N PHYSIOL visión *f* del color (*od* cromática); **Farbensinn** M PHYSIOL sentido *m* del color (*od* cromático); **Farbenskala** F escala *f* (*od* gama *f*) cromática (*od* de colores); **Farbenspektrum** N espectro *m* cromático; **Farbenspiel** N juego *m* de colores; irisación *f*; opalescencia *f*; **Farbenzusammenstellung** F combinación *f* de colores

'Färber M ⟨~s; ~⟩ tintorero *m*

Färbe'rei F ⟨~; ~en⟩ tintorería *f*; tinte *m*

'Färberin M ⟨~; ~nen⟩ tintorera *f*; **Färberpflanze** F BOT planta *f* tintórea

'Farbfernsehen N televisión *f* en color; **Farbfernseher** M, **Farbfernsehgerät** N televisor *m* en color; **Farbfilm** M película *f* en (*od* de) color; FOTO *a.* carrete *m* de color; **Farbfilter** M FOTO filtro *m* cromático (*od* de color); **Farbfoto** N foto *f* en color; **Farbfotografie** F fotografía *f* en color; **Farbgebung** F ⟨~; ~en⟩ coloración *f*, colorido *m*; **Farbholz** N madera *f* tintórea (*od* colorante)

'farbig ADJ 1 (*bunt*) de color; en color(es); colorido; OPT cromático 2 (*bemalt*) pintado; coloreado; (*gefärbt*) teñido 3 *neg! Hautfarbe*: de color 4 *fig* pintoresco, *umg* variopinto

'Farbige M/F ⟨~n; ~n; → A⟩ *neg!* hombre *m*, mujer *f* de color; **die ~n** la gente de color

'Farbkasten M caja *f* de pinturas; **Farbkissen** N tampón *m*, almohadilla *f* de entintar; **Farbkontrast** M contraste *m* cromático; **Farbkopie** F (foto)copia *f* en color; **Farbkopierer** M (foto)copiadora *f* en color; **Farbkörper** M materia *f* colorante; BIOL pigmento *m*; **Farbkreis** M círculo *m* cromático; **Farblack** M pintura *f* de esmalte

'farblich A ADJ de los colores B ADV **etwas ~ abstimmen** armonizar los colores de a/c; **~ abgestimmt** con un armonioso juego de colores

'farblos ADJ 1 incoloro (*a. fig*); (*blass*) descolorido; OPT acromático 2 *fig Person* insípido, soso; **Farblosigkeit** F ⟨~⟩ 1 OPT acromatismo *m* 2 *fig* falta *f* de colorido

'Farbmine F *für Drehbleistift*: mina *f* de color; **Farbmonitor** M → Farbbildschirm; **Farbmuster** N muestra *f* de color; **Farbpatrone** F *für Drucker*: cartucho *m* de color(es); **Farbskala** F → Farbenskala; **Farbstift** M lápiz *m* de color; **Farbstoff** M colorante *m*; **Farbtherapie** F cromoterapia *f*; **Farbtiefdruck** M ⟨~(e)s; ~e⟩ huecocolor *m*; **Farbton** M tono *m* de color, matiz *m*; tinta *f*; **Farbtopf** M bote *m* de pintura; **Farbtreue** F FOTO fidelidad *f* cromática

'Färbung F ⟨~; ~en⟩ coloración *f*; colorido *m*; tinción *f*; *der Haut*: pigmentación *f*; (*Tönung*) tinte *m*, matiz *m* (*a. fig*); *fig* tendencia *f*, orientación *f*

'Farbwalze F rodillo *m* de entintar; **Farbwaren** FPL colores *mpl* y pinturas *fpl*; **Farbwaschmittel** N detergente *m* para ropa de color; **Farbwechsel** M cambio *m* de color; **Farbwerk** N TYPO mecanismo *m* de tintaje; grupo *m* entintador

'Farce ['farsə] F ⟨~; ~n⟩ 1 GASTR relleno *m* 2 THEAT farsa *f* (*a. fig*)

Fa'rinzucker M azúcar *m* moreno (*od* terciado)

Farm F ⟨~; ~en⟩ granja *f* (agrícola); *Am* hacienda *f*; *Arg* estancia *f*; (*Tierfarm*) *a.* criadero *m*; **'Farmer** M ⟨~s; ~⟩, **'Farmerin** F ⟨~; ~nen⟩ granjero *m*, -a *f*; *Am* hacendero *m*, -a *f*; *Arg* estanciero *m*, -a *f*

Farn M ⟨~(e)s; ~e⟩, **'Farnkraut** N BOT helecho *m*; **'Farnwedel** M BOT fronda *f*, fronde *m*

'Färse F ⟨~; ~n⟩ ZOOL novilla *f*; *unter 1 Jahr*: becerra *f*

Fa'san M ⟨~(e)s; ~e⟩ ORN faisán *m*

Fa'sanenhahn M faisán *m*; **Fasanenhenne** F faisana *f*; **Fasanenzucht** F cría *f* de faisanes

Fasane'rie F ⟨~; ~n⟩ faisanería *f*

Fa'schierte(s) N ⟨~n; → A⟩ *österr* GASTR carne *f* picada

'Fasching M ⟨~s; ~e *od* ~s⟩ *reg* carnaval *m*; → *a.* Fastnacht

'Faschingsball M baile *m* de carnaval; **Faschingsdienstag** M martes *m* de carnaval; **Faschingskostüm** N vestido *m* (*od* traje *m*) de carnaval; disfraz *m*; **Faschingsmuffel** M **er/sie ist ein ~** no es aficionado al carnaval; no le gusta el carnaval; **Faschingsscherz** M carnavalada *f*

Fa'schismus M ⟨~⟩ fascismo *m*; **Faschist** M ⟨~en; ~en⟩, **Faschistin** F ⟨~; ~nen⟩ fascista *m/f*, *umg* facha *m/f*; **faschistisch** ADJ fascista

'Fase F ⟨~; ~n⟩ TECH chaflán *m*, bisel *m*

Fase'lei F ⟨~; ~en⟩ desatino *m*, disparate *m*; (*wirres Zeug*) galimatías *m*

'faseln V/I (*Unsinn reden*) desvariar, decir disparates, desbarrar; **von etw ~** desvariar sobre a/c

'Faser F ⟨~; ~n⟩ ANAT, BOT fibra *f* (*a. fig*); *feine*: filamento *m*; *v. Bohnen, Fleisch*: hebra *f*; (*Tuchfaser*) hilacha *f*; *fig* **mit allen ~n seines Herzens** con todas las fibras de su ser

'faserartig ADJ fibroso; filamentoso

'Fasergewebe N tejido *m* fibroso; **Faserholzplatte** F tabla *f* de fibra prensada

'faserig ADJ fibroso; filamentoso; (*zerfasert*) deshilachado; **fasern** V/I deshila(cha)rse

'faser'nackt ADJ *umg* en cueros (vivos)

'Faserpflanze F planta *f* fibrosa; **Faserstoff** M materia *f* fibrosa; CHEM fibrina *f*; **Faserzement** M fibrocemento *m*

Fass N ⟨~es; ¨er⟩ 1 barril *m*; *großes*: tonel *m*; *für Wein*: barrica *f*, cuba *f*; (*Bottich*) tina *f*; **in Fässer füllen** entonelar (*bzw* embarrilar); **vom ~** *Bier* de barril; *Wein* de barrica 2 *fig* **ein ~ ohne Boden** un pozo sin fondo; *umg* **das schlägt dem ~ den Boden aus!** *umg* ¡es el colmo!

Fas'sade F ⟨~; ~n⟩ fachada *f* (*a. fig*), frontispicio *m*, portada *f*; **Fassadenkletterer** M escalatorres *m*; (*Dieb*) escalador *m*, *sl* palquista *m*

'fassbar ADJ 1 *konkret*: tangible 2 *geistig*: comprensible; concebible; inteligible

'Fassbier N cerveza *f* de barril; **Fassbinder** M ⟨~s; ~⟩ *südd, österr* tonelero *m*; **Fassboden** M fondo *m* del tonel (*bzw* del barril)

'Fässchen N ⟨~s; ~⟩ barrilete *m*

'Fassdaube F ⟨~; ~n⟩ duela *f*

'fassen A V/T 1 (*greifen*) coger, *Am nur* tomar (**an** *dat* de; **bei** por); (*packen*) agarrar; *mit der Faust, am Griff*: empuñar; **j-n bei** *od* **an der Hand ~** coger a alg de (*od* por) la mano 2 (*fangen*) atrapar; *Verbrecher* prender, capturar 3 *fig* (*verstehen*) concebir; comprender, formarse una idea de; **etwas nicht ~ können** no poder creer a/c; **ich kann es nicht ~** *a.* me cuesta creerlo; **es ist nicht zu ~** es increíble (*od* inconcebible) 4 *fig Entschluss, Vorsatz* tomar; *Plan* concebir; **Mut ~** armarse de valor; **Vertrauen zu j-m ~** empezar a confiar en alg, adquirir confianza con alg; **etw ins Auge ~** tomar a/c en consideración 5 (*enthalten*) contener; comprender; (*aufnehmen können*) tener cabida (*od* capacidad) para; **in sich** (*dat*) **~** incluir, comprender; abarcar; **der Saal fasst 300 Personen** en la sala caben 300 personas 6 (*einfassen*) montar; *Edelsteine* engastar, engarzar; *Quelle* captar; *fig* **etw in Worte ~** expresar con palabras a/c, formular a/c 7 MIL **Essen ~** recoger el rancho; MIL **Wasser ~** tomar agua B V/I 1 (*greifen*) *Zahnräder, Schraube etc* engranar, agarrar 2 **an etw** (*acus*) **~** tocar a/c; **sich** (*dat*) **an den Kopf ~** llevarse las manos a la cabeza; **in etw** (*acus*) **~** meter mano en a/c; **nach etw** (*dat*) **~** coger, *Am* tomar a/c C V/R **sich ~** 1 (*sich beruhigen*) calmarse, serenarse, sosegarse; (*sich zurücknehmen*) contenerse, reprimirse, dominarse; **sich vor Freude nicht ~ können** no caber en sí de alegría; → *a.* gefasst 2 → kurzfassen 3 *fig* **sich in Geduld ~** armarse de paciencia

Fas'sette *etc* → Facette *etc*

'Fasshahn M canilla *f*, espita *f*

'fasslich ADJ concebible; comprensible; **Fasslichkeit** F ⟨~⟩ comprensibilidad *f*

Fas'son [fa'sɔŋ, fa'sõ:] F ⟨~; ~s⟩ 1 forma *f*; modelo *m*; estilo *m*; (*Schneiderfasson*) hechura *f* 2 *fig* modo *m*, manera *f*; **nach seiner ~** a su manera; **Fassonarbeit** F TECH trabajo *m* de perfilado

fasso'nieren V/T ⟨*ohne* ge-⟩ TECH perfilar

'Fassreifen M aro *m* de cuba

'Fassung F ⟨~; ~en⟩ 1 TECH armadura *f*; *e-r Brille*: montura *f*; *e-r Glühlampe*: portalámpara(s) *m*; *e-s Edelsteins*: engaste *m*, engarce *m* 2 *fig schriftliche*: redacción *f*; (*Version*) versión *f* 3 *seelische*: (*Selbstbeherrschung*) serenidad *f*, sosiego *m*; (*Beherrschtheit*) dominio *m* de sí mismo; (*Ergebung*) resignación *f*; **die ~ bewahren** conservar la serenidad; **die ~ verlieren** *od* **aus der ~ geraten** inmutarse; desconcertarse, perder el tino; **die ~ wiedergewinnen** recobrar el aplomo, sosegarse; **j-n aus der ~ bringen** sacar de quicio (*od* de tino) a alg; **er war ganz außer ~** estaba fuera de sí; **sie trägt es mit ~** lo lleva con serenidad

'Fassungskraft F ⟨~⟩ (capacidad *f* de) comprensión *f*, capacidad *f* mental; **fassungslos** ADJ consternado; atónito; desconcertado, perplejo; (*untröstlich*) desconsolado; **ich war völlig ~** *umg* me quedé de una pieza; **Fassungslosigkeit** F ⟨~⟩ desconcierto *m*; perplejidad *f*; consternación *f*; **Fassungsvermögen** N cabida *f*, capacidad *f*; *e-s Raums*: aforo *m*; *fig* → Fassungskraft

'Fasswagen M vagón *m* cuba; **Fasswein** M vino *m* de barril; **fassweise** ADV por toneles (*bzw* barriles)

fast ADV 1 (*beinahe*) casi; **~ nicht** apenas; casi no; **~ nichts** casi nada; **~ nie** casi nunca; **~ nur** casi únicamente; **ich wäre ~ gefallen** casi me caigo 2 *vor Zahlen*: casi, cerca de, alrededor de

'fasten V/I ayunar (*a.* REL)

'Fasten N ⟨~s⟩ ayuno *m*, abstinencia *f* (*beide a.* REL); **Fastenkur** F cura *f* de ayuno; **Fastenpredigt** F sermón *m* de cuaresma; **Fastenspeise** F comida *f* de vigilia; **Fastenzeit** F cuaresma *f*

'Fast 'Food ['fa:st'fu:t] N ⟨~(s)⟩ comida *f* rápida

'Fastnacht F ⟨~⟩ *reg* (martes *m* de) carnaval *m*

'Fastnachts... IN ZSSGN → Faschingsdienstag, Faschingskostüm *etc*; **Fasttag** M día *m* de ayuno

Fas'zikel M ⟨~s; ~⟩ fascículo *m*

Faszina'tion F ⟨~⟩ fascinación *f*; **faszi'nieren** V/T ⟨*ohne* ge-⟩ fascinar; **faszi'nierend** ADJ fascinante, fascinador; (*spannend*) emocionante

F

fa'tal ADJ *(verhängnisvoll)* fatal, funesto; *(unselig)* aciago, desgraciado; *(unangenehm)* desagradable, molesto, fastidioso; *iron* dichoso; **ein ~er Irrtum** un error fatal *od* funesto

Fata'lismus M ⟨~⟩ fatalismo *m*; **Fatalist** M ⟨~en; ~en⟩, **Fatalistin** F ⟨~; ~nen⟩ fatalista *m/f*; **fatalistisch** ADJ fatalista

'Fata Mor'gana F ⟨~; ~s *od* Fata Morganen⟩ espejismo *m (a. fig)*

'Fatum N ⟨~s; Fata⟩ *geh* hado *m*; *(Geschick)* destino *m*, sino *m*, suerte *f*

'Fatzke M ⟨~n; ~n⟩ *umg pej (eingebildeter Mensch)* pisaverde *m*, petimetre *m*, currutaco *m*; *Arg* compadrito *m*

F

'fauchen **A** VI **1** *Katze etc* bufar *(a. fig)*; *(prusten)* resoplar; *Dampflok* echar vapor **2** *umg (schimpfen)* echar pestes **B** VT *(schimpfen)* **„raus hier!" fauchte er** „¡fuera de aquí!" rugió

faul[1] ADJ *(nicht fleißig)* vago, perezoso, holgazán

faul[2] ADJ **1** *(verdorben)* podrido *(a. fig)*, putrefacto, pútrido; *Obst, Fleisch a.* picado; *Holz* carcomido; *Zahn* cariado, picado **2** *umg pej* sospechoso, dudoso; **ein ~er Kompromiss** un acuerdo dudoso; **~er Kunde** un cliente moroso; **~er Witz** chiste *m* malo *(od* sin gracia*)*; **~er Zauber** embeleco *m*, trampantojo *m*; **da ist etwas ~** eso huele mal; *umg* **an der Sache ist was ~** *umg* aquí hay gato encerrado **3** *(leer)* **~e Ausrede** excusa *f* barata *(od* gratuita*)*

'Faulbaum M arraclán *m*

'Fäule F ⟨~⟩ → Fäulnis

'faulen VI pudrirse; *Holz* carcomerse; *Obst* echarse a perder, macarse; *Zahn, Knochen* cariarse

'Faulen N ⟨~s⟩ → Fäulnis; **faulend** ADJ putrescente, en (estado de) putrefacción

'faulenzen VI hacer el vago, holgazanear; *umg* no dar golpe

'Faulenzer M ⟨~s; ~⟩ vago *m*, perezoso *m*, holgazán *m*

Faulenze'rei F ⟨~; ~en⟩ vagancia *f*, pereza *f*, holgazanería *f*

'Faulenzerin F ⟨~; ~nen⟩ vaga *f*, perezosa *f*, holgazana *f*

'Faulgas N gas *m* pútrido, gas *m* de fermentación, biogás *m*; **Faulheit** F ⟨~⟩ pereza *f*, *umg* galbana *f*; *(Nichtstun)* ociosidad *f*; **faulig** ADJ podrido; pútrido, putrefacto; *(morsch)* carcomido

'Fäulnis F ⟨~⟩ podredumbre *f*; putridez *f*; putrefacción *f*; *(Zersetzung)* descomposición *f*; **in ~ übergehen** pudrirse

'fäulnisbeständig ADJ resistente a la putrefacción, imputrescible; **fäulniserregend** ADJ putrefactivo

'Fäulniserreger M agente *m* de putrefacción; **Fäulnisgärung** F fermentación *f* pútrida; **Fäulnisgeruch** M olor *m* a putrefacción, olor *m* putrefacto

'fäulnishemmend, fäulnisverhütend ADJ antiputrescible, antipútrido

'Faulpelz M → Faulenzer; **Faultier** N ZOOL perezoso *m (a. fig)*

Faun M ⟨~(e)s; ~e⟩ MYTH fauno *m*

'Fauna F ⟨~; Faunen⟩ fauna *f*

Faust F ⟨~; ⸚e⟩ **1** ANAT puño *m*; **die ~ ballen** apretar el puño; **eine ~ machen** cerrar la mano *(od* el puño*)*; **j-m eine ~ machen** *od* **die ~ zeigen** amenazar a alg con el puño; **mit erhobener ~** puño en alto; **j-m mit der ~ drohen** levantar el puño a alg; **mit der ~ auf den Tisch schlagen** *od* **hauen** dar un puñetazo sobre la mesa; *fig a.* imponerse con resolución y energía **2** *fig* **auf eigene ~** por su (propia) cuenta, por su propia iniciativa; **mit eiserner ~** con mano de hierro **3** *umg* **das passt wie die ~ aufs Auge** eso no pega ni con cola; *umg* eso pega *(od* sienta*)* como a un santo cristo un par de pistolas

'Fäustchen N ⟨~s; ~⟩ *umg fig* **sich** *(dat)* **ins ~ lachen** reírse para sus adentros *(od* por lo bajo*)*

'faustdick ADJ (grande) como un puño; *umg* **eine ~e Lüge** *umg* una solemne mentira, una mentira como una casa; *umg* **er/sie hat es ~ hinter den Ohren** *umg* tiene mucha trastienda *(od* malicia*)*

'Fäustel M ⟨~s; ~⟩ **1** *Hammer:* mallo *m* **2** *reg (Fausthandschuh)* manopla *f*

'fausten VT SPORT rechazar (el balón) con el puño

'Faustfeuerwaffe F arma *f* de fuego corta; **faustgroß** ADJ como *(od* del tamaño de*)* un puño; **Fausthandschuh** M manopla *f*; **Faustkampf** M lucha *f* a puñetazos; SPORT pugilato *m*, boxeo *m*; **Faustkämpfer** M, púgil *m*; boxeador *m*; **Faustkämpferin** F boxeadora *f*; **Faustkeil** M pica *f* (prehistórica)

'Fäustling M ⟨~s; ~e⟩ manopla *f*

'Faustpfand N prenda *f* mobiliaria; **Faustrecht** N derecho *m* del más fuerte; **Faustregel** F regla *f* práctica *(od* empírica*)*; **Faustschlag** M puñetazo *m*

Fau'teuil [fo'tø:j] M ⟨~s; ~s⟩ *österr* sillón *m*

Faux'pas [fo'pa] M ⟨~; ~⟩ *geh* metedura *f* de pata

favori'sieren VT ⟨ohne ge-⟩ favorecer

Favo'rit M ⟨~en; ~en⟩, **Favoritin** F ⟨~; ~nen⟩ **1** *Person* favorito *m*, -a *f*, preferido *m*, -a *f* **2** M INTERNET bookmark *m*

Fax N ⟨~; ~e⟩ fax *m*; **per ~** por fax; **ein ~ schicken** mandar un fax (**an** *acus* a)

'Faxanschluss M conexión *f* de fax

'faxen VT mandar *(od* enviar*)* por fax; **j-m etw ~** pasar *(od* mandar*)* un fax a alg

'Faxen FPL aspavientos *mpl*; payasadas *fpl*; travesuras *fpl*; **~ machen** *od* **schneiden** hacer muecas, gesticular; **mach keine ~!** ¡déjate de bromas!

'Faxenmacher M, **Faxenmacherin** F bromista *m/f*, guasón *m*, -ona *f*

'Faxfone [-fo:n] N, **Faxphone** [-fo:n] N ⟨~s; ~s⟩ (combinación *f*) fax-teléfono *m*; **Faxgerät** N fax *m*; **Faxkarte** F tarjeta *f (od* placa *f)* de fax; **Faxmailing** [-me:lɪŋ] N publicidad *f* por fax; **Faxmodem** N fax-módem *m*; **Faxmodul** N módulo *m* de fax; **Faxnummer** F número *m* de fax; **Faxpapier** N papel *m* de *(od* para*)* fax; **Faxversand** M envío *m* por fax

FAZ F ABK ⟨~⟩ *(Frankfurter Allgemeine Zeitung)* *periódico alemán*

'Fazit N ⟨~s; ~e *od* ~s⟩ resultado *m*, conclusión *f*; total *m*; **das ~ (aus etw) ziehen** sacar conclusiones (de a/c)

FC, F. C. M ABK (Fußballclub) C.F. *m* (Club de Fútbol)

FCKW NPL ABK (Fluorchlorkohlenwasserstoffe) CFC *mpl* (clorofluorocarbonados); **FCKW-frei** ADJ sin CFC

FDGB M ABK (Freier Deutscher Gewerkschaftsbund) HIST *DDR:* Federación *f* Libre de los Sindicatos Alemanes

FDJ F ABK (Freie Deutsche Jugend) HIST *DDR:* Juventud *f* Libre Alemana

FDP F ABK (Freie Demokratische Partei) FDP *m* (Partido Liberal Demócrata)

f.d.R. ABK (für die Richtigkeit) comprobado y conforme

'F-Dur N ⟨~⟩ la *m* mayor

'Feber M ⟨~s; ~⟩ *österr* febrero *m*

Febr. ABK (Februar) febr. (febrero)

'Februar M ⟨~s; ~e⟩ febrero *m*

'Fechtbahn F pista *f* de esgrima

'fechten VI ⟨irr⟩ **1** esgrimir **2** *geh (kämpfen)* combatir, batirse

'Fechten N ⟨~s⟩ esgrima *f*

'Fechter M ⟨~s; ~⟩, **Fechterin** F ⟨~; ~nen⟩ esgrimidor *m*, -a *f*, *bes Am* esgrimista *m/f*; **Fechtgang** M asalto *m*; **Fechthandschuh** M guante *m* de esgrima; **Fechtkunst** F esgrima *f*; **Fechtlehrer** M **Fechtlehrerin** F profesor *m*, -a *f* de esgrima; **Fechtmaske** F careta *f* de esgrima; **Fechtmeister** M maestro *m* de armas; **Fechtschurz** M peto *m*; **Fechtsport** M esgrima *f*; **Fechtstellung** F posición *f* de guardia; **Fechtturnier** N torneo *m* de esgrima

'Feder F ⟨~; ~n⟩ **1** ZOOL pluma *f (a. Schmuckfeder)*; *fig* **(bei etw) ~n lassen** salir perjudicado (de a/c); *fig* **sich mit fremden ~n schmücken** adornarse con plumas ajenas; *umg* **noch in den ~n liegen** estar todavía en la cama; *umg* **er findet nicht aus den ~n** *umg* se le pegan las sábanas **2** *obs (Schreibfeder)* pluma *f*; *geh* **die ~ ergreifen** *od* **zur ~ greifen** tomar la pluma; *geh* **j-m etw in die ~ diktieren** dictar a/c a alg **3** TECH resorte *m*, muelle *m (a. Uhrfeder)*; AUTO ballesta *f* **4** *Tischlerei:* lengüeta *f*

'Federantrieb M TECH accionamiento *m* a resorte; **federartig** ADJ plumoso; **Federball** M volante *m*; *Spiel:* juego *m* del volante; **Federbein** N AUTO, FLUG pata *f* telescópica; **Federbesen** M plumero *m*; **Federbett** N colchón *m* de pluma(s); edredón *m*; **Federblatt** N TECH hoja *f* de ballesta; **Federbolzen** M TECH perno *m* de ballesta; **Federbrett** N *Turnen:* trampolín *m*; **Federbusch** M **1** *(Schmuck)* penacho *m*, plumero *m*; MIL *am Helm:* airón *m* **2** ZOOL copete *m*, moño *m*; **Federdecke** F edredón *m*; **Federfuchser** M ⟨~s; ~⟩ *umg pej* plumífero *m*; *umg* chupatintas *m*, *umg* cagatinta(s) *m*; *fig* pedante *m*

'federführend ADJ responsable; competente

'Federführung F dirección *f*; **Federgabel** F AUTO horquilla *f* telescópica; **Federgehäuse** N *Uhr:* barrilete *m*; **Federgewicht** N SPORT peso *m* pluma; **Federhalter** M ⟨~s; ~⟩ portaplumas *m*; **Federkasten** M → Federmäppchen; **Federkernmatratze** F colchón *m* de muelles; **Federkiel** M cañón *m* de pluma; **Federkissen** N almohada *f (od* cojín *m)* de pluma; **Federkleid** N ZOOL plumaje *m*; **Federkraft** F elasticidad *f*, fuerza *f* elástica; **Federkrieg** M *geh obs* polémica *f*

feder'leicht ADJ ligero *(Arg* liviano*)* como una pluma

'Federlesen N ⟨~s⟩ *fig* **nicht viel ~s machen** no gastar cumplidos; **ohne viel ~(s)** sin cumplidos, sin rodeos

'Federmäppchen N, **Federmappe** F plumero *m*, plumier *m*; **Federmatratze** F colchón *m* de muelles; **Federmesser** N cortaplumas *m*

'federn **A** VI **1** *(elastisch sein)* ser elástico **2** SPORT saltar, brincar **3** *Vogel* mudar, estar de muda; perder plumas **B** VT **1** *Wagen* **gut gefedert sein** tener buena suspensión **2** TECH *Tischlerei:* unir por lengüeta **C** V/R **sich ~** *Vogel* perder plumas

'federnd ADJ elástico, flexible; *Gang, Bewegung* ligero; TECH **~ angebracht** montado *(od* suspendido*)* en muelles

'Federring M TECH anillo *m* elástico; **Federschale** F bandeja *f* para lápices; **Federschmuck** M adorno *m* de plumas; *am Helm:* airón *m*; **Federspitze** F punta *f* de la pluma; **Federstahl** M acero *m* para resortes; **Federstrich** M plumada *f*; plumazo *m*

(*a. fig*); *fig* **mit einem ~** de un plumazo

'Federung F ⟨~; ~en⟩ TECH muelles *mpl*; *Wagen*: suspensión *f* (elástica)

'Federvieh N aves *fpl* de corral; volatería *f*; **Federwaage** F balanza *f* de resorte; **Federweiße(r)** M ⟨~n; ~n; → A⟩ *reg* vino *m* joven en fermentación; **Federwerk** N mecanismo *m* de resortes; **Federwild** N caza *f* de pluma; **Federwisch** M plumero *m*; **Federwolke** F METEO cirro *m*; **Federzeichnung** F dibujo *m* a la pluma; **Federzirkel** M compás *m* de muelle; **Federzug** M → Federstrich

Fee F ⟨~; ~n⟩ hada *f*

'Feed-back ['fi:tbɛk] N ⟨~s; ~s⟩ feed-back *m*, retroalimentación *f*

'feenhaft ADJ de hada; *fig* mágico; maravilloso

'Feenkönigin F reina *f* de las hadas; **Feenland** N ⟨~(e)s; ~e⟩ país *m* de las hadas; **Feenmärchen** N cuento *m* de hadas

'Fegefeuer N ⟨~s⟩ purgatorio *m*

'fegen A VT 1 (*kehren*) barrer; *schweiz* (*scheuern*) fregar; **den Schornstein ~** deshollinar la chimenea 2 (*wegreißen, wegblasen*) barrer, arrastrar; **etw vom Tisch ~** tirar a/c de la mesa; *fig Argumente, Widerspruch* rechazar rotundamente 3 JAGD *Geweih* restregar B VI ⟨sn⟩ (*sausen*) pasar rápidamente; *Sturm* azotar; *Wind* **über die Straßen ~** barrer las calles

Feh N ⟨~(e)s; ~e⟩ ZOOL gris *m*; *Pelz*: petigrís *m*

'Fehde F ⟨~; ~n⟩ *lit* (*Streit*) querella *f*; altercado *m*; (*Feindschaft*) hostilidad *f*; *fig* guerra *f*, contienda *f*; **Fehdehandschuh** M HIST, *fig geh* guante *m* de desafío; **den ~ aufnehmen** recoger el guante, aceptar el reto; **j-m den ~ hinwerfen** arrojar el guante a alg

fehl ADJ **~ am Platze sein** estar fuera de lugar; *Bemerkung* no venir al caso, no venir a cuento

Fehl M ⟨~(e)s⟩ *geh* tacha *f*, defecto *m*; **ohne ~ (und Tadel)** sin tacha, intachable

'Fehlalarm M falsa alarma *f*; **Fehlanruf** M TEL llamada *f* equivocada; **Fehlanzeige** F resultado *m* negativo; **~!** ¡nada!, ¡no está!, ¡no existe!

'fehlbar ADJ falible; **Fehlbarkeit** F ⟨~⟩ falibilidad *f*

'Fehlbestand M deficiencia *f*, falta *f*

'Fehlbetrag M déficit *m*, falta *f*; **einen ~ aufweisen** acusar un déficit; **einen ~ ausgleichen** *od* **decken** cubrir un déficit; **mit einem ~ abschliessen** cerrar con un déficit

'Fehlbezeichnung F denominación *f* errónea; **Fehlbitte** F *geh obs* **eine ~ tun** pedir en vano; recibir una negativa; **Fehlbogen** M TYPO hoja *f* mal impresa; **Fehldiagnose** F MED diagnóstico *m* erróneo, error *m* de diagnóstico; **Fehldruck** M ⟨~(e)s; ~e⟩ TYPO error *m* de impresión; impresión *f* defectuosa; **Fehleinschätzung** F cálculo *m* equivocado

'fehlen A VI 1 (*abwesend sein*) faltar; estar ausente; *bei Aufruf*: no estar presente; **bei etw ~** *a.* no asistir a a/c; **in der Arbeit ~** faltar al trabajo; **in der Schule** *od* **im Unterricht ~** faltar a clase 2 (*vermisst werden*) ser echado de menos; **du hast uns sehr gefehlt** te hemos echado mucho de menos (*od* en falta) 3 (*mangeln, nötig sein*) **j-m ~** hacer falta a alg; **ihr ~ noch zwei Punkte** *zum Gewinn*: todavía le faltan dos puntos; *fig* **es an nichts ~ lassen** hacer todo lo posible, no regatear esfuerzos, intentarlo todo 4 *gesundheitlich*: **fehlt Ihnen etwas?** ¿le pasa algo?; **mir fehlt nichts** no me pasa (*od* no tengo) nada 5 *geh* (*e-n Fehler begehen*) cometer un error, incurrir en una falta; (*sündigen*) pecar; **gegen j-n ~** faltar (al respeto) a alg; **gegen das Gesetz ~** infringir (*od* violar) la ley 6 (*sich irren*) equivocarse; **weit gefehlt!** está usted muy equivocado B V/UNPERS 1 (*mangeln, nötig sein*) faltar, hacer falta; **es fehlt uns an** (*dat*) necesitamos, nos (hace) falta, carecemos; **an mir soll es nicht ~** por mí no ha de quedar (*od* faltar); *iron* **das fehlte gerade noch!** ¡esto es lo que faltaba!, ¡sólo faltaba eso! 2 **es fehlte nicht viel und ...** a poco más ..., por poco ..., poco faltó para que ... (*subj*); **es hätte nicht viel gefehlt, und ich wäre gefallen** por poco me caigo 3 *beim Arzt etc*: **wo fehlt's denn?** ¿cuál es su problema?

'Fehlen N ⟨~s⟩ 1 (*Nichtvorhandensein*) falta *f*; carencia *f*; (*Mangel*) *a.* defecto *m* 2 (*Nichterscheinen*) ausencia *f*, inasistencia *f*; SCHULE absentismo *m* escolar, inasistencia *f* a clase; **fehlend** ADJ ausente, no disponible; **das Fehlende** lo que falta; **der/die Fehlende** el/la ausente

'Fehlentscheidung F JUR dictamen *m* equivocado; SPORT decisión *f* equivocada (*od* errónea)

'Fehler M ⟨~s; ~⟩ 1 (*Irrtum*) error *m* (*a.* TECH), equivocación *f*; falta *f* (*a.* SPORT); MATH *a.* desviación *f*; (*Druckfehler*) errata *f*; IT, TECH (*Versagen*) fallo *m*; (*Versehen*) descuido *m*, inadvertencia *f*; (*Missgriff*) desacierto *m*; REL (*Sünde*) pecado *m*; **einen ~ machen** cometer una falta; incurrir en un error 2 (*Mangel*) defecto *m*, desperfecto *m*; (*Makel*) tacha *f*; (*Unvollkommenheit*) imperfección *f*; **jeder hat seine ~** todos tenemos nuestros defectos 3 *moralischer*: vicio *m*; (*Charakterfehler*) defecto *m* 4 (*Schuld*) culpa *f*; **das war allein ihr ~** la culpa fue exclusivamente suya; **das ist nicht mein ~** no es culpa mía

'Fehleranalyse F análisis *m* de errores (*od* de fallos); diagnóstico *m* de errores; **Fehleranzeige** F indicación *f* de errores; **Fehlerbeseitigung** F depuración *f*, eliminación *f* del defecto

'fehlerfrei ADJ sin defecto (*a.* TECH), sin falta; (*makellos*) sin tacha; *bes fig* perfecto; irreprochable, intachable, impecable

'Fehlergrenze F límite *m* (*bzw* margen *m*) de error, tolerancia *f*

'fehlerhaft ADJ (*mangelhaft*) defectuoso; (*unrichtig*) incorrecto, falso; (*irrig*) erróneo, equivocado; **Fehlerhaftigkeit** F ⟨~⟩ incorrección *f*; deficiencia *f*

'Fehlerhäufigkeit F frecuencia *f* de errores (*od* de fallos); **Fehlerkorrektur** F corrección *f* de errores

'fehlerlos ADJ → fehlerfrei; **Fehlerlosigkeit** F ⟨~⟩ ausencia *f* de defectos (*bzw* de faltas *od* de errores)

'Fehlermeldung F IT aviso *m* (*od* notificación *f*) de error; **Fehlerquelle** F fuente *f* de errores; TECH causa *f* del defecto; **Fehlerquote** F cuota *f* de errores; **Fehlersuche** F localización *f* del defecto

'fehlertolerant ADJ IT tolerante a fallos; **Fehlertoleranz** F tolerancia *f* a fallos

'Fehlerverzeichnis N TYPO fe *f* de erratas; **Fehlerzahl** F número *m* de errores

'Fehlfarbe F *Kartenspiel*: fallo *m*; **Fehlgeburt** F aborto *m* (espontáneo)

'fehlgehen VI ⟨irr; sn⟩ *geh* 1 (*sich verirren*) extraviarse, errar el camino (*beide a. fig*); *fig* equivocarse, andar errado 2 *Schuss* errar el blanco 3 (*misslingen*) frustrarse; fracasar, salir mal

'fehlgeleitet ADJ *fig Person* (*moralisch irregeleitet*) corrompido, degenerado

'Fehlgewicht N falta *f* de peso; HANDEL (*Schwund*) merma *f*

'fehlgreifen VI ⟨irr⟩ *fig geh* desacertar, equivocarse; *umg* hacer una plancha; **Fehlgriff** M *fig* equivocación *f*, desacierto *m*; error *m*; *umg* plancha *f*

'Fehlinformation F información *f* falsa (*od* errónea *od* incorrecta); **Fehlinvestition** F HANDEL inversión *f* equivocada (*od* improductiva); **~en vornehmen** hacer inversiones equivocadas; **Fehlkalkulation** F cálculo *m* erróneo (*od* equivocado); **Fehlkarte** F *Kartenspiel*: carta *f* falsa; **Fehlkauf** M mala compra *f*; **Fehlkonstruktion** F construcción *f* defectuosa; **Fehllandung** F FLUG aterrizaje *m* defectuoso; **Fehlleistung** F PSYCH acto *m* fallido

'fehlleiten VT *geh* dirigir erradamente, des(en)caminar; *Briefe* dar curso equivocado

'Fehllieferung F suministro *m* (*od* envío *m*) erróneo; **Fehlpass** M SPORT pase *m* fallido; **Fehlplanung** F planificación *f* incorrecta; **Fehlprägung** F *e-r Münze*: acuñación *f* defectuosa; **Fehlprognose** F pronóstico *m* falso (*od* desacertado); **Fehlpunkt** M SPORT punto *m* negativo

'fehlschießen VI ⟨irr⟩ errar (*od* no dar en) el blanco, errar el tiro (*a. fig*); *fig* equivocarse

'Fehlschlag M golpe *m* en falso; *fig* fracaso *m*, fallo *m*; **fehlschlagen** VI ⟨irr⟩ *fig geh* fracasar; fallar, frustrarse

'Fehlschluss M razonamiento *m* falso, conclusión *f* equivocada, paralogismo *m*; **Fehlschuss** M tiro *m* errado (*od* fallado)

'fehlsichtig ADJ amétrope; **Fehlsichtigkeit** F ametropía *f*

'Fehlspekulation F especulación *f* equivocada; **Fehlspruch** M JUR sentencia *f* equivocada; error *m* judicial; **Fehlstart** M salida *f* en falso (*bzw* nula); **Fehlstoß** M golpe *m* errado (*od* en falso); *Billard*: pifia *f*

'fehltreten VI ⟨irr⟩ *geh* dar un traspié, dar un paso en falso; **Fehltritt** M 1 paso *m* en falso, traspié *m*; **einen ~ tun** dar un traspié 2 *fig geh* resbalón *m*, desliz *m*

'Fehlurteil N juicio *m* erróneo; JUR error *m* judicial; **Fehlzeiten** FPL WIRTSCH horas *fpl* no efectuadas (*od* no trabajadas); tiempo *m* de ausencia (del trabajo); **die ~ senken** bajar la tasa de absentismo; **Fehlzündung** F AUTO encendido *m* defectuoso

'feien VT *poet* hacer invulnerable (**gegen** contra); → gefeit

'Feier F ⟨~; ~n⟩ (*Fest*) fiesta *f*; *e-s Festes*: celebración *f*; (*Festlichkeit*) festividad *f*, solemnidad *f*; (*Festakt*) ceremonia *f*; acto *m* (solemne); **zur ~ des Tages** para celebrar (*bzw* conmemorar) el día

'Feierabend M fin *m* del trabajo; HANDEL hora *f* de cierre; (*Freizeit*) tiempo *m* libre (después del trabajo); **~ machen** terminar la jornada, cesar el trabajo; **sie hat um fünf ~** sale del trabajo a las cinco; **nach ~** después del trabajo; *umg* **jetzt ist aber ~!** ¡basta ya!; ¡se acabó!

'feierlich A ADJ solemne; (*förmlich*) ceremonioso; *umg hum* **das ist schon nicht mehr ~!** ¡esto es demasiado! B ADV solemnemente; **~ begehen** celebrar (solemnemente)

'Feierlichkeit F ⟨~; ~en⟩ solemnidad *f*; (*Fest*) fiesta *f*; festividad *f*, *öffentlich*: acto *m*; (*Feier*) ceremonia *f*

'feiern A VT 1 *Fest* celebrar; festejar; *mit Pomp*: solemnizar; *Festtag* observar, guardar 2 **j-n ~** agasajar (*od* homenajear) a alg; (*j-n ehren, rühmen*) ensalzar *od* enaltecer a alg; (*j-s gedenken*) conmemorar a alg; **etw ~** celebrar a/c; *festlich*: festejar a/c; **das muss man ~** esto hay que celebrarlo B VI (*nicht arbeiten*) no trabajar, hacer fiesta, feriar; *umg* **~ müssen** estar en paro (forzoso)

'Feiern N ⟨~s⟩ celebración *f*; **Feierschicht** F jornada *f* sin trabajar; *bes* BERGB turno *m* no

F

efectuado; **~en einlegen** introducir turnos de descanso; **Feierstunde** F acto *m* solemne, ceremonia *f*

'Feiertag M día *m* festivo (*od* feriado); (*Festtag*) (día *m* de) fiesta *f*; *an Schulen etc a.*: día *m* no lectivo; **gesetzlicher ~** fiesta *f* oficial; **kirchlicher ~** fiesta *f* religiosa; **an ~en** en días festivos; **schöne ~e!** ¡felices fiestas!

'feig(e) ADJ cobarde; (*furchtsam*) medroso, pusilánime

'Feige F ⟨~; ~n⟩ BOT higo *m*

'Feigenbaum M higuera *f*; **Feigenblatt** N 1 BOT hoja *f* de higuera 2 *fig* hoja *f* de parra; **Feigenkaktus** M BOT chumbera *f*, higuera *f* chumba, nopal *m*

'Feigheit F ⟨~⟩ cobardía *f*; **feigherzig** ADJ pusilánime; **Feigherzigkeit** F ⟨~⟩ pusilanimidad *f*, cobardía *f*; **Feigling** M ⟨~s; ~e⟩ cobarde *m/f*, *umg* gallina *m/f*

'Feigwarze F MED condiloma *m*

feil ADJ *obs* vendible; de (*od* en) venta; *fig pej* venal

'feilbieten VT ⟨*irr*⟩ *geh* poner en (*od* a la) venta; ofrecer

'Feile F ⟨~; ~n⟩ lima *f*

'feilen VT limar; *fig a.* pulir, refinar, perfeccionar; *fig* **an einem Text ~** pulir un texto

'Feilen N ⟨~s⟩ limado *m*, limadura *f*

'feilhalten VT ⟨*irr*⟩ *obs* poner a la venta; *umg fig* **Maulaffen ~** (*mit offenem Mund staunen*) quedarse con la boca abierta *od* boquiabierto

'Feilkloben M ⟨~s; ~⟩ tornillo *m* de mano; **Feilmaschine** F limadora *f*

'feilschen VI **um etw ~** regatear a/c; **Feilschen** N ⟨~s⟩ regateo *m*; **Feilscher** M ⟨~s; ~⟩, **Feilscherin** F ⟨~; ~nen⟩ regatón *m*, -ona *f*

'Feilspäne MPL TECH limaduras *fpl*, limalla *f*; **Feilstrich** M limada *f*

fein A ADJ 1 *allg* fino; *Regen, Körner a.* menudo; AGR (*dünn*) *a.* delgado; (*sehr dünn*) tenue, sutil; *fig* **~er Unterschied** diferencia *f* sutil (*od* pequeña) 2 (*zart*) delicado; (*genau*) preciso, exacto; **~es Gefühl** sentimiento *m* delicado 3 (*erlesen*) selecto, exquisito; (*verfeinert*) refinado; (*sorgfältig gearbeitet*) esmerado; **~er Geschmack** gusto *m* refinado; *fig* **das ist etwas (ganz) Feines** es canela fina; *umg* esto sí que es bueno 4 (*vornehm*) distinguido; (*elegant*) elegante; **~es Benehmen** modales *mpl* distinguidos, buenas maneras *fpl*; **~e Leute** *umg* gente *f* bien; **~er Ton** buen tono *m*; **~e Welt** mundo *m* elegante; *umg* **den ~en Mann spielen** *od* **markieren** *umg* echárselas (*od* dárselas) de fino 5 (*schön*) hermoso; (*hübsch*) bonito, lindo; **~!** ¡excelente!, *umg* ¡estupendo!; **eine ~e Sache** una buena cosa 6 *umg* (*nett*) **er ist ein ~er Kerl** *umg* es un gran tío; *iron* **du bist mir ein ~er Freund!** *umg* ¡valiente amigo tengo en ti! B ADV 1 finamente; **etw ~ schneiden** cortar a/c muy fino 2 (*gut, erlesen*) bien; **~ schmecken** saber muy bien, tener un sabor exquisito 3 *fig* **er ist ~ heraus** le han salido bien las cosas, *weitS.* es un hombre de suerte 4 (*elegant*) **sich ~ machen** ataviarse

'Feinabstimmung F RADIO, TV sintonía *f* fina; **Feinarbeit** F trabajo *m* de precisión; **Feinbäcker** M pastelero *m*; **Feinbäckerei** F pastelería *f*; **Feinbäckerin** F pastelera *f*; **Feinblech** N chapa *f* fina

Feind M ⟨~(e)s; ~e⟩ 1 *bes* MIL enemigo *m*; **sich** (*dat*) **~e machen** hacerse enemigos; **sich** (*dat*) **j-n zum ~ machen** enemistarse con alg; **ein ~ einer Sache sein** ser enemigo de a/c; **j-m feind sein** ser hostil a alg, ser enemigo de (*od* opuesto a) alg; **j-m feind werden** enemistarse con alg; *umg* ponerse a malas con alg 2 (*Gegner*) adversario *m*; antagonista *m*; (*Rivale*) rival *m*

'Feindberührung F MIL contacto *m* con el enemigo; **Feindbild** N concepto *m* de enemigo; **Feindeinwirkung** F acción *f* del enemigo

'Feindeshand F **in ~ fallen** caer en poder (*od* en manos) del enemigo; **Feindesland** N ⟨~(e)s⟩ país *m* enemigo

'Feindflug M MIL vuelo *m* contra el enemigo, incursión *f* aérea

'Feindin F ⟨~; ~nen⟩ enemiga *f*; (*Gegnerin*) adversaria *f*; antagonista *f*; (*Rivalin*) rival *f*

'feindlich A ADJ enemigo; (*feindlich gesinnt*) hostil; *Geschick* adverso B ADV **j-m ~ gesinnt sein** ser enemigo de (*od* contrario a) alg, querer mal a alg; **Feindlichkeit** F ⟨~; ~en⟩ sentimientos *mpl* hostiles

'Feindschaft F ⟨~; ~en⟩ 1 enemistad *f*; (*feindliche Gesinnung*) hostilidad *f*; animosidad *f*; **in ~ leben mit** estar enemistado con, estar a malas con 2 (*Gegnerschaft*) antagonismo *m*; rivalidad *f*

'feindselig A ADJ hostil B ADV con hostilidad; **~ blicken** lanzar una mirada hostil

'Feindseligkeit F ⟨~; ~en⟩ hostilidad *f*; animosidad *f*; **die ~en eröffnen** romper (*od* abrir) las hostilidades; **die ~en einstellen** cesar (*od* suspender) las hostilidades; **Eröffnung** *f*/**Einstellung** *f* **der ~en** iniciación *f*/cesación *f* de las hostilidades

'Feineinstellung F TECH graduación *f* (*od* ajuste *m*) de precisión; ajuste *m* fino; OPT enfoque *m* de precisión; TV sintonía *f* fina

'feinfaserig ADJ *Holz* de fibra fina; **feinfühlend, feinfühlig** ADJ sensible; delicado

'Feingebäck N pasteles *mpl*; galletas *fpl* finas; **Feingefühl** N ⟨~s⟩ tacto *m*, delicadeza *f*; **Feingehalt** M quilate *m*; *v. Münzen*: ley *f*; título *m* legal; **feingliedrig** ADJ delgado, fino; grácil; **Feingold** N oro *m* de ley (*od* fino)

'Feinheit F ⟨~⟩ 1 *allg* fineza *f*; finura *f* 2 (*Zartheit*) delicadeza *f*; sutileza *f*; (*Zierlichkeit*) delgadez *f*, gracilidad *f* 3 (*Eleganz*) distinción *f*, elegancia *f*; *des Umgangs*: finura *f*, refinamiento *m*; *des Stils*: galanura *f*, elegancia *f* 4 (*Qualität*) exquisitez *f* 5 *fig* **die ~en** *fpl* los pequeños detalles

'feinhörig ADJ de oído fino; **Feinkorn** N grano *m* fino (*a.* FOTO); **feinkörnig** ADJ de grano fino

'Feinkost F ⟨~⟩ comestibles *mpl* finos; ultramarinos *mpl*; **Feinkostgeschäft** N, **Feinkosthandlung** F, **Feinkostladen** M (tienda *f* de) comestibles finos; ultramarinos (finos) *mpl*; tienda *f* de delicatessen; *Am* fiambrería *f* (selecta)

'feinmachen V/R → fein B 4

'feinmaschig ADJ de malla tupida (*od* fina)

'Feinmechanik F mecánica *f* de precisión; **Feinmechaniker** M, **Feinmechanikerin** F mecánico *m*, -a *f* de precisión

'feinporig ADJ de poros finos

'Feinschliff M TECH pulido *m* fino

'Feinschmecker M ⟨~s; ~⟩, **Feinschmeckerin** F ⟨~; ~nen⟩ gastrónomo *m*, -a *f*; aficionado *m*, -a *f* a la buena cocina; *weitS.* sibarita *m/f*; **Feinschmeckerlokal** N restaurante *m* para gastrónomos

'Feinschnitt M (*Tabak*) tabaco *m* de hebra; **Feinseife** F jabón *m* de tocador; **Feinsilber** N plata *f* fina

'feinsinnig ADJ (de espíritu) sutil; de gusto refinado; **Feinsinnigkeit** F ⟨~⟩ delicadeza *f*

'Feinstaub M partículas de polvo, polvo *m* fino; **Feinstaubbelastung** F contaminación *f* de partículas; **Feinstaubwert** M ÖKOL concentración *f* de partículas suspendidas (totales)

'Feinstbearbeitung F TECH acabado *m* de alta precisión

'Feinste(s) N ⟨~n; → A⟩ **das ~** la flor y nata; *umg* **alles nur vom ~n** todo sólo lo mejor *od* de lo más selecto

'Feinstruktur F PHYS estructura *f* fina; **Feinstrumpfhose** F medias *fpl* finas; **Feinwäsche** F ropa *f* delicada; lencería *f* fina; **Feinwaschmittel** N detergente *m* suave; **Feinzucker** M azúcar *m* refinado

feist ADJ gordo, rollizo, *umg* atocinado

'Feiste F ⟨~⟩, **Feistheit** F ⟨~⟩, **Feistigkeit** F ⟨~⟩ gordura *f*

'feixen VI *umg* reír irónicamente; sonreír maliciosamente

'Felchen M ⟨~s; ~⟩ *Fisch*: corégono *m*

Feld N ⟨~(e)s; ~er⟩ 1 AGR *etc* campo *m* (*a. Wappen*, PHYS *u. fig*); (*Gelände*) terreno *m*; (*Gefilde*) campiña *f*; **auf freiem ~(e)** en campo libre; **durch die ~er streifen** (re)correr el campo 2 *fig* (*Gebiet*) *campo m*; dominio *m*; (*Fachgebiet*) materia *f*, especialidad *f*; (*Aktionsfeld*) campo *m* de actividad (*od* de acción), **ein weites ~** un vasto campo; un tema amplio; **er hat freies ~** tiene plena libertad de acción 3 *auf Formularen*: casilla *f*; *Schachspiel*: escaque *m*, casilla *f* 4 SPORT (*Spielfeld*) campo *m* (de juego); **vom ~ weisen** expulsar del campo 5 *Radrennen*: (*Gruppe*) pelotón *m*; **sich vom ~ lösen** escaparse del pelotón 6 MIL campaña *f*; (*Schlachtfeld*) campo *m* de batalla; **das ~ behaupten** quedar dueño del campo; **das ~ räumen** dejar el campo libre (*a. fig*); despejar el campo; abandonar el terreno; *geh* **auf dem ~(e) der Ehre** en el campo del honor; **aus dem ~(e) schlagen** derrotar (*od* poner en fuga); *fig* eliminar, derrotar; **ins ~ ziehen** *od* **rücken** entrar en campaña; ir a la guerra; **im ~(e) sein** *od* **stehen** estar (*od* hallarse) en campaña; *fig* **ins ~ führen** *Gründe etc* alegar; *fig geh* **gegen etw zu ~e ziehen** lanzarse contra a/c; emprender una campaña contra a/c 7 ARCH compartimiento *m*; (*Füllung*) panel *m*, entrepaño *m*

'Feldarbeit F 1 AGR faenas *fpl* (*od* labores *fpl*) del campo, labranza *f* 2 SOZIOL (*Feldforschung*) trabajo *m* de campo; **Feldarbeiter** M bracero *m*, *Am* peón *m*; mozo *m* de labranza; **Feldbahn** F BAHN ferrocarril *m* de campaña; **Feldbestellung** F AGR labranza *f*, labores *fpl* de cultivo; **Feldbett** N *bes* MIL cama *f* de campaña, catre *m*; **Feldblume** F BOT flor *f* campestre; **Feldbluse** F guerrera *f*; **Felddiebstahl** M hurto *m* rural; **Felderregung** F ELEK excitación *f* de campo; **Feldflasche** F cantimplora *f*; **Feldflugplatz** M MIL campo *m* de aviación; **Feldforschung** F trabajo *m* de campo; **Feldfrüchte** FPL AGR frutos *mpl* del campo; **Feldgeistliche(r)** M MIL capellán *m* castrense; **Feldgeschütz** N MIL pieza *f* de campaña; **Feldgottesdienst** M MIL misa *f* de campaña

'feldgrau ADJ MIL gris de campaña

'Feldhase M ZOOL liebre *f* de campo; **Feldherr** M MIL general *m* (en jefe); *weitS.* estratega *m*; **der oberste ~** *a.* el generalísimo; **Feldhüter** M *obs* guarda *m* jurado (*od* rural); **Feldjäger** MPL MIL (miembro *m* de la) policía *f* militar; **Feldküche** F MIL cocina *f* de campaña; **Feldlager** N MIL campamento *m*; vivaque *m*; **Feldlazarett** N MIL hospital *m* de sangre, ambulancia *f*; **Feldlerche** F ORN alondra *f* común; **Feldmarschall** M MIL mariscal *m* (de campo); *in Deutschland, England*: feldmariscal *m*; **Feldmaus** F ZOOL ratón *m* del campo; **Feldmessung** F 1 ELEK medida *f* de campos 2 GEOG agrimensura *f*;

Feldmütze F MIL gorra *f* de cuartel; **Feldpost** F MIL HIST correo *m* militar; **Feldregler** M ELEK reóstato *m* de campo; **Feldsalat** M BOT (hierba *f* de) canónigos *mpl*; **Feldschlacht** F batalla *f* campal; **Feldspat** M ⟨~(e)s; ~e *od* ~̈e⟩ MINER feldespato *m*; **Feldspieler** M, **Feldspielerin** F SPORT jugador *m*, -a *f* de campo; **Feldstärke** F ELEK intensidad *f* de campo; **Feldstecher** M ⟨~s; ~⟩ prismáticos *mpl*, gemelos *mpl* (de campaña); **Feldstudie** F SOZIOL estudio *m* de campo; **Feldstuhl** M silla *f* plegable; **Feldversuch** M SOZIOL, BIOL experimento *m* (*od* ensayo *m*) de campo; **Feldverweis** M SPORT expulsión *f* (del campo de juego)

'Feld-'Wald-und-'Wiesen-... *umg* IN ZSSGN corriente y moliente

'Feldwebel M ⟨~s; ~⟩ **1** MIL sargento *m* mayor **2** *umg Frau*: mujer *f* de armas tomar; **Feldweg** M camino *m* vecinal; **Feldzeichen** N MIL insignia *f*, enseña *f*; **Feldzug** M campaña *f* (*a. fig*); MIL *a.* expedición *f* militar; **Feldzugsplan** M MIL plan *m* de campaña

'Felge F ⟨~; ~n⟩ **1** AUTO llanta *f*; *e-s Wagenrads*: pina *f*; **auf den ~n fahren** rodar sobre la llanta **2** SPORT *Turnen*: vuelta *f*

'felgen VT *Rad* poner llantas a; **Felgenbremse** F freno *m* sobre la llanta

Fell N ⟨~(e)s; ~e⟩ **1** (*Haut, Pelz*) piel *f*; pellejo *m*; (*Haarkleid*) pelaje *m*; *gegerbtes*: cuero *m*; *ungegerbtes*: piel *f* en bruto; **das ~ von etw abziehen** desollar a/c; **mit ~ gefüttert** forrado con piel; *fig* **ihm sind die ~e weggeschwommen** su gozo, en el pozo **2** *umg fig e-r Person*: **ein dickes ~ haben** tener anchas (*od* buenas) espaldas; **j-m das ~ gerben** *od* **versohlen** *umg* zurrar la badana a alg; **j-m das ~ über die Ohren ziehen** desollar a alg vivo; **sich** (*dat*) **das ~ über die Ohren ziehen lassen** dejarse explotar **3** MUS parche *m*

Fels M ⟨~en(s); ~en⟩ roca *f*; (*Felsblock*) peña *f*; peñón *m*; *größer*: peñasco *m*, risco *m*

'Felsabhang M despeñadero *m*, derrocadero *m*; **Felsblock** M roca *f*; peñasco *m*; *hoher*: tolmo *m*; **Felsboden** M suelo *m* roqueño (*od* rocoso); **Felsbrocken** M → Felsblock

'Felsen M ⟨~s; ~⟩ → Fels; **Felsenbein** N ANAT peñasco *m*

'felsen'fest **A** ADJ firme como una roca, *umg* de cal y canto; *fig* inquebrantable **B** ADV firmemente; **~ an etw** (*acus*) **glauben** creer a/c a pies juntillas

'Felsenklippe F escollo *m*; **Felsenküste** F costa *f* acantilada, acantilado *m*; **Felsenmalereien** FPL pinturas *fpl* rupestres; **Felsenriff** N arrecife *m*

'Felsformation F formación *f* de roca; **Felsgeröll** N rocalla *f*; **Felsgestein** N roca *f*

'felsig ADJ rocoso; cubierto de rocas; de roca; roqueño

'Felskluft F precipicio *m*; despeñadero *m*; **Felsmasse** F roca *f*; **Felspflanze** F planta *f* rupestre; **Felsspalt** M, **Felsspalte** F hendidura *f*; grieta *f*; **Felsspitze** F pic(ach)o *m*; **Felsvorsprung** M saliente *m* de (la) roca; **Felswand** F pared *f* de una roca, peña *f* escarpada

'Feme F ⟨~; ~n⟩ HIST **die ~** la (Santa) Vehma; **Femegericht** N HIST tribunal *m* de la (Santa) Vehma; *fig* POL tribunal *m* secreto; **Fememord** M *fig* POL ≈ asesinato *m* político

femi'nin, GRAM **'feminin** ADJ femenino; **Femininform** F GRAM forma *f* femenina, femenino *m*; **Femininum** N ⟨~s; Feminina⟩ GRAM femenino *m*

Femi'nismus M ⟨~⟩ feminismo *m*; **Feministin** F ⟨~; ~nen⟩ feminista *f*; **feministisch** ADJ feminista

'Fenchel M ⟨~s⟩ BOT hinojo *m*

Feng-'Shui [fɛŋ'ʃui] N ⟨~⟩ feng shui *m*, geomancia *m* china

Fenn N ⟨~(e)s; ~e⟩ *nordd* terreno *m* pantanoso

'Fenster N ⟨~s; ~⟩ **1** *allg* ventana *f* (*a.* IT); *großes*: ventanal *m*; *an Fahrzeugen*: ventanilla *f*; (*Ladenfenster*) escaparate *m*, *Am* vidriera *f*; (*Guckfenster, Klappfenster*) ventanillo *m*; (*Buntglasfenster, Kirchenfenster*) vidriera *f*; **ein ~ öffnen/schließen** abrir/cerrar una ventana; **die ~ einschlagen** *od* **einwerfen** romper los cristales; **die ~ putzen** limpiar los cristales; **sich ans ~ stellen** ponerse a la ventana; **aus dem ~ sehen** *od* **zum ~ hinaussehen** mirar por la ventana; **sich aus dem ~ lehnen** asomarse a la ventana; *fig* (*sich zu weit vorwagen*) aventurarse demasiado; **zum ~ hinauswerfen** arrojar (echar *od* tirar) por la ventana **2** *umg fig* **das Geld zum ~ hinauswerfen** tirar la casa por la ventana; despilfarrar el dinero; *umg fig* **weg vom ~ sein** *umg* haber desaparecido del mapa

'Fensterbank F ⟨~; ~̈e⟩ repisa *f*; antepecho *m*; → *a* Fensterbrett; **Fensterbrett** N alféizar *m*; **Fensterbriefumschlag** M sobre *m* ventana; **Fensterbrüstung** F antepecho *m*; **Fensterflügel** M hoja *f* de ventana; batiente *m*; **Fenstergitter** N reja *f* (de ventana); **Fensterglas** N vidrio *m* (común); **Fenstergriff** M tirador *m*; **Fensterheber** M AUTO elevalunas *m*, alzacristales *m*; **Fensterkitt** M masilla *f*; **Fensterkreuz** N crucero *m* de ventana; **Fensterkurbel** F AUTO manivela *f* alzacristales; **Fensterladen** M *äußerer*: postigo *m*; contraventana *f*; (*Jalousie*) persiana *f*; **Fensterleder** N gamuza *f* (para cristales)

'fensterln VI *südd, österr umg* ≈ pelar la pava

'fensterlos ADJ sin ventanas

'Fensternische F hueco *m* de la ventana; **Fensteröffnung** F vano *m*; **Fensterpfeiler** M entreventana *f*; **Fensterpfosten** M jamba *f*; **Fensterplatz** M asiento *m* de ventanilla; **Fensterputzer** M, **Fensterputzerin** F limpiacristales *m/f*, limpiaventanas *m/f*; **Fensterputzmittel** N limpiacristales *m*; **Fensterrahmen** M marco *m*, bastidor *m*; **Fensterreiniger** M *Gerät* lavacristales *m*; **Fensterriegel** M falleba *f*; **Fensterscheibe** F vidrio *m*, cristal *m*; (*bes Schaufensterscheibe*) luna *f*; **Fensterschutz** M *gegen Zugluft*: burlete *m*; **Fenstersims** M poyete *m* (de la ventana); **Fenstersturz** M **1** ARCH dintel *m* (de ventana) **2** HIST **Prager ~** la Defenestración de Praga; **Fenstertag** M puente *m*; **Fenstertür** F puertaventana *f*; **Fensterumschlag** M sobre *m* (con) ventana

'Ferien PL vacaciones *fpl*; **die großen ~** vacaciones de verano; **~ haben** estar de vacaciones; **~ machen in ...** (*dat*) pasar las vacaciones en ...; **in die ~ gehen** ir(se) de vacaciones (*bzw* de veraneo); **schöne ~!** ¡felices vacaciones!

'Feriendorf N aldea *f* de vacaciones; **Feriengast** M turista *m/f*; veraneante *m/f*; **Ferienhaus** N casa *f* (de vacaciones); *auf dem Land*: casa *f* rural; **Ferienheim** N residencia *f* de vacaciones; **Ferienjob** M trabajo *m* durante las vacaciones; **Ferienkolonie** F colonia *f* de vacaciones (*bzw* de verano); **Ferienkurs(us)** M curso *m* de vacaciones; **Ferienlager** N campamento *m* de vacaciones; **Ferienplan** M SCHULE calendario *m* escolar

'Ferienreise F viaje *m* de vacaciones; **Ferienreisende** M/F ⟨~n; ~n; → A⟩ vacacionista *m/f*; turista *m/f*

'Ferientag M día *m* de vacaciones; **Ferienwohnung** F apartamento *m* (*od* piso *m*) para vacaciones; **Ferienzeit** F tiempo *m* (*od* época *f*) de vacaciones

'Ferkel N ⟨~s; ~⟩ cochinillo *m*, lechón *m*; *fig* guarro *m*, cochino *m*

Ferke'lei F ⟨~; ~en⟩ cochinada *f*

'ferkeln VI **1** ZOOL parir (la cerda) **2** *fig* portarse como un cerdo

Fer'mate F ⟨~; ~n⟩ MUS calderón *m*, fermata *f*

Fer'ment N ⟨~(e)s; ~e⟩ fermento *m*

Fermentati'on F ⟨~; ~en⟩ fermentación *f*; **fermen'tieren** VT & VI ⟨*ohne* ge-⟩ fermentar

fern **A** ADJ **1** *räumlich*: lejano; (*entlegen*) apartado; (*auseinanderliegend*) distante; **~e Länder** países *mpl* lejanos **2** *zeitlich*: remoto; distante; **in nicht allzu ~er Zeit** en un futuro próximo **B** ADV lejos; **von ~** (des)de lejos; → *a* fernhalten, fernliegen, fernstehen *etc* **C** PRÄP (*dat*) *geh* lejos de

fern'ab *geh* ADV *u.* PRÄP (*dat*) lejos de

'Fernabfrage F TEL, IT consulta *f* a distancia; **Fernablesung** F TECH telelectura *f*; **Fernamt** N TEL *hist* central *f* interurbana; **Fernanruf** M → Ferngespräch; **Fernantrieb** M TECH accionamiento *m* (*od* mando *m*) a distancia; **Fernanzeiger** M teleindicador *m*; **Fernaufklärer** M MIL (*Flugzeug*) avión *m* de reconocimiento a gran distancia; **Fernaufklärung** F MIL reconocimiento *m* a gran distancia; **Fernaufnahme** F telefotografía *f*; **Fernauslöser** M FOTO disparador *m* a distancia; **Fernbeben** N terremoto *m* (*od* temblor *m* de tierra) a gran distancia; **Fernbedienung** F TECH mando *m* a distancia, telemando *m*; *Am* control *m* remoto

'fernbetätigt ADJ → ferngesteuert

'fernbleiben VI ⟨*irr*; sn⟩ **einer Sache** (*dat*) **~** mantenerse alejado de a/c; no tomar parte en a/c, no asistir a a/c; **der Arbeit ~** faltar al trabajo; **dem Unterricht ~** no asistir a clase, faltar a clase

'Fernbleiben N ⟨~s⟩ ausencia *f*; falta *f* de asistencia; *vom Arbeitsplatz*: absentismo *m* (laboral); **Fernblick** M vista *f* panorámica; **Fernbrille** F gafas *fpl* para lejos

'ferne ADV *geh* **von ~** de(sde) lejos

'Ferne F ⟨~; ~n⟩ lejanía *f*; distancia *f*; **aus der ~** (des)de lejos; **in der ~** a lo lejos; **aus weiter ~** (des)de muy lejos; **in weiter ~** muy lejos; **das liegt noch in weiter ~** eso está todavía muy lejos; todavía falta mucho para eso

'Fernempfang M RADIO recepción *f* a (gran) distancia

'ferner ADV además; *Kanzleistil*: otrosí, ítem

'Ferner M ⟨~s; ~⟩ *südd, österr* glaciar *m*

'fernerhin ADV en lo sucesivo; en adelante

'Fernfahrer M, **Fernfahrerin** F camionero *m*, -a *f* (de transportes a larga distancia); **Fernfahrt** F AUTO gran trayecto *m*; **Fernflug** M FLUG vuelo *m* a gran distancia; **Ferngasleitung** F gasoducto *m*; **ferngelenkt** ADJ teledirigido; **Ferngeschütz** N cañón *m* de largo alcance; **Ferngespräch** N TEL conferencia *f* (*od* comunicación *f*) interurbana; **ferngesteuert** ADJ teledirigido; **Fernglas** N gemelos *mpl*, prismáticos *mpl*; catalejo *m*

'fernhalten ⟨*irr*⟩ **A** VT *geh* **j-n von j-m/etw ~** mantener a alg alejado (*od* a distancia) de alg/a/c **B** VR **sich von j-m/etw ~** mantenerse alejado (*od* al margen) de alg/a/c

'Fernheizung F calefacción *f* a distancia

'fernher ADV *geh* **(von) ~** (des)de lejos

'Fernkopierer M (tele)fax *m*; **Fernkurs** M, **Fernkursus** M curso *m* por correspondencia (*od* a distancia); **Fernlaster** M *umg* → Fernlastzug; **Fernlastverkehr** M transporte *m* a larga distancia; **Fernlastzug** M camión *m* de transportes de largo recorrido (*od* a larga distancia); **Fernleitung** F ELEK línea *f* de conducción a gran distancia; TEL línea *f* interurbana

'**fernlenken** VT teledirigir, teleguiar; **Fernlenkung** F telemando *m*; teledirección *f*; **Fernlenkwaffe** F misil *m* teledirigido

'**Fernlicht** N AUTO luz *f* larga (*od* de carretera)

'**fernliegen** VI ⟨irr⟩ estar lejos de; **das liegt mir fern** está lejos de mí (*od* de mi ánimo); estoy muy lejos de eso; **es liegt mir fern zu** (*inf*) no tengo la intención de (*inf*); **fernliegend** ADJ lejano; remoto

F

'**Fernmeldeamt** N central *f* telefónica; **Fernmeldedienst** M servicio *m* de telecomunicaciones; **Fernmeldegebühren** FPL tarifas *fpl* telefónicas; **Fernmeldegeheimnis** N secreto *m* de telecomunicación; **Fernmeldeingenieur** M, **Fernmeldeingenieurin** F ingeniero *m* (técnico), -a *f* (técnica) de telecomunicación; **Fernmeldesatellit** M satélite *m* de telecomunicaciones; **Fernmeldetechnik** F técnica *f* de telecomunicación; **Fernmeldeturm** M torre *f* de telecomunicaciones

'**Fernmesstechnik** F telemetría *f*; **fernmündlich** ADJ por teléfono

Fern'ost NUR IN: **in ~** en el Extremo (*od* Lejano) Oriente; **fern'östlich** ADJ del Extremo (*od* Lejano) Oriente

'**Fernreise** F viaje *m* a larga distancia (*od* a un lugar lejano); **Fernrohr** M catalejo *m*, anteojo *m* (de larga vista); ASTRON telescopio *m*; **Fernruf** M TEL **1** (*Ferngespräch*) llamada *f* telefónica **2** VERW (*Telefonnummer*) número *m* de teléfono; **Fernschalter** M TECH, ELEK teleinterruptor *m*; **Fernschnellzug** M BAHN tren *m* expreso de largo recorrido; **Fernschreiben** N télex *m*; **Fernschreiber** M; *Gerät*: télex *m*, teletipo *m*; teleimpresor *m*; **Fernschuss** M SPORT tiro *m* desde lejos (*od* de distancia)

'**Fernsehansager** M, **Fernsehansagerin** F, locutor *m*, -a *f* de televisión; **Fernsehanstalt** F emisora *f* de televisión; **öffentliche ~** *sp* ente *m* público de televisión; **Fernsehantenne** F antena *f* de televisión; **Fernsehapparat** M → Fernsehempfänger; **Fernsehaufnahme** F grabación *f* de televisión; **Fernsehauftritt** M aparición *f* (*od* actuación *f*) en televisión; **Fernsehaufzeichnung** F videograma *m*; **Fernsehbericht** M información *f* por televisión; **Fernsehbild** N imagen *f* televisada; **Fernsehdiskussion** F debate *m* televisivo; **Fernsehempfang** M recepción *f* de televisión; **Fernsehempfänger** M receptor *m* de televisión, televisor *m*

'**fernsehen** VI ver (*od* mirar) la televisión

'**Fernsehen** N ⟨~s⟩ televisión *f*, *umg* tele *f*; **im ~ übertragen** televisar; (re)transmitir por televisión

'**Fernseher** M ⟨~s; ~⟩ **1** (*Gerät*) televisor *m* **2** (*Person*) telespectador *m*, televidente *m*

'**Fernsehfassung** F versión *f* televisiva; **Fernsehfilm** M película *f* televisada, telefilm(e) *m*; **Fernsehgebühr(en)** F(PL) → Rundfunkgebühr; **Fernsehgerät** N televisor *m*; **Fernsehinterview** N entrevista *f* televisada; **Fernsehjournalist** M, **Fernsehjournalistin** F periodista *m/f* de televisión; **Fernsehkamera** F cámara *f* de televisión, telecámara *f*; **Fernsehkanal** N canal *m* (*od* cadena *f*) de televisión; **Fernsehmüll** M *umg* telebasura *f*; basura *f* televisiva; **Fernsehnetz** N red *f* de emisoras de televisión; **Fernsehprogramm** N programa *m* de televisión; **Fernsehrechte** NPL derechos *mpl* de emisión; **Fernsehreportage** F reportaje *m* televisado; **Fernsehschirm** M pantalla *f* de televisión; **Fernsehsender** M emisora *f* (*od* canal *m*) de televisión; **Fernsehsendung** F emisión *f* de televisión (*od* televisiva); **Fernsehserie** F serie *f* televisiva, serial *m* televisivo; (*Seifenoper*) telenovela *f*, *umg* culebrón *m*; **Fernsehspiel** N telefilm(e) *m*; telecomedia *f*; **Fernsehspot** M ⟨~s; ~s⟩ anuncio *m* (*od* spot *m*) televisivo; **Fernsehstudio** N estudio *m* de televisión

'**Fernsehtechnik** F técnica *f* de la televisión; **Fernsehtechniker** M, **Fernsehtechnikerin** F técnico *m*, -a *f* de televisión

'**Fernsehteilnehmer** M, **Fernsehteilnehmerin** F telespectador *m*, -a *f*; abonado *m*, -a *f* a la televisión

'**Fernsehturm** M torre *f* de televisión

'**Fernsehübertragung** F (re)transmisión *f* de televisión; **Fernsehüberwachung** F → Videoüberwachung; **Fernsehüberwachungsanlage** F circuito *m* cerrado de televisión

'**Fernsehwerbung** F publicidad *f* por televisión (*od* televisiva); **Fernsehzeitschrift** F revista *f* de televisión; **Fernsehzuschauer** M, **Fernsehzuschauerin** F telespectador *m*, -a *f*, televidente *m/f*

'**Fernsicht** F vista *f* panorámica

'**Fernsprech...** IN ZSSGN → Telefonanlage, Telefonanruf *etc*

'**fernstehen** VI ⟨irr⟩ *fig* ser extraño (*od* ajeno) a

'**fernsteuern** VT teledirigir, teleguiar; mandar a distancia; **Fernsteuerung** F ⟨~; ~en⟩ mando *m* a distancia, telemando *m*; *bes Am* control *m* remoto

'**Fernstraße** F → Fernverkehrsstraße; **Fernstudium** N estudio *m* por correspondencia (*od* a distancia); **Ferntransport** M transporte *m* a gran distancia; **Fernstrauung** F matrimonio *m* por poderes; **Fernüberwachung** F vigilancia *f* a distancia; **Fernuniversität** F universidad *f* a distancia; **Fernunterricht** M enseñanza *f* por correspondencia (*od* a distancia)

'**Fernverkehr** M BAHN servicio *m* de largo recorrido; *auf der Straße*: tráfico *m* a gran distancia

'**Fernverkehrsflugzeug** N avión *f* de largo recorrido (*od* de larga distancia); **Fernverkehrsstraße** F vía *f* interurbana; carretera *f* nacional

'**Fernwaffe** F arma *f* de gran alcance; **Fernwärme** F sistema *m* de calefacción a distancia; **Fernwärmeversorgung** F abastecimiento *m* de calor a distancia; **Fernweh** N añoranza *f* (*od* nostalgia *f*) de países lejanos; **Fernwirkung** F acción *f* a distancia (*a.* ELEK, PHYS); MIL *e-s Geschützes*: efecto *m* a gran distancia; **Fernziel** N objetivo *m* lejano; **Fernzug** M BAHN tren *m* de largo recorrido; **Fernzündung** F encendido *m* a distancia

Fer'rit N ⟨~(e)s⟩ GEOL ferrita *f*; **Ferritantenne** F antena *f* de ferrita

'**Ferse** F ⟨~; ~n⟩ **1** ANAT talón *m* (*a. am Strumpf*), zancajo *m*, calcañar *m* **2** *fig* **sich an j-s ~n** (*acus*) **heften** pegarse a los talones de alg; **j-m (dicht) auf den ~n sein** *od* **folgen** pisar a alg los talones; **j-m auf den ~n bleiben** seguir la pista a alg

'**Fersenbein** N ANAT calcáneo *m*; **Fersenbeinfraktur** F MED fractura *f* del calcáneo; **Ferseneinlage** F *für Schuhe*: plantilla *f* de tacón; **Fersengeld** N *umg* **~ geben** poner pies en polvorosa

'**fertig** ADJ **1** (*bereit*) preparado, dispuesto, listo, pronto, a punto (**zu, für** para); **ich bin ~** ya he terminado; estoy preparado; *Essen* preparado; (*gar*) a punto; **~!** ¡ya está!; ¡listo!; **das Essen ist ~!** ¡la comida está lista! **2** (*beendet, abgeschlossen*) terminado, acabado; hecho; *Kleider* confeccionado, hecho; **halb ~ sein** estar a medio hacer; **schon ~!** acabé!; **das wird nie ~** es cosa de nunca acabar; **mit etw ~ sein** haber terminado (*od* acabado) a/c; **mit etw ~ werden** (*beenden*) acabar, terminar, llevar a cabo a/c; **mit der Arbeit nicht ~ werden** *a.* no dar abasto al trabajo; *umg* **mit ihm bin ich ~** he roto (*od* acabado) con él → fertigbekommen, fertigbringen **3** *fig* (*zurande kommen*) **mit etw ~ werden** *mit e-r Schwierigkeit etc*: encarar a/c; *umg* arreglárselas con a/c; *Kummer*: superar a/c; **mit j-m ~ werden** arreglarse con alg; **mit j-m/etw nicht ~ werden** no poder con alg/a/c; **ich kann nicht ohne ihn ~ werden** no puedo prescindir de él; **sie wird damit schon ~** ya lo solucionará; **sieh zu, wie du ~ wirst** *umg* arréglate como puedas, allá te las arregles (*od* compongas) **4** *umg* (*erschöpft*) agotado, exhausto; (*ruiniert*) arruinado; **ich bin (völlig) ~** *umg* estoy hecho polvo; **sie ist mit den Nerven ~** *umg* tiene los nervios destrozados

'**Fertigbauweise** F TECH construcción *f* prefabricada; **Fertigbearbeitung** F TECH acabado *m*

'**fertigbekommen** VT *fig* → fertigbringen

fertig bekommen ⟨irr⟩ (*beenden*) concluir, acabar

fertigbringen VT *fig* ⟨irr⟩ **1** (*zustande bringen*) conseguir, lograr; llevar a cabo; **es ~ zu** (*inf*) conseguir (*inf*) **2** (*wagen*) **etw ~** atreverse a hacer a/c; ser capaz de a/c; **es nicht ~, zu** (*inf*) no poder decidirse a (*inf*), no atreverse a (*inf*); **das bringst du nicht fertig!** ¡no eres capaz de hacerlo!; **er bringt es (glatt) fertig** es muy capaz de hacerlo

'**fertigen** VT fabricar, producir; hacer

'**Fertigerzeugnis** N, **Fertigfabrikat** N producto *m* acabado (*od* manufacturado *od* elaborado); **Fertiggericht** N plato *m* precocinado (*od* preparado); **Fertighaus** N casa *f* prefabricada

'**Fertigkeit** F ⟨~; ~en⟩ (*Geschicklichkeit*) habilidad *f*, destreza *f*; (*Übung*) práctica *f*; rutina *f*; **in etw** (*dat*) **~ besitzen** ser experto (*od* hábil *od* práctico *od* experimentado) en a/c

'**Fertigkleidung** F ropa *f* hecha, confección *f*

fertig kriegen VT *umg fig* → fertigbringen

'**fertigmachen** VT **1** *umg fig* **j-n ~** (*erschöpfen*) *umg* hacer polvo a alg; (*zermürben*) agotar a alg; *mit Worten*: echar una bronca a alg; *mit Kritik*: poner como un trapo a alg; poner de vuelta y media a alg; **die Hitze macht mich ganz fertig** *a.* el calor me mata **2** *sl fig* **j-n ~** (*zusammenschlagen*) *umg* moler a palos a alg; (*umbringen*) *sl* cargarse a alg

fertig machen **A** VT **1** (*beenden*) terminar, acabar, concluir; llevar a cabo **2** (*bereit machen*) preparar **B** VR **sich ~** prepararse, disponerse, aprestarse (**zu** *od* **für** a)

'**Fertigprodukt** N producto *m* acabado (*od* manufacturado)

'**fertigstellen** VT, **fertig stellen** VT (*vollenden*) acabar, terminar, ultimar

'**Fertigstellung** F ⟨~⟩ terminación *f*; TECH acabado *m*; elaboración *f*; **Fertigstellungstermin** M plazo *m* de terminación; **Fertigteil** N componente *m* prefabricado

ˈFertigung F ⟨~; ~en⟩ producción *f*, fabricación *f*, elaboración *f*; *v. Kleidung* confección *f*; **~ nach Maß** producción *f bzw* confección *f* a medida
ˈFertigungsanlagen FPL instalaciones *fpl* de producción (*od* de fabricación); **Fertigungsindustrie** F industria *f* de producción; **Fertigungskapazität** F capacidad *f* de producción (*od* productiva); **Fertigungskosten** PL costes *mpl* de producción (*od* de fabricación); **Fertigungslinie** F línea *f* de producción (*od* de fabricación); **Fertigungsstätte** F centro *m* de producción; **Fertigungsverfahren** N proceso *m* de fabricación; **Fertigungszeit** F tiempo *m* de producción (*od* de fabricación)
ˈFertigware F → Fertigerzeugnis
ˈfertigwerden VI → fertig 2
Fertiliˈtät F ⟨~⟩ fertilidad *f*
fes, Fes N ⟨~; ~⟩ MUS fa *m* bemol
Fes M ⟨~es; ~e⟩ fez *m*
fesch ADJ *österr* 1 (*schick*) elegante; *umg* pimpante; guapo, apuesto 2 (*freundlich*) amable; **sei ~!** ¡sé amable!
ˈFessel F ⟨~; ~n⟩ 1 atadura *f*; (*Kette*) cadena *f* (*a. fig*); (*Fußeisen*) grillos *mpl*; **j-m ~n anlegen** *od geh* **j-n in ~n legen** poner a alg los grilletes; atar (*od* encadenar) a alg; **die ~n abschütteln** sacudirse las cadenas 2 *fig* traba *f*, hierros *mpl*, ataduras *fpl* 3 ANAT **~n** *mpl beim Menschen*: tobillos *mpl*; *e-s Tiers*: espolones *mpl*; *beim Pferd*: cuartillas *fpl*
ˈFesselballon M globo *m* cautivo; **Fesselgelenk** N VET menudillo *m*
ˈfesseln VT 1 encadenar, aherrojar; (*binden*) atar, ligar; trabar (*a. Pferd*); **die Hände ~** maniatar; (*mit Handschellen*) esposar 2 *fig* (*bezaubern*) cautivar, fascinar; (*stark in Anspruch nehmen*) absorber; *Blick, Aufmerksamkeit* atraer; (*festhalten*) fijar, retener; **von j-m gefesselt sein** estar fascinado por alg 3 *fig* **ans Bett gefesselt sein** estar encamado, tener que guardar cama
ˈfesselnd ADJ (*anziehend*) atractivo, cautivador; (*faszinierend*) fascinador, fascinante; (*spannend*) emocionante
fest A ADJ 1 (*unerschütterlich*) firme, inconmovible; (*widerstandsfähig*) resistente; sólido; **der ~en Meinung sein, dass** creer firmemente que; *fig* **eine ~e Hand haben** tener mano firme 2 (*unbeweglich*) fijo; (*starr*) rígido; (*hart*) duro 3 (*nicht flüssig*) sólido (*a. Nahrung*); consistente; compacto; **~ werden** (*gerinnen*) coagularse; CHEM solidificarse 4 HANDEL *Börse, Kurse, Markt* firme; *Gehalt, Preis, Kosten, Stellung* fijo; *Währung* estable 5 (*gleichbleibend*) invariable, constante, permanente; *Frieden, Freundschaft etc* duradero; **eine ~e Beziehung haben** *od* **in einer ~en Beziehung leben** (man)tener una relación seria 6 (*kräftig*) fuerte; *Gewebe* tupido 7 *Wohnsitz* fijo 8 *Schlaf* profundo B ADV 1 *konkret*: **~ anbringen** *Gegenstand* fijar; **~ anziehen** *Schraube* apretar; **etw ~er knüpfen** reforzar los vínculos (*od* los lazos) de a/c 2 (*unerschütterlich*) firmemente; HANDEL en firme; **~ entschlossen sein zu** estar firmemente decidido a; **~ an etw** (*acus*) **glauben** creer firmemente en a/c; **~ überzeugt sein, dass** estar firmemente convencido que; **~ versprechen** prometer formalmente (*od* en firme); **sich** (*dat*) **etw ~ vornehmen** tomar la firme resolución de hacer a/c 3 *fig* **~ anblicken** clavar los ojos en, fijar la mirada en; **(mit j-m) ~ befreundet sein** ser novio (de alg); **~ schlafen** *umg* dormir a pierna suelta 4 HANDEL **~ angestellt** con empleo fijo; **~ angelegtes Geld** dinero *m* inmovilizado; inversión *f* fija 5 *sl* **immer ~ (drauf)!** ¡duro (con él)!, ¡dale!
Fest N ⟨~es; ~e⟩ fiesta *f*; **ein ~ feiern** (*od geh* **begehen**) hacer (*od* celebrar) una fiesta; **für j-n ein ~ veranstalten** dar (*od* ofrecer *bzw* organizar) una fiesta en honor de alg; REL **die drei hohen ~e** las tres Pascuas; **frohes ~!** ¡felices Pascuas!
ˈFestakt M ⟨~(e)s; ~e⟩ ceremonia *f*, acto *m* (solemne)
ˈFestangebot N HANDEL oferta *f* en firme; **Festangestellte** M/F empleado *m*, -a *f* fijo, -a (*od* con contrato fijo); **Festanstellung** F empleo *f* fijo, colocación *f* fija; **Festauftrag** M pedido *m* en firme
ˈFestausschuss M comisión *f* de una (*bzw* la) fiesta; *ständiger*: comisión *f* de fiestas; **Festbeleuchtung** F iluminación *f*
fest besoldet ADJ con sueldo fijo
ˈfestbinden VT ⟨*irr*⟩ atar, sujetar; *Knoten* anudar; **festbleiben** VI ⟨*irr*; sn⟩ mantenerse firme, no ceder, no cejar
ˈFeste F ⟨~; ~n⟩ → Festung
ˈFestessen N comida *f* de gala; banquete *m*; (*Schmaus*) convite *m*, festín *m*
ˈfestfahren ⟨*irr*⟩ VI ⟨sn⟩ (VR ⟨h⟩) **(sich) ~** atascarse (**in** *dat* en) (*a. fig*); SCHIFF tocar fondo; *fig* **festgefahren sein** estar atascado (**in** *dat* en), no poder continuar; *Diskussion, Verhandlungen a.* estar en un punto muerto; **festfressen** VR ⟨*irr*⟩ TECH **sich ~** agarrarse; agarrotarse
ˈFestgabe F ofrenda *f*; **Festgedicht** N poesía *f* de circunstancias; **Festgelage** N festín *m*; banquete *m*; *umg* cuchipanda *f*, francachela *f*
ˈFestgeld N FIN depósito *m* a plazo fijo; **Festgeldkonto** N FIN cuenta *f* a plazo fijo
ˈFesthalle F salón *m* de fiestas
ˈfesthalten ⟨*irr*⟩ A VT 1 agarrar, sujetar (**am Arm** del brazo) 2 **j-n ~** (*zurückhalten*) retener a alg; (*festnehmen*) detener a alg 3 *fig* (*fixieren*) fijar, concretar; (*konstatieren*) constatar, dejar constancia de; **etw schriftlich ~** poner por escrito a/c; *urkundlich a.*: levantar acta de a/c B VI **an etw ~** (*dat*) atenerse a a/c, *stärker*: aferrarse a a/c C VR **sich an etw** (*dat*) **~** agarrarse a (*od* asirse de) a/c; **halten Sie sich fest!** ¡agárrese usted bien!
ˈFesthalten N ⟨~s⟩ adhesión *f* (**an** *dat* a); **Festhaltetherapie** F terapia *f* de contención
ˈfestheften VT fijar; coser
ˈfestigen A VT (*stärken*) afirmar; fortalecer (*a. Gesundheit*), consolidar; *Beziehungen* estrechar; *Währung* estabilizar B VR **sich ~** afirmarse; estabilizarse; consolidarse
ˈFestigkeit F ⟨~⟩ 1 (*Unerschütterlichkeit*) firmeza *f* (*a. fig*); (*Dauerhaftigkeit*) estabilidad *f* 2 *bes* TECH resistencia *f*; solidez *f*; consistencia *f*; (*Härte*) dureza *f* 3 *fig* (*Beharrlichkeit*) constancia *f*; perseverancia *f*; (*Zähigkeit*) tenacidad *f*
ˈFestigkeitsgrenze F TECH límite *m* de resistencia; **Festigkeitsprüfung** F TECH prueba *f* de resistencia
ˈFestigung F ⟨~⟩ consolidación *f*; (*Stärkung*) fortalecimiento *m*; (*Stabilisierung*) estabilización *f* (*a. der Währung*)
ˈFestival [ˈfɛstivəl] N ⟨~s; ~s⟩ festival *m*
ˈfestkeilen VT acuñar; sujetar por cuñas; **festklammern** A VT sujetar con grapas B VR **sich an j-m/etw ~** agarrarse a alg/a/c (*a. fig*); *fig* aferrarse a alg/a/c; **festkleben** A VI estar (*od* quedar) pegado (*od* adherido) (**an** *dat* a) B VT **etw ~** pegar a/c (**an** *dat* a)
ˈFestkleid N vestido *m* de fiesta (*od* gala)
ˈfestklemmen A VT fijar con pinza B VR **sich ~** (*sich festfressen*) agarrotarse
ˈFestkomitee N → Festausschuss
ˈFestkomma N IT coma *f* fija; **Festkörper** M PHYS cuerpo *m* sólido; **Festkosten** PL costes *mpl* (*od* gastos *mpl*) fijos; **Festland** N ⟨~(e)s; ¨~er⟩ tierra *f* firme; (*Erdteil*) continente *m*; **festländisch** ADJ continental
ˈfestlegen A VT 1 (*bestimmen*) fijar, determinar, concretar; *Grundsatz, Regel etc* establecer; *vertraglich* **~** estipular por contrato 2 (*verpflichten*) **j-n auf etw** (*acus*) **~** comprometer (*od* obligar) a alg a a/c 3 FIN *Kapital* inmovilizar B VR **sich auf etw** (*acus*) **~** comprometerse (*od* obligarse) a a/c
ˈFestlegung F ⟨~; ~en⟩ 1 (*Bestimmung*) fijación *f*; determinación *f*; *e-s Planes, v Regeln etc*: establecimiento *m* 2 *von Kapital*: inmovilización *f*
ˈfestlich A ADJ de fiesta; (*feierlich*) solemne B ADV **j-n ~ bewirten** agasajar a alg; **~ begehen** celebrar, solemnizar; **sich ~ kleiden** vestirse de fiesta (*od* de gala); *umg* endomingarse
ˈFestlichkeit F ⟨~; ~en⟩ solemnidad *f*; (*Fest*) fiesta *f*, festividad *f*; (*Festakt*) ceremonia *f*; acto *m* solemne
ˈfestliegen VI ⟨*irr*⟩ estar inmovilizado (*a. Schiff u. fig*); *Kapital* estar inactivo; *Termin* estar fijado
ˈFestlohn M salario *m* fijo
ˈfestmachen VT 1 (*befestigen*) sujetar (**an** *dat* a); fijar 2 HANDEL confirmar; *fig* concretar 3 SCHIFF amarrar
ˈFestmachen N ⟨~s⟩ 1 (*das Befestigen*) sujeción *f*; fijación *f* 2 HANDEL confirmación *f* 3 SCHIFF amarre *m*
ˈFestmahl N banquete *m*; festín *m*; (*Schmaus*) convite *m*
ˈFestmeter M, N metro *m* cúbico (sólido)
ˈfestnageln VT 1 clavar, fijar con clavos 2 *fig* **j-n ~** comprometer a alg a hacer a/c
ˈFestnahme F ⟨~; ~n⟩ detención *f*, captura *f*; **festnehmen** VT ⟨*irr*⟩ detener, capturar
ˈFestnetz N TEL red *f* fija de teléfonos; **Festnetzanschluss** M conexión *f* a la red fija; **Festnetznummer** F número *m* de teléfono fijo; **Festnetztelefon** N teléfono *m* fijo
ˈFestordner M organizador *m* de una fiesta; **Festordnung** F programa *m* de una fiesta
ˈFestplatte F IT disco *m* duro; **Festpreis** M HANDEL precio *m* fijo; **Festpunkt** M punto *m* fijo (*od* de referencia)
ˈFestrede F discurso *m* (oficial); *zur Eröffnung e-s Festes*: pregón *m*; **Festredner** M, **Festrednerin** F orador *m*, -a *f* (de una ceremonia); **Festsaal** M salón *m* de fiestas; salón *m* de actos
ˈfestsaugen VR **sich ~** adherirse por succión
ˈFestschmaus M → Festgelage
ˈfestschnallen VT abrochar; **festschnüren** VT atar *od* sujetar (con cuerdas); **festschrauben** VT atornillar, fijar con tornillos
ˈFestschrift F UNIV (libro *m*) homenaje *m*
ˈfestsetzen A VT 1 fijar; establecer; concretar; (*bestimmen*) determinar; (*verordnen*) decretar; (*regeln*) regular, reglar; *vertraglich* estipular; *Gehalt* asignar 2 (*einsperren*) **j-n ~** encerrar *od* encarcelar a alg B VR **sich ~** establecerse; *Schmutz etc* incrustarse (*a. fig*)
ˈFestsetzung F ⟨~⟩ 1 fijación *f*; establecimiento *m*; (*Bestimmung*) determinación *f*; *vertragliche*: estipulación *f* 2 (*Festnahme*) encarcelamiento *m*
ˈfestsitzen VI ⟨*irr*⟩ 1 (*gut halten*) estar bien sujeto 2 (*klemmen*) estar atrancado *od* atascado 3 *Fahrzeug, fig* no poder avanzar; *in Eis, Schnee*: quedar aprisionado (*bzw* detenido); SCHIFF estar encallado
ˈFestspiele NPL festival *m*
ˈfeststampfen VT apisonar; **feststecken** VT fijar; sujetar (*od* prender) (con alfileres)
ˈfeststehen VI ⟨*irr*⟩ (*sicher sein*) ser cierto (*od* seguro), ser un hecho; *eindeutig* **~** no tener vuelta de hoja; **es steht fest, dass** consta

F

(*od* el hecho es) que; **da es feststeht, dass** siendo así que; **so viel steht fest, dass** lo cierto es que

'feststehend ADJ fijo; TECH *a.* estacionario; *Tatsache* cierto, positivo; **feststellbar** ADJ (*nachweisbar*) comprobable; (*bestimmbar*) determinable

'feststellen VT 1 (*nachweisen*) comprobar, verificar; notar; (*ermitteln*) averiguar; (*bestimmen*) determinar; (*festsetzen*) fijar, establecer; (*erklären*) declarar; *Ort, Lage* localizar; *Tatsache* consignar; *Krankheit* diagnosticar 2 (*äußern*) hacer constar, dejar sentado, constatar 3 TECH (*befestigen*) sujetar, fijar; bloquear, inmovilizar

'Feststellschraube F tornillo *m* de sujeción; **Feststelltaste** F tecla *f* fijadora (*od* de sujeción); **Feststellung** F comprobación *f*, verificación *f*; (*Ermittlung*) averiguación *f*; (*Bestimmung*) determinación *f*; (*Festsetzung*) fijación *f*; establecimiento *m*; (*Erklärung*) declaración *f*, constatación *f*; TECH fijación *f*, sujeción *f*; JUR **~ der Identität** identificación *f*

'Feststellungsklage F JUR acción *f* declarativa; **Feststellungsurteil** N JUR sentencia *f* declaratoria

'Feststellvorrichtung F TECH dispositivo *m* de fijación (*od* de sujeción)

'Feststoff M sólido *m*; sustancia *f* sólida; **Feststoffrakete** F cohete *m* de combustible sólido

'Festtag M (día *m* de) fiesta *f*, día *m* festivo; **festtäglich** ADJ de fiesta; solemne; **festtags** ADV en días festivos

'festtreten VT ⟨*irr*⟩ apisonar; pisar

'Festung F ⟨~; ~en⟩ fortaleza *f*; (*befestigter Ort*) plaza *f* fuerte; *e-r Stadt*: ciudadela *f*

'Festungsanlage F fortaleza *f*; **Festungsgraben** M foso *m*; **Festungsgürtel** M cinturón *m* de fortalezas; **Festungswall** M muralla *f*; **Festungswerk** N (obra *f* de) fortificación *f*

'festverzinslich ADJ FIN a interés fijo; de renta fija

'Festvorstellung F función *f* de gala

'Festwerden N ⟨~s⟩ (*Gerinnen*) coagulación *f*; CHEM solidificación *f*

'Festwoche F festival *m*; semana *f* de un festival

'festwurzeln VI arraigar, echar raíces (*a. fig*)

'Festzelt N carpa *f*; **Festzug** M cortejo *m*; desfile *m* (solemne); cabalgata *f*

fe'tal ADJ *fachspr* fetal

'Fete *umg* F ⟨~; ~n⟩ fiesta *f*

'Fetisch M ⟨~(e)s; ~e⟩ fetiche *m*

Feti'schismus M ⟨~⟩ fetichismo *m*; **Fetischist** M ⟨~en; ~en⟩, **Fetischistin** F ⟨~; ~nen⟩ fetichista *m/f*; **fetischistisch** ADJ fetichista

fett A ADJ 1 graso (*a. Boden, Speise, Haut, Haar*); **~es Fleisch** carne *f* con grasa, gordo *m*, gordura *f*; **die (sieben) ~en Jahre** las vacas gordas 2 *Person* gordo, grueso, *umg* atocinado; PHYSIOL adiposo; **dick und ~** gordo y grueso; **~ machen** engordar; **~ werden** engordar, echar carnes 3 *fig* (*einträglich*) pingüe, lucrativo; **ein ~er Bissen** un buen bocado 4 TYPO en negrilla, en negrita 5 *Jugendspr* **(voll) ~** alucinante, flipante B ADV 1 *essen*: con grasa 2 TYPO **~ drucken** imprimir en caracteres gruesos (*od* en negrilla)

Fett N ⟨~(e)s; ~e⟩ 1 PHYSIOL grasa *f*; *am Fleisch*: grasa *f*, gordo *m*, gordura *f*; CHEM materia *f* grasa; CHEM **die ~e** los lípidos; **das ~ abschöpfen** quitar la grasa, desengrasar; *umg fig* llevarse la mejor tajada; **mit ~ bestreichen** engrasar; untar 2 (*Körperfett*) gordura *f*; **~ ansetzen** engordar, echar carnes (*od umg* tripa) 3 *umg fig* **sein ~ (ab)bekommen** recibir críticas, llevarse su merecido; **j-m sein ~ geben** dar a alg su merecido; **sie hat ihr ~ weg** *umg* se llevó su merecido

'Fettablagerung F MED depósito *m* de grasa; **Fettabsaugung** F MED liposucción *f*; **Fettansatz** M **zu ~ neigen** tener tendencia a engordar (*od* a la obesidad)

'fettarm A ADJ pobre en grasa(s); *Käse, Joghurt etc* bajo en grasa; **~e Milch** leche *f* desnatada B ADV **~ essen** comer sin grasas

'Fettauge N *auf der Suppe*: ojo *m* (de grasa); **Fettbauch** M *umg pej* barriga *f*, panza *f*, *umg* tripa *f*; **fettbäuchig** ADJ *pej* ventrudo, *umg* panzudo, barrigón; **Fettdruck** M ⟨~(e)s; ~e⟩ TYPO impresión *f* en negrilla (*od* negrita); **Fettembolie** F MED embolia *f* grasa

'fetten A VT engrasar, TECH *a.* lubri(fi)car B VI ser grasiento

'Fettfleck(en) M lámpara *f*, mancha *f* de grasa; **fettfleckig** ADJ grasiento, pringoso; **fettfrei** ADJ sin (*od* exento de) grasa; **Fettgehalt** M contenido *m* de grasa; **Fettgeschwulst** F MED lipoma *m*; **Fettgewebe** N PHYSIOL tejido *m* adiposo; **fetthaltig** ADJ graso(so); adiposo; **Fettheit** F ⟨~⟩ grasa *f*; MED obesidad *f*; **Fetthenne** F BOT hierba *f* callera; sedo *m*; **Fettherz** N MED corazón *m* adiposo

'fettig ADJ graso(so), grasiento; (*ölig*) untuoso; (*schmierig*) pringoso; **Fettigkeit** F ⟨~⟩ graseza *f*; (*Öligkeit*) untuosidad *f*

'Fettkloß M *umg pej Person*: *umg* bola *f* de grasa; *umg* tío *m* gordo; **Fettkohle** F carbón *m* graso, hulla *f* bituminosa; **Fettkörper** M CHEM cuerpo *m* graso; **Fettleber** F MED hígado *m* adiposo

'fettleibig ADJ gordo, obeso; **Fettleibigkeit** F ⟨~⟩ gordura *f*; MED obesidad *f*

Fett lösend ADJ CHEM disolvente de grasas; BIOL lipolítico

'Fettlöser M disolvente *m* de grasas; **fettlöslich** ADJ liposoluble; soluble en grasa; **Fettlösungsmittel** N → Fettlöser

'Fettnäpfchen N ⟨~s; ~⟩ **ins ~ treten** *umg* meter la pata; **Fettpapier** N papel *m* parafinado; **Fettpolster** N panículo *m* adiposo; **Fettpresse** F engrasador *m* a presión; **fettreich** A ADJ rico en grasas B ADV *essen*: con mucha grasa; **Fettsäure** F CHEM ácido *m* graso; **Fettschicht** F capa *f* de grasa; (*Fettpolster*) panículo *m* adiposo

Fett spaltend ADJ CHEM lipoclástico

'Fettspritze F TECH pistola *f* de engrase; **Fettstift** M lápiz *m* graso; **Fettsucht** F MED adiposis *f*, obesidad *f*; **fettsüchtig** ADJ MED obeso; **Fettwanst** M *umg pej Person*: barrigudo *m*, *umg* tripón *m*; **Fettwolle** F lana *f* grasa; **Fettzelle** F BIOL célula *f* adiposa, lipocito *m*

'Fetus M ⟨~ses; ~se *od* Feten⟩ PHYSIOL feto *m*

'fetzen A VT (*reißen*) arrancar (**de** von) B VI *umg* MUS (*mitreißen*) molar C *umg* VR **sich ~** (*sich streiten*) pelearse

'Fetzen M ⟨~s; ~⟩ 1 *abgerissener*: jirón *m* (*a. fig*); **~ Papier** pedazo *m* de papel; **in ~** hecho trizas; **etw in ~ reißen** hacer pedazos (*od* trizas) a/c 2 (*Lumpen*) harapo *m*, andrajo *m*; (*Lappen*) trapo *m* 3 *e-s Gesprächs*: retazo *m* 4 *umg fig* **(arbeiten,) dass die ~ fliegen** (trabajar) como un loco; **sich streiten, dass die ~ fliegen** discutir violentamente

'fetzig *umg* ADJ *umg Musik* marchoso

feucht ADJ húmedo; (*angefeuchtet*) humedecido; (*nass*) mojado; **~ machen** humedecer; **~ werden** humedecerse, mojarse; **sie bekam ~e Augen** se le llenaron los ojos de lágrimas; → *a* Kehricht

'Feuchtbiotop N & M biotopo *m* húmedo

'feucht'fröhlich ADJ *umg hum* **~er Abend** noche *f* de juerga (en la que se bebe mucho)

'Feuchtgebiet N terreno *m* pantanoso; zona *f* húmeda (*od* acuática); **Feuchtigkeit** F ⟨~⟩ humedad *f*; *der Haut*: trasudor *m*; **vor ~ (zu) schützen** protéjase contra la humedad

'Feuchtigkeitscreme F crema *f* hidratante; **Feuchtigkeitsgehalt** M contenido *m* en humedad; *der Luft*: grado *m* higrométrico; **Feuchtigkeitsgrad** M grado *m* de humedad; **Feuchtigkeitsmesser** M higrómetro *m*

'feuchtkalt ADJ frío y húmedo; **Feuchttücher** NPL *für Babys* toallitas *fpl* húmedas (para bebé); **feuchtwarm** ADJ caliente y húmedo, de calor húmedo

feu'dal ADJ feudal; *fig* suntuoso, opulento, lujoso; **Feuda'lismus** M ⟨~⟩ feudalismo *m*

Feu'dalsystem N, **Feudalwesen** N ⟨~s⟩ sistema *m* feudal; feudalismo *m*

'Feuer N ⟨~s; ~⟩ 1 *allg* fuego *m* (*a. fig u.* MIL); (*Herdfeuer*) lumbre *f*; (*Brand*) incendio *m*; conflagración *f* (*a. fig*); **~ (an)machen** hacer (*od* encender el) fuego; **~ fangen** encenderse; inflamarse, incendiarse; *fig* entusiasmarse; enamorarse; **~ legen an** prender fuego a; **~ speien** echar (*od* vomitar *od* escupir) fuego; **~ sprühen** echar chispas (*a. fig*) 2 GASTR **bei schwachem/starkem ~** a fuego lento/vivo; GASTR **vom ~ nehmen** retirar del fuego 3 *beim Rauchen*: **j-n um ~ bitten** pedir lumbre a alg; **j-m ~ geben** dar fuego a alg 4 MIL (*Geschossfeuer*) **das ~ eröffnen** abrir (*od* romper el) fuego; **das ~ einstellen** dar el alto el fuego; **unter ~ nehmen** disparar sobre; **unter ~ stehen** estar bajo el fuego enemigo; fuego *m*; *fig* **zwischen zwei ~ geraten** estar entre dos fuegos (*a. fig*); **~!** ¡fuego! 5 *fig* **für j-n durchs ~ gehen** dejarse matar por alg; **dafür lege ich meine Hand ins ~** por eso pongo la mano en el fuego; **mit dem ~ spielen** jugar con fuego; **mit ~ und Schwert** a sangre y fuego 6 *fig* (*Glut*) llama *f*; ardor *m*; (*Schwung*) fogosidad *f*; brío *m*, fervor *m*; *umg* **~ und Flamme für j-n/etw sein** entusiasmarse (*od* arder de entusiasmo) por alg/a/c 7 *von Edelsteinen*: brillo *m*

'Feueralarm M alarma *f* de incendio, toque *m* a fuego; **~ geben** *od* **auslösen** tocar a fuego; **Feueranzünder** M encendedor *m*; **Feuerball** M bola *f* de fuego; bólido *m*; **Feuerbefehl** M MIL orden *f* de disparar; **Feuerbekämpfung** F lucha *f* contra el fuego; **Feuerbereich** M MIL zona *f* de fuego

'feuerbereit ADJ MIL preparado para entrar en fuego

'feuerbeständig ADJ → feuerfest; **Feuerbeständigkeit** F resistencia *f* al fuego

'Feuerbestattung F cremación *f*; incineración *f*; **Feuerbohne** F BOT judía *f* escarlata (*od* de España); **Feuereifer** M celo *m* ardiente; (*Inbrunst*) fervor *m*; **mit ~** con fervor, con mucho entusiasmo; **Feuereinstellung** F MIL alto *m* el fuego; **Feuereröffnung** F MIL apertura *f* del fuego

'feuerfarben, feuerfarbig ADJ color de fuego; **feuerfest** ADJ resistente al fuego; ignífugo; anti-fuego; *Stoff* incombustible; ininflamable; TECH refractario; **~ machen** ignifugar; **Feuerfestigkeit** F ⟨~⟩ resistencia *f* al fuego; incombustibilidad *f*

'Feuerfresser M → Feuerschlucker; **Feuergarbe** F (*Feuerwerk*) girándula *f* (de cohetes); **Feuergefahr** F peligro *m* (*od* riesgo *m*) de incendio; **feuergefährlich** ADJ inflamable; combustible; **Feuergefecht** N MIL

tiroteo *m*; **Feuergeist** M *fig* espíritu *m* fogoso; **Feuergeschwindigkeit** F MIL rapidez *f* de tiro; **Feuerglocke** F campana *f* de incendios; **Feuerhaken** M 1 *(Schüreisen)* hurgón *m*, atizador *m*; *(Kesselhaken)* llares *fpl* 2 *der Feuerwehr*: gancho *m* de incendio
'feuerhemmend ADJ ignífugo
'Feuerkugel F → Feuerball; **Feuerland** N ⟨~s⟩ GEOG Tierra *f* de Fuego; **Feuerleiter** F escalera *f* de incendios; **Feuerlilie** F BOT lirio *m* rojo; **Feuerlinie** F MIL línea *f* de tiro; **Feuerlöschboot** N lancha *f* bomba
'Feuerlöscher M ⟨~s; ~⟩, **Feuerlöschgerät** N extintor *m* (de incendios); **Feuerlöschmittel** N materia *f* extintora; **Feuerlöschstelle** F puesto *m* de bomberos; **Feuerlöschwagen** M autobomba *f* (de incendios)
'Feuermal N ⟨~(e)s; ~e⟩ nevus *m*, nevo *m*; **Feuermeer** N mar *m* de llamas; **Feuermelder** M avisador *m* de incendios; **Feuermeldestelle** F puesto *m* de aviso de incendios; **Feuermeldung** F aviso *m* de incendio
'feuern A VT 1 *umg* *(werfen)* tirar, arrojar; **etw in die Ecke ~** arrojar a/c al rincón 2 *umg* *(entlassen)* despedir, *umg* echar (a la calle); **du bist gefeuert!** ¡estás despedido! B VI 1 MIL *(schießen)* disparar, tirar (**auf** *acus* a, sobre), hacer fuego 2 *mit Holz, Kohle etc*: calentar (**mit** con)
'Feuerpause F MIL alto *m* el fuego; **Feuerprobe** F prueba *f* del fuego (*a. fig*); *(Probealarm)* simulacro *m* de incendio; *fig* **die ~ bestehen** resistir la prueba suprema; **Feuerrad** N girándula *f*, rueda *f* pirotécnica; **Feuerraum** M TECH hogar *m*; caja *f* de fuego
'feuer'rot ADJ (rojo) encendido; **~ werden** *Gesicht umg* ponerse como un tomate
'Feuersalamander M ZOOL salamandra *f*; **Feuersäule** F columna *f* de fuego
'Feuersbrunst F ⟨~; ⸚e⟩ incendio *m*
'Feuerschaden M daño *m* causado por incendio; **Feuerschein** M resplandor *m* (*od* luz *f*) del fuego; **Feuerschiff** N SCHIFF buque *m* faro, faro *m* flotante; **Feuerschirm** M pantalla *f*; *(Kamingitter)* guardafuego *m*
'feuerschluckend ADJ, **Feuer schluckend** ADJ TECH ignívoro, piròfago
'Feuerschlucker M, **Feuerschluckerin** F tragafuegos *m/f*, comedor *m*, -a *f* de fuego; **Feuerschutz** M 1 protección *f* contra incendio (*od* antiincendios) 2 MIL fuego *m* de apoyo; **j-m ~ geben** cubrir a alg; **Feuerschutzmittel** N producto *m* ignífugo
'Feuersglut F brasa *f*
'feuersicher ADJ → feuerfest
'feuerspeiend ADJ, **Feuer speiend** ADJ que vomita fuego; **Feuer speiender Berg** volcán *m* (en actividad); **Feuer speiender Drache** dragón *m* que escupe fuego
'Feuerspritze F bomba *f* (*bzw* manga *f*) de incendios; **Feuerstein** M MINER sílex *m*, pedernal *m*; *für Feuerzeug*: piedra *f* para encendedor; **Feuerstelle** F hogar *m*; fogón *m*; *(Brandstelle)* lugar *m* del incendio; **Feuerstellung** F MIL posición *f* de fuego; **in ~ bringen** emplazar; **Feuerstoß** M MIL ráfaga *f*; **Feuertaufe** F MIL bautismo *m* de fuego; **Feuertod** M *geh* muerte *f* en la hoguera; *hist Strafe*: suplicio *m* del fuego; **den ~ erleiden** perecer abrasado; **Feuerüberfall** M MIL tiroteo *m* por sorpresa
'Feuerung F ⟨~; ~en⟩ 1 *(Heizung)* calefacción *f* 2 *(Brennmaterial)* combustible *m*; leña *f* 3 *(Feuerstelle)* hogar *m*; fogón *m*
'Feuerunterstützung F MIL apoyo *m* con fuego; **Feuervereinigung** F MIL concentración *f* de fuego; **Feuervergoldung** F TECH dorado *m* al fuego; **Feuerverhütung** F prevención *f* de incendios; **Feuerversicherung** F seguro *m* contra incendios; **feuerverzinkt** ADJ galvanizado al fuego; **Feuervorhang** M 1 MIL cortina *f* de fuego 2 THEAT telón *m* metálico; **Feuerwache** F puesto *m* (*bzw* retén *m*) de bomberos; **Feuerwaffe** F arma *f* de fuego; **Feuerwalze** F MIL fuego *m* rodante
'Feuerwehr F cuerpo *m* de bomberos; **die ~ alarmieren** avisar a los bomberos; **Feuerwehrauto** N coche *m* de bomberos; **Feuerwehrleiter** F escalera *f* de bomberos; **Feuerwehrleute** PL bomberos *mpl*; **Feuerwehrmann** M ⟨~(e)s; ⸚er *od* -leute⟩ bombero *m*; **Feuerwehrschlauch** M manguera *f* de incendios; **Feuerwehrwagen** M → Feuerwehrauto
'Feuerwerk N (castillo *m* de) fuegos *mpl* artificiales; **Feuerwerker** M ⟨~s; ~⟩ 1 pirotécnico *m* 2 MIL artificiero *m*; **Feuerwerkerin** F ⟨~; ~nen⟩ pirotécnica *f*
'Feuerwerksartikel M, **Feuerwerkskörper** M artículos *mpl* pirotécnicos; *(Raketen)* cohetes *mpl*; *(Knallkörper)* petardos *mpl*
'Feuerwirkung F MIL eficacia *f* de tiro; **Feuerzange** F tenazas *fpl*; **Feuerzeichen** N almenara *f*; SCHIFF fanal *m*; señal *f* luminosa; **Feuerzeug** N encendedor *m*, mechero *m*; **Feuerzeugbenzin** N bencina *f* para encendedores; **Feuerzone** F MIL zona *f* de fuego; **Feuerzug** M TECH canal *m* de llamas
Feuille'ton [fœjə'tõː] N ⟨~s; ~s⟩ suplemento *m* cultural
Feuilleto'nist M ⟨~en; ~en⟩, **Feuilletonistin** F ⟨~; ~nen⟩ folletinista *m/f*; **feuilletonistisch** ADJ folletinesco
'feurig A ADJ 1 *(brennend)* de fuego; ardiente (*a. fig*); inflamado; GEOL igneo 2 *fig* *(glühend)* abrasador; *(begeistert)* entusiasta; *(leidenschaftlich)* apasionado; *(inbrünstig)* fervoroso 3 *fig* *(lebhaft)* vehemente; fogoso; *Auge* centelleante; *Pferd* fogoso, brioso; *Wein* generoso B ADV con ímpetu; ardientemente
Fewo F ABK → Ferienwohnung
Fez[1] [feːs] M → Fes[1]
Fez[2] [feːts] M ⟨~es⟩ *umg* *(Spaß)* broma *f*, *sl* cachondeo *m*
ff ABK 1 HANDEL *(sehr fein)* superfino 2 *umg* → Effeff
ff. ABK (folgende Seiten) páginas siguientes
FF ABK (französischer Franc) HIST franco *m* francés
FFH-Richtlinie F (Flora-Fauna-Habitat-…) ÖKOL directiva *f* FFH
FH F ABK → Fachhochschule
Fi'aker M ⟨~s; ~⟩ *österr* coche *m* de punto, simón *m*
Fi'asko N ⟨~s; ~s⟩ fracaso *m*, fiasco *m*; **ein ~ erleben** fracasar
'Fibel F ⟨~; ~n⟩ 1 abecedario *m*; cartilla *f*; *fig* *(Lehrbuch)* manual *m* 2 *(Spange)* fíbula *f*
'Fiber F ⟨~; ~n⟩ ANAT, BOT fibra *f*
Fi'brille F ⟨~; ~n⟩ ANAT fibrilla *f*
Fi'brin N ⟨~s⟩ PHYSIOL fibrina *f*; **fibrinhaltig** ADJ fibrinoso
Fi'brom N ⟨~s; ~e⟩ MED fibroma *m*
fi'brös ADJ MED fibroso
ficht → fechten
'Fichte F ⟨~; ~n⟩ BOT abeto *m* rojo; *fachspr* picea *f*
'Fichtennadel F aguja *f* del abeto rojo; *weitS.* pinocha *f*; **Fichtennadelöl** N esencia *f* de hojas de pino; **Fichtenwald** M pinar *m*; **Fichtenzapfen** M piña *f* (del abeto rojo)
Fick M ⟨~s; ~s⟩ *vulg* polvo *m*, follaje *m*, jodienda *f*
'ficken VI & VT *vulg* joder, follar; *Am* coger *m*
'Ficker M ⟨~s; ~⟩, **Fickerin** F ⟨~; ~nen⟩ *vulg* follador *m*, -a *f*
Fideikom'miss N ⟨~es; ~e⟩ JUR fideicomiso *m*
fi'del ADJ alegre, festivo; de buen humor; jovial; *umg fig* **~es Haus** hombre *m* de buen humor; bromista *m*
'Fidibus M ⟨~ *od* ~ses; ~ *od* ~se⟩ *obs* *papel doblado para encender la pipa, etc*
'Fidschi N ⟨~s⟩, **Fidschiinseln** FPL Islas *fpl* Fidji
'Fieber N ⟨~s; ~⟩ fiebre *f* (*a. fig*); calentura *f*; **hohes ~** fiebre alta; **~ haben** tener fiebre (*od* temperatura); **(bei j-m) ~ messen** tomar(le a alg) la temperatura, medir(le a alg) la fiebre; **vor ~ glühen/zittern** arder/temblar de fiebre
'Fieberanfall M acceso *m* de fiebre (*od* febril); **fieberfrei** ADJ sin fiebre; MED apirético; **~ sein** *Kranker* (ya) no tener fiebre; **Fieberfrost** M escalofríos *mpl* (de fiebre); **fieberhaft** A ADJ febril (*a. fig*), calenturiento B ADV febrilmente; **~ arbeiten** trabajar febrilmente; **Fieberhitze** F ardor *m* febril; **fieberig** ADJ → fiebrig; **Fieberkrämpfe** MPL convulsiones *fpl* febriles; **fieberkrank** ADJ celenturiento, enfermo de fiebre; **Fieberkurve** F curva *f* (*od* gráfica *f*) de temperatura; **Fiebermittel** N MED medicamento *m* contra la fiebre; febrífugo *m*
'fiebern VI 1 MED tener fiebre (*od* calentura), estar afiebrado 2 *fig* **vor Aufregung** *(dat)* **~** temblar de nervios 3 *fig* **nach etw ~** ansiar a/c, anhelar a/c; arder de (*od* por) a/c
'Fieberrinde F PHARM quina *f*; **Fieberschauer** M escalofrío *m* (de fiebre); **fiebersenkend** ADJ antipirético; **Fiebertabelle** F hoja *f* de temperaturas; **Fieberthermometer** N termómetro *m* clínico; **Fieberwahn** M delirio *m* de la fiebre
'fiebrig ADJ febril (*a. fig*)
'Fiedel F ⟨~; ~n⟩ *umg* violín *m*; **fiedeln** VI *umg* tocar (*pej* rascar) el violín; **Fiedler** M ⟨~s; ~⟩, **Fiedlerin** F ⟨~; ~nen⟩ violinista *m/f*; *pej* rascatripas *m/f*
fiel → fallen
fies ADJ *umg* vil; asqueroso, repugnante; *(Trick)* sucio; **ein ~er Kerl** un tío antipático, un tipo asqueroso; **das war echt ~!** ¡qué faena más fea!
'Fiesling M ⟨~(e)s; ~e⟩ tipo *m* asqueroso
'Figaro M ⟨~s; ~s⟩ fígaro *m*, barbero *m*
Fi'gur F ⟨~; ~en⟩ 1 *allg* figura *f*; *(Form)* forma *f*; MATH, TECH *a.* diagrama *m*, representación *f* gráfica 2 *(Körperwuchs)* figura *f*, talla *f*, estatura *f*; **eine gute ~ haben** tener buen tipo (*od umg* buena percha); **auf seine ~ achten** cuidar la línea 3 *Schach etc*: pieza *f* 4 LIT *(Romanfigur)* personaje *m* 5 *(kleine Statue)* figurita *f* 6 *umg* *(Person)* tío *m*, tipo *m*; **eine komische ~ machen** hacer un papel ridículo; **eine gute/schlechte ~ machen** hacer buen/mal papel; causar buena/mala impresión
Figu'rant M ⟨~en; ~en⟩, **Figurantin** F ⟨~; ~nen⟩ THEAT, FILM *obs* figurante *m*, -a *f* (*a. fig*); comparsa *m/f*; **als ~ auftreten** hacer de comparsa
fi'gurbetont ADJ que marca (*od* acentúa) la figura; que hace resaltar la figura
figu'rieren VI ⟨*ohne* ge-⟩ *geh* figurar
Figu'rine F ⟨~; ~n⟩ figurín *m*
fi'gürlich ADJ figurado, figurativo; metafórico; **im ~en Sinne** en sentido figurado
Fikti'on F ⟨~; ~en⟩ ficción *f*; **fikti'onal** ADJ ficcional; **fik'tiv** ADJ ficticio

File [faɪl] N ⟨~s; ~s⟩ IT fichero *m*; **File-Server** M IT servidor *m* de archivos (*od* de ficheros)

Fi'let [fi'le:] N ⟨~s; ~s⟩ **1** GASTR filete *m*; *v. Fleisch a.*: solomillo *m* **2** TEX filete *m*; **Filetarbeit** F fileteado *m*; **Filetbraten** M GASTR solomillo *m* asado

file'tieren V/T ⟨*ohne* ge-⟩ GASTR filetear

File'tiermesser N cuchillo *m* para filetear

Fi'letsteak [fi'le:-] N GASTR solomillo *m*

'File-Virus ['faɪl-] N&M IT virus *m* en un fichero

Fili'alabteilung F HANDEL departamento *m* de la sucursal; **Filialbank** F ⟨~; ~en⟩ sucursal *f* (*od* agencia *f* urbana)

Fili'ale F ⟨~; ~n⟩ sucursal *f*; **Filialgeschäft** N comercio *m* de sucursales múltiples; **Filialleiter** M, **Filialleiterin** F director *m*, -a *f* (*od* jefe *m*, -a *f*) de sucursal; **Filialunternehmen** N empresa *f* filial

fili'gran ADJ de *od* en filigrana

Fili'gran N ⟨~s; ~e⟩ filigrana *f* (*a. fig*); **Filigranarbeit** F trabajo *m* de filigrana

Film M ⟨~(e)s; ~e⟩ **1** (*Kinofilm, Fernsehfilm*) película *f*, film(e) *m*; (*Filmband*) cinta *f*; **einen ~ drehen** rodar una película; **der ~ läuft hier nicht** no echan la película aquí **2** *Branche*: cine *m*; **beim ~ sein** hacer cine; trabajar en el cine; **er/sie möchte zum ~** quiere ser actor/actriz **3** FOTO carrete *m*, *Am* rollo *m*; **einen neuen ~ einlegen** poner un nuevo carrete *bzw* rollo **4** (*dünne Schicht, Häutchen*) película *f*

'Filmarchiv N archivo *m* cinematográfico, filmoteca *f*, cinemateca *f*; **Filmatelier** N estudio *m* cinematográfico; **Filmaufnahme** F rodaje *m*; filmación *f*; *einzelne*: toma *f*; **Filmautor** M, **Filmautorin** F guionista *m/f* de cine; **Filmband** N cinta *f*; **Filmbauten** MPL decorados *mpl*; **Filmbearbeitung** F adaptación *f* cinematográfica; **Filmbericht** M reportaje *m* cinematográfico (*bzw* filmado); **Filmbranche** F ramo *m* cinematográfico; **Filmbühne** F plató *m*; **Filmdiva** F ⟨~; -diven⟩ → Filmstar; **Filmdrehbuch** N guión *m* (cinematográfico)

'Filmemachen N ⟨~s⟩ → Filmkunst; **Filmemacher** M, **Filmemacherin** F cineasta *m/f*

'filmen V/T rodar, filmar; realizar (una película); **Filmen** N ⟨~s⟩ filmación *f*

'Filmfassung F versión *f* cinematográfica (*od* fílmica); **Filmfestspiele** NPL festival *m* cinematográfico (*od* de cine); **Filmfreund** M, **Filmfreundin** F aficionado *m*, -a *f* al cine, cinéfilo *m*, -a *f*; **Filmgesellschaft** F productora *f* cinematográfica; **Filmherstellung** F producción *f* cinematográfica; **Filmindustrie** F industria *f* cinematográfica (*od* del cine); **Filmkamera** F tomavistas *m*, filmadora *f*, cámara *f* cinematográfica; cinecámara *f*; **Filmkassette** F casette *m* (*od* casete *m*) de film; **Filmklub** M cineclub *m*; **Filmkopie** F copia *f* de película; **Filmkritik** F crítica *f* de cine; **Filmkritiker** M, **Filmkritikerin** F crítico *m*, -a *f* de cine; **Filmkunst** F cinematografía *f*, séptimo arte *m*; **Filmkünstler** M, **Filmkünstlerin** F cineasta *m/f*, artista *m/f* de cine; **Filmleinwand** F pantalla *f*; **Filmmagazin** N FOTO alimentador *m* de film; **Filmmaterial** N material *m* cinematográfico; FOTO material *m* fotográfico; **Filmmusik** F banda *f* sonora

Filmogra'fie F, **Filmogra'phie** F ⟨~; ~n⟩ filmografía *f*; **Filmo'thek** F ⟨~; ~en⟩ filmoteca *f*, cinemateca *f*

'Filmpaket N paquete *m* de películas; **Filmplakat** N cartel *m* de la película; **Filmpreis** M premio *m* de cinematografía; **Filmproduktion** F producción *f* cinematográfica; **Filmproduzent** M, **Filmproduzentin** F productor *m*, -a *f* cinematográfico, -a; **Filmprojektor** M proyector *m* de cine; **Filmprüfstelle** F oficina *f* de censura cinematográfica; **Filmregisseur** M, **Filmregisseurin** F director *m*, -a *f* de cine, realizador *m*, -a *f*; **Filmreklame** F publicidad *f* cinematográfica; **Filmreportage** F → Filmbericht; **Filmrolle** F rollo *m* (*od* carrete *m*) de película; **Filmschaffende** M/F ⟨~n; ~n; → A⟩ cineasta *m/f*; **Filmschauspieler** M, **Filmschauspielerin** F, cineasta *m/f*, actor *m*, actriz *f*, de cine (*od* cinematográfico, -a); **Filmspule** F bobina *f* (*od* carrete *m*) de película; **Filmstar** M estrella *f* de cine (*od* de la pantalla); **Filmsternchen** N aspirante *f* a estrella, starlette *f*; **Filmstreifen** M cinta *f*; **Filmstudio** N estudio *m* cinematográfico; **Filmtechnik** F técnica *f* cinematográfica; cinematografía *f*; **Filmtheater** N cine *m*; **Filmtransport** M avance *m* de cinta; FOTO arrastre *m*; **Filmverleih** M **1** distribución *f* de películas **2** *Firma*: distribuidora *f* de películas; **Filmverleiher** M distribuidor *m* de películas; **Filmvertrieb** M → Filmverleih

'Filmvorführer M, **Filmvorführerin** F operador *m*, -a *f* (de cine); **Filmvorführgerät** N → Filmprojektor; **Filmvorführung** F proyección *f* de películas; función *f* de cine; **Filmvorführungsraum** M sala *f* de proyecciones; *i. e. S* cabina *f* de proyección

'Filmvorstellung F → Filmvorführung; **Filmwelt** F ⟨~⟩ mundo *m* cinematográfico (*od* del cine); **Filmwerbung** F → Filmreklame; **Filmwesen** N ⟨~s⟩ cinematografía *f*; **Filmwirtschaft** F industria *f* cinematográfica; **Filmwissenschaft** F filmología *f*; **Filmzensur** F censura *f* cinematográfica

Fi'lou [fi'lu:] M ⟨~s; ~s⟩ *hum* pillo *m*; bribón *m*

'Filter M,N ⟨~s; ~⟩ filtro *m* (*a.* FOTO); depurador *m*; **Filtereinsatz** M cartucho *m* filtrante (*a. der Gasmaske*); **Filterkaffee** M café *m* filtrado; **Filterkanne** F cafetera *f* de filtro; **Filterkohle** F carbón *m* para filtro; **Filtermundstück** N boquilla *f* de filtro

'filtern V/T filtrar

'Filterpapier N papel *m* (de) filtro (*od* filtrante); **Filterpresse** F prensa *f* filtro; **Filtertüte** F filtro *m*; **Filterzigarette** F cigarrillo *m* con filtro

Fil'trat N ⟨~(e)s; ~e⟩ filtrado *m*

Fil'trierapparat M aparato *m* para filtrar, filtro *m*

fil'trieren V/T ⟨*ohne* ge-⟩ filtrar; **Filtrieren** N ⟨~s⟩, **Filtrierung** F ⟨~; ~en⟩ filtración *f*

Filz M ⟨~es; ~e⟩ **1** TEX fieltro *m* **2** POL *pej* nepotismo *m* **3** *umg* (*Geizhals*) mezquino *m*;

'Filzdichtung F TECH junta *f* de fieltro

'filzen **A** V/T **1** (*verfilzen*) fieltrar **2** *umg* (*durchsuchen*) registrar, cachear **B** V/I **1** *Wolle* apelmazarse **2** *umg* (*knausern*) tacañear, cicatear

'Filzer M *umg* → Filzstift

'Filzhut M sombrero *m* de fieltro

'filzig ADJ **1** de fieltro; (*samtig*) afelpado, aterciopelado; BOT tomentoso **2** *umg fig* (*knauserig*) tacaño; *umg* agarrado, roñoso

'Filzlaus F ZOOL ladilla *f*; **Filzpantoffeln** MPL zapatillas *fpl* (*od* pantuflas *fpl*) de fieltro; **Filzschreiber** M → Filzstift; **Filzsohle** F plantilla *f* de fieltro; **Filzstift** M rotulador *m*; **Filzunterlage** F almohadilla *f* de fieltro; TYPO mantilla *f*

'Fimmel M ⟨~s; ~⟩ *umg* (*Besessenheit*) manía *f*; obsesión *f*, *umg* chifladura *f*; **er hat einen ~** *umg* le falta un tornillo; *umg* está chiflado

fi'nal ADJ GRAM final

Fi'nale N ⟨~s; ~⟩ **1** MUS final *m* **2** SPORT ⟨*pl a.* Finals⟩ final *f*; **ins ~ kommen** llegar a la final; **Finalgegner** M SPORT rival *m* en una final

Fina'list M ⟨~en; ~en⟩, **Finalistin** F ⟨~; ~nen⟩ SPORT finalista *m/f*

Fi'nalsatz M GRAM oración *f* final

Financi'er [finãsi'e:] M → Finanzier

Fi'nanz F ⟨~⟩ mundo *m* financiero

Fi'nanz... IN ZSSGN *mst* financiero, de finanzas; **Finanzabkommen** N acuerdo *m* financiero; **Finanzabteilung** F sección *f* financiera

Fi'nanzamt N *sp* Delegación *f* de Hacienda; Agencia *f* Tributaria; **beim ~ anmelden** *Tätigkeit, Einkünfte* declarar a Hacienda; **sich beim ~ anmelden** ≈ darse de alta en la Licencia Fiscal

Fi'nanzausgleich M compensación *f* financiera; **Finanzausschuss** M comisión *f* financiera; **Finanzbeamte(r)** M, **Finanzbeamtin** F, funcionario *m*, -a *f* de Hacienda; **Finanzbehörde** F (Delegación *f* de) Hacienda *f*; → *a* Finanzamt; **Finanzberater** M, **Finanzberaterin** F asesor *m*, -a *f* financiero, -a; **Finanzbuchhaltung** F contabilidad *f* general (*od* financiera); **Finanzchef** M, **Finanzchefin** F director *m*, -a *f* financiero, -a; **Finanzdienstleistungen** FPL servicios *mpl* financiarios

Fi'nanzen PL finanzas *fpl*; **öffentliche ~** Hacienda *f* pública

Fi'nanzerträge MPL *Buchhaltung* ingresos *mpl* financieros; **Finanzgebaren** N ⟨~s⟩ gestión *f* financiera; **Finanzgeschäft** N operación *f* financiera; **Finanzgesetzgebung** F legislación *f* financiera; **Finanzhilfe** F ayuda *f* financiera; **Finanzhoheit** F ⟨~⟩ soberanía *f* fiscal

finanzi'ell **A** ADJ financiero; económico; pecuniario; **~e Sorgen haben** tener problemas económicos; **in ~er Hinsicht** desde el punto de vista financiero; económicamente **B** ADV económicamente; **j-n ~ unterstützen** apoyar a alg económicamente

Finanzi'er [-'tsie:] M ⟨~s; ~s⟩ financiero *m*

finan'zieren V/T ⟨*ohne* ge-⟩ financiar; costear

Finan'zierung F ⟨~; ~en⟩ financiación *f*, financiamiento *m*; **kurz-/lang-/mittelfristige ~** financiación *f* a corto/largo/medio plazo

Finan'zierungsgesellschaft F sociedad *f* financiera (*od* de inversión); **Finanzierungslücke** F laguna *f* financiera, déficit *m* (*od* agujero *m*) financiero; déficit *m* de recursos; **Finanzierungsplan** M plan *m* de financiación; **Finanzierungsquelle** F fuente *f* de financiación; **Finanzierungszusage** F garantía *f* de financiación

Fi'nanzjahr N año *m* (*od* ejercicio *m*) financiero; **Finanzkraft** F capacidad *f* (*od* fortaleza *f*) financiera; **finanzkräftig** ADJ con capacidad financiera (*od* económica); **Finanzkreise** MPL círculos *mpl* (*od* medios *mpl*) financieros; **Finanzkrise** F crisis *f* financiera; **Finanzlage** F situación *f* financiera; **Finanzmann** M ⟨~(e)s; -leute⟩ financiero *m*; hacendista *m*; **Finanzmarkt** M mercado *f* financiero (*od* de capitales); **Finanzminister** M, **Finanzministerin** F ministro *m*, -a *f* de Finanzas (*sp* de Hacienda); **Finanzministerium** N Ministerio *m* de Finanzas (*sp* de Hacienda); **Finanzplatz** M centro *m* financiero; **Finanzpolitik** F política *f* financiera; **Finanzquelle** F fuente *f* de financiación

fi'nanzschwach ADJ con poca capacidad financiera (*od* económica)

Fi'nanzsektor M sector *m* financiero; **Fi-**

nanzstruktur F estructura *f* financiera; **Finanzvermögen** N activo *m* financiero; **Finanzverwaltung** F (administración *f* de) Hacienda *f*; **Finanzvolumen** N volumen *m* financiero; **Finanzwelt** F mundo *m* financiero; **Finanzwesen** N ⟨~s⟩ hacienda *f* (pública); **Finanzwirtschaft** F economía *f* financiera; **Finanzwissenschaft** F ciencia *f* financiera

ˈFindelkind N expósito *m*, -a *f*, *umg* inclusero *m*, -a *f*

ˈfinden *⟨irr⟩* A VT 1 *allg* encontrar, hallar; *(entdecken)* descubrir; *unvermutet:* encontrarse con; dar con; **Arbeit ~** encontrar trabajo; **ich finde keine Worte** no encuentro palabras 2 *(meinen, beurteilen)* encontrar, opinar; **gut ~** tener a bien; juzgar oportuno; **ich finde, dass …** me parece *(od* opino) que; **wie ~ Sie das?** ¿qué le parece esto?; **wie ~ Sie das Buch?** ¿qué opina usted del libro?; **~ Sie nicht?** ¿no le parece?; **das finde ich auch** opino lo mismo 3 *mit präp, adv:* **was findet er nur an ihr?** ¿qué verá en ella?; **ich finde nichts dabei** no veo inconveniente *(od* nada malo) en ello; *fig* **Freude daran ~ zu …** gustarle … 4 *geh* **den Tod ~** llegarle la muerte B VI **nach Hause ~** encontrar el camino a casa; *fig* **zu sich selbst ~** encontrarse a sí mismo C VR 1 **sich ~** encontrarse; **es ~ sich immer Leute, die …** siempre hay gente que …; nunca falta alguien que … 2 **das wird sich ~** ya veremos; *(schon in Ordnung kommen)* ya se arreglará 3 **sich in etw** *(acus)* **~** acomodarse a a/c, avenirse a a/c, conformarse con a/c; *(sich fügen)* resignarse a a/c

ˈFinder M ⟨~s; ~⟩, **Finderin** F ⟨~; ~nen⟩ hallador *m*, -a *f*; descubridor *m*, -a *f*; **Finderlohn** M recompensa *f* *(od* gratificación *f*) por un hallazgo devuelto

ˈfindig ADJ ingenioso, inventivo; *(listig)* astuto; **~er Kopf** espíritu *m* ingenioso, hombre *m* de agudo ingenio; **Findigkeit** F ⟨~; ~en⟩ ingeniosidad *f*

ˈFindling M ⟨~s; ~e⟩ 1 GEOL *(Felsblock)* roca *f* errática 2 → Findelkind

Fiˈnesse F ⟨~; ~n⟩ 1 *(Trick)* truco *m*; *(Raffinesse)* astucia *f*; **~n** *pl* *(Kniffe)* artimañas *fpl*, martingalas *fpl* 2 *in der Ausstattung:* detalle *m*, fineza *f*; **mit allen ~n** muy sofisticado

fing → fangen

ˈFinger M ⟨~s; ~⟩ 1 ANAT dedo *m*; **der kleine ~** meñique *m*; **einen ~ breit** un dedo de ancho; **sich** *(dat)* **in den ~ schneiden** cortarse el dedo; **sich** *(dat)* **die ~ verbrennen** quemarse los dedos; *fig a.* pillarse los dedos; **~ weg!** ¡no se toca!; **mit dem ~ auf j-n zeigen** señalar a alg con el dedo 2 *fig* **die ~ (mit) im Spiel haben** estar mezclado en el asunto, *umg* andar en el ajo; **die ~ von etw lassen** no meterse en a/c; **den ~ auf die Wunde legen** poner el dedo en la llaga; **keinen ~ rühren** *od* **krummmachen** no mover ni un dedo; cruzarse de brazos; **etw an den ~n hersagen können** saber a/c al dedillo; **j-m auf die ~ klopfen** dar a alg en los nudillos; **j-m auf die ~ sehen** vigilar de cerca *(od* no perder de vista) a alg; *umg* **lange ~ machen** ser largo de uñas; **j-n um den ~ wickeln** *umg* meterse a uno en el bolsillo; **man kann ihn um den ~ wickeln** es como una cera; *umg* se le puede llevar de un cabello; *Drohung:* **wenn er mir zwischen die ~ kommt!** ¡si un día le atrapo! 3 *fig, mit sich: umg* **sich** *(dat)* **die ~ nach etw lecken** chuparse los dedos por a/c; **sich** *(dat)* **die ~ nicht schmutzig machen** no mojarse; **sich** *(dat)* **etw aus den ~n saugen** inventar a/c

ˈFingerabdruck M ⟨~(e)s; ~̈e⟩ impresión *f* digital; huella *f* dactilar *(od* digital); **genetischer ~** característica *f* genética; **Fingerabdruckverfahren** N dactiloscopia *f*

ˈfingerbreit ADJ de un dedo de ancho; **Fingerbreit** M, **Finger breit** M ⟨~; ~⟩ *Abstand:* dedo *m*; *fig* ápice *m*; **fingerdick** ADJ del grosor de un dedo

ˈfingerfertig ADJ hábil, diestro; **Fingerfertigkeit** F destreza *f*, habilidad *f* manual; MUS dedeo *m*

ˈFingerfood [-fu:t] N ⟨~s⟩ ≈ tapas *fpl*; canapés *mpl*; **fingerförmig** ADJ digitado; **Fingerglied** N falange *f*; **Fingerhut** M 1 dedal *m* 2 BOT digital *f*, dedalera *f*; **Fingerknöchel** M nudillo *m*; **Fingerkuppe** F yema *f* del dedo; **fingerlang** ADJ de un dedo de largo; **Fingerling** M ⟨~s; ~e⟩ dedil *m*

ˈfingern A VI **an etw** *(dat)* **~** toquetear a/c, manosear a/c B VT *umg pej* **etw ~** arreglar, manejar a/c

ˈFingernagel M uña *f*; **Fingerring** M anillo *m*; sortija *f*; **Fingersatz** M MUS digitación *f*; **mit ~ versehen** digitar; **Fingerspitze** F punta *f* *(bzw* yema *f*) del dedo; **Fingerspitzengefühl** N *fig* tacto *m*, delicadeza *f*; tino *m*; **Fingersprache** F dactilología *f*; **Fingerübung** F MUS ejercicio *m* para los dedos *(od* de digitación); **Fingerzeig** M ⟨~(e)s; ~e⟩ indicación *f*; aviso *m*; *umg* pista *f*; **ein ~ Gottes** el dedo de Dios

finˈgieren VT *⟨ohne ge-⟩ geh* fingir, simular; **Fingieren** N ⟨~s⟩ fingimiento *m*, simulación *f*; **fingiert** ADJ fingido, simulado; ficticio; imaginario; **~er Name** nombre *m* supuesto

ˈFinish [ˈfɪnɪʃ] N ⟨~s; ~s⟩ SPORT final *f*

Fink M ⟨~en; ~en⟩ ORN pinzón *m*

ˈFinne[1] M ⟨~n; ~n⟩ finlandés *m*

ˈFinne[2] F ⟨~; ~n⟩ 1 ZOOL *(Flosse)* aleta *f* 2 TECH *e-s Hammers:* peña *f*

ˈFinne[3] F ⟨~; ~n⟩ 1 MED *(Pustel)* pústula *f*; botón *m*; gran(ill)o *m* 2 VET landrilla *f*; *fachspr* cisticerco *m*

ˈfinnig ADJ MED pustuloso; granujiento; VET landrilloso

ˈFinnin F ⟨~; ~nen⟩ finlandesa *f*

ˈfinnisch ADJ finlandés; **der Finnische Meerbusen** el golfo de Finlandia

ˈFinnland N ⟨~s⟩ Finlandia *f*

ˈFinnwal M ZOOL rorcual *m*

ˈfinster A ADJ oscuro; tenebroso; *(düster)* lóbrego; lúgubre; *fig, Miene* sombrío; **~ werden** oscurecer; **~e Gedanken hegen** tener pensamientos sombríos; **~e Nacht** noche *f* cerrada; **im Finstern** a oscuras; **im Finstern tappen** andar a tientas *(a. fig)* B ADV **~ aussehen** tener aire sombrío *(bzw* semblante adusto); **~ dreinschauen** tener mirada sombría

ˈFinsternis F ⟨~; ~se⟩ oscuridad *f*, tinieblas *fpl*; ASTRON eclipse *m*

ˈFinte F ⟨~; ~n⟩ finta *f*, treta *f* *(a. Fechten)*; *(List)* ardid *m*; estratagema *f*

ˈFirewall [ˈfaɪərvo:l] M/F IT firewall *m*, cortafuegos *m*

ˈFirlefanz M ⟨~es; ~e⟩ fruslería *f*; *(Unsinn)* pamplinas *fpl*, bobadas *fpl*

firm ADJ **~ in etw** *(dat)* **sein** conocer a fondo a/c; *umg* estar puesto en a/c

ˈFirma F ⟨~; Firmen⟩ empresa *f*; establecimiento *m*; firma *f*; **eine ~ gründen** fundar una empresa

Firmaˈment N ⟨~(e)s; ~e⟩ firmamento *m*; **am ~** al firmamento

ˈfirmen VT KATH confirmar

ˈFirmenadresse F, **Firmenanschrift** F dominio *m* social, dirección *f* de la empresa; **Firmenbezeichnung** F HANDEL razón *f* social; **Firmenchef** M, **Firmenchefin** F empresario *m*, -a *f*; patrón *m*, -ona *f*; **Firmenfusion** F fusión *f* empresarial *(od* de empresas); **Firmengründer** M, **Firmengründerin** F fundador *m*, -a *f* de una *(bzw* de la) empresa; **Firmengruppe** F grupo *m* empresarial *(od* de empresas); **Firmenhochzeit** F *iron* → Firmenfusion; **Firmenimage** N identidad *f* corporativa; **Firmeninhaber** M, **Firmeninhaberin** F titular *m/f* de una *(bzw* de la) empresa; **Firmenjubiläum** N aniversario *m* de la empresa; **Firmenkonsortium** N consorcio *m* (de empresas); **Firmenlogo** N logotipo *m* de la empresa *(od* empresarial); **Firmenname** M razón *f* social; **Firmenregister** N *(Handelsregister)* registro *m* de comercio; **Firmenschild** N rótulo *m*, letrero *m*; **Firmenschließung** F cierre *f* de empresa; **Firmensitz** M sede *f* social

ˈfirmenspezifisch ADJ específico de la empresa

ˈFirmenverzeichnis N guía *f* comercial; **ins ~ eintragen** inscribir en la guía comercial; **Firmenwagen** M coche *m* de la empresa; **Firmenwert** M fondo *m* de comercio; **Firmenzeichen** N marca *f* de fábrica; **Firmenzusammenschluss** M fusión *f* (empresarial *od* de empresa)

firˈmieren VI *⟨ohne ge-⟩* HANDEL 1 **~ als …** dar *(od* llevar) como razón social … 2 *(unterzeichnen)* firmar

ˈFirmling M ⟨~s; ~e⟩ REL confirmando *m*; **Firmung** F ⟨~; ~en⟩ confirmación *f*

Firn M ⟨~(e)s; ~e⟩ ventisquero *m*

ˈFirnfeld N campo *m* de ventisquero

ˈFirnis M ⟨~ses; ~se⟩ barniz *m* *(a. fig)*; **firnissen** VT barnizar *(a. fig)*; **Firnissen** N ⟨~s⟩ barnizado *m*

ˈFirnschnee M nieve *f* ventada

First M ⟨~(e)s; ~e⟩ caballete *m*, cumbrera *f*; *(Giebel)* remate *m*; BERGB techo *m* de la galería

ˈFirst ˈLady [ˈfø:rstˈle:di] F ⟨~; ~s⟩ POL Primera Dama *f*

ˈFirstziegel M ARCH teja *f* de cumbrera *(bzw* de remate)

fis, Fis N ⟨~; ~⟩ MUS fa *m* sostenido

Fisch M ⟨~es; ~e⟩ 1 ZOOL pez *m*; **fliegender ~** pez *m* volador; **stumm wie ein ~ sein** estar más callado que un muerto; **(munter) wie ein ~ im Wasser (sein)** (estar) como el pez en el agua; *fig* **das sind kleine ~e** son pequeñeces 2 GASTR pescado *m*; **frischer ~** (el) pescado fresco; *fig* **das ist weder ~ noch Fleisch** esto no es carne ni pescado *(od* ni chicha ni limonada *od* ni fu ni fa) 3 ASTRON **~e** *mpl* Piscis *m*

ˈFischadler M ORN halieto *m*, águila *f* pescadora; **fischarm** ADJ pobre en pesca; **Fischbank** F ⟨~; ~̈e⟩ banco *m* de peces, cardumen *m*; **Fischbehälter** M vivero *m* de peces; **Fischbein** N ⟨~(e)s⟩ (barba *f* de) ballena *f*; **Fischbesteck** N cubierto *m* para pescado; **Fischblut** N *fig* **~ haben** *umg* tener sangre de horchata; **Fischbraterei** F ⟨~; ~en⟩ freiduría *f* de pescado; **Fischbrut** F alevín *m*; *(Laich)* freza *f*

ˈfischen VT & VI 1 pescar; faenar; **~ gehen** ir a pescar, ir de pesca 2 **etw aus etw ~** sacar *(od* pescar) a/c de a/c; *fig* **im Trüben ~** pescar en río revuelto

ˈFischen N ⟨~s⟩ pesca *f*

ˈFischer M ⟨~s; ~⟩ pescador *m*; **Fischerboot** N barco *m* pesquero; lancha *f* pesquera; **Fischerdorf** N pueblo *m* de pescadores

Fischeˈrei F ⟨~; ~en⟩ pesca *f*; *(Gewerbe)* pesquería *f*, industria *f* pesquera; **Fischereiabkommen** N acuerdo *m* pesquero; **Fischereierlaubnis** F licencia *f* de pesca; **Fischereifahrzeug** N embarcación *f* pesquera; **Fischereiflotte** F flota *f* pesquera; **Fischereihafen** M puerto *m* pesquero; **Fi-**

schereirecht N derecho *m* de pesca
'Fischergerät N aparejos *mpl* (*od* artes *mpl*) de pesca; **Fischerin** F ⟨~; ~nen⟩ pescadora *f*; **Fischernetz** N red *f* (de pescar); **Fischerring** M *päpstlicher:* Anillo *m* del Pescador
'Fischfabrik F fábrica *f* de pescado; **Fischfang** M pesca *f*; captura *f*; **Fischfilet** N filete *m* de pescado; **Fischflosse** F aleta *f*; **Fischflotte** F → Fischereiflotte
Fisch fressend ADJ ZOOL piscívoro, ictiófago
'Fischgabel F tenedor *m* para pescado; **Fischgericht** N (plato *m* de) pescado *m*; **Fischgeruch** M olor *m* a pescado; **Fischgeschäft** N pescadería *f*; **Fischgeschmack** M sabor *m* a pescado; **Fischgräte** F espina *f* (de pescado); raspa *f*; **Fischgrätenmuster** N espiguilla *f*; **Fischgrund** M ⟨~(e)s; ⸚e⟩ *mst* PL pesquera *f*, caladero *m*; **Fischhändler** M, **Fischhändlerin** F pescadero *m*, -a *f*; **Fischhandlung** F pescadería *f*; **Fischkasten** M vivero *m* (de peces); **Fischköder** M cebo *m* para la pesca, güeldo *m*; **Fischkonserve** F conserva *f* de pescado; **Fischkunde** F ⟨~⟩ ictiología *f*; **Fischkutter** M barca *f* de pesca; **Fischlaich** M freza *f*; **Fischleim** M cola *f* de pescado; ictiocola *f*; **Fischmarkt** M mercado *m* de pescado; **Fischmehl** N harina *f* de pescado; **Fischmesser** N cuchillo *m* de pescado; **Fischnetz** N red *f* (de pescar); **Fischotter** M ZOOL nutria *f*; **fischreich** ADJ abundante en pesca; **Fischreiher** M ORN garza *f* real; **Fischrestaurant** N restaurante *m* especializado en pescado; **Fischreuse** F nasa *f*; **Fischrogen** M huevas *fpl* (de pez); **Fischschuppe** F escama *f* de pez; **Fischschwarm** M banco *m* de peces, cardumen *m*; **Fischstäbchen** N ⟨~s; ~⟩ barrita *f* (*od* palito *m*) de pescado; **Fischsterben** N ⟨~s⟩ mortandad *f* piscícola; **Fischsuppe** F sopa *f* de pescado; **Fischteich** M vivero *m* (de peces); estanque *m* piscícola; **Fischtran** M aceite *m* de pescado
Fisch verarbeitend ADJ **~e Industrie** industria *f* pesquera
'Fischvergiftung F intoxicación *f* por pescado, ictismo *m*; **Fischwirtschaft** F sector *m* pesquero; industria *f* pesquera; **Fischzucht** F piscicultura *f*; **Fischzuchtbetrieb** M piscifactoría *f*, criadero *m* de peces; **Fischzüchter** M, **Fischzüchterin** F piscicultor *m*, -a *f*; **Fischzug** M redada *f* (*a. fig*), pesca *f*
Fisima'tenten PL *umg* (*Ausflüchte*) pretextos *mpl*, subterfugios *mpl*; (*Umstände*) *umg* tiquismiquis *mpl*; **~ machen** buscar subterfugios
fis'kalisch ADJ fiscal
'Fiskus M ⟨~⟩ fisco *m*, erario *m*, tesoro *m* (público); *hum* → Finanzamt
Fi'sole F *österr* (*grüne Bohne*) judía *f* (*od* frijol *m*) verde
Fis'sur F ⟨~; ~en⟩ MED fisura *f*
'Fistel F ⟨~; ~n⟩ MED fístula *f*; **fistelartig** ADJ fistuloso; **Fistelstimme** F voz *f* de falsete
fit ADJ en (buena) forma; bien entrenado; **sich ~ halten** mantenerse en forma; **j-n (wieder) ~ machen** devolver la forma a alg; *fig* **eine Firma/j-n für etw ~ machen** preparar una empresa/a alg para a/c
'Fitness ['fɪtnɛs] F ⟨~⟩ buena forma *f*, fitness *m*; **Fitnesscenter** [-sɛntər] N ⟨~s; ~⟩ gimnasio *m*, centro *m* de fitness; **Fitnessprogramm** N programa *m* de de fitness (*od* entrenamiento físico); **Fitnessraum** M gimnasio *m*; **Fitnessstudio** N → Fitnesscenter
'Fittich M ⟨~(e)s; ~e⟩ *poet* ala *f*; *fig* **j-n unter seine ~e nehmen** tomar a alg bajo su protección
fix **A** ADJ **1** (*fest*) *Gehalt, Kosten, Preise* fijo; *fig* **~e Idee** monomanía *f*, idea *f* fija, obsesión *f* **2** (*flink*) ágil, ligero; (*geschickt*) hábil, diestro; (*schnell*) vivo, rápido **3** *fig* **~ und fertig** todo listo; *umg* **ich bin ~ und fertig** (*erschöpft*) estoy hecho polvo **B** ADV **mach ~!** ¡date prisa!
Fixa'tiv N ⟨~s; ~e⟩ fijador *m*
'Fixauftrag M HANDEL orden *f* a plazo fijo
'fixen VI **1** *Drogenjargon* inyectarse, pincharse, chutarse, picarse **2** HANDEL *an der Börse:* jugar a la baja
'Fixer M ⟨~s; ~⟩, **Fixerin** F ⟨~; ~nen⟩ *Drogenjargon* enganchado, -a *m/f*, drogadicto *m*, -a *f*; **Fixerstube** F narcosala *f*
'Fixgeschäft N HANDEL operación *f* a plazo fijo
Fi'xierbad N FOTO baño *m* fijador
fi'xieren VT ⟨*ohne* ge-⟩ **1** (*festlegen*) fijar (*a.* FOTO) **2** (*anschauen*) **j-n ~** mirar fijamente a alg **3** PSYCH **auf etw/j-n fixiert sein** depender emocionalmente de a/c/alg; **Fixieren** N ⟨~s⟩ fijación *f*; FOTO fijado *m*; **Fixierer** M, **Fixiermittel** N FOTO fijador *m*; **Fixierung** F ⟨~; ~en⟩ fijación *f*
'Fixing N ⟨~s; ~s⟩ BÖRSE fixing *m*
'Fixkosten PL costes *mpl* fijos; **Fixplatzierung** F *Werbung* espacio *m* fijo; **Fixstern** M ASTRON estrella *f* fija
'Fixum N ⟨~s; Fixa⟩ (*Gehalt*) (sueldo *m od* salario *m*) fijo *m*; (*feste Summe*) cantidad *f* fija
Fjord M ⟨~(e)s; ~e⟩ fiord(o) *m*
FKK N ABK (Freikörperkultur) nudismo *m*; **FKK-Anhänger** M, **FKK-Anhängerin** F nudista *m/f*; **FKK-Klub** M club *m* naturista; **FKK-Strand** M playa *f* nudista
flach **A** ADJ **1** (*eben*) llano (*a. Teller*); plano (*a. Dach*); raso; **auf dem ~en Land** en campo raso; **mit der ~en Hand** con la palma de la mano; **mit der ~en Hand** *bzw* **Klinge schlagen** dar de plano **2** (*niedrig*) *Gebäude, Stirn* bajo **3** *Bahn, Schuss* rasante; *Ball* al ras **4** *Wasser* poco profundo **5** *fig Unterhaltung etc* superficial, trivial, banal **B** ADV **sich ~ hinlegen** echarse
'Flachbahn F TECH plano *m* de deslizamiento; **Flachbahngeschütz** N MIL cañón *m* de trayectoria rasante; **Flachball** M *Tennis:* pelota *f* a ras de la red; *Fußball:* balón *m* raso; **Flachbildschirm** M TV, IT pantalla *f* plana; **flachbusig** ADJ de pechos planos, lisa; **Flachdach** N azotea *f*; techo *m* plano; **Flachdraht** M alambre *m* plano; **Flachdruck** M ⟨~(e)s; ~e⟩ TYPO impresión *f* plana
'Fläche F ⟨~; ~n⟩ **1** (*Gebiet*) área *f* **2** (*Oberfläche*) superficie *f*; MATH plano *m*; (*Schlifffläche*) faceta *f*
'Flacheisen N TECH pletina *f*, hierro *m* plano
'Flächenbrand M *incendio que se propaga rápidamente*; **flächendeckend** **A** ADJ completo, que cubre determinada superficie **B** ADV **etw ~ einführen** introducir a/c masivamente; **Flächengewicht** N TYPO gramaje *m*; **flächengleich** ADJ de igual superficie; **Flächengleiter** M SPORT parapente *m*; **Flächeninhalt** M superficie *f*; MATH área *f*; **Flächenland** N ⟨~(e)s; ⸚er⟩ *mst* **Flächenländer** PL *BRD:* Estados *mpl* federados de gran superficie; **Flächenmaß** N medida *f* de superficie; **Flächenmessung** F MATH planimetría *f*; **Flächennutzung** aprovechamiento *m* del suelo; **Flächennutzungsplan** M plan *m* general (*od* proyecto *m*) de urbanización; **Flächenstaat** M Estado *m* federado de gran superficie; **Flächenstilllegung** F AGR reducción *f* de áreas (*od* superficies) agrarias; retirada *f* de tierras; **Flächentarif(vertrag)** M WIRTSCH convenio *m* (colectivo) global; **Flächenwinkel** M MATH ángulo *m* diedro
'flachfallen VI ⟨*irr*; sn⟩ *umg* fracasar, frustrarse; (*sich erübrigen*) no ser necesario; **Flachfeile** F TECH lima *f* plana; **Flachfeuer** N MIL tiro *m* rasante
flach gedrückt ADJ aplastado
'Flachheit F ⟨~⟩ *fig* trivialidad *f*, banalidad *f*; superficialidad *f*; **Flachland** N ⟨~(e)s; ⸚er⟩ (país *m*) llano *m*, llanura *f*; **Flachmeißel** M TECH escoplo *m*; **Flachrelief** N bajorrelieve *m*; **Flachrennen** N SPORT carrera *f* lisa
Flachs [-ks] M ⟨~es⟩ BOT lino *m*; **'flachsblond** ADJ rubio de estopa
'Flachschuss M *Fußball:* tiro *m* raso
'Flachse F ⟨~; ~n⟩ *südd, österr* → Flechse
'flachsen VI *umg* bromear
'Flachsfeld N linar *m*; **Flachshaar** N cabello *m* de color estopa; **Flachskopf** M pelirrubio *m*; **Flachsspinnerei** F hilandería *f* de lino
'Flachzange F alicates *mpl* planos; **Flachziegel** M teja *f* plana
'flackern VI *Licht* oscilar, vacilar, titilar; *Feuer* flamear, llamear; **Flackern** N ⟨~s⟩ *des Feuers:* llamarada *f*; **flackernd** ADJ vacilante; (*zitternd*) trémulo
'Fladen M ⟨~s; ~⟩ **1** GASTR (*Kuchen*) torta *f*; (*Fladenbrot*) pan *m* árabe **2** (*Kuhfladen*) boñigo *m*, boñiga *f*; **Fladenbrot** N GASTR pan *m* árabe
Flageo'lettton [flaʒo-] M MUS armónico *m*
'Flagge F ⟨~; ~n⟩ bandera *f*; (*Nationalflagge*) pabellón *m*; **die ~ streichen** abatir la bandera; **unter spanischer ~ fahren** navegar bajo pabellón español; *fig* **~ zeigen** tomar partido
'flaggen **A** VT embanderar; SCHIFF empavesar **B** VI (en)arbolar la bandera
'Flaggen N ⟨~s⟩ SCHIFF empavesado *m*; **Flaggenparade** F MIL saludo *m* de la bandera; **Flaggensignal** N señal *f* por medio de banderas; SCHIFF señal *f* marítima; **Flaggenstange** F asta *f*
'Flaggschiff N buque *m* insignia (*a. fig*); HIST (nave *f*) capitana *f*
flag'rant ADJ *geh* flagrante
fla'granti: **j-n in ~ erwischen** coger a alg en flagrante (*od* in flagranti)
Flair [flɛːr] N ⟨~s⟩ **1** (*Gespür*) olfato *m*; instinto *m* **2** (*Atmosphäre*) elegancia *f*, ambiente *m*, carácter *m*
Flak ABK F ⟨~; ~(s)⟩ (Flugzeugabwehrkanone) MIL HIST cañón *m* antiaéreo; **'Flakbatterie** F batería *f* antiaérea; **'Flakfeuer** N fuego *m* antiaéreo; **'Flakgeschütz** N cañón *m* antiaéreo
Fla'kon [fla'kõː] M ⟨~s; ~s⟩ *geh* frasquito *m*, pomo *m*
flam'bieren VT ⟨*ohne* ge-⟩ GASTR flamear
'Flame M ⟨~n; ~n⟩ flamenco *m*
'Flamin F ⟨~; ~nen⟩, **'Flämin** F ⟨~; ~nen⟩ flamenca *f*
Fla'mingo M ⟨~s; ~s⟩ ORN flamenco *m*
'flämisch ADJ flamenco
'Flamme F ⟨~; ~n⟩ **1** llama *f*; **in ~ aufgehen** arder; **in ~n stehen** arder, estar en llamas; **in ~n geraten** inflamarse; **etw in ~n setzen** encender a/c, inflamar a/c; incendiar a a/c **2** (*Brennstelle*) fuego *m*; GASTR **auf kleiner/großer ~** a fuego lento/vivo **3** *umg iron* (*Geliebte*) amor *m*; amada *f*, adorada *f*; *hum* dulcinea *f*
'flammen VI arder, estar en llamas; arrojar llamas; (*funkeln*) centellear; (*lodern*) flamear
'flämmen VT (*absengen*) sollamar; chamuscar
'flammend ADJ ardiente (*a. fig*); *Protest etc* encendido
'Flammenmeer N mar *m* de llamas; **Flam-**

menschrift F *Bibel*: letras *fpl* de fuego; **Flammenschwert** N espada *f* flamígera; **Flammentod** M muerte *f* en las llamas; **Flammenwerfer** M MIL lanzallamas *m*

'Flammeri M ⟨~(s); ~s⟩ ≈ crema *f*; natillas *fpl*; **Flammpunkt** M TECH punto *m* de inflamación

'Flandern N ⟨~s⟩ Flandes *m*; **flandrisch** ADJ flamenco

Fla'nell M ⟨~s; ~e⟩ franela *f*; **Flanellhemd** N camisa *f* de franela

fla'nieren VI ⟨*ohne* ge-⟩ callejear; vagar (*od* pasear) por las calles; **Flanieren** N ⟨~s⟩ callejeo *m*; paseo *m*

'Flanke F ⟨~; ~n⟩ **1** MIL, TECH flanco *m*; MIL **j-m in die ~ fallen** atacar de flanco a alg **2** ANAT ijada *f*; costado *m* **3** (*Bergflanke*) falda *f* **4** *Turnen*: volteo *m* **5** *Fußball*: centro *m*

'flanken VI *Fußball*: centrar

'Flankenangriff M MIL ataque *m* de flanco; **Flankenball** M *Fußball*: (pase *m* al) centro *m*; **Flankendeckung** F MIL cobertura *f* de los flancos; flanqueo *m*; **Flankenfeuer** N MIL fuego *m* flanqueado (*od* de flanco); **Flankenschutz** M, **Flankensicherung** F MIL cobertura *f* de los flancos; flanqueo *m*

flan'kieren VT ⟨*ohne* ge-⟩ flanquear; **flankierend** ADJ POL **~e Maßnahmen** medidas *fpl* flanqueadoras

Flansch M ⟨~es; ~e⟩ TECH brida *f*; (*Rand*) collar *m*

'flanschen VT bridar; **Flanschrohr** N tubo *m* con bridas; **Flanschverbindung** F unión *f* por bridas

Flaps M ⟨~es; ~e⟩ (*Flegel*) mal educado *m*; grosero *m*; gamberro *m*; (*Tölpel*) palurdo *m*, bruto *m*

'flapsig ADJ (*ungezwungen*) fresco; (*flegelhaft*) grosero; paleto

'Fläschchen N ⟨~s; ~⟩ botellín *m*; frasco *m*; frasquito *m*; (*Babyfläschchen*) biberón *m*

'Flasche F ⟨~; ~n⟩ **1** botella *f*; *kleine*: frasco *m*; *leere*: casco *m*; (*Wasserflasche*) garrafa *f*; **eine ~ Wein** una botella de vino; **auf ~n ziehen** *od* **in ~n füllen** embotellar; **aus der ~ trinken** beber de la botella; *fig* **zur ~ greifen** *umg* empinar el codo; HANDEL **einschließlich ~** incluido el envase **2** (*Babyflasche*) biberón *m*; **die ~ geben** dar el biberón; **mit der ~ aufziehen** criar con biberón **3** *umg fig* (*Versager*) *umg* cero *m* a la izquierda; *sl* gilipollas *m*

'Flaschenabfüllung F embotellamiento *m*; **Flaschenbier** N cerveza *f* embotellada (*od* en botellas); **Flaschenboden** M fondo *m* (*od* culo *m*) de botella; **Flaschenbürste** F limpiabotellas *m*; **Flaschenfüllmaschine** F TECH embotelladora *f*; **Flaschengas** N gas *m* comprimido (*od* en botellas); **Flaschengestell** N botellero *m*; **flaschengrün** ADJ verde botella; **Flaschenhals** M gollete *m*; **Flaschenkind** N niño *m* criado con biberón; **Flaschenkorb** M portabotellas *m*; **Flaschenkühler** M cubillo *m* (para refrescar botellas); **Flaschenkürbis** M BOT calabaza *f* vinatera; **Flaschenmilch** F leche *f* embotellada (*od* en botellas); **Flaschenöffner** M abridor *m*; *Am* destapador *m*; **Flaschenpfand** N depósito *m* (por el casco), casco *m*; **Flaschenpost** F SCHIFF botella *f* arrojada al mar (*con un mensaje*); **Flaschenspüler** M, **Flaschenspülmaschine** F TECH enjuagadora *f* (*od* lavadora *f*) de botellas; **Flaschenständer** M botellero *m*; **Flaschenwein** M vino *m* embotellado; **flaschenweise** ADV en botellas; por botellas; **Flaschenzug** M TECH aparejo *m*, poli(s)pasto *m*

'Flatrate ['flɛtreːt] F ⟨~, ~s⟩ IT, TEL tarifa *f* plana; **Flatrate-Saufen** N *umg*, **Flatrate-Trinken** N *umg* tomar con/a tarifa *f* plana

'Flatter F ⟨~⟩ *umg* **die ~ machen** *umg* largarse, pirárselas; *umg* **mach die ~!** *umg* ¡lárgate!; **Flattergeist** M espíritu *m* veleidoso; **flatterhaft** ADJ veleidoso, voluble; inconstante; (*leichtsinnig*) ligero; atolondrado; **Flatterhaftigkeit** F ⟨~⟩ volubilidad *f*; inconstancia *f*; veleidad *f*; (*Leichtsinn*) ligereza *f*

'flattern VI **1** ⟨sn⟩ *Vögel* aletear; (*umherflattern*) revolotear; *fig* **j-m auf den Tisch ~** *umg* caer (a alg) por sorpresa **2** ⟨h⟩ (*hin und her flattern*) mariposear; *Fahne* ondear; *Kleider, Haare* levantarse, moverse *Segel* flamear; **im Wind(e) ~** ondear (*od* flotar) al viento **3** ⟨h⟩ *fig Herz* palpitar; *umg* **j-s Nerven ~** *umg* alg tiene los nervios de punta

'Flattern N ⟨~s⟩ aleteo *m*; revoloteo *m*

flau **A** ADJ (*schwach*) débil (*a. Wind*), flojo (*a. fig Börse*); (*matt*) lánguido; decaído; HANDEL desanimado; **mir ist (ganz) ~** me siento desfallecer, me mareo; **~er werden** *Wind* encalmarse **B** ADV **das Geschäft geht ~** los negocios languidecen (*od* van mal)

'Flauheit F ⟨~⟩ debilidad *f*, flojedad *f*; desfallecimiento *m*; HANDEL desanimación *f*

Flaum M ⟨~(e)s⟩ vello *m*; *Vogel*: plumón *m*; *Bart*: bozo *m*; BOT pelusilla *f*

'Flaumbart M bozo *m*; **Flaumfeder** F plumón *m*; flojel *m*; **Flaumhaar** N vello *m*; pelusa *f*; **flaumig** ADJ plumoso; velloso; **flaumweich** ADJ muy blando; suave; mullido

Flausch M ⟨~es; ~e⟩ *Wollstoff*: frisa *f*

'flauschig ADJ suave

'Flausen FPL (*Unsinn*) pamplinas *fpl*; bobadas *fpl*; **~ im Kopf haben** tener la cabeza a pájaros

'Flaute F ⟨~; ~n⟩ SCHIFF calma *f* (chicha); *Börse* desanimación *f*; estancamiento *m*; languidez *f*

'fläzen VR *umg* **sich ~** → flegeln

'Flechse F ⟨~; ~n⟩ ANAT tendón *m*; **flechsig** ADJ tendinoso

'Flechtarbeit F trenzado *m*

'Flechte F ⟨~; ~n⟩ **1** (*Haarflechte*) mata *f* de pelo; (*Zopf*) trenza *f* **2** BOT liquen *m* **3** MED herpe(s) *m*; empeine *m*

'flechten ⟨*irr*⟩ **A** VT trenzar; *ineinander*: entretejer; **Zöpfe ~** hacer trenzas; **ein Band ins Haar ~** entrelazar el pelo con cintas **B** VR **sich um etw ~** enredarse en torno a a/c

'Flechter M ⟨~s; ~⟩, **Flechterin** F ⟨~; ~nen⟩ trenzador *m*, -a *f*; **Flechtwerk** N trenzado *m*; (*aus Draht*) rejilla *f*, enrejado *m*; ARCH malla *f*

'Fleck M ⟨~(e)s; ~e *od* ~en⟩ **1** (*Schmutzfleck*) mancha *f*; *fig* (*Schandfleck*) mancha *f*, mácula *f*; **blauer ~** moratón *m*, cardenal *m*; **einen ~ machen, ~e(n) geben** manchar, dejar manchas; **~en auf etw** (*acus*) **machen** manchar a/c **2** (*Stelle*) sitio *m*, lugar *m*, punto *m*; **nicht vom ~ kommen** no avanzar, no adelantar un paso; **sich nicht vom ~ rühren** *od* **nicht vom ~ gehen** no moverse (del sitio); **das Herz auf dem rechten ~ haben** tener el corazón bien puesto; **vom ~ weg** en el acto; directamente, enseguida **3** (*Flicken*) remiendo *m*

'flecken VI manchar, dejar (*od* hacer) manchas

'Flecken M ⟨~; ~⟩ **1** → Fleck1 **2** (*Dorf*) lugar *m*; aldea *f*; (*Marktflecken*) villa *f*; **Fleckenentferner** M ⟨~s; ~⟩ quitamanchas *m*; **fleckenlos** ADJ sin mancha; *fig* sin tacha, intachable; inmaculado; **Fleckenreiniger** M, **Fleckenwasser** N ⟨~s; ~⟩ quitamanchas *m*

'Fleckfieber N MED → Flecktyphus

'fleckig ADJ manchado; (*gesprenkelt*) moteado; (*beschmutzt*) ensuciado; (*bespritzt*) salpicado de manchas; *Obst* macado; **~ werden** mancharse

'Flecktyphus M MED tifus *m* exantemático

'fleddern VT *Person* desvalijar; *Leiche* profanar

'Fledermaus F ZOOL murciélago *m*; **Flederwisch** M ⟨~(e)s; ~e⟩ plumero *m*

Fleece [fliːs] N ⟨~⟩ TEX fleece *m*; vellón *m* polar; **Fleecejacke** F chaqueta *f* de fleece (*od* de vellón)

'Flegel M ⟨~s; ~⟩ **1** AGR (*Dreschflegel*) mayal *m* **2** *fig* (*grober Kerl*) grosero *m*; bruto *m*; (*unverschämter Kerl*) impertinente *m*; gamberro *m*

Flege'lei F ⟨~; ~en⟩ (*Grobheit*) grosería *f*; (*Unverschämtheit*) impertinencia *f*; gamberrada *f*

'flegelhaft ADJ (*ungehobelt*) grosero; zafio; ineducado; *bes von Kindern*: malcriado; mal educado; (*unverschämt*) impertinente; agamberrado; **Flegelhaftigkeit** F ⟨~⟩ grosería *f*; (*Unverschämtheit*) impertinencia *f*; **Flegeljahre** NPL edad *f* ingrata; *umg* edad *f* del pavo

'flegeln VR **sich ~** portarse como un bruto; **sich auf einen Sessel ~** *umg* repantigarse en un sillón

'flehen VI **um etw ~** pedir encarecidamente a/c; **zu j-m ~** suplicar (*od* implorar) a alg (**um etw** a/c); **Flehen** N ⟨~s⟩ súplica *f*; imploración *f*; **flehentlich** **A** ADJ suplicante; ferviente, fervoroso **B** ADV con instancia; encarecidamente; fervorosamente

Fleisch N ⟨~(e)s⟩ **1** ANAT, GASTR carne *f*; **von ~ und Blut** de carne y hueso; *geh* **sein eigen(es) ~ und Blut** carne de su carne; *fig* **es ist mir in ~ und Blut übergegangen** lo hago mecánicamente; **vom ~(e) fallen** enflaquecer; REL **~ werden** encarnar, hacerse carne; *fig* **sich** (*dat*) **ins eigene ~ schneiden** tirar piedras contra el propio tejado, perjudicarse a sí mismo **2** BOT (*Fruchtfleisch*) carne *f*, pulpa *f*

'Fleischabfälle MPL despojos *mpl* de carne; piltrafas *fpl*; **Fleischbank** F ⟨~; ~e⟩ *österr* tabla *f* (de carnicero); **Fleischbeschau** F inspección *f* de carnes; **Fleischbeschauer** M, **Fleischbeschauerin** F inspector *m*, -a *f* de matadero; **Fleischbrühe** F caldo *m* (de carne)

'Fleischer M ⟨~s; ~⟩ carnicero *m*; **Fleischerbeil** N hacha *f* de carnicero

Fleische'rei F ⟨~; ~en⟩ carnicería *f*; *Arg* mercadito *m*

'Fleischerhaken M gancho *m* (*od* garabato *m*) de carnicero

'Fleischerin F ⟨~; ~nen⟩ carnicera *f*

'Fleischerladen M → Fleischerei; **Fleischermeister** M maestro *m* carnicero; **Fleischermesser** N cuchillo *m* de carnicero

'Fleischersfrau F carnicera *f*

'Fleischeslust F concupiscencia *f*, apetito *m* carnal

'Fleischextrakt M extracto *m* de carne; **Fleischfarbe** F (color *m*) encarnado *m*; **fleischfarben, fleischfarbig** ADJ encarnado, de color carne; **Fleischfliege** F moscarda *f*

'fleischfressend ADJ, **Fleisch fressend** ADJ carnívoro, carnicero

'Fleischfresser M ZOOL carnívoro *m*; **Fleischgabel** F trinchante *m*; **Fleischgericht** N plato *m* de carne

'fleischgeworden, Fleisch geworden ADJ REL, *fig* encarnado

'Fleischhauer M ⟨~s; ~⟩ *österr* carnicero *m*; **Fleischhauerei** F *österr* carnicería *f*; **Fleischhauerin** F ⟨~; ~nen⟩ *österr* carnicera *f*

'fleischig ADJ carnoso; *Frucht a.* pulposo

'Fleischkäse M ≈ paté *m* de cerdo; **Fleisch-**

klößchen N ⟨~s; ~⟩ albóndiga *f*; **Fleischkonserven** FPL conservas *fpl* cárnicas; **Fleischkraut** F BOT achicoria *f*; **Fleischküchle** N ⟨~s; ~⟩ *südd*, **Fleischlaberl, Fleischlaiberl** N ⟨~s; ~n⟩ *österr* hamburguesa *f*; **fleischlich** ADJ carnal; **fleischlos** ADJ sin carne; descarnado; **~e Kost** comida *f* de viernes; **Fleischmangel** M escasez *f* de carne; **Fleischmarkt** M mercado *m* de la carne; **Fleischmesser** N cuchillo *m* de carnicero; **Fleischpastete** F pastel *m* (*bzw* empanada *f*) de carne; **Fleischpflanzerl** N ⟨~s; ~⟩ *südd* hamburguesa *f*; **Fleischsaft** M jugo *m* de carne; **Fleischsalat** M salpicón *m* de carne; **Fleischscheibe** F lonja *f* (*od* tajada *f*) de carne; **Fleischteile** MPL ANAT partes *fpl* carnosas; **Fleischtomate** F tomate *m* para ensalada; **Fleischton** M MAL tono *m* encarnado; **Fleischtopf** M puchero *m*; **Fleischvergiftung** F botulismo *m*; **Fleischwaren** FPL productos *mpl* cárnicos; **Fleischwerdung** F ⟨~⟩ REL Encarnación *f* (del Verbo Divino); **Fleischwolf** M triturador *m* (*od* picadora *f*) de carne; **etw durch den ~ drehen** pasar a/c por la picadora; **Fleischwunde** F herida *f* en la carne; **Fleischwurst** F ≈ embutido *m*

Fleiß M ⟨~es⟩ 1 aplicación *f*; asiduidad *f*; (*Eifer*) empeño *m*; (*Anstrengung*) esfuerzo *m*; **allen ~ auf etw verwenden** poner todo su afán en a/c; **ohne ~ kein Preis** no hay atajo sin trabajo 2 **mit ~** (*absichtlich*) adrede, aposta

'fleißig A ADJ asiduo; *Schüler* trabajador; estudioso; (*eifrig*) celoso; (*regsam*) activo, industrioso B ADV **~ studieren** estudiar con asiduidad

flek'tieren VT ⟨ohne ge-⟩ GRAM *Substantiv* declinar; *Verb* conjugar

'flennen VI *umg* alloriquear, *umg* llorar a moco tendido

Flenne'rei F ⟨~; ~en⟩ *umg* lloriqueo *m*

'fletschen VT **die Zähne ~** regañar los dientes

fle'xibel ADJ flexible; **flexible Altersgrenze** edad *f* de jubilación flexible; **flexible Arbeitszeit** jornada *f* laboral flexible; **flexibler Wechselkurs** tasa *f* de cambio flotante

flexibili'sieren VT flexibilizar; **Flexibilisierung** F ⟨~⟩ flexibilización *f*; **~ der Arbeitszeit** flexibilización *f* de la jornada laboral (*od* del horario de trabajo)

Flexibili'tät F ⟨~⟩ flexibilidad *f* (*a. fig*)

Flexi'on F ⟨~; ~en⟩ GRAM (in)flexión *f*

Flexi'onsendung F GRAM desinencia *f*; terminación *f*

'Flexlicht N tubo *m* luminoso

flicht → flechten

'Flickarbeit F remiendo *m*; (*Pfuscherei*) chapucería *f*, chapuza *f*

'flicken VT remendar; *Wäsche* repasar, recoser; *Strümpfe* zurcir; *Reifen* poner un parche; **notdürftig ~** parchear; **Flicken** M ⟨~s; ~⟩ *für Kleidung*: remiendo *m*; pieza *f*; *für e-n Schlauch*: parche *m*

Flicke'rei F ⟨~; ~en⟩ *allg* compostura *f*; remiendo *m*; recosido *m*; zurcido *m*

'Flickschuster M zapatero *m* remendón; **Flickschusterei** F, **Flickwerk** N (*Pfuscherei*) chapucería *f*, chapuza *f*; **Flickwort** N ⟨~(e)s; ¨er⟩ GRAM partícula *f* expletiva; ripio *m*; **Flickzeug** N 1 (*Nähzeug*) avíos *mpl* de costura 2 TECH estuche *m* de reparación 3 *Fahrrad*: bote *m* de parches

'Flieder M ⟨~s; ~⟩ BOT lila *f*; **spanischer ~** lila *f* común; **fliederfarben** ADJ lila; **Fliedertee** M infusión *f* (de flor) de saúco

'Fliege F ⟨~; ~n⟩ 1 ZOOL mosca *f*; **spanische ~** cantárida *f*, mosca *f* de España; **keiner ~ etwas zuleide tun** no matar una mosca; **zwei ~n mit einer Klappe schlagen** matar dos pájaros de un tiro; *umg* **wie die ~n umfallen/sterben** caer/morir como chinches 2 *Krawatte*: lazo *m*, pajarita *f* 3 *Bärtchen*: mosca *f* 4 *umg* **die** *od* **eine ~ machen** largarse, esfumarse, eclipsarse; **ich mach 'ne ~** ¡me largo!; **mach die** (*od* **'ne**) **~!** *umg* ¡lárgate!

'fliegen ⟨irr; sn⟩ A VI 1 *Vogel, Insekt, Flugzeug* volar; (**mit dem Flugzeug**) **~** ir (en avión) (**nach Madrid** a Madrid) 2 *Ball, Pfeil* volar, ser lanzado; *Haare etc* flotar; *umg* **durch die Luft ~** *Gegenstände* volar por los aires; **durchs** *od* **aus dem Fenster ~** ser arrojado por la ventana; **die Bücher flogen in die Ecke** tiró los libros en la esquina 3 *umg* (*entlassen werden*) ser despedido, *umg* ser echado, *umg* ser puesto de patitas en la calle; **von der Schule ~** ser expulsado del colegio 4 *umg* (*fallen*) caerse; *fig* **durch die Prüfung ~** *umg* cargar el examen 5 *umg* **auf etw/j-n ~** volverse loco (*od umg* chalado) por a/c/alg 6 **in die Luft ~** hacer explosión, estallar B VT FLUG *Strecke* volar; *Kurve, Looping* hacer; **ein Flugzeug ~** pilotar un avión; MIL **einen Einsatz ~** realizar una misión aérea

'Fliegen N ⟨~s⟩ vuelo *m*

'fliegend ADJ 1 volante; volador; (*flatternd*) flotante; **mit ~en Haaren** con el pelo al aire; (*wirr*) desgreñado 2 *fig* **~er Händler** vendedor *m* ambulante; **in ~er Eile** volando; **mit ~er Feder** a vuela pluma 3 MED **~e Hitze** acceso *m* de calor

'Fliegendreck M cagada *f* de mosca; **Fliegenfänger** M (*Papierstreifen*) mosquero *m*, papel *m* matamoscas; **Fliegenfenster** N alambrera *f*; **Fliegengewicht** N *Boxen*: peso *m* mosca; **Fliegenklappe** F, **Fliegenklatsche** F matamoscas *m*; **Fliegenkopf** M TYPO letra *f* bloqueada; **Fliegennetz** N *für Pferde*: espantamoscas *m*; **Fliegenpilz** M BOT oronja *f* falsa (*od* matamoscas); **Fliegenschnäpper** M ⟨~s; ~⟩ ORN papamoscas *m*

'Flieger M ⟨~s; ~⟩ 1 (*Pilot*) aviador *m*; piloto *m* 2 *umg* (*Flugzeug*) avión *m*; **den ~** (**nach Rom**) **nehmen** tomar el avión (para Roma), ir en avión (a Roma)

'Fliegerabwehr F MIL defensa *f* aérea; **Fliegeralarm** M MIL alarma *f* aérea; **Fliegerangriff** M MIL ataque *m* aéreo; **Fliegerbombe** F MIL bomba *f* de avión; **Fliegerdress** M equipo *m* de piloto

Fliege'rei F ⟨~⟩ aviación *f*

'Fliegerhorst M MIL base *f* aérea

'Fliegerin F ⟨~; ~nen⟩ aviadora *f*; **Fliegerjacke** F cazadora *f* de aviador; **Fliegeroffizier** M MIL oficial *m* de aviación; **Fliegerschule** F escuela *f* de aviación; **Fliegerstaffel** F MIL escuadrilla *f* de aviones; **Fliegerverband** M formación *f* de aviones

'fliehen ⟨irr⟩ A VT huir; (*meiden*) rehuir, evitar B VI ⟨sn⟩ huir (**vor** *dat* de), escaparse (*a. Zeit*); fugarse, darse a la fuga; **zu j-m ~** refugiarse en casa de alg; **fliehend** ADJ 1 en fuga 2 *fig Stirn* huidizo

'Fliehkraft F PHYS fuerza *f* centrífuga; **Fliehkraftregler** M regulador *m* centrífugo

'Fliese F ⟨~; ~n⟩ losa *f*, baldosa *f*; *für den Fußboden*: baldosín *m*; (*Kachel*) azulejo *m*; *Fußboden* **mit ~n auslegen** embaldosar, enlosar

'fliesen VT poner azulejos (*od* baldosines) en; **das Bad ~** azulejar el baño; **den Boden ~** embaldosar *od* enlosar el suelo; **die Wand ~** azulejar la pared

'Fliesenbelag M, **Fliesenboden** M embaldosado *m*, enlosado *m*; **Fliesenleger** M ⟨~s; ~⟩, **Fliesenlegerin** F ⟨~; ~nen⟩ embaldosador *m*, -a *f*; solador *m*, -a *f*

'Fließband N cinta *f* continua (*od* sin fin); (*Montageband*) cadena *f* de montaje; (*Förderband*) cinta *f* transportadora (*od* de fabricación); **am ~ arbeiten** trabajar en cadena; **Fließbandarbeit** F trabajo *m* en cadena; **Fließbandfertigung** F producción *od* fabricación *f* en cadena; **Fließbandmontage** F montaje *m* en cadena

'fließen VI ⟨irr; sn⟩ correr (*a. fig*); fluir (*a. Verkehr*), manar; ELEK *Strom* circular, pasar; *Geld* darse, gastarse; *fig Blut* derramarse; *fig* **~ aus** desprenderse (*od* resaltar) de; **~ durch** pasar por, atravesar; **ins Meer ~** desembocar (*od* desaguar) en el mar

'Fließen N ⟨~s⟩ flujo *m*; *des Verkehrs*: fluidez *f*; **fließend** A ADJ corriente, fluente; *Verkehr* fluido; **~es Wasser** agua *f* corriente B ADV **~ Russisch sprechen** hablar ruso con fluidez; **~ lesen** leer de corrido (*od* con facilidad); **~ schreiben** escribir con fluidez (*od* con soltura)

'Fließfähigkeit F CHEM fluidez *f*; **Fließfertigung** F TECH producción *f* en serie (od en cadena); **Fließheck** N AUTO portón *m* trasero alargado; **Fließkomma** N IT coma *f* flotante; **Fließpapier** N papel *m* secante

'Flimmer M ⟨~s; ~⟩ luz *f* trémula, vislumbre *m*; **flimmerfrei** ADJ *Bildschirm* sin parpadeo; sin centelleo; **Flimmerhärchen** N ⟨~s; ~⟩ BIOL cilio *m* (vibrátil); **Flimmerkasten** M, **Flimmerkiste** F TV *umg hum umg* caja *f* tonta

'flimmern VI centellear; *Bildschirm a.* parpadear; *Licht* titilar; (*zittern*) vibrar (*a.* FILM); **es flimmert ihm vor den Augen** se le va la vista, *umg* le hacen chiribitas los ojos

'Flimmern N ⟨~s⟩ centelleo *m*; *des Bildschirms a.*: parpadeo *m*; *des Lichts*: titilación *f*; (*Zittern*) vibración *f* (*a.* FILM)

'flink ADJ ágil, ligero; (*geschickt*) hábil, diestro; (*aufgeweckt*) vivo, despabilado, despierto; **Flinkheit** F ⟨~⟩ agilidad *f*

'Flinte F ⟨~; ~n⟩ fusil *m*; carabina *f*; (*Schrotflinte*) escopeta *f*; *fig* **die ~ ins Korn werfen** arrojar la toalla, darse por vencido

'Flintenlauf M cañón *m* de fusil; **Flintenschuss** M fusilazo *m*; escopetazo *m*

'Flip-Chart ['flɪptʃart] N ⟨~s; ~s⟩ tablero *m* de hojas móviles, flipchart *m*

'Flipper M ⟨~s; ~⟩, **Flipperautomat** M flíper *m*

'flippern VI *umg* jugar al flíper

'flippig ADJ *umg* desenfadado; (*ausgefallen*) que flipa

'flirren VI → flimmern

Flirt [flœrt] M ⟨~(e)s; ~s⟩ coqueteo *m*, flirteo *m*

'flirten ['flœrtən] VI coquetear, flirtear

'Flittchen N ⟨~s; ~⟩ *umg* mujer *f* fácil; chica *f* de vida alegre; mujerzuela *f*

'Flitter M ⟨~s; ~⟩ lentejuela *f*; *fig* (*Tand*) baratijas *fpl*, chucherías *fpl*; oropel *m*; **Flitterglanz** M brillo *m* falso; **Flittergold** N oropel *m*; *bes zum Sticken*: lámina *f* dorada; **Flitterkram** M baratijas *fpl*, chucherías *fpl*

'flittern VI destellar

'Flitterwochen FPL luna *f* de miel; **in die ~ fahren** ir de viaje de novios

'Flitz(e)bogen M *umg* arco *m*

'flitzen VI *umg* pasar como un rayo, ir disparado (*od* como una bala); **Flitzer** M ⟨~s; ~⟩ *umg* (*Auto*) bólido *m*

'Floating ['flo:tɪŋ] N ⟨~s⟩ WIRTSCH flotación *f* (de monedas, *etc*)

'Flocke F ⟨~; ~n⟩ *allg* copo *m* (*a. Schneeflocke*); (*Wollflocke*) vedija *f*; *von Staub*: **~n** *fpl* pelusas *fpl*

'flocken VI formar copos

'Flockenbildung F floculación *f*; **Flockenblume** F BOT centáurea *f*
'flockig ADJ coposo; floculento; borroso
'Flockseide F borra *f* de seda, seda *f* azache; **Flockwolle** F borra *f* de lana
flog → fliegen
floh → fliehen
Floh M ⟨~(e)s; ~̈e⟩ pulga *f*; *fig* **j-m einen ~ ins Ohr setzen** echar a alg la pulga detrás de la oreja; **'Flohbiss** M picadura *f* de pulga
'Flohmarkt M *umg* mercadillo *m* (de viejo), *bes in Madrid*: Rastro *m*; **Flohstich** M → Flohbiss; **Flohzirkus** M exhibición *f* de pulgas amaestradas
Flop M ⟨~s; ~s⟩ *umg* fracaso *m*; **floppen** V/I fracasar
Flor¹ M ⟨~s; ~e⟩ floración *f*; florescencia *f*; **in ~** en flor
Flor² M ⟨~s; ~e⟩ (*Stoff*) crespón *m*; (*Schleier*) velo *m*
'Flora F ⟨~; Floren⟩ BOT flora *f*
'Florband N cinta *f* de crespón; **Florbinde** F brazal *m* de crespón
Floren'tiner M ⟨~s; ~⟩ **1** *Person*: florentino *m* **2** *Hut*: pamela *f* **3** GASTR *Gebäck*: *galleta con miel y almendras cubierta de chocolate*; **Florentinerin** F ⟨~; ~nen⟩ florentina *f*; **florentinisch** ADJ florentino
Flo'renz N Florencia *f*
Flo'rett N ⟨~(e)s; ~e⟩ florete *m*; **Florettband** N hiladillo *m*; **Florettfechten** N esgrima *f* de florete; **Florettfechter** M, **Florettfechterin** F floretista *m/f*; **Florettseide** F seda *f* azache
flo'rieren V/I ⟨*ohne* ge-⟩ *fig* florecer; prosperar, *umg* ir viento en popa; **florierend** ADJ próspero, floreciente; *Firma a.* en expansión
Flo'rist M ⟨~en; ~en⟩, **Floristin** F ⟨~; ~nen⟩ florista *m/f*
'Florschleier M velo *m* de crespón
'Floskel F ⟨~; ~n⟩ flor *f* retórica; fórmula *f* (de cortesía); **~n** *pl* floreo *m*
floss → fließen
Floß [-oː-] N ⟨~es; ~̈e⟩ balsa *f*; almadía *f*
'flößbar ADJ *Gewässer* flotable
'Floßbrücke F puente *m* de balsas
'Flosse F ⟨~; ~n⟩ **1** *v. Fisch*: aleta *f* **2** FLUG estabilizador *m* **3** *umg* (*Hand*) mano *f*; *umg* (*Fuß*) pata *f*; **~n weg!** ¡las manos quietas!
'flößen V/T *Holz* conducir aguas abajo, flotar; **Flößen** N ⟨~s⟩ conducción *f* de almadías
'Flossenfüßer MPL ZOOL pinnípedos *mpl*
'Flößer M ⟨~s; ~⟩ almadiero *m*; balsero *m*
Flöße'rei F ⟨~⟩ transporte *m* de maderada
'Flöte F ⟨~; ~n⟩ MUS flauta *f*; **~ spielen** tocar la flauta
'flöten **A** V/I **1** MUS tocar la flauta **2** *Vogel* cantar; *Amsel a.* gorjear (*a. fig*) **3** *umg* **~ gehen** perderse, extraviarse; *umg* irse al traste **B** V/T **1** MUS tocar **2** *umg fig* decir con voz meliflua **3** *umg* (*pfeifen*) silbar
'Flötenkessel M olla *f* pitadora; **Flötenregister** N MUS *Orgel*: flautado *m*; **Flötenspieler** M, **Flötenspielerin** F MUS flautista *m/f*; **Flötenstimme** F MUS parte *f* de flauta; *umg fig* voz *f* meliflua (*od* aflautada); **Flötenton** M sonido *m* de la flauta; *umg fig* **j-m die Flötentöne beibringen** enseñar a alg a portarse como es debido; **Flötenzug** M → Flötenregister
Flö'tist M ⟨~en; ~en⟩, **Flötistin** F ⟨~; ~nen⟩ MUS flautista *m/f*
flott **A** ADJ **1** (*flink*) ligero; ágil **2** *umg* (*schick*) elegante; *umg* pimpante; *umg Person* garboso; guapo; **~er Bursche** buen mozo *m* **3** *Lebenswandel* alegre; frívolo; **ein ~es Leben führen** *umg* darse la gran vida; *umg* vivir a lo loco (*bzw* a lo grande) **4** (*lebhaft*) WIRTSCH animado; *Stil* suelto **5** **wieder ~ sein** SCHIFF estar a flote; *umg Fahrzeug* estar arreglado **B** ADV **1** (*rasch*) con rapidez; **~ gehen** ir a buen paso; **mach ~!** ¡date prisa!; **~ schreiben** escribir con facilidad (*od* soltura) **2** (*schick*) con gracia; **~ gekleidet sein** vestir de forma juvenil
'Flotte F ⟨~; ~n⟩ flota *f*; (*Kriegsflotte*) armada *f*; (*Marine*) marina *f*
'Flottenabkommen N acuerdo *m* naval; **Flottenbasis** F base *f* naval; **Flottenmanöver** N maniobras *fpl* navales; **Flottenparade** F revista *f* naval; **Flottenstation** F puerto *m* militar (*od* de reunión); **Flottenstützpunkt** M base *f* naval; **Flottenverband** M formación *f* naval; **Flottenverein** M liga *f* marítima
flott gehend ADJ *Geschäft* que marcha (*od* va) bien; próspero
flot'tierend ADJ *Schuld* flotante
Flot'tille F ⟨~; ~n⟩ flotilla *f*
'flottmachen V/T SCHIFF poner a flote (*a. fig*); **wieder ~** desvarar, desencallar; sacar a flote (*a. fig*)
flott'weg ADV de un tirón; (*ohne zu zögern*) sin vacilar; (*ohne Weiteres*) sin más ni más
Flöz [fløːts] N ⟨~es; ~e⟩ GEOL capa *f*, estrato *m*; BERGB filón *m*, veta *f*
Fluch [fluːx] M ⟨~(e)s; ~̈e⟩ maldición *f*; imprecación *f*; juramento *m*; (*Gotteslästerung*) blasfemia *f*; (*Kraftwort*) taco *m*, palabrota *f*; **einen ~ ausstoßen** proferir *od umg* soltar una maldición
'fluchbeladen ADJ maldito
'fluchen V/I maldecir; imprecar; blasfemar; jurar; *umg* soltar tacos; **j-m ~** maldecir a alg; **auf j-n ~** echar pestes contra alg
Flucht¹ F ⟨~; ~en⟩ huida *f* (**vor** *dat*, **aus** de); *aus dem Gefängnis*: fuga *f*, evasión *f*; **wilde ~** desbandada *f*; **auf der ~** huyendo; durante (*od* en) la huida; **die ~ ergreifen** emprender la huida; **auf der ~ sein** huir; **j-n in die ~ schlagen** hacer que alguien emprenda la huida; *fig* **die ~ nach vorn** la huida hacia adelante
Flucht² F ⟨~; ~en⟩ **1** ARCH (*Fluchtlinie*) alineación *f* **2** *geh von Räumen*: serie *f*
'fluchtartig ADV a la desbandada; precipitadamente; MIL en derrota
'flüchten **A** V/I ⟨sn⟩ huir; *Gefangene* escaparse, fugarse, evadirse; **vor j-m/etw ~** huir de alg/a/c **B** V/R **sich in etw** (*acus*) **~** refugiarse en a/c; **sich zu j-m ~** refugiarse en casa de alg
'Fluchtgefahr F JUR peligro *m* de fuga; **Fluchthelfer** M, **Fluchthelferin** F cómplice *m/f* en la fuga
'flüchtig **A** ADJ **1** *Verbrecher* fugitivo; huidizo; **~ sein** encontrarse huido (*od* fugado); JUR estar en rebeldía **2** (*vergänglich*) pasajero; fugaz; efímero; (*unbeständig*) inconstante; CHEM volátil **3** (*oberflächlich*) superficial, somero; *Arbeit* descuidado, poco esmerado; chapucero; (*eilig*) rápido **B** ADV **1** (*eilig*) rápidamente; de prisa; a escape; **j-n/etw ~ ansehen** dar un vistazo a a/c/a alg **2** (*oberflächlich*) superficialmente; **~ lesen** leer por encima **3** (*wenig*) **~ kennen** conocer ligeramente
'Flüchtigkeit F ⟨~⟩ **1** (*Unbeständigkeit*) ligereza *f*; inconstancia *f*; CHEM volatilidad *f* **2** (*Oberflächlichkeit*) superficialidad *f*; **Flüchtigkeitsfehler** M descuido *m*
'Flüchtling M ⟨~s; ~e⟩ fugitivo *m*, -a *f*; POL refugiado *m*, -a *f*; (*Ausreißer, -in*) fugado *m*, -a *f*; MIL prófugo *m*, -a *f*
'Flüchtlingshilfe F ayuda *f* a los refugiados; **Flüchtlingslager** N campo *m* de refugiados; **Flüchtlingsstrom** M flujo *m* de refugiados; **Flüchtlingsverband** M asociación *f* de refugiados
'Fluchtlinie F ARCH alineación *f*; **Fluchtpunkt** M punto *m* de alineación (*od* de mira); **Fluchtverdacht** M sospecha *f* de huida; **fluchtverdächtig** ADJ sospecho de querer huir; **Fluchtversuch** M tentativa *f* (*od* intento *m*) de fuga (*od* de evasión); **einen ~ machen** intentar huir
Flug M ⟨~(e)s; ~̈e⟩ vuelo *m*; ORN (*Schwarm*) bandada *f*; **auf dem ~ nach …** durante el vuelo a …; **im ~e (fangen)** (coger) al vuelo; **die Zeit vergeht (wie) im ~(e)** el tiempo pasa volando
'Flugabwehr F MIL defensa *f* antiaérea; **Flugabwehrkanone** F cañón *m* antiaéreo; **Flugabwehrrakete** F cohete *m* (*od* misil *m*) antiaéreo
'Flugangst F miedo *m* a volar; **Flugasche** F ceniza *f* volante; pavesa *f*; **Flugbahn** F *Geschoss*: trayectoria *f*; **Flugball** M SPORT volea *f*; **Flugbegleiter** M, **Flugbegleiterin** F auxiliar *m/f* de vuelo; **Flugbereich** M FLUG radio *m* de acción; WIRTSCH sector *m* de la aviación; **flugbereit** ADJ preparado para el vuelo; **Flugbetrieb** M servicio *m* aéreo; **Flugblatt** N octavilla *f*; hoja *f* volante; **Flugboot** N hidroavión *m*; **Flugdatenschreiber** M caja *f* negra; **Flugdauer** F duración *f* del vuelo; **Flugdeck** N cubierta *f* de vuelo; **Flugdienst** M servicio *m* aéreo
'Flügel M ⟨~s; ~⟩ **1** *allg* ala *f* (*a. e-s Gebäudes, Flugzeugs*, POL *etc*); **die ~ hängen lassen** andar alicaído; **mit den ~n schlagen** batir las alas, aletear; *fig* **j-m die ~ stutzen** *od* **beschneiden** cortar las alas (*od* los vuelos) a alg; *fig* **j-m ~ verleihen** dar alas a alg **2** (*Türflügel, Fensterflügel*) hoja *f*; (*Türflügel*) *a.* batiente *m* **3** TECH *e-s Ventilators, Propellers etc*: aleta *f*; *e-r Windmühle*: aspa *f* **4** ANAT *der Lunge*: lóbulo *m* **5** (*Klavier*) piano *m* de cola; **auf einem ~ spielen** tocar un piano de cola
'Flügeladjutant M MIL ayudante *m* de campo; **Flügelaltar** M REL retablo *m*; **Flügeldecke** F *Insekten*: élitro *m*; **Flügelfenster** N ventana *f* de dos batientes; **flügelförmig** ADJ aliforme; **Flügelfrucht** F BOT sámara *f*
'flügellahm ADJ alicaído (*a. fig*); **flügellos** ADJ sin alas; ZOOL áptero
'Flügelmann M ⟨~(e)s; ~̈er *od* -leute⟩ MIL cabo *m* de fila (*od* ala); SPORT ala *m*; **Flügelmutter** F ⟨~; ~n⟩ TECH tuerca *f* de mariposa; **Flügelrad** N TECH rueda *f* de paletas (*od* de aletas); **Flügelschlag** M aletazo *m*; aleteo *m*; **Flügelschraube** F TECH tornillo *m* de aletas; **Flügelspannweite** F envergadura *f*; **Flügelstürmer** M SPORT alero *m*; **Flügeltür** F puerta *f* de dos hojas
'Flugerfahrung F experiencia *f* de vuelo; **Flugfeld** N campo *m* de aviación; aeródromo *m*; **Fluggast** M pasajero *m*, -a *f* (de avión)
'flügge ADJ *Vogel* volantón (*a. fig*); **~ werden** empezar a volar, tomar alas; *fig* volar con sus propias alas; *fig* **~ sein** ser independiente
'Fluggelände N terreno *m* de aviación; **Fluggeschwindigkeit** F velocidad *f* de vuelo; **Fluggesellschaft** F compañía *f* aérea (*od* de aviación)
'Flughafen M aeropuerto *m*; **Flughafenbus** M (*Zubringerbus*) autobús *m* del aeropuerto; *in Barcelona a.*: aerobús *m*; **Flughafengebühr** F derecho *m* aeroportuario
'Flughafer M BOT avena *f* loca
'Flughöhe F altura *f* de vuelo; **absolute ~** techo *m*; **Flugkapitän** M comandante *m* (de a bordo); **Flugkarte** F billete *m* (*od* pasaje *m*) de avión; **flugklar** ADJ preparado para volar; **Flugkörper** M objeto *m* volante; MIL misil *m*; **Fluglärm** M ruido *m* (de los aviones); **Fluglehrer** M, **Fluglehrerin**

F instructor *m*, -a *f* de vuelo; **Fluglinie** F línea *f* aérea, aerolínea *f*; **Flugloch** N *Bienenstock*: piquera *f*; **Fluglotse** M, **Fluglotsin** F controlador *m*, -a *f* aéreo; **Flugmodell** N → Flugzeugmodell; **Flugmotor** M motor *m* de aviación; **Flugobjekt** N **unbekanntes ~** objeto *m* volador no identificado; **Flugpersonal** N personal *m* de vuelo; **Flugplan** M horario *m* (del servicio aéreo); **Flugplatz** M campo *m* de aviación; aeródromo *m*; *großer*: aeropuerto *m*; **Flugprüfung** F prueba *f* de vuelo; **Flugreise** F viaje *m* en avión; **Flugroute** F ruta *f* aérea

flugs ADV *(eilends)* volando, a escape; *(im Nu) umg* en un santiamén, en un abrir y cerrar de ojos; *(sofort)* en el acto

'Flugsand M arena *f* movediza; **Flugschein** M 1 carné *m od* carnet *m* de piloto 2 *(Flugticket)* billete *m* (*od* pasaje *m*) de avión; **Flugschneise** F corredor *m* (*od* pasillo *m*) aéreo; **Flugschreiber** M *(Black Box)* registrador *m* de datos de vuelo, *umg* caja *f* negra; **Flugschrift** F folleto *m* (de propaganda); *(Schmähschrift)* libelo *m*; **Flugschule** F escuela *f* de aviación; escuela *f* de pilotos; **Flugschüler** M, **Flugschülerin** F alumno *m*, -a *f* piloto; **Flugsicherheit** F seguridad *f* de vuelo; **Flugsicherung** F control *m* aéreo; **Flugsimulator** M simulador *m* de vuelo; **Flugsteig** M ⟨~(e)s; ~e⟩ puerta *f* de embarque; **Flugstrecke** F distancia *f* recorrida (*od* a recorrer); trayecto *m*; **Flugstunde** F hora *f* de vuelo

'flugtauglich ADJ apto para volar; **Flugtauglichkeit** F ⟨~⟩ aptitud *f* para el vuelo

'Flugtaxi N taxi *m* aéreo; **Flugtechnik** F aeronáutica *f*; aerotécni(c)a *f*; **flugtechnisch** ADJ aeronáutico; aerotécnico; **Flugticket** N billete *m* de avión, pasaje *m*

'flugtüchtig ADJ apto para el vuelo; aeronavegable; **Flugtüchtigkeit** F ⟨~⟩ navegabilidad *f* aérea, aeronavegabilidad *f*

'Flugveranstaltung F concurso *m* aeronáutico (*od* de aviación); **Flugverbindung** F comunicación *f* aérea; **Flugverkehr** M tráfico *m* aéreo; **Flugversuch** M vuelo *m* de ensayo; **Flugweg** M vía *f* aérea, aerovía *f*; **Flugwesen** N ⟨~s⟩ aviación *f*; **Flugwetterdienst** M servicio *m* meteorológico aeronáutico; **Flugwissenschaft** F aeronáutica *f*; **Flugzeit** F duración *f* del vuelo

'Flugzeug N ⟨~(e)s; ~e⟩ avión *m*, aeroplano *m*; **im ~** en el avión; **das ~ benutzen** tomar el avión; **im ~ reisen** viajar en avión

'Flugzeugabsturz M accidente *m* de aviación; **Flugzeugbau** M ⟨~(e)s⟩ construcción *f* aeronáutica; **Flugzeugbesatzung** F tripulación *f* (de un avión)

'Flugzeugentführer M, **Flugzeugentführerin** F secuestrador *m*, -a *f* aéreo, -a; **Flugzeugentführung** F secuestro *m* aéreo

'Flugzeugführer M, **Flugzeugführerin** F piloto *m/f* (aviador, -a); **Flugzeugführerschein** M → Flugschein 1

'Flugzeuggeschwader N MIL escuadrilla *f* de aviones; **Flugzeughalle** F hangar *m*; **Flugzeugindustrie** F industria *f* aeronáutica; **Flugzeugkonstrukteur** M, **Flugzeugkonstrukteurin** F constructor *m*, -a *f* de aviones; **Flugzeugmodell** N aeromodelo *m*; **Flugzeugmodellbau** M aeromodelismo *m*; **Flugzeugmotor** M motor *m* de aviación (*od* de avión); **Flugzeugrumpf** M fuselaje *m*; **Flugzeugschlepp** M remolque *m* por avión; **Flugzeugschuppen** M hangar *m*; **Flugzeugträger** M porta(a)viones *m*; **Flugzeugunglück** N accidente *m* de aviación; **Flugzeugwart** M ⟨~(e)s; ~e⟩ mecánico *m* de aviación; **Flugzeugwerk** N fábrica *f* de aviones

'Fluidum N ⟨~s; Fluida⟩ efluvio *m*, nimbo *m*

Fluktua'tion F ⟨~; ~en⟩ fluctuación *f*; **fluktu'ieren** VI ⟨*ohne* ge-⟩ fluctuar

'Flunder F ⟨~; ~n⟩ *Fisch*: platija *f*; **platt wie eine ~** liso como la palma de la mano; *fig* quedarse boquiabierto

Flunke'rei F ⟨~; ~en⟩ 1 *(Lüge)* embuste *m*, *umg* filfa *f* 2 *(Prahlerei)* fanfarria *f*; faroleo *m*; farolada *f*

'Flunkerer M ⟨~s; ~⟩, **Flunkerin** F ⟨~; ~nen⟩ 1 *(Lügner)* embustero *m*, embustera *f* 2 *(Prahlhans)* farolero *m*, farolera *f*; **flunkern** VI 1 *(lügen)* embustear, decir embustes 2 *(prahlen)* farolear

Flunsch M ⟨~es; ~e⟩ *umg reg* **einen ~ ziehen** torcer el gesto

'Fluor N ⟨~s⟩ CHEM flúor *m*

Fluorchlorkohlen'wasserstoff M CHEM clorofluorocarbonado *m*

Fluores'zenz F ⟨~⟩ fluorescencia *f*; **fluores'zieren** VI ⟨*ohne* ge-⟩ fluorescer; **fluores'zierend** ADJ fluorescente

Fluo'rid N ⟨~(e)s; ~e⟩ CHEM fluoruro *m*

'Fluorsalz N CHEM fluoruro *m*; **Fluorwasserstoffsäure** F CHEM ácido *m* fluorhídrico

Flur¹ F ⟨~; ~en⟩ campo *m*; campiña *f*; *fig* **allein auf weiter ~ sein** estar más solo que la una

Flur² M ⟨~(e)s; ~e⟩ pasillo *m*; zaguán *m*; *(Diele)* vestíbulo *m*; *(Treppenflur)* descansillo *m*

'Flurbereinigung F AGR concentración *f* parcelaria; **Flurbuch** N catastro *m*; **Flurgarderobe** F recibidor *m* mural; **Flurname** M topónimo *m* menor; **Flurschaden** M daños *mpl* causados en el campo

Fluss M ⟨~es; ¨~e⟩ 1 río *m*; *kleiner*: riachuelo *m*; *(Strom)* corriente *f*; **an einem ~ liegen** estar a la orilla de un río 2 *fig (Fließen)* flujo *m* (*a.* VERKEHR); *(Lauf)* curso *m*; **~ der Rede** flujo *m* de palabras; **etw in ~ bringen** iniciar (*od* entablar *od* encauzar) a/c; **im ~ sein** *(im Gange sein)* estar en marcha, seguir su curso; *(sich ändern)* cambiar continuamente 3 MED, ELEK, PHYS flujo *m*; MED **weißer ~** leucorrea *f*, flujo *m* blanco 4 CHEM, METALL *(Schmelzfluss)* fusión *f*

fluss'ab(wärts) ADV aguas (*od* río) abajo

'Flussarm M brazo *m* de río; **Flussaue** F vega *f*

fluss'auf(wärts) ADV aguas (*od* río) arriba

'Flussbett N lecho *m* (*od* cauce *m*) de un río; **Flussdiagramm** N diagrama *m* de flujo; flujograma *m*; **Flussfisch** M pez *m* de río; **Flussfischerei** F pesca *f* fluvial; **Flussgebiet** N cuenca *f* (hidrográfica); **Flusshafen** M puerto *m* fluvial

'flüssig A ADJ líquido (*a. Geld*); HANDEL *a.* disponible; *(nicht fest)* fluido (*a.* CHEM, *Stil*, *Verkehr*:); **~ machen** CHEM licuar; *(schmelzen)* fundir; HANDEL *Kapital* movilizar; *Werte* realizar; **~ werden** CHEM licuarse; *(schmelzen)* fundirse; *umg fig* **ich bin im Augenblick nicht ~** estoy sin dinero → flüssigmachen B ADV *fig* **~ schreiben (sprechen** *etc***)** escribir (hablar, *etc*) con fluidez, con soltura

'Flüssiggas N gas *m* líquido (*od* licuado); **Flüssigkeit** F ⟨~; ~en⟩ 1 *Stoff*: líquido *m*; fluido *m*; PHYSIOL licor *m* 2 *Zustand*: liquidez *f* (*a.* HANDEL); fluidez *f* (*a. Stil*); **Flüssigkeits...** IN ZSSGN → *a* Hydraulikbremse, Hydraulikdruck *etc*

'Flüssigkristallanzeige F indicador *m* LCD (*od* de cristal líquido); **Flüssigkristallbildschirm** M pantalla *f* de cristal líquido

'flüssigmachen VT HANDEL *Kapital* movilizar; *Werte* realizar; **Flüssigmachung** F ⟨Flüssigmachung⟩ 1 CHEM licuación *f* 2 HANDEL movilización *f*; realización *f*; **Flüssigseife** F jabón *m* líquido; **Flüssigwerden** N ⟨Flüssigwerdens⟩ CHEM licuación *f*; fusión *f*

'Flusskies M guijo *m* (de río); **Flusskraftwerk** N central *f* hidroeléctrica; **Flusskrebs** M ZOOL cangrejo *m* de río; **Flusslauf** M curso *m* de un (*bzw* del) río; **Flussmittel** N TECH fundente *m*; **Flussmündung** F desembocadura *f* (de un río); **Flussnetz** N red *f* fluvial; **Flussneunauge** N ZOOL lamprea *f* de río; **Flussniederung** F vega *f*; **Flusspferd** N ZOOL hipopótamo *m*; **Flusssäure** F CHEM ácido *m* fluorhídrico; **Flussschiffer** M batelero *m*; **Flussschifffahrt** F navegación *f* fluvial; **Flussspat** M ⟨~(e)s; ¨~e *od* ¨~e⟩ MINER espato *m* flúor, fluorita *f*; **Flussstahl** M acero *m* de fusión; **Flusssteuerung** F IT control *m* de flujo de datos; **Flussübergang** M paso *m* de un río; vado *m*; **Flussufer** N orilla *f* (de un río); ribera *f*; **Flussuferläufer** M ORN andarríos *m* chico; **Flusswindung** F meandro *m*

'flüstern VI & VT cuchichear; *bes poet* susurrar; **j-m etw ins Ohr ~** decir a alg a/c al oído; *umg fig* **das kann ich dir ~!** ¡te lo aseguro!; *umg fig* **dem werde ich was ~** *umg* a ése le diré cuatro verdades

'Flüstern N ⟨~s⟩ cuchicheo *m*; *poet* murmullo *m*, susurro *m*; **Flüsterpropaganda** F propaganda *f* clandestina

Flut F ⟨~; ~en⟩ 1 *Gezeiten*: pleamar *f*, marea *f* alta; **die ~ setzt ein** sube la marea; **es ist** *od* **herrscht ~** hay marea alta; **bei ~** en (*od* durante la) pleamar, en (*od* durante la) marea alta 2 *(Überschwemmung)* inundación *f*; *fig* diluvio *m* 3 PL *geh* **~en** *(Wassermassen)* raudal *m*, torrente *m*; *(Wogen)* olas *fpl*; *bes poet* ondas *fpl* 4 *von Worten*: torrente *m*; *von Tränen etc*: raudal *m*; *(große Menge)* oleada *f*, profusión *f* (**von** de)

'fluten A VI *(strömen)* fluir; *fig Menschenmenge* afluir, concurrir en gran masa; *(wogen)* ondear B VT *(unter Wasser setzen)* inundar; sumergir

'Fluthafen M puerto *m* de marea; **Fluthöhe** F altura *f* de la marea; **Flutkatastrophe** F inundación *f*; **Flutkraftwerk** N TECH central *f* mareomotriz; **Flutlicht** N iluminación *f* con proyectores; luz *f* de los focos; **bei ~** a la luz de los focos; **Flutlichtspiel** N *Fußball*: partido *m* nocturno; **Flutmesser** M SCHIFF mareógrafo *m*

'flutschen VI *umg* 1 *(gleiten)* deslizarse 2 *(funktionieren)* marchar sobre ruedas; *umg* funcionar de perlas; **das flutscht** *umg* esto va que chuta

'Flutwelle F ola *f* de la marea; **Flutzeit** F pleamar *f*, marea *f* alta

'Flyer M ⟨~s; ~⟩ 1 *(Handzettel)* (hoja *f*) volante *m*, octavilla *f*; *(Broschüre)* folleto *m*; *in 3 Seiten gefaltet*: tríptico *m* 2 TECH *(Spinnmaschine)* hiladora *f*

fm ABK (Festmeter) metro cúbico

fob ABK (free on board) HANDEL fob (franco a bordo)

'Fobkalkulation F HANDEL cálculo *m* fob; **Foblieferung** F HANDEL suministro *m* fob; **Fobpreis** M HANDEL precio *m* fob; precio *m* franco a bordo

focht → fechten

Fock F ⟨~; ~en⟩ SCHIFF trinquete *m*; **'Fockmast** M (palo *m* de) trinquete *m*; **'Focksegel** N vela *f* de trinquete

Födera'lismus M ⟨~⟩ federalismo *m*; **Föderal'list** M ⟨~en; ~en⟩, **Födera'listin** F ⟨~; ~nen⟩ federalista *m/f*; **födera'lis-**

tisch ADJ federalista
Föderati'on F ⟨~; ~en⟩ federación *f*
födera'tiv ADJ federativo; **Föderativstaat** M Estado *m* (con)federado
'fohlen V/I ZOOL parir
'Fohlen N ⟨~s; ~⟩ ZOOL potro *m*, -a *f*
Föhn M ⟨~(e)s; ~e⟩ **1** *(Haartrockner)* secador *m* (de pelo), secapelo(s) *m* **2** *Wind*: foehn *m* (*viento descendiente de los Alpes*); **heute ist ~** hoy hay foehn; **'föhnen** V/T secar con el secador; **sich** *(dat)* **die Haare ~** secarse el pelo (con el secador); **'Föhnkamm** M secador *m* moldeador
'Föhre F ⟨~; ~n⟩ BOT pino *m* silvestre
'Fokus M ⟨~; ~se⟩ OPT, MED foco *m*; *fig* *(Schwerpunkt)* enfoque *m*
fokus'sieren V/T OPT focalizar, enfocar
'Folge F ⟨~; ~n⟩ **1** *(Reihenfolge)* serie *f*; *(Aufeinanderfolge)* sucesión *f*; *(Fortsetzung)* continuación *f*; **bunte ~** miscelánea *f*; **in rascher ~** sucesivamente; **in der ~** en lo sucesivo; *(anschließend)* a continuación, acto seguido **2** *(Folgerung, Ergebnis)* consecuencia *f*; *(Ergebnis) a.* resultado *m*; **~n haben** traer (*od* tener) consecuencias, *umg* traer cola; **die ~n tragen** sufrir las consecuencias; **ohne ~n bleiben** no tener consecuencias; **zur ~ haben** dar por resultado; tener como (*od* por) consecuencia; **die ~ davon ist, dass ...** la consecuencia de eso es que ... **3** *(Wirkung)* efecto *m*; MED *a.* secuela *f*; **an den ~n einer Wunde sterben** morir a consecuencia de una herida **4** *Fortsetzungsroman, Fernsehserie: (Episode)* capítulo *m* **5** **j-m ~ leisten** *(gehorchen)* obedecer a alg; **einer Sache** *(dat)* **~ leisten** *Befehl, Vorschrift*: cumplir a/c; *Rat*: seguir a a/c; *Aufforderung, Anordnung*: corresponder a a/c; *Einladung* aceptar a/c
'Folgebestellung F pedido *m* consecutivo; **Folgeerscheinung** F consecuencia *f*; MED secuela *f*; **Folgekosten** PL costes *mpl* inherentes; costes *mpl* consecuenciales
'folgen V/I ⟨sn⟩ **1** *(nachfolgen)* **j-m/einer Sache ~** seguir a alg/a/c; **auf j-n/etw ~** suceder a alg/a/c; **wie folgt** como sigue; **Fortsetzung folgt** continuará **2** *(resultieren)* **~ aus** resultar de, derivarse de; **daraus folgt (, dass...)** de eso se deduce (que ...) **3** *(sich richten nach, verstehen)* seguir; **können Sie (mir) ~?** ¿me sigue?, ¿me entiende? **4** *umg (gehorchen)* obedecer; **j-m ~** obedecer a alg
'folgend ADJ **1** siguiente; **am ~en Morgen** a la mañana siguiente; **in ~en Worten** *od* **mit ~em Wortlaut** en estos términos; en los siguientes términos; cuyo contenido es como sigue **2** *subst* **der/die/das Folgende** el/la/lo siguiente; **im Folgenden** en lo que sigue, a continuación; **es handelt sich um Folgendes** se trata de lo siguiente
folgender'maßen ADV de la siguinete manera; del modo siguiente, en la forma siguiente; *am Anfang e-s Satzes*: he aquí cómo
'Folgenersatzanspruch M JUR derecho *m* a reposición (*od* a reparación de las consecuencias)
'folgenlos ADJ sin consecuencias; **folgenreich** ADJ grave; con muchas consecuencias; **folgenschwer** ADJ de graves consecuencias; de (gran) trascendencia
'Folgerecht N JUR *Urheberrecht*: derecho *m* de participación
'folgerichtig **A** ADJ consecuente; lógico **B** ADV **~ denken** pensar consecuentemente; **Folgerichtigkeit** F ⟨~⟩ consecuencia *f*, lógica *f*
'folgern V/T **1** **~ aus** deducir de, inferir de, concluir de **2** *(argumentieren)* argüir
'Folgerung F ⟨~; ~en⟩ deducción *f*, conclusión *f* (**aus** de)
'Folgesatz M PHIL, MATH corolario *m*; GRAM oración *f* consecutiva; **Folgeschaden** M *mst* PL daño *m* indirecto
'folgewidrig ADJ inconsecuente; ilógico; **Folgewidrigkeit** F ⟨~⟩ inconsecuencia *f*; falta *f* de lógica
'Folgezeit F período *m* (*od* época *f*) siguiente *od* posterior; *(Zukunft)* futuro *m*; porvenir *m*; **in der ~** *(danach)* después, en la época siguiente *od* posterior; *(zukünftig)* en adelante, en lo sucesivo
'folglich ADV *u.* KONJ por consiguiente, por (lo) tanto; en consecuencia; *lit* por ende; *(also)* (así) pues, conque
'folgsam ADJ obediente; dócil; **Folgsamkeit** F ⟨~⟩ obediencia *f*; docilidad *f*
Foli'ant M ⟨~en; ~en⟩ tomo *m* (*od* libro *m*) en folio, infolio *m*
'Folie ['fo:liə] F ⟨~; ~n⟩ hoja *f*, *aus Plastik*: plástico *m*; *aus Metall*: laminilla *f*; *für Overheadprojektor*: transparencia *f*; *(Spiegelfolie)* azogue *m*; *fig* **als ~ dienen** dar relieve (*od* realce) a a/c
'Folienkartoffel F GASTR patata *f* en papel de aluminio, patata *f* al horno
'Folio N ⟨~s; Folien *od* ~s⟩ TYPO folio *m*; **Folioformat** N tamaño *m* en folio; **in ~** en folio
Folk [fo:k] M ⟨~(s)⟩ MUS folk *m*
Folk'lore F ⟨~⟩ folclore *m*, folklore *m*; **folklo'ristisch** ADJ folclórico, folklórico
'Folksänger [fo:k-] M, **Folksängerin** F cantante *m/f* de folk
Fol'likel M ⟨~s; ~⟩ PHYSIOL folículo *m*
'Folter F ⟨~; ~n⟩ tormento *m* (*a. fig*), suplicio *m*; tortura *f*; **j-n auf die ~ spannen** dar tormento a alg, torturar a alg; *fig* tener en suspenso a alg, mantener en vilo a alg; **Folterbank** F ⟨~; ~e⟩ potro *m*, caballete *m* (de tortura); **Folterinstrument** N → Folterwerkzeug; **Folterkammer** F cámara *f* de tormento; **Folterknecht** M torturador *m*, torcionario *m*
'foltern V/T **j-n ~** torturar a alg, dar suplicio a alg; *fig* atormentar a alg
'Folterqual F tortura *f*; suplicio *m*, tormento *m* (*alle a. fig*); **Folterung** F ⟨~; ~en⟩ tortura *f*; **Folterwerkzeug** N instrumento *m* de tortura
Fön® M → Föhn 1
Fond [fõ:] M ⟨~s; ~s⟩ **1** *(Hintergrund)* fondo *m* **2** AUTO asientos *mpl* traseros **3** GASTR caldo *m* concentrado
Fon'dant [fõ'dã:] M ⟨~s; ~s⟩ bombón *m* relleno
Fonds [fõ:] M ⟨~; ~⟩ **1** WIRTSCH fondo *m*; **~ aus öffentlichen Mitteln** fondo *m* público; **einen ~ bilden** crear un fondo **2** POL **europäischer ~ für regionale Entwicklung** Fondo *m* Europeo de Desarrollo Regional, *abk* FEDER *m*
Fon'due [fõ'dy:] N ⟨~s; ~s⟩ *od* F ⟨~; ~s⟩ fondue *f*
'Fono... *etc* → Phonogramm *etc*
Font M ⟨~s; ~s⟩ IT *(Schriftart)* fuente *f*
Fon'täne F ⟨~; ~n⟩ fuente *f*; *(Springbrunnen)* surtidor *m*
Fonta'nelle F ⟨~; ~n⟩ ANAT fontanela *f*
'foppen V/T *(necken) obs* embromar, *umg* tomar el pelo; *(täuschen)* chasquear
Foppe'rei F ⟨~; ~en⟩ *pej obs* broma *f*, *umg* tomadura *f* de pelo; chasco *m*
for'cieren [fɔr'si:rən] V/T ⟨*ohne* ge-⟩ *geh* forzar
'Förde F ⟨~; ~n⟩ GEOG fiordo *m*; *an Flussmündung a.* ría *f*
'Förderanlage F instalación *f* de transporte; BERGB instalación *f* de extracción; **Förderband** N cinta *f* transportadora; transportador *m* de cinta
'Förderer M ⟨~s; ~⟩ **1** TECH transportador *m* **2** *Person*: promotor *m*, fomentador *m*; *(Sponsor)* patrocinador *m*; *(Kunstförderer) a.* mecenas *m*
'Fördergelder NPL fondos *mpl* (*od* recursos *mpl*) de fomento; *staatliche*: subvención *f* estatal; **Fördergerüst** N BERGB armazón *m* de montacargas; **Fördergut** N BERGB material *m* extraído; **Förderin** F ⟨~; ~nen⟩ promotora *m*, fomentadora *m*; *(Sponsorin)* patrocinadora *f*; **Förderkohle** F BERGB carbón *m* (en) bruto; **Förderkorb** M BERGB jaula *f* de extracción; **Förderleistung** F capacidad *f* de transporte; BERGB capacidad *f* de extracción
'förderlich ADJ provechoso, útil, favorable
'Fördermaschine F BERGB máquina *f* de elevación (*od* de extracción); **Fördermenge** F BERGB cantidad *f* extraída, extracción *f* (total); **Fördermitglied** N socio *m*, socia *f* adherente (*od* patrocinador, -a); **Fördermittel** N **1** *(Transportmittel)* medio *m* de transporte **2** BERGB medio *m* de extracción **3** PL ~ WIRTSCH → Fördergelder
'fordern V/T **1** pedir, solicitar; *stärker*: exigir, reclamar; *Recht* reivindicar; **etw von j-m ~** pedir a/c a alg; *stärker*: exigir (*od* reclamar) a/c de alg; **~, dass** exigir que *(subj)* **2** **j-n ~** *(Leistung von j-m abverlangen)* exigir (mucho) de alg; **j-n (zum Zweikampf) ~** desafiar (*od* provocar) a duelo a alg; retar a alg **3** **j-n vor Gericht ~** demandar a alg en juicio **4** *(verursachen) Opfer* causar, ocasionar
'fördern V/T **1** *(unterstützen)* promover, fomentar; HANDEL *Wachstum, Umsatz* activar, impulsar; *als Gönner*: patrocinar; proteger; *(begünstigen)* favorecer **2** *finanziell, staatlich*: subvencionar **3** *(ermutigen)* animar, alentar (*a. Schüler*) **4** **die Verdauung ~** facilitar la digestión **5** BERGB **Kohle (Erz** *etc*) **~** extraer carbón (mena, *etc*)
'Förderschacht M BERGB pozo *m* de extracción; **förderschädlich** ADJ WIRTSCH *que no permite obtener una subvención*; **Förderschnecke** F TECH tornillo *m* transportador (*od* sin fin); **Förderschule** F centro *m* de educación especial; **Förderseil** N cable *m* de transporte; BERGB cable *m* de extracción; **Fördersoll** N BERGB extracción *f* obligada (*od* impuesta); **Förderturm** M BERGB castillete *m* de extracción; torre *f* elevadora (*od* de elevación)
'Forderung F ⟨~; ~en⟩ **1** petición *f*; *stärker*: exigencia *f*; reclamación *f*; *von Rechten*: reivindicación *f*; *(Anspruch)* pretensión *f*; **~en stellen** formular pretensiones **2** HANDEL *Buchhaltung*: obligación *f*; *(Schuld)* crédito *m*; **ausstehende ~** cobro *m* pendiente; **(nicht) abtretbare ~** crédito (no) cesible; **befristete ~** crédito a plazo fijo; **bestrittene ~** crédito discutido; **(nicht) bevorrechtete ~** crédito (no) privilegiado; **fällige ~** *Buchhaltung*: obligación *f* exigible **3** **~ vor Gericht** demanda *f* en juicio **4** *hist (Duellforderung)* desafío *m*, reto *m*
'Förderung F ⟨~; ~en⟩ **1** *(Unterstützung)* fomento *m*, promoción *f*; *durch Sponsoring*: patrocinio *m*; protección *f*; favorecimiento *m* **2** *finanzielle, staatliche*: subvención *f* **3** *(Ermutigung)* aliento *m*; estímulo *m* **4** BERGB extracción *f*
'Forderungsabtretung F JUR cesión *f* de créditos; **Forderungspfändung** F JUR embargo *m* de derechos
'förderungswürdig ADJ subvencionable
förder'unschädlich ADJ WIRTSCH *que permite obtener una subvención*
'Förderunterricht M educación *f* especial; **Förderwagen** M BERGB vagoneta *f*; **Förderwinde** F BERGB torno *m* de extracción
Fo'relle F ⟨~; ~n⟩ *Fisch*: trucha *f*; GASTR ~

F

blau *trucha cocida con sal y vinagre*; **geräucherte ~** trucha ahumada; **~ Müllerin** trucha *f* a la molinera
Fo'rellenfang M pesca *f* de la trucha; **Forellenteich** M estanque *m* de truchas; **Forellenzucht** F cría *f* de truchas, truticultura *f*
fo'rensisch ADJ forense; **forensische Medizin** medicina *f* forense (od legal)
'Forke F ⟨~; ~n⟩ AGR horca *f*, horquilla *f*
Form F ⟨~; ~en⟩ 1 *(Gestalt, Darstellung)* forma *f*; *(Art und Weise)* manera *f*, modo *m*, forma *f*; *(Machart)* hechura *f*; *(Muster)* modelo *m*; patrón *m*; *fig* **feste ~en annehmen** tomar cuerpo; **einer Sache** *(dat)* **~ geben** dar forma a a/c; **aus der ~ bringen** deformar; **aus der ~ kommen** *od* **geraten** deformarse; **in ~ von** *(od gen)* en forma de; **etw in ~ bringen** *od* **in eine andere ~ bringen** reformar; rehacer 2 *(Umgangsform) mst pl* **~en** modales *mpl*, maneras *fpl*, modos *mpl*; **die ~(en) wahren** guardar la(s) forma(s); **streng auf die ~ bedacht** formalista; **in aller ~** formalmente, en toda forma; **in gehöriger ~** en (su) debida forma; **der ~ wegen** *od* **halber** por fórmula; por salvar las apariencias 3 *(Verfassung)* forma *f* (física), condición *f* (física); **in ~** en (buena) forma; **in ~ bleiben** mantenerse en forma; **(gut/schlecht) in ~ sein** *od* **in (guter/schlechter) ~ sein** estar en (buena/mala) forma (*od* condición); **nicht in ~ sein** estar bajo de forma (*od* en baja forma); **sich in ~ fühlen** sentirse en buenas condiciones; hallarse en forma 4 *(Gussform, Kuchenform)* molde *m* 5 PL **~en** *e-r Frau*: formas *fpl*, curvas *fpl*
for'mal A ADJ formal; concerniente a la forma B ADV formalmente
'Formaldehyd N ⟨~s⟩ CHEM formaldehído *m*, aldehído *m* fórmico
For'malien PL formalidades *fpl*
Forma'lin® N ⟨~s⟩ CHEM formalina *f*
Forma'lismus M ⟨~⟩ formalismo *m*; **Formalist** M ⟨~en; ~en⟩, **Formalistin** F ⟨~; ~nen⟩ formalista *m/f*; **formalistisch** ADJ formalista
Formali'tät F ⟨~; ~en⟩ formalidad *f*; requisito *m*; trámite *m*; **~en** *pl a.* tramitación *f*; **die erforderlichen ~en erfüllen** *od* **erledigen** cumplir los trámites (*od* los requisitos necesarios); **das ist eine reine ~** eso es un puro trámite
For'mat N ⟨~(e)s; ~e⟩ 1 tamaño *m*; *e-s Bilds etc*: formato *m* (*a.* IT) 2 *fig* talla *f*, nivel *m*; **~ haben** tener nivel; **ein Mann/eine Frau von ~** una personalidad; un hombre/una mujer de categoría
forma'tieren VT *⟨ohne* ge-⟩ IT formatear; **Formatierung** F ⟨~; ~en⟩ IT formateo *m*
Formati'on F ⟨~; ~en⟩ formación *f*; MIL *a.* unidad *f*; FLUG **geschlossene ~** formación de vuelo cerrada; **in ~ fliegen** volar en formación
'formbar ADJ plástico; moldeable (*a. fig*); **Formbarkeit** F ⟨~⟩ plasticidad *f*
'formbeständig ADJ indeformable
'Formblatt N formulario *m*; hoja *f* impresa, impreso *m*; **Formbrief** M carta *f* modelo
'Formel F ⟨~; ~n⟩ MATH *etc* fórmula *f*; **chemische ~** *a.* notación *f* química; *Motorsport*: **~ 1** fórmula 1; **Formelbuch** N formulario *m*; **formelhaft** ADJ estereotipado; **Formelkram** M *umg pej* formalidades *fpl*; formalismo *m*
for'mell ADJ formal
'Formelsammlung F MATH formulario *m*
'formen VT formar; amoldar; *(gestalten)* dar forma a; *stilistisch*: formular; *(modellieren)* modelar; *Gießerei*: moldear
'Formen N ⟨~s⟩ → Formung; **Formenlehre** F 1 GRAM morfología *f* 2 MUS estudio *m* de las formas musicales; **Formensinn** M sentido *m* de la forma
'Former M ⟨~s; ~⟩ TECH *Beruf*: moldeador *m*
Forme'rei F ⟨~; ~en⟩ TECH *(Gießerei)* taller *m* de moldeo
'Formerin F ⟨~; ~nen⟩ TECH *Beruf*: moldeadora *f*
'Formfehler M defecto *m* de forma (*od* formal); JUR vicio *m* de forma; *gesellschaftlicher*: infracción *f* de la etiqueta; **Formfrage** F cuestión *f* de forma (*bzw* de etiqueta); **Formgebung** F ⟨~; ~en⟩ modelado *m*; **formgerecht** ADJ en (buena y) debida forma; **Formgießer** M TECH moldeador *m*
for'mieren *⟨ohne* ge-⟩ A VT formar B VR **sich ~** formarse; **Formieren** N ⟨~s⟩, **Formierung** F ⟨~; ~en⟩ formación *f*
'förmlich A ADJ formal; en (buena *od* toda) forma; *(offiziell)* oficial; *(feierlich)* ceremonioso; *(regelrecht)* verdadero B ADV *umg (buchstäblich)* casi, por así decirlo; literalmente; **Förmlichkeit** F ⟨~; ~en⟩ formalidad *f*; *übertriebene*: formalismo *m*; *(Feierlichkeit)* ceremonia *f*; *gesellschaftliche*: etiqueta *f*
'formlos ADJ 1 amorfo; informe 2 *fig (zwanglos)* sin cumplidos, sin ceremonias; informal; **Formlosigkeit** F ⟨~⟩ 1 amorfia *f* 2 *fig* ausencia *f* de formalidad
'Formmangel M JUR vicio *m* formal (*od* de forma); **Formmaschine** F TECH moldeadora *f*; **Formsache** F **das ist bloß ~** es (una) pura formalidad; **Formsand** M arena *f* de moldeo; **formschön** ADJ de forma elegante; **Formschönheit** F belleza *f* exterior (*od* de línea *od* de formas); **Formstahl** M TECH herramienta *f* para perfilar; **Formtief** N SPORT baja forma *f* (física), *umg* bache *m*; **formtreu** ADJ indeformable
Formu'lar N ⟨~s; ~e⟩ formulario *m*, impreso *m*; **ein ~ ausfüllen** rellenar un formulario; **formu'lieren** VT *⟨ohne* ge-⟩ formular; expresar; *Schriftstück* redactar; **Formu'lierung** F ⟨~; ~en⟩ formulación *f*; (modo *m* de) expresión *f*; redacción *f* (definitiva)
'Formung F ⟨~⟩ formación *f*; *(Modellierung)* modelado *m*; *Gießerei*: moldeo *m*
'Formveränderung F alteración *f* (*od* modificación *f*) de la forma; *(Verformung)* deformación *f*; **formvollendet** ADJ & ADV de forma perfecta; **Formvollendung** F perfección *f* de formas; **Formwelle** F *Frisur*: moldeado *m*; **formwidrig** ADJ contrario a las formas
forsch ADJ *umg* enérgico; *(kühn)* arrojado, intrépido; **ein ~er Kerl** un hombre de rompe y rasga
'forschen VI 1 *wissenschaftlich*: investigar (**nach etw** a/c); **über etw** *(acus)* **~** investigar sobre a/c 2 *(suchen)* **nach etw/j-m ~** buscar a/c/a alg; **Forschen** N ⟨~s⟩ investigación *f*; **forschend** ADJ investigador; *Blick* escrutador, inquisidor, inquisitivo
'Forscher M ⟨~s; ~⟩ investigador *m*; *(Entdecker)* explorador *m*; **Forscherdrang** M afán *m* de investigación, curiosidad *f* científica; **Forschergeist** M espíritu *m* investigador; **Forschergruppe** F equipo *m* investigador
'Forscherin F ⟨~; ~nen⟩ investigadora *f*; *(Entdeckerin)* exploradora *f*
'Forschheit F ⟨~⟩ desparpajo *m*; *(Kühnheit)* arrojo *m*, intrepidez *f*
'Forschung F ⟨~; ~en⟩ investigación *f*; *(Entdeckung)* exploración *f*; **in der ~ arbeiten** trabajar en investigación
'Forschungsabteilung F departamento *m* de investigaciones; **Forschungsanstalt** F instituto *m* de investigación; **Forschungsarbeit** F trabajo *m* de investigación; **Forschungsgebiet** N campo *m* de investigación; **Forschungsgemeinschaft** F **Deutsche ~** Comunidad *f* Alemana de Investigaciones; **Forschungshilfe** F ayuda *f* a la investigación; **Forschungslabor(atorium)** N laboratorio *m* de investigación; **Forschungsprogramm** N programa *m* de investigaciones; **Forschungsprojekt** N proyecto *m* de investigación; **Forschungsreaktor** M NUKL reactor *m* de investigación (*od* de ensayo); **Forschungsreise** F expedición *f*; viaje *m* de exploración; **Forschungsreisende** M/F ⟨~n; ~n; → A⟩ explorador *m*, -a *f*; **Forschungssatellit** M satélite *m* científico; **Forschungsstätte** F centro *m* de investigación; **Forschungsstipendium** N beca *f* de investigación; **Forschungsteam** N equipo *m* de investigación; **Forschungszentrum** N centro *m* de investigación
Forst M ⟨~(e)s; ~e⟩ bosque *m*; monte *m*
'Forstakademie F Escuela *f* de Montes; **Forstamt** N administración *f* forestal; **Forstaufseher** M, **Forstaufseherin** F guarda *m/f* forestal; **Forstbeamte(r)** M ⟨~n; ~n⟩, **Forstbeamtin** F ⟨~; ~nen⟩ funcionario *m*, -a *f* (de la administración) de montes
'Förster M ⟨~s; ~⟩ guarda *m* forestal; guardabosque(s) *m*; *Spanien* inspector *m* de montes
Förste'rei F ⟨~; ~en⟩ casa *f* del guarda forestal; casa *f* forestal
'Försterin F ⟨~; ~nen⟩ guarda *f* forestal, guardabosque(s) *f*; *Spanien* inspectora *f* de montes
'Forstfrevel M JUR delito *m* forestal; **Forstgesetz** N ley *f* forestal; **Forsthaus** N → Försterei; **Forsthüter** M guardabosque(s) *m*; → *a* Förster; **forstlich** ADJ forestal; **Forstmann** M ⟨~(e)s; -leute⟩ experto *m* forestal; **Forstmeister** M *Spanien* ≈ inspector *m* de montes; **Forstrecht** N derecho *m* forestal; **Forstrevier** N distrito *m* forestal; **Forstschädling** M plaga *f* forestal; insecto *m bzw* hongo *m* xilófago; **Forstschule** F Escuela *f* de Montes; **Forstschutz** M protección *f* forestal; **Forstverwaltung** F administración *f* forestal; **Forstwart** M ⟨~(e)s; ~e⟩ guardabosque *m*; **Forstwirt** M, **Forstwirtin** F silvicultor *m*, -a *f*; **Forstwirtschaft** F silvicultura *f*; economía *f* forestal
'Forstwissenschaft F ingeniería *f* de montes; silvicultura *f*; **Forstwissenschaftler** M, **Forstwissenschaftlerin** F ingeniero *m*, -a *f* de montes
For'sythie [-'zy:tsiə] F ⟨~; ~n⟩ BOT forsitia *f*
fort ADV 1 *(weg)* fuera; *(abwesend)* ausente; **~ (mit dir)!** ¡vete!, ¡márchate!; ¡fuera (de aquí)!; **ich muss ~** tengo que marcharme; **~ sein** *Person* haberse ido (*od* marchado); estar ausente 2 *(verloren)* perdido (*od* extraviado); *(verschwunden)* desaparecido (*a. Fleck*); **~ sein** *Sache* haberse perdido; haber desaparecido 3 *(entfernt)* **weit ~** muy lejos 4 **in einem ~** continuamente; sin cesar, sin parar; incesantemente; *stärker*: eternamente; **und so ~** y así sucesivamente; etcétera
Fort [fo:r] N ⟨~s; ~s⟩ MIL fuerte *m*; *kleines*: fortín *m*
fort'an ADV *geh* 1 *(ab jetzt)* desde ahora; (de aquí *od* ahora) en adelante 2 *(seitdem)* en lo sucesivo
'fortbegeben VR *⟨irr; ohne* ge-⟩ **sich ~** irse, marcharse
'Fortbestand M ⟨~(e)s⟩ continuación *f*; persistencia *f*; **fortbestehen** VI *⟨irr; ohne* ge-⟩ continuar (existiendo), persistir, perdurar;

Fortbestehen N ⟨~s⟩ → Fortbestand

'fortbewegen ⟨*ohne* ge-⟩ **A** VT mover, hacer avanzar; desplazar **B** VR **sich ~** moverse, avanzar; desplazarse; **Fortbewegung** F locomoción *f*; desplazamiento *m*; **Fortbewegungsmittel** N medio *m* de locomoción

'fortbilden VT(VR) **(sich) ~** perfeccionar(se); **Fortbildung** F perfeccionamiento *m*; **berufliche ~** *a.* formación *f* continua; *Kurs*: **eine ~ machen** hacer un curso (*od* cursillo) de perfeccionamiento

'Fortbildungskurs, M **Fortbildungslehrgang** M curso *m* (*od* cursillo *m*) de perfeccionamiento; **an einem ~ teilnehmen** asistir a un curso de perfeccionamiento (profesional); **Fortbildungsunterricht** M enseñanza *f* postescolar

'fortbleiben VI ⟨*irr*; sn⟩ no venir; faltar; **lange ~** tardar en volver; **fortbringen** VT ⟨*irr*⟩ llevar, conducir; trasladar; transportar; **Fortdauer** F continuación *f*; permanencia *f*; continuidad *f*; persistencia *f*; **fortdauern** VI continuar (existiendo); (per)durar; seguir (en pie); persistir; **fortdauernd** ADJ permanente; continuo; *stärker*: eterno, perpetuo

'forte ADV MUS forte

'Forte N ⟨~s; ~s *od* Forti⟩ MUS forte *m*

'forteilen VI ⟨sn⟩ *geh* irse (*od* salir) precipitadamente

'fortentwickeln ⟨*ohne* ge-⟩ **A** VT continuar desarrollando **B** VR **sich ~** continuar desarrollándose; evolucionar; **Fortentwicklung** F evolución *f*; desarrollo *m* ulterior

'fortfahren ⟨*irr*⟩ **A** VI **1** (*wegfahren*) partir, salir (**nach** para) **2** *fig* (*weitermachen*) continuar, (pro)seguir (**mit** con; **in** *dat* en) **B** VT (*wegschaffen*) llevar, transportar

'Fortfall M ⟨~(e)s⟩ supresión *f*; **fortfallen** VI ⟨*irr*; sn⟩ ser suprimido; → *a* wegfallen

'fortfliegen VI volar, irse volando

'fortführen VT **1** (*fortsetzen*) continuar, (pro)seguir **2** (*wegführen*) llevar, conducir; **Fortführung** F ⟨~⟩ continuación *f*

'Fortgang M **1** (*Weggang*) partida *f*, salida *f*; **bei seinem ~** al marcharse **2** (*Ablauf*) marcha *f*; curso *m*; **die Dinge nehmen ihren ~** las cosas siguen su curso **3** (*Entwicklung*) desarrollo *m*; (*Fortschritt*) adelanto *m*, progreso *m*

'fortgeben VT ⟨*irr*⟩ dar; deshacerse de, desembarazarse de; **fortgehen** VI ⟨*irr*; sn⟩ **1** (*weggehen*) irse, marcharse; (*abreisen*) *a.* salir, partir **2** (*weitergehen*) continuar

'fortgeschritten ADJ avanzado; adelantado; desarrollado; MED **im ~en Stadium** en estad(i)o avanzado; **im ~en** (*od* **in ~em**) **Alter** de (*bzw* en) edad avanzada; **Fortgeschrittene** M/F ⟨~n; ~n; → A⟩ avanzado *m*, -a *f*; **Kurs(us) für ~** *pl* curso *m* superior

'fortgesetzt ADJ continuo, incesante; reiterado, repetido; **durch ~es Arbeiten** a fuerza de trabajar; **wird ~** *Veröffentlichung* continuará

'fortjagen **A** VT *aus dem Haus*: echar fuera (*od* a la calle); (*verjagen*) ahuyentar **B** VI partir a todo galope; **fortkommen** VI ⟨*irr*; sn⟩ **1** (*vorankommen*) avanzar; *fig* progresar; adelantar; *beruflich*: hacer carrera **2** (*verschwinden*) desaparecer; perderse; **mach, dass du fortkommst!** ¡vete!, ¡márchate!; ¡lárgate de aquí!; **Fortkommen** N ⟨~s⟩ avance *m*; progreso *m*; *fig* **sein ~ finden** ganarse la vida; **fortlassen** VT ⟨*irr*⟩ **1** (*gehen lassen*) dejar salir **2** (*auslassen*) omitir; suprimir

'fortlaufen VI ⟨*irr*; sn⟩ irse *od* salir corriendo; (*fliehen*) escaparse, huir; **(von zu Hause) ~** escaparse (de casa); **Fortlaufen** N ⟨~s⟩ huida *f*; **fortlaufend** **A** ADJ (*ununterbrochen*) seguido, continuo; (*aufeinanderfolgend*) consecutivo; **~e Nummer** número *m* de orden **B** ADV continuamente; **~ nummerieren** numerar correlativamente

'fortleben VI *geh* continuar (*od* seguir) viviendo; **in etw** (*dat*) **~** sobrevivir en a/c; **Fortleben** N supervivencia *f*; **fortmachen** VR **sich ~** irse, marcharse; escaparse, *umg* largarse; **fortmüssen** VI ⟨*irr*⟩ tener que marcharse; **fortnehmen** VT ⟨*irr*⟩ quitar

'fortpflanzen **A** VT *bes* BIOL reproducir; PHYS *u. fig a.* propagar; transmitir **B** VR **sich ~** *bes* BIOL reproducirse; PHYS *u. fig a.* propagarse; transmitirse; **Fortpflanzung** F **1** BIOL reproducción *f*; procreación *f* **2** PHYS *u. fig* propagación *f* (*a. fig*)

'Fortpflanzungsfähigkeit F BIOL capacidad *f* reproductora (*od* procreativa); **Fortpflanzungsgeschwindigkeit** F PHYS velocidad *f* de propagación; **Fortpflanzungsorgan** N BIOL órgano *m* de reproducción (*od* reproductor); **Fortpflanzungstrieb** M BIOL instinto *m* de reproducción; **Fortpflanzungsvermögen** N capacidad *f* reproductora

'forträumen VT quitar; desembarazar, despejar; **fortreisen** VI ⟨sn⟩ salir (*od* irse) de viaje; **fortreißen** VT ⟨*irr*⟩ (*wegreißen*) arrancar, arrebatar (*a. fig*); (*mitreißen*) arrastrar (consigo); *fig* **sich ~ lassen** dejarse llevar; **fortrücken** VT apartar, quitar; remover

Forts. ABK (Fortsetzung) continuación *f*

'Fortsatz M ⟨~es; ⸚e⟩ ANAT apéndice *m*; (*Knochenfortsatz*) apófisis *f*

'fortschaffen VT transportar; trasladar; *umg* quitar de en medio; **fortscheren** VR *umg* **sich ~** irse, *umg* largarse; **scher dich fort!** *sl* ¡vete a la porra!; **fortschicken** VT *Brief etc* enviar; **j-n ~** *im Auftrag*: enviar *od* mandar a alg; (*entlassen*) despedir a alg; **fortschleichen** VR ⟨*irr*⟩ **sich ~** marcharse disimuladamente (*od* a hurtadillas); *umg* escurrirse; **fortschleppen** **A** VT arrastrar; (*mitnehmen*) llevar consigo **B** VR **sich ~** arrastrarse; **fortschleudern** VT tirar, arrojar, lanzar; **fortschreiben** VT ⟨*irr*⟩ actualizar, completar, complementar; **fortschreiten** VI ⟨*irr*; sn⟩ *fig* avanzar; progresar, adelantar; hacer progresos; → *a.* fortgeschritten; **Fortschreiten** N ⟨~s⟩ avance *m*; progreso *m*; progresión *f*; **fortschreitend** ADJ progresivo

'Fortschritt M ⟨~(e)s; ~e⟩ progreso *m*, adelanto *m*, avance *m*; **technologischer ~** avance *m* tecnológico; **~e machen** hacer progresos, progresar

'fortschrittlich ADJ progresista, avanzado; *umg* progre; **~e Einstellung** progresismo *m*

'fortschrittsfeindlich ADJ antiprogresista; **fortschrittsgläubig** ADJ progresista

'fortschwemmen VT llevarse, arrastrar; **fortschwimmen** VI ⟨*irr*⟩ **1** *Person* alejarse nadando **2** (*weggetrieben werden*) ser arrastrado por la corriente; **fortsehnen** VR **sich ~** tener ansias de marcharse

'fortsetzen **A** VT **1** (*fortführen*) continuar, (pro)seguir **2** (*wegsetzen*) poner en otro lado **B** VR **sich ~** continuar, (pro)seguir; → *a.* fortgesetzt; **Fortsetzung** F ⟨~; ~en⟩ continuación *f*; **~ folgt** continuará; **~ auf/von Seite 10** pasa a/viene de la página 10; **in ~en erscheinen** publicarse por entregas *od* fascículos

'Fortsetzungsgeschichte F historia *f* por entregas *od* fascículos; **Fortsetzungsroman** M novela *f* por entregas

'fortstehlen VR ⟨*irr*⟩ **sich ~** escaparse (furtivamente), irse con disimulo; **fortstellen** VT apartar; poner a un lado; **fortstoßen** VT ⟨*irr*⟩ empujar, apartar de un empujón; **fortstürmen** VI ⟨sn⟩ irse precipitadamente; **fortstürzen** VI ⟨sn⟩ salir precipitadamente, *umg* salir disparado; **forttragen** VT ⟨*irr*⟩ trasladar a otro lugar; llevarse consigo; **forttreiben** ⟨*irr*⟩ **A** VT **1** (*wegtreiben*) expulsar; arrojar **2** *fig* (*fortführen*) continuar (*od* seguir) haciendo **B** VI ⟨sn⟩ ser arrastrado por la corriente; SCHIFF derivar

For'tuna F ⟨~⟩ MYTH Fortuna *f*

'fortwähren VI *geh* continuar; (per)durar; persistir; **fortwährend** **A** ADJ continuo, persistente; perpetuo **B** ADV continuamente; sin interrupción; sin cesar; **fortwälzen** **A** VT arrollar **B** VR **sich ~** arrastrarse; *Strom* arrastrar las aguas; *Menschenmenge* avanzar lentamente; **fortwerfen** VT ⟨*irr*⟩ tirar, echar; **fortwirken** VI seguir (*od* continuar) obrando; **fortwollen** VI querer marcharse (*od* salir); **fortziehen** ⟨*irr*⟩ **A** VT arrastrar **B** VI ⟨sn⟩ marcharse; ir a vivir a otra parte; *aus der Wohnung*: mudarse (de casa); (*auswandern*) emigrar

'Forum N ⟨~s; Foren *od* Fora⟩ foro *m* (*a. fig*, IT)

fos'sil ADJ fósil (*a. fig*); **~e Brennstoffe** combustibles *mpl* fósiles

Fos'sil N ⟨~s; ~ien⟩ fósil *m*

fö'tal ADJ PHYSIOL fetal

'foto..., **'Foto...**, *fachspr* **'photo...**, **'Photo...** IN ZSSGN foto...

'Foto N ⟨~s; ~s⟩ *umg* foto *f*; **auf dem ~** en la foto; **ein ~ machen (von)** sacar una foto (de), hacer una foto (a)

'Fotoalbum N álbum *m* para fotos (*od* fotográfico); **Fotoapparat** M cámara *f* (*od* máquina *f*) fotográfica; **Fotoatelier** N estudio *m* fotográfico; **Fotoausrüstung** F equipo *m* fotográfico; **Fotoautomat** M fotomatón *m*

Fotoche'mie F fotoquímica *f*; **fotochemisch** ADJ fotoquímico

'Fotoecken FPL fijafotos *mpl* (autoadhesivos)

fotoel'ektrisch ADJ fotoeléctrico

foto'gen ADJ fotogénico

'Fotogeschäft N tienda *f* de fotografía

Foto'graf M ⟨~en; ~en⟩ fotógrafo *m*; **Fotogra'fie** F ⟨~; ~n⟩ fotografía *f*; (*Bild*) *a. umg* foto *f*; **fotogra'fieren** VT ⟨*ohne* ge-⟩ fotografiar; sacar una foto *bzw* fotos; *Personen a.* retratar; **sich ~ lassen** hacerse una foto *bzw* fotos; **Foto'grafin** F ⟨~; ~nen⟩ fotógrafa *f*; **foto'grafisch** ADJ fotográfico; **ein ~es Gedächtnis haben** tener una memoria fotográfica

Foto'gramm N ⟨~s; ~e⟩ fotograma *m*

Fotogrammme'trie F ⟨~⟩ fotogrametría *f*

Fotogra'vüre F ⟨~; ~n⟩ fotograbado *m*

'Fotohandy [-hɛndi] N teléfono *m* con cámara integrada

Fotoko'pie F fotocopia *f*; **fotokopieren** VT ⟨*ohne* ge-⟩ fotocopiar

Fotoko'pierer *umg* M, **Fotokopiergerät** N (máquina *f*) fotocopiadora *f*

'Fotolabor N laboratorio *m* fotográfico; **Fotolithografie** F fotolitografía *f*

fotome'chanisch ADJ fotomecánico

Foto'meter M, fotómetro *m*

Fotome'trie F ⟨~⟩ fotometría *f*

foto'metrisch ADJ fotométrico

'Fotomodell N modelo *m/f*; **Fotomontage** F fotomontaje *m*, montaje *m* fotográfico; **Fotomotiv** N motivo *m* (*od* tema *m*) fotográfico (*od* de una foto)

Fo'ton N *etc* → Photon *etc*

Fotopapier N papel *m* fotográfico; **Fotorahmen** M portafotos *m*; **Fotorealismus** M fotorealismo *m*; **Fotoreporter** M, **Fotoreporterin** F reportero *m*, -a *f* (foto)gráfico, -a; **Fotosafari** F safari *m* foto-

F

gráfico; **Fotosatz** M TYPO fotocomposición f

Fotosyn'these F BIOL fotosíntesis f

'Fototermin M cita f con el fotógrafo

Foto'thek F ⟨~; ~en⟩ fototeca f

Fotothera'pie F ⟨~⟩ MED fototerapia f

foto'trop ADJ fototrópico; OPT **~e Gläser** *npl* cristales *mpl od* vidrios *mpl* fototrópicos

Fotovol'taik F ⟨~⟩ fotovoltaica f; **Fotovoltaikanlage** F central f (*od* planta f) fotovoltaica

fotovol'taisch ADJ fotovoltaico

'Fotozelle F célula f fotoeléctrica

'Fötus M ⟨~ses; ~se⟩ feto m

'Fotze F ⟨~; ~n⟩ *vulg* coño m, chocho m

Foul [faʊl] N ⟨~s; ~s⟩ SPORT falta f; **'Foulelfmeter** M *Fußball* penalti m; **~ durch ...** penalti por falta de ...

'foulen ['faʊlən] **1** VT **j-n ~** hacer una falta a alg **2** VI hacer una falta

'Foxterrier M ZOOL fox(terrier) m; **Foxtrott** M ⟨~s; ~e⟩ MUS fox(trot) m

Fo'yer [foa'je:] N ⟨~s; ~s⟩ THEAT foyer m

FPÖ ABK (Freiheitliche Partei Österreichs) Partido m Liberal Austríaco (*partido de derecha*)

fr. ABK (frei) franco, libre

Fr. ABK (Frau) señora f

Fracht F ⟨~; ~en⟩ **1** (*Ladung*) carga f; SCHIFF cargamento m; SCHIFF, FLUG flete m; BAHN mercancías *fpl*, *Am* mercaderías *fpl* **2** (*Gebühr*) porte m, gastos *mpl* de transporte; SCHIFF, FLUG flete m; HANDEL **~ zahlt Empfänger** a porte debido

'Frachtbrief M carta f de porte; talón m (de ferrocarril); SCHIFF conocimiento m; **Frachtenbahnhof** M *österr* estación f de mercancías

'Frachter M ⟨~s; ~⟩ SCHIFF buque m de carga, carguero m; **Frachtflugzeug** N avión m de carga (*od* carguero)

'frachtfrei ADJ franco de porte (*bzw* de flete), porte m (*bzw* flete m) pagado; **fracht- und zollfrei** franco de porte (*bzw* de flete) y derechos

'Frachtführer M porteador m; **Frachtgebühr** F porte m, gastos *mpl* de transporte; acarreo m; SCHIFF flete m; **Frachtgut** N **1** (*Ladung*) → Fracht 1 **2** BAHN mercancías *fpl* en pequeña velocidad; *Am* mercadería f por encomienda; **als ~ verschicken** expedir en pequeña velocidad; *Am* enviar por encomienda; **Frachthafen** M puerto m de carga; **Frachtkahn** M chalana f; gabarra f; **Frachtkosten** PL → Frachtgebühr; **Frachtpapiere** NPL documentos *mpl* de embarque; **Frachtraum** M SCHIFF bodega f de carga; (*Ladefähigkeit*) capacidad f de carga; **Frachtsatz** M tarifa f de transporte (SCHIFF *a.* de flete); **Frachtschiff** N buque m de carga, carguero m; **Frachtspesen** PL → Frachtkosten; **Frachtstück** N bulto m, fardo m; **Frachttarif** M → Frachtsatz; **Frachtverkehr** M tráfico m de mercancías (*Am* de mercaderías); **Frachtversicherung** F SCHIFF seguro m de fletes; **Frachtvertrag** M contrato m de transporte (SCHIFF de fletamento)

Frack M ⟨~(e)s; ⸚e⟩ frac m; **sich in den ~ werfen** vestirse de frac; **'Frackschoß** M faldón m (del frac); **an j-s Frackschößen** (*dat*) **hängen** estar pegado a las faldas de alg; **'Frackzwang** M **~!** (*Frack vorgeschrieben*) el frac es de rigor

'Frage F ⟨~; ~n⟩ **1** pregunta f; GRAM interrogación f; **eine ~ beantworten** *od* **auf eine ~ antworten** responder a una pregunta; **j-m** *od* **an j-n eine ~ stellen** hacer (*od* plantear) una pregunta a alg; **auf die ~** a la pregunta; **was für eine (dumme) ~!** ¡vaya pregunta!, ¡qué pregunta más tonta! **2** (*Problem*) cuestión f, problema m; **offene ~** interrogante m, incógnita f; **eine ~ aufwerfen/behandeln/lösen** plantear/tratar/resolver una cuestión; **es ist eine ~ der Zeit** es cuestión de tiempo; **das ist eine andere ~** eso es otra cuestión; **das ist eben die ~** esa es la cuestión precisamente; **das ist noch die ~** eso es lo que hay que saber; **es ist noch die ~, ob ...** falta saber si...; está por decidir si...; **es ergibt sich die ~, ob ...** se plantea la cuestión de si... **3** **das steht außer ~** *od* **das ist gar keine ~** eso está fuera de duda, (en eso) no cabe duda; **ohne ~** sin duda, indudablemente; **in ~** → infrage

'Fragebogen M cuestionario m; **einen ~ ausfüllen** rellenar un cuestionario; **Erhebung** f **durch ~** encuesta f por cuestionario

'Frageform F GRAM forma f interrogativa; **Fragefürwort** N GRAM pronombre m interrogativo

'fragen **A** VT & VI preguntar (**nach** por); **j-n ~** preguntar a alg; (*ausfragen*) interrogar a alg; hacer preguntas a alg; **j-n etw ~** preguntar a alg a/c; **nach j-m ~** preguntar por alg; **j-n nach j-m/etw ~** (*ausfragen*) *a.* interrogar a alg por alg/a/c; **j-n nach dem Befinden von ... ~** preguntar a alg por la salud de ...; **er fragt nicht danach** no le importa, le trae sin cuidado; **j-n um Erlaubnis/Rat ~** pedir permiso/consejo a alg; **nicht viel** *od* **lange ~** *umg* hacer sin más ni más a/c; **ohne viel zu ~** sin cumplidos; **wenn ich ~ darf** si me permite la pregunta; **wie kann man nur so ~!** *od* **frag nicht so dumm!** ¡no hagas preguntas tan tontas! **B** VR **sich ~** preguntarse; **ich frage mich, ob ...** me pregunto si... **C** V/UNPERS **es fragt sich, ob ...** queda por saber si...; queda por resolver si...; **das fragt sich** eso es dudoso

'fragend **A** ADJ interrogador; GRAM, *Blick* interrogativo **B** ADV **j-n ~ ansehen** dirigir a alg una mirada interrogante; mirar a alg sin comprender

'Fragenkomplex M conjunto m de problemas; problemática f; **Fragepronomen** N GRAM pronombre m interrogativo

'Frager M ⟨~s; ~⟩ interrogador m; *lästiger*: preguntón m

Frage'rei F ⟨~; ~en⟩ manía f de preguntar

'Fragerin F ⟨~; ~nen⟩ interrogadora f; *lästige*: preguntona f

'Fragesatz M GRAM frase f interrogativa; **Fragesteller** M ⟨~s; ~⟩, **Fragestellerin** F ⟨~; ~nen⟩ interrogador m, -a f; POL interpelador m, -a f; **Fragestellung** F **1** planteamiento m, *Am* planteo m; *im Parlament*: interpelación f **2** GRAM construcción f interrogativa; **Fragestunde** F POL hora f de interpelaciones; **Fragewort** N ⟨~(e)s; ⸚er⟩ GRAM partícula f interrogativa; **Fragezeichen** N GRAM (signo m de) interrogación f; *fig* interrogante m; incógnita f

'fraglich ADJ **1** (*betreffend*) en cuestión; **zur ~en Zeit** a la hora en cuestión **2** (*unentschieden*) problemático; (*zweifelhaft*) dudoso; incierto; **es ist ~, ob ...** no se sabe si ...; **fraglos** ADV sin duda alguna, indudablemente

Frag'ment N ⟨~(e)s; ~e⟩ fragmento m

fragmen'tarisch ADJ fragmentario

'fragwürdig ADJ dudoso; problemático; (*zweideutig*) equívoco, ambiguo; (*verdächtig*) sospechoso; **Fragwürdigkeit** F ⟨~; ~en⟩ duda f; problema m; (*Zweideutigkeit*) equívoco m, ambigüedad f; (*Verdacht*) sospecha f

Frakti'on F ⟨~; ~en⟩ *allg* fracción f; POL *a.* grupo m parlamentario

fraktio'nieren VT ⟨*ohne* ge-⟩ TECH fraccionar; **Fraktionierung** F ⟨~; ~en⟩ fraccionamiento m

Frakti'onsbeschluss M POL acuerdo m del grupo parlamentario; **Fraktionsdisziplin** F POL disciplina f de voto; **Fraktionsführer** M, **Fraktionsführerin** F POL jefe m, -a f del grupo parlamentario; **Fraktionssitzung** F POL reunión f del grupo parlamentario; **Fraktionsvorsitzende** M/F POL presidente m, -a f del grupo parlamentario; **Fraktionszwang** M POL disciplina f de voto

Frak'tur F ⟨~; ~en⟩ **1** MED fractura f **2** TYPO (letra f) gótica f; *umg fig* **mit j-m ~ reden** decir a alg cuatro verdades; **Frakturschrift** F → Fraktur 2

Franc [frã:] M ⟨~; ~s⟩ HIST *Währung* **(französischer/belgischer) ~** franco m (francés/belga)

'Franchise¹ [frã'ʃi:zə] F ⟨~; ~n⟩ VERS (*Eigenbehalt*) franquicia f, retención f propia

'Franchise² [frɛntʃaɪs] F ⟨~; ~n⟩ HANDEL franquicia f; **Franchisegeber** M, **Franchisegeberin** F concesionario m, -a f de la franquicia; **Franchisenehmer** M, **Franchisenehmerin** F franquiciado m, -a f, tomador m, -a f de la franquicia

'Franchising ['frɛntʃaɪzɪŋ] N ⟨~s⟩ HANDEL franquicia f; **Franchisingvertrag** M contrato m de franquicia

frank ADV **~ und frei** francamente; con toda franqueza (*od* sinceridad)

'Franke M ⟨~n; ~n⟩ **1** *aus Franken*: natural m de Franconia **2** HIST franco m

'Franken¹ N ⟨~s⟩ GEOG Franconia f

'Franken² M ⟨~s; ~⟩ *Währung*: franco m suizo

'Frankenland N ⟨~(e)s⟩ Franconia f

'Frankfurt N ⟨~s⟩ **~ am Main** Fráncfort del Main (*od* Meno); **~ an der Oder** Fráncfort del Oder

'Frankfurter¹ ADJ ⟨*inv*⟩ francfortés; **~ Würstchen** *npl* salchichas *fpl* de Francfort

'Frankfurter² F ⟨~; ~⟩ *Wurst*: salchicha f de Francfort

'Frankfurter³ M ⟨~s; ~⟩, **Frankfurterin** F ⟨~; ~nen⟩ francfortés, -esa *m/f*

Fran'kierautomat M *Postwesen*: máquina f de franquear

fran'kieren VT ⟨*ohne* ge-⟩ *Postwesen*: franquear; **Frankieren** N ⟨~s⟩ franqueo m; **Frankiermaschine** F → Frankierautomat

fran'kiert ADJ *Postwesen*: franqueado; **nicht ausreichend ~** con franqueo insuficiente; **nicht ~** a porte debido, no franqueado

Fran'kierung F ⟨~; ~en⟩ *Postwesen*: franqueo m

'Fränkin F ⟨~; ~nen⟩ **1** *aus Franken*: natural f de Franconia **2** HIST franca f; **fränkisch** ADJ **1** (*aus Franken*) de Franconia **2** HIST franco

'franko ADV HANDEL franco (*od* libre) de porte; *als Aufschrift*: porte pagado

franko'phil ADJ francófilo

'Frankreich N ⟨~s⟩ Francia f; **leben wie Gott in ~** vivir como Dios; vivir como un rey; vivir como abeja en flor

'Franse F ⟨~; ~n⟩ **1** fleco m; franja f; **mit ~n besetzen** franj(e)ar **2** *Frisur*: **~n** *pl* flequillo m

'fransen VI (*ausfransen*) deshilacharse

'Fransenbesatz M guarnición f de flecos, flocadura f

'fransig ADJ a franjas; (*ausgefranst*) deshilachado

'Franzband M ⟨~(e)s; ⸚e⟩ TYPO pasta f (española), encuadernación f en piel; *Buch*: libro m encuadernado en piel; **Franzbranntwein** M alcohol m para fricciones

Franzis'kaner M ⟨~s; ~⟩, **Franziskane-**

rin F ⟨~; ~nen⟩ franciscano *m*, -a *f*; **Franziskanerorden** M orden *f* franciscana (*od* de San Francisco)
Fran'ziskus EIGENN M *Heiligenname*: Francisco *m*
Fran'zose M ⟨~n; ~n⟩ 1 *Person*: francés *m* 2 *umg* TECH (*Schraubenschlüssel*) llave *f* inglesa
Fran'zösin F ⟨~; ~nen⟩ francesa *f*
fran'zösisch ADJ francés, *lit* galo; **die ~e Sprache** el (idioma) francés, la lengua francesa; **auf ~e Art** a la francesa
Fran'zösisch N ⟨~(s)⟩ *Sprache*: francés *m* (*a. Schulfach*); **das ~e** el (idioma) francés, la lengua francesa; **französisch sprechen** hablar francés; **französisch sprechend** francófono; **auf ~** *od* **im ~en** en francés; **ins ~e übersetzen** traducir al francés; *umg fig* **sich auf ~ empfehlen** despedirse a la francesa
fran'zösisch-deutsch ADJ *Beziehungen etc* franco-alemán; **~es Wörterbuch** diccionario francés-alemán
frap'pant ADJ sorprendente; chocante; **frap'pieren** V/T ⟨*ohne* ge-⟩ sorprender; chocar
'Fräsarbeit F TECH fresado *m*
'Fräse F ⟨~; ~n⟩ fresa *f*
'fräsen V/T & V/I fresar; **Fräsen** N ⟨~s⟩ fresado *m*; **Fräser** M ⟨~s; ~⟩ 1 *Person*: fresador *m* 2 *Werkzeug*: fresa *f*; **Fräsmaschine** F fresadora *f*
fraß [-aː-] → fressen
Fraß [-aː-] M ⟨~es⟩ 1 (*Tierfutter*) comida *f*, alimento *m*; **einem Tier zum ~ vorwerfen** echar de comer a un animal 2 *sl pej* (*schlechtes Essen*) bazofia *f*, *umg* guisote *m*; **'Fraßgift** N insecticida *m* de ingestión
fraterni'sieren V/I ⟨*ohne* ge-⟩ *geh* fraternizar
Fratz M ⟨~es; ~e *od* n⟩ **kleiner ~** bribonzuelo *m*, granujilla *m*; **niedlicher ~** monada *f*
'Fratze F ⟨~; ~n⟩ 1 (*Grimasse*) mueca *f*, gesto *m*, visaje *m*; **j-m ~n schneiden** hacer muecas (*od* gestos *od* visajes) a alg 2 (*hässliches Gesicht*) cara *f* grotesca 3 *sl* (*Gesicht*) *sl* jeta *f* 4 (*Zerrbild*) caricatura *f*
'fratzenhaft ADJ grotesco; caricaturesco
Frau F ⟨~; ~en⟩ 1 *allg* mujer *f*; **eine junge ~** una joven; **eine alte ~** una mujer vieja, *höflicher*: una señora anciana; **eine ältere ~** una señora de edad; *geh hum* **Ihre ~ Mutter** su señora madre; **von ~ zu ~** de mujer a mujer; **die ~ von heute** la mujer de hoy (en día); **selbst ist die ~** ayúdate a ti mismo 2 (*Ehefrau*) *a.* esposa *f*; **meine ~** mi mujer; *förmlich*: mi esposa; **Ihre ~** (*geh* **Gemahlin**) su señora; *geh* **zur ~ nehmen/haben** tomar/tener por esposa 3 *Anrede*: señora *f*; *stattdessen auch oft* doña *mit dem Vornamen*; **~ García!** señora García; **~ Präsidentin, ~ Professor** *etc* señora presidenta, señora profesora, *etc*; **~ Doktor!** ¡doctora!; *im Brief*: **Liebe ~ Eifler, …** Querida Señora Eifler: …; **Sehr geehrte ~ Mendoza, …** Estimada Señora Mendoza: …; *geh hum* **gnädige ~!** ¡señora! 4 REL **Unsere Liebe ~** Nuestra Señora, la Santísima Virgen
'Frauchen N ⟨~s; ~⟩ *umg e-s Hundes*: ama *f*
'Frauenarbeit F trabajo *m* femenino; **Frauenarzt** M, **Frauenärztin** F ginecólogo *m*, -a *f*; **Frauenbeauftragte** F ⟨~n; ~n; → A⟩ representante *f* (*od* delegada *f*) de la mujer; **Frauenberuf** M profesión *f* (propia) de mujer; **Frauenbewegung** F movimiento *m* feminista; feminismo *m*; **Frauenchor** M coro *m* femenino
'Frauenfeind M misógino *m*; **frauenfeindlich** ADJ misógino; **Frauenfeindlichkeit** F misoginia *f*
'Frauenförderung F fomento *m* de la mujer; **Frauenfrage** F feminismo *m*; **frauenhaft** ADJ → fraulich; **Frauenhaus** N hogar *m* para mujeres maltratadas; **Frauenheilkunde** F ginecología *f*; **Frauenheld** M *mst pej* hombre *m* mujeriego, tenorio *m*; **Frauenherrschaft** F matriarcado *m*; **Frauenklinik** F clínica *f* ginecológica; **Frauenkloster** N convento *m* de monjas; **Frauenkrankheit** F, **Frauenleiden** N enfermedad *f* de la mujer; **Frauenquote** F cuota *f* femenina; **Frauenrechte** NPL derechos *mpl* de la mujer; **Frauenrechtlerin** F ⟨~; ~nen⟩ feminista *f*
'Frauensperson F *umg* → Frauenzimmer
'Frauensport M deporte *m* femenino; **Frauenstimme** F MUS voz *f* de mujer; **Frauenstimmrecht** N POL sufragio *m* femenino, voto *m* de la mujer; **Frauenverein** M asociación *f* femenina; **Frauenzeitschrift** F revista *f* femenina; **Frauenzimmer** N *umg pej* mujer *f*; *umg* hembra *f*, mujerzuela *f*; *obs* **liederliches ~** mujer *f* de mala vida
'Fräulein N ⟨~s; ~⟩ *obs* 1 (*unverheiratete Frau*) señorita *f* (*a. Anrede*; *abk* Srta.); **(adliges) ~** doncella *f*; *in Briefen*: **Sehr geehrtes ~ Müller, …** Estimada Señorita Müller: …; **gnädiges ~** señorita 2 *umg* **~!** *für Kellnerinnen*: camarera! 3 TEL **das ~ vom Amt** la operadora
'fraulich ADJ femenino; (*mütterlich*) materno; **Fraulichkeit** F ⟨~⟩ femin(e)idad *f*
frdl. ABK (freundlich) amable
Freak [friːk] *umg* M ⟨~s; ~s⟩ fanático, -a *m/f*
frech A ADJ (*unverschämt*) insolente, impertinente, *umg* fresco, descocado; (*schamlos*) desvergonzado, descarado, *umg* desfachatado; *Kleidung, Frisur*: atrevido; **~er Kerl** sinvergüenza *m*, caradura *m*; *umg* **~ wie Oskar** más fresco que una lechuga; **ganz schön ~ sein** *umg* gastarse mucha cara B ADV descaradamente
'Frechdachs M *umg hum* fresco *m*, *umg* frescales *m*; **Frechheit** F ⟨~; ~en⟩ insolencia *f*, impertinencia *f*; desfachatez *f*; descaro *m*; *umg* frescura *f*; **so eine ~!** ¡qué cara!; **die ~ haben zu** (*inf*) tener la desfachatez (*umg* la cara) de (*inf*)
'Freemail ['friːmeːl] ⟨~⟩ IT e-mail *m* gratuito, correo *m* electrónico gratuito; **Freeware** ['-vɛːr] F ⟨~⟩ IT freeware *m*
Fre'gatte F ⟨~; ~n⟩ SCHIFF fragata *f*; **Fregattenkapitän** M SCHIFF capitán *m* de fragata

frei

A Adjektiv B Adverb

— A Adjektiv —

1 *allg* libre (*a.* CHEM); **~e Übersetzung** traducción *f* libre; **~e Fahrt haben** tener vía libre; **die ~e Wahl haben** poder escoger a su gusto (*od* a voluntad); **~er Wille** libre voluntad *m*, libre albedrío *m*; *Gas, Wärme* **~ werden** desprenderse 2 (*arbeitsfrei, schulfrei*) **ein ~er Nachmittag** una tarde libre; **sich** (*dat*) **einen Tag ~ nehmen** tomarse un día libre; **morgen ist ~** mañana tenemos libre (*od* fiesta), SCHULE *a.* mañana no hay clase 3 *Verbrecher, Tier* en libertad, suelto 4 (*unabhängig*) independiente; **~er Beruf** profesión *f* liberal; **~e Künste** artes *fpl* liberales; **~er Mitarbeiter, ~e Mitarbeiterin** colaborador *m*, -a *f* libre; **ein ~es Leben führen** llevar una vida independiente 5 (*ohne Hindernisse*) *Straße etc* expedito, despejado; **~er Blick** vista *f* despejada; **~es Gelände** campo *m* libre; **j-m ~es Geleit geben** entregar un salvoconducto a alg; **auf ~em Feld** al raso; **in ~er Luft** al aire libre; **unter ~em Himmel** a cielo descubierto, a la intemperie, *nachts*: al sereno; **~ machen** (*räumen*) desembarazar (**von** de); despejar; *Sitz etc* desocupar; **den Weg ~ machen** despejar el camino 6 (*unbesetzt*) *Platz* libre, desocupado; *Amt, Stelle* vacante; **~e Stelle** vacante *f*; **~ halten** dejar libre; *Platz* reservar; **~ lassen** dejar libre; *Sitz* no ocupar; TYPO *Seite* dejar en blanco; **~ werden** *Platz, Wohnung* quedar libre, desocuparse; POL **ein Sitz** *bzw* **Amt wird ~** se produce una vacante 7 (*kostenlos*) gratuito, gratis, libre; sin gastos; **~er Eintritt** entrada *f* libre (*od* gratuita); **alles ~ haben** no tener que pagar nada; **~e Wohnung haben** tener vivienda gratuita 8 (*freimütig*) sincero, franco; (*tolerant*) liberal; (*gewagt*) atrevido, libertino; (*moralisch großzügig*) permisivo; **~e Liebe** amor *m* libre 9 (*nicht beeinträchtigt*) **~ von** sin, libre de; **~ von Fehlern/Sorgen/Vorurteilen** libre de (*od* sin) errores/cuidados/prejuicios; **sich von etw ~ machen** lib(e)rarse de a/c 10 **aus ~er Hand zeichnen** dibujar a pulso; **aus ~er Hand schießen** disparar sin apoyo 11 (*befreit von Gebühren etc*) exento (**von** de); *Postwesen*: franco de porte; FLUG **20 Kilo Gepäck ~ haben** tener derecho al transporte gratuito de veinte kilos de equipaje 12 HANDEL **~ Bahnstation** franco (*od* puesto en) estación; **~ Schiff** franco a bordo; **~ ab Berlin** puesto en Berlín; **~ bis Berlin** entregado en Berlín; **~ Haus** franco (*od* puesto a) domicilio; **~ ab hier** puesto en ésta 13 **so ~ sein, zu** (*inf*) tomarse la libertad de (*inf*); **ich bin so ~!** con su permiso; **es steht Ihnen ~, zu** (*inf*) es usted muy dueño de (*inf*)

— B Adverb —

1 libremente; **~ schwebend** TECH libremente suspendido 2 (*ohne Strafe etc*) **~ ausgehen** JUR ser absuelto, quedar impune; (*nicht bezahlen müssen*) no (tener que) pagar nada 3 **~ herumlaufen** *Tier, Verbrecher* andar suelto 4 **~ erfinden** inventar; (*improvisieren*) improvisar; **~ erfunden** completamente inventado; **~ sprechen** (*offen*) hablar francamente; (*ohne Konzept*) hablar libremente, improvisar; **~ nach Goethe** adaptado de Goethe 5 (*allein*) **~ stehend** *Gebäude* aislado 6 (*leer stehen*) **~ stehen** *Gebäude* estar desocupado

'Freiaktie F acción *f* gratuita; **Freiantenne** F antena *f* aérea; **Freiantwort** F ⟨~; ~en⟩ *Postwesen*: respuesta *f* pagada; **Freibad** N piscina *f* descubierta (*od* al aire libre); **Freiballon** M globo *m* libre; **Freibank** F ⟨~; ~̈e⟩ *hist* tabanco *m*
'freibekommen V/T, **frei bekommen** V/T ⟨*irr*; *ohne* ge-⟩ 1 **j-n ~** liberar a alg 2 **wir haben einen Tag ~** nos han dado un día libre
'Freiberufler M ⟨~s; ~⟩, **Freiberuflerin** F ⟨~; ~nen⟩ profesional *m/f* liberal, autónomo *m*, -a *f*
'freiberuflich A ADJ **~e Tätigkeit** profesión *f* liberal B ADV **~ arbeiten** *od* **tätig sein** ejercer una profesión liberal
'Freibetrag M importe *m* exento; **Freibeuter** M ⟨~s; ~⟩ pirata *m*, corsario *m*; HIST filibustero *m*; **Freibeuterei** F ⟨~⟩ piratería *f*; HIST filibusterismo *m*; **Freibier** N cerveza *f* gratis
'freibleibend HANDEL A ADJ *Preis etc* facultativo B ADV sin compromiso
'Freibord M SCHIFF franco bordo *m*; **Freibrief** M HIST carta *f* de franquicia; (*Geleitbrief*) salvoconducto *m*; *fig* carta *f* blanca
'Freiburg N ⟨~s⟩ Friburgo *m*
'Freidenker M, **Freidenkerin** F librepensador *m*, -a *f*; **Freidenkertum** N ⟨~s⟩ librepensamiento *m*
'Freie(s) N ⟨~n; → A⟩ **im ~n** al aire libre; (*unter freiem Himmel*) a cielo descubierto, al raso, *nachts* al sereno; **ins ~ gehen** salir al aire libre; **Spiele** *npl* **im ~n** juegos *mpl* al aire libre

'Freier M ⟨~s; ~⟩ **1** *obs (Heiratsbewerber)* pretendiente *m* **2** *e-r Prostituierten*: cliente *m*

'Freiersfüße MPL *hum* **auf ~n gehen** *od* **wandeln** buscar esposa

'Freiexemplar N ejemplar *m* gratuito; **Freifahrschein** M pase *m* (de libre circulación); *für e-e Fahrt*: billete *m* gratuito; **Freifahrt** F viaje *m* gratuito; **Freifläche** F espacio *m* libre (*bzw* sin edificar); **Freifrau** F baronesa *f*

'Freigabe F ⟨~; ~n⟩ **1** *(Freilassung)* liberación *f* **2** *e-s Sperrkontos etc*: desbloqueo *m*, descongelación *f*; *von Beschlagnahmtem*: restitución *f*; JUR desembargo *m*; JUR **~ der Leiche** levantamiento *m* del cadáver **3** *der Preise*: liberalización *f* **4** FLUG *des Starts*: autorización *f* **5** **~ für den Verkehr** apertura *f* al tráfico

'Freigänger M ⟨~s; ~⟩, **Freigängerin** F ⟨~; ~nen⟩ JUR recluso *m*, -a *f* en régimen abierto

'freigeben V/T ⟨irr⟩, **frei geben** V/T ⟨irr⟩ **1** *Gefangene* libertar, poner en libertad; *Vertragspartner* liberar **2** *Preise* liberalizar; *Presseartikel* autorizar; **zum Verkauf ~** autorizar la venta libre **3** *Konto* descongelar, desbloquear; *Beschlagnahmtes* restituir; JUR desembargar; JUR **die Leiche ~** levantar el cadáver **4** *Zutritt* permitir; FLUG *Start* autorizar; **den Weg ~** abrir camino; **für den Verkehr ~** abrir al tráfico **5** FILM **freigegeben ab 18 Jahren** autorizado para mayores de 18 años **6** **j-m (zwei Tage) ~** dar (dos días) libre a alg

'freigebig ADJ liberal; generoso; desprendido; **Freigebigkeit** F ⟨~⟩ liberalidad *f*; largueza *f*; generosidad *f*

'Freigehege N cercado *m* abierto; **Freigeist** M librepensador *m*; **freigeistig** ADJ liberal; **Freigelassene** M/F ⟨~n; ~n; → A⟩ liberto *m*, -a *f*; **Freigepäck** N franquicia *f* de equipaje; **Freigrenze** F HANDEL tolerancia *f*; *Steuer*: límite *m* no imponible; **Freigut** N mercancía *f* exenta de derechos aduaneros

'freihaben, frei haben **A** V/I *umg* tener libre (*od* fiesta), SCHULE *a.* no tener clase **B** V/T **zwei Tage ~** tener dos días libres

'Freihafen M puerto *m* franco (*od* libre)

'freihalten V/T ⟨irr⟩ **1** → frei A 6, Ausfahrt 1, Rücken 1 **2** *obs* **j-n ~** pagar por alg

'Freihandel M HANDEL librecambio *m*

'Freihandelshafen M puerto *m* libre; **Freihandelsvertrag** M HANDEL tratado *m* de libre comercio; **Freihandelszone** F HANDEL zona *f* de librecambio; **Europäische ~** ≈ Asociación *f* Europea de Libre Comercio

'freihändig ADJ & ADV *zeichnen etc*: a pulso; *fotografieren, schießen*: sin apoyo; **freihängend** ADJ TECH suspendido libremente

'Freiheit F ⟨~; ~en⟩ **1** *allg* libertad *f*; **dichterische ~** licencia *f* poética; **~ der Meere** libertad de los mares; **j-n der ~ berauben** privar de la libertad a alg; **j-m die ~ schenken** dar la libertad a alg; **wieder in ~ sein** *Gefangener, Tier* encontrarse de nuevo en libertad; **in ~ setzen** libertar, poner en libertad **2** *(Unabhängigkeit)* independencia *f*; **volle ~ haben** tener carta blanca; **j-m volle ~ lassen** dar pleno poder a alg; **in (voller) ~** con (toda) libertad **3** *(Befreiung)* exención *f* (**von** de); franqueza *f* **4** *(Vorrecht)* libertad *f*; privilegio *m*; **sich** *(dat)* **die ~ nehmen, etw zu tun** tomarse (*od* permitirse) la libertad de hacer a/c; **sich** *(dat)* **~en erlauben** *od* **herausnehmen** tomarse libertades

'freiheitlich **A** ADJ liberal **B** ADV **~ gesinnt sein** ser liberal

'Freiheitsberaubung F privación *f* de libertad; detención *f* ilegal; **Freiheitsdrang** M ⟨~(e)s⟩ anhelo *m* (*od* sed *f*) de libertad; **Freiheitsentzug** M privación *f* de la libertad; **Freiheitsgrad** M TECH grado *m* de libertad; **Freiheitskampf** M POL lucha *f* por la libertad; **Freiheitskrieg** M guerra *f* de (la) independencia; **Freiheitsliebe** F amor *m* a la libertad; **freiheitsliebend** ADJ amante de la libertad; **Freiheitsstatue** F estatua *f* de la libertad; **Freiheitsstrafe** JUR F pena *f* de cárcel (*od* de reclusión); **j-n zu drei Jahren ~ verurteilen** imponer a alg una pena de tres años de cárcel

freihe'raus ADV con franqueza; sin tapujos

'Freiherr M ⟨~n; ~n⟩ barón *m*; **Freikarte** F pase *m*; THEAT entrada *f* gratuita (*od* de favor)

'freikaufen **A** V/T **j-n ~** pagar el rescate para alg **B** V/R **sich ~** comprarse la libertad; **freikommen** V/I ⟨irr; sn⟩ ser puesto en libertad; MIL quedar exento del servicio militar

'Freikörperkultur F desnudismo *m*, nudismo *m*; *weitS.* naturismo *m*; **Anhänger** *m* **der ~** (des)nudista *m*; naturista *m*; **Freikorps** [-ko:r] N MIL cuerpo *m* de voluntarios; **Freilager** N HANDEL depósito *m* franco

'Freilandanbau M AGR cultivo *m* al aire libre; **Freilandgemüse** N verduras *fpl* cultivadas al aire libre; **Freilandhaltung** F **~ von Hühnern** cría *f* de gallinas camperas

'freilassen V/T ⟨irr⟩ poner en libertad, *umg* soltar; excarcelar; *Sklaven* manumitir, emancipar; **Freilassung** F ⟨~⟩ liberación *f*; (puesta *f* en) libertad *f* (**bedingte** condicional); *aus dem Gefängnis a.*: excarcelación *f*; *von Sklaven*: manumisión *f*, emancipación *f*

'Freilauf M *Fahrrad*: rueda *f* (*od* piñon *m*) libre; **freilegen** V/T descubrir, dejar (*od* poner) al descubierto; despejar; **Freilegung** F ⟨~⟩ descubrimiento *m*; despejo *m*; **Freileitung** F ELEK línea *f* aérea

'freilich ADV **1** *bejahend*: claro (está), desde luego, *Am* ¿cómo no? **2** *am Satzanfang*: verdad es que **3** *anknüpfend*: por cierto que, claro que, se comprende que

'Freilichtaufführung F representación *f* al aire libre; **Freilichtaufnahme** F FOTO fotografía *f* al aire libre; **Freilichtbühne** F teatro *m* al aire libre; **Freilichtkino** N cine *m* al aire libre; **Freilichtmuseum** N museo *m* al aire libre; **Freilichttheater** N teatro *m* al aire libre

'freiliegen V/I ⟨irr⟩ estar al desnudo (*od* al descubierto); **freiliegend** ADJ al desnudo, al descubierto

'Freilos N suerte *f* gratuita

'Freiluft... IN ZSSGN al aire libre; **Freiluftspiele** NPL juegos *mpl* al aire libre

'freimachen **A** V/T *Postwesen*: franquear **B** V/R **sich ~** *beim Arzt*: aligerarse de ropa; *fig* emanciparse; **sich (für) einen Tag ~** tomarse un día libre

'Freimachen N ⟨~s⟩, **Freimachung** F ⟨~⟩ *(Räumung)* despejo *m*; desobstrucción *f*; *(Befreiung)* liberación *f*; *Postwesen*: franqueo *m*; **Freimarke** F *Postwesen*: sello *m* (de correo); *Am* estampilla *f*; **Freimaurer** M (franc)masón *m*

Freimaure'rei F ⟨~⟩ (franc)masonería *f*

'freimaurerisch ADJ masónico; **Freimaurerloge** F logia *f* masónica

'Freiminuten FPL TEL minutos *mpl* libres

'Freimut M franqueza *f*; sinceridad *f*; **freimütig** **A** ADJ franco; sincero **B** ADV con franqueza; **Freimütigkeit** F ⟨~⟩ → Freimut

'freinehmen V/T **(sich** *dat*) **einen Tag ~** tomarse un día libre

'Freiplatz M **1** SPORT campo *m* al aire libre **2** → Freistatt **3** SCHULE beca *f*

'freipressen V/T **j-n ~** liberar a alg por presión

'freischaffend ADJ *Künstler* libre

'Freischar F MIL *obs* guerrilla *f*; **Freischärler** M ⟨~s; ~⟩, **Freischärlerin** F ⟨~; ~nen⟩ MIL guerrillero *m*, -a *f*

'Freischütz M *Oper*: **der ~** El Cazador furtivo; **freischwimmen** V/R ⟨irr⟩ *fig* **sich ~** independizarse; **Freischwimmer** M *Prüfung*: **den ~ haben/machen** *haber pasado/hacer un examen oficial de natación*; **Freisemester** N UNIV semestre *m* sabático

'freisetzen V/T CHEM *Energie etc* liberar (*a. fig*), emitir; *verhüllend* **Arbeitskräfte ~** despedir mano de obra

'Freisinn M POL espíritu *m* liberal, liberalismo *m*; **freisinnig** ADJ liberal (*a. schweiz* POL)

'freispielen **A** V/T *Fußball*: **j-n ~** desmarcar a alg **B** V/R **sich ~** desmarcarse

'Freisprechanlage F, **Freisprecheinrichtung** F TEL sistema *m* de manos libres; kit *m* manos libres

'freisprechen V/T ⟨irr⟩ JUR declarar inocente, absolver (*a.* REL); *fig* **j-n von einem Verdacht ~** librar a alg de una sospecha

'Freisprechset N TEL kit *m* (de) manos libres

'Freisprechung F ⟨~⟩ REL, JUR absolución *f*; **Freispruch** M JUR sentencia *f* absolutoria; **~ aus Mangel an Beweisen** absolución *f* por falta de pruebas

'Freistaat M Estado *m* libre; **Freistadt** F ciudad *f* libre; **Freistatt** F, **Freistätte** F *geh* asilo *m*, refugio *m*; *kirchliche*: sagrado *m*

'freistehen **A** V/I → frei B 6 **B** V/UNPERS **es steht Ihnen frei, zu** *(inf)* es usted libre (*od* muy dueño) de *(inf)*; queda (*od* dejo) a su discreción *(inf)*

'freistellen V/T **1** **j-m ~, etw zu tun** dejar a criterio de alg hacer a/c **2** *von Verpflichtungen*: **j-n von etw ~** eximir (*od* dispensar) a alg de a/c **3** *(entlassen)* dejar libre

'Freistellung F liberación *f*, dispensa *f*, exención *f*; **~ vom Wehrdienst** exención *f* del servicio militar; **~ von den Steuern** exención *f* (*od* exoneración *f*) de (los) impuestos

'Freistellungsauftrag M FIN *steuerlicher*: solicitud *f* de exención de impuestos; **Freistempler** M *Postwesen*: máquina *f* de franquear

'Freistil M SPORT estilo *m* libre; **Freistilringen** N SPORT lucha *f* libre; **Freistilschwimmen** N SPORT natación *f* (de estilo) libre

'Freistoß M *Fußball*: saque *m* libre; golpe *m* franco; **Freistunde** F hora *f* libre

'Freitag M ⟨~(e)s; ~e⟩ viernes *m*; **(am) ~** el viernes; **~ früh** el viernes por la mañana; **jeden ~** (todos) los viernes; **letzten ~** el viernes pasado; **nächsten ~** el próximo viernes

Freitag'abend M **(am) ~** el viernes por la noche; **freitag'abends** ADV los viernes por la noche; **Freitag'mittag** M **(am) ~** el viernes a mediodía; **freitag'mittags** ADV los viernes a mediodía; **Freitag'morgen** M **(am) ~** el viernes por la mañana; **freitag'morgens** ADV los viernes por la mañana; **Freitag'nachmittag** M **(am) ~** el viernes por la tarde; **freitag'nachmittags** ADV los viernes por la tarde

'freitags ADV los viernes

Freitag'vormittag M **(am) ~** el viernes por la mañana; **freitag'vormittags** ADV los viernes por la mañana

'Freitod M *geh* suicidio *m*; **Freiton** M TEL → Freizeichen; **freitragend** ADJ TECH autoportante; **Freitreppe** F escalinata *f*; **Freiübungen** FPL gimnasia *f* sueca, ejercicios *mpl* gimnásticos sin aparatos; **Freium-**

schlag M *Postwesen:* sobre *m* franqueado; **Freiverkehr** M HANDEL *Börse* bolsa *f* extraoficial; **Freiverkehrskurs** M HANDEL cotización *f* extraoficial

frei'weg ADV *umg* con toda franqueza

'Freiwerden N ⟨~s⟩ CHEM liberación *f*; desprendimiento *m*; **Freiwild** N *fig* presa *f* fácil

'freiwillig A ADJ voluntario (*a.* MIL); espontáneo B ADV voluntariamente; espontáneamente; de (buen) grado; **sich ~ melden** presentarse voluntario (**zu** para)

'Freiwillige M/F ⟨~n; ~n; → A⟩ voluntario *m*, -a *f*; **Freiwilligkeit** F ⟨~⟩ espontaneidad *f*

'Freiwurf M SPORT tiro *m* libre; **Freizeichen** N TEL 1 (*Wähltton*) tono *m* de marcar, señal *f* para marcar 2 (*Freiton*) señal *f* de libre

'Freizeit F 1 tiempo *m* libre; (ratos *mpl* de) ocio *m*; **in der ~** en el tiempo libre 2 (*Ferienfreizeit*) campamento *m* de vacaciones; **Freizeitangebot** N oferta *f* de ocio (para el tiempo libre); **Freizeitbekleidung** F → Freizeitkleidung; **Freizeitbeschäftigung** F ocupación *f* del ocio; actividades *fpl* de recreo; hobby *m*; **Freizeitgesellschaft** F sociedad *f* del ocio; **Freizeitgestaltung** F planificación *f* (*od* aprovechamiento *m*) del tiempo libre; **Freizeithemd** N camisa *f* de diario; camisa *f* para el tiempo libre; **Freizeitindustrie** F industria *f* del ocio; **Freizeitkleidung** F ropa *f* para el tiempo libre; *zu Hause:* ropa *f* de andar por casa: *zum Sport, für draußen:* ropa *f* deportiva; **Freizeitmode** F moda *f* de tiempo libre; **Freizeitpark** M parque *m* de atracciones; **Freizeitwert** M **einen hohen ~ haben** ofrecer gran variedad de actividades de ocio

'Freizone F HANDEL zona *f* franca

'freizügig ADJ 1 VERW libre para elegir su residencia 2 (*großzügig*) generoso, liberal 3 *moralisch:* permisivo; **Freizügigkeit** F ⟨~⟩ 1 VERW libre circulación *f* 2 (*Großzügigkeit*) generosidad *f* 3 *moralische:* permisividad *f*

fremd ADJ 1 (*ortsfremd*) forastero, foráneo; (*ausländisch*) extranjero; **in einer Stadt ~ sein** ser forastero en una ciudad; **ich bin hier ~** soy forastero, no soy de aquí; **sich ~ fühlen** sentirse desambientado 2 (*unbekannt*) desconocido; **er ist mir ~** no le conozco; **das ist mir ganz ~** no comprendo nada de esto 3 (*ungewohnt*) insólito; (*seltsam*) extraño; (*exotisch*) exótico 4 (*andern gehörig*) ajeno; **~e Gelder** dinero *m* ajeno; **unter ~em Namen** bajo nombre supuesto; **in ~e Hände kommen** caer en manos ajenas; **für ~e Rechnung** por cuenta ajena

'Fremdarbeiter M, **Fremdarbeiterin** F *im 2. Weltkrieg:* → Zwangsarbeiter

'fremdartig ADJ (*ungewöhnlich*) insólito, inusitado; desacostumbrado; (*seltsam*) extraño, raro; (*exotisch*) exótico; **Fremdartigkeit** F ⟨~⟩ extrañeza *f*; raridad *f*; **fremdbestimmt** ADJ determinado por fuerza ajena

'Fremde[1] F ⟨~⟩ *geh* **die ~** el extranjero; **in der ~** en el extranjero, en tierra extraña; **in die ~ gehen** ir al extranjero

'Fremde[2] M/F ⟨~n; ~n; → A⟩ 1 (*Ortsfremde*) forastero *m*, -a *f*; (*Ausländer, -in*) extranjero *m*, -a *f* 2 (*Unbekannte*) desconocido *m*, -a *f* 3 (*Besucher, -in*) extraño, -a *m/f*

'fremdeln VI *umg Kind* ser tímido frente a desconocidos

'Fremdenbuch N registro *m* de viajeros

'fremdenfeindlich ADJ xenófobo; **Fremdenfeindlichkeit** F xenofobia *f*

'Fremdenführer M 1 *Person:* guía *m* (turístico) 2 *Buch:* guía *f* turística; **Fremdenführerin** F guía *f* (turística); **Fremdenhass** M xenofobia *f*; **Fremdenheim** N *obs* pensión *f*; casa *f* de huéspedes; **Fremdenlegion** F MIL legión *f* extranjera; **Fremdenlegionär** M MIL legionario *m*; **Fremdenpolizei** F policía *f* de extranjeros; **Fremdenverkehr** M turismo *m*

'Fremdenverkehrsamt N oficina *f* de turismo; **Fremdenverkehrsförderung** F promoción *f* turística; **Fremdenverkehrsgewerbe** N, **Fremdenverkehrssektor** M industria *f* del turismo (*od* turística)

'Fremdenzimmer N *im Hotel:* habitación *f*; *privat:* cuarto *m* de huéspedes

'Fremder M → Fremde[2]

'fremdfinanziert ADJ por medio de (*od* mediante) financiación ajena; **Fremdfinanzierung** F financiación *f* ajena (*od* con recursos ajenos)

'fremdgehen VI *umg* ser infiel

'Fremdherrschaft F dominación *f* extranjera; **Fremdkapital** N FIN recursos *mpl* ajenos, capital *m* ajeno; *Buchhaltung* pasivo *m* exigible; **Fremdkörper** M MED cuerpo *m* extraño; **fremdländisch** ADJ extranjero; exótico; **Fremdling** M ⟨~s; ~e⟩ → Fremde[2]

fremdschämen VI *umg* sentir vergüenza *f* ajena

'Fremdsprache F lengua *f* extranjera, idioma *m* extranjero; **Fremdsprachenkenntnisse** FPL conocimientos *mpl* de lenguas extranjeras (*od* de idiomas); **Fremdsprachenkorrespondent** M, **Fremdsprachenkorrespondentin** F, **Fremdsprachensekretär** M, **Fremdsprachensekretärin** F secretario, -a *m/f* con idiomas *od* internacional

'fremdsprachig ADJ que habla un idioma extranjero; **fremdsprachlich** ADJ en idioma extranjero; **~er Unterricht** enseñanza *f* de lenguas extranjeras (*od* de idiomas)

'Fremdstrom M ELEK corriente *f* ajena; **Fremdwort** N ⟨~(e)s; ~er⟩ palabra *f* extranjera; extranjerismo *m*; **Fremdwörterbuch** N diccionario *m* de extranjerismos

fre'netisch ADJ *Beifall etc* frenético

frequen'tieren VT ⟨*ohne* ge-⟩ frecuentar

Fre'quenz F ⟨~; ~en⟩ frecuencia *f* (*a.* ELEK, PHYS); (*Besucherzahl*) asistencia *f*; *Verkehr:* densidad *f*; **Frequenzband** N RADIO banda *f* de frecuencias; **Frequenzbereich** M gama *f* de frecuencias; **Frequenzmesser** M frecuencímetro *m*; **Frequenzmodulation** F modulación *f* de frecuencias; **Frequenzwandler** M convertidor *m* de frecuencias

'fresco MAL **a ~ malen** pintar al fresco

'Freske F ⟨~; ~n⟩, **Fresko** N ⟨~s; Fresken⟩ MAL fresco *m*

'Freskobild N, **Freskogemälde** N MAL (pintura *f* al) fresco *m*; **Freskomalerei** F MAL pintura *f* al fresco

Fres'salien FPL *umg* comida *f*, *umg* condumio *m*

'Fresse F ⟨~; ~n⟩ *vulg* jeta *f*, *sl* morros *mpl*; **eine große ~ haben** *umg* tener mucho (*od* un gran) morro; fardar, farolear; **j-m die ~ polieren** *umg* partir la boca a alg; **halt die ~!** *umg* ¡cierra el pico!

'fressen ⟨*irr*⟩ A VT & VI 1 *Tiere:* comer; (*verschlingen*) devorar; **zu ~ geben** echar de comer 2 *sl Menschen:* comerse; *umg* engullir, devorar; *umg hum* **sie ist zum Fressen** está para comérsela 3 *umg fig* (*verbrauchen*) *Energie, Geld, Kraft umg* chupar, tragar; *umg fig* **Kilometer ~** tragar (*od* devorar) kilómetros 4 *Rost, Säure* corroer; *fig seelisch:* **an j-m ~** *Kummer etc* comer (*od* consumir) a alg 5 *umg fig* **j-n ge~ haben** *umg* no poder tragar a alg; *umg fig* **er hat es ge~** (*kapiert*) lo ha captado; (*geglaubt*) se lo ha tragado B VR **sich durch** *od* **in etw** (*acus*) **~** penetrar en a/c; *Rost* corroer a/c → vollfressen

'Fressen N ⟨~s⟩ 1 *der Tiere:* comida *f*; pasto *m* 2 *umg fig* **ein gefundenes ~ sein** venir al pelo (**für** a)

'Fresser M ⟨~s; ~⟩ *sl* glotón *m*; *umg* tragón *m*, comilón *m*

Fresse'rei F ⟨~; ~en⟩ *sl* (*Fressgier*) glotonería *f*; *Essen: umg* comilona *f*

'Fresserin F ⟨~; ~nen⟩ glotona *f*; *umg* tragona *f*, comilona *f*

'Fressgier F glotonería *f*; voracidad *f*; **fressgierig** ADJ glotón; voraz; **Fresskorb** M *umg* cesta *f* de provisiones; **Fressnapf** M comedero *m*; **Fresssack** M *sl* → Fresser; **Fresstrog** M comedero *m*

'Frettchen N ⟨~s; ~⟩ ZOOL hurón *m*

'Freude F ⟨~⟩ 1 *allg* alegría *f* (**an** *dat*, **über** *acus* de); (*Vergnügen*) placer *m*; (*Wonne*) delicia *f*, gozo *m*; **j-m ~ machen** alegrar a alg; **j-m die ~ verderben** aguar la fiesta a alg; **j-m eine große ~ bereiten** *od* **machen** dar una gran alegría (*od umg* un alegrón) a alg (**mit etw** con a/c); **es ist mir eine große ~** es un gran placer para mí; **es ist eine ~, das zu sehen** es un placer ver esto, da gusto ver esto; **... dass es nur so eine ~ ist** ... que da gusto; **mit ~n** gustosamente, con mucho gusto; **mit tausend ~n** con mil amores; **voll(er) ~** lleno de alegría; **vor (lauter) ~** de (pura) alegría; **außer sich vor ~ sein** no caber en sí de gozo; **welche ~!** ¡qué alegría!; ¡cuánto me alegro!, ¡cuánto lo celebro! 2 *innere:* satisfacción *f*, contento *m*; **an etw** (*dat*) **~ haben** complacerse en a/c; **er hat ~ am Singen/an seiner Arbeit** le gusta cantar/su trabajo; **zu meiner großen ~** a gran satisfacción mía 3 (*Fröhlichkeit*) alborozo *m*, regocijo *m*; (*Jubel*) júbilo *m* 4 *fig* **in Freud und Leid** en buenos y malos tiempos; *iron* **die ~n des Berufs** los gajes del oficio

'Freudenbotschaft F buena (*od* grata) noticia *f*; **Freudenfest** N fiesta *f* alegre; **Freudenfeuer** N hoguera *f*, fogata *f*; **Freudengeschrei** N gritos *mpl* de júbilo; **Freudenglocke** F *fig* **die ~n läuten** echar las campanas al vuelo; **Freudenhaus** N burdel *m*, lupanar *m*, casa *f* de lenocinio; **Freudenmädchen** N prostituta *f*, mujer *f* pública (*od* de la vida), ramera *f*; **Freudenrausch** M ⟨~(e)s⟩ embriaguez *f* de la alegría; **Freudenschrei** M grito *m* de júbilo (*od* de alegría); **Freudensprung** M salto *m* de alegría; **Freudensprünge machen** dar saltos de alegría; **Freudentag** M día *m* de júbilo; **Freudentanz** M **einen ~ aufführen** bailar (*od* saltar) de alegría; **Freudentaumel** M alborozo *m*, transporte *m* de alegría; alegría *f* loca; **in einen ~ verfallen** ya no caber en sí de alegría, rebosar de alegría; **Freudentränen** FPL lágrimas *fpl* de alegría

'freudestrahlend ADJ radiante de alegría; **freudetrunken** ADJ *poet* loco de alegría (*bzw* de contento)

'freudig A ADJ alegre, gozoso; (*glücklich*) feliz, dichoso; (*zufrieden*) contento, satisfecho; **~es Ereignis** (*Geburt e-s Kindes*) feliz acontecimiento *m* B ADV con alegría; (*bereitwillig*) gustosamente, (muy) gustoso; de (muy) buena gana; **Freudigkeit** F ⟨~⟩ alegría *f*, gozo *m*; **freudlos** ADJ sin alegría; tristón

'freuen A VT alegrar; causar alegría (*od* placer); **es freut mich, zu** (*inf*) me alegra (*inf*), es un placer para mí (*inf*); **es freut mich, dass** me alegro de que (*subj*), me complace que (*subj*); **das freut mich** lo celebro, me alegro; **es würde mich sehr ~, wenn** celebraría mucho que (*subj*), me daría mucho gusto, *umg* me haría mucha ilusión (*inf*) B VR **sich an etw ~** (*dat*) deleitarse en a/c; **sich auf etw** (*acus*) **~** estar

F

ilusionado con (*od* por) a/c; esperar con ilusión; **ich freue mich darauf** me hace mucha ilusión; **sich über etw** *(acus)* **~** alegrarse de a/c; complacerse en a/c; celebrar a/c; **sich (darüber) ~, dass** alegrarse de que *(subj)*

Freund M ⟨~(e)s; ~e⟩ **1** amigo *m; umg* amigote *m*, *Arg* amigazo *m;* **vertrauter ~** amigo *m* íntimo; **ein ~ von mir** un amigo mío; uno de mis amigos; **ein alter ~ von mir** un viejo amigo mío; **er ist ein guter ~ von mir** es muy amigo mío; **sie sind (gute) ~e** son (buenos) amigos; *umg* **sie sind dicke ~e** son amigos íntimos; **~e gewinnen** hacer amistades; ganarse amigos; **sich** *(dat)* **keine ~e machen** no hacer amigos; **mit j-m (gut) ~ sein** ser (muy) amigo de alg; **unter ~en** entre amigos; **mein lieber ~!** *a. iron* ¡amigo mío! **2** *(Partner)* novio *m;* **sie hat einen ~** tiene novio **3** *(Anhänger)* partidario *m*, aficionado *m;* **ein ~ von etw sein** ser amigo de a/c; ser aficionado a a/c; **ich bin kein ~ von …** no me gusta (a/c *bzw* hacer a/c)

'Freunderlwirtschaft F *österr* → Vetternwirtschaft

'Freundeskreis M amistades *fpl*, amigos *mpl*

'Freundin F ⟨~; ~nen⟩ **1** amiga *f;* **eine ~ von mir** una amiga mía; una de mis amigas; **eine alte ~ von mir** una vieja amiga mía; **sie ist eine gute ~ von mir** es muy amiga mía; **sie sind (gute) ~nen** son (buenas) amigas **2** *(Partnerin)* novia *f;* **er hat eine ~** tiene novia **3** *(Anhängerin)* partidaria *f*, aficionada *f*

'freundlich **A** ADJ **1** *Person* amable; complaciente; afable; *(freundschaftlich)* amistoso; *(angenehm)* agradable; *(herzlich)* cordial; cariñoso; **das ist sehr ~ (von Ihnen)** (es usted) muy amable; **so ~ sein zu** *(inf)* ser tan amable de *(inf);* **seien Sie bitte so ~ und …** tenga la bondad (*od* amabilidad) de …, hágame el favor de …; FOTO **bitte recht ~!** ¡sonría, por favor! **2** *Zimmer, Farbe* alegre; *Gesicht a.* risueño; *Ton* amable; *Gegend* ameno **3** *Klima* suave; *Wetter* agradable; sereno, apacible **4** HANDEL *Börse, Markt* bien dispuesto, favorable **B** ADV **1** **j-n ~ aufnehmen** *bzw* **empfangen** dar (*od* dispensar) buena acogida a alg **2** **etw ~ aufnehmen** acoger favorablemente a/c; ver con buenos ojos a/c

'freundlicher'weise ADV amablemente

'Freundlichkeit F ⟨~; ~en⟩ amabilidad *f;* condescendencia *f;* afabilidad *f;* **haben Sie die ~, zu** *(inf)* tenga la bondad de *(inf)*

'Freundschaft F ⟨~; ~en⟩ amistad *f;* **aus ~** por amistad; **mit j-m ~ schließen** contraer (*od* trabar) amistad con alg, hacerse amigo de alg; *umg* **j-m die ~ aufkündigen** romper con alg

'freundschaftlich **A** ADJ amistoso; de amigo; *(herzlich)* cordial; *(gütlich)* amigable; **mit j-m auf ~em Fuße stehen** tener amistad con alg; **mit j-m in ~e Beziehungen treten** entablar relaciones amistosas con alg **B** ADV **j-m ~ gesinnt sein** sentir simpatía hacia alg, simpatizar con alg

'Freundschaftsbande NPL lazos *mpl* de amistad; **Freundschaftsbeteuerungen** FPL protestas *fpl* de amistad; **Freundschaftsbeweis** M, **Freundschaftsbezeigung** F ⟨~; ~en⟩ testimonio *m* (*od* prueba *f*) de amistad; **Freundschaftsdienst** M servicio *m* de amigo; buenos oficios *mpl;* **Freundschaftspakt** M pacto *m* de amistad; **Freundschaftsspiel** N SPORT partido *m* amistoso; **Freundschaftsvertrag** M tratado *m* de amistad

'Frevel [-f-] M ⟨~s; ~⟩ *(Verbrechen)*delito *m;* crimen *m; (Missetat)* desafuero *m*, desmán *m;* REL sacrilegio *m*, profanación *f; (Lästerung)* blasfemia *f;* **frevelhaft** ADJ criminal; malvado; *(gottlos)* sacrílego; *(schändlich)* nefando; **Frevelhaftigkeit** F ⟨~⟩ carácter *m* criminal (*od* malvado)

'freveln VI cometer un delito (*bzw* un desmán *od* desafuero); REL pecar; *(lästern)* blasfemar; **~ an** *(dat)* *od* **gegen** cometer un atentado (*od* atentar) a (*od* contra); **Freveltat** F → Frevel

'Frevler M ⟨~s; ~⟩, **Frevlerin** F ⟨~; ~nen⟩ criminal *m/f*, malhechor *m*, -a *f*, malvado *m*, -a *f;* REL sacrílego *m*, -a *f;* **frevlerisch** ADJ → frevelhaft

Frhr. ABK (Freiherr) barón *m*

'Friede M ⟨~ns; ~n⟩ → Frieden; MIL **bewaffneter ~** paz *f* armada

'Frieden M ⟨~s; ~⟩ **1** *allg* paz *f (a. fig);* **den ~ aufrechterhalten/stören/bedrohen** mantener/turbar/amenazar la paz; **den ~ brechen/wiederherstellen** violar/restablecer la paz; **~ halten mit j-m** vivir en paz con alg; **~ schließen** concluir (*od* hacer) la paz; **mit j-m ~ schließen** *umg* hacer las paces con alg; **im ~** en tiempo(s) de paz; **in ~ leben** vivir en (santa) paz **2** *innerer:* paz *f;* tranquilidad *f*, sosiego *m* **3** *fig* **um des lieben ~s willen** para tener paz, por la paz; **lass mich in ~!** ¡déjame en paz!; **er ruhe in ~!** ¡descanse en paz!; *fig* **ich traue dem ~ nicht** *umg* no las tengo todas conmigo

'Friedensangebot N ofrecimiento *m* de paz; **Friedensappell** M llamamiento *m* a la paz; **Friedensbedingung** F condición *f* de paz; **Friedensbedrohung** F amenaza *f* para la paz; **Friedensbemühungen** FPL esfuerzos *mpl* por la paz; **Friedensbewegung** F movimiento *m* pacifista; **Friedensbruch** M violación *f* de la paz; **Friedensengel** M *fig* ángel *m* de la paz; **Friedensforscher** M, **Friedensforscherin** F polemólogo *m*, -a *f;* **Friedensforschung** F polemología *f;* investigación *f* para la paz; **Friedensgericht** N juzgado *m* de paz; **Friedensgruß** M KATH saludo *m* de paz; **Friedensheer** N MIL ejército *m* en tiempos de paz; **Friedensinitiative** F **1** *Bemühungen:* iniciativa *f* por la paz **2** *Gruppe:* movimiento *m* pacifista; **Friedenskonferenz** F conferencia *f* de la paz; **Friedenskuss** M REL, *fig* ósculo *m* de paz; **Friedensnobelpreis** M Premio *m* Nobel de la Paz; **Friedenspfeife** F pipa *f* de paz; **Friedenspflicht** F deber *m* de paz; *bei Tarifverhandlungen:* cláusula *f* de paz social; **Friedenspolitik** F política *f* de paz; **Friedensprozess** M proceso *m* de paz; **Friedensrichter** M juez *m* de paz; **Friedensschluss** M conclusión *f* de la paz; **Friedensstärke** F MIL efectivos *mpl* (en tiempos) de paz; **Friedensstifter** M, **Friedensstifterin** F pacificador *m*, -a *f;* **Friedensstiftung** F pacificación *f;* **Friedensstörer** M, **Friedensstörerin** F perturbador *m*, -a *f*, de la paz; *(Störenfried, -in) umg* aguafiestas *m/f;* **Friedenstaube** F paloma *f* de la paz; **Friedenstruppe** F MIL tropa *f* de pacificación; **Friedensverhandlungen** FPL negociaciones *fpl* de paz; **Friedensvermittler** M, **Friedensvermittlerin** F mediador *m*, -a *f* de (la) paz; **Friedensvermittlung** F mediación *f* de paz; **Friedensvertrag** M tratado *m* de paz; **Friedenswille** M ánimo *m* (*od* voluntad *f*) de paz; **Friedenszeit** F **in ~en** en tiempos de paz

'friedfertig ADJ pacífico; **Friedfertigkeit** F ⟨~⟩ carácter *m* pacífico; espíritu *m* conciliador

'Friedhof M cementerio *m;* camposanto *m; großer:* necrópolis *f;* **auf dem ~ liegen** yacer en el cementerio

'Friedhofsruhe F silencio *m* de cementerio; *fig* **es herrscht ~** se hace (un) silencio sepulcral; **Friedhofswärter** M, **Friedhofswärterin** F cuidador *m*, -a *f* de(l) cementerio

'friedlich **A** ADJ **1** pacífico; *(friedliebend)* amante de la paz; *(ruhig)* tranquilo, apacible; **~e Leute** gente *f* de paz; **in ~er Absicht** en son de paz; **auf ~em Wege** por la vía pacífica (*od* amigable); *umg* **sei doch ~!** ¡haya paz! **2** JUR *Vergleich:* amistoso, amigable **B** ADV **~ leben** vivir en paz

'Friedlichkeit F ⟨~⟩ carácter *m* pacífico; *Zustand:* estado *m* de paz; *(Ruhe)* tranquilidad *f;* apacibilidad *f;* sosiego *m*

'friedliebend ADJ pacífico; amante de la paz; **friedlos** ADJ sin reposo; inquieto; agitado

'Friedrich EIGENN M **1** *Vorname:* Federico *m* **2** *Königsname:* Federico *m;* **~ der Große** Federico el Grande

'frieren ⟨irr⟩ **A** VI **1** ⟨h⟩ *Mensch, Tier* tener (*od* pasar) frío; **ich friere an den Händen** tengo las manos heladas **2** ⟨sn⟩ *(gefrieren) Boden, Wasser* helarse; congelarse; **der Teich ist gefroren** el estanque está helado **B** VT **es friert mich** *od* **mich friert** tengo frío; **mich friert an den Füßen** tengo frío en los pies, tengo los pies helados **C** V/UNPERS *(gefrieren)* **es friert** hiela, está helando

'Frieren N ⟨~s⟩ **1** *(Gefühl der Kälte)* sensación *f* de frío **2** *(Erstarren)* congelación *f*

Fries M ⟨~es; ~e⟩ **1** ARCH friso *m* **2** TEX frisa *f*

'Friese M ⟨~n; ~n⟩ frisón *m*

'Frieseln PL MED fiebre *f* miliar

'Friesin F ⟨~; ~nen⟩ frisona *f;* **friesisch** ADJ frisón, frisio; **Friesland** N ⟨~s⟩ Frisia *f*

fri'gid(e) ADJ frígido

Frigidi'tät F ⟨~⟩ frigidez *f*

Frika'delle F ⟨~; ~n⟩ hamburguesa *f*

Frikas'see N ⟨~s; ~s⟩ GASTR fricasé *m; von Geflügel:* pepitoria *f;* **frikas'sieren** VT *(ohne ge-)* **etw ~** hacer un fricasé de a/c

Frikti'on F ⟨~; ~en⟩ fricción *f*

'Frisbee® ['frısbi:] N ⟨~; ~s⟩, **Frisbeescheibe** F plato *m* (*od* disco *m*) volador

'frisch **A** ADJ **1** fresco *(a. Lebensmittel, Blume, Luft); Brot, Ei a.* del día; **~es Obst** fruta *f* fresca (*bzw* del tiempo); **~e Luft schöpfen** tomar el fresco; **in ~er Luft** al aire libre, al fresco; **sich ~ halten** conservarse fresco **2** *(neu)* nuevo; **~ vom Fass** directamente del barril; **mit ~en Kräften** con fuerzas renovadas; **~en Mut fassen** recobrar aliento (*od* ánimos) **3** *(eben geschehen)* reciente; **eine ~e Wunde** una herida fresca; **etw noch in ~er Erinnerung haben** tener un recuerdo todavía fresco de a/c **4** *(munter)* vivo; despierto, despabilado; **~ und munter** *umg* vivito y coleando; **~ und gesund** *umg* frescachón; **noch ~** bien conservado; **~ aussehen** tener buen color (*od* un color sano); **sich ~ machen** arreglarse **5** *(sauber)* limpio; **~e Wäsche** ropa *f* limpia; **~e Wäsche anziehen** mudar la ropa, ponerse ropa limpia **6** *Farbtöne* vivo **7** *Wetter:* **es ist ~** *(kühl)* hace fresco; **~ werden** refrescar; *fig* **es weht ein ~er Wind** corren nuevos vientos **B** ADV **1** *(vor Kurzem)* recién, recientemente; **~ angekommen** recién llegado; **~ gebügelt** recién planchado; **~ rasiert** recién afeitado; **~ gestrichen!** ¡recién pintado; ¡cuidado con la pintura!; **~ gebacken** *Brot* recién hecho → *a.* frischgebacken **2** *(neu)* **ein Bett ~ überziehen** mudar la ropa de cama

frisch'auf INT ¡ánimo!, ¡adelante!

'Frischdampf M vapor *m* vivo

'Frische F ⟨~⟩ **1** *allg* frescura *f;* frescor *m; (Kühle)* fresco *m* **2** *(Jugendfrische)* lozanía *f;* geis-

tige ~ vigor *m*, juventud *f* de espíritu **3** *von Farben*: viveza *f* (*a. fig*)
'Frischei N huevo *m* del día
'frischen **A** VT METALL afinar; pudelar; *Blei, Kupfer* reavivar **B** VI JAGD (*Junge werfen*) *Wildschwein* parir; **Frischen** N ⟨~s⟩ METALL afinación *f*; pudelado *m*; *von Blei, Kupfer*: reavivación *f*
'Frischfleisch N carne *f* fresca
'frischgebacken ADJ *umg fig Ehemann, Ehefrau*: recién casado; *Ingenieur etc* recién terminado; *Beamter etc* recientemente nombrado; **das ~e Ehepaar** los recién casados; *Brot* → frisch B 1; **frischge'bügelt** ADJ → frisch B 1
'Frischgemüse N verdura *f* fresca (*bzw* del tiempo)
frischge'strichen ADJ → frisch B 1
'Frischhaltebeutel M bolsa *f* térmica; bolsa *f* (de conservación) fresca; **Frischhaltefolie** F film *m* transparente (para alimentos); lámina *f* de plástico; **Frischhaltepackung** F envase *m* térmico; envase *m* de conservación fresca
'Frischhaltung F ⟨~⟩ conservación *f* fresca; **Frischkäse** M queso *m* fresco; **Frischling** M ⟨~s; ~e⟩ ZOOL, JAGD jabato *m*; **Frischluft** F aire *m* fresco
'frischmachen V/R → frisch A 4
'Frischmilch F leche *f* fresca
frischra'siert ADJ → frisch B 1
frisch'weg ADV sin vacilar
'Frischzellentherapie F MED terapia *f* con células frescas
Fri'seur [-'zøːr] M ⟨~s; ~e⟩ peluquero *m*; **Friseurin** F ⟨~; ~nen⟩ peluquera *f*; **Friseursalon** M (salón *m* de) peluquería *f*
Fri'seuse [-'zøːzə] F ⟨~; ~n⟩ peluquera *f*
Fri'siercreme F fijapelo *m*
fri'sieren ⟨ohne ge-⟩ **A** VT **1** *Haare* peinar; arreglar el pelo **2** *umg fig Zahlen, Bilanz etc* retocar, maquillar; *Motor* trucar **B** V/R **sich ~** peinarse
Fri'siermantel M peinador *m*; **Frisiersalon** M (salón *m* de) peluquería *f*; **Frisierstab** M cepillo *m* moldeador; **Frisiertisch** M tocador *m*
Fri'sör *etc* → Friseur *etc*
friss, **frisst** → fressen
Frist F ⟨~; ~en⟩ (*Zeit*) plazo *m*; (*Termin*) término *m*; (*Aufschub*) prórroga *f*; HANDEL moratoria *f*; **eine ~ setzen** fijar *od* señalar un plazo; **eine ~ einräumen** *od* **gewähren** conceder un plazo; **eine ~ einhalten/überschreiten/verlängern** observar/exceder/prorrogar un plazo; **die ~ läuft am ... ab** el plazo expira el ...; **die ~ ist abgelaufen** el plazo ha expirado; **in kürzester ~** lo más pronto posible, cuanto antes; **innerhalb der ~** dentro de(l) plazo; **innerhalb einer ~ von 10 Tagen** en el término de 10 días; **nach Ablauf der ~** después de la expiración del plazo, después de transcurrido el plazo
'Fristablauf M expiración *f* de un plazo; **bei ~** a la expiración del plazo
'fristen VT **1** **sein Leben ~** ganarse penosamente la vida, subsistir; *umg* **ein kümmerliches Dasein ~** ir tirando malamente **2** HANDEL *Wechsel* prorrogar, aplazar
'Fristenlösung F, **Fristenregelung** F JUR, MED *bei Abtreibungen*: solución *f* (*od* modelo *m*) del plazo
'fristgemäß, fristgerecht ADJ & ADV dentro del plazo señalado; en su debido plazo; **nicht ~** fuera de plazo
'Fristgesuch N solicitud *f* (*od* petición *f*) de prórroga; **Fristgewährung** F ⟨~; ~en⟩ concesión *f* de (un) plazo; concesión *f* de (una) prórroga; HANDEL *bei Konkurs*: moratoria *f*; **fristlos** ADJ & ADV sin aviso; **~ entlassen** despedir en el acto; despedir fulminantemente; **Fristverlängerung** F prolongación *f* (*od* prórroga *f*) de un plazo; **Fristversäumnis** F JUR falta *f* de observación del plazo
Fri'sur F ⟨~; ~en⟩ peinado *m*
'fritten VT TECH fritar
'Fritten FPL *umg* GASTR patatas *fpl* fritas; *Am* papas *fpl* fritas
'Fritter M ⟨~s; ~⟩ ELEK cohesor *m*; radioconductor *m*
Frit'teuse [-'tøːzə] F ⟨~; ~n⟩ GASTR freidora *f*; **frit'tieren** VT ⟨ohne ge-⟩ freír
fri'vol [-v-] ADJ frívolo; ligero; (*unanständig*) indecente
Frivoli'tät [-v-] F ⟨~; ~en⟩ frivolidad *f*; ligereza *f*; indecencia *f*
Frl. ABK (Fräulein) señorita *f*
froh ADJ **1** (*lustig*) alegre; de buen humor; (*glücklich*) feliz; **~en Mutes** de buen humor **2** (*zufrieden*) contento, satisfecho (**über** *acus*) de); **ich bin ~, dass ...** estoy contento (*od* me alegro) de que ... (*subj*) **3** (*erfreulich*) agradable; feliz; **~es Ereignis** fausto acontecimiento *m*; **~es Fest!** ¡felices fiestas! **4** **seines Lebens nicht ~ werden** no gozar de la vida
'frohgemut ADJ *geh* contento; satisfecho; de buen humor
'fröhlich ADJ alegre, gozoso; jovial; lleno de alegría; **Fröhlichkeit** F ⟨~⟩ alegría *f*, *stärker*: alborozo *m*; contento *m*; buen humor *m*
froh'locken VI *geh* jubilar; exultar; regocijarse; (*triumphieren*) triunfar; **über etw** (*acus*) **~** acoger con júbilo a/c; *schadenfroh*: regodearse en a/c
Froh'locken N *geh* júbilo *m*; gritos *mpl* de júbilo; regocijo *m*, alborozo *m*
'Frohnatur F persona *f* (*bzw* carácter *m*) alegre; **Frohsinn** M buen humor *m*; jovialidad *f*; genio *m* alegre
fromm ADJ **1** *Person* piadoso; (*religiös*) religioso; pío, devoto **2** *Tier* manso **3** *fig* **~e Lüge** mentira *f* piadosa; *iron* **~er Wunsch** deseo *m* irrealizable
Frömme'lei F ⟨~⟩ *pej* beatería *f*, santurronería *f*; mojigatería *f*; **frömmeln** VI *pej* fingir devoción, ser beato; **frömmelnd** ADJ *pej* santurrón, beato, mojigato
'frommen VI *geh, obs* ser provechoso (*od* útil), servir (**zu** para)
'Frömmigkeit F ⟨~⟩ piedad *f*; religiosidad *f*; devoción *f*
'Frömmler M ⟨~s; ~⟩, **Frömmlerin** F ⟨~; ~nen⟩ *pej* beato *m*, -a *f*, santurrón *m*, -ona *f*; mojigato *m*, -a *f*; *umg* tragasantos *m/f*
Fron F ⟨~⟩, **'Fronarbeit** F, **'Frondienst** M HIST servidumbre *f* feudal; *fig* trabajo *m* ímprobo
'frönen VI **einer Sache** (*dat*) **~** entregarse a a/c; *e-m Laster*: vivir a/c
Fron'leichnam M ⟨~s⟩, **Fronleichnamsfest** N (día *m* del) Corpus *m*
Front F ⟨~; ~en⟩ frente *m* (*a.* MIL, POL, METEO); ARCH fachada *f*; frontis(picio) *m*; **die ~ durchbrechen** *od* **durchstoßen** romper el frente; **~ machen gegen** MIL hacer frente a; *fig a.* afrontar; MIL **an der ~** en el frente; **auf breiter ~** en un amplio frente; **auf der ganzen ~** en todo el frente; **klar in ~ sein** SPORT ir en cabeza
'Frontabschnitt M MIL sector *m* (del frente)
fron'tal ADJ frontal, de frente
Fron'talangriff M MIL ataque *m* frontal; **Frontalansicht** F vista *f* de frente; **Frontalzusammenstoß** M colisión *f* (*od* choque *m*) frontal
'Frontantrieb M AUTO tracción *f* delantera; **Frontbegradigung** F MIL rectificación *f* del frente; **Frontdienst** M MIL servicio *m* en el frente; **Frontflug** M FLUG misión *f* (en el frente); **Frontkämpfer** M MIL combatiente *m* (del frente); *ehemaliger*: excombatiente *m*; **Frontlader** M ⟨~s; ~⟩ **1** AGR cargador *m* frontal **2** *Waschmaschine*: lavadora *f* de carga frontal; **Frontlinie** F línea *f* del frente; **Frontscheibe** F AUTO luna *f* delantera; **Frontseite** F ARCH fachada *f*; frontispicio *m*; **Fronttruppen** FPL MIL tropas *fpl* combatientes; **Frontwechsel** M MIL cambio *m* de frente; *fig* cambio *m* de rumbo
fror → frieren
Frosch M ⟨~es; ~̈e⟩ ZOOL rana *f*; (*Knallfrosch*) petardo *m*; MUS talón *m*; *fig* **einen ~ im Hals haben** tener ronquera; *fig* **sei kein ~!** ¡no andes con remilgos!
'Froschgequake ⟨~s⟩ N croar *m* de las ranas; **Froschlaich** M huevas *fpl* de rana; **Froschlurch** MPL ZOOL anuro *m*; **Froschmann** M ⟨~(e)s; ~̈er⟩ hombre-rana *m*; **Froschperspektive** F perspectiva *f* a ras del suelo; vista *f* desde abajo; **aus der ~** desde abajo; **Froschschenkel** M GASTR anca *f* de rana; **Froschteich** M estanque *m* de ranas
Frost M ⟨~(e)s; ~̈e⟩ helada *f*; (*Kältegefühl*) frío *m* (que hiela); **es herrscht ~** hay heladas
'frostbeständig ADJ resistente a la(s) helada(s)
'Frostbeule F MED sabañón *m*
'frösteln VI & V/UNPERS temblar (*od* tiritar) de frío; **ich fröstle** *od* **mich fröstelt** *od* **es fröstelt mich** estoy tiritando (de frío), me estoy helando de frío
'frosten VT (*einfrieren*) congelar; **Froster** M ⟨~s; ~⟩ congelador *m*
'Frostgefahr F riesgo *m* de heladas; **Frostgrenze** F límite *m* (*od* línea *f*) de heladas
'frostig ADJ frío (*a. fig*); (*gefroren*) helado; (*eisig*) glacial (*a. fig*); **Frostigkeit** F ⟨~⟩ *fig* frialdad *f*
'Frostsalbe F pomada *f* (*od* ungüento *m*) contra sabañones; **Frostschaden** M daño *m* causado por las heladas; **Frostschutzmittel** N anticongelante *m*; **Frostschutzscheibe** F cristal *m* anticongelante; **frostsicher** ADJ resistente a las heladas; **Frostwetter** N (tiempo *m* de) heladas *fpl*
'Frotté, Frottee N & M ⟨~ *od* ~s; ~s⟩ (tejido *m* de) rizo *m*; **Frotté(hand)tuch** N toalla *f* de rizo
frot'tieren ⟨ohne ge-⟩ **A** VT frotar, friccionar **B** V/R frotarse, friccionarse; **Frottieren** N ⟨~s⟩ fricción *f*; **Frottiertuch** N toalla *f* de rizo
Frotze'lei F ⟨~; ~en⟩ *umg* burla *f*
'frotzeln VI *umg* (**über j-n**) **~** burlarse (de alg), meterse (con alg); (**über etw**) **~** reírse (de a/c)
Frucht F ⟨~; ~̈e⟩ **1** BOT fruto *m* (*a. fig*); (*Obst*) fruta *f*; **~** *od* **Früchte tragen** dar fruto, BOT *a.* fructificar; **wie eine reife ~ in den Schoß fallen** caer como fruta madura **2** *fig* (*Ergebnis*) resultado *m*, producto *m*; *fig* **die ersten Früchte** las primicias; **verbotene Früchte** fruta *f* prohibida **3** MED (*Leibesfrucht*) embrión *m*; feto *m*
'fruchtbar ADJ **1** fértil, fecundo (*a. fig*); AGR *a.* feraz; *fig* fructuoso, fructífero; productivo; **~ machen** fecundar; fertilizar **2** *bes Mensch, Tier* prolífico; **Fruchtbarkeit** F ⟨~⟩ fecundidad *f*; fertilidad *f*, AGR *a.* feracidad *f*; productividad *f*; **Fruchtbarkeitsziffer** F índice *m* (*od* tasa *f* *od* cifra *f*) de fertilidad
'Fruchtbildung F BOT fructificación *f*; **Fruchtblase** F ANAT bolsa *f* amniótica; **Fruchtbonbon** M, N caramelo *m* de frutas
'fruchtbringend, Frucht bringend

ADJ fructífero (a. fig); fig fructuoso; productivo; (vorteilhaft) ventajoso; lucrativo

'Früchtchen N ⟨~s; ~⟩ umg fig iron **ein sauberes** od **schönes ~!** ¡buena pieza!; ¡menuda alhaja!

'Fruchteis N helado m de frutas

'fruchten V/I & V/T fructificar; fig a. dar fruto, ser útil (od provechoso); **etw ~** servir para a/c; **(bei j-m) nichts ~** no servir(le a alg) para nada, no encontrar respuesta (en alg)

'Früchtetee M infusión f de frutas

'Fruchtfleisch N BOT pulpa f; **Fruchtfolge** F AGR sucesión f de cultivos; **Fruchthülle** F BOT pericarpio m

'fruchtig ADJ Geschmack, Wein afrutado

'Fruchtknoten M BOT ovario m

'fruchtlos ADJ fig infructuoso; (nutzlos) inútil, vano; estéril; **Fruchtlosigkeit** F ⟨~⟩ infructuosidad f; inutilidad f; esterilidad f

'Fruchtpresse F exprimidor m de frutas; **Fruchtsaft** M zumo m (Am jugo m) de frutas; eingedickter: jarabe m

'fruchttragend, Frucht tragend ADJ fructífero

'Fruchtwasser N ⟨~s⟩ PHYSIOL líquido m amniótico; **Fruchtwechsel** M AGR rotación f de cultivos; **Fruchtzucker** M CHEM fructosa f

fru'gal ADJ frugal

Frugali'tät F ⟨~⟩ frugalidad f

früh A ADJ 1 (frühzeitig) temprano; **am ~en Morgen** muy de mañana, de madrugada; **von ~er Jugend an** desde edad muy temprana 2 (vorzeitig) **(zu) ~** prematuro; (frühreif) precoz 3 (anfänglich) primitivo; **der ~(e)ste ...** (erste) el primero ...; (älteste) el más antiguo ... 4 **das ~e Mittelalter** la Alta Edad Media B ADV 1 (frühzeitig) temprano; **sehr ~** muy temprano, umg tempranito; **so ~ wie möglich** lo antes posible, cuanto antes 2 (morgens) **~ aufstehen** gewöhnlich: madrugar; ausnahmsweise: levantarse temprano; **heute ~** esta mañana; **gestern/morgen ~** ayer/mañana por la mañana; **sehr ~** de madrugada; **um 5 Uhr ~** a las cinco de la madrugada (od de la mañana); **~ und spät** mañana y tarde; **von ~ bis spät** de la mañana a la noche; de sol a sol 3 (abends) **~ am Abend** a primera hora de la noche 4 (vorzeitig) **zu ~ kommen** llegar temprano (od antes de tiempo); **(zu) ~ sterben** morir prematuramente; **(zu) ~ verstorben** malogrado

Früh F ⟨~⟩ österr → Frühe

'Frühapfel M AGR manzana f temprana; **Frühaufsteher** M ⟨~s; ~⟩, **Frühaufsteherin** F ⟨~; ~nen⟩ madrugador m, -a f; **Frühbeet** N AGR tabla f de mantillo; **Frühchen** N MED prematuro m; **frühchristlich** ADJ paleocristiano; **Frühdiagnose** F MED diagnóstico m precoz

'Frühe F ⟨~⟩ mañana f; (Tagesanbruch) madrugada f; **in aller ~** muy de madrugada, poet al rayar el alba; reg **heute in der ~** esta mañana

'früher A ADJ 1 komp → früh 2 (vergangen) pasado; (ehemalig) antiguo; ex; **in ~en Zeiten** en tiempos pasados 3 (vorhergehend) precedente; anterior; **ihr ~er Mann** su ex marido; **seine ~e Frau** su ex mujer B ADV 1 (zeitiger) más pronto; **je ~, desto besser** od **je ~, je lieber** cuanto antes mejor; **~ oder später** tarde o temprano 2 (vorher) antes, anteriormente, con anterioridad; (ehemals) a. en otros tiempos, antiguamente; **ich kenne ihn von ~** lo conozco de antes

'Früherkennung F MED detección f (od diagnóstico m) precoz

'frühestens ADV (nicht eher als) **~ morgen** no antes de mañana

'Frühgeburt F 1 Geburt: parto m prematuro 2 Kind: (niño m) prematuro m; **Frühgemüse** N AGR hortalizas fpl tempranas; **Frühgeschichte** F protohistoria f; **Frühgottesdienst** M KATH misa f de(l) alba, primera misa f; PROT oficio m matutino; **Frühgymnastik** F gimnasia f matinal; **Frühjahr** N primavera f; **im ~** en primavera; **Frühjahrsmüdigkeit** F MED fatiga f primaveral; **Frühjahrsputz** M limpieza f de primavera; **Frühkartoffel** F AGR patata f temprana

'Frühling M ⟨~s; ~e⟩ primavera f; **im ~** en primavera; **es wird ~** llega la primavera

'Frühlingsanfang M comienzo m de la primavera; **frühlingshaft, frühlingsmäßig** ADJ primaveral; de primavera; **Frühlingsrolle** F GASTR rollito m de primavera; **Frühlingstag** M día m primaveral (od de primavera); **Frühlings-Tagund'nachtgleiche** F equinoccio m de primavera; **Frühlingszeit** F (estación f de) primavera f

'Frühmesse F REL misa f de(l) alba, primera misa f; **Frühmette** F ⟨~; ~n⟩ REL maitines mpl

früh'morgens ADV muy de mañana, de madrugada; al amanecer

'Frühnebel M neblina f matinal; **Frühobst** N AGR fruta f temprana; **frühreif** ADJ precoz (a. BOT); prematuro; **Frühreif** M ⟨~(e)s⟩ escarcha f matinal; **Frühreife** F precocidad f; **Frührente** F wegen Krankheit: prejubilación f; im Vorruhestand: jubilación f anticipada, retiro m anticipado; **Frührentner** M, **Frührentnerin** F prejubilado m, -a f; **Frühschicht** F turno m de la mañana; **Frühschoppen** M aperitivo m matinal; **Frühsport** M deporte m matinal; **Frühstadium** N fase f inicial; bes MED estadio m precoz

'Frühstück N desayuno m; **etw zum ~ essen** desayunar a/c; **frühstücken** V/I desayunar(se)

'Frühstücksbüfett N bufé m desayuno; **Frühstücksfernsehen** N programación f matinal, televisión f matutina; **Frühstückspause** F (pausa f para el) desayuno m; **Frühstücksspeck** M bacon m, beicon m

'Frühverrentung F ⟨~⟩ jubilación f anticipada; **Frühwarnsystem** N **elektronisches ~** sistema f de advertencia precoz; **Frühwerk** N Kunst: obra f juvenil

'frühzeitig A ADJ precoz; (früh) temprano; (vorzeitig) prematuro B ADV temprano; (rechtzeitig) a tiempo; (vorzeitig) prematuramente; antes de tiempo; **Frühzeitigkeit** F ⟨~⟩ precocidad f

'Frühzug M BAHN tren m de la mañana; **Frühzündung** F AUTO encendido m anticipado (od adelantado)

Frust M ⟨~(e)s⟩ umg frustre m; **'Frustessen** N umg gula f a causa de depresión o frustración

Frustrati'on F ⟨~; ~en⟩ PSYCH frustración f; **frus'trieren** V/T ⟨ohne ge-⟩ frustrar; **frus'trierend** ADJ frustrante

frz. ABK (französisch) francés

'F-Schlüssel M MUS clave f de fa

FU F ABK (Freie Universität) Berlin: Universidad f Libre

Fuchs M ⟨~es; ¨~e⟩ 1 ZOOL zorro m (a. Pelz), raposo m; umg **wo ~ und Hase sich gute Nacht sagen** en los quintos infiernos; donde Cristo dio las tres voces 2 fig Person: **ein alter** od **schlauer ~** un zorro m (od perro m) viejo 3 Pferd: alazán m 4 UNIV e-r Studentenverbindung: estudiante m corporado de primer curso 5 (rothaariger Mensch) pelirrojo m, -a f 6 TECH (Rauchkanal) canal m de llamas 7 Billard: pifia f

'Fuchsbalg M JAGD piel f de zorro; **Fuchsbau** M ⟨~(e)s; ~e⟩ zorrera f

'fuchsen V/T umg **j-n ~** fastidiar a alg, dar rabia a alg

'Fuchsfalle F JAGD cepo m

'Fuchsie ['fʊksiə] F ⟨~; ~n⟩ BOT fucsia f

'Füchsin F ⟨~; ~nen⟩ ZOOL zorra f, raposa f

'Fuchsjagd F caza f del zorro; **Fuchspelz** M (piel f de) zorro m; **fuchsrot** ADJ rojo subido; Pferd alazán; **Fuchsschwanz** M 1 ZOOL cola f de zorro 2 TECH (Säge) serrucho m 3 BOT cola f de zorra; amaranto m

'fuchsteufels'wild ADJ umg **~ sein** estar hecho una furia (od fiera), echar chispas

'Fuchtel F ⟨~; ~n⟩ **unter j-s ~** (dat) **stehen** estar bajo la férula de alg

'fuchteln V/I **mit etw ~** agitar a/c; **mit den Händen ~** a. manotear; **mit den Armen ~** a. bracear

'fuchtig ADJ umg furioso

'Fuder N ⟨~s; ~⟩ obs Maß: carretada f; **fuderweise** ADV (in großen Mengen) en abundancia; a carretadas

'fuffzehn, 'fuffzig umg reg → fünfzehn, fünfzig

'Fuffziger M umg 1 → Fünfzigcentstück, Fünfzigeuroschein etc 2 fig **ein falscher ~** un hipócrita, un judas

Fug M **mit ~ und Recht** con perfecto (od todo) derecho; de justicia, de buena razón

'Fuge F ⟨~; ~n⟩ 1 (Rille) ranura f; (Kerbe) muesca f; (Spalt) hendidura f; (Einschnitt) entalladura f 2 TECH unión f; junta f, juntura f; encaje m; **aus den ~n bringen** desencajar; dislocar; **aus den ~n gehen** od **geraten** desencajarse; dislocarse; desvencijarse; fig desquiciarse; disolverse; desorganizarse; fig **aus den ~n sein** estar fuera de quicio 3 MUS fuga f

'fugen V/T juntar, unir; Bretter ensamblar; encajar

'fügen A V/T 1 bes TECH juntar, unir; (ineinanderfügen) encajar; ensamblar; **etw an etw** (acus) **~** juntar a/c con a/c; **etw auf etw** (acus) **~** poner a/c sobre a/c 2 (passend ordnen) arreglar, ordenar, disponer 3 fig **fest gefügte Ordnung** orden m estable; geh **das Schicksal fügte es, dass** el destino hizo que (subj) B V/R **sich ~** 1 (passen) encajar, adaptarse bien (**in** acus en, a) 2 (gehorchen) someterse, plegarse (a); **sich einem Befehl ~** someterse a una orden 3 (sich anpassen) acomodarse (**in** acus a); conformarse (con); (sich schicken) resignarse (**in** acus a); (nachgeben) ceder; doblegarse (**in** acus a); **sich in sein Schicksal ~** conformarse con (od aceptar) su destino 4 (geschehen) suceder, ocurrir C V/UNPERS geh **es fügt sich gut, dass** viene bien que (subj)

'Fugenkelle F ARCH llana f de rejuntar; **fugenlos** ADJ sin junturas

'füglich ADV obs convenientemente; oportunamente; (mit Fug und Recht) con razón; (wohl) bien; **fügsam** ADJ dócil, dúctil; (anpassungsfähig) acomodadizo; **Fügsamkeit** F ⟨~⟩ docilidad f; sumisión f

'Fügung F ⟨~; ~en⟩ 1 (Zusammentreffen) coincidencia f; **~ (des Schicksals)** providencia f, destino m; **durch Gottes ~** por providencia divina 2 (Unterwerfung) sumisión f 3 TECH (Verbindung) unión f, juntura f; (Ineinanderfügung) ensambladura f

'fühlbar ADJ sensible; (berührbar) tangible (a. fig), palpable; (merkbar) perceptible; **~er Verlust** pérdida f sensible; **~ werden** od **sich ~ machen** hacerse sentir (od notar)

'fühlen A V/T 1 (empfinden) sentir; (erfahren) experimentar; **j-n etw ~ lassen** hacer sentir a alg a/c 2 (berühren) tocar; palpar; tentar; **j-m den Puls fühlen** tomar el pulso a alg; **fühl**

mal! ¡toca! **B** VI **1** *(Gefühl haben)* sentir; **mit j-m ~** compartir los sentimientos de alg **2** **nach etw ~** palpar (*od* tocar) (buscando) a/c **C** VR **1** **sich ~** sentirse; **sich wohl/glücklich/geschmeichelt** *etc* **~** sentirse bien/feliz/halagado, *etc*; **sich verantwortlich ~ für** sentirse responsable de; **wie fühlst du dich?** ¿cómo te sientes? **2** **sich ~ als** *(halten für)* creerse, dárselas de; **sich als Held ~** creerse un héroe

'**Fühlen** N ⟨~s⟩ sensación *f*, sentir *m*; → *a.* Gefühl

'**Fühler** M ⟨~s; ~⟩ ZOOL antena *f*; *umg fig* **seine ~ ausstrecken** tantear el terreno; **Fühlhorn** N ZOOL antena *f*

'**Fühlung** F ⟨~⟩ contacto *m*; **mit j-m in ~ kommen/sein/bleiben** entrar/estar/quedar en contacto con alg; **mit j-m ~ nehmen** ponerse en contacto (*od* contactar) con alg

'**Fühlungnahme** F ⟨~⟩ contacto *m*

fuhr → fahren

'**Fuhre** F ⟨~; ~n⟩ *(Ladung)* carretada *f*; *(Transport)* acarreo *m*

'**führen** **A** VT **1** *(begleiten)* llevar, acompañar, guiar (*a. Touristen*); **bei** *od* **an der Hand ~** llevar de la mano **2** *(hinbringen)* llevar, conducir; *(herbringen)* traer; **was führt Sie zu mir?** ¿qué le trae por aquí? **3** *(leiten)* dirigir, guiar; MIL *Truppen*, SCHIFF *Schiff* mandar; *Gruppe, Mannschaft* encabezar **4** *(verwalten)* administrar; *Amt* desempeñar; *Geschäft, Haushalt* llevar **5** *Fahrzeug* conducir, guiar; SCHIFF, FLUG, AUTO *a.* pilot(e)ar **6** *Gespräch* (sos)tener, mantener; *Beweis* aportar; *Protokoll* redactar; **Regie ~** dirigir (**bei etw** a/c); **ein Telefongespräch ~** (man)tener una conversación telefónica; **Verhandlungen ~** negociar **7** *(tragen)* **etw bei** *od* **mit sich ~** llevar consigo (*od* encima) a/c; **mit sich ~** *Fluss* arrastrar, acarrear (*a. fig*) **8** *Namen, Leben, Buch, Liste* llevar; *Titel a.* tener; **eine glückliche/unglückliche Ehe ~** vivir en feliz matrimonio/ser desgraciado en el matrimonio **9** *Feder, Werkzeug, Pinsel, Kamera* manejar; *Schlag* dirigir (**gegen** contra); descargar, dar **10** HANDEL *Artikel* tener (a la venta), vender **B** VI **1** *räumlich:* ir, llevar (*a. fig*); **auf die** *od* **zur Straße ~** *Tür* dar a la calle; **durch etw ~** atravesar a/c; **~ nach** *Straße etc* ir a, conducir a, llevar a **2** *(an der Spitze sein)* estar en cabeza; ir a la cabeza; SPORT *a.* llevar ventaja; **mit 1:0 ~** ir ganando 1-0 **3** *fig* **zu weit ~** llevar demasiado lejos; **wohin soll das ~?** ¿adónde irá a parar todo esto?; **das führt zu nichts** esto no conduce a nada; con esto no se va a ninguna parte **C** VR **sich gut/schlecht ~** (com)portarse (*od* conducirse) bien/mal

'**führend** ADJ **1** *(leitend)* director; dirigente; directivo; **~e Kreise** círculos *mpl* directores; **~e Stellung** puesto *m* directivo; alto cargo *m* **2** *(an der Spitze)* en cabeza; primero; SPORT *a.* líder; **~ sein in** *(dat) Unternehmen* ser líder en **3** *(hervorragend)* eminente, prominente

'**Führer** M ⟨~s; ~⟩ **1** *(Leiter)* director *m*; jefe *m*; *bes* POL dirigente *m*; POL, SPORT líder *m*; *e-r Mannschaft:* capitán *m*; POL HIST *a.* caudillo *m* **2** *(Fremdenführer)* guía *m* **3** *Buch:* guía *f*; **Führerausweis** M *schweiz* → Führerschein; **Führerhaus** N AUTO cabina *f* del conductor

'**Führerin** F ⟨~; ~nen⟩ **1** jefa *f*; líder *f* **2** *(Fremdenführerin)* guía *f*; **Führerkabine** F → Führerhaus; **führerlos** ADJ sin jefe, acéfalo; AUTO sin conductor; **Führerprinzip** N principio *m* autoritario; **Führerschaft** F ⟨~⟩ jefatura *f*; *(Leitung)* dirección *f*; POL, SPORT liderato *m*, liderazgo *m*

'**Führerschein** M AUTO permiso *m* (*od* carnet *m od* carné *m*) de conducir; **den ~ machen/entziehen** sacar/retirar el carnet de conducir; **Führerscheinentzug** M retirada *f* del carnet de conducir

'**Führersitz** M FLUG asiento *m* del piloto; AUTO asiento *m* del conductor; **Führerstand** M puesto *m* del conductor; FLUG puesto *m* del piloto; BAHN puesto *m* del maquinista; **Führertum** N ⟨~s⟩ liderazgo *m*; caudillaje *m*

'**Fuhrgeld** N → Fuhrlohn; **Fuhrleute** → Fuhrmann; **Fuhrlohn** M gastos *mpl* de acarreo (*bzw* de transporte); camionaje *m*; **Fuhrmann** M ⟨~(e)s; -leute⟩ carretero *m*, carrero *m*; ASTRON Auriga *m*; **Fuhrpark** M AUTO parque *m* móvil (*od* de vehículos), flota *f*

'**Führung** F ⟨~; ~en⟩ **1** *(Leitung)* dirección *f*; *e-r Firma a.:* gestión *f*, gerencia *f*; *e-r Gruppe:* jefatura *f*; liderato *m*, liderazgo *m*; MIL, SCHIFF mando *m*; FLUG pilotaje *m*; **unter der ~ von** bajo la dirección de; **die ~ übernehmen** tomar la dirección; MIL asumir el mando **2** *von Verhandlungen, Geschäften:* gestión *f*; HANDEL *der Bücher:* teneduría *f* **3** SPORT ventaja *f*; **in ~ gehen** ponerse en cabeza; **in ~ sein** *od* **liegen** *in e-m Rennen, in der Tabelle:* ir a la cabeza; *im Spiel:* ir ganando **4** *(Benehmen)* conducta *f*; JUR **bei guter ~** en caso de buena conducta **5** *(Besichtigung)* visita *f* (guiada) **6** TECH *e-s Maschinenteils:* guía *f*; conducción *f*

'**Führungsarm** M TECH brazo *m* de conducción; **Führungsbahn** F TECH guía *f*; **Führungseigenschaften** FPL don *m* (*od* dotes *fpl*) de mando; **Führungsetage** F *e-s Unternehmens:* dirección *f* (*od* nivel directivo) (*de una empresa*); **auf den ~n** a nivel de dirección; **Führungsfunktion** F función *f* de mando; **Führungsgeschick** N talento *m* para regir; dotes *fpl* de liderazgo; **Führungskraft** F *Person:* directivo *m*; *bes* POL dirigente *m*; HANDEL ejecutivo *m*; mando *m*; **Führungskräfte** *pl a.* cuadros *mpl* directivos; **Führungsleiste** F TECH listón *m* de guía; **Führungsnachwuchs** M nuevas generaciones *fpl* de directivos (*od* ejecutivos); **Führungsqualitäten** FPL dotes *fpl* de mando; **Führungsrolle** F TECH polea *f* de guía; **Führungsschiene** F TECH raíl-guía *m*; **Führungsspitze** F *e-s Unternehmens:* máximos dirigentes *mpl*; alta dirección *f*; **Führungsstab** M MIL estado *m* mayor operativo; **Führungsstange** F TECH vástago *m* de guía; **Führungsstil** M estilo *m* de la dirección; **Führungsstrategie** F estrategia *f* de dirección; **Führungstor** N, **Führungstreffer** M SPORT gol *m* de ventaja; **Führungszeugnis** N certificado *m* de buena conducta

'**Fuhrunternehmen** N empresa *f* de transportes; **Fuhrunternehmer** M, **Fuhrunternehmerin** F transportista *m/f*

'**Fuhrwerk** N vehículo *m* (de tracción animal); carruaje *m*; carro *m*

'**Füllansatz** M TECH apéndice *m*; **Füllbleistift** M portaminas *m*

'**Fülle** F ⟨~⟩ **1** abundancia *f*; *fig a.* plenitud *f*; plétora *f*; *(Überfluss)* opulencia *f*; exuberancia *f*; profusión *f*; *(Reichtum)* riqueza *f* **2** *(Menge)* gran cantidad *f*; **eine ~ von ...** (una) gran cantidad de ... **3** *(Körperfülle)* gordura *f*; corpulencia *f* **4** *(Haarfülle, Klangfülle)* cuerpo *m*

'**füllen** **A** VT **1** *allg* llenar (**mit** de, con); GASTR rellenar (**mit** de, con); *Ballon* inflar, hinchar; **in etw** *(acus)* **~** echar (*od* verter) en a/c; **in Flaschen ~** embotellar; **in Säcke ~** ensacar; **in Fässer ~** embarrilar; entonelar **2** *Zähne* empastar **3** **sich** *(dat)* **den Magen ~** hartarse, hincharse (**mit** de) **B** VR **sich ~** llenarse (**mit** de)

'**Füllen** N ⟨~s; ~⟩ *geh* ZOOL potro *m*, -a *f*

'**Füller** M ⟨~s; ~⟩ *umg*, **Füll(feder)halter** M (pluma *f*) estilográfica *f*; **Füllgewicht** N peso *m* al envasar; **Füllhorn** N cuerno *m* de la abundancia; cornucopia *f*

'**füllig** ADJ grueso; *umg* regordete, llenito; *Kleid* amplio

'**Füllmasse** F masa *f* de relleno; **Füllmaterial** N material *m* de relleno; **Füllöffnung** F METALL abertura *f* (*od* lumbrera *f*) de carga; **Füllsel** N ⟨~s; ~⟩ GASTR relleno *m*; *fig* ripio *m*; **Füllstein** M ARCH mampuesto *m*; **Füllstoff** M relleno *m*; **Füllstutzen** M tubuladura *f* de relleno; **Fülltrichter** M tolva *f* (*od* embudo *m*) de carga

'**Füllung** F ⟨~; ~en⟩ **1** *allg* llenado *m*; *bes* GASTR relleno *m*; *e-s Ballons:* inflación *f*, hinchado *m* **2** *e-s Zahns:* empaste *m* **3** *e-r Tür, Wand:* panel *m*, entrepaño *m* **4** *(Ladung)* carga *f*

'**Füllvorrichtung** F ⟨~; ~en⟩ dispositivo *m* de carga (*bzw* de llenado); **Füllwort** N ⟨~(e)s; ~̈er⟩ partícula *f* expletiva, ripio *m*

'**Fummel** M ⟨~s; ~⟩ *umg* vestido *m* (barato); **fummeln** VI *umg* **1** **an** *bzw* **in etw** *(dat)* **~** manosear (*od* manipular) a/c **2** *umg sexuell:* meter mano

Fund M ⟨~(e)s; ~e⟩ hallazgo *m*; descubrimiento *m*; *(Fundsache)* objeto *m* hallado (*bzw* perdido)

Funda'ment N ⟨~(e)s; ~e⟩ fundamento *m*; ARCH *a.* cimentación *f*, cimientos *mpl*; *(Sockel)* base *f*; *fig* fundamento *m*, base *f*; ARCH **das ~ legen** sentar (*od* echar) los cimientos (**zu** de)

fundamen'tal ADJ fundamental, básico

Fundamenta'lismus M ⟨~⟩ fundamentalismo *m*; **Fundamenta'list** M ⟨~en; ~en⟩, **Fundamenta'listin** F ⟨~; ~nen⟩ fundamentalista *m/f*; **fundamenta'listisch** ADJ fundamentalista

Fundamen'talsatz M *Wissenschaft:* principio *m* fundamental

fundamen'tieren VT ⟨*ohne* ge-⟩ asentar (*od* echar) los cimientos (de)

'**Fundbüro** N oficina *f* de objetos perdidos; **Fundgegenstand** M objeto *m* hallado; **Fundgrube** F *fig* filón *m*, mina *f*, cantera *f*

'**Fundi** M ⟨~s; ~s⟩ *umg* ≈ verde *m* extremista

fun'dieren VT ⟨*ohne* ge-⟩ fundamentar, fundar, cimentar; *Schuld* consolidar; **fun'diert** ADJ sólido, fundado; **~es Wissen** conocimientos *mpl* sólidos; **Fun'dierung** F ⟨~; ~en⟩ fundamentación *f*; *e-r Schuld:* consolidación *f*

'**fündig** ADJ **~ werden** BERGB descubrir (un yacimiento); *fig* encontrar (lo que se buscaba)

'**Fundort** M lugar *m* del hallazgo; **Fundsache** F cosa *f* hallada; **Fundunterschlagung** F JUR apropiación *f* indebida de un objeto hallado

'**Fundus** M ⟨~; ~⟩ fondo *m*

fünf ADJ cinco; *fig* **~(e) gerade sein lassen** *umg* hacer la vista gorda; **an den ~ Fingern abzählen** contar con los dedos de una mano

Fünf F ⟨~; ~en⟩ cinco *m*

'**fünfaktig** ADJ LIT, THEAT en cinco actos

Fünf'centstück N moneda *f* de cinco céntimos

'**Fünfeck** N GEOM pentágono *m*; **fünfeckig** ADJ pentagonal

'**Fünfer** M ⟨~s; ~⟩ **1** *Geldstück:* moneda *f* de cinco; *Geldschein:* billete *m* de cinco **2** → Fünf

'**fünferlei** ADJ de cinco clases (*od* especies)

Fünf'euroschein M billete *m* de cinco euros

'**fünffach** **A** ADJ quíntuple **B** ADV cinco veces más

'**Fünffache(s)** N ⟨~n; → A⟩ quíntuplo *m*; **Fünfflächner** M ⟨~; ~n⟩ GEOM pentaedro *m*

Fünf'frankenstück N moneda de cinco francos

F

'Fünfganggetriebe N AUTO caja *f* de cambios de cinco velocidades
'fünf'hundert ADJ quinientos
Fünfhundert'euroschein M billete *m* de quinientos euros; **Fünfhundert'markschein** M HIST billete *m* de quinientos marcos
Fünf'jahresplan M plan *m* quinquenal (*bes* HIST POL)
'fünfjährig ADJ de cinco años; quinquenal; **Fünfjährige** M/F ⟨~n; ~n; → A⟩ niño *m*, -a *f* de cinco años; **fünfjährlich** ADV cada cinco años
'Fünfkampf M SPORT pentatlón *m*; **Fünfkämpfer** M, **Fünfkämpferin** F SPORT pentatloniano *m*, -a *f*, pentatleta *m/f*; **Fünflinge** MPL quintillizos *mpl*
'fünfmal ADV cinco veces; **fünfmalig** ADJ cinco veces repetido
Fünf'markstück N HIST moneda *f* de cinco marcos
'fünfmonatlich ADV cada cinco meses
Fünfpe'setenstück N HIST duro *m*; **Fünf'pfennigstück** N HIST moneda *f* de cinco pfennigs
'fünfprozentig ADJ al cinco por ciento; **fünfseitig** ADJ de cinco páginas; GEOM pentagonal; **Fünfsilber** M ⟨~s; ~⟩ LING pentasílabo *m*; **fünfsilbig** ADJ LING pentasílabo; **fünfstellig** ADJ *Zahl* de cinco cifras; **fünfstöckig** ADJ *Haus* de cinco pisos
fünft ADV **zu ~** cinco; **zu ~ sein** ser cinco
Fünf'tagewoche F semana *f* de cinco días, semana *f* inglesa
'fünftägig ADJ de cinco días
'fünf'tausend ADJ cinco mil
'fünfte(r, -s) ADJ quinto; **der ~ Mai** *od* **am ~n Mai** el cinco de mayo; **Karl der Fünfte (V.)** Carlos Quinto (Carlos V)
'Fünftel N ⟨~s; ~⟩ quinto *m*; la quinta parte; **fünftens** ADV en quinto lugar; *bei Aufzählungen*: quinto
Fünf'uhrtee M el té de las cinco
'fünfzehn ADJ quince; **etwa** *od* **rund ~ (Personen)** unas quince (*od* una quincena) (de personas); **fünfzehnte(r, -s)** ADJ décimoquinto
'fünfzig ADJ cincuenta; **~er Jahre** → Fünfzigerjahre
'Fünfzig F ⟨~⟩ cincuenta *m*
Fünfzig'centstück N moneda *f* de cincuenta céntimos; **Fünfzigdollarschein** M billete *m* de cincuenta dólares
'Fünfziger M ⟨~s; ~⟩ **1** *Person*: cincuentón *m*; **in den ~n sein** haber pasado los cincuenta **2** *Geldschein*: billete *m* de cincuenta; *Geldstück*: moneda *f* de cincuenta; **Fünfzigerin** F ⟨~; ~nen⟩ *Person*: cincuentona *f*
'Fünfzigerjahre NPL **die ~** los años cincuenta
Fünfzig'euroschein M billete *m* de cincuenta euros; **Fünfzig'frankenschein** M billete *m* de cincuenta francos; **Fünfzig'jahrfeier** F cincuentenario *m*
'fünfzigjährig ADJ de cincuenta años; **Fünfzigjährige** M/F ⟨~n; ~n; → A⟩ cincuentón *m*, -ona *f*
Fünfzig'markschein M HIST billete *m* de cincuenta marcos; **Fünfzig'pfennigstück** N HIST moneda *f* de cincuenta pfennigs
'fünfzigste(r, -s) ADJ cincuagésimo; **Fünfzigstel** N ⟨~s; ~⟩ la cincuagésima parte; un cincuentavo
Fünf'zimmerwohnung F piso *m* de cuatro habitaciones
fun'gieren VI ⟨*ohne* ge-⟩ **~ als** actuar de; hacer (las veces) de; *umg* estar de

Funk M ⟨~s⟩ radio *f*; **über** *od* **per ~** por radio; → *a.* Rundfunk, Radio
'Funkamateur M, **Funkamateurin** F radioaficionado *m*, -a *f*; **Funkanlage** F instalación *f* radiotelegráfica; equipo *m* de radio; **Funkbake** F radiobaliza *f*, radiofaro *m*; **Funkbearbeitung** F adaptación *f* (*od* versión *f*) radiofónica; **Funkbericht** M radioreportaje *m*; **Funkbild** N fotografía *f* radiada, radiofoto *f*, telefoto *f*
'Fünkchen N ⟨~s; ~⟩ chispita *f*; *fig* → Funke 2
'Funke M ⟨~ns; ~n⟩ **1** chispa *f* (*a. fig*); **~n sprühen** echar chispas (*a. fig*), chisporrotear; *fig* **der ~(n) springt über** salta la chispa **2** *fig* ápice *m*, pizca *f*; **ein ~n Hoffnung** un rayo de esperanza; **kein ~(n) Ehrgeiz** *etc* ni pizca de ambición, *etc*; **kein ~n Wahrheit** ni un ápice de verdad
'Funkeinrichtung F instalación *f* de radio
'funkeln VI brillar (*a. Augen*), resplandecer; (*glitzern*) relucir; (*sprühen*) chispear; destellar; centellear; **vor Freude ~** *Augen* brillar de felicidad
'Funkeln N ⟨~s⟩ brillo *m*, resplandor *m*; centelleo *m*; fulgor *m*
'funkel'nagel'neu ADJ flamante
'funken **A** VT radiar, radiotelegrafiar, transmitir por radio **B** VI **1** (*Funken sprühen*) chispear, chisporrotear, echar chispas **2** *umg fig* funcionar; *umg* **bei ihm hat es (endlich) gefunkt** *umg* lo ha captado; **zwischen den beiden hat es gefunkt** se han enamorado
'Funken **A** N ⟨~s⟩ radiotelegrafía *f* **B** M ⟨~s; ~⟩ → Funke; **Funkenentladung** F descarga *f* por chispas; **Funkenfänger** M parachispas *m*; **Funkenflug** M proyección *f* de chispas; **Funkeninduktor** M inductor *m* de chispas; **Funkensprühen** N chisporroteo *m*
Funken sprühend ADJ chispeante
'Funkenstrecke F distancia *f* explosiva de las chispas
'funkentstört ADJ protegido contra interferencias; **Funkentstörung** F protección *f* antiparasitaria, supresión *f* de interferencias
'Funker M ⟨~s; ~⟩, **Funkerin** F ⟨~; ~nen⟩ radiotelegrafista *m/f*, *umg* radio *m/f*
'Funkfeuer N radiofaro *m*; **Funkgerät** N aparato *m* de radio; **funkgesteuert** ADJ radiodirigido; **Funkhaus** N (*Sendestelle*) estación *f* emisora; radioemisora *f*; **Funkloch** N TEL lugar *m* sin cobertura; **Funkmaus** F IT ratón *m* inalámbrico, *optische a.* ratón *m* óptico; **Funkmeldung** F → Funkspruch; **Funkmessanlage** F instalación *f* de radar; **Funknachricht** F → Funkspruch; **Funknavigation** F radionavegación *f*; **Funknetz** N TEL red *f* de telefonía móvil; **Funkortung** F radiolocalización *f*
'Funkpeilanlage F instalación *f* radiogoniométrica; **Funkpeilgerät** N radiogoniómetro *m*; **Funkpeilstelle** F estación *f* radiodetectora; **Funkpeilung** F radiogoniometría *f*
'Funksender M radioemisora *f*; **Funksendung** F emisión *f* radiofónica, radioemisión *f*; **Funksignal** N señal *f* de radio; **Funksprechgerät** N walkie-talkie *m*, radiotransmisor *m*; **Funksprechverkehr** M radiotelefonía *f*; **Funkspruch** M mensaje *m* radio (telegráfico), radiomensaje *m*, radiograma *m*; **Funkstation** F estación *f* de radio; **Funksteuerung** F radiodirección *f*; **Funkstille** F calma *f* de radio; tiempo *m* muerto; **Funkstreife** F radiopatrulla *f*; **Funkstreifenwagen** M coche *m* radiopatrulla; **Funktaxi** N radiotaxi *m*

'Funktechnik F radiotécnica *f*; **Funktechniker** M, **Funktechnikerin** F radiotécnico *m*, -a *f*; **funktechnisch** ADJ radiotécnico
'Funktelefon N radioteléfono *m*; **Funktelegramm** N radiotelegrama *m*
Funkti'on F ⟨~; ~en⟩ función *f* (*a.* MATH); (*Tätigkeit*) *a.* actuación *f*; **in ~ treten** entrar en funciones; **in seiner ~ als ...** en su función de ...
funktio'nal ADJ funcional; **Funktio'när** M ⟨~s; ~e⟩, **Funktionärin** F ⟨~; ~nen⟩ funcionario *m*, -a *f* (*a.* POL); **funktio'nell** ADJ funcional
funktio'nieren VI ⟨*ohne* ge-⟩ funcionar; **Funktionieren** N ⟨~s⟩ funcionamiento *m*
funkti'onsfähig ADJ que funciona; funcionante; **(nicht) ~ sein** (no) funcionar; **funktionsgerecht** ADJ funcional
Funkti'onsleiste F IT barra *f* de herramientas; barra *f* de botones; **Funktionsprinzip** N sistema *m* de funcionamiento; **das ~ erläutern** aclarar el sistema de funcionamiento; **Funktionsstörung** F MED trastorno *m* funcional; **Funktionstaste** F IT tecla *f* de función
'Funkturm M torre *f* portaantenas; **Funkuhr** F reloj *m* por radio; **Funkverbindung** F comunicación *f* por radio, radiocomunicación *f*; radioenlace *m*; **Funkverkehr** M radiocomunicación *f*; **Funkwagen** M coche-radio *m*; → *a.* Funkstreifenwagen; **Funkwerbung** F publicidad *f* radiada; **Funkwesen** N ⟨~s⟩ radiotelegrafía *f*; radio(tele)fonía *f*
'Funzel F ⟨~; ~n⟩ *umg* **(trübe) ~** lámpara *f* que da poca luz
für PRÄP (*acus*) **1** *Ziel, Bestimmung*: para; **das ist ~ dich** eso es para ti; **der Brief ist ~ mich** la carta es para mí **2** *umg* (*gegen*) **~ den Husten** para (*od* contra) la tos **3** *Preis*: por; **~ zehn Euro** por diez euros; **~ diesen Preis** a ese precio, por ese precio **4** *Vergleich*: para; **er ist groß ~ sein Alter** es muy alto para su edad; **~ das wenige Geld, das du verdienst** para lo poco que ganas; **~ wen halten Sie mich?** ¿por quién me toma usted? **5** (*zugunsten von*) por, a (*od* en) favor de; **~ j-n/etw sein** estar por (*od* a favor de) alg/a/c; **ich stimme ~ ihn** yo voto por él; **alles spricht ~ ihn** todo habla en su favor; **das hat viel ~ sich** esto es muy plausible **6** (*wegen*) por, a causa de; **~ meine Familie tue ich alles** por mi familia soy capaz de todo; **~ das Vaterland** por la Patria **7** (*anstelle von*) por, a cambio de, en lugar de; **du kannst ~ sie unterschreiben** puedes firmar por ella **8** *Zeitpunkt, Zeitspanne*: por; **~ heute** para hoy; **~ ein Jahr** por un año; **~ immer** para siempre **9** **Mann ~ Mann** uno por uno, uno a uno; **Punkt ~ Punkt** punto por punto; **Schritt ~ Schritt** paso a paso; **Seite ~ Seite** página por página; **Tag ~ Tag** día tras día; **Wort ~ Wort** palabra por palabra **10** **~ sich** (*allein*) (por sí) solo; *sprechen etc*: para sí; THEAT aparte; **~ sich leben** vivir solo (*od* retirado); **an und ~ sich** de por sí; (*eigentlich*) en el fondo; **das ist eine Sache ~ sich** eso es otra cosa (*od* cosa aparte), *umg* esto es otro cantar **11** **ich ~ meinen Teil** por mi parte; **ich ~ meine Person** por lo que a mí toca; en cuanto a mí **12** **was ~ ein Mensch ist das?** ¿qué clase de persona es?; *anerkennend*: **was ~ eine Frau!** ¡qué mujer!; ¡menuda mujer!; *empört*: **was ~ ein Unsinn!** ¡qué tontería!
Für N **das ~ und Wider** el pro y el contra
'Fürbitte F ⟨~; ~n⟩ *geh* intercesión *f* (**für** a *od* en favor de); REL ruego *m*; **bei j-m ~ einlegen** interceder acerca de alg (**für** a favor de)
'Furche F ⟨~; ~n⟩ surco *m* (*a.* AGR); (*Runzel*) *a.*

arruga *f*; *(Rinne)* canal *m*; **~n ziehen** → furchen
'furchen VT surcar; *Stirn* arrugar
Furcht F ⟨~⟩ miedo *m*, temor *m* **(vor** *dat* a); *(Schrecken)* terror *m*; *(Entsetzen)* espanto *m*; **~ haben (vor j-m/etw)** tener miedo (a alg/a/c); **j-m ~ einflößen** *od* **einjagen** infundir *(od umg* meter) miedo a alg; **aus ~ vor j-m** por temor *(od* miedo) de *(od* a alg); **aus ~, dass** por temor *(od* miedo) de que *(subj)*; **aus ~ vor Strafe** por temor al castigo; **j-n in ~ versetzen** amedrentar, atemorizar a alg; **ohne ~ und Tadel** sin miedo y sin tacha; *fig* **umkommen vor ~** morirse de miedo; **keine ~!** ¡no tema(s) (nada)!
'furchtbar A ADJ 1 *(schrecklich, unangenehm)* terrible, horrible *(beide a. fig)*; *stärker*: atroz; espantoso; horrendo; **~ aussehen** estar horrible; **das ist ja ~!** ¡qué horror! 2 *umg (sehr groß, stark)* enorme; formidable; tremendo B ADV *umg* muy, terriblemente; **~ schwierig** dificilísimo; **~ dumm** *umg* más tonto que hecho de encargo; **sich ~ blamieren** *umg* meter la pata hasta el fondo
'Furchtbarkeit F ⟨~⟩ carácter *m* terrible; atrocidad *f*
'furchteinflößend, Furcht einflößend ADJ que infunde miedo
'fürchten A VT & VI temer **(für j-n** por alg); *argwöhnisch*: recelar; **etw/j-n ~** temer a/c a alg, tener miedo a a/c/alg; **ich fürchte, dass** (me) temo que *(subj)*; **ich fürchte, es ist zu spät** *od* **dass es zu spät ist** me temo que sea demasiado tarde B VR **sich (vor j-m/etw) ~** tener miedo (a *od* de alg/a/c); **sich ~ zu …** *(inf)* tener miedo de … *(inf)*
'Fürchten N ⟨~s⟩ → Furcht
'fürchterlich ADJ → furchtbar
'furchterregend, Furcht erregend ADJ que da miedo; → *a.* furchtbar
'furchtlos ADJ sin temor; sin miedo; *(unerschrocken)* impávido, impertérrito, intrépido; **Furchtlosigkeit** F ⟨~⟩ impavidez *f*; *(Unerschrockenheit)* intrepidez *f*
'furchtsam ADJ temeroso, medroso, miedoso; pusilánime; *(schüchtern)* tímido; **Furchtsamkeit** F ⟨~⟩ miedo *m*; pusilanimidad *f*; *(Schüchternheit)* timidez *f*
'Furchung F ⟨~; ~en⟩ BIOL segmentación *f*
fürei'nander ADV el uno para el otro; *mehrere*: unos para otros; **sie sind wie ~ gemacht** están hechos el uno para el otro
'Furie ['fuːriə] F ⟨~; ~n⟩ MYTH *u. fig* furia *f*
Fur'nier N ⟨~s; ~e⟩ chapa *f (od* hoja *f)* de madera; enchapado *m*; **fur'nieren** VT *(ohne* ge-⟩ enchapar, chapear, contrachap(e)ar; **Fur'nieren** N ⟨~s⟩ enchapado *m*
Fur'nierholz N madera *f* para enchapado; **fur'niert** ADJ **Eiche ~** chapado en roble; **Furnierung** F ⟨~; ~en⟩ enchapado *m*
Fu'rore F ⟨~⟩ furor *m*; **~ machen** causar sensación, hacer furor
fürs = **für das**; → für
'Fürsorge F ⟨~⟩ solicitud *f*; cuidados *mpl*, asistencia *f*; **soziale/öffentliche ~** asistencia *f* social/pública; **von der ~ leben** vivir de la asistencia social; **Fürsorgeamt** N *schweiz* oficina *f* de asistencia social; **Fürsorgeanspruch** M derecho *m* a asistencia; **Fürsorgeeinrichtung** F institución *f* asistencial
'Fürsorger M ⟨~s; ~⟩, **Fürsorgerin** F ⟨~; ~nen⟩ asistente *m*, -a *f* social
'Fürsorgewesen N ⟨~s⟩ *bes schweiz* sistema *m* asistencial benéfico-social
'fürsorglich ADJ cuidadoso; solícito
'Fürsprache F ⟨~⟩ intercesión *f*; **bei j-m für j-n ~ einlegen** interceder ante alg por alg; **Fürsprecher** M, **Fürsprecherin** F intercesor *m*, -a *f*; abogado *m*, -a *f*
Fürst M ⟨~en; ~en⟩ príncipe *m*; *umg* **wie ein ~ leben** vivir a cuerpo de rey; **'Fürstbischof** M HIST príncipe *m* obispo
'Fürstengeschlecht N dinastía *f*; **Fürstentum** N ⟨~(e)s; ⸚er⟩ principado *m*
'Fürstin F ⟨~; ~nen⟩ princesa *f*; **fürstlich** A ADJ de príncipe; principesco; *fig* regio B ADV **~ bewirten/leben** tratar/vivir a cuerpo de rey
Furt F ⟨~; ~en⟩ vado *m*
Fu'runkel M, N ⟨~s; ~⟩ MED forúnculo *m*, furúnculo *m*, divieso *m*
furunku'lös ADJ MED furunculoso; **Furunku'lose** F ⟨~; ~n⟩ MED furunculosis *f*
'Fürwort N ⟨~(e)s; ⸚er⟩ GRAM pronombre *m*
Furz M ⟨~es; ⸚e⟩ *sl* pedo *m*; *fig* chorrada *f umg*; **einen ~ lassen** *umg* soltar un pedo
'furzen VI *sl* soltar pedos, peer
'Fusel M ⟨~s; ~⟩ *umg pej* aguardiente *m* malo; **Fuselöl** N CHEM aceite *m* empireumático
füsi'lieren VT *(ohne* ge-⟩ MIL HIST fusilar, pasar por las armas
Fusi'on F ⟨~; ~en⟩ WIRTSCH, PHYS, BIOL fusión *f*; WIRTSCH **~ von Gesellschaften/Unternehmen** fusión *f* de sociedades/empresas
fusio'nieren VT *(ohne* ge-⟩ fusionar
Fusi'onsprozess M proceso *m* de fusión; **Fusionsvereinbarung** F acuerdo *m* de fusión; **Fusionsvertrag** M contrato *m* de fusión
Fuß M ⟨~es; ⸚e⟩ 1 ANAT pie *m*; *von Tieren*: pata *f*; **j-m** *od* **j-n auf den ~ treten** pisar a alg; dar un pisotón a alg; **bei ~!** *zu e-m Hund*: ven aquí!; **mit bloßen Füßen** descalzo; **mit dem ~ stoßen** dar un puntapié *(od* una patada) a; **mit dem ~ an etw** *(acus)* **stoßen** dar *(od* tropezar) con el pie contra a/c; **zu ~** a pie; **zu ~ gehen** ir a pie, andar; **gut zu ~ sein** ser buen andador *(od* andarín) 2 *fig* **stehenden ~es** *(sofort)* inmediatamente; **(festen) ~ fassen** tomar pie; *fig a.* echar raíces; *umg fig* **kalte Füße kriegen** *umg* agallinarse, *sl* acojonarse; **keinen ~ vor die Tür setzen** no poner los pies en la calle; *mit präp*: **auf die Füße fallen** caer de pie(s); **j-m auf dem ~e folgen** seguir de cerca a alg; *umg* pisar a alg los talones; **auf eigenen Füßen stehen** ser independiente, volar con sus propias alas; **sich auf eigene Füße stellen** hacerse independiente; **j-n auf freien ~ setzen** poner en libertad a alg *(a.* JUR); **auf gleichem ~ stehen mit** estar a la par con, estar a la misma altura que; **auf gutem/schlechtem ~ stehen mit** estar en buenos/malos términos con; **auf großem ~(e) leben** vivir a lo grande; **auf schwachen** *od* **tönernen Füßen stehen** estar sobre pies de barro; **j-m auf die Füße treten** *(j-n beleidigen)* ofender a alg; **etw mit Füßen treten** pisotear a/c; hollar a/c; *geh* **j-m zu Füßen liegen** estar a los pies de alg; **~ breit** → Fußbreit 3 *e-r Lampe, e-s Bergs*: pie *m*; *e-s Möbelstücks*: pata *f*; *e-r Bildsäule*: basa *f*; pedestal *m*; **am ~** *(gen)* al pie de 4 *Längenmaß*: pie *m*
'Fußabdruck M ⟨~(e)s; ⸚e⟩ huella *f* (del pie); ÖKOL **ökologischer ~** huella *f* ecológica; **Fußabstreifer** M, **Fußabtreter** M *metallener*: limpiabarros *m*; *(Fußmatte)* limpiapiés *m*, felpudo *m*; **Fußangel** F abrojo *m*; *fig* trampa *f*; **Fußantrieb** M TECH mando *m* a pedal; **Fußarzt** M, **Fußärztin** F podólogo *m*, -a *f*; **Fußbad** N baño *m* de pies; MED pediluvio *m*
'Fußball M 1 *Ball*: balón *m*, pelota *f* (de fútbol), *umg* esférico *m* 2 *Spiel*: fútbol *m*, balompié *m*; **~ spielen** jugar al fútbol
'Fußballen M ⟨~s; ~⟩ ANAT tenar *m*
'Fußballer M ⟨~s; ~⟩, **Fußballerin** F ⟨~; ~nen⟩ *umg* → Fußballspieler; **Fußballfan** M entusiasta *m/f* del fútbol; *umg* hincha *m/f*; **Fußballklub** M club *m* de fútbol; **Fußballmannschaft** F equipo *m* de fútbol; **Fußballmeisterschaft** F campeonato *m* de fútbol; **Fußballplatz** M campo *m* de fútbol; estadio *m*; *Arg* cancha *f*; **Fußballschuhe** MPL botas *fpl* de fútbol; **Fußballspiel** N 1 *Spiel*: fútbol *m* 2 *Partie*: partido *m (od* encuentro *m)* de fútbol; **Fußballspieler** M, **Fußballspielerin** F jugador *m*, -a *f* de fútbol, futbolista *m/f*; **Fußballstar** M as *m* futbolístico; **Fußballstiefel** MPL botas *fpl* de fútbol; **Fußballtor** N portería *f*; **Fußballtoto** N & M quinielas *fpl*; **Fußballverband** M federación *f* de clubs de fútbol; **Fußballverein** M club *m* de fútbol; **Fußballweltmeisterschaft** F campeonato *m* mundial de fútbol
'Fußbank F ⟨~; ⸚e⟩ tarima *f*; banquillo *m*; **Fußbekleidung** F calzado *m*
'Fußboden M suelo *m*, piso *m*; *(Steinfußboden, Fliesenfußboden)* pavimento *m*; **Fußbodenbelag** M revestimiento *m* del suelo; pavimento *m*; **Fußbodenheizung** F (calefacción *f* de) suelo *m* radiante
'Fußbreit M ⟨~; ~⟩ **keinen ~ weichen** no (retro)ceder ni un palmo; **Fußbremse** F freno *m* de pie *(od* pedal); **Fußbrett** N *Auto etc* estribo *m*; **Fußdecke** F cubrepiés *m*; **Fußeisen** N *(Fußfessel)* grillos *mpl*; *(Fußangel)* abrojo *m*
'Fussel F ⟨~; ~n⟩ *od* M ⟨~s; ~(n)⟩ *umg* mota *f*; hilacha *f*; pelusa *f*; **fusselig** ADJ deshilachado; *umg fig* **sich** *(dat)* **den Mund ~ reden** *umg* gastar saliva en balde; **fusseln** VI dejar pelusa
'füßeln VI *umg unter dem Tisch*: **(mit j-m) ~** hacer piececitas
'fußen VI 1 *(basieren)* estribar, fundarse, basarse, apoyarse **(auf** *dat* en) 2 JAGD posarse
'Fußende N *des Bettes*: pie(s) *m(pl)* de la cama; **Fußfall** M *geh* postración *f*; genuflexión *f*; **einen ~ vor j-m tun** echarse a los pies de alg; postrarse ante alg; **fußfällig** *geh* A ADJ postrado; arrodillado B ADV de rodillas, de hinojos; postrado; **Fußfessel** F grillos *mpl*; **elektronische ~** pulsera *f* electrónica (en el tobillo)
'Fußgänger M ⟨~s; ~⟩ peatón *m*, transeúnte *m*, viandante *m*; **guter ~** buen andador *m*; **Fußgängerbrücke** F puente *m* peatonal; **Fußgängerin** F ⟨~; ~nen⟩ peatona *f*; **Fußgängerüberführung** F, **Fußgängerüberweg** M paso *m* de peatones *(od* peatonal); **Fußgängerverkehr** M circulación *f (od* tránsito *m)* de peatones; **Fußgängerzone** F zona *f (od* isla *f)* de peatones *(od* peatonal)
'Fußgelenk N ANAT articulación *f* del pie; **Fußgestell** N pie *m*; pedestal *m*; *(Bock)* caballete *m*; **Fußhebel** M pedal *m*; **fußhoch** ADJ de un pie de altura; **Fußknöchel** M ANAT tobillo *m*; **Fußleiste** F rodapié *m*; zócalo *m*
'Füßling M ⟨~s; ~e⟩ pie *m* (de la media); escarpín *m*
'Fußmarsch M marcha *f* a pie; **Fußmatte** F estera *f*, felpudo *m*; **Fußnagel** M ANAT uña *f* del pie; **Fußnote** F nota *f* (al pie de la página); **Fußpfad** M sendero *m*, senda *f*; vereda *f*; **Fußpflege** F pedicura *f*; **Fußpfleger** M, **Fußpflegerin** F pedicuro *m*, -a *f*, callista *m/f*; **Fußpilz** M MED pie *m* de atleta; **Fußpunkt** M ASTRON nadir *m*; **Fußraste** F ⟨~; ~n⟩ AUTO reposapiés *m*; **Fußreise** F viaje *m* a pie; caminata *f*; **Fußsack** M folgo *m*; **Fußschalter** M interruptor *m* de pedal; **Fußschemel** M escabel *m*; **Fußschweiß** M sudor *m* de los pies; **Fuß-**

sohle F planta f del pie; **Fußsoldat** M MIL soldado m de infantería (od de a pie), infante m; **Fußspitze** F punta f del pie; **Fußspur** F pisada f; huella f (del pie); **Fußstapfen** M ⟨~s; ~⟩ huella f, pisada f; fig **in j-s ~** (acus) **treten** seguir el ejemplo de alg; **Fußsteg** M pasarela f (para peatones); **Fußstütze** F reposapiés m, descansapiés m, apoyapiés m; **Fußtritt** M puntapié m; umg patada f; am Wagen: estribo m; **j-m einen ~ geben** od **versetzen** dar un puntapié (od umg una patada) a alg; **Fußtruppen** FPL MIL infantería f, tropas fpl de a pie; **Fußvolk** N MIL infantería f; fig los de a pie; los del montón; **Fußwanderung** F excursión f a pie; **Fußwärmer** M calientapiés m; **Fußwaschung** F REL lavatorio m; **Fußweg** M camino m de peatones; (Pfad) sendero m; **Fußwurzel** F ANAT tarso m; **Fußzeile** F TYPO pie m de página; línea f de pie

futsch ADJ umg perdido; estropeado; **~ gehen** umg irse al cuerno; **er ist ~** ha desaparecido

'Futter¹ N ⟨~s⟩ **1** (Viehfutter) comida f; alimento m; (Grünfutter) pasto m, forraje m; (Trockenfutter) pienso m; **einem Tier ~ geben** dar de comer a un animal **2** umg (Essen) condumio m; umg **gut im ~ sein** estar gordito

'Futter² N ⟨~s; ~⟩ (Kleiderfutter) forro m (a. TECH); (Verkleidung) revestimiento m

Futte'ral N ⟨~s; ~e⟩ estuche m; bes für Messer etc: vaina f; für Regenschirme etc: funda f

'Futteranbau M ⟨~(e)s⟩ AGR cultivo m forrajero; **Futterbeutel** M morral m; **Futtergerste** F BOT cebada f forrajera; **Futtergetreide** N cereales mpl forrajeros; **Futterkartoffeln** FPL patatas fpl forrajeras; **Futterkrippe** F pesebre m; fig **an der ~ sitzen** estar bien enchufado

'Futtermittel NPL alimentos mpl para animales; forrajes mpl; piensos mpl; **Futtermitteladditive** PL CHEM aditivos mpl de piensos; **Futtermittelindustrie** F industria f del pienso

'futtern VI umg manducar; umg hincar el diente

'füttern¹ VT **1** mit Nahrung: alimentar; Kind dar de comer; Tier echar (od dar) de comer; echar pienso (od forraje) **2** fig **den Computer mit Daten ~** alimentar el ordenador con datos

'füttern² VT Kleider forrar (**mit** con, de); mit Watte: guatear, acolchar; TECH forrar, revestir, guarnecer

'Füttern N ⟨~s⟩ → Fütterung

'Futternapf M comedero m; **Futterneid** M fig envidia f profesional; **Futterpflanze** F planta f forrajera; **Futterraufe** F pesebre m; **Futterrübe** F remolacha f forrajera; **Futtersack** M cebadera f; morral m; **Futterschneidemaschine** F cortadora f de forrajes; **Futterseide** F seda f para forros; **Futterstoff** M tela f para forros; **Futterstroh** N paja f forrajera; **Futtertrog** M comedero m

'Fütterung F ⟨~; ~en⟩ **1** des Viehs: alimentación f **2** TECH forro m (a. der Kleidung); revestimiento m

'Futterwert M valor m forrajero; **Futterwicke** F BOT algarroba f

Fu'tur N ⟨~s; ~e⟩ GRAM futuro m; **zweites ~** futuro m perfecto

Futu'rismus M ⟨~⟩ futurismo m; **Futurist** M ⟨~en; ~en⟩, **Futuristin** F ⟨~; ~nen⟩ futurista m/f; **futuristisch** ADJ futurista

Futuro'loge M ⟨~n; ~n⟩ futurólogo m; **Futurolo'gie** F ⟨~⟩ futurología f; **Futuro'login** F ⟨~; ~nen⟩ futuróloga f

'Fuzzi M ⟨~s; ~s⟩ umg bicho m raro

G

G, g N ⟨~; ~⟩ G, g f; MUS sol m; **G-Dur** sol mayor; **g-Moll** sol menor

g ABK (Gramm) gramo m

G-7-Länder NPL POL países mpl (del grupo) G-7

G8¹ F ABK (Gruppe der G8) POL países mpl (del grupo) G8

G8² N (achtjähriges Gymnasium) *instituto de bachillerato alemán de sólo 8 años de duración*

gab → geben

'Gabardine M ⟨~s⟩ od F ⟨~⟩ TEX gabardina f

'Gabe F ⟨~; ~n⟩ **1** geh (Geschenk) obsequio m, don m; (Schenkung) donativo m; dádiva f; (Opfergabe) ofrenda f; **milde ~** limosna f; **j-n um eine milde ~ bitten** pedir una limosna a alg **2** MED (Arzneigabe) toma f; administración f; (Dosis) dosis f **3** fig (Begabung) don m; facultad f; talento m; dotes fpl

'Gabel F ⟨~; ~n⟩ **1** (Essgabel) tenedor m **2** AGR, TECH u. Fahrrad: horquilla f; AGR a. horca f; bieldo m **3** TEL soporte m; **Gabelbissen** M ≈ tapa f de arenque (en escabeche); **Gabeldeichsel** F AGR limonera f; vara(s) f(pl); **gabelförmig** ADJ ahorquillado; bifurcado; **Gabelfrühstück** N obs almuerzo m; (Imbiss) umg tentempié m; **Gabelgehörn** N JAGD cerceta f; **Gabelhirsch** M JAGD ciervo m de cuatro puntas

'gabelig ADJ BOT dicótomo; → a. gabelförmig

'gabeln **A** VT selten coger con el tenedor; AGR coger con la horquilla **B** VR **sich ~** bifurcarse

'Gabelstapler M ⟨~s; ~⟩ TECH carretilla f elevadora (de horquilla); **Gabelstütze** F TECH horquilla f de apoyo; **Gabelung** F ⟨~; ~en⟩ bifurcación f; BOT dicotomía f; **Gabelweihe** F ⟨~; ~n⟩ ORN milano m real; **Gabelzinke** F diente m del tenedor

'Gabentisch M mesa f de regalos (de Navidad)

Ga'bun N ⟨~s⟩ Gabón m; **Gabuner** M ⟨~s; ~⟩, **Gabunerin** F ⟨~; ~nen⟩ gabonés m, -esa f; **gabunisch** ADJ gabonés

'gackern VI cacarear (a. fig)

'Gackern N ⟨~s⟩ cacareo m

'Gaffel F ⟨~; ~n⟩ SCHIFF pico m de cangreja; **Gaffelsegel** N SCHIFF (vela f) cangreja f

'gaffen VI mirar boquiabierto (od con la boca abierta); **Gaffer** M ⟨~s; ~⟩, **Gafferin** F ⟨~; ~nen⟩ curioso m, -a f; mirón m, -ona f; umg pasmarote m/f

Gag [gɛk] M ⟨~s; ~s⟩ gag m

Ga'gat M ⟨~(e)s; ~e⟩ MINER azabache m

'Gage ['ga:ʒə] F ⟨~; ~n⟩ THEAT, FILM sueldo m; cachet m

'gähnen VI bostezar; fig Abgrund abrirse

'Gähnen N ⟨~s⟩ bostezo m

'gähnend ADJ Abgrund hondo; umg **es herrschte ~e Leere (im Saal)** había muy escasa asistencia (en la sala); umg (en la sala) sólo había cuatro gatos

'Gala F ⟨~⟩ gala f; **in ~ erscheinen** presentarse vestido de gala (od umg de tiros largos); oft hum **sich in ~ werfen** vestir de gala; umg ponerse de punta en blanco

'Galaabend M THEAT función f de gala; **Galaanzug** M traje m de etiqueta; **Galadiner** N cena f de gala; banquete m (de gala); **Galaempfang** M recepción f de gala

ga'laktisch ADJ galáctico

Ga'lan M ⟨~s; ~e⟩ geh obs galán m; galanteador m, cortejador m

ga'lant ADJ galante; (höflich) cortés; obs **~es Abenteuer** aventura f galante; lío m amoroso

Galante'rie F ⟨~; ~n⟩ galantería f

'Galauniform F uniforme m de gala; **Galavorstellung** F función f de gala

Gala'xie F ⟨~; ~n⟩ ASTRON galaxia f

Ga'laxis F ⟨~; Gala'xien⟩ ASTRON **1** (Milchstraße) vía f láctea **2** selten galaxia f

Gale'asse F ⟨~; ~n⟩ SCHIFF HIST galeaza f

Ga'leere F ⟨~; ~n⟩ SCHIFF HIST galera f

Ga'leerensklave M, **Galeerensträfling** M galeote m

Gale'one F ⟨~; ~n⟩ SCHIFF HIST galeón m

Gale'rie F ⟨~; ~n⟩ allg galería f; THEAT a. umg paraíso m, gallinero m; **Gale'rist** M ⟨~en; ~en⟩, **Gale'ristin** F ⟨~; ~nen⟩ galerista m/f

'Galgen M ⟨~s; ~⟩ **1** horca f; patíbulo m, cadalso m; **j-n an den ~ bringen** llevar a alg a la horca; **an den ~ kommen** ser ahorcado **2** FILM jirafa f

'Galgenfrist F fig respiro m de gracia; plazo m perentorio; **Galgenhumor** M humor m negro (od macabro); alegría f forzada; **Galgenstrick** M, **Galgenvogel** M pej Person: bellaco m

Ga'licien N ⟨~s⟩ spanische Region: Galicia f; **Galicier** M ⟨~s; ~⟩, **Galicierin** F ⟨~; ~nen⟩ gallego m, -a f; **galicisch** ADJ gallego

Gali'läa N ⟨~s⟩ HIST Galilea f; **Galiläer** M ⟨~s; ~⟩, **Galiläerin** F ⟨~; ~nen⟩ galileo m, -a f; **galiläisch** ADJ galileo

Gali'lei EIGENN M HIST Galileo m

Gali'onsfigur F SCHIFF mascarón m de proa

'gälisch ADJ **1** gaélico **2** (keltisch) celta

Ga'lizien N ⟨~s⟩ in Osteuropa: Galicia f; **Galizier** M ⟨~s; ~⟩, **Galizierin** F ⟨~; ~nen⟩ galiciano m, -a f

'Gallapfel M BOT agalla f

'Galle F ⟨~; ~n⟩ **1** ANAT (Gallenblase) vesícula f biliar **2** Sekret: bilis f; der Tiere: hiel f (a. fig); umg fig **die ~ läuft ihm über** se le exalta la bilis, umg el humo se le sube a las narices **3** BOT agalla f

'galle(n)bitter ADJ amargo como la hiel

'Gallenblase F ANAT vesícula f biliar; **Gallenblasenentzündung** F MED colecistitis f; **Gallengang** M ANAT conducto m biliar; **Gallenkolik** F MED cólico m hepático (od biliar); **Gallenleiden** N afección f biliar; **Gallenstein** M MED cálculo m vesicular (od biliar); **Gallensteinleiden** N litiasis f biliar

Gal'lert N ⟨~(e)s; ~e⟩ gelatina f; jalea f

gal'lertartig ADJ gelatinoso

Gal'lerte F ⟨~; ~n⟩ → Gallert

'Gallien N ⟨~s⟩ HIST la Galia; **Gallier** M ⟨~s; ~⟩, **Gallierin** F ⟨~; ~nen⟩ galo m, -a f

'gallig ADJ MED biliar; bilioso (a. fig); sl de mala leche

'gallisch ADJ HIST galo

Galli'zismus M ⟨~; Gallizismen⟩ galicismo m

Gal'lone F ⟨~; ~n⟩ galón m

'Gallwespe F Insekt: cínife m

Ga'lon M ⟨~s; ~s⟩, **Galone** F ⟨~; ~n⟩ fachspr (Borte) galón m

Ga'lopp M ⟨~s; ~e od ~s⟩ galope m; **im ~** a galope (a. fig); **in gestrecktem ~** a galope tendido; **starker/versammelter ~** galope m largo/reunido; **im ~ reiten** galopar, ir al galope

galop'pieren VI ⟨ohne ge-; sn⟩ galopar; **Galoppieren** N ⟨~s⟩ Gangart: galope m; Reiten: galopada f; **galoppierend** ADJ galopante (a. MED u. fig)

Ga'losche F ⟨~; ~n⟩ chanclo m, galocha f

galt → gelten

gal'vanisch ADJ galvánico

Galvani'seur [-'zøːr] M ⟨~s; ~e⟩, **Galvaniseurin** F ⟨~; ~nen⟩ galvanizador *m*, -a *f*
galvani'sieren VT ⟨ohne ge-⟩ galvanizar; **Galvanisierung** F ⟨~; ~en⟩ galvanización *f*
Galva'nismus M ⟨~⟩ galvanismo *m*
Galvano'meter N galvanómetro *m*; **Galvano'plastik** F ⟨~⟩ galvanoplastia *f*
Ga'masche F ⟨~; ~n⟩ *obs kurze*: botín *m*; *bis zum Knie*: polaina *f*
'Gambe F ⟨~; ~n⟩ MUS (viola *f* de) gamba *f*
'Gambia N ⟨~s⟩ Gambia *f*; **Gambier** M ⟨~s; ~⟩, **Gambierin** F ⟨~; ~nen⟩ gambiano *m*, -a *f*
Gam'bit N ⟨~s; ~s⟩ *Schach*: gambito *m*
'Gameboy® ['geːmbɔy] M ⟨~(s); ~s⟩ (juego *m*) gameboy *f*; **Gameshow** [-ʃoː] F TV concurso *m* televisivo
Ga'met M ⟨~en; ~en⟩ BIOL gameto *m*
'Gammastrahlen MPL PHYS rayos *mpl* gamma
'gammelig ADJ *umg* **1** *Person* desaliñado **2** *Nahrungsmittel* podrido; **gammeln** VI *umg* gandulear; **Gammler** M ⟨~s; ~⟩, **Gammlerin** F ⟨~; ~nen⟩ *umg pej* vagabundo *m*, -a *f*
'Gamsbock, Gämsbock M ZOOL macho *m* de la gamuza
'Gämse F ⟨~; ~n⟩ ZOOL gamuza *f*; *in den Pyrenäen*: rebeco *m*; **gämsfarben** ADJ color de gamuza; (a)gamuzado; **Gämsleder** N (piel *f* de) gamuza *f*
gang ADJ **das ist ~ und gäbe** es corriente (y moliente); se estila; es costumbre
Gang[1] M ⟨~(e)s; ⸚e⟩ **1** *(Gehen, Bewegung)* marcha *f*; movimiento *m*; *(Gangart)* (modo *m* de) andar *m*, *Pferd*: paso *m*, andadura *f*; **einen ruhigen ~ haben** tener un paso tranquilo **2** *e-r Maschine*: marcha *f* (*a. fig*); funcionamiento *m*; **in ~ bringen** *od* **setzen** poner en marcha (*od* en movimiento), accionar; *fig* poner en acción; *Gespräch* entablar; **in ~ halten** mantener en marcha; **in vollem ~ sein** estar en plena marcha; ir a toda marcha; *fig a.* estar en plena actividad; **in ~ kommen** ponerse en marcha (*od* en movimiento); *fig* iniciarse; *umg Person* **in die Gänge kommen** ponerse en movimiento; empezar a actuar **3** AUTO marcha *f*, velocidad *f*; **einen ~ einlegen** poner una marcha; **den ersten ~ einlegen** poner la primera (marcha); **den ~ wechseln** cambiar la marcha; **im zweiten ~ fahren** ir en segunda **4** GASTR plato *m*; **erster ~** entrada *f* **5** *(Verlauf)* curso *m*; *der Ereignisse etc*: marcha *f*; *(Entwicklung)* desarrollo *m*, evolución *f*; **seinen ~ gehen** seguir su curso; **alles geht seinen gewohnten ~** todo sigue igual; no hay novedad **6** *fig* **im ~(e) sein** *(geschehen)* pasar, ocurrir; *fig* **es ist etw im ~e** algo flota en el ambiente; *umg* algo se está cociendo; *umg* hay moros en la costa
Gang[2] M ⟨~(e)s; ⸚e⟩ **1** *(Spaziergang)* paseo *m*; *(Rundgang)* vuelta *f*; *(Besorgung)* recado *m*; **einen ~ machen** dar un paseo (*od* una vuelta); hacer un recado; *fig* **einen schweren ~ gehen** pasar un trago amargo **2** SPORT *obs* vuelta *f*; *(Durchgang)* manga *f*
Gang[3] M ⟨~(e)s; ⸚e⟩ **1** *(Flur)* pasillo *m*, corredor *m*; *(Durchgang)* paso *m*, pasaje *m*; *zwischen Sitzreihen*: pasillo *m*; **auf dem ~** en el pasillo **2** *(Weg)* camino *m*, vía *f* **3** *unterirdischer*: galería *f*; BERGB *(Erzgang)* filón *m*, vena *f* **4** ANAT, BOT conducto *m*, canal *m* **5** TECH *(Gewindegang)* paso *m* de filete
Gang[4] [gɛŋ] ⟨~; ~s⟩ *(Bande)* pandilla *f*, banda *f*
'Gangart F ⟨~; ~en⟩ **1** (modo *m* de) andar *m*, andares *mpl*; *Pferd*: paso *m*, andadura *f*; TECH marcha *f* **2** BERGB ganga *f*
'gangbar ADJ **1** *Weg* transitable; practicable; viable (*a. fig*) **2** → gängig; **Gangbarkeit** F ⟨~⟩ *e-s Weges*: viabilidad *f* (*a. fig*)
'Gängelband N **j-n am ~ führen** tener a alg bajo tutela
'gängeln VT **j-n ~** tener a alg cogido de la oreja; tener a alg bajo (su) tutela
'Gangerz N BERGB mineral *m* con ganga
'Ganges M ⟨~⟩ Ganges *m*
'Ganghebel M AUTO palanca *f* de cambio de velocidad (*od* marcha); **Ganghöhe** F TECH *e-r Schraube*: paso *m*
'gängig ADJ **1** *Ausdruck* (de uso) corriente **2** *Münze* en curso (*od* circulación) **3** HANDEL *Ware* vendible, de fácil salida **4** TECH **etw ~ machen** hacer utilizable a/c
'Gängigkeit F ⟨~⟩ **1** *v. Münzen*: curso *m* **2** *e-s Worts, e-r Methode etc*: uso *m* corriente **3** HANDEL *v. Waren*: facilidad *f* de venta
'Ganglien [-liən-] PL → Ganglion; **Gangliensystem** N sistema *m* ganglionar
'Ganglion N ⟨~s; Ganglien⟩ ANAT ganglio *m*
Gan'grän N ⟨~s; ~e⟩ MED gangrena *f*
gangrä'nös ADJ MED gangrenoso
'Gangschalter M, **Gangschalthebel** M AUTO palanca *f* de cambios
'Gangschaltung F AUTO cambio *m* de velocidad (*od* de marcha); *Fahrrad*: cambio *m* de piñón
'Gangspill N SCHIFF cabrestante *m*
'Gangster ['gɛŋstər] M ⟨~s; ~⟩ gán(g)ster *m*; **Gangsterbande** F banda *f* de gán(g)ster(e)s; **Gangstertum** N ⟨~s⟩ gan(g)sterismo *m*
'Gangway ['gɛŋveː] F ⟨~; ~s⟩ SCHIFF pasarela *f*; FLUG escalerilla *f* (de embarque *bzw* desembarque); **Gangwechsel** M AUTO cambio *m* de velocidad (*od* de marcha); **Gangwerk** N *e-r Uhr*: mecanismo *m*; **Gangzahl** F **1** AUTO número *m* de velocidades **2** TECH *e-s Gewindes*: número *m* de espiras
Ga'nove M ⟨~n; ~n⟩, **Ganovin** F ⟨~; ~nen⟩ *umg* tunante *m*, -a *f*; golfo *m*, -a *f*
Gans F ⟨~; ⸚e⟩ ganso *m*; *weibliche*: oca *f*; gansa *f*, *umg fig* **dumme ~** *umg* pava *f*, pavitonta *f*
'Gänschen N ⟨~s; ~⟩ gansito *m*
'Gänseblümchen N BOT margarita *f*, vellorita *f*; **Gänsebraten** M GASTR ganso *m* asado; **Gänsebrust** F pechuga *f* de ganso; **Gänsefeder** F pluma *f* de ganso; **Gänsefett** N ⟨~(e)s⟩ grasa *f* de ganso; **Gänsefüßchen** NPL *umg* comillas *fpl*; **in ~ setzen** poner entre comillas; **Gänsehaut** F ⟨~⟩ *fig* carne *f* de gallina; **ich bekomme eine ~** se me pone carne de gallina; **Gänsekiel** M pluma *f* de ganso; **Gänseklein** N ⟨~s⟩ GASTR menudillos *mpl* de ganso; **Gänseleberpastete** F GASTR (paté *m* de) foie-gras *m* (*od* fuagrás *m*); **Gänsemarsch** M ⟨~es⟩ **im ~ gehen** ir en fila india; **Gänserich** M ⟨~s; ~e⟩ ganso *m* (macho), ánsar *m*; **Gänseschmalz** N manteca *f* (*od* grasa *f*) de ganso; **Gänsewein** M ⟨~(e)s⟩ *hum, obs* agua *f*
ganz **A** ADJ **1** *(gesamt)* todo; **~ Deutschland/Madrid** toda Alemania/todo Madrid; **das ~e Brot/Jahr** todo el pan/año; **die ~e Stadt** toda la ciudad, la ciudad entera; **die ~e Zeit** todo el tiempo; **die ~e Welt** el mundo entero; *fig (alle)* todo el mundo; *umg (alle)* **die ~en Leute** todo el mundo; *umg* todo quisqui; **in ~ Spanien** en toda España; **von ~em Herzen** de todo corazón **2** *(ungeteilt)* entero; *(vollständig)* completo; íntegro; **ein ~es Brot/Jahr** un pan/año entero; **zwei ~e Stunden** dos horas enteras; *fig* **ein ~er Mann** un hombre de pelo en pecho; un hombre hombre; un macho **3** *verstärkend*: **den ~en Tag** todo el santo día; **~e acht Tage** ocho días enteros (*od* bien contados); *einschränkend*: **ich habe noch ~e drei Euro** sólo me quedan tres euros **4** MATH **~e Zahl** (número *m*) entero *m*; MUS **~e Note** redonda *f*, semibreve *f* **5** *umg (unversehrt)* intacto; **wieder ~ machen** arreglar; reparar **B** ADV **1** *(gänzlich)* enteramente, por entero; **~ oder teilweise** en todo o en parte; **nicht ~ (richtig** *etc*) no del todo (correcto, *etc*); **ein Buch ~ lesen** leer un libro hasta el final **2** *(völlig)* completamente; por completo; del todo; **das hatte ich ~ vergessen** lo había olvidado completamente **3** *verstärkend* **~ Auge und Ohr sein** ser todo ojos y oídos; **er ist ~ der Vater** es el vivo retrato de su padre **4** *mst vor Verben, adj u. adv: (sehr)* muy; **~ allein** completamente solo; *umg* solito; **~ wenig** un poquito (de); **~ besonders** muy especialmente; sobre todo; principalmente; **~ bestimmt (nicht)** seguro (que no); **~ recht!** *od* **~ richtig!** ¡exacto!, ¡exactamente!; **~ und gar** absolutamente, totalmente, del todo; de arriba abajo; **~ und gar nicht** de ningún modo; en absoluto; **~ im Gegenteil** todo lo contrario; **sie ist ~ gerührt** está muy conmovida; **es ist mir ~ gleich** me es (completamente) igual, lo mismo me da; me da lo mismo; **~ gleich, was du tust** cualquier cosa que hagas; hagas lo que hagas; **~ wie du willst** *od* **meinst** (tal) como tú quieras (*od* pienses) **5** *einschränkend*: bastante; **~ gut** bastante bien; **~ nett!** ¡no está mal!
'Ganzaufnahme F, **Ganzbild** N retrato *m* de cuerpo entero
'Ganze(s) N ⟨~n; → A⟩ todo *m*; entero *m*; *Betrag*: total *m*; *(Gesamtheit)* totalidad *f*; conjunto *m*; **das ~ gefällt mir nicht** esto no me gusta (*od* no me convence); **aufs ~ gehen** jugarse el todo por el todo; *umg* ir a por todas; **im ~n** en total; en conjunto; en suma; **im ~n genommen** *od* **im Großen (und) ~n** considerándolo todo; en conjunto; **es geht ums ~** está en juego todo
'Ganzheit F ⟨~⟩ totalidad *f*; integridad *f*; **ganzheitlich** ADJ global, integral; **~er Plan** plan *m* integral
'Ganzheitsmedizin F medicina *f* integral (*od* global); **Ganzheitsmethode** F método *m* global (*od* de globalización)
'ganzjährig ADV todo el año
'Ganzkörperbild N MAL retrato *m* de cuerpo entero; **Ganzkörpermassage** F masaje *m* de cuerpo entero
'Ganzlederband M ⟨~(e)s; ⸚e⟩ encuadernación *f* en piel; **Ganzleinen** N **in ~** en tela; **Ganzleinenband** M ⟨~(e)s; ⸚e⟩ encuadernación *f* en tela
'gänzlich **A** ADJ entero; total; *(vollständig)* completo; *(absolut)* absoluto **B** ADV enteramente; por entero; totalmente; *(vollständig)* completamente; por completo; *(absolut)* absolutamente
'ganzmachen VT → ganz A 5
'Ganzmetallbauweise F construcción *f* (enteramente) metálica
'ganzseitig ADJ *Anzeige* de página entera, a toda página (*od* plana)
'Ganzstahlkarosserie F AUTO carrocería *f* (enteramente) de acero
'ganztägig **A** ADJ de todo el día **B** ADV todo el día; **~ geöffnet** abierto todo el día; **ganztags** ADV (que dura) todo el día
'Ganztagsarbeit F, **Ganztagsbeschäftigung** F trabajo *m* a tiempo completo; empleo *m* a jornada completa; **Ganztagsschule** F colegio *m* de jornada completa
'Ganzton M MUS tono *m* (entero)
'ganzwollen ADJ todo lana
GAP ABK (Gemeinsame Agrarpolitik) *EU* PAC (Política Agrícola Común)
gar[1] ADJ *Speisen* **~ sein** estar en su punto; *(fertig*

sein) estar a punto; **etw ~ kochen** cocinar a/c hasta que esté en su punto; **~ gekocht** bien hecho; *Am* bien cocido

gar[2] ADV **1** *(überhaupt)* **~ nicht** no ... del todo, no ... nada, de ningún modo; **das ist ~ nicht leicht** esto no es nada fácil; **~ nicht übel!** ¡no está mal!; **~ nichts** absolutamente nada, nada en absoluto, *umg* nada de nada; **~ niemand** absolutamente nadie **2** *verstärkend*: muy; **~ zu wenig** demasiado poco; **~ zu viel** muchísimo; **~ zu bescheiden** modesto por demás; **~ zu gern würde ich** *(inf)* me encantaría *(inf)* **3** *(etwa)* acaso; **oder ~** o tal vez, o quizá; cuando no; **warum nicht ~!** ¿por qué no?; *iron* ¡no faltaba más!

Ga'rage [ga'raːʒə] F ⟨~; ~n⟩ garaje *m*; cochera *f*; **den Wagen in die ~ stellen** encerrar el coche (en el garaje)

Ga'ragenbesitzer M, **Garagenbesitzerin** F garajista *m/f*; **Garagenplatz** M plaza *f* de garaje

Ga'rant M ⟨~en; ~en⟩ garante *m*, fiador *m*

Garan'tie F ⟨~; ~n⟩ garantía *f (a. fig)*; **ohne ~** sin garantía; **auf etw** *(acus)* **~ geben** garantizar a/c; **darauf habe ich noch ~** lo tengo aún en garantía; **ich habe ein Jahr ~ auf die Uhr** el reloj tiene un año de garantía; *fig* **die ~ für etw übernehmen** dar garantías de a/c

Garan'tiefonds [-fõː] M fondo *m* de garantía; → *a* Ausgleichsfonds; **Garantiefrist** F plazo *m* de garantía; **Garantiepreis** M precio *m* garantizado

garan'tieren *⟨ohne* ge-*⟩* **A** V/T garantizar; **(j-m) etw ~** garantizar a/c (a alg) **B** V/I **für j-n/etw garantieren** dar garantías por a/c/alg

garan'tiert ADV *umg fig* **das ist ~ gelogen** seguro que es mentira

Garan'tieschein M certificado *m* de garantía; **Garantieverpflichtung** F obligación *f* de garantía; **Garantieversprechen** N promesa *f* de garantía; **Garantievertrag** M contrato *m* de garantía; POL tratado *m* de garantía; **Garantiewechsel** M HANDEL letra *f* de cambio avalada

'Garaus M ⟨~⟩ **einer Sache** *(dat)***/j-m den ~ machen** cargarse a *(od* acabar con*)* a/c/alg

'Garbe F ⟨~; ~n⟩ **1** AGR gavilla *f*; **~n binden** agavillar **2** MIL *(Geschossgarbe)* ráfaga *f*

'Gärbottich M tina *f* de fermentación

'Garde F ⟨~; ~n⟩ MIL guardia *f*; *fig, bes* POL **die alte ~** la vieja guardia; **Gardekorps** N MIL cuerpo *m* de guardia

Gar'denie F ⟨~; ~n⟩ BOT gardenia *f*

Garde'robe F ⟨~; ~n⟩ **1** *(Kleidung)* ropa *f*, vestidos *mpl*; THEAT vestuario *m*, guardarropía *f* **2** *(Kleiderablage)* guardarropa *m*; *(Flurgarderobe)* percha *f*, perchero *m* **3** *(Ankleideraum)* vestuario *m*; THEAT camerino *m*

Garde'robenfrau F encargada *f* del guardarropa; **Garderobenmarke** F ficha *f* *(od* contraseña *f)* de guardarropa; **Garderobenraum** M vestuario *m*; guardarropa *m*, THEAT camerino *m*; **Garderobenschrank** M guardarropa *m*; **Garderobenständer** M percha *f*, perchero *m*

Garderob'ier M ⟨~s; ~s⟩, **Garderobiere** F ⟨~; ~n⟩ THEAT encargado *m*, -a *f* de la guardarropía

Gar'dine F ⟨~; ~n⟩ cortina *f*; *umg fig hum* **hinter schwedischen ~n sitzen** *umg* estar a la sombra *(od* en chirona*)*

Gar'dinenhalter M alzapaño *m*, abrazadera *f* (para cortinas); **Gardinenpredigt** F *umg* bronca *f (od* sermón *m)* conyugal; **j-m eine ~ halten** echar un sermón a alg; **Gardinenring** M anilla *f*; **Gardinenstange** F riel *m* para cortinas

Gar'dist M ⟨~en; ~en⟩, **Gardistin** F ⟨~; ~nen⟩ MIL soldado *m/f* de la guardia

'garen V/T & V/I GASTR cocer a fuego lento

'gären **A** V/I fermentar *(a. fig)*; *Teig a.* venirse; *Wein* hervir **B** V/UNPERS *fig* **es gärt im Volk** hay efervescencia *(od* agitación*)* en las masas

'Gären N ⟨~s⟩ → Gärung

'gärfähig ADJ fermentable, fermentescible; **Gärfutter** N ensilaje *m*, forraje *m* ensilado

'garkochen V/T → gar[1]

'Garküche F casa *f* de comidas

'Gärmittel N fermento *m*

Garn N ⟨~(e)s; ~e⟩ hilo *m*; *(Wollgarn)* estambre *m*; JAGD, *Fischerei, Vogelfang*: red *f*; *fig* **j-m ins ~ gehen** caer en la red *(od* en el lazo *od* en el garlito*)* de alg; *fig* **ein ~ spinnen** contar patrañas

Gar'nele F ⟨~; ~n⟩ ZOOL camarón *m*; *größere*: gamba *f*; *(Sandgarnele)* quisquilla *f*

gar'nieren V/T ⟨ohne ge-⟩ guarnecer **(mit** de) *(a.* GASTR); adornar **(mit** con); **Garnierung** F ⟨~; ~en⟩ guarnición *f (a.* GASTR)

Garni'son F ⟨~; ~en⟩ MIL guarnición *f*

Garni'sonsdienst M servicio *m* de plaza; **Garnisonslazarett** N hospital *m* militar; **Garnisonsstadt** F plaza *f* militar *(od* fuerte*)*

Garni'tur F ⟨~; ~en⟩ **1** *(Satz)* juego *m*; *(Auswahl)* selección *f*; surtido *m*; MIL uniforme *m*; **~ Bettwäsche** juego *m* de cama; *fig* **die erste ~** lo más selecto, lo mejor, *umg* la flor y nata **2** *(Besatz)* guarnición *f*; adorno *m*

'Garnknäuel N ovillo *m*; **Garnrolle** F carrete *m* (de hilo); **Garnspule** F bobina *f*; carrete *m*; **Garnsträhne** F madeja *f*

Ga'ronne F ⟨~⟩ *Fluss*: Garona *m*

'garstig ADJ *(böse)* malo; antipático; *(hässlich)* feo; *(abstoßend)* repugnante; repulsivo; *(abscheulich)* abominable

'Gärtchen N ⟨~s; ~⟩ jardinillo *m*, jardincito *m*; huertecillo *m*

'Garten M ⟨~s; ⸚⟩ jardín *m*; *(Obstgarten, Gemüsegarten)* huerto *m*; *(Gartenland)* huerta *f*; **botanischer/zoologischer ~** jardín *m* botánico/zoológico

'Gartenanlage F jardines *mpl* públicos; zona *f* ajardinada; **Gartenarbeit** F (trabajo *m* de) jardinería *f*; **Gartenarchitekt** M, **Gartenarchitektin** F arquitecto *m* paisajista

'Gartenbau M ⟨~(e)s⟩ horticultura *f*; **Gartenbauausstellung** F exposición *f* hortícola; **Gartenbaubetrieb** M explotación *f* hortícola; **Gartenbauerzeugnis** N producto *m* hortícola

'Gartenbeet N tabla *f* de huerta; *viereckiges*: cuadro *m*; *schmales*: arriate *m*; *mit Blumen*: parterre *m*; **Gartenblume** F flor *f* de jardín; **Gartencenter** [-sɛntər] N ⟨~s; ~⟩ centro *m* de jardinería *f*; **Gartenerdbeere** F fresón *m*; **Gartenerde** F mantillo *m*; tierra *f* de jardín; **Gartenfest** N fiesta *f* en el jardín; *sp a.* verbena *f*; **Gartengeräte** NPL útiles *mpl (od* utensilios *mpl)* de jardinería; **Gartengrill** M barbacoa *f*; **Gartenhaus** N pabellón *m*; *(Hinterhaus)* anexo *m*; **Gartenkräuter** PL hierbas *fpl* culinarias *(od* de cocina*)*; **Gartenkunst** F arte *m* de los jardines; **Gartenland** N ⟨~(e)s⟩ huerta *f*; **Gartenlaube** F cenador *m*, glorieta *f*; **Gartenlokal** N restaurante *m (bzw* cervecería *f od* café *m)* con jardín; merendero *m*; **Gartenmesser** N podadera *f*; **Gartenmöbel** NPL muebles *mpl* de jardín; **Gartenmohn** M BOT adormidera *f*; **Gartenpavillon** M pabellón *m*; *mit Säulen*: quiosco *m*; *mit Kletterpflanzen*: glorieta *f*; **Gartenpflanze** F planta *f* hortense *(od* hortícola*)*; **Gartenschau** F exposición *f* de horticultura *(bzw* de floricultura *od* jardinería*)*; **Gartenschaukel** F balancín *m*; **Gartenschere** F tijeras *fpl* de jardinero; **Gartenschirm** M sombrilla *f* de jardín; **Gartenschlauch** M, **Gartenspritze** F manguera *f* (de jardín), manga *f* de riego; **Gartenstadt** F ciudad-jardín *f*; **Gartenstuhl** M silla *f* de jardín; **Gartentisch** M mesa *f* de jardín; **Gartentor** N puerta *f* del jardín; **Gartenwirtschaft** F → Gartenlokal; **Gartenzaun** M cerca *f*; seto *m*; *(Gitter)* verja *f*; **Gartenzwerg** M enan(it)o *m* de jardín

'Gärtner M ⟨~s; ~⟩ jardinero *m*; *(Gärtnereibetreiber)* horticultor *m*; hortelano *m*

Gärtne'rei F ⟨~; ~en⟩ horticultura *f*; jardinería *f (a. Betrieb)*

'Gärtnerin F ⟨~; ~nen⟩ jardinera *f*; *(Gärtnereibetreiberin)* horticultora *f*; hortelana *f*; **Gärtnerinart** F GASTR **nach ~** a la jardinera

'gärtnerisch ADJ de jardinero

'gärtnern V/I trabajar en el jardín, jardinear

'Gärung F ⟨~; ~en⟩ fermentación *f*; *fig* efervescencia *f*, agitación *f*; **in ~ sein** fermentar; **in ~ kommen** entrar en fermentación

'gärungsfähig ADJ fermentable, fermentescible; **gärungshemmend** ADJ antizímico, antifermentativo

'Gärungsmittel N fermento *m*; **Gärungsprozess** M proceso *m* de fermentación; **Gärungsverfahren** N procedimiento *m* de fermentación

Gas N ⟨~es; ~e⟩ gas *m*; AUTO **~ geben** apretar el acelerador, dar gas; acelerar; **~ wegnehmen** cortar *(od* quitar*)* el gas

'Gasabzug M TECH evacuación *f* de los gases; **Gasalarm** M alarma *f* de ataque con gases; **Gasangriff** M MIL ataque *m* con gases; **Gasanstalt** F *(Gaswerk)* fábrica *f* de gas; **Gasanzünder** M encendedor *m* de gas; **Gasarbeiter** M, **Gasarbeiterin** F gasista *m/f*

'gasartig ADJ gaseoso; gaseiforme

'Gasaustausch M PHYSIOL intercambio *m* gaseoso; **Gasaustritt** M fuga *f (od* escape *m)* de gas; **Gasbackofen** M horno *m* de gas; **Gasbehälter** M gasómetro *m*; **Gasbeleuchtung** F alumbrado *m* de gas; **Gasbildung** F gasificación *f*; formación *f* de gases; **Gasbombe** F MIL bomba *f* de gas; **Gasbrand** M MED gangrena *f* gaseosa; **Gasbrenner** M mechero *m* de gas

Gas'cogne [gas'kɔnjə] F ⟨~⟩ Gascuña *f*; **Gascogner** M *etc* → Gaskogner *etc*

'gasdicht ADJ hermético *(od* impermeable*)* a los gases

'Gasdruck M ⟨~(e)s; ⸚e⟩ presión *f* del gas; **Gasentwicklung** F desprendimiento *m* de gas; **Gaserzeuger** M → Gasgenerator; **Gasexplosion** F explosión *f* de gas; **Gasfernleitung** F gasoducto *m*; **Gasfeuerzeug** N encendedor *m* a gas; **Gasflamme** F llama *f* de gas; **Gasflasche** F bombona *f* de gas

'gasförmig ADJ gaseiforme

'Gasgebläse N TECH soplete *m* de gas; **Gasgemisch** N mezcla *f* de gases; **Gasgenerator** M generador *m* de gas, gasógeno *m*; **Gasgeruch** M olor *m* a gas; **Gasgewinnung** F producción *f* de gas; **Gasgranate** F MIL granada *f* de gas; **Gashahn** M llave *f* del gas

'gashaltig ADJ gaseoso

'Gashebel M AUTO acelerador *m*; **Gasheizung** F calefacción *f* de gas; **Gasherd** M cocina *f* de gas; **Gashülle** F envoltura *f* gaseosa; **Gaskammer** F cámara *f* de gas; **Gaskessel** M gasómetro *m*; **Gaskocher** M hornillo *m* de gas

Gas'kogner [-njər] M ⟨~s; ~⟩, **Gaskogne-**

rin F ⟨~; ~nen⟩ gascón *m*, -ona *f*; **gaskognisch** ADJ gascón
'Gaskrieg M guerra *f* química; **Gaslampe** F lámpara *f* de gas; **Gaslaterne** F farol *m* (*od* farola *f*) de gas; **Gasleitung** F conducción *f* de gas; tubería *f* (*od* cañería *f*) de gas; **Gaslicht** N luz *f* de gas; **Gas-Luft-Gemisch** N mezcla *f* de aire y gas; **Gasmann** M ⟨~(e)s; ⸚er⟩ *umg* hombre *m* del gas; **Gasmaske** F careta *f* (*od* máscara *f*) antigás; **Gasmesser** M gasómetro *m*; **Gasmotor** M motor *m* de gas; **Gasofen** M estufa *f* de gas; **Gasöl** N gasoil *m*, gasóleo *m*
Gaso'lin N ⟨~s⟩ *obs* gasolina *f*; **Gaso'meter** M *obs* gasómetro *m*
'Gaspedal N AUTO (pedal *m* del) acelerador *m*; **Gaspistole** F pistola *f* de gas; **Gasrohr** N tubo *m* de gas; cañería *f* de gas
'Gässchen N ⟨~s; ~⟩ callejuela *f*, callejón *m*
'Gasschutz M protección *f* antigás
'Gasse F ⟨~; ~n⟩ calle *f* estrecha; callejón *m*; calleja *f*; **hohle ~** desfiladero *m*; *fig* **eine ~ bilden** hacer (*od* abrir) calle
'Gassenhauer M *umg obs* canción *f* callejera (*bzw* de moda); **Gassenjunge** M *obs* golfillo *m*, pilluelo *m*
'Gassi *umg* **(mit dem Hund) ~ gehen** sacar (al perro)
Gast M ⟨~es; ⸚e⟩ **1** huésped *m/f*; *eingeladener*: invitado *m*, -a *f*; (*Tischgast*) convidado *m*, -a *f*; comensal *m/f*; (*Besucher, -in*) visita *f*, visitante *m/f*; **ungebetener ~** intruso *m*; **zu ~ sein bei j-m** estar invitado en casa (*od* ser huésped) de alg; **wir haben Gäste** tenemos visita (*od* invitados) **2** *e-s Hotels, Restaurants*: cliente *m/f*; *e-s Restaurants a.*: consumidor *m*, -a *f*; (*Stammtischgast*) tertuliano *m*, -a *f* **3** THEAT actor *m*, actriz *f* (*od* artista *m/f*) invitado, -a
'Gastarbeiter M, **Gastarbeiterin** *neg!* trabajador *m*, -a *f* extranjero, -a; **Gastdirigent** M, **Gastdirigentin** F MUS director *m*, -a *f* invitado, -a; **Gastdozent** M → Gastprofessor
'Gästebuch N álbum *m* de visitantes; **Gästehaus** N, **Gästeheim** N **1** (*Pension*) residencia *f*; casa *f* de huéspedes **2** *e-r Firma, Universität etc*: residencia *f* para invitados; **Gästezimmer** N → Gastzimmer
'Gastfamilie F familia *f* anfitriona; **gastfrei** ADJ hospitalario; **Gastfreiheit** F hospitalidad *f*; **Gastfreund** M, **Gastfreundin** F huésped *m/f*; **gastfreundlich** ADJ hospitalario; **Gastfreundschaft** F hospitalidad *f*; **Gastgeber** M ⟨~s; ~⟩ anfitrión *m*; (*Hausherr*) dueño *m* de la casa; **Gastgeberin** F ⟨~; ~nen⟩ anfitriona *f*; (*Hausherrin*) señora *f* de la casa; **Gasthaus** N, **Gasthof** M **1** *zum Übernachten*: hostal *m*, hostería *f*; *einfacher*: fonda *f*, pensión *f*; *ländlicher*: posada *f* **2** *zum Essen*: mesón *m*; restaurante *m*; **Gasthörer** M ⟨~s; ~⟩, **Gasthörerin** F ⟨~; ~nen⟩ UNIV (alumno *m*, -a *f*) oyente *m/f*
gas'tieren VI ⟨*ohne* ge-⟩ **1** THEAT actuar como actor (*od* artista) invitado; ser invitado **2** *Zirkus, Theatertruppe* **~ in** (*dat*) venir a dar una actuación en
'Gastland N ⟨~(e)s; ⸚er⟩ país *m* huésped; **gastlich** ADJ hospitalario; **Gastlichkeit** F ⟨~⟩ hospitalidad *f*; **Gastmahl** N *geh* banquete *m*, festín *m*, convite *m*; **Gastmannschaft** F SPORT equipo *m* visitante; **Gastprofessor** M, **Gastprofessorin** F profesor *m*, -a *f* invitado, -a (*od* visitante); **Gastrecht** N derecho *m* de hospitalidad; **Gastredner** M, **Gastrednerin** F conferenciante *m/f* invitado, -a
'gastrisch ADJ MED gástrico
Gas'tritis F MED ⟨~⟩ gastritis *f*
'gastrointestinal ADJ MED gastrointestinal
'Gastrolle F THEAT papel *m* representado por un actor invitado; FILM papel *m* secundario; cameo *m*; *fig* **eine ~ geben** estar de paso
Gastro'nom M ⟨~en; ~en⟩ gastrónomo *m*; **Gastrono'mie** F ⟨~⟩ gastronomía *f*; **Gastro'nomin** F ⟨~; ~nen⟩ gastrónoma *f*; **gastro'nomisch** ADJ gastronómico; **Gas#trosko'pie** F ⟨~; ~n⟩ MED gastroscopia *f*; **gastro'skopisch** ADJ gastroscópico
'Gastspiel N THEAT actuación *f* (como invitados); **ein ~ geben in** (*dat*) → gastieren; **Gastspielreise** F THEAT gira *f*, tournée *f*; **Gaststätte** F restaurante *m*; VERW establecimiento *m* de restauración; **Gaststättengewerbe** N gastronomía *f*, industria *f* gastronómica; **Gaststube** F *im Wirtshaus*: comedor *m*
'Gasturbine F turbina *f* de gas
'Gastvorlesung F UNIV clase *f* impartida por un profesor invitado; **Gastvorstellung** F → Gastspiel; **Gastwirt** M, **Gastwirtin** F fondista *m/f*; hostelero *m*, -a *f*; posadero *m*, -a *f*; (*Restaurantbesitzer, -in*) dueño *m*, -a *f* de un (*bzw* del) restaurante; *e-r Schänke*: tabernero *m*, -a *f*; **Gastwirtschaft** F restaurante *m*; mesón *m*; *einfache*: casa *f* de comidas; (*Schänke*) taberna *f*; cervecería *f*; **Gastzimmer** N *im Gasthaus*: habitación *f* (para huéspedes); *privat*: cuarto *m* de huéspedes
'Gasuhr F contador *m* de gas; **Gasvergiftung** F intoxicación *f* por gas(es); **Gasversorgung** F suministro *m* (*bzw* servicio *m*) de gas; **Gaswerk** N fábrica *f* (*bzw* central *f*) de gas; **Gaswolke** F nube *f* de gas; **Gaszähler** M contador *m* de gas
'Gateway M ⟨~(s); ~s⟩ *Flughafen*: puerta *f*; (*Eingang*) entrada *f*
Gatt N ⟨~(e)s; ~en *od* ~s⟩ SCHIFF canalizo *m*
GATT N ABK (Allgemeines Zoll- und Handelsabkommen) AGAAC *m* (Acuerdo General sobre Aranceles Aduaneros y Comercio)
'Gatte M ⟨~n; ~n⟩ *geh*, VERW esposo *m*; cónyuge *m*
'Gatten PL esposos *mpl*; cónyuges *mpl*; *lit* consortes *mpl*; **Gattenliebe** F amor *m* conyugal; **Gattenmord** M JUR conyugicidio *m*; *an der Ehefrau*: uxoricidio *m*; **Gattenmörder** M, **Gattenmörderin** F JUR conyugicida *m/f*; uxoricida *m/f*
'Gatter N ⟨~s; ~⟩ verja *f*; (*Gitter*) reja *f*; enrejado *m*; **Gattersäge** F TECH sierra *f* alternativa (*od* de hojas múltiples); **Gattertor** N, **Gattertür** F puerta *f* enrejada; cancela *f*
'Gattin F ⟨~; ~nen⟩ esposa *f*; **Ihre ~** su señora, su esposa
'Gattung F ⟨~; ~en⟩ BIOL, LIT género *m*; *fig* especie *f*; clase *f*; tipo *m*
'Gattungsbegriff M noción *f* genérica; término *m* genérico; **Gattungskauf** M JUR venta *f* de cosa genérica; **Gattungsname** M nombre *m* genérico (LING común *od* apelativo)
Gau M, *reg zssgn* N ⟨~(e)s; ~e⟩ **1** *obs* (*Landschaft*) región *f*, comarca *f* **2** *Nationalsozialismus*: (*Bezirk*) distrito *m*; cantón *m*
GAU M ABK (größter anzunehmender Unfall) *bes* NUKL máximo accidente *m* previsible
'Gaucho [-tʃo] M ⟨~s; ~s⟩ gaucho *m*
'Gaudi F ⟨~⟩ *bes südd, österr umg* alegría *f*, jolgorio *m*
'Gaudium N ⟨~s⟩ *geh* regocijo *m*; jolgorio *m*; diversión *f*; **zum allgemeinen ~** para general regocijo, para diversión de todos
Gauke'lei F ⟨~; ~en⟩ (*Blendwerk*) fantasmagoría *f*; (*Täuschung*) charlatanería *f*
'gaukeln VI (*flattern*) revolotear
'Gaukler M ⟨~s; ~⟩, **Gauklerin** F ⟨~; ~nen⟩ **1** (*Possenreißer, -in*) bufón *m*, -ona *f*; HIST juglar *m/f* **2** (*Taschenspieler, -in*) prestidigitador *m*, -a *f*; jugador *m*, -a *f* de manos **3** (*Betrüger, -in*) charlatán *m*, -ana *f*
Gaul M ⟨~(e)s; ⸚e⟩ *umg od reg* caballo *m*; *pej* rocín *m*, penco *m*, jamelgo *m*; *fig* **einem geschenkten ~ schaut** *od* **sieht man nicht ins Maul** a caballo regalado no le mires (*od* no hay que mirarle) el diente
'Gaumen M ⟨~s; ~⟩ paladar *m*; **harter/weicher ~** paladar *m* duro/blando; **den ~ kitzeln** raspar el paladar; **den ~ beleidigen** saber a demonios; **einen feinen ~ haben** tener buen paladar
'Gaumenfreuden FPL placeres *mpl* del paladar; **Gaumenkitzel** M *geh* manjar *m* exquisito; **Gaumenlaut** M sonido *m* gutural; **Gaumenmandel** F ANAT amígdala *f*; **Gaumenplatte** F *künstliche*: paladar *m* artificial; **Gaumensegel** N ANAT velo *m* palatino (*od* del paladar); **Gaumenzäpfchen** N ANAT úvula *f*, *umg* campanilla *f*
'Gauner M ⟨~s; ~⟩ (*Betrüger*) estafador *m*, timador *m*; (*Dieb*) ladrón *m*; (*gerissener Mensch*) granuja *m*; bribón *m*; **Gaunerbande** F (*Betrüger*) banda *f* de estafadores; (*Dieb*) banda *f* de ladrones; (*gerissene Menschen*) banda *f* de granujas
Gaune'rei F ⟨~; ~en⟩ (*Betrügerei*) estafa *f*, timo *m*; (*Raub, Einbruch*) robo *m*; (*böser Streich*) mala pasada *f*; granujada *f*
'gaunerhaft ADJ (*wie Betrüger*) (de) estafador, (de) timador; (*wie Diebe*) (de) ladrón; (*wie gerissene Menschen*) (de) bribón, (de) granuja; pícaro;
Gaunerin F ⟨~; ~nen⟩ (*Betrüger*) estafadora *f*, timadora *f*; bribona *f*; (*Diebin*) ladrona *f*; (*gerissener Mensch*) granuja *f*; bribona *f*
'gaunern VI (*betrügen*) estafar, timar; (*stehlen*) robar; (*bösen Streich spielen*) jugar una mala pasada *f*
'Gaunersprache F germanía *f*, jerga *f* del hampa; caló *m*; **Gaunerstreich** M → Gaunerei
'Gaze ['ga:zə] F ⟨~; ~n⟩ TEX gasa *f*; **Gazebinde** F venda *f* de gasa
Ga'zelle F ⟨~; ~n⟩ ZOOL gacela *f*
'Gazesieb N tamiz *m* de gasa
Gbf ABK (Güterbahnhof) estación *f* de mercancías
GbR ABK (Gesellschaft des bürgerlichen Rechts) sociedad *f* civil
Ge'ächtete M/F ⟨~n; ~n; → A⟩ proscrito *m*, -a *f*
Ge'ächze N ⟨~s⟩ gemidos *mpl*, gimoteo *m*
Ge'äder N ⟨~s⟩ ZOOL, BOT venación *f*, nerviación *f*; *im Holz*: vetas *fpl*; (*Marmorierung*) jaspeado *m*
ge'adert, ge'ädert ADJ estriado; venoso; *Blatt* veteado; (*marmoriert*) jaspeado
ge'artet ADJ **anders ~** de otra naturaleza; **so ~ sein, dass ...** ser de tal índole que ...
Ge'äst N ⟨~es⟩ ramaje *m*
geb. ABK **1** (*geboren*) nacido **2** (*gebunden*) encuadernado
Ge'bäck N ⟨~(e)s; ~e⟩ pastelería *f*, pasteles *mpl*; *ohne Füllung*: galletas *fpl*; pastas *fpl*; bizcochos *mpl*
ge'backen **A** PPERF → backen; *umg* **etw (nicht) ~ kriegen** (no) acabar de cuajar a/c **B** ADJ **frisch ~** → frisch gebacken
Ge'bälk N ⟨~(e)s⟩ maderamen *m*; viguería *f*; (*Dachgebälk*) armadura *f*
ge'ballt ADJ *Faust* apretado; *fig* **eine ~e Ladung Vitamine** *etc* una dosis concentrada de vitaminas
ge'bändert ADJ veteado
ge'bar → gebären
Ge'bärde F ⟨~; ~n⟩ gesto *m*
ge'bärden VR ⟨*ohne* ge-⟩ **sich ~** (com)portar-

G

se; conducirse; **sich wie ein Kind** *od* **sich kindisch ~** portarse como un niño; *umg* hacer el indio; **sich wie toll ~** hacer el loco

Ge'bärdenspiel N gesticulación *f*; (*Mimik*) mímica *f*; THEAT *obs* pantomima *f*; **Gebärdensprache** F lenguaje *m* mímico

ge'baren V/R ⟨*ohne* ge-⟩ *geh obs* **sich ~** conducirse, portarse

Ge'baren N ⟨~s⟩ conducta *f*, HANDEL gestión *f*

ge'bären V/T ⟨*irr; ohne* ge-⟩ alumbrar, dar a luz (*a. fig*); ZOOL *u. umg* parir; *fig* (*erzeugen*) producir; engendrar; → *a.* geboren

Ge'bären N ⟨~s⟩ parto *m*, alumbramiento *m*; **Gebärende** F ⟨~n; ~n; → *A*⟩ parturienta *f*; **gebärfähig** ADJ **im ~en Alter** en edad de tener hijos

Ge'bärmutter F ⟨~; ⸚⟩ ANAT matriz *f*, útero *m*; **Gebärmutterentfernung** F MED extirpación del útero; *fachspr* histerectomía *f*; **Gebärmutterhals** M ANAT cuello *m* uterino; **Gebärmutterhalskrebs** M MED cáncer *m* cervical; **Gebärmutterkrebs** M MED cáncer *m* uterino; **Gebärmuttersenkung** F MED descenso *m* de la matriz; **Gebärmuttervorfall** M MED prolapso *m* uterino

Ge'barung F ⟨~; ~en⟩ *österr* HANDEL gestión *f*

ge'bauchpinselt ADJ *umg* halagado; **sich ~ fühlen** sentirse halagado

Ge'bäude N ⟨~s; ~⟩ edificio *m* (*a. fig*); inmueble *m*; construcción *f*, edificación *f*; *fig* sistema *m*; **Gebäudeblock** M (*Straßenblock*) manzana *f* (de casas); *Am* cuadra *f*; **Gebäudekomplex** M conjunto *m* de edificios; **Gebäudereinigung** F limpieza *f* de edificios; **Gebäudereinigungsfirma** F empresa *f* de limpieza de edificios; **Gebäudeversicherung** F seguro *m* inmobiliario (*od* de inmuebles)

'gebefreudig ADJ dadivoso, generoso

Ge'bein N ⟨~(e)s; ~e⟩ *geh, mst pl* **~e** huesos *mpl*; **~e** *pl* osamenta *f*; (*sterbliche Hülle*) restos *mpl* mortales

Ge'bell N ⟨~(e)s⟩ ladrido *m*

'geben

⟨*irr*⟩

A transitives Verb — B intransitives Verb — C reflexives Verb — D unpersönliches Verb

— **A** transitives Verb —

1 dar; (*reichen, weitergeben*) *a.* pasar; (*übergeben*) *a.* entregar; (*hinzugeben*) añadir; **zu essen und zu trinken ~** dar de comer y beber; **~ Sie mir das!** ¡démelo!, ¡déme eso!, *umg* ¡venga eso!; TEL **~ Sie mir bitte Frau Marx!** ¡póngame con la señora Marx, por favor!; *fig* **j-m die Hand darauf ~, etw zu tun** dar a alg palabra de hacer a/c **2** *fig Antwort, Auskunft, Fest* dar; *Kredit, Rabatt a.* conceder; *Versprechen* hacer; *Beispiel* poner; *Unterricht* dar, impartir; **j-m (eine) Antwort ~** responder (*od* dar una respuesta) a alg; **in die Lehre ~** poner de aprendiz (*od* en aprendizaje); **j-m die Schuld ~** echar la culpa a alg; **j-m ein Zeichen ~** hacer una señal a alg; **zu tun ~** dar que hacer **3** *geh* **gebe Gott, dass** quiera Dios que (*subj*); ojalá (*subj*) **4** (*ergeben*) dar (por resultado); (*hervorbringen*) dar, producir; **10 durch 2 gibt 5** 10 entre 2 son 5; **das gibt Flecken** eso mancha; **was wird das noch ~?** ¿a dónde irá a parar todo esto?; **ein Wort gab das andere** se trabaron de palabras **5** THEAT representar; **das Stück wurde drei Monate gegeben** la obra estaba tres meses en cartelera **6** (*bringen*) **etw auf die Post®/in die Reinigung ~** llevar a/c a correos/a la tintorería **7** (*äußern*) **etw von sich ~** *Worte* decir a/c; *Flüche* proferir a/c **8** **viel/wenig auf etw** (*acus*) **~** hacer mucho/poco caso de a/c, dar mucha/poca importancia a a/c; **etw auf sich** (*acus*) **~** (*sich pflegen*) cuidarse; **darauf gebe ich nichts** no lo creo; poco me importa; **viel darum ~ zu** (*inf*) dar cualquier cosa por (*inf*); *umg* **ich gäbe was drum, wenn ich wüsste …** daría cualquier cosa por saber … **9** **von sich ~** (*sich übergeben*) vomitar, arrojar **10** *umg fig* **es j-m ~** *mit Worten*: decir a alg cuatro verdades; *umg fig* **gib's ihm!** *umg* ¡dale duro!

— **B** intransitives Verb —

1 *Kartenspiel*: dar; **wer gibt?** ¿quién da?; ¿quién es mano? **2** SPORT (*Aufschlag haben*) sacar

— **C** reflexives Verb —

1 (*sich benehmen*) **sich ungezwungen** *etc* **~** comportarse con desenvoltura, *etc*; **sich ~ als** darse aire(s) de **2** (*nachlassen*) **sich ~** *Schmerz* calmarse; *Schwierigkeit* allanarse; **das wird sich schon ~** ya se arreglará; ya pasará

— **D** unpersönliches Verb —

es gibt … hay …; **das gibt's** (*kommt vor*) eso pasa; **das gibt es nicht** no existe; *verbietend*: ¡eso no!; ¡ni hablar!; *umg* **das gibt's doch nicht!** *umg* no puede ser!; ¡no es posible!; **es wird Regen ~** va a llover; **was gibt's?** ¿qué hay? ¿qué pasa?; **was gibt's Neues?** ¿qué hay de nuevo?; **was gibt es zu essen?** ¿qué hay de comer?; **was gibt es im Fernsehen?** ¿qué echan por la tele?; *umg* **was es nicht alles gibt!** ¡lo que hay que ver!; *umg* **da gibt's nichts!** ¡de eso no hay duda!; *umg* **es wird noch was ~** habrá jaleo (*od umg* hule)

'Geben N ⟨~s⟩ **1** *Kartenspiel*: **am ~ sein** ser mano **2** *sprichw* **~ ist seliger denn Nehmen** más vale dar que tomar

'Geber M ⟨~s; ~⟩, **Geberin** F ⟨~; ~nen⟩ dador *m*, -a *f*; (*Spender, -in*) donador *m*, -a *f*, donante *m/f*; **Geberkonferenz** F POL reunión *f* de donantes (*od* donadores); **Geberland** N POL país *m* donante (*od* donador); **Geberlaune** F humor *m* generoso; **in ~ sein** estar generoso

Ge'bet N ⟨~(e)s; ~e⟩ **1** oración *f*, rezo *m*; (*Bittgebet*) plegaria *f*; **stilles ~** oración *f* mental; **sein ~ verrichten** orar, rezar una oración; **zum ~ rufen** llamar a la oración **2** *fig* **j-n ins ~ nehmen** (*j-n ermahnen*) echar un sermón a alg, *umg* sermonear a alg

Ge'betbuch N devocionario *m*; (*Brevier*) breviario *m*

ge'beten PPERF → bitten

Ge'betshaus N casa *f* de oración; **Gebetsmühle** F molino *m* de oración; **gebetsmühlenartig** ADJ *fig* repetitivo; **Gebetsrufer** M REL almuecín *m*; **Gebetsteppich** M alfombra *f* de oración

ge'beugt ADJ encorvado; *fig* (*niedergeschlagen*) abatido

ge'biert → gebären

Ge'biet N ⟨~(e)s; ~e⟩ **1** GEOG región *f*, comarca *f*; zona *f*; área *f*; (*Staatsgebiet*) territorio *m* **2** *fig* sector *m*; (*Fachgebiet*) campo *m*, terreno *m*, dominio *m*; **auf diesem ~** en ese terreno; **auf dem ~ der Physik** en materia (*od* en el campo) de la física; **ein weites ~** un vasto campo **3** JUR (*Zuständigkeit*) jurisdicción *f*

ge'bieten ⟨*irr; ohne* ge-⟩ **A** V/T **1** (*befehlen*) mandar, ordenar; (*verordnen*) decretar; **j-m Schweigen ~** imponer silencio a alg **2** (*erfordern*) requerir; **Ehrfurcht ~** imponer respeto; → *a* geboten **B** V/I (*verfügen*) **~ über** (*acus*) disponer (de); (*herrschen*) reinar (sobre); **über etw/j-n gebieten** dominar a/c/a alg

Ge'bieter M ⟨~s; ~⟩, **Gebieterin** F ⟨~; ~nen⟩ señor *m*, -a *f*; dueño *m*, -a *f*, amo *m*, -a *f*; (*Herrscher, -in*) soberano *m*, -a *f*; **gebieterisch** ADJ imperioso; imperativo; autoritario; dictatorial; *Ton* categórico

Ge'bietsabtretung F cesión *f* territorial; **Gebietsanspruch** M reivindicación *f* (*od* reclamación *f*) territorial; **Gebietserweiterung** F aumento *m* de territorio; **Gebietsforderung** F → Gebietsanspruch; **Gebietshoheit** F soberanía *f* territorial; **Gebietskörperschaft** F corporación *f* territorial; **Gebietsreform** F reforma *f* territorial; **Gebietsstreitigkeiten** FPL litigios *mpl* territoriales

Ge'bilde N ⟨~s; ~⟩ **1** (*Bau, Gefüge*) estructura *f*; *fig* complejo *m*; entidad *f* **2** (*Erzeugnis*) producto *m*; forma(ción) *f*; figura *f*; (*Werk*) creación *f*; obra *f*

ge'bildet ADJ culto, instruido; ilustrado; **sehr ~** de gran cultura; **Gebildete** M/F ⟨~n; ~n; → *A*⟩ culto *m*, -a *f*

Ge'bimmel N ⟨~s⟩ repique(teo) *m*, tintineo *m*

Ge'binde N ⟨~s; ~⟩ **1** haz *m*; (*Blumenstrauß*) ramo *m*; ramillete *m*; (*Kranz*) guirnalda *f* **2** HANDEL fardo *m* **3** (*Fass*) tonel *m*

Ge'birge N ⟨~s; ~⟩ **1** montaña *f*; montes *mpl*; sierra *f*; **ins ~ fahren** ir a la montaña **2** BERGB roca *f*; **gebirgig** ADJ montañoso

Ge'birgsausläufer M estribaciones *fpl* (de una montaña); **Gebirgsbach** M torrente *m*; **Gebirgsbahn** F ferrocarril *m* de montaña; **Gebirgsbewohner** M ⟨~s; ~⟩, **Gebirgsbewohnerin** F ⟨~; ~nen⟩ montañés *m*, -esa *f*; serrano *m*, -a *f*; **Gebirgsbildung** F orogenia *f*; **Gebirgsdorf** N pueblo *m* de montaña; **Gebirgsgegend** F región *f* montañosa; **Gebirgsgrat** M cresta *f*; **Gebirgsjäger** M MIL cazador *m* de montaña; **Gebirgskamm** M cresta *f*; **Gebirgskette** F cadena *f* de montañas; cordillera *f*; sierra *f*; **Gebirgskunde** F orología *f*; **Gebirgsland** N ⟨~(e)s; ⸚er⟩ país *m* montañoso; serranía *f*; **Gebirgslandschaft** F paisaje *m* de montaña; **Gebirgsmassiv** N macizo *m* montañoso; **Gebirgspass** M puerto *m*, paso *m*; (*Engpass*) desfiladero *m*; **Gebirgspflanze** F BOT planta *f* de montaña; **Gebirgsrücken** M cumbre *m* de la sierra; **Gebirgsschlucht** F garganta *f*; barranco *m*; **Gebirgsstock** M GEOL macizo *m* montañoso; **Gebirgsstraße** F carretera *f* de montaña; **Gebirgstruppen** FPL MIL tropas *fpl* de montaña; **Gebirgsvolk** N gente *f* de la montaña, montañeses *mpl*; **Gebirgswand** F pared *f* rocosa; **Gebirgszug** M cordillera *f*

Ge'biss N ⟨~es; ~e⟩ **1** dentadura *f* **2** (**künstliches**) **~** dentadura *f* postiza; prótesis *f* dental **3** *am Zaum*: bocado *m*

ge'bissen PPERF → beißen

Ge'bläse N ⟨~s; ~⟩ TECH soplador *m*, soplante *m*; (*Blasebalg*) fuelles *mpl*; (*Ventilator*) ventilador *m* (*a.* AUTO); *umg* (*Schweißbrenner*) soplete *m*

ge'blasen PPERF → blasen

ge'blieben PPERF → bleiben

Ge'blök(e) N ⟨~(e)s⟩ *der Schafe*: balido *m*; *der Rinder*: mugido *m*

ge'blümt ADJ floreado

Ge'blüt N ⟨~(e)s⟩ *geh* sangre *f*; estirpe *f*; raza *f*, linaje *m*; **von edlem ~** (de familia) noble

ge'bogen **A** PPERF → biegen **B** ADJ (*krumm*) curvo, corvo; (*bogenförmig*) arqueado; *sehr steiler Bogen*: acodado

ge'bongt ADJ *umg* **ist ~!** ¡hecho!

ge'boren **A** PPERF → gebären **B** ADJ **1** nacido (in en); **~ werden** nacer, venir al mundo (*a. fig*); **er/sie ist am … geboren** nació el … **2**

Herkunftsangabe: **in Madrid ~** natural de Madrid; **~er Deutscher** alemán nativo (*od* de nacimiento) 3 *Angabe des Mädchennamens*: **~e Meyer** nacida (*od* de soltera) Meyer 4 *fig* nato; *fig* **er ist der ~e Redner/Künstler** nació para (ser) orador/artista

ge'borgen A PPERF → bergen B ADJ (*in Sicherheit*) a salvo, salvado; seguro; (*geschützt*) al abrigo (**vor** de); **sich (bei j-m) ~ fühlen** sentirse seguro (al lado de alg); **Geborgenheit** F ⟨~⟩ (*Sicherheit*) seguridad *f*; (*Zurückgezogenheit*) recogimiento *m*

ge'borsten PPERF → bersten

Ge'bot N ⟨~(e)s; ~e⟩ 1 *allg* mandamiento *m* (*a.* REL); mandato *m*; (*Befehl*) orden *f*; *moralisches*: imperativo *m*; *des Gewissens etc*: dictado *m*; REL **die Zehn ~e** el Decálogo, los diez mandamientos; **das ~ der Stunde** la necesidad del momento; *fig* **es ist ein ~ der Vernunft** es imperativo del sentido común (**etw zu tun** hacer a/c); lo manda el sentido común (*od* la razón) 2 VERW (*Vorschrift*) precepto *m*; (*Erlass*) decreto *m* 3 HANDEL (*Angebot*) oferta *f*; *bei Versteigerungen a.*: postura *f*; *höheres*: puja *f* 4 **j-m zu ~e stehen** estar a la disposición de alg; *sprichw* **Not kennt kein ~** la necesidad carece de ley

ge'boten A PPERF → bieten, gebieten B ADJ necesario; (*angezeigt*) indicado, conveniente; **~ sein** imponerse; **es ist dringend ~** es urgente; es absolutamente indispensable (*od* imprescindible); **Vorsicht ist ~** conviene tener cuidado

Ge'botszeichen N *Verkehr*: señal *f* preceptiva (*od* de obligación)

Gebr. ABK (Gebrüder) HANDEL Hnos (Hermanos)

ge'bracht PPERF → bringen

ge'brannt PPERF → brennen

ge'braten PPERF → braten

Ge'bräu N ⟨~(e)s; ~e⟩ *pej* brebaje *m*, mejunje *m*

Ge'brauch M ⟨~(e)s; ⸚e⟩ 1 uso *m*; (*Verwendung*) *a.* empleo *m*, utilización *f*; aplicación *f*; (*Handhabung*) manejo *m*; **von etw ~ machen** hacer uso de a/c; *v. e-m Recht*: hacer valer a/c; **außer ~ kommen** caer en desuso; **außer ~ sein** estar fuera de uso (*bzw* de servicio); no usarse ya; **für den eigenen ~** para uso personal; **etw in** *od* **im ~ haben** hacer uso de a/c; **in ~ nehmen** usar, emplear; servirse de; **in ~ kommen** generalizarse (el uso); **vor ~ schütteln** agítese antes de usarlo; **zum inneren/äußeren/täglichen ~** para uso interno/externo/diario 2 (*Sitte*) *mst pl*: **Gebräuche** costumbres *fpl*, usanzas *fpl*; (*Gewohnheit*) hábito *m*

ge'brauchen V/T ⟨*ohne* ge-⟩ usar; utilizar; emplear; hacer uso de; (*handhaben*) manejar; **Gewalt ~** emplear (*od* recurrir a) la fuerza; **~ zu** (*verwenden*) emplear (*od* utilizar) para; **äußerlich/innerlich zu ~** para uso externo/interno; **zu ~ sein** poder servir (**für, zu** para); **zu nichts zu ~ sein** *Person, Sache* no servir (*od* valer) para nada; **sich zu allem ~ lassen** prestarse (*od* ser utilizable) para todo; *umg* **das kann ich gut ~** me viene de maravilla; eso me viene al pelo; **das kann ich gar nicht ~** no lo necesito; no me sirve; → *a.* brauchen

ge'bräuchlich ADJ en uso; *Wörter etc* (de uso) corriente; (*üblich*) usual; común; (*herkömmlich*) acostumbrado, habitual; **~ sein** estar en uso; estilarse; **nicht mehr ~** fuera de uso; caído en desuso; **~ werden** hacerse usual

Ge'bräuchlichkeit F ⟨~⟩ empleo *m* corriente

Ge'brauchsanleitung F modo *m* de empleo; instrucciones *fpl* para el uso; **Gebrauchsanmaßung** F JUR hurto *m* de uso; **Gebrauchsanweisung** F → Gebrauchsanleitung; **Gebrauchsartikel** M artículo *m* de primera necesidad; objeto *m* (*od* artículo *m*) de uso (corriente); **Gebrauchsfahrzeug** N (vehículo *m*) utilitario *m*; **gebrauchsfertig** ADJ listo para el uso; dispuesto para el servicio; **Gebrauchsgegenstand** M → Gebrauchsartikel; **Gebrauchsgrafik** F dibujo *m* publicitario; grafismo *m*; **Gebrauchsgrafiker** M, **Gebrauchsgrafikerin** F dibujante *m/f* publicitario, -a; grafista *m/f*; **Gebrauchsgüter** NPL artículos *mpl* (*od* bienes *mpl*) de consumo duraderos; **Gebrauchsmusik** F música *f* de consumo; **Gebrauchsmuster** N HANDEL, JUR modelo *m* registrado; modelo *m* de utilidad (industrial); **Gebrauchsmusterschutz** M JUR protección *f* de modelos registrados; **Gebrauchswert** M valor *m* útil (*od* de utilidad)

ge'braucht A PPERF → brauchen B ADJ usado; HANDEL *a.* de ocasión, de segunda mano, de lance C ADV **etw ~ kaufen** comprar a/c de segunda mano, de ocasión

Ge'brauchtwagen M coche *m* usado; vehículo *m* de ocasión; **Gebrauchtwagenhändler** M, **Gebrauchtwagenhändlerin** F vendedor *m*, -a *f* de coches usados

Ge'brauchtwaren FPL mercancía *f* de segunda mano; **Gebrauchtwarenhandel** M venta *f* de ocasión

Ge'braus(e) N ⟨~es⟩ fragor *m*; estrépito *m*; *des Windes, des Meeres*: bramido *m*

ge'brechen V/UNPERS ⟨*irr*; *ohne* ge-⟩ *geh* **es gebricht mir an** (*dat*) carezco de, me falta(n), me hace(n) falta; necesito

Ge'brechen N ⟨~s; ~⟩ *geh* defecto *m* (físico); imperfección *f* física; vicio *m* (de conformación); **die ~ des Alters** los achaques de la edad

ge'brechlich ADJ frágil; (*kränklich*) achacoso, enfermizo; (*altersschwach*) decrépito; **Gebrechlichkeit** F ⟨~⟩ fragilidad *f*; (*Kränklichkeit*) achacosidad *f*; (*Altersschwäche*) decrepitud *f*

ge'brieft ADJ informado

ge'brochen A PPERF → brechen B ADJ 1 *Linie, fig* quebrado; *Lichtstrahl* refractado; *Stimme* entrecortado; **mit ~er Stimme** con voz entrecortada 2 *seelisch*: afligido; **mit ~em Herzen** con el corazón desgarrado; con la muerte en el alma C ADV **~ Deutsch sprechen** chapurrear el alemán

Ge'brodel N ⟨~s⟩ borboteo *m*

Ge'brüder PL hermanos *mpl*; HANDEL **~ Meyer** Hermanos Meyer

Ge'brüll N ⟨~(e)s⟩ 1 *Stier*: bramido *m*; *Rind*: mugido *m*; *Löwe*: rugido *m* 2 *fig* (*Geschrei*) griterío *m*; vocerío *m*; (*Wutgebrüll*) bramidos *mpl* de furia

Ge'brumm N ⟨~s⟩ → Brummen

Ge'bühr F ⟨~; ~en⟩ 1 *allg* tasa *f*; *oft pl* **~en** tasas *fpl*; tarifa *f*; derechos *mpl*; *für Ärzte, Anwälte etc*: honorarios *mpl*; **ermäßigte ~** tarifa *f* reducida 2 TEL **~en** *pl* tarifa *f*; (*Fernsehgebühr, Rundfunkgebühr*) ≈ impuesto *m* 3 (*Straßenbenutzungsgebühr*) peaje *m* 4 *Postwesen*: porte *m*; **~ bezahlt** porte *m* pagado; **~ bezahlt Empfänger** *Post* porte *m* pagado por el destinatario 5 *mit präp*: **nach ~** debidamente, convenientemente; **über ~** más de lo debido; excesivamente; sobremanera

ge'bühren ⟨*ohne* ge-⟩ *geh* A V/I **j-m ~** corresponder a alg; pertenecer a alg B V/R & V/UNPERS **sich ~** ser debido, deberse; convenir; proceder; **wie es sich gebührt** como es debido; como procede; **es gebührt sich nicht (für j-n) zu** (*inf*) no (le) conviene (a alg) (*inf*), no es apropiado (para alg) (*inf*); **das gebührt sich nicht** eso no se hace

Ge'bührenanzeige F información *f* (*od* indicación *f*) de tasas; indicador *m* de tasa; **Gebührenberechnung** F tarificación *f*

ge'bührend A ADJ debido; correspondiente; conveniente; (*richtig*) justo; (*verdient*) merecido; **j-m die ~e Achtung erweisen** guardar a (*od* tener con) alg el respeto debido B ADV debidamente, como es debido; en debida forma

Ge'bühreneinheit F TEL paso *m* de contador; **Gebührenerlass** M exención *f* de derechos; **Gebührenermäßigung** F reducción *f* de derechos; TEL *etc* reducción *f* de tarifa; **gebührenfrei** ADJ exento (*od* libre) de derechos; **Gebührenfreiheit** F exención *f* (*od* exoneración *f*) de derechos; franquicia *f*; **Gebührennachlass** M → Gebührenermäßigung; **Gebührenordnung** F tarifa *f*; *der Ärzte etc*: tarifa *f* de honorarios; *Zoll*, JUR arancel *m*; **gebührenpflichtig** ADJ sujeto a derechos (*od* tasas); *Autobahn* de peaje; **Gebührenrechnung** F *Anwalt etc*: minuta *f*; TEL factura *f*; **Gebührensatz** M tarifa *f*; *der Ärzte etc*: tarifa *f* de honorarios

ge'bührlich ADJ → gebührend

ge'bunden A PPERF → binden B ADJ 1 ligado (*a. fig u.* MUS); **in ~er Rede** en verso 2 *Buch* encuadernado 3 HANDEL *Preis* controlado 4 *fig* unido, ligado; comprometido; **~ an** (*acus*) *an Regeln*: sujeto a; *an seine Familie*: atado a; **vertraglich ~** obligado por contrato 5 CHEM combinado; PHYS *Wärme* latente

Ge'bundenheit F ⟨~⟩ (*Verpflichtung*) obligación *f*; *an Regeln*: sujeción *f*; (*Abhängigkeit*) dependencia *f*

Ge'burt F ⟨~; ~en⟩ 1 *allg* nacimiento *m* (*a. fig*); (*Gebären*) parto *m*, alumbramiento *m*; **schwere ~** parto *m* laborioso; *fig* parto *m* de los montes; **die ~ einleiten** inducir el parto; **bei seiner ~** al nacer; **von ~ an** *od* **seit meiner ~** desde mi nacimiento; **von ~ an blind sein** ser ciego de nacimiento 2 *Herkunft*: **Deutscher von ~** alemán de origen; **von vornehmer** (*od* **hoher**) **~** de ilustre origen; de noble linaje (*od* alcurnia) 3 **vor** (*bzw* **nach**) **Christi ~** antes (*bzw* después) de Cristo

Ge'burtenbeihilfe F subsidio *m* de natalidad; **Geburtenbeschränkung** F limitación *f* de la natalidad (*od* de los nacimientos); **Geburtenkontrolle** F control *m* de natalidad (*od* de nacimientos); **Geburtenprämie** F premio *m* de natalidad; **Geburtenregelung** F regulación *f* de los nacimientos; **Geburtenrückgang** M descenso *m* de la natalidad

ge'burtenschwach ADJ **~e Jahrgänge** años de baja natalidad; **geburtenstark** ADJ **~e Jahrgänge** años de alta natalidad

Ge'burtenüberschuss M excedente *m* de nacimientos (*od* de natalidad); **Geburtenziffer** F (índice *m* de) natalidad *f*; **Geburtenzuwachs** M aumento *m* de la natalidad

ge'bürtig ADJ oriundo, natural, nativo (**aus** de); **~er Deutscher** alemán de nacimiento; alemán de origen

Ge'burtsadel M nobleza *f* hereditaria; **Geburtsanzeige** F parte *m* de natalicio; *behördlich*: declaración *f* de nacimiento; **Geburtsdatum** N fecha *f* de nacimiento; **Geburtsfehler** M defecto *m* congénito; **Geburtshaus** N casa *f* natal; **Geburtshelfer** M *Arzt*: tocólogo *m*, obstetra *m*; **Geburtshelferin** F tocóloga *f*, obstetra *f*; **Geburtshilfe** F asistencia *f* obstétrica (*od* al parto); obstetricia *f*; **Geburtsjahr** N año *m* de nacimiento; **Geburtsland** N ⟨~(e)s⟩ país *m* natal; **Geburtsort** M lugar *m* de nacimiento; **Geburtsregister** N registro *m* de nacimientos; **Geburtsschein** M partida f de nacimiento; **Geburtsstadt** F ciudad f natal

Ge'burtstag M cumpleaños *m; Am a.* natalicio *m*; aniversario *m (a. fig)*; **~ haben** cumplir años; **sie** (*bzw* **Juan**) **hat heute ~** hoy es su cumpleaños (*bzw* el cumpleaños de Juan); **j-m zum ~ gratulieren** felicitar a alg por su cumpleaños; **herzlichen Glückwunsch** (*od* **alles Gute**) **zum ~!** ¡feliz cumpleaños!

Ge'burtstagsfeier F fiesta *f* de cumpleaños; **Geburtstagsgeschenk** N regalo *m* de cumpleaños; **Geburtstagskarte** F tarjeta *f* (de felicitación) de cumpleaños; **Geburtstagskind** N el (*od* la) que celebra su cumpleaños

Ge'burtsurkunde F acta *f* de nacimiento; **Geburtswehen** FPL dolores *mpl* del parto; **Geburtszange** F MED fórceps *m*

G

Ge'büsch N ⟨~es; ~e⟩ arbustos *mpl*; (*Gestrüpp*) matorral *m*; (*Dickicht*) espesura *f*; soto *m*

Geck M ⟨~en; ~en⟩ *pej* (**eitler**) **~** presumido *m*, *lit* petimetre *m*; *umg* niño *m* bonito; **geckenhaft** ADJ *pej* fatuo, presumido

'Gecko M ⟨~s; ~s⟩ ZOOL salamanquesa *f*

ge'dacht PPERF → denken, gedenken

Ge'dächtnis N ⟨~ses; ~se⟩ **1** (*Erinnerung, Denken*) memoria *f*; retentiva *f*; **ein gutes/schlechtes ~ haben** tener buena/mala memoria; **ein kurzes ~ haben** ser corto de memoria; **ein ~ wie ein Sieb haben** ser flaco de memoria; **aus dem ~** de memoria; **aus dem ~ tilgen** borrar de la memoria; **etw aus dem ~ verlieren** olvidar a/c; perder el recuerdo de a/c; **etw im ~ behalten** conservar (*od* retener) a/c en la memoria; **sich** (*dat*) **etw ins ~ (zurück)rufen** recordar (*od* acordarse de) a/c; rememorar a/c; **j-m etw ins ~ (zurück)rufen** recordar a alg a/c; hacer recordar a alg a/c; **wenn mein ~ mich nicht trügt** si mal no recuerdo **2** (*Gedenken*) recuerdo *m*; conmemoración *f*; **zum ~ an j-n/etw** en recuerdo (*od* memoria) de alg/a/c

Ge'dächtnisfeier F acto *m* conmemorativo; **Gedächtnislücke** F laguna *f* en la memoria; **gedächtnisschwach** ADJ flaco de memoria, desmemoriado; **Gedächtnisschwäche** F flaqueza *f* de memoria; **Gedächtnisschwund** M ⟨~(e)s⟩ pérdida *f* de la memoria, MED amnesia *f*; **Gedächtnisstörung** F perturbación *f* de la memoria; **Gedächtnisstütze** F ayuda *f* (m)nemotécnica; **Gedächtnisübung** F ejercicio *m* de memoria; **Gedächtnisverlust** M → Gedächtnisschwund

ge'dämpft ADJ *Geräusch* atenuado; *Farbe, Stimmung* apagado; *Licht* suave; **mit ~er Stimme** en voz baja

Ge'danke M ⟨~ns; ~n⟩ **1** *allg* pensamiento *m*; idea *f*; **einen ~n hegen** abrigar una idea; **einen ~n wälzen** rumiar (*od* dar vueltas a) una idea; **j-s ~n lesen** intuir el pensamiento de alg; **schon der ~** *od* **der bloße ~** la sola idea (**an** *acus* de); con sólo pensarlo; **seine ~n nicht beisammen haben** estar distraído; **bei dem ~n** al pensar que; **in ~n** (*im Geiste*) mentalmente; (*aus Zerstreutheit*) por distracción; **in ~n (versunken) sein** estar pensativo; (*geistesabwesend*) estar ensimismado; estar abismado en sus pensamientos; **etw in ~n tun** hacer a/c sin pensar (*od* sin querer); hacer a/c maquinalmente; **wo warst du mit deinen ~n?** ¿dónde tenías la cabeza?; *sprichw* **die ~n sind frei** el pensamiento es libre **2** (*Einfall*) idea *f*; ocurrencia *f*; **j-n auf andere ~n bringen** distraer a alg; **auf andere ~n kommen** distraerse; pensar en otra cosa; **auf dumme ~n kommen** hacer un disparate; **wie kommst du auf den ~n?** ¿cómo se te ocurre eso?; **wer brachte ihn auf den ~n?** ¿quién le sugirió la idea?; **sie verfiel** *od* **kam auf den ~n zu** (*inf*) concibió la idea de; se le ocurrió la idea de; **mit dem ~n spielen** (*od* **umgehen**) **zu** (*inf*) acariciar la idea de (*inf*); proyectar, pensar en, proponerse (*inf*) **3** (*Betrachtung*) reflexión *f*; meditación *f*; consideración *f* (**über** *acus* sobre); **schwarzen** *od* **trüben ~n nachhängen** entregarse a reflexiones tristes; tener ideas negras; **sich** (*dat*) **~n machen** pensar (*od* reflexionar) (**über** *acus* sobre); **sich** (*dat*) **seine ~n machen** tener sus ideas; **sich** (*dat*) **um j-n/etw ~n machen** (*sich sorgen*) estar preocupado por alg/a/c; **mach dir keine ~n!** ¡no te preocupes (*od* apures)!, ¡descuida! **4** **kein ~!** *umg* ¡ni pensarlo!, ¡ni por asomo!; *Am* ¡qué esperanza!

ge'dankenarm ADJ pobre de ideas

Ge'dankenarmut F ausencia *f* de ideas; **Gedankenaustausch** M cambio *m* de ideas (*bzw* de impresiones); **Gedankenblitz** M idea *f* repentina; *geistreicher*: ocurrencia *f*; salida *f*; **Gedankenflug** M vuelo *m* de la fantasía; **Gedankenfolge** F sucesión *f* de ideas; **Gedankenfreiheit** F libertad *f* de pensamiento; **Gedankenfülle** F abundancia *f* de ideas; **Gedankengang** M orden *m* de las ideas; razonamiento *m*, raciocinio *m*; **Gedankengut** N ideario *m*

ge'dankenleer ADJ sin ideas; vacío (de toda idea)

Ge'dankenleere F ausencia *f* de ideas; **Gedankenlesen** N intuición *f* del pensamiento; **Gedankenleser** M, **Gedankenleserin** F adivinador *m*, -a *f* del pensamiento

ge'dankenlos ADJ irreflexivo; aturdido; (*zerstreut*) distraído, descuidado; (*mechanisch*) maquinal; **Gedankenlosigkeit** F ⟨~; ~en⟩ irreflexión *f*; aturdimiento *m*; (*Zerstreutheit*) distracción *f*, descuido *m*; inadvertencia *f*

ge'dankenreich ADJ rico (*od* fecundo) en ideas; **Gedankenreichtum** M riqueza *f* de pensamiento; abundancia *f* de ideas

Ge'dankensprung M salto *m* de una idea a otra; **Gedankenstrich** M guión *m*; raya *f*; **Gedankenübertragung** F transmisión *f* del pensamiento; telepatía *f*; **Gedankenverbindung** F asociación *f* de ideas

ge'dankenverloren ADJ ensimismado; **gedankenvoll** ADJ pensativo, meditabundo; preocupado

Ge'dankenwelt F ideología *f*; ideario *m*; mundo *m* de las ideas

ge'danklich ADJ mental; intelectual

Ge'därm N ⟨~(e)s; ~e⟩ *mst* **~e** PL ANAT intestinos *mpl*; *umg* tripas *fpl*

Ge'deck N ⟨~(e)s; ~e⟩ GASTR cubierto *m*

Ge'deih M ⟨~(e)s⟩ **auf ~ und Verderb** pase lo que pase, venga lo que viniere

ge'deihen VI ⟨*irr; ohne* ge-; sn⟩ **1** prosperar; florecer (*a. Pflanze*); *Kind* criarse bien; (*wachsen*) crecer; BOT *a.* darse bien **2** (*vorwärtskommen*) adelantar, medrar; (*sich entwickeln*) desarrollarse; **die Sache ist so weit gediehen, dass** las cosas han llegado a tal punto que

Ge'deihen N ⟨~s⟩ prosperidad *f*; florecimiento *m*; (*Wachstum*) crecimiento *m*; medro *m*; (*Entwicklung*) desarrollo *m*; progresos *mpl*; **gedeihlich** ADJ *geh* próspero; floreciente; (*fruchtbar*) fructífero, provechoso; (*förderlich*) saludable

ge'denken VI ⟨*irr; ohne* ge-⟩ *geh* **1** **einer Sache/j-s ~** recordar a/c/a alg, pensar en a/c/en alg; (*erwähnen*) hacer mención de a/c/de alg **2** **etw zu tun ~** pensar hacer a/c, tener la intención de hacer a/c

Ge'denken N ⟨~s⟩ memoria *f*, recuerdo *m*; conmemoración *f*; **zu seinem ~** en su memoria

Ge'denkfeier F commemoración *f*; acto *m* conmemorativo; **Gedenkminute** F minuto *m* de silencio; **Gedenkmünze** F medalla *f* conmemorativa; **Gedenkrede** F discurso *m* conmemorativo; **Gedenkstätte** F lugar *m* conmemorativo; **Gedenkstein** M lápida *f* conmemorativa; **Gedenktafel** F placa *f* conmemorativa; **Gedenktag** M (*Jahrestag*) aniversario *m*

Ge'dicht N ⟨~(e)s; ~e⟩ poesía *f*; *größeres*: poema *m*; *umg fig* **ein ~ sein** estar buenísimo (*bzw* bellísimo); **Gedichtform** F **in ~** en verso; **Gedichtsammlung** F antología *f*

ge'diegen ADJ **1** (*rein*) puro (*a.* MINER); (*massiv*) macizo; sólido; *Gold, Silber* de ley; fino **2** (*gut gemacht*) bien hecho, esmerado; **~e Einrichtung** mobiliario *m* de calidad **3** *fig* sólido; *Charakter* honrado, formal; probo, íntegro; **~e Atmosphäre** ambiente *m* distinguido **4** *umg* (*komisch*) curioso; extraño

Ge'diegenheit F ⟨~⟩ **1** solidez *f* (*a. fig*); MINER pureza *f*; esmero *m* **2** *fig* solidez *f*; *des Charakters*: probidad *f*; honradez *f*

ge'dieh, ge'diehen *pperf* → gedeihen

Ge'dinge N ⟨~s; ~⟩ BERGB destajo *m*; **im ~** a tanto alzado; a destajo

Ge'döns N ⟨~es⟩ *reg umg* aspavientos *mpl*; **ein ~ um etw/j-n machen** hacer aspavientos por a/c/alg

Ge'dränge N ⟨~s⟩ **1** apretura *f*; agolpamiento *m*; (*Menschengedränge*) gentío *m*; aglomeración *f* de gente **2** *fig, zeitlich*: aprieto *m*, apuro *m*; **ins ~ kommen** *od* **im ~ sein** estar en un aprieto (*od* en apuros)

ge'drängt **A** ADJ **1** apretado, comprimido; (*dicht gedrängt*) apiñado **2** *Stil* conciso, breve; **~e Übersicht** sumario *m*; resumen *m* (corto); sinopsis *f* **B** ADV **~ voll** abarrotado; *mit Personen a.*: atestado; *mit Sachen*: colmado; **~ sitzen** estar sentado apretadamente; **dicht ~ stehen** estar apiñados (*od* apretados)

Ge'drängtheit F ⟨~⟩ compacidad *f*; *des Stils*: concisión *f*; *der Ereignisse*: sucesión *f* rápida

ge'drechselt ADJ *fig Stil* pulido

ge'drückt ADJ *fig* deprimido; abatido, desanimado; **~e Stimmung** desanimación *f*; **Gedrücktheit** F ⟨~⟩ *Stimmung*: depresión *f*; abatimiento *m*

ge'drungen ADJ compacto; *Gestalt* rechoncho, *umg* regordete; (*untersetzt*) achaparrado, chato; **Gedrungenheit** F ⟨~⟩ compacidad *f*; estatura *f* gruesa y baja

Ge'dudel N ⟨~s⟩ *umg pej* cencerreo *m*; *umg* musiquilla *f*

Ge'duld F ⟨~⟩ paciencia *f*; **~ haben** tener paciencia (**mit** con); **die ~ verlieren** perder la paciencia, impacientarse; **j-s ~ erschöpfen** agotar la paciencia a alg; **die ~ auf die Probe stellen** poner a prueba (*od* probar) la paciencia; **etw mit ~ (er)tragen** tomar (soportar *od* llevar) a/c con paciencia; **sich mit ~ wappnen** armarse de paciencia; **ich bin mit meiner ~ am Ende** estoy a punto de perder la paciencia, se me acaba la paciencia; *umg* **mit ~ und Spucke (fängt man eine Mucke)** con paciencia se gana el cielo; **(nur) ~!** ¡paciencia!

ge'dulden V/R ⟨*ohne* ge-⟩ **sich ~** tener paciencia; (*warten*) esperar, aguardar

ge'duldig **A** ADJ paciente; *im Ertragen*: sufrido; (*nachsichtig*) indulgente **B** ADV pacientemente, con paciencia

Ge'duldsfaden M *umg* **mir reißt der ~** se me acaba la paciencia; **Geduldsprobe** F prueba *f* de paciencia; **j-n auf eine ~ stellen** poner a prueba (*od* probar) la paciencia de alg

Ge'duld(s)spiel N juego *m* de paciencia; rompecabezas *m*

ge'dungen ADJ **~er Mörder** asesino *m* a sueldo; → dingen

ge'dunsen ADJ hinchado; abultado

ge'durft PPERF → dürfen B

ge'ehrt ADJ honrado; (*geschätzt*) estimado; *in Briefen*: **sehr ~er Herr!** muy señor mío; **sehr ~e Frau Gómez** estimada Sra. Gómez

ge'eicht ADJ 1 → eichen[1] 2 *fig* **auf etw** (*acus*) **~ sein** ser experto (entendido *od* versado) en a/c

ge'eignet ADJ propio, apropiado, adecuado (**für, zu** para); idóneo, apto (**zu** para); (*fähig*) capaz (**zu** de); (*passend*) conveniente, a propósito (**zu** para); **im ~en Augenblick** en el momento oportuno

Geest F ⟨~; ~en⟩, **'Geestland** N ⟨~(e)s⟩ terreno *m* elevado y seco (*en Alemania del Norte*)

Ge'fahr F ⟨~; ~en⟩ peligro *m*; (*Wagnis*) riesgo *m*; **es ist ~ im Verzug** el peligro es inminente; *umg* hay moros en la costa; **~ laufen zu** (*inf*) correr (el) peligro (*od* riesgo) de (*inf*), arriesgar (*inf*); **auf eigene ~** a propio riesgo; **auf die ~ hin** a riesgo de; **auf die ~ hin, alles zu verlieren** a riesgo de perderlo todo; **außer ~** fuera de peligro, a salvo; **j-n/etw in ~ bringen** poner a alg/a/c en peligro; **in ~ geraten** *od* **in ~ kommen** *od* **sich in ~ begeben** exponerse al peligro; **in ~ sein** *od* **schweben** estar en peligro; peligrar

ge'fahrbringend, Ge'fahr bringend ADJ peligroso

ge'fährden VT ⟨*ohne* ge-⟩ poner en peligro; hacer peligrar; *Frieden etc* amenazar; (*aufs Spiel setzen*) arriesgar, aventurar, exponer; *Ruf, Stellung* comprometer; **Gefährdung** F ⟨~; ~en⟩ amenaza *f*

ge'fahren PPERF → fahren

Ge'fahrengebiet N zona *f* peligrosa; **Gefahrenherd** M POL foco *m* de conflictos; **Gefahrenquelle** F fuente *f* de peligros; **Gefahrenstelle** F lugar *m* peligroso; **Gefahrenzone** F zona *f* peligrosa; **Gefahrenzulage** F plus *m* de peligrosidad

Ge'fahrgut N mercancía *f* (*od* carga *f*) peligrosa; **Gefahrguttransport** M transporte *m* de mercancías peligrosas (*od* de carga peligrosa)

ge'fährlich ADJ peligroso; (*gewagt*) arriesgado; expuesto; *Krankheit* grave, de cuidado; *Alter* crítico; *umg* **das ist nicht so ~** no es nada; **Gefährlichkeit** F ⟨~⟩ peligrosidad *f*; peligro *m*; *e-r Krankheit*: gravedad *f*

ge'fahrlos ADJ sin riesgo; (*sicher*) seguro; **Gefahrlosigkeit** F ⟨~⟩ ausencia *f* de peligro; (*Sicherheit*) seguridad *f*

Ge'fährt N ⟨~(e)s; ~e⟩ vehículo *m*

Ge'fährte M/F ⟨~n; ~n; → A⟩, **Gefährtin** F ⟨~; ~nen⟩ compañero *m*, -a *f*; camarada *m/f*

ge'fahrvoll ADJ lleno de peligros; (muy) peligroso; arriesgado

Ge'fälle N ⟨~s; ~⟩ declive *m*; desnivel *m* (*a. fig*); inclinación *f*; pendiente *f* (*a.* VERKEHR); *e-s Flusses*: salto *m*; ELEK caída *f*; PHYS *a.* gradiente *m*

ge'fallen[1] ⟨*irr; ohne* ge-⟩ A VI 1 **j-m ~** gustar (*od* agradar) a alg; *lit* placer a alg; **wie gefällt Ihnen ...?** ¿le gusta ...?, ¿qué le parece ...?; **wie es Ihnen gefällt** como usted guste; **es gefällt mir hier** me gusta (*od* agrada) este lugar, me encuentro (muy) bien aquí; **mir gefällt es in Leipzig** me encuentro bien en Leipzig; *umg* **die Sache gefällt mir nicht** *umg* esto no me gusta; no me hace ninguna gracia 2 **sich** (*dat*) **etw ~ lassen** tolerar a/c; (*es ertragen*) sufrir (*od* aguantar *od* soportar) a/c; (*es hinnehmen*) admitir (*od* consentir) en a/c, conformarse con a/c; **sich** (*dat*) **alles ~ lassen** aguantar (*od* consentir) todo, pasar por todo; doblegarse a todo; **sich** (*dat*) **nichts ~ lassen** no pasar nada; no tolerar nada; *umg* no sufrir ancas; *umg* **das lasse ich mir ~!** ¡así me gusta! B VR *pej* **sich** (*dat*) **in einer Rolle ~** complacerse en un papel

ge'fallen[2] A PPERF → fallen B ADJ MIL muerto (en la guerra); **an der Front ~** caído en el frente; *Engel* caído

Ge'fallen[1] M ⟨~s; ~⟩ (*Gefälligkeit*) favor *m*; servicio *m*; **j-n um einen ~ bitten** pedir un favor a alg; **j-m einen ~ tun** hacer un favor a alg; **tun Sie mir den ~ zu** (*inf*) hágame el favor de (*inf*); tenga la bondad (*od* amabilidad) de (*inf*)

Ge'fallen[2] N ⟨~s⟩ placer *m*, gusto *m*, agrado *m*; **an etw** (*dat*) **~ finden** hallar gusto (*od* satisfacción) en a/c (*bzw* en hacer a/c); tomar gusto (*od* aficionarse) a a/c; **an j-m ~ finden** simpatizar con alg; **an etw** (*dat*) **~ haben** tener placer (*od* gusto) en a/c; agradar (*od* gustar) a/c; **aneinander ~ finden** gustarse (mutuamente); **nach ~** a discreción, a voluntad; a su gusto

Ge'fallene M/F ⟨~n; ~n; → A⟩ muerto *m*, -a *f* (*od* caído *m*, -a *f*) (*en la guerra*)

Ge'fallenendenkmal N monumento *m* a los caídos (en la guerra); **Gefallenenfriedhof** M cementerio *m* de guerra

Ge'fallener M → Gefallene

ge'fällig ADJ (*liebenswürdig*) amable; (*hilfsbereit*) complaciente; (*zuvorkommend*) atento, obsequioso; (*ansprechend*) agradable; **j-m ~ sein** complacer a (*od* ser complaciente con) alg; **was ist ~?** ¿en qué puedo servirle?, ¿qué se le ofrece?; **sonst noch etwas ~?** ¿se le ofrece algo más?; **Zigaretten ~?** ¿desea usted cigarrillos?

Ge'fälligkeit F ⟨~; ~en⟩ amabilidad *f*; complacencia *f*; (*Dienst*) favor *m*; servicio *m*; **j-m eine ~ erweisen** hacer un favor a alg; prestar un servicio a alg; **aus ~** por complacencia; por (hacer un) favor

Ge'fälligkeitsakzept N, **Gefälligkeitswechsel** M HANDEL letra *f* de favor (*od* complacencia)

ge'fälligst ADV *umg* si usted gusta; **machen Sie ~ die Tür zu!** ¡haga el favor de cerrar la puerta!; **halt ~ den Mund!** *od* **sei ~ still!** ¡cállate ya!; ¡a ver si te callas!

ge'fangen A PPERF → fangen B ADJ prisionero; cautivo; (*in Haft*) preso, detenido; **~ halten** *Häftling, Geisel* retener (en prisión); tener encarcelado (*od* preso); *bes Tier* tener cautivo (*a. geh fig begeistern*); **~ nehmen** hacer prisionero; prender; capturar (*a.* MIL); *fig* (*begeistern*) cautivar; **~ setzen** meter en prisión, encarcelar; **sich ~ geben** *geh* darse (*od* entregarse) prisionero

Ge'fangene M/F ⟨~n; ~n; → A⟩ prisionero *m*, -a *f* (*a.* MIL); cautivo *m*, -a *f*; (*Häftling*) detenido *m*, -a *f*, preso *m*, -a *f*

Ge'fangenenaustausch M canje *m* de prisioneros; **Gefangenenbefreiung** F JUR participación *f* en la evasión de presos; **Gefangenenfürsorge** F asistencia *f* a los prisioneros; **Gefangenenlager** N campo *m* de prisioneros; **Gefangenenwagen** M coche *m* celular; **Gefangenenwärter** M, **Gefangenenwärterin** F → Gefängniswärter

Ge'fangener M → Gefangene

Ge'fangennahme F ⟨~⟩ detención *f*; captura *f* (*a.* MIL)

Ge'fangenschaft F ⟨~⟩ JUR prisión *f*; MIL cautiverio *m*, cautividad *f*; **in ~ geraten** caer (*od* ser hecho) prisionero (*a.* MIL); MIL, HIST **Rückkehr** *f* **aus der ~** vuelta *f* del cautiverio

Ge'fangensetzung F encarcelamiento *m*

Ge'fängnis N ⟨~ses; ~se⟩ cárcel *f*, prisión *f*; **darauf steht ~** está penado con la cárcel; **ins ~ kommen** ir a la cárcel; **ins ~ werfen** meter en la cárcel, encarcelar; **im ~ sein** *od* **sitzen** estar en la cárcel; **j-n zu drei Monaten ~ verurteilen** condenar a alg a tres meses de prisión

Ge'fängnisaufseher M, **Gefängnisaufseherin** F → Gefängniswärter; **Gefängnisdirektor** M, **Gefängnisdirektorin** F director *m*, -a *f* de un establecimiento penitenciario (*bzw* de una cárcel *od* prisión); **Gefängnishaft** F prisión *f*; **Gefängnishof** M patio *m* de la cárcel; **Gefängnisinsasse** M, **Gefängnisinsassin** F recluso *m*, -a *f*; **Gefängniskrankenhaus** N hospital *m* penitenciario; **Gefängnismauer** F muro *m* de la prisión; **Gefängnispfarrer** M párroco *m* (*od* cura *m*) penitenciario; **Gefängnisstrafe** F JUR (pena *f* de) prisión *f*; *ein bis sechs Monate*: arresto *m* mayor; **j-n zu einer ~ von 10 Jahren verurteilen** condenar a alg a diez años de prisión; **Gefängniswärter** M, **Gefängniswärterin** F carcelero *m*, -a *f*; oficial *m/f* (*od* celador *m*, -a *f*) de prisiones; **Gefängniszelle** F celda *f*

Ge'fasel N ⟨~s⟩ vaniloquio *m*; sandeces *fpl*; *von alten Leuten*: chocheces *fpl*

Ge'fäß N ⟨~es; ~e⟩ 1 vasija *f*; recipiente *m* 2 ANAT, BOT vaso *m* 3 *am Degen*: cazoleta *f*; **Gefäßbildung** F PHYSIOL vascularización *f*; **Gefäßchirurgie** F cirugía *f* vascular; **Gefäßerkrankung** F MED angiopatía *f*; **Gefäßerweiterung** F MED vasodilatación *f*; **Gefäßsystem** N ANAT sistema *m* vascular

ge'fasst ADJ (*ruhig*) sereno, tranquilo; con calma; (*ergeben*) resignado; **auf etw** (*acus*) **~ sein** estar preparado para a/c; **auf alles** *od* **das Schlimmste ~** preparado para lo peor; **sich auf etw** (*acus*) **~ machen** prepararse para a/c; *umg* **du kannst dich auf etwas ~ machen** verás lo que te va a pasar

Ge'fasstheit F ⟨~⟩ serenidad *f*, tranquilidad *f*; calma *f*; (*Ergebenheit*) resignación *f*

Ge'fäßverengung F MED vasoconstricción *f*

Ge'fecht N ⟨~(e)s; ~e⟩ combate *m*; encuentro *m*; (*Einsatz*) acción *f*; **außer ~ setzen** poner fuera de combate (*a. fig*); *fig geh* **ins ~ führen** poner sobre el tapete; *fig* **in der Hitze des ~s** en el calor de la disputa; SCHIFF **klar zum ~!** ¡zafarrancho de combate!

Ge'fechtsausbildung F MIL entrenamiento *m* para el combate; **Gefechtsbereich** M MIL zona *f* de acción; **gefechtsbereit** ADJ MIL dispuesto para el combate; **Gefechtseinheit** F MIL unidad *f* táctica; **gefechtsklar** ADJ SCHIFF en zafarrancho de combate; **Gefechtskopf** M MIL cabeza *f* (de un cohete); **Gefechtslage** F MIL situación *f* táctica; **Gefechtslärm** M MIL fragor *m* del combate; **Gefechtspause** F MIL calma *f* (momentánea) en el combate; **Gefechtsstand** M MIL puesto *m* de mando; **Gefechtsturm** M SCHIFF cúpula *f*; **Gefechtsübung** F MIL simulacro *m* de combate

ge'feit ADJ **gegen etw ~ sein** estar protegido (*od* inmune) contra a/c

ge'festigt ADJ *Person, Charakter* estable

Ge'fieder N ⟨~s; ~⟩ plumaje *m*; **gefiedert** ADJ (em)plumado; *Pfeil* con plumas; BOT pin(n)ado

ge'fiel → gefallen[1]

Ge'filde N ⟨~s; ~⟩ *poet* campiña *f*, campos *mpl*; **die ~ der Seligen** los Campos Elíseos; *hum* **heimatliche ~** paisaje *m* propio de la región

ge'fingert ADJ BOT digitado

G

ge'flammt ADJ flameado

Ge'flecht N ⟨~(e)s; ~e⟩ trenzado *m*; (*Drahtgeflecht*) enrejado *m*; tela *f* metálica; (*Maschengeflecht*) malla *f*; (*Weidengeflecht*) zarzo *m*; *Körbe etc*: mimbre *m*; ANAT plexo *m*

ge'fleckt ADJ manchado; (*marmoriert*) jaspeado; (*gesprenkelt*) salpicado; moteado; *Fell* remendado

Ge'flenne N ⟨~s⟩ *umg pej* lloriqueo *m*

ge'flissentlich A ADJ intencionado; premeditado B ADV con intención; adrede, a propósito; **etw ~ übersehen** pasar a/c por alto

ge'flochten PPERF → flechten; **ge'flogen** PPERF → fliegen; **ge'flohen** PPERF → fliehen; **ge'flossen** PPERF → fließen

Ge'fluche N ⟨~s⟩ *umg pej* juramentos *mpl*; *umg* tacos *mpl*, palabrotas *fpl*

Ge'flügel N ⟨~s⟩ 1 aves *fpl* de corral; volatería *f* 2 *Fleisch*: carne *f* de ave; **Geflügelfarm** F granja *f* avícola; **Geflügelhändler** M, **Geflügelhändlerin** F pollero *m*, -a *f*; **Geflügelhandlung** F pollería *f*; **Geflügelhof** M corral *m*; **Geflügelklein** N menudillos *mpl* de ave; **Geflügelpest** PPERF F peste *f* avícola; **Geflügelsalat** M ensalada *f* de ave; **Geflügelstall** M gallinero *m*

ge'flügelt ADJ alado (*a. fig*); *poet* alígero; *fig* **~es Wort** frase *f* célebre (*od* proverbial); sentencia *f*; dicho *m*

Ge'flügelzucht F cría *f* de aves; avicultura *f*; **Geflügelzüchter** M, **Geflügelzüchterin** F avicultor *m*, -a *f*

Ge'flunker N ⟨~s⟩ → Flunkerei

Ge'flüster N ⟨~s⟩ cuchicheo *m*; *fig* susurro *m*, murmullo *m*

ge'fochten PPERF → fechten

Ge'folge N ⟨~s⟩ comitiva *f*, séquito *m*; escolta *f*; (*Ehrengefolge*) cortejo *m*; *fig* **im ~ haben** llevar consigo, conllevar; tener por consecuencia

Ge'folgschaft F ⟨~; ~en⟩ POL seguidores *mpl*; partidarios *mpl*, adeptos *mpl*; **j-m ~ leisten** ser partidario de alg; **j-m die ~ verweigern** negarse a seguir a alg

Ge'folgsmann M ⟨~(e)s; ¨er *od* -leute⟩ HIST vasallo *m*; POL secuaz *m*, seguidor *m*; partidario *m*

ge'fragt ADJ buscado; HANDEL solicitado

ge'fräßig ADJ voraz (*a. fig*), glotón, *umg* tragón, comilón; **Gefräßigkeit** F ⟨~⟩ voracidad *f*; glotonería *f*; gula *f*

Ge'freite M/F ⟨~n; ~n; → A⟩ MIL cabo *m/f*

ge'fressen PPERF → fressen

'Gefrieranlage F instalación *f* frigorífica; **Gefrierbeutel** M bolsa *f* para congelados

'gefrieren V/I ⟨*irr; ohne* ge-; sn⟩ helar(se), congelarse

'Gefrieren N ⟨~s⟩ congelación *f*; **Gefrierfach** N congelador *m*; **Gefrierfleisch** N carne *f* congelada; **gefriergetrocknet** ADJ liofilizado; **Gefriergut** N (productos *mpl*) congelados *mpl*; **Gefrierpunkt** M PHYS punto *m* álgido (*od* de congelación); METEO **unter dem ~** bajo cero; **Gefrierschiff** N buque *m* congelador; **Gefrierschrank** M congelador *m* (vertical); **Gefrierschutzmittel** N anticongelante *m*; **Gefriertrocknung** F liofilización *f*; **Gefriertruhe** F arcón *m* congelador, congelador *m* horizontal

ge'froren PPERF → frieren, gefrieren

Ge'frorene(s) N ⟨~n; → A⟩ helado *m*

Ge'füge N ⟨~s; ~⟩ 1 *allg* estructura *f*; *fig* (*System*) sistema *m*; **das soziale ~** la estructura social 2 *Schreinerei*: ensambladura *f*, juntura *f*, encaje *m*

ge'fügig ADJ *Material u. Personen* flexible, manejable, dócil, dúctil; *Person a.* sumiso; **sich** (*dat*) **j-n ~ machen** doblar la voluntad de alg; **Gefügigkeit** F ⟨~⟩ *v. Material u. Personen*: flexibilidad *f*; docilidad *f*; ductilidad *f*; *v. Personen a.*: sumisión *f*

Ge'fühl N ⟨~(e)s; ~e⟩ 1 (*Sinneswahrnehmung*) sensación *f*; (*Tastsinn*) tacto *m*; **kein ~ mehr in den Füßen haben** no sentir los pies 2 *seelisch*: sentimiento *m*; (*Empfindlichkeit*) sensibilidad *f*; **~ haben** tener corazón; **j-s ~e verletzen** herir (*od* ofender) los sentimientos (*od* la sensibilidad) de alg; **mit ~** *singen etc*: con expresión; **mit gemischten ~en** con sentimientos encontrados (*od* dispares); (*verärgert*) nada satisfecho; **ohne ~** insensible; **von seinen ~en überwältigt** dominado por sus sentimientos; *umg* **das höchste der ~e** el no-va-más 3 (*Gespür*) sentido *m* (**für** para); **ein ~ haben für** ser sensible a; **etw im ~ haben** saber a/c por intuición; **sich auf sein ~ verlassen** dejarse llevar por el instinto 4 (*Ahnung*) presentimiento *m*; (*Eindruck*) impresión *f*; **ich habe das ~, dass...** tengo la impresión (*bzw* el presentimiento) de que ...

ge'fühllos ADJ insensible (*a. fig*) (**gegen** a); impasible; (*hartherzig*) duro, sin corazón, frío; (*gleichgültig*) apático; **Gefühllosigkeit** F ⟨~; ~en⟩ insensibilidad *f*; impasibilidad *f*; (*Hartherzigkeit*) dureza *f* (de corazón)

Ge'fühlsarmut F sequedad *f* de corazón; **Gefühlsausbruch** M efusión *f* sentimental; **gefühlsbetont** ADJ sentimental; **Gefühlsduse'lei** F ⟨~; ~en⟩ *umg pej* sentimentalismo *m*, sensiblería *f*; **gefühlsduselig** ADJ *umg pej* sentimental, sensiblero; **Gefühlskälte** F frialdad *f*; **Gefühlsleben** N vida *f* afectiva (*od* sentimental); **gefühlsmäßig** A ADJ intuitivo; instintivo B ADV intuitivamente; por intuición; **Gefühlsmensch** M hombre *m* (*bzw* mujer *f*) sentimental; **Gefühlsmoment** N factor *m* pasional; **Gefühlsnerv** M nervio *n* sensitivo (*od* sensorial); **Gefühlsregung** F emoción *f*; **Gefühlssache** F cuestión *f* de sentimiento; **Gefühlswärme** F calor *m* (del sentimiento); ardor *m*; **Gefühlswert** M valor *m* sentimental

ge'fühlvoll ADJ sentido; afectivo; (*empfindsam*) sensible; (*zärtlich*) tierno, delicado; (*sentimental*) sentimental; (*liebevoll*) afectuoso; cariñoso

ge'füllt ADJ relleno; **ge'funden** PPERF → finden; **ge'fürchtet** ADJ *Feind etc* temido; **ge'füttert** ADJ forrado; **ge'gangen** PPERF → gehen[1], gehen[2]

ge'geben A PPERF → geben B ADJ dado (*a.* MATH); **etw als ~ voraussetzen** dar por hecho a/c; **innerhalb einer ~en Frist** dentro de un plazo fijado; **unter den ~en Umständen** dadas las (*od* en estas) circunstancias; **zu ~er Zeit** a su (debido) tiempo; en el momento oportuno

Ge'gebene(s) N ⟨~n; → A⟩ lo que conviene hacer; **gegebenenfalls** ADV dado el caso; si se diera el caso; eventualmente; si hubiere lugar a ello; **Gegebenheit** F ⟨~; ~en⟩ hecho *m*, realidad *f*; (*Umstand*) circunstancia *f*

'gegen A PRÄP (*acus*) 1 *räumlich, fig* contra; (*entgegen*) contrario a; **~ j-n/etw sein** estar en contra de (*od* contra) alg/a/c; **gut ~ Fieber** bueno para (*od* contra) la fiebre; **~ mich** contra mí, *umg* en contra mía; **~ meinen Willen** contra mi voluntad; a pesar mío; **~ die Vernunft** contrario a la razón; **ich wette zehn ~ eins, dass** apuesto diez contra uno a que... 2 (*im Austausch für*) a cambio de; contra; por; **~ bar** *od* **~ Barzahlung** al contado; HANDEL **~ Quittung** contra recibo 3 (*im Vergleich zu*) comparado con 4 *Richtungsangabe*: hacia; *zeitlich a.*: a eso de las; **~ Ende** hacia el fin, al terminar; **~ sieben Uhr** hacia las siete 5 (*gegenüber*) *Verhalten*: con, para con; **freundlich ~ jedermann sein** ser amable con todo el mundo B ADV (*ungefähr*) *vor Zahlen*: cerca de, alrededor de

'Gegenaktion F contramedida *f*; **Gegenangebot** N contraoferta *f*; **Gegenangriff** M contraataque *m*; **Gegenanklage** F recriminación *f*; **Gegenantrag** M contraproposición *f*; **Gegenantwort** F réplica *f*; **Gegenanzeige** F MED contraindicación *f*; **Gegenargument** N contraargumento *m*; **Gegenbefehl** M contraorden *f*; contraaviso *m*; **Gegenbehauptung** F aseveración *f* contraria; **Gegenbeispiel** N ejemplo *m* contrario; **Gegenbestrebung** F esfuerzo *m* contrario; **Gegenbesuch** M **j-m einen ~ machen** devolver la visita a alg; **Gegenbewegung** F movimiento *m* contrario; *fig* reacción *f*; **Gegenbeweis** M prueba *f* de lo contrario; contraprueba *f*; **den ~ antreten** probar lo contrario; **Gegenbuchung** F HANDEL contrapartida *f*; **Gegenbürgschaft** F JUR caución *f* subsidiaria

'Gegend F ⟨~; ~en⟩ comarca *f*; zona *f*; región *f* (*a.* MED); (*Landschaft*) paisaje *m*; (*Stadtviertel*) barrio *m*; (*Umgebung*) alrededores *mpl*, inmediaciones *fpl*; **in der ~ von** cerca de; **in der ~ von Madrid** *a.* en los alrededores de Madrid

'Gegendarstellung F rectificación *f*; **Gegendemonstration** F contramanifestación *f*

'Gegendienst M servicio *m* recíproco; desquite *m*; **als ~** en correspondencia (*od* reciprocidad) a; **einen ~ leisten** devolver un favor; **ich bin zu ~en stets bereit** siempre estoy a la recíproca

'Gegendruck M ⟨~(e)s⟩ contrapresión *f*; *fig* reacción *f*; resistencia *f*

gegenein'ander ADV 1 uno contra otro, uno en contra del otro 2 (*gegenseitig*) mutuamente, recíprocamente → gegeneinanderhalten, gegeneinanderprallen

gegenein'anderhalten V/T contraponer; (*vergleichen*) comparar, cotejar; confrontar; **gegeneinanderprallen** V/I ⟨sn⟩ chocar (uno contra otro); entrechocar(se)

'Gegenentwurf M contraproyecto *m*; **Gegenerklärung** F declaración *f* contraria, contradeclaración *f*; **Gegenfahrbahn** F carril *m* contrario; **Gegenfinanzierung** F refinanciación *f*; **Gegenforderung** F contrarreclamación *f*; demanda *f* recíproca; **Gegenfrage** F **eine ~ stellen** responder a una pregunta con otra; **Gegengebot** N contraoferta *f*; **Gegengerade** F SPORT recta *f* contraria; **Gegengeschäft** N compensación *f*; **Gegengeschenk** N regalo *m* de desquite; **ein ~ machen** corresponder a un regalo con otro; **Gegengewicht** N contrapeso *m* (*a. fig*); **ein ~ zu etw bilden** servir de contrapeso a a/c; **Gegengift** N MED contraveneno *m*, antídoto *m*; **Gegengriff** M *Ringen*: contrapresa *f*; **Gegengrund** M argumento *m* opuesto; razón *f* contraria; **Gegengutachten** N dictamen *m* contrario, contradictamen *m*; **Gegenkandidat** M, **Gegenkandidatin** F candidato *m*, -a *f* contrincante (*bzw* de la oposición); *allg* rival *m/f*; **Gegenklage** F JUR reconvención *f*; **~ erheben** reconvenir; **Gegenkläger** M, **Gegenklägerin** F demandante *m/f* reconvencional; **Gegenkonto** N contracuenta *f*; **Gegenkraft** F fuerza *f* antagonista; **gegenläufig** ADJ & ADV opuesto, contrario; en sentido contrario; **Gegenleistung** F contraprestación *f*; contrapartida *f* (*a.* HANDEL); **als ~** como contrapartida

'gegenlenken VT AUTO girar en sentido contrario; rectificar la dirección; **gegenlesen** VT repasar, releer

'Gegenlicht N contraluz *f*; **im ~** a contraluz; **Gegenlichtaufnahme** F FOTO (fotografía *f* a) contraluz *f*

'Gegenliebe F amor *m* recíproco; **~ finden** ser correspondido; **wenig ~ finden** *od* **auf wenig ~ stoßen** no ser del todo correspondido

'Gegenmaßnahme F contramedida *f*; (*Vergeltung*) represalia *f*; **Gegenmittel** N MED antídoto *m*; **Gegenmutter** F ⟨~; ~n⟩ TECH contratuerca *f*; **Gegenoffensive** F contraofensiva *f*; **Gegenpapst** M HIST antipapa *m*; **Gegenpartei** F POL (partido *m* de) oposición *f*; JUR parte *f* contraria; **Gegenpol** M *fig* polo *m* opuesto; **Gegenposten** M HANDEL contrapartida *f*; **Gegenprobe** F contraprueba *f*; **Gegenpropaganda** F contrapropaganda *f*; **Gegenrechnung** F verificación *f*; *fig* **die ~ aufmachen** hacer una contrarreclamación; **Gegenrede** F réplica *f*; (*Einwand*) objeción *f*; JUR excepción *f*; **Gegenreformation** F HIST, REL Contrarreforma *f*; **Gegenrevolution** F contrarrevolución *f*; **Gegenrichtung** F sentido *m* opuesto

'Gegensatz M 1 oposición *f*; (*Widerspruch*) contradicción *f*; RHET antítesis *f*; (*Kontrast*) contraste *m*; **im ~ zu** al contrario de; contrariamente a; en contraposición a (*od* con), en oposición a; **im ~ stehen zu** contrastar (*od* estar en contraste) con; estar en oposición (*bzw* contradicción) con; *sprichw* **Gegensätze ziehen sich an** los extremos se tocan 2 (*Meinungsverschiedenheit*) **Gegensätze** *pl* divergencias *fpl*

'gegensätzlich ADJ contrario, opuesto; contradictorio; RHET antitético; **Gegensätzlichkeit** F ⟨~; ~en⟩ contraste *m*; divergencia *f*

'Gegenschlag M MIL contraataque *m* (*a. fig*); *bes fig* contragolpe *m*; **zum ~ ausholen** pasar al contraataque (*a. fig*); **Gegenschuld** F HANDEL deuda *f* pasiva; **Gegenseite** F lado *m* opuesto; (*Rückseite*) reverso *m*; → *a.* Gegenpartei

'gegenseitig ADJ 1 (*wechselseitig*) mutuo; recíproco; **~e Abhängigkeit** interdependencia *f*; **im ~en Einvernehmen** de mutuo (*od* común) acuerdo; **nach ~em Übereinkommen** por mutuo acuerdo 2 (*zweiseitig*) bilateral 3 (*entgegenstehend*) opuesto

'Gegenseitigkeit F ⟨~⟩ mutualidad *f*; reciprocidad *f*; **Versicherung** *f* **auf ~** seguro *m* mutuo; **auf ~ beruhen** ser recíproco

'Gegenseitigkeitsvertrag M JUR tratado *m* de reciprocidad

'Gegensinn M **im ~** en sentido contrario; **Gegenspieler** M, **Gegenspielerin** F adversario *m*, -a *f*, antagonista *m/f*; rival *m/f*; **Gegenspionage** F contraespionaje *m*

'Gegensprechanlage F intercomunicador *m*; interfono *m*; **Gegensprechverkehr** M intercomunicación *f* (en dúplex)

'Gegenstand M objeto *m* (*a. fig*); (*Thema*) asunto *m*, tema *m*; materia *f*; **zum ~ haben** tener por objeto

'gegenständig ADJ BOT opuesto

'gegenständlich ADJ concreto; material; *Kunst*: figurativo; PHIL objetivo; **gegenstandslos** ADJ sin objeto; sin razón de ser; sin interés; (*überflüssig*) superfluo; *Kunst*: abstracto

'gegensteuern VI 1 AUTO rectificar la dirección 2 *fig* tomar medidas

'Gegenstimme F 1 voz *f* contraria; *bei e-r Wahl*: voto *m* en contra; **ohne ~** por unanimidad 2 (*gegenteilige Meinung*) opinión *f* contraria 3 MUS contraparte *f*; **Gegenstoß** M contragolpe *m*; TECH *a.* repercusión *f*; MIL contraataque *m*; **Gegenstrom** M ELEK contracorriente *f*; **Gegenströmung** F contracorriente *f* (*a. fig*)

'Gegenstück N equivalente *m*; (*Pendant*) compañero *m*, pareja *f*; (*Gegensatz*) contraste *m*; **das ~ bilden zu** hacer juego con, formar pareja con

'Gegenteil N lo contrario; **das genaue** (*od umg* **gerade**) **~** exactamente (*od* justamente) lo contrario; **das ~ ist der Fall** es justo lo contrario; **ins ~ umschlagen** *Stimmung* cambiar por completo; **im ~** al contrario, por lo contrario; **ganz im ~** *od* **genau das ~** todo lo contrario

'gegenteilig ADJ contrario; opuesto; **~e Wirkung** efecto *m* contraproducente

'Gegentor N, **Gegentreffer** SPORT gol *m* en contra

gegen'über A PRÄP (*dat*) 1 *örtlich*: en frente de, frente a 2 (*in Bezug auf*) (para) con; **mir ~** conmigo 3 (*im Vergleich zu*) comparado con B ADV enfrente; **das Haus ~** la casa de enfrente

Gegen'über N ⟨~s; ~⟩ **mein ~** quien está en frente de mí; (*Nachbar*) mi vecino de enfrente

gegen'überliegen VI ⟨*irr*⟩ **einer Sache** (*dat*) **~** estar situado (*od* hallarse) enfrente de a/c; **gegenüberliegend** ADJ de enfrente, opuesto, frontero

gegen'übersehen VR ⟨*irr*⟩ **sich j-m/einer Sache ~** verse ante alg/a/c; **gegenübersetzen** VT **setzen Sie sich mir gegenüber** siéntese usted enfrente de mí; **gegenübersitzen** ⟨*irr*⟩ A VI **j-m ~** estar sentado frente a alg B VR **sich ~** estar sentado frente a frente

gegen'überstehen ⟨*irr*⟩ A VI 1 *räumlich*: hallarse enfrente de, estar frente a; **j-m ~** estar enfrente de alg 2 *fig* **einer Gefahr ~** afrontar un peligro; **einer Sache** (*dat*) **ablehnend/wohlwollend ~** ver con malos/buenos ojos a/c; **großen Problemen ~** estar ante graves problemas B VR **sich ~** estar frente a frente (*od* cara a cara); *feindlich*: enfrentarse; oponerse

gegen'überstellen VT oponer; JUR carear, confrontar; (*vergleichen*) comparar, contraponer; **Gegenüberstellung** F oposición *f*; JUR careo *m*, confrontación *f*, contraposición *f*

gegen'übertreten VI ⟨*irr*; sn⟩ **j-m ~** presentarse ante alg; *fig* enfrentarse (*od* hacer frente) a alg; *feindlich*: oponerse a alg

'Gegenunterschrift F refrendo *m*; **Gegenverkehr** M circulación *f* en sentido contrario; *Verkehrsschild*: doble circulación *f*; **Gegenversuch** M experimento *m* de control; **Gegenvormund** M JUR protutor *m*; **Gegenvorschlag** M contraproposición *f*, contrapropuesta *f*

'Gegenwart F ⟨~⟩ 1 (*Jetztzeit*) actualidad *f*; presente *m* (*a.* GRAM), época *f* actual, tiempo *m* presente 2 (*Anwesenheit*) presencia *f*; **in meiner ~** en mi presencia; **in ~ von** (*od gen*) en presencia de

'gegenwärtig A ADJ presente; *Zeit a.* actual, de momento; **bei etw ~ sein** estar presente (*od* asistir) a a/c; *geh* **das ist mir nicht ~** (*erinnerlich*) no lo tengo presente B ADV ahora; en la actualidad, actualmente; (*heutzutage*) hoy (en) día

'Gegenwartsliteratur F literatura *f* contemporánea; **gegenwartsnah** ADJ actual, de actualidad; **Gegenwartssprache** F lengua *f* actual

'Gegenwehr F ⟨~⟩ defensa *f*; resistencia *f*; **Gegenwert** M contravalor *m*; equivalencia *f*, equivalente *m*; **Gegenwind** M viento *m* contrario (*od* de frente *od* de cara); SCHIFF viento *m* de proa; **Gegenwinkel** M MATH ángulo *m* opuesto; **Gegenwirkung** F reacción *f*; **gegenzeichnen** VT contrafirmar, contrasignar; *amtlich*: refrendar; **Gegenzeichner** M, **Gegenzeichnerin** F VERW refrendario *m*, -a *f*; **Gegenzeichnung** F VERW refrendo *m*; **Gegenzeuge** M JUR 1 (*Entlastungszeuge*) testigo *m* de descargo 2 (*Zeuge der Gegenpartei*) testigo *m* de la parte contraria; **Gegenzug** M 1 *Spiel*: contrajugada *f* 2 *fig* reacción *f* en contra, respuesta *f*; **im ~** como compensación 3 BAHN tren *m* en dirección contraria

ge'gessen PPERF → essen; **ge'glichen** PPERF → gleichen; **ge'gliedert** ADJ articulado; (*strukturiert*) estructurado; HANDEL (*aufgegliedert*) desglosado (**nach** por); **ge'glitten** PPERF → gleiten; **ge'glommen** PPERF → glimmen

'Gegner M ⟨~s; ~⟩, **Gegnerin** F ⟨~; ~nen⟩ adversario *m*, -a *f* (*a.* SPORT); *in Bezug auf Meinung*: opositor *m*, -a *f*; antagonista *m/f*; (*Feind*) enemigo *m*, -a *f*; (*Rivale*) rival *m/f*; **gegnerisch** ADJ contrario, opuesto; de la parte adversaria; POL del partido opuesto; de la oposición; MIL enemigo; **Gegnerschaft** F antagonismo *m*; rivalidad *f*; enemistad *f*; oposición *f*

ge'golten PPERF → gelten; **ge'goren** PPERF → gären; **ge'gossen** PPERF → gießen

gegr. ABK (gegründet) fundado

ge'griffen PPERF → greifen; **ge'grillt** ADJ GASTR a la parrilla; **Ge'grillte(s)** N ⟨~n; → A⟩ parrillada *f*

geh. ABK (geheftet) TYPO en rústica

Ge'habe N ⟨~s⟩ *pej* afectación *f*; rebuscamiento *m*; (*Getue*) aspavientos *mpl*

ge'haben VR *obs* **gehab dich wohl!** ¡adiós!, ¡que lo pases bien!

Ge'hackte(s) N ⟨~n; → A⟩ GASTR carne *f* picada

Ge'halt[1] N ⟨~(e)s; ⸚er⟩ sueldo *m*; (*Lohn*) salario *m*; paga *f*; **ein festes ~ beziehen** tener sueldo fijo; **festes ~** sueldo *m* fijo; **ein ~ beziehen** cobrar un sueldo; **vom ~ abziehen** descontar del sueldo

Ge'halt[2] M ⟨~(e)s; ~e⟩ *allg* contenido *m* (**an** *dat* en, de); CHEM *a.* concentración *f*; grado *m*; *prozentualer*: porcentaje *m*; *fig* valor *m*; *geistiger*: sustancia *f*; fondo *m*; **ein hoher ~ an** un alto contenido en

ge'halten A PPERF → halten B ADJ (*verpflichtet*) **~ sein zu** estar obligado a

ge'haltlos ADJ *fig* sin valor; huero; fútil, insignificante; (*oberflächlich*) superficial; **Gehaltlosigkeit** F ⟨~⟩ *fig* insignificancia *f*; futilidad *f*; superficialidad *f*

ge'haltreich ADJ → gehaltvoll

Ge'haltsabrechnung F nómina *f*; **Gehaltsabzug** M descuento *m* del sueldo; **Gehaltsansprüche** MPL pretensiones *fpl* económicas; **Gehaltsaufbesserung** F mejora *f* salarial; aumento *m* de sueldo; **Gehaltsempfänger** M, **Gehaltsempfängerin** F perceptor *m* de un sueldo; empleado *m*, -a *f* en nómina, asalariado *m*, -a *f*; **Gehaltserhöhung** F aumento *m* de sueldo; **Gehaltsforderungen** FPL → Gehaltsansprüche; **Gehaltsgruppe** F categoría *f* (de sueldo); grupo *m* salarial; **Gehaltskürzung** F reducción *f* de sueldo; **Gehaltsliste** F nómina *f*; **Gehaltssperre** F suspensión *f* del pago de sueldos; **Gehaltsstufe** F *bei Beamten*: nivel *m*; **Gehaltsvorschuss** M anticipo *m* de sueldo; **Gehaltsvorstellung** F, **Gehaltswunsch** M pretensiones *fpl* (*od* aspiraciones *fpl*) salariales; **Gehalts-**

G

zahlung F abono *m* (*od* pago *m*) de sueldo; **Gehaltszulage** F plus *m* salarial; sobresueldo *m*; suplemento *m* del sueldo
ge'haltvoll ADJ **1** *Nahrung, Erz* rico (**an** *dat* en) **2** *fig* valioso, de gran valor; sustancial, sustancioso
ge'handikapt [gəˈhɛndikɛpt] ADJ en desventaja
Ge'hänge N ⟨~s; ~⟩ **1** (*Ohrgehänge*) pendientes *mpl* **2** *des Degens*: tahalí *m* **3** JAGD *des Hundes*: orejas *fpl*
ge'hangen PPERF → hängen A
ge'harnischt ADJ **1** *fig* **~e Antwort** respuesta *f* tajante; **~e Kritik** crítica *f* dura; **~e Proteste** protestas *fpl* enérgicas **2** *Ritter* en arnés, encorazado
ge'hässig ADJ odioso; (*feindselig*) hostil; (*hasserfüllt*) *Bemerkung, Benehmen* lleno de odio; *Person* resentido; **Gehässigkeit** F ⟨~; ~en⟩ *Eigenschaft*: carácter *m* odioso, odiosidad *f*; (*Hass*) odio *m*; (*Feindseligkeit*) hostilidad *f*; *Äußerung*: grosería *f*
ge'hauen PPERF → hauen
ge'häuft **A** ADJ **ein gehäufter Löffel ...** una cucharada colmada de ... **B** ADV (*häufig*) **~ auftreten** ocurrir con frecuencia
Ge'häuse N ⟨~s; ~⟩ **1** caja *f* (*a. e-r Uhr*); TECH cárter *m*; cuerpo *m*, carcasa *f* **2** ZOOL (*Schneckengehäuse etc*) concha *f* **3** BOT *e-r Frucht*: corazón *m*
'gehbehindert ADJ con movilidad reducida
Ge'hege N ⟨~s; ~⟩ cercado *m*; (*Weide*) dehesa *f*; JAGD coto *m*, vedado *m* (de caza); *fig* **j-m ins ~ kommen** cazar en vedado ajeno; meter la hoz en mies ajena
ge'heim ADJ **1** secreto; (*verborgen*) oculto, escondido; (*heimlich, unerlaubt*) clandestino; **im Geheimen** en secreto; a escondidas; **in ~er Sitzung** a puerta cerrada; **in ~em Einvernehmen** en connivencia; → *a.* geheim halten **2** (*vertraulich*) secreto, confidencial; reservado; **streng ~!** ¡alto secreto! **3** (*geheimnisvoll*) misterioso; *Lehre etc* esotérico, oculto
Ge'heimabkommen N acuerdo *m* secreto; **Geheimagent** M, **Geheimagentin** F agente *m/f* secreto, -a; **Geheimbefehl** M orden *f* secreta; **Geheimbericht** M informe *m* confidencial; **Geheimbund** M sociedad *f* secreta; **Geheimdienst** M servicio *m* secreto; **Geheimdiplomatie** F diplomacia *f* secreta; **Geheimfach** N secreto *m*
geheim halten VT ⟨*irr*⟩ mantener (*od* guardar) en secreto; (*verstecken*) esconder, ocultar (**vor j-m** de alg); **etw streng ~** mantener a/c bajo el más estricto secreto; **etw vor j-m ~** ocultar a/c a alg
Ge'heimhaltung F ⟨~⟩ mantenimiento *m* del secreto; *e-r Sache*: ocultación *f*; **strikte ~** máxima discreción *f*; **unter ~** bajo secreto; **Geheimkonto** N cuenta *f* secreta; **Geheimlehre** F doctrina *f* esotérica; **Geheimmittel** N remedio *m* secreto
Ge'heimnis N ⟨~ses; ~se⟩ secreto *m*; *tiefes*: misterio *m*; **ein offenes ~** un secreto a voces; **die ~se des Meeres** los misterios del mar; **das ~ bewahren** guardar el secreto; **ein ~ aus etw machen** hacer de a/c un secreto, ocultar a/c; **kein ~ aus etw machen** no hacer ningún secreto de a/c; **ein ~ vor j-m haben** ocultar a alg un secreto; tener secretos para alg; **vor j-m keine ~se haben** no tener secretos para alg; **j-n in das ~ einweihen** poner a alg en el secreto; **in ein ~ eingeweiht sein** estar en el secreto; **darin liegt das ganze ~** ahí está el secreto de la cuestión
Ge'heimniskrämer M secretista *m*; **Geheimniskrämerei** F secreteo *m*; **Geheimniskrämerin** F secretista *f*; **Geheimnisträger** M, **Geheimnisträgerin** F depositario *m*, -a *f* de un secreto; **Geheimnistue'rei** F ⟨~⟩ secreteo *m*
ge'heimnistuerisch ADJ secretero; **geheimnisumwittert** ADJ rodeado de misterios; **geheimnisvoll** ADJ misterioso; (*rätselhaft*) enigmático; **~ tun** andar con secretos; *umg* darse un aire misterioso
Ge'heimnummer F número *m* secreto; **Geheimpolizei** F policía *f* secreta; **Geheimpolizist** M, **Geheimpolizistin** F agente *m/f* de la policía secreta; **Geheimrat** M *obs* consejero *m* privado; **Geheimratsecken** FPL *umg* entradas *fpl*; **Geheimrezept** N secreto *m*; **Geheimsache** F asunto *m* secreto; POL, MIL asunto *m* reservado; **Geheimschloss** N cerradura *f* secreta; **Geheimschrift** F escritura *f* cifrada; criptografía *f*; **Geheimsender** M RADIO emisora *f* clandestina; **Geheimsprache** F lenguaje *m* secreto; **Geheimtinte** F tinta *f* simpática; **Geheimtipp** M aviso *m* secreto; *umg* soplo *m*; **Geheimtür** F puerta *f* secreta; **Geheimvertrag** M tratado *m* secreto; **Geheimwaffe** F arma *f* secreta; **Geheimwissenschaft** F ciencia *f* oculta, ocultismo *m*; **Geheimzahl** F número *m* secreto, FIN clave *f* bancaria
Ge'heiß N ⟨~es⟩ *geh* orden *f*; mandato *m*; **auf sein ~** por orden suya
ge'hemmt ADJ cohibido; PSYCH inhibido; **sich ~ fühlen** estar violento; **Gehemmtheit** F ⟨~⟩ cohibición *f*; inhibición *f*

'gehen[1]

⟨*irr*; sn⟩

A intransitives Verb **B** transitives Verb **C** reflexives Verb

— **A** intransitives Verb —

1 (*sich begeben*) ir (**zu j-m** a casa de); (**zu Fuß**) **~** ir a pie, andar, caminar; *fig* **an die Arbeit ~** ponerse a trabajar; poner manos a la obra; *umg* **geh nicht an meine Sachen!** ¡no toques mis cosas!; **auf die Post® ~** ir a correos; **auf die andere Seite ~** pasar al otro lado; **durch eine Straße ~** ir (*od* pasar) por una calle; **in etw ~** entrar en a/c; **in die Schule ~** ir a la escuela (*bzw* al colegio); **ins Theater ~** ir al teatro; **nach rechts/links ~** tomar la derecha/izquierda; **neben j-m ~** ir al lado de alg; **über die Brücke/Straße gehen** atravesar (*od* cruzar) el puente/la calle; **zu j-m ~** *ins Haus*: ir a casa de alg; ir a ver a alg; *auf ihn zu*: ir hacia (*od* dirigirse) a alg; abordar a alg; **zum Arzt ~** ir al médico **2** (*weggehen*) irse, marcharse; (*hinausgehen*) salir; **aus dem Zimmer ~** salir de la habitación; *geh* **von j-m ~** (*sterben*) dejar a alg; **j-n ~ lassen** (*weggehen lassen*) dejar salir (*bzw* escapar) a alg; (*in Ruhe lassen*) dejar en paz a alg; *umg* **er ist gegangen worden** le han despedido (*od umg* echado a la calle) **3** *Bus, Zug* (*abfahren*) salir; (*verkehren*) circular; **der Zug geht über Sevilla** el tren pasa por Sevilla **4** *mit Verb*: **tanzen** *etc* **~** ir a bailar, *etc*; (**früh**) **schlafen ~** acostarse (temprano) **5** *fig Person* **~ als** *verkleidet*: ir disfrazado de; **auf die 50 ~** frisar en (*od* rondar) los cincuenta (años); **bei j-m aus und ein ~** frecuentar la casa de alg; **in Schwarz** *od* **in Trauer ~** ir de luto; **in sich** (*acus*) **~** volver sobre sí; (*Reue empfinden*) arrepentirse; *umg* **mit j-m ~** (*begleiten*) acompañar a alg; *umg* (*ein Liebespaar sein*) estar (*od* salir) con alg; *umg* **aber geh!** ¡anda! **6** (*reichen*) **bis an etw** (*acus*) **~** llegar hasta; **j-m bis an die Schulter ~** llegar a alg al hombro **7** (*hineinpassen*) **in etw** (*acus*) **~** caber en a/c; **200 Personen ~ in diesen Saal** en esta sala caben 200 personas; **auf ein Kilo ~ 5 Stück** entran cinco piezas en un kilo **8** *mit sächlichem Subjekt*: **das geht auf dich** eso te concierne (*od* te afecta) a ti; (*das musst du zahlen*) te toca pagar (lo) a ti; **das geht mir nicht aus dem Kopf** no se me quita de la cabeza; **das geht gegen mein Gewissen** eso está en contra de mi conciencia; **seine Ansicht geht dahin, dass** él opina que; su opinión es que; **in die Höhe ~** subir, aumentar; **in die Tausende ~** *Schaden* ascender a varios miles; **das Fenster geht nach Norden/auf den Garten** la ventana da al Norte/al jardín; **das geht über meine Kräfte** esto es superior a mis fuerzas; **das geht mir über alles** esto me importa más que todo; **es geht nichts über** (*acus*) no hay nada mejor que; **vor sich** (*acus*) **~** (*geschehen*) ocurrir, suceder; (*stattfinden*) tener lugar; *umg* ser pasable **9** *Teig* fermentar, subir, *umg* venirse

— **B** transitives Verb —

einen Weg ~ recorrer (*od* tomar) un camino; **wir haben noch drei Stunden zu ~** aun nos quedan tres horas de camino

— **C** reflexives Verb —

sich ~ lassen descuidarse, abandonarse
'gehen[2] ⟨*irr*; sn⟩ **A** VI **1** (*funktionieren*) funcionar, ir, marchar; *Uhr* andar, marchar; *Telefon, Klingel* (*läuten*) sonar; **meine Uhr geht falsch** mi reloj anda (*od* marcha) mal **2** HANDEL (**gut**) **~** *Ware* venderse bien; *Geschäft etc* marchar bien **B** V/UNPERS **1** (*ergehen*) **wie geht es Ihnen?** ¿cómo está Ud.?; **wie geht es dir?** ¿cómo te va?; *umg* **wie geht's?** ¿qué tal?; **es geht mir gut** estoy bien; me va bien; **es geht mir ebenso** a mí me pasa lo mismo; **es geht (so)** (*nicht besonders*) regular, así así; *umg* vamos tirando **2** (*möglich sein*) **es geht (nicht)** (no) puede ser; (no) es posible (*od* factible); **es geht nicht anders** no puede ser de otro modo; **es wird schon ~!** ¡ya se arreglará!; **so gut es eben geht** lo mejor que se pueda; **so geht es nicht** así no puede ser; así no se va a ninguna parte **3** (*sich handeln*) **~ um** tratarse de; **ihm geht es nur ums Geld** sólo piensa en el dinero **4** (*verlaufen*) **es mag ~, wie es will** pase lo que pase; **so geht's in der Welt** así va el mundo **5** *Maßstab*: **nach j-m ~** depender de alg; **wenn es nach mir ginge** si por mí fuera; **es geht nicht nach dem Alter** no va por edades; **danach kann man nicht ~** eso no dice (*od* significa) nada **6** *zeitlich*: **es geht auf zehn** van a dar (*od* son cerca de) las diez; **es geht auf den Sommer zu** está próximo el verano **7** **es geht ein starker Wind** hay mucho viento **C** VI *umg* **das Wetter geht ja noch, aber ...** el tiempo no está del todo mal, pero ...
'Gehen N ⟨~s⟩ marcha *f*; SPORT marcha *f* atlética; **das ~ fällt ihm schwer** le cuesta trabajo andar
Ge'henkte M/F ⟨~n; ~n; → *A*⟩ ahorcado *m*, -a *f*
'gehenlassen V/R → gehen[1] c
'Geher M ⟨~s; ~⟩, **Geherin** F ⟨~; ~nen⟩ SPORT atleta *m/f* de marcha
ge'hetzt ADJ *fig* ajetreado
ge'heuer ADJ **nicht (ganz) ~** (*verdächtig*) sospechoso; (*unheimlich*) inquietante, que da miedo; **hier ist es nicht (ganz) ~** aquí no se siente uno muy seguro; (*hier spukt es*) aquí hay fantasmas (*od* duendes); **ihm/ihr ist nicht (ganz) ~ zumute** le da cierto miedo; **das kommt mir nicht ~ vor** aquí hay gato encerrado
Ge'heul N ⟨~(e)s⟩ **1** alarido *m*; *v. Wölfen, Hunden*: aullido *m*; *umg v. Kindern*: lloro *m* **2** *des Sturmes*: bramido *m*
'Gehgips M (bota *f* de) yeso *m* con taco (de

marcha); **Gehhilfe** F ayuda(s) *f(pl)* para andar

Ge'hilfe M ⟨~n; ~n⟩, **Gehilfin** F ⟨~; ~nen⟩ ayudante *m/f*; asistente *m/f*; auxiliar *m/f*; *e-s Anwalts:* pasante *m/f*; *obs (Handlungsgehilfe)* dependiente *m*, -a *f*

Ge'hirn N ⟨~(e)s; ~e⟩ ANAT encéfalo *m*; cerebro *m*; *umg* sesos *mpl*

Ge'hirn... IN ZSSGN → Hirnanhangdrüse *etc*; **Gehirnblutung** F MED hemorragia *f* cerebral; **Gehirnentzündung** F MED encefalitis *f*; **Gehirnerschütterung** F MED conmoción *f* cerebral; **Gehirnerweichung** F MED reblandecimiento *m* cerebral; **Gehirnhaut** F ANAT meninge *f*; **Gehirnhautentzündung** F MED meningitis *f*; **Gehirnnerv** M ANAT nervio *m* craneal; **Gehirnrinde** F ANAT corteza *f* cerebral; **Gehirnschlag** M MED ataque *m* cerebral; apoplejía *f*; **Gehirntumor** M MED tumor *m* cerebral; **Gehirnwäsche** F lavado *m* de cerebro; **Gehirnwindung** F circunvolución *f* cerebral

ge'hoben A PPERF → heben B ADJ *Posten, Stil* elevado; VERW **~er Dienst** ≈ servicio *m* superior; **Beamter im ~en Dienst** ≈ funcionario *m* de grupo B (*od* de rango superior); **in ~er Stimmung** de muy buen humor, *umg* de fiesta; **für den ~en Bedarf** *Güter* de lujo

Ge'höft N ⟨~(e)s; ~e⟩ granja *f*; finca *f*; *Am* estancia *f*

ge'holfen PPERF → helfen

Ge'hölz N ⟨~es; ~e⟩ soto *m*; bosquecillo *m*; monte *m*

ge'hopst ADJ *umg* → gehupft

Ge'hör N ⟨~(e)s⟩ 1 *Sinn*, MUS oído *m*; **absolutes ~** oído absoluto; **ein gutes ~ haben** tener (buen) oído (*a.* MUS); **ein scharfes ~ haben** tener oído fino; **nach dem ~ spielen** tocar de oído; MUS *geh* **zu ~ bringen** (*spielen*) tocar, interpretar; (*singen*) cantar 2 *geh* **~ finden** ser escuchado; **kein ~ finden** ser desoído; no ser escuchado; **j-m ~ schenken** prestar oídos a alg; **sich** (*dat*) **~ verschaffen** hacerse oír (*od* escuchar)

ge'horchen VI ⟨*ohne* ge-⟩ **j-m ~** obedecer a alg (*a. fig Beine, Stimme etc*); **j-m nicht ~** desobedecer a alg; **aufs Wort ~** obedecer inmediatamente

Ge'horchen N ⟨~s⟩ obediencia *f*

ge'hören ⟨*ohne* ge-⟩ A VI 1 **j-m ~** pertenecer a alg, ser de alg; **es gehört mir** es mío 2 *als Teil:* **zu etw** (*dat*) **~** formar parte de; *als Mitglied a.:* ser miembro (*od* socio) de; (*in Verbindung stehen mit*) tener relación con; (*zählen zu*) figurar entre; **das gehört nicht zur Sache** eso no viene al caso (*od* a cuento); **das gehört nicht zum Thema** eso cae fuera del tema 3 (*erforderlich sein*) ser necesario, hacer falta; **dazu gehört viel Geld** para eso se necesita (*od* hace falta) mucho dinero; **dazu gehört Zeit** eso requiere tiempo; **es gehört Mut dazu** hace falta valor para eso; hay que tener valor para eso 4 (*am Platze sein*) ir; **wo gehört das hin?** ¿dónde va esto?; **dieser Stuhl gehört nicht hierher** no es aquí el sitio de esa silla; **du gehörst ins Bett** deberías estar en la cama; **er gehört ins Gefängnis** deberían meterle en la cárcel; **das gehört nicht hierher** eso no viene al caso (*od* a cuento) B V/UNPERS, V/R **sich ~** convenir, ser conveniente; (*sich schicken*) ser decoroso; **es gehört sich zu** (*inf*) hay que (*inf*); **das gehört sich nicht** eso no se hace; **wie es sich gehört** como es debido, con todas las de la ley; *umg* como Dios manda

Ge'hörfehler M defecto *m* del oído (*od* auditivo); **Gehörgang** M ANAT conducto *m* auditivo

ge'hörig A ADJ 1 *geh* (*angehörend*) perteneciente (**zu** *dat* a); *fig a.* pertinente (**zu** *dat* a); **(nicht) zur Sache ~** (no) pertinente al caso 2 (*gebührend*) debido; **in ~er Form** en debida forma 3 *umg* (*tüchtig, kräftig*) bueno, enorme; **eine ~e Tracht Prügel** una soberana (*od* fenomenal) paliza B ADV 1 (*gebührend*) debidamente, como es debido 2 (*sehr*) bien; mucho; (*tüchtig*) de firme; *umg* de lo lindo; **j-m ~ die Meinung sagen** *umg* cantar las cuarenta a alg; **j-n ~ verprügeln** *umg* dar una buena paliza a alg

ge'hörlos ADJ sordo; **Gehörlose** M/F ⟨~n; ~n; → A⟩ sordo *m*, -a *f*; **Gehörlosigkeit** F ⟨~⟩ sordera *f*

Ge'hörn N ⟨~(e)s; ~e⟩ cornamenta *f*

Ge'hörnerv M ANAT nervio *m* auditivo (*od* acústico)

ge'hörnt ADJ astado; cornudo (*a. fig*)

Ge'hörorgan N órgano *m* auditivo

ge'horsam ADJ obediente; (*folgsam*) dócil

Ge'horsam M ⟨~(e)s⟩ obediencia *f*; **~ leisten** obedecer; **sich** (*dat*) **~ verschaffen** hacerse obedecer; **den ~ verweigern** desobedecer

Ge'horsamspflicht F deber *m* de obediencia; **Gehorsamsverweigerung** F desobediencia *f*; MIL insubordinación *f*

Ge'hörsinn M (sentido *m* del) oído *m*; **Gehörstörungen** FPL trastornos *mpl* de la audición; **Gehörverlust** M pérdida *f* auditiva

'Gehrock M MODE *u.* HIST levita *f*

'Gehrung F ⟨~; ~en⟩ TECH inglete *m*

'Gehsteig M acera *f*; *Am* vereda *f*; **Gehstörung** F trastorno *m* de la marcha

'Gehtnichtmehr NUR IN *umg* **bis zum ~** a más no poder

ge'hupft ADJ *umg* **das ist ~ wie gesprungen** tanto da lo uno como lo otro; tanto monta

'Gehversuch M tentativa *f* de andar; **die ersten ~e machen** *Kind u. fig* hacer pinitos;

Gehweg M → Gehsteig

'Geier M ⟨~s; ~⟩ ORN buitre *m*; *umg* **hol's der ~!** ¡que el diablo lo lleve!; *umg* **weiß der ~!** ¡sabe Dios!

'Geifer M ⟨~s⟩ baba *f*; espumarajo *m*

'geifern VI *Tier* babear; *fig Person* **vor Zorn ~** echar espumarajos; **geifernd** ADJ baboso

'Geige F ⟨~; ~n⟩ violín *m*; **~ spielen** tocar el violín; **die erste ~ spielen** ser el primer violín; *fig* llevar la batuta (*od* la voz cantante); *fig* **der Himmel hängt ihm voller ~n** lo ve todo de color de rosa

'geigen VI 1 MUS tocar el violín 2 *umg fig* **j-m die Meinung ~** *umg* cantar las cuarenta a alg

'Geigenbau M ⟨~(e)s⟩ violería *f*; **Geigenbauer** M ⟨~s; ~⟩, **Geigenbauerin** F ⟨~; ~nen⟩ luthier *m/f*, violero *m*, fabricante *m/f* de violines; **Geigenbogen** M arco *m* de violín; **Geigenharz** N colofonia *f*; **Geigenkasten** M estuche *m* (*od* caja *f*) de violín; **Geigenspiel** N música *f* de violín; **Geigenspieler** M, **Geigenspielerin** F violinista *m/f*; **Geigenstimme** F parte *f* de violín

'Geiger M ⟨~s; ~⟩, **Geigerin** F ⟨~; ~nen⟩ violinista *m/f*; **erster/zweiter Geiger** primer/segundo violín

'Geigerzähler M ⟨~s; ~⟩ PHYS contador *m* Geiger

geil ADJ 1 (*lüstern*) lascivo, *sl* cachondo; *sl* **ein ~er Bock** *umg* un viejo verde; **er ist ~ auf sie** ella le excita; *sl* ella le pone cachondo; *umg fig* **sie ist schon ganz ~ auf die Fotos** está loca por ver las fotos 2 *Jugendspr* (*toll*) *umg* genial, *sl* de puta madre

'Geilheit F ⟨~⟩ F (*Lüsternheit*) lascivia *f*, lujuria *f*, voluptuosidad *f*

'Geisel F ⟨~; ~n⟩ rehén *m*; **~n nehmen** tomar rehenes; **als ~ geben** *od* **stellen** dar en rehenes; **Geiselnahme** F toma *f* de rehenes; **Geiselnehmer** M ⟨~s; ~⟩, **Geiselnehmerin** F ⟨~; ~nen⟩ secuestrador *m*, -a *f*

'Geiser M ⟨~s; ~⟩ → Geysir

Geiß F ⟨~; ~en⟩ ZOOL cabra *f*

'Geißblatt N BOT madreselva *f*; **Geißbock** M ZOOL macho *m* cabrío, cabrón *m*; *Am* chivo *m*

'Geißel F ⟨~; ~n⟩ 1 *fig geh* azote *m*, plaga *f*, flagelo *m* 2 REL flagelo *m*; disciplina *f*; (*Peitsche*) látigo *m* 3 BIOL flagelo *m*; **Geißelhieb** M latigazo *m*; azote *m*

'geißeln A VT 1 *fig geh* (*anprangern*) denunciar; fustigar; estigmatizar 2 REL azotar, dar azotes a; flagelar B V/R REL **sich ~** disciplinarse

'Geißeltierchen N BIOL flagelado *m*; **Geißelung** F ⟨~; ~en⟩ 1 *fig geh* fustigación *f*; estigmatización *f* 2 REL flagelación *f*; disciplinas *fpl*

'Geißler M ⟨~s; ~⟩ REL flagelante *m*, disciplinante *m*

Geist M ⟨~es; ~er⟩ 1 (*Gespenst, Naturgeist*) espíritu *m*; (*Gespenst*) *a.* fantasma *m*, espectro *m*; (*Erscheinung*) aparición *f*; *e-s Verstorbenen:* aparecido *m*; **der böse ~** el demonio, el espíritu maligno (*od* del mal); **vom bösen ~ besessen** poseído del demonio; REL **der Heilige ~** el Espíritu Santo; *umg* **von allen guten ~ern verlassen sein** haber perdido la cabeza 2 (*Sinn*) espíritu *m*; mente *f*; **~ der Zeit** espíritu de la época; **den ~ aufgeben** *geh* entregar el alma (a Dios); *umg Gerät etc:* estropearse; *umg* **j-m auf den ~ gehen** poner a alg a cien; **im ~e** mentalmente, con el pensamiento; **in j-s ~e handeln** obrar según las intenciones de alg; **etw im ~(e) vor sich** (*dat*) **sehen** imaginarse a/c 3 (*Verstand*) inteligencia *f*; (*Witz*) ingenio *m*; gracia *f*, sal *f*; **Mann von ~** hombre de ingenio; **hier scheiden sich die ~er** aquí las opiniones difieren 4 *fig* (*Mensch*) **ein großer ~** una mente privilegiada; un genio; *hum* **ein unruhiger ~ sein** ser un espíritu intranquilo; *umg* ser un culo de mal asiento

'Geisterbahn F tren *m* fantasma; **Geisterbeschwörer** M, **Geisterbeschwörerin** F exorcista *m/f*; **Geisterbeschwörung** F nigromancia *f*; REL exorcismo *m*; **Geistererscheinung** F aparición *f*; visión *f*; **Geisterfahrer** M, **Geisterfahrerin** F *Verkehr:* conductor *m*, -a *f* que circula en sentido contrario; conductor *m*, -a *f* kamikaze; **Geistergeschichte** F cuento *m* de aparecidos; **Geisterglaube** M espiritismo *m*; **geisterhaft** ADJ fantástico; espectral; fantasmal; (*übernatürlich*) sobrenatural; misterioso; *Stimme* sepulcral, de ultratumba; **Geisterhand** F **wie von ~** como por arte de magia

'geistern VI ⟨sn⟩ errar (como un fantasma) (**durch** por); *fig Idee* **j-m durch den Kopf ~** dar a alg vueltas en la cabeza

'Geisterschiff N buque *m* fantasma; **Geisterseher** M, **Geisterseherin** F visionario *m*, -a *f*; **Geisterstadt** F ciudad *f* fantasma; **Geisterstunde** F hora *f* de los fantasmas; **Geisterwelt** F mundo *m* de los espíritus; mundo *m* sobrenatural

'geistesabwesend ADJ distraído; **~ sein** estar en las nubes (*od umg* en Babia *od umg* en la luna); **Geistesabwesenheit** F ⟨~⟩ distracción *f*

'Geistesanlagen FPL aptitudes *fpl* intelectuales; facultades *fpl* mentales; **Geistesarbeit** F trabajo *m* intelectual; **Geistesarbeiter** M, **Geistesarbeiterin** F (trabajador *m*, -a *f*) intelectual *m/f*; **Geistes-**

G

armut F pobreza *f* de espíritu; **Geistesart** F *obs* mentalidad *f*; **Geistesbildung** F cultura *f* intelectual; **Geistesblitz** M salida *f*; rasgo *m* de ingenio; **Geistesfreiheit** F libertad *f* de pensamiento; **Geistesgabe** F talento *m*; dotes *fpl* espirituales

'Geistesgegenwart F presencia *f* de ánimo; **geistesgegenwärtig** A ADJ animoso B ADV con presencia de ánimo

'Geistesgeschichte F historia *f* del pensamiento

'geistesgestört ADJ alienado; demente, perturbado (mental); **~ sein** tener perturbadas sus facultades mentales

'Geistesgestörte M/F ⟨~n; ~n; → A⟩ demente *m/f*; alienado *m*, -a *f*, desequilibrado *m*, -a *f*, mental; **Geistesgestörtheit** F ⟨~⟩ alienación *f* (*od* perturbación *f*) mental; demencia *f*

'Geistesgröße F 1 *Person*: genio *m* 2 *obs* (*Hochherzigkeit*) grandeza *f* de alma; **Geisteshaltung** F mentalidad *f*; ideología *f*; **Geisteskraft** F facultad *f* intelectual

'geisteskrank ADJ enfermo mental

'Geisteskranke M/F ⟨~n; ~n; → A⟩ enfermo *m*, -a *f*, mental; **Geisteskrankheit** F enfermedad *f* mental; **Geistesleben** N vida *f* espiritual (*od* intelectual); **Geistesrichtung** F tendencia *f* espiritual; **Geistesschärfe** F agudeza *f* de espíritu

'geistesschwach ADJ deficiente mental; imbécil

'Geistesschwäche F ⟨~⟩ debilidad *f* (*od* deficiencia *f*) mental; imbecilidad *f*; **Geistesstärke** F fuerza *f* de espíritu; agudeza *f* de ingenio; **Geistesstörung** F perturbación *f* (*od* desequilibrio *m* *od* trastorno *m*) mental; **Geistesträgheit** F torpeza *f* del espíritu; pereza *f* mental; **Geistesverfassung** F mentalidad *f*; estado *m* de ánimo

'geistesverwandt ADJ congenial; **Geistesverwandtschaft** F afinidad *f* espiritual; congenialidad *f*

'Geistesverwirrung F alienación *f* (*od* enajenación *f*) mental; **Geisteswelt** F mundo *m* intelectual

'Geisteswissenschaften FPL ciencias *fpl* filosóficas; letras *fpl*; **Geisteswissenschaftler** M, **Geisteswissenschaftlerin** F hombre *m*, mujer *f* de letras

'Geisteszerrüttung F trastorno *m* (*od* perturbación *f* *od* desequilibrio *m*) mental; **Geisteszustand** M estado *m* mental; **j-n auf seinen ~ untersuchen** someter a alg a un examen psiquiátrico

'Geistheiler M, **Geistheilerin** F curandero *m*, -a *f* espiritual

'geistig A ADJ 1 (*den Verstand betreffend*) intelectual, mental (*a.* PSYCH); **~e Arbeit** trabajo *m* intelectual; **~e Aufgeschlossenheit** amplitud *f* de espíritu; **~er Diebstahl** plagio *m*; **~es Eigentum** propiedad *f* intelectual; **~e Einstellung** *od* **Haltung** mentalidad *f*; **die ~e Elite** lo más selecto de la intelectualidad; **~e Fähigkeiten** facultades *fpl* mentales; **~er Vorbehalt** reserva *f* mental 2 (*unkörperlich*) espiritual; inmaterial; **vor dem ~en Auge** en espíritu; en la imaginación 3 **~e Getränke** bebidas espirituosas (*od* alcohólicas) B ADV **~ behindert** con deficiencia mental; **~ unbeweglich** inflexible; **~ zurückgeblieben** deficiente mental

'Geistigkeit F ⟨~⟩ espiritualidad *f*; inmaterialidad *f*; (*Verstand*) intelectualidad *f*

'geistlich ADJ espiritual; (*kirchlich*) eclesiástico; (*zum Klerus gehörig*) clerical; **~e Musik** música *f* sagrada (*od* sacra); **~er Orden** orden *f* religiosa; **~er Stand** sacerdocio *m*

'Geistliche M ⟨~n; ~n; → A⟩ eclesiástico *m*, clérigo *m*; *katholischer*: sacerdote *m*; cura *m*; *protestantischer*: pastor *m*; (*Ordensgeistliche*) religioso *m*; (*Gefängnisgeistliche, Schiffsgeistliche, Feldgeistliche*) capellán *m*; **Geistlichkeit** F ⟨~⟩ clero *m*, clerecía *f*

'geistlos ADJ 1 falto de ingenio; (*dumm*) tonto, estúpido 2 (*fade*) insípido, insulso; banal; (*langweilig*) aburrido, sin gracia; **Geistlosigkeit** F ⟨~⟩ 1 falta *f* de ingenio; banalidad *f* 2 (*Fadheit*) insipidez *f*, insulsez *f*; **geistreich** ADJ ingenioso; (*witzig*) agudo, chispeante, gracioso; **geisttötend** ADJ embrutecedor; tedioso, monótono; **geistvoll** ADJ → geistreich

Geiz M ⟨~es⟩ 1 avaricia *f*; (*Knausern*) tacañería *f*; mezquindad *f* 2 BOT → Geiztrieb

'geizen V/I ser avaro; **mit etw ~** ser parco en a/c; tacañear con a/c; **nicht mit Komplimenten** *etc* **~** no ser parco en cumplidos, *etc*

'Geizhals M avaro *m*, -a *f*; avariento *m*, -a *f*; tacaño *m*, -a *f*

'geizig ADJ avaro, avariento; (*knauserig*) tacaño, mezquino

'Geizige M/F ⟨~n; ~n; → A⟩ avaro *m*, -a *f*; avariento *m*, -a *f*; tacaño *m*, -a *f*; **Geizkragen** M *umg* → Geizhals; **Geiztrieb** M ⟨~(e)s; ~e⟩ BOT chupón *m*

Ge'jammer N ⟨~s⟩ *umg pej* lamentaciones *fpl*; jeremiada *f*; **Ge'jauchze** N ⟨~s⟩ *umg* gritos *mpl* de júbilo (*od* de alegría); **Ge'johle** N ⟨~s⟩ *umg pej* gritería *f*; **Ge'jubel** N ⟨~s⟩ gritos *mpl* de júbilo

gek. ABK (gekürzt) abreviado

ge'kannt PPERF → kennen

Ge'keife N ⟨~s⟩ *umg pej* gritería *f*; vocinglería *f*; **Ge'kicher** N ⟨~s⟩ *umg pej* risas *fpl* sofocadas; **Ge'kläff** N ⟨~(e)s⟩ *umg pej* ladridos *mpl* (agudos); gañido *m*; **Ge'klapper** N ⟨~s⟩ *pej* tableteo *m*; *e-s Wagens*: traqueteo *m*; (*Geklirr, Gerassel*) tintineo *m*; **Ge'klatsche** N ⟨~s⟩ *umg pej* 1 (*Händeklatschen*) palmoteo *m* 2 *fig* (*Geschwätz*) comadrerías *fpl*, chismorreo *m*, cotilleo *m*; **Ge'klimper** N ⟨~s⟩ *umg pej* tecleo *m*; cencerreo *m*; **Ge'klingel** N ⟨~s⟩ *umg pej* tintineo *m*; campanilleo *m*; **Ge'klirr** N ⟨~(e)s⟩ *pej* tintineo *m*; estrépito *m*, *umg* estropicio *m*

ge'klungen PPERF → klingen

Ge'knatter N ⟨~s⟩ *umg pej* traqueteo *m*; *Maschinengewehr etc*: tableteo *m*; *Motorrad*: petardeo *m*

ge'knickt ADJ *umg fig* abatido; deprimido; desalentado

ge'kniffen PPERF → kneifen

Ge'knister N ⟨~s⟩ *pej* crepitación *f*; *der Seide*: crujido *m*; *der Funken*: chisporroteo *m*

Ge'knutsche *umg pej* N ⟨~s⟩ *sl* morreo *m*

ge'kommen PPERF → kommen

ge'konnt A PPERF → können B B ADJ bien hecho, magistral

ge'körnt ADJ granulado

Ge'krächze N ⟨~s⟩ graznido *m*; **Ge'kreisch(e)** N ⟨~(e)s⟩ *pej* chillidos *mpl*; vocinglería *f*; **Ge'kritzel** N ⟨~s⟩ *pej* garabatos *mpl*, garrapatos *mpl*

ge'krochen PPERF → kriechen

ge'kröpft ADJ TECH acodado

Ge'kröse N ⟨~s; ~⟩ GASTR asadura *f*; tripas *fpl*, mondongo *m*; ANAT mesenterio *m*

ge'künstelt ADJ artificial; afectado; amanerado; *Stil* rebuscado; (*gezwungen*) forzado

Gel N ⟨~s; ~e⟩ gel *m*

Ge'laber N ⟨~s⟩ *umg pej* palabrería *f*

Ge'lächter N ⟨~s; ~⟩ risa *f*; **lautes** *od* **schallendes ~** carcajada *f*; risotada *f*; **in (schallendes) ~ ausbrechen** reír a carcajadas; **zum ~ werden** ponerse en ridículo; **j-n dem ~ preisgeben** poner a alg en ridículo

ge'lackmeiert ADJ *umg* **der Gelackmeierte sein** ser el primo

ge'laden A PPERF → laden[1], laden[2] B ADJ 1 cargado (*a. Feuerwaffe*, ELEK) 2 *Gast* invitado; JUR citado 3 *umg fig* (**auf j-n**) **~ sein** estar furioso (contra alg); estar enojado (con alg)

Ge'lage N ⟨~s; ~⟩ banquete *m*; festín *m*; (*Fressgelage*) comilona *f*; *wüstes*: orgía *f*

ge'lagert PPERF → lagern; **~ werden** almacenarse

ge'lähmt ADJ impedido (**an** *dat* de), paralítico; paralizado (*a. fig*); **halbseitig ~** hemipléjico; **vor Schreck wie ~ sein** estar estupefacto

Ge'lände N ⟨~s; ~⟩ terreno *m*; área *f*; (*bes Ausstellungsgelände*) recinto *m*; (*Gegend*) región *f*; comarca *f*; **offenes ~** campo *m* raso; **im ~** sobre el terreno; **das ~ erkunden** reconocer (*fig a.* tantear) el terreno

Ge'ländeabschnitt M sección *f* de terreno; **Geländeaufnahme** F alzado *m* topográfico; **Geländebeschreibung** F topografía *f*; **Geländeerkundung** F reconocimiento *m* del terreno; **Geländefahrt** F cross-country *m*; **Geländefahrzeug** N → Geländewagen

ge'ländegängig ADJ AUTO (para) todo terreno

Ge'ländegestaltung F configuración *f* del terreno; **Geländehindernis** N obstáculo *m* del terreno; **Geländekarte** F carta *f* topográfica; **Geländekunde** F topografía *f*; **Geländelauf** M SPORT carrera *f* a campo traviesa (*od* de campo a través), cross (-country) *m*; **Geländeprüfung** F *Reitsport*: prueba *f* de fondo

Ge'länder N ⟨~s; ~⟩ 1 (*Treppengeländer*) pasamanos *m*; **sich am ~ festhalten** aferrarse al pasamanos 2 (*Balkongeländer*) baranda *f*, barandilla *f*; (*Säulengeländer*) balaustrada *f* 3 (*Brückengeländer*) pretil *m*

Ge'ländereifen M AUTO neumático *m* todo terreno; **Geländeritt** M carrera *f* (a caballo) a campo traviesa; **Geländesport** M deporte *m* de campo (*bzw* al aire libre); **Geländestreifen** M faja *f* de terreno; **Geländeübungen** FPL ejercicios *mpl* en campo abierto; **Geländewagen** M vehículo *m* (para) todo terreno

ge'lang → gelingen

ge'langen V/I ⟨*ohne* ge-; sn⟩ 1 *örtlich*: **~ an** *od* **nach** *od* **zu** llegar a; **etw an j-n ~ lassen** hacer llegar a/c a alg; **mein Brief ist nicht zu ihm** (*bzw* **in seine Hände**) **gelangt** mi carta no ha llegado a su poder (*bzw* a sus manos) 2 *fig* **an etw** (*acus*) *od* **zu etw ~** (*etw erreichen*) alcanzar a/c, conseguir a/c, lograr a/c; **zu einer Absicht ~** formarse una opinión; **zu Reichtum ~** hacer fortuna, llegar a ser rico; **zu Ruhm ~** alcanzar la gloria; **zum Ziel ~** lograr su objetivo 3 **zum Abschluss ~** *Projekt, Vertrag etc* llegar a término; **zur Aufführung ~** *Theaterstück* ser representado; *Musikstück* ser ejecutado; **zur Ausführung ~** *Plan, Projekt* ser ejecutado, ser puesto en ejecución; **zum Verkauf ~** *Ware* ponerse a la venta

Ge'lass N ⟨~es; ~e⟩ *obs* pieza *f*, aposento *m*

ge'lassen A PPERF → lassen B, C B ADJ sereno; (*ruhig*) plácido, tranquilo; (*unerschütterlich*) impasible; imperturbable; estoico; (*ergeben*) resignado; **~ bleiben** guardar su sangre fría C ADV **etw ~ (auf)nehmen** tomar a/c con calma

Ge'lassenheit F ⟨~⟩ sosiego *m*, serenidad *f*; (*Ruhe*) calma *f*; placidez *f*; tranquilidad *f*; (*Unerschütterlichkeit*) impasibilidad *f*, imperturbabilidad *f*; sangre *f* fría

Gela'tine [ʒe-] F ⟨~⟩ gelatina *f*; **gelati'nieren** V/T ⟨*ohne* ge-⟩ gelatinizar; **gelati'nös** ADJ gelatinoso

Ge'laufe N ⟨~s⟩ *umg pej* vaivén *m*; idas y ve-

nidas *fpl*
ge'laufen PPERF → laufen
ge'läufig A ADJ corriente; *(vertraut)* familiar, bien conocido; *(üblich)* usual, acostumbrado; **das ist mir (nicht) ~** (no) lo conozco B ADV **sie spricht ~ Polnisch** habla polaco con soltura *(od* facilidad)
Ge'läufigkeit F ⟨~⟩ facilidad *f*; soltura *f*
ge'launt ADJ dispuesto **(zu** a); **gut/schlecht ~ sein** estar de buen/mal humor
Ge'läut(e) N ⟨~s; ~e⟩ *von Glocken*: toque *m* *(bzw* repique *m)* de campanas; campaneo *m*; *(Schellen)* tintineo *m*; **unter dem ~ der Glocken** al son de las campanas
ge'läutert ADJ *a. fig* purificado
gelb ADJ 1 *allg* amarillo; *Verkehrsampel* ámbar; TEL **Gelbe Seiten®** páginas *fpl* amarillas; *Radsport*: **das Gelbe Trikot** el maillot *m* amarillo; **~ werden** amarillecer, amarillear ponerse amarillo *(a. Ampel)* 2 *in Namen etc*: **der Gelbe Fluss** el río Amarillo; **das Gelbe Meer** el mar Amarillo; BOT **Gelbe Rübe** zanahoria *f* 3 *fig* **~ vor Neid werden** palidecer de envidia 4 ANAT **~er Fleck** mácula *f* lútea
Gelb N ⟨~s⟩ (color *m*) amarillo *m*; **die Ampel steht auf ~** el semáforo está amarillo
'gelbbraun ADJ ocre
'Gelbbuch N POL libro *m* amarillo
'Gelbe(s) N ⟨~n⟩ *umg* **das ist nicht (gerade) das ~ vom Ei** no es lo mejor
'Gelbfieber N MED fiebre *f* amarilla; **Gelbfilter** M FOTO filtro *m* amarillo
'gelbgrün ADJ amarillo verdoso
'Gelbkörper M PHYSIOL cuerpo *m* lúteo; **Gelbkörperhormon** N progesterona *f*
'gelblich ADJ amarillento
'Gelblicht N *Verkehrsampel*: luz *f* ámbar; **Gelbsucht** F MED ⟨~⟩ ictericia *f*; **gelbsüchtig** ADJ MED ictérico; **Gelbwurzel** F BOT cúrcuma *f*
Geld N ⟨~(e)s; ~er⟩ 1 dinero *m*; *Am a.* plata *f*; *(Vermögen) a.* fortuna *f*; *umg* **eine Menge ~** mucho dinero; *umg* un dineral; *umg fig* **heißes ~** dinero *m* caliente *(od* especulativo); **~ haben** tener dinero *(a. reich sein)*; *umg* **~ wie Heu haben** *umg* estar forrado; **kein ~ haben** *(knapp bei Kasse sein)* estar *(od* andar) mal de dinero *(od* de fondos); **ich habe kein ~ bei mir** no llevo dinero encima; **(viel) ~ kosten** costar (mucho) dinero; **sich** *(dat)* **etw viel ~ kosten lassen** invertir mucho dinero en a/c; **~ verdienen** ganar dinero; **~ aus dem Automaten ziehen** sacar dinero del cajero automático; **sein ~ los sein** haberse quedado sin dinero; **sein ~ wert sein** valer lo que cuesta; **~ spielt keine Rolle** el dinero es lo de menos; **etwas aus seinem ~ machen** sacarle jugo al dinero; *umg fig* **im ~ schwimmen** nadar en oro; **das geht ins ~** esto es muy caro; *umg* esto cuesta un dineral; **mit ~ um sich werfen** *(od umg* **schmeißen)** tirar el dinero a manos llenas; **ohne ~ sein** *umg* estar sin un cuarto *(od* sin blanca); **um ~ spielen** jugar por dinero; **von seinem ~ leben** vivir de sus rentas; **etw zu ~ machen** vender a/c, liquidar a/c; **zu ~ kommen** hacer fortuna; **zu seinem ~e kommen** recuperar su dinero; **~ (her) oder Leben!** ¡la bolsa o la vida! 2 *(Währung)* moneda *f*; *(Münzsorten)* especies *fpl*; **großes ~** billetes *mpl*; **kleines ~** monedas *fpl*; **in barem ~ bezahlen** pagar en metálico *(od* en efectivo) 3 *fig* **nicht für ~ und gute Worte** por nada del mundo; *umg* **das große ~ machen** hacer fortuna; **das ist nicht mit ~ zu bezahlen** no hay dinero que lo pague; no se paga con dinero; *fig* **j-m das ~ aus der Tasche ziehen** timar a alg; *sprichw* **~ macht nicht glücklich** el dinero no hace la felicidad; *sprichw* **~ regiert die Welt** poderoso caballero es Don Dinero 4 WIRTSCH *mst pl* **~er** capital *m*; *(Geldmittel)* fondos *mpl*; recursos *mpl* dinerarios; *(Zuschüsse)* subvenciones *fpl*; **öffentliche ~er** fondos *mpl* públicos
'Geldabfindung F indemnización *f* en metálico; **Geldabwertung** F depreciación *f* *(od* desvalorización *f)* del dinero; **Geldangelegenheit** F asunto *m* de dinero; **Geldanlage** F colocación *f (od* inversión *f)* de dinero; **Geldanleger** M, **Geldanlegerin** F inversionista *m/f*; inversor *m*, -a *f*; **Geldanleihe** F empréstito *m* financiero; **Geldanweisung** F *Postwesen*: giro *m* postal; **telegrafische ~** giro *m* telegráfico; **Geldaristokratie** F aristocracia *f* dineraria; plutocracia *f*; **Geldaufnahme** F préstamo *m*; **Geldaufwertung** F revalorización *f* de la moneda; **Geldausgabe** F gasto *m*; desembolso *m*; **Geldautomat** M cajero *m* automático; telebanco *m*; cajero *m* 24 horas; **Geldbedarf** M necesidad *f* de dinero *(od* de fondos); **Geldbeitrag** M aportación *f*; *(Unterstützung)* subvención *f*; **Geldbeschaffung** F recaudación *f* de fondos; **Geldbestand** M disponibilidades *fpl* en efectivo, dinero *m* en caja; **Geldbetrag** M suma *f*, cantidad *f*; importe *m*; **Geldbeutel** M *mst fig* bolsa *f*; **Geldbörse** F monedero *m*, portamonedas *m*; **Geldbote** M agente *m* del transporte de dinero; **Geldbriefträger** M *Postwesen*: cartero *m* repartidor de giros; **Geldbuße** F multa *f*; **Geldeinlage** F imposición *f* de dinero; depósito *m*; *in e-e Gesellschaft etc*: aportación *f* de fondos; **Geldeinnahme** F entrada *f*, ingreso *m*; cobro *m*; recaudación *f*; **Geldeinnehmer** M, **Geldeinnehmerin** F cobrador *m*, -a *f*; **Geldeinwurf** M *bei Automaten*: ranura *f* *(para echar la moneda)*; **Geldentschädigung** F indemnización *f* en metálico; **Geldentwertung** F depreciación *f (od* desvalorización *f)* monetaria
'Gelder NPL → Geld 4
'Geldersparnis F ahorro *m* de dinero; **Geldeswert** M valor *m* en efectivo; **Geldforderung** F crédito *m* (pecuniario); *(Mahnung)* reclamación *f* de pago; **Geldfrage** F cuestión *f* de dinero; **Geldgeber** M, **Geldgeberin** F capitalista *m/f*; financiero *m*, -a *f*; HANDEL aportador *m*, -a *f* de fondos; socio *m*, -a *f* capitalista; **Geldgeschäft** N operación *f* monetaria; transacción *f*; **Geldgeschenk** N regalo *m* en dinero; **Geldgier** F codicia *f*; afán *m* de dinero
'geldgierig ADJ codicioso
'Geldheirat F casamiento *m* por interés *(od* por dinero); **Geldherrschaft** F plutocracia *f*; capitalismo *m*; **Geldhilfe** F ayuda *f* financiera; **Geldinstitut** N instituto *m* monetario *(bzw* de crédito); **Geldkarte** F tarjeta *f* monedero; **Geldkassette** F caja *f* de caudales; **Geldklemme** F dificultad *f* financiera; *umg* apuro *m* de dinero; **Geldknappheit** F escasez *f* de dinero *(od* de fondos); *(Geldnot)* penuria *f* de dinero; **Geldkrise** F crisis *f* monetaria; **Geldkurs** M *(Wechselkurs)* tipo *m* de cambio; **Geldleistung** F prestación *f* en efectivo
'geldlich ADJ de dinero, pecuniario; *(finanziell)* financiero
'Geldmacht F potencia *f* financiera; **Geldmakler** M, **Geldmaklerin** F agente *m/f* de cambio; **Geldmangel** M escasez *f* de dinero; **Geldmann** M ⟨~(e)s; -leute⟩ financiero *m*; banquero *m*; *pej* capitalista *m*; **Geldmarkt** M mercado *m* monetario *(od* de dinero); **Geldmenge** F masa *f* monetaria; **Geldmittel** NPL recursos *mpl* (pecuniarios); fondos *mpl*; medios *mpl*; **Geldmünze** F moneda *f*; **Geldnot** F penuria *f* de dinero; falta *f* de dinero; **in Geldnöten sein** andar mal de dinero; **Geldopfer** N sacrificio *m* pecuniario *(od* de dinero); **Geldpolitik** F política *f* monetaria; **Geldpreis** M *(Gewinn)* premio *m* en metálico; **Geldquelle** F fuente *f* de entradas *(od* de recursos); **Geldreform** F reforma *f* monetaria; **Geldreserve** F reserva *f* monetaria; reserva *f* de fondos; **Geldrolle** F cartucho *m* de moneda; **Geldsache** F asunto *m* de dinero; **Geldsack** M 1 saca *f* de dinero 2 *umg pej Person*: ricachón *m*; **Geldsammlung** F colecta *f*; cuestación *f*; **Geldsatz** M tasa *f* monetaria; **Geldschein** M billete *m* de banco; **Geldscheintasche** F billetero *m*; **Geldschöpfung** F creación *f* de dinero
'Geldschrank M caja *f* fuerte *(od* de caudales); **Geldschrankknacker** M reventador *m* de cajas fuertes
'Geldschuld F deuda *f* pecuniaria *(od* de dinero); **Geldsendung** F remesa *f* de dinero; **Geldsorgen** FPL preocupaciones *fpl* de dinero; **Geldsorten** FPL billetes *mpl* y monedas; **Geldspende** F donativo *m* (de dinero); **Geldstrafe** F multa *f*; **mit einer ~ belegen** multar, imponer una multa; **Geldstück** N moneda *f*, pieza *f*; **Geldsumme** F suma *f*, cantidad *f* (de dinero); **Geldtäschchen** N portamonedas *m*; **Geldtasche** F *(Brieftasche)* cartera *f*; *im Herrenanzug*: bolsillo *m*; **Geldtheorie** F teoría *f* monetaria; **Geldtransporter** M furgoneta *f* blindada *(para el transporte de dinero)*; **Geldüberfluss** M abundancia *f* de capitales; **Geldüberhang** M excedente *m* de dinero; **Geldüberweisung** F transferencia *f* (de fondos); **Geldumlauf** M circulación *f* monetaria *(od* de dinero); **Geldumsatz** M movimiento *m* de fondos; **Geldumstellung** F reforma *f* monetaria; **Geldumtausch** M cambio *m* (de dinero); **Geldunterschlagung** F JUR desfalco *m*; malversación *f* de fondos; **Geldverknappung** F → Geldknappheit; **Geldverlegenheit** F dificultades *fpl* económicas; **in ~ sein** *umg* estar en un apuro de dinero; **Geldverleiher** M, **Geldverleiherin** F prestamista *m/f*; **Geldverlust** M pérdida *f* de dinero; **Geldverschwendung** F derroche *m* de dinero; **Geldvolumen** N volumen *m* monetario; **Geldvorrat** M existencias *fpl* en caja; **Geldvorteil** M ventaja *f* pecuniaria; **Geldwäsche** F *umg fig* blanqueo *m* de dinero *(od* de capitales); lavado *m* de dinero
'Geldwechsel M cambio *m* de moneda; **Geldwechsler** M, **Geldwechslerin** F cambista *m/f*
'geldwert ADJ *Steuerrecht*: **~er Vorteil** ventaja *f* pecuniaria
'Geldwert M valor *m* monetario; **Geldwesen** N ⟨~s⟩ finanzas *fpl*; sistema *m* monetario; **Geldwirtschaft** F economía *f* monetaria; **Geldzähler** M contador *m* de moneda; **Geldzeichen** N signo *m* monetario; **Geldzufluss** M afluencia *f* de dinero
Ge'lee [ʒe'le:] N ⟨~s; ~s⟩ jalea *f*
ge'legen A PPERF → liegen B ADJ 1 *örtlich*: situado, *bes Am* ubicado; *bes* JUR sito; **nach Süden ~** mirando *(od* de cara) al sur; **nach der Straße ~** dando a la calle; **am Wald ~** situado cerca del bosque 2 *(passend)* a propósito, conveniente, *zeitlich a.*: oportuno; **das kommt mir sehr ~** eso me viene muy a propósito; *umg* eso le viene a pedir de boca 3 **ihr ist daran ~, dass** le interesa que, tiene interés en que *(subj)*; le importa que *(subj)*; **es ist ihm nichts daran ~** no le interesa

Ge'legenheit F ⟨~; ~en⟩ ocasión *f*; *günstige*: oportunidad *f*; **j-m ~ geben zu** (*inf*) dar a alg la oportunidad de (*inf*); **~ haben zu** (*inf*) tener la ocasión de (*inf*); **die ~ ergreifen/verpassen** aprovechar/desaprovechar la ocasión; **keine ~ versäumen** no perder ocasión; **bei ~** si se presenta la ocasión; cuando sea; **bei dieser ~** en esta ocasión; con tal (*od* este) motivo; **bei der ersten (besten) ~** en la primera ocasión (que se presente); a las primeras de cambio; **bei jeder ~** en toda ocasión; siempre, a cada instante; **bei nächster ~** en la próxima oportunidad; **bei passender ~** en el momento oportuno; *sprichw* **~ macht Diebe** la ocasión hace al ladrón

Ge'legenheitsarbeit F trabajo *m* eventual (*od* ocasional); **Gelegenheitsarbeiter** M, **Gelegenheitsarbeiterin** F trabajador *m*, -a *f* eventual; **Gelegenheitsdieb** M, **Gelegenheitsdiebin** F descuidero *m*, -a *f*; **Gelegenheitsgedicht** N poesía *f* de circunstancias; **Gelegenheitsjob** M *umg* → Gelegenheitsarbeit; **Gelegenheitskauf** M ocasión *f*; *umg* ganga *f*, chollo *m*; **Gelegenheitsverbrecher** M, **Gelegenheitsverbrecherin** F JUR delincuente *m/f* ocasional

ge'legentlich A ADJ ocasional B ADV 1 (*ab und zu*) en ocasiones; de vez en cuando, a veces; **es kommt ~ vor, dass ...** hay ocasiones en que... 2 (*bei Gelegenheit*) cuando sea; (*beiläufig*) de paso; **kommen Sie ~ vorbei** venga usted cuando quiera (*od* cuando tenga ocasión) C PRÄP (*gen*) VERW (*anlässlich*) **~ Ihres Besuches** con ocasión (*od* con motivo) de su visita

ge'lehrig ADJ dócil; (*klug*) inteligente; **Gelehrigkeit** F ⟨~⟩ docilidad *f*; inteligencia *f*

ge'lehrsam ADJ erudito, docto; **Gelehrsamkeit** F ⟨~⟩ erudición *f*; saber *m*; sabiduría *f*

ge'lehrt ADJ sabio; erudito, docto; (*wissenschaftlich*) científico; (*gebildet*) letrado, culto; *umg hum* **ein ~es Haus** un pozo de ciencia

Ge'lehrte M/F ⟨~n; ~n; → A⟩ sabio *m*, -a *f*; erudito *m*, -a *f*; hombre *m*, mujer *f* de letras

Ge'leier N ⟨~s⟩ salmodia *f*

Ge'leise N ⟨~s; ~⟩ *österr, schweiz, sonst obs* → Gleis

Ge'leit N ⟨~(e)s; ~e⟩ *geh* (*Begleitung*) acompañamiento *m*; (*Gefolge*) séquito *m*; MIL escolta *f*; *bes* SCHIFF convoy *m*; JUR **j-m freies ~ geben/zusichern** dar/garantizar (el) salvoconducto a alg; **j-m das ~ geben** acompañar a alg; MIL *u.* SCHIFF escoltar a alg; **j-m das letzte ~ geben** rendir a alg el último tributo; acompañar a alg hasta la última morada

Ge'leitbrief M salvoconducto *m*

ge'leiten V/T ⟨*ohne* ge-⟩ *geh* (*führen*) conducir; (*begleiten*) acompañar; MIL escoltar; SCHIFF *a.* convoyar

Ge'leiten N ⟨~s⟩ → Geleit; **Geleitflugzeug** N avión *m* de escolta; **Geleitschein** M HANDEL pasavante *m*, navicert *m*; **Geleitschiff** N SCHIFF buque *m* (de) escolta; **Geleitschutz** M MIL, SCHIFF escolta *f*; SCHIFF *a.* convoy *m*; **~ geben** escoltar; SCHIFF *a.* convoyar; **Geleitwort** N ⟨~(e)s; ~e⟩ prefacio *m*; **Geleitzug** M SCHIFF convoy *m*

Ge'lenk N ⟨~(e)s; ~e⟩ 1 ANAT articulación *f* 2 TECH juntura *f*; **Gelenkband** N ⟨~(e)s; ¨er⟩ 1 ANAT ligamento *m* articular 2 TECH charnela *f*; **Gelenkentzündung** F MED artritis *f*; **Gelenkfahrzeug** N vehículo *m* articulado

ge'lenkig A ADJ 1 *Person* ágil 2 (*biegsam*) flexible 3 TECH articulado B ADV TECH **~ verbunden sein mit** articular con; **Gelenkigkeit** F ⟨~⟩ 1 *e-r Person*: agilidad *f*, soltura *f* 2 (*Biegsamkeit*) flexibilidad *f*

Ge'lenkkopf M ANAT cóndilo *m*; **Gelenkkupplung** F TECH acoplamiento *m* articulado; **Gelenkpfanne** F ANAT cótila *f*, cavidad *f* cotiloidea; **Gelenkrheumatismus** M MED reumatismo *m* articular; **Gelenkschmiere** F ANAT sinovia *f*; **Gelenksteife** F MED anquilosis *f*; **Gelenkwelle** F TECH árbol *m* cardán

ge'lernt A PPERF → lernen B ADJ (*von Beruf*) cualificado

ge'lesen PPERF → lesen[1], lesen[2]

Ge'lichter N ⟨~s⟩ *obs* → Gesindel

Ge'liebte F ⟨~n; ~n; → A⟩ 1 *außerehelich*: amante *m/f*; (*Mätresse*) *a.* querida *f*; *ausgehaltene*: entretenida *f*, mantenida *f* 2 *geh* amado *m*, -a *f* (*a. als Anrede*)

ge'liefert ADJ *umg* **~ sein** estar apañado (*od* listo)

ge'lieren [ʒe'li:rən] V/I ⟨*ohne* ge-⟩ gelatinizar(se); **Geliermittel** N gelatinizante *m*

ge'lind(e) A ADV **~e gesagt** por no decir más B ADJ *obs* (*mild*) suave, dulce; *Klima* benigno; *Kälte* no muy intenso; *Strafe* leve; **~ere Saiten aufziehen** bajar el tono (*umg* el diapasón)

ge'lingen V/I ⟨*irr*; *ohne* ge-; sn⟩ salir bien, tener éxito; dar (buen) resultado; **nicht ~** frustrarse, fracasar; **j-m (gut) ~** salir bien a alg; **es gelingt mir etw zu tun** consigo (*od* logro) hacer a/c; **es gelingt mir nicht** no acierto a hacerlo; **ihr gelingt alles** todo le sale bien; lo consigue todo; **ihm gelingt nichts** todo le sale mal; no consigue nada; → *a.* gelungen

Ge'lingen N ⟨~s⟩ éxito *m*, resultado *m* favorable; logro *m*; **gutes ~!** ¡suerte!

Ge'lispel N ⟨~s⟩ *pej* ceceo *m*

ge'litten PPERF → leiden

gell INT *reg* → gelt

'gellen V/I (*kreischen*) chillar; (*nachhallen*) resonar; **gellend** A ADJ agudo, penetrante; estridente; **~es Geschrei** chillidos *mpl* B ADV **~ schreien** chillar

ge'loben V/T ⟨*ohne* ge-⟩ *geh* **etw ~** prometer (solemnemente) a/c (**j-m** a alg); hacer voto (*od* promesa) de a/c; **ich habe mir gelobt zu** (*inf*) he hecho promesa de (*inf*); *Bibel*: **das Gelobte Land** la Tierra de Promisión (*od* prometida)

Ge'löbnis N ⟨~ses; ~se⟩ *geh*, *a.* MIL promesa *f* (solemne); REL voto *m*

ge'lobt PPERF → loben, geloben

ge'lockt ADJ *Haar* rizado

ge'logen PPERF → lügen

ge'löst ADJ (*ungezwungen*) desenvuelto; (*entspannt*) relajado; **Gelöstheit** F ⟨~⟩ desenvoltura *f*

gelt INT *südd, österr* **~?** ¿(no es) verdad?; ¿no es así?

'gelten ⟨*irr*⟩ A V/I 1 (*gültig sein*) ser válido (*od* valedero); *Gesetz, Regelung, Preise* estar en vigor; *Geld* tener curso legal; **für etw ~** ser válido para a/c, ir por a/c; **da gilt kein Aber** (*od* **keine Entschuldigung**) no hay pero (*od* disculpa) que valga; **etw ~ lassen** dejar pasar a/c, admitir a/c; **das lasse ich ~!** ¡muy bien!; ¡eso sí! 2 (*zählen*) *Fehler, Treffer etc* contar; **das gilt nicht** eso no cuenta; (*ist gegen die Spielregel*) eso no vale 3 (*gehalten werden*) **~ als** *od* **für** considerarse como, pasar por (*a. Person*); **als gefährlich ~** ser considerado peligroso; **er gilt als schwierig** tiene fama de ser difícil 4 **j-m ~** (*j-n betreffen*) ir por alg; *Beifall, Attentat* estar dirigido a alg; **das gilt dir** eso va por ti; eso va dirigido contra ti; **für j-n ~** valer (*od* ser válido) para alg; **das Gleiche gilt für ihn** *bzw* **von ihm** lo mismo (*od* otro tanto) puede decirse de él; lo mismo es válido para él; **was für dich gilt, gilt auch für mich** lo que vale para ti, también vale para mí B V/UNPERS 1 (*darauf ankommen*) **es gilt zu** (*inf*) se trata de (*inf*); **hier gilt es zu kämpfen** aquí hay que luchar; **jetzt gilt's!** ¡ahora es el momento!; **wenn es gilt** cuando haga falta; cuando se trata de hacerlo; cuando llega el momento 2 (*gültig sein*) **es gilt!** ¡conforme!, ¡de acuerdo!; ¡trato hecho! 3 *j-m* **jetzt gilt es dir** (*jetzt bist du dran*) ahora te toca a ti C V/T 1 (*wert sein*) valer; **viel/wenig ~** valer mucho/poco; **ihre Ansicht gilt viel** su punto de vista tiene mucho valor; **viel bei j-m ~** *a.* ser muy estimado por alg; (*Einfluss auf j-m haben*) tener influencia sobre alg; **das gilt nichts bei mir** eso para mí no vale nada 2 **was gilt die Wette?** ¿qué apostamos? 3 *fig* **als gelte es das Leben** como si la vida estuviera en juego

'geltend ADJ (*gültig*) válido, valedero; *Gesetz etc* vigente, en vigor; **die ~e Meinung** la opinión (pre)dominante; **gegen ~es Recht verstoßen** contravenir un derecho vigente; **~ machen** hacer valer, alegar; **sich ~ machen** hacerse notar (*od* sentir)

'Geltendmachung F ⟨~⟩ alegación *f*; invocación *f*

'Geltung F ⟨~⟩ 1 (*Gültigkeit*) validez *f*; vigencia *f*; (*Wert*) valor *m*; **~ haben** ser válido; (*maßgebend sein*) tener autoridad; *Gesetz* estar vigente (*od* en vigor) 2 (*Ansehen*) autoridad *f*, respeto *m*; prestigio *m*; crédito *m*; (*Wichtigkeit*) importancia *f*, *fig* peso *m*; (*Einfluss*) influencia *f*; **sich** (*dat*) **~ verschaffen** imponerse; hacerse valer; sobresalir; **einer Sache** (*dat*) **~ verschaffen** hacer respetar a/c; **zur ~ bringen** (*hervorheben*) acentuar, poner de relieve; **zur ~ kommen** resaltar

'Geltungsbedürfnis N afán *m* (*od* ansia *f*) de notoriedad; **Geltungsbereich** M campo *m* (*od* ámbito *m*) de aplicación; campo *m* de vigencia; **Geltungsdauer** F (plazo *m* de) validez *f*; período *m* de vigencia; **Geltungssucht** F afán *m* de prestigio

Ge'lübde N ⟨~s; ~⟩ *geh* voto *m*; **ein ~ ablegen** hacer un voto

ge'lungen A PPERF → gelingen B ADJ 1 (*gut*) logrado; acertado; *umg* estupendo; **ein ~er Abend** una tarde *bzw* noche agradable; **es ist gut ~** ha salido bien 2 *umg iron* (*seltsam*) curioso; (*drollig*) gracioso

Ge'lüst N ⟨~es; ~e⟩ *geh* deseo *m*; antojo *m*; (*Anwandlung*) veleidad *f*; (*Verlangen*) apetito *m*; apetencia *f*

ge'lüsten V/UNPERS ⟨*ohne* ge-⟩ *geh* **es gelüstet mich nach** me apetece; se me antoja; siento ganas de

GEMA F ABK (Gesellschaft für musikalische Aufführungs- und mechanische Vervielfältigungsrechte) *BRD* Sociedad *f* para los derechos de representación musical y de reproducción mecánica

ge'mach [gə'ma:x] ADV *geh* (*langsam*) despacio, lentamente; (*allmählich*) poco a poco, paulatinamente; **nur ~!** ¡despacio!, *umg* ¡despacito!

Ge'mach [gə'ma:x] N ⟨~(e)s; ¨er⟩ *geh* cuarto *m*, habitación *f*; aposento *m*; *kleineres*: gabinete *m*

ge'mächlich A ADJ (*langsam*) lento, pausado; (*bequem*) cómodo; descansado; (*ruhig*) sosegado, tranquilo; *Leben* acomodado B ADV (*langsam*) despacio; (*bequem*) cómodamente; **Gemächlichkeit** F ⟨~⟩ (*Langsamkeit*) lentitud *f* (*Bequemlichkeit*) comodidad *f*; (*Ruhe*) sosiego *m*, tranquilidad *f*

ge'macht PPERF & ADJ 1 hecho (**aus** de); (**wird**) **~!** ¡de acuerdo!; ¡hecho!; **gut ~!** ¡bien hecho! 2 **ein ~er Mann** un hombre de fortuna

Ge'mahl M ⟨~(e)s; ~e⟩ *geh* esposo *m*; **Ihr Herr**

~ su esposo; **Gemahlin** F ⟨~; ~nen⟩ *geh* esposa *f*; **Ihre Frau ~** su señora; **grüßen Sie Ihre Frau ~** mis respetos a su señora
ge'mahnen VT ⟨*ohne* ge-⟩ *geh* **j-n an etw ~** recordar a/c a alg
Ge'mälde N ⟨~s; ~⟩ cuadro *m*; lienzo *m*; pintura *f*; **Gemäldeausstellung** F exposición *f* de pinturas; **Gemäldegalerie** F galería *f* (*od* museo *m*) de pinturas; pinacoteca *f*; **Gemäldesammlung** F colección *f* de pinturas (*od* de cuadros)
Ge'markung F ⟨~; ~en⟩ **1** (*Bezirk*) término *m* **2** (*Grenze*) límites *mpl*, *lit* confines *mpl*
ge'masert ADJ veteado
ge'mäß **A** ADJ (*angemessen*) apropiado para; adecuado a (*od* para) **B** PRÄP (*dat*) según; de acuerdo con, de conformidad con; *bes* JUR, VERW conforme a; con arreglo a; **~ den geltenden Bestimmungen** según las disposiciones vigentes; **~ Ihren Anweisungen** de acuerdo con (*od* según) sus instrucciones
ge'mäßigt ADJ moderado; *Klima* templado
Ge'mäuer N ⟨~s; ~⟩ murallas *fpl*; **altes ~** casa *f* ruinosa; murallas *fpl* antiguas
Ge'mecker N ⟨~s⟩ **1** *der Ziege*: balidos *mpl* **2** *umg fig* critiqueo *m*, murmuraciones *fpl*
ge'mein **A** ADJ **1** (*niederträchtig*) infame, vil; *Trick* bajo, sucio; (*unanständig*) indecente, obsceno; **~er Kerl** *umg* canalla *m*; *sl* cabrón *m*; *umg* **das ist ~!** *umg* ¡qué mala idea!; ¡qué faena!; *umg* **das ist echt ~ von dir!** *umg* ¡eso es muy feo de tu parte! **2** *geh* (*gewöhnlich*) común (*a.* BOT, ZOOL), ordinario; MATH **~er Bruch** fracción *f* ordinaria (*od* propia); **der ~e Mann** el hombre de la calle; **das ~e Volk** el vulgo; el común de las gentes; **~er Soldat** soldado *m* raso **3** *geh* **etw mit j-m ~ haben** tener a/c en común con alg; **mit j-m nichts ~ haben** no tener nada en común con alg **B** ADV *umg* **es ist ~ kalt** hace un frío que pela
Ge'meinde F ⟨~; ~n⟩ **1** VERW municipio *m*; *Arg* comuna *f*; (*Einwohnerschaft*) vecindario *m*; habitantes *mpl* **2** (*Kirchengemeinde*) parroquia *f*; (*Kirchgänger*) congregación *f*; *beim Gottesdienst*: feligreses *mpl* **3** (*Gemeinschaft Gleichgesinnter*) comunidad *f*; (*Zuhörergemeinde*) auditorio *m*
Ge'meindeabgaben FPL impuestos *mpl* municipales; **Gemeindeamt** N ayuntamiento *m*; casa *f* consistorial; **Gemeindebeamte(r)** M, **Gemeindebeamtin** F, funcionario *m*, -a *f* municipal; **Gemeindebehörde** F autoridad *f* municipial (*od* comunal); **Gemeindebesitz** M propiedad *f* comunal; **Gemeindebetrieb** M empresa *f* municipal; **Gemeindebezirk** M término *m* municipal; **Gemeindeblatt** N VERW boletín *m* municipal; **Gemeindehaus** N **1** VERW (*Rathaus*) ayuntamiento *m*, *reg* casa *f* consistorial **2** REL casa *f* parroquial; **Gemeindehaushalt** M presupuesto *m* municipal; **Gemeindekasse** F caja *f* municipal; **Gemeindemitglied** N **1** vecino *m*, -a *f* **2** REL feligrés *m*, -esa *f*; **Gemeindeordnung** F estatutos *mpl* municipales; **Gemeinderat** M ⟨~(e)s; ~̈e⟩ **1** *Gremium*: concejo *m* municipal; *reg* consistorio *m* **2** *Person*: concejal *m*; **Gemeinderätin** F ⟨~; ~nen⟩ concejala *f*; **Gemeindeschule** F escuela *f* municipal; **Gemeindeschwester** F diaconisa *f*; **Gemeindesteuern** FPL impuestos *mpl* municipales; **Gemeindeverband** M mancomunidad *f*; **Gemeindevertreter** M *weltlich*: delegado *m*, -a *f* municipal; *kirchlich*: delegado *m*, -a *f* parroquial; **Gemeindevertretung** F *weltlich*: delegación *f* municipal; *kirchlich*: delegación *f* parroquial; **Gemeindeverwaltung** F administración *f* municipal; **Gemeindevorstand** M REL junta *f* parroquial; **Gemeindevorsteher** M alcalde *m* (rural); **Gemeindewahlen** FPL elecciones *fpl* municipales; **Gemeindezentrum** N centro *m* municipal; *der Kirche*: centro *m* parroquial
Ge'meine(r) M ⟨~n; ~n; → A⟩ HIST, MIL soldado *m* raso; **Gemeineigentum** N WIRTSCH, POL propiedad *f* colectiva
ge'meingefährlich ADJ que constituye un peligro público; *Verbrecher a.* peligroso; **gemeingültig** ADJ generalmente admitido
Ge'meingut N ⟨~(e)s⟩ bien *m* común (*od* público); *fig* patrimonio *m* general; **(zum) ~ werden** *Redensart etc* llegar a ser (*od* hacerse) del dominio público; **zum ~ machen** vulgarizar, popularizar
Ge'meinheit F ⟨~; ~en⟩ bajeza *f*; infamia *f*, vileza *f*; villanía *f*; *Handlung*: mala jugada *f*; canallada *f*, *sl* cabronada *f*
ge'meinhin ADV comúnmente, por lo común; en general; vulgarmente
Ge'meinkosten PL HANDEL gastos *mpl* generales; **Gemeinnutz** M ⟨~es⟩ interés *m* común (*od* general *od* público); **~ geht vor Eigennutz** el interés general prevalece sobre el interés particular
ge'meinnützig ADJ de interés común (*od* general *od* público); *Unternehmen* de utilidad pública; sin fines lucrativos; **~e Gesellschaft** sociedad *f* de utilidad pública; **~e Vereinigung, ~er Verein** asociación *f* sin ánimo de lucro; **zu ~en Zwecken** con (*od* para) fines benéficos
Ge'meinnützigkeit F ⟨~⟩ utilidad *f* pública; **Gemeinplatz** M lugar *m* común, tópico *m*; (*Plattheit*) trivialidad *f*
ge'meinsam **A** ADJ común; colectivo; *bes* POL *Kommuniqué etc* conjunto; **~e Sache machen** hacer causa común, solidarizarse (**mit** con); **der Gemeinsame Markt** el Mercado Común; **~e Kasse machen** hacer caja (*od* fondo) común; MATH **~er Nenner** común denominador *m* (*a. fig*) **B** ADV en común, juntos; (*mit vereinten Kräften*) al alimón; **allen ~** común a todos; **~ haften** responder solidariamente; **sie hat mit mir ~, dass sie gern kocht** tiene conmigo en común que a ella también le gusta guisar
Ge'meinsamkeit F ⟨~; ~en⟩ comunidad *f*; *der Anschauungen etc*: comunión *f*
Ge'meinschaft F ⟨~; ~en⟩ comunidad *f*; (*Körperschaft*) colectividad *f*; (*Verbindung*) unión *f*; relación *f*; **eheliche ~** comunidad *f* conyugal; **die Europäische ~** la Comunidad Europea; **häusliche ~** vida *f* común; REL **~ der Gläubigen** comunión *f* de los fieles; **in ~ mit** junto con; en unión con, en colaboración con
ge'meinschaftlich **A** ADJ común; colectivo; solidario **B** ADV en comun; → *a.* gemeinsam
Ge'meinschaftsanschluss M TEL línea *f* colectiva; **Gemeinschaftsantenne** F antena *f* colectiva; **Gemeinschaftsarbeit** F trabajo *m* en equipo; **Gemeinschaftsbetrieb** M empresa *f* colectiva; **Gemeinschaftsbüro** N oficina *f* compartida (*od* colectiva); **Gemeinschaftsempfang** M RADIO, TV recepción *f* colectiva; **Gemeinschaftserziehung** F coeducación *f*; **Gemeinschaftsgefühl** N, **Gemeinschaftsgeist** M (espíritu *m* de) solidaridad *f*; espíritu *m* de cuerpo, compañerismo *m*; **Gemeinschaftshilfe** F *EU* ayuda *f* comunitaria; **Gemeinschaftskonto** N cuenta *f* conjunta; **Gemeinschaftsküche** F cantina *f*; cocina *f* común; **Gemeinschaftskunde** F formación *f* cívico-social; **Gemeinschaftsleben** N vida *f* en común; **Gemeinschaftspraxis** F MED centro *m* médico asociado; **Gemeinschaftsproduktion** F coproducción *f*; **Gemeinschaftsraum** M sala *f* común; **Gemeinschaftsrecht** N derecho *m* comunitario; **Gemeinschaftsschule** F escuela *f* mixta; **Gemeinschaftssendung** F emisión *f* colectiva; **Gemeinschaftssinn** M espíritu *m* colectivo; → *a.* Gemeinschaftsgefühl; **Gemeinschaftsunternehmen** N empresa *f* común (*od* en participación); joint venture *m*; **Gemeinschaftsverpflegung** F comidas *fpl* en común; *bes* MIL rancho *m*; **Gemeinschaftswährung** F moneda *f* única; **Gemeinschaftswerbung** F publicidad *f* colectiva; **Gemeinschaftswerk** N obra *f* común
Ge'meinschuldner M JUR quebrado *m*; concursado *m*; **Gemeinsinn** M espíritu *m* cívico, civismo *m*
ge'meinverständlich ADJ & ADV fácil de entender; al alcance de todos; popular; **~ darstellen** popularizar, vulgarizar; explicar de manera fácil
Ge'meinwesen N ⟨~s; ~⟩ comunidad *f*; **Gemeinwohl** N bien *m* común; interés *m* público; utilidad *f* pública
Ge'menge N ⟨~s; ~⟩ **1** mezcla *f* (*a.* CHEM) **2** GEOL conglomerado *m* **3** (*Menschenmenge*) muchedumbre *f*, gentío *m*; **Gemengelage** F *fig*, *bes* POL situación (compleja); **komplizierte ~** situación complicada
ge'messen **A** PPERF → messen **B** ADJ *Haltung* mesurado; comedido; (*langsam*) acompasado, pausado; (*förmlich*) formal, solemne; (*ernst*) grave; (*reserviert*) reservado; (*würdig*) digno; **~en Schrittes** a paso lento; **in ~em Abstand** a una distancia adecuada
Ge'messenheit F ⟨~⟩ mesura *f*; (*Förmlichkeit*) formalidad *f*
Ge'metzel N ⟨~s; ~⟩ carnicería *f*, matanza *f*, degollina *f*
ge'mieden PPERF → meiden
Ge'misch N ⟨~es; ~e⟩ mezcla *f* (*a.* CHEM); PHARM mixtura *f*
ge'mischt ADJ mezclado; mixto (*a. Tennis, Klasse, Chor*); **~es Eis** helado *m* variado; **~es Gemüse** verduras *fpl* variadas; **~er Salat** ensalada *f* mixta; **mit ~en Gefühlen** con sentimientos dispares (*od* variados)
Ge'mischtbauweise F TECH construcción *f* mixta
Ge'mischtwarenhandlung F, **Gemischtwarenladen** M tienda *f* de ultramarinos; colmado *m*
ge'mischtwirtschaftlich ADJ **~es Unternehmen** empresa *f* mixta
'Gemme F ⟨~; ~n⟩ *Stein*: gema *f*; (*Kamee*) camafeo *m*
ge'mocht PPERF → mögen B, C
ge'molken PPERF → melken
'Gemse F → Gämse
Ge'munkel N ⟨~s⟩ *umg* (*Gerede*) murmuraciones *fpl*, habladurías *fpl*; (*Gerüchte*) rumores *mpl*
Ge'murmel N ⟨~s⟩ murmullo *m*; (*Säuseln*) susurro *m*; (*Geflüster*) cuchicheo *m*
Ge'müse N ⟨~s; ~⟩ verdura *f*; hortalizas *fpl*; (*Hülsenfrüchte*) legumbres *fpl*; **frisches ~** verduras *fpl* frescas; *umg fig* **das junge ~** los jóvenes
Ge'müseanbau M ⟨~(e)s⟩ cultivo *m* de hortalizas; **Gemüsebeet** N bancal *m*; **Gemüsebeilage** F GASTR guarnición *f* (*od* acompañamiento) de verduras; **Gemüsebrühe** F GASTR caldo *m* de verduras; **Gemüseeintopf** M GASTR menestra *f*; potaje *m*; **Gemüsefach** N *im Kühlschrank*: cajón *m* de la verdura; **Gemüsegarten** M *kleinerer*: huerto *m*;

größerer: huerta *f*; **Gemüsegärtner** M, **Gemüsegärtnerin** F hortelano *m*, -a *f*; **Gemüsehändler** M, **Gemüsehändlerin** F verdulero *m*, -a *f*; **Gemüsehandlung** F verdulería *f*; **Gemüsekonserven** FPL conservas *fpl* vegetales; **Gemüseladen** M verdulería *f*; **Gemüsesaft** M zumo *m* de verduras; **Gemüsesalat** M macedonia *f* de legumbres; **Gemüsesuppe** F GASTR sopa *f* de verduras, sopa *f* juliana

ge'müßigt ADV *obs geh* **sich ~ sehen** (*od* **fühlen), zu** (*inf*) sentirse obligado a (*inf*)

ge'musst PPERF → müssen B

ge'mustert ADJ *Stoff* estampado, con dibujos

Ge'müt N ⟨~(e)s; ~er⟩ alma *f*; ánimo *m*; corazón *m*; (*Gemütsart*) naturaleza *f*, disposición *f*; **ein kindliches ~** un corazón de niño; **das ist etw fürs ~** eso es algo para el corazón; **ein sonniges ~ haben** ser un/una optimista; *umg* **sich** (*dat*) **etw zu ~e führen** *umg* regalarse con a/c; **die ~er haben sich erhitzt** se han calentado los ánimos

G

ge'mütlich A ADJ 1 (*bequem*) cómodo, confortable; (*behaglich*) agradable, acogedor, íntimo; **hier ist es ~** aquí se está a sus anchas; aquí uno se siente bien 2 *Person* (*umgänglich*) jovial, *umg* campechano; (*gutmütig*) bondadoso; *umg* bonachón B ADV **es sich** (*dat*) **~ machen** ponerse cómodo; **ganz ~** (*langsam*) despacio, *umg* despacito

Ge'mütlichkeit F ⟨~⟩ 1 (*Bequemlichkeit*) comodidad *f*, confort *m*; *e-s Ortes*: apacibilidad *f*; intimidad *f*; *e-r Wohnung, e-s Lokals a.*: carácter *m* acogedor; (*Zwanglosigkeit*) naturalidad *f*; *umg* **da hört die ~ auf!** *umg* esto (se) pasa de la raya (*od* de castaño oscuro); ¡ya está bien! 2 *v. Personen*: jovialidad *f*, cordialidad *f*, *umg* campechanía *f* 3 (*Gemächlichkeit*) **in aller ~** con toda tranquilidad

ge'mütsarm ADJ de corazón seco; **Gemütsarmut** F pobreza *f* sensitiva

Ge'mütsart F carácter *m*; genio *m*; temperamento *m*; naturaleza *f*, disposición *f* (natural); **Gemütsbewegung** F emoción *f*

ge'mütskrank ADJ (*geisteskrank*) enfermo mental; (*schwermütig*) melancólico; **Gemütskrankheit** F enfermedad *f* mental; (*Schwermütigkeit*) melancolía *f*

Ge'mütsleben N vida *f* afectiva; **Gemütsmensch** M bonachón *m*, -ona *f*; hombre *m* de corazón; *iron* ≈ loco *m*, -a *f*; **Gemütsruhe** F serenidad *f*; tranquilidad *f* de ánimo; **in aller ~** con toda tranquilidad; **Gemütsverfassung** F, **Gemütszustand** M estado *m* de ánimo, disposición *f* anímica

ge'mütvoll ADJ sensible; sentimental; todo corazón

gen [gɛn] PRÄP (*acus*) *poet* hacia

Gen [geːn] N ⟨~s; ~e⟩ BIOL gen(e) *m*; **'Genanalyse** F análisis *m* genético

ge'nannt A PPERF → nennen B ADJ mencionado; *bei Spitznamen*: alias

ge'nas PPERF → genesen

ge'nau A ADJ 1 (*exakt*) exacto; *Angaben* preciso; justo; *Übersetzung a.* fiel; (*klar umrissen*) definido; **die ~e Zeit** la hora exacta; **nichts Genaues** nada en concreto 2 (*sorgfältig*) minucioso, meticuloso; (*pünktlich*) puntual; (**peinlich**) **~** escrupuloso; **er ist sehr ~** es muy escrupuloso (*od* meticuloso) 3 (*streng*) estricto 4 (*ausführlich*) detallado; **~ere Angaben** más amplios detalles B ADV 1 (*exakt*) exactamente; **~ ein Kilo** un kilo justo; **~ in der Mitte** exactamente (*od* justamente) en medio; **~ um Mitternacht** al filo de medianoche; **~ um fünf Uhr** a las cinco en punto; **~ angeben** precisar, puntualizar; especificar; **~ gehen** *Uhr* marcar la hora exacta; **~ passen** venir justo; **das reicht ~ für vier** es justo bastante para cuatro 2 (*sorgfältig*) minuciosamente; (*streng*) estrictamente; **nicht so ~ hinsehen** hacer la vista gorda; **etw ~ nehmen** ser muy escrupuloso (*od* concienzudo); (*wörtlich*) tomar a/c al pie de la letra; **das darf man nicht so ~ nehmen** no hay que tomarlo tan al pie de la letra; **etw ~ überlegen** reflexionar bien sobre a/c; pensar bien a/c 3 (*ausführlich*) detalladamente; **etw ~ berichten** *od* **erzählen** contar a/c al detalle 4 *verstärkend*: precisamente; **~ dasselbe** exactamente lo mismo; **~ wie ich** igual que yo; *als Ausruf*: **(ja,) ~!** ¡precisamente!; ¡eso es!; **ganz ~!** exactamente!; **~ kennen** conocer a fondo; **j-n ~er kennenlernen** conocer mejor a alg; **~ wissen** saber a ciencia cierta (*od* a punto fijo)

genau genommen ADV para ser exactos; (*streng genommen*) en rigor; estrictamente (*od* rigurosamente) hablando

Ge'nauigkeit F ⟨~⟩ exactitud *f*; precisión *f*; (*Richtigkeit*) justeza *f*; (*Sorgfalt*) esmero *m*; minuciosidad *f*; *der Wiedergabe*: fidelidad *f*; **Genauigkeitsgrad** M grado *m* de precisión

ge'nauso ADV 1 (*auf dieselbe Art*) lo mismo; del mismo modo; **ich denke ~** pienso de la misma forma; **sie macht es ~** lo hace del mismo modo 2 **~ ... wie** tan ... como; **~ gut** igual (mente); **~ gut wie** tan bien como; → *a.* ebenso

'Genbank F ⟨~; ~en⟩ banco *m* de genes

Gen'darm [ʒan'darm] M ⟨~en; ~en⟩ *österr* gendarme *m*; *sp* guardia *m* civil

Gendarme'rie [ʒan-] F ⟨~; ~n⟩ *österr* gendarmería *f*; *sp* Guardia *f* Civil

'Gendatei F *bes für Sexualtäter*: banco *m* de datos genéticos; fichero *m* genético policial; **Gendefekt** M defecto *m* genético

Genea'loge M ⟨~n; ~n⟩ genealogista *m*; **Genealo'gie** F ⟨~; ~n⟩ genealogía *f*; **Genea'login** F ⟨~; ~nen⟩ genealogista *f*; **genea'logisch** ADJ genealógico

ge'nehm ADJ *geh* grato, agradable; aceptable; *geh, oft iron* **j-m ~ sein** gustar (*od* agradar) a alg; ser del agrado de alg

ge'nehmigen ⟨*ohne* ge-⟩ V/T 1 (*bewilligen*) conceder; (*erlauben*) permitir; autorizar; *amtlich*: sancionar; homologar; *Gesuch* corresponder (*od* acceder) a; **genehmigt** *auf Dokumenten*: aprobado 2 *umg* **sich** (*dat*) **etw ~** permitirse a/c; **sich** (*dat*) **einen ~** tomarse una copa, echar un trago

Ge'nehmigung F ⟨~; ~en⟩ (*Bewilligung*) concesión *f*; (*Zustimmung*) consentimiento *m*; (*Billigung*) aprobación *f*; (*Erlaubnis*) autorización *f*, licencia *f*; permiso *m*; *e-s Vertrages*: ratificación *f*; **nach vorheriger ~** previa autorización

Ge'nehmigungsantrag M solicitud *f* de autorización; **genehmigungsbedürftig** ADJ que necesita (*od* requiere) autorización; **Genehmigungsbehörde** F autoridad *f* otorgante de la autorización; **Genehmigungsbescheid** M notificación *f* de concesión; **genehmigungspflichtig** ADJ sujeto a autorización; **Genehmigungsverfahren** N proceso *m* (*od* procedimiento *m*) de autorización (*od* de aprobación)

ge'neigt ADJ 1 *Gelände, Fläche* inclinado (*a. fig*); en declive 2 *geh fig* propicio, favorable; *geh* **j-m ~ sein** estar bien (*od* favorablemente) dispuesto hacia alg; **~ sein, etw zu tun** estar dispuesto a hacer a/c

Ge'neigtheit F ⟨~⟩ 1 inclinación *f* (*a. fig*); declive *m* 2 (*Gunst*) benevolencia *f*; simpatía *f*

Gene'ral M ⟨~s; ~e *od* ~̈e⟩ MIL general *m*; **kommandierender ~** general en jefe

Gene'ralagent M, **Generalagentin** F HANDEL agente *m/f* general; **Generalagentur** F HANDEL agencia *f* general; **Generalamnestie** F amnistía *f* general; **Generalanwalt** M, **Generalanwältin** F abogado *m*, -a *f* general; **Generalbass** M MUS bajo *m* continuo; **Generalbevollmächtigte** M/F ⟨~n; ~n; → A⟩ HANDEL plenipotenciario *m*, -a *f*; apoderado *m*, -a *f* general

General'bundesanwalt M, **Generalbundesanwältin** F *BRD*: fiscal *m/f* general federal; *sp* ≈ Fiscal *m/f* General del Estado

Gene'raldirektion F dirección *f* general; **Generaldirektor** M, **Generaldirektorin** F director *m*, -a *f* general

General'feldmarschall M MIL mariscal *m* de campo; *sp* capitán *m* general del Ejército

Gene'ralgouverneur M, **Generalgouverneurin** F gobernador *m*, -a *f* general

Gene'ralin F ⟨~; ~nen⟩ 1 MIL general *f* 2 (*Frau e-s Generals*) generala *f*

Gene'ralinspekteur M MIL inspector *m* general (de los ejércitos); **Generalintendant** M intendente *m* general; THEAT director *m* artístico

generali'sieren V/T ⟨*ohne* ge-⟩ generalizar; **Generalisierung** F ⟨~; ~en⟩ generalización *f*

Genera'lissimus M ⟨~; Generalissimi⟩ MIL generalísimo *m*

Genera'list M ⟨~en; ~en⟩, **Generalistin** F ⟨~; ~nen⟩ generalista *m/f*

Generali'tät F ⟨~; ~en⟩ MIL generalato *m*; los generales

Gene'ralkommando N MIL comandancia *f* general; mando *m* en jefe; **Generalkonsul** M cónsul *m* general; **Generalkonsulat** N consulado *m* general; **Generalleutnant** M MIL teniente *m* general; **Generalmajor** M MIL general *m* de brigada; **Generalmusikdirektor** M, **Generalmusikdirektorin** F director *m*, -a *f* general de música; **Generaloberst** M MIL capitán *m* general; **Generalpause** F MUS silencio *m* (*od* pausa *f*) general; **Generalpolice** F VERS póliza *f* general (*od* de abono); **Generalprobe** F THEAT, MUS ensayo *m* general; **Generalquittung** F JUR finiquito *m*; **Generalschlüssel** M llave *f* maestra; **Generalsekretär** M, **Generalsekretärin** F secretario *m*, -a *f* general

Gene'ralsrang M MIL generalato *m*; grado *m* de general

General'staatsanwalt M JUR fiscal *m* general del Estado; procurador *m* general

Gene'ralstab M MIL Estado *m* Mayor

Gene'ralstabschef M MIL jefe *m* del Estado Mayor; **Generalstabskarte** F mapa *m* de Estado Mayor; **Generalstabsoffizier** M MIL oficial *m* del Estado Mayor

Gene'ralstände MPL HIST Estamentos *mpl*; **Generalstreik** M huelga *f* general

Gene'ralswürde F generalato *m*

gene'ralüberholen V/T ⟨*ohne* ge-⟩ hacer una revisión general (de); **Generalüberholung** F TECH revisión *f* general, chequeo *m*

Gene'raluntersuchung F MED chequeo *m* (médico); **Generalversammlung** F asamblea *f* (*bzw* junta *f*) general; **Generalvertreter** M, **Generalvertreterin** F representante *m/f* general; **Generalvollmacht** F pleno poder *m*; poder *m* general

Generati'on F ⟨~; ~en⟩ generación *f*; **die jüngere ~** la generación joven; **die ältere ~** la generación de los mayores

Generati'onenvertrag M contrato *m* entre las generaciones; contrato *m* (inter)generacional

Generati'onskonflikt M conflicto *m* generacional; **Generationsproblem** N problema *m* generacional; **Generationswechsel** M BIOL alternación *f* de generaciones; SOZIOL cambio *m* generacional
Gene'rator M ⟨~s; -'toren⟩ ELEK generador *m*; *(Wechselstromgenerator)* alternador *m*
gene'rell 1 ADJ general 2 ADV en general
gene'rieren VT ⟨*ohne* ge-⟩ generar
Ge'nerikum N ⟨~s; Generika⟩ MED (medicamento *m*) genérico *m*
ge'nerisch ADJ genérico
gene'rös ADJ *geh* generoso
ge'nesen VI ⟨*irr; ohne* ge-⟩ *geh* curarse (**von** de); *(sich erholen)* convalecer; restablecerse; recobrar la salud
Ge'nesende M/F ⟨~n; ~n; → A⟩ *geh* convaleciente *m/f*
'Genesis F ⟨~⟩ *Bibel*: Génesis *m*
Ge'nesung F ⟨~; ~en⟩ *geh* convalecencia *f*; curación *f*; restablecimiento *m*; **auf dem Wege der ~ sein** estar en vías de restablecimiento (*od* de curación)
Ge'nesungsheim N casa *f* de salud (*od* de convalecencia); **Genesungsprozess** M proceso *m* de convalecencia; **Genesungsurlaub** M vacaciones *fpl* de convalecencia
Ge'netik F ⟨~⟩ genética *f*; **Genetiker** M ⟨~s; ~⟩, **Genetikerin** F ⟨~; ~nen⟩ geneti(ci)sta *m/f*
ge'netisch A ADJ genético B ADV **~ bedingt** de raíz genética
Genf N ⟨~s⟩ Ginebra *f*
'Genfer[1] ADJ ginebrino; **der ~ See** el lago de Ginebra, el lago Lemán
'Genfer[2] M ⟨~s; ~⟩, **Genferin** F ⟨~; ~nen⟩ ginebrino *m*, -a *f*
'Genfood [-fu:t] N ⟨~s⟩ alimentos *mpl* genéticamente modificados; **Genforschung** F investigación *f* (*od* ingeniería *f*) genética
geni'al A ADJ genial, de genio; ingenioso B ADV de una manera genial
Geniali'tät F ⟨~⟩ genialidad *f*; ingeniosidad *f*
Ge'nick N ⟨~(e)s; ~e⟩ nuca *f*, cerviz *f*; cogote *m*; *v. Tieren*: pescuezo *m*; **sich** *(dat)* **das ~ brechen** desnucarse; *umg* romperse la crisma; *fig* **das brach ihm das ~** fue su ruina
Ge'nickschlag M golpe *m* a la nuca; **Genickschuss** M tiro *m* en la nuca; **Genickstarre** F tortícolis *m*
Ge'nie [ʒe'ni:] N ⟨~s; ~s⟩ genio *m*; ingenio *m*; *Person*: hombre *m bzw* mujer *f* genial, genio *m*; **verkanntes ~** genio *m* ignorado
ge'nieren [ʒe-] ⟨*ohne* ge-⟩ A VR **sich ~** tener vergüenza; **sich ~, etw zu tun** tener reparos en (*od* no atreverse a) hacer a/c; **sich vor j-m ~** sentirse cohibido delante de alg; **~ Sie sich nicht!** ¡está usted en su casa! B VT *obs (stören)* molestar, incomodar
ge'nießbar ADJ comestible; *(trinkbar)* potable; bebible; *umg hum* bebestible; *fig* soportable; **Genießbarkeit** F ⟨~⟩ *(Trinkbarkeit)* potabilidad *f*
ge'nießen VT ⟨*irr; ohne* ge-⟩ 1 *geh (essen)* comer, tomar; *(trinken)* beber, tomar; *mit Behagen*: saborear, paladear (*a. fig*); **es ist nicht zu ~** no hay quien coma (*bzw* beba) esto; *umg fig* **er ist heute nicht zu ~** hoy está insoportable 2 *fig* gozar de, disfrutar de (*od* con) (*a. Vertrauen, Ruf*); *mit Behagen*: saborear; *Erziehung* recibir; **sein Leben ~** disfrutar de la vida
Ge'nießer M ⟨~s; ~⟩, **Genießerin** F ⟨~; ~nen⟩ sibarita *m/f*; vividor *m*, -a; *f* **er ist ein richtiger Genießer** es un auténtico sibarita; **genießerisch** ADJ con placer; gozoso; con fruición
Ge'niestreich [ʒe-] M rasgo *m* de ingenio; *iron* genialidad *f*

Geni'talien PL ANAT (partes *fpl*) genitales *mpl*
'Genitiv M ⟨~s; ~e⟩ GRAM genitivo *m*
'Genius M ⟨~; Genien⟩ MYTH *fig* genio *m*
'Genlabor N laboratorio *m* genético; **Genmais** M maíz *m* transgénico; **Genmanipulation** F manipulación *f* genética
'genmanipuliert ADJ *(gentechnisch verändert)* transgénico, manipulado genéticamente; **~e Lebensmittel** alimentos *mpl* transgénicos
'Genmedizin F medicina *f* genética; **Genmutation** F mutación *f* genética
Ge'nom N ⟨~s; ~e⟩ BIOL genoma *m*; **Genomanalyse** F *beim Menschen*: análisis *m* del genoma humano
ge'nommen PPERF → nehmen; **ge'normt** ADJ normalizado, estandarizado; **ge'noss** → genießen
Ge'nosse M ⟨~n; ~n⟩ 1 POL, *bes als Anrede*: camarada *m* 2 *obs (Kamerad)* compañero *m*; *umg* socio *m* 3 HANDEL socio *m* (cooperativo); asociado *m*; JUR **~n** *pl* consortes *mpl*
ge'nossen PPERF → genießen
Ge'nossenschaft F ⟨~; ~en⟩ (sociedad *f*) cooperativa *f*; **landwirtschaftliche ~** cooperativa *f* agrícola; explotación *f* cooperativa; **genossenschaftlich** ADJ cooperativo
Ge'nossenschaftsbank F ⟨~; ~en⟩ *(Raiffeisenbank)* banco *m* cooperativo; **Genossenschaftsbewegung** F movimiento *m* cooperativista, cooperativismo *m*; **Genossenschaftsregister** N registro *m* de cooperativas; **Genossenschaftsverband** M unión *f* (*od* federación *f*) de cooperativas; **Genossenschaftswesen** N ⟨~s⟩ cooperativismo *m*
Ge'nossin F ⟨~; ~nen⟩ 1 POL, *bes als Anrede* camarada *m* 2 *obs (Kameradin)* compañera *f* 3 HANDEL socia *f* (cooperativa); asociada *f*
Geno'typ M ⟨~s; ~en⟩, **Genotypus** M ⟨~; -typen⟩ BIOL genotipo *m*
Geno'zid M ⟨~(e)s; ~e *od* ~ien⟩ genocidio *m*
'Genpool [-pu:l] M ⟨~s; ~s⟩ pool *m* genético; acervo *m* genético
'Genraps M ⟨~⟩ colza *f* transgénica
'Genre ['ʒã:rə] N ⟨~s; ~s⟩ género *m*; **Genrebild** N MAL cuadro *m* de género; **Genremaler** M pintor *m* de género; **Genremalerei** F pintura *f* de género; **Genremalerin** F pintora *f* de género
'Gensoja F soja *f* transgénica
Gent N ⟨~s⟩ Gante *m*
'Gentechnik F BIOL ingeniería *f* genética; **grüne ~** ingeniería *f* fitogenética
'gentechnikfrei ADJ *Lebensmittel* no transgénico
'Gentechnikgegner M contrario *m* a la ingeniería genética; **Gentechnikgegnerin** F contraria *f* a la ingeniería genética; **Gentechnikgesetz** N ley *f* sobre la tecnología genética; ley *f* (reguladora) de la ingeniería técnica
'gentechnisch A ADJ genético; tecnogenético B ADV **~ verändert** genéticamente manipulado, transgénico
'Gentechnologie F → Gentechnik; **Gentest** M MED test *m* genético, prueba *f* genética; **Gentherapie** F terapia *f* genética
'Gentleman M ⟨~s; Gentlemen⟩ caballero *m*; **~'s Agreement** *n* pacto *m* entre caballeros
'Gentransfer M transferencia *f* de genes
'Genua N ⟨~s⟩ Génova *f*
Genu'eser M ⟨~s; ~⟩, **Genueserin** F ⟨~; ~nen⟩ genovés *m*, -esa *f*; **genuesisch** ADJ genovés
ge'nug ADV bastante; *(ausreichend)* suficiente; **mehr als ~** más que suficiente; más de lo necesario; **~ sein** bastar; ser suficiente (*od* bastante); **das ist ~** eso es bastante (*od* suficiente); **es ist ~ für uns da** hay bastante para nosotros; **~!** ¡basta!; **~ der Worte!** ¡basta de palabras!; **~ davon!** *od* **jetzt ist's aber ~!** ¡basta ya; **~ Geld haben** tener bastante (*od* suficiente) dinero; **~ zum Leben haben** tener con qué vivir; *umg* **er kann nie ~ kriegen** nunca tiene bastante; **er ist alt ~, um ...** tiene bastante edad para ...; **dafür bist du noch nicht alt ~** eres demasiado joven para eso; **wir sind ~** somos bastantes; **sich** *(dat)* **selbst ~ sein** bastarse (a sí mismo) ; *fig* **~ haben von** *(e-r Sache überdrüssig sein)* estar harto de; **das Beste ist gerade gut ~** sólo se conforma con lo mejor; **nicht ~ (damit), dass er lügt, er stiehlt auch noch** no sólo miente, sino que también roba
Ge'nüge F ⟨~⟩ **zur ~** suficientemente; bastante, lo suficiente; **zur ~ bekannt** harto sabido; **einer Sache** *(dat)* **~ tun** *od* **leisten** dar abasto a a/c; **j-m ~ tun** satisfacer (*od* contentar) a alg; **seiner Pflicht ~ tun** cumplir (con) su deber
ge'nügen VI ⟨*ohne* ge-⟩ 1 *(ausreichen)* bastar, ser suficiente; **das genügt mir** con eso me basta; **es genügt, es zu sehen** basta con verlo 2 *(gerecht werden)* satisfacer; **einer Sache** *(dat)* **(nicht) ~** (no) satisfacer a/c; **um der Nachfrage zu ~** para satisfacer (*od* hacer frente a) la demanda
ge'nügend A ADJ suficiente, bastante; *(befriedigend)* satisfactorio; pasable; **~ Geld** el dinero necesario B ADV suficientemente
ge'nügsam A ADJ contentadizo, fácil de contentar; *im Essen*: sobrio; frugal; *(gemäßigt)* moderado; *(bescheiden)* modesto; **~ sein** contentarse con poco B ADV **~ leben** vivir modestamente (*od* con sobriedad)
Ge'nügsamkeit F ⟨~⟩ sobriedad *f*; *beim Essen, Trinken*: frugalidad *f*; *(Bescheidenheit)* modestia *f*
ge'nugtun VI ⟨*irr*⟩ **j-m ~** satisfacer (*od* contentar) a alg
Ge'nugtuung F ⟨~⟩ satisfacción *f*; *für e-e Kränkung a.*: reparación *f*; **es ist mir eine ~ zu** *(inf)* es una satisfacción para mí *(inf)*; **~ fordern** exigir una satisfacción (**von j-m für etw** a alg por a/c); **j-m ~ geben** dar satisfacción (*od* explicaciones) a alg; desagraviar a alg; **sich** *(dat)* **~ verschaffen** tomar satisfacción, desagraviarse; *(sich rächen)* vengarse (**für** de); **zu seiner ~** a (*bzw* para) su satisfacción
'Genus N ⟨~; Genera⟩ GRAM género *m*
Ge'nuss M ⟨~es; ≃e⟩ 1 *von Ess-, Trinkbarem*: consumo *m* 2 *(Wohlbehagen)* gozo *m*, placer *m*, fruición *f*; goce *m*; **mit ~** con placer; **etw mit ~ tun** disfrutar haciendo a/c; **sich dem ~ hingeben** entregarse a los placeres; **es war mir ein ~!** ¡ha sido un placer! 3 *(Nutznießung)* usufructo *m*; disfrute *m*; **in den ~ einer Sache** *(gen)* **kommen** entrar en el disfrute de a/c; disfrutar de a/c
ge'nüsslich ADV con fruición
Ge'nussmensch M sibarita *m/f*; epicúreo *m*, -a *f*; hedonista *m/f*; **Genussmittel** NPL estimulantes *mpl*; **genussreich** ADJ *(angenehm)* agradable, placentero; *(köstlich)* delicioso; **Genussschein** M HANDEL bono *m* (*od* acción *f*) de disfrute; **Genusssucht** F avidez *f* de placeres; sensualidad *f*; **genusssüchtig** ADJ entregado (*od* dado) a los placeres; sensual
'genverändert ADJT → gentechnisch B
Geodä'sie F ⟨~⟩ geodesia *f*; **Geo'dät** M ⟨~en; ~en⟩, **Geo'dätin** F ⟨~; ~nen⟩ geodesta *m/f*; **geo'dätisch** ADJ geodésico
'Geodreieck® N escuadra *f*
Geo'graf M, **Geo'graph** F ⟨~en; ~en⟩ geógrafo *m*; **Geogra'fie** F, **Geogra'phie** F

G

⟨~⟩ geografía *f*; **Geo'grafin** F, **Geo'graphin** F ⟨~; ~nen⟩ geógrafa *f*; **geo'grafisch** ADJ, **geo'graphisch** ADJ geográfico

Ge'orgien N ⟨~s⟩ Georgia *f*; **Georgier** M ⟨~s; ~⟩, **Georgierin** F ⟨~; ~nen⟩ georgiano *m*, -a *f*; **georgisch** ADJ georgiano

Ge'päck N ⟨~(e)s⟩ equipaje *m*; MIL bagaje *m*; **sein ~ aufgeben** facturar el equipaje; *zum Aufbewahren*: entregar el equipaje en la consigna; **Gepäckabfertigung** F facturación *f* de equipajes; **Gepäckablage** F portaequipajes *m*; **Gepäckanhänger** M AUTO remolque *m* portaequipajes; *(Namensschild)* etiqueta *f* de identificación; **Gepäckannahme (stelle)** F depósito *m* de equipajes; recepción *f* de equipajes; **Gepäckaufbewahrung** F consigna *f*; **Gepäckaufbewahrungsschein** M resguardo *m* de la consigna; **Gepäckausgabe** F, **Gepäckauslieferung** F entrega *f* de equipajes; **Gepäckband** *am Flughafen*: cinta *f* de equipajes; **Gepäckfreigrenze** F límite *m* de transporte gratuito de equipaje; **Gepäckhalter** M ⟨~s; ~⟩ portaequipajes *m*; AUTO *a.* baca *f*; **Gepäckkarren** M carretilla *f* para equipajes; **Gepäckkontrolle** F registro *m* (*od* control *m*) de equipajes; **Gepäckmarsch** M MIL marcha *f* con carga; **Gepäcknetz** N rejilla *f* (*od* red *f*) (para equipajes), portaequipajes *m*; **Gepäckraum** M consigna *f*; compartim(i)ento *m* para equipajes; **Gepäckschalter** M ventanilla *f* de equipajes; **Gepäckschein** M talón *m* de equipajes; **Gepäckschließfach** N consigna *f* automática; **Gepäckstück** N bulto *m*; **Gepäckträger** M *Person*: maletero *m*; mozo *m* (de cuerda), *Arg* changador *m*; *am Fahrrad*: transportín *m*, portaequipajes *m*; **Gepäckversicherung** F seguro *m* de equipaje; **Gepäckwagen** M furgón *m*; carro *m*

ge'panzert ADJ blindado, acorazado

'Gepard M ⟨~s; ~e⟩ ZOOL guepardo *m*

ge'pfeffert ADJ picante (*a. fig*); *umg fig Preis* exorbitante, por las nubes; *Rechnung* subido; *Witz* verde

Ge'pfeife N ⟨~s⟩ silbidos *mpl*

ge'pfiffen PPERF → pfeifen

ge'pflegt A ADJ 1 (bien) cuidado; *(sauber)* aseado, pulcro; *Äußeres a.* (bien) arreglado; *Kleidung* elegante 2 *Unterhaltung* cultivado; *Stil* pulido; elegante; *Essen, Getränke* fino; *Lokal, Hotel* elegante B ADV **sich ~ ausdrücken** hablar con corrección; **~ essen gehen** ir a comer a un restaurante de lujo

Ge'pflogenheit F ⟨~; ~en⟩ costumbre *f*

ge'plagt ADJ → plagen

Ge'plänkel N ⟨~s; ~⟩ 1 MIL *obs* escaramuza *f*, refriega *f* 2 *fig (harmlose Auseinandersetzung)* escaramuza *f*; **Ge'plapper** N ⟨~s⟩ cháchara *f*, parloteo *m*; **Ge'plärr(e)** N ⟨~(e)s⟩ *umg pej* lloriqueo *m*, gimoteo *m*; *(Schreierei)* chillería *f*, gritería *f*; **Ge'plätscher** N ⟨~s⟩ *poet* murmullo *m*; *des Wassers*: chapaleteo *m*; **Ge'plauder** N ⟨~s⟩ charla *f*, plática *f*; *umg* palique *m*, parloteo *m*

ge'polstert ADJ → polstern

Ge'polter N ⟨~s⟩ estrépito *m*; *Lärm*: estruendo *m*; barullo *m*

Ge'präge N 1 *auf Münzen*: cuño *m*, sello *m* (*beides a. fig*) 2 *geh fig* carácter *m*, marca *f*; impronta *f*; **einer Sache** *(dat)* **ihr ~ geben** dar a a/c el toque personal (*od* especial) 3 HANDEL *(Markenzeichen)* marchamo *m*

Ge'pränge N ⟨~s⟩ *geh* pompa *f*; fausto *m*; boato *m*

Ge'prassel N ⟨~s⟩ crepitación *f*; chisporroteo *m*; *(Krachen)* crujido *m*

Ge'prellte M/F ⟨~n; ~n; → A⟩ estafado *m*, -a *f*, *umg* timado *m*, -a *f*; *umg* primo *m*

ge'priesen PPERF → preisen

ge'prüft ADJ 1 **staatlich ~** diplomado 2 *fig (leidgeprüft)* sufrido

ge'punktet ADJ *Kleid* con lunares

Ge'quake N ⟨~s⟩ croar *m*

ge'quält ADJ *Lächeln* forzado

Ge'quassel N ⟨~s⟩, **Ge'quatsche** N ⟨~s⟩ *umg* charloteo *m*, cháchara *f*

ge'quollen PPERF → quellen[1], quellen[2] B

ge'rade A ADJ 1 *Linie, Straße, Nase etc* recto (*a. fig*); derecho (*a. fig u. Körperhaltung*); *(ohne Umweg)* directo; **auf ~r Strecke** en (línea) recta 2 *fig Charakter* recto; sincero; franco 3 MATH *Zahl* par B ADV 1 *(aufrecht)* **~ gehen** andar recto; → *a.* gerade biegen, gerade halten *etc* 2 *(genau)* precisamente, justamente; exactamente; **es ist ~ drei Uhr** son las tres en punto; **~ recht kommen** venir muy a propósito; *umg* venir a pedir de boca; **das ist mir ~ recht** es lo mejor que podría desear, *umg* me viene a pedir de boca; **das ist ~ umgekehrt** es todo lo contrario; es al revés; **~ als ob** *od* **als wenn** (justo) como si *(subj)*; **~ so viel, dass …** justo lo suficiente para … 3 *zeitlich*: *(im Moment)* ahora mismo; en este momento; *Am* recién; **~ (in dem Augenblick), als …** precisamente en el momento en que …, precisamente cuando …; **~ dabei sein, etw zu tun** estar a punto de hacer a/c; **ich bin ~ dabei, ihm zu schreiben** estoy escribiéndole (en este momento); **~ beim Essen sein** estar comiendo; **ich wollte ~ gehen** estaba a punto de marcharme; **er ist ~ angekommen** acaba de llegar 4 *(knapp)* justo, justamente; **~ ein Jahr** justamente un año; **~ noch rechtzeitig** justo a tiempo; **eine Prüfung ~ so bestehen** *umg* aprobar un examen por los pelos; **~ so viel, dass …** justo lo suficiente para … 5 *(ausgerechnet)* justo, precisamente; **warum ~ ich?** ¿por qué justo yo?; **das fehlte ~ noch!** ¡lo que (me) faltaba!; ¡no (me) faltaba más! 6 *(besonders)* especialmente; **das ist nicht ~ billig** no es barato que digamos; **nicht ~ leicht** *etc* no precisamente fácil, *etc* 7 *umg (erst recht)* **nun** *od* **jetzt ~!** ¡ahora más que nunca!; **nun ~ nicht!** ¡ahora menos que nunca!

Ge'rade F ⟨~n; ~n⟩ 1 MATH, *Leichtathletik*: recta *f*; **in die ~ einbiegen** entrar en la recta 2 *Boxen*: directo *m*

gerade'aus ADV (todo) derecho, todo seguido; de frente; **gehen Sie immer ~!** ¡siga (todo) derecho!

ge'radebiegen V/T ⟨irr⟩ *umg fig (einrenken)* arreglar

ge'radebiegen V/T, **gerade biegen** V/T ⟨irr⟩ enderezar

gerade halten ⟨irr⟩ A V/T mantener derecho B V/R **sich ~** (man)tenerse derecho

geradeher'aus ADV con toda franqueza, francamente; *(ohne Umschweife)* sin rodeos; sin cumplidos

ge'rademachen V/T, **gerade machen** V/T enderezar

ge'raderichten V/T, **gerade richten** V/T enderezar

ge'rädert ADJ **wie ~ sein** estar molido, *umg* estar hecho polvo

ge'rade sitzen V/I ⟨irr⟩ estar sentado con la espalda recta

ge'radeso ADV lo mismo, igual; **~ groß wie** tan grande como; **er kommt mir ~ vor wie …** me da la sensación de …; → *a.* ebenso

ge'radestehen V/I ⟨irr⟩ *fig* **für j-n/etw ~** responder por alg/de a/c

gerade stehen V/I ⟨irr⟩ estar (*bzw* tenerse) derecho; estar erguido

ge'radewegs ADV 1 *(ohne Umweg)* directamente; (todo) derecho 2 *fig (freimütig)* sin rodeos; con toda franqueza; *(ohne Umstände)* sin cumplidos; **~ auf etw** *(acus)* **losgehen** ir derecho al asunto, *umg* ir al grano

gerade'zu ADV directamente, derecho; *(geradeheraus)* con toda franqueza, francamente; *(fast)* por así decirlo; **es ist ~ erstaunlich** es realmente soprendente; **das ist ~ Wahnsinn** es una verdadera locura

Ge'radflügler MPL ZOOL ortópteros *mpl*; **Geradführung** F TECH guía *f* rectilínea; **Geradheit** F ⟨~⟩ 1 *e-r Linie*: rectitud *f*, derechura *f* (*beides a. fig*) 2 *fig (Aufrichtigkeit)* sinceridad *f*; *(Freimut)* franqueza *f*; **geradlinig** A ADJ recto, rectilíneo; *Charakter* honesto, franco, sincero B ADV en línea recta

ge'rammelt ADV *umg* **~ voll** repleto; abarrotado, atestado (de gente)

Ge'rangel N ⟨~s⟩ *umg* forcejeo *m*

Ge'ranie [-niə] F ⟨~; ~n⟩ BOT geranio *m*

ge'rann → gerinnen

ge'rannt PPERF → rennen

Ge'rassel N ⟨~s⟩ fragor *m*; estrépito *m*; crepitación *f*

ge'rät → geraten[1]

Ge'rät N ⟨~(e)s; ~e⟩ utensilio *m*; *(Werkzeug)* herramienta *f*; útiles *mpl*; *Am* utilería *f*; *(Hausgerät)* enseres *mpl*; *(Instrument)* instrumento *m*; *(Apparat, Turngerät)* aparato *m*, RADIO, TV *a.* receptor *m*; *(Ausrüstung)* pertrechos *mpl*; equipo *m*; AGR aperos *mpl*; **elektrische ~e** aparatos *mpl* eléctricos

Ge'rätekasten M caja *f* de herramientas

ge'raten[1] V/I ⟨irr; ohne ge-; sn⟩ 1 *(gelangen, kommen)* llegar (**nach** a); ir a parar (**nach** a); **an etw/j-n ~** encontrarse (*od* dar) con a/c/alg; **an den Richtigen/Falschen ~** dar con el mejor/alguien que no es; **sie ist an den Richtigen ~** ¡menuda joya se encontró!; **außer sich ~** *vor Zorn*: perder los estribos; *vor Freude*: no caber en sí (de contento); **~ in** *(acus)* caer en; dar en; *bes moralisch*: incurrir en; *in e-n Sturm etc*: verse sorprendido por; **in j-s Hände ~** caer en manos de alg; **in Panik ~** entrar en pánico; **in eine Falle ~** caer en una trampa; **in Gefahr ~** verse expuesto a un peligro; **in Gefahr ~, zu** *(inf)* correr el riesgo de *(inf)*; **in Not ~** verse en apuros; **in Schulden ~** contraer deudas, *umg* entramparse; **in Schwierigkeiten ~** encontrar dificultades; **in einen Stau ~** meterse (*od* acabar) en un atasco; **unter ein Auto ~** ser atropellado 2 *(gelingen)* **gut ~** salir bien; dar buen resultado; **schlecht ~** salir mal; dar mal resultado; **zu groß** *etc* **~** salir demasiado grande *etc*; **gut ~e Kinder** niños bien educados 3 *(ähneln)* **nach j-m ~** salir a alg; **nach dem Vater ~** salir a su padre

ge'raten[2] A PPERF → raten[1], raten[2], geraten[1] B ADJ *(ratsam)* aconsejable, prudente; indicado, conveniente; **es für ~ halten zu** *(inf)* creer conveniente (*od* aconsejable) *(inf)*

Ge'räteschuppen M cobertizo *m*; **Gerätestecker** M ⟨~s; ~⟩ ELEK enchufe *m* (para aparatos eléctricos); **Geräteturnen** N gimnasia *f* con aparatos; **Geräteübung** F ejercicio *m* con aparatos

Gerate'wohl N **aufs ~** al azar; *umg* al (buen) tuntún

Ge'rätschaften FPL utensilios *mpl*; herramientas *fpl*; utillaje *m*

ge'räuchert, ge'raucht ADJ ahumado

ge'raum ADJ *geh* **~e Zeit** un buen rato; **seit ~er Zeit** desde hace algún tiempo; **vor ~er Zeit** hace bastante tiempo

ge'räumig ADJ espacioso; amplio; vasto; **Geräumigkeit** F ⟨~⟩ espaciosidad *f*; (vasta) extensión *f*; (gran) amplitud *f*

ge'räumt ADJ *Straße etc* expedito

Ge'raune N ⟨~s⟩ cuchicheo *m*, bisbiseo *m*
Ge'räusch N ⟨~es; ~e⟩ ruido *m*; **geräuscharm** ADJ de poco ruido; **Geräuschbekämpfung** F **1** *konkret*: atenuación *f* (*od* reducción *f*) de ruidos **2** *allg* lucha *f* contra la polución sonora (*od* acústica); **Geräuschdämpfer** M ⟨~s; ~⟩ *Motorrad*: silenciador *m*; TECH amortiguador *m* de ruidos; **Geräuschdämpfung** F insonorización *f*
Ge'räuschemacher M ⟨~s; ~⟩, **Geräuschemacherin** F ⟨~; ~nen⟩ THEAT, FILM, RADIO técnico *m*, -a *f* de ruidos
Ge'räuschemission F emisión *f* de ruidos (acústicos); **geräuschempfindlich** ADJ sensible al ruido; **Geräuschisolierung** F insonorización *f*; **Geräuschkulisse** F ruido *m* de fondo; fondo *m* sonoro
ge'räuschlos **A** ADJ sin ruido; silencioso **B** ADV sin ruido; **Geräuschlosigkeit** F ⟨~⟩ ausencia *f* de ruido; silencio *m*
Ge'räuschmesser M medidor *m* de sonidos (*od* de ruidos); **Geräuschpegel** M nivel *m* de ruido; **geräuschvoll** ADJ ruidoso (*a. fig*); alborotado; tumultuoso; estrepitoso
'gerben VT curtir; adobar; **weiß ~** adobar en blanco; **pflanzlich ~** herbar
'Gerben N ⟨~s⟩ curtido *m*, curtimiento *m*, curtidura *f*; **Gerber** M ⟨~s; ~⟩ curtidor *m*; adobador *m* de pieles; (*Weißgerber*) pellejero *m*
'Gerbera F ⟨~; ~(s)⟩ BOT gerbera *f*
Gerbe'rei F ⟨~; ~en⟩ tenería *f*, curtiduría *f*; (*Weißgerberei*) pellejería *f*
'Gerberin F ⟨~; ~nen⟩ curtidora *f*; adobadora *f* de pieles
'Gerbsäure F ácido *m* tánico; **Gerbstoff** M CHEM (materia *f*) curtiente *m*; CHEM tanino *m*
ge'recht **A** ADJ **1** *Richter etc, Urteil* justo; *Strafe, Note etc a.* merecido; (*rechtmäßig*) legal; **eine ~e Sache** una causa justa **2** (*gerechtfertigt*) justificado; *Verteilung etc* equitativo; *Zorn* legítimo; **die ~e Strafe** la pena merecida; el castigo merecido **3** *Lohn, Entschädigung* justo; **j-m ~ werden** hacer justicia a alg; **einer Sache** (*dat*) **~ werden** hacer justicia a a/c; *e-r Aufgabe*: cumplir a/c; *Wünschen*: corresponder a a/c **B** ADV justamente; **j-n ~ behandeln** tratar a alg con equidad
Ge'rechte M/F ⟨~n; ~n; → A⟩ (hombre *m*) justo *m*, (mujer *f*) justa *f*; **den Schlaf des ~n schlafen** dormir el sueño de los justos
ge'rechter'weise ADV en justicia
ge'rechtfertigt ADJ justificado
Ge'rechtigkeit F ⟨~⟩ justicia *f*; *bei Verteilung etc*: equidad *f*; (*Unparteilichkeit*) imparcialidad *f*; (*Rechtmäßigkeit*) legitimidad *f*; **~ fordern** pedir justicia; *geh* **~ walten lassen** ser justo; proceder con justicia; **j-m/einer Sache ~ widerfahren lassen** hacer justicia a alg/a/c
Ge'rechtigkeitsliebe F amor *m* a la justicia; **gerechtigkeitsliebend** ADJ amante de la justicia; *pej* justiciero; **Gerechtigkeitssinn** M espíritu *m* de justicia
Ge'rede N ⟨~s⟩ habladurías *fpl*; cuentos *mpl*; (*Nachrede*) murmuración *f*; (*Geschwätz*) chismes *mpl*, hablillas *fpl*; *umg* comadrerías *fpl*; (*Gerücht*) rumores *mpl*; **das ~ (der Leute)** el qué dirán; **Anlass zu ~ geben** dar que hablar (a la gente); **ins ~ kommen** andar en lenguas; **j-n ins ~ bringen** comprometer a alg; **das ist leeres ~** es hablar por hablar
ge'regelt ADJ arreglado; *durch Verordnungen*: reglamentado; (*reguliert*) regulado; (*regelmäßig*) regular; (*ordentlich*) ordenado
ge'reichen VI ⟨ohne ge-⟩ *geh* **zu etw ~** contribuir a a/c; redundar en a/c; **j-m zum Nutzen** *od* **Vorteil ~** redundar en beneficio (*od* provecho) de alg; **j-m zur Ehre ~** honrar (*od* hacer honor) a alg; **j-m zur Schande ~** ser una vergüenza para alg; **j-m zum Nachteil** *od* **Schaden ~** perjudicar a alg; subvenir en detrimento de alg
ge'reizt **A** ADJ irritado (*a.* MED) **B** ADV **warum reagierst du so ~?** ¿por qué te pones así?, ¿por qué saltas así?
Ge'reiztheit F ⟨~⟩ irritación *f* (*a.* MED)
'Gerfalke M ⟨~n, ~n⟩ ORN gerifalte *m*
Geria'trie F ⟨~⟩ MED geriatría *f*
geri'atrisch ADJ MED geriátrico
Ge'richt¹ N ⟨~(e)s; ~e⟩ (*Speise*) comida *f*; (*Gang*) plato *m*
Ge'richt² N ⟨~(e)s; ~e⟩ JUR tribunal *m*; *Am* corte *f*; *niederes*: juzgado *m*; *höheres*: audiencia *f*; *Gebäude*: palacio *m* de justicia; **vor ~** judicialmente; **von ~s wegen** por orden judicial; **~ halten** reunirse en sesión (*od* audiencia); (*Recht sprechen*) administrar justicia; **~ halten über** juzgar de; **beim ~ verklagen** demandar ante los tribunales; **vor ~ fordern** *od* **laden** citar ante un tribunal (*bzw* ante el juez); **vor ~ erscheinen** comparecer ante el tribunal (*bzw* ante el juez); **vor ~ gehen** ir a juicio; **vor ~ stehen** comparecer en juicio; **j-n vor ~ stellen** *od* **bringen** llevar a alg a los tribunales; **sich dem ~ stellen** presentarse ante el tribunal (*bzw* ante el juez); *geh* **über j-n ~ halten** *od* **zu ~ sitzen** juzgar a alg; *fig* **mit j-m scharf** *od* **hart ins ~ gehen** juzgar severamente a alg; criticar duramente a alg; REL **das Jüngste ~** el juicio final
ge'richtlich **A** ADJ JUR judicial; *Medizin, Psychologie etc* forense; **~e Beglaubigung** legalización *f* judicial; **~e Bestätigung** homologación *f* judicial; **~e Verfolgung** acción *f* judicial; **ein ~es Verfahren einleiten** incoar una causa; **auf ~em Wege** por vía judicial **B** ADV judicialmente; **~ angeordnet** dativo; **j-n ~ belangen** entablar una acción judicial contra alg; demandar judicialmente a alg; *strafrechtlich*: querellarse contra alg; **~ vorgehen** proceder judicialmente (**gegen** contra); **~ geltend machen** hacer valer judicialmente
Ge'richtsakten FPL autos *mpl*; **Gerichtsarzt** M → Gerichtsmediziner; **Gerichtsbarkeit** F ⟨~⟩ jurisdicción *f*; **Gerichtsbeamte(r)** M, **Gerichtsbeamtin** F funcionario *m*, -a *f* de justicia; (*Richter, -in*) magistrado *m*, -a *f*; **Gerichtsbehörde** F autoridad *f* judicial; **Gerichtsbescheid** M notificación *f* judicial; **Gerichtsbeschluss** M decisión *f* judicial; **Gerichtsbezirk** M jurisdicción *f*; juzgado *m*; *bes sp* partido *m* judicial; **Gerichtsdiener** M *obs* ujier *m*; alguacil *m*; **Gerichtsdolmetscher** M, **Gerichtsdolmetscherin** F intérprete *m/f* jurado, -a; **Gerichtsentscheid** M decisión *f* judicial; **Gerichtsferien** PL vacaciones *fpl* judiciales; **Gerichtsgebäude** N (*Justizpalast*) palacio *m* de justicia; *kleineres*: audiencia *f*; **Gerichtsgebühren** FPL derechos *mpl* judiciales
Ge'richtshof M tribunal *m* (de justicia); *Am* corte *f* de justicia; **Europäischer ~** Tribunal *m* de Justicia Europeo; **Internationaler ~** Tribunal *m* Internacional de Justicia; **oberster ~** Tribunal *m* Supremo
Ge'richtskanzlei F secretaría *f* judicial; **Gerichtskosten** PL costas *fpl* judiciales
Ge'richtsmedizin F medicina *f* legal (*od* forense); **Gerichtsmediziner** M, **Gerichtsmedizinerin** F (médico *m*, -a *f*) forense *m/f*; **gerichtsmedizinisch** ADJ médico-forense
Ge'richtsordnung F reglamento *m* judicial; **Gerichtsperson** F → Gerichtsbeamte(r); **Gerichtssaal** M sala *f* de audiencia; **Gerichtssachverständige** M/F perito *m*, -a *f* judicial; jurisperito *m*, -a *f*; **Gerichtsschranke** F barra *f*; **Gerichtsschreiber** M *schweiz* oficial *m* de juzgado; **Gerichtssitzung** F *einzelne*: audiencia *f*, vista *f*; (*Tagung*) sesión *f*; **Gerichtsstand** M ⟨~s⟩ jurisdicción *f* (*bzw* tribunal *m*) competente; fuero *m*; **Gerichtstermin** M día *f* de la vista; **Gerichtsurteil** N resolución *f* judicial; **Gerichtsverfahren** N procedimiento *m* judicial; **Gerichtsverfassung** F organización *f* judicial; **Gerichtsverhandlung** F vista *f* de una causa; sesión *f* del tribunal; **Gerichtsvollzieher** M, **Gerichtsvollzieherin** F agente *m/f* ejecutivo, -a; *sp a.* alguacil *m/f*
Ge'richtsweg M vía *f* judicial; **auf dem ~** por vía judicial; **den ~ beschreiten** acudir a la vía judicial
Ge'richtswesen N ⟨~s⟩ justicia *f*; sistema *m* judicial
ge'rieben **A** PPERF → reiben **B** ADJ *umg fig* taimado, astuto, redomado; *umg* zorro; *umg* **ein ~er Bursche** *umg* un vivo
Ge'riesel N ⟨~s⟩ chorreo *m*; (*Nieseln*) llovizna *f*
ge'ring ADJ pequeño; (*unbedeutend*) insignificante; de poca consideración (*od* importancia); mínimo; (*dürftig*) exiguo; (*kurz*) corto; (*wenig*) poco; escaso; (*niedrig*) bajo, *Preis a.* módico, moderado; **von ~er Herkunft** de baja extracción; de humilde cuna; **von ~em Wert** de poco (*od* escaso) valor; **~e Kenntnisse** escasos conocimientos; **das ~e Interesse** el poco interés; **in ~er Entfernung von** a poca (*od* corta) distancia de; **mit ~en Ausnahmen** con contadas excepciones; **ich bin in nicht ~er Verlegenheit** estoy en un gran apuro
ge'ringachten VT, **gering achten** VT tener en poco, menospreciar; (*verachten*) desdeñar, despreciar; (*unbeachtet lassen*) hacer poco caso de
ge'ringer (*komp v.* **gering**) ADJ menor (**als** que); *Stellung, Summe* inferior (**als** a); **~ werden** disminuir; **nichts Geringeres als** nada menos que; **kein Geringerer als ...** nadie menos que ...
ge'ringfügig **A** ADJ insignificante; de poca consideración (*od* monta); *Fehler* ligero; WIRTSCH **~e Beschäftigung** empleo *m* de baja remuneración **B** ADV **die Preise sind ~ gestiegen** los precios han subido ligeramente
Ge'ringfügigkeit F ⟨~; ~en⟩ insignificancia *f*; poca importancia *f*; (*Bagatelle*) bagatela *f*; (*Belanglosigkeit*) futilidad *f*; **das Verfahren wegen ~ einstellen** sobreseer (*od* suprimir) el procedimiento por insignificancia
ge'ringschätzen VT, **gering schätzen** VT → gering achten
ge'ringschätzig **A** ADJ desdeñoso; despreciativo, despectivo **B** ADV desdeñosamente, con desdén; con menosprecio; despectivamente; **Geringschätzung** F ⟨~⟩ desdén *m*; menosprecio *m*; (*Verachtung*) desprecio *m*
ge'ringste(r, -s) (*sup v.* **gering**) ADJ mínimo; **nicht die ~ Ahnung von etw haben** no tener ni la menor (*od* la más remota) idea de a/c; **beim ~n Geräusch** al menor ruido; **das ist meine ~ Sorge** (eso) es lo de menos; **nicht der ~ Zweifel** ni la menor duda; **nicht das Geringste** ni lo más mínimo; *umg* nada de nada; **das Geringste, was er/sie tun kann** lo menos que puede hacer; **nicht im Geringsten** de ninguna manera, lo más mínimo (*mit Verneinung vor dem Verb*); **der Geringste** el más humilde
Ge'ringverdiener M, **Geringverdienerin** F (*Mini-Jobber, -in*) trabajador *m*, -a *f* de baja remuneración
Ge'rinne N ⟨~s; ~⟩ canal *m* de agua; tubería *f*; AGR reguera *f*; *e-r Schleuse*: conducto *m*
ge'rinnen VI ⟨*irr; ohne* ge-; sn⟩ *Blut* coagu-

lar(se); *Milch* cuajarse; cortarse; **~ lassen** coagular; *Milch* cuajar
Ge'rinnen N ⟨~s⟩ coagulación *f*; *v. Milch*: cuajadura *f*; **Gerinnsel** N ⟨~s; ~⟩ MED coágulo *m*; **Gerinnung** F ⟨~⟩ coagulación *f*
ge'rinnungsfähig ADJ coagulable; **Gerinnungsfähigkeit** F ⟨~⟩ coagulabilidad *f*
ge'rinnungshemmend ADJ anticoagulante; **Gerinnungshemmer** M MED anticoagulante *m*
Ge'rippe N ⟨~s; ~⟩ **1** ANAT esqueleto *m*; osamenta *f* **2** ARCH armazón *f*, armadura *f* **3** SCHIFF casco *m* **4** *fig* esqueleto *m*, armazón *f*
ge'rippt ADJ **1** *Stoff* de cañutillo **2** ARCH con nervaduras; estriado, acanalado **3** BOT nervado
ge'rissen **A** PPERF → reißen **B** ADJ *umg* astuto, ladino, *umg* zorro; *umg* **ein ~er Bursche sein** *umg* ser un vivales; **Gerissenheit** F ⟨~⟩ astucia *f*, *umg* zorrería *f*

ge'ritten PPERF → reiten
ge'ritzt ADJ *umg* **die Sache ist ~** la cosa está arreglada; esto está hecho; **ist ~!** *umg* ¡hecho!
Germ M ⟨~(e)s⟩ *od* F ⟨~⟩ *südd, österr* levadura *f*
Ger'mane M ⟨~n; ~n⟩ germano *m*; **Germanien** N ⟨~s⟩ Germania *f*; **Germanin** F ⟨~; ~nen⟩ germana *f*; **germanisch** ADJ germánico
germani'sieren V/T ⟨ohne ge-⟩ germanizar; **Germanisierung** F ⟨~⟩ germanización *f*
Germa'nismus M ⟨~; Germanismen⟩ germanismo *m*; **Germanist** M ⟨~en; ~en⟩ germanista *m*; **Germanistik** F ⟨~⟩ filología *f* germánica, germanística *f*; **Germanistin** F ⟨~; ~nen⟩ germanista *f*
'Germknödel M ⟨~s; ~⟩ *südd, österr* *bollo de masa de levadura relleno de mermelada de ciruela y que se prepara al vapor*
'gern(e) ADV **1** *(mit Vergnügen)* gustosamente, con mucho gusto; *(bereitwillig)* de buen grado, de buena gana; **ich reise (lese** *etc*) **~(e)** me gusta viajar (leer, *etc*); **etw ~(e) essen** gustar a alg comer a/c; **etw ~(e) mögen** gustar a alg a/c; **er/sie mag ~ Schokolade** (a él/a ella) le gusta el chocolate; **ich bin ~(e) in Paris (Italien** *etc*) me encanta París (Italia, *etc*) → gernhaben **2** *(als Antwort)* **~(e)!** ¡encantado!; **herzlich ~** con sumo gusto, *umg* con mil amores; **~ geschehen!** ¡de nada!, ¡no hay de qué! **3** *Wunsch*: **ich hätte ~(e) …** me gustaría …; **ich möchte ~(e) wissen** quisiera saber; me gustaría saber; **ich möchte ~(e) ins Kino gehen** quisiera ir al cine **4** *(ohne Weiteres)* **das glaube ich ~(e)** ya lo creo!; **du kannst ~(e) dableiben!** puedes quedarte (sin problemas)! **5** **~ gesehen sein** *Gast* ser bienvenido; **etw (nicht) ~(e) sehen** (no) ver con buenos ojos a/c; **er sieht es ~, dass …** le gusta que … *(subj)*
'Gernegroß M ⟨~; ~e⟩ *umg hum* presumido *m*, -a *f*; *umg* farolero *m*, -a *f*; fanfarrón *m*, -ona *f*
'gernhaben V/T **etw ~** gustar a/c; **ich habe es gern warm** me gusta que haga calor; **j-n ~** *od* **gern mögen** querer a alg; *umg iron* **er kann mich (mal) ~!** *umg* ¡que le zurzan!
ge'rochen PPERF → riechen
Ge'röll N ⟨~(e)s; ~e⟩ cantos *mpl* rodados; *(Kiesel)* guijarros *mpl*; *(Felsgeröll)* rocalla *f*; **Geröllhalde** F escombrera *f*; cantizal *m*
ge'ronnen PPERF → gerinnen, rinnen
Geronto'loge M ⟨~n; ~n⟩ MED gerontólogo *m*; **Gerontolo'gie** F ⟨~⟩ MED gerontología *f*; **Geronto'login** F ⟨~; ~nen⟩ MED gerontóloga *f*
'Gerste F ⟨~⟩ BOT cebada *f*
'Gerstenfeld N cebadal *m*, campo *m* de cebada; **Gerstengraupen** FPL cebada *f* mondada; **Gerstengrütze** F cebada *f* perlada; **Gerstenkorn** N **1** BOT grano *m* de cebada **2** MED orzuelo *m*; **Gerstenmalz** N cebada *f* malteada; **Gerstenmehl** N harina *f* de cebada; **Gerstensaft** M *hum (Bier)* cerveza *f*
'Gerte F ⟨~; ~n⟩ vara *f*; varilla *f*; baqueta *f*; *(Reitgerte)* fusta *f*
'gertenschlank ADJ (muy) esbelto
Ge'ruch M ⟨~(e)s; ~̈e⟩ **1** olor *m*; *(Wohlgeruch)* perfume *m*, aroma *m*; **schlechter ~** mal olor *m*; **übler ~** hedor *m*, fetidez *f*; **den ~ beseitigen** desodor(iz)ar **2** *(Geruchssinn)* olfato *m*; **einen feinen ~ haben** tener buen olfato *(a. fig)* **3** *fig geh obs* reputación *f*, fama *f*
ge'ruchlos ADJ **1** sin olor, inodoro; **~ machen** desodor(iz)ar **2** *(ohne Geruchssinn)* sin olfato; **Geruchlosigkeit** F ⟨~⟩ **1** ausencia *f* de olor **2** *(ohne Geruchssinn)* pérdida *f* del olfato, MED anosmia *f*
Ge'ruchsnerv M nervio *m* olfativo (*od* olfatorio); **Geruchsorgan** N órgano *m* olfativo; **Geruchssinn** M (sentido *m* del) olfato *m*
Ge'rücht N ⟨~(e)s; ~e⟩ rumor *m*; especie *f*; **ein ~ verbreiten** (*od* **in die Welt setzen**) difundir (*od* propalar) un rumor; (hacer) correr la voz; **es geht das ~, dass …** corre la voz (*od* corren rumores) de que …; **das halte ich für ein ~** ¡eso no son más que habladurías!
Ge'rüchteküche F *umg* cocina *f* (*od* fábrica *f*) de rumores
ge'rüchtweise ADV según el rumor público; **ich habe es nur ~ gehört** sólo lo sé de oídas
ge'rufen **A** PPERF → rufen **B** ADJ **das kommt wie ~** esto llega muy a propósito; *umg* esto viene de perilla (*od* de perlas *od* como llovido del cielo)
ge'ruhen V/I ⟨ohne ge-⟩ *bes iron* **~, etw zu tun** dignarse a hacer a/c
ge'rührt ADJ emocionado; conmovido
ge'ruhsam ADJ sosegado, tranquilo; **Geruhsamkeit** F ⟨~⟩ sosiego *m*, tranquilidad *f*
Ge'rumpel N ⟨~s⟩ *e-s Wagens*: traqueteo *m*, sacudidas *fpl*
Ge'rümpel N ⟨~s⟩ trastos *mpl* viejos; *pej* cachivaches *mpl*; balumba *f*
Ge'rundium N ⟨~s; Gerundien⟩ GRAM gerundio *m*
ge'rungen PPERF → ringen
Ge'rüst N ⟨~(e)s; ~e⟩ *(Baugerüst)* andamio *m*; andamiaje *m*; TECH esqueleto *m*; armazón *f* *(beide a. fig)*; *(Gestell)* caballete *m*; *fig e-s Textes*: estructura *f*; **Gerüstbau** M ⟨~(e)s⟩ construcción *f* de andamios; **Gerüstklammer** F grapón *m* de andamiaje
Ge'rüttel N ⟨~s⟩ *e-s Wagens*: sacudidas *fpl*; traqueteo *m*
ges, Ges N ⟨~; ~⟩ MUS sol *m* bemol; **Ges-Dur** *n* sol *m* bemol mayor; **ges-Moll** *n* sol *m* bemol menor
Ges. ABK **1** *(Gesellschaft)* sociedad *f* **2** *(Gesetz)* ley *f*
ge'salzen **A** PPERF → salzen **B** ADJ salado; *fig* **~e Preise** precios exorbitantes
ge'samt ADJ todo; *(völlig)* total; entero; íntegro; global; *(vollständig)* completo; *(allgemein)* general; *(gemeinsam)* colectivo, en conjunto; **der/die/das ~e …** el/la … total, todo el/toda la …; **die ~e Bevölkerung** toda la población; JUR **zur ~en Hand** pro indiviso; **das Gesamte** el todo; la totalidad; el conjunto
Ge'samt… IN ZSSGN *mst* total; **Gesamtabrechnung** F liquidación *f* total; **Gesamtansicht** F vista *f* de conjunto; **Gesamtauflage** F TYPO tirada *f* global; **Gesamtausfuhr** F HANDEL exportación *f* total; **Gesamtausgabe** F LIT edición *f* completa; obras *fpl* completas; **Gesamtbedarf** M necesidad *f* total; **Gesamtbegriff** M noción *f* general; término *m* genérico; **Gesamtbericht** M informe *m* general; **Gesamtbetrag** M (importe *m*) total *m*; **Gesamtbetriebsrat** M *e-s Konzerns*: comité *m* central de empresa; **Gesamtbevölkerung** F población *f* total; total *m* de la población; **Gesamtbild** N cuadro *m* de conjunto; aspecto *m* general; **gesamtdeutsch** ADJ de toda Alemania; **Gesamteigentum** N propiedad *f* colectiva; **Gesamteindruck** M impresión *f* general (*od* de conjunto); **Gesamteinfuhr** F HANDEL importación *f* total; **Gesamteinnahme** F ingresos *mpl* totales; recaudación *f* total; **Gesamtergebnis** N **1** resultado *m* definitivo **2** SPORT clasificación *f* final; **Gesamterlös** M → Gesamteinnahme; **Gesamtertrag** M **1** AGR rendimiento *m* total **2** WIRTSCH producto *m* total; **Gesamtfläche** F superficie *f* total; **Gesamtgewicht** N peso *m* total; **Gesamtgläubiger** M, **Gesamtgläubigerin** F acreedor *m*, -a *f* solidario, -a; **Gesamthaftung** F solidaridad *f*
Ge'samtheit F ⟨~⟩ totalidad *f*; colectividad *f*; conjunto *m*; **… in ihrer ~ … …** en conjunto …
Ge'samthöhe F altura *f* total; **Gesamthypothek** F hipoteca *f* conjunta; **Gesamtkapital** N capital *m* total; **Gesamtkosten** PL gastos *mpl* totales; **Gesamtlage** F situación *f* general; **Gesamtlänge** F longitud *f* total; **Gesamtmasse** F masa *f* total; **Gesamtnote** F nota *f* global; **Gesamtplan** M plan *m* general (*od* de conjunto); **Gesamtpreis** M precio *m* global; **Gesamtprodukt** N producto *m* total; **Gesamtproduktion** F producción *f* total; **Gesamtprokura** F JUR procuración *f* colectiva; poder *m* colectivo; **Gesamtrechnung** F importe *m* (*od* suma *f*) total; **volkswirtschaftliche ~** contabilidad *f* nacional, macrocontabilidad *f*; **Gesamtschaden** M totalidad *f* de los daños; **Gesamtschau** F vista *f* de conjunto, visión *f* global; **Gesamtschuld** F deuda *f* (*bzw* obligación *f*) solidaria; **Gesamtschuldner** M, **Gesamtschuldnerin** F deudor *m*, -a *f* solidario, -a; **gesamtschuldnerisch** ADJ **~e Haftung** solidaridad *f*; **Gesamtschule** F escuela *f* integrada; **Gesamtsieger** M, **Gesamtsiegerin** F campeón *m*, -ona *f*; **Gesamtstrafe** F JUR pena *f* total; **Gesamtsumme** F suma *f* total; (importe *m*) total *m*; **Gesamtüberblick** M, **Gesamtübersicht** F vista *f* general (*od* de conjunto); resumen *m* general; **Gesamtumsatz** M total *m* de ventas; venta *f* total; **Gesamtunterricht** M método *m* global; **Gesamtverband** M asociación *f* general; **Gesamtverbrauch** M consumo *m* total; **Gesamtvermögen** N patrimonio *m* total (*od* global); totalidad *f* de (los) bienes; **Gesamtvollstreckung** F ejecución *f* general; **Gesamtwerk** N obras *fpl* completas; **Gesamtwert** M valor *m* global (*od* total); **Gesamtwertung** F puntuación *f* final; **Gesamtwirtschaft** F macroeconomía *f*; **gesamtwirtschaftlich** ADJ macroeconómico; **Gesamtzahl** F número *m* total; totalidad *f*
ge'sandt PPERF → senden[2]
Ge'sandte M/F ⟨~n; ~n; → A⟩ enviado *m*, -a *f*; POL ministro *m*, -a *f* plenipotenciario, -a; **außerordentlicher ~r** enviado *m* extraordinario; KATH **päpstlicher ~r** nuncio *m* (apostólico)
Ge'sandtschaft F legación *f*; **päpstliche ~** nunciatura *f*; **Gesandtschaftsrat** M con-

sejero *m* de legación

Ge'sang M ⟨~(e)s; ⸚e⟩ canto *m*; *(Lied)* canción *f*; *(Epos)* cantar *m*; REL cántico *m*; **Gesangbuch** N REL libro *m* de cánticos; *(Chorbuch)* cantoral *m*; **Gesanglehrer** M, **Gesanglehrerin** F profesor *m*, -a *f* de canto; **Gesangnummer** F → Gesangseinlage

Ge'sangseinlage F cantable *m*; **Gesangskunst** F arte *f* vocal (*od* del canto)

Ge'sang(s)stück N pieza *f* vocal (*od* de canto); **Gesang(s)stunde** F, **Gesang(s)unterricht** M lección *f* de canto

Ge'sangverein M (sociedad *f*) coral *f*; orfeón *m*

Ge'säß N ⟨~es; ~e⟩ trasero *m*, nalgas *fpl*; *umg* asentaderas *fpl*, posaderas *fpl*; **Gesäßmuskeln** MPL (músculos *mpl*) glúteos *mpl*; **Gesäßtasche** F bolsillo *m* trasero

ge'sättigt ADJ saciado; CHEM, HANDEL saturado

Ge'säusel N ⟨~s⟩ murmullo *m*, susurro *m*

gesch. ABK (geschieden) divorciado

ge'schädigt ADJ siniestrado; **Geschädigte** M/F ⟨~n; ~n; → A⟩ siniestrado *m*, -a *f*, dañado *m*, -a *f*, perjudicado *m*, -a *f*; VERS reclamante *m/f*

ge'schaffen PPERF → schaffen A 1

ge'schafft ADJ *umg* **~ sein** *umg* estar hecho polvo

Ge'schäft N ⟨~(e)s; ~e⟩ **1** *(wirtschaftliche Tätigkeit)* negocio *m*; *(Handel)* operación *f*, transacción *f*; **dunkle ~e** negocios *mpl* turbios; **in ~en** por asuntos de negocio; **ein ~ abschließen** cerrar un trato; **wie geht das ~?** ¿cómo marchan los negocios?; **das ~ geht gut** los negocios van bien; **die ~e gehen** *od* **laufen gut/schlecht** los negocios marchan bien/mal; **~ ist ~** los negocios son los negocios; **mit j-m ins ~ kommen** entablar relaciones comerciales con alg; **mit j-m ein ~** *od* **~e machen** hacer un negocio (*od* negocios) con alg; **seinen ~en nachgehen** seguir sus ocupaciones; HANDEL atender sus negocios; **von ~en sprechen** hablar de negocios; **die ~e führen** asumir la dirección (**von** de) **2** *(Profit, Absatz)* negocio *m* (*a. weitS.*); **(mit etw) ein gutes/schlechtes ~ machen** hacer un buen/mal negocio (con a/c) **3** *(Laden)* tienda *f*, comercio *m*; *(Firma)* establecimiento *m* (*od* casa *f od* empresa *f*) comercial; **ein ~ eröffnen** abrir un comercio **4** *fig (Aufgabe)* ocupación *f*, trabajo *m*; **sein ~ verstehen** entender de lo suyo **5** *umg u. kindersprr (Notdurft)* **kleines/großes ~** aguas *fpl* menores/mayores; **sein ~ verrichten** hacer sus necesidades

Ge'schäftchen N ⟨~s; ~⟩ → Geschäft 5

Ge'schäftemacher M ⟨~s; ~⟩ *mst pej* hombre *m* de negocios; negociante *m*; **er ist ein ~** es un buen negociante; *umg* es un águila para los negocios

Geschäftemache'rei F ⟨~; ~en⟩ *pej* afán *m* mercantilista (*od* de hacer negocios)

ge'schäftig ADJ industrioso, activo; *(eifrig)* solícito; **Geschäftigkeit** F ⟨~⟩ actividad *f*; *(Eifer)* solicitud *f*

ge'schäftlich **A** ADJ comercial; de negocios; *(beruflich)* profesional; **~e Beziehungen** relaciones *fpl* comerciales; **in ~er Angelegenheit** por asunto de negocios **B** ADV por negocios; **~ tätig sein** estar dedicado a los negocios; **~ verhindert sein** estar impedido por asuntos de negocio; **~ verreist** *od* **unterwegs sein** estar en viaje de negocios

Ge'schäftsabschluss M conclusión *f* de un negocio (*od* de una operación); **Geschäftsadresse** F dirección *f* comercial; *e-r Gesellschaft*: domicilio *m* social; **Geschäftsangelegenheit** F asunto *m* de negocio(s); **Geschäftsanteil** M participación *f* (en un negocio); **Geschäftsanzeige** F anuncio *m* (comercial); **Geschäftsaufgabe** F cesación *f* de comercio, liquidación *f* (*od* cese *m*) de(l) negocio; **Geschäftsaussichten** FPL perspectivas *fpl* de(l) negocio; **Geschäftsbedingungen** FPL condiciones *fpl* comerciales; **allgemeine ~** condiciones *fpl* generales de contratación; **Geschäftsbereich** M campo *m* (*od* ámbito *m*) de actividades; JUR, POL jurisdicción *f*; *e-s Ministers*: cartera *f*; **ohne ~** *Minister* sin cartera; **Geschäftsbericht** M informe *m* comercial; *bes jährlicher*: memoria *f*; **Geschäftsbetrieb** M **1** empresa *f* comercial **2** *(geschäftliche Aktivitäten)* actividades *fpl* comerciales

Ge'schäftsbeziehungen FPL relaciones *fpl* comerciales; **~ aufnehmen/unterhalten** establecer/mantener relaciones comerciales (**zu** con)

Ge'schäftsbrief M carta *f* comercial (*od* de negocios); **Geschäftsbücher** NPL libros *mpl* de contabilidad; **Geschäftserfahrung** F experiencia *f* (*od* práctica *f*) en los negocios; **Geschäftseröffnung** F apertura *f* de una casa comercial (*bzw* de una tienda *etc*); *(Einweihung)* inauguración *f* de un negocio; **Geschäftserweiterung** F ampliación *f* del negocio; **Geschäftsessen** N comida *f* (*bzw* cena *f*) de trabajo

ge'schäftsfähig ADJ JUR capaz de contratar; **Geschäftsfähigkeit** F JUR capacidad *f* de contratar

Ge'schäftsfeld N → Geschäftsbereich; **Geschäftsfrau** F mujer *f* de negocios; **Geschäftsfreund** M corresponsal *m*

ge'schäftsführend ADJ gestor; **~er Direktor** director-gerente *m*; **~er Ausschuss** comité *m* ejecutivo

Ge'schäftsführer M, **Geschäftsführerin** F gerente *m/f*; administrador *m*, -a *f*; JUR **~ ohne Auftrag** gestor *m* sin mandato; **parlamentarischer ~** secretario *m* general parlamentario

Ge'schäftsführung F gerencia *f*; gestión *f* (de negocios); dirección *f*; **Geschäftsgang** M marcha *f* de los negocios; **Geschäftsgebaren** N ⟨~s⟩ práctica *f* en los negocios; gestión *f*; trato *m* (*od* proceder) comercial; **Geschäftsgebäude** N edificio *m* comercial; **Geschäftsgeheimnis** N secreto *m* comercial; **Geschäftsgeist** M espíritu *m* mercantil; **Geschäftsgrundlage** F base *f* comercial; **Geschäftshaus** N casa *f* comercial (*od* de comercio); *(Firma)* razón *f* social, firma *f* (comercial); **Geschäftsinhaber** M, **Geschäftsinhaberin** F dueño *m*, -a *f*, (de una tienda); jefe *m*, -a *f* (*od* principal *m/f*) de un comercio; titular *m/f* de un negocio; **Geschäftsinteressen** NPL intereses *mpl* comerciales; **Geschäftsjahr** N ejercicio *m*; **Geschäftskapital** N capital *m* social; **Geschäftskosten** PL gastos *mpl* (generales); **auf ~** a cuenta de la empresa; **Geschäftskreis** M **in ~en** en (los) círculos comerciales; **Geschäftskunde** M, **Geschäftskundin** F cliente *m/f*; **geschäftskundig** ADJ versado (*od* experto) en los negocios; **Geschäftslage** F situación *f* de los negocios (*od* del comercio); **Geschäftsleben** N vida *f* comercial

Ge'schäftsleiter M, **Geschäftsleiterin** F gerente *m/f*; **Geschäftsleitung** F dirección *f*; gerencia *f*

Ge'schäftsleute PL → Geschäftsmann; **Geschäftsmann** M ⟨~(e)s; -leute⟩ hombre *m* de negocios; comerciante *m*; negociante *m*; **kein ~ sein** no entender de negocios; **geschäftsmäßig** ADJ comercial; *fig* rutinario; burocrático; **Geschäftsmethode** F práctica *f* comercial; **Geschäftsmodell** N modelo *m* de empresa

Ge'schäftsordnung F POL reglamento *m* (interior); **die ~ einhalten** observar el reglamento; **einen Antrag zur ~ stellen** presentar una moción relativa al reglamento

Geschäftsordnungsausschuss M POL comisión *f* de reglamento; **Geschäftspapiere** NPL papeles *mpl* de negocios; documentos *mpl* comerciales; **Geschäftspartner** M, **Geschäftspartnerin** F interlocutor *m*, -a *f* comercial; *(Handelspartner, -in)* socio *m*, -a *f* comercial; *(Teilhaber, -in, Beteiligte)* socio *m*, -a *f*; **Geschäftspolitik** F *e-r Firma*: política *f* de la empresa; **Geschäftspraktiken** FPL prácticas *fpl* comerciales; **Geschäftsräume** MPL locales *mpl* (comerciales); oficinas *fpl*; **Geschäftsreise** F viaje *m* de negocios; **Geschäftsreisende** M/F viajante *m/f*; *(Handelsvertreter, -in)* comisionista *m/f*; **Geschäftsrisiko** N riesgo *m* de los negocios; **Geschäftsrückgang** M retroceso *m* de los negocios; **geschäftsschädigend** ADJ perjudicial para el negocio; **Geschäftsschluss** M cierre *m* (comercial); **Geschäftssinn** M sentido *m* para los negocios; **Geschäftssitz** M sede *f* (social); **Geschäftssprache** F lenguaje *m* comercial; **Geschäftsstelle** F agencia *f*; *(Büro)* oficina *f*, despacho *m*; VERW negociado *m*; **Geschäftsstockung** F estancamiento *m* de los negocios; **Geschäftsstraße** F calle *f* comercial; **Geschäftsstunden** FPL horas *fpl* de oficina (*od* de despacho); *e-s Ladens*: horario *m* comercial; **Geschäftstag** M día *m* hábil; **Geschäftstätigkeit** F actividad *f* comercial; **seine ~ beenden** terminar (*od* finalizar) sus actividades comerciales; **Geschäftsträger** M POL encargado *m* de negocios

ge'schäftstüchtig ADJ ducho en los negocios; hábil para el comercio; **Geschäftstüchtigkeit** F habilidad *f* comercial

Ge'schäftsübernahme F adquisición *f* de un negocio

ge'schäftsunfähig ADJ JUR incapaz de contratar

Ge'schäftsunkosten PL gastos *mpl* (generales); **Geschäftsunternehmen** N empresa *f* comercial

Ge'schäftsverbindung F relaciones *fpl* comerciales; **mit j-m in ~ treten** entablar (*od* establecer) relaciones comerciales con alg; **mit j-m in ~ stehen** estar en relaciones comerciales con alg

Ge'schäftsverkehr M movimiento *m* de compras y ventas; transacciones *fpl*; **Geschäftsverlegung** F traslado *m* de negocio; **Geschäftsviertel** N barrio *m* comercial; **Geschäftsvorgang** M transacción *f*; operación *f*; **Geschäftswagen** M coche *m* de la empresa; **Geschäftswelt** F mundo *m* comercial (*od* de los negocios); círculos *mpl* comerciales; **Geschäftszeichen** N referencia *f*; **Geschäftszeit** F → Geschäftsstunden; **Geschäftszentrum** N centro *m* comercial; **Geschäftszimmer** N oficina *f*, despacho *m*; **Geschäftszweig** M ramo *m* comercial (*od* de negocios)

ge'schah → geschehen

Ge'schaukel N ⟨~s⟩ balanceo *m* (*a. Schiff*); bamboleo *m*; *v. Wagen*: traqueteo *m*, sacudidas *fpl*

ge'schehen VI ⟨*irr; ohne* ge-; sn⟩ **1** *allg* suceder, ocurrir, acontecer, pasar; *lit* acaecer; *(sich verwirklichen)* realizarse, efectuarse; **etw ~ las-**

sen tolerar a/c, consentir a/c; dejar hacer a/c; **was ist ~?** ¿qué ha pasado?, ¿qué ha ocurrido?; **es muss etwas ~** hay que hacer algo; **es ist nun einmal ~** *od* **~ ist ~** lo hecho, hecho está; *umg* a lo hecho, pecho; **als ob nichts ~ wäre** *od* **als wäre nichts ~** como si nada; como si tal cosa; **was soll damit ~?** ¿y qué vamos a hacer con esto?; **was auch ~ mag** pase lo que pase; ocurra lo que ocurra **2** **j-m ~** pasar a alguien; **es wird ihm nichts ~** no le pasará nada; **das geschieht dir recht** te está bien empleado; bien merecido lo tienes; **es ist um mich ~!** ¡estoy perdido!

Ge'schehen N ⟨~s; ~⟩ sucesos *mpl*; hechos *mpl*; **Geschehene(s)** N ⟨~n; → A⟩ lo hecho; **Geschehnis** N ⟨~ses; ~se⟩ acontecimiento *m*, suceso *m*; (*Ereignis*) evento *m*

ge'scheit **A** ADJ **1** (*klug*) listo, inteligente; cuerdo; (*aufgeweckt*) despabilado; *umg* vivo; **~er Einfall** buena idea; **ich werde daraus nicht ~** no entiendo nada de esto; **du bist wohl nicht (ganz) ~?** ¿estás loco? **2** *umg* (*vernünftig*) razonable, sensato; (*richtig urteilend*) juicioso; **sei doch ~!** ¡no seas tonto! **3** *umg* **das ist doch nichts Gescheites** eso no vale nada; **etw Gescheites tun** hacer algo positivo **B** ADV **etw ~ anfangen** proceder a/c con tino (*od* con inteligencia)

Ge'scheitheit F ⟨~⟩ inteligencia *f*; (*Vernunft*) sensatez *f*

Ge'schenk N ⟨~(e)s; ~e⟩ regalo *m*; obsequio *m*; (*Gabe*) donativo *m*; **j-m ein ~ machen** hacer a alg un regalo; **j-m etw zum ~ machen** regalar a/c a alg; obsequiar a alg con a/c; **zum ~ erhalten** recibir como regalo; *fig* **ein ~ des Himmels** una bendición del cielo

Ge'schenkabonnement [-mã:] N suscripción *f* gratuita; **Geschenkartikel** MPL artículos *mpl* para regalo; **Geschenkband** N ⟨~(e)s; ¨er⟩ cinta *f* de regalo; **Geschenkgutschein** M cheque-regalo *m*; **Geschenkkorb** M cesta *f* de regalo; **Geschenkpackung** F embalaje *m* para regalo; presentación *f* de regalo; **Geschenkpapier** N papel *m* (de) regalo

Ge'schichte F ⟨~; ~n⟩ **1** (*Erzählung*) historia *f*; (*Märchen*) cuento *m*; **das ist eine alte ~** eso ha pasado a la historia; **das ist eine lange ~** es largo de contar; *umg* **das sind alles nur ~n** son cuentos chinos **2** (*Entwicklung*) historia *f* (*a. Fach*); **~ machen** hacer historia; **in die ~ eingehen** pasar a la historia **3** *umg fig* (*Angelegenheit*) asunto *m*, historia *f*; **das ist eine dumme ~!** ¡es un fastidio!; **es ist immer die alte ~** es lo de siempre; el cuento (*od* el cantar) de siempre; *iron* **das ist ja eine schöne ~!** ¡vaya historia!; *iron* **du machst ja schöne ~n!** ¡pero qué cosas haces!; *umg* **die ganze ~** todo eso **4** *umg pl* (*Umstände*) **mach keine lange ~!** ¡no te molestes!; *umg pl* (*Dummheiten*) **mach keine ~n!** ¡no hagas tonterías!

Ge'schichtenbuch N libro *m* de cuentos; **Geschichtenerzähler** M, **Geschichtenerzählerin** F cuentista *m/f*

ge'schichtlich ADJ histórico; **Geschichtlichkeit** F ⟨~⟩ historicidad *f*

Ge'schichtsatlas M atlas *m* de historia; **Geschichtsbewusstsein** N conciencia *f* histórica; **Geschichtsbild** N concepción *f* de la historia; **Geschichtsbuch** N libro *m* de historia; **Geschichtsfälschung** F falseamiento *m* de la historia; **Geschichtsforscher** M, **Geschichtsforscherin** F historiador *m*, -a *f*; investigador *m*, -a *f* de la historia; **Geschichtsforschung** F investigación *f* histórica; estudios *mpl* históricos; **Geschichtskenntnis** F conocimiento *m* de la historia; **Geschichtsklitterung** F → Geschichtsfälschung; **Geschichtslehrer** M, **Geschichtslehrerin** F profesor *m*, -a *f* de historia; **Geschichtsphilosophie** F filosofía *f* de la historia; **Geschichtsschreiber** M, **Geschichtsschreiberin** F historiador *m*, -a *f*; historiógrafo *m*, -a *f*; **Geschichtsschreibung** F historiografía *f*; **Geschichtsstudium** N estudio(s) *m(pl)* de la historia; **Geschichtsstunde** F → Geschichtsunterricht; **geschichtsträchtig** con mucha historia *f*; **Geschichtsunterricht** M lección *f* (*bzw* clase *f*) de historia; **Geschichtswerk** N obra *f* de historia; **Geschichtswissenschaft** F ciencia *f* histórica; historia *f*

Ge'schick[1] N ⟨~(e)s; ~e⟩ *geh* (*Schicksal*) destino *m*; suerte *f*; *poet* hado *m*; **gutes/böses ~** buena/mala estrella

Ge'schick[2] N ⟨~(e)s⟩ (*Fertigkeit*) → Geschicklichkeit

Ge'schicklichkeit F ⟨~; ~en⟩ habilidad *f*; destreza *f*; (*Schlauheit*) maña *f*; (*Begabtheit*) talento *m*; (*Kunstfertigkeit*) arte *m*

Ge'schicklichkeitsprüfung F prueba *f* de habilidad; **Geschicklichkeitsspiel** N juego *m* de habilidad

ge'schickt **A** ADJ hábil; diestro; habilidoso; mañoso; **~ sein** tener maña (**in** *dat* para); *umg* tener mano izquierda **B** ADV hábilmente; con destreza; **sich ~ anstellen** darse maña (**um zu** para; **bei** en); **~ vorgehen** obrar con habilidad (*od* tino *od* destreza)

Ge'schiebe N ⟨~s⟩ GEOL cantos *mpl* rodados; rocalla *f*

ge'schieden **A** PPERF → scheiden **B** ADJ separado; *Eheleute* divorciado; *Ehe* disuelto; **~er Mann** divorciado *m*; **~e Frau** divorciada *f*; **ihr ~er Mann** su ex-marido; *fig, oft hum* **wir sind ~e Leute** hemos roto; todo ha terminado entre nosotros; **Geschiedene** M/F ⟨~n; ~n; → A⟩ divorciado *m*, -a *f*

ge'schieht → geschehen

ge'schienen PPERF → scheinen[1], scheinen[2]

Ge'schieße N ⟨~s⟩ *umg pej* tiroteo *m*

Ge'schimpfe N ⟨~s⟩ *umg* (*Meckerei*) refunfuño *m*

Ge'schirr N ⟨~(e)s; ~e⟩ **1** (*Tischgeschirr*) vajilla *f* (de mesa); (*Kaffeegeschirr, Teegeschirr*) juego *m*, servicio *m*; (*Küchengeschirr*) batería *f* de cocina; **(das) ~ spülen** fregar los platos **2** (*Pferdegeschirr*) arreos *mpl*; arneses *mpl*, guarniciones *fpl*; **das ~ anlegen** *e-m Pferd*: aparejar

Ge'schirrschrank M aparador *m*; **Geschirrspüler** M ⟨~s; ~⟩, **Geschirrspülmaschine** F lavavajillas *m*, lavaplatos *m*; **Geschirrspülmittel** N (líquido *m*) lavavajillas *m*; **Geschirrtuch** N paño *m* de cocina

ge'schissen PPERF → scheißen

ge'schlafen PPERF → schlafen

ge'schlagen **A** PPERF → schlagen **B** ADJ eine **~e Stunde** una hora entera; → *a.* schlagen

Ge'schlecht N ⟨~(e)s; ~er⟩ **1** BIOL sexo *m*; **das andere ~** el otro sexo; *hum* **das starke/schwache/schöne ~** el sexo fuerte/débil/bello; **beiderlei ~s** de uno y otro sexo, de ambos sexos **2** GRAM género *m* **3** (*Herrschergeschlecht*) linaje *m*; (*Familie*) familia *f*; (*Abstammung*) estirpe *f* **4** (*Generation*) generación *f*; **die kommenden ~er** las generaciones futuras (*od* venideras); **von ~ zu ~** de generación en generación; **aus altem ~** de rancio abolengo **5** **das menschliche ~** el género humano **6** (*Geschlechtsteil*) sexo *m*

Ge'schlechterfolge F generación *f*; descendencia *f*; sucesión *f*; **Geschlechterkunde** F genealogía *f*

ge'schlechtlich ADJ **A** sexual; BIOL *a.* sexuado **B** ADV **mit j-m ~ verkehren** tener relaciones sexuales con alg; **Geschlechtlichkeit** F ⟨~⟩ sexualidad *f*

Ge'schlechtsakt M ⟨~(e)s; ~e⟩ acto *m* carnal (*od* sexual), coito *m*; **Geschlechtsbestimmung** F determinación *f* del sexo; **Geschlechtsbeziehungen** FPL relaciones *fpl* sexuales; **Geschlechtsgenosse** M compañero *m* de sexo; **Geschlechtshormon** N PHYSIOL hormona *f* sexual; **Geschlechtskontrolle** F control *m* de sexo

ge'schlechtskrank ADJ atacado de una enfermedad venérea; **Geschlechtskrankheit** F enfermedad *f* venérea (*od* transmisible por vía sexual)

Ge'schlechtsleben N vida *f* sexual

ge'schlechtslos ADJ asexual

Ge'schlechtsmerkmal N carácter *m* sexual; **primäre/sekundäre ~e** caracteres sexuales primarios/secundarios

Ge'schlechtsorgan N órgano *m* sexual (*od* genital)

ge'schlechtsreif ADJ púber; **Geschlechtsreife** F madurez *f* sexual, pubertad *f*

Ge'schlechtsteile MPL genitales *mpl*, partes *fpl* (sexuales); **Geschlechtstrieb** M instinto *m* sexual; **Geschlechtsumwandlung** F cambio *m* de sexo; **Geschlechtsverkehr** M relaciones *fpl* sexuales (*od* íntimas), comercio *m* (*od* acceso *m*) carnal; **Geschlechtswort** N ⟨~(e)s; ¨er⟩ GRAM artículo *m*

ge'schliffen **A** PPERF → schleifen[1] **B** ADJ *Stein* tallado; *Glas a.* biselado; *fig Stil* pulido, afinado; *Sprache* terso

Ge'schlinge N ⟨~s; ~⟩ (*Gekröse*) asaduras *fpl*

ge'schlossen **A** PPERF → schließen[1], schließen[2] **B** ADJ cerrado (*a. Vokal, Stromkreis*); *Abteilung* aislado; *Reihe, Front* unido, compacto; **montags ~!** cerrado los lunes; **mit ~en Füßen** con los pies juntos; **~e Gesellschaft** reunión *f* privada; círculo *m* privado; **ein ~es Ganzes** un bloque compacto; un conjunto armonioso; JUR, VERW **in ~er Sitzung** a puerta cerrada; **die Sitzung ist ~** se levanta la sesión **C** ADV (*alle, alles zusammen*) colectivamente, en bloque; (*einstimmig*) unánimemente; **~ hinter j-m stehen** cerrar filas con alg; **~ zurücktreten** dimitir colectivamente (*od* en bloque); **Geschlossenheit** F ⟨~⟩ unidad *f*; cohesión *f*; solidaridad *f*

Ge'schluchze N ⟨~s⟩ *umg* sollozos *mpl*

ge'schlungen PPERF → schlingen

Ge'schmack M ⟨~(e)s; ¨e *od hum* ¨er⟩ **1** *allg* gusto *m* (*a. Geschmackssinn, fig*); *e-r Speise etc*: sabor *m*; **einen feinen ~ haben** tener un gusto refinado **2** (*Stilempfinden*) **einen guten ~ haben** *Person* tener buen gusto; **für meinen** *od* **nach meinem ~** a mi gusto; **das ist nicht mein ~** no es mi estilo, no me gusta; **das ist nicht nach meinem ~** esto no es de mi gusto; **jeder nach seinem ~** cada cual a su gusto; **je nach ~** a gusto; **die Geschmäcker sind verschieden** *od* **über den ~ lässt sich nicht streiten** sobre gustos no hay nada escrito **3** *Wendungen*: **an etw** (*dat*) **~ finden** tomar gusto a a/c; coger el gusto a a/c; **j-n auf den ~ bringen zu** aficionar a alg a; **auf den ~ kommen** tomar gusto a, aficionarse a; **den ~ an etw** (*dat*) **verlieren** perder el gusto de a/c; **einen bitteren ~ im Munde haben** tener la boca amarga

ge'schmacklich ADJ & ADV GASTR del sabor, referido al sabor; *fig* de gusto, referido al gusto

ge'schmacklos ADJ **1** sin gusto (*od* sabor); (*fad*) insípido, soso **2** *fig Person* sin gusto; *Dinge*,

Handlung de mal gusto; *umg* cursi; chabacano; **es wäre ~ zu** *(inf)* sería de mal gusto *(inf)*

Ge'schmacklosigkeit F ⟨~; ~en⟩ insipidez *f*; mal gusto *m*; *Handlung*: chabacanería *f*; *(Taktlosigkeit)* falta *f* de delicadeza *(od* de tacto); *Bemerkung*: observación *f* de mal gusto

Ge'schmacksfrage F cuestión *f* de gustos; **Geschmacksknospe** F papila *f* gustativa; **Geschmacksmuster** N modelo *m* estético *(od* de adorno); **Geschmacksnerv** M nervio *m* gustativo; **geschmacksneutral** sin sabor; **Geschmacksorgan** N órgano *m* del gusto; **Geschmacksrichtung** F (tendencia *f* del) gusto *m*; *(Stil)* estilo *m*

Ge'schmack(s)sache F ⟨~⟩ cuestión *f* de gusto(s); **das ist ~** eso es cuestión de gustos

Ge'schmackssinn M ⟨~(e)s⟩ (sentido *m* del) gusto *m*; **Geschmacksstoff** M aroma *m*, agente *m* aromático; **Geschmacksverirrung** F aberración *f* del gusto; **Geschmacksverstärker** M ⟨~s; ~⟩ intensificador *m* *(od* reforzador *m)* del sabor, agente *m* aromatizante, potenciador *m* del sabor; **Geschmackszusatz** M → Geschmacksstoff

ge'schmackvoll A ADJ de buen gusto; elegante; **sehr ~** de gusto exquisito *(od* refinado) B ADV con gusto

Ge'schmeide N ⟨~s; ~⟩ *geh* joyas *fpl*, alhajas *fpl*

ge'schmeidig ADJ *(weich)* suave; blando; *(biegsam)* flexible; elástico; *(wendig)* ágil; *Metall* dúctil; **Geschmeidigkeit** F ⟨~⟩ *(Weichheit)* suavidad *f*; *(Biegsamkeit)* flexibilidad *f*; elasticidad *f*; *(Wendigkeit)* agilidad *f*

Ge'schmeiß N ⟨~es⟩ *pej* bichos *mpl*; sabandijas *fpl* *(a. fig)*; *umg fig* canalla *f*, gentuza *f*, chusma *f*

Ge'schmiere N ⟨~s⟩ *pej* embadurnamiento *m*; *(Sudelei)* mamarrachada *f*; MAL pintarrajo *m*; *(Gekritzel)* garabatos *mpl*

ge'schmissen PPERF → schmeißen

ge'schmolzen PPERF → schmelzen

Ge'schmuse N ⟨~s⟩ *umg* arrumacos *mpl*

Ge'schnarche N ⟨~s⟩ *umg* ronquidos *mpl*

Ge'schnatter N ⟨~s⟩ 1 *der Gänse*: graznido *m* 2 *fig* parloteo *m*, cacareo *m*

Ge'schnetzelte(s) N ⟨~n; → A⟩ GASTR *tipo de ragú*

ge'schniegelt ADJ **~ und gebügelt** acicalado, de veinticinco alfileres, emperifollado

ge'schnitten PPERF → schneiden

ge'schnörkelt ADJ **~e Vase** jarrón *m* con adornos

ge'schoben PPERF → schieben

ge'scholten PPERF → schelten

Ge'schöpf N ⟨~(e)s; ~e⟩ criatura *f* *(a. fig)*

ge'schoren PPERF → scheren[1]

Ge'schoss[1], *österr* **Geschoß** N ⟨~es; ~e⟩ MIL, *fig* proyectil *m*; *(Kugel)* bala *f*

Ge'schoss[2], *österr* **Geschoß** N ⟨~es; ~e⟩ *(Stockwerk)* piso *m*, planta *f*; **Geschossaufschlag** M impacto *m*; **Geschossbahn** F trayectoria *f*

ge'schossen PPERF → schießen[1], schießen[1]

Ge'schossgarbe F MIL haz *m* de proyectiles; ráfaga *f*; descarga *f* cerrada; **Geschosshöhe** F ARCH altura *f* del techo; **Geschossmantel** M envoltura *f* de un proyectil; **Geschosswirkung** F MIL eficacia *f* del tiro; efecto *m* del proyectil

ge'schraubt ADJ *fig pej* afectado; amanerado, rebuscado; **Geschraubtheit** F ⟨~⟩ afectación *f*; amaneramiento *m*

Ge'schrei N ⟨~(e)s⟩ griterío *f*; vocerío *m*; *(Babygeschrei)* berridos *mpl*; *(Kindergeschrei)* chillidos *mpl*; *wirres*: barullo *m*, algarabía *f*; *umg* follón *m*; *des Esels*: rebuzno *m*; **mit lautem ~** a gritos; **großes ~ erheben** dar voces *(od* gritos); vociferar; *fig (sich entrüsten) umg* poner el grito en el cielo; **viel ~ um etw machen** hacer muchos aspavientos por a/c; **viel ~ und wenig Wolle** mucho ruido y pocas nueces

Ge'schreibsel N ⟨~s⟩ *pej* garrapatos *mpl*, garabatos *mpl*

ge'schrieben PPERF → schreiben

ge'schrie(e)n PPERF → schreien

ge'schritten PPERF → schreiten

ge'schunden PPERF → schinden

Ge'schütz N ⟨~es; ~e⟩ MIL cañón *m*, pieza *f* de artillería; boca *f* de fuego; **schweres/leichtes ~** cañón *m* pesado/ligero, pieza *f* pesada (ligera); **die ~e auffahren** emplazar la artillería; *fig* **schweres ~ auffahren** asestar *(od* poner) toda la artillería

Ge'schützdonner M cañoneo *m*; cañonazos *mpl*; **Geschützfeuer** N fuego *m* de artillería; cañoneo *m*; **Geschützpforte** F SCHIFF portañola *f*, tronera *f*, cañonera *f*; **Geschützrohr** N cañón *m*; **Geschützstand** M, **Geschützstellung** F emplazamiento *m*; **Geschützturm** M cúpula *f*

Ge'schwader N ⟨~s; ~⟩ SCHIFF escuadra *f*; *kleines*: escuadrilla *f* *(a.* FLUG); **Geschwaderführer** M jefe *m* *(od* comandante *m)* de escuadra

Ge'schwafel N ⟨~s⟩ *umg pej* palabrería *f*; *umg* verborrea *f*

Ge'schwätz N ⟨~es⟩ parloteo *m*, cháchara *f*; *(Klatsch)* habladurías *fpl*, chismes *mpl*; **dummes ~** *umg* chorradas *fpl*

ge'schwätzig ADJ locuaz, hablador, *umg* parlanchín; *(wortreich)* verboso; charlatán; *(taktlos)* indiscreto; **Geschwätzigkeit** F ⟨~⟩ locuacidad *f*; *umg* verborrea *f*; charlatanería *f*; *(Taktlosigkeit)* indiscreción *f*

ge'schweift ADJ *(gebogen)* curvado; combado; **~e Klammer** llave *f*; corchete *m*

ge'schweige KONJ **~ denn** por no hablar de; ni mucho menos

ge'schwiegen PPERF → schweigen

ge'schwind A ADJ rápido, veloz B ADV de prisa; rápidamente

Ge'schwindigkeit F ⟨~; ~en⟩ velocidad *f*; rapidez *f*; *(Schnelligkeit)* prontitud *f*; *(Flinkheit)* presteza *f*; **mit hoher** *od* **großer ~** a *(od* con) gran velocidad; **mit überhöhter ~ fahren** conducir a velocidad excesiva; **mit einer ~ von** a una velocidad de; **mit voller ~** a toda marcha, a todo gas *(a. fig)*; **die ~ herabsetzen** reducir la velocidad

Ge'schwindigkeitsabfall M pérdida *f* (brusca) de velocidad; **Geschwindigkeitsanzeiger** M → Geschwindigkeitsmesser; **Geschwindigkeitsbegrenzung** F, **Geschwindigkeitsbeschränkung** F *bes* VERKEHR limitación *f* de velocidad; **Geschwindigkeitsgrenze** F límite *m* de velocidad; **Geschwindigkeitskontrolle** F control *m* de velocidad; **Geschwindigkeitsmesser** M indicador *m* de velocidad; AUTO taquímetro *m*; TECH velocímetro *m*; **Geschwindigkeitsrausch** M vértigo *m* de la velocidad; **Geschwindigkeitsregler** M regulador *m* de velocidad; **Geschwindigkeitsrekord** M marca *f* *(od* record *m)* de velocidad; **Geschwindigkeitsüberschreitung** F exceso *m* de velocidad; **Geschwindigkeitsverlust** M pérdida *f* de velocidad

Ge'schwindschritt M MIL paso *m* ligero; **im ~** a paso ligero

Ge'schwirr N ⟨~s⟩ *v. Insekten*: zumbido *m*; *v. Kugeln*: silbido *m*

Ge'schwister PL hermanos *mpl*; **geschwisterlich** ADJ fraternal; **Geschwisterliebe** F amor *m* fraternal; **Geschwisterpaar** N hermanos *mpl*; hermano *m* y hermana *f*

ge'schwollen A PPERF → schwellen B B ADJ inflado; MED hinchado, tumefacto; *fig Stil etc* ampuloso, turgente

ge'schwommen PPERF → schwimmen

ge'schworen A PPERF → schwören B ADJ jurado; **~er Feind** enemigo *m* jurado *(od* declarado)

Ge'schworene M/F ⟨~n; ~n; → A⟩ JUR jurado *m*, -a *f*; miembro *m/f* del jurado

Ge'schworenengericht N jurado *m*; **Geschworenenliste** F lista *f* de jurados; **Geschworenenspruch** M veredicto *m* del jurado

Ge'schworener M → Geschworene

Ge'schwulst F ⟨~; ~̈e⟩ MED hinchazón *f*; tumor *m*

ge'schwunden PPERF → schwinden

ge'schwungen A PPERF → schwingen B ADJ arqueado, curvo, torcido *(a. Linie)*; → *a.* schwingen

Ge'schwür N ⟨~(e)s; ~e⟩ MED úlcera *f*; *(Abszess)* absceso *m*; **Geschwürbildung** F ulceración *f*; **geschwürig** ADJ ulceroso; **~ werden** ulcerarse

ge'segnet ADJ → segnen

ge'sehen PPERF → sehen

Ge'selchte(s) N ⟨~n; → A⟩ *reg* carne *f* ahumada

Ge'selle M ⟨~n; ~n⟩ 1 *(Handwerker)* oficial *m* 2 **ein lustiger ~** un hombre de buen humor

ge'sellen V/R *(ohne* ge-) **sich zu j-m ~** unirse a alg; asociarse a *(od* con) alg; juntarse *(od* reunirse) con alg

Ge'sellenbrief M título *m* de oficial; **Gesellenprüfung** F examen *m* de oficial; **Gesellenstück** N pieza *f* para el examen de oficial; **Gesellenzeit** F (período *m* de) oficialía *f*

ge'sellig A ADJ sociable; comunicativo; *Tiere* social; gregario; **~es Beisammensein** velada *f*, tertulia *f*; **~er Abend** velada *f*; **ein ~es Leben führen** hacer vida social B ADV **~ zusammensitzen** pasar juntos un rato agradable

Ge'selligkeit F ⟨~⟩ sociabilidad *f*

Ge'sellin F ⟨~; ~nen⟩ oficiala *f*

Ge'sellschaft F ⟨~; ~en⟩ 1 POL, SOZIOL sociedad *f*; **postindustrielle ~** sociedad *f* pos(t)industrial; **die vornehme ~** la alta sociedad; **die Stellung der Frau in der ~** la posición de la mujer en la sociedad 2 *(Vereinigung)* agrupación *f*; sociedad *f*; *(Verband)* asociación *f*; REL **die ~ Jesu** la Compañía de Jesús 3 HANDEL sociedad *f*, compañía *f*; **eine ~ gründen** fundar una sociedad; **~ des bürgerlichen Rechts** sociedad *f* civil; **~ mit beschränkter Haftung** sociedad (de responsabilidad) limitada; **stille ~** contrato *m* de cuentas en participación 4 *(geladener Kreis)* grupo *m*, círculo *m*; **geschlossene ~** círculo *m* privado 5 *(Beisammensein)* reunión *f*, fiesta *f*; *(Abendgesellschaft)* recepción *f*; **eine ~ geben** dar una velada *(bzw* una reunión) 6 *(Umgang)* compañía; **in ~** *(gemeinsam)* en común; en compañía; **in guter/schlechter ~** en buena/mala compañía *f*; **j-m ~ leisten** hacer compañía a alg, acompañar a alg

Ge'sellschafter M ⟨~s; ~⟩ 1 HANDEL socio *m*; **stiller ~** socio tácito; **persönlich haftender ~** socio personalmente responsable; socio colectivo 2 *(Unterhalter)* **guter ~** hombre *m* divertido *(bzw* sociable); **ein glänzender ~ sein** ser la perfecta compañía

Ge'sellschafterin F ⟨~; ~nen⟩ 1 HANDEL socia *f* 2 *obs* *(Begleitdame)* señora *f* *(od* dama *f* *bzw* señorita *f)* de compañía; acompañante *f*; **Gesellschafterversammlung** F HANDEL junta *f* de socios

G

ge'sellschaftlich A ADJ social; **~e Beziehungen** relaciones *fpl* sociales; **~en Verkehr haben** hacer vida social B ADV en sociedad

Ge'sellschaftsabend M reunión *f*; velada *f*; **Gesellschaftsanteil** M HANDEL participación *f* (social); **Gesellschaftsbericht** M WIRTSCH informe *m* empresarial; **Gesellschaftsdame** F señora *f* (*od* dama *f bzw* señorita *f*) de compañía; **gesellschaftsfähig** ADJ presentable; **Gesellschaftsform** F forma *f* de sociedad; **Gesellschaftsinseln** FPL GEOG Islas *fpl* de la Sociedad; **Gesellschaftskapital** N HANDEL capital *m* social; **Gesellschaftsklasse** F clase *f* social; **Gesellschaftskreis** M *mst pl* **~e** círculo *m* social; **Gesellschaftskritik** F ⟨~⟩ crítica *f* social; **Gesellschaftskritiker** M, **Gesellschaftskritikerin** F crítico *m*, -a *f* social; **Gesellschaftslehre** F sociología *f*; **Gesellschaftsname** M razón *f* social; **Gesellschaftsordnung** F SOZIOL orden *m* social; **gesellschaftspolitisch** ADJ sociopolítico; **Gesellschaftsraum** M salón *m*; **Gesellschaftsrecht** N JUR, HANDEL derecho *m* de sociedades; **Gesellschaftsreise** F viaje *m* colectivo; **Gesellschaftssatzungen** FPL estatutos *mpl*; **Gesellschaftsschicht** F SOZIOL capa *f* (*od* estamento *m od* estrato *m*) social; **Gesellschaftssitz** M domicilio *m* social; **Gesellschaftsspiel** N juego *m* de sociedad (*od* de mesa); **Gesellschaftsstück** N THEAT comedia *f* de salón; **Gesellschaftssystem** N SOZIOL sistema *m* social; **Gesellschaftstanz** M baile *m* de sociedad (*od* de salón); **Gesellschaftsvermögen** N HANDEL haber *m* (*od* patrimonio *m*) social; **Gesellschaftsvertrag** M HANDEL contrato *m* de sociedad; *Urkunde*: escritura *f* social; **Kündigung des ~s** rescisión *f* del contrato de sociedad

Ge'senk N ⟨~(e)s; ~e⟩ TECH estampa *f*; matriz *f*; **im ~ schmieden** forjar en estampa; **Gesenkhammer** M TECH martillo *m* estampador; **Gesenkschmied** M forjador *m* de estampa; **Gesenkschmieden** N forjado *m* en estampa; **Gesenkschmiedepresse** F prensa-estampa *f*; **Gesenkstahl** M acero *m* para matrices

ge'sessen PPERF → sitzen

Ge'setz N ⟨~es; ~e⟩ 1 JUR ley *f*; (*Regel*) regla *f*, norma *f*; WIRTSCH **das ~ von Angebot und Nachfrage** la ley de la oferta y la demanda; **ein ~ annehmen** *od* **verabschieden** aprobar una ley; **ein ~ einbringen/erlassen** proponer/promulgar una ley; **ein ~ außer Kraft setzen** derogar una ley; **ein ~ brechen** *od* **gegen ein ~ verstoßen** violar una ley; **ein ~ umgehen** eludir una ley; **~ werden** hacerse ley; convertirse en ley; **das ~ verfügt** la ley dispone; **im Namen des ~es** en nombre de la ley; **im Sinne des ~es** en el espíritu de la ley; **mit dem ~ in Konflikt geraten** entrar en conflicto con la ley; **nach dem ~** según la ley; de acuerdo con la ley; **unter ein ~ fallen** caer bajo el rigor de una ley; **vor dem ~** ante la ley 2 *fig* **es ist ein ungeschriebenes ~, dass …** es una ley tácita que …; *fig* **sich** (*dat*) **etw zum ~ machen** imponerse a/c como obligación

Ge'setzblatt N Boletín *m* Oficial; **Gesetzbuch** N código *m*; *BRD*: **Bürgerliches ~** código *m* civil; **Gesetzentwurf** M proyecto *m* de ley

Ge'setzesänderung F enmienda *f* de la ley; **Gesetzesbrecher** M ⟨~s; ~⟩, **Gesetzesbrecherin** F ⟨~; ~nen⟩ violador *m*, -a *f* de la ley; **Gesetzeshüter** M ⟨~s; ~⟩, **Gesetzeshüterin** F ⟨~; ~nen⟩ servidor *m*, -a *f* de la ley; **Gesetzesinitiative** F iniciativa *f* legislativa (*od* de ley); **Gesetzeskraft** F ⟨~⟩ fuerza *f* legal; **~ erlangen** erigirse en ley; adquirir fuerza de ley; **gesetzeskundig** ADJ conocedor de las leyes; **Gesetzeslücke** F laguna *f* legal, vacío *m* legal (*od* jurídico); **Gesetzesnovelle** F enmienda *f*; **Gesetzessammlung** F colección *f* (*od* recopilación *f*) legislativa; **Gesetzestafeln** FPL *Bibel*: Tablas *fpl* de la Ley; **Gesetzestext** M texto *m* legal; **Gesetzesübertretung** F infracción *f* de la ley; **Gesetzesumgehung** F fraude *m* a la ley; **Gesetzesverletzung** F violación *f* de la ley; **Gesetzesvorlage** F proyecto *m* de ley (**einbringen** proponer; **ablehnen** rechazar); **Gesetzesvorschrift** F disposición *f* legal

ge'setzgebend ADJ legislativo; **~e Gewalt** poder *m* legislativo; **~e Versammlung** asamblea *f* legislativa

Ge'setzgeber M legislador *m*; **Gesetzgebung** F ⟨~; ~en⟩ legislación *f*

ge'setzlich A ADJ legal; (*gesetzmäßig*) conforme a la ley; (*rechtmäßig*) legítimo; **~er Feiertag** *Arbeitsrecht*: día *m* feriado; *amtlich*: fiesta *f* oficial (*od* legal); **~er Vertreter** representante legal; **~er Erbe** heredero legítimo B ADV legalmente; (*rechtmäßig*) legítimamente; **~ geschützt** registrado legalmente; patentado; **~ anerkennen** legitimar

Ge'setzlichkeit F ⟨~⟩ legalidad *f*; legitimidad *f*

ge'setzlos ADJ sin ley; (*gesetzwidrig*) ilegal; (*anarchisch*) anárquico; *Person* fuera de la ley; **Gesetzlosigkeit** F ⟨~⟩ ilegalidad *f*; (*Anarchie*) anarquía *f*; **gesetzmäßig** ADJ legal; conforme a la ley; *Anspruch etc* legítimo; (*regelmäßig*) regular; **Gesetzmäßigkeit** F ⟨~; ~en⟩ legalidad *f*; *e-s Anspruch etc*: legitimidad *f*; (*Regelmäßigkeit*) regularidad *f*

Ge'setzsammlung F recopilación *f* de leyes

ge'setzt ADJ 1 (*ruhig*) sosegado, sereno; (*ausgeglichen*) ponderado, sentado; (*gereift*) maduro 2 **~ (den Fall), dass** supongamos que; puesto (*od* pongamos) por caso que (*subj*)

Ge'setztheit F ⟨~⟩ (*ruhige Art*) serenidad *f*; (*Ausgeglichenheit*) ponderación *f*; (*Reife*) madurez *f*

ge'setzwidrig ADJ ilegal; contrario a la ley; (*unrechtmäßig*) ilegítimo; **Gesetzwidrigkeit** F ⟨~⟩ ilegalidad *f*; ilegitimidad *f*

ges. gesch. ABK (gesetzlich geschützt) registrado legalmente; patentado

ge'sichert ADJ seguro; asegurado (**gegen** *acus* contra); (*geschützt*) protegido; al abrigo de; a cubierto; *Waffe* en punto de seguro

Ge'sicht N ⟨~(e)s; ~er⟩ 1 ANAT cara *f*; **die Sonne im ~ haben** estar de cara al sol; **aufs ~ fallen** caer de bruces; *umg* besar el suelo; **j-m ins ~ lachen** reírse en la cara (*od umg* en las narices) de alg; **j-m etw (glatt) ins ~ sagen** echar en cara a/c a alg, dar en rostro a alg con a/c; **j-m ins ~ sehen** mirar a alg cara a cara; **j-m ins ~ schlagen** cruzar la cara a alg; **das steht Ihnen gut zu ~** eso le sienta bien; *fig* **er ist seinem Vater wie aus dem ~ geschnitten** es el vivo retrato de su padre, es su padre clavado 2 (*Gesichtsausdruck, Miene*) semblante *m*; aire *m*; **ein freundliches/böses ~ machen** poner buena/mala cara; **ein finsteres/grimmiges ~ machen** poner cara de perro/de pocos amigos; **ein langes ~ machen** poner cara larga; *umg* quedar con un palmo de narices; **ein saures ~ machen** poner cara de vinagre; **ein trauriges ~** una cara de triste, cariacontecido; **ein ~ wie sieben Tage Regenwetter machen** tener gesto hosco; *umg* tener cara fúnebre; **man sieht es ihm am ~ an** *umg* en la cara se le conoce; *umg* **übers ganze ~ strahlen** sonreír de oreja a oreja; *fig* **j-m ins ~ geschrieben stehen** llevarlo escrito en la frente 3 (*Grimasse*) **~er schneiden** hacer muecas (*od* gestos); hacer visajes; **ein ~ ziehen** hacer una mueca 4 *fig* **das ~ verlieren** quedar mal; **das ~ wahren** quedar bien; guardar la faz; **den Dingen ins ~ sehen** encararse con la realidad; ver las cosas como son; *umg* **j-m ins ~ springen** *umg* saltar a la cara a alg 5 (*Aussehen*) aspecto *m*; **ein anderes ~ bekommen** tomar otro cariz; **sein wahres ~ zeigen** quitarse la máscara (*od* la careta); descubrir (*od* enseñar) la oreja 6 (*Sehvermögen*) vista *f*; *obs* **das Zweite ~ haben** tener la doble (*od* segunda) vista; **etw zu ~ bekommen** (llegar a) ver a/c 7 *obs* (*Erscheinung*) aparición *f*; visión *f*

Ge'sichtsausdruck M expresión *f* (del rostro), cara *f*, fisonomía *f*; **Gesichtscreme** F crema *f* facial; **Gesichtsfarbe** F tez *f*; **Gesichtsfeld** N campo *m* visual; **Gesichtshälfte** F **linke/rechte ~** parte *f* izquierda/derecha de la cara; **Lähmung** *f* **der linken ~** parálisis *f* facial (unilateral) izquierda; **Gesichtshaut** F cutis *m*; **Gesichtskontrolle** F *umg hum* selección *f* de entrada; **Gesichtskreis** M horizonte *m* (*a. fig*); **Gesichtslähmung** F MED parálisis *f* facial; **Gesichtsmaske** F mascarilla *f* (*a.* MED *u. Kosmetik*); **Gesichtsmassage** F masaje *m* facial; **Gesichtsmuskel** M ANAT músculo *m* facial; **Gesichtsnerv** M ANAT nervio *m* facial; **Gesichtsneuralgie** F MED neuralgia *f* facial; **Gesichtspflege** F cuidados *mpl* del cutis

Ge'sichtspunkt M punto *m* de vista; ángulo *m*; aspecto *m*; **unter diesem ~** desde ese punto de vista

Ge'sichtsrose F MED erisipela *f* facial; **Gesichtsschnitt** M rasgo *m* fisonómico; **Gesichtssinn** M ⟨~(e)s⟩ sentido *m* de la vista; **Gesichtsstraffung** F lifting *m* facial; estiramiento *m* facial; **Gesichtsverlust** M pérdida *f* de imagen; **Gesichtswasser** N ⟨~s; ~⟩ loción *f* facial; **Gesichtswinkel** M ANAT ángulo *m* facial; OPT ángulo *m* visual; *fig* punto *m* de vista, ángulo *m*

Ge'sichtszug M rasgo *m* fisonómico; **edle/feine/strenge Gesichtszüge** *mpl* facciones *fpl* nobles/finas/severas, rasgos *mpl* nobles/finos/severos

Ge'sims N ⟨~es; ~e⟩ moldura *f*

Ge'sinde N ⟨~s; ~⟩ *obs* servidumbre *f*; (personal *m* de) servicio *m*

Ge'sindel N ⟨~s⟩ *pej* chusma *f*, gentuza *f*; (*Gauner*) granujería *f*

ge'sinnt ADJ **feindlich ~** hostil; **j-m gut/übel ~ sein** sentir simpatía/antipatía hacia alg; **demokratisch ~ sein** ser democrático; **wie ist er politisch ~?** ¿cuáles son sus ideas políticas?; **er ist sozialistisch ~** es socialista

Ge'sinnung F ⟨~; ~en⟩ sentimientos *mpl*; (*Überzeugung*) convicción *f* (*mst pl*); opinión *f*; POL credo *m*; carácter *m*; (*Denkart*) modo *m* de pensar; mentalidad *f*; **niedrige ~** bajeza *f* de espíritu; **die ~ wechseln** cambiar la chaqueta

Ge'sinnungsgenosse M, **Gesinnungsgenossin** F POL correligionario *m*, -a *f*; simpatizante *m/f*; **gesinnungslos** ADJ sin carácter (*od* principios); (*treulos*) desleal; **Gesinnungslosigkeit** F ⟨~⟩ falta *f* de carácter (*od* principios); **gesinnungstreu** ADJ leal; **Gesinnungswandel** M, **Gesinnungswechsel** M cambio *m* de opinión (*od* de frente)

ge'sittet ADJ civilizado; (*sittlich*) moral;

(*anständig*) decente

Ge'socks N ⟨~(es)⟩ *umg pej* → Gesindel

Ge'söff N ⟨~(e)s; ~e⟩ *umg pej* brebaje *m*, mejunje *m*

ge'soffen PPERF → saufen

ge'sogen PPERF → saugen

ge'sondert A ADJ separado B ADV por separado, aparte

ge'sonnen A PPERF → sinnen B ADJ **~ sein zu ...** estar dispuesto a ... (*inf*); tener la intención de ... (*inf*)

ge'sotten PPERF → sieden

Ge'spann N ⟨~(e)s; ~e⟩ 1 (*Pferdegespann*) tiro *m*, tronco *m*, atelaje *m*; (*Ochsengespann*) yunta *f* 2 *fig* pareja *f*, tándem *m*

ge'spannt A ADJ 1 tenso, tirante (*beides a. fig*); **~e Beziehungen** relaciones tensas; **~e Situation** situación tensa 2 (*erwartungsvoll*) **~e Aufmerksamkeit** viva atención *f*; **~e Erwartung** tensa espera *f*; **~ sein auf** (*acus*) estar curioso por saber; esperar con impaciencia; **ich bin ~, ob ...** tengo curiosidad por saber si ...; **du machst mich ~** me tienes intrigado B ADV **~ zuhören** escuchar con (viva) atención (*bzw* con gran interés); **~ auf etw warten** esperar a/c con impaciencia

Ge'spanntheit F ⟨~⟩ tensión *f*, tirantez *f*; (*Neugier*) curiosidad *f*

Ge'spenst N ⟨~es; ~er⟩ fantasma *m*; espectro *m*; (*Geist*) aparecido *m*; **~er sehen** ver visiones; **überall ~er sehen** antojársele a uno los dedos huéspedes; *fig* **wie ein ~ aussehen** parecer un espectro

Ge'spenstererscheinung F aparición *f* de fantasmas; **Gespenstergeschichte** F historia *f* de fantasmas; *umg* cuento *m* de miedo; **gespensterhaft** ADJ fantasmal; como un fantasma; **Gespensterschiff** N buque *m* fantasma; **Gespensterstunde** F hora *f* de los aparecidos (*od* fantasmas)

ge'spenstisch ADJ → gespensterhaft

Ge'sperre N ⟨~s; ~⟩ TECH trinquete *m*

ge'sperrt ADJ 1 cerrado; bloqueado; **für den Verkehr ~** cerrado al tráfico; **Straße ~!** no hay paso 2 TYPO espaciado

ge'spie(e)n PPERF → speien

Ge'spiele M ⟨~n; ~n⟩ *hum obs* querido *m*; **Gespielin** F ⟨~; ~nen⟩ *hum obs* querida *f*, amiguita *f*

ge'spielt ADJ (*vorgetäuscht*) fingido, simulado, artificial

Ge'spinst N ⟨~es; ~e⟩ hilado *m*; hilaza *f*; (*Gewebe*) tejido *m*; **Gespinstfaser** F fibra *f* textil

ge'sponnen PPERF → spinnen

Ge'spött N ⟨~(e)s⟩ 1 (*Spott*) burla *f*, mofa *f*; **mit j-m sein ~ treiben** burlarse (*od* mofarse) de alg; *umg* tomar el pelo a alg 2 *Gegenstand des Spottes*: objeto *m* de burla (*bzw* de risa *bzw* de broma); **zum ~ der Leute werden** llegar a ser la irrisión (*bzw* el hazmerreír) de la gente; **sich zum ~ machen** ponerse en ridículo; **j-n zum ~ machen** ridiculizar (*od* poner en ridículo) a alg

Ge'spräch N ⟨~(e)s; ~e⟩ 1 (*Unterhaltung*) conversación *f*; (*Plauderei*) charla *f*; **ein ~ mit j-m führen** tener una conversación con alg (**über** *acus* sobre); **das ~ auf etw** (*acus*) **bringen** *od* **lenken** llevar la conversación hacia a/c, sacar a/c a colación; **das ~ dreht sich um ...** la conversación trata sobre ...; **sich auf ein ~ mit j-m einlassen** *od* **mit j-m ins ~ kommen** entablar una (*od* trabar) conversación con alg; **j-n ins ~ ziehen** dirigir la conversación a alg; **etw ist im ~** se está hablando de a/c; **das ~ der Stadt sein** ser la comidilla de la ciudad 2 *bes* POL (*Verhandlung*) diálogo *m*; **mit j-m im ~ sein** estar en conversaciones con alg 3 TEL conversación *f* (telefónica); (*Ferngespräch*) conferencia *f*; (*Anruf*) llamada *f*; **ein ~ für Sie!** ¡tiene una llamada!

ge'sprächig ADJ comunicativo, expansivo; (*geschwätzig*) locuaz; hablador, *umg* parlanchín; **j-n ~ machen** desatar la lengua a alg; **Gesprächigkeit** F ⟨~⟩ carácter *m* comunicativo; (*Geschwätzigkeit*) locuacidad *f*

ge'sprächsbereit ADJ dispuesto al diálogo, dialogante; **Gesprächsbereitschaft** F disposición *f* para el diálogo; **~ signalisieren** *od* **zeigen** mostrarse dispuesto a dialogar

Ge'sprächsdauer F TEL duración *f* de la conversación; **Gesprächseinheit** F TEL unidad *f*, paso *m* de contador; **Gesprächsfaden** M hilo *m*; **Gesprächsfetzen** M fragmento *m* de una conversación; **Gesprächsform** F **in ~** en forma dialogada; **Gesprächsgegenstand** M tema *m* (*od* asunto *m*) de la conversación; *umg* comidilla *f*; **Gesprächsguthaben** N TEL saldo *m* (en llamadas); **Gesprächsnotiz** F notas *fpl* (*od* apuntes *mpl od* anotaciones *fpl*) de una conversación; **Gesprächspartner** M, **Gesprächspartnerin** F interlocutor *m*, -a *f*; **Gesprächsrunde** F mesa *f* redonda; ronda *f* de conversaciones; **Gesprächsstoff** M materia *f* de conversación; **Gesprächsteilnehmer** M, **Gesprächsteilnehmerin** F participante *m/f* en la conversación; **Gesprächsthema** N → Gesprächsgegenstand; **Gesprächstherapie** F terapia *f* conversacional; **Gesprächsübernahme** F TEL toma *f* de la llamada

ge'sprächsweise ADV hablando, en la conversación

ge'spreizt A ADJ 1 → spreizen; **mit ~en Beinen** perniabierto, esparrancado 2 *fig* afectado, amanerado B ADV **~ reden** hablar de manera rimbombante

Ge'spreiztheit F ⟨~⟩ afectación *f*

ge'sprenkelt ADJ moteado; (*gefleckt*) salpicado

ge'sprochen PPERF → sprechen

ge'sprossen PPERF → sprießen

ge'sprungen PPERF → springen

Ge'spür N ⟨~s⟩ *fig* olfato *m*

gest. ABK (gestorben) difunto; fallecido

Ge'stade N ⟨~s; ~⟩ *poet* costa *f*; orilla *f*; *e-s Flusses*: ribera *f*

ge'staffelt ADJ escalonado

Ge'stalt F ⟨~; ~en⟩ 1 (*äußere Erscheinung, Form*) forma *f*; figura *f*; (*Anblick, Äußeres*) aspecto *m*, físico *m*; **(feste) ~ annehmen** realizarse, cristalizar; tomar cuerpo; **eine andere ~ annehmen** transformarse, adoptar otra forma; **einer Sache** (*dat*) **~ verleihen** dar forma concreta a a/c; **in (der) ~ von** en forma de; a guisa de; **sich in seiner wahren ~ zeigen** quitarse (*od* dejar caer) la máscara; **einer Sache** (*dat*) **~ geben** → gestalten A 2 (*Person*) personaje *m* (*a.* THEAT, LIT) 3 (*Körperbau*) estatura *f*; talla *f*; tipo *m*; **von schöner ~** de bellas formas

ge'stalten ⟨*ohne* ge-⟩ A VT (*formen, bilden*) formar; *in Ton etc*: modelar; (*entwickeln*) desarrollar; *schöpferisch*: crear; *Abend, Freizeit, etc* organizar; **farblich ~** armonizar los colores B VR **sich ~** formarse, tomar forma; (*sich entwickeln*) desarrollarse; **sich ~ zu** transformarse en; **sich anders ~** tomar otro rumbo; **die Suche gestaltet sich schwierig** la búsqueda resulta difícil

Ge'stalter M ⟨~s; ~⟩, **Gestalterin** F ⟨~; ~nen⟩ creador *m*, -a *f*; TECH proyectista *m/f*; **gestalterisch** ADJ creador, creativo

Ge'staltlehre F morfología *f*; **gestaltlos** ADJ amorfo; **Gestaltphilosophie** F filosofía *f* de la forma; **Gestaltpsychologie** F psicología *f* de la forma

Ge'staltung F ⟨~; ~en⟩ formación *f*; conformación *f*; configuración *f*; *des Lebens, der Freizeit, e-s Abends*: organización *f*; (*Formgebung*) delineación *f*; (*Anordnung*) disposición *f*; estructuración *f*; *e-s Raumes*: distribución *f*, decoración *f*; (*Aufbau*) contextura *f*; (*Konzeption*) concepto *m*; (*Aufmachung*) presentación *f*; SKULP modelado *m*; *künstlerische*: creación *f*; realización *f*; *grafische*: diseño *m*; MUS interpretación *f*

Ge'staltungsklage F JUR acción *f* constitutiva; **Gestaltungskraft** F fuerza *f* creadora, creatividad *f*

Ge'staltwandel M metamorfosis *f*; transfiguración *f*

Ge'stammel N ⟨~s⟩ *pej* balbuceo *m*

ge'stand → gestehen

ge'standen A PPERF → stehen, gestehen B ADJ (*routiniert*) con experiencia; **ein ~er Mann** un hombre hecho y derecho

ge'ständig ADJ JUR confeso; **nicht ~** inconfeso; **~ sein** confesar (su culpa), declararse culpable

Ge'ständnis N ⟨~ses; ~se⟩ confesión *f* (*a.* JUR); **ein ~ machen** (*od* JUR **ablegen**) confesar; **ein ~ von j-m erpressen** arrancar a alg una confesión

Ge'stänge N ⟨~s; ~⟩ 1 TECH varillas *fpl*; varillaje *m* 2 JAGD puntas *fpl*

Ge'stank M ⟨~(e)s⟩ hedor *m*, mal olor *m*, peste *f*

Ge'stapo F ABK (Geheime Staatspolizei) *Nationalsozialismus*: gestapo *f* (*policía secreta del régimen nazi*)

ge'statten VT ⟨*ohne* ge-⟩ 1 (*erlauben*) permitir; autorizar; (*einwilligen*) consentir en; (*dulden*) tolerar; **~ Sie!** ¡con su permiso!; **~ Sie, dass ...** permita usted que ... 2 **sich** (*dat*) **~ zu ...** tomarse la libertad de ...

'Geste F ⟨~; ~n⟩ gesto *m* (*a. fig*), ademán *m*

Ge'steck N ⟨~(e)s; ~e⟩ centro *m* de mesa, ramo *m*

ge'stehen VT ⟨*irr; ohne* ge-⟩ JUR confesar; (*zugeben*) reconocer; admitir; **ich muss ~, dass** debo reconocer que; **offen gestanden, ...** a decir verdad ...; hablando francamente ...

Ge'stehungskosten PL WIRTSCH gastos *mpl* (*od* costes *mpl*) de producción; **Gestehungspreis** M precio *m* de producción

Ge'stein N ⟨~(e)s; ~e⟩ roca *f*; piedras *fpl*

Ge'steinsbohrmaschine F perforadora *f* rotativa de roca; **Gesteinsbrocken** M roca *f*; **Gesteinskunde** F litología *f*, petrografía *f*; **Gesteinsprobe** F muestra *f* de roca; **Gesteinsschicht** F estrato *m* de roca

Ge'stell N ⟨~(e)s; ~e⟩ 1 TECH armazón *m/f*; bastidor *m*; soporte *m*; marco *m* 2 (*Brillengestell*) montura *f* 3 (*Brettergestell*) tablado *m*; (*Wäschegestell*) tendedero *m*; (*Fußgestell*) pedestal *m*; (*Bock*) caballete *m*; *umg hum* **langes ~** *umg* espingarda *f*, *umg* varal *m*

Ge'stellung F ⟨~; ~en⟩ VERW suministro *m*; *Zoll*: presentación *f* (de las mercancías)

ge'stelzt ADJ *fig Stil, Sprache* amanerado, afectado

'gestern ADV ayer; **~ früh** *od* **Morgen** ayer por la mañana; **~ Mittag** ayer a mediodía; **~ Abend** anoche; **von ~** de ayer; *umg fig* **nicht von ~ sein** *umg* no haber nacido ayer; **~ vor einer Woche** hace ocho días; **mir ist, als ob es ~ wäre** me parece como si hubiera sido ayer

'Gestern N ⟨~⟩ **das ~** el pasado, el ayer

ge'stiefelt ADJ calzado con botas; *umg fig* **~ und gespornt** listo para salir; **der Gestiefelte Kater** el gato con botas

ge'stiegen PPERF → steigen

ge'stielt ADJ con mango; ZOOL, BOT pedunculado; BOT peciolado

'Gestik F ⟨~⟩ gestos *mpl*, ademanes *mpl*
gestiku'lieren V/I ⟨*ohne* ge-⟩ gesticular, hacer gestos
Gestiku'lieren N ⟨~s⟩ gesticulación *f*
Ge'stirn N ⟨~(e)s; ~e⟩ astro *m*; *(Sternbild)* constelación *f*
ge'stirnt ADJ *geh* estrellado, lleno de estrellas
ge'stoben PPERF → stieben
Ge'stöber N ⟨~s; ~⟩ *(Schneegestöber)* torbellino *m* (*od* remolino *m*) de nieve; ventisca *f*
ge'stochen A PPERF → stechen B ADJ *Handschrift* claro C ADV **~ scharf** muy nítido; **wie ~ schreiben** escribir caligráficamente; → *a.* stechen
ge'stohlen PPERF → stehlen
Ge'stöhne N ⟨~s⟩ *umg pej* gemidos *mpl*; gimoteo *m*
ge'storben PPERF → sterben
ge'stört A PPERF → stören B ADJ 1 TEL interferido 2 *fig* **ein ~es Verhältnis zu etw/j-m haben** tener una relación difícil con a/c/alg 3 MED, *oft umg* **(geistig) ~** perturbado
ge'stoßen PPERF → stoßen
Ge'stotter N ⟨~s⟩ *umg pej* tartamudeo *m*; *(Gestammel)* balbuceo *m*
Ge'sträuch N ⟨~(e)s; ~e⟩ arbustos *mpl*; matorral *m*; *(Dickicht)* maleza *f*; *(Dornengesträuch)* zarzal *m*
ge'streift ADJ rayado, de (*od* a) rayas, listado; ZOOL, BOT estriado
ge'streng ADJ *geh obs* severo, riguroso
ge'stresst ADJ *umg* estresado
ge'strichen A PPERF → streichen B ADJ *Maß* arrasado; **ein ~er Esslöffel** una cucharada rasa C ADV *fig* **~ voll** de bote en bote; lleno hasta el borde; → *a.* streichen
'gestrig ADJ de ayer; **am ~en Tage** ayer; en el día de ayer; **am ~en Abend** anoche
ge'stritten PPERF → streiten
Ge'strüpp N ⟨~(e)s; ~e⟩ matorral *m*; *(Dickicht)* maleza *f*; *fig* maraña *f*; **das ~ entfernen** desbrozar
Ge'stühl N ⟨~(e)s; ~e⟩ sillería *f*
Ge'stümper N ⟨ ~s⟩ *umg* chapucería *f*, chapuza *f*
ge'stunken PPERF → stinken
Ge'stüt N ⟨~(e)s; ~e⟩ acaballadero *m*; *Arg* haras *m*
ge'stylt PPERF → stylen
Ge'such N ⟨~(e)s; ~e⟩ solicitud *f*, instancia *f*; demanda *f* (**einreichen** presentar, hacer, elevar); *(Bittschrift)* petición *f*; súplica *f*
ge'sucht ADJ 1 buscado; *(gefragt, begehrt)* solicitado, demandado 2 *(geziert)* rebuscado, afectado; amanerado
Ge'sudel N ⟨~s⟩ *(Kleckserei)* chafarrinón *m*
Ge'sülze N ⟨~s⟩ *umg pej* palabrería *f*
Ge'summ(e) N ⟨~s⟩ *von Bienen*: zumbido *m*; *oft pej (Singen)* tarareo *m*
Ge'sums N ⟨~es⟩ *umg* aspavientos *mpl*; *umg* tinglado *m*
ge'sund ADJ 1 *(nicht krank)* sano; bien de salud; con buena salud; **geistig ~** sano de espíritu; **~ und munter** sano y salvo; *umg* vivito y coleando; **~ wie ein Fisch im Wasser** sano como un roble; **~ aussehen** tener buen aspecto (*od* buena cara); **sich ~ erhalten** conservarse sano; **sich ~ fühlen** sentirse bien; **j-n ~ machen** sanar (*od* curar) a alg; **nicht ganz ~ sein** estar delicado de salud; **(wieder) ~ werden** sanar; restablecerse; recobrar la salud; **eine ~e Gesichtsfarbe haben** tener la tez fresca; tener buen color; **bleib/bleiben Sie ~!** ¡cuídate/cuídese! 2 *(der Gesundheit zuträglich)* saludable (*a. fig*); salubre; **Salat ist sehr ~** la lechuga es muy buena para la salud 3 *fig* **einen ~en Schlaf haben** tener un sueño profundo; **einen ~en Appetit haben** tener buen apetito; *fig Unternehmen* sólido 4 *(vernünftig)* con sentido común, razonable; **der ~e Menschenverstand** (el) sentido común
ge'sundbeten V/T curar por la oración; *abergläubisch*: ensalmar; **Gesundbrunnen** M fuente *f* salutífera; aguas *fpl* minerales
ge'sunden V/I ⟨*ohne* ge-; sn⟩ curar(se), sanar; restablecerse, recuperar la salud; *allmählich* convalecer
Ge'sundheit F ⟨~⟩ salud *f*; *(Heilsamkeit)* salubridad *f*; **~!** *beim Niesen*: ¡Jesús!, ¡salud!; **bei guter ~ sein** tener (*od* disfrutar de) buena salud; **bei bester ~ sein** estar en plena forma; **vor ~ strotzen** rebosar salud; **auf j-s ~ trinken** beber a la salud de alg
ge'sundheitlich A ADJ sanitario; **aus ~en Gründen** por razones de salud; **der ~e Zustand** estado *m* de salud B ADV **wie geht es ~?** ¿cómo está de salud?; **sich ~ nicht auf der Höhe fühlen** no estar bien de salud
Ge'sundheitsamt N delegación *f* de sanidad; **Gesundheitsapostel** M *umg* fanático *m* de la salud; **Gesundheitsattest** N → Gesundheitszeugnis; **Gesundheitsbehörde** F → Gesundheitsamt; **Gesundheitsberater** M, **Gesundheitsberaterin** F consejero *m*, -a *f* de salud
ge'sundheitsbewusst A ADJ con conciencia de lo que afecta a la salud; consciente de la salud B ADV **~ leben** vivir sanamente (*od* de forma saludable)
Ge'sundheitsdienst M servicio *m* de sanidad pública; **Gesundheitsfarm** F centro *m* de belleza y relax; **gesundheitsförderlich** ADJ saludable, salubre; salutífero; **Gesundheitsfürsorge** F asistencia *f* sanitaria; **gesundheitsgefährdend** ADJ nocivo para la salud; **Gesundheitsgründe** MPL **aus ~n** → gesundheitshalber; **gesundheitshalber** ADV por motivos (*od* razones) de salud; **Gesundheitslehre** F higiene *f*; **Gesundheitsmaßnahme** F medida *f* sanitaria; **Gesundheitsministerium** N *sp* ministerio *m* de Sanidad y Seguridad Social; **Gesundheitspass** M carnet *m* de la salud; *bes* SCHIFF patente *f* de sanidad; **Gesundheitspflege** F higiene *f*; *öffentliche*: higiene *f* pública; **Gesundheitspolitik** F política *f* de salud pública; **Gesundheitspolizei** F policía *f* sanitaria; **Gesundheitsreform** F POL reforma *f* sanitaria (*od* del sector salud); **Gesundheitsschaden** M perjuicio *m* para la salud; **gesundheitsschädlich** ADJ insalubre; nocivo para la salud; **Gesundheitssystem** N sistema *m* sanitario; **Gesundheitswesen** N ⟨~s⟩ sanidad *f*; higiene *f* pública; **Gesundheitszeugnis** N certificado *m* médico; **Gesundheitszustand** M *der Bevölkerung*: estado *m* sanitario; *e-s Menschen*: estado *m* de salud
ge'sundmachen V/T → gesund 1; **gesundschreiben** V/T **j-n ~** dar de alta a alg; **gesundschrumpfen** *umg* A V/T racionalizar, sanear B V/R **sich ~** sanearse; **gesundstoßen** V/R *umg* **sich ~** *umg* hacer su agosto; *umg* ponerse las botas
Ge'sundung F ⟨~⟩ restablecimiento *m*; convalecencia *f*; HANDEL saneamiento *m*
ge'sungen PPERF → singen
ge'sunken PPERF → sinken
Ge'täfel N ⟨~s⟩ → Täfelung
ge'tan PPERF → tun
Ge'tier N ⟨~(e)s⟩ animales *mpl*; *umg* bichos *mpl*
ge'tigert ADJ *Fell* atigrado; *Marmor* jaspeado, gateado
Ge'töse N ⟨~s⟩ estrépito *m*; estruendo *m*; *(Kampfgetöse)* fragor *m*; *e-r Menge*: batahola *f*, barahúnda *f*; *des Meeres*: bramido *m*
ge'tragen ADJ 1 *Kleider* usado 2 *fig (feierlich)* solemne; *Melodie a.* lento
Ge'trampel N ⟨~s⟩ *umg pej* pataleo *m*
Ge'tränk N ⟨~(e)s; ~e⟩ bebida *f*; **alkoholisches ~** bebida *f* alcohólica; **alkoholfreies ~** bebida *f* no alcohólica *od* sin alcohol; **heiße und kalte ~e** bebidas calientes y frías
Ge'tränkeautomat M máquina *f* expendedora (*od* automática) de bebidas; **Getränkedose** F lata *f*; bote *m*; **Getränkeindustrie** F industria *f* de bebidas; **Getränkekarte** F carta *f* de bebidas; **Getränkemarkt** M supermercado *m* de bebidas; **Getränkestand** M puesto *m* de bebidas; **Getränkesteuer** F impuesto *m* sobre (las) bebidas
Ge'trappel N ⟨~s⟩ trápala *f*; trote *m*
Ge'tratsch(e) N ⟨~es⟩ *umg pej* chismorreo *m*, cotilleo *m*
ge'trauen V/R ⟨*ohne* ge-⟩ **sich ~, etw zu tun** atreverse a (*od* osar) hacer a/c
Ge'treide N ⟨~s; ~⟩ cereales *mpl*; granos *mpl*; **Getreideanbau** M cultivo *m* de cereales, cerealicultura *f*; **Getreideart** F cereal *m*; **Getreidebörse** F HANDEL bolsa *f* de cereales; **Getreideernte** F cosecha *f* (*od* recolección *f*) de cereales; **Getreidefeld** N campo *m* de cereales; **Getreidehandel** M comercio *m* de cereales (*od* de granos); **Getreidehändler** M, **Getreidehändlerin** F tratante *m/f* en granos; **Getreidekorn** N grano *m*; **Getreideland** N ⟨~(e)s⟩ tierra *f* de cereales; **Getreidemarkt** M mercado *m* de cereales; **Getreidemühle** F molino *m* de granos; **Getreidepflanze** F cereal *m*; **Getreideprodukt** N producto *m* de cereales; cereal *m*; **Getreidereiniger** M limpiadora *f* (*bzw* aventadora *f*) de cereales; **Getreiderost** M roya *f*; **Getreidesilo** M silo *m* para granos; **Getreidesortiermaschine** F clasificadora *f* de granos; **Getreidespeicher** M granero *m*
ge'trennt A ADJ separado; **mit ~er Post** por (correo) separado; **~e Kasse machen** pagar cada uno lo suyo B ADV separadamente, por separado; aparte; **~ schlafen** dormir en cama aparte; **~ leben** vivir separados
ge'treten PPERF → treten
ge'treu A ADJ fiel; leal B PRÄP *(dat)* **~ seinem Motto** fiel a su lema
Ge'treue M/F ⟨~n; ~n; → A⟩ fiel compañero *m*, -a *f*; *(Parteigänger, -in)* partidario *m*, seguidor *m*; *pl a.* huestes *fpl*
ge'treulich ADV *geh* fielmente; lealmente
Ge'triebe N ⟨~s; ~⟩ 1 TECH engranaje *m*; transmisión *f*; mecanismo *m*; AUTO caja *f* de cambios; *(Treibrad)* rueda *f* motriz 2 *fig der Großstadt etc*: agitación *f*, animación *f*, movimiento *m*; **Getriebebremse** F freno *m* sobre el mecanismo; **Getriebegehäuse** N, **Getriebekasten** M AUTO caja *f* de cambios; **Getriebemotor** M motor *m* de engranaje
ge'trieben PPERF → treiben
Ge'triebeöl N aceite *m* lubricante; **Getriebrad** N rueda *f* de engranaje; **Getriebeschaden** M AUTO avería *f* en la caja de cambios; **Getriebewelle** F árbol *m* de la caja de velocidades
ge'troffen PPERF → treffen
ge'trogen PPERF → trügen
ge'trost A ADJ confiado, seguro, lleno de confianza B ADV con toda confianza; sin temor
ge'trunken PPERF → trinken
'Getto N ⟨~s; ~s⟩ ghetto *m*, gueto *m* (*a. fig*); *jüdisches a.*: judería *f*
gettoi'sieren V/T ⟨*ohne* ge-⟩ 1 *(absondern)* aislar, separar 2 *Gebiet* convertir en gueto

Ge'tue N ⟨~s⟩ afectación *f*; aspavientos *mpl*; (*Ziererei*) remilgos *mpl*; *umg* garambainas *fpl*
Ge'tümmel N ⟨~s; ~⟩ barullo *m*; tumulto *m*; *umg* jaleo *m*; MIL pelea *f*
ge'tüpfelt ADJ, **ge'tupft** ADJ moteado; punteado
Ge'tuschel N ⟨~s⟩ cuchicheo *m*, *umg* secreteo *m*
ge'übt ADJ diestro, hábil; *Auge, Ohr* ejercitado; **in etw** (*dat*) **~ sein** ser diestro en a/c, tener mucha práctica en a/c; **Geübtheit** F ⟨~⟩ habilidad *f*; ejercicio *m*; práctica *f*; experiencia *f*
Ge'vatter M ⟨~s; ~n⟩, **Gevatterin** F ⟨~; ~nen⟩ *obs hum* compadre *m*, comadre *f*; *obs lit* **~ Tod** muerte *f*
Ge'viert N ⟨~(e)s; ~e⟩ cuadrado *m*; TYPO cuadratín *m*
Ge'wächs [-ks] N ⟨~es; ~e⟩ **1** BOT, AGR vegetal *m*; planta *f*; AGR **eigenes ~** de propia cosecha **2** MED vegetación *f*, excrecencia *f*; (*Geschwulst*) tumor *m*
ge'wachsen [-ks-] **A** PPERF → wachsen[1] **B** ADJ **1** **gut ~ sein** tener buen tipo (*od* buena figura) **2** *fig* **j-m ~ sein** poder (competir) con alg; estar a la altura de alg; **einer Sache** (*dat*) **~ sein** poder hacer frente a a/c; estar a la altura de a/c; **der Lage ~ sein** estar a la altura de la situación **3** **er ist mir ans Herz ~** le he tomado cariño; → *a.* wachsen[1]
Ge'wächshaus N invernadero *m*, estufa *f*
ge'wagt ADJ (*riskant*) arriesgado; (*kühn*) osado, audaz; atrevido (*a. fig Kleid, Witz*)
ge'wählt **A** ADJ escogido; selecto; distinguido **B** ADV **sich ~ ausdrücken** expresarse en términos escogidos
ge'wahr ADJ *geh* **~ werden** (*acus od gen*) apercibirse de; percatarse de; darse cuenta de; *in der Ferne*: divisar
Ge'währ F ⟨~⟩ garantía *f*; fianza *f*; (*Sicherheit*) seguridad *f*; **ohne ~** sin garantía, sin compromiso; **für etw ~ leisten** garantizar a/c; salir garante de a/c; responder de a/c
ge'wahren VT ⟨ohne ge-⟩ *geh* → gewahr (*werden*)
ge'währen ⟨ohne ge-⟩ **A** VT conceder; otorgar; (*geben*) dar; ofrecer; (*verschaffen*) facilitar; (*erlauben*) permitir; (*einwilligen*) consentir en; *Bitte* acceder a; dejar hacer; **j-m Asyl ~** conceder (*od* dar) asilo a alg; **j-m Schutz ~** proteger a alg; **j-m Einlass ~** permitir a alg entrar (*od* la entrada) en; **gewährt bekommen** obtener **B** VI **j-n ~ lassen** dejar a alg hacer
Ge'währen N ⟨~s⟩ → Gewährung; **Gewährfrist** F JUR plazo *m* de garantía; **gewährleisten** VT ⟨ohne ge-⟩ garantizar; responder de; **Gewährleistung** F garantía *f*; fianza *f*
Ge'währleistungsanspruch M derecho *m* de garantía; **Gewährleistungsfrist** F plazo *m* de garantía; **Gewährleistungspflicht** F obligación *f* de garantía
Ge'wahrsam M ⟨~s⟩ (*Obhut*) custodia *f* (*a.* JUR), guardia *f*; depósito *m*; (*Haft*) arresto *m* (**polizeilicher** policíaco); **in ~ geben** dar en custodia; **in ~ nehmen** (*verwahren*) tomar en custodia; (*verhaften*) detener, arrestar
Ge'währsmann M ⟨~(e)s; ⸚er *od* -leute⟩ garante *m*, fiador *m*; (*Informant*) informador *m*, informante *m*
Ge'währung F ⟨~; ~en⟩ concesión *f*, otorgamiento *m*; (*Ermächtigung*) autorización *f*, permiso *m*
Ge'walt F ⟨~; ~en⟩ **1** (*Kraftanwendung*) fuerza *f*; (*Zwang*) violencia *f*; (*Heftigkeit*) vehemencia *f*; ímpetu *m*; **rohe ~** brutalidad *f*, fuerza *f* bruta; **~ anwenden** valerse de la fuerza; emplear la violencia; *geh* **j-m ~ antun** hacer fuerza a alg; hacer violencia (*od* violentar) a alg; **mit ~** por fuerza, a la fuerza, a (*od* por) la brava; **mit roher ~** brutalmente, por la fuerza bruta; **mit ~ öffnen** *Tür etc* abrir a la fuerza; **mit aller ~** con toda (la) fuerza, a viva fuerza; *fig* (*um jeden Preis*) a todo trance **2** (*Macht*) poder *m*; potencia *f*; (*Amtsgewalt*) autoridad *f*; (*Herrschaft*) dominio *m*, imperio *m*; **öffentliche ~** poder *m* público; **in j-s ~ stehen** estar a merced de alg; **in j-s ~ geraten** caer en poder de alg; **etw in seine ~ bringen** apoderarse de a/c; **j-n in seine ~ bringen** llevarse a alg por la fuerza; **in seiner ~ haben** dominar; tener en su poder; **über j-n ~ haben** *moralisch*: tener autoridad (*od* ascendiente) sobre alg **3** (*Kontrolle*) **sich in der ~ haben** ser dueño de sí mismo, dominarse, controlarse; **die ~ über etw** (*acus*) **verlieren** perder el control (*od* el dominio) de a/c **4** *geh* (*elementare Kraft*) fuerza *f*, violencia *f*; JUR **höhere ~** fuerza *f* mayor
Ge'waltakt M ⟨~(e)s; ~e⟩ acto *m* de violencia; **Gewaltandrohung** F amenaza *f* de violencia; **Gewaltanwendung** F empleo *m* de la fuerza (*od* violencia); **ohne ~** sin recurrir a la fuerza (*od* violencia)
ge'waltbereit ADJ dispuesto a usar la violencia, propenso (*od* inclinado) a actuar con violencia; **Gewaltbereitschaft** F (pre)disposición *f* a la violencia
Ge'walteinwirkung F violencia*f*
Ge'waltenteilung F, **Gewaltentrennung** F POL separación *f* de poderes
ge'waltfrei ADJ no violento
Ge'walthandlung F acto *m* de violencia; **Gewaltherrschaft** F despotismo *m*; tiranía *f*; **Gewaltherrscher** M, **Gewaltherrscherin** F déspota *m/f*; tirano *m*, -a *f*
ge'waltig **A** ADJ **1** (*mächtig*) poderoso; (*stark*) fuerte; (*heftig*) violento **2** (*riesig*) enorme, inmenso; gigantesco, colosal **3** *umg fig Erfolg, Hunger, Irrtum etc* enorme; *umg* tremendo **B** ADV **sich ~ irren** estar en un gran error
ge'waltlos ADJ & ADV sin violencia; **Gewaltlosigkeit** F ⟨~⟩ no violencia *f*
Ge'waltmarsch M marcha *f* forzada; **Gewaltmaßnahme** F medida *f* coercitiva (*bzw* violenta); **Gewaltmensch** M hombre *m* violento (*od* brutal); **Gewaltmissbrauch** M abuso *m* de poder
ge'waltsam **A** ADJ violento; brutal; **eines ~en Todes sterben** morir de muerte violenta **B** ADV violentamente, con violencia; a la fuerza, a viva fuerza; **~ öffnen** forzar; **Gewaltsamkeit** F ⟨~⟩ violencia *f*
Ge'waltstreich M golpe *m* de fuerza; **Gewalttat** F acto *m* violento (*od* de violencia); acto *m* brutal; **gewalttätig** ADJ violento; (*roh*) brutal; **Gewalttätigkeit** F violencia *f*; brutalidad *f*; **Gewaltverbrechen** N crimen *m* violento; **Gewaltverbrecher** M, **Gewaltverbrecherin** F criminal *m/f* peligroso, -a; **Gewaltverherrlichung** F apología *f* (*od* exaltación *f*) de la violencia; **Gewaltverzicht** M renuncia *f* a la violencia; **Gewaltverzichtserklärung** F declaración *f* de renuncia *f* a la violencia
Ge'wand N ⟨~(e)s; ⸚er⟩ **1** vestido *m*; *bes* MAL ropaje *m*; REL *u. poet* vestidura *f* **2** *fig* presentación *f*; **im neuen ~** con nueva presentación; **Gewandmeister** M THEAT jefe *m* de vestuario
ge'wandt **A** PPERF → wenden **B** ADJ (*flink*) ágil, ligero; (*geschickt*) hábil, diestro; listo; (*erfahren*) versado (**in** *dat* en); *Stil* fluido; **~ sein** *im Umgang*: tener don de gentes; *im Auftreten*: tener mundo; **Gewandtheit** F ⟨~⟩ (*Flinkheit*) agilidad *f*; (*Geschicklichkeit*) habilidad *f*, destreza *f*; listeza *f*; *des Ausdrucks*: fluidez *f*; soltura *f*; *im Auftreten*: mundología *f*
ge'wann → gewinnen
Ge'wäsch N ⟨~es⟩ *umg* (*Unsinn*) desatinos *mpl*, disparates *mpl*
ge'waschen PPERF → waschen
Ge'wässer N ⟨~s; ~⟩ aguas *fpl*; **stehendes/fließendes ~** aguas *fpl* estancadas/corrientes; **Gewässerkunde** F hidrología *f*; **Gewässerschutz** M protección *f* de las aguas; **Gewässerverschmutzung** F contaminación *f* de las aguas
Ge'webe N ⟨~s; ~⟩ tejido *m* (*a.* BIOL); (*Stoff*) *a.* tela *f*; (*Webart*) textura *f*; **Gewebelehre** F BIOL histología *f*; **Gewebeprobe** F MED muestra *f* de tejido; **Gewebetransplantation** F MED transplante *m* de tejido(s)
Ge'websflüssigkeit F linfa *f*
ge'weckt ADJ → aufgeweckt
Ge'wehr N ⟨~(e)s; ~e⟩ **1** fusil *m*; (*Jagdgewehr*) escopeta *f*; MIL **an die ~e!** ¡a las armas!; **(das) ~ über!** ¡al hombro armas!; **~ ab!** ¡descansen armas!; **präsentiert das ~!** ¡presenten armas!; **die ~e zusammensetzen** formar pabellones; **ins ~ treten** tomar las armas; **~ bei Fuß (stehen)** (estar) en posición de decansen armas **2** JAGD *des Keilers*: defensas *fpl*, colmillos *mpl* (*del jabalí*)
Ge'wehrfeuer N (fuego *m* de) fusilería *f*; **Gewehrkolben** M culata *f* (del fusil); **Gewehrkugel** F bala *f* de fusil; **Gewehrlauf** M cañón *m* del fusil; **Gewehrpyramide** F pabellón *m* de armas; **Gewehrriemen** M portafusil *m*; **Gewehrschaft** M caja *f* del fusil; **Gewehrschloss** N cerrojo *m* del fusil; **Gewehrschuss** M disparo *m* (*od* tiro *m*) de fusil; fusilazo *m*; escopetazo *m*; balazo *m*; **Gewehrständer** M estante *m* de armas, armero *m*
Ge'weih N ⟨~(e)s; ~e⟩ cuerna *f*, cornamenta *f*; cuernos *mpl*
ge'weiht ADJ sagrado; **~es Wasser** agua *f* bendita; **~e Stätte** santuario *m*
Ge'werbe N ⟨~s; ~⟩ industria *f*; arte *f* industrial; (*Beruf*) oficio *m*; **ein ~ betreiben** ejercer un oficio; explotar una industria; **Gewerbeaufsicht** F ⟨~⟩ inspección *f* industrial; **Gewerbeaufsichtsamt** N oficina *f* de la inspección industrial; **Gewerbeausstellung** F exposición *f* industrial; **Gewerbebank** F ⟨~; ~en⟩ banco *m* industrial; **Gewerbebetrieb** M empresa *f* industrial; **Gewerbeerlaubnis** F licencia *f* profesional; **Gewerbefreiheit** F libertad *f* industrial (*od* de industria); **Gewerbegebiet** N polígono *m* industrial; **Gewerbekammer** F cámara *f* industrial; **Gewerbelehrer** M, **Gewerbelehrerin** F profesor *m* de formación profesional; **Gewerbeordnung** F ⟨~⟩ código *m* industrial; **Gewerberecht** N derecho *m* industrial; **Gewerbeschein** M licencia *f* profesional (*od* de oficio); patente *f* (industrial); **Gewerbeschule** F escuela *f* industrial
Ge'werbesteuer F impuesto *m* sobre actividades económicas; impuesto *m* industrial; **gewerbesteuerpflichtig** ADJ sujeto a impuesto industrial
Ge'werbetreibende M/F ⟨~n; ~n; → A⟩ industrial *m/f*; (*Händler*) comerciante *m/f*; (*Hersteller*) fabricante *m/f*; (*Handwerker*) artesano *m*, -a *f*; **Gewerbezweig** M ramo *m* (*od* sector *m*) industrial
ge'werblich **A** ADJ industrial; profesional; **~es Eigentum** propiedad *f* industrial; **für ~e Zwecke** con fines comerciales *od* industriales **B** ADV **~ tätig sein** ejercer una actividad comercial
ge'werbsmäßig **A** ADJ profesional **B** ADV

G

profesionalmente; como profesión (*bzw* oficio)
Ge'werkschaft F ⟨~; ~en⟩ sindicato *m* (obrero); *sp a.* central *f* sindical; **einer ~ beitreten** sindicarse; **in der ~ sein** estar afiliado al sindicato
Ge'werkschaft(l)er M ⟨~s; ~⟩, **Gewerkschaft(l)erin** F ⟨~; ~nen⟩ sindicalista *m/f*
ge'werkschaftlich A ADJ sindical(ista) B ADV **~ organisiert sein** estar sindicado; **sich ~ organisieren** *od* **zusammenschließen** sindicarse
Ge'werkschaftsbewegung F movimiento *m* sindical; sindicalismo *m*; **Gewerkschaftsbund** M confederación *f* de sindicatos; **Gewerkschaftsführer** M, **Gewerkschaftsführerin** F dirigente *m/f* (*od* líder *m/f*) sindical; **Gewerkschaftsfunktionär** M, **Gewerkschaftsfunktionärin** F responsable *m/f* sindical; **Gewerkschaftsmitglied** N miembro *m/f* del sindicato; (trabajador *m*, -a *f*) sindicado *m*, -a *f*; **Gewerkschaftsorganisation** F organización *f* sindical; **Gewerkschaftspolitik** F política *f* sindical; **Gewerkschaftsverband** M unión *f* (*od* federación *f*) de sindicatos; **Gewerkschaftswesen** N ⟨~s⟩ sindicalismo *m*
ge'wesen PPERF → sein[1]
ge'wichen PPERF → weichen[2]
Ge'wicht N ⟨~(e)s; ~e⟩ 1 peso *m*; **nach ~ verkaufen** vender al peso; **ein ~ von fünf Kilo haben** tener cinco kilos de peso; **es fehlt am ~** está falto de peso 2 SPORT, *e-r Waage, Uhr*: pesa *f* 3 *fig* importancia *f*; (*Einfluss*) influencia *f*; (*Wichtigkeit*) **(großes) ~ haben** tener (gran) peso (*od* importancia); **einer Sache ~** (*dat*) **beimessen** atribuir importancia a a/c; **(nicht) ins ~ fallen** (no) tener importancia; **es fällt schwer ins ~** es muy importante; es de mucho peso
ge'wichten VT ⟨*ohne* ge-⟩ ponderar
Ge'wichtheben N ⟨~s⟩ SPORT levantamiento *m* de pesos, halterofilia *f*; **Gewichtheber** M ⟨~s; ~⟩, **Gewichtheberin** F ⟨~; ~nen⟩ levantador *m*, -a *f* de pesos
ge'wichtig ADJ pesado; *fig* de (mucho) peso, de relieve; importante; **Gewichtigkeit** F ⟨~⟩ peso *m*; importancia *f*
Ge'wichtsabnahme F disminución *f* (*od* pérdida *f bzw* merma *f*) de peso; **Gewichtsangabe** F declaración *f* (*bzw* indicación *f*) del peso; **Gewichtseinheit** F unidad *f* ponderal (*od* de peso); **Gewichtsgrenze** F límite *m* de peso; **Gewichtsklasse** F SPORT categoría *f* de pesos; **Gewichtskontrolle** F repeso *m*; **Gewichtsmangel** M deficiencia *f* (*od* falta *f*) de peso; **Gewichtssatz** M juego *m* de pesas; **Gewichtsschwund** M pérdida *f* de peso; **Gewichtsunterschied** M diferencia *f* de peso; **Gewichtsverlagerung** F desplazamiento *m* de la carga; *des Körpergewichts*: desplazamiento *m* del peso del cuerpo; **Gewichtsverlust** M → Gewichtsabnahme; **Gewichtsverteilung** F reparto *m* de pesos; **Gewichtszoll** M derecho *m* por peso; **Gewichtszunahme** F aumento *m* de peso
Ge'wichtung F ⟨~; ~en⟩ ponderación *f*
ge'wieft *umg*, **gewiegt** ADJ *umg* astuto, ladino; taimado; *umg* vivo, espabilado
Ge'wieher N ⟨~s⟩ relincho *m*; (*Gelächter*) risotadas *fpl*, carcajadas *fpl*
ge'wiesen PPERF → weisen
ge'willt ADJ **~ sein zu** estar dispuesto a; tener la intención (*od* el propósito) de; **~ sein, etw zu tun** estar dispuesto a hacer a/c
Ge'wimmel N ⟨~s⟩ hormigueo *m*; hormiguero *m*; hervidero *m* (*alles a. fig*)
Ge'wimmer N ⟨~s⟩ gemido *m*; gimoteo *m*
Ge'winde N ⟨~s; ~⟩ TECH *e-r Schraube*: rosca *f*, filete *m*; **~ schneiden** terrajar, filetear; **Gewindebohrer** M macho *m* de roscar; terraja *f*; **Gewindebohrmaschine** F roscadora *f*; **Gewindebolzen** M perno *m* roscado; **Gewindedrehbank** F torno *m* de filetear; **Gewindegang** M pasó *m* del filete (*od* de la rosca); **Gewindelehre** F calibre *m* para roscas; **Gewindeschneiden** N terrajado *m* de filetes; *Innengewinde*: roscado *m*; **Gewindeschneidkopf** M cabezal *m* de terrajar; *für Innengewinde*: cabezal *m* de roscar; **Gewindeschneidmaschine** F roscadora *f*; **Gewindesteigung** F paso *m* de filete
Ge'winn M ⟨~(e)s; ~e⟩ 1 ganancia *f*; HANDEL *a.* beneficio *m*; lucro *m*; **~ und Verlust** ganancias *fpl* y pérdidas; **~ abwerfen** *od* **bringen** dar (*od* arrojar) beneficio(s); ser lucrativo; **~ machen** obtener beneficios; **große ~e erzielen** obtener grandes ganancias (*od* beneficios); **am ~ beteiligt sein** participar en los beneficios; **mit/ohne ~ verkaufen** vender con/sin ganancia; **aus etw ~ ziehen** sacar provecho de a/c; **~ aus Beteiligung** beneficios *mpl* de participación; **entgangener ~** lucro frustrado 2 (*Preis, Lotteriegewinn*) premio *m* 3 (*Nutzen*) provecho *m*, ventaja *f*, logro *m*; **ein Buch mit ~ lesen** sacar provecho de un libro; *fig* **sie ist ein ~ für die Gruppe** aporta mucho al grupo
Ge'winnanteil M participación *f* en los beneficios; parte *f* del beneficio; **Gewinnanteilschein** M *Börse* cupón *m* (de dividendo); **Gewinnausschüttung** F reparto *m* de beneficios; **Gewinnbeteiligung** F participación *f* en los beneficios (*od* utilidades)
ge'winnbringend, Gewinn bringend A ADJ lucrativo; beneficioso B ADV **~ verkaufen** vender con ganancia (*od* beneficio)
Ge'winnchance F oportunidad *f* de ganar
ge'winnen ⟨*irr; ohne* ge-⟩ A VT 1 SPORT, *Krieg, Prozess, Spiel* ganar (**bei** con, en); (*erobern*) conquistar; *Preis a.* obtener; conseguir; *sprichw* **wie gewonnen, so zerronnen** los dineros del sacristán, cantando se vienen y cantando se van 2 *fig* **Abstand ~** distanciarse; **Einfluss ~ auf** adquirir influjo sobre; **Land ~** ganar tierras; **j-s Vertrauen/Herz ~** ganarse la confianza/el corazón de alg; **Zeit ~** ganar tiempo 3 **j-n zum Freund ~** ganarse la amistad de alg; hacerse amigo de alg; **Freunde ~** hacer amistades; **j-n für sich ~** granjearse (*od* captarse) la voluntad (*od* las simpatías) de alg; **j-n für etw ~** interesar a alg en a/c 4 BERGB beneficiar, extraer 5 CHEM obtener; **Opium wird aus Mohn gewonnen** de la adormidera se obtiene (*od* se extrae) el opio B VI 1 ganar (**bei** en); *in der Lotterie etc a.* salir agraciado; SPORT **drei zu zwei (3:2) ~** ganar por tres a dos 2 (*zunehmen*) ganar (**an** *dat* de); **an Höhe ~** ganar en altura; **an Geschwindigkeit ~** ganar velocidad; *fig* **an Ansehen ~** ganar en importancia; adquirir renombre 3 (*besser werden*) mejorar (**an** *dat* de); *fig* **er hat sehr gewonnen** ha ganado mucho; *fig* **damit ist viel gewonnen** ya es una gran ventaja; con eso ya se ha adelantado mucho
ge'winnend ADJ acogedor, simpático; atrayente; *Lächeln etc* cautivador, seductor; **~es Äußeres** aspecto *m* atractivo
Ge'winner M ⟨~s; ~⟩, **Gewinnerin** F ⟨~; ~nen⟩ ganador *m*, -a *f*; (*Sieger, -in*) vencedor *m*, -a *f*; *bei Preisausschreiben etc*: acertante *m/f*; agraciado *m*, -a *f*; **Gewinnliste** F lista *f* de premiados; **Gewinnlos** N billete *m* premiado; premio *m*; **Gewinnmarge** F WIRTSCH → Gewinnspanne; **Gewinnnummer** F número *m* premiado (*od* agraciado); **Gewinnschwelle** F umbral *m* de rentabilidad; **Gewinnspanne** F margen *m* de beneficios; **Gewinnstreben** N afán *m* de lucro; codicia *f*; **Gewinnsucht** F codicia *f*; **gewinnsüchtig** ADJ interesado; ávido de lucro; codicioso; JUR **in ~er Absicht** con ánimo de lucro;
Gewinn-und-Verlust-Rechnung F HANDEL cuenta *f* de pérdidas y ganancias
Ge'winnung F ⟨~; ~en⟩ (*Erwerbung*) adquisición *f*; BERGB extracción *f*; explotación *f*, beneficio *m*; (*Produktion*) producción *f*; preparación *f*; CHEM obtención *f*
Ge'winnverteilung F reparto *m* de beneficios; **Gewinnvortrag** M HANDEL traslado *m* de saldo de ganancias; **Gewinnwarnung** F FIN prevención *f* de beneficios; **Gewinnzahl** F *Lotterie*: número *m* ganador *od* premiado; **Gewinnzone** F HANDEL zona *f* de beneficios
Ge'winsel N ⟨~s⟩ gimoteo *m*; gemidos *mpl*; *Hund*: gañido *m*
Ge'wirr N ⟨~(e)s; ~e⟩ confusión *f*; embrollo *m*, *umg* lío *m*; *von Haaren, Kabeln*: maraña *f*, enredo *m*; *von Straßen*: laberinto *m*
ge'wiss A ADJ ⟨~er; ~este⟩ 1 (*nicht näher bestimmt*) cierto, tal (*vorangestellt*); **~e Leute** cierta gente; ciertas personas; **ein ~er (Herr) Meyer** un tal (señor) Meyer; **ein ~es Etwas** un no sé qué; **in ~er Hinsicht** *od* **Beziehung** en cierto modo 2 (*sicher*) seguro; **der Erfolg ist uns ~** tenemos el éxito asegurado; **seiner Sache ~ sein** saber a ciencia cierta a/c; **so viel ist ~, dass …** lo cierto es que … B ADV por cierto, ciertamente, con certeza; con seguridad, seguramente; **ganz ~** con toda certeza; **aber ~!** ¡claro que sí!; *Am* ¿cómo no?; **~ nicht** no, por cierto; claro que no; desde luego que no
Ge'wissen N ⟨~s⟩ conciencia *f*; **ein gutes/schlechtes ~ haben** tener buena/mala conciencia; **ein reines/ruhiges ~ haben** tener la conciencia limpia/tranquila; **mit gutem ~** en (buena) conciencia; **vor meinem ~** ante mi conciencia; **sein ~ entlasten** descargar la conciencia; **sein ~ prüfen** *od* **erforschen** hacer examen de conciencia; **j-m ins ~ reden** apelar a la conciencia de alg; **um sein ~ zu beruhigen** para tranquilizar su conciencia; **das kann ich nicht mit meinem ~ vereinbaren** no puedo conciliarlo con mi conciencia; **etw auf dem ~ haben** tener a/c sobre la conciencia; ser culpable de a/c; **j-n auf dem ~ haben** ser responsable de la muerte (*bzw* de la ruina) de alg; **sich** (*dat*) **kein ~ aus etw machen** no tener escrúpulos; **das ~ schlägt ihm** le remuerde la conciencia
ge'wissenhaft A ADJ concienzudo; *stärker*: escrupuloso; (*sorgfältig*) esmerado B ADV **~ arbeiten** trabajar a conciencia; **Gewissenhaftigkeit** F ⟨~⟩ escrupulosidad *f*; esmero *m*; **gewissenlos** ADJ sin conciencia; sin escrúpulo(s); **~ handeln** obrar de mala fe; **Gewissenlosigkeit** F ⟨~⟩ falta *f* de conciencia (*bzw* de escrúpulos)
Ge'wissensbisse MPL remordimientos *mpl* (de conciencia); **sich** (*dat*) **wegen etw ~ machen** remorder a alg la conciencia por a/c; **Gewissenserforschung** F examen *m* de conciencia; **Gewissensfrage** F caso *m* de conciencia; **Gewissensfreiheit** F libertad *f* de conciencia; **Gewissensgründe** PL razones *f* de conciencia; **Gewissenskonflikt** M conflicto *m* de conciencia; **Gewissensnot** F cargo *m* de conciencia; **Gewissensprüfung** F → Gewissenserforschung; **Gewissenszwang** M obligación

f moral; **Gewissenszweifel** M escrúpulo m (de conciencia)
gewisser'maßen ADV en cierto modo; hasta cierto punto; por así decirlo
Ge'wissheit F ⟨~; ~en⟩ certeza f, certidumbre f; seguridad f; **mit voller ~** con toda certeza; a ciencia cierta; **zur ~ werden** convertirse en realidad; confirmarse; **~ erlangen** adquirir la certeza (**über** *acus* de); **sich** *(dat)* **~ verschaffen** cerciorarse (**über** *acus* de)
Ge'witter N ⟨~s; ~⟩ tormenta f *(a. fig)*; **es ist ein ~ im Anzug** el tiempo está de tormenta; amenaza tormenta; **ein ~ geht nieder** *od* **bricht los** se desencadena una tormenta (**über** *acus* sobre); **Gewitterbö** F ráfaga f tormentosa; **Gewitterfront** F frente m tormentoso; **gewitterig** ADJ → gewittrig; **Gewitterluft** F atmósfera f cargada
ge'wittern V/UNPERS ⟨*ohne* ge-⟩ **es gewittert** hay tormenta
Ge'witterneigung F amenaza f de tormenta; **Gewitterregen** M, **Gewitterschauer** M aguacero m tormentoso, chubasco m; **Gewitterschwüle** F bochorno m; **Gewitterstimmung** F *fig* cerrazón f; **Gewittersturm** M tempestad f; **Gewitterwolke** F nube f de tormenta, nubarrón m
ge'wittrig ADJ de tormenta, tormentoso
ge'witzigt ADJ escarmentado, escamado
ge'witzt ADJ *(schlau)* ladino; listo, avispado
GewO F ABK (Gewerbeordnung) Código m industrial
ge'woben PPERF → weben
Ge'woge N ⟨~s⟩ ondulación f; undulación f; *fig (Menge)* barullo m; tropel m
ge'wogen A PPERF → wiegen[1] B ADJ *geh* favorable, propicio (a); **j-m ~ sein** tener afecto a (*od* simpatía por) alg; **Gewogenheit** F ⟨~⟩ *geh* benevolencia f; *(Zuneigung)* afecto m; bienquerencia f
ge'wöhnen ⟨*ohne* ge-⟩ A V/T **j-n an j-n/etw gewöhnen** acostumbrar (*od* habituar) alg a alg/a/c; *(vertraut machen)* familiarizar alg a alg/a/c B V/R **sich an j-n/etw ~** acostumbrarse a alg/a/c; **sich an ein Klima ~** aclimatarse *(a. fig)*; **man gewöhnt sich an alles** se acostumbra uno a todo
Ge'wohnheit F ⟨~; ~en⟩ hábito m; *(Sitte)* costumbre f; *(Brauch)* uso m; usanza f; *(Routine)* rutina f; **eine alte ~** una vieja costumbre; **schlechte** *od* **üble ~** vicio m; **aus ~** por costumbre; **eine ~ annehmen** adquirir una costumbre (*od* un hábito); **die ~ haben, zu** tener la costumbre de; acostumbrar (*od* soler) *(inf)*; **sich** *(dat)* **etw zur ~ machen** acostumbrarse (*od* habituarse) a a/c; **zur ~ werden** convertirse en hábito; **aus der ~ kommen** perder la costumbre; deshabituarse
ge'wohnheitsmäßig A ADJ habitual; acostumbrado; rutinario B ADV habitualmente; de costumbre; *pej* de vicio
Ge'wohnheitsmensch M (hombre m) rutinero m; **Gewohnheitsrecht** N JUR derecho m consuetudinario; **Gewohnheitstier** N *umg* animal m de costumbres; **Gewohnheitstrinker** M, **Gewohnheitstrinkerin** F bebedor m, -a f habitual; **Gewohnheitsverbrecher** M, **Gewohnheitsverbrecherin** F delincuente m/f habitual
ge'wöhnlich A ADJ 1 *(alltäglich)* corriente; normal; ordinario; común 2 *(zur Gewohnheit geworden)* habitual, acostumbrado; *(herkömmlich)* usual 3 *(mittelmäßig)* mediocre; mediano; *(abgedroschen)* trivial, banal 4 *pej (ordinär)* grosero, vulgar, bajo B ADV 1 *(meist)* (**für**) **~** normalmente; ordinariamente, habitualmente; *(im Allgemeinen)* en general; **wie ~** como de costumbre, como siempre; **etw ~ tun** acostumbrar (*od* tener la costumbre de) hacer a/c 2 *pej (ordinär)* vulgarmente
Ge'wöhnlichkeit F ⟨~⟩ ordinariez f; banalidad f; *pej* vulgaridad f
ge'wohnt ADJ habitual, acostumbrado; normal; usual; *(vertraut)* familiar; **etw** *(acus)* **~ sein** estar habituado (*od* acostumbrado) a a/c; **wie ~** *od* **in ~er Weise** como de costumbre; **zur ~en Stunde** a la hora acostumbrada (*od* habitual)
gewöhnt → gewöhnen
gewohnter'maßen ADV acostumbradamente; por costumbre; de costumbre
Ge'wöhnung F ⟨~; ~en⟩ habituación f *(a. MED)*; *an ein Klima:* aclimatación f *(a. fig)*
Ge'wölbe N ⟨~s; ~⟩ bóveda f *(a. fig)*; **Gewölbebogen** M arco m de bóveda; **Gewölbestein** M dovela f
ge'wölbt ADJ abovedado; arqueado; abombado *(a. Stirn)*
ge'wollt A ADJ *(absichtlich)* intencionado B ADV adrede; con intención
ge'wonnen PPERF → gewinnen
ge'worben PPERF → werben
ge'worden PPERF → werden A, B
ge'worfen PPERF → werfen
ge'wrungen PPERF → wringen
Ge'wühl N ⟨~(e)s⟩ *(Menschengewühl)* gentío m; apretura f; *(Gewimmel)* hervidero m; *(Durcheinander)* barullo m, bulla f, *umg* jaleo m
ge'wunden A PPERF → winden B ADJ sinuoso; tortuoso *(beide a. fig)*; serpenteante; *(verdreht)* retorcido
ge'wunken *umg* PPERF → winken
ge'würfelt ADJ *Stoff* a cuadros
Ge'würm N ⟨~(e)s; ~e⟩ sabandijas *fpl*; bichos *mpl*
Ge'würz N ⟨~es; ~e⟩ especia f; *als Zutat:* condimento m; **an etw ~e geben** condimentar (*od* sazonar) a/c; **Gewürzgurke** F pepinillo m en vinagre; **Gewürzhändler** M, **Gewürzhändlerin** F especiero m, -a f; **Gewürzhandlung** F especiería f; **Gewürzkräuter** NPL hierbas *fpl* aromáticas (*od* finas); **Gewürzkuchen** M pastel m de especias; **Gewürzmischung** F mezcla f de especias; **Gewürznelke** F clavo m (de especia), clavillo m; **Gewürzpflanze** F planta f condimenticia (*bzw* aromática); **Gewürzsträußchen** N → Kräutersträußchen
ge'würzt ADJ condimentado, sazonado; *(aromatisch)* aromático
Ge'würzwaren FPL especias *fpl*
ge'wusst PPERF → wissen
'Geysir M ⟨~s; ~e⟩ géiser m
gez. ABK (gezeichnet) fdo. (firmado)
ge'zackt, ge'zahnt, ge'zähnt ADJ BOT, TECH dentado; *ungleichmäßig:* dentellado; *Wappen* danchado; *Briefmarke* trepado
Ge'zänk N ⟨~(e)s⟩, **Ge'zanke** N ⟨~s⟩ *pej* altercado m; disputa f; *umg* bronca f; *umg* pelotera f
Ge'zappel N ⟨~s⟩ *umg pej* agitación f (nerviosa)
ge'zeichnet ADJ 1 *(unterschrieben)* firmado; *auf Briefen etc:* **~** firmado 2 *fig* **vom Tode ~** marcado por la muerte 3 HANDEL *Wertpapiere etc* suscrito; **~e Aktien** acciones *fpl* suscritas; **~er Betrag** cantidad f suscrita; **voll ~** totalmente suscrito
Ge'zeiten PL marea f; flujo m y reflujo; **Gezeitenkraftwerk** N central f mareomotriz; **Gezeitenstrom** M corriente f de marea; **Gezeitenwechsel** M cambio m de marea
Ge'zeter N ⟨~s⟩ *umg pej* griterío m; clamoreo m
ge'zielt A ADJ *Maßnahme* encauzado, preciso; bien calculado B ADV con una finalidad (*od* intención) determinada
ge'ziemen V/R & V/UNPERS ⟨*ohne* ge-⟩ *geh obs* **sich ~** convenir; **wie es sich geziemt** convenientemente; como es debido; como debe ser
ge'ziemend ADJ conveniente; *(anständig)* decente, decoroso; *(gehörig)* debido; **mit ~em Respekt** con el debido respeto
Ge'ziere N ⟨~s⟩ *pej* remilgos *mpl*; melindres *mpl*, *umg* dengues *mpl*
ge'ziert ADJ afectado; amanerado; *(zimperlich)* remilgado, melindroso; **Geziertheit** F ⟨~⟩ afectación f; amaneramiento m; *(Zimperlichkeit)* remilgo m; melindre m
Ge'zisch(e) N ⟨~(e)s⟩ silbidos *mpl*; *(Auszischen)* abucheo m; **Gezischel** N ⟨~s⟩ cuchicheo m; bisbiseo m
ge'zogen A PPERF → ziehen B ADJ 1 *Gewehrlauf* rayado 2 HANDEL *Wechsel* girado, librado
Ge'zweig N ⟨~(e)s⟩ ramaje m; ramas *fpl*
Ge'zwitscher N ⟨~s⟩ gorjeo m
ge'zwungen A PPERF → zwingen B ADJ forzado *(a. fig)*; *(affektiert)* afectado; **~es Lachen** risa f forzada C ADV **~ lachen** reír de dientes afuera
ge'zwungener'maßen ADV forzosamente, a la fuerza; **etw ~ tun** hacer a/c a la fuerza
Ge'zwungenheit F ⟨~⟩ afectación f
GG ABK (Grundgesetz) ley f fundamental
ggf. ABK (gegebenenfalls) dado el caso
GGT M ABK (größter gemeinsamer Teiler) MATH MCD m (máximo común divisor)
'Ghana N ⟨~s⟩ Ghana f; **Ghanaer** M ⟨~s, ~⟩, **Ghanaerin** F ⟨~; ~nen⟩ ghanés m, -esa f; **ghanaisch** ADJ ghanés
'Ghetto ['gɛto] N → Getto
ghettoi'sieren V/T → gettoisieren
'Ghostwriter ['go:straɪtər] M ⟨~s; ~⟩ negro m
GHz ABK (Gigaherz) GHz m
gib, gibt → geben
Gi'braltar M ⟨~s⟩ Gibraltar m
Gibral'tarer M ⟨~s; ~⟩, **Gibraltarerin** F ⟨~; ~nen⟩ gibraltareño m, -a f
Gicht[1] F ⟨~⟩ MED gota f; **~ haben** *od* **an ~ leiden** padecer (*od* sufrir) de gota; **an ~ leidend** *a.* gotoso
Gicht[2] F ⟨~; ~en⟩ METALL tragante m, cargadero m
'Gichtanfall M MED ataque m de gota
'Gichtgas N METALL gas m de alto horno
'gichtig ADJ, **gichtisch** ADJ MED gotoso
'Gichtknoten M MED nódulo m gotoso, tofo m; **gichtkrank** ADJ MED gotoso; **Gichtkranke** M/F ⟨~n; ~n; → A⟩ MED enfermo m, -a f, de gota; gotoso m, -a f
'Giebel M ⟨~s; ~⟩ ARCH frontón m, frontispicio m; **Giebeldach** N tejado m a dos vertientes; **Giebelfeld** N tímpano m; **Giebelfenster** N tragaluz m; **Giebelseite** F frontispicio m; **Giebelwand** F hastial m
'Giekbaum M SCHIFF palo m de cangrejo
'Gier F ⟨~⟩ avidez f (**nach** de); afán m, ansia f (**nach** de); *(Habgier)* codicia f; *(Fressgier)* voracidad f; glotonería f
'gieren V/I 1 **nach etw ~** anhelar a/c; codiciar a/c 2 SCHIFF dar guiñadas
'gierig A ADJ ávido (**nach** de); *beim Essen:* voraz; glotón; *(habgierig)* codicioso B ADV ávidamente; **~ essen** comer con ansias
'Gießbach M torrente m
'gießen ⟨*irr*⟩ A V/T 1 *Flüssigkeit* verter; echar (**in** *acus* en); *(vergießen)* extender, derramar (**auf, über** *acus* sobre); *Blumen* regar; **etw über etw** *(acus)* **~** *(verschütten)* derramar a/c sobre a/c 2 TECH *(formen)* vaciar, moldear; *Metall, Glas* fundir B V/UNPERS **es gießt (in Strömen)** llueve a cántaros, llueve chuzos; está diluviando
'Gießen N ⟨~s⟩ 1 METALL fundición f; colada

f **2** *der Blumen*: riego *m*

'Gießer M ⟨~s; ~⟩ fundidor *m*; *(Former)* vaciador *m*

Gieße'rei F ⟨~; ~en⟩ fundición *f*

'Gießerin F ⟨~; ~nen⟩ fundidora *f*; *(Formerin)* vaciadora *f*

'Gießform F molde *m* (de fundición); **Gießgrube** F foso *m* de colada; **Gießharz** N resina *f* de moldeo; **Gießkanne** F regadera *f*

'Gießkannenprinzip N *umg* POL principio *m* de regadera; **nach dem ~ verteilen** repartir según el principio de igualdad

'Gießkelle F cuchara *f* de fundidor; vaciador *m*; **Gießmaschine** F fundidora *f*; **Gießofen** M horno *m* de fundición; **Gießpfanne** F caldero *m* de colada

Gift N ⟨~(e)s; ~e⟩ **1** veneno *m* (*a. fig*); *(Giftstoff)* tóxico *m*; *pflanzlicher*: toxina *f*; *bes lit* ponzoña *f*; **j-m ~ geben** *(ihn vergiften)* envenenar a alg; **~ nehmen** *(sich vergiften)* envenenarse **2** *fig* **das ist ~ für ihn** le perjudica mucho; **~ und Galle speien** echar venablos (*od umg* sapos y culebras); *umg* **du kannst ~ darauf nehmen, dass ...** *umg* puedes apostarte la cabeza a que ...

'Giftbecher M copa *f* de veneno; HIST cicuta *f*; **Giftbeibringung** F JUR envenenamiento *m*; **Giftdrüse** F ZOOL glándula *f* venenosa

'giften *umg* **A** VI echar pestes (**gegen** contra) **B** V/R **sich ~** *(sich ärgern)* sulfurarse

'giftfrei ADJ atóxico, exento de sustancias tóxicas; **Giftgas** N gas *m* tóxico (*od* asfixiante); **giftgrün** ADJ (verde) cardenillo

'giftig ADJ **1** venenoso (*a. fig*); MED tóxico; *bes lit* ponzoñoso; **~e Ausdünstung** miasma *m* **2** *fig (gehässig)* mordaz; malicioso; **~ werden** sulfurarse

'Giftigkeit F ⟨~⟩ **1** venenosidad *f* (*a. fig*); MED toxicidad *f* **2** *fig* mordacidad *f*; malicia *f*; malignidad *f*; **Giftküche** F taller *m* de alquimista; **Giftkunde** F toxicología *f*; **Giftmischer** M ⟨~s; ~⟩, **Giftmischerin** F ⟨~; ~nen⟩ **1** envenenador *m*, -a *f*, emponzoñador *m*, -a *f* **2** *iron (Apotheker)* boticario *m*, -a *f*; **Giftmord** M asesinato *m* por envenenamiento; **Giftmörder** M, **Giftmörderin** F envenenador *m*, -a *f*; **Giftmüll** M desechos *mpl* venenosos; residuos *mpl* tóxicos; **Giftnudel** F *umg* **1** *pej Person*: *umg* mal bicho *m* **2** *hum (Zigarre)* tagarnina *f*; **Giftpfeil** M flecha *f* envenenada; **Giftpflanze** F BOT planta *f* venenosa; **Giftpilz** M BOT hongo *m* venenoso; seta *f* venenosa; **Giftschlange** F **1** ZOOL serpiente *f* venenosa **2** *umg Person*: *umg* víbora *f*; **Giftspritze** F **1** inyección *f* venenosa **2** *umg Person*: *umg* víbora *f*; **Giftstachel** M ZOOL aguijón *m* venenoso; **Giftstoff** M tóxico *m*, sustancia *f* tóxica; *pflanzlich*: toxina *f*; **Giftwirkung** F efecto *m* tóxico; **Giftwolke** F nube *f* tóxica; **Giftzahn** M diente *m* venenoso; **Giftzwerg** M *umg pej umg* víbora *f*

Gig[1] F ⟨~; ~s⟩ *od* N ⟨~s; ~s⟩ SCHIFF canoa *f* (ligera); esquife *m*

Gig[2] [dʒɪk] M ⟨~s; ~s⟩ MUS *(Bandauftritt)* actuación *f*

'Gigabyte ['-baɪt] N ⟨~(s); ~(s)⟩ IT gigabyte *m*

Gi'gant M ⟨~en; ~en⟩, **Gigantin** F ⟨~; ~nen⟩ gigante *m*, -a *f*; **gigantisch** ADJ gigantesco

Gigan'tismus M ⟨~⟩ gigantismo *m*

Gigantoma'nie F ⟨~⟩ gigantomanía *f*

Giga'watt N ELEK gigavatio *m*; **Gigawattstunde** F gigavatiohora *f*

'Gigolo [ʒi-] M ⟨~s; ~s⟩ gigoló *m*

Gigue [ʒiːg] F ⟨~; ~n⟩ MUS giga *f*

Gilb M ⟨~s⟩ *bei Stoffen*: color *m* amarillento (y desteñido); **'Gilbweiderich** M ⟨~s⟩ BOT lisimaquia *f* (vulgar)

'Gilde F ⟨~; ~n⟩ HIST gremio *m* (de artesanos); corporación *f*

gilt → gelten

'Gimpel M ⟨~s; ~⟩ **1** ORN camachuelo *m* común **2** *fig pej* tonto *m*, babieca *m*, papanatas *m*; *umg* primo *m*

Gin [dʒɪn] M ⟨~s; ~s⟩ ginebra *f*

ging → gehen[1], gehen[2]

'Ginkgo ['gɪŋko] M ⟨~s; ~s⟩ BOT ginkgo *m*, gingo *m*

'Ginseng M ⟨~s; ~s⟩ BOT ginseng *m*

'Ginster M ⟨~s; ~⟩ BOT retama *f*, genista *f*, hiniesta *f*; **Ginsterkatze** F gineta *f*, jineta *f*

'Gipfel M ⟨~s; ~⟩ **1** cumbre *f* (*a.* POL, *fig*), cima *f* (*a. fig*); *e-s Baumes*: copa *f* **2** *fig (Höhepunkt)* apogeo *m*, culminación *f*; cúspide *f*; cenit *m*, pináculo *m*; **den ~ erreicht haben** estar en su apogeo **3** *(Übermaß)* colmo *m*; **der ~ der Frechheit** el colmo de la desvergüenza; **das ist der ~!** ¡esto es el colmo!

'Gipfelhöhe F FLUG techo *m*; **Gipfelkonferenz** F POL (conferencia *f* en la) cumbre *f*

'gipfeln VI **in etw** *(dat)* **~** culminar en a/c

'Gipfelpunkt M punto *m* culminante (*a. fig*); **gipfelständig** ADJ BOT terminal, apical; **Gipfeltreffen** N POL reunión *f* en la cumbre

Gips M ⟨~es; ~e⟩ **1** MED, KUNST escayola *f*; **den Arm in ~ haben** tener el brazo escayolado; **in ~ legen** escayolar, enyesar **2** MINER yeso *m*; **aus ~** de yeso

'Gipsabdruck M, **Gipsabguss** M vaciado *m* en yeso; **gipsartig** ADJ yesoso; **Gipsbein** N *umg* pierna *f* escayolada; **Gipsbewurf** F enyesadura *f*; *Tünche*: enlucido *m*; **Gipsbinde** F MED vendaje *m* de yeso; **Gipsbrennerei** F yesería *f*; **Gipsbruch** M yesera *f*

'gipsen V/T enyesar; *(tünchen)* enlucir; *(stucken)* estucar

'Gipsen N ⟨~s⟩ enyesadura *f*

'Gipser M ⟨~s; ~⟩, **Gipserin** F ⟨~; ~nen⟩ yesero *m*, -a *f*; estuquista *m/f*

'Gipsfigur F (figura *f* de) yeso *m*; **gipshaltig** ADJ yesoso; MINER *a.* yesífero; **Gipskarton** M cartón *m* yeso; **Gipsmaske** F máscara *f* de yeso; **Gipsmodell** N modelo *m* (*od* vaciado *m*) en yeso; **Gipsmörtel** M BAU mortero *m* de yeso; **Gipsstein** M piedra *f* yesosa; **Gipsverband** M MED vendaje *m* enyesado (*od* de yeso)

Gi'raffe F ⟨~; ~n⟩ ZOOL jirafa *f*

Gi'rant [ʒi'-] M ⟨~en; ~en⟩, **Girantin** F ⟨~; ~nen⟩ FIN endosante *m/f*

Gi'rat M ⟨~en; ~en⟩ FIN endosatario *m*

gi'rierbar [ʒi'-] ADJ FIN endosable

gi'rieren [ʒi'-] V/T ⟨*ohne* ge-⟩ FIN endosar (**auf j-n** a favor de alg); transferir; **blanko ~** endosar en blanco; **einen Wechsel auf eine Bank ~** endosar una letra a un banco

Gir'lande F ⟨~; ~n⟩ guirnalda *f*; festón *m*

'Giro ['ʒiːro] N ⟨~s; ~s⟩ FIN endoso *m*; giro *m*, transferencia *f*; **mit ~ versehen** endosar; **Girobank** F ⟨~; ~en⟩ banco *m* de giro; **Girokonto** N FIN cuenta *f* corriente (*od* de giro); **Giroüberweisung** F giro *m* bancario; **Giroverband** M asociación *f* de bancos de giro; **Giroverbindlichkeiten** FPL pasivo *m* de las cuentas de giros; **Giroverkehr** M operaciones *fpl* de giro; **Girozentrale** F central *f* de giro

'girren VI *Taube etc* arrullar

gis, Gis N ⟨~; ~⟩ MUS sol *m* sostenido

Gischt M ⟨~es; ~e⟩ espuma *f* (de las olas)

Gi'tarre F ⟨~; ~n⟩ guitarra *f*; **~ spielen** tocar la guitarra

Gi'tarrenspieler M, **Gitarrenspielerin** F guitarrista *m/f*; **Gitarrenverstärker** M TECH amplificador *m* de guitarra

Gitar'rist M ⟨~en; ~en⟩, **Gitarristin** F ⟨~; ~nen⟩ guitarrista *m/f*

'Gitter N ⟨~s; ~⟩ reja *f* (*a. am Fenster*); verja *f*; *(Gitterwerk)* enrejado *m*; *(Türgitter)* cancela *f*; *(Rost)* parrilla *f*; *(Kamingitter)* guardafuego *m*; *(Geländer)* barand(ill)a *f*; ELEK, RADIO rejilla *f*; CHEM, PHYS red *f*; *umg fig* **hinter ~n sitzen** estar entre rejas

'Gitterbett N cama *f* enrejada; **Gitterbrücke** F puente *m* de celosía; **Gitterfenster** N ventana *f* enrejada (*od* de reja); **Gitterkondensator** M ELEK condensador *m* de rejilla; **Gittermast** M poste *m* (*od* mástil *m*) de celosía; **Gitternetz** N *Kartografie*: cuadrícula *f*, cuadriculado *m*; **Gitterrost** M *am Fenster*: reja *f*; *im Ofen*: rejilla *f*; *Grill a.*: parrilla *f*; **Gitterspannung** F ELEK tensión *f* de rejilla; **Gitterstab** M barra *f* de verja; barrote *m*; **Gitterstruktur** F estructura *f* reticular; **Gittertor** N, **Gittertür** F puerta *f* enrejada; puerta *f* de verja; **Gitterwerk** N enrejado *m*; enverjado *m*; celosía *f*; **Gitterwiderstand** M ELEK resistencia *f* de rejilla; **Gitterzaun** M verja *f*, enverjado *m*; enrejado *m*

Gla'céhandschuh [gla'seː-] M guante *m* de cabritilla; *fig* **j-n mit ~en anfassen** tratar a alg con guante de seda

Gladi'ator M ⟨~s; -'toren⟩ HIST gladiador *m*;

Gladi'ole F ⟨~; ~n⟩ BOT gladiolo *m*, gladíolo *m*

'Glamour ['glɛmər] M *od* N ⟨~s⟩ glamour *m*

glamou'rös [glamu'røːs] ADJ atractivo, glamoroso; seductor

Glanz M ⟨~es⟩ **1** brillo *m*, brillantez *f*, resplandor *m* (*alle a. fig*); *(Politur)* lustre *m*; **~ verleihen** dar brillo (*bzw* lustre), abrillantar; *(polieren)* pulir, *Metallen*: bruñir; **seinen ~ verlieren** perder el brillo; deslustrarse, empañarse **2** *fig (Herrlichkeit)* esplendor *m*, magnificencia *f*; *(Gepränge)* pompa *f*, boato *m* **3** *fig (Ruhm)* gloria *f*, realce *m*; **mit ~** brillantemente; **mit ~ und Gloria** *oft iron* con todas las de la ley

'Glanzbürste F cepillo *m* para dar lustre

'glänzen VI brillar, resplandecer; lucir; *(schimmern)* relucir, refulgir; *(strahlen)* radiar; *(blitzen)* centellear; *fig* brillar; descollar, distinguirse, señalarse, destacarse, lucirse (**durch** por); *iron* **durch Abwesenheit ~** brillar por su ausencia; **mit etw ~** lucir (con) a/c

'glänzend **A** ADJ brillante, rutilante (*a. fig*), resplandeciente; lustroso; *(schimmernd)* reluciente, refulgente; *(strahlend)* radiante (*a. fig*); *(prachtvoll)* espléndido, magnífico, soberbio; *Fest etc* lucido; *Idee* luminoso, genial (*a. iron*) **B** ADV brillantemente; *fig* maravillosamente; divinamente; *umg* estupendamente; **~ aussehen** tener un magnífico aspecto; **mir geht es ~** estoy estupendamente

'Glanzfarbe F color *m* brillante; **Glanzgarn** N hilo *m* satinado; **Glanzkohle** F carbón *m* brillante; **Glanzleder** N cuero *m* charolado; charol *m*; **Glanzleinen** N tela *f* engomada; **Glanzleistung** F actuación *f* brillante (*a. iron*); *iron* **das war eine echte ~!** ¡te has (se ha, *etc*) lucido!; **Glanzlicht** N MAL realce *m*; *fig* **einer Sache** *(dat)* **ein ~ aufsetzen** poner el broche de oro a a/c

'glanzlos ADJ sin brillo, deslucido (*a. fig*); *(matt)* mate, opaco; *(trübe)* empañado

'Glanznummer F atracción *f* principal; *umg* plato *m* fuerte; **Glanzpapier** N papel *m* satinado (*od* cuché); **Glanzpappe** F cartón *m* satinado; **Glanzperiode** F → Glanzzeit; **Glanzpunkt** M punto *m* culminante, colmo *m*; **Glanzrolle** F THEAT papel *m* estelar; papel *m* más brillante; **Glanzstück** N pieza *f*

maestra; **Glanztaft** M tafetán *m* de lustre, glasé *m*
'glanzvoll ADJ esplendoroso; brillante; (*prachtvoll*) espléndido, magnífico, suntuoso
'Glanzzeit F época *f* de esplendor (*od* brillante); apogeo *m*
'Glarus M ⟨~⟩ *schweiz* Glarus *m*
Glas[1] N ⟨~es; ⸗er⟩ 1 *Material*: cristal *m* (*a. Brillenglas*), vidrio *m*; (*Spiegelglas*) luna *f*; **Vorsicht ~!** ¡frágil!; HANDEL **ohne ~** sin casco 2 ⟨*pl* ⸗er, *pero*: 2 ~ Bier⟩ (*Trinkglas*) vaso *m*; (*Stielglas*) copa *f*; **aus einem ~ trinken** beber en un vaso; **ein ~ Wein** un vaso (*bzw* una copa) de vino; *fig* **gern ins ~ gucken** *umg* empinar el codo; *fig* **zu tief ins ~ gucken** tomar una copa de más 3 (*Marmeladenglas*) tarro *m*, frasco *m* 4 (*Fernglas, Opernglas*) prismáticos *mpl*, gemelos *mpl*
Glas[2] N ⟨~es; ~en⟩ SCHIFF (*halbe Stunde*) media hora *f*
'Glasaal M ZOOL angula *f*; **Glasarbeiter** M, **Glasarbeiterin** F vidriero *m*, -a *f*; **glasartig** ADJ vidrioso; vítreo; MINER hialino; **Glasauge** N ojo *m* artificial (*od* de cristal); **Glasballon** M bombona *f*; (*Korbflasche*) damajuana *f*; **Glasbaustein** M ladrillo de vidrio; **Glasbläser** M soplador *m* de vidrio, vidriero *m*
Glasbläse'rei F ⟨~; ~en⟩ vidriería *f*
'Glasbläserin F sopladora *f* de vidrio, vidriera *f*; **Glasbruchversicherung** F → Glasversicherung
'Gläschen N ⟨~s; ~⟩ vasito *m*; copita *f*; **ein ~ zu viel** una copita de más; **ein ~ trinken** echar un trago
'Glascontainer M *für Altglas*: contenedor *m* de vidrio; **Glasdach** N tejado *m* (*od* techo *m*) de vidrio
'Glaser M ⟨~s; ~⟩ vidriero *m*; **Glaserarbeiten** FPL (trabajos *mpl* de) vidriería *f*; **Glaserdiamant** M diamante *m* de vidriero
Glase'rei F ⟨~; ~en⟩ vidriería *f*
'Glaserhandwerk N vidriería *f*; **Glaserin** F ⟨~; ~nen⟩ vidriera *f*; **Glaserkitt** M masilla *f*
'Gläserklang M choque *m* de vasos (*od* de copas)
'gläsern ADJ de vidrio; de cristal; vítreo; vidrioso (*a. fig*); MINER hialino; **Gläsertuch** N paño *m* para vasos
'Glasfabrik F → Glashütte; **Glasfaser** F fibra *f* de vidrio; TEL fibra *f* óptica; **Glasfaserkabel** N TEL cable *m* de fibra óptica; **Glasfenster** N vidriera *f*; **Glasfiberstab** M SPORT pértiga *f* de fibra de vidrio; **Glasflasche** F botella *f* de vidrio; (*Karaffe*) garrafa *f*; **Glasfluss** M TECH vidrio *m* en pasta; **Glasgeschirr** N vajilla *f* de cristal, cristalería *f*; **Glasglocke** F campana *f* de cristal (*a. für Pflanzen*); fanal *m*
'glashart ADJ duro como el vidrio
'Glashaus N (*Treibhaus*) invernáculo *m*, invernadero *m*; *sprichw* **wer im ~ sitzt, soll nicht mit Steinen werfen** el que tiene tejado de vidrio, no tire piedras al de su vecino
'Glashütte F vidriería *f*; fábrica *f* de vidrios (*od* de cristales)
gla'sieren VT ⟨*ohne* ge-⟩ 1 *Keramik* vidriar, vitrificar; *Porzellan* barnizar; (*emaillieren*) esmaltar 2 GASTR *Kuchen* glasear; *Früchte* garapiñar; **Glasierung** F ⟨~; ~en⟩ 1 vidriado *m*; esmaltado *m* 2 GASTR glaseado *m*
'glasig ADJ vidrioso (*a. fig*)
'Glasindustrie F industria *f* cristalera (*bzw* vidriera *od* del vidrio); **Glaskasten** M vitrina *f*
'Glaskeramik F vitrocerámica *f*; **Glaskeramikherd** M cocina *f* de vitrocerámica; **Glaskeramikkochfeld** N placa *f* de vitrocerámica
'Glaskirsche F guinda *f* garrafal
'glasklar ADJ claro (como el cristal), transparente; *lit* diáfano, límpido
'glas'klar ADJ *fig* (*deutlich*) claro (como el agua)
'Glasknochenkrankheit F MED enfermedad *f* cartilaginosa; **Glaskolben** M CHEM matraz *m*; **Glaskörper** M MED cuerpo *m* vítreo; **Glaskugel** F bola *f* de vidrio; *hohle*: globo *m* de cristal
'Glasmaler M pintor *m* sobre cristal; **Glasmalerei** F pintura *f* sobre cristal; **Glasmalerin** F pintora *f* sobre cristal
'Glasmasse F masa *f* de vidrio (fundido); **Glasnudeln** FPL fideos *mpl* chinos; **Glasofen** M horno *m* de vidriería; **Glaspapier** N papel *m* de lija (*od* de vidrio); **Glasperle** F perla *f* de vidrio, abalorio *m*; **Glasplatte** F placa *f* de vidrio; **Glasrahmen** M marco *m* de vidrio (*od* de cristal); **Glasreiniger** M limpiacristales *m*; **Glasröhrchen** N tubito *m* de vidrio; **Glassand** M TECH arena *f* vitrificable; **Glasscheibe** F cristal *m*, vidrio *m*; **Glasscherbe** F casco *m* de vidrio; **Glasschleifer** M, **Glasschleiferin** F pulidora *f* de vidrio; **Glasschneider** M *Gerät*: cortavidrios *m*; **Glasschrank** M vitrina *f*; **Glasschüssel** F fuente *f* de vidrio (*od* de cristal); **Glassplitter** M astilla *f* (*od* esquirla *f*) de vidrio; **Glassturz** M *südd, österr, schweiz* campana *f* (de cristal); **Glastür** F puerta *f* vidriera (*od* de cristal)
Gla'sur F ⟨~; ~en⟩ 1 vidriado *m*; (*Emaille*) esmalte *m*; (*Porzellanglasur*) barniz *m* 2 GASTR glaseado *m*; **Glasurblau** N zafre *m*; **Glasurbrand** M cocción *f* (*od* fusión *f*) del esmalte; **Glasurofen** M horno *m* para esmaltar
'Glasveranda F veranda *f* de cristales; **Glasversicherung** F seguro *m* de (*od* contra la) rotura de cristales; **Glasvitrine** F vitrina *f*; **Glaswaren** FPL cristalería *f*; **Glaswarenhandlung** F cristalería *f*; **Glaswatte** F guata *f* de vidrio; **glasweise** ADV por vasos; por copas; **Glaswolle** F lana *f* de vidrio; **Glasziegel** M → Glasbaustein
glatt ⟨~er *od* ⸗er; ~este *od* ⸗este⟩ A ADJ 1 liso (*a. Haar*); (*geglättet*) pulido; *Haut* suave; *Straße etc* resbaladizo, escurridizo (*a. fig*) 2 (*eben*) llano; plano 3 (*unbehaart*) sin pelo; lampiño; imberbe; (*kahl*) raso 4 *Rechnung, Betrag, Geschäft* redondo; *umg* **das hat mich ~e tausend Euro gekostet** me ha costado nada menos que mil euros 5 *umg* (*eindeutig*) claro, evidente; *Sieg* neto; *Absage* rotundo; *Beweis* concluyente; **~e Lüge** pura mentira 6 (*ohne Zwischenfall*) normal; sin complicaciones, sin dificultad; FLUG **~e Landung** aterrizaje *m* perfecto 7 *pej* (*unaufrichtig*) escurridizo; empalagoso B ADV 1 **~ anliegen** venir justo; estar ceñido; **etw ~ streichen** (*bzw* **ziehen**) alisar a/c; **etw ~ hobeln** acepillar a/c; **~ rasiert** bien afeitado; bien apurado 2 (*ohne Schwierigkeit*) sin complicaciones, sin obstáculo; (*leicht*) fácilmente, con facilidad → glattgehen 3 (*rundweg*) rotundamente; (*offen*) francamente; (*klar*) netamente; *umg* (*rückhaltlos*) directo; **etw ~ ablehnen** rechazar de plano a/c 4 *umg* **das habe ich ~ vergessen** lo he olvidado completamente (*od* por completo); **das bringt sie ~ fertig** es perfectamente capaz de hacerlo 5 → glatt machen
'Glätte F ⟨~⟩ 1 lisura *f*; (*Weichheit*) suavidad *f* 2 (*Ebenheit*) llanura *f* 3 (*Schlüpfrigkeit*) estado *m* resbaladizo; (*Straßenglätte*) piso *m* deslizante (*od* resbaladizo) 4 *Stil*: tersura *f* 5 *pej* (*Unaufrichtigkeit*) maneras *fpl* escurridizas
'Glatteis N placas *fpl* de hielo; superficie *f* helada; hielo *m* resbaladizo; *fig* **j-n aufs ~ führen** tender un lazo a alg; *fig* **sich aufs ~ begeben** pisar terreno resbaladizo
'Glatteisgefahr F peligro *m* de formación de placas resbaladizas; peligro *m* de helada
'glätten A VT 1 alisar; (*polieren*) pulir 2 (*eben machen*) aplanar, allanar; nivelar 3 *Stirn, Haut etc* desarrugar; *Falten* desfruncir, desplegar 4 TECH *Tuch* calandrar; *Papier* satinar; *Metalle* bruñir; *Nähte* asentar 5 *fig Stil etc* pulir, limar; (*ausgleichen*) suavizar 6 *schweiz* (*bügeln*) planchar B VR **sich ~** *Meer, Wellen* calmarse
'Glätten N ⟨~s⟩ 1 alisamiento *m*; (*Polieren*) pulimento *m* 2 (*Ebnen*) aplanamiento *m*, allanamiento *m* 3 TECH *v. Metall*: bruñido *m*; *v. Papier*: satinado *m*; *v. Tuch*: calandrado *m*
'Glätter M ⟨~s; ~⟩ TECH bruñidor *m*, pulidor *m*
'glatterdings ADV completamente
'Glattfeile F TECH lima *f* dulce
'glattgehen VI *umg fig* marchar bien; **es ist alles glattgegangen** todo ha ido perfectamente (*od* a pedir de boca)
'glatthaarig ADJ de pelo liso
'Glatthobel M garlopa *f*; cepillo *m*
'glatthobeln VT → glatt B 1
'glattmachen VT *fig* (*bezahlen*) saldar; arreglar
glatt machen VT alisar
'Glättmaschine F aplanadora *f*; (*Poliermaschine*) pulidora *f*; (*Kalander*) calandria *f*; (*Satiniermaschine*) satinadora *f*
'glattstellen VT HANDEL liquidar; **Glattstellung** F HANDEL liquidación *f*
'glattstreichen VT → glatt B 1
'glattweg ADV rotundamente; sin más ni más; lisa y llanamente
'Glatze F ⟨~; ~n⟩ 1 calva *f*; (*Kahlköpfigkeit*) calvicie *f*; **eine ~ haben** ser calvo; **eine ~ bekommen** quedar(se) calvo 2 *umg pej* (*Skinhead*) cabeza *f* rapada
'Glatzkopf M 1 (*Glatze*) calva *f* 2 *Person*: calvo *m*; **glatzköpfig** ADJ calvo; **Glatzköpfigkeit** F ⟨~⟩ calvicie *f*; MED alopecia *f*
'Glaube M ⟨~ns⟩ 1 REL fe *f* (**an** *acus* en); (*Bekenntnis*) credo *m*; (*Religion*) religión *f*; confesión *f*; **~ an Gott** fe *f* en Dios; creencia *f* en Dios; **blinder ~** fe *f* ciega; **einen ~n bekennen** profesar una fe; **seinen ~n wechseln** cambiar de religión; **der ~ versetzt Berge** la fe mueve montañas 2 (*Überzeugung*) creencia *f* (**an** *acus* en); fe *f*; **in gutem ~n handeln** obrar de buena fe; **j-n im ~n lassen, dass …** dejar a alg que crea que … 3 (*Zutrauen*) confianza *f*; crédito *m*; **~n finden** hallar crédito; **j-m ~n schenken** dar crédito (*od* fe) a alg; **wenn man ihm ~n schenken darf** a creerle; si ha de creérsele
'glauben A VT 1 **etw ~** creer a/c; (*annehmen*) suponer a/c; (*meinen*) pensar (*od* opinar) a/c; **ich glaube ja/nein** creo que sí/no; **ich glaube es Ihnen** se lo creo; **j-n etw ~ machen** hacer a alg creer a/c; **das will ich ~** ya lo creo; **das können Sie mir ~** bien puede usted creerme; *umg* ¡y tan(to)!; **man könnte ~, dass** se diría que; **du glaubst ja nicht, wie …** no te puedes imaginar (*od* figurar) como … 2 *in Ausdrücken des Zweifelns*: **ich kann es kaum ~!** ¡casi no me lo puedo creer!; **das ist kaum** *od* **nicht zu ~** parece mentira, es increíble; **das ist schwer zu ~** cuesta trabajo creerlo; **das soll einer ~** eso que se lo cuenten a otro; **wer hätte das geglaubt!** ¡quién iba a creerlo!; *umg* **wer's glaubt, wird selig!** *umg* ¡cuénteselo a su abuela! B VI 1 **j-m ~** creer (*od* dar crédito) a alg; (*vertrauen*) confiar en (*od* fiarse de) alg; **~ Sie mir!** ¡créame usted!; **wenn man ihm ~ darf** si ha de creérsele 2 **an etw/j-n ~** creer

G

en a/c/alg; **ich glaube nicht daran** no lo creo; no creo en eso **3** **wie ich glaube** según creo **4** *umg* **daran ~** *(sterben)* morir; **er musste dran ~** *umg* tuvo que pagar los vidrios rotos; *sl* la diñó

'Glauben M → Glaube

'Glaubensabfall M REL apostasía *f*; **Glaubensänderung** F cambio *m* de religión; **Glaubensartikel** M artículo *m* de fe; **Glaubensbekenntnis** N profesión *f* de fe; confesión *f*; credo *m* (*a.* POL); **Glaubensbewegung** F movimiento *m* religioso; **Glaubenseifer** M celo *m* religioso; **Glaubensfrage** F cuestión *f* de fe; **Glaubensfreiheit** F libertad *f* de religión (*bzw* cultos); **Glaubensgemeinschaft** F comunidad *f* religiosa; **Glaubensgenosse** M, **Glaubensgenossin** F correligionario *m*, -a *f*; **Glaubenskrieg** M guerra *f* de religión; **Glaubenslehre** F dogma *m* (de fe); dogmática *f*; **Glaubenssache** F materia *f* (*od* cuestión *f*) de fe; **Glaubenssatz** M dogma *m*

'glaubensstark ADJ creyente

'Glaubensstreit M controversia *f* religiosa; **Glaubenszwang** M coacción *f* religiosa; **Glaubenszwist** M disidencia *f* religiosa

'Glaubersalz N CHEM sulfato *m* de sosa, sal *f* de Glauber, glauberita *f*

'glaubhaft **A** ADJ creíble; digno de fe, fidedigno; digno de crédito; **~ machen** acreditar **B** ADV **~ nachweisen** evidenciar

'Glaubhaftigkeit F ⟨~⟩ credibilidad *f*; *(Authentizität)* autenticidad *f*; **Glaubhaftmachung** F ⟨~⟩ acreditamiento *m*

'gläubig ADJ REL creyente, fiel; *fig* confiado

'Gläubige M/F ⟨~n; ~n; → A⟩ REL creyente *m/f*, fiel *m/f*; **die ~n** *pl a.* los feligreses

'Gläubiger[1] M → Gläubige

'Gläubiger[2] M ⟨~s; ~⟩ HANDEL acreedor *m*; **die ~ befriedigen** satisfacer a los acreedores; **Gläubigerausschuss** M comisión *f* de acreedores; **Gläubigerin** F ⟨~; ~nen⟩ HANDEL acreedora *f*; **Gläubigerland** N ⟨~(e)s; ≃er⟩ país *m* acreedor; **Gläubigerversammlung** F junta *f* de acreedores

'Gläubigkeit F ⟨~⟩ fe *f*; religiosidad *f*; *fig* confianza *f*

'glaublich ADJ creíble; *(wahrscheinlich)* probable; **das ist kaum ~** es casi increíble

'glaubwürdig ADJ digno de crédito, fidedigno, fehaciente; *(verbürgt)* auténtico; **aus ~er Quelle** de fuentes solventes (*od* fidedignas); **Glaubwürdigkeit** F ⟨~⟩ credibilidad *f*; autenticidad *f*

'Glaukom N ⟨~s; ~e⟩ MED glaucoma *m*

gleich

A Adjektiv — B Adverb
C Partikel — D Präposition

— A Adjektiv —

1 *(identisch)* igual, mismo; idéntico; **der/die Gleiche** el mismo/la misma; **das Gleiche** lo mismo, la misma cosa; **er ist immer der Gleiche** sigue siendo el mismo; **das Gleiche gilt für …** lo mismo vale para …; **aufs Gleiche hinauslaufen** venir a ser lo mismo; **~e Ursachen, ~e Wirkungen** las mismas causas producen siempre los mismos efectos; **Gleiches mit Gleichem vergelten** pagar con la misma moneda; *sprichw* **Gleich und Gleich gesellt sich gern** cada oveja con su pareja **2** *(ähnlich)* parecido, semejante; similar **3** *(gleichwertig)* equivalente; **auf ~em Fuße stehen** estar en pie de igualdad (**mit j-m** con alg); **auf ~er Stufe** *(ebenbürtig)* al mismo nivel de, a la par **4** *(gleichförmig)* uniforme; **mit ~em Maß messen** *(unparteilich sein)* tratar por igual **5** MATH igual; **vier mal drei (ist) ~ zwölf** cuatro por tres son doce **6** *mit präp*: **aus dem ~en Grunde** por la misma razón; **im ~en Alter** de la misma edad; **in ~er Entfernung** *od* **in ~em Abstand** a igual distancia, equidistante; **in ~er Weise** de la misma manera, de igual modo, igualmente; **mit ~em Recht** con el mismo derecho; **mit ~en Waffen** con armas iguales; con las mismas armas; **von ~er Art** de la misma especie (*od* clase); **zu ~en Teilen** a partes iguales; **zu ~er Zeit** al mismo tiempo **7** *(gleichgültig)* igual; **das ist ~** es igual; es lo mismo; **das ist ihm (völlig) ~** eso le es igual; igual le da

— B Adverb —

1 *(im Moment)* **~ jetzt** *od* **jetzt ~** ahora mismo; al instante; en el acto; **~ heute** hoy mismo; **~ bei seiner Ankunft** inmediatamente después de su llegada; a su llegada; **~ zu Beginn** desde un principio; ya al comienzo **2** *(sofort)* inmediatamente, en seguida; **~ etw tun** ir a hacer a/c; **das ist ~ geschehen** es cosa de un momento; **bis ~!** ¡hasta luego!, ¡hasta ahora!; **(ich komme) ~!** ¡(ya) voy!; **er wird ~ kommen** viene en seguida; va a venir ahora; no tardará en venir; **ich bin ~ wieder da** vuelvo en seguida; **es ist ~ zehn (Uhr)** van a dar las diez **3** *(gerade eben)* justamente; **~ darauf** *od* **danach** al poco rato; acto seguido **4** *(genauso)* de la misma manera; **~ aussehen** parecerse; **~ hoch/breit/tief** de la misma altura/anchura/profundidad; **~ groß** del mismo tamaño; **~ viel** otro tanto; **~ weit entfernt** a igual distancia, equidistante **5** *in Vergleichen*: igual; **sie sind ~ groß** *a.* son igual de altos; **~ schnell (wie)** igual de rápido (que) **6** *räumlich*: justo; **~ daneben** justo al lado; **~ gegenüber** directamente enfrente; **~ hier** aquí mismo; → *a.* gleich bleiben, gleich gesinnt *etc* **7** *(sogar)* **~ vier Stück auf einmal kaufen** comprar cuatro a la vez

— C Partikel —

umg bes in Fragen: **wie heißt er doch ~?** ¿cómo se llama?, ¿cuál es su nombre?; **habe ich es nicht ~ gesagt?** ¿qué te dije?; **das dachte ich mir doch ~** ya me lo había figurado

— D Präposition —

(dat) geh **~ einem König** como (*od* igual que) un rey

'gleichalt(e)rig ADJ de la misma edad, coetáneo; **gleichartig** ADJ de la misma especie (*od* naturaleza); homogéneo; similar, semejante; análogo; *(identisch)* idéntico; **Gleichartigkeit** F ⟨~⟩ homogeneidad *f*; similitud *f*, semejanza *f*; identidad *f*; **gleichbedeutend** ADJ idéntico (**mit** a); *(gleichwertig)* equivalente (**mit** a); LING sinónimo (**mit** de); **Gleichbehandlung** F trato *m* igual, igualdad *f* de trato; **gleichberechtigt** ADJ con los mismos derechos; en pie de igualdad; **Gleichberechtigung** F igualdad *f* de derechos

gleich bleiben VI ⟨*irr*; sn⟩ permanecer invariable; seguir (*od* quedar) igual; no cambiar; *Temperatur, Preise* mantenerse; *umg* **das bleibt sich gleich** viene a ser lo mismo; **gleichbleibend** ADJ, **gleich bleibend** ADJ invariable; estable; constante; *bes* MED estacionario; **gleichdenkend** ADJ, **gleich denkend** ADJ → gleich gesinnt

'gleichen ⟨*irr*⟩ **A** VI **j-m/einer Sache ~** parecerse a alg/a a/c; **j-m ~** *(gleichkommen) a.* igualarse a (*od* con) alg (**in** *dat* en); ser igual que alg **B** V/R **sich** *(dat)* **~** parecerse

'gleicher'maßen ADV de igual forma; de la misma manera, de igual modo; igualmente, al (*od* por) igual

'gleichfalls ADV igualmente; asimismo; **danke, ~!** ¡gracias, igualmente!; **gleichfarbig** ADJ del mismo color; **gleichförmig** ADJ uniforme, igual; *(eintönig)* monótono; *(unveränderlich)* invariable, constante; TECH homogéneo; **Gleichförmigkeit** F ⟨~⟩ uniformidad *f*; monotonía *f*; invariabilidad *f*; constancia *f*; TECH homogeneidad *f*; **gleichgeschlechtlich** ADJ **1** del mismo sexo **2** *Liebe, Veranlagung etc* homosexual

gleich gesinnt ADJ congenial; POL simpatizante; **~ sein** ser de la misma opinión; congeniar

'Gleichgesinnte M/F ⟨~n; ~n; → A⟩ del mismo modo de pensar

'gleichgestellt ADJ asimilado (**mit** a); equiparado (**mit** a); al mismo nivel (**mit** que); *(gleichberechtigt)* con iguales derechos; *(gleichwertig)* equivalente

gleich gestimmt ADJ **1** MUS al unísono **2** *fig* → gleich gesinnt

'Gleichgewicht N equilibrio *m* (*a. fig*); **ökologisches/wirtschaftliches ~** equilibrio *m* ecológico/económico; **das ~ halten/verlieren** mantener/perder el equilibrio; **sich** *(dat)* **(gegenseitig) das ~ halten** equilibrarse; **aus dem ~ bringen** desequilibrar; **aus dem ~ geraten** (*od* **kommen**) perder el equilibrio; desequilibrarse (*a. fig*); **im ~** equilibrado; **sich im ~ befinden** estar en equilibrio; **ins ~ bringen** equilibrar

'Gleichgewichtslage F posición *f* de equilibrio; **Gleichgewichtssinn** M sentido *m* del equilibrio (*od* estático); **Gleichgewichtsstörung** F perturbación *f* del equilibrio; desequilibrio *m*; **Gleichgewichtsübung** F ejercicio *m* de equilibrio; **Gleichgewichtszustand** M estado *m* de equilibrio

'gleichgültig **A** ADJ **1** *(teilnahmslos)* indiferente, indolente (**gegenüber** *dat* a) **2** *(mitleidslos)* insensible (**gegen** *acus* a) **3** *(egal)* igual; **das ist mir ~** me da igual; **~, zu welcher Zeit** cuando sea; **~, was du machst** hagas lo que hagas **B** ADV con indiferencia, con indolencia

'Gleichgültigkeit F ⟨~⟩ indiferencia *f*; falta *f* de interés; insensibilidad *f*; *(Passivität)* indolencia *f*; apatía *f*

'Gleichheit F ⟨~; ~en⟩ **1** *allg* igualdad *f*; *(Identität)* identidad *f*; **~ vor dem Gesetz** igualdad ante la ley **2** *(Gleichartigkeit)* homogeneidad *f*; *(Gleichförmigkeit)* uniformidad *f* **3** *(Parität)* paridad *f*; *(Übereinstimmung)* conformidad *f*

'Gleichheitszeichen N MATH signo *m* de igualdad

'Gleichklang M **1** consonancia *f* (*a. fig*); MUS *a.* unisonancia *f*, unísono *m* **2** *fig* *(Harmonie)* armonía *f*; *v. Wörtern*: homonimia *f*

'gleichkommen VI ⟨*irr*; sn⟩ equivaler a (**in** *dat* en); **j-m/einer Sache ~** igualar a alg/a/c (**an, in** *dat* en)

'Gleichlauf M TECH sincronismo *m*; **gleichlaufend** ADJ paralelo; TECH sincrónico

'gleichlautend, gleich lautend **A** ADJ *Text* igual, idéntico; HANDEL conforme; *Wort* homónimo; *Endung* consonante; VERW **für ~e Abschrift** por copia conforme **B** ADV **~ buchen** asentar de conformidad

'gleichmachen VT igualar; *(einebnen)* nivelar; aplanar; allanar; **Gleichmacher** M igualador *m*; nivelador *m* (*beide a. fig*)

Gleichmache'rei F ⟨~; ~en⟩ (afán *m* de) nivelación *f*

'Gleichmacherin F ⟨~; ~nen⟩ igualadora *f*; niveladora *f*; **gleichmacherisch** ADJ igualador; igualitario; nivelador; **Gleich-**

maß N proporción *f* (justa); simetría *f*
'gleichmäßig ADJ proporcionado; simétrico; *(gleichförmig)* uniforme; *(homogen)* homogéneo; *(regelmäßig)* regular; *(gleichbleibend)* constante; **Gleichmäßigkeit** F ⟨~⟩ simetría *f*; proporcionalidad *f*; *(Gleichförmigkeit)* uniformidad *f*; homogeneidad *f*; *(Regelmäßigkeit)* regularidad *f*; *(Konstanz)* constancia *f*
'Gleichmut M ecuanimidad *f*; tranquilidad *f* de ánimo; *(Ruhe)* calma *f*; sosiego *m*; serenidad *f*; *(Unerschütterlichkeit)* impasibilidad *f*; estoicismo *m*; **gleichmütig** ADJ ecuánime; sosegado; tranquilo; sereno; *(unerschütterlich)* impasible; estoico; **gleichnamig** ADJ del mismo nombre (*bzw* apellido); MATH **~ machen** reducir a un común denominador
'Gleichnis N ⟨~ses; ~se⟩ símil *m*, apólogo *m*; *(Allegorie)* alegoría *f*; *(Metapher)* metáfora *f*; *(Bild)* imagen *f*; *Bibel*: parábola *f*; **gleichnishaft** ADJ *(allegorisch)* alegórico; *(symbolisch)* simbólico; *(metaphorisch)* metafórico; *Bibel*: parabólico
'gleichrangig ADJ de la misma categoría; *(gleichwertig)* equivalente; **gleichrichten** VT ELEK rectificar
'Gleichrichter M ELEK rectificador *m*; **Gleichrichterröhre** F ELEK válvula *f* rectificadora
'Gleichrichtung F ELEK rectificación *f*
'gleichsam ADV *geh* por así decir; como quien dice; en cierto modo; **~ als ...** como si ... *(subj)*
'gleichschalten VT 1 coordinar; *(vereinheitlichen)* unificar 2 TECH sincronizar *(a. fig)*; **Gleichschaltung** F 1 coordinación *f*; unificación *f*; HIST *Nationalsozialismus*: unificación *f* forzada 2 TECH sincronización *f*
'gleichschenk(e)lig ADJ GEOM **~es Dreieck** triángulo *m* isósceles
'Gleichschritt M MIL paso *m* acompasado; **im ~ (marschieren)** (marchar) a compás
'gleichsehen VI ⟨irr⟩ 1 *(ähneln)* **j-m ~** parecerse a alg, semejar(se) a alg 2 *iron (typisch sein)* **das sieht ihr gleich!** ¡eso es típico de ella!
'gleichseitig ADJ GEOM equilátero; **Gleichseitigkeit** F ⟨~⟩ GEOM igualdad *f* de lados
'gleichsetzen equiparar (**mit** a, con); → *a.* gleichstellen; **Gleichstand** M SPORT empate *m*; **gleichstehen** VI estar al mismo nivel; SPORT estar empatado(s)
'gleichstellen VT **etw mit etw ~** equiparar a/c con a/c; poner a/c en la misma categoría que a/c; *bes* POL asimilar a/c a a/c; *(vergleichen)* comparar a/c con a/c; **j-n (mit) j-m ~** equiparar a alg con alg *(a. sozial)*
'Gleichstellung F equiparación *f*; igualación *f*; POL *a.* asimilación *f*; *(Angleichung)* nivelación *f*; **Gleichstellungsbeauftragte** M/F delegado *m*, -a *f* para la equiparación
'Gleichstrom M ELEK corriente *f* continua; **Gleichstrommotor** M motor *m* de corriente continua
'Gleichtakt M sincronismo *m*; **im ~** sincronizado(s)
'gleichtun VT ⟨irr⟩ **es j-m ~** hacer lo mismo que alg, igualar (*bzw* imitar) a alg; competir con alg
'Gleichung F ⟨~; ~en⟩ MATH ecuación *f*; **~ ersten/zweiten Grades** ecuación *f* de primer/segundo grado; **eine ~ lösen** resolver una ecuación
gleich'viel ADV no importa; lo mismo da; **~ wer** no importa quién; **~ ob** poco importa que *(subj)*; **~ wo** dondequiera que sea
'gleichwertig ADJ equivalente (**mit** a); igual; del mismo valor; **~ sein mit** equivaler a; ser equivalente a; **j-m ~ sein** ser igual a alg, ser del mismo nivel que alg; **Gleichwertigkeit** F ⟨~⟩ equivalencia *f*
'gleichwie KONJ *geh* como; lo mismo que; igual a, al igual de
'gleichwink(e)lig ADJ GEOM equiángulo
gleich'wohl ADV sin embargo, no obstante; con todo
'gleichzeitig A ADJ simultáneo; coincidente; *(zeitgenössisch)* contemporáneo (**mit** de) B ADV simultáneamente, al mismo tiempo; **Gleichzeitigkeit** F ⟨~⟩ simultaneidad *f*; sincronismo *m*; coincidencia *f*; contemporaneidad *f*
'gleichziehen VI ⟨irr⟩ **mit j-m ~** igualar a alg *(a.* SPORT)
Gleis N ⟨~es; ~e⟩ 1 BAHN vía *f*; *(Bahnsteig)* andén *m*; **auf ~ acht einlaufen** *Zug* llegar por la vía ocho 2 *fig* camino *m*; **j-n aus dem ~ werfen** descarriar a alg; **sich in ausgefahrenen ~en** (*geh* **Geleisen**) **bewegen** recorrer caminos trillados
'Gleisabschnitt M BAHN sección *f* (*od* sector *m*) de vía; **Gleisanlage** F (sistema *m* de) vías *fpl*; **Gleisanschluss** M vía *f* de empalme (*od* de enlace); **Gleisarbeiten** FPL obras *fpl* (*od* trabajos *mpl*) en la vía (férrea); **Gleisbettung** F ⟨~; ~en⟩ balastado *m* de la vía; **Gleisdreieck** N BAHN triángulo *m* de vías; **Gleisfahrzeug** N vehículo *m* sobre riel; **Gleiskette** F AUTO cadena *f* de oruga; **Gleiskreuzung** F BAHN cruce *m* de vías
'Gleisräumer M ⟨~s; ~⟩ BAHN quitapiedras *m*
'gleißen VI brillar, lucir, resplandecer
'Gleisübergang M BAHN paso *m* a nivel; **Gleisverlegung** F tendido *m* de vías
'Gleitbahn F resbaladero *m*, deslizadero *m* *(a.* TECH); **Gleitboot** N FLUG hidroplano *m*
'gleiten VI ⟨irr; sn⟩ 1 deslizarse; *(rutschen)* resbalar; AUTO patinar 2 **über etw** *(acus)* **~** *Hände, Blick* pasar por a/c; **die Hand ~ lassen über** *(acus)* pasar la mano por 3 **aus den Händen ~** escaparse (*od* escurrirse) de las manos; *a. fig* irse de las manos 4 *umg* WIRTSCH *(Gleitzeit haben)* tener horario flexible 5 *Vogel, Flugzeug* planear; **durch die Luft ~** planear por los aires
'Gleiten N ⟨~s⟩ 1 deslizamiento *m*; resbalamiento *m* 2 FLUG planeo *m*
'gleitend ADJ 1 movible, móvil; **~e Lohnskala** escala *f* móvil de salarios 2 **~e Arbeitszeit** horario *m* flexible
'Gleitfläche F superficie *f* de rozamiento (*od* deslizamiento); **Gleitflug** M FLUG vuelo *m* planeado, vuelo *m* de planeo *m*; **im ~** planeando; **Gleitflugzeug** N planeador *m*; **Gleithang** M *e-s Flusses*: orilla *f* interna (*de un meandro*); **Gleitkomma** N IT coma *f* flotante; **Gleitkufe** F FLUG patín *m* de aterrizaje; **Gleitlager** N TECH cojinete *m* de deslizamiento; **Gleitmittel** N lubricante *m*; **Gleitschiene** F corredera *f*, guía *f*; raíl *m* de deslizamiento
'Gleitschirm M parapente *m*; **Gleitschirmfliegen** N parapente *m*; **Gleitschirmflieger** M, **Gleitschirmfliegerin** F parapentista *m/f*; piloto *m/f* de parapente; persona *f* que practica el parapente
'Gleitschutz M AUTO antideslizante *m*; **Gleitschutzkette** F *selten* → Schneekette
'gleitsicher ADJ antideslizante
'Gleitsichtbrille F gafas *fpl* progresivas; **Gleitsitz** M asiento *m* móvil ajustable; **Gleittag** M WIRTSCH **einen ~ nehmen** tomar un día libre (por recuperación); **Gleitwiderstand** M TECH resistencia *f* al deslizamiento; **Gleitzeit** F WIRTSCH horario *m* flexible
'Glencheck ['glɛntʃɛk] M ⟨~(s); ~s⟩ TEX príncipe *m* de Gales
'Gletscher M ⟨~s; ~⟩ glaciar *m*, helero *m*; **Gletscherbildung** F formación *f* de glaciares; glaciación *f*; **Gletscherbrand** M quemadura *f* por insolación en un glaciar; **Gletscherbrille** F gafas *fpl* de glaciar; **Gletschereis** N hielo *m* de glaciar; **Gletscherkunde** F glaciología *f*; **Gletscherspalte** F grieta *f* de glaciar; **Gletschertor** N boca *f* de un glaciar; **Gletscherwanderung** F excursión *f* sobre glaciares
glich → gleichen
Glied N ⟨~(e)s; ~er⟩ 1 ANAT miembro *m* *(Fingerglied)* falange *f*; **künstliches ~** prótesis *f*, miembro *m* artificial; **die ~er (st)recken** estirarse; **an allen ~ern zittern** temblar como un azogado; **der Schreck fuhr ihm in die ~er** se llevó un buen susto 2 *e-r Kette*: eslabón *m* 3 *(Penis)* pene *m*, miembro *m* viril 4 *(Mitglied)* miembro *m* 5 MATH término *m*; miembro *m* 6 MIL fila *f*; línea *f*; **aus dem ~ treten** salir de la fila; **ins ~ zurücktreten** volver a la fila 7 *obs (Generation)* generación *f*; **bis ins dritte ~** hasta la tercera generación
'Gliederfahrzeug N vehículo *m* articulado; **Gliederfrucht** F BOT lomento *m*; **Gliederfüßer** MPL ZOOL artrópodos *mpl*; **gliederlahm** ADJ paralítico, tullido; **Gliederlähmung** F MED tullimiento *m*
'gliedern A VT 1 *(einteilen)* dividir (**in** *acus* en); *(unterteilen)* subdividir; repartir; *(anordnen)* organizar; disponer; *(gruppieren)* agrupar; clasificar 2 TECH articular B VR **sich ~ in** *(acus)* dividirse en
'Gliederpuppe F *Spielzeug*: muñeca *f* articulada; *(Marionette)* títere *m*; marioneta *f*; *(Schneiderpuppe)* maniquí *m*; **Gliederreißen** N ⟨~s⟩ MED dolores *mpl* en los miembros; **Gliederschmerz** M MED dolor *m* de huesos; **Gliedertiere** NPL ZOOL articulados *mpl*
'Gliederung F ⟨~; ~en⟩ 1 *(Unterteilung)* división *f*; *(Anordnung)* disposición *f*; organización *f*; *(Gruppierung)* agrupación *f*, clasificación *f* 2 *(Aufbau)* estructura *f* *(a. e-s Buchs, Aufsatzes)* 3 TECH articulación *f* 4 MIL formación *f*, dispositivo *m* 5 ZOOL segmentación *f*
'Gliederzucken N MED convulsiones *fpl*; espasmos *mpl*; **Gliederzug** M tren *m* articulado
'Gliedmaßen PL miembros *mpl*, extremidades *fpl*; **mit kräftigen ~** membrudo; **gliedweise** ADV MIL por filas
'glimmen VI arder (sin llama); lucir débilmente; *fig* arder; **~de Asche** rescoldo *m*
'Glimmen N ⟨~s⟩ combustión *f* lenta; resplandor *m* débil; *fig* ardor *m*
'Glimmentladung F ELEK descarga *f* luminosa
'Glimmer M ⟨~s; ~⟩ MINER mica *f*; **glimmerartig** ADJ MINER micáceo; **Glimmerschiefer** M MINER esquisto *m* micáceo
'Glimmlampe F lámpara *f* de efluvios; **Glimmstängel** M *umg* pitillo *m*
'glimpflich A ADJ 1 *(nicht schlimm)* suave, moderado; *Folgen, Strafe* leve 2 *Urteil* clemente B ADV **j-n ~ behandeln** tratar a alg con indulgencia; **~ ausgehen** terminar bien; **(noch einmal) ~ davonkommen** salir bien librado, librarse de una (buena)
'glitschen VI *umg* resbalar; deslizarse sobre; **glitschig** ADJ *Fußboden etc* resbaladizo; *Aal etc* escurridizo
glitt → gleiten
'glitzern VI centellear; *hell a.*: destellar; *poet* rielar
'Glitzern N ⟨~s⟩ centelleo *m*; *hell*: destello *m*
glo'bal A ADJ 1 *(weltweit)* global; **~es Dorf** aldea *f* global 2 *(umfassend)* global, general B ADV de manera global

Globali'sierung F ⟨~⟩ globalización *f*
Globali'sierungsgegner M, **Globalisierungsgegnerin** F POL antiglobalizador *m*, -a *f*
'Global 'Player ['glo:bal'ple:ər] M ⟨~s; ~s⟩ WIRTSCH jugador *m* universal (*od* global)
'Globetrotter ['glo:b-] M ⟨~s; ~⟩, **Globetrotterin** F ⟨~; ~nen⟩ trotamundos *m/f*
Globu'lin N ⟨~s; ~e⟩ BIOL globulina *f*
'Globus M ⟨~ *od* ~ses; Globen *od* ~se⟩ globo *m* (terrestre *od* terráqueo)
'Glöckchen N ⟨~s; ~⟩ campanilla *f*; (*Schelle*) cascabel *m*
'Glocke F ⟨~; ~n⟩ 1 campana *f*; (*Klingel*) campanilla *f*; ELEK, (*Fahrradglocke, Alarmglocke*) timbre *m*; (*Viehglocke*) esquila *f*; cencerro *m*; **die ~n läuten** tocar las campanas; *fig* **etw an die große ~ hängen** cacarear a/c; propalar (*od* pregonar) a/c a los cuatro vientos; **wissen, was die ~ geschlagen hat** saber a qué atenerse; **er wird dir schon sagen, was die ~ geschlagen hat** te las cantará bien claras 2 (*Glassturz*) campana *f*; (*Käseglocke*) quesera *f* 3 (*Blüte*) campanilla *f* 4 *am Degen*: cazoleta *f*
'Glockenblume F BOT campánula *f*, farolillo *m*; **glockenförmig** ADJ acampanado, en forma de campana; **Glockengeläut(e)** N ⟨~s⟩ toque *m* (*od* repique *m*) de campanas; campaneo *m*; **unter ~** al toque de las campanas; **Glockengießer** M ⟨~s; ~⟩ fundidor *m* de campanas; **Glockengießerei** F, **Glockenguss** M fundición *f* de campanas; **glockenhell** ADJ argentino; **Glockenhut** M sombrero *m* acampanado; **Glockenisolator** M ELEK aislador *m* de campana; **Glockenklang** M tañido *m* de campanas; → *a.* Glockengeläut(e); **glockenrein** ADJ → glockenhell; **Glockenrock** M falda *f* acampanada (*od* de campana); **Glockenschlag** M campanada *f*; **auf den ~** *od* **mit dem ~** al dar la hora; a la hora en punto; **Glockenschwengel** M badajo *m*; **Glockenseil** N cuerda *f* de campana; **Glockenspiel** N carillón *m*; **Glockenstrang** M cuerda *f* de campana; **Glockenstuhl** M armazón *m* de campana; **Glockenturm** M campanario *m*; *alleinstehender*: campanilo *m*; **Glockenzeichen** N campanada *f*; (señal *f* de) timbre *m*; **Glockenzug** M cordón *m* de campanilla
'Glöckner M ⟨~s; ~⟩ campanero *m*
glomm → glimmen
'Gloria N ⟨~s; ~s⟩ 1 REL gloria *m* 2 *fig* → Glanz 3
'Glorie ['glo:riə] F ⟨~; ~n⟩ *geh* gloria *f*
'Glorienschein M nimbo *m*; aureola *f*
glorifi'zieren VT ⟨*ohne* ge-⟩ enaltecer, glorificar; **Glorifizierung** F ⟨~; ~en⟩ enaltecimiento *m*, glorificación *f*
Glori'ole F ⟨~; ~n⟩ gloriola *f*
glori'os, 'glorreich ADJ glorioso
Glos'sar N ⟨~s; ~e⟩ glosario *m*
'Glosse F ⟨~; ~n⟩ glosa *f*; comentario *m*; **~n machen über** glosar a/c; *fig* criticar, censurar
glos'sieren VT ⟨*ohne* ge-⟩ glosar; comentar; *fig* (*tadeln*) censurar, criticar
'Glotzaugen NPL *umg* ojos *mpl* saltones (*od umg* de besugo); **glotzäugig** ADJ *umg* de (*od* con) ojos saltones
'Glotze F ⟨~; ~n⟩ *umg* (*Fernseher*) tele *f*; *umg* caja *f* tonta (*od* idiotizante); **vor der ~ hocken** estar pegado a la tele
'glotzen VI *umg* 1 mirar estúpidamente (*od* con ojos saltones); **glotz nicht so dumm!** ¡no (me) mires así! 2 (*fernsehen*) estar pegado a la tele
'Glotzkasten M *umg* → Glotze
'Glück N ⟨~(e)s⟩ 1 (*Glücklichsein*) felicidad *f*, dicha *f*; **j-m ~ wünschen** felicitar a alg; dar a alg la enhorabuena; **viel ~ zum Geburtstag!** ¡feliz cumpleaños!; *sprichw* **~ und Glas, wie leicht bricht das** del bien al mal no hay ni el canto de un real 2 (*Glücksfall*) suerte *f*; **viel ~!** ¡(mucha) suerte!, ¡que tenga(s) suerte!; **~ bringen** traer suerte; **~ haben** tener suerte; estar de enhorabuena; **großes ~ haben** tener mucha suerte; **kein ~ haben** no tener suerte; *umg* tener mala pata; **mehr ~ als Verstand haben** tener más suerte que letras; tener una suerte loca; **(es ist) ein ~, dass …** es una suerte que …; **es ist ihr ~, dass …** tiene la suerte de que …; **er hat noch ~ im Unglück** aún ha tenido suerte en la desgracia; **er kann von ~ reden** *od* **sagen** es un hombre de suerte; **da kann man von ~ reden!** ¡eso sí que ha sido suerte!; ¡qué suerte!, ¡vaya suerte!; **auf gut ~** a la buena de Dios, a lo que salga, a troche-moche; **zum ~** afortunadamente, por fortuna; por suerte; **zu meinem ~** para suerte mía 3 (*Schicksal*) suerte *f*, fortuna *f*; **sein ~ machen** hacer fortuna; tener éxito; **sein ~ versuchen** probar fortuna (*od* suerte); **das ~ lacht ihm** la fortuna le sonríe; **vom ~ begünstigt sein** ser afortunado, ser favorecido por la suerte; *sprichw* **jeder ist seines ~es Schmied** cada cual es artífice de su fortuna 4 **~ auf!** ¡buena suerte!; *Bergleute*: ¡buena vuelta!
'glückbringend, Glück bringend ADJ que trae suerte; de buen agüero; venturoso
'Glucke F ⟨~; ~n⟩ (*Bruthenne*) clueca *f*
'glucken VI cloquear; (*brüten*) empollar
'glücken VI & VUNPERS ⟨sn⟩ salir bien; dar buen resultado; **alles glückt ihm** todo le sale bien; tiene suerte en todo; **etw ist mir geglückt** a/c me salió bien
'gluckern VI *Wasser* borbot(e)ar, gorgotear
'Gluckern N ⟨~s⟩ glogó *m*
'glücklich A ADJ 1 *innerlich*: feliz, dichoso; **j-n ~ machen** hacer feliz (*od* dichoso) a alg; **sich ~ fühlen** sentirse feliz (*od* dichoso); **sich ~ schätzen** considerarse dichoso; felicitarse 2 (*vom Glück begünstigt*): afortunado 3 (*blühend*) próspero 4 (*günstig*) favorable; (*vorteilhaft*) ventajoso; *Ereignis* fausto; *Zukunft* venturoso; **~e Reise!** ¡feliz viaje!, ¡buen viaje!; **ein ~er Zufall** una feliz coincidencia B ADV 1 felizmente, bien; con buen pie; **~ ankommen** llegar felizmente (*od* bien); **~ verheiratet** felizmente casado 2 *umg* (*endlich*) finalmente; **jetzt ist er ~ weg** por fin se ha ido
'Glückliche M/F ⟨~n; ~n; → A⟩ **Sie ~r!** ¡feliz usted!; ¡qué suerte tiene usted!
glücklicher'weise ADV afortunadamente, por fortuna
'Glücksbringer M ⟨~s; ~⟩ (*Amulett*) amuleto *m*; (*Maskottchen*) mascota *f*; **ein ~ sein** *a.* traer suerte
glück'selig ADJ muy feliz, felicísimo; radiante de felicidad; REL bienaventurado; **Glückseligkeit** F ⟨~; ~en⟩ felicidad *f*, dicha *f* suprema; REL bienaventuranza *f*; beatitud *f*
'glucksen VI 1 → gluckern 2 *umg* (*unterdrückt lachen*) reír a escondidas
'Glücksfall M suerte *f*, golpe *m* (*od* lance *m*) de fortuna; *umg* ganga *f*; (*Zufall*) feliz coincidencia *f*; **Glücksfee** F hada *f* madrina; *beim Lotto*: chica *f* de la lotería; **Glücksgefühl** N (sentimiento *m* de) felicidad *f*; **Glücksgöttin** F Fortuna *f*; **Glücksgüter** NPL bienes *mpl* de fortuna; **Glückskind** N **er ist ein ~** ha nacido de pie; **Glücksklee** M trébol *m* de cuatro hojas; **Glückspfennig** M *moneda de un pfennig que trae suerte*; **Glückspilz** M *umg* hombre *m* afortunado; *umg* suertudo *m*; *umg* niño *m* de la bola; *beim Spiel*: chambón *m*; **er ist ein ~** ha nacido de pie; tiene una suerte loca; **Glücksrad** N rueda *f* de la fortuna; **Glücksritter** M caballero *m* de industria; cazafortunas *m*; **Glückssache** F cuestión *f* de suerte; **Glücksschwein** N *cerdito que trae suerte*; **Glücksspiel** N juego *m* de azar; **Glücksspieler** M, **Glücksspielerin** F jugador *m*, -a *f* (de azar); **Glücksstern** M buena estrella *f*; **Glückssträhne** F buena racha *f*; **eine ~ haben** estar de buena racha; **Glückstag** M día *m* afortunado (*od* de suerte)
'glückstrahlend ADJ radiante de felicidad
'Glückstreffer M golpe *m* de suerte; *beim Spiel*: jugada *f* afortunada (*od umg* de chiripa); **Glücksumstände** MPL circunstancias *fpl* favorables (*od* afortunadas); **Glückszahl** F número *m* de suerte; número *m* favorecido (*bzw* premiado)
'glückverheißend, Glück verheißend ADJ de buen agüero
'Glückwunsch M felicitación *f*, enhorabuena *f* (**zu** por); parabién *m*; **herzliche Glückwünsche!** ¡mi cordial felicitación!, ¡enhorabuena!; **herzlichen ~ zum Geburtstag!** ¡feliz cumpleaños!; **j-m seinen ~ aussprechen** felicitar a alg; dar a alg la enhorabuena (*od* el parabién)
'Glückwunschkarte F tarjeta *f* de felicitación; **Glückwunschschreiben** N carta *f* de felicitación; **Glückwunschtelegramm** N telegrama *m* de felicitación
'Glühbirne F bombilla *f*; *Am* bombillo *m*; **Glühdraht** M ELEK filamento *m* incandescente
'glühen A VI 1 *Metall, Kohlen* estar candente (*od* en ignición); **(rot) ~** estar al rojo; **(weiß) ~** estar incandescente 2 *fig Gesicht, Augen* arder; *geh* **vor Begeisterung ~** arder de entusiasmo 3 *Himmel etc* ponerse rojo B VT enrojecer al fuego, poner al rojo; CHEM calcinar; METALL recocer
'glühend A ADJ 1 *Metall, Kohlen* incandescente, candente; **~ machen** poner al rojo vivo 2 *fig Sonne etc* ardiente; *Gesicht a.* enrojecido; *Hitze* abrasador 3 *fig* (*begeistert*) ferviente, ardiente (*a. Liebe*); *Verehrer etc* apasionado; *Hass* mortal B ADV 1 **~ heiß** abrasador; *Wetter* tórrido 2 *fig* **j-n ~ verehren** adorar a alg con pasión
'Glühfaden M ELEK → Glühdraht; **Glühhitze** F 1 TECH temperatura *f* de incandescencia 2 → Gluthitze; **Glühkathode** F ELEK cátodo *m* incandescente; **Glühkerze** F AUTO bujía *f* incandescente; **Glühlampe** F ELEK lámpara *f* incandescente; **Glühlicht** N luz *f* de incandescencia; **Glühofen** M CHEM horno *m* de calcinar; METALL horno *m* de recocer; **Glühstrumpf** M ELEK manguito *m* (*od* camisa *f*) incandescente; **Glühwein** M vino *m* caliente; **Glühwurm** M, **Glühwürmchen** N ZOOL luciérnaga *f*
Glu'kose F ⟨~⟩ CHEM glucosa *f*
'Glupschaugen NPL *umg* → Glotzaugen
Glut F ⟨~; ~en⟩ 1 (*Feuer*) ardor *m*; incandescencia *f*; (*Kohlenglut*) brasa *f*; ascua *f*; (*Aschenglut*) rescoldo *m*; (*Herdglut, Zigarrenglut*) lumbre *f* 2 *fig* ardor *m*, fervor *m*; *fig* **in ~ bringen** inflamar
Gluta'mat N ⟨~(e)s; ~e⟩ GASTR glutamato *m*; **Gluta'min** N ⟨~s; ~e⟩ CHEM glutamina *f*; **Gluta'minsäure** F ácido *m* glutámico
Glu'ten N ⟨~s⟩ BIOL gluten *m*; **Glutenallergie** F *umg* → Glutenunverträglichkeit; **glutenfrei** ADJ (*Nahrungsmittel*) sin gluten, libre de gluten; **Gluten'unverträglichkeit** F celiaquía *f*
'Gluthauch M soplo *m* ardiente; **Gluthitze** F calor *m* abrasador (*od* tórrido)
'glut'rot ADJ rojo vivo
Glyko'gen N ⟨~s⟩ PHYSIOL glucógeno *m*; **Gly'kol** N ⟨~s⟩ CHEM glicocola *f*; **Glyze-**

'**rin** N ⟨~s⟩ CHEM glicerina *f*; **Gly'zin(i)e** F ⟨~; ~n⟩ BOT glicina *f*

GmbH F ABK (Gesellschaft mit beschränkter Haftung) S.L. *od* S.R.L. (Sociedad *f* Limitada *od* de Responsabilidad Limitada), *Am a.* Ltda.

'**Gnade** F ⟨~; ~n⟩ 1 (*gewährte Gnade*) merced *f*; (*Gunst*) *a.* gracia *f*, favor *m*; **eine ~ erbitten/gewähren** pedir/conceder una gracia; **j-m eine ~ erweisen** hacer (*od* otorgar) a alg un favor (*bzw* una merced); **sich auf ~ oder Ungnade ergeben** entregarse a merced; MIL rendirse incondicionalmente; **von j-m wieder in ~n aufgenommen werden** volver a gozar del favor de alg 2 (*Milde*) gracia *f*, clemencia *f*; (*Barmherzigkeit*) misericordia *f*; (*Nachsicht*) indulgencia *f*; **~ vor Recht ergehen lassen** *od* **~ walten lassen** ser clemente, optar por la clemencia; **keine ~ kennen** no tener compasión alguna; **ohne ~** sin piedad (ni compasión); MIL sin cuartel; **aus ~ (und Barmherzigkeit)** por misericordia; **bei j-m** *bzw* **vor j-s Augen** (*dat*) **~ finden** caer en gracia a alg; ser acogido con simpatía por alg; **um ~ bitten** pedir perdón; *stärker*: pedir misericordia; MIL pedir cuartel 3 REL gracia *f*; **von Gottes ~n** por la gracia de Dios; REL **in der ~ stehen** estar en gracia (de Dios) 4 *Anrede*: **Euer ~n** vuestra merced, su señoría

'**gnaden** VI **dann gnade dir Gott!** ¡pobre de ti!; ¡que Dios te guarde!

'**Gnadenakt** M ⟨~(e)s; ~e⟩ acto *m* de gracia (*bzw* de clemencia); **Gnadenbeweis** M, **Gnadenbezeigung** F ⟨~; ~en⟩ testimonio *m* de benevolencia; **Gnadenbild** N REL imagen *f* milagrosa; **Gnadenbrot** N pan *m* de caridad; **bei j-m das ~ essen** vivir de la caridad de alg; **Gnadenerlass** M POL amnistía *f*; indulto *m*; **Gnadenfrist** F plazo *m* de gracia; **Gnadengabe** F merced *f*; **Gnadengesuch** N JUR petición *f* de gracia; recurso *m* de gracia

'**gnadenlos** ADJ sin piedad; *Kampf* sin cuartel; **gnadenreich** ADJ REL lleno de gracia; milagroso

'**Gnadenstoß** M golpe *m* de gracia (*a. fig*); STIERK *u. fig* puntilla *f*; **Gnadentod** M eutanasia *f*; **Gnadenweg** M **auf dem ~e** a título de gracia

'**gnädig** A ADJ 1 *Person* graciable; (*mild*) clemente; (*mitleidig*) compasivo; (*barmherzig*) misericordioso; (*herablassend*) condescendiente; (*nachsichtig*) indulgente; (*gütig*) benigno; **Gott sei uns ~!** ¡Dios nos libre!; ¡Dios nos tenga de su mano! 2 *Sache* (*günstig*) propicio, favorable; *Strafe* leve 3 *Anrede*, *obs*: **~e Frau** señora; **~er Herr** señor; **~es Fräulein** señorita B ADV graciosamente; (*nachsichtig*) con indulgencia; **machen Sie es ~** no sea usted demasiado severo; **~ davonkommen** salir bien librado; *iron* **~st geruhen** dignarse (**zu** *inf*)

Gneis M ⟨~es; ~e⟩ MINER gneis *m*

Gnom M ⟨~en; ~en⟩ (g)nomo *m*

'**Gnosis** F ⟨~⟩ REL, PHIL gnosis *f*

'**Gnostik** F ⟨~⟩ REL, PHIL gnosticismo *m*; **Gnostiker** M ⟨~s; ~⟩, **Gnostikerin** F ⟨~; ~nen⟩ gnóstico *m*, -a *f*; **gnostisch** ADJ gnóstico

Gnosti'zismus M ⟨~⟩ REL, PHIL gnosticismo *m*

Gnu N ⟨~s; ~s⟩ ZOOL ñu *m*

Gobe'lin [gobəˈlɛ̃ː] M ⟨~s; ~s⟩ tapiz *m*, gobelino *m*

'**Gockel** M ⟨~s; ~⟩, *umg* **Gockelhahn** M gallo *m*

'**Gokart** [ˈgoːkart] M ⟨~s; ~s⟩ (go-)kart *m*, cart *m*; **Gokart-Rennen** N karting *m*

Go'lanhöhen FPL GEOG Altos *mpl* del Golán

Gold N ⟨~(e)s⟩ oro *m*; **aus ~** de oro; **in ~ bezahlen** pagar en oro; **~ führende Schicht** BERGB capa *f* aurífera; *fig* **etw mit ~ aufwiegen** comprar (*bzw* pagar) a/c a peso de oro; *fig* **das ist ~ wert** *od* **das ist nicht mit ~ aufzuwiegen** esto no se paga con oro; vale tanto oro como pesa; **ein Herz wie** *od* **treu wie ~** un corazón de oro; *sprichw* **es ist nicht alles ~, was glänzt** no es oro todo lo que brilla

'**Goldader** F BERGB filón *m* de oro; **Goldammer** F ORN escribano *m* cerillo; **Goldanleihe** F FIN empréstito *m* en oro; **Goldarbeit** F orfebrería *f*; **Goldauflage** F chapado *m* oro; **Goldbarren** M lingote *m* (*od* barra *f*) de oro; **Goldbarsch** M *Fisch*: gallineta *f* nórdica; **Goldbestand** M existencias *fpl* (*od* reservas *fpl*) de oro

'**goldbestickt** ADJ bordado en oro; con bordados en oro

'**Goldblättchen** N hoja *f* de oro batido; **Goldblech** N oro *m* en láminas; **Goldborte** F galón *m* de oro; **Goldbrasse** F *Fisch*: dorada *f*; **Goldbrokat** M brocado *m* de oro; **Golddeckung** F WIRTSCH cobertura *f* (en) oro; **Golddublee** N oro *m* chapado

'**golddurchwirkt** ADJ bordado en oro

'**golden** ADJ 1 de oro; *lit* áureo; (*goldfarbig, vergoldet*) dorado 2 *fig* **~e Aktie** acción *f* de oro; **~e Hochzeit** bodas *fpl* de oro; **die ~e Mitte** el justo medio; **ein ~es Herz** un corazón de oro; **~e Regel** regla *f* de oro; **der Goldene Schnitt** la sección áurea; **das Goldene Zeitalter** la Edad de Oro; *Spanien*: el Siglo de Oro

'**Golden 'Goal** [ˈgoːldənˈgoːl] N ⟨~; ~s⟩ *Fußball*: gol *m* de oro

'**Goldesel** M asno *m* de oro; **Goldfaden** M hilo *m* de oro

'**goldfarben, goldfarbig** ADJ dorado, de color de oro

'**Goldfasan** M ORN faisán *m* dorado; **Goldfeder** F pluma *f* de oro; **Goldfieber** N *fig* fiebre *f* del oro; **Goldfisch** M *Fisch*: pez *m* dorado; **Goldfischglas** N pecera *f*; **Goldflitter** M oropel *m*; lentejuela *f* de oro; **Goldfuchs** M *Pferd*: alazán *m* tostado (*od* dorado)

'**Goldfüllung** F *Zahn*: orificación *f*; empaste *m* de oro; **Goldgehalt** M contenido *m* de oro; *v. Münzen*: quilate *m*

'**goldgelb** ADJ (amarillo) dorado; amarillo oro

'**Goldglanz** M brillo *m* del oro; **Goldgräber** M, **Goldgräberin** F buscador *m*, -a *f* de oro; **Goldgrube** F BERGB mina *f* de oro; *fig a.* filón *m*, bicoca *f*; **Goldgrund** M MAL fondo *m* de oro; **Goldhaar** N cabellos *mpl* dorados

'**goldhaltig** ADJ aurífero

'**Goldhamster** M ZOOL hámster *m* dorado

'**goldig** ADJ *fig* **ein ~es Kind** *umg* un niño muy mono, un encanto (de niño)

'**Goldinlay** [-leː] N → Goldfüllung; **Goldjunge** M *umg* hijo *m* de mi alma; **Goldkäfer** M escarabajo *m* dorado; **Goldkette** F cadena *f* de oro; **Goldkind** N *umg in der Anrede*: rico *m*, rica *f*; **Goldklausel** F cláusula *f* oro; **Goldklumpen** M pepita *f* (de oro); **Goldkrone** F *Zahn*: corona *f* (*od* funda *f*) de oro; **Goldküste** F GEOG *obs* Costa *f* de Oro; **Goldlack** M 1 barniz *m* de oro 2 BOT alhelí *m* amarillo; **Goldlegierung** F aleación *f* de oro; **Goldmädchen** N niña *f* preferida; **Goldmark** F HIST marco *m* oro; **Goldmarkt** M mercado *m* del oro; **Goldmedaille** F medalla *f* de oro; **Goldmine** F BERGB mina *f* de oro (*a. fig*); **Goldmünze** F moneda *f* de oro; **Goldpapier** N papel *m* dorado; **Goldparität** F paridad *f* oro

'**goldplattiert** ADJ chapado de oro

'**Goldplombe** F → Goldfüllung; **Goldrahmen** M marco *m* dorado; **Goldrausch** M → Goldfieber; **Goldregen** M BOT codeso *m*, citiso *m*; **Goldreserve** F WIRTSCH reserva *f* oro

'**gold'richtig** *umg* A ADJ completamente cierto B INT *umg* ¡estupendo!

'**Goldsand** M MINER arena *f* aurífera; **Goldschmied** M orfebre *m*

'**Goldschmiedearbeit** F orfebrería *f*; pieza *f* de orfebrería; **Goldschmiedekunst** F orfebrería *f*

'**Goldschmiedin** F orfebre *f*; **Goldschnitt** M *Buch*: corte *m* dorado; **Goldstandard** M WIRTSCH patrón *m* oro; **Goldstaub** M oro *m* en polvo; **Goldstickerei** F bordado *m* de oro; **Goldstück** N 1 (*Münze*) moneda *f* de oro 2 *umg fig* (*Person*) tesoro *m*; **du bist ein ~** eres un sol; **Goldsucher** M, **Goldsucherin** F buscador *m*, -a *f* de oro; **Goldtopas** M MINER topacio *m* oriental; **Goldwaage** F balanza *f* para oro; pesillo *m*; *fig* **jedes Wort auf die ~ legen** medir sus palabras; **Goldwährung** F WIRTSCH moneda *f* oro; **Goldwaren** FPL orfebrería *f*; joyería *f*; **Goldwäsche** F lavado *m* del oro; **Goldwäscher** M lavador *m* de oro; **Goldwäscherin** F lavadora *f* de oro; **Goldwasser** N **Danziger ~** aguardiente *m* de Danzig; **Goldwert** M valor *m* oro; **Goldzahn** M diente *m* de oro

Golf[1] M ⟨~(e)s; ~e⟩ (*Meeresbucht*) golfo *m*; GEOG Golfo *m*; **~ von Biskaya/Mexiko** Golfo *m* de Vizcaya/México

Golf[2] N ⟨~s⟩ SPORT golf *m*; **~ Open** abierto *m* de golf; **~ spielen** jugar al golf; **Golfball** M pelota *f* de golf; **Golfer** M ⟨~s; ~⟩, **Golferin** F ⟨~; ~nen⟩ SPORT golfista *m/f*; **Golfjunge** M caddy *m*; **Golfklub** M club *m* de golf

'**Golfkrieg** M guerra *f* del Golfo; **Golfkrise** F crisis *f* del Golfo

'**Golfplatz** M campo *m* (*od* terreno *m*) de golf; **Golfschläger** M palo *m* de golf; **Golfspiel** N (juego *m* de) golf *m*; **Golfspieler** M, **Golfspielerin** F jugador *m*, -a *f* de golf, golfista *m/f*

'**Golfstaat** M Estado *m* del Golfo; **Golfstrom** M corriente *f* del Golfo

'**Golgatha** N ⟨~s⟩ *Bibel*: Gólgota *m*

Go'morra N ⟨~s⟩ *Bibel*: Gomorra *f*

'**Gondel** F ⟨~; ~n⟩ góndola *f*; FLUG barquilla *f*; *e-r Seilbahn*: cabina *f*

'**gondeln** VI ⟨sn⟩ 1 pasear (*od* ir) en góndola 2 *fig* ir (*od* viajar) sin rumbo fijo

Gondo'liere [-ˈlieːrə] M ⟨~; Gondolieri⟩ gondolero *m*

Gong M ⟨~s; ~s⟩ gong *m*, batintín *m*

'**gongen** VI *Person* tocar el gong; **es gongt** suena el gong

'**gönnen** VT 1 **j-m etw ~** alegrarse por alg de a/c; no envidiar a/c a alg; **j-m etw nicht ~** envidiar a/c a alg; **sie gönnt es mir nicht** *a.* me tiene envidia; **ich gönne es Ihnen** me alegro (*od* lo celebro) por usted; **ich gönne es dir** *iron* bien merecido lo tienes; **ich gönne ihm seinen Erfolg** me alegro de su éxito 2 **sich** (*dat*) **etw ~** permitirse a/c

'**Gönner** M ⟨~s; ~⟩ protector *m*; (*Wohltäter*) bienhechor *m*; *e-s Künstlers*: mecenas *m*; **gönnerhaft** ADJ altanero; disciplente; **~e Miene** → Gönnermiene; **Gönnerin** F ⟨~; ~nen⟩ protectora *f*; (*Wohltäterin*) bienhechora *f*; **Gönnermiene** F aire *m* protector (*od* de superioridad); **Gönnerschaft** F ⟨~⟩ protección *f*; patronato *m*; mecenazgo *m*

Gono'kokkus M ⟨~; Gonokokken⟩ MED gonococo *m*

Gonor'rhö(e) [-'røː] F ⟨~⟩ MED gonorrea *f*, gonococia *f*, blenorragia *f*

'Good'will ['gʊd'vɪl] M ⟨~s⟩ WIRTSCH fondo *m* de comercio, goodwill *m*

'Göpel M ⟨~s; ~⟩ *(Schöpfrad)* noria *f*; **Göpelwerk** N malacate *m*

Gör N ⟨~(e)s; ~en⟩ *nordd, mst pej* 1 *mst* **~en** *pl* *(Kinder)* chiquillos *mpl* 2 *(freches Mädchen)* descarada *f*; *umg* mocosa *f*

'gordisch ADJ **der Gordische Knoten** el nudo gordiano *(a. fig)* (**zerhauen** cortar)

'Göre F ⟨~; ~n⟩ → Gör

Go'rilla M ⟨~s; ~s⟩ ZOOL gorila *m (a. umg fig Leibwächter)*

'Gösch F ⟨~; ~en⟩ SCHIFF bandera *f* del bauprés

'Gosche(n) F ⟨~; Goschen⟩ *umg südd, österr* *(Mund)* *umg* morro *m*, pico *m*; **halt die ~!** ¡calla la boca!, *umg* ¡cierra el pico!

goss → gießen

'Gosse F ⟨~; ~n⟩ 1 arroyo *m (a. fig)*; *bedeckte:* alcantarilla *f* 2 *umg fig* **aus der ~ kommen** salir del arroyo; **j-n aus der ~ auflesen** recoger a alg de la calle; **in der ~ enden** *od* **landen** acabar mal (*od* en el pozo)

'Gote M ⟨~n; ~n⟩ godo *m*; **Gotik** F ⟨~⟩ *Kunst:* (estilo *m*) gótico *m*, estilo *m* ojival; **Gotin** F ⟨~; ~nen⟩ goda *f*; **gotisch** ADJ gótico; **~e Schrift** (letra *f*) gótica *f*

Gott[1] M ⟨~(e)s⟩ 1 REL Dios *m*; **~ der Herr** el Señor; **~ der Allmächtige** el Todopoderoso; **der liebe ~** Dios; Nuestro Señor; **~es Sohn** el Hijo de Dios; **die Wege ~es** los caminos de Dios; **das Wort ~es** el Verbo Divino; **an ~ glauben** creer en Dios; **in ~es Namen** en nombre de Dios; *(meinetwegen)* sea pues; **das liegt in ~es Hand** Dios dirá; **leider ~es** por desgracia, desgraciadamente; **mit ~es Hilfe** con la ayuda de Dios; **so ~ will** si Dios quiere; Dios mediante; **um ~es Willen** por (amor de) Dios; **von ~es Gnaden** por la gracia de Dios; **wie es ~ gefällt** como Dios disponga; *umg* **~ weiß** sabe Dios; **~ weiß wie** (**wo, wann** *etc*) sabe Dios cómo (dónde, cuándo, *etc*) 2 *fig* **ganz von ~ verlassen sein** estar dejado de la mano de Dios; no estar en su cabal juicio; **er lässt den lieben ~ einen guten Mann sein** no piensa en el mañana; todo deja a la ventura de Dios; **sie kennt ~ und die Welt** conoce a todo el mundo; **über ~ und die Welt reden** hablar de lo divino y lo humano 3 *in Ausrufen:* **~ sei Dank!** ¡gracias a Dios!; **~ steh uns bei!** ¡Dios nos ayude!; ¡Dios nos tenga de su mano!; **~ sei mit uns!** ¡Dios nos asista!; **~ bewahre** *od* **behüte!** ¡Dios nos libre!; **ach (du lieber) ~!** ¡oh Dios mío!; ¡ay Dios (mío)!; **barmherziger ~!** ¡Dios misericordioso!; **bei ~!** ¡por Dios!; **behüt' dich ~!** ¡Dios te guarde; *obs* **geh** *bzw* **gehen Sie mit ~!** ¡véte (*bzw* vaya) con Dios!; *südd, österr* **grüß ~!** ¡buenos días!, *umg* ¡hola!; **großer ~!** ¡Santo Dios!; **mein ~!** ¡Dios mío!; ¡por Dios!; **vergelt's ~!** ¡Dios se lo pague!; **wolle ~!** *od* **~ gebe es!** ¡Dios lo haga!; ¡Dios lo quiera!; **gebe ~, dass ...** quiera Dios que ... *(subj)*; ¡ojalá ...! *(subj)*; **weiß ~!** ¡bien (lo) sabe Dios!; *im Schwur:* **so wahr mir ~ helfe!** ¡así Dios me salve!; *umg* **da sei ~ vor!** ¡no lo quiera Dios!

Gott[2] ⟨~(e)s; ¨er⟩ MYTH dios *m*; **er singt wie ein junger ~** canta como los propios dioses; *umg* **das wissen die Götter!** eso sólo Dios lo sabe

'gottähnlich ADJ hecho a imagen de Dios; semejante a Dios; **Gottähnlichkeit** F semejanza *f* a Dios; **gottbegnadet** ADJ divino; inspirado por la gracia divina; **Gotterbarmen** N **zum ~** que causa compasión, que parte el corazón

'Götterbild N ídolo *m*; **Götterbote** M mensajero *m* de los dioses; MYTH Mercurio *m*; **Götterdämmerung** F ocaso *m* (*od* crepúsculo *m*) de los dioses; **Göttergatte** M *umg hum* maridito *m*

'gottergeben ADJ sumiso a la voluntad de Dios; resignado

'göttergleich ADJ semejante a los dioses

'Göttersage F mito *m*; **Götterspeise** F 1 MYTH ambrosía *f* 2 GASTR gelatina *f* de fruta; **Göttertrank** M MYTH néctar *m*

'Gottesacker M *obs* camposanto *m*, cementerio *m*; **Gottesanbeterin** F ZOOL mantis *f* religiosa

'Gottesdienst M servicio *m* religioso; KATH culto *m* (*od* oficio *m*) divino; *(Messe)* misa *f*; PROT servicio *m* religioso; **~ halten** KATH celebrar misa; PROT celebrar el servicio religioso; **zum ~ gehen** ir a misa; PROT ir al servicio religioso

'gottesdienstlich ADJ del culto; *(liturgisch)* litúrgico

'Gottesfriede M HIST tregua *f* de Dios; **Gottesfurcht** F temor *m* de Dios; *(Frömmigkeit)* piedad *f*; religiosidad *f*; **gottesfürchtig** ADJ temeroso de Dios; *umg* timorato; **Gottesgabe** F don *m* divino; regalo *m* de Dios; **Gottesgnadentum** N HIST derecho *m* divino; **Gotteshaus** N iglesia *f*; templo *m*

'Gotteslästerer M ⟨~s; ~⟩, **Gotteslästerin** F ⟨~; ~nen⟩ blasfemo *m*, -a *f*, blasfemador *m*, -a *f*; **gotteslästerlich** A ADJ blasfemo, blasfematorio; sacrílego B ADV **~ fluchen** blasfemar; **Gotteslästerung** F blasfemia *f*; sacrilegio *m*

'Gottesleugner ⟨~s; ~⟩ M, **Gottesleugnerin** F ⟨~; ~nen⟩ ateo *m*, -a *f*; **Gottesleugnung** F ateísmo *m*; **Gotteslohn** M *obs* recompensa *f* de Dios; **etw um ~ tun** hacer a/c por amor de Dios; **Gottesmutter** F ⟨~⟩ madre *f* de Dios; **Gottesurteil** N HIST ordalías *fpl*; juicio *m* de Dios; **Gottesverehrung** F culto *m* divino

'gottgefällig ADJ *geh* grato a (los ojos de) Dios; *Werk* pío; **ein ~es Leben führen** vivir como Dios manda; **gottgeweiht** ADJ consagrado a Dios; **gottgläubig** ADJ deísta

'Gotthard M ⟨~s⟩ GEOG **der Sankt ~** el San Gotardo

'Gottheit F ⟨~; ~en⟩ divinidad *f*; deidad *f*

'Göttin F ⟨~; ~nen⟩ diosa *f*

'Göttingen N ⟨~s⟩ Gotinga *f*

'göttlich ADJ divino *(a. umg fig)*; de Dios; *(erhaben)* sublime, excelso; **das Göttliche** lo divino; **Göttlichkeit** F ⟨~⟩ divinidad *f*; naturaleza *f* divina

gott'lob INT ¡gracias a Dios!; ¡alabado sea Dios!

'gottlos ADJ impío; ateo; *(ruchlos)* malvado; **Gottlose** M/F ⟨~n; ~n; → A⟩ ateo *m*, -a *f*, impío *m*, -a *f*; **Gottlosigkeit** F ⟨~; ~en⟩ ateísmo *m*; impiedad *f*

'Gottmensch M REL Hombre-Dios *m*

'Gottsei'beiuns M ⟨~⟩ *umg* diablo *m*

'gottserbärmlich ADJ *umg fig* deplorable, lamentable

Gott'vater M ⟨~s⟩ Dios *m* Padre

'gottverdammt ADJ *sl* maldito; **gottvergessen** ADJ → gottlos; **gottverlassen** ADJ dejado de la mano de Dios; *stärker:* maldito; *umg (abgelegen)* perdido, abandonado; **Gottvertrauen** N confianza *f* en Dios; **gottvoll** ADJ divino *(a. fig)*; *umg fig* delicioso; gracioso

'Götze M ⟨~n; ~n⟩ ídolo *m*; fetiche *m*; dios *m* falso

'Götzenbild N ídolo *m*; **Götzendiener** M, **Götzendienerin** F idólatra *m/f*; fetichista *m/f*; **Götzendienst** M idolatría *f*; fetichismo *m*; **Götzentempel** M templo *m* pagano

Gou'ache [gu'aʃ] F ⟨~; ~n⟩ MAL aguada *f*, guacha *f*

Gouver'nante [guv-] F ⟨~; ~n⟩ *obs* institutriz *f*

Gouver'neur [guvɛrn'nøːr] M ⟨~s; ~e⟩ gobernador *m*

Grab N ⟨~(e)s; ¨er⟩ 1 tumba *f*; sepultura *f*; fosa *f*; *(Grabmal)* sepulcro *m*; **das Heilige ~** el Santo Sepulcro; **über das ~ hinaus** hasta la eternidad; **zu ~e tragen** llevar a enterrar (*od* al cementerio); enterrar *(a. fig)*, sepultar; **j-n zu ~e geleiten** *geh* rendir a alg el último homenaje; **mit ins ~ nehmen** *Geheimnis etc* llevarse a la tumba 2 *fig* **sein eigenes ~ schaufeln** cavar su propia tumba (*od* su propia fosa); *umg* **schweigen wie ein ~** ser callado como una tumba; **sie würde sich im ~e umdrehen** se revolvería en su tumba; *umg* **mit einem Bein** *od* **Fuß im ~ stehen** estar con un pie en el hoyo; *umg fig* **er bringt sie noch ins ~** le está quitando la vida

'graben ⟨irr⟩ A VI cavar; ARCHÄOL hacer excavaciones; *(Gräben ziehen)* zanjar, abrir zanjas; **nach Gold ~** buscar oro B VT 1 *Loch etc* cavar; *mit der Hacke:* azadonar; *(tiefer machen)* ahondar; *Brunnen, Gräben* abrir 2 *geh (gravieren)* grabar *(a. fig)* C VR **sich in etw** *(acus)* **~** enterrarse en a/c, hundirse en a/c; *fig* **sich j-m ins Gedächtnis ~** grabarse a alg en la memoria

'Graben M ⟨~s; ¨⟩ foso *m*; zanja *f*; MIL trinchera *f*; *(Straßengraben)* cuneta *f*; **einen ~ ziehen** cavar un foso; abrir una zanja; **Grabenbagger** M excavadora *f* de zanjas, zanjadora *f*; **Grabenböschung** F MIL *äußere:* contraescarpa *f*; *innere:* escarpa *f*; **Grabenkrieg** M guerra *f* de trincheras; **Grabensohle** F solera *f* de zanja

'Gräber M cavador *m*; **Gräberbauten** PL construcciones *fpl* tumularias; **Gräberfeld** N ARCHÄOL necrópolis *f*; **Gräberfund** M ARCHÄOL hallazgo *m* tumulario

'Grabesdunkel N tinieblas *fpl* sepulcrales; **Grabesruhe** F, **Grabesstille** F silencio *m* sepulcral (*od* de tumba); paz *f* de sepulcro; **Grabesstimme** F voz *f* sepulcral (*od* de ultratumba)

'Grabgeläute N doble *m*; toque *m* a muerto; **Grabgesang** M canto *m* fúnebre; **Grabgewölbe** N cripta *f*; **Grabhügel** M túmulo *m*; **Grabinschrift** F inscripción *f* sepulcral; epitafio *m*; **Grabkammer** F cámara *f* funeraria (*od* sepulcral); **Grablegung** F ⟨~; ~en⟩ entierro *m*, enterramiento *m*, inhumación *f*; **Grabmal** N ⟨~s; ¨er *od* ¨e⟩ tumba *f*; monumento *m* fúnebre; **Grabplatte** F losa *f* (sepulcral); **Grabrede** F oración *f* fúnebre; **Grabschänder** M, **Grabschänderin** F profanador *m*, -a *f* de tumbas; **Grabschändung** F profanación *f* de sepulturas

'grabschen VT → grapschen

Grabstätte F sepultura *f*, tumba *f*, sepulcro *m*; **Grabstein** M lápida *f* (*od* piedra *f* *od* losa *f*) sepulcral

gräbt → graben

'Grabung F ⟨~; ~en⟩ excavación *f*

'Graburne F urna *f* funeraria

Grad M ⟨~(e)s; ~e, *pero:* 3 ~⟩ 1 *Maßeinheit:* grado *m (a.* MATH, PHYS, GEOG); **~ Celsius** grado centígrado; **das Thermometer steht auf zehn ~ über/unter Null** el termómetro marca diez grados sobre/bajo cero; **bei 20 ~ Kälte** *od* **bei minus 20 ~** con veinte grados bajo cero; **ersten/zweiten ~es** MED *Verbrennungen*, MATH *Gleichung* de primer, segundo grado; **Vetter**

ersten/zweiten **~es** primo *m* hermano/segundo; **in ~e einteilen** graduar **2** **akademischer ~** grado *m* (*od* título *m*) académico **3** *fig* **bis zu einem gewissen ~(e)** hasta cierto punto; **in geringerem ~** en menor grado; **in hohem ~e** en alto grado; altamente; **im höchsten ~e** sumamente, en sumo grado; en extremo; a más no poder
'Gradabzeichen N MIL insignia *f* (de grado); **Gradbogen** M arco *m* graduado; **Gradeinteilung** F graduación *f*; división *f* en grados; (*Skala*) escala *f* (graduada)
Gradi'ent M ⟨~en; ~en⟩ MATH *etc* gradiente *m*
gra'dieren VT ⟨*ohne* ge-⟩ **1** (*in Grad einteilen, abstufen*) graduar **2** TECH *Sole* evaporar; concentrar; **Gradierung** F ⟨~; ~en⟩ **1** graduación *f* **2** TECH evaporación *f*; concentración *f*; **Gradierwerk** N TECH torre *f* de graduación salina
'gradlinig ADJ → geradlinig
'Gradmesser M escala *f* graduada; *fig* barómetro *m*; **Gradnetz** N *Landkarte*: red *f* de coordenadas geográficas
gradu'ell ADJ gradual; **gradu'ieren** VI ⟨*ohne* ge-⟩ graduar (*a.* UNIV); **gradu'iert** ADJ graduado; **Gradu'ierte** M/F ⟨~n; ~n; → A⟩ graduado *m*, -a *f*; **Gradu'ierung** F graduación *f*
'gradweise ADV gradualmente; por grados
Graf M ⟨~en; ~en⟩ conde *m*
'Grafenkrone F corona *f* condal; **Grafenstand** M dignidad *f* de conde, condado *m*
Graf'fiti [gra'fi:ti] PL grafito *m*, graffiti *m*, pintada *f*
'Grafik F ⟨~; ~en⟩ **1** *Technik, Kunst*: artes *fpl* gráficas; (*grafische Gestaltung*) grafismo *m* **2** *Kunstwerk*: dibujo *m*, grabado *m*; estampa *f* **3** (*grafische Darstellung, Schaubild*) gráfico *m*; **Grafikbildschirm** M pantalla *f* gráfica; **Grafikbüro** N oficina *f* gráfica (*od* de diseño gráfico)
'Grafiker M ⟨~s; ~⟩, **Grafikerin** F ⟨~; ~nen⟩ dibujante *m/f* (publicitario), grafista *m/f*
'grafikfähig ADJ *Bildschirm, Display* gráfico; *am Bildschirm*: representable gráficamente
'Grafikkarte F IT tarjeta *f* gráfica; **Grafikmodus** M modo *m* gráfico; **Grafikprogramm** N IT programa *m* de gráficos
'Gräfin F ⟨~; ~nen⟩ condesa *f*
'grafisch **A** ADJ gráfico; **~er Betrieb** talleres *mpl* gráficos; **~e Darstellung** representación *f* gráfica *f*; *Resultat*: gráfica *f*, gráfico *m*; diagrama *m*; **~es Gewerbe** artes *fpl* gráficas; industria *f* gráfica **B** ADV **~ darstellen** representar gráficamente
Gra'fit M ⟨~s; ~e⟩ MINER grafito *m*, plombagina *f*; **grafithaltig** ADJ grafitoso, grafítico
'gräflich ADJ condal
Grafo'loge M ⟨~n; ~n⟩ grafólogo *m*; **Grafolo'gie** F ⟨~⟩ grafología *f*; **Grafo'login** F ⟨~; ~nen⟩ grafóloga *f*; **grafo'logisch** ADJ grafológico
'Grafschaft F ⟨~; ~en⟩ condado *m*
Gral M ⟨~s⟩ **der Heilige ~** el Santo Grial
'Gralsritter M caballero *m* del Grial
gram ADJ **j-m ~ sein** guardar rencor a alg
Gram M ⟨~(e)s⟩ pena *f*, pesar *m*; aflicción *f*; **vor ~ sterben** morir de pena
'grämen V/R **sich ~ über** (*acus*) afligirse por, entristecerse (*od* apesadumbrarse) por (*od* con); **sich zu Tode ~** morirse de pena
'gramerfüllt ADJ lleno de aflicción, muy afligido; pesaroso; apenado; **gramgebeugt** ADJ agobiado por la pena
'grämlich ADJ triste, melancólico; huraño, cetrino; (*schlecht gelaunt*) malhumorado
Gramm N ⟨~s; ~e⟩ gramo *m*
Gram'matik F ⟨~; ~en⟩ gramática *f*
grammati'kalisch, gram'matisch ADJ gramatical, gramático
Gram'matiker M ⟨~s; ~⟩, **Grammatikerin** F ⟨~; ~nen⟩ gramático *m*, -a *f*
'Gramm-Molekül N CHEM molécula-gramo *f*
Grammo'fon N ⟨~s; ~e⟩ *hist* gramófono *m*; **Grammofonnadel** F aguja *f* de gramófono
Grammo'phon® *etc* → Grammofon *etc*
'gramvoll ADJ → gramerfüllt
Gran N ⟨~(e)s; ~e⟩ *altes Maß*: grano *m*; *fig* pizca *f*
Gra'nada N ⟨~s⟩ Granada *f*
Gra'nat M ⟨~(e)s; ~e⟩ MINER granate *m*; **Granatapfel** M BOT granada *f*; **Granatapfelbaum** M BOT granado *m*
Gra'nate F ⟨~; ~n⟩ MIL granada *f*; obús *m*
Gra'natfeuer N MIL fuego *m* de obuses; **Granatsplitter** M casco *m* de granada (*bzw* de metralla); **Granattrichter** M MIL embudo *m* (*od* cráter *m*) de granada; **Granatwerfer** M MIL lanzagranadas *m*
Grand M ⟨~(e)s⟩ *nordd* (*Kies*) guijo *m*
Gran'dezza F ⟨~⟩ *geh* grandeza *f*; señorío *m*; hidalguía *f*
grandi'os ADJ grandioso
Gra'nit M ⟨~s; ~e⟩ MINER granito *m*; *fig* **auf ~ beißen** dar en hueso; **granitartig, granitten** ADJ granítico; **Granitfelsen** M roca *f* de granito
'Granne F ⟨~; ~n⟩ BOT barba *f*, arista *f*; raspa *f*; (*Borste*) cerda *f*
'granteln VI *südd, österr* refunfuñar, gruñir; **grantig** ADJ *südd, österr*, gruñón, refunfuñador, regañón: (*schlecht gelaunt*) malhumorado
Granu'lat N ⟨~(e)s; ~e⟩ granulado *m*; **granu'lieren** VT ⟨*ohne* ge-⟩ granular; **Granu'lierung** F ⟨~; ~en⟩ granulación *f*; **Granu'lom** N ⟨~s; ~e⟩ MED granuloma *m*
'Grapefruit ['gre:pfru:t] F ⟨~; ~s⟩ pomelo *m*
'Graphik *etc* → Grafik *etc*
Gra'phit *etc* → Grafit *etc*
Grapho'loge *etc* → Grafologe *etc*
'grapschen VT *umg pej* atrapar, agarrar (ávidamente), pillar
Gras N ⟨~es; ~̈er⟩ **1** hierba *f* (*a. umg Marihuana*), *bes Am* yerba *f*; (*Rasen*) *a.* césped *m*; **das ~ mähen** cortar la hierba; **sich ins ~ legen** echarse sobre la hierba **2** BOT **Gräser** *pl* gramíneas *fpl* **3** *fig* **das ~ wachsen hören** sentir nacer (*od* crecer) la hierba; *umg* **ins ~ beißen** morder el polvo; *umg* **über etw** (*acus*) **~ wachsen lassen** echar tierra sobre a/c; **darüber ist längst ~ gewachsen** eso está olvidado hace ya mucho tiempo
'grasbewachsen ADJ cubierto de hierba; herboso
'Grasbüschel N manojo *m* de hierba; **Grasdecke** F césped *m*
'grasen VI pacer, pastar
'Grasfleck M **1** *auf Kleidern*: mancha *f* de hierba **2** (*mit Gras bewachsene Stelle*) manchón *m* de césped
'grasfressend ADJ, **Gras fressend** ADJ herbívoro
'Grasfresser M ZOOL herbívoro *m*; **Grasfutter** N herbaje *m*
'gras'grün ADJ verde hierba
'Grashalm M brizna *f*; (tallo *m* de) hierba *f*; **Grashüpfer** M *umg* (*Heuschrecke*) saltamontes *m*
'grasig ADJ cubierto de hierba (*bzw* de césped); herboso
'Grasland N ⟨~(e)s⟩ herbazal *m*; (*Wiesengrund*) pradera *f*; pradería *f*; (*Weide*) pastizal *m*; **Grasmäher** M, **Grasmähmaschine** F guadañadora *f*; **Grasmücke** F ORN curruca *f*; **Grasnarbe** F (capa *f* de) césped *m*; **Grassamen** M simiente *f* de gramíneas
gras'sieren VI ⟨*ohne* ge-⟩ reinar; extenderse; (*wüten*) hacer estragos
'grässlich ADJ horrible, horroroso; espantoso; (*ekelhaft*) asqueroso, repulsivo; (*fürchterlich*) tremendo; *Verbrechen* *a.* atroz; monstruoso; **wie ~!** ¡qué horror!; **Grässlichkeit** F ⟨~; ~en⟩ horror *m*; atrocidad *f*; monstruosidad *f*
'Grassteppe F estepa *f* herbácea; sabana *f*; *Arg* pampa *f*
Grat M ⟨~(e)s; ~e⟩ **1** (*Bergkamm*) cresta *f*; arista *f* (*a.* TECH) **2** TECH (*Gussnaht*) rebaba *f* **3** ARCH lima *f* tesa
'Gräte F ⟨~; ~n⟩ espina *f* (de pescado)
'grätenlos ADJ sin espinas
Gratifikati'on F ⟨~; ~en⟩ gratificación *f*
'grätig ADJ **1** *Fisch* con (muchas) espinas, espinoso **2** *fig* (*schlecht gelaunt*) irritable, picajoso
grati'nieren VT ⟨*ohne* ge-⟩ GASTR gratinar; **grati'niert** ADJ GASTR al horno, al gratén, al gratín
'gratis ADV gratis, gratuitamente, *umg* de balde
'Gratisaktie F HANDEL acción *f* gratuita; **Gratisangebot** N oferta *f* gratuita; **Gratisbeilage** F suplemento *m* gratuito; **Gratisexemplar** N ejemplar *m* gratuito; **Gratisprobe** F HANDEL muestra *f* gratuita
'Grätsche F ⟨~; ~n⟩ posición *f* de piernas abiertas; *Fußball*: salto *m* con las piernas abiertas
'grätschen VT **die Beine ~** abrir las piernas, abrirse de piernas
'Grätschsprung M salto *m* con las piernas abiertas; **Grätschstellung** F → Grätsche
Gratu'lant M ⟨~en; ~en⟩, **Gratu'lantin** F ⟨~; ~nen⟩ felicitante *m/f*; congratulante *m/f*; **Gratulati'on** F ⟨~; ~en⟩ felicitación *f*, parabién *m*; congratulaciones *fpl*
gratu'lieren VI ⟨*ohne* ge-⟩ **j-m zu etw ~** felicitar a alg por (*od* con motivo de) a/c; dar la enhorabuena a alg por a/c; **j-m zum Geburtstag ~** felicitar a alg (por) el cumpleaños; **sich** (*dat*) **~ können** estar de enhorabuena; **(ich) gratuliere!** ¡felicidades!; ¡enhorabuena!
'Gratwanderung F ≈ excursión *f* de alta montaña; *fig* empresa *f* arriesgada; *fig* **sich auf einer ~ befinden** estar en la cuerda floja
grau ADJ **1** *Farbe*: gris; **leicht ~** grisáceo; **~ machen** agrisar; **~ werden** (*graue Haare bekommen*) encanecer; (*altern*) envejecer; **~e Augen haben** tener los ojos grises **2** **~e Haare** canas *fpl*; **~ meliert** *Haar* entrecano; **~e Haare haben** peinar canas; **~e Haare bekommen** encanecer; **ich habe ~e Haare bekommen** *a.* me han salido canas; *fig* **sich** (*dat*) **~e Haare wachsen lassen** hacerse mala sangre; *fig* **darüber lasse ich mir keine ~en Haare wachsen** eso no me preocupa; eso me trae sin cuidado **3** *Himmel, fig* gris; (*düster*) sombrío; **der Himmel ist ~ in ~** el cielo está lúgubre *od* gris; **alles ~ in ~ malen** pintar todo de gris **4** (*eintönig*) monótono; **der ~e Alltag** la monotonía diaria; el quehacer cotidiano **5** (*heimlich, ilegal*) POL **~e Eminenz** eminencia *f* gris; WIRTSCH **~er Markt** mercado *m* ilegal (tolerado por las autoridades) **6** ANAT **~e Substanz** su(b)stancia *f* gris **7** *fig* (*lange vorbei*) **seit ~er Vorzeit** desde tiempos inmemoriales
'Grau N ⟨~s⟩ (color *m*) gris *m*; **grauäugig** ADJ de ojos grises; **Graubart** M hombre *m* barbicano; *umg fig* viejecito *m*; vejete *m*; **graubärtig** ADJ barbicano; **graublau** ADJ gris azulado; *bes Augen* garzo; **Graubrot** N pan *m* moreno
Grau'bünden N ⟨~s⟩ GEOG cantón *m* de los

Grisones; **Graubündner** M ⟨~s; ~⟩, **Graubündnerin** F ⟨~; ~nen⟩ grisón *m*, -ona *f*

'Gräuel M ⟨~s; ~⟩ **1** (*Schrecken*) horror *m*; abominación *f*; **das ist mir ein ~** me causa horror; **er ist mir ein ~** le detesto; le aborrezco **2** → Gräueltat

'Gräuelmärchen N atrocidades *fpl* supuestas; **Gräuelpropaganda** F propaganda *f* difamatoria; **Gräueltat** F atrocidad *f*; acción *f* abominable

'grauen[1] V/I **der Morgen graut** el día apunta, amanece

'grauen[2] **A** V/R **sich ~ vor** (*dat*) tener miedo a, de; tener horror a **B** V/UNPERS **mir graut** (*od* **es graut mir**) **vor etw** (*dat*) tengo miedo de a/c; a/c me horroriza; a/c me da miedo (*od* horror); **davor graut mir** me da miedo; me da horror

'Grauen[1] N ⟨~s⟩ miedo *m*; pavor *m*; horror *m*, espanto *m*; **ein Bild des ~s** una imagen del horror; **j-m ~ einflößen** infundir pavor a alg; **von ~ gepackt sein** estar horrorizado

'Grauen[2] N ⟨~⟩ **beim ~ des Tages** al amanecer, al rayar el alba

'grauenerregend, Grauen erregend ADJ horripilante, horroroso

'grauenhaft, grauenvoll ADJ horroroso, horrible, espantoso; terrorífico; atroz

'Graugans F ORN ánsar *m* gris (*od* común)

'graugrün ADJ verde grisáceo, gris verdoso;

'grauhaarig ADJ cano(so)

'Graukopf M *fig* anciano *m*; *umg* vejete *m*

'graulen V/R & V/UNPERS *umg* → grauen[2]

'gräulich[1] ADJ *Farbe*: grisáceo

'gräulich[2] ADJ (*grässlich*) atroz; abominable; horrible; espantoso

'Graupe F ⟨~; ~n⟩ *mst* **~n** PL cebada *f* mondada (*od* perlada)

'Graupel F ⟨~; ~n⟩ *mst* **~n** PL granizo *m* fino (*od* menudo)

'graupeln V/UNPERS **es graupelt** graniza, cae granizo; **Graupelschauer** M granizada *f*

'Graupensuppe F sopa *f* de cebada perlada

Graus M ⟨~es⟩ horror *m*, espanto *m*; pavor *m*; **das ist mir ein ~** lo detesto; **es ist ein ~ mit ihr** es terrible con ella; *umg hum* **o ~!** ¡qué horror!

'grausam **A** ADJ cruel; atroz; (*unmenschlich*) inhumano; bárbaro; (*wild*) feroz **B** ADV cruelmente; **Grausamkeit** F ⟨~; ~en⟩ **1** *Wesensart*: crueldad *f*; ferocidad *f*; (*Unmenschlichkeit*) inhumanidad *f*; barbaridad *f* **2** *Tat*: atrocidad *f*

'Grauschimmel M caballo *m* tordillo (*od* tordo *od* rodado)

'grausen V/UNPERS **mir graust** *od* **es graust mir** tengo horror (**vor** *dat* de); me espanta

'Grausen N ⟨~s⟩ horror *m*; espanto *m*; *oft iron* **mich packt das kalte ~** me horrorizo; **~ erregend** → grausig

'grausig ADJ espantoso, horroroso, horrible; estremecedor; espeluznante

'Grauspecht M ORN pico *m* ceniciento;

Grautier N *umg obs* (*Esel*) asno *m*, burro *m*, borrico *m*; **Grauwerden** N ⟨~s⟩ *der Haare*: encanecimiento *m*

Gra'veur [-'vøːr] M ⟨~s; ~e⟩ grabador *m*

Gra'vieranstalt [-v-] F taller *m* de grabado

gra'vieren [-v-] V/T ⟨*ohne* ge-⟩ grabar; **gravierend** ADJ JUR agravante; **~e Umstände** circunstancias *fpl* agravantes; **Graviernadel** F buril *m*; **Gravierung** F ⟨~; ~en⟩ grabado *m*

Gravime'trie [-v-] F ⟨~⟩ gravimetría *f*

'Gravis [-v-] M ⟨~; ~⟩ LING acento *m* grave

Gravitati'on [-v-] F ⟨~⟩ PHYS gravitación *f*

Gravitati'onsfeld [-v-] N campo *m* de gravitación; **Gravitationsgesetz** N ley *f* de la gravitación

gravi'tätisch [-v-] ADJ grave; solemne

Gra'vur [-v-] F ⟨~; ~en⟩ → Gravierung

'Grazie ['graːtsiə] F **1** ⟨~⟩ (*Anmut*) gracia *f*; donaire *m*, garbo *m* **2** ⟨~; ~n⟩ MYTH gracia *f*; **die drei ~n** las tres gracias

gra'zil ADJ grácil

grazi'ös ADJ gracioso, airoso, garboso

'Greencard ['griːnkaːrt] F ⟨~; ~s⟩ POL, WIRTSCH *bes USA, BRD*: Green Card *f*; tarjeta *f* verde; visado *m* de trabajo y residencia

'Gregor NPL M **1** *Vorname* Gregorio *m* **2** *Papstname*: Gregorio *m*

gregori'anisch ADJ gregoriano; **~er Gesang** canto *m* gregoriano (*od* llano)

Greif M ⟨~(e)s *od* ~en; ~e(n)⟩ **1** MYTH, *Wappentier*: grifo *m* **2** ORN → Greifvogel

'Greifbagger M cubeta-draga *f*, cuchara-draga *f*

'greifbar ADJ **1** (*zur Hand*) al alcance de la mano; **etw ~ haben** tener algo al alcance de la mano; **in ~er Nähe** al alcance de la mano, a mano **2** HANDEL (*auf Lager*) disponible **3** *fig* (*konkret*) concreto, tangible, palpable; **~e Gestalt annehmen** tomar cuerpo

'greifen ⟨*irr*⟩ **A** V/T **1** tomar; *sp a.* coger; (*packen*) asir, agarrar; empuñar; **zum Greifen nahe** al alcance de la mano; *fig* **mit Händen zu ~ sein** ser palpable; ser evidente, ser manifiesto **2** MUS tocar, pulsar **3** (*fangen*) atrapar; *Dieb* detener, aprehender; *umg* **ich werde ihn mir schon ~!** ¡ya le diré cuatro verdades! **4** (*schätzen*) **das ist mir zu hoch gegriffen** me resulta exagerado **B** V/I **1** **an etw** (*acus*) **~** tocar a/c; **sich** (*dat*) **an die Brust ~** llevarse la mano al pecho; **in die Tasche ~** meter la mano en el bolsillo; *umg* echar mano a la bolsa; **nach etw ~** (extender la mano para) coger (*bzw* agarrar) a/c; echar mano a a/c; *fig* **zu etw ~** recurrir a a/c; echar mano de a/c; *fig* **zum Äußersten ~** apelar al último recurso **2** MUS **falsch ~** desentonar **3** *fig* **um sich ~** propagarse, extenderse; ganar terreno **4** *fig Maßnahme etc* tomar efecto **5** TECH *Räder etc* agarrar

'Greifer M ⟨~s; ~⟩ TECH cuchara *f* (automática); (*Greiferkübel*) cubeta *f*; **Greiferkran** M grúa *f* con cuchara

'Greifhand F **1** *e-s Roboters*: mano *f* mecánica **2** MUS *Gitarrespiel*: mano *f* izquierda; *bei Linkshändern*: mano *f* derecha; **Greifklaue** F, **Greifkralle** F ORN, ZOOL garra *f*; TECH garra *f* de sujeción, uña *f*; **Greiforgan** N ZOOL órgano *m* de prensión; **Greifschaufel** F pala *f* de agarre; **Greifschwanz** M ZOOL cola *f* prensil; **Greifvogel** M ORN (ave *f*) rapaz *f*; **Greifzange** F tenaza(s) *f(pl)*; **Greifzirkel** M compás *m* de espesor (*od* de grueso)

'greinen V/I lloriquear

greis ADJ *geh* anciano

Greis M ⟨~es; ~e⟩ anciano *m*, viejo *m*

'Greisenalter N ancianidad *f*, vejez *f*; senectud *f*; **greisenhaft** ADJ senil; **Greisenhaftigkeit** F ⟨~⟩ senilidad *f*

'Greisin F ⟨~; ~nen⟩ anciana *f*; vieja *f*

grell **A** ADJ **1** *Licht* deslumbrante; *Farben* muy vivo, chillón **2** (*auffällig*) llamativo; chillón **3** *Laut, Ton* agudo; penetrante; (*schrill*) estridente; *Stimme* chillón **B** ADV **~ abstechen gegen** contrastar rudamente con

'grellbunt ADJ de colores muy llamativos (*od* chillones); **grellrot** ADJ rojo chillón

'Gremium N ⟨~s; Gremien⟩ gremio *m*, organismo *m*; entidad *f*; cuerpo *m*; grupo *m*

Grenada N ⟨~s⟩ GEOG Grenada *f*

Grena'dier M ⟨~s; ~e⟩ MIL granadero *m*

'Grenzbahnhof M estación *f* fronteriza; **Grenzbeamte(r)** M, **Grenzbeamtin** F agente *m/f* de aduanas; **Grenzbefestigung** F fortificación *f* de frontera; **Grenzbelastung** F TECH carga *f* límite; **Grenzbereich** M zona *f* límite; límites *mpl*; **Grenzbereinigung** F, **Grenzberichtigung** F rectificación *f* de frontera; **Grenzbetrieb** M HANDEL empresa *f* marginal; **Grenzbevölkerung** F población *f* fronteriza; **Grenzbewohner** M, **Grenzbewohnerin** F habitante *m/f* de la frontera; **Grenzbezirk** M distrito *m* fronterizo; zona *f* fronteriza

'Grenze F ⟨~; ~n⟩ **1** *e-s Landes*: frontera *f*; **die ~ zu Spanien** la frontera con España; **an der ~** en la frontera; **die ~ überschreiten** pasar (*od* franquear) la frontera; **eine ~ ziehen/festlegen** trazar/fijar una frontera **2** (*Begrenzung*) límite *m*, linde *m/f* (*a. e-s Grundstücks, e-r Gemeinde*); (*Rand*) borde *m*; margen *m*; (*äußerstes Ende*) extremo *m* **3** *fig* límite *m*, confines *mpl*; **einer Sache** (*dat*) **~n setzen** limitar (*od* poner límites a) a/c; **j-m ~n setzen** poner límites a alg; **die ~n überschreiten** pasar (*od* exceder) los límites, extralimitarse; *umg* pasar de la raya; **sich in ~n halten** no salirse de los límites; contenerse; **j-n in seine ~n verweisen** poner a alg a raya (*od* en su lugar); **alles hat seine ~n** todo tiene sus límites; **ohne ~n** → grenzenlos

'grenzen V/I **an etw** (*acus*) **~** limitar (*od* confinar *od* lindar) con a/c; ser contiguo a a/c; *fig* rayar (*od* frisar) en a/c; rozar a/c; **~d an** (*acus*) contiguo a; *fig* rayano en

'grenzenlos ADJ sin límites, ilimitado; (*unendlich*) infinito; *fig* inmenso; *umg* enorme; **Grenzenlosigkeit** F ⟨~⟩ inmensidad *f*

'Grenzer M ⟨~s; ~⟩ guardia *m* fronterizo;

Grenzerlös M HANDEL ingreso *m* marginal;

Grenzertrag M HANDEL productividad *f* marginal; **Grenzfall** M caso *m* límite (*bzw* extremo); **Grenzfestsetzung** F delimitación *f* de fronteras; **Grenzfrequenz** F ELEK frecuencia *f* límite

'Grenzgänger M, **Grenzgängerin** F trabajador *m*, -a *f* fronterizo, -a

'Grenzgebiet N región *f* (*od* zona *f*) fronteriza; **Grenzkonflikt** M conflicto *m* fronterizo; **Grenzkontrolle** F revisión *f* de aduana; **Grenzkosten** PL HANDEL coste *m* marginal; **Grenzkrieg** M guerra *f* fronteriza; **Grenzlinie** F línea *f* divisoria (*od* fronteriza); POL línea *f* de demarcación; *fig* límite *m* máximo (*od* extremo); **Grenzmauer** F pared *f* medianera (*bzw* divisoria)

'Grenznachbar M, **Grenznachbarin** F colindante *m/f*

'Grenzort M localidad *f* fronteriza; lugar *m* fronterizo; **Grenzpfahl** M poste *m* fronterizo; **Grenzpolizei** F policía *f* de fronteras; **Grenzposten** M puesto *m* fronterizo; MIL (*Grenzpostenwache*) guardia *m* fronterizo; **Grenzschutz** M protección *f* de la(s) frontera(s); policía *f* de fronteras; **Grenzsituation** F PSYCH situación *f* límite; **Grenzspannung** F TECH tensión *f* límite; **Grenzsperre** F cierre *m* de la frontera; **Grenzstadt** F ciudad *f* fronteriza; **Grenzstation** F BAHN estación *f* fronteriza; **Grenzstein** M mojón *m* (*od* hito *m*) fronterizo; **Grenzstreitigkeit** F → Grenzkonflikt

'Grenzübergang M, **Grenzübergangsstelle** F paso *m* de frontera; puesto *m* fronterizo

'grenzüberschreitend ADJ que traspasa las fronteras, transfronterizo; **Grenzüberschreitung** F, **Grenzübertritt** M paso *m* de frontera

'Grenzverkehr M tráfico *m* fronterizo; **Grenzverletzung** F violación *f* de la frontera; **Grenzvertrag** M tratado *m* fronterizo (*od* de fronteras); **Grenzwache** F guardia *f* de fronteras; **Grenzwächter** M guardia *m* fronterizo; **Grenzwert** M MATH valor *m* límite; **grenzwertig** ADJ *umg Witz, Kommentar etc*: que se pasa un poco (de la raya); *Kleidung etc*: no de muy buen gusto; **Grenzwinkel** M ángulo *m* límite; **Grenzziehung** F trazado *m* de fronteras; **Grenzzoll** M, **Grenzzollamt** N aduana *f* fronteriza; **Grenzzone** F zona *f* fronteriza; **Grenzzwischenfall** M MIL incidente *m* fronterizo

'Greuel M *etc* → Gräuel *etc*

'greulich → gräulich[2]

'Griebe F ⟨~; ~n⟩ chicharrón *m*, chicharro *m*; **Griebenschmalz** N *manteca con chicharrones*

'Grieche M ⟨~n; ~n⟩ griego *m*; **Griechenland** N ⟨~s⟩ Grecia *f*; **Griechentum** N ⟨~s⟩ helenismo *m*; **Griechin** F ⟨~; ~nen⟩ griega *f*; **griechisch** ADJ griego; **das Griechische** el griego

'griechisch-ortho'dox ADJ ortodoxo griego; **griechisch-'römisch** ADJ grecorromano

'grienen V/I *reg* → grinsen

'Griesgram M ⟨~(e)s; ~e⟩ gruñón *m*, regañón *m*, *umg* cascarrabias *m*, cara *f* de vinagre; **griesgrämig** ADJ atrabiliario; malhumorado, gruñón, regañón

'Grieß M ⟨~es; ~e⟩ **1** sémola *f* **2** MED arenilla *f*; **Grießbrei** M papilla *f* de sémola; **Grießklöße** MPL albóndigas *fpl* de sémola; **Grießsuppe** F sopa *f* de sémola

griff → greifen

Griff M ⟨~(e)s; ~e⟩ **1** (*Haltegriff*) asidero *m*, agarradero *m*; *e-s Hebels, Koffers, Topfes*: asa *f*; (*Stiel*) *e-r Pfanne, e-s Werkzeugs, Messers*: mango *m*; *e-s Degens*: puño *m* **2** *e-r Tür*: picaporte *m*, manilla *f*; *an Schubladen*: tirador *m*; *an Truhen*: aldabón *m* **3** *Handbewegung*: agarro *m*; (*Handgriff*) maniobra *f*; SPORT *Ringen*: llave *f*, presa *f*; **mit einem ~** de un golpe de mano; **einen ~ nach etw tun** (extender la mano para) coger (*od* asir) a/c; echar mano a a/c; MUS **einen falschen ~ tun** desafinar, desentonar; **bei ihr sitzt jeder ~** es muy mañosa; *fig* **(mit j-m/etw) einen guten ~ tun** tener buena mano (con alg/a/c) **4** *fig* **etw im ~ haben** (*gut können*) dominar a/c; (*unter Kontrolle haben*) tener a/c controlada; **etw in den ~ bekommen** controlar

'griffbereit ADJ al alcance de la mano; **Griffbrett** N MUS batidor *m*

'Griffel M ⟨~s; ~⟩ **1** *hist* pizarrín *m*; *hum* **den ~ fallen lassen** dejar de escribir *bzw* trabajar **2** BOT pistilo *m* **3** PL *hum* dedos *mpl*

'griffig ADJ (*handlich*) manejable; *Stoff* agradable al tacto; (*rutschfest*) antideslizante; **Griffigkeit** F ⟨~⟩ manejabilidad *f*; *v. Reifen etc*: adherencia *f*

'Griffloch N MUS agujero *m*

Grill M ⟨~s; ~s⟩ parrilla *f*; gril(l) *m*, asador *m*; *im Freien*: barbacoa *f*; **vom ~** a la parrilla

'Grille F ⟨~; ~n⟩ **1** ZOOL grillo *m*; (*Zikade*) cigarra *f* **2** *fig geh* capricho *m*, antojo *m*; *umg* chifladura *f*; **~n im Kopf haben** tener sus caprichos

'grillen **A** V/T GASTR asar a la parrilla **B** V/I **(im Garten) ~** hacer una barbacoa (*od* parrillada) (en el jardín)

'Grillfleisch N *schon gegrillt*: carne *f* a la brasa; *zum Grillen*: carne *f* para asar; **Grillgericht** N GASTR parrillada *f*; **Grillparty** F barbacoa *f*, parrillada *f*; **Grillwurst** F *schon gegrillt*: salchicha *f bzw* longaniza *f* (a la brasa); *zum Grillen*: salchicha *f bzw* longaniza *f* para asar

Gri'masse F ⟨~; ~n⟩ mueca *f*, visaje *m*; gesto *m*; **~n machen** *od* **schneiden** hacer muecas (*od* gestos)

'Grimm M ⟨~(e)s⟩ *geh* (*Wut*) furor *m*, furia *f*; rabia *f*, ira *f*; (*Erbitterung*) saña *f*, encono *m*; **Grimmdarm** M ANAT colon *m*

'grimmig **A** ADJ (*wütend*) furioso, *stärker*: furibundo; rabioso; (*erbittert*) enconado; *fig* terrible; *Winter* crudo, riguroso **B** ADV **~ dreinschauen** mirar con furia; **es ist ~ kalt** hace un frío terrible (*od umg* que pela)

'Grind M ⟨~(e)s; ~e⟩ MED tiña *f*; (*Schorf*) escara *f*; costra *f*; **grindig** ADJ tiñoso; costroso

'grinsen V/I sonreír *bzw* reírse irónicamente (*od* maliciosamente)

'Grinsen N ⟨~s⟩ sonrisa *f* irónica; *umg* risa *f* del conejo

grip'pal ADJ MED gripal

'Grippe F ⟨~; ~n⟩ MED gripe *f*; *umg* trancazo *m*; **Grippeepidemie** F epidemia *f* de gripe; **Grippeimpfung** F vacunación *f* contra la gripe; **grippekrank** ADJ griposo; **Grippewelle** F epidemia *f* de gripe

Grips M ⟨~es; ~e⟩ *umg* sesos *mpl*, *umg* magín *m*, pesquis *m*, mollera *f*; **~ haben** *umg* tener dos dedos de frente; **seinen ~ anstrengen** *umg* estrujarse el magín

'Grizzly(bär), 'Grisli(bär) ['grɪsli(-)] M ZOOL grizzly *m*

grob **A** ADJ ⟨=er; =ste⟩ **1** (*stark, dick*) grueso; (*unbearbeitet*) en bruto; *Gewebe* basto, burdo; *Gesichtszüge* tosco; *Feile, Faser, Sand* grueso; **~e Stimme** voz *f* bronca **2** *fig Arbeit etc* rudo; *Fälschung* tosco; **~er Fehler** falta *f* grave (*od umg* garrafal); **~er Irrtum** craso error *m*; **~e Lüge** solemne mentira *f*; **~er Spaß** broma *f* de mal gusto; **~er Unfug** abuso *m* grave; **aus dem Gröbsten heraus sein** haber hecho ya lo más difícil; *Kinder* haber pasado ya los años más difíciles **3** *Person, Benehmen* rudo (**zu** con); basto; (*plump*) grosero; (*roh*) bruto, brutal; (*frech*) impertinente, insolente; (*bäurisch*) patán, palurdo; (*ordinär*) chabacano, ordinario; (*unwirsch*) brusco; **~er Kerl** grosero *m*; palurdo *m*; **~e Worte** palabras *fpl* gruesas **4** *fig* (*annähernd*) aproximativo; *fig* **in ~en Umrissen** *od* **Zügen** a grandes rasgos **5** SCHIFF **~e See** mar *f* gruesa **B** ADV **1** *zerkleinern etc*: grueso; **~ gemahlen** de grano grueso **2** (*schwerwiegend*) gravemente **3** *mit Worten*: de manera grosera; *körperlich*: con rudeza; **j-n ~ anfahren** apostrofar a alg; **j-n ~ behandeln** tratar con rudeza (*od* groseramente) a alg; *umg* **j-m ~ kommen** decir groserías a alg **4** (*ungefähr*) aproximadamente; **~ geschätzt** calculado muy por encima

'Grobeinstellung F TECH ajuste *m* aproximativo; **grobfaserig** ADJ de fibra basta; **Grobfeile** F TECH lima *f* gruesa; bastarda *f*

'Grobheit F ⟨~; ~en⟩ **1** *Benehmen*: grosería *f*; (*Rohheit*) brutalidad *f*; (*Frechheit*) impertinencia *f*, insolencia *f*; (*Ungeschliffenheit*) ordinariez *f*; tosquedad *f*; zafiedad *f* **2** *Bemerkung*: grosería *f*; **j-m ~en sagen** *od* **an den Kopf werfen** decir groserías (*od sl* burradas) a alg

'Grobian M ⟨~(e)s; ~e⟩ *pej* grosero *m*; palurdo *m*, patán *m*; zafio *m*

'grobkörnig ADJ de grano grueso

'gröblich *geh* **A** ADJ grueso; grosero **B** ADV **~ beleidigen** insultar groseramente

'grobmaschig ADJ de malla gruesa; **grobschlächtig** ADJ grosero; tosco; **grobschleifen** V/T TECH desbastar

'Grobschliff M TECH desbaste *m*; **Grobschmied** M *obs* herrero *m* de grueso; **Grobschnitt** M *Tabak*: picadura *f*

Grog M ⟨~s; ~s⟩ grog *m*

'groggy ['grɔgi] ADJ *Boxen u. umg fig* grogui

'grölen V/I *umg* gritar, chillar; berrear

Groll M ⟨~(e)s⟩ rencor *m*; animosidad *f*; encono *m*; resentimiento *m*; **ohne ~** sin rencor; **auf j-n einen ~ haben** *od* **~ gegen j-n hegen** guardar rencor a alg; tener ojeriza a alg

'grollen V/I **1** **j-m (wegen etw) ~** guardar rencor a alg (por a/c) **2** *Donner* retumbar

'Grollen N ⟨~s⟩ *des Donners*: retumbo *m*

'Grönland N ⟨~s⟩ Groenlandia *f*

'Grönländer M ⟨~s; ~⟩, **Grönländerin** F ⟨~; ~nen⟩ groenlandés *m*; -esa *f*; **grönländisch** ADJ groenlandés

Gros[1] [gro:] N ⟨~⟩ (*überwiegender Teil*) grueso *m* (*a.* MIL), mayoría *f*; HANDEL → en gros

Gros[2] [grɔs] N ⟨~es; ~e⟩ *obs* HANDEL (*12 Dutzend*) gruesa *f*

'Groschen M ⟨~s; ~⟩ **1** HIST *BRD*: moneda *f* de diez pfennigs; *österr* groschen *m* (*céntimo del chelín*) **2** *umg fig* **keinen ~ haben** no tener un céntimo, *umg* no tener ni blanca; *umg* **der ~ ist gefallen** ahora caigo (en la cuenta); *umg* **meine paar ~** *umg* mis cuatro perras

'Groschenroman M novela *f* folletinesca

groß **A** ADJ ⟨=er; =te⟩ **1** *Ausmaße, Menge*: grande, *vor subst* gran; (*geräumig*) espacioso; (*weit*) amplio, extenso, vasto; (*umfangreich*) voluminoso; TYPO **~er Buchstabe** mayúscula *f*; ANAT **~e Zehe** dedo *m* gordo (del pie); **der ~e Zeiger** *e-r Uhr*: el minutero; *fig* **die ~e Masse** la masa, el vulgo; **gleich ~** *Sachen* del mismo tamaño; **wie groß ist ...?** ¿cuánto mide ...?; **die Schuhe sind ihm zu ~** los zapatos le están (*od* le vienen) grandes **2** (*bedeutend*) grande, considerable, notable; (*hervorragend*) eminente, insigne; (*wichtig*) importante; **~er Fehler** falta *f* grave (*od umg* garrafal); **~er Irrtum** error *m* de bulto; **im Großen** en grande; en gran escala; **im Großen wie im Kleinen** tanto en las cosas grandes como en las pequeñas; **im Großen und Ganzen** en general, en conjunto; en líneas generales **3** *Angst, Durst, Hunger, Lust, Lärm etc* mucho; *Schmerz* fuerte, intenso; **~e Hitze/Kälte** calor *m*/frío *m* intenso; **~e Angst haben** tener mucho miedo **4** *Körpergröße*: alto; **ein ~er Mann** un hombre alto (*od* de gran estatura); *fig a.* hombre insigne, gran hombre; **wie ~ ist er?** ¿qué talla tiene?; **gleich ~** *Personen* de la misma talla (*od* altura); **sie ist 1,70 m ~** mide 1,7 m **5** (*älter*) mayor; **mein ~er Bruder** mi hermano mayor; *von Kindern*: **das ist unser Großer** este es el mayor (de nuestros hijos); *fig, a. iron* **darin ist er ~** es su especialidad **6** (*erwachsen*) adulto, mayor; **die Großen** los adultos, los mayores; **Groß und Klein** grandes y pequeños; chicos y grandes; todo el mundo; **~ werden** *Kind* crecer, hacerse mayor; **wenn du einmal ~ bist** cuando seas grande **7** *Schule*: **~e Ferien** *pl* vacaciones *fpl* de verano; **~e Pause** pausa *f* larga **8** *in Namen*: **Friedrich der Große** Federico el Grande; **Karl der Große** Carlomagno **B** ADV **1** **~ angelegt** en gran escala; *Plan etc* de gran envergadura **2** **j-n ~ ansehen** mirar asombrado a alg **3** *umg* **~ ausgehen** *umg* salir para una gran juerga; *umg* **etw ~ feiern** celebrar a/c a lo grande; *umg* **er kümmert sich nicht ~ darum** no le preocupa gran cosa; no hace gran caso de ello **4** **~ auftreten** darse aires de gran señor; *umg* **ganz ~** por todo lo alto; **ganz ~!** *umg* ¡estupendo!, ¡formidable!

'Großabnehmer M HANDEL comprador *m* al por mayor; **Großadmiral** M MIL SCHIFF gran almirante *m*; *sp* capitán *m* general de la Armada; **Großaktionär** M, **Großaktionärin** F gran accionista *m/f*

'Großangriff M MIL gran ataque *m*; ataque *m* en gran escala

'großartig **A** ADJ grandioso, imponente; (*ausgezeichnet*) excelente, magnífico; (*wunderbar*) maravilloso; (*ungeheuer*) enorme, fenomenal;

umg estupendo, formidable, colosal; *sl* de órdago; **eine ~e Idee** (*a. iron*) una idea genial **B** ADV de forma grandiosa (*od* magnífica)

'Großartigkeit F ⟨~⟩ grandiosidad *f*; magnificencia *f*; sublimidad *f*; majestuosidad *f*; **Großaufnahme** F FILM primer plano *m*; **Großauftrag** M HANDEL pedido *m* importante, gran pedido *m*; **Großbetrieb** M gran empresa *f*; explotación *f* en gran escala; **Großbildschirm** M pantalla *f* grande; **Großbrand** M incendio *m* de gran magnitud

Großbri'tannien N ⟨~s⟩ Gran Bretaña *f*

'Großbuchstabe M (letra *f*) mayúscula *f*; **Großbürgertum** N alta burguesía *f*

'Größe F ⟨~; ~n⟩ **1** *Ausmaße*: tamaño *m*; (*Dicke*) grosor *m*, grueso *m*; (*Ausdehnung*) extensión *f*; dimensión *f*; (*Höhe*) *v. Gebäuden etc* altura *f*; **der ~ nach** por orden de estatura (*od* altura); **der ~ nach ordnen** ordenar de mayor a menor; clasificar por tamaños **2** (*Körpergröße*) talla *f* (*a. Kleidergröße*), estatura *f*; (*Hemdgröße, Schuhgröße, Hutgröße*) número *m*; **ich habe ~ 42** uso (*od* tengo) la (talla) 42; *bei Schuhen*: calzo (*od* tengo) el (número) 42; **in voller ~** de cuerpo entero; **(von) mittlerer ~** de talla media **3** (*Menge*) cantidad *f* (*a.* MATH, PHYS); PHYS *u. fig* magnitud *f*; ASTRON **Stern erster ~** estrella *f* de primera magnitud; MATH, PHYS, *fig* **unbekannte ~** magnitud *f* desconocida **4** (*Rauminhalt*) volumen *m*; *e-s Gefäßes*: capacidad *f*; (*Fassungsvermögen*) cabida *f* **5** (*Stärke*) fuerza *f*; intensidad *f* **6** (*Bedeutung*) importancia *f*; *e-s Vergehens*: gravedad *f* **7** *Person*: (*Berühmtheit*) celebridad *f*, eminencia *f*; *v. Film, Bühne*: estrella *f*, astro *m*; SPORT as *m* **8** *des Charakters etc*: grandeza *f*; **~ zeigen** (*od* **beweisen**) mostrar grandeza

'Großeinkauf M compra *f* al por mayor; gran compra *f*; **Großeinsatz** M operación *f* en gran escala, vasta operación *f*; **Großeltern** PL abuelos *mpl*; **Großenkel** M, **Großenkelin** F bisnieto *m*, -a *f*

'Größenordnung F (orden *m* de) magnitud *f*; dimensión *f*; **in einer ~ von 30%** alrededor del 30%

'großenteils ADV en gran parte; en general, por lo general

'Größenverhältnis N proporción *f*; **Größenwahn** M delirio *m* de grandezas, megalomanía *f*; **größenwahnsinnig** ADJ megalómano

'größer ADJ **1** (*komp v.* **groß**) mayor; **der ~e Teil** la mayor parte; la mayoría; **~ machen** hacer más grande, agrandar; *Schrift, Loch etc* aumentar; *fig* engrandecer; **~ werden** *Sachen* aumentar; agrandarse; (*wachsen*) crecer; (*sich ausdehnen*) extenderse; ensancharse; *fig* engrandecerse **2** (*ziemlich groß*) bastante grande; **eine ~e Summe** una cantidad bastante grande (*od* considerable)

'Größerwerden N ⟨~s⟩ crecimiento *m*

'Großfahndung F persecución *f* a gran escala; **Großfertigung** F fabricación *f* en gran escala; **Großfeuer** N gran incendio *m*, siniestro *m*; **Großflächenplakat** N TYPO gigantografía *f*; **Großflugzeug** N avión *f* de gran capacidad

'Großformat N gran formato *m*; tamaño *m* grande; **großformatig** ADJ *Anzeige* de gran tamaño (*od* formato)

'Großfürst M gran duque *m*; **Großfürstentum** N gran ducado *m*; **Großfürstin** F gran duquesa *f*

'Großgarage F garage *m* colectivo

'Großgrundbesitz M latifundio *m*; *Am* hacienda *f*; *Arg* estancia *f*; **Großgrundbesitzer** M, **Großgrundbesitzerin** F (gran) terrateniente *m/f*, latifundista *m/f*; *Am* hacendado *m*, -a *f*; *Arg* estanciero *m*, -a *f*

'Großhandel M comercio *m* al por mayor

'Großhandelsindex M WIRTSCH índice *m* de precios al por mayor; **Großhandelspreis** M precio *m* al por mayor

'Großhändler M, **Großhändlerin** F comerciante *m/f* al por mayor, mayorista *m/f*; **Großhandlung** F almacén *m* al por mayor

'großherzig ADJ generoso; magnánimo; **Großherzigkeit** F ⟨~⟩ generosidad *f*; magnanimidad *f*

'Großherzog M gran duque *m*; **Großherzogin** F gran duquesa *f*; **Großherzogtum** N Gran Ducado *m*

'Großhirn N ANAT cerebro *m*; **Großhirnrinde** F ANAT corteza *f* cerebral

'Großindustrie F gran industria *f*; **Großindustrielle** M/F gran industrial *m/f*; **Großinquisitor** M HIST REL inquisidor *m* general

Gros'sist M ⟨~en; ~en⟩, **Grossistin** F ⟨~; ~nen⟩ → Großhändler

'großjährig ADJ *reg* mayor de edad; **Großjährigkeit** F ⟨~⟩ mayoría *f* de edad

'Großkapital N gran capital *m*; **Großkapitalismus** M gran capitalismo *m*; plutocracia *f*; **Großkapitalist** M ⟨~en; ~en⟩, **Großkapitalistin** F ⟨~; ~nen⟩ gran capitalista *m/f*

'Großkind N *schweiz* nieto *m*, -a *f*; **Großkopfe(r)te** M/F ⟨~n; ~n; → A⟩ *umg reg umg* pez *m* gordo

'großkotzig ADJ *sl* fanfarrón; bravucón

'Großkraftwerk N ELEK central *f* eléctrica de gran potencia; **Großkreuz** N *e-s Ordens*: gran cruz *f*; **Großkundgebung** F manifestación *f* masiva (*od* multitudinaria); **Großloge** F *Freimaurerei*: Gran Oriente *m*; **Großmacht** F gran potencia *f*

'großmächtig ADJ muy potente; muy poderoso

'Großmachtstellung F situación *f* de gran potencia; **Großmama** F *umg* abuelita *f*; **Großmannssucht** F fanfarronería *f*; **Großmarkt** M **1** *e-r Stadt*: mercado *m* central (*od* de abastos) **2** (*Verbrauchermarkt*) centro *m* comercial, hipermercado *m*; **Großmars** M SCHIFF cofa *f* mayor

'großmaschig ADJ TEX de grandes mallas

'Großmast M SCHIFF palo *m* mayor; **Großmaul** N *umg fig* (*Schwätzer*) charlatán *m*, *umg* bocazas *m*; (*Prahler*) jactancioso *m*, fanfarrón *m*, bravucón *m*, *umg* farolero *m*; **großmäulig** ADJ charlatán; fanfarrón, *umg* farolero; **Großmeister** M *e-s Ordens*: gran maestre *m*; **Großmut** F generosidad *f*; magnanimidad *f*

'großmütig ADJ generoso; magnánimo; **Großmütigkeit** F ⟨~⟩ → Großmut

'Großmutter F ⟨~; ⸚⟩ abuela *f*; *umg* **erzähl das deiner ~!** ¡cuéntaselo a tu abuela!; **großmütterlich** ADJ de (*od* como) una abuela; **Großneffe** M sobrino *m* segundo; **Großnichte** F sobrina *f* segunda; **Großoktav** N TYPO octavo *m* mayor; **Großonkel** M tío *m* abuelo; **Großpapa** M *umg* abuelito *m*

'Großraum M **der ~ Madrid** el gran Madrid; **Großraumbüro** N oficina *f* (para varias personas); **Großraumflugzeug** N avión *m* de gran capacidad

'großräumig **A** ADJ **1** (*viel Platz bietend*) espacioso, amplio **2** (*große Gebiete betreffend*) grande, extenso **B** ADV **etw ~ umfahren** dar una gran vuelta para evitar a/c

'Großraumlimousine F limusina *f* monoespacio; **Großraumwirtschaft** F economía *f* de grandes espacios

'Großrechner M IT ordenador *m* de gran capacidad

Groß'reinemachen N ⟨~s⟩ limpieza *f* general (*od* a fondo)

'Großschlächterei F carnicería *f* al por mayor

'großschnäuzig ADJ *sl fig* → großmäulig

'großschreiben V/T ⟨*irr*⟩ escribir con mayúscula; **Großschreibung** F empleo *m* de mayúsculas

'Großsegel N SCHIFF vela *f* mayor; **Großsprecher** M → Großmaul

'großsprecherisch ADJ → großmäulig; **großspurig** **A** ADJ arrogante; fachendoso; *umg* farolero **B** ADV **~ tun** *od* **~ auftreten** gastar mucha prosopopeya; darse aires de gran señor; darse tono (*od* importancia)

'Großstadt F gran ciudad *f*, urbe *f*; metrópoli *f*; **Großstädter** M, **Großstädterin** F habitante *m/f* de una gran ciudad; **großstädtisch** ADJ (propio) de (una) gran ciudad; metropolitano; **Großtankstelle** F estación *f* de servicio; **Großtante** F tía *f* abuela; **Großtat** F hazaña *f*, proeza *f*

'größte(r, -s) ADJ el mayor; **der ~ Teil** la mayor parte; la mayoría

'Großteil M gran (*od* mayor) parte *f*; **zum ~** en gran (*od* su mayor) parte

'größten'teils ADV por (*od* en) la mayor parte, en su mayoría; por lo general, en general; (*gewöhnlich*) ordinariamente

'Größtmaß N máximum *m*, máximo *m*

'größt'möglich ADJ lo mayor (*od* más grande) posible

'Großtuer M ⟨~s; ~⟩ jactancioso *m*; arrogante *m*; fanfarrón *m*; bravucón *m*

Großtue'rei F ⟨~; ~en⟩ jactancia *f*; arrogancia *f*; fachenda *f*, ostentación *f*, *umg* faroleo *m*; fanfarronería *f*; bravuconería *f*

'Großtuerin F ⟨~; ~nen⟩ jactanciosa *f*, arrogante *f*; fanfarrona *f*, bravucona *f*

'großtun V/I ⟨*irr*⟩ jactarse; fanfarronear; darse tono (*od* importancia); darse aires de gran señor; (*a. v/r* **sich**) **mit etw ~** jactarse de a/c

'Großunternehmen N gran empresa *f* (*od* explotación *f*); **Großunternehmer** M, **Großunternehmerin** F gran industrial *m/f*

'Großvater M abuelo *m*; **großväterlich** ADJ de (un) abuelo; como (un) abuelo; **Großveranstaltung** F acto *m* multitudinario; **Großverbraucher** M, **Großverbraucherin** F gran consumidor *m*, -a *f*; **Großverdiener** M persona *f* de ingresos altos; **Großversuch** M experimento *m* a gran escala

'Großvieh N AGR ganado *m* mayor; **Großvieheinheit** F AGR Unidad *f* de Ganado Mayor

'Großwetterlage F situación *f* meteorológica general; **Großwild** N caza *f* mayor; **Großwürdenträger** M alto dignatario *m*

'großziehen V/T ⟨*irr*⟩ *Kinder, Tiere* criar; educar

'großzügig ADJ **1** (*freigebig*) liberal; generoso, desprendido **2** (*tolerant*) tolerante; de miras amplias **3** (*weiträumig*) espacioso, amplio; **Großzügigkeit** F ⟨~⟩ **1** (*Freigebigkeit*) liberalidad *f*; generosidad *f* **2** (*Toleranz*) tolerancia *f*; amplitud *f* de miras **3** (*Weiträumigkeit*) amplitud *f*

gro'tesk ADJ grotesco, ridículo; **~e Figur** adefesio *m*, facha *f*

Gro'tesk F ⟨~⟩ TYPO grotesca *f*

Gro'teske F ⟨~; ~n⟩ THEAT obra *f* grotesca

Gro'teskschrift F TYPO grotesca *f*

'Grotte F ⟨~; ~n⟩ gruta *f*

'Groupie ['gru:pi] N ⟨~s; ~s⟩ *umg* admiradora *f*, fan *f*, groupie *m/f*

grub → graben
'Grübchen N ⟨~s; ~⟩ hoyuelo *m*
'Grube F ⟨~; ~n⟩ **1** hoyo *m*; foso *m*, fosa *f*; zanja *f*; *sprichw* **wer andern eine ~ gräbt, fällt selbst hinein** quien siembra cizaña más tarde le araña **2** BERGB pozo *m*, mina *f*; *(Aushöhlung)* excavación *f*; BERGB **in die ~ fahren** bajar a la mina
Grübe'lei F ⟨~; ~en⟩ cavilación *f*
'grübeln VI cavilar; *fig* romperse la cabeza; **über etw** *(acus)* **~** dar vueltas a a/c; romperse la cabeza sobre a/c
'Grübeln N ⟨~s⟩ → Grübelei
'Grubenarbeiter M BERGB minero *m*; **Grubenbahn** F BERGB ferrocarril *m* minero; vía *f* de mina; **Grubenbau** M ⟨~(e)s⟩, **Grubenbetrieb** M BERGB explotación *f* minera; **Grubenbrand** M BERGB incendio *m* en una mina; **Grubengas** N BERGB grisú *m*; **Grubenholz** N BERGB entibo *m*; **Grubenlampe** F, **Grubenlicht** N BERGB lámpara *f* de minero; **Grubenschacht** M BERGB pozo *m* de mina; **Grubenunglück** N BERGB accidente *m* minero; *schweres*: catástrofe *f* minera
'Grübler M ⟨~s; ~⟩, **Grüblerin** F ⟨~; ~nen⟩ soñador *m*, -a *f*; sutilizador *m*, -a *f*; **grüblerisch** ADJ caviloso; pensativo; soñador
'grüezi ['gry:ɛtsi] INT *schweiz* ¡hola!
'Gruft F ⟨~; ⸚e⟩ tumba *f*, sepulcro *m*; *(Höhle)* caverna *f*; **Gruftgewölbe** N cripta *f*
'Grufti M ⟨~s; ~s⟩ **1** *umg Jugendspr (alter Mensch)* vejestorio *m* **2** *Jugendszene* gótico *m*
'Grum(me)t N ⟨~s⟩ AGR (hierba *f* de) segundo corte *m*
grün **A** ADJ **1** *Farbe* verde (*a.* ÖKOL, POL); **~e Augen haben** tener los ojos verdes; ÖKOL **der Grüne Punkt®** el punto verde *(marca oficial de que un material es reciclable)*; ÖKOL **~e Tonne** contenedor *m* ecológico (*od* verde); ecocontenedor *m*; *Verkehr*: **~e Welle** onda *f* verde; **~ werden** verdear; reverdecer; **mir wird ~ und gelb vor den Augen** la cabeza me da vueltas; **~ (und gelb) vor Neid** verde de envidia **2** *fig (frisch)* fresco; *(unerfahren)* novicio, bisoño; *umg* **~er Junge** mozalbete *m* **3** *fig* **~es Licht für etw geben** dar luz verde a a/c; **vom ~en Tisch aus** de manera abstracta; sin visión de la realidad; burocráticamente; **auf keinen ~en Zweig kommen** no medrar; no salir adelante; *umg* **j-m nicht ~ sein** guardar rencor a alg **B** ADV **~ anstreichen** pintar de verde; **j-n ~ und blau schlagen** *umg* moler a alg a palos; **sich ~ und gelb** *od* **blau ärgern** reventar de rabia
Grün N ⟨~s⟩ **1** *Farbe*: verde *m*; *Verkehr*: **~ haben** tener luz verde; *Verkehr*: **die Ampel steht auf ~** el semáforo está verde; *umg* **das ist dasselbe in ~** viene a ser lo mismo **2** *der Natur*: verdor *m*, verdura *f*; → *a.* Grüne
'Grünanlage F zona *f* ajardinada; parque *m* público; **~n** *fpl a.* zonas *f* verdes
'grünblau ADJ verdeazul
Grund¹ M ⟨~(e)s; ⸚e⟩ **1** *(Grundlage, Hintergrund)* fondo *m*; *(Grundlage)* *a.* fundamento *m*; base *f*; **den ~ zu etw legen** echar los cimientos (*od* fundamentos) de a/c (*a. fig*); **einer Sache auf den ~ gehen** ir al fondo de a/c, examinar a fondo a/c; profundizar en a/c; **im ~e (genommen)** en el fondo; bien mirado; pensándolo bien; después de todo; **von ~ aus** *od* **auf** a fondo; de raíz; radicalmente **2** *(Vernunftgrund, Ursache)* razón *f*; porqué *m*; *(Beweggrund, Anlass)* motivo *m*; móvil *m*; *(Beweisgrund)* argumento *m*; **(das ist) ein ~ mehr** razón de más; **(es besteht** *od* **das ist) kein ~ zur Aufregung** no hay motivo para alterarse, no hay que alterarse por eso; **~ geben zu** dar lugar a; dar motivo a (*od* para); dar pie para; **(keinen) ~ haben zu** (no) tener motivo para; **das wird schon seinen ~ haben** por algo será; **seine (guten) Gründe haben** tener sus (fundadas) razones; **ich habe meine Gründe!** ¡yo me entiendo!; **auf ~ von** a causa de; → *a.* aufgrund; **aus diesem ~(e)** por esta razón; con tal motivo; por este motivo; **aus irgendeinem ~(e)** por cualquier razón (*od* motivo); **aus dem einen oder andern ~** por un motivo u otro; por pitos o por flautas; por A o por B; **aus nahe liegenden Gründen** por razones obvias (*od* fáciles de comprender); **aus welchem ~(e) auch immer** por los motivos que sean; **aus welchem ~?** ¿por qué razón (*od* motivo)?; ¿a santo de qué?; **und zwar aus gutem ~** y con razón; **ohne (jeden) ~** sin (ningún) motivo; sin (ninguna) razón
Grund² M ⟨~(e)s; ⸚e⟩ **1** *Boden* fondo *m*; **~ haben** *im Wasser*: tocar fondo, hacer pie; **keinen ~ mehr haben** *od* **den ~ verlieren** *im Wasser*: perder pie; **das Glas bis auf den ~ leeren** apurar el vaso; SCHIFF **auf ~ laufen** encallar, varar; SCHIFF **in den ~ bohren** echar a pique, hundir; *fig* **sich in ~ und Boden schämen** morirse de la vergüenza **2** *(Erdboden)* suelo *m*; tierra *f*; terreno *m*; *(Baugrund)* solar *m*; *(Grundbesitz)* tierras *fpl*; **~ und Boden** bienes *mpl* raíces
'Grundakkord M MUS acorde *m* perfecto; **Grundanschauung** F concepción *f* fundamental
'grund'anständig ADJ muy honrado
'Grundanstrich M TECH capa *f* (*od* pintura *f*) de fondo; **Grundausbildung** F formación *f* básica; MIL instrucción *f* básica; **Grundausstattung** F equipamiento *m* básico; **Grundbau** M ⟨~(e)s; ~ten⟩ ARCH fundamentos *mpl*; **Grundbedeutung** F sentido *m* primitivo (*od* fundamental); **Grundbedingung** F condición *f* fundamental; **Grundbegriff** M noción *f* (*od* concepto *m*) fundamental; **~e** *pl (Anfangsgründe)* rudimentos *mpl*; **Grundbesitz** M bienes *mpl* raíces, propiedad *f* inmobiliaria (*od* fundiaria); **Grundbesitzer** M, **Grundbesitzerin** F propietario *m*, -a *f* (de bienes raíces); terrateniente *m/f*, hacendista *m/f*; **Grundbestandteil** M elemento *m* fundamental; constitutivo *m*; principio *m*
'Grundbuch N registro *m* de la propiedad; **eine Hypothek ins ~ eintragen** inscribir una hipoteca en el registro de la propiedad; **Grundbuchamt** N (oficina *f* del) registro *m* de la propiedad; **Grundbucheintrag** M inscripción *f* en el registro de la propiedad
'Grunddienstbarkeit F JUR servidumbre *f* real (*od* inmobiliaria)
'grund'ehrlich ADJ honrado a carta cabal
'Grundeigentum N → Grundbesitz; **Grundeigentümer** M, **Grundeigentümerin** F → Grundbesitzer
'Grundeinstellung F actitud *f* fundamental; **Grundeis** N hielo *m* de fondo; *sl fig* **mir geht der Arsch auf ~** estoy en un aprieto; *sl* estoy cagado de miedo
'gründeln VI *Ente etc* zambullirse (en busca de alimento)
'gründen **A** VT **1** *(ins Leben rufen)* fundar; *(einrichten)* establecer; crear; instituir **2** *fig (stützen)* basar, apoyar (**auf** *acus* en); **etw auf etw** *(acus)* **~** basar a/c en a/c **B** V/R **sich auf etw** *(acus)* **~** fundarse en a/c; apoyarse en a/c; basarse en a/c
'Gründer M ⟨~s; ~⟩ fundador *m*; creador *m*; **Gründeraktie** F HANDEL acción *f* de fundador; **Gründeranteil** M parte *f* de fundador; **Gründergesellschaft** F sociedad *f* fundadora; **Gründerin** F ⟨~; ~nen⟩ fundadora *f*; creadora *f*; **Gründerjahre** NPL HIST *in Deutschland nach 1871*: revolución *f* industrial alemana; **Gründerversammlung** F asamblea *f* constituyente
'Grunderwerb M adquisición *f* de terreno; **Grunderwerbssteuer** F impuesto *m* sobre la adquisición de bienes inmuebles; *sp* impuesto *m* sobre transmisiones patrimoniales y actos jurídicos (documentados)
'grund'falsch ADJ absolutamente falso
'Grundfarbe F OPT color *m* elemental; MAL color *m* de fondo; *(Grundanstrich)* capa *f* (*od* pintura *f*) de fondo; **Grundfehler** M error *m* fundamental (*od* capital); **Grundfeste** F ⟨~; ~n⟩ fundamento *m*; *fig* **in seinen ~n erschüttert** quebrantado hasta la raíz; **Grundfläche** F base *f*; *e-r Wohnung*: superficie *f*; **Grundform** F **1** forma *f* primitiva **2** GRAM infinitivo *m*; **Grundgebühr** F tarifa *f* fija (*od* base); TEL cuota *f* de abono; **Grundgedanke** M idea *f* fundamental; **Grundgehalt** N sueldo *m* base
'grundgelehrt ADJ *obs* muy sabio; muy erudito; **~ sein** *umg* ser un pozo de ciencia; **grundgescheit** ADJ muy inteligente
'Grundgesetz N POL *BRD*: ley *f* fundamental (*la constitución alemana*); **Grundgestein** N rocas *fpl* primitivas; **Grundgleichung** F MATH ecuación *f* fundamental
'grund'hässlich ADJ más feo que Picio
'Grundherr M, **Grundherrin** F HIST señor *m*, -a *f* feudal
grun'dieren VT ⟨*ohne* ge-⟩ dar la primera capa (*od* mano); MAL imprimar; poner fondo
Grun'dierfarbe F pintura *f* de fondo; **Grundierlack** M barniz *m* de fondo; **Grundierschicht** F capa *f* de fondo; **Grundierung** F ⟨~; ~en⟩ aplicación *f* de la capa de fondo; MAL imprimación *f*
'Grundindustrie F industria *f* básica; **Grundirrtum** M error *m* fundamental (*od* capital); **Grundkapital** N capital *m* social; **Aufstockung** *od* **Erhöhung des ~s** aumento *m* del capital social; **Grundkenntnisse** FPL nociones *fpl* básicas, conocimientos *mpl* básicos (**in** *dat* de); **Grundkredit** M crédito *m* hipotecario; **Grundkreditanstalt** M banco *m* (de crédito) hipotecario
'Grundkurs M SCHULE *in der Oberstufe*: ≈ asignatura *f* optativa; UNIV *u. in der Weiterbildung*: curso *m* básico (*od* para principiantes)
'Grundlage F **1** *allg* base *f* (*a.* CHEM); fundamento *m*; asiento *m*; **jeder ~ entbehren** carecer de todo fundamento; **die ~n schaffen** establecer (*od* sentar) las bases (**für** de); **als ~ dienen** servir de base; **auf gesetzlicher ~** sobre base legal; **auf eine sichere ~ stellen** fundar sobre base segura; **auf der ~ von** sobre la base de **2** **~n** *fpl e-r Wissenschaft etc*: elementos *mpl*, fundamentos *mpl*; *(Grundsätze)* principios *mpl*; *(erste Ansätze)* rudimentos *mpl*, nociones *fpl* fundamentales
'Grundlagenforschung F investigación *f* básica; **grundlegend** ADJ fundamental, básico; **Grundlegung** F ⟨~; ~en⟩ fundación *f*
'gründlich **A** ADJ **1** *(v. Grund auf)* radical; *(vollständig)* completo; exhaustivo **2** *(eingehend)* minucioso; *(sorgfältig)* cuidadoso, esmerado; escrupuloso; *(gewissenhaft)* concienzudo **3** **~e Kenntnisse** conocimientos *mpl* sólidos (*od* profundos) **B** ADV **1** *(von Grund auf)* a fondo; a conciencia; **sich ~ vorbereiten** prepararse a fondo **2** *(eingehend, sorgfältig)* minuciosamente; cuidadosamente **3** *fig (sehr)* **j-m ~ die Meinung sagen** decir a alg cuatro verdades; **sich ~ irren** equivocarse completamente; *umg* **da hast du dich ~ blamiert!** ¡te has lucido!
'Gründlichkeit F ⟨~⟩ solidez *f*; *(Tiefe)* pro-

G

fundidad *f*; (*Sorgfalt*) esmero *m*, cuidado *m*; escrupulosidad *f*; minuciosidad *f*
'Gründling M ⟨~s; ~e⟩ *Fisch*: gobio *m*
'Grundlinie F base *f*; línea *f* maestra; SPORT línea *f* de fondo; **Grundlohn** M salario *m* base
'grundlos A ADJ 1 (*tief*) sin fondo, insondable 2 *fig* sin fundamento, infundado; (*willkürlich*) inmotivado, gratuito B ADV sin fundamento, sin razón (alguna); sin motivo, inmotivadamente; **Grundlosigkeit** F ⟨~⟩ 1 profundidad *f* insondable 2 *fig* carencia *f* de fundamento; sinrazón *f*; lo infundado de a/c
'Grundmasse F GEOL masa *f* elemental; **Grundmauer** F ARCH cimientos *mpl*, muro *m* de cimentación; **Grundmetall** N metal *m* base; **Grundmiete** F renta *f* base; **Grundmoräne** F GEOL mor(r)ena *f* de fondo; **Grundnahrungsmittel** N alimento *m* básico (*od* base)
Grün'donnerstag M Jueves *m* Santo
'Grundpfeiler M pilar *m* de fundamento; *fig* columna *f*; puntal *m*; **Grundplatte** F TECH placa *f* de base; **Grundpreis** M precio *m* base; *Taxi*: bajada *f* de bandera; **Grundprinzip** N principio *m* fundamental; **Grundproblem** N problema *m* fundamental; **Grundrechenarten** FPL MATH **die vier ~** las cuatro reglas aritméticas (*od* operaciones fundamentales); **Grundrecht** N derecho *m* fundamental; **Grundregel** F regla *f* fundamental; **Grundrente** F renta *f* del suelo; **Grundriss** M 1 ARCH plano *m* (horizontal), planta *f* 2 (*Lehrbuch*) compendio *m*, manual *m*
'Grundsatz M principio *m*; *bes* PHIL axioma *m*; (*Lebensregel*) máxima *f*; (*Devise*) lema *m*; **ein Mann mit** *od* **von Grundsätzen** un hombre de principios; **als ~ haben** tener por principio
'Grundsatzentscheidung F decisión *f* de principio; **Grundsatzerklärung** F declaración *f* de principio
'grundsätzlich A ADJ fundamental, básico; de principio B ADV en principio; por principio
'Grundschicht F capa *f* de fondo; **Grundschuld** F deuda *f* territorial (*od* inmobiliaria)
'Grundschule F escuela *f* primaria; **Grundschüler** M, **Grundschülerin** F alumno *m*, -a *f* de primaria; *Sp obs* estudiante *m/f* de E.G.B.
'Grundschullehrer M, **Grundschullehrerin** F maestro *m*, -a *f* (*od* profesor *m*, -a *f*) de primaria; *sp obs* profesor *m* de E.G.B.; **Grundschulwesen** N enseñanza *f* primaria; *sp obs* Enseñanza *f* General Básica
'Grundsee F mar *f* de fondo; **Grundstein** M ARCH piedra *f* fundamental (*a. fig*); **den ~ legen** poner la primera piedra (**zu** de); *fig* cimentar las bases (**zu** de); **Grundsteinlegung** F ⟨~; ~en⟩ colocación *f* de la primera piedra; **Grundstellung** F posición *f* normal; *Boxen*: guardia *f*; **Grundsteuer** F impuesto *m* sobre bienes inmuebles; **Festsetzung** *f* **der ~** determinación *f od* fijación *f* del impuesto sobre bienes inmuebles; **Grundstock** M base *f*
'Grundstoff M CHEM elemento *m*, cuerpo *m* simple; (*Rohstoff*) materia *f* prima; **~e** *pl* materias *fpl* básicas; **Grundstoffindustrie** F industria *f* básica
'Grundstrich M TYPO pierna *f* de letra; **Grundstück** N JUR fundo *m*; inmueble *m*; *allg* finca *f*; (*Bauplatz*) solar *m*, terreno *m*
'Grundstücksmakler M, **Grundstücksmaklerin** F agente *m/f* de la propiedad inmobiliaria; corredor *m*, -a *f* de fincas; **Grundstücksverwalter** M, **Grundstücksverwalterin** F administrador *m*, -a *f* de fincas; **Grundstücksverwaltung** F administración *f* de fincas
'Grundstudium N UNIV primer ciclo *m* (de los estudios universitarios); **Grundstufe** F SCHULE grado *m* (*od* nivel *m*) elemental; **Grundtarif** M tarifa *f* básica; **Grundtext** M (texto *m*) original *m*; **Grundton** M 1 MUS tónica *f*, tono *m* fundamental 2 MAL color *m* fundamental 3 *fig* tono *m* general; **Grundübel** N vicio *m* capital; fuente *f* de todos los males; **Grundumsatz** M PHYSIOL metabolismo *m* basal
'Gründung F ⟨~; ~en⟩ fundación *f*; establecimiento *m*; creación *f*
'Gründünger M AGR abono *m* verde
'Gründungsjahr N año *m* de la fundación; **Gründungskapital** N capital *m* de fundación; capital *m* fundacional; **Gründungsmitglied** N miembro *m* (*od* socio *m*) fundador; **Gründungsphase** F fase *f* de constitución; **in der ~ (sein)** (estar) en fase de constitución; **Gründungsurkunde** F, **Gründungsvertrag** M acta *f* constituyente
'Grundursache F causa *f* (*bzw* motivo *m*) fundamental (*od* primordial)
'grundverkehrt ADJ absolutamente equivocado; **grundverschieden** ADJ completamente distinto; diametralmente opuesto
'Grundwahrheit F verdad *f* fundamental
'Grundwasser N ⟨~s⟩ aguas *fpl* subterráneas (*od* freáticas); **Grundwasserbelastung** F carga *f* contaminante del agua subterránea; contaminación *f* de las aguas subterráneas (*od* freáticas); **Grundwasserspiegel** M nivel *m* freático; capa *f* freática; **Grundwasservorkommen** N yacimientos *mpl* de aguas subterráneas (*od* freáticas)
'Grundwort N ⟨~(e)s; ≃er⟩ LING radical *m*; raíz *f* (etimológica); **Grundzahl** F número *m* cardinal; **Grundzins** M renta *f* del suelo; **Grundzug** M rasgo *m* esencial (*od* fundamental); **Grundzüge** *pl e-r Wissenschaft*: elementos *mpl*
'Grüne M/F ⟨~n; ~n; → A⟩ POL miembro *m/f* de los Verdes; ecologista *m/f*; **die ~n** *pl* los Verdes
'Grüne(s) N ⟨~n⟩ 1 *Farbe*: verde *m* 2 (*Natur*) naturaleza *f*; **im ~n** en el campo; **mitten im ~n** en pleno campo; **ins ~ fahren** ir al campo
'grünen VI verdecer, verdear; ponerse verde; enverdecer; reverdecer
'Grüner → Grüne
'Grünfink M ORN verderón *m*, verdecillo *m*; **Grünfläche** F espacio *m* (*od* zona *f*) verde; zona *f* ajardinada; **Grünfutter** N forraje *m*, pasto *m* verde
'grüngelb ADJ amarillo verdoso
'Grüngürtel M cinturón *m* verde; **Grünkern** M ⟨~(e)s⟩ GASTR trigo *m* verde; **Grünkohl** M col *f* común (*od* verde); **Grünland** N ⟨~(e)s⟩ AGR prados *mpl* y pastizales *mpl*
'grünlich ADJ verdoso
'Grünling M → Grünfink; **Grünpflanze** F planta *f* verde (sin flores); **Grünschnabel** M *fig* mocoso *m*; jovenzuelo *m*; (*Neuling*) novato *m*; bisoño *m*
'Grünspan M cardenillo *m*, verdete *m*; **mit ~ überzogen** acardenillado; **~ ansetzen** acardenillarse
'Grünspecht M ORN pico *m* verde; **Grünstreifen** M *in der Stadt*: banda *f* verde (*od* de césped); *Autobahn*: franja *f* mediana; **Grüntee** M té *m* verde; **Grünwerden** N ⟨~s⟩ reverdecimiento *m*; *der Bäume*: foliación *f*
'grunzen VI gruñir
'Grunzen N ⟨~s⟩ gruñido *m*
'Grünzeug N ⟨~(e)s⟩ verdura *f*; *umg* verde *m*; **Grünzone** F, **Grünzug** M zona *f* verde
'Gruppe F ⟨~; ~n⟩ grupo *m* (*a.* MIL, MATH); agrupación *f*; (*Kreis v. Zuschauern*) corro *m*; (*Arbeitsgruppe*) equipo *m*; **in ~n** en (*od* por) grupos; **eine ~ bilden** formar un grupo, agruparse; **in ~n einteilen** dividir en grupos
'Gruppenarbeit F trabajo *m* en equipo; **Gruppenaufnahme** F, **Gruppenbild** N FOTO (retrato *m* en) grupo *m*; **Gruppenbildung** F agrupación *f*, formación *f* de grupos; **Gruppendynamik** F PSYCH dinámica *f* de grupo (*od* grupal); **Gruppenführer** M MIL jefe *m* de grupo; **Gruppenleiter** M, **Gruppenleiterin** F jefe *m*, -a *f* de(l) grupo; **Gruppenreise** F viaje *m* colectivo (*od* en grupo); **Gruppenschalter** M ELEK interruptor *m* de grupos; **Gruppensex** M cama *f* redonda; **Gruppentherapie** F terapia *f* de grupo; **Gruppenunterricht** M enseñanza *f* colectiva; **Gruppenversicherung** F seguro *m* colectivo (*od* de grupos); **gruppenweise** ADV por (*od* en) grupos
grup'pieren ⟨*ohne* ge-⟩ A VT agrupar B V/R **sich ~** agruparse; SPORT alinearse; **Gruppierung** F ⟨~; ~en⟩ agrupación *f*, agrupamiento *m*
Grus [gru:s] M ⟨~es; ~e⟩ BERGB carbonilla *f*, carbón *m* menudo, cisco *m*
'Gruselfilm M película *f* de terror (*od* de suspense); **gruselig** ADJ horripilante, terrorífico; estremecedor; escalofriante
'gruseln V/T & V/I **mir** *od* **mich gruselt** siento horror; me da miedo; me dan escalofríos; **gruslig** ADJ → gruselig
Gruß [gru:s] M ⟨~es; ≃e⟩ 1 *Wort, Geste*: saludo *m*; (*Begrüßung*) salutación *f* 2 *Briefschluss*: **mit freundlichen Grüßen** un cordial saludo; *förmlicher*: atentamente; **(mit) herzliche(n) Grüße(n)** (con) un cordial saludo; **meine besten Grüße** mis saludos más cordiales (**an** *acus* a); **viele Grüße aus Berlin** muchos saludos de (sde) Berlín 3 *ausgerichteter*: recuerdo *m*; **j-m von j-m Grüße bestellen** *od* **ausrichten** saludar de parte de alg a alg; **einen schönen ~ von mir!** ¡recuerdos de mi parte!
'grüßen VT 1 saludar; **~ Sie ihn (herzlich) von mir** salúdele (muy cordialmente) de mi parte; **er lässt Sie (schön) ~** le envía (muy afectuosos) recuerdos 2 *umg* **grüß dich!** *umg* ¡hola!; *südd* **grüß Gott!** ¡buenos días!
'Grußformel F fórmula *f* de saludo; **Grußpflicht** F MIL saludo *m* obligatorio; **Grußtelegramm** N telegrama *m* de salutación (*bzw* de adhesión)
'Grützbeutel M MED lobanillo *m*, ateroma *m*; **Grützbrei** M papilla *f* de avena mondada
'Grütze F ⟨~; ~n⟩ 1 sémola *f* gruesa; (*Hafergrütze*) avena *f* mondada; **rote ~** *especie de gelatina de frutas rojas* 2 *umg fig* (*Verstand*) sesos *mpl*
'G-Saite F MUS cuerda *f* de sol
'G-Schlüssel M MUS clave *f* de sol
GSM-Standard M TEL estándar GSM *m*
Gua'jakbaum M guayaco *m*
Gua'nako N ⟨~s; ~s⟩ ZOOL guanaco *m*
Gu'ano M ⟨~s⟩ guano *m*
Gu'asch F ⟨~; ~en⟩ → Gouache
Guate'mala N ⟨~s⟩ Guatemala *f*
Guatemal'teke M ⟨~n; ~n⟩, **Guatemaltekin** F ⟨~; ~nen⟩ guatemalteco *m*, -a *f*; **guatemaltekisch** ADJ guatemalteco
'gucken *umg* A VT *Fernsehen, Film* ver, mirar B VI 1 *umg* mirar (**auf etw** *acus od* **nach etw** *dat* a/c); **guck mal!** ¡mira! 2 (*hervorsehen*) **aus dem Fenster ~** *Person* asomarse por la ventana; **aus dem Rucksack ~** *Buch etc* asomar por la mochila 3 **böse/freundlich ~** poner mala/buena cara
'Guckfenster N ventanilla *f*, ventanillo *m*; **Guckloch** N mirilla *f*
Gue'rilla [ge'rɪlja] F ⟨~; ~s⟩ guerrilla *f*; **Gue-**

rillakämpfer M, Guerillakämpferin F guerrillero m, -a f; Guerillakrieg M guerra f de guerrillas
'Gugelhupf M ⟨~(e)s; ~e⟩ südd, österr GASTR pastel m de molde (redondo)
Guillo'tine [gijo'ti:nə] F ⟨~; ~n⟩ guillotina f; guilloti'nieren VT ⟨ohne ge-⟩ guillotinar
Gui'nea [gi-] N ⟨~; ~s⟩ Guinea f; Guinea-Bissau N ⟨~s⟩ Guinea-Bissau f; guinea-bissauisch ADJ de Guinea-Bissau
guine'anisch [gi-] ADJ guineano
Gui'neer [gi-] M ⟨~s; ~⟩, Guineerin F ⟨~; ~nen⟩ guineano m, -a f; guineisch ADJ guineano
'Gulag M ⟨~(s)⟩ HIST gulag m
'Gulasch M, N ⟨~(e)s; ~e⟩ estofado m a la húngara; Gulaschkanone F umg MIL cocina f de campaña; Gulaschsuppe F sopa f húngara
'Gulden M ⟨~s; ~⟩ HIST Währung: florín m
'gülden ADJ poet → golden
'Gülle F ⟨~⟩ AGR estiércol m líquido
'Gully ['gʊli] M, N ⟨~s; ~s⟩ sumidero m
'gültig ADJ valedero; JUR, Pass etc válido; (in Kraft) vigente; en vigor; (rechtmäßig) legítimo; (beglaubigt) legalizado; Münze de curso legal, corriente; ~ machen od für ~ erklären declarar valedero; (con)validar; (für rechtmäßig erklären) legitimar; sancionar
'Gültigkeit F ⟨~⟩ validez f; e-s Gesetzes: vigor m, vigencia f; (Rechtmäßigkeit) legitimidad f; e-r Münze: curso m legal; ~ haben tener validez, estar vigente
'Gültigkeitsdauer F plazo m (od tiempo m) de validez; Gültigkeitserklärung F validación f
'Gummi¹ N&M ⟨~s; ~(s)⟩ Material: goma f; caucho m
'Gummi² M ⟨~s; ~s⟩ **1** (Radiergummi) goma f (de borrar) **2** umg (Präservativ) goma f
'Gummi³ N ⟨~s; ~s⟩ umg (Gummiband) goma f
'Gummiabsatz M tacón m de goma
Gummia'rabikum N ⟨~s⟩ goma f arábiga
'gummiartig ADJ elástico; gomoso
'Gummiball M pelota f de goma; Gummiband N ⟨~(e)s; ⸚er⟩ cinta f elástica, elástico m, goma f; Gummibärchen N ⟨~s; ~⟩ osito m de goma; Gummibaum M BOT árbol m del caucho (od de la goma); Gummibelag M revestimiento m de goma; Gummibereifung F neumáticos mpl; bandaje m de caucho; Gummiboot N bote m neumático; Gummidichtung F TECH junta f de goma
gum'mieren VT ⟨ohne ge-⟩ engomar; Stoff impermeabilizar; Gummierung F ⟨~; ~en⟩ engomado m; v. Stoff impermeabilización f
'Gummifaden M hilo m de goma; Gummigeschoss N, österr Gummigeschoß N proyectil m de goma; Gummigewebe N tejido m de goma; tela f elástica
'gummihaltig ADJ gomífero, gomoso
'Gummihammer M martillo m de goma; Gummihandschuh M guante m de goma; Gummiharz N CHEM gomorresina f; Gummiindustrie F industria f del caucho; Gummiknüppel M porra f (de goma); Gummilack M goma f laca; Gummilinse F FOTO (objetivo m) zoom m; Gummimantel M impermeable m; Gummimatte F alfombrilla f de goma; Gummiparagraf M, Gummiparagraph M umg norma f flexible; Gummipuppe F muñeca f de goma; Gummireifen M neumático m; Gummiring M anillo m (bzw arandela f) de goma; Gummischlauch M manguera f (bzw tubo m) de goma; Gummischnur F cordón m de goma; cuerda f elástica; Gummischuhe MPL chanclos mpl; Gummischwamm M esponja f de goma; Gummisohle F suela f de goma; Gummistempel M sello m de goma; Gummistiefel MPL botas fpl de goma; Gummistöpsel M tapón m de goma; Gummistrumpf M media f elástica; Gummiüberzug M TECH revestimiento m de goma; Gummiunterlage F für Säuglinge: impermeable m; Gummiwalze F rodillo m de caucho; Gummiwaren FPL artículos mpl de goma; Gummizelle F celda f acolchada (od de seguridad); Gummizug M elástico m
Gunst F ⟨~⟩ **1** (günstige Meinung) favor m; simpatía f; sich um j-s ~ bemühen buscar el favor de alg; j-s ~ erlangen congraciarse con alg; ganarse (od granjearse) las simpatías de alg; in j-s ~ stehen od sich j-s ~ erfreuen estar en favor con alg; gozar de las simpatías de alg **2** (Gunstbezeigung) favor m; (Gnade) gracia f; j-m eine ~ erweisen hacer un favor a alg **3** fig die ~ der Stunde nutzen aprovechar la ocasión propicia **4** zu j-s ~en en (od a) favor de alg; zu ~en (von) → zugunsten
'Gunstbeweis M, Gunstbezeigung F ⟨~; ~en⟩ (señal f de) favor m; prueba f de simpatía
'günstig **A** ADJ favorable (für para); Wetter propicio; Augenblick oportuno; (vorteilhaft) ventajoso; Angebot, Preis buen(o); im ~sten Falle en el mejor de los casos; bei ~er Witterung si el tiempo lo permite **B** ADV **1** Person ~ aufnehmen acoger favorablemente; ver con buenos ojos; j-m ~ gesinnt sein estar favorablemente dispuesto hacia alg **2** Sache sich ~ auswirken tener consecuencias positivas
'Günstling M ⟨~s; ~e⟩ pej favorito m; e-s Fürsten a.: privado m, valido m; (Schützling) protegido m; Günstlingswirtschaft F favoritismo m
'Gurgel F ⟨~; ~n⟩ garganta f, umg gaznate m; j-n an od bei der ~ packen agarrar a alg por el cuello (od umg pescuezo); j-m die ~ durchschneiden degollar a alg; j-m die ~ zudrücken umg apretar la nuez a alg
'gurgeln VI gargarizar, hacer gárgaras; Wasser gargotear
'Gurgeln N ⟨~s⟩ gárgara(s) f(pl); Gurgelwasser N ⟨~s; ⸚⟩ gargarismo m
'Gurke F ⟨~; ~n⟩ **1** BOT pepino m; kleine: pepinillo m; saure ~ pepinillo en vinagre **2** sl (Nase) narizota f, napias fpl; Gurkensalat M ensalada f de pepino
'gurren VI Vogel arrullar
'Gurren N ⟨~s⟩ arrullo m
Gurt M ⟨~(e)s; ~e⟩ **1** (Gürtel) cinturón m (a. AUTO); ceñidor m; (Traggurt) tirante m; (Patronengurt) canana f; den ~ anlegen abrocharse el cinturón **2** (Riemen) correa f (a. TECH); (Sattelgurt) cincha f; 'Gurtband N ⟨~(e)s; ⸚er⟩ cinta f de lona; 'Gurtbogen M ARCH arco m toral
'Gürtel M ⟨~s; ~⟩ cinturón m (a. fig); GEOG zona f; (Absperrung) cordón m; den ~ enger schnallen apretarse el cinturón (a. fig)
'Gürtellinie F cintura f; ein Schlag unter die ~ un golpe m bajo (a. umg fig)
'Gürtelreifen M neumático m radial; Gürtelrose F MED herpe(s) m(pl) zoster m, zona m; Gürtelschlaufe F pasador m de cinturón; Gürtelschnalle F, Gürtelspange F hebilla f (de cinturón); Gürteltasche F riñonera f; bolsito m de cinturón; Gürteltier N ZOOL armadillo m
'gürten **A** VT ceñir (mit de) **B** VR sich ~ ceñirse
'Gurtförderer M ⟨~s; ~⟩ TECH transportador m de cinta; Gurtmuffel M umg persona que no se pone el cinturón de seguridad; Gurtpflicht F AUTO uso m obligatorio del cinturón de seguridad; Gurtstraffer M ⟨~s; ~⟩ AUTO tensor m del cinturón de seguridad
'Gurtung F ⟨~; ~en⟩ ARCH puntal m
'Guru M ⟨~s; ~s⟩ gurú m; fig líder m
GUS F ABK (Gemeinschaft Unabhängiger Staaten) CEI f (Comunidad de Estados Independientes)
Guss M ⟨~es; ⸚e⟩ **1** (Regenguss) chaparrón m, aguacero m; (Strahl) chorro m **2** TECH Gießerei: fundición f; colada f; aus einem ~ de una (sola) pieza, enterizo (a. fig) **3** GASTR (Zuckerguss) baño m de azúcar
'Gussasphalt M asfalto m colado; Gussbeton M hormigón m colado; Gussblock M lingote m
'Gusseisen N hierro m colado (od fundido), fundición f (de hierro); gusseisern ADJ de hierro colado, de fundición
'Gussform F molde m; lingotera f; Gussmessing N latón m colado; Gussnaht F rebaba f; Gussstahl M acero m fundido (od colado); Gussstahlwerk N fundición f de acero; Gussstück N pieza f de fundición; Gusswaren FPL artículos mpl de fundición

gut
⟨besser; beste⟩

A Advjektiv B Adverb

— A Advjektiv —

1 allg buen(o); (nützlich) a. útil, conveniente; (heilsam) a. saludable; (gesund) a. sano; (förderlich) a. beneficioso; (vorteilhaft) a. ventajoso; ~ sein für (od zu) ser bueno (od servir) para; zu nichts ~ sein no ser bueno (od no servir) para nada; etw ~ finden encontrar bien a/c; geh hallar apropiado a/c; es ist ~es Wetter hace buen tiempo; das eine ist so ~ wie das andere tan bueno es lo uno como lo otro; es ist ganz ~ está bastante bien; no está mal; ~ werden ponerse bien; wieder ~ werden (in Ordnung kommen) arreglarse; Wunde curar; es wird noch alles ~ werden todo se arreglará **2** Schulnote: ≈ notable; sehr ~ sobresaliente **3** Wünsche: ~en Abend! ¡buenas tardes!; nach Sonnenuntergang: ¡buenas noches!; ~e Besserung! ¡que se mejore! bzw ¡que te mejores!; ein ~es neues Jahr! ¡feliz año nuevo!; ~en Morgen! ¡buenos días!; ~e Nacht! ¡buenas noches!; ~e Reise! ¡buen viaje!; ~en Tag! ¡buenos días!; am Nachmittag: ¡buenas tardes!; (j-m einen) ~en Tag wünschen dar los buenos días (a alg) **4** es ist ~ está bien; das ist ~! umg ¡hombre, qué bien!; iron ¡ésta sí que es buena!; iron du bist (vielleicht) ~! umg ¡qué gracia!; das ist schön und ~, aber … todo eso está muy bien, pero …; es ist ~, dass es una suerte que od que bien que (subj); es wäre ~, wenn … estaría bien si … (subj); wie ~, dass du gekommen bist que bien que hayas venido; lassen wir es ~ sein no hablemos más de eso; dejemos eso; schon ~! ¡ya está bien!; (das genügt) ¡basta! **5** fig die ~e Stube el salón; die ~e alte Zeit los buenos viejos tiempos; aus ~er Familie de buena familia; in ~em (od im ~en) Sinne en buen sentido **6** zeitlich: ~e zehn Minuten diez minutos largos; eine ~e Stunde una hora larga; eine ~e Weile un buen rato, un largo rato **7** Befinden: mir ist nicht ~ no me encuentro bien; hier ist ~ sein aquí se está bien **8** (gütig) bondadoso; ein ~er Mensch un hombre de bien; iron der ~e Hans etc el bueno de Juan, etc; zu j-m ~ sein portarse bien con alg; tratar bien a alg; **seien Sie so ~ und schließen Sie die Tür** haga el favor (*od* tenga la bondad) de cerrar la puerta **9** **Gut und Böse** el bien y el mal

— B Adverb —

1 *allg* bien; **~ aussehen** tener buen aspecto, *gesundheitlich*: tener buena cara; **~ kennen/können/schreiben** *etc* conocer/saber/escribir, *etc* bien; **~ riechen/schmecken** oler/saber bien, tener buen olor/sabor; **etw ~ aufnehmen** tomar a/c en el buen sentido; **von j-m ~ sprechen** hablar bien de alg; **sie täte ~ daran zu gehen** haría bien en marcharse; → *a.* gut aussehend, gut bezahlt, gutstehen **2** *mit* es: **es geht ihm ~** está bien, le va bien; **es ~ haben** tener suerte; pasarlo bien; **du hast es ~!** ¡qué suerte tienes!; **es ~ meinen** obrar con buena intención; **es ~ mit j-m meinen** querer el bien de alg; **mach's ~!** ¡buena suerte!; ¡que lo pases bien! **3** *mit* so: **so ~ er/sie kann** lo mejor que pueda; **so ~ wie möglich** *od* **so ~ es geht** lo mejor posible; en la medida de lo posible; **so ~ wie alles/nichts** casi todo/nada; **so ~ wie sicher** casi seguro; **so ~ wie unmöglich** prácticamente (*od* punto menos que) imposible **4** *iron* **das fängt ja ~ an!** ¡bien empieza esto!; **Sie haben ~ reden** es muy fácil hablar **5** *fig* **auf ~ Deutsch** *umg* hablando en plata; **nicht ~ auf j-n zu sprechen sein** *umg* estar de punta con alg **6** *in Ausrufen*: **~!** (*abgemacht*) ¡conforme!, ¡de acuerdo!, ¡hecho!; ¡vale!; **also ~!** ¡pues nada!; **auch ~!** ¡pues sea!; ¡pase!; **ziemlich** (*od* **recht**) **~** no está mal; **~ so!** *od* **~ gemacht!** ¡bien hecho! **7** (*mindestens*) **~ und gern …** por lo menos …; **~ zehn Jahre** diez años largos; diez años y pico; **vor ~ zehn Jahren** hace más de diez años

Gut N ⟨~(e)s; ⸚er⟩ **1** (*Habe*) bien *m*; (*Eigentum*) propiedad *f*; bienes *mpl*; (*Vermögen*) fortuna *f*; patrimonio *m*; REL **das höchste ~** el bien supremo; *sprichw* **unrecht ~ gedeiht nicht** bienes mal adquiridos a nadie han enriquecido **2** (*Landgut*) finca *f* (rústica); (*Farm*) granja *f*; *Am* hacienda *f*, *Arg* estancia *f* **3** (*Ware*) mercancía *f*, *Am* mercadería *f*; *oft pl* **Güter** mercancías *fpl*, *Am* mercaderías *fpl*

'Gutachten N ⟨~s; ~⟩ dictamen *m*; informe *m*; peritaje *m*; **ärztliches ~** informe *m* médico; **gerichtsmedizinisches ~** peritaje *m* médico forense; **von j-m ein ~ einholen** pedir el dictamen de alg; **ein ~ abgeben** dictaminar (**über** *acus* sobre); informar (**über** *acus* acerca de)

'Gutachter M ⟨~s; ~⟩, **Gutachterin** F ⟨~; ~nen⟩ perito *m*, -a *f*, experto *m*, -a *f*; (*Schätzer, -in*) tasador *m*, -a *f*; **gutachterlich** **A** ADJ pericial; informativo; consultivo **B** ADV **sich ~ äußern über** (*acus*) dictaminar sobre

'gutartig ADJ de buen natural; MED benigno; **Gutartigkeit** F ⟨~⟩ buen natural *m* (*od* genio *m*); MED benignidad *f*

gut aussehend ADJ de buen aspecto, bien parecido, de buena presencia; **gut bezahlt** ADJ bien pagado

'gut'bürgerlich ADJ **~e Küche** cocina *f* (*bzw* comida *f*) casera

'Gutdünken N ⟨~s⟩ buen parecer *m*, buen criterio *m*; arbitrio *m*; **nach ~** a discreción; a voluntad; **nach Ihrem ~** como mejor le parezca a usted; **ich überlasse es Ihrem ~** lo dejo a su buen criterio (*od* a su arbitrio)

'Gute(s) N ⟨~n; → A⟩ **1** bien *m*; **das ~** lo bueno; **das ~ an der Sache ist** lo bueno del caso es que; **(j-m) ~s tun** hacer bien (a alg); **nichts ~s erwarten** no esperar nada bueno (**von** de); **sein ~s haben** tener su lado bueno; *sprichw* **es hat alles sein ~s** no hay mal que por bien no venga; **des ~n zu viel tun** exagerar, excederse, propasarse; **das ist des ~n zu viel** *umg* es miel sobre hojuelas; **sich zum ~n wenden** tomar un rumbo favorable **2** *Glückwunsch*: **alles ~!** ¡felicidades!; *zu e-r bevorstehenden Aufgabe*: ¡que le, *etc* vaya bien!, ¡suerte!; **alles ~ zum Geburtstag!** ¡feliz cumpleaños! **3** **im ~n** por las buenas; amistosamente; **im ~n auseinandergehen** separarse como buenos amigos; **j-m etw im ~n sagen** decir a/c a alg por las buenas

'Güte F ⟨~⟩ bondad *f*; *v. Waren*: (buena) calidad *f*; **erste ~** primera calidad; **haben Sie die ~, zu** (*inf*) tenga la bondad de (*inf*); **in (aller) ~** amistosamente; *umg* **(ach, du) meine ~!** ¡Dios mío!, ¡Dios santo!

'Güteklasse F categoría *f* de calidad

Gute'nachtgeschichte F cuento *m* para dormir; **Gutenachtkuss** M beso *m* de buenas noches

'Güter NPL → Gut; **Güterabfertigung** F despacho *m* (*od* expedición *f*) de mercancías; **Güterabtretung** F JUR cesión *f* de bienes; **Güterannahme(stelle)** F depósito *m* (*bzw* expedición *f*) de mercancías; **Güterausgabe(stelle)** F entrega *f* de mercancías; **Güteraustausch** M intercambio *m* de mercancías; **Güterbahnhof** M estación *f* de mercancías; **Güterbeförderung** F transporte *m* de mercancías

'Güter'fernverkehr M transporte *m* de mercancías a gran distancia; **Gütergemeinschaft** F JUR comunidad *f* de bienes

gut erhalten ADJ bien conservado

'Güter'kraftverkehr M transporte *m* de mercancías por carretera; **Güter'nahverkehr** M transporte *m* de mercancías a corta distancia

'Güterrecht N JUR régimen *m* de bienes; **Güterschuppen** M depósito *m* de mercancías; *Am* galpón *m* de carga; **Güterstand** M JUR régimen *m* de bienes; **Gütertrennung** F JUR *in der Ehe*: (régimen *m* de) separación *f* de bienes; **Güterverkehr** M movimiento *m* (*bzw* transporte *m* *od* tráfico *m*) de mercancías; **Güterwagen** M BAHN vagón *m* de mercancías; **Güterzug** M BAHN tren *m* de mercancías

'Gütesiegel N sello *m* (*od* marchamo *od* signo *m*) de calidad; **Gütetermin** M JUR juicio *m* de conciliación; **Güteverfahren** N JUR procedimiento *m* de conciliación; **Güteverhandlung** F → Gütetermin; **Gütezeichen** N → Gütesiegel

gut gebaut ADJ bien construido (*od* hecho); *umg Person* bien plantado

'gutgehen VI, **gut gehen** VI ⟨*irr*; sn⟩ salir bien; *Geschäft* prosperar; (*gut enden*) terminar bien; (*gut verlaufen*) ir (*od* marchar) bien; **es geht ihm gut** le va bien; **es sich** (*dat*) **gut gehen lassen** pasarlo bien; tratarse bien; darse buena vida; *umg* pegarse la gran vida; **lass es dir gut gehen!** ¡que lo pases bien!; ¡a pasarlo bien!; **das wird nicht gut gehen** esto va a acabar mal; **wenn alles gut geht** si todo sale bien

'gutgehend, gut gehend ADJ *Geschäft* floreciente, próspero; **'gutgelaunt, gut gelaunt** ADJ de buen humor; **'gutgemeint, gut gemeint** ADJ bienintencionado, con buena intención

'gutgesinnt ADJ bienintencionado

'gutgläubig ADJ de buena fe; **Gutgläubigkeit** F ⟨~⟩ buena fe *f*

'guthaben VT ⟨*irr*⟩ HANDEL ser acreedor de; *umg* **du hast noch zehn Euro bei mir gut** aún te debo diez euros

'Guthaben N HANDEL haber *m*, saldo *m* activo (*od* a favor)

'gutheißen VT ⟨*irr*⟩ aprobar; dar por bueno; (*bestätigen*) sancionar; ratificar; (*genehmigen*) autorizar

'gutherzig ADJ de buen corazón; bondadoso; (*mildtätig*) caritativo; **Gutherzigkeit** F ⟨~⟩ bondad *f* de corazón; espíritu *m* caritativo

'gütig **A** ADJ bueno; bondadoso; benévolo; (*mild*) benigno; (*gefällig*) complaciente; condescendiente; **Sie sind sehr ~** es usted muy amable; *hum* **mit Ihrer ~en Erlaubnis** con su permiso **B** ADV benévolamente, bondadosamente

'gütlich **A** ADJ (*im Einvernehmen*) amistoso, amigable; **auf ~em Wege** por vía amistosa **B** ADV **1** amigablemente, amistosamente; *bes* JUR **sich ~ einigen** llegar a un arreglo amistoso; arreglarse por las buenas **2** **sich an etw** (*dat*) **~ tun** regalarse con a/c, darse buena vida con a/c

'gutmachen VT (*wiedergutmachen*) reparar; *Fehler* corregir, enmendar; *Unrecht* desagraviar; **es ist nicht wiedergutzumachen** es irreparable; es irremediable

'Gutmensch M bendito *m*, bueno *m*

'gutmütig ADJ bondadoso; *umg* bonachón; *umg* de buena pasta; **ein ~er Mensch** *umg* un alma de Dios; un buenazo; **Gutmütigkeit** F ⟨~⟩ bondad *f*; carácter *m* bondadoso

'gut'nachbarlich ADJ **~e Beziehungen** relaciones *fpl* de buena vecindad (*od* de buenos vecinos)

'Gutpunkt M punto *m* bueno

'gutsagen VI (*bürgen*) responder (**für** de); HANDEL salir garante (*od* fiador) (**für** de)

'Gutsbesitzer M, **Gutsbesitzerin** F propietario *m*, -a *f*, de una finca (rural); terrateniente *m/f*

'Gutschein M vale *m*; bono *m*; **gutschreiben** VT ⟨*irr*⟩ HANDEL **j-m einen Betrag ~** abonar a alg una cantidad en cuenta; **Gutschrift** F HANDEL abono *m* (en cuenta); **zur ~ auf das Konto** para acreditar en cuenta; **Gutschriftanzeige** F aviso *m* de abono

'Gutshaus N casa *f* de campo; **Gutsherr** M ⟨~en; ~en⟩, **Gutsherrin** F ⟨~; ~nen⟩ propietario *m*, -a *f* de una finca; hacendado *m*, -a *f*; **Gutshof** M granja *f*; finca *f*; *Am* hacienda *f*; *Arg* estancia *f*

gut situiert ADJ en buena posición social; acomodado

'Gutspacht F arrendamiento *m* de una explotación; **Gutspächter** M, **Gutspächterin** F arrendatario *m*, -a *f* de una finca

'gutstehen V/R **sich ~** vivir desahogadamente (*od* con holgura); **sich mit j-m ~** estar a bien con alg; estar en buenas relaciones con alg; **sich bei etw ~** tener provecho de a/c; salir ganando

'Gutsverwalter M administrador *m*, mayordomo *m*; **Gutsverwalterin** F administradora *f*; **Gutsverwaltung** F administración *f* (de fincas)

Gutta'percha F ⟨~⟩ *od* N ⟨~(s)⟩ (*kautschukähnliches Produkt*) gutapercha *f*

'guttun VI ⟨*irr*⟩ hacer bien (**j-m** a alg); probar bien; **das tut einem gut** esto sienta bien; *iron* **das tut dir gut** *umg* te está bien empleado

guttu'ral ADJ gutural; **Gutturallaut** M sonido *m* gutural

gut unterrichtet ADJ bien informado; **aus ~en Kreisen** de fuentes bien informadas

'gutwillig **A** ADJ voluntario; espontáneo; (*gefällig*) complaciente; servicial; (*gehorsam*) dócil **B** ADV de buen grado; de buena voluntad; **Gutwilligkeit** F ⟨~⟩ buena voluntad *f*; complacencia *f*; docilidad *f*

Gu'yana N ⟨~s⟩ Guayana *f*; **Guyaner** M

G

⟨~s; ~⟩, **Guyanerin** F ⟨~; ~nen⟩ guyanés *m*, -esa *f*; **guyanisch** ADJ guyanés

Gym'khana [-'ka:na] N ⟨~s; ~s⟩ SPORT gymkhana *f*

Gymnasi'albildung F estudios *mpl* secundarios (*od* de enseñanza media *bzw* de bachillerato); **Gymnasialdirektor** M, **Gymnasialdirektorin** F director *m*, -a *f* de instituto de enseñanza media (*od* de bachillerato); **Gymnasiallehrer** M, **Gymnasiallehrerin** F profesor *m*, -a *f* de enseñanza media (*od* de bachillerato)

Gymnasi'ast M ⟨~en; ~en⟩, **Gymnasiastin** F ⟨~; ~nen⟩ estudiante *m/f* de enseñanza media (*od* bachillerato); *Am* liceísta *m/f*

Gym'nasium N ⟨~s; Gymnasien⟩ *sp* (*Sekundarstufe II*) instituto *m* (de bachillerato); (*Sekundarstufe I*) ≈ instituto *m* de educación secundaria; *Am* liceo *m*; colegio *m*

Gym'nastik F ⟨~⟩ gimnasia *f*; **Gymnastikanzug** M traje *m* de gimnasia; **Gymnastiker** M ⟨~s; ~⟩, **Gymnastikerin** F ⟨~; ~nen⟩ gimnasta *m/f*; **Gymnastikinstitut** N instituto *m* gimnástico; gimnasio *m*

gym'nastisch ADJ gimnástico

Gynäko'loge M ⟨~n; ~n⟩ ginecólogo *m*; **Gynäkolo'gie** F ⟨~⟩ ginecología *f*; **Gynäko'login** F ⟨~; ~nen⟩ ginecóloga *f*; **gynäko'logisch** ADJ ginecológico

'Gyros N ⟨~; ~⟩ ≈ kebab *m*

Gyro'skop N ⟨~s; ~e⟩ giroscopio *m*; **gyroskopisch** ADJ giroscópico

H

H, h N ⟨~; ~⟩ 1 H, h *f* 2 MUS si *m*; **H-Dur** si mayor; **h-Moll** si menor

h ABK (Stunde) hora *f*

ha ABK (Hektar) hectárea *f*

ha INT ¡ah!; *umg* ¡jo!

Haag M **Den ~** La Haya; **~er Abkommen** Convención *f* de La Haya; **~er Internationaler Schiedsgerichtshof** Tribunal *m* Internacional de La Haya

Haar N ⟨~(e)s; ~e⟩ 1 ANAT pelo *m* (*a.* ZOOL, BOT, *e-s Pinsels*); (*Haupthaar*) *a.* cabello *m*; cabellera *f*; (*Körperhaar*) vello *m*; **blonde ~e** *od* **blondes ~ haben** tener el pelo rubio; **falsche ~e** pelo *m* postizo; **die ~e kurz/lang tragen** llevar el pelo corto/largo; **sich** (*dat*) **die ~e schneiden lassen** cortarse el pelo; **sich** (*dat*) **(vor Verzweiflung) die ~e raufen** tirarse de los pelos (de desesperación); **da stehen einem die ~e zu Berge** *od* **da sträuben sich einem die ~e** se le ponen a uno los pelos de punta 2 *fig* **~e auf den Zähnen haben** tener la lengua afilada; **~e lassen müssen** quedar desplumado (*od* pelado); salir perdiendo; sufrir grandes pérdidas; **~e spalten** cortar un cabello (*od* pelo) en el aire; pararse en pelillos; **j-m kein ~ krümmen** no tocar (ni) un pelo a alg; **kein gutes ~ an j-m/etw lassen** poner a alg/a/c de vuelta y media; no dejar hueso sano a alg/a/c; **an den ~en herbeigezogen** (*abwegig*) absurdo, descabellado; **an einem ~ hängen** estar pendiente de un cabello, pender de un hilo; **aufs ~** exactamente; **sich** (*dat*) **aufs ~ gleichen** parecerse como un huevo a otro; **sich** (*dat*) **in die ~e geraten, sich** (*acus*) **in die ~e kriegen** tener una bronca; **sich** (*dat*) **in den ~en liegen** tener una bronca; andar a la greña; *umg* tirarse de los pelos; **um ein ~** por poco, por un pelo; **um ein ~ wäre ich gefallen** por poco me caigo; **um kein ~ besser** ni pizca mejor; *umg fig* **(immer) ein ~ in der Suppe finden** poner pegas; ver inconvenientes (en todo)

'Haaranalyse F análisis *m* capilar; **Haaransatz** M *zona de la frente donde empieza a crecer el pelo*; **Haaraufheller** M decolorante *m*; **Haarausfall** M caída *f* del pelo; MED alopecia *f*; **Haarbalg** M ⟨~(e)s; ¨~e⟩ ANAT folículo *m* piloso; **Haarband** N ⟨~(e)s; ¨~er⟩ cinta *f* (para el pelo); **Haarbesen** M escoba *f* de crines; **Haarbürste** F cepillo *m* para el cabello; **Haarbüschel** N mechón *m* (de pelo); (*Schopf*) copete *m*, tupé *m*; **Haardraht** M alambre *m* finísimo

'haaren V/I(V/R) **(sich) haaren** perder el pelo; pelarse

'Haarentferner M, **Haarentfernungsmittel** N depilatorio *m*; *Creme*: crema *f* depilatoria; *Wachs*: cera *f* depilatoria; **Haarersatz** M pelo *m* postizo

'Haaresbreite F ⟨~⟩ **um ~** (*beinahe*) por un pelo; en un tris; **nicht um ~ weichen** no ceder un ápice

'Haarewaschen N lavado *m* de cabeza; **Haarfarbe** F color *m* del pelo; **Haarfärbemittel** N tinte *m* para el cabello; **Haarfärben** N tinte *m* del pelo

'haarfein ADJ finísimo; PHYS capilar; *fig* sutilísimo

'Haarfestiger M fijapelo *m*, fijador *m*; **Haarfilz** M fieltro *m* de pelo; **Haarflechte** F trenza *f*

'haarförmig ADJ capilar

'Haargarn N hilo *m* de pelo; **Haargefäß** N ANAT vaso *m* capilar; **Haargel** N gel *m* fijador

'haar'genau ADV exactamente; **das stimmt ~** es exactamente así

'haarig ADJ 1 peludo; piloso; *am Körper*: velludo, velloso 2 *umg fig* (*heikel*) peliagudo, delicado; escabroso; (*peinlich*) penoso; (*ärgerlich*) enojoso, molesto

'Haarklammer F horquilla *f* (para el pelo); pinza *f*, clip *m*; **Haarkleid** N ZOOL pelaje *m*

'haar'klein ADV **etw ~ erzählen** *etc* contar, *etc* a/c con pelos y señales (*od* con todo lujo de detalles)

'Haarklemme F → Haarklammer; **Haarknoten** M moño *m*; **Haarkünstler** M, **Haarkünstlerin** F *hum* peluquero *m*, -a *f*; **Haarlocke** F rizo *m*; bucle *m*

'haarlos ADJ sin pelo; (*kahlköpfig*) calvo; *Männergesicht u.* BOT lampiño; **Haarlosigkeit** F ⟨~⟩ falta *f* de pelo; (*Kahlköpfigkeit*) calvicie *f*

'Haarmittel N producto *m* capilar; **Haarmode** F moda *f* del peinado; **Haarnadel** F horquilla *f*; **Haarnadelkurve** F *Verkehr*: curva *f* en herradura; **Haarnetz** N redecilla *f* (para el pelo); **Haaröl** N aceite *m* para el cabello; **Haarpflege** F higiene *f* capilar; cuidado *m* del cabello; **Haarpflegemittel** N producto *m* para el cuidado del cabello; **Haarpinsel** M pincel *m* fino (*od* de pelo); **Haarriss** M TECH hendidura *f* (*od* grieta *f*) capilar; **Haarröhrchen** N PHYS tubo *m* capilar

'haar'scharf A ADJ 1 afiladísimo, muy cortante 2 *fig* muy exacto (*od* preciso); agudísimo B ADV 1 exactamente; con precisión matemática 2 (*ganz nahe*) rozando; **das ging ~ daneben** (*es ging schief*) salió mal por poco; *Schuss*: no dio en el blanco por poco

'Haarschere F tijeras *fpl* de peluquero; **Haarschleife** F lazo *m*, cinta *f*; **Haarschmuck** M adorno *m* para el cabello; (*Frisur*) peinado *m*

'Haarschneidekamm M peine *m* de barbero; **Haarschneidemaschine** F maquinilla *f* de cortar el pelo

'Haarschneiden N corte *m* de pelo; **Haarschneideschere** F tijeras *fpl* de peluquero; **Haarschnitt** M peinado *m*; corte *m* de pelo; **Haarschopf** M copete *m*; (*Mähne*) melena *f*; **Haarseite** F *des Leders*: flor *f* de cuero; **Haarsieb** N tamiz *m* fino (*od* tupido)

Haarspalte'rei F ⟨~; ~en⟩ *pej* sutileza *f*, sutilidad *f*; **~ treiben** cortar un pelo en el aire; rizar el rizo; **das ist doch ~!** ¡eso es rizar el rizo!

'Haarspange F pasador *m*; **Haarspitze** F punta *f* del pelo; **Haarspray** M laca *f*, spray *m*; **Haarspülung** F acondicionador *m* del pelo (*od* del cabello); **Haarsträhne** F guedeja *f*; mechón *m*; *unordentlich*: greña *f*

'haarsträubend ADJ 1 (*entsetzlich*) espeluznante, horripilante 2 (*unerhört*) inaudito; (*unglaublich*) increíble; (*skandalös*) escandaloso

'Haarstrich M 1 sentido *m* natural del pelo 2 *Schrift*: perfil *m*; **Haarteil** N bisoñé *m*, peluquín *m*; **Haartolle** F ⟨~; ~n⟩ copete *m*; tupé *m*; **Haartracht** F peinado *m*, tocado *m*; **Haartrockner** M *Haube*: secador *m*; *Föhn*: secador *m* de mano, secapelos *m*; **Haarwaschmittel** N champú *m*; **Haarwasser** N ⟨~s; ¨~⟩ loción *f* capilar; **Haarwild** N JAGD caza *f* de pelo; **Haarwuchs** M crecimiento *m* del pelo; (*Kopfhaar*) cabellera *f*; **Haarwuchsmittel** N regenerador *m* del cabello; crecepelo *m*; **Haarwurzel** F raíz *f* del pelo (*od* capilar)

Hab N **~ und Gut** N todos los bienes; todas las propiedades; **sie hat ihr ganzes ~ und Gut verloren** *a.* ha perdido todo

'Habe F ⟨~⟩ propiedad *f*, bienes *mpl*; fortuna *f*; **(un)bewegliche ~** bienes *mpl* (in)muebles; **persönliche ~** efectos *mpl* personales

Habeas'korpusakte F JUR acta *f* de hábeas córpus

'haben

⟨*irr*⟩

A transitives Verb B Hilfsverb
C reflexives Verb

— A transitives Verb —

1 tener; (*besitzen*) *a.* poseer; **Hunger/Durst ~** tener hambre/sed; **Ferien ~** estar de vacaciones; **eine Stunde hat 60 Minuten** una hora tiene sesenta minutos; **da hast du Geld** *etc* aquí tienes dinero, *etc*; **woher hast du das?** ¿de dónde tienes (*od* has sacado) esto?; **einen Freund an j-m ~** tener en alg un amigo; **bei sich ~** *Sache* llevar consigo (*od* encima); *Person* tener en casa; *als Begleitung*: ir acompañado de; **er hat viel von seiner Mutter** tiene mucho de su madre; *umg* **man hat jetzt wieder kurze Röcke** se lleva otra vez la falda corta; **zu ~ sein** *Ware* estar disponible; estar a la venta; *Person* (*unverheiratet sein*) ser soltero; **das ist nicht mehr zu ~** eso ya no se encuentra; *Buch etc* está agotado; **zu ~ bei** de venta en; **ich hab's!** ¡ya lo tengo!; *umg* **da ~ wir's!** (*das war zu erwarten*) ¡ya lo decía yo!; (*so ist es also*) ¡ahí está!; *umg* **das werden wir gleich ~** ahora lo veremos 2 *Datum etc*: **den Wievielten ~ wir?** ¿a cuántos estamos?; **wir ~ heute Montag, den 1. April** hoy es lunes, uno de abril; **wir ~ Sommer/Winter** estamos en verano/en invierno 3 *fig* **das kann ich nicht ~** (*leiden*) no lo soporto; **dafür bin ich nicht zu ~** para eso que no se cuente conmigo; **etw gegen j-n ~** *umg* tener manía a alg; **was hast du gegen ihn?** ¿qué tienes contra él?; **ich habe nichts dagegen** no tengo nada que objetar; no me opongo a ello; *umg* **sie hatte etwas mit ihm**

H

umg tuvo un lío con él; **was hast du davon?** ¿de qué te sirve eso?; ¿qué provecho sacas de ello?; **wir ~ nichts davon** no nos sirve para nada **4** *mit inf*: **~ zu** (*müssen*) haber de, tener que; **zu arbeiten ~** tener que trabajar; **zu tun ~** estar ocupado; **viel zu tun ~** tener mucho que hacer (*od* trabajar); **das hat nichts zu sagen** eso no quiere decir nada; **er hat hier nichts zu sagen** no pinta nada aquí **5** **~ wollen** querer, desear; **was will er dafür ~?** ¿cuánto pide?; **er will es so ~** quiere que se haga así; quiere que las cosas sean así **6** *Krankheit, Problem*: *umg* **es am Magen ~** estar mal del estómago; **er hat es im Hals** le duele la garganta; *umg* **was hat sie (denn)?** ¿qué le pasa? **7** *mit präp und sich*: **damit hat es nichts auf sich** no tiene importancia, no es nada; *Argument* **viel für sich ~** ser muy plausible; **etw hinter sich** (*dat*) **~** haber pasado por a/c; (*abgeschlossen*) haber terminado a/c; *fig* **es in sich** (*dat*) **~** ser muy difícil; **die Aufgabe hat es in sich** *a. umg* es una tarea que se las trae; **j-n über sich** (*dat*) **~** tener como superior a alg; depender de alg; **j-n unter sich** (*dat*) **~** tener a alg a su mando (*od* bajo su dirección); **die Kasse unter sich** (*dat*) **~** llevar la caja; **etw vor sich** (*dat*) **~** tener a/c por delante; *weiter entfernt*: tener a/c en perspectiva **8** *mit adj*: **lieber ~** preferir; **es gut ~** pasarlo bien, vivir bien; **du hast es gut!** ¡qué suerte tienes! → gernhaben

— **B** Hilfsverb —

Perfekt: haber; **ich habe es gesehen** lo he visto; *ohne Bezug zur Gegenwart Indefinido*: **ich habe ihn letzte Woche gesehen** lo vi la semana pasada; *bzw Imperfekt*: **ich hab's gewusst!** ¡lo sabía!

— **C** reflexives Verb —

sich ~ **1** *umg* (*sich zieren*) andar con remilgos; (*angeben*) darse tono; **hab dich nicht so!** *umg* ¡déjate de pamemas! **2** *umg* **hat sich was!** *umg* ¡narices!; *sl* ¡tu padre!; *umg* **(und) damit hat sich's!** ¡y se acabó!, ¡y sanseacabó!

'Haben N ⟨~s⟩ HANDEL haber *m*, crédito *m*; **das Soll und ~** el debe y el haber; el débito y el crédito; **ins ~ buchen** pasar al crédito

'Habenichts M ⟨~ *od* ~es; ~e⟩ *umg* pobretón *m*, pobre diablo *m*

'Habenposten M HANDEL partida *f* de abono; **Habensaldo** M HANDEL saldo *m* acreedor; **Habenseite** F HANDEL lado *m* del haber; crédito *m*; **Habenzinsen** MPL FIN intereses *mpl* acreedores

'Habgier F ⟨~⟩ codicia *f*; **habgierig** ADJ codicioso

'habhaft ADJ **j-s/einer Sache ~ werden** apoderarse de alg/a/c, lograr coger a alg/a/c; *umg* atrapar a alg/a/c

'Habicht M ⟨~(e)s; ~e⟩ ORN azor *m*

'Habichtskraut N BOT vellosilla *f*; **Habichtsnase** F nariz *f* aguileña

Habilitati'on F ⟨~; ~en⟩ UNIV habilitación *f*

habili'tieren V/R ⟨*ohne* ge-⟩ **sich ~** ≈ ganar una cátedra universitaria

'Habitus M ⟨~⟩ aspecto *m* exterior; (*Haltung*) actitud *f*; porte *m*; MED hábito *m*

'Habsburger MPL **die ~** los Austrias *mpl*, los Habsburgos *mpl*

'Habseligkeiten FPL efectos *mpl* personales; *umg* trastos *mpl*, bártulos *mpl*, chismes *mpl*

'Habsucht F ⟨~⟩ codicia *f*; **habsüchtig** ADJ codicioso

'Hachse [-ks-] F ⟨~; ~n⟩ **1** GASTR pata *f*; (*Kalbshachse*) pierna *f* de ternera; (*Schweinshachse*) pata *f* de cerdo; codillo *m* **2** *umg reg hum* **~n** *fpl* patas *fpl*

'Hackbeil N hachuela *f*; **Hackblock** M tajo *m*, tajadero *m*; **Hackbraten** M GASTR asado *m* de carne picada; **Hackbrett** N **1** tabla *f* para picar carne **2** MUS tímpano *m*

'Hacke[1] F ⟨~; ~n⟩ azada *f*, azadón *m*; (*Jäthacke*) almocafre *m*, escardillo *m*; (*Spitzhacke*) pico *m*

'Hacke[2] F ⟨~; ~n⟩ (*Ferse*) talón *m*; MIL **die ~n zusammenschlagen** chocar los tacones; *umg* **j-m auf den ~n sein** *umg* pisar a alg los talones

'hacken[1] **A** V/T **1** GASTR *Fleisch* picar **2** *Gartenbau*: azadonar, mullir **3** **Holz ~** cortar (*od* partir) madera **B** V/I **1** *Gartenbau*: cavar; azadonar **2** *Vogel* **nach j-m/etw ~** picotear a alg/a/c

'hacken[2] (*a.* ['hɛkən]) V/T IT piratear, hackear

'Hacken M ⟨~s; ~⟩ → Hacke[2]

'Hackepeter M ⟨~s; ~⟩ *nordd* GASTR carne *f* picada

'Hacker ['hɛkər] M ⟨~s; ~⟩, **Hackerin** F ⟨~; ~nen⟩ IT hacker *m/f*, pirata *m/f* informático, -a; *umg* (*Computerfreak*) aficionado *m*, -a *f* a los ordenadores

'Hackfleisch N GASTR carne *f* picada; *umg* **~ aus j-m machen** hacer picadillo a alg; **Hackfresse** *sl* F **1** *Gesicht*: *umg* careto *m* **2** *Person*: *umg* monstruo *m*; **Hackfrüchte** FPL AGR raíces *fpl* y tubérculos *mpl*, *Am* plantas *fpl* carpidas; **Hackklotz** M tajo *m*; **Hackmaschine** F picadora *f*; AGR binadora *f*; **Hackmesser** N tajadera *f*; machete *m*; **Hackordnung** F BIOL *u. fig* orden *m* de picoteo

'Häcksel M/N ⟨~s⟩ paja *f* cortada; **Häckselmaschine** F cortapajas *m*; picadora *f*

'häckseln V/T *Heu, Stroh* cortar

'Hacksteak [-steːk] N GASTR hamburguesa *f*, filete *m* de carne picada

'Hader M ⟨~s⟩ *geh* (*Streit*) riña *f*; querella *f*; (*Zwietracht*) discordia *f*

'hadern V/I **mit j-m ~** reñir, disputar, altercar con alg; **mit dem** *od* **seinem Schicksal ~** estar descontento con (*od* de) su suerte; luchar contra el destino

'Hades M ⟨~⟩ MYTH infiernos *mpl*

'Hafen M ⟨~s; ⸚⟩ puerto *m*; *fig a.* refugio *m*, asilo *m*; *fig* **im sicheren ~ landen** llegar a buen puerto; *hum* **in den ~ der Ehe einlaufen** casarse

'Hafenamt N administración *f* del puerto; **Hafenanlagen** FPL instalaciones *fpl* portuarias; muelles *mpl*; **Hafenarbeiter** M, **Hafenarbeiterin** F obrero *m*, -a *f* portuario, -a; *für Be- und Entladung*: estibador *m*, -a *f*; (des)cargador *m*, -a *f* de muelle; **Hafenarbeiterstreik** M huelga *f* portuaria; **Hafenbahnhof** M estación *f* marítima; **Hafenbecken** N dársena *f*; **Hafenbehörde** F autoridades *fpl* marítimas (*bzw* del puerto); capitanía *f* del puerto; **Hafendamm** M (*Mole*) muelle *m*; espigón *m*; (*Ufermauer*) malecón *m*; **Hafeneinfahrt** F entrada *f* (*od* boca *f*) del puerto; *enge*: gola *f*; **Hafengebühren** FPL derechos *mpl* portuarios; **Hafenkneipe** F taberna *f* portuaria; **Hafenkran** M grúa *f* de muelle; **Hafenlotse** M práctico *m* del puerto; **Hafenmeister** M capitán *m* de puerto; **Hafenpolizei** F policía *f* del puerto; **Hafenrundfahrt** F paseo *m* por el puerto; vuelta *f* al puerto; **Hafenschleuse** F esclusa *f* de puerto; **Hafensperre** F cierre *m* del puerto; *für ein Schiff*: embargo *m*; **Hafenstadt** F ciudad *f* marítima (*od* portuaria); puerto *m*; **Hafenviertel** N barrio *m* portuario; **Hafenwache** F vigilancia *f* de muelles; **Hafenwächter** M vigilante *m* de muelles; **Hafenzoll** M derechos *mpl* portuarios

'Hafer M ⟨~s⟩ BOT avena *f*; *fig* **ihn sticht der ~** es un petulante; *umg* tiene muchos humos; **Haferbrei** M papilla *f* de avena; **Haferflocken** FPL copos *mpl* de avena; **Hafergrütze** F avena *f* mondada

'Haferl N ⟨~s; ~⟩ *südd, österr* (*große Tasse*) tazón *m*; **~ Kaffee** café *m* doble, café *m* gigante

'Hafermehl N harina *f* de avena; **Haferschleim** M crema *f* de avena

Haff N ⟨~(e)s; ~s *od* ~e⟩ GEOG bahía *f*

Haft F ⟨~⟩ arresto *m*; prisión *f*; (*Verhaftung*) detención *f*; JUR (*Strafe*) arresto *m* menor; **in ~** arrestado, detenido; **in ~ nehmen** detener; arrestar; encarcelar; **in ~ halten** tener detenido; **aus der ~ entlassen** poner en libertad; excarcelar

'Haftanstalt F centro *m* penitenciario (*od* de reclusión)

'haftbar ADJ responsable (**für** de); **j-n (für etw) ~ machen** hacer a alg responsable (de a/c); **Haftbarkeit** F ⟨~⟩ responsabilidad *f*

'Haftbefehl M orden *f* de captura (*od* de detención); JUR auto *m* de prisión; **internationaler ~** orden *f* de captura internacional; **~ erlassen** dictar auto de prisión; **Haftbeschwerde** F JUR recurso *m* contra el auto de prisión; **Haftdauer** F duración *f* del arresto

'haften[1] V/I **1** (*kleben*) pegar; **~ an** (*dat*) estar adherido (*od* pegado *od* fijado) a **2** *fig* **im Gedächtnis ~ (bleiben)** grabarse en la memoria; **an ihm haftet ein Makel** tiene un defecto

'haften[2] V/I JUR responder, salir garante; **für etw ~** responder de a/c; **für j-n ~** responder por alg

'Haften N ⟨~s⟩ adherencia *f*

'haftend ADJ adhesivo; JUR **persönlich ~** personalmente responsable

'Haftentlassene M/F ⟨~n; ~n; → A⟩ excarcelado *m*, -a *f*; **Haftentlassung** F libertad *f* (**bedingte** condicional); excarcelación *f*

'Haftfähigkeit F ⟨~⟩ **1** JUR encarcelabilidad *f* **2** TECH → Haftfestigkeit; **Haftfestigkeit** F TECH adherencia *f*, adhesividad *f*

'Haftie *umg* N ⟨~s; ~s⟩ nota *f* adhesiva; **Haftie-Block** M bloc *m* de notas adhesivas

'Häftling M ⟨~s; ~e⟩ detenido *m*, -a *f*; preso *m*, -a *f*, recluso *m*, -a *f*

'Haftnotiz F nota *f* adhesiva

'Haftpflicht F responsabilidad *f* civil; **beschränkte ~** responsabilidad *f* civil limitada; **gesetzliche ~** responsabilidad *f* civil legal

'haftpflichtig ADJ responsable; **haftpflichtversichert** ADJ con (un) seguro de responsabilidad civil; asegurado contra daños a terceros; **Haftpflichtversicherung** F seguro *m* de responsabilidad civil

'Haftpsychose F (p)sicosis *f* carcelaria; **Haftrichter** M, **Haftrichterin** F juez *m*, -a *f* de vigilancia penitenciaria; **dem ~ vorgeführt werden** pasar a disposición de la autoridad judicial de vigilancia penitenciaria

'Haftschale F OPT lente *f* de contacto, lentilla *f*

'Haftstrafe F JUR (condena *f* de) arresto *m*; condena de cárcel; **zu einer ~ von 5 Jahren verurteilen** condenar a una pena de prisión de 5 años

'Haftung[1] F ⟨~⟩ TECH adherencia *f*

'Haftung[2] F ⟨~⟩ responsabilidad *f*; **(un)beschränkte ~** responsabilidad (i)limitada; **die ~ übernehmen/ablehnen** asumir/declinar la responsabilidad (**für** de); **aus der ~ entlassen** eximir de la responsabilidad

'Haftungsausschluss M exención *f* de responsabilidad; **Haftungsgrenze** F límite *m* del seguro

'Haftvermögen N TECH adherencia *f*, adhesividad *f*

Hag [haːk] M ⟨~(e)s; ~e⟩ *lit* (*Hecke*) seto *m*; (*Eingehegtes*) cercado *m*, coto *m*; (*Hain*) bosquecillo *m*, floresta *f*

'Hagebuche F BOT ojaranzo *m*, carpe *m*, abedulillo *m*; **Hagebutte** F ⟨~; ~n⟩ BOT escaramujo *m*, agavanza *f*; **Hagedorn** BOT M espino *m* blanco, majuelo *m*

'Hagel M ⟨~s⟩ granizo *m*; *grober*: pedrisco *m*; *fig* lluvia *f*, granizada *f*, turbión *m*; **es droht ~** amenaza granizo; (parece que) va a granizar; **Hagelkanone** F cañón *m* granífugo; **Hagelkorn** N 1 METEO grano *m* de granizo 2 MED *am Auge*: chalazión *m*

'hageln V/UNPERS 1 granizar; **es hagelt** graniza, cae granizo, está granizando 2 *fig* llover; **es hagelte Vorwürfe/Kritik** llovían reproches/críticas

'Hagelrakete F cohete *m* granífugo (*od* antigranizo); **Hagelschaden** M daño *m* causado por el granizo; **Hagelschauer** M granizada *f*; **Hagelschlag** M pedrisco *m*; granizada *f*; **Hagelschutz** M protección *f* antigranizo (*od* contra el granizo); **Hagelsturm** M tempestad *f* de granizo; **Hagelversicherung** F seguro *m* contra el granizo (*od* pedrisco); **Hagelwolke** F nube *f* (cargada) de granizo

'hager ADJ flaco, magro; (*abgezehrt*) macilento; **Hagerkeit** F ⟨~⟩ flaqueza *f*

Hagiogra'fie F, **Hagiogra'phie** F ⟨~; ~n⟩ hagiografía *f*

ha'ha INT ¡ja, ja!

'Häher M ⟨~s; ~⟩ ORN arrendajo *m*

Hahn[1] M ⟨~(e)s; ¨~e⟩ 1 ORN gallo *m*; *fig* **~ im Korb(e) sein** *umg* ser el amo del cotarro; *umg fig* **es kräht kein ~ danach** nadie hace caso de ello; nadie se da cuenta 2 (*Wetterhahn*) veleta *f* 3 *lit* **j-m den roten ~ aufs Dach setzen** pegar fuego a la casa de alg

Hahn[2] M ⟨~(e)s; ¨~e⟩ 1 (*Wasserhahn*) grifo *m*, *Arg* canilla *f*; (*Gashahn*) llave *f*; (*Fasshahn*) espita *f*, canilla *f* 2 *am Gewehr*: gatillo *m*, disparador *m*

'Hähnchen N ⟨~s; ~⟩ pollo *m*; pollito *m*

'Hahnenfuß M BOT ranúnculo *m*; **Hahnenkamm** M 1 ORN cresta *f* de gallo 2 BOT gallo-cresta *f*; **Hahnenkampf** M riña *f* (*od* pelea *f*) de gallos; **Hahnenkampfplatz** M gallera *f*; **Hahnenschrei** M canto *m* del gallo; **Hahnensporn** M espolón *m*; **Hahnentritt** M *im Ei*: galladura *f*; **Hahnentrittmuster** N *Stoff*: pata *f* de gallo

'Hahnrei M ⟨~(e)s; ~e⟩ *obs umg* cornudo *m*, *umg* cabrón *m*; *umg* novillo *m*; **j-n zum ~ machen** poner cuernos a alg

'Hai M ⟨~(e)s; ~e⟩, **Haifisch** M tiburón *m*; **Haifischflosse** F aleta *f* de tiburón; **Haifischsteak** [-steːk] filete *m* de tiburón

'Hain M ⟨~(e)s; ~e⟩ bosquecillo *m*, floresta *f*; **Hainbuche** F BOT → Hagebuche

Ha'iti N ⟨~s⟩ Haití *f*

Haiti'aner M ⟨~s; ~⟩, **Haitianerin** F ⟨~; ~nen⟩ haitiano *m*, -a *f*; **haitianisch** ADJ haitiano

'Häkchen N ⟨~s; ~⟩ 1 ganchillo *m*; (*Kleiderhäkchen*) corchete *m* 2 *auf e-r Liste*: señal *f*; **ein ~ an etw** (*acus*) **machen** señalar (*sp a.* puntear) a/c

'Häkelarbeit F (labor *f* de) ganchillo *m*; **Häkeldecke** F manta *f* de ganchillo

Häke'lei F ⟨~; ~en⟩ (labor *f* de) ganchillo *m*

'Häkelgarn N hilo *m* para ganchillo

'häkeln A V/I hacer ganchillo B V/T hacer (de ganchillo)

'Häkelnadel F ganchillo *m*

'haken A V/T enganchar; **etw an etw** (*acus*) **~** enganchar a/c a a/c B V/I estar enganchado, engancharse (**an, in** *dat* a, en); (*klemmen*) atascarse

'Haken M ⟨~s; ~⟩ 1 gancho *m* (*a. zum Aufhängen*); garabato *m*; garfio *m*; TECH uña *f*; *für Ösen*: corchete *m*; (*Kleiderhaken*) percha *f*; (*Angelhaken*) anzuelo *m*; **~ und Öse** broche *m* 2 *beim Schreiben*: señal *f*; → *a* Häkchen 3 *Boxen*: **linker/rechter ~** gancho *m* izquierdo/derecho 4 *umg fig* (*Schwierigkeit*) inconveniente *m*; *umg* pega *f*; **die Sache hat einen ~** la cosa tiene su intríngulis; *umg* el asunto tiene una pega; *umg* **das ist eben der ~** ahí está el quid; ahí le duele 5 JAGD **einen ~ schlagen** hurtarse

'hakenförmig ADJ ganchudo, en forma de gancho

'Hakenkreuz N *Nationalsozialismus*: cruz *f* gamada, (e)svástica *f*; **Hakennagel** M escarpia *f*; **Hakennase** F nariz *f* ganchuda

'hakig ADJ ganchudo

Hala'li N ⟨~s; ~ *od* ~s⟩ JAGD toque *m* de acoso, (h)alalí *m*

halb A ADJ 1 *allg* medio (*ohne art*); *in zssgn* semi-, hemi-; **ein ~es Brot** medio pan; **ein ~es Dutzend (...)** media docena (de ...); **ein ~es Jahr** medio año, un semestre; **das ~e Leben** la mitad de la vida; **eine ~e Stunde** media hora; **auf ~er Höhe** a media altura; a media cuesta; **auf ~em Wege** a mitad del camino; **zum ~en Preis** a mitad de precio; **das ist nichts Halbes und nichts Ganzes** no es carne ni pescado (*od* ni fu ni fa) 2 *Uhrzeit*: **~ 11 (Uhr)** las diez y media; **es schlägt ~** da la media 3 MUS **~e Note** blanca *f*; MUS **~er Ton** semitono *m* 4 *fig* **~e Maßnahmen** medidas *fpl* insuficientes; **die ~e Wahrheit** la verdad a medias; **mit ~er Stimme** a media voz; **nur mit ~em Ohr zuhören** entreoír, escuchar a medias 5 SCHIFF **~e Fahrt** media máquina; TECH **mit ~er Kraft** a media máquina B ADV 1 a medias; por mitad(es); **~ angekleidet** a medio vestir; **~ automatisch** semiautomático; **~ geschlossen** entreabierto; **~ leer** medio vacío; **~ links** media a la izquierda; **~ nackt** medio desnudo, semidesnudo; **~ offen** entreabierto, a medio abrir; LING medio abierto, mediano; **~ öffnen** entreabrir; **~ schlafend** medio dormido; **~ tot** medio muerto (*a. fig*); **~ voll** a medio llenar, medio lleno; **~ wach** medio despierto; **alles nur ~ machen** hacer todas las cosas a medias; **er hat den Sinn nur ~ verstanden** no ha entendido más que la mitad; sólo ha entendido a medias; **sich ~ totlachen** *umg* morirse (*od* troncharse) de risa; → *a* halbdurchlässig, halbgar *etc* 2 **~ ..., ~ ...** mitad ..., mitad ...; **~ bittend, ~ drohend** entre suplicante y amenazador; **~ und ~** mitad y mitad; *umg* (*nicht sehr*) así así; *Mischung*: medio medio 3 *Vergleich*: **(nicht) ~ so groß** (ni) la mitad de grande; **er ist nicht ~ so gut wie sein Bruder** no vale ni la mitad que su hermano; **~ so viel (wie)** la mitad (que); **nur ~ so viel** la mitad menos; **nicht ~ so viel** ni la mitad; **das ist ~ so schlimm** (*od umg* **wild**) no hay para tanto

'Halbachse F TECH, MATH semieje *m*

'halbamtlich ADJ oficioso; **halbautomatisch** ADJ → halb B 1

'Halbbildung F seudocultura *f*; semicultura *f*

'halbbitter ADJ *Schokolade* semiamargo

'Halbblut N ⟨~(e)s; ¨~er⟩ 1 *Pferd*: media sangre *m* 2 *Mensch*: mestizo *m*, -a *f*; **Halbbruder** M hermanastro *m*; *väterlicherseits*: hermano *m* consanguíneo; *mütterlicherseits*: hermano *m* uterino; **Halbdunkel** N ⟨~s⟩ claroscuro *m* (*a.* MAL); penumbra *f*; **im ~** entre dos luces

'halbdurchlässig, halb durchlässig ADJ semipermeable

'Halbe F ⟨~; ~n⟩ (*halber Liter*) **eine ~ Bier** una jarra (de cerveza); *umg* un tanque

'Halbedelstein M piedra *f* semipreciosa

'halbe-'halbe ADV *umg* **mit j-m ~ machen** *umg* ir a medias con alg

'halber A PRÄP (*gen*) a causa de, por razones de; para; en consideración a; **der (größeren) Genauigkeit ~** para mayor exactitud B ADJ → halb

'Halbfabrikat N producto *m* semiacabado (*od* semimanufacturado *od* semielaborado), semiproducto *m*

'halbfein ADJ entrefino

'halbfertig, halb fertig ADJ semiacabado; a medio hacer

'Halbfertigware F → Halbfabrikat

'halbfett ADJ 1 *Käse etc* semigraso 2 TYPO media negrilla

'Halbfinale N SPORT semifinal *f*; **Halbflügler** MPL ZOOL hemípteros *mpl*

'halbflüssig ADJ semilíquido

'Halbfranzband M ⟨~(e)s; ¨~e⟩ TYPO encuadernación *f* a la holandesa, media pasta *f*

'halbgar, halb gar ADJ medio cocido; a medio cocer

'halbgebildet ADJ semiletrado, semiculto; **~ sein** tener una formación insuficiente; **Halbgebildete** M/F ⟨~n; ~n; → A⟩ seudointelectual *m/f*, erudito *m*, -a *f* a la violeta

'Halbgefrorene(s) N GASTR sorbete *m*

'Halbgeschoss, *österr* **Halbgeschoß** N ARCH entresuelo *m*; **Halbgeschwister** PL hermanastros *mpl*, medio hermanos *mpl*; **Halbgott** M semidiós *m*; **Halbheit** F ⟨~; ~en⟩ insuficiencia *f*; imperfección *f*; **~en** *pl* medias tintas *fpl*

'halbherzig ADJ *fig* poco decidido (*bzw* entusiasmado)

hal'bieren V/T ⟨*ohne* ge-⟩ partir (*od* dividir) en dos (partes iguales), partir por la mitad; MATH bisecar; **Halbierung** F ⟨~; ~en⟩ división *f* en dos (partes iguales); MATH bisección *f*

Hal'bierungsebene F, **Halbierungsfläche** F MATH plano *m* bisector

'Halbinsel F península *f*; **Halbinvalide** M/F medio inválido *m*, -a *f*; **Halbjahr** N semestre *m*; seis meses *mpl*

'Halbjahres... semestral; **Halbjahreszeugnis** N *Schule*: certificado *m* de la primera mitad del año escolar

'halbjährig ADJ de seis meses, semestral; *Alter* de seis meses (de edad); **halbjährlich** A ADJ semestral B ADV cada seis meses; semestralmente

'Halbkonserven FPL semiconservas *fpl*

'Halbkreis M MATH semicírculo *m*; semicircunferencia *f*; (*Raum*) hemiciclo *m*; **halbkreisförmig** ADJ semicircular

'Halbkugel F hemisferio *m*; **halbkugelförmig** ADJ hemisférico

'halblang A ADJ semilargo; **~er Ärmel** media manga *f*; **~es Haar** media melena *f* B ADV **~ schneiden** cortar a media melena; *umg* **(nun) mach (aber) mal ~!** ¡no exageres (tanto)!

'halblaut ADJ & ADV a media voz

'Halblederband M ⟨~(e)s; ¨~e⟩ TYPO (encuadernación *f* de) media pasta *f*

'halbleer ADJ → halb B 1

'Halbleinen N medio hilo *m*, tela *f* mixta; **Halbleinenband** M ⟨~(e)s; ¨~e⟩ TYPO (encuadernación *f* de) media tela *f*

'Halbleiter M ELEK semiconductor *m*

Halb'linke M/F ⟨~n; ~n; → A⟩ *Fußball*: interior *m/f* izquierda

halb'links ADJ → halb B 1

'Halbmarathon M SPORT media maratón *f*, medio maratón *m*

'halbmast ADV a media asta; **(die Flagge) auf ~ hissen** *od* **setzen** poner (la bandera) a media asta

'halbmilitärisch ADJ paramilitar

'Halbmittelgewicht N *Boxen*: peso *m* semiligero

'halbmonatlich A ADJ quincenal, bimensual B ADV cada quince días; **Halbmonatsschrift** F revista *f* quincenal (*od* bimensual)
'Halbmond M media luna *f*; cuarto *m* creciente (*bzw* menguante); **halbmondförmig** ADJ lunado, semilunar
'halbnackt ADJ → halb B 1
'halboffen ADJ → halb B 1
'Halbpacht F AGR aparcería *f*; **Halbpächter** M, **Halbpächterin** F aparcero *m*, -a *f*; **halbpart** ADV **mit j-m ~ machen** ir a medias con alg; **Halbpension** F media pensión *f*; **in ~** en régimen de media pensión
Halb'rechte M/F ⟨~n; ~n; → A⟩ *Fußball*: interior *m/f* derecha
halb'rechts, halb rechts ADV media a la derecha
'halbreif, halb reif ADJ medio maduro (*a. fig*)
'Halbrelief N bajorrelieve *m*
'halbroh, halb roh ADJ medio crudo
'halbrund ADJ semicircular
'Halbrund N ⟨~(e)s; ~e⟩ hemiciclo *m*; **Halbrundfeile** F TECH lima *f* de media caña
'Halbschatten M penumbra *f*; MAL media tinta *f*; **Halbschlaf** M duermevela *m*; entresueño *m*; **im ~** medio dormido; **Halbschuh** M zapato *m* (bajo); **Halbschwergewicht** N SPORT peso *m* semipesado; **Halbschwester** F hermanastra *f*, medio hermana *f*; **Halbseide** F sedalina *f*, media seda *f*
'halbseiden ADJ 1 de media seda 2 *fig pej* de medio pelo, de tres al cuarto
'halbseitig A ADJ 1 TYPO de media página 2 MED **~e Lähmung** hemiplejía *f* B ADV MED **~ gelähmt** hemipléjico, paralizado de medio cuerpo
halb sitzend ADJ **~e Stellung** posición *f* semisentada
'Halbstarke M/F ⟨~n; ~n; → A⟩ gamberro *m*, -a *f*; **halbsteif** ADJ **~er Kragen** cuello *m* semiblando; **Halbstiefel** M borceguí *m*; botín *m*
'halbstündig ADJ de media hora; **halbstündlich** ADJ & ADV cada media hora
'Halbtag M medio día *m*; **halbtägig** ADJ de medio día; **halbtags** ADV de media jornada; **~ arbeiten** trabajar media jornada
'Halbtagsarbeit F trabajo *m* (*od* empleo *m*) de media jornada; **Halbtagsbeschäftigte** M/F trabajador *m*, -a *f* de media jornada; **Halbtagsbeschäftigung** F → Halbtagsarbeit; **Halbtagskraft** F empleado *m*, -a *f* de media jornada; **Halbtagsstelle** F → Halbtagsarbeit
'Halbton M MUS semitono *m*
'halbtot ADJ → halb B 1
'Halbtrauer F medio luto *m*
'halbtrocken ADJ *Wein* semiseco
halb verhungert medio muerto de hambre
'Halbvers M hemistiquio *m*; **Halbvokal** M semivocal *f*
'halbvoll ADJ → halb B 1
'halbwach ADJ → halb B 1
'Halbwahrheit F verdad *f* a medias, media verdad *f*; **Halbwaise** F huérfano *m*, -a *f* de padre (*bzw* de madre)
'halbwegs ADV a medio camino; *umg* (*leidlich*) así así; regular; (*ungefähr*) casi; más o menos
'Halbwelt F mundo *m* galante, semimundo *m*; **Halbweltdame** F mujer *f* galante
'Halbwert(s)zeit F NUKL vida *f* media (radiactiva); **Halbwissen** N semicultura *f*
'halbwöchentlich ADJ bisemanal
'Halbwolle F semilana *f*, media lana *f*; **halbwollen** ADJ de semilana
'halbwüchsig ADJ imberbe; adolescente; **Halbwüchsige** M/F ⟨~n; ~n; → A⟩ adolescente *m/f*
'Halbzeit F SPORT medio tiempo *m*; **erste/zweite ~** primer/segundo tiempo; **Halbzeitpause** F descanso *m*
'Halde F ⟨~; ~n⟩ 1 (*Bergabhang*) falda *f*, ladera *f* 2 BERGB (*Kohlenhalde*) montón *m* de carbón; (*Schlackenhalde*) escorial *m*; escombrera *f*; (*Müllhalde*) vertedero *m*, basurero *m* 3 *fig* **auf ~ liegen** estar en depósito; *fig* **auf ~ produzieren** producir en stock
'Haldenbestand M BERGB existencias *fpl* (de carbón) a bocamina
half → helfen
'Hälfte F ⟨~; ~n⟩ 1 *allg* mitad *f*; **Kinder zahlen die ~** los niños pagan la mitad; **über die ~ größer** más de la mitad de grande; **um die ~ mehr/weniger/teurer** la mitad más/menos/más caro; **zur ~** a mitad; a medias; **zur ~ fertig** hecho a medias; **bis zur ~** hasta la mitad; **die Kosten zur ~ tragen** pagar la mitad de los gastos; ir a medias en los gastos; **zur ~ an etw** (*dat*) **beteiligt sein** participar por mitad en a/c 2 SPORT **die gegnerische ~** el (medio) campo contrario 3 *umg hum* (*Ehefrau*) **meine bessere ~** *umg* mi costilla; mi cara mitad; mi media naranja
'Halfter¹ F ⟨~; ~n⟩ *od* N ⟨~s; ~⟩ (*Pistolenhalfter*) pistolera *f*
'Halfter² M, N ⟨~s; ~⟩ *für Pferde*: cabestro *m*; **halftern** V/T encabestrar; **Halfterstrick** M ronzal *m*, bozo *m*, *Am* bozal *m*
'hälftig ADJ mitad-mitad, paritario, a medias
Hall M ⟨~(e)s; ~e⟩ son *m*, sonido *m*; (*Widerhall*) eco *m*; resonancia *f*
'Halle F ⟨~; ~n⟩ sala *f*; (*Säulenhalle*) pórtico *m*; (*Vorhalle*) atrio *m*; portal *m*; porche *m*; (*Fabrikhalle*) nave *f*; (*Bahnhofshalle*) vestíbulo *m*; *bes Hotel*: hall *m*; (*Flugzeughalle*) cobertizo *m*, hangar *m*; (*Ausstellungshalle*) pabellón *n*
halle'luja INT REL ¡aleluya!
Halle'luja N ⟨~s; ~s⟩ REL aleluya *f*
'hallen V/I resonar; retumbar
'Hallenbad N piscina *f* cubierta; **Hallenbahn** F pista *f* cubierta; **Hallenfußball** M fútbol *m* sala; **Hallenmeisterschaft** F campeonato *m* en pista cubierta; **Hallensport** M deporte *m* en pista cubierta; **Hallentennis** N tenis *m* en pista (*Am* cancha) cubierta; **Hallenturnen** N gimnasia *f* de sala; **Hallenturnier** N torneo *m* en pista cubierta
'hallo INT *Gruß, Zuruf*: ¡hola!; TEL, *aus der Ferne*: ¡oiga!; TEL *Angerufener*: ¡diga!; *überrascht*: **aber ~!** ¡anda!, ¡pero bueno!
Hal'lo N ⟨~s; ~s⟩ gritería *f*; griterío *m*; (*wildes Treiben*) alboroto *m*, barullo *m*; **es gab ein großes ~** había un gran jolgorio (*od* barullo de alegría)
Halluzinati'on F ⟨~; ~en⟩ alucinación *f*; **~en haben** tener alucinaciones; **halluzina'torisch** ADJ alucinador
halluzi'nieren V/I ⟨*ohne* ge-⟩ alucinar; **halluzino'gen** ADJ alucinógeno
Halluzino'gen N ⟨~s; ~e⟩ alucinógeno *m*
Halm M ⟨~(e)s; ~e⟩ tallo *m*; (*Grashalm*) brizna *f*; (*Strohhalm*) paja *f*; **'Halmfrüchte** FPL cereales *mpl*, granos *mpl*
'Halo M ⟨~s; ~s⟩ FOTO, ASTRON halo *m*
Halo'gen N ⟨~s; ~e⟩ CHEM halógeno *m*; **Halogenlampe** F lámpara *f* halógena; **Halogenscheinwerfer** M AUTO faro *m* de halógeno (*od* de yodo)
Hals M ⟨~es; ⸚e⟩ 1 ANAT cuello *m* (*a.* TECH); *bes v. Tieren*: pescuezo *m*; (*Kehle*) garganta *f*; gaznate *m*; MED **einen rauen/steifen ~ haben** tener ronquera/tortícolis; **den ~ umdrehen** retorcer el cuello (*bzw* el pescuezo); **j-m den ~ abschneiden** degollar (*od* cortar el cuello) a alg; **sich** (*dat*) **den ~ brechen** partirse el cuello, desnucarse; **aus vollem ~e** *singen, schreien etc*: a voz en cuello; a grito pelado; *lachen*: a carcajadas (*od umg* a mandíbula batiente); **es im ~ haben** tener dolor de garganta; **die Worte blieben ihm im ~ stecken** se le hizo un nudo en la garganta; *umg* **etw in den falschen ~ bekommen** (*sich verschlucken*) irse a/c por el otro lado; *fig* (*falsch verstehen*) interpretar mal (*od* tomar a mal) a/c; **j-m um den ~ fallen** abrazar a alg; echar a alg los brazos al cuello 2 *fig* **~ über Kopf** precipitadamente, atropelladamente, *umg* de golpe y porrazo; *umg* **sie hat sich ~ über Kopf in ihn verliebt** se ha enamorado locamente de él; **das hat ihm den ~ gebrochen** *wirtschaftlich*: eso le ha hundido; eso ha acabado con él; **das kostet ihn den ~** eso le costará el pellejo; *umg* **sie kann den ~ nicht voll kriegen** nunca tiene bastante; **sich j-m an den ~ werfen** (*sich aufdrängen*) insinuarse; **bis an den ~ in Arbeit stecken** estar agobiado de trabajo; **bis an den ~ in Schulden stecken** *umg* estar entrampado hasta las cejas; *umg* **j-n/etw auf dem** *od* **am ~ haben** tener a alg/a/c a cuestas; **sich** (*dat*) **etw auf den ~ laden** echarse a/c sobre las espaldas; cargar con a/c; *umg* apechuar con a/c; **sich** (*dat*) **etw/j-n vom ~(e) schaffen** desembarazarse (*od* deshacerse) de a/c/de alg; quitarse a/c/a alg de encima; **bleiben Sie mir damit vom ~e** déjeme en paz con eso; *umg* **es hängt** *od* **wächst mir zum ~(e) heraus** *umg* estoy hasta la coronilla; *umg* **mir steht das Wasser bis zum ~** *umg* estoy hasta el cuello (*a. finanziell*) 3 (*Flaschenhals*) cuello *m*, gollete *m*; (*Knochenhals*) cuello *m* 4 MUS *e-r Geige*: mástil *m*, mango *m* 5 (*Kragen*) cuello *m*
'Halsabschneider M ⟨~s; ~⟩ *fig* usurero *m*; **Halsabschneiderei** F ⟨~; ~en⟩ usura *f*; **Halsabschneiderin** F ⟨~; ~nen⟩ usurera *f*; **halsabschneiderisch** ADJ usurario
'Halsader F ANAT vena *f* yugular; **Halsausschnitt** M escote *m*; **Halsband** N ⟨~(e)s; ⸚er⟩ collar *m* (*a. Hundehalsband*); gargantilla *f*
'halsbrecherisch ADJ peligrosísimo, arriesgado; *umg* peliagudo
'Halse F ⟨~; ~n⟩ *Segelsport*: trasluchada *f*
'Halseisen N HIST argolla *f*; **Halsentzündung** F MED faringitis *f*, inflamación *f* de la garganta; anginas *fpl*
'halsfern ADJ *Kragen* desbocado
'Halskette F collar *m*; **Halskragen** M cuello *m*; *der Geistlichen*: alzacuello *m*; **Halskrause** F gorguera *f*, gola *f*; **Halslänge** F SPORT **um (eine) ~** por un cuello (de ventaja)
'Hals-'Nasen-'Ohren-Arzt M, **Hals-Nasen-Ohren-Ärztin** F otorrinolaringólogo *m*, -a *f*; **Hals-Nasen-Ohren-Heilkunde** F otorrinolaringología *f*
'Halsschlagader F ANAT (arteria *f*) carótida *f*; **Halsschlinge** F JAGD lazo *m*; **Halsschmerzen** MPL dolor *m* de garganta; **ich habe ~** me duele la garganta; **Halsschmuck** M collar *m*; *hängender*: dije *m*; colgante *m*; **halsstarrig** ADJ tozudo, terco, testarudo; *umg* cabezón; **Halsstarrigkeit** F ⟨~⟩ terquedad *f*, testarudez *f*, obstinación *f*; **Halsstück** N *Schlächterei*: pescuezo *m*; **Halstuch** N pañuelo *m* (de cuello); *länger*: bufanda *f*; fular *m*
'Hals- und 'Beinbruch M **~!** ¡buena suerte!
'Halsweh N → Halsschmerzen; **Halsweite** F medida *f* del cuello; **Halswirbel** M ANAT vértebra *f* cervical
halt¹ INT **~!** ¡alto (ahí)!; (*genug*) ¡basta!; **~, war-**

te mal! ¡espera (un momento)!; MIL ~, wer da? ¡alto! ¿quién vive?

halt² PARTIKEL südd, österr, schweiz pues; das ist ~ so en fin, así son las cosas; sie will ~ nicht pues no quiere; (el caso) es que no quiere; das ist ~ der Lauf der Welt pues así va el mundo

Halt M ⟨~(e)s; ~e od ~s⟩ 1 (Stütze) apoyo m, sostén m (beide a. fig); ~ haben beim Bergsteigen tener enganche; den ~ verlieren perder el equilibrio 2 (Festigkeit) solidez f, firmeza f; fig innerer ~ equilibrio m (interior), fuerza f (moral); ohne ~ inestable; inconstante 3 (Anhalten) parada f; alto m; ohne ~ durchfahren etc: viajar sin pararse → haltmachen 4 (Einhalt) einer Sache (dat) ~ gebieten poner freno a a/c

'haltbar ADJ 1 (fest) firme, estable; sólido (a. Farben); consistente; (dauerhaft) duradero, durable; (widerstandsfähig) Material, Kleidung resistente 2 Lebensmittel conservable; ~ machen conservar; mindestens ~ bis … consumir preferentemente antes de … 3 fig Behauptung, These sólido, sostenible

'Haltbarkeit F ⟨~⟩ conservabilidad f; solidez f; durabilidad f; consistencia f; estabilidad f; **Haltbarkeitsdatum** N fecha f de caducidad; fecha f límite de venta

'Haltbarmachen N ⟨~s⟩ v. Lebensmitteln: conservación f

'Haltebogen M MUS ligadura f; **Haltegriff** M asidero m, agarradero m; **Halteleine** F cable m de amarre; **Haltelinie** F Verkehr: línea m de stop

'halten
⟨irr⟩

A transitives Verb B intransitives Verb
C reflexives Verb

— A transitives Verb —

1 tener (a. fig); in e-r bestimmten Lage: mantener; (festhalten) sujetar, asegurar; (stützen) sostener; apoyar; in der Hand ~ tener en la mano; j-n bei der Hand ~ tener a alg de la mano; etw gegen das Licht ~ mirar a/c al trasluz; in die Höhe ~ (zeigen) mostrar en alto; den Kopf unter Wasser ~ meter la cabeza bajo el agua 2 (anhalten, aufhalten) detener; Ball, Schuss a. parar; (zurückhalten) retener; contener; sie war nicht mehr zu ~ no había quién le parara 3 (fassen, enthalten) contener 4 (aufrechterhalten, beibehalten) mantener; MUS den Ton ~ sostener el tono; in gutem Zustand ~ mantener en buen estado; sich nicht ~ lassen These no ser sostenible 5 MIL (verteidigen) eine Stadt ~ defender, mantener una ciudad 6 (einhalten) guardar; Gebote observar; (erfüllen) Versprechen, Wort cumplir; sein Wort nicht ~ faltar a su palabra 7 (abhalten) Feier, Gottesdienst celebrar; Rede pronunciar, Vortrag, Vorlesung dar; die Predigt ~ predicar; Unterricht ~ dar (od impartir) clase; eine Stunde ~ dar una lección 8 (besitzen) tener, poseer; Tiere ~ tener animales 9 (behandeln) j-n streng ~ tratar a alg con dureza 10 ~ für (einschätzen) creer; tener por; tomar por; ich halte sie für schlau la tengo por lista; ich halte es für gut, dass … creo que es bueno que … (subj); für … gehalten werden pasar (od ser tomado) por …; ser considerado como …; für wie alt ~ Sie ihn? ¿qué edad le supone usted?, umg ¿cuántos años le echa?; wofür ~ Sie mich eigentlich? ¿por quién me toma? 11 ~ von (urteilen) pensar de; opinar de (od sobre); was ~ Sie davon? ¿qué opina de esto?; ¿qué le parece?; viel von j-m od auf j-n ~ tener en gran aprecio a alg; viel von od auf etw (acus) ~ dar mucha importancia a a/c; etwas auf sich (acus) ~ preciarse; ich weiß, was ich davon zu ~ habe sé a qué atenerme; ich halte nichts davon no me convence 12 (verfahren) ich halte es damit so: … yo lo hago así: …; ~ Sie es damit, wie Sie wollen haga usted lo que estime conveniente; umg haga usted lo que quiera; wie ~ wir es nun damit? ¿en qué quedamos?; so haben wir es immer gehalten siempre lo hemos hecho así 13 (Partei ergreifen) es mit j-m ~ ser de la opinión de alg; simpatizar (od hacer causa común) con alg

— B intransitives Verb —

1 (Halt haben) Seil, Farbe, Brücke ser resistente (od estable); (festsitzen) quedar fijo; estar fijo; (fest sein) ser (bzw estar) firme; das Eis hält nicht el hielo está poco firme 2 (haltbar sein) ser duradero (od durable); Lebensmittel mantenerse, conservarse; Kleidung, Gerät, Freundschaft ser sólido; lange ~ a. ser resistente 3 (haltmachen) parar(se), detenerse; hacer alto 4 an sich (acus) ~ contenerse, dominarse; controlarse 5 auf etw (acus) ~ (achten) cuidar de a/c; guardar a/c; (Wert legen auf) conceder valor (od dar importancia) a a/c; (bestehen auf) insistir en; auf seine Ehre ~ velar por (od cuidar de) su honor; auf sich (acus) ~ cuidar de sí, cuidarse 6 zu j-m ~ estar de parte de alg; apoyar a alg

— C reflexives Verb —

sich ~ 1 (sich festhalten) sich an etw/j-m ~ agarrarse a a/c/alg; (sich stützen) apoyarse, sostenerse a a/c/alg 2 in e-r Stellung etc: seguir en; MIL defenderse; (Widerstand leisten) resistir 3 Körperhaltung: sich aufrecht ~ mantenerse erguido; stehend: mantenerse de pie 4 fig (sich bewähren) sich gut/tapfer ~ comportarse bien/con valor 5 Lebensmittel sich (gut) ~ conservarse (bien); umg fig er/sie hat sich gut gehalten se ha conservado bien; los años no han pasado por él/ella 6 Preise, Kurse mantenerse (firme) 7 fig sich an j-n ~ acogerse a alg; (j-n verantwortlich machen) hacer responsable a alg; sich an etw (acus) ~ atenerse a a/c 8 sich links/rechts ~ llevar la izquierda/derecha 9 (sich zurückhalten) contenerse; sich nicht (mehr) ~ können (ya) no poder contenerse (vor Lachen de risa)

'Halten N 1 e-s Versprechens etc: cumplimiento m; e-s Gebots: observancia f 2 (Anhalten) parada f (a. AUTO, BAHN); den Wagen zum ~ bringen parar el coche; ~ verboten! ¡prohibido aparcar!; da gab es für sie kein ~ mehr ya no hubo modo de contenerles 3 SPORT Ball etc: parada f 4 v. Tieren: tenencia f

'Halteplatz M parada f; **Haltepunkt** M punto m de apoyo; BAHN apeadero m; beim Schießen: punto m de mira

'Halter M ⟨~s; ~⟩ 1 TECH (Stütze) apoyo m, soporte m; sostén m; (Stiel) mango m; (Griff) asidero m, asa f; agarradero m; am Werkzeug: empuñadura f; (Festklemmer) sujetador m 2 (Inhaber) titular m (de un coche, etc); v. Tieren: dueño m

'Halteriemen M im Bus etc asidero m

'Halterin F ⟨~; ~nen⟩ titular f; v. Tieren: dueña f

'Halterung F ⟨~; ~en⟩ dispositivo m fijador

'Halteseil N cable m de retención; **Haltesignal** N señal f de parada (od de alto); **Haltestelle** F parada f; BAHN apeadero m; **Haltetau** N SCHIFF cable m (od cabo m) de amarre; amarra f; **Halteverbot** N Verkehr: prohibición f de parar; estacionamiento m prohibido; absolutes/eingeschränktes ~ estacionamiento m prohibido/limitado; **Halteverbotsschild** N Verkehr: señal f de prohibido aparcar; **Haltezeichen** N → Haltesignal

'haltlos ADJ 1 Verdacht, Behauptung inconsistente; (unhaltbar) insostenible; (unbegründet) infundado, gratuito 2 Mensch sin carácter, desequilibrado; Charakter inconstante, veleidoso; **Haltlosigkeit** F ⟨~⟩ inconsistencia f, falta f de consistencia; (Unbeständigkeit) inestabilidad f; charakterliche a.: falta f de carácter

Halt machen V/I → Halt 3

'haltmachen V/I parar(se), detenerse; hacer (un) alto, hacer una pausa; fig vor nichts ~ no detenerse ante nada

'Haltung F ⟨~; ~en⟩ 1 (Körperhaltung) postura f; porte m; von Körperteilen a.: posición f; eine aufrechte ~ haben mantenerse erguido; ~ annehmen ponerse firme 2 (Einstellung) posición f, actitud f; (Benehmen) conducta f, comportamiento m; eine ~ einnehmen adoptar una actitud 3 (Fassung) serenidad f; (Beherrschung) dominio m de sí (mismo); ~ bewahren mantener la calma; die ~ verlieren perder los estribos 4 v. Tieren: cría f

'Haltungsfehler M postura f viciosa; trastorno m postural; **Haltungsschaden** M deformación f patológica

Ha'lunke M ⟨~n; ~n⟩ (Schurke) bribón m; (Spitzbube) tunante m, pícaro m, pillo m; **Halunkenstreich** M bribonada f

'Hamburg N Hamburgo m

'Hamburger¹ ['hɛmbœrgər] M GASTR hamburguesa f

'Hamburger² M ⟨~s; ~⟩, **Hamburgerin** F ⟨~; ~nen⟩ hamburgués m, -esa f; **hamburgisch** ADJ hamburgués, de Hamburgo

'Häme F ⟨~⟩ geh sorna f, malicia f

'hämisch A ADJ malicioso; maleante; (boshaft) maligno; (heimtückisch) taimado, solapado; ~es Lachen risa f maliciosa B ADV con sorna; maliciosamente

'Hammel M ⟨~s; ~⟩ 1 ZOOL carnero m 2 umg fig zoquete m, alcornoque m, imbécil m; **Hammelbraten** M asado m de carnero; **Hammelfleisch** N (carne f de) carnero m; **Hammelkeule** F pierna f de carnero; **Hammelrippchen** N chuleta f de carnero; **Hammelrücken** M lomo m de carnero; **Hammelsprung** M POL BRD ≈ votación f por grupos

'Hammer M ⟨~s; ~̈⟩ 1 martillo m (a. SPORT, ANAT); hölzerner: mazo m; (Klavierhammer) macillo m; ~ und Sichel la hoz y el martillo; fig unter den ~ bringen/kommen vender/ser vendido (od venderse) en subasta; fig zwischen ~ und Amboss entre la espada y la pared 2 umg fig ein dicker ~ (Fehler) burrada f; das war vielleicht ein ~! (e-e Überraschung) ¡vaya sorpresa!; (e-e Unverschämtheit) umg ¡fue el colmo!

'hämmerbar ADJ TECH maleable; **Hämmerbarkeit** F ⟨~⟩ maleabilidad f

'Hämmerei F ⟨~; ~en⟩ martilleo m

'Hammerfisch M, **Hammerhai** M (pez m) martillo m; **hammerhart** umg ADJ (sehr schlimm) durísimo; **Hammerklavier** N MUS piano m de macillos

'hämmern V/T & V/I martill(e)ar; batir; Herz, Schläfen palpitar; an die Tür etc: golpear

'Hämmern N ⟨~s⟩ martilleo m

'Hammerschlag M martillazo m; **Hammerwerfen** N SPORT lanzamiento m de martillo; **Hammerwerfer** M, **Hammerwerferin** F SPORT lanzador m, -a f de martillo; **Hammerzeh** M MED dedo m en martillo

Hämoglo'bin N ⟨~s⟩ PHYSIOL hemoglobina f

Hämor'riden, Hämorrho'iden PL MED hemorroides fpl, almorranas fpl

'Hampelmann M ⟨~(e)s; ¨-er⟩ títere *m*; fantoche *m* (*a. fig*)
'hampeln VI *umg* no parar (quieto)
'Hamster M ⟨~s; ~⟩ ZOOL hámster *m*
Hamste'rei F ⟨~; ~en⟩ acaparamiento *m*
'Hamsterer M ⟨~s; ~⟩, **Hamsterin** F ⟨~; ~nen⟩ acaparador *m*, -a *f*
'hamstern VT (*horten*) acaparar
'Hamstern N ⟨~s⟩ acaparamiento *m*
Hand F ⟨~; ¨-e⟩ **1** ANAT mano *f*; **die flache ~** la palma de la mano; **die hohle ~** el hueco de la mano; **kalte/warme Hände haben** tener las manos frías/calientes; **j-m die Hände auflegen** REL imponer las manos a alg; **j-m die ~ geben** *od* **drücken** *od* **schütteln** estrechar la mano a alg; **j-m die ~ reichen** tender la mano a alg; **an** (*od geh* **bei**) **der ~ führen** llevar de la mano; **j-n an die** (*od geh* **bei der**) **~ nehmen** coger a alg de la mano; **aus der ~ fressen** *Tier* comer en (*od* de) la mano; **j-m etw in die ~ drücken** poner a alg a/c en las manos; **etw in der ~ halten** tener a/c en la mano; **in die Hände klatschen** dar palmas; **etw in die ~ nehmen** tomar a/c en la mano; **mit der ~** (*machen etc*) a mano; **mit der ~ schreiben** escribir a mano; **mit der ~ über etw** (*acus*) **streichen** pasar la mano por a/c; **~ drauf!** ¡chócala!, ¡choca esos cinco!; **Hände hoch!** ¡manos arriba!; **Hände weg!** ¡manos quietas!; ¡no se toque eso! **2** *fig mit adj*: **eiserne ~** mano de hierro; **aus erster/zweiter ~** de primera/segunda mano; *umg* **in festen Händen sein** estar comprometido; **freie ~ haben** tener mano libre; tener carta blanca; **j-m freie ~ lassen** dar a alg mano libre; dejar plena libertad de acción a alg; **eine glückliche/unglückliche ~ haben** tener buena/mala mano; **(bei j-m) in guten Händen sein** estar en buenas manos (con alg); **von langer ~ vorbereitet** proyectado desde hace tiempo (*od* con mucha antelación); **mit leeren Händen abziehen** irse con las manos vacías; **linker/rechter ~** a mano izquierda/derecha; *umg* **zwei linke Hände haben** ser un manazas; **die öffentliche ~** el sector público; *fig* **j-s rechte ~ sein** ser el brazo derecho de alg; **in schlechte Hände geraten** caer en malas manos; **eine sichere ~ haben** tener una mano segura; **mit starker ~** con mano dura; **Politik der starken ~** política *f* enérgica (*od* de mano dura); **mit vollen Händen (ausgeben)** (gastar) a manos llenas; **alle Hände voll zu tun haben** estar agobiado (*od* hasta el cuello) de trabajo → Handbreit, Handvoll **3** *mit subst*: *fig* **dafür lege ich meine ~ ins Feuer** metería (*od* pondría) las manos en el fuego; **~ und Fuß haben** tener sentido; **weder ~ noch Fuß haben** no tener ni pies ni cabeza (*od* ni cabo ni cuerda); **an Händen und Füßen gebunden** atado de pies y manos; **sich mit Händen und Füßen wehren** defenderse con uñas y dientes; **~ in ~ gehen** ir de la mano; *fig a.* ir parejas; *umg* **die Hände über dem Kopf zusammenschlagen** llevarse las manos a la cabeza; **die Hände in den Schoß legen** cruzarse de brazos, estar mano sobre mano; **(bei etw) die Hände im Spiel haben** estar metido en el ajo (de a/c) **4** *fig mit Verben*: **~ anlegen** (*helfen*) dar (*od* echar) una mano; arrimar el hombro; **j-m die Hände binden** atar las manos a alg, maniatar a alg (*beide a. fig*); **mir sind die Hände gebunden** tengo las manos atadas; **die ~ auf etw** (*acus*) **legen** apoderarse de a/c; incautarse de a/c; **die ~ gegen j-n erheben** alzar la mano a alg; **die ~ von etw lassen** desistir de a/c; no preocuparse más de a/c; **die ~ nicht vor (den) Augen sehen** *umg* no ver ni gota (*od* torta); *sprichw* **eine ~ wäscht die andere** una mano lava la otra **5** *mit an*: **~ an etw** (*acus*) **legen** meter mano a a/c; **~ ans Werk legen** poner manos a la obra; suicidarse; **die letzte ~ an etw** (*acus*) **legen** dar la última mano a a/c; ultimar a/c; *geh* **~ an j-n legen** poner a alg la mano encima; **~ an sich** (*acus*) **legen** atentar contra la propia vida **6** *fig mit vorangehender präp*: **j-m etw an die ~ geben** proporcionar a alg los medios de; **j-m an die** *od* **zur ~ gehen** echar una mano a alg; **(klar) auf der ~ liegen** ser evidente (*od* palmario *od* patente); **j-n auf Händen tragen** *umg* tener (*od* traer) a alg en palmitas; **j-m aus der ~ fressen** obedecer incondicionalmente a alg; **etw aus der ~ geben** (*weggeben*) entregar a/c; (*aufgeben*) abandonar a/c; **etw aus der ~ legen** soltar a/c; **aus der ~ lesen** leer en la mano; **durch j-s Hände gehen** pasar por (las) manos de alg; **in j-s Hände fallen** dar (*od* caer) en manos de alg; *fig* **j-n in der ~ haben** controlar a alg; tener a alg a su merced; **sich in der ~ haben** dominarse, controlarse; **die Lage (fest) in der ~ haben** controlar la situación; **in andere Hände kommen** *od* **übergehen** pasar (*od* ir a parar) a otras manos; cambiar de dueño; **das liegt in Gottes ~** Dios dirá; **das liegt in seiner ~** está en su mano; de él depende; **etw in die ~ nehmen** encargarse de (*od* tomar por su cuenta) a/c; **j-m in die Hände spielen** *od* **arbeiten** hacer el juego (*od* el caldo gordo) a alg; **(bei j-m) um j-s ~ anhalten** pedir (a alg) la mano de alg; **unter der ~** bajo mano, bajo cuerda; **etw unter der ~ erfahren** enterarse de a/c extraoficialmente; **von ~ zu ~ gehen** pasar de mano en mano; **etw von ~ bedienen** manejar a/c manualmente; **etw geht ihm leicht von der ~** se da mucha maña para a/c; **von der ~ in den Mund leben** vivir al día; **das ist nicht von der ~ zu weisen** no se puede rechazar; *auf Briefen*: **zu Händen von ...** a la atención de ...; **etw zur** *od* **bei der ~ haben** *Gegenstand, Mittel, Antwort* tener a/c a mano **7** (*Handschrift*) letra *f* **8** SPORT (*Handspiel*) *Fußball*: **~!** ¡mano(s)!
'Handabzug M TYPO impresión *f* manual; **Handantrieb** M → Handbetrieb; **Handarbeit** F **1** (*manuelle Arbeit*) trabajo *m* manual; **das ist ~** eso está hecho a mano **2** *fertiges Werk*: artesanía *f* **3** (*Nadelarbeit*) labores *fpl*; *umg Schulfach*: manualidades *fpl*
'Handarbeiter M, **Handarbeiterin** F obrero *m*, -a *f*, trabajador *m*, -a *f*, manual
'Handarbeitslehrer M, **Handarbeitslehrerin** F profesor *m*, -a *f* de labores
'Handauflegen N, **Handauflegung** F REL imposición *f* de (las) manos; **Handausgabe** F edición *f* manual; **Handball** M SPORT balonmano *m*; **Handballen** M ANAT pulpejo *m* (de la mano), ténar *m*
'Handballer M ⟨~s; ~⟩, **Handballerin** F ⟨~; ~nen⟩, **Handballspieler** M, **Handballspielerin** F jugador *m*, -a *f* de balonmano, balonmanista *m/f*
'Handbedienung F mando *m* (*bzw* manejo *m*) manual; **Handbeil** N hachuela *f*; **Handbesen** M escobilla *f*; **Handbetrieb** M accionamiento *m* manual (*od* a mano); **Handbewegung** F movimiento *m* de la mano; ademán *m*; **Handbibliothek** F biblioteca *f* manual (*od* de trabajo); **Handbohrer** M barrena *f* de mano; **Handbohrmaschine** F taladradora *f* portátil (*od* de mano); **Handbrause** F ducha *f* de mano
'handbreit ADJ del ancho de una mano
'Handbreit F, **Hand breit** F ⟨~; ~⟩ palmo *m*; **Handbremse** F freno *m* de mano; **Handbuch** N manual *m*
'Händchen N ⟨~s; ~⟩ manita *f*; **~ halten** hacer manitas; *fig* **ein ~ für etw haben** tener buena mano para a/c
'Handcreme F crema *f* de manos; **Handdruck** M ⟨~(e)s; ~e⟩ *Stoff*: estampado *m* a mano; **Handdusche** F ducha *f* manual
'Händedruck M ⟨~(e)s; ¨-e⟩ apretón *m* de manos; **Händeklatschen** N palmoteo *m*; palmas *fpl*; aplauso *m*
'Handel M ⟨~s⟩ **1** WIRTSCH comercio *m* (**mit** de); (*Tauschhandel*) *a.* intercambio *m*; *illegaler*: tráfico *m*; **~ treiben** comerciar (**mit j-m** con alg); **mit etw ~ treiben** tratar (*od* negociar) en a/c; *illegal*: traficar en a/c; **im ~ sein** *Ware* estar en venta; **in den ~ bringen** poner a la venta; **im ~ tätig sein** dedicarse al comercio **2** (*Geschäft*) negocio *m*; (*Vereinbarung*) pacto *m*
'Händel MPL *obs* (*Streit*) querella *f*, disputa *f*, gresca *f*; **mit j-m ~ haben** tener una disputa con alg; estar querellado con alg; **mit j-m ~ suchen** buscar pelea (*od umg* camorra) con alg
'handeln[1] **A** VI **1** (*tun*) actuar, obrar; (*verfahren*) proceder; **ebenso ~** hacer lo mismo, hacer otro tanto; proceder de igual modo; **er hat nicht gut an mir gehandelt** no se ha portado bien conmigo **2** *Buch etc* **~ von** tratar de (*od* sobre); versar sobre **3** HANDEL (*Handel treiben*) **mit j-m ~** negociar con alg; **mit etw ~** comerciar con a/c; *illegal*: traficar con a/c; **mit Drogen/Waffen ~** traficar con drogas/armas; **um etw ~** (*feilschen*) regatear a/c; **um den Preis ~** discutir el precio; *fig* **mit sich ~ lassen** mostrarse dispuesto a negociar; *fig* **sie lässt nicht mit sich ~** es intransigente, no da su brazo a torcer **B** VT *Aktie* **an der Börse gehandelt werden** negociarse en la bolsa; **zu 50 Euro gehandelt werden** cotizarse a 50 euros; *fig Person* **als j-s Nachfolger gehandelt werden** perfilarse como sucesor de alg **C** V/UNPERS **es handelt sich um ...** se trata de ...; **worum handelt es sich?** ¿de qué se trata?; **es handelt sich darum, dass** se trata de que; **es handelt sich darum, ob ...** falta saber si...
handeln[2] ['hɛndəln] VT *Jargon* utilizar, usar; *Am* manejar
'Handeln N ⟨~s⟩ **1** (*Tun*) acción *f*; (*Vorgehen*) procedimiento *m*; **(sie ist) zum ~ entschlossen** (se ha) decidido a actuar **2** (*Feilschen*) regateo *m*
'Handelsabkommen N acuerdo *m* comercial; convenio *m* mercantil; **Handelsagentur** F agencia *f* comercial; **Handelsartikel** M artículo *m* de consumo; **Handelsattaché** M agregado *m* comercial; **Handelsaustausch** M intercambio *m* comercial; **Handelsbank** F ⟨~; ~en⟩ banco *m* comercial; **Handelsbarriere** F barrera *f* (*od* obstáculo *m*) comercial; **Handelsbericht** M informe *m* comercial; **Handelsbeschränkung** F restricción *f* comercial; **Handelsbetrieb** M empresa *f* comercial; **Handelsbezeichnung** F denominación *f* comercial; **Handelsbeziehungen** FPL relaciones *fpl* comerciales; **Handelsbilanz** F **1** *e-s Landes*: balanza *f* comercial (*od* de comercio); **passive/aktive ~** saldo *m* deficitario/excedentario **2** *e-r Firma*: balance *m*; **Handelsblatt** N periódico *m* de información comercial; **Handelsbörse** F bolsa *f* de comercio; **Handelsbrauch** M uso *m* comercial; **Handelsdelegation** F delegación *f* comercial
'handelseinig, handelseins ADJ (**mit j-m**) **~ sein/werden** estar/quedar (*od* ponerse) de acuerdo (con alg); **handelsfähig** ADJ comerciable, negociable
'Handelsfirma F razón *f* social; casa *f* comercial (*od* de comercio); **Handelsflagge** F SCHIFF pabellón *m* (de la marina) mercante;

H

Handelsflotte F SCHIFF flota *f* mercante; **Handelsfreiheit** F libertad *f* de comercio; **Handelsgärtner** M horticultor *m*; **Handelsgärtnerei** F empresa *f* hortícola; horticultura *f*; **Handelsgärtnerin** F horticultora *f*; **Handelsgeist** M espíritu *m* comercial; *pej* mercantilismo *m*, espíritu *m* mercantil; **Handelsgenossenschaft** F cooperativa *f* comercial

'Handelsgericht N JUR tribunal *m* comercial (*od* de comercio); **handelsgerichtlich** ADJ & ADV **~ eingetragen** inscrito en el registro mercantil; **Handelsgerichtsbarkeit** F jurisdicción *f* comercial

'Handelsgeschäft N operación *f* de comercio; **Handelsgesellschaft** F sociedad *f* (*od* compañía *f*) mercantil; **offene ~** sociedad *f* colectiva

'Handelsgesetzbuch N código *m* de comercio; **Handelsgesetzgebung** F legislación *f* comercial

'Handelsgewerbe N industria *f* mercantil; **ein ~ betreiben** ejercer una actividad mercantil; **Handelsgewicht** N peso *m* de comercio; **Handelshafen** M SCHIFF puerto *m* comercial; **Handelshaus** N casa *f* de comercio; **Handelshemmnis** N, **Handelshindernis** N traba *f* comercial

'Handelskammer F Cámara *f* de Comercio; **Industrie- und ~** Cámara *f* de Comercio e Industria; **Internationale ~** Cámara *f* de Comercio internacional

'Handelskauf M compraventa *f* mercantil; **Handelskette** F cadena *f* comercial; **Handelsklasse** F categoría *f*, clase *f*; **Handelskorrespondenz** F correspondencia *f* comercial; **Handelskredit** M crédito *m* comercial; **Handelskrieg** M guerra *f* comercial; **Handelsmarine** F SCHIFF marina *f* mercante; **Handelsmarke** F marca *f* comercial; **Handelsmesse** F feria *f* comercial; **Handelsminister** M, **Handelsministerin** F ministro *m*, -a *f* de Comercio; **Handelsministerium** N Ministerio *m* de Comercio; **Handelsmission** F misión *f* comercial; **Handelsmonopol** N monopolio *m* comercial; **Handelsname** M nombre *m* comercial; firma *f*; **Handelsniederlassung** F establecimiento *m* comercial; *überseeische*: factoría *f*; **Handelspartner** M, **Handelspartnerin** F socio *m*, -a *f* comercial; **Handelsplatz** M plaza *f* comercial; **Handelspolitik** F política *f* comercial; **handelspolitisch** ADJ político-económico; **Handelsrecht** N derecho *m* mercantil

'Handelsregister N registro *m* mercantil; **ein Unternehmen ins ~ eintragen** inscribir una empresa en el registro mercantil; **ein Unternehmen aus dem ~ streichen** tachar (*od* borrar *od* dar de baja) una empresa en el registro mercantil

'Handelsreisende M/F viajante *m/f*; **Handelsrichter** M, **Handelsrichterin** F juez *m*, -a *f* de un tribunal comercial; **Handelsschiff** N SCHIFF buque *m* mercante; **Handelsschifffahrt** F navegación *f* mercante; **Handelsschranken** FPL barreras *fpl* comerciales, restricciones *fpl* de comercio; **~ abbauen** eliminar las barreras comerciales; **Handelsschule** F escuela *f* de comercio; **Handelsspanne** F margen *m* comercial; **Handelssperre** F interdicción *f* del comercio; embargo *m*; **Handelsstadt** F ciudad *f* comercial; **Handelsstraße** F ruta *f* comercial; **Handelsstreit** M contencioso *m* comercial; **Handelsteil** M *e-r Zeitung*: sección *f* económica y financiera

'handelsüblich ADJ usual (*od* de uso corriente) en el comercio

'Handels- und Zahlungsabkommen N acuerdo *m* comercial y de pagos; **Handelsunternehmen** N empresa *f* comercial (*od* mercantil); **Handelsverbindungen** FPL relaciones *fpl* comerciales; **Handelsverbot** N interdicción *f* de comercio; **Handelsverkehr** M tráfico *m* comercial; intercambio *m* comercial; **Handelsvertrag** M tratado *m* comercial (*od* de comercio); **Handelsvertreter** M, **Handelsvertreterin** F representante *m/f* (*od* agente *m/f*) de comercio; **Handelsvertretung** F representación *f* comercial; agencia *f* comercial; **Handelsvolumen** M volumen *m* de intercambio; **Handelsware** F → Handelsartikel; **Handelswechsel** M efecto *m* de comercio, letra *f* comercial; **Handelsweg** M vía *f* comercial; **Handelswert** M valor *m* comercial; **Handelszeichen** N → Handelsmarke; **Handelszeitung** F → Handelsblatt; **Handelszentrum** N centro *m* comercial; **Handelszweig** M ramo *m* comercial (*od* del comercio)

Handel treibend ADJ comerciante; mercante; traficante

'Handeltreibende M/F ⟨~n; ~n; → A⟩ comerciante *m/f*

'händeringend A ADJ (*flehentlich*) suplicante; (*verzweifelt*) desesperado B ADV **~ nach etw suchen** buscar desesperadamente a/c

'Händeschütteln N ⟨~s⟩ apretón *m* de manos; **Händetrockner** M secamanos *m*

'Handexemplar N ejemplar *m* de trabajo; **Handfeger** M ⟨~s; ~⟩ escobilla *f*; **Handfertigkeit** F habilidad *f* manual; **Handfesseln** FPL → Handschellen

'handfest ADJ *Person* robusto, vigoroso, fuerte; *fig Argument etc* sólido; **ein ~er Streit** una pelea tremenda

'Handfeuerlöscher M estintor *m* de mano; **Handfeuerwaffe** F MIL arma *f* de fuego portátil; **Handfläche** F palma *f* (de la mano)

'handgearbeitet ADJ hecho a mano

'Handgebrauch M **zum ~** para uso diario

'handgefertigt ADJ → handgearbeitet; **handgeknüpft** ADJ anudado a mano

'Handgeld N arras *fpl*, señal *f*; MIL prima *f* de enganche

'Handgelenk N ANAT muñeca *f*; **etw aus dem ~ tun** hacer con mucha soltura a/c; improvisar a/c; *umg fig* **etw aus dem ~ schütteln (können)** hacer a/c con la mano izquierda; *umg fig* **ein loses** *od* **lockeres ~ haben** tener las manos largas

'Handgelenkschützer M muñequera *f*

'handgemacht ADJ → handgearbeitet; **handgemein** ADJ *obs* **~ werden** llegar a las manos

'Handgemenge N pelea *f*; riña *f* (cuerpo a cuerpo)

'handgenäht ADJ cosido a mano

'Handgepäck N equipaje *m* (*od* bultos *mpl*) de mano; **Handgepäckaufbewahrung** F consigna *f*

'handgerecht ADJ manejable; fácil de manejar; **handgeschmiedet** ADJ forjado a mano; **handgeschöpft** ADJ **~es Papier** papel *m* de tina (*od* de mano); **handgeschrieben** ADJ manuscrito, escrito a mano; **handgestickt** ADJ bordado a mano; **handgestrickt** ADJ hecho (*od* calcetado) a mano; **handgewebt, handgewirkt** ADJ tejido a mano

'Handgranate F MIL granada *f* de mano

'handgreiflich ADJ palpable; evidente, manifiesto, palmario; **~ werden** llegar a las manos; **Handgreiflichkeit** F ⟨~; ~en⟩ **es kam zu ~en** se llegó a las manos

'Handgriff M 1 *zum Festhalten*: asa *f*; asidero *m*; (*Stiel*) mango *m*; (*Knauf*) puño *m* 2 *Bewegung*: maniobra *f*, manejo *m*; manipulación *f*; **mit wenigen ~en** en pocas maniobras; *fig* **mit einem ~** rápidamente, *umg* en un plis-plas

'Handhabe F *fig* motivo *m*, pretexto *m*; **~ bieten zu** dar motivo (*od* margen) a; **eine ~ gegen j-n haben** tener un arma contra alg

'handhaben V/T manejar; manipular; (*gebrauchen*) utilizar, emplear, servirse de; *Gesetze* aplicar; **leicht zu ~** de fácil manejo, muy manejable; **Handhabung** F ⟨~; ~en⟩ manejo *m*; manipulación *f*; maniobra *f*; JUR aplicación *f*

'Handharmonika F *obs* acordeón *m*; **Handhebel** M palanca *f* manual

'Handheld ['hɛnthɛlt] M *od* N ⟨~s; ~s⟩ IT ordenador *m* (personal) de mano (*od* de palma)

'Handicap, Handikap ['hɛndikɛp] N ⟨~s; ~s⟩ SPORT, *fig* handicap *m*

'handicapen, handikapen ['hɛndikɛpn] V/T SPORT, *fig* perjudicar, handicapar

'Handkante F canto *m* de la mano; **Handkantenschlag** M golpe *m* con el canto de la mano

'Handkarre F, **Handkarren** M carretilla *f* (*od* carretón *m*) de mano; **Handkoffer** M maleta *f*; *kleiner*: maletín *m*; **Handkorb** M cesta *f*; **Handkreissäge** F TECH sierra *f* circular de mano; **Handkurbel** F manivela *f*; **Handkuss** M besamanos *m*; **einen ~ geben** besar la mano; **Handlanger** M ⟨~s; ~⟩ peón *m*; bracero *m*; *fig* ayuda *m*; (*Helfershelfer*) cómplice *m*; **Handlaterne** F linterna *f*; farol *m* de mano; **Handleiste** F *am Geländer*: pasamano *m*

'Händler M ⟨~s; ~⟩, **Händlerin** F ⟨~; ~nen⟩ comerciante *m/f*, negociante *m/f*; *bes v. Vieh*: tratante *m/f*; *illegal*: traficante *m/f*; (*Verkäufer, -in*) vendedor *m*, -a *f*; (*Hausierer, -in*) buhonero *m*, -a *f*; **fliegender ~** vendedor *m* ambulante

'Händlerpreis M precio *m* al por mayor; precio *m* para revendedores; **Händlerrabatt** M descuento *m* para revendedores

'Handlesekunst F quiromancia *f*; **Handleser** M, **Handleserin** F quiromántico *m*, -a *f*; **Handleuchter** M palmatoria *f*

'handlich ADJ manuable; manejable, fácil de manejar; **Handlichkeit** F ⟨~⟩ manejabilidad *f*

'Handling ['hɛndlɪŋ] N ⟨~s⟩ manejo *m*

'Handlung F ⟨~; ~en⟩ 1 (*Tat*) acción *f*; acto *m*, hecho *m*; **strafbare ~** acción *f* punible 2 *e-s Theaterstücks, Romans etc*: acción *f*; argumento *m*; **Ort der ~** lugar de la acción 3 (*Laden*) tienda *f*, comercio *m*

'Handlungsbedarf M necesidad *f* de actuar; **es besteht (kein) ~** (no) es necesario actuar; **Handlungsbevollmächtigte** M/F HANDEL apoderado *m*, -a *f* (especial); **Handlungsfaden** M THEAT hilo *m* argumental

'handlungsfähig ADJ capaz de obrar; JUR con capacidad de ejercicio; **Handlungsfähigkeit** F capacidad *f* de obrar (*od* operativa); JUR capacidad *f* de ejercicio

'Handlungsfreiheit F libertad *f* de acción; **Handlungsgehilfe** M HANDEL dependiente *m*; mancebo *m*; **Handlungsreisende** M/F viajante *m/f*; **Handlungsspielraum** M campo *m* de acción

'handlungsunfähig ADJ incapaz de obrar; JUR sin capacidad de ejercicio

'Handlungsverlauf M THEAT desarrollo *m* de la acción; **Handlungsvollmacht** F HANDEL poder *m* especial; **Handlungs-**

weise F modo *m* de obrar; proceder *m*; procedimiento *m*

'Hand-Out ['hɛndaʊt] N ⟨~s; ~s⟩ hoja *f* de información *(distribuida en una conferencia etc)*; *(Arbeitsblatt)* hoja *f* de trabajo

'Handpferd N *obs* caballo *m* de mano; **Handpflege** F manicura *f*; **Handpfleger** M, **Handpflegerin** F manicuro *m*, -a *f*; **Handpresse** F TYPO prensa *f* de mano; **Handpumpe** F bomba *f* manual; **Handpuppe** F títere *m*; **Handramme** F pisón *m* de mano; **Handreichung** F ayuda *f*, asistencia *f*, servicio *m*; **Handrücken** M ANAT dorso *m* de la mano; **Handsäge** F serrucho *m*; **Handsatz** M TYPO composición *f* a mano; **Handschellen** FPL esposas *fpl*; **j-m ~ anlegen** esposar a alg

'Handschlag M apretón *m* de manos; **etw durch ~ bekräftigen** confirmar a/c con un apretón de manos; **mit ~ versprechen** prometer solemnemente; *umg fig* **keinen ~ tun** *umg* no mover un dedo

H

'Handschrift F 1 *Schriftzüge*: escritura *f*, letra *f*; **eine gute ~ haben** tener buena letra 2 *fig* sello *m* 3 *Schriftwerk*: manuscrito *m*

'Handschriftendeutung F grafología *f*; **Handschriftenkunde** F paleografía *f*

'handschriftlich A ADJ escrito a mano, manuscrito B ADV por escrito; **etw ~ hinzufügen** añadir a/c a mano

'Handschuh M guante *m*; *geh obs* **j-m den ~ hinwerfen** arrojar el guante a alg; **Handschuhfach** N AUTO guantera *f*; **Handschuhgeschäft** N guantería *f*; **Handschuhgröße** F número *m* (*od* medida *f*) de guante

'Handschutz M guardamano *m*; **Handsiegel** N sello *m* (privado); **Handspiegel** M espejo *m* de mano; **Handspiel** N *Fußball*: mano(s) *f(pl)*

'Handstand M SPORT apoyo *m* invertido; **~ machen** hacer el pino; **Handstandüberschlag** M *Turnen*: paloma *f*

'Handstickerei F bordado *m* a mano; **Handstreich** M *bes* MIL golpe *m* de mano; **Handtasche** F bolso *m* (de mano); *Am* cartera *f*; *(Reisehandtasche)* maletín *m*; **Handteller** M palma *f* de la mano

'Handtuch N toalla *f*; **das ~ werfen** *Boxen u. fig* arrojar la toalla (*od* la esponja); **Handtuchhalter** M, **Handtuchständer** M toallero *m*

'Handumdrehen N ⟨~s⟩ **im ~** en un santiamén, en un abrir y cerrar de ojos, en un periquete

'handverlesen ADJ seleccionado a mano; *fig* muy escogido

'Handvoll F puñado **eine ~ Sand** un puñado de arena

'Handwaffe F arma *f* portátil; **Handwagen** M carro *m* de mano; **handwarm** ADJ tibio; **Handwäsche** F lavado *m* a mano; *Wäschestücke*: ropa *f* para lavar a mano; **Handwebstuhl** M telar *m* de mano

'Handwerk N ⟨~(e)s; ~e⟩ oficio *m*; *als Stand*: artesanía *f*; **sein ~ verstehen** saber su oficio; *fig* **j-m das ~ legen** poner fin a las actividades (*bzw* fechorías) de alg; *fig* **j-m ins ~ pfuschen** hacer la competencia a alg; pisar el terreno a alg

'Handwerker M ⟨~s; ~⟩, **Handwerkerin** F ⟨~; ~nen⟩ artesano *m*, -a *f*; *weitS.* trabajador *m*, -a *f* manual; **wir haben die ~** *pl* **im Haus** estamos de obra en casa

'handwerklich A ADJ de artesano; de artesanía; artesanal B ADV **~ begabt sein** ser muy mañoso

'Handwerksbetrieb M empresa *f* artesanal; *(Werkstatt)* taller *m* de artesanía; **Handwerksbursche** M compañero *m* de oficio; *wandernder*: menestral *m* ambulante; **Handwerkskammer** F cámara *f* de artesanía

'handwerksmäßig A ADJ de artesanía; *fig* mecánico B ADV **ein Gewerbe ~ betreiben** llevar un negocio de forma artesanal; *Ware* **~ hergestellt** de fabricación artesanal, elaborado de forma artesanal

'Handwerksmeister M maestro *m* artesano; **Handwerksmesse** F feria *f* de artesanía; **Handwerkszeug** N útiles *mpl*, aperos *mpl*; herramientas *fpl* (*a. fig*)

'Handwörterbuch N diccionario *m* manual; **Handwurzel** F ANAT carpo *m*

'Handy ['hɛndi] N ⟨~(s); ~s⟩ (teléfono *m*) móvil *m*, *Am* (teléfono *m*) celular *m*; **Handytasche** F funda *f* móvil; **Handyverbot** F prohibición *f* de móviles; **Handyzubehör** N accesorios *mpl* de teléfonos móviles

'Handzeichen N marca *f*; *(Signal)* señal *f* con la mano; POL **Abstimmung durch ~** votación a mano alzada; **Handzeichnung** F dibujo *m* a mano; **Handzettel** M folleto *m* manual, hoja *f* volante; octavilla *f*

'hanebüchen ADJ inaudito; increíble; escandaloso

Hanf M ⟨~(e)s⟩ BOT cáñamo *m*; **aus ~** de cáñamo; **'Hanfgarn** N hilo *m* de cáñamo

'Hänfling M ⟨~s; ~e⟩ 1 ORN pardillo *m* (común) 2 *umg fig (schwächlicher Mensch)* enclenque *m*; blando *m*

'Hanföl N aceite *m* de cañamones; **Hanfsamen** M cañamón *m*; **Hanfseil** N cuerda *f* (*od* soga *f*) de cáñamo

Hang M ⟨~(e)s; ¨e⟩ 1 *(Abhang)* pendiente *f*; cuesta *f*; declive *m* 2 *fig (Neigung)* inclinación *f*, propensión *f* (**zu** a); disposición *f* (**zu** a); *leidenschaftlicher*: pasión *f* (**zu** por) 3 *Turnen*: suspensión *f*

'Hangar M ⟨~s; ~s⟩ FLUG hangar *m*

'Hängebacken FPL mejillas *fpl* caídas

'Hängebauch M MED vientre *m* péndulo (*od* caído); **Hängebauchschwein** N cerdo *m* vietnamita

'Hängeboden M ARCH desván *m*; *zum Trocknen*: secadero *m*; **Hängebrücke** F puente *m* colgante; **Hängebrust** F, **Hängebusen** M senos *mpl* (*od* pechos *mpl*) caídos; **Hängegerüst** N ARCH andamio *m* colgado; **Hängelager** N TECH soporte *m* suspendido; **Hängelampe** F lámpara *f* colgante (*od* de suspensión)

'hangeln VI ⟨sn⟩ (VR ⟨h⟩) **(sich) ~** avanzar colgado de la mano

'Hängemappe F archivador *m* (*od* carpeta *f*) colgante; **Hängematte** F hamaca *f*

'hangen VI ⟨irr⟩ *obs* → hängen A

'Hangen N ⟨~s⟩ **mit ~ und Bangen** con el alma en un hilo

'hängen A VI ⟨irr; h, *südd, österr, schweiz* sn⟩ 1 *(herunterhängen)* colgar, pender; *Bild etc* **schief ~** estar torcido; *Baum* **voll ~ mit ...** estar cargado de ... 2 *(befestigt sein)* **an etw** *(dat)* **~** estar colgado (*od* suspendido) a a/c; *(festhängen)* estar fijado (*od* pegado) a a/c; **(mit con)** 3 *fig emotional*: **an j-m/etw ~** estar apegado a alg/a/c, tomar cariño a alg/a/c 4 *umg (sich aufhalten)* **am Telefon ~** *umg* estar colgado al teléfono; **vor dem Fernseher ~** *umg* estar pegado a la televisión 5 *(abhängen)* **an j-m/etw ~** depender de alg/a/c; *umg* **alles hängt an mir** yo tengo que cargar con todo 6 *umg bei e-r schwierigen Sache*: estar bloqueado B VT 1 *(aufhängen)* **an etw** *(acus)* **~** colgar de (*od* en) a/c, suspender de a/c; *mit Haken*: enganchar en a/c; *Wäsche* **auf die Leine ~** tender; *Kleider* **in den Schrank ~** colgar en el armario 2 *(hängen lassen)* dejar caer; **ein Bein ins Wasser ~** dejar caer una pierna en el agua 3 *(erhängen)* **j-n ~** colgar a alg, ahorcar a alg C VR **sich an j-n ~** *(festhalten)* agarrarse a alg; *fig* pegarse a alg (*a. Laufsport*); *emotional*: tomar cariño a alg; **sich an etw** *(acus)* **~** *(anklammern)* engancharse a a/c; *emotional*: tomar cariño a a/c, apegarse a a/c

'Hängen N ⟨~s⟩ 1 suspensión *f*; colgamiento *m* 2 *(Henken)* ahorcamiento *m* 3 *umg fig* **mit ~ und Würgen** a duras penas

'hängenbleiben VI ⟨irr; sn⟩ *fig* **an j-m ~** *Verdacht* recaer en alg; *fig* **etwas bleibt immer hängen** siempre queda algo; *fig* **davon ist nicht viel hängengeblieben** no ha quedado mucho de eso → hängen bleiben

hängen bleiben VI ⟨irr; sn⟩ 1 **an etw** *(dat)* **~** *an e-m Haken, Vorsprung etc*: quedar enganchado en; *(haften bleiben)* quedar pegado (*od* adherido) a; 2 *(stocken) beim Sprechen*: quedarse mudo 3 *bei e-r Prüfung*: suspender, ser suspendido; *umg* ser cateado

'hängend ADJ colgante, pendiente; colgado (**an** *dat* de); **~e Gärten** *mpl* pensiles *mpl*, jardines *mpl* colgantes

'Hangende(s) N ⟨~n; → A⟩ BERGB (techo *m*) pendiente *m*

'hängenlassen, hängen lassen A VT ⟨*ohne* ge-⟩ *umg fig (im Stich lassen)* **j-n hängen lassen** dejar a alg plantado B VR *umg fig* **sich hängen lassen** abandonarse, dejarse ir

hängen lassen VT ⟨*ohne* ge-⟩ 1 dejar colgado; *(vergessen)* olvidar; **die Wäsche ~** dejar la ropa tendida 2 *Arme, Flügel, Ohren* dejar caer

'Hängeohren NPL orejas *fpl* caídas (*od* gachas *od* colgantes); **Hängeordner** M → Hängemappe; **Hängepartie** F *Schach*: partida *f* aplazada; *fig* partido *m* aplazado; **Hängeregister** N, **Hängeregistratur** F → Hängemappe; **Hängesäule** F ARCH pendolón *m*; **Hängeschloss** N candado *m*; **Hängeschrank** M armario *m* suspendido

'Hangwind M FLUG corriente *f* ascendente orográfica

Han'nover N ⟨~s⟩ Hannóver *m*

Hannove'raner M ⟨~s; ~⟩, **Hannoveranerin** F ⟨~; ~nen⟩ 1 habitante *m/f* de Hannóver 2 *Pferd*: caballo *m* Hannoveriano

Hans EIGENN M 1 *Vorname*: Juan *m* 2 *fig* **~ im Glück** *umg* el niño de la bola; *poet* **der blanke ~** el Mar del Norte

'Hansa F → Hanse

Hansa'plast® N ⟨~(e)s⟩ esparadrapo *m*

'Hänschen EIGENN M 1 *Vorname* 2 *sprichw* **was ~ nicht lernt, lernt Hans nimmermehr** lo que se aprende en la cuna, siempre dura

Hans'dampf M ⟨~(e)s; ~e⟩ *umg* **~ in allen Gassen** *umg* mequetrefe *m*; metomentodo *m*

'Hanse F ⟨~⟩ HIST **die ~** la Hansa *f*

Hanse'at M ⟨~en; ~en⟩, **Hanseatin** F ⟨~; ~nen⟩ HIST hanseático *m*, -a *f*; *weitS.* hamburgués *m*, -esa *f*; **hanseatisch** ADJ hanseático; *weitS.* hamburgués

Hänse'lei F ⟨~; ~en⟩ burlas *fpl*; *umg* tomadura *f* de pelo, chungueo *m*

'hänseln VT **j-n ~** burlarse de alg; *umg* tomar el pelo a alg; chunguearse de alg

'Hänseln N ⟨~s⟩ → Hänselei

'Hansestadt F ciudad *f* hanseática

'Hanswurst M ⟨~(e)s; ~e *od hum* ¨e⟩ bufón *m*; payaso *m*; THEAT arlequín *m*; polichinela *m*; gracioso *m*

'Hantel F ⟨~; ~n⟩ pesa *f*, haltera *f*

'hanteln VI SPORT hacer ejercicios con pesas

han'tieren VI ⟨*ohne* ge-⟩ **~ mit** manejar; manipular; ocuparse en; **Hantieren** N ⟨~s⟩ ocupación *f*; *(Handhabung)* manejo *m* (**mit** de); manipulación *f*

'hapern V/UNPERS 1 *(nicht klappen)* **es hapert**

mit etw hay algo que cojea (*od* no va *od* no funciona); **im Englischen hapert es bei ihm** el inglés es su punto flojo; **da hapert es!** *umg* ¡ahí está el intríngulis! **2** (*mangeln*) **es hapert an etw** (*dat*) falta a/c; **es hapert uns an Geld** andamos mal de dinero; **woran hapert es?** ¿dónde está el defecto?

'Häppchen N ⟨~s; ~⟩ bocadito *m*

'Happen M ⟨~s; ~⟩ bocado *m*; (*Appetithappen*) tapa *f*; **einen ~ essen** tomar un bocado (*od* un piscolabis)

'happig ADJ *umg* (*übertrieben hoch*) exagerado; *Preis a.* exorbitante

'happy ['hɛpi] ADJ *umg* feliz; **Happy End** *n* final *m* feliz; **Happy Hour** [-'ʔaʊər] *f* hora *f* feliz, happy hour *f*

'Harass M ⟨~es; ~e⟩ *schweiz* (*Kiste*) caja *f*

'Härchen N ⟨~s; ~⟩ pelillo *m*

'Hardboot ['hartbu:t] M ⟨~s; ~s⟩ SPORT bota *f* dura, hard boot *m*; **Hardcoreporno** ['-kɔːr-] M porno *m* duro; **Hardcover** [-kavər] N ⟨~s; ~s⟩ TYPO cubierta *f* dura; **Harddisk** F ⟨~; ~s⟩ disco *m* duro; *Am* disco *m* rígido; **Hardliner** [-laɪnər] M ⟨~s; ~⟩, **Hardlinerin** F ⟨~; ~nen⟩ POL halcón *m*; político *m*, -a *f* de línea dura; **Hardrock** M ⟨~(s)⟩ MUS rock *m* duro; **Hardware** [-vɛːr] F ⟨~; ~s⟩ *Computer*: hardware *m*, equipo *m*, soporte *m* físico

'Harem M ⟨~s; ~s⟩ harén *m*

Häre'sie F ⟨~; ~n⟩ herejía *f*

Hä'retiker M ⟨~s; ~⟩, **Häretikerin** F ⟨~; ~nen⟩ hereje *m/f*; **häretisch** ADJ herético

'Harfe F ⟨~; ~n⟩ MUS arpa *f*; **die ~ spielen** tocar (*od poet* tañer) el arpa

Harfe'nist M ⟨~en; ~en⟩, **Harfenistin** F ⟨~; ~nen⟩ arpista *m/f*

'Harfenspiel N música *f* de arpa; *poet* tañido *m* del arpa; **Harfenspieler** M, **Harfenspielerin** F arpista *m/f*

'Harke F ⟨~; ~n⟩ AGR rastro *m*, rastrillo *m*; *umg fig* **j-m zeigen, was eine ~ ist** decir a alg las verdades del barquero, decir a alg cuántas son cinco

'harken V/T rastrillar

'Harken N ⟨~s⟩ rastrillaje *m*

'Harlekin M ⟨~s; ~e⟩ arlequín *m*

Harleki'nade F ⟨~; ~n⟩ arlequinada *f*

Harm M ⟨~(e)s⟩ *geh* (*Leid*) aflicción *f*, cuita *f*; (*Kummer*) pena *f*, pesar *m*; (*Kränkung*) ofensa *f*

'harmlos ⟨~est⟩ ADJ **1** (*unschädlich*) inofensivo, in(n)ocuo; *Bemerkung, Kritik, Vergnügen, Witz* inocente; *Verletzung, Unfall, Vorfall* sin importancia; *Krankheit* benigno **2** *Tier* manso; *Person* (*arglos*) cándido, ingenuo; **ein ~er Mensch** *a.* un alma de Dios; **~ aussehen** tener aspecto inofensivo

'Harmlosigkeit F ⟨~; ~en⟩ carácter *m* inofensivo; in(n)ocuidad *f*; *e-r Person a.*: candidez *f*, ingenuidad *f*

Harmo'nie F ⟨~; ~n⟩ armonía *f* (*a. fig*); **Harmonielehre** F MUS armonía *f*

harmo'nieren V/I ⟨*ohne* ge-⟩ estar en armonía; concordar (**mit** con); *bes Farben* armonizar; **mit j-m ~** congeniar (*od* entenderse bien) con alg

Har'monika F ⟨~; ~s *od* Harmoniken⟩ (*Mundharmonika*) armónica *f*; (*Ziehharmonika*) acordeón *m*

har'monisch ADJ MUS armónico; *fig a.* armonioso

harmoni'sieren V/T ⟨*ohne* ge-⟩ armonizar (*a. fig*); **Harmonisierung** F ⟨~; ~en⟩ armonización *f*

Har'monium N ⟨~s; Harmonien *od* ~s⟩ MUS armonio *m*

Harn M ⟨~(e)s⟩ orina *f*; **~ lassen** orinar

'Harnabsonderung F secreción *f* urinaria; **Harnanalyse** F análisis *m* de orina; **Harnapparat** M aparato *m* urinario; **Harnausscheidung** F eliminación *f* de la orina; **Harnbeschwerden** FPL MED disuria *f*; **Harnblase** F ANAT vejiga *f* (urinaria); **Harnblasenentzündung** F MED cistitis *f*; **Harndrang** M necesidad *f* (*od umg* gana *f*) de orinar

'harnen V/I MED *fachspr* orinar; hacer aguas menores

'Harnen N ⟨~s⟩ MED *fachspr* micción *f*; **Harngang** M meato *m* urinario; **Harngrieß** M MED arenillas *fpl*

'Harnisch M ⟨~es; ~e⟩ **1** MIL HIST arnés *m*; (*Brustharnisch*) coraza *f*; (*Rüstung*) armadura *f* **2** *fig* **in ~ bringen** exasperar, poner furioso; dar rabia; *fig* **in ~ geraten** exasperarse, indignarse; montar en cólera

'Harnlassen ⟨~s⟩ N micción *f*; **Harnleiter** M ANAT uréter *m*; **Harnröhre** F ANAT uretra *f*

'Harnröhrenentzündung F, **Harnröhrenkatarr(h)** M MED uretritis *f*; **Harnröhrensonde** F sonda *f* uretral; catéter *m*

'Harnsäure F CHEM ácido *m* úrico; **Harnstein** M MED cálculo *m* urinario; **Harnstoff** M urea *f*

'harntreibend ADJ diurético; **~es Mittel** diurético *m*

'Harnvergiftung F uremia *f*; **Harnverhaltung** F MED retención *f* de orina; **Harnwege** MPL ANAT vías *fpl* urinarias; **Harnzucker** M MED glucosuria *f*; **Harnzwang** M MED estranguria *f*, tenesmo *m* vesical

Har'pune F ⟨~; ~n⟩ arpón *m*; fisga *f*

Harpu'nier M ⟨~s; ~e⟩ arponero *m*

harpu'nieren V/T ⟨*ohne* ge-⟩ arponear

Har'pyie [-'py:jə] F MYTH arpía *f*

'harren V/I **auf etw** (*acus*) (*od geh* **einer Sache** *gen*) **~** aguardar, esperar a/c

'Harren N ⟨~s⟩ (*Erwartung*) espera *f* (**auf** *acus* de); (*Hoffnung*) esperanza *f*

harsch ADJ duro; áspero, rudo (*a. fig*)

Harsch M ⟨~(e)s⟩, **Harschschnee** M nieve *f* helada

hart **A** ADJ ⟨⸚er; ⸚este⟩ **1** *konkret* duro (*a. Ei, Wasser, Droge, Währung*); (*erhärtet*) endurecido; (*fest*) firme, sólido; **~er Schlag** golpe *m* duro; *fig* rudo golpe *m*; **einen ~en Kopf** *od* **Schädel haben** tener la cabeza dura; *umg* ser cabezón; **~ machen** endurecer, solidificar; **~ werden** *Material* endurecerse, solidificarse; GEOL concrecionarse; *Zement* fraguar **2** *fig* (*heftig*) violento; *Kampf* encarnizado; **~er Verlust** sensible pérdida *f*; **~e Wahrheit** verdad *f* cruda; **~er Winter** invierno *m* crudo (*od* riguroso) **3** *Person* duro; (*gefühllos*) insensible; (*unbeugsam*) inflexible; (*grausam*) cruel; **~ bleiben** mantenerse inflexible; *fig* no ceder; **~ werden** endurecerse; **~ im Nehmen sein** *umg* encajar bien los golpes; **zu j-m ~ sein** ser duro con alg **4** (*schwierig*) difícil, dificultoso; (*mühsam*) penoso; arduo; (*grausam*) cruel; **~es Los** cruel destino *m*; **~e Zeiten** tiempos *mpl* difíciles (*od* duros) **5** *fig* (*streng*) riguroso; severo (*a. Strafe*); **~es Gesetz** ley *f* severa **B** ADV **1** duramente (*a. fig schwer, streng*); **~ anzufühlen** duro al tacto; SPORT **~ spielen** jugar duro (*od* con dureza) **2** (*heftig*) *schlagen, aufprallen*: violentamente; **~ aneinandergeraten** tener un choque violento; **j-n ~ anfahren** increpar, incordiar a alg **3** *fig* **~ arbeiten** trabajar duramente; **~ durchgreifen** tomar medidas drásticas **4** **das kommt ihn ~ an** se le hace duro (*od* difícil); le cuesta (mucho); **j-n ~ treffen** *Unglück, Krankheit* ser un golpe duro para alg; **j-m ~ zusetzen** apremiar a alg; asediar (*od* importunar) a alg **5** (*dicht, nah*) **~ an** (*dat*) muy cerca de; **~ an der Grenze des Erlaubten** muy al borde de lo permitido; *fig* **~ an etw** (*acus*) **grenzen** rayar en a/c, rozar a/c; **j-m ~ auf den Fersen sein** seguir a alg muy de cerca; *umg* ir pisando a alg los talones; **es ging ~ auf ~** se luchó a brazo partido (*od* a vida o muerte); **wenn es ~ auf ~ geht** *od* **kommt** en el peor de los casos **6** → *a.* hart gefroren, hart gekocht

'härtbar ADJ TECH templable

'Härte F ⟨~; ~n⟩ **1** *des Materials*: dureza *f* (*a. fig*); *des Stahls*: temple *m*; *e-s Aufpralls*: violencia *f* **2** *e-r Person*: dureza *f* (**gegenüber j-m** frente a alg); (*Zähigkeit, Ausdauer*) resistencia *f*, tenacidad *f*; *des Charakters*: rigidez *f*; austeridad *f*; rudeza *f* **3** *fig* (*Strenge*) severidad *f*; *e-s Urteils, e-r Maßnahme*: rigor *m*; (*Ungerechtigkeit*) injusticia *f* **4** *umg* **(das ist) die ~!** *positiv*: *umg* ¡genial!; *negativ*: *umg* ¡qué horror!

'Härtebad N TECH baño *m* de temple; **Härtefall** M caso *m* extremo (*a. umg fig Person*); **sozialer ~** caso *m* social; **Härtegrad** M grado *m* de dureza; **Härteklausel** F cláusula *f* de dureza

'härten V/T endurecer; *Stahl* templar

'Härten N ⟨~s⟩ endurecimiento *m*; *des Stahls*: temple *m*; **Härteofen** M TECH horno *m* para templar; **Härteprüfung** F TECH ensayo *m* de dureza

Härte'rei F ⟨~; ~en⟩ TECH taller *m* de templado

'Härteriss M grieta *f* causada por el temple; **Härteskala** F escala *f* de dureza; **Härtetest** M TECH, *fig* prueba *f* de resistencia

'Hartfaserplatte F plancha *f* de fibra dura

hart gefroren ADJ helado; **hart gekocht** ADJ *Ei* duro

'Hartgeld N moneda *f* metálica

'hartgelötet ADJ soldado a fuego; **hartgesotten** ADJ *fig* (*unnachgiebig*) empedernido; (*abgebrüht*) insensible; *umg* curado de espantos

'Hartglas N vidrio *m* templado; **Hartgummi** N ebonita *f*; **Hartguss** M TECH fundición *f* dura

'hartherzig ADJ *Person* de corazón duro; *Verhalten* duro; **~ sein** ser duro; **Hartherzigkeit** F ⟨~⟩ dureza *f* (de corazón)

'Hartholz N madera *f* dura

'harthörig ADJ duro de oído; **Harthörigkeit** F ⟨~⟩ dureza *f* de oído

'Hartkäse M queso *m* duro; **Hartlot** N ⟨~(e)s; ~e⟩ TECH soldadura *f* fuerte (*od* amarilla)

'hartlöten V/T soldar al fuego; **hartmachen** V/T → hart A 1; **hartmäulig** ADJ *Pferd* duro de boca

'Hartmeißel M cortafrío *m*; **Hartmetall** N metal *m* duro

'hartnäckig **A** ADJ **1** *Person* (*beharrlich*) tenaz, tesonero; (*eigensinnig*) obstinado; terco, testarudo **2** *Vorurteil* arraigado **3** *Krankheit, Kälte* pertinaz, persistente **B** ADV persistentemente, obstinadamente; **~ bestehen** obstinarse, porfiar (**auf** *dat* en); **sich ~ halten** *Kälte, Gerücht* ser pertinaz

'Hartnäckigkeit F ⟨~⟩ (*Beharrlichkeit*) tenacidad *f*, tesón *m*; (*Eigensinn*) obstinación *f*; terquedad *f*, testarudez *f*; *e-r Krankheit, e-s Gerüchts*: persistencia *f*; pertinacia *f*

'Hartpapier N papel *m* duro (*od* prensado); **hartschalig** ADJ de cáscara dura; **Hartspiritus** M alcohol *m* solidificado

'Härtung F ⟨~; ~en⟩ endurecimiento *m*; *v. Stahl*: temple *m*; **Härtungsmittel** N agente *m* solidificante

'Hartweizen M trigo *m* duro (*od* semolero); **Hartwurst** F salchichón *m*

Harz[1] M ⟨~es⟩ GEOG **der ~** el Har(t)z

Harz[2] N ⟨~es; ~e⟩ resina *f*; **~ abzapfen** resinar; **'Harzbaum** M árbol *m* resinoso

'harzen VT resinar; **harzhaltig** ADJ resinífero; **harzig** ADJ resinoso; **Harzindustrie** F industria *f* resinera

Ha'sardspiel N juego *m* de azar

Hasch N ⟨~s⟩ *umg* → Haschisch

Ha'schee N ⟨~s; ~s⟩ GASTR picadillo *m* (de carne)

'haschen¹ **A** VT atrapar; *(packen)* coger *(nicht in Arg)*, agarrar; *(jagen)* cazar **B** VI **nach etw ~** tratar de coger *(od* atrapar) a/c; **nach j-m ~** tratar de atrapar a alg; *fig* **nach dem Glück ~** buscar la felicidad **C** VR **sich ~** *Spiel*: jugar a parar

'haschen² VI *Drogenjargon* fumar hachís *(od umg* porros)

'Häschen [ˈhɛːsçən] N ⟨~s; ~⟩ ZOOL liebrecilla *f*

'Hascher M, **Hascherin** F *Drogenjargon* fumeta *m/f*

'Häscher M ⟨~s; ~⟩ *geh* esbirro *m*; *obs* alguacil *m*; corchete *m*

'Haschisch N ⟨~⟩ *Droge*: hachís *m*, *sl* chocolate *m*

'Hase M ⟨~n; ~n⟩ **1** ZOOL liebre *f*; *junger*: lebrato *m* **2** GASTR **falscher ~** asado *m* de carne picada **3** *fig Person* **ein alter ~** un viejo zorro; *umg* **mein Name ist ~ (ich weiß von nichts)** no sé nada de nada **4** *fig* **wissen, wie der ~ läuft** conocer el truco; estar al cabo de la calle; **sehen, wie der ~ läuft** esperar a ver el cariz que toman las cosas; *umg* **da liegt der ~ im Pfeffer** *umg* ahí está el busilis; ésa es la madre del cordero

'Hasel F ⟨~; ~n⟩ BOT avellano *m*; **Haselgebüsch** N BOT avellanar *m*, avellaneda *f*; **Haselhuhn** N ORN grévol *m*; **Haselmaus** F ZOOL lirón *m* enano, muscardino *m*; **Haselnuss** F BOT avellana *f*; **Haselnussstrauch** M avellano *m*; **Haselrute** F varita *f* de avellano; **Haselstrauch** M avellano *m*

'Hasenbraten M asado *m* de liebre; **Hasenfuß** M *fig* cobarde *m*, gallina *m*; **Hasenjagd** F caza *f* de liebres; **Hasenklein** N GASTR → Hasenpfeffer; **Hasenpfeffer** M GASTR estofado *m* (*bzw* encebollado *m*) de menudillos de liebre; lebrada *f*

'hasenrein ADJ **das ist nicht ganz ~** no es muy católico; aquí hay gato encerrado

'Hasenscharte F MED labio *m* leporino

'Häsin F ⟨~; ~nen⟩ ZOOL liebre *f* hembra

'Haspe F ⟨~; ~n⟩ *(Angel)* gozne *m*; *(Fensterhaspe, Türband)* pernio *m*

'Haspel F ⟨~; ~n⟩ *(Garnhaspel)* devanadera *f*; *(Winde)* aspa *f*

'haspeln VT **1** devanar, aspar; *(emporhaspeln)* guindar, elevar, SCHIFF izar **2** *umg fig (hastig sprechen)* barbullar

Hass M ⟨~es⟩ odio *m* (**gegen** a); **aus ~ gegen** por odio a; **~ hegen gegen** *od* **haben auf** *(acus)* tener odio a

'hassen VT odiar; *(verabscheuen)* aborrecer, detestar; abominar; **hassenswert** ADJ aborrecible, detestable; abominable; *(verhasst)* odioso; **hasserfüllt** **A** ADJ lleno de odio **B** ADV **j-n ~ anblicken** dirigir a alg una mirada de odio

'Hassgefühle NPL sentimientos *mpl* de odio

'hässlich ADJ **1** *(nicht schön)* feo *(a. fig)*; *(missgestaltet)* desfigurado, deforme; monstruoso; *umg* **~ wie die Nacht** *umg* más feo que Picio; **~ aussehen** ser feo; **~ machen** afear; **~ werden** ponerse feo **2** *fig (gemein)* malo *(a. Wort)* **3** *fig (unangenehm)* desagradable; *(unliebenswürdig)* poco amable; desatento

'Hässlichkeit F ⟨~; ~en⟩ **1** *im Aussehen*: fealdad *f* **2** *fig im Verhalten etc*: desatención *f*; falta *f* de amabilidad **3** *Tat*: acción *f* repugnante

'Hassliebe F amor-odio *m*

hast → haben

Hast F ⟨~⟩ *(Eile)* prisa *f*; *(Überstürzung)* precipitación *f*; **mit** *od* **in ~** de prisa, con prisa; precipitadamente; **ohne ~** tranquilamente

'hasten VI ⟨sn⟩ apresurarse, darse prisa, *Am* apurarse; *(sich überstürzen)* precipitarse; **hastig** **A** ADJ presuroso; precipitado; *Bewegung* brusco **B** ADV a toda prisa; precipitadamente; **nicht so ~!** ¡no tan deprisa!

hat → haben

'Hätschelkind N niño *m* mimado *(a. fig)*; **hätscheln** VT acariciar; *(verzärteln)* mimar; **Hätscheln** N ⟨~s⟩ caricias *fpl*

'hatschi, 'hatzi INT ¡achís!

'hatte → haben

Hatz F ⟨~; ~en⟩ **1** JAGD caza *f* (con galgos); cacería *f* **2** *fig (Hetze)* prisa(s) *f(pl)*

'Häubchen N ⟨~s; ~⟩ gorrita *f*; *(Kinderhäubchen)* capillo *m*

'Haube F ⟨~; ~n⟩ **1** *Kopfbedeckung*: cofia *f*; *(Nonnenhaube)* toca *f*; *(Kappe)* gorra *f*; *(Käppchen)* caperuza *f*; *für Falken*: capirote *m*; *umg hum* **j-n unter die ~ bringen** casar a alg; **unter die ~ kommen** casarse **2** *(Trockenhaube)* secador *m* **3** TECH *(Schutzhaube)* cubierta *f*; AUTO *(Motorhaube)* capota *f*, capó *m* **4** *der Vögel*: moño *m*, copete *m*

'Haubenlerche F ORN cogujada *f* (común); **Haubenmeise** F ORN herrerillo *m* capuchino; **Haubentaucher** M ORN somormujo *m* lavanco

Hau'bitze F ⟨~; ~n⟩ MIL *obs* obús *m*; **voll wie eine ~** *(betrunken) umg* como una cuba

'Haublock M tajo *m*

Hauch M ⟨~(e)s; ~e⟩ **1** aliento *m (a. fig)*; *(Windhauch)* soplo *m*; *poet* hálito *m*; *(Aushauchung)* expiración *f* **2** *fig (Spur, Anflug)* toque *m*; asomo *m*; *umg* pizca *f*; **ein ~ von ...** un toque de ... **3** LING aspiración *f*

'hauch'dünn **A** ADJ sutil, tenue, finísimo **B** ADV **~ schneiden** cortar muy fino

'hauchen VI soplar; *(aushauchen)* expirar; exhalar; *fig (flüstern)* susurrar; LING aspirar; **Hauchlaut** M LING sonido *m* aspirado

'hauch'zart ADJ sutil, muy delgado; *Stoff, Bluse a.* vaporoso

'Haudegen M *(Fechter)* espadachín *m*; **ein alter ~** un viejo soldado; *weitS.* un viejo zorro

'Haue F ⟨~; ~n⟩ **1** *(Hacke)* azada *f*; azadón *m*; *(Spitzhacke)* pico *m*; *doppelte*: zapapico *m* **2** *umg (Prügel)* palos *mpl*; **~ bekommen** llevarse una paliza *(od* zurra)

'hauen **A** VT **1** *(schlagen)* golpear; batir; *(prügeln)* pegar, golpear; **mit der Peitsche ~** dar latigazos; **mit der Faust ~** dar puñetazos; **etw in Stücke ~** despedazar *(od* hacer pedazos) a/c **2** *Weg, Loch* hacer, abrir; AGR cavar; **ein Loch in etw** *(acus)* **~** abrir un agujero en a/c **3** BERGB *Erz* extraer **4** *Bäume* cortar, talar; **Holz ~** cortar leña **5** SKULP **in Stein ~** esculpir en piedra **6** *umg* **etw in die Ecke ~** *(werfen)* ≈ tirar a/c (violentamente) al suelo *(od* contra la pared) **B** VI **1** *(schlagen)* golpear (**gegen** contra); batir *(acus)*; **um sich ~** repartir golpes a diestro y siniestro **2** *(stoßen)* **(mit etw) gegen etw ~** arremeter (con a/c) contra a/c; **nach j-m ~** acometer a *(od* arremeter contra) alg **C** VR *umg* **sich ~** reñir, pelear(se)

'Hauer M ⟨~s; ~⟩ **1** BERGB picador *m* (de minas) **2** ZOOL *des Keilers*: colmillo *m*, remolón *m*

'Häufchen N ⟨~s; ~⟩ montoncito *m*; *fig* puñado *m*; pequeña cantidad *f*; *fig* **wie ein ~ Elend aussehen** estar hecho una lástima; *fig* **ein ~ Unglück** hecho una calamidad

'häufeln VT & VI AGR aporcar; **Häufeln** N ⟨~s⟩ aporcadura *f*

'Haufen M ⟨~s; ~⟩ **1** montón *m*; *geschichteter*: pila *f*; *umg* **über den ~ rennen** tumbar, derribar; *umg* tirar patas arriba; *umg* **über den ~ schießen** matar a tiros; *umg fig* **über den ~ werfen** *Pläne* desbaratar, echar abajo *(od* por tierra); *Bedenken etc* arrojar por la borda **2** *umg fig (Menge)* montón *m*, gran cantidad *f*; **ein ~ ...** un montón de ...; **ein ~ Geld** *umg* un dineral **3** *(Volkshaufen)* gentío *m*, muchedumbre *f*; aglomeración *f* (de gente); **ein ~ Leute** un montón de gente **4** *umg (Kothaufen) sl* mierda *f*

'häufen **A** VT acumular; amontonar; apilar; **drei gehäufte Teelöffel** tres cucharaditas colmadas **B** VR **sich ~** **1** *(sich anhäufen)* acumularse; amontonarse; apilarse **2** *(zunehmen)* crecer, aumentar; *Fälle etc* menudear

'haufenweise ADV a montones; *umg* a manta, a porrillo; *(scharenweise)* en masa; en tropel; **~ Geld verdienen** *umg* ganar dinero a manta

'Haufenwolke F METEO cúmulo *m*

'häufig **A** ADJ frecuente; *(wiederholt)* repetido, reiterado; *(zahlreich)* numeroso **B** ADV frecuentemente, a menudo, con frecuencia; **~ besuchen** frecuentar; **Häufigkeit** F ⟨~⟩ frecuencia *f*

'Häufung F ⟨~; ~en⟩ **1** *(Anhäufung)* acumulación *f (a.* JUR); cúmulo *m*; amontonamiento *m*; apilamiento *m* **2** *(Zunahme)* aumento *m*; *(Wiederholung)* repetición *f*

'Hauklotz M tajo *m*

Haupt N ⟨~(e)s; ¨er⟩ **1** *geh (Kopf)* cabeza *f*; **gekröntes ~** testa *f* coronada; **erhobenen ~es** con la cabeza levantada; **gesenkten ~es** cabizbajo; **mit bloßem** *od* **entblößtem ~** descubierto; *fig* **aufs ~ schlagen** derrotar decisivamente **2** *fig (Führer)* jefe *m*; cabeza *f*; *e-r Verschwörung etc*; cabecilla *m*

'Haupt... IN ZSSGN *mst* principal; **Hauptagentur** F agencia *f (od* representación *f)* general; **Hauptaktionär** M, **Hauptaktionärin** F *Börse* accionista *m/f* principal; **Hauptakzent** M **1** LING acento *m* principal **2** *fig* acento *m*; **Hauptaltar** M altar *m* mayor; **Hauptamt** N oficina *f* central; TEL central *f* (de teléfonos)

'hauptamtlich **A** ADJ profesional, de carrera **B** ADV profesionalmente

'Hauptanliegen N objetivo *m* principal; **Hauptanschluss** M TEL conexión *f* principal; *(Leitung)* línea *f* principal; **Hauptanteil** M mayor parte *f*, *umg* parte *f* del león; **Hauptarbeit** F trabajo *m* principal; parte *f* principal del trabajo; **Hauptarmee** F MIL ejército *m* principal; grueso *m* del ejército; **Hauptartikel** M **1** HANDEL artículo *m* principal **2** *e-r Zeitung*: artículo *m* de fondo; editorial *m*; **Hauptaugenmerk** N **sein ~ richten auf** *(acus)* fijarse principalmente en; centrar su atención en; **Hauptausschuss** M comité *m* central; **Hauptbahnhof** M BAHN estación *f* central

'Hauptberuf M profesión *f* (*bzw* oficio *m*) principal; **hauptberuflich** **A** ADJ profesional **B** ADV profesionalmente

'Hauptbeschäftigung F ocupación *f* principal; empleo *m* principal; **Hauptbestandteil** M elemento *m* principal *(od* constitutivo); parte *f* integrante; componente *f* principal; **Hauptbeweggrund** M motivo *(od* móvil) *m* principal; **Hauptbuch** N HANDEL libro *m* mayor; **Hauptdarsteller** M, **Hauptdarstellerin** F protagonista *m/f*; **Hauptdeck** N SCHIFF cubierta *f* principal; **Haupteigenschaft** F cualidad *f* dominante; característica *f* principal; **Haupteingang** M entrada *f* principal

'Häuptelsalat M *südd, österr* lechuga *f*

'Haupterbe M, **Haupterbin** F heredero

m, -a f principal; **Haupterfordernis** N condición f (od requisito m) principal; **Haupterzeugnis** N producto m principal; **Haupteslänge** F geh **j-n um ~ überragen** llevar a alg una cabeza; **Hauptfach** N im Studium: asignatura f (od materia f) principal; especialidad f; **Hauptfarbe** F color m (pre)dominante; **Hauptfehler** M defecto m principal; **Hauptfeind** M enemigo m principal; **Hauptfeld** N Radsport: grueso m del pelotón; **Hauptfeldwebel** M MIL brigada m; **Hauptfigur** F figura f principal; THEAT personaje m principal; **Hauptfilm** M película f principal (del programa); **Hauptfrage** F cuestión f fundamental (od principal); **Hauptgang** M GASTR plato m fuerte; **Hauptgebäude** N edificio m principal; **Hauptgedanke** M idea f principal (bzw fundamental); **Hauptgericht** N GASTR plato m principal (od fuerte); **Hauptgeschäft** N HANDEL casa f central (od matriz)

'Hauptgeschäftsstelle F oficina f (bzw agencia f) principal; **Hauptgeschäftszeit** F horas fpl punta (od de afluencia)

'Hauptgesichtspunkt M punto m de vista principal; **Hauptgewinn** M primer premio m, umg gordo m; **Hauptgläubiger** M, **Hauptgläubigerin** F acreedor m, -a f principal; **Hauptgrund** M razón f principal; **Haupthaar** N cabellos mpl, cabellera f; **Haupthahn** M grifo m (bzw llave f) principal; **Hauptinhalt** M contenido m principal; (Inhaltsangabe) sumario m, resumen m; **Hauptinteresse** N interés m principal (bzw fundamental); **Hauptkabel** N cable m principal; **Hauptkampf** M SPORT encuentro m decisivo; **Hauptkampflinie** F MIL línea f principal de lucha; **Hauptkasse** F caja f central; **Hauptkassierer** M, **Hauptkassiererin** F cajero m, -a f principal; **Hauptlast** F peso m principal (a. fig); **Hauptleitung** F ELEK línea f principal

'Häuptling M ⟨~s; ~e⟩ (Stammeshäuptling) jefe m de tribu; (Indianerhäuptling) cacique m; e-r Bande: cabecilla m

'Hauptlinie F BAHN línea f principal; **Hauptmacht** F potencia f principal; MIL fuerzas fpl principales; **Hauptmahlzeit** F comida f principal; **Hauptmangel** M defecto m principal; **Hauptmann** M ⟨~(e)s; -leute⟩ **1** MIL capitán m **2** e-r Bande: cabecilla m; **Hauptmarkt** M mercado m central; **Hauptmasse** F grueso m; **Hauptmast** M SCHIFF palo m mayor; **Hauptmenü** N IT menú m principal; **Hauptmerkmal** N característica f principal; rasgo m característico; **Hauptmesse** F REL misa f mayor; **Hauptmieter** M, **Hauptmieterin** F inquilino m, -a f principal; **Hauptmotiv** N tema m principal; **Hauptnahrung** F alimento m básico; **Hauptnenner** M MATH denominador m común; **Hauptniederlassung** F casa f central, establecimiento m principal; **Hauptperson** F personaje m principal; THEAT u. fig protagonista m; **Hauptpost** F, **Hauptpostamt** N (Oficina f) Central f de Correos; **Hauptposten** M HANDEL partida f principal; **Hauptprobe** F THEAT ≈ ensayo m principal; **Hauptproblem** N problema f principal; **Hauptpunkt** M punto m capital (od esencial); **Hauptquartier** N MIL cuartel m general; **Hauptregel** F regla f fundamental (bzw general); **Hauptregister** N **1** (Inhaltsverzeichnis) índice m general **2** MUS e-r Orgel: registro m principal; **Hauptreisezeit** F temporada f alta, plena temporada f; **Hauptrohr** N e-r Leitung: tubo m principal; **Hauptrolle** F THEAT, fig papel m principal (od de protagonista); **die ~ spielen** ser el protagonista (a. fig)

'Hauptsache F cosa f (od punto m) principal; lo esencial; lo principal; lo que (más) importa; **in der ~** en el fondo; (besonders) sobre todo; (im Allgemeinen) en general; umg **~, du bist hier** lo importante es que estás aquí

'hauptsächlich **A** ADJ principal; esencial; capital **B** ADV principalmente; ante todo, sobre todo

'Hauptsaison F temporada f alta, plena temporada f; **Hauptsatz** M GRAM oración f principal; **Hauptschalter** M ELEK interruptor m principal; **Hauptschiff** N ARCH nave f principal; **Hauptschlagader** F ANAT aorta f; **Hauptschlüssel** M llave f maestra; **Hauptschulabschluss** M ≈ (certificado m de) graduado m escolar; **Hauptschuld** F **1** culpa f principal; **die ~ an etw** (dat) **tragen** cargar con las culpas de a/c **2** FIN deuda f principal

'Hauptschuldige M/F culpable m/f principal; **Hauptschuldner** M, **Hauptschuldnerin** F HANDEL deudor m, -a f principal

'Hauptschule F ≈ (colegio m de) Educación f Secundaria Obligatoria, E.S.O. f (*sin posibilidad de continuar hasta el bachillerato y obteniendo al final el título de graduado escolar*); sp obs enseñanza f general básica; **Hauptschüler** M, **Hauptschülerin** F ≈ alumno m, -a f de E.S.O.

'Hauptsendezeit F TV tiempo m (od horas fpl) de máxima (od mayor) audiencia; **Hauptsicherung** F ELEK fusible m principal; **Hauptsitz** M sede f principal; **Hauptspeicher** M IT memoria f principal (od central); **Hauptstadt** F capital f; metrópoli f; **hauptstädtisch** ADJ metropolitano; capitalino, de la capital; **Hauptstraße** F carretera f principal (od de primer orden); e-r Stadt: calle f principal; calle f mayor; **Hauptstrecke** F BAHN línea f principal; **Hauptstück** N parte f (od pieza f) principal; REL artículo m; **Hauptstudium** N UNIV segundo ciclo m (de los estudios universitarios); **Hauptstütze** F apoyo m principal (a. fig); **Haupttäter** M, **Haupttäterin** F JUR delincuente m/f principal; **Haupttätigkeit** F ocupación f (od actividad f) principal; **Hauptteil** M (wichtigster Teil) parte f principal; (größter Teil) mayor parte f; **Hauptthema** N tema m dominante; **Hauptträger** M ARCH viga f principal (od maestra); **Haupttreffer** M Lotterie: primer premio m, umg gordo m; **Haupttreppe** F escalera f de honor; **Haupttrumpf** M fig **seinen ~ ausspielen** jugar su mejor baza; **Haupttugend** F REL virtud f cardinal; **Hauptunterschied** M diferencia f esencial (bzw principal); **Hauptursache** F causa f principal; **Hauptverfahren** N JUR plenario m; **Hauptverhandlung** F JUR juicio m oral; vista f (de la causa); **Hauptverkehr** M tráfico m principal; gran circulación f

'Hauptverkehrsstraße F arteria f principal; calle f de gran circulación; **Hauptverkehrszeit** F horas fpl punta (od de mayor tráfico)

'Hauptversammlung F asamblea f general; WIRTSCH junta f general; **(außer)ordentliche ~** junta f general (extra)ordinaria; **eine ~ einberufen** convocar junta general

'Hauptvertreter M HANDEL representante m general; **Hauptverwaltung** F administración f central; **Hauptverzeichnis** N IT directorio m raíz (od principal); **Hauptvorhang** M THEAT telón m de boca; **Hauptwäsche** F fase f principal de lavado; **Hauptweg** M camino m principal; **Hauptwelle** F TECH árbol m principal; **Hauptwerk** N **1** e-s Dichters: obra f principal (od más importante) **2** e-s Unternehmens: fábrica f principal; **Hauptwohnsitz** M domicilio m principal; **Hauptwort** N ⟨~(e)s; ~̈er⟩ GRAM (nombre m) sustantivo m; **Hauptzeuge** M, **Hauptzeugin** F testigo m/f principal; **Hauptziel** N fin m (bzw objetivo m) principal; **Hauptzollamt** N dirección f general de aduanas; **Hauptzweck** M → Hauptziel

hau ruck INT ¡a la una, a las dos, a las tres ...!

Haus N ⟨~es; ~̈er⟩ **1** Gebäude: casa f (a. ASTROL); größeres: a. edificio m; inmueble m; **öffentliches ~** (Bordell) casa f pública, burdel m; **~ an ~ wohnen** vivir (en la casa de) al lado; **von ~ zu ~ gehen** ir de casa en casa (od de puerta en puerta) **2** (Heim) casa f; hogar m; lit morada f; (Wohnsitz) domicilio m; HANDEL **frei ~** franco (od puesto a) domicilio; **der Herr/die Dame des ~es** el dueño/la señora de la casa; **ein eigenes ~ haben** tener casa propia; **ein offenes ~ haben** tener la casa abierta para todos; umg fig **j-m das ~ einrennen** asediar a alg en su casa; **(j-m) das ~ führen** llevar la casa (a alg); **das ~ hüten** guardar la casa; **j-m das ~ verbieten** prohibir a alg la entrada en casa; **aus dem ~ gehen** salir de casa; **j-n aus dem ~(e) werfen** echar de casa a alg; poner a alg en la puerta (de la calle); **außer ~ sein** no estar en casa; estar fuera (od de viaje); **außer ~ essen** comer fuera; **im ~e von** en casa de; **ins ~ liefern** entregar a domicilio; **zum ~e gehören** ser de casa (bzw de la familia) **3** **nach ~e** a casa; **nach ~e gehen** ir a (od para) casa; **nach ~e kommen** volver a casa; **kommen Sie gut nach ~e!** ¡que le vaya bien!; ¡vaya usted con Dios!; **nach ~e schicken** enviar a casa, mandar para casa; **nach ~e zurückkehren** (in seine Heimat) regresar a su país; **j-n nach ~e bringen** od **begleiten** acompañar a alg a su casa; **j-n mit nach ~e nehmen** od **bringen** traer a alg a casa **4** **zu ~(e)** en casa; **zu ~e bleiben/sein** quedarse/estar en casa; **bei mir zu ~e** en mi casa; (in meiner Heimat) en mi país; en mi tierra; **zu ~e in** (wohnhaft) domiciliado en; umg **viel zu ~e hocken** ser muy casero; **von zu ~e kommen** venir de casa; **wo sind Sie zu ~e?** ¿de dónde es usted?; **fühlen Sie sich wie zu ~e!** está usted en su casa; umg ¡póngase cómodo! **5** (Firma) casa f comercial, firma f **6** POL (Parlament) Cámara f **7** (Fürstenhaus) casa f, dinastía f; **das ~ Bourbon** la Casa de Borbón; **aus gutem ~e sein** ser de buena familia **8** der Schnecke: concha f **9** THEAT sala f; **volles ~** lleno m (total), umg llenazo m **10** umg Person: **altes ~!** ¡chico!; ¡hombre!; **fideles ~** hombre m de buen humor; **gelehrtes ~** un pozo de ciencia **11** fig **ins ~ stehen** quedar por resolver; ser inminente, estar al caer; **in etw** (dat) **zu ~e sein** estar familiarizado con a/c, ser versado en a/c; **er ist in dieser Sprache zu ~e** ese idioma le es familiar **12** fig **von ~ aus** originariamente, de origen; **von ~ aus reich sein** ser de familia rica; **von ~ aus Lehrer sein** ser originalmente profesor

'Hausangestellte M/F criado m, -a f; empleado m, -a f de hogar; **Hausanzug** M traje m de casa; **Hausapotheke** F botiquín m; **Hausarbeit** F **1** Haushalt: quehaceres mpl domésticos; labores fpl (od tareas fpl) domésticas **2** SCHULE deberes mpl; UNIV trabajo m; **Hausarrest** M arresto m domiciliario; **Hausarzt** M, **Hausärztin** F médico m, -a f de cabecera (od de familia); **Hausaufgabe** F SCHULE mst **~n** FPL deberes mpl

H

'**hausbacken** ADJ *Person* casero, muy de su casa; *fig* prosaico, trivial
'**Hausbar** F mueble-bar *m*; **Hausbau** M ⟨~(e)s; ~ten⟩ construcción *f* de una casa; **Hausbedarf** M necesidades *fpl* domésticas; **für den ~** para uso doméstico
'**Hausbesetzer** M, **Hausbesetzerin** F ocupante *m/f* (ilegal) de una vivienda; *umg* ocupa *m/f*; **Hausbesetzung** F ocupación *f* ilegal de casas
'**Hausbesitzer** M, **Hausbesitzerin** F propietario *m*, -a *f*, de una casa; casero *m*, -a *f*; **Hausbesuch** M *des Arztes*: visita *f* (a domicilio); **Hausbewohner** M, **Hausbewohnerin** F vecino *m*, -a *f*; (*Mieter, -in*) inquilino *m*, -a *f*; **Hausbibliothek** F biblioteca *f* particular; **Hausboot** N barco *m* habitable; **Hausbrand** M incendio *m* doméstico
'**Häuschen** N ⟨~s; ~⟩ 1 casita *f*; (*Hütte*) cabaña *f*; (*Gartenhäuschen*) pabellón *m* 2 (*Pförtnerhäuschen*) casilla *f*; (*Bahnwärterhäuschen*) caseta *f*; (*Schilderhäuschen*) garita *f* 3 *umg fig* **aus dem ~ sein** *vor Freude*: estar fuera de sí; **aus dem ~ bringen** sacar de quicio (*od* de sus casillas); **aus dem ~ geraten** salir de quicio (*od* de sus casillas), ponerse fuera de sí 4 *umg* (*Toilette*) retrete *m*, excusado *m*
'**Hausdame** F *obs* dama *f* de compañía; **Hausdiener** M *obs* criado *m*, sirviente *m*; mozo *m*; **Hausdrachen** M *umg fig* marimandona *f*, *umg* mujer *f* de armas tomar; **Hauseigentümer** M, **Hauseigentümerin** F → Hausbesitzer; **Hauseinrichtung** F mobiliario *m*, menaje *m*
'**hausen** VI 1 (*wohnen*) vivir, habitar; *pej* malvivir 2 (*wüten*) **übel** *od* **schlimm ~** causar estragos (**in** *dat* en), devastar (**in etw** *dat* a/c)
'**Hausen** M ⟨~s; ~⟩ *Fisch*: beluga *f*
'**Häuserblock** M manzana *f*, *Am a.* cuadra *f*; **Häuserflucht** F → Häuserreihe; **Häusermakler** M, **Häusermaklerin** F agente *m/f* de la propiedad inmobiliaria; **Häuserreihe** F hilera *f* de casas
'**Hausflur** M vestíbulo *m*; zaguán *m*; pasillo *m*; **Hausfrau** F ama *f* de casa; (*Hausherrin*) dueña *f* de la casa
'**hausfraulich** ADJ de ama de casa; casero
'**Hausfreund** M 1 amigo *m* de la casa 2 *hum* (*Liebhaber*) amante *m*; *umg* chichisbeo *m*; **Hausfriede** M paz *f* doméstica; **Hausfriedensbruch** M JUR allanamiento *m* de morada; **~ begehen** allanar una morada; **Hausgarten** M jardín *m* particular; **Hausgebrauch** M **für den ~** para uso doméstico; **Hausgeburt** F parto *m* en casa; **Hausgehilfin** F → Hausangestellte
'**hausgemacht** ADJ casero, de fabricación casera; *fig Inflation etc* de origen interno
'**Hausgemeinschaft** F vecinos *mpl* (de una casa), vecindad *f*; *i. e. S* comunidad *f* doméstica; **Hausgenosse** M, **Hausgenossin** F convecino *m*, -a *f*; coinquilino *m*, -a *f*; **Hausgerät** N enseres *mpl* domésticos; utensilio *m* doméstico; **Hausgötter** MPL MYTH lares *mpl*; penates *mpl*
'**Haushalt** M 1 *privater*: casa *f*; hogar *m*; **gemeinsamer ~** casa *f* común; **ein ~ mit fünf Personen** una familia de cinco personas; **seinen eigenen ~ haben** tener su propia casa; **(j-m) den ~ führen** llevar la casa (a alg) 2 (*Staatshaushalt*) presupuesto *m* (público); **den ~ verabschieden** aprobar el presupuesto
'**haushalten, Haus halten** VI ⟨*irr*⟩ economizar (**mit etw** a/c); **nicht ~ können** gastar mucho
'**Haushälterin** F ⟨~; ~nen⟩ ama *f* de llaves; **haushälterisch** A ADJ (*sparsam*) económico; ahorrativo B ADV **~ mit etw umgehen** economizar, ahorrar a/c
'**Haushaltsansätze** MPL POL estimaciones *fpl* presupuestarios; **Haushaltsartikel** M artículo *m* doméstico (*od* de menaje); **Haushaltsauflösung** F disolución *f* de una casa; **Haushaltsausgaben** FPL POL gastos *mpl* presupuestarios; **Haushaltsausgleich** M POL equilibrio *m* presupuestario; **Haushaltsausschuss** M POL comisión *f* de presupuestos; **Haushaltsberatung** F, **Haushaltsdebatte** F POL discusión *f* del presupuesto; **Haushaltsdefizit** N POL déficit *m* presupuestario (*od* público); **Haushaltsdisziplin** F POL disciplina *f* presupuestaria; **Haushaltsführung** F 1 POL gestión *f* presupuestaria 2 (*Haushaltung*) gobierno *m* de la casa; **doppelte ~** sostenimiento simultáneo de dos hogares (od casas); **Haushaltsgegenstände** MPL enseres (*od* utensilios) *mpl* domésticos; **Haushaltsgeld** N dinero *m* para los gastos domésticos; **Haushaltsgerät** N aparato *m* (*bzw* utensilio *m*) doméstico; **elektrisches ~** (aparato *m*) electrodoméstico *m*; **Haushaltsgesetz** N POL ley *f* (general) de presupuestos; **Haushaltshilfe** F asistenta *f*; **Haushaltsjahr** N POL ejercicio *m* (*od* año *m*) presupuestario; **Haushaltskasse** F 1 caja *f* de la casa 2 *Geld*: dinero *m* para la casa; **Haushaltsloch** N POL agujero *m* (*od* hueco *m*) presupuestario; **Haushaltsmittel** NPL POL créditos *mpl* (*bzw* fondos *mpl*) presupuestarios; **Haushaltsplan** M POL presupuesto *m*; plan *m* presupuestario; **Haushaltsposten** M POL partida *f* presupuestaria; **Haushaltsrecht** N POL derecho *m* presupuestario; **Haushaltsschule** → Hauswirtschaftsschule; **Haushaltssperre** F POL bloqueo *m* presupuestario; **Haushaltsvoranschlag** M POL previsiones *fpl* presupuestarias; **Haushaltswaren** FPL → Haushaltsartikel; **Haushaltswäsche** F ropa *f* de casa; lencería *f*
'**Haushaltung** F ⟨~; ~en⟩ gobierno *m* de la casa; economía *f* doméstica
'**Haushaltungsbuch** N libro *m* de gastos domésticos; **Haushaltungskosten** PL gastos *mpl* domésticos; **Haushaltungsschule** F → Hauswirtschaftsschule; **Haushaltungsvorstand** M cabeza *m* de familia, jefe *m* del hogar
'**Haus-'Haus-Verkehr** M transporte *m* de puerta a puerta
'**Hausherr** M dueño *m* de la casa, amo *m* de la casa; **Hausherrin** F señora *f* de la casa; ama *f* de la casa
'**haus'hoch** A ADJ de la altura de una casa; *fig* enorme, descomunal B ADV *fig* enormemente; **die Mannschaft ist ~ geschlagen worden** el equipo ha sufrido una derrota aplastante; **j-m ~ überlegen sein** dar cien vueltas a alg
'**Haushofmeister** M *obs* mayordomo *m*; **Haushund** M perro *m* casero (*bzw* doméstico)
hau'sieren VI ⟨*ohne* ge-⟩ hacer el comercio ambulante; vender por las casas; *fig pej* **mit etw ~ gehen** propalar a/c
Hau'sieren N ⟨~s⟩ comercio *m* ambulante; **~ verboten!** prohibida la venta ambulante; **Hausierer** M ⟨~s; ~⟩, **Hausiererin** F ⟨~; ~nen⟩ vendedor *m*, -a *f* ambulante; buhonero *m*, mercachifle *m*
'**Hausindustrie** F industria *f* casera (*od* doméstica); **Hauskapelle** F REL oratorio *m*, capilla *f* privada; **Hauskatze** F gato *m* doméstico; **Hauskleid** N vestido *m* de casa; bata *f*; **Hausknecht** M *hist* criado *m*; mozo *m*; **Hauskonzert** N concierto *m* privado; **Hauslehrer** M profesor *m* particular; preceptor *m*; **Hauslehrerin** F institutriz *f*
'**häuslich** A ADJ 1 *Person* casero; hogareño; (*sparsam*) económico; **~es Leben** vida *f* hogareña (*od* doméstica *od* de familia) 2 (*das Haus betreffend*) doméstico; *Arbeiten a.* del hogar; (*privat*) privado; **~e Angelegenheit** asunto *m* privado; **~er Zwist** querella *f* doméstica B ADV **sich ~ niederlassen** poner casa; *umg* sentar sus reales (**bei j-m** en casa de alg)
'**Häuslichkeit** F ⟨~⟩ hogar *m*; intimidad *f* del hogar; (*Familienleben*) vida *f* de familia; (*Liebe zum Heim*) afición *f* a la vida hogareña
'**Hausmacherart** F GASTR **nach ~** casero; de fabricación casera; **Hausmädchen** N criada *f*; sirvienta *f*, muchacha *f*; *Arg* mucama *f*; **Hausmann** M ⟨~(e)s; ⸚er⟩ amo *m* de casa; **Hausmannskost** F comida *f* (*bzw* cocina *f*) casera; **Hausmarder** M ZOOL garduña *f*; **Hausmarke** F marca *f* de la casa; *umg* (*Lieblingsmarke*) marca *f* favorita
'**Hausmeister** M, **Hausmeisterin** F conserje *m/f*; portero *m*, -a *f*; *sp offiziell*: empleado *m*, -a *f* de fincas urbanas; **Hausmeisterloge** F portería *f*
'**Hausmitteilung** F *in e-r Firma, Institution*: comunicado *m* interior; **Hausmittel** N remedio *m* casero; **Hausmüll** M basuras *fpl* domésticas; residuos *mpl* domésticos; **Hausmusik** F música *f* doméstica (*od* en casa); **Hausmutter** F ⟨~; ⸚⟩ *obs* madre *f* de familia; *e-s Heims*: patrona *f*, KATH madre *f* superiora; **hausmütterlich** ADJ de (buena) madre de familia; **Hausnummer** F número *m* de la casa; **Hausordnung** F reglamento *m* (*od* régimen *m*) interior de la casa; **Hauspersonal** N servicio *m* doméstico; **Hauspflege** F MED asistencia *f* a domicilio; **Hauspost** F correo *m* interno; **Hausputz** M limpieza *f* general
'**Hausrat** M ⟨~(e)s⟩ mobiliario *m*; utensilios *mpl* (*od* enseres *mpl*) domésticos; menaje *m*; **Hausratversicherung** F seguro *m* del hogar
'**Hausrecht** N derecho *m* doméstico; *des Hausherrn*: derecho *m* de casa (del cabeza de familia); **Hausrock** M batín *m*; **Haussammlung** F cuestación *f* a domicilio; **Hausschlachtung** F matanza *f* casera (*od* doméstica); **Hausschlüssel** M llave *f* de casa; **Hausschuh** M zapatilla *f*; chinela *f*; **Hausschwamm** M BOT, ARCH merulio *m*
'**Hausse** ['ho:s(ə)] F ⟨~; ~n⟩ *Börse* alza *f*
'**Haussegen** M *hum* **der ~ hängt schief** el matrimonio va mal
'**Haussespekulant** ['ho:s(ə)-] M, **Haussespekulantin** F *Börse* alcista *m/f*; **Haussespekulation** F *Börse* especulación *f* al alza; **Haussetendenz** F *Börse* tendencia *f* alcista
Haussi'er [hosi'e:] M ⟨~s; ~s⟩ *Börse* alcista *m*
'**Hausstand** M casa *f*; **einen eigenen ~ gründen** poner casa; fundar una familia
'**Hausstaub** M polvo *m* de casa (*Arg, Chile* de habitación); **Hausstauballergie** F MED alergia *f* al polvo
'**Haussuchung** F ⟨~; ~en⟩ JUR registro *m* domiciliario; **Haussuchungsbefehl** M JUR orden *f* de registro (domiciliario)
'**Haustein** M ARCH piedra *f* labrada (*od* de talla)
'**Haustelefon** N teléfono *m* interior, interfono *m*; **Haustier** N animal *m* doméstico; **Haustochter** F muchacha *f* auxiliar del ama de casa; **Haustor** N puerta *f* cochera
'**Haustür** F puerta *f* de (la) casa (*bzw* de la calle); **Haustürgeschäft** N, **Haustürverkauf** M venta *f* de puerta en puerta; venta *f* a

(od en) domicilio
'Hausvater M padre m de familia; **Hausverbot** N prohibición f de entrar; **j-m ~ erteilen** prohibir a alg oficialmente la entrada; **Hausverwalter** M, **Hausverwalterin** F administrador m, -a f (de una casa); **Hausverwaltung** F administración f de casas (od fincas od inmuebles); **Hauswart** M → Hausmeister; **Hauswirt** M casero m, patrón m; **Hauswirtin** F casera f, patrona f
'Hauswirtschaft F economía f doméstica; **hauswirtschaftlich** ADJ doméstico
'Hauswirtschaftslehrer M, **Hauswirtschaftslehrerin** F profesor m, -a f de economía doméstica; **Hauswirtschaftsschule** F escuela f del hogar; **Hauswirtschaftsunterricht** M enseñanza f del hogar
'Hauszelt N tienda f familiar (od chalet)
Haut F ⟨~; ¨e⟩ **1** allg piel f; bes (Gesichtshaut) cutis m; v. Tieren: cuero m, mit Fell: pellejo m; **die ~ abziehen** e-m Tier: desollar; umg **nur noch ~ und Knochen sein** estar en los huesos; no tener más que el pellejo; **nass** od **durchnässt bis auf die ~** empapado hasta los huesos; MED **unter der** (bzw **unter die**) **~** subcutáneo, hipodérmico **2** fig **seine ~ zu Markte tragen** exponerse a un riesgo; umg arriesgar el pellejo; **sich seiner ~ wehren** defender el pellejo; umg **auf der faulen ~ liegen** umg tirarse (od tumbarse) a la bartola; umg **aus der ~ fahren** ponerse fuera de sí; umg salirse de sus casillas; umg **niemand kann aus seiner ~ heraus** la cabra siempre tira al monte; umg **sich in seiner ~ (nicht) wohlfühlen** (no) sentirse a sus anchas; **ihm ist nicht (recht) wohl in seiner ~** se siente incómodo; umg **ich möchte nicht in ihrer ~ stecken** no quisiera estar en su pellejo; **mit heiler ~ davonkommen** salir ileso, umg salvar el pellejo; umg **mit ~ und Haar(en)** completamente; umg **unter die ~ gehen** llegar al alma, calar hondo **3** umg Person: **eine ehrliche ~** un hombre honrado (a carta cabal) **4** ANAT, BIOL membrana f; v. Obst: piel f; auf der Milch: telilla f
'Hautabschürfung F MED excoriación f, desolladura f; **Hautarzt** M, **Hautärztin** F dermatólogo m, -a f; **Hautatmung** F respiración f cutánea; **Hautausschlag** M MED erupción f cutánea, exantema m
'Häutchen N ⟨~s; ~⟩ película f; ANAT membrana f; ZOOL, BOT túnica f; auf Flüssigkeiten: telilla f
'Hautcreme F crema f para el cutis; **Hautdrüse** F ANAT glándula f cutánea
'Haute Cou'ture ['otku'ty:r] F ⟨~⟩ alta costura f
'häuten **A** VT desollar, despellejar; quitar la piel a **B** V/R **sich ~** **1** ZOOL mudar la piel **2** MED descamar(se)
'hauteng ADJ muy ceñido; pegado al cuerpo
'Hautentzündung F MED derm(at)itis f, inflación f de la piel
Hautevo'lee [o:tvo'le:] F ⟨~⟩ oft pej alta sociedad f
'Hautfarbe F color m de la piel; (Gesichtsfarbe) tez f; **Hautflügler** MPL ZOOL himenópteros mpl; **hautfreundlich** ADJ bueno para la piel; **Hautgewebe** N ANAT tejido m cutáneo
'häutig ADJ ANAT, BOT membranoso
'Hautjucken N picazón f, MED prurito m; **Hautkrankheit** F MED dermatosis f, dermopatía f; **Hautkrebs** M MED cáncer m de la piel (od cutáneo)
'hautnah **A** ADJ **1** (sehr nah) muy cerca **2** umg fig (anschaulich) muy realista **B** ADV **1** (von Nahem) muy de cerca; **etw ~ miterleben** presenciar a/c muy de cerca **2** umg fig de forma muy realista
'Hautpflege F cuidado m de la piel; **Hautpilz** M MED dermatófito m; **Hautreaktion** F MED cutirreacción f; **Hautreizung** F irritación f de la piel; **Hautsalbe** F pomada f (od ungüento m) para la piel
'hautschonend ADJ que no ataca la piel
'Hauttransplantation F, **Hautübertragung** F MED transplante m cutáneo, injerto m cutáneo
'Häutung F ⟨~; ~en⟩ ZOOL muda f
'Hautunreinheit F impureza f del cutis
'Hauzahn M ZOOL colmillo m; des Ebers: remolón m
Ha'vanna[1] N ⟨~s⟩ GEOG La Habana
Ha'vanna[2] F ⟨~; ~s⟩, **Havannazigarre** F (cigarro m) habano m
Hava'rie F ⟨~; ~n⟩ bes SCHIFF avería f (**große** común od gruesa; **kleine** simple; **besondere** particular); **~ aufmachen** tasar la avería
hava'riert ADJ bes SCHIFF averiado
Hava'rist M ⟨~en; ~en⟩, **Havaristin** F ⟨~; ~nen⟩ dueño m, -a f de un barco naufragado
Ha'waii N ⟨~s⟩ Hawái m, Hawai m
'Haxe F ⟨~; ~n⟩ reg → Hachse
Hbf M ABK (Hauptbahnhof) estación f central
'H-Bombe F bomba f H; bomba f de hidrógeno
h. c. ABK (honoris causa) honoris causa
HD ABK (High Density) IT alta densidad f
'H-Dur N si m mayor
he INT **1** Zuruf ¡oiga! **2** bei Empörung, bei Verwunderung: ¡eh!
'Headhunter ['hɛthantər] M ⟨~s; ~⟩, **Headhunterin** F ⟨~; ~nen⟩ WIRTSCH cazatalentos m/f, cazacerebros m/f; **Headline** [-laɪn] F TYPO titular m; **Headset** N auricular m; TEL headset m; (kit m) manos m libres
'Hearing ['hi:rɪŋ] N POL audiencia f, vista f
'Hebamme F comadrona f, partera f, matrona f
'Hebebaum M palanca f, alzaprima f; **Hebebock** M cabria f; gato m; **Hebebühne** F plataforma f elevadora, elevador m
'Hebel M ⟨~s; ~⟩ palanca f; (Kurbel) manivela f; **einen ~ ansetzen** aplicar una palanca; umg fig **alle ~ in Bewegung setzen** umg tocar todos los resortes (od registros); deshacerse (**um** por inf); umg fig **am längeren ~ sitzen** tener la sartén por el mango
'Hebelarm M brazo m de palanca; **Hebelkraft** F, **Hebelmoment** N momento m de palanca; **Hebelschalter** M ELEK interruptor m de palanca; **Hebelwaage** F báscula f de palanca; **Hebelwerk** N sistema m de palancas; **Hebelwirkung** F efecto m de palanca
'Hebemaschine F elevador m, máquina f elevadora; **Hebemuskel** M ANAT (músculo m) elevador m
'heben ⟨irr⟩ **A** VT **1** (hochheben) Last, Person subir, levantar; (nach oben bewegen) Arm, Hand, Kopf etc levantar, alzar; bes TECH elevar; lit **das Haupt ~** erguir la cabeza; **j-n aufs Pferd ~** ayudar a alg a montar a caballo **2** gesunkenes Schiff sacar (a flote), poner a flote; Schatz desenterrar **3** fig (erhöhen) realzar, elevar; (verbessern) mejorar; Niveau, Ansehen elevar, subir, mejorar; Stimmung animar **4** umg **einen ~** (trinken) echar un trago; empinar el codo **5** fig (schärfer hervortreten lassen) hacer resaltar, poner de relieve; enaltecer; Farbe acentuar **B** V/R **sich ~** **1** Vorhang etc levantarse **2** fig Niveau elevarse, mejorarse; Stimmung animarse
'Heben N ⟨~s⟩ elevación f; levantamiento m (a. SPORT); e-s Schiffes: puesta f a flote
'Heber M ⟨~s; ~⟩ **1** TECH elevador m; AUTO gato m **2** (Saugheber) sifón m; (Stechheber) bombillo m; CHEM (Pipette) pipeta f **3** ANAT (músculo m) elevador m
'Heberecht N WIRTSCH derecho m de recaudación; **Hebesatz** M WIRTSCH tipo m de gravamen; **Hebeschiff** N buque-grúa m; **Hebevorrichtung** F, **Hebewerk** N elevador m, mecanismo m de elevación; **Hebezeug** N aparato m elevador; gato m; cabria f
He'bräer M ⟨~s; ~⟩, **Hebräerin** F ⟨~; ~nen⟩ hebreo m, -a f; **hebräisch** ADJ hebreo, Sprache hebraico
He'briden PL **die ~** Islas fpl Hébridas
'Hebung F ⟨~; ~en⟩ **1** levantamiento m; elevación f (a. fig) **2** e-s Schiffes: puesta f a flote **3** fig (Belebung) fomento m; (Steigerung) aumento m; mejora f **4** im Vers: sílaba f tónica
'Hechel F ⟨~; ~n⟩ TEX Spinnerei: rastrillo m; **Hechelmaschine** F TEX rastrilladora f, peinadora f
'hecheln **A** VT TEX Spinnerei: rastrillar, peinar **B** VI Hund etc jadear
'Hecheln N ⟨~s⟩ **1** TEX rastrillaje m **2** e-s Hunds etc jadeo m
Hecht M ⟨~(e)s; ~e⟩ Fisch: lucio m; umg fig **ein toller ~** umg un tío castizo; umg un diablo de hombre; fig obs **der ~ im Karpfenteich sein** animar el cotarro
'hechten VI ⟨sn⟩ tirarse en plancha; **zur Seite ~** (springen) tirarse en plancha a un lado; **in die rechte Ecke** (des Fußballfelds) **~** tirarse en plancha al rincón derecho (od a la esquina derecha); **ins Wasser ~** tirarse en plancha al agua
'Hechtrolle F Turnen: volteo m de tigre; **Hechtsprung** M Schwimmen: salto m de carpa; Turnen: (salto m de) tigre m
Heck N ⟨~(e)s; ~e od ~s⟩ SCHIFF popa f; FLUG cola f; AUTO parte f trasera; **'Heckantrieb** M AUTO propulsión f trasera
'Hecke F ⟨~; ~n⟩ BOT seto m (vivo); Reitsport: seto m
'Heckenrose F BOT escaramujo m, rosa f silvestre; Blüte: zarzarrosa f; **Heckenschere** F cizalla f de setos, cortasetos m; **Heckenschütze** M emboscado m
'Heckfenster N ventana f trasera; **Heckflagge** F SCHIFF pabellón m de popa; **Heckflosse** F AUTO aleta f trasera; **Heckklappe** F AUTO portón m trasero
'hecklastig ADJ estibado de popa
'Hecklicht N SCHIFF farol m (od luz f) de popa; **Heckmotor** M AUTO motor m trasero; **Heckscheibe** F AUTO luna f (od luneta f) trasera; **Heckscheibenwischer** M AUTO lavalimpialuna m trasero; limpiaparabrisas m trasero
'heda INT ¡eh!
'Hederich M ⟨~s⟩ BOT mostaza f silvestre; rabanillo m
Hedo'nismus M ⟨~⟩ hedonismo m; **Hedonist** M ⟨~en; ~en⟩, **Hedonistin** F ⟨~; ~nen⟩ hedonista m/f; **hedonistisch** ADJ hedonista
Heer N ⟨~(e)s; ~e⟩ MIL ejército m; fig multitud f; enjambre m, nube f; **stehendes ~** ejército permanente; **'Heerbann** M HIST llamamiento m de guerra, apellido m
'Heeresabteilung F cuerpo m de ejército; kleinere: destacamento m; **Heeresbedarf** M material m de guerra, pertrechos mpl; **Heeresbericht** M parte m de guerra; **Heeresdienst** M servicio m militar; **Heeresgruppe** F agrupación f de ejércitos; **Heeresleitung** F alto mando m; **Heereslieferant** M, **Heereslieferantin** F proveedor m, -a f del ejército; **Heereslieferungen** FPL su-

ministros *mpl* para el ejército; **Heeresmacht** F fuerza *f* armada; **Heereszug** M expedición *f* militar
'Heerführer M jefe *m* de un ejército; **Heerlager** N campamento *m*
'Heerschar F hueste *f*, legión *f*; REL **die himmlischen ~en** las legiones celestiales; *umg fig* **ganze ~en von ...** toda una legión de ...
'Heerschau F revista *f*; desfile *m* militar; **Heerstraße** F carretera *f* estratégica; camino *m* militar; **Heerwesen** N ⟨~s⟩ régimen *m* militar
'Hefe F ⟨~; ~n⟩ 1 (*Backhefe*) levadura *f* 2 (*Bodensatz*) hez *f* (*a. fig*); **Hefekuchen** M GASTR bizcocho *m* (de levadura); **Hefepilz** M BOT blastomiceto *m*; **Hefeteig** M GASTR masa *f* con levadura; **Hefezopf** M *bizcocho con forma de trenza hecho de masa de levadura*
Heft[1] N ⟨~(e)s; ~e⟩ 1 (*Schreibheft*) cuaderno *m* 2 (*Zeitschriftenheft*) número *m*; ejemplar *m* 3 (*Broschüre*) folleto *m*
Heft[2] N ⟨~(e)s; ~e⟩ *e-s Messers*: mango *m*; *am Degen*: puño *m*; *fig* **das ~ in der Hand haben** tener la sartén por el mango; **bis ans ~** hasta la empuñadura
'Heftchen N ⟨~s; ~⟩ (*Comic, Romanheftchen etc*) *oft pej* folletín *f*
'Heftdraht M hilo *m* metálico para encuadernar
'heften A VT 1 *mit Reißzwecken*: sujetar, fijar (**an** *acus* en); *mit Heftklammern*: grapar (**an** *acus* a); (*kleben*) pegar 2 *beim Nähen*: hilvanar 3 *Buch* **geheftet** encuadernado (en rústica) 4 *geh fig* **den Blick auf j-n/etw ~** clavar la mirada en alg/a/c B VR **sich ~ an** (*acus*) pegarse a; quedar adherido a (*od* fijado en); **sich auf j-n/etw heften** *Blick, Augen* clavarse en alg/a/c
'Heften N ⟨~s⟩ *e-s Buches*: encuadernación *f* (en rústica)
'Hefter M ⟨~s; ~⟩ 1 (*Ordner*) clasificador *m* 2 → Heftmaschine; **Heftfaden** M, **Heftgarn** N hilo *m* de hilvanar
'heftig A ADJ 1 *Reaktion, Gefühl* vehemente; *Kritik, Wut etc* violento; *Schmerz* agudo, intenso; *Kampf* encarnizado 2 *Kälte* riguroso, intenso; *Regen* intenso; *Schneefall a.* copioso; *Gewitter* fuerte; *Wind, Sturm* **~er werden** arreciar 3 *Person* vehemente; (*leidenschaftlich*) apasionado; (*stürmisch*) impetuoso; (*aufbrausend*) arrebatado; (*wütend*) furioso; **~ werden** *Person* arrebatarse; encolerizarse B ADV vehementemente; **j-n ~ schütteln** sacudir a alg con fuerza; *fig* **j-n ~ anfahren** increpar (*od* incordiar) a alg
'Heftigkeit F ⟨~⟩ 1 vehemencia *f*; (*Gewalt*) violencia *f* (*a. e-s Sturms*) 2 (*Stärke*) intensidad *f*
'Heftklammer F grapa *f*; sujetapapeles *m*, clip *m*; **Heftmaschine** F grapadora *f*, cosedora *f*; TYPO máquina *f* de coser; **Heftnadel** F 1 TYPO aguja *f* de encuadernar 2 MED aguja *f* para sutura; **Heftnaht** F hilván *m*, basta *f*; **Heftpflaster** N MED esparadrapo *m*; apósito *m* adhesivo; **Heftstich** M hilván *m*
'heftweise ADV *Buch*: en fascículos
'Heftzwecke F ⟨~; ~n⟩ chincheta *f*
'Hege F ⟨~⟩ JAGD protección *f* de la caza
Hegeli'aner M ⟨~s; ~⟩, **Hegelianerin** F ⟨~; ~nen⟩ PHIL hegeliano *m*, -a *f*
Hegemo'nie F ⟨~; ~n⟩ hegemonía *f*
'hegen VT 1 *Wild* proteger; *Pflanzen* cuidar; *geh Menschen* cuidar de; **etw ~ und pflegen** mimar a/c, cuidar a/c con todo el cariño 2 *fig Verdacht, Hoffnung etc* alimentar; albergar; abrigar; *Plan* acariciar; **Hass gegen j-n ~** tener odio a alg; **Verdacht** *od* **Argwohn ~** desconfiar (*od* sospechar *od* tener sospechas) (**gegen** de); **Zweifel ~** abrigar dudas
'Hehl N & M ⟨~(e)s⟩ **kein(en) ~ aus etw machen** no hacer un secreto de a/c; no ocultar (*od* no disimular) a/c
'hehlen VT JUR encubrir
'Hehler M ⟨~s; ~⟩ JUR encubridor *m*, receptador *m*, *sl* perista *m*
Hehle'rei F ⟨~; ~en⟩ JUR encubrimiento *m*, receptación *f*
'Hehlerin F ⟨~; ~nen⟩ JUR encubridora *f*, receptadora *f*, *sl* perista *m*
hehr ADJ *geh obs* augusto; venerable
'heia *kindersprr* **~ machen** mimir, dormir
'Heia F ⟨~; ~(s)⟩ *kinderspr* cama *f*; **in die ~ gehen** ir a dormir
'Heide[1] M ⟨~n; ~n⟩ pagano *m*; *Bibel*: **die ~n** los gentiles
'Heide[2] F ⟨~; ~n⟩ 1 *Landschaft*: brezal *m*; landa *f* 2 BOT brezo *m*; **Heidekraut** N BOT brezo *m*
'Heidelbeere F BOT arándano *m*, mirtillo *m*
'Heidelberg N ⟨~s⟩ Heidelberg *m*
'Heidelerche F ORN totovía *f*
'Heiden'angst F *umg* miedo *m* cerval; **eine ~ haben** tener el alma en un hilo; **Heiden'arbeit** F **das ist eine ~** es un trabajo de mil demonios (*od* de chinos); **Heiden'geld** N *umg* **das kostet mich ein ~** esto me cuesta un dineral (*od* un ojo de la cara); **Heiden'lärm** M *umg* ruido *m* infernal; *Am* bochinche *m*
'heidenmäßig ADJ *umg reg* (*sehr*) enorme, formidable, colosal
'Heiden'spaß M *umg* diversión *f* de primera; **einen ~ haben** *umg* pasarlo bomba (*od* de rechupete); **Heidenspek'takel** M *umg* → Heidenlärm
'Heidentum N ⟨~s⟩ REL paganismo *m*
'Heideröschen N BOT zarzarrosa *f*
'Heidin F ⟨~; ~nen⟩ pagana *f*
'heidnisch ADJ pagano; *Bibel*: gentil; (*ungläubig*) infiel; *fig* bárbaro
'Heidschnucke F ZOOL *oveja de la Lüneburger Heide*
'heikel ADJ *Sache* delicado, precario; espinoso, escabroso, *umg* peliagudo; *Person* exigente; delicado; difícil (de contentar)
heil A ADJ 1 (*gesund*) sano y salvo; (*geheilt*) curado; *verletzter Arm* **wieder ~ sein** estar curado 2 (*unversehrt*) ileso, incólume; indemne; *Sache* intacto; entero 3 *fig* **die ~e Welt** el paraíso terrenal B ADV (*unversehrt*) **~ davonkommen** salir bien librado (*od* ileso); **etw ~ überstehen** salir ileso de a/c
Heil N ⟨~(e)s⟩ 1 (*Wohlergehen*) fortuna *f*, prosperidad *f*; salud *f*; *fig* **sein ~ in der Flucht suchen** darse a la fuga; **es ist zu deinem ~** es para tu bien 2 REL salvación *f* (*a. fig*); **im Jahre des ~s** en el año de gracia 3 *obs* **~ dem König!** ¡viva el rey!
'Heiland M ⟨~(e)s⟩ REL Salvador *m*
'Heilanstalt F *obs, in Namen*: sanatorio *m*, casa *f* de salud; **Heilbad** N baño *m* medicinal; (*Kurort*) balneario *m*; estación *f* termal
'heilbar ADJ curable; **Heilbarkeit** F ⟨~⟩ curabilidad *f*
'Heilbehandlung F tratamiento *m* curativo
'heilbringend, 'Heil bringend ADJ saludable; salutífero
'Heilbutt M *Fisch*: fletán *m*, halibut *m*, hipogloso *m*
'heilen A VT curar (**von** de), sanar; (*abhelfen*) remediar; JUR subsanar B VI ⟨sn⟩ sanar, curarse; *Wunde a.* cicatrizar
'Heilen N ⟨~s⟩ curación *f*; *e-r Wunde*: *a.* cicatrización *f*
'heilend ADJ curativo
'Heilerde F tierra *f* medicinal
'heil'froh ADJ contentísimo, muy contento
'Heilgymnast M ⟨~en; ~en⟩ fisioterapeuta *m*; **Heilgymnastik** F gimnasia *f* terapéutica, fisioterapia *f*; **Heilgymnastin** F ⟨~; ~nen⟩ fisioterapeuta *f*
'heilig A ADJ 1 santo; (*geheiligt*) sagrado; (*geweiht*) consagrado; **der ~e Antonius/Paulus** San Antonio/Pablo; **die ~e Barbara** Santa Bárbara; **der ~e Thomas** Santo Tomás; **der Heilige Abend** la Nochebuena; **das ~e Abendmahl** la Santa Cena; **die Heiligen Drei Könige** los Reyes Magos; **der Heilige Geist** el Espíritu Santo; **das Heilige Grab** el Santo Sepulcro; **das Heilige Land** Tierra Santa; **die Heilige Schrift** la Sagrada Escritura; **der Heilige Stuhl** la Santa Sede; **der Heilige Vater** el Santo Padre 2 *fig* (*unverletzlich*) inviolable, sacrosanto; **~e Pflicht** deber *m* sagrado; **es ist mein ~er Ernst** lo digo muy en serio; **ihm ist nichts ~** para él no hay nada sagrado; **mein Schlaf ist mir ~** para mí el dormir es sagrado; **schwören bei allem, was ~ ist** jurar por lo más sagrado B ADV 1 **hoch und ~ versprechen** prometer solemnemente 2 → heilighalten, heiligsprechen
Heilig'abend M Nochebuena *f*; **am** *od* **an ~** el día de Nochebuena
'Heilige M/F ⟨~n; ~n; → A⟩ santo *m*, santa *f*; *fig* **ein komischer** *od* **sonderbarer ~r** un tipo raro, un extravagante
'heiligen VT santificar; (*weihen*) consagrar
'Heiligenbild N imagen *f* (de santo); estampa *f*; **Heiligengeschichte** F leyenda *f* de santos; **Heiligenschein** M aureola *f* (*a. fig*), nimbo *m*; **mit einem ~ umgeben** aureolar (*a. fig*), nimbar; **Heiligenschrein** M camarín *m*
'Heiliger M → Heilige
'heilighalten VT ⟨irr⟩ venerar; *den Sonntag* santificar; *j-s Andenken etc*: tener por sagrado
'Heilighaltung F veneración *f*; *des Sonntags*: santificación *f*
'Heiligkeit F ⟨~⟩ santidad *f*; carácter *m* sagrado; **Seine ~** (*der Papst*) Su Santidad
'heiligsprechen VT ⟨irr⟩ canonizar
'Heiligsprechung F ⟨~; ~en⟩ canonización *f*
'Heiligtum N ⟨~(e)s; ¨er⟩ santuario *m*; sagrario *m*; (*heiliger Ort*) lugar *m* sagrado; (*heiliger Gegenstand*) objeto *m* sagrado; (*Reliquie*) reliquia *f*
'Heiligung F ⟨~; ~en⟩ santificación *f*; (*Weihe*) consagración *f*
'Heilkraft F poder *m* curativo, virtud *f* curativa; **heilkräftig** ADJ curativo; saludable, salutífero; **Heilkraut** N BOT hierba *f* medicinal; **Heilkunde** F medicina *f*, ciencia *f* médica; terapéutica *f*; **heilkundig** ADJ versado en medicina; **Heilkundige** M/F ⟨~n; ~n; → A⟩ médico *m*, -a *f*; terapeuta *m/f*; curandero *m*, -a *f*; **Heilkunst** F arte *m* médico
'heillos A ADJ *fig* (*furchtbar*) terrible; desastroso; desesperante; (*unglaublich*) increíble, *umg* bárbaro; **ein ~es Durcheinander** un desorden infernal; *fig* una confusión terrible B ADV terriblemente
'Heilmassage F masaje *m* terapéutico; **Heilmethode** F método *m* terapéutico (*od* curativo); **Heilmittel** N remedio *m*; medicina *f*, medicamento *m*; **Heilpädagogik** F pedagogía *f* terapéutica; **Heilpflanze** F planta *f* medicinal (*od* oficinal); **Heilpraktiker** M, **Heilpraktikerin** F homeópata *m/f*, naturópata *m/f*; **Heilquelle** F (manantial *m* de) aguas *fpl* (minero)medicinales; **Heilsalbe** F ungüento *m* curativo
'heilsam ADJ sano; saludable, salutífero (*beide a. fig*); salubre; (*heilend*) curativo
'Heilsarmee F Ejército *m* de Salvación
'Heilserum N suero *m* curativo

'Heilslehre F REL doctrina *f* de la gracia

'Heilstätte F sanatorio *m*; **Heiltrank** M poción *f*

'Heilung F ⟨~; ~en⟩ curación *f*, cura *f*; *e-r Wunde a.*: cicatrización *f*; *Person* **keine ~ finden** no encontrar cura; **Heilungsprozess** M MED proceso *m* curativo

'Heilverfahren N MED tratamiento *m* terapéutico; terapia *f*; **Heilwirkung** F efecto *m* curativo (*od* terapéutico)

heim ADV *südd* a casa; (*in die Heimat*) a mi (tu, *etc*) país (*bzw* tierra)

Heim N ⟨~(e)s; ~e⟩ 1 (*Zuhause*) hogar *m*, casa *f*; (*Wohnsitz*) domicilio *m*; *lit* morada *f* 2 (*Kinderheim*) hogar *m* (para niños); (*Altersheim, Studentenheim*) residencia *f*; (*Obdachlosenheim*) asilo *m* 3 *e-s Klubs etc*: local *m* social

'Heimarbeit F trabajo *m* a domicilio; **Heimarbeiter** M, **Heimarbeiterin** F trabajador *m*, -a *f* a domicilio

'Heimat F (*Heimatland*) país *m* natal, tierra *f* (natal); (*Vaterland*) patria *f*; *engere*: patria *f* chica; terruño *m*; *e-r Spezialität*: país *m* de origen; **aus der ~ vertreiben** expulsar, expatriar; **in meiner ~** en mi país; **in die ~ zurückschicken** repatriar

'Heimatanschrift F dirección *f* habitual (*od* fija); **Heimatdichter** M, **Heimatdichterin** F poeta *m/f* regional (*od* de la región); **Heimatdorf** N pueblo *m* natal; **Heimaterde** F terruño *m*; suelo *m* patrio; **Heimatfilm** M película *f* regionalista; **Heimathafen** M SCHIFF puerto *m* de matrícula (*od* de origen); puerto *m* de registro; **Heimatkunde** F ⟨~⟩ geografía *f* regional; **Heimatland** N ⟨~(e)s; ~̈er⟩ patria *f*

'heimatlich ADJ del país (natal); patrio; de la tierra (natal); (*heimatlich anmutend*) que recuerda al país natal

'Heimatliebe F amor *m* a la tierra natal; apego *m* al terruño

'heimatlos ADJ sin domicilio; sin patria; apátrida; **Heimatlose** M/F ⟨~n; ~n; → A⟩ apátrida *m/f*; **Heimatlosigkeit** F ≈ situación *f* de estar sin patria

'Heimatort M lugar *m* de nacimiento (*od* de origen); **Heimatrecht** N derecho *m* nacional (*bzw* de domicilio); **Heimatstaat** M país *m* de origen; **Heimatstadt** F ciudad *f* natal; **Heimatvertriebene** M/F ⟨~n; ~n; → A⟩ expulsado *m*, -a *f* (de su país)

'heimbegleiten, heimbringen VT ⟨*irr*⟩ **j-n ~** acompañar a alg a (su) casa

'Heimchen N ⟨~s; ~⟩ 1 ZOOL grillo *m* doméstico 2 *umg pej* **~ (am Herd)** mujer *f* de sus cacharros

'Heimcomputer M ordenador *m* doméstico

'heimeilen VI ⟨sn⟩ *südd* apresurarse a volver a casa; **heimelig** ADJ acogedor; íntimo; **heimfahren** ⟨*irr*⟩ *südd* A VT **j-n ~** llevar a casa a alg B VI ⟨sn⟩ regresar (*od* volver) a casa

'Heimfahrt F (viaje *m* de) regreso *m*, vuelta *f*; **auf der ~** a la vuelta, al regresar; **Heimfall** M JUR reversión *f*, devolución *f*; **heimfallen** VI ⟨*irr*; sn⟩ JUR revertir, recaer (**an** en); **heimfällig** ADJ JUR reversible; **Heimfallsrecht** N JUR derecho *m* de devolución

'heimfinden VI ⟨*irr*⟩ *südd* hallar el camino (para regresar a casa); **heimführen** VT 1 *südd* acompañar a (su) casa 2 *geh obs Frau* casarse, contraer matrimonio con

'Heimgang M 1 regreso *m* (a casa) 2 *geh fig* fallecimiento *m*; **Heimgegangene** M/F ⟨~n; ~n; → A⟩ *geh* difunto *m*, -a *f*, finado *m*, -a *f*

'heimgehen VI ⟨*irr*; sn⟩ *südd* 1 volver (*od* regresar) a casa 2 *geh fig* (*sterben*) fallecer; **heimholen** VT *südd* ir a buscar (*od* recoger) a alg; *fig geh* **Gott hat ihn heimgeholt** Dios lo acogió en su seno

'Heimindustrie F industria *f* doméstica

'heimisch ADJ 1 *Industrie, Produkte etc* del país, nacional; local (*a. Flora, Fauna*); *Bevölkerung a.* indígena, nativo; *Sprache* vernáculo; **~ sein** (*wohnen*) estar domiciliado (*od* tener su domicilio) (**in** *dat* en) 2 (*vertraut*) familiar; **sich ~ fühlen** estar (*od* sentirse) como en (su) casa; **~ werden** aclimatarse; familiarizarse (**in** con); *fig* **in etw** (*dat*) **~ sein** ser versado en una materia

'Heimkehr F ⟨~⟩ 1 *nach Hause*: vuelta *f* (*od* regreso *m*, *lit* retorno *m*) al hogar (*bzw* a casa); **bei seiner ~** al volver a su casa 2 *ins Heimatland*: regreso *m* a la patria

'heimkehren VI ⟨*irr*; sn⟩ 1 *nach Hause*: volver (*od* regresar *od lit* retornar) a casa 2 *ins Heimatland*: regresar a la patria; repatriarse; **Heimkehrer** M ⟨~s; ~⟩, **Heimkehrerin** F ⟨~; ~nen⟩ 1 persona *f* que regresa 2 (*Kriegsheimkehrer, -in*) repatriado *m*, -a *f*

'Heimkind N ≈ expósito *m*, -a *f*; **Heimkino** N cine *m* casero

'heimkommen VI ⟨*irr*; sn⟩ *südd* → heimkehren; **Heimkunft** F ⟨~⟩ → Heimkehr

'heimlaufen VI ⟨*irr*; sn⟩ *südd* volver a casa a pie; *schnell*: volver corriendo a casa

'Heimleiter M, **Heimleiterin** F director *m*, -a *f* de una residencia

'heimleuchten VI *umg fig* **j-m ~** *umg* enviar a paseo a alg; soltar cuatro frescas a alg

'heimlich A ADJ secreto; (*verborgen*) oculto, escondido; (*unerlaubt*) clandestino; (*verstohlen*) furtivo; subrepticio → heimlichtun B ADV en secreto, secretamente; (*verstohlen*) a hurtadillas, a escondidas, de tapadillo; **sich ~ entfernen** marcharse disimuladamente; *umg* despedirse a la francesa; **~ lachen** reír a socapa; **~, still und leise** a la chita callando

'Heimlichkeit F ⟨~; ~en⟩ secreto *m*; misterio *m*; disimulo *m*; sigilo *m*; clandestinidad *f*; **in aller ~** con un gran secreto

'Heimlichtuer M ⟨~s; ~⟩ *umg* secretista *m*

Heimlichtue'rei F ⟨~; ~en⟩ secreteo *m*; *umg* tapujo *m*

'Heimlichtuerin F ⟨~; ~nen⟩ *umg* secretista *m*

'heimlichtun VI ⟨*irr*⟩ adoptar un aire misterioso; *umg* andar con tapujos

'Heimmannschaft F SPORT equipo *m* local

'heimmüssen VI ⟨*irr*⟩ *südd* **ich muss heim** tengo que volver a casa

'Heimniederlage F SPORT derrota *f* en casa; **Heimreise** F viaje *m* de vuelta; **auf der ~** al volver

'heimschicken VT *südd* enviar a (su) casa (*bzw* a su patria)

'Heimservice M servicio *m* a domicilio; **Heimspiel** N SPORT partido *m* en casa; **Heimstätte** F hogar *m*

'heimsuchen VT **j-n ~** *Kummer* afligir a alg, atribular a alg; REL visitar a alg; (*verwüsten*) devastar a alg, asolar a alg; *Krankheit* afectar a alg, atacar a alg; *mit Plagen*: plagar a alg; azotar a alg, castigar a alg; *hum* dejarse caer en casa de alg; **Heimsuchung** F ⟨~; ~en⟩ aflicción *f*, tribulación *f*; (*Verwüstung*) azote *m*; (*Plage*) plaga *f*; REL **~ Mariä** la Visitación de Nuestra Señora

'Heimtextilien FPL textilhogar *m*; **Heimtrainer** M bicicleta *f* de ejercicio

'Heimtücke F JUR alevosía *f*; (*Treulosigkeit*) perfidia *f*; (*Hinterhältigkeit*) insidia *f*, asechanza *f*; **heimtückisch** ADJ *Person* traidor; malicioso; *Handlung a.* pérfido; JUR alevoso; *Krankheit* insidioso

'heimwärts ADV hacia (su) casa; a casa; hacia la patria

'Heimweg M (camino *m* de) regreso *m*, vuelta *f*; **sich auf den ~ machen** regresar (*od* volver) a casa; **Heimweh** N nostalgia *f*, añoranza *f*, *umg* morriña *f*; **Heimwerken** N ⟨~s⟩ bricolaje *m*, bricolage *m*; **Heimwerker** M ⟨~s; ~⟩, **Heimwerkerin** F ⟨~; ~nen⟩ bricolador *m*, -a *f*; **Heimwerkermarkt** M tienda *f* de bricolaje

'heimzahlen VT *fig* **j-m etw** *od* **es j-m ~** pagar a alg en (*od* con) la misma moneda; **das werde ich dir ~!** ¡ya me las pagarás!

'Heini M ⟨~s; ~s⟩ *umg pej umg* berzotas *m*, majadero *m*

'Heinzelmännchen N ≈ duende *m*; gnomo *m*

'Heirat F ⟨~; ~en⟩ casamiento *m*; (*Ehe*) matrimonio *m*; (*Hochzeit*) boda *f*

'heiraten A VT casar(se) con, contraer matrimonio con B VI casarse, contraer matrimonio

'Heiratsantrag M petición *f* de mano (*od* en matrimonio); propuesta *f* de matrimonio; **j-m einen ~ machen** pedir la mano de; pedir en matrimonio a; **Heiratsanzeige** F 1 *Ankündigung*: participación *f* de boda 2 (*Kontaktanzeige*) anuncio *m* matrimonial; **Heiratsbüro** N agencia *f* matrimonial; **Heiratsdarlehen** N préstamo *m* de nupcialidad

'heiratsfähig ADJ núbil; casadero; **in ~em Alter** en edad de casarse; **Heiratsfähigkeit** F nubilidad *f*

'Heiratsgut N dote *f*, bienes *mpl* dotales; **Heiratskandidat** M pretendiente *m*; **heiratslustig** ADJ deseoso de casarse; casadero; **Heiratsregister** N registro *m* de matrimonios; **Heiratsschwindel** M timo *m* del casamiento; **Heiratsschwindler** M, **Heiratsschwindlerin** F estafador *m*, -a *f* matrimonial; **Heiratsurkunde** F acta *f* de matrimonio; **Heiratsvermittler** M, **Heiratsvermittlerin** F agente *m/f* matrimonial; **Heiratsvermittlung** F agencia *f* matrimonial; **Heiratsversprechen** N promesa *f* de matrimonio

'heischen VT *geh* pedir; (*fordern*) exigir; reclamar

'heiser ADJ ronco, bronco; enronquecido; **sich ~ schreien** desgañitarse; **~ sein** tener carraspera; **~ werden** enronquecer

'Heiserkeit F ⟨~⟩ ronquera *f*; enronquecimiento *m*; carraspera *f*

heiß A ADJ 1 (muy) caliente; ardiente (*a. fig*); *Land, Klima* cálido, *Wetter* caluroso (*beide a. fig*); **~e Quelle** fuente *f* termal; **~e Zone** zona *f* tórrida; **es ist ~** hace calor; **mir ist ~** tengo calor; **~ machen** calentar; **~ werden** calentarse 2 *fig Wunsch, Liebe* ardiente; ferviente, fervoroso; apasionado; *Kampf* encarnizado, violento; *Diskussion a.* caluroso; **~es Blut haben** ser de temperamento ardiente, ser fogoso; **~e Tränen vergießen** llorar amargamente 3 *umg fig* (*heikel*) difícil; *Thema* espinoso; **~es Eisen** cuestión *f* delicada (*od* espinosa); (*illegal*) **~e Ware** contrabando *m* 4 *umg fig Tipp etc* caliente; **auf einer ~en Spur sein** tener una pista segura 5 *umg* (*aufreizend*) *Musik, Rhythmus* excitante; *umg* caliente; *umg* **ein ~er Typ** *umg* un tío cañón 6 *umg Person* **(ganz) ~ auf etw** (*acus*) **sein** *umg* morirse por a/c B ADV 1 (*leidenschaftlich*) ardientemente; con fervor, fervorosamente; apasionadamente; **j-n ~ und innig lieben** amar a alg apasionadamente; **~ laufen** TECH (re)calentarse 2 *fig umg* **es ging ~ her** *umg* la cosa se puso al rojo vivo; *sprichw* **es wird nichts so ~ gegessen, wie es ge-**

kocht wird no es tan feo el diablo como lo pintan **3** → *a.* heiß begehrt, heiß ersehnt *etc*
heißbe'gehrt, heiß begehrt ADJ **heißbegehrt sein** estar muy solicitado, tener gran demanda
'heißblütig ADJ (*leidenschaftlich*) ardiente, fogoso; apasionado; (*heftig*) vehemente
'Heißdampf M TECH vapor *m* recalentado
'heißen ⟨*irr*⟩ **A** VI **1** *mit Namen:* llamarse; tener por nombre, denominarse; *mit Familiennamen:* apellidarse; **wie heißen Sie?** ¿cómo se llama (Ud.)?, ¿cuál es su nombre? **2** (*bedeuten*) significar, querer decir; **was soll das (denn) ~?** ¿qué quiere decir eso?; **das will etwas ~** eso ya es algo; **das will nichts ~** no significa nada; **das will nicht viel ~** eso no es (*od* no significa) gran cosa; **das hieße alles verlieren** eso equivaldría a perderlo todo; **was** *od* **wie heißt … auf Spanisch?** ¿cómo se dice … en español?; *erklärend, berichtigend:* **das heißt** es decir; **das heißt also, dass …** es decir, que …; o sea que … **B** VT *geh* **1** (*nennen*) llamar; nombrar; denominar; **das heiße ich eine gute Nachricht** esto sí que es una buena noticia **2** (*befehlen*) mandar; ordenar; **j-n etw tun ~** mandar a alg hacer a/c; **wer hat Sie das geheißen?** ¿quién le ha mandado (hacer) eso? **C** V/UNPERS **es heißt an dieser Stelle/in der Bibel …** en ese punto dice/en la Biblia se dice …; **es heißt, dass** se dice que; dicen que; corre el rumor (*od* hay rumores) de que; **es hieß ausdrücklich, dass** se indicó expresamente que; **damit es nicht heißt …** para que no se diga que …; **hier heißt es aufgepasst** *od* **vorsichtig sein** aquí hay que tener cuidado
'heißersehnt, heiß ersehnt ADJ vivamente (*od* ardientemente) deseado; **'heißgeliebt, heiß geliebt** ADJ amado apasionadamente; adorado
'Heißhunger M hambre *f* canina (*od* feroz); MED bulimia *f*; **heißhungrig** ADJ hambriento (**nach** de); voraz
'Heißlaufen N TECH (re)calentamiento *m*
'Heißluft F aire *m* caliente; **Heißluftballon** M globo *m* de aire caliente; **Heißluftherd** M horno *m* de aire caliente; **Heißluftturbine** F turbina *f* de aire caliente
'heißmachen VT → heiß A 1
'Heißmangel F calandria *f* (de aire caliente); **Heißsporn** M ⟨~(e)s; ~e⟩ *geh obs* persona *f* impulsiva (*od* arrebatada)
heiß umstritten ADJ muy controvertido, calurosamente disputado
Heiß'wasserbereiter M calentador *m* de agua; **Heißwasserheizung** F calefacción *f* de agua caliente; **Heißwasserspeicher** M depósito *m* de agua caliente
'heiter ADJ **1** *Person, Wesen* sereno; (*fröhlich*) alegre; festivo; jovial; (*gut gelaunt*) de buen humor; (*lachend*) risueño **2** *Wetter* sereno; *Himmel* despejado, claro **3** *Stimmung, Szene, Geschichte* alegre, divertido; *umg iron* **das kann ja ~ werden!** *umg* ¡lo que nos espera!
'Heiterkeit F ⟨~⟩ **1** *Stimmung:* serenidad *f*; (*Fröhlichkeit*) alegría *f*; (*gute Laune*) buen humor *m* **2** (*Gelächter*) hilaridad *f*, risas *fpl*; **allgemeine ~ hervorrufen** *od* **für große ~ sorgen** provocar risas; **Heiterkeitserfolg** M éxito *m* de risa
'Heizanlage F instalación *f* de calefacción; **Heizapparat** M aparato *m* de calefacción; calefactor *m*
'heizbar ADJ calentable; *Zimmer* con calefacción
'Heizbatterie F pila *f* de calentamiento; **Heizdecke** F manta *f* eléctrica; **Heizeffekt** M efecto *m* calorífico
'heizen **A** VT *Raum etc* calentar; *bes* TECH caldear; *Ofen etc* encender **B** VI **1** calentar; encender la calefacción **2** *umg* (*schnell fahren*) *umg* ir a toda leche **C** V/R **dieses Zimmer heizt sich gut** esta habitación se calienta en seguida (*od* es fácil de calentar)
'Heizen N ⟨~s⟩ calefacción *f*; TECH caldeo *m*; **Heizer** M ⟨~s; ~⟩ *Arbeiter:* calefactor *m*; BAHN, SCHIFF fogonero *m*; **Heizfaden** M filamento *m* incandescente; **Heizfläche** F superficie *f* de calefacción; **Heizgas** N gas *m* de calefacción; **Heizgerät** N calefactor *m*, aparato *m* de calefacción; **Heizkessel** M caldera *f*; **Heizkissen** N almohadilla *f* eléctrica; **Heizkörper** M radiador *m*; **Heizkosten** PL gastos *mpl* de calefacción; **Heizkraft** F potencia *f* calorífica, poder *m* calorífico; **Heizkraftwerk** N central *f* de calefacción; **Heizleistung** F rendimiento *m* calorífico; **Heizlüfter** M termoventilador *m*, ventilador *m* calefactor; **Heizmaterial** N combustible(s) *m(pl)*; **Heizofen** M estufa *f*; calefactor *m*; **Heizöl** N fuel(-oil) *m*; **Heizpilz** M seta *f* de calor, calefactor *m* de terraza; **Heizplatte** F hornillo *m* (eléctrico); placa *f* calefactora; **Heizraum** M (*Feuerraum*) hogar *m*; (*Kesselraum*) sala *f* de calderas; **Heizrohr** N tubo *m* de calefacción; **Heizschlange** F serpentín *m* de calefacción; **Heizsonne** F radiador *m* eléctrico (*od* parabólico)
'Heizung F ⟨~; ~en⟩ calefacción *f*; TECH caldeo *m*; (*Heizkörper*) radiador *m*
'Heizungsanlage F instalación *f* de calefacción; **Heizungskeller** M cuarto *m* de calderas; **Heizungsmonteur** M, **Heizungsmonteurin** F calefactor *m*, -a *f*; **Heizungswert** M PHYS potencia *f* calorífica; poder *m* calorífico
Heka'tombe F ⟨~; ~n⟩ hecatombe *f*
'Hektar N ⟨~s; ~e *pero* 3 ~⟩ hectárea *f*
'Hektik F ⟨~⟩ (*Hetze*) ajetreo *m*, trajín *m*; (*Aufregung*) agitación *f*
'hektisch ADJ *Person, Bewegung* nervioso; *Leben* agitado; *Betriebsamkeit* febril, trepidante
Hekto'graf M, **Hekto'graph** M ⟨~en; ~en⟩ hectógrafo *m*; **hektogra'fieren** VT, **hektogra'phieren** VT ⟨*ohne* ge-⟩ hectografiar
'Hektoliter M, N ⟨~s; ~⟩ hectolitro *m*
he'lau INT *im Karneval:* ¡viva!
Held M ⟨~en; ~en⟩ héroe *m* (*a.* THEAT); (*Hauptfigur*) protagonista *m*; (*Vorkämpfer*) campeón *m*; **der ~ des Tages** el hombre del día; *umg* **den ~en spielen** darse tono; *umg* **kein ~ in etw** (*dat*) **sein** no ser una lumbrera en a/c
'Heldendichtung F poesía *f* épica; **Heldenepos** N cantar *m* de gesta, epopeya *f*; **Heldengedenktag** M *sp* Día *m* de los Caídos; **Heldengedicht** N poema *m* épico; epopeya *f*; cantar *m* de gesta; **Heldengestalt** F héroe *m*, figura *f* heroica
'heldenhaft ADJ heroico; **Heldenhaftigkeit** F ⟨~⟩, **Heldenmut** M heroísmo *m*, heroicidad *f*; **heldenmütig** **A** ADJ heroico **B** ADV heroicamente; como un héroe
'Heldenrolle F THEAT papel *m* de héroe; **Heldensage** F leyenda *f* heroica; **Heldentat** F acción *f* heroica; hazaña *f*, proeza *f* (*beide a. iron*); **Heldentenor** M tenor *m* dramático; **Heldentod** M muerte *f* heroica; **den ~ sterben** morir por la patria; **Heldentum** N ⟨~s⟩ heroísmo *m*
'Heldin F ⟨~; ~nen⟩ heroína *f* (*a.* THEAT); *im Drama, Roman a.:* protagonista *f*; **heldisch** ADJ heroico
'helfen VI ⟨*irr*⟩ **1** **j-m ~** ayudar a alg (**bei etw** en a/c); echar una mano a alg; (*beistehen*) asistir a alg; (*unterstützen*) apoyar a alg, respaldar a alg; **ich helfe ihm in den/aus dem Mantel** le ayudo a ponerse/quitarse el abrigo; **sich** (*dat*) **selber ~ (können)** valerse de sí mismo; ayudarse; *umg* bastarse y sobrarse; **sich** (*dat*) **zu ~ wissen** arreglárselas, apañárselas, ingeniárselas; **sich** (*dat*) **nicht mehr zu ~ wissen** ya no saber qué hacer; **ich kann mir nicht ~, ich muss lachen** no puedo contener la risa; **dem Kranken ist nicht mehr zu helfen** no se puede hacer nada más por el enfermo; *umg fig* **ihm ist nicht zu ~** no tiene remedio; **da ist nicht zu ~** nada puede remediarse (*od* hacerse); esto ya no tiene remedio; **damit ist mir nicht geholfen** con eso no se me ayuda en nada; **dir werde ich ~!** *drohend:* ¡ya te daré lo tuyo!; *sprichw* **hilf dir selbst, so hilft dir Gott** ayúdate y Dios te ayudará **2** (*wirken*) surtir efecto; (*nützen*) **j-m ~** ser útil a alg; MED **gegen** *od* **bei Zahnschmerzen ~** ser bueno contra (*od* para) el dolor de muelas; **was hilft's?** ¿qué remedio?; **das hilft nichts** no sirve de nada; **was hilft das Klagen?** ¿de qué sirve lamentarse?; **es wird dir nichts ~** de nada te servirá; **es half alles nichts** todo fue inútil (*od* en vano); **es hilft alles nichts, wir müssen gehen** no hay más remedio (*od* nos guste o no), tenemos que irnos
'Helfer M ⟨~s; ~⟩, **Helferin** F ⟨~; ~nen⟩ ayudante *m*, -a *f*, asistente *m/f*; auxiliador *m*, -a *f*; (*Mitarbeiter, -in*) colaborador *m*, -a *f*; **ein freiwilliger Helfer** un voluntario; **Helfer in der Not** salvador *m*
'Helfershelfer M, **Helfershelferin** F cómplice *m/f*
'Helgoland N ⟨~s⟩ (isla *f* de) Hel(i)goland
Heli'kopter M ⟨~s; ~⟩ helicóptero *m*
Helio'graf M, **Helio'graph** M ⟨~en; ~en⟩ heliógrafo *m*; **Heliogra'fie** F, **Heliogra'phie** F ⟨~⟩ heliografía *f*; **Helio'stat** M ⟨~en; ~en⟩ PHYS helióstato *m*; **Heliothera'pie** F helioterapia *f*; **Helio'trop** N & M ⟨~s; ~e⟩ BOT, PHYS, MINER heliotropo *m*; **helio'zentrisch** ADJ ASTRON heliocéntrico
Heli'skiing [-sk-] N ⟨~(s)⟩ SPORT (práctica *f* del) heliesquí *m*
'Helium N ⟨~s⟩ helio *m*
hell **A** ADJ **1** (*nicht dunkel*) claro; *Farbe a.* vivo; (*erleuchtet*) iluminado; (*leuchtend*) luminoso; *Himmel* despejado, sereno; **es wird ~** amanece, se hace de día; **es ist ~er Tag** ya es de día; **am ~en Tag** en pleno día; **bis in den ~en Tag hinein schlafen** dormir hasta ya bien entrado el día **2** *Person* (*aufgeweckt*) vivo, despierto, espabilado; (*schlau*) listo, inteligente; (*scharfsinnig*) agudo; **~er Kopf** espíritu *m* lúcido; *fig* **~e Augenblicke** momentos *mpl* lúcidos **3** *umg fig Begeisterung, Freude* pleno; *Freude a.* total; **~er Jubel** júbilo *m* desbordante; **seine ~e Freude an etw** (*dat*) **haben** alegrarse locamente por a/c; **in ~er Aufregung** muy excitado; **in ~er Begeisterung** con gran entusiasmo; **in ~er Verzweiflung** completamente desesperado **4** (*rein, bloß*) **~er Neid/Unsinn** pura envidia *f*/puro disparate *m*; **~er Wahnsinn** gran locura *f* **5** *fig geh* **in ~en Scharen** en tropel; en masa **6** MUS *Ton* agudo; **~es Gelächter** sonoras carcajadas **7** GASTR *Bier* claro, rubio, blanco; *Tabak* rubio **B** ADV **1** **~ leuchten** *Lampe* iluminar bien; → hell glänzend, hell leuchtend **2** **~ auflachen** soltar una carcajada; **~ klingen** tener un sonido limpio
'Hellas N Grecia *f*; la Hélade
'hell'auf ADV **~ begeistert sein** estar muy entusiasmado
'hellblau ADJ azul claro; *Augen* zarco; **hellblond** ADJ rubio claro; **hellbraun** ADJ pardusco; moreno claro; *Haar, Augen* castaño claro; **Helldunkel** N ⟨~s⟩ penumbra *f*; MAL claroscuro *m*

'helle ADJ *umg* → hell A2; **~ sein** ser (muy) listo; *umg* tener la cabeza bien amueblada
'Helle F ⟨~⟩ claridad *f*; luminosidad *f*; claro *m*
'Helle(s) N ⟨~n; → A⟩ *Bier*: (caña *f* de) cerveza *f* rubia
Helle'barde F ⟨~; ~n⟩ MIL alabarda *f*
Hel'lene M ⟨~n; ~n⟩, **Hellenin** F ⟨~; ~nen⟩ heleno *m*, -a *f*, griego *m*, -a *f*; **hellenisch** ADJ heleno, helénico, griego
Helle'nismus M ⟨~⟩ helenismo *m*
'Heller M ⟨~s; ~⟩ HIST *pequeña moneda*; *fig a.* céntimo *m*, centavo *m*; **keinen roten ~ haben** no tener ni un céntimo, estar sin un cuarto (*od* sin blanca); **keinen ~ wert sein** no valer un céntimo (*od umg* un bledo); **auf ~ und Pfennig bezahlen** pagar hasta el último céntimo
'hellfarbig ADJ de color claro; de tono claro; **hellgelb** ADJ amarillo claro; (*strohgelb*) pajizo
hell glänzend ADJ brillante, resplandeciente
'hellgrau ADJ gris claro; **hellgrün** ADJ verde claro; **hellhaarig** ADJ de cabellos rubios; rubio; **hellhäutig** ADJ de piel blanca; **hellhörig** ADJ de oído fino; ARCH de paredes delgadas; *fig* **~ werden** aguzar el oído; (*Verdacht schöpfen*) concebir sospechas; *umg* escamarse
'Helligkeit F ⟨~⟩ claridad *f*; FOTO luminosidad *f*
'Helligkeitsgrad M grado *m* de claridad (*bzw* de luminosidad); **Helligkeitsmesser** M luxímetro *m*
'Helling F ⟨~; ~en *od* Helligen⟩ *od* M ⟨~s; ~e⟩ SCHIFF grada *f*
hell leuchtend ADJ luminoso
'helllicht ADJ **am ~en Tage** en pleno día
'hellrot ADJ rojo claro
'hellsehen VI ⟨*nur inf*⟩ **~ können** ser (clari)vidente; *iron* **ich kann doch nicht ~!** xxx
'Hellsehen N (clari)videncia *f*; **Hellseher** M, **Hellseherin** F (clari)vidente *m/f*; **hellseherisch** ADJ (clari)vidente
'hellsichtig ADJ clarividente; **Hellsichtigkeit** F ⟨~⟩ clarividencia *f*
'hell'wach ADJ desvelado
'Helm M ⟨~(e)s; ~e⟩ 1 casco *m*; (*Ritterhelm*) yelmo *m* 2 ARCH cúpula *f* 3 SCHIFF (caña *f* del) timón *m*; **Helmbusch** M penacho *m*; **Helmdach** N ARCH remate *m*; cúpula *f*
He'lot M ⟨~en; ~en⟩ HIST ilota *m*
Hemd N ⟨~(e)s; ~en⟩ camisa *f*; **im ~** en camisa; **sein letztes ~ hergeben** dar hasta la camisa; *fig* **kein ~ auf dem Leibe haben** no tener ni camisa que ponerse; ser un descamisado; *fig* **j-n bis aufs ~ ausziehen** dejar a alg sin camisa (*od* en cueros); **seine Gesinnung** *od* **Meinung wie das ~ wechseln** cambiar de opinión como de camisa
'Hemdbluse F blusa *f* camisera, camisero *m*; **Hemdblusenkleid** N (vestido *m*) camisero *m*; **Hemdbrust** F pechera *f*
'Hemdengeschäft N camisería *f*; **Hemdenmacher** M ⟨~s; ~⟩ camisero *m*; **Hemdenmatz** M *umg* nene *m* en camisa
'Hemdhose F combinación *f*; **Hemdkragen** M cuello *m* (de camisa)
'Hemdsärmel M **in ~n** → hemdsärmelig; **hemdsärmelig** ADJ en mangas de camisa; *fig* informal, desenvuelto
Hemi'sphäre F hemisferio *m*; **hemisphärisch** ADJ hemisférico
'hemmen VT 1 (*hindern*) impedir; obstaculizar, poner trabas a; entorpecer; (*verzögern*) retardar; *Rad* engalgar; calzar 2 (*aufhalten*) detener, parar; frenar; (*zügeln*) refrenar, poner freno a; *Stoß* amortiguar 3 (*einschränken*) restringir, limitar; (*zurückhalten*) contener; *Flut* represar, estancar (*a. fig*) 4 (*unterdrücken*) reprimir; MED inhibir; PSYCH *a.* cohibir; → *a.* gehemmt
'hemmend ADJ represivo; obstructor; MED inhibitorio
'Hemmnis N ⟨~ses; ~se⟩ traba *f*; estorbo *m*; impedimento *m*, obstáculo *m*, óbice *m*; **Hemmschuh** M calza *f*; TECH zapata *f* de freno (*bzw* de retención); *am Rad*: galga *f*; *fig* traba *f*, cortapisa *f*
'Hemmung F ⟨~; ~en⟩ 1 (*Verlangsamung*) entorpecimiento *m*; retardación *f*; JUR suspensión *f* (**der Verjährung** de la prescripción) 2 PSYCH inhibición *f*, cohibición *f* 3 (*Gehemmtheit*) **~en** *pl* complejos *mpl*; **~en haben** sentirse cohibido; tener complejos; (*Bedenken haben*) tener escrúpulos 4 TECH *der Uhr*: escape *m*
'hemmungslos ADJ *fig* desenfrenado; sin escrúpulos; **Hemmungslosigkeit** F ⟨~⟩ desenfreno *m*
'Hemmvorrichtung F *am Rad*: galga *f*; (*Bremse*) freno *m*
Hengst M ⟨~es; ~e⟩ caballo *m* entero (*od* padre); (*Zuchthengst*) semental *m*; **'Hengstfohlen** N potro *m*
'Henkel M ⟨~s; ~⟩ asa *f*; agarradero *m*; **am ~ fassen** tomar (*od* coger) por el asa; **Henkelkorb** M cesta *f* de asa; **Henkelkrug** M jarro *m* (con asa); **Henkelmann** M *umg* portacomidas *m*
'henken VT ahorcar
'Henker M ⟨~s; ~⟩ 1 verdugo *m*; *amtlich*: ejecutor *m* (de la justicia) 2 *sl* **weiß der ~!** *umg* ¡vete a saber!; **zum ~!** ¡qué diablos!, ¡al demonio
'Henkersbeil N hacha *f* del verdugo; **Henkersfrist** F último plazo *m*; **Henkershand** F ⟨~⟩ **durch ~** por mano del verdugo; **Henkersknecht** M mozo *m* del verdugo, sayón *m*; *amtlich*: asistente *m* del ejecutor; **Henkersmahl** N, **Henkersmahlzeit** F última comida *f* de un condenado a muerte; *umg fig* comida *f* de despedida
'Henna F ⟨~⟩ *od* N ⟨~(s)⟩ alheña *f*
'Henne F ⟨~; ~n⟩ gallina *f*; **junge ~** polla *f*
Hepa'titis F ⟨~; Hepati'tiden⟩ MED hepatitis *f*
her ADV 1 (*hierher*) aquí, acá; por aquí; **wo ist er ~?** ¿de qué país es?; ¿de dónde procede?; **(rings) um ihn ~** alrededor de él, en torno suyo, a su alrededor; **von ... ~** desde ...; **von da ~** de allí, desde allí; **von oben/unten ~** de (*od* desde) arriba/abajo; *unhöflich*: **Brot ~!** ¡el pan!, ¡que traigan pan!; **~ damit!** ¡démelo, dámelo!, ¡venga (eso)!; **~ mit dir!** ¡ven aquí!, ¡ven acá!, ¡acércate!; **~ zu mir!** ¡(para) aquí!; → *a* hergeben, herhaben *etc* 2 *zeitlich*: **wie lange ist es ~?** ¿cuánto tiempo hace?; **das ist ein Jahr ~** hace un año; **es ist (schon) lange ~ (, dass ...)** hace ya tiempo (que ...); **von früher ~** de antes 3 *fig* **hinter j-m ~ sein** ir (*od* andar) tras alg (*a. verliebt*); **hinter einer Sache ~ sein** ir (*od* andar) tras a/c 4 **von der Form** *etc* **~** por la forma, *etc*; **mit etw/j-m ist es nicht weit ~** (a/c/alg) no vale gran cosa; **damit ist es nicht weit ~** no es nada del otro mundo
he'rab ADV abajo; hacia (*od* para) abajo; **von oben ~** de arriba (abajo); *fig* con altivez; (con aire) altanero; *fig* **sie sah ihn von oben ~ an** le miró con desprecio
he'rabblicken VI mirar hacia abajo; **von etw ~** mirar (hacia abajo) desde a/c; **auf die Stadt ~** ver la ciudad desde arriba; *fig* **auf j-n ~** mirar a alg con desprecio (*od* por encima del hombro)
he'rabdrücken VT (hacer) bajar; *Preis* rebajar, reducir; **herabeilen** VI ⟨sn⟩ bajar apresuradamente; **herabfahren** VT ⟨*irr*; sn⟩ bajar; descender; **herabfallen** VI ⟨*irr*; sn⟩ caer (al suelo); **herabführen** VT llevar (*bzw* conducir) abajo; **herabgehen** VI ⟨*irr*; sn⟩ bajar (*a. Preise*), descender; **im Preis ~** reducir el precio; **herabgleiten** VI ⟨*irr*; sn⟩ ir descendiendo; deslizarse hacia abajo; **herabhängen** VI ⟨*irr*⟩ pender, colgar; **herabhängend** ADJ colgante
he'rablassen ⟨*irr*⟩ A VT bajar, descender; hacer bajar; HANDEL rebajar B VR 1 **sich ~** descolgarse (**am Seil** por una cuerda) 2 *fig* **sich zu etw ~** condescender en a/c; **sich ~, etw zu tun** dignarse hacer a/c
he'rablassend A ADJ condescendiente; (*geringschätzig*) desdeñoso; altanero B ADV con aire de desprecio; **Herablassung** F ⟨~⟩ *fig* condescendencia *f*
he'rablaufen VI ⟨*irr*; sn⟩ bajar corriendo; correr abajo; **herabmindern** VT reducir; disminuir; **herabnehmen** VT ⟨*irr*⟩ bajar; *v. Haken*: descolgar; *v. Kreuz*: descender; (*wegnehmen*) quitar; **herabregnen** VI llover (**auf** *acus* sobre); **herabreichen** VT alcanzar (desde arriba); **herabschrauben** VT *fig* reducir, disminuir; **herabschweben** VI ⟨sn⟩ descender planeando; **herabsehen** VI ⟨*irr*⟩ → herabblicken
he'rabsetzen VT 1 bajar; *Preis, Geschwindigkeit* rebajar, reducir; **zu herabgesetzten Preisen** a precio reducido 2 *fig Leistung, Person* desacreditar, desprestigiar; denigrar, detractar
he'rabsetzend ADJ despectivo; denigrante; **Herabsetzung** F ⟨~; ~en⟩ 1 disminución *f*, reducción *f*; *Preis a.*: rebaja *f* 2 *fig* descrédito *m*, desprestigio *m*; denigración *f*, detracción *f*
he'rabsinken VI ⟨*irr*; sn⟩ *geh* caer lentamente, ir cayendo; bajar; (*absinken*) hundirse; **herabspringen** VI ⟨*irr*; sn⟩ saltar abajo; **herabsteigen** VI bajar, descender (**von** de); **herabstoßen** ⟨*irr*⟩ A VT empujar hacia abajo B VI precipitarse, lanzarse (**auf** *acus* sobre); *Greifvögel*: abatirse (**auf** *acus* sobre); picar; **herabstürzen** A VT precipitar (**von** desde) B VI ⟨sn⟩ caer (**von** de); despeñarse C VR **sich ~** arrojarse, precipitarse (**von** desde); despeñarse; **herabtropfen** VI gotear; **herabwälzen** VT rodar abajo
he'rabwürdigen A VT degradar; envilecer B VR **sich ~** degradarse; envilecerse; **Herabwürdigung** F degradación *f*; envilecimiento *m*
he'rabziehen VT ⟨*irr*⟩ tirar hacia abajo; *fig* → herabwürdigen
He'raldik F ⟨~⟩ heráldica *f*; **heraldisch** ADJ heráldico
he'ran ADV por aquí, por este lado; **nur ~!** ¡por aquí!; **(dicht) an etw** (*acus*) **~** (muy) cerca de a/c
he'ranarbeiten VR **sich ~** aproximarse lentamente (*bzw* penosamente) (**an** *acus* de); **heranbilden** VT(VR) **(sich) ~** formar(se); **Heranbildung** F formación *f*; **heranbringen** VT ⟨*irr*⟩ aproximar, acercar, traer; **herandrängen** VR **sich ~ an** (*acus*) empujar para llegar a; **heraneilen** VI ⟨sn⟩ acudir (*od* acercarse) rápidamente
he'ranfahren VI ⟨*irr*; sn⟩ **an etw/j-n ~** acercarse (*od* aproximarse) a a/c/alg; **rechts ~** apartarse (*bzw* parar) a la derecha
he'ranführen VT conducir hasta; **j-n an etw** (*acus*) **~** llevar a alg hasta a/c; *fig* iniciar a alg en a/c
he'rangehen VI ⟨*irr*; sn⟩ 1 (*sich nähern*) acercarse, aproximarse (**an** *acus* a) 2 *fig an e-e Aufgabe*: **an etw** (*acus*) **~** emprender a/c; **an ein Problem** *etc* **~** *a.* abordar un problema, *etc*
he'ranholen VT aproximar; traer
he'rankommen VI ⟨*irr*; sn⟩ 1 (*sich nähern*) aproximarse; llegar; **an etw/j-n ~** acercarse a a/c/alg; **es ist nicht an ihn heranzukommen**

H

es inaccesible; **etw an sich** *(acus)* **~ lassen** aguardar a/c (con paciencia); **die Dinge an sich** *(acus)* **~ lassen** dejar que las cosas lleguen **2** **an etw** *(acus)* **~** *(heranreichen)* alcanzar a/c; *fig (bekommen)* tener acceso a a/c **3** *fig* **an j-n ~** *(j-m gleichkommen)* igualar a alg; **er kommt nicht an ihn heran** no puede compararse con él

he'ranmachen VR **sich an etw** *(acus)* **~** emprender (*od* abordar) a/c; ponerse a hacer a/c; **sich an j-n ~** acercarse (*od* abordar) a alg; *schmeichelnd*: insinuarse

he'rannahen VI *geh* acercarse, aproximarse; *Gefahr* ser inminente; **Herannahen** N *geh* aproximación *f*; **heranpirschen** VR **sich ~** → heranschleichen

he'ranreichen VI **1** alcanzar (**an** *acus* a) **2** *fig (gleichkommen)* **an j-n/etw ~** igualar a alg/a/c

he'ranreifen VI ⟨sn⟩ madurar, ir madurando; *Plan a.* tomar forma, concretarse; *geh* **zur Künstlerin ~** llegar a ser una artista

he'ranrücken **A** VT **etw an etw/j-n ~** acercar (*od* aproximar) a/c a a/c/alg **B** VI ⟨sn⟩ **an etw/j-n ~** acercarse a a/c/alg; **er rückte näher an sie heran** se acercó a ella

He'ranrücken N ⟨~s⟩ aproximación *f*

he'ranschleichen VI ⟨irr; sn⟩ acercarse furtivamente (*od* sigilosamente); **heranschwimmen** VI ⟨irr; sn⟩ acercarse nadando (*od* a nado); **herantasten** VR **sich ~ an** *(acus)* acercarse prudentemente a; *fig an ein Problem*: tantear; **herantragen** VT traer; llevar; *fig* **etw an j-n ~** proponer, sugerir a/c a alg

he'rantreten VI ⟨irr; sn⟩ **1** acercarse, aproximarse (**an** *acus* **a**) **2** *fig* **an j-n (mit einer Bitte) ~** dirigirse (*od* abordar) a alg (para pedir algo)

he'ranwachsen [-ks-] VI ⟨irr; sn⟩ crecer, ir creciendo; hacerse mayor

He'ranwachsen [-ks-] N crecimiento *m*; **Heranwachsende** M/F ⟨~n; ~n; → A⟩ adolescente *m/f*

he'ranwagen VR **sich an etw** *(acus)* **~** osar acercarse a a/c; *fig* arriesgarse en (*bzw* a hacer) a/c; **sich an eine schwierige Aufgabe ~** atreverse a emprender una tarea difícil

he'ranwinken VT **j-n ~** hacer señas a alg para que se acerque

he'ranziehen ⟨irr⟩ **A** VT **1** *Gegenstand* acercar hacia sí **2** *zu e-r Arbeit*: llamar; *Fachmann* consultar; **zu Zahlungen ~** hacer contribuir **3** *Tier, Kind* criar; *Pflanze* cultivar **4** *Beleg, Material* recurrir a **B** VI ⟨sn⟩ acercarse; avanzar

he'rauf ADV hacia arriba; *umg* para arriba; subiendo; **da ~** por allí; MIL **von unten ~ dienen** pasar por todos los grados; **hier ~!** ¡aquí arriba!; **von unten ~** de abajo arriba; desde abajo; **~ und herab** *od* **hinab** subiendo y bajando

he'raufarbeiten VR **sich ~** elevarse por su propio esfuerzo; crearse una posición; **heraufbeschwören** VT ⟨irr; ohne ge-⟩ evocar; *fig (verursachen)* causar, originar; provocar; **heraufbitten** VT ⟨irr⟩ **j-n ~** rogar a alg que suba; **heraufbringen** VT ⟨irr⟩ llevar arriba; subir; **j-n ~** conducir (*od* acompañar) a alg arriba; **heraufeilen** VI ⟨sn⟩ subir de prisa; **heraufführen** VT llevar (*od* conducir) (hacia) arriba; **heraufgehen** VI ⟨irr; sn⟩ subir (a); **heraufhelfen** VI ⟨irr⟩ **j-m ~** ayudar a subir a alg; **heraufholen** VT subir; **j-n ~** hacer subir a alg; **heraufkommen** VI ⟨irr; sn⟩ subir; llegar arriba; **herauflaufen** VI ⟨irr; sn⟩ subir corriendo; **heraufschalten** VI AUTO poner una marcha superior; **heraufschrauben, heraufsetzen** VT *Preis* subir, elevar, aumentar; **heraufsteigen** VI ⟨irr; sn⟩ subir (**auf** *acus* a); **herauftragen** VT ⟨irr⟩ subir; llevar (*od* transportar) arriba; **heraufziehen** ⟨irr⟩ **A** VT alzar; tirar hacia arriba; subir **B** VI ⟨sn⟩ acercarse; *Gewitter* amenazar, cernerse

he'raus ADV **1** *(nach draußen)* fuera; afuera; hacia fuera; **~ sein** *(draußen sein)* estar fuera; *Blüten* haber salido; **da ~** (saliendo) por allí; **~ damit!** ¡venga eso!; **~ mit der Sprache!** ¡explíquese!, ¡hable!; *umg* ¡desembucha!; **unten ~** por debajo; **von innen ~** desde dentro; **nach vorn ~ wohnen** habitar en un piso que da a la calle; **zum Fenster ~** por la ventana **2** *fig* **frei ~** francamente, con (toda) franqueza; sin rodeos; *(schonungslos)* crudamente; **~ sein** *(ausgesprochen sein)* estar dicho; **das ist noch nicht ~** *(steht noch nicht fest)* todavía no es seguro (*od* no se sabe con certeza); **das Buch ist noch nicht ~** el libro no ha salido (*od* publicado) todavía; **aus einem Gefühl des Mitleids ~** por compasión

he'rausarbeiten **A** VT SKULP labrar; trabajar en relieve; *fig* poner de relieve, realzar, destacar **B** VR **sich ~ aus** salir de; **herausbeißen** VT ⟨irr⟩ **A** arrancar con los dientes **B** VR *fig* **sich ~** salir de una situación apurada

he'rausbekommen VT ⟨irr; ohne ge-⟩ **1** *Nagel, Fleck* lograr sacar; *Fleck a.* quitar **2** *Rätsel* adivinar; *Geheimnis* descubrir, averiguar; *(erfahren)* llegar a saber; **etw aus j-m ~** sacar a/c a alg **3** *Aufgabe* resolver, solucionar; *Lösung* hallar, encontrar; MATH obtener (como resultado) **4** *Geld* recibir de vuelta; **Sie bekommen zehn Euro heraus** aquí tiene diez euros de vuelta **5** *(sprechen)* **kein Wort ~** no poder decir ni palabra

he'rausblicken VI **aus dem Fenster ~** mirar por la ventana; **herausbrechen** VT ⟨irr⟩ arrancar; quitar rompiendo

he'rausbringen VT ⟨irr⟩ **1** *(nach außen bringen)* sacar, llevar afuera **2** HANDEL lanzar (al mercado); *Buch* publicar; editar; THEAT estrenar; **etw/j-n (groß) ~** lanzar a/c/a alg (por lo grande) **3** *umg Fleck* quitar, sacar **4** *fig (erfahren)* llegar a saber; *(erraten)* adivinar; *(entdecken)* descubrir; *Sinn* llegar a comprender; **aus j-m nichts ~** no lograr sacar a alg ni una palabra **5** *Worte* proferir; decir; **kein einziges Wort ~ (können)** no poder decir ni (una sola) palabra

he'rausdrängen VT hacer salir apretando (*od* empujando); **herausdringen** VI ⟨irr; sn⟩ *Flüssigkeit, Rauch* salir(se); **herausdrücken** VT empujar hacia afuera; exprimir; **herausdürfen** VI ⟨irr⟩ tener permiso para salir; **herauseilen** VI ⟨sn⟩ salir de prisa; **herausekeln** VT *umg* **j-n ~** amargar la vida a alg hasta que se marche; **herausfahren** ⟨irr⟩ **A** VT **1** *Auto, Person* sacar (**aus** de) **2** SPORT *Sieg, Platz, Zeit* conseguir **B** VI ⟨sn⟩ **1** salir (**aus** de) **2** *umg Wort* escaparse; **herausfallen** VI ⟨irr; sn⟩ caer(se) fuera (**aus** de); **herausfiltern** VT filtrar; *fig* entresacar; **herausfinden** ⟨irr⟩ **A** VT descubrir **B** VI encontrar la salida (**aus** de); *fig* saber arreglarse (*od umg* manejarse); **herausfischen** VT sacar del agua; **herausfliegen** VI ⟨irr; sn⟩ salir (volando); **herausfließen** VI ⟨irr; sn⟩ derramarse; desbordarse; *Quelle* brotar, fluir

He'rausforderer M ⟨~s; ~⟩, **Herausforderin** F ⟨~; ~nen⟩ desafiador *m*, -a *f*, retador *m*, -a *f*; *(Provokateur, -in)* provocador *m*, -a *f*

he'rausfordern VT **1** **j-n ~** desafiar a alg; *(provozieren)* provocar a alg, SPORT *a.* retar a alg **2** *Kritik, Widerspruch, Gefahr* provocar; **herausfordernd** ADJ desafiante, retador; *(provozierend)* provocador, provocativo; *(anmaßend)* arrogante; **Herausforderung** F desafío *m*, reto *m*; *(Provokation)* provocación *f*

he'rausfühlen VT sentir; *(erraten)* adivinar; **herausführen** VT llevar (*od* acompañar) afuera

He'rausgabe F ⟨~⟩ **1** *(Auslieferung)* entrega *f*; *(Rückerstattung)* devolución *f*, JUR restitución *f* **2** *e-s Buches*: edición *f*; *(Veröffentlichung)* publicación *f*

he'rausgeben VT ⟨irr⟩ **1** dar; *(ausliefern)* entregar; *(zurückerstatten)* devolver, JUR restituir; *Geld* dar la vuelta (*od* el cambio); **können Sie ~?** ¿tiene cambio? **2** *Buch* editar; *(veröffentlichen)* publicar

He'rausgeber M ⟨~s; ~⟩, **Herausgeberin** F ⟨~; ~nen⟩ *e-s Buches*: editor *m*, -a *f*; *e-r Zeitung*: director *m*, -a *f*

he'rausgehen VI ⟨irr; sn⟩ salir (**aus** de); *Fenster etc* dar (**auf** *acus* a); *Fleck* irse; **aus sich ~** soltarse; **beim Herausgehen** al salir, a la salida (**aus** de)

he'rausgreifen VT ⟨irr⟩ entresacar; *(wählen)* escoger

he'rausgucken VI *umg* **aus dem Fenster ~** mirar por la ventana; **aus der Tasche ~** asomar del bolsillo

he'raushaben VT ⟨irr⟩ *umg* **1** *Nagel etc* haber sacado **2** *(herausgefunden haben)* haber descubierto; *Lösung* haber encontrado; **ich hab's heraus** ya lo tengo **3** *umg (beherrschen)* **etw ~** dominar a/c

he'raushalten ⟨irr⟩ **A** VT **1** *(nach außen halten)* sacar, mantener por fuera (**aus** de) **2** *umg (nicht verwickeln)* mantener al margen (**aus** de) **B** VR **sich aus etw ~** mantenerse al margen de a/c; no mezclarse en a/c; **heraushängen** **A** VI ⟨irr⟩ *Schild etc* colgar fuera; **die Zunge ~ lassen** *Hund* estar con la lengua fuera; **ihr hängt die Zunge heraus** está con la lengua fuera **B** VT colgar (fuera); *Fahne* arbolar; **heraushauen** VT sacar a golpes; **j-n ~** MIL abrir paso con las armas a alg; *fig* sacar a alg de un apuro; **herausheben** ⟨irr⟩ **A** VT **1** sacar (**aus** de) **2** *fig* realzar, destacar, poner de relieve **B** VR **sich ~** destacarse; *Gegenstände a.* resaltar; **heraushelfen** VI ⟨irr⟩ **j-m ~** ayudar a salir a alg (**aus** de); *beim Aussteigen*: ayudar a bajar a alg; *fig* **j-m aus einer Verlegenheit ~** sacar a alg de un atolladero

he'rausholen VT **1** *aus e-r Tasche etc*: sacar (**aus** de) **2** *fig Gewinn* sacar provecho; *umg Antwort etc* arrancar; **etw aus j-m ~** sacar rendimiento a alg; **das Letzte aus sich ~** dar el máximo; *umg* poner toda la carne en el asador

he'raushören VT percibir; **herausjagen** VT echar afuera; **herauskehren** VT *fig* **den … ~** presumir de …, *umg* echárselas de …; **den Vorgesetzten ~** dárselas de superior

he'rauskommen VI ⟨irr; sn⟩ **1** *aus e-m Raum, Land etc*: salir (**aus** de); *(entfliehen)* escapar (**aus** de); *aus e-r Gefahr*: salvarse (**aus** de); **aus etw heil ~** salir ileso de a/c **2** *fig* **aus dem Lachen nicht ~** no poder parar de reír; **aus dem Staunen nicht ~** no salir de su asombro; **mit einem Gewinn ~** salir premiado **3** *umg Ergebnis* resultar; **bei etw ~** resultar de a/c; **was kommt dabei heraus?** *Ergebnis*: ¿cuál es el resultado?; *Nutzen*: ¿qué provecho hay en eso?; **dabei kommt nichts heraus** eso no lleva a nada; *fig* **auf eins** *od* **dasselbe ~** venir a ser lo mismo **4** *umg (bekannt werden)* hacerse público; llegar a saberse; *Verborgenes* descubrirse; *umg* **mit etw ~** *(etw gestehen)* confesar a/c **5** *(erscheinen)* aparecer; THEAT, FILM estrenarse; *Buch* aparecer, publicarse; HANDEL *Modell etc* ser lanzado; **mit einem neuen Produkt ~** lanzar un nuevo producto **6** *umg fig Künstler, Produkt etc* **groß ~** tener mucho éxito (**mit** con)

he'rauskönnen VI ⟨irr⟩ poder salir; **herauskriechen** VI ⟨irr; sn⟩ salir arrastrándose; **herauskriegen** VT *umg* → herausbekommen; **herauskristallisieren** VR ⟨oh-

ne ge-⟩ **sich ~** cristalizarse (*a. fig*); **herauslassen** VT ⟨*irr*⟩ dejar (*bzw* hacer) salir; **herauslaufen** VI ⟨*irr*; sn⟩ **1** correr (hacia) afuera; salir corriendo; *Flüssigkeit* derramarse **2** *fig* **das läuft auf das Gleiche heraus** viene a ser lo mismo; **herauslegen** VT poner fuera (*bzw* aparte)

he'rauslesen VT ⟨*irr*⟩ **etw aus etw ~** *aus e-m Text*: darse cuenta de a/c leyendo a/c, sacar a/c de la lectura de a/c; *aus e-m Blick*: descubrir a/c en a/c; **herauslocken** VT atraer hacia fuera; *Geheimnis etc* sonsacar (**aus j-m** a alg); **herauslügen** VR ⟨*irr*⟩ **sich ~** mentir para salir de un apuro; **herausmachen** **A** VT *Fleck* quitar **B** VR *umg fig* **sich ~** desarrollarse bien; medrar; **herausmeißeln** VT cincelar, labrar

he'rausmüssen VI ⟨*irr*⟩ *umg* **1 er muss heraus** tiene que salir; **sie muss früh heraus** (*aufstehen*) tiene que levantarse pronto **2 der Zahn muss heraus** hay que sacar la muela

he'rausnehmbar ADJ TECH separable; desmontable; de quita y pon

he'rausnehmen VT ⟨*irr*⟩ **1** sacar (**aus** de); quitar (**aus** de), retirar (**aus** de); TECH (*ausbauen*) desmontar; **etw (aus etw) ~** sacar (*od* retirar) a/c (de a/c) **2** *umg* MED extirpar; extraer; **j-m den Blinddarm ~** extirpar a alg el apéndice **3** *umg fig* **sich** (*dat*) **etw ~** permitirse a/c; **sich** (*dat*) **zu viel ~** excederse; propasarse

he'rauspauken VT *umg* **j-n ~** sacar a alg de apuros

he'rausplatzen VI ⟨sn⟩ *umg* **vor Lachen ~** estallar de risa; **mit etw ~** soltar a/c; salir (*od* descolgarse) con; **mit einer Neuigkeit ~** descolgarse con una novedad

he'rauspressen VT exprimir; *Geld* sacar; *Geständnis* arrancar; **herausputzen** **A** VT engalanar; adornar **B** VR *umg* **sich ~** acicalarse, ataviarse; **herausquellen** VI ⟨*irr*; sn⟩ brotar; **herausragen** VI **1 aus etw ~** sobresalir de; *Gebäude a.* elevarse sobre (*od* por encima de) **2** *fig* **über etw/j-n ~** destacarse entre a/c/alg; **herausragend** ADJ *fig* sobresaliente; *Persönlichkeit* destacado, ilustre, prominente; **herausreden** VR **sich ~** buscar pretextos; poner excusas

he'rausreißen VT ⟨*irr*⟩ **1** *Haare, Pflanze* arrancar; *Fliesen etc* quitar; extraer; extirpar **2 j-n aus seiner Arbeit/dem Schlaf ~** sacar a alg de su trabajo/del sueño **3** *umg fig* (*retten*) **j-n ~** sacar a alg de un apuro; *umg* **das hat ihn herausgerissen** esto le ha salvado

He'rausreißen N extracción *f*; extirpación *f*

he'rausrücken **A** VT *umg* (*hergeben*) dar; **Geld ~** *umg* aflojar la bolsa (*od* la mosca); *umg* **etw wieder ~** devolver a/c **B** VI ⟨sn⟩ *umg fig* **mit etw ~** soltar a/c; (*gestehen*) confesar a/c; **mit der Sprache ~** hablar claramente; explicarse; (*gestehen*) *umg* desembuchar; *umg* soltar prenda

he'rausrufen VT ⟨*irr*⟩ **j-n ~** llamar a alg (para que salga); THEAT llamar a escena; MIL **die Wache ~** llamar a las armas; **herausrutschen** VI ⟨sn⟩ salirse (**aus** de); *umg fig Wort* escaparse; **das ist mir nur so herausgerutscht** se me escapó; **heraussagen** VT **frei ~** declarar francamente; **herausschaffen** VT transportar afuera; sacar; hacer salir (*bzw* desaparecer); (*entfernen*) quitar; **herausschauen** VI mirar (**aus** por); *aus dem Fenster a.*: asomarse (**aus** a); **herausschießen** VI ⟨*irr*; sn⟩ **1** salir disparado **2** *mit e-r Pistole etc*: tirar, disparar (**aus** de) **3 ~ aus** *Ball, Person* salir disparado de; *Quelle, Blut* brotar de; **herausschinden** VT *umg fig* sacar (**aus** de)

he'rausschlagen ⟨*irr*⟩ **A** VT **1** *Nagel etc* sacar (a golpes) **2** *umg fig Geld, Zeit* ganar; *Vorteil* **aus** *od* **bei etw ~** sacar de a/c; **seine Kosten ~** cubrir (los) gastos, resarcirse de los gastos **B** VI *Flammen* salir (**aus** *dat* de, por)

he'rausschleichen ⟨*irr*⟩ VI ⟨sn⟩ VR ⟨h⟩ (**sich**) **~** salir a hurtadillas; **herausschleppen** VT arrastrar afuera; **herausschleudern** VT lanzar, arrojar (hacia afuera); **herausschlüpfen** VI ⟨sn⟩ deslizarse hacia afuera; **herausschneiden** VT ⟨*irr*⟩ cortar; MED extirpar; **herausschrauben** VT destornillar; **heraussehen** VI ⟨*irr*⟩ → herausschauen

he'rausspringen VI ⟨*irr*; sn⟩ **1** saltar afuera; arrojarse, tirarse (**aus** de); **aus dem Fenster ~** saltar (*od* tirarse) por la ventana **2** (*sich lösen*) *Sicherung* saltar **3** *umg fig als Gewinn etc*: sacarse; **was springt dabei für mich heraus?** ¿qué saco yo de esto?

he'rausspritzen VI ⟨sn⟩ salir a chorro; **heraussprudeln** VI ⟨sn⟩ brotar, manar; *wallend*: borbotar; **herausstaffieren** VR ⟨*ohne* ge-⟩ *umg* → herausputzen; **herausstecken** VT poner (*od* colocar) fuera

he'rausstellen **A** VT **1** poner afuera **2** *fig* (*hervorheben*) poner de relieve, hacer resaltar; destacar, subrayar **B** VR **sich ~** mostrarse, manifestarse, evidenciarse; resultar (**als richtig** cierto); **es hat sich herausgestellt, dass …** se ha comprobado que …; ha resultado (que) …

he'rausstrecken VT sacar (**aus** de; **zu** a); extender; **den Kopf ~** asomar la cabeza (**zum Fenster** a la ventana); **j-m die Zunge ~** sacar a alg la lengua

he'rausstreichen VT ⟨*irr*⟩ **1** (*streichen*) borrar; tachar **2** *umg fig* (*hervorheben*) **etw ~** destacar a/c; (*rühmen*) enaltecer a/c, ensalzar a/c; **herausströmen** VI ⟨sn⟩ brotar; *Menschenmenge* salir en masa; **herausstürmen** VI ⟨sn⟩, **herausstürzen** VI ⟨sn⟩ salir precipitadamente; **heraussuchen** VT escoger (**aus** de); **heraustreten** VI ⟨*irr*; sn⟩ salir(se) (**aus** de)

he'rauswachsen VI ⟨*irr*; sn⟩ **1** BOT crecer, brotar (**aus** de) **2 er ist aus seinen Kleidern herausgewachsen** la ropa le ha quedado corta (*od* pequeña); **herauswagen** VR **sich ~** atreverse a salir; **sich mit der Sprache ~** atreverse a hablar; **herauswerfen** VT ⟨*irr*⟩ arrojar; echar (a)fuera; **herauswinden** VR ⟨*irr*⟩ **sich ~** salir del apuro, *umg* arreglárselas; **herauswollen** VI ⟨*irr*⟩ querer salir; **nicht mit der Sprache ~** no querer hablar; *umg* no querer soltar prenda

he'rausziehen ⟨*irr*⟩ **A** VT *aus dem Wasser etc*: sacar (**aus** de); extraer (*a.* CHEM); *Nagel a.* arrancar; *Zahn a.* extraer; *aus e-m Text*: extractar; **die Schublade ~** abrir el cajón **B** VI ⟨sn⟩ **aus der Stadt ~** retirarse de la ciudad

herb ADJ áspero; acre; (*sauer*) ácido, agrio; *Wein* seco; *fig* (*bitter*) amargo; acerbo; (*streng*) austero; **~e Worte** duras palabras

Her'barium N ⟨~s; Herbarien⟩ herbario *m*

'Herbe F ⟨~⟩ → Herbheit

her'bei ADV aquí; *bes Am* acá; por aquí; *bes Am* por acá; por este lado; hacia aquí; **~ (, ~)!** ¡acérquense!; ¡vengan aquí!; **herbeibringen** VT ⟨*irr*⟩ traer; llevar; **herbeieilen** VI ⟨sn⟩ acudir corriendo (*od* de prisa); **herbeifliegen** VI ⟨*irr*; sn⟩ llegar volando; *umg fig* acudir rápidamente; **herbeiführen** VT (*verursachen*) causar; originar; ocasionar; *Begegnung* facilitar; *Entscheidung* conseguir; *Gelegenheit* proporcionar; **herbeiholen** VT ir a buscar; **~ lassen** enviar a buscar; **herbeikommen** VI ⟨*irr*; sn⟩ acercarse; **herbeilaufen** VI ⟨*irr*; sn⟩ acudir corriendo; **herbeirufen** VT ⟨*irr*⟩ llamar; hacer venir; **herbeischaffen** VT traer; aportar; (*verschaffen*) procurar, proporcionar; (*kommen lassen*) hacer venir; **herbeischleppen** VT arrastrar penosamente hacia aquí; **herbeisehnen** VT anhelar la llegada de; **herbeiströmen** VI ⟨sn⟩ afluir; acudir en masa; **herbeistürzen** VI ⟨sn⟩ precipitarse hacia aquí; acudir precipitadamente; **herbeitragen** VT ⟨*irr*⟩ traer; llevar; **herbeiwinken** VT llamar (por señas); **herbeiwünschen** VT → herbeisehnen; **herbeiziehen** VT ⟨*irr*⟩ **1** traer, arrastrar (**an** *dat* por) **2** *fig* atraer; **an den Haaren herbeigezogen** (*absurd*) descabellado; **herbeizitieren** VT ⟨*ohne* ge-⟩ **j-n ~** hacer venir a alg; ordenar a alg que venga

'herbekommen VT ⟨*irr*; *ohne* ge-⟩ conseguir; obtener; procurarse; **wo soll ich das Geld ~?** ¿de dónde voy a sacar el dinero?; **herbemühen** ⟨*ohne* ge-⟩ **A** VT **j-n ~** rogar a alg que venga **B** VR **sich ~** tomarse la molestia de venir; **herbeordern** VT ⟨*ohne* ge-⟩ **j-n ~** ordenar a alg que venga

'Herberge F ⟨~; ~n⟩ **1** (*Unterkunft*) alojamiento *m*; hospedaje *m*; aposento *m*; (*Hütte*) refugio *m* **2** (*Jugendherberge, Gasthaus*) albergue *m*, hospedería *f*; posada *f*

'Herbergseltern PL directores *mpl* de un albergue juvenil; **Herbergsmutter** F directora *f* de un albergue juvenil; **Herbergsvater** M director *m* de un albergue juvenil

'herbestellen VT ⟨*ohne* ge-⟩ → herbeizitieren; **herbeten** VT *umg* recitar maquinalmente

'Herbheit F ⟨~⟩ aspereza *f*, acritud *f*, acrimonia *f* (*alle a. fig*); *des Weins*: sequedad *f*; *der Worte a.*: rudeza *f*; (*Strenge*) austeridad *f*

'herbitten VT ⟨*irr*⟩ **j-n ~** rogar a alg que venga

Herbi'zid N ⟨~s; ~e⟩ AGR herbicida *m*; **herbizidresistent** ADJ resistente al herbicida

'herbringen VT ⟨*irr*⟩ traer

'Herbst M ⟨~es; ~e⟩ otoño *m* (*a. fig*); **es wird ~** llega el otoño; **im ~** en otoño; **Herbstanfang** M comienzo *m* del otoño; **Herbstblume** F BOT flor *f* otoñal (*od* de otoño)

'herbste(l)n V/UNPERS **es herbste(l)t** (ya) llega el otoño

'Herbstferien PL vacaciones *fpl* de otoño; **herbstlich** ADJ otoñal; **Herbsttag** M día *f* de otoño; **Herbst-Tagund'nachtgleiche** F equinoccio *m* de otoño; **Herbstzeitlose** F ⟨~; ~n⟩ BOT cólquico *m*

Herd M ⟨~(e)s; ~e⟩ **1** (*Kochherd*) cocina *f*, fogón *m*; (*Feuerstelle*) hogar *m*; **am häuslichen ~** en su hogar; **etw auf dem ~ haben** (*gerade etwas kochen*) tener a/c al fuego **2** *fig u.* MED foco *m*

'Herdbuch N *für Zuchtvieh*: registro *m* pecuario

'Herde F rebaño *m* (*a. fig*); hato *m*; *v. wilden Tieren*: manada *f*; *fig* tropel *m*; *bes* REL grey *f*

'Herdengeist M gregarismo *m*, espíritu *m* gregario; **Herdenmensch** M hombre *m* gregario; **Herdentier** N animal *m* gregario; **Herdentrieb** M instinto *m* gregario; gregarismo *m*; **herdenweise** ADV en rebaños (*bzw* manadas); *fig* en tropel

'Herdinfektion F MED infección *f* focal; **Herdplatte** F **1** (*Kochplatte*) placa *f* **2** *zum Abdecken*: tapadera *f*

he'rein ADV adentro; hacia adentro, hacia el interior; **~!** ¡adelante!, ¡pase!; **hier ~!** ¡por aquí!; **von draußen ~** desde fuera; **zum Fenster ~** por la ventana

he'reinbegeben VR ⟨*irr*; *ohne* ge-⟩ **sich ~** entrar (**in** *acus* en *od* a); **hereinbekommen** VT ⟨*irr*; *ohne* ge-⟩ hacer entrar; HANDEL recibir; *Geld* cobrar; *TV-Sender* captar; **hereinbemü-**

hen ‹*ohne* ge-› VR **sich ~** tomarse la molestia de entrar; **hereinbitten** VT ‹*irr*› **j-n ~** rogar a alg que entre; **hereinbrechen** VI ‹*irr*; sn› **1** *Nacht* caer, cerrar **2** *Unglück* sobrevenir; **über j-n ~** caer sobre alg; **hereinbringen** VT ‹*irr*› entrar, introducir (**in** *acus* en); llevar adentro; *Person, Tier* **mit ~** traer, hacer entrar; **hereindrängen** VR **sich ~** penetrar, introducirse (**in** *acus* en); *umg* colarse; **hereindringen** VI ‹*irr*; sn› penetrar por la fuerza (**in** *acus* en); **hereinfahren** VI ‹*irr*; sn› entrar (**in** *acus* en)

He'reinfall M → Reinfall

he'reinfallen VI ‹*irr*; sn› llevarse un chasco; **auf j-n ~** dejarse engañar por alg; *umg* **darauf ~** caer en la trampa (*od* en el garlito); **hereinführen** VT hacer pasar (**in** *acus* a); **hereinholen** VT **j-n ~** hacer pasar a alg; **etw ~** recoger a/c; meter adentro a/c; **hereinkommen** VI ‹*irr*; sn› entrar; pasar; *Geld* ingresar en caja; **hereinkriegen** VT *umg* → hereinbekommen; **hereinlassen** VT ‹*irr*› dejar entrar; hacer pasar; **hereinlegen** VT *umg fig* **j-n ~** *umg* tomar el pelo a alg; *umg* chasquear a alg; **hereinnehmen** VT ‹*irr*› → hereinholen; **hereinplatzen** VI ‹sn› irrumpir (**in** *acus* en); entrar de improviso (*od* de rondón *od* de sopetón) (**in** *acus* en); llegar de sopetón (**in** *acus* en); **hereinrasseln** VI *umg* → hereinfallen; **hereinregnen** V/UNPERS **es regnet herein** (aquí) entra la lluvia; hay una gotera; **hereinreichen** VT **etw ~** pasar a/c para adentro; **hereinrufen** VT ‹*irr*› **j-n ~** llamar a alg

he'reinschauen VI *südd* **1** mirar (**durchs Fenster** por la ventana) **2** *fig* (*kurz besuchen*) **bei j-m ~** pasar por casa de alg

he'reinscheinen VI ‹*irr*› penetrar (**in** *acus* en); **hereinschleichen** VR ‹*irr*› **sich ~** entrar furtivamente

he'reinschneien **A** V/UNPERS **es schneit herein** entra la nieve **B** VI *umg fig* entrar de improviso (*od* de sopetón *od* de rondón); **bei j-m ~** *umg* aterrizar en casa de alg

he'reinsehen VI ‹*irr*› **1** mirar (**in** *acus* en); **zum Fenster ~** mirar al interior a través de la ventana **2** *umg fig* **bei j-m ~** pasarse por casa de alg

he'reinspazieren *umg* VI ‹*ohne* ge-; sn› entrar; **hereinspaziert!** ¡entra! *bzw* ¡entre(n)!; **hereinströmen** VI ‹sn› *Wasser* penetrar a chorros; *fig Menschen* acudir en masa; entrar en tropel; **hereinstürmen** VI ‹sn›, **hereinstürzen** VI ‹sn› entrar precipitadamente, irrumpir (**in** *acus* en); **hereintragen** VT ‹*irr*› llevar (*bzw* transportar) adentro; **hereintreten** VI ‹*irr*; sn› entrar; **hereinziehen** VT ‹*irr*› tirar (*bzw* arrastrar) hacia adentro; *fig* → hineinziehen

'herfahren ‹*irr*› **A** VT *Sache, Person* traer (en coche, *etc*); *Güter* acarrear **B** VI ‹sn› **1** (*hierher fahren*) llegar *od* venir (en coche, *etc*) **2** **hinter j-m ~** seguir a alg (en coche, *etc*); **vor j-m ~** ir delante de alg (en coche, *etc*)

'Herfahrt F (viaje *m* de) ida *f*; **auf der ~** viniendo (*od* al venir) para aquí

'herfallen VI ‹*irr*; sn› **~ über** (*acus*) caer (*od* abalanzarse) sobre; *fig* **über j-n ~** atacar (*od* arremeter *od* criticar duramente) a alg

'herfinden VI ‹*irr*› encontrar el camino; **herführen** VT traer (aquí); **was führt dich her?** ¿qué te trae por aquí?

'Hergang M ‹~(e)s; ¨~e› **der ~** lo ocurrido; el curso de los acontecimientos; (*die Umstände*) las circunstancias; (*Verlauf*) el desarrollo; **den ~ einer Sache erzählen** contar lo que pasó (*od* cómo fue la cosa)

'hergeben ‹*irr*› **A** VT **1** (*reichen*) dar **2** wieder **~** devolver **3** (*weggeben*) donar, dar **4** *fig* (*bieten*) dar de sí; **das gibt nichts her** de esto no se saca nada **B** VR *fig* **sich für** *od* **zu etw ~** prestarse a a/c

'hergebracht ADJ tradicional; (*üblich*) usual, habitual, de costumbre; (*offiziell*) de rigor, de rúbrica

'hergehen ‹*irr*; sn› **A** VI **(dicht) hinter j-m ~** seguir a alg (muy de cerca); ir detrás de alg; **neben j-m ~** ir al lado de alg; **vor j-m ~** preceder a alg; ir delante de alg **B** V/UNPERS *umg* (*sich zutragen*) ocurrir, suceder, pasar; **es geht lustig her** nos divertimos mucho; **es ging hoch her** *bei e-m Fest*: *umg* hubo mucho jaleo; lo pasamos en grande; **es ging heiß her** *umg* hubo mucha juerga (*od* mucho follón); **es ging hart her** la lucha fue encarnizada

'hergelaufen ADJ venido de no se sabe dónde; *pej* **ein ~er Kerl** un cualquiera

'hergestellt ADJ fabricado (**in** *dat* en)

'herhaben VT ‹*irr*› *umg* **wo hat sie das her?** *Idee, Ausdruck umg* ¿de dónde lo ha sacado?

'herhalten ‹*irr*› VI **1** (*benutzt werden*) **als etw ~ müssen** *Person, Gegenstand* tener que hacer de a/c **2** *fig* **als Zielscheibe ~ müssen** *des Spotts*: tener que sufrirlo; tener que aguantar las bromas, *etc*; **als Sündenbock ~ müssen** *umg* ser el chivo expiatorio (*od* la cabeza de turco)

'herholen VT ir a buscar, ir por; *fig* **weit hergeholt** rebuscado; *Gründe* sofístico

'herhören VI escuchar; **alle mal ~!** ¡escuchad todos!

'Hering M ‹~s; ~e› **1** *Fisch*: arenque *m* (**grüner** fresco; **marinierter** en escabeche); *fig* **wie die ~e** como sardinas en lata (*od* banasta) **2** (*Zeltpflock*) piquete *m* **3** *umg hum* (*dünne Person*) *umg* espárrago *m*

'Heringsfang M pesca *f* del arenque; **Heringsfänger** M, **Heringsfängerin** F pescador *m*, -a *f* de arenques; **Heringsfangzeit** F época *f* de la pesca del arenque; **Heringsfass** N barril *m* de arenques; **Heringsfischer** M → Heringsfänger; **Heringsmilch** F lechecilla *f* de arenque; **Heringsnetz** N arenquera *f*; **Heringsrogen** M huevas *fpl* de arenque; **Heringssalat** M ensalada *f* de arenque; **Heringsschwarm** M, **Heringszug** M banco *m* de arenques

'herjagen VT **j-n vor sich** (*dat*) **~** perseguir a alg

'herkommen VI ‹*irr*; sn› **1** (*herbeikommen*) venir (aquí, *bes Am* acá); acercarse; aproximarse; **komm her!** ¡ven aquí; *bes Am* ¡ven acá!, ¡acércate!; **wo kommt er her?** ¿de dónde viene?; (*gebürtig sein*) ¿de qué país es? **2** (*herrühren*) **~ von** provenir de, venir de; (*sich herleiten*) derivarse de, proceder de; (*hervorgehen*) resultar de, ser debido a

'Herkommen N ‹~s› tradición *f*; (*Sitte*) uso *m*, costumbre *f*; → *a.* Herkunft

'herkömmlich ADJ tradicional; convencional; (*üblich*) usual, habitual, de costumbre

'Herkules EIGENN M MYTH Hércules *m*; **Herkulesarbeit** F *a. fig* trabajo *m* de Hércules

her'kulisch ADJ hercúleo

'Herkunft F ‹~› **1** origen *m*; procedencia *f* (*a.* HANDEL) **2** (*Abstammung*) nacimiento *m*; origen *m*; *geh* extracción *f*; **von niederer ~** de baja extracción **3** *e-s Wortes*: etimología *f*; (*Ableitung*) derivación *f*

'Herkunftsangabe F HANDEL indicación *f* de procedencia; **Herkunftsbescheinigung** F HANDEL certificado *m* de origen (*od* de procedencia); **Herkunftsbezeichnung** F HANDEL denominación *f* de origen (*od* de procedencia); **Herkunftsland** N ‹~(e)s; ¨~er› país *m* de origen (*od* de procedencia); **Herkunftsnachweis** M certificado *m* de origen; **Herkunftszertifikat** N HANDEL certificado *m* de origen

'herlaufen VI ‹*irr*; sn› **1** (*herbeilaufen*) acudir, venir corriendo **2** **vor j-m ~** correr ante alg; **hinter j-m ~** correr tras (*od* detrás) de alg; *fig* ir tras alg; **herleiern** VT *pej* canturrear; salmodiar; **herleiten** **A** VT **1** *Wasser etc* conducir (*od* llevar) hacia aquí **2** *fig* derivar (**von** de); (*folgern*) deducir (**aus, von de**) **B** VR *fig* **sich ~** derivarse (**aus, von de**)

'Herleiten N ‹~s›, **Herleitung** F ‹~; ~en› derivación *f*; deducción *f*

'herlocken VT atraer

'hermachen **A** VR **sich über etw** (*acus*) **~** precipitarse sobre a/c; (*in Angriff nehmen*) ponerse a hacer a/c, *umg* atacar a/c; (*essen*) dar buena cuenta de a/c; **sich über j-n hermachen** atacar a alg **B** VI *umg fig* **viel von etw/j-m ~** hacer mucho ruido (*od* muchos aspavientos) por a/c/alg

'Hermann EIGENN M **1** *Vorname*: Arminio *m* **2** M *umg fig* (*Sauerteig*) levadura *f*; masa *f* fermentada

Hermaphro'dit M ‹~en; ~en› hermafrodita *m*; **Hermaphrodi'tismus** M ‹~› hermafroditismo *m*

Herme'lin[1] N ‹~s; ~e› ZOOL armiño *m*

Herme'lin[2] M ‹~s; ~e›, **Hermelinpelz** M (piel *f* de) armiño *m*

'Hermes EIGENN M MYTH Hermes *m*

her'metisch **A** ADJ hermético **B** ADV herméticamente; **~ verschlossen** cerrado herméticamente

'hermüssen VI ‹*irr*› *umg* (*herkommen müssen*) tener que venir; **ein neues Auto muss her** hay que comprar un nuevo coche

her'nach ADV *geh obs* después, luego; (*später*) más tarde; posteriormente

'hernehmen VT ‹*irr*› (*beschaffen*) tomar; sacar (**aus** de); **wo soll ich das Geld ~?** ¿de dónde voy a sacar el dinero?

her'nieder ADV *poet* hacia abajo; → herab

He'rodes M HIST, *Bibel*: Herodes *m*

He'roenkult M culto *m* a los héroes

Hero'in N ‹~s› heroína *f*; *sl* caballo *m*

Hero'ine F ‹~; ~n› THEAT heroína *f*

'hero'insüchtig ADJ heroinómano; **Hero'insüchtige** M/F heroinómano *m*, -a *f*

he'roisch ADJ heroico

Hero'ismus M ‹~› heroísmo *m*

'Herold M ‹~(e)s; ~e› HIST heraldo *m*

'Heros M ‹~; Heroen› MYTH, *a. fig* héroe *m*

'Herpes M ‹~› MED herpe(s) *m*; **Herpesbläschen** N pústuala *f* de herpes

'herplappern VT recitar maquinalmente

Herr M ‹~n; ~en› **1** (*Mann*) señor *m*, caballero *m*; (*Tanzpartner*) pareja *f* (de baile); caballero *m*; *an Toiletten*: **~en** Caballeros; **der ~ Direktor** el señor director; **~ García** el señor García; **~ und Frau García** los señores García; **Ihr ~ Vater** su señor padre; **der ~ da** ese señor; SPORT **Abfahrt** *f* **der ~en** el descenso *m* masculino **2** *Anrede*: señor *m*; *stattdessen auch oft* **don** *mit dem Vornamen*; **~ Ganz!** señor Ganz; *a.* don Bruno, *etc*; **~ Präsident, ~ Professor** *etc* señor presidente, señor profesor, *etc*; **~ Pfarrer** (*Anton Schmidt*) don Anton; **~ Doktor!** MED *a.* ¡doctor!; MIL **~ Hauptmann!** ¡mi capitán!; **meine (Damen und) ~en!** ¡(Señoras y) Señores!; *obs* **gnädiger ~** señor; **junger ~** señorito; *im Brief*: **Lieber ~ Horn, …** Querido Sr. Horn: …; **Sehr geehrter ~ Maier!** Estimado Sr. Maier: … **3** (*Gebieter*) señor *m*; *e-s Tiers*: dueño *m*, amo *m*; (*Herrscher*) soberano *m*; REL (*Gott*) **der ~** el Señor; **der ~ des Hauses** el amo de (la) casa; **mein ~ und Gebieter** mi dueño y señor; **sein eigener ~ sein** no depender de nadie; ser dueño de sí mismo; **~ der Lage sein** controlar (*od* ser dueño de) la situación; **~ im Hause sein** mandar en su casa; **~ über j-n sein** ser el señor de alg; **~ über etw** (*acus*) **sein** ser dueño de a/c; dominar sobre a/c; **~ über Leben und Tod** señor de horca y cuchillo; **sich zum ~n machen über** (*acus*) apoderarse (*od* adueñarse) de; **den großen ~n spielen** darse aires (*od* echárselas) de gran señor; **einer Sache** (*gen*) **~ werden** dominar a/c; controlar a/c; **aus aller ~en Länder** de todo el mundo **4** *Sprichwörter*: **jeder ist ~ in seinem Hause** cada cual manda en su casa; **niemand kann zwei ~en dienen** ninguno puede servir a dos señores; *umg* **wie der ~, so's Gescherr** cual el dueño, tal el perro **5** *umg hum* **mein alter ~** (*Vater*) mi padre **6** *e-r Studentenverbindung*: **alte(r) ~** antiguo estudiante

'Herrchen N ⟨~s; ~⟩ señorito *m*; *umg e-s Hundes etc*: amo *m* (del perro)

'herreichen VT pasar, alcanzar; **Herreise** F → Herfahrt; **herreisen** VI ⟨sn⟩ venir aquí

'Herrenabend M velada *f* de hombres; **Herrenanzug** M traje *m* de caballero; **Herrenartikel** MPL artículos *mpl* para caballero; **Herrenausstatter** M tienda *f* de ropa de caballero; **Herrenbegleitung** F **in ~** en compañía masculina; **Herrenbekanntschaft** F relación *f* amistosa con un hombre; **Herrenbekleidung** F artículos *mpl* de vestir para caballero; **Herrenbesuch** M visita *f* masculina; **Herrendoppel** N *Tennis*: doble *m* masculino; **Herreneinzel** N *Tennis*: individual *m* masculino; **Herrenfahrrad** N bicicleta *f* (de hombre); **Herrenfriseur** M, **Herrenfriseurin** peluquero *m*, -a *f* de caballeros; **Herrengesellschaft** F tertulia *f* (de caballeros); círculo *m*; **Herrenhaus** N casa *f* señorial; mansión *f*; **Herrenhemd** N camisa *f* de caballero; **Herrenkonfektion** F confección *f* para caballero; **Herrenleben** N vida *f* de gran señor; **ein ~ führen** vivir a lo grande

'herrenlos ADJ sin dueño; (*verlassen*) abandonado; (*nicht abgeholt*) no reclamado; JUR **~es Gut** bienes mostrencos

'Herrenmantel M abrigo *m* de caballero; **Herrenmensch** M *Nationalsozialismus*: hombre *m* dominador; **Herrenmode** F moda *f* masculina; **Herrenrad** N bicicleta *m* de hombre; **Herrenrunde** F reunión *f* exclusiva de hombres; **Herrenschneider** M, **Herrenschneiderin** F sastre *m*, -a *f* (para caballeros); **Herrenschnitt** M *Damenfrisur*: corte *m* a lo chico; **Herrensitz** M **1** *Gebäude*: casa *f* señorial (*od* solariega) **2** *Reiten*: **im ~ reiten** montar a horcajadas; **Herrensocken** FPL calcetines *mpl*; **Herrentoilette** F retrete *m* para caballeros; *Aufschrift*: Caballeros; **Herrenzimmer** N gabinete *m*, despacho *m*

'Herrgott M Dios *m*; **der ~** el Señor; *sl* **~ (noch mal)!** *umg* ¡por Dios!

'Herrgottsfrühe F **in aller ~** muy de madrugada; **Herrgottsschnitzer** M *südd, österr* tallista *m* de crucifijos; imaginero *m*

'herrichten A VT (*zurechtmachen*) aderezar; adecentar; (*vorbereiten*) preparar; *Zimmer* arreglar; *Bett* hacer; (*ordnen*) disponer B VR **sich ~** arreglarse; (*sich fein machen*) acicalarse

'Herrin F ⟨~; ~nen⟩ señora *f*; (*Besitzerin*) dueña *f*; *bes e-s Tiers*: ama *f*; (*Herrscherin*) soberana *f*

'herrisch A ADJ **1** (*gebieterisch*) imperioso; autoritario; *umg* mandón **2** (*hochmütig*) altanero; arrogante B ADV **~ auftreten** comportarse de manera autoritaria *bzw* arrogante

herr'je INT **(ach) ~!** ¡Dios mío!

'herrlich A ADJ magnífico, soberbio; (*köstlich*) delicioso, excelente; (*prunkvoll*) suntuoso, lujoso; (*prächtig*) espléndido; (*wunderbar*) maravilloso B ADV magníficamente; **~ und in Freuden leben** darse (*od umg* pegarse) buena vida

'Herrlichkeit F ⟨~; ~en⟩ **1** (*Herrlichsein*) magnificencia *f*; (*Pracht, Prunk*) suntuosidad *f*; esplendor *m* **2** (*Erhabenheit*) grandeza *f*, majestad *f*; REL gloria *f*; **die ~ Gottes** la gloria de Dios **3** (*herrliche Sache*) maravilla *f*

'Herrschaft F **1** (*Beherrschung*) dominación *f*; dominio *m* (**über** *acus* sobre); imperio *m* (*a. fig*); (*Macht*) poder *m* **2** (*Regierung*) gobierno *m*; *e-s Fürsten*: reinado *m*; POL soberanía *f*; **unter j-s ~ stehen** estar bajo el dominio de alg **3** *über e-e Sache*: control *m*, dominación *f*; **die ~ über etw verlieren** perder el control sobre a/c; **die ~ über sein Fahrzeug verlieren** perder el control del automóvil **4** PL **meine ~en!** ¡Señores!; *obs* **die ~en** los señores; el señor y la señora; **die ~en sind nicht zu Hause** los señores no están en casa

'herrschaftlich ADJ señorial

'herrschen A VI **1** dominar (**über** *acus* sobre); mandar; (*regieren*) gobernar; *Monarch u. fig* reinar; imperar **2** *fig Seuche etc* hacer estragos B V/UNPERS **es herrscht ...** *oft* hay ...; **es herrscht starker Verkehr** hay mucha circulación; **es herrscht Frieden** reina la paz

'herrschend ADJ dominante; reinante (*a. fig*)

'Herrscher M ⟨~s; ~⟩ soberano *m*; gobernante *m*; (*Fürst*) príncipe *m*; (*Gebieter*) señor *m*; **unumschränkter ~** autócrata *m*; **Herrscherfamilie** F, **Herrschergeschlecht** N dinastía *f*; **Herrschergewalt** F poder *m* soberano, soberanía *f*; **Herrscherhaus** N dinastía *f*; **Herrscherin** F ⟨~; ~nen⟩ soberana *f*

'Herrschsucht F ⟨~⟩ despotismo *m*; espíritu *m* dominador; carácter *m* autoritario; (*Machtgier*) ambición *f* del poder; **herrschsüchtig** ADJ imperioso; dominador; despótico; *umg* mandón

'herrufen VT ⟨irr⟩ **1** **j-n ~** llamar a alg (aquí) **2** **etw hinter j-m ~** gritar a/c detrás de alg, gritar a/c a alg que se va; *Schmeichelei* piropear a alg

'herrühren VI **~ von** (pro)venir (*od* proceder *od* emanar) de; (*abgeleitet werden*) derivarse de; (*verursacht sein*) resultar de; deberse (*od* ser debido) a; **hersagen** VT *Gedicht etc* recitar; **herschaffen** VT hacer venir; procurar; (*bringen*) traer; **herschicken** VT enviar aquí; **hersehen** VI ⟨irr⟩ **1** mirar aquí **2** **hinter j-m ~** seguir a alg con la mirada

'herstammen VI **~ von** descender de; *von e-m Land*: ser natural (*od* oriundo) de; *Wort*: derivarse de; **wo stammt er her?** ¿de dónde es?; **wo stammt dieses Zitat her?** de dónde procede esa cita?

'herstellbar ADJ elaborable

'herstellen VT **1** (*erzeugen*) producir; (*fertigen*) elaborar; confeccionar; *fabrikmäßig*: fabricar, manufacturar; (*bauen*) construir **2** (*schaffen*) crear, realizar; *Verbindung, Kontakt* establecer; ELEK *Stromkreis* cerrar; CHEM preparar; *Frieden, Gesundheit* → wiederherstellen **3** (*platzieren*) **(hier) ~** poner (*od* colocar) aquí

'Hersteller M ⟨~s; ~⟩ productor *m* (*a.* FILM); fabricante *m*; **Herstellerfirma** F empresa *f* productora; **Herstellerhaftung** F responsabilidad *f* del productor; **Herstellerin** F ⟨~; ~nen⟩ productora *f* (*a.* FILM); fabricante *f*; **Herstellerpreis** M precio *m* de fábrica; precio *m* al productor

'Herstellung F ⟨~⟩ producción *f* (*a.* FILM); (*Fertigung*) elaboración *f*, confección *f*; *fabrikmäßige*: fabricación *f*, manufactura *f*; *fig* realización *f*; *e-s Kontakts etc*: establecimiento *m*

'Herstellungsaufwand M coste *m* de fábrica; **Herstellungsfehler** M fallo *m* (*od* defecto *m*) de fabricación; **Herstellungsgang** M ciclo *m* de fabricación; **Herstellungskosten** PL costes *mpl* (*od* gastos) *mpl* de fabricación (*od* de producción); **Herstellungsland** N ⟨~(e)s; ⸚er⟩ país *m* productor; **Herstellungspreis** M precio *m* de fábrica (*od* de producción); **Herstellungsverfahren** N procedimiento *m* de fabricación

'herstürzen VI ⟨sn⟩ **1** (*herbeieilen*) acudir precipitadamente (*od* corriendo) **2** **über j-n ~** arrojarse (*od* abalanzarse) sobre alg; **hertragen** VT ⟨irr⟩ traer; **hertreiben** VT ⟨irr⟩ **vor sich** (*dat*) **~** empujar delante de sí; **hertreten** VI ⟨irr; sn⟩ acercarse, adelantarse; venir aquí

Hertz N ⟨~; ~⟩ PHYS hertz(io) *m*; **hertzsche** ADJ **hertzsche Wellen** ondas *fpl* hertzianas

he'rüber ADV a este lado; hacia aquí (*Am* acá); **~ und hinüber** de un lado a otro; **herüberbringen** VT ⟨irr⟩ traer para aquí; *Am* traer acá; *über e-e Grenze etc*: (hacer) pasar; **herübergeben** VT ⟨irr⟩ *bei Tisch*: pasar, alcanzar; **herüberkommen** VI ⟨irr; sn⟩ **1** (*hierherkommen*) venir aquí (*Am* acá) **2** (*überqueren*) cruzar, atravesar; **über etw** (*acus*) **~** atravesar a/c; **herüberreichen** A VT **j-m etw ~** pasar a/c a alg B VI (*sich erstrecken*) extenderse *od* llegar (hasta aquí); **herübertragen** VT ⟨irr⟩ traer aquí (*Am* acá); **herüberziehen** VT ⟨irr⟩ tirar (*od* arrastrar) para aquí; *fig* **j-n zu sich ~** ganar a alg para sí

he'rum ADV **1** *örtlich*: **um ... ~** alrededor de ... (*a. bei Zahlenangaben*); (*rundherum, ringsherum*) en torno de; **im Kreis ~** a la redonda; **hier ~** por aquí; **dort ~** por allí; **immer um j-n ~ sein** estar siempre con alg; *fig* deshacerse por alg **2** *zeitlich*: **um 10 (Uhr) ~** hacia las diez; **um Weihnachten ~** hacia (*od* alrededor de) Navidad **3** *umg* (*vorbei*) **~ sein** haber pasado (*od* terminado)

he'rumalbern VI *umg* hacer el indio; **herumärgern** VR **sich ~ mit** fastidiarse con; **herumbalgen** VR **sich ~** pelearse, andar a la greña; **herumbasteln** VI *umg* **an etw** (*dat*) **~** trabajar en a/c; hacer chapuzas en a/c; (*reparieren*) hacer un arreglo a a/c; **herumbekommen** VT ⟨irr; ohne ge-⟩ *umg* **j-n ~** hacer a alg cambiar de opinión; persuadir a alg; **herumblättern** VI **in einem Buch ~** hojear un libro; **herumbringen** VT ⟨irr⟩ *Zeit* matar; **herumbrüllen** VI *umg* vociferar; **herumbummeln** VI callejear; vagar, gandulear; **herumdoktern** VI *umg* pretender curar (**an j-m** a alg); *fig* tratar de arreglar (**an etw** *dat* a/c)

he'rumdrehen A VT **etw ~** dar vuelta a a/c; **den Kopf ~** volver la cabeza; **den Schlüssel zweimal ~** dar dos vueltas a la llave, cerrar con doble vuelta B VR **sich ~** volverse (**nach** hacia); girar (**um** alrededor de); **sich zu j-m ~** volverse hacia alg; **sich im Kreise ~** girar en torno; dar vueltas

he'rumdrücken VR *umg* **sich ~** **1** holgazanear; **sich in Lokalen/auf der Straße ~** rondar por los bares/por las calles **2** **sich um etw ~** *um e-e Aufgabe etc*: escaquearse de a/c

he'rumfahren ⟨irr⟩ A VI ⟨sn⟩ **1** **um etw ~** dar la vuelta a a/c; **um eine Ecke/ein Kap ~** doblar una esquina/un cabo **2** *ziellos*: dar una vuelta, pasear (en coche, *etc*); ir de un sitio a otro (*od* de acá para allá); **in der Welt ~** recorrer el mundo **3** *Person* **vor Schreck** *etc* **~** volverse con brusquedad de susto B VT **j-n ~** pasear a alg (en coche)

he'rumflattern VI ⟨sn⟩ revolotear; **herumfliegen** VI ⟨irr; sn⟩ *ziellos*: volar de un lado para otro; **um etw ~** volar alrededor de a/c; **herumfragen** VI preguntar (*od* informarse) en todas partes; **herumfrickeln** VI *umg, oft pej* → herumbasteln; **herumfuchteln** VI gesticular; **mit etw ~** esgrimir a/c; → *a.* fuchteln

he'rumführen A VT 1 **j-n um etw ~** hacer a alg dar la vuelta a a/c; **eine Mauer um etw ~** levantar un muro alrededor de a/c 2 **j-n ~** acompañar a alg, hacer de guía para alg; **j-n in der Stadt ~** llevar a alg por la ciudad B VI *Weg etc* **um etw ~** dar la vuelta alrededor de a/c

he'rumfummeln VI *umg* manosear (**an etw/j-m** a/c/a alg); **herumgeben** VT ⟨*irr*⟩ hacer circular; repartir; *bei Tisch*: pasar

he'rumgehen VI ⟨*irr*; sn⟩ 1 **um etw ~** dar la vuelta a a/c 2 *ziellos*: pasear; andar de acá para allá (*od* de un lado a otro); **~ in** (*dat*) pasearse (*od* dar una vuelta) por; *fig* **j-m im Kopf ~** rondar la mente de alg; *umg* bullir a alg en la cabeza 3 (*die Runde machen*) hacer la ronda 4 (*herumgereicht werden*) circular; **~ lassen** hacer circular 5 *umg Zeit* pasar

H

he'rumhacken VI *umg fig* **auf j-m ~** pinchar a alg continuamente; **herumhängen** VI ⟨*irr*⟩ *umg fig* (*herumlungern*) estar ocioso; *umg* gandulear; **herumhorchen** VI *umg* (**überall**) **~** curiosear (por todas partes); escuchar aquí y allá; **herumhuren** VI *sl pej* putear; **herumirren** VI ⟨sn⟩ andar errando; **herumkommandieren** ⟨*ohne* ge-⟩ A VI hacer el mandón B VT **j-n ~** mangonear a alg

he'rumkommen VI ⟨*irr*; sn⟩ 1 **um die Ecke ~** doblar la esquina 2 **weit ~** ver mucho mundo; correr (el) mundo 3 *umg fig* **um etw ~** *um e-e Strafe, Aufgabe*: lograr evitar (*od* eludir) a/c; **wir werden nicht darum ~ zu** (*inf*) no tendremos más remedio que (*inf*)

he'rumkramen VI *umg* revolver (**in etw** *dat* a/c); trastear; **herumkriegen** *umg* → herumbekommen

he'rumlaufen VI ⟨*irr*; sn⟩ 1 *ziellos*: correr de un lado a otro; (*gehen*) pasear; *Kind* corretear; **frei ~** *Tier, Verbrecher* andar suelto 2 **um etw ~** dar una vuelta alrededor de a/c 3 *umg fig* **barfuß/im Bademantel ~** ir por ahí descalzo/en albornoz

he'rumliegen VI ⟨*irr*⟩ 1 *unordentlich*: estar (*od* andar) tirado (por ahí), estar esparcido 2 **um etw ~** estar colocado (*bzw* situado) alrededor de a/c; **herumlungern** VI holgazanear, gandulear; **herumplagen** VR, **herumquälen** VR *umg* **sich mit etw ~** matarse por a/c; *umg* **sich mit j-m ~** pelearse continuamente con alg; **herumreden** VI **um etw ~** dar rodeos a a/c; *umg* andarse por las ramas; **herumreichen** VT hacer circular (*od* pasar de mano en mano); *bei Tisch*: pasar; servir

he'rumreisen VI ⟨sn⟩ *ziellos*: viajar de un lado a otro; **in einem Land ~** recorrer (*od* viajar por) un país; **in der Welt ~** correr mundo

he'rumreiten VI ⟨*irr*; sn⟩ 1 pasear a caballo (**in** *dat* por) 2 *umg fig* (**immer**) **auf etw** (*dat*) **~** insistir en a/c; *umg* volver (siempre) a la misma canción; *auf Prinzipien*: empecinarse en a/c; (**immer**) **auf j-m ~** fastidiar (*bzw* criticar) a alg continuamente

he'rumrennen VI ⟨*irr*; sn⟩ → herumlaufen; **herumschicken** VT hacer circular

he'rumschlagen VR ⟨*irr*⟩ *fig* **sich mit j-m ~** lidiar con alg; **sich mit Problemen ~** luchar contra problemas

he'rumschleichen VI ⟨*irr*; sn⟩ **um etw ~** rondar; **herumschlendern** VI ⟨sn⟩ callejear; deambular; **herumschleppen** VT **mit sich ~** arrastrar consigo; **herumschnüffeln** VI *Tier* husmear; *umg Person* fisg(one)ar, meter las narices en todo; **herumschubsen** VT *umg* → herumstoßen

he'rumsetzen A VT **~ um** disponer (*od* colocar) alrededor de B VR **sich um etw ~** sentarse alrededor (*od* en torno) de a/c

he'rumsitzen VI ⟨*irr*⟩ 1 **um etw/j-n ~** estar sentado alrededor de a/c/alg 2 (**untätig**) **~** estar sentado ociosamente; estar sin hacer nada, estar haciendo el vago

he'rumspazieren VI ⟨*ohne* ge-; sn⟩ pasearse, andar paseando; **herumspielen** VI **mit etw ~** juguetear con a/c; **herumspionieren** VI ⟨*ohne* ge-⟩ espiar; **herumsprechen** VR ⟨*irr*⟩ **sich ~** divulgarse, propalarse; **es hat sich herumgesprochen, dass** *a.* corre la voz de que

he'rumstehen VI ⟨*irr*⟩ 1 **~ um** estar alrededor de; **um j-n ~** formar corro alrededor de alg; rodear a alg 2 *umg* (**untätig**) **~** estar ocioso (*od umg* papando moscas), estar haciendo el vago

he'rumstöbern VI *umg* **in etw** (*dat*) **~** curiosear (*od* fisgar) en a/c

he'rumstochern VI *umg mit e-m Stock*: escarbar (**in** *dat* en); **im Essen ~** husmear en la comida; *fig* picar; **in den Zähnen ~** escarbarse en los dientes

he'rumstoßen VT *fig* mandar de aquí para allá (*od* de un sitio a otro); **herumstreichen** VI ⟨*irr*⟩, **herumstreifen** VI vagar, andar vagando por, merodear; **herumstreiten** VR ⟨*irr*⟩ **sich ~** pelearse (**mit** *dat* con); disputar (**über** *acus* sobre); *umg* andar a la greña; **herumstrolchen** VI vagabundear; **herumtanzen** VI **~ um** bailar alrededor de; **sie tanzt ihm auf der Nase herum** hace de él lo que quiere; **herumtappen, herumtasten** VI andar a tientas; **herumtoben** VI retozar; **herumtollen** VI loquear; **herumtragen** VT ⟨*irr*⟩ *Nachricht* propalar; **etw mit sich ~** llevar a/c consigo; *fig* estar preocupado por a/c

he'rumtrampeln VI ⟨h *od* sn⟩ 1 **auf etw** (*dat*) **~** pisotear a/c 2 *umg fig* **auf j-s Gefühlen ~** pisotear a alg

he'rumtreiben VR ⟨*irr*⟩ **sich ~** vagar; vagabundear; callejear; merodear; *umg* andar de picos pardos; **sich in Bars** (**Diskotheken** *etc*) **~** andar por los bares (las discotecas, *etc*)

He'rumtreiber M ⟨~s; ~⟩, **Herumtreiberin** F ⟨~; ~nen⟩ vagabundo *m*, -a *f*; merodeador *m*, -a *f*; (*Nachtschwärmer, -in*) trasnochador *m*, -a *f*

he'rumtrödeln VI *umg* perder (*od* malgastar) el tiempo; **herumwälzen** VR **sich ~** revolcarse (**auf** *dat* en); **sich im Bett ~** dar vueltas en la cama

he'rumwerfen VT ⟨*irr*⟩ 1 (*verstreuen*) esparcir, desparramar (por el suelo) 2 *Boot, Auto* hacer virar; **das Steuer ~** dar un golpe de timón (*a. fig*); **herumwühlen** VI **in etw** (*dat*) **~** revolver en a/c; **herumzanken** VR **sich ~** reñir; *umg* andar en dimes y diretes; **sich mit j-m ~** reñir con alg; **herumzerren** VT llevar a tirones por

he'rumziehen ⟨*irr*⟩ A VT **um etw ~** *Linie* trazar alrededor de a/c; *Mauer* levantar alrededor de a/c; **einen Graben um etw ~** abrir una zanja alrededor de; **die Decke um sich ~** envolverse en la manta B VI ⟨sn⟩ *ziellos*: andar de un lugar a otro; vagar, andar vagando; *umg pej* **mit j-m ~** estar (*od* andar) siempre con alg C VR **sich ~ um** extenderse alrededor de; rodear

he'rumziehend ADJ *Händler* ambulante; *Volk* nómada; *pej* vagabundo

he'runter ADV 1 (*nach unten*) abajo; hacia (*od* para) abajo; desde arriba; **vom Berg ~** de lo alto de la montaña; **~ (da)!** ¡abajo!; **~ mit ihm!** ¡abajo (con él)!; **~ damit!** ¡quítate eso! 2 *umg fig* **~ sein** haber venido a menos; andar mal; *wirtschaftlich*: estar en la ruina; *gesundheitlich*: estar debilitado (*bzw* agotado), tener la salud arruinada

he'runterbekommen VT ⟨*irr*; *ohne* ge-⟩ 1 *Essen* poder tragar 2 *Gegenstand* poder quitar (*bzw* bajar)(**von** de); **herunterbrennen** VI ⟨*irr*⟩ 1 ⟨sn⟩ *Feuer* **~ lassen** dejar arder (hasta que se extinga) 2 ⟨sn⟩ *Haus* quemarse; *Kerze* consumirse 3 ⟨h⟩ *Sonne* caer de plano; **herunterbringen** VT ⟨*irr*⟩ 1 bajar, llevar abajo 2 *fig* (*zugrunde richten*) arruinar; (*schwächen*) debilitar; **herunterdrücken** VT apretar hacia abajo; *Preise* (hacer) bajar

he'runterfahren ⟨*irr*⟩ A VT 1 (*nach unten fahren*) bajar 2 (*drosseln*) **die Produktion ~** frenar la producción 3 IT cerrar; **das System wird heruntergefahren** se está apagando el sistema, se está cerrando B VI ⟨sn⟩ bajar; IT *a.* apagarse

he'runterfallen VI ⟨*irr*; sn⟩ caer(se) (**von** de); caer al suelo; **mir ist etwas heruntergefallen** se me ha caído algo; **heruntergehen** VI ⟨*irr*; sn⟩ bajar (*a. Preise, Temperatur*), descender (*a.* FLUG); **heruntergekommen** ADJ 1 *Person* venido a menos; empobrecido; *gesundheitlich*: debilitado; *moralisch*: depravado 2 *Sache* degradado, deteriorado; (*verfallen*) decaído; (*schäbig*) harapiento, andrajoso; **herunterhandeln** VT regatear; **den Preis ~** conseguir rebajar el precio (**um 50 Euro** en 50 euros); **herunterhängen** VI ⟨*irr*⟩ colgar, pender; **herunterhauen** VT ⟨*irr*⟩ *umg* **j-m eine ~** dar un bofetón a alg; *umg* pegar una torta a alg; **herunterholen** VT *von oben*: ir a buscar arriba; *Flugzeug* derribar; *Flagge* arriar; *sl* **sich** (*dat*) **einen ~** *sl* hacerse una paja, cascársela; **herunterklappbar** ADJ abatible; **herunterklappen** VT bajar; abatir

he'runterkommen VI ⟨*irr*; sn⟩ 1 (*nach unten kommen*) bajar 2 *fig* (*verwahrlosen*) degradarse, deteriorarse; *Person* venir a menos; *moralisch*: depravarse; *beruflich, Unternehmen* ir a menos 3 *umg fig* **vom Alkohol/von der Droge ~** *umg* dejar el alcohol/la droga

he'runterladen VT ⟨*irr*⟩ IT *Programme, Musik etc* (**aus dem Netz**) **~** descargar *od* bajar (de la Red)

he'runterlassen ⟨*irr*⟩ A VT 1 bajar; *Rollladen, Vorhang a.* correr 2 **etw vom Preis ~** rebajar el precio de a/c B VR **sich ~** descolgarse

he'runterleiern VT *pej* salmodiar; **heruntermachen** VT *fig* **j-n ~** (*abkanzeln*) poner a alg como un trapo (*od* de vuelta y media); **etw ~** (*herabsetzen*) denigrar a/c; *umg* poner por los suelos a/c; **herunternehmen** VT ⟨*irr*⟩ bajar; *Bild etc* descolgar; **herunterpurzeln** VI ⟨sn⟩ caer rodando; **herunterputzen** VT *umg* → heruntermachen; **herunterreißen** VT ⟨*irr*⟩ 1 (*abreißen*) arrancar 2 *umg fig Arbeit* chapucear; **herunterrutschen** VI ⟨sn⟩ deslizarse (hacia abajo); **herunterschalten** VT AUTO reducir marchas; **auf** *od* **in den ersten Gang ~** reducir a primera; **herunterschlagen** VT ⟨*irr*⟩ 1 derribar a golpes; *Früchte, bei der Ernte* varear 2 *Verdeck, Kragen* bajar; **herunterschlucken** VT tragar; **herunterschrauben** VT bajar; *fig* reducir; *fig* **seine Ansprüche ~** rebajar sus aspiraciones; **heruntersehen** VI ⟨*irr*⟩ mirar hacia abajo; **heruntersetzen** VT bajar; *Preis a.* reducir; **herunterspielen** VT *umg fig* **etw ~** desdramatizar *od* minimizar a/c; quitar importancia a a/c; **heruntertropfen** VI gotear; **herunterwerfen** VT ⟨*irr*⟩ tirar abajo; **herunterwirtschaften** VT arruinar; **herunterwürgen** VT *Essen* tragar penosamente; **herunterziehen** VT ⟨irr⟩ tirar hacia abajo; *Vorhang, Verdeck* bajar

her'vor ADV (hacia) adelante; (*heraus*) fuera; *geh* **~ mit euch!** ¡adelante!; **hinter ... ~** (por) detrás de ...; **über ... ~** encima de ..., sobre ...; **unter ... ~** debajo de ...; **zwischen ... ~** por entre ...

her'vorblicken VI (*sichtbar werden*) aparecer, mostrarse; *nur zum Teil*: entreverse; asomar; **hervorbrechen** VI ⟨irr; sn⟩ salir (con ímpetu), prorrumpir; MIL hacer una salida

her'vorbringen VT ⟨irr⟩ (*erzeugen*) producir; engendrar (*a. fig*); dar a luz; (*schaffen*) crear; (*bewirken*) causar; *Worte* proferir; **Hervorbringung** F ⟨~; ~en⟩ producción *f*; generación *f*; engendramiento *m*; (*Schaffung*) creación *f*

her'vordrängen VI ⟨irr; sn⟩, **hervordringen** VI ⟨irr; sn⟩ salir (**aus** de); (*erscheinen*) surgir

her'vorgehen VI ⟨irr; sn⟩ **~ aus** (*entstehen*) nacer de (*a. Kinder aus e-r Ehe*); (*stammen von*) provenir de; proceder de; tener su origen en; *als Folge*: resultar de; **daraus geht hervor, dass ...** de ello resulta (*od* se infiere *od* se desprende) que ...; **aus etw als Sieger ~** salir vencedor (*od* victorioso) de a/c

her'vorgucken VI *umg* → hervorblicken; **hervorheben** ⟨irr⟩ **A** VT hacer resaltar, poner de relieve, realzar (*a.* MAL), destacar; (*betonen*) acentuar; subrayar (*a. fig*) **B** VR **sich ~** destacar, distinguirse (**durch** por); **Hervorhebung** F relieve *m*; TYPO realce *m*; **hervorholen** VT sacar (**aus** de); **hervorkehren** VT **etw ~** hacer alarde de; darse aires de; **hervorkommen** VI ⟨irr; sn⟩ salir (**aus** de); aparecer; mostrarse; **hervorkriechen** VI ⟨irr; sn⟩ salir arrastrándose; **hervorlocken** VT atraer hacia afuera; sacar con maña; *fig* **j-n hinter dem Ofen ~** tentar a alg con una oferta interesante; **hervorquellen** VI ⟨irr; sn⟩ manar, brotar

her'vorragen VI **1** *aus dem Wasser etc*, BAU sobresalir (**aus** de); *aus e-r Menge a.*: resaltar (**aus etw** entre a/c); (*sich erheben*) elevarse (**über** *dat* sobre) **2** *fig* distinguirse, descollar (**aus** entre); señalarse (**durch** por); *Leistung* **aus etw ~** destacar (*od* sobresalir) entre a/c

her'vorragend **A** ADJ **1** saliente (*a. fig*) **2** *fig bes Qualität* sobresaliente, destacado, prominente; (*ausgezeichnet*) excelente **B** ADV **1** de manera destacada *bzw* excelente; **~ kochen (Klavier spielen** *etc*) cocinar (tocar el piano *etc*) de maravilla **2** *Essen* **~ schmecken** saber de maravilla

her'vorrufen VT ⟨irr⟩ **1** (*bewirken*) motivar, originar; *Gefühl, Gelächter, Ärger* provocar (*a.* MED); *Interesse* despertar; *Bewunderung, Unruhe a.* causar; *bes Streit* promover; suscitar; **den Eindruck ~, dass** dar la impresión de que **2** (*herausrufen*) llamar; THEAT llamar a escena

her'vorschießen VI ⟨irr; sn⟩ **~ aus** salir disparado; *Pflanzen* brotar de; **hervorschnellen** VI ⟨sn⟩ salir disparado; **hervorspringen** VI ⟨irr; sn⟩ **1** saltar hacia adelante **2** (*hervorragen*) resaltar; **hervorsprudeln** VI ⟨sn⟩ *Quelle* brotar (*a. fig*); borbotar; **hervorstechen** VI ⟨irr⟩ *fig* sobresalir, destacar; distinguirse; **hervorstechend** ADJ *Eigenschaft, Merkmal* destacado; saliente; prominente; (*auffallend*) llamativo; (*vorherrschend*) predominante; **hervorstehen** VI ⟨irr⟩ salir; **hervorstehend** ADJ saliente; prominente; **hervorstrecken** VT extender; **hervorstürzen** VI ⟨sn⟩ precipitarse (*od* lanzarse) hacia adelante

her'vortreten VI ⟨irr; sn⟩ **1** (*nach vorn treten*) adelantarse; avanzar; MIL salir de la fila; **hinter etw** (*dat*) **~** salir detrás de a/c **2** (*hervorragen*) resaltar; *Muskeln* marcarse; *Augen* salirse; *Umrisse* dibujarse **3** (*auftauchen*) emerger, surgir **4** *fig* distinguirse; destacarse; sobresalir

her'vortun VR ⟨irr⟩ **sich ~** distinguirse (**als** como); (*sich wichtigmachen*) darse importancia, *umg* darse tono; **sich mit etw ~** lucirse con a/c

her'vorwagen VR **sich ~** atreverse a salir; **hervorzaubern** VT hacer aparecer como por encanto; **hervorziehen** VT ⟨irr⟩ sacar (a la luz)

'herwagen VR **sich ~** atreverse a venir (*od* a acercarse); **herwärts** ADV *obs* hacia aquí; *Am* para acá; al venir

'Herweg M **auf dem ~** al venir

Herz N ⟨~ens; ~en⟩ **1** ANAT corazón *m*; **er hat ein krankes ~** *od umg* **er hat es am ~en** está enfermo del corazón; **j-n ans ~ drücken** estrechar en sus brazos (*od* contra su pecho) a alg; *poet* **ein Kind unter dem ~en tragen** estar encinta; *obs* **das ~ lacht ihm im Leibe** el corazón le salta de gozo; **sie sind ein ~ und eine Seele** son uña y carne **2** *fig* (*Gemüt*) corazón *m*; ánimo *m*; (*Seele*) alma *f*; **leichten ~ens** contento y feliz; **schweren ~ens** muy a pesar mío (tuyo, *etc*); sintiéndolo en el alma; **j-m sein ~ ausschütten** abrir el corazón a alg; **j-s ~ gewinnen** ganarse el corazón de alg; **j-s ~ höherschlagen lassen** entusiasmar a alg; **sein ~ an etw** (*acus*) **hängen** poner el corazón en a/c; **mein ~ hängt an** (*dat*) mi corazón está en; **seinem ~en Luft machen** desahogarse; **seinem ~en einen Stoß geben** violentarse; *umg* hacer de tripas corazón; **das ~ blutet ihm** se le parte el alma; **das bricht** *od* **zerreißt ihm das ~** eso le parte/arranca el alma (*od* el corazón); **das macht ihm das ~ schwer** eso le causa mucha pena (*od* le aflige mucho); **alles, was das ~ begehrt** todo lo que uno pueda desear; *mit präp*: **das greift mir ans ~** eso me llega al corazón (*od* al alma); **etw/j-d ist mir ans ~ gewachsen** llevo a/c/a alg en el corazón; a/c/alg se me ha clavado en el corazón; **j-m etw ans ~ legen** encarecer a alg a/c; poner a/c en el corazón de alg; **das liegt mir am ~en** me preocupa mucho; **es liegt mir am ~en, zu** (*inf*) me importa (*od* interesa) mucho (*inf*); **etwas auf dem ~en haben** tener un pesar; estar preocupado; **auf ~ und Nieren prüfen** examinar detenidamente; **Hand aufs ~!** ¡la mano en el pecho!; **j-n in sein ~ geschlossen haben** tener gran cariño (*od* querer mucho) a alg; **mit ganzem ~en bei der Sache sein** estar metido en algo en cuerpo y alma; **etw nicht übers ~ bringen** no tener valor para a/c; no atreverse a a/c; **du weißt nicht, wie mir ums ~ ist** no sabes como me siento; **mir ist leicht/schwer ums ~** me siento aliviado/oprimido; **er spricht, wie es ihm ums ~ ist** habla con toda franqueza; **von (ganzem) ~en** de (todo) corazón; **von ~en gern** *umg* con mil amores; **ich bedaure es von ~en** lo siento en el alma; lo siento de veras; **von ~en kommen** salir del alma (*od* del corazón); **sich** (*dat*) **etw zu ~en nehmen** tomar a/c a pecho(s); no echar en saco roto a/c; **zu ~en gehen** llegar al alma (*od* al corazón); calar hondo **3** (*Mitgefühl*) corazón *m*; **(ein gutes) ~ haben** tener (buen) corazón; **ein weiches/hartes ~ haben** ser blando/duro de corazón; **ein ~ aus Stein haben** tener un corazón *m* de piedra; **kein ~** (*geh* **im Leibe**) **haben** no tener corazón (*od* alma); **sie hat ein ~ für Tiere** le gustan los animales **4** *fig* (*Mut*) ánimo *m*, corazón *m*; valor *m*, coraje *m*; **das ~ auf dem rechten Fleck haben** tener el corazón en su sitio (*od* bien puesto); **das ~ auf der Zunge haben** tener el corazón en la mano; **sich** (*dat*) **ein ~ fassen** cobrar ánimo; **das ~ fiel ihm in die Hosen** *umg* se le cayó el alma a los pies **5** *Inneres*: corazón *m*; fondo *m*; *des Salats a.*: cogollo *m*; **aus tiefstem ~en** de todo corazón; del fondo del alma; **im Grunde des ~ens** *od* **im tiefsten ~en** en el fondo del alma **6** *Kartenspiel*: ≈ copas *fpl*

'herzaller'liebst ADJ (*hübsch*) precioso, encantador, *umg* muy mono; **'Herzaller'liebste** M/F ⟨~n; ~n; → A⟩ *hum* novio *m*, -a *f*

'Herzanfall M MED ataque *m* cardíaco (*od* al corazón); **Herzass** N *Kartenspiel*: as *m* de corazones

'herzaubern VT traer por arte de magia (*od* por encanto)

'Herzbeklemmung F opresión *f* del corazón; **Herzbeschleunigung** F MED taquicardia *f*; **Herzbeschwerden** FPL trastornos *mpl* cardíacos

'Herzbeutel M ANAT pericardio *m*; **Herzbeutelentzündung** F MED pericarditis *f*

'herzbewegend ADJ emocionante; conmovedor

'Herzblatt N **1** BOT hoja *f* de retoño; cogollo *m* **2** *fig* (*Liebling*) corazón *m*; **Herzblut** N *fig* **sein ~ hingeben für** dar la sangre de sus venas por; **Herzbube** M *Kartenspiel*: sota *f* de corazones

'Herzchen N ⟨~s; ~⟩ *umg* **mein ~!** ¡amor mío!; ¡(mi) corazón!

'Herzchirurg M MED cardiocirujano *m*; **Herzchirurgie** F MED cardiocirugía *f*; **Herzchirurgin** F MED cardiocirujana *f*

'Herzdame F *Kartenspiel*: dama *f* de corazones

'herzeigen VT mostrar, enseñar; **zeig mal her!** ¡muéstralo!, ¡enséñalo!

'Herzeleid N *geh* pena *f*; pesar *m*

'herzen VT *geh* abrazar; acariciar

'Herzensangelegenheit F asunto *m* amoroso; **Herzensangst** F *fig geh* angustia *f*, congoja *f*; **Herzensbildung** F nobleza *f* de corazón; **Herzensbrecher** M rompecorazones *m*, castigador *m*; **Herzensfreude** F gran alegría *f*; íntima satisfacción *f*; **herzensfroh** ADJ muy alegre *od* contento; **Herzensgrund** M **aus (tiefstem) ~** con toda el alma, de todo corazón, *umg* con alma y vida

'herzensgut ADJ muy bondadoso; **er ist ein ~er Mensch** tiene muy buen corazón; *umg* es un pedazo de pan

'Herzensgüte F *geh* bondad *f* de corazón; **Herzenslust** F **nach ~** a pedir de boca; a sus anchas, a placer; *umg* a gogó; **Herzenswunsch** M deseo *m* ardiente, vivo deseo *m*; sueño *m* dorado

'Herzentzündung F MED carditis *f*

'herzerfreuend ADJ que alegra el corazón; **herzerfrischend** ADJ que recrea el ánimo; *Art, Lachen a.* espontáneo; **herzergreifend** ADJ conmovedor; emocionante; **herzerquickend** ADJ → herzerfrischend; **herzerschütternd** ADJ desgarrador; estremecedor; **herzerweichend** ADJ → herzzerreißend

'Herzerweiterung F MED dilatación *f* del corazón; cardiectasia *f*; **Herzfehler** M MED defecto *m* cardíaco; lesión *f* cardíaca; **Herzflattern** N *fig* (*Aufgeregtheit, Lampenfieber*) nervios *mpl*; **~ haben** estar de los nervios, tener palpitaciones; **Herzflimmern** N MED fibrilación *f* cardíaca; **herzförmig** ADJ en forma de corazón; acorazonado, cordiforme; **Herzgegend** F ⟨~⟩ ANAT región *f* cardíaca; **Herzgeräusch** N MED soplo *m* cardíaco

'herzhaft **A** ADJ **1** *Lachen, Gähnen* fuerte; (*kräftig*) enérgico, vigoroso; **ein ~er Schluck** un buen trago **2** *im Geschmack* sabroso; *im*

Ggs. zu süß a.: salado B ADV 1 ~ **gähnen/lachen** bostezar/reírse con ganas 2 ~ **schmecken** ser sabroso *bzw* salado

'herziehen A VT atraer; **etw hinter sich** *(dat)* ~ arrastrar a/c detrás de sí; **etw zu sich** ~ acercarse a/c B VI 1 ⟨sn⟩ *(umziehen)* venir a vivir (*od* a establecerse) aquí 2 *umg fig* ⟨h *od* sn⟩ **über j-n** ~ hablar mal de alg; zaherir *od* denigrar a alg

'herzig ADJ mono; **ein ~es Kind** una monada

'Herzinfarkt M infarto *m* del miocardio; **Herzinsuffizienz** F MED insuficiencia *f* cardíaca; **Herzkammer** F ANAT ventrículo *m* (del corazón); **Herzkatheter** M MED catéter *m* cardíaco; **Herzkirsche** F BOT guinda *f* garrafal; **Herzklappe** F ANAT válvula *f* cardíaca; **Herzklappenfehler** M MED lesión *f* (*bzw* defecto *m*) valvular

'Herzklopfen N palpitaciones *fpl*; **ich habe ~** se me sale el corazón; **mit ~** con el corazón palpitante

'Herzkönig M *Kartenspiel*: rey *m* de corazones

'herzkrank ADJ cardíaco, enfermo del corazón

'Herzkranke M/F cardíaco *m*, -a *f*, enfermo *m*, -a *f*, del corazón; **Herzkrankheit** F enfermedad *f* del corazón, afección *f* cardíaca, cardiopatía *f*; **Herzkranzgefäß** N arteria *f* coronaria

'Herz-'Kreislauf-... IN ZSSGN MED cardiocirculatorio; cardiovascular

'Herzleiden N → Herzkrankheit

'herzlich A ADJ cordial; *(warm)* cariñoso, afectuoso (*a. Empfang, Worte, Beifall*); *(aufrichtig)* sincero; *Freundschaft* entrañable; **in ~em Ton** en un tono afectuoso; **~en Dank!** ¡muchas gracias!, ¡gracias de corazón! **(für** por); **~e Grüße** afectuosos saludos; **mein ~stes Beileid** mi más sentido pésame B ADV 1 de todo corazón; **~ willkommen!** ¡bienvenido!; **j-m ~ danken** agradecer a alg de todo corazón 2 *umg (sehr)* ~ **gern** con mucho gusto; **es tut mir ~ leid** lo siento en el alma; **das ist ~ wenig** es una miseria

'Herzlichkeit F ⟨~; ~en⟩ cordialidad *f*; afectuosidad *f*; cariño *m*

'Herzliebste M/F ⟨~n; ~n; → A⟩ *bes hum* amado *m*, -a *f*, de mi corazón

'herzlos ADJ sin corazón; insensible; desalmado; cruel; **Herzlosigkeit** F ⟨~⟩ insensibilidad *f*; crueldad *f*

'Herz-Lungen-Maschine F MED corazón-pulmón *m* artificial; **Herzmassage** F masaje *m* cardíaco; **Herzmittel** N cardiotónico *m*, cordial *m*; **Herzmuschel** F ZOOL berberecho *m*

'Herzmuskel M ANAT miocardio *m*; **Herzmuskelentzündung** F MED miocarditis *f*

'herznah ADJ cerca del corazón

'Herzog M ⟨~(e)s; ~̈e⟩ duque *m*; **Herzogin** F ⟨~; ~nen⟩ duquesa *f*; **herzoglich** ADJ ducal; **Herzogtum** N ⟨~s; ~̈er⟩ ducado *m*

'Herzoperation F operación *f* de corazón; **Herzrasen** N MED taquicardia *f*; **Herzrhythmusstörung** F MED *mst* **~en** PL arritmia *f* cardíaca; **Herzschlag** M 1 PHYSIOL *(Schlagen des Herzens)* latido *m* cardíaco 2 MED *(Herzanfall)* ataque *m* de apoplejía; paro *m* cardíaco; **Herzschmerzen** MPL dolor(es) *m(pl)* de corazón; **Herzschrittmacher** M MED marcapasos *m*; **Herzschwäche** F MED debilidad *f* cardíaca; **Herzspezialist** M, **Herzspezialistin** F cardiólogo *m*, -a *f*

'herzstärkend ADJ cordial, cardioestimulante; **Herzstärkungsmittel** N → Herzmittel

'Herzstillstand M MED paro *m* cardíaco; **Herzstück** N corazón *m*, centro *m*; *fig* núcleo *m*; **Herztätigkeit** F PHYSIOL actividad *f* cardíaca; **Herzton** M PHYSIOL tono *m* cardíaco; **Herztransplantation** F MED trasplante *m* de corazón; **Herzverfettung** F MED degeneración *f* adiposa del corazón; **Herzvergrößerung** F MED hipertrofia *f* del corazón; dilatación *f* cardíaca; **Herzverpflanzung** F → Herztransplantation; **Herzversagen** N MED fallo *m* cardíaco; **an ~ sterben** morir de un fallo cardíaco; **Herzvorhof** M, **Herzvorkammer** F ANAT aurícula *f*; **Herzweh** N *fig geh* (profunda) aflicción *f*

'herzzerreißend A ADJ *fig* desgarrador B ADV ~ **weinen** llorar de forma desgarradora

Hespe'riden FPL MYTH Hespérides *fpl*

'Hesse M ⟨~n; ~n⟩ habitante *m* de Hesse; **Hessen** N ⟨~s⟩ GEOG Hesse *f*; **Hessin** F ⟨~; ~nen⟩ habitante *f* de Hesse; **hessisch** ADJ de Hesse

He'täre F ⟨~; ~n⟩ HIST hetera *f*, hetaira *f*; *weitS.* cortesana *f*

'Hete F ⟨~, ~n⟩ *sl pej* → Hetero

'hetero *umg* ADJ hetero

'Hetero M/F *umg* hetero *m/f*

hetero'dox ADJ heterodoxo; **Heterodo'xie** F ⟨~; ~n⟩ heterodoxia *f*; **hetero'gen** ADJ heterogéneo; **Heterogeni'tät** F ⟨~⟩ heterogeneidad *f*

Heterosexuali'tät F ⟨~⟩ heterosexualidad *f*; **heterosexu'ell** ADJ heterosexual

'Hetzartikel M artículo *m* incendiario (*bzw* difamatorio); **Hetzblatt** N periódico *m* demagógico (*bzw* difamatorio)

'Hetze F ⟨~; ~n⟩ 1 *(Eile)* prisas *fpl*; precipitación *f*; *(viel Arbeit)* ajetreo *m*, trajín *m* 2 *(Aufhetzung)* agitación *f*; provocación *f*; *(Hetzreden)* difamación *f*, calumnia *f* **(gegen** contra) 3 JAGD acoso *m*

'hetzen A VI 1 ⟨sn⟩ *(eilen)* apresurarse; precipitarse 2 ⟨h⟩ *pej (aufwiegeln)* agitar (*od* excitar) los ánimos **(gegen** contra); **gegen j-n ~** difamar (*od* denigrar) a alg B VT 1 *Wild* correr; cazar; acosar (*a. fig*); *(verfolgen)* perseguir; *fig Personen* **gegen j-n ~** azuzar contra alg; **zu Tode ~** perseguir a muerte 2 **den Hund auf j-n ~** soltar el perro contra alg; **die Polizei auf j-n ~** movilizar a la policía contra alg 3 *(antreiben)* **j-n ~** dar prisa a alg C V/R **sich ~** *(sich beeilen)* darse prisa; *(sich abmühen)* ajetrearse

'Hetzen N ⟨~s⟩ → Hetze

'Hetzer M ⟨~s; ~⟩ 1 JAGD azuzador *m* (*a. fig*) 2 POL *fig* agitador *m*; demagogo *m*; *(Verleumder)* calumniador *m*, difamador *m*

Hetze'rei F → Hetze 1, 2

'Hetzerin F ⟨~; ~nen⟩ POL agitadora *f*; demagoga *f*; *(Verleumderin)* calumniadora *f*, difamadora *f*; **hetzerisch** ADJ POL provocador; demagógico; *(verleumderisch)* difamatorio, calumnioso

'Hetzhund M perro *m* de caza; *auf Hasen*: lebrel *m*; **Hetzjagd** F 1 JAGD caza *f* de acoso **(auf** de) 2 *fig* caza *f*; persecución *f* 3 *(Eile)* precipitación *f*; **Hetzkampagne** F campaña *f* difamatoria; **Hetzrede** F discurso *m* incendiario; catilinaria *f*; **Hetzredner** M, **Hetzrednerin** F *pej* demagogo *m*, -a *f*; agitador *m*, -a *f*; **Hetzschrift** F *pej* libelo *m*, escrito *m* infamatorio *od* difamatorio

Heu N ⟨~(e)s⟩ heno *m*; **~ machen** → heuen; *umg* **Geld wie ~ haben** *umg* estar forrado de dinero; *umg* **Geld wie ~ verdienen** *umg* forrarse

'Heuboden M henil *m*, henal *m*; **Heubündel** N gavilla *f* (*od* manojo *m*) de heno

Heuche'lei F ⟨~; ~en⟩ hipocresía *f*; fariseísmo *m*; *(Unaufrichtigkeit)* insinceridad *f*, duplicidad *f*, doblez *f*; *(Falschheit)* falsía *f*; *(Scheinheiligkeit)* mojigatería *f*, santurronería *f*

'heucheln A VI ser (un) hipócrita; fingir, simular B VT fingir, simular; **Freundschaft ~** fingir amistad; **Mitgefühl ~** fingir compasión

'Heuchler M ⟨~s; ~⟩ hipócrita *m*; tartufo *m*; mojigato *m*; gazmoño *m*; **Heuchlerin** F ⟨~; ~nen⟩ hipócrita *f*; santurrona *f*, gazmoña *f*; **heuchlerisch** ADJ hipócrita; gazmoño, santurrón; farisaico

'heuen VI AGR henificar

'Heuen N ⟨~s⟩ henificación *f*

'heuer ADV *südd, österr, schweiz* este año; *lit* hogaño

'Heuer F ⟨~; ~n⟩ SCHIFF paga *f* (de los marineros)

'heuern VT SCHIFF *Schiff* fletar; *Matrosen* contratar, enrolar

'Heuernte F AGR henificación *f*; siega *f* del heno

'Heuervertrag M SCHIFF *contrato de trabajo entre patrón y marinero*

'Heufieber N MED fiebre *f* del heno; **Heugabel** F AGR horca *f* de heno; horquilla *f*; *hölzerne*: bieldo *m*; **Heuhaufen** M AGR hacina *f* (*od* montón *m*) de heno; almiar *m* (de heno); **die Schlüssel wie die Nadel im ~ suchen** buscar las llaves es como buscar una aguja en el pajar

'Heulboje F SCHIFF boya *f* sonora (*od* de sirena)

'heulen VI 1 *Hund, Wolf etc* aullar; *Wind* bramar; *Sirene* ulular; *Motor* rugir 2 *umg (weinen)* llorar; *umg* lloriquear

'Heulen N ⟨~s⟩ 1 aullido *m*; *des Windes*: bramido *m*; *der Sirene*: ulular *m* 2 *umg (Weinen)* lloro *m*, llanto *m*; *umg* lloriqueo *m*; *umg* **es ist zum ~** es para desesperarse; es para echarse a llorar; *Bibel, a. fig* **es wird ~ und Zähneklappern geben** allí será el llanto y el crujir (*od* rechinar) de dientes

Heule'rei F ⟨~; ~en⟩ *umg (Weinen)* lloriqueos *mpl*

'Heulsuse F ⟨~; ~n⟩ *umg pej* (niña *f*) llorona *f*; *Junge*: llorón *m*

'Heupferd N AGR saltamontes *m*; **Heurechen** M AGR rastrillo *m* de heno

'heurig ADJ *südd, österr, schweiz* de este año; **Heurige(r)** M ⟨~n; → A⟩ *österr* vino *m* nuevo (*od* de la última cosecha)

'Heuscheuer F *reg* henil *m*, henal *m*; **Heuschnupfen** M MED rinitis *f* alérgica; polinosis *f*; fiebre *f* del heno; **Heuschober** M ⟨~s; ~⟩ *südd, österr* 1 *(Heuhaufen)* almiar *m* (de heno) 2 → *a* Heuscheuer

'Heuschrecke F ⟨~; ~n⟩ ZOOL langosta *f*; *grüne*: saltamontes *m*; **Heuschreckenschwarm** M enjambre *m* de langostas

'heute ADV hoy; **~ Morgen/Nachmittag/Abend** esta mañana/tarde/noche, hoy por la mañana/tarde/noche; **~ Mittag** (hoy) a mediodía; **bis ~** hasta hoy; hasta la fecha; **noch ~** *od* **~ noch** *(gleich heute)* hoy mismo; *(noch immer)* todavía hoy; hoy todavía; hasta hoy; **~ in acht Tagen** *od* **~ über acht Tage** de hoy en ocho días; **~ vor vierzehn Tagen** hace quince días; **von ~ an** *od* **ab ~** desde hoy, de hoy en adelante, a partir de hoy; **von ~ auf morgen** de hoy a mañana; de un día para otro; de la noche a la mañana (*a. fig*); **lieber ~ als morgen** más vale hoy que mañana

'Heute N ⟨~⟩ **das ~** el día de hoy

'heutig ADJ de hoy; del día; *(gegenwärtig)* actual; de ahora; **der ~e Tag** el día de hoy; **am ~en Tage** hoy; en el día de hoy; **bis zum ~en Tage** hasta hoy; hasta la fecha

'heutigentags ADV, **heutzutage** ADV hoy (en) día; en los tiempos que corren; en nuestros días

'Heuwagen M AGR carro *m* para heno; **Heuwender** M ⟨~s; ~⟩ AGR henificadora *f*
Hexa'eder N ⟨~s; ~⟩ GEOM hexaedro *m*; **hexaedrisch** ADJ GEOM hexaédrico; **Hexa'gon** N ⟨~s; ~e⟩ GEOM hexágono *m*; **hexago'nal** ADJ GEOM hexagonal
He'xameter M ⟨~s; ~⟩ LIT hexámetro *m*
hexa'metrisch ADJ LIT hexámetro
'Hexe F ⟨~; ~n⟩ bruja *f* (*a. fig*); (*Zauberin*) hechicera *f*
'hexen V/I brujear, hacer brujerías; (*zaubern*) hacer sortilegios; *fig* **ich kann doch nicht ~** no puedo hacer milagros (*od* imposibles); **wie gehext** como por encanto (*od* ensalmo); **das geht wie gehext** parece cosa de magia
'Hexenjagd F caza *f* de brujas (*a. fig*); **Hexenkessel** M *fig* infierno *m*; **Hexenkunst** F brujería *f*; magia *f*; hechicería *f*; **Hexenmeister** M brujo *m*; (*Zauberer*) hechicero *m*; mago *m*; **Hexenprozess** M proceso *m* contra brujas; **Hexensabbat** M aquelarre *m* (*a. fig*); **Hexenschuss** M MED lumbago *m*; **Hexenverfolgung** F HIST persecución *f* de las brujas
Hexe'rei F ⟨~; ~en⟩ brujería *f*; hechicería *f*; magia *f*; **das ist doch keine ~** no es ninguna cosa de magia
hfl ABK (holländischer Gulden) HIST florín *m* holandés
hg. ABK (herausgegeben) editado
Hg. ABK (Herausgeber, Herausgeberin) ed. (*editor, -ora*)
HGB N ABK (Handelsgesetzbuch) Código *m* de Comercio
Hi'atus M ⟨~; ~⟩ LING hiato *m*
'Hickhack M, N ⟨~s; ~s⟩ *umg* **der** *od* **das ~** el tira y afloja; *umg* los dimes y diretes
hie ADV **~ und da** aquí y allá
hieb → hauen
Hieb M ⟨~(e)s; ~e⟩ **1** (*Schlag*) golpe *m*; **auf einen ~** de un golpe; *fig* **auf den ersten ~** a la primera; **j-m einen ~ versetzen** asestar (*od* dar) un golpe a alg; **der ~ hat gesessen/ist fehlgegangen** el golpe ha encajado de lleno/ha fallado **2** *fig* (*Seitenhieb*) indirecta *f*; **das ist ein ~ auf mich** eso va por mí **3** *umg* **~e** *pl* (*Prügel*) paliza *f*; **~e bekommen** recibir (*od* llevar) golpes (*od* palos); **~e austeilen** *od* **versetzen** repartir golpes; **es hat ~e gesetzt** ha habido golpes
'hieb- und stichfest ADJ invulnerable; *fig* a toda prueba; **~er Beweis** prueba *f* contundente
'Hieb- und Stoßwaffe F arma *f* cortante y punzante; arma *f* de punta y filo; **Hiebwaffe** F arma *f* cortante; **Hiebwunde** F herida *f* incisa
hielt → halten
hier ADV **1** *örtlich*: aquí; **~ (nimm)!** ¡toma!, ¡aquí tienes!; **~ sein/bleiben/lassen** estar/quedarse/dejar aquí; **~ und da** aquí y allá; *zeitlich*: a veces, de vez en cuando; **~ entlang** por aquí; **~ oben/unten** aquí arriba/abajo; **~ auf Erden** en este mundo; **~ in der Nähe** aquí cerca; **sie ist nicht von ~** no es de aquí; **von ~ aus** de(sde) aquí; **von ~ an** *räumlich*: (des)de aquí; de aquí en adelante; a partir de aquí; *zeitlich*: a partir de ahora; *umg* **es steht mir bis ~ (oben)** estoy hasta aquí → hierbehalten **2** (*anwesend*) **~ sein** estar presente; *bei Aufruf*: **~!** ¡presente! **3** **~ ist/sind ...** aquí está/están ...; he aquí...; aquí tiene usted...; **~ bin ich** aquí estoy; TEL **~ ist Müller** habla Müller; **~ kommt er** aquí viene, *umg* aquí le tenemos **4** *umg* **der/die/das ~** este/esta; **dies Buch ~** este libro; **der Mann ~** este hombre **5** *fig* (*in diesem Punkt*) aquí; (*in diesem Fall*) en este caso; (*bei dieser Gelegenheit*) con tal ocasión; (*in dieser Beziehung*) a este respecto **6** (*diesmal*) esta vez **7** HANDEL en (*bzw* de) ésta; en (*bzw* de) esta plaza
'hie'ran ADV en esto (*od* ello); **im Anschluss ~** a continuación (de esto); **~ siehst du** ahí ves
Hierar'chie [hierar'çi:] F ⟨~; ~n⟩ jerarquía *f*
hie'rarchisch ADJ jerárquico
'hie'rauf ADV **1** *räumlich*: encima de (*od* sobre) esto; *zeitlich*: después de esto (*od* de lo cual), luego; posteriormente, más tarde; (*gleich*) acto seguido; (*infolgedessen*) por eso **2** *fig mit Bezug auf das Gesagte*: a (*od* de) esto
'hie'raus ADV de aquí; de esto, de ello; **~ geht hervor** *od* **folgt, dass ...** de ello resulta (*od* se desprende) que ...
'hierbehalten V/T **etw ~** retener a/c, quedarse con a/c
'hier'bei ADV en esto; (*bei dieser Gelegenheit*) con esto; en esta ocasión; haciendo (*bzw* diciendo *etc*) esto; *zeitlich*: al mismo tiempo; (*was das angeht*) en ese caso; **hier'durch** ADV por (*od* con) esto; por (*od* con) ello; por aquí; *fig* (*dadurch*) por este medio; así; *Brief*: por la presente
'hier'für ADV **1** (*zu diesem Zweck*) **~ braucht man ...** para esto se necesita ... **2** *als Gegenleistung*: **was gibst du mir ~?** ¿qué me das por esto? **3** *im Hinblick auf das Gesagte*: para esto; **der Grund ~** la razón para esto; **~ habe ich kein Interesse** no tengo interés en esto; **~ habe ich kein Verständnis** no tengo comprensión para esto
'hier'gegen ADV contra esto (*od* eso *od* ello); a esto (*od* eso *od* ello)
'hier'her ADV aquí; *Am* acá; para acá; por (*bzw* para) este lado; **~ gehören** *Gegenstand* tener aquí su lugar; *fig* venir al caso (*od* a cuento); *fig* **das gehört nicht ~** eso no viene al caso; **bis ~ (und nicht weiter)** hasta aquí (y no más); *zeitlich*: hasta hoy, hasta la fecha; **bis ~ und nicht weiter** hasta aquí y basta
hier'herkommen V/I ⟨sn⟩ venir acá
'hier'herum ADV por aquí
'hier'hin ADV aquí; hacia (*od* para) aquí (*od* acá); **bis ~** hasta aquí; **~ und dorthin** por aquí y (por) allá; de un lado para otro
'hie'rin ADV en esto; en ello; *räumlich*: aquí dentro
'hier'mit ADV **1** (*damit*) con esto (*od* eso); (*bei diesen Worten*) diciendo esto; con estas palabras **2** *Brief*: por la presente; VERW **~ bescheinige ich, dass ...** Certifico: Que ...; **~ teile ich Ihnen mit, dass ...** por la presente le comunico que ...
'hier'nach ADV según eso (*od* esto *od* ello); *zeitlich*: después de eso (*od* esto *od* ello); acto seguido; a continuación
Hiero'glyphe [hiero'gly:fə] F ⟨~; ~n⟩ jeroglífico *m*; **hieroglyphisch** ADJ jeroglífico
'hierorts ADV aquí; en esta plaza
'Hiersein N ⟨~s⟩ presencia *f*
'hier'selbst ADV aquí mismo; en esta ciudad; WIRTSCH en ésta
'hie'rüber ADV sobre (*od* de) esto (*a. fig u. geh zeitlich*), acerca de esto; **~ ist nichts bekannt** no se sabe nada de esto
'hie'rum ADV alrededor (*od* en torno) de esto (*od* ello)
'hie'runter ADV **1** *räumlich*: debajo de esto (*od* ello) **2** *unter e-r Menge*: entre esto (*od* ello) **3** *fig* **was verstehen Sie ~?** ¿qué entiende Ud. por eso?
'hier'von ADV de esto (*od* eso *od* ello)
'hier'vor ADV **1** *räumlich*: delante de esto **2** *fig* antes de esto
hier'zu ADV **1** (*hinzu*) a esto, a ello; **~ kommt noch** a esto hay que añadir **2** (*zu diesem Zweck*) para ello; a tal efecto, para tal fin **3** (*außerdem*) además **4** (*diesbezüglich*) respecto a esto (*od* eso)
'hierzulande, hier zu Lande ADV en este país; (por) aquí
'hiesig ADJ de aquí; local; del país; de esta ciudad (*od* WIRTSCH plaza); **die ~e Gegend** esta región
hieß → heißen
'hieven V/T SCHIFF izar; *fig* alzar
Hi-Fi ['haifi:] N ABK (High Fidelity) alta fidelidad *f*; **Hi-Fi-Anlage** F equipo *m* de alta fidelidad
'Hifthorn N JAGD cuerno *m* (*od* trompa *f*) de caza
high [haɪ] ADJ *umg* **~ sein** *mit Alkohol, Drogen, etc*: estar colocado
'Highlife ['haɪlaɪf] N ⟨~(s)⟩ *umg* movida *f*; **~ machen** armar una juerga; **Highlight** [-laɪt] N ⟨~(s); ~s⟩ punto *m* fuerte; **highlighten** [-laɪtən] V/T **1** (*aufhellen*) iluminar **2** TYPO realzar; *im Text*: evidenciar; **Highso'ciety** [-sɔ'saɪəti:] F ⟨~⟩ alta sociedad *f*
'Hightech... [-tɛk-] IN ZSSGN de alta tecnología; **Hightech-Industrie** F industrias *fpl* de alta tecnología; **Hightech-Unternehmen** N empresa *f* de alta tecnología
'hijacken ['haɪdʒɛkən] V/T *umg* secuestrar
'Hilfe F ⟨~; ~n⟩ **1** (*Beistand*) ayuda *f* (*a. Person*); asistencia *f*; (*Hilfeleistung*) auxilio *m*, socorro *m*; (*Unterstützung*) apoyo *m*, respaldo *m*; **Erste ~** socorrismo *m*; primeros auxilios *mpl*; **j-m Erste ~ leisten** prestar los primeros auxilios a alg; *bei Verwundeten*: hacer la primera cura (*od* la cura de urgencia); **humanitäre ~** ayuda *f* humanitaria; **j-m ~ leisten** socorrer (*od* auxiliar) a alg; **mit ~ von** con ayuda de, *e-r Person*: con la ayuda de; mediante, por medio de; **ohne ~** (*selbstständig*) por sus propios medios; **um ~ schreien** dar voces de socorro; **j-n um ~ bitten** pedir ayuda a alg; **j-m zu ~ kommen/eilen** ir/acudir en socorro de alg; prestar ayuda a alg; asistir a alg; **etw zu ~ nehmen** recurrir a a/c; valerse de a/c; **j-n zu ~ rufen** pedir socorro (*od* auxilio) a alg; **(zu) ~!** ¡socorro!, ¡auxilio! **2** (*Hilfskraft*) auxiliar *m/f*; *iron* **du bist mir eine schöne ~!** ¡bonita ayuda tengo en ti!
'Hilfefenster N IT ventana *f* de ayuda; **hilfeflehend** ADJ suplicante; implorando auxilio; **Hilfefunktion** F IT función *f* de "ayuda"
'Hilfeleistung F asistencia *f*; prestación *f* de auxilio; **Pflicht** *f* **zur ~** obligación *f* de prestar asistencia; **unterlassene ~** omisión *f* de la obligación de socorro
'Hilfemenü N IT menú *m* de ayuda; **Hilfeprogramm** N IT programa *m* de ayuda; **Hilferuf** M grito *m* (*od* llamada *f*) de socorro (*od* de auxilio); **Hilfeschrei** M grito *m* de socorro; grito *m* pidiendo ayuda; **Hilfestellung** F *beim Turnen*: ayuda *f*; *fig a.* respaldo *m*; **j-m ~ geben** ayudar a alg
Hilfe suchend ADJ & ADV en busca de socorro; *Blick* suplicante, implorando ayuda; **sich ~ an j-n wenden** acudir a alg en busca de ayuda
'hilflos ADJ (*schutzlos*) desamparado; (*ratlos*) desorientado; (*mittellos*) sin recursos; (*verlassen*) abandonado; desvalido; (*ungeschickt*) incapaz de valerse, torpe; (*in Not*) desvalido; **Hilflosigkeit** F ⟨~⟩ desamparo *m*; abandono *m*; desvalimiento *m*; falta *f* de recursos
'hilfreich **A** ADJ (*wohltätig*) benéfico; caritativo; (*mitleidig*) compasivo; (*hilfsbereit*) servicial **B** ADV **j-m ~ zur Seite stehen** ayudar (*od* prestar auxilio) a alg; *umg* echar una mano a alg
'Hilfsaktion F acción *f* de socorro; **Hilfsarbeiter** M, **Hilfsarbeiterin** F peón *m*, -ona *f*; **Hilfsarzt** M, **Hilfsärztin** F médico *m* auxiliar

H

'hilfsbedürftig ADJ necesitado, menesteroso; desvalido; desamparado; indigente; **Hilfsbedürftige** M/F ⟨~n; ~n; → A⟩ necesitado *m*, -a *f*, menesteroso *m*, -a *f*, desvalido *m*, -a *f*; **Hilfsbedürftigkeit** F ⟨~⟩ necesidad *f* (de ayuda); indigencia *f*; desamparo *m*, desvalimiento *m*

'hilfsbereit ADJ dispuesto a ayudar; complaciente; servicial; **Hilfsbereitschaft** F complacencia *f*; altruismo *m*

'Hilfsdienst M servicio *m* auxiliar (*od* de auxilio); (*Notdienst*) servicio *m* de urgencia; **Hilfsfonds** [-fõ:] M fondo *m* de socorro; **Hilfsgeistliche(r)** M ⟨~n; ~n; → A⟩ coadjutor *m*; **Hilfsgelder** NPL subsidios *mpl*; **Hilfskasse** F caja *f* de auxilio; **Hilfskraft** F auxiliar *m/f*; ayudante *m/f*; **Hilfslehrer** M, **Hilfslehrerin** F profesor *m*, -a *f* (*bzw* maestro *m*, -a *f*) auxiliar; **Hilfslinie** F 1 MATH línea *f* auxiliar 2 MUS línea *f* adicional (*od* suplementaria); **Hilfsmaßnahme** F medida *f* de socorro; **Hilfsmittel** N medio *m*; remedio *m*; recurso *m*; (*Ausweg*) expediente *m*, arbitrio *m*; **Hilfsmotor** M motor *m* auxiliar; **Hilfsorganisation** F organización *f* humanitaria; **Hilfspersonal** N personal *m* auxiliar; **Hilfsprediger** M KATH vicario *m*; PROT pastor *m* adjunto; **Hilfsprogramm** N programa *m* de ayuda; **Hilfsquelle** F recurso *m*; **Hilfsschule** F → Förderschule; **Hilfsschwester** F enfermera *f* auxiliar; **Hilfstruppen** FPL MIL tropas *fpl* auxiliares; **Hilfsverb** N GRAM (verbo *m*) auxiliar *m*; **Hilfswerk** N obra *f* de caridad (*od* benéfica *od* asistencial); **Hilfswissenschaft** F *fachspr* ciencia *f* auxiliar; **Hilfszeitwort** N ⟨~(e)s; ~er⟩ → Hilfsverb

hilft → helfen

Hi'malaja, Hima'laya M ⟨~(s)⟩ Himalaya *m*

'Himbeere F BOT frambuesa *f*; **Himbeergeist** M aguardiente *m* de frambuesa; **Himbeermarmelade** F mermelada *f* de frambuesa; **Himbeersaft** M zumo *m* de frambuesa; **Himbeersirup** M jarabe *m*(*od* sirope *m*) de frambuesa; **Himbeerstrauch** M BOT frambueso *m*

'Himmel M ⟨~s; ~⟩ 1 *allg* cielo *m*; (*Himmelsgewölbe*) *a.* firmamento *m*; **der ~ würde einstürzen, wenn** se hundiría el firmamento si; **am ~** en el cielo; **unter freiem ~** al aire libre; **unter freiem ~ schlafen** dormir al raso (*od* a la intemperie); **wie vom ~ gefallen** venir como llovido del cielo 2 REL cielo *m*; **der ~ auf Erden** el paraíso terrenal; *geh, obs* **gen ~ fahren** subir al cielo; **in den ~ kommen** ir al (*od* ganar el) cielo; **im ~** en el cielo; **(Gott im) ~!** ¡Santo Dios!; ¡cielos!; **um ~s willen!** ¡por (el amor de) Dios!; **dem ~ sei Dank!** ¡gracias a Dios!; ¡alabado sea Dios!; *umg* **(ach,) du lieber ~!** ¡Dios mío!; **(das) weiß der ~** (eso) sólo Dios (*od* el cielo) lo sabe; **das verhüte der ~!** ¡no lo quiera Dios! 3 *fig* **~ und Erde** (*od* **Hölle**) **in Bewegung setzen** (re)mover cielo y tierra; remover Roma con Santiago; *umg* **aus heiterem ~** de sopetón; **in den ~ heben** poner por (*od* en) las nubes; **er ist im sieb(en)ten ~** está en el séptimo cielo (*od* en la gloria); **das schreit zum ~** esto clama al cielo; *umg* **das stinkt zum ~** es un escándalo 4 (*Betthimmel*) colgadura *f* (*od* cielo *m*) de cama; (*Thronhimmel*) dosel *m*

'himmel'an ADV *geh* hacia el cielo; **himmel'angst** ADJ *umg* **ihm ist ~** está muerto de miedo; no le llega la camisa al cuerpo

'Himmelbett N cama *f* con colgadura (*od* dosel)

'himmelblau ADJ azul celeste; *Wappen* azur

'Himmelfahrt F REL **(Christi) ~** Ascensión *f* (del Señor); **Mariä ~** Asunción *f* (de Nuestra Señora)

'Himmelfahrtskommando N MIL *umg* misión *f* suicida; **Himmelfahrtsnase** F *umg* nariz *f* respingona

'himmel'hoch A ADJ altísmo B ADV ~ **jauchzend** lleno de júbilo

'Himmelreich N REL reino *m* de los cielos; *fig* **des Menschen Wille ist sein ~** voluntad es vida; **Himmelschlüssel** M BOT primavera *f*, prímula *f*

'himmelschreiend ADJ que clama al cielo; (*empörend*) indignante, escandaloso; (*unerhört*) inaudito

'Himmelserscheinung F meteoro *m*; **Himmelsgegend** F región *f* del cielo; **Himmelsgewölbe** N bóveda *f* celeste; firmamento *m*; **Himmelskarte** F planisferio *m* celeste; **Himmelskönigin** F REL Reina *f* del cielo; **Himmelskörper** M ASTRON cuerpo *m* celeste; **Himmelskugel** F globo *m* (*od* esfera *f*) celeste; **Himmelskunde** F astronomía *f*; **Himmelsleiter** F escala *f* de Jacob; **Himmelsrichtung** F punto *m* cardinal; *fig* **aus allen ~en** de todas partes; **Himmelsschlüssel** M BOT → Himmelschlüssel; **Himmelsstrich** M *geh* zona *f*; latitud *f*; región *f*; **himmelsstürmend** ADJ titánico; **Himmelszelt** N *poet* bóveda *f* celeste

'himmelwärts ADV hacia el cielo

'himmelweit ADJ & ADV (*sehr entfernt*) muy lejano; muy lejos; (*sehr groß*) enorme, inmenso; **~ verschieden** diametralmente opuesto; **es ist ein ~er Unterschied zwischen** hay una enorme diferencia entre

'himmlisch ADJ celeste; celestial; (*göttlich*) divino; (*erhaben*) sublime; *umg* (*wunderbar*) divino; magnífico; delicioso

hin ADV 1 *räumlich*: hacia allí, hacia allá; para allá; **ich will nicht ~** no quiero ir (allá); *umg* **nichts wie ~!** ¡vamos (allá)!; *umg* **wo ist sie ~?** ¿adónde se ha ido?; *umg* **wo ist meine Tasche ~?** ¿dónde ha ido a parar mi bolso?; *mit präp*: **an … ~** (*entlang*) a lo largo de; **nach Süden ~** hacia el sur; **nach oben/unten ~** para arriba/abajo; **vor sich** (*acus*) **~** para sus adentros 2 *zeitlich*: **~ und wieder** a veces, de vez (*od* de cuando) en cuando; **gegen Abend ~** hacia la noche; **es ist noch einige Zeit ~, bis …** todavía falta bastante hasta que … (*subj*); **das ist noch lange ~** todavía falta mucho 3 **~ und her** de un lado para otro; de acá para allá; **~ und her gehen** ir de un lado a otro; **(sich) ~ und her bewegen** agitar(se); **~ und her schwanken** bambolear(se), tambalearse; *fig* titubear; *fig* **~ und her gerissen sein** no poder decidirse (**zwischen** *dat* entre); *fig* **~ und her reden** andar en dimes y diretes; *fig* **etw ~ und her überlegen** dar vueltas a a/c; rumiar a/c 4 *Reise*: **~ und zurück** ida y vuelta 5 **auf etw** (*acus*) **~** siguiendo a/c, ateniéndose a a/c; **auf seinen Rat ~** por su consejo; **auf sein Versprechen ~** fiándose de su promesa (*od* palabra) 6 *umg* (*kaputt, unbrauchbar*) estropeado; (*ruiniert*) arruinado; **~ sein** (*unbrauchbar sein*) estar estropeado *bzw* arruinado 7 *umg* (*verloren*) perdido; **alles ist ~** todo está perdido; **dann ist unsere Ruhe ~** se nos acabó la tranquilidad 8 *umg* (*hingerissen*) entusiasmado; **von j-m/etw ganz ~** (*od* **~ und weg**) **sein** (*hingerissen*) *umg* estar loco por a/c, alg 9 *umg* (*erschöpft*) *umg* hecho polvo; (*tot*) muerto; **~ sein** (*tot sein*) estar muerto

Hin N ⟨~⟩ **das ~ und Her** el vaivén, el ir y venir; *fig* el tira y afloja; **dieses ewige ~ und Her** ese continuo tira y afloja; **nach langem ~ und Her** tras muchas discusiones (*bzw* dificultades)

hi'nab ADV abajo, hacia abajo; **hinabblicken, hinabbringen** *etc* → hinunterblicken, hinunterbringen *etc*

hi'nan ADV arriba, hacia arriba

'hinarbeiten VI **auf etw** (*acus*) **~** trabajar con miras a a/c; proponerse a/c; aspirar a a/c; intentar conseguir a/c

hi'nauf ADV (hacia) arriba; subiendo; **den Fluss ~** remontando el río; aguas arriba; **die Treppe/den Berg ~** escaleras/cuesta arriba; **dort ~!** ¡por allí arriba!; **~ haben wir drei Stunden gebraucht** hemos tardado tres horas en subir

hi'naufarbeiten VR **sich ~** abrirse camino (hacia arriba); *im Betrieb*: hacer carrera; **hinaufbefördern** VT subir; llevar arriba; **hinaufbegleiten** VT **j-n ~** acompañar a alg (hasta) arriba; **hinaufblicken** VI mirar hacia arriba; mirar a lo alto; **hinaufbringen** VT ⟨*irr*⟩ subir; llevar arriba; **hinauffahren** ⟨*irr*⟩ A VI ⟨sn⟩ subir (**auf** *acus* en); **den Fluss ~** remontar el río B VT transportar hacia arriba; **hinaufgehen** VI ⟨*irr*; sn⟩ subir; **die Treppe ~** subir la(s) escalera(s); **beim Hinaufgehen** subiendo; al subir

hi'naufklettern ⟨sn⟩ A VT *Berg etc*: subir, escalar; **den Baum ~** subir al árbol B VI subir escalando *bzw* trepando; **auf etw** (*acus*) **~** encaramarse en a/c, trepar a/c

hi'naufkommen VI ⟨*irr*; sn⟩ subir; (*es schaffen*) lograr subir; *auf den Berg*: llegar a la cumbre; **ich komme nicht hinauf** no logro subir; **hinauflaufen** VI ⟨*irr*; sn⟩ subir corriendo; **hinaufschaffen** VT subir; llevar (*bzw* transportar) arriba; **hinaufschicken** VT enviar arriba; **hinaufschrauben** VT *fig* aumentar, subir; **hinaufsetzen** VT *Preise etc* subir, aumentar; **hinaufsteigen** VI ⟨*irr*; sn⟩ subir (**auf** *acus* en), ascender (**auf** *acus* a); *Berg a.* escalar (**auf etw** *acus* a/c); **hinauftragen** VT ⟨*irr*⟩ subir; llevar arriba; **hinauftreiben** VT ⟨*irr*⟩ *Preise* hacer subir; **hinaufziehen** ⟨*irr*⟩ A VT tirar hacia arriba; (*hochwinden*) guindar; aupar; (*hissen*) izar B VR *Weg etc* **sich den Hang ~** ascender por la pendiente

hi'naus ADV 1 *räumlich*: (hacia) afuera; **~!** ¡salga usted!; ¡fuera de aquí!; **~ mit ihm!** ¡fuera!, ¡fuera con él!, *umg* ¡que lo echen!; **da ~** por aquí; por allí; **nach vorn/hinten ~ wohnen** vivir en un piso que da a la calle/al jardín *bzw* al patio; **zum Fenster ~** por la ventana; **über etw** (*acus*) **~** más allá de 2 *zeitlich*: **auf Monate ~** por (*bzw* para) varios meses; **über den ersten April ~** más allá del uno de abril 3 *umg fig* **wo soll das ~?** ¿adónde va a parar eso?; ¿a qué viene eso?; **ich weiß nicht wo ~** no sé qué hacer 4 **über etw** (*acus*) **~ sein** haber pasado a/c; estar por encima de a/c; **darüber bin ich ~** ya no me toca

hi'nausbegleiten VT ⟨*ohne* ge-⟩ **j-n ~** acompañar a alg hasta la puerta; **hinausbeugen** VR **sich ~** asomarse (**zum Fenster** a la ventana); **hinausblicken** VI **aus dem Fenster ~** mirar por la ventana; **hinausbringen** VT ⟨*irr*⟩ llevar (*od* conducir) afuera; **j-n ~** acompañar a alg afuera; **hinausekeln** VT **j-n ~** amargar la vida a alg (hasta que se va); **hinausfahren** VI ⟨*irr*; sn⟩ salir; *Schiff* **aufs Meer ~** hacerse a la mar; **hinausfinden** VI ⟨*irr*⟩ encontrar la salida (**aus** de); **hinausfliegen** VI ⟨*irr*; sn⟩ *umg* ser echado a la calle; **hochkant ~** *umg* ser puesto de patitas en la calle; **hinausführen** VT **j-n ~** acompañar a alg hasta la puerta

hi'nausgehen VI ⟨*irr*; sn⟩ 1 *Person* salir (**aus** de) 2 *Fenster, Tür* **auf den Hof/Garten ~** dar al patio/jardín 3 *fig* **über etw** (*acus*) **~** pasar de a/c, rebasar a/c

hi'nausgeleiten VT ⟨ohne ge-⟩ **j-n ~** acompañar a alg hasta la puerta; **hinausgreifen** VI ⟨irr⟩ **über etw** (*acus*) **~** ir más allá de; rebasar a/c; **hinausjagen** VT echar fuera; **hinauskommen** VI ⟨irr; sn⟩ venir afuera; salir; *fig* **über etw** (*acus*) **nicht ~** no superar a/c; → *a* hinauslaufen 2; **hinauskomplimentieren** VT ⟨ohne ge-⟩ **j-n ~** echar a alg con aparente amabilidad

hi'nauslaufen VI ⟨irr; sn⟩ 1 *Person* salir corriendo 2 *fig* **~ auf** (*acus*) acabar en; ir a parar a (*od* en); **auf dasselbe** *od* **auf eins ~** venir a ser lo mismo

hi'nauslehnen VR **sich (zum Fenster) ~** asomarse (por la ventana); **hinausmüssen** VI tener que salir; **hinausposaunen** VT *fig* lanzar a los cuatro vientos; **hinausprügeln** VT echar a palos

hi'nausragen VI **~ über** (*acus*) elevarse sobre; descollar entre; sobresalir; **über j-n/etw ~** destacarse entre alg/a/c (*a. fig*)

hi'nausreichen VI **~ über** (*acus*) *Menge*: exceder de; *räumlich*: extenderse (*od* llegar) más allá de; **hinausschaffen** VT transportar afuera; **hinausschauen** VI → hinaussehen; **hinausschicken** VT enviar (allí); **j-n ~** hacer salir a alg; **hinausschieben** VT ⟨irr⟩ empujar hacia afuera; *fig* (*verschieben*) aplazar; demorar, diferir; **hinausschießen** VI ⟨irr; sn⟩ **über das Ziel ~** pasarse de la raya; **hinausschleichen** VI salir a hurtadillas; **hinausschmeißen** VT ⟨irr⟩ *umg* → hinauswerfen; **hinaussehen** VI ⟨irr⟩ **aus dem** (*od* **zum**) **Fenster ~** mirar por la ventana; **hinaussetzen** VR **sich ~** sentarse fuera; **hinausstehlen** VR ⟨irr⟩ **sich ~** salir a hurtadillas; **hinausstellen** VT *Gegenstand* sacar fuera; poner afuera; SPORT expulsar; **hinausstoßen** VT ⟨irr⟩ empujar hacia afuera; hacer salir a empujones; **hinausstürzen** VI ⟨sn⟩ salir precipitadamente; **sich zum Fenster ~** arrojarse por la ventana

hi'nauswachsen VI ⟨irr; sn⟩ **über j-n/etw ~** superar a alg/a/c; **über sich** (*acus*) **(selbst) ~** superarse (a sí mismo)

hi'nauswagen VR **sich ~** atreverse a salir; **hinausweisen** VT ⟨irr⟩ *umg* **j-n ~** enseñar la puerta a alg

hi'nauswerfen VT ⟨irr⟩ 1 *Gegenstand* tirar (afuera), echar; **zum Fenster ~** tirar por la ventana 2 **j-n ~** echar a alg (a la calle); *umg* poner a alg de patitas en la calle

hi'nauswollen VI ⟨irr⟩ 1 *umg ins Freie*: querer salir 2 *mit e-r Bemerkung etc*: **auf etw** (*acus*) **~** pretender (*od* aspirar a) a/c; **worauf willst du hinaus?** ¿qué es lo que pretendes?; **ich weiß, worauf du hinauswillst** ya sé por dónde vas; ya te veo venir; **worauf ich hinauswill ist …** lo que quiero decir es …; **darauf will ich hinaus** a eso voy 3 *Karriere*: **hoch ~** tener grandes ambiciones, *umg* picar (muy) alto

hi'nausziehen ⟨irr⟩ A VT 1 (*nach draußen ziehen*) sacar 2 **es zieht ihn in die Natur hinaus** le atrae la naturaleza 3 *fig* (*verzögern*) retardar, demorar, *umg* dar largas a B VI ⟨sn⟩ 1 salir (**aus** de) 2 **aufs Land ~** irse a vivir al campo C VR **sich ~** (*sich verzögern*) atrasarse, retrasarse; (*lange dauern*) ir para largo

hi'nauszögern A VT aplazar, dilatar B VR **sich ~** atrasarse, retrasarse

'hinbegeben VR ⟨irr; ohne ge-⟩ **sich ~ zu** dirigirse a, ir a; **hinbegleiten** VT ⟨ohne ge-⟩ acompañar (a alguna parte); **hinbekommen** VT ⟨irr⟩ *umg* 1 (*schaffen*) lograr, conseguir 2 **etw wieder ~** arreglar a/c; **hinbemühen** ⟨ohne ge-⟩ VR **sich ~** tomarse la molestia de ir (allá); **hinbestellen** VT ⟨ohne ge-⟩ citar; **hinbiegen** VT *umg* **(wieder) ~** arreglar

'Hinblick M **im** *od* **in ~ auf** (*acus*) (*in Anbetracht von*) con vistas a; con miras a; en vista de; (*in Bezug auf*) en cuanto a; **im ~ darauf, dass …** considerando que …

'hinblicken VI mirar (allá)

'hinbringen VT ⟨irr⟩ 1 llevar; **j-n ~** *a.* conducir (*od* acompañar) a alg 2 *umg* **etw ~** (*fertigbringen*) lograr hacer a/c 3 **die Zeit ~** pasar el tiempo (*od* el rato)

'hinbrüten VI **vor sich** (*acus*) **~** estar ensimismado; **hindenken** VI ⟨irr⟩ **wo denken Sie hin!** ¿qué se ha creído usted?; ¿en qué está pensando?

'hinderlich ADJ contrario; (*lästig*) embarazoso, molesto, engorroso; **j-m/einer Sache ~ sein** ser un estorbo para alg/a/c

'hindern VT 1 **j-n an etw** (*dat*) **~** impedir hacer a/c a alg; **sie hindert mich an der Arbeit** *a.* me impide trabajar; **j-n (daran) ~, etw zu tun** impedir a alg que haga a/c 2 (*behindern*) estorbar; contrariar; (*hemmen*) entorpecer; obstaculizar; (*stören*) embarazar; molestar

'Hindernis N ⟨~ses; ~se⟩ obstáculo *m* (*a.* SPORT); (*Hemmnis*) impedimento *m* (*a.* JUR), traba *f*, estorbo *m*, cortapisa *f*; **ein ~ nehmen** *od* **überwinden** salvar (*od* franquear) un obstáculo; **auf ~se stoßen** chocar con obstáculos; **j-m ein ~** *od* **~se in den Weg legen** poner obstáculos (*od* trabas *od* cortapisas) a alg

'Hindernisbahn F SPORT pista *f* de obstáculos; **Hindernislauf** M, **Hindernisrennen** N SPORT carrera *f* de obstáculos (*od* de vallas); **Hindernisspringen** N SPORT salto *m* de obstáculos

'Hinderung F ⟨~; ~en⟩ impedimento *m*; óbice *m*; **Hinderungsgrund** M impedimento *m*

'hindeuten VI **auf etw** (*acus*) **~** indicar a/c, señalar a/c; *fig* dar a entender a/c; hacer prever a/c; **alles deutet darauf hin, dass** todo indica (*od* hace suponer) que; **alles scheint auf Selbstmord hinzudeuten** todo parece indicar un suicidio

'Hindin F ⟨~; ~nen⟩ *poet* cierva *f*

'hindrängen A VT empujar (**zu** hacia) B VI ⟨sn⟩ afluir (**zu, nach** hacia) C VR **sich ~ nach** afluir (*od* acudir en masa) hacia

'Hindu M/F ⟨~; ~s⟩ hindú *m/f*; **'Hindufrau** F mujer *f* hindú

Hindu'ismus M ⟨~⟩ REL hinduismo *m*; **hindu'istisch** ADJ hinduista; **Hindukusch** M ⟨~(es)⟩ GEOG Hindu Kush *m*

hin'durch ADV 1 *räumlich*: **durch etw ~** a través de a/c; atravesando a/c; por a/c; **hier ~** (pasando) por aquí; **mitten ~** por en medio; **ganz ~** de parte a parte 2 *zeitlich*: durante; **die ganze Nacht ~** (durante) toda la noche; **den ganzen Tag ~** todo el (*umg* santo) día; **das ganze Jahr ~** (durante) todo el año; **Jahre ~** durante años

hin'durchgehen VI ⟨irr; sn⟩ 1 **durch etw ~** *Schuss, Person, Weg* atravesar a/c 2 *umg* (*passen*) caber por a/c; **~ zwischen** pasar por entre

'hindürfen VI ⟨irr⟩ tener permiso para ir (allá)

Hindu'stan N ⟨~s⟩ HIST Indostán *m*

'hineilen VI ⟨sn⟩ acudir (*od* ir) corriendo

hi'nein ADV 1 *räumlich*: (hacia) adentro; para adentro; **hier/da/dort ~** (entrando) por aquí/ahí/allí; **in** (*acus*) **… ~** en, dentro; **ins Meer/Land ~** mar/tierra adentro; **mitten ~** en medio de; **~ ins Wasser!** ¡al agua! 2 *zeitlich*: **bis in …** (*acus*) **~** hasta; **(bis) tief in die Nacht ~** (hasta) muy entrada la noche; **bis in den Mai ~** hasta bien entrado mayo

hi'neinarbeiten A VT agregar (**in** *acus* en); intercalar (**in** *acus* en) B VR **sich in etw** (*acus*) **~** penetrar en a/c; *fig* familiarizarse con a/c; **hineinbauen** VT ARCH empotrar (**in** *acus* en); **hineinbegeben** VR ⟨irr; ohne ge-⟩ **sich ~** entrar (**in** *acus* en); **hineinbeißen** VI ⟨irr⟩ **in etw** (*acus*) **~** morder a/c; **hineinbekommen** VT ⟨irr⟩ conseguir meter (*od* introducir); hacer entrar (**in** *acus* en); **hineinbringen** VT ⟨irr⟩ conducir (*od* llevar) adentro; **hineindenken** VR ⟨irr⟩ **sich in j-n** *od* **in j-s Lage ~** ponerse en el lugar (*od* el caso) de alg; **sich in etw** (*acus*) **~** ponerse en situación en a/c; **hineindrängen** A VT empujar hacia adentro B VR **sich ~** penetrar empujando; **hineindrücken** VT hacer entrar (apretando); apretar hacia adentro

hi'neinfahren ⟨irr⟩ A VT *Fahrzeug, Dinge* entrar (**in** *acus* en); **j-n in die Stadt ~** llevar a alg a la ciudad B VI ⟨sn⟩ **in etw** (*acus*) **~** entrar en a/c

hi'neinfallen VI ⟨irr; sn⟩ caer dentro; **in etw ~** caer en a/c; **hineinfinden** VR ⟨irr⟩ **sich in etw** (*acus*) **~** adaptarse (*od* acomodarse) a a/c; familiarizarse con a/c; (*sich fügen*) resignarse a a/c

hi'neingehen VI ⟨irr; sn⟩ 1 entrar (**in** *acus* en) 2 (*passen*) caber, entrar (**in** *acus* en); **es gehen 100 Personen in den Saal hinein** en la sala caben cien personas

hi'neingeraten VI ⟨irr; sn⟩ **in etw** (*acus*) **~** ir a dar en a/c, ir a parar en a/c; caer en a/c; **hineininterpretieren** VT ⟨ohne ge-⟩ **etw ~** sobreinterpretar a/c (**in** *acus* en)

hi'neinknien VR *umg fig* **sich in etw** (*acus*) **~** dedicarse con ahínco (*bzw* a fondo) a a/c; **sich in eine Arbeit ~** meterse de lleno en un trabajo

hi'neinkommen ⟨irr; sn⟩ 1 (*hineingelangen*) entrar (**in** *acus* en) 2 *umg* (*hineinsollen*) **das kommt hier hinein** eso va aquí 3 *fig* → hineingeraten

hi'neinlassen VT ⟨irr⟩ dejar entrar

hi'neinlaufen VI ⟨irr; sn⟩ 1 *Person* entrar (**in** *acus* en); **in ein Auto ~** meterse debajo de un coche 2 *Flüssigkeit* **in etw** (*acus*) **~** entrar en a/c

hi'neinleben VI **in den Tag ~** vivir al día; **hineinlegen** VT meter; *fig Gefühl* poner; **hineinmischen** A VT mezclar (**in** *acus* con) B VR **sich ~** → einmischen; **hineinpassen** VI 1 caber, entrar (**in** *acus* en) 2 *fig* (*dazu passen*) encajar, entonar (**in** *acus* con); **nicht ~** desentonar (**in** *acus* con); estar fuera de lugar

hi'neinreden A VI 1 (*unterbrechen*) **j-m ~** interrumpir a alg 2 *fig* (*sich einmischen*) interferir; **in etw** (*acus*) **~** meterse en a/c; **j-m in seine Angelegenheiten ~** meterse en los asuntos de alg B VR **sich in Zorn ~** acabar por enfurecerse

hi'neinreißen VT **j-n in etw** (*acus*) **~** arrastrar a alg a a/c; **hineinreiten** VT ⟨irr⟩ *umg fig* **j-n ~** meter a alg en un lío; **hineinriechen** VI *umg fig* **in etw** (*acus*) **~** echar una mirada a a/c; hacerse una idea de a/c; **hineinschlittern** VI *umg fig* → hineingeraten; **hineinschlüpfen** VI ⟨sn⟩ introducirse furtivamente (**in** *acus* en), *umg* colarse; **in eine neue Rolle ~** meterse en un nuevo papel; **hineinsehen** VI mirar (a)dentro; **in etw** (*acus*) **~** mirar dentro de a/c

hi'neinstecken VT 1 **etw in etw** (*acus*) **~** meter (*od* poner *od* introducir) a/c en a/c 2 *umg* **Geld in etw** (*acus*) **~** invertir (*od umg* meter) dinero en a/c; **ich habe viel Arbeit hineingesteckt** he invertido mucho trabajo en eso

hi'neinstehlen VR → hineinschlüpfen; **hineinsteigern** VR **sich ~ in** (*acus*) enfrascarse en; **sich in seinen Zorn ~** dejarse llevar por la ira

hi'neintun VT ⟨irr⟩ *umg* meter (*od* poner) (**in** *acus* en); introducir (**in** *acus* en); **einen Blick ~** echar una ojeada (*od* dar un vistazo) (**in** *acus* a)
hi'neinversetzen VR ⟨*ohne* ge-⟩ **sich in j-n** *od* **in j-s Lage ~** ponerse en el lugar de alg; **versetz dich mal in meine Lage hinein** ponte en mi lugar
hi'neinwachsen VI ⟨irr⟩ *fig* **in etw** (*acus*) **~** acostumbrarse a a/c; familiarizarse con a/c; **in eine Aufgabe ~** hacerse a una tarea; **hineinwagen** VR **sich ~** atreverse a entrar (**in** *acus* en)
hi'neinwerfen VT ⟨irr⟩ **etw in etw** (*acus*) **~** echar a/c en a/c; **einen Blick in etw** (*acus*) **~** echar un vistazo a a/c
hi'neinwollen VI ⟨irr⟩ querer entrar; **hineinziehen** ⟨irr⟩ **A** VT **1** tirar (*bzw* arrastrar) hacia adentro **2** *fig* (*verwickeln*) **j-n in etw** (*acus*) **~** implicar (*od* envolver *od* mezclar) a alg en a/c **B** VI ⟨sn⟩ entrar (**in** *acus* en); **hineinzwängen** **A** VT hacer entrar a la fuerza **B** VR **sich in etw** (*acus*) **~** meterse a la fuerza en a/c
'hinfahren ⟨irr⟩ **A** VI ⟨sn⟩ **1** ir (en coche, *etc*); **fährst du hin?** ¿vas?; **wo fährt dieser Zug hin?** ¿adónde va ese tren? **2** (*streichen*) **über etw** (*acus*) **~** pasar la mano por a/c **B** VT llevar (**nach, zu** a); *Lasten* transportar (**zu** a)
'Hinfahrt F (viaje *m* de) ida *f*; **auf der ~** a la ida; **(Fahrkarte** *f* **für) Hin- und Rückfahrt** (billete *m* de) ida y vuelta
'hinfallen VI ⟨irr; sn⟩ caer(se) (al suelo)
'hinfällig ADJ **1** (*gebrechlich*) caduco; frágil; débil; (*altersschwach*) decrépito **2** *fig* (*ungültig*) caducado; nulo, sin validez; **~ werden** caducar (*bes* JUR); **Hinfälligkeit** F ⟨~⟩ **1** (*Schwäche*) debilidad *f* **2** *fig*, JUR (*Ungültigkeit*) caducidad *f*
'hinfinden VI ⟨irr⟩ encontrar el camino; **hinfliegen** VI ⟨irr; sn⟩ **1** *mit dem Flugzeug*: ir en avión; *mit Zeitangabe*: volar; **wann fliegt ihr hin?** ¿cuándo voláis? **2** *umg fig* (*hinfallen*) *umg* caerse de bruces
'Hinflug M FLUG vuelo *m* de ida; **auf dem ~** a la ida
hin'fort ADV *geh* (de aquí *od* de ahora) en adelante, en lo sucesivo
'Hinfracht F HANDEL flete *m* de ida; (*Ladung*) carga *f* de ida
'hinführen **A** VT llevar (**zu** a) **B** VI **~ zu** *Weg* llevar a, conducir a; *fig* **wo soll das ~?** ¿adónde irá a parar esto?; ¿dónde acabará esto?
hing → hängen
'Hingabe F ⟨~⟩ entrega *f*; devoción *f*; (*Inbrunst*) fervor *m*; (*Aufopferung*) abnegación *f*; **mit ~, voller ~** con devoción; (*begeistert*) con pasión; **Hingang** M ⟨~(e)s⟩ *fig poet* (*Tod*) óbito *m*, fallecimiento *m*
'hingeben ⟨irr⟩ **A** VT *geh* dar; entregar; (*aufgeben*) abandonar; (*opfern*) sacrificar; (*abtreten*) ceder **B** VR **1** **sich einer Sache** (*dat*) **~** dedicarse a a/c, entregarse a a/c; *e-m Laster a.* darse a a/c; **sich der Hoffnung ~, dass …** abrigar la esperanza de que … **2** *verhüllend, sexuell*: **sich j-m ~** entregarse a alg
'hingebend ADJ → hingebungsvoll; **Hingebung** F ⟨~⟩ → Hingabe
'hingebungsvoll ADJ devoto; abnegado; (*inbrünstig*) ferviente; (*leidenschaftlich*) apasionado
hin'gegen ADV por el contrario; en cambio
'hingehen VI ⟨irr; sn⟩ **1** *an e-n Ort*: ir (**zu etw** a a/c; **zu j-m** a casa de alg); **wo gehst du hin?** ¿adónde vas?; **da gehe ich nicht hin** ahí no voy; **wo geht dieser Weg hin?** ¿adónde lleva (*od* se va por) ese camino? **2** *zeitlich*: transcurrir, pasar **3** *fig* (*durchgehen*) **etw ~ lassen** dejar pasar; *umg* hacer la vista gorda
'hingehören VI ⟨*ohne* ge-⟩ estar en su sitio; pertenecer (**zu** a); **wo gehört das hin?** ¿dónde hay que poner esto?; **hingelangen** VI ⟨*ohne* ge-; sn⟩ llegar (**zu** a)
'hingeraten VI ⟨irr; ~; sn⟩ caer; ir a parar; *umg* meterse; **wo sind wir denn hier ~?** *umg* ¿dónde nos hemos metido?; **niemand weiß, wo er ~ ist** nadie sabe qué ha sido de él
'Hingerichtete M/F ⟨~n; ~n; → A⟩ ajusticiado *m*, -a *f*
'hingerissen ADJ *fig* (*begeistert*) entusiasmado; embelesado; (*gefesselt*) fascinado; **von etw ~ sein** estar entusiasmado *bzw* fascinado de (*od* por) a/c; **hingezogen** ADJ **sich zu j-m ~ fühlen** sentirse atraído por alg; **hingleiten** VI ⟨irr; sn⟩ **(elegant) über etw** (*acus*) **~** deslizarse (elegantemente) sobre a/c
'hinhalten VT ⟨irr⟩ **1** *Gegenstand* tender, presentar; (*anbieten*) ofrecer; *Hand* tender, alargar; **j-m etw ~** tender a/c a alg **2** *fig* (*verzögern*) retardar; demorar, retrasar; **j-n ~** (*j-n warten lassen*) hacer esperar a alg; dar largas a alg; **j-n mit Versprechungen ~** entretener con promesas a alg
'hinhaltend ADJ dilatorio; retardador
hinhauen ⟨irr⟩ *umg* **A** VT *Arbeit* (*schlampig machen*) chapucear **B** VI (*klappen*) funcionar, *umg* cuajar; **das haut hin** *a. umg* esto va que chuta; **das haut nicht hin** eso no va a funcionar; **(das) wird schon ~** (eso) saldrá bien **C** VR **sich ~** (*hinlegen*) tumbarse; (*schlafen gehen*) acostarse
'hinhorchen VI, **hinhören** VI escuchar; aguzar el oído
'hinken VI **1** ⟨h⟩ cojear (**auf einem Fuß** de un pie); ser cojo **2** ⟨sn⟩ **über die Straße ~** atravesar la calle cojeando **3** ⟨h⟩ *fig* claudicar; cojear; **der Vergleich hinkt** la comparación es poco acertada
'Hinken N ⟨~s⟩ cojera *f*; claudicación *f*; **hinkend** ADJ cojo; claudicante; **Hinkende** M/F ⟨~n; ~n; → A⟩ cojo *m*, -a *f*
'hinknien VI arrodillarse, ponerse de rodillas
'hinkommen VI ⟨irr; sn⟩ **1** (*kommen*) llegar (**zu** a); **wie kommt man hin?** ¿cómo se va allí?; **ich komme nirgends hin** no voy a ningún sitio; no salgo (de casa) **2** (*hingeraten*) **wo ist meine Tasche hingekommen?** *umg* ¿dónde ha ido a parar mi bolso?; ¿qué ha sido de mi bolso?; *fig* **wo kämen wir hin, wenn …?** ¿adónde iríamos a parar si …? **3** *umg* (*hingehören*) ir; **wo kommt das hin?** ¿dónde va esto?, ¿dónde hay que poner esto? **4** *umg* (*stimmen*) ser correcto; **das kommt ungefähr hin** es más o menos así **5** *umg* (*auskommen*) **mit etw ~** tener bastante con a/c; **gerade (so) ~** *umg* ir tirando
'hinkriegen VT *umg* lograr, conseguir; **das werden wir schon (wieder) ~** ya lo arreglaremos; **ich kriege es nicht hin** no me sale
'hinlänglich **A** ADJ suficiente, bastante **B** ADV suficientemente; (lo) bastante; **~ bekannt** suficientemente conocido
'hinlassen VT ⟨irr⟩ dejar ir (**zu** a); **hinlaufen** VI ⟨irr; sn⟩ correr (**zu a, hacia**)
'hinlegen **A** VT **1** poner, colocar, depositar; **j-m etw ~** poner a/c a alg; MIL **~!** ¡echarse!; ¡a tierra! **2** *umg* (*bezahlen*) poner **3** *umg fig* (*sehr gut machen*) bordar; hacer maravillosamente; **eine tolle Prüfung ~** *umg* bordar el examen; **einen tollen Tango ~** bailar maravillosamente un tango **B** VR **sich ~** echarse (**auf** *acus* en); tenderse (**auf** *acus* sobre); *zum Schlafen*: acostarse; **ich muss mich ein wenig ~** tengo que acostarme un rato, tengo que descansar un poco
'hinleiten, hinlenken VT **1** conducir (**zu** a); dirigir (**zu** a, hacia) **2** *fig* **das Gespräch auf etw** (*acus*) **~** hacer caer la conversación sobre a/c; **hinlümmeln** VR *umg* **sich ~** repantigarse; *umg* tumbarse a la bartola; **hinmetzeln, hinmorden** VT *geh* asesinar, matar
'hinnehmen VT ⟨irr⟩ tomar; aceptar; *fig* (*ertragen*) soportar; (*sich gefallen lassen*) aguantar; tolerar, consentir; (*zulassen*) admitir; *Kränkung* tragar(se); **etw geduldig** *od* **ruhig ~** tomar a/c con paciencia (*od* con calma); **etw als selbstverständlich ~** aceptar como normal a/c
'hinneigen **A** VI *fig* **zu etw ~** tender a, propender a **B** VR **sich ~ zu** inclinarse hacia
'hinnen ADV *obs* **von ~ gehen** irse, marcharse; *poet* (*sterben*) fallecer
'hinpassen VI *umg* caber (*a. Personen, Worte*); *fig* ir, pegar; **das Bild passt hier nicht hin** el cuadro no va aquí; **hinpflanzen** VR *umg fig* **sich ~** *umg* plantarse; ponerse en jarras; **hinpfuschen** VT *umg* chapucear; **hinplumpsen** VI ⟨sn⟩, *umg* **hinpurzeln** VI ⟨sn⟩ dar en el suelo; dar un batacazo; **hinraffen** VT *geh Tod* segar; arrebatar; **hinreichen** **A** VT dar; ofrecer; pasar; *die Hand* tender, alargar **B** VI **1** alcanzar, llegar **2** (*genügen*) bastar, ser suficiente; **hinreichend** ADJ → hinlänglich
'Hinreise F (viaje *m* de) ida *f*; **auf der ~** a la ida; **Hin- und Rückreise** (viaje de) ida y vuelta
'hinreisen VI ⟨sn⟩ ir allí
'hinreißen VT ⟨irr⟩ **1** (*begeistern*) arrebatar, entusiasmar, electrizar; **sich ~ lassen** arrebatarse; **von etw/j-m hingerissen sein** estar entusiasmado por a/c/alg; → *a.* hingerissen **2** (*verleiten*) **sich ~ lassen** dejarse llevar (**von** *dat* por, de); **sich zu einer Bemerkung ~ lassen** hacer una observación dejándose llevar
'hinreißend ADJ (*unwiderstehlich*) irresistible; fascinante; (*bezaubernd*) arrebatador, encantador; **~ aussehen** tener un aspecto irresistible
'hinrichten VT ejecutar; *auf dem elektrischen Stuhl*: electrocutar; **Hinrichtung** F ⟨~; ~en⟩ ejecución *f*; *auf dem elektrischen Stuhl*: electrocución *f*
'hinschaffen VT transportar (*od* trasladar) allí; **hinschauen** VI → hinsehen; **hinscheiden** VI ⟨irr; sn⟩ *geh* fallecer, expirar
'Hinscheiden N ⟨~s⟩ *geh* fallecimiento *m*, óbito *m*
'hinschicken VT enviar (allí); **hinschlachten** VT *geh* → hinmetzeln; **hinschlagen** VI ⟨irr; sn⟩ **1** (*zuschlagen*) dar un golpe (**gegen** contra) **2** *fig* (*hinfallen*) caer (al suelo); **der Länge nach** *od* **lang ~** *umg* caer redondo; **hinschleppen** **A** VT arrastrar **B** VR **sich ~** arrastrarse; *fig a.* prolongarse; **hinschludern** VT *umg* chapucear; chafallar; **hinschmeißen** VT ⟨irr⟩ *umg* **1** (*hinwerfen*) echar, arrojar; tirar (al suelo) **2** *fig* (*aufgeben*) abandonar, dejar; **alles ~** *umg* mandarlo todo a paseo; **hinschmieren** VT emborronar; *schreibend*: garrapatear; **hinschreiben** VT ⟨irr⟩ escribir; **rasch ~** escribir a vuela pluma; **hinschwinden** VI ⟨irr; sn⟩ desvanecerse; ir disminuyendo
'hinsehen VI ⟨irr⟩ mirar (**zu** hacia), fijarse (**zu** en); **zu j-m ~** *a.* mirar a alg; **genau ~** fijarse bien; **ohne hinzusehen** sin mirar; **ich kann (gar) nicht ~** no puedo mirarlo; **bei genauerem Hinsehen** bien mirado
hin sein → hin 6, 7, 8, 9
'hinsetzen **A** VT poner, colocar **B** VR **sich ~** sentarse, tomar asiento
'Hinsicht F ⟨~; ~en⟩ **in dieser ~** a este respecto; **in einer ~** en un sentido; **in gewisser ~** hasta cierto punto; en cierto modo; **in politischer ~** desde el punto de vista político; **in jeder ~** por todos conceptos, a todas luces;

in vieler ~ en muchos respectos; **in ~ auf** *(acus)* en cuanto a

'hinsichtlich PRÄP *(gen)* (con) respecto a; en cuanto a; en lo que toca (*od* concierne) a; en lo concerniente a

'hinsiechen VI ⟨sn⟩ *geh* languidecer, ir consumiéndose; **hinsinken** VI ⟨*irr*; sn⟩ caer, desplomarse; **tot ~** caer muerto

'Hinspiel N SPORT partido *m* de ida

'hinstellen A VT 1 colocar, poner 2 *fig* **~ als** declarar por; presentar como; *(bezeichnen)* tachar, tildar de B VR **sich ~** *an e-e Stelle*: ponerse, colocarse; **sich hinten ~** ponerse detrás; **sich vor j-n/etw ~** ponerse (*od umg* plantarse) delante de alg/a/c

'hinsteuern VI dirigirse (**auf** *acus* hacia, a); *fig* tender (**auf** *acus* a); aspirar (**auf** *acus* a); **hinstreben** VI **~ nach** tender a; aspirar a; **hinstrecken** A VT 1 *Hand etc* tender, alargar 2 *(niederstrecken)* derribar B VR **sich ~** tenderse; tumbarse, echarse; **hinströmen** VI afluir (**nach** hacia); acudir en masa; **hinstürzen** VI ⟨sn⟩ 1 *(fallen)* caer (al suelo) 2 *(eilen)* precipitarse (**nach** hacia)

hint'ansetzen VT *geh* *(zurückstellen)* postergar, posponer; *(vernachlässigen)* desatender; dejar a un lado; **Hintansetzung** F ⟨~⟩ negligencia *f*, descuido *m*; **mit** *od* **unter ~ von** en menoscabo de; desatendiendo; sin consideración a; **hintanstellen** VT → hintansetzen; **Hintanstellung** F ⟨~⟩ → Hintansetzung

'hinten ADV 1 *räumlich*: detrás, atrás; en la parte posterior (*od* trasera); *(im Hintergrund)* al fondo, en el fondo; **~ stehen** *in e-m Raum*: estar al fondo; **sich ~ anschließen** ponerse a la cola; MIL cerrar la marcha; **~ im Saal** al fondo de la sala; **nach ~** hacia (*od umg* para) atrás; hacia el fondo; SCHIFF a popa; **nach ~ gelegen** *Zimmer* que da a la parte trasera; que no da a la calle; **von ~** por detrás; por atrás; **von ~ angreifen** atacar por la espalda; **weiter ~** más atrás 2 *(am Ende)*, *in e-r Reihe*: al final; a la cola; **~ stehen** *in e-r Reihe*: estar al final (*od* a la cola); **~ im Buch** al final del libro; **~ im Zug** en el vagón de cola; **weiter ~** *im Buch*: más adelante, más abajo; **von ~ anfangen** comenzar por el final (*od* por detrás) 3 *umg fig* **das stimmt ~ und vorne nicht** *umg* eso no tiene ni pies ni cabeza; *umg fig* **es reicht ~ und vorne nicht** *finanziell*: no alcanza para nada; *umg* **j-n am liebsten von ~ sehen** no poder soportar a alg

hinten'an ADV detrás, a (*od* en) la zaga; a la cola; al fin(al); **~ stehen/stellen** estar/poner detrás; **hinten'drauf** ADV *umg* atrás; **j-m ein paar ~ geben** dar un par de azotes a alg

'hintenherum ADV 1 *räumlich*: por detrás 2 *umg fig* *(heimlich)* clandestinamente; **etw ~ erfahren** enterarse extraoficialmente de a/c; **etw ~ bekommen** conseguir a/c a escondidas *od* secretamente (*od umg* de estraperlo) 3 *(betrügerisch)* fraudulentamente

hinten'nach ADV → hinterher; **hinten'über** ADV *(nach hinten)* hacia atrás; *(rücklings)* de espaldas; boca arriba; **hintenüberfallen** caer hacia atrás

'hinter PRÄP 1 *Lage*: ⟨*dat*⟩ detrás de; **~ j-m stehen** estar detrás de alg; *fig* apoyar (*od* respaldar) a alg; *fig* **j-n ~ sich haben** estar apoyado por alg, contar con el respaldo de alg; **die Tür ~ sich zumachen** cerrar la puerta tras de sí 2 *Richtung*: ⟨*acus*⟩ detrás de; tras (*a. Reihenfolge*); *fig* **~ etw kommen** *(entdecken)* descubrir a/c; *(verstehen)* (acabar por) comprender a/c 3 *zeitlich*: ⟨*dat*⟩ después de; *auf e-r Fahrt*: **gleich ~ Köln** poco después de Colonia; **etw ~ sich** *(acus)* **bringen** acabar con a/c; **etw ~ sich** *(dat)* **haben** *(beendet haben)* haber terminado a/c; **das Schlimmste haben wir ~ uns** ya hemos pasado lo más difícil (*od* lo peor); **wir haben schon 1000 Kilometer ~ uns** ya llevamos mil kilómetros 4 *mit lassen*: ⟨*dat*⟩ **~ sich lassen** dejar atrás; dejar tras de sí; *fig* **j-n ~ sich lassen** adelantarse a alg; aventajar a alg; dejar rezagado a alg 5 *mit her*: ⟨*dat*⟩ **~ j-m her sein** andar tras alg; perseguir (*bzw* buscar) a alg; seguir la pista a alg; **~ etw her sein** ir (*od* andar) tras (*od* detrás de) a/c; tratar de conseguir a/c; *fig* *(sich kümmern)* cuidar mucho de a/c; **etw ~ j-m herrufen** gritar a/c detrás de alg; *Schmeichelei* piropear a alg

'Hinterachse F eje *m* trasero; **Hinteransicht** F vista *f* por detrás; **Hinterausgang** M salida *f* trasera; **Hinterbacke** F nalga *f*; **Hinterbänkler** M ⟨~s; ~⟩, **Hinterbänklerin** F ⟨~; ~nen⟩ POL diputado *m*, -a *f* sin cargo especial

'Hinterbein N pata *f* trasera; **sich auf die ~e stellen** *Pferd* encabritarse; *fig* enseñar los dientes

Hinter'bliebene M/F ⟨~n; ~n; → A⟩ superviviente *m/f*; JUR supérstite *m/f*; *pl* deudos *mpl*; **die trauernden ~n** la familia del difunto

Hinter'bliebenenrente F pensión *f* de(l) superviviente; pensión *f* pagada a los deudos; **Hinterbliebenenversorgung** F pensión *f* (*od* haberes pasivos *mpl*) de supérstite

Hinter'bliebener M → Hinterbliebene

hinter'bringen VT ⟨*irr*; *ohne* ge-⟩ **j-m etw ~** informar a alg secretamente sobre a/c; denunciar (*od* delatar) a/c a alg; **Hinter'bringer** M ⟨~s; ~⟩, **Hinter'bringerin** F ⟨~; ~nen⟩ denunciante *m/f*; delator *m*, -a *f*

'Hinterdeck N SCHIFF cubierta *f* de popa

hinter'drein ADV → hinterher

'hintere(r, -s) ADJ de atrás; *bes Körperteile*: posterior, trasero; **die ~n Reihen** las últimas filas

hinterein'ander ADV 1 *räumlich*: uno detrás de otro, uno tras otro; sucesivamente; **sich ~ aufstellen** colocarse en fila 2 *zeitlich*: uno después de otro; seguidos; **drei Tage ~** tres días seguidos (*od* sucesivos *od* consecutivos); **viermal ~** cuatro veces seguidas 3 *(abwechselnd)* por turno 4 TECH **~ anordnen** disponer en serie (*od* en tándem); ELEK **~ schalten** conectar en serie

hinterein'anderfahren VI ⟨*irr* sn⟩ viajar uno detrás de otro; **hintereinandergehen** VI ⟨*irr* sn⟩ ir en fila (india)

Hinterein'anderschaltung F ELEK conexión *f* en serie

hinterein'anderstehen VI ⟨*irr*⟩ estar en fila

'Hintereingang M entrada *f* de servicio

'hinterfotzig ADJ *sl* con mala uva, con mala leche

hinter'fragen VT indagar

'Hinterfront F ARCH fachada *f* posterior; **Hinterfuß** M pata *f* trasera; **Hintergebäude** N edificio *m* trasero; **Hintergedanke** M segunda intención *f*; **ohne ~n** sin reserva; de buena fe

hinter'gehen VT ⟨*irr*; *ohne* ge-⟩ engañar; embaucar; burlar; **Hintergeh'ung** F ⟨~; ~en⟩ engaño *m*; superchería *f*; burla *f*

Hinter'glasmalerei F pintura *f* en el dorso de un cristal

'Hintergrund M 1 *räumlich*: fondo *m* (*a.* MAL); THEAT *a.* foro *m*; FOTO, *fig* segundo plano *m*; **im ~** en segundo plano; **sich im ~ halten** *od* **im ~ bleiben** mantenerse en la sombra (*od* en un segundo plano); *fig* **im ~ haben** tener en reserva; **in den ~ treten** pasar a segundo término (*od* plano); perder importancia; **in den ~ drängen** relegar a segundo término (*od* plano) 2 *fig* *(Grund, Ursache)* trasfondo *m*, telón *m* de fondo; **die Hintergründe** *pl* los trasfondos, el telón de fondo; *weitS.* las causas secretas

'hintergründig ADJ *fig* profundo; recóndito; *(rätselhaft)* enigmático; **~er Humor** humor *m* soterrado

'Hintergrundinformation F información *f* de trasfondo (**über** *acus* sobre); **Hintergrundmusik** F música *f* de fondo (*bzw* ambiental), fondo *m* musical

'Hinterhalt M ⟨~(e)s; ~e⟩ 1 emboscada *f*; celada *f*; asechanza *f*; **aus dem ~** por la espalda; **in einen ~ geraten** *od* **fallen** caer en una emboscada; **im ~ liegen** estar emboscado (*od* en acecho); **j-n in einen ~ locken** hacer caer a alg en una trampa 2 *obs* *(Rückhalt)* **ohne ~** sin reserva

'hinterhältig ADJ insidioso; disimulado; reticente; alevoso; **Hinterhältigkeit** F ⟨~; ~en⟩ insidia *f*; disimulo *m*; alevosía *f*

'Hinterhand F 1 *Pferd*: cuarto *m* trasero 2 *Kartenspiel*: **die ~ haben** *od* **in der ~ sitzen** ser trasmano 3 *fig* **etw in der ~ haben** tener a/c guardada

'Hinterhaus N edificio *m* trasero

hinter'her ADV 1 *zeitlich*: después; luego, más tarde; posteriormente; *fig* **mit** *od* **in etw** *(dat)* **~ sein** ir con retraso en a/c 2 *räumlich*: detrás (*a. Rangfolge*); a la zaga 3 *fig* **(sehr) ~ sein, dass** estar (muy) empeñado en que *(subj)*

hinter'herfahren VI ⟨*irr*; sn⟩ ir detrás (*od* seguir) en vehículo; **hinterhergehen** VI ⟨*irr*; sn⟩ ir detrás; seguir; *als Letzter*: ir a la cola, ir en (*od* a la) zaga; **hinterherhinken** VI ⟨sn⟩ seguir (cojeando) (**hinter etw/j-m** a/c/a alg); *fig* ir con retraso (**hinter** *dat* en); **hinterherkommen** VI ⟨*irr*; sn⟩ venir detrás; **hinterherlaufen** VI ⟨*irr*; sn⟩ **j-m/einer Sache ~** ir (*od* correr) detrás de alg/a/c (*a. umg fig*); perseguir a alg/a/c; **hinterherschicken** VT enviar después

'Hinterhof M patio *m* (trasero); **Hinterkopf** M ANAT occipucio *m*; *umg* **etw im ~ haben** tener a/c en mente; **Hinterlader** M MIL fusil *m* de retrocarga; **Hinterland** N ⟨~(e)s⟩ zona *f* interior, interior *m* del país; *bes* POL hinterland *m*

hinter'lassen VT ⟨*irr*; *ohne* ge-⟩ dejar; *testamentarisch*: legar; **Nachricht ~** dejar aviso (*od* recado) de; **~e Werke** obras *fpl* póstumas

Hinter'lassenschaft F ⟨~; ~en⟩ JUR bienes *mpl* relictos; *(Erbteil)* herencia *f*, legado *m*, sucesión *f*; **Hinterlassung** F ⟨~⟩ **unter ~ großer Schulden** dejando muchas deudas

'hinterlastig ADJ FLUG pesado de cola; SCHIFF pesado de popa

'Hinterlauf M JAGD pata *f* trasera

hinter'legen VT ⟨*ohne* ge-⟩ depositar; JUR consignar (*a. Gepäck*); **hinterlegter Gegenstand** *od* **Betrag** depósito *m*; **als Pfand ~** dar en prenda

Hinter'leger M ⟨~s; ~⟩, **Hinterlegerin** F ⟨~; ~nen⟩ depositante *m/f*; **Hinterlegung** F ⟨~; ~en⟩ depósito *m*; consignación *f*; **gegen ~ von** contra depósito de; **Hinterlegungsschein** M resguardo *m* de depósito

'Hinterleib M *Insekten*: abdomen *m*

'Hinterlist F insidia *f*; superchería *f*; perfidia *f*; JUR alevosía *f*; *(Verschlagenheit)* astucia *f*; **hinterlistig** ADJ insidioso; pérfido; traidor; *(tückisch)* alevoso; *(betrügerisch)* engañoso, falso; *(verschlagen)* astuto; artero, ladino

'hinterm *umg* = **hinter dem**: → hinter

'Hintermann M ⟨~(e)s; ¨er⟩ 1 el que está detrás; el que sigue; MIL soldado *m* que cierra fila; HANDEL endosante *m* posterior; SPORT zaguero *m*, defensa *m* 2 *fig* *(Drahtzieher)* instigador *m* (oculto); maquinador *m*; **Hinter-**

mannschaft F SPORT defensa *f*
Hinter'mauerung F ARCH mampostería *f* de relleno
'hintern *umg* = **hinter den**; → hinter
'Hintern M ⟨~s; ~⟩ *umg* trasero *m*, *sl* culo *m*; **j-m den ~ versohlen** dar a alg unos azotes; **j-m in den ~ treten** dar a alg una patada en el culo; **sich auf den ~ setzen** *(hinfallen)* dar (*od* caer) de culo; *fig (büffeln)* empollar; *sl fig* **j-m in den ~ kriechen** *sl* lamer a alg el culo
'Hinterpforte F → Hintertür; **Hinterpfote** F pata *f* trasera; **Hinterpommern** N Pomerania *f* Ulterior
'Hinterrad N rueda *f* trasera; **Hinterradantrieb** M tracción *f* trasera; **Hinterradaufhängung** F suspensión *f* trasera; **Hinterradbremse** F freno *m* de la rueda trasera
'Hinterreihe F fila *f* de atrás; última fila *f*
'hinterrücks ADV por detrás; por la espalda; *fig* con alevosía; a traición
'hinters *umg* = **hinter das**; → hinter
'Hinterschiff N SCHIFF popa *f*; **Hinterschinken** M GASTR jamón *m* (de las patas traseras); **Hinterseite** F parte *f* trasera (*od* de atrás); lado *m* posterior; *(Kehrseite)* reverso *m*; revés *m*; **Hintersinn** M sentido *m* oculto; *bei Äußerungen*: sobreentendido *m*; **hintersinnig** ADJ de doble sentido, ambiguo; **Hintersitz** M asiento *m* trasero (*a.* AUTO)
'hinterste(r, -s) ADJ más lejano; extremo; *(letzter)* último; **in der ~n Reihe** en la última fila
'Hintersteven M SCHIFF codaste *m*
'Hinterteil N **1** parte *f* trasera (*od* posterior); SCHIFF popa *f* **2** *umg (Hintern)* trasero *m*; posaderas *fpl*; **Hintertreffen** N *fig* **ins ~ kommen** *od* **geraten** perder terreno; ser relegado a un segundo plano; ir a la zaga
hinter'treiben VT ⟨*irr; ohne* ge-⟩ hacer fracasar, frustrar; torpedear, contrarrestar
'Hintertreppe F escalera *f* de servicio; **Hintertreppenroman** M novela *f* rosa; novelón *m*; **Hintertür** F puerta *f* trasera; puerta *f* de servicio (*a. fig*); *fig* (puerta *f* de) escape *m*, escapatoria *f*; → *a* Hintertürchen; **Hintertürchen** N ⟨~s; ~⟩ *fig* **sich** *(dat)* **ein ~ offen halten** prepararse una salida; **Hinterwäldler** M ⟨~s; ~⟩, **Hinterwäldlerin** F ⟨~; ~nen⟩ *fig pej* provinciano *m*, -a *f*
hinter'ziehen VT ⟨*irr; ohne* ge-⟩ JUR defraudar; **Steuern ~** defraudar a Hacienda; **Hinterziehung** F ⟨~; ~en⟩ *v. Steuern*: defraudación *f*, fraude *m*
'Hinterzimmer N habitación *f* de atrás; *e-s Ladens*: trastienda *f*
'hintragen VT ⟨*irr*⟩ llevar a; **hinträumen** VI **vor sich** *(acus)* **~** soñar despierto; **hintreten** VI ⟨*irr; sn*⟩ **vor j-n ~** presentarse ante alg; **hintun** VT ⟨*irr*⟩ *umg* poner, colocar
hi'nüber ADV **1** al (*od* hacia el) otro lado; hacia allá; al lado opuesto; **über … ~** por encima de … **2** *umg* **~ sein** *(kaputt)* estar estropeado (*od* cascado); *(verdorben)* estar pasado; *(tot)* estar muerto; *(bewusstlos)* estar ido
hi'nüberblicken VI mirar al (*od* hacia el) otro lado; **zu j-m ~** dirigir la mirada a alg; **hinüberbringen** VT ⟨*irr*⟩ transportar (*od* llevar) al otro lado
hi'nüberfahren ⟨*irr*⟩ **A** VT trasladar (*od* llevar) a; **j-n/etw über den Fluss ~** pasar a alg/a/c al otro lado del río **B** VI ⟨sn⟩ pasar al otro lado; **(über einen Fluss/eine Brücke) ~** atravesar (un río/un puente); **~ zu** *od* **nach** pasar a
hi'nüberführen VT conducir (*od* llevar) al otro lado
hi'nübergehen VI ⟨*irr; sn*⟩ ir (*od* pasar) al otro lado (**über etw** *acus* de a/c); *(überqueren)* cruzar, atravesar (**über etw** *acus* a/c); **auf die andere Seite ~** pasar al otro lado
hi'nüberkommen VI ⟨*irr; sn*⟩ **1** *auf die andere Seite*: pasar al otro lado **2** *über ein Hindernis*: poder pasar por encima (**über etw** *acus* de a/c) **3** *umg (besuchen)* ir a ver (*od* a visitar) (**zu j-m** a alg); **hinüberlassen** VT ⟨*irr*⟩ dejar pasar al otro lado; **hinüberreichen** **A** VT **j-m etw ~** pasar a/c a alg **B** VI **1** *(sich erstrecken)* extenderse, prolongarse (**bis** hasta) **2** *(lang genug sein)* alcanzar (**bis** hasta); **hinüberschaffen** VT → hinüberbringen; **hinüberschwimmen** VI ⟨*irr; sn*⟩ cruzar (*od* atravesar) a nado; **hinübersetzen** **A** VT trasladar enfrente; llevar al otro lado **B** VI pasar (*od* trasladarse) al otro lado de; *(überqueren)* cruzar, atravesar; **hinüberspringen** VI ⟨*irr; sn*⟩ saltar al otro lado; **über etw** *acus* **~** saltar por encima de a/c; **über einen Graben ~** saltar una zanja; **hinübersteigen** VI ⟨*irr; sn*⟩ pasar por encima; **~ über** subir por encima de; *Gebirge* atravesar; **hinübertragen** VT ⟨*irr*⟩ llevar (*od* trasladar) al otro lado; **hinüberwechseln** VI pasar (**zu** a); pasar al otro lado; **zu einer anderen Partei ~** cambiar a otro (*od* de) partido; **hinüberwerfen** VT ⟨*irr*⟩ tirar (*od* arrojar) al otro lado; echar por encima; **hinüberziehen** ⟨*irr*⟩ **A** VT tirar hacia el otro lado **B** VI ⟨sn⟩ ir (*od* trasladarse *od* pasar) al otro lado
hin und her → hin 3
'Hin- und 'Herbewegung F vaivén *m*
'hin- und 'hergehen VI ⟨*irr; sn*⟩ ir de un lado a otro
'Hin- und 'Hergerede N **das ~** los dimes y diretes
'Hin- und 'Rückfahrt F (viaje *m* de) ida *f* y vuelta; **Hin- und Rückflug** M (vuelo *m* de) ida *f* y vuelta; **Hin- und Rückweg** M (camino *m* de) ida *f* y vuelta
hi'nunter ADV abajo, hacia (*od umg* para) abajo; **da ~** bajando por allí; **da** *od* **dort ~!** ¡ahí abajo!; ¡baje usted por allí!; **den Fluss ~** río abajo, bajando el río; **die Straße ~** bajando la calle, calle abajo; **bis ins Tal ~** hasta el valle; **die Treppe ~** escalera abajo, bajando la escalera; **~ ging die Fahrt sehr schnell** el descenso fue muy rápido; **~ mit ihm!** ¡abajo (con él)!
hi'nunterblicken VI mirar (hacia) abajo; **hinunterbringen** VT ⟨*irr*⟩ **j-n ~** acompañar a alg (hasta) abajo; **etw ~** bajar a/c; **hinunterfahren** VI & VT ⟨*irr; sn*⟩ bajar; **hinunterfallen** VI ⟨*irr; sn*⟩ caer (al suelo *od* a tierra); **die Treppe ~** caerse por la escalera; **hinunterführen** **A** VT conducir (*od* llevar) abajo **B** VI *Treppe, Weg etc* conducir abajo; **hinuntergehen** VI ⟨*irr; sn*⟩ bajar; **hinuntergießen** VT ⟨*irr*⟩ verter; → *a* hinunterkippen; **hinunterkippen** VT *umg Getränk* beber de un trago; **einen Schnaps** *etc* **~** beberse un chupito de un trago *etc*; **hinunterlassen** VT ⟨*irr*⟩ bajar; **j-n ~** hacer bajar a alg; **hinunterreichen** **A** VT tender hacia abajo **B** VI **~ bis** llegar hasta abajo; **hinunterschauen** VI mirar hacia abajo; **hinunterschlingen** VT ⟨*irr*⟩ tragar, engullir, *umg* soplarse; **hinunterschlucken** VT tragar (*a. fig*); **hinuntersehen** VI ⟨*irr*⟩ mirar hacia abajo; **hinunterspringen** VI ⟨*irr; sn*⟩ saltar (**von** de); **hinunterspülen** VT **1** *im Ausguss, WC*: verter **2** *umg Bissen etc* tragar con ayuda de agua *etc* **3** *fig Kummer, Ärger* ahogar; **hinuntersteigen** VI ⟨*irr; sn*⟩ bajar; **den Berg ~** bajar el (*od* del) monte
hi'nunterstürzen **A** VT **1** precipitar; *Person* arrojar (**von** de) **2** *umg fig Getränk* beber de un trago **B** VI ⟨sn⟩ *(hinunterfallen)* precipitarse, caerse (**von** de) **C** VR **sich ~** arrojarse, tirarse; **sich von einem Turm ~** tirarse desde una torre
hi'nuntertragen VT ⟨*irr*⟩ llevar abajo, bajar; **hinunterwerfen** VT ⟨*irr*⟩ tirar, arrojar (hacia abajo); **hinunterwürgen** VT tragar (a duras penas)
'hinwagen VR **sich ~** atreverse a ir allá
hin'weg ADV **1** *geh* **~ (mit dir)!** ¡fuera (contigo)!; **~ mit euch!** ¡quitaos de ahí!; **~ mit ihm!** ¡fuera con él!, ¡que lo echen! **2** *räumlich*: **über etw** *(acus)* **~** por encima de a/c; *fig* **über unsere Köpfe/uns ~** por encima de nuestras cabezas/de nosotros **3** *zeitlich*: **über Jahre ~** durante años **4** *fig* **ich bin darüber ~** ya no me preocupa eso
'Hinweg M ida *f*; **auf dem ~** a la ida, en el viaje de ida
hin'wegbringen VT ⟨*irr*⟩ **j-n über eine Schwierigkeit ~** ayudar a alg a salir de una situación difícil; **hinweggehen** VI ⟨*irr; sn*⟩ irse; **über etw** *(acus)* **~** pasar por encima de a/c; *fig* pasar por alto a/c; **hinweghelfen** VI ⟨*irr*⟩ **j-m über etw** *(acus)* **~** animar (*od* ayudar) a alg a superar a/c
hin'wegkommen VI ⟨*irr; sn*⟩ **über etw** *(acus)* **~** superar a/c, consolarse de a/c; **er kommt nicht darüber hinweg** no lo puede olvidar
'hin'wegraffen VT *geh* arrebatar; segar; **hinwegsehen** VI ⟨*irr*⟩ **über etw** *(acus)* **~** mirar por encima de a/c; *fig* no hacer caso de a/c, *umg* hacer la vista gorda sobre a/c; **hinwegsetzen** VR **sich über etw** *(acus)* **~** pasar por encima de a/c, no hacer caso de a/c; *über Vorschriften etc: umg* saltarse a la torera a/c; **hinwegspringen** VI ⟨*irr; sn*⟩ **über etw** *(acus)* **~** saltar por encima de a/c
hin'wegtäuschen **A** VT **j-n über etw** *(acus)* **~** engañar a alg en a/c; **das täuscht darüber hinweg, dass …** eso hace olvidar que … **B** VR **sich über etw** *(acus)* **~** hacerse ilusiones sobre a/c
'Hinweis M ⟨~es; ~e⟩ **1** *allg* indicación *f* (**auf** *acus* de); *(Anspielung)* alusión *f* (**auf** *acus* a); *(Warnung)* advertencia *f* **2** *(Bemerkung)* observación *f* **3** *(Bezug)* referencia *f* (**auf** *acus* a); **unter ~ auf** *(acus)* con referencia a, refiriéndose a
'hinweisen ⟨*irr*⟩ **A** VT **j-n auf etw** *(acus)* **~** advertir (*od* indicar) a/c a alg; llamar la atención de alg sobre a/c **B** VI **auf etw** *(acus)* **~** indicar a/c, señalar a/c; *(verweisen)* remitir a a/c; *(anspielen)* aludir (*od* hacer alusión) a a/c; *nachdrücklich*: hacer hincapié en a/c; **ich weise darauf hin, dass …** advierto que …, señalo que …
'hinweisend ADJ GRAM demostrativo
'Hinweisschild N rótulo *m* indicador; **Hinweistafel** F tablón *m* de anuncios; **Hinweiszeichen** N *Verkehr*: señal *f* informativa
'hinwenden VR **sich zu j-m ~** volverse hacia alg; *fig* **ich weiß nicht, wo ich mich ~ soll** no sé a quién dirigirme
'hinwerfen ⟨*irr*⟩ **A** VT **1** echar, arrojar; tirar; *Wort* dejar caer **2** *fig Zeichnung* bosquejar, esbozar **3** *umg fig Arbeit etc* abandonar **B** VR **sich ~** echarse al suelo; **sich vor j-m ~** echarse a los pies de alg
hin'wieder(um) ADV *obs* en cambio; *zeitlich*: de nuevo
'hinwirken VI **auf etw** *(acus)* **~** intentar conseguir a/c; **hinwollen** VI ⟨*irr*⟩ querer ir allá; **wo willst du hin?** ¿adónde quieres ir?
Hinz M *umg* **~ und Kunz** fulano y zutano
'hinzählen VT contar; **hinzeigen** VI **auf etw** *(acus)* **~** señalar a/c, indicar a/c, apuntar a/c (con el dedo)
'hinziehen ⟨*irr*⟩ **A** VT **1** *zeitlich*: atrasar, de-

morar, *umg* dar largas a **2** *fig* **ich fühle mich zu ihm hingezogen** me siento atraído por él **B** VI ⟨sn⟩ *(sich niederlassen)* ir a establecerse *(od* a vivir) allí; **wo ist sie hingezogen** ¿adónde se ha ido a vivir? **C** VR **sich ~ 1** *(erstrecken)* extenderse (**bis nach** hasta) **2** *zeitlich:* prolongarse; retardarse; tardar mucho; *umg* ir para largo

'hinzielen VI *fig* **~ auf** *(acus)* poner la mira en, aspirar a; *Sache* tender a

hin'zu ADV a eso, a ello; *(außerdem)* además; aparte *(od* fuera) de esto *bzw* ello; **hinzubekommen** VT ⟨irr; ohne ge-⟩ recibir además *(od* por añadidura); **hinzudenken** VT ⟨irr⟩ añadir mentalmente; sobre(e)ntender; **hinzudichten** VT inventar; añadir por su cuenta; **hinzufügen** VT añadir, agregar (**zu** a); **Hinzufügung** F ⟨~; ~en⟩ adición *f*, añadidura *f*; **hinzugehören** VI ⟨ohne ge-⟩ **~ zu** pertenecer a; formar parte de; **hinzugesellen** VR ⟨ohne ge-⟩ **sich ~** juntarse (**zu** con)

hin'zukommen VI ⟨irr; sn⟩ **1** *(sich anschließen)* juntarse (**zu** a), reunirse (**zu** con); agregarse (**zu** a) **2** *unvermutet:* sobrevenir *(a.* MED *Komplikation)* **3 es kommt noch hinzu, dass ...** (a ello) hay que añadir que ...

hin'zurechnen VT añadir, agregar (**zu** a); incluir (**zu** en); **hinzusetzen** VT añadir, agregar (**zu** a); poner (**zu** con); **hinzutreten** VI ⟨irr; sn⟩ → hinzukommen; **hinzutun** VT ⟨irr⟩ → hinzufügen; **hinzuzählen** VT añadir; incluir en

hin'zuziehen VT ⟨irr⟩ *(einbeziehen)* incluir; *Arzt etc* consultar; **Hinzuziehung** F ⟨~; ~en⟩ *(Einbeziehung)* inclusión *f*; *e-s Arztes:* consulta *f*; **unter ~ eines Arztes** consultando un médico

'Hiob M *Bibel:* Job *m*; **Hiobsbotschaft** F mala noticia *f*; noticia *f* funesta

hip [hɪp] ADJ *umg* a la última; muy fashion; **ein ~pes Design/Outfit** un diseño/una imagen a la última; **das ist ~** eso es muy fashion

'Hip-Hop M ⟨~s⟩ MUS hip-hop *m*

'Hippe F ⟨~; ~n⟩ AGR podadera *f*

'Hippie M ⟨~s; ~s⟩ hippie *m*

Hippo'drom M ⟨~s; ~e⟩ hipódromo *m*; **hippo'kratisch** ADJ MED **~er Eid** juramento *m* hipocrático

Hirn N ⟨~(e)s; ~e⟩ cerebro *m (a. fig Person)*; GASTR *u. fig* sesos *mpl*

'Hirn... IN ZSSGN → *a.* Gehirnblutung *etc*; **Hirnanhangdrüse** F ANAT hipófisis *f*, (glándula *f*) pituitaria *f*; **Hirngespinst** N quimera *f*; fantasmagoría *f*; *(abwegige Idee)* idea *f* descabellada; **Hirnhaut** F ANAT meninge *f*; **Hirnhautentzündung** F MED meningitis *f*; **Hirnholz** N TECH madera *f* frontal *(od* de testa)

'hirnlos ADJ *fig* aturdido; destornillado

'Hirnmasse F ANAT masa *f* encefálica; **Hirnschale** F ANAT cráneo *m*; **Hirntod** M MED muerte *f* cerebral

'hirnverbrannt ADJ *umg* disparatado, descabellado; *umg* loco de atar

Hirsch M ⟨~es; ~e⟩ ZOOL ciervo *m*; GASTR *u. weitS.* venado *m*

'Hirschbraten M asado *m* de ciervo; **Hirschfänger** M JAGD cuchillo *m* de monte; **Hirschgeweih** N cuernos *mpl (od* cornamenta *f)* de(l) ciervo; **Hirschhornsalz** N CHEM carbonato *m* amónico; **Hirschjagd** F caza *f* de venado; **Hirschkäfer** M ZOOL ciervo *m* volante; **Hirschkalb** N ZOOL cervato *m*; **Hirschkeule** F GASTR pierna *f* de venado; **Hirschkuh** F ZOOL cierva *f*; **Hirschleder** N piel *f* de ciervo *(od* venado)

'Hirse F ⟨~⟩ mijo *m*; **Hirsebrei** M papilla *f* *(od* gachas *fpl)* de mijo; **Hirsekorn** N grano *m* de mijo

Hirt M ⟨~en; ~en⟩, **'Hirte** M ⟨~n; ~n⟩ pastor *m (a. fig)*; REL **der Gute ~e** el Buen Pastor

'Hirtenamt N KATH funciones *fpl* pastorales; **Hirtenbrief** M KATH (carta *f*) pastoral *f*; **Hirtendichtung** F LIT poesía *f* bucólica; **Hirtenflöte** F caramillo *m*; zampoña *f*; **Hirtengedicht** N LIT poema *m* pastoril; bucólica *f*; égloga *f*; pastorela *f*; **Hirtenhund** M perro *m* pastor; **Hirtenknabe** M pastorcillo *m*, *sp* zagal *m*; **Hirtenlied** N canción *f* pastoril; **Hirtenmädchen** N pastorcilla *f*, *sp* zagala *f*; **Hirtenroman** M LIT novela *f* pastoril; **Hirtenspiel** N LIT, THEAT pastoral *f*, drama *m* bucólico; **Hirtenstab** M cayado *m*; REL báculo *m* (pastoral); **Hirtentasche** F zurrón *m*; **Hirtentäschel** N ⟨~s; ~⟩, **Hirtentäschelkraut** N BOT bolsa *f* de pastor; **Hirtenvolk** N pueblo *m* nómada *(od* de pastores)

'Hirtin F ⟨~; ~nen⟩ pastora *f*; **junge ~** pastorcilla *f*, *sp* zagala *f*

his, His N ⟨~; ~⟩ MUS si *m* sostenido

His'bollah F ⟨~⟩ Hezbolá *f*, Hizbulah *f*; **Hisbollahkämpfer** M, **Hisbollahkämpferin** F combatiente *m/f* del Hezbolá

His'panien N ⟨~s⟩ HIST Hispania *f*; **hispanisch** ADJ hispánico

Hispa'nist M ⟨~en; ~en⟩, **Hispanistin** F ⟨~; ~nen⟩ hispanista *m/f*

Hispanoa'merika N Hispanoamérica *f*

'hissen VT *bes* SCHIFF izar, enarbolar

'Hisstau N SCHIFF driza *f*

Histolo'gie F ⟨~⟩ MED histología *f*; **histo'logisch** ADJ histológico

His'törchen N ⟨~s; ~⟩ *hum* historieta *f*; anécdota *f*

His'torie [-riə] F ⟨~; ~n⟩ historia *f*

His'torienmaler M, **Historienmalerin** F pintor *m*, -a *f* de historia

His'toriker M ⟨~s; ~⟩, **Historikerin** F ⟨~; ~nen⟩ historiador *m*, -a *f*

Historio'graf M, **Historio'graph** M ⟨~en; ~en⟩, **Historiografin** F ⟨~; ~nen⟩ historiógrafo *m*, -a *f*

his'torisch ADJ histórico

Hit M ⟨~s; ~s⟩ **1** MUS, *fig* éxito *m*, hit *m*; *fig* **das war der ~** eso era el novamás **2** HANDEL éxito *m* de ventas; **Hitliste** F lista *f* de éxitos; **Hitparade** F MUS lista *f* de éxitos (musicales); hit-parade *m*

'Hitze F ⟨~⟩ **1** *(Wärme)* calor *m (a. fig)*; *(Glut)* ardor *m (a. fig)*; MED **fliegende ~** sofoco *m*; **bei dieser ~** con este calor; GASTR **bei schwacher ~** a fuego lento; a horno suave; **in ~ geraten** acalorarse **2** *fig (Eifer, Heftigkeit)* impetuosidad *f*; fogosidad *f*; vehemencia *f*; **in der ~ des Gefechts** en el acaloramiento de la discusión; **j-n in ~ bringen** *(erregen)* irritar a alg; *(aufbringen)* enfurecer a alg

Hitzeausschlag M MED eritema *m* solar

'hitzebeständig ADJ refractario; resistente al calor; a prueba de calor; **Hitzebeständigkeit** F resistencia *f* al calor

'Hitzebläschen N MED vesícula *f* eritematosa

'hitzeempfindlich ADJ sensible al calor, termosensible; **Hitzeempfindlichkeit** F sensibilidad *f* al calor

'Hitzeferien PL vacaciones *fpl* caniculares; **hitzefrei** ADJ SCHULE **~ haben** tener libre (de clase) por el calor; **Hitzegrad** M grado *m* de calor; **Hitzeperiode** F período *m* de calor; **Hitzepickel** MPL MED pústulas *fpl* eritematosas; **Hitzeschild** M *Raumfahrzeug:* escudo *m* térmico; **Hitzewelle** F ola *f* de calor; MED llamarada *f* (de calor)

'hitzig ADJ **1** *(heiß)* caliente; *(glühend)* ardiente *(a. fig)*; *(feurig)* fogoso **2** *Diskussion* acalorado, violento; *Gefecht, Wettkampf* reñido **3** *Person (leidenschaftlich)* apasionado; *(ungestüm)* impetuoso, vehemente; *(jähzornig)* colérico, irascible; **~ sein** ser vivo de genio; **~ werden** acalorarse; apasionarse; encolerizarse; **(nur) nicht so ~!** ¡despacito!, ¡no te sulfures!

'Hitzkopf M (hombre *m*) colérico *m od* irascible; **hitzköpfig** ADJ colérico; irascible; **~ sein** *a.* ser vivo de genio; **Hitzschlag** M insolación *f*

HIV N ABK (human immunodeficiency virus) → HI-Virus; **HIV-Infektion** F infección *f* (por) VIH

HI-Virus M, N VIH *m* (Virus de Inmunodeficiencia Humana); virus *m* del sida

HIV-negativ ADJ seronegativo; **HIV-positiv** ADJ seropositivo; **HIV-Test** M prueba *f* de VIH

hl ABK (Hektoliter) hectolitro *m*

hl. ABK (heilig) santo

Hl. ABK (Heiliger, Heilige) San, Sto., Sta. (Santo, Santa)

hm INT ¡hum!

'H-Milch F leche *f* UHT

'h-Moll N MUS si *m* menor

HN'O-Arzt M, **HNO-Ärztin** F otorrinolaringólogo *m*, -a *f*; *umg* otorrino *m*, -a *f*

HO F ABK (Handelsorganisation) HIST *DDR:* organización *f* comercial

Hoax [hɔːks] M ⟨~, ~es⟩ IT (virus *m*) hoax *m*; virus *m* manual

hob → heben

'Hobby N ⟨~s; ~s⟩ afición *f*; hobby *m*; **Hobbykoch** M, **Hobbyköchin** F cocinero *m*, -a *f* aficionado, -a; **Hobbyraum** M cuarto *m* de bricolaje

'Hobel M ⟨~s; ~⟩ **1** TECH cepillo *m* (de carpintero) **2** *(Küchenhobel)* rallador *m*; **Hobelbank** F ⟨~; ~̈e⟩ banco *m* de carpintero; **Hobeleisen** N cuchilla *f* de cepillo; **Hobelmaschine** F (a)cepilladora *f*; **Hobelmesser** N cuchilla *f* de cepillo

'hobeln VT **1** TECH (a)cepillar; *fig* pulir, desbastar **2** GASTR rallar

'Hobeln N ⟨~s⟩ (a)cepilladura *f*, cepillado *m*; **Hobelspäne** MPL virutas *fpl*, (a)cepilladuras *fpl*

hoch [-oː-] **A** ADJ ⟨hohe, höher, höchste⟩ **1** *(groß)* alto; de gran altura; **hohe Stirn** frente *f* despejada; **hohe Schuhe** botas *fpl*; *(Stöckelschuhe)* zapatos *mpl* de tacón alto; **zwei Meter/Stockwerke ~ sein** tener dos metros de alto/tener dos pisos; **wie ~ ist der Montblanc?** ¿qué altura tiene el Montblanc?; **der Schnee liegt 20 cm ~** hay 20 cm de nieve; *umg fig* **das ist mir zu ~** es demasiado para mí, no lo entiendo **2** *(hoch gelegen)* alto, elevado; *fig* **auf hoher See** en alta mar; *fig* **im hohen Norden** en el extremo norte **3** *wert- u. mengenmäßig:* alto, elevado; *Alter* avanzado; *Geschwindigkeit, Gewicht* grande; *Ehre* gran(de); *Strafe* fuerte; **hohe Ansprüche (an j-n) stellen** ser muy exigente (con alg); **hoher Feiertag** alta fiesta *f*; **hohes Fieber** fiebre *f* alta; **hohe Politik** alta política *f*; **hohes Spiel** juego *m* fuerte; **bei hoher Strafe** bajo severa pena; **wie ~ ist der Preis?** ¿qué precio tiene?; ¿cuánto vale?; **wie ~ ist die Summe?** ¿a cuánto asciende (el total)? **4** *Rangfolge: Beamter, Würdenträger etc* alto; *Posten, Rang a.* elevado; *Offizier* de alto rango; **hoher Adel** alta nobleza *f*; **hoher Beamter** alto funcionario *m*; **Hoher Kommissar** Alto Comisario *m*; MIL **hoher Offizier** alto mando *m*; *umg* **hohes Tier** *umg* pez *m* gordo; *fig* **Hoch und Niedrig** grandes y pequeños; ricos y pobres **5** *zeitlich:* **das Hohe Mittelalter** la Alta Edad Media; **es ist hohe Zeit** ya es hora **6** *fig (erhaben)* eminente, egregio; sublime; **ein hohes Lied singen auf** hacer grandes elogios de; HIST **die Hohe Pforte** la Sublime Puerta; *Reitkunst*: **Hohe Schule** alta escuela *f* 7 MUS *Ton* agudo, alto; *Stimme* agudo; *Note* **das hohe C** el do de pecho 8 MATH **vier ~ fünf** cuatro elevado a cinco; **~ zwei/drei** *mst* al cuadrado/al cubo B ADV 1 *(oben)* THEAT **der Vorhang ist ~** se ha levantado el telón; **drei Treppen ~ wohnen** vivir (*od* habitar) en el tercer piso; **~ (oben)** en lo alto (**auf** *dat* de) 2 *(in großer Höhe)* **~ über** *(dat)* a gran altura sobre; *fig* **~ über j-m stehen** ser muy superior a alg; estar muy por encima de alg; FLUG **~ fliegen** volar a gran altura 3 *geh* **~ erhobenen Hauptes** con la cabeza alta; **Kopf ~!** ¡arriba el corazón!; ¡ánimo! 4 *(nach oben)* **Hände ~!** ¡manos arriba!; **etw ~ in die Luft werfen** tirar (*od* lanzar) a/c por los aires; **die See geht ~** hay marejada; la mar está agitada; **~ aufgeschossen** espigado 5 MUS **~ singen** *etc*: cantar, *etc* alto 6 *wert- u. mengenmäßig*: **~ achten** (*od* **schätzen**) tener en gran estima, apreciar mucho; respetar; **~ gewinnen** ganar una gran suma; SPORT ganar con un amplio margen; **~ spielen** jugar fuerte; **~ verlieren** sufrir una fuerte pérdida; SPORT sufrir una gran derrota; **zu ~ bemessen** calcular con gran exceso; **~ im Preis stehen** ser muy caro; **der Kurs steht ~** la cotización es muy alta → hochbeglückt, hochempfindlich *etc* 7 *fig* **~ und heilig versichern/schwören** asegurar/jurar por lo más sagrado; **etw ~ und heilig versprechen** prometer solemnemente a/c; *umg* **es geht ~ her** hay gran jolgorio; *umg* **wenn es ~ kommt** a lo sumo, como mucho; *umg* **vier Mann ~** en número de cuatro 8 → *a.* hoch angesehen *etc*

Hoch N ⟨~s; ~s⟩ 1 *(Hochruf)* viva *m*; *(Trinkspruch)* brindis *m*; **ein ~ auf j-n ausbringen** brindar por alg; beber a la salud de alg; **ein ~ der** *od* **auf die Köchin!** ¡un hurra por la cocinera! 2 METEO área *f* de alta presión, anticiclón *m*

'hochachtbar ADJ muy estimable; muy honorable

'hochachten VT → hoch B 6

'Hochachtung F gran estima *f* (*od* aprecio *m*); alta consideración *f*; respeto *m*; *geh Briefschluss*: **mit vorzüglicher ~** (le saluda muy) atentamente; **bei aller ~ vor** con la debida consideración a; con todo el respeto debido a

'hochachtungsvoll A ADJ respetuoso B ADV *Briefschluss*: le saluda (muy) atentamente; **Hochadel** M alta nobleza *f*; **hochaktuell** ADJ de gran (*od* máxima) actualidad; **Hochaltar** M altar *m* mayor; **Hochamt** N KATH misa *f* mayor; misa *f* solemne; **das ~ halten** oficiar

hoch angesehen ADJ muy bien visto, muy estimado; muy respetado

'Hochantenne F antena *f* exterior

'hocharbeiten VR **sich ~** hacer carrera (a fuerza de trabajo); trabajarse un puesto (**zu** de)

'hochaufgeschossen ADJ → hoch B 4

'hochauflösend ADJ TV, *Bildschirm* de alta definición

'Hochbahn F ferrocarril *m* elevado

'Hochbau M ⟨~(e)s; ~ten⟩ *Sektor*: construcción *f* alta (*od* sobre tierra); *(Oberbau)* superestructura *f*; **Hoch- und Tiefbau** construcción *f* sobre y bajo tierra

'hochbedeutsam ADJ muy importante; trascendental

'hochbegabt, hoch begabt ADJ muy inteligente; de mucho talento; superdotado

'Hochbegabte M/F ⟨~n; ~n; → A⟩ superdotado *m*, -a *f*; **Hochbegabtenförderung** F ≈ ayuda *f* al desarrollo del superdotado

'hochbeglückt ADJ muy feliz; **hochbeinig** ADJ de piernas largas; **hochberühmt** ADJ celebérrimo; ilustre, eminente; **hochbetagt** ADJ de edad avanzada; muy anciano; muy entrado en años

'Hochbetrieb M actividad *f* intensa (*od* febril); gran afluencia *f*; *umg* mucho jaleo *m*; **es herrscht ~** *(es sind viele Leute da)* hay mucha gente

hoch bezahlt ADJ muy bien pagado

'Hochblüte F apogeo *m*, auge *m*

'hochbringen VT ⟨irr⟩ *fig* dar impulso a; *(wieder hochbringen)* poner (*od* sacar) a flote, restablecer

'Hochburg F *fig* bastión *m*, baluarte *m*; centro *m*; **Hochdecker** M FLUG avión *m* de alas sobreelevadas (*od* altas)

'hochdeutsch ADJ alto alemán; **Hochdeutsch** N alto alemán *m*; *(Schriftdeutsch)* alemán *m* literario

hoch dotiert ADJ muy bien remunerado

'Hochdruck¹ M ⟨~(e)s⟩ PHYS alta presión *f*; METEO altas presiones *fpl*; MED hipertensión *f*; *fig* **mit** *od* **unter ~ arbeiten** trabajar a toda marcha

'Hochdruck² M ⟨~(e)s; ~e⟩ TYPO impresión *f* de relieve; **Hochdruckdampfkessel** M caldera *f* de vapor de alta presión; **Hochdruckeinfluss** M METEO **unter ~** bajo influjo anticiclónico; **Hochdruckgebiet** N METEO área *f* de alta presión (*od* anticiclónica), anticiclón *m*; **Hochdruckkeil** M METEO cuña *f* anticiclónica

'Hochebene F meseta *f*, altiplanicie *f*; altiplano *m*

'hochehrwürdig ADJ reverendísimo; **hochelegant** ADJ muy elegante; **hochempfindlich** ADJ *Messinstrument* muy sensible; FOTO suprasensible, ultrasensible

'hochentwickelt ADJ *Völker, Land* muy desarrollado; muy adelantado; de alto nivel; *Technik* muy sofisticado; **hochentzückt, hocherfreut** ADJ encantado; contentísimo; entusiasmado; **hochexplosiv** ADJ altamente explosivo; **hochfahren** A VI ⟨irr; sn⟩ sobresaltar; **aus dem Schlaf ~** despertar sobresaltado B VT ⟨irr⟩ IT inicializar, arrancar; **hochfahrend** ADJ *fig* altivo; altanero; arrogante; **hochfein** ADJ superfino, extrafino; selecto, exquisito

'Hochfinanz F ⟨~⟩ altas finanzas *fpl*; **Hochfläche** F → Hochebene

'hochfliegend ADJ que vuela a gran altura; *fig* ambicioso; **~e Pläne haben** tener proyectos de altos vuelos

'Hochflug M FLUG vuelo *m* de altura; **Hochflut** F marea *f* alta, pleamar *f*; *fig* gran masa *f*; diluvio *m*; **Hochform** F SPORT **in ~ sein** estar en plena forma; **Hochformat** N formato *m* (*od* tamaño *m*) vertical

'hochformatig ADJ de formato vertical; **hochfrequent** ADJ ELEK de alta frecuencia

'Hochfrequenz F ELEK alta frecuencia *f*; **Hochfrequenzhärtung** F TECH temple *m* por alta frecuencia; **Hochfrequenzstrom** M ELEK corriente *f* de alta frecuencia; **Hochfrequenztechnik** F técnica *f* de alta frecuencia; **Hochfrequenzverstärker** M amplificador *m* de alta frecuencia

'Hochfrisur F peinado *m* alto

'hochgeachtet, hoch geachtet ADJ muy estimado; muy respetado

'hochgebildet ADJ muy culto, de gran cultura

'Hochgebirge N alta montaña *f*; **hochgeboren** ADJ *obs* linajudo; ilustre

hoch geehrt ADJ muy apreciado

'Hochgefühl N sentimiento *m* elevado (*od* sublime); *(Begeisterung)* entusiasmo *m*; exaltación *f*

'hochgehen VI ⟨irr; sn⟩ 1 *(nach oben gehen)* *Person, Ballon* subir; *Vorhang* levantarse 2 *umg (explodieren)* hacer explosión, explotar 3 *fig Preise* subir 4 *umg fig (sich erregen)* ponerse furioso; encolerizarse, *umg* sulfurarse 5 *umg Spionagenetz, Betrug etc* descubrirse; **~ lassen** *Bande etc* hacer saltar

'Hochgehen N *der Preise*: subida *f*; **hochgehend** ADJ **~e See** mar *f* gruesa (*od* alta)

'hochgeistig ADJ muy intelectual; **hochgekämmt** ADJ *Haar*: peinado hacia atrás

hoch gelegen ADJ alto; elevado

'hochgelehrt ADJ muy docto (*od* erudito); **hochgemut** ADJ *geh* animoso; lleno de confianza

'Hochgenuss M delicia *f*; gozada *f*; gran placer *m*; **Hochgericht** N HIST lugar *m* del suplicio; *(Galgen)* patíbulo *m*

hoch geschätzt ADJ muy apreciado

'hochgeschlossen ADJ *Kleid* cerrado (hasta el cuello); **hochgeschürzt** ADJ *Rock* arregazado

'Hochgeschwindigkeitszug M tren *m* de alta velocidad; *sp* AVE *m*

'hochgesinnt ADJ noble; de sentimientos elevados; **hochgespannt** ADJ ELEK de alta tensión; *Dampf* de alta presión

hoch gespannt ADJ *fig* **~e Erwartungen** gran expectación *f*

'hochgesteckt ADJ 1 *Haar* recogido 2 *Ziel* elevado

'hochgestellt ADJ 1 TYPO volado; IT *a.* en superíndice 2 *fig* en un lugar destacado; de (alta) categoría; **~e Persönlichkeit** personaje *m* de alto rango (*od* de elevada posición social)

'hochgestimmt ADJ *geh* eufórico; esperanzado y contento; **hochgestochen** ADJ *umg pej* encopetado; **hochgestreift** ADJ *Ärmel* arremangado; **hochgewachsen** ADJ muy alto; de gran estatura (*od* talla)

'hochgiftig ADJ *(sehr giftig, Pflanze, Substanz)* altamente venenoso *od* tóxico

'Hochglanz M brillo *m* intenso, alto brillo *m*; **etw auf ~ polieren** *od* **bringen** *Auto etc* sacar brillo a a/c; dar lustre a a/c

'hochgradig A ADJ de alto grado; intenso; CHEM de alta concentración B ADV en alto grado; **hochhackig** ADJ *Schuhe* de tacones altos

'hochhalten VT ⟨irr⟩ 1 alzar; *im Augenblick*: mantener en alto; **die Preise ~** mantener elevados los precios 2 *fig* apreciar mucho, tener en gran estima; **j-s Andenken ~** honrar la memoria de alg

'Hochhaus N edificio *m* singular; *(Wolkenkratzer)* rascacielos *m*

'hochheben VT ⟨irr⟩ levantar; alzar

hoch'heilig ADJ *geh* sacrosanto

'hochherrschaftlich ADJ *Haus* señorial; *Wohnung* lujoso; suntuoso

'hochherzig ADJ magnánimo, generoso; **Hochherzigkeit** F ⟨~⟩ magnanimidad *f*, generosidad *f*

'hochintelligent ADJ muy inteligente; **hochinteressant** ADJ de alto interés

'Hochjagd F caza *f* mayor, montería *f*

'hochjagen VT *umg Motor* embalar; **hochjubeln** VT *umg* ensalzar mucho; **hochkant** ADV 1 **~ stellen** poner de canto 2 *umg* **j-n ~ hinauswerfen** *umg* echar a alg con cajas destempladas; **hochkantig** ADV *umg* → hochkant 2; **hochkarätig** ADJ de alto quilate

'Hochkirche F Iglesia *f* episcopal (*od* anglicana)

'hochklappen VT subir; levantar, alzar; **hochklettern** VI ⟨sn⟩ trepar

'hochkommen VI ⟨irr; sn⟩ 1 *(heraufkommen)* subir; *(auftauchen)* surgir; emerger 2 *aus dem*

Magen: devolver, vomitar; *umg* **es kommt mir hoch** siento náuseas (*a. fig*); *umg* **es kommt mir hoch, wenn ich das sehe** me da(n) náuseas de verlo **3** *umg* (*aufstehen*) levantarse **4** *fig* (*es zu etw bringen*) tener éxito; abrirse camino; *beruflich a.*: ascender; **wieder ~** *a.* levantar cabeza; *wirtschaftlich etc: Land* prosperar; *Kranker* restablecerse

'Hochkommissar M POL Alto Comisario *m*; **Hochkonjunktur** F WIRTSCH alta coyuntura *f*; boom *m*

'hochkonzentriert ADJ *Säure etc* de alta concentración

hoch konzentriert ADJ *Person* muy concentrado

'hochkrempeln VT **(sich** *dat*) **die Ärmel ~** remangar(se) *od umg* arremangar(se) las mangas; *fig* (*anfangen zu arbeiten*) remangar(se); **die Hosenbeine ~** *umg* arremangar(se)

'Hochkultur F civilización *f* alta

'hochladen VT IT cargar, colgar

'Hochland N ⟨~(e)s; ⁼er *od* ~e⟩ tierras *fpl* altas; **Hochländer** M ⟨~s; ~⟩, **Hochländerin** F ⟨~; ~nen⟩ montañés *m*, montañesa *f*; serrano *m*, -a *f*

'hochleben VI **j-n ~ lassen** brindar por alg; beber a la salud de alg; **... lebe hoch!** ¡viva ...!; **hoch soll er leben!** ¡viva!

'Hochleistung F alto rendimiento *m*; *fig* hazaña *f*, proeza *f*

'Hochleistungs... TECH IN ZSSGN de alto rendimiento; de gran potencia (*od* capacidad); **Hochleistungssport** M deporte *m* de alta competición

'Hochleitung F ELEK línea *f* aérea; **Hochmeister** M HIST Gran Maestre *m*; **Hochmittelalter** N Alta Edad *f* Media

'hochmodern ADJ ultramoderno, supermoderno

'Hochmoor N turbera *f* alta

'Hochmut M soberbia *f*; altanería *f*; altivez *f*; (*Überheblichkeit*) arrogancia *f*; **hochmütig** ADJ soberbio; altanero; altivo; (*überheblich*) arrogante; **~ werden** ensoberbecerse; **hochnäsig** ADJ *umg* encopetado; **Hochnäsigkeit** F ⟨~⟩ engreimiento *m*, arrogancia *f*

'Hochnebel M niebla *f* alta

'hochnehmen VT ⟨irr⟩ **1** (*heben*) levantar, alzar **2** *umg fig* **j-n ~** (*hänseln*) *umg* tomar el pelo a alg

'Hochofen M TECH alto horno *m*; **Hochparterre** N ARCH entresuelo *m*; **Hochplateau** N altiplanicie *f*

'hochprozentig ADJ muy concentrado, de alto grado de concentración; *alkoholische Getränke* de alta (*od* elevada) graduación

hoch qualifiziert ADJ muy (*od* altamente) cualificado

'hochraffen VT alzar; *Rock* arregazar; (ar)remangar; **hochragen** VI elevarse; **hochragend** ADJ muy elevado; *Fels* empinado; **hochrappeln** VR **sich ~** reponerse; restablecerse

'hochrechnen VT calcular (aproximadamente); **hochgerechnet** a lo sumo; **Hochrechnung** F proyección *f*; (cálculo *m* con) muestras *fpl* computerizadas

'Hochreck N *Turnen*: barra *f* alta

'hochreißen VT ⟨irr⟩ *Arme, Gewicht* levantar bruscamente

'Hochrelief N alto relieve *m*

'hoch'rot ADJ rojo vivo; *Gesicht* rubicundo

'Hochruf M vítor *m*, viva *m*; **~e** *e-r Menge a.*: aclamaciones *fpl*; **Hochsaison** F temporada *f* alta; **in der ~** en plena temporada

'hochschätzen VT → hoch B 6

'Hochschätzung F ⟨~⟩ → Hochachtung

'hochschaukeln *umg* **A** VT exagerar **B** VR **sich** (*gegenseitig*) **~** acalorarse; **hochschlagen** VT ⟨irr⟩ *Kragen* subir(se); **hochschnellen** VI levantarse de golpe; *Preise* dispararse; **hochschrauben** VT **die Ansprüche ~** poner el listón muy alto

'Hochschulabschluss M título *m* universitario (*od* académico), licenciatura *f*; **Hochschulbildung** F formación *f* universitaria

'Hochschule F escuela *f* superior; (*Universität*) universidad *f*; **Hochschüler** M, **Hochschülerin** F estudiante *m/f* (universitario); universitario *m*, -a *f*

'Hochschullehrer M, **Hochschullehrerin** F profesor *m*, -a *f* universitario, -a; (*Ordinarius*) catedrático *m*, -a *f* (de universidad); **Hochschulreife** F bachillerato *m*; **Hochschulstudium** N estudios *mpl* superiores (*od* universitarios); **Hochschulwesen** N ⟨~s⟩ enseñanza *f* superior (*od* universitaria)

'hochschwanger ADJ en avanzado estado (de embarazo)

'Hochsee F alta mar *f*; **Hochseefischerei** F pesca *f* de (gran) altura; **Hochseeflotte** F flota *f* de alta mar (*od* de altura); **Hochseejacht** F yate *m* de altura; **Hochseeschifffahrt** F navegación *f* de altura; **Hochseeschlepper** M remolcador *m* de alta mar

'Hochseil N cuerda *f* floja; **Hochseilakt** M ⟨~(e)s; ~e⟩ funambulismo *m*

'Hochsicherheitsgefängnis N prisión *f* (*od* cárcel *m*) de alta (*od* máxima) seguridad; **Hochsicherheitstrakt** M área *f* de máxima seguridad (*en una cárcel*)

'Hochsitz M JAGD candelecho *m* (de cazador); **Hochsommer** M canícula *f*, pleno verano *m*; **hochsommerlich** ADJ canicular, estival; **Hochspannung** F ELEK alta tensión *f*

'Hochspannungsleitung F ELEK línea *f* de alta tensión; **Hochspannungsmast** M poste *m* de alta tensión; **Hochspannungsnetz** N red *f* de alta tensión

'hochspielen VT dramatizar; *Nachricht etc a.* hinchar

'Hochsprache F lenguaje *m* culto

'hochspringen VI ⟨irr; sn⟩ **1** **vor Freude ~** dar saltos de alegría; **an j-m ~** saltar a alg **2** (*aufspringen*) levantarse de golpe

'Hochspringer M, **Hochspringerin** F SPORT saltador *m*, -a *f* de altura; **Hochsprung** M SPORT salto *m* de altura

höchst ADV sumamente, en sumo grado, altamente; (*äußerst*) extremadamente, en extremo; **das ist ~ lächerlich** no puede ser más ridículo

'Höchstalter N edad *f* máxima

'hochstämmig ADJ BOT (de tronco) alto

'Hochstand M JAGD puesto *m* elevado

Hochstape'lei F ⟨~; ~en⟩ impostura *f*; estafa *f*

'hochstapeln VI estafar; **Hochstapler** M ⟨~s; ~⟩, **Hochstaplerin** F ⟨~; ~nen⟩ impostor *m*, -a *f*; estafador *m*, -a *f*; caballero *m* de industria

'Höchstbeanspruchung F esfuerzo *m* máximo; **Höchstbelastung** F carga *f* máxima; **Höchstbetrag** M (importe *m*) máximo *m*, máximum *m*; **Höchstbietende** M/F ⟨~n; ~n; → A⟩ mejor postor *m*, -a *f*; licitador *m*, -a *f* más alto, -a; **Höchstdauer** F duración *f* máxima

'höchste(r, -s) ADJ **1** (*oberste*) el más alto (*od* elevado); (*größte*) el mayor; PHYS, TECH, WIRTSCH, VERW máximo; **der ~ Punkt** el punto culminante (*od* más elevado); **auf ~r Ebene** al nivel más alto (*od* máximo) **2** *Ausmaß, Rang a.* superior; *Rang a.* de mayor categoría; *fig* supremo; sumo; (*äußerste*) extremo; **~s Glück** el colmo de la felicidad; **das ~ Gut** el bien más preciado; REL el sumo bien; **~ Vollkommenheit** suma perfección; **es ist ~ Zeit** ya es hora (**zu** *inf* de); el tiempo apremia (*od* urge); **im ~n Grade** en sumo grado, sumamente; **in ~r Not** en una necesidad extrema; **in den ~n Tönen von j-m reden** hacer grandes elogios de alg; **von ~r Wichtigkeit** de capital (*od* máxima) importancia

'Höchste(s) N ⟨~n; → A⟩ **das ~** lo más alto; el tope; el colmo; *umg* el no va más; **aufs ~** → höchst

'hochstehend ADJ *Person fig* de alto nivel

hoch stehend ADJ *Wasserstand etc* elevado, relevante

'hochsteigen VI ⟨irr; sn⟩ subir; elevarse

höchst'eigenhändig ADJ & ADV de su propia mano; de su puño y letra

'höchstenfalls ADV a lo sumo, como mucho

'höchstens ADV a lo sumo, a lo más; *zeitlich a.*: a más tardar; (*bestenfalls*) como mucho; (*außer*) salvo, excepto; **~, wenn** a menos que, a no ser que

'Höchstfall M **im ~** → höchstens; **Höchstform** F SPORT mejor forma *f*; **in ~ sein** estar en su mejor momento; **Höchstgebot** N oferta *f* máxima; *bei Auktionen*: puja *f* máxima, mejor postura *f*; **Höchstgeschwindigkeit** F velocidad *f* máxima; **zulässige ~** velocidad *f* límite, velocidad *f* máxima autorizada; **Höchstgewicht** N peso *m* máximo; **Höchstgrenze** F límite *m* (máximo), tope *m*

'Hochstimmung F euforia *f*; gran entusiasmo *m*; **in ~ sein** *Person* estar muy entusiasmado; estar de muy buen humor

'Höchstkurs M HANDEL cotización *f* máxima; **Höchstlast** F carga *f* máxima; **Höchstleistung** F rendimiento *m* máximo; SPORT récord *m*; **Höchstlohn** M salario *m* máximo (*od* tope); **Höchstmaß** N máximo *m*

'höchst'möglich ADJ lo máximo (posible)

'höchstper'sönlich ADV en persona

'Höchstpreis M precio *m* máximo (*od* límite *od* tope); **zum ~ verkaufen** vender al precio más alto; *Börse*: vender "a lo mejor"

'Hochstraße F calle *f* elevada; **hochstrebend** ADJ *fig* ambicioso; *Plan* de altos vuelos; **Hochstrecke** F *Gewichtheben*: extensión *f* completa

'Höchstsatz M tarifa *f* máxima; **Höchststand** M nivel *m* máximo; **Höchststrafe** F pena *f* máxima

'Hochstuhl M *für Kinder*: silla *f* alta de niño

'höchstwahr'scheinlich ADV muy probablemente

'Höchstwert M (valor *m*) máximo *m*; **höchstzulässig** ADJ máximo admisible

'Hochtechnologie F alta tecnología *f*, tecnología *f* (de) punta

'hochtönend ADJ → hochtrabend

'Hochtour F **1** *Bergsteigen*: excursión *f* alpina **2** TECH **auf ~en laufen** ir a toda marcha (*a. fig*); **hochtourig** ADJ TECH con el motor a toda marcha; **Hochtourist** M, **Hochtouristin** F alpinista *m/f*, montañero *m*, -a *f*

'hochtrabend ADJ *fig* altisonante; campanudo, rimbombante; grandilocuente; **hochtreiben** VT ⟨irr⟩ *Preise* hacer subir; *bei Versteigerungen*: pujar; **hochverdient** ADJ *Person* benemérito; *Erfolg* meritísimo, muy merecido; **hochverehrt** ADJ muy estimado

'Hochverrat M alta traición *f*

'Hochverräter M, **Hochverräterin** F reo *m*, -a *f* de alta traición; **hochverräterisch** ADJ de alta traición

'hochverschuldet ADJ muy endeudado;

hochverzinslich ADJ que produce un interés elevado
'Hochwald M monte *m* alto; **Hochwasser** N ⟨~s; ~⟩ **1** *e-s Flusses*: crecida *f*, avenida *f*, riada *f*; *(Überschwemmung)* inundación *f*; **~ führen** sufrir una crecida **2** *(höchster Flutstand)* marea *f* alta, pleamar *f*
'Hochwassergefahr F peligro *m* de inundación; **Hochwasserhosen** FPL *umg* pantalones *mpl* demasiado cortos; **Hochwasserkatastrophe** F catástrofe *f* causada por las aguas; **Hochwasserschaden** M daños *mpl* (causados) por inundación; **Hochwasserschutz** M protección *f* contra las inundaciones; **Hochwasserversicherung** F seguro *m* contra inundaciones
'hochwerfen V/T ⟨irr⟩ echar al aire; *Arme* levantar bruscamente
'hochwertig ADJ de gran valor; de alta (*od* primera) calidad; *Mineral* rico, de alto contenido, de alta proporción; **~e Konsumgüter** bienes *mpl* de consumo de alta calidad; **hochwichtig** ADJ muy importante, de gran importancia
'Hochwild N JAGD caza *f* mayor
'hochwillkommen ADJ muy oportuno; **hochwinden** V/T ⟨irr⟩ guindar; **hochwirksam** ADJ muy eficaz; muy activo
'Hochwürden *Anrede*: **(Euer) ~** Reverendo (Padre); *bei Bischöfen*: (Su) Ilustrísima, *bei Kardinälen*: (Su) Eminencia; **hochwürdig** ADJ reverendo
'Hochzahl F MATH exponente *m*
'Hochzeit[1] ['hɔx-] F ⟨~; ~en⟩ boda(s) *f(pl)*, nupcias *fpl*; *(Trauung)* casamiento *m*, enlace *m* (nupcial); **silberne/goldene/diamantene ~** bodas de plata/oro/diamante; **~ halten** *od* **machen** celebrar la boda (*od* las bodas); *sprichw* **man kann nicht auf zwei ~en zugleich tanzen** no se puede repicar y andar en la procesión
'Hochzeit[2] ['ho:x-] F ⟨~; ~en⟩ *(Glanzzeit)* apogeo *m*, auge *m*
'Hochzeiter ['hɔx-] M ⟨~s; ~⟩, **Hochzeiterin** F ⟨~; ~nen⟩ *reg* novio *m*, -a *f*; **hochzeitlich** ADJ nupcial
'Hochzeitsessen ['hɔx-] N banquete *m* de bodas; **Hochzeitsfeier** F, **Hochzeitsfest** N (celebración *f* de la) boda *f*, bodas *fpl*; **Hochzeitsflug** M *der Bienen*: vuelo *m* nupcial; **Hochzeitsgast** M invitado *m*, -a *f* a la boda; **Hochzeitsgedicht** N epitalamio *m*; **Hochzeitsgeschenk** N regalo *m* de boda; **Hochzeitsgesellschaft** F invitados *mpl* a la boda; **Hochzeitskleid** N vestido *m* de novia; **Hochzeitsliste** F lista *f* de boda; **Hochzeitsmarsch** M MUS marcha *f* nupcial; **Hochzeitsnacht** F noche *f* de boda(s); **Hochzeitspaar** N novios *mpl*; **Hochzeitsreise** F viaje *m* de novios (*od* de bodas); **Hochzeitstag** M día *m* de la boda; *jährlicher*: aniversario *m* de boda; **Hochzeitstisch** M mesa *f* de regalos; **Hochzeitszug** M cortejo *m* nupcial
'hochziehen ⟨irr⟩ **A** V/T **1** *Jalousie, Vorhang* subir; *Last, umg Wand etc a.* levantar; *Fahne etc* izar; *Hose* subirse; *Schultern* encoger; *Augenbrauen* enarcar; *(hochwinden)* guindar **2** *Flugzeug* levantar **3** **die Nase ~** sorberse los mocos **B** V/R **sich an etw** *(dat)* **~** subirse a a/c
'Hochzinspolitik F FIN política *f* de intereses altos (*od* de tasa de interés elevadas)
'hochzivilisiert ADJ muy civilizado
'Hocke F ⟨~; ~n⟩ **1** posición *f* en cuclillas; **in die ~ gehen** acurrucarse; ponerse en cuclillas; acuclillarse **2** *Sprung*: salto *m* con las piernas encogidas; SPORT *Turnen*: sentadillas *fpl*; *Kunstspringen*: encogido *m* **3** *nordd* AGR gavilla *f*
'hocken **A** V/I estar en cuclillas; *(kauern)* estar agachado (*od* acurrucado); *umg (sitzen)* estar sentado; *umg* **immer zu Hause ~** estar siempre metido en casa; ser muy casero **B** V/R *südd* **sich (auf den Stuhl) ~** sentarse (en la silla)
'Hocker M ⟨~s; ~⟩ taburete *m*; escabel *m*
'Höcker M ⟨~s; ~⟩ *allg* protuberancia *f*; *(Buckel)* giba *f*, joroba *f*, corcova *f* (*a.* ZOOL); MED tuberosidad *f*; *(Erdhöcker)* eminencia *f*; *(Auswuchs)* excrecencia *f*; *(Beule)* abolladura *f*; **höckerig** ADJ *(buckelig)* giboso, jorobado, corcovado; MED tuberoso; *Gelände* accidentado
'Hockey ['hɔke:] N ⟨~s⟩ hockey *m* (sobre hierba); **Hockeyball** M pelota *f* de hockey; **Hockeyschläger** M stick *m*; **Hockeyspieler** M, **Hockeyspielerin** F jugador *m*, -a *f* de hockey
'Hode F ⟨~; ~n⟩, **Hoden** M ⟨~s; ~⟩ ANAT testículo *m*, *sl* cojón *m* (*mst pl*)
'Hodenbruch M MED hernia *f* escrotal; **Hodenentzündung** F MED orquitis *f*; **Hodensack** M ANAT escroto *m*
Hof M ⟨~(e)s; Höfe⟩ **1** *e-s Hauses etc*: patio *m*; **auf dem ~** en el patio **2** *(Bauernhof)* granja *f*, finca *f* **3** *(Fürstenhof)* corte *f*; **bei ~e** *od* **am ~e** en la corte; en palacio; **~ halten** *a. fig* tener corte **4** ASTRON halo *m* **5** *fig* **j-m den ~ machen** hacer la corte (*od* el amor) a alg, cortejar a alg
'Hofamt N cargo *m* en la corte; **Hofarzt** M, **Hofärztin** F médico *m*, -a *f* de cámara; **Hofball** M baile *m* de la corte (*bzw* en palacio); **Hofburg** F palacio *m* imperial (*bzw* real); **Hofdame** F dama *f* de honor; **Hofetikette** F etiqueta *f* de palacio; ceremonial *m* de la corte
'hoffähig ADJ admitido en la corte; *fig* **nicht ~** impresentable
'Hoffart F ⟨~⟩ *geh* soberbia *f*; orgullo *m*; arrogancia *f*; altanería *f*
'hoffärtig ADJ *geh* soberbio; orgulloso; arrogante; altanero
'hoffen V/T & V/I **1** *allg* esperar; *zuversichtlich*: contar con; confiar (*od* tener confianza) en; **~ dass** esperar que (subj); **~ zu gewinnen** esperar ganar; **ich hoffe (es)** *od* **ich will es ~** (así) lo espero; confío en que así sea; **das will ich hoffen** eso espero; **ich hoffe nicht** *od* **ich will es nicht ~** espero que no; **~ wir das Beste** tengamos confianza; esperemos lo mejor; **es ist zu ~ (dass)** es de esperar (que) **2** *(vertrauen)* **auf j-n ~** confiar en alg; **auf etw** *(acus)* **~** esperar a/c; **auf die Zukunft ~** confiar en el futuro; **auf bessere Zeiten ~** esperar tiempos mejores; **darauf ~, dass** confiar en que (subj)
'Hoffen N ⟨~s⟩ → Hoffnung
'hoffentlich ADV **~ …** ojalá …, espero que … (beide subj); *Antwort*: **~!** ¡eso espero!; **~ nicht** espero que no; **~ kommt er bald** ojalá (*od* espero que) venga pronto
'Hoffnung F ⟨~; ~en⟩ **1** SG *(Hoffen)* esperanza *f* (**auf** *acus* de); *(Erwartung)* espera *f*; expectativa *f*; **getäuschte ~** esperanza *f* defraudada; **~ auf Besserung** esperanza de mejoría; **~ auf Erfolg haben** tener esperanzas de éxito; **die ~ aufgeben** abandonar (*od* renunciar a) toda esperanza; **die ~ hegen** abrigar (*od* acariciar) la esperanza de; **die ~ haben zu** *(inf)* tener la esperanza de *(inf)*; **j-m die ~ nehmen** quitar a alg la esperanza; **~ schöpfen** concebir esperanzas; **seine ~ auf etw/j-n setzen** poner (*od* fundar) su(s) esperanza(s) en a/c/alg; **die ~ verlieren** perder la(s) esperanza(s); **es besteht ~, dass er überlebt** hay esperanzas de que sobreviva; **in der ~, dass** en la esperanza de que, esperando que; **von** *bzw* **in der ~ leben, dass** vivir en la esperanza de que (subj) **2** *(Zuversicht)* confianza *f* **3** PL **j-m ~en machen, dass …** dar esperanzas a alg de que … (subj); **sich** *(dat)* **~en auf etw** *(acus)* **machen** abrigar (*od* tener) esperanzas de conseguir a/c; **sich** *(dat)* **keine ~en machen** no hacerse ilusiones; desilusionar a alg **4** *fig* **guter ~ sein** *(schwanger sein)* estar en estado de buena esperanza
'Hoffnungslauf M SPORT repesca *f*
'hoffnungslos **A** ADJ desesperado; sin esperanza; *fig* **ein ~er Fall** un caso desesperado **B** ADV desesperadamente, con desesperación; *umg* sin remedio; **~ verliebt** perdidamente enamorado
'Hoffnungslosigkeit F ⟨~⟩ desesperanza *f*; desesperación *f*; **Hoffnungsschimmer** M, **Hoffnungsstrahl** M rayo *m* de esperanza; **Hoffnungsträger** M, **Hoffnungsträgerin** F esperanza *f*
'hoffnungsvoll ADJ lleno de esperanza; *(vielversprechend)* (muy) prometedor; alentador
'Hofhaltung F corte *f*; casa *f* real; **Hofhund** M mastín *m*; perro *m* de guardia
ho'fieren V/T ⟨ohne ge-⟩ *pej* **j-n ~** hacer la corte (*od* el amor) a alg; cortejar a alg; *(schmeicheln)* adular (*od* lisonjear) a alg
'höfisch ADJ de la corte, cortesano, palaciego, palatino
'Hofkapelle F capilla *f* de la corte (*a.* MUS); **Hofknicks** M reverencia *f*; **Hofkreise** MPL círculos *mpl* palatinos; **Hofleben** N vida *f* de la corte
'höflich **A** ADJ cortés; *(liebenswürdig)* amable; *(verbindlich)* atento; *gegen Damen*: galante **B** ADV cortésmente
'Höflichkeit F ⟨~; ~en⟩ cortesía *f*; *(Liebenswürdigkeit)* amabilidad *f*; *(Verbindlichkeit)* atención *f*; *gegen Damen*: galantería *f*; **aus ~** por cortesía
'Höflichkeitsbesuch M visita *f* de cortesía (*od* de cumplido); **Höflichkeitsbezeigung** F cumplido *m*; **Höflichkeitsformel** F fórmula *f* de cortesía; **Höflichkeitsformen** FPL reglas *fpl* de cortesía; etiqueta *f*
'Hoflieferant M, **Hoflieferantin** F proveedor *m*, -a *f* de la Casa Real
'Höfling M ⟨~s; ~e⟩ cortesano *m*, palaciego *m*
'Hofmaler M pintor *m* de cámara; **Hofmarschall** M mayordomo *m* mayor; **Hofmeister** M mayordomo *m*; **Hofnarr** M bufón *m*, gracioso *m* (de la corte); **Hofpoet** M poeta *m* cortesano; **Hofprediger** M capellán *m* real; predicador *m* de la corte; **Hofrat** M *obs Titel*: consejero *m* áulico; **Hofraum** M patio *m*; *für Vieh*: corral *m*; **Hofschranze** F *pej obs* cortesano *m* (servil); **Hofstaat** M casa *f* real; corte *f*; *(Gefolge)* séquito *m*; **Hoftheater** N teatro *m* real; **Hoftor** N puerta *f* cochera; puerta *f* al patio; **Hoftracht** F traje *m* de corte; **Hoftrauer** F luto *m* de la corte
'hohe(r, -s) → hoch
'Höhe F ⟨~; ~n⟩ **1** *Ausdehnung, Lage*: altura *f*; GEOG, FLUG altitud *f*; ASTRON latitud *f*; *(Niveau)* nivel *m*; **eine ~ von 2 Metern** dos metros de altura (*od* de alto); **an ~ gewinnen/verlieren** ganar/perder altura; **auf gleicher ~ (mit)** a la misma altura (que), al mismo nivel (que); **auf halber ~** a media altura; *e-r Straße etc*: a la mitad; SCHIFF **auf der ~ von** a la altura de; **aus der ~ von** (des)de lo alto de; **in 10 Meter ~** a diez metros de altura; **in der ~** arriba; en las alturas; **in die ~** (hacia) arriba; *fig* **in die ~ fahren** *erschrocken*: sobresaltarse; dar un respingo; **in die ~ ragen** elevarse; **in die ~ schießen** *(wachsen)* *umg* dar un estirón; **in die ~ werfen** tirar al aire; REL **Ehre sei Gott in der ~!** ¡Gloria a Dios en las alturas! **2** *(Erhe-*

bung) elevación *f*, alto *m*; *(Anhöhe)* colina *f*, loma *f*; *fig* **die ~n und Tiefen des Lebens** los altibajos de la vida; *umg* **das ist (doch) die ~!** *umg* ¡esto es el colmo! **3** MUS agudo *m*; *Tontechnik*: **~n und Bässe** agudos y graves **4** *e-r Summe etc*: cuantía *f*, importe *m*; *Betrag*: **in ~ von** por el valor (*od* importe) de; HANDEL **in voller ~** íntegramente; **in die ~ gehen** *Preise* subir, aumentar; **in die ~ treiben** *Preise* hacer subir; **bis zur ~ von** hasta el valor (*od* importe) de **5** *fig (Gipfel)* cima *f*; *(Bedeutung, Größe)* importancia *f*, magnitud *f*; **auf der ~ seines Ruhms** en la cima (*od* el apogeo) de su gloria; **auf der ~ seiner Zeit sein** estar a la altura de su época; *umg* **auf der ~ sein** estar al tanto; *körperlich*: estar en buena forma; *umg* **ich bin heute nicht ganz auf der ~** hoy no me encuentro en forma; **wieder auf der ~ sein** ya estar bien otra vez

'Hoheit F ⟨~; ~en⟩ **1** POL *(Souveränität)* soberanía *f* (**über** *acus* sobre) **2** *(Erhabenheit)* sublimidad *f*, grandeza *f*, majestad *f*; nobleza *f* **3** *Anrede*: Alteza *f*; **(Eure) ~** (Su) Alteza; **Seine** *bzw* **Ihre Königliche ~** Su Alteza Real

'hoheitlich ADJ soberano

'Hoheitsakt M ⟨~(e)s; ~e⟩ acto *m* de soberanía; **Hoheitsgebiet** N territorio *m* (*od* plaza *f*) (de soberanía); **Hoheitsgewässer** NPL aguas *fpl* jurisdiccionales (*od* territoriales); **Hoheitsrecht** N derecho *m* de soberanía; HIST regalía *f* (de la corona); **Hoheitsträger** M POL órgano *m* soberano, titular *m* de soberanía

'hoheitsvoll **A** ADJ majestuoso **B** ADV **~ lächeln** sonreír de forma majestuosa

'Hoheitszeichen N emblema *m* nacional

Hohe'lied N *Bibel*: **das ~** el Cantar de los Cantares

'Höhenangabe F indicación *f* de la altura; altimetría *f*; **Höhenangst** F acrofobia *f*; **Höhenflosse** F FLUG estabilizador *m*; **Höhenflug** M FLUG vuelo *m* de altura; *fig* altos vuelos *mpl*; **Höhenkabine** F cabina *f* acondicionada (*bzw* presurizada); **Höhenklima** N clima *m* de altura; **Höhenkrankheit** F mal *m* de las alturas; *Am* puna *f*, soroche *m*; **Höhenkur** F cura *f* de altitud; **Höhenkurort** M estación *f* (climática) de altura; **Höhenlage** F altitud *f*; altura *f*; **Höhenlinie** F *Landkarte*: curva *f* de nivel; **Höhenluft** F aire *m* de la montaña; **Höhenmesser** M altímetro *m*; **Höhenmessung** F altimetría *f*; hipsometría *f*; **Höhenrekord** M récord *m* de altura; **Höhenruder** N FLUG timón *m* de profundidad; **Höhenschreiber** M barógrafo *m*; **Höhenschwindel** M vértigo *m* de la altura

'Höhensonne[1] F sol *m* de altitud

'Höhensonne[2®] F MED lámpara *f* de rayos ultravioleta

'Höhensteuer N FLUG timón *m* de altura (*od* de profundidad); **Höhensteuerung** F mando *m* de altura; **Höhenstrahlen** MPL rayos *mpl* cósmicos; **Höhenstrahlung** F radiación *f* cósmica; **Höhenunterschied** M desnivel *m*, diferencia *f* de altitud; **Höhenverlust** M FLUG pérdida *f* de altura

'höhenverstellbar ADJ ajustable (*od* regulable) en altura, de regulación vertical

'Höhenzahl F *Landkarte*: cota *f*; **Höhenzug** M cordillera *f*; cadena *f* de colinas; serranía *f*

Hohe'priester M pontífice *m*; *Bibel*: sumo sacerdote *m*; **Hohepriesteramt** N pontificado *m*; **hohepriesterlich** ADJ pontifical

'Höhepunkt M **1** punto *m* culminante (*a. e-r Karriere, der Macht, des Ruhms*); *e-r Krankheit, Krise*: paroxismo *m*; *e-r Epoche*: apogeo *m*; *e-s Festes*: plato *m* fuerte; *e-s Dramas*: clímax *m*; **seinen ~ erreichen** culminar, alcanzar el punto culminante; **auf dem ~ sein** estar en el punto culminante; estar en su apogeo; **auf dem ~ der Diskussion** en el punto álgido de la discusión **2** *(Gipfel)* cumbre *f*, cima *f* **3** ASTRON cenit *m* **4** *sexuell*: orgasmo *m*; **den ~ erreichen** llegar al orgasmo

'höher *(komp v.* **hoch)** **A** ADJ **1** *in Vergleichen*: más alto (**als** que); más elevado (**als** que); *Stockwerk, Rang a.* superior (**als** a); *Temperatur, Geschwindigkeit a.* mayor (**als** que); **drei Meter ~ als** tres metros más alto que **2** VERW **Beamter im ~en Dienst** ≈ funcionario *m* de grupo A (*od* de alto rango); **auf ~en Befehl** por orden superior; **~en Orts** en alto lugar **3** *Schule*: **die ~en Klassen** las clases altas; **~e Mathematik** matemáticas *fpl* superiores; **~e Schule** instituto *m* de segunda enseñanza (*od* de enseñanza media); *sp a.* instituto *m* de bachillerato; *Am* liceo *m*; **das ~e Schulwesen** la segunda enseñanza; la enseñanza media **4** JUR **~e Gewalt** fuerza *f* mayor **5** *fig* **~er Blödsinn** solemne tontería *f*; *umg obs* **~e Tochter** muchacha *f* bien **B** ADV **~ bewerten** valorar más; **~ hängen** colgar más alto; *fig* **~ rücken** avanzar; **immer ~** cada vez más alto; **das Herz schlägt ihm ~** el corazón le palpita con más fuerza → höhergestellt

'höhergestellt ADJ en un lugar superior; **höherschrauben** VT *Preise* elevar, hacer subir

hohl **A** ADJ hueco (*a. fig Kopf*); *(leer)* vacío; *(ausgehöhlt)* ahuecado; excavado; OPT cóncavo; *Wangen, Augen* hundido; *Stimme* cavernoso; *Zahn* cariado; *Worte etc* huero; **die ~e Hand** el hueco de la mano; **~ machen** ahuecar; **~ werden** ahuecarse **B** ADV **~ klingen** sonar hueco

'hohläugig ADJ de ojos hundidos; trasojado

'Hohlbohrer M barrena *f* hueca

'Höhle F ⟨~; ~n⟩ **1** GEOL cueva *f*; caverna *f*; *(Grotte)* gruta *f*; antro *m*; *(Hohlraum)* hueco *m*; *(Aushöhlung)* excavación *f* **2** *von Raubtieren*: guarida *f* (*a. Räuberhöhle*); *fig geh* **sich in die ~ des Löwen wagen** meterse en la boca del lobo **3** *pej (Wohnung)* cueva *f*; antro *m* **4** ANAT cavidad *f*; *(Augenhöhle)* cuenca *f*; MED caverna *f*

'höhlen VT ahuecar

'Höhlenbär M ZOOL oso *m* de las cavernas; **höhlenbewohnend** ADJ cavernícola; **Höhlenbewohner** M troglodita *m*; cavernícola *m*; *Vorgeschichte*: hombre *m* de las cavernas; **Höhlenforscher** M, **Höhlenforscherin** F espeleólogo *m*, -a *f*; **Höhlenforschung** F espeleología *f*; **Höhlenkäse** M GASTR queso *m* de cueva; **Höhlenmalerei** F pinturas *fpl* rupestres; **Höhlenmensch** M → Höhlenbewohner

'Hohlfläche F concavidad *f*

'hohlgeschliffen ADJ cóncavo

'Hohlglas N vidrio *m* hueco; **Hohlheit** F ⟨~⟩ oquedad *f*; *fig a.* nulidad *f*; insignificancia *f*; vanidad *f*; **Hohlkehle** F TECH garganta *f*, media caña *f*, canal *m/f*; **Hohlklinge** F hoja *f* vaciada; **Hohlkopf** M *pej* cabeza *f* hueca, cabeza *f* de chorlito; **hohlköpfig** ADJ *pej* abobado; mentecato; **Hohlkörper** M cuerpo *m* hueco; **Hohlkreuz** N MED lordosis *f*; **Hohlkugel** F bola *f* hueca; **Hohlmaß** N medida *f* de capacidad; **Hohlmauer** M muro *m* hueco; **Hohlmeißel** M TECH gubia *f*; **Hohlnadel** F MED aguja *f* hueca; cánula *f*; **Hohlraum** M cavidad *f*; hueco *m*, vacío *m*; **Hohlsaum** M vainica *f*; calado *m*; **Hohlschliff** M *Klinge*: vaciado *m*; **Hohlspiegel** M espejo *m* cóncavo; **Hohltiere** NPL ZOOL celentéreos *mpl*

'Höhlung F ⟨~; ~en⟩ concavidad *f*; *(Hohlraum)* cavidad *f*; hueco *m*, oquedad *f*; caverna *f* (*a.* MED); *(Aushöhlung)* excavación *f*

'Hohlvene F ANAT vena *f* cava; **hohlwangig** ADJ de mejillas hundidas; (de rostro) demacrado; **Hohlweg** M camino *m* hondo; *(Engpass)* desfiladero *m*, *bes Am* cañada *f*; **Hohlziegel** M ladrillo *m* hueco; *(Dachziegel)* teja *f* hueca; **Hohlzirkel** M compás *m* de espesor; **Hohlzylinder** M cilindro *m* hueco

Hohn M ⟨~(e)s⟩ *(Verachtung)* desprecio *m*, desdén *m*; befa *f*; *(Spott)* burla *f*, mofa *f*, *stärker*: escarnio *m*; sarcasmo *m*; **j-m zum ~** a despecho de alg; **einer Sache** *(dat)* **zum ~** por ironía de a/c; *fig* **das ist der reinste ~** es una verdadera ironía

'höhnen VT/I *geh* burlarse (*od* mofarse) de; escarnecer, hacer escarnio de; **... höhnte er ...** dijo con sarcasmo, ... ironizó

'Hohngelächter N risa *f* burlona (*bzw* sarcástica); irrisión *f*

'höhnisch **A** ADJ burlón; escarnecedor; irónico; sarcástico; *(boshaft)* malicioso **B** ADV **~ lachen** *od* **grinsen** reír irónicamente (*od* sarcásticamente)

'hohnlächeln, Hohn lächeln VI sonreír burlonamente (*od* sarcásticamente)

'Hohnlächeln N sonrisa *f* burlona

'hohnlachen, Hohn lachen VI reír burlonamente (*od* sarcásticamente)

'Hohnlachen N risa *f* burlona (*od* sarcástica)

'hohnsprechen, Hohn sprechen VI ⟨irr⟩ desafiar; insultar, ser un insulto para; **der Vernunft** *etc* **~** ser contrario a la razón, *etc*

ho'ho INT ¡caramba!

'hökern VI *obs* vender baratijas

Hokus'pokus M ⟨~⟩ juego *m* de manos, escamoteo *m*; arte *m* de birlibirloque; *fig* charlatanismo *m*

hold ADJ **1** *geh* **j-m ~ sein** *Schicksal* ser favorable, propicio a alg; *Person* sentir afecto hacia alg; tener cariño (*od* querer mucho) a alg; **das Glück ist ihm ~** *a.* la fortuna le sonríe; **das Glück war ihm nicht ~** la suerte se le mostró esquivo **2** *lit (lieblich)* gracioso, encantador

'Holder M ⟨~s; ~⟩ *südd*, **Holderbusch** M BOT saúco *m*

'Holding ['hoːldɪŋ] F ⟨~; ~s⟩, **Holdinggesellschaft** F WIRTSCH (sociedad *f od* compañía *f*) hólding *m*

'holdselig ADJ *obs od poet* → hold 2

'holen VT **1** *(herbringen)* ir (*bzw* venir) a buscar; ir por (*od umg* a por); ir (*bzw* venir) a recoger; *(hertragen)* traer; *(abholen)* recoger; *Arzt* llamar; **j-n ~ lassen** mandar (*od* enviar a) buscar a alg **2** **etw aus der Tasche** *etc* **~** sacar a/c del bolso, *etc* **3** *umg fig Preis, Medaille, Punkte etc umg* sacarse; **dabei ist nichts zu ~** (de ahí) no se saca nada; **bei ihm ist nichts zu ~** no se consigue nada de él **4** **sich** *(dat)* **etw ~** *umg* pillarse a/c, cogerse a/c (*a. Krankheit*); **sich** *(dat)* **einen Schnupfen ~** pescar (*od* atrapar) un resfriado

'holla INT ¡hola!; ¡eh!

'Holland N ⟨~s⟩ Holanda *f*

'Holländer M ⟨~s; ~⟩ **1** holandés *m*; MUS **der Fliegende ~** El Buque Fantasma **2** *Käse*: queso *m* de Holanda (*od* de bola) **3** TECH pila *f* holandesa; **Holländerin** F ⟨~; ~nen⟩ holandesa *f*; **holländisch** ADJ holandés, de Holanda

'Hölle F ⟨~; ~n⟩ infierno *m* (*a. fig*); *fig* **da ist die ~ los** esto es el infierno; *fig* **j-m die ~ heiß machen** fastidiar, atormentar a alg; **in die ~ kommen** ir al infierno; **zur ~ fahren** descender a los infiernos; **j-m das Leben zur ~ machen** amargar la vida a alg; llevar a alg por la calle de la amargura; **zur ~ damit!** ¡al infierno (con eso)!; *sprichw* **der Weg zur ~ ist mit guten Vorsätzen gepflastert** el infierno está lleno

de buenas intenciones
'Höllen'angst F *fig* angustia *f* mortal; miedo *m* cerval
'Höllenbrut F *pej obs* engendro *m* infernal; **Höllenfahrt** F descenso *m* a los infiernos; **Höllenfeuer** N fuego *m* del infierno; fuego *m* eterno; **Höllenfürst** M Príncipe *m* de las Tinieblas; **Höllenhund** M (can)cerbero *m*
'Höllen'lärm M *umg* ruido *m* infernal (*od* de mil demonios)
'Höllenmaschine F máquina *f* infernal
'Höllen'pein F → Höllenqual
'Höllen'qual F tortura *f* (*od* suplicio *m*) infernal; sufrimiento *m* atroz; **~en ausstehen** pasar un infierno
'Höllenstein M CHEM nitrato *m* de plata; PHARM piedra *f* infernal; **Höllenstrafen** FPL penas *fpl* eternas (*od* del infierno)
'Höllen'tempo N *umg* **ein ~ fahren** ir a una velocidad endiablada
'höllisch A ADJ 1 (*der Hölle*) infernal; (*teuflisch*) diabólico; endiablado 2 *umg fig* (*sehr groß*) enorme, tremendo; *Lärm* infernal; *Schmerzen* atroz B ADV *umg* de mil demonios; **~ aufpassen** andar con muchísimo cuidado
Holm M ⟨~(e)s; ~e⟩ 1 TECH, FLUG larguero *m*; *Turnen*: barra *f* 2 *nordd* (*kleine Insel*) islote *m*
'Holocaust ['ho:lokaust] M ⟨~(s); ~s⟩ holocausto *m*
Hologra'fie F, **Hologra'phie** F ⟨~; ~n⟩ holografía *f*; **holografisch** ADJ, **holographisch** ADJ holográfico; **Holo'gramm** N ⟨~s; ~e⟩ holograma *m*
'holperig → holprig
'holpern VI ⟨sn⟩ *Wagen* dar sacudidas; (*stolpern*) tropezar, trompicar
'holprig A ADJ 1 *Weg* accidentado, fragoso; *Straßenpflaster* desigual; *Straße a.* lleno de baches 2 *Verse, Stil* tosco; *Stil a.* duro B ADV **~ lesen** leer con vacilación (*bzw* atropelladamente)
'Holschuld F JUR deuda *f* pagable a domicilio del deudor, deuda *f* a abonar
holterdie'polter ADV *umg* atropelladamente; de prisa y corriendo
Ho'lunder M ⟨~s; ~⟩ BOT saúco *m*; **Holunderbeere** F baya *f* de saúco; **Holunderstrauch** M saúco *m*; **Holundertee** M infusión *f* de (flor de) saúco
Holz N ⟨~es; Hölzer⟩ 1 *Material*: madera *f* (*a.* MUS); palo *m*; **Stück** *n* **~** leño *m*; TECH madero *m*; **astreiches ~** madera *f* ramosa (*od* nudosa); **astfreies ~** madera *f* sin nudos; **aus ~** de madera; *fig* **aus demselben/aus anderem ~ geschnitzt sein** ser de la misma/de otra madera 2 (*Brennholz*) leña *f*; **~ auflegen** echar leña; **~ machen** *od* **hacken** hacer (partir) leña; **~ fällen** cortar leña; *fig hum* **~ sägen** (*schnarchen*) roncar 3 (*Gehölz*) bosque *m*, monte *m*
'Holzabfälle MPL desperdicios *mpl* de madera; **Holzapfel** M BOT manzana *f* silvestre; **Holzarbeit** F trabajo *m* en madera; obra *f* tallada; **Holzart** F clase *f* (*od* especie *f*) de madera; **holzartig** ADJ leñoso; **Holzbau** M ⟨~(e)s; ~ten⟩ construcción *f* de madera; **Holzbearbeitung** F trabajo *m* de madera
'Holzbearbeitungsindustrie F industria *f* de la madera; **Holzbearbeitungsmaschine** F máquina *f* para trabajar la madera
'Holzbein N pierna *f* (*od umg* pata *f*) de palo; **Holzbestand** M (riqueza *f* en) maderas *fpl*; **Holzbildhauer** M, **Holzbildhauerin** F escultor *m*, -a *f* en madera, tallista *m/f*; **Holzbläser** PL MUS **die ~** la madera; **Holzblasinstrument** N instrumento *m* (de viento) de madera; **Holzblock** M tajo *m*; bloque *m* de madera; **Holzbock** M 1 TECH burro *m*; caballete *m*; tijera *f* 2 ZOOL garrapata *f*; **Holzboden** M (*Fußboden*) piso *m* de madera; entarimado *m*; **Holzbohrer** M barrena *f*; **Holzbrei** M pasta *f* de madera; **Holzbrücke** F puente *m* de madera; **Holzdruck** M ⟨~(e)s; ~e⟩ xilografía *f*, impresión *f* xilográfica; **Holzdübel** M taco *m* de madera; **Holzeinschlag** M tala *f*
'holzen VI 1 (*Holz schlagen*) cortar leña; talar 2 *umg Fußball*: jugar duro, *umg* repartir leña
'hölzern ADJ 1 (*aus Holz*) de madera 2 *fig* seco; áspero; (*steif*) tieso; (*linkisch*) torpe, desmañado; *Stil* insípido, soso
'Holzessig M CHEM ácido *m* piroleñoso; vinagre *m* de madera; **Holzfällen** N ⟨~s⟩ tala *f*; **Holzfäller** M ⟨~s; ~⟩, **Holzfällerin** F ⟨~; ~nen⟩ leñador *m*, -a *f*; *Arg* hachero *m*, -a *f*
'Holzfaser F fibra *f* leñosa (*od* de madera); **Holzfaserplatte** F tablero *m* de fibra de madera; **Holzfaserstoff** M lignocelulosa *f*
'Holzfeuerung F combustión *f* de leña
'holzfrei ADJ *Papier* sin celulosa, libre de madera
Holz fressend ADJ ZOOL xilófago, lignívoro
'Holzgas N gas *m* de madera; **Holzgasgenerator** M gasógeno *m* de leña; **Holzgeist** M alcohol *m* de madera; **Holzhacker** M, **Holzhackerin** F leñador *m*, -a *f*; **Holzhammer** M mazo *m* (de madera); **Holzhammermethode** F *umg* **mit der ~** a machamartillo; **Holzhandel** M comercio *m* de maderas; **Holzhändler** M, **Holzhändlerin** F comerciante *m/f* de maderas, maderero *m*, -a *f*; **Holzhandlung** F almacén *m* de madera, maderería *f*; **Holzhauer** M, **Holzhauerin** F *reg* leñador *m*, -a *f*; **Holzhaus** N casa *f* de madera; **Holzheizung** F calefacción *f* con leña
'holzig ADJ leñoso
'Holzindustrie F industria *f* de la madera (*od* maderera); **Holzkiste** F caja *f* de madera; **Holzklotz** M tarugo *m* de madera; tajo *m*; *fig* zoquete *m*; **Holzkohle** F carbón *m* vegetal; **Holzkonstruktion** F construcción *f* en madera; (*Balkenwerk*) maderamen *m*; **Holzkopf** M *umg pej* melón *m*; *umg* zopenco *m*; **Holzlager** N, **Holzlagerplatz** M almacén *m* de maderas; leñera *f*; **Holzleim** M cola *f* para madera; **Holzleiste** F listón *m* de madera; **Holzmalerei** F pintura *f* sobre madera; **Holzmasse** F pasta *f* (*od* pulpa *f*) de madera; **Holznagel** M clavija *f*; *für Schuhsohlen*: estaquilla *f*; **Holzpantinen** FPL zuecos *mpl*; **Holzpapier** N papel *m* de celulosa; **Holzpflanze** F BOT planta *f* leñosa; **Holzpflaster** N pavimento *m* de madera; **Holzpflock** M tarugo *m*, taco *m* de madera
'holzreich ADJ rico en maderas
'Holzsäge F sierra *f* para madera; **Holzscheit** N ⟨~(e)s; ~e⟩ leño *m*, trozo *m* de leña; **Holzschlag** M tala *f*; **Holzschliff** M pasta *f* de madera; **Holzschneidekunst** F arte *m* de grabar en madera, xilografía *f*
'Holzschnitt M *Kunst*: grabado *m* (*od* talla *f*) en madera; **holzschnittartig** ADJ *fig* simplicista
'Holzschnitzer M ⟨~s; ~⟩ escultor *m* en madera; tallista *m*; xilógrafo *m*; *von Heiligenbildern*: imaginero *m*; **Holzschnitzerei** F talla *f*; escultura *f* en madera
'Holzschraube F tornillo *m* para madera; **Holzschuh** M zueco *m*; **Holzschuppen** M leñera *f*; **Holzschutzmittel** N impregnante *m* para madera; **Holzschwamm** M hupe *f*, hongo *m* de la madera; **Holzspan** M viruta *f* de madera; **Holzspanplatte** F tablero *m* de virutas (de madera); **Holzspiritus** M CHEM → Holzgeist; **Holzsplitter** M astilla *f* de madera; **Holzstapel** M pila *f* de madera; montón *m* de leña; **Holzstich** M *Kunst*: grabado *m* en madera; **Holzstift** M → Holznagel; **Holzstoff** M pasta *f* de madera; CHEM lignina *f*; **Holzstoß** M → Holzstapel; **Holztäfelung** F entarimado *m*; friso *m* de madera; **Holztaube** F ORN palomo *m* silvestre; **Holzteer** M alquitrán *m* vegetal; brea *f* de madera; **Holztrocknung** F secado *m* de la madera
Holz verarbeitend ADJ de tratamientos de madera
'Holzverkleidung F revestimiento *m* de madera; **Holzverschalung** F encofrado *m* de madera; **Holzverschlag** M tabique *m* de madera; **Holzwaren** FPL artículos *mpl* de madera; **Holzweg** M arrastradero *m*; *fig* **auf dem ~ sein** estar equivocado; ir por mal camino; **Holzwerk** N (*Zimmerwerk*) maderamen *m*; (*Täfelung*) revestimiento *m* de madera; **Holzwolle** F lana *f* de madera; virutas *fpl*; **Holzwurm** M ZOOL carcoma *f*; **Holzzucker** M CHEM azúcar *m* de madera, xilosa *f*
'Homebanking ['ho:mbɛŋkɪŋ] N ⟨~(s)⟩ FIN telebanca *f*; (servicio *m*) banco *m* en (*od* desde) casa; **Homepage** ['ho:mpe:dʒ] F ⟨~; ~s⟩ página *f* principal, página *f* inicial; *private*: página *f* personal
Ho'mer EIGENN M Homero *m*; **homerisch** ADJ homérico; *geh* **~es Gelächter** carcajada *f* (*od* risa *f*) homérica
'Homeservice ['ho:msœrvɪs] M servicio *m* a domicilio; **Homeshopping** ['ho:mʃɔpɪŋ] N ⟨~s⟩ telecompra *f*; **Hometrainer** ['ho:mtre:nər] M bicicleta *f* estática
Homi'lie F ⟨~; ~n⟩ REL homilía *f*
'Homo M ⟨~s; ~s⟩ *umg* marica *m*, *sl* maricón *m*; **Homo-Ehe** F *umg* matrimonio *m* homosexual (*od* entre homosexuales); **Homo-Familie** F *umg* familia *f* homoparental
Homofo'nie F, **Homopho'nie** F ⟨~⟩ homofonía *f*
homo'gen ADJ homogéneo; **homogeni'sieren** VT ⟨ohne ge-⟩ homogeneizar; **Homogeni'tät** F ⟨~⟩ homogeneidad *f*; **homo'log** ADJ *fachspr* homólogo; **homo'nym** ADJ LING homónimo; **Homo'nym** N ⟨~s; ~e⟩ LING homónimo *m*
Homöo'path M ⟨~en; ~en⟩ homeópata *m*; **Homöopa'thie** F ⟨~⟩ homeopatía *f*; **Homöo'pathin** F ⟨~; ~nen⟩ homeópata *f*; **homöo'pathisch** ADJ homeopático
'Homo sapiens M ⟨~⟩ homo sapiens *m*
Homosexuali'tät F homosexualidad *f*; **homosexu'ell** ADJ homosexual; **Homosexu'elle** M/F ⟨~n; ~n; → A⟩ homosexual *m/f*
Hondu'raner M ⟨~s; ~⟩, **Honduranerin** F ⟨~; ~nen⟩ hondureño *m*, -a *f*; **honduranisch** ADJ hondureño
Hon'duras N Honduras *f*; **aus ~** hondureño
'Hongkong N ⟨~s⟩ Hong Kong *m*
'Honig M ⟨~s⟩ miel *f* (*a. fig*); *fig* **j-m ~ um den Bart** (*od umg* **ums Maul**) **schmieren** *umg* dar coba a alg; *umg* hacer la pelota (*od* pelotilla) a alg
'Honigbereitung F melificación *f*; **Honigbiene** F ZOOL abeja *f* melífera; **Honigdrüse** F glándula *f* nectarífera, nectario *m*
'honigfarben, honiggelb ADJ de color (de) miel, melado
'Honigkuchen M pan *m* de miel; **Honiglecken** N *umg fig* **das ist kein ~** *umg* esto no sabe a rosquillas; **Honigmelone** F BOT melón *m* (dulce); **Honigmond** M *hum* (*Flitterwochen*) luna *f* de miel; **Honigpflanze** F planta *f* melífera (*od* apícola); **Honigschleuder** F extractor *m* de miel; **Honigseim** M *lit* miel *f* virgen
'honigsüß ADJ dulce como la miel; *fig* melifluo; meloso

'Honigwabe F panal *m* de miel; **Honigzelle** F celdilla *f*, alvéolo *m*
Hon'neurs [ho'nø:rs] PL *geh* **die ~ machen** hacer los honores de la casa
Hono'rar N ⟨~s; ~e⟩ honorarios *mpl*; **gegen ~** con (*od* presentando) recibo de honorarios, cobrando honorarios; **Honorarkonsul** M cónsul *m* honorario; **Honorarprofessor** M catedrático *m* honorario; **Honorarprofessur** F cátedra *f* honoraria
Honorati'oren [-tsi'o:-] MPL notables *mpl*, notabilidades *fpl*
hono'rieren VT ⟨*ohne* ge-⟩ **1** (*bezahlen*) pagar honorarios; remunerar, retribuir; HANDEL *Wechsel* honrar, atender **2** *fig* (*würdigen*) apreciar; **Honorierung** F ⟨~; ~en⟩ remuneración *f*, retribución *f*; (*Würdigung*) apreciación *f*; HANDEL *e-s Wechsels*: aceptación *f*
ho'norig ADJ honesto; decente; (*freigebig*) generoso
'Hooligan ['hu:ligən] M ⟨~s; ~s⟩ hincha *m*
'Hopfen M ⟨~s; ~⟩ BOT lúpulo *m*; *fig* **an** *od* **bei ihm ist ~ und Malz verloren** es (un hombre) incorregible; es un caso perdido; no tiene remedio
'Hopfen(an)bau M ⟨~(e)s⟩ cultivo *m* de lúpulo; **Hopfendarre** F estufa *f* para secar el lúpulo; **Hopfenmehl** N lupulina *f*; **Hopfenstange** F rodrigón *m* de lúpulo; *umg fig* varal *m*, espárrago *m*, espingarda *f*
hopp INT (*auf!*) ¡arriba!, ¡aúpa!; *kinderspr* ¡upa!; (*los!*) ¡vamos!
'hoppeln VI brincar
hopp'hopp ADV *umg* de prisa (y corriendo)
'hoppla INT *umg* (*entschuldigend*) ¡perdón!; (*warnend*) ¡cuidado!
hops *umg* **A** ADJ **~ sein** (*verloren sein*) estar perdido; (*kaputt sein*) *umg* estar hecho cisco; → *a* hopsgehen **B** INT ¡ay!
'hopsa(sa) INT **1** *kinderspr* ¡ahí va! **2** → hoppla
'hopsen VI ⟨sn⟩ saltar; brincar, dar brincos; **Hopser** M ⟨~s; ~⟩ salto *m*, brinco *m*
'hopsgehen VI ⟨*irr*; sn⟩ *umg* (*verloren gehen*) perderse, extraviarse; (*sterben*) *sl* diñarla, palmar(la); (*kaputtgehen*) estropearse; (*verschwinden*) desaparecer
'Hörapparat M audífono *m*; prótesis *f* acústica
Ho'raz EIGENN M HIST Horacio *m*; **horazisch** ADJ horaciano
'hörbar **A** ADJ audible; perceptible (al oído); **kaum ~** apenas perceptible **B** ADV **~ seufzen** suspirar de forma perceptible; **Hörbarkeit** F ⟨~⟩ audibilidad *f*
'hörbehindert ADJ con discapacidad auditiva
'Hörbereich M campo *m* (*od* radio *m*) auditivo; *Sender*: ámbito *m* de audibilidad; **Hörbeteiligung** F RADIO índice *m* de audiencia; **Hörbrille** F gafas *fpl* acústicas; **Hörbuch** N libro *m* sonoro, audiolibro *m*
'horchen VT escuchar; estar a la escucha; aguzar el oído; (*spionieren*) espiar; **an der Tür ~** escuchar con la oreja pegada a la puerta; **Horcher** M ⟨~s; ~⟩, **Horcherin** F ⟨~; ~nen⟩ escucha *m/f*; curioso *m*, -a *f*; (*Spion, -in*) espía *m/f*; **Horchgerät** N MIL aparato *m* de escucha; **Horchposten** M MIL puesto *m* de escucha; *Person*: escucha *m*
'Horde[1] F ⟨~; ~n⟩ (*Schar*) horda *f*; (*Bande*) banda *f*, cuadrilla *f*; *v. Kindern*: pandilla *f*
'Horde[2] F ⟨~; ~n⟩ (*Gestell*) rejilla *f*; estante *m*
'hordenweise ADV en tropel, en bandas
'hören **A** VT **1** (*vernehmen*) oír; **j-n kommen ~** oír llegar a alg; **ich habe ihn sagen ~, dass ...** le he oído decir que ...; **singen/sprechen ~** oír cantar/hablar **2** (*anhören, zuhören*) escuchar; *Vorlesung* asistir a; **die Zeugen ~** escuchar a los testigos; **das lässt sich ~** suena bien **3** (*erfahren*) saber; enterarse (**von** por); **ich habe gehört, dass ...** he oído decir que ...; **ich habe es von ihm (selbst) gehört** se lo he oído decir a él (mismo); **etw von j-m ~** saber a/c por alg; **lass mal etwas von dir ~!** da noticias tuyas!; **(gar) nichts von sich ~ lassen** no dar señales de vida; **man hörte nie mehr etwas von ihr** nunca ha vuelto a saberse de ella; **von etw nichts ~ wollen** no querer saber nada de a/c; *iron* **von Ihnen hört man ja schöne Dinge!** ¡lindas cosas me cuentan de usted! **B** VI **1** (*verstehen*) oír; **gut/schlecht ~** oír bien/mal; **schwer ~** ser duro de oído **2** (*zuhören*) escuchar; **auf etw ~** escuchar a/c; prestar atención a a/c; **ich höre** dime (*od* dígame); *umg vorwurfsvoll*: **(na) hör mal!** ¡oye! **3** (*gehorchen*) **auf j-n ~** hacer caso a alg, obedecer a alg; *umg* **nicht ~ wollen** hacerse el sordo; no querer obedecer **4** (*heißen*) **auf den Namen ... ~** responder al (*od* por el) nombre de ...; *Hund a.* atender por ... **5** (*erfahren*) **von j-m ~** tener noticias de alg; **ich habe davon gehört** he oído hablar de ello; **von sich ~ lassen** dar noticias suyas; **Sie werden von mir ~** ya recibirá usted noticias mías; *drohend*: **Sie werden (noch) von mir ~!** ¡esto no se queda así! **6** **wie ich höre** según me han informado; **wie man hört** como se dice
'Hören N ⟨~s⟩ audición *f*; (*Gehör*) oído *m*; **ihm verging ~ und Sehen** se quedó atónito (*od* de una pieza); **da wird dir ~ und Sehen vergehen** *drohend*: las vas a pasar negras
'Hörensagen N **nur vom ~ wissen** saber sólo de oídas
'Hörer M ⟨~s; ~⟩ **1** *Person*: oyente *m*, escucha *m* (*a.* RADIO); UNIV estudiante *m*, alumno *m* **2** *Gerät*: TEL receptor *m*; auricular *m*; (*Kopfhörer*) auricular *m*, casco *m*; **Hörergabel** F TEL *hist* horquilla *f* del teléfono; **Hörerin** F ⟨~; ~nen⟩ oyente *f*, escucha *f* (*a.* RADIO); UNIV estudiante *f*, alumna *f*; **Hörerschaft** F ⟨~⟩ audiencia *f*; auditorio *m*; oyentes *mpl*
'Hörfehler M error *m* de audición; MED defecto *m* del oído; insuficiencia *f* auditiva; **Hörfolge** F (*Sendereihe*) serial *m* (radiofónico); *einzelne*: capítulo *m* del serial; **Hörfrequenz** F audiofrecuencia *f*; **Hörfunk** M radio *f*; **Hörgerät** N → Hörapparat; **hörgeschädigt** ADJ con deficiencia auditiva; *umg* de mal oído; **Hörgrenze** F límite *m* auditivo
'hörig ADJ **j-m ~ sein** estar bajo la férula de alg; estar sometido a alg (*a. fig*); *aus Liebe*: **er ist ihr ~** es esclavo de su pasión por ella
'Hörige M/F ⟨~n; ~n; → A⟩ siervo *m*, -a *f*, esclavo *m*, -a *f*; **Hörigkeit** F ⟨~; ~en⟩ servidumbre *f*; *fig* sujeción *f*
Hori'zont M ⟨~(e)s; ~e⟩ **1** GEOG horizonte *m* (*a. fig*); **am ~** en el horizonte **2** *geistig*: **einen weiten ~ haben** ser amplio de miras; **einen engen** *od* **beschränkten ~ haben** ser corto de alcances; *umg* no ver más allá de sus narices; **seinen ~ erweitern** ampliar (*od* ensanchar) su horizonte mental; **das geht über meinen ~** esto está fuera de mis alcances
horizon'tal ADJ horizontal; *sl verhüllend* **~es Gewerbe** *sl* profesión *f* horizontal
Horizon'tale F ⟨~; ~n⟩ MATH (línea *f*) horizontal *f*; **Horizontalebene** F plano *m* horizontal; **Horizontalflug** M vuelo *m* horizontal
Hor'mon N ⟨~s; ~e⟩ hormona *f*; **Hormonbehandlung** F MED tratamiento *m* hormonal; hormonoterapia *f*
hormo'nell ADJ hormonal
Hor'monersatztherapie F terapia *f* hormonal sustitutiva; **Hormonspiegel** M nivel *m* de hormonas; **Hormonsystem** N ANAT sistema *m* endócrino; **Hormontätigkeit** F actividad *f* hormonal
'Hörmuschel F TEL auricular *m*
Horn N ⟨~(e)s; Hörner⟩ **1** ZOOL cuerno *m* (*a. Material*), asta *f*; *e-s Stiers a.*: pitón *m*; *Am* cacho *m*; **j-n auf die Hörner nehmen** acornear a alg; **mit den Hörnern stoßen** cornear, dar cornadas; *umg fig* **sich** (*dat*) **die Hörner ablaufen** *od* **abstoßen** correr sus mocedades; sentar la cabeza **2** MUS trompa *f*; cuerno *m*; *bes* MIL corneta *f*; (*Signalhorn*) clarín *m*; (*Hupe*) bocina *f*; **auf dem ~ blasen** *od* **ins ~ stoßen** tocar la trompa (*bzw* la corneta); *fig* **in dasselbe ~ blasen wie j-d** ir de acuerdo con alg; hacer coro a alg **3** *umg fig* **j-m Hörner aufsetzen** poner cuernos a alg **4** (*Bergspitze*) pico *m* **5** (*Fühler*) *e-r Schnecke*: antena *f*
'hornartig ADJ córneo; corniforme
'Hornberger ADJ ⟨*inv*⟩ **ausgehen wie das ~ Schießen** acabar en agua de borrajas
'Hornblende F ⟨~; ~n⟩ MINER hornablenda *f*; **Hornbrille** F gafas *fpl* de concha
'Hörnchen N ⟨~s; ~⟩ *Gebäck*: media luna *f*; croisán *m*
'hörnen **A** VT *umg* **j-n ~** poner cuernos a alg **B** VR ZOOL **sich ~** apitonar
'Hörnerklang M son *m* de las trompas (*bzw* trompetas); toque *m* de cornetas
'hörnern ADJ córneo, de cuerno
'Hörnerv M ANAT nervio *m* auditivo
'Hornhaut F callosidad *f*; *des Auges*: córnea *f*; **Hornhautentzündung** F MED queratitis *f*, inflamación *f* de la córnea; **Hornhautgeschwür** N MED úlcera *f* de la córnea; **Hornhautreflex** M reflejo *m* corneal; **Hornhauttrübung** F MED opacidad *f* de la córnea; **Hornhautübertragung** F MED queratoplastia *f*, injerto *m* (*od* trasplante *m*) de córnea; **Hornhautverkrümmung** F MED curvatura *f* irregular de la cornea, astigmatismo *m*
'hornig ADJ córneo
Hor'nisse F ⟨~; ~n⟩ ZOOL avispón *m*; **Hornissenschwarm** M enjambre *m* de avispones
Hor'nist M ⟨~en; ~en⟩, **Hornistin** F ⟨~; ~nen⟩ MUS corneta *m/f* (*a.* MIL); cornetín *m/f*; *im Orchester*: trompa *m/f*
'Hornochse M *sl pej* estúpido *m*, idiota *m*; **Hornsignal** N MIL toque *m* de corneta; **Hornspalte** F VET raza *f*; **Hornstoff** M queratina *f*; **Hornstoß** M cornada *f*; **Hornsubstanz** F queratina *f*
'Hornung M ⟨~s; ~e⟩ *obs od poet* febrero *m*
'Hornvieh N animales *mpl* cornudos (*od* de asta); **Hornviper** F ZOOL cerasta *f*
'Hörorgan N órgano *m* auditivo (*od* de la audición)
Horo'skop N ⟨~(e)s; ~e⟩ ASTROL horóscopo *m*; **j-m das ~ stellen** hacer (*od* sacar) el horóscopo de alg
'Hörprobe F audición *f*
hor'rend ADJ horrible, horrendo; *Preis* exorbitante
'Hörrohr N trompetilla *f* acústica; MED estetoscopio *m*
'Horror M ⟨~s⟩ **einen ~ vor etw** (*dat*) **haben** tener horror a alg; **Horrorfilm** M película *f* de terror; **Horrorgeschichte** F historia *f* de terror
'Hörsaal M aula *f* (universitaria); *stufenförmig ansteigend*: anfiteatro *m*; **großer ~** paraninfo *m*; **Hörschärfe** F agudeza *f* (*od* acuidad *f*) auditiva; **Hörschwelle** F umbral *m* auditivo (*od* de audibilidad); **Hörspiel** N RADIO pieza *f* radiofónica; radiocomedia *f*
Horst M ⟨~es; ~e⟩ **1** ORN (*Nest*) nido *m*; (*Adler-*

horst) aguilera *f* **2** FLUG *(Fliegerhorst)* base *f* aérea **3** FORST bosque *m*
'horsten VI ORN anidar, nidificar
'Hörsturz M MED sordera *f* brusca *(od* súbita)
Hort M ⟨~(e)s; ~e⟩ **1** *(Kinderhort)* guardería *f* (infantil) **2** *lit (Schatz)* tesoro *m* **3** *(Schutz)* amparo *m*, protección *f*; *(Zuflucht)* refugio *m*, asilo *m*
'horten VT acumular; *Waren* retener; *Geld* atesorar
'Horten N ⟨~s⟩ acumulación *f*; *v. Geld*: atesoramiento *m*; *v. Waren*: retención *f*
Hor'tensie [-ziə] F ⟨~; ~n⟩ BOT hortensia *f*
'Hörtest M test *m* auditivo
'Hortung F ⟨~; ~en⟩ → Horten
'Hörvermögen N capacidad *f (od* facultad *f)* auditiva; **Hörweite** F alcance *m* del oído; **in/außer ~** al/fuera del alcance del oído
Höschen ['hø:sçən] N ⟨~s; ~⟩ *(Damenslip)* braga(s) *f(pl)*
'Hose F ⟨~; ~n⟩ **1** pantalón *m*; *(Kniehose)* calzón *m*; **kurze ~n** bermudas *fpl*; **in die ~(n) machen** ensuciarse; *sl* cagarse *(a. fig* **vor Angst** de miedo); *sl* **die ~n (gestrichen) voll haben** *vulg* estar cagado de miedo; **j-m die ~n stramm ziehen** dar una tunda a alg; *umg* zurrar la badana a alg **2** *umg fig* **die ~n anhaben** llevar los pantalones; **hier ist tote ~** *umg* aquí no hay marcha; **in die ~(n) gehen** salir mal; *sl fig* **die ~n runterlassen** poner las cartas sobre la mesa
'Hosenanzug M traje *m* pantalón; **Hosenaufschlag** M vuelta *f* del pantalón; **Hosenbandorden** M Orden *f* de la Jarretera; **Hosenbein** N pernera *f* (del pantalón)
'Hosenboden M fondillos *mpl*; *umg fig* **sich auf den ~ setzen** *umg* empollar; *umg* **den ~ vollkriegen** recibir una tunda *(od* paliza)
'Hosenbügel M percha *f* para pantalón; **Hosenbund** M pretina *f*; **Hosenklammer** F *für Radfahrer*: pinza *f*; **Hosenlatz** M bragueta *f*; **Hosenmatz** M *umg (Kind)* pipiolo *m*; **Hosennaht** F costura *f* del pantalón; **Hosenrock** M falda-pantalón *f*; **Hosenrolle** F THEAT papel *m* de hombre (representado por una actriz); **Hosenscheißer** M *vulg* cagón *m*; *fig (Feigling) sl* cagueta *m*; **Hosenschlitz** M bragueta *f*; **Hosenspanner** M percha *f* de pantalones; **Hosensteg** M trabilla *f*; **Hosentasche** F bolsillo *m* del pantalón; **Hosenträger** MPL tirantes *mpl*
Hosi'anna N ⟨~s; ~s⟩ hosanna *m*
Hospi'tal N ⟨~s; ⸚er *od* ~e⟩ hospital *m*
Hospi'tant M ⟨~en; ~en⟩, **Hospitantin** F ⟨~; ~nen⟩ *(Gasthörer)* oyente *m/f*; *Universität*: profesor *m*, -a *f* oyente
hospi'tieren VI ⟨*ohne* ge-⟩ **(bei j-m) ~** asistir como oyente (a clase de alg)
Ho'spiz [hɔs'pi:ts] N ⟨~es; ~e⟩ *(Sterbeheim)* casa *f* mortuoria; *(Heim)* hospicio *m*
Host [ho:st] M ⟨~(s); ~s⟩ IT ordenador *m* principal *(od* primario), procesador *m* central
'Hostess F ⟨~; ~en⟩ azafata *f* (de relaciones públicas)
'Hostie ['hɔstiə] F ⟨~; ~n⟩ REL hostia *f*; **die geweihte ~** la santa hostia, la sagrada forma
'Hostiengefäß N REL copón *m*; **Hostienteller** M REL patena *f*
'Hotdog ['hɔtdɔk] M,N ⟨~s; ~s⟩ GASTR perrito *m (od* perro *m)* caliente; salchicha *f* (de) hot dog
Ho'tel N ⟨~s; ~s⟩ hotel *m*; **~ garni** residencia *f*; **Hotelbesitzer** M, **Hotelbesitzerin** F hotelero *m*, -a *f*; **Hotelboy** M ⟨~s; ~s⟩ botones *m*; **Hoteldieb** M, **Hoteldiebin** F rata *f* de hotel; **Hoteldiener** M mozo *m* de hotel; **Hotelfach** N ramo *m* hotelero; **Hotelfachschule** F ≈ Escuela *f* Superior de Hostelería; **Hotelfoyer** [-fwaje] N → Hotelhalle; **Hotelführer** M *Buch*: guía *f* de hoteles; **Hotelgast** M huésped *m/f (od* cliente *m/f)* de un hotel; **Hotelgewerbe** N industria *f* hotelera, sector *m* hotelero; **Hotelhalle** F vestíbulo *m (od* hall *m)* del hotel
Hote'lier [-li'e:] M ⟨~s; ~s⟩ hotelero *m*
Ho'telkette F cadena *f* hotelera *(od* de hoteles); **Hotelpage** M botones *m*; **Hotelportier** M porter *m* de hotel; **Hotelreservierung** F reserva *f* de hotel; **Hotel- und Gaststättengewerbe** N hostelería *f*; **Hotelunterbringung** F alojamiento *m* en un hotel; **Hotelverzeichnis** N lista *f (od* relación *f)* de hoteles; **Hotelzimmer** N habitación *f* (de hotel)
'Hotkey ['hɔtki:] M ⟨~(s); ~s⟩ IT *auf der Tastatur*: tecla *f* de activación instantánea; tecla *f* rápida; **Hotline** [-laɪn] F ⟨~; ~s⟩ TEL línea *f* directa; línea *f* caliente; **Hotpack** [-pɛk] N ⟨~s; ~s⟩ *(Wärmekissen)* bolsa *f* caliente
hott INT ¡arre!
Hotten'totte M ⟨~n; ~n⟩, **Hottentottin** F ⟨~; ~nen⟩ hotentote *m*, -a *f*
HP ABK (Halbpension) media pensión
HR M ABK (Hessischer Rundfunk) Radio *m* de Hesse
Hr(n). ABK (Herr, Herrn) Sr. (señor)
hrsg. ABK (herausgegeben) editado
Hrsg. ABK (Herausgeber) editor *m*
HTML ABK (Hypertext Markup Language) IT H.T.M.L.; **HTML-Dokument** N documento *m* HTML
hu INT ¡uf!; ¡bu!
hü INT **~!** ¡arre!; **der eine sagt ~, der andere hott** cada uno tira por su lado
Hub M ⟨~(e)s; Hübe⟩ **1** TECH elevación *f*; *des Kolbens*: carrera *f* **2** MED inhalación *f*
'Hubbrücke F puente *m* levadizo
'hüben ADV de *(od* por) esta parte; **~ und drüben** por ambos lados; acá y a(cu)llá; **~ wie drüben** a este lado como al otro; acá como allá
Hu'bertusjagd F caza *f* de San Huberto
'Hubgeschwindigkeit F velocidad *f* de elevación; *des Kolbens*: velocidad *f* de carrera; **Hubkraft** F, **Hubleistung** F potencia *f* de elevación; **Hubpumpe** F bomba *f* elevadora; **Hubraum** M AUTO cilindrada *f*
hübsch **A** ADJ **1** *Aussehen, Person*: bonito *(a. iron u. fig)*, lindo, precioso, guapo; *umg* mono; **wie ~!** ¡qué bonito!; *umg* **sich ~ machen** arreglarse, acicalarse, *umg* ponerse guapo **2** *fig* **eine ~e Summe** una bonita suma; **es ist noch ein ~es Stück Wegs** aun falta un buen trecho **B** ADV (muy) bien; de lo lindo; **ganz ~** bastante bien; **ganz ~!** ¡no está mal!; *obs* **sei ~ artig!** ¡sé formal!; **das werde ich ~ bleiben lassen** me guardaré muy bien de ello; **das wirst du ~ sein lassen** no harás semejante cosa
'Hubschrauber M ⟨~s; ~⟩ helicóptero *m*; **Hubschrauberlandeplatz** M helipuerto *m*; **Hubschrauberträger** M *Schiff*: portahelicópteros *m*
'Hubstapler M ⟨~s; ~⟩ carretilla *f* elevadora; **Hubwerk** N mecanismo *m* de elevación; **Hubzähler** M AUTO cuentacarreras *m*
huch INT *Erschrecken*: ¡huy!
'Hucke F ⟨~; ~n⟩ *umg* **j-m die ~ vollhauen** moler a alg las costillas
'Huckepack ADV *umg* a cuestas; **~ tragen** *od* **nehmen** llevar a cuestas; **Huckepacksystem** N sistema *m* combinado ferrocarril-carretera
Hude'lei F ⟨~; ~en⟩ *bes südd, österr umg* chapucería *f*, chapuza *f*
'hudeln VI *bes südd, österr umg* chapucear **(bei etw** en a/c); **nur nicht ~!** ¡no te precipites
'Huf M ⟨~(e)s; ~e⟩ uña *f*; *Pferd*: casco *m*; **Hufbeschlag** M herraje *m*
'Hufeisen N herradura *f*; **Hufeisenbogen** M arco *m* de herradura; **hufeisenförmig** ADJ en forma de herradura; **Hufeisenmagnet** M imán *m* en U *(od* en forma de herradura)
'Huflattich M BOT fárfara *f*, tusílago *m*; **Hufnagel** M clavo *m* de herradura; **Hufschlag** M **1** *(Schlag mit dem Huf)* coz *f* **2** *Geräusch*: ruido *m* de cascos; **Hufschmied** M herrador *m*; **Hufschmiede** F herrería *f*
'Hüftbein N ANAT hueso *m* ilíaco *(od* coxal)
'Hüfte F ⟨~; ~n⟩ ANAT cadera *f*
'Hüftgelenk N ANAT articulación *f* de la cadera; **Hüftgelenkentzündung** F MED coxitis *f*
'Hüftgürtel M, **Hüfthalter** M faja *f*; **Hüfthose** F pantalón *(od* pantalones) con talle bajo *(od* de cintura baja)
'Huftier N ZOOL ungulado *m*
'Hüftknochen M → Hüftbein; **hüftlahm** ADJ derrengado; **Hüftnerv** M nervio *m* ciático; **Hüftschwung** M **1** *Ringen*: vuelta *f* de cadera **2** *Tanzen*: meneo *m* de cadera; **Hüftverrenkung** F luxación *f* de la cadera; **Hüftweite** F ancho *m* de cadera
'Hügel M ⟨~s; ~⟩ colina *f*; cerro *m*; loma *f*; *(Erhöhung)* eminencia *f*; altura *f*; *(Erdhügel)* terrero *m*
'hügelig ADJ montuoso; accidentado
'Hügelkette F cadena *f* de colinas; **Hügelland** N ⟨~(e)s; ⸚er⟩ terreno *m (bzw* país *m)* montuoso *(od* ondulado)
Huge'notte M ⟨~n; ~n⟩ hugonote *m*; **Hugenottin** F ⟨~; ~nen⟩ hugonota *f*; **hugenottisch** ADJ hugonote
'hüglig → hügelig
Huhn N ⟨~(e)s; Hühner⟩ **1** ZOOL gallina *f*; GASTR pollo *m*; **gebratenes ~** pollo *m* asado; *umg* **mit den Hühnern zu Bett gehen** acostarse con las gallinas; *umg* **da lachen ja die Hühner** esto es de risa; no me hagas reír **2** *umg Person* **dummes ~** pavitonta *f*, gilipollas *f*; *umg* **er ist ein verrücktes ~** tiene vena de loco
'Hühnchen N ⟨~s; ~⟩ pollo *m*; pollito *m*; *umg fig* **mit j-m ein ~ zu rupfen haben** tener una cuenta pendiente con alg
'Hühnerauge N MED callo *m*; ojo *m* de gallo
'Hühneraugenmesser N cortacallos *m*; **Hühneraugenmittel** N callicida *m*; **Hühneraugenpflaster** N parche *m* para callos
'Hühnerbrühe F caldo *m* de gallina; **Hühnerbrust** F pechuga *f* de pollo *(bzw* de gallina); MED pecho *m* de pichón *(od* en quilla); **Hühnerei** N huevo *m* de gallina; **Hühnerfarm** F granja *f* avícola; **Hühnerfrikassee** N fricasé *m* de gallina; **Hühnerhabicht** M ORN azor *m*; **Hühnerhof** M corral *m* gallinero *(od* de gallinas); **Hühnerhund** M (perro *m*) perdiguero *m*; **Hühnerklein** N ⟨~s⟩ GASTR menudillos *mpl*; **Hühnerleiter** F escalera *f* del gallinero; **Hühnerpastete** F empanada *f* de pollo; **Hühnerpest** F VET peste *f* aviar; **Hühnerstall** M gallinero *m*; **Hühnerstange** F percha *f* del gallinero; **Hühnersuppe** F sopa *f* de pollo; **Hühnervögel** MPL gallináceas *fpl*; **Hühnerzucht** F cría *f* de gallinas; avicultura *f*; **Hühnerzüchter** M, **Hühnerzüchterin** F avicultor *m*, -a *f*
hui INT **~!** ¡huy!; **außen ~ und innen pfui** ≈ las apariencias engañan; *umg* **in einem** *od* **im Hui** en un abrir y cerrar de ojos; en un santiamén
Huld F ⟨~⟩ *lit (Wohlwollen)* benevolencia *f*; *(Gunst)* favor *m*; *(Gnade)* merced *f*, clemencia *f*; **in j-s ~ stehen** gozar del favor de alg

'huldigen VI 1 *obs* **j-m ~** rendir (*od* tributar) homenaje a alg; *durch Beifall*: ovacionar a alg 2 *geh obs* **einer Sache** (*dat*) **~** ser aficionado (*od* dedicarse) a a/c; *e-r Ansicht*: sostener a/c; adherirse a a/c; *e-m Laster*: darse a a/c; **Huldigung** F ⟨~; ~en⟩ homenaje *m*; (*Beifall*) ovación *f*

'huldreich *obs*, **huldvoll** *geh* ADJ clemente, gracioso; benévolo; (*herablassend*) condescendiente

'Hülle F ⟨~; ~n⟩ 1 envoltura *f*; (*Umschlag*) cubierta *f*; (*Überzug, Schutzhülle*) funda *f*; (*Futteral*) estuche *m*; (*Schleier*) velo *m*; ZOOL, ANAT tegumento *m*; BOT involucro *m* 2 *fig* **in ~ und Fülle** en abundancia, en profusión; *umg* a montones, a patadas, a manta; **Geld in ~ und Fülle haben** nadar en la abundancia; apalear el oro 3 *fig* **sterbliche ~** restos *mpl* mortales

'hüllen A VT envolver; cubrir; **j-n/etw in etw** (*acus*) **~** envolver a alg, a/c en a/c B VR **sich ~ in** (*acus*) cubrirse de; envolverse en; *fig* **sich in Schweigen ~** guardar silencio; quedar(se) callado

'hüllenlos ADJ desnudo

'Hülse F ⟨~; ~n⟩ BOT vaina *f*; (*Schale*) cáscara *f*; *des Getreidekorns*: cascabillo *m*; (*Kapsel*) cápsula *f*; *des Füllhalters*: capuchón *m*; (*Futteral*) vaina *f*; MIL (*Geschosshülse*) cartucho *m*; (*Patronenhülse*) casquillo *m*; *am Gewehr*: caja *f*; TECH manguito *m*; (*Röhre*) tubo *m*

'Hülsenfrüchte FPL legumbres *fpl* secas; **Hülsenfrüchtler** MPL BOT leguminosas *fpl*

hu'man ADJ humano

'Hu'manbiologie F biología *f* humana; **Humangenetik** F genética humana; **Humangenom** N genoma *m* humano

humani'sieren VT ⟨*ohne* ge-⟩ humanizar

Huma'nismus M ⟨~⟩ humanismo *m*; **Humanist** M ⟨~en; ~en⟩, **Humanistin** F ⟨~; ~nen⟩ humanista *m/f* (*a. fig*)

huma'nistisch A ADJ humanista; *Gymnasium, Studium* de humanidades; **~e Bildung** educación *f* humanística (*od* clássica) B ADV **~ gebildet** con educación clásica (*od* humanística)

humani'tär ADJ humanitario; **~e Hilfe** ayuda *f* humanitaria

Humani'tät F ⟨~⟩ humanidad *f*

Hu'mankapital N WIRTSCH capital *m* humano; recursos *mpl* humanos; **Humanmedizin** F medicina *f* (humana); **Humanökologie** F ecología *f* humana; **Humanwissenschaften** FPL ciencias *fpl* humanas, humanidades *fpl*

'Humbug M ⟨~s⟩ patraña *f*, embuste *m*, *Am* macana *f*; (*Unsinn*) tonterías *fpl*; disparate *m*

'Hummel F ⟨~; ~n⟩ ZOOL abejorro *m*; *umg fig* **wilde ~** chica *f* vivaracha, torbellino *m*; **~n im Hintern haben** (*nicht still sitzen können*) *umg* ser culo de mal asiento ; (*nervös sein*) estar inquieto

'Hummer M ⟨~s; ~⟩ ZOOL bogavante *m*; **Hummerkrabbe** F ZOOL gamba *f* rosa; **Hummermayonnaise** F GASTR mayonesa *f* de langosta; **Hummerschere** F pinza *f*

Hu'mor M ⟨~s⟩ humor *m*; humorismo *m*; **einen trockenen ~ haben** tener un humor seco; **(Sinn für) ~ haben** tener (sentido del) humor; **er hat (keinen) ~** (no) tiene sentido del humor; **etw mit ~ nehmen** *od* **tragen** tomar (*od* llevar) a/c con sentido del humor

Humo'reske F ⟨~; ~n⟩ cuento *m* humorístico; THEAT pieza *f* humorística; MUS humoresca *f*

hu'morig ADJ → humorvoll

Humo'rist M ⟨~en; ~en⟩, **Humoristin** F ⟨~; ~nen⟩ humorista *m/f*; **humoristisch** ADJ humorístico; festivo; cómico

hu'morlos ADJ sin humor; **humorvoll** ADJ humorístico; *Person* de buen humor; jovial

'humpeln VI ⟨sn⟩ cojear

'Humpen M ⟨~s; ~⟩ (*Becher*) gran copa *f*; vaso *m* grande; tanque *m*

'Humus M ⟨~⟩ humus *m*, mantillo *m*; **Humusbildung** F humificación *f*; **Humusboden** M, **Humuserde** F humus *m*, tierra *f* vegetal; **humusreich** ADJ rico en humus; **Humussäure** F ácido *m* húmico

Hund M ⟨~(e)s; ~e⟩ 1 ZOOL perro *m*, *umg* chucho *m*, *lit* can *m*; **junger ~** perrito *m*; cachorro *m*; **Vorsicht, bissiger ~!** ¡cuidado con el perro!; **wie ~ und Katze leben** andar (*od* estar) como perros y gatos; **j-n wie einen ~ behandeln** tratar a alg como a un perro; *umg* **er ist bekannt wie ein bunter ~** le conocen hasta los perros, *umg* es más conocido que el tebeo; es archiconocido; *sprichw* **~e, die bellen, beißen nicht** *sprichw* perro ladrador, poco mordedor; *sprichw* **den Letzten beißen die ~e** el último mono es el que se ahoga 2 *fig* **da liegt der ~ begraben** *umg* ahí está el quid (*od* el busilis *od* la madre del cordero); **j-n auf den ~ bringen** arruinar a alg; **auf den ~ kommen** ir de mal en peor (*od* de rocín a ruin); **auf den ~ gekommen sein** *moralisch*: haber caído muy bajo; *umg* **mit allen ~en gehetzt sein** *umg* sabérselas todas; estar más corrido que un zorro viejo; **vor die ~e gehen** acabar mal; arruinarse; *umg* **damit kann man keinen ~ hinter dem Ofen hervorlocken** con eso no vendes ni una escoba 3 *umg Person*: **ein armer ~** un pobre diablo; *pej* **ein blöder ~** un imbécil; **ein feiger ~** *umg* un gallina; **ein gemeiner ~** *umg* un canalla; *sl* un capullo, un cabrón 4 *umg fig* **das ist ein dicker ~!** (*grober Fehler*) ¡esto sí que es fuerte!; (*Unverschämtheit*) *sl* ¡es una cabronada! 5 ASTRON **großer/kleiner ~** Can *m* Mayor/Menor 6 BERGB vagoneta *f*

'Hundearbeit F *umg* trabajo *m* pesado (*od* ímprobo); **Hundeausstellung** F exposición *f* canina

'hunde'elend ADJ & ADV *umg* **mir ist** *od* **ich fühle mich ~** me siento muy mal

'Hundefänger M, **Hundefängerin** F perrero *m*, -a *f*; **Hundefutter** N alimento *m* (*od* comida *f*) para perros; **Hundegebell** N ladrido *m*; **Hundehalter** M, **Hundehalterin** F propietario *m*, -a *f* (*od* dueño *m*, -a *f*) de un perro; **Hundehütte** F caseta *f* de perro; perrera *f*; **Hundekacke** F *sl* mierda *f* de perro

'hunde'kalt ADJ *umg* **es ist ~** hace un frío de perros; **Hunde'kälte** F *umg* frío *m* de perros (*od* que pela)

'Hundekot M caca *f* de perro; **Hundekuchen** M galleta *f* para perros; **Hundeleben** N *umg* vida *f* perra (*od* de perros); **Hundeleine** F cuerda *f* (*od* correa *f*) (para atar el perro); **Hundeliebhaber** M, **Hundeliebhaberin** F canófilo *m*, -a *f*; **Hundemarke** F chapa *f* (de perro); *umg fig* (*Erkennungsmarke der Polizisten*) chapa *f* de identificación

'hunde'müde ADJ cansadísimo; *umg* hecho polvo

'Hunderasse F raza *f* canina; **Hunderennbahn** F canódromo *m*; **Hunderennen** N carrera *f* de galgos

'hundert ADJ ciento; *vor subst*: cien; **~ Jahre alt** secular, *Person* centenario; *umg fig* **mit ~ Sachen fahren** ir (*od* correr) a cien; **unter ~ nicht einer** ni uno solo entre ciento

'Hundert[1] N ⟨~s; ~e⟩ centenar *m*; centena *f*; **etwa** *od* **gegen** *od* **rund ~** alrededor de cien(to), unos cien; un centenar **vier vom ~** (*abk* **4%**) cuatro por ciento; **~e** *pl* (*mehrere hundert*) cientos; **~e von** centenares de; **zu ~en** a centenares; **es geht in die ~e** se cuenta por centenares

'Hundert[2] F ⟨~; ~en⟩ *Zahl*: ciento *m*

hundert'eins ADJ ciento uno

'Hunderter M ⟨~s; ~⟩ 1 MATH centena *f* 2 *Geldschein*: billete *m* de cien; **hunderterlei** ADV de cien clases *od* especies (distintas); *umg fig* mil cosas

Hundert'euroschein M billete *m* de cien euros

'hundertfach, hundertfältig ADJ céntuplo; centuplicado; cien veces más; **hundertgradig** ADJ centígrado

Hundert'jahrfeier F centenario *m*

'hundertjährig ADJ centenario, secular (*a. fig*); **~es Jubiläum** centenario *m*; **Hundertjährige** M/F ⟨~n; ~n; → A⟩ centenario *m*, -a *f*

'hundertmal ADV cien veces (*a. fig*)

Hundert'markschein M HIST billete *m* de cien marcos; **Hundert'meterlauf** M SPORT carrera *f* de (los) cien metros; **hundert'pro** *umg* ADV al cien por cien

'hundertprozentig A ADJ ciento por ciento; *fig* cien por cien B ADV (**sich** *dat*) **~ sicher sein** estar completamente seguro

'Hundertsatz M (*Prozentsatz*) tanto *m* por ciento, porcentaje *m*; **Hundertschaft** F ⟨~; ~en⟩ HIST centuria *f*; *fig* compañía *f*

'hundertste(r, -s) ADJ centésimo; *fig* **vom Hundertsten ins Tausendste kommen** divagar, irse por las ramas; perderse en (mil) detalles

'hundertstel ADJ ⟨*inv*⟩ centésimo

'Hundertstel N ⟨~s; ~⟩ centésima parte *f*, centésimo *m*, centavo *m*

'hunderttausend ADJ cien mil; **Hunderttausende von** centenares de miles de

'hundertteilig ADJ centesimal; **hundertweise** ADV a centenares

'Hundesalon M peluquería *f* canina; **Hundescheiße** F *sl* mierda *f* de perro; **Hundeschlitten** M trineo *m* de perros; **Hundeschnauze** F hocico *m* de perro; **Hundeschule** F escuela *f* para perros; **Hundestaffel** F *der Polizei*: unidad *f* canina; **Hundesteuer** F impuesto *m* sobre los perros; **Hundewache** F SCHIFF guardia *f* media; **Hundewetter** N *umg* tiempo *m* de perros; **Hundezucht** F cría *f* de perros; canicultura *f*; **Hundezüchter** M, **Hundezüchterin** F criador *m*, -a *f* de perros; canicultor *m*, -a *f*; **Hundezwinger** M perrera *f*

'Hündin F ⟨~; ~nen⟩ perra *f*

'hündisch ADJ *fig* (*kriecherisch*) servil; rastrero; (*gemein*) vil, ruin

'Hundsfott M ⟨~(e)s; ~e *od* ~̈er⟩ *sl obs* canalla *m*

'hunds'gemein ADJ abyecto; infame; canallesco; **Hunds'gemeinheit** F infamia *f*; canallada *f*; *sl* putada *f*; **hundsmise'rabel** ADJ *umg* malísimo, pésimo

'Hundsstern M ASTRON Sirio *m*; **Hundstage** MPL canícula *f*

'Hüne M ⟨~n; ~n⟩ gigante *m*, hércules *m*

'Hünengestalt F coloso *m*, figura *f* hercúlea; **Hünengrab** N monumento *m* megalítico; dolmen *m*; **hünenhaft** ADJ gigantesco; hercúleo

'Hunger M ⟨~s⟩ hambre *f* (**auf** *acus*, *fig* **nach** de); *fig a.* ganas *fpl*, sed *f*; **~ bekommen** empezar a tener hambre; **(keinen) ~ haben** (no) tener hambre; **großen ~ haben** tener mucha hambre, estar hambriento; **einen ~ wie ein Wolf** *od* **ein Bär haben** tener un hambre canina; (no) tener gana (de comer); **~ leiden** pasar hambre; **seinen ~ stillen** matar el hambre; **vor ~** (*od geh* **hungers**) **sterben** morir de hambre; *sprichw* **~ ist der beste Koch** a buen hambre no hay pan duro

'Hungerjahr N año *m* de hambre; **Hun-**

H

gerkünstler M, **Hungerkünstlerin** F ayunador m, -a f profesional; **Hungerkur** F MED dieta f absoluta; régimen m de hambre; **Hungerleider** M, **Hungerleiderin** F umg muerto m, -a f de hambre; **Hungerlohn** M salario m de hambre (od irrisorio); **für einen ~** por una miseria

'hungern VI 1 tener hambre; (Hunger leiden) pasar hambre; freiwillig: ayunar; guardar dieta absoluta; geh **es hungert mich** od **mich hungert** tengo hambre; **j-n ~ lassen** hacer pasar hambre a alg 2 fig **~ nach** estar sediento (od ávido) de

'Hungerödem N MED edema m de hambre (od alimentario)

'Hungersnot F hambre f; Am hambruna f; **Hungerstreik** M huelga f de hambre; **Hungertod** M muerte f por inanición; **den ~ sterben** morir de hambre; **Hungertuch** N fig **am ~ nagen** morirse de hambre; no tener para vivir ni para morir; umg no tener dónde caerse muerto

'hungrig ADJ 1 hambriento (a. fig; **nach** de); famélico; **~ machen** abrir el apetito; **~ sein** tener hambre (**auf** acus de), estar hambriento (**auf** acus de); **sehr ~ sein** estar muerto de hambre, tener un hambre feroz 2 geh fig sediento, ávido (**nach** de)

'Hunne M ⟨~n; ~n⟩ huno m

'Hunni M ⟨~s; ~s⟩ umg billete m de cien

'Hupe F ⟨~; ~n⟩ AUTO bocina f, claxon m

'hupen VI tocar (od hacer sonar) la bocina (od el claxon)

'Hupen N ⟨~s⟩ señal f acústica; sonido m de claxons; **Hupensignal** N, **Hupenzeichen** N → Hupsignal

'Hüpfburg F castillo m hinchable

'hupfen VI südd, österr → hüpfen; umg **das ist gehupft wie gesprungen** es lo mismo, tanto monta

'hüpfen VI ⟨sn⟩ brincar, saltar (**vor Freude** de alegría); dar brincos (od saltitos); retozar; **auf einem Bein ~** saltar a la pata coja

'Hupkonzert N umg concierto m de bocinas; **Hupsignal** N bocinazo m; señal f acústica (od de bocina); **Hupverbot** N Verkehr: prohibición f de señales acústicas

'Hürde F ⟨~; ~n⟩ 1 SPORT valla f 2 fig obstáculo m; **eine ~ nehmen** superar un obstáculo 3 AGR (Pferch) aprisco m, redil m; (Weideplatz) dehesa f; (Flechtwerk) zarzo m

'Hürdenlauf M SPORT carrera f de vallas; **Hürdenläufer** M ⟨~s; ~⟩, **Hürdenläuferin** F ⟨~; ~nen⟩ corredor m, -a f de vallas, vallista m/f; **Hürdenrennen** N SPORT → Hürdenlauf

'Hure F ⟨~; ~n⟩ sl (Prostituierte) sl puta f; umg fulana f

'huren VI sl 1 (zu Prostituierten gehen) fornicar; sl ir(se) de putas 2 Frau prostituirse

'Hurenbock M sl putañero m, putero m; **Hurenhaus** N burdel m, casa f pública (od sl de putas); **Hurensohn** M sl Schimpfwort: sl hijo m de puta

Hure'rei F ⟨~; ~en⟩ sl prostitución f; fornicación f

hur'ra INT **~!** ¡viva!; ¡hurra!; **~ rufen** vitorear; dar hurras

Hur'ra N ⟨~s; ~s⟩ viva m, hurra m; **Hurrapatriot** M umg pej patriotero m, chauvinista m; **Hurrapatriotismus** M umg pej patriotería f, chauvinismo m; **Hurraruf** M (grito m de) hurra m

'Hurrikan ['harikən] M ⟨~s; ~e⟩ huracán m

'hurtig ADJ rápido, ligero; (flink) ágil; presto; **Hurtigkeit** F ⟨~⟩ rapidez f, ligereza f; agilidad f, presteza f

Hu'sar M ⟨~en; ~en⟩ húsar m

'husch INT **und ~ war sie weg** y zas, se fue; **~!** verscheuchend: ¡oste!, ¡oxte!; **~, ~!** (schnell) ¡vivo!; **~, ~, ins Bett!** ¡venga, venga, a la cama!

'huschen VI correr ligero; deslizarse (od pasar) rápidamente (**über** acus por); pasar silencioso

'Husky ['haski:] M ⟨~s; ~s⟩ perro m esquimal, perro m husky

Hus'sit M ⟨~en; ~en⟩ HIST husita m; **Hussitenkriege** MPL HIST guerras fpl husitas

'hüsteln [-y:-] VI toser ligeramente, emitir una tosecilla

'Hüsteln N ⟨~s⟩ tosecilla f

'husten [-u:-] A VI 1 toser 2 umg fig **auf etw** (acus) **~** umg pasar de a/c; **ich huste darauf** umg me importa un bledo B VT 1 (aushusten) expectorar; **Blut ~** expectorar (od escupir) sangre 2 umg fig **ich werde dir (et)was ~** ¡narices!; ¡(de eso) ni hablar!

'Husten M ⟨~s⟩ tos f; **chronischer/trockener ~** tos f crónica/seca; **~ haben** tener tos

'Hustenanfall M acceso m (od ataque m od golpe m) de tos; **Hustenbonbons** MPL pastillas fpl pectorales (od contra la tos); **Hustenmittel** N antitusígeno m; **Hustenreflex** M MED reflejo m tusígeno; **Hustenreiz** M tos f irritativa; irritación f bronquial; **Hustensaft** M jarabe m pectoral; **hustenstillend** ADJ antitusivo, béquico; **Hustenstiller** M MED antitusivo m

Hut[1] M ⟨~(e)s; Hüte⟩ 1 sombrero m; **den ~ in die Stirn drücken** calarse el sombrero; fig **vor j-m den ~ ziehen** descubrirse ante alg, umg dar un sombrerazo a alg; quitarse el sombrero ante alg (a. fig); **~ ab!** ¡descúbra(n)se!, ¡descubrirse!; umg fig ¡chapó!; **~ ab vor …** sombrerazo para … 2 umg fig **das ist (doch) ein alter ~** es archiconocido; es lo de siempre; **seinen ~ nehmen (müssen)** (tener que) dimitir; **unter einen ~ bringen** poner de acuerdo; conciliar; encontrar un denominador común para; umg **eins auf den ~ kriegen** recibir una bronca; umg **da geht einem (ja) der ~ hoch!** ¡esto ya es demasiado!; ¡esto ya pasa de la raya!; umg fig **damit habe ich nichts am ~** umg no quiero tener nada que ver en eso; umg **das kannst du dir an den ~ stecken** umg eso puedes ir quitándotelo de la cabeza!; sl eso puedes metértelo donde te quepa! 3 BOT der Pilze: sombrerete m

Hut[2] F ⟨~⟩ 1 geh (Obhut, Aufsicht) guardia f, custodia f; (Schutz) protección f; **in j-s ~ sein** estar bajo la vigilancia (bzw la protección) de alg; **in guter ~ sein** estar a buen recaudo 2 **auf der ~ sein** andar con cuidado (**vor** dat con); estar sobre aviso; estar ojo alerta (od avizor) (**vor** dat con)

'Hutablage F percha f; **Hutband** N ⟨~(e)s; ⁼er⟩ cinta f del sombrero

'hüten A VT 1 (beaufsichtigen) guardar (a. Vieh, fig Bett, Geheimnis); velar por; (schützen) proteger; (bewachen) custodiar; vigilar; sorglich: cuidar de (a. Kind) 2 (gut erhalten) conservar B VR **sich ~** andar con cuidado, guardarse; **sich vor etw** (dat) **~** guardarse de a/c; preservarse de a/c; andar con cuidado con a/c; **sich ~, etw zu tun** guardarse (muy bien) de hacer a/c; **er soll sich ~!** ¡que ande con cuidado!; **~ Sie sich vor ihm!** ¡tenga cuidado con él!; umg **ich werde mich ~!** ¡ni hablar!

'Hüter M ⟨~s; ~⟩, **Hüterin** F ⟨~; ~nen⟩ guarda m/f; guardián m, -ana f; fig protector m, -a f; (Viehhüter) pastor m, -a f; hum **die ~** pl **des Gesetzes** los guardianes de la ley

'Hutfabrik F sombrerería f; **Hutform** F horma f (de sombrero); **Hutfutter** N forro m del sombrero; **Hutgeschäft** N sombrerería f; **Hutkopf** M copa f (del sombrero); **Hutkrempe** F ala f (del sombrero); **Hutladen** M sombrerería f; **Hutmacher** M ⟨~s; ~⟩ sombrerero m; **Hutmacherei** F → Hutfabrik; **Hutmacherin** F ⟨~; ~nen⟩ sombrerera f; **Hutnadel** F alfiler m de sombrero, agujón m; **Hutschachtel** F sombrerera f; **Hutschnur** F cordón m del sombrero; umg fig **das geht mir über die ~** umg esto pasa de castaño oscuro (od de la raya); **Hutständer** M percha f (para sombreros)

'Hütte F ⟨~; ~n⟩ 1 cabaña f; choza f, Am bohío m; (Holzhütte) barraca f; (Schuppen) cobertizo m 2 (Schutzhütte) refugio m; Unterkunft: albergue m alpino 3 TECH (Eisenhütte) planta f metalúrgica (bzw siderúrgica); (Schmelzhütte) fundición f 4 umg pej (Haus) umg cueva f

'Hüttenarbeiter M (obrero m) siderúrgico m; **Hüttenerzeugnis** N producto m siderúrgico; **Hüttenindustrie** F industria f metalúrgica (bzw siderúrgica); **Hütteningenieur** M ingeniero m sidero-metalúrgico; **Hüttenkäse** M GASTR *queso fresco granulado*; **Hüttenkoks** M coque m metalúrgico; **Hüttenkunde** F metalurgia f; **Hüttenwerk** N → Hütte 3; **Hüttenwesen** N ⟨~s⟩ industria f siderúrgica (bzw metalúrgica); metalurgia f

'hutz(e)lig ADJ → verhutzelt

Hy'äne [hy'ɛ:nə] F ⟨~; ~n⟩ ZOOL hiena f

Hya'zinth [hya'tsınt] M ⟨~(e)s; ~e⟩ MINER jacinto m; **Hya'zinthe** F ⟨~; ~n⟩ BOT jacinto m

hy'brid ADJ híbrido; **Hybridantrieb** M AUTO propulsión f híbrida

Hybridati'on F ⟨~⟩ hibridación f

Hy'bridauto N AUTO coche m híbrido

Hy'bride F ⟨~; ~n⟩ od M ⟨~n; ~n⟩ híbrido m

Hybridi'tät F ⟨~⟩ hibridismo m

Hy'bridmotor M AUTO motor m híbrido

'Hydra F ⟨~⟩ MYTH hidra f

Hy'drant M ⟨~en; ~en⟩ boca f de riego (bzw de incendio)

Hy'drat N ⟨~(e)s; ~e⟩ CHEM hidrato m

Hydra(ta)ti'on F ⟨~⟩ hidratación f

Hy'draulik F ⟨~⟩ hidráulica f; **Hydraulikbremse** F freno m hidráulico; **Hydraulikdruck** M ⟨~(e)s⟩ presión f hidrostática; **Hydraulikgetriebe** N transmisión f hidráulica; **Hydraulikkupplung** F acoplamiento m hidráulico

hy'draulisch ADJ hidráulico

Hy'drid N ⟨~s; ~e⟩ CHEM hidruro m

hy'drieren VT ⟨ohne ge-⟩ CHEM hidrogenar; **Hydrieren** N ⟨~s⟩, **Hydrierung** F ⟨~⟩ hidrogenación f; **Hydrierwerk** N instalación f de hidrogenación

Hydrobiolo'gie F hidrobiología f; **Hydrody'namik** F hidrodinámica f; **hydroge'nieren** VT ⟨ohne ge-⟩ hidrogenar; **Hydrogra'fie** F, **Hydrogra'phie** F ⟨~⟩ hidrografía f; **Hydrokul'tur** F BOT hidrocultivo m; **Hydrolo'gie** F ⟨~⟩ hidrología f; **hydro'logisch** ADJ hidrológico; **Hydro'lyse** F ⟨~; ~n⟩ hidrólisis f; **Hydro'meter** N hidrómetro m; **hydro'phob** ADJ hidrófobo; **Hydro'ponik** F ⟨~⟩ AGR cultivo m hidropónico, hidroponía f

'Hydrospeed ['hy:drospi:t] N ⟨~(s); ~s⟩ SPORT 1 Sportart: hidrospeed m 2 Sportgerät: hidrotrineo m

Hydro'statik F ⟨~⟩ hidrostática f; **hydro'statisch** ADJ hidrostático; **Hydrothera'pie** F MED hidroterapia f

Hydro'xid N ⟨~(e)s; ~e⟩ hidróxido m

Hygi'ene [hygi'e:nə] F ⟨~⟩ higiene f; **Hygieniker** M ⟨~s; ~⟩, **Hygienikerin** F ⟨~; ~nen⟩ higienista m/f; **hygienisch** ADJ higiénico

Hygro'meter N PHYS higrómetro *m*; **hygro'metrisch** ADJ higrométrico; **Hygro'skop** N ⟨~s; ~e⟩ PHYS higroscopio *m*; **hygro'skopisch** ADJ higroscópico

'Hymen N & M ⟨~s; ~⟩ ANAT himen *m*

'Hymne F ⟨~; ~n⟩ himno *m*; **hymnisch** ADJ hímnico (*a. fig*)

'Hype [haip] M ⟨~s; ~s⟩ 1 (*spektakuläre Werbung*) anuncio *m* gancho 2 (*täuschende Werbung*) engaño *m* publicitario 3 *umg* (*Medienrummel etc*) espectáculo *m* (en los medios de comunicación); **was soll der ~?** ¿a qué viene tanto lío?

hyperak'tiv ADJ PSYCH hiperactivo; **Hyperaktivi'tät** [-v-] F hiperactividad *f*

Hy'perbel F ⟨~; ~n⟩ RHET, MATH hipérbole *f*; **hyperbelhaft, hyper'bolisch** ADJ hiperbólico

'hypergenau ADJ, **hyperkorrekt** ADJ *umg Person* ultracorrecto

'Hyperlink ['haɪpər-] M ⟨~(s); ~s⟩ IT hipervínculo *m*; hiperenlace *m*

hypermo'dern ADJ ultramoderno; **hypersen'sibel** ADJ hipersensible

'Hypertext ['haɪpər-] M ⟨~s; ~e⟩ IT hipertexto *m*

Hyperto'nie F ⟨~; ~n⟩ MED (*Bluthochdruck*) hipertensión *f*; **Hypertro'phie** F ⟨~⟩ hipertrofia *f*; **hyper'trophisch** ADJ hipertrófico

Hyp'nose F ⟨~; ~n⟩ hipnosis *f*; **unter ~ stehen** estar bajo hipnosis; **j-n in ~ versetzen** hipnotizar a alg

hyp'notisch ADJ hipnótico

Hypnoti'seur [-'zøːr] M ⟨~s; ~e⟩, **Hypnotiseurin** F ⟨~; ~nen⟩ hipnotizador *m*, -a *f*

hypnoti'sieren V/T ⟨*ohne* ge-⟩ hipnotizar; **Hypnotisieren** N ⟨~s⟩ hipnotización *f*

Hypno'tismus M ⟨~⟩ hipnotismo *m*

Hypo'chonder [-'xɔn-] M ⟨~s; ~⟩ hipocondríaco *m*, -a *f*; **Hypochon'drie** F ⟨~⟩ hipocondría *f*; **hypo'chondrisch** ADJ hipocondríaco; **Hypo'physe** [-'fyːzə] F ⟨~; ~n⟩ ANAT hipófisis *f*, glándula *f* pituitaria; **Hypote'nuse** F ⟨~; ~n⟩ MATH hipotenusa *f*

Hypo'thek F ⟨~; ~en⟩ hipoteca *f*; **eine ~ aufnehmen** tomar (*od* constituir) una hipoteca; hipotecar (**auf etw** *acus* a/c); **eine ~ bestellen/löschen** constituir/cancelar una hipoteca; **eine ~ tilgen** *od* **ablösen** amortizar una hipoteca; **auf ~ leihen** hacer un préstamo sobre hipoteca; **mit einer ~ belasten** hipotecar, gravar con hipoteca

hypothe'karisch A ADJ hipotecario B ADV **~ belasten** hipotecar; **~ sichern** asegurar (*od* garantizar) con una hipoteca

Hypo'thekenanleihe F préstamo *m* hipotecario; **Hypothekenaufnahme** F constitución *f* (*od* toma *f*) de una hipoteca; **Hypothekenbank** F ⟨~; ~en⟩ banco *m* hipotecario; **Hypothekenbeschaffung** F obtención *f* de una hipoteca; **Hypothekenbestellung** F constitución *f* de una hipoteca; **Hypothekenbrief** M cédula *f* hipotecaria; **Hypothekenbuch** N registro *m* hipotecario; **Hypothekendarlehen** N préstamo *m* hipotecario; **Hypothekeneintragung** F inscripción *f* hipotecaria; **Hypothekenforderung** F crédito *m* hipotecario

hypo'thekenfrei ADJ sin hipotecas; libre de hipotecas

Hypo'thekengläubiger M, **Hypothekengläubigerin** F acreedor *m*, -a *f* hipotecario, -a; **Hypothekenlöschung** F cancelación *f* de una hipoteca; **Hypothekenordnung** F régimen *m* hipotecario; **Hypothekenpfandbrief** M cédula *f* hipotecaria; **Hypothekenrecht** N derecho *m* hipotecario

Hypo'thekenschuld F deuda *f* hipotecaria; **Hypothekenschuldner** M, **Hypothekenschuldnerin** F deudor *m*, -a *f* hipotecario

Hypo'thekentilgung F amortización *f* (*od* purga *f*) de una hipoteca; **Hypothekenvorrang** M prelación *f* de hipotecas; **Hypothekenzinsen** PL intereses *mpl* hipotecarios

Hypo'these F ⟨~; ~n⟩ hipótesis *f*; suposición *f*; **hypo'thetisch** ADJ hipotético; **Hypotonie** F ⟨~; ~n⟩ MED (*niedriger Blutdruck*) hipotensión *f*

Hyste'rie F ⟨~; ~n⟩ histerismo *m*, histeria *f*

Hy'steriker M ⟨~s; ~⟩, **Hysterikerin** F ⟨~; ~nen⟩ histérico *m*, -a *f*; **hysterisch** ADJ histérico; **~er Anfall** ataque *m* de histeria (*od* de nervios)

Hz ABK (Hertz) Hertz(io) *m*

I

I, i N ⟨~; ~⟩ I, i *f*; *fig* **der Punkt** *od* **das Tüpfelchen auf dem i** el punto sobre la i

i INT 1 **~!** *Abscheu*: ¡qué asco! 2 **~ bewahre!** *od* **~ wo!** ¡bah!; ¡quiá!, ¡ni hablar!, ¡ni pensarlo!

i. ABK (in, im) en

i. A. ABK (im Auftrag) por orden

IAEO F ABK (Internationale Atomenergie-Organisation) OIEA *m* (Organismo Internacional de Energía Atómica)

i'ahen V/I *Esel* rebuznar

i. Allg. ABK (im Allgemeinen) en general

IAO F ABK (Internationale Arbeitsorganisation) OIT *f* (Organización Internacional del Trabajo)

ib., ibd. ABK (ibidem, ebenda) ibídem

I'berer M ⟨~s; ~⟩, **Ibererin** F ⟨~; ~nen⟩ ibero *m*, -a *f*; **Iberien** N ⟨~s⟩ Iberia *f*; **iberisch** ADJ ibero, ibérico; **die Iberische Halbinsel** la Península Ibérica

I'beroamerika N Iberoamérica *f*

'Ibis M ⟨~ses; ~se⟩ ORN ibis *f*

IC® M ABK (Intercity) BAHN Intercity *m*

ICE® M ABK (Intercity Express) BAHN *tren de alta velocidad alemán*; *sp* ≈ AVE *m*

ich PERS PR yo; **~ komme** vengo; *betont*: yo vengo; **hier bin ~** aquí estoy; **~ bin's** soy yo; *als Antwort*: lo soy; **hier bin ~!** ¡aquí estoy!; **~, der ~ Sie kenne** yo que le conozco a usted; **~ Armer!** ¡pobre de mí!

Ich N ⟨~(s); ~s⟩ yo *m*; **mein ganzes ~** todo mi ser; **mein anderes** *od* **zweites ~** mi otro yo

'Ich-AG F ≈ empresa *f* unipersonal

'ichbezogen ADJ egocéntrico; **Ichbezogenheit** F ⟨~⟩ egocentrismo *m*

'Ichform F **in der ~ schreiben** escribir en primera persona

Ich'neumon M,N ⟨~s; ~e *od* ~s⟩ ZOOL icneumón *m*, rata *f* de los faraones

'Ichroman M LIT novela *f* escrita en primera persona; **Ichsucht** F ⟨~⟩ egoísmo *m*; **ichsüchtig** ADJ egoísta

Ichthyolo'gie F ⟨~⟩ ictiología *f*; **Ichthyo'saurus** M ⟨~; Ichtyosaurier⟩ ZOOL ictiosaurio *m*

ide'al A ADJ ideal; (*vorbildlich*) modelo B ADV **~ gelegen** en un entorno ideal

Ide'al N ⟨~s; ~e⟩ ideal *m*; (*Vorbild*) modelo *m*; (*Prototyp*) prototipo *m*; **Idealfall** M caso *m* ideal

ideali'sieren V/T ⟨*ohne* ge-⟩ idealizar; **Idealisieren** N ⟨~s⟩, **Idealisierung** F ⟨~; ~en⟩ idealización *f*

Idea'lismus M ⟨~⟩ idealismo *m*; **Idealist** M ⟨~en; ~en⟩, **Idealistin** F ⟨~; ~nen⟩ idealista *m/f*; **idealistisch** ADJ idealista

Ideali'tät F ⟨~⟩ idealidad *f*

Ide'alkonkurrenz F JUR concurso *m* ideal, unidad *f* de delitos

I'dee F ⟨~; ~n⟩ 1 *allg* idea *f*; (*Gedanke*) pensamiento *m*; (*Einfall*) ocurrencia *f*; **keine ~ von etw haben** no tener ni la menor idea de a/c; **eine fixe ~** una idea fija; **du machst dir keine ~ …** no te puedes imaginar …; **er kam auf die ~, zu** (*inf*) se le ocurrió (*inf*), tuvo la ocurrencia de (*inf*); **wer brachte ihn auf die ~?** ¿quién le sugirió la idea?; **was für eine ~!** ¡vaya una idea!; ¡qué ocurrencia! 2 (*Begriff*) noción *f* 3 *fig* (*Kleinigkeit*) pizca *f*; **eine ~ …** una pizca (*od* un poquitín) de …; **eine ~ Zucker** una pizca de azúcar

ide'ell [ide'ɛl] ADJ ideal; ideológico

i'deenarm ADJ pobre de ideas

I'deenassoziation F asociación *f* de ideas; **Ideenlehre** F ideología *f*

i'deenreich ADJ *Person, Werk* lleno de ideas; *Person a.* creativo; **Ideenreichtum** M abundancia *f* de ideas

I'deenverbindung F → Ideenassoziation; **Ideenwelt** F mundo *m* ideal (*od* de las ideas); ideario *m*; *e-s Menschen*: ideología *f*

'Iden PL HIST **die ~ des März** los idus de marzo

Identifika'tion F ⟨~; ~en⟩ identificación *f*; **identifi'zierbar** ADJ identificable; **identifi'zieren** ⟨*ohne* ge-⟩ A V/T identificar B V/R **sich mit etw/j-m ~** identificarse con a/c/alg

Identifi'zierung F ⟨~; ~en⟩ identificación *f*; **Identifizierungssystem** N sistema *m* de identificación

i'dentisch ADJ idéntico (mit a)

Identi'tät F ⟨~; ~en⟩ identidad *f*; **Identi'tätsnachweis** M prueba *f* de identidad

Ideo'gramm N ⟨~s; ~e⟩ ideograma *m*

Ideo'loge M ⟨~n; ~n⟩ ideólogo *m*; **Ideolo'gie** F ⟨~; ~n⟩ ideología *f*; **Ideo'login** F ⟨~; ~nen⟩ ideóloga *f*; **ideo'logisch** ADJ ideológico

Idi'om N ⟨~s; ~e⟩ *geh* idioma *m*, lengua *f*; (*Jargon*) dialecto *m*; (*Wendung*) giro *m*

idio'matisch ADJ idiomático, dialectal

Idiosynkra'sie F ⟨~; ~n⟩ idiosincrasia *f*

Idi'ot M ⟨~en; ~en⟩ idiota *m* (*a. fig*); **idi'otensicher** ADJ *umg hum* simple, que lo entiende hasta un tonto; **Idio'tie** F ⟨~; ~n⟩ idiotez *f*; **Idi'otin** F ⟨~; ~nen⟩ idiota *f*; **idi'otisch** ADJ idiota; **Idio'tismus** M ⟨~; Idiotismen⟩ LING idiotismo *m*; MED idiotez *f*

I'dol N ⟨~s; ~e⟩ ídolo *m*

i. d. R. ABK (in der Regel) por lo general

I'dyll N ⟨~s; ~e⟩, **Idylle** F ⟨~; ~n⟩ idilio *m*; **idyllisch** A ADJ idílico B ADV **~ gelegen** en un lugar idílico

i. e. ABK (id est) es decir

I. E. F ABK (Internationale Einheit) Unidad *f* Internacional

IEA F ABK (Internationale Energieagentur) Agencia *f* Internacional de (la) Energía

IG F ABK 1 (*Interessengemeinschaft*) comunidad *f* de intereses 2 (*Industriegewerkschaft*) sindicato *m* industrial

'Igel M ⟨~s; ~⟩ ZOOL erizo *m*; **Igelstellung** F MIL posición-erizo *f*

i'gitt(igitt) INT *umg* ¡qué asco!, ¡puf!

'Iglu M ⟨~s; ~s⟩ iglú *m*

Igno'rant M ⟨~en; ~en⟩, **Igno'rantin** F ⟨~; ~nen⟩ ignorante *m/f*; **Igno'ranz** F ⟨~⟩ ignorancia *f*

igno'rieren V/T ⟨ohne ge-⟩ **j-n ~** fingir no ver (od conocer) a alg; no hacer caso a alg; pasar por alto a alg; **etw ~** desentenderse de a/c; no darse por enterado de a/c

Igu'ana M ⟨~; Iguanen⟩ ZOOL iguana f, caimán m; **Iguanodon** N ⟨~s; ~s⟩ iguanodon(te) m

IHK F ABK (Industrie- und Handelskammer) Cámara f de Industria y Comercio

ihm PERS PR (dat v. **er, es**) nach PRÄP: él; tonlos: le; betont: a él; **viele Grüße von ~** muchos recuerdos de su parte; **ich gebe es ~** se lo doy

ihn PERS PR (acus v. **er**) nach PRÄP: él; tonlos: le, lo; betont: a él

'ihnen PERS PR (dat PL v. **er, sie, es**) nach PRÄP: ellos, -as; tonlos: les; betont: a ellos, a ellas; **viele Grüße von ~** muchos recuerdos de su parte

'Ihnen PERS PR (dat v. **Sie**) **1** SG nach PRÄP: usted; tonlos: le; betont: a usted; **wie geht es ~?** ¿cómo está usted? **2** PL nach PRÄP: ustedes; tonlos: les; betont: a ustedes

ihr[1] PERS PR (dat v. **sie**) nach PRÄP: ella; tonlos: le; betont: a ella; **viele Grüße von ~** muchos recuerdos de su parte

ihr[2] PERS PR (nom PL v. **du**) vosotros, -as; in der Anrede mit folgendem subst: vosotros los, vosotras las

ihr[3] POSS PR **A** ADJ su; betont: de él, de ella, bei mehreren Besitzern: de ellos, de ellas; **~e Tante** su tía; **~e Kinder** sus hijos; **einer ~er Brüder** uno de sus hermanos; **mein und ~ Bruder** mi hermano y el suyo **B** subst **der/das ~e** el/lo suyo; **die ~e** la suya

Ihr POSS PR **A** ADJ **1** SG su; betont: el ... de usted **2** PL **~e** sus; betont: los ... de ustedes **3** **~e Majestät** Su (od Vuestra) Majestad; Briefschluss: **~ Peter Kunz** (su amigo) Peter Kunz **B** subst **der/das ~e** el/lo suyo; **die ~e** la suya

'ihrer PERS PR (gen v. **sie**) geh **1** SG de ella **2** PL de ellos, de ellas; **ich gedenke ~** pienso en ella (bzw en ellos bzw en ellas); **es waren ~ sechs** eran seis

'Ihrer geh PERS PR (gen v. **Sie**) de usted (bzw ustedes)

'ihrer'seits ADV **1** SG de (od por) su parte; en cuanto a ella **2** PL de (od por) su parte; en cuanto a ellos (bzw ellas)

'Ihrer'seits ADV por su parte; por parte de ustedes; en cuanto a usted(es); por lo que a ustedes se refiere

'ihres'gleichen PRON ⟨inv⟩ **1** SG su igual; otro como ella **2** PL sus semejantes; sus iguales; otro como ellos (bzw ellas); de su condición

'Ihres'gleichen PRON ⟨inv⟩ su(s) igual(es); otro como usted(es); sus semejantes; de su condición

'ihret'halben ADV obs → ihretwegen

'ihret'wegen ADV **1** (wegen ihr) por (causa de) ella; (wegen ihnen) por (causa de) ellos, por ellas **2** (ihr zuliebe, von ihr aus) por ella; (ihnen zuliebe, von ihnen aus) por ellos, por ellas

'Ihret'wegen ADV por usted(es)

'ihret'willen ADV **(um) ~** (ihr zuliebe) por ella; (ihnen zuliebe) por ellos (bzw ellas)

'Ihret'willen ADV **(um) ~** por usted(es); por consideración a usted(es)

'ihrige POSS PR geh **der/das ~** el/lo suyo; **die ~** la suya

'Ihrige POSS PR geh **der/das ~** el/lo suyo; **die ~** la suya

i. J. ABK (im Jahre) en el año

I'kone F ⟨~; ~n⟩ icono m

Ikonogra'fie F, **Ikonogra'phie** F ⟨~; ~n⟩ iconografía f

Ikono'skop N ⟨~s; ~e⟩ iconoscopio m

IKRK N ABK ⟨~⟩ (Internationales Komitee vom Roten Kreuz) CICR m (Comité Internacional de la Cruz Roja)

Ili'ade F, **'Ilias** F ⟨~⟩ LIT HIST Ilíada f

'illegal **A** ADJ ilegal **B** ADV **~ Eingewanderte** M/F sin papeles m/f

Illegali'tät F ⟨~; ~en⟩ ilegalidad f

'illegitim ADJ ilegítimo

Illegitimi'tät F ⟨~⟩ ilegitimidad f

Illiquidi'tät F ⟨~; ~en⟩ HANDEL falta f de liquidez

Illuminati'on F ⟨~; ~en⟩ iluminación f; **illumi'nieren** V/T ⟨ohne ge-⟩ iluminar; **Illumi'nierung** F ⟨~; ~en⟩ iluminación f

Illusi'on F ⟨~; ~en⟩ ilusión f; **sich** (dat) **~en machen** od **sich** (acus) **~en hingeben** hacerse (od forjarse) ilusiones (**über** acus sobre); **j-m die ~en rauben** desilusionar (od quitar las ilusiones) a alg

illu'sorisch ADJ ilusorio

Illustrati'on F ⟨~; ~en⟩ ilustración f; **zur ~** para ilustrar

illustra'tiv ADJ ilustrativo

Illus'trator M ⟨~s; -'toren⟩, **Illustra'torin** F ⟨~; ~nen⟩ ilustrador m, -a f

illu'strieren V/T ⟨ohne ge-⟩ ilustrar (a. fig); **Il'lustrierte** F ⟨~; ~n⟩ revista f (ilustrada)

Il'lyrien N ⟨~s⟩ Iliria f

ILO F ABK (International Labour Organisation) OIT f (Organización f Internacional del Trabajo)

'Iltis M ⟨~ses; ~se⟩ ZOOL turón m

im = **in dem**; → in[1]

IM M ABK (inoffizieller Mitarbeiter) HIST DDR der Stasi: colaborador m inoficial, informante m

'Image [ˈɪmɪdʒ] N ⟨~(s); ~s⟩ imagen f (pública); **Imagekampagne** F WIRTSCH campaña f de imagen; **Imagepflege** F cuidado m de la imagen; **Imageverlust** M pérdida f de prestigio; **Imagewandel** M cambio m de imagen

imagi'när ADJ imaginario (a. MATH)

Imaginati'on F ⟨~; ~en⟩ imaginación f

I'mam M ⟨~s; ~s od ~e⟩ REL imán m

'Imbiss M ⟨~es; ~e⟩ colación f; refrigerio m; umg piscolabis m, tentempié m; **Imbissbude** F umg, **Imbissstand** M chiringuito m; **Imbissstube** F cafetería f; (snack)bar m; Am lonchería f

Imitati'on F ⟨~; ~en⟩ imitación f; **Imi'tator** M ⟨~s; -'toren⟩, **Imita'torin** F ⟨~; ~nen⟩ imitador m, -a f; **imi'tieren** V/T ⟨ohne ge-⟩ imitar

'Imker M ⟨~s; ~⟩ apicultor m, colmenero m

Imke'rei F ⟨~; ~en⟩ apicultura f

'Imkerhonig M miel m de apicultura; **Imkerin** F ⟨~; ~nen⟩ apicultora f, colmenera f

imma'nent ADJ inmanente; **Immanenz** F ⟨~⟩ inmanencia f

immateri'ell ADJ inmaterial

Immatrikulati'on F ⟨~; ~en⟩ bes UNIV matrícula f; matriculación f; **Immatrikulationsbescheinigung** F certificado m de matrícula

immatriku'lieren V/R ⟨ohne ge-⟩ UNIV **sich ~** matricularse; inscribirse (**an** dat en)

'Imme F ⟨~; ~n⟩ poet abeja f

im'mens ADJ inmenso

'immer ADV **1** allg siempre; (unaufhörlich) sin cesar; continuamente; (beständig) constantemente; **auf** od **für ~** para siempre; **auf ~ und ewig** para toda la eternidad; por siempre jamás; **~ wenn ...** siempre (od cada vez) que ...; **~ (und ~) wieder** continuamente; una y otra vez; umg erre que erre; **wie ~** como siempre, como de costumbre **2** **noch ~** od **~ noch** todavía, aún; **noch ~ nicht** aún (od todavía) no; **sie schläft ~ noch** sigue durmiendo; **er studiert ~ noch** sigue estudiando **3** mit komp: **~ mehr** cada vez más; **~ weniger** cada vez menos; **~ besser** cada vez mejor; **~ schlimmer** cada vez peor; de mal en peor; **~ größer** cada vez mayor (od más grande); iron **das wird ja ~ schöner** esto se va poniendo cada vez mejor **4** mit auch: **wer auch ~** quienquiera, sea quien sea; **was er auch ~ sagen mag** diga lo que diga; **was er auch ~ für Gründe haben mag** sean cuales fueran sus razones; **wo (auch) ~ wir sein mögen** dondequiera que estemos

'immerdar ADV geh obs para siempre

immer'fort ADV siempre; continuamente; sin cesar (od parar)

'immergrün ADJ siempreverde, sempervirente; siempreviva; **Immergrün** N ⟨~s; ~e⟩ BOT hierba f doncella

immer'hin ADV de todos modos, de todas maneras; sea lo que sea; (wenigstens) al (od por lo) menos; **das ist ~ etwas** eso ya es algo; **~!** ¡así y todo!; einräumend: ¡algo es algo!

immerwährend ADJ, **immer während** ADJ perpetuo; continuo, permanente; sempiterno

immer'zu ADV continuamente; sin cesar; sin parar

Immi'grant M ⟨~en; ~en⟩, **Immi'grantin** F ⟨~; ~nen⟩ inmigrante m/f; **Immigrati'on** F ⟨~; ~en⟩ inmigración f; **immi'grieren** V/I ⟨ohne ge-⟩ inmigrar

immi'nent ADJ inminente

Immis'sion F ⟨~; ~en⟩ ÖKOL inmisión f

Immis'sionsschaden M daño m por inmisión; **Immissionsschutzgesetz** N ley f de protección contra inmisiones

Immobili'arkredit M crédito m inmobiliario; **Immobiliarvermögen** N bienes mpl raíces (od inmuebles)

Immo'bilie [-ˈbiːliə] F ⟨~; ~n⟩ bien m inmueble; **~n** fpl (bienes mpl) inmuebles mpl; propiedad f inmobiliaria; fincas fpl

Immo'bilienfonds [-fõː] M fondo m inmobiliario; fondo m de inversión inmobiliaria; **Immobiliengeschäft** N negocio m inmobiliario; **Immobiliengesellschaft** F sociedad f inmobiliaria; **Immobilienhandel** M compraventa f de inmuebles; **Immobilienmakler** M, **Immobilienmaklerin** F agente m/f inmobiliario, -a; agente m/f de la propiedad inmobiliaria

immobili'sieren V/T ⟨ohne ge-⟩ inmovilizar; **Immobilisierung** F ⟨~⟩ inmovilización f

Immor'telle F ⟨~; ~n⟩ BOT siempreviva f (mayor), perpetua f

im'mun ADJ **1** MED, fig **gegen etw ~ sein** ser inmune a a/c, estar inmunizado contra a/c; **~ machen** → immunisieren **2** POL inmune; inviolable

Im'munabwehr F MED resistencia f inmunológica; umg las defensas fpl; **Immunantikörper** M MED anticuerpo m inmune

immuni'sieren V/T ⟨ohne ge-⟩ inmunizar (**gegen** contra); **Immuni'sierung** F ⟨~; ~en⟩ inmunización f

Immuni'tät F ⟨~⟩ MED, POL inmunidad f (**gegen** contra); POL **die ~ gewähren/aufheben** otorgar/levantar la inmunidad; POL **diplomatische ~ genießen** gozar de inmunidad diplomática

Immuno'loge M ⟨~n; ~n⟩ MED inmunólogo m; **Immunolo'gie** F ⟨~⟩ MED inmunología f; **Immuno'login** F ⟨~; ~nen⟩ MED inmunóloga f; **immuno'logisch** ADJ MED inmunológico

Im'munschwäche F MED inmunodeficiencia f; deficiencia f inmunitaria; **Immunschwächekrankheit** F MED enfermedad f de inmunodeficiencia; **Immunserum** N MED inmunosuero m, suero m inmune; **Immunsystem** N PHYSIOL sistema m inmuno-

lógico (*od* inmunitario); **das ~ stärken/schwächen** fortalecer/debilitar el sistema inmunológico
Im'pact-Drucker M IT impresora *f* por impacto
Im'peachment [-'pi:tʃ-] N ⟨~(s); ~s⟩ POL acusación *f* (*od* procesamiento *m*) (de un cargo público)
Impe'danz F ⟨~; ~en⟩ ELEK impedancia *f*
'Imperativ M ⟨~s; ~e⟩ GRAM (modo *m*) imperativo *m*; PHIL **kategorischer ~** imperativo *m* categórico; **imperativisch** [-v-] ADJ imperativo
'Imperfekt N ⟨~s; ~e⟩ GRAM imperfecto *m*
Imperia'lismus M ⟨~⟩ imperialismo *m*; **Imperialist** M ⟨~en; ~en⟩, **Imperialistin** F ⟨~; ~nen⟩ imperialista *m/f*; **imperialistisch** ADJ imperialista
Im'perium [ɪm'pe:riʊm] N ⟨~s; Imperien⟩ imperio *m*
imperti'nent ADJ impertinente; **Impertinenz** F ⟨~; ~en⟩ impertinencia *f*
'Impfarzt M, **Impfärztin** F (médico *m*, -a *f*) vacunador *m*, -a *f*
'impfen V/T vacunar; (*einimpfen*) inocular
'Impfen N ⟨~s⟩ → Impfung; **Impfgegner** M, **Impfgegnerin** F antivacunista *m/f*; **Impfling** M ⟨~s; ~e⟩ vacunado *m*, -a *f*; **Impfpass** M carnet *m* de vacunación; **Impfpflicht** F vacunación *f* obligatoria; **impfpflichtig** ADJ sujeto a vacunación obligatoria; **Impfschein** M certificado *m* de vacuna(ción); **Impfstoff** M vacuna *f*; **Impfung** F ⟨~; ~en⟩ vacunación *f*; (*Einimpfung*) inoculación *f*; **Impfzwang** M vacunación *f* obligatoria
Implan'tat N ⟨~(e)s; ~e⟩ MED injerto *m*; ZAHN implante *m*; **Implantation** F ⟨~; ~en⟩ implantación *f*; **implan'tieren** V/T ⟨*ohne* ge-⟩ MED injertar; ZAHN implantar
implemen'tieren V/T TECH implementar; **Implementierung** F ⟨~; ~en⟩ implementación *f*
impli'zieren V/T ⟨*ohne* ge-⟩ implicar
impli'zit **A** ADJ implícito **B** ADV implícitamente; de manera implícita
implo'dieren V/I implosionar; **Implo'sion** F ⟨~; ~en⟩ implosión *f*
Impondera'bilien [-'bi:liən] NPL imponderables *mpl*
impo'nieren V/I ⟨*ohne* ge-⟩ imponer; infundir respeto; impresionar; **j-m (mit etw) ~** infundir respeto (*od* imponerse) a alg (con a/c); **imponierend** ADJ imponente; impresionante
Impo'niergehabe N *pej* fanfarronería *f*, pavoneo *m*
Im'port M ⟨~(e)s; ~e⟩ HANDEL, IT importación *f*; **Importbeschränkungen** FPL restricciones *fpl* a la importación; limitaciones *fpl* de las importaciones
Impor'teur [-tø:r] M ⟨~s; ~e⟩, **Importeurin** F ⟨~; ~nen⟩ HANDEL importador *m*, -a *f*
Im'portfirma F HANDEL casa *f* importadora; **Importgenehmigung** F autorización *f* para importar; permiso *m* (*od* licencia *f*) de importación; **Importgeschäft** N *koll* operaciones *fpl* de importación; **Importhandel** M ⟨~s⟩ comercio *m* de importación; **Importhändler** M, **Importhändlerin** F importador *m*, -a *f*
impor'tieren V/T ⟨*ohne* ge-⟩ importar (*a.* IT)
Im'portkaufmann M importador *m*; **Importüberschuss** M excedente *m* de importación
impo'sant ADJ imponente, impresionante
'impotent ADJ MED impotente; **Impotenz** F ⟨~⟩ MED impotencia *f*
impräg'nieren V/T ⟨*ohne* ge-⟩ impregnar; *Stoff* impermeabilizar; **Imprägnierung** F ⟨~; ~en⟩ impregnación *f*; impermeabilización *f*
Impre'sario M ⟨~s; ~s⟩ empresario *m*; *bes* STIERK apoderado *m*
Impressio'nismus M ⟨~⟩ *Kunst*: impresionismo *m*; **Impressionist** M ⟨~en; ~en⟩, **Impressionistin** F ⟨~; ~nen⟩ impresionista *m*; **impressionistisch** ADJ impresionista
Im'pressum N ⟨~s; Impressen⟩ TYPO pie *m* de imprenta; INTERNET ≈ aviso *m* legal
Impri'matur N ⟨~s⟩ TYPO permiso *m* de imprimir, imprimátur *m*
Improvisati'on F ⟨~; ~en⟩ improvisación *f*; **Improvisati'onstalent** N talento *m* para la improvisación; *Person*: gran improvisador *m*; **Improvi'sator** M ⟨~s; ~en⟩, **Improvi'satorin** F ⟨~; ~nen⟩ improvisador *m*, -a *f*; **improvi'sieren** V/T ⟨*ohne* ge-⟩ improvisar; **Improvi'sieren** N ⟨~s⟩ improvisación *f*
Im'puls M ⟨~es; ~e⟩ impulso *m*; *bes* ELEK impulsión *f*; **die entscheidenden ~e geben** dar los impulsos decisivos; **Impulsgeber** M impulsador *m*
impul'siv ADJ impulsivo
im'stande, im Stande ADJ **~ sein, etw zu tun** ser capaz de hacer a/c, estar en condiciones de hacer a/c; *umg* **er ist ~ und ...** es capaz de ... (*inf*)
Im'stichlassen N ⟨~s⟩ abandono *m*
in[1] PRÄP **1** *Lage* (*dat*): en; (*innerhalb*) dentro de; **im Garten** en el jardín; **im Orient** en Oriente; **~ der Stadt** en la ciudad; **im Norden** al norte; **~ Madrid** en Madrid; **~ Spanien** en España; **~ ganz Europa** en toda Europa; **der Beste ~ der Klasse** el mejor de la clase; **~ meinem Zimmer** en mi cuarto; **im Spanischen** en español; **er ist gut ~ Mathematik** es bueno en matemáticas **2** *Richtung* (*acus*): a; **~s Ausland** al extranjero; **~ die Stadt fahren** ir (en coche, *etc*) a la ciudad; **~ die Schule gehen** ir a la escuela **3** *zeitlich; auf die Frage wann?* (*dat*), *auf die Frage bis wann?* (*acus*): en, dentro de, durante; **~ den Ferien** en (*od* durante) las vacaciones; **~ meinem ganzen Leben** en toda mi vida; **~ der Nacht** de noche, por la noche; **im Jahre 2003** en (el año) 2003; **im vorigen Jahr** el año pasado; **im Januar** en enero; **im Sommer (2003)** en (el) verano (de 2003); **~ diesen Tagen** estos días; **heute ~ acht/vierzehn Tagen** de hoy en ocho/quince días; **~ drei Wochen** (*nach Ablauf von*) al cabo de tres semanas; (*im Laufe von*) en tres semanas; (*binnen*) dentro de tres semanas; **~ der nächsten Woche** la semana que viene; **1500 Euro im Monat verdienen** ganar 1500 euros al mes **4** *Art u. Weise* (*dat od acus*) en, de; **~ strengem Ton** en un tono duro; **~ dieser Farbe** de ese color
in[2] ADJ *umg* **~ sein** estar de moda; *umg* estar en la onda, estar 'in'
in... IN ZSSGN *Bezeichnung des Gegenteils*: in..., des...
'inaktiv ADJ inactivo; *Offizier* retirado; *Beamter* jubilado
Inakti'vierung F ⟨~; ~en⟩ inactivación *f*
Inaktivi'tät [-v-] F ⟨~⟩ inactividad *f*
In'angriffnahme F ⟨~; ~n⟩ iniciación *f*, comienzo *m*
In'anspruchnahme F ⟨~; ~n⟩ utilización *f*, empleo *m*; *v. Personen*: ocupación *f*; *stärker*: absorción *f*; **unter ~** (*gen*) recurriendo a, mediante; **~ eines Kredits** utilización *f* de (*od* recurso *m* a) un crédito
'inartikuliert ADJ inarticulado
In'augenscheinnahme F ⟨~; ~n⟩ inspección *f*
'Inbegriff M ⟨~s; ~e⟩ (quinta)esencia *f*; su(b)stancia *f*; suma *f*; (*Verkörperung*) encarnación *f*, personificación *f*; **der ~ der Dummheit** el colmo de la imbecilidad
'inbegriffen ADJ & ADV incluido, comprendido, inclusive; **alles ~** todo incluido; **Frühstück** *etc* **~** desayuno, *etc* incluido
Inbe'sitznahme F ⟨~; ~n⟩ toma *f* de posesión
Inbe'triebnahme F ⟨~; ~n⟩, **Inbetriebsetzung** F ⟨~; ~en⟩ puesta *f* en marcha (*od* en servicio *od* en funcionamiento) (*a. fig*)
'Inbrunst F ⟨~⟩ *geh* ardor *m*; fervor *m*; (*Leidenschaft*) pasión *f*
'inbrünstig *geh* **A** ADJ ardiente; ferviente, fervoroso **B** ADV con ardor; con fervor
'Inbusschlüssel M TECH llave *f* hexagonal
Inchoa'tiv N ⟨~s; ~e⟩ GRAM (verbo *m*) incoativo *m*
'Incoterms MPL ABK (international commercial terms) HANDEL incoterms *mpl*
Indan'thren® N ⟨~s; ~e⟩ indantreno *m*
in'dem KONJ **1** (*dadurch, dass*) **man erreicht das, ~ man Folgendes tut** se consigue haciendo lo siguiente **2** (*während*) mientras; durante; **~ er arbeitete** mientras trabajaba; durante su trabajo; **~ er dies tat/sagte** haciendo/diciendo esto, al hacer/decir esto; **~ er dies sagte, ging er aus dem Zimmer** dijo esto saliendo de la habitación
Indemni'tät F ⟨~⟩ HANDEL indemnidad *f*
'Inder M ⟨~s; ~⟩, **Inderin** F ⟨~; ~nen⟩ indio *m*, -a *f* (de la India); hindú *m/f*
in'des, in'dessen **A** ADV en eso; mientras tanto, entretanto **B** KONJ (*jedoch*) sin embargo, no obstante; (*trotzdem*) a pesar de todo, con todo
'Index M ⟨~(es); ~e *od* Indizes⟩ **1** índice *m* (*a.* MATH); **~ der Einzelhandelspreise/Großhandelspreise** índice *m* de los precios al por menor/mayor; **~ der Lebenshaltungskosten** índice *m* de precios al consumo, IPC *m*; **gewichteter ~** índice *m* ponderado **2** *bes* KATH (*Verbotsliste*) Índice *m* (de libros prohibidos); **auf den ~ setzen** poner en el Índice (*a. fig*); **auf dem ~ stehen** estar en el Índice (*a. fig*)
'Indexfonds [-fõ:] M FIN fondo *m* índice
inde'xieren V/T ⟨*ohne* ge-⟩ index(iz)ar, ajustar; **Indexierung** F ⟨~; ~en⟩ (*Indexbindung*) index(iz)ación *f*, ajustamiento *m*; **~ der Löhne** escala *f* móvil de los salarios
'Indexlohn M salario-índice *m*; **indexorientiert** ADJ con un índice de referencia; **Indexwährung** F moneda-índice *f*; **Indexzahl** F, **Indexziffer** F (número *m*) índice *m*
Indi'aner M ⟨~s; ~⟩ indio *m* (de Norteamérica); **Indianerhäuptling** M jefe *m* indio; **Indianerin** F ⟨~; ~nen⟩ india *f* (de Norteamérica); **Indianerstamm** M tribu *f* india
indi'anisch ADJ indio
'Indien N ⟨~s⟩ la India
In'dienststellung F ⟨~; ~en⟩ TECH puesta *f* en servicio
'indifferent ADJ indiferente; **Indifferenz** F ⟨~; ~en⟩ indiferencia *f*
indi'gniert ADJ indignado
'Indigo M,N ⟨~s⟩ añil *m*, índigo *m*; **Indigoblau** N azul *m* de añil; **Indigofarbstoff** M indigotina *f*
Indikati'on F ⟨~; ~en⟩ MED indicación *f*
'Indikativ M ⟨~s; ~e⟩ GRAM (modo *m*) indicativo *m*
Indi'kator M ⟨~s; -'toren⟩ indicador *m*, índice *m*
'Indio M ⟨~s; ~s⟩ indio *m* (de Latinoamérica); **Indiofrau** F india *f* (de Latinoamérica)

'indirekt ADJ indirecto

'indisch ADJ indio; **der Indische Ozean** el Océano Indico

'indiskret ADJ indiscreto

Indiskreti'on F ⟨~; ~en⟩ indiscreción *f*

'indiskutabel ADJ indiscutible

'indisponiert [-sp-] ADJ indispuesto

Indispositi'on [-sp-] F ⟨~; ~en⟩ indisposición *f*

individuali'sieren VT ⟨*ohne* ge-⟩ individualizar; **Individuali'sierung** F ⟨~; ~en⟩ individualización *f*; **Individua'lismus** M ⟨~⟩ individualismo *m*; **Individua'list** M ⟨~en; ~en⟩, **Individua'listin** F ⟨~; ~nen⟩ individualista *m/f*; **individua'listisch** ADJ individualista; **Individuali'tät** F ⟨~; ~en⟩ individualidad *f*

Individu'alverkehr M transporte *m* privado (*od* individual)

individu'ell ADJ individual

Indi'viduum [-'vi:duum] N ⟨~s; Individuen⟩ individuo *m* (*a. pej*)

In'diz N ⟨~es; ~ien⟩ indicio *m* (**für** de) (*a.* JUR); **Indizienbeweis** M JUR prueba *f* indiciaria (*od* por indicios)

indi'zieren VT ⟨*ohne* ge-⟩ **1** indicar **2** (*auf die Verbotsliste setzen*) poner en el Indice

Indo'china N ⟨~s⟩ Indochina *f*

Indochi'nese M ⟨~n; ~n⟩ indochino *m*; **Indochinesin** F ⟨~; ~nen⟩ indochina *f*; **indochinesisch** ADJ indochino

indoeuro'päisch ADJ indoeuropeo

Indoger'mane M ⟨~n; ~n⟩ indogermano *m*, indoeuropeo *m*; **indoger'manisch** ADJ indogermánico; **Indogerma'nistik** F lingüística *f* indoeuropea; indogermanística *f*

'indolent ADJ **1** (*geistig träge*) indolente **2** MED (*nicht schmerzhaft*) indoloro; **Indolenz** F ⟨~⟩ indolencia *f*

Indo'nesien N ⟨~s⟩ Indonesia *f*; **Indonesier** M ⟨~s; ~⟩, **Indonesierin** F ⟨~; ~nen⟩ indonesio *m*, -a *f*; **indonesisch** ADJ indonesio

Indossa'ment N ⟨~s; ~e⟩ HANDEL endoso *m*; **Indos'sant** M ⟨~en; ~en⟩ endosante *m*; **Indos'sat** M ⟨~en; ~en⟩, **Indossa'tar** M ⟨~s; ~e⟩ HANDEL endosado *m*, endosatario *m*

indos'sierbar ADJ HANDEL endosable; **indos'sieren** VT ⟨*ohne* ge-⟩ endosar

Induk'tanz F ⟨~⟩ PHYS inductancia *f*

Indukti'on F ⟨~; ~en⟩ ELEK, BIOL, *Logik*: inducción *f*

Indukti'onsapparat M ELEK inductor *m*; **Induktionselektrizität** F ELEK electricidad *f* por inducción; **induktionsfrei** ADJ ELEK sin inducción; no inductivo; **Induktionsspule** F ELEK bobina *f* de inducción; **Induktionsstrom** M ELEK corriente *f* inducida (*od* de inducción); **Induktionsvermögen** N capacidad *f* de inducción

induk'tiv ADJ inductivo

Induktivi'tät [-v-] F ⟨~; ~en⟩ inductividad *f*

In'duktor M ⟨~s; -'toren⟩ inductor *m*

industriali'sieren VI ⟨*ohne* ge-⟩ industrializar; **Industrialisierung** F ⟨~; ~en⟩ industrialización *f*

Indus'trie F ⟨~; ~n⟩ industria *f*; **chemische ~** industria *f* química; **verarbeitende ~** industria *f* de transformación

Indus'trie... IN ZSSGN *oft* industrial; **Industrieabwässer** NPL aguas *fpl* industriales; **Industrieaktie** F HANDEL acción *f* industrial; **Industrieanlage** F instalación *f* (*od* planta *f*) industrial; *große*: polígono *m* industrial; **Industrieansiedlung** F asentamiento *m* (*od* implantación *f*) industrial; **Industriearbeiter** M, **Industriearbeiterin** F obrero *m*, -a *f*, industrial; **Industrieausstellung** F exposición *f* industrial; **Industriebank** F banco *m* industrial; **Industriebetrieb** M empresa *f* industrial; **Industriedesign** [-di'saın] N diseño *m* industrial; **Industrieerzeugnis** N producto *m* industrial; **Industrieförderung** F fomento *m* industrial (*od* de la industria); **Industriegebiet** N región *f* (*od* zona *f*) industrial; **Industriegelände** N recinto *m* (*od* terreno *m*) industrial; **Industriegesellschaft** F sociedad *f* industrial; **Industriegewerkschaft** F sindicato *m* (obrero) industrial; **Industriekapitän** M gran industrial *m*, capitán *m* de industria; **Industriekauffrau** F, **Industriekaufmann** M perito *m/f* industrial; **Industriekomplex** M complejo *m* (*od* polígono *m*) industrial; **Industriekonzern** M grupo *m* industrial; **Industriekredit** M crédito *m* industrial; **Industrieland** N país *m* industrial(izado)

industri'ell ADJ industrial; **Industri'elle** M/F ⟨~n; ~n; → A⟩ industrial *m/f*, fabricante *m/f*

Indus'triemagnat M magnate *m* de la industria; **Industriemesse** F feria *f* industrial; **Industriemüll** M desechos *mpl* (*od* desperdicios *mpl*) industriales; **Industrienorm** F estándar *m* industrial; **Industrieobligationen** FPL *Börse* obligaciones *fpl* industriales; **Industriepapiere** NPL HANDEL valores *mpl* industriales

indus'triepolitisch ADJ político-industrial, en materia de política industrial

Indus'triepotenzial N potencial *m* industrial; **Industrieproduktion** F producción *f* industrial; **Industrieroboter** M robot *m* industrial; **Industriespionage** F espionaje *m* industrial; **Industriestaat** M Estado *m* industrial; **Industriestadt** F ciudad *f* industrial; **Industriestandort** M emplazamiento *m* industrial, polígono *m* (*od* zona *f*) industrial; **Industrie- und 'Handelskammer** F Cámara *f* de Industria y Comercio; *in Spanien*: Cámara *f* Oficial de Comercio, Industria y Navegación; **Industrieunternehmen** N empresa *f* industrial; **Industrieverband** M federación *f* industrial; **Industrieviertel** N barrio *m* industrial; **Industriewerbung** F ⟨~⟩ publicidad *f* industrial; **Industriewerte** MPL valores *mpl* industriales; **Industriewirtschaft** F economía *f* industrial; **Industriezeitalter** N era *f* industrial; **Industriezentrum** N centro *m* industrial; **Industriezweig** M ramo *m* de (la) industria; sector *m* industrial

indu'zieren VT ⟨*ohne* ge-⟩ ELEK, PHYS inducir

'ineffektiv, ineffizient ADJ ineficaz, ineficiente

inein'ander ADV uno en (*bzw* dentro de) otro; unos dentro de otros; **sich ~ verlieben** enamorarse el uno del otro; **~ fassen** TECH engranar; → ineinanderfassen, ineinanderfließen *etc*

inei'nanderfassen VI TECH engranar; **ineinanderfließen** VI ⟨*irr*; sn⟩ *Flüsse*: confluir; *allg* confundirse, unirse; *Flüssigkeiten, Farben* mezclarse; **ineinanderfügen** VT juntar, (re)unir; encajar, ensamblar; ajustar; **Ineinanderfügen** N ⟨~s⟩ encaje *m*, ensamblaje *m*; **ineinandergehen** VI ⟨*irr*; sn⟩ *Zimmer*: comunicar; **ineinandergreifen** VI ⟨*irr*⟩ TECH *Zahnräder* engranar; enlazar con; *fig* encadenarse, entrelazarse; **Ineinandergreifen** N ⟨~s⟩ engranaje *m*; *fig a.* encadenamiento *m*, entrelazamiento *m*; **ineinanderpassen** VI encajar; **ineinanderschieben** **A** VT encajar (uno con otro) **B** VR **sich ~** encajarse; **ineinanderschlingen** VT entrelazar; entretejer

Inemp'fangnahme F ⟨~⟩ recepción *f*

in'fam **A** ADJ infame; **eine ~e Lüge** una mentira infame; *umg fig* (*schrecklich*) horroroso **B** ADV *umg* **das tut ~ weh** *umg* duele una bestialidad

Infa'mie F ⟨~; ~n⟩ infamia *f*

In'fant M ⟨~en; ~en⟩ infante *m*

Infante'rie F ⟨~; ~n⟩ MIL infantería *f*; **Infanteriesoldat** M → Infanterist

Infante'rist M ⟨~en; ~en⟩, **Infanteristin** F ⟨~; ~nen⟩ MIL soldado *m/f* de infantería, infante *m*, -a *f*

infan'til ADJ infantil

Infanti'lismus M ⟨~⟩ MED infantilismo *m*; **Infantili'tät** F infantilidad *f*

In'fantin F ⟨~; ~nen⟩ infanta *f*

In'farkt M ⟨~(e)s; ~e⟩ MED infarto *m*

In'fekt M ⟨~(e)s; ~e⟩ MED infección *f*; **grippaler ~** infección *f* gripal

Infekti'on F ⟨~; ~en⟩ MED infección *f*; (*Ansteckung*) contagio *f*; **sich** (*dat*) **eine ~ zuziehen** contraer una infección

Infekti'onsgefahr F MED peligro *m* de infección; **Infektionsherd** M MED foco *m* infeccioso; **Infektionskrankheit** F MED enfermedad *f* infecciosa; **Infektionsrisiko** N MED riesgo *m* de infección

infekti'ös ADJ infeccioso; contagioso

Inferiori'tät F ⟨~⟩ inferioridad *f*

infer'nalisch ADJ infernal

In'ferno N ⟨~s⟩ infierno *m* (*a. fig*)

Infertili'tät F ⟨~⟩ MED infertilidad *f*

Infesta'tion F ⟨~; ~en⟩ MED infestación *f*

Infil'trat N ⟨~(e)s; ~e⟩ MED infiltración *f*; **Infiltrati'on** F ⟨~; ~en⟩ infiltración *f* (*a.* POL); **infil'trieren** VI & VT ⟨*ohne* ge-⟩ infiltrar

Infinitesi'malrechnung F MATH cálculo *m* infinitesimal

'Infinitiv M ⟨~s; ~e⟩ GRAM (modo *m*) infinitivo *m*; **infinitivisch** [-v-] ADJ infinitivo

infi'zieren ⟨*ohne* ge-⟩ **A** VT infectar; contagiar **B** VR **sich (mit etw) ~** infectarse (*od* contagiarse) (con a/c)

in fla'granti ADV *geh* in fraganti; *umg* con las manos en la masa

Inflati'on F ⟨~; ~en⟩ WIRTSCH inflación *f*; **galoppierende ~** inflación *f* galopante; **schleichende ~** inflación *f* reptante; **die ~ bekämpfen/stoppen/in die Höhe treiben** combatir/parar/hacer subir la inflación

inflatio'när, inflatio'nistisch ADJ inflacionista, inflacionario

Inflati'onserscheinung F síntoma *m* de inflación; **Inflationsgefahr** F peligro *m* de inflación; **Inflationspolitik** F inflacionismo *m*

Inflati'onsrate F tasa *f* (*od* índice *m*) de inflación; **hohe/niedrige ~** tasa *f* de inflación alta/baja; **die ~ geht zurück** la tasa de inflación se reduce

Inflati'onsspirale F espiral *f* inflacionaria

Influ'enz F ⟨~; ~en⟩ ELEK influencia *f* (eléctrica)

'Info N ⟨~s; ~s⟩ *od* F ⟨~; ~s⟩ *umg* información *f*

'Info... IN ZSSGN informativo, de información; **Infoabteilung** F *umg* departamento *m* de información; **Infobahn** F *umg* (*Datenautobahn*) autopista *f* electrónica (*od* de la información); **Infoblatt** N, **Infobroschüre** F folleto *m* informativo *od* de información

in'folge PRÄP (*gen*) *od* ADV **~ von** a consecuencia de, debido a

infolge'dessen ADV por consiguiente, por (lo) tanto, en consecuencia

'Infomaterial N *umg* material *m* de información (*od* informativo)
Infor'mant M ⟨~en; ~en⟩, **Informantin** F ⟨~; ~nen⟩ informante *m/f*, informador *m*, -a *f*
Infor'matik F ⟨~⟩ informática *f*; **Informatiker** M ⟨~s; ~⟩, **Informatikerin** F ⟨~; ~nen⟩ informático *m*, -a *f*
Informati'on F ⟨~; ~en⟩ información *f* (*a. Stand*), informe *m* (**über** *acus* sobre); **zur ~** a título informativo; **zu Ihrer ~** para su información
Informati'onsaustausch M intercambio *m* de información; **Informationsbedarf** M demanda *f* de información; **Informationsbroschüre** F folleto *m* de información; **Informationsbüro** N oficina *f* de información; agencia *f* de informes; **Informationsfluss** M flujo *m* (*od* circulación *f*) de información; **Informationsgesellschaft** F sociedad *f* de la información; **Informationsgespräch** N coloquio *m* informativo; **Informationsmangel** M desinformación *f*; **Informationsmappe** F hojas *fpl* informativas; folleto *m* informativo; **Informationsmaterial** N material *m* informativo; **Informationsstand** M 1 *auf Messen etc*: stand *m* de información 2 (*Kenntnisstand*) nivel *m* de conocimientos; **Informationstechnik** F, **Informationstechnologie** F tecnología *f* (*od* técnica *f*) de la información; **Informationstheorie** F teoría *f* de la información; **Informationsveranstaltung** F reunión *f* con finalidad informativa; **Informationsverarbeitung** F tratamiento *m* de la información; **Informationszeitalter** N época *f* de la información; **Informationszentrum** N centro *m* de información
Informati'sierung F ⟨~⟩ (*Computerisierung*) informatización *f*
informa'tiv ADJ informativo
'informell ADJ informal
infor'mieren ⟨*ohne* ge-⟩ A VT informar (**über** *acus* de, sobre) B VR **sich ~** informarse, enterarse (**über** *acus* de, sobre)
'Infoschalter M ventanilla *f* de información; **Infostand** M *umg* (stand *m* de) información *f*; **Infotage** MPL días *mpl* de información; **Infotisch** M mesa *f* de información
in'frage, in Frage ADV **~ kommen** entrar en consideración; venir al caso; **es kommt nicht ~, dass ...** ni se cuestiona que ...; (**das**) **kommt nicht ~!** ¡eso no puede ser!; *umg* ¡nada de eso!; ¡ni hablar!; **etw ~ stellen** poner en duda a/c; cuestionar a/c
In'fragestellung F ⟨~; ~en⟩ puesta *f* en tela de juicio
'infrarot ADJ infrarrojo; **Infrarotstrahler** M radiador *m* infrarrojo
'Infraschall M infrasonido *m*; **Infrastruktur** F infraestructura *f*
Infusi'on F ⟨~; ~en⟩ infusión *f*
Infu'sorien NPL ZOOL infusorios *mpl*
Ing. ABK (Ingenieur) ingeniero *m*
In'gangsetzung F ⟨~⟩ puesta *f* en marcha (*od* en funcionamiento)
Ingeni'eur [inʒe'niøːr] M ⟨~s; ~e⟩ ingeniero *m*; **Ingenieurbüro** N oficina *f* técnica; **Ingenieurin** F ⟨~; ~nen⟩ ingeniera *f*; **Ingenieurschule** F escuela *f* de ingenieros; **Ingenieurwesen** N, **Ingenieurwissenschaft** F ingeniería *f*
In'gredienss N ⟨~; Ingredienzien⟩ *fachspr*, **Ingredi'enz** F ⟨~; ~en⟩ ingrediente *m*
'Ingrimm M ⟨~(e)s⟩ *geh obs* ira *f* (reconcentrada); rabia *f* (secreta); **ingrimmig** ADJ rabioso; rencoroso

'Ingwer M ⟨~s⟩ BOT jengibre *m*
Inh. ABK 1 (*Inhaber*) propietario *m* 2 (*Inhalt*) contenido *m*
'Inhaber M ⟨~s; ~⟩, **Inhaberin** F ⟨~; ~nen⟩ 1 *e-s Geschäfts, e-r Wohnung etc*: propietario *m*, -a *f*, dueño *m*, -a *f* 2 *e-s Amts, Passes, Kontos*: titular *m/f* (*a.* SPORT); HANDEL *v. Aktien etc*: tenedor *m*, -a *f*; *e-s Wechsels, Schecks*: portador *m*, -a *f*; **auf den ~ ausstellen** emitir al portador; **auf den ~ zahlbar** pagadero al portador; HANDEL **auf den ~ lautendes Papier** efecto al portador
'Inhaberpapier N HANDEL efecto *m* (*od* título *m*) al portador; **Inhaberscheck** M HANDEL cheque *m* al portador; **Inhaberschuldverschreibung** F HANDEL obligación *f* al portador; **Inhaberwechsel** M HANDEL letra *f* al portador
inhaf'tieren VT ⟨*ohne* ge-⟩ detener; encarcelar; **Inhaftierte** ⟨~n; ~n; → A⟩ detenido *m*, -a *f*; **Inhaftierung** F ⟨~; ~en⟩ detención *f*; arresto *m*; encarcelamiento *m*
In'haftnahme F ⟨~; ~n⟩ → Inhaftierung
Inhalati'on F ⟨~; ~en⟩ inhalación *f*
Inhalati'onsapparat M inhalador *m*
inha'lieren VT ⟨*ohne* ge-⟩ inhalar; hacer inhalaciones
'Inhalt M ⟨~(e)s; ~e⟩ 1 *e-s Gefäßes*, (*Gehalt*) contenido *m* 2 *e-s Buches etc*: contenido *m*; (*Handlung*) argumento *m*, trama *f*; (*Thema*) asunto *m*, tema *m*; *e-r Rede, Schrift etc a.*: tenor *m*; **~ und Form** *a.* el fondo y la forma; **wesentlicher ~** su(b)stancia *f* 3 GEOM (*Flächeninhalt*) superficie *f*, área *f*; (*Rauminhalt*) capacidad *f*; *e-s Körpers*: volumen *m* 4 (*Inhaltsverzeichnis*) índice *m*
'inhaltlich A ADJ en cuanto al contenido B ADV por el contenido
'Inhaltsangabe F 1 sumario *m*; resumen *m*; sinopsis *f* argumental 2 *bei Sendungen*: declaración *f* del contenido; **Inhaltsbestimmung** F MATH determinación *f* del volumen, cubicación *f*; **Inhaltserklärung** F *bei Sendungen*: declaración *f* del contenido
'inhaltsleer, inhaltslos ADJ vacío (de contenido); hueco, huero; *fig* sin valor, sin fondo; **inhaltsreich, inhaltsschwer** ADJ su(b)stancial; profundo; trascendental
'Inhaltsverzeichnis N tabla *f* de materias, índice *m*; (*Übersicht*) sumario *m*
'inhalt(s)voll ADJ → inhaltsreich
'inhuman ADJ inhumano
Initi'ale [-tsi'aːlə] F ⟨~; ~n⟩ TYPO (letra *f*) inicial *f*
Initia'tivantrag M POL nueva moción *f*; **einen ~ stellen** presentar una nueva moción; **Initiativbewerbung** F solicitud *f* de empleo por iniciativa propia
Initia'tive [-tsia-] F ⟨~; ~n⟩ iniciativa *f*; **die ~ ergreifen** tomar la iniciativa; **keine ~ haben** carecer de iniciativa; **aus eigener ~** por propia iniciativa
Initi'ator [-tsi'aː-] M ⟨~s; -'toren⟩, **Initiatorin** F ⟨~; ~nen⟩ iniciador *m*, -a *f*
Injekti'on F ⟨~; ~en⟩ MED inyección *f*
Injekti'onsnadel F aguja *f* hipodérmica; **Injektionsspritze** F jeringuilla *f* (para inyecciones)
In'jektor M ⟨~s; -'toren⟩ TECH inyector *m*
inji'zieren VT ⟨*ohne* ge-⟩ inyectar
'Inka M ⟨~(s); ~(s)⟩, F ⟨~; ~(s)⟩ inca *m/f*
In'kasso N ⟨~s; ~s⟩ HANDEL cobro *m*; cobranza *f*; **zum ~ vorlegen** presentar al cobro; **Inkassoabteilung** F sección *f* de cobros; **Inkassoauftrag** M orden *f* de cobro; **Inkassobüro** N, **Inkassofirma** F oficina *f* (*od* agencia *f*) de cobro(s); **Inkassogebühr** F derechos *mpl* de cobro; **Inkassogeschäft** N operaciones *fpl* de cobro; **Inkassopapier** N efecto *m* remitido al cobro; **Inkassospesen** PL gastos *mpl* de cobro; **Inkassovollmacht** F poder *m* de cobro
inkl. ABK (inklusive) inclusive
inklu'sive ADV incluido, inclusive; **Inklusivpreis** M precio *m* global
in'kognito ADV incógnito; **~ reisen** viajar de incógnito
In'kognito N ⟨~s; ~s⟩ incógnito *m*; **das ~ wahren** guardar el incógnito
'inkompatibel ADJ incompatible (*a.* IT)
Inkompatibili'tät F ⟨~; ~en⟩ incompatibilidad *f* (*a.* IT)
'inkompetent ADJ incompetente; (**sich**) **für ~ erklären** declarar(se) incompetente; **Inkompetenz** F ⟨~; ~en⟩ incompetencia *f*
'inkongruent ADJ incongruente
'inkonsequent ADJ inconsecuente; **Inkonsequenz** F ⟨~; ~en⟩ inconsecuencia *f*
'inkorrekt ADJ incorrecto; **Inkorrektheit** F ⟨~⟩ incorrección *f*
In'kraftsetzung F ⟨~; ~en⟩ puesta *f* en vigor
In'krafttreten N ⟨~s⟩ VERW entrada *f* en vigor
'Inkreis M ⟨~es; ~e⟩ MATH círculo *m* inscrito
inkrimi'nieren VT ⟨*ohne* ge-⟩ *bes* JUR incriminar
Inkubati'on F ⟨~; ~en⟩ MED incubación *f*; **Inkubationszeit** F período *m* de incubación
Inku'bator M ⟨~s; -'toren⟩ MED incubadora *f*
Inku'nabel F ⟨~; ~n⟩ TYPO incunable *m*
In'kurssetzung F ⟨~; ~en⟩ VERW puesta *f* en circulación
'Inland N ⟨~(e)s⟩ interior *m* (del país); zona *f* interior; **im ~** dentro del (*od* en el) país; **Inlandeis** N glaciar *m* continental
'Inländer M ⟨~s; ~⟩, **Inländerin** F ⟨~; ~nen⟩ habitante *m/f* del país; natural *m/f* (del país), nacional *m*; (*Einheimische*) nativo *m*, indígena *m*
'Inlandflug M vuelo *m* nacional (*od* interior)
'inländisch ADJ del país; interior; nacional; (*einheimisch*) nativo, indígena
'Inlandsabsatz M HANDEL venta *f* al interior; **Inlandsauftrag** M HANDEL pedido *m* del interior; **Inlandsbedarf** M WIRTSCH demanda *f* interior; **Inlandserzeugung** F WIRTSCH producción *f* nacional; **Inlandsflug**→ Inlandflug; **Inlandsgebühr** F tarifa *f* nacional; **Inlandsgespräch** N TEL llamada *f* nacional; **Inlandshandel** M WIRTSCH comercio *m* interior; **Inlandsmarkt** M WIRTSCH mercado *m* interior (*od* nacional); **Inlandsporto** N *Postwesen*: franqueo *m* interior; **Inlandspreis** M HANDEL precio *m* interior (*od* en el mercado nacional); **Inlandsverbrauch** M WIRTSCH consumo *m* interior; **Inlandswechsel** M HANDEL letra *f* (de cambio) sobre el interior
'Inlaut M ⟨~(e)s; ~e⟩ LING sonido *m* medial
'Inlay ['ɪnleː] N ⟨~s; ~s⟩ ZAHN incrustación *f*, empaste *m*
'Inlett N ⟨~(e)s; ~e⟩ funda *f* (*bzw* tela *f*) para edredones
'inliegend ADJ adjunto; incluido
'Inliner ['ɪnlaɪnər] M ⟨~s; ~⟩, **Inlineskate** [-skeːt] M ⟨~s; ~s⟩ patín *m* (en línea); **inlineskaten** VI patinar en línea; **Inlineskaten** N ⟨~s⟩ patinaje *m* en línea; **Inlineskater** M, **Inlineskaterin** F patinador *m*, -a *f* en línea
in'mitten PRÄP (*gen*) en medio de
'inne *geh* (**sich** *dat*) **einer Sache** (*gen*) **~ sein** ser consciente de a/c
'innehaben VT ⟨*irr*⟩ poseer, ostentar; *Amt*

ocupar; desempeñar; *Rekord* mantener; **innehalten** VI ⟨*irr*⟩ pararse, detenerse; hacer una pausa; **mit der Arbeit ~** dejar de trabajar, suspender el trabajo

'innen ADV dentro, en el interior; **nach ~** adentro; hacia (a)dentro (*od* el interior); para (a)dentro; **von ~ (heraus)** desde (a)dentro; por dentro

'Innen... IN ZSSGN *mst* interior, interno; **Innenabmessung** F dimensión *f* interior; **Innenansicht** F (vista *f*) interior *m*; **Innenantenne** F antena *f* interior

'Innenarchitekt M, **Innenarchitektin** F arquitecto *m*, -a *f* decorador, -a (*od* de interiores); interiorista *m/f*; **Innenarchitektur** F arquitectura *f* interior; interiorismo *m*

'Innenaufnahme F FOTO, FILM interior *m*; **Innenausstattung** F decoración *f* interior, interiorismo *m*; AUTO acabado *m* interior; **Innenbahn** F SPORT calle *f* interior; **Innenbeleuchtung** F alumbrado *m* interior

'innenbords ADV SCHIFF intraborda

'Innendekorateur [-tøːr] M, **Innendekorateurin** F decorador *m*, -a *f* de interiores, interiorista *m/f*

'Innendienst M servicio *m* interno (*od* de oficina); **Innendurchmesser** M diámetro *m* interior; **Inneneinrichtung** F decoración *f* de interiores; **Innenfläche** F superficie *f* interior; **Innenhof** M patio *m* (interior); **Innenleben** N vida *f* interior; **Innenminister** M, **Innenministerin** F ministro *m*, -a *f* del Interior; **Innenministerium** N Ministerio *m* del Interior

'Innenpolitik F política *f* interior; **innenpolitisch** ADJ en materia de política interior

'Innenraum M (espacio *m*) interior *m*; AUTO habitáculo *m*; **Innenseite** F lado *m* interior; *e-s Stoffs*: revés *m*; **Innenspiegel** M AUTO (espejo *m*) retrovisor *m* (interior); **Innenstadt** F centro *m* (de la ciudad); casco *m* urbano; **Innenstürmer** M *Fußball*: interior *m*; **Innentasche** F bolsillo *m* interior; **Innenwelt** F mundo *m* interior; **Innenwinkel** M GEOM ángulo *m* interno; **Innenzimmer** N habitación *f* interior

'innerbetrieblich ADJ intraempresarial, dentro de la empresa; **~e Ausbildung** formación *f* profesional interna; **innerdeutsch** ADJ interalemán

'innere(r, -s) ADJ interior; interno (*a.* MED); (*wesentlich*) intrínseco; *Gedanken* íntimo, secreto; **~ Angelegenheit** asunto *m* interno; **~ Stimme** voz *f* interior; **~r Wert** valor *m* intrínseco

'Innere(s) N ⟨~n; → A⟩ **1** *allg* interior *m*; la parte íntima (*bzw* interior); fondo *m*; **im ~n** *od* **Innern** adentro; en el interior **2** *fig* el fuero interno; **in meinem ~n** *od* **Innern** en lo íntimo de mi ser; en mi fuero interno **3** POL **Minister des ~n** ministro del Interior

Inne'reien FPL asaduras *fpl*; *Geflügel*: menudillos *mpl*

'innerhalb **A** ADV por dentro; **~ von** en el interior de, dentro de; **~ von 24 Stunden** dentro de (*od* en el plazo de) veinticuatro horas **B** PRÄP **1** (*gen*) *örtlich*: dentro de; en el seno de **2** (*dat od gen*) *zeitlich*: dentro de, en el plazo de; **~ kurzer Zeit** en poco tiempo; **~ einer Woche** en una semana

'innerlich **A** ADJ (*innen befindlich*) interior, interno (*a.* MED); *Gefühl* íntimo; mental **B** ADV *fig* por dentro; PHARM **~ anzuwenden** para uso interno

'Innerlichkeit F ⟨~⟩ profundidad *f* de los sentimientos

'innerpolitisch ADJ → innenpolitisch; **innerstaatlich** ADJ nacional; interno; **innerstädtisch** ADJ local

'innerste(r, -s) ADJ íntimo; lo más profundo

'Innerste(s) N ⟨~n; → A⟩ lo más íntimo; fondo *m*; **das ~ der Erde** las entrañas de la tierra; **im ~n des Landes** en el fondo del país; **in seinem ~n** en el fondo de su corazón

'innert PRÄP *schweiz* → innerhalb B 2

'innewerden VI ⟨*irr*⟩ *geh* darse cuenta de; percatarse de; **innewohnen** VI *geh* **einer Sache** (*dat*) **~** ser inherente a a/c, ser propio de a/c; **innewohnend** ADJ inherente

'innig **A** ADJ **1** (*tief empfunden*) profundo, entrañable; (*inbrünstig*) fervoroso, ferviente; *Dank* sincero; **mein ~es Beileid** mi más sentido pésame; **mein ~ster Wunsch** mi deseo más ardiente **2** (*sehr eng*) íntimo; (*zärtlich*) tierno, cariñoso; **ein ~es Verhältnis zu j-m haben** tener una relación muy estrecha con alg **B** ADV **sich ~ lieben** quererse en el alma

'Innigkeit F ⟨~⟩ intimidad *f*; hondo sentimiento *m*; cariño *m*; cordialidad *f*; ternura *f*; **inniglich** ADJ *lit* → innig

Innovati'on F ⟨~; ~en⟩ innovación *f*

innovati'onsfeindlich ADJ reacio a las innovaciones; **Innovationskraft** F fuerza *f* innovadora; **Innovationsschub** M empuje *m* innovador

innova'tiv ADJ innovador

'Innung F ⟨~; ~en⟩ corporación *f*; gremio *m*; **Innungswesen** N ⟨~s⟩ sistema *m* gremial; gremios *mpl*

'inoffiziell ADJ no oficial; oficioso; HIST *DDR*: **~er Mitarbeiter (der Stasi)** informante *m* (de la Stasi)

'inoperabel ADJ MED inoperable

'inopportun ADJ inoportuno

in petto *umg* **etw ~ haben** tener a/c en reserva; *umg* tener a/c en la manga

in puncto PRÄP (*nom od gen*) **~ Kleidung** por lo que se refiere (*od* en cuanto) a la ropa

'Input M, N ⟨~s; ~s⟩ IT input *m*

Inquisiti'on F ⟨~; ~en⟩ KATH inquisición *f*; **Inquisitionsgericht** N KATH (Tribunal *m* de la) Inquisición *f*, Santo Oficio *m*

Inqui'sitor M ⟨~s; -'toren⟩ KATH inquisidor *m*; **inquisi'torisch** ADJ KATH inquisitorial; *fig* inquisidor, inquisitorio

ins = **in das**; → in¹

'Insasse M ⟨~n; ~n⟩ **1** *e-s Fahrzeuges*: ocupante *m*; viajero *m*; (*Fahrgast*) pasajero *m* **2** *e-s Gefängnisses*: recluso *m*

'Insassenversicherung F AUTO, VERS seguro *m* de ocupantes

'Insassin F ⟨~; ~nen⟩ **1** *e-s Fahrzeuges*: ocupante *f*; viajera *f*; (*Fahrgast*) pasajera *f* **2** *e-s Gefängnisses*: reclusa *f*

insb. ABK (insbesondere) en particular

insbe'sond(e)re ADV en particular, particularmente; especialmente

'Inschrift F ⟨~; ~en⟩ inscripción *f*; epígrafe *m*; *auf Grabsteinen*: epitafio *m*; *auf Münzen*: leyenda *f*

In'sekt N ⟨~(e)s; ~en⟩ insecto *m*

In'sektenfalle F trampa *f* para insectos; **Insektenforscher** M ⟨~s; ~⟩, **Insektenforscherin** F ⟨~; ~nen⟩ entomólogo *m*, -a *f*

in'sektenfressend ADJ, **Insekten fressend** ADJ ZOOL insectívoro

In'sektenfresser MPL ZOOL insectívoros *mpl*; **Insektengift** N insecticida *m*; **Insektenkunde** F entomología *f*; **Insektenschutzmittel** N insecticida *m*; **Insektenspray** N & M spray *m* insecticida; **Insektenstich** M picadura *f* de insecto; **Insektenvertilgung** F desinsectación *f*; **Insektenvertilgungsmittel** N insecticida *m*

Insekti'zid N ⟨~s; ~e⟩ insecticida *m*

'Insel F ⟨~; ~n⟩ isla *f*; *kleine*: islote *m*; **Inselbewohner** M, **Inselbewohnerin** F insular *m/f*, isleño *m*, -a *f*; **Inselgruppe** F grupo *m* de islas; archipiélago *m*; **Insellösung** F solución *f* particular (*a.* IT); **Inselstaat** M Estado *m* insular; **Inselvolk** N pueblo *m* insular; **Inselwelt** F archipiélago *m*

Inse'rat N ⟨~(e)s; ~e⟩ anuncio *m*; **ein ~ in die Zeitung setzen** poner un anuncio en el periodico; **Inseratenbüro** N agencia *f* de publicidad; **Inseratenteil** M *e-r Zeitung*: sección *f* de anuncios

Inse'rent M ⟨~en; ~en⟩, **Inse'rentin** F ⟨~; ~nen⟩ anunciante *m/f*; **inse'rieren** VI ⟨*ohne* ge-⟩ anunciar, poner un anuncio (**in** *dat* en); **Inse'rieren** N ⟨~s⟩ inserción *f*

insge'heim ADV en secreto, secretamente; a escondidas; **insge'mein** ADV en general; por lo común, comúnmente; **insge'samt** ADV en total; en conjunto

'Insider ['ınsaıdər] M ⟨~s; ~⟩, **Insiderin** F ⟨~; ~nen⟩ enterado *m*, -a *f*; persona *f* que tiene información privilegiada; **Insidergeschäfte** NPL JUR *Straftat*: uso *m* de información privilegiada; **Insiderinformationen** PL, **Insidertipp** M, **Insiderwissen** N información *f* privilegiada

In'signien [-gniən] PL insignias *fpl*; distintivos *mpl*

in'sofern **A** ADV en este sentido **B** KONJ **insofern, als ...** en tanto que ...; (*in dem Maß*) en la medida que ...

'insolvent ADJ insolvente

Insol'venz F insolvencia *f*; **Insolvenzverfahren** N juicio *m* de insolvencia; **Insolvenzverwalter** M, **Insolvenzverwalterin** F, síndico *m* (de la quiebra), interventor *m*, -a *f*

in'soweit ADV → insofern

in 'spe [ın'speː] ADJ ⟨*inv*⟩ futuro; **ihr Schwiegersohn ~** su futuro yerno

Inspek'teur [ınspɛk'tøːr] M ⟨~s; ~e⟩ inspector *m*; **Inspekteurin** F inspectora *f*

Inspekti'on [-sp-] F ⟨~; ~en⟩ inspección *f* (*a. Behörde*); (*Überwachung*) vigilancia *f*, control *m*; TECH *a.* revisión *f*; **das Auto muss zur ~** hay que llevar el coche a la revisión; **Inspektionsreise** F viaje *m* de inspección

In'spektor [-sp-] M ⟨~s; -'toren⟩, **Inspek'torin** F ⟨~; ~nen⟩ inspector *m*, -a *f*; vigilante *m/f*

Inspirati'on [-sp-] F ⟨~; ~en⟩ inspiración *f*; **inspi'rieren** VT ⟨*ohne* ge-⟩ inspirar; **j-n ~** inspirar a alg; **sich von etw/j-m ~ lassen** dejarse inspirar por alg/a/c

Inspizi'ent [inspitsi'ɛnt] M ⟨~en; ~en⟩, **Inspizientin** ⟨~; ~nen⟩ THEAT, FILM regidor *m*, -a *f*; THEAT *a.* traspunte *m/f*

inspi'zieren [-sp-] VT ⟨*ohne* ge-⟩ inspeccionar; vigilar; examinar

'instabil [-st-] ADJ inestable

Instabili'tät [-st-] F ⟨~⟩ inestabilidad *f*

Installa'teur [ınstala'tøːr] M ⟨~s; ~e⟩, **Installa'teurin** F ⟨~; ~nen⟩ (*Heizungsinstallateur*) instalador *m*, -a *f*; ELEK electricista *m/f*, lampista *m/f*; (*Klempner, -in*) fontanero *m*, -a *f*; *Am* plomero *m*, -a *f*; **Installati'on** F ⟨~; ~en⟩ instalación *f*

Installati'onsassistent [-st-] M IT asistente *m* de instalación; **Installationsgeschäft** N lampistería *f*; fontanería *f*

instal'lieren [-st-] ⟨*ohne* ge-⟩ **A** VT instalar (*a.* IT), montar, conectar **B** V/R *umg* **sich ~** instalarse, establecerse (**in** *dat* en); **Installieren** N ⟨~s⟩, **Installierung** F ⟨~; ~en⟩ instalación *f*; establecimiento *m*

in'stand, in Stand ADV **~ halten** entretener, mantener en buen estado; conservar; **~ setzen** reparar, arreglar, componer; *fig e-e Per-*

son: poner en condiciones
In'standhaltung F ⟨~; ~en⟩ mantenimiento *m*, entretenimiento *m*; conservación *f*; **Instandhaltungskosten** PL gastos *mpl* de entretenimiento (*od* de mantenimiento)
'inständig A ADJ urgente; **~e Bitte** ruego *m* encarecido B ADV encarecidamente, con instancia; **j-n ~ bitten** instar, encarecer a alg (**zu** que *subj*)
In'standsetzung F ⟨~; ~en⟩ arreglo *m*; reparación *f*, compostura *f*; restablecimiento *m*
In'standsetzungsarbeiten FPL trabajos *mpl* de reparación; **Instandsetzungskosten** PL gastos *mpl* de reparación
In'stanz F ⟨~; ~en⟩ autoridad *f* competente; JUR instancia *f*; **höhere ~** tribunal *m* superior; **in erster/letzter ~** en primera/última instancia
In'stanzenweg M trámite *m*; tramitación *f*; **auf dem ~** por vías de trámite; **Instanzenzug** M prosecución *f* de instancias; tramitación *f*
In'stinkt M ⟨~(e)s; ~e⟩ instinto *m*; **aus ~** por instinto; instintivamente
instink'tiv A ADJ instintivo B ADV instintivamente; por instinto
in'stinktlos A ADJ *Verhalten* sin tacto; *Äußerung* grosero B ADV *sich verhalten*: sin tacto; *sich äußern*: groseramente; **instinktmäßig** ADJ instintivo
Insti'tut N ⟨~(e)s; ~e⟩ instituto *m*; centro *m*; establecimiento *m*; **~ für ...** instituto *m* bzw centro *m* de (*od* para) ...
Instituti'on F ⟨~; ~en⟩ institución *f*
institutionali'sieren V/T institucionalizar; **institutio'nell** ADJ institucional
instru'ieren ⟨*ohne* ge-⟩ A V/T instruir, informar, dar instrucciones (**über** *acus* sobre) B V/R **sich ~** instruirse, informarse
Instrukti'on F ⟨~; ~en⟩ instrucción *f*; (*Anweisung*) *a.* directiva *f*
instruk'tiv ADJ instructivo
Instru'ment N ⟨~(e)s; ~e⟩ instrumento *m* (*a.* MUS, *fig*); MUS **ein ~ spielen** tocar un instrumento
instrumen'tal ADJ instrumental; **Instrumentalbegleitung** F MUS acompañamiento *m* instrumental
Instrumenta'list M ⟨~en; ~en⟩, **Instrumentalistin** F ⟨~; ~nen⟩ MUS instrumentista *m/f*
Instrumen'talmusik F ⟨~⟩ música *f* instrumental; **Instrumentalsatz** M MUS composición *f* instrumental
Instrumen'tarium N ⟨~s; Instrumentarien⟩ *a.* MUS instrumental *m*, instrumentos *mpl*; **Instrumentati'on** F ⟨~; ~en⟩ MUS instrumentación *f*; orquestación *f*
Instru'mentenbrett N FLUG, AUTO tablero *m* de instrumentos (*od* de mando), cuadro *m* de mando; AUTO *a.* salpicadero *m*; **Instrumentenflug** M FLUG vuelo *m* por instrumentos; **Instrumentenlandung** F FLUG aterrizaje *m* por instrumentos; **Instrumentenmacher** M, **Instrumentenmacherin** F MUS fabricante *m/f* de instrumentos (musicales)
instrumen'tieren V/T ⟨*ohne* ge-⟩ 1 MUS instrumentar; orquestar 2 MED instrumentar; **Instrumentierung** F ⟨~; ~en⟩ MUS instrumentación *f*; orquestación *f*
Insubordinati'on F ⟨~; ~en⟩ *bes* MIL insubordinación *f*
'Insuffizienz F ⟨~; ~en⟩ MED insuficiencia *f*
Insu'laner M ⟨~s; ~⟩, **Insulanerin** F ⟨~; ~nen⟩ isleño *m*, -a *f*, insular *m/f*
Insu'lin N ⟨~s⟩ PHYSIOL insulina *f*
Ins'werksetzen N ⟨~s⟩ realización *f*; puesta *f* en práctica
insze'nieren V/T ⟨*ohne* ge-⟩ THEAT escenificar; poner en escena; montar; *fig* orquestar; **einen Skandal ~** armar un escándalo; **Inszenierung** F ⟨~; ~en⟩ THEAT escenificación *f*; puesta *f* en escena
in'takt ADJ intacto; íntegro
In'tarsie [-ziə] F ⟨~; ~n⟩ marquetería *f*, taracea *f*
integer ADJ *Person* íntegro
Inte'gral N ⟨~s; ~e⟩ MATH integral *f*; **Integralhelm** M casco *m* integral; **Integralrechnung** F MATH cálculo *m* integral
Inte'grand M ⟨~es; ~en⟩ MATH integrando *m*
Integrati'on F ⟨~; ~en⟩ integración *f*
inte'grieren ⟨*ohne* ge-⟩ A V/T integrar (*a.* MATH) B V/R **sich ~** integrarse; **inte'grierend** ADJ integrante; **~er Bestandteil** parte *f* integrante; **inte'griert** ADJ/T integrado
Integri'tät F ⟨~⟩ integridad *f*
Intel'lekt M ⟨~(e)s⟩ intelecto *m*
Intellektua'lismus M ⟨~⟩ intelectualismo *m*
intellektu'ell ADJ intelectual; **Intellektu'elle** M/F ⟨~n; ~n; → A⟩ intelectual *m/f*
intelli'gent ADJ inteligente
Intelli'genz F ⟨~; ~en⟩ 1 inteligencia *f*; **emotionale/soziale ~** inteligencia *f* emocional/social; **künstliche ~** inteligencia *f* artificial 2 *koll* (*geistig führende Schicht*) la intelectualidad, los intelectuales, la intelligentsia
Intelli'genzforschung F investigación *f* en inteligencia (*od* de la inteligencia); **Intelligenzquotient** M cociente *m* intelectual (*od* de inteligencia); **Intelligenztest** M test *m* de inteligencia
Inten'dant M ⟨~en; ~en⟩, **Inten'dantin** F ⟨~; ~nen⟩ 1 THEAT director *m*, -a *f* artístico, -a; TV, RADIO director *m*, -a *f* general 2 MIL intendente *m/f*; **Intendan'tur** F MIL intendencia *f*; **Inten'danz** F THEAT cargo *m* de director -a artístico, -a
Intensi'tät F ⟨~⟩ intensidad *f*
inten'siv A ADJ intensivo (*a.* AGR); *Schmerz, Farbe, Geruch* intenso B ADV con intensidad; **~ nachdenken** reflexionar profundamente
intensi'vieren [-v-] V/T ⟨*ohne* ge-⟩ intensificar; **Intensivierung** F ⟨~; ~en⟩ intensificación *f*
Inten'sivkurs M curso *m* intensivo; **Intensivstation** F MED unidad *f* de cuidados intensivos (*od* de vigilancia intensiva); **auf der ~ liegen** *Kranke* estar en la unidad de cuidados intensivos (*od* en la UCI), estar en la unidad de vigilancia intensiva (*od* en la UVI)
inter... IN ZSSGN inter...; **interak'tiv** ADJ interactivo; **~es Fernsehen** televisión *f* interactiva; **Interaktivi'tät** [-v-] F interacción *f*
'interameri'kanisch ADJ interamericano; FIN **~e Entwicklungsbank** Banco *m* Interamericano de Desarrollo
Inter'city M ⟨~s; ~s⟩ BAHN Intercity *m*; **Intercityex'press(zug)** M BAHN *tren de alta velocidad alemán*
Inter'dikt N ⟨~(e)s; ~e⟩ REL interdicto *m*; entredicho *m*
interdisziplі'när ADJ interdisciplinario
interes'sant A ADJ interesante B ADV de una manera interesante
Inte'resse N ⟨~s; ~n⟩ 1 *allg* interés *m*; **~ erwecken** suscitar (*od* despertar) interés; **für etw** (*acus*) *od* **an etw** (*dat*) **~ haben** tener interés por a/c; **das ~ an etw verlieren** desinteresarse de a/c; **~ zeigen** mostrar interés (**für** por); **aus ~** por interés; **in j-s ~** en interés de alg; **im ~ der Allgemeinheit** en interés de todos, en interés general; **es liegt in Ihrem ~** es de interés para usted; está en su interés; **es liegt in deinem ~, die Wahrheit zu sagen** debes decir la verdad por tu bien 2 PL **j-s ~n vertreten** *od* **wahrnehmen** defender (*od* salvaguardar) los intereses de alg; **j-s ~n wahren** velar por los intereses de alg
inte'resselos ADJ sin interés; indiferente; **Interesselosigkeit** F desinterés *m* (**für** por)
Inte'ressengebiet N 1 POL esfera *f* de intereses, zona *f* de influencia 2 *e-r Person*: especialidad *f*; **Interessengemeinschaft** F comunidad *f* de intereses; **Interessengruppe** F POL grupo *m* de presión; **Interessenkonflikt** M conflicto *m* de intereses; **Interessensphäre** F → Interessengebiet
Interes'sent M ⟨~en; ~en⟩, **Interessentin** F ⟨~; ~nen⟩ interesado *m*, -a *f*; **einen Interessenten für etw finden** encontrar a alguien interesado en a/c
interes'sieren ⟨*ohne* ge-⟩ A V/T interesar; **es interessiert mich, ob ...** me interesa saber si ...; **das interessiert mich nicht** no me interesa B V/R **sich (brennend) für etw/j-n ~** interesarse (vivamente) por (*od* en) a/c/por alg; **ich interessiere mich nicht dafür** no tengo interés en eso; **sich nicht mehr ~ für** desinteresarse por
interes'siert A ADJ interesado; **an etw** (*dat*) **~ sein** estar interesado en a/c B ADV **~ zuschauen** mirar con interés
'Interface [-fe:s] N ⟨~; ~s⟩ IT (*Schnittstelle*) interface *f*, interfaz *f*
Interfe'renz F ⟨~; ~en⟩ PHYS interferencia *f*; **Interfer'on** N ⟨~s; ~e⟩ BIOL, MED interferón *m*
'Interim N ⟨~s; ~s⟩ ínterin *m*, interimidad *f*
interi'mistisch ADJ interino; provisional
'Interimsaktie F HANDEL acción *f* provisional; **Interimsausschuss** M comisión *f* interina; **Interimslösung** F solución *f* provisional; **Interimsregierung** F gobierno *m* provisional (*od* interino); **Interimsschein** M HANDEL resguardo *m* (*od* talón *m*) provisional
Interjekti'on F ⟨~; ~en⟩ GRAM interjección *f*
interkonfessio'nell ADJ REL interconfesional
interkontinen'tal ADJ intercontinental; **Interkontinentalrakete** F MIL misil *m* intercontinental
interkultu'rell ADJ intercultural; **~e Kompetenz** *f* competencia *f* intercultural
Inter'mezzo [-'mɛtso] N ⟨~s; ~s *od* Intermezzi⟩ intermedio *m* (*a. fig*); **intermit'tierend** ADJ TECH, ELEK intermitente
in'tern ADJ interno
Inter'nat N ⟨~(e)s; ~e⟩ internado *m*, colegio *m* de internos
internatio'nal ADJ internacional; **~e Handelskammer** Cámara *f* de Comercio Internacional; **~er Währungsfonds** Fondo *m* Monetario Internacional; **auf ~er Ebene** a nivel internacional
Internatio'nale[1] F POL, *a. Lied*: **die ~** la Internacional; **Internatio'nale**[2] M/F ⟨~n; ~n; → A⟩ SPORT internacional *m/f*
internationali'sieren V/T ⟨*ohne* ge-⟩ internacionalizar; **Internationali'sierung** F ⟨~; ~en⟩ internacionalización *f*; **Internationa'lismus** M ⟨~⟩ internacionalismo *m*; **Internationali'tät** F ⟨~⟩ internacionalidad *f*
Inter'natsschüler M, **Internatsschülerin** F (alumno *m* -a *f*) interno *m*, -a *f*
In'terne M/F ⟨~n; ~n; → A⟩ interno *m*, -a *f*
'Internet [-nɛt] N ⟨~s⟩ Internet (*ohne art*); **im**

~ surfen navegar por Internet (*od* por la red); **Zugang zum ~ haben** tener acceso a Internet (*od* a la red)
'Internetadresse F dirección *f* en Internet; **Internetanschluss** M acceso *m* a Internet; **Internet-Auktion** subasta *f* en *od* por Internet; **Internetcafé** N cibercafé *m*; ciberbar *m*; **internetfähig** ADJ apto para Internet; **Internetforum** N foro *m* de Internet; **Internethandel** M comercio *m* en (*od* por) Internet; **Internetkauf** M compra *f* por (*od* en) Internet; **Internetnutzer** M, **Internetnutzerin** F usuario *m*, -a *f* de Internet (*od* de la red); **Internetprovider** [-provaɪdər] M proveedor *m* de Internet; **Internetseite** F página *f* de Internet; **Internetserver** [-zœrvər] M servidor *m* de red; **Internetsitzung** F sesión *f* de Internet; **Internetsurfer** [-zœrfər] M, **Internetsurferin** F internauta *m/f*, cibernauta *m/f*, navegante *m/f* de Internet; **Internetuser** [-'ju:zər] M, **Internetuserin** F → Internetnutzer; **Internetzugang** M, **Internetzugriff** acceso *m* a Internet
inter'nieren V/T ‹*ohne* ge-› internar; **Internierte** M/F ‹~n; ~n; → A› internado *m*, -a *f*; **Internierung** F ‹~; ~en› internación *f*; **Internierungslager** N campo *m* de internación; *a.* campo *m* de concentración
Inter'nist M ‹~en; ~en›, **Internistin** F ‹~; ~nen› MED (médico *m*, -a *f*) internista *m/f*
interparlamen'tarisch ADJ POL interparlamentario; **die Interparlamentarische Union** la Unión Interparlamentaria
Interpel'lant M ‹~en; ~en›, **Interpel'lantin** M ‹~; ~nen› POL interpelante *m/f*; **Interpellati'on** F ‹~; ~en› POL interpelación *f*; **interpel'lieren** V/I ‹*ohne* ge-› POL interpelar
interplane'tarisch ADJ ASTRON interplanetario
'INTERPOL F ABK ‹~› (Internationale Kriminalpolizeiliche Organisation) Policía *f* Internacional de Investigación Criminal
Interpolati'on F ‹~; ~en› interpolación *f*; **interpo'lieren** V/T ‹*ohne* ge-› interpolar
Inter'pret M ‹~en; ~en› intérprete *m* (*a.* MUS); **Interpretati'on** F ‹~; ~en› interpretación *f*; **interpre'tieren** V/T ‹*ohne* ge-› interpretar (*a.* MUS); explicar; **Inter'pretin** F ‹~; ~nen› intérprete *f* (*a.* MUS)
interpunk'tieren V/T ‹*ohne* ge-› LING puntuar, poner la puntuación
Interpunkti'on F ‹~; ~en› LING puntuación *f*; **Interpunktionszeichen** N signo *m* de puntuación
'Interrailkarte [-re:l-] F BAHN billete *m* de Interrail
Inter'regnum N ‹~s; Interregnen *od* Interregna› interregno *m*
Interroga'tivpronomen N GRAM pronombre *m* interrogativo
Inter'vall N ‹~s; ~e› intervalo *m*; **Intervallschachtelung** F MATH cálculo *m* de intervalos; **Intervalltraining** N SPORT entrenamiento *m* fraccionado
interve'nieren V/I ‹*ohne* ge-› intervenir
Interventi'on F ‹~; ~en› intervención *f*; **Interventio'nismus** M ‹~› WIRTSCH, POL intervencionismo *m*; **Interventi'onspreis** M WIRTSCH precio *m* de intervención
'Interview [-vju:] N ‹~s; ~s› entrevista *f*, interviú *f*; **ein ~ geben** conceder una entrevista; **ein ~ führen mit** entrevistar a alg
inter'viewen [-'vju:ən] V/T ‹*ohne* ge-› **j-n ~** tener una entrevista con alg, entrevistar a alg, interviuvar a alg
Inter'viewer [-'vju:ər] M ‹~s; ~›, **Interviewerin** F ‹~; ~nen› entrevistador *m*, -a *f*; **Interviewpartner** M, **Interviewpartnerin** F interlocutor *m*, -a *f*; entrevistado *m*, -a *f*
Inter'zonenabkommen N HIST acuerdo *m* interzonal; **Interzonengrenze** F HIST frontera *f* interzonal (*od* entre zonas); **Interzonenhandel** M HIST comercio *m* interzonal; **Interzonenverkehr** M HIST tráfico *m* interzonal; **Interzonenzug** M HIST tren *m* interzonal
Inthronisati'on F ‹~; ~en› entronización *f*; **inthroni'sieren** V/T entronizar
Inti'fada F ‹~› POL intifada *f*
in'tim [ɪn'ti:m] ADJ íntimo; **~e Beziehungen** relaciones íntimas (*bzw* sexuales); **Intimhygiene** F higiene *f* íntima
Intimi'tät F ‹~; ~en› **1** (*Innigkeit*) intimidad *f* **2** (*Vertraulichkeit*) **~en austauschen** intercambiar confidencias **3** (*sexuelle Handlungen*) **~en** *fpl* intimidades *fpl*
In'timleben N vida *f* íntima; **Intimpflege** F higiene *f* íntima; **Intimsphäre** F interioridades *fpl*, intimidad *f* personal; **Intimspray** M desodorante *m* íntimo
'Intimus M ‹~; Intimi› *hum* amigo *m* íntimo
In'timverkehr M relaciones *fpl* íntimas
'intolerant ADJ intolerante; **Intoleranz** F ‹~; ~en› intolerancia *f*
Intonati'on F ‹~; ~en› entonación *f* (*a.* MUS); **into'nieren** V/T ‹*ohne* ge-› MUS entonar
intramusku'lär ADJ MED intramuscular
'Intranet N ‹~s; ~s› IT Intranet *f* (*mst ohne art*)
'intransitiv ADJ GRAM intransitivo
intrave'nös ADJ MED intravenoso, endovenoso
intri'gant ADJ intrigante; **Intri'gant** M ‹~en; ~en›, **Intrigantin** F ‹~; ~nen› intrigante *m/f*; trapisondista *m/f*
In'trige F ‹~; ~n› intriga *f*; trapisonda *f*; *bes im Drama etc*: enredo *m*
In'trigenspiel N enredos *mpl*, *umg* tejemaneje *m*; **Intrigenstück** N THEAT comedia *f* de enredo(s)
intri'gieren V/I ‹*ohne* ge-› intrigar (**gegen** contra); *umg* trapichear
introver'tiert ADJ introvertido; **Introvertiertheit** F ‹~› introversión *f*
Intuiti'on F ‹~; ~en› intuición *f*
intui'tiv ADJ intuitivo
'intus *umg* **etw ~ haben** (*verzehrt*) haber tomado a/c; (*begriffen*) *umg* haber captado a/c; (*im Gedächtnis*) haber memorizado a/c; **einen ~ haben** *umg* estar achispado
In'umlaufsetzen N ‹~s› HANDEL puesta *f* en circulación; emisión *f*
inva'lid(e) ADJ inválido
Inva'lide M ‹~n; ~n› inválido *m*; **Invalidenrente** F pensión *f* de invalidez; **Invalidenversicherung** F seguro *m* de invalidez; **Invalidin** F ‹~; ~nen› inválida *f*
Invalidi'tät F ‹~› invalidez *f*; **dauernde ~** invalidez *f* permanente; **vorläufige** *od* **zeitweilige ~** invalidez *f* temporal
Invasi'on F ‹~; ~en› invasión *f*
Inven'tar N ‹~s; ~e› *Liste*: inventario *m* (**aufnehmen** hacer, formar); *Gegenstände*: equipo *m*; mobiliario *m*; **Inventaraufnahme** F confección *f* (*od* levantamiento *m*) del inventario
inventari'sieren V/T ‹*ohne* ge-› inventariar; hacer (*od* establecer, formar) el inventario
Inven'tarliste F inventario *m*; **Inventarstück** N objeto *m* inventariado, pieza *f* del inventario; **Inventarverzeichnis** N (especificación *f* del) inventario *m*
Inven'tur F ‹~; ~en› inventario *m*; **~ machen** inventariar, hacer inventario; **Inventurausverkauf** M liquidación *f* de saldos, venta *f* posbalance
Inversi'on F ‹~; ~en› inversión *f*
Inver'zugsetzung F ‹~› JUR constitución *f* en mora
inves'tieren V/T ‹*ohne* ge-› **1** WIRTSCH invertir **2** *geh* (*in ein Amt einsetzen*) **j-n ~ mit** investir a alg de; **Investierung** F ‹~; ~en› **1** WIRTSCH inversión *f* **2** (*Einsetzung in ein Amt*) investidura *f*
Investiti'on F ‹~; ~en› WIRTSCH inversión *f*; **öffentliche ~en** inversiones *fpl* públicas; **~en tätigen** realizar inversiones
Investiti'onsanleihe F préstamo *m* de inversión; **Investitionsbank** F **Europäische ~** Banco *m* Europeo de Inversiones; **Investitionsbereitschaft** F propensión *f* a invertir; **Investitionsfluss** M corriente *f* de inversiones; **Investitionsgüter** NPL bienes *mpl* de equipo (*od* inversión); **Investitionskapital** N capital *m* de inversión; **Investitionskredit** M crédito *m* de inversión; **Investitionsplan** M plan *m* de inversión; **Investitionsrückgang** M baja *f* (*od* disminución *f*) de las inversiones; **Investitionsvolumen** N volumen *m* de las inversiones
Investi'tur F ‹~; ~en› investidura *f*; **Investiturstreit** M HIST Guerra *f* de las Investiduras
In'vestmentbank F ‹~; ~en› banco *m* de inversión (*od* de inversiones); **Investmentfonds** [-fõ:] M fondo *m* de inversión (mobiliaria); **Investmentgesellschaft** F sociedad *f* de inversión (mobiliaria); **Investmentpapier** N, **Investmentzertifikat** N certificado *m* de inversiones; certificado *m* de participación en fondos de inversión (mobiliaria)
In'vestor M ‹~s; -'toren›, **Inves'torin** F ‹~; ~nen› inversor *m*, -a *f*; inversionista *m/f*
In-'vitro-Fertilisation [ɪn'vi:tro-] F ‹~› MED fertilización *f* in vitro; inseminación *f* artificial
'inwendig **A** ADJ interior, interno **B** ADV por dentro; en el interior; **etw in- und auswendig kennen** conocer a/c a fondo; saberse a/c al dedillo
inwie'fern, inwie'weit ADV hasta qué punto, hasta dónde; en qué medida
In'zest M ‹~es; ~e› incesto *m*
inzestu'ös ADJ incestuoso
'Inzucht F ‹~› cruzamiento *m* consanguíneo; consanguinidad *f*
in'zwischen ADV entretanto, mientras tanto
I'od N → Jod
IOK N ABK (Internationales Olympisches Komitee) COI *m* (Comité Olímpico Internacional)
I'on [i'o:n] N ‹~s; ~en› PHYS ion *m*
I'onenaustausch M intercambio *m* iónico; **Ionenstrom** M flujo *m* de iones; **Ionenwanderung** F migración *f* de los iones
Ionisati'on F ‹~; ~en› ionización *f*
i'onisch ADJ jonio; ARCH jónico; **das Ionische Meer** el Mar Jónico; **~er Stil** orden *m* (*od* estilo *m*) jónico
ioni'sieren V/T ‹*ohne* ge-› ionizar; **Ionisierung** F ‹~; ~en› ionización *f*
Iono'sphäre F ‹~› ionosfera *f*
Iphi'genie EIGENN F MYTH Ifigenia *f*
'i-Punkt M ‹~(e)s; ~e› punto *m* sobre la i
IQ M ABK (Intelligenzquotient) CI *m* (coeficiente intelectual)
i. R. ABK (im Ruhestand) jubilado, retirado
I'rak M ‹~s› (der) ~ Irak *m*; **im ~** en Irak; **Iraker** M ‹~s; ~›, **Irakerin** F ‹~; ~nen› iraquí *m/f*, iraqués *m*, -esa *f*; **irakisch** ADJ iraqués; **Irakkrieg** M guerra *f* de Irak
I'ran M ‹~s› (der) ~ Irán *m*; **im ~** en Irán; **Ira-**

ner M ⟨~s; ~⟩, **Iranerin** F ⟨~; ~nen⟩ iraní *m/f*; iranés *m*, -esa *f*; **iranisch** ADJ iranio

'irden ADJ de loza; de barro; **~es Geschirr** loza *f*

'irdisch ADJ terrestre; *(weltlich)* mundano; secular; *Ggs zu himmlisch:* terrenal; *(zeitlich)* temporal; *(sterblich)* mortal, perecedero

'Irdische(s) N ⟨~n; → A⟩ **das ~** las cosas de este mundo

'Ire ['iːrə] M ⟨~n; ~n⟩ irlandés *m*

'irgend ADV 1 *umg* **~ so ein Dummkopf** algún tonto 2 *(irgendwie)* **wenn du ~ kannst …** si de alguna forma puedes …; **wenn es ~ möglich ist** en lo posible

'irgend'ein INDEF PR A ADJ algún; *verneint:* ningún; *(gleichgültig welches)* cualquier; **~ Buch** cualquier libro; **ohne ~ Hilfsmittel** sin ayuda alguna B *subst* algún *m*, alguna *f*; *(gleichgültig wer)* cualquier, -a

'irgendein'mal ADV alguna vez; **'irgend'etwas** INDEF PR algo, alguna cosa; *(gleichgültig was)* cualquier cosa, lo que sea; **ohne ~ zu sagen** sin decir nada; **'irgend'jemand** INDEF PR alguien; *(gleichgültig wer)* cualquiera, cualquier persona

'irgend'wann ADV en algún momento, algún día; *(gleichgültig wann)* no importa cuándo, en cualquier momento, cualquier día; **wenn du ~ auf die Galapagosinseln kommst, dann …** si alguna vez vas a las islas Galápagos, entonces …

'irgend'was *umg* → irgendetwas; **'irgend'welche** cualquiera; *verneint:* alguno(s); **ohne ~ Kosten** sin coste alguno, sin ningún gasto; **'irgend'wer** alguien; *(gleichgültig wer)* quien sea; **'irgend'wie** ADV de cualquier modo (*od* manera); *(gleichgültig wie)* sea como sea, no importa cómo; **'irgend'wo** ADV en alguna parte, en cualquier sitio; *(gleichgültig wo)* donde sea, no importa dónde; **~ anders** en cualquier otro lugar; **'irgendwo'her** ADV de alguna parte, de algún lugar; de cualquier sitio; *(gleichgültig woher)* de donde sea; **'irgendwo'hin** ADV a alguna parte, a algún sitio (*od* lugar); *(gleichgültig wohin)* a donde sea

I'ridium N ⟨~s⟩ iridio *m*

'Irin F ⟨~; ~nen⟩ irlandesa *f*

'Iris F ⟨~⟩ 1 ANAT iris *m* 2 BOT lirio *m*; **Irisblende** F FOTO diafragma *m* iris

'irisch ADJ irlandés; **die Irische See** el mar de Irlanda

iri'sieren V/I irisar; **irisierend** ADJ (a)tornasolado

IRK N ABK (Internationales Rotes Kreuz) Cruz *f* Roja Internacional

'Irland N ⟨~s⟩ Irlanda *f*

'Irländer M ⟨~s; ~⟩, **Irländerin** F ⟨~; ~nen⟩ → Ire; **irländisch** ADJ → irisch

Iro'nie F ⟨~⟩ ironía *f*

i'ronisch ADJ irónico; **~ werden** ponerse irónico

ironi'sieren V/T ⟨*ohne* ge-⟩ ironizar

irr → irre

'irrational ADJ irracional

Irrationa'lismus M ⟨~⟩ irracionalismo *m*

'irre A ADJ 1 loco; MED *a.* demente, enajenado; *(verwirrt)* desorientado, confuso 2 *umg fig (groß, toll)* loco, de locura, super B ADV *umg* locamente; **~ komisch** superdivertido; **wie ~ arbeiten** trabajar como (un) loco

'Irre[1] F **j-n in die ~ führen** engañar a alg (a sabiendas); **in die ~ gehen** → irregehen

'Irre[2] M/F ⟨~n; ~n; → A⟩ loco *m*, -a *f*, demente *m/f*, enajenado *m*, -a *f*; *umg fig* **ein armer ~r** un pobre mentecato; *umg* **wie eine ~** como una loca

'irreal ADJ irreal

Irreali'tät F ⟨~⟩ irrealidad *f*

'irreführen V/T despistar; *fig* desorientar; *(täuschen)* engañar, inducir a error; **sich durch etw ~ lassen** dejarse confundir por a/c; **irreführend** ADJ equívoco, engañoso; **Irreführung** F ⟨~; ~en⟩ *(Täuschung)* engaño *m*; **irregehen** V/I ⟨*irr*⟩ extraviarse, errar (*od* perder) el camino; *fig* andar descaminado; desorientarse, desnortarse; descarriarse; **Irregehen** N ⟨~s⟩ extravío *m*

'irregulär ADJ irregular

'irreleiten V/T → irreführen

'irrelevant ADJ de poca importancia, irrelevante

'irreligiös ADJ irreligioso

Irreligiosi'tät F ⟨~⟩ irreligiosidad *f*

'irremachen V/T desconcertar, desorientar; confundir; **er lässt sich nicht ~** no da su brazo a torcer

'irren A V/I 1 ⟨sn⟩ *(herumirren)* errar, vagar, andar errando (*od* vagando) (**durch** por) 2 ⟨h⟩ *(im Irrtum sein)* errar, equivocarse, estar equivocado; estar en un error; REL pecar, caer en (el) pecado; **Irren ist menschlich** errar es humano B V/R **sich ~** equivocarse; **sich in der Straße/im Datum ~** equivocarse de calle/en la fecha; **sich in j-m ~** equivocarse con alg; **wenn ich mich nicht irre** si no me equivoco

'Irrenanstalt F *umg* manicomio *m*, *Am* loquería *f*; **Irrenarzt** M, **Irrenärztin** F *umg* alienista *m/f*; **Irrenhaus** N *umg* → Irrenanstalt; *fig a.* casa *f* de locos (*od* de orates)

'irreparabel ADJ irreparable

'Irrer M → Irre[2]

'irrereden V/I delirar, desvariar; desatinar

'Irrereden N ⟨~s⟩ delirio *m*, desvarío *m*; desatino *m*; **Irresein** N ⟨~s⟩ locura *f*, demencia *f*, alienación *f* mental

'irrewerden ⟨*irr*; sn⟩ *fig* desconcertarse; no saber a qué atenerse; *Redner etc* perder el tino; **an j-m/etw ~** no poder comprender a alg/a/c, perder confianza en alg/a/c

'Irrfahrt F odisea *f*; **Irrgarten** M laberinto *m*, dédalo *m*; **Irrglaube(n)** M concepto *m* erróneo; heterodoxia *f*; *(Ketzerei)* herejía *f*

'irrgläubig ADJ heterodoxo; herético; **Irrgläubige** M/F ⟨~n; ~n; → A⟩ heterodoxo *m*, -a *f*; hereje *m/f*

'irrig ADJ erróneo, equivocado

Irri'gator M ⟨~s; -'toren⟩ MED irrigador *m*

'irriger'weise ADV por error (*od* equivocación), equivocadamente

irri'tieren V/T ⟨*ohne* ge-⟩ irritar; *(verwirren)* desconcertar; confundir

'Irrläufer M *Postwesen:* envío *m* extraviado; **Irrlehre** F doctrina *f* falsa (*od* errónea); REL doctrina *f* herética; *(Ketzerei)* herejía *f*; **Irrlicht** N fuego *m* fatuo; *Am* luz *f* mala

'Irrsinn M locura *f* (*a. fig*), demencia *f*, enajenación *f* mental

'irrsinnig A ADJ 1 loco, demente, enajenado; **ein ~er Gedanke** un pensamiento loco; **eine ~e Vorstellung** una idea loca 2 *umg fig* tremendo; **~e Schmerzen** dolores *mpl* atroces B ADV *umg* terriblemente; **es ist ~ teuer** es carísimo

'Irrsinnige M/F ⟨~n; ~n; → A⟩ loco *m*, -a *f*, demente *m/f*

'Irrtum M ⟨~(e)s; -tümer⟩ error *m*, yerro *m*; equivocación *f*; **~ vorbehalten** salvo error (u omisión); **einen ~ begehen** cometer un error; **im ~ sein** estar equivocado (*od* en un error); **seinen ~ einsehen** reconocer su error, caer (*od* apearse) del burro

'irrtümlich A ADJ erróneo, equivocado B ADV por error; **'irrtümlicher'weise** ADV por error; por equivocación

'Irrung F ⟨~; ~en⟩ error *m*; yerro *m*; equivocación *f*; **Irrweg** M camino *m* falso; *fig* extravío *m*; **auf ~e geraten** extraviarse, ir por mal camino (*a. fig*); **Irrwisch** M ⟨~es; ~e⟩ fuego *m* fatuo; *fig* duende *m*

isa'bellfarben ADJ *Pferd* isabelino

ISBN N ABK (Internationale Standardbuchnummer) ISBN (International Standard Book Number), número *m* de identificación internacional de un libro

'Ischias ['ɪʃias] M, N MED *zssgn* F ⟨~⟩ ciática *f*; **Ischiasnerv** M nervio *m* ciático

ISDN N ABK (Integrated Services Digital Network) RDSI *f* (Red Digital de Servicios Integrados); **ISDN-Adapter** M adaptador *m* RDSI; **ISDN-Anschluss** M conexión *f* (*od* acceso *m*) RDSI; **ISDN-Karte** F tarjeta *f* de (*od* adaptador *m*) RDSI; **ISDN-Nummer** F número *m* RDSI

isl(am). ABK (islamisch) islámico

Is'lam M ⟨~s⟩ islam *m*, islamismo *m*

Islama'bad ⟨~s⟩ N Islamabad *m*

is'lamisch ADJ islámico: **Islamische Republik** (Iran *etc*) República *f* Islámica (de *od* del Irán, *etc*); **islami'sieren** V/T ⟨*ohne* ge-⟩ islamizar; **Islami'sierung** F ⟨~; ~en⟩ islamización *f*

Isla'mist M ⟨~en; ~en⟩, **Islamistin** F ⟨~; ~nen⟩ islamista *m/f*; **islamistisch** ADJ islamista

Isla'mit M ⟨~en; ~en⟩, **Islamitin** F ⟨~; ~nen⟩ *selten* islamita *m/f*; **islamitisch** ADJ islamita

'Island N ⟨~s⟩ Islandia *f*

'Isländer M ⟨~s; ~⟩, **Isländerin** F ⟨~; ~nen⟩ islandés *m*, -esa *f*; **isländisch** ADJ islandés

Iso'bare F ⟨~; ~n⟩ METEO línea *f* isobárica, isobara *f*; **iso'chron** ADJ isócrono

Isolati'on F ⟨~; ~en⟩ aislamiento *m* (*a.* ELEK, POL, *Wärmeisolation, Schallisolation*); *(Isoliermaterial)* aislante *m*; **Isolatio'nismus** M ⟨~⟩ POL aislacionismo *m*; **isolatio'nistisch** ADJ aislacionista

Iso'lator M ⟨~s; -'toren⟩ aislador *m*

Iso'lierband N cinta *f* aislante; **isolierbar** ADJ aislable; **Isolierbaracke** F MED pabellón *m* de aislamiento

iso'lieren V/T ⟨*ohne* ge-⟩ aislar; *Gefangene* incomunicar

Iso'liergriff M asa *f* aislante; **Isolierhaft** F JUR incomunicación *f*, prisión *f* incomunicada; **in ~ sein** estar incomunicado; **Isolierkanne** F termo *m*; **Isolierlack** M barniz *m* aislante; **Isoliermaterial** N material *m* aislante; **Isolierschicht** F capa *f* aisladora (*od* aislante); **Isolierschutz** M revestimiento *m* aislador; **Isolierstation** F MED estación *f* de aislados; **Isolierstoff** M aislante *m*; **Isolierung** F ⟨~; ~en⟩ aislamiento *m*; *Gefangene a.* incomunicación *f*; *(Isoliermaterial)* aislante *m*; **Isolierzelle** F celda *f* de aislamiento

iso'mer ADJ isómero; **iso'morph** ADJ isomorfo; **Iso'therme** F ⟨~; ~n⟩ (línea *f*) isoterma *f*; **iso'tonisch** ADJ *Getränk:* isotónico; **Iso'top** N ⟨~s; ~e⟩ PHYS isótopo *m*; **radioaktives ~** radioisótopo *m*; **iso'trop** ADJ isótropico

'Israel N ⟨~s⟩ Israel *m*

Isra'eli M ⟨~(s); ~(s)⟩, F ⟨~; ~(s)⟩ israelí *m/f*; **israelisch** ADJ israelí

Israe'lit M ⟨~en; ~en⟩, **Israelitin** F ⟨~; ~nen⟩ israelita *m/f*; **israelitisch** ADJ israelita

isst → essen

ist → sein[1]

'Istanbul N ⟨~s⟩ Estambul *m*

'Istausgabe F HANDEL gasto *m* efectivo;

Istbestand M saldo *m* efectivo; **Isteinnahme** F ingresos *mpl* efectivos
'Isthmus M ⟨~; Isthmen⟩ GEOG istmo *m*
'Istrien N ⟨~s⟩ Istria *f*
'Iststärke F MIL fuerza *f* efectiva, efectivo *m* real
IT F ABK (Informationstechnik, Informationstechnologie) TI *f* (tecnología de la información)
I'talien N ⟨~s⟩ Italia *f*
Itali'ener M ⟨~s; ~⟩, **Italienerin** F ⟨~; ~nen⟩ italiano *m*, -a *f*; **italienisch** ADJ italiano; **(das) Italienisch(e)** el italiano
'i-Tüpfelchen N ⟨~s; ~⟩ el punto sobre la i (*a. fig*); **bis aufs ~ (genau)** hasta el último detalle, con absoluta precisión
i. V. ABK (in Vertretung) por autorización
IVF ABK (In-vitro-Fertilisation) FIV (fecundación in vitro)
I'vorer M ⟨~s; ~⟩, **Ivorerin** F ⟨~; ~nen⟩ (*Bewohner der Elfenbeinküste*) marfileño *m*, -a *f*; **ivorisch** ADJ de la Costa de Marfil, marfileño
i. W. ABK (in Worten) en letras
IWF M ABK (Internationaler Währungsfonds) FMI *m* (Fondo Monetario Internacional)

J

J, j N ⟨~; ~⟩ J, j *f*
J. ABK (Jahr) año *m*
ja ADV & KONJ **1** *als Antwort*: sí; **ich glaube, ~** creo que sí; **aber ~!** *od* **~ doch!** ¡(claro) que sí!, ¡por cierto!; *Widerspruch*: *umg* ¡te digo que sí!; ¡pues sí!; **~ freilich** sin duda; desde luego; *Am* ¡cómo no!; **~ gewiss!** ¡seguro!; **o ~!** ¡oh sí!; ¡que sí!; **wenn ~** si es así **2** *feststellend*: **ich sagte es dir ~** ya te lo había dicho yo; **du weißt ~** tú ya sabes; **Sie wissen ~, dass** bien sabe usted que **3** *verstärkend*: **da ist er ~!** ¡ahí viene!, ¡ahí le tenemos!; **das ist ~ furchtbar** pero eso es horrible; **das ist ~ sehr leicht** esto es bien fácil; **das ist ~ unmöglich!** ¡pero esto es imposible!; **denk das ~ nicht** no vayas a creerte eso; **tu das ~ nicht!** ¡guárdate de hacer eso!; **kommen Sie ~ wieder** no deje usted de volver; **~ sogar** y aun, y hasta; incluso **4** *einleitend*: **~, wer kommt denn da!** ¡mira quien viene por ahí! **5** *umg* **~ zum Donnerwetter!** ¡caray!
Ja N ⟨~⟩ el sí; **ich sage ~** yo digo que sí; **mit ~ antworten** contestar afirmativamente; POL **mit ~ stimmen** votar sí; **zu etw ~ sagen** consentir en a/c; **zu allem ~ sagen** consentir en todo; decir que sí a todo
Jacht F ⟨~; ~en⟩ SCHIFF yate *m*; **'Jachthafen** M puerto *m* de recreo; **'Jachtklub** M club *m* náutico
'Jacke F ⟨~; ~n⟩ chaqueta *f*, americana *f*, *Am* saco *m*; (*Joppe*) cazadora *f*; *für Damen*: chaqueta *f*; chaquetón *m*; (*Strickjacke*) cárdigan *m*; *umg* **das ist ~ wie Hose** igual da una cosa que otra; *umg* **j-m die ~ vollhauen** *umg* zurrar la badana a alg; *umg* sacudir el polvo a alg
'Jackenkleid N traje *m* de chaqueta; dos piezas *m*
'Jacketkrone ['dʒɛkət-] F MED corona *f* de chaqueta, funda *f* de porcelana
Ja'ckett [ʒa'kɛt] N ⟨~s; ~e *od* ~s⟩ chaqueta *f*, americana *f*, *Am* saco *m*
'Jackpot ['dʒɛkpɔt] M ⟨~s; ~s⟩ *Lotto*: bote *m*
'Jade M ⟨~⟩ MINER jade *m*
Jagd [ja:kt] F ⟨~; ~en⟩ **1** caza *f* (*a. fig*); cacería *f*; **auf die ~ gehen** ir (*od* salir) de caza (*od* a cazar); **~ machen auf** (*acus*) dar caza a, cazar (*a. fig*); *fig* **die ~ nach dem Glück** la búsqueda de la suerte **2** → Jagdrevier **3** MYTH **die Wilde ~** la caza infernal
'Jagdanzug M traje *m* de caza(dor); **Jagdaufseher** M, **Jagdaufseherin** F guarda *m/f* de caza; montero *m/f*; **Jagdausflug** M cacería *f*, partida *f* de caza
'jagdbar ADJ cazable; **jagdberechtigt** ADJ con derecho a cazar; con licencia de caza
'Jagdberechtigung F derecho *m* de caza; **Jagdbeute** F caza *f*, piezas *fpl* cobradas; **Jagdbomber** M FLUG, MIL cazabombardero *m*; **Jagderöffnung** F apertura *f* de la temporada de caza; **Jagdfieber** N fiebre *f* (del cazador); **Jagdflieger** M aviador *m* de caza; **Jagdfliegerei** F aviación *f* de caza; **Jagdfliegerin** F aviadora *f* de caza; **Jagdflinte** F escopeta *f* (de caza); **Jagdflugzeug** N (avión *m* de) caza *m*; **Jagdfrevel** M *obs* delito *m* de caza; **Jagdgebiet** N → Jagdrevier
'jagdgerecht ADJ conforme a las reglas de la caza
'Jagdgeschwader N MIL FLUG escuadrón *m* de caza; **Jagdgesellschaft** F grupo *m* de cazadores; **Jagdgewehr** N escopeta *f* de caza; rifle *m*; **Jagdhaus** N pabellón *m* de caza; **Jagdhorn** N trompa *f* (*od* cuerno *m*) de caza; **Jagdhund** M perro *m* cazador (*od* de caza); **Jagdhüter** M, **Jagdhüterin** F guarda *m/f* de caza; **Jagdhütte** F pabellón *m* de caza; **Jagdmesser** N cuchillo *m* de monte; **Jagdmunition** F munición *f* de caza; **Jagdpacht** F arrendamiento *m* de terreno de caza; **Jagdpächter** M, **Jagdpächterin** F arrendatario *m*, -a *f* de un terreno de caza; **Jagdpatrone** F cartucho *m* de caza; **Jagdrecht** N derecho *m* de caza; **Jagdrevier** N cazadero *m*, coto *m* (de caza); vedado *m*; **Jagdschein** M licencia *f* de caza; **Jagdschlösschen** N pabellón *m* de caza; **Jagdsport** M deporte *m* cinegético; **Jagdstaffel** F FLUG, MIL escuadrilla *f* de caza; **Jagdtasche** F morral *m*; **Jagdvergehen** N delito *m* de caza; **Jagdwesen** N cinegética *f*; cacería *f*; montería *f*; **Jagdwilderei** F caza *f* furtiva; **Jagdwurst** F GASTR *especie de mortadela*; **Jagdzeit** F época *f* de caza, temporada *f* cinegética
'jagen **A** V/T **1** (*auf die Jagd gehen*) cazar **2** (*wegjagen*) ahuyentar; (*hinausjagen*) echar (a la calle) (aus de); **aus dem Haus(e) ~** echar de casa; **zum Teufel ~** mandar al diablo; **zu Tode ~** *Pferd* reventar; *umg* **damit kannst du mich ~** lo aborrezco; me da asco **3** (*verfolgen*) dar caza a, perseguir; *fig* **ein Ereignis jagte das andere** los acontecimientos se sucedieron rápidamente; *fig* **ein Unglück jagte das nächste** llovió sobre mojado **B** V/I **1** cazar, estar de caza **2** *fig* **~ nach** correr tras; **nach dem Glück ~** buscar la suerte **3** *fig* (*rasen*) salir corriendo, correr a toda velocidad; *Pferd*: ir a galope **C** V/R *fig* **sich ~** *Ereignisse* sucederse rápidamente; *Nachrichten* sobrevenir
'Jagen N ⟨~s⟩ caza *f* (**nach** de)
'Jäger M ⟨~s; ~⟩ **1** cazador *m* (*a.* MIL); montero *m*; MYTH **der Wilde ~** el Cazador Infernal **2** FLUG aviador *m* (*bzw* avión *m*) de caza
Jäge'rei F ⟨~⟩ montería *f*; caza *f*, cacería *f*; arte *f* venatoria
'Jägerhut M sombrero *m* tirolés; **Jägerin** F ⟨~; ~nen⟩ cazadora *f*; **Jägerlatein** N jerga *f* de cazador; **Jägerschnitzel** N GASTR *escalope en salsa de champiñones*
'Jägersmann M ⟨~(e)s; -leute⟩ *obs* cazador *m*; **Jägersprache** F lenguaje *m* cinegético
'Jaguar M ⟨~s; ~e⟩ ZOOL jaguar *m*; *Am a.* onza *f*
jäh **A** ADJ **1** (*schnell*) rápido; (*plötzlich*) repentino, súbito; (*ungestüm*) impetuoso; (*überstürzt*) precipitado; (*aufbrausend*) impulsivo, arrebatado; (*unerwartet*) inesperado; **eines ~en Todes sterben** morir repentinamente **2** (*steil, abschüssig*) abrupto, escarpado, empinado **B** ADV → jählings
'jählings ADV repentinamente, de repente; súbitamente; precipitadamente
Jahr N ⟨~(e)s; ~e⟩ **1** *allg* año *m*; **ein halbes ~** medio año; seis meses, un semestre; **das ~ 2005** el año 2005; **im ~e 1945** *a.* en 1945; **die 90er ~e** los años noventa; **dieses ~** este año, *lit* hogaño; **voriges ~** el año pasado; **nächstes ~** el próximo año, el año que viene; **das ganze ~ (hindurch)** (durante) todo el año; **~ für ~** año tras año; **alle ~e** todos los años; **auf viele ~e hinaus** para muchos años; **im ~** *od* **pro ~** al año; **in diesem ~** *od* **dieses ~** ese año; **in einem ~** en (*bzw* dentro de) un año; **heute in einem ~** *od* **übers ~** de aquí a un año; **seit ~ und Tag** desde hace mucho tiempo; **von ~ zu ~** de año en año; **vor zwei ~en** hace dos años **2** **das neue ~** el año nuevo; **j-m ein gutes neues ~ wünschen** desear a alg un feliz año nuevo; **ein gutes neues ~!** ¡feliz año nuevo! **3** *Altersangabe*: **er/sie ist zwölf ~e (alt)** tiene doce años; **sie ist in den dreißiger ~en** ha cumplido los treinta; **ab zwölf ~en** a partir de doce años; **mit zehn ~en** a los diez años; **in die ~e kommen** entrar en años; **in den besten ~en sein** estar en sus mejores años, estar en la flor de la edad **4** *mst* PL: **in jenen ~en** por aquellos años; en aquel entonces; **mit den ~en** con los años, andando el tiempo; **nach ~en** después de muchos años; **nach einigen ~en** pasados algunos años; **(schon) seit ~en** desde hace ya años; **vor ~en** hace años, *lit* años ha
jahr'aus ADV **~, jahrein** todos los años, año tras año
Jahrbuch N anuario *m*; almanaque *m*; **Jahrbücher** *pl* anales *mpl*
jahrelang **A** ADJ de muchos años; **~e Erfahrung** muchos años de experiencia **B** ADV durante muchos años, *umg* años y años; (*seit Jahren*) desde hace años
'jähren V/R **es jährt sich heute, dass ...** hoy hace un año que ...; **heute jährt sich der Tag, an dem ...** *a.* hoy es el aniversario de ...
'Jahresabonnement N abono *m* anual; *Zeitung*: suscripción *f* anual; **Jahresabrechnung** F liquidación *f* de fin de año; **Jahresabschluss** M HANDEL cierre *m* de cuentas (*od* liquidación *f*) anual; balance *m* anual; **Jahresanfang** M comienzo *m* del año; **Jahresbericht** M informe *m* (*od* memoria *f*) anual; **Jahresbilanz** F balance *m* anual (*od* del ejercicio *od* de fin de año); **Jahresbudget** [-by'dʒe:] N presupuesto *m* anual; plan *m* financiero anual; **Jahresdurchschnitt** M promedio *m* anual; **Jahreseinkommen** N renta *f* (*od* ingreso *m*) anual; **Jahresende** N fin *m* de año; **Jahresertrag** M rendimiento *m* anual; **Jahresetat** M → Jahresbudget
'Jahresfrist F **binnen ~** dentro de un año; **nach ~** pasado un año; al cabo de un año
'Jahresgebühr F anualidad *f*; **Jahresgehalt** N sueldo *m* anual; **Jahresgewinn** M ganancia *f* (*od* beneficio *m*) anual; **Jahreshälfte** F mitad *f* de año; **Jahreshauptversammlung** F *e-r AG etc*: junta *f* general ordinaria; **Jahreskarte** F tarjeta *f* (*od* entrada *f*) con un año de validez; **Jahresprämie** F prima *f* al final del año; **Jahresproduk-**

tion F producción *f* anual; **Jahresprüfung** F revisión *f* (*od* auditoría *f*) de cuentas anuales; **Jahresrate** F anualidad *f*; **Jahresring** M BOT *am Baumstamm*: cerco *m* (*od* anillo *m*) anual; **Jahresschluss** M fin *m* de año; **Jahrestag** M aniversario *m*; **Jahrestagung** F congreso *m* anual, jornadas *fpl* anuales; **Jahresumsatz** M HANDEL cifra *f* anual de ventas (*bzw* de transacciones); **Jahresurlaub** M vacaciones *fpl* anuales; **Jahresverbrauch** M consumo *m* anual; **Jahresversammlung** F asamblea *f* anual

'Jahreswechsel M año *m* nuevo; **zum ~** para fin de año; **mit den besten Wünschen zum ~!** ¡con los mejores deseos para el año nuevo!

'Jahreswende F fin *m* de año; **zur ~** a fin de año; **Jahreszahl** F (número *m* del) año *m*; *weitS.* fecha *f*; **Jahreszahlung** F anualidad *f*; **Jahreszeit** F estación *f* (del año); **jahreszeitlich** ADJ estacional, de la temporada; **Jahreszins** M **effektiver ~** interés *m* anual efectivo

'Jahrfünft N ⟨~(e)s; ~e⟩ lustro *m*, quinquenio *m*

'Jahrgang M ⟨~(e)s; ~̈e⟩ 1 *von Personen*: año *m*, generación *f*; MIL quinta *f*; UNIV promoción *f*, *umg* hornada *f* 2 *von Wein*: cosecha *f*, añada *f* 3 *e-r Zeitschrift*: año *m*

jahrgangs'übergreifend ADV: **~ unterrichten** ≈ dar una clase conjunta a alumnos de diferentes cursos

Jahr'hundert N ⟨~s; ~e⟩ siglo *m*; **das vorige ~** el siglo pasado; **das 21. ~** el siglo veintiuno, el siglo XXI; **im 17. ~** en el siglo XVII

jahr'hundertealt ADJ de muchos siglos, secular; **jahrhundertelang** ADV durante siglos

Jahr'hundertfeier F (fiesta *f* del) centenario *m*; **Jahrhunderthochwasser** N (las mayores) inundaciones *fpl* del siglo; **Jahrhundertwende** F fin *m* de siglo; **zur ~** al fin de siglo; **um die ~** en el entresiglo, al filo de los dos siglos

'jährlich A ADJ anual B ADV anualmente, cada año; por (*od* al) año

'Jahrmarkt M feria *f*; **Jahrmarktsbude** F barraca *f* (*od* puesto *m*) de feria

Jahr'tausend N ⟨~s; ~e⟩ milenio *m*; **Jahrtausendfeier** F milenario *m*; **Jahrtausendwende** F fin *m* del milenio; **um die ~** al filo de los dos milenios

Jahr'zehnt N ⟨~(e)s; ~e⟩ decenio *m*, década *f*; **jahrzehntelang** A ADJ de muchos decenios B ADV durante decenios

'Jähzorn M ⟨~s⟩ arrebato *m* de cólera; *Eigenschaft*: irascibilidad *f*, iracundia *f*, mal genio *m*; **jähzornig** ADJ irascible, iracundo, colérico; **~ sein** tener mal genio

Jak M ⟨~s; ~s⟩ ZOOL yac(k) *m*, yak *m*

'Jakob EIGENN M 1 *Vorname*: Jakobo *m*, Diego *m* 2 *Heiliger*: Santiago *m*; *Bibel*: Jacob *m*

Jako'biner M ⟨~s; ~⟩ HIST jacobino *m*; **Jakobinermütze** F gorro *m* frigio

'Jakobsleiter F 1 SCHIFF escala *f* de viento 2 *Bibel*: escala *f* de Jacob 3 BOT valeriana *f* griega

Jalou'sie [ʒalu'ziː] F ⟨~; ~n⟩ celosía *f*; persiana *f*

Ja'maika [ja'maɪka] N ⟨~s⟩ Jamaica *f*

Jamai'kaner M ⟨~s; ~⟩, **Jamaikan'erin** F ⟨~; ~nen⟩ jamaicano *m*, -a *f*; **jamaika'n'isch** ADJ jamaicano

'Jambe F ⟨~; ~n⟩ LIT *Versmaß*: yambo *m*; **jambisch** ADJ yámbico

'Jammer M ⟨~s⟩ 1 (*Elend*) miseria *f*; calamidad *f*; **es ist ein ~** es una lástima (*od* pena) 2 (*Wehklage*) lamento *m*, lamentaciones *fpl*; (*Verzweiflung*) desesperación *f*; (*Kummer*) aflicción *f*; desolación *f*

'Jammergeschrei N clamor *m*; lamentaciones *fpl*; gritos *mpl* lastimeros; **Jammergestalt** F hombre *m* hecho una lástima; triste figura *f*; **Jammerlappen** M *umg pej* quejica *m*; blandengue *m*; **Jammerleben** N vida *f* miserable

'jämmerlich A ADJ (*ärmlich, bedauernswert*) lastimoso; (*elend*) miserable, mísero; (*kläglich*) lamentable, deplorable; *Geschrei* lastimero; (*herzzerreißend*) desgarrador; desconsolador B ADV 1 (*erbärmlich*) lastimosamente; **~ aussehen** estar hecho una lástima; **~ schreien** dar gritos lastimeros 2 (*übermäßig*) **~ frieren** tener un frío terrible 3 (*schlecht*) **~ abschneiden** salir muy mal parado

'Jämmerlichkeit F ⟨~⟩ miseria *f*; estado *m* deplorable

'jammern A VI 1 (*laut klagen*) lamentarse; (*wimmern*) gemir 2 (*sich beklagen*) quejarse (**über** *acus* de) B VT *geh obs* dar lástima (*od* pena) a; **er** *bzw* **es jammert mich** me da lástima (*od* pena)

'Jammern N ⟨~s⟩ lamento *m*, lamentaciones *fpl*; gemido *m*

'jammerschade ADJ **es ist ~** es una verdadera lástima; **~!** ¡qué lástima!; **Jammertal** N ⟨~(e)s⟩ *geh* valle *m* de lágrimas; **jammervoll** ADJ → jämmerlich A

Jan. ABK (Januar) enero

'Janker M *bes österr* (*Trachtenjacke*) *chaqueta folclórica de fieltro o lana*

'Jänner M ⟨~(s); ~⟩ *österr* enero *m*

Janse'nismus M ⟨~⟩ KATH jansenismo *m*; **Jansenist** M ⟨~en; ~en⟩, **Jansenistin** F ⟨~; ~nen⟩ jansenista *m/f*; **jansenistisch** ADJ jansenista

'Januar M ⟨~s; ~e⟩ enero *m*; **im (Monat) ~** en (el mes de) enero; **der 1. ~** el primero (*od* 1) de enero; **heute ist der 5. ~** estamos a 5 de enero; **am 14. ~** el 14 de enero; **Berlin, den 11. ~ 2005** Berlín, a 11 de enero de 2005

'Janus M Jano *m*; **Januskopf** M cabeza *f* de Jano

'Japan N ⟨~s⟩ el Japón

Ja'paner M ⟨~s; ~⟩, **Japanerin** F ⟨~; ~nen⟩ japonés *m*, -esa *f*; **japanisch** ADJ japonés; nipón; **(das) Japanisch(e)** el japonés

'Japanlack M laca *f* japonesa; **Japanpapier** N papel *m* japonés

'jappen, 'japsen VI *umg* jadear

Jar'gon [ʒar'gõː] M ⟨~s; ~s⟩ jerga *f*, jerigonza *f*

'Jasager M ⟨~s; ~⟩, **Jasagerin** F ⟨~; ~nen⟩ conformista *m/f*; hombre *m* servil, mujer *f* servil

Jas'min M ⟨~s; ~e⟩ BOT jazmín *m*

'Jaspis M ⟨~ses; ~se⟩ MINER jaspe *m*

'Jastimme F voto *m* afirmativo (*od* positivo *od* en favor)

'jäten VT & VI AGR escardar; desherbar; *Am* carpir; **Jäten** N ⟨~s⟩ escarda(dura) *f*; **Jäthacke** F escardillo *m*, escardador *m*, *Am* carpidor *m*

'Jauche F ⟨~; ~n⟩ estiércol *m* líquido, purín *m*; MED icor *m*, sanies *f*; **Jauchegrube** F pozo *m* (*od* fosa *f*) de purín; **Jauchewagen** M carro-cuba *m* para purín

'jauchzen VI lanzar gritos de júbilo; jubilar; **Jauchzen** N ⟨~s⟩ gritos *mpl* de alegría (*od* de júbilo); **jauchzend** ADJ jubiloso; **Jauchzer** M ⟨~s; ~⟩ grito *m* de alegría, exclamación *f* de júbilo

'jaulen VI gemir; gimotear; *Hund* aullar

'Jause F ⟨~; ~n⟩ *österr* merienda *f*; **jausen** VI merendar

'Java N ⟨~s⟩ 1 GEOG Java *f* 2 IT Java *m*

Ja'vaner M ⟨~s; ~⟩, **Javanerin** F ⟨~; ~nen⟩ javanés *m*, -esa *f*; **javanisch** ADJ javanés

ja'wohl ADV sí; ciertamente, sí por cierto; perfectamente

'Jawort N ⟨~(e)s; ~e⟩ sí *m*; (*Einwilligung*) consentimiento *m*; asentimiento *m*; *Hochzeit*: **j-m sein ~ geben** dar el sí a alg, dar su consentimiento a alg

Jazz [dʒɛs, jats] M ⟨~⟩ MUS jazz *m*; **~ spielen** → jazzen; **'Jazzband** F [-bɛnt] conjunto *m* de jazz

'jazzen ['dʒɛsən] VI hacer jazz

'Jazzfan ['dʒɛsfɛn] M aficionado *m*, -a *f* al jazz; **Jazzkapelle** F orquesta *f* de jazz; jazzband *m*; **Jazzmusik** F música *f* de jazz; **Jazzmusiker** M, **Jazzmusikerin** F músico *m*, -a *f* de jazz

je A ADV 1 (*jemals*) jamás, nunca; **hast du ~ so etwas gesehen?** ¿has visto jamás (*od* alguna vez) cosa parecida?; **seit eh und ~** de (*od* desde) siempre; **mehr denn** (*od* **als**) **~** más que nunca 2 *vor Mengenangaben*: **~ zwei und zwei** dos a dos; **~ zwei** (*zwei zugleich*) de dos en dos; (*zwei von jedem*) dos de cada uno; **~ ein(er)** sendos *pl*; **er gab ihnen ~ zwei Euro** les dio dos euros a cada uno; **in Schachteln zu ~ zwanzig Stück** en cajas de veinte; **für ~ zehn Wörter** por cada diez palabras 3 (*pro*) **~ Person** por persona; **~ Einwohner** por habitante 4 **~ nach** *Größe, Alter etc*: según; **~ nach den Umständen** según las circunstancias B KONJ 1 **~ nachdem** *als Antwort*: según (y cómo); **~ nachdem, ob** *bzw* **wie** según que (*subj*); eso depende de 2 **~ eher, ~ lieber** cuanto antes mejor; **~ mehr ..., desto** *od* **umso mehr ...** cuanto más ... (tanto) más ...; **~ weniger ..., desto** *od* **umso weniger ...** cuanto menos ... menos ...; **~ mehr, desto besser** cuanto más, tanto mejor; **~ weiter wir kommen** a medida que avanzamos C INT **ach ~!** ¡oh!; **o ~!** ¡por Dios!; ¡cielos!; **~ nun** pues bien

Jeans [dʒiːns] PL (pantalones *mpl*) tejanos *mpl*; vaqueros *mpl*; **'Jeanshemd** N camisa *f* vaquera; **'Jeanshose** F pantalón *f* vaquero; **'Jeansjacke** F chaqueta *f* vaquera; **'Jeansrock** M falda *f* vaquera

'jede(r, -s) INDEF PR A ADJ 1 cada, *verallgemeinernd*: todo, todos (los) 2 (*jeder beliebige*) cualquier 3 *mit Zeitangaben*: todos los, cada; **~n Augenblick** en cualquier momento, en todo (*od* cada) momento; de un momento a otro; **~n Monat** cada mes, todos los meses; **zu ~r Stunde** a todas horas, a cualquier hora; **~n Tag** todos los días; **mit ~m Tag** (con) cada día 4 *mit Zahlenangaben*: **~s dritte Wort** cada tres palabras; **~s dritte Haus** una casa de cada tres 5 *verneint*: ningún, algún; **ohne ~ Mühe** sin ningún esfuerzo; **ohne ~n Zweifel** sin duda alguna, sin ninguna duda B *subst* 1 (*der Einzelne*) cada uno, -a, cada cual; **~r von uns** cada uno (*od* cualquiera) de nosotros; *sprichw* **~m das Seine** a cada cual lo suyo 2 *generalisierend*: todo el mundo; **~r, der ...** quien ...; todo aquel que ...; cualquiera que ...; **das weiß (doch) ~r** eso lo sabe cualquiera (*od* todo el mundo), eso lo saben todos; **~r spricht davon** todos hablan de ello

'jedenfalls ADV en todo caso; de todos modos; (*wie dem auch sei*) sea como fuera

'jedermann INDEF PR cada uno, cada cual; todo el mundo, todos

'jeder'zeit ADV en todo momento, en cualquier momento, siempre; a cualquier hora

'jedesmal ADV → Mal[2]

je'doch ADV sin embargo, no obstante; (*immerhin*) con todo; (*aber*) pero, empero, mas

'jedwede(r, -s) INDEF PR *obs*→ jede(r, -s)

Jeep® [dʒiːp] M ⟨~s; ~s⟩ vehículo *m* todo terreno de la marca Jeep®

'jegliche(r, -s) INDEF PR → jede(r, -s)

'jeher ADV **seit ~** *od* **von ~** (de *od* desde) siempre; desde tiempos inmemoriales

Je'hova [-v-] M REL Jehová *m*; **Zeugen** *mpl* **~s** testigos *mpl* de Jehová

jein ADV *umg* sí y no, ni sí ni no

Je'längerje'lieber N ⟨~s; ~⟩ BOT madreselva *f*

'jemals ADV jamás; alguna vez

'jemand INDEF PR **1** *affirmativ u. in Fragen* alguien; alguno, **~ anders** otra persona, otro; **~ sonst** (algún) otro; **ist ~ da?** ¿hay alguien ahí?; **ich kenne einen gewissen Jemand, der …** conozco a cierta persona que … **2** *verneint*: nadie; ninguno; **weder er noch sonst ~** ni él ni nadie

'Jemen M ⟨~(s)⟩ **(der) ~** Yemen *m*

Jeme'nit M ⟨~en; ~en⟩, **Jemenitin** F ⟨~; ~nen⟩ yemenita *m/f*, yemení *m/f*; **jemenitisch** ADJ yemenita, yemení

'jemine INT **o ~!** ¡Jesús; ¡Dios mío!

'jene(r, -s) DEM PR **A** ADJ ese, esa, eso; aquel, aquella, aquello; **~ Leute** *pl* aquella gente; **an ~m Tage** aquel día **B** *subst* ése, ésa; aquél, aquélla; **bald dieser, bald ~r** ora éste, ora aquél

'jenseitig ADJ del otro lado; **das ~e Ufer** la orilla opuesta

'jenseits A PRÄP *(gen)* al otro lado de, del otro lado; *poet* allende; **~ des Rheins** al otro lado del Rin; **~ der Alpen/Pyrenäen** transalpino/transpirenaico **B** ADV del (*od* al) otro lado; de aquel lado; *umg fig* **~ von Gut und Böse** por encima del bien y del mal

'Jenseits N ⟨~⟩ REL **das ~** el más allá, el otro mundo, la otra vida; **im ~** en el otro mundo; **aus dem ~** de ultratumba; *umg* **j-n ins ~ befördern** *umg* enviar a alg al otro mundo (*od* barrio)

Jeremi'ade F ⟨~; ~n⟩ LIT jeremiada *f*

Jere'mias EIGENN M Jeremías *m*; *Bibel*: **die Klagelieder Jeremiä** las Lamentaciones de Jeremías

Je'rusalem N ⟨~s⟩ Jerusalén *m*

Jesu'it M ⟨~en; ~en⟩ jesuita *m*; **Jesuitenorden** M Compañía *f* de Jesús; **Jesuitenschule** F colegio *m* de jesuítas; **jesuitisch** ADJ jesuíta; jesuítico

'Jesus EIGENN M **1** *Vorname*: Jesús *m* **2 ~ Christus** Jesucristo *m*; **Jesuskind** N Niño Jesús *m*

Jet [dʒɛt] M ⟨~s; ~s⟩ FLUG avión *m* a reacción

'Jetlag ['dʒɛtlɛk] M ⟨~s; ~s⟩ jet lag *m*

'Jetset ['dʒɛtsɛt] M ⟨~s⟩ jet-set *f*

'Jetski ['dʒɛtski] M moto *m* de agua, jet ski *m*

'jetten ['dʒɛtən] VI ⟨sn⟩ *umg* hacer una escapada en avión

'jetzig ADJ de ahora; de hoy; presente, actual; **in der ~en Zeit** hoy (en) día; en la actualidad

jetzt ADV ahora; al presente; actualmente; *(heutzutage)* hoy (en) día; **eben ~** ahora mismo; **gerade ~** en este instante (*od* momento); **bis ~** hasta ahora (*bzw* aquí *od* hoy); hasta la fecha; **für ~** por el momento, por ahora; **von ~ ab** *od* **an** desde ahora, (de hoy *od* de ahora) en adelante; **~, wo …** ahora que …; **~ oder nie** ahora o nunca

'Jetztzeit F ⟨~⟩ actualidad *f*; tiempo *m* (*od* época *f*) actual; presente *m*

'jeweilig A ADJ respectivo, correspondiente; de turno; *(augenblicklich)* actual; *(amtierend)* en funciones **B** ADV → jeweils

'jeweils ADV respectivamente; *(jedes Mal)* cada vez

Jg. ABK (Jahrgang) año *m*

Jh. ABK (Jahrhundert) s. (siglo *m*)

JH F ABK (Jugendherberge) albergue *m* juvenil

'jiddisch ADJ judeoalemán, yiddish

'Jiddisch N ⟨~(s)⟩ yiddish *m*

'Jingle ['dʒɪŋgəl] M ⟨~(s), ~(s)⟩ sintonía *f*

'Jiu-'Jitsu ['dʒiː'udʒɪtsu] N ⟨~s⟩ jiu-jitsu *m*

Job [dʒɔp] M ⟨~s; ~s⟩ *umg* **1** *(Arbeit)* trabajo *m*; *(Beschäftigung)* ocupación *f*; *(Nebenjob)* trabajillo *m*; **einen ~ suchen** buscar un trabajo (*od* una ocupación) **2** *(Aufgabe)* tarea *f*; **das ist nicht mein ~** ése (*od* eso) no es mi trabajo **3** IT tarea *f*

'jobben ['dʒɔbən] VI tener un trabajo temporal; trabajar ocasionalmente; *umg* tener un curro, currar; **sie jobbt nebenher als Kurier** gana un dinero extra como mensajera

'Jobber ['dʒɔbər] M ⟨~s; ~⟩, **Jobberin** ⟨~; ~nen⟩ **1** trabajador *m*, -a *f* eventual **2** HANDEL *(Börsenspekulant, -in)* alcista *m/f*; agiotista *m/f*

'Jobbörse F bolsa *f* de trabajo; **Jobsharing** [-ʃɛːrɪŋ] N ⟨~s⟩ jornada *f* (com)partida; jobsharing *m*; **Jobsuche** F búsqueda *f* de trabajo; **Jobvermittlung** F → Jobbörse

Joch N ⟨~(e)s; ~e⟩ **1** yugo *m* (*a. fig*); **ins ~ spannen** uncir, enyugar; *fig geh* **das ~ abschütteln** *od* **abwerfen** sacudir el yugo **2** *(Gespann)* **ein ~ Ochsen** una yunta de bueyes **3** *(Bergjoch)* puerto *m*; collado *m*, paso *m* **4** ARCH *(Querbalken)* travesaño *m*; *(Tragbalken)* través *m* **5** *altes Feldmaß*: yugada *f*

'Jochbein N ANAT hueso *m* malar (*od* cigomático); pómulo *m*; **Jochbogen** M ANAT arco *m* cigomático; **Jochbrücke** F TECH puente *m* de pilotes

'Jockey, Jockei ['dʒɔkeː] M ⟨~s; ~s⟩ jockey *m*

Jod N ⟨~(e)s⟩ CHEM yodo *m*

'jodeln VI cantar a la tirolesa

'jodhaltig ADJ yodado; yodífero

Jo'did N ⟨~(e)s; ~e⟩ CHEM yoduro *m*

jo'dieren VT ⟨ohne ge-⟩ yodar

'Jodler M ⟨~s; ~⟩, **Jodlerin** F ⟨~; ~nen⟩ cantante *m/f* tirolés, -esa

'Jodmangel M falta *f* de yodo; **Jodnatrium** N ⟨~s⟩ CHEM yoduro *m* sódico

Jodo'form N ⟨~s⟩ CHEM yodoformo *m*

'Jodsalz N sal *f* yodada; **Jodtinktur** F PHARM tintura *f* de yodo; **Jodvergiftung** F MED yodismo *m*

'Joga M *od* N ⟨~(s)⟩ yoga *m*

'joggen ['dʒɔgən] VI hacer footing; **Jogger** M ⟨~s; ~⟩, **Joggerin** F ⟨~; ~nen⟩ persona *f* que hace footing

'Jogging ['dʒɔgɪŋ] N ⟨~s⟩ footing *m*; **Jogginganzug** M chándal *m*; **Jogginghose** F pantalón *m* chándal

'Joghurt, 'Jogurt ['joːgʊrt] M *od* N ⟨~(s); ~(s)⟩ yogur(t) *m*; **fettarmer ~** ogurt *m* descremado; **Joghurtbecher** M tarrina *f* de yogurt

Jo'hanna EIGENN F **1** *Vorname*: Juana *f* **2** HIST **die heilige ~ (von Orleans)** Juana de Arco

Jo'hannes EIGENN M **1** *Vorname*: Juan *m* **2** *Bibel*: **~ der Täufer** San Juan Bautista; **Johannesevangelium** N Evangelio *m* de (*od* según) San Juan

Jo'hanni(s) N *(24. Juni)* San Juan; **zu ~** por San Juan

Jo'hannisbeere F BOT **Rote ~** grosella *f*; **Schwarze ~** casis *f*; **Johannisbeerstrauch** M grosellero *m*; **Johannisbrot** N BOT algarroba *f*; **Johannisbrotbaum** M BOT algarrobo *m*; **Johannisfeuer** N hoguera *f* de San Juan; **Johanniskäfer** M ZOOL luciérnaga *f*, gusano *m* de luz; **Johannisnacht** F noche *f* de San Juan; **Johannistag** M día *m* de San Juan

Johan'niter M ⟨~s; ~⟩ caballero *m* de la Orden de San Juan; **Johanniterorden** M Orden *f* de San Juan

'johlen VI dar voces, gritar (como loco), *umg* armar jaleo; **Johlen** N ⟨~s⟩ griteria *f*, vocerío *m*; algazara *f*, *umg* jaleo *m*

Joint [dʒɔvnt] M ⟨~s; ~s⟩ *Drogenjargon* porro *m*; **einen ~ rauchen** fumar un porro

'Joint 'Venture ['dʒɔvnt'vɛntʃər] N ⟨~(s); ~s⟩ WIRTSCH empresa *f* mixta; unión *f* temporal de empresas; joint venture *m*

Jo-'Jo N ⟨~s; ~s⟩ yo-yo *m*; **'Jo-Jo-Effekt** M MED efecto *m* yoyo

'Joker ['dʒoːkər, joːkər] M ⟨~s; ~⟩ *Kartenspiel*: comodín *m*

'Jolle F ⟨~; ~n⟩ SCHIFF yola *f*

Jong'leur [ʒɔŋ'løːr] M ⟨~s; ~e⟩, **Jongleurin** F ⟨~; ~nen⟩ malabarista *m/f*

jong'lieren [ʒɔŋ-] VI ⟨ohne ge-⟩ hacer juegos malabares (*od* de equilibrio); *fig* **mit Zahlen ~** barajar cifras

'Joppe F ⟨~; ~n⟩ TEX chaqueta *f*; cazadora *f*; *(Hausjoppe)* batín *m*

'Jordan M ⟨~(s)⟩ Jordán *m*; *fig* **über den ~ gehen** *(sterben)* abandonar este mundo; **j-n über den ~ gehen lassen** enviar a alg al otro mundo

Jor'danien N ⟨~s⟩ Jordania *f*; **Jordanier** M ⟨~s; ~⟩, **Jordanierin** F ⟨~; ~nen⟩ jordano *m*, -a *f*; **jordanisch** ADJ jordano

Jot N ⟨~; ~⟩ *Buchstabe*: jota *f*

'Jota N ⟨~(s); ~s⟩ *fig* **kein ~** ni una jota; **kein ~ verändern** no modificar ni una coma

'Joule ['dʒul] N ⟨~; ~⟩ julio *m*; joule *m*

Jour 'fixe [ʒuːr'fɪks] M ⟨~⟩ *(regelmäßiges Treffen)* día *m* fijo

Jour'naille [ʒur'naljə] F ⟨~⟩ *pej* prensa *f* sensacionalista

Jour'nal [ʒur'naːl] N ⟨~s; ~e⟩ periódico *m*; revista *f*; HANDEL diario *m*; **Journa'lismus** M ⟨~⟩ periodismo *m*

Journa'list [ʒur-] M ⟨~en; ~en⟩ periodista *m*; **Journalistenstil** M estilo *m* periodístico; **Journalistik** F ⟨~⟩ periodismo *m*; **Journalistin** F ⟨~; ~nen⟩ periodista *f*; **journalistisch** ADJ periodístico

jovi'al [-v-] ADJ jovial; **Joviali'tät** F ⟨~⟩ jovialidad *f*

'Joystick ['dʒɔvstɪk] M ⟨~s; ~s⟩ IT palanca *f* de mando (*od* de pilotaje)

jr., jun. ABK (junior) jr. (júnior), hijo *m*

'Jubel M ⟨~s⟩ (gritos *mpl* de) alegría *f*, júbilo *m*; exultación *f*; regocijo *m*; **in ~ ausbrechen** estallar de alegría; **Jubelfest** N jubileo *m*; **Jubelgeschrei** N gritos *mpl* de júbilo (*od* alegría); **Jubeljahr** N KATH Año *m* Santo, año *m* jubilar (*od* de jubileo); *umg fig* **alle ~e einmal** muy raras veces, *umg* de Pascuas a Ramos

'jubeln VI dar gritos de júbilo (*od* alegría); regocijarse; exultar; *(triumphieren)* cantar victoria; **jubelnd** ADJ jubiloso, lleno de júbilo

Jubi'lar M ⟨~s; ~e⟩, **Jubilarin** F ⟨~; ~nen⟩ homenajeado *m*, -a *f*

Jubi'läum N ⟨~s; Jubiläen⟩ *Tag*: aniversario *m*; *Feier*: fiesta *f* conmemorativa; **fünfzigjähriges ~** cincuenta aniversario *m*, cincuentenario *m*; **hundertjähriges ~** centenario *m*; **zehnjähriges ~** décimo aniversario *m*

jubi'lieren VI ⟨ohne ge-⟩ → jubeln

juch'he INT ¡ole!, ¡olé!

'Juchten N&M ⟨~s⟩, **Juchtenleder** N piel *f* de Rusia

'juchzen VI → jauchzen

'jucken A VI **1** picar; *stärker*: escocer; **es juckt mich am Arm/am ganzen Körper** me pica el brazo/todo el cuerpo; **ihm juckt der Kopf** le pica la cabeza; **der Stoff juckt sie** la tela le pica **2** *umg fig (reizen)* **es juckt mir in den Fingern, zu** *od* **es juckt mich, zu** me muero de ganas por; *umg fig* **es juckt mich, das auszu-**

probieren me apetece probarlo **3** *umg fig (stören)* **denkst du, das juckt mich?** *umg* ¿crees que me importa? **B** VR *umg* **sich ~** rascarse

'Jucken N ⟨~s⟩ picor *m*, comezón *f*, picazón *f*; MED prurito *m*; **juckend** ADJ MED pruriginoso; **Juckpulver** N polvos *mpl* de picapica; **Juckreiz** M → Jucken

Ju'däa N ⟨~s⟩ Judea *f*

'Judas M *Bibel:* Judas *m (a. fig)*; **~ Ischariot** Judas Iscariote; **Judaskuss** M beso *m* de Judas; **Judaslohn** M paga *f* de Judas

'Jude M ⟨~n; ~n⟩ judío *m*; hebreo *m*

'Judenfeind M antisemita *m*; **judenfeindlich** ADJ antisemita; **Judenstern** M *Nationalsozialismus:* estrella *f* de David; **Judentum** N ⟨~s⟩ judaísmo *m*; **Judenverfolgung** F persecución *f* de los judíos; pogrom(o) *m*; **Judenviertel** N barrio *m* judío; judería *f*; ghetto *m*

Judika'tur F ⟨~; ~en⟩ judicatura *f*

'Jüdin F ⟨~; ~nen⟩ judía *f*; hebrea *f*; **jüdisch** ADJ judío; hebreo; REL judaico

'Judo N ⟨~s⟩ yudo *m*, judo *m*

Ju'doka M ⟨~(s); ~(s)⟩, F ⟨~; ~(s)⟩ yudoca *m/f*, judoca *m/f*, judoka *m/f*

'Jugend F ⟨~⟩ **1** juventud *f*; *(Kindheit)* infancia *f*; *(Jugendalter)* adolescencia *f*, mocedad *f*, años *mpl* mozos; **von ~ an** *od* **auf** desde niño, desde joven; **in früher ~** de muy joven **2** *koll* **die ~** la gente joven, los jóvenes

'Jugendalter N juventud *f*, edad *f* juvenil; adolescencia *f*; **Jugendamt** N oficina *f* de protección de menores; **Jugendarbeitslosigkeit** F paro *m* juvenil; **Jugendarrest** M JUR arresto *m* de menores; **Jugendaustausch** M intercambio *m* juvenil; **Jugendbande** F banda *f* juvenil; tribu *f* urbana; **Jugendbewegung** F movimiento *m* de la juventud; **Jugendbuch** N libro *m* juvenil; **Jugendbücherei** F biblioteca *f* infantil; **Jugendclub** M → Jugendklub; **Jugenderinnerung** F recuerdo *m* de (la) juventud *(bzw* de [la] infancia)

'jugendfrei ADJ FILM apto (para menores); para todos los públicos

'Jugendfreizeitheim N centro *m* juvenil; **Jugendfreund** M, **Jugendfreundin** F amigo *m*, -a *f* de la infancia; **Jugendfrische** F *hum* brío *m* juvenil; verdor *m*; **Jugendfürsorge** F protección *f* de menores; asistencia *f* a la juventud

'jugendgefährdend ADJ *Buch, Film etc* corruptor de *(bzw* peligroso para) la juventud

'Jugendgefährte M, **Jugendgefährtin** F compañero *m*, -a *f* de la juventud *(bzw* de la infancia); **Jugendgericht** N tribunal *m* de menores; **Jugendgerichtsgesetz** ley *f* reguladora del tribunal de menores; **Jugendgruppe** F grupo *m* de jóvenes; **Jugendheim** N hogar *m (od* centro *m)* juvenil; **Jugendhelfer** M, **Jugendhelferin** F asistente *m/f* de menores; **Jugendherberge** F albergue *m* juvenil; **Jugendjahre** NPL años *mpl* juveniles *(od* mozos); **Jugendklub** M club *m* juvenil; **Jugendkriminalität** F delincuencia *f* juvenil; **Jugendlager** N campamento *m* juvenil

'jugendlich **A** ADJ *allg* juvenil; *(jung)* joven, mozo; THEAT **~er Liebhaber** galán *m* joven; **~e Liebhaberin** dama *f* joven; **~er Verbrecher** delincuente *m* juvenil *(od* menor de edad) **B** ADV **~ aussehen** tener aspecto juvenil

'Jugendliche M/F ⟨~n; ~n; → A⟩ joven *m/f*, menor *m/f* (de edad); *(Halbwüchsige)* adolescente *m/f*; *koll* **die ~n** *pl* los jóvenes; la juventud; **~** *pl* **unter 18 Jahren** menores de 18 años; **für ~** *pl* **geeignet** apto para menores; **~n ist der Zutritt verboten** acceso prohibido a menores

'Jugendliebe F primeros amores *mpl*; *Person:* primer amor *m*; amor *m* de juventud; **Jugendmeister** M, **Jugendmeisterin** F SPORT campeón *m*, -ona *f* juvenil; **Jugendorganisation** F organización *f* juvenil

'Jugendpflege F asistencia *f* a la juventud; **Jugendpfleger** M, **Jugendpflegerin** F ≈ asistente *m/f* juvenil

'Jugendrichter M, **Jugendrichterin** F juez *m*, -a *f* de menores; **Jugendschutz** M protección *f* de menores; **Jugendschutzgesetz** N ley *f* de protección de menores; **Jugendstil** M ⟨~(e)s⟩ *Kunst:* modernismo *m*; **Jugendstreich** M travesura *f* (juvenil); muchachada *f*; **Jugendsünde** F pecado *m* de la juventud; **Jugendverbot** N prohibición *f* (de entrada) para menores; **Jugendwerk** N *e-s Dichters etc:* obra *f* de la juventud; **Jugendzeit** F juventud *f*; años *mpl* mozos; **Jugendzeitschrift** F revista *f* para la juventud; **Jugendzentrum** N centro *m* juvenil

Jugo'slawe M ⟨~n; ~n⟩ yugoslavo *m*; **Jugo'slawien** N Yugoslavia *f*; **Jugo'slawin** F ⟨~; ~nen⟩ yugoslava *f*; **jugo'slawisch** ADJ yugoslavo

'Juli M ⟨~(s); ~s⟩ julio *m*

juli'anisch ADJ juliano; **der ~e Kalender** el calendario juliano

'Jumbojet ['jʊmbodʒɛt] M ⟨~(s); ~s⟩ FLUG (avión *m*) jumbo *m*

jung **A** ADJ ⟨jünger; jüngste⟩ **1** *Mensch, Tier:* joven; **Jung und Alt** mozos y viejos; **von ~ auf** desde joven *(od* niño); **~er Mann** joven *m*; **~es Mädchen** joven *f*; **die ~en Leute** la juventud, los jóvenes; **~es Volk** gente moza; **~ bleiben** mantenerse joven; **(wieder) ~ machen** *bzw* **werden** rejuvenecer; **in ~en Jahren** en la juventud **2** **die ~en Eheleute** *od* **das ~e Paar** los recién casados **3** *Wein* nuevo; *Gemüse* fresco; *umg fig* **~es Gemüse** *(junge Leute)* (los) jóvenes **4** **~e Mode** moda *f* joven **B** ADV **~ aussehen** parecer joven, tener aspecto joven; **~ heiraten** casarse joven; **er hat ~ geheiratet** se ha casado joven; **sich ~ fühlen** sentirse joven

'Jungakademiker M, **Jungakademikerin** F joven licenciado *m*, -a *f*; licenciado *m*, -a *f* recién titulado, -a; **Jungbrunnen** M fuente *f* de (la eterna) juventud

'Junge M ⟨~n; ~n, *umg a.* Jungs⟩ muchacho *m*; mozo *m*; chico *m*; **kleiner ~** chiquillo *m*; niño *m*; **dummer ~** mocoso *m*; *fig* **grüner ~** mozalbete *m*, mozuelo *m*; *umg* **alter ~!** ¡chico!; *umg hum* **schwerer ~** criminal *m* peligroso; *umg* **~, ~!** *umg* ¡jo, tío!

'Junge(s) N ⟨~n; ~n; → A⟩ ZOOL cría *f*; *Hund, Raubtier:* cachorro *m*; *Vogel:* polluelo *m*; **~ bekommen** *od* **werfen** ZOOL parir

'jungen VI ZOOL parir

'jungenhaft ADJ pueril; *Mädchen* amuchachado; **Jungenstreich** M travesura *f*

'jünger ADJ **1** *(komp v.* **jung***)* más joven; **mein ~er Bruder** mi hermano menor; **er ist zwei Jahre ~ als ich** es dos años más joven *(od* tiene dos años menos) que yo; **sie sieht ~ aus, als sie ist** parece más joven de lo que es; no aparenta la edad que tiene **2** *(relativ jung)* bastante joven **3** *zeitlich:* **~en Datums** de fecha reciente

'Jünger M ⟨~s; ~⟩ discípulo *m (bes Bibel)*

'Jungfer F ⟨~; ~n⟩ *lit* doncella *f*; *pej* **alte ~** solterona *f*; *pej* **eine alte ~ bleiben** quedar(se) soltera; *umg* quedarse para vestir santos

'jüngferlich ADJ de doncella; *(keusch)* virginal; *(zimperlich)* melindroso

'Jungfernfahrt F SCHIFF viaje *m* inaugural, primer viaje *m*; **Jungfernflug** M FLUG vuelo *m* inaugural; **jungfernhaft** ADJ → jüngferlich; **Jungfernhäutchen** N ANAT himen *m*; **Jungfernschaft** F virginidad *f*

'Jungfrau F **1** virgen *f*; *poet* doncella *f*; REL **die ~ Maria** *od* **die Heilige ~** la Santísima Virgen; HIST **die ~ von Orléans** la Doncella de Orleans, Juana de Arco; **er/sie ist noch ~** aún es virgen **2** ASTRON Virgo *m*; **er ist ~** es Virgo

'jungfräulich ADJ virginal; virgen; *(keusch)* casto, puro; **Jungfräulichkeit** F ⟨~⟩ virginidad *f*, doncellez *f*

'Junggeselle M ⟨~n; ~n⟩ soltero *m*, *lit* célibe *m*; **alter ~** solterón *m*

'Junggesellenabschied M despedida *f* de soltero; **Junggesellenleben** N vida *f* de soltero; **Junggesellenwohnung** F piso *m* de soltero

'Junggesellin F ⟨~; ~nen⟩ soltera *f*

'Junglehrer M, **Junglehrerin** F profesor *m*, -a *f* joven; *(Referendar, -in)* profesor *m*, -a *f* en prácticas

'Jüngling M ⟨~s; ~e⟩ *geh, poet* adolescente *m*; joven *m*, *lit* doncel *m*, mancebo *m*

'Jünglingsalter N *geh* adolescencia *f*

Jungs *umg* → Junge

jüngst ADV recientemente; últimamente; hace poco

'jüngste(r, -s) ADJ **1** *(sup v.* **jung***)* **der/die Jüngste** el/la más joven; *Geschwister:* el/la menor; **unser Jüngster** el menor (de los nuestros); **meine ~ Schwester** mi hermana menor; **er ist nicht mehr der Jüngste** ya no es tan joven **2** *(letzte)* el último, el más reciente; **in ~r Zeit** recientemente **3** *Bibel* **das Jüngste Gericht** el juicio final; **der Jüngste Tag** el día del juicio

'Jungsteinzeit F neolítico *m*; **Jungstier** M novillo *m*; becerro *m*; **Jungunternehmer** M, **Jungunternehmerin** F joven empresario *m*, -a *f*

'jungverheiratet ADJ *geh* recién casado; **Jungverheiratete** PL **die ~n** los recién casados; **jungvermählt** ADJ *geh* recién casado; **Jungvermählte** PL → Jungverheiratete

'Jungvieh N ganado *m* joven

'Juni M ⟨~(s); ~s⟩ junio *m*; **Junikäfer** M ZOOL escarabajo *m* de San Juan

'junior ADJ **Herr Meier ~** señor Meier hijo *(od* júnior)

'Junior M ⟨~s; Juni'oren⟩ hijo *m*; júnior *m (a.* SPORT); *e-r Familie:* menor *m*; **Juniorchef** M hijo *m* del jefe

Juni'orenklasse F juveniles *mpl*; **Juniorenrennen** N carrera *f* de juveniles

'Junkbond ['dʒaŋkbɔnd] M ⟨~s; ~s⟩ WIRTSCH bono *m* basura

'Junker M ⟨~s; ~⟩ HIST joven *m* noble; hidalgo *m*; aristócrata *m* rural; *lit* doncel *m*; **Junkertum** N ⟨~s⟩ HIST aristocracia *f* rural

'Junkfood, 'Junk-Food ['dʒaŋkfu:t] N ⟨~s⟩ comida *f* basura

'Junkie ['dʒaŋki] M ⟨~s; ~s⟩ *umg* yonki *m*

'Junkmail ['dʒankme:l] F ⟨~; ~s⟩ IT correo *m* basura

'Junktim N ⟨~s; ~s⟩ interdependencia *f*

'Juno F MYTH Juno *f*

'Junta ['xunta] F ⟨~; Junten⟩ *bes* POL junta *f*

'Jupiter M MYTH, ASTRON Júpiter *m*; **Jupiterlampe®** F FILM lámpara *f* de arco; reflector *m*

jur. ABK → juristisch

'Jura[1] PL ⟨ohne art u. pl⟩ JUR derecho *m*; **~ studieren** estudiar derecho

'Jura[2] M ⟨~s⟩ GEOG Jura *m*; GEOL jurásico *m*; **Juraformation** F GEOL formación *f* jurásica

'Jurastudent M, **Jurastudentin** F JUR estudiante *m/f* de derecho
Jurispru'denz F ⟨~⟩ jurisprudencia *f*
Ju'rist M ⟨~en; ~en⟩, **Juristin** F ⟨~; ~nen⟩ jurista *m/f*; *(Studierende)* estudiante *m/f* de derecho; *(Rechtsgelehrte)* jurisconsulto *m*, -a *f*
ju'ristisch ADJ jurídico; **~e Fakultät** Facultad de Derecho; **~e Person** persona *f* jurídica; **~e Feinheiten** matices *mpl* jurídicos
'Jury ['dʒy:ri] F ⟨~; ~s⟩ jurado *m* (calificador)
Jus[1] N ⟨~⟩ *bes österr, schweiz* → Jura[1]
Jus[2] [ʒy:] M ⟨~⟩ GASTR jugo *m*
'Juso M ABK (Jungsozialist, -in) POL *miembro de las juventudes socialistas alemanas*
just ADV justamente
jus'tieren V/T *⟨ohne ge-⟩* ajustar
Jus'tierschraube F TECH tornillo *m* ajustador (*od* de ajuste); **Justierung** F ajuste *m*
Just-in-'time-Produktion [dʒastɪn'taɪm-] F WIRTSCH justo a tiempo
Jus'tiz F ⟨~⟩ justicia *f*; **Justizbeamte(r)** M, **Justizbeamtin** F funcionario *m*, -a *f* judicial; *höherer*: magistrado *m*, -a *f*; **Justizbehörde** F autoridad *f* judicial; **Justizgebäude** N palacio *m* de justicia
Justizi'ar M ⟨~s; ~e⟩, **Justiziarin** F asesor *m*, -a *f* jurídico, -a; síndico *m*, -a *f*
Jus'tizirrtum M error *m* judicial; **Justizminister** M **Justizministerin** F ministro *m*, -a *f* de Justicia; **Justizministerium** N Ministerio *m* de Justicia; **Justizmord** M asesinato *m* judicial (*od* legal); **Justizpalast** M palacio *m* de justicia; **Justizverwaltung** F administración *f* de justicia
'Jute F ⟨~⟩ yute *m*
'Jütland N ⟨~s⟩ Jutlandia *f*
Ju'wel N ⟨~s; ~en⟩ joya *f*, alhaja *f* *(beide a. fig)*
Ju'welendiebstahl M robo *m* de joyas; **Juwelenhandel** M comercio *m* de joyas; joyería *f*; **Juwelenhändler** M, **Juwelenhändlerin** F joyero *m*, -a *f*
Juwe'lier M ⟨~s; ~e⟩ joyero *m*; platero *m*; **Juwelierarbeit** F obra *f* de joyería (*bzw* de orfebrería); **Juweliergeschäft** N joyería *f*; platería *f*; **Juwelierin** F ⟨~; ~nen⟩ joyera *f*, platera *f*; **Juwelierkunst** F orfebrería *f*; **Juwelierwaren** FPL artículos *mpl* de joyería (*bzw* de bisutería fina)
Jux M ⟨~es; ~e⟩ *umg* broma *f*; chanza *f*; *umg* cuchufleta *f*; *sl* cachondeo *m*; **sich** *(dat)* **einen ~ machen** gastar una broma; **aus ~** de (*od* en) broma, *sl* de cachondeo
jwd [jɔtveː'deː] ADV & ABK (janz weit draußen, berlinerisch für ganz weit draußen) *umg hum* muy lejos (de aquí)

K

K

K, k N ⟨~; ~⟩ K, k *f*
Ka'bale F ⟨~; ~n⟩ *lit* intriga *f*, maquinación *f*
Kaba'rett N ⟨~s; ~s *od* ~e⟩ 1 THEAT teatro *m* satírico-cómico 2 *(Nachtklub)* cabaret *m*
Kabaret'tist M ⟨~en; ~en⟩, **Kabarettistin** F ⟨~; ~nen⟩ artista *m/f* del teatro satírico-cómico; *in e-m Nachtklub*: cabaretero *m*, -a *f*; **kabarettistisch** ADJ satírico-cómico
'Kabbala F ⟨~⟩ REL cábala *f*
kabba'listisch ADJ cabalístico
Kabbe'lei F ⟨~; ~en⟩ *umg* riña *f*, pendencia *f*, *umg* pelotera *f*, gresca *f*
'kabbelig ADJ SCHIFF *See* picado
'kabbeln V/R *umg* **sich (mit j-m) ~** pelearse (con alg)

'Kabel N ⟨~s; ~⟩ 1 TECH, ELEK, SCHIFF cable *m* 2 *umg* TV **wir haben ~** tenemos televisión por cable; **Kabelanschluss** M TV conexión *f* (a la televisión) por cable; **Kabelauftrag** M HANDEL orden *f* cablegráfica; **Kabelbetreiber** M ⟨~s; ~⟩ TV operador *m* de red de televisión por cable; **Kabelfernsehen** N televisión *f* por cable
'Kabeljau M ⟨~s; ~e *od* ~s⟩ *Fisch*: bacalao *m* (fresco), abadejo *m*
'Kabelkanal M 1 TV canal *m* por cable 2 ELEK conducto *m* para cables (eléctricos); **Kabelleger** M ⟨~s; ~⟩ SCHIFF cablero *m*; **Kabellegung** F ⟨~; ~en⟩ colocación *f* (*od* tendido *m*) de un cable
'kabeln V/T & V/I cablegrafiar; poner un cable
'Kabelnetz N red *f* de televisión, *etc* por cable; **Kabelschacht** M pozo *m* de cables; **Kabelschuh** M terminal *m* de cable; **Kabeltrommel** F tambor *m* de cables; **Kabelwerk** N SCHIFF cordaje *m*; **Kabelwinde** F torno *m* de cable
Ka'bine F ⟨~; ~n⟩ 1 *allg* cabina *f*; *(Badekabine)* caseta *f*; *(Umkleidekabine)* vestuario *m*; *beim Friseur etc*: box *m* 2 SCHIFF camarote *m* 3 AUTO habitáculo *m*; FLUG carlinga *f*; *Fahrstuhl*: camarín *m*
Ka'binenbahn F telecabina *m*; **Kabinenkoffer** M baúl *m* de camarote; **Kabinenroller** M motoneta *f*; **Kabinenseilbahn** M telecabina *m*
Kabi'nett N ⟨~s; ~e⟩ gabinete *m* (*a.* POL)
Kabi'nettsbeschluss M POL decisión *f* del cabinete; **Kabinettskrise** F POL crisis *f* ministerial; **Kabinettssitzung** F POL sesión *f* (*od* reunión *f*) del consejo de ministros
Kabi'nettstück N pieza *f* selecta; *fig* golpe *m* maestro
Kabi'nettsumbildung F POL reajuste *m* (*od* remodelación *f*) ministerial
'Kabis M ⟨~; ~se⟩ *südd, schweiz* repollo *m*
'Kabrio N ⟨~s; ~s⟩, **Kabrio'lett** ⟨~s; ~e⟩ AUTO descapotable *m*, *Am* convertible *m*
Ka'buff N ⟨~s; ~e *od* ~s⟩ *umg* tugurio *m*; *umg* chiribitil *m*
'Kachel F ⟨~; ~n⟩ azulejo *m*; baldosa *f*; **kacheln** V/T poner azulejos (*od* baldosas) en; **Kachelofen** M estufa *f* de azulejos
'Kacke F ⟨~⟩ *sl* caca *f*; *vulg* mierda *f*
'kacken V/I *sl* cagar; *Kinder* hacer caca
Ka'daver M ⟨~s; ~⟩ cadáver *m*; *(Aas)* carroña *f*; **Kadavergehorsam** M *fig* obediencia *f* ciega
Ka'denz F ⟨~; ~en⟩ MUS cadencia *f*
'Kader M ⟨~s; ~⟩ POL, MIL cuadro *m* (de mando)
Ka'dett M ⟨~en; ~en⟩ MIL cadete *m*; **Kadettenanstalt** F MIL colegio *m* de cadetes; academia *f* militar
'Kadi M ⟨~s; ~s⟩ cadí *m*; *umg fig (Richter)* juez *m*; **j-n vor den ~ schleppen** llevar a alg a los tribunales (*od* a juicio); **zum ~ laufen** ir a los tribunales
'Kadmium N ⟨~s⟩ CHEM cadmio *m*
'Käfer M ⟨~s; ~⟩ 1 ZOOL escarabajo *m* (*a.* AUTO); *fachspr* coleóptero *m* 2 *umg hum* **netter ~** chica *f* bonita, *umg* bombón *m*
Kaff[1] N ⟨~s; ~e *od* ~s, *umg a.* Käffer⟩ *umg pej (armselige Ortschaft)* pueblo *m* de mala muerte, *umg* poblacho *m*
Kaff[2] N ⟨~(e)s⟩ *nordd (Spreu)* tamo *m*, granzas *fpl*
'Kaffee M ⟨~s⟩ café *m*; **gemahlener/ungemahlener ~** café molido/en grano; **ungerösteter ~** café crudo (*od* sin tostar); **~ mit Milch** café con leche; *(mit wenig Milch)* cortado *m*; **eine Tasse ~** una taza de café; **~ kochen** hacer café; **~ trinken** tomar café; **einen ~ trinken gehen** ir a tomar un café; **j-n zum ~ einladen** invitar a alg a tomar café; *umg fig* **das ist kalter ~** no es nada nuevo
'Kaffeeautomat M cafetera *f* automática; **Kaffeebaum** M BOT cafeto *m*; **Kaffeebohne** F grano *m* de café; **kaffeebraun** ADJ de color café; **Kaffee-Ersatz** M sucedáneo *m* de café; **Kaffee-Extrakt** M extracto *m* de café; **Kaffeefahrt** excursión *f* publicitaria con café; **Kaffeefilter** M filtro *m* de café; **Kaffeegebäck** N pastas *fpl* (de té); **Kaffeegeschirr** N servicio *m* (*od* juego *m*) de café; **Kaffeehaus** N café *m*; **Kaffeekanne** F cafetera *f*; **Kaffeeklatsch** M, *umg* **Kaffeekränzchen** N reunión *f* (*od* tertulia *f*) de señoras; **Kaffeelöffel** M cucharilla *f* de café; **Kaffeemaschine** F cafetera *f* automática (*od* eléctrica); *mit Filter*: cafetera *f* de goteo; **Kaffeemühle** F molinillo *m* de café; **Kaffeemütze** F → Kaffeewärmer; **Kaffeepause** F descanso *m* para tomar café; **Kaffeepflanze** F cafeto *m*; **Kaffeepflanzer** M ⟨~s; ~⟩, **Kaffeepflanzerin** F ⟨~; ~nen⟩ cafetalero *m*, -a *f*, *Am* cafetalista *m/f*; **Kaffeepflanzung** F, **Kaffeeplantage** F plantación *f* de café, cafetal *m*; **Kafferöster** M ⟨~s; ~⟩ *Firma, Gerät*: tostador *m* de café; **Kaffeerösterei** F ⟨~; ~en⟩ tostadero *m* de café; **Kaffeesatz** M poso *m* de café; **Kaffeeservice** N → Kaffeegeschirr; **Kaffeesieb** N colador *m* de café; **Kaffeestrauch** M BOT cafeto *m*; **Kaffeetante** F *umg pej* **eine ~ sein** ser muy cafetera; **Kaffeetasse** F taza *f* para café; **Kaffeetrommel** F tostador *m* (cilíndrico) de café; **Kaffeewärmer** M ⟨~s; ~⟩ cubrecafetera *m*
'Kaffer M ⟨~n; ~n⟩ *neg!* cafre *m*
'Käfig M ⟨~s; ~e⟩ jaula *f*; **in einen ~ sperren** enjaular; *fig* **goldener ~** jaula *f* de oro; **Käfighaltung** F cría *f* en jaula (*od* en batería)
'Kaftan M ⟨~s; ~e⟩ caftán *m*
KAG F → Kapitalanlagegesellschaft
kahl A ADJ 1 *Kopf* calvo, *umg* pelón; *(geschoren)* rapado; **~ sein** tener calva; **~ werden** quedarse calvo 2 *(nackt)* desnudo; *Baum* deshojado, sin hojas 3 *(öde)* desolado 4 *(schmucklos)* escuete B ADV **~ scheren** cortar (*od* pelar) al rape, rapar; **~ geschoren** pelado al rape, rapado
'Kahlheit F ⟨~⟩ calvicie *f*; *fig* desnudez *f*; **Kahlkopf** M 1 *(Glatze)* calva *f* 2 *Person*: calvo *m*, *umg* pelón *m*; **kahlköpfig** ADJ calvo, *umg* pelón; **Kahlköpfigkeit** F ⟨~⟩ calvicie *f*; **Kahlschlag** M desmonte *m* completo (*a. fig*); corte *m* a matarrasa; **Kahlstelle** F calva *f*; FORST calvero *m*
Kahn M ⟨~(e)s; Kähne⟩ bote *m*; barca *f*; *größer*: barco *m*; *(Lastkahn)* chalana *f*; *pej* **alter ~** barcucho *m*, carraca *f*; **~ fahren** ir (*od* pasearse) en barca
'Kahnbein N ANAT (hueso *m*) escafoides *m*; **Kahnfahrt** F, **Kahnpartie** F paseo *m* en barca
Kai [kaɪ] M ⟨~s; ~s⟩ muelle *m*; **franko ~** franco muelle; **'Kaianlagen** FPL muelles *mpl*; **'Kaiarbeiter** M cargador *m* de muelle, estibador *m*; **'Kaigebühr** F, **'Kaigeld** N muellaje *m*
'Kaiman M ⟨~s; ~e⟩ ZOOL caimán *m*; *Arg* yacaré *m*
'Kaimauer F muro *m* del muelle
Kain EIGENN M *Bibel*: Caín *m*
'Kainsmal N, **Kainszeichen** N estigma *m* de Caín
'Kairo N ⟨~s⟩ El Cairo
'Kaiser M ⟨~s; ~⟩ emperador *m*; *fig* **sich um des ~s Bart streiten** *umg* disputar por un quítame allá esas pajas; *sprichw* **gebt dem ~, was**

des ~s ist dad al César lo que es del César
'Kaiseradler M ORN águila *f* imperial; **Kaiserin** F ⟨~; ~nen⟩ emperatriz *f*; **Kaiserkrone** F corona *f* imperial (*a.* BOT); **kaiserlich** ADJ imperial; **Kaiserreich** N imperio *m*; **Kaiserschmarren** M *österr, südd* GASTR *plato dulce consistente en una crepe desmenuzada con azúcar y pasas;* **Kaiserschnitt** M MED (operación *f*) cesárea *f*; **Kaisertum** N ⟨~s⟩ imperio *m*; **Kaiserwürde** F dignidad *f* imperial
'Kajak ['ka:jak] M ⟨~s; ~s⟩ kayak *m*; **~ fahren** ir en kayak
Ka'jal [ka'ja:l] N ⟨~(s)⟩, **Kajalstift** M lápiz *m* de ojos
Ka'jüte F ⟨~; ~n⟩ camarote *m*
'Kakadu M ⟨~s; ~s⟩ ORN cacatúa *f*
Ka'kao M ⟨~s⟩ **1** BOT, *Pulver*: cacao *m* **2** *Getränk* chocolate *m*; **heißer ~** chocolate *m* caliente; *umg hum* **j-n durch den ~ ziehen** poner a alg en ridículo; tomar el pelo a alg; (*schlechtmachen*) hablar mal de alg, despellejar a alg
Ka'kaobaum M BOT cacao *m*; **Kakaobohne** F almendra *f* (*od* grano *m*) de cacao; **Kakaobutter** F manteca *f* de cacao; **Kakaofrucht** F fruta *f* del cacao; **Kakaopflanzung** F cacaotal *m*; **Kakaopulver** N cacao *m* en polvo
'Kakerlak M ⟨~s *od* ~en; ~en⟩, **Kakerlake** F ⟨~; ~n⟩ ZOOL cucaracha *f*
'Kaki[1] N ⟨~s⟩ TEX caqui *m*, kaki *m* (*a. Farbe*)
'Kaki[2] F ⟨~; ~s⟩→ Kakipflaume
'kakifarben ADJ caqui, kaki
'Kakipflaume F BOT caqui *m*, kaki *m*
Kak'tee F ⟨~; ~n⟩, **'Kaktus** M ⟨~; Kakteen⟩ BOT cactus *m*, cacto *m*
'Kaktusfeige F higo *m* chumbo
Kalami'tät F ⟨~; ~en⟩ calamidad *f*; *fig* **j-n in ~en bringen** poner en dificultades a alg; *fig* **in ~en sein** estar en dificultades
Ka'lander M ⟨~s; ~⟩ TECH calandria *f*; **Kalanderlerche** F ORN calandria *f* común
ka'landern V/T TECH calandrar
'Kalauer M ⟨~s; ~⟩ retruécano *m*; **kalauern** V/I hacer retruécanos
Kalb N ⟨~(e)s; Kälber⟩ ternero *m*; becerro *m*; GASTR ternera *f*; *Bibel*: **das Goldene ~ anbeten** adorar el becerro de oro
'kalben V/I parir
'kalbern, 'kälbern V/I *umg* retozar; tontear, hacer el tonto
'Kalbfell N piel *f* de ternera (*bzw* de becerro);
Kalbfleisch N (carne *f* de) ternera *f*
'Kalbsbraten M GASTR asado *m* de ternera, ternera *f* asada; **Kalbsbries** N molleja (*od* lechecillas *fpl*) de ternera; **Kalbsbrust** F GASTR **(gefüllte) ~** pecho *m* de ternera (relleno); **Kalbsfarce** F GASTR relleno *m* de tenera; **Kalbsfrikassee** N GASTR fricasé *m* de ternera; **Kalbsfuß** M GASTR pata *f* de ternera; **Kalbsgekröse** N GASTR asadura *f* de ternera; **Kalbshachse** F, *südd* **Kalbshaxe** F GASTR pierna *f* de ternera; **Kalbskotelett** N GASTR chuleta *f* de ternera; **Kalbsleber** F GASTR hígado *m* de ternera; **Kalbsleder** N (cuero *m* de) becerro *m*, vitela *f*; **Kalbslende** F GASTR solomillo *m* de ternera; **Kalbsmilch** F → Kalbsbries; **Kalbsnierenbraten** M GASTR riñonada *f* de ternera; **Kalbsnuss** F GASTR ijada *f* de tenera; **Kalbsragout** N estofado *m* GASTR de ternera; **Kalbsschlegel** M GASTR → Kalbshachse; **Kalbsschnitzel** N GASTR escalope *m* de ternera
Kal'daunen FPL tripas *fpl*; GASTR callos *mpl*
Kale'basse F ⟨~; ~n⟩ *Frucht, Gefäß*: calabaza
Kaleidos'kop N ⟨~s; ~e⟩ cal(e)idoscopio *m*;
kaleidoskopartig ADJ cal(e)idoscópico
Ka'lender M ⟨~s; ~⟩ calendario *m*; *als* (*Abreißkalender*) (calendario *m* de) taco *m*; (*Taschenkalender*) agenda *f*; *Buch*: almanaque *m*; **hundertjähriger ~** calendario *m* perpetuo; *fig* **im ~ (rot) anstreichen** marcar (en rojo) en el calendario
Ka'lenderblock M taco *m* (de calendario); **Kalenderjahr** N año *m* civil; **Kalenderuhr** F reloj *m* calendario
Ka'lesche F ⟨~; ~n⟩ *hist* calesa *f*
Kal'faterer M ⟨~s; ~⟩ SCHIFF calafate(ador) *m*; **kalfatern** V/T calafatear; **Kalfatern** N ⟨~s⟩ calafateo *m*
'Kali N ⟨~s⟩ CHEM potasa *f*; **kohlensaures/schwefelsaures ~** sulfato *m*/carbonato *m* de potasa
Ka'liber N ⟨~s; ~⟩ calibre *m* (*a. fig*); **Kalibermaß** N calibre *m*
kali'brieren V/T ⟨*ohne* ge-⟩ TECH calibrar
'Kalidünger M CHEM, AGR abono *m* potásico
Ka'lif M ⟨~en; ~en⟩ califa *m*
Kali'fat N ⟨~(e)s; ~e⟩ califato *m*
Kali'fornien N ⟨~s⟩ California *f*; **Kalifornier** M ⟨~s; ~⟩, **Kalifornierin** F ⟨~; ~nen⟩ californiano *m*, -a *f*; **kalifornisch** ADJ californiano
'kalihaltig ADJ CHEM potásico
'Kaliko M ⟨~s; ~s⟩ TEX calicó *m*
'Kalilauge F CHEM lejía *f* de potasa; **Kalisalpeter** M CHEM nitrato *m* de potasa; **Kalisalz** N CHEM sal *f* potásica
'Kalium N ⟨~s⟩ CHEM potasio *m*; **Kaliumchlorid** N CHEM cloruro *m* de potasio; **Kaliumpermanganat** N CHEM permanganato *m* de potasio
'Kaliwerk N fábrica *f* de potasa
Kalk M ⟨~(e)s; ~e⟩ cal *f*; **gelöschter/ungelöschter ~** cal apagada/viva; *umg fig* **bei ihm rieselt schon der ~** *umg* está chocho
'Kalkanstrich M blanqueo *m* (con cal); **kalkartig** ADJ calcáreo, calizo; **Kalkbewurf** M revoque *m*; **Kalkbrenner** M TECH calero *m*; **Kalkbrennerei** F calería *f*; fábrica *f* de cal; **Kalkbruch** M calera *f*, calar *m*
'kalken V/T encalar (*a.* AGR); (*tünchen*) blanquear, enjalbegar; **Kalkerde** F tierra *f* caliza; **Kalkgebirge** N GEOL rocas *fpl* calcáreas; **kalkhaltig** ADJ, **kalkig** ADJ calcáreo, calizo
'Kalkmangel M falta *f* de cal; MED carencia *f* de calcio; **Kalkmilch** F BAU lechada *f* de cal; **Kalkofen** M calera *f*, horno *m* de cal; **Kalkputz** M BAU revoque *m* de cal; **Kalkspat** M MINER calcita *f*; **Kalkstein** M MINER caliza *f*; **Kalksteinbruch** M → Kalkbruch; **Kalkstickstoff** M cianamida *f* de calcio; **Kalktuff** M MINER toba *f*; **Kalktünche** F blanqueo *m*, encaladura *f*
Kal'kül N & M ⟨~s; ~e⟩ *geh* cálculo *m*; **sein ~ ist (nicht) aufgegangen** (no) le salieron las cuentas
Kalkulati'on F ⟨~; ~en⟩ cálculo *m*, cómputo *m*; **eine ~ aufstellen** hacer un cálculo
Kalkulati'onsfehler M error *m* de cálculo; **Kalkulationsprogramm** N programa *m* de cálculo
Kalku'lator M ⟨~s; -'toren⟩, **Kalkula'torin** F ⟨~; ~nen⟩ calculador *m*, -a *f*; **kalkula'torisch** ADJ calculatorio; **kalku'lieren** V/T & V/I ⟨*ohne* ge-⟩ calcular; **Kalku'lierung** F ⟨~; ~en⟩ cálculo *m*
Kal'kutta N ⟨~s⟩ Calcuta *m*
'Kalkwasser N ⟨~s⟩ agua *f* de cal
'Kalla F ⟨~; ~s⟩ BOT cala *f*
Kalligra'fie F, **Kalligra'phie** F ⟨~⟩ caligrafía *f*
kalli'grafisch ADJ, **kalli'graphisch** ADJ caligráfico
'Kalmar M ⟨~s; Kal'mare⟩ ZOOL calamar *m*
'Kalme F ⟨~; ~n⟩ SCHIFF calma *f*; **Kalmengürtel** M zona *f* de las calmas
'Kalmus M ⟨~; ~se⟩ BOT ácoro *m*; cálamo *m* aromático
Kalo'rie [kalo'ri:] F ⟨~; ~n⟩ caloría *f*
kalo'rienarm ADJ bajo en calorías; hipocalórico; **Kalorienbedarf** M necesidades *fpl* calóricas; **Kalorienbombe** F *umg* comida *f* que engorda mucho, bomba *f* de calorías; **Kaloriengehalt** M ⟨~(e)s⟩ contenido *m* calórico; **kalorienreich** ADJ rico en calorías; **Kalorientabelle** F tabla *f* de calorías; **Kalorienwert** M valor *m* calórico (*od* calorífico)
Kalori'meter N calorímetro *m*
kalt **A** ADJ ⟨kälter; kälteste⟩ **1** *Temperatur*: frío (*a. fig*); (*eiskalt*) helado; *poet* frígido; (*frostig*) frío; seco; **~e Hände/Füße haben** tener las manos frías/los pies fríos; **~ werden** *Speisen etc* enfriar(se); **es ist ~** hace frío; **mir ist ~** tengo frío; **es wird ~** empieza a hacer frío; **mir wird ~** empiezo a sentir frío **2** *fig* impasible; insensible; (*gleichgültig*) indiferente; *fig* **~es Blut bewahren** conservar la sangre fría **3** GASTR **~e Platte** plato *m* de fiambres (variados) **B** ADV **1 ~ baden** tomar un baño frío; **~ duschen** ducharse con agua fría; **~ essen** comer frío; **~ stellen** *Getränk etc* poner al fresco (*od* a enfriar) **2** *fig* → *a.* kalt lächelnd, kalt lassen *etc*
'Kaltband N ⟨~(e)s; ~er⟩ TECH banda *f* laminada en frío; **Kaltbearbeitung** F TECH trabajo *m* en frío; **Kaltblüter** M ⟨~s; ~⟩ ZOOL animal *m* de sangre fría; **kaltblütig** **A** ADJ de sangre fría; *fig* sereno; impávido **B** ADV a sangre fría; con serenidad; **Kaltblütigkeit** F ⟨~⟩ sangre *f* fría; serenidad *f*; impavidez *f*; **kaltbrüchig** ADJ TECH quebradizo en frío
'Kälte F ⟨~⟩ frío *m*; *fig* frialdad *f*; (*Frigidität*) frigidez *f*; **wir haben 5 Grad ~** hay cinco grados bajo cero
'Kälteanlage F TECH instalación *f* frigorífica; **Kältebehandlung** F crioterapia *f*, frigoterapia *f*; **kältebeständig** ADJ resistente al frío; **Kältebeständigkeit** F ⟨~⟩ resistencia *f* al frío; **Kälteeinbruch** M METEO descenso *m* súbito de temperatura; **kälteempfindlich** ADJ sensible al frío
Kälte erzeugend ADJ frigorífico
'Kälteerzeugung F producción *f* de frío; **Kältegefühl** N sensación *f* de frío; **Kältegrad** M grado *m* de frío (*od* bajo cero); **Kälteindustrie** F industria *f* frigorífica (*od* del frío); **Kälteleistung** F capacidad *f* frigorífica; **Kältemaschine** F máquina *f* frigorífica; **Kältemittel** N agente *m* frigorífico; **Kälteperiode** F período *m* de frío; **Kälteschäden** MPL daños *mpl* causados por el frío; **Kälteschutzmittel** N medio *m* anticongelante; **Kältetechnik** F técnica *f* del frío; **Kältetechniker** M, **Kältetechnikerin** F (técnico *m*, -a *f*) frigorista *m/f*; **Kältetherapie** F → Kältebehandlung; **Kältewelle** F METEO ola *f* de frío
'Kaltfront F METEO frente *m* frío; **kaltgeformt** ADJ moldeado en frío; **Kalthämmern** N TECH batido *m* en frío; **kaltherzig** ADJ frío; insensible; **Kaltherzigkeit** F ⟨~⟩ insensibilidad *f*; impasibilidad *f*
kalt lächelnd **A** ADJ cínico **B** ADV cínicamente, sin compasión
'Kaltlagerung F almacenamiento *m* en frío
kaltlassen V/T *fig* **das lässt mich kalt** me deja frío; me trae sin cuidado
'Kaltluft F aire *m* frío; **Kaltlufteinbruch**

K

M irrupción *f* de aire frío; **Kaltluftfront** F → Kaltfront

'kaltmachen VT *umg* **j-n ~** *umg* cargarse a alg, dejar seco a alg

'Kaltmeißel M TECH cortafrío *m*; **Kaltmiete** F alquiler *m* sin los gastos de calefacción; **Kaltschale** F GASTR (*Süßspeise*) sopa *f* fría; **Kaltschmieden** N ⟨~s⟩ forja *f* en frío

'kaltschnäuzig ADJ *umg* impertinente; frío; **Kaltschnäuzigkeit** F ⟨~⟩ *umg* frialdad *f*, insensibilidad *f*

'Kaltstart M AUTO, IT arranque *m* en frío

'kaltstellen VT *umg fig* **j-n ~** privar de toda influencia a alg; *umg* eliminar a alg; **kaltwalzen** VT laminar en frío

Kalt'wasserbehandlung F MED tratamiento *m* hidroterápico; **Kaltwasserkur** F cura *f* hidroterápica

Kal'varienberg M KATH Calvario *m*

Kalvi'nismus M ⟨~⟩ REL calvinismo *m*; **Kalvinist** M ⟨~en; ~en⟩, **Kalvinistin** F ⟨~; ~nen⟩ REL calvinista *m/f*; **kalvinistisch** ADJ REL calvinista

kalzi'nieren VT ⟨*ohne* ge-⟩ calcinar; **Kalzinierung** F ⟨~⟩ calcinación *f*

'Kalzium N ⟨~s⟩ CHEM calcio *m*

kam → kommen

Kama'rilla F ⟨~; Kamarillen⟩ *geh pej* camarilla *f*

Kam'bodscha N ⟨~s⟩ Camboya *f*

Kambod'schaner M ⟨~s; ~⟩, **Kambodschanerin** F ⟨~; ~nen⟩ camboyano *m*, -a *f*; **kambodschanisch** ADJ camboyano

Ka'mee [ka'meː] F ⟨~; ~n⟩ camafeo *m*

Ka'mel N ⟨~(e)s; ~e⟩ 1 ZOOL camello *m* 2 *umg fig Schimpfwort*: burro *m*; animal *m*; **Kamelführer** M, **Kamelführerin** F camellero *m*, -a *f*; **Kamelhaar** N pelo *m* de camello; **Kamelhaarmantel** M abrigo *m* de pelo de camello; **Kamelhengst** M ZOOL camello *m* macho

Ka'melie [-liə] F ⟨~; ~n⟩ BOT camelia *f*

Ka'melle F ⟨~; ~n⟩ 1 *reg* caramelo *m* 2 *umg* **das sind alte** (*od umg* **olle**) **~n** son cuentos viejos (*od* archisabidos)

Ka'melmilch F leche *m* de camella; **Kamelstute** F ZOOL camella *f*; **Kameltreiber** M camellero *m*

'Kamera F ⟨~; ~s⟩ FOTO, FILM cámara *f*; FOTO *a.* máquina *f* fotográfica; FILM *a.* cámara *f* cinematográfica, tomavistas *m*

Kame'rad M ⟨~en; ~en⟩, **Kameradin** F ⟨~; ~nen⟩ camarada *m/f*; compañero *m*, -a *f*; **Kameradschaft** F ⟨~; ~en⟩ camaradería *f*; compañerismo *m*; **kameradschaftlich** ADJ de camarada; de compañero; **Kameradschaftsgeist** M espíritu *m* de compañerismo

'Kamerafrau F, **Kameramann** M ⟨~(e)s; ⸚er *od* -leute⟩ FILM operador *m*, -a *f*, cámara *m/f*; *bes Am* camerógrafo *m*, -a *f*

Kame'run N ⟨~s⟩ el Camerún; **Kameruner** M, **Kamerunerin** F camerunense *m/f*; **kamerunisch** ADJ camerunense

Ka'mille F ⟨~; ~n⟩ BOT manzanilla *f*; **Kamillentee** M (infusión *f* de) manzanilla *f*

Ka'min M ⟨~s; ~e⟩ chimenea *f* (*a. Bergsteigen*); **offener ~** chimenea *f* (francesa); **am ~** al amor de la lumbre; *umg fig* **etw in den ~ schreiben** dar a/c por perdido

Ka'minfeger M, **Kaminfegerin** F *bes südd* deshollinador *m*, -a *f*; **Kaminfeuer** N lumbre *f* de la chimenea; **Kamingitter** N guardafuego *m*; parachispas *m*; **Kaminschirm** M pantalla *f* de chimenea; **Kaminsims** M, N repisa *f* de chimenea

Kamm M ⟨~(e)s; Kämme⟩ 1 (*Haarkamm*) peine *m* (*a. Weberei*); (*Zierkamm*) peineta *f*; *fig* **alles über einen ~ scheren** medirlo todo por el mismo rasero 2 TECH carda *f* 3 (*Hahnenkamm, Wellenkamm, Gebirgskamm*) cresta *f*; *fig* **ihm schwillt der ~** alza la cresta; *vor Wut*: monta en cólera; *vor Übermut*: *umg* se pone flamenco 4 GASTR morillo *m*

'kämmen A VT 1 *Haare* peinar 2 *Wolle* peinar, cardar; **sich** (*dat*) **die Haare ~** peinarse el pelo B VR **sich ~** peinarse; darse una peinada

'Kämmen N ⟨~s⟩ *der Wolle*: cardado *m*

'Kammer F ⟨~; ~n⟩ 1 *Raum*: cuarto *m*, aposento *m*; (*Schlafkammer*) alcoba *f*; (*Vorratskammer*) despensa *f* 2 TECH cámara *f*; *e-s Geschützes*: recámara *f* 3 (*Verband*) cámara *f* (*a.* POL); JUR *a.* sala *f*; (*Ärztekammer, Anwaltskammer etc*) colegio *m* 4 ANAT (*Herzkammer*) ventrículo *m*

'Kammerdiener M *hist* ayuda *m* de cámara

Kämme'rei[1] F ⟨~; ~en⟩ (*Finanzverwaltung*) tesorería *f*; (*Stadtkasse*) caja *f* municipal

Kämme'rei[2] F ⟨~; ~en⟩ TECH cardería *f*

'Kämmerer M ⟨~s; ~⟩ 1 (*Schatzmeister*) tesorero *m* (municipal) 2 *päpstlicher*: camarero *m*

'Kammerflimmern N MED fibrilación *f* ventricular; **Kammerfrau** F *hist* camarera *f*; **Kammerherr** M 1 *päpstlicher*: camarero *m* 2 *hist* chambelán *m*, gentilhombre *m* de cámara; **Kammerjäger** M especialista *m* en desinsectación

'Kämmerlein N ⟨~s; ~⟩ camarín *m*; gabinete *m*; *fig* **im stillen ~** en secreto

'Kammermusik F ⟨~⟩ música *f* de cámara; **Kammerorchester** N MUS orquesta *f* de cámara; **Kammersänger** M, **Kammersängerin** F MUS cantante *m/f* de cámara; **Kammerspiele** NPL THEAT teatro *m* de salón; **Kammerton** M MUS diapasón *m* normal; **Kammerwahlen** FPL POL elecciones *fpl* legislativas; **Kammerzofe** F *hist* camarera *f*, doncella *f*

'Kammgarn N TEX (hilo *m* de) estambre *m*; **Kammgarnstoff** M tejido *m* de estambre; **Kammgarnwolle** F lana *f* estambrera (*od* peinada)

'Kammmacher M ⟨~s; ~⟩, **Kammmacherin** F ⟨~; ~nen⟩ peinero *m*, -a *f*

'Kämmmaschine F TECH peinadora *f*

'Kammmuschel F ZOOL pechina *f*, venera *f*; **Kammrad** N TECH rueda *f* dentada; **Kammsträhnen** PL *Mode*: balayage *m*; **Kammstück** N *Schlächterei*: cuello *m*, pescuezo *m*; **Kammwolle** F lana *f* de peine (*od* larga)

Kam'pagne [-njə] F ⟨~; ~n⟩ campaña *f*

'Kämpe M ⟨~n; ~n⟩ *obs od hum* campeón *m*

Kampf M ⟨~(e)s; Kämpfe⟩ 1 lucha *f* (*a. fig*); combate *m*; MIL *a.* acción *f* (de guerra); (*Schlacht*) batalla *f*; *lit* lid *f*; **~** *fig a.* conflicto *m*; **~ auf Leben und Tod** lucha *f* a muerte; **~ bis aufs Messer** lucha *f* sin cuartel; **~ ums Dasein** lucha *f* por la existencia; **in ehrlichem ~** *lit* en buena lid; **j-m den ~ ansagen** desafiar (*od* retar) a alg; *bes fig* declarar la guerra a alg; **einer Sache den ~ ansagen** declarar la guerra a a/c; **j-n zum ~ stellen** obligar a alg a combatir; **sich zum ~ stellen** aceptar el combate; hacer frente al adversario 2 SPORT encuentro *m*, partido *m*; (*Wettkampf*) torneo *m*; campeonato *m* 3 STIERK lidia *f* 4 (*Tätlichkeiten*) pelea *f*; riña *f*

'Kampfansage F desafío *m*; reto *m*; **Kampfauftrag** M MIL misión *f* militar; **Kampfbahn** F SPORT estadio *m*; pista *f*; arena *f*; *bes Am* cancha *f*; **kampfbereit** ADJ dispuesto para el combate; **Kampfeinheit** F MIL unidad *f* de combate; unidad *f* táctica; **Kampfeinsatz** M MIL operación *f* (*od* intervención *f*) militar

'kämpfen A VI 1 combatir, batirse (**gegen j-n** contra *od* con alg); (*sich schlagen*) pelear 2 *fig* luchar (**gegen** contra; **um, für** por; **mit** con); **für eine Idee ~** luchar por unos ideales; **mit sich ~** luchar consigo mismo; **mit dem Schlaf ~** luchar (*od* bregar) contra el sueño; **mit dem Tod ~** estar en la agonía; **mit den Tränen ~** intentar contener las lágrimas 3 STIERK lidiar B VT **einen Kampf ~** sostener una lucha (**gegen** contra)

'Kämpfen N ⟨~s⟩ combate *m*; lucha *f*; **kämpfend** ADJ *Truppe etc* combatiente; **Kämpfende** M/F ⟨~n; ~n; → A⟩ combatiente *m/f*

'Kampfer M ⟨~s⟩ alcanfor *m*; **mit ~ tränken** alcanforar

'Kämpfer M ⟨~s; ~⟩ 1 combatiente *m*; luchador *m* (*a. fig*); *fig* batallador *m* 2 ARCH imposta *f*; **Kämpferin** F ⟨~; ~nen⟩ combatiente *f*; luchadora *f* (*a. fig*); **kämpferisch** ADJ combativo; *bes* POL militante; *fig* batallador

'kampferprobt ADJ aguerrido; **kampffähig** ADJ MIL en condiciones de combatir

'Kampfflieger M, **Kampffliegerin** F MIL piloto *m/f* de combate; **Kampfflugzeug** N MIL avión *m* de combate; **Kampfgas** N MIL gas *m* de combate; **Kampfgebiet** N MIL zona *f* de operaciones; **Kampfgefährte** M, **Kampfgefährtin** F compañero *m*, -a *f* de armas; **Kampfgeist** M ánimo *m* combativo, espíritu *m* de lucha; **Kampfgericht** N SPORT jurado *m*; jueces *mpl*; **Kampfgeschwader** N MIL escuadra *f* de combate; **kampfgewohnt** ADJ aguerrido; **Kampfgewühl** N tumulto *m* de la batalla; **mitten im ~** en lo más recio del combate; **Kampfgruppe** F grupo *m* de combate; **Kampfhahn** M 1 gallo *m* de pelea 2 *fig Person*: camorrista *m*; **Kampfhandlung** F MIL operación *f* militar; **Kampfhubschrauber** M MIL helicóptero *m* de combate; **Kampfhund** M perro *m* de pelea; **Kampfkraft** F fuerza *f* combativa; combatividad *f*; **Kampflinie** F MIL línea *f* de combate; **kampflos** ADJ & ADV sin disparar un tiro; **Kampflust** F combatividad *f*; belicosidad *f*; **kampflustig** ADJ combativo; belicoso; **Kampfmaßnahme** F medida *f* de lucha; **kampfmüde** ADJ cansado de combatir; **Kampfpanzer** M MIL carro *m* de combate; **Kampfplatz** M lugar *m* del combate; arena *f* (*a. fig*); campo *m* de batalla; HIST *u. fig* liza *f*; **den ~ betreten** entrar en liza; **Kampfpreis** M premio *m* de la lucha; palma *f*; **Kampfrichter** M, **Kampfrichterin** F árbitro *m*, -a *f*; **Kampfschwimmer** M MIL buceador *m* de combate; **Kampfspiel** N torneo *m*; **Kampfsport** M deporte *m* de competición; **Kampfstärke** F efectivo *m* de combate; **Kampfstier** M toro *m* bravo (*od* de lidia); **Kampfstoff** M MIL gas *m* de combate; **Kampftätigkeit** F ⟨~; ~en⟩ hostilidades *fpl*; **Kampftruppe** F tropa *f* de combate; **kampfunfähig** ADJ incapaz de combatir; fuera de combate; **~ machen** poner fuera de combate; **Kampfverband** M MIL unidad *f* (*bzw* formación *f*) táctica (*od* de combate); **Kampfwagen** M MIL carro *m* de combate; *schwerer*: carro *m* de asalto, tanque *m*

kam'pieren VI ⟨*ohne* ge-⟩ acampar

'Kanada N ⟨~s⟩ el Canadá

Ka'nadier M ⟨~s; ~⟩, **Kanadierin** F ⟨~; ~nen⟩ canadiense *m/f*; **kanadisch** ADJ canadiense

Ka'naille [-'naljə] F ⟨~; ~n⟩ canalla *m*

Ka'nake M ⟨~n; ~n⟩, **Kanakin** F ⟨~; ~nen⟩ 1 *Polynesien*: canaco *m*, -a *f* 2 *sl insulto*

K

para los inmigrantes turcos

Ka'nal M ⟨~s; ~̈e⟩ **1** canal *m* (*a. Funk*, TV, *fig*); *Rinne* conducto *m* (*a. fig*) **2** (*Bewässerungskanal*) acequia *f*; (*Abwasserkanal*) alcantarilla *f* **3** GEOG (*Ärmelkanal*) **der ~** el Canal de la Mancha **4** ANAT canal *m*; conducto *m* **5** *umg fig* **den ~ voll haben** *umg* (*e-r Sache überdrüssig sein*) *umg* estar hasta la coronilla; (*betrunken sein*) *umg* estar borracho

Ka'nalarbeiter M **1** pocero *m* de alcantarillas **2** *BRD* POL *hum* fontanero *m*; (*rechte Gruppierung in der SPD*) socialdemócratas *mpl* del ala derecha; miembros *mpl* del ala derecha de la SPD; **Kanaldeckel** M boca *f* del alcantarillado; **Kanalinseln** FPL **die ~** las Islas Anglonormandas

Kanalisati'on F ⟨~; ~en⟩ canalización *f*; *für Abwasser*: alcantarillado *m*; **Kanalisationsnetz** N red *f* de canalización; (*Abwassernetz*) red *f* del alcantarillado (*od* de cloacas)

kanali'sierbar ADJ canalizable; **kanali'sieren** VT ⟨*ohne* ge-⟩ canalizar (*a. fig*); *Straße* alcantarillar; *fig* encauzar; **Kanali'sierung** F ⟨~; ~en⟩ canalización *f*

Ka'nalreiniger M ⟨~s; ~⟩ manobrero *m*; pocero *m*; **Kanalstrahl** M PHYS rayo *m* canal; **Kanaltunnel** M *Verkehr*: túnel *m* del Canal de la Mancha; eurotúnel *m*; **Kanalüberquerung** F travesía *f* del Canal (de la Mancha)

'Kanapee N ⟨~s; ~s⟩ canapé *m* (*a.* GASTR); sofá *m*

Ka'naren FPL **die ~** las (Islas) Canarias; **Kanarienvogel** M ORN canario *m*; **Kanarienzucht** F canaricultura *f*; **Kanarier** M ⟨~s; ~⟩, **Kanarierin** F ⟨~; ~nen⟩ canario *m*, -a *f*

ka'narisch ADJ **die Kanarischen Inseln** las Islas Canarias

Kan'dare F ⟨~; ~n⟩ bocado *m*, freno *m*; *fig* **j-n an die ~ nehmen** *umg* meter a alg en cintura; apretar a alg los tornillos; **j-n an der ~ haben** tener a alg agarrado por las narices

Kande'laber M ⟨~s; ~⟩ candelabro *m*

Kandi'dat M ⟨~en; ~en⟩, **Kandi'datin** F ⟨~; ~nen⟩ candidato *m*, -a *f*; *bei Prüfungen*: examinando *m*, -a *f*; (*Bewerber, -in*) aspirante *m/f*; opositor *m*, -a *f*; **Kandida'tur** F ⟨~; ~en⟩ candidatura *f* (**auf** *acus* a); **kandi'dieren** VI ⟨*ohne* ge-⟩ presentarse como candidato (**für** a)

kan'dieren VT ⟨*ohne* ge-⟩ escarchar; garapiñar; **kan'diert** escarchado; **~e Mandeln** peladillas *fpl*

'Kandis M ⟨~⟩, **Kandiszucker** M azúcar *m* cande

Ka'neel M ⟨~s; ~e⟩ canela *f* (de Ceilán)

'Kanevas [-v-] M ⟨~ *od* ~ses; ~ *od* ~se⟩ TEX cañamazo *m*

'Känguru N ⟨~s; ~s⟩ ZOOL canguro *m*

Ka'ninchen N ⟨~s; ~⟩ ZOOL conejo *m* (**wildes** de monte); **weibliches ~** coneja *f*; **junges ~** gazapo *m*

Ka'ninchenbau M ⟨~(e)s; ~e⟩ conejera *f*; **Kaninchenfell** N piel *f* de conejo; **Kaninchengehege** N conejar *m*; **Kaninchenstall** M conejera *f*; **Kaninchenzucht** F cunicultura *f*; **Kaninchenzüchter** M, **Kaninchenzüchterin** F cunicultor *m*, -a *f*

Ka'nister M ⟨~s; ~⟩ lata *f*, bidón *m*

'Kännchen N ⟨~s; ~⟩ jarrita *f*; *im Café*: **ein ~ Kaffee** ≈ un café doble

'Kanne F ⟨~; ~n⟩ **1** (*Krug*) jarra *f*; jarro *m*; (*Blechkanne*) lata *f*, bidón *m*; (*Wasserkanne*) cántaro *m*; **eine ~ Kaffee kochen** hacer una cafetera de café **2** *umg fig* **volle ~** (*laut*) a todo volumen; (*rasend schnell*) *umg* a toda pastilla

kanne'lieren VT ⟨*ohne* ge-⟩ SKULP acanalar, estriar; **Kannelierung** F ⟨~; ~en⟩ acanaladura *f*, estriado *m*

Kanni'bale M ⟨~n; ~n⟩, **Kannibalin** F ⟨~; ~nen⟩ caníbal *m/f*; antropófago *m*, -a *f*; **kannibalisch** **A** ADJ **1** de caníbal **2** *umg fig* tremendo, espantoso, atroz **B** ADV *umg fig* endiabladamente

Kanniba'lismus M ⟨~⟩ canibalismo *m*; antropofagia *f*

'Kannvorschrift F disposición *f* facultativa

'Kanon M ⟨~s; ~s⟩ *allg* canon *m*

Kano'nade F ⟨~; ~n⟩ MIL cañoneo *m*

Ka'none F ⟨~; ~n⟩ **1** MIL cañón *m*, pieza *f* de artillería; *umg fig* **mit ~n auf Spatzen schießen** matar mosquitos a cañonazos **2** *umg fig* as *m* (*a.* SPORT) **3** *umg* (*Revolver*) pistola *f* **4** *umg fig* **das ist unter aller ~** no puede ser peor; es detestable

Ka'nonenboot N SCHIFF cañonero *m*; **Kanonendonner** M estruendo *m* de los cañones; cañonazos *mpl*; **Kanonenfeuer** N fuego *m* de artillería; cañoneo *m*; **Kanonenfutter** N *fig* carne *f* de cañón; **Kanonenkugel** F bala *f* de cañón; **Kanonenlauf** M cañón *m*; **Kanonenofen** M estufa *f* de hierro; **Kanonenrohr** N cañón *m*; **Kanonenschuss** M cañonazo *m*; **Kanonenschussweite** F alcance *m* de cañón

Kano'nier M ⟨~s; ~e⟩ MIL artillero *m*

Ka'noniker M ⟨~s; ~⟩, **Kanonikus** M ⟨~; Kanoniker⟩ canónigo *m*; **kanonisch** ADJ canónico; **~es Recht** derecho *m* canónico

kanoni'sieren VT ⟨*ohne* ge-⟩ canonizar; **Kanonisierung** F ⟨~; ~en⟩ canonización *f*

Kan'tabrien N ⟨~s⟩ Cantabria *f*; **kantabrisch** ADJ cántabro, cantábrico

Kan'tate F ⟨~; ~n⟩ MUS cantata *f*

'Kante F ⟨~; ~n⟩ **1** canto *m*; esquina *f*; arista *f* (*a.* TECH, MATH); (*Rand*) borde *m* **2** (*Einfassung*) orla *f*; (*Webkante*) orillo *m*, orilla *f* **3** *umg fig* **auf die hohe ~ legen** ahorrar, hacer economías **4** *umg fig* **sich** (*dat*) **die ~ geben** (*sich betrinken*) *umg* pillar una cogorza

'kanten VT poner de canto; *Holz, Stein*: escuadrar; (*kippen*) volcar; **nicht ~!** ¡no volcar!

'Kanten M ⟨~s; ~⟩ (*Brotkanten*) canto *m*, cantero *m*

'Kanthaken M gancho *m*; garfio *m*; **Kantholz** N TECH madera *f* escuadrada

'kantig **A** ADJ esquinado (*a. fig*); (*winklig*) angular; *Gesicht etc* cuadrado; anguloso **B** ADV **~ behauen** escuadrar

Kanti'lene F ⟨~; ~n⟩ MUS cantilena *f*

Kan'tine F ⟨~; ~n⟩ cantina *f*; comedor *m* colectivo

Kan'tinenessen N comida *f* en la cantina; **Kantinenwirt** M, **Kantinenwirtin** F cantinero *m*, -a *f*

Kan'ton M ⟨~s; ~e⟩ cantón *m*

kanto'nal ADJ cantonal

Kanto'nist M ⟨~en; ~en⟩ *umg fig* **er ist ein unsicherer ~** no es de fiar; no se puede contar con él

Kan'tonsparlament N *schweiz* parlamento *m* cantonal; **Kantonsrat** M *schweiz* **1** → Kantonsparlament **2** *Person*: miembro *m* del parlamento cantonal; **Kantonsrätin** F miembro *m* de coro del parlamento cantonal; **Kantonsregierung** F gobierno *m* del cantón *od* cantonal

'Kantor M ⟨~s; ~en⟩ REL (*Chorleiter*) director *m* de coro de iglesia; *obs* (so)chantre *m*

Kanto'rei F ⟨~; ~en⟩ coro *m* de iglesia

'Kanu N ⟨~s; ~s⟩ canoa *f*, piragua *f*; **~ fahren** ir en canoa (*od* piragua); *als Sport*: hacer piragüismo; **Kanufahren** N piragüismo *m*; **Kanufahrer** M, **Kanufahrerin** F piragüista *m/f*, canoero *m*, -a *f*

Ka'nüle F ⟨~; ~n⟩ cánula *f*

Ka'nute M ⟨~n; ~n⟩, **Kanutin** F ⟨~; ~nen⟩ → Kanufahrer

'Kanzel F ⟨~; ~n⟩ **1** *e-r Kirche*: púlpito *m*; cátedra *f* sagrada; **die ~ besteigen** subir al púlpito; **von der ~ herab** desde el púlpito **2** FLUG carlinga *f*

'Kanzelrede F sermón *m*, oración *f* sagrada; **Kanzelredner** M predicador *m*; orador *m* sagrado

Kanz'lei F ⟨~; ~en⟩ **1** *e-s Notars*: notaría *f*; *e-s Anwaltes*: bufete *m* **2** (*Gerichtskanzlei*) secretaría *f*; POL (*Staatskanzlei*) cancillería *f*; **Kanzleidiener** M ordenanza *m*; **Kanzleipapier** N papel *m* ministro; **Kanzleisekretär** M secretario *m* de cancillería; **Kanzleisprache** F, **Kanzleistil** M lenguaje *m* (*bzw* estilo *m*) administrativo; *pej* estilo *m* curialesco

'Kanzler M ⟨~s; ~⟩ POL canciller *m*; *e-r Hochschule a.*: presidente *m*; **Kanzleramt** N *Posten, Dienststelle*: cancillería *f*; **Kanzlerin** F ⟨~; ~nen⟩ canciller *f*; **Kanzlerkandidat** M, **Kanzlerkandidatin** F POL candidato *m*, -a *f* a canciller; **Kanzlerkandidatur** F POL *BRD* candidatura *f* a la cancillería

Kao'lin M, N ⟨~s; ~e⟩ caolín *m*

Kap N ⟨~s; ~s⟩ cabo *m*; promontorio *m*; **das ~ der Guten Hoffnung** el Cabo de Buena Esperanza; **~ Ho(o)rn** Cabo *m* de Hornos; **~ Verde** *a. Staat* Cabo *m* Verde

Kap. ABK (Kapitel) capítulo *m*

Ka'paun M ⟨~s; ~e⟩ capón *m*

Kapazi'tät F ⟨~; ~en⟩ **1** (*Fassungs-, Leistungsvermögen*) capacidad *f* **2** *fig* (*Könner*) experto *m*, -a *f*, eminencia *f*, autoridad *f*

Kapazi'tätsauslastung F aprovechamiento *m* de la capacidad; **Kapazitätsschwund** M pérdida *f* de capacidad

Ka'pee N *umg* **schwer von ~ sein** *umg* ser duro de mollera

Ka'pelle F ⟨~; ~n⟩ **1** *Kirche*: capilla *f*; (*Hauskapelle*) oratorio *m* **2** MUS orquesta *f*; MIL banda *f* de música; **Kapellmeister** M **1** MUS director *m* (de orquesta) **2** HIST maestro *m* de capilla

'Kaper[1] F ⟨~; ~n⟩ BOT alcaparra *f*

'Kaper[2] M ⟨~s; ~⟩ → Kaperschiff; **Kaperbrief** M HIST patente *f* de corso

Kape'rei F ⟨~; ~en⟩ SCHIFF corso *m*; apresamiento *m*

'Kaperfahrt F **auf ~ gehen** ejercer la piratería

'kapern VT **1** SCHIFF apresar, capturar **2** *umg fig* pescar; coger

'Kapern N ⟨~s⟩ apresamiento *m*

'Kapernsauce F salsa *f* alcaparrada; **Kapernstrauch** M alcaparro *m*

'Kaperschiff N SCHIFF HIST buque *m* pirata (*od* corsario)

ka'pieren VT ⟨*ohne* ge-⟩ *umg* comprender, *umg* captar, pescar; **jetzt kapier' ich** ahora caigo; **damit du kapierst!** ¡para que te enteres!; **kapiert?** ¿estamos?; ¿entendido?

Kapil'lare F ⟨~; ~n⟩, **Kapillargefäß** N ⟨~es; ~e⟩ ANAT vaso *m* capilar

Kapillari'tät F ⟨~⟩ capilaridad *f*

kapi'tal ADJ magnífico, excelente; *Verbrechen, Irrtum* capital; **~er Bock** JAGD ciervo *m* magnífico; *fig* (*Riesendummheit*) disparate *m* enorme

Kapi'tal N ⟨~s; ~e *od* ~ien⟩ WIRTSCH capital *m*; (*Vermögen*) *a.* fondos *mpl*; **totes ~** capital *m* inactivo; improductivo; **eingezahltes ~** capital *m* desembolsado; **flüssiges ~** capital *m* líquido (*od* disponible); **festliegendes ~** capital *m* inmovilizado; **gezeichnetes ~** capital *m* suscrito; *fig* **~ aus etw schlagen** sacar provecho (*od* partido) de a/c; **zum ~ schlagen** acumular al capital; capitalizar

Kapi'talabfindung F indemnización *f* en capital; **Kapitalabwanderung** F evasión

K

f (od fuga f) de capitales; **Kapitalanlage** F colocación f (bzw inversión f) de capital; **kurzfristige/langfristige ~** inversiones fpl de capital a corto/largo plazo; **Kapitalanlagegesellschaft** F sociedad f gestora de un fondo; **Kapitalanteil** M participación f en el capital; **Kapitalaufstockung** F ampliación f de capital; **Kapitalaufwand** M gasto m de capital; **Kapitalbedarf** M necesidades fpl (od demanda f) de capital; **Kapitalbeschaffung** F captación f de fondos (od capital); **Kapitalbewegung** F movimiento m de capitales; **Kapitalbildung** F formación f (od constitución f) de capital; capitalización f

Kapi'tälchen N ⟨~s; ~⟩ TYPO versalita f

Kapi'taleinlage F ⟨~; ~n⟩ aportación f de capital; **Kapitalerhöhung** F ⟨~; ~en⟩ ampliación f (od aumento m) de capital; **eine ~ vornehmen** efectuar un aumento de capital; **Kapitalertrag** M producto m (od renta f) del capital; **Kapitalertrag(s)steuer** F impuesto m sobre la renta del capital; **Kapitalflucht** F evasión f (od fuga f) de capitales; **Kapitalgeber** M, **Kapitalgeberin** F ⟨~; ~nen⟩ capitalista m/f, inversor m, -a f; **Kapitalgesellschaft** F sociedad f (de carácter) capitalista; **Kapitalherabsetzung** F ⟨~; ~en⟩ reducción f del capital

kapitali'sierbar ADJ capitalizable; **kapitali'sieren** VT ⟨ohne ge-⟩ capitalizar; **Kapitali'sierung** F ⟨~; ~en⟩ capitalización f

Kapita'lismus M ⟨~⟩ capitalismo m; **Kapitalist** M ⟨~en; ~en⟩, **Kapitalistin** F ⟨~; ~nen⟩ capitalista m/f; **kapitalistisch** ADJ capitalista

Kapi'talknappheit F ⟨~⟩ escasez f de capitales; **kapitalkräftig** ADJ que dispone de mucho capital; bien provisto de fondos; **Kapitalmangel** M penuria f (od falta f) de capitales; **Kapitalmarkt** M mercado m de capitales; **Kapitalsteuer** F impuesto m sobre el capital; **Kapitaltransfer** M transferencia f de capitales; **Kapitalverbrechen** N JUR crimen m capital; **Kapitalverkehr** M circulación f (od movimientos mpl) de capital; **Kapitalvermögen** N capital(es) m(pl); **Kapitalzins** M interés m del capital; **Kapitalzufluss** M afluencia f de capitales; **Kapitalzusammenlegung** F fusión f (od agrupamiento m) de capitales

Kapi'tän M ⟨~s; ~e⟩ capitán m (a. SPORT); FLUG comandante m; **~ zur See** capitán m de navío; **Kapitänleutnant** M teniente m de navío

Kapi'tänspatent N patente f de capitán

Ka'pitel N ⟨~s; ~⟩ capítulo m; REL a. cabildo m; fig **das ist ein ~ für sich** eso es otro cantar; **kapitelfest** ADJ **~ sein in** (acus) ser versado en

Kapi'tell N ⟨~s; ~e⟩ ARCH capitel m

Kapi'tol N ⟨~s⟩ Capitolio m

Kapitu'lar M ⟨~s; ~e⟩ REL capitular m; **Kapitulati'on** F ⟨~; ~en⟩ capitulación f, rendición f; **kapitu'lieren** VI ⟨ohne ge-⟩ capitular; rendirse (a. fig)

Kap'lan M ⟨~s; ~̈e⟩ capellán m; (Vikar) vicario m; coadjutor m

Kapo'daster M ⟨~s; ~⟩ MUS cejilla f

'Käppchen N ⟨~s; ~⟩ casquete m; des Priesters: solideo m

'Kappe F ⟨~; ~n⟩ **1** (Mütze) gorra f (a. Narrenkappe); (Strickkappe, Badekappe) gorro m; (Priesterkappe) solideo m; umg fig **etw auf seine ~ nehmen** asumir la responsabilidad de a/c; umg fig **das geht auf meine ~** eso corre por mi cuenta **2** TECH tapa f; AUTO (Radkappe) tapacubos m **3** (Verschlusskappe) capucha f, capuchón m (a. e-s Füllers) **4** (äußere Schuhkappe) puntera f; (hintere Schuhkappe) contrafuerte m; talón m

'kappen VT **1** Bäume desmochar, descabezar **2** SCHIFF Tau, Mast cortar **3** fig reducir, recortar **4** Hähne capar

'Käppi N ⟨~s; ~s⟩ MIL quepis m; ros m

'Kappnaht F costura f doble

Kapri'ole F ⟨~; ~n⟩ cabriola f; **~n machen** dar cabriolas

kapri'zieren V/R ⟨ohne ge-⟩ **sich auf etw** (acus) **~** encapricharse con a/c; **kaprizi'ös** ADJ caprichoso

'Kapsel F ⟨~; ~n⟩ cápsula f (a. BOT, ANAT, PHARM); (Etui) estuche m; **kapselförmig** ADJ capsular; **Kapselfrucht** F BOT fruto m capsular; **Kapselriss** M MED rotura f de cápsula

'Kapstachelbeere F BOT uvilla f, uchuva f

'Kapstadt N ⟨~s⟩ Ciudad f del Cabo

ka'putt ADJ **1** umg roto; estropeado; destrozado, umg hecho trizas **2** (erschöpft) reventado, rendido; **ich bin total ~** umg estoy hecho polvo **3** (ruiniert) arruinado; **~e Ehe** matrimonio m roto; **ein ~er Typ** umg un tipo destrozado, un perdido **4** fig **was ist den jetzt ~?** ¿qué pasa ahora?; **kaputtarbeiten** V/R umg **sich ~** matarse trabajando; **kaputtgehen** VI ⟨irr⟩ **1** romperse; Gerät a. estropearse; Pflanze marchitarse **2** (zugrunde gehen) arruinarse; (krepieren) reventar; **kaputtlachen** V/R umg **sich ~** desternillarse (od partirse od troncharse) de risa

ka'puttmachen **A** VT fig **das macht einen (ganz) kaputt** esto le deja a uno hecho polvo **B** V/R **sich ~** matarse (trabajando) → kaputt machen

ka'putt machen VT romper; estropear; destrozar, umg hacer añicos (od trizas); dar al traste (con); (ruinieren) arruinar; sl cargarse (j-n a alg)

ka'puttschlagen VT, **kaputt schlagen** VT ⟨irr⟩ romper; hacer pedazos (od añicos), destrozar

Ka'puze F ⟨~; ~n⟩ capucha f; capuchón m; der Mönche: capilla f; **Kapuzenjacke** F chaqueta f con capucha; **Kapuzenmantel** M abrigo m con capucha

Kapu'ziner M ⟨~s; ~⟩ capuchino m; **Kapuzineraffe** M ZOOL (mono m) capuchino m; **Kapuzinerkresse** F BOT capuchina f; **Kapuzinermönch** M capuchino m; **Kapuzinerorden** M orden f de los Capuchinos

Kap'verden PL **die ~** las islas de Cabo Verde; → a Kap

Kap'verdier M ⟨~s; ~⟩, **Kapverdierin** F ⟨~; ~nen⟩ caboverdiano m, -a f

kap'verdisch ADJ de Cabo Verde, caboverdiano; **die Kapverdischen Inseln** las islas de Cabo Verde

Kar N ⟨~(e)s; ~e⟩ GEOG circo m

Kara'biner M ⟨~s; ~⟩ **1** MIL carabina f; mosquetón m **2** Klettersport: → Karabinerhaken; **Karabinerhaken** M TECH mosquetón m

Ka'racho N ⟨~⟩ umg **mit ~** a toda velocidad, umg a todo gas

Ka'raffe F ⟨~; ~n⟩ garrafa f

Karambo'lage [-'la:ʒə] F ⟨~; ~n⟩ Billard: carambola f; fig colisión f, choque m

Karam'bole F BOT carambola f

karambo'lieren VI ⟨ohne ge-⟩ Billard: hacer carambola, carambolear; fig chocar

Kara'mell M ⟨~s⟩ caramelo m; **Kara'mellbonbon** M,N, **Kara'melle** F ⟨~; ~n⟩ caramelo m

Kara'oke N ⟨~(s)⟩ karaoke m

Ka'rat N ⟨~(e)s; ~e⟩ quilate m

Ka'rate N ⟨~(s)⟩ SPORT kárate m, karate m; **Karategürtel** M cinturón m de kárate

Kara'teka M ⟨~(s); ~(s)⟩, F ⟨~; ~s⟩ karateca m/f

Ka'ratekämpfer M, **Karatekämpferin** F karateca m/f; **Karateschlag** M llave f de kárate

...ka'rätig ADJ IN ZSSGN **achtzehn~** de dieciocho quilates

Ka'rausche F ⟨~; ~n⟩ Fisch: carpa f dorada f

Kara'wane F ⟨~; ~n⟩ caravana f

Kara'wanenführer M caravanero m; **Karawanenstraße** F camino m de caravanas

Karawanse'rei F ⟨~; ~en⟩ caravasar m

Kar'bol N ⟨~s⟩ CHEM carbol m, fenol m; **Karbolchampignon** M BOT champiñón m amarilleante; **Karbolsäure** F obs CHEM ácido m carbólico (od fénico)

Kar'bon N ⟨~s⟩ GEOL carbonífero m

Karbo'nade F ⟨~; ~n⟩ GASTR chuleta f (a la parrilla)

Karbo'nat N ⟨~(e)s; ~e⟩ CHEM carbonato m

karboni'sieren VT ⟨ohne ge-⟩ carbonizar

Kar'bonsäure F CHEM ácido m carboxílico

Karbunkel M ⟨~s; ~⟩ MED carbunc(l)o m; ántrax m

karbu'rieren VT ⟨ohne ge-⟩ carburar

Karda'mom M,N ⟨~s; ~e(n)⟩ BOT cardamomo m

Kar'danantrieb M TECH transmisión f cardán; **Kardanaufhängung** F TECH suspensión f cardán; **Kardangelenk** N TECH (articulación f) cardán m; **Kardanwelle** F TECH árbol m cardán

Kar'dätsche F (Striegel) bruza f, almohaza f; **kardätschen** VT ⟨ohne ge-⟩ (striegeln) almohazar, cardar

'Karde F ⟨~; ~n⟩ BOT, TECH cardencha f

'karden VT TECH cardar

Kardi'nal M ⟨~s; ~̈e⟩ KATH cardenal m; **Kardinalfehler** M error m fundamental; **Kardinalfrage** F cuestión f principal; **Kardinalpunkt** M punto m cardinal

Kardi'nalshut M capelo m; **Kardinalskollegium** N Sacro Colegio m, Colegio m de Cardenales; **Kardinalswürde** F cardenalato m

Kardi'naltugenden FPL virtudes fpl cardinales; **Kardinalzahl** F número m cardinal

Kardio'graf M, **Kardio'graph** M ⟨~en; ~en⟩ cardiógrafo m; **Kardio'gramm** N ⟨~s; ~e⟩ MED cardiograma m

Ka'renzfrist M bei Versicherungen: plazo m de espera; **Karenztag** M día m de carencia; **Karenzzeit** F tiempo m de carencia; → a Karenzfrist

Karfi'ol M ⟨~s⟩ österr coliflor f

Kar'freitag M Viernes m Santo

Kar'funkel M ⟨~s; ~⟩ MINER carbúnculo m

karg **A** ADJ escaso; raro; (armselig) pobre, miserable; Mahl frugal; Landschaft árido **B** ADV **~ bemessen** escatimado

'kargen VI **mit etw ~** ser parco en a/c; escatimar a/c; tacañear a/c; **Kargheit** F ⟨~⟩ escasez f; carencia f (**an** dat de); (Armut) pobreza f; e-s Mahls: frugalidad f

'kärglich **A** ADJ escaso, exiguo; (ärmlich) pobre, mísero **B** ADV **~ leben** vivir en la miseria; → a. karg B

'Kargoversicherung F seguro m del cargamento

Ka'ribik F ⟨~⟩ **die ~** el (Mar) Caribe

ka'ribisch ADJ caribe; caribeño; **die Karibischen Inseln** las Antillas Menores, las Islas Caribes; **das Karibische Meer** el Mar Caribe (od de las Antillas)

ka'riert ADJ Stoff a (od de) cuadros; Papier cuadriculado; **blau-weiß ~** a cuadros blancos y azules

'Karies ['ka:riɛs] F ⟨~⟩ MED caries *f*
Karika'tur F ⟨~; ~en⟩ caricatura *f*
Karikatu'rist M ⟨~en; ~en⟩, **Karikatu'ristin** F ⟨~; ~nen⟩ caricaturista *m/f*; **karikatu'ristisch** ADJ caricaturesco
kari'kieren V/T ⟨*ohne* ge-⟩ caricaturizar; hacer la caricatura de
kari'ös ADJ MED cariado
karita'tiv ADJ caritativo
Karl EIGENN M **1** *Vorname*: Carlos *m* **2** *Königsname*: ~ **der Dicke** Carlos el Craso; ~ **der Kühne** Carlos el Temerario; ~ **der Kahle** Carlos el Calvo; ~ **V.** Carlos Quinto; ~ **der Große** Carlomagno
Kar'list M ⟨~en; ~en⟩ HIST carlista *m*
'Karma(n) N ⟨~s;⟩ karma *m*
Karme'liter M ⟨~s; ~⟩ REL carmelita *m*; **Karmelitergeist** M agua *f* del Carmen; **Karmeliterin** F ⟨~; ~nen⟩ carmelita *f*; **Karmeliterorden** M orden *f* del Carmen
karme'sin(rot) ADJ carmesí
Kar'min N ⟨~s⟩ carmín *m*; **karminfarben, karminrot** ADJ carmín
Karne'ol M ⟨~s; ~e⟩ MINER cornalina *f*
'Karneval [-v-] M ⟨~s; ~s *od* ~e⟩ carnaval *m*; ~ **feiern** celebrar el carnaval
karneva'lesk ADJ carnavalesco; **Karneva'list** M ⟨~en; ~en⟩, **Karneva'listin** F ⟨~; ~nen⟩ carnavalista *m/f*
'Karnevals... IN ZSSGN carnavalesco, de(l) carnaval; **Karnevalskostüm** N disfraz *m* de carnaval; **Karnevalstreiben** N animación *f* de(l) carnaval; **Karnevals(um)zug** M desfile *m* de(l) carnaval
Kar'nickel N ⟨~s; ~⟩ *umg* **1** ZOOL conejo *m* **2** *fig* (*Sündenbock*) cabeza *f* de turco
'Kärnten N Carintia *f*; **Kärntner** **A** ADJ ⟨*inv*⟩ carintio; de Carintia **B** M ⟨~s; ~⟩ carintio *m*; **Kärntnerin** F ⟨~; ~nen⟩ carintia *f*; **kärntnerisch** ADJ carintio; de Carintia
'Karo N ⟨~s; ~s⟩ **1** cuadrado; *im Stoff*: cuadro *m* **2** *Kartenspiel* : ≈ oros *mpl*; **Karoass** N *Spielkarte*: ≈ as *m* de oros
Karo'linen FPL GEOG **die** ~ las (Islas) Carolinas
'Karolinger MPL HIST Carolingios *mpl*; **karolingisch** ADJ carolingio
'Karomuster N dibujo *m* de cuadros (*od* cuadritos)
Ka'rosse F ⟨~; ~n⟩ carroza *f*
Karosse'rie F ⟨~; ~n⟩ carrocería *f*; **Karosseriearbeiter** M, **Karosseriearbeiterin** F chapista *m/f*; **Karosseriebau** M ⟨~(e)s⟩ carrocería *f*; **Karosseriebauer** M ⟨~s; ~⟩ carrocero *m*; **Karosseriewerkstatt** F chapistería *f*
Karo'tin N ⟨~s⟩ caroteno *m*
Ka'rotte F ⟨~; ~n⟩ BOT zanahoria *f*
Ka'rottensaft M zumo *m* (*Am* jugo *m*) de zanahoria; **Karottensalat** M ensalada *f* de zanahoria
Kar'paten PL Cárpatos *mpl*
'Karpfen M ⟨~s; ~⟩ *Fisch*: carpa *f*; GASTR ~ **blau** carpa *f* cocida; **Karpfenteich** M vivero *m* de carpas; → *a* Hecht; **Karpfenzucht** F cultivo *m* de carpas
'Karre F ⟨~; ~n⟩ **1** → Karren **2** *umg* (*altes Auto*) (viejo) cacharro *m*
Kar'ree N ⟨~s; ~s⟩ BAU cuadrado *m*
'karren V/T, V/I acarrear, carretear
'Karren M ⟨~s; ~⟩ **1** *Fahrzeug*: carro *m*; (*Schubkarren*) carretilla *f* **2** (*Gepäckkarren*) carrito *m*; *zweirädriger*: carreta *f* **3** *umg fig* **den ~ in den Dreck fahren** meterse en un atolladero; **den ~ aus dem Dreck ziehen** sacar las castañas del fuego; **j-m an den ~ fahren** ofender a alg; poner a alg de vuelta y media; **j-n vor seinen ~ spannen** *umg* aprovecharse de alg
'Karrengaul M *obs* caballo *m* de tiro; **Karrenladung** F carretada *f*
Karri'ere ⟨~; ~n⟩ [kari'ɛ:rə] F carrera *f*; ~ **machen** hacer carrera; **Karrierefrau** F mujer *f* que hace carrera; *pej* arribista *f*, trepa *f*; **karrieregeil** ADJ *pej* (de) arribista, (de) trepa)
Karri'ereleiter F escalera *f* laboral (*od* profesional); **die ~ hinaufklettern** subir los peldaños de la escalera laboral; **das Ende der** ~ el final de la escalera laboral
Karri'eremacher M → Karrierist
Karrie'rist M, **Karrieristin** F *pej* arribista *m/f*; trepador *m*, -a *f*, trepa *m/f*
Kar'samstag M Sábado *m* de Gloria
Karst¹ M ⟨~(e)s; ~e⟩ GEOL karst *m*
Karst² M ⟨~es; ~e⟩ *reg* AGR (*Hacke*) azada *f*; azadón *m*; *zweizinkiger*: zapapico *m*
'Karstlandschaft F (paisaje *m* del) karst *m*
kart. ABK (kartoniert) encartonado
Kar'täuser M ⟨~s; ~⟩ cartujo *m*; **Kartäuserkatze** F cartujo *m*; **Kartäuserkloster** N cartuja *f*, convento *m* de cartujos; **Kartäuserlikör** M chartreuse *f*; **Kartäuserorden** M orden *f* de la Cartuja
'Karte F ⟨~; ~n⟩ **1** (*Postkarte, Visitenkarte, Kreditkarte*) tarjeta *f* (*a.* IT); AUTO **grüne ~** tarjeta *f* verde; *obs* **seine ~ abgeben** dejar tarjeta **2** (*Spielkarte*) carta *f*, naipe *m*; **ein Spiel ~n** una baraja; **~n spielen** jugar a las cartas (*od* a los naipes); **gute/schlechte ~n haben** tener buenas/malas cartas; *fig* tener muchas/pocas posibilidades; **seine ~n aufdecken** enseñar (*od* descubrir) su juego (*a. fig*); **j-m die ~n legen** echar las cartas a alg; *fig* **die ~n auf den Tisch legen** poner las cartas boca arriba; *fig* jugar con las cartas sobre la mesa; **alles auf eine ~ setzen** jugárselo todo a una carta; *fig a.* jugarse el todo por el todo; **j-m in die ~n sehen** mirar las cartas (*od* ver el juego) de alg; *fig* **sich** (*dat*) **nicht in die ~n sehen lassen** guardar las cartas; ocultar el juego; **mit offenen ~n spielen** jugar a cartas vistas (*a. fig*); *fig a.* jugar con las cartas sobre la mesa **3** (*Landkarte*) mapa *m*; (*Stadtplan*) plano *m* **4** (*Speisekarte*) carta *f*; **nach der ~ essen** comer a la carta **5** (*Fahrkarte*) billete *m*, *Am* boleto *m*; (*Eintrittskarte*) entrada *f*, *Am* boleto *m* **6** *Fußball*: **die Gelbe/Rote Karte** la tarjeta amarilla/roja **7** (*Karteikarte*) ficha *f*
Kar'tei F ⟨~; ~en⟩ fichero *m*; **Karteikarte** F ficha *f*; **Karteikasten** M fichero *m*; **Karteileiche** F *hum* dirección *f* fantasma; **Karteischrank** M archivador *m*, fichero *m*
Kar'tell N ⟨~s; ~e⟩ HANDEL, POL cártel *m*; **Kartellamt** N oficina *f* de cárteles; servicio *m* de defensa de la competencia; **Kartellbildung** F formación *f* de cárteles, cartelización *f*; **Kartellentflechtung** F descartelización *f*; **Kartellgesetz** N ≈ ley *f* antimonopolio; *sp* Ley *f* de Defensa de la Competencia; **Kartellgesetzgebung** F legislación *f* antimonopolio (*od* relativa a los cárteles); **Kartellrecht** N ≈ derecho *m* antimonopolio (*od* antitrust); **kartellrechtlich** ADJ **aus ~en Gründen** en razón de la legislación antimonopolio
'Kartenbrief M *Postwesen*: carta-tarjeta *f*; **Kartenhaus** N **1** castillo *m* de naipes (*a. fig*); *fig* **wie ein ~ zusammenstürzen** derrumbarse como un castillo de naipes **2** SCHIFF caseta *f* de derrota; **Kartenkunststück** N truco *m* de cartas; **Kartenlegen** N ⟨~s⟩ cartomancia *f*; **Kartenleger** M ⟨~s; ~⟩, **Kartenlegerin** F ⟨~; ~nen⟩ echador *m*, -a *f* de cartas, cartomántico *m*, -a *f*; **Kartenlesen** N lectura *f* de mapas; **Kartenspiel** N **1** *Spiel*: juego *m* de cartas (*od* de naipes) **2** (*Satz Karten*) baraja *f*; **Kartenspieler** M, **Kartenspielerin** F jugador *m*, -a *f* de cartas; **Kartenständer** M portamapas *m*; **Kartentasche** F *für Landkarten*: guardamapas *m*; *für Visitenkarten*: tarjetero *m*; AUTO bolso *m* portadocumentos; **Kartentelefon** N teléfono *m* de tarjetas; **Kartenverkauf** M venta *f* (*od* despacho *m*) de localidades; **Kartenverkäufer** M, **Kartenverkäuferin** F taquillero *m*, -a *f*; **Kartenvorverkauf** M venta *f* anticipada de localidades; **Kartenwerk** N atlas *m*; **Kartenzeichen** NPL signos *mpl* convencionales; **Kartenzeichner** M, **Kartenzeichnerin** F cartógrafo *m*, -a *f*
kartesi'anisch ADJ cartesiano; **Kartesia'nismus** M cartesianismo *m*
kar'tesisch ADJ cartesiano
Kar'thago N ⟨~s⟩ HIST Cartago *m*
kar'tieren V/T ⟨*ohne* ge-⟩ cartografiar; **Kartierung** F cartografía *f*
Kar'toffel F ⟨~; ~n⟩ **1** BOT patata *f*; *Am* papa *f*; **mehlige/festkochende ~n** *pl* patatas *fpl* harinosas/duras **2** *umg* (*dicke Nase*) narizota *f* **3** *umg* (*Taschenuhr*) patata *f* **4** *umg* (*Loch im Strumpf*) tomate *m*; **Kartoffelanbau** M cultivo *m* de la patata; **Kartoffelbällchen** N ⟨~s; ~⟩ GASTR bocadito *m* de patata; **Kartoffelbrei** M → Kartoffelpüree; **Kartoffelchips** PL chips *fpl*, patatas *fpl* fritas (tipo chip); **Kartoffelernte** F recolección *f* de la patata; **Kartoffelerntemaschine** F cosechadora *f* de patatas; **Kartoffelfeld** N patatal *m*, patatar *m*; **Kartoffelkäfer** M ZOOL escarabajo *m* de la patata, dorífora *m*; **Kartoffelkloß** M, *südd* **Kartoffelknödel** M albóndiga *f* de patata; **Kartoffelkrokette** F croqueta *f* de patata; **Kartoffelmehl** N fécula *f* de patata; **Kartoffelnase** F *umg* narizota *f*; **Kartoffelpuffer** M tortita *f* de patata; **Kartoffelpüree** N puré *m* de patatas; **Kartoffelquetsche** F ⟨~; ~n⟩ pasapurés *m*; **Kartoffelroder** M ⟨~s; ~⟩ AGR arrancadora *f* de patatas; **Kartoffelsalat** M ensalada *f* de patata; **Kartoffelschalen** FPL mondaduras *fpl* (*od* peladuras *fpl*) de patata; **Kartoffelschäler** M ⟨~s; ~⟩ pelapatatas *m*; **Kartoffelschälmaschine** F mondadora *f* de patatas; **Kartoffelschälmesser** N pelapatatas *m*; **Kartoffelstärke** F fécula *f* de patata; **Kartoffelstock** M *schweiz* → Kartoffelpüree; **Kartoffelsuppe** F sopa *f* de patata
Karto'graf M, **Karto'graph** M ⟨~en; ~en⟩ cartógrafo *m*; **Kartogra'fie** F, **Kartogra'phie** F ⟨~⟩ cartografía *f*; **Karto'grafin** F, **Karto'graphin** F ⟨~; ~nen⟩ cartógrafa *f*; **karto'grafisch** ADJ, **karto'graphisch** ADJ cartográfico
Kar'ton [-'tɔŋ, -'tõ:] M ⟨~s; ~s⟩ cartón *m*; *feiner*: cartulina *f*; (*Schachtel*) (caja *f* de) cartón *m*
Karto'nage [-'na:ʒə] F ⟨~; ~n⟩ cartonaje *m*
Karto'nagenfabrik [-ʒ-] F cartonería *f*; fábrica *f* de cartonajes; **Kartonagenhändler** M, **Kartonagenhändlerin** F cartonero *m*, -a *f*
karto'niert ADJ *Buch* encuadernado en cartoné; **Karto'thek** F ⟨~; ~en⟩ fichero *m*
Kar'tusche F ⟨~; ~n⟩ cartucho *m* (*a. Tonerkartusche*)
Karus'sell N ⟨~s; ~s *od* ~e⟩ tiovivo *m*, caballitos *mpl*; carrusel *m*; ~ **fahren** ir en tiovivo, subir a los caballitos
'Karwoche F Semana *f* Santa
Karya'tide F ⟨~; ~n⟩ *Kunst*: cariátide *f*
'Karzer M ⟨~s; ~⟩ *hist* calabozo *m*
karzino'gen ADJ MED cancerógeno, cancerígeno
Karzi'nom N ⟨~s; ~e⟩ MED carcinoma *m*

Ka'sache M, **Kasachin** F kazaj *m/f*; **kasachisch** ADJ kazaj
Kasach'stan [-sta:n] N ⟨~s⟩ Kazajstán *m*
Ka'schemme F ⟨~; ~n⟩ *umg* tabernucho *m*; tugurio *m*; posada *f* de mala muerte
ka'schieren VT ⟨*ohne* ge-⟩ disimular; tapar, ocultar; escamotear
'Kaschmir¹ N ⟨~s⟩ GEOG Cachemira *f*
'Kaschmir² M ⟨~s; ~e⟩ TEX cachemir *m*
'Käse M ⟨~s; ~⟩ **1** queso *m* **2** *umg fig (dummes Zeug)* tonterías *fpl*; **Käsebereitung** F ⟨~; ~en⟩ elaboración *f* del queso; **Käseblatt** N *umg pej* periodicucho *m*; **Käsebrot** N bocadillo *m* de queso; **Käsefondue** [-fõ'dy:] N fondue *f* de queso; **Käsegebäck** N pastas *fpl* al queso; **Käsegeschäft** N quesería *f*; **Käseglocke** F quesera *f*; **Käsehändler** M, **Käsehändlerin** F quesero *m*, -a *f*
Kase'in N ⟨~s⟩ CHEM caseína *f*
'Käsekuchen M tarta *f* de queso; **Käsemade** F gusano *m* del queso
Kase'matte F ⟨~; ~n⟩ MIL casamata *f*
'Käsemesser N cuchillo *m* para queso; **Käsemilbe** F ácaro *m* del queso
'käsen VI hacer queso, quesear
'Käseplatte F tabla *f* de quesos
'Käser M ⟨~s; ~⟩ quesero *m*
Käse'rei F ⟨~; ~en⟩ quesería *f*
'Käserin F ⟨~; ~nen⟩ quesera *f*
'Käserinde F corteza *f* de queso
Ka'serne F ⟨~; ~n⟩ MIL cuartel *m*
Ka'sernendienst M servicio *m* de cuartel; **Kasernenhof** M patio *m* del cuartel
kaser'nieren VT ⟨*ohne* ge-⟩ MIL acuartelar; **Kasernierung** F ⟨~; ~en⟩ acuartelamiento *m*
'Käsestange F palito *m* al queso; **Käsestoff** M CHEM caseína *f*; **käseweiß** ADJ *(blass) umg* pálido como un muerto; *(nicht braun) umg* blanco como la leche
'käsig ADJ **1** caseoso **2** *umg (bleich)* pálido, lívido, macilento
Ka'sino N, *österr a.* **Casino** N ⟨~s; ~s⟩ casino *m*; círculo *m*; MIL comedor *m* de oficiales, *bes Am* imperio *m*
Kas'kade F ⟨~; ~n⟩ cascada *f*
kas'kadenartig ADJ en cascada
'Kaskoversicherung F seguro *m* a todo riesgo; SCHIFF seguro *m* de casco
'Kasper M ⟨~s; ~⟩ **1** *(Puppe)* polichinela *m*, guiñol *m* **2** *umg fig* payaso *m*
'Kasperle N&M ⟨~s; ~⟩ → Kasper 1; **Kasperletheater** N guiñol *m*, teatro *m* de títeres
'kaspern VI *umg* hacer el indio *(od* el payaso*)*; **Kaspertheater** → Kasperletheater
'kaspisch ADJ **das Kaspische Meer** el Mar Caspio
'Kassa F ⟨~; Kassen⟩ *österr* → Kasse; HANDEL **per ~** al contado; **Kassageschäft** N HANDEL operación *f* al contado; **Kassapreis** M HANDEL precio *m* al contado
Kassati'on F ⟨~; ~en⟩ JUR casación *f*, anulación *f* (de una sentencia)
Kassati'onsgericht N, **Kassationshof** M JUR tribunal *m* de casación
'Kasse F ⟨~; ~n⟩ **1** *allg* caja *f*; **die ~ führen** *od* **unter sich** *(dat)* **haben** llevar la caja; **~ machen** hacer (la) caja; ajustar cuentas; **gemeinsame ~ machen** hacer fondo *od* caja común; **getrennte ~ machen** hacer caja separada; **einen Griff in die ~ tun** meter mano a la caja; **mit der ~ durchgehen** fugarse con la caja **2** *fig* **(gut) bei ~ sein** andar bien de dinero, estar en fondos; **nicht** *od* **schlecht** *od* **knapp bei ~ sein** andar mal de fondos (*od* de dinero) **3** THEAT *etc* taquilla *f*, despacho *m* de localidades; **an der ~** en la taquilla **4** HANDEL *(Bezahlung)* **gegen (sofortige) ~** *od* **per ~** al contado; **netto ~** neto al contado; *umg iron* **j-n zur ~ bitten** presentar la factura a alg **5** *(Krankenkasse)* ≈ mutua *f*
'Kasseler N ⟨~s; ~⟩ **~ Rippenspeer** *m od* **~ Rippchen** *n* GASTR chuleta *f* de cerdo ahumada
'Kassenabschluss M cierre *m* (*bzw* balance *m*) de caja; **Kassenanweisung** F bono *m* de caja; orden *f* de caja (*bzw* de pago)
'Kassenarzt M, **Kassenärztin** F médico *m*, -a *f* del seguro; **kassenärztlich** ADJ del médico *bzw* de la médica del seguro
'Kassenbeamte(r) M, **Kassenbeamtin** F cajero *m*, -a *f*; **Kassenbeleg** M comprobante *m* de caja; → *a* Kassenbon; **Kassenbestand** M existencias *fpl* (*od* efectivo *m od* dinero *m*) en caja; encaje *m*; **~ der Banken** encaje *m* bancario; **Kassenbilanz** F balance *m* de caja; **Kassenblock** M bloque *m* de caja; **Kassenbon** [-bõ:] M tíquet *m* (de compra), bono *m* (*od* vale *m*) de caja; **Kassenbote** M ordenanza *m*; cobrador *m*; **Kassenbrille** F gafas *fpl* pagadas por la Seguridad Social; **Kassenbuch** N libro *m* de caja; **Kassendefizit** N déficit *m* de caja; **Kassendiebstahl** M desfalco *m*; **Kasseneingang** M entrada *f* en caja; **Kasseneinnahme** F THEAT *etc* (ingreso *m* por) taquilla *f*, taquillaje *m*; **Kassenerfolg** M THEAT *etc* éxito *m* de taquilla (*od* taquillero); **Kassenführer** M, **Kassenführerin** F cajero *m*, -a *f*; tesorero *m*, -a *f*; **Kassenkonto** N cuenta *f* de caja; **Kassenmagnet** M THEAT, FILM **1** *Person*: actor *m* taquillero **2** → Kassenschlager
'Kassenpatient M, **Kassenpatientin** F paciente *m/f* del seguro
'Kassenprüfung F control *m* de caja; **Kassenraum** M caja *f*; **Kassenrekord** M THEAT *etc* récord *m* de taquilla; **Kassenschalter** M ventanilla *f* (de caja); taquilla *f*; **Kassenschein** M **1** → Kassenanweisung **2** → Kassenbeleg; **Kassenschlager** M película *f* taquillera; atracción *f* de taquilla; **Kassenschrank** M caja *f* fuerte (*od* de caudales); **Kassenstand** M situación *f* de caja; **Kassenstunden** FPL horas *fpl* de caja; **Kassensturz** M arqueo *m*; **~ machen** hacer arqueo; **Kassenüberschuss** M excedente *m* en caja, superávit *m*; **Kassenumsatz** M movimiento *m* de caja; **Kassenwart** M, **Kassenwartin** F cajero *m*, -a *f*; *e-s Vereins etc*: tesorero *m*, -a *f*; **Kassenzettel** M → Kassenbon
Kasse'rolle F ⟨~; ~n⟩ cacerola *f*
Kas'sette F ⟨~; ~n⟩ **1** *Behälter*: cajita *f*; *für Bücher, Schallplatten*: estuche *m*; *(Geldkassette)* cajita *f*, cofrecillo *m*, caja *f* de caudales; *(Schmuckkassette)* joyero *m* **2** *(Musikkassette, Videokassette)* cinta *f*; cassette *f*, casete *m/f* **3** FOTO chasis *m* **4** ARCH cuadrícula *f* de artesonado
Kas'settendeck N MUS platina *f* a cassette; **Kassettendecke** F ARCH artesonado *m*; **Kassettenrekorder** M cassette, casete *m*; **Kassettenständer** M portacassettes *m*
Kas'siber M ⟨~s; ~⟩ *Gaunersprache* mensaje *m* clandestino de (*bzw* a) un preso
kas'sieren VT ⟨*ohne* ge-⟩ cobrar; JUR anular, casar; *umg (verhaften)* detener; **Kassierer** M ⟨~s; ~⟩, **Kassiererin** F ⟨~; ~nen⟩ cajero *m*, -a *f*; *(Vereinskassierer)* tesorero *m*, -a *f*; *(Einkassierer)* cobrador *m*, -a *f*
'Kassler → Kasseler
Kasta'gnette [-tan'jɛtə] F ⟨~; ~n⟩ castañuela *f*
Kas'tanie [-niə] F ⟨~; ~n⟩ BOT *Frucht*: castaña *f*; *Baum*: castaño *m*; *fig* **für j-n die ~n aus dem Feuer holen** sacar a alg las castañas del fuego
Kas'tanienbaum M BOT castaño *m*; **kastanienbraun** ADJ castaño; **Kastanienverkäufer** M, **Kastanienverkäuferin** F, castañero *m*, -a *f*; **Kastanienwald** M castañar *m*, castañedo *m*
'Kästchen N ⟨~s; ~⟩ **1** *Behälter*: cajita *f*; estuche *m*; cofrecillo *m* **2** *auf Formularen etc*: casilla *f*; *auf kariertem Papier*: cuadrícula *f*
'Kaste F ⟨~; ~n⟩ casta *f*
kas'teien VR ⟨*ohne* ge-⟩ REL, *fig* **sich ~** mortificar(se); macerar(se); **Kasteiung** F ⟨~; ~en⟩ mortificación *f*; maceración *f*
Kas'tell N ⟨~s; ~e⟩ castillo *m*; ciudadela *f*
Kastel'lan M ⟨~s; ~e⟩ castellano *m*; *(Burgvogt)* alcaide *m*
'Kasten M ⟨~s; Kästen⟩ **1** *Behälter*: caja *f* (*a. Bierkasten*), cofre *m*; *größerer*: cajón *m*; *(Truhe)* arca *f*; *umg (Briefkasten)* buzón *m* **2** *österr, schweiz (Schrank)* armario *m* **3** *Turnen*: plinto *m* **4** *in Zeitungen etc*: recuadro *m* **5** *umg fig* **(alter) ~** *(altes Haus)* caserón *m*; casucha *f*; *(altes Auto) umg* cacharro *m*; cafetera *f*; *(Schiff) umg* carraca *f* **6** *(Radio, Fernseher) umg* caja *m* tonta **7** *umg (Gefängnis)* chirona *f*, *sl* trena *f* **8** *umg fig* **etw auf dem ~ haben** no chuparse los dedos; *umg* **nichts auf dem ~ haben** no tener dos dedos de frente
'Kastenbrot N pan *m* de molde; **Kastendrachen** M cometa *f* celular; **Kastengeist** M espíritu *m* de casta; **Kastenkipper** M, **Kastenkippwagen** M vagón *m* (*od* carro *m*) basculante; volquete *m*; **Kastenwagen** M BAHN vagón *m* cerrado; furgón *m*; AUTO furgoneta *f*
Kas'tilien N ⟨~s⟩ Castilla *f*; **Kastilier** M ⟨~s; ~⟩, **Kastilierin** F ⟨~; ~nen⟩ castellano *m*, -a *f*; **kastilisch** ADJ castellano
Kas'trat M ⟨~en; ~en⟩ *obs* castrado *m*
Kastrati'on F ⟨~; ~en⟩ castración *f*
kas'trieren VT ⟨*ohne* ge-⟩ castrar; *bes Tiere* capar
Kasu'ist M ⟨~en; ~en⟩ PHIL casuista *m*; **Kasuistik** F ⟨~⟩ casuística *f*; **Kasuistin** F ⟨~; ~nen⟩ casuista *f*; **kasuistisch** ADJ casuístico
'Kasus M ⟨~; ~⟩ GRAM caso *m*
Kat M ABK (Katalysator) *umg bes* AUTO catalizador *m*
Kata'falk M ⟨~(e)s; ~e⟩ catafalco *m*
Kata'kombe F ⟨~; ~n⟩ catacumba *f*
Kata'lane M ⟨~n; ~n⟩, **Katalanin** F ⟨~; ~nen⟩ catalán *m*, -ana *f*; **katalanisch** ADJ catalán
Kata'log M ⟨~(e)s; ~e⟩ catálogo *m*
katalogi'sieren VT ⟨*ohne* ge-⟩ catalogar; **Katalogisierung** F catalogación *f*
Kata'lognummer F número *m* de catálogo; **Katalogpreis** M precio *m* de catálogo
Kata'lonien N ⟨~s⟩ Cataluña *f*; *katalanisch*: Catalunya *f*
Kataly'sator M ⟨~s; -'toren⟩ catalizador *m*; AUTO **geregelter ~** catalizador *m* regulado; **Katalysatorauto** N, **Katalysatorwagen** M coche *m* con catalizador
Kata'lyse F ⟨~; ~n⟩ catálisis *f*; **kataly'sieren** VT ⟨*ohne* ge-⟩ catalizar; **kata'lytisch** ADJ catalítico
Kata'pult M,N ⟨~(e)s; ~e⟩ catapulta *f*; **Katapultflugzeug** N avión *m* de catapulta
katapul'tieren VT ⟨*ohne* ge-⟩ catapultar (*a. fig*)
Kata'pultstart M lanzamiento *m* con catapulta
Kata'rakt M ⟨~(e)s; ~e⟩ catarata *f* (*a.* MED)
Ka'tarr(h) M ⟨~s; ~e⟩ MED catarro *m*
katar'r(h)alisch ADJ catarral
Ka'taster M,N ⟨~s; ~⟩ catastro *m*; **Katasteramt** N oficina *f* del catastro; **Katasterre-**

gister N registro *m (od* lista *f)* catastral
katastro'phal ADJ catastrófico
Kata'strophe [-'stro:fə] F ⟨~; ~n⟩ catástrofe *f*; cataclismo *m*
Kata'strophenalarm M alerta *f* roja; **Katastrophengebiet** N zona *f* catastrófica; **Katastrophenschutz** M prevención *f* de desastres; **Katastrophenstimmung** F catastrofismo *m*; **Katastrophentourismus** M turismo *m* de catástrofes
'Katauto N *umg* → Katalysatorauto
'Kate F ⟨~; ~n⟩ cabaña *f*, choza *f*
Kate'chese [-ç-] F ⟨~; ~n⟩ REL catequesis *f*; **Kate'chet** M ⟨~en; ~en⟩, **Kate'chetin** F ⟨~; ~nen⟩ catequista *m/f*; **katechi'sieren** VT ⟨*ohne* ge-⟩ catequizar; **Kate'chismus** M ⟨~; Katechismen⟩ REL catecismo *m*; *Unterricht a.*: catequesis *f*, *umg* doctrina *f*; **Katechu'mene** M ⟨~n; ~n⟩ catecúmeno *m*
Katego'rie F ⟨~; ~n⟩ categoría *f*; **in eine ~ fallen** corresponder a una categoría
kate'gorisch **A** ADJ categórico; terminante **B** ADV **etw ~ ablehnen** rechazar a/c de forma categórica
'Kater[1] M ⟨~s; ~⟩ ZOOL gato *m*
'Kater[2] M ⟨~s; ~⟩ *umg nach Alkoholgenuss*: resaca *f*; **einen ~ haben** *umg* tener resaca; **Katerfrühstück** N *desayuno a base de arenque o pepinillos para combatir la resaca*
kath. ABK (katholisch) católico
'Katharer MPL REL HIST cátaros *mpl*
Ka'theder M, N ⟨~s; ~⟩ cátedra *f*; **Kathederweisheit** F sabiduría *f* libresca
Kathe'drale F ⟨~; ~n⟩ catedral *f*
Ka'thete F ⟨~; ~n⟩ GEOM cateto *m*
Ka'theter M ⟨~s; ~⟩ MED catéter *m*, sonda *f*
katheteri'sieren VT cateterizar; **Katheterisieren** N ⟨~s⟩ cateterización *f*, cateterismo *m*
Ka'thode F ⟨~; ~n⟩ cátodo *m*; **Kathodenstrahlen** MPL rayos *mpl* catódicos
Katho'lik M ⟨~en; ~en⟩, **Katholikin** F ⟨~; ~nen⟩ católico *m*, -a *f*
ka'tholisch ADJ católico
Katholi'zismus M ⟨~⟩ catolicismo *m*
Ka'tode F → Kathode
Kat'tun M ⟨~s; ~e⟩ TEX tela *f* de algodón (estampada); cotonada *f*; **bedruckter ~** indiana *f*
'katzbalgen VR *umg* **sich ~** pelearse, andar a la greña; **katzbuckeln** VI *umg* **vor j-m ~** adular a alg; *umg* dar coba a alg
'Kätzchen N ⟨~s; ~⟩ **1** ZOOL gatito *m*, *umg* minino *m* **2** BOT amento *m*, candelilla *f*
'Katze F ⟨~; ~n⟩ ZOOL gato *m*; *weibliche*: gata *f*; **Katz und Maus mit j-m spielen** jugar con alg al gato y al ratón; **die ~ aus dem Sack lassen** descubrir (*od* enseñar) la oreja; **die ~ im Sack kaufen** comprar a ciegas; **wie die ~ um den heißen Brei herumgehen** andar con rodeos; andarse por las ramas; *umg fig* **das ist für die Katz** es inútil (*od* para el gato); *sprichw* **bei Nacht sind alle ~n grau** de noche todos los gatos son pardos; *sprichw* **die ~ lässt das Mausen nicht** la cabra siempre tira al monte; *sprichw* **wenn die ~ aus dem Haus ist, tanzen die Mäuse** cuando el gato está fuera, los ratones se divierten
'katzenartig ADJ felino (*a. fig*); gatuno; **Katzenauge** N ojo *m* de gato (*a. fig*); *fig (Rückstrahler) a.* catafoto *m*; **Katzenbuckel** M lomo *m* enarcado; **einen ~ machen** enarcar el lomo; *fig* → katzbuckeln
'katzenfreundlich ADJ *umg pej* hipócrita; zalamero; **Katzenfreundlichkeit** F *umg pej* zalamería *f*
'Katzengeschrei N maullido *m*; **Katzengold** N MINER mica *f* amarilla; **katzenhaft** ADJ felino; **Katzenhai** M *Fisch*: lija *f*, pintarroja *f*; **Katzenjammer** M *umg* modorra *f*; resaca *f*; **Katzenmusik** F ⟨~⟩ *umg* música *f* ratonera; cencerrada *f*; **Katzensprung** M *fig* **es ist nur ein ~ (von hier)** está a dos pasos (de aquí); **Katzentisch** M *umg* **am ~ essen** comer en una mesa aparte; **Katzenwäsche** F *umg* **~ machen** lavarse a lo gato; **Katzenzungen** FPL *Schokolade*: lenguas *fpl* de gato
'Kauderwelsch N ⟨~(s)⟩ galimatías *m*; jerga *f*, jerigonza *f*; *umg* guirigay *m*; **kauderwelschen** VI chapurrear
'kauen VT & VI masticar, mascar; **an den Nägeln ~** roerse (*od* comerse *od* morderse) las uñas; *fig* **an etw ~** devanarse los sesos
'Kauen N ⟨~s⟩ masticación *f*
'kauern **A** VI acuclillarse, estar en cuclillas **B** VR **sich ~** acurrucarse; *(sich bücken)* agacharse
Kauf M ⟨~(e)s; ⸚e⟩ **1** compra *f*; adquisición *f*; **günstiger ~** ganga *f*, *umg* chollo *m*; **~ und Verkauf** compraventa *f*; **~ auf Probe** compra a (título de) prueba; **~ auf feste Rechnung** compra en firme; **~ nach Ansicht** compra previo examen; **~ nach Probe** compra sobre muestra; **einen ~ abschließen** cerrar (*od* concluir) una compra; **zum ~ anbieten** poner a la venta **2** *fig* **etw in ~ nehmen** conformarse con a/c; aceptar a/c; tomar las cosas tal como son
'Kaufabschluss M conclusión *f* de una compra; **Kaufangebot** N oferta *f* de compra; **Kaufanreiz** M incentivo *m* de compra; **Kaufauftrag** M orden *f* de compra; **Kaufbedingungen** FPL condiciones *fpl* de compra; **Kaufbeleg** M comprobante *m (od* justificante *m)* de compra; **Kaufbrief** M contrato *m* de compra (*bzw* de venta)
'kaufen VT & VI **1** comprar; adquirir; **teuer/billig ~** comprar caro/barato; **etw für 100 Euro ~** comprar a/c por cien euros; **etw von j-m ~** comprar a/c a alg; **bei wem ~ Sie?** ¿dónde compra Ud.? **2** *umg (bestechen)* **j-n ~** comprar *od* sobornar a alg **3** *umg fig* **dafür kann ich mir nichts ~** no me sirve para nada; *umg* **den werd' ich mir ~!** ¡ya me las pagará!; ¡ya le diré cuatro verdades! **4** *im Spiel*: **Karten ~** robar
'Kaufentscheidung F ⟨~; ~en⟩ decisión *f* de compra
'Käufer M ⟨~s; ~⟩, **Käuferin** F ⟨~; ~nen⟩ comprador *m*, -a *f*; *(Kunde, Kundin)* cliente *m/f*; **einen ~ finden** encontrar comprador
'Käuferland N ⟨~(e)s; ⸚er⟩ país *m* comprador; **Käufermarkt** M mercado *m* de signo favorable al comprador; **Käuferschicht** F grupo *m* de compradores, categoría *f* de clientes; **Käuferstreik** M huelga *f* de compradores
'Kauffrau F **1** *(Geschäftsfrau)* comerciante *f*; *(Großhändlerin)* negociante *f* **2** *(kaufmännische Angestellte)* empleada *f* de comercio; **Kaufhalle** F bazar *m*; **Kaufhaus** N grandes almacenes *mpl*, *Am* emporio *m*; **Kaufhauskette** F cadena *f* de grandes almacenes; **Kaufherr** M *obs*: mercader *m*
'Kaufkraft F poder *m* adquisitivo, capacidad *f* adquisitiva; **überschüssige ~ abschöpfen** absorber el poder adquisitivo excesivo
'kaufkräftig ADJ solvente; adinerado; **~es Publikum** clientela *f* solvente
'Kaufkraftlenkung F dirección *f (od* encauzamiento *m)* del poder adquisitivo; **Kaufkraftüberhang** M excedente *m* de poder adquisitivo; **den ~ abschöpfen** absorber la capacidad adquisitiva excedente
'Kaufladen M tienda *f*; comercio *m*; **Kaufleute** PL → Kaufmann
'käuflich **A** ADJ comprable (*a. fig*), adquirible; *(verkäuflich)* en venta, vendible; *(bestechlich)* venal, sobornable; **~e Liebe** amor *m* comprable; *pej* **~es Mädchen** prostituta *f*; **nicht ~ sein** *(nicht bestechlich sein)* no poder ser comprado **B** ADV **etw ~ erwerben** comprar a/c, adquirir a/c mediante compra
'Käuflichkeit F ⟨~⟩ venalidad *f*
'Kauflust F deseo *m* de comprar, apetencia *f* de compra; *(Nachfrage)* demanda *f*; **geringe ~** venta *f* poco animada; **kauflustig** ADJ deseoso de comprar; bien dispuesto a comprar
'Kaufmann M ⟨~(e)s; -leute⟩ **1** *(Geschäftsmann)* comerciante *m*; *(Großhändler)* negociante *m*; *(Krämer)* tendero *m*; THEAT **der ~ von Venedig** El Mercader de Venecia **2** *(kaufmännischer Angestellter)* empleado *m* de comercio
'kaufmännisch ADJ comercial; mercantil; **~er Angestellter** empleado *m (od* dependiente *m)* de comercio; **~er Direktor** director *m* comercial
Kaufmannsberuf M profesión *f* de comerciante; *obs* **in den ~ eintreten** dedicarse al comercio, hacerse comerciante; **Kaufmannschaft** F ⟨~⟩ comercio *m*, comerciantes *mpl*; clase *f* comercial
'Kaufoption F opción *f* de venta; **Kaufpreis** M precio *m* de compra; **der ~ beträgt 100 Euro** el precio de compra es de (*od* asciende a) 100 euros; **Kaufsache** F JUR cosa *f* vendida
'Kaufvertrag M contrato *m* de compraventa; **den ~ erfüllen** cumplir el contrato de compraventa; **~ mit Eigentumsvorbehalt** contrato *m* de compraventa con reserva de propiedad; **einen ~ abschließen/unterzeichnen** cerrar/firmar un contrato de compraventa
'Kaufwert M valor *m* de compra; **Kaufwut** F furia *f* compradora; **Kaufzwang** M obligación *f* de comprar, compra *f* obligatoria; **kein ~** sin obligación de comprar; **ohne ~** sin compromiso
'Kaugummi M goma *f* de mascar, chicle *m*; **~ kauen** masticar chicle
Kau'kasier M ⟨~s; ~⟩, **Kaukasierin** F ⟨~; ~nen⟩ caucasiano *m*, -a *f*; **kaukasisch** ADJ caucásico
'Kaukasus M ⟨~⟩ GEOG Cáucaso *m*
'Kaulbarsch M *Fisch*: acerina *f*; **Kaulquappe** F ZOOL renacuajo *m*
kaum ADV apenas, difícilmente; **es besteht ~ Hoffnung** casi no hay esperanza; *Antwort*: **wohl ~** *od* **ich glaube kaum** es improbable, no lo creo; **ich kann es ~ glauben** casi no puedo creerlo; **ich glaube ~, dass** dudo que (*subj*), no creo que (*subj*); **~ zu glauben!** ¡parece mentira!; **~ hatte er es gesagt, als ...** acababa de decirlo cuando ...
'Kaumagen M *der Vögel*: molleja *f*; **Kaumuskel** M ANAT músculo *m* masticador
kau'sal ADJ causal
Kausali'tät F ⟨~; ~en⟩ causalidad *f*; **Kausali'tätsprinzip** N principio *m* de causalidad
Kau'salsatz M GRAM oración *f* causal; **Kausalzusammenhang** M relación *f* de causa a efecto, nexo *m* causal
'kaustisch ADJ cáustico
'Kautabak M tabaco *m* de mascar (*od* para masticar); **Kautablette** F pastilla *f* masticable
Kau'tel F ⟨~; ~en⟩ JUR reserva *f*
Kauti'on [-tsi'o:n] F ⟨~; ~en⟩ fianza *f*; caución *f*, garantía *f*; **eine ~ hinterlegen/stellen** depositar fianza/dar una fianza; JUR **gegen ~ freilassen** poner en libertad bajo fianza

kauti'onsfähig ADJ capaz de dar fianza; **Kautionskonto** N cuenta *f* bancaria donde efectuar el abono del importe de la fianza; **kautionspflichtig** ADJ sujeto a fianza; **Kautionssumme** F fianza *f*

'Kautschuk M ⟨~s; ~e⟩ caucho *m*; goma *f* elástica; **Kautschukbaum** M BOT árbol *m* del caucho; **Kautschukmilch** F látex *m*; **Kautschukparagraf** M, **Kautschukparagraph** M *umg* norma *f* flexible

'Kauwerkzeuge NPL ANAT, ZOOL órganos *mpl* masticatorios, aparato *m* de la masticación

Kauz M ⟨~es; ~e⟩ **1** ORN lechuza *f*; mochuelo *m*; *(Waldkauz)* cárabo *m* **2** *umg fig* **(komischer) ~** tipo *m* extravagante; tío *m* (*od umg* bicho *m*) raro

'kauzig ADJ *fig* extravagante, raro

Kava'lier [-v-] M ⟨~s; ~e⟩ caballero *m*; hombre *m* galante; **~ sein** ser caballero; **~ am Steuer** caballero *m* del volante; **kavaliermäßig** ADJ de caballero, caballeroso; noble, digno; **Kavaliersdelikt** N *umg* pecadillo *m*, *umg* peccata *pl* minuta

Kaval'kade [-v-] F ⟨~; ~n⟩ *obs* cabalgata *f*

Kavalle'rie [kavalaˈriː] F ⟨~; ~n⟩ MIL HIST caballería *f* (**schwere** pesada; **leichte** ligera); **Kavalle'rist** M ⟨~en; ~en⟩ soldado *m* de caballería

Ka'verne [-v-] F ⟨~; ~n⟩ MED caverna *f*; **kaver'nös** ADJ cavernoso

'Kaviar [-v-] M ⟨~s; ~e⟩ caviar *m*

KB N ABK (Kilobyte) KB *m*

keck ADJ audaz; osado, atrevido; *(verwegen)* temerario; *(frech)* descarado, impertinente; *umg* fresco; **'Keckheit** F ⟨~⟩ audacia *f*; osadía *f*, atrevimiento *m*; *(Verwegenheit)* temeridad *f*; *(Frechheit)* descaro *m*; impertinencia *f*; frescura *f*

'Kefir M ⟨~s⟩ GASTR kéfir *m*

'Kegel M ⟨~s; ~⟩ **1** GEOM, *(Lichtkegel)* cono *m*; GEOM **abgestumpfter ~** cono *m* truncado **2** *zum Spielen*: bolo *m*; **~ schieben** *od* **spielen** jugar a los bolos; **die ~ aufstellen** colocar los bolos **3** *(Bergkegel)* pico *m* **4** TYPO cuerpo *m* (de letra) **5** *umg* **mit Kind und ~** con todo el equipo

'Kegelbahn F bolera *f*; *Am* cancha *f* (*od* pista *f*) de bolos; **Kegelform** F conicidad *f*; **kegelförmig** ADJ cónico; conoide; **Kegelklub** M club *m* de jugadores de bolos; **Kegelkugel** F bola *f*; **Kegelkupplung** F TECH acoplamiento *m* por cono de fricción; **Kegelmantel** M GEOM superficie *f* del cono

'kegeln VI jugar a los bolos

'Kegeln N ⟨~s⟩ juego *m* de bolos; bowling *m*; **Kegelpartie** F partida *f* de bolos

'Kegelrad N TECH rueda *f* cónica; **Kegelradantrieb** M, **Kegelradgetriebe** N TECH engranaje *m* cónico

'Kegelschnitt M GEOM sección *f* cónica; **Kegelspiel** N juego *m* de bolos; bowling *m*; **Kegelspieler** M, **Kegelspielerin** F jugador *m*, -a *f* de bolos; **Kegelstumpf** M GEOM cono *m* truncado; tronco *m* de cono; **Kegelventil** N válvula *f* cónica (*od* de asiento cónico)

'Kegler M ⟨~s; ~⟩, **Keglerin** F ⟨~; ~nen⟩ jugador *m*, -a *f* de bolos

'Kehldeckel M ANAT epiglotis *f*

'Kehle F ⟨~; ~n⟩ **1** ANAT garganta *f*; gaznate *m*; **eine trockene ~ haben** *umg* tener seco el gaznate; *fig* **es schnürt mir die ~ zu** se me hace un nudo en la garganta; **j-m die ~ zuschnüren/durchschneiden** estrangular/degollar a alg; **j-n an der ~ packen** agarrar a alg por el cuello; **j-m das Messer an die ~ setzen** poner a alg el puñal a la garganta; **aus voller ~** a voz en cuello; **etw in die falsche ~ bekommen** *(sich verschlucken)* atragantarse; *fig* interpretar torcidamente a/c; tomar a/c a mal **2** ARCH acanaladura *f*

'kehlen VT TECH acanalar; estriar

'Kehlhobel M TECH bocel *m*, acanalador *m*

'kehlig ADJ gutural

'Kehlkopf M ANAT laringe *f*; **Kehlkopfentzündung** F MED laringitis *f*; **Kehlkopfkrebs** M MED cáncer *m* de la laringe; **Kehlkopfmikrofon** N, **Kehlkopfmikrophon** N laringófono *m*; **Kehlkopfschnitt** M MED laringotomía *f*; **Kehlkopfspiegel** M MED laringoscopio *m*

'Kehllaut M sonido *m* gutural, gutural *f*; **Kehlleiste** F ARCH moldura *f*; *(Doppelkehlleiste)* talón *m*

'Kehraus M ⟨~⟩ último baile *m*; fin *m* de la fiesta; **den ~ machen** dar fin a la fiesta; acabar con todo; **Kehrbesen** M escoba *f*

'Kehre F ⟨~; ~n⟩ *(Biegung)* (re)vuelta *f*; recodo *m*; *(Kurve)* curva *f*; viraje *m*; *Turnen*: media vuelta *f* dorsal; FLUG *über den Flügel*: tonel *m*

'kehren[1] VT *(fegen)* barrer; *Schornstein* deshollinar

'kehren[2] **A** VT & VI *(wenden)* volver, dar vuelta a; **alles zum Besten ~** tomar las cosas por el lado bueno; **das Oberste zuunterst ~** revolverlo todo de arriba abajo; MIL **rechtsum/linksum kehrt!** ¡media vuelta a la derecha/izquierda! **B** VR **1 sich gegen j-n/etw ~** volverse contra alg/a/c **2 sich nicht ~ an etw** *(acus)* no hacer (ningún) caso de a/c **3 in sich** *(acus)* **gekehrt** ensimismado, absorto; abismado en sus pensamientos

'Kehricht M, N ⟨~s⟩ *bes südd, schweiz* barreduras *fpl*; *(Müll)* basura *f*; *weitS.* inmundicia *f*; *sl* **das geht dich einen feuchten ~ an!** ¿a ti, qué te importa?; ¡eso (a ti) te importa un carajo!; **Kehrichteimer** M cubo *m* de la basura; **Kehrichthaufen** M montón *m* de barreduras (*bzw*) basura

'Kehrmaschine F barredera *f*; *(Teppichkehrmaschine)* *a.* escoba *f* mecánica; **Kehrreim** M estribillo *m*; **Kehrschaufel** F pala *f*

'Kehrseite F *e-s Blattes*: vuelta *f*; *v. Stoff*: revés *m*; **die ~ der Medaille** el reverso de la medalla, la otra cara de la moneda (*a. fig*); *umg* **j-m seine ~ zuwenden** volver la espalda a alg

'kehrtmachen VI *(zurückkehren)* volver atrás, dar la vuelta, volver sobre sus pasos; MIL dar media vuelta; **Kehrtwendung** F media vuelta *f*

'Kehrwert M MATH valor *m* recíproco

'keifen VI *(schreien)* chillar, vociferar; *(schimpfen)* regañar

'Keifen N ⟨~s⟩, **Keife'rei** F ⟨~; ~en⟩ chillería *f*; regaño *m*

'Keil M ⟨~(e)s; ~e⟩ **1** cuña *f* (*a.* TECH *u.* ARCH); *(Hemmkeil)* calza *f*; TECH chaveta *f*; *fig* **einen ~ treiben zwischen** *(acus)* extrañar (a alg de alg) **2** *Schneiderei*: ensanche *m*, cuchillo *m*

'Keilabsatz M tacón *m* cuña

'Keile F ⟨~⟩ *umg* paliza *f*, zurra *f*; **~ kriegen** recibir una paliza

'keilen **A** VT **1** TECH chavetear; acuñar; *(e-n Keil unterlegen)* calzar **2** *umg (anwerben)* *umg* enganchar **B** VR *umg* **sich ~** *(prügeln)* pegarse, pelearse

'Keiler M ⟨~s; ~⟩ ZOOL jabalí *m* (macho)

Keile'rei F ⟨~; ~en⟩ pelea *f*, riña *f*; *umg* camorra *f*, trifulca *f*

'keilförmig ADJ cuneiforme, en forma de cuña

'Keilhacke F ⟨~; ~n⟩, **Keilhaue** F ⟨~; ~n⟩ piqueta *f*; **Keilhose** F pantalón *m* abotinado; **Keilkissen** N travesero *m*; **Keilriemen** M TECH, AUTO correa *f* trapezoidal; **Keilschrift** F escritura *f* cuneiforme; **Keilstein** M ARCH cuña *f*; **Keilstück** N *Schreinerei*: coda *f*; **Keiltreiber** M TECH botador *m* de cuñas

Keim M ⟨~(e)s; ~e⟩ BIOL, MED germen *m* (*a. fig*); ZOOL, BOT embrión *m* (*a. fig*); **~e treiben** germinar; **im ~** en germen; *fig* **im ~ vorhanden sein** estar en estado embrionario; **im ~ ersticken** sofocar en su origen

'Keimbildung F germinación *f*; **Keimbläschen** N vesícula *f* germinal; **Keimblatt** N BOT cotiledón *m*; BIOL hoja *f* embrionaria; **Keimdrüse** F ANAT glándula *f* genital (*od* sexual), gónada *f*

'keimen VI germinar (*a. fig*); *Kartoffeln* echar tallos; *(knospen)* retoñar; *(treiben)* brotar; *(entstehen)* nacer (*a. fig*); *(sich entfalten)* desarrollarse

'Keimen N ⟨~s⟩ germinación *f*; nacimiento *m*

'keimend ADJ germinante; *fig* naciente, incipiente; **keimfähig** ADJ germinativo; **Keimfähigkeit** F ⟨~⟩ facultad *f* germinativa; **keimfrei** ADJ libre de gérmenes; esterilizado; MED aséptico; **~ machen** esterilizar

'Keimkraft F poder *m* germinativo; **Keimling** M ⟨~s; ~e⟩ germen *m*; embrión *m*; **Keimplasma** N BIOL plasma *m* germinal; **Keimscheibe** F BIOL blastodisco *m*

'keimtötend ADJ germicida; antiséptico; **~es Mittel** germicida *m*

'Keimträger M MED portador *m* de gérmenes; **Keimung** F ⟨~⟩ germinación *f*; **Keimzelle** F célula *f* germinal (*od* germinativa); *fig* foco *m*

kein INDEF PR ADJ **1** no; *mit subst*: **~ ...** (no) ningún ...; no ... alguno; **~ einziges Mal** ni una sola vez; **~ Mensch** nadie **2** *mit haben*: **ich habe ~ Geld** no tengo dinero; **ich habe ~e Zeit** no tengo tiempo; **das Stück hat gar ~en Erfolg gehabt** la pieza no ha tenido ningún éxito (*od* no ha tenido el menor éxito) **3** *mit sein*: **das ist ~ Baum** esto no es un árbol; **er ist ~ Spanier** no es español; **du bist ~ Kind mehr** ya no eres un niño **4 ~ bisschen** absolutamente nada; **~ anderer als er** nadie sino él; ningún otro; **es ist noch ~e 5 Minuten her** no hace ni (siquiera) cinco minutos

'keine(r, -s) INDEF PR *subst* ningún, ninguno; ninguna; nadie; **~r von beiden** ninguno de los dos; ni el uno ni el otro; **~r hat es gesagt** nadie (*od* ninguno) lo ha dicho; **~r weiß es** nadie lo sabe; *als Antwort*: **ich habe ~n** *bzw* **keins** no tengo ninguno

'keiner'lei ADJ ⟨inv⟩ ningún; de ninguna clase; **ich habe ~ Recht darauf** no tengo ningún derecho a eso; **auf ~ Weise** de ningún modo, en modo alguno

'keines'falls ADV en ningún caso; de ningún modo; *als Antwort*: nada de eso; **keines'wegs** ADV de ninguna manera, de ningún modo, en modo alguno; en absoluto

'keinmal ADV ninguna vez; nunca, jamás

Keks [keːks] M, N ⟨~ *od* ~es; ~ *od* ~e⟩ galleta *f*; *umg* **das/der geht mir auf den ~!** *umg* ¡esto/él me está poniendo negro!

Kelch M ⟨~(e)s; ~e⟩ copa *f*; REL *u.* BOT cáliz *m*; *fig geh* **bitterer ~** cáliz de (la) amargura; *geh* **den ~ bis zur Neige leeren** apurar el cáliz hasta las heces; *geh* **dieser ~ ist an mir vorübergegangen** me libré de hacerlo

'Kelchblatt N BOT sépalo *m*; **kelchförmig** ADJ caliciforme; **Kelchglas** N copa *f*

'Kelle F ⟨~; ~n⟩ **1** *(Schöpfkelle)* cazo *m*; cucharón *m* **2** *(Maurerkelle)* paleta *f*, *Am* cuchara *f*; *zum Glätten*: llana *f* **3** *(Signalkelle)* disco *m*

'Keller M ⟨~s; ~⟩ sótano *m*; *bes (Weinkeller)* bodega *f*; *(Kellergewölbe)* cueva *f*; **Kellerassel** F cochinilla *f* de humedad

Kelle'rei F ⟨~; ~en⟩ bodega *f*

'Kellerfalte F TEX tablón *m*; **Kellerfenster** N tragaluz *m*; **Kellergeschoss**, *österr* **Kellergeschoß** N sótano *m*; **Kellergewölbe** N cueva *f*; **Kellerloch** N respiradero *m*; **Kellerlokal** N bodega *f*; **Kellermeister** M bodeguero *m*; *bei Hofe*: sumiller *m* de la cava; **Kellerwechsel** M HANDEL letra *f* ficticia; **Kellerwohnung** F sótano *m* (habitable)

'Kellner M ⟨~s; ~⟩ camarero *m*, mozo *m*; **Kellnerin** F ⟨~; ~nen⟩, camarera *f*

'Kelte M ⟨~n; ~n⟩ celta *m*

'Kelter F ⟨~; ~n⟩ lagar *m*

Kelte'rei F ⟨~; ~en⟩ lagar *m*

'keltern VT pisar (*bzw* prensar) la uva

'Keltin F ⟨~; ~nen⟩ celta *f*; **keltisch** ADJ celta

'Kenia N ⟨~s⟩ Kenia *f*

Keni'aner ⟨~s; ~⟩, **Kenianerin** F ⟨~; ~nen⟩ keniata *m/f*; **kenianisch** ADJ keniata

'Kennbuchstabe M indicativo *m*

'kennen ⟨*irr*⟩ **A** VT conocer (**dem Namen nach** de nombre; **vom Sehen** de vista; **an der Stimme** por la voz); (*wissen*) saber; **gründlich** *od* **durch und durch ~** conocer a fondo **B** VR **sich ~** conocerse; *umg* **er kennt sich nicht mehr vor Wut** está fuera de sí de rabia

'kennenlernen, 'kennen lernen **A** VT **j-n/etw ~** (llegar a) conocer a alg/a/c; trabar conocimiento con alg/a/c **B** VR **sich ~** conocerse; **du sollst** *od* **wirst mich noch ~!** *drohend*: ¡te vas a enterar de quién soy yo!; ¡nos veremos las caras!

'Kenner M ⟨~s; ~⟩ conocedor *m* (**von** de), entendido *m*; experto *m* (**von** en), perito *m*; **Kennerblick** M mirada *f* de experto (*od* de conocedor); **mit ~** con mirada de experto; **Kennerin** F ⟨~; ~nen⟩ conocedora *f* (**von** de), entendida *f*; experta *f* (**von** en), perita *f*; **Kennermiene** F aire *m* de conocedor

'Kennkarte F tarjeta *f* de identidad; *sp* documento *m* nacional (*od* carnet *m*) de identidad; *Am* cédula *f* personal; **Kennlinie** F característica *f*; **Kennmarke** F chapa *f* de identidad; **Kennnummer** F número *m* indicador

'kenntlich ADJ (re)conocible; fácil de (re)conocer; **~ machen** marcar; **sich ~ machen** darse a conocer

'Kenntnis F ⟨~; ~se⟩ **1** *mst* PL **~se** conocimientos *mpl* (**in** *dat* de); (*Wissen*) saber *m*; **einige ~se im Polnischen haben** saber algo de polaco; **seine ~se vertiefen** profundizar sus conocimientos **2** **~ von etw haben** tener conocimiento (*od* noticia) de a/c; estar informado (*od* enterado) de a/c; **in ~ der Sachlage** con conocimiento de causa; **j-n von etw in ~ setzen** dar conocimiento de a/c a alg; enterar (*od* informar) a alg de a/c; poner a alg al corriente de a/c; *amtlich*: **j-m etw zur ~ bringen** notificar a alg a/c; **etw zur ~ nehmen** tomar (buena) nota de a/c; *geh* **es ist zu meiner ~ gelangt, dass** ha llegado a mi conocimiento (*od* me he enterado) que; *geh* **das entzieht sich meiner ~** no estoy enterado de esto

'Kenntnisnahme F ⟨~⟩ VERW **zur ~** para información; a título informativo; **zu Ihrer ~** *od* **mit der Bitte um ~** para su conocimiento (*od* información); **kenntnisreich** ADJ muy instruido; sabio, docto, erudito

'Kennung F ⟨~; ~en⟩ IT código *m* identificador; (*Passwort*) clave *f*

'Kennwort N ⟨~(e)s; ¨er⟩ clave *f*; *Inserat etc*: referencia *f*; MIL contraseña *f*, consigna *f*, santo *m* y seña; **Kennzahl** F número *m* indicador; índice *m*

'Kennzeichen N marca *f* (distintiva), (signo *m*) distintivo *m*; señal *f*; (*Abzeichen*) insignia *f*; *bes fig* característica *f*; (*Anzeichen*) índice *m*; MED *u. fig* síntoma *m*; **besondere ~** señas *fpl* particulares; AUTO **polizeiliches ~** (placa *f* de) matrícula *f*

'kennzeichnen VT marcar, señalar; *fig* caracterizar; calificar (**als** de); **kennzeichnend** ADJ característico; significativo; **Kennzeichnung** F señalización *f*; marcaje *m*; *v. Waren*: etiquetado *m*; *fig* caracterización *f*

'Kennziffer F índice *m* (*a.* MATH); *e-s Logarithmus*: característica *f*; TEL código *m*; *Inserat etc*: (número *m* de) referencia *f*; *Statistik*: clave *f*

Ken'taur M ⟨~en; ~en⟩ MYTH centauro *m*

'kentern VI ⟨sn⟩ SCHIFF zozobrar

Ke'ramik F ⟨~; ~en⟩ cerámica *f*; **Keramiker** M ⟨~s; ~⟩, **Keramikerin** F ⟨~; ~nen⟩ ceramista *m/f*; **Keramikindustrie** F industria *f* cerámica; **keramisch** ADJ cerámico

'Kerbe F ⟨~; ~n⟩ muesca *f*; entalladura *f*; *fig* **in dieselbe ~ hauen** tirar de la misma cuerda

'Kerbel M ⟨~s⟩ BOT perifollo *m*

'kerben VT hacer muescas en; entallar; (*auszacken*) dentar

'Kerbholz N tarja *f*; *fig* **etw auf dem ~ haben** tener algo sobre la conciencia; **Kerbtier** N insecto *m*

'Kerker M ⟨~s; ~⟩ *hist* cárcel *f*; (*Verlies*) calabozo *m*; mazmorra *f*; **Kerkerhaft** F prisión *f*; reclusión *f*; **Kerkermeister** M, **Kerkermeisterin** F carcelero *m*, -a *f*

Kerl M ⟨~(e)s; ~e, *nordd* ~s⟩ *umg* tío *m*, tipo *m*; *pej* individuo *m*, sujeto *m*; **armer ~** pobre hombre *m*, pobretón *m*; **blöder ~** idiota *m*; **dummer ~** mentecato *m*, estúpido *m*, memo *m*; **ehrlicher ~** hombre *m* honrado (*od* de bien); **elender ~** miserable *m*; **feiner ~** gran muchacho *m* (*od* tipo *m*); **ein ganzer ~** todo un hombre, un hombre de pelo en pecho; **gemeiner ~** canalla *m*; **grober ~** bruto *m*, grosero *m*; **guter ~** buena persona *f*; buenazo *m*; **junger ~** muchacho *m*, chico *m*, mozo *m*; **kleiner ~** → Kerlchen; **komischer ~** tipo *m* raro; **sie ist ein lieber ~** es buena chica; **netter ~** buen chico *m*

'Kerlchen N ⟨~s; ~⟩ chiquito *m*, chiquitín *m*; muchachito *m*

Kern M ⟨~(e)s; ~e⟩ **1** núcleo *m* (*a. fig*); *v. Steinobst*: hueso *m*, *Am* carozo *m*; *v. Kernobst*: pepita *f*, *Am* pepa *f*; (*Nusskern*) carne *f*; (*Traubenkern*) grano *m*, hueso *m*; *v. Melonen, Sonnenblumen*: pipa **2** *fig* su(b)stancia *f*; esencia *f*; fondo *m*; **in ihm steckt ein guter ~** tiene buen fondo; *umg* **der harte ~** el núcleo duro, la resistencia; **auf den ~ eines Problems stoßen** tocar el fondo del problema; **der ~ der Sache** la esencia (*od* la médula *od* el meollo) de la cuestión *f*; **zum ~ der Sache kommen** ir al grano **3** PHYS (*Atomkern*) núcleo *m*; (*Reaktorkern*) centro *m* **4** TECH *des Kabels, des Geschützes*: alma *f*

'Kern... IN ZSSGN *mst* nuclear; *fig* esencial; **Kernarbeitszeit** → Kernzeit; **Kernbrennstoff** M NUKL combustible *m* nuclear; **Kernenergie** F NUKL energía *f* nuclear; **Kernexplosion** F NUKL explosión *f* nuclear; **Kernforschung** F NUKL investigación *f* nuclear; **Kernfrage** F cuestión *f* crucial; **Kernfrucht** F BOT fruto *m* de pepita, pomo *m*; **Kernfusion** F PHYS fusión *f* nuclear; **Kerngedanke** M idea *f* esencial (*od* central); **Kerngehäuse** N *e-r Frucht*: corazón *m*

'kernge'sund ADJ rebosante de salud; **~ sein** rebosar de salud, vender salud

'Kernhaus N → Kerngehäuse; **Kernholz** N duramen *m*, cerne *m*, madera *f* de corazón

'kernig ADJ **1** BOT pepitoso **2** *fig* fuerte, sólido; vigoroso; robusto

'Kernkompetenz F competencia *f* básica

'Kernkraft F energía *f* nuclear; PHYS **Kernkräfte** *fpl* fuerzas *fpl* nucleares; **Kernkraftgegner** M, **Kernkraftgegnerin** F detractor *m*, -a *f* de la energía nuclear; *koll* **die ~** *pl a.* los antinucleares *mpl*; **Kernkraftwerk** N central *f* nuclear

'Kernladung F PHYS carga *f* del núcleo; **Kernladungszahl** F PHYS número *m* atómico; **Kernleder** N cuero *m* de calidad selecta

'kernlos ADJ **1** BOT sin pepita, sin grano **2** BIOL anucleado

'Kernobst N BOT fruta *f* de pepita; **Kernphysik** F física *f* nuclear; **Kernphysiker** M, **Kernphysikerin** F físico *m*, -a *f* nuclear; **Kernpunkt** M punto *m* esencial (*od* clave); **Kernreaktion** F PHYS reacción *f* nuclear; **Kernreaktor** M NUKL reactor *m* nuclear; **Kernschatten** M OPT, ASTRON sombra *f* propia; **Kernseife** F jabón *m* duro (*od* de piedra); **Kernspaltung** F PHYS fisión *f* (*od* escisión *f*) nuclear

'Kernspin M ⟨~s; ~s⟩ espín *m* nuclear; **Kernspinresonanzspektroskopie** F MED espectroscopía *f* de resonancia magnética; **Kernspintomografie** F, **Kernspintomographie** F MED resonancia *f* magnética nuclear

'Kernspruch M sentencia *f* (profunda); **Kernstrahlung** F NUKL radiación *f* nuclear; **Kernstück** N parte *f* esencial; corazón *m*; médula *f*; *umg* plato *m* fuerte; **Kerntechnik** F NUKL técnica *f* nuclear; **Kernteilchen** N PHYS nucleón *m*; **Kernteilung** F BIOL división *f* nuclear; **Kerntruppen** FPL MIL tropas *fpl* selectas; **Kernumwandlung** F PHYS transformación *f* nuclear; **Kernverschmelzung** F PHYS, BIOL fusión *f* nuclear; **Kernwaffe** F arma *f* nuclear; **Kernwaffenversuch** M prueba *f* nuclear; **Kernwolle** F lana *f* de lomo; **Kernzeit** F WIRTSCH *Arbeitsorganisation*: franja *f* horaria fija; **Kernzerfall** M PHYS desintegración *f* nuclear

Kero'sin N ⟨~s⟩ CHEM, FLUG queroseno *m*

'Kerze F ⟨~; ~n⟩ **1** vela *f*; candela *f*; (*Kirchenkerze*) cirio *m* **2** AUTO (*Zündkerze*) bujía *f* **3** *Turnen*: posición *f* sobre los hombros, *umg* farol *m*; **Kerzenbirne** F ELEK vela *f*

'kerzenge'rade ADJ derecho como una vela (*od* como un huso)

'Kerzengießer M, **Kerzengießerin** F velero *m*, -a *f*; **Kerzenhalter** M portavelas *m*; **Kerzenleuchter** M candelero *m*; *mit Griff*: palmatoria *f*; **Kerzenlicht** N, **Kerzenschein** M luz *f* de vela; **bei ~** a la luz de la(s) vela(s); **Kerzenständer** M candelero *m*

kess ADJ *umg* **1** (*frech, unverfroren*) fresco; desenvuelto **2** (*flott*) garboso, *umg* pimpante; **ein ~es Mädchen** una niña garbosa

'Kessel M ⟨~s; ~⟩ **1** caldera *f* (*a. Dampfkessel, Heizkessel*); *großer*: calderón *m*; *kleiner*: caldero *m*; caldereta *f*; **ein ~ voll** una calderada **2** (*Wasserkessel*) hervidor *m*; (*Kochtopf*) olla *f*; marmita *f* **3** (*Talkessel*) valle *m* cerrado **4** MIL zona *f* cercada

'Kesseldruck M ⟨~(e)s; ¨e⟩ presión *f* en la caldera; **Kesselfleisch** N *panceta cocida de cerdo recién sacrificado*; **Kesselflicker** M *hist* calderero *m* (ambulante); **Kesselhaken** M llares *fpl*; **Kesselhaus** N sala *f* de calderas; **Kesseljagd** F → Kesseltreiben; **Kesselpauke** F MUS timbal *m*; **Kesselschmied** M calderero *m*; **Kesselschmiede** F calderería *f*; **Kesselstein** M incrustaciones *fpl*; **den ~ entfernen** desincrustar la

K

caldera; **Kesseltreiben** N JAGD *u. fig* batida *f* (**veranstalten** dar); **Kesselwagen** M BAHN vagón-cisterna *m*
'Ket(s)chup ['kɛtʃap] M, N ⟨~(s); ~s⟩ ketchup *m*
'Kettbaum M *Weberei*: plegador *m* de urdimbre
'Kette F ⟨~; ~n⟩ **1** cadena *f* (*a.* TECH, GEOG, *fig Ladenkette, Hotelkette*); (*Fessel*) **~n** *pl* cadenas *fpl*; **eine ~ bilden** formar cadena; **an die ~ legen** encadenar, *Hund a.*: atar; **j-n in ~n legen** encadenar a alg; (*fesseln*) aherrojar a alg; **von der ~ lösen** desencadenar, *Hund*: soltar **2** (*Halskette*) cadena *f*; *aus Perlen, Edelsteinen*: collar *m* (*a. Ordenskette*); (*Blumenkette*) guirnalda *f* **3** *fig* sucesión *f*, serie *f*; **eine ~ von Ereignissen** una serie de sucesos **4** TEX *Weberei*: urdimbre *f* **5** JAGD *v. Rebhühnern etc*: bandada *f*
'ketteln VT TEX *Weberei*: remallar
'ketten **A** VT encadenar, poner cadenas (an *acus* a); (*fesseln*) aherrojar; *fig* **an j-n gekettet sein** estar atado a alg **B** VR *fig* **sich an j-n ~** atarse a alg
'Kettenantrieb M transmisión *f* (*od* accionamiento *m*) por cadena; **Kettenaufhängung** F TECH suspensión *f* de cadena; **Kettenbrief** M carta *f* en cadena; **Kettenbruch** M MATH fracción *f* continua; **Kettenbrücke** F puente *m* colgante de cadenas; **Kettenfahrzeug** N vehículo *m* de orugas; **Kettenförderer** M TECH transportador *m* de cadena; **Kettengewölbe** N ARCH cadeneta *f*; **Kettenglied** N eslabón *m*; **Kettenhemd** N HIST cota *f* de malla; **Kettenhund** M perro *m* de cadena; **Kettenkarussel** N tiovivo *m* (con columpios); **Kettenlinie** F MATH catenaria *f*; **Kettenpanzer** M cota *f* de malla; **Kettenrad** N TECH rueda *f* de cadena; **Kettenraucher** M, **Kettenraucherin** F fumador *m*, -a *f* empedernido, -a; **Kettenreaktion** F reacción *f* en cadena; **Kettenregel** F MATH regla *f* de la cadena; **Kettensäge** F sierra *f* de cadena; **Kettenschaltung** F *Fahrrad*: cambio *m* de piñón (*od* por cadena); **Kettenschluss** M *Logik*: sorites *m*; **Kettenschutz** M *Fahrrad*: cubrecadena *m*; **Kettenstich** M TEX (punto *m* de) cadeneta *f*
'Kettfaden M TEX *Weberei*: hilo *m* de urdimbre
'Ketzer M ⟨~s; ~⟩ hereje *m*
Ketze'rei F ⟨~; ~en⟩ herejía *f*
'Ketzergericht N (tribunal *m* de la) inquisición *f*; *sp a.* Santo Oficio *m*; **Ketzerin** F ⟨~; ~nen⟩ hereje *f*; **ketzerisch** ADJ herético; **Ketzerverbrennung** F auto *m* de fe; **Ketzerverfolgung** F persecución *f* de los herejes
'keuchen VI jadear; **Keuchen** N ⟨~s⟩ jadeo *m*; **keuchend** ADJ jadeante; **Keuchhusten** M MED tos *f* ferina
'Keule F ⟨~; ~n⟩ **1** maza *f* (*a. Turngerät*); (*Knüppel*) clava *f*, porra *f*; cachiporra *f* **2** (*Geflügelkeule*) muslo *m*; (*Hammelkeule, Kalbskeule*) pierna *f*; (*Wildkeule*) pernil *m* **3** *fig* **chemische ~** *Pestizide etc*: productos *mpl* tóxicos; *scharfes Reinigungsmittel*: corrosivos *mpl*
'keulenförmig ADJ en forma de maza
'Keulenschlag M mazazo *m*, porrazo *m*; **Keulenschwingen** N ⟨~s⟩ SPORT ejercicio *m* con mazas
keusch ADJ casto; púdico; (*enthaltsam*) continente; **'Keuschheit** F ⟨~⟩ castidad *f*; pudicicia *f*; (*Enthaltsamkeit*) continencia *f*
'Keuschheitsgelübde N voto *m* de castidad; **Keuschheitsgürtel** M *hist* cinturón *m* de castidad
Keyboard ['ki:bɔrt] N ⟨~s; ~s⟩ MUS, IT teclado *m*
kfm ABK (kaufmännisch) comercial
Kfm. ABK (Kaufmann) comerciante *m*
Kfz N ABK (Kraftfahrzeug) automóvil *m*
Kf'z... IN ZSSGN → Kraftfahrzeugbrief *etc*; **Kfz-Mechaniker** M, **Kfz-Mechanikerin** F mecánico *m*, -a *f* de automóviles; **Kfz-Steuer** F → Kraftfahrzeugsteuer; **Kfz-Versicherung** F seguro *m* de automóviles; **Kfz-Werkstatt** F taller *m* (mecánico de automóviles)
kg ABK (Kilogramm) kilogramo *m*
KG F ABK (Kommanditgesellschaft) HANDEL sociedad *f* en comandita (*od* comanditaria)
kgl. ABK (königlich) real
KGV N ABK (Kleinstes Gemeinsames Vielfaches) MATH MCM *m* (mínimo común múltiplo)
'Khaki N → Kaki[1]
kHz ABK (Kilohertz) khz (kilohercio)
'Kibbuz M ⟨~; ~im *od* ~e⟩ kib(b)utz *m*
'Kichererbse F BOT garbanzo *m*
'kichern VI (*verlegen lachen*) reír a socapa (*od* para sus adentros); (*leise und mit hohen Tönen lachen*) hacer risitas
'Kichern N ⟨~s⟩ risas *fpl* sofocadas; risita *f*
Kick M ⟨~(s); ~s⟩ *umg* (*Erlebnis, Nervenkitzel*) *umg* gusanillo *m*; **'Kickboxen** N ⟨~s⟩ SPORT kickboxing *m*
'kicken *umg* **A** VT **den Ball ins Tor ~** chutar el balón a puerta **B** VI jugar al fútbol; **Kicker** M ⟨~s; ~⟩, **Kickerin** F ⟨~; ~nen⟩ futbolista *m/f*
Kicks M ⟨~es; ~e⟩ *Billard*: pifia *f*
'kicksen VI *beim Singen*: soltar un gallo; *Billard, Flöte*: pifiar; **Kickser** M ⟨~s; ~⟩ MUS gallo *m*
'Kickstarter M *Motorrad*: arranque *m* de pie
Kid N ⟨~s; ~s⟩ *umg* niño *m*, -a *f*, chico *m*, -a *f*
'Kiddies PL *umg* peques *mpl*, enanos *mpl*
'kidnappen ['kɪdnɛpən] VT secuestrar; **Kidnapper** M ⟨~s; ~⟩, **Kidnapperin** F ⟨~; ~nen⟩ secuestrador *m*, -a *f*
'kiebig ADJ *umg nordd* malhumorado; regañón; desabrido
'Kiebitz M ⟨~es; ~e⟩ **1** ORN avefría *f* **2** *fig beim Spiel*: *umg* mirón *m*; **kiebitzen** VI *umg* estar de mirón
'Kiefer[1] M ⟨~s; ~⟩ ANAT maxilar *m*, mandíbula *f*; quijada *f*
'Kiefer[2] F ⟨~; ~n⟩ BOT pino *m* (común)
'Kiefergelenk N ANAT articulación *f* de la mandíbula; **Kieferhöhle** F ANAT seno *m* maxilar; **Kieferknochen** M ANAT hueso *m* maxilar
'Kiefernholz N madera *f* de pino; **Kiefernnadel** F pinocha *f*; **Kiefernwald** M pinar *m*; **Kiefernzapfen** M piña *f*
'Kieferorthopäde M MED ortodoncista *m*; **Kieferorthopädie** F MED ortodoncia *f*; **Kieferorthopädin** F MED ortodoncista *f*; **Kiefersperre** F MED trismo *m*
'kieken VI *nordd umg* mirar
'Kieker M *umg* **j-n auf dem ~ haben** tener ojeriza (*od umg* hincha) a alg; *umg* tener fichado a alg
'kieksen VI → kicksen
Kiel M ⟨~(e)s; ~e⟩ **1** SCHIFF quilla *f*; **auf ~ legen** poner en grada, poner la quilla (*a un barco*) **2** (*Federkiel*) cañón *m*
'Kielbogen M ARCH arco *m* Tudor; **Kielflosse** F FLUG, SCHIFF estabilizador *m* (de dirección); **kielförmig** ADJ aquillado; **kielholen** VT SCHIFF carenar, dar carena a; **Kielholen** N ⟨~s⟩ SCHIFF carena *f*; **Kiellänge** F SCHIFF eslora *f*; **Kiellegung** F ⟨~; ~en⟩ puesta *f* en grada; **Kiellinie** F línea *f* de fila
kiel'oben ADJ con la quilla al aire
'Kielraum M cala *f*; sentina *f*; **Kielschwein** N SCHIFF sobrequilla *f*, contraquilla *f*, carlinga *f*; **Kielwasser** N ⟨~s⟩ estela *f*, aguaje *m*; *fig* **in j-s** (*dat*) **~ schwimmen** *od* **segeln** seguir la corriente (*od* la estela) a alg
'Kieme F ⟨~; ~n⟩ agalla *f*, branquia *f*
'Kiemenatmung F respiración *f* branquial; **Kiemendeckel** M opérculo *m*
Kien M ⟨~(e)s; ~e⟩ leña *f* resinosa
'Kienholz N → Kien; **Kienspan** M astilla *f* resinosa, tea *f*
'Kiepe F ⟨~; ~n⟩ *nordd* capacho *m*; cuévano *m*
Kies M ⟨~es; ~e⟩ **1** grava *f*; casquijo *m*; cascajo *m*; guijo *m*; *feiner*: gravilla *f* **2** *umg* (*Geld*) *umg* tela *f*, pasta *f*; **Kiesboden** M terreno *m* guijarroso
'Kiesel M ⟨~s; ~⟩ guijarro *m*, canto *m* rodado; guija *f*; **Kieselalge** F BOT diatomea *f*; **Kieselerde** F tierra *f* silícea; MINER sílice *f*; **Kieselgur** F ⟨~⟩ tierra *f* de diatomeas, kieselgur *m*
'kieselhaltig, kieselsauer ADJ silíceo
'Kieselsäure F CHEM ácido *m* silícico; **Kieselstein** M → Kiesel
'Kiesgrube F gravera *f*; cascajar *m*
'kieshaltig, kiesig ADJ guijarreño, guijarroso
'Kiesweg M sendero *m* de grava
Kiez M **1** *bes berlinerisch* (*Stadtviertel*) barrio *m* **2** *umg* (*Rotlichtviertel*) barrio *m* chino
'kiffen VI *Drogenjargon* fumar porros
'Kiffer M ⟨~s; ~⟩, **Kifferin** F ⟨~; ~nen⟩ *Drogenjargon* fumador *m*, -a *f* de porros, fumeta *m/f*
kikeri'ki INT **~!** *kinderspr* ¡quiquiriquí!
kille'kille *kinderspr* **~ machen** hacer cosquillas
'killen VT *umg* despachar, *sl* cargarse (**j-n** a alg)
'Killer M ⟨~s; ~⟩ asesino *m*; *bezahlter a.*: sicario *m*; **Killerinstinkt** M instinto *m* asesino; **Killerwal** M ZOOL orca *m*
'Kilo N ⟨~s; ~s, *pero* 5 ~⟩ quilo *m*, kilo *m*
Kilo'byte N IT kilobyte *m*; **Kilo'gramm** N kilogramo *m*; **Kilo'hertz** N PHYS kilohercio *m*; **Kilo'joule** N PHYS kilojulio *m*; **Kiloka'lo'rie** F PHYS kilocaloría *f*
Kilo'meter M kilómetro *m*; *umg* **~ fressen** tragar kilómetros; **Kilometerfresser** M *umg* AUTO devorador *m* de kilómetros, tragakilómetros *m*; **Kilometergeld** N kilometraje *m*; **Kilometerleistung** F kilometraje *m*; **Kilometerpauschale** F kilometraje *m*; **Kilometerstand** M kilometraje *m*; **Kilometerstein** M poste *m* (*od* mojón *m*) kilométrico; **kilometerweit** ADV muchos kilómetros; **~ fahren** recorrer muchos kilómetros; **Kilometerzahl** F kilómetros *mpl* recorridos, kilometraje *m*; **Kilometerzähler** M cuentakilómetros *m*
Kilo'watt N kilovatio *m*; **Kilowattstunde** F kilovatio-hora *m*
Kimm F ⟨~⟩ SCHIFF horizonte *m*
'Kimme F ⟨~; ~n⟩ (*Kerbe*) muesca *f*, entalladura *f*; MIL *am Gewehr*: muesca *f* de mira; **Kimmung** F ⟨~; ~en⟩ SCHIFF **1** (*Luftspiegelung*) espejismo *m* **2** → Kimm
'Kimono M ⟨~s; ~s⟩ kimono *m*; **Kimonoärmel** M manga *f* kimono
Kind N ⟨~(e)s; ~er⟩ **1** *allg* niño *m*, -a *f*; *umg* crío *m*, -a *f*; **kleines ~** chiquillo *m*, -a *f*; *umg* nene *m*, nena *f*; **noch ein ~ sein** *umg* ser una criatura; **kein ~ mehr sein** *umg* haber salido de pañales; *umg* ser ya mayorcito; **sich wie ein ~ benehmen** portarse como niño; **als ~** de niño; **von ~ auf** *od* **an** desde niño, desde la niñez; **das weiß doch jedes ~** eso lo sabe todo el mundo; **sei doch kein ~!** ¡no seas niño!; **~er, ~er!** ¡vaya, vaya! **2** *eigenes*: hijo *m*, -a *f*; **die ~er** los hijos; **ein ~ bekommen** (*od umg* **kriegen**) (*gebären*) tener un niño; (*schwanger sein*)

estar encinta (*od* embarazada); **ein ~ erwarten** estar encinta (*od* embarazada), esperar un niño; **~er haben** tener hijos (*od* familia); **mit ~ und Kegel** con toda la familia; *fig* con todo el equipo; **an ~es statt annehmen** adoptar, prohijar **3** *fig* **ein ~ seiner Zeit** un hombre de su siglo, un hijo de su época; *umg* **kein ~ von Traurigkeit sein** ser muy alegre **4** **das ~ mit dem Bade ausschütten** condenar por igual a justos y a pecadores; **das ~ beim Namen nennen** llamar las cosas por su nombre; *umg* llamar al pan, pan y al vino, vino; *umg* **wir werden das ~ schon schaukeln!** ¡ya lo arreglaremos!; **sich bei j-m lieb ~ machen** congraciarse con alg; *umg* hacer la pelota a alg **5** *sprichw* **gebranntes ~ scheut das Feuer** gato escaldado del agua fría huye; **~er und Narren sagen die Wahrheit** los niños y los locos dicen las verdades; **aus ~ern werden Leute** mañana serán hombres; los niños se hacen mayores

'Kindbett N sobreparto *m*, pos(t)-parto *m*, puerperio *m*; **Kindbettfieber** N MED fiebre *f* puerperal

'Kindchen N ⟨~s; ~⟩ nene *m*, nena *f*; **Kindchenschema** N PSYCH esquema *m* infantil

'Kinderarbeit F trabajo *m* infantil (*od* de menores); **Kinderarzt** M, **Kinderärztin** F pediatra *m/f*; **Kinderausweis** M ≈ certificado *m* de viaje para menores; **Kinderbecken** N *im Schwimmbad*: piscina *m* infantil; **Kinderbeihilfe** F *österr* → Kindergeld; **Kinderbekleidung** F ropa *f* para niños; **Kinderbetreuung** F cuidado *m* (*od* asistencia *f*) de niños; **Kinderbett** N cama *f* de (*od* para) niños; **Kinderbrei** M papilla *f*; **Kinderbuch** N libro *m* infantil (*od* para niños); **Kinderchor** M coro *m* infantil; **Kinderdorf** N aldea *f* infantil

Kinde'rei F ⟨~; ~en⟩ niñada *f*, niñería *f*, chiquillada *f*; (*Kleinigkeit*) bagatela *f*

'Kinderermäßigung F reducción *f* para niños; **Kindererziehung** F educación *f* de los niños; **Kinderfahrkarte** F billete *m* infantil, medio billete *m*; **Kinderfahrrad** N bicicleta *f* de niño; **kinderfeindlich** ADJ poco amigo de los niños; **Kinderfest** N fiesta *f* infantil; **Kinderfilm** M película *f* para niños; **Kinderfrau** F niñera *f*, ama *f* de cría; **Kinderfreibetrag** M desgravación *f* por cargas familiares, deducción *f* por hijo; **Kinderfreund** M, **Kinderfreundin** F amante *m/f* de los niños

'kinderfreundlich ADJ *Mensch* amable con los niños; *Möbel, Hotel* adaptado para niños

'Kinderfunk M emisión *f* infantil; **Kinderfürsorge** F patronato *m* de protección a la infancia; **Kindergarten** M jardín *m* de infancia; parvulario *m*; *Am* kinder *m*; **Kindergartenplatz** M plaza *f* en un jardín de infancia (*od* parvulario); **Kindergärtnerin** F maestra *f* de educación infantil, educadora *f* infantil; **Kindergeburtstag** M cumpleaños *m* de un niño; **Kindergeld** N subsidio *m* familiar por hijos, puntos *mpl* por hijos; **Kindergeschrei** N griterío *f* de niños; **Kindergottesdienst** M misa *f* (*od* servicio *m* religioso) para niños; **Kinderheilkunde** F pediatría *f*; **Kinderheim** N hogar *m* infantil; *für behinderte Kinder*: hogar *m* para niños discapacitados; **Kinderhort** M guardería *f* para niños (en edad escolar); **Kinderjahre** NPL (años *mpl* de la) infancia *f*; **Kinderkanal** M TV canal *m* infantil; **Kinderklapper** F sonajero *m*; **Kinderkleidung** F ropa *f* para niños; **Kinderklinik** F clínica *f* pediátrica; **Kinderkrankenschwester** F enfermera *f* puericultora; **Kinderkrankheit** F **1** MED enfermedad *f* infantil (*od* de la infancia) **2** *fig* **~en** *pl* dificultades *fpl* del comienzo; **Kinderkrippe** F guardería *f* infantil; **Kinderladen** M **1** (*Geschäft*) tienda *f* para niños) **2** (*Kindergarten*) *parvulario privado y antiautoritario*; **Kinderlähmung** F MED polio (mielitis) *f*, parálisis *f* infantil

'kinder'leicht ADJ facilísimo; **das ist ~** esto es un juego de niños; *umg* esto es coser y cantar (*od* pan comido)

'kinderlieb ADJ niñero; **~ sein** querer mucho a los niños; amar a los niños

'Kinderliebe F amor *m* a los niños (*bzw* hijos); **Kinderlied** N canción *f* infantil

'kinderlos ADJ sin hijos; **Kinderlosigkeit** F ⟨~⟩ falta *f* de hijos

'Kindermädchen N niñera *f*; **Kindermode** M moda *f* infantil; **Kindernahrung** F alimentos *mpl* infantiles; **Kindernarr** M, **Kindernärrin** F gran amante *m/f* de los niños; **Kinderpflege** F puericultura *f*; **Kinderpfleger** M, **Kinderpflegerin** F puericultor *m*, -a *f*; **Kinderpornografie** F pornografía *f* infantil; **Kinderprogramm** N programa *m* infantil; **Kinderprostitution** F prostitución *f* infantil; **Kinderrechte** NPL derechos *mpl* de los niños; derechos *mpl* de la infancia

'kinderreich ADJ con muchos hijos; **~e Familie** familia *f* numerosa

'Kinderschänder M ⟨~s; ~⟩ corruptor *m* de menores; **Kinderschar** F chiquillería *f*; prole *f*; **Kinderschreck** M coco *m*

'Kinderschuh M zapatito *m* de niño; *fig* **den ~en entwachsen sein** haber salido de pañales (*od* mantillas); **noch in den ~en stecken** *fig* estar todavía en pañales (*od* mantillas)

'Kinderschutz M protección *f* de la infancia; **Kinderschwester** F puericultora *f*; **Kindersendung** F TV, RADIO programa *f* infantil; **kindersicher** ADJ conforme a las normas de seguridad infantil; **Kindersicherung** F seguro *m* a prueba de niños; **Kindersitz** M sillín *m* para niños

'Kinderspiel N juego *m* infantil; *fig* **das ist ein ~** → kinderleicht; **Kinderspielplatz** M parque *m* infantil; **Kinderspielzeug** N juguete *m*

'Kindersprache F lenguaje *m* infantil; **Kindersterblichkeit** F ⟨~⟩ mortalidad *f* infantil; **Kinderstimme** F voz *f* infantil (*od* de niño); **Kinderstreich** M chiquillada *f*

'Kinderstube F *fig* **eine gute ~ haben** estar bien educado; tener buenos modales; **keine** *od* **eine schlechte ~ haben** tener malos modales

'Kinderstuhl M silla *f* para niños; **Kindertagesstätte** F ⟨~; ~n⟩ guardería *f* infantil; **Kinderteller** M *Teller, Portion im Restaurant*: plato *m* para niños; **Kindervorstellung** F sesión *f* infantil; **Kinderwagen** M cochecito *m* de niño; **Kinderzimmer** N cuarto *m* de los niños; **Kinderzulage** F, **Kinderzuschlag** M plus *m* (*od* puntos *mpl*) por hijos

'Kindesalter N infancia *f*; niñez *f*; **Kindesaussetzung** F abandono *m* (*od* exposición *f*) de un niño; **Kindesbeine** NPL *fig* **von ~n an** desde niño; desde la más tierna infancia; **Kindesentführer** M, **Kindesentführerin** F secuestrador *m*, -a *f* de un niño; **Kindesentführung** F secuestro *m* de un niño; **Kindeskind** N *obs* nieto *m*, nieta *f*; **Kindesliebe** F amor *m* filial; **Kindesmissbrauch** M abuso *m* (*od* corrupción *f*) de menores; **Kindesmisshandlung** F malos tratos *mpl* a los niños; **Kindesmord** M infanticidio *m*; **Kindesmörder** M, **Kindesmörderin** F infanticida *m/f*; **Kindesraub** M → Kindesentführung; **Kindestötung** F → Kindesmord; **Kindesunterschiebung** F ⟨~⟩ JUR sustitución *f* de niños

'kindgemäß ADJ, **kindgerecht** ADJ adecuado a los niños, apropiado para los niños

'Kindheit F ⟨~⟩ infancia *f*; niñez *f*; **von ~ an** desde la más tierna infancia, desde niño

'kindisch **A** ADJ pueril; infantil; *Greis* chocho; **sei nicht ~!** ¡no seas niño!; **~ werden** aniñarse; *Greis* chochear **B** ADV **sich ~ benehmen** portarse como una criatura

'kindlich **A** ADJ infantil, de niño; *Liebe etc* filial; (*unbefangen*) ingenuo; cándido; (*unschuldig*) inocente; *Gesicht* aniñado **B** ADV **sich ~ freuen** alegrarse como (un) niño con zapatos nuevos; **Kindlichkeit** F ⟨~⟩ candidez *f*; inocencia *f*; ingenuidad *f*

'Kindskopf M *umg pej* niño *m*, -a *f*; tonto *m*, -a *f*; alma *f* de cántaro; **Kindspech** N PHYSIOL meconio *m*; **Kindstaufe** F bautismo *m*; *Fest*: bautizo *m*; **Kindstod** M muerte *m* infantil; MED **plötzlicher ~** síndrome *m* de muerte súbita infantil

'Kindtaufe F → Kindstaufe

Kinesiolo'gie F ⟨~⟩ cinesiología *f*

Ki'netik F ⟨~⟩ PHYS cinética *f*; **kinetisch** ADJ cinético

'Kinkerlitzchen PL *umg* (*Krimskrams*) chismes *mpl*; cachivaches *mpl*; baratijas *fpl*; (*Nichtigkeiten*) bagatelas *fpl*, niñerías *fpl*

Kinn N ⟨~(e)s; ~e⟩ barbilla *f*, mentón *m*

'Kinnbacke F, **Kinnbacken** M maxilar *m*, mandíbula *f*, quijada *f*; **Kinnband** N ⟨~(e)s; ~̈er⟩ *am Hut*: barboquejo *m*; **Kinnbart** M perilla *f*; **Kinnhaken** M *Boxen*: gancho *m* a la mandíbula; **Kinnhalter** M *Geige*: apoyabarbas *m*; mentonera *f*; **Kinnkette** F *des Pferdes*: barbada *f*; **Kinnlade** F mandíbula *f*

'Kino N ⟨~s; ~s⟩ cine *m*; **ins ~ gehen** ir al cine; **Kinobesuch** M frecuentación *f* de los cines; asistencia *f* al cine; **j-n zu einem ~ einladen** invitar a alg al cine; **Kinobesucher** M, **Kinobesucherin** F espectador *m*, -a *f* de cine; **Kinofilm** M película *f*; **Kinokarte** F entrada *f* de cine; **Kinokasse** F taquilla *f* del cine; **Kinoleinwand** F pantalla *f*; **Kinoprogramm** N cartelera *f* del cine; **Kinoreklame** F publicidad *f* cinematográfica; **Kinosaal** M sala *f* de cine; **Kinotag** M *día en que los precios de los cines están rebajados*; **Kinovorstellung** F sesión *f* de cine; **Kinowerbung** F publicidad *f* cinematográfica

'Kintopp M, N ⟨~s; ~s *od* ~̈e⟩ *umg oft hum od pej* cine *m*

'Kiosk M ⟨~(e)s; ~e⟩ kiosko *m*, kiosco *m*, quiosco *m*; **Kioskbesitzer** M, **Kioskbesitzerin** F quiosquero *m*, -a *f*

'Kipfe(r)l N ⟨~s; ~n⟩ *südd, österr Gebäck*: media luna *f*, croissant *m*

'Kippanhänger M AUTO remolque *m* basculante (*od* volquete); **kippbar** ADJ basculante; **Kippbühne** F TECH plataforma *f* basculante

'Kippe F ⟨~; ~n⟩ **1** TECH volquete *m* **2** SPORT *Turnen*: ballesta *f* **3** *umg* (*Zigarettenstummel*) colilla *f* **4** **auf der ~ stehen** estar a punto de caer; *fig* estar en peligro (*od umg* en un tris)

'kippelig ADJ *umg* tambaleante; inseguro

'kippeln VI bambolear, bascular

'kippen **A** VT **1** (*neigen, stürzen*) volcar **2** (*schütten*) verter; *umg* **einen ~** *umg* echar un trago **3** *umg* (*zurückziehen*) retirar; (*absetzen*) quitar **B** VI ⟨sn⟩ **1** perder el equilibrio; caer; (*umkippen*) volcar **2** ÖKOL **der See ist gekippt** el equilibrio ecológico del lago se ha roto

'Kipper M ⟨~s; ~⟩ (camión *m* de) volquete *m*,

K

basculador *m*; **Kippfenster** N ventana *f* basculante (*bzw* de fuelle); **Kipphebel** M palanca *f* basculante; **Kippkarren** M volquete *m*; vagoneta *f* basculante; **Kipplastwagen** M camión *m* basculante (*od* de volquete); **Kipplore** F BERGB vagoneta *f* basculante; **Kippschalter** M interruptor *m* basculante; **Kippschutz** M *Kindersicherung*: sistema *m* antivuelco; **kippsicher** ADJ estable, fijo; **Kipptür** F puerta *f* basculante; **Kippvorrichtung** F dispositivo *m* basculante; **Kippwagen** M BAHN vagón *m* basculante; (*Karren*) volquete *m*

'Kirche F ⟨~; ~n⟩ **1** *Gebäude*: iglesia *f*; *fig* **wir wollen die ~ im Dorf lassen** no hay que sacar las cosas de quicio **2** *Einrichtung*: Iglesia *f* **3** *Gottesdienst*: **in die ~ gehen** ir a misa (*bzw* a la iglesia)

'Kirchenälteste M/F ⟨~n; ~n; → A⟩ PROT consejero *m*, -a *f* parroquial; **Kirchenamt** N ministerio *m* eclesiástico; sacerdocio *m*; **Kirchenasyl** N asilo *m* eclesiástico (*od* de la iglesia); **Kirchenaustritt** M baja *f* de la iglesia; **Kirchenbank** F ⟨~; ⸚e⟩ banco *m* de la iglesia; **Kirchenbann** M excomunión *f*; entredicho *m*; **in den ~ tun** excomulgar; **Kirchenbehörde** F autoridad *f* eclesiástica; **Kirchenbesuch** M asistencia *f* a misa; **Kirchenbuch** N registro *m* (*od* libro *m*) parroquial; **Kirchenchor** M coro *m* de iglesia; **Kirchendiebstahl** M robo *m* sacrílego; **Kirchendiener** M sacristán *m*; **Kirchenfahne** F gonfalón *m*

'kirchenfeindlich ADJ anticlerical

'Kirchenfenster N vidriera *f*; *großes*: ventanal *m*; **Kirchenfest** N fiesta *f* religiosa; **Kirchenfürst** M prelado *m*; príncipe *m* de la Iglesia; **Kirchengemeinde** F parroquia *f*; **Kirchengericht** N tribunal *m* eclesiástico; **Kirchengesang** M canto *m* litúrgico; **Kirchengeschichte** F historia *f* eclesiástica; **Kirchenglocke** F campana *f* de la iglesia; **Kirchenjahr** N año *m* eclesiástico; **Kirchenkonzert** N concierto *m* religioso (*od* de música sacra); **Kirchenlehre** F doctrina *f* de la Iglesia; dogma *m*; **Kirchenlehrer** M doctor *m* de la Iglesia; **Kirchenlicht** N *fig* **er ist kein (großes) ~** no es ninguna lumbrera; no tiene dos dedos de frente; **Kirchenlied** N cántico *m*; **Kirchenmaus** F *fig* **arm wie eine ~** *umg* más pobre que una rata; **Kirchenmusik** F música *f* sacra (*od* sagrada); **Kirchenrat** M PROT *Gremium*: consistorio *m*; *Person*: consejero *m* eclesiástico; miembro *m* del consistorio; **Kirchenraub** M robo *m* sacrílego; **Kirchenrecht** N JUR derecho *m* eclesiástico; KATH derecho *m* canónico

'kirchenrechtlich ADJ canónico

'Kirchenschändung F sacrilegio *m*; profanación *f*; **Kirchenschiff** N ARCH nave *f*; **Kirchenspaltung** F cisma *m*; **Kirchenstaat** M HIST Estados *mpl* Pontificios; **Kirchensteuer** F impuesto *m* eclesiástico (*od* religioso); **Kirchentag** M PROT **Deutscher Evangelischer ~** Congreso Sinodal de la Iglesia Evangélica Alemana; **Ökumenischer ~** Día *m* Ecuménico de la Iglesia; **Kirchenvater** M Padre *m* de la Iglesia; *pl* HIST **die Kirchenväter** los Santos Padres; **Kirchenversammlung** F KATH concilio *m*; *bes* PROT sínodo *m*; **Kirchenvorstand** M junta *f* parroquial; KATH consejo *m* de fábrica; **Kirchenvorsteher** M consejero *m* parroquial; KATH mayordomo *m* de fábrica

'Kirchgang M ida *f* a misa; **Kirchgänger** M ⟨~s; ~⟩, **Kirchgängerin** F ⟨~; ~nen⟩ feligrés *m*, -esa *f*; **Kirchhof** M cementerio *m*

'kirchlich **A** ADJ eclesiástico, de la Iglesia; (*geistlich*) espiritual; (*kirchenrechtlich*) canónico; (*Geistliche betreffend*) clerical; **~e Trauung** matrimonio *m* por la iglesia **B** ADV **~ gesinnt** religioso; devoto; **sich ~ trauen lassen** casarse por la Iglesia

'Kirchspiel N, **Kirchsprengel** M ⟨~s; ~⟩ parroquia *f*, feligresía *f*; **Kirchturm** M campanario *m*; torre *f* de la iglesia; **Kirchturmpolitik** F *fig pej* política *f* de campanario; **Kirchturmspitze** F flecha *f* del campanario; **Kirchweih(e)** F **1** consagración *f* de una iglesia **2** → Kirchweihfest; **Kirchweihfest** N fiesta *f* mayor (*od* patronal); → *a.* Kirmes

'Kirmes F ⟨~; ~sen⟩ kermes(se) *f*; verbena *f*; (*Jahrmarkt*) feria *f*

'kirre ADJ *umg* (*zahm*) domesticado; manso; *fig* dócil, sumiso; **j-n ~ machen** meter en cintura a alg; **du machst mich ganz ~ mit deiner ewigen Rederei** me vas a volver loco si no paras de hablar

'kirremachen VT → kirre

Kirsch M ⟨~es; ~⟩ *Schnaps*: kirsch *m*

'Kirschbaum M cerezo *m*; **Kirschblüte** F flor *f* de cerezo; floración *f* de los cerezos

'Kirsche F ⟨~; ~n⟩ cereza *f*; (*Sauerkirsche*) guinda *f*; *Baum*: cerezo *m*; *fig* **mit ihm ist nicht gut ~n essen** *umg* tiene malas pulgas; *umg* es de armas tomar

'Kirschkern M hueso *m* de cereza; **Kirschkuchen** M tarta *f* de cerezas (*bzw* de guindas); **kirschrot** ADJ rojo cereza; **Kirschsaft** M zumo *m* de cerezas; **Kirschstein** M → Kirschkern; **Kirschtomate** F tomate *m* cherry; **Kirschtorte** F → Kirschkuchen; **Kirschwasser** N ⟨~s; ~⟩ kirsch *m*

'Kissen N ⟨~s; ~⟩ almohada *f*; (*Sofakissen*) cojín *m*; almohadón *m*; **Kissenbezug** M funda *f*

'Kiste F ⟨~; ~n⟩ caja *f*; cajón *m*; (*Truhe*) arca *f*; *umg* **(alte) ~** (*Auto*) *umg* (viejo) cacharro *m* (*a. Flugzeug*); *umg* cafetera *f*; **in ~n packen** encajonar; *umg fig* **(und) fertig ist die ~!** *umg* ¡y listo el bote!; ¡y sanseacabó!

'Kistendeckel M tapa *f* de la caja; **Kistenöffner** M abrecajas *m*

Kitsch M ⟨~es⟩ cursilería *f*; **'Kitschfilm** M petardo *m*; **'kitschig** ADJ cursi; de mal gusto, de pacotilla; **'Kitschroman** M novela *f* rosa

Kitt M ⟨~(e)s; ~e⟩ (*Steinkitt*) cemento *m*; (*Glaserkitt*) masilla *f*; *allg* pegamento *m*

'Kittchen N ⟨~s; ~⟩ *umg* chirona *f*, *sl* trena *f*; *umg* **ins ~ stecken** *umg* poner a la sombra; meter en chirona, enchironar; **ins ~ kommen** *umg* ir a chirona; **im ~ sitzen** estar a la sombra (*od* en chirona)

'Kittel M ⟨~s; ~⟩ bata *f*; (*Arztkittel*) bata *f* de médico; (*Hauskittel*) *a.* batín *m*; (*Overall*) mono *m*; **Kittelschürze** F bata *f*

'kitten VT enmasillar; *weitS.* pegar; *fig Ehe, Beziehung* recomponer, arreglar

Kitz N ⟨~es; ~e⟩, **'Kitze** F ⟨~; ~n⟩ ZOOL **1** (*Zicklein*) cabrito *m* **2** (*Rehkalb*) corcito *m*

'Kitzel M ⟨~s⟩ cosquilleo *m*; cosquillas *fpl*; (*Jucken*) comezón *m*; prurito *m* (*a. fig Gelüst*); *fig* (*Spannung*) suspense *m*

'kitzelig ADJ **1** cosquilloso; **~ sein** tener cosquillas **2** *fig* (*heikel*) escabroso; delicado; espinoso; **eine ~e Angelegenheit** un asunto delicado

'kitzeln VT & V/UNPERS cosquillear, hacer cosquillas; *fig* lisonjear; **es kitzelt mich** tengo cosquillas; me hace cosquillas (*a. fig*)

'Kitzeln N ⟨~s⟩ cosquilleo *m*

'Kitzler M ⟨~s; ~⟩ ANAT clítoris *m*

'kitzlig ADJ → kitzelig

'Kiwi F ⟨~; ~s⟩ BOT kiwi *m*

KKW N ABK (Kernkraftwerk) central *f* nuclear

Kl. ABK (Klasse) clase *f*

Kla'bautermann M ⟨~(e)s⟩ SCHIFF duendecillo *m*, trasgo *m*

klack INT ¡clac!

Klacks M ⟨~es; ~e⟩ **1** (*Klecks*) cucharadita *f*; **ein ~ Sahne** una cucharadita de nata **2** *fig* pizca *f*; **das ist nur ein ~** *umg* está chupado

'Kladde F ⟨~; ~n⟩ borrador *m*

kladdera'datsch INT *umg* ¡cataplum!

Kladdera'datsch M ⟨~es; ~e⟩ *umg* (*Durcheinander*) desbarajuste *m*, revoltijo *m*; **da haben wir den ~!** ¡estamos aviados!

'klaffen VI estar abierto (*od* hendido); estar mal unido; *Abgrund, Spalte etc* abrirse; **~de Wunde** herida *f* (muy) abierta; **in der Wand klafft ein Riss** se ha abierto una grieta en la pared; *fig* **hier klafft ein Widerspruch** aquí hay una flagrante contradicción

'kläffen VI *Hund* ladrar, gañir; *fig* chillar, vociferar; **Kläffen** N ⟨~s⟩ ladrido (agudo) *m*, gañido *m*; **Kläffer** M ⟨~s; ~⟩ **1** *Hund*: perro *m* ladrador **2** *fig Person*: vocinglero *m*

'Klafter M,N ⟨~s; ~⟩ *hist Holzmaß*: cuerda *f*; *Längenmaß*: braza *f*

'klagbar ADJ JUR acusable; **~ werden** entablar demanda

'Klage F ⟨~; ~n⟩ **1** (*Beschwerde*) queja *f*; (*Jammern*) lamentación *f*; **in ~n ausbrechen** prorrumpir en lamentaciones; **~ führen über** quejarse de; **keinen Grund zur ~ haben** no tener motivos de queja **2** JUR demanda *f*, querella *f*; queja *f*; **~ erheben gegen j-n** demandar a alg, presentar una demanda contra alg, poner pleito a alg; **eine ~ einreichen** *od* **anstrengen** *od* **anhängig machen** presentar (la) demanda (*bzw* querella); entablar una acción (judicial) (**gegen** *acus* contra; **wegen** *dat* por)

'Klageabweisung F ⟨~; ~en⟩ JUR denegación *f* de una demanda; **Klageanspruch** M JUR pretensión *f*; **Klageantrag** M JUR súplica *f*; **Klagebefugnis** F JUR legitimación *f* para recurrir; **Klageerhebung** F JUR presentación *f* de la demanda; **Klagegeschrei** N lamentos *mpl*, ayes *mpl*, lamentaciones *fpl*; **Klagegrund** M JUR fundamento *m* de la demanda; **Klagehäufung** F JUR acumulación *f* de acciones; **Klagelaut** M gemido *m*; quejido *m*; **Klagelied** N canto *m* fúnebre, treno *m*; *fig* lamentaciones *fpl*, jeremiada *f*; *fig* **ein ~ anstimmen** entonar lamentaciones; **Klagemauer** F Muro *m* de las Lamentaciones

'klagen **A** VI **1** quejarse (**über** *acus* de); (*jammern*) lamentarse (**über** *acus* por); (*bedauern*) dolerse (**über** *acus* de); **ich kann nicht ~!** ¡no puedo quejarme! **2** JUR demandar, poner un pleito (**gegen** *acus* a; **wegen** *dat* por); presentar demanda (*bzw* querella) (**gegen** *acus* contra; **wegen** *dat* por); **auf etw** (*acus*) **~** poner un pleito por a/c, demandar a/c **B** VT **j-m etw ~** quejarse a alg de a/c; **j-m sein Leid ~** confiar sus penas a alg

'Klagen N ⟨~s⟩ quejas *fpl*, quejido *m*; lamentaciones *fpl*; **klagend** ADJ lastimero; plañidero; quejumbroso; JUR **~er Teil** → Klagepartei

'Klagepartei F JUR parte *f* demandante (*od* actora); **Klagepunkt** M JUR punto *m* litigioso; (*Beschuldigung*) cargo *m*

'Kläger M ⟨~s; ~⟩, **Klägerin** F ⟨~; ~nen⟩ JUR actor *m*, -a *f*, demandante *m/f*; querellante *m/f*; **klägerisch** ADJ JUR (de parte) del demandante

'Klagerücknahme F JUR desistimiento *m* de la demanda; **Klageruf** M grito *m* lastimero; **Klagesache** F JUR causa *f*; proceso *m*; pleito *m*; **Klageschrift** F JUR escrito *m* de demanda; **Klageton** M tono *m* dolorido (od lastimero); **Klageweg** M JUR **auf dem ~** judicialmente; **den ~ beschreiten** proceder judicialmente, recurrir a los tribunales; **Klageweib** N *obs* plañidera *f*

'kläglich ADJ *(klagend)* quejumbroso; lastimero; *(beklagenswert)* lamentable, lastimoso; deplorable; *(erbärmlich)* miserable; *(traurig)* triste; **eine ~e Rolle spielen** hacer un triste papel; **es ist ~ anzusehen** da lástima verlo

'klaglos ADV sin quejarse

Kla'mauk M ⟨~s⟩ **1** *(Lärm) umg* alboroto *m*; barullo *m*; *umg* jaleo *m*; **~ machen** *umg* armar jaleo **2** THEAT *(Ulk) pej* astracanada *f*

klamm ADJ **1** *Finger* rígido, tieso **2** *Wäsche* húmedo (y frío) **3** *umg fig* **~ sein** andar mal de fondos (od de dinero)

Klamm F ⟨~; ~en⟩ garganta *f*; barranco *m*, torrentera *f*

'Klammer F ⟨~; ~n⟩ **1** *(Wäscheklammer)* pinza *f*; *(Haarklammer)* horquilla *f*; *(Büroklammer)* clip *m*; *(Zahnklammer)* aparato *m* (de ortodoncia); *(Heftklammer)* grapa *f* (a. TECH); MED erina *f* **2** TYPO *runde*: paréntesis *m* (a. MATH); **eckige ~** corchete *m*; **geschweifte ~** abrazadera *f*, llave *f*; **(etw) in ~n (setzen)** (poner a/c) entre paréntesis

'Klammeraffe M IT *umg (Zeichen: @)* arroba *f*; **Klammerbeutel** M bolsa *f* de pinzas; *umg* **der ist doch mit dem ~ gepudert!** *umg* ¡está chalado!

'klammern **A** VT sujetar con grapas; *mit Heftmaschine*: grapar; *mit Büroklammer*: poner un clip a **B** VR **sich an j-n/etw ~** agarrarse a alg/a/c *(a. fig)*

'klamm'heimlich ADV *umg* a la chita callando

Kla'motte F ⟨~; ~n⟩ *umg* **1** **~n** *pl (Kleider)* trapos *mpl*; *(Sachen)* trastos *mpl*, chismes *mpl*; **alte ~n** cachivaches *mpl* **2** *pej (Theaterstück)* bufonada *f*

'Klampe F ⟨~; ~n⟩ SCHIFF tojino *m*

'Klampfe F ⟨~; ~n⟩ MUS *umg, oft pej* guitarra *f*

Klan M ⟨~s; ~e⟩ clan *m*

Klang M ⟨~(e)s; Klänge⟩ sonido *m*; *harmonischer*: son *m*; *der Stimme*: tono *m*; *(Klangfarbe)* timbre *m*; *(Widerhall)* resonancia *f*; **unter den Klängen von** a los acordes de; MUS **einen guten ~ haben** sonar bien, tener buen sonido; *fig* **sein Name hat einen guten ~** es muy acreditado, *umg* tiene (buen) cartel

'Klangfarbe F timbre *m*; **Klangfülle** F sonoridad *f*; **Klangkörper** M cuerpo *m* sonoro; **Klanglehre** F acústica *f*; **klanglich** ADJ sonoro; tonal; **klanglos** ADJ sordo; *Stimme* afónico; PHYS sin sonido; no sonoro; **Klanglosigkeit** F ⟨~⟩ afonía *f*; falta *f* de voz (*bzw* de sonoridad); **Klangregelung** F *Tontechnik*: regulación *f* (od control *m*) de sonido; **Klangregler** M *Tontechnik*: regulador *m* de sonido; **klangrein** ADJ nítido, puro; **Klangreinheit** F pureza *f* de sonido; **Klangschönheit** F belleza *f* de sonido; **Klangtreue** F fidelidad *f*; **klangvoll** ADJ sonoro; *fig Name* prestigioso; **Klangwirkung** F efecto *m* sonoro

'klappbar ADJ plegable; *nach oben od unten*: abatible; **Klappbett** N cama *f* plegable; **Klappbox** F caja *f* plegable; **Klappbrücke** F puente *m* de báscula; puente *m* basculante; **Klappdeckel** M tapa *f* con charnela

'Klappe F ⟨~; ~n⟩ **1** TECH, ANAT, BIOL válvula *f*; BOT, ZOOL valva *f*; *(Deckel)* tapa *f*; *(Verschlussklappe)* chapaleta *f*; *e-r Trompete etc*: llave *f*, pistón *m*; *e-s Briefumschlages*: solapa *f* **2** TEX *(Taschenklappe)* pata *f*, cartera *f*; *(Revers)* solapa *f* **3** FILM claqueta *f* **4** *sl (Mund) umg* pico *m*; **halt die ~!** ¡calla (od cállate) la boca!, *umg* ¡cierra el pico!; *umg* **eine große ~ haben** *umg* ser un bocazas **5** *umg (Bett)* piltra *f*, catre *m*; **in die ~ gehen** irse al catre

'klappen **A** VT **nach oben** od **in die Höhe ~** alzar, levantar; **nach unten ~** bajar; **nach hinten** *bzw* **unten ~** abatir **B** VI **1** *umg (gelingen)* funcionar; *umg* marchar; *umg* cuajar; pitar; **das klappt prima** *umg* esto va que chuta; **es hat geklappt** ha salido (od resultado) bien; **wenn alles klappt** si todo va bien; **es wird schon ~!** ¡todo irá (od saldrá) bien! **2** *(klappern) Tür, Laden* tabletear; cerrarse (de golpe)

'Klappen N ⟨~s⟩ **1** *(Klappern)* tableteo *m* **2** *umg fig (Gelingen)* **etw zum ~ bringen** llevar a/c a buen fin

'Klappenhorn N MUS bugle *m* de llaves; **Klappentasche** F bolsillo *m* de cartera; **Klappentext** M *Buch*: texto *m* de presentación; solapa *f*; **Klappenventil** N válvula *f* de charnela; **Klappenverschluss** M cierre *m* de válvula

'Klapper F ⟨~; ~n⟩ *(Schnarre)* carraca *f*; matraca *f*; *(Kinderklapper)* sonajero *m*; *der Schlange*: cascabel *m*

'klapper'dürr ADJ esquelético; *umg* más flaco que un fideo

'klapperig ADJ **1** *Auto etc* destartalado; *Möbel etc* desvencijado **2** *fig umg Person* muy débil; delicado de salud; *Greis* achacoso

'Klapperkasten M, **Klapperkiste** F *umg* cacharro *m*

'klappern VI matraquear; *Geschirr, Schreibmaschine* traquetear; *Hufe* chacolotear; *Tür, Mühle* tabletear; *Fensterladen* golpear; *Storch* castañetear, crotorar; **mit den Zähnen ~** castañetear (los dientes), dar diente con diente (**vor Kälte** de frío)

'Klappern N ⟨~s⟩ matraqueo *m*; *Tür, Mühle*: tableteo *m*; *Zähne, Storch*: castañeteo *m*; *Schreibmaschine*: tecleo *m*; **Klapperschlange** F ZOOL serpiente *f* de cascabel; crótalo *m*; **Klapperstorch** M *umg* cigüeña *f*

'Klappfenster N ventana *f* giratoria; **Klapphocker** M banqueta *f* plegable; **Klappleiter** F escalera *f* plegable; **Klappmesser** N navaja *f* de muelle (od de resorte); **Klapprad** N bicicleta *f* plegable; **klapprig** ADJ → klapperig; **Klappsitz** M asiento *m* plegable; **Klappstuhl** M silla *f* plegable (od de tijera); **Klapptisch** M mesa *f* plegable (*bzw* abatible); **Klapptür** F trampa *f*; **Klappverdeck** N *e-s Wagens*: capota *f*; **Klappvisier** N MIL visera *f*; **Klappzylinder** M clac *m*

Klaps M ⟨~es; ~e⟩ **1** *(leichter Schlag)* cachete *m*; palmadita *f*; *umg* sopapo *m* **2** *umg* **einen ~ haben** estar chiflado (od tocado de la cabeza); estar majareta

'klapsen VT dar palmadas a; dar sopapos; **Klapsmühle** F *umg* manicomio *m*

klar **A** ADJ **1** claro *(a. fig Flüssigkeit, Stimme, Blick)*; *(durchsichtig) a.* transparente, diáfano; *poet* límpido; *Himmel* despejado; sereno; *Wasser, Luft* puro, limpio; **~e Brühe** caldo *m* claro; **~ werden** *Flüssigkeiten* clarificarse, *Angelegenheit* aclararse; *Himmel* despejarse **2** *(deutlich)* claro; *bes* FOTO nítido; *(offenbar) a.* evidente; *(verständlich)* inteligible; *Ziel etc* bien definido; *Geist* lúcido; **~er Favorit sein** ser claro favorito; **ist das ~?** ¿entendido?; **das ist (doch) ~** claro está; es evidente; **das ist mir ~** lo tengo claro; **das ist mir noch nicht ~** no lo he entendido muy bien; **~!** ¡claro!; ¡naturalmente!; *umg* **na ~!** ¡claro, hombre!; *umg* **alles ~?** ¿está bien? **3** *mit sein, werden*: **sich** *(dat)* **über etw** *(acus)* **~ werden** darse cuenta de a/c; comprender a/c; **man muss sich darüber ~** (od **im Klaren**) **sein, dass** hay que tener presente (od en cuenta) que; **ich bin mir im Klaren darüber** lo veo (perfectamente) claro; lo sé perfectamente; **ich bin mir noch nicht ~ (darüber)** estoy indeciso **4** *(fertig, bereit) bes* SCHIFF **~ sein** estar pronto (od listo) para zarpar; **~ Schiff machen** limpiar el barco; *umg fig* arreglar el asunto **B** ADV claramente, con claridad; **~ und deutlich** bien claro, con toda claridad; **~ denken** pensar lógicamente; **~ auf der Hand liegen** estar perfectamente claro; ser evidente (od plausible); **~ zum Ausdruck bringen** dejar bien sentado (od claro) → klarsehen

'Kläranlage F estación *f* (od planta *f*) depuradora; sistema *m* de depuración (de aguas residuales); **Klärbecken** N tanque *m* de sedimentación (od de decantación)

'klarblickend, klar blickend ADJ clarividente; *(scharfsichtig)* perspicaz; sagaz

'Klare(r) M ⟨~n; ~n; → A⟩ *Schnaps*: (vaso *m* de) aguardiente *m*

'klären **A** VT clarificar; *fig* aclarar, dilucidar, esclarecer; poner en claro (od en su punto) **B** VI SPORT despejar **C** VR **sich ~** *(aufklären)* clarificarse; aclararse, esclarecerse; **klärend** ADJ aclaratorio; **ein ~es Gespräch** una conversación aclaratoria

'klargehen VI *umg* **das geht klar** está bien; está arreglado

'Klarheit F ⟨~⟩ **1** claridad *f (a. fig)*; *(Durchsichtigkeit)* transparencia *f (a. fig)*, diafanidad *f*; *(Reinheit)* limpidez *f*; pureza *f* **2** *(Deutlichkeit, Verständlichkeit)* **~ in etw** *(acus)* **bringen** aclarar (od esclarecer od poner en claro) a/c; **sich** *(dat)* **~ über etw** *(acus)* **verschaffen** sacar a/c en claro; formarse una idea clara sobre a/c **3** *(Augenscheinlichkeit)* evidencia *f* **4** *des Geistes*: lucidez *f*

kla'rieren VT ⟨ohne ge-⟩ SCHIFF despachar en la aduana; **Klarierung** F ⟨~; ~en⟩ SCHIFF declaración *f* de entrada (*bzw* de salida)

Klari'nette F ⟨~; ~n⟩ MUS clarinete *m*; **Klarinet'tist** M ⟨~en; ~en⟩, **Klarinet'tistin** F ⟨~; ~nen⟩ clarinetista *m/f*

'klarkommen VI *umg* arreglárselas; **mit j-m ~** arreglarse con alg; **mit j-m nicht ~** no entenderse con alg; *umg* **kommst du klar?** *umg* ¿te las arreglas?

'Klarlack M barniz *m* claro

'klarlegen VT explicar; aclarar, poner en claro; **j-m etw ~** hacer comprender a alg a/c

'klarmachen VT **1** SCHIFF zafar **~ zum Gefecht** hacer zafarrancho de combate **2** *erklären* **j-m etw ~** explicar (od hacer comprender) a alg a/c; **sich** *(dat)* **etw ~** darse cuenta de a/c

'Klärmittel N clarificador *m*; **Klärschlamm** M lodos *mpl* de depuración (od de clarificación)

'klarsehen VI *fig* ver claro

'Klarsichtfolie F película *f* transparente; **Klarsichthülle** F funda *f* transparente; **Klarsichtpackung** F embalaje *m* transparente

'Klarspüler M ⟨~s; ~⟩, **Klarspülmittel** N abrillantador *m*

'klarstellen VT **etw ~** aclarar a/c, poner a/c en claro (od en su punto), puntualizar a/c; **Klarstellung** F ⟨~; ~en⟩ aclaración *f*; puntualización *f*

'Klartext M texto *m* abierto (od no cifrado); *fig* **im ~** en lenguaje claro, hablando claro

'Klärung F ⟨~; ~en⟩ clarificación *f*; purificación *f*; *fig* aclaración *f*; esclarecimiento *m*; **Klärwasser** N ⟨~s⟩ agua *f* depurada (od clarificada)

'klarwerden VR → klar A 3

'Klärwerk N estación *m* (od planta *f*) depuradora

'klasse *umg* **A** ADJ ⟨inv⟩ *umg* estupendo, fantástico **B** ADV *umg* estupendamente

K

'Klasse F ⟨~; ~n⟩ **1** *allg* clase *f* (*a.* BIOL, SOZIOL); (*Kategorie*) *a.* categoría *f*; **erster ~** de primera clase (*bzw* categoría *od* fila); **in ~n einteilen** clasificar **2** SCHULE clase *f*; *Klassenzimmer*) *a.* aula *f*; **in der ~** en clase; **in der ersten ~ sein** estar en primero (*od* en primer) curso **3** BAHN, FLUG clase *m*; **Fahrkarte erster/zweiter ~** billete *m* de primera/segunda (clase); **erster/zweiter ~ fahren** (*bzw* **fliegen**) ir en primera/segunda (clase) **4** *umg fig* **~ haben** tener clase; **das ist (ganz große) ~** es estupendo, *sl* es cojonudo
Klasse'ment [-'mãː] N ⟨~s; ~s⟩ clasificación *f* (*a.* SPORT)
'Klassenarbeit F examen *m*; **Klassenaufsatz** M redacción *f*; **Klassenbeste** M/F primero *m*, -a *f* de la clase; **klassenbewusst** ADJ SOZIOL con conciencia de clase; **Klassenbewusstsein** N SOZIOL conciencia *f* de clase; **Klassenbuch** N SCHULE diario *m* de clase; **Klasseneinteilung** F clasificación *f*; **Klassenerhalt** M SPORT permanencia *f*; **um den ~ kämpfen** luchar por la permanencia; **Klassenerste** M/F ⟨~n; ~n; → A⟩ SCHULE primero *m*, -a *f* de la clase; **Klassenfahrt** F excursión *f* (con la clase); **Klassenfeind** M, **Klassenfeindin** F HIST *im Marxismus*: enemigo *m*, -a *f* de las clases; **Klassenfoto** N foto(grafía) *f* de (la) clase; **Klassengeist** M espíritu *m* de clase (*od* de casta); **Klassengesellschaft** F sociedad *f* clasista (*od* de clases); **Klassenhass** M odio *m* de clases; **Klassenkamerad** M, **Klassenkameradin** F SCHULE compañero *m*, -a *f* de clase; **Klassenkampf** M SOZIOL lucha *f* de clases; **Klassenlehrer** M, **Klassenlehrerin** F SCHULE profesor *m*, -a *f* de clase; *in der Grundschule*: maestro *m*, -a *f* de clase; **klassenlos** ADJ SOZIOL sin clases; **Klassenlotterie** F lotería *f* en series; **Klassensprecher** M, **Klassensprecherin** F SCHULE delegado *m*, -a *f* de clase; **Klassenstärke** F SCHULE número *m* de alumnos de una clase; **Klassentreffen** N reunión *f* de antiguos compañeros de clase; **Klassenunterschiede** MPL SOZIOL diferencias *fpl* de clase; **Klassenziel** N SCHULE **er hat das ~ nicht erreicht** no ha conseguido pasar de clase; **Klassenzimmer** N (sala *f* de) clase *f*; aula *f*
klassifi'zieren V/T ⟨ohne ge-⟩ clasificar; **Klassifizierung** F ⟨~; ~en⟩ clasificación *f*
'Klassik F ⟨~⟩ clasicismo *m*; **Klassiker** M ⟨~s; ~⟩, **Klassikerin** F ⟨~; ~nen⟩ (autor *m*, -a *f*) clásico *m*, -a *f*; **klassisch** ADJ clásico
Klassi'zismus M ⟨~⟩ clasicismo *m*; **Klassizist** M ⟨~en; ~en⟩, **Klassizistin** F ⟨~; ~nen⟩ clasicista *m/f*; **klassizistisch** ADJ clasicista
klatsch INT ¡zas!
Klatsch M ⟨~es; ~e⟩ batacazo *m*; (*Geschwätz*) chismes *mpl*, habladurías *fpl*; *umg* cotilleo *m*
'Klatschbase F *umg* cotilla *f*, chismosa *f*, comadre *f*, cotorra *f*; **Klatschblatt** N *umg* periodicucho *m*
'Klatsche F ⟨~; ~n⟩ (*Fliegenklatsche*) matamoscas *m*
'klatschen **A** V/T **1** *Takt* marcar; **Beifall ~** aplaudir, dar palmas (**j-m** a alg) **2** *umg* **j-m eine ~** pegar una bofetada a alg; **etw an die Wand ~** tirar a/c contra la pared **B** V/I **1** (*prallen*) golpear, dar (**gegen etw** contra a/c) **2** (*applaudieren*) aplaudir; **in die Hände ~** dar palmadas, palmotear **3** *umg fig* (*schwatzen*) *umg* cotillear, comadrear, chism(orr)ear; **über j-n ~** murmurar de alg, chismorrear sobre alg
'Klatschen N ⟨~s⟩ **1** (*Beifall*) aplausos *mpl*; palmas *fpl* **2** *fig* → Klatsch
Klatsche'rei F ⟨~; ~en⟩ *umg* → Klatsch
'Klatschgeschichte F habladuría *f*, chisme *m*, comadrería *f*; **klatschhaft** ADJ chismoso; **Klatschhaftigkeit** F ⟨~⟩ inclinación *f* (*bzw* afición *f*) a comadrear; **Klatschmaul** N *umg* chismoso *m*, -a *f*, cotilla *m/f*; correveidile *m*; **Klatschmohn** M BOT amapola *f*
'klatsch'nass ADJ *umg* hecho una sopa, calado hasta los huesos
'Klatschspalte F columna *f* de chismografía; *umg* mentidero *m*; **klatschsüchtig** ADJ chismoso; **Klatschtante** F, **Klatschweib** N *umg* → Klatschbase
'klauben V/T *reg* (*auslesen*) escoger; separar; *umg Kartoffeln* recoger
'Klaue F ⟨~; ~n⟩ **1** *allg* uña *f*; *Raubtiere, Greifvögel*: garra *f*; (*Huf*) pezuña *f*; (*Tatze*) zarpa *f*; pata *f*; **in j-s** (*acus*) **~n geraten** caer en las garras de alg **2** TECH (*Haken*) uña *f*, garra *f*; gancho *m* **3** *umg* (*Schrift*) garrapatos *mpl*; **eine (fürchterliche) ~ haben** tener muy mala letra
'klauen V/T *umg* mangar, soplar, pispar, birlar
'Klauenfett N aceite *m* de pata de buey; **Klauenkupplung** F TECH acoplamiento *m* (*bzw* embrague *m*) de garras
'Klause F ⟨~; ~n⟩ **1** (*Mönchsklause*) celda *f*; (*Einsiedelei*) ermita *f* **2** (*Talenge*) desfiladero *m*
'Klausel F ⟨~; ~n⟩ JUR cláusula *f*; estipulación *f* (particular)
Klaustropho'bie F ⟨~; ~n⟩ claustrofobia *f*
Klau'sur F ⟨~; ~en⟩ **1** REL clausura *f*; **j-m ~ auferlegen** imponer la clausura a alg **2** → Klausurarbeit; **Klausurarbeit** F UNIV, SCHULE examen *m* escrito (bajo vigilancia); **Klausurtagung** F reunión *f* a puertas cerradas
Klavia'tur [-v-] F ⟨~; ~en⟩ MUS teclado *m*
Klavi'chord [-vi'kɔrt] N ⟨~(e)s; ~e⟩ MUS clavicordio *m*
Kla'vier [-v-] N ⟨~s; ~e⟩ piano *m*; **~ spielen** tocar el piano; **Klavierabend** M recital *m* de piano; velada *f* pianística; **Klavierauszug** M partitura *f* (*bzw* reducción *f*) para piano; **Klavierbauer** M ⟨~s; ~⟩, **Klavierbauerin** F ⟨~; ~nen⟩ fabricante *m/f* de pianos; **Klavierbearbeitung** F arreglo *m* para piano; **Klavierbegleitung** F acompañamiento *m* de piano; **Klavierhocker** M taburete *m* de piano; **Klavierkonzert** N concierto *m* (*od* recital *m*) de piano; *Stück*: concierto *m* para piano; **Klavierlehrer** M, **Klavierlehrerin** F profesor *m*, -a *f* de piano; **Klavierquartett** N MUS cuarteto *m* de piano; **Klavierschule** F *Buch*: método *m* de piano; **Klaviersonate** F MUS sonata *f* de piano; **Klavierspiel** N **sein ~** su ejecución en el piano; **Klavierspieler** M, **Klavierspielerin** F pianista *m/f*; **Klavierstimmer** M ⟨~s; ~⟩, **Klavierstimmerin** F ⟨~; ~nen⟩ afinador *m*, -a *f* de pianos; **Klavierstück** N pieza *f* (*od* composición *f*) para piano; **Klavierstuhl** M → Klavierhocker; **Klavierstunde** F lección *f* de piano; **Klavierunterricht** M enseñanza *f* del piano, lecciones *fpl* de piano
'Klebeband N ⟨~(e)s; ¨~er⟩ cinta *f* (auto)adhesiva; **Klebebindung** F encuadernación *f* pegada (*od* encolada *od* sin costuras) (*a. e-s Buchs*); **Klebeecke** F FOTO fijafoto *m* autoadhesivo; **Klebeetikett** N etiqueta *f* (auto)adhesiva; **Klebefolie** F plástico *m* adhesivo; **Klebekraft** F fuerza *f* adhesiva, poder *m* adhesivo; **Klebemittel** N adhesivo *m*; (*Bindemittel*) aglutinante *m*
'kleben **A** V/T pegar (**an** *acus*, **auf** *acus* a, en); *mit Leim*: encolar (**an** *acus*, **auf** *acus* a, en); *umg* **j-m eine ~** pegar un tortazo a alg **B** V/I adherir(se), pegar(se), estar pegado (**an** *dat* a); *fig* **am Buchstaben ~** atenerse a la letra; *fig* **Blut klebt an seinen Händen** tiene las manos manchadas de sangre; *umg fig* **an j-m/etw ~** (*nicht weggehen*) tener apego a alg/a/c; **~ bleiben** quedarse pegado → klebenbleiben
'klebenbleiben V/I *umg Schülersprache* (*sitzen bleiben*) repetir curso
'klebend ADJ aglutinante; (*haftend*) adhesivo
'Klebepflaster N PHARM parche *m* adhesivo
'Kleber M ⟨~s; ~⟩ **1** *umg* (*Klebstoff*) pegamento *m*; goma *f* de pegar **2** (*Aufkleber*) pegatina *f* **3** BOT gluten *m*; **kleberig** ADJ → klebrig; **Klebestift** M lápiz *m* adhesivo; barra *f* de pegamento; **Klebestreifen** M → Klebstreifen; **Klebezettel** M etiqueta *f* autoadhesiva
'klebrig ADJ pegajoso; glutinoso; (*zähflüssig*) viscoso; **Klebrigkeit** F ⟨~⟩ pegajosidad *f*; adhesividad *f*; (*Zähflüssigkeit*) viscosidad *f*
'Klebstoff M pegamento *m*; (*Leim*) cola *f*; **Klebstreifen** M cinta *f* (auto-)adhesiva
'kleckern V/I *umg* hacer una mancha; **auf etw ~** manchar a/c; **kleckerweise** ADV *umg* a gotas; poco a poco
Klecks M ⟨~es; ~e⟩ (*Fleck*) mancha *f*; (*Tintenklecks*) borrón *m*; *umg* (*kleine Portion*) cucharadita *f*
'klecksen V/I hacer borrones (*bzw* manchas); *Feder* echar borrones; *umg beim Malen*: *umg* pintorrear, pintarraj(e)ar
Kleckse'rei F ⟨~; ~en⟩ *umg* borrones *mpl*; (*schlechtes Bild*) *umg* pintarrajo *m*, mamarracho *m*
Klee M ⟨~s⟩ BOT trébol *m*; *fig* **j-n über den grünen ~ loben** poner a alg por las nubes
'Kleeblatt N hoja *f* de trébol; *fig* trío *m*; **vierblättriges ~** trébol *m* de cuatro hojas; **Kleeblattbogen** M ARCH arco *m* trilobulado; **kleeblattförmig** ADJ trifoliado; *Wappen* trebolado
'Kleesalz N CHEM sal *f* de acederas; **Kleesäure** F CHEM ácido *m* oxálico
'Kleiber M ⟨~s; ~⟩ ORN trepador *m* azul
Kleid N ⟨~(e)s; ~er⟩ (*Damenkleid*) vestido *m*, traje *m*; (*Ordenskleid*) hábito *m*; **~er** *pl* ropa *f*; *sprichw* **~er machen Leute** el hábito hace al monje
'kleiden **A** V/T **1** vestir; **gut ~** (*stehen*) sentar (*od* ir) bien; **dieser Anzug kleidet ihn gut** ese traje le va bien **2** *fig* **etw in Worte ~** expresar a/c con palabras **B** V/R **sich ~** vestirse; **sich in Schwarz ~** vestirse de negro
'Kleiderablage F guardarropa *m*; **Kleiderbad** N lavado *m* en seco; **Kleiderbügel** M percha *f*, colgador *m*; *Am* gancho *m*; **Kleiderbürste** F cepillo *m* (para ropa); **Kleiderhaken** M colgador *m*; **Kleiderhändler** M, **Kleiderhändlerin** F ropero *m*, -a *f*; (*Altkleiderhändler*) ropavejero *m*, -a *f*; **Kleiderhülle** F funda *f* para ropa; **Kleiderkammer** F *bes* MIL guardarropa *m*; ropería *f*; **Kleiderlaus** F piojo *m* de los vestidos; **Kleidermode** F moda *f* en el vestir; **Kleidermotte** F polilla *f* (del paño); **Kleidersack** M → Kleiderhülle; **Kleidersammlung** F recogida *f* de ropa (usada); **Kleiderschrank** M (armario *m*) ropero *m*, guardarropa *m*; **Kleiderständer** M perchero *m*; **Kleiderstange** F percha *f*; **Kleiderstoff** M tela *f* para vestidos
'kleidsam ADJ que sienta bien; de mucho vestir; elegante; **Kleidsamkeit** F ⟨~⟩ elegancia *f* (en el vestir)
'Kleidung F ⟨~; ~en⟩ ropa *f*; vestidos *mpl*; indumento *m*, indumentaria *f*; (*Garderobe*) vestuario *m* (*a.* THEAT); **Kleidungsstück** N prenda *f* de vestir
'Kleie F ⟨~; ~n⟩ salvado *m*, afrecho *m*

'Kleinmehl N moyuelo *m*

klein A ADJ 1 *Ausmaße, Menge*: pequeño; *Größe, Ausmaße a.*: *umg* chico; *Person* bajo; *(winzig)* diminuto, minúsculo; menudo; **~er Buchstabe** letra *f* minúscula; **~er Finger** (dedo *m*) meñique *m*; **~es Geld** dinero *m* suelto, calderilla *f*; MUS **~e Terz** tercera *f* menor; **das ~ere Übel** el mal menor; **~er Zeh** dedo *m* pequeño (del pie); **verschwindend ~** mínimo; **~, aber fein** pequeño, pero de cuidado; *fig* **~ werden** empequeñecerse; *umg beim Bezahlen*: **haben Sie es ~?** ¿lo tiene suelto?; **auf ~er Flamme** a fuego lento; **im Kleinen** en pequeño; en pequeña escala; en miniatura 2 *zeitlich*: breve; **eine ~e Pause** un pequeño descanso 3 *(geringfügig)* exiguo; **der ~ste Zweifel** la más pequeña duda 4 *Alter*: **~er Bruder** hermano *m* menor; **~er Junge** chico *m*; **Klein und Groß** pequeños y grandes, altos y bajos; **von ~ auf** desde niño (*od* pequeño); *umg* **immer auf die Kleinen** *umg* ¡siempre lo pagan a los niños! 5 *fig (unbedeutend)* insignificante; *(einfach)* **die ~en Leute** la gente baja (*od* de abajo); **der ~e Mann** el hombre de la calle; el ciudadano de a pie; **aus ~en Verhältnissen stammen** ser de origen humilde (*od* modesto) B ADV 1 **ein (ganz) ~ wenig** un poquito, un poquitín; **~ gewachsen** de pequeña estatura, de poca talla, *umg* bajito; → *a.* klein hacken, klein machen *etc* 2 *fig* **~ anfangen** empezar desde abajo, comenzar con (casi) nada; **~ beigeben** ceder; doblegarse; *umg* bajar las orejas 3 **~ kariert** *Muster* a cuadritos

'Kleinaktionär M, **Kleinaktionärin** F pequeño, -a accionista *m/f*; **Kleinanzeige** F anuncio *m* por palabras; pequeño anuncio *m*; **Kleinarbeit** F trabajo *m* minucioso (*od* detallado); trabajo *m* de filigrana

Klein'asien N Asia *f* Menor

'Kleinbahn F ferrocarril *m* secundario (*bzw* de vía estrecha); **Kleinbauer** M, **Kleinbäuerin** F pequeño, -a agricultor *m*, -a *f* (*od* campesino *m*, -a *f*); **Kleinbetrieb** M 1 WIRTSCH pequeña empresa *f* 2 AGR pequeña explotación *f*; **Kleinbildkamera** F FOTO cámara *f* de tamaño pequeño; **Kleinbuchstabe** M (letra *f*) minúscula *f*; **Kleinbürger** M, **Kleinbürgerin** F pequeño burgués *m*; pequeña burguesa *f*; **kleinbürgerlich** ADJ pequeñoburgués; **Kleinbürgertum** N pequeña burguesía *f*; **Kleinbus** M microbús *m*; **Kleincomputer** M miniordenador *m*, minicomputador *m*

'Kleine M/F ⟨~n; ~n; → A⟩ **die ~** la pequeña, la pequeñuela, la chica; *(Baby)* la nena; **der ~** el pequeño, el pequeñuelo, el chico; *(Baby)* el nene; **die ~n** *pl* los pequeños, la gente menuda

'kleiner ADJ 1 más pequeño; *(geringer)* menor; **~ machen** reducir, disminuir; **sich ~ machen** empequeñecerse; *(sich einziehen)* encogerse; **~ werden** *Menge, Ausmaß*: disminuir; ir disminuyendo, reducirse; *Größe*: hacerse más pequeño 2 *(ziemlich klein)* bastante pequeño; **eine ~e Menge** una cantidad más bien pequeña

'Kleiner M → Kleine

'Kleinflugzeug N avioneta *f*; **Kleinformat** N tamaño *m* (*od* formato *m*) pequeño; **Kleingarten** M huerto *m* familiar; **Kleingärtner** M, **Kleingärtnerin** F jardinero *m*, -a *f* aficionado, -a; **Kleingebäck** N pastas *fpl*; **Kleingedruckte(s)** N ⟨~n; → A⟩ **das ~** la letra menuda; **Kleingeld** N (dinero *m*) suelto *m*; calderilla *f*; *(Wechselgeld)* cambio *m*; *umg iron* **das nötige ~ haben** tener suficiente dinero

'Kleingewerbe N pequeña industria *f*; **Kleingewerbetreibende** M/F pequeño, -a industrial *m/f*

'kleingläubig ADJ de poca fe; *(verzagt)* pusilánime; **Kleingläubigkeit** F ⟨~⟩ falta *f* de fe; pusilanimidad *f*

klein hacken V/T picar

'Kleinhandel M comercio *m* al por menor; **Kleinhandelspreis** M precio *m* al por menor; **Kleinhändler** M, **Kleinhändlerin** F comerciante *m/f* al por menor, minorista *m/f*, detallista *m/f*; **Kleinheit** F ⟨~⟩ pequeñez *f* (*a. fig*); insignificancia *f*; **Kleinhirn** N ANAT cerebelo *m*; **Kleinholz** N leña *f* menuda; astillas *fpl*

'Kleinigkeit F ⟨~; ~en⟩ 1 pequeñez *f*, menudencia *f*, bagatela *f*; *(Unbedeutendes)* insignificancia *f*, nimiedad *f*, nadería *f*, futilidad *f*; *(Einzelheit)* detalle *m*; **eine ~** un poquito; **sich bei ~en aufhalten** pararse en pequeñeces (*od* en pelillos); **das ist eine ~ für ihn** no le cuesta nada; **das ist keine ~!** *umg* ¡no es moco de pavo!; *iron* **das kostet die ~ von ...** *umg* cuesta la friolera de ... 2 *umg (Imbiss)* bocado *m*

'Kleinigkeitskrämer M pedante *m*; **Kleinigkeitskrämerei** F escrupulosidad *f* exagerada; pedantería *f*

'Kleinindustrie F pequeña industria *f*; **Kleinkalibergewehr** N carabina *f* de pequeño calibre; **kleinkariert** ADJ *fig (engstirnig)* corto de miras, de miras estrechas; → *a.* klein B 3; **Kleinkind** N niño *m* de corta edad; **kleinkörnig** ADJ de grano menudo; **Kleinkraftrad** N ciclomotor *m*; **Kleinkram** M nimiedades *fpl*; naderías *fpl*; menudencias *fpl*; **Kleinkrieg** M 1 MIL guerra *f* de guerrillas 2 *fig (Streit)* guerra *f* privada

'kleinkriegen V/T *umg* **etw ~** acabar con a/c; **j-n ~** hacer entrar en razón a alg, acabar con alg, *umg* bajar los humos a alg; **er ist nicht kleinzukriegen** no se puede con él

'Kleinkunstbühne F cabaret *m* (artístico); **Kleinlastwagen** M camioneta *f*

'kleinlaut A ADJ apocado; *(verzagt)* desalentado, abatido; **~ werden** apocarse; bajar el (*od* de) tono B ADV **~ abziehen** *umg* salir (con el) rabo entre piernas

'Kleinlebewesen N pequeños organismos *mpl*

'kleinlich ADJ *(engstirnig)* de miras estrechas; *(geizig)* mezquino, tacaño; *(genau)* minucioso, meticuloso, pedante; *(umständlich)* formalista; **Kleinlichkeit** F ⟨~; ~en⟩ *(Engstirnigkeit)* estrechez *f* de miras; *(Geiz)* mezquindad *f*, tacañería *f*; *(Pedanterie)* minuciosidad *f*, meticulosidad *f*, pedantismo *m*

'kleinmachen V/T *umg Geldschein* cambiar; *fig (sich demütigen)* humillarse; achicarse

klein machen A V/T *Holz etc* cortar en trozos pequeños B V/R **sich ~** hacerse pequeño;

'Kleinmöbel NPL muebles *mpl* auxiliares; **Kleinmut** M pusilanimidad *f*; desaliento *m*; **kleinmütig** ADJ pusilánime, apocado; **~ werden** perder el ánimo, desalentarse, descorazonarse

'Kleinod N ⟨~(e)s; ~e *od* ~ien⟩ joya *f*, alhaja *f*; *fig a.* tesoro *m*

'Kleinoktav N TYPO octavo *m* menor; **Kleinrentner** M modesto pensionista *m*

'kleinschneiden V/T, **klein schneiden** V/T cortar fino (*od* en trozos pequeños)

'kleinschreiben V/T ⟨irr⟩ escribir con minúscula (*od* en minúsculas); **Kleinschreibung** F empleo *m* de minúsculas; **Kleinsparer** M pequeño ahorrador *m*; **Kleinstaat** M Estado *m* pequeño

Kleinstaate'rei F ⟨~⟩ particularismo *m* (de los pequeños Estados); *fig* reinos *mpl* taifas

'Kleinstadt F villa *f*, pequeña ciudad *f*; **Kleinstädter** M, **Kleinstädterin** F habitante *m/f* de una pequeña ciudad; provinciano *m*, -a *f*; **kleinstädtisch** ADJ provinciano

'Kleinstcomputer M microordenador *m*, microcomputadora *f*

'kleinste(r, -s) ADJ el más pequeño; *(geringste)* el menor; **bis ins Kleinste** hasta el último (*od* el más pequeño) detalle

klein stellen V/T *Gas etc* bajar

'Kleinstkind N niño *m* de pecho, bebé *m*; **Kleinstlebewesen** N microorganismo *m*

'Kleintierzucht F cría *f* de ganado menor; **Kleinverdiener** M asalariado *m* modesto; **Kleinverkauf** M venta *f* al por menor; **Kleinvieh** N ganado *m* menor; *umg* **~ macht auch Mist** más vale poco que nada; **Kleinwagen** M coche *m* pequeño; **Kleinwild** N caza *f* menor

'Kleister M ⟨~s; ~⟩ engrudo *m*; **kleistern** V/T engrudar, pegar

Kle'matis F ⟨~; ~⟩ BOT clemátide *f*

Klemen'tine F ⟨~; ~n⟩ BOT clementina *f*

'Klemme F ⟨~; ~n⟩ 1 TECH pinza *f* 2 ELEK borne *m* 3 *umg fig* apuro *m*, aprieto *m*; atolladero *m*, situación *f* embarazosa; **in der ~ sein** *od* **sitzen** estar en un aprieto (*od* apuro *od* atolladero); **j-m aus der ~ helfen** sacar a alg de un aprieto (*od* de un apuro *od* atolladero)

'klemmen A V/T 1 apretar; sujetar; TECH enclavar; **sich** *(dat)* **die Finger in der Tür klemmen** pillarse los dedos con la puerta 2 *umg (stehlen)* hurtar, *umg* birlar, mangar B V/I estar atascado; TECH atascarse; *Tür etc* encajar mal, no cerrar bien; **die Schublade klemmt** el cajón no encaja (bien) C V/R *umg fig* **sich hinter etw** *(acus)* **~** hacer a/c con ahínco; poner mucho ahínco en a/c

'Klemmenspannung F ELEK tensión *f* en los bornes

'Klemmschraube F ELEK borne *m* con espiga roscada; TECH tornillo *m* de apriete

'Klempner M ⟨~s; ~⟩ hojalatero *m*; *(Installateur)* fontanero *m*; *umg* lampista *m*; *Am* plomero *m*

Klempne'rei F hojalatería *f*; fontanería *f*, lampistería *f*

'Klempnerin F ⟨~; ~nen⟩ hojalatera *f*; *(Installateurin)* fontanera *f*; *umg* lampista *f*; *Am* plomera *f*

'Klepper M ⟨~s; ~⟩ *pej* jaca *f*; jamelgo *m*, rocín *m*, penco *m*

Klepto'mane M ⟨~n; ~n⟩ cleptómano *m*; **Kleptoma'nie** F ⟨~⟩ cleptomanía *f*; **Klepto'manin** F ⟨~; ~nen⟩ cleptómana *f*; **klepto'manisch** ADJ cleptómano

kleri'kal ADJ clerical

Klerika'lismus M ⟨~⟩ clericalismo *m*

'Kleriker M ⟨~s; ~⟩ clérigo *m*, eclesiástico *m*

'Klerus M ⟨~⟩ clero *m*

'Klette F ⟨~; ~n⟩ 1 BOT lampazo *m*; lapa *f*; bardana *f* 2 *umg fig Person*: *umg* lapa *f*; **sich wie eine ~ an j-n hängen** ser muy pegadizo; *umg* pegarse a alg como una lapa; **wie die ~n zusammenhängen** ser uña y carne

'Klettenwurzelöl N aceite *m* de bardana

Klette'rei F escalada *f*

'Klettereisen N ⟨~s; ~⟩ garfio *m*; *Bergsteigen*: trepador *m*; **Kletterer** M ⟨~s; ~⟩ escalador *m*; ascensionista *m*; **Klettergerüst** N escalera *f*; **Kletterin** F ⟨~; ~nen⟩ escaladora *f*; ascensionista *f*; **Klettermast** M cucaña *f*

'klettern V/I ⟨sn⟩ subir (*a. Preise etc*); **~ auf** subir a, trepar a; encaramarse a (*od* en); *auf Berg, Mauer*: escalar *(acus)*

'Klettern N ⟨~s⟩ trepa *f*; *(Bergsteigen)* alpinismo *m*, montañismo *m*; **kletternd** ADJ ZOOL, BOT trepador

'Kletterpflanze F BOT planta *f* trepadora; **Kletterrose** F BOT rosal *m* trepador; **Kletterseil** N cuerda *f* de trepar; *Turnen*: cuerda *f*

lisa; **Kletterstange** F *Turnen*: barra f vertical; cucaña f; **Klettertour** F escalada f; ascensión f; **Klettervogel** M ave f trepadora

'**Klettverschluss®** M cierre m adhesivo

klick INT ¡clic!

'**klicken** VI hacer clic, cliquear (**auf** *acus* en) (a. IT)

Kli'ent M ⟨~en; ~en⟩ cliente m

Klien'tel F clientela f

Kli'entin F ⟨~; ~nen⟩ cliente f, clienta f

Kliesche F ⟨~; ~n⟩ ZOOL limanda f

'**Klima** N ⟨~s; Klimata *od* ~s *od fachspr* ~te⟩ clima m; *fig a.* ambiente m, atmósfera f; **Klimaanlage** F instalación f de climatización (*od* de acondicionamiento de aire); climatizador m, acondicionador m (de aire); **mit ~** climatizado, con aire acondicionado; **klimafreundlich** ADJ favorable al clima; **Klimakatastrophe** F ÖKOL catástrofe f climática; **Klimakiller** M *umg* asesino m del clima

klimak'terisch ADJ MED climatérico; **Klimak'terium** N ⟨~s⟩ MED climaterio m, menopausia f

'**klimaneutral** ADJ ÖKOL neutro para el clima

'**Klimaschutz** M ÖKOL protección f del clima (*od* climática); **Klimatechnik** F ingeniería f climática; **Klimatechniker** M, **Klimatechnikerin** F técnico m, -a f (*od* ingeniero m, -a f) de climatización

kli'matisch ADJ climático

klimati'sieren VT ⟨*ohne* ge-⟩ climatizar, acondicionar; **Klimatolo'gie** F climatología f

'**Klimaveränderung** F cambio m climático; **Klimawandel** M cambio m climático; **Klimawechsel** M cambio m de clima (*od* de aires)

'**Klimax** F ⟨~; ~e⟩ RHET, BIOL clímax m

Klim'bim M ⟨~s⟩ *umg* (*Kram*) trastos *mpl*; (*Rummel*) jaleo m; **der ganze ~** *umg* todo el tinglado

'**klimmen** VI ⟨sn⟩ trepar (**auf** *acus* a), subir (trabajosamente); **Klimmzug** M *Turnen*: (ejercicio m de) tracción f

'**Klimperkasten** M *umg* pianucho m

'**klimpern** VI & VT tintinear; *umg auf dem Klavier*: teclear, aporrear (*el piano*); *auf der Gitarre*: rasguear; **mit dem Geld ~** hacer sonar el dinero

'**Klimpern** N ⟨~s⟩ tintineo m; tecleo m

'**kling, klang** INT tintín, tilín

'**Klinge** F ⟨~; ~n⟩ hoja f; cuchilla f; *poet* acero m; (*Degen*) espada f, *Fechten*: **die ~n kreuzen** cruzar las espadas; *fig* **j-n über die ~ springen lassen** pasar a cuchillo (*od* por las armas) a alg; (*j-n ruinieren*) arruinar a alg

'**Klingel** F ⟨~; ~n⟩ campanilla f; (*Türklingel*) timbre m; **Klingelbeutel** M limosnera f; **Klingelknopf** M botón m (*od* pulsador m) del timbre; botón m de llamada

'**klingeln** A VI tocar el timbre; *an der Tür*: llamar; TEL sonar (*a. fig Kasse*); *Glöckchen* tintinear B V/UNPERS **es klingelt** suena el timbre; llaman C VT **j-n aus dem Schlaf ~** despertar a alg a fuerza de tocar el timbre

'**Klingeln** N ⟨~s⟩ tintineo m; campanilleo m; *an der Tür*: sonido m del timbre; **Klingelschnur** F cordón m del timbre; **Klingelton** M TEL tono m; **Klingelzeichen** N toque m de timbre; **Klingelzug** M tirador m

'**klingen** VI ⟨irr⟩ 1 *Metall, Glas* tintinear; *Glocke a.* campanillear; *Stimme* sonar; **die Ohren ~ ihm** le zumban los oídos; **die Gläser ~ lassen** chocar los vasos (*od* las copas) 2 *fig* **das klingt sonderbar** parece muy extraño; **das klingt, als ob …** parece que …; **das klingt schon anders** eso ya es otro cantar; **das klingt schon besser** eso suena mejor

'**Klingen** N ⟨~s⟩ tintineo m, (re)tintín m

'**klingend** ADJ **mit ~er Münze** en dinero contante y sonante; MIL **mit ~em Spiel** a tambor batiente

'**Klinik** F ⟨~; ~en⟩ clínica f; **Kliniker** M ⟨~s; ~⟩, **Klinikerin** F ⟨~; ~nen⟩ clínico m, -a f; **klinisch** A ADJ clínico B ADV **~ tot** clínicamente muerto

'**Klinke** F ⟨~; ~n⟩ picaporte m; (*Sperrklinke*) pestillo m; TECH gatillo m, trinquete m

'**klinken** VI levantar (*bzw* apretar) el picaporte

'**Klinker** M ⟨~s; ~⟩ ARCH ladrillo m recocido (*od* refractario *od* holandés), clinker m

klipp A ADV **~ und klar** francamente, con toda franqueza; sin tapujos B INT **~, klapp!** ¡clic, clac!

Klipp M ⟨~s; ~s⟩ clip m

'**Klippe** F ⟨~; ~n⟩ peña f, roca f; SCHIFF escollo m (*a. fig*); *fig* **eine ~ umschiffen** salvar un escollo

'**Klipper** M ⟨~s; ~⟩ FLUG, SCHIFF clíper m; **Klippfisch** M GASTR bacalao m salado

Klips M ⟨~es; ~e⟩ → Klipp

'**klirren** VI *Waffen, Sporen* sonar; *Ketten* cencerrear; *Gläser etc* tintinear; *Fenster* vibrar

'**Klirren** N ⟨~s⟩ tintineo m, (re)tintín m; *der Waffen*: ruido m, fragor m

'**klirrend** ADJ *fig* **~e Kälte** F frío m intenso (*od umg* que pela)

'**Klirrfaktor** M *Tontechnik*: coeficiente m de distorsión

Kli'schee N ⟨~s; ~s⟩ cliché m, clisé m (*a. fig*); **klischeehaft** ADJ *fig* estereotipado

kli'schieren VT ⟨*ohne* ge-⟩ clisar; **Klischieren** N ⟨~s⟩ clisado m

Klis'tier N ⟨~s; ~e⟩ lavativa f, ayuda f, enema m; **Klistierspritze** F jeringa f

'**Klitoris** F ⟨~; ~⟩ ANAT clítoris m

klitsch INT **~, klatsch!** ¡zis, zas!; ¡clic, clac!

'**klitsch(e)'nass** ADJ *umg* calado hasta los huesos, *umg* hecho una sopa

'**klitschig** ADJ *reg* pastoso

'**klitze'klein** ADJ *umg* diminuto, pequeñísimo

Klo N ⟨~s; ~s⟩ *umg* retrete m, excusado m, wáter m

Klo'ake F ⟨~; ~n⟩ cloaca f (*a.* ZOOL)

'**Kloben** M ⟨~s; ~⟩ 1 (*Holzkloben*) leño m 2 TECH (*Rolle*) polea f, garrucha f; **klobig** ADJ macizo; *fig* (*ungehobelt*) tosco; *Person* torpe; *Ausdrucksweise*: grosero

'**Klobrille** F *umg* asiento m del wáter; **Klobürste** F *umg* escobilla f (de retrete); **Klodeckel** M *umg* tapa(dera) f de retrete

'**Klon** M ⟨~s; ~e⟩ BIOL clon m; **Klonbaby** N bebé m clonado; **klonen** VT BIOL clonar

'**klönen** VI *nordd umg* charlar

klo'nieren VT BIOL → klonen

'**Klonschaf** N oveja f clonada; **Klonverbot** N prohibición f de clonación

'**Klopapier** N *umg* papel m higiénico

'**klopfen** A VT golpear; (*schlagen*) pegar; *Steine* labrar; picar; *Teppich* sacudir; *Fleisch* macerar, ablandar; **einen Nagel in die Wand ~** clavar un clavo en la pared B VI golpear, dar golpes; *Herz* latir; palpitar; *Motor* picar; *an die Tür*: llamar (**an** *acus* a), picar (**an** *acus* a); **j-m auf die Schulter ~** *als Anerkennung*: dar palmaditas al hombro C V/UNPERS **es klopft** llaman (a la puerta)

'**Klopfen** N ⟨~s⟩ golpeo m; *des Herzens*: latido m; palpitación f; *des Pulses*: pulsación f; *des Teppichs*: sacudimiento m

'**Klopfer** M ⟨~s; ~⟩ (*Teppichklopfer*) sacudidor m; (*Fleischklopfer*) mazo m; (*Schlägel*) mazo m; (*Türklopfer*) llamador m, aldaba f

'**klopffest** ADJ AUTO antidetonante; **Klopffestigkeit** F AUTO antidetonancia f; **Klopfzeichen** N señal f acústica

'**Klöppel** M ⟨~s; ~⟩ 1 (*Glockenklöppel*) badajo m; ELEK *am Läutewerk*: martillo m, macillo m; (*Schlägel*) mazo m 2 TEX (*Spitzenklöppel*) bolillo m; **Klöppelarbeit** F TEX labor f de encaje (de bolillos); **Klöppelkissen** N mundillo m

'**klöppeln** VT TEX hacer encajes de bolillo; **Klöppelspitze** F encaje m de bolillo; **Klöpplerin** F ⟨~; ~nen⟩ encajera f

Klops M ⟨~es; ~e⟩ GASTR albóndiga f; albondiguilla f

'**Kloschüssel** F taza f del retrete (*od* del wáter)

Klo'sett N ⟨~s; ~s⟩ retrete m, wáter m, inodoro m, servicio(s) m(pl); **Klosettbecken** N (taza f del) retrete m (taza f del) wáter m; **Klosettsitz** M asiento m de retrete

Klospülung F cisterna f del retrete (*od* del wáter)

'**Kloß** [-oː-] M ⟨~es; Klöße⟩ bola f; GASTR *albóndiga grande de patata, miga de pan o sémola*; *fig* **ich habe einen ~ im Hals** tengo un nudo en la garganta

'**Kloßbrühe** F *umg* **das ist klar wie ~** está más claro que el agua

'**Klößchen** N ⟨~s; ~⟩ GASTR albondiguilla f

'**Kloster** [-oː-] N ⟨~s; Klöster⟩ convento m; monasterio m; **ins ~ gehen** *Mann*: tomar el hábito, *umg* meterse fraile; *Frau*: tomar el velo, *umg* meterse monja; **in ein ~ sperren** *od* **stecken** enclaustrar, encerrar en un convento

'**Klosterbruder** M religioso m; fraile m; monje m; **Klosterfrau** F religiosa f; monja f; **Klostergelübde** N votos *mpl* monásticos; profesión f religiosa; **Klosterkirche** F iglesia f conventual; **Klosterleben** N vida f monacal (*od* monástica *od* conventual)

klösterlich ADJ conventual; *von Mönchen*: monástico; *a. fig* claustral

'**Klosterregel** F regla f monacal (*od* monástica); **Klosterschule** F escuela f conventual; **Klosterzelle** F celda f; **Klosterzucht** F disciplina f monástica

Klotz M ⟨~es; Klötze⟩ 1 (*Holzklotz*) bloque m (de madera); *kleiner*: tarugo m, zoquete m; (*Hackklotz*) tajo m; *fig* **einen ~ am Bein haben** no tener libertad de acción; *fig* **wie ein ~ schlafen** dormir como un tronco; **auf einen groben ~ gehört ein grober Keil** a pillo, pillo y medio; a tal tronco, tal hacha 2 (*Bauklotz*) cubo m de madera 3 *fig Person*: palurdo m, patán m; zoquete m, zopenco m

'**klotzen** VI *umg* currar

'**klotzig** A ADJ macizo; *umg* (*gewaltig*) enorme B ADV *umg* **~ viel** *umg* a porrillo; **er ist ~ reich** *umg* está forrado (de dinero)

Klub M ⟨~s; ~s⟩ 1 club m (*a.* SPORT); círculo m; (*Gesellschaftsklub*) casino m 2 *österr* POL (*Fraktion*) grupo m parlamentario 3 *iron* **willkommen im ~!** ¡bienvenido al club!

'**Klubhaus** N → Klublokal; **Klubkampf** M competición f interclubs; **Klublokal** N local m del club (*od* social); **Klubmitglied** N socio m, -a f de un club, clubista m/f; **Klubobfrau** F, **Klubobmann** M, *österr* POL (*Fraktionsvorsitzende*) presidente m, -a f del grupo parlamentario; **Klubsessel** M sillón m de club, butacón m

Kluft[1] F ⟨~; Klüfte⟩ (*Spalt*) grieta f; hendidura f; (*Abgrund*) abismo m (**zwischen** *dat* entre) (*a. fig*)

Kluft[2] F ⟨~; ~en⟩ 1 *uniformähnliche*: traje m 2 *umg* (*Kleidung*) atuendo m

klug ADJ ⟨klüger; klügste⟩ inteligente; (*vernünftig*) sensato, cuerdo; (*gescheit*) juicioso, discreto; (*scharfsinnig*) perspicaz; sagaz; (*vorsichtig*) prudente; cauto; (*weise*) sabio; (*schlau*) ingenioso; astuto; listo, avisado; **ich bin so ~ wie zuvor** sigo sin entenderlo; no sé más que antes; **ich kann daraus nicht ~**

werden no acabo de comprender esto; **man wird aus ihm nicht ~** de él no se saca nada en claro; ese hombre es un enigma; **er wird nie ~ werden** no aprenderá nunca; **es ist das Klügste, zu** *(inf)* lo más sensato es *(inf)*; *sprichw* **der Klügere gibt nach** ceder es de sabios

Klüge'lei F ⟨~; ~en⟩ sutilezas *fpl* argucias *fpl*

'klugerweise ADV prudentemente, por prudencia; sabiamente

'Klugheit F ⟨~⟩ inteligencia *f*; discreción *f*; *(Vernunft)* buen sentido *m*; sensatez *f*, cordura *f*; *(Scharfsinn)* perspicacia *f*; *(Weisheit)* sagacidad *f*; prudencia *f*; sabiduría *f*; *(Schlauheit)* astucia *f*

'klugreden, *nordd umg* **klugschnacken** VI presumir de sabio; hacerse el entendido; **Klugredner** M, *nordd umg* **Klugschnacker** M, *sl* **Klugscheißer** M *umg* sabelotodo *m*, sabihondo *m*

Klump M ⟨~es; ~s *od* ⁼e⟩ *umg* → Klumpen; *fig (Kram)* trastos *mpl*

'Klumpatsch M ⟨~(e)s⟩ *umg* **der ganze ~** *umg* todos estos trastos

'Klümpchen N ⟨~s; ~⟩ grumo *m*

'klumpen VI hacerse grumos, grumecerse

'Klumpen M ⟨~s; ~⟩ masa *f* compacta; conglomerado *m*; bola *f*; GASTR grumo *m*; *(Erdklumpen)* terrón *m*; **~ Blut** coágulo *m* de sangre; **~ Gold** pepita *f* de oro; *umg fig* **in ~ hauen** hacer pedazos, *umg* no dejar títere con cabeza

'Klumpfuß M pie *m* contrahecho *(od* zambo*)*; **klumpig** ADJ grumoso; apelmazado; **~ werden** engrumecerse

'Klüngel M ⟨~s; ~⟩ camarilla *f*; pandilla *f*; *umg* tinglado *m*; **Klüngelwirtschaft** F clientelismo *m*

'Klunker F ⟨~; ~n⟩ *od* M ⟨~s; ~⟩ **1** PL *umg (Juwelen)* joyas *fpl* **2** *reg (Troddel)* borla *f*; *(Klümpchen)* grumo *m*

'Kluppe F ⟨~; ~n⟩ TECH *(Schneidkluppe)* terraja *f*; *(Spannkluppe)* mordacilla *f*

'Klüse F ⟨~; ~n⟩ SCHIFF escobén *m*

'Klüver M ⟨~s; ~⟩ SCHIFF foque *m*; **Klüverbaum** M botalón *m* de foque

km ABK (Kilometer) kilómetro *m*

km/h, km/st ABK (Kilometer pro Stunde, Stundenkilometer) km/h (kilómetros por hora)

Knabbe'rei F ⟨~; ~en⟩→ Knabbergebäck

'Knabbergebäck N saladitos *mpl*

'knabbern VI & VT mordiscar (**an etw** *dat* a/c); *Maus* roer *(acus)*; **Knabberzeug** N → Knabbergebäck

'Knabe M ⟨~n; ~n⟩ muchacho *m*, chico *m*; *kleiner*: niño *m*; *umg* **alter ~!** ¡tío!

'Knabenalter N *geh* puericia *f*, muchachez *f*, edad *f* pueril; **Knabenchor** M coro *m* de niños; *(Kirchenchor)* escolanía *f*; **knabenhaft** ADJ aniñado; amuchachado; **Knabenkraut** N BOT satirión *m*

knack INT ¡crac!

'Knäckebrot N pan *m* sueco

'knacken **A** VT **1** *Nüsse etc* cascar, partir **2** *umg Geldschrank* forzar **3** *umg Rätsel* adivinar; *Code, Software* crackear **B** VI crujir; restallar; *(knistern)* crepitar

'Knacken N ⟨~s⟩ crujido *m*; chasquido *m*; crepitación *f*

'Knacker M ⟨~s; ~⟩ *umg pej* **alter ~** viejo *m* decrépito, vejestorio *m*, *umg* carroza *m*; **Knackgeräusch** N chasquido *m*; TEL crepitación *f*

'knackig ADJ *umg (knusprig)* crujiente; *fig* apetitoso

'Knacklaut M PHON eyectiva *f*, recursiva *f*; **Knackmandel** F almendra *f* mollar; **Knackpunkt** M *umg fig* punto *m* clave

Knacks M ⟨~es; ~e⟩ crac *m*; *(Knacken)* crujido *m*; *(Sprung)* grieta *f*; *umg fig* ligero quebranto *m*; **einen ~ haben** *Geschirr etc* tener una raya; *gesundheitlich*: tener la salud quebrantada; *Ehe, Freundschaft* ir mal; hacer aguas

'Knackwurst F salchicha *f* (de Francfort)

Knall M ⟨~(e)s; ~e⟩ **1** estallido *m*; *v. Schüssen etc*: detonación *f*, estampido *m*; *e-s Korkens*: taponazo *m*; *(Peitschenknall)* chasquido *m*; *der Tür*: portazo *m*; *bei e-m Zusammenstoß*: porrazo *m* **2** *fig* **~ und Fall** *od* **~ auf Fall** de golpe y porrazo; ni corto ni perezoso; *umg* **einen ~ haben** *umg* estar chiflado *(od* tocado de la cabeza*)*

'knall'blau ADJ azul chillón

'Knallbonbon M, N bombón *m* fulminante; **Knalleffekt** M golpe *m* de efecto *(od* de teatro*)*

'knallen **A** VI **1** *Schuss, Knallkörper* estallar; detonar; hacer detonación *(od* explosión*)*; *Tür* dar un portazo; **den Korken ~ lassen** hacer saltar el tampón; *umg* **an** *(od* **gegen***)* **etw** *(acus)* **~** darse un golpe contra a/c; **ins Schloss ~** *Tür* cerrarse de golpe; **mit der Peitsche ~** chasquear el látigo; **es knallte zweimal** hubo dos detonaciones **2** *umg (schießen)* disparar un tiro; **mit dem Gewehr ~** hacer disparos con el fusil **3** *umg (schlagen)* **j-m eine ~** *umg* pegar un tortazo *(od sl* una hostia*)* a alg; **setz dich, oder es knallt!** *umg* siéntate o te arreo una! **B** VT *umg (werfen)* tirar violentamente; **die Tür ~** dar un portazo; SPORT **den Ball ins Tor ~** meter un golazo

'knall'eng ADJ muy ajustado

'Knaller M ⟨~s; ~⟩ *umg (Knallkörper)* petardo *m*; **Knallerbse** F garbanzo *m* de pega

Knalle'rei F ⟨~; ~en⟩ tiroteo *m*

'Knallfrosch M trabuca *f*; petardo *m*; **Knallgas** N CHEM gas *m* fulminante; **Knallgasgebläse** N CHEM soplete *m* oxhídrico

'knall'gelb ADJ amarillo chillón; **knall'grün** ADJ verde chillón

knall'hart ADJ *umg Bursche, Film* brutal; *Geschäft* duro

'knallig ADJ *umg Farbe* chillón, llamativo

'Knallkopf M *umg* idiota *m*; *sl* gilipollas *m*; **Knallkörper** M petardo *m*

'knall'rot ADJ rojo vivo *(od* subido*)*; **~ werden** *umg* ponerse como un tomate

'Knallsäure F CHEM ácido *m* fulmínico

knapp **A** ADJ **1** *(wenig)* escaso; *(beschränkt)* limitado, reducido, restringido; **~ sein** *od* **werden** *Vorräte* escasear; **~ bei Kasse sein** andar justo de dinero; *umg* **… und nicht zu ~!** *umg* ¡… y tanto! **2** *(kurz)* corto; *Stil* conciso, sucinto; **~ hinter der Linie** justo tras la línea; **~ zwei Meter** dos metros escasos; **eine ~e Stunde** apenas una hora **3** *(eng)* estrecho; *Kleid a.* justo, ceñido, ajustado **4** *(gerade noch)* justo; **mit ~er Mehrheit** por escasa mayoría *f*; **mit ~er Not** a duras penas, *umg* por los pelos **B** ADV **1** *(kaum)* apenas; escasamente; **~ eine Woche nach …** a una semana escasa de … **2** *(gerade noch)* **~ bestehen** *Prüfung umg* aprobar por los pelos; **~ gewinnen** ganar con escaso margen **3** *(eng, ohne Spielraum)* **~ bemessen sein** estar calculado justo; **meine Zeit ist ~ bemessen** dispongo de muy poco tiempo; **~ sitzen** *Kleid* ir *(od* venir*)* muy justo; **die Preise so ~ wie möglich kalkulieren** calcular los precios lo más justamente posible **4** *(sehr nahe)* **~ vorbeifahren an** *(dat)* pasar muy cerca de

'Knappe M ⟨~n; ~n⟩ **1** HIST doncel *m*; *(Schildknappe)* escudero *m* **2** BERGB minero *m*

'knapphalten VT ⟨irr⟩ **j-n ~** tratar mezquinamente a alg; atar corto a alg

'Knappheit F ⟨~⟩ escasez *f* (**an** de); *(Enge)* estrechez *f*; *des Geldes*: penuria *f*; *Stil*: concisión *f*

'Knappschaft F ⟨~; ~en⟩ BERGB corporación *f* de mineros

'Knappschaftskasse F VERS caja *f* de enfermedad para mineros; **Knappschaftsverband** M asociación *f* minera

'knapsen VI *umg* → knausern

'Knarre F ⟨~; ~n⟩ **1** matraca *f*, carraca *f* **2** *umg (Gewehr)* fusil *m*, *umg* chopo *m*

'knarren VI rechinar; *Tür a.* chirriar; *Dielen, Schuhe* crujir; **~de Stimme** voz *f* ronca

'Knarren N ⟨~s⟩ rechinamiento *m*; chirrido *m*; crujido *m*

Knast M ⟨~(e)s; ⁼e⟩ *umg (Gefängnis) umg* chirona *f*; *sl* trena *f*; **im ~ sitzen** *od* **~ schieben** *umg* estar a la sombra; **Knastbruder** M *umg* chironero *m*

Knatsch M ⟨~(e)s⟩ *umg* bronca *f*

'knattern VI crepitar *(a. Schüsse)*; *Motor etc* petardear; traquetear; MIL *Maschinengewehr* tabletear

'Knattern N ⟨~s⟩ crepitación *f*; *e-s Motors etc*: traqueteo *m*, petardeo *m*; MIL *e-s Maschinengewehrs*: tableteo *m*

'Knäuel ['knɔʏəl] M, N ⟨~s; ~⟩ ovillo *m*; *fig* aglomeración *f*; **auf ein(en) ~ wickeln** ovillar, hacer un ovillo; **sich zu einem ~ ballen** hacerse un ovillo, aovillarse

Knauf M ⟨~(e)s; ⁼e⟩ **1** puño *m*; *(Degenknauf)* pomo *m* **2** ARCH capitel *m*

'Knauser M ⟨~s; ~⟩ tacaño *m*; cicatero *m*; roñoso *m*

Knause'rei F ⟨~; ~en⟩ tacañería *f*; cicatería *f*, roñería *f*

'knauserig ADJ tacaño; cicatero, mezquino; *umg* agarrado, roñoso

'knausern VI tacañear; *umg* cicatear; **nicht mit etw ~** no escatimar a/c

'knautschen **A** VT chafar, aplastar; arrugar **B** VI arrugarse

'Knautschlack M, **Knautschlackleder** N ciré *m*; **Knautschzone** F AUTO zona *f* de absorción de impactos

'Knebel M ⟨~s; ~⟩ **1** *(Mundknebel)* mordaza *f* **2** *(Querholz)* garrote *m*; TECH manilla *f*, muletilla *f*; *(Spannholz)* tarabilla *f*; SCHIFF cazonete *m*; **Knebelbart** M bigote *m*

'knebeln VT amordazar

Knecht M ⟨~(e)s; ~e⟩ *obs* AGR mozo *m* (de labranza), gañán *m*; *Am* peón *m*; HIST siervo *m*

'knechten VT *geh* avasallar; esclavizar; **knechtisch** ADJ servil; **Knechtschaft** F ⟨~⟩ servidumbre *f*, *stärker*: esclavitud *f*

'kneifen ⟨irr⟩ **A** VT pellizcar; **j-n in den Arm ~** pellizcar el brazo a alg **B** VI **1** *Kleidung* apretar **2** *umg (sich drücken) umg* rajarse (**vor** *dat* en); *umg* escurrir el bulto; *umg* salir(se) por la tangente

'Kneifen N ⟨~s⟩ pellizco *m*

'Kneifzange F tenazas *fpl*; alicates *mpl*

'Kneipe F ⟨~; ~n⟩ taberna *f*, *umg* tasca *f*; bar *m*

'Kneipenwirt M, **Kneipenwirtin** F tabernero *m*, -a *f*

'Kneippkur F MED tratamiento *m* hidroterápico según Kneipp

'knetbar ADJ amasable; *(modellierbar)* modelable

'Knete F ⟨~⟩ **1** → Knetmasse **2** *umg (Geld) umg* pasta *f*

'kneten VT *Teig* amasar; *Ton etc* modelar

'Kneten N ⟨~s⟩ amasadura *f*; **Knetgummi** M goma *f* plástica, plastilina *f*; **Knetmaschine** F amasadora *f*; **Knetmasse** F amasijo *m*; masa *f* plástica

Knick M ⟨~(e)s; ~e⟩ *in Papier, Stoff*: pliegue *m*, dobladura *f*; *(Eselsohr)* doblez *m*; *e-r Straße*: recodo *m*; *im Metall*: codo *m*; *umg hum* **einen ~ in der Optik haben** *(schielen)* bizquear; *(schlecht sehen)* no ver bien; *umg* no ver tres en un burro

'knicken A VT 1 *(falten)* *Papier* plegar, doblar; *(brechen)* romper; quebrar; *Zweige a.* tronchar; *Postwesen:* **nicht ~!** ¡no doblar! 2 *fig (betrüben)* afligir; desalentar, deprimir B VI doblarse, hacer pliegues; *(brechen)* romperse, quebrarse; *Zweige a.* troncharse

'Knicker M ⟨~s; ~⟩ 1 → Knauser 2 *(Murmel)* canica *f*; **Knickerbocker** PL pantalón *m* bombacho, knickers *mpl*

knickerig ADJ *umg* tacaño, mezquino

'Knickfestigkeit F TECH resistencia *f* a la rotura por flexión *(od* al pandeo); **Knickfuß** M MED pie *m* valgo

'knickrig ADJ → knickerig

Knicks M ⟨~es; ~e⟩ reverencia *f*; **knicksen** VI hacer una reverencia

'Knickung F ⟨~; ~en⟩ TECH flexión *f*, pandeo *m*

Knie [kniː] N ⟨~s; ~⟩ 1 ANAT rodilla *f*; **die ~ beugen** doblar las rodillas; *fig* **ich habe weiche ~** me flaquean las piernas; **auf ~n** de rodillas; **auf die ~ fallen** ponerse *(od* hincarse) de rodillas *(od* de hinojos); **j-n auf ~n bitten** pedir a alg de rodillas; caer de rodillas (**vor j-m** ante alg); **auf den ~n liegen** estar de rodillas *(od* de hinojos), estar arrodillado; **in die ~ gehen** arrodillarse; *fig* **j-n in die ~ zwingen** someter a alg; hacer a alg doblar la rodilla; *umg fig* **etw übers ~ brechen** hacer a/c apresuradamente; forzar a/c; *umg fig* **j-n übers ~ legen** dar *(od* pegar) una paliza a alg 2 TECH *e-s Rohres:* codo *m*, codillo *m*; *e-s Flusses, Weges:* recodo *m*

'Kniebeuge F flexión *f* de rodillas; **Kniebundhose** F bombacho *m*; **Kniefall** M genuflexión *f*; *fig* postración *f*; **einen ~ vor j-m machen** *od* **tun** postrarse *(od* prosternarse) ante alg; **kniefällig** ADJ de rodillas; **Knieflicken** M rodillera *f*; **kniefrei** ADJ con la rodilla descubierta; **Kniegelenk** N 1 ANAT articulación *f* de la rodilla 2 TECH articulación *f* de rótula; **Kniehebel** M TECH palanca *f* acodada; **kniehoch** ADJ & ADV hasta la(s) rodilla(s); **Kniehose** F pantalón *m* de media pierna; **Kniekehle** F corva *f*; **knielang** ADJ hasta la rodilla

'knien A VI arrodillarse, ponerse de rodillas *(od* de hinojos); *(auf den Knien sein)* estar arrodillado *(od* de rodillas) B VR **sich ~** arrodillarse; *umg* **sich in die Arbeit ~** meterse de lleno en el trabajo

'Knierohr N TECH tubo *m* acodado; **Kniescheibe** F ANAT rótula *f*; **Knieschützer** M rodillera *f*; **Kniesehnenreflex** M MED reflejo *m* rotuliano; **Kniestrumpf** M media *f* corta *(od* sport); **Kniestück** N TECH codo *m*; **knietief** ADJ hasta la rodilla; **Kniewärmer** M rodillera *f*

Kniff M ⟨~(e)s; ~e⟩ 1 *(Kneifen)* pellizco *m* 2 *(Falte)* pliegue *m*, doblez *m* 3 *fig (Kunstgriff)* artificio *m*; ardid *m*; *umg (Trick)* truco *m*; martingala *f*

'kniffelig ADJ → knifflig

'kniffen VT plegar, doblar

'knifflig ADJ *(schwierig)* complicado; *(heikel)* espinoso; delicado; peliagudo

Knilch M *umg* → Knülch

'knipsen A VT 1 *Fahrkarte etc* picar, perforar 2 FOTO fotografiar; disparar B VI 1 FOTO hacer *(od* sacar) una foto 2 **mit den Fingern ~** castañetear los dedos; **Knipszange** F pinza *f* picadora

Knirps M ⟨~es; ~e⟩ hombrecillo *m*; *umg* enano *m*; *(Kind)* chicuelo m, chiquillo *m*; *umg* renacuajo *m*

'knirschen VI crujir; **mit den Zähnen ~** rechinar los dientes; **Knirschen** N ⟨~s⟩ crujido *m*; *der Zähne:* rechinamiento *m*

'knistern VI crujir; *Feuer* crepitar; **Knistern** N ⟨~s⟩ crujido *m*; crepitación *f*; *v. Seide:* frufrú *m*; *des Feuers:* chisporroteo *m*

'Knittelvers M verso *m* ramplón; copla *f* de ciego

'Knitterfalte F pliegue *m*, arruga *f*; **knitterfrei** ADJ inarrugable

'knittern A VT arrugar; chafar, ajar B VI arrugarse

'Knobelbecher M 1 *(Würfelbecher)* cubilete *m* 2 MIL *(Stiefel) umg* bota *f* (de soldado)

'knobeln VI 1 *(würfeln)* jugar a los dados; *(losen)* echar a suertes 2 *fig* romperse la cabeza; devanarse los sesos

'Knoblauch M ⟨~(e)s⟩ BOT ajo *m*; **Knoblauchpresse** F picador *m* de ajos; **Knoblauchzehe** F diente *m* de ajo

'Knöchel M ⟨~s; ~⟩ ANAT *(Fingerknöchel)* nudillo *m*; *(Fußknöchel)* tobillo *m*, maléolo *m*; **Knöchelbruch** M MED fractura *f* maleolar; **Knöchelchen** N ⟨~s; ~⟩ huesecillo *m*

'Knochen M ⟨~s; ~⟩ hueso *m*; **nass bis auf die ~** calado hasta los huesos; *umg* **sich bis auf die ~ blamieren** hacer el más absoluto de los ridículos; *fig* **bis in die ~** hasta la médula; *umg fig* **das ist mir in die ~ gefahren** me ha dado un susto enorme; *fig* **mir tun alle ~ weh** tengo los huesos molidos

'Knochenarbeit F *umg* trabajo *m* muy pesado; **Knochenasche** F ceniza *f* ósea; **Knochenbau** M ⟨~(e)s⟩ estructura *f* ósea; **Knochenbildung** F osificación *f*; **Knochenbruch** M fractura *f* ósea; **Knochenerweichung** F MED osteomalacia *f*; **Knochenfische** MPL ZOOL teleósteos *mpl*; **Knochengerüst** N esqueleto *m*; osamenta *f*; **Knochengewebe** N tejido *m* óseo

'knochen'hart ADJ muy duro

'Knochenhaut F ANAT periostio *m*; **Knochenhautentzündung** F MED periostitis *f*; **Knochenkrebs** M MED cáncer *m* de (los) huesos; osteosarcoma *m*; **Knochenlehre** F osteología *f*; **Knochenleim** M cola *f* de huesos; **knochenlos** ADJ sin hueso; deshuesado; **Knochenmann** M ⟨~(e)s⟩ *umg* la Muerte; **Knochenmark** N ANAT médula *f* ósea, tuétano *m*; *Arg* caracú *m*; **Knochenmarkentzündung** F MED osteomielitis *f*; **Knochenmehl** N harina *f* *(od* polvo *m)* de huesos; **Knochensäge** F MED osteótomo *m*; **Knochensplitter** M esquirla *f*

'knochen'trocken ADJ *umg* muy seco, reseco

'Knochentuberkulose F MED tuberculosis *f* ósea

'knöchern ADJ óseo; *fig* seco; tieso

'knochig [-xɪç] ADJ huesoso, huesudo; *Gesicht* descarnado

knock'out, knock-'out [nɔk'ʔaʊt] ADJ **j-n ~ schlagen** poner knockout a alg, noquear a alg

Knock'out, Knock-'out [nɔk'ʔaʊt] M ⟨~s; ~s⟩ knockout *m*

'Knödel M ⟨~s; ~⟩ *umg* bola *f*, pelotilla *f*; *bes südd, österr* GASTR *albóndiga grande de patata, miga de pan o sémola*

'Knolle F ⟨~; ~n⟩ BOT tubérculo *m*; *(Zwiebel)* bulbo *m*

'Knollen M ⟨~s; ~⟩ → Knolle; **Knollenblätterpilz** M BOT amanita *f*; **grüner ~** *a.* oronja *f* verde; **Knollengewächs** N BOT planta *f* tuberosa; **Knollennase** F *umg* nariz *f* de patata; **Knollenpflanze** F BOT planta *f* tuberosa

'knollig ADJ bulboso; tuberoso

Knopf M ⟨~(e)s; Knöpfe⟩ 1 botón *m* 2 *am Spazierstock:* puño *m*; *(Griff)* empuñadura *f* 3 ELEK *(Drücker)* botón *m*, pulsador *m*; **auf den ~ drücken** apretar *(od* pulsar) el botón 4 *umg fig Person:* tipejo *m*, tío *m*; *Kind:* **ein süßer ~** *umg* una monada de crío

'Knopfdruck M ⟨~(e)s; ¨~e⟩ **auf ~** apretando un botón

'knöpfen VT abotonar, abrochar

'Knopffabrik F fábrica *f* de botones, botonería *f*; **Knopfgarnitur** F botonadura *f*; **Knopfleiste** F ≈ entretela *f*, tira *f* de botones (reforzada); **Knopfloch** N ojal *m*; *umg fig* **aus allen Knopflöchern platzen** *umg* no caber en el pellejo; **Knopflochmaschine** F (máquina *f*) ojaladora *f*; **Knopfmacher** M, **Knopfmacherin** F botonero *m*, -a *f*; **Knopfreihe** F fila *f* de botones

'Knöpfstiefel MPL botas *fpl* de botones

'Knopfzelle F ELEK pila *f* de botón

'knorke ADJ *reg umg obs* estupendo, *sl* cojonudo

'Knorpel M ⟨~s; ~⟩ ANAT cartílago *m*; *im Fleisch:* ternilla *f*; **Knorpelhaut** F ANAT pericondrio *m*

'knorp(e)lig ADJ cartilaginoso

'Knorren M ⟨~s; ~⟩ tronco *m*; cepo *m*; *im Holz:* nudo *m*; **knorrig** ADJ nudoso; *fig (derb)* rudo, tosco, basto

'Knospe [-sp-] F ⟨~; ~n⟩ BOT yema *f*, botón *m*; *(Blütenknospe)* capullo *m*; *fig* tierna flor *f*; **~n treiben** → knospen

'knospen VI echar brotes, brotar; *(sich entfalten)* abrirse en flor; despuntar

'Knospenbildung F gemación *f*

'Knospung F ⟨~; ~en⟩ BIOL gemación *f*

'Knötchen N ⟨~s; ~⟩ nódulo *m*; MED *a.* tubérculo *m*

'knoten VT anudar; hacer un nudo

'Knoten M ⟨~s; ~⟩ 1 nudo *m* *(a.* BOT, SCHIFF, *im Holz u. fig)*; **einen ~ ins Taschentuch machen** hacer un nudo en el pañuelo; **den ~ durchhauen** cortar el nudo *(a. fig)* 2 *(Haarknoten)* moño *m*, rodete *m* 3 MED nudosidad *f*, nodo *m*; *(Lymphknoten)* ganglio *m* (linfático) 4 THEAT trama *f* (argumental); nudo *m* argumental

'Knotenpunkt M BAHN empalme *m*; nudo *m* ferroviario; *Verkehr:* nudo *m*; PHYS punto *m* nodal; *fig* centro *m*

'Knöterich M ⟨~s; ~e⟩ BOT polígono *m*

'knotig ADJ nudoso; noduloso

Know-'how N, **Know'how** [noː'haʊ] N ⟨~(s)⟩ conocimientos *mpl*

Know-'how-Transfer M, **Know'howtransfer** M transferencia *f* de conocimientos *(od* de know-how)

Knuff M ⟨~(e)s; Knüffe⟩ empujón *m*; *mit dem Ellenbogen:* codazo *m*

'knuffen VT **j-n ~** dar empujones *(bzw* codazos) a alg

Knülch M ⟨~s; ~e⟩ *umg* tipo *m*, tipejo *m*

'knüllen A VT *(zerknüllen)* arrugar; chafar; **etw in den Koffer ~** ≈ meter algo desordenadamente en la maleta B *(knittern)* **der Stoff knüllt schnell** la tela se arruga enseguida

'Knüller M ⟨~s; ~⟩ *umg* exitazo *m*; *Nachricht: umg* notición *m*, noticia *f* bomba; *Ware:* éxito *m* de venta

'Knüpfarbeit F anudado *m*

'knüpfen VT 1 anudar *(a. Teppich)*; *(binden)* atar, ligar; *Knoten, Netz* hacer 2 *fig* enlazar, vincular; *Freundschaft, Beziehung* entablar, trabar; *Bündnis* formar, concertar; **die Bande enger** *od* **fester ~** estrechar los lazos *(od* los vínculos); **Bedingungen an etw** *(acus)* **~** poner condiciones a a/c

'Knüpfteppich M alfombra *f* de nudo

'Knüppel M ⟨~s; ~⟩ 1 palo *m*; garrote *m*, tranca *f*; estaca *f*; *(Polizeiknüppel)* porra *f*; *umg* **j-m ~ zwischen die Beine werfen** poner tra-

bas (*od* cortapisas) a alg **2** FLUG (*Steuerknüppel*) palanca *f* de mando; AUTO (*Schaltknüppel*) palanca *f* de cambios; TECH llantón *m*, paquete *m*
'Knüppeldamm M camino *m* de troncos
'knüppel'dick ADV *umg* **ich habe es ~** *umg* estoy hasta la coronilla; **jetzt kommt's ~** llueve sobre mojado; **es kam ~** sucedió lo peor
'Knüppelholz N madera *f* de palo
'knüppeln V/T moler a palos; **Knüppelschaltung** F AUTO palanca *f* de cambios al suelo; **Knüppelsteuerung** F FLUG mando *m* por palanca
'knurren V/I *Hund* gruñir (*a. fig*); *Person a.* refunfuñar; **mein Magen knurrt** *umg* me suenan (*od* me hacen ruido) las tripas; *fig* tengo mucha hambre
'Knurren N ⟨~s⟩ gruñido *m*; refunfuño *m*; **knurrig** ADJ gruñón, refunfuñador
'knusperig ADJ → knusprig; **knuspern** V/T cuscurrear, ronzar; **knusprig** ADJ crujiente; bien tostado
Knust M ⟨~(e)s; ~e *od* Knüste⟩ *nordd* (*Brotkanten*) cantero *m*
'Knute F ⟨~; ~n⟩ látigo *m*, *Am* rebenque *m*; *fig* **unter j-s** (*dat*) **~ stehen** estar bajo el dominio (*od* la férula) de alg
'knutschen *umg* **A** V/T *umg* besuquear; *sl* magrear **B** V/I(V/R) **(sich) ~** besuquearse
Knutsche'rei F ⟨~; ~en⟩ besuqueo *m*; *sl* magreo *m*
'Knutschfleck M *umg* chupetón *m*
'Knüttel M ⟨~s; ~⟩ → Knüppel; **Knüttelvers** M → Knittelvers
k. o. ADJ & ADV & ABK (knock-out) k.o.; **j-n ~ schlagen** dejar k.o. (*od* fuera de combate) a alg; *umg fig* **~ sein** estar k.o. (*od* fuera de combate); *umg a.* estar hecho polvo
K. o. M ABK (Knock-out) k.o. *m*
koagu'lieren V/I ⟨*ohne* ge-⟩ coagularse
Ko'ala M ⟨~s; ~s⟩ ZOOL koala *m*
koa'lieren, koali'sieren V/I ⟨*ohne* ge-⟩ formar una coalición; co(a)ligarse
Koaliti'on F ⟨~; ~en⟩ *bes* POL coalición *f*
Koaliti'onsabkommen N acuerdo *m* (*od* pacto *m*) de coalición; **Koalitionsabsprache** F acuerdo *m* (*od* convenio *m*) de coalición; **koalitionsfähig** ADJ *que puede formar una coalición*; **Koalitionspartner** M socio *m* de coalición; **Koalitionsrecht** N derecho *m* de asociación; **Koalitionsregierung** F gobierno *m* coalicionista (*od* de coalición); **Koalitionsvereinbarung** F → Koalitionsabkommen; **Koalitionsverhandlung** F *mst* PL **~en** negociaciones *fpl* de coalición
'Kobalt N ⟨~s⟩ cobalto *m*; **Kobaltblau** N azul *m* cobalto; **Kobaltglanz** M ⟨~es⟩ cobaltina *f*
'Kobel M ⟨~s; ~⟩ nido *m* de ardilla
'Koben M ⟨~s; ~⟩ (*Schweinekoben*) pocilga *f*
'Koblenz N Coblenza *f*
'Kobold M ⟨~(e)s; ~e⟩ MYTH duende *m*; (g)nomo *m*; trasgo *m*
'Kobra F ⟨~; ~s⟩ ZOOL cobra *f*
Koch M ⟨~(e)s; Köche⟩ cocinero *m*; *sprichw* **viele Köche verderben den Brei** muchas manos estropean el guiso
'Kochapfel M manzana *f* para compota; **Kochbeutel** M **Reis** *etc* **im ~** ≈ arroz *m etc* en bolsa; **Kochbuch** N libro *m* de cocina
'kochen **A** V/T *Speisen* guisar, cocinar; (*garen*) cocer; *Wasser, Milch etc* hervir; *Kaffee, Tee, Essen* hacer; *Wäsche* hervir; **was kochst du heute?** ¿qué vas a cocinar hoy? **B** V/I **1** cocer; *Wasser, Milch etc* hervir, estar hirviendo (*od* en ebullición); *als Tätigkeit*: cocinar, guisar; hacer la cocina; **gut ~ können** ser buen cocinero (*bzw* buena cocinera); **sie kocht nicht gern** no le gusta la cocina; **langsam ~ (lassen)** (hacer) cocer a fuego lento **2** *umg fig Person* estar furioso; **vor Wut ~** arder de ira
'Kochen N ⟨~s⟩ cocción *f*; (*Sieden*) ebullición *f*; *als Tätigkeit*: cocina *f*; **zum ~ bringen** hacer hervir, llevar a ebullición
'kochend ADJ hirviente, hirviendo, en ebullición; **~ heiß** hirviendo
'Kocher M ⟨~s; ~⟩ hervidor *m* (*a. Topf*); **elektrischer ~** hornillo *m* eléctrico
'Köcher [-ç-] M ⟨~s; ~⟩ carcaj *m*, aljaba *f*
'Kochfeld N placa *f* de cocción
'kochfertig ADJ listo para cocinar; **kochfest** ADJ resistente a la cocción (*od* ebullición); *Wäsche* lavable en agua hirviendo
Kochgelegenheit F posibilidad *f* para cocinar; **Kochgeschirr** N batería *f* de cocina; MIL gamella *f*, *Am* marmita *f* de campaña; **Kochherd** M cocina *f*
'Köchin F ⟨~; ~nen⟩ cocinera *f*
'Kochkessel M caldera *f*; marmita *f*; olla *f*; **Kochkiste** F marmita *f* noruega; **Kochkunst** F arte *m* culinario; gastronomía *f*; **Kochkurs(us)** M cursillo *m* de cocina; **Kochlöffel** M cucharón *m*; **Kochnische** F rincón *m* cocina; **Kochplatte** F hornillo *m*; **Kochrezept** N receta *f* de cocina; **Kochsalz** N sal *f* común (*od* de cocina); **Kochsalzlösung** F CHEM solución *f* de cloruro sódico; MED **physiologische ~** solución *f* salina fisiológica; **Kochtopf** M *niedriger*: cazuela *f*, cacerola *f*; *tiefer*: olla *f*, puchero *m*; *aus Metall*: marmita *f*; **Kochwäsche** F *colada que se lava en agua hirviendo*; **Kochzeit** F (tiempo *m* de) cocción *f*
'kodderig ADJ *reg umg* **mir ist ~** tengo náuseas; *umg* no estoy muy católico
'Kode [ko:d] M ⟨~s; ~s⟩ *a.* → Code
'Köder M ⟨~s; ~⟩ cebo *m*; (*Fleischköder*) carnada *f*; JAGD (*Lockvogel*) señuelo *m*; *fig* gancho *m*; aliciente *m*
'ködern V/T echar cebo a; *fig* atraer; engatusar
'Kodex M ⟨~ *od* ~es; ~e *od* Kodizes⟩ códice *m*; JUR código *m*
ko'dieren *etc* → codieren *etc*
kodifi'zieren V/T ⟨*ohne* ge-⟩ codificar; **Kodifizierung** F ⟨~; ~en⟩ codificación *f*
Koedukati'on F ⟨~⟩ coeducación *f*
Koeffizi'ent M ⟨~en; ~en⟩ coeficiente *m*
'koexistent ADJ coexistente; **Koexistenz** F ⟨~⟩ coexistencia *f*; **koexistieren** V/I ⟨*ohne* ge-⟩ coexistir
Koffe'in N ⟨~s⟩ cafeína *f*; **koffeinfrei** ADJ descafeinado
'Koffer M ⟨~s; ~⟩ maleta *f*; *kleiner*: maletín *m*; *großer*: baúl *m*; *Am* valija *f*; **den ~ packen** hacer la maleta (*a. fig*)
'Kofferkuli M carrito *m* (portaequipajes); **Kofferradio** N radio *f* portátil; **Kofferraum** M AUTO maletero *m*, *Am* baúl *m*
'Kognak ['kɔnjak] M ⟨~s; ~s⟩ coñac *m*; **Kognakbohne** F bombón *m* (relleno) de coñac; **Kognakschwenker** M copa *f* balón
Kohä'renz F ⟨~⟩ coherencia *f*
Kohäsi'on F ⟨~⟩ cohesión *f*; **Kohäsi'onskraft** F fuerza *f* cohesiva
Kohl M ⟨~(e)s; ~e⟩ **1** BOT col *f*, berza *f*; repollo *m*; *umg fig* **das macht den ~ nicht fett** con eso no se adelanta nada **2** *umg pej* tonterías *fpl*; majadería *f*, desatino *m*; **~ reden** disparatar, decir tonterías
'Kohldampf M *umg* hambre *f*, *sl* gazuza *f*; **~ schieben** pasar hambre
'Kohle F ⟨~; ~n⟩ **1** carbón *m*; (*Zeichenkohle*) *a.* carboncillo *m*; **weiße ~** hulla *f* blanca; **glühende ~n** brasas *fpl*, ascuas *fpl*; **~ führend** BERGB carbonífero; *fig* **(wie) auf glühenden ~n sitzen** estar en (*od* sobre) ascuas **2** *umg fig* (*Geld*) pasta *f*, perras *fpl*
'kohlehaltig ADJ carbonoso; BERGB *Flöz* carbonífero; **Kohlehydrat** N → Kohlenhydrat; **Kohlekraftwerk** N central *f* térmica de carbón
'kohlen V/I **1** (*schwelen*) arder sin llama **2** *umg fig* (*schwindeln*) decir mentiras
'Kohlenabbau M explotación *f* del carbón; **Kohlenaufbereitung** F preparación *f* del carbón; **Kohlenbecken** N brasero *m*; GEOL cuenca *f* carbonífera; **Kohlenbergbau** M industria *f* carbonera; **Kohlenbergwerk** N mina *f* de carbón
Kohlen'dioxid N, **Kohlen'dioxyd** M CHEM anhídrido *m* carbónico, dióxido *m* de carbono
'Kohleneimer M cubo *m* para carbón; **Kohlenfeuerung** F calentamiento *m* por carbón; **Kohlenflöz** N GEOL estrato *m* de carbón, capa *f* carbonífera; **Kohlenförderung** F extracción *f* de carbón; (*Produktion*) producción *f* carbonera; **Kohlengebiet** N cuenca *f* carbonífera; **Kohlenglut** F brasa *f*, ascuas *fpl*; **Kohlengrube** F BERGB mina *f* de carbón; **Kohlengrus** M ⟨~(e)s; ~e⟩ cisco *m*; carbón *m* menudo; **Kohlenhalde** F montón *m* de carbón; **Kohlenhändler** M, **Kohlenhändlerin** F carbonero *m*, -a *f*; comerciante *m/f* de carbones; **Kohlenhandlung** F carbonería *f*; **Kohlenheizung** F calefacción *f* con carbón; **Kohlenherd** M cocina *f* económica; fogón *m*; **Kohlenhydrat** N ⟨~(e)s; ~e⟩ CHEM hidrato *m* de carbono; glúcido *m*; **Kohlenindustrie** F industria *f* carbonera; **Kohlenkasten** M coquera *f*; **Kohlenkeller** M carbonera *f*; **Kohlenknappheit** F escasez *f* (*od* falta *f*) de carbón; **Kohlenlager** N almacén *m* de carbones; GEOL yacimiento *m* carbonífero; **Kohlenmeiler** M pila *f* de carbón, carbonera *f*
Kohlen'monoxid N CHEM monóxido *m* de carbono
'Kohlenoxid N óxido *m* de carbono; **Kohlenproduktion** F producción *f* carbonera; **Kohlenrevier** N cuenca *f* carbonífera
'kohlensauer ADJ CHEM carbónico; **kohlensaures Salz** carbonato *m*; **kohlensaures Wasser** agua *f* carbonatada
'Kohlensäure F CHEM ácido *m* carbónico; *in Getränken*: gas *m*; *Mineralwasser* **ohne ~** sin gas
'Kohlenschaufel F badila *f*; pala *f* para carbón; **Kohlenschippe** F → Kohlenschaufel; **Kohlenstaub** M polvo *m* de carbón; carbonilla *f*; cisco *m*; **Kohlenstift** M TECH lápiz *m* de carbón
'Kohlenstoff M CHEM carbono *m*; **kohlenstoffhaltig** ADJ carbónico; **Kohlenstoffsenke** F ÖKOL sumidero *m* de carbono
'Kohlenwagen M BAHN vagón *m* carbonero; (*Tender*) ténder *m*; BERGB vagoneta *f* carbonera
Kohlen'wasserstoff M CHEM hidrocarburo *m*
'Kohlenzeche F BERGB mina *f* de carbón
'Kohlepapier N papel *m* carbón
'Köhler M ⟨~s; ~⟩ *obs* carbonero *m*
Köhle'rei F ⟨~; ~en⟩ *obs* carbonería *f*
'Köhlerin F ⟨~; ~nen⟩ *obs* carbonera *f*
'Kohlestift M MAL carboncillo *m*, carbón *m*; **Kohletablette** F PHARM pastilla *f* de carbón; **Kohlevorkommen** N yacimiento *m* de carbón; **Kohlezeichnung** F MAL dibujo *m* al carbón
'Kohlkopf M repollo *m*; **Kohlkopp** M *umg fig umg* berzotas *m*; **Kohlmeise** F ORN carbonero *m* (común)
'kohl'raben'schwarz ADJ → kohlschwarz

K

Kohl'rabi M ⟨~(s); ~(s)⟩ BOT colinabo *m*
'Kohlroulade [-ru'la:də] F GASTR *hoja de repollo rellena*; **Kohlrübe** F BOT rutabaga *m*, naba *f*
'kohl'schwarz ADJ negro como el carbón (*od* como un cuervo)
'Kohlsprossen FPL *österr* col *f* de Bruselas; **Kohlstrunk** M troncho *m* de col; **Kohlweißling** M *Schmetterling*: mariposa *f* blanca de la col
Ko'horte F ⟨~; ~n⟩ HIST cohorte *f*
koi'tieren VI ⟨*ohne* ge-⟩ cohabitar
'Koitus M ⟨~; ~⟩ coito *m*
'Koje F ⟨~; ~n⟩ SCHIFF camarote *m*; (*Bett*) litera *f*
Ko'jote M ⟨~n; ~n⟩ ZOOL coyote *m*
'Koka F ⟨~; ~⟩ BOT coca *f*
Koka'in [koːka'iːn] N ⟨~s⟩ cocaína *f*, *Drogenjargon* coca *f*, nieve *f*; **Kokainsucht** F MED cocainomanía *f*; **kokainsüchtig** ADJ cocainómano; **Kokainsüchtige** M/F cocainómano *m*, -a *f*
Ko'karde F ⟨~; ~n⟩ escarapela *f*
Koke'rei F ⟨~; ~en⟩ coquería *f*
ko'kett ADJ coqueta
Kokette'rie F ⟨~; ~n⟩ coquetería *f*
koket'tieren VI ⟨*ohne* ge-⟩ **mit j-m ~** coquetear con alg; *fig* **mit etw ~** coquetear con a/c; **mit seinem Alter ~** jugar con la edad
Koket'tieren N ⟨~s⟩ coqueteo *m*
Ko'kille F ⟨~; ~n⟩ TECH coquilla *f*; lingotera *f*; **Kokillenguss** M fundición *f* en coquilla
'Kokken PL BIOL cocos *mpl*
Ko'kon [ko'kɔŋ, ko'kõː] M ⟨~s; ~s⟩ capullo *m*
'Kokosbutter F manteca *f* de coco; **Kokosfett** N grasa *f* de coco; **Kokosflocken** FPL coco *m* rallado; **Kokosläufer** M alfombra *f* de (fibra de) coco; **Kokosmatte** F estera *f* de (fibra de) coco; **Kokosmilch** F leche *f* de coco; **Kokosnuss** F (nuez *f* de) coco *m*; **Kokosöl** N aceite *m* de coco; **Kokospalme** F cocotero *m*; **Kokosraspel** PL coco *m* rallado
Ko'kotte F ⟨~; ~n⟩ *geh, obs* mujer *f* galante, cocota *f*
Koks [koːks] M ⟨~es; ~e⟩ **1** coque *m* **2** *Drogenjargon* (*Kokain*) coca *f*, nieve *f*
'koksen VI *Drogenjargon* tomar cocaína
Kokskohle F hulla *f* coquizable; **Koksofen** M horno *m* de coque
'Kolben M ⟨~s; ~⟩ **1** TECH émbolo *m*; AUTO pistón *m* **2** CHEM (*Destillierkolben*) alambique *m*; matraz *m*; retorta *f* **3** (*Gewehrkolben*) culata *f* **4** BOT espádice *m*; (*Maiskolben*) mazorca *f*; panocha *f* **5** *umg* (*dicke Nase*) *umg* narizón *m*; **Kolbenbolzen** M TECH perno *m* (*od* clavija *f*) de émbolo; **Kolbendruck** M ⟨~(e)s; ~e⟩ TECH presión *f* del émbolo; **Kolbenhub** M TECH carrera *f* del émbolo; **Kolbenmotor** M motor *m* de émbolo (*od* de pistón); **Kolbenring** M TECH segmento *m* de émbolo; **Kolbenschlag** M → Kolbenstoß; **Kolbenspiel** N TECH juego *m* de émbolo; **Kolbenstange** F TECH vástago *m* de émbolo; **Kolbenstoß** M MIL culatazo *m*; **Kolbenverdichter** M TECH compresor *m* de émbolo
'Kolchos M ⟨~; Kol'chose⟩, **Kol'chose** F ⟨~; ~n⟩ koljós *m*, koljoz *m*
'Kolibri M ⟨~s; ~s⟩ ORN colibrí *m*, pájaro *m* mosca
'Kolik F ⟨~; ~en⟩ MED cólico *m*
'Kolkrabe M ORN cuervo *m*
kolla'bieren VI ⟨*ohne* ge-⟩ colapsar
Kollabora'teur M ⟨~s; ~e⟩, **Kollabora'teurin** F ⟨~; ~nen⟩ POL colaboracionista *m/f*; **Kollaborati'on** F ⟨~; ~en⟩ colaboracionismo *m*
kollabo'rieren VI ⟨*ohne* ge-⟩ colaborar (**mit** con)
'Kollaps M ⟨~es; ~e⟩ MED colapso *m*
Kollater'alschaden M MIL, POL daño *m* colateral
Kol'leg [kɔ'leːk] N ⟨~s; ~s *od* ~ien⟩ **1** *schulische Einrichtung*: ≈ escuela *f* de graduado escolar **2** KATH colegio *m*
Kol'legblock M cuaderno *m* anillado
Kol'lege M ⟨~n; ~n⟩ colega *m*; compañero *m*; (*Amtskollege*) homólogo *m*; **Kollegheft** N cuaderno *m* de apuntes
kollegi'al **A** ADJ colegial; de (*bzw* entre) colegas; **~es Verhältnis** compañerismo *n* **B** ADV con solidaridad, con compañerismo; **~ handeln** portarse como compañero
Kollegi'algericht N JUR tribunal *m* colegial
Kollegiali'tät F ⟨~⟩ compañerismo *m*; solidaridad *f* profesional
Kollegi'at M ⟨~en; ~en⟩, **Kollegiatin** F ⟨~; ~nen⟩ ≈ alumno *m*, -a *f* de bachillerato
Kol'legin F ⟨~; ~nen⟩ colega *f*; compañera *f*
Kol'legium N ⟨~s; Kollegien⟩ colegio *m*; (*Lehrerkollegium*) cuerpo *m* docente; UNIV claustro *m* (de profesores)
Kol'legmappe F cartera *f*; **Kollegstufe** F *in Spanien* ≈ bachillerato *m*
Kol'lekte F ⟨~; ~n⟩ colecta *f*; cuestación *f*
Kollekti'on F ⟨~; ~en⟩ colección *f*
kollek'tiv ADJ colectivo
Kollek'tiv N ⟨~s; ~e⟩ colectividad *f*, grupo *m*; mancomunidad *f*; **Kollektivdelikt** N JUR delito *m* colectivo; **Kollektiveigentum** N propiedad *f* colectiva; **Kollektivhaftung** F responsabilidad *f* colectiva
kollekti'vieren [-v-] VT ⟨*ohne* ge-⟩ colectivizar; **Kollektivierung** F ⟨~; ~en⟩ colectivización *f*
Kollekti'vismus M ⟨~⟩ colectivismo *m*; **Kollektivist** M ⟨~en; ~en⟩, **Kollektivistin** F ⟨~; ~nen⟩ colectivista *m/f*; **kollektivistisch** ADJ colectivista
Kollek'tivschuld F culpabilidad *f* colectiva; **Kollektivstrafe** F pena *f* colectiva
Kollek'tivum N ⟨~s; Kollektiva⟩ LING (nombre *m*) colectivo *m*
Kollek'tivversicherung F seguro *m* colectivo; **Kollektivvertrag** M contrato *m* colectivo; **Kollektivwirtschaft** F economía *f* colectiva
Kol'lektor M ⟨~s; -'toren⟩ ELEK colector *m*
'Koller M ⟨~s; ~⟩ **1** *umg* acceso *m* de rabia; arrebato *m*, *umg* arrechucho *m*; **einen ~ bekommen** *od* **kriegen** ponerse furioso; *umg* subirse por las paredes **2** VET vértigo *m* (de los caballos)
'kollern VI ⟨sn⟩ **1** (*rollen*) rodar **2** *Truthahn* hacer gloglό; *Gedärme* sonar
'Kollern N ⟨~s⟩ *des Truthahns*: glogló *m*; *der Gedärme*: borborigmos *mpl*
kolli'dieren VI ⟨*ohne* ge-⟩ chocar (**mit** con, contra); entrar en colisión (**mit** con); *fig* estar en pugna (**mit** con); *zeitlich*: coincidir (**mit** con)
Kolli'er [kɔli'eː] N ⟨~s; ~s⟩ collar *m*
Kollisi'on F ⟨~; ~en⟩ colisión *f*; choque *m*
'Kollo N ⟨~s; Kolli⟩ HANDEL bulto *m*, fardo *m*
Kol'lodium N ⟨~s⟩ CHEM colodión *m*
kollo'id ADJ CHEM coloidal
Kollo'id N ⟨~s; ~e⟩ coloide *m*
Kol'loquium N ⟨~s; Kolloquien⟩ coloquio *m*
Kollusi'on F ⟨~; ~en⟩ JUR colusión *f*, connivencia *f*
Köln N ⟨~s⟩ Colonia *f*
'Kölner[1] ADJ ⟨*inv*⟩ de Colonia, coloniense
'Kölner[2] M, **Kölnerin** F coloniense *m/f*
'kölnisch ADJ de Colonia; **~ Wasser** → Kölnischwasser
'Kölnisch'wasser N ⟨~s⟩ agua *f* de Colonia, colonia *f*
'Kolon ['koːlɔn] N ⟨~s; ~s *od* Kola⟩ **1** ANAT colon *m* **2** LING *obs* dos puntos *mpl*
koloni'al ADJ colonial
Kolonia'lismus M ⟨~⟩ colonialismo *m*; **Kolonialist** M ⟨~en; ~en⟩, **Kolonialistin** F ⟨~; ~nen⟩ colonialista *m/f*
Koloni'almacht F potencia *f* colonial; **Kolonialpolitik** F política *f* colonial; **Kolonialreich** N imperio *m* colonial; **Kolonialstil** M estilo *m* colonial; **Kolonialzeit** F época *f* colonial
Kolo'nie F ⟨~; ~n⟩ colonia *f*
Kolonisati'on F ⟨~; ~en⟩ colonización *f*; **Koloni'sator** M ⟨~s; ~⟩, **Kolonisa'torin** F ⟨~; ~nen⟩ colonizador *m*, -a *f*; **koloni'sieren** VT ⟨*ohne* ge-⟩ colonizar
Kolo'nist M ⟨~en; ~en⟩, **Kolonistin** F ⟨~; ~nen⟩ colono *m*, -a *f*
Kolon'nade F ⟨~; ~n⟩ arcadas *fpl*
Ko'lonne F ⟨~; ~n⟩ **1** MIL, CHEM, TYPO columna *f*; MIL (*Fahrzeugkolonne*) convoy *m*; AUTO fila *f*, *umg* caravana *f*; (*Arbeiterkolonne*) brigada *f*, cuadrilla *f* (de obreros); **~ fahren** ir en caravana **2** POL **die fünfte ~** la quinta columna
Ko'lonnenspringer M AUTO conductor *m* que se sale de la fila
Kolo'phonium [-'foːnium] N ⟨~s⟩ colofonia *f*
Kolora'tur F ⟨~; ~en⟩ MUS coloratura *f*; **~ singen** vocalizar; **Koloraturarie** F aria *f* de coloratura; **Koloratursängerin** F, **Koloratursopran** M soprano *f* ligera (*od* coloratura)
kolo'rieren VT ⟨*ohne* ge-⟩ colorar, colorear; **Kolorieren** N ⟨~s⟩, **Kolorierung** F ⟨~; ~en⟩ coloración *f*
Kolo'rist M ⟨~en; ~en⟩ colorista *m*
Kolo'rit N ⟨~(e)s; ~e⟩ colorido *m*
Ko'loss M ⟨~es; ~e⟩ coloso *m*
kolos'sal ADJ **1** (*riesig*) colosal **2** *umg* (*großartig*) estupendo; fenomenal; *Arg* macanudo
Kolos'seum N ⟨~s⟩ Coliseo *m*
Kolpor'tage [-'taːʒə] F ⟨~; ~n⟩ **1** *pej* (*Bericht*) reportaje *m* sensacionalista **2** *e-s Gerüchts*: divulgación *f*; **Kolportageroman** M novela *f* rosa
kolpor'tieren VT ⟨*ohne* ge-⟩ **1** *Gerücht* divulgar **2** HANDEL *obs* vender libros por las calles (*bzw* por las casas)
Kolumbi'aner M ⟨~s; ~⟩, **Kolumbianerin** F ⟨~; ~nen⟩ colombiano *m*, -a *f*; **kolumbianisch** ADJ colombiano
Ko'lumbien N ⟨~s⟩ Colombia *f*
Ko'lumbus EIGENN M **Christoph ~** Cristobal Colón *m*; **das Ei des ~** el huevo de Colón
Ko'lumne F ⟨~; ~n⟩ TYPO columna *f*
Ko'lumnentitel M titulillo *m*; **Kolumnenziffer** F folio *m*
Kolum'nist M ⟨~en; ~en⟩, **Kolumnistin** F ⟨~; ~nen⟩ columnista *m/f*
'Koma N ⟨~s; ~s *od* ~ta⟩ MED coma *m*; **im ~ liegen** estar en coma; **Komasaufen** N ⟨~s⟩ *umg emborracharse hasta caer en coma (etílico)*
'Kombi M ⟨~(s); ~s⟩ *umg* → Kombiwagen
'Kombilohn M (*Mischung aus Lohn und staatlichem Zuschuss*) sueldos *mpl* combinados, salario *m* bajo combinado con subvenciones estatales
Kombi'nat N ⟨~(e)s; ~e⟩ POL combinado *m*
Kombinati'on F ⟨~; ~en⟩ **1** *allg* combinación *f* (*a.* MATH, SPORT *u. fig*) **2** *Mode*: conjunto *m*; coordinado *m*; (*Monteuranzug*) mono *m* **3** *Skisport*: **alpine/nordische ~** combinada *f* alpina/nórdica

Kombinati'onsgabe F talento *m* de combinación; **Kombinationsschloss** N cerradura *f* de combinación; candado *m* de clave; **Kombinationszange** F → Kombizange

Kombina'torik F ⟨~⟩ MATH combinatoria *f*

kombi'nierbar ADJ combinable; **kombi'nieren** V/T ⟨*ohne* ge-⟩ combinar

'Kombiwagen M combi *m*, monovolumen *m*; coche *m* familiar; **Kombizange** F alicates *mpl* universales

Kom'büse F ⟨~; ~n⟩ SCHIFF cocina *f* (de barco)

Ko'met M ⟨~en; ~en⟩ ASTRON cometa *m*

Ko'metenbahn F órbita *f* del cometa; **kometenhaft** ADJ *fig Aufstieg* vertical; **Kometenschweif** M ASTRON cola *f* (*od* cabellera *f*) del cometa

Kom'fort [-'fo:r] M ⟨~s⟩ comodidad *f*, confort *m*; **mit allem ~** con todas las comodidades, con todo confort

komfor'tabel ADJ cómodo, confortable

'Komik F ⟨~⟩ comicidad *f*, lo cómico; efecto *m* cómico

'Komiker M ⟨~s; ~⟩, **Komikerin** F ⟨~; ~nen⟩ (*Schauspieler, -in*) (actor *m*, actriz *f*) cómico *m*, -a *f*

'komisch ADJ **1** (*lustig*) cómico, divertido, jocoso; (*drollig*) gracioso; THEAT **~e Alte** característica *f*; **~e Oper** ópera *f* bufa; **das Komische daran ist, dass ...** lo cómico (*od* gracioso) del asunto es que ... **2** (*sonderbar*) curioso; raro, extraño; **ein ~er Einfall** ocurrencia *f*; *umg* **~er Kerl** tipo *m* raro (*od* extravagante); **~!** ¡es curioso!; ¡qué raro!

'komischer'weise ADV curiosamente

Komi'tee N ⟨~s; ~s⟩ comité *m*; comisión *f*

'Komma N ⟨~s; ~s *od* ~ta⟩ coma *f*; **drei ~ sechs** tres coma seis

Komman'dant M ⟨~en; ~en⟩, **Komman'dantin** F ⟨~; ~nen⟩ comandante *m/f*; **Kommandan'tur** F ⟨~; ~en⟩ comandancia *f*; **Komman'deur** [-'dø:r] M ⟨~s; ~e⟩, **Komman'deurin** F ⟨~; ~nen⟩ MIL comandante *m/f*; jefe *m/f*; **komman'dieren** V/T & V/I ⟨*ohne* ge-⟩ (co)mandar; tener el mando (de); (*anordnen*) ordenar; (*abkommandieren*) destacar, comisionar (**zu** para); **~der General** general *m* en jefe, comandante *m* general

Komman'ditgesellschaft F sociedad *f* comanditaria (*od* en comandita) (**auf Aktien** por acciones)

Kommandi'tist M ⟨~en; ~en⟩, **Kommanditistin** F ⟨~; ~nen⟩ HANDEL (socio *m*, -a *f*) comanditario *m*, -a *f*

Kom'mando N ⟨~s; ~s⟩ MIL mando *m*, *bes Am* comando *m*; (*Befehl*) voz *f* de mando; orden *f*; (*Abteilung*) destacamento *m*, comando *m*; **das ~ führen** mandar, tener el mando; **das ~ übernehmen** tomar (*od* asumir) el mando; **das ~ niederlegen** entregar el mando; **unter j-s** (*dat*) **~** al mando de alg, bajo las órdenes de alg

Kom'mandobrücke F SCHIFF puente *m* de mando; **Kommandogerät** N aparato *m* de mando; **Kommandokapsel** F *Raumfahrt*: cápsula *f* (*od* módulo *m*) de mando; **Kommandoruf** M voz *f* de mando; **Kommandostab** M personal *m* de mando; **Kommandostand** M puesto *m* de mando; **Kommandotruppe** F comando *m*; **Kommandoturm** M SCHIFF torre *f* de mando; **Kommandozeile** F IT línea *f* de mando; **Kommandozentrale** F central *f* de mando

'kommen
⟨*irr*; sn⟩

A intransitives Verb B unpersönliches Verb

— A intransitives Verb —

1 *zum Sprechenden hin*: venir; *vom Sprechenden weg*: ir; (*näher kommen*) acercarse, aproximarse; **~ und gehen** ir y venir; **er kam und setzte sich neben uns** vino a sentarse junto a nosotros; **aus einem Haus ~** salir de una casa; **in einen Laden ~** entrar en una tienda; **ins Gefängnis ~** ir a la cárcel; **ins Krankenhaus ~** ingresar en el hospital; **mit dem Flugzeug/Schiff/Zug/Wagen ~** venir en avión/barco/tren/coche; **wie komme ich nach ...?** ¿por dónde se va a ...?; **von j-m ~** venir (*bzw* salir) de casa de alg; **der Wind kommt von Norden** el viento viene del norte; **vor j-m ~** (*vorher kommen*) preceder a alg; **vor j-n ~** (*vor j-m erscheinen*) comparecer ante alg; **zu j-m ~** venir a casa de alg; **wie komme ich zum Bahnhof?** ¿como se va a la estación?; **ich komme ja schon!** ¡ya voy!; ¡allá voy!; **da kommt sie ja!** ¡ahí viene!; **die soll mir nur ~!** ¡que venga y se atreva conmigo! **2** (*ankommen*) llegar; (*herbeikommen*) acudir; *mit pperf*: **(an)gelaufen ~** llegar (*od* venir) corriendo; **(an)gefahren ~** llegar en coche **3** (*gelangen*) **durch eine Stadt ~** pasar por (*od* atravesar) una ciudad; **in andere Hände ~** pasar a otras manos; *fig* **dahin ~, dass** acabar por (*inf*) **4** *fig* (*erreichen*) **wie weit bist du gekommen?** ¿hasta dónde has llegado? (**mit deiner Arbeit** en el trabajo) **5** (*e-n Platz bekommen*) ir; **die Vase kommt auf den Tisch** el jarrón va sobre la mesa **6** (*geschehen, eintreten*) ocurrir, pasar; *Unheil etc* **über j-n ~** recaer sobre alg; **etw ~ sehen** ver venir (*od* prever) a/c; **ich habe es ~ sehen** lo veía venir; **wie kam das?** ¿cómo se explica eso?, ¿cómo ha ocurrido esto?; **wie komme ich zu dieser Ehre?** ¿a qué debo este honor?; **was auch ~ mag** *od* **wie es auch ~ mag** pase lo que pase, suceda lo que suceda; **wie es gerade kommt** a lo que salga; como caiga; **komme was (da) wolle** ocurra lo que ocurra, suceda lo que quiera; *umg* **das musste ja so ~** tenía que pasar; no podía ocurrir de otro modo; estaba escrito **7** (*sich benehmen*) **j-m grob ~** portarse groseramente con alg; **so lasse ich mir nicht ~** no me dejo tratar de ese modo; **wenn Sie mir so ~** si me habla usted en ese tono, *umg* si se pone usted así **8** (*den Einfall haben*) **j-d kommt auf etw** (*acus*) a alg se le ocurre a/c, a alg le viene a/c a la memoria; **ich komme nicht auf seinen Namen** no me acuerdo de (*od* no me viene) su nombre; **auf etw (zu sprechen) ~** hablar (*od* tratar) de un asunto; abordar una cuestión; **um wieder auf unser Thema zu ~** volviendo a nuestro asunto; **wie ~ Sie darauf?** ¿por qué lo dice?; ¿cómo se le ocurre a usted eso?; **hinter etw** (*acus*) **~** llegar a saber a/c, descubrir a/c; **~ Sie mir nicht damit!** ¡no me venga con eso!; **wie ~ Sie dazu?** ¿cómo se atreve usted? **9** *mit lassen*: **j-n ~ lassen** hacer venir a alg, mandar a por alg; (**sich** *dat*) **etw ~ lassen** encargar a/c; **es nicht so weit ~ lassen** no permitir que las cosas vayan demasiado lejos (*od* que lleguen a tal extremo); *fig* **auf j-n nichts ~ lassen** no querer que se hable mal de alg **10** **auf j-n ~** (*j-m zufallen*) recaer en alg, tocar a alg **11** *Herkunft*: **aus Berlin ~** ser de Berlín; **aus dem Lateinischen ~** proceder del latín; **von etw ~** venir de a/c, deberse a a/c; **woher** *od* **wie kommt es, dass ...?** ¿cómo se explica que ...?, ¿cómo es (posible) que ... (*subj*)?; **es kommt davon, dass** la causa de ello es; ello se debe a; esto viene de; **das kommt davon, wenn man ...** así sucede cuando ...; eso es lo que ocurre (*od* pasa) cuando ...; **das kommt davon!** ¡ahí lo ves!, ¡así aprenderás!; *schadenfroh*: ¡bien empleado! **12** **(wieder) zu sich ~** volver en sí **13** **um etw ~** (*etwas verlieren*) perder a/c, quedar privado de a/c; **ums Leben ~** perder la vida (**bei en**) **14** (*Zeit finden*) **zu etw ~** tener tiempo para a/c; **zu nichts ~** no conseguir nada; no llegar a nada; no adelantar; no tener tiempo para nada **15** *umg Aufforderung*: **komm, gib her!** ¡venga, dámelo!; **na, komm schon!** ¡venga ya! **16** *umg* (*kosten*) costar; **alles zusammen kommt auf 100 Euro** en total asciende a *od* cuesta 100 euros **17** **dazu kommt, dass ...** hay que añadir que ...

— B unpersönliches Verb —

1 **es kommt ein Gewitter** va a haber tormenta **2** (*sich ergeben*) **daher kommt es, dass ...** por eso ...; **wie kommt es, dass ...?** ¿cómo es que ... (*subj*)? ; **muss es dahin** *od* **so weit ~?** ¿hasta ahí (*od* hasta ese extremo) se ha de llegar?; **es kam zu einer Schießerei** se produjo un tiroteo; **es kam zu Schwierigkeiten** surgieron dificultades; **es kam zu einem Zwischenfall** se produjo un incidente; **wenn es zum Krieg kommt** si estalla la guerra

'Kommen N ⟨~s⟩ venida *f*; llegada *f*; **das ~ und Gehen** el vaivén; las idas y venidas; **es herrschte ein ständiges ~ und Gehen** era un constante ir y venir

'kommend ADJ (*künftig*) futuro; venidero; próximo; **~ von** procedente de; **die ~e Woche** la semana próxima (*od* que viene); *fig* **der ~e Mann** el hombre de mañana; **die ~en Generationen** las generaciones venideras

'kommenlassen V/T → kommen A 9

Kommen'tar M ⟨~s; ~e⟩ comentario *m*; **Kommen'tator** M ⟨~s; -'toren⟩, **Kommenta'torin** F ⟨~; ~nen⟩ comentarista *m/f*; comentador *m*, -a *f*; **kommen'tieren** V/T ⟨*ohne* ge-⟩ comentar; glosar

Kom'mers M ⟨~es; ~e⟩ ≈ reunión *f* de asociaciones de estudiantes

Kom'merzdenken N mentalidad *f* mercantil; *fig* mercantilismo *m*; **Kommerzfernsehen** N televisión *f* comercial

kommerziali'sieren V/T ⟨*ohne* ge-⟩ comercializar; **Kommerzialisierung** F ⟨~⟩ comercialización *f*

kommerzi'ell ADJ comercial

Kom'merzienrat M *obs* consejero *m* de comercio

Kommili'tone M ⟨~n; ~n⟩, **Kommilitonin** F ⟨~; ~nen⟩ compañero *m*, -a *f* de estudios

Kommis'sar M ⟨~s; ~e⟩ comisario *m*; *Am* comisionado *m*; **europäischer ~** comisario *m* europeo; **Kommissari'at** N ⟨~(e)s; ~e⟩ comisariato *m*, (*Polizeikommissariat*) comisaría *f*; **Kommis'sarin** F ⟨~; ~nen⟩ comisaria *f*; *Am* comisionada *f*; **europäische ~in** comisaria *f* europea; **kommis'sarisch** ADJ provisional, interino

Kommissi'on F ⟨~; ~en⟩ **1** comisión *f*; **europäische ~** Comisión *f* Europea **2** HANDEL comisión *f*; **etw in ~ geben/nehmen** dar/tomar a/c en comisión; **etw auf ~ verkaufen** vender a/c a comisión

Kommissio'när M ⟨~s; ~e⟩ HANDEL comisionista *m* (en nombre propio); agente *m* de comisión

Kommissi'onsagent M, **Kommissionsagentin** F agente *m/f* a comisión; **Kommissionsauftrag** M mandado *m* a comisión; **Kommissionsbasis** F **auf ~ arbeiten** trabajar a comisión; **Kommissionsfirma** F casa *f* comisionista; **Kommissions-**

gebühr F comisión *f*; **Kommissionsgeschäft** N comisión *f* (mercantil); operaciones *fpl* de comisión; *Firma*: casa *f* comisionista

Kommissi'onsmitglied N *EU*: miembro *m* de la comisión; **Kommissionspräsident** M, **Kommissionspräsidentin** F *EU*: presidente *m*, -a *f* de la comisión; **Kommissionssitzung** F reunión *f* de la comisión

Kommissi'onsvertrag JUR contrato *m* de comisión (mercantil); **Kommissionsware** F mercancía *f* de comisión; **kommissionsweise** ADV en comisión

Kommit'tent M ⟨~en; ~en⟩ comitente *m*

Kom'mode F ⟨~; ~n⟩ cómoda *f*

Kommo'dore M ⟨~s; ~s *od* ~n⟩ SCHIFF comodoro *m*

kommu'nal ADJ comunal; municipal

Kom'munalabgaben FPL tributos *mpl* municipales; **Kommunalanleihe** F empréstito *m* municipal; **Kommunalbeamte(r)** M, **Kommunalbeamtin** F funcionario *m*, -a *f* municipal; **Kommunalbetrieb** M empresa *f* municipal

kommunali'sieren VT ⟨*ohne* ge-⟩ municipalizar

Kommu'nalkredit M crédito *m* municipal; **Kommunalobligationen** FPL obligaciones *fpl* municipales; **Kommunalpolitik** F política *f* municipal (*od* comunal); **Kommunalsteuer** F impuesto *m* municipal; **Kommunalverwaltung** F administración *f* municipal; **Kommunalwahlen** FPL elecciones *fpl* municipales

Kom'mune F ⟨~; ~n⟩ **1** VERW (*Gemeinde*) municipio *m*; *Am* comuna *f* **2** HIST POL **die Pariser ~** la Comuna (de París) **3** *umg* (*Wohngemeinschaft*) comuna *f*

Kommuni'kant M ⟨~en; ~en⟩, **Kommuni'kantin** F ⟨~; ~nen⟩ KATH comulgante *m/f*; **Kommunikati'on** F ⟨~; ~en⟩ comunicación *f*

Kommunikati'onsgesellschaft F **1** WIRTSCH empresa *f* de comunicaciones **2** SOZIOL sociedad *f* de comunicaciones; **Kommunikationsmedien** NPL medios *mpl* de comunicación social; medios *mpl* informativos; **Kommunikationsmittel** NPL medios *mpl* de comunicación; **Kommunikationsnetz** N red *f* de comunicación; **Kommunikationsschwierigkeiten** FPL problemas *mpl* de comunicación; **Kommunikationssystem** N sistema *m* de (tele)comunicación; **Kommunikationswissenschaft** F ciencias *fpl* de la comunicación

Kommuni'kee → Kommuniqué

Kommuni'on F ⟨~; ~en⟩ KATH comunión *f*; **zur ~ gehen** hacer la comunión, comulgar

Kommuni'qué [-'ke:] N ⟨~s; ~s⟩ comunicado *m* (**gemeinsames** conjunto)

Kommu'nismus M ⟨~⟩ comunismo *m*; **Kommu'nist** M ⟨~en; ~en⟩, **Kommu'nistin** F ⟨~; ~nen⟩ comunista *m/f*; **kommu'nistisch** ADJ comunista

kommuni'zieren VI ⟨*ohne* ge-⟩ **1** comunicar **2** KATH recibir la sagrada comunión, comulgar; **kommunizierend** ADJ PHYS comunicante; **~e Röhren** vasos *mpl* comunicantes

Kommu'tator M ⟨~s; ~en⟩ ELEK conmutador *m*; **kommu'tieren** VT ⟨*ohne* ge-⟩ ELEK conmutar; **Kommu'tierung** F ⟨~; ~en⟩ conmutación *f*

Komödi'ant M ⟨~en; ~en⟩, **Komödiantin** F ⟨~; ~nen⟩ comediante *m*, comedianta *f* (*a. fig*); actor *m* cómico, actriz *f* cómica; *fig* (*Heuchler, -in*) farsante *m/f*

Ko'mödie [-diə] F ⟨~; ~n⟩ comedia *f* (*a. fig*); *fig* **~ spielen** hacer la comedia

Ko'mödiendichter M, **Komödiendichterin** F, **Komödienschreiber** M, **Komödienschreiberin** F autor *m*, -a *f* de comedias, comediógrafo *m*, -a *f*

Komp. ABK (Kompanie) compañía *f*

Kompa'gnon [-'njɔŋ, -'njõ:] M ⟨~s; ~s⟩ HANDEL socio *m*

kom'pakt ADJ compacto

Kom'paktanlage F equipo *m* compacto; **Kompaktheit** F ⟨~⟩ compacidad *f*; **Kompaktkamera** F FOTO cámara *f* (fotográfica) compacta; **Kompaktkurs** M curso *m* compacto; **Kompaktvan** [-vɛn] M ⟨~s; ~s⟩ monovolumen *m* compacto; **Kompaktwaschmittel** N detergente *m* compacto

Kompa'nie F ⟨~; ~n⟩ compañía *f* (*a.* MIL); **Kompaniechef** M jefe *m* de compañía

'Komparativ M ⟨~s; ~e⟩ GRAM comparativo *m*

Kom'parse M ⟨~n; ~n⟩ THEAT comparsa *m*, figurante *m*; FILM *a.* extra *m*; **Komparse'rie** F ⟨~; ~n⟩ THEAT comparsería *f*; **Kom'parsin** F ⟨~; ~nen⟩ THEAT comparsa *f*, figurante *f*; FILM *a.* extra *f*

'Kompass M ⟨~es; ~e⟩ brújula *f*; SCHIFF, FLUG compás *m*; **Kompassnadel** F aguja *f* de la brújula; **Kompasspeilung** F marcación *f*; **Kompassrose** F rosa *f* náutica (*od* de los vientos); **Kompassstrich** M SCHIFF rumbo *m*, cuarta *f*

kompa'tibel ADJ compatible (**mit** con; *a.* IT)

Kompatibili'tät F compatibilidad *f*; **Kompatibili'tätstest** M ensayo *m* (*od* prueba *f*) de compatibilidad

Kom'pendium N ⟨~s; Kompendien⟩ compendio *m*

Kompensati'on F ⟨~; ~en⟩ compensación *f*; indemnización *f*; **Kompensati'onsgeschäft** N operación *f* de compensación

Kompen'sator M ⟨~s; ~en⟩ ELEK compensador *m*; **kompensa'torisch** ADJ compensador; compensatorio; **kompen'sieren** VT ⟨*ohne* ge-⟩ compensar

kompe'tent ADJ competente

Kompe'tenz F ⟨~; ~en⟩ competencia *f*; (*Befugnis*) atribución *f*; **Kompetenzkonflikt** M, **Kompetenzstreit** M conflicto *m* de competencia (*od* de jurisdicción); **Kompetenzüberschreitung** F extralimitación *f*; **Kompetenzverteilung** F distribución *f* de competencias

Kompilati'on F ⟨~; ~en⟩ compilación *f*; **kompi'lieren** VT *geh* (*zusammenstellen*) compilar (*a.* IT)

Komple'ment N ⟨~(e)s; ~e⟩ MATH *u.* GRAM complemento *m*

Komplemen'tär M ⟨~s; ~e⟩ HANDEL socio *m* colectivo; **Komplementärfarbe** F color *m* complementario; **Komplementärin** F ⟨~; ~nen⟩ HANDEL socia *f* colectiva

Komple'mentwinkel M MATH ángulo *m* complementario

Kom'plet [-'ple:] N ⟨~ *od* ~s; ~s⟩ TEX *Schneiderei*: conjunto *m*

kom'plett ADJ completo, entero; *umg* **das ist ~er Wahnsinn** *umg* es una locura total

komplet'tieren VT ⟨*ohne* ge-⟩ completar

kom'plex ADJ complejo; MATH **~e Zahl** número *m* complejo

Kom'plex M ⟨~es; ~e⟩ **1** (*Industriekomplex, Gebäudekomplex*) complejo *m*; conjunto *m* (*a. Fragenkomplex*) **2** PSYCH complejo *m*; **~e bekommen** acomplejarse; **~e haben** estar acomplejado; **ohne ~e** desacomplejado

Kom'plice [-'pli:tsə] M, **Komplicin** → Komplize

Komplikati'on F ⟨~; ~en⟩ complicación *f*

Kompli'ment N ⟨~(e)s; ~e⟩ cumplido *m*; piropo *m*; **j-m ein ~ machen** decir un piropo (*od* hacer un cumplido) a alg; **mein ~!** ¡enhorabuena!

Kom'plize M ⟨~n; ~n⟩ cómplice *m*

kompli'zieren VT ⟨*ohne* ge-⟩ complicar

kompli'ziert ADJ complicado (*a.* MED *Bruch*); intrincado; complejo; **Kompliziertheit** F ⟨~⟩ complicación *f*; complejidad *f*

Kom'plizin F ⟨~; ~nen⟩ cómplice *f*

Kom'plott N ⟨~(e)s; ~e⟩ complot *m*, confabulación *f*, conspiración *f*; trama *f*; **ein ~ schmieden** tramar (*od* urdir) un complot; conspirar

Kompo'nente F ⟨~; ~n⟩ componente *f*

kompo'nieren VT & VI ⟨*ohne* ge-⟩ MUS componer; **Kompo'nist** M ⟨~en; ~en⟩, **Kompo'nistin** F ⟨~; ~nen⟩ compositor *m*, -a *f*; **Kompositi'on** F ⟨~; ~en⟩ composición *f*

Kom'positum N ⟨~s; Komposita⟩ LING palabra *f* compuesta

Kom'post M ⟨~es; ~e⟩ AGR compost *m*; **Komposterde** F tierra *f* de compost; **Komposthaufen** M montón *m* (*od* pila *f*) de compost

Kompos'tieranlage F unidad *f* (*od* planta *f od* cámara *f*) de compostaje

kompos'tieren VT ⟨*ohne* ge-⟩ compostar, convertir en compost; **Kompostierung** F compostaje *m*

Kom'pott N ⟨~(e)s; ~e⟩ compota *f*; **Kompottschale** F, **Kompottschüssel** F compotera *f*

kom'press ADJ TYPO compacto

Kom'presse F ⟨~; ~n⟩ MED compresa *f*

Kompressi'on F ⟨~; ~en⟩ compresión *f*

Kompressi'ons(kälte)maschine F máquina *f* de refrigeración por compresión; **Kompressionsstrumpf** M media *f* de compresión; **Kompressionsverband** M MED vendaje *m* de compresión

Kom'pressor M ⟨~s; -s'soren⟩ compresor *m*; **Kompressormotor** M motor *m* con compresor (*od* sobrealimentación)

kompri'mieren VT ⟨*ohne* ge-⟩ IT *Daten* comprimir, compactar; **Komprimierung** F IT compresión *f*

Kompro'miss M ⟨~es; ~e⟩ compromiso *m* (**zwischen** *dat* entre); arreglo *m* (**zwischen** *dat* entre); **einen ~ schließen** concertar un compromiso; POL *a.* pactar, transigir

kompro'missbereit ADJ dispuesto al acuerdo; **kompromisslos** ADJ intransigente, sin compromiso

Kompro'misslösung F solución *f* de compromiso; **Kompromissvorschlag** M propuesta *f* de acuerdo

kompromit'tieren ⟨*ohne* ge-⟩ **A** VT comprometer **B** V/R **sich ~** comprometerse

Kom'tess(e) F ⟨~; Komtessen⟩ condesa *f* (soltera); hija *f* de un conde; *umg* condesita *f*

Konden'sat N ⟨~(e)s; ~e⟩ CHEM condensado *m*; **Kondensati'on** F ⟨~; ~en⟩ condensación *f*; **Konden'sator** M ⟨~s; -'toren⟩ ELEK, TECH condensador *m*; **konden'sieren** VT ⟨*ohne* ge-⟩ condensar

Kon'densmilch F leche *f* condensada; **Kondensstreifen** M FLUG estela *f* (de gases condensados); **Kondenswasser** N ⟨~s⟩ agua *f* de condensación

Konditi'on F ⟨~; ~en⟩ **1** SPORT forma *f* física, condición *f*; **keine ~ haben** no estar en forma **2** HANDEL *mst* **~en** *fpl* condiciones *fpl*

Konditio'nal M ⟨~s; ~e⟩ GRAM (modo *m*) condicional *m*; **Konditionalsatz** M oración *f* condicional

konditio'nieren VT ⟨*ohne* ge-⟩ condicionar; **Konditionieren** N ⟨~s⟩ condicionamien-

to *m*
Konditi'onsschwäche F baja forma *f* física; **Konditionstraining** N preparación *f* física
Kon'ditor M ⟨~s; -'toren⟩ (*Kuchenbäcker*) pastelero *m*; repostero *m*
Kondito'rei F ⟨~; ~en⟩ pastelería *f*; repostería *f*
Kondi'torin F ⟨~; ~nen⟩ pastelera *f*; repostera *f*
Kon'ditorwaren FPL pasteles *mpl*; dulces *mpl*
Kondo'lenz F ⟨~; ~en⟩ condolencia *f*, pésame *m*; **Kondo'lenzbesuch** M visita *f* de pésame; **Kondo'lenzbrief** M carta *f* de pésame; **kondo'lieren** VI ⟨*ohne* ge-⟩ **j-m ~** dar a alg el pésame (**zu** por)
Kon'dom N ⟨~s; ~e⟩ condón *m*, preservativo *m*, *umg* goma *f*
Kondo'minium N ⟨~s; Kondominien⟩ condominio *m*
'Kondor M ⟨~s; ~e⟩ ORN cóndor *m*
Konduk'tanz F ⟨~⟩ ELEK conductancia *f*
Kon'fekt N ⟨~(e)s; ~e⟩ (*Pralinen*) bombones *mpl*; *bes mit Früchten*: bombones *mpl* de fruta
Konfekti'on F ⟨~; ~en⟩ TEX confección *f*
Konfekti'onsanzug M TEX traje *m* hecho (*od* de confección); **Konfektionsgeschäft** N tienda *f* de confecciones; **Konfektionsgröße** F talla *f* (de confección)
Konfe'renz F ⟨~; ~en⟩ conferencia *f*; mesa *f* redonda; (*Tagung*) reunión *f*; **Konferenzbeschluss** M resolución *f* (*od* acuerdo *m*) de la conferencia; **Konferenzdolmetscher** M, **Konferenzdolmetscherin** F intérprete *m/f* de conferencias; **Konferenzleitung** F presidencia *f* de la conferencia (*bzw* de la reunión); **Konferenzraum** M, **Konferenzsaal** M salón *m* (*od* sala *f*) de conferencias; **Konferenzschaltung** F ELEK conexión *f* colectiva (*od* múltiple); (*Telekonferenz*) teleconferencia *f*, comunicación *f* por conferencia; **Konferenzsessel** M silla *f* para reuniones (*od* conferencias); **Konferenzteilnehmer** M, **Konferenzteilnehmerin** F participante *m/f* en la conferencia; **Konferenztisch** M mesa *f* de conferencias
konfe'rieren VI ⟨*ohne* ge-⟩ conferenciar, celebrar una conferencia; (*etw besprechen*) deliberar (**mit j-m über** con alg sobre)
Konfessi'on F ⟨~; ~en⟩ confesión *f* (religiosa); religión *f*
konfessio'nell ADJ confesional
konfessi'onslos ADJ aconfesional; sin religión; **Konfessionslosigkeit** F ⟨~⟩ aconfesionalidad *f*; **Konfessionsschule** F escuela *f* confesional
Kon'fetti N ⟨~(s)⟩ confeti *m*
Konfigurati'on F ⟨~; ~en⟩ configuración *f* (*a.* IT); **konfigur'ieren** VT ⟨*ohne* ge-⟩ configurar (*a.* IT)
Konfir'mand M ⟨~en; ~en⟩ PROT confirmando *m*; **Konfirmandenunterricht** M PROT instrucción *f* religiosa preparatoria de los confirmandos; **Konfirmandin** F ⟨~; ~nen⟩ PROT confirmanda *f*
Konfirmati'on F ⟨~; ~en⟩ PROT confirmación *f*; **konfir'mieren** VT ⟨*ohne* ge-⟩ PROT confirmar
Konfiskati'on F ⟨~; ~en⟩ confiscación *f*; **konfis'zierbar** ADJ confiscable; **konfis'zieren** VT ⟨*ohne* ge-⟩ confiscar
Konfi'türe F ⟨~; ~n⟩ confitura *f*
Kon'flikt M ⟨~(e)s; ~e⟩ conflicto *m*; **in ~ geraten** entrar (*od* verse) en conflicto (**mit** con); **mit dem Gesetz in ~ geraten sein** estar en conflicto con la ley
kon'fliktfrei ADJ no conflictivo; **konfliktgeladen** ADJ conflictivo
Kon'fliktlösung F solución *f* del conflicto
kon'fliktreich ADJ conflictivo; **konfliktscheu** ADJ con temor (*od* miedo) a (situaciones de) conflicto
Kon'fliktsituation F situación *f* conflictiva; **Konfliktstoff** M motivo *m* de discordia; **Konfliktvermeidung** F prevención *f* de conflictos
Konföderati'on F ⟨~; ~en⟩ confederación *f*
kon'form A ADJ conforme (**mit** con) B ADV **mit j-m/etw ~ gehen** estar (*od* ir) de acuerdo con alg/con a/c
kon'formgehen VI → konform B
Konfor'mismus M ⟨~⟩ conformismo *m*; **Konfor'mist** M ⟨~en; ~en⟩, **Konfor'mistin** F ⟨~; ~nen⟩ conformista *m/f*; **Konformi'tät** F ⟨~⟩ conformidad *f*
Konfrontati'on F ⟨~; ~en⟩ confrontación *f* (*a.* POL), enfrentamiento *m*; JUR *a.* careo *m*; **konfron'tieren** VT ⟨*ohne* ge-⟩ confrontar, enfrentar; JUR *a.* carear; **Konfrontierung** F ⟨~; ~en⟩ confrontación *f*
kon'fus ADJ confuso; (*außer Fassung*) desconcertado; **~ machen** confundir; desconcertar
Konfusi'on F ⟨~; ~en⟩ confusión *f*
kongeni'al ADJ congenial
Konglome'rat N ⟨~(e)s; ~e⟩ GEOL conglomerado *m* (*a. fig*)
'Kongo M 1 ⟨~s⟩ *Fluss*: Congo *m* 2 ⟨~(s)⟩ *Staat*: **der ~** el Congo; **Demokratische Republik ~** República *f* Democrática del Congo
Kongo'lese M ⟨~n; ~n⟩, **Kongolesin** F ⟨~; ~nen⟩ congoleño *m*, -a *f*, congolés *m*, -esa *f*; **kongolesisch** ADJ congoleño, congolés
Kongregati'on F ⟨~; ~en⟩ congregación *f*
Kon'gress M ⟨~es; ~e⟩ congreso *m*; POL Congreso *m* (de los Diputados); **Kongresshalle** F pabellón *m* de congresos; **Kongressteilnehmer** M, **Kongressteilnehmerin** F, congresista *m/f*
kongru'ent ADJ congruente (*a.* MATH); **Kongru'enz** F ⟨~⟩ congruencia *f* (*a.* MATH); **kongru'ieren** VI ⟨*ohne* ge-⟩ ser congruente
Koni'fere F ⟨~; ~n⟩ BOT conífera *f*
'König M ⟨~s; ~e⟩ rey *m* (*a. Spiel, Schach u. fig*); **der ~ der Lüfte** (*Adler*) el rey de los cielos; **der ~ der Tiere** el rey de los animales; **die Heiligen Drei ~e** *Bibel*: los Reyes (Magos); **das Fest der Heiligen Drei ~e** (*Feiertag*) el día de Reyes; la Epifanía; **j-n zum ~ erheben** hacer rey a alg, elevar a alg al trono; **j-n zum ~ wählen** elegir rey a alg; **bei uns ist der Kunde ~** el cliente manda (en nuestro comercio)
'Königin F ⟨~; ~nen⟩ reina *f* (*a. Spiel,* ZOOL *u. fig*); *Schach a.*: dama *f*; **Königinmutter** F ⟨~; ⸚⟩ reina *f* madre; **Königinwitwe** F reina *f* viuda
'königlich A ADJ real; regio (*a. fig*); **von ~em Blute** de sangre real B ADV regiamente; **~ bewirten** tratar a cuerpo de rey; *umg* **sich ~ amüsieren** divertirse de lo lindo; pasarlo en grande, *umg* pasarlo bomba; **sich ~ freuen** alegrarse infinitamente
'Königreich N reino *m*
'Königsadler M águila *f* real; **königsblau** N azul real; **Königshaus** N casa *f* (*od* dinastía *f*) real; **Königshof** M corte *f*; **Königskerze** F BOT candelaria *f*, gordolobo *m*; **Königskrone** F corona *f* real; **Königsmord** M regicidio *m*; **Königsmörder** M, **Königsmörderin** F regicida *m/f*; **Königspaar** N **das ~** los reyes; **Königsschloss** N palacio *m* real; **Königstiger** M ZOOL tigre *m* real; **königstreu** ADJ monárquico; legitimista; **Königstreue** A F ⟨~⟩ fidelidad *f* al rey; POL realismo *m* B M/F ⟨~n; ~n; → A⟩ monárquico *m*, -a *f*; POL legitimista *m/f*; **Königstreuer** M → Königstreue B; **Königswasser** N ⟨~s⟩ CHEM agua *f* regia; **Königswürde** F ⟨~⟩ dignidad *f* real, realeza *f*; majestad *f*
'Königtum ['-ıç-] N ⟨~s⟩ (*Königswürde*) dignidad *f* real, realeza *f*; (*Monarchie*) régimen *m* monárquico, monarquía *f*
'konisch ADJ cónico, coniforme
Konjugati'on F ⟨~; ~en⟩ GRAM conjugación *f*; **konju'gierbar** ADJ GRAM conjugable; **konjugieren** VT ⟨*ohne* ge-⟩ GRAM conjugar; **konjugiert werden** conjugarse
Konjunkti'on F ⟨~; ~en⟩ GRAM conjunción *f*
'Konjunktiv M ⟨~s; ~e⟩ GRAM (modo *m*) subjuntivo *m*; **konjunktivisch** [-v-] ADJ GRAM subjuntivo
Konjunk'tur F ⟨~; ~en⟩ coyuntura *f*; WIRTSCH situación *f* económica (*od* del mercado); (*Konjunkturkreislauf*) ciclo *m* económico; **steigende/fallende ~** coyuntura *f* alcista/bajista
konjunk'turabhängig ADJ dependiente de la coyuntura
Konjunk'turabschwächung F debilitamiento *m* coyuntural; **Konjunkturabschwung** M recesión *f* coyuntural; **Konjunkturaufschwung** M auge *m* coyuntural; **Konjunkturausgleich** M compensación *f* coyuntural; **Konjunkturbarometer** N barómetro *m* coyuntural; **konjunkturbedingt** ADJ coyuntural; **Konjunkturbelebung** F reanimación *f* de la coyuntura; **Konjunkturbericht** M informe *m* sobre la situación del mercado; **Konjunktureinbruch** M caída *f* (*od* derrumbe *m*) coyuntural
konjunktu'rell ADJ coyuntural
konjunk'turempfindlich ADJ sensible a las fluctuaciones coyunturales; **Konjunkturempfindlichkeit** F sensibilidad *f* coyuntural
Konjunk'turentwicklung F desarrollo *m* de la coyuntura; **Konjunkturforschung** F investigación *f* de los ciclos económicos; análisis *m* del mercado; **Konjunkturklima** N clima *m* económico; **Konjunkturlage** F situación *f* coyuntural (*od* del mercado); **Konjunkturphase** F fase *f* coyuntural; **Konjunkturpolitik** F política *f* coyuntural (*od* de coyuntura); **Konjunkturprogramm** N programa *m* de coyuntura; **Konjunkturritter** M *pej* oportunista *m*; **Konjunkturrückgang** M recesión *f* coyuntural; **Konjunkturschwankungen** FPL oscilaciones *fpl* (*od* fluctuaciones *fpl*) de la coyuntura; variaciones *fpl* coyunturales; **Konjunkturspritze** F *umg* ayuda *f* económica; medidas *fpl* para mejorar la coyuntura; **Konjunkturüberhitzung** F auge *m* excesivo de la coyuntura; **Konjunkturverlauf** M evolución *f* de la coyuntura; **Konjunkturzuschlag** M recargo *m* coyuntural; **Konjunkturzyklus** M ciclo *m* económico (*od* coyuntural)
kon'kav [-'ka:f] ADJ cóncavo; **Konkavspiegel** M PHYS espejo *m* cóncavo
Kon'klave [-v-] N ⟨~s; ~n⟩ cónclave *m*
Konkor'danz F ⟨~; ~en⟩ concordancia *f*
Konkor'dat N ⟨~(e)s; ~e⟩ REL concordato *m*
kon'kret A ADJ concreto; **~e Formen annehmen** tomar cuerpo B ADV concretamente, en concreto
konkreti'sieren VT ⟨*ohne* ge-⟩ concretar
Kon'kretum N ⟨~s; Konkreta⟩ LING nombre *m* concreto
Konkubi'nat N ⟨~(e)s; ~e⟩ concubinato *m*;

K

Konku'bine F ⟨~; ~n⟩ concubina *f*; manceba *f*

Konkur'rent M ⟨~en; ~en⟩, **Konkurrentin** F ⟨~; ~nen⟩ competidor *m*, -a *f*, rival *m/f*; contrincante *m/f*

Konkur'renz F ⟨~; ~en⟩ 1 HANDEL competencia *f*; **starke/wachsende ~** competencia *f* fuerte/creciente; **j-m ~ machen** hacer la competencia a alg; competir con alg; **mit j-m in ~ treten** entrar en competencia con alg; **außer ~** sin competencia; fuera de concurso 2 *(die Konkurrenten)* competidores *mpl*; *(konkurrierende Firma)* casa *f* competidora

konkur'renzfähig ADJ capaz de competir, competitivo; **Konkurrenzfähigkeit** F capacidad *f* competitiva, competitividad *f*

Konkur'renzfirma F, **Konkurrenzgeschäft** N casa *f* competidora; **Konkurrenzkampf** M competición *f*; rivalidad *f*; lucha *f* por la competencia; **Konkurrenzklausel** F cláusula *f* de competencia; **konkurrenzlos** ADJ sin competencia; fuera de toda competencia; **Konkurrenzneid** M envidia *f* de los competidores; envidia *f* profesional; **Konkurrenzpreis** M precio *m* competitivo; **Konkurrenzprodukt** N producto *m* de la competencia; **Konkurrenzunternehmen** N empresa *f* competidora; **Konkurrenzverbot** N prohibición *f* de competencia; competencia *f* prohibida

konkur'rieren V/I ⟨*ohne* ge-⟩ **mit j-m ~** competir con alg (**um etw** por a/c); hacer la competencia a alg; rivalizar con alg; **konkurrierend** ADJ/T competitivo

Kon'kurs M ⟨~es; ~e⟩ HANDEL quiebra *f*; *e-s Nichtkaufmanns*: concurso *m*; **~ anmelden** declararse en quiebra; **~ machen** *od* **in ~ gehen** quebrar; **den ~ eröffnen** declarar (*od* decretar) la quiebra

Kon'kursantrag M solicitud *f* de quiebra; **~ stellen** solicitar la (declaración de) quiebra; **Konkurserklärung** F declaración *f* de quiebra; **Konkurseröffnung** F apertura *f* de la quiebra; **~ beantragen** pedir la apertura de la quiebra; **Konkursforderung** F crédito *m* de la quiebra; **Konkursgläubiger** M, **Konkursgläubigerin** F acreedor *m*, -a *f* de la quiebra

Kon'kursmasse F masa *f* activa, masa *f* de la quiebra; **aus der ~ aussondern** separar de la masa; **zur ~ zurückgewähren** reintegrar a la masa

Kon'kursordnung F ley *f* sobre la quiebra; **Konkursschuldner** M, **Konkursschuldnerin** F quebrado *m*, -a *f*; **Konkursverfahren** N procedimiento *m* de quiebra; **Konkursvergehen** N quiebra *f* fraudulenta; **Konkursverwalter** M, **Konkursverwalterin** F síndico *m*, -a *f* (de la quiebra); **Konkursverwaltung** F administración *f* de la quiebra

'können ⟨*irr*⟩ A V/MOD ⟨*pperf* können⟩ 1 *(fähig sein)* poder; ser capaz de; *(imstande sein)* estar en condiciones de; **ich kann nicht schlafen** no puedo dormir; **ich kann nichts dazu tun** no puedo remediarlo; no puedo hacer nada; **ich kann es Ihnen nicht sagen** no puedo decírselo; **man kann nie wissen** nunca se sabe; *umg* **mir kann keiner!** ¡conmigo no hay quien pueda! 2 *(beherrschen, gelernt haben)* saber; **fahren/tanzen/schwimmen** *etc* **~** saber conducir/bailar/nadar *etc* 3 *(dürfen)* poder; *(Erlaubnis haben)* tener permiso para, estar autorizado (*od* facultado) para; **Sie ~ es mir glauben** puede usted creérmelo; **hier kannst du nicht parken** no puedes aparcar aquí; **jetzt kannst du kommen** ahora puedes venir; **kann ich bitte ein Glas Wasser haben?** *im Lokal*: ¿me puede traer un vaso de agua? *umg* ¿me das un vaso de agua?; **das kann man wohl sagen!** ¡ya lo creo!; *umg* **ich kann dir sagen!** ¡te diré!; *sl* **du kannst mich mal!** *sl* ¡que te den por culo! 4 *Möglichkeit*: **(es) kann sein** puede ser; es posible; tal vez; **es kann sein, dass ...** es posible que ... *(subj)*; puede ser que ... *(subj)*; **das kann nicht sein** no puede ser; **er kann jeden Augenblick kommen** puede llegar en cualquier momento; **ich kann mich auch täuschen** a lo mejor me equivoco B V/T & V/I ⟨*pperf* gekonnt⟩ 1 *(fähig sein)* poder; **ich kann nicht mehr!** ¡ya no puedo más!; **ich kann nicht anders** no puedo evitarlo, no puedo hacer otra cosa; **so gut ich kann** lo mejor que pueda; **er schrie, so laut** (*od umg* **was**) **er konnte** gritaba a más no poder 2 *(beherrschen, gelernt haben)* saber; **er kann etwas** sabe a/c; **sie kann Englisch** sabe inglés; *(sprechen)* habla inglés; *umg* **der kann was** *umg* sabe un rato (largo) de esto 3 **ich kann nichts dafür** no es culpa mía, yo no tengo la culpa; **ich kann nichts dafür, dass es regnet** no tengo la culpa de que llueva

'Können N ⟨~s⟩ poder *m*; *(Wissen)* saber *m*; *(Fähigkeit)* capacidad *f*; facultad *f*; habilidad *f*

'Könner M ⟨~s; ~⟩, **Könnerin** F ⟨~; ~nen⟩ experto *m*, -a *f*; *umg* as *m/f*

Kon'nex M ⟨~es; ~e⟩ conexión *f*; relación *f*; nexo *m*; *geh (Kontakt)* contacto *m*

Konni'venz F ⟨~; ~en⟩ JUR connivencia *f*

Konnosse'ment N ⟨~(e)s; ~e⟩ HANDEL conocimiento *m* (de embarque)

'Konrektor M *e-r Schule*: vicedirector *m*

Konseku'tivdolmetschen N interpretación *f* consecutiva; **Konsekutivsatz** M GRAM oración *f* consecutiva

Kon'sens M ⟨~es; ~e⟩ consenso *m* (*bes* POL), consentimiento *m*

Konsensu'alvertrag M JUR contrato *m* consensual

konse'quent ADJ consecuente; **~ sein** ser consecuente (consigo mismo)

Konse'quenz F ⟨~; ~en⟩ 1 *(Folgerichtigkeit)* lógica *f* 2 consecuencia *f*; **~en haben** traer consecuencias (*od* cola); **die ~en tragen** sufrir las consecuencias; **die ~en aus etw ziehen** asumir las consecuencias de a/c

konserva'tiv [-va'ti:f] ADJ conservador; **Konserva'tive** [-və] M/F ⟨~n; ~n; → A⟩ conservador *m*, -a *f*; **Konserva'tiver** [-v-] M → Konservative; **Konservati'vismus** [-v-] M ⟨~⟩ conservadurismo *m*

Konser'vator [-v-] M ⟨~s; -'toren⟩, **Konserva'torin** F ⟨~; ~nen⟩ conservador *m*, -a *f*; **Konserva'torium** N ⟨~s; Konservatorien⟩ conservatorio *m* (de música)

Kon'serve [-və] F ⟨~; ~n⟩ conserva *f*

Kon'servenbüchse [-v-] F, **Konservendose** F lata *f* de conservas; **Konservenfabrik** F fábrica *f* de conservas, factoría *f* conservera; **Konservenglas** N tarro *m* de conservas; **Konservenindustrie** F industria *f* conservera; **Konservenmusik** F *umg* música *f* enlatada

konser'vieren [-'vi:-] V/T ⟨*ohne* ge-⟩ conservar; **Konservierung** F ⟨~; ~en⟩ conservación *f*; **Konservierungsmittel** N agente *m* de conservación; conservante *m*

Konsig'nant M ⟨~en; ~en⟩ HANDEL consignador *m*; **Konsigna'tar** M ⟨~(e)s; ~e⟩ HANDEL consignatario *m*; **Konsignati'on** F ⟨~; ~en⟩ HANDEL consignación *f*; **Konsignati'onsware** F mercancía *f* en consignación; **konsig'nieren** V/T ⟨*ohne* ge-⟩ consignar

Kon'silium N ⟨~s; Konsilien⟩ consejo *m*

konsis'tent ADJ consistente; **Konsis'tenz** F ⟨~⟩ consistencia *f*; **Konsis'torium** N ⟨~s; Konsistorien⟩ REL consistorio *m*

Kon'sole F ⟨~; ~n⟩ 1 *a.* IT consola *f* 2 ARCH *(Sims)* repisa *f*, ménsula *f*

konsoli'dieren V/T ⟨*ohne* ge-⟩ consolidar (*a.* HANDEL); **Konsolidierung** F ⟨~; ~en⟩ consolidación *f*

Konsoli'dierungspolitik F política *f* de consolidación; **Konsolidierungsprogramm** N programa *m* de consolidación

Konso'nant M ⟨~en; ~en⟩ PHON consonante *f*; **konsonantisch** ADJ de consonante

Kon'sorten MPL *mst pej* consortes *mpl*

Konsorti'algeschäft [-tsi'al-] N HANDEL operación *f* en consorcio; operación *f* consorcial

Kon'sortium [-tsium] N ⟨~s; Konsortien⟩ HANDEL consorcio *m*, sindicato *m*, cártel *m*

Konspirati'on F ⟨~; ~en⟩ conspiración *f*; **konspira'tiv** ADJ conspirativo; **~e Wohnung** piso *m* franco; **konspi'rieren** V/I ⟨*ohne* ge-⟩ conspirar

kons'tant [-st-] ADJ constante; **Konstante** F ⟨~; ~n⟩ MATH constante *f* (*a. fig*)

Konstanti'nopel [-st-] N ⟨~s⟩ HIST Constantinopla *f*

'Konstanz N Constanza *f*

konsta'tieren [-st-] V/T ⟨*ohne* ge-⟩ *geh* constatar; hacer constar; **Konstatierung** F [-st-] ⟨~; ~en⟩ constatación *f*

Konstellati'on [-st-] F ⟨~; ~en⟩ ASTRON constelación *f* (*a. fig*)

konster'nieren [-st-] V/T ⟨*ohne* ge-⟩ consternar; **konsterniert** ADJ consternado

konstitu'ieren [-st-] V/T & V/R ⟨*ohne* ge-⟩ (sich) **~** constituir(se); **konstituierend** ADJ constituyente; **~e Versammlung** asamblea *f* constituyente; **Konstituierung** F ⟨~; ~en⟩ constitución *f*

Konstituti'on [-st-] F ⟨~; ~en⟩ constitución *f* (*a.* MED); **konstitutio'nell** ADJ constitucional

konstru'ieren [-st-] V/T ⟨*ohne* ge-⟩ construir

Konstruk'teur [-st-] M ⟨~s; ~e⟩, **Konstrukteurin** F ⟨~; ~nen⟩ constructor *m*, -a *f*; proyectista *m/f*

Konstrukti'on [-st-] F ⟨~; ~en⟩ construcción *f*

Konstrukti'onsbüro N oficina *f* técnica; **Konstruktionsfehler** M defecto *m* (*od* vicio *m*) de construcción; **Konstruktionsleiter** M ingeniero-jefe *m* de construcción; **Konstruktionsteil** N & M elemento *m* (*od* pieza *f*) de construcción; **Konstruktionszeichner** M, **Konstruktionszeichnerin** F delineante *m/f* proyectista; **Konstruktionszeichnung** F dibujo *m* de construcción

konstruk'tiv [-st-] ADJ constructivo

'Konsul M ⟨~s; ~n⟩ cónsul *m*

Konsu'laragent M agente *m* consular; **Konsulargerichtsbarkeit** F jurisdicción *f* consular; **konsularisch** ADJ consular

Konsu'lat [-'la:t] N ⟨~(e)s; ~e⟩ consulado *m*

Konsu'latsdienst M servicio *m* consular; **Konsulatsgebühr** F derechos *mpl* consulares

'Konsulin F ⟨~; ~nen⟩ cónsul *f*

Konsultati'on F consulta *f*; **konsul'tieren** V/T ⟨*ohne* ge-⟩ consultar

Kon'sum M ⟨~s; ~e⟩ *(Verbrauch)* consumo *m*; **Konsumbereitschaft** F voluntad *f* de consumo, (pre)disposición *f* a consumir; **Konsumdenken** N ⟨~s⟩ *oft pej* consumismo *m*, consumerismo *m*; **Konsumelektronik** F electrónica *f* de consumo

Konsu'ment M ⟨~en; ~en⟩, **Konsumentin** F ⟨~; ~nen⟩ consumidor *m*, -a *f*

Kon'sumentwicklung F evolución *f* (*od*

desarrollo *m*) del consumo; **Konsumgenossenschaft** F cooperativa *f* de consumo; **Konsumgesellschaft** F sociedad *f* de consumo; **Konsumgewohnheiten** FPL hábitos *mpl* consuntivos (*od* de consumo)

Kon'sumgüter NPL bienes *mpl* de consumo; **dauerhafte** *od* **langlebige** ~ bienes *mpl* de consumo duraderos; **kurzlebige** ~ bienes *mpl* de consumo inmediato; **Konsumgüterindustrie** F industria *f* de bienes de consumo

konsu'mieren VT ⟨*ohne* ge-⟩ consumir

Kon'sumverein M → Konsumgenossenschaft; **Konsumverhalten** N comportamiento *m* consuntivo; **Konsumverzicht** M renuncia *f* al consumo

Kon'takt M ⟨~(e)s; ~e⟩ contacto *m* (*a.* ELEK); *fig* **mit j-m ~ aufnehmen** entrar (*od* ponerse) en contacto con alg; contactar con alg; **in ~ stehen mit** estar en contacto con

Kon'taktabzug M FOTO prueba *f* por contacto; **Kontaktallergie** F alergía *f* de contacto; **Kontaktanzeige** F anuncio *m* (de contacto); **kontaktarm** ADJ PSYCH con pocas relaciones (sociales); inadaptado; **Kontaktaufnahme** F toma *f* de contacto

kon'takten VI & VT ⟨*ohne* ge-⟩ *bes* HANDEL contactar (con)

Kon'takter M, **Kontakterin** F empleado *m*, -a *f* de una agencia de publicidad (*actuando como intermediario entre agencia y cliente*)

Kon'taktfähigkeit F capacidad *f* de contacto (*od* de relación); **Kontaktfläche** F superficie *f* de contacto; **kontaktfreudig** ADJ sociable; **Kontaktgift** N insecticida *m* (*od* veneno *m*) de contacto

kontak'tieren VT ⟨*ohne* ge-⟩ contactar con; ponerse en contacto con

Kontaktlinse F lente *f* de contacto, lentilla *f*; **Kontaktlinsenlösung** F, **Kontaktlinsenmittel** M solución *f* para lentes de contacto; *umg* líquido *m* para lentillas; **Kontaktmann** M ⟨~(e)s; ¨er *od* -leute⟩ contacto *m*; **Kontaktperson** F contacto *m*; **Kontaktverbot** N JUR orden *f* de alejamiento

Kontaminati'on F ⟨~; ~en⟩ contaminación *f*; **kontami'nieren** VT ⟨*ohne* ge-⟩ contaminar

'Kontenplan M plan *m* (*bzw* clasificación *f*) de cuentas; **Kontensparen** N ahorro *m* en cuentas

'Konter M ⟨~s; ~⟩ SPORT contraataque *m*, contragolpe *m*; **Konteradmiral** M SCHIFF contr(a)almirante *m*; **Konterfei** N ⟨~(e)s; ~e⟩ *obs, oft hum* retrato *m*; **konterkarieren** VT ⟨*ohne* ge-⟩ *geh* hacer fracasar; (*stören*) estorbar; *durch Intrigen*: desbaratar; (*verhindern*) imposibilitar, impedir

'kontern VI 1 *Boxen*: contragolpear 2 *umg fig* replicar; contradecir

'Konterrevolution F contrarrevolución *f*

'Kontext M ⟨~(e)s; ~e⟩ contexto *m*

'Kontinent M ⟨~(e)s; ~e⟩ continente *m*

kontinen'tal ADJ continental

Kontinen'taldrift F GEOL deriva *f* continental; **Kontinentalplatte** F GEOL plataforma *f* continental; **Kontinentalsockel** M plataforma *f* continental; **Kontinentalsperre** F HIST bloqueo *m* continental; **Kontinentalverschiebung** F GEOL desplazamiento *m* continental

Kontin'gent N ⟨~(e)s; ~e⟩ contingente *m*; HANDEL *a.* cupo *m*; **kontingen'tieren** VT ⟨*ohne* ge-⟩ contingentar; fijar cupos; **Kontingen'tierung** F ⟨~; ~en⟩ contingentación *f*; implantación *f* (*bzw* sistema *m*) de cupos

kontinu'ierlich ADJ continuo; continuado;

Kontinui'tät F ⟨~⟩ continuidad *f*

'Konto N ⟨~s; Konti *od* Konten⟩ 1 FIN cuenta *f*; **gebührenfreies ~** cuenta *f* sin comisiones; **überzogenes ~** cuenta *f* al descubierto (*od* rebasada); **ein ~ eröffnen/auflösen** abrir/cancelar una cuenta; *Betrag* **einem ~ gutschreiben** abonar en una cuenta; **ein ~ schließen** *Buchführung* cerrar una cuenta; **das ~ überziehen** sobregirar la cuenta, tener la cuenta al descubierto; **auf ~ von** a cuenta de; **auf ein ~ einzahlen** ingresar en una cuenta; **vom ~ abbuchen** cargar en (la) cuenta 2 *fig* **das geht auf dein ~** tú tienes la culpa de ello; esto corre por tu cuenta

'Kontoauszug M extracto *m* de cuenta; **Kontoauszugsdrucker** M impresora *m* del extracto de cuenta

'Kontobewegung F movimiento *m* de (la) cuenta (corriente); **Kontobuch** N libro *m* de cuentas; **Kontoeröffnung** F apertura *f* de (una) cuenta; **Kontoführung** F mantenimiento *m od* administración *f* de una cuenta; teneduría *f* (*od* llevanza *f*) de una cuenta; **Kontoführungsgebühr** F comisión *f* de mantenimiento (de una cuenta); derechos *mpl* por llevanza de una cuenta; **Kontoinhaber** M, **Kontoinhaberin** F titular *m/f* de una cuenta

'Kontokor'rent N ⟨~(e)s; ~e⟩ WIRTSCH cuenta *f* corriente; **Kontokorrentgeschäft** N → Kontokorrentverkehr; **Kontokorrentguthaben** N haber *m* (*od* saldo *m* a favor) en cuenta corriente; **Kontokorrentkredit** M crédito *m* en cuenta corriente; crédito *m* al descubierto; **Kontokorrentverkehr** M operaciones *fpl* en cuenta corriente

'Kontonummer F número *m* de la cuenta

Kon'tor [kɔn'to:r] N ⟨~s; ~e⟩ *obs* (*Büro*) oficina *f*, despacho *m*; *umg fig* **Schlag ins ~** contratiempo *m*; duro golpe *m*

'Kontostand M estado *m* (*od* saldo *m*) de la cuenta; **Kontoüberziehung** F descubierto *m*

'kontra PRÄP contra

'Kontra N ⟨~s; ~s⟩ contra *f*; **j-m ~ geben** *Kartenspiel*: hacer la contra a alg; *fig* llevar la contraria a alg; **Kontrabass** M MUS contrabajo *m*; **Kontrabassist** M ⟨~en; ~en⟩, **Kontrabassistin** F ⟨~; ~nen⟩ MUS contrabajista *m/f*

Kontra'hent M ⟨~en; ~en⟩, **Kontra'hentin** F ⟨~; ~nen⟩ JUR parte *f* contratante; *fig* adversario *m*, -a *f*; **kontra'hieren** VT ⟨*ohne* ge-⟩ 1 HANDEL, JUR contratar 2 (*zusammenziehen*) contraer

Kon'trakt M ⟨~(e)s; ~e⟩ *obs* contrato *m*

Kontrakti'on F ⟨~; ~en⟩ contracción *f* (*a.* MED); **Kontrak'tur** F ⟨~; ~en⟩ MED contractura *f*

'kontraproduktiv ADJ contraproducente

'Kontrapunkt M ⟨~(e)s⟩ MUS contrapunto *m*

kon'trär ADJ contrario, opuesto

Kon'trast M ⟨~(e)s; ~e⟩ contraste *m*; **einen ~ bilden zu** contrastar con; estar en contraste con

kontras'tieren VI ⟨*ohne* ge-⟩ contrastar (**mit** *dat* con); **kontrastierend** ADJ que contrasta

Kon'trastmittel N MED medio *m* de contraste; **kontrastreich** ADJ rico en contrastes; **Kontrastwirkung** F efecto *m* de contraste

Kon'trollabschnitt M talón *m* de comprobación, comprobante *m*; **Kontrollamt** N oficina *f* de intervención; **Kontrollausschuss** M comisión *f* interventora (*bzw* inspectora); **Kontrollbeamte(r)** M, **Kontrollbeamtin** F → Kontrolleur

Kon'trolle F ⟨~; ~n⟩ 1 *allg* control *m*; (*Überprüfung*) inspección *f*; fiscalización *f*; (*Durchsicht*) revisión *f*; (*Nachprüfung*) verificación *f*, comprobación *f*; **einer ~ unterziehen** someter a una inspección (*bzw* a un control) 2 (*Überwachung*) vigilancia *f*; supervisión *f*; **Mangel an ~** descontrol *m*; **unter ~** bajo control (*od* vigilancia) 3 (*Herrschaft, Gewalt*) control *m*; **außer ~ geraten** quedar fuera de control; **die ~ verlieren über** perder el control de; **unter ~ haben** tener bajo control; controlar; dominar; **die Lage ist unter ~** la situación está dominada

Kontrol'leur [-o'lø:r] M ⟨~s; ~e⟩, **Kontrolleurin** F ⟨~; ~nen⟩ inspector *m*, -a *f*; BAHN interventor *m*, -a *f*; (*Schaffner*) revisor *m*, -a *f*; (*Nachprüfer*) verificador *m*, -a *f*

Kon'trollfeld N zona *f* (*od* campo *m*) de control; **Kontrollgang** M paseo *m* de inspección; ronda *f*; **Kontrollgerät** N aparato *m* de control

kontrol'lierbar ADJ (*feststellbar*) comprobable; (*nachprüfbar*) verificable

kontrol'lieren VT ⟨*ohne* ge-⟩ 1 controlar; (*überprüfen*) examinar; inspeccionar; (*durchsehen*) revisar; (*nachprüfen*) verificar, comprobar 2 (*überwachen*) vigilar; supervisar 3 (*beherrschen*) dominar

Kon'trolllampe F, **Kontrollleuchte** F (lámpara *f*) piloto *m*; lámpara *f* de control; **Kontrollmarke** F ficha *f* (*od* contraseña *f*) de control; **Kontrollmaßnahme** F medida *f* de control; **Kontrollnummer** F número *m* de registro (*od* de control); **Kontrollpunkt** M punto *m* de control; **Kontrollschein** M → Kontrollabschnitt; **Kontrollstelle** F puesto *m* de control; **Kontrollstempel** M sello *m* de control; **Kontrollturm** M FLUG torre *f* de control; **Kontrolluhr** F reloj *m* de control; **Kontrollzentrum** N centro *m* de control; **Kontrollzettel** M comprobante *m*

Kontro'verse [-'vɛrzə] F ⟨~; ~n⟩ controversia *f*

Kon'tur F ⟨~; ~en⟩ contorno *m*, perfil *m*; **kontu'rieren** VT ⟨*ohne* ge-⟩ trazar los contornos de, contornear

'Konus M ⟨~; ~se⟩ cono *m*; **Konuskupplung** F TECH acoplamiento *m* cónico

Konvekti'on F ⟨~; ~en⟩ PHYS convección *f*

Kon'vent M ⟨~(e)s; ~e⟩ asamblea *f*; (*Kloster*) convento *m*; HIST **der ~** la Convención (Nacional)

Konventi'on F ⟨~; ~en⟩ 1 convención *f*; convenio *m*; **die Genfer ~** la Convención de Ginebra 2 PL **~en** conveniencias *fpl* (sociales), convencionalismos *mpl*

Konventio'nalstrafe F JUR sanción *f* (*bzw* multa *f*) contractual

konventio'nell ADJ convencional

konver'gent ADJ convergente; **Konver'genz** F ⟨~; ~en⟩ convergencia *f*; **Konver'genzkriterien** NPL *EU*: criterios *mpl* de convergencia; **konver'gieren** VI ⟨*ohne* ge-⟩ converger

Konversati'on F ⟨~; ~en⟩ conversación *f*

Konversati'onslexikon N enciclopedia *f*, diccionario *m* enciclopédico; **Konversationsstück** N THEAT comedia *f* de salón

Kon'verter M ⟨~s; ~⟩ TECH convertidor *m*

konver'tibel ADJ, **konver'tierbar** ADJ FIN, IT convertible; **Konver'tierbarkeit** F ⟨~⟩ FIN, IT convertibilidad *f*; **konver'tieren** VT ⟨*ohne* ge-⟩ FIN, IT, REL convertir; **Konver'tierung** F ⟨~; ~en⟩ conversión *f*; **Konver'tit** M ⟨~en; ~en⟩, **Konver'titin** F ⟨~; ~nen⟩ REL converso *m*, -a *f*

kon'vex ADJ convexo
Konvexi'tät F ⟨~⟩ convexidad *f*
Kon'vexlinse F OPT lente *f* convexa
Kon'vikt N ⟨~(e)s; ~e⟩ *österr* internado *m* religioso; seminario *m*
Kon'voi [kɔn'vɔy] M ⟨~s; ~s⟩ convoy *m*; **im ~ fahren** ir en convoy
Konzen'trat N ⟨~(e)s; ~e⟩ CHEM concentrado *m*
Konzentrati'on F ⟨~; ~en⟩ concentración *f*
Konzentrati'onsfähigkeit F capacidad *f* de concentración; **Konzentrationslager** N campo *m* de concentración; **Konzentrationsprozess** M proceso *m* de concentración
konzen'trieren ⟨*ohne* ge-⟩ **A** V/T concentrar (**auf** *acus* en) **B** V/R **sich ~ auf** (*acus*) concentrarse en; centrarse en; **konzen'triert A** ADJ concentrado **B** ADV con concentración
kon'zentrisch ADJ concéntrico
Kon'zept N ⟨~(e)s ~e⟩ **1** (*Entwurf*) borrador *m* **2** (*Plan*) plan *m* **aus dem ~ kommen** perder el hilo; desconcertarse, *umg* hacerse un lío; **j-n aus dem ~ bringen** confundir (*od* desconcertar) a alg; **das passt ihm nicht ins ~** eso no entra en sus planes
Konzepti'on F ⟨~; ~en⟩ concepción *f*
Kon'zeptpapier N papel *m* para borrador
Kon'zern M ⟨~s; ~e⟩ grupo *m*; consorcio *m*; **Konzernmanagement** [-mɛnɪdʒment] N gestión *f* de un grupo empresarial; **Konzernspitze** F dirección *f* del consorcio (*bzw* del grupo); cúpula *f* del grupo
Kon'zert N ⟨~(e)s; ~e⟩ MUS concierto *m* (*a. fig*); (*Solistenkonzert*) recital *m*; **ins ~ gehen** ir al concierto; **Konzertabend** M velada *f* musical, recital *m*; **Konzertagentur** F agencia *f* de conciertos
konzer'tant ADJ MUS concertante
Kon'zertarie F aria *f* de concierto; **Konzertfassung** F versión *f* de concierto; **Konzertflügel** M piano *m* de concierto; **Konzertführer** M *Buch*: guía *f* de conciertos; **Konzertgitarre** F guitarra *f* clásica (*od* de concierto)
konzer'tieren V/I ⟨*ohne* ge-⟩ MUS dar un concierto (*Solist*: un recital); **konzertiert** ADJ **~e Aktion** acción *f* concertada
Kon'zertlaufbahn F carrera *f* concertística; **Konzertmeister** M concertino *m*; **Konzertpianist** M, **Konzertpianistin** F pianista-concertista *m/f*, concertista *m/f* de piano; **Konzertreise** F gira *f* (de conciertos); **Konzertsaal** M sala *f* de conciertos, auditorio *m*, auditórium *m*; **Konzertsänger** M, **Konzertsängerin** F concertista *m/f*; cantante *m/f* de concierto
Konzessi'on F ⟨~; ~en⟩ concesión *f*; licencia *f*; **j-m ~en machen** hacer concesiones a alg
Konzessio'när M ⟨~s; ~e⟩, **Konzessio'närin** F ⟨~; ~nen⟩, **Konzessi'onsinhaber** M, **Konzessi'onsinhaberin** F concesionario *m*, -a *f*
konzes'siv ADJ GRAM concesivo; **Konzessivsatz** M GRAM oración *f* concesiva
Kon'zil N ⟨~s; ~e *od* ~ien⟩ concilio *m*
konzili'ant ADJ conciliador, transigente; afable
konzi'pieren V/T ⟨*ohne* ge-⟩ concebir; (*entwerfen*) hacer un borrador de, redactar
Kooperati'on F ⟨~; ~en⟩ cooperación *f*; **koopera'tiv** ADJ cooperativo; **Koopera'tive** F ⟨~; ~n⟩ cooperativa *f*; **koope'rieren** V/I ⟨*ohne* ge-⟩ cooperar
Koordi'nate F ⟨~; ~n⟩ MATH coordenada *f*; **Koordi'natensystem** N MATH sistema *m* de coordenadas; **Koordinati'on** F coordinación *f*
koordi'nieren V/T ⟨*ohne* ge-⟩ coordinar; **Koordinierung** F ⟨~; ~en⟩ coordinación *f*; **Koordinierungsausschuss** M comité *m* de coordinación, comisión *f* coordinadora
Ko'pal M ⟨~s; ~e⟩, **Kopalharz** N copal *m*
Ko'peke F ⟨~; ~n⟩ copec *m*
Kopen'hagen N ⟨~s⟩ Copenhague *f*
'Köper M ⟨~s⟩ TEX *Stoff*: cruzado *m*, sarga *f*; **köpern** V/T cruzar
Kopf M ⟨~(e)s; ~̈e⟩ **1** ANAT cabeza *f* (*a. fig*); *umg* coco *m*; **(um) einen ~ größer sein als j-d** llevar una (*od* sacar la) cabeza a alg, *umg* alzar el gallo; **einen roten ~ bekommen** enrojecer, ponerse colorado; **j-m den ~ abschlagen** cortar la cabeza (*od* decapitar) a alg; **auf den ~ fallen** caer (*od* dar) de cabeza; **einen Preis auf j-s ~** (*acus*) **setzen** poner precio a la cabeza de alg; **den ~ schütteln** sacudir la cabeza; **auf dem ~ stehen** estar invertido; *Schrift* estar al revés; *fig* **den ~ in den Sand stecken** esconder la cabeza en la arena (*od* bajo el ala); **mir tut der ~ weh** me duele la cabeza **2** *mit subst*: **~ an ~** pie con pie; **von ~ bis Fuß** de pies a cabeza; **~ und Kragen riskieren** jugarse la vida (*od* el pellejo); *fig* **mit dem ~ durch die Wand wollen** dar con la cabeza en las paredes **3** *fig mit adj u. adv*: **seinen eigenen ~ haben** ser testarudo; **den ~ hoch tragen** engallarse; **einen kühlen ~ bewahren** conservar la cabeza fría; **den ~ oben behalten** no perder el ánimo; no desanimarse; **einen schweren ~ haben** tener la cabeza pesada; **~ hoch!** ¡ánimo!; **~ weg!** ¡agua va! **4** *fig mit Verb*: **j-m den ~ abreißen** *od umg* **j-n einen ~ kürzer machen** cortar la cabeza (*od* decapitar) a alg; *fig* humillar, denigrar; **den ~ hängen lassen** abatirse, andar cabizbajo; **seinen ~ durchsetzen** *umg* salirse con la suya; **den ~ für j-n hinhalten** dar la cara por alg; **den ~ kosten** costar la cabeza (*od* la vida); *umg* **ich weiß nicht, wo mir der ~ steht** no sé dónde tengo la cabeza; ando (*od* voy) de cabeza; **j-m den ~ verdrehen** hacer perder la cabeza a alg; **den ~ verlieren** perder la cabeza; **j-m den ~ waschen** *umg* poner a alg de vuelta y media; cantar a alg las cuarenta; *umg* dar un meneo a alg, tengo dolor de cabeza; **ich wette meinen ~, dass …** apuesto la cabeza a que …; **sich** (*dat*) **den ~ zerbrechen** *umg* romperse la cabeza, devanarse los sesos; **j-m den ~ zurechtsetzen** hacer a alg entrar en razón; meter a alg en cintura **5** *fig mit präp*: **sich** (*dat*) **an den ~ greifen** llevarse las manos a la cabeza; **j-m etw an den ~ werfen** echar en cara a/c a alg; **auf seinem ~ bestehen** *umg* mantenerse (*od* seguir) en sus trece; **nicht auf den ~ gefallen sein** *umg* no tener pelo de tonto; no chuparse el dedo; tener dos dedos de frente; *umg* **sein ganzes Geld auf den ~ hauen** *umg* tirar el dinero por la ventana; **alles auf den ~ stellen** revolverlo todo, *umg* ponerlo todo patas arriba; **j-m etw auf den ~ zusagen** decir a alg a/c en la cara; **aus dem ~** (*auswendig*) de memoria; **das geht mir nicht aus dem ~** no se me quita de la cabeza; **sich** (*dat*) **etw aus dem ~ schlagen** renunciar a (*od* desistir de) a/c; quitarse a/c de la cabeza; **sich** (*dat*) **etw durch den ~ gehen lassen** (*überlegen*) reflexionar sobre a/c; pensar(se) bien a/c; **es ging mir durch den ~** se me pasó por la cabeza (*od* mente); *umg* **etwas im ~ haben** *umg* tener algo metido en la cabeza; dar vueltas a una idea; **im ~ rechnen** hacer cuentas de cabeza; **das geht mir im ~ herum** (*beschäftigt mich*) esto me tiene muy preocupado; **er ist nicht (ganz) richtig im ~** no está en su juicio; *umg* está tocado (*od* mal) de la cabeza, *umg* está chalado (*od* majareta); **mir dreht sich alles im ~** todo me da vueltas en la cabeza; *umg sprichw* **was man nicht im ~ hat, muss man in den Beinen haben** cuando no se tiene cabeza hay que tener pies; **j-m etw in den ~ setzen** meter a alg a/c en la cabeza; **sich** (*dat*) **etw in den ~ setzen** meterse a/c en la cabeza; **in den ~** *od* **zu ~(e) steigen** subir(se) a la cabeza; **das will mir nicht in den ~** no me cabe en la cabeza; me cuesta creerlo; empeñarse en lo imposible; **es ist ihm über den ~ gewachsen** es superior a sus fuerzas; **j-m über den ~ wachsen** desbordar (*od* superar) a alg; **die Arbeit wächst mir über den ~** estoy desbordado de trabajo; **ich bin wie vor den ~ geschlagen** estoy desconcertado (*od* aturdido), *umg* me he quedado turulato; **j-n vor den ~ stoßen** ofender a alg; herir la susceptibilidad de alg **6** *fig* (*Person*) cabeza *f*; **ein kluger ~** una cabeza brillante; **ein kluger ~ sein** *a.* tener cabeza; **pro ~** por cabeza, *umg* por barba **7** (*Briefkopf*) encabezamiento *m*; *gedruckt*: membrete *m* **8** TECH *e-s Nagels etc*: cabeza *f*; *e-s Geschosses*: ojiva *f* **9** BOT (*Kohlkopf*) repollo *m*; (*Salatkopf*) cabeza *f* **10** *e-r Münze*: anverso *m*, cara *f*; **~ oder Zahl?** ¿cara o cruz? **11** *e-s Tisches*: cabecera *f*
'Kopf-an-'Kopf-Rennen N carrera *f* codo a (*od* con) codo
'Kopfarbeit F trabajo *m* mental (*od* intelectual); **Kopfarbeiter** M trabajador *m* intelectual; **Kopfbahnhof** M BAHN cabeza *f* de línea; estación *f* término (*od* terminal); **Kopfball** M *Fußball*: remate *m* de cabeza, cabezazo *m*; **Kopfbedeckung** F *algo para (cubrirse) la cabeza*
'Köpfchen N ⟨~s; ~⟩ cabecita *f*; *umg fig* magín *m*, pesquis *m*; **~ haben** *umg* tener vista (*od* dos dedos de frente)
'köpfen V/T **1** *j-n* decapitar; cortar la cabeza; *Bäume* descabezar, desmochar **2** *Fußball*: **(den Ball) ~** cabecear (el balón)
'Köpfen N ⟨~s⟩ **1** decapitación *f* **2** *des Balls*: cabeceo *m*; remate *m* de cabeza
'Kopfende N cabecera *f*; **Kopfentscheidung** F decisión *f* racional; **Kopffüßer** MPL ZOOL cefalópodos *mpl*; **Kopfgeld** N precio *m* puesto a la cabeza de alg; recompensa *f*; talla *f*; **Kopfgeldjäger** M, **Kopfgeldjägerin** F cazador *m*, -a *f* de recompensas; **Kopfgrind** M MED tiña *f*; **Kopfhaar** N cabellera *f*; cabellos *mpl*, pelo *m*; **Kopfhaut** F ANAT cuero *m* cabelludo
'Kopfhörer M auricular *m*; casco *m*; **Kopfhöreranschluss** M toma *f* para auriculares; **Kopfhörerbuchse** F conector *m* para auriculares
'Kopfjäger M, **Kopfjägerin** F cazador *m*, -a *f* de cabezas; **Kopfkissen** N almohada *f*; **Kopfkissenbezug** M funda *f* de almohada; **Kopfkohl** M BOT repollo *m*; **Kopflage** F MED *Geburt*: presentación *f* cefálica; **Kopflänge** F SPORT cabeza *f*; **kopflastig** ADJ con excesivo peso delantero; **Kopflaus** F ZOOL piojo *m* de la cabeza; **Kopflehne** F → Kopfstütze; **Kopfleiste** F TYPO cabecera *f*, viñeta *f*
'kopflos ADJ **1** sin cabeza; acéfalo **2** *fig* (*unbesonnen*) aturdido, atolondrado; (*erschreckt*) preso de pánico; **Kopflosigkeit** F ⟨~⟩ *fig* aturdimiento *m*, atolondramiento *m*
'Kopfnicken N señal *f* afirmativa (con la cabeza); **Kopfnuss** F *umg* cogotazo *m*, coscorrón *m*; **Kopfrechnen** N cálculo *m* mental; **Kopfsalat** M BOT lechuga *f* (francesa)
'kopfscheu ADJ *Pferd* espantadizo; *fig* desconfiado; **j-n ~ machen** desconcertar (*od* confundir) a alg; intimidar a alg
'Kopfschmerzen MPL dolor *m* de cabeza;

MED cefalalgia *f*, cefalea *f*; **ich habe ~ me** duele la cabeza; *fig* **j-m ~ bereiten** preocupar a alg

'Kopfschuppen FPL caspa *f*; **Kopfschuss** M herida *f* de bala (*od* tiro *m*) en la cabeza; **Kopfschütteln** N cabeceo *m*; movimiento *m* negativo con la cabeza; **Kopfschützer** M pasamontañas *m*; **Kopfsprung** M zambullida *f*; **einen ~ machen** dar una zambullida; tirarse de cabeza; **Kopfstand** M apoyo *m* sobre la cabeza; FLUG capotaje *m*; **einen ~ machen** ponerse cabeza abajo; FLUG capotar; **kopfstehen** VI ⟨irr⟩ *Person* estar cabeza abajo; *fig Sache* estar al revés; *umg fig* estar fuera de quicio, andar de cabeza → Kopf 1

'Kopfsteinpflaster N empedrado *m*; adoquinado *m*; **Kopfsteuer** F HIST capitación *f*; **Kopfstimme** F MUS voz *f* de cabeza; *weitS.* falsete *m*; **Kopfstoß** M *Fußball*: cabezazo *m*, testarazo *m*; *Billard*: tacazo *m*, tacada *f*; **Kopfstück** N TECH cabeza *f*; cabecera *f*; **Kopfstütze** F AUTO reposacabezas *m*; **Kopftuch** N pañuelo *m* (de cabeza)

kopf'über ADV de cabeza; *fig* **sich ~ in etw stürzen** meterse de cabeza en a/c

'Kopfwäsche F, **Kopfwaschen** N lavado *m* de cabeza; **Kopfweh** N → Kopfschmerzen; **Kopfwunde** F herida *f* en la cabeza; **Kopfzahl** F número *m* de personas; **Kopfzeile** F TYPO línea *f* inicial (*od* de cabeza); *bes* IT cabecera *f*; **Kopfzerbrechen** N quebradero(s) *m(pl)* de cabeza; **j-m ~ machen** traer a alg de cabeza; producir a alg un quebradero de cabeza

Ko'pie F ⟨~; ~n⟩ copia *f*; FOTO *a.* prueba *f*; MAL *a.* reproducción *f*; (*Zweitschrift*) duplicado *m*; *fig* imitación *f*

Ko'pieranstalt F taller *m* de copias (*od* de reproducción)

ko'pieren VT ⟨*ohne* ge-⟩ copiar; hacer una copia; FOTO *a.* tirar una prueba; *fig* imitar; **beidseitig ~** copiar en (*od* por) ambas caras

Ko'pierer M ⟨~s; ~⟩, **Kopiergerät** N (foto)copiadora *f*; **kopiergeschützt** ADJ *bes* IT protegido contra copia; **~e Software** software *m* protegido (contra copia); **Kopierpapier** N papel *m* de copia (*od* para copias); FOTO papel *m* fotográfico (*od* sensible); **Kopierpresse** F prensa *f* copiadora (*od* de copiar); **Kopierraum** M sala *f* (*od* cuarto *m*) de fotocopias; **Kopierschutz** M protección *f* anticopia; **Kopierstift** M lápiz *m* (de) tinta; **Kopiertinte** F tinta *f* de copiar

'Kopilot M, **Kopilotin** F copiloto *m/f*; segundo piloto *m/f*

Ko'pist M ⟨~en; ~en⟩, **Kopistin** F ⟨~; ~nen⟩ copista *m/f*

'Koppel¹ F ⟨~; ~n⟩ (*Einfriedung*) cercado *m*; (*Weide*) dehesa *f*, parcela *f* de pastos

'Koppel² N ⟨~s; ~⟩, *österr* F ⟨~; ~n⟩ MIL cinturón *m*

'koppeln VT **1** TECH, ELEK acoplar; *Raumfahrt a.*: ensamblar; BAHN enganchar; *Geräte*: acoplar, conectar; *fig* **an etw** (*acus*) **gekoppelt sein** depender de a/c **2** *Pferde, Maultiere hintereinander*: reatar; *nebeneinander*: poner en yunta

'Koppelschloss N MIL broche *m* del cinturón

'Kopp(e)lung F ⟨~; ~en⟩ **1** TECH, ELEK acoplamiento *m* **2** *fig* asociación *f* (**an** *acus* a); **Kopp(e)lungsmanöver** N *Raumfahrt*: maniobra *f* de acoplamiento (*od* de ensamblaje)

'Kopra F ⟨~⟩ copra *f*

'Koproduktion F coproducción *f*

'Kopte M ⟨~n; ~n⟩, **Koptin** F ⟨~; ~nen⟩ copto *m*, -a *f*; **koptisch** ADJ copto

'Kopula F ⟨~; ~s *od* Kopulae⟩ LING cópula *f*

Kopulati'on F ⟨~; ~en⟩ BIOL cópula *f*

kopu'lieren ⟨*ohne* ge-⟩ **A** VI BIOL copular **B** VT AGR injertar (a la inglesa)

Ko'ralle F ⟨~; ~n⟩ coral *m*

Ko'rallenbank F ⟨~; ¨~e⟩ banco *m* de coral; **Korallenfischer** M, **Korallenfischerin** F → Korallentaucher; **Koralleninsel** F isla *f* de coral; **Korallenkette** F collar *m* de corales; **Korallenriff** N arrecife *m* coralino (*od* de coral); **korallenrot** ADJ coralino; **Korallentaucher** M, **Korallentaucherin** F buceador *m*, -a *f* coralino, -a; **Korallentiere** NPL ZOOL coralarios *mpl*

Ko'ran M ⟨~s; ~e⟩ Corán *m*; **Koranschule** F escuela *f* del Corán

Korb M ⟨~(e)s; ¨~e⟩ **1** *allg* cesta *f*; *großer*: cesto *m*; *hoher, mit Henkeln*: canasto *m*, *niedriger*: canasta *f*; *groß, länglich*: banasta *m*; *biegsam, mit Henkeln*: capacho *m*; (*Ballonkorb*) barquilla *f*; SPORT canasta *f* (*a. Treffer*) **2** *fig umg* **j-m einen ~ geben** dar calabazas (*od* un plantón) a alg; *fig umg* **einen ~ bekommen** recibir una negativa; llevar(se) calabazas

'Korbball M SPORT ≈ baloncesto *m* (*practicado especialmente por mujeres*); **Korbballspielerin** F ≈ jugadora *f* de baloncesto, baloncestista *f*

'Korbblütler MPL BOT compuestas *fpl*

'Körbchen N ⟨~s; ~⟩ **1** (*kleiner Korb*) pequeña cesta *f* **2** *beim BH*: copa *f*, cazuela *f*

'Korbflasche F bombona *f*; damajuana *f*; **Korbflechter** M, **Korbflechterin** F → Korbmacher, Korbmacherin

'Korbmacher M cestero *m*; canastero *m*

Korbmache'rei F cestería *f*

'Korbmacherin F cestera *f*; canastera *f*

'Korbmöbel NPL muebles *mpl* de mimbre; **Korbsessel** M sillón *m* (*od* silla *f*) de mimbre; **Korbwaren** FPL (artículos *mpl* de) cestería *f*; **Korbweide** F BOT mimbre *m*, mimbrera *f*

Kord M ⟨~(e)s; ~e⟩ pana *f*

'Kordel F ⟨~; ~n⟩ cordón *m*

'Kordhose F pantalón *m* de pana

Kordi'lleren FPL (Cordillera *f* de) los Andes

Kor'don [-'dɔŋ, -'dõː] M ⟨~s; ~s *od* ~e⟩ MIL, *Polizei*: cordón *m*

Ko'rea N ⟨~s⟩ Corea *f*

Kore'aner M ⟨~s; ~⟩, **Koreanerin** F ⟨~; ~nen⟩ coreano *m*, -a *f*; **koreanisch** ADJ coreano

'Korfu N ⟨~s⟩ Corfú *m*

Kori'ander M ⟨~s; ~⟩ BOT cilantro *m*

Ko'rinthe F ⟨~; ~n⟩ pasa *f* de Corinto

ko'rinthisch ADJ corintio; **~er Stil** orden *m* (*od* estilo *m*) corintio

'Kork M ⟨~(e)s; ~e⟩ corcho *m*; (*Pfropfen*) → Korken; **Korkabsatz** M tacón *m* de corcho; **korkartig** ADJ corchoso, suberoso; **Korkeiche** F BOT alcornoque *m*

'Korken M ⟨~s; ~⟩ corcho *m*, tapón *m* (de corcho)

'Korkenzieher M sacacorchos *m*; *Am* descorchador *m*; **Korkenzieherlocke** F *umg* tirabuzón *m*

'korkig ADJ corchoso, suberoso

'Korkindustrie F industria *f* corchera (*bzw* corchotaponera); **Korksohle** F plantilla *f* de corcho; **Korkuntersatz** M corcho *m*

Korn¹ N ⟨~(e)s; ¨~er⟩ **1** *allg* grano *m* (*a. Sandkorn, Salzkorn*); (*Samenkorn*) *a.* semilla *f*; BOT **Körner ansetzen** granar **2** *koll* (*Getreide*) cereales *mpl*, granos *mpl* **3** FOTO grano *m* **4** (*Visierkorn*) (punto *m* de) mira *f*; **j-n/etw aufs ~ nehmen** poner la mira en alg/a/c

Korn² M ⟨~(e)s; ~⟩ *umg* (*Kornschnaps*) aguardiente *m* de trigo

'Kornähre F espiga *f*; **Kornblume** F BOT aciano *m*; **kornblumenblau** ADJ azul violáceo; **Kornboden** M granero *m*; **Kornbranntwein** M aguardiente *m* de trigo

'Körnchen N ⟨~s; ~⟩ granito *m*; gránulo *m*; *fig* **ein ~ Wahrheit** un grano de verdad

Kor'nelkirschbaum M BOT cornejo *m*, corno *m*

'körnen VT **1** granear; (*granulieren*) granular **2** TECH punzonar

'Körner M TECH punzón *m*; **Körnerfresser** M ZOOL granívoro *m*; *umg hum Person*: *persona que come sobre todo cereales*; **Körnerfutter** N granos *mpl* forrajeros

Kor'nett N ⟨~(e)s; ~e *od* ~s⟩ MUS cornetín *m*

'Kornfeld N trigal *m*, campo *m* de trigo; **Korngröße** F tamaño *m* de los granos, granulometría *f*

'körnig ADJ granular; gran(ul)oso; (*gekörnt*) granulado

'Kornkäfer M ZOOL gorgojo *m* del trigo; **Kornkammer** F granero *m* (*a. fig*); **Kornrade** F BOT neguilla *f*; **Kornspeicher** M granero *m*; silo *m*

'Körnung F ⟨~; ~en⟩ granulado *m*; granulación *f*

Ko'rona F ⟨~; Koronen⟩ ASTRON *u.* ELEK corona *f*; *umg fig* (*Gruppe*) corro *m*; pandilla *f*

Koro'nar... IN ZSSGN ANAT, MED coronario; **Koronargefäß** N ANAT vaso *m* coronario

'Körper M cuerpo *m* (*a. fig, vom Wein*); PHYS, GEOM *a.* sólido *m*; **er zittert am ganzen ~** le tiembla todo el cuerpo

'Körperbau M ⟨~(e)s⟩ constitución *f* corporal (*od* física); físico *m*; complexión *f*; **Körperbeherrschung** F dominio *m* del cuerpo

'körperbehindert ADJ impedido, minusválido; **Körperbehinderte** M/F ⟨~n; ~n; → A⟩ impedido *m*, -a *f*, minusválido *m*, -a *f* (*od* disminuido *m*, -a *f*) físico; **Körperbehinderung** F disminución *f* (*od* minusvalía *f*) física

'Körperchen N ⟨~s; ~⟩ corpúsculo *m*; **Körperfülle** F corpulencia *f*; **Körpergeruch** M olor *m* corporal; **Körpergewicht** N peso *m* corporal (*od* del cuerpo); **Körpergröße** F talla *f*, estatura *f*; **Körperhaltung** F postura *f*; porte *m*; **Körperinhalt** M volumen *m*; **Körperkontakt** M contacto *m* físico; **Körperkraft** F fuerza *f* física; **Körperkultur** F cultura *f* física; **Körperlehre** F **1** ANAT somatología *f* **2** MATH estereometría *f*

'körperlich ADJ corporal; corpóreo; *Ggs zu seelisch*: físico; (*stofflich*) material; MED somático; PHYS, MATH sólido; **~e Betätigung** actividad *f* física; *geh* **~e Züchtigung** castigo *m* corporal

'körperlos ADJ incorpóreo; inmaterial

'Körperlotion F loción *m* corporal; **Körpermaß** N PHYS medida *f* de sólidos; **~e** *pl* medidas *fpl* corporales; **Körpermessung** F PHYS, MATH medición *f* de sólidos; **Körperöffnung** F abertura *f* corporal; **Körperpflege** F higiene *f* del cuerpo, aseo *m* corporal (*od* personal); **Körperpflegemittel** N producto *m* de aseo; cosmético *m*; **Körperpuder** M polvos *mpl* de talco

'Körperschaft F ⟨~; ~en⟩ corporación *f*; cuerpo *m*; entidad *f*; **~ des öffentlichen Rechts** corporación (*od* entidad) *f* de derecho público; **gesetzgebende ~** cuerpo *m* legislativo

'körperschaftlich ADJ corporativo

'Körperschaftssteuer F impuesto *m* de corporaciones; impuesto *m* sobre la renta de las sociedades; **Körperschulung** F ejercicio *m* físico; **Körperschwäche** F debilidad *f* física; MED astenia *f*; **Körpersprache** F lenguaje *m* del cuerpo *od* de los gestos; **Körperteil** M parte *f* del cuerpo; **Körpertemperatur** F temperatura *f* corporal (*od* interna); **Körperverletzung** F lesión *f* corporal (**mit Todesfolge** mortal, MED con éxito letal);

K

leichte/schwere ~ lesión f leve/grave; **Körperwärme** F calor m corporal; **Körperwuchs** M talla f, estatura f
Korpo'ral M ⟨~s; ~e⟩ MIL obs cabo m (de escuadra)
Korporati'on F ⟨~; ~en⟩ corporación f (a. UNIV); **korpora'tiv** ADJ corporativo; **Korporati'vismus** M ⟨~⟩ corporativismo m
Korps [koːr] N ⟨~; ~⟩ MIL cuerpo m; UNIV corporación f (de estudiantes); POL **diplomatisches/konsularisches ~** cuerpo m diplomático/consular; **'Korpsgeist** M espíritu m de cuerpo; **'Korpsstudent** M miembro m de una corporación estudiantil
korpu'lent ADJ corpulento, obeso; **Korpu'lenz** F ⟨~⟩ corpulencia f, obesidad f
'Korpus M ⟨~⟩ MUS caja f de resonancia; LING corpus m; umg (Körper) cuerpo m
'Korreferent M, **Korreferentin** F segundo, segunda ponente m/f
kor'rekt ADJ correcto; Jugendspr guay; **Korrektheit** F ⟨~⟩ corrección f; actitud f (od conducta f) correcta
Kor'rektor M ⟨~s; -'toren⟩, **Korrek'torin** F ⟨~; ~nen⟩ TYPO corrector m, -a f (de pruebas); **Korrektorat** N ⟨~s; ~e⟩ Revision: revisión f (de pruebas); Korrektur: correción f (de pruebas)
Korrek'tur F ⟨~; ~en⟩ corrección f; (Verbesserung) enmienda f, (Berichtigung) rectificación f; TYPO corrección f de pruebas; **~ lesen** corregir las pruebas; **Korrekturabzug** M TYPO → Korrekturbogen; **Korrekturband** N ⟨~(e)s; ¨er⟩ cinta f correctora; **Korrekturbogen** M TYPO prueba f (de imprenta); **Korrekturfahne** F TYPO galerada f; **Korrekturflüssigkeit** F líquido m corrector; **Korrekturlesen** N TYPO corrección f de pruebas; **Korrekturleser** M, **Korrekturleserin** F corrector m, -a f; **Korrekturprogramm** N TYPO programa m de corrección; **Korrekturtaste** F tecla f correctora; **Korrekturzeichen** N signo m de corrección
Korre'lat N ⟨~(e)s; ~e⟩ (término m) correlativo m; **Korrelati'on** F ⟨~; ~en⟩ correlación f; **korrela'tiv** ADJ correlativo
Korrepe'titor M ⟨~s; -'toren⟩ MUS maestro m concertador
Korrespon'dent M ⟨~en; ~en⟩, **Korrespondentin** F ⟨~; ~nen⟩ **1** e-r Zeitung: corresponsal m/f **2** HANDEL e-r Firma: encargado m, -a f de la correspondencia
Korrespon'denz F ⟨~; ~en⟩ correspondencia f; **die ~ führen/erledigen** llevar/despachar la correspondencia; estar encargado de la correspondencia
Korrespon'denzbüro N corresponsalía f
korrespon'dieren V/I ⟨ohne ge-⟩ **mit j-m ~** estar en (od sostener) correspondencia con alg; corresponderse con alg; **~des Mitglied** miembro m correspondiente
'Korridor M ⟨~s; ~e⟩ corredor m (a. POL), pasillo m
korri'gieren V/T ⟨ohne ge-⟩ corregir (a. TYPO); allg enmendar, rectificar
korro'dieren V/T ⟨ohne ge-⟩ corroer
Korrosi'on F ⟨~; ~en⟩ corrosión f
korrosi'onsbeständig, korrosionsfest ADJ resistente a la corrosión, anticorrosivo
Korrosi'onshemmer M inhibidor m de corrosión; **Korrosionsschutz** M protección f anticorrosiva; **Korrosionsschutzmittel** N anticorrosivo m
korrum'pieren V/T ⟨ohne ge-⟩ corromper
kor'rupt ADJ corrupto
Korrupti'on F ⟨~; ~en⟩ corrupción f
Kor'sage [kɔrˈzaːʒə] F Mode corpiño m
Kor'sar M ⟨~en; ~en⟩ SCHIFF **1** hist (Piratenschiff) corsario m, pirata m **2** (Jolle) yola f (de dos personas)
'Korse M ⟨~n; ~n⟩ corso m
Kor'sett N ⟨~(e)s; ~s od ~e⟩ corsé m
'Korsika N ⟨~s⟩ Córcega f; **Korsin** F ⟨~; ~nen⟩ corsa f; **korsisch** ADJ corso
'Korso M ⟨~s; ~s⟩ desfile m, corso m
Korti'son N ⟨~s⟩ cortisona f
Ko'rund M ⟨~(e)s; ~e⟩ MINER corindón m
Kor'vette [-v-] F ⟨~; ~n⟩ SCHIFF corbeta f; **Korvettenkapitän** M capitán m de corbeta
Kory'phäe [koryˈfɛːə] F ⟨~; ~n⟩ eminencia f
Ko'sak M ⟨~en; ~en⟩ HIST cosaco m
Kosche'nille F cochinilla f, grana f (a. Farbe)
'koscher ADJ **1** REL *preparado según las normas de la religión judía* **2** umg fig **nicht ~** sospechoso; **das ist nicht ganz ~** no está muy católico
'Koseform F forma f cariñosa, diminutivo m
'kosen V/T & V/I poet acariciar, hacer caricias; hacer mimos
'Kosename M nombre m cariñoso; **Kosewort** N ⟨~(e)s; ¨er od ¨e⟩ palabra f cariñosa (od tierna)
'Kosinus M ⟨~; ~ od ~se⟩ MATH coseno m; **Kosinussatz** M teorema m del coseno
Kos'metik F ⟨~⟩ cosmética f; **Kosmetikartikel** M → Kosmetikum; **Kosmetiker** M ⟨~s; ~⟩, **Kosmetikerin** F ⟨~; ~nen⟩ esteticista m/f; **Kosmetikkoffer** M neceser m; **Kosmetiksalon** M salón m (od instituto m) de belleza
Kos'metikum N ⟨~s; Kosmetika⟩ (producto m) cosmético m, producto m de belleza; **kosmetisch** ADJ cosmético
'kosmisch ADJ cósmico
Kosmolo'gie F ⟨~; ~n⟩ cosmología f; **kosmo'logisch** ADJ cosmológico; **Kosmo'naut** M ⟨~en; ~en⟩, **Kosmo'nautin** F ⟨~; ~nen⟩ cosmonauta m/f; **kosmo'nautisch** ADJ cosmonáutico
Kosmopo'lit M ⟨~en; ~en⟩, **Kosmopo'litin** F ⟨~; ~nen⟩ cosmopolita m/f; **kosmopo'litisch** ADJ cosmopolita; **Kosmopoli'tismus** M ⟨~⟩ cosmopolitismo m
'Kosmos M ⟨~⟩ cosmos m
'Kosovo M, N ⟨~⟩ **das** od **der ~** Kósovo m
Kost F ⟨~⟩ **1** (Nahrung) alimento m; **leichte/schwere ~** comida f ligera/pesada; fig fácil/difícil de entender **2** (Ernährung) nutrición f; alimentación f; dieta f; **auf schmale ~ setzen** poner a dieta (bzw a media ración) **3** (Beköstigung) comida f; **freie ~ haben** tener comida gratuita; **(freie) ~ und Logis haben** tener comida y alojamiento (gratuitos)
'kostbar ADJ (wertvoll) valioso, precioso; (teuer) caro, costoso; **~e Zeit** tiempo m precioso; **Kostbarkeit** F ⟨~; ~en⟩ **1** gran valor m; preciosidad f **2** Gegenstand: objeto m precioso (od de gran valor)
'kosten¹ V/I **1** costar (a. fig); valer; **viel (Geld) ~** costar mucho (dinero); **wenig ~** costar poco; **wie viel** od **was kostet das?** ¿cuánto (od qué) cuesta (od vale)?; **sich** (dat) **eine Sache etwas ~ lassen** meterse en gastos para a/c; no reparar en gastos para a/c; **das lasse ich mir etwas ~** ahí no escatimo gastos **2** fig **viel Mühe ~** costar mucho trabajo (od muchos esfuerzos); **das wird ihn seine Stelle ~** eso le costará su puesto; **es hat mich Überwindung gekostet, sie anzurufen** me ha costado llamarla; **viel Zeit ~** requerir mucho tiempo; **koste es, was es wolle** cueste lo que cueste
'kosten² **A** V/T Speisen (de)gustar, probar (a. fig); Getränke catar; geh (genießen) paladear; saborear (a. fig) **B** V/I **von etw ~** probar a/c
'Kosten¹ PL (Ausgaben) gastos mpl, desembolso m; (Preis, Wert) coste m, costos mpl; JUR costas fpl; **fixe ~** gastos mpl fijos; **die ~ bestreiten** od **tragen** od **für die ~ aufkommen** correr con los gastos; pagar (od sufragar) los gastos; **die ~ decken/reduzieren/senken** cubrir/reducir/bajar los costes; **nicht auf die ~ sehen** od **keine ~ scheuen** no escatimar (od reparar en) gastos; **~ sparen** ahorrar gastos; **auf ~ von** (od gen) a costa de; por cuenta de; fig a expensas de; **einen Teil der ~ übernehmen** contribuir a los gastos; **auf gemeinsame ~** a cuenta común; **auf seine ~ kommen** resarcirse de los gastos; fig pasarlo bien, quedar satisfecho; **auf j-s ~** (acus) **leben** vivir a costa de alg; **auf ~ anderer leben** umg vivir de gorra; **das geht auf meine ~** esto corre por mi cuenta; **sich in ~ stürzen** meterse en gastos; **mit wenig/hohen ~** a poco/gran coste; **mit ~ verbunden sein** od **~ verursachen** causar (od ocasionar od suponer) gastos
'Kosten² N ⟨~s⟩ (de)gustación f; cata f
'Kostenanschlag M → Kostenvoranschlag; **Kostenaufstellung** F nota f de gastos; **Kostenaufwand** M gasto m, gastos mpl; desembolso m; **Kostenberechnung** F cálculo m de los gastos
'kostenbewusst ADJ & ADV consciente de los costes; **~ arbeiten** trabajar eficientemente y a bajo coste; **~ einkaufen** comprar teniendo en cuenta la relación precio-calidad, comprar mirando mucho los precios
'kostendeckend, Kosten deckend ADJ que cubre los gastos
'Kostendeckung F cobertura f de gastos (od costes); **Kostendeckungsbeitrag** M contribución f a la cobertura de gastos; **Kostenentscheidung** F JUR condena f en costas; **Kostenersparnis** F ahorro m de gastos; **Kostenerstattung** F restitución f de los gastos; **Kostenfaktor** M factor m de coste; **Kostenfrage** F cuestión f de gastos; **kostenfrei** ADJ sin gastos, libre de todo gasto, exento de gastos; **Kostengründe** MPL **aus ~n** por motivos de costes (od de gastos)
'kostengünstig ADJ económico, barato
'Kosteninflation F inflación f de costos
'kostenintensiv ADJ de elevados costos, intensivo en costes; **kostenlos** ADJ gratuito, gratis, libre de todo gasto
'Kostenminimierung F minimización f de costes; **Kosten-Nutzen-Analyse** F análisis m coste-beneficio
'kostenpflichtig **A** ADJ de pago; pagando **B** ADV Fahrzeug **~ abschleppen** remolcar a costa del titular del vehículo; JUR **~ verurteilt** condenado en costas
'Kostenpreis M precio m de coste; **zum ~** a precio de coste; **Kostenpunkt** M cuestión f del precio; coste m; gastos mpl; **Kostenrechnung** F cálculo m de costes (JUR de costas); nota f de gastos
'kostensenkend, Kosten senkend ADJ → kostensparend
'Kostensenkung F disminución f (od reducción f) de costes
'kostensparend, Kosten sparend ADJ que reduce (od ahorra) gastos
'Kostensteigerung F oft pl **~en** aumento m de costos; **Kostenstelle** F centro m contable; **Kostenträger** M portador m de costes; **Kostenvoranschlag** M presupuesto m (de gastos), estimación f de costes; **Kostenvorschuss** M anticipo m para gastos; JUR pago m adelantado de costas; **Kostenvorteil** M ventaja f financiera

'Kostgeld N hospedaje *m*; pensión *f*
'köstlich A ADJ delicioso (*a. fig*); *Speisen a.* delicado; sabroso (*a. fig*); (*erlesen*) exquisito; *Anekdote, Witz* divertido B ADV **das schmeckt ~** está delicioso; **sich ~ amüsieren** divertirse de lo lindo
'Köstlichkeit F ⟨~; ~en⟩ exquisitez *f*
'Kostprobe F degustación *f*; prueba *f*; *fig* (botón *m* de) muestra *f*
'kostspielig ADJ caro, costoso; dispendioso; **Kostspieligkeit** F ⟨~⟩ precio *m* elevado; gasto *m* excesivo
Kos'tüm N ⟨~s; ~e⟩ *allg* traje *m*; (*Damenkostüm*) traje *m* sastre (*od* de chaqueta); (*Verkleidung*) disfraz *m*; **Kostümball** M baile *m* de disfraces; **Kostümbildner** M ⟨~s; ~⟩, **Kostümbildnerin** F ⟨~; ~nen⟩ THEAT dibujante *m/f* de figurines, figurinista *m/f*; **Kostümfest** N → Kostümball
kostü'mieren A VT ⟨*ohne* ge-⟩ vestir B VR **sich ~ als** disfrazarse de; **Kostümierung** F ⟨~; ~en⟩ disfraz *m*
Kos'tümprobe F THEAT ensayo *m* con vestuario; **Kostümverleih** M alquiler *m* de disfraces
'Kostverächter M *umg* **er ist kein ~** come de todo; *fig* le gusta divertirse
Kot M ⟨~(e)s⟩ 1 *geh* (*Exkremente*) excrementos *mpl*; materias *fpl* fecales; MED heces *fpl* 2 *obs* (*Straßenkot*) barro *m*, lodo *m*; fango *m*
'Kotangens M ⟨~; ~⟩ MATH contangente *f*
Ko'tau M ⟨~s; ~s⟩ **(einen) ~ machen** humillarse (**vor** *dat* delante de)
Kote'lett N ⟨~s; ~s⟩ chuleta *f*; **Koteletten** NPL (*Backenbart*) patillas *fpl*
'Köter M ⟨~s; ~⟩ *umg* chucho *m*
'Kotflügel M AUTO guardabarros *m*, *Am* guardafangos *m*
ko'tieren VT ⟨*ohne* ge-⟩ HANDEL cotizar
'Kotzbrocken M *sl* tío *m*, -a *f* asqueroso, -a
'Kotze F ⟨~⟩ *sl* vómito *m*
'kotzen VI *sl* (*erbrechen*) vomitar; *umg* arrojar, devolver; *umg* cambiar la peseta; **es ist zum Kotzen!** *sl* ¡es una mierda!; **es kotzt mich an** me da asco
'kotzig ADJ 1 *umg* (*sich übel fühlend*) con ganas de vomitar 2 *sl* (*ätzend, scheußlich*) potativo *sl*, vomitivo *sl*; **Kotztüte** *sl* bolsa *f* de papel (para caso de mareo); **kotzübel** ADJ *umg* a punto de vomitar; **mir ist ~** estoy a punto de vomitar
KP F ABK (Kommunistische Partei) Partido *m* Comunista
'Krabbe F 1 GASTR (*Garnele*) camarón *m*, quisquilla *f*; *größere*: gamba *f* 2 ZOOL cangrejo *m* de mar 3 *umg fig* (*Mädchen*) chiquilla *f*
'Krabbelalter N edad *f* (*od* etapa *f*) del gateo; **Krabbelgruppe** F *grupo de niños en la edad del gateo y sus madres que se encuentran para jugar*; **Krabbelkind** N *umg* niño *m*, -a *f* en la edad del gateo
'krabbeln A VT *umg* (*kitzeln*) cosquillear B VI ⟨sn⟩ *Kinder* andar a gatas, gatear; *Käfer* correr; (*wimmeln*) hormiguear, bullir
'Krabbeln N ⟨~s⟩ hormigueo *m*; cosquilleo *m*
krach INT ¡chas!, ¡crac!
Krach M ⟨~(e)s; ~̈e⟩ 1 (*Lärm*) ruido *m*; alboroto *m*, batahola *f*; *stärker*: estruendo *m*, estrépito *m*; (*Knall*) estampido *m*, estallido *m*; **~ machen** hacer (*od* meter) ruido; *umg* armar jaleo 2 *umg* (*Streit*) altercado *m*, disputa *f*; *stärker*: escándalo *m*; *umg* bronca *f*; **mit j-m ~ anfangen** pelearse con alg; **mit j-m ~ haben** estar peleado (*od* reñido) con alg; **~ schlagen** armar un escándalo; *umg* armar una bronca; meter bulla 3 WIRTSCH (*Börsenkrach*) crac *m*, krach *m*
'krachen VI 1 *zssgn* V/UNPERS (*Krach machen*) hacer ruido; *Eis, Balken, Holz* crujir; *Schuss* sonar; *Knallkörper* estallar; *Donner etc* tronar, retumbar; *umg* **auf der Autobahn hat es wieder gekracht** ha vuelto a haber un choque en la autopista; *umg* **..., sonst kracht's** *umg* ... si no, te vas a enterar 2 ⟨sn⟩ (*zusammenbrechen*) *Eis, Balken* romperse; (*zerkrachen*) quebrarse; chascar, restallar 3 ⟨sn⟩ *umg Fahrzeug* **gegen etw ~** chocar contra a/c
'Krachen N ⟨~s⟩ estampido *m*, (*Explosion*) estallido *m*; *von Eis, Holz etc*: crujido *m*; *lautes*: estruendo *m*, estrépito *m*; **Kracher** M ⟨~s; ~⟩ *umg* petardo *m*; **Kracherl** N ⟨~s; ~n⟩ *österr* gaseosa *f*; **Krachmandel** F almendra *f* mollar
'krächzen VI graznar; **Krächzen** N ⟨~s⟩ graznido *m*
'Kracken N ⟨~s⟩, **Krackverfahren** N CHEM cracking *m*, craqueo *m*
Krad N *umg bes* MIL moto *f*
kraft PRÄP (*gen*) en virtud de
Kraft F ⟨~; ~̈e⟩ 1 *allg* fuerza *f* (*a.* PHYS, TECH); (*Energie*) energía *f* (*a.* ELEK *u. fig*); (*Macht*) poder *m*; *bes* TECH potencia *f*; (*Rüstigkeit*) vigor *m*; *moralische*: virtud *f*; (*Wirksamkeit*) eficacia *f*; (*Seelenstärke*) fortaleza *f*; (*Fähigkeit*) capacidad *f*, facultad; *fig* **treibende ~** fuerza *f* motriz; **alle seine Kräfte aufbieten, um etw zu erreichen** poner todo su empeño en conseguir a/c; hacer todo lo posible por conseguir a/c; **Kräfte sammeln** hacer acopio de fuerzas; **seinen Kräften zu viel zumuten** confiar demasiado en sus fuerzas; **am Ende seiner ~ sein** haber agotado sus fuerzas; no poder más 2 *mit präp*: **aus eigener ~** por propio esfuerzo; a pulso; **bei Kräften sein** tener fuerzas, estar fuerte; **was in meinen Kräften steht** lo que esté en mi mano; **mit aller ~** con toda (la) fuerza; con todas las energías; a más no poder; **mit letzter ~** con las últimas fuerzas; SCHIFF **mit voller ~** a toda máquina; **mit vereinten Kräften** todos juntos (*od* unidos); al alimón; **mit seinen Kräften am Ende sein** haber agotado sus fuerzas; no poder más; **nach besten Kräften** lo mejor posible; **das geht über meine Kräfte** esto es superior a mis fuerzas; **wieder zu Kräften kommen** recobrar las fuerzas, reponerse, *umg* (volver a) levantar cabeza 3 JUR, POL **außer ~ setzen** dejar sin efecto; anular; *Gesetz* abolir, abrogar; derogar; *Vertrag* rescindir; **in ~ sein/treten** estar/entrar en vigor; **(wieder) in ~ setzen** (volver a) poner en vigor 4 *Person*: colaborador *m*, -a *f*, ayudante *m/f*, asistente *m/f*; **eine tüchtige ~** un colaborador *bzw* una colaboradora eficiente
'Kraftakt M ⟨~(e)s; ~e⟩ esfuerzo *m* físico; *fig* demostración *f* de fuerza; **Kraftanstrengung** F esfuerzo *m*; **Kraftaufwand** M despliegue *m* de fuerzas; **Kraftausdruck** M ⟨~(e)s; ~̈e⟩ → Kraftwort; **Kraftbedarf** M fuerza *f* (*od* potencia *f*) necesaria; **Kraftbrühe** F caldo *m*, consomé *m*
'Kräfteausgleich M equilibrio *m* de fuerzas; **Kräftediagramm** N diagrama *m* de fuerzas; **Kräftedreieck** N triángulo *m* de fuerzas; **Kräfteersparnis** F economía *f* de fuerzas; **Kräftegleichgewicht** N equilibrio *m* de fuerzas; **Kräftepaar** N PHYS par *m* de fuerzas; **Kräfteparallelogramm** N paralelogramo *m* de fuerzas; **Kräfteverfall** M MED marasmo *m*; **Kräftevergeudung** F derroche *m* de energía; **Kräfteverhältnis** N proporción *f* de fuerzas
'Kraftfahrer M, **Kraftfahrerin** F automovilista *m/f*; **Kraftfahrsport** M automovilismo *m*
'Kraftfahrzeug N (vehículo *m*) automóvil *m*; **Kraftfahrzeugbrief** M VERW carta *f* de vehículo; **Kraftfahrzeughalter** M, **Kraftfahrzeughalterin** F VERW titular *m/f* del vehículo; **Kraftfahrzeugindustrie** F industria *f* automovilística; **Kraftfahrzeugkennzeichen** N matrícula *f* del vehículo; **Kraftfahrzeugmechaniker** M, **Kraftfahrzeugmechanikerin** F mecánico *m*, -a *f* de automóviles; **Kraftfahrzeugpapiere** NPL documentación *f* del automóvil; **Kraftfahrzeugschein** M permiso *m* de circulación; **Kraftfahrzeugsteuer** F impuesto *m* sobre los vehículos de motor; **Kraftfahrzeugverkehr** M circulación *f* de automóviles; **Kraftfahrzeugversicherung** F seguro *m* de automóviles
'Kraftfeld N campo *m* de fuerzas (*a.* PHYS); **Kraftfülle** F plenitud *f* de fuerzas; vigor *m*; **Kraftfutter** N pienso *m* concentrado; **Kraftgefühl** N sensación *f* de vigor
'kräftig A ADJ *allg* fuerte (*a. umg Mahlzeit*); *Person* vigoroso; recio; (*robust*) robusto; (*tatkräftig*) enérgico; (*mächtig*) poderoso; (*nahrhaft*) sustancioso; *Stimme* potente; *Farbton* vivo, intenso B ADV (*stark*) fuertemente; (*sehr*) mucho; **~ gebaut sein** *Körper* ser robusto; **~ zulangen** *beim Essen*: hacer honor a la comida
'kräftigen A VT fortificar, fortalecer; robustecer; vigorizar; MED *a.* tonificar B VR **sich ~** fortalecerse; recuperar fuerzas; **kräftigend** ADJ fortificante; MED tonificante; (*belebend*) vivificador; **Kräftigkeit** F ⟨~⟩ fuerza *f*; vigor *m*; **Kräftigung** F ⟨~⟩ fortalecimiento *m*; restauración *f* de las fuerzas; **Kräftigungsmittel** N MED fortificante *m*, restituyente *m*; tónico *m*
'Kraftleistung F esfuerzo *m*; TECH rendimiento *m* dinámico; **Kraftlinie** F PHYS línea *f* de fuerza
'kraftlos ADJ sin fuerza; falto de vigor; (*schwach*) débil, flojo; MED asténico; (*entkräftet*) debilitado; **Kraftloserklärung** F JUR invalidación *f*; **Kraftlosigkeit** F ⟨~⟩ falta *f* de fuerza (*od* vigor); impotencia *f*; (*Schwäche*) debilidad *f*; MED astenia *f*
'Kraftmaschine F TECH máquina *f* motriz; **Kraftmeier** M ⟨~s; ~⟩ *umg pej* bravucón *m*, *umg* perdonavidas *m*; **Kraftmeierei** F ⟨~⟩ *umg pej* bravuconada *f*; fanfarronería *f*; **Kraftmensch** M atleta *m/f*; hombre *m bzw* mujer *f* de una fuerza extraordinaria; **Kraftmesser** M dinamómetro *m*; **Kraftmessung** F dinamometría *f*; **Kraftpaket** N *Person*: atleta *m/f*; hombre *m bzw* mujer *f* de una fuerza extraordinaria; *Auto*: bólido *m*; **Kraftprobe** F prueba *f* (de fuerza); **Kraftprotz** M ⟨~(e)s; ~e⟩ *umg* → Kraftmeier; **Kraftquelle** F fuente *f* de energía; **Kraftrad** N VERW moto(cicleta) *f*
'Kraftstoff M combustible *m*; carburante *m*; **Kraftstoffanzeiger** M indicador *m* de gasolina; **Kraftstoffbehälter** M depósito *m* de gasolina; **Kraftstoffgemisch** N mezcla *f* de carburantes; **Kraftstoffverbrauch** M consumo *m* de gasolina
'Kraftstrom M ELEK corriente *f* de fuerza, *umg* fuerza *f*; **kraftstrotzend** ADJ lleno de vigor; rebosante de salud; **Kraftüberschuss** M excedente *m* de energías; **Kraftübertragung** F transmisión *f* de fuerza; **Kraftverkehr** M VERW circulación *f* automóvil; **Kraftverschwendung** F derroche *m* de energías
'kraftvoll A ADJ lleno de fuerza; vigoroso; enérgico B ADV **~ zupacken** agarrar con fuerza; (*helfen*) ayudar enérgicamente
'Kraftwagen M automóvil *m*, coche *m*; **Kraftwagenbau** M ⟨~(e)s⟩ construcción *f*

de automóviles
'Kraftwerk N ELEK central *f* eléctrica; **Kraftwort** N ⟨~(e)s; ~̈er *od* ~e⟩ palabrota *f*, taco *m*
'Kragen M ⟨~s; ~ *od südd, österr, schweiz* ~̈⟩ cuello *m*; **loser/steifer ~** cuello *m* postizo/duro; **j-n beim ~ packen** agarrar a alg por el cuello; echar la garra a alg; *fig* **es geht ihm an den ~** puede costarle la vida (*od* el pellejo); *umg* **jetzt platzt mir der ~** se me acaba la paciencia; *umg* es el acabóse
'Kragenknopf M botón *m* para el cuello; **Kragenweite** F medida *f* del cuello; *umg fig* **das ist meine ~** es mi tipo
'Kragstein M ARCH ménsula *f*
'Krähe ['krɛːə] F ⟨~; ~n⟩ ORN corneja *f*; *sprichw* **eine ~ hackt der anderen kein Auge aus** entre bueyes no hay cornadas; entre sastres no se pagan hechuras
'krähen VI *Hahn* cantar; *fig* chillar; *umg fig* **es kräht kein Hahn danach** nadie se preocupa por eso
'Krähen N ⟨~s⟩ canto *m* del gallo; **Krähenfüße** MPL (*Falten*) patas *fpl* de gallo; **Krähennest** N nido *m* de cornejas; SCHIFF cofa *f*
'Krakau N ⟨~s⟩ Cracovia *f*
'Krake M ⟨~n; ~n⟩ ZOOL pulpo *m*
Kra'keel M ⟨~s⟩ *umg* (*Lärm*) *umg* jaleo *m*, *umg* zipizape *m*; (*Zank*) *umg* bronca *f*; *Am* bochinche *m*
kra'keelen VI ⟨*ohne* ge-⟩ alborotar; vociferar; (*sich zanken*) *umg* armar bronca (*od* camorra); **Krakeeler** M ⟨~s; ~⟩, **Krakeelerin** F ⟨~; ~nen⟩ alborotador *m*, -a *f*; *umg* camorrista *m/f*, *Am* bochinchero *m*, -a *f*
'krakelig ADJ *umg pej* lleno de garabatos; *Schrift* tembloroso; **krakeln** VI *umg* garrapatear; **kraklig** → krakelig
'Kralle F ⟨~; ~n⟩ uña *f*; *der Greifvögel*: garra *f*; *fig* **die ~n zeigen** enseñar (*od* sacar) las uñas; **j-n in den ~n haben** tener a alg en sus garras
'krallen A VT 1 (*mit den Krallen packen*) echar la garra a 2 **seine Finger um etw ~** agarrarse fuertemente a a/c B VR **sich an j-n/etw ~** agarrarse a alg/a/c; **ihre Nägel krallten sich ins Kissen** clavó las uñas en la almohada
Kram M ⟨~(e)s⟩ 1 (*Sachen*) trastos *mpl*; chismes *mpl*; **der ganze ~** todos los cachivaches 2 (*Angelegenheit*) asuntillos *mpl*, historietas *fpl*; **das passt ihm nicht in den ~** eso no le viene a propósito; eso no encaja en sus planes; **den (ganzen) ~ hinwerfen** abandonarlo todo; **mach doch deinen ~ alleine!** ¡arreglátelas tú solito!
'kramen VI revolver (**in** *dat* en); trastear (**in** *dat* por, entre)
'Krämer M ⟨~s; ~⟩ tendero *m*; mercader *m*; *pej* mercachifle *m*; **Krämergeist** M *pej* espíritu *m* mercantil; mentalidad *f* de mercachifle; **Krämerin** F ⟨~; ~nen⟩ tendera *f*; mercadera *f*; **Krämerseele** F *pej* alma *f* de mercader; mercachifle *m*
'Kramladen M tiendecilla *f*; baratillo *m*; *pej* tenducho *m*
'Krampe F ⟨~; ~n⟩ TECH grapa *f*; abrazadera *f*
Krampf M ⟨~(e)s; ~̈e⟩ 1 MED calambre *m*; espasmo *m*; convulsión *f*; **er bekam einen ~** le dio un calambre 2 *umg fig* **das ist (alles) ~** son tonterías (*od* sandeces)
'Krampfader F MED variz *f*, varice *f*; **Krampfaderleiden** N varicosis *f*
'krampfartig ADJ espasmódico, convulsivo
'krampfen VT & VR **(sich) ~** contraer(se) convulsivamente; crispar(se); **sich in** *od* **um etw** (*acus*) **~** agarrarse a a/c
'krampfhaft A ADJ 1 MED convulsivo, espasmódico 2 *fig* (*verbissen*) obstinado; **~e Anstrengungen machen** hacer esfuerzos desesperados; **~es Lachen** risa *f* convulsiva (*od* forzada) B ADV *fig* con empeño; **sich ~ bemühen (zu** *inf*) empeñarse desesperadamente (en *inf*); **sich ~ halten an** (*acus*) aferrarse a
'Krampfhusten M tos *f* convulsiva; **krampflösend, krampfstillend** ADJ MED antiespasmódico; espasmolítico; **~es Mittel** antiespasmódico *m*
Kran M ⟨~(e)s; ~̈e⟩ 1 TECH grúa *f* 2 *reg* (*Zapfhahn*) grifo *m*; **'Kranarm** M, **'Kranausleger** M brazo *m* de grúa, aguilón *m*, pescante *m*; **'Kranbrücke** F puente *m* grúa; **'Kranführer** M, **'Kranführerin** F conductor *m*, -a *f* de grúa, gruista *m/f*
'krängen VI SCHIFF escorar; **Krängung** F ⟨~; ~en⟩ escora *f*
'Kranich M ⟨~(e)s; ~e⟩ ORN grulla *f*
krank ADJ ⟨~̈er; ~̈ste⟩ 1 enfermo (**an** *dat* de); *umg* malo; **~ vor Eifersucht sein** estar enfermo de celos; **~ machen** enfermar; poner malo; **~ werden** enfermar, caer (*od* ponerse) enfermo, *umg* ponerse malo; **sich ~ fühlen** sentirse enfermo; **sich ~ stellen** simular estar enfermo → krankmachen, krankfeiern 2 *umg* (*unsinnig, absurd*) **(das ist ja) echt ~!** ¡es flipante! 3 JAGD herido
'Kranke M/F ⟨~n; ~n; → A⟩ enfermo *m*, -a *f*; (*Patient*) paciente *m/f*
'kränkeln VI estar enfermizo; (*anfällig sein*) estar achacoso; estar delicado de salud
'kranken VI **an etw** (*dat*) **~** adolecer de a/c (*a. fig*), padecer de a/c; estar aquejado de a/c
'kränken A VT ofender, herir; (*demütigen*) humillar; (*betrüben*) afligir, mortificar B V/UNPERS **es kränkt mich tief** *od* **sehr** me ofende mucho; me hiere
'Krankenanstalt F VERW *bes in Namen*: centro *m* hospitalario; **Krankenauto** N ambulancia *f*; **Krankenbahre** F camilla *f*; **Krankenbericht** M parte *m* facultativo, boletín *m* médico; **Krankenbesuch** M visita *f* a un enfermo; **Krankenbett** N lecho *m* (*od* cama *f*) de(l) enfermo; **am ~** a la cabecera del enfermo; **Krankenblatt** N hoja *f* médica
'kränkend ADJ hiriente, ofensivo
'Krankenfahrstuhl M VERW coche *m* de inválido; **Krankenfürsorge** F asistencia *f* médica; **Krankengeld** N subsidio *m* de enfermedad; **Krankengeschichte** F MED historia *f* clínica, anamnesia *f*; **Krankengymnast** M fisioterapeuta *m*; **Krankengymnastik** F fisioterapia *f*; **Krankengymnastin** F fisioterapeuta *f*
'Krankenhaus N hospital *m*; clínica *f*; **in ein ~ aufnehmen** hospitalizar; **in ein ~ bringen** *od* **einliefern** *od* **einweisen** ingresar en un hospital, hospitalizar; **im ~ liegen** estar hospitalizado
'Krankenhausaufenthalt M estancia *f* (*od* permanencia *f*) en un hospital; **Krankenhausbehandlung** F tratamiento *m* estacionario (*od* en régimen de hospitalización); **Krankenhauskosten** PL gastos *mpl* de hospitalización; **krankenhausreif** *adj en un estado tal que se hace necesario el ingreso en el hospital*; **j-n ~ schlagen** dejar a alg medio muerto de una paliza
'Krankenkasse F, *österr* -kassa *f* caja *f* de enfermedad; **Krankenkost** F dieta *f*; régimen *m*; **Krankenlager** N → Krankenbett; **Krankenpflege** F asistencia *f* a los enfermos; cuidado *m* de enfermos; **Krankenpfleger** M, **Krankenpflegerin** F enfermero *m*, -a *f*; **Krankenpflegeschule** F escuela *f* de enfermería; **Krankenrevier** N MIL enfermería *f*; **Krankensaal** M sala *f* de hospital; enfermería *f*; **Krankenschein** M volante *m* del seguro; **Krankenschwester** F enfermera *f*; **Krankenstand** M morbilidad *f*; **Krankenstube** F MIL enfermería *f*; **Krankenstuhl** M silla *f* de ruedas; **Krankenträger** M camillero *m*; **Krankentransport** M transporte *m* de un enfermo *bzw* de enfermos; **Krankenurlaub** M permiso *m* por enfermedad; **Krankenversicherung** F seguro *m* médico (*od* de enfermedad); **private ~** seguro *m* médico privado; **Krankenwagen** M ambulancia *f*; **e-n ~ rufen** llamar una ambulancia; **Krankenwärter** M, **Krankenwärterin** F enfermero *m*, -a *f*; **Krankenzimmer** N habitación *f* del enfermo
'Kranker M → Kranke
'krankfeiern VI *umg hum* faltar al trabajo por supuesta enfermedad
'krankhaft ADJ patológico; enfermizo; *fig Neugier, Neigung* morboso; **Krankhaftigkeit** F ⟨~⟩ morbosidad *f*
'Krankheit F ⟨~; ~en⟩ enfermedad *f*; (*Leiden*) dolencia *f*, afección *f*; mal *m*; **eine ~ bekommen** *od* **sich** (*dat*) **eine ~ zuziehen** (*od umg* **holen**) contraer (*od* adquirir *od umg* coger) una enfermedad
'Krankheitsbericht M parte *m* facultativo; boletín *m* médico; **Krankheitsbescheinigung** F certificado *m* de enfermedad; **Krankheitsbeschreibung** F descripción *f* de una enfermedad; patografía *f*; **Krankheitsbild** N cuadro *m* clínico; síndrome *m*; **krankheitserregend** ADJ patógeno; **Krankheitserreger** M agente *m* patógeno; **Krankheitserscheinung** F síntoma *m*; **Krankheitsfall** M caso *m* de enfermedad; **krankheitshalber** ADV por (*od* a causa de) enfermedad; **Krankheitsherd** M foco *m* patógeno; **Krankheitskeim** M germen *m* patógeno; **Krankheitslehre** F patología *f*; **Krankheitstag** M día *m* de baja por enfermedad; **Krankheitsübertragung** F transmisión *f* de una enfermedad; **Krankheitsurlaub** M licencia *f* (*od* permiso *m*) por enfermedad; **Krankheitsursache** F MED etiología *f*, causa *f* de la enfermedad; **Krankheitsverlauf** M curso *m* de la enfermedad; **Krankheitszeichen** N síntoma *m*, signo *m* patológico; **Krankheitszustand** M estado *m* patológico
'kranklachen VR **sich ~** *umg* morirse (*od* troncharse *od* partirse) de risa (**über** *acus* por)
'kränklich ADJ enfermizo; delicado de salud; (*schwächlich*) achacoso, enclenque; **Kränklichkeit** F ⟨~⟩ mala salud *f*; estado *m* enfermizo (*od* achacoso)
'krankmachen VI *umg fig* faltar al trabajo por supuesta enfermedad → krankfeiern
'krankmelden VR **sich ~** darse de baja (por enfermedad); **Krankmeldung** F baja *f* por enfermedad; **krankschreiben** VT ⟨*irr*⟩ **j-n ~** dar de baja a alg (por enfermedad); **krankgeschrieben sein** estar de baja (por enfermedad)
'Krankschreibung F parte *m* de baja por enfermedad
'Kränkung F ⟨~; ~en⟩ ofensa *f*, agravio *m*; insulto *m*; (*Demütigung*) humillación *f*
'Kranwagen M AUTO coche-grúa *m*, grúa *f*; BAHN vagón *m* grúa
Kranz M ⟨~es; ~̈e⟩ corona *f* (*a. Kuchen*); guirnalda *f*; ARCH (*Gesims*) cornisa *f*; (*Kreis*) círculo *m*; TECH (*Radkranz*) llanta *f*; **'Kranzarterie** F ANAT arteria *f* coronaria; **'Kranzbinder** M ⟨~s; ~⟩, **'Kranzbinderin** F ⟨~; ~nen⟩ ramilletero *m*, -a *f*
'Kränzchen N ⟨~s; ~⟩ 1 (*kleiner Kranz*) coro-

K

nita *f* 2 *fig (Gesellschaft)* tertulia *f (od* reunión *f)* de señoras

'Kranzgefäß N ANAT → Kranzarterie; **Kranzgesims** N ARCH cornisa *f*; **Kranzkuchen** M corona *f*; **Kranzniederlegung** F depósito *m* (solemne) de una corona

'Krapfen M ⟨~s; ~⟩ GASTR buñuelo *m*; *reg (Berliner)* bollo *m* de Berlín

Krapp M ⟨~(e)s⟩ BOT granza *f*, rubia *f*

krass A ADJ 1 *(auffallend)* llamativo; pronunciado; *Fehler, Irrtum* craso; *Gegensatz* extraordinario; *Unterschied* grande, radical; *Widerspruch* flagrante 2 *(grob)* grosero; **ein ~er Fehler** un craso error 3 *umg Jugendspr (seltsam)* increíble, curioso; *(dumm)* tonto, estúpido; **voll ~** muy curioso; *(extrem gut)* fuerte, genial; *(extrem schlecht)* fuerte B ADV **sich ~ ausdrücken** llamar a las cosas por su nombre

'Krater M ⟨~s; ~⟩ cráter *m*; **kraterförmig** ADJ crateriforme

'Kratzbürste F *umg fig* persona *f* arisca, *umg* erizo *m*; *hum* **eine kleine ~** una fierecilla; **kratzbürstig** ADJ *umg fig* quisquilloso; arisco

'Kratze F ⟨~; ~n⟩ TECH rascador *m*; raspador *m*

'Krätze F ⟨~⟩ 1 MED sarna *f* 2 TECH *(Metallabfall)* escoria *f*

'kratzen A VT 1 rascar; *mit Krallen, Fingernägeln*: arañar, rasguñar; *(schaben, wegkratzen)* raspar, raer 2 *(hineinkratzen)* grabar; *(verkratzen)* rayar 3 *umg fig (stören)* importar, molestar; **das kratzt mich nicht** *umg* me importa un bledo B VI *(jucken)* picar; *(brennen)* quemar; *Feder* raspear; **mein Hals kratzt** tengo la garganta irritada, me pica la garganta; **der Pullover kratzt** me pica el jersey C VR **sich (am Kopf/hinterm Ohr) ~** rascarse (la cabeza/la oreja); **wen's juckt, der kratze sich** el que se pica ajos come

'Kratzen N ⟨~s⟩ rascadura *f*; raspadura *f*; *im Hals*: irritación *f*

'Kratzer M ⟨~s; ~⟩ 1 *(Schaber)* rascador *m*; raspador *m* 2 *(Schramme)* arañazo *m*; rasguño *m*; *auf Möbeln etc*: raya *f*

'Krätzer M ⟨~s; ~⟩ *(schlechter Wein)* vino *m* peleón

'kratzfest ADJ resistente al rayado; **kratzig** ADJ que rasca; áspero

'krätzig ADJ 1 MED sarnoso 2 *umg (schlecht gelaunt)* arisco; *(scheußlich)* asqueroso; **Krätzmilbe** F arador *m* de la sarna

'Kratzwunde F arañazo *m*; rasguño *m*

'krauen VT → kraulen[1]

Kraul N ⟨~(e)s⟩ SPORT crawl *m*, crol *m*

'kraulen[1] VT rascar suavemente; *(streicheln)* acariciar

'kraulen[2] VI ⟨h od sn⟩ SPORT nadar a crawl *(od* crol)

'Kraulen N ⟨~s⟩ 1 SPORT crawl *m*, crol *m* 2 *(Streicheln)* acaricias *fpl*; **Krauler** M ⟨~s; ~⟩, **Kraulerin** F ⟨~; ~nen⟩ SPORT crolista *m/f*; **Kraulschwimmen** N SPORT crawl *m*, crol *m*

kraus ADJ 1 *Haar* rizado; rizoso; crespo; *Stoff (gefältelt)* fruncido; *(zerknautscht)* arrugado; *(verwickelt)* embrollado, intrincado → krausziehen 2 *fig (verworren)* confuso; **~e Gedanken** pensamientos *mpl* confusos

'Krause F ⟨~; ~n⟩ 1 *(Halskrause)* gola *f*; gorguera *f* 2 *umg (Dauerwelle)* permanente *f*

'kräuseln A VT *Haare, Faser* rizar; encrespar *(a. Wasser)*, ensortijar; *Stoff, Lippen* fruncir B VR **sich ~** rizarse; encresparse *(a. Wasser)*; *Stoff* fruncirse

'Kräuseln N ⟨~s⟩ rizado *m*; encrespadura *f*

'Krauseminze F BOT menta *f* crespa, hierbabuena *f* rizada

'Kraushaar N cabello *m* rizado *(od* crespo); **kraushaarig, krausköpfig** ADJ de cabello rizado *(od* crespo); **Krauskopf** M 1 persona *f* de cabello crespo 2 TECH fresa *f* avellanadora

'krausziehen VT ⟨irr⟩ **die Stirn ~** fruncir el entrecejo *(od* las cejas)

Kraut N ⟨~(e)s; ¨er⟩ 1 BOT hierba *f*; **feine Kräuter** finas hierbas; **Kräuter sammeln** herborizar; **dagegen ist kein ~ gewachsen** para eso no hay remedio 2 *von Kartoffeln etc*: hojas *fpl*; **ins ~ schießen** echar mucha hierba; espigarse; *fig* crecer rápidamente; *fig* **wie ~ und Rüben (durcheinander)** *umg* patas arriba; como sapos y culebras; a tontas y a locas 3 *bes südd, österr (Kohl)* col *f*, berza *f*; *(Weißkohl)* repollo *m*; *(Sauerkraut)* chucrut *m* 4 *umg (Tabak)* tabaco *m*

'krautartig ADJ herbáceo

'Kräuterbad N baño *m* de hierbas; **Kräuterbuch** N herbario *m*; **Kräuterbutter** F mantequilla *f* de hierbas; **Kräuteressig** M vinagre *m* de finas hierbas

'Kräuterhändler M, **Kräuterhändlerin** F herbolario *m*, -a *f*; **Kräuterhandlung** F herboristería *f*; **Kräuterheilkunde** F medicina *f* de hierbas; **Kräuterkäse** M queso *m* de hierbas finas; **Kräuterlikör** M licor *m* de hierbas aromáticas; **Kräutermischung** F mezcla *f* de hierbas; **Kräuteröl** N aceite *m (od* esencia *f)* de hierbas; **Kräutersammler** M, **Kräutersammlerin** F herborizador *m*, -a *f*; herbolario *m*, -a *f*; **Kräutersträußchen** N ramito *m* de hierbas; **Kräutersuppe** F sopa *f* de hierbas finas, sopa *f* juliana; **Kräutertee** M tisana *f*, infusión *f* (de hierbas); **Kräuterwein** M vino *m* medicinal *(od* de hierbas aromáticas)

'Krautgarten M huerto *m*; **Krautkopf** M *südd, österr* repollo *m*; **Krautsalat** M ensalada *f* de repollo; **Krautwickel** M *bes südd, österr* GASTR *(Kohlroulade)* *hoja de repollo rellena*

Kra'wall M ⟨~(e)s; ~e⟩ *umg* tumulto *m*; alboroto *m*, escándalo *m*, *Am* bochinche *m*; **~ machen** *umg* armar un alboroto *(od* un escándalo); **Krawallmacher** M, **Krawallmacherin** F *umg* alborotador *m*, -a *f*; camorrista *m/f*

Kra'watte F ⟨~; ~n⟩ corbata *f*

Kra'wattenhalter M sujetacorbatas *m*, corbatero *m*; **Krawattennadel** F alfiler *m* de corbata; **Krawattenzwang** M uso *m* obligatorio de la corbata

'kraxeln VI *umg* trepar

Kreatinin N ⟨~s; ~e⟩ creatinina *f*

Kreati'on F ⟨~; ~en⟩ *bes Mode*: creación *f*

krea'tiv ADJ creativo

Kreativi'tät [-v-] F ⟨~⟩ creatividad *f*

Krea'tur F ⟨~; ~en⟩ criatura *f*

Krebs M ⟨~es; ~e⟩ 1 ZOOL cangrejo *m* 2 MED cáncer *m* 3 ASTRON Cáncer *m*

'Krebsangst F MED cancerofobia *f*; **krebsartig** ADJ MED canceroso; **Krebsbekämpfung** F MED lucha *f* contra el cáncer; **Krebsbildung** F MED cancerización *f*; degeneración *f* cancerosa

'krebsen VI 1 *(Krebse fangen)* pescar cangrejos 2 *fig* ir tirando

'krebserregend, Krebs erregend, 'krebserzeugend, Krebs erzeugend ADJ MED cancerígeno, canceroso

'Krebsforscher M, **Krebsforscherin** F MED cancerólogo *m*, -a *f*; **Krebsforschung** F MED cancerología *f*; **Krebsfrüherkennung** F MED diagnóstico *m* precoz del cáncer; **Krebsgang** M marcha *f* retrógrada; *fig* **den ~ gehen** ir para atrás; ir de mal en peor; **Krebsgeschwulst** F MED carcinoma *m*; tumor *m* canceroso; **Krebsgeschwür** N MED úlcera *f* cancerosa; **krebshemmend** ADJ inhibidor de cáncer; **Krebsklinik** F clínica *f* oncológica; **krebskrank** ADJ MED canceroso; **Krebskranke** M/F ⟨~n; ~n; → A⟩ MED enfermo *m*, -a *f* de cáncer, canceroso *m*, -a *f*; **Krebskrankheit** F MED cáncer *m*; afección *f* cancerosa; **Krebsleiden** N dolencia *f* oncológica; **Krebspatient** M, **Krebspatientin** F paciente *m/f* con cáncer; **krebsrot** ADJ rojo como un cangrejo; **Krebsschaden** M *fig* cáncer *m*, gangrena *f*; **Krebsschale** F ZOOL caparazón *m* de cangrejo; **Krebsschere** F ZOOL pinza *f* de cangrejo; **Krebssuppe** F GASTR sopa *f* de cangrejos; **Krebstherapie** F terapia *f* contra el cáncer; **Krebstiere** NPL ZOOL crustáceos *mpl*; **Krebsvorsorge** F MED prevención *f* cancerológica *(od* del cáncer); **Krebszelle** F MED célula *f* cancerosa

kre'denzen VT *geh* ofrecer, servir; *(einschenken)* escanciar

Kre'dit M ⟨~(e)s; ~e⟩ WIRTSCH crédito *m (a. fig)*; **einen ~ aufnehmen** concertar *(od* tomar) un crédito; **j-m einen ~ bewilligen** *od* **gewähren** conceder *(od* otorgar) a alg un crédito; **~ haben** *od* **genießen** tener crédito; **auf ~ (kaufen)** (comprar) a crédito; **~ aus öffentlichen Mitteln** crédito público; **einen ~ in Anspruch nehmen** utilizar *(od* recurrir a) un crédito; **einen Kredit bis zur Höhe von ... einräumen** *od* **eröffnen** otorgar *(od* abrir) un crédito hasta el límite de ...; **einen ~ zugunsten von j-m einräumen** otorgar un crédito a favor de alg

Kre'ditabteilung F departamento *m* de créditos; **Kreditanstalt** F establecimiento *m (od* instituto *m)* de crédito; **Kreditantrag** M solicitud *f* de crédito; **Kreditaufnahme** F utilización *f* de *(od* apelación *f* a) crédito; **Kreditauftrag** M orden *f* de crédito; **Kreditausweitung** F expansión *f* crediticia *(od* del crédito); **Kreditbank** F ⟨~; ~en⟩ banco *m* de crédito; **Kreditbereitstellung** F facilitación *f* de un crédito; **Kreditbeschränkung** F restricción *f* de créditos *(od* crediticia); **Kreditbetrug** M estafa *f* de crédito; **Kreditbrief** M carta *f* de crédito; **Kreditbüro** N → Kreditabteilung; **Krediterleichterung** F facilidad *f* de crédito; **Krediteröffnung** F apertura *f* de crédito

kre'ditfähig ADJ digno de crédito, solvente; **Kreditfähigkeit** F crédito *m*, solvencia *f*

Kre'ditgeber M, **Kreditgeberin** F dador *m*, -a *f* del crédito; **Kreditgenossenschaft** F cooperativa *f* de crédito; **Kreditgeschäft** N operación *f* de crédito; **Kreditgewährung** F concesión *f* de un crédito; **Kreditgrenze** F límite *m (od* margen *m)* de crédito; **Kredithai** M *umg* usurero *m*

kredi'tieren VT & VI ⟨ohne ge-⟩ HANDEL acreditar *(od* abonar) en cuenta

Kre'ditinstitut N instituto *m (od* establecimiento *m)* de crédito; **öffentlich rechtliches ~** entidad *f* oficial de crédito; **Kreditkarte** F tarjeta *f* de crédito; **Kreditkauf** M compra *f* a crédito; **Kreditklemme** F contracción *f* del crédito; **Kreditlinie** F línea *f* de crédito; **Kreditmarkt** M mercado *m* crediticio; **Kreditmittel** NPL fondos *mpl* crediticios; **Kreditnachfrage** F demanda *f* de crédito *(od* crediticia); **Kreditnehmer** M, **Kreditnehmerin** F tomador *m*, -a *f* de(l) crédito

'Kreditor M ⟨~s; -'toren⟩ HANDEL acreedor *m*

Kredi'torenkonto N cuenta *f* acreedora
Kre'ditpolitik F política *f* crediticia (*od* de créditos); **Kreditposten** M partida *f* acreedora; **Kreditrahmen** M límite *m* (*od* línea *f*) de crédito; **den ~ ausschöpfen** agotar la línea de crédito; **Kreditschöpfung** F creación *f* de crédito(s); **Kreditsperre** F suspensión *f* de créditos; **Kreditsystem** N sistema *m* crediticio (*od* de créditos)
kre'ditunfähig, kreditunwürdig ADJ no digno de crédito, insolvente
Kre'ditverknappung F escasez *f* de crédito(s); **Kreditvertrag** M contrato *m* de crédito; **Kreditwesen** N ⟨~s⟩ sistema *m* crediticio, (organización *f* del) crédito *m*; **Kreditwirtschaft** F economía *f* crediticia
kre'ditwürdig ADJ digno de crédito, solvente; **Kreditwürdigkeit** F solvencia *f*
Kre'ditzinsen MPL intereses *mpl* de crédito; réditos *mpl*
'Kredo N ⟨~s; ~s⟩ → Credo
'kregel ADJ *reg umg* vivo, vivaracho
'Kreide F ⟨~; ~n⟩ **1** creta *f*; greda *f*; (*Schreibkreide*) tiza *f*; *umg fig* **bei j-m in der ~ stehen** adeudar (*od* deber) dinero a alg **2** GEOL → Kreidezeit
'kreideartig ADJ gredoso, cretáceo
'kreide'bleich ADJ → kreideweiß
'Kreideboden M suelo *m* gredoso; **Kreidefels(en)** M roca *f* cretácea; **Kreidegrube** F gredal *m*; **kreidehaltig** ADJ gredoso; GEOL cretáceo; **Kreidepapier** N papel *m* greda (*od* porcelana); **Kreidestift** M lápiz *m* de tiza
'kreide'weiß ADJ blanco como una sábana (*od* la pared)
'Kreidezeichnung F dibujo *m* de tiza (*bzw* a lápiz); **Kreidezeit** F GEOL cretáceo *m*
'kreidig ADJ gredoso; GEOL cretácico; *fig* **~e Gesichter** caras *fpl* blancas (como la pared)
kre'ieren [kre'i:rən] VT ⟨*ohne* ge-⟩ crear
Kreis M ⟨~es; ~e⟩ **1** círculo *m* (*a.* MATH *u. fig*); cerco *m*; ASTRON órbita *f*; (*Zyklus*) ciclo *m*; *fig* **die Affäre zieht immer weitere ~e** el caso va ganando en proporciones; **im ~(e)** en círculo; **im ~ herum** a la redonda; **im ~ um etw/j-n herumgehen** rondar a/c/a alg; **sich im ~(e) drehen** girar en torno; **einen ~ um etw/j-n bilden** formar un círculo alrededor de a/c/alg, rodear a a/c/alg, ponerse alrededor de a/c/alg; (*Menschenkreis*) *a.* hacer (*od* formar) corro alrededor de a/c/alg; **einen ~ um etw/j-n schließen** cercar a/c/a alg **2** *von Personen*: corro *m*; (*soziale Schicht*) estamento *m*; LIT (*Dichterkreis*) cenáculo *m*; **weite ~e der Bevölkerung** amplios sectores de la población; **im ~e der Familie** en el seno de la familia; **im ~ sitzen** estar sentados en corro; **im engsten ~(e)** en la más estricta intimidad; **im kleinen ~(e)** en la intimidad; **in meinen ~en** entre mis conocidos; **in unterrichteten ~en** en círculos bien informados; **in politischen ~en** en los círculos (*od* en medios) políticos **3** VERW circunscripción *f* (administrativa); distrito *m* **4** ELEK (*Stromkreis*) circuito *m*
'Kreisabschnitt M MATH segmento *m* de círculo; **Kreisarzt** M, **Kreisärztin** F médico *m*, -a *f* comarcal (*od* del distrito); **Kreisausschnitt** M MATH sector *m* de círculo; **Kreisbahn** F ASTRON órbita *f*; **Kreisbehörde** F VERW autoridad *f* del distrito; **Kreisbewegung** F movimiento *m* circular (*od* giratorio *od* rotatorio); circulación *f*; **Kreisbogen** M MATH arco *m* de círculo
'kreischen VI chillar, dar chillidos; vociferar; *Säge, Räder* chirriar, rechinar; **~de Stimme** voz *f* estridente (*od* chillona)
'Kreischen N ⟨~s⟩ grito *m* estridente; chillido *m*; chirrido *m*
'Kreisdiagramm N diagrama *m* de círculo (*od* circular); **Kreisdurchmesser** M diámetro *m* de círculo
'Kreisel M ⟨~s; ~⟩ **1** *Spielzeug*: peón *m*; peonza *f*; *aus Metall*: trompo *m* **2** PHYS giroscopio *m* **3** *umg* (*Kreisverkehr*) rotonda *f*, sentido *m* giratorio; **Kreiselbewegung** F PHYS movimiento *m* giroscópico; **Kreiselkompass** M brújula *f* giroscópica
'kreiseln VI dar vueltas; girar (en torno)
'Kreiselpumpe F bomba *f* centrífuga; **Kreiselwirkung** F efecto *m* giroscópico
'kreisen VI girar (um alrededor de *od* en torno a); *Greifvogel, Flugzeug* dar vueltas; (*wirbeln*) arremolinarse; *Blut, Geld* circular; **~ lassen** *Flasche etc* hacer circular; *fig* **um etw ~** *Diskussion, Gedanken* girar en torno a a/c
'Kreisen N ⟨~s⟩ movimiento *m* circular (*bzw* giratorio *od* rotatorio); circulación *f*; *der Gestirne*: revolución *f*
'Kreisfläche F MATH (área *f* del) círculo *m*; **Kreisform** F forma *f* circular (*od* de círculo)
'kreisförmig ADJ circular; redondo; ASTRON orbicular; **kreisfrei** ADJ VERW *BRD* **~e Stadt** F ciudad *m* independiente de (*od* no perteneciente a) una circunscripción
'Kreisinhalt M MATH → Kreisfläche
'Kreiskrankenhaus N hospital *m* municipal
'Kreislauf M **1** movimiento *m* circulatorio **2** PHYSIOL (*Blutkreislauf*) circulación *f* **3** *der Natur, des Wassers, der Wirtschaft*: ciclo *m*; **Kreislaufkollaps** M MED colapso *m*; **Kreislaufstörung** F MED trastorno *m* de la circulación (*od* circulatorio); **Kreislaufversagen** N MED fallo *m* circulatorio
'Kreislinie F línea *f* circular; MATH circunferencia *f*; **kreisrund** ADJ redondo; circular; **Kreissäge** F TECH sierra *f* circular
'kreißen VI *obs* estar de parto; **Kreißsaal** M sala *f* de partos
'Kreisstadt F capital *f* de distrito; cabeza *f* de partido; **Kreisstrom** M ELEK corriente *f* circular; **Kreistag** M ⟨~(e)s; ~e⟩ *BRD* parlamento *m* de un distrito; **Kreisumfang** M circunferencia *f*; **Kreisverkehr** M rotonda *f*; circulación *f* giratoria; sentido *m* giratorio; **Kreisverwaltung** F administración *f* del distrito
Krem F ⟨~; ~s⟩ → Creme
Krema'torium N ⟨~s; Krematorien⟩ crematorio *m*
'Kreme F → Creme
'kremig ADJ cremoso
Kreml M ⟨~(s)⟩ **der ~** el Kremlin
'Krempe F ⟨~; ~n⟩ *e-s Hutes*: ala *f*
'Krempel M ⟨~s⟩ *umg pej* chismes *mpl*; trastos *mpl*, cachivaches *mpl*; *fig* **den ganzen ~ hinschmeißen** abandonarlo todo
'krempeln VT *Ärmel* arremangar
Kren M ⟨~(e)s⟩ *südd, österr* rábano *m* picante (*od* silvestre)
Kre'ole[1] F (*großer Ohrring*) criolla *f*, pendiente *m* (*od* aro *m*) criollo
Kre'ole[2] M ⟨~n; ~n⟩ criollo *m*; **Kreolin** F ⟨~; ~nen⟩ criolla *f*; **kreolisch** ADJ criollo
kre'pieren VI ⟨*ohne* ge-; sn⟩ **1** *Geschoss* estallar, hacer explosión **2** *Tier* reventar; *sl Mensch umg* estirar la pata, *sl* diñarla
Krepp M ⟨~s; ~s *od* ~e⟩ TEX crespón *m*, crepé *m*
'kreppen VT TECH cresponar
'Kreppflor M crespón *m*; **Krepppapier** N papel *m* cresponado; **Kreppseide** F crespón *m* de China; **Kreppsohle** F suela *f* de crepé
'Kresse F ⟨~; ~n⟩ BOT (*Brunnenkresse*) berro *m*; (*Gartenkresse*) mastuerzo *m*
'Kreta N ⟨~s⟩ Creta *f*
'Kreter M ⟨~s; ~⟩, **Kreterin** F ⟨~; ~nen⟩ cretense *m/f*
'Krethi und 'Plethi PL *geh* fulano, mengano y zutano; *pej* la chusma
Kre'tin [kre'tɛ̃:] M ⟨~s; ~s⟩ *geh* (*Dummkopf*) cretino *m*; **Kreti'nismus** M ⟨~⟩ MED cretinismo *m*
'kretisch ADJ cretense
Kre'ton M ⟨~s; ~e⟩ *österr*, **Kre'tonne** M ⟨~s; ~s⟩ *od* F ⟨~; ~s⟩ TEX → Cretonne
kreuz ADV **~ und quer** acá y allá; a diestro y siniestro; en todas las direcciones
Kreuz N ⟨~es; ~e⟩ **1** *allg* cruz *f* (*a. Kreuzzeichen*); *liegendes*: aspa *f*; MIL HIST **das Eiserne ~** la Cruz *f* de Hierro; **das Rote ~** la Cruz Roja; ASTRON **das ~ des Südens** la Cruz del Sur; **das** *od* **ein ~ schlagen** persignarse; santiguarse, hacer la señal de la cruz; **ans ~ schlagen** crucificar, clavar en la cruz; **am ~ sterben** morir crucificado (*od* en la cruz) **2** *fig* aflicción *f*, pena *f*, sufrimiento *m*; **sein ~ tragen** llevar su cruz **3** ANAT región *f* lumbar, *umg* riñones *mpl*; *beim Pferd*: grupa *f*, ancas *fpl*; **sich** (*dat*) **das ~ brechen** romperse la crisma; **mir tut das ~ weh** *umg* me duelen los riñones **4** MUS sostenido *m* **5** *Kartenspiel*: bastos *mpl* **6** *Wendungen*: **über ~** en cruz; *umg* **j-n aufs ~ legen** tumbar a alg; *umg fig* (*betrügen*) engañar a alg; *umg fig* **zu ~e kriechen** darse por vencido; pasar por el aro; *umg* **es ist ein ~ mit ihm** solo me da disgustos
'Kreuzabnahme F REL, MAL Descendimiento *m* de la Cruz; **Kreuzallergie** F MED alergia *f* cruzada
'Kreuzband N ⟨~(e)s; ¨~er⟩ ANAT ligamento *m* cruzado; **Kreuzbandriss** M rotura *f* del ligamento cruzado
'Kreuzbein N ANAT (hueso *m*) sacro *m*; **Kreuzblütler** MPL BOT crucíferas *fpl*; **Kreuzbogen** M ARCH (arco *m*) crucero *m*
'kreuz'brav ADJ *umg* honrado a carta cabal
'Kreuzdorn M BOT cambrón *m*, espino *m* cerval
'kreuzen **A** VT **1** *allg* cruzar (*a. Beine*, BIOL); *Straße a.* atravesar **2** BIOL cruzar (**mit** con) **B** VI ⟨h *od* sn⟩ SCHIFF cruzar; (**gegen den Wind**) **~** navegar en bolina **C** VR **sich ~** cruzarse
'Kreuzen N ⟨~s⟩ cruce *m*; cruzamiento *m*
'Kreuzer M ⟨~s; ~⟩ **1** SCHIFF crucero *m* **2** HIST *Münze*: cruzado *m*
'Kreuzerhöhung F KATH Exaltación *f* de la Santa Cruz
'Kreuzestod M REL crucifixión *f*; suplicio *m* de la cruz; **Kreuzfahrer** M HIST cruzado *m*; **Kreuzfahrt** F **1** SCHIFF crucero *m* **2** HIST cruzada *f*
'Kreuzfeuer N **1** MIL fuego *m* cruzado; **ins ~ nehmen** coger entre dos fuegos **2** *fig* **ins ~ (der Kritik) geraten** exponerse a violentas críticas; **im ~ der Kritik stehen** estar en el centro de las críticas
'kreuzfi'del ADJ *umg* alegre como unas pascuas
'kreuzförmig ADJ cruciforme, en (forma de) cruz
'Kreuzgang M claustro *m*; **Kreuzgegend** F ANAT región *f* lumbar; **Kreuzgelenk** N TECH articulación *f* cardán; **Kreuzgewölbe** N ARCH bóveda *f* de arista; **Kreuzhacke** F zapapico *m*
'kreuzigen VT crucificar; REL **der Gekreuzigte** el Crucificado; **Kreuzigung** F ⟨~; ~en⟩ crucifixión *f*
'Kreuzkopf M TECH cruseta *f*; **Kreuzkümmel** M BOT, GASTR comino *m*
'kreuzlahm ADJ *umg* derrengado, desloma-

K

do; **j-n ~ schlagen** deslomar a alg
'**Kreuzotter** F ZOOL víbora f (común); **Kreuzreim** M rima f cruzada; **Kreuzrippengewölbe** N ARCH bóveda f de crucería; **Kreuzritter** M HIST (caballero m) cruzado m
'**Kreuzschlitzschraube** F TECH tornillo m de estrella; **Kreuzschlitzschraubenzieher** TECH M destornillador m de estrella
'**Kreuzschlüssel** M TECH llave f de cruz; **Kreuzschmerzen** MPL MED dolores mpl lumbares; umg dolor m de riñones; **Kreuzschnabel** M ORN piquituerto m; **Kreuzschnitt** M MED incisión f crucial; **Kreuzspinne** F ZOOL araña f crucera; **Kreuzstich** M TEX cruceta f, punto m de cruz; **Kreuzträger** M REL crucero m, cruciferario m
'**Kreuzung** F ⟨~; ~en⟩ 1 *Verkehr:* cruce m, intersección f 2 BIOL cruce m (a. *Produkt*), cruzamiento m
'**kreuz'unglücklich** ADJ umg muy desgraciado (od deprimido)
'**kreuzungsfrei** ADJ *Verkehr:* sin cruces; **Kreuzungspunkt** M cruce m; punto m de intersección
'**Kreuzverhör** N JUR interrogatorio m contradictorio (od cruzado); **j-n ins ~ nehmen** contrainterrogar a alg; **Kreuzweg** M 1 *(Kreuzung)* encrucijada f (a. *fig Scheideweg*); cruce m de caminos 2 KATH vía crucis m, calvario m
'**kreuzweise** ADV en (forma de) cruz; **~ legen** disponer en cruz; sl **er kann mich (mal) ~!** sl ¡que se joda!
'**Kreuzworträtsel** N crucigrama m, *Arg* palabras fpl cruzadas; **Kreuzzeichen** N señal f de la cruz; **Kreuzzug** M HIST cruzada f (a. *fig*)
'**kribbelig** ADJ umg nervioso; impaciente; *(reizbar)* irritable
'**kribbeln** VI *(wimmeln)* hormiguear; *(prickeln, jucken)* picar; *(kitzeln)* cosquillear; **es kribbelt mir in der Nase** me pica la nariz; umg fig **es kribbelt mir in den Fingern** tengo unas ganas enormes **(es zu tun** de hacerlo**)**
'**Kribbeln** N ⟨~s⟩ hormigueo m; picor m; picazón m; cosquilleo m
'**kribblig** → kribbelig
'**Krickel'krakel** N umg garrapatos mpl
'**krickeln** VI umg garrapatear
'**Krickente** F ORN cerceta f
'**Kricket** N ⟨~s⟩ (juego m de) criquet m (od cricket m); **Kricketschläger** M paleta f de criquet; **Kricketspieler** M, **Kricketspielerin** F jugador m, -a f de criquet
'**kriechen** VI ⟨irr; sn⟩ 1 arrastrarse; deslizarse **(durch** por**)**; *nur Mensch* andar a rastras; **unter die Decke ~** acurrucarse bajo la manta; **unter den Tisch ~** esconderse bajo la mesa 2 *Schnecke, Insekt, Schildkröte etc* andar; *Schlange, Pflanze* reptar, arrastrarse; umg *(langsam fahren)* ir como una tortuga 3 fig **vor j-m ~** humillarse delante de alg; arrastrarse a los pies de alg; *(schmeicheln)* adular a alg
'**Kriechen** N ⟨~s⟩ reptación f; **kriechend** ADJ rastrero (a. *fig*)
'**Kriecher** M ⟨~s; ~⟩ hombre m servil (od rastrero); umg pelota m; vulg lameculos m
Krieche'rei F ⟨~; ~en⟩ servilismo m; adulación f servil (od baja)
'**Kriecherin** F ⟨~; ~nen⟩ mujer f servil (od rastrera); umg pelota f; vulg lameculos f; **kriecherisch** ADJ fig rastrero, servil; adulón
'**Kriechgang** M fig **im ~ vorwärtskommen** a paso m de tortuga; **Kriechpflanze** F planta f rastrera; **Kriechspur** F *Verkehr:* vía f lenta (od para vehículos lentos); **Kriechstrom** M ELEK corriente f de fuga; **Kriechtier** N ZOOL reptil m

Krieg M ⟨~(e)s; ~e⟩ guerra f; **der kalte ~** la guerra fría; **ein ~ bis aufs Messer** una guerra sin cuartel; **der ~ bricht aus** la guerra estalla; **j-m den ~ erklären** declarar la guerra a alg; **~ führen gegen** od **mit** hacer la guerra a; estar en (pie de) guerra con; guerrear; **im ~** en la guerra; **sich im ~ befinden** estar en guerra; **in den ~ ziehen** marchar (od ir) a la guerra; **ein Land mit ~ überziehen** llevar la guerra a un país
'**kriegen** A VT 1 umg *(bekommen)* obtener; recibir; conseguir; *Krankheit* contraer, umg pescar; **Hunger ~** empezar a sentir hambre; **ein Kind ~** tener un niño; **das werden wir schon ~** ya lo arreglaremos; **es mit j-m zu tun ~** habérselas con alg; **er kriegt es mit mir zu tun** tendrá que vérselas conmigo; **du kriegst gleich eine!** ¡vas a cobrar! 2 *(fangen, fassen)* captar, coger, *Arg* agarrar, umg pescar, atrapar; **ich krieg' ihn schon!** ¡ya le atraparé!; ¡ya me las pagará! 3 umg *(überzeugen)* **ich habe ihn dazu gekriegt, dass ...** lo he convencido de que ... *(subj)* B VR umg **sich ~** acabar casándose; → a. bekommen
'**Krieger** M ⟨~s; ~⟩ guerrero m; combatiente m; **alter ~** veterano m; fig viejo guerrero m; fig umg **müder ~** *(erschöpftes Kind)* niño m cansado de tanto jugar; **Kriegerdenkmal** N monumento m a los muertos (od caídos) de la guerra; **Kriegerin** F ⟨~; ~nen⟩ guerrera f; combatiente f; **kriegerisch** ADJ belicoso; guerrero; *Aussehen* marcial; **~e Handlung** acción f bélica; **Kriegerverein** M asociación f de excombatientes (od de veteranos); **Kriegerwitwe** F viuda f de guerra
Krieg führend ADJ beligerante; en guerra
'**Kriegführende** M/F ⟨~n; ~n; → A⟩ beligerante m/f; **Kriegführung** F estrategia f; manera f de hacer la guerra
'**Kriegsanleihe** F HIST empréstito m de guerra; **Kriegsausbruch** M comienzo m de la guerra; apertura f de las hostilidades; **bei ~** al estallar la guerra; **Kriegsausrüstung** F armamento m; **Kriegsauszeichnung** F condecoración f militar; **Kriegsbefürworter** M, **Kriegsbefürworterin** F defensor m, -a f de la guerra
'**Kriegsbeil** N hacha f de guerra; fig hum **das ~ begraben/ausgraben** enterrar/desenterrar el hacha de guerra
'**Kriegsbemalung** F umg maquillaje m; **in ~** *Indianer* pintado para la guerra
'**Kriegsbericht** M parte m de guerra; **Kriegsberichterstatter** M, **Kriegsberichterstatterin** F corresponsal m/f de guerra
'**Kriegsbeschädigte** M/F ⟨~n; ~n; → A⟩ mutilado m, -a f de guerra; **Kriegsbeute** F botín m de guerra; **Kriegsblinde** M/F ciego m, -a f de guerra
'**Kriegsdienst** M servicio m militar; **Kriegsdienstverweigerer** M *aus Gewissensgründen:* objetor m de conciencia; **Kriegsdienstverweigerung** F objeción f de conciencia
'**Kriegsdrohung** F amenaza f de guerra; **Kriegseintritt** M entrada f en (la) guerra; **Kriegsende** N fin m de la guerra; **Kriegsentschädigung** F indemnización f de guerra; **Kriegsereignisse** NPL acontecimientos mpl (od sucesos mpl) de la guerra
'**kriegserfahren** ADJ aguerrido; **Kriegserfahrung** F experiencia f en la guerra
'**Kriegserklärung** F declaración f de guerra; **Kriegsfall** M **im ~** en caso de guerra; **Kriegsfilm** M película f bélica; **Kriegsflotte** F SCHIFF flota f de guerra; armada f; **Kriegsflüchtling** M refugiado m de guerra; **Kriegsfolge** F consecuencia f de la guerra; **Kriegsfreiwillige** M/F ⟨~n; ~n; → A⟩ voluntario m, -a f de guerra; **Kriegsführung** → Kriegführung; **Kriegsfuß** M fig **mit j-m/etw auf ~ stehen** estar en pie de guerra con alg/a/c; **Kriegsgebiet** N zona f de operaciones; **Kriegsgefahr** F peligro m de guerra
'**kriegsgefangen** ADJ prisionero de guerra
'**Kriegsgefangene** M/F prisionero m, -a f de guerra; **Kriegsgefangenenlager** N campo m de prisioneros (de guerra); **Kriegsgefangener** M → Kriegsgefangene; **Kriegsgefangenschaft** F cautiverio m, cautividad f; **in ~ geraten** caer (od ser hecho) prisionero
'**Kriegsgegner** M, **Kriegsgegnerin** F 1 *(Feind)* adversario m, -a f 2 *(Pazifist)* antibelicista m/f; **Kriegsgericht** N consejo m de guerra; tribunal m militar; **vor ein ~ stellen** llevar ante un consejo de guerra; **Kriegsgeschädigte** M/F ⟨~n; ~n; → A⟩ damnificado m, -a f de guerra; **Kriegsgeschrei** N grito m de guerra; **Kriegsgesetz** N ley f marcial
'**Kriegsgewinn** M lucro m (od beneficios mpl) de la guerra; **Kriegsgewinnler** M ⟨~s; ~⟩, **Kriegsgewinnlerin** F ⟨~; ~nen⟩ logrero m, -a f de la guerra
'**kriegsgewohnt** ADJ aguerrido
'**Kriegsglück** N suerte f de las armas; fortuna f de la guerra; **Kriegsgott** M dios m de la guerra; **Kriegsgräber** NPL cementerios mpl de guerra; **Kriegsgräberfürsorge** F (servicio m de) conservación f de los cementerios de guerra; **Kriegsgräuel** MPL atrocidades fpl de la guerra; **Kriegshafen** M SCHIFF puerto m militar; **Kriegshandlung** F acto m de guerra; **Kriegshandwerk** N oficio m de las armas; **Kriegsheld** M héroe m (militar); **Kriegsherr** M **oberster ~** supremo m del ejército; **Kriegshetze** F instigación f a la guerra; **Kriegshetzer** M, **Kriegshetzerin** F belicista m/f; **Kriegshinterbliebene(n)** PL viudas fpl y huérfanos de guerra; **Kriegsindustrie** F industria f de guerra; **Kriegsinvalide** M mutilado m de guerra; **Kriegsjahr** N año m de guerra; **Kriegskamerad** M compañero m de armas; **Kriegskind** N niño m nacido durante la guerra; **Kriegskosten** PL gastos mpl de guerra; **Kriegskunst** F arte f militar (od de la guerra); estrategia f; **Kriegslasten** FPL cargas fpl (od contribuciones fpl) de guerra; **Kriegslied** N canción f de guerra; **Kriegslieferung** F suministros mpl (od abastecimientos mpl) militares; **Kriegslist** F estratagema f; ardid m de guerra; **Kriegslust** F belicosidad f; belicismo m
'**kriegslustig** ADJ belicoso
'**Kriegsmacht** F fuerzas fpl militares; potencia f militar; **Kriegsmarine** F SCHIFF marina f de guerra; armada f; **Kriegsmaschinerie** F maquinaria f de guerra; **Kriegsmaterial** N material m de guerra (od bélico); **Kriegsminister** M, **Kriegsministerin** F HIST ministro m, -a f de la Guerra; **Kriegsministerium** N HIST Ministerio m de la Guerra
'**kriegsmüde** ADJ cansado de la guerra
'**Kriegsnot** F calamidades fpl de la guerra; **Kriegsopfer** N víctima f de la guerra; **Kriegsopferversorgung** F asistencia f a las víctimas de la guerra; **Kriegspartei** F 1 *Krieg führende:* beligerante m; contendiente m 2 *(Gruppe der Kriegsbefürworter)* grupo m a favor de la guerra; **Kriegspfad** M senda f de la guerra; hum **auf dem ~ sein** estar en pie de guerra; **Kriegsplan** M plan m estratégico; **Kriegspotenzial** N potencial m de guerra;

Kriegspsychose F psicosis *f* de guerra; **Kriegsrat** M consejo *m* de guerra; *umg fig* **~ halten** celebrar consejo de guerra; **Kriegsrecht** N derecho *m* de guerra; **Kriegsruf** M grito *m* de guerra; **Kriegsrüstung** F armamento *m* bélico; **Kriegsschäden** MPL daños *mpl* de guerra; **Kriegsschauplatz** M teatro *m* de guerra (*od* de operaciones); escenario *m* bélico; **Kriegsschiff** N SCHIFF buque *m* (*od* navío *m*) de guerra; **Kriegsschuld** F responsabilidad *f* de la guerra; **Kriegsschulden** FPL deudas *fpl* de guerra; **Kriegsspiel** N juego *m* bélico (*od* de guerra); MIL simulación *f* bélica; **Kriegsspielzeug** N juguete *m* bélico; **Kriegsstärke** F efectivos *mpl* de guerra; **Kriegstagebuch** N diario *m* de guerra; **Kriegstanz** M danza *f* guerrera; **Kriegstat** F hazaña *f* militar; proeza *f* bélica; **Kriegsteilnehmer** M, **Kriegsteilnehmerin** F combatiente *m/f*; **ehemaliger Kriegsteilnehmer** excombatiente *m*, veterano *m* (de la guerra); **Kriegstrauung** F matrimonio *m* de guerra; **Kriegstreiber** M, **Kriegstreiberin** F belicista *m/f*; **Kriegsverbrechen** N crimen *m* de guerra; **Kriegsverbrecher** M, **Kriegsverbrecherin** F criminal *m/f* de guerra; **Kriegsverletzung** F herida *f* de guerra; **Kriegsversehrte** M/F ⟨~n; ~n; → A⟩ mutilado *m*, -a *f* de guerra; **Kriegsveteran** M veterano *m* de guerra; **Kriegsvorbereitungen** FPL preparativos *mpl* de guerra; **Kriegswaise** F huérfano *m*, -a *f* de guerra

'kriegswichtig ADJ estratégico; de interés militar

'Kriegswirren PL turbulencias *fpl* de la guerra; **Kriegswirtschaft** F economía *f* de guerra; **Kriegswissenschaft** F ciencia *f* militar; **Kriegszeit** F **in ~en** en tiempos de guerra; **Kriegsziel** N objetivo *m* de la guerra; **Kriegszug** M expedición *f* militar; campaña *f*

'Kriegszustand M estado *m* de guerra; **im ~** en estado de guerra; **in den ~ versetzen** poner en pie de guerra; **sich im ~ befinden** hallarse en estado de guerra; estar en guerra

'Kriekente F → Krickente

Krim F ⟨~⟩ **die ~** Crimea *f*

'Krimi M ⟨~s; ~s⟩ *umg* **1** LIT novela *f* policíaca **2** FILM película *f* policíaca

Krimi'nal... IN ZSSGN *mst* criminal, policíaco; **Kriminalamt** N departamento *m* de investigación criminal; **Kriminalbeamte(r)** M, **Kriminalbeamtin** F agente *m/f* de la policía judicial (*od* criminal *od* de la Brigada de Investigación Criminal)

Krimi'nale M ⟨~n; ~n⟩, **Kriminaler** M ⟨~s; ~⟩ *umg* agente *m* de la policía judicial (*od* de la Brigada de Investigación Criminal); **Kriminalfilm** M película *f* policíaca

Krimina'list M ⟨~en; ~en⟩ criminalista *m*; *bei der Polizei*: agente *m* de investigación criminal; **Krimina'listik** F ⟨~⟩ criminalística *f*; **Krimina'listin** F ⟨~; ~nen⟩ criminalista *f*; *bei der Polizei*: agente *f* de investigación criminal; **krimina'listisch** ADJ criminalístico; **Kriminali'tät** F ⟨~⟩ criminalidad *f*, delincuencia *f*

Krimi'nalkommissar M **Kriminalkommissarin** F comisario *m*, -a *f* de investigación criminal; **Kriminalpolizei** F policía *f* judicial; *sp* Brigada *f* de Investigación Criminal; **Kriminalpolizist** M, **Kriminalpolizistin** F agente *m/f* de investigación criminal; **Kriminalpsychologie** F (p)sicología *f* criminal; **Kriminalroman** M LIT novela *f* policíaca; *Am* novela *f* policial; **Kriminalsoziologie** F sociología *f* criminal; **Kriminalstatistik** F estadística *f* de criminalidad; **Kriminalstück** N THEAT pieza *f* policíaca

krimi'nell ADJ criminal; **Kriminelle** M/F ⟨~n; ~n; → A⟩ criminal *m/f*

Krimino'loge M ⟨~n; ~n⟩ criminólogo *m*; **Kriminolo'gie** F ⟨~⟩ criminología *f*; **Krimino'login** F ⟨~; ~nen⟩ criminóloga *f*

'Krimkrieg M HIST guerra *f* de Crimea

'Krimskrams M ⟨~ *od* ~es⟩ *umg* chismes *mpl*, cachivaches *mpl*

'Kringel M ⟨~s; ~⟩ **1** *Gebäck*: rosquilla *f*; rosca *f* **2** (*Schnörkel*) garabato *m*

'kringeln V/R **sich ~** rizarse; enroscarse; *umg fig* **sich vor Lachen ~** desternillarse de risa

Kripo F ABK (Kriminalpolizei) *umg* policía *f* de investigación criminal

'Krippe F ⟨~; ~n⟩ **1** (*Weihnachtskrippe*) belén *m*, nacimiento *m* **2** (*Kinderkrippe*) guardería *f* infantil; casa *f* cuna **3** (*Futterkrippe*) pesebre *m*; comedero *m*; *fig* **an der ~ sitzen** *umg hum* tener asegurado el comedero; *umg* tener bien cubierto el riñón

'Krippenspiel N auto *m* de Navidad

'Krise F ⟨~; ~n⟩ crisis *f*; **sich in der ~ befinden** estar en crisis; **aus der ~ herauskommen** salir de la crisis; **ich krieg die ~!** ¡me va a dar algo!

'kriseln V/UNPERS **es kriselt** se avecina una crisis; hay crisis (latente)

'krisenfest ADJ a prueba de crisis; **Krisengebiet** N región *f* en crisis; **krisengeschüttelt** ADJ en crisis

'Krisenmanagement [-mɛnɪdʒmənt] N gestión *f* de crisis; **Krisenreaktionszentrum** N POL *BRD organismo creado para actuar en casos de crisis*; **Krisenregion** F zona *f* en crisis; **Krisenstab** M Estado *m* mayor de crisis; **Krisenzeit** F época *f* (*od* tiempos *mpl*) de crisis

'Krisis F ⟨~; Krisen⟩ MED → Krise

Kris'tall[1] M ⟨~s; ~e⟩ MINER cristal *m*; **~e bilden** cristalizar

Kris'tall[2] N ⟨~s⟩ *Glas, Gegenstände*: cristal *m*

kris'tallartig ADJ cristalino; **Kristallbildung** F cristalización *f*; **Kristalleis** N hielo *m* cristalino; **kristallen** ADJ de cristal, cristalino; **Kristallglas** N cristal *m* (tallado); **kristallhell** ADJ cristalino

kristal'lin(isch) ADJ cristalino

Kristallisati'on F ⟨~; ~en⟩ cristalización *f*; **kristalli'sierbar** ADJ cristalizable; **kristalli'sieren** ⟨*ohne* ge-⟩ **A** V/I cristalizar **B** V/R **sich ~** cristalizarse; **Kristalli'sierung** F ⟨~; ~en⟩ cristalización *f*

kris'tallklar ADJ cristalino

Kris'tallnacht F *Nationalsozialismus*: Noche *f* de los cristales rotos

Kristallogra'fie F, **Kristallogra'phie** F ⟨~⟩ cristalografía *f*

Kristallo'id N ⟨~(e)s; ~e⟩ cristaloide *m*

Kris'tallschleifer M, **Kristallschneider** M cristalero *m*, biselador *m*; **Kristallwaren** FPL artículos *mpl* de cristal; cristalería *f*; **Kristallzucker** M azúcar *m* cristalizado

Kri'terium N ⟨~s; Kriterien⟩ criterio *m*

Kri'tik F ⟨~; ~en⟩ crítica *f* (**an** *dat* a); *tadelnd*: censura *f* (**an** *dat* de); *v. Büchern*: reseña *f*; **an etw/j-m ~ üben** criticar (*od* censurar) a/c/a alg; *umg* **unter aller ~** malísimo, pésimo; **über alle ~ erhaben** superior a toda crítica

Kriti'kaster M ⟨~s; ~⟩ *pej* criticastro *m*

'Kritiker M ⟨~s; ~⟩, **Kritikerin** F ⟨~; ~nen⟩ crítico *m*, -a *f*; *tadelnd*: censor *m*, -a *f*, criticador *m*, -a *f*

kri'tikfähig ADJ **1** (*fähig, Kritik zu ertragen*) capaz de aceptar críticas **2** (*fähig, Kritik zu üben*) capaz de criticar; **Kritikfähigkeit** F **1** capacidad *f* para encajar las críticas **2** espíritu *m* crítico

kri'tiklos ADJ sin crítica; sin espíritu crítico; **Kritiklosigkeit** F ⟨~⟩ ausencia *f* de espíritu crítico

'kritisch **A** ADJ crítico; **das ~e Alter** la edad crítica; **~er Augenblick** momento *m* crítico **B** ADV **etw ~ betrachten** considerar a/c con espíritu crítico

kriti'sieren V/T ⟨*ohne* ge-⟩ **1** *tadelnd*: criticar, censurar **2** (*als Kritiker besprechen*), THEAT hacer la crítica de; *Buch*, THEAT reseñar

Kritte'lei F ⟨~; ~en⟩ *pej* crítica *f* rebuscada

'kritteln V/I *pej* critiquizar; **Krittler** M ⟨~s; ~⟩ criticón *m*; criticastro *m*

Kritze'lei F ⟨~; ~en⟩ garabateo *m*, garrapateo *m*; garabatos *mpl*

'kritzelig ADJ garabatoso, garrapatoso

'kritzeln V/I garabatear, garrapatear

Kro'ate M ⟨~n; ~n⟩ croata *m*; **Kroatien** N ⟨~s⟩ Croacia *f*; **Kroatin** F ⟨~; ~nen⟩ croata *f*; **kroatisch** ADJ croata

kroch → kriechen

'Krocket N ⟨~s⟩, **Krocketspiel** N (juego *m* de) croquet *m*

Kro'kant M ⟨~s⟩ crocante *m*

Kro'kette F ⟨~; ~n⟩ GASTR croqueta *f*

Kroko'dil N ⟨~(e)s; ~e⟩ ZOOL cocodrilo *m*; **Krokodilleder** N piel *f* de cocodrilo

Kroko'dilstränen FPL *fig* lágrimas *fpl* de cocodrilo; **~ weinen** llorar con un ojo

'Krokus M ⟨~ses; ~se⟩ BOT croco *m*

'Kronanwärter M pretendiente *m* a la corona; **Kronblatt** N BOT pétalo *m*

'Krone F ⟨~; ~n⟩ **1** corona *f* (*a. Währung, Uhrkrone u. fig*); *fig* **die ~ der Schöpfung** la coronación de la Creación; **j-m die ~ aufsetzen** coronar a alg; *umg fig* **das setzt allem die ~ auf!** ¡esto es el colmo!; *umg fig* **es wird dir kein Stein** *od* **keine Perle aus der ~ fallen** *umg* no te caerán los anillos; *umg fig* **einen in der ~ haben** *umg* estar achispado **2** BOT (*Baumkrone*) copa *f*; (*Blumenkrone*) corola *f* **3** (*Wellenkrone*) cresta *f* **4** (*Zahnkrone*) ANAT corona *f*; *künstliche*: funda *f* **5** (*Mauerkrone*) cresta *f*; ARCH coronamiento *m* (*a. fig*)

'krönen V/T coronar (*a. fig*); ARCH rematar (*a. fig*); **j-n zum König/Kaiser ~** coronar a alg (como) rey/emperador; **von Erfolg gekrönt** coronado por el éxito; **gekröntes Haupt** rey *m* (*bzw* reina *f*)

'Kronenkorken M chapa *f*

'Kronerbe M, **Kronerbin** F heredero *m*, -a *f* de la corona; **Krongüter** NPL bienes *mpl* de la corona; **Kronjuwelen** NPL joyas *fpl* de la corona; **Kronkolonie** F colonia *f* de la corona; **Kronkorken** M → Kronenkorken; **Kronleuchter** M araña *f*; **Kronprätendent** M pretendiente *m* a la corona; **Kronprinz** M príncipe *m* heredero; HIST **deutscher ~** Kronprinz *m*; **Kronprinzessin** F princesa *f* real; **Kronrat** M consejo *m* de la corona; **Kronschatz** M tesoro *m* de la corona

'Krönung F ⟨~; ~en⟩ coronación *f* (*a. fig*); **Krönungsfeierlichkeit** F (ceremonia *f* de la) coronación *f*

'Kronzeuge M ⟨~n; ~n⟩, **Kronzeugin** F ⟨~; ~nen⟩ JUR testigo *m/f* principal

Kropf M ⟨~(e)s; ~̈e⟩ **1** ZOOL buche *m*, papo *m* **2** MED bocio *m*, *umg* papera *f*

'kröpfen **A** V/T TECH acodar **B** V/I *Greifvogel* comer

'Kropftaube F ORN palomo *m* buchón

'Kröpfung F ⟨~; ~en⟩ TECH codillo *m*; acodado *m*

'Kroppzeug N *umg* (*kleine Kinder*) chiquillería *f*

kross ADJ GASTR crujiente

'**Krösus** M ⟨~; ~se⟩ *fig hum* **ein ~ sein** ser un ricachón
'**Kröte** F ⟨~; ~n⟩ **1** ZOOL sapo *m*, escuerzo *m* **2** *umg fig* **giftige ~** arpía *f*; **kleine** *od* **freche ~** mocosa *f* **3** *umg* **~n** *pl* *(Geld)* *umg* pasta *f*, pavos *mpl*; *umg* **ein paar ~n haben** tener cuatro perras
Kr(s). ABK (Kreis) distrito *m*
'**Krücke** F **1** *Gehhilfe*: muleta *f*; **an ~n gehen** ir con (*od* llevar) muletas **2** *umg pej* *(Versager)* inútil *m*; *umg* cero *m* a la izquierda; *(schlecht funktionierendes Ding)* *umg* birria *f*; **Krückstock** M muletilla *f*
Krug M ⟨~(e)s; ⸚e⟩ **1** *(Wasserkrug)* jarro *m*; *(Bierkrug)* jarra *f*; *aus Ton*: cántaro *m*; *bauchiger*: botija *f*; *sprichw* **der ~ geht so lange zum Brunnen, bis er bricht** tanto va el cántaro a la fuente, que al fin se rompe **2** *nordd* *(Dorfschänke)* posada *f*; mesón *m*; ventorro *m*
'**Kruke** F ⟨~; ~n⟩ *nordd* **1** → Krug 1 **2** *umg fig* persona *f* estrafalaria; todo un personaje *m*
'**Krume** F ⟨~; ~n⟩ **1** *(Brotkrume)* miga(ja) *f* **2** AGR *(Ackerkrume)* capa *f* (*od* superficie *f*) arable, tierra *f* de pan llevar
'**Krümel** M ⟨~s; ~⟩ miga(ja) *f*; **krümelig** ADJ **1** desmenuzable; *(bröckelig)* friable **2** *voller Krümel*: lleno de migas
'**krümeln** **A** VT desmigajar, hacer migas de **B** VI desmigajarse; **Krümelstruktur** F *des Bodens*: estructura *f* grumosa
krumm **A** ADJ **1** corvo; MATH curvo; *(gebogen)* curvado; *(gewölbt)* arqueado; *(eingebogen)* doblado; *(gewunden)* tortuoso *(a. fig)*; *(hakenförmig)* ganchudo; *(verbogen)* torcido *(a. Nase)*; *(verdreht)* retorcido; *(alterskrumm)* encorvado; *Wirbelsäule* desviado; **~e Beine** piernas *fpl* arqueadas (*od* torcidas); **~er Rücken** espalda *f* encorvada; **einen ~en Rücken machen** encorvarse, *umg* doblar el espinazo; **~ werden** arquearse; doblarse; *Person* encorvarse **2** *umg fig* **~e Touren** enredos *mpl*, chanchullos *mpl*; *umg* **ein ~es Ding drehen** hacer a/c fuera de la ley **B** ADV **~ biegen** encorvar, doblar; *umg* **j-n ~ und lahm schlagen** *umg* moler las costillas a alg; *umg* **sich ~ und schief lachen** *umg* partirse de risa → krummlegen, krummnehmen
'**krummbeinig** ADJ patituerto; con las piernas torcidas; **krummbiegen** VT → krumm B; **Krummdarm** M ANAT íleon *m*
'**krümmen** **A** VT *(biegen)* encorvar; doblar; *(wölben)* arquear; *(drehen)* torcer; *knieförmig*: acodar **B** VR **sich ~** doblarse, encorvarse, torcerse; *Holz etc* alabearse, combarse; *Fluss* recodar; *Straße, Wurm* serpentear; **sich vor Schmerzen/Lachen ~** retorcerse de dolor/de risa
'**Krümmer** M ⟨~s; ~⟩ TECH codo *m*
'**Krummholz** N madera *f* curvada
'**krummlegen** VR *umg fig* **sich ~** apretarse el cinturón; **krummlinig** ADJ curvilíneo; **krummmachen** VT *umg* → krumm A 1; **krummnehmen** VT *fig* **etw ~** tomar(se) a mal a/c
'**Krummsäbel** M sable *m* curvo, cimitarra *f*; **Krummstab** M cayado *m*; REL báculo *m*
'**Krümmung** F ⟨~; ~en⟩ curvatura *f*; encorvadura *f (a. der Wirbelsäule)*; *(Windung)* sinuosidad *f*; *e-s Flusses*: recodo *m*; *(Kurve)* curva *f*; **Krümmungsradius** M radio *m* de curvatura
'**krumpeln** VI *reg umg* arrugarse
'**krumpfecht** ADJ TEX *Stoff* inencogible; **krumpfen** VI TEX encoger
Krupp M ⟨~s⟩ MED difteria *f* laríngea, crup *m*
'**Kruppe** F ⟨~; ~n⟩ grupa *f*, anca *f*
'**Krüppel** M ⟨~s; ~⟩ lisiado *m*; mutilado *m*, inválido *m*; *(Lahmer)* tullido *m*; **zum ~ schlagen** *od* **machen** tullir; lisiar; **zum ~ werden** tullirse; lisiarse
'**krüppelhaft, krüppelhaftig** ADJ lisiado; tullido; mutilado, inválido
'**Kruste** F ⟨~; ~n⟩ costra *f (a. MED)*; *(Brotkruste, Erdkruste)* corteza *f*; **eine ~ bilden** encostrarse
'**Krustenbildung** F incrustación *f*; MED escarificación *f*; **Krustentiere** NPL ZOOL crustáceos *mpl*
'**krustig** ADJ costroso
Kruzi'fix N ⟨~es; ~e⟩ crucifijo *m*, cristo *m*
'**Krypta** F ⟨~; Krypten⟩ cripta *f*
Krypto'gamen FPL BOT criptógamas *fpl*
Kryp'ton N ⟨~s⟩ CHEM criptón *m*
Kto. ABK (Konto) cuenta *f*
'**Kuba** N ⟨~s⟩ Cuba *f*
Ku'baner M ⟨~s; ~⟩, **Kubanerin** F ⟨~; ~nen⟩ cubano *m*, -a *f*; **kubanisch** ADJ cubano
'**Kübel** M ⟨~s; ~⟩ artesa *f*; cubeta *f*; *(Eimer)* cubo *m*; *(Bottich)* cuba *f*, tina *f*; *(Pflanzenkübel)* maceta *f*; *umg* **es gießt wie aus ~n** está lloviendo a cántaros
'**kübeln** VI *umg* **1** *(sich betrinken)* beber como una cuba **2** *sl* *(sich übergeben)* *sl* echar la pota, *sl* potar **3** *(stark regnen)* *mst* **es kübelt** cae agua a cántaros
'**Kübelwagen** M BAHN vagón-cuba *m*
ku'bieren VT ⟨*ohne* ge-⟩ MATH elevar al cubo, cubicar
Ku'bik... IN ZSSGN cúbico; **Kubikinhalt** M volumen *m*; capacidad *f* cúbica; **Kubikmaß** N medida *f* cúbica; **Kubikmeter** N & M metro *m* cúbico; **Kubikwurzel** F MATH raíz *f* cúbica; **die ~ ziehen aus** extraer la raíz cúbica de; **Kubikzahl** F MATH cubo *m*; **Kubikzentimeter** N & M centímetro *m* cúbico
'**kubisch** ADJ MATH cúbico
Ku'bismus M ⟨~⟩ *Kunst*: cubismo *m*; **Kubist** M ⟨~en; ~en⟩, **Kubistin** F ⟨~; ~nen⟩ cubista *m/f*; **kubistisch** ADJ cubista
'**Kubus** M ⟨~; Kuben⟩ MATH cubo *m*
'**Küche** F ⟨~; ~n⟩ cocina *f (a. Kochkunst)*; **bürgerliche ~** cocina *f* casera; **kalte ~** platos *mpl* fríos; fiambres *mpl*
'**Kuchen** M ⟨~s; ~⟩ pastel *m*; *(Torte)* torta *f*; tarta *f*
'**Küchenabfälle** MPL desperdicios *mpl* (*od* sobras *fpl*) de cocina
'**Kuchenbäcker** M, **Kuchenbäckerin** F pastelero *m*, -a *f*
'**Küchenbenutzung** F derecho *m* a cocina
'**Kuchenblech** N bandeja *f* de horno
'**Küchenbulle** M MIL *sl* ranchero *m*; **Küchenchef** M, **Küchenchefin** F jefe *m*, -a *f* de cocina; cocinero *m*, -a *f* jefe; chef *m/f*; **Küchendienst** M servicio *m* de cocina; **Küchenfee** F *umg hum* *(Köchin)* alma *f* de la cocina; **Küchenfenster** N ventana *f* de la cocina
'**Kuchenform** F molde *m* (para pasteles); **Kuchengabel** F tenedor *m* de postre
'**Küchengarten** M huerto *m*; **Küchengerät** N utensilios *mpl* de cocina; **Küchengeschirr** N batería *f* de cocina; **Küchenherd** M cocina *f*; **Küchenhilfe** F ayudante *m/f* de cocina; *umg* pinche *m/f*; **Küchenkräuter** NPL hierbas *fpl* culinarias; **Küchenlatein** N latín *m* macarrónico; **Küchenmädchen** N moza *f* de cocina; *pej* maritornes *f*; **Küchenmaschine** F robot *m*; *Arg* multiprocesadora *f*; **Küchenmeister** M → Küchenchef; **Küchenmesser** N cuchillo *m* de cocina; **Küchenmöbel** NPL muebles *mpl* de cocina; **Küchenpersonal** N personal *m* de la cocina; **Küchenregal** N vasar *m*; **Küchenschabe** F ZOOL cucaracha *f*; **Küchenschelle** F BOT pulsatila *f*; **Küchenschrank** M armario *m* de cocina; **Küchenschürze** F delantal *m* de cocina; **Küchenstudio** N tienda *f* de cocinas; **Küchenstuhl** M silla *f* de cocina
'**Kuchenteig** M masa *f* (para pasteles); **Kuchenteller** M plato *m* para postre
'**Küchentisch** M mesa *f* de cocina; **Küchentuch** N paño *m* de cocina; **Küchenwaage** F balanza *f* de cocina; **Küchenzeile** F línea *f* de cocina; cocina *f* integral
'**Küchlein** N ⟨~s; ~⟩ **1** GASTR pastelito *m* **2** *(kleine Küche)* cocina *f* pequeña, cocinita *f* **3** → Küken
'**kuckuck** INT ¡cucú!
'**Kuckuck** M ⟨~s; ~e⟩ **1** ORN cuclillo *m*, cuco *m*; *umg* **zum ~ (noch mal)!** ¡al diablo!; *umg* ¡jolines!; **(das) weiß der ~!** ¡quién demonios va a saberlo!; **der ~ soll ihn holen!** ¡que se vaya al diablo! **2** JUR *hum* sello *m* de embargo (*od* del ejecutor)
'**Kuckucksei** N **1** ORN huevo *m* de cuc(lill)o **2** *(Überraschung)* *umg fig* sorpresa *f* (*od* imputación *f*) desagreable **j-m ein ~ ins Nest legen** cargarle el muerto a alg; **Kuckuckskind** N *hijo,-a que la esposa ha tenido con otro hombre ignorando su marido que no es suyo*; **Kuckucksuhr** F reloj *m* de cuco
'**Kuddelmuddel** M, N ⟨~s⟩ *umg* embrollo *m*, lío *m*; barullo *m*, desbarajuste *m*; *umg* cacao *m*
'**Kufe** F ⟨~; ~n⟩ **1** *(Schlittenkufe)* patín *m (a. FLUG)*; *(Schlittschuhkufe)* cuchilla *f* **2** *reg* *(Bottich)* cuba *f*; tina *f*
'**Küfer** M ⟨~s; ~⟩ **1** *südd, schweiz* *(Böttcher)* tonelero *m*, cubero *m* **2** *(Kellermeister)* bodeguero *m*;
Küfe'rei F *südd, schweiz* tonelería *f*
'**Kugel** F ⟨~; ~n⟩ **1** bola *f (a. Kegelkugel)*; *(Erdkugel)* globo *m*; MATH esfera *f*; *umg fig* **eine ruhige ~ schieben** *umg* no matarse trabajando **2** *(Gewehrkugel, Kanonenkugel)* bala *f*; **sich** *(dat)* **eine ~ durch den Kopf jagen** *od* **schießen** pegarse un tiro, *umg* levantarse la tapa de los sesos; **von einer ~ getroffen werden** ser herido (*od* alcanzado) por una bala **3** SPORT *Kugelstoßen*: peso *m*; **die ~ stoßen** lanzar el peso **4** *zum Wählen*: balota *f*
'**Kugelabschnitt** M MATH segmento *m* de esfera; **Kugelausschnitt** M MATH sector *m* esférico; **Kugelblitz** M rayo *m* globular (*od* en bola)
'**Kügelchen** N ⟨~s; ~⟩ bolita *f*; glóbulo *m*
'**Kugeldurchmesser** M MATH diámetro *m* de la esfera; **Kugelfang** M parabalas *m*
'**kugelfest** ADJ a prueba de balas
'**Kugelfläche** F MATH superficie *f* esférica; **Kugelform** F forma *f* esférica; MATH esfericidad *f*; **kugelförmig** ADJ esférico; globular; **Kugelgelenk** N TECH, ANAT articulación *f* esférica; **Kugelhagel** M lluvia *f* de balas
'**kugelig** ADJ esférico; globular
'**Kugellager** N TECH rodamiento *m* de bolas
'**kugeln** **A** VT & VI rodar **B** VR *umg* **sich (vor Lachen) ~** morirse (*od* troncharse) de risa
'**Kugelregen** M MIL lluvia *f* de balas
kugel'rund ADJ redondo como una bola
'**Kugelschreiber** M bolígrafo *m*; *Arg* birome *m*; **Kugelschreibermine** F mina *f* para bolígrafo
'**kugelsicher** ADJ a prueba de balas; **~e Weste** chaleco *m* antibalas
'**Kugelstoßen** N ⟨~s⟩ SPORT lanzamiento *m* de peso; **Kugelstoßer** M ⟨~s; ~⟩, **Kugelstoßerin** F ⟨~; ~nen⟩ lanzador *m*, -a *f* de peso
'**Kugelventil** N válvula *f* esférica
Kuh F ⟨~; ⸚e⟩ **1** ZOOL vaca *f*; REL *umg fig* **heilige ~** vaca *f* sagrada **2** *umg fig pej* **dumme ~** estúpida *f*, atontada *f*, *umg* pava *f*
'**Kuhblume** F BOT *umg* diente *m* de león; **Kuhdorf** N *umg pej* poblacho *m*, pueblo *m*

de mala muerte; **Kuheuter** N ubre f; **Kuhfladen** M boñigo m, boñiga f; **Kuhglocke** F cencerro m; esquila f; **Kuhhandel** M fig chalaneo m; regateo m; bes POL (política f de) toma y daca; **Kuhhaut** F piel f (od cuero m) de vaca; fig **das geht auf keine ~** esto pasa de la raya (od de castaño oscuro); **Kuhhirt** M, **Kuhhirtin** F vaquero m, -a f

kühl A ADJ 1 fresco, umg fresquito; **~ werden** enfriarse; Wetter refrescar 2 fig (abweisend) frío, seco, reservado B ADV 1 **~ lagern** almacenar en frío; **~ aufbewahren!** ¡consérvese en frío (od en lugar fresco)! 2 fig (abweisend) fríamente; **j-n ~ empfangen** recibir con frialdad a alg, acoger fríamente a alg

'Kühlaggregat N TECH grupo m frigorífico; **Kühlanlage** F instalación f frigorífica (od de refrigeración); **Kühlapparat** M (aparato m) refrigerador m; **Kühlbox** F nevera f portátil

'Kuhle F ⟨~; ~n⟩ umg hoyo m; im Gelände: hondonada f

'Kühle F ⟨~⟩ frescura f; (Morgenkühle, Abendkühle) fresca f; fig frialdad f; **in der ~** al fresco

'kühlen VT refrescar, enfriar; poner al fresco; refrigerar (a. TECH); **Kühlen** N ⟨~s⟩ enfriamiento m; refrigeración f; **kühlend** ADJ refrigerante; (erfrischend) refrescante

'Kühler M ⟨~s; ~⟩ AUTO radiador m; TECH refrigerador m; **Kühlerfigur** F mascota f del radiador; **Kühlergrill** M AUTO parrilla f (od rejilla f) del radiador; **Kühlerhaube** F cubrerradiador m, capó m

'Kühlfach N compartimiento m refrigerador; **Kühlflüssigkeit** F líquido m refrigerante; **Kühlhaus** N almacén m frigorífico, cámara f frigorífica; **Kühlkette** F cadena f (od red f) del frío; **Kühlmantel** M TECH camisa f refrigerante; **Kühlmittel** N refrigerante m (a. MED); **Kühlraum** M cámara f frigorífica; **Kühlrippe** F AUTO aleta f de refrigeración (od del radiador); **Kühlschiff** N buque m frigorífico; **Kühlschlange** F serpentín m refrigerador; **Kühlschrank** M nevera f, frigorífico m, refrigerador m, Am heladera f; **Kühltasche** F nevera f portátil; **Kühltransporter** M buque m (transportador) refrigerado; **Kühltruhe** F (arcón m) congelador m; **Kühlturm** M TECH torre f de refrigeración; **Kühlung** F ⟨~; ~en⟩ refrigeración f (a. AUTO); (Erfrischung) refrigerio m; **Kühlwagen** M vagón m frigorífico; **Kühlwasser** N ⟨~s⟩ agua f de refrigeración; AUTO agua f del radiador; **Kühlwirkung** F efecto m refrigerante

'Kuhmilch F leche f de vaca; **Kuhmist** M estiércol m de vaca, boñiga f

'kühn ADJ atrevido; arrojado, audaz; (verwegen) osado; temerario; **Kühnheit** F ⟨~⟩ audacia f, arrojo m; (Verwegenheit) osadía f, temeridad f

'Kuhpocken FPL MED viruela f vacuna; vacuna f; **Kuhstall** M establo m (de vacas), vaqueriza f; **kuhwarm** ADJ **~e Milch** leche f recién ordeñada

k. u. k. hist österr ABK (kaiserlich und königlich) imperial y real; **die ~ Monarchie** la monarquía imperial y real

'Küken N ⟨~s; ~⟩ 1 ORN polluelo m, pollito m 2 umg fig (Mädchen) pollita f

'Kukuruz M ⟨~es⟩ österr maíz m

ku'lant ADJ complaciente; servicial; atento; HANDEL **~ sein** dar facilidades

Ku'lanz F ⟨~⟩ complacencia f; buena voluntad f; HANDEL **auf ~** gratuito, como servicio de la casa

'Kuli¹ M ⟨~s; ~s⟩ umg (Kugelschreiber) boli m

'Kuli² M ⟨~s; ~s⟩ (Arbeiter) culi m; umg pej **wie ein ~ schuften** neg! trabajar como un negro

kuli'narisch ADJ culinario

Ku'lisse F ⟨~; ~n⟩ 1 THEAT bastidor m; **hinter den ~n** entre bastidores (a. fig) 2 TECH corredera f 3 HANDEL bolsa f extraoficial; **Kulissenschieber** M tramoyista m

'Kulleraugen NPL umg **~ machen** mirar con asombro

'kullern VI ⟨sn⟩ 1 Gegenstand rodar 2 **mit den Augen ~** revolver los ojos

Kulminati'on F ⟨~; ~en⟩ culminación f; **Kulminati'onspunkt** M punto m culminante; fig a. apogeo m; **kulmi'nieren** VI ⟨ohne ge-⟩ culminar

Kult M ⟨~(e)s; ~e⟩ culto m; **einen ~ mit etw/j-m treiben** rendir culto a a/c/a alg; idolatrar a/c/a alg; **'Kultfigur** F ídolo m (a. fig); **'Kultfilm** M película f de culto

'kultig umg ADJ (in) de moda, in; **kultisch** ADJ del culto, ritual

Kulti'vator [-v-] M ⟨~s; -'toren⟩ AGR cultivador m; **kulti'vierbar** ADJ AGR cultivable; laborable; **kulti'vieren** VT ⟨ohne ge-⟩ cultivar (a. fig); **kulti'viert** A ADJ cultivado; fig civilizado; Benehmen elegante; (gepflegt) refinado; Person, Sprache culto B ADV **~ speisen** comer refinadamente; **sich ~ benehmen** comportarse con elegancia

'Kultstätte F REL lugar m sagrado; **Kultstatus** M estatus m de culto; **~ haben** od **genießen** tener (od disfrutar de) un estatus de culto

Kul'tur F ⟨~; ~en⟩ 1 e-r Gesellschaft: civilización f; (persönliche Bildung, Lebensart) cultura f 2 AGR, BOT cultivo m; **Kulturabkommen** N acuerdo m cultural; **Kulturarbeit** F obra f civilizadora; **Kulturattaché** POL M agregado m cultural; **Kulturaustausch** M intercambio m cultural; **Kulturbeutel** M neceser m (od bolsa f) de aseo

kultu'rell ADJ cultural

Kul'turerbe N patrimonio m cultural

kul'turfähig ADJ AGR cultivable; **kulturfeindlich** ADJ anticultural; hostil a la civilización

Kul'turfilm M documental m

kul'turfördernd ADJ civilizador

Kul'turgeschichte F historia f de la civilización

kul'turgeschichtlich, kulturhistorisch ADJ histórico-cultural

Kul'turgut N bienes mpl culturales; **Kulturkampf** M HIST Kulturkampf m (*lucha entre la Iglesia y el Estado, en Alemania, a fines del siglo XIX*); **Kulturkanal** M TV canal m cultural; **Kulturkreis** M etnia f; **Kulturland** N ⟨~(e)s; ¨er⟩ 1 ⟨ohne pl⟩ AGR tierra f cultivable (od laborable) 2 fig país m civilizado; **Kulturmensch** M hombre m civilizado; **Kulturnation** F país m de gran tradición cultural; **Kulturpflanze** F planta f cultivada; **Kulturphilosophie** F filosofía f de la cultura; **Kulturpolitik** F política f cultural; **Kulturrevolution** F revolución f cultural; **Kulturschande** F bes Nationalsozialismus: vergüenza f para la civilización; **Kulturstufe** F grado m de civilización; **Kulturtasche** F bolsa f de aseo; **Kulturträger** M representante m de la cultura (od de la civilización); **Kulturverein** M círculo m cultural; **Kulturvolk** N pueblo m civilizado; **Kulturwelt** F mundo m civilizado; **Kulturzentrum** N centro m cultural

'Kultus M ⟨~⟩ culto m; **Kultusminister** M, **Kultusministerin** F ministro m, -a f de Cultura; **Kultusministerium** N Ministerio m de Cultura

'Kümmel M ⟨~s⟩ 1 BOT, Gewürz alcaravea f, comino m alemán; (Kreuzkümmel) comino m; **gemahlener ~** alcaravea molida bzw comino molido 2 Schnaps: cúmel m

'Kummer M ⟨~s⟩ pena f; pesar m, pesadumbre f; (Betrübnis) aflicción f; (Sorge) preocupación f; **j-m ~ bereiten** od **machen** preocupar (od causar preocupación) a alg; **~ haben** estar preocupado; sentir pesadumbre (od pesar); **das ist mein größter/geringster ~** es mi mayor/menor preocupación; es lo que más/menos me preocupa (od inquieta)

'kümmerlich ADJ miserable, mísero; (ärmlich) pobre; mezquino; (verkümmert) desmedrado, raquítico

'kümmern A VT **das kümmert mich nicht** eso no me preocupa (od me tiene sin cuidado); **was kümmert Sie das?** ¿qué le importa a usted eso? B VR **sich ~ um** cuidar de; (pre)ocuparse de; mirar por; (sich einmischen) meterse en, mezclarse en; **sich nicht ~ um** desentenderse de; no hacer caso de; **sich darum ~, dass** encargarse de que (subj); **~ Sie sich um Ihre Angelegenheiten!** ¡ocúpese usted de sus asuntos!; umg **kümmere dich um deinen eigenen Dreck!** ¡métete donde te llamen!; **er kümmert sich um alles** (od umg **um jeden Dreck**) se mete en todo

'Kümmernis F ⟨~; ~se⟩ geh → Kummer

'kummervoll ADJ afligido, preocupado; lit cuitado; pesaroso, apesadumbrado

'Kummet N ⟨~(e)s; ~e⟩ collera f; für Zugpferde: collerón m

Kum'pan M ⟨~s; ~e⟩ compañero m; amigote m; compadre m; umg u. pej compinche m; **Kumpa'nei** F ⟨~; ~en⟩ compadreo m

'Kumpel M ⟨~s; ~, ~s⟩ 1 BERGB minero m 2 umg (Kamerad) compañero m; **kumpelhaft** ADJ, **kumpelig** ADJ de compañero

'Kumquat ['kʊmkvat] F ⟨~; ~s⟩ BOT kumquat m

kumula'tiv ADJ acumulativo

kumu'lieren VT ⟨ohne ge-⟩ acumular; **Kumu'lieren** N ⟨~s⟩, **Kumu'lierung** F ⟨~; ~en⟩ acumulación f

'Kumulus M ⟨~; Kumuli⟩, **Kumuluswolke** F METEO cúmulo m

'kündbar ADJ revocable; Vertrag rescindible; Arbeitnehmer sujeto a despido

'Kunde¹ M ⟨~n; ~n⟩ 1 HANDEL cliente m; (Stammkunde) parroquiano m; **potenzieller ~** cliente m potencial; **~n anlocken** captar clientes; **neue ~n gewinnen/werben** captar nuevos clientes 2 umg fig **ein schlauer ~** umg un tío muy listo, sl un vivales; **ein übler ~** un sujeto de cuidado, umg un mal elemento

'Kunde² F ⟨~⟩ geh (Nachricht) noticia f, nueva f; (Kenntnis) conocimiento m; **j-m ~ geben von** informar a alg de; dar conocimiento a alg de

'künden VT geh hacer saber; poet referir, narrar

'Kundenakquisition F adquisición f de clientes; **Kundenberatung** F asesoramiento m de la clientela; **Kundenbetreuung** F atención f (od servicio m) al cliente; **Kundendatei** F archivo m (od fichero m) de clientes; **Kundendienst** M servicio m pos(t)venta; asistencia f técnica; **Kundenfang** M pej captación f (od caza f) de clientes

'kundenfreundlich ADJ adaptado al cliente; favorable al cliente; **~e Öffnungszeiten** horario m (de atención al público) adecuado a las exigencias (od necesidades) del cliente; **Kundenfreundlichkeit** F adecuación f a las exigencias (od necesidades) del cliente

'Kundengespräch N conversación f (od entrevista f) con el cliente; **Kundeninformation** F información f al cliente; **Kundenkarte** F e-s Geschäfts: tarjeta f de cliente; **Kundenkartei** F fichero m de clientes; **Kundenkreis** M clientela f

'kundenorientiert A ADJ orientado al cliente; orientado hacia las exigencias del cliente B ADV **~ arbeiten** trabajar con orientación al cliente; **kundenspezifisch** ADJ especifico al cliente

'Kundenstamm M **(fester) ~** clientela *f* fija; cartera *f* de clientes; **Kundenwerbung** F atracción *f* de clientela

'kundgeben V/T ⟨*irr*⟩ *geh* hacer saber; dar a conocer; anunciar; (*öffentlich machen*) proclamar, publicar, hacer público; (*äußern*) manifestar; **Kundgebung** F ⟨~; ~en⟩ manifestación *f* (*a. v. Gefühlen*); POL *a.* mitin *m*; (*Bekanntgabe*) proclamación *f*; publicación *f*; notificación *f*

'kundig ADJ informado, conocedor; experimentado; (*sachverständig*) experto, perito; *geh* **einer Sache** (*gen*) **~ sein** ser experto en a/c

'kündigen A V/T 1 *Vertrag* rescindir 2 *Arbeitsstelle* pedir el despido en 3 **seine Wohnung ~** anunciar que se rescinde el contrato (del piso) 4 *fig* **j-m die Freundschaft ~** romper con alg B V/I 1 *als Arbeitgeber*: **j-m ~** despedir a alg; *als Arbeitnehmer*: **er/sie kündigt** presenta el cese, dimite; **ihm/ihr wurde gekündigt** fue despedido 2 *e-m Mieter*: **j-m ~** desahuciar a alg

'Kündigung F ⟨~; ~en⟩ 1 *e-s Vertrags*: rescisión *f* (*a. durch Mieter*); *durch den Vermieter*: (aviso *m* de) desahucio *m*; *durch den Mieter*: aviso *m* de desalojamiento; **mit monatlicher ~** con un mes de aviso (*od* de plazo) 2 *durch den Arbeitgeber*: despido *m*; *durch den Arbeitnehmer*: renuncia *f*; **betriebsbedingte ~** denuncia *f* basada en necesidades de la empresa; **fristlose ~** despido *m* sin preaviso; **ungerechtfertigte ~** despido *m* improcedente *od* no justificado

'Kündigungsfrist F 1 *Arbeitsrecht*: plazo *m* de despido; *für Arbeitnehmer*: plazo *m* de renuncia 2 *Mietrecht, e-s Vertrags, e-r Versicherung etc*: plazo *m* de rescisión; *für den Vermieter*: plazo *m* de desahucio 3 *Geldanlage* **mit monatlicher ~** con un mes de aviso (*od* de plazo); **mit drei-/sechsmonatiger ~** con un plazo *m* de preaviso de tres/seis meses

'Kündigungsgrund M motivo *m* (*od* causa *f*) de renuncia (*bzw* de despido); **Kündigungsklausel** F *e-s Vertrags*: cláusula *f* de denuncia; **Kündigungsschreiben** N *Arbeitsrecht*: carta *f* de despido; *Mietrecht*: aviso *m* de rescisión de contrato; **Kündigungsschutz** M *Arbeitsrecht*: protección *f* contra el despido; *für Mieter*: protección *f* contra el desahucio; **Kündigungstermin** M última fecha *f* de aviso

'Kundin F ⟨~; ~nen⟩ cliente *f*; *e-s Ladens a.*: parroquiana *f*

'kundmachen V/T *österr, sonst geh* → kundgeben; **Kundmachung** F ⟨~; ~en⟩ notificación *f*; publicación *f*

'Kundschaft F ⟨~; ~en⟩ 1 clientela *f*; HANDEL *a.* parroquia *f* 2 MIL reconocimiento *m*

'Kundschafter M ⟨~s; ~⟩, **Kundschafterin** F ⟨~; ~nen⟩ MIL explorador *m*, -a *f*; espía *m/f*

'kundtun V/T ⟨*irr*⟩ *geh* → kundgeben

'künftig A ADJ venidero, futuro B ADV (de ahora) en adelante; en lo sucesivo, en lo futuro

Kunge'lei F ⟨~; ~en⟩ *umg* (*Mauschelei*) enredo *m*, engaño *m*, mentira *f*

'kungeln V/I *umg* **mit j-m ~** tramar un engaño (*od* un enredo) con alg

Kunst F ⟨~; ⸚e⟩ 1 arte *m* (*pl f*); **die freien/bildenden Künste** las artes liberales/plásticas; **die schönen Künste** las bellas artes 2 *fig* **eine brotlose ~** una profesión sin futuro; **das ist keine ~** eso lo hace cualquiera; **das ist die ganze ~** esto es todo; **mit seiner ~ am Ende sein** ya no saber qué hacer (*bzw* decir); **nach allen Regeln der ~** según las reglas del oficio; *umg* con todas las de la ley

'Kunstakademie F academia *f* (*od* escuela *f*) de Bellas Artes; **Kunstauktion** F subasta *f* de arte; **Kunstausstellung** F exposición *f* de arte; **Kunstbanause** M *pej* ignorante *m/f* del arte; **Kunstband** M ⟨~(e)s; ⸚e⟩ libro *m* de arte; **Kunstbegeisterung** F entusiasmo *m* por el arte; **Kunstblatt** N 1 grabado *m* artístico; lámina *f* de arte 2 *Zeitung*: revista *f* de arte; **Kunstdarm** M tripa *f* artificial; **Kunstdenkmal** N monumento *m* de arte; **Kunstdiebstahl** M robo *m* de arte; **Kunstdruck** M ⟨~(e)s; ~e⟩ impresión *f* artística; **Kunstdruckerei** F imprenta *f* artística; talleres *mpl* gráficos; **Kunstdruckpapier** N papel *m* cuché; **Kunstdünger** M AGR abono *m* químico; fertilizante *m* artificial; **Kunsteis** N hielo *m* artificial; **Kunsteisbahn** F pista *f* de hielo artificial

Künste'lei F ⟨~; ~en⟩ (*Ziererei*) afectación *f*; *Stil etc*: amaneramiento *m*; rebuscamiento *m*

'Kunsterziehung F *Schulfach*: arte *m*; formación *f* artística; **Kunstfahrer** M, **Kunstfahrerin** F ciclista *m/f* acróbata; **Kunstfälscher** M, **Kunstfälscherin** F falsificador *m*, -a *f* de obras de arte; **Kunstfaser** F fibra *f* artificial (*od* sintética); **Kunstfehler** M MED tratamiento *m* erróneo; intervención *f* defectuosa

'kunstfertig ADJ hábil; diestro; **Kunstfertigkeit** F arte *m*; habilidad *f*; destreza *f*

'Kunstflieger M, **Kunstfliegerin** F aviador *m*, -a *f* acrobático, -a; piloto *m/f* acrobático, -a; **Kunstflug** M FLUG vuelo *m* acrobático; **Kunstfreund** M, **Kunstfreundin** F aficionado *m*, -a *f* a las artes; mecenas *m*; amigo *m* del arte; **Kunstführer** M guía *m* de arte; **Kunstgalerie** F galería *f* de arte; **Kunstgärtner** M horticultor *m*; **Kunstgärtnerei** F horticultura *f*; **Kunstgärtnerin** F horticultora *f*; **Kunstgegenstand** M objeto *m* de arte

'kunstgemäß, kunstgerecht ADJ conforme a las reglas del arte; (*planmäßig*) metódico

'Kunstgenuss M placer *m* estético

'Kunstgeschichte F historia *f* del arte; **kunstgeschichtlich** ADJ relativo a la historia del arte; de historia del arte

'Kunstgewerbe N artes *fpl* industriales; oficio *m* artístico; **Kunstgewerbeschule** F escuela *f* de artes y oficios

'kunstgewerblich ADJ artesanal

'Kunstgriff M artificio *m*, artilugio *m*; (*Kniff*) truco *m*, martingala *f*; **Kunsthandel** M comercio *m* de objetos de arte; **Kunsthändler** M, **Kunsthändlerin** F marchante *m/f* de cuadros; comerciante *m/f* de objetos de arte; **Kunsthandlung** F galería *f* de arte; **Kunsthandwerk** N artesanía *f* artística (*od* de arte); **Kunsthandwerker** M, **Kunsthandwerkerin** F artífice *m/f*, artesano *m*, -a *f*; **Kunstharz** N resina *f* sintética; **Kunstherz** N MED corazón *m* artificial; **Kunsthistoriker** M, **Kunsthistorikerin** F historiador *m*, -a *f* del arte; **Kunsthochschule** F Escuela *f* superior de Bellas Artes; **Kunsthonig** M miel *f* artificial; **Kunstkalender** M calendario *m* de arte; **Kunstkenner** M, **Kunstkennerin** F experto *m*, -a *f* en materia de arte, entendido *m*, -a *f* en arte; **Kunstkeramik** F cerámica *f* artística; **Kunstkritik** F crítica *f* de arte; **Kunstkritiker** M, **Kunstkritikerin** F crítico *m*, -a *f* de arte; **Kunstlauf** M *Eissport*: patinaje *m* artístico; **Kunstläufer** M, **Kunstläuferin** F patinador *m*, -a *f* artístico, -a; **Kunstleder** N cuero *m* artificial, imitación *f* de cuero

'Künstler M ⟨~s; ~⟩ artista *m*; **Künstleratelier** N estudio *m*; **Künstlerfest** N fiesta *f* de artistas; **Künstlerhand** F **von ~** hecho por un artista; **Künstlerin** F ⟨~; ~nen⟩ artista *f*; **künstlerisch** A ADJ artístico; de artista B ADV artísticamente; **~ wertvoll sein** tener mucho valor artístico

'Künstlerleben N vida *f* de artista; **Künstlername** M nombre *m* artístico; **Künstlerpech** N *umg* mala pata *f*; **Künstlertum** N ⟨~s⟩ genio *m* artístico; **Künstlerwerkstatt** F estudio *m*; **Künstlerzimmer** N THEAT camerino *m*

'künstlich A ADJ *allg* artificial; (*nachgemacht*) imitado; facticio; (*unecht*) falso; *Haar, Gebiss* postizo; CHEM sintético B ADV artificialmente; *umg* **sich ~ aufregen** hacer aspavientos

'Kunstlicht N luz *f* artificial; **Kunstliebhaber** M, **Kunstliebhaberin** F → Kunstfreund; **Kunstlied** N MUS lied *m*

'kunstlos ADJ sin arte; (*einfach*) sencillo; (*natürlich*) natural; **Kunstlosigkeit** F ⟨~⟩ ausencia *f* (*od* falta *f*) de arte; sencillez *f*; naturalidad *f*

'Kunstmaler M, **Kunstmalerin** F pintor *m*, -a *f* (artista); **Kunstmarkt** M mercado *m* de arte; **Kunstmuseum** N museo *m* de arte; **Kunstpause** F pausa *f* intencionada; **Kunstprodukt** N producto *m* artificial (*od* sintético); **Kunstrasen** M césped *m* artificial

'kunstreich ADJ → kunstvoll

'Kunstreiter M, **Kunstreiterin** F artista *m/f* ecuestre; **Kunstrichtung** F estilo *m*; **Kunstsammlung** F colección *f* de arte; **Kunstschätze** MPL tesoros *mpl* artísticos (*od* de arte); *e-s Landes*: patrimonio *m* artístico; **Kunstschlosser** M cerrajero *m* artístico, forjador *m*; **Kunstschnee** M nieve *f* artificial; **Kunstschreiner** M, **Kunstschreinerin** F ebanista *m/f*; **Kunstschule** F escuela *f* de bellas artes; **Kunstschwimmen** N natación *f* sincronizada; **Kunstseide** F seda *f* artificial, rayón *m*

'kunstseiden ADJ de seda artificial

'Kunstsinn M sentido *m* (*od* gusto *m*) artístico; **kunstsinnig** ADJ de (refinado) gusto artístico

'Kunstspringen N SPORT saltos *mpl* de trampolín; **Kunstspringer** M, **Kunstspringerin** F saltador *m*, -a *f* de trampolín

'Kunststoff M materia *f* plástica (*od* sintética); plástico *m*; **Kunststoffbahn** F SPORT pista *f* sintética; **Kunststofffolie** F plástico *m*; *dünne*: film *m*; **Kunststoffindustrie** F industria *f* de plásticos; **Kunststoffverpackung** F embalaje *m* de plástico

'Kunststopfen V/I zurcir

'Kunststück N (*Glanzleistung*) actuación *f* brillante; (*Geschicklichkeitskunststück*) muestra *f* de habilidad; (*Kartenkunststück, Zauberkunststück*) juego *m* de manos; juegos *mpl* malabares; *umg fig* **das ist kein ~** eso no tiene ningún mérito; eso lo hace cualquiera; **~!** ¡así cualquiera!

'Kunststudent M, **Kunststudentin** F estudiante *m/f* de arte; **Kunsttischler** M ebanista *m*; **Kunsttischlerei** F ebanistería *f*; **Kunsttischlerin** F ebanista *f*; **Kunstturnen** N gimnasia *f* (artística); **Kunstturner** M, **Kunstturnerin** F gimnasta *m/f*; **Kunstverein** M círculo *m* de bellas artes; sociedad *f* de amigos de las artes; **Kunstverlag** M editorial *f* de libros de arte; **Kunstverstand** M entendimiento *m* en materia de arte; **Kunstverständige** M/F ⟨~n; ~n; → A⟩ experto *m*, -a *f* (*od* entendido

K

m, -a *f*) en arte; **Kunstverständnis** N → Kunstverstand

'kunstvoll ADJ artístico; hecho con arte; ingenioso

'Kunstwerk N obra *f* de arte; **Kunstwert** M valor *m* artístico; **Kunstwolle** F lana *f* artificial; **Kunstwort** N LING palabra *f* artificial; **Kunstzweig** M rama *f* del arte

'kunterbunt A ADJ abigarrado, *umg* variopinto B ADV **~ durcheinander** todo revuelto

'Küpe F ⟨~; ~n⟩ *Färberei*: tina *f*

Ku'pee N → Coupé

'Küpenfarbstoff M colorante *m* de tina

'Kupfer N ⟨~s⟩ cobre *m*; **reines ~** cobre rojo (*od* puro); **in ~ stechen** grabar en cobre

'kupferartig ADJ cúprico

'Kupferbergwerk N BERGB mina *f* de cobre; **Kupferblech** N chapa *f* de cobre; **Kupferdraht** M hilo *m* de cobre; **Kupferdruck** M ⟨~(e)s; ~e⟩ TYPO calcotipia *f*; **Kupfererz** N mineral *m* de cobre, mena *f* cuprífera

'kupferfarben, kupferfarbig ADJ cobrizo

'Kupfergeld N moneda *f* de cobre, calderilla *f*; **Kupfergeschirr** N (vajilla *f* de) cobre *m*

'kupferhaltig ADJ cuprífero

'Kupferkessel M caldera *f* de cobre; **Kupferkies** M pirita *f* de cobre, calcopirita *f*; **Kupferlegierung** F aleación *f* de cobre; **Kupfermünze** F (moneda *f* de) cobre *m*

'kupfern ADJ 1 (*aus Kupfer*) de cobre 2 *Farbe*: cobrizo

'Kupferplatte F lámina *f* (*od* plancha *f*) de cobre; **Kupferrohr** N tubo *m* de cobre

'kupferrot ADJ cobrizo

'Kupferschmied M forjador *m* de cobre; calderero *m*; **Kupferstecher** M grabador *m* en cobre; calcógrafo *m*; **Kupferstechkunst** F calcografía *f*; **Kupferstich** M grabado *m* en cobre; **Kupferstichkabinett** N gabinete *m* de estampas; **Kupfersulfat** N CHEM sulfato de cobre; **Kupfervitriol** N CHEM vitriolo *m* (*od* caparrosa *f*) azul; **Kupferwaren** FPL artículos *mpl* de cobre; cobres *mpl*

ku'pieren V/T ⟨*ohne* ge-⟩ cortar

Ku'pon [ku'pɔŋ, ku'põ:] M ⟨~s; ~s⟩ cupón *m*

'Kuppe F ⟨~; ~n⟩ (*Bergkuppe*) cima *f*, cumbre *f*; (*Nadelkuppe*) cabeza *f*; (*Fingerkuppe*) yema *f* (del dedo)

'Kuppel F ⟨~; ~n⟩ ARCH cúpula *f*; **Kuppelbau** M ⟨~(e)s; ~ten⟩ ARCH cimbo(r)rio *m*; **Kuppeldach** N cúpula *f*

Kuppe'lei F ⟨~; ~en⟩ proxenetismo *m*, alcahuetería *f*

'Kuppelgewölbe N ARCH bóveda *f* esférica

'kuppeln A V/I 1 AUTO (*einkuppeln*) embragar; (*auskuppeln*) desembragar 2 *obs* (*Kuppelei betreiben*) alcahuetear, hacer de alcahuete B V/T TECH acoplar; BAHN enganchar; **etw an etw** (*acus*) **~** *Anhänger etc* acoplar a/c a a/c

'Kuppler M ⟨~s; ~⟩ proxeneta *m*, alcahuete *m*; tercero *m*; **Kupplerin** F ⟨~; ~nen⟩ alcahueta *f*, proxeneta *f*, celestina *f*, *umg* trotaconventos *f*; **kupplerisch** ADJ de alcahuete, de alcahueta; *umg* celestinesco

Kupplung F ⟨~; ~en⟩ 1 TECH acoplamiento *m* (*a. Anhängerkupplung*); BAHN enganche *m* 2 AUTO embrague *m*; **die ~ treten** desembragar; **die ~ kommen lassen** embragar

Kupplungsbelag M guarnición *f* de fricción; **Kupplungsbremse** F freno *m* de embrague; **Kupplungsfeder** F muelle *m* de embrague; **Kupplungshebel** M palanca *f* de embrague; **Kupplungspedal** N pedal *m* de embrague; **Kupplungsscheibe** F platillo *m* de embrague; **Kupplungsstange** F biela *f* de acoplamiento

Kur F ⟨~; ~en⟩ MED cura *f*; (*Behandlung*) tratamiento *m*; **eine ~ machen** hacer una cura; someterse a (*od* seguir) un tratamiento

Kür F ⟨~; ~en⟩ SPORT ejercicios *mpl* (*bzw* figuras *fpl*) libres

'Kuranstalt F sanatorio *m*, balneario *m*; **Kurarzt** M médico *m* de balneario (*od* sanatorio)

Ku'rator M ⟨~s; -'toren⟩, **Kura'torin** F ⟨~; ~nen⟩ curador *m*, -a *f* (*a. e-s Museums*); **Kura'torium** N ⟨~s; Kuratorien⟩ consejo *m* de administración (*od* de patronato)

'Kuraufenthalt M cura *f*; permanencia *f* en un balneario (*bzw* sanatorio); **Kurbad** N balneario *m*

'Kurbel F ⟨~; ~n⟩ manivela *f*; manubrio *m*; cigüeñal *m*; **Kurbelarm** M brazo *m* de manivela; **Kurbelgehäuse** N AUTO cárter *m* del cigüeñal; **Kurbelgetriebe** N mecanismo *m* de manivela

'kurbeln V/I & V/T girar (la manivela); dar a la manivela; *umg* (*das Lenkrad drehen*) girar (el volante)

'Kurbelstange F biela *f*; **Kurbelwelle** F árbol *m* de manivela; cigüeñal *m*; **Kurbelzapfen** M botón *m* de manivela

'Kürbis M ⟨~ses; ~se⟩ 1 BOT calabaza *f*, *Am* zapallo *m* 2 *umg* (*Kopf*) *umg* coco *m*; **Kürbisflasche** F calabacino *m*; **Kürbisgewächse** NPL cucurbitáceas *fpl*; **Kürbiskern** M pepita *f* de calabaza; **Kürbisrassel** F MUS maraca *f*

'Kurde M ⟨~n; ~n⟩, **Kurdin** ⟨~; ~nen⟩ curdo *m*, -a *f*; **kurdisch** ADJ curdo; **Kurdistan** N ⟨~s⟩ Kurdistán *m*, Curdistán *m*

'küren V/I elegir

Kü'rette F ⟨~; ~n⟩ MED cureta *f*, cucharilla *f*

'Kurfürst M HIST elector *m*; **Kurfürstentum** N electorado *m*; **Kurfürstin** F electriz *f*; **kurfürstlich** ADJ electoral

'Kurgast M agüista *m*; bañista *m*; **Kurhaus** N casino *m*

'Kurie ['ku:riə] F ⟨~; ~n⟩ KATH curia *f*

Ku'rier M ⟨~s; ~e⟩ correo *m*; **Kurierdienst** M servicio *m* de correo

ku'rieren V/T ⟨*ohne* ge-⟩ MED curar, sanar

Ku'rierflugzeug N avión *m* correo; **Kuriergepäck** N valija *f* diplomática

kuri'os ADJ curioso; raro, extraño; singular

Kuriosi'tät F ⟨~; ~en⟩ curiosidad *f*; objeto *m* raro

Kuri'osum N ⟨~s; Kuriosa⟩ curiosidad *f*; cosa *f* curiosa (*od* rara *od* singular)

'kurisch ADJ curlandés; GEOG **das Kurische Haff** el Haff de Curlandia

'Kurkarte F *tarjeta que recibe un cliente al pagar las tasas de balneario con la que puede visitar ciertos eventos o utilizar ciertas dependencias*; **Kurkonzert** N concierto *m* para los bañistas; **Kurkosten** PL gastos *mpl* de tratamiento

Kur'kuma F curcuma *f*

'Kurland N ⟨~s⟩ GEOG Curlandia *f*, Kurlandia *f*

'Kürlauf M SPORT (prueba *f* de) figuras *fpl* libres, ejercicios *mpl* libres

'Kurorchester N orquesta *f* de balneario; **Kurort** M estación *f* termal (*bzw* climática); **Kurpark** M parque *m* del balneario; **Kurpfuscher** M ⟨~s; ~⟩ curandero *m*, charlatán *m*

Kurpfusche'rei F curanderismo *m*, charlatanería *f*

'Kurpfuscherin F ⟨~; ~nen⟩ curandera *f*, charlatana *f*

Kurs M ⟨~es; ~e⟩ 1 (*Lehrgang*) curso *m*, cursillo *m*; **an einem ~ teilnehmen** hacer un curso 2 HANDEL *v. Aktien*: cotización *f*; *v. Devisen*: cambio *m*; (*Umlauf*) circulación *f*; **außer ~** fuera de circulación; **außer ~ setzen** retirar de la circulación, poner fuera de circulación; **hoch im ~ stehen** cotizarse alto (**bei** en) (*a. fig*); *fig* estar en el candelero; **zum ~ von** al cambio de; al tipo de 3 SCHIFF, FLUG rumbo *m* (*a. fig*); **den ~ ändern** cambiar el rumbo; **den ~ halten** mantener el rumbo; **~ nehmen auf** hacer rumbo a; **mit ~ auf** con rumbo a; **vom ~ abkommen** perder el (*od* desnortarse del) rumbo (*a. fig*); **einen neuen ~ einschlagen** tomar otro rumbo (*a. fig*); **einen falschen ~ steuern** seguir una ruta equivocada

'Kursaal M casino *m*, kursaal *m*

'Kursabschlag M HANDEL descuento *m* sobre el cambio; **Kursabweichung** F SCHIFF, FLUG desviación *f* del rumbo; **Kursänderung** F SCHIFF, FLUG cambio *m* de rumbo (*a. fig*); **Kursanstieg** M HANDEL alza *f* (de las cotizaciones); **Kursbericht** M HANDEL boletín *m* de cotizaciones; **Kursbildung** F HANDEL cotización *f*; **Kursblatt** N HANDEL boletín *m* de Bolsa; **Kursbuch** N BAHN guía *f* de ferrocarriles

'Kurschatten M *umg hum persona del sexo contrario con la que se hace amistad durante la estancia en el balneario*

'Kürschner M ⟨~s; ~⟩ peletero *m*

Kürschne'rei F ⟨~; ~en⟩ peletería *f*

'Kursdifferenz F HANDEL diferencia *f* de cambio; **Kurseinbruch** M caída *f* brusca de los cambios; **Kursentwicklung** F evolución *f* de los cambios; **Kursfestsetzung** F fijación *f* de cambios; **Kursgewinn** M *mst pl* **~e** *bei Aktien*: ganancias *fpl* en (las) acciones; *bei Devisen*: ganancias *fpl* en el cambio, beneficios *mpl* sobre el cambio

kur'sieren V/I ⟨*ohne* ge-⟩ *Geld* circular, estar en circulación; *Gerücht etc* correr

kur'siv ADV en (letra) cursiva; TYPO en bastardilla (*od* itálica); **Kursivschrift** F (letra *f*) cursiva *f*; TYPO (letra *f*) bastardilla *f* (*od* itálica *f*)

'Kurskorrektur F SCHIFF corrección *f* de derrotero; *e-r Rakete etc*: corrección *f* de trayectoria; WIRTSCH *an der Börse*: corrección *f* bursátil; corrección *f* de rumbo

'Kursleiter M, **Kursleiterin** F profesor *m*, -a *f*

'Kursmakler M, **Kursmaklerin** F HANDEL agente *m* de cambio y bolsa; **Kursnotierung** F cotización *f*

kur'sorisch ADJ **~e Lektüre** lectura *f* seguida

'Kursparität F HANDEL cambio *m* a la par, paridad *f* del cambio; **Kursrückgang** M HANDEL retroceso *m* en el cambio; **Kursschwankung** F HANDEL fluctuaciones *f* en el cambio (*bzw* en la cotización); **Kurssenkung** F HANDEL descenso *m* de los cambios; **Kursstand** M HANDEL nivel *m* del cambio; **Kurssteigerung** F HANDEL alza *f* del cambio; **Kurssturz** M HANDEL baja *f* repentina del cambio

'Kursteilnehmer M, **Kursteilnehmerin** F cursillista *m/f*

'Kurstreiber M HANDEL alcista *m*

'Kursus M ⟨~; Kurse⟩ curso *m*, cursillo *m*

'Kursverfall M WIRTSCH decaimiento *m* (*od* debilitación *f*) de las cotizaciones; **Kursverlust** M WIRTSCH *bei Aktien*: pérdida *f* en (las) acciones; *bei Devisen*: pérdida *f* de (*od* en el) cambio; **Kurswagen** M BAHN coche *m* (*od* vagón *m*) directo; **Kurswechsel** M cambio *m* de rumbo (*a. fig*); **Kurswert** M HANDEL valor *m* cotizado; *Devisen*: tipo *m* de cambio; **Kurszettel** M HANDEL listín *m* de Bolsa; lista *f* de cotizaciones; **Kurszuschlag** M HANDEL recargo *m* sobre el cambio

Kur'tage F → Courtage
'Kurtaxe F tasa *f* de balneario
Kurti'sane F ⟨~; ~n⟩ cortesana *f*
'Kürübung F SPORT ejercicio *m* libre
'Kurve [-v-] F **1** ⟨~; ~n⟩ *e-r Straße*: curva *f* (*a.* MATH, *Statistik*); AUTO, FLUG viraje *m*; **scharfe** *od* **enge ~** curva *f* cerrada; **hier macht die Straße eine scharfe ~** aquí hay una curva cerrada; **weite ~** curva *f* abierta; **eine ~ nehmen/schneiden** tomar/cortar una curva; *umg* **die ~ kratzen** *umg* (*abhauen*) largarse; *umg fig* **die ~ nicht kriegen** fracasar; **in der ~** en la curva; AUTO, FLUG **in die ~ gehen** virar, hacer un viraje **2** *umg e-r Frau*: **~n** *fpl* curvas *fpl*, formas *fpl*
'kurven VI ⟨sn⟩ **1** *Fahrzeug* virar; **um die Ecke ~** tomar la esquina **2** *umg* **durch etw ~** andar por a/c
'Kurvenbild N, **Kurvendarstellung** F gráfico *m*, gráfica *f*; **Kurvendiskussion** F MATH discusión *f* de la curva; **kurvenförmig** ADJ curvado; **Kurvenlage** F AUTO estabilidad *f* en las curvas; **Kurvenlineal** N plantilla *f* de curvas; regla *f* curva; **Kurvenmesser** M curvímetro *m*; **kurvenreich** ADJ con muchas curvas
'Kurverwaltung F administración *f* del balneario
kurz **A** ADJ ⟨≈er; ≈este⟩ corto; *zeitlich a.*: breve, de corta duración; *fig* (*kurz gefasst*) sucinto, breve, conciso, escueto; **einen ~en Atem haben** tener la respiración corta; **~er Blick** ojeada *f*; **ein ~es Gedächtnis haben** ser flaco de memoria; **~e Hose** pantalón *m* corto; **~e Inhaltsangabe** *od* **Zusammenfassung** resumen *m* corto, sumario *m*; **~e Silbe** (sílaba *f*) breve *f*; **die ~e Zeit, die …** el poco tiempo que …; **binnen Kurzem** dentro de poco, en breve; **bis vor Kurzem** hasta hace poco; **in ~en Worten** en pocas palabras, sucintamente; **in ~er Zeit** dentro de poco; **nach ~er Zeit** al poco tiempo, poco después; **seit Kurzem** desde hace poco; **von ~er Dauer** de corta duración; **vor Kurzem** hace poco (tiempo), recientemente; últimamente **B** ADV **1** **~ schneiden** *Haar* cortar mucho; **~ treten** acortar el paso; **alles ~ und klein schlagen** hacer pedazos (*od umg* trizas); *umg* no dejar títere con cabeza **2** *Dauer*: brevemente; **(zu) ~ dauern** durar (muy) poco; **~ erläutern** explicar en pocas palabras; **es ~ machen** ser breve, abreviar; **um es ~ zu machen** para abreviar; para ser breve; en una palabra; *umg* **mach's ~!** ¡abrevia!, ¡corta el rollo!; **~ zusammenfassen** resumir; **~ und bündig** lacónicamente; en pocas palabras; sin rodeos; **~ gesagt** en breve, a secas; **~ (und gut)** en una palabra, en suma; en resumen, en resumidas cuentas; **über ~ oder lang** a la corta o a la larga; tarde o temprano; *umg* **~ und schmerzlos** brevemente → kurzfassen, kurzhalten, kurzmachen **3** *Zeitangabe*: **~ darauf** *od* **danach** poco después, a los pocos momentos, al poco rato; **~ nach zwei (Uhr)** a las dos y pico, poco después de las dos; **es ist ~ vor drei (Uhr)** falta poco para las tres; **~ nach seiner Ankunft** a poco de llegar; **~ vorher** *od* **~ zuvor** poco antes, momentos antes; *auf e-r Reise*: **~ vor Madrid** a poca (*od* corta) distancia de Madrid, muy cerca de Madrid; **~ hinter München** poco después de Munich **4** *fig* **~ angebunden sein** ser parco de palabras; no andarse con cumplidos; **sich ~ entschließen** decidirse de pronto (*od* de golpe); **~ entschlossen** ni corto ni perezoso; **bei etw zu ~ kommen** salir perdiendo en a/c
'Kurzarbeit F jornada *f* reducida
'kurzarbeiten VI hacer jornada reducida
'Kurzarbeiter M, **Kurzarbeiterin** F, trabajador *m*, -a *f* a jornada reducida; **Kurzarbeitergeld** N subsidio *m* de jornada reducida
'kurzärmelig ADJ de manga corta; **kurzarmig** ADJ de brazos cortos; **kurzärmlig** → kurzärmelig; **kurzatmig** ADJ corto de respiración, MED disneico; **Kurzatmigkeit** F ⟨~⟩ MED disnea *f*; **Kurzausgabe** F edición *f* resumida; **kurzbeinig** ADJ de piernas cortas; *umg* paticorto
'Kurze **A** M ⟨~n; ~n; → A⟩ *umg* → Kurzschluss **B** M/F ⟨~n; ~n; → A⟩ *umg* (*Kind*) *umg* peque *m/f*
'Kürze F ⟨~⟩ *zeitlich*: brevedad *f*; corta duración *f*; *räumlich*: corta extensión *f*; corta distancia *f*; *des Ausdrucks*: concisión *f*; laconismo *m*; **in ~** en breve, dentro de poco; **in aller ~** en pocas palabras; **der ~ halber** para abreviar, para mayor brevedad; *sprichw* **in der ~ liegt die Würze** lo bueno, si breve, dos veces bueno
'Kürzel N ⟨~s; ~⟩ *Stenografie*: abreviatura *f*
'kürzen VT acortar, hacer más corto; *Text, Rede* abreviar; FILM *etc* cortar; (*verringern*) recortar; reducir; disminuir; MATH simplificar
'Kurzer M *umg* → Kurze
'kürzer ADJ & ADV más corto; **~ machen** acortar; **~ werden** acortarse; *fig* **den Kürzeren ziehen** salir perdiendo, llevar las de perder; *umg* tocarle bailar con la más fea → kürzertreten
'kurzer'hand ADV sin vacilar; sin consideración; *umg* sin pararse en barras; sin más ni más
'kürzertreten VI ⟨ *irr* h *od* sn⟩ (*sparen*) ahorrar; (*sich schonen*) reservarse
'kürzeste(r, -s) ADJ el más corto; **in ~r Zeit** a la mayor brevedad
'kurzfaserig ADJ de fibra corta
'kurzfassen V/R **sich ~** ser breve, ser conciso; expresar (*od* decir a/c) en pocas palabras; **um mich kurzzufassen** para abreviar; para ser breve; en una palabra; **fassen Sie sich kurz!** ¡sea breve!
'Kurzfassung F versión *f* resumida; **Kurzfilm** M cortometraje *m*, *umg* corto *m*; **Kurzform** F (*Abkürzung*) abreviatura *f*
'kurzfristig ADJ & ADV a corto plazo (*a.* HANDEL); **etw ~ absagen** renunciar a a/c con poca antelación
'kurz gefasst ADJ resumido, sucinto, sumario; conciso
'Kurzgeschichte F historieta *f*; relato *m* corto
kurz geschnitten ADJ *Haar* corto; **kurz geschoren** ADJ *Haare* cortado al rape
'kurzhaarig ADJ de pelo corto
'kurzhalten VT ⟨*irr*⟩ *umg fig* **j-n ~** atar corto a alg
'kurzlebig ADJ de corta vida; *fig* de corta duración; efímero; **Kurzlebigkeit** F ⟨~⟩ brevedad *f* de la vida; *fig* poca duración *f*
'Kurzlehrgang M cursillo *m*
'kürzlich ADV hace poco, recientemente, últimamente; el otro día; *Am* recién; **erst ~** muy recientemente
'kurzmachen VT → kurz B 2
'Kurzmeldung F, **Kurznachrichten** FPL noticias *fpl* breves; **Kurzparkzone** F zona *f* de aparcamiento restringido; *sp* zona *f* azul; **Kurzpass** M SPORT pase *m* corto; **Kurzreferat** N comunicación *f*
'kurzschließen **A** VT ELEK poner en cortocircuito; hacer un puente entre **B** V/R *umg fig* **sich mit j-m ~** contactar con alg
'Kurzschluss M ELEK cortocircuito *m*; **Kurzschlusshandlung** F *fig* acto *m* irreflexivo
'kurzschneiden VT → kurz B 1
'Kurzschrift F taquigrafía *f*
'kurzsichtig ADJ miope, corto de vista, *umg* cegato; *fig* de miras estrechas; de horizontes limitados; **Kurzsichtigkeit** F ⟨~⟩ miopía *f*; *fig a.* estrechez *f* de miras
'kurzstielig ADJ BOT de tallo corto
'Kurzstrecke F trayecto *m* corto
'Kurzstreckenflug M vuelo *m* de corta distancia; **Kurzstreckenlauf** M carrera *f* corta (*bzw* de velocidad); **Kurzstreckenläufer** M, **Kurzstreckenläuferin** F velocista *m/f*; **Kurzstreckenrakete** F MIL cohete *m* de corto alcance
'kurztreten VI ⟨*irr*⟩ *umg fig* (*sparen*) ahorrar, reducir los gastos; (*sich schonen*) reservarse, ahorrar fuerzas
kurz'um ADV en una palabra; en fin; en resumidas cuentas
'Kürzung F ⟨~; ~en⟩ abreviación *f*; acortamiento *m*; (*Streichung*) corte *m*; (*Herabsetzung*) reducción *f*, disminución *f*; MATH simplificación *f*; (*Abkürzung*) abreviatura *f*
'Kurzurlaub M vacaciones *fpl* cortas
'Kurzwahl F TEL marcado *m* directo; **Kurzwahlspeicher** M memoria *m* de marcado directo; **Kurzwahltaste** F tecla *f* de marcado
'Kurzwaren FPL (artículos *mpl* de) mercería *f*; **Kurzwarengeschäft** N → Kurzwarenhandlung; **Kurzwarenhändler** M, **Kurzwarenhändlerin** F mercero *m*, -a *f*; **Kurzwarenhandlung** F mercería *f*
kurz'weg ADV sin más ni más; de buenas a primeras
'Kurzweil F ⟨~⟩ *obs* pasatiempo *m*; diversión *f*, distracción *f*; entretenimiento *m*; **kurzweilig** ADJ divertido; entretenido; (*spaßig*) gracioso; **Kurzwelle** F MED, RADIO onda *f* corta
'Kurzwellenbereich M RADIO gama *f* de ondas cortas; **Kurzwellenempfänger** M RADIO receptor *m* de onda corta; **Kurzwellensender** M RADIO emisora *f* de onda corta; **Kurzwellentherapie** F MED terapia *f* de ondas cortas
'Kurzzeitgedächtnis N memoria *f* corta
kusch INT *zum Hund*: ¡échate!; ¡quito!
'kuschelig *Stoff* suave; *Kissen, Wolle* mullido;
kuscheln **A** VI estar acurrucado **B** V/R **sich ~** acurrucarse (**an** *acus* contra; **in** *acus* en)
'kuschen VI *Hund* echarse; *umg fig* obedecer sin rechistar, *umg* achantarse; **vor j-m ~** *umg* someterse a alg
'kuschlig ADJ → kuschelig
Ku'sine F ⟨~; ~n⟩ prima *f*
Kuss M ⟨~es; ≈e⟩ beso *m*; **j-m einen ~ geben** dar un beso a alg; **'kussecht** ADJ indeleble, a prueba de besos
'küssen **A** VT besar; **j-n auf den Mund ~** besar a alg en la boca; **j-m die Hand ~** besar la mano a alg **B** V/R **sich ~** besarse
'Küssen N ⟨~s⟩ besos *mpl*
'kussfest ADJ → kussecht
'Kusshand F **eine ~ zuwerfen** echar un beso, lanzar un beso con la punta de los dedos; *fig* **mit ~** con muchísimo gusto
'Küste F ⟨~; ~n⟩ costa *f*; orilla *f*; *Gebiet*: litoral *m*; **an der ~ entlangfahren** navegar a lo largo de la costa; costear
'Küstenartillerie F MIL artillería *f* de costa; **Küstenbatterie** F MIL batería *f* costera; **Küstenbefestigungen** FPL dispositivos *mpl* para proteger la costa; MIL fortificaciones *fpl* costeras; **Küstenbewohner** M, **Küstenbewohnerin** F costanero *m*, -a *f*, costeño *m*, -a *f*; **Küstendampfer** M vapor *m* de cabotaje; **Küstenfahrt** F cabotaje *m*; navegación *f* costera; **Küstenfahrzeug** N buque *m* de cabotaje; **Küstenfischerei** F pesca *f* de bajura; **Küstengebiet** N zona *f* costera; litoral *m*; **Küstengewässer** NPL aguas *fpl* costeras; **Küstenhandel** M comercio *m* costero (*od* de cabotaje); **Küsten-**

K

land N ⟨~(e)s; ⁓er⟩ costa *f*; litoral *m*; **Küstenschifffahrt** F cabotaje *m*, navegación *f* costera; **Küstenschutz** M defensa *f* de las costas; **Küstenstadt** F ciudad *f* costeña (*bzw* marítima); **Küstenstreifen** M, **Küstenstrich** M litoral *m*; región *f* (*od* franja *f*) costera; **Küstenwachschiff** N guardacostas *m*; lancha *f* patrullera de vigilancia costera; **Küstenwacht** F vigilancia *f* (*od* guardia *f*) de costas; **Küstenzone** F zona *f* litoral (*od* costera)

'Küster M ⟨~s; ~⟩ REL sacristán *m*

Küste'rei F ⟨~; ~en⟩ REL sacristanía *f*

'Küsterin F ⟨~; ~nen⟩ REL sacristana *f*

'Kustos M ⟨~; Kus'toden⟩ *e-s Archivs*: archivero *m*; *e-s Museums*: conservador *m*, custodio *m*

'Kutschbock M pescante *m*

'Kutsche F ⟨~; ~n⟩ coche *m* (de caballos); (*Prachtkutsche*) carroza *f*; (*Postkutsche*) diligencia *f*; **Kutschenschlag** M portezuela *f*; **Kutscher** M ⟨~s; ~⟩, **Kutscherin** F ⟨~; ~nen⟩ cochero *m*, -a *f*

kut'schieren ⟨*ohne* ge-⟩ A VT 1 j-n ~ llevar a alg en coche de caballos; *im Auto*: llevar a alg en coche 2 (*lenken*) conducir B VI ⟨sn⟩ 1 *mit e-r Kutsche*: ir en coche de caballos 2 *umg* **durch Spanien ~** dar vueltas (en coche) por España

'Kutschpferd N caballo *m* de coche (*bzw* de carroza)

'Kutte F ⟨~; ~n⟩ hábito *m*; *mit Kapuze*: cogulla *f*

'Kutteln FPL callos *mpl*, mondongo *m*; tripas *fpl*

'Kutter M ⟨~s; ~⟩ SCHIFF cúter *m*, balandra *f*

Ku'vert [-'vɛːr(t)] N ⟨~(e)s; ~s⟩ (*Briefkuvert*) sobre *m*

kuver'tieren [-v-] VT ⟨*ohne* ge-⟩ meter en el sobre

Ku'wait N ⟨~s⟩ Kuwait *m*; **Kuwaiter** M ⟨~s; ~⟩, **Kuwaiterin** F ⟨~; ~nen⟩ kuwaití *m/f*; **kuwaitisch** ADJ kuwaití

Ku'weit *etc* → Kuwait *etc*

kV ABK (Kilovolt) kv (kilovoltio)

kW ABK (Kilowatt) kilovatio *m*

KW ABK 1 (*Kurzwelle*) o.c. (onda *f* corta) 2 (*Kalenderwoche*) (número *m* de la) semana *f* normal

kWh ABK (Kilowattstunde) kw/h (kilovatio-hora)

Kyber'netik F ⟨~⟩ cibernética *f*; **Kybernetiker** M ⟨~s; ~⟩, **Kybernetikerin** F ⟨~; ~nen⟩ cibernético *m*, -a *f*; **kybernetisch** ADJ cibernético

'Kyrie ['kyːriə] N ⟨~; ~s⟩ kirie *m*

ky'rillisch ADJ cirílico

KZ N ABK (Konzentrationslager) campo *m* de concentración; **KZ-Gedenkstätte** F lugar *m* conmemorativo de los campos de concentración; **KZ-Häftling** M, **KZ-Insasse** M, **KZ-Insassin** F preso *m*, -a *f* de un campo de concentración

L

L, l N ⟨~; ~⟩ L, l *f*

l ABK (Liter) l (litro *m*)

l. ABK (links) izq. (izquierda)

Lab [laːp] N ⟨~(e)s; ~e⟩ cuajo *m*

'labb(e)rig ADJ (*schlaff*) fofo; (*fade*) soso

'labbern VI *nordd* → labern

'laben *geh* A VT (*erfrischen*) refrescar; (*beleben*) reanimar; (*ergötzen*) recrear B VR **sich an etw** (*dat*) **~** deleitarse con a/c, saborear a/c (*a. fig*)

'labern *umg pej* A VT **dummes Zeug ~** *umg* decir tonterías; soltar un rollo B VI hablar de tonterías (*od* de nimiedades); *umg* (*kein Ende finden*) enrollarse

'Labferment N renina *f*

labi'al ADJ PHON, MED labial

Labi'al M PHON labial *f*; **Labiallaut** M PHON sonido *m* labial

la'bil ADJ lábil; inestable

Labili'tät F ⟨~⟩ labilidad *f*; inestabilidad *f*

'Labkraut N BOT cuajaleche *m*; galio *m*; **Labmagen** M ZOOL cuajar *m*, abomaso *m*

La'bor N ⟨~s; ~s *od* ~e⟩ laboratorio *m*

Labo'rant M ⟨~en; ~en⟩, **Labo'rantin** F ⟨~; ~nen⟩ ayudante *m/f* de laboratorio; **Labora'torium** N ⟨~s; Laboratorien⟩ laboratorio *m*

labo'rieren VI ⟨*ohne* ge-⟩ 1 *umg* **an etw** (*dat*) **~** esforzarse por (*od* en) a/c 2 (*leiden*) *umg* **an einer Krankheit ~** padecer una enfermedad

La'bortechniker M, **Labortechnikerin** F ⟨~; ~nen⟩ técnico *m*, -a *f* de laboratorio; **Labortest** M, **Laborversuch** M experimento *m* (*od* test *m* de laboratorio)

Labrador M ⟨~s; ~e⟩ *Hund*: labrador *m*

'Labsal N ⟨~s; ~e⟩ *geh* (*Erfrischung*) refresco *m*; (*Genuss*) deleite *m*

Laby'rinth N ⟨~(e)s; ~e⟩ laberinto *m* (*a.* ANAT), dédalo *m* (*a. fig*); **labyrinthisch** ADJ laberíntico

'Lachanfall M ataque *m* de risa; **er bekam einen ~** le dio un ataque de risa

'Lache[1] [-a-] F ⟨~⟩ *umg* (*Gelächter*) risa *f*; risotada *f*; carcajada *f*

'Lache[2] [-aː-] F ⟨~; ~n⟩ (*Pfütze*) charco *m*

'lächeln VI sonreír; sonreírse (**über** *acus* de)

'Lächeln N ⟨~s⟩ sonrisa *f*

'lächelnd ADJ sonriente (*a. fig u. poet*), risueño

'lachen A VT **Tränen ~** llorar de la risa; **da gibt es nichts zu ~** no es ninguna broma; no es cosa de risa; **ich weiß nicht, was es da zu ~ gibt** no le veo la gracia; **er hat nichts zu ~** no tiene la vida nada fácil; no está sobre un lecho de rosas; *umg* **das** *od* **es wäre doch gelacht, wenn …** *umg* estaría gracioso si … B VI reír; reírse (**über** *acus* de); **höhnisch** *od* **hämisch ~** reír burlonamente; **laut** *od* **schallend ~** soltar una carcajada, reír a carcajadas; **darüber kann ich nur ~** me da risa; **dass ich nicht lache!** ¡no me haga(s) reír!; *iron* **du hast gut lachen** tú, ríete; **wer zuletzt lacht, lacht am besten** quien ríe último, ríe mejor C VR *umg* **sich krank** *od* **kaputt** *od* **(krumm und) schief ~** *umg* morirse de (la) risa

'Lachen N ⟨~s⟩ risa *f*; **höhnisches** *od* **hämisches ~** risa *f* sardónica (*od* burlona); **lautes ~** carcajada *f*; **in lautes ~ ausbrechen** prorrumpir en carcajadas; echarse a reír; **sich vor ~ biegen** partirse de risa; **sich vor ~ nicht halten können** morirse de risa; desternillarse de risa; *umg* partirse de risa; **vor ~ platzen** reventar de risa; **das ist zum ~** da risa; es para reírse; es ridículo; **zum ~ bringen** hacer reír; **zum ~ reizen** provocar risa; **mir ist nicht zum ~ (zumute)** no estoy para risas (*od* para bromas); **das ist nicht zum ~** no es ninguna broma; no es cosa de risa

'lachend ADJ risueño; *umg Erbe* contento

'Lacher M ⟨~s; ~⟩ reidor *m*; risueño *m*; **die ~ auf seiner Seite haben** tener al público de su parte

'Lacherfolg M éxito *m* de risa

'lächerlich ADJ ridículo; (*zum Lachen*) risible; (*unbedeutend*) irrisorio; absurdo; **~ machen** poner en ridículo; ridiculizar; **sich ~ machen** hacer el ridículo (*od umg* el ridi); ponerse (*od* quedar) en ridículo (*od* en evidencia); **j-n ~ machen** dejar a alg en ridículo; **etw ins Lächerliche ziehen** tomar a risa a/c, echar a broma a/c; ridiculizar a/c

'Lächerlichkeit F ⟨~; ~en⟩ ridículo *m*; ridiculez *f*; *fig* (*Kleinigkeit*) bagatela *f*; **der ~ preisgeben** poner en ridículo (*od* en berlina); ridiculizar

'Lachgas N CHEM gas *m* hilarante; **lachhaft** ADJ → lächerlich; **Lachkrampf** M MED risa *f* convulsiva; **Lachmöwe** F ZOOL gaviota *f* reidora; **Lachmuskel** M ANAT músculo *m* risorio; **Lachnummer** M *pej* situación *f* ridícula

Lachs [-ks] M ⟨~es; ~e⟩ *Fisch*: salmón *m*

'Lachsalve F carcajada *f*; explosión *f* de risa

'Lachsfang M pesca *f* del salmón; **lachsfarben** ADJ asalmonado, de color salmón; **Lachsforelle** F *Fisch*: trucha *f* asalmonada; **Lachsschinken** M jamón *m* asalmonado

'Lachtaube F ORN tórtola *f* collariza doméstica; **Lachtherapie** F *Heilkunde*: risoterapia *f*

Lack M ⟨~(e)s; ~e⟩ laca *f*; (*Firnis*) barniz *m*; (*Glanzlack*) charol *m*; (*Autolack*) pintura *f*; *umg* **und fertig ist der ~!** *umg* ¡y sanseacabó!

'Lackaffe M *umg pej* petimetre *m*, lechuguino *m*; **Lackarbeit** F *Gegenstand*: laca *f*

'Lackel M ⟨~s; ~⟩ *umg reg* patán *m*, palurdo *m*, paleto *m*

'Lackfarbe F pintura *f* de laca (*bzw* al barniz); **Lackfirnis** M laca *f* (barniz *m*)

la'ckieren VT ⟨*ohne* ge-⟩ *Holz* barnizar; *Auto* pintar; *Leder etc* charolar; **(sich** *dat*) **die Nägel ~** pintar(se) las uñas

La'ckieren N ⟨~s⟩ barnizado *m*; **Lackierer** M ⟨~s; ~⟩ barnizador *m*

Lackiere'rei F ⟨~; ~en⟩ taller *m* de barnizado

La'ckiererin F ⟨~; ~nen⟩ barnizadora *f*

Lackierte M ⟨~n; ~n; → A⟩ *umg* **der ~ sein** *umg* ser el primo; **Lackierung** F ⟨~; ~en⟩ barnizado *m*

'Lackleder N charol *m*

'Lackmus M, N ⟨~⟩ CHEM tornasol *m*; **Lackmuspapier** N CHEM papel *m* (de) tornasol

'Lackschuhe MPL zapatos *mpl* de charol

Lac'tose F *etc* → Laktose *etc*

'Lade F ⟨~; ~n⟩ *reg* (*Schublade*) cajón *m*; gaveta *f*

'Ladeaggregat N ELEK grupo *m* de carga; **Ladebaum** M SCHIFF percha *f* de carga; **Ladebühne** F plataforma *f* de carga; **Ladefähigkeit** F ⟨~⟩ capacidad *f* de carga; **Ladefläche** F superficie *f* de carga; **Ladegebühr** F, **Ladegeld** N derechos *mpl* de carga (*bzw* de embarque); **Ladegerät** N cargador *m*; **Ladegewicht** N peso *m* en carga; SCHIFF tonelaje *m*; **Ladehemmung** F *e-r Waffe*: encasquillamiento *m*; **~ haben** MIL encasquillarse; *fig hum* atascarse; **Ladekapazität** F → Ladefähigkeit; **Ladekran** M grúa *f* de carga; **Ladeluke** F SCHIFF escotilla *f* de carga; **Lademaschine** F cargadora *f*

'laden[1] VT ⟨*irr*⟩ 1 MIL, ELEK, IT cargar; MIL **blind/scharf ~** cargar sin/con bala; IT **ein Programm ~** cargar un programa 2 (*beladen*) *Waren* cargar (**auf** *acus* en); *auf Schiff*: embarcar (**auf** *acus* en); *umg fig* **er hat schwer geladen** *umg* está borracho (*od* trompa) 3 *fig* **etw auf sich** (*acus*) **~** cargar a/c sobre sí; cargar con a/c; **Hass auf sich** (*acus*) **~** atraer(se) el odio; **eine Schuld/ein Verbrechen auf sich** (*acus*) **~** hacerse culpable de una falta/de un delito; **die Verantwortung auf sich** (*acus*) **~** asumir la responsabilidad; → *a.* geladen

'laden[2] VT ⟨*irr*⟩ 1 *geh* (*einladen*) invitar; convidar; *zu e-r Versammlung etc*: convocar; **geladene Gäste** invitados *mpl* 2 JUR **vor Gericht ~** citar ante el tribunal

'Laden¹ M ⟨~s; ~̈⟩ 1 tienda *f*, negocio *m*, comercio *m*; *großer*: almacén *m* 2 *umg fig* tinglado *m*; **den ~ dichtmachen** *umg* tirar la toalla; *umg* **er wird den ~ schon schmeißen** él se encargará de todo; **er kann den ~ zumachen** está arruinado 3 *(Fensterladen)* contraventana *f*, postigo *m*; *(Rollladen)* persiana *f*
'Laden² N ⟨~s⟩ carga *f* (*a.* IT)
'Ladenbesitzer M, **Ladenbesitzerin** F propietario *m* -a *f* (*od* dueño *m* -a *f*) de una tienda; tendero *m* -a *f*; **Ladendieb** M **Ladendiebin** F ladrón *m*, -ona *f* de tiendas; *umg* mechera *f*; **Ladendiebstahl** M robo *m* (*od* ratería *f*) en tienda; **Ladeneinrichtung** F mobiliario *m* (*od* equipamiento *m*) de una tienda; **Ladenfläche** F superficie *f* comercial; área *f* comercial; **Ladengalerie** F galería *f* de tiendas; galería *f* comercial; **Ladenhüter** M artículo *m* invendible; **Ladeninhaber** M, **Ladeninhaberin** F → Ladenbesitzer; **Ladenkette** F cadena *f* de tiendas; **Ladenlokal** N local *m* comercial; **Ladenmiete** F alquiler *m* de la tienda; **Ladenöffnungszeiten** PL horario *m* comercial (*od* de apertura); horario *m* (*od* horas *pl*) de atención al público; **Ladenpassage** F pasaje *m* comercial; **Ladenpreis** M precio *m* de venta al público; **Ladenraum** M local *m* (de una tienda); *rückwärtiger*: trastienda *f*; **Ladenschild** N rótulo *m*; letrero *m*
'Ladenschluss M ⟨~es⟩ (hora *f* de) cierre *m* de los comercios; **Ladenschlussgesetz** N *BRD*: ley *f* de horario comercial; ley *f* de cierre de los comercios; **Ladenschlusszeit** F horario *m* comercial (de cierre)
'Ladenstraße F calle *f* comercial; **Ladentheke** F, **Ladentisch** M mostrador *m*; **Ladentür** F puerta *f* de la tienda; **Ladenzeile** F galería *f* de negocios; galería *f* comercial
'Ladeplatz M SCHIFF embarcadero *m*; cargadero *m*; **Ladeprofil** N BAHN gálibo *m* de carga
'Lader M ⟨~s; ~⟩ TECH cargador *m*
'Laderampe F rampa *f* (SCHIFF muelle *m*) de carga; **Laderaum** M capacidad *f* de carga; *(Tonnage)* tonelaje *m*; SCHIFF bodega *f*; **Ladeschein** M SCHIFF certificado *m* de carga; póliza *f* de cargamento; **Ladespannung** F ELEK tensión *f* de carga; **Ladestation** F, **Ladestelle** F ELEK estación *f* de carga, puesto *m* de carga; **Ladestrom** M ELEK corriente *f* de carga; **Ladetermin** M JUR fecha *f* de citación; HANDEL *v. Waren*: fecha *f* de carga; **Ladetrommel** F *e-s Revolvers*: barrilete *m*; **Ladevorrichtung** F cargador *m*; dispositivo *m* de carga (*a.* MIL)
lä'dieren VT ⟨*ohne* ge-⟩ deteriorar; estropear; *(verwunden)* lesionar
La'diner M ⟨~s; ~⟩, **Ladinin** F ⟨~; ~nen⟩ ladino *m*; -a *f*; **ladinisch** ADJ ladino
La'dino M ⟨~s; ~s⟩ ladino *m*
'Ladung F ⟨~; ~en⟩ 1 *allg* carga *f* (*a. e-r Feuerwaffe*, ELEK); *bes* SCHIFF cargamento *m*; SCHIFF **~ einnehmen** admitir carga; **die ~ löschen** descargar 2 JUR citación *f*; *(Vorladung)* emplazamiento *m*; VERW convocatoria *f* 3 *umg (Menge)* montón *m*; **eine (ganze) ~ Touristen** *etc* un montón de turistas, *etc*
'Ladungsempfänger M, **Ladungsempfängerin** F HANDEL consignatario *m*, -a *f*
La'fette F ⟨~; ~n⟩ MIL cureña *f*; *ohne Räder*: afuste *m*
lag → liegen
'Lage F ⟨~; ~n⟩ 1 *räumlich*: situación *f* (*a. fig*); *(Stellung)* posición *f*; *von Gebäuden etc*: emplazamiento *m*; sitio *m*; *bes Am* ubicación *f*; *umg fig* **die ~ peilen** *umg* tantear (*od* sondear) el terreno 2 *(Umstände, Verhältnisse)* situación *f*; circunstancias *fpl*; **schwierige ~** apuro *m*; **in einer schwierigen ~ sein** estar en una situación difícil (*od* en apuros); **j-n in eine schwierige ~ bringen** poner a alg en un apuro; **in j-s ~** *(dat)* **sein** estar en el lugar (*od umg* en el pellejo) de alg; **versetzen Sie sich in meine ~** póngase en mi caso (*od* lugar) 3 *(Zustand)* estado *m*; condición *f*; **bei dieser** (*od* **nach**) **~ der Dinge** en este estado de cosas, en estas condiciones; **in der ~ sein, zu** *(inf)* estar en condiciones de *(inf)*; ser capaz de *(inf)*; **ich bin nicht in der ~, zu** *(inf)* me es imposible *(inf)*; **j-n in die ~ versetzen, zu** *(inf)* poner a alg en condiciones de *(inf)* 4 *(Körperlage)* posición *f*; postura *f*; MED *des Fötus*: presentación *f* 5 *(Schicht)* capa *f*; BAU *v. Ziegelsteinen*: hilada *f*; GEOL estrato *m*; **eine ~ Papier** una capa de papel; *beim Einkauf*: **eine ~ vom Schinken** *etc* una porción del jamón, *etc* 6 SPORT *Schwimmen*: **4x100 m ~n** 4x100 m (a) estilos 7 MUS *(Tonlage)* registro *m*, tesitura *f* 8 *umg (Runde)* **eine ~ Bier spendieren** pagar una ronda de cerveza
'Lagebericht M informe *m* sobre la situación; **Lagebesprechung** F análisis *m* de la situación
'Lagenstaffel F SPORT *Schwimmen*: relevo *m* de estilos individual
'lagenweise ADV por capas
'Lageplan M plano *m* (general); ARCH trazado *m* general
'Lager N ⟨~s; ~⟩ 1 MIL *(Feldlager)* campamento *m*; *(Flüchtlingslager etc)* campo *m*; **das ~ aufschlagen** *(zelten)* acampar; montar la(s) tienda(s) de campaña (*od* de camping) 2 POL *(Seite, Partei)* campo *m*, grupo *m*; **ins andere ~ übergehen** (*a. fig*) pasarse al campo contrario 3 ⟨*pl a.* ~̈⟩ HANDEL *(Warenlager)* almacén *m*; depósito *m*; *(Vorrat)* existencias *fpl*, stock *m*; **automatisiertes ~** almacén *m* automático; **das ~ auffüllen** reponer existencias (*od* el surtido); **das ~ räumen** liquidar las existencias (*od* el surtido); **ab ~** franco (*od* puesto en) almacén; **auf ~** en almacén; en depósito; **etw auf ~ haben** tener en almacén (*od* en existencias); *fig* tener a/c en reserva, traer a/c en la manga; **auf ~ nehmen** tomar en depósito, almacenar 4 GEOL capa *f*, yacimiento *m* (*a.* BERGB) 5 TECH soporte *m*, asiento *m*, cojinete *m* 6 *geh (Bett)* cama *f*, *poet* lecho *m*; *(Ruhestätte)* yacija *f* 7 JAGD *v. Tieren*: guarida *f*; cubil *m*; *v. Hasen*: madriguera *f*
'Lagerabbau M HANDEL reducción *f* de existencias (*od* del stock); **Lagerarbeiter** M, **Lagerarbeiterin** F empleado *m*, -a *f* (*od* peón *m*, -ona *f*) de almacén (*od* de depósito); **Lagerauffüllung** F reposición *f* de existencias; **Lageraufseher** M, **Lageraufseherin** F 1 HANDEL guardalmacén *m/f*, almacenero *m*, -a *f* 2 *in e-m Gefangenenlager*: guarda *m/f* de un campo (de concentración); **Lagerausstattung** F equipamiento *m* del almacén (*od* del depósito)
'Lagerbestand M HANDEL existencias *fpl* (en almacén), stock *m*; *(Sortiment)* surtido *m* disponible; **den ~ aufnehmen** hacer inventario; **den ~ überprüfen** revisar las existencias (*od* el stock)
'Lagerbestandsabbau M → Lagerabbau; **Lagerbier** N cerveza *f* de fermentación baja; **Lagerbildung** F 1 HANDEL formación *f* de stocks 2 POL formación *f* de un grupo (*od* de un ala); **Lagerbuch** N HANDEL libro *m* de almacén; **Lagerbuchhaltung** F HANDEL inventario *m* (contable); inventario *m* de existencias; **Lagerbuchse** F TECH casquillo *m* de cojinete; **Lagerdauer** F HANDEL tiempo *m* de almacenaje; **Lagerfeuer** N hoguera *f*; **Lagerfläche** F superficie *f* de almacén (*od* de depósito); área *f* de almacén (*od* de depósito); **Lagergebühr** F, **Lagergeld** N derechos *pl* de almacenaje (*od* de depósito); **Lagerhalle** F nave *f* de almacén, depósito *m*; **Lagerhalter** M, **Lagerhalterin** F HANDEL almacenista *m/f*; **Lagerhaltung** F HANDEL almacenaje *m*; almacenamiento *m*; gestión *f* de stocks; **Lagerhaltungskosten** PL costes *pl* (*od* gastos *pl*) de almacenamiento (*od* de almacén); **Lagerhaus** N almacén *m*; depósito *m*
'Lagerinsasse M, **Lagerinsassin** F 1 *im Flüchtlingslager*: acogido *m*, -a *f* (*od* refugiado *m*, -a *f*) de un camp(ament)o 2 *im Gefangenenlager*: prisionero *m*, -a *f*, recluso *m*, -a *f* de un campo (de concentración)
Lage'rist M ⟨~en; ~en⟩, **Lageristin** F ⟨~; ~nen⟩ HANDEL almacenero *m*, -a *f*; almacenista *m/f*; guardalmacén *m/f*; empleado *m*, -a *f* de almacén
'Lagerkapazität F HANDEL capacidad *f* de almacenamiento; **Lagerkommandant** M MIL comandante *m* (*od* jefe *m*) de un camp(ament)o; **Lagerkontrolle** F HANDEL control *m* de existencias (*od* stocks); **Lagerkosten** PL HANDEL gastos *pl* (*od* costes *pl*) de almacenamiento; **Lagerleben** N vida *f* de campamento; **Lagerleiter** M, **Lagerleiterin** F 1 MIL jefe *m*, -a *f* de campamento 2 HANDEL jefe *m*, -a *f* de almacén; **Lagerleitung** F 1 MIL dirección *f* (*od* jefatura *f*) de un camp(ament)o 2 HANDEL dirección *f* (*od* jefatura *f*) de almacén; **Lagermetall** N TECH metal *m* antifricción; **Lagermiete** F HANDEL alquiler *m* de almacén; almacenaje *m*
'lagern A VT 1 *(hinlegen)* tender, echar; *bes* MED **j-n ~** acostar *od* apoyar a alg 2 HANDEL *Waren* conservar, almacenar; *Wein* embodegar 3 TECH montar sobre cojinetes B VI 1 *(ruhen)* reposar, descansar; *(liegen)* estar echado (*od* tendido) 2 *(kampieren)* acampar 3 HANDEL *Waren* estar almacenado (*od* en almacén); hallarse en (el) depósito; *Wein* estar en bodega, reposar 4 *fig* **dieser Fall ist anders gelagert** es un caso diferente
'Lagerobst N fruta *f* de guardar; **Lagerplatz** M 1 campamento *m*; sitio *m* de acampada 2 HANDEL *für Waren*: almacén *m*; depósito *m*; **Lagerraum** M depósito *m*; almacén *m*; *für Wein*: bodega *f* (*a.* SCHIFF); **Lagerschaden** M deterioro *m* debido al almacenamiento; **Lagerschale** F TECH cojinete *m*; **Lagerschein** M HANDEL resguardo *m* (*od* recibo *m od* certificado *m*) de depósito; **Lagerschuppen** M tinglado *m*; cobertizo *m*; **Lagerstatt** F yacija *f*; *(Bett)* cama *f*, *poet* lecho *m*; **Lagerstätte** F 1 → Lagerplatz 2 GEOL yacimiento *m*; **Lagertank** M tanque *m* depósito (*od* de almacenamiento); **Lagerumschlag** M HANDEL rotación *f* de stocks (*od* de existencias); **Lagerung** F ⟨~; ~en⟩ 1 HANDEL almacenamiento *m*, almacenaje *m*; depósito *m* 2 TECH *(Stütze)* soporte *m*, asiento *m*; **Lagerverkauf** M HANDEL venta *f* en depósito (*od* en almacén); **Lagerverwalter** M, **Lagerverwalterin** F HANDEL almacenista *m/f*; jefe *m*, -a *f* (*od* administrador *m*, -a *f*) de almacén; **Lagerverzeichnis** N HANDEL inventario *m* de existencias; **Lagerzapfen** M TECH vástago *m*, muñón *m*; **Lagerzeit** F HANDEL tiempo *m* de almacenamiento
La'gune F ⟨~; ~n⟩ albufera *f*; **Lagunenstadt** F ciudad *f* lacustre
lahm ADJ 1 *(gelähmt)* paralizado; MED paralíti-

co; tullido; (*hinkend*) cojo, *Am a.* rengo **2** *umg fig* (*kraftlos*) sin fuerza; ineficaz; (*schwach*) débil; flojo; (*schleppend*) lento, pesado **3** *umg* (*langweilig*) aburrido, pesado

'Lahme M/F ⟨~n; ~n; → A⟩ paralítico *m*, -a *f*; *weitS.* cojo *m*, -a *f*

'lahmen VI cojear; ser (*od* ir) cojo; *Am a.* renguear

'lähmen VT paralizar (*a. fig*); → *a.* gelähmt; **lähmend** ADJ paralizador

'Lahmer M → Lahme

'lahmlegen VT *fig* paralizar; inmovilizar; MIL neutralizar

'Lahmlegen N ⟨~s⟩, **Lahmlegung** F ⟨~; ~en⟩ paralización *f*; inmovilización *f*; MIL neutralización *f*

'Lähmung F ⟨~; ~en⟩ MED, *fig* parálisis *f*, paralización *f*; MED **halbseitige ~** hemiplejia *f*

Laib M ⟨~(e)s; ~e⟩ **~ Brot** pan *m*; hogaza *f*; **ein ~ Käse** un pan de queso

'Laich M ⟨~(e)s; ~e⟩ freza *f*; **den ~ ablegen** → laichen

'laichen VI frezar, desovar, aovar

'Laichen N ⟨~s⟩ desove *m*, freza *f*; **Laichzeit** F época *f* de desove, freza *f*

'Laie ['laɪə] M ⟨~n; ~n⟩ **1** REL lego *m* (*a. fig*), seglar *m*, laico *m* **2** (*Uneingeweihter*) profano *m*, lego *m*; (*Nichtfachmann*) aficionado *m*; **blutiger ~** perfecto aficionado *m*

'Laienbruder M REL lego *m*, converso *m*; **Laiendarsteller** M, **Laiendarstellerin** F THEAT actor *m*, actriz *f* aficionado, -a (*od* amateur *od* no profesional); **laienhaft** ADJ profano; de aficionado; **Laienprediger** M predicador *m* laico; **Laienpriester** M clérigo *m* secular; **Laienrichter** M, **Laienrichterin** F juez *m*, -a *f* lego, -a (*od* popular); escabino *m*, -a *f*; **Laienschauspieler** M, **Laienschauspielerin** F THEAT → Laiendarsteller; **Laienschwester** F REL lega *f*, conversa *f*; **Laienspiel** N THEAT teatro *m* de aficionados; **Laienspieler** M, **Laienspielerin** F THEAT → Laiendarsteller; **Laienspielgruppe** F THEAT grupo *m* de teatro de aficionados (*od* amateur)

'Laienstand M estado *m* laical; **in den ~ versetzen** secularizar; **Versetzung** *f* **in den ~** secularización *f*

'Laientheater N THEAT → Laienspiel

La'kai M ⟨~en; ~en⟩ lacayo *m* (*a. fig pej*)

la'kaienhaft ADJ lacayuno, servil

'Lake F ⟨~; ~n⟩ salmuera *f*

'Laken N ⟨~s; ~⟩ (*Bettlaken*) sábana *f*

Lako'nie F ⟨~⟩ laconismo *m*

la'konisch ADJ lacónico

La'kritze F ⟨~; ~n⟩ regaliz *m*, orozuz *m*; **Lakritz(en)stange** F barra *f* de regaliz

Lak'tose F CHEM lactosa *f*; **laktosefrei** ADJ sin lactosa; **Laktoseintoleranz** F, **Laktoseunverträglichkeit** F intolerancia *f* a la lactosa

'lallen VI & VT balbucear, balbucir; (*stottern*) tartamudear

'Lallen N ⟨~s⟩ balbuceo *m*; tartamudeo *m*

'Lama[1] N ⟨~s; ~s⟩ ZOOL llama *f*

'Lama[2] M ⟨~s; ~s⟩ REL lama *m*

Lama'ismus M ⟨~⟩ REL lamaísmo *m*; **Lama'ist** M ⟨~en; ~en⟩ REL lamaísta *m*

Lam'bada F ⟨~; ~s⟩ *od* M ⟨~(s); ~s⟩ MUS lambada *m*

Lambda N ⟨~(s); ~s⟩ lambda *f*

La'mé M ⟨~s; ~s⟩ TEX lamé *m*

La'melle F ⟨~; ~n⟩ laminilla *f* (*a.* BOT); TECH *a.* lámina *f*; arandela *f*; disco *m*; segmento *m*; ELEK delga *f*

La'mellenkühler M AUTO radiador *m* de aletas; **Lamellenkupplung** F embrague *m* de discos (múltiples)

lamen'tieren VI ⟨*ohne* ge-⟩ lamentarse, quejarse (**über** *acus* de)

La'mento N ⟨~s; ~s⟩ lamentación *f*, lamento *m*, lamentaciones *fpl*

La'metta N ⟨~s⟩ espumillón *m*

Lami'nat N ⟨~s; ~e⟩, -boden *m* tarima *f* (flotante)

lami'nieren VT ⟨*ohne* ge-⟩ TECH laminar

Lamm N ⟨~(e)s; ¨~er⟩ cordero *m*; **das ~ Gottes** el Cordero de Dios

'Lammbraten M GASTR cordero *m* asado

'Lämmchen N ⟨~s; ~⟩ corderito *m*, corderillo *m*

'lammen VI ZOOL (*Schaf*) parir

'Lämmergeier M ORN quebrantahuesos *m*

'Lammfell N piel *f* de cordero; **Lammfleisch** N (carne *f* de) cordero *m*

'lamm'fromm ADJ manso como un cordero; más suave que un guante

'Lammfutter N *in Kleidungsstücken*: forro *m* de borreguillo; **Lammkeule** F pierna *f* de cordero; **Lammkotelett** N chuleta *f* de cordero

'Lammwolle F lana *f* de cordero

'Lämpchen N ⟨~s; ~⟩ lamparita *f*, lamparilla *f*

'Lampe F ⟨~; ~n⟩ lámpara *f*; **beim Schein der ~** a la luz de la lámpara

'Lampenfassung F ELEK portalámparas *m*; **Lampenfieber** N THEAT *etc*: miedo *m* escénico; nerviosidad *f* al presentarse en público; **~ haben** *umg* tener nervios; **Lampenhändler** M, **Lampenhändlerin** F lamparero *m*, -a *f*; **Lampenhandlung** F lamparería *f*; **Lampenlicht** N luz *f* de la lámpara; **Lampenmacher** M, **Lampenmacherin** F lamparero *m*, -a *f*; **Lampenschein** M **bei ~** a la luz de la lámpara; **Lampenschirm** M pantalla *f*; **Lampensockel** M portalámparas *m*

Lampi'on [-pi'ɔŋ] M ⟨~s; ~s⟩ farolillo *m*, farol *m* de papel

Lam'prete F ⟨~; ~n⟩ *Fisch*: lamprea *f*

lan'cieren [lã'siːrən] VT ⟨*ohne* ge-⟩ lanzar (*a. fig*); WIRTSCH **ein Produkt auf dem Markt ~** lanzar un producto al mercado; introducir un producto en el mercado

Land N ⟨~(e)s; ¨~er⟩ **1** (*Festland*) tierra *f*; **festes ~** tierra *f* firme; **~ in Sicht!** ¡tierra a la vista!; *fig* **(wieder) ~ sehen** ver el cielo abierto; SCHIFF **an ~** en tierra; SCHIFF **an ~ gehen** desembarcar, ir (*od* bajar) a tierra, poner pie en tierra; *umg fig* **(sich** *dat*) **etw an ~ ziehen** *umg* pescar(se) a/c; **~ unter** inundado **2** (*Boden*) tierra *f*; AGR *a.* suelo *m*; (*Grundstück*) terreno *m*; **flaches ~** llanura *f*; **unbebautes ~** tierra *f* inculta; **ein Stück ~** un terreno **3** *Gegensatz zur Stadt*: campo *m*; *Am* campaña *f*; **aufs ~ gehen** ir al campo; **auf dem ~** (*österr* **am Land**) **wohnen** *od* **leben** vivir en el campo; **aufs ~ ziehen** irse a vivir al campo **4** (*Gebiet*) territorio *m*; región *f*; POL país *m*; (*Staat*) estado *m*; (*Bundesland*) estado *m* federado (*od* federal), land *m*; **aus aller Herren Länder(n)** de todas las partes del mundo; *geh* **außer ~es gehen** expatriarse, emigrar; **j-n des ~es verweisen** expulsar del país a alg, desterrar a alg; **außer ~es sein** estar en el extranjero; **hier zu ~e** → hierzulande; **übers ~ gehen** *od* **ziehen** ir de un sitio a otro **5** *fig* **ins ~ gehen** *Zeit* pasar, transcurrir **6** *Bibel* **das Heilige ~** la Tierra Santa; **das Gelobte ~** la Tierra Prometida

land'ab ADV **landauf, ~** → landauf

'Landadel M nobleza *f* rural; **Landammann** M ⟨~(e)s; ¨~er⟩ *schweiz* *jefe de gobierno de algunos cantones suizos*; **Landarbeit** F faenas *fpl* agrícolas (*od* del campo); **Landarbeiter** M, **Landarbeiterin** F trabajador *m*, -a *f* agrícola (*od* del campo); **Landarzt** M, **Landärztin** F médico *m*, -a *f* rural (*od* de pueblo)

'Landauer M ⟨~s; ~⟩ *Kutsche*: landó *m*

land'auf ADV **~, landab** de arriba a abajo; de punta a punta

'Landaufenthalt M estancia *f* en el campo

'land'aus ADV **~, landein** de tierra en tierra, de país en país

'Landbau M ⟨~(e)s⟩ agricultura *f*; **Landbesitz** M fincas *fpl* rústicas; tierras *fpl*; propiedades *fpl*; **Landbesitzer** M, **Landbesitzerin** F terrateniente *m/f*, hacendado *m*, -a *f*; propietario *m*, -a *f* rural; **Landbevölkerung** F población *f* rural; **Landbewirtschaftung** F explotación *f* agraria (*od* agrícola *od* del campo); **Landbewohner** M, **Landbewohnerin** F habitante *m/f* del campo; campesino *m*, -a *f*; **Landbriefträger** M, **Landbriefträgerin** F cartero *m*, -a *f* rural; **Landbrot** N pan *m* de payés; **Landbrücke** F GEOG puente *m* de tierra

'Landeanflug M FLUG vuelo *m* de aproximación; **Landebahn** F FLUG pista *f* de aterrizaje; **Landedeck** N FLUG cubierta *f* de aterrizaje

'Landedelmann M HIST hidalgo *m* rural

'Landeerlaubnis F FLUG permiso *m* de aterrizaje; **Landegebühr** F FLUG derechos *pl* (*od* tasa) *f* de aterrizaje; **Landegeschwindigkeit** F FLUG velocidad *f* de aterrizaje

'Landei N *umg pej* paleto *m*

'land'ein ADV **landaus, ~** → landaus; **landeinwärts** ADV tierra adentro

'Landeklappe F FLUG alerón *m* de aterrizaje

'landen **A** VI **1** SCHIFF tomar tierra; arribar (**auf** *dat* en); atracar; abordar **2** FLUG aterrizar; tomar tierra (**auf** *dat* en); *auf dem Wasser*: amarar; **auf dem Mond ~** alunizar **3** *umg* (*ankommen*) llegar, *umg* aterrizar; *irgendwo*: ir a parar, *umg* recalar; **im Gefängnis ~** caer (*od* acabar) en la cárcel; SPORT **auf dem 3. Platz ~** clasificarse en tercer lugar; *umg* **damit kannst du bei ihm nicht ~** con esto no sacarás nada de él **B** VT **1** SCHIFF *Passagiere* desembarcar; MIL *Truppen a.* poner a tierra, introducir; FLUG poner en tierra, aterrizar **2** *umg Schlag umg* propinar; **einen Treffer ~** acertar (*a. fig*)

'Landen N ⟨~s⟩ → Landung

'Landenge F istmo *m*

'Landepiste F → Landebahn; **Landeplatz** M **1** SCHIFF embarcadero *m*; desembarcadero *m* **2** FLUG campo *m* de aterrizaje

Lände'reien FPL tierras *fpl*; fincas *fpl* rústicas

Länderfi'nanzausgleich M *BRD*: compensación *f* financiera entre los estados federados; *sp* compensación *f* interterritorial

'Länderkammer F *BRD* Cámara *f* Alta (*od* Segunda Cámara *f*) de la República Federal; **Länderkampf** M SPORT torneo *m* (*od* campeonato *m*) internacional; **Länderkunde** F geografía *f*; **Ländermannschaft** F SPORT equipo *m* nacional; **Länderparlament** N POL parlamento *m* regional (*od* del estado federado); **Länderspiel** N SPORT partido *m* (*od* encuentro *m*) internacional

'länderübergreifend ADJ **1** (*international*) supranacional; que concierne a varios países **2** *innerhalb der BRD*: suprarregional; que concierne a los estados federados

'Ländervorwahl F TEL prefijo *m* (telefónico) del país

'Landesanstalt F *BRD*: oficina *f* del estado federado; **Landesarbeitsamt** N *sp* ≈ Delegación *f* Regional (*od* Autonómica) de Trabajo; **Landesarbeitsgericht** N JUR *BRD*: tribunal *m* de trabajo del Land (*od* del estado federado); **Landesbank** F Banco *m* Federal; **Landesbauordnung** F ley *f* de edificación del estado federado; **Landesbeamte(r)** M, **Landesbeamtin** F *BRD*: funcionario *m*, -a *f* del Land (*od* del estado federado); **Landesbeschreibung** F topografía *f*; **Landesbischof** M REL *BRD*: obispo *m* del Land; **Landesbrauch** M costumbre *f* del país

'Landescheinwerfer M FLUG aerofaro *m* (de aterrizaje)

'Landesebene F *BRD* **auf ~** a nivel *m* del estado federado;**Landeseinwohneramt** N VERW **~ Berlin** oficina *f* de empadronamiento (*od* del censo) de Berlin; **Landeserzeugnis** N producto *m* nacional (*od* del país); **Landesfarben** FPL colores *mpl* nacionales; **Landesflagge** F bandera *f* nacional; **landesflüchtig** ADJ *bes* JUR fugitivo; **Landesfürst** M, **Landesfürstin** F soberano *m*, -a *f*; príncipe *m*, princesa *f* reinante; **Landesgartenschau** F exposición *f* regional de jardinería (*od* de horticultura); **Landesgebiet** N → Staatsgebiet; **Landesgericht** N JUR tribunal *m* regional (*sp* autonómico); **Landesgeschäftsstelle** F *BRD*: oficina *f* de representación del estado federado (*od* del Land); **Landesgrenze** F frontera *f* nacional; *innerhalb der BRD*: límite *m* (de un estado federado); **Landeshauptmann** M ⟨~(e)s; ⸚er *od* -leute⟩, **-hauptfrau** F *österr* presidente *m*, presidenta *f* del estado federado; **Landeshauptstadt** F capital *f* (*BRD etc*: de un estado federado); **Landesherr** M, **Landesherrin** F soberano *m*, -a *f*; **Landesinnere(s)** N ⟨~n; → *A*⟩ **das ~** el interior del país; **Landeskabinett** F POL *BRD*: gabinete *m* (*od* consejo *m* de ministros) del estado federado (*od* del Land); **Landeskennzahl** F TEL → Ländervorwahl; **Landeskirche** F iglesia *f* nacional (*bzw* regional); **Landeskirchenamt** N oficina *f* eclesiástica regional; **Landeskrankenhaus** N hospital *m* regional; **Landeskriminalamt** N *BRD*: brigada *f* de investigación criminal del estado federado; comisaría *f* general de la policía judicial del estado federado; **Landeskunde** F civilización *f*

'landeskundig ADJ que conoce el país, conocedor del país; **landeskundlich** ADJ geográfico

'Landesliga F SPORT liga *f* (deportiva) regional (*od* del Land); **Landesmeister** M, **Landesmeisterin** F SPORT campeón *m*, -ona *f* regional (*od* del Land); **Landesmittel** PL recursos *pl*, medios *pl* de un estado federado (*od* del Land); **Landesmutter** F ⟨~; ⸚⟩ *geh, oft hum* soberana *f*; **Landesparlament** N POL *BRD*: parlamento *m* regional (*od* del Land)

'Landespolitik F política *f* regional; **Landespolitiker** M, **Landespolitikerin** F político *m*, -a *f* regional; **landespolitisch** (en materia) de política regional; político-regional

'Landespolizei F policía *f* regional (*od* del estado federado); **Landesprodukt** N → Landeserzeugnis; **Landesregierung** F *BRD, österr*: gobierno *m* de un estado federado; **Landessitte** F → Landesbrauch; **Landessozialamt** N instituto *m* regional de asistencia social; **Landessprache** F idioma *m* nacional; **Landessynode** F REL *BRD*: sínodo *m* regional (*od* del estado federado)

'Landesteg M, **Landestelle** F embarcadero *m*; desembarcadero *m*

'Landestracht F traje *m* regional (*bzw* nacional)

'landestypisch ADJ típico de del país (*bzw* de la región); **landesüblich** ADJ usual en el país

'Landesvater M soberano *m*; padre *m* del pueblo; **Landesverband** M *BRD*: asociación *f*, (*od* agrupación *f od* confederación *f*) regional (*od* del Land *od* del estado federado)

'Landesverfassung F POL *BRD*: constitución *f* del estado federado (*od* del Land); **Landesverfassungsgericht** N JUR *BRD*: tribunal *m* constitucional del estado federado (*od* del Land)

'Landesvermessung F topografía *f*; geodesia *f*; **Landesvermessungsamt** N oficina *f* de servicio topográfico del estado federado (*od* del Land)

'Landesverrat M traición *f* (a la patria); alta traición *f*; **Landesverräter** M, **Landesverräterin** F traidor *m*, -a *f* a la patria; **Landesversicherungsanstalt** F *BRD*: entidad *f* aseguradora de la seguridad social del estado federado (*od* del Land); **Landesverteidigung** F defensa *f* nacional; **Landesvertretung** F POL *BRD*: representación *f* del estado federado (*bzw* del Land); **Landesverwaltung** F administración *f* nacional (*od* regional *od* del estado federado); **Landesverweisung** F expatriación *f* (forzosa), expulsión *f* (del país); **Landesverwiesene** M/F ⟨~n; ~n; → *A*⟩ expulsado *m*, -a *f*; desterrado *m*, -a *f*; **Landesvorsitz** M presidencia *f* (*od* jefatura *f od* secretaría *f*) general; dirección *f* regional; **Landesvorsitzende** M/F presidente *m*, -a *f* regional (*od* del estado federado); **Landesvorstand** M **1** *Gremium e-r Partei, v. Gewerkschaften*: ejecutiva *f* regional **2** *Person*: miembro *m* de la ejecutiva regional; **Landeswährung** F moneda *f* nacional; **in ~** en moneda nacional

'landesweit ADJ en todo el país

'Landeverbot N FLUG prohibición *f* de aterrizaje; **Landezone** F FLUG zona *f* de aterrizaje

'Landflucht F éxodo *m* (*od* emigración *f*) rural; migración *f* a las ciudades; **Landfrau** F campesina *f*, mujer *f* del campo; **Landfriede** M HIST paz *f* pública, orden *m* público; **Landfriedensbruch** M ruptura *f* de la paz pública; **Landfunk** M RADIO emisión *f* agrícola; **Landgang** M SCHIFF permiso *m* para ir a tierra; **Landgasthof** M hotel *m* (*od* hostal *m od* pensión *f*) rural; **Landgeistliche(r)** M *obs* párroco *m* rural, cura *m* de aldea; **Landgemeinde** F POL municipio *m* rural; REL parroquia *f* rural; **Landgericht** N JUR tribunal *m* de distrito; *sp* audiencia *f* provincial

'Landgerichtspräsident M, **Landgerichtspräsidentin** F JUR presidente *m*, -a *f* del tribunal de distrito; *sp* presidente *m*, -a *f* de la audiencia provincial

'landgestützt ADJ MIL *Rakete* con base terrestre, basado en tierra

'Landgraf M HIST landgrave *m*; **Landgräfin** F HIST esposa *f* del landgrave; **Landgrafschaft** F HIST landgraviato *m*; **Landgut** N finca *f* rústica (*Am* rural); *Am* hacienda *f*; *Arg* estancia *f*; **Landhaus** N casa *f* de campo; quinta *f*; *kleineres*: chalet *m*; **Landheer** N MIL ejército *m* de tierra; **Landjugend** F juventud *f* rural; **Landjunker** M HIST hidalgo *m* rústico; **Landkarte** F mapa *m*; **Landkorridor** M corredor *m* terrestre; **Landkreis** M VERW circunscripción *f* (administrativa) rural; **Landkreistag** M concejo *m* de distrito; **Landkrieg** M MIL guerra *f* terrestre; guerra *f* de infantería

'landläufig ADJ corriente, común; generalmente aceptado

'Landleben N vida *f* rural (*od* en el campo)

'Ländler M ⟨~s; ~⟩ MUS, *Tanz*: baile *m* tirolés

'Landleute PL gente *f* del campo; población *f* rural; campesinos *mpl*

'ländlich ADJ rural; campesino, del campo; campestre; (*einfach, bäuerlich*) rústico; *pej* de pueblo; pueblerino, aldeano; **Ländlichkeit** F ⟨~⟩ carácter *m* rural; rusticidad *f*

'landlos ADJ sin tierra

'Landluft F aire *m* del campo; **Landmädchen** N joven campesina *f*; **Landmann** M ⟨~(e)s; -leute⟩ campesino *m*; (*Bauer*) labrador *m*, labriego *m*, *Am* paisano *m*; **Landmarke** F SCHIFF marca *f*; punto *m* de referencia; **Landmaschine** F AGR máquina *f* agrícola; **Landmaschinenbau** M ≈ ingeniería *f* agrícola; **Landmesser** M *obs* agrimensor *m*; geodesta *m*; **Landmine** F MIL mina *f* terrestre; **Landpartie** F excursión *f* campestre, jira *f* (campestre); **Landpfarre(i)** F parroquia *f* rural; **Landpfarrer** M párroco *m* rural; **Landplage** F azote *m*; plaga *f* pública; **Landpomeranze** F *umg pej* provinciana *f*

Landrat M **1** *BRD*: jefe *m* de la administración de la circunscripción **2** *schweiz parlamento de determinados cantones suizos*; **Landrätin** F *BRD*: jefa *f* de la administración de la circunscripción; **Landratsamt** N administración *f* de la circunscripción; jefatura *f* del distrito

'Landratte F SCHIFF hombre *m* de tierra adentro; *hum* marinero *m* de agua dulce; **Landreform** F reforma *f* agraria; **Landregen** M lluvia *f* persistente, *umg* calabobos *m*; **Landreise** F viaje *m* por tierra; *aufs Land*: viaje *m* al campo; **Landrücken** M loma *f*

'Landschaft F ⟨~; ~en⟩ **1** paisaje *m* (*a.* MAL); (*Gegend*) comarca *f* **2** *fig* **politische ~** escena *f* política; paisaje *m* político; **landschaftlich** **A** ADJ paisajístico; comarcal **B** ADV **~ schön** de belleza paisajística

'Landschaftsbau M ⟨~(e)s⟩ arquitectura *f* paisajística; **Landschaftsbild** N MAL paisaje *m*; **Landschaftsgarten** M jardín *m* inglés; **Landschaftsgärtner** M, **Landschaftsgärtnerin** F jardinero *m*, -a *f* paisajista; **Landschaftsmaler** M paisajista *m*; **Landschaftsmalerei** F pintura *f* de paisajes, paisajismo *m*; **Landschaftsmalerin** F paisajista *f*; **Landschaftspark** M parque *m* (*od* jardín *m*) inglés; **Landschaftspflege** F conservación *f* del paisaje; **Landschaftsplanung** F ordenación *f* paisajística; **Landschaftsraum** M espacio *m* natural; **Landschaftsschutz** M protección *f* (*od* defensa *f*) del paisaje; **Landschaftsschutzgebiet** N paisaje *m* protegido

'Landschildkröte F ZOOL tortuga *f* terrestre; **Landschinken** M *sp* jamón *m* serrano; **Landschule** F escuela *f* rural; **Landschulheim** N ≈ albergue *m* rural; *in Spanien oft mit Bauernhof*: granja-escuela *f*; **Landseite** F lado *m* de tierra

'Landser M ⟨~s; ~⟩ MIL, HIST *umg* soldado *m* raso

'Landsfrau F compatriota *f*; paisana *f*

'Landsitz M residencia *f* rural; quinta *f*; mansión *f* (rural)

'Landsknecht M MIL, HIST lansquenete *m*; (*Söldner*) mercenario *m*; **Landsmann** M ⟨~(e)s; -leute⟩ compatriota *m*, paisano *m*; **was ist er für ein ~?** ¿de qué país es?; **Landsmännin** F ⟨~; ~nen⟩ compatriota *f*, paisana *f*

'Landsmannschaft F *BRD asociación de alemanes expulsados de* (*od residentes en*) *la Europa del Este*

L

'**Landspitze** F punta f de tierra; (*Vorgebirge*) cabo m; **Landstände** MPL HIST representaciones *fpl* (*od* representantes *mpl*) territoriales de los estamentos; **Landstraße** F carretera f; vía f interurbana; **Landstreicher** M vagabundo m; vago m; *Arg* atorrante f

Landstreiche'rei F ⟨~⟩ vagabundeo m

'**Landstreicherin** F vagabunda f; vaga f; *Arg* atorrante f; **Landstreitkräfte** FPL MIL fuerzas *fpl* terrestres; **Landstrich** M comarca f, región f; **Landsturm** M *sp* MIL, HIST reserva f militar

'**Landtag** M ⟨~(e)s; ~e⟩ *BRD u. österr* dieta f, parlamento m de un land (*od* de un estado federado)

'**Landtagsabgeordnete** M/F *BRD* diputado m, -a f del parlamento del estado federado; diputado m, -a f regional; **Landtagsmandat** N mandato m (de un diputado *od* miembro) del parlamento del estado federado; **Landtagsplenum** N pleno m del parlamento del estado federado; **Landtagswahl** F elecciones *fpl* al parlamento del estado federado

'**Landtechnik** F ingeniería f agrícola (*od* rural); **Landtiere** NPL BIOL animales *mpl* terrestres; **Landtransport** M transporte m por tierra; **Landtruppen** FPL MIL tropas *fpl* de tierra

'**Landung** F ⟨~; ~en⟩ **1** SCHIFF arribada f; (*Ausschiffung*) desembarque m; MIL desembarco m **2** FLUG aterrizaje m; toma f de tierra; *auf dem Wasser*: amaraje m; *auf dem Mond*: alunizaje m

'**Landungsboot** N SCHIFF barcaza f (*od* lancha f) de desembarco; **Landungsbrücke** F SCHIFF desembarcadero m; embarcadero m; *e-s Flugzeugträgers*: puente m de aterrizaje; **Landungsplatz** M **1** SCHIFF desembarcadero m; embarcadero m **2** FLUG campo m de aterrizaje; **Landungssteg** M pasarela f; **Landungsstelle** F → Landungsplatz 1; **Landungstruppen** FPL MIL tropas *fpl* de desembarco; **Landungsversuch** M MIL intento m de desembarco

'**Landurlaub** M SCHIFF permiso m para ir a tierra; **Landverbindung** F comunicación f (*od* conexión f) (vial) por tierra; vía f terrestre; **Landvermessung** F agrimensura f; geodesia f; **Landverteilung** F reparto m de tierras; **Landvogt** M HIST baile m; corregidor m; **Landvogtei** F HIST bailía f; **Landvolk** N → Landleute

landw. ABK (landwirtschaftlich) agrícola

'**landwärts** ADV hacia tierra

'**Landweg** M **auf dem ~(e)** por vía terrestre, por tierra; **Landwehr** F MIL segunda reserva f; milicia f nacional; **Landwein** M vino m del país, vino m de la tierra; **Landwind** M viento m de tierra (*od* terral)

'**Landwirt** M, **Landwirtin** F agricultor m, -a f; granjero m, -a f; *graduierter*: perito m, -a f agrícola; (*Diplomlandwirt*) ingeniero m, -a f; agrónomo m, -a f; **Landwirtschaft** F **1** agricultura f; agronomía f **2** *Anwesen*: granja f agrícola

'**landwirtschaftlich** ADJ agrícola, agrario; agronómico; (*Ackerbau u. Viehzucht betreffend*) agropecuario; **~e Geräte** aperos *mpl* agrícolas; **~e Maschinen** maquinaria f agrícola; **~e Erzeugnisse** productos *mpl* agrícolas; **~e Produktion** producción f agrícola; **~er Betrieb** explotación f agrícola (*od* agraria); **~e Hochschule** *sp* Escuela f de Ingenieros Agrónomos

'**Landwirtschaftsausstellung** F exposición f agrícola; **Landwirtschaftskammer** F cámara f agrícola; **Landwirtschaftskunde** F, **Landwirtschaftslehre** F agronomía f; **Landwirtschaftsmesse** F feria f agrícola; feria f del campo; **Landwirtschaftsminister** M, **Landwirtschaftsministerin** F ministro m, -a f de Agricultura; **Landwirtschaftsministerium** N Ministerio m de Agricultura; **Landwirtschaftsschule** F escuela f de agricultura; **Landwirtschaftssektor** sector m agrario

'**Landzunge** F lengua f de tierra; (*Halbinsel*) península f

lang **A** ADJ ⟨¨er; ¨ste⟩ **1** *räumlich*: largo; (*hoch*) alto; **gleich ~** igual de largo, de la misma longitud; **gleich ~ sein** tener la misma longitud; **mit ~en Ärmeln** de manga larga; *umg* **ein ~es Gesicht machen** poner cara larga; *umg* quedar con un palmo de narices; **drei Meter ~ sein** tener tres metros de largo (*od* de longitud) **2** *zeitlich*: largo; **~er** (*od* **der ~en**) **Rede kurzer Sinn** resumiendo; **~e Zeit** mucho tiempo; **die Zeit wird mir ~** el tiempo se me hace largo; **auf ~e Zeit** por largo (*od* mucho) tiempo; **seit ~er Zeit** desde hace mucho tiempo; **vor ~en Jahren** hace muchos años; **vor nicht allzu ~er Zeit** aun no hace mucho tiempo **B** ADV **1** durante; **drei Jahre ~** durante tres años; → *a.* lange; **den ganzen Tag ~** (durante) todo el día **2** *fig* **~ und breit** detalladamente, con todo detalle; con todos los pormenores **C** PRÄP (*acus*) *u.* ADV *umg* **hier ~** por aquí; *umg* **diese Straße ~** siguiendo esta calle; → *a* entlang, langgehen

'**langärmelig** ADJ de manga larga; **langarmig** ADJ de brazos largos; **langärmlig** → langärmelig; **langatmig** ADJ largo; *Buch, Vortrag etc* prolijo, muy detallado; **langbeinig** ADJ de piernas largas, largo de piernas, *umg* zanquilargo, zancudo

'**lange** ADV **1** *zeitlich*: largo tiempo, mucho tiempo; **wie ~?** ¿cuánto tiempo?; **wie ~ noch?** ¿hasta cuándo?; **wie ~ lernen Sie schon Spanisch?** ¿cuánto tiempo hace que estudia usted español?; **es ist schon ~ her** hace ya mucho (*od* bastante) tiempo; **~ ausbleiben** (*od* **wegbleiben**) tardar mucho en volver; **~ bleiben** quedarse mucho tiempo; **~ brauchen um zu** (*inf*) tardar mucho en (*inf*); **~ dauern/warten** durar/esperar mucho; **~ halten** durar (mucho); **~ bevor** mucho antes de (*inf*); mucho antes de que (*subj*); **nicht ~ darauf** poco después; al poco rato; **~ vorher/nachher** mucho tiempo antes/después; **schon ~** hace tiempo; **seit Langem** ya hace mucho tiempo; **er fragte nicht ~** no se anduvo con preámbulos (*od* rodeos); **sie hat mir ~ nicht geschrieben** hace (mucho) tiempo que no me ha escrito; **ich habe ihn ~ nicht gesehen** hace mucho (tiempo) que no le he visto; **sie ist noch ~ nicht fertig** le falta mucho para terminar; **er wird es nicht mehr ~ machen** no llegará muy lejos; ya no vivirá mucho; **warten Sie schon ~?** ¿lleva usted mucho tiempo esperando?; **~ auf sich** (*acus*) **warten lassen** hacerse esperar largo tiempo; hacerse mucho esperar; tardar mucho en venir; *umg* **da kannst du ~ warten** *umg* puedes esperar sentado **2** *im Vergleich*: **so ~** tanto tiempo; **so ~ bis** hasta; **so ~, wie ...** tanto tiempo como ...; **ich werde so ~ warten** esperaré entretanto **3** (*bei Weitem*) **~ nicht so alt** mucho menos viejo; **er ist ~ nicht so groß wie du** no es ni con mucho (*od* ni mucho menos) tan alto como tú; **das ist (noch) ~ nicht alles** no es ni mucho menos todo; **er ist ~ nicht so klug wie sie** no es ni mucho menos tan inteligente como ella

'**Länge** F ⟨~; ~n⟩ **1** *räumlich*: largo m; largura f; *e-s Schiffes*: eslora f; **der ~ nach** a lo largo, longitudinalmente; **der ganzen ~ nach** *umg* a todo lo largo; TECH **~ über alles** longitud f total; **von drei Meter ~** de tres metros de largo **2** (*Dauer*) duración f; *fig* **in die ~ ziehen** prolongar; dar largas a; **sich in die ~ ziehen** demorarse, prolongarse, *umg* eternizarse, ir para largo **3** GEOG, ASTRON, PHYS, MATH longitud f; *Metrik*: larga f **4** SPORT largo m; **um eine ~ gewinnen** ganar por un largo **5** *umg* (*Körperlänge*) talla f, altura f; **der ~ nach hinfallen** caer redondo (*od* de plano); *umg* besar el suelo **6** *fig* **das Buch hat ~n** el libro tiene pasajes demasiado prolijos

'**längelang** ADV *umg* **~ hinfallen** *umg* besar el suelo

'**langen** *umg* **A** VI **1** (*ausreichen*) bastar, ser suficiente (*od* bastante) (**für** para); **das langt bis morgen** *Vorrat* llega hasta mañana; **dieses Geld wird ihm ~** le bastará con ese dinero; **langt das?** ¿basta con esto? **2** *umg* **jetzt langt's (mir) aber!** *umg* ¡ya basta!; *umg* ¡se acabó!; *umg* ¡estoy hasta la coronilla! **3** **nach etw ~** extender (*od* alargar) la mano hacia a/c; **in die Tasche ~** meter la mano en el bolsillo **B** VT **1** (*darreichen*) **j-m etw ~** pasar (*od* alcanzar) a/c a alg **2** *umg* **j-m eine ~** pegar una (bofetada *od sp* torta) a alg

'**längen** VT alargar; extender

'**Längeneinheit** F unidad f de longitud; **Längengrad** M GEOG grado m de longitud; **Längenkreis** M GEOG meridiano m; **Längenmaß** N medida f de longitud

'**länger** (*komp v.* **lang**) ADJ & ADV **1** *räumlich*: más largo; **~ machen** alargar (*a.* TEX), prolongar, hacer más largo; **~ werden** alargarse, prolongarse **2** *zeitlich*: más (tiempo); (*ziemlich lang*) bastante largo; **eine ~e Abwesenheit** una prolongada ausencia; **~e Zeit** (durante) algún tiempo; **ein Tag/Jahr ~** un día/año más; otro día/año; **zwei Jahre und ~** dos años o más; **es ist ~ als einen Monat her** hace ya más de un mes; **wir haben nicht ~ Zeit** no tenemos más tiempo; **wir können nicht ~ bleiben** no podemos quedarnos más tiempo; **wir können nicht ~ warten** ya no podemos esperar más; **je ~, je lieber** cuanto más tiempo, mejor

'**Langeweile** F ⟨~⟩ aburrimiento m; tedio m, hastío m; **aus ~** por aburrimiento; **~ haben** estar aburrido, aburrirse; **vor ~ umkommen** *umg* aburrirse como una ostra; **sich** (*dat*) **die ~ vertreiben** distraerse

'**Langfassung** F versión f completa; versión f íntegra; **Langfinger** M *umg* ratero m, *umg* caco m; **Langformat** N formato m oblongo (*od* alargado)

'**langfristig** ADJ a largo plazo

'**langgehen** VI *umg* → entlanggehen; **wissen, wo's langgeht** saber salir adelante; *umg* conocer el paño; **ich werd ihm (schon) zeigen, wo's langgeht** ya le enseñaré lo que es bueno

lang gestreckt ADJ extendido; estirado

'**langhaarig** ADJ de pelo largo (*a. Tiere*); **langhalsig** ADJ de cuello largo, cuellilargo

'**Langhaus** N ARCH *e-r Kirche*: nave f principal; **Langhobel** M garlopa f; *Maschine*: (a)cepilladora f paralela; **Langholz** N madera f de hilo; madero m (largo)

'**langhubig** ADJ TECH *Motor* de carrera larga; **langjährig** ADJ de muchos (*od* largos) años; **~e Erfahrung** larga experiencia; **~er Freund** viejo amigo

'**Langlauf** M **1** *Skifahren*: esquí m de fondo **2** SPORT → Langstreckenlauf

'**langlaufen** VI hacer esquí m de fondo

'**Langläufer** M, **Langläuferin** F esquiador m, -a f de fondo; SPORT → Langstrecken-

läufer; **Langlaufski** M esquí *m* de fondo
'langlebig ADJ de larga vida; longevo; HANDEL *Güter* duradero; TECH de larga duración;
Langlebigkeit F ⟨~⟩ **1** BIOL longevidad *f* **2** HANDEL durabilidad *f*
'länglich ADJ alargado, oblongo
'Langloch N TECH agujero *m* oblongo (*od* alargado); **langmähnig** ADJ de cabello (*od* de pelo) muy largo; *umg* melenudo; **Langmut** F *geh* longanimidad *f*; (*Geduld*) paciencia *f*; (*Nachsicht*) indulgencia *f*; **langmütig** ADJ *geh* paciente; indulgente; **langnasig** ADJ de nariz larga; narigudo
Lango'barde M ⟨~n; ~n⟩, **Langobardin** F ⟨~; ~nen⟩ HIST longobardo *m*, -a *f*
'Langohr N *umg, hum* (*Esel*) burro *m*, asno *m*; **langohrig** ADJ de orejas largas, orejudo; **Langpferd** N *Turnen*: caballo *m* de saltos
längs **A** PRÄP (*gen od dat*) a lo largo de **B** ADV a lo largo; **~ gestreift** a rayas longitudinales
'Längsachse F eje *m* longitudinal
'langsam **A** ADJ lento; (*säumig*) tardío; (*allmählich*) paulatino; (*schwerfällig*) pesado; *geistig*: tardo (de entendimiento); **~er werden** ralentizar, hacerse más lento **B** ADV lentamente, despacio; (*allmählich*) paulatinamente; poco a poco; paso a paso; **~ aber sicher** lento pero seguro; **~er gehen** acortar el paso; ir más despacio; **~er fahren** aminorar (*od* moderar) la marcha; **es wird ~ Zeit** se va haciendo hora; ya va siendo hora; **immer ~!** ¡sin prisas!, *umg* ¡despacito!
'Langsamkeit F ⟨~⟩ lentitud *f*
'Langschäfter MPL *Stiefel*: botas *fpl* altas; **Langschiff** N ARCH nave *f* principal; **Langschläfer** M, **Langschläferin** F dormilón *m*, -ona *f*
'langschwänzig ADJ ZOOL de cola larga, rabilargo
'Langschwelle F BAHN larguero *m*
'Längsparken N estacionamiento *m* en fila
'Langspielplatte F disco *m* de larga duración, elepé *m*
'Längsrichtung F sentido *m* longitudinal; **Längsschnitt** M corte *m* (*od* sección *f*) longitudinal; **längsseits** ADV SCHIFF al costado (de un barco); **Längsstreifen** M raya *f* longitudinal
längst ADV **1** (*schon lange*) desde hace (mucho) tiempo; hace (mucho) tiempo; **ich weiß es ~** hace tiempo que lo sé **2** (*bei Weitem*) **~ nicht** ni con mucho; ni mucho menos; **das ist ~ nicht so gut** está bien lejos de ser tan bueno; no es ni mucho menos tan bueno; **das ist (noch) ~ nicht alles** no es ni mucho menos todo; **er ist ~ nicht so klug wie sie** no es ni mucho menos tan inteligente como ella
'längste(r, -s) ADJ el más largo
'längstens ADV lo más tarde; a más tardar; como muy tarde; (*höchstens*) a lo sumo; como mucho
'langstielig ADJ BOT de tallo largo
'Längsträger M ARCH viga *f* longitudinal (*od* maestra); larguero *m*
'Langstreckenbomber M MIL bombardero *m* de larga distancia; **Langstreckenflug** M vuelo *m* de larga distancia; **Langstreckenflugzeug** N avión *m* de larga distancia; **Langstreckenlauf** M SPORT carrera *f* de fondo (*od* de larga distancia); **Langstreckenläufer** M, **Langstreckenläuferin** F SPORT corredor *m*, -a *f* de fondo, fondista *m/f*; **Langstreckenrakete** F MIL cohete *m* (*od* misil *m*) de largo alcance; **Langstreckenschwimmer** M, **Langstreckenschwimmerin** F nadador *m*, -a *f* de fondo
Lan'guste F ⟨~; ~n⟩ ZOOL langosta *f*
Lan'gustenfischer M, **Langustenfischerin** F langostero *m*, -a *f*
'Langweile F → Langeweile
'langweilen **A** V/T aburrir; fastidiar, hastiar; *umg* dar la lata **B** V/R **sich ~** aburrirse; fastidiarse; **sich zu Tode ~** morirse de aburrimiento, *umg* aburrirse como una ostra
'Langweiler M ⟨~s; ~⟩, **Langweilerin** F ⟨~; ~nen⟩ *umg* pesado *m*, -a *f*, latoso *m*, -a *f*, plomo *m*
'langweilig ADJ aburrido, pesado; *umg* latoso; fastidioso; **wie ~!** ¡qué aburrimiento!; *Rede etc umg* ¡qué lata!, ¡qué rollo!; **ein ~er Kerl** → Langweiler
'Langwelle F RADIO onda *f* larga
'Langwellenbereich M RADIO gama *f* de ondas largas; **Langwellenempfänger** M RADIO receptor *m* de onda larga; **Langwellensender** M RADIO emisora *f* de onda larga
'langwellig ADJ RADIO de onda larga
'langwierig ADJ largo, de larga duración; MED lento; crónico; (*lästig*) fastidioso, molesto; **~e Arbeit** trabajo *m* pesado; **~e Verhandlungen** negociaciones *fpl* largas (*od* laboriosas)
'Langwierigkeit F ⟨~⟩ larga duración *f*
'Langzeitarbeitslose M/F desempleado *m*, -a *f* (*od umg* parado *m*, -a *f*) de larga duración; **Langzeitarbeitslosigkeit** F desempleo *m* (*od* paro *m*) de larga duración
'Langzeitfolge F consecuencia *f* a largo plazo (*od* de larga duración); *e-s Medikaments*: efecto *m* prolongado; **Langzeitgedächtnis** N memoria *f* larga; **Langzeitstudent** M, **Langzeitstudentin** F estudiante *m/f* eterno, -a; **Langzeittherapie** F terapia *f* de larga duración; terapia *f* de acción prolongada
Lano'lin N ⟨~s⟩ *fachspr* lanolina *f*
'Lanze F ⟨~; ~n⟩ lanza *f*; (*Stoßlanze*) pica *f*; **~n stechen** justar; *fig* **eine ~ für j-n brechen** romper una lanza por alg
'lanzenförmig ADJ BOT lanceolado
'Lanzenreiter M MIL, HIST lancero *m*; **Lanzenspitze** F punta *f* de la lanza; moharra *f*; **Lanzenstechen** N HIST justa *f*; **Lanzenstecher** M HIST justador *m*; **Lanzenstich** M, **Lanzenstoß** M lanzazo *m*, lanzada *f*
Lan'zette F ⟨~; ~n⟩ MED lanceta *f*; **lanzettförmig** ADJ lanceolado
'Laos N ⟨~⟩ Laos *m*
la'otisch ADJ laosiano
La Paz N La Paz *m*
lapi'dar ADJ lapidario
Lapis'lazuli M ⟨~; ~⟩ MINER lapislázuli *m*
Lap'palie [la'pa:liə] F ⟨~; ~n⟩ bagatela *f*; pequeñez *f*; nimiedad *f*; **wegen einer ~** por una tontería, por una bobada, *umg* por una cosa de nada
'Lappe M ⟨~n; ~n⟩ lapón *m*
'Lappen M ⟨~s; ~⟩ **1** (*Wischlappen*) trapo *m*; (*Fetzen*) harapo *m*; (*Flicken*) remiendo *m*; *umg fig* **j-m durch die ~ gehen** escabullirse (*od* escaparse) a alg **2** (*Fleischlappen, Hautlappen*) colgajo *m*; BOT, ANAT lóbulo *m* **3** *umg fig* (*Geldschein*) billete *m* **4** *umg fig* (*Führerschein*) carné *m* (*od* carnet *m*) (de conducir)
läppern V/R *umg* **das läppert sich** *umg* se va amontonando
'lappig ADJ **1** (*schlaff*) flojo; desmadejado **2** (*zerlumpt*) harapiento, andrajoso **3** BOT, ANAT lobulado
'Lappin F ⟨~; ~nen⟩ lapona *f*
'läppisch ADJ (*kindisch*) pueril; (*dumm*) necio, tonto; (*lächerlich*) ridículo; **~es Zeug** puerilidades *fpl*; tonterías *fpl*, necedades *fpl*
'Lappland N ⟨~s⟩ Laponia *f*; **Lappländer** M ⟨~s; ~⟩, **Lappländerin** F ⟨~; ~nen⟩ lapón *m*, -ona *f*; **lappländisch** ADJ lapón
'Lapsus M ⟨~; ~⟩ lapsus *m*, desliz *m*
'Laptop ['lɛptɔp] M ⟨~s; ~s⟩ (ordenador *m*) pórtatil *m*, laptop *m*
'Lärche F ⟨~; ~n⟩ BOT alerce *m*; lárice *m*
Lari'fari N ⟨~s⟩ necedades *fpl*; **larifari!** ¡tonterías!; ¡pamplinas!; ¡bobadas!
Lärm M ⟨~(e)s⟩ ruido *m*; *v. Menschen a.*: jaleo *m*, barahúnda *f*, barullo *m*; (*Getöse*) estrépito *m*; estruendo *m*; (*Radau*) alboroto *m*; (*Aufruhr*) tumulto *m*; (*Geschrei*) griterío *m*, bulla *f*; **~ machen** hacer (*od umg* meter) ruido; **~ schlagen** dar la alarma; (*Radau machen*) armar un escándalo; armar jaleo; **viel ~ um nichts** mucho ruido y pocas nueces
'Lärmbekämpfung F lucha *f* contra el ruido; **Lärmbelästigung** F contaminación *f* acústica (*od* sonora); **lärmempfindlich** ADJ sensible al ruido
'lärmen V/I hacer (*od umg* meter) ruido; alborotar
'Lärmen N ⟨~s⟩ → Lärm; **lärmend** ADJ ruidoso; estruendoso, estrepitoso; tumultuoso; bullicioso; **Lärmmacher** M ⟨~s; ~⟩, **Lärmmacherin** F ⟨~; ~nen⟩ alborotador *m*, -a *f*; **Lärmpegel** M nivel *m* de ruido(s)
'Lärmschutz M protección *f* contra el ruido; **Lärmschutzwall** M, **Lärmschutzwand** F muro *m* protector contra ruidos (*od* antirruidos); muralla *f* (*od* pantalla *f*) antirruidos
'Larve [-f-] F ⟨~; ~n⟩ **1** ZOOL larva *f* **2** (*Maske*) máscara *f*; careta *f*
las → lesen[1], lesen[2]
lasch **A** ADJ **1** (*kraftlos*) laxo, flojo; blando **2** (*träge*) poco activo **3** (*wirkungslos*) poco efectivo **4** (*nicht streng*) laxo **B** ADV **etw ~ handhaben** tratar a/c laxamente (*od* relajadamente); **~ gewürzt** insípido
'Lasche F ⟨~; ~n⟩ (*Schuhlasche*) lengüeta *f*; BAHN (*Schienenlasche*) eclisa *f*; TECH **cubrejunta** *f*; **Laschennietung** F TECH remachado *m* con cubrejunta; **Laschheit** F ⟨~⟩ laxitud *f*; desfallecimiento *m*; falta *f* de actividad; flojedad *f* (*od umg* flojera)
'Laser ['le:zər] M ⟨~s; ~⟩ IT, MED, TECH laser *m*, láser *m*; **Laserchirurgie** F cirugía *f* (con) láser; **Laserdrucker** M impresora *f* (de) láser; **Lasermedizin** F medicina *f* (de) láser; laserterapia *f*; tratamiento *m* (con) láser; **Laserpistole** F pistola *f* (de) láser; **Lasershow** [-ʃo:] F espectáculo *m* de rayos láser; **Laserstrahl** M rayo *m* laser; **Lasertechnik** F técnica *f* láser; **Laserwaffe** F arma *f* (de) láser
la'sieren V/T ⟨*ohne* ge-⟩ barnizar (con laca incolora)

'lassen

⟨*irr*⟩

A Modalverb **B** transitives Verb
C intransitives Verb **D** reflexives Verb

— **A** Modalverb —

⟨*pperf* lassen⟩ **1** (*zulassen*) dejar, permitir; **j-n etw tun ~** dejar a alg que haga a/c; **das lässt er sich** (*dat*) **nicht ausreden** no se deja disuadir, *umg* no hay quien se lo quite de la cabeza; **die Lampe brennen ~** dejar encendida la lámpara; **etw fallen ~** dejar caer a/c; **geschehen ~** dejar pasar; **~ Sie mich Ihnen helfen!** ¡deje (*od* permítame) que le ayude!; **lass ihn nur kommen!** ¡(déjale) que venga!; **~ Sie mich nur machen** déjeme hacer; **merken ~** hacer notar; **die Leute reden ~** dejar hablar a la gente; **er lässt mit sich reden** es un hombre tratable (*od* con quien se puede hablar); **sich** (*dat*) **nichts sagen ~** no querer escuchar a nadie; **~ Sie es sich** (*dat*) **sagen, dass** permítame que le diga que; **ich habe mir sagen ~, dass** me han dicho que; **j-n schlafen ~** dejar dormir a alg; **sehen ~** dejar ver, mostrar, enseñar; **lass mal sehen!** ¡a ver!; **vermuten ~** dar motivo para creer, dar lugar a que se crea **2** (*veranlassen*) hacer, mandar; encargar; **j-n etw tun ~** hacer que alg haga a/c; **j-n eintreten ~** hacer pasar (*od* dejar entrar) a alg; **holen ~** enviar a buscar; **den Arzt holen ~** hacer venir al médico; **kommen ~** hacer venir; **machen ~** mandar hacer, encargar hacer; **sich** (*dat*) **ein Kleid machen ~** hacerse un vestido; **j-n warten ~** hacer esperar a alg; **ich lasse ihn grüßen** salúdele (*od* dele recuerdos) de mi parte **3** **lasst uns beten** oremos; **lasst uns essen** comamos; vamos a comer; **lass(t) uns gehen!** ¡vámonos!; **lass es dir gesagt sein** date por advertido

— **B** transitives Verb —

⟨*pperf* gelassen⟩ **1** (*überlassen*) dejar, ceder; **j-m etw ~** confiar (*od* dejar) a/c a alg; **ich lasse es dir für 100 Euro** te lo dejo en cien euros **2** (*zubilligen*) **er ist klug, das muss man ihm ~** es inteligente, hay que reconocerlo **3** (*unterlassen*) abstenerse de, dejar de; (*nicht tun*) no hacer; (*verzichten*) renunciar a; **~ wir das** dejemos eso; no hablemos más de ello; **wir wollen es dabei ~** dejémoslo (así); **lass das!** ¡déjalo!; **~ Sie das doch endlich!** ¡deje eso ya de una vez!; **lass mich (in Ruhe)!** ¡déjame en paz!; **lass mich (los)!** ¡déjame!; ¡suéltame!; **das Rauchen ~** dejar de fumar; **etw tun oder ~** hacer o dejar de hacer a/c; **tun Sie, was Sie nicht ~ können** haga usted lo que mejor le parezca **4** (*zurücklassen*) dejar; (*aufgeben, verlassen*) abandonar; **eine Seite leer ~** dejar una página en blanco; *fig* **j-n weit hinter sich** (*dat*) **~** dejar a alg muy atrás, distanciarse mucho de alg; *poet* **j-n ~** (*verlassen*) abandonar a alg **5** *an e-n Ort*: dejar; **j-n ins Haus ~** dejar entrar a alg en casa; **niemand zu sich ~** no recibir a nadie; **wo soll ich den Koffer ~?** ¿dónde dejo (*od* pongo) la maleta?

— **C** intransitives Verb —

⟨*pperf* gelassen⟩ (*ablassen*) **von etw ~** renunciar a a/c; desistir de a/c, abandonar a/c; **nicht von seiner Meinung ~** seguir en sus trece

— **D** reflexives Verb —

⟨*pperf* lassen⟩ **da lässt sich nichts mehr ändern** la cosa ya no tiene remedio, eso ya no se puede cambiar; **das lässt sich nicht beschreiben** es indescriptible; **das lässt sich leicht beweisen** es fácil de demostrar (*od* probar); puede demostrarse (*od* probarse) fácilmente; *umg* **das lässt sich essen** esto (*od* eso) no está mal, puede comerse, es comible; **es lässt sich nicht leugnen** no puede negarse; es innegable; **wenn es sich machen lässt** si es posible (hacerlo); **das lässt sich (schon) machen** puede hacerse; es factible; **sich operieren ~** operarse; **darüber lässt sich reden** sobre eso se puede discutir (*od* hablar); **darüber ließe sich viel sagen** acerca de eso podrían decirse muchas cosas; **sich sehen ~** dejarse ver; **das kann sich sehen ~** es muy presentable; **hier lässt es sich gut sein** aquí se está bien; aquí se está a gusto; **~ Sie sich nicht stören!** ¡no se moleste (usted)!; *umg* **der Wein lässt sich trinken** este vino puede beberse; este vino es bebible; no está mal este vino; **das lässt sich nicht übersetzen** es intraducible, no puede traducirse; **sich gut waschen ~** *Stoff* lavarse bien

'lässig **A** ADJ (*unbekümmert*) a. indiferente; *Haltung* desenvuelto; *Kleidung* informal, desenfadado; *umg* (*cool*) tranqui **B** ADV **1** con indiferencia, con dejadez; **~ gekleidet** vestido con desenfado **2** *umg* (*mühelos*) sin esfuerzo, con facilidad; *umg* **sie hat es ~ hingekriegt** lo ha conseguido sin esfuerzo; *umg* **das schaffst du ~!** *umg* ¡eso es coser y cantar para ti!

'Lässigkeit F ⟨~⟩ (*Unbekümmertheit*) indiferencia *f*; *der Haltung*: desenvoltura *f*

'lässlich ADJ **~e Sünde** pecado *m* venial (*od* leve)

'Lasso N & M ⟨~s; ~s⟩ lazo *m*

Last F ⟨~; ~en⟩ **1** (*Traglast*) carga *f* **bewegliche/tote/ruhende/zulässige ~** carga *f* móvil/muerta/estática/admisible **2** FLUG, SCHIFF carga *f*, cargamento *m* **3** (*Steuerlast*) gravamen *m*, carga *f*; **~en** *pl* (*Abgaben*) cargas *fpl* **4** HANDEL **zu j-s ~** (*dat*) a cargo de alg; HANDEL **wir buchen es zu Ihren ~en** lo cargamos (*od* adeudamos) en su cuenta; HANDEL **zu unseren ~en** a nuestro cargo; **zu ~en** → zulasten **5** *fig* (*Gewicht, Bürde*) peso *m*; **die ~ tragen** llevar el peso; **zu j-s ~** (*dat*) **gehen** quedar a cuenta de alg; **j-m zur ~ fallen** ser una carga para alg; (*lästig werden*) importunar (*od* molestar) a alg; **j-m etw zur ~ legen** imputar (*od* achacar) a/c a alg; *bes* JUR inculpar a alg de a/c

'Lastauto N *umg* camión *m*

'lasten VI pesar, cargar (**auf** *dat* sobre), ser una carga; **auf etw** (*dat*) **schwer ~** ser una pesada carga para a/c; **auf dem Unternehmen ~ schwere Schulden** la empresa está gravada con grandes deudas; *fig* **auf j-s Schultern** (*dat*) **~** *Verantwortung* pesar sobre los hombros de alg

'Lastenaufzug M montacargas *m*; **Lastenausgleich** M compensación *f* (*od* perecuación *f*) de cargas; **Lastenausgleichsfonds** M fondo *m* de compensación de cargas; **lastenfrei** ADJ libre (*od* exento) de cargas (*od* gravámenes); **Lastenheft** N HANDEL pliego *m* de condiciones; **Lastensegler** M SCHIFF planeador *m* de transporte

'Laster[1] M ⟨~s; ~⟩ *umg* camión *m*

'Laster[2] N ⟨~s; ~⟩ vicio *m*

'Lästerer M ⟨~s; ~⟩ **1** maldiciente *m*; (*Verleumder*) infamador *m*, difamador *m*, calumniador *m*, detractor *m* **2** (*Gotteslästerer*) blasfemo *m*

'lasterhaft ADJ vicioso; depravado; inmoral; disoluto, licencioso; **Lasterhaftigkeit** F ⟨~⟩ depravación *f*; inmoralidad *f*; corrupción *f*

'Lasterhöhle F antro *m* (de vicio)

'Lästerin F ⟨~; ~nen⟩ maldiciente *f*; (*Verleumderin*) infamadora *f*, difamadora *f*; (*Gotteslästerin*) blasfema *f*

'lästerlich ADJ **1** maldiciente; (*verleumderisch*) *Person*: difamador, calumniador; *Worte*: difamatorio, calumnioso **2** (*gotteslästerlich*) blasfemador, blasfemo, maldiciente; **Lästermaul** N *umg* cotilla *m/f*, víbora *f*; lengua *f* viperina, mala lengua *f*

'lästern **A** VT REL **Gott ~** blasfemar contra Dios **B** VI **über j-n ~** censurar (*od* criticar) a alg; hablar mal de alg; infamar (*od* difamar *od* calumniar) a alg

'Lästern N ⟨~s⟩ → Lästerung

'Lästerung F ⟨~; ~en⟩ **1** (*Fluch*) maledicencia *f*; (*Verleumdung*) infamación *f*; difamación *f* **2** REL blasfemia *f*; **Lästerzunge** F *umg* → Lästermaul

'Lastesel M burro *m* de carga (*a. fig*); **Lastfahrzeug** N vehículo *m* de carga

'lästig ADJ **1** (*aufdringlich*) importuno; cargante; **~er Kerl** *umg* pelmazo *m*, pesado *m*, latoso *m*, *umg* plomo *m*; **j-m ~ sein** (*od* **fallen**) importunar a alg, molestar a alg, incomodar a alg; *umg* **er wird mir langsam ~** *umg* empieza a ponerme enfermo **2** (*beschwerlich*) pesado, engorroso; (*unbequem*) incómodo, molesto; embarazoso; (*unangenehm*) desagradable; fastidioso; **~e Aufgabe** tarea *f* pesada (*od* fatigosa)

'lästigfallen VI → lästig 1

'Lästigkeit F ⟨~; ~en⟩ importunidad *f*; incomodidad *f*; pesadez *f*

'Lastkahn M gabarra *f*; chalana *f*; **Lastkraftwagen** M camión *m*

Last-'Minute... [laːstˈmɪnɪt-] IN ZSSGN de última hora; **Last-Minute-Angebot** N oferta *f* de última hora; **Last-Minute-Flug** M vuelo *m* de última hora; **Last-Minute-Urlaub** M vacaciones *fpl* de última hora

'Lastpferd N caballo *m* de carga; **Lastschiff** N barco *m* de carga; carguero *m*

'Lastschrift F FIN adeudo *m*, cargo *m* (en cuenta); **Lastschriftanzeige** F FIN nota *f* (*od* aviso *m*) de adeudo (*od* de cargo *od* de débito); **Lastschriftverfahren** N FIN, HANDEL domiciliación *f* bancaria *f* de recibos

'Lasttier N bestia *f* (*od* animal *m*) de carga; **Lastträger** M cargador *m*; mozo *m* de cuerda

'Lastwagen M camión *m*; **Lastwagenanhänger** M remolque *m*; **Lastwagenfahrer** M, **Lastwagenfahrerin** F camionero *m*, -a *f*, conductor *m*, -a *f* de camión

'Lastzug M camión *m* con remolque (*od* con trailer)

La'sur F ⟨~; ~en⟩ barniz *m*; **Lasurfarbe** F color *m* (*od* barniz *m*) transparente; veladura *f*; **Lasurstein** M MINER lapislázuli *m*

las'ziv ADJ lascivo

Laszivi'tät [-v-] F ⟨~⟩ lascivia *f*

La'tein N ⟨~s⟩ latín *m*; *fig* **mit seinem ~ am Ende sein** ya no saber qué decir (*bzw* hacer)

La'teinamerika N Latinoamérica; América *f* Latina; **Lateinamerikaner** M, **Lateinamerikanerin** F latinoamericano *m*, -a *f*; **lateinamerikanisch** ADJ latinoamericano, iberoamericano, hispanoamericano

La'teiner M ⟨~s; ~⟩, **Lateinerin** F ⟨~; ~nen⟩ latinista *m/f*

la'teinisch ADJ latino; **~e Buchstaben** caracteres *mpl* romanos; **~e Schrift** letra *f* latina (*od* romana); **die ~e Sprache** *od* **das Lateinisch(e)** el latín

la'tent ADJ latente

La'tenz F ⟨~⟩ latencia *f*; **Latenzperiode** F, **Latenzzeit** F período *m* (*od* tiempo *m*) de latencia

Late'ranverträge MPL POL HIST pactos *mpl* de Letrán

La'terna 'magica F linterna *f* mágica

La'terne F ⟨~; ~n⟩ linterna *f*; (*Straßenlaterne*) farol *m* (*a. tragbare aus Papier etc*), farola *f*; SCHIFF farol *m*, fanal *m*; **Laternenpfahl** M poste *m* de farol

Latex M ⟨~; Latizes⟩ látex *m*

Lati'fundium N ⟨~s; Latifundien⟩ latifundio *m*

La'tina F ⟨~, ~s⟩ *umg aus Südamerika*: latina *f*; *aus Mexiko*: chicana *f*

latini'sieren VT ⟨*ohne* ge-⟩ latinizar; **Lati'nismus** M ⟨~; Latinismen⟩ latinismo *m*; **Lati'nist** M ⟨~en; ~en⟩, **Lati'nistin** F ⟨~; ~nen⟩ latinista *m/f*

Latini'tät F ⟨~⟩ latinidad *f*

La'tino M ⟨~s, ~s⟩ *umg aus Südamerika*: latino *m*; *aus Mexiko*: chicano *m*

La'tinum N ⟨~s⟩ *diploma que acredita un determinado nivel de conocimientos de latín*

La'trine F ⟨~; ~n⟩ letrina *f*

'Latsche[1] F ⟨~; ~n⟩ BOT pino *m* mugo

'Latsche[2] F ⟨~; ~n⟩ → Latschen

'latschen *umg* **A** VI arrastrar los pies; (*zu Fuß*

gehen) ir andando **B** VT j-m eine ~ pegar una bofetada a alg

'Latschen M ⟨~s; ~⟩ (*Hausschuh*) chancleta f; pantufla f, zapatilla f; (*ausgetretener Schuh*) zapato m cómodo viejo

'latschig ADJ *umg* arrastrando los pies; pesado; (*schlampig*) dejado, descuidado

'Latte F ⟨~; ~n⟩ listón m (*a. Hochsprung*); (*Zaunlatte*) ripia f; *Fußball*: larguero m; *umg fig v. Fragen etc*: larga lista f; SPORT **die ~ reißen/überspringen** tirar/pasar sobre el listón; *umg Person*: **eine lange ~** un grandullón, un larguirucho

'Lattenkiste F cajón m enrejado; jaula f; **Lattenrost** M rejilla f; **Lattenverschlag** M enrejado m; **Lattenzaun** M empalizada f; cerca f (*od* valla f) de listones

'Lattich M ⟨~s; ~e⟩ BOT lechuga f

Lat'werge F ⟨~; ~n⟩ PHARM electuario m

Latz M ⟨~es; ~̈e⟩ **1** *e-r Schürze*: peto m; *für Kinder*: babero m; *sl* **j-m eine vor den ~ knallen** *umg* dar una a alg **2** (*Hosenlatz*) bragueta f

'Lätzchen N ⟨~s; ~⟩ babero m

'Latzhose F pantalón m con peto

lau ADJ tibio (*a. fig*); *Wasser a.* templado; **~ werden** entibiarse, templarse (*beide a. fig*)

Laub N ⟨~(e)s⟩ follaje m; hojas *fpl*; *dichtes*: fronda f; **frisches/dürres ~** hojas *fpl* verdes/secas

'Laub abwerfend ADJ de hoja caduca, caducifolio

'Laubbaum M árbol m frondoso (*od* de fronda); **Laubdach** N techo m de hojas; *für Festlichkeiten*: enrramada f

'Laube F ⟨~; ~n⟩ **1** (*Gartenlaube*) cenador m, glorieta f; (*Weinlaube*) emparrado m; (*Hütte*) caseta f; *umg fig* **fertig ist die ~!** *umg* ¡ya está!, *umg* ¡y sanseacabó! **2** ARCH (*Vorhalle*) porche m, vestíbulo m; (*Säulengang*) pórtico m; (*Bogengang*) arcada f

'Laubengang M ARCH pérgola f; (*Bogengang*) arcada f; **Laubenkolonie** F colonia f de jardines (con casetas)

'Laubfall M caída f de las hojas; **Laubfrosch** M ZOOL rana f verde (*od* común); **Laubhüttenfest** N REL Fiesta f de los Tabernáculos

'laublos ADJ sin hojas

'Laubsäge F sierra f de marquetería; **Laubsägearbeit** F (trabajo m de) marquetería f; **Laubsägeblatt** N segueta f; **Laubsägekasten** M caja f (*od* equipo m) de marquetería

'Laubwald M bosque m frondoso; **Laubwerk** N follaje m (*a.* ARCH); *dichtes*: frondosidad f

Lauch M ⟨~(e)s; ~e⟩ BOT puerro m; **Lauchcremesuppe** F crema f de puerros

Lau'dator M ⟨~s; -'toren⟩, **Lauda'torin** F ⟨~; ~nen⟩ panegirista m/f

'Lauer F ⟨~⟩ **auf der ~ liegen** *od* **sein** estar al acecho; **sich auf die ~ legen** ponerse al acecho; emboscarse

'lauern VI acechar (*a. Gefahr*); *umg fig* **auf etw/j-n ~** esperar (*od* aguardar) a/c/a alg (con impaciencia)

'lauernd ADJ al acecho; (*argwöhnisch*) receloso

'Lauerstellung F posición f de acecho (*od* de emboscada); **in ~ sein** estar preparado para la emboscada; estar al acecho

Lauf M ⟨~(e)s; Läufe⟩ **1** (*Laufen*) carrera f (*a.* SPORT), corrida f; **100-Meter-~** carrera f de cien metros **2** *fig* (*Fortgang*) marcha f; (*Ablauf, Verlauf*) (trans)curso m; **der ~ der Dinge** el rumbo de las cosas; **den Dingen ihren ~ lassen** dejar a las cosas seguir su rumbo; dejar rodar la bola; **freien ~ lassen** dar rienda suelta a; **seinen Tränen freien ~ lassen** desahogarse llorando; **seinen normalen ~ nehmen** seguir su curso normal; **das ist der ~ der Welt** así va el mundo; **im ~e von** en el (trans)curso de; a lo largo de; **im ~(e) des Monats/Jahres** en el curso del mes/del año; **im ~ der Zeit** con el (paso del) tiempo; andando el tiempo **3** (*Wasserlauf, Flusslauf*) curso m (*a.* ASTRON) **4** MUS escala f **5** (*Gewehrlauf*) cañón m **6** JAGD (*Pfote*) pata f **7** TECH (*Gang*) marcha f; (*Strecke*) recorrido m

'Laufachse F BAHN eje m portante; **Laufbahn** F **1** *Beruf*: carrera f; **eine ~ einschlagen** seguir una carrera **2** SPORT pista f; **Laufbrücke** F SCHIFF pasadizo m; pasarela f; **Laufbursche** M chico m para recados; *im Hotel*: botones m; *im Büro*: ordenanza m

'laufen ⟨*irr*⟩ **A** VI ⟨sn⟩ **1** (*rennen*) correr; *umg od reg* (*gehen*) andar, ir a pie (*od* caminando); **hin und her ~** ir de aquí para allá; **~ lassen** *j-n*: dejar marchar; *Täter absichtlich*: soltar; *unabsichtlich*: dejar escapar; **das Kind lernt ~** el niño está aprendiendo a andar; **gelaufen kommen** venir (*od* llegar) corriendo; *umg* **in ein Auto ~** *umg* meterse debajo de un coche; **j-m in die Arme ~** toparse con alg; **nach etw ~** correr tras de a/c; **um etw herum ~** correr alrededor de a/c **2** *Rad* correr; *Maschine, Motor* marchar, funcionar; **~ lassen** *Maschine, Motor* poner en marcha (*od* funcionamiento) **3** *Verhandlungen* estar en curso; *umg* **das Geschäft läuft gut/schlecht** el negocio marcha/no marcha; **die Sache läuft gut** el asunto marcha bien **4** *umg* (*im Gang sein*) **die Dinge ~ lassen** dejar que las cosas sigan su curso, dejar correr las cosas; **die Sache läuft (noch)** el asunto está pendiente (de solución); (*wird bearbeitet*) está en trámite (*od* tramitación); **die Sache ist gelaufen** (*fertig*) la cosa está hecha; (*nicht mehr zu ändern*) eso ya no se puede cambiar; (*vorbei, abgeschlossen*) eso ya es un tema pasado (*od* concluído); **die Versicherung läuft noch bis Ende 2008** el seguro tiene vigencia hasta finales del 2008 **5** *Zeit* pasar, transcurrir; SPORT, *fig* **die Zeit läuft** el tiempo corre **6** *Film* (*vorgeführt werden*) proyectarse, *umg* echarse; (*auf dem Programm stehen*) estar en cartelera; **was läuft im Fernsehen?** ¿qué ponen en la tele? **7** *Flüssigkeiten* correr; fluir; *Blut* circular, correr; **ihm läuft die Nase** le gotea (*od* moquea) la nariz; **das Wasser ~ lassen** dejar correr el agua; *fig* **es lief ihm kalt über den Rücken** le dio un escalofrío **8** (*verlaufen*) *Straße, Fluss etc* **durch** *od* **über etw** (*acus*) **~** correr por a/c; **der Weg läuft über den Berg** el camino va por el monte **B** VT ⟨sn⟩ **1** *Strecke* recorrer; SPORT correr; **vier Kilometer in einer Stunde ~** recorrer cuatro kilómetros en una hora **2** **Schlittschuh ~** patinar (sobre hielo); **Ski ~** esquiar **3** **sich** (*dat*) **die Füße wund ~** desollarse los pies **C** VR **1** **sich müde ~** cansarse corriendo, correr hasta cansarse; TECH, SPORT **sich warm ~** calentar(se) **2** V/UNPERS **hier läuft es sich gut** esta es una buena pista (para correr)

'Laufen ⟨~s⟩ N carrera f; *umg* (*Gehen*) marcha f

'laufend **A** ADJ **1** (*sich bewegend*) corriente; *fig* (*ständig*) continuo; *Motor* en marcha; TECH **~es Band** cinta f continua (*od* sin fin), sinfín m; **am ~en Band** en serie; *fig* continuamente, sin parar **2** (*im Gange*) **die ~en Arbeiten** trabajos *mpl* pendientes; (*alltägliche Arbeiten*) el trabajo de todos los días; **~e Ausgaben** gastos *mpl* ordinarios (*od* corrientes); **die ~en Geschäfte** los asuntos corrientes (*od* de trámite) **3** *fig* **auf dem Laufenden sein** estar al corriente (*od* al tanto *od* al día); **j-n (über etw** *acus***) auf dem Laufenden halten** poner (*od* tener) a alg al corriente (*od* al tanto) (de a/c) **4** **im ~en Jahr** en el año en curso; **(des) ~en Monats** del mes corriente (*od* en curso); **~e Nummer** número m correlativo (*od* de orden) **5** WIRTSCH **~es Konto** *bzw* **~e Rechnung** cuenta f corriente; **~er Kredit** crédito m abierto; **~er Saldo** saldo m pendiente; **~er Wechsel** efecto m en circulación; **~e Zinsen** intereses *mpl* corrientes **6** *Nase* moqueando **B** ADV regularmente, periódicamente; (*ständig*) continuamente

'laufenlassen VT *fig* → laufen A 1, 4

'Läufer M ⟨~s; ~⟩ **1** *Person*: corredor m **2** *Schach*: alfil m **3** (*Teppich*) alfombrilla f; alfombra f continua (*bzw* de escalera) **4** TECH (*Schieber*) corredera f **5** ELEK rotor m **6** BAU soga f

Laufe'rei F ⟨~; ~en⟩ vaivén m; trajín m, ajetreo m; **ich hatte viel ~ damit** me ha causado mucha molestia

'Läuferin F ⟨~; ~nen⟩ corredora f; **läuferisch** ADJ **~es Können aufweisen** saber correr

'Lauffeuer N *fig* **sich wie ein ~ verbreiten** propagarse como un reguero de pólvora; **Lauffläche** F TECH superficie f de rodamiento; *Reifen*: banda f de rodadura; **Lauffrist** F HANDEL plazo m de vencimiento; JUR plazo m de vigencia; **Laufgang** M SCHIFF escalerilla f para subir a bordo; pasarela f; **Laufgestell** N *für Kinder*: andaderas *fpl*, tacatá m; **Laufgewicht** N *Waage*: pilón m; **Laufgraben** M MIL zanja f de aproximación (*od* de comunicación)

'läufig ADJ ZOOL en celo, cachondo; **~ sein** *Hündin*: estar en celo; **Läufigkeit** F ⟨~⟩ celo m

'Laufjunge M → Laufbursche; **Laufkäfer** M ZOOL cárabo m; **Laufkatze** F TECH carro m (de grúa); **Laufkran** M puente m grúa; grúa f corredera; **Laufkunde** M, **Laufkundin** F HANDEL cliente m/f de paso; **Laufkundschaft** F clientela f de paso

'Laufmasche F TEX carrera f; **ihr Strumpf hat eine ~** tiene una carrera en las medias; **die ~n aufnehmen** coger los puntos (de una media)

'Laufpass M *umg* **j-m den ~ geben** *umg* mandar a paseo a alg, *umg* dar (el) pasaporte a alg; **Laufrad** N rueda f portante; *Turbine*: rodete m; **Laufrolle** F roldana f; polea f; **Laufschiene** F carril m; rail m de deslizamiento; riel-guía m; **Laufschritt** M SPORT paso m gimnástico (*bzw* de carrera); MIL paso m redoblado; **im ~** a paso de carrera; **Laufschuh** M zapato m cómodo; SPORT zapatilla f de correr; **Laufstall** M, **-ställchen** N *für Kinder*: parque m; *bes Am* corralito m; **Laufsteg** M pasarela f; **Laufstrecke** F distancia f (*od* recorrido m *od* trayecto m) de la carrera; **Laufvogel** M ave f corredora; **Laufwerk** N **1** IT unidad f (de lectura) **2** TECH mecanismo m de rodadura

'Laufzeit F **1** WIRTSCH, JUR plazo m de vencimiento; **ein Kredit mit dreimonatiger ~** un crédito de tres meses **2** *bes* TECH duración f **3** SPORT tiempo m de recorrido **4** FILM duración f de la proyección

'Laufzettel M circular f; volante m

'Lauge F ⟨~; ~n⟩ **1** CHEM lejía f **2** (*Waschlauge*) colada f

'laugen VT **1** poner en lejía, blanquear (con lejía), colar **2** CHEM lixiviar

'Laugen N ⟨~s⟩ **1** blanqueo m (con lejía), colada f **2** CHEM lixiviación f; **laugenartig** ADJ CHEM alcalino; **Laugenbad** N baño m de lejía; **Laugenbrezel** F *tipo de pan en forma de rosca*; **Laugensalz** N sal f alcalina

'Lauheit F ⟨~⟩ tibieza f; *fig a.* indiferencia f;

REL, POL indiferentismo *m*
'Laune F ⟨~; ~n⟩ (*Stimmung*) humor *m*; talante *m*; (*Einfall*) capricho *m*; humorada *f*; *wetterwendische*: veleidad *f*; (*Gelüst*) antojo *m*; **bei ~** de buen humor; **gute/schlechte ~ haben** *od* **bei guter/schlechter ~ sein** estar de buen/mal humor; **~n haben** tener caprichos; **(nicht) in der ~ sein für etw** (no) estar (de humor) para a/c; *umg* (no) estar en vena para a/c
'launenhaft ADJ caprichoso; antojadizo; (*wetterwendisch*) veleidoso; **Launenhaftigkeit** F ⟨~⟩ caprichos *mpl*; carácter *m* caprichoso (*bzw* antojadizo)
'launig ADJ alegre, jovial; (*witzig*) gracioso, divertido; **Launigkeit** F → Launenhaftigkeit; **launisch** ADJ → launenhaft
Laus F ⟨~; ¨~e⟩ ZOOL piojo *m*; *fig* **j-m eine ~ in den Pelz setzen** poner a alg la mosca detrás de la oreja; **dir ist wohl eine ~ über die Leber gelaufen?** ¿qué mosca te ha picado?
Lau'sanne [lo'zan] N *Stadt*: Lausana *f*
'Lausbub M *umg* pilluelo *m*, pillín *m*; **Lausbubenstreich** M travesura *f*, chiquillada *f*
'Lauschangriff M intervención *f* telefónica; *umg* pinchazo *m* telefónico
'lauschen VI **1** escuchar (atentamente) **2** (*horchen*) aguzar el oído; *heimlich*: estar a la escucha; **an der Tür ~** escuchar tras la puerta
'Lauscher M ⟨~s; ~⟩, **Lauscherin** F ⟨~; ~nen⟩ escucha *m/f*
'lauschig ADJ ameno; apacible; íntimo; acogedor; **ein ~es Plätzchen** un lugar acogedor
'Lausebengel M *umg* pillo *m*; mocoso *m*; **Lausejunge** M *umg* → Lausebengel
'Läusemittel N pediculicida *m*, *umg* matapiojos *m*
'lausen **A** VT despiojar; espulgar **B** V/R **sich lausen** despiojarse; *umg fig* **ich denk, mich laust der Affe!** no me lo puedo creer!
'Lauser M ⟨~s; ~⟩ *umg* → Lausbub
'lausig *umg* **A** ADJ piojoso; *fig a.* miserable **B** ADV **es ist ~ kalt** *umg* hace un frío que pela; *Am* hace un frío pelón
'Lausitz F ⟨~⟩ GEOG **die ~** Lusacia *f*
laut[1] **A** ADJ alto (*a. Stimme*, MUS); (*klangvoll*) sonoro; *Geräusch* fuerte, intenso; (*lärmend*) ruidoso; **~es Gelächter** (sonora) carcajada *f*; risotada *f*; **~es Geschrei erheben** poner el grito en el cielo; **~ werden** *Stimme* elevarse; *fig* (*bekannt werden*) divulgarse, hacerse público; *Gerücht* correrse la voz de; **mit ~er Stimme** en voz alta **B** ADV en voz alta; **~ aufschreien** dar gritos, gritar; **~ denken** pensar en voz alta; **~ lachen** reír a carcajadas; **~ lesen** leer en alto; **~ singen** cantar alto; **er schrie so ~ er konnte** gritó a más no poder; **~ sprechen** hablar alto (*od* en voz alta); **~er sprechen** levantar la voz; **(sprechen Sie) ~er!** ¡(hable usted) más alto!
laut[2] PRÄP (*gen*) (*gemäß*) según; de acuerdo con; conforme a; (*kraft*) en virtud de
Laut M ⟨~(e)s; ~e⟩ sonido *m*; **~ geben** *Hund* ladrar; **er gab keinen ~ von sich** no dijo palabra, *umg* no dijo ni pío
'Lautangleichung F PHON asimilación *f* (de sonidos); **lautbar** ADV **~ werden** divulgarse, hacerse público; **Lautbildung** F articulación *f* de los sonidos, fonación *f*
'Laute F ⟨~; ~n⟩ MUS laúd *m*; **spanische ~** vihuela *f*; **die ~ schlagen** tocar el laúd
'lauten VI sonar (*a.* LING); *Text* decir, rezar; **~ auf** *Pass etc* estar expedido a nombre de; **der Brief lautet folgendermaßen** la carta dice así; **wie lautet die Antwort?** ¿cómo es la respuesta?; **wie lautet seine Antwort?** ¿qué contesta?; **wie lautet sein Name?** ¿cuál es su nombre?, ¿cómo se llama?; JUR **das Urteil lautet auf Tod** ha sido condenado a muerte; HANDEL **auf den Inhaber ~** *Scheck* ser pagadero al portador; HANDEL **auf den Namen ~d** nominativo
'läuten VT & VI & V/UNPERS tocar; *Glocken a.* repicar; *zu Grabe*: doblar; (*ertönen*) sonar (*a. Telefon*); **es läutet** *Klingel* llaman (a la puerta); REL **es läutet zur Messe** tocan a misa; **es läutet Mittag** tocan las doce; **an der Tür ~** llamar a la puerta, tocar el timbre; *umg fig* **ich habe ~ hören, dass ...** he oído campanas de que ...
'Läuten N ⟨~s⟩ toque *m* (*bzw* repique *m*) (de campanas)
'Lautenspiel N tañido *m* de laúd; **Lautenspieler** M, **Lautenspielerin** F tañedor *m*, -a *f* de laúd; *der span Laute*: vihuelista *m/f*
'lauter[1] ADJ *geh Metalle* puro (*a. fig*); *Flüssigkeit* claro, límpido; *fig* sincero; íntegro; **~e Absichten** miras *fpl* desinteresadas
'lauter[2] ADV (*nichts als, nur*) no ... más que; **das sind ~ Lügen** no son más que mentiras; **aus** *od* **vor ~ Angst** de puro miedo; **vor ~ Freude** de pura alegría
'Lauterkeit F ⟨~⟩ pureza *f* (*a. fig*); limpidez *f*; (*Aufrichtigkeit*) *fig* sinceridad *f*; integridad *f*
'läutern VT *geh* **1** purificar (*a. fig*) **2** CHEM depurar; *Flüssigkeiten* clarificar, filtrar; *Metalle* afinar, refinar, acendrar (*a. fig*); *im Schmelztiegel*: acrisolar (*a. fig*)
'Läuterung F ⟨~; ~en⟩ *geh* **1** purificación *f* (*a. fig*) **2** CHEM depuración *f*; *von Flüssigkeiten*: clarificación *f*; *von Metallen*: refinación *f*; *im Schmelztiegel*: acrisolamiento *m* (*a. fig*)
'Läutewerk N timbre *m* eléctrico (*bzw* de alarma)
'Lautgesetz N LING ley *f* fonética
'lautgetreu ADJ de alta fidelidad; ortofónico; **lauthals** ADV a voz en grito (*od* en cuello); **~ schreien** vociferar
'Lautlehre F LING fonética *f*
'lautlich ADJ fonético
'lautlos ADJ sin (hacer) ruido; **~e Stille** profundo silencio *m*; **Lautlosigkeit** F ⟨~⟩ silencio *m* absoluto
'lautmalend ADJ, **lautmalerisch** ADJ onomatopéyico
Lautmale'rei F onomatopeya *f*
'Lautschrift F transcripción *f* fonética
'Lautsprecher M altavoz *m*; *Am* altoparlante *m*; **Lautsprecheranlage** F *Tontechnik*: equipo *m* acústico; **Lautsprecheranschluss** M *Tontechnik*: conexión *f* para altavoz; **Lautsprecherbox** F *Tontechnik*: caja *f* (*od* pantalla *f*) acústica, bafle *m*; **Lautsprecherdurchsage** F mensaje *m* (*od* aviso *m* *od* información *f*) por altavoz; **Lautsprecherstimme** F voz *f* por (el) altavoz; **Lautsprecherwagen** M automóvil *m* con altavoz
'lautstark **A** ADJ potente, fuerte, intenso **B** ADV **~ protestieren** protestar enérgicamente
'Lautstärke F ⟨~; ~n⟩ intensidad *f* de sonido; *der Stimme*: potencia *f*; *Tontechnik*: *a.* volumen *m* (de sonido); **mit voller ~** a todo volumen; **Lautstärkeregler** M *Tontechnik*: control *m* (*od* regulador *m*) de volumen; **Lautstärkeschwankung** F *Tontechnik*: fluctuaciones *fpl* de la intensidad; fading *m*
'Lautsystem N sistema *m* fonético; **Lautverschiebung** F LING mutación *f* consonántica; **Lautwandel** M LING cambio *m* fonético
'lautwerden VI *fig* → laut A 1
'Lautzeichen N signo *m* fonético
'lauwarm ADJ tibio; templado
'Lava ['la:va] F ⟨~; Laven⟩ lava *f*; **Lavastrom** M corriente *f* de lava
La'vendel [-v-] M BOT espliego *m*, alhucema *f*; lavanda *f*; **Lavendelwasser** N ⟨~s⟩ agua *f* de lavanda
la'vieren [-v-] VI ⟨*ohne* ge-⟩ **1** SCHIFF bordear; barloventear **2** *fig* nadar entre dos aguas; *umg* bailar en la cuerda floja
La'wine F ⟨~; ~n⟩ alud *m*, avalancha *f* (*beide a. fig*)
la'winenartig ADV como un alud; **~ anwachsen** crecer como (una) bola de nieve; **Lawinengefahr** F peligro *m* (*od* riesgo *m*) de aludes; **lawinengefährdet** ADJ expuesto a los aludes
lax ADJ laxo (*a. Moral etc*); relajado; (*schlaff*) flojo; **~e Sitten** costumbres *fpl* relajadas
Laxa'tiv N ⟨~s; ~e⟩ MED laxante *m*
'Laxheit F ⟨~; ~en⟩ laxitud *f*; relajamiento *m*, relajación *f*
Layout [le:'ʔaʊt] N ⟨~s; ~s⟩ composición *f*; *Ergebnis*: maqueta *f*; **lay'outen** VT maquetar; **Lay'outer** M, **Lay'outerin** F maquetador *m*, -a *f*
Laza'rett N ⟨~(e)s; ~e⟩ MIL hospital *m* militar; **fliegendes ~** hospital *m* de sangre; **Lazarettflugzeug** N avión *m* hospital; **Lazarettschiff** N buque *m* hospital
'Lazarus EIGENN M *Bibel*: Lázaro *m*
LC'D-Monitor M TECH, FOTO pantalla *f* LCD
'Leader ['li:dər] M ⟨~s; ~⟩, **Leaderin** F ⟨~; ~nen⟩ líder *m/f*
'Leadsänger [li:t-] M, **Leadsängerin** F MUS vocalista *m/f*
'leasen ['li:zən] VT HANDEL alquilar con opción a compra
'Leasing ['li:zɪŋ] N ⟨~s; ~s⟩ HANDEL leasing *m*; JUR arrendamiento *m* financiero; **Leasingauto** M coche *m* en leasing; **Leasingfirma** F empresa *f* de leasing; **Leasinggeschäft** N operación *f* de leasing; **Leasinggesellschaft** F sociedad *f* de leasing; **Leasingnehmer** M, **Leasingnehmerin** F arrendatario *m*, -a *f* de leasing; suscriptor *m*, -a *f* (*od* tomador *m*, -a *f* *od* contratante *m/f*) de leasing; **Leasingrate** F cuota *f* de leasing; *monatliche*: mensualidad *f* de leasing; canon *m* de arrendamiento financiero (*od* de leasing); **Leasingvertrag** M HANDEL contrato *m* de leasing; JUR contrato *m* de arrendamiento financiero
'Lebedame F *pej* vividora *f*; mujer *f* de la vida
Lebe'hoch N ⟨~s; ~s⟩ viva *m*, brindis *m*
'Lebemann M ⟨~(e)s; ¨~er⟩ *pej* vividor *m*
'leben **A** VI **1** vivir; existir; (*am Leben sein*) estar vivo (*od* con vida); **gut ~** darse buena vida; **kümmerlich ~** pasar la vida; vegetar, *umg* ir tirando; **er wird nicht mehr lange ~** ya no vivirá mucho; sus días están contados; **j-n ~ lassen** (*nicht töten*) dejar a alg con vida; **~ und ~ lassen** vivir y dejar vivir; **er ist sein Vater wie er leibt und lebt** es el vivo retrato de su padre, *umg* es clavado a su padre; **zu ~ wissen** saber vivir; → weiterleben **2** (*wohnen*) vivir, residir (**in** *dat* en); **bei j-m ~** vivir en casa de alg; **er lebt in Berlin** vive en Berlín; **in einer Wohngemeinschaft ~** vivir en un piso compartido **3** **~ von** vivir de; **sie ~ hauptsächlich von Obst und Gemüse** se alimentan principalmente de fruta y verdura; *fig* **von der Hand in den Mund ~** vivir al día; *fig* **von seiner Hände Arbeit ~** vivir de su trabajo; *fig* **von der Luft ~** vivir del aire; vivir con lo justo; **(genug) zu ~ haben** tener de qué vivir **4** **für etw ~** vivir para a/c, vivir dedicado (*od* entregado) a a/c; **nur für j-n/etw leben** desvivirse por alg/a/c; entregarse por entero a alg/a a/c **5** *in Ausrufen*: **er soll ~!** ¡(que) viva!; **so wahr ich lebe!** ¡así Dios me salve!; ¡por vida mía!; **leb(e)** *od* **~ Sie wohl!** ¡adiós!; **es lebe die Freiheit!** ¡viva la libertad!; **es lebe der König!** ¡viva el rey! **B** VT vivir; REL **seinen Glauben ~** vivir su fe; **sein eigenes Leben ~** vivir su pro-

pia vida; **sein Leben noch einmal ~** revivir su vida **C** VR **hier lebt es sich gut** aquí da gusto vivir, aquí se vive bien

'Leben N ⟨~s; ~⟩ **1** vida *f*; (*Dasein*) existencia *f*; (*Lebensweise*) modo *m* (*od* manera *f*) de vivir; **ein gutes** *od* **schönes ~ führen** darse buena vida; **langes ~** longevidad *f*, larga vida *f*; **ein neues ~ anfangen** rehacer su vida; **sein ~ einsetzen** *od* **wagen** *od* **aufs Spiel setzen** arriesgar (*od* jugarse) la vida, *umg* jugarse el tipo; **ein ruhiges** *etc* **~ führen** llevar una vida tranquila, *etc*; **das ~ genießen** gozar de la vida; **j-n das ~ kosten** costar a alg la vida; **j-m das ~ schwer** *od* **sauer machen** amargar la vida a alg; **sich** (*dat*) **das ~ schwer machen** complicarse la vida; **sich** (*dat*) **das ~ nehmen** suicidarse, quitarse la vida; **j-m das ~ retten** salvar la vida a alg; *geh* **j-m das ~ schenken** *e-m Kind*: dar a luz a alg; (*j-n begnadigen*) perdonar la vida a alg; MIL dar cuartel a alg **2** *mit präp*: **am ~ bleiben** quedar con vida, sobrevivir; salvarse, escapar (*od* salir) con vida; **am ~ lassen** dejar con vida; **am ~ sein** estar vivo (*od* con vida); vivir; **aus dem ~ gegriffen** tomado del natural (*od* de la vida real); *geh* **aus dem ~ scheiden** morir(se); **aus dem ~ schöpfen** tomar del natural; **etw für sein ~ gern tun** desvivirse por hacer a/c; **sie singt/liest für ihr ~ gern** (a ella) le gusta muchísimo cantar/leer; **ich wüsste für mein ~ gern, ob …** daría cualquier cosa por saber si …; **sein ~ für etw lassen** morir por a/c; dar (*od* sacrificar) la vida por a/c; **nie im ~** (jamás) en mi vida; *umg* **nie im ~!** ¡en la vida!, ¡ni soñarlo!; **das habe ich in meinem ~ nicht gesehen** en mi vida he visto cosa igual; **etw ins ~ rufen** dar vida a a/c, crear a/c, fundar a/c; **ins ~ treten** nacer; dar los primeros pasos en la vida; **ins ~ zurückbringen** volver a la vida; **mein (ganzes) ~ lang** (durante) toda mi vida; **mit seinem ~ bezahlen** pagar con la vida; **mit dem ~ davonkommen** quedar con vida; salvarse, escapar (*od* salir) con vida; *fig* **j-m nach dem ~ trachten** atentar contra la vida de alg; **j-n ums ~ bringen** matar (*od* quitar la vida) a alg; **(bei einem Unfall) ums ~ kommen** perder la vida (en un accidente); **zeit meines ~s** (durante) toda mi vida **3** (*Lebenskraft*) fuerza *f* vital; vigor *m*; (*Lebhaftigkeit*) vivacidad *f*; (*geschäftiges Treiben*) animación *f*, movimiento *m*; **~ und Treiben** animación *f*, movimiento *m*; **neues ~ bekommen** reanimarse, avivarse; **voller ~** lleno de vida; **zu neuem ~ erwachen** resucitar, renacer; **zu neuem ~ erwecken** resucitar (*a. fig*); **~ in etw bringen** dar animación a (*od* animar) a/c **4** *Wendungen mit Tod*: **auf ~ und Tod** a vida y muerte; **Kampf auf ~ und Tod** lucha *f* a vida o muerte; **es geht um ~ und Tod** es cuestión de vida o muerte; **zwischen ~ und Tod schweben** estar entre la vida y la muerte

'lebend ADJ vivo; viviente; **lange ~** vivaz, de larga vida; **~e Bilder** cuadros *mpl* vivos (*od* plásticos); **~e Hecke** seto *m* vivo; **~es Inventar** bienes *mpl* semovientes; **~e Sprachen** lenguas *fpl* vivas; **es war kein ~es Wesen zu sehen** no se veía alma viviente; **~ gebärend** ZOOL vivíparo

'Lebende M/F ⟨~n; ~n; → A⟩ viviente *m/f*, persona *f* viva; **die ~n und die Toten** los vivos y los muertos; **Lebendgewicht** N peso *m* (en) vivo

le'bendig ADJ viviente; vivo (*a. fig*); (*belebt*) animado; (*rege*) vivaz, lleno de vida; **bei ~em Leibe verbrannt/begraben** quemado/enterrado vivo; *fig* **~ erhalten** mantener vivo; **~ machen** animar; vivificar; **~ werden** animarse; **wieder ~ werden** revivir; reanimarse; **in j-m ~ werden** *Gefühle* aflorar en alg; *Erinnerungen* cobrar vida en alg; **mehr tot als ~** más muerto que vivo

Le'bendigkeit F ⟨~⟩ vivacidad *f*, viveza *f*; vida *f*; animación *f*

'Lebensabend M *geh* vejez *f*; ocaso *m* de la vida; tercera edad *f*; **Lebensabriss** M nota *f* biográfica; **Lebensabschnitt** M período *m* de la vida; **Lebensalter** N edad *f*; **Lebensangst** F miedo *m* existencial; **Lebensanschauung** F concepción *f* de la vida; **Lebensarbeitszeit** F vida *f* profesional activa; período *m* de actividad profesional; **Lebensart** F modo *m* (*od* manera *f*) de vivir; (*Benehmen*) modales *mpl*, maneras *fpl*; **Lebensauffassung** F concepto *m* de la vida; **Lebensaufgabe** F tarea *f* (*od* trabajo *m*) de toda una vida; **Lebensäußerung** F manifestación *f* vital; **Lebensbahn** F carrera *f*; **Lebensbaum** M BOT árbol *m* de la vida, tuya *f*; **Lebensbedingungen** FPL condiciones *fpl* de vida (*od* de existencia)

'lebensbedrohend, lebensbedrohlich ADJ que amenaza la vida; peligroso para la vida; de peligro mortal

'Lebensbedürfnisse NPL necesidades *fpl* vitales; **Lebensbeichte** F crónica *f* (auto)biográfica (hasta la actualidad)

'lebensbejahend ADJ optimista; **Lebensbejahung** F optimismo *m* (ante la vida); actitud *f* positiva (ante la vida)

'Lebensberatung F asesoramiento *m* (*od* orientación *f*) sobre la forma de vivir; **Lebensbereich** M ámbito *m* de la vida; **Lebensbericht** M biografía *f*; autobiografía *f*; currículum vítae *m*; **Lebensbeschreibung** F, **-bild** N semblanza *f*; descripción *f*, reseña *f* (auto)biográfica; (auto)biografía *f*

'Lebensdauer F duración *f* de (la) vida; longevidad *f* (*a.* TECH); TECH duración *f*; durabilidad *f*; vida *f* útil; **lange ~** larga vida *f*; **durchschnittliche ~** vida *f* media

'lebensecht ADJ natural; realista

'Lebenseinstellung F actitud *f* ante la vida; **Lebenselixier** N elixir *m* de la vida; **Lebensende** N término *m* de la vida; **bis an mein/sein ~** hasta que me muera/hasta su muerte; **Lebensenergie** F energía *f* vital; **Lebensentwurf** M proyecto *m* de vida; **Lebenserfahrung** F experiencia *f* de la vida; *umg* mundología *f*; **Lebenserinnerungen** FPL memorias *fpl*; **Lebenserwartung** F expectativa *f* (*od* esperanza *f*) de vida; **Lebensfaden** M hilo *m* de la vida

'lebensfähig ADJ viable; **Lebensfähigkeit** F viabilidad *f*

'Lebensform F forma *f* de vida; **Lebensfrage** F cuestión *f* vital; **lebensfremd** ADJ ajeno a (las realidades de) la vida; que no conoce la vida; **Lebensfreude** F alegría *f* de vivir; *poet* dicha *f* de vivir; **lebensfroh** ADJ contento de la vida; alegre y optimista; *poet* dichoso *f* de vivir; **Lebensführung** F manera *f* (*od* modo *m*) de vivir; (tren *m* de) vida *f*; **Lebensfülle** F plenitud *f* de vida; **Lebensfunktion** F función *f* vital

'Lebensgefahr F peligro *m* de muerte; **unter ~** con peligro para la vida; con riesgo de su vida; **für j-n besteht ~** alg está en peligro de muerte; **in ~ schweben** estar entre la vida y la muerte

'lebensgefährlich ADJ muy peligroso; con peligro de muerte

'Lebensgefährte M, **Lebensgefährtin** F compañero *m*, -a *f* de vida; compañero *m*, -a *f* sentimental

'Lebensgefühl N **1** *individuelles*: gozo *m* de vivir **2** (*Zeitgeist*) espíritu *m* de la época

'Lebensgeister MPL espíritus *mpl* vitales; **j-s ~ wecken** infundir ánimo a alg; **Lebensgemeinschaft** F comunidad *f* de vida, vida *f* en común; **Lebensgeschichte** F (historia *f* de la) vida *f*; biografía *f*; **lebensgeschichtlich** ADJ (auto)biográfico; **Lebensgewohnheit** F hábito *m* de (toda) la vida

'lebensgroß ADJ de tamaño natural

'Lebensgröße F tamaño *m* natural; **in voller ~** en tamaño natural; *hum* en persona; **Lebensgrundlage** F base *f* material de la vida; base *f* económica de la vida; **Lebenshaltung** F nivel *m* de vida; tren *m* de vida

'Lebenshaltungsindex M índice *m* del coste de la vida; **Lebenshaltungskosten** PL coste *m* de la vida

'Lebenshunger M anhelo *m* de vivir; **lebenshungrig** ADJ ansioso de vivir, sediento de vida; **Lebensinteressen** NPL intereses *mpl* vitales; **Lebensjahr** N año *m* (de la vida); **im dreißigsten ~** a los treinta años (de edad); **Lebenskampf** M lucha *f* por la vida (*od* existencia)

'lebensklug ADJ que tiene experiencia de la vida; **Lebensklugheit** F experiencia *f* de la vida; *umg* mundología *f*

'Lebenskraft F fuerza *f* (*od* energía *f*) vital; vitalidad *f*; **Lebenskünstler** M **er ist ein ~** sabe vivir; **Lebenslage** F situación *f* (de la vida)

'lebenslang **A** ADJ de por vida **B** ADV para toda la vida; **lebenslänglich** ADJ perpetuo (*a.* JUR); para toda la vida, de por vida; *Amt, Rente* vitalicio; JUR **~e Freiheitsstrafe** cadena *f* perpetua; **Lebenslänglich** N ⟨-⟩ cadena *f* (*od* reclusión *f*) perpetua

'Lebenslauf M *bei Bewerbungen*: currículum *m* vítae; **Lebensleistung** F resultados *pl* (*od* logros *pl*) alcanzados en la vida; méritos *pl* (cosechados) a lo largo de la vida; **Lebenslicht** N *poet* vida *f*; **j-m das ~ ausblasen** matar (*od* quitar la vida) a alg; **Lebenslinie** F *der Hand*: línea *f* de vida; **Lebenslust** F alegría *f* de vivir; **lebenslustig** ADJ vivaracho; (muy) vivo, lleno de vida; **Lebensminimum** N mínimo *m* vital

'Lebensmittel NPL víveres *mpl*; MIL *a.* vituallas *fpl*; (*Esswaren*) comestibles *mpl*, productos *mpl* alimenticios; **Lebensmittelabteilung** F sección *f* de alimentos; **Lebensmitteleinzelhandel** M comercio *m* al por menor de alimentos; comercio *m* minorista de productos alimenticios; **Lebensmittelgeschäft** N tienda *f* de comestibles (*od* alimentación), *Am* almacén *m*; **Lebensmittelgesetz** N código *m* alimentario; **Lebensmittelgroßhandel** M comercio *m* al por mayor de alimentos; **Lebensmittelhandel** M comercio *m* de productos alimenticios; **Lebensmittelimitat** N alimento *m* artificial; **Lebensmittelindustrie** F industria *f* de la alimentación; **Lebensmittelkarte** F HIST *im Krieg*: cartilla *f* de racionamiento; **Lebensmittelkette** F cadena *f* de tiendas de productos alimenticios; cadena *f* de tiendas de ultramarinos; **Lebensmittelknappheit** F escasez *f* de víveres; **Lebensmittelladen** M tienda *f* de comestibles (*od* de alimentos *od* de productos alimenticios *od* de ultramarinos); **Lebensmittelmarke** F HIST *im Krieg*: cupón *m* alimenticio (*od* para alimentos); **Lebensmittelmarkt** M (super)mercado *m* de productos alimenticios; **Lebensmittelpreise** MPL precios *mpl* de productos alimenticios

'Lebensmittelpunkt M centro *m* de intereses vitales

'Lebensmittelration F ración *f* de alimentos; **Lebensmittelspende** F donación *f* de productos alimenticios (*od* de alimentos); **Lebensmitteltechnologie** F tecnología *f* alimentaria; **Lebensmitteltransport** M transporte *m* de productos alimenticios (*od* de alimentos); **Lebensmittelüberwachung** F control *m* (*od* supervisión *f*) de la fabricación (*od* producción *od* elaboración) de alimentos; **Lebensmittelvergiftung** F intoxicación *f* alimentaria; **Lebensmittelversorgung** F abastecimiento *m* (de comestibles); **Lebensmittelvorrat** M provisiones *fpl* (*od* reservas *fpl*) de alimentos

'Lebensmodell N modelo *m* de vida

'lebensmüde ADJ cansado de la vida (*od* de vivir)

'Lebensmut M valor *m* para afrontar la vida; ánimo *m* para seguir viviendo; **lebensnah** ADJ realista; **Lebensnähe** F experiencia *f* práctica; realismo *m*; **Lebensnerv** M *fig* nervio *m* vital; **Lebensniveau** [-nivo:] N nivel *m* de vida; estándar *m* de vida

'lebensnotwendig ADJ vital; de primera necesidad; **Lebensnotwendigkeit** F necesidad *f* vital

'Lebenspartner compañero *m*, -a *f* de vida; pareja *f*; **Lebenspartnerschaft** F **eingetragene ~** ≈ pareja *f* de hecho

'Lebensperspektive F perspectiva *f* de vida; modo *m* de ver la vida; **Lebensphase** F fase *f* (*od* etapa *f*) de la vida; **Lebensphilosophie** F filosofía de la vida; **Lebensplanung** F planificación *f* de la vida

'lebenspraktisch ADJ práctico para la vida

'Lebenspraxis F experiencia *f* de vida, experiencia *f* vital; **Lebensprinzip** N principio *m* (orientador) de (la) vida; **Lebensqualität** F calidad *f* de (la) vida; **Lebensraum** M espacio *m* vital; **Lebensrealität** F realidad *f* de la vida; **Lebensregel** F regla *f* de conducta; norma *f* de vida; máxima *f*; **Lebensrente** F renta *f* vitalicia

'Lebensretter M, **Lebensretterin** F salvador *m*, -a *f*; socorrista *m/f*; **Lebensrettungsmedaille** F medalla *f* de salvamento

'Lebensschützer M, **Lebensschützerin** F protector *m*, -a *f* de la vida; **Lebenssinn** M sentido *m* de la vida; **Lebenssituation** F situación *f* de vida; circunstancias *fpl* de la vida; **Lebensspanne** F lapso *m* vital; **Lebensstandard** M nivel *m* de vida; **Lebensstellung** F *Posten*: cargo *m* vitalicio; empleo *m* permanente; **Lebensstil** M estilo *m* de vida; **Lebenstag** M día *m* de vida; **Lebenstrieb** M instinto *m* vital

'lebenstüchtig ADJ dinámico; enérgico; capaz de afrontar la vida

'Lebensüberdruss M cansancio *m* (*od* tedio *m*) de la vida; **lebensüberdrüssig** ADJ cansado de vivir

'Lebensumfeld N entorno *m* vital; circunstancias *pl* de vida

'lebensunfähig ADJ MED no viable, inviable

'Lebensunterhalt M subsistencia *f*, sustento *m*; JUR alimentos *mpl*; **seinen ~ verdienen** *od* **bestreiten** ganarse la vida (*od* el sustento)

'lebensuntüchtig ADJ incapaz de afrontar la vida; **lebensunwert** ADJ *Nationalsozialismus*: no merecedor (*od* digno) de vivir

'Lebensverhältnisse NPL condiciones *fpl* de vida; **Lebensversicherer** M asegurador *m* de vida

'Lebensversicherung F seguro *m* de vida; **dynamische ~** seguro *m* de vida con primas reajustables; **Lebensversicherungsgesellschaft** F compañía *f* de seguros de vida

'lebensvoll ADJ lleno de vida; **lebenswahr** ADJ realista; tomado de la vida (real)

'Lebenswandel M conducta *f*; (tren *m* de) vida *f*; **Lebensweg** M vida *f*; (*Laufbahn*) carrera *f*; **Lebensweise** F modo *m* de vivir; MED régimen *m*; **gesunde ~** vida *f* sana; **Lebensweisheit** F 1 filosofía *f* (práctica) 2 (*weiser Ausspruch*) aforismo *m*; **Lebenswelt** F mundo *m*; **Lebenswerk** N **sein ~** la obra de su vida

'lebenswert ADJ digno de vivir; **lebenswichtig** ADJ vital (*a.* MED); *Betrieb etc*: de interés vital; *Güter etc* de primera necesidad

'Lebenswille M voluntad *f* de vivir; ganas *fpl* de vivir; **Lebenswirklichkeit** F realidad *f* vital (*od* de la vida); **Lebenszeichen** N señal *f* de vida; **kein ~ von sich geben** no dar señal de vida; **Lebenszeit** F duración *f* de la vida; **auf ~** → lebenslänglich; **Lebensziel** N, **Lebenszweck** M objeto *m* de la vida; finalidad *f* de la existencia; **Lebenszyklus** M ciclo *m* vital (*od* de la vida)

'Leber F ⟨~; ~n⟩ ANAT, GASTR hígado *m*; *umg* **frei** *od* **frisch von der ~ weg reden** hablar sin ambages ni rodeos (*od* sin tapujos); despacharse a su gusto; **Leberblümchen** N BOT hepática *f*; **Leberegel** M ZOOL duela *f*; **Leberentzündung** F MED hepatitis *f*; **Leberfleck** M mancha *f* hepática; nevus *m* hepático; (*Muttermal*) lunar *m*; **Leberhaken** M *Boxen*: gancho *m* al hígado; **Leberkäse** M *tipo de paté preparado al horno*; **Leberkloß** M, **Leberknödel** M GASTR albóndiga *f* de hígado

'leberkrank ADJ enfermo del hígado, hepático; **Leberkrankheit** F enfermedad *f* del hígado; MED hepatopatía *f*

'Leberkrebs M MED cáncer *m* del hígado; **Leberleiden** N → Leberkrankheit; **Lebermoose** NPL BOT hepáticas *fpl*; **Leberpastete** F GASTR paté *m* de hígado; **Lebertran** M ⟨~(e)s; ~e⟩ aceite *m* de hígado de bacalao; **Leberwurst** F GASTR embutido *m* de hígado; **Leberzirrhose** F ⟨~; ~n⟩ MED cirrosis *f* hepática

'Lebewesen N ser *m* (*od* organismo *m*) viviente

Lebe'wohl N ⟨~(e)s; ~s *od* ~e⟩ adiós *m*; **j-m ~ sagen** decir adiós a alg; despedirse de alg

'lebhaft A ADJ vivo (*a. Beifall, Diskussion, Erinnerung, Fantasie, Farbe, Interesse*); *Kind a.* vivaz; impulsivo; lleno de vida; (*belebt*) animado (*a.* WIRTSCH *u. Unterhaltung*); activo (*a.* WIRTSCH); (*munter*) vivaracho; despierto; *Verkehr* intenso; **~er Beifall** (gran) ovación *f*; nutridos aplausos *mpl*; **~ werden** animarse B ADV vivamente; **~ bedauern** sentir vivamente; **sich ~ an j-n erinnern** guardar un vivo recuerdo de alg; **das kann ich mir ~ vorstellen!** ¡me lo imagino!

'Lebhaftigkeit F ⟨~⟩ viveza *f*; vivacidad *f*; animación *f*; actividad *f*

'Lebkuchen M pan *m* (dulce) de especias; **Lebkuchenherz** N pan *m* de especias en forma de corazón

'leblos ADJ sin vida; inanimado; WIRTSCH inactivo; **Leblosigkeit** F ⟨~⟩ ausencia *f* de vida; falta *f* de animación; WIRTSCH estancamiento *m*

'Lebtag M **das habe ich mein ~ nicht gesehen** en mi vida lo he visto

'Lebzeiten FPL **zu** *od* **bei ~** en vida; **zu meinen ~** mientras viva; **zu ~ meines Vaters** cuando vivía (*od* en vida de) mi padre

'lechzen VI 1 *geh* tener sed (**nach** de); **nach Wasser ~** estar sediento (de agua) 2 *fig* **nach etw ~** anhelar a/c; estar ansioso de a/c; suspirar por a/c; estar sediento de a/c

leck ADJ **~ sein** → lecken[2]

Leck N ⟨~(e)s; ~e⟩ SCHIFF vía *f* de agua; (*undichte Stelle*) fuga *f* (*a. fig*), escape *m*; *im Dach*: gotera *f*; *im Fass etc*: agujero *m*; SCHIFF **ein ~ bekommen** hacer aguas

Le'ckage [-a:ʒə] F ⟨~; ~n⟩ derrame *m*; (*Gewichtsverlust*) merma *f*

'lecken[1] VT & VI lamer (**an etw** *dat* a/c); *fig* **sich** (*dat*) **die Finger nach etw ~** chuparse los dedos por a/c; relamerse de a/c; *umg* **wie geleckt** de punta en blanco; *vulg* **leck mich** (**am Arsch**)! *vulg* ¡jódete!, *vulg* ¡que te den por el culo!

'lecken[2] VI *Behälter* tener agujeros; tener fuga; *Schiff* hacer aguas

'Lecken N ⟨~s⟩ derrame *m*

'lecker ADJ (*gut schmeckend*) sabroso, delicado; *umg* rico; (*lecker aussehend*) apetitoso; *umg Person* bueno; **~ aussehen** tener buena pinta

'Leckerbissen M bocado *m* (*bzw* plato *m od* manjar *m*) exquisito (*od* delicado)

Lecke'rei F ⟨~; ~en⟩ golosina *f*

'Leckermaul N, *umg* **Leckermäulchen** N *umg* goloso *m*

'leck schlagen VI SCHIFF hacer aguas

led. ABK (ledig) soltero

'Leder N ⟨~s; ~⟩ cuero *m* (*a. umg Fußball*); *weiches*: piel *f*; (*Wildleder*) ante *m*, gamuza *f*; (*Lappen*) gamuza *f*; **in ~ (gebunden)** (encuadernado) en piel; *umg* **j-m das ~ gerben** zurrar la badana a alg; *umg* **gegen j-n/etw vom ~ ziehen** arremeter contra alg/a/c

'Leder(ein)band M ⟨~(e)s; ⸚e⟩ encuadernación *f* en piel; **Ledergürtel** M cinturón *m* de cuero; **Lederhandel** M comercio *m* de pieles (*bzw* de cueros); **Lederhändler** M, **Lederhändlerin** F comerciante *m/f* en pieles (*bzw* de cueros); **Lederhandschuh** M guante *m* de piel; **Lederhaut** F ANAT dermis *f*, corion *m*; *Auge*: esclerótica *f*; **Lederhose** F pantalón *m* de cuero; **Lederjacke** F chaquetón *m* (*bzw* cazadora *f*) de cuero; **Lederkoffer** M maleta *f* de cuero; **Lederlappen** M gamuza *f*; **Ledermantel** M abrigo *m* de cuero; **Ledermappe** F cartera *f* de cuero

'ledern ADJ de cuero; de piel; *fig* (*zäh*) coriáceo; (*trocken*) seco; soso

'Lederriemen M TECH correa *f* de cuero; MIL cinturón *m*; **Lederrücken** M *Buch*: lomo *m* de piel; **Lederschuh** M zapato *m* de piel; **Lederschurz** M, **Lederschürze** F mandil *m* de cuero; **Ledersessel** M sillón *m* de cuero; **Ledersohle** F suela *f* de cuero; **Ledertasche** F bolso *m* de piel (*od* de cuero)

'Lederwaren FPL artículos *mpl* de cuero (*bzw* de piel); marroquinería *f*; **Lederwarenindustrie** F industria *f* de marroquinería

'ledig ADJ 1 (*unverheiratet*) soltero; *lit* célibe; **~e Mutter** madre *f* soltera; **~ bleiben** *Mann* quedar soltero; *Frau* quedar soltera 2 *geh* (*frei*) libre (**von** de); **einer Aufgabe** (*gen*) **ledig sein** estar libre de un trabajo

'Ledige M/F ⟨~n; ~n; → A⟩ soltero *m*, -a *f*; **lediglich** ADV sólo, solamente; únicamente; meramente

Lee F ⟨~⟩ SCHIFF sotavento *m*

leer A ADJ 1 vacío; (*geleert*) vaciado; (*geräumt*) evacuado; (*unbesetzt, unbewohnt*) desocupado; sin ocupar, libre; *Stelle* vacante; **mit ~en Händen** con las manos vacías; THEAT **vor ~em Haus spielen** actuar ante la sala vacía; **~ machen** vaciar; (*ausräumen*) evacuar; **~ werden** vaciarse 2 (*unbeschrieben*) en blanco; **~e Seite** página *f* en blanco 3 *fig* (*bedeutungslos*) insignificante; *Worte, Blick* vacío; (*eitel*) huero; *Versprechungen* vano; (*unbegründet*) sin fundamento, infundado; (*hohl, sinnlos*) sin sentido; **~e Drohung** vana amenaza *f*; **~es Geschwätz** (pura) palabrería *f*; **~e Worte** palabras *fpl* hueras (*od* huecas) B ADV **~ ausgehen** quedarse con las ganas; ~ **fegen** vaciar completamente; ~ **gefegte Straßen** calles completamente vacías; ~ **räumen** desocupar completamente, dejar completamente vacío; ~ **stehen** estar vacío; *Wohnung* estar desocupado; → *a.* leerlaufen, leer stehend

'Leerdarm M ANAT yeyuno *m*

'Leere A F ⟨~⟩ vacío *m* (*a.* PHYS); (*leerer Raum*) espacio *m* vacío; *fig* vaciedad *f*; vanidad *f* B N ⟨~n; ~n⟩ **ins ~ gehen** *Schlag* fallar; **ins ~ starren** mirar absorto; tener la mirada perdida en el vacío

'leeren A VT vaciar; *Glas etc a.* apurar; (*räumen*) evacuar; **den Briefkasten ~** hacer la recogida, recoger las cartas B VR **sich ~** vaciarse

'Leeren N ⟨~s⟩ → Leerung

'leeressen VT → essen 3

'Leerfahrt F trayecto *m* sin carga (*od* sin pasajeros *od* en vacío)

'leerfegen VT → leer B

'Leergewicht N peso *m* en vacío, HANDEL tara *f*; **Leergut** N envases *mpl* de vuelta; **Leerhub** M AUTO carrera *f* en vacío; **Leerkassette** F cassette *f* virgen (*od* en blanco); **Leerlauf** M TECH marcha *f* en vacío; punto *m* muerto (*a. fig*); *fig* esfuerzos *mpl* baldíos (*od* inútiles)

'leerlaufen VI ⟨irr; sn⟩ **1** TECH marchar en vacío **2** *Gefäß* vaciarse; derramarse

'Leerlaufspannung F ELEK tensión *f* de marcha en vacío; **Leerlaufstellung** F TECH punto *m* muerto

'leermachen VT → leer A 1

'leerräumen VT → leer B

'leerstehend ADJ, **leer stehend** ADJ *Wohnung, Haus etc* vacío; desocupado, sin ocupar

'Leertaste F *Schreibmaschine, Computer:* tecla *f* espaciadora, espaciador *m*

'Leerung F ⟨~; ~en⟩ vaciamiento *m*; (*Räumung*) evacuación *f*; *Postwesen:* recogida *f*

'Leerzeichen N espacio *m* en blanco; **Leerzeile** F línea *f* vacía, línea *f* en blanco; **Leerzug** M BAHN tren *m* vacío

'Leesegel N SCHIFF boneta *f*; **Leeseite** F SCHIFF (costado *m* de) sotavento *m*; **leewärts** ADV SCHIFF a sotavento

'Lefze F ⟨~; ~n⟩ ZOOL belfo *m*, befo *m*

le'gal ADJ legal

legali'sieren VT ⟨ohne ge-⟩ legalizar; **Legalisierung** F ⟨~; ~en⟩ legalización *f*

Legali'tät F ⟨~⟩ legalidad *f*; **Legalitätsprinzip** N principio *m* de legalidad

Legasthe'nie F ⟨~; ~n⟩ MED dislexia *f*; **Legas'theniker** M ⟨~s; ~⟩, **Legas'thenikerin** F ⟨~; ~nen⟩ disléxico *m*, -a *f*; **legas'thenisch** ADJ disléxico

Le'gat[1] M ⟨~en; ~en⟩ KATH, HIST legado *m*

Le'gat[2] N ⟨~(e)s; ~e⟩ JUR legado *m*

Lega'tar M ⟨~s; ~e⟩ JUR legatario *m*

Legati'on F ⟨~; ~en⟩ legación *f*

Legati'onsrat M consejero *m* de legación; **Legationssekretär** M, **Legationssekretärin** F secretario *m*, -a *f* de legación

'Legebatterie F jaulas *fpl* de gallinas ponedoras; **Legehenne** F (gallina *f*) ponedora *f*

'legen A VT **1** *an e-n Platz:* poner; colocar; meter; (*ablegen*) depositar; **etw an seinen Platz ~** poner a/c en su sitio; **auf die Erde ~** poner en tierra; *fig* **Nachdruck auf etw** (*acus*) **~** subrayar la importancia (*od* urgencia) de a/c; **in die Sonne ~** poner al sol; **ins Bett ~** acostar (en la cama) **2** (*verlegen*) *Leitung* instalar; ELEK *Kabel etc* tender; *Fliesen, Teppich* poner **3** *Karten* echar; **j-m die Karten ~** echar las cartas a alg **4** **Eier ~** poner huevos **5** *Wäsche* doblar; *Frisur* marcar B VR **1** **sich ~** (*sich hinlegen*) tenderse, echarse; **sich schlafen ~** ir a la cama, acostarse; **sich auf etw** (*acus*) **~** echarse (*od* tumbarse *od* acostarse) sobre a/c; **sich auf den Bauch** (*bzw* **Rücken**) **~** ponerse boca abajo (*bzw* boca arriba); *fig* **das legt sich mir schwer auf die Seele** me pesa en el alma; **sich ins Bett ~** ir a la cama, acostarse; *Kranker:* meterse en la cama, encamarse; **sich in die Sonne ~** tenderse al sol; **sich über etw** (*acus*) **~** (*ausbreiten*) extenderse sobre a/c **2** *fig* **sich ~** (*nachlassen*) disminuir, ceder; (*sich beruhigen*) calmarse; apaciguarse; *Fieber etc* remitir; (*aufhören*) cesar; *Zorn* aplacarse; *Wind* amainar; *umg* **das wird sich schon ~!** ¡ya pasará!

'Legen N ⟨~s⟩ colocación *f*; *v. Eiern:* puesta *f*, postura *f*

legen'där ADJ legendario; **~e Gestalt** mito *m*

Le'gende F ⟨~; ~n⟩ leyenda *f* (*a. auf Münzen etc*); *fig a.* mito *m*; **legendenhaft** ADJ legendario

le'ger [le'ʒɛːr] ADJ informal, desenvuelto, desenfadado

'Legezeit F época *f* de puesta (*od* postura)

'Leggings PL leggings *mpl*, mallas *fpl*, pantalón *m* pitillo

le'gieren VT ⟨ohne ge-⟩ **1** METALL alear **2** GASTR espesar; **Legierung** F ⟨~; ~en⟩ METALL aleación *f*

Legi'on F ⟨~; ~en⟩ legión *f* (*a. fig*); *fig* **~ sein** ser legión

Legio'när M ⟨~s; ~e⟩ legionario *m*

legisla'tiv ADJ legislativo

Legisla'tive F ⟨~; ~n⟩ (poder *m*) legislativo *m*

Legisla'turperiode F POL legislatura *f*

legi'tim ADJ legítimo

Legitimati'on F ⟨~; ~en⟩ legitimación *f*; prueba *f* de identidad; identificación *f*

Legitimati'onskarte F tarjeta *f* de identidad; **Legitimationskrise** F crisis *f* de legitimación; **Legitimationspapier** N documento *m* de identidad (*od* de legitimación)

legiti'mieren ⟨ohne ge-⟩ A VT legitimar B VR **sich ~** probar su identidad; **Legiti'mierung** F ⟨~; ~en⟩ legitimación *f*; **Legitimi'tät** F ⟨~⟩ legitimidad *f*

'Leguan M ⟨~s; ~e⟩ ZOOL iguana *f*

'Lehen N ⟨~s; ~⟩ HIST feudo *m*; **zu ~ geben** dar en feudo

Lehm M ⟨~(e)s; ~e⟩ barro *m*; limo *m*; (*Ton*) arcilla *f*; **Lehmboden** M terreno *m* barroso; suelo *m* limoso (*bzw* arcilloso); **Lehmerde** F tierra *f* arcillosa; **Lehmgrube** F barrera *f*; **Lehmhaus** N casa *f* de adobe (*od* de barro); **Lehmhütte** F cabaña *f* de barro

'lehmig ADJ barroso; limoso; arcilloso

'Lehmwand F tapia *f*; **Lehmziegel** M adobe *m*

'Lehne F ⟨~; ~n⟩ **1** respaldo *m*; (*Stütze*) apoyo *m*; (*Armlehne*) brazo *m* **2** *südd, österr, schweiz* (*Berghang*) falda *f*; vertiente *f*

'lehnen A VI estar arrimado (**gegen** contra); **an etw** (*dat*) **~** apoyarse en (*od* contra) a/c B VT apoyar (**an** *od* **gegen etw** *acus* en, contra a/c); reclinar, recostar (**an** *od* **auf** *acus* sobre) C VR **sich an etw** (*acus*) **~** apoyarse en a/c; reclinarse (*od* recostarse) en a/c; arrimarse contra a/c; **sich aus dem Fenster ~** asomarse a la ventana

'Lehnsdienst M HIST servicio *m* de vasallo; vasallaje *m*; **Lehnseid** M HIST juramento *m* de fidelidad (al señor feudal); **den ~ leisten** prestar juramento de fidelidad

'Lehnsessel M sillón *m*; butaca *f*; silla *f* de brazos

'Lehnsgut N HIST feudo *m*; **Lehnsherr** M, **Lehnsherrin** F HIST señor *m*, -a *f* feudal; **lehnsherrlich** ADJ HIST feudal; señorial; **Lehnsmann** M ⟨~(e)s; ¨er *od* -leute *od* ~en⟩ HIST vasallo *m*; **Lehnspflicht** F HIST deber *m* de vasallo; vasallaje *m*

'Lehnstuhl M → Lehnsessel

Lehnswesen N ⟨~s⟩ HIST sistema *m* feudal, feudalismo *m*

'Lehnwort N ⟨~(e)s; ¨er⟩ LING palabra *f* advenediza; extranjerismo *m*

'Lehramt N magisterio *m*; profesorado *m*; **Lehrangebot** N (oferta *f* de) asignaturas *fpl*; **Lehranstalt** F centro *m* docente, establecimiento *m* de enseñanza; *höhere: sp* instituto *m* de segunda enseñanza (*od* de bachillerato); **Lehrauftrag** M UNIV adjuntía *f*; contrato *m* de profesor (universitario) adjunto; **einen ~ haben** estar encargado de curso

'lehrbar ADJ susceptible de enseñanza; enseñable

'Lehrbeauftragte M/F ⟨~n; ~n; → A⟩ UNIV profesor *m*, -a *f* adjunto, -a; encargado *m*, -a *f* de curso; **Lehrbefähigung** F aptitud *f* para la enseñanza; **Lehrberuf** M profesión *f* docente; **Lehrbetrieb** M **1** SCHULE, UNIV *etc* clases *fpl*, cursos *mpl* que se imparten **2** AGR granja *f* escuela; **Lehrbrief** M certificado *m* de aprendizaje; **Lehrbuch** N (*Schulbuch*) libro *m* de texto; (*Handbuch*) manual *m*

'Lehre[1] F ⟨~; ~n⟩ **1** (*Belehrung*) lección *f*; (*Unterweisung*) instrucción *f*, enseñanza *f*; (*Denkzettel*) escarmiento *m*; **lass dir das eine ~ sein!** que te sirva de lección!; **ich werde die ~ daraus ziehen** esto me servirá de lección **2** (*Lehrmeinung*) doctrina *f* (*a.* PHIL); (*Theorie*) teoría *f*; (*Wissenschaft*) ciencia *f*; REL dogma *m* **3** (*Ausbildung*) *im Handwerk:* aprendizaje *m*; *in Banken, im Handel:* formación *f*; **eine ~ machen** *od* **in der ~ sein** estar de aprendiz (*bzw* estar formándose); **in die ~ gehen** estar de aprendiz (*bzw* estar formándose); **in die ~ nehmen** tomar de aprendiz (*bzw* formar)

'Lehre[2] F ⟨~; ~n⟩ TECH galga *f*, calibre *m*, calibrador *m*; (*Schablone*) patrón *m*

'lehren VT enseñar; **j-n etw ~** enseñar a alg a/c; instruir a alg en a/c; **j-n lesen ~** enseñar a leer a alg; **die Zukunft wird es ~** vivir para ver

'Lehren N ⟨~s⟩ enseñanza *f*

'Lehrer M ⟨~s; ~⟩ *allg* profesor *m*; (*Grundschullehrer*) maestro *m*; *bes* MIL instructor *m*; *bes* SPORT monitor *m*; **Lehrerausbildung** F carrera *f* de magisterio; estudios *mpl* de magisterio (*od* de profesorado)

'Lehrerin F ⟨~; ~nen⟩ profesora *f*; (*Grundschullehrerin*) maestra *f*; **Lehrerkollegium** N profesorado *m*; cuerpo *m* docente; claustro *m* de profesores; **Lehrerkonferenz** F reunión *f* (*od* claustro *m*) de profesores

'Lehrerlaubnis F autorización *f* para el ejercicio del magisterio (*od* del profesorado)

'Lehrermangel M escasez *f* de maestros (*bzw* de profesores); **Lehrerschaft** F ⟨~⟩ magisterio *m*; profesorado *m*; cuerpo *m* docente; **Lehrerseminar** N escuela *f* de magisterio (*od* de profesorado); *bes schweiz* ≈ escuela *f* normal de maestros; **Lehrerstelle** F puesto *m* de profesor (escolar); **Lehrerzimmer** N sala *f* de profesores

'Lehrfach N asignatura *f*; materia *f*; **Lehrfilm** M película *f* educativa (*od* didáctica); **Lehrfreiheit** F libertad *f* de enseñanza (*bzw* de cátedra); **Lehrgang** M curso *m*, cursillo *m*

'Lehrgangsleiter M, **Lehrgangsleiterin** F instructor *m*, -a *f*; **Lehrgangsteilnehmer** M, **Lehrgangsteilnehmerin** F cursillista *m/f*; participante *m/f* de un curso (*od* cursillo)

'Lehrgeld N *fig* **~ zahlen** escarmentar en ca-

L

beza propia; **lehrhaft** ADJ instructivo, didáctico; *pej* pedantesco; **Lehrherr** M *obs* patrono *m*, maestro *m* (de aprendices); **Lehrinhalt** M contenidos *mpl* de la enseñanza; materia *f* de enseñanza; **Lehrjahr** N año *m* de aprendizaje; **Lehrjunge** M aprendiz *m*; **Lehrkörper** M VERW cuerpo *m* docente; claustro *m* de profesores; **Lehrkraft** F profesor *m*

'Lehrling M ⟨~s; ~e⟩ aprendiz *m*, -a *f*

'Lehrlingsausbildung F formación *f* de aprendices; **Lehrlingsmangel** M escasez *f* (*od* falta *f*) de aprendices

'Lehrmädchen N aprendiza *f*; **Lehrmeinung** F teoría *f*; doctrina *f*; *unbewiesene*: hipótesis *f*; REL dogma *m*; **Lehrmeister** M, **Lehrmeisterin** F maestro *m*, -a *f* (*a. fig*); **Lehrmethode** F método *m* didáctico (*od* de enseñanza)

'Lehrmittel NPL material *m* didáctico; **Lehrmittelfreiheit** F gratuidad *f* del material didáctico

'Lehrpersonal N personal *m* docente; **Lehrpfad** M itinerario *m* didáctico; **Lehrplan** M plan *m* (*od* programa *m*) de estudios; **Lehrplanrevision** F revisión *f* del plan de enseñanza (*od* de estudios); **Lehrprobe** F lección *f* de prueba; **Lehrprogramm** N programa *m* de enseñanza (*od* de estudios)

'lehrreich ADJ instructivo; aleccionador

'Lehrsaal M clase *f*; aula *f*; **Lehrsatz** M tesis *f*; REL dogma *m*; MATH teorema *m*; proposición *f*; **Lehrstelle** F puesto *m* (*od* plaza *f*) de aprendiz(aje); **eine ~ bekommen/suchen** encontrar, buscar un puesto de aprendizaje; **Lehrstellenmarkt** M bolsa *f* de trabajo para aprendices; **Lehrstoff** M materia *f* (de enseñanza); **Lehrstück** N obra *f* didáctica

'Lehrstuhl M UNIV cátedra *f* (**für** de); **Lehrstuhlinhaber** M, **Lehrstuhlinhaberin** F catedrático *m*, -a *f*

'Lehrstunde F lección *f*, (hora *f* de) clase *f*; **Lehrtätigkeit** F actividad *f* docente, docencia *f*; enseñanza *f*; **Lehrvertrag** M contrato *m* de aprendizaje; **Lehrwerk** N obra *f* didáctica; **Lehrwerkstatt** F taller *m* de aprendizaje, escuela-taller *f*; **Lehrzeit** F (tiempo *m* de) aprendizaje *m* (*a. fig*)

Leib M ⟨~(e)s; ~er⟩ *geh* **1** (*Körper*) cuerpo *m*; REL **der ~ des Herrn** la Hostia, la Sagrada Forma; **am eigenen ~(e) erfahren** *od* **spüren** sentirlo en carne propia (*od* en su propia piel); **am ganzen ~(e) zittern** temblar como un azogado; *fig* **kein Hemd auf dem ~e haben** no tener dónde caerse muerto; THEAT **die Rolle ist ihm auf den ~ geschrieben** el papel le viene a la medida (*od umg* al pelo); **bei lebendigem ~e** vivo; **mit ~ und Seele** en cuerpo y alma; con alma y vida; de todo corazón; **sich** (*dat*) **j-n vom ~e halten** mantener a alg a distancia; **bleib mir vom ~e!** ¡déjame en paz!; **einer Sache** (*dat*) **zu ~e gehen** atacar a/c; **j-m zu ~e** *od* **auf den ~ rücken** arremeter contra alg; acosar a alg **2** (*Bauch*) vientre *m*, abdomen *m*; *umg* tripa *f*; **nichts im ~(e) haben** no haber comido nada; estar en ayunas

'Leibarzt M, **Leibärztin** F *obs* médico *m*, -a *f* de cámara; **Leibchen** N ⟨~s; ~⟩ *reg* corpiño *m*; justillo *m*

'leibeigen ADJ HIST siervo; **Leibeigene** M/F ⟨~n; ~n; → A⟩ siervo *m*, -a *f*; **Leibeigenschaft** F ⟨~⟩ servidumbre *f*

'leiben VI **das ist er, wie er leibt und lebt** tal cual es él

'Leibeserziehung F *obs* educación *f* física; **Leibesfrucht** F *bes* JUR feto *m*; *poet* **ihre ~** el fruto de su vientre; **Tötung** *f* **der ~** feticidio *m*; **Leibesfülle** F obesidad *f*, corpulencia *f*

'Leibeskraft F fuerza *f* física; vigor *m*; **aus Leibeskräften** a más no poder; **aus Leibeskräften schreien** gritar como un loco, chillar a más no poder, gritar a voz en cuello

'Leibesübung F *obs* ejercicio *m* físico; **~en** *pl* educación *f* física; gimnasia *f*, cultura *f* física; **Leibesumfang** M perímetro *m* abdominal; (*Fülle*) corpulencia *f*; **Leibesvisitation** F cacheo *m*; registro *m* (corporal); **j-n einer ~ unterziehen** cachear a alg

'Leibgarde F guardia *f* de corps; *e-s Königs*: guardia *f* del rey; *e-s Präsidenten*: escolta *f* presidencial; **Leibgardist** M guardia *m* de corps; **Leibgericht** N GASTR plato *m* favorito

leib'haftig ADJ (*zu Fleisch geworden*) encarnado; (*selbst*) mismo, en persona; *umg* de carne y hueso; **der Leibhaftige** el diablo redivivo

'leiblich ADJ **1** (*körperlich*) corporal; físico; material; **~es Wohl** bienestar *m* **2** (*blutsverwandt*) **~e Eltern** padres *mpl* biológicos; **sein ~er Sohn** su propio hijo; **mein ~er Bruder** mi hermano carnal

'Leibregiment N MIL *des Königs*: regimiento *m* del rey; **Leibrente** F renta *f* vitalicia; **Leibschmerzen** MPL dolor *m* de vientre (*od umg* de barriga); **ich habe ~** *umg* me duele la tripa; **Leibspeise** F → Leibgericht

'Leibung F ⟨~; ~en⟩ ARCH intradós *m*

'Leibwache F → Leibgarde; **Leibwächter** M, **Leibwächterin** F guardaespaldas *m/f*, *umg* gorila *m*; **Leibwäsche** F → Unterwäsche

'Leiche F ⟨~; ~n⟩ **1** cadáver *m*; cuerpo *m* muerto; *fig* **wandelnde ~** cadáver *m* viviente (*od* ambulante); *fig* **über ~n gehen** no detenerse ante nada; no tener escrúpulos; *umg* **nur über meine ~!** *umg* ¡sólo por encima de mi cadáver! **2** TYPO omisión *f*

'Leichenausgrabung F exhumación *f*; **Leichenbegängnis** N ⟨~ses; ~se⟩ *geh* entierro *m*; *feierlich*: funerales *mpl*; exequias *fpl*; **Leichenbeschauer** M ⟨~s; ~⟩, **Leichenbeschauerin** F ⟨~; ~nen⟩ médico *m*, -a *f* forense; **Leichenbestatter** M ⟨~s; ~⟩, **Leichenbestatterin** F ⟨~; ~nen⟩ amortajador *m*, -a *f*; **Leichenbestattung** F entierro *m*, inhumación *f*; **Leichenbittermiene** F *umg iron* cara *f* de funeral (*od* de vinagre)

'leichen'blass ADJ lívido; pálido como un muerto

'Leichenblässe F palidez *f* mortal (*bzw* cadavérica); lividez *f*; **Leichenfledderer** M ⟨~s; ~⟩ desvalijador *m* de cadáveres; **Leichenfund** M hallazgo *m* (*od* descubrimiento *m*) de (un) cadáver; **Leichengeruch** M olor *m* cadavérico, *umg* olor *m* a muerto; **Leichengift** N (p)tomaína *f*, cadaverina *f*

'leichenhaft ADJ cadavérico

'Leichenhalle F, **Leichenhaus** N depósito *m* de cadáveres; **Leichenhemd** N mortaja *f*; **Leichenöffnung** F autopsia *f*; **Leichenraub** M robo *m* de cadáver; **Leichenrede** F oración *f* fúnebre; **Leichenschänder** M, **Leichenschänderin** F profanador *m*, -a *f* de cadáveres; **Leichenschändung** F profanación *f* de cadáveres; violación *f* de sepulcro

'Leichenschau F JUR inspección *f* de cadáveres; **Leichenschauhaus** N depósito *m* de cadáveres, morgue *f*

'Leichenschmaus M convite *m* funeral; **Leichenstarre** F MED rigidez *f* cadavérica; **Leichenteil** N pedazo *m* (*od* fragmento *m*) de un cadáver; **Leichenträger** M sepulturero *m*; **Leichentuch** N mortaja *f*; sudario *m*; (*Bahrtuch*) paño *m* mortuorio; **Leichenverbrennung** F cremación *f*; incineración *f*; **Leichenwagen** M coche *m* fúnebre; **Leichenzug** M cortejo *m* (*od* comitiva *f*) fúnebre

'Leichnam M ⟨~(e)s; ~e⟩ cadáver *m*

leicht[1] **A** ADJ **1** *an Gewicht*: ligero (*a. fig*); *bes Am* liviano; **~e Kost** comida *f* ligera; **(einen) ~en Schlaf haben** tener el sueño ligero **2** (*schwach*) **~er Wind** viento *m* suave, SCHIFF brisa *f*; **~er Tabak** tabaco *m* suave **3** (*geringfügig*) **~e Erkältung** ligero resfriado *m*; **~es Fieber haben** tener unas décimas (de fiebre) **4** (*unbedeutend*) leve (*a. Strafe*), insignificante; **~er Fehler** falta *f* leve; *als Gebrechen, Mangel*: pequeño defecto *m* **5** (*leichtfertig*) ligero; frívolo; *obs* **~es Mädchen** chica *f* de vida alegre; mujer *f* fácil **6** (*flink*) ágil; **~en Schrittes** a paso ligero **B** ADV **1** ligeramente; levemente; **~ gekleidet** con ropa ligera; **es wird ihm ~ (ums Herz)** se siente aliviado **2** (*ein bisschen*) un poco; **~ säuerlich** ligeramente agrio; **~ verrückt/übertrieben** un poco chalado/exagerado

leicht[2] **A** ADJ (*nicht schwierig*) fácil, sencillo; **~e Lektüre** lectura *f* amena; **das ist ~** es fácil (*od* sencillo); **es ist ganz leicht** es muy fácil; **nichts ~er als das** nada más fácil (que eso); **das ist ihm ein Leichtes** eso es muy fácil para él; no le cuesta nada; **~ zu** (*inf*) fácil de (*inf*); HANDEL **~en Absatz finden** venderse fácilmente **B** ADV **1** (*nicht schwierig*) fácilmente; **das kann man sich ~ denken** es fácil de imaginar; **das ist ~ gesagt** eso se dice muy pronto; **das ist ~er gesagt als getan** del dicho al hecho hay un gran trecho; eso es más fácil de decir que de hacer; **das geht ganz ~** es muy fácil; **es ~ haben** tenerlo fácil; **~ zu machen/zu verstehen** fácil de hacer/de comprender; **du hast ~ reden!** ¡bien puedes hablar! **2** (*schnell*) con facilidad; **~ entzündlich** muy (*od* fácilmente) inflamable; **er wird ~ böse** se enfada con facilidad; **sie erkältet sich ~** se constipa con facilidad; **das wird so ~ nicht wieder passieren** no volverá a pasar tan fácilmente; **wie ~ doch etwas passieren kann!** ¡qué pronto puede ocurrir algo! **3** *mit machen*: **j-m etw ~ machen** facilitar a/c a alg; **sich** (*dat*) **etw ~ machen** tomarse a/c a la ligera; **er macht es sich zu ~** *a.* no se esfuerza mucho; **sich** (*dat*) **eine Entscheidung nicht ~ machen** tomarse en serio una decisión, sopesar bien una decisión **4** *verstärkend, bei e-r Möglichkeit*: **das ist ~ möglich** bien pudiera ser; **es ist ~ möglich** (*od* **es könnte ~ sein), dass ...** es fácil/probable que ... (*subj*); **es könnte ~ anders kommen** bien podría ocurrir otra cosa

'Leichtathlet M SPORT atleta *m*; **Leichtathletik** F ⟨~⟩ atletismo *m* (ligero); **Leichtathletin** F atleta *f*; **Leichtbau** M ⟨~(e)s⟩, **Leichtbauweise** F construcción *f* ligera

leicht bekleidet ADJ ligero de ropa

'Leichtbenzin N gasolina *f* (*Chile* bencina *f*) ligera

leicht beschädigt ADJ ligeramente dañado (*od* deteriorado)

'Leichtbeton M hormigón *m* ligero

leicht bewaffnet ADJ ligeramente armado; con armas ligeras; **leicht beweglich** ADJ fácil de mover; (muy) movible (*od* móvil)

'leichtblütig ADJ *fig* alegre, ligero; (*lebhaft*) vivaracho, animado, (muy) vivo; (*sorglos*) libre de preocupaciones

'leichtentzündlich, leicht entzündlich ADJ fácilmente inflamable

'Leichter M ⟨~s; ~⟩ SCHIFF gabarra *f*; chalana *f*; lancha *f*; **leichtern** VT SCHIFF alijar

'leichtfallen V/UNPERS ⟨*irr*; sn⟩ resultar fácil; **es fällt mir leicht zu** (*inf*) no me cuesta nada

(*inf*); **das fällt ihm leicht** no es difícil para él; no le cuesta (trabajo)
leicht fasslich ADJ fácil de comprender
'leichtfertig A ADJ 1 ligero; *moralisch*: frívolo; liviano 2 (*unbedachtsam*) imprudente; irreflexivo; irresponsable 3 (*unbekümmert*) despreocupado, descuidado B ADV a la ligera; **Leichtfertigkeit** F ⟨~⟩ 1 ligereza *f*; *moralische*: frivolidad *f*; liviandad *f* 2 (*Unbedachtheit*) imprudencia *f*; irreflexión *f* 3 (*Unbekümmertheit*) despreocupación *f*; descuido *m*
'Leichtflugzeug N avión *m* ligero; **leichtflüssig** ADJ fácilmente licuable; CHEM (muy) fluido; (*schmelzbar*) fácil de fundir; muy fusible; **Leichtfuß** M ⟨~es⟩ *fig* calavera *m*; chico *m* atolondrado; **leichtfüßig** ADJ ligero (de pies); ágil
leicht geschürzt ADJ *fig, mst hum* ligero de ropa, apenas vestido
'Leichtgewicht N SPORT peso *m* ligero; **leichtgewichtig** ADJ liviano, ligero, de poco peso; **Leichtgewichtler** M ⟨~s; ~⟩, **Leichtgewichtlerin** F ⟨~; ~nen⟩ → Leichtgewicht
'leichtgläubig ADJ crédulo; **Leichtgläubigkeit** F credulidad *f*
'Leichtgut N HANDEL mercancías *fpl* de poco peso
'leichtherzig ADJ alegre; despreocupado
'leicht'hin ADV a la ligera; superficialmente
'Leichtigkeit F ⟨~⟩ 1 poco peso *m*, ligereza *f* (*a. fig*) 2 (*Mühelosigkeit*) facilidad *f*; (*Behändigkeit*) agilidad *f*; **mit ~** con facilidad; **Leichtindustrie** F industria *f* ligera
'leichtlebig ADJ despreocupado; frívolo; **Leichtlebigkeit** F ⟨~⟩ despreocupación *f*; frivolidad *f*
Leichtlohngruppe F grupo *m* de salario bajo
leicht löslich ADJ fácilmente soluble
'leichtmachen V/T & V/R → leicht² B 3
'Leichtmatrose M marinero *m* de segundo; **Leichtmetall** N metal *m* ligero; **Leichtmetallbau** M ⟨~(e)s⟩ construcción *f* de metal ligero
'leichtnehmen V/T ⟨*irr*⟩ **etw ~** tomarse a/c a la ligera; **nehmen Sie es leicht!** *umg* ¡no se agobie por eso!
'Leichtöl N aceite *m* ligero
'Leichtsinn M 1 → Leichtfertigkeit 2 (*Unvorsichtigkeit*) imprudencia *f*
'leichtsinnig ADJ 1 (*leichtfertig*) ligero, frívolo 2 (*unvorsichtig*) imprudente
'leichtsinniger'weise ADV irreflexivamente, de forma irreflexiva
'leichttun V/R ⟨*irr*⟩ **er tut sich** (*dat*) **leicht damit** resulta fácil para él
'leichtverdaulich ADJ, **leicht verdaulich** ADJ fácil de digerir
'leichtverderblich ADJ, **leicht verderblich** ADJ perecedero
'leichtverletzt ADJ, **leicht verletzt** ADJ con heridas leves
'Leichtverletzte M/F herido *m*, -a *f* leve
'leichtverständlich ADJ, **leicht verständlich** ADJ fácil de comprender
'leichtverwundet ADJ, **leicht verwundet** ADJ levemente herido
'Leichtwasserreaktor M NUKL reactor *m* de agua ligera
leid ADV **etw ~ werden** cansarse de a/c; **etw ~ sein** estar harto de a/c; **ich bin es ~ zu** (*inf*) estoy harto de (*inf*); → *a* leidtun
Leid N ⟨~(e)s⟩ 1 (*Schaden*) mal *m*, daño *m*; **j-m ein ~ zufügen** *od* **(an)tun** causar daño a alg; hacer sufrir a alg 2 (*Unglück*) desgracia *f*; (*Kummer*) aflicción *f*, pesar *m*; pena *f*; tribulación *f*; (*Schmerz*) dolor *m*, sufrimiento *m*; **j-m sein ~ klagen** contar (*od* confiar) sus penas a alg 3 **~ tun** → leidtun 4 **zu ~e** → zuleide
'Leideform F GRAM voz *f* pasiva
'leiden ⟨*irr*⟩ A V/I sufrir (**an, unter** *dat* de), padecer (**an** *dat* de); MED *a.* estar aquejado (**an** *dat* de); adolecer (**an** *dat* de) (*a. fig*); **seine Gesundheit litt stark darunter** su salud ha quedado muy quebrantada por ello; **der Motor hat stark gelitten** el motor ha sufrido serios daños; **an Malaria** *etc* **~** padecer malaria *etc*; **an den Folgen von etw ~** resentirse de a/c; **sie leidet stark unter ihrem Chef** lo está pasando mal por culpa de su jefe B V/T 1 (*ertragen*) sufrir; (*erdulden*) soportar, aguantar; (*erlauben, zulassen*) permitir, tolerar 2 (*gernhaben*) **j-n ~ können** *od* **mögen** querer bien a alg; **j-n nicht ~ können** sentir antipatía hacia alg; *umg* no poder tragar a alg; **ich mag ihn (gut) ~** me cae bien; me gusta; me agrada; **ich mag ihn nicht ~** me cae mal; no me gusta; no me agrada; **etw ~ können** *od* **mögen** querer bien a/c; tener afición a a/c; **etw nicht ~ können** *od* **mögen** no poder soportar (*od* no tragar) a/c; sentir aversión a a/c; **ich mag es ~** me gusta (*od* agrada)
'Leiden N ⟨~s; ~⟩ sufrimiento *m*; padecimiento *m*; (*Schmerz*) dolor *m*; MED afección *f*, dolencia *f*; (*Kummer*) pena *f*; aflicción *f*; pesar *m*; tribulación *f*; **das ~ Christi** la Pasión de Jesucristo
'leidend ADJ (*krank*) enfermo; (*kränklich*) enfermizo; delicado de salud; achacoso
'Leidenschaft F pasión *f* (**für** por); *fig a.* afición *f*; **in ~ geraten** apasionarse (**wegen** por); **sich von seiner ~ fortreißen lassen** dejarse llevar de la pasión; **Spielen ist seine ~** tiene pasión por el juego
'leidenschaftlich A ADJ apasionado; (*feurig*) ardiente; fogoso; (*glühend*) fervoroso, ferviente; (*heftig*) vehemente; **~ werden** apasionarse B ADV con pasión; **etw ~ gern tun** hacer a/c apasionadamente; **~ lieben** amar apasionadamente (*od* con pasión); **sich ~ in j-n verlieben** enamorarse perdidamente de alg
'Leidenschaftlichkeit F ⟨~⟩ apasionamiento *m*; vehemencia *f*; fogosidad *f*
'leidenschaftslos ADJ desapasionado, sin pasión; (*unempfindlich*) impasible, frío; (*sachlich*) imparcial, objetivo; **Leidenschaftslosigkeit** F ⟨~⟩ ausencia *f* de pasión; impasibilidad *f*
'Leidensdruck M ⟨~(e)s⟩ presión *f* (*od* peso *m*) del dolor (*od* de la pena); **Leidensfähigkeit** F estoicismo *m*; imperturbabilidad *f*; **Leidensgefährte** M, **Leidensgefährtin** F compañero *m*, -a *f* de infortunio; **Leidensgenosse** M, **Leidensgenossin** F compañero *m*, -a *f* de penas (*od* de infortunio *od* de fatigas); **Leidensgeschichte** F REL Pasión *f* (de Cristo); **Leidensmiene** F cara *f* de sufrimiento; **Leidensweg** M REL calvario *m*, vía crucis *m* (*beide a. fig*)
'leider ADV desgraciadamente, por desgracia; **~ muss ich Sie verlassen** siento tener que dejarle; **~ muss ich gehen** lo siento (*od* lo lamento) mucho pero tengo que marcharme (*od* irme); **~ (Gottes)!** ¡por desgracia!
'leidgeprüft ADJ sufrido
'leidig ADJ (*unangenehm*) desagradable; (*lästig*) fastidioso, molesto, engorroso; (*ärgerlich*) enojoso, **das ~e Thema** el maldito tema
'leidlich A ADJ (*erträglich*) soportable, tolerable; (*mittelmäßig*) regular, que puede pasar; (*annehmbar*) aceptable B ADV regular(mente), *umg* así así; **es geht mir ~** voy tirando
'Leidtragende M/F ⟨~n; ~n; → A⟩ el/la que está de luto; **die ~n** *pl* la familia del difunto; *fig* **der/die ~ sein** ser la víctima
'leidtun ⟨*irr*⟩ A V/I **er tut mir leid** (él) me da lástima (*od* pena) B V/UNPERS **es tut mir leid, dass ...** *od* **zu ...** (*inf*) siento (*od* lamento) ... (*inf*), siento (*od* lamento) que ... (*subj*); **das tut mir (sehr) leid** lo siento (mucho); **so leid es mir tut** mal que me pese; **es tut einem leid, zu sehen** da pena ver; **es wird dir (noch) ~** lo lamentarás; te arrepentirás
'leidvoll ADJ lleno de dolor; afligido; doloroso
'Leidwesen N ⟨~s⟩ **zu meinem (großen) ~** (muy *od* bien) a pesar mío; con gran pesar mío; muy a mi pesar
'Leier F ⟨~; ~n⟩ 1 MUS lira *f* 2 *umg fig* **(es ist) immer die alte ~** siempre la misma canción (*od* cantilena); el disco (*od* lo) de siempre
'Leierkasten M organillo *m*; **Leierkastenfrau** F ⟨~; ~en⟩ organillera *f*; **Leierkastenmann** M ⟨~(e)s; ⸚er⟩ organillero *m*
'leiern V/I & V/T *umg* 1 *kurbeln* **nach oben/unten ~** subir/bajar con la manivela 2 *fig* (*aufsagen*) salmodiar; recitar mecánicamente 3 (*den Leierkasten spielen*) tocar el organillo
'Leihamt N, **Leihanstalt** F → Leihhaus; **Leiharbeit** F trabajo *m* en régimen de cesión; **Leihbibliothek** F, **Leihbücherei** F biblioteca *f* circulante
'Leihe F ⟨~⟩ JUR préstamo *m* (de uso), comodato *m*
'leihen V/T ⟨*irr*⟩ 1 (*verleihen*) prestar, dejar (**j-m etw** a/c a alg) 2 (*entleihen*) tomar prestado; (**sich** *dat*) **etw von j-m ~** tomar prestado a/c de alg; **j-m sein Ohr ~** escuchar a alg
'Leihgabe F préstamo *m*; **Leihgeber** M, **Leihgeberin** F persona *f* que presta a/c; **Leihgebühr** F alquiler *m*; **Leihhaus** N monte *m* de piedad; *privates*: casa *f* de préstamos; **Leihmutter** F ⟨~; ⸚⟩ madre *f* de alquiler; **Leihschein** M papeleta *f* (*od* resguardo *m*) de empeño; **Leihvertrag** M contrato *m* de préstamo; **Leihwagen** M coche *m* de alquiler
'leihweise ADV de prestado, a título de préstamo
Leim M ⟨~(e)s; ~e⟩ 1 cola *f*; pegamento *m*; (*Vogelleim*) liga *f*; **aus dem ~ gehen** desencolarse; *Buch*: desencuadernarse; *allg* deshacerse, romperse (*a. fig*) 2 *umg fig* **j-m auf den ~ gehen** caer en el lazo (*od* en la trampa *od umg* en el garlito) de alg, dejarse engañar por alg; tragar (*od* caer en) el anzuelo de alg
'leimen V/T 1 encolar; pegar 2 JAGD enviscar 3 *umg fig* **j-n ~** engañar a alg
'Leimen N ⟨~s⟩ encolamiento *m*, encoladura *f*
'Leimfarbe F pintura *f* a la cola; **leimig** ADJ viscoso; pegajoso, glutinoso; **Leimrute** F JAGD vareta *f*, vara *f* enviscada; **mit ~n fangen** cazar con liga; **Leimtopf** M cazo *m*, pote *m* para cola
Lein M ⟨~(e)s; ~e⟩ BOT lino *m*
'Leine F ⟨~; ~n⟩ cuerda *f*; *dünne*: cordel *m*; (*Hundeleine*) cadena *f*, correa *f*; **an der ~ führen** *Hund* llevar atado; **an die ~ nehmen** atar; *umg fig* **~ ziehen** *umg* largarse
'leinen ADJ de lino; de hilo
'Leinen N ⟨~s; ~⟩ lino *m*; *Stoff a.*: tela *f*; *Wäschestoff*: lienzo *m*; (tela *f* de) hilo *m*; (*Wäsche*) ropa *f* blanca; **in ~ gebunden** *Buch* encuadernado en tela; **Leinenband** M ⟨~(e)s; ⸚e⟩ *Buch*: encuadernación *f* en tela; **Leinengarn** N hilo *m* de lino; **Leinenindustrie** F industria *f* linera; **Leinenpapier** N papel *m* tela (*od* hilo); **Leinenwaren** FPL lencería *f*; **Leinenwäsche** F, **Leinenzeug** N ropa *f* blanca
'Leinkraut N BOT linaria *f*; **Leinkuchen**

M torta (da) *f* de linaza; **Leinöl** N aceite *m* de linaza; **Leinpfad** M *(Treidelweg)* camino *m* de sirga; **Leinsaat** F, **Leinsamen** M linaza *f*, semilla *f* de lino; **Leintuch** N tela *f*, lienzo *m*; *(Betttuch)* sábana *f*

'Leinwand F ⟨~⟩ 1 lienzo *m* (*a.* MAL), tela *f* (de lino) 2 FILM pantalla *f*; **auf die ~ bringen** llevar a la pantalla

'leise A ADJ *(kaum hörbar)* silencioso; quedo; *Musik* bajo; *fig (leicht)* ligero (*a. Geräusch, fig Zweifel*); fino; *(sanft)* suave; *(zart)* delicado; **~r Verdacht** vaga sospecha; **nicht die ~ste Ahnung** ni la más remota idea; **mit ~n Schritten** con paso quedo; **mit ~r Stimme** en voz baja; **~!** ¡silencio!; **sei ~!** ¡no hagas ruido! B ADV sin (hacer) ruido; suavemente; **~ berühren** tocar ligeramente; rozar; **~ gehen** andar silenciosamente; **~ sprechen** hablar bajo (*od* en voz baja); *Am* hablar despacio; **~r sprechen** hablar más bajo; bajar la voz; **~(r) stellen** *od* **machen** *Radio etc* bajar

'Leisetreter M ⟨~s; ~⟩ *pej* hipócrita *m*; *umg* mosca *f* (*od* mosquita *f*) muerta

'Leiste F ⟨~; ~n⟩ 1 *(Holzleiste)* listón *m*; varilla *f*; ARCH filete *m*; *(Zierleiste)* moldura *f*, listel *m* 2 ANAT ingle *f* 3 TEX *Weberei*: orillo *m*; *(Borte)* orla *f* 4 TYPO *(Zierlinie)* filete *m*; *(Vignette)* viñeta *f*

'leisten V/T 1 *(vollbringen)* efectuar, hacer; *(ausführen)* ejecutar; realizar; *Zahlung* efectuar; **gute Arbeit ~** hacer un buen trabajo; **in einem Fach etwas ~** ser fuerte en una materia 2 *(schaffen, liefern)* producir; TECH *a.* rendir; **viel ~** ser muy eficiente (*od* capaz); trabajar mucho; **ich kann nicht mehr so viel ~** ya no estoy para estos trotes; **er leistet nichts (Ordentliches)** no hace nada (útil); es un inepto 3 *Dienst, Eid, Hilfe* prestar; **j-m Beistand ~** asistir (*od* ayudar) a alg; prestar ayuda a alg; **j-m Gesellschaft ~** hacer compañía a alg, acompañar a alg 4 *(gönnen)* **sich** *(dat)* **etw ~** permitirse a/c; **das kann sich jeder ~** está al alcance de todos; se lo puede permitir cualquiera; **das kann ich mir (nicht) ~** (no) puedo permitirme este lujo 5 *(erlauben)* **sich** *(dat)* **einen Fehler ~** hacer (*od* cometer) una falta; *iron* **da hast du dir ja was (Schönes) geleistet!** ¡te has lucido!

'Leisten M ⟨~s; ~⟩ *(Schuhleisten)* horma *f*; *fig* **alles über einen ~ schlagen** medirlo todo por el mismo rasero; *sprichw* **Schuster bleib bei deinen ~** zapatero a tus zapatos; **Leistenbeuge** F ANAT pliegue *m* inguinal; **Leistenbruch** M MED hernia *f* inguinal; **Leistengegend** F ANAT región *f* inguinal

'Leistung F ⟨~; ~en⟩ 1 *(das Geleistete)* rendimiento *m* (*a.* SCHULE, SPORT *etc*); *(Arbeit)* trabajo *m* (realizado); *(Erfolg, Ergebnis)* resultado *m*; efecto *m*; **~en in der Schule** rendimiento *m* escolar; *(Noten)* calificación *f* escolar 2 *(Ertrag)* producción *f*, rendimiento *m* (*a.* TECH); WIRTSCH beneficio *m* 3 *(Wirksamkeit)* eficacia *f*, eficiencia *f*; TECH efecto *m*; potencia *f* (*a.* ELEK); capacidad *f* 4 *(Ausführung)* ejecución *f*, cumplimiento *m*; *(Dienstleistung)* servicio *m*, JUR prestación *f* 5 *(Zahlung)* pago *m*; *e-r Versicherung etc*: prestación *f*; **eine ~ gewähren** otorgar una prestación; **Dauer** *f*/**Höhe** *f* **der ~** duración *f*/cuantía *f* de la prestación 6 *(Großtat)* hazaña *f*; *(Errungenschaft)* conquista *f*; *(Verdienst)* mérito *m*; *(Beitrag)* contribución *f*; *fig* **eine großartige ~** una proeza (*a. iron*)

'Leistungsabfall M TECH disminución *f* de potencia; **Leistungsabgabe** F ELEK potencia *f* suministrada; **Leistungsabzeichen** N SPORT condecoración *f* (*od* insignia *f*) por buen rendimiento (deportivo); **Leistungsanbieter** M oferente *m* (*od* ofertante *m*) de prestaciones (*od* de servicios); **Leistungsanforderung** F exigencia *f* de rendimiento; rendimiento *m* exigido; **Leistungsanreiz** M incentivo *m*; **Leistungsanspruch** M VERS *etc* derecho *m* a la prestación; **Leistungsanzeiger** M indicador *m* de potencia; **Leistungsaufnahme** F absorción *f* de potencia; **Leistungsbedarf** M potencia *f* necesaria; **Leistungsberechnungsgrundlage** F base *f* reguladora de la prestación; **Leistungsbereich** M TECH alcance *m* de capacidad; **Leistungsbereitschaft** F disposición *f* para rendir; esfuerzo *m* para obtener (buenos) resultados

'leistungsbezogen ADJ **~es Gehalt/~e Bezahlung** sueldo *m*/remuneración *f* según rendimiento

'Leistungsbilanz F balanza *f* de bienes y servicios; **Leistungsdichte** F SPORT conjunto *m* de buenos atletas y buenos resultados; **Leistungsdruck** M ⟨~(e)s⟩ presión *f*, estrés *m*; **Leistungseinheit** F PHYS unidad *f* de potencia; **Leistungserbringer** M ⟨~s; ~⟩, **Leistungserbringerin** F ⟨~; ~nen⟩ persona *f* que rinde; persona *f* de gran rendimiento

'leistungsfähig ADJ productivo; capaz de producir; que rinde mucho; TECH *Motor* potente; de gran potencia; *(tüchtig)* eficiente; eficaz; *körperlich*: en buena forma física; **Leistungsfähigkeit** F *e-r Person, e-s Unternehmens*: (capacidad *f* de) rendimiento *m*; potencia *f*; *e-s Arbeiters a.*: eficiencia *f*; *körperliche*: (buena) forma *f* física; *e-s Autos*: potencia *f*

'Leistungsfaktor M TECH factor *m* de potencia

'leistungsfördernd ADJ que fomenta (*od* promueve *od* favorece *od* estimula) el rendimiento (*od* la eficiencia *bzw* la potencia); **leistungsgerecht** ADJ proporcional al rendimiento; SCHULE según los resultados; *Bezahlung* adecuado

'Leistungsgesellschaft F sociedad *f* competitiva (*od* orientada al rendimiento); **Leistungsgrenze** F límite *m* de capacidad; **Leistungshöhe** F cuantía *f* de la prestación; **Leistungskatalog** M catálogo *m* de prestaciones (*od* de servicios); **Leistungsklasse** F categoría *f* (*od* clase *f od* modalidad *f*) de rendimiento; **Leistungskraft** F capacidad *f* de rendimiento; **Leistungskurs** M SCHULE *in der Kollegstufe*: asignatura *f* principal; **Leistungskurve** F TECH curva *f* de potencia; **Leistungskürzung** F reducción *f* (*od* disminución *f*) de prestaciones; **Leistungslohn** M salario *m* por (*od* según rendimiento)

'leistungsmäßig ADJ relativo al rendimiento

'Leistungsmesser M ELEK vatímetro *m*; **Leistungsmissbrauch** M abuso *m* (*od* uso *m* indebido) de las prestaciones recibidas

'leistungsorientiert ADJ orientado al rendimiento

'Leistungsprämie F prima *f* de rendimiento; incentivo *m*; **Leistungsprinzip** N principio *m* de rendimiento; **Leistungsprüfung** F prueba *f* de rendimiento; SPORT prueba *f* de resistencia; **Leistungsschau** F certamen *m*; **leistungsschwach** ADJ de bajo rendimiento; *Schüler* flojo; **Leistungssoll** N producción *f* impuesta; rendimiento *m* debido; **Leistungsspektrum** N espectro *m* (*od* gama *f od* abanico *m*) de prestaciones (*od* de servicios)

'Leistungssport M deporte *m* de competición; **Leistungssportler** M, **Leistungssportlerin** deportista *m/f* de competición

'Leistungsstand M resultados *mpl*; **leistungsstark** ADJ potente; eficaz; de alto rendimiento; *Schüler* bueno; **Leistungsstärke** F potencia *f*; eficiencia *f*; rendimiento *m*; **Leistungssteigerung** F aumento *m* de rendimiento (*od* de potencia); **Leistungsstufe** F nivel *m* (*od* grado *m*) de potencia (*od* de eficiencia *od* de rendimiento); **Leistungssystem** N sistema *m* competitivo; **Leistungstest** M test *m* de rendimiento

'Leistungsträger M, **Leistungsträgerin** F 1 *allg* (persona *f*) responsable *m/f* de los buenos resultados (*od* del gran rendimiento) 2 *(Sportler, -in)* mejor deportista *m/f* (*od* atleta *m/f*); *(Spieler, -in)* mejor jugador *m*, -a *f* 3 *Institution*: proveedor *m* de una prestación; **Leistungsvergleich** M comparación *f* de la potencia (*od* de la eficiencia *od* del rendimiento); **Leistungsvermögen** N → Leistungsfähigkeit; **Leistungsverweigerung** F denegación *f* de la prestación; **Leistungsverzug** M HANDEL demora *f* en la prestación; **Leistungswettbewerb** M 1 WIRTSCH competencia *f* de rendimiento y eficiencia 2 JUR concurso *m* de prestaciones y resultados 3 SPORT competición *f*; campeonato *m*; **Leistungswille** M voluntad *f* de conseguir (*od* lograr) a/c; **Leistungszulage** F → Leistungsprämie

'Leitartikel M artículo *m* de fondo, editorial *m*; **Leitartikler** M ⟨~s; ~⟩, **Leitartiklerin** F ⟨~; ~nen⟩ editorialista *m/f*; **Leitbild** N ideal *m*; modelo *m*; pauta *f*; **Leitbündel** N BOT haz *m* vascular

'leiten V/T 1 *(hinführen)* conducir, guiar (**zu** a); *fig* **sich ~ lassen von** dejarse llevar (*od* guiar) por; inspirarse en 2 *Amt, Betrieb, Schule, Verkehr, Zeitung, Orchester etc* dirigir; *Sitzung, Versammlung* presidir; *(anführen)* encabezar; *(verwalten)* administrar; *(regieren)* gobernar 3 PHYS, ELEK conducir

'leitend ADJ 1 *(führend)* guía; *bei Berufen*: directivo; dirigente; director; **~er Angestellter** alto empleado *m*; **~er Ingenieur** ingeniero-jefe *m*; **~e Persönlichkeit** dirigente *m/f*; **~e Stellung** puesto *m* alto; alto cargo *m*; cargo *m* directivo 2 *fig* **~er Gedanke** idea *f* directriz (*bzw* dominante) 3 PHYS, ELEK **(nicht) ~** (no) conductor

'Leiter[1] M ⟨~s; ~⟩ 1 *e-s Betriebs*: gerente *m*, director *m*; *e-r Schule, e-s Orchesters, e-r Filiale*: director *m*; *e-r Abteilung*: jefe *m*; *e-r Versammlung*: presidente *m*; **kaufmännischer/technischer ~** director *m* comercial/técnico 2 PHYS, ELEK conductor *m*

'Leiter[2] F ⟨~; ~n⟩ escalera *f* (de mano); escala *f*; *(Wagenleiter)* adral *m*; *fig* escalera *f*, peldaños *mpl*; **auf eine ~ steigen** subir por una escalera

'leiterförmig ADJ escalariforme

'Leiterin F ⟨~; ~nen⟩ *e-s Unternehmens, e-r Schule, e-s Orchesters, e-r Filiale*: directora *f*; *e-r Abteilung*: jefa *f*; *e-r Versammlung*: presidenta *m/f*; **kaufmännische ~** directora *f* comercial; **technische ~** directora *f* técnica

'Leitersprosse F escalón *m*; peldaño *m*; **Leiterwagen** M carro *m* de adrales

'Leitfaden M *Buch*: manual *m*; guía *f*; compendio *m*; vademécum *m*

'leitfähig ADJ conductivo; conductor; **Leitfähigkeit** F conductibilidad *f*, conductividad *f*

'Leitfossil N GEOL fósil *m* característico; **Leitgedanke** M idea *f* directriz (*bzw* dominante); **Leithammel** M 1 ZOOL guía *m* de rebaño 2 *fig* guía *m*; **Leithund** M JAGD perro *m* de guía; **Leitkarte** F *Kartei*: (ficha *f* de) guía *f*, indicador *m*; **Leitkegel** M *Verkehr*: cono *m*; **Leitkurs** M WIRTSCH tipo *m* de cambio básico (*od* central); paridad *f* central; cotización-eje *f*; **Leitlinie** F 1 *Verkehr*: línea *f* di-

rectiva **2** GEOM directriz *f* **3** *fig* pauta *f*
'Leitmotiv N MUS leitmotiv *m* (*a. fig*); **leitmotivisch** [-v-] ADJ relativo al motivo principal
'Leitplanke F *Verkehr:* valla *f* protectora; **Leitrolle** F TECH, SCHIFF polea *f* (de) guía; **Leitsatz** M principio *m* (orientador); axioma *m*; directiva *f*; **Leitschiene** F **1** TECH (barra *f* de) guía *f* **2** BAHN contracarril *m*; **Leitspruch** M lema *m*; **Leitstand** M puesto *m* de mando; **Leitstelle** F central *f*; **Leitstern** M *fig* norte *m*, guía *m*; **Leitstrahl** M rayo *m* conductor; MATH radio *m* vector; **Leittier** N animal *m* conductor, guía *m*; **Leitton** M MUS (nota *f*) sensible *f*; **Leittrieb** M BOT guía *m* (de árbol), flecha *f*
'Leitung[1] F ⟨~; ~en⟩ **1** TEL, ELEK línea *f*; (*Kabel*) cable *m*; **die ~ ist besetzt** la línea está ocupada; **sie spricht auf der anderen ~** está hablando por la otra línea; **die ~ wurde unterbrochen** se ha cortado la línea; **ein Gespräch auf der anderen ~ warten lassen** dejar una llamada en espera **2** PHYS, TECH conducción *f* (*a. für Gas, Wasser*); (*Rohrleitung*) *für Wasser, Gas*: tubería *f*, cañería *f*; (*Kanal*) conducto *m* **3** *umg fig* **eine lange ~ haben** ser tardo de comprensión, *umg* tener malas entendederas, *umg* ser corto de entendederas **4** (*Übertragung*) transmisión *f*
'Leitung[2] F ⟨~; ~en⟩ (*Führung*) dirección *f*; conducta *f*; jefatura *f*; (*Geschäftsleitung*) gerencia *f*; gestión *f*; (*Vorsitz*) presidencia *f*; **die ~ übernehmen** tomar (*od* hacerse cargo de) la dirección; **unter der ~ von** bajo la dirección (*bzw* la presidencia) de; MUS bajo la batuta de; **die ~ von etw haben** estar a cargo de a/c
'Leitungsdraht M ELEK hilo *m* (*od* alambre *m*) conductor; **Leitungsebene** F VERW, nivel *m* directivo; **leitungsfähig** ADJ → leitfähig; **Leitungsfunktion** F función *f* directiva; **Leitungshahn** M grifo *m* del agua; **Leitungsmast** M poste *m* de conducción; **Leitungsnetz** N **1** ELEK red *f* de distribución; (red *f* de) instalaciones *fpl* eléctricas **2** TEL red *f* telefónica **3** *für Gas, Wasser:* canalización *f*; **Leitungsposition** F posición *f* directiva; **Leitungsrohr** N, **Leitungsröhre** F conducto *m*; tubo *m*; **Leitungsstörung** F perturbación *f* de línea; **Leitungssystem** N sistema *m* directivo; sistema *m* de control; **Leitungsvermögen** N → Leitfähigkeit; **Leitungswasser** N ⟨~s⟩ agua *f* corriente, agua *f* del grifo; **Leitungswiderstand** M ELEK resistencia *f* de línea
'Leitvermerk M indicación *f* del itinerario; *Postwesen:* encaminamiento *m*; **Leitvermögen** N → Leitfähigkeit; **Leitwährung** F moneda *f* de intervención, dinero *m* patrón; **Leitwerk** N FLUG planos *mpl* de estabilización, empenaje *m*; **Leitwert** M ELEK conductancia *f*
'Leitzins M interés *pl* básico; **Leitzinserhöhung** F aumento *m* de los intereses básicos; **Leitzinssatz** M tipo *m* de interés básico
Lekti'on [lɛktsi'o:n] F ⟨~; ~en⟩ lección *f*; *fig* **j-m eine ~ erteilen** dar una lección a alg
'Lektor M ⟨~s; ~en⟩ lector *m*
Lekto'rat N ⟨~(e)s; ~e⟩ *Abteilung eines Verlags:* lectorado *m*; *Tätigkeit* revisión *f*, lectorado *m*
Lek'torin F ⟨~; ~nen⟩ lectora *f*
Lek'türe F ⟨~; ~n⟩ lectura *f*
'Lemming M ⟨~s; ~e⟩ ZOOL lemming *m*
'Lende F ⟨~; ~n⟩ **1** ANAT **~n** *pl* lomo *m*; región *f* lumbar **2** GASTR lomo *m*; solomillo *m*
'Lendenbraten M GASTR lomo *m* asado; (*Filet*) solomillo *m* asado; **Lendengegend** F ANAT región *f* lumbar; **lendenlahm** ADJ deslomado, derrengado; *fig* sin energía, débil; **Lendenschurz** M taparrabo *m*; **Lendenstück** N GASTR lomo *m*; solomillo *m*; **Lendenwirbel** M ANAT vértebra *f* lumbar
'Lenkachse F TECH eje *m* conductor (*od* de dirección)
'lenkbar ADJ dirigible; gobernable; manejable; *Person* dócil; (*anpassungsfähig*) dúctil; **Lenkbarkeit** F ⟨~⟩ dirigibilidad *f*; manejabilidad *f*; *fig* docilidad *f*; (*Anpassungsfähigkeit*) ductilidad *f*
'lenken VT & VI **1** AUTO conducir, *Am* manejar; FLUG, *Rennwagen* pilotar; *Rakete* dirigir; *fig in e-e bestimmte Richtung:* encauzar, encarrilar; **das Gespräch ~ auf** (*acus*) llevar la conversación a; **den Blick ~ auf** dirigir la mirada hacia; **die Blicke auf sich** (*acus*) **~** llamar la atención; **den Verdacht auf j-n ~** dirigir las sospechas hacia alguien **2** (*leiten*) dirigir (*a. Wirtschaft*); *Staat* gobernar; *Menschen a.* guiar; *Geschäft* manejar
'Lenken N ⟨~s⟩ dirección *f*; gobierno *m*; conducción *f*; FLUG pilotaje *m*; (*Handhaben*) manejo *m*
'Lenker M ⟨~s; ~⟩ **1** *Person:* conductor *m*; *fig* dirigente *m* **2** (*Lenkstange*) guía *f*, manillar *m*; **Lenkerin** F ⟨~; ~nen⟩ conductora *f*; *fig* dirigente *f*
'Lenkrad N volante *m*; **Lenkradschaltung** F AUTO cambio *m* en el volante; **Lenkradschloss** N AUTO cierre *m* antirrobo
'Lenksäule F AUTO columna *f* de dirección; **Lenkstange** F guía *f*; manillar *m*; **Lenkung** F ⟨~; ~en⟩ dirección *f*; gobierno *m*; conducción *f* (*a.* AUTO *etc*); manejo *m*; **Lenkungsausschuss** M comisión *f* (*od* comité *m*) de dirección; **Lenkwaffe** F MIL misil *m*
Lenz M ⟨~es; ~e⟩ *poet* primavera *f*; **sie zählte 20 ~e** era una muchacha de veinte abriles (*od* primaveras)
'lenzen VT & VI SCHIFF **1** (*pumpen*) achicar **2** (*vor dem Wind segeln*) sotavent(e)arse; **Lenzpumpe** F bomba *f* de achique (*od* de sentina)
Leo'pard M ⟨~en; ~en⟩ ZOOL leopardo *m*
'Lepra F ⟨~⟩ MED lepra *f*; **leprakrank** ADJ leproso; **Leprakranke** M/F leproso *m*, -a *f*; **Leprastation** F leprosería *f*
le'prös ADJ MED leproso
lepto'som ADJ PHYSIOL leptosomático
'Lerche F ⟨~; ~n⟩ ORN alondra *f*
'Lernbegierde F ⟨~⟩ afán *m* de aprender; **lernbegierig** ADJ deseoso de aprender; estudioso, aplicado; **lernbehindert** ADJ con dificultades para aprender; **Lerneffekt** M efecto *m* didáctico; **Lerneifer** M aplicación *f*, estudiosidad *f*; **Lerneinheit** F unidad *f* de aprendizaje
'lernen **A** VT aprender; (*studieren*) estudiar; (*in der Lehre sein*) estar de aprendiz; **etw auswendig ~** aprender algo de memoria; **einen Beruf ~** aprender una profesión; **Spanisch ~** aprender (el) español; **Klavier spielen ~** estudiar piano; aprender a tocar el piano; **lesen ~** aprender a leer; **aus etw ~** aprender de a/c; **daraus ~ wir, dass …** esto nos enseña que …; **bei j-m ~** aprender con alg; **er lernt für die Prüfung** estudia para el examen; **von j-m etw ~** aprender a/c de alg; **gelernter Arbeiter** trabajador *m* cualificado **B** VR **das lernt sich schwer** esto es difícil de aprender
'Lernen N ⟨~s⟩ estudio *m*; aprendizaje *m*; **das ~ fällt ihm schwer** le cuesta trabajo estudiar; aprende con dificultad; **Lernerfolg** M resultado *m* (*od* fruto *m od* producto *m*) del aprendizaje; **lernfähig** ADJ capaz de aprender; **Lerninhalt** M materia *f* (objeto) de aprendizaje
'Lernmittel NPL material *m* didáctico (*od* escolar); **Lernmittelfreiheit** F gratuidad *f* del material escolar
'Lernprogramm N programa *m* de estudios (*od* de aprendizaje); **Lernprozess** M proceso *m* de aprendizaje; **Lernsoftware** [-sɔftwɛ:r] F IT programa *m* didáctico; **Lernspiel** N juego *m* didáctico (*od* educativo); **Lernspielzeug** N juguetes *mpl* educativos; **Lernstoff** M materia *f*
'lernwillig ADJ dispuesto a aprender; con ganas de aprender
'Lesart F versión *f*; **andere ~** variante *f*
'lesbar ADJ legible, leíble; **Lesbarkeit** F ⟨~⟩ legibilidad *f*
'Lesbe F ⟨~; ~n⟩ *umg*, **Lesbierin** F ⟨~; ~nen⟩ lesbiana *f*, *sl* tortillera *f*; **lesbisch** ADJ lesbiano
'Lese F ⟨~; ~n⟩ AGR (*Ernte*) recolección *f*; cosecha *f*; (*Weinlese*) vendimia *f*; **Leseabend** M velada *f* literaria; **Lesebrille** F gafas *fpl* para leer; **Lesebuch** N libro *m* de lecturas; (*Fibel*) cartilla *f*, abecedario *m*; **Lesedrama** N drama *m* para lectura (*od* no teatral); **Leseecke** F rincón *m* de lectura; **Lesegerät** N IT dispositivo *m* de lectura; **lesehungrig** ADJ ávido de leer; muy aficionado a la lectura; **Lesekopf** M IT, TECH cabezal *m* lector (*od* de lectura); **Lesekreis** M círculo *m* de lectura; **Leselampe** F lámpara *f* de lectura; **Leselupe** F lupa *f* para leer; **Leselust** F ganas *pl* de leer
'lesen[1] ⟨*irr*⟩ **A** VT & VI **1** leer (*a.* IT) **2** UNIV (*Vorlesung halten*) explicar (una asignatura); dar (*od* impartir) un curso (*bzw* clases) (**über** *acus* sobre) **3** REL **die Messe ~** decir misa **B** VR **sich leicht** *od* **gut ~** ser de fácil lectura; **dieses Buch liest sich leicht** *od* **gut** este libro se lee con facilidad; **das liest sich wie ein Roman** se diría que es una novela
'lesen[2] VT ⟨*irr*⟩ (*ernten*) recoger; *Holz, Beeren* buscar; (*verlesen*) escoger, limpiar; **Trauben ~** vendimiar; **Ähren ~** espigar
'Lesen N ⟨~s⟩ **1** lectura *f* (*a.* IT); REL *der Messe:* celebración *f*; **nach einmaligem ~** después de una simple lectura **2** (*Ernten*) recolección *f*
lesenswert ADJ digno de leerse
'Leseprobe F THEAT lectura *f* (de una pieza teatral); **Lesepult** N atril *m*
'Leser M ⟨~s; ~⟩ **1** (*Lesender*) lector *m* **2** AGR (*Weinleser*) vendimiador *m*; (*Ährenleser*) espigador *m*
'Leseratte F lector *m*, -a *f* apasionado, -a; *umg* ratón *m* de biblioteca
'Leserbrief M carta *f* del lector (*od* al director); **Leserbriefschreiber** M, **Leserbriefschreiberin** F autor *m*, -a *f* de una carta del lector (*od* al director); **Leserbriefspalte** F columna *f* (*od* sección *f*) de cartas del lector (*od* al director)
'Lesereihe F serie *f* (*od* ciclo *m*) de lecturas
'Leserin F ⟨~; ~nen⟩ **1** (*Lesende*) lectora *f* **2** AGR (*Weinleserin*) vendimiadora *f*; (*Ährenleserin*) espigadora; **Leserkreis** M (círculo *m* de) lectores *mpl*
'leserlich ADJ legible; **Leserlichkeit** F ⟨~⟩ legibilidad *f*
'Leserschaft F ⟨~; ~en⟩ lectores *mpl*; **Leserumfrage** F encuesta *f* de *od* entre los lectores; **Leserzuschrift** F → Leserbrief
'Lesesaal M sala *f* de lectura; **Lesestoff** M lectura *f*; **Leseübung** F ejercicio *m* de lectura; **Lesevergnügen** N placer *m* (*od* satisfacción *f*) de leer; **Lesezeichen** N punto *m* de libro, marcador *m* de libros; INTERNET señalador *m*, bookmark *m*; **Lesezimmer** N gabinete *m* (*od* rincón *m*) de lectura; **Lesezirkel** M círculo *m* de lectura (*bzw* de lectores)

Le'sotho N ⟨~s⟩ Lesotho *m*
'Lesung F ⟨~; ~en⟩ lectura *f* (*a.* POL); POL **in erster/zweiter ~** en primera/segunda lectura
le'tal ADJ MED letal; **Letaldosis** F dosis *f* letal
Letali'tät F ⟨~⟩ letalidad *f*
Lethar'gie F ⟨~⟩ MED letargo *m* (*a. fig*)
le'thargisch ADJ letárgico
'Lette M ⟨~n; ~n⟩ letón *m*
'Letter F ⟨~; ~n⟩ TYPO letra *f* de imprenta (*od* de molde); tipo *m* (de imprenta); **~n** *pl* caracteres *mpl* de imprenta
'Lettin F ⟨~; ~nen⟩ letona *f*; **lettisch** ADJ letón; **Lettland** N ⟨~s⟩ Letonia *f*
'Lettner M *e-r Kirche*: coro *m* alto
Letzt F **zu guter ~** a la postre; por último
'letzte(r, -s) A ADJ 1 *in e-r Reihenfolge*: último; *poet* postrer(o); **die ~n Lebensjahre** los últimos años (de vida); **~ Meldungen** noticias *fpl* de última hora; últimas noticias *fpl*; **~r Versuch** último intento *m*, *i. e. S* supremo esfuerzo *m*; **an ~r Stelle** en último lugar; **zum ~n Mal** por última vez 2 *Zeitangabe*: **~n Sonntag** el domingo pasado; **~ Woche** la semana pasada; **in den ~n Jahren** (en) estos últimos años; **in ~r Zeit** últimamente; **im ~n Augenblick** *od* **Moment** en el último momento (*od* instante); a última hora 3 (*äußerst*) último; extremo, supremo; **bis auf den ~n Platz (voll)** (lleno) hasta los topes; **bis auf den ~n Mann** hasta el último hombre; **bis zum ~n Blutstropfen** hasta la última gota de sangre 4 (*endgültig*) último; final; **~s Angebot** última oferta; **~r Ausweg** último recurso *m*; última salida *f*; **~r Termin** fecha *f* tope (*od* límite); **Letzter Wille** última voluntad *f*; REL **die ~n vier Dinge** las postrimerías; *geh* **dein ~s Stündlein hat geschlagen** ha llegado tu hora 5 *fig* **der ~ Schrei** el último grito; **~n Endes** a fin de cuentas; al fin y al cabo; después de todo B *subst* 1 **der Letzte** el último; **die Letzte** la última; **der Letzte des Monats** el último día del mes; **als Letzter (an)kommen** llegar el último 2 **das Letzte** lo último; **sein Letztes hergeben** dar todo lo que se posee, *umg* dar hasta la camisa; *umg fig* echar el resto; **bis aufs Letzte** hasta lo último, totalmente; **bis ins Letzte** a fondo; hasta el último detalle; **es geht ums Letzte** se juega el todo por el todo; **bis zum Letzten** a más no poder; *iron* **das ist (doch) das Letzte!** ¡es lo último!; *umg* ¡es el colmo!
'letztens ADV últimamente; recientemente; (*neulich*) hace poco; el otro día; **letztere(r, -s)** A ADJ (este) último B *subst* **der/die/das Letztere** este último/esta última; **letztgenannt** ADJ citado en último lugar; **der Letztgenannte** el citado en último lugar
letzt'hin ADV → letztens
'letztjährig ADJ del año pasado; **letztlich** ADV 1 (*letztens*) últimamente; recientemente; el otro día 2 (*letzten Endes*) al fin y al cabo; después de todo; a fin de cuentas; **letztwillig** ADJ JUR testamentario; **~e Verfügung** disposición *f* de última voluntad, última disposición *f*
Leu M ⟨~en; ~en⟩ *poet* león *m*
'Leuchtbake F baliza *f* luminosa; **Leuchtboje** F boya *f* luminosa; **Leuchtdiode** F ELEK diodo *m* luminoso; **Leuchtdraht** M ELEK filamento *m* luminoso
'Leuchte F ⟨~; ~n⟩ 1 (*Lampe*) luz *f*; lámpara *f* 2 *umg fig* **er ist keine große ~** *umg* no es ninguna lumbrera
'leuchten V/I lucir; (*glänzen*) brillar (*a. Augen*), resplandecer; (*strahlen*) radiar; (*funkeln*) centellear; *Meer* fosforescer; **j-m ~** alumbrar (*od* dar luz) a alg; *fig* **sein Licht ~ lassen** lucirse
'Leuchten N ⟨~s⟩ luz *f*; luminosidad *f*; (*Strahlen*) radiación *f*; (*Funkeln*) centelleo *m*; (*Glanz*) brillo *m*; resplandor *m*; (*Meeresleuchten*) fosforescencia *f*
'leuchtend ADJ luminoso (*a. fig*); (*glänzend*) brillante; resplandeciente; (*strahlend*) radiante; (*funkelnd*) centelleante; *Meer* fosforescente
'Leuchter M ⟨~s; ~⟩ (*Handleuchter*) palmatoria *f*; (*Kerzenleuchter*) candelero *m*, *mehrarmiger*: candelabro *m*; (*Kronleuchter*) araña *f*
'Leuchtfaden M ELEK filamento *m* luminoso (*od* de lámpara); **Leuchtfarbe** F pintura *f* luminosa (*od* fosforescente); color *m* fosforescente; **Leuchtfeuer** N fanal *m*; **Leuchtgas** N gas *m* de alumbrado; **Leuchtgeschoss**, *österr* **Leuchtgeschoß** N MIL proyectil *m* luminoso; **Leuchtkäfer** M ZOOL luciérnaga *f*; **Leuchtkörper** M cuerpo *m* luminoso; **Leuchtkraft** F luminosidad *f*; intensidad *f* lumínica; **Leuchtkugel** F MIL bala *f* luminosa; **Leuchtmarker** M rotulador *m* fluorescente; **Leuchtmittel** N aparato *m* de iluminación; **Leuchtmunition** F munición *f* luminosa; **Leuchtöl** N, **Leuchtpetroleum** N petróleo *m* de alumbrado; **Leuchtpistole** F MIL pistola *f* lanza-cohetes; **Leuchtrakete** F cohete *m* luminoso; MIL bengala *f* luminosa; **Leuchtreklame** F anuncio *m* luminoso; publicidad *f* luminosa; **Leuchtröhre** F tubo *m* fluorescente; **Leuchtschiff** N SCHIFF buque-faro *m*; **Leuchtschild** N letrero *m* luminoso; **Leuchtschirm** M MED pantalla *f* fluorescente; **Leuchtschrift** F escritura *f* luminosa; **Leuchtsignal** N señal *f* luminosa; **Leuchtskala** F escala *f* luminosa
'Leuchtspurgeschoss, **Leuchtspurgeschoß** N *österr* MIL proyectil *m* trazador; **Leuchtspurmunition** F MIL munición *f* trazadora
'Leuchtstift M rotulador *m* fosforescente; **Leuchtstoffröhre** F tubo *m* fluorescente
'Leuchtturm M faro *m*; **Leuchtturmwärter** M, **Leuchtturmwärterin** F farero *m*, -a *f*
'Leuchtzeichen N señal *f* luminosa; **Leuchtziffer** F cifra *f* luminosa; **Leuchtzifferblatt** N esfera *f* luminosa (*od* fosforescente)
'leugnen V/T negar; desmentir; **es ist nicht zu ~, dass ...** *od* **es lässt sich nicht ~, dass ...** es innegable que ... (*ind*)
'Leugnen N ⟨~s⟩ negación *f*; desmentido *m*; **Leugner** M ⟨~s; ~⟩, **Leugnerin** F ⟨~; ~nen⟩ negador *m*, -a *f*; **Leugnung** F ⟨~⟩ negación *f*
Leukä'mie F ⟨~⟩ MED leucemia *f*; **Leukämieerkrankung** F MED leucemia *f*; cáncer *m* en la sangre; **leukämiekrank** ADJ enfermo de leucemia; **Leukämiekranke** M/F enfermo *m*, -a *f* de leucemia
Leuko'plast® N ⟨~(e)s⟩ esparadrapo *m*
Leuko'zyten PL PHYSIOL leucocitos *mpl*
'Leumund M ⟨~(e)s⟩ *geh* reputación *f*; fama *f*; **in schlechten ~ bringen** difamar; desacreditar
'Leumundszeugnis N certificado *m* de buena conducta
'Leute PL 1 *allg* gente *f*; *seltener*: gentes *fpl*; (*Publikum*) *a.* público *m*; **20 ~** 20 personas; **alle/viele ~** toda la/mucha gente; **es waren viele ~ da** había mucha gente; **alte ~** gente *f* mayor (*od* de edad); tercera edad *f*; **die armen ~** *finanziell*: la gente pobre, los pobres; *bemitleidenswert*: la pobre gente; *iron* **die feinen ~** la gente fina; **die jungen ~** los jóvenes, la gente joven; **die kleinen ~** la gente humilde; **rechtschaffene ~** gente *f* de bien; **unter die ~ gehen** ver gente; **unter die ~ kommen** tratar con la gente; *Gerücht*: correr, divulgarse; **unter die ~ bringen** *Gerücht*: divulgar, hacer correr; *Geld*: gastar; **vor allen ~n** en público; delante de todo el mundo; **was werden die ~ dazu sagen?** ¿qué dirá la gente? 2 *umg Angehörige*: familia *f*; *e-r Firma etc*: personal *m*; (*Diener*) *a.* servidumbre *f*; **meine ~** mi gente; mis hombres; (*meine Familie*) mi familia; **einer von unsern ~n** uno de los nuestros; **seine ~ kennen** conocer a su gente; saber con quien trata
'Leuteschinder M explotador *m*; negrero *m*
'Leutnant M ⟨~s; ~s⟩ MIL alférez *m*; segundo teniente *m*, subteniente *m*; **~ zur See** alférez *m* de fragata
'leutselig ADJ afable; campechano; (*wohlwollend*) benévolo; (*herablassend*) condescendiente; **Leutseligkeit** F ⟨~⟩ afabilidad *f*; benevolencia *f*; condescendencia *f*; campechanía *f*
Le'vante [-v-] F ⟨~⟩ *obs* Levante *m*
Le'viten [-v-] PL *umg* **j-m die ~ lesen** *umg* echar un sermón (*od* sermonear) a alg; *umg* leer (*od* cantar) la cartilla a alg
Lev'koje [lɛf'ko:jə] F ⟨~; ~n⟩ BOT alhelí *m*
lexi'kalisch ADJ léxico
Lexiko'graf M, **Lexiko'graph** M ⟨~en; ~en⟩ lexicógrafo *m*; **Lexikogra'fie** F, **Lexikogra'phie** F ⟨~⟩ lexicografía *f*; **Lexiko'grafin** F, **Lexiko'graphin** F ⟨~; ~nen⟩ lexicógrafa *f*; **lexiko'grafisch** ADJ, **lexiko'graphisch** ADJ lexicográfico
'Lexikon N ⟨~s; Lexika⟩ 1 *Buch*: diccionario *m* enciclopédico; (*Konversationslexikon*) enciclopedia *f*; *umg* (*Wörterbuch*) diccionario *m*; *umg fig* **wandelndes ~** diccionario *m* viviente 2 LING (*Wortschatz*) léxico *m*, vocabulario *m*
Lezi'thin N ⟨~s⟩ CHEM lecitina *f*
lfd. ABK (laufend) corriente
lfd. m ABK (laufender Meter) metro *m* lineal
lfd. Nr. ABK (laufende Nummer) número *m* de orden
Lfg. ABK (Lieferung) entrega *f*
lg ABK (liebe Grüße) *SMS*: bs (besos)
L'G ABK → Landgericht
Liai'son [liɛ'zɔŋ, -'zõ:] F ⟨~; ~s⟩ *umg* lío *m* (amoroso), enredo *m*; *umg* ligue *m*
Li'ane F ⟨~; ~n⟩ BOT bejuco *m*, liana *f*
'Lias M ⟨~⟩ GEOL liásico *m*; **Liasformation** F formación *f* liásica
Liba'nese M ⟨~n; ~n⟩ libanés *m*; **Libanesin** F ⟨~; ~nen⟩ libanesa *f*; **libanesisch** ADJ libanés
'Libanon M ⟨~(s)⟩ **der ~** (el) Líbano *m*
Li'belle F 1 ZOOL libélula *f*, *umg* caballito *m* del diablo 2 TECH *der Wasserwaage*: burbuja *f*
libe'ral ADJ liberal; (*freizügig*) permisivo
Libe'raldemokrat M, **Liberaldemokratin** F liberal-demócrata *m/f*; **liberaldemokratisch** ADJ liberal-demócrata
Libe'rale M/F ⟨~n; ~n; → A⟩ liberal *m/f*
liberali'sieren V/T ⟨*ohne* ge-⟩ liberalizar; **Liberalisierung** F ⟨~; ~en⟩ liberalización *f*
Libera'lismus M ⟨~⟩ liberalismo *m*; **libera'listisch** ADJ liberal; **Liberali'tät** F ⟨~⟩ liberalidad *f*
libe'ralkonservativ ADJ liberal-conservador
Li'beria N ⟨~s⟩ Liberia *f*
Liberi'aner M ⟨~s; ~⟩, **Liberianerin** F ⟨~; ~nen⟩ liberiano *m*, -a *f*; **liberianisch** ADJ liberiano
'Libero M ⟨~s; ~s⟩ *Fußball*: líbero *m*
liber'tär ADJ libertario
libidi'nös ADJ libidinoso; lujurioso, lascivo
Li'bido F ⟨~⟩ PSYCH libido *f*, líbido *f*
Libret'tist M ⟨~en; ~en⟩, **Librettistin** F ⟨~; ~nen⟩ libretista *m/f*
Li'bretto N ⟨~s; ~s *od* Libretti⟩ libreto *m*
'Libyen N Libia *f*; **Libyer** M ⟨~s; ~⟩, **Liby-**

erin F ⟨~; ~nen⟩ libio *m*, -a *f*; **libysch** ADJ libio

Lic. ABK (Lizenziat) licenciado *m*

licht ADJ 1 *(hell)* claro; luminoso; *Wald, Haare etc* ralo; *fig* **~er Augenblick** intervalo *m* lúcido, momento *m* de lucidez; **~e Stelle** *im Wald*: claro *m* 2 ARCH **~er Durchmesser** diámetro *m* interior; **~e Höhe** altura *f* interior, luz *f*; *e-r Brücke*: altura *f* de paso; **~e Weite** vano *m*, luz *f*; anchura *f* interior

Licht N ⟨~(e)s; ~er⟩ 1 *(Helle)* luz *f* (*a. fig*); claro *m*, claridad *f*; **~ und Schatten** claros y sombras; **(für etw) grünes ~ geben** dar luz verde (a *od* para a/c); **ein (un)günstiges ~ auf etw** *(acus)* **werfen** presentar a/c bajo un aspecto (des)favorable; **ein schlechtes ~ auf j-n werfen** dejar a alg en mal lugar; *fig* **~ in etw** *(acus)* **bringen** arrojar luz sobre a/c; *geh* **das ~ der Welt erblicken** nacer, venir al mundo; *fig* ver la luz del día; **ans ~ bringen** sacar a la luz; **ans ~ kommen** salir a la luz; *(entdeckt werden)* llegar a descubrirse (*od* a saberse); *fig* **j-n hinters ~ führen** *(täuschen)* engañar a alg; *(auf den Arm nehmen) umg* tomar el pelo a alg; **alles im schönsten ~ sehen** verlo todo color de rosa; **im ~ der Öffentlichkeit stehen** ser objeto de la atención pública; **sich in einem neuen ~ zeigen** mostrarse bajo un nuevo aspecto; *Bibel*: **es werde ~!** ¡hágase la luz!; *sprichw* **wo ~ ist, da ist auch Schatten** no hay medalla sin reverso 2 *(Beleuchtung)* luz *f*; alumbrado *m*; iluminación *f*; **das ~ anmachen** *od* **~ machen** encender (*od* dar) la luz; **das ~ ausmachen** apagar la luz; **das ~ ist an/aus** la luz está encendida/apagada; **bei ~** con luz; *fig* **etw bei ~ besehen** *od* **betrachten** examinar de cerca, mirar bien; *fig* **bei ~ besehen** *od* **betrachtet** mirándolo (*od* considerándolo) bien; al fin y al cabo; **etw gegen das ~ halten** poner a/c a contraluz; **ins ~ rücken** poner a la luz; **etw ins rechte ~ setzen** *od* **rücken** poner de relieve a/c, hacer resaltar a/c; **j-m im ~ stehen** quitar la luz a alg 3 *(Lampe)* lámpara *f*; *(Kerze)* vela *f*; *(Laterne)* farol *m*; AUTO faro *m* 4 *umg fig* **j-m ein ~ aufstecken** abrir los ojos a alg; **jetzt geht mir ein ~ auf** empiezo a ver claro; *umg* ahora caigo; *Person* **kein großes ~ sein** no tener muchas luces 5 MAL **~er aufsetzen** realzar; **aufgesetztes ~** realce *m* 6 JAGD **~er** ojos *mpl*

'Lichtanlage F instalación *f* de alumbrado; **Lichtbad** N baño *m* de luz; **Lichtbehandlung** F MED fototerapia *f*

'lichtbeständig ADJ resistente a la luz

'Lichtbild N FOTO foto(grafía) *f*; *(Dia)* diapositiva; **Lichtbildervortrag** M conferencia *f* con proyecciones (*bzw* diapositivas)

'lichtblau ADJ azul claro

'Lichtblick M *fig* rayo *m* de esperanza; **Lichtblitz** M flash *m*

'Lichtbogen M ELEK arco *m* voltaico; **Lichtbogenschweißung** F TECH soldadura *f* por arco (voltaico)

'Lichtbrechung F PHYS, OPT refracción *f* de la luz; **Lichtbrechungsvermögen** N refringencia *f*; **Lichtbündel** N haz *m* luminoso; **Lichtdouble** N FILM doble *m* de luces; **Lichtdruck** M TYPO ⟨~(e)s; ~e⟩ fototipia *f*, heliograbado *m*, fotograbado *m*

'lichtdurchlässig ADJ transparente; translúcido; **Lichtdurchlässigkeit** F ⟨~⟩ transparencia *f*

'lichtecht ADJ resistente a la luz; *Farbe* sólido; **lichtelektrisch** ADJ fotoeléctrico; **lichtempfindlich** ADJ sensible a la luz, fotosensible; **~ machen** sensibilizar; **Lichtempfindlichkeit** F sensibilidad *f* a la luz, fotosensibilidad *f*

'lichten[1] A VT aclarar (*a. Wald*); *Bäume* podar; *Reihen* diezmar B VR **sich ~** aclararse (*a. fig*); *Haar etc* ralear

'lichten[2] VT SCHIFF **den Anker ~** levar anclas, zarpar

'Lichterkette F 1 *Beleuchtung*: cadena *f* de luces 2 POL *cadena humana con velas como muestra de protesta*; **lichterloh** ADV **~ brennen** arder en llamas; **Lichtermeer** N océano *m* de luz

'Lichtfilter M FOTO filtro *m* de luz; **Lichtgeschwindigkeit** F PHYS velocidad *f* de la luz; **Lichtgestalt** F forma *f* luminosa; figura *f* luminosa (*a. fig*); **Lichthof** M patio *m* de luces; FOTO, ASTRON halo *m*; **Lichthupe** F AUTO señales *fpl* de luces; **die ~ betätigen** hacer señales de luces; **Lichtjahr** N ASTRON año *m* luz; **Lichtkegel** M cono *m* luminoso (*od* de luz); **Lichtkreis** M círculo *m* luminoso; **Lichtleitung** F ELEK línea *f* de alumbrado; línea *f* eléctrica; **Lichtmaschine** F AUTO, *Fahrrad*: dínamo *f*; **Lichtmast** M ELEK poste *m* de la luz (*od* del alumbrado); **Lichtmess** F REL Candelaria *f*, Purificación *f*; **Lichtmesser** M OPT fotómetro *m*; **Lichtmessung** F fotometría *f*; **Lichtnetz** N red *f* de alumbrado; **Lichtorgel** F órgano *m* de luces; luces *fpl* (p)sicodélicas

'Lichtpause F heliografía *f*, fotocalco *m*; **Lichtpausverfahren** N procedimiento *m* heliográfico

'Lichtpunkt M punto *m* luminoso; *fig* → Lichtblick; **Lichtquant** M PHYS fotón *m*; **Lichtquelle** F fuente *f* de luz; foco *m* luminoso; **Lichtreklame** F publicidad *f* luminosa; anuncio *m* luminoso; **Lichtsatz** M TYPO fotocomposición *f*; **Lichtschacht** M patio *m* de luces; ARCH pozo *m* de luz; **Lichtschalter** M interruptor *m* (de la luz); **Lichtschein** M resplandor *m*; reflejo *m* de luz

'lichtscheu ADJ que teme (*od* huye de) la luz (*a. fig*); MED fotófobo

'Lichtscheu F MED fotofobia *f*; **Lichtschirm** M pantalla *f*; **Lichtschlauch** M tubo *m* luminoso; **Lichtschranke** F barrera *f* óptica (*od* de la luz); **Lichtschutz** M protección *f* (anti)solar (*a. Sonnenschutz*); **Lichtschutzfaktor** M factor *m* de protección solar

'lichtschwach ADJ poco luminoso

'Lichtseite F lado *m* de la luz; *fig* aspecto *m* favorable (*od* positivo), lado *m* bueno; **Lichtsignal** N señal *f* óptica (*od* luminosa)

'Lichtspiel N *obs* película *f* (cinematográfica); filme *m*; **Lichtspielhaus** N, **Lichtspieltheater** N *obs* cine *m*, sala *f* cinematográfica

'lichtstark ADJ (muy) luminoso

'Lichtstärke F intensidad *f* luminosa; luminosidad *f*; **Lichtstrahl** M rayo *m* de luz (*a. fig*); OPT rayo *m* luminoso; **Lichtstrom** M ELEK corriente *f* del alumbrado; **Lichttechnik** F luminotecnia *f*; **Lichtton** M *Tontechnik*: sonido *m* óptico (*od* fotográfico)

'lichtundurchlässig ADJ opaco

'Lichtung F ⟨~; ~en⟩ calvero *m*, claro *m*

'Lichtwelle F PHYS onda *f* luminosa; **Lichtzeichen** N señal *f* óptica (*od* luminosa)

Lid N ⟨~(e)s; ~er⟩ párpado *m*

'Lid(rand)entzündung F MED blefaritis *f*; **Lidschatten** MPL sombra *f* de ojos (*od* párpados)

lieb ADJ 1 *(liebenswürdig)* amable; bueno; *(nett)* simpático; *(liebevoll)* cariñoso; *(angenehm)* agradable; **~ sein zu** *od* **mit** ser cariñoso con; **seien Sie so ~ und geben Sie mir das Buch** tenga la bondad (*od* haga el favor) de darme el libro; **das ist ~ von dir!** ¡eso es muy amable de tu parte! 2 *(geliebt)* querido, *lit* amado; *(teuer, wert)* caro; **mein ~er Freund!** ¡querido amigo!; *im Brief*: **Liebe Anna, …** Querida Anna: …; **Lieber Herr Rodriguez, …** Estimado Señor Rodriguez: …; **j-n ~ haben** querer (*lit* amar) a alg; tener cariño (*od* afecto) a alg; **er ist mir ~ geworden** *od* **ich habe ihn ~ gewonnen** le he tomado cariño 3 *Sache* **es ist mir ~, dass** me agrada (*od* gusta *od* complace) que *(subj)*; **es wäre mir ~, wenn …** me gustaría que … *(subj)*; **wenn dir dein Leben ~ ist** si en algo estimas la vida 4 *in Ausrufen*: **du ~er Gott!** ¡Dios mío!; **du ~er Himmel!** ¡cielos! 5 *fig* **den ~en langen Tag** todo el santo día; **um des ~en Friedens willen** por la paz; para tener paz

'liebäugeln VI **mit j-m/etw ~** coquetear *od* flirtear con alg/a/c; **mit einer Reise ~** acariciar la idea de hacer un viaje

'Liebchen N ⟨~s; ~⟩ querido *m*; querida *f*; **mein ~!** ¡mi amor!; ¡amor mío!

'Liebe[1] F ⟨~⟩ 1 *Gefühl*: amor *m* (**zu** a, por); *(Zuneigung)* afición *f*; cariño *m*; *(Liebelei)* amorío *m*; **freie ~** amor *m* libre; **~ auf den ersten Blick** flechazo *m*; amor *m* a primera vista; **aus ~** por amor; **~ für j-n empfinden** sentir amor hacia (*od* por) alg; **aus ~ zu j-m** por amor a (*od* de) alg; por afición a alg; **in ~** afectuosamente; **etw mit viel ~ tun** poner mucho cariño en hacer a/c; *sprichw* **~ macht blind** el amor es ciego; *sprichw* **~ geht durch den Magen** el amor pasa por el estómago; *sprichw* **eine ~ ist der anderen wert** amor con amor se paga 2 *(geliebte Person)* amor *m*; **meine (seine etc) große ~** el amor de mi (su, *etc*) vida

'Liebe[2] M/F ⟨~n; ~n; → A⟩ **meine ~!** ¡querida mía!; **mein ~r!** ¡amigo mío!; **meine ~n** mi familia, los míos; *Anrede*: **meine ~n!** ¡amigos míos!

'Liebe(s) N ⟨~n; → A⟩ **j-m viel ~s erweisen** hacer mucho bien a alg

'liebebedürftig ADJ que necesita mucho afecto (*od* cariño)

Liebediene'rei F *pej* servilismo *m*; adulación *f*; **Liebe'lei** F ⟨~; ~en⟩ amorío *m*; *umg* ligue *m*; *(Flirt)* galanteo *m*, flirteo *m*

'lieben A VT & VI 1 querer; *stärker*: amar; *(Zuneigung empfinden)* sentir afecto (*od* cariño); *(gern mögen)* gustar; *Dinge, Tiere* ser aficionado a; ser amigo de; **es ~, etw zu tun** gustar a alg hacer a/c; **ich liebe …** *Dinge*: me encanta …; **ich liebe Milchkaffee** me encanta el café con leche; **ich liebe dich** te quiero 2 *(mit j-m schlafen)* **j-n ~** hacer el amor con alg B VR **sich ~** *sich selbst od einander*: quererse, amarse; *(miteinander schlafen)* hacer el amor

'Lieben N ⟨~s⟩ amor *m*

'liebend A ADJ amante; **dein dich ~er Sohn** tu hijo que te quiere B ADV **~ gern** con muchísimo gusto, con mil amores; **ich würde es ~ gern tun** me gustaría mucho (hacerlo)

'Liebende M/F ⟨~n; ~n; → A⟩ amante *m/f*; enamorado *m*, -a *f*; **die ~n** los amantes

'liebenswert ADJ encantador; digno de afecto; digno de ser amado; merecedor de cariño; *sp umg* muy rico; **liebenswürdig** ADJ amable; afable; entrañable; **das ist sehr ~ von Ihnen** (es usted) muy amable; **Liebenswürdigkeit** F ⟨~; ~en⟩ amabilidad *f*; afabilidad *f*

'lieber ADV (*komp v.* **gern**) preferiblemente; *(eher)* más bien; **~ haben** *od* **mögen** *od* **wollen** preferir; gustar más; **ich trinke lieber Wein als Bier** prefiero el vino a la cerveza; **das ist mir ~** lo prefiero; **du solltest ~** *(inf)* más valdría (*od* sería mejor) que *(subj)*; **tu es ~!** ¡es mejor que lo hagas!; **ich möchte ~ nicht** prefiero no hacerlo; **bleiben wir ~ hier** mejor, quedémonos aquí; **ich bleibe ~ zu Hause** prefiero quedarme en casa

'Lieber M → Liebe[2]

'Liebesabenteuer N aventura *f* amorosa; lío *m* amoroso; **Liebesaffäre** F lío *m* amoroso; romance *m*; *umg* ligue *m*; **Liebesbeweis** M prueba *f* (*od* muestra *f*) de amor; **Liebesbrief** M carta *f* amorosa (*od* de amor); **Liebesdienst** M favor *m*; *aus Mildtätigkeit*: obra *f* caritativa (*od* de caridad); **Liebesdrama** N drama *m* amoroso (*od* pasional); **Liebeserklärung** F declaración *f* (de amor); **Liebesgabe** F *geh* ofrenda *f* de amor; **Liebesgedicht** N poesía *f* de amor; **Liebesgeschichte** F historia *f* de amor; *lit* cuento *m* amatorio; **Liebesgeständnis** N confesión *f* (*od* declaración) *f* de amor; **Liebesglück** N felicidad *f* de amar (*od* del amor); **Liebesglut** F amor *m* apasionado; pasión *f* amorosa (*od* de amor); **Liebesgott** M MYTH Amor *m*; Cupido *m*; **Liebesgruß** M saludo *m* muy afectuoso (*od* muy cariñoso); **Liebesheirat** F boda *f* (*od* casamiento *m* *od* matrimonio *m*) por amor

'liebeskrank ADJ enfermo de amor; **er ist ~** tiene mal de amores

'Liebeskummer M mal *m* de amores; **Liebeskunst** F arte *m* de amar (*od* amatorio); **Liebesleben** N vida *f* amorosa (*bzw* sexual); **Liebeslied** N canción *f* de amor; **Liebesmahl** N REL ágape *m*; **Liebesmüh(e)** F *fig* **verlorene ~** tiempo *m* perdido; **Liebesnest** N nido *m* de amor; **Liebespaar** N (pareja *f* de) enamorados *mpl*; amantes *mpl*; **Liebespärchen** N *umg* (pareja *f* de) tórtolos *mpl*; **Liebespfand** N prenda *f* de amor; **Liebesrausch** M arrebato *m* amoroso; **Liebesroman** M novela *f* de amor; **Liebesschwur** M juramento *m* de amor; **Liebesszene** F THEAT escena *f* amorosa; **Liebestod** M muerte *f* por amor

'liebestoll ADJ *obs* loco de amor

'Liebestöter MPL *umg hum* calzoncillos *mpl* largos; **Liebestragödie** F drama *m* pasional; **Liebestrank** M filtro *m*, bebedizo *m*; **Liebesverhältnis** N relación *f* amorosa, *umg* lío *m* amoroso; *umg* ligue *m*; **Liebeswerk** N obra *f* de caridad

'liebevoll ADJ amoroso; cariñoso, afectuoso; tierno

Lieb'frauenkirche F iglesia *f* de Nuestra Señora

'liebgewinnen V/T → lieb 2

'liebhaben V/T → lieb 2

'Liebhaber M ⟨~s; ~⟩ 1 (*Geliebter*) amante *m* 2 *e-r Sache*: aficionado *m*; WIRTSCH **(viele) ~ finden** venderse bien, ser muy solicitado 3 THEAT galán *m*; **Liebhaberausgabe** F *Buch*: edición *f* de lujo

Liebhabe'rei F ⟨~; ~en⟩ afición *f*; hobby *m*; **aus ~** por afición

'Liebhaberin F ⟨~; ~nen⟩ 1 *e-r Sache*: aficionada *f* 2 THEAT primera dama *f*; **Liebhaberpreis** M precio *m* entre aficionados (*od* coleccionistas); **Liebhaberwert** M valor *m* entre coleccionistas (*od* aficionados)

lieb'kosen V/T & V/I ⟨*ohne* ge-⟩ *geh obs* acariciar; **Liebkosung** F ⟨~; ~en⟩ *geh obs* caricia *f*

'lieblich ADJ agradable; (*bezaubernd*) encantador; (*anmutig*) gracioso; *Wein, Geschmack* dulce; *Duft* suave; (*köstlich*) delicioso; (*schön*) hermoso; bonito, lindo; *Gegend* ameno; **Lieblichkeit** F ⟨~⟩ encanto *m*; gracia *f*; dulzura *f*; suavidad *f*; hermosura *f*

'Liebling M ⟨~s; ~e⟩ 1 favorito *m*, -a *f* 2 (*der Eltern, des Lehrers*) *Kind*: niño *m* mimado (*a. fig*) 3 *als Kosename*: **mein ~** cariño, amor mío, mi amor, vida mía, mi vida

'Lieblings... IN ZSSGN favorito, predilecto; **Lieblingsbeschäftigung** F ocupación *f* favorita; **Lieblingsbuch** N libro *m* predilecto (*od* favorito *od* preferido); **Lieblingsdichter** M poeta *m* predilecto; **Lieblingsdichterin** F poeta *f* (*od* poetisa *f*) predilecto, -a; **Lieblingsfilm** M película *f* favorita (*od* predilecta *od* preferida); **Lieblingsgericht** N GASTR plato *m* favorito (*od* preferido); **Lieblingslied** N canción *f* favorita (*od* predilecta *od* preferida); **Lieblingsspeise** F → Lieblingsgericht; **Lieblingswort** N ⟨~(e)s; ~e⟩ palabra *f* (*od* expresión *f*) favorita (*od* predilecta *od* preferida)

'lieblos A ADJ falto de amor; sin amor (*od* cariño); (*gefühllos*) insensible; (*hart*) seco; duro (de corazón) B ADV duramente; **etw/j-n ~ behandeln** tratar a/c/a alg con dureza; **Lieblosigkeit** F ⟨~; ~en⟩ falta *f* de amor (*bzw* de cariño); desamor *m*; sequedad *f*; insensibilidad *f*; dureza *f* (de corazón)

'Liebreiz M ⟨~es⟩ *geh* atractivo *m*, encanto *m*; gracia *f*; **liebreizend** ADJ *geh*, *obs* encantador; atractivo

'Liebschaft F ⟨~; ~en⟩ amores *mpl*; amorío *m*; *umg* lío *m* amoroso, ligue *m*

'liebste(r, -s) A ADJ preferido, favorito, predilecto B ADV **am ~n haben** preferir (sobre todo); **das habe** *bzw* **tue** *etc* **ich am ~n** es lo que más me gusta; **am ~n würde ich** (*inf*) lo que me gustaría más es (*inf*)

'Liebste M/F ⟨~n; ~n; → A⟩ querido *m*, -a *f*

'Liebste(s) N ⟨~n; → A⟩ lo más querido; **das ~ wäre mir, zu** (*inf*) preferiría (*inf*)

'Liebstöckel M, N ⟨~s; ~⟩ BOT levístico *m*, apio *m* de monte

'Liechtenstein N ⟨~s⟩ GEOG Liechtenstein

Lied N ⟨~(e)s; ~er⟩ canción *f ernstes*: canto *m*; (*Kunstlied*) lied *m*; (*Kirchenlied*) cántico *m*; (*Epos*) cantar *m*; *umg fig* **es ist immer dasselbe** *od* **das alte ~** es la eterna canción; es el cantar (*od* la cantilena) de siempre; es siempre la misma canción; **davon kann ich ein ~ singen** lo sé de sobra (*od* por experiencia), *umg* de eso sé yo un rato (largo)

'Liederabend M recital *m* (de canto); **Liederbuch** N cancionero *m*; **Liederdichter** M, **Liederdichterin** F poeta *m/f* lírico, -a; cancionista *m/f*

'Liederjan M ⟨~s; ~e⟩ *umg* persona *m* zarrapastrosa (*od* dejada *od* abandonada)

'Liederkranz M (*Gesangverein*) (sociedad *f*) coral *f*; orfeón *m*

'liederlich ADJ 1 (*nachlässig*) descuidado, negligente; (*unordentlich*) desordenado; *Kleidung* desaliñado, zarrapastroso, dejado; **~e Arbeit** trabajo *m* descuidado (*od* chapucero), *umg* chapuza *f*; **~ aussehen** vestir con desaliño, *umg* andar hecho un adán 2 (*ausschweifend*) licencioso, libertino; crapuloso, disoluto; **ein ~er Kerl** un mal sujeto

'Liederlichkeit F ⟨~⟩ 1 (*Nachlässigkeit*) descuido *m*, negligencia *f*; (*Unordentlichkeit*) desorden *m*; *von Kleidung*: desaliño *m*; *fig* dejadez *f*, abandono *m* 2 (*Sittenlosigkeit*) libertinaje *m*

'Liedermacher M ⟨~s; ~⟩, **Liedermacherin** F ⟨~; ~nen⟩ cantautor *m*, -a *f*; compositor *m* -a *f* (de canciones); **Liedersänger** M, **Liedersängerin** F liederista *m/f*; **Liedertafel** F → Liederkranz

'Liedgut N ⟨~(e)s⟩ legado *m* de canciones (*de un grupo, pueblo, etnia, etc*)

lief → laufen

'Lieferangebot N HANDEL oferta *f* de suministro

Liefe'rant M ⟨~en; ~en⟩ proveedor *m*; suministrador *m*; abastecedor *m*

'Lieferantendatei F fichero *m* de suministradores; **Lieferanteneingang** M entrada *f* de servicio; **Lieferantenkartei** F → Lieferantendatei; **Lieferantenkredit** M crédito *m* comercial, crédito *m* de proveedores, crédito *m* de suministrador

Liefe'rantin F ⟨~; ~nen⟩ proveedora *f*, abastecedora *f*, suministradora *f*

'Lieferauftrag M orden *f* de entrega; **Lieferauto** N → Lieferwagen

'lieferbar ADJ disponible; **sofort ~** susceptible de entrega inmediata; → *a* lieferfertig

'Lieferbedingungen FPL condiciones *fpl* de entrega; **lieferfertig** ADJ HANDEL listo para la entrega; **Lieferfirma** F casa *f* proveedora

'Lieferfrist F plazo *m* de entrega; **kurze/lange ~** corto/largo plazo *m* de entrega; **die ~ einhalten/überschreiten** observar/no observar el plazo de entrega; **die ~ beträgt 3 Monate** el plazo de suministro es de tres meses

'Liefergarantie F garantía *f* de entrega; **Lieferland** N país *m* suministrador; **Liefermenge** F cantidad *f* a entregar *od* suministrar

'liefern V/T & V/I 1 (*aushändigen*) entregar, hacer entrega de; (*besorgen*) suministrar (*a. fig Beweis etc*); proveer; *fig* (*verschaffen*) proporcionar, facilitar; (*erzeugen*) producir; **auf Bestellung ~** enviar sobre pedido; **ins Haus ~** entregar a domicilio 2 *Schlacht* librar; **j-m eine Schlacht ~** librar batalla a alg 3 *umg* **er ist geliefert** está perdido (*od umg* apañado); *umg* **das Auto ist geliefert** (*kaputt*) el coche está roto

'Lieferort M lugar *m* de entrega; **Lieferpreis** M precio *m* convenido (*od* de entrega); **Lieferschein** M HANDEL albarán *m* (*od* resguardo *m* *od* nota *f*) de entrega; **Lieferschwierigkeit** F dificultad *f* (*od* problema *m*) de suministro (*od* de entrega); **Lieferstopp** M suspensión *f* de suministro (*od* de entrega); **Liefertermin** M fecha *f* de entrega

'Lieferung F ⟨~; ~en⟩ 1 entrega *f*; (*Sendung*) envío *m*; **sofortige ~** entrega *f* inmediata, suministro *m* inmediato; **~ auf Abruf** entrega *f* a demanda; **~ frei Haus** entrega *f* (franco) a domicilio; **~ wie gewünscht** entrega según demanda; **die ~ vornehmen** efectuar la entrega; **bei ~** a la entrega; **zahlbar bei ~** pagadero a la entrega 2 *e-s Buchs*: fascículo *m*; **in ~en erscheinen** publicarse por entregas (*od* en fascículos)

'Lieferungsangebot N → Lieferangebot; **Lieferungsbedingungen** FPL → Lieferbedingungen

'Lieferverpflichtung F obligación *f* de suministro (*od* de entrega); **Liefervertrag** M contrato *m* de entrega (*bzw* de suministro); **Lieferverzögerung** F, **Lieferverzug** M demora *f* en la entrega (*od* en el suministro); **Lieferwagen** M camioneta *f* (de reparto); furgoneta *f* (de reparto); **Lieferzeit** F plazo *m* de entrega

'Liege F ⟨~; ~n⟩ cama *f* plegable; *Gartenmöbel*: tumbona *f*; *Arg* reposera *f*; **Liegegebühren** FPL, **Liegegeld** N SCHIFF derechos *mpl* de estadía; **Liegekur** F MED cura *f* de reposo

'liegen V/I ⟨*irr; südd, österr, schweiz a.* sn⟩ 1 (*Ggs v. stehen*) estar echado (*od* tumbado *od* acostado *od* tendido); **~ bleiben** quedarse acostado (*od* echado); *im Bett a.*: quedarse en la cama; *nach e-m Fall*: quedar tendido en el suelo; **liegst du gut?** ¿estás cómodo?; *Grabschrift*: **hier liegt …** aquí yace …; **etw liegen lassen** dejar a/c; *fig* (*vergessen*) *a.* olvidar a/c; *Arbeit* dejar a/c sin hacer; **lass das ~!** ¡déjalo!; ¡no lo toques! 2 (*sich befinden*) estar, hallarse, encontrarse; *Sa-*

che a. estar colocado (*od* puesto); **hier/da liegt das Buch** aquí/ahí está el libro; **dicht neben** *od* **an etw ~** estar contiguo a a/c; SCHIFF **im Hafen ~** estar fondeado en el puerto; **es ~ viele Bücher auf dem Tisch** hay muchos libros en(cima) (*od* sobre) la mesa **3** (*gelegen sein*) ubicarse, situarse; *Ort a.* estar situado; *Gebäude a.* estar emplazado, *bes Am* estar ubicado; **Paris liegt an der Seine** París está a orillas del Sena; **nach Süden ~** estar orientado al sur; **das Dorf liegt 3 km von …** el pueblo está a tres kilómetros de …; **das Zimmer liegt zur Straße/zum Hof (hin)** la habitación da a la calle/al patio **4** (*vorhanden sein*) **es liegt (viel) Schnee** hay (mucha) nieve; **der Boden liegt voller Papier** el suelo está cubierto de papeles; **~ bleiben** *Schnee* cuajar **5** *fig* **das lag nicht in meiner Absicht** no era mi intención; **wie die Dinge (nun einmal) ~** en estas condiciones (*od* circunstancias); tal como están (*od* se presentan) las cosas; **die Entscheidung liegt bei ihm** él debe tomar la decisión; depende de él **6** AUTO **gut auf der Straße ~** agarrarse bien al terreno; **~ bleiben** quedar averiado; **unterwegs ~ bleiben** quedar (detenido) en el camino; *Auto* tener una avería **7** **die Betonung liegt auf der letzten Silbe** el acento carga sobre la última sílaba **8** (*wichtig sein*) **mir liegt daran, dass …** *od* **zu** (*inf*) **…** me importa … (*inf*) *od* que … (*subj*); **es ist ihr viel daran gelegen** (*inf*) le importa mucho que (*subj*), tiene mucho interés en que (*subj*); **daran ist mir nichts gelegen** no concedo importancia a eso; no me importa (*od* interesa) nada; **was liegt daran?** ¿qué importa? **9** (*zurückzuführen sein*) **an j-m/etw ~** ser debido a alg/a/c; **es liegt an ihm** depende de él; en su mano está; *Schuld*: él tiene la culpa; **woran liegt das?** ¿cuál es la causa?, ¿a qué obedece (*od* se debe)?; **an wem liegt das?** ¿quién tiene (*od* de quién es) la culpa?; **daran soll es nicht ~!** ¡por eso, que no sea!; **an mir soll es nicht ~** por mí no ha de quedar; **der Unterschied liegt darin, dass** la diferencia consiste (*od* reside *od* estriba) en que **10** (*entsprechen*) **er liegt mir** me cae bien; **sie liegt mir nicht** no me cae bien, no me va; **das liegt mir** se me da bien, es lo mío; **das liegt mir nicht** no es de mi gusto; *umg* no me va **11** MIL estar estacionado (**in** *dat* en)

'Liegen N ⟨~s⟩ MED decúbito *m*; **im ~** en decúbito

'liegenbleiben V/I ⟨irr; sn⟩ *fig* **~** *Arbeit* quedar sin acabar; *Unerledigtes* quedar pendiente; (*nicht verkauft werden*) no venderse; (*nicht abgeholt werden*) quedar(se) sin recoger; (*vergessen werden*) ser olvidado → liegen 1, 4, 6

'liegend ADJ situado, *bes Am* ubicado; puesto, colocado; acostado; tendido, echado, postrado; MED en decúbito; (*waagerecht*) horizontal; *Statue* yacente

'Liegende(s) N ⟨~n; → A⟩ BERGB yacente *m*

'liegenlassen V/T *fig* (*vergessen*) *a.* olvidar a/c; *Arbeit* dejar a/c sin hacer → liegen 1, links 3

'Liegenschaften FPL bienes *mpl* raíces; (bienes *mpl*) inmuebles *mpl*

'Liegeplatz M **1** SCHIFF fondeadero *m*; *am Kai*: atracadero *m* **2** BAHN *im Liegewagen*: litera *f*; **Liegesitz** M **1** AUTO asiento *m* reclinable (*bzw* abatible) **2** FLUG sillón *m* cama; **Liegestuhl** M gandula *f*; tumbona *f*; **Liegestütz** M ⟨~es; ~en⟩ SPORT flexión *f*; **~en machen** hacer flexiones; **Liegetage** MPL *bes* SCHIFF plazo *m* de estadía; **Liegeterrasse** F solarium *m*, solario *m*; **Liegewagen** M BAHN vagón *m* de literas; **Liegewagenplatz** M BAHN litera *f*; **Liegezeit** F SCHIFF estadía *f*

lieh → leihen

lies, liest → lesen[1], lesen[2]

ließ → lassen

'Lifestyle ['laɪfstaɪl] M ⟨~s⟩ estilo *m* de vida moderno (*od* actual); **Lifestylemagazin** N revista *f* de estilo

Lift[1] M ⟨~(e)s; ~e *od* ~s⟩ **1** (*Fahrstuhl*) ascensor *m* **2** (*Sessellift*) telesilla *m*; (*Schlepplift*) telearrastre *m*

Lift[2] M, N ⟨~s; ~s⟩ MED → Lifting

'Liftboy [-bɔy] M ⟨~s; ~s⟩ ascensorista *m*

'liften V/T MED hacer un lifting de; **sich ~ lassen** hacerse un lifting; **Lifting** N ⟨~s; ~s⟩ lifting *m*

'Liga F ⟨~; Ligen⟩ liga *f* (*a.* SPORT); **die Internationale ~ für Menschenrechte** la Liga Internacional de los Derechos del Hombre; **Ligaspiel** N SPORT partido *m* de liga

Liga'tur F ⟨~; ~en⟩ MED, MUS, LING ligadura *f*

light [laɪt] ADJ ⟨nachgestellt⟩ light, ligero; *Lebensmittel a.* bajo en calorías; **'Lightprodukt** N *Lebensmittel*: producto *m* light (*od* bajo en calorías)

'Lightshow ['laɪtʃoː] F show *m* (*od* espectáculo *m*) de luces

Li'gnin N ⟨~s⟩ CHEM lignina *f*

Li'gnit M ⟨~s; ~e⟩ MINER lignito *m*

Li'gurien N ⟨~s⟩ Liguria *f*; **ligurisch** ADJ ligur

Li'guster M ⟨~s; ~⟩ BOT aligustre *m*, alheña *f*

li'ieren [li'iːrən] V/R ⟨ohne ge-⟩ **sich ~** asociarse (**mit** con *od* a); aliarse con; *umg Liebespaar* liarse; **li'iert** ADJ **er ist mit ihr ~** está liado con ella; *umg* han ligado

Li'kör M ⟨~s; ~e⟩ licor *m*; **Likörflasche** F botella *f* de licor; **Likörglas** N copita *f* para licor

'lila ADJ ⟨inv⟩ lila; (*dunkellila*) violeta; (*helllila*) malva

'Lila N ⟨~s; ~⟩ (color *m*) lila *m*; (*Dunkellila*) (color *m*) violeta *m*; (*Helllila*) (color *m*) malva *m*

'Lilie ['liːliə] F ⟨~; ~n⟩ **1** BOT azucena *f*, lirio *m* blanco **2** *Wappen*: flor *f* de lis

'Liliengewächse NPL BOT liliáceas *fpl*; **lilienweiß** ADJ blanco como un lirio (*od* una azucena)

Lilipu'taner M ⟨~s; ~⟩, **Liliputanerin** F ⟨~; ~nen⟩ liliputiense *m/f*

'Lima N ⟨~s⟩ Lima *f*

Li'mette F ⟨~; ~n⟩ *Frucht*: lima *f*; (*grüne Zitrone*) *a.* limón *m* verde; **süße ~** lima *f* dulce

'Limit N ⟨~s; ~s⟩ límite *m*; **Limitauftrag** M HANDEL orden *f* limitada

limi'tieren V/T ⟨ohne ge-⟩ limitar

'Limo F ⟨~; ~s⟩ *umg* → Limonade

Limo'nade F ⟨~; ~n⟩ gaseosa *f*; (*Zitronenwasser*) limonada *f*

Li'mone F ⟨~; ~n⟩ BOT → Limette; **Limonenbaum** M limero *f*; *Am* limonero *m*

Limou'sine [-mu-] F ⟨~; ~n⟩ AUTO berlina *f*; limusina *f*

lind ADJ *geh* suave; **ein ~es Lüftchen** una suave brisa

'Linde F ⟨~; ~n⟩ M BOT tilo *m*

'Lindenbaum M tilo *m*; **Lindenblüte** F flor *f* del tilo, tila *f*; **Lindenblütentee** M (infusión *f* de) tila *f*

'lindern V/T (*mildern*) suavizar, mitigar; moderar; (*erleichtern*) aliviar; *Schmerz* calmar, paliar; **lindernd** ADJ calmante; paliativo; lenitivo; **Linderung** F ⟨~; ~en⟩ suavización *f*; alivio *m*; mitigación *f*; **Linderungsmittel** N MED calmante *m*, sedante *m*; paliativo *m*; lenitivo *m*

'Lindwurm M ⟨~(e)s; ¨er⟩ dragón *m*

Line'al [line'aːl] N ⟨~s; ~e⟩ regla *f*

line'ar [line'aːr] ADJ lineal; **Linearzeichnung** F dibujo *m* lineal (*od* técnico)

lingu'al ADJ MED *etc* lingual

Lingu'ist [lɪŋgu-] M ⟨~en; ~en⟩ lingüista *m*; **Linguistik** F ⟨~⟩ lingüística *f*; **Linguistin** F ⟨~; ~nen⟩ lingüista *f*; **linguistisch** ADJ lingüístico

'Linie ['liːniə] F ⟨~; ~n⟩ **1** línea *f* (*a.* SCHIFF, FLUG, MIL *u. fig*); GEOG *a.* ecuador *m*; (*Strich*) raya *f*; TYPO filete *m*; **eine mittlere ~ halten** mantenerse en el justo medio; MIL **die vordere ~** la primera línea; SCHIFF **die ~ passieren** pasar la línea (ecuatorial); **eine ~ ziehen** trazar una línea; *fig* **auf der ganzen ~** en toda la línea; **auf gleicher ~ mit** al mismo nivel de; *fig* **in erster ~** en primer lugar, ante todo, primeramente; *fig* **in zweiter Linie** en segundo lugar; **in gerader ~** en línea recta; **(sich) in einer ~ aufstellen** alinear(se) **2** (*Familienzweig*) *e-s Geschlechtes a.*: rama *f*; **absteigende/aufsteigende ~** línea descendente/ascendente; **in gerader ~ verwandt** parientes por línea directa **3** *umg* (*Figur*) **die (schlanke) ~ bewahren/verlieren** conservar/perder la línea; **auf die (schlanke) ~ achten** cuidar la línea

'Linienblatt N falsilla *f*, pauta *f*; **Linienflug** M FLUG vuelo *m* regular (*od* de línea); **Linienflugzeug** N avión *m* de línea; **Linienführung** F trazado *m* (de la línea); **Linienpapier** N papel *m* rayado; **Linienrichter** M SPORT juez *m* de línea; *Fußball* → Schiedsrichterassistent; **Linienschiff** N SCHIFF buque *m* de línea; **Linienschifffahrt** F SCHIFF servicio (marítimo) *m* regular; **Liniensystem** N MUS pauta *f*, pentagrama *m*

'linientreu ADJ POL fiel a la línea (del partido); ortodoxo

li'ni(i)eren [lin(i)'iː-] V/T ⟨ohne ge-⟩ *Papier* rayar, reglar; pautar; **Lini(i)erung** F ⟨~; ~en⟩ rayado *m*

link ADJ *umg pej* falso, engañoso, sucio, desleal, vil; **ein ~er Typ** (*od* **Vogel**) un tipo sospechoso (*od* dudoso)

Link M ⟨~s; ~s⟩ IT enlace *m*; vínculo *m*; link *m*

'linke(r, -s) ADJ izquierdo; POL *a.* izquierdista, de izquierdas; **die ~ Hand** la (mano) izquierda (*od* zurda); **~r Hand** a la izquierda; **die ~ Seite** el lado izquierdo, la izquierda; *e-s Stoffes*: revés *m*; **auf der ~n Seite** a la izquierda, al lado izquierdo; **er ist mit dem ~n Fuß zuerst aufgestanden** se ha levantado con el pie izquierdo; *umg* **zwei ~ Hände haben** ser un manazas

'Linke[1] F ⟨~n; ~n; → A⟩ (*linke Seite, Hand*) izquierda *f* (*a. Boxen*, POL); **zur ~n** a la izquierda, a mano izquierda; **zu meiner ~n** a mi izquierda

'Linke[2] M/F ⟨~n; ~n; → A⟩ POL persona *f* de izquierdas, izquierdista *m/f*

'linken V/T & V/I **1** *umg* (*betrügen*) **j-n ~** engañar a alg **2** IT → verlinken

'Linker M → Linke[2]

'linkisch ADJ torpe, desmañado

links ADV **1** *räumlich*: a (*od* por) la izquierda; a mano izquierda; **~ von** a la izquierda de; **von ~ nach rechts** de izquierda a derecha; **~ abbiegen** torcer (*od* girar) a la izquierda; **~ fahren** tomar la izquierda; ir (*od* circular) por la izquierda; **sich ~ halten** llevar la izquierda; **~ überholen** pasar (*od* adelantar) por la izquierda; **~ schreiben** escribir con la mano izquierda **2** POL **~ stehen** ser de izquierdas **3** *fig* **weder ~ noch rechts sehen** andar su camino derecho (*a. fig*); *fig* **j-n ~ liegen lassen** no hacer caso a alg; *umg* **das mache ich mit ~** eso es coser y cantar **4** (*verkehrt*) al revés, *Stoff*: por el revés

'Linksabbieger M *Verkehr*: vehículo *m* que gira (*od* tuerce) a la izquierda; **Linksabbiegerspur** F *Verkehr*: carril *m* para girar (*od* do-

L

blar *od* torcer) a la izquierda
'linksalternativ ADJ POL de izquierda alternativa
Links'außen M ⟨~; ~⟩ SPORT extremo *m* izquierda
'linksbündig ADJ TYPO justificado a la izquierda
'Linksbündnis N POL alianza *f* (*od* pacto *m*) de izquierdas; **Linksdrall** M torsión *f* a la izquierda; POL tendencia *f* izquierdista
'linksdrehend ADJ *fachspr* levógiro; **Linksdrehung** F rotación *f* a la izquierda
'linksextrem ADJ POL de extrema izquierda; **Linksextremismus** M POL extremismo *m* de izquierda(s); **Linksextremist** M, **Linksextremistin** F POL extremista *m/f* de izquierda(s); ultraizquierdista *m*; **linksextremistisch** ADJ POL de extrema izquierda
'linksgerichtet ADJ POL izquierdista, de izquierda(s); **Linksgewinde** N TECH filete *m* (con paso) a la izquierda
'Linkshänder M ⟨~s; ~⟩, **Linkshänderin** F ⟨~; ~nen⟩ zurdo *m*, -a *f*; **linkshändig** ADJ zurdo; **Linkshändigkeit** F ⟨~⟩ zurdería *f*
'linksherum ADV a la izquierda
'Linkskoalition F POL coalición *f* de izquierda; **Linkskurve** F curva *f* a la izquierda; **Linkspartei** F POL partido *m* de izquierdas
'linksradikal ADJ POL de la extrema izquierda; **Linksradikale** M/F POL radical *m/f* de izquierda; **Linksradikalismus** M POL radicalismo *m* (*od* extremismo *m*) de izquierdas
'Linksruck M, **Linksrutsch** M POL giro *m* (*od* desplazamiento *m*) hacia la izquierda
'Linkssozialist M, **Linkssozialistin** F POL socialista *m/f* de izquierda; **linkssozialistisch** ADJ POL de izquierda socialista
'Linkssteuerung F AUTO conducción *f* a la izquierda; **Linksterrorismus** M terrorismo *m* de izquierdas
links'um INT MIL ¡vuelta a la izquierda!
'Linksverkehr M circulación *f* por la izquierda
'Linnen N *lit* → Leinen
Li'noleum [li'noːleʊm] N ⟨~s⟩ linóleo *m*; **Linolschnitt** M grabado *m* en linóleo, linograbado *m*
'Linotype® ['laɪnotaɪp] F ⟨~; ~s⟩ TYPO linotipia *f*
'Linse F ⟨~; ~n⟩ **1** BOT lenteja *f* **2** OPT lentilla *f* **3** ANAT *im Auge*: cristalino *m*
'linsen VI *umg* mirar, *sl* diquelar; **aus dem Fenster ~** mirar por la ventana
'Linseneintopf M potaje *m* de lentejas; **linsenförmig** ADJ lenticular; **Linsengericht** N *bes Bibel*: plato *m* de lentejas; **etw für ein ~ hergeben** vender a/c por un plato de lentejas; **Linsensuppe** F sopa *f* de lentejas
Li'pom N ⟨~(e)s; ~e⟩ MED lipoma *m*
'Lippe F ⟨~; ~n⟩ ANAT labio *m*; BOT labelo *m*; *umg fig* **eine (dicke) ~ riskieren** *umg* soltar una fresca; **an j-s ~n** (*dat*) **hängen** escuchar con suma atención (*od* atentamente) a alg; **sich** (*dat*) **auf die ~n beißen** morderse los labios; **sie brachte kein Wort über die ~n** no pudo pronunciar palabra; **kein Wort kam über seine ~n** no despegó los labios
'Lippenbekenntnis N declaración *f* de palabra (*pero no de hecho*); *umg* afirmación *de* puertas para afuera; **Lippenblütler** MPL BOT labiadas *fpl*; **lippenförmig** ADJ BOT labiado; **Lippenlaut** M PHON labial *f*; **Lippenstift** M lápiz *m* de labios (*od* labial), barr(it)a *f* de carmín
li'quid(e) ADJ líquido; *Person* solvente; **~es Barvermögen** disponibilidades *fpl* líquidas
Liquidati'on F ⟨~; ~en⟩ **1** WIRTSCH liquidación *f* **2** (*Honorar*) *e-s Arztes*: (nota *f* de) honorarios *mpl*; *e-s Anwalts*: minuta *f*; **Liquidationsquote** F cuota *f* de liquidación
Liqui'dator M ⟨~s; ~en⟩, **Liquida'torin** F ⟨~; ~nen⟩ WIRTSCH liquidador *m*, -a *f*; **liqui'dieren** VT ⟨*ohne* ge-⟩ liquidar (*a. fig töten*); **Liqui'dierung** F ⟨~; ~en⟩ liquidación *f* (*a. fig*); **Liquidi'tät** F ⟨~⟩ WIRTSCH liquidez *f*
Liquidi'tätsbedarf M necesidades *fpl* de liquidez; **einen vorübergehenden ~ decken** satisfacer *od* cubrir necesidades transitorias de liquidez; **Liquiditätsgrad** M índice *m* de liquidez; **Liquiditätskredit** M crédito *m* de liquidez; **Liquiditätskrise** F crisis *f* de liquidez; **Liquiditätsmangel** M falta *f* de recursos; **Liquiditätsproblem** N problema *m* de liquidez; **Liquiditätsreserven** FPL reservas *fpl* líquidas; **Liquiditätsüberschuss** M exceso *m* de liquidez
'Lira F ⟨~; Lire⟩ *Währung*: lira *f*
'lispeln VI **1** cecear **2** (*flüstern*) murmurar, susurrar
'Lispeln N ⟨~s⟩ **1** *Sprachfehler*: ceceo *m* **2** (*Flüstern*) susurro *m*
'Lissabon N ⟨~s⟩ Lisboa *f*
List F ⟨~; ~en⟩ astucia *f*; (*Kunstgriff*) estratagema *f*; treta *f*; (arti)maña *f*; **eine ~ anwenden** usar de la astucia; recurrir a artificios
'Liste F ⟨~; ~n⟩ lista *f*; (*Aufstellung*) relación *f*, cuadro *m*, *detaillierte*: especificación *f*; *amtliche*: registro *m*; (*Namensliste*) nómina *f*; (*Einwohnerliste*) padrón *m*; (*Wählerliste*) censo *m*; HANDEL (*Katalog*) catálogo *m*; **eine ~ aufstellen/führen/anführen** hacer/llevar/encabezar una lista; **auf eine ~ setzen** poner (*od* incluir) en una lista; **auf die schwarze ~ setzen** poner en la lista negra; **auf der ~ stehen** figurar (*od* estar) en la lista; *a. fig* **oben auf der ~ stehen** encabezar la lista; **von der ~ streichen** tachar de la lista
'Listenanführer M cabeza *m* de lista; **Listenaufstellung** F confección *f* de una lista; **Listenführer** M encargado *m* de (llevar) la lista; anotador *m*; **listenmäßig** ADV **~ erfassen** hacer una lista de; **Listenpreis** M HANDEL precio *m* de lista (*od* de catálogo)
'listenreich ADJ lleno de artimañas; muy astuto
'Listenverbindung F POL lista *f* de coalición; **Listenvorschlag** M propuesta *f* (*od* proposición *f*) de una lista; **Listenwahl** F POL escrutinio *m* por listas
'listig ADJ astuto; artero; ladino; sagaz; *sl* zorro; **listiger'weise** ADV astutamente, con astucia
Lit. ABK (Literatur) literatura *f*
Lita'nei F ⟨~; ~en⟩ REL letanía *f*; *fig a.* retahíla *f*, sarta *f*
'Litauen N ⟨~s⟩ Lituania *f*; **Litauer** M ⟨~s; ~⟩, **Litauerin** F, ⟨~; ~nen⟩ lituano *m*, -a *f*; **litauisch** ADJ lituano
'Liter N&M ⟨~s; ~⟩ litro *m*; **ein ~ Wein** un litro de vino
lite'rarisch **A** ADJ literario **B** ADV **~ gebildet** versado en la literatura
Lite'rat M ⟨~en; ~en⟩, **Literatin** F ⟨~; ~nen⟩ literato *m*, -a *f*; hombre *m*, mujer *f* de letras
Litera'tur F ⟨~; ~en⟩ literatura *f*; **schöne ~** bellas letras *fpl*; **Literaturangaben** FPL bibliografía *f*, notas *fpl* bibliográficas; **Literaturbeilage** F *e-r Zeitung*: suplemento *m* literario; **Literaturgeschichte** F historia *f* de la literatura; **Literaturhistoriker** M, **Literaturhistorikerin** F historiador *m*, -a *f* de la literatura; **Literaturkritik** F crítica *f* literaria; **Literaturkritiker** M, **Literaturkritikerin** F crítico *m*, -a *f* literario, -a; **Literaturnachweis** M bibliografía; **Literaturnobelpreis** M premio *m* Nobel de literatura; **Literaturpapst** M *iron* pontífice *m* de la literatura; **Literaturpreis** M premio *m* literario; **Literaturverfilmung** F filmación *f* de una novela; película *f* basada en una novela; **Literaturverlag** M editorial *m* literaria (*od* de literatura); **Literaturverzeichnis** N bibliografía *f*
Litera'turwissenschaft F ciencia *f* literaria; (estudio *m* de la) literatura *f*; **Literaturwissenschaftler** M, **Literaturwissenschaftlerin** F especialista *m/f* en literatura; **literaturwissenschaftlich** ADJ relativo a la ciencia literaria (*od* al estudio de la literatura)
Litera'turzeitschrift F revista *f* literaria
'Literflasche F botella *f* de un litro; **literweise** ADV por litros
'Litfaßsäule F columna *f* anunciadora (*od* de anuncios)
'Lithium N ⟨~s⟩ CHEM litio *m*
Litho'graf M, **Litho'graph** M ⟨~en; ~en⟩ TYPO, *Kunst*: litógrafo *m*; **Lithogra'fie** F, **Lithogra'phie** F ⟨~; ~n⟩ litografía *f*; **lithogra'fieren** VT, **lithogra'phieren** VT ⟨*ohne* ge-⟩ litografiar; **Litho'grafin** F, **Litho'graphin** F ⟨~; ~nen⟩ litógrafa *f*; **litho'grafisch** ADJ, **litho'graphisch** ADJ litográfico
Litschi F ⟨~; ~s⟩ BOT lichi *m*
litt → leiden
Litur'gie F REL liturgia *f*
li'turgisch ADJ REL litúrgico
'Litze F ⟨~; ~n⟩ (*Schnur*) cordón *m* (*a.* MIL *u.* ELEK); (*Tresse*) galón *m*; trencilla *f*; (*Borte*) pasamano *m*; (*Paspel*) presilla *f*
live [laɪf] ADJ & ADV TV, RADIO live, en directo; **~ senden** *od* **übertragen** retransmitir en directo
'Livekonzert ['laɪf-] N concierto *m* en vivo (*od* en directo); **Livemusik** F música *f* en vivo (*od* en directo); **Liveschaltung** F TV, RADIO conexión *f* en directo; **Livesendung** F TV, RADIO emisión *f* en directo; **Liveshow** ['laɪfʃoː] F show *m* (*od* espectáculo *m*) en vivo (*od* en directo); **Liveübertragung** F TV, RADIO (re)transmisión *f* en directo
'Livland [liːf-] N ⟨~s⟩ Livonia *f*; **Livländer** M ⟨~s; ~⟩, **Livländerin** F ⟨~; ~nen⟩ livonio *m*, -a *f*; **livländisch** ADJ livonio
Liv'ree [li'vreː] F ⟨~; ~n⟩ librea *f*
Li'zenz F ⟨~; ~en⟩ licencia (*a.* JUR); (*Betriebsgenehmigung*) licencia *f* de explotación; (*Patent*) concesión *f*; (*Erlaubnis*) permiso *m*; **eine ~ (für etw) erteilen/erhalten** conceder *od* otorgar/obtener una licencia (para a/c); **in ~** bajo licencia *f*; **in ~ produzieren** fabricar bajo licencia
Li'zenzabteilung F departamento *m* de licencias; **Lizenzentzug** M retirada *f* de (la) licencia; **Lizenzerteilung** F concesión *f* de licencias; **Lizenzgeber** M, **Lizenzgeberin** F concesionista *m/f*; otorgante *m/f* (de licencia); **Lizenzgebühr(en)** F(PL) tasa *f* (*od* derechos) de licencia; WIRTSCH regalía(s) *f(pl)*
Lizenzi'at [-tsi'aːt] M ⟨~en; ~en⟩, **Lizenziatin** F ⟨~; ~nen⟩ *bes schweiz* licenciado *m*, -a *f*
lizen'zieren VI conceder (*od* otorgar) licencia (*od* permiso); **Lizenzierung** F ⟨~; ~en⟩ concesión *f* (*od* otorgamiento) *m* de licencia (*od* permiso)
Li'zenzinhaber M, **Lizenzinhaberin** F, **Lizenznehmer** M, **Lizenznehmerin** F concesionario *m*, -a *f*; **Lizenzpro-**

dukt N producto m en licencia; **Lizenzspieler** M, **Lizenzspielerin** F SPORT jugador m, -a f profesional (con licencia); **Lizenzübertragung** F cesión f (od transmisión f) de licencia; **Lizenzvergabe** F concesión f (od otorgamiento m) de licencia; **Lizenzvertrag** M contrato m de concesión de licencia

Lkw, LKW M ABK (Lastkraftwagen) camión m

'Lkw-Fahrer M, **Lkw-Fahrerin** F camionero m, -a f; **Lkw-Maut** F peaje m para camiones; **Lkw-Verkehr** M tráfico m de camiones

Lob N ⟨~(e)s⟩ alabanza f, elogio m; *lit* encomio m; *(Beifall)* aplauso m; **~ verdienen** merecer elogios, ser digno de alabanza (od elogio); **des ~es voll sein** prodigar alabanzas; **j-m ~ spenden** elogiar a alg; **j-s ~ singen** hacer grandes elogios de alg; **für etw ~ ernten** cosechar alabanzas por a/c; **mit ~ überschütten** colmar de elogios (od alabanzas); **über alles ~ erhaben sein** ser superior a toda ponderación (od todo elogio); **zu j-s ~** en elogio de alg; **zum ~e Gottes** en loor (od alabanza) de Dios

'Lobby F ⟨~; ~s⟩ **1** POL grupo m de presión, lobby **2** *e-s Hotels*: vestíbulo m; **Lobbyist** M ⟨~en; ~en⟩, **Lobbyistin** F ⟨~; ~nen⟩ miembro m de un grupo de presión

'loben V/T alabar, elogiar; *(rühmen)* encomiar; **j-n für** od **wegen etw ~** alabar a alg por a/c; *umg* **da lobe ich mir ...** yo prefiero ...; **Gott sei gelobt!** ¡alabado (od loado) sea Dios!; *sprichw* **man soll den Tag nicht vor dem Abend ~** antes que acabes, no te alabes

'lobend ADJ elogioso; laudatorio; **mit ~en Worten** en términos elogiosos, con elogios; con palabras de alabanza

'lobenswert, lobenswürdig ADJ digno de alabanza (od de elogio); loable; elogiable; encomiable; laudable

'Lobeserhebung F *geh* alabanza f, elogio m; *(Rede)* panegírico m; **sich in ~en ergehen über** *(acus)* poner por las nubes

'Lobgesang M REL himno m; cántico m

Lobhude'lei F *pej* adulación f (**auf** *acus* a); lisonja f, *fig* incienso m

'lobhudeln V/T *pej* adular, halagar, lisonjear

'löblich ADJ *geh* → lobenswert; **Löblichkeit** F ⟨~⟩ mérito m

'Loblied N REL himno m; cántico m (de alabanza); *fig* **ein ~ auf j-n/etw singen** alabar (mucho) a alg/a/c; hacer grandes elogios de alg/a/c; **lobpreisen** V/T *bes* REL exaltar; glorificar; **Lobpreisung** F ⟨~; ~en⟩ exaltación f; glorificación f; **Lobrede** F elogio m, panegírico m; **Lobredner** M, **Lobrednerin** F panegirista m/f

Loch N ⟨~(e)s; ¨er⟩ **1** agujero m; *(Öffnung)* abertura f; orificio m; *(Höhlung)* hueco m; cavidad f; *beim Golf*: hoyo m; *beim Billard*: bolsa f; *(Schlagloch, Luftloch)* bache m; *im Käse*: ojo m, agujero m; *im Strumpf*: *umg* tomate m; *sl* **wie ein ~ saufen** *umg* beber como un cosaco; **ein ~ stopfen** tapar un agujero; *umg* **aus (** od**) auf dem letzten ~ pfeifen** estar en las últimas; **ein ~ in die Wand bohren** hacer un agujero en la pared; **(sich** *dat***) ein ~ in die Hose reißen** desgarrarse (od romperse) el pantalón; hacerse un agujero (od roto) en el pantalón; *fig* **ein ~ in den Geldbeutel reißen** costar un ojo de la cara; *umg* **j-m ein ~ in den Bauch fragen** atosigar a alg a preguntas **2** *umg fig (Behausung)* cuchitril m, tugurio m, chiribitil m **3** *umg (Gefängnis)* cárcel f, *umg* chirona f; *sl* trena f

'Locheisen N TECH punzón m; sacabocados m

'lochen V/T agujerear; horadar; taladrar, perforar; TECH punzonar; *Fahrkarten* picar

'Locher M ⟨~s; ~⟩ TECH punzonador m; perforador m; *im Büro*: taladrador m, taladradora f

'löcherig ADJ → löchrig

'löchern V/T *umg* **(mit Fragen) j-n ~** atosigar a alg (con preguntas)

'Lochkarte F IT *hist* tarjeta f (od ficha f) perforada; **Lochkartenmaschine** F IT *hist* máquina f de tarjetas (od fichas perforadas)

'Lochmaske F IT máscara f de sombras

'löchrig ADJ *(durchlöchert)* agujereado; *(porös)* poroso

'Lochstanze F TECH punzonadora f; perforadora f; **Lochstickerei** F deshilado m; **Lochstreifen** M cinta f perforada; **Lochung** F ⟨~; ~en⟩ perforación f; punzonamiento m; **Lochverstärker** M arandela f; **Lochzange** F perforador m; sacabocados m; **Lochziegel** M BAU ladrillo m perforado

'Locke F ⟨~; ~n⟩ rizo m; sortija f; *(Welle)* bucle m, onda m; *(Ringellocke)* tirabuzón m; **in ~n legen** → locken[1]

'locken[1] **A** V/T *(in Locken legen)* rizar **B** V/R **sich ~** rizarse

'locken[2] V/T *(anlocken)* atraer *(a. fig)*; JAGD cazar con reclamo; *Hund* llamar; *fig* seducir; *(reizen)* tentar; **j-m Geld aus der Tasche ~** *umg* sacar el dinero (od los cuartos) a alg

'Locken N ⟨~s⟩ JAGD reclamo m; *fig* seducción f

'lockend ADJ atractivo; seductor; tentador

'Lockenkopf M cabeza f (od cabellera f) rizada; **Lockenwickel** M, **Lockenwickler** M bigudí m, rulo m

'locker **A** ADJ **1** *Seil, Gewebe, Knoten* flojo; *Schraube, Zahn a.* suelto; *(nicht zusammenhängend)* inconsistente; **~ lassen** *Seil* aflojar; **~ machen** → lockern A; **~ sein** *Zahn etc* moverse; **~ werden** relajarse; *Schraube etc* aflojarse **2** *Person, Stimmung* relajado; **~ bleiben** quedarse tranquilo **3** *Teig etc* esponjoso; AGR *Boden* mullido **4** *fig Moral, Disziplin etc* laxo, relajado; *(Lebenswandel)* licencioso, libertino *(a. Person)*, disoluto; *umg* **~er Vogel** *umg* calavera m; **ein ~es Leben führen** vivir licenciosamente; tener costumbres disolutas **B** ADV **1** *nicht fest*: **~ sitzen** *Schraube* estar flojo **2** *nicht streng*: **etw ~ handhaben** no ser muy estricto con a/c **3** *(leicht) umg* **das schaffe ich ~** *umg* eso lo hago con los ojos cerrados

'Lockerheit F ⟨~⟩ *e-r Schraube etc*: flojedad f; *v. Teig etc*: esponjosidad f; *fig moralische*: laxitud f; *(Entspanntheit)* relajación f

'lockerlassen V/I *fig* **nicht ~** no cejar; no ceder; no dar su brazo a torcer; insistir; **lockermachen** V/T *umg* **Geld ~** *umg* aflojar (od soltar) la mosca

'lockern **A** V/T *Zügel, Seil* aflojar; *Schraube, Knoten a.* soltar; *Boden* mullir; *Muskeln, fig Bestimmungen* relajar **B** V/R **sich ~** *Griff, Seil* aflojarse; *Schraube* soltarse; *Disziplin* relajarse

'Lockerung F ⟨~; ~en⟩ relajamiento m, relajación f *(a. der Sitten)*; aflojamiento m; ablandamiento m; **Lockerungsübung** F ejercicio m de relajación

'lockig ADJ rizado, ensortijado; *(wellig)* ondulado

'Lockjagd F caza f con reclamo; **Lockmittel** N *(Köder)* cebo m; JAGD reclamo m, señuelo m *(beide a. fig)*; *fig* añagaza f, *umg* gancho m; *(Anreiz)* atractivo m, aliciente m; **Lockpfeife** F JAGD reclamo m; **Lockruf** M ZOOL llamada f de reclamo; **Lockspitzel** M POL agente m/f provocador, -a; **Lockung** F ⟨~; ~en⟩ incentivo m; atracción f; *(Verführung)* seducción f; *(Versuchung)* tentación f; **Lockvogel** M señuelo m, reclamo m *(a. fig)*; *umg fig* gancho m

'Loden M ⟨~s; ~⟩ TEX loden m, paño m tirolés; **Lodenmantel** M abrigo m (de) loden

'lodern V/I llamear, echar llamas, arder *(a. fig)*

'Lodern N ⟨~s⟩ llamas *fpl*; *fig* ardor m

'lodernd ADJ llameante

'Löffel M ⟨~s; ~⟩ **1** cuchara f *(a. TECH)*; *größerer*: cucharón m; *kleiner*: cucharita f, cucharilla f; **einen ~ voll (...)** una cucharada f (de ...); **die Weisheit mit ~n gegessen haben** *umg* ser un sabihondo; *sl* **den ~ abgeben** *(sterben) sl* diñarla, estirar la pata **2** JAGD oreja f; *umg* **j-m ein paar hinter die ~ hauen** pegar una bofetada a alg

'Löffelbagger M TECH excavadora f de cuchara; **Löffelbiskuit** N & M GASTR ≈ bizcocho m de soletilla; **Löffelbohrer** M TECH broca f de cuchara; **Löffelente** F ORN pato m cuchara; **Löffelkraut** N BOT coclearia f

'löffeln V/T comer a cucharadas

'Löffelreiher M ORN espátula f, cuchareta f

'löffelweise ADJ a cucharadas

log[1] → lügen

log[2] ABK (Logarithmus) logaritmo m

Log N ⟨~s; ~s⟩ SCHIFF corredera f

Loga'rithmentafel F tabla f de logaritmos; **logarithmisch** ADJ logarítmico; **Logarithmus** N ⟨~; Logarithmen⟩ logaritmo m

'Logbuch N SCHIFF cuaderno m de bitácora

'Loge ['lo:ʒə] F ⟨~; ~n⟩ **1** THEAT palco m **2** *(Freimaurerloge)* logia f

'Logenbruder [-ʒ-] M masón m; **Logenschließer** M, **Logenschließerin** F THEAT acomodador m, -a f

'loggen V/I SCHIFF medir con corredera

'Loggia ['lɔdʒa] F ⟨~; Loggien⟩ logia f

Lo'gierbesuch [lo'ʒi:r-] M huéspedes *mpl* (alojados en casa)

lo'gieren [lo'ʒi:rən] V/I ⟨ohne ge-⟩ hospedarse, alojarse; **Logiergast** M huésped m (para una noche)

'Logik F ⟨~⟩ lógica f; **Logiker** M ⟨~s; ~⟩, **Logikerin** F ⟨~; ~nen⟩ lógico m, -a f

Lo'gis [lo'ʒi:] N ⟨~; ~⟩ alojamiento m

'logisch ADJ lógico; **logischer'weise** ADV lógicamente

Lo'gistik F ⟨~⟩ MIL logística f; **logistisch** ADJ logístico

'Logleine F SCHIFF corredera f

'logo ADJ *umg* **(ist doch) ~!** ¡claro!

'Logo N emblema m; *(Firmenlogo)* logotipo m

Logo'päde M ⟨~n; ~n⟩ logopeda m; **Logopä'die** F ⟨~⟩ logopedia f; **Logo'pädin** F ⟨~; ~nen⟩, logopeda f

'Lohe ['lo:ə] F ⟨~; ~n⟩ **1** TECH casca f, corteza f curtiente **2** *geh (Flamme)* llamas *fpl*, llamarada f

Lohn M ⟨~(e)s; ¨e⟩ **1** salario m; *(Monatslohn)* sueldo m; *(Tageslohn)* jornal m; *(Bezahlung)* paga f; *(Vergütung)* retribución f; **die Löhne einfrieren** congelar los salarios; **vom ~ abziehen** descontar del salario **2** *(Belohnung)* recompensa f, premio m; **zum ~ für** en recompensa por; *iron* **er hat seinen ~ empfangen** ha llevado su merecido

'Lohnabbau M reducción f de salarios

'lohnabhängig ADJ asalariado; **Lohnabhängige** M/F ⟨~n; ~n; → A⟩ asalariado m, -a f

'Lohnabkommen N acuerdo m sobre salarios; **Lohnabrechnung** F nómina f; hoja f de paga; *Vorgang*: cálculo m del salario; **Lohnabschluss** M convenio m (colectivo) salarial; **Lohnabzug** M deducción f (od descuento m) del salario; **Lohnangleichung** F, **Lohnanpassung** F reajuste m salarial; **Lohnarbeit** F trabajo m asalariado; **Lohnarbeiter** M, **Lohnarbeiterin** F (trabajador m, -a f) asalariado m, -a f; *(Tagelöhner, -in)* jornalero m, -a f; **Lohnaufwand** M costes *mpl* salariales; **Lohnausfall** M pérdida *f* de salario; **Lohnausgaben** FPL → Lohnaufwand

'Lohnausgleich M ajuste *m* salarial; **bei vollem ~** sin recorte salarial

'Lohnauszahlung F pago *m* del salario; paga *f*; **Lohnbuchhaltung** F cálculo *m* de los salarios; **Lohnbüro** N oficina *f* de pagos; **Lohndumping** [-dampıŋ] N dumping *m* salarial; **Lohneinbuße** F disminución *f* (*od* pérdida salarial); **Lohnempfänger** M, **Lohnempfängerin** F, asalariado *m*, -a *f*

'lohnen A VT 1 recompensar **(j-m etw** a alg por a/c); (*vergelten*) pagar **(mit** con); **Gott lohne es Ihnen!** ¡Dios se lo pague! 2 **es lohnt die Mühe** vale la pena *od* el esfuerzo B VR **sich ~** 1 (*einträglich sein*) ser rentable (*od* provechoso) 2 (*der Mühe wert sein*) valer la pena; *umg* compensar; **es lohnt sich nicht** no vale (*od* no merece) la pena

'löhnen VT 1 (*Lohn auszahlen*) pagar el salario a 2 *umg* (*zahlen*) pagar

'lohnend ADJ que vale la pena; provechoso; (*vorteilhaft*) ventajoso; (*Gewinn bringend*) lucrativo, remunerador; rentable

'Lohnentwicklung F evolución *f* de los salarios; **Lohnerhöhung** F aumento *m* salarial; **Lohnfonds** M fondo *m* de garantía salarial; **Lohnforderung** F reivindicación *f* salarial; **Lohnfortzahlung** F continuación *f* del pago del salario **(im Krankheitsfall** en caso de enfermedad); **Lohnhöhe** F nivel *m* de salarios; **Lohnindex** M índice *m* de salarios; **Lohnkampf** M conflicto *m* salarial; **Lohnkonto** N cuenta-salario *f*; **Lohnkosten** PL coste *m* salarial, gastos *mpl* de personal; **Lohnkostenzuschuss** M subvención *f* (*od* subsidio *m*) a los costes salariales; **Lohnkürzung** F reducción *f* salarial; **Lohnliste** F nómina *f*; **Lohnnebenkosten** PL WIRTSCH costes *mpl* sociales y parafiscales; **Lohnniveau** N → Lohnhöhe; **Lohnpfändung** F embargo *m* del salario

'Lohnpolitik F política *f* salarial; **lohnpolitisch** ADJ relativo a la política de sueldos y salarios; (en materia) de política salarial

'Lohn-Preis-Spirale F espiral *f* de precios y salarios; **Lohnquote** F cuota *f* (*od* tasa *f*) salarial; **Lohnsatz** M tarifa *f* salarial; **Lohnskala** F escala *f* salarial; **gleitende ~** escala *f* móvil salarial; **Lohnsteigerung** F aumento *m* (*od* incremento *m*) salarial

'Lohnsteuer F impuesto *m* sobre salarios; *sp* retención *f* (*od* impuesto *m*) sobre los rendimientos del trabajo personal; **Lohnsteuerjahresausgleich** M devolución *f* anual de impuestos sobre salarios; **Lohnsteuerkarte** F tarjeta *f* de impuestos sobre salarios

'Lohnstopp M congelación *f* salarial (*od* de salarios); **Lohnstreifen** M *obs* hoja *f* de salario; nómina *f*; **Lohnstückkosten** PL costes *mpl* salariales unitarios; **Lohnsubvention** F subvención *f* (*od* subsidio *m*) de salarios (*od* de sueldos); **Lohnsumme** F masa *f* salarial; suma *f* de los salarios; total *m* de los costes salariales; **Lohntabelle** F tabla *f* salarial (*od* de salarios); **Lohntag** M día *m* de paga; **Lohntarif** M tarifa *f* de salarios; **Lohntarifvertrag** M convenio *m* colectivo (sobre salarios); **Lohntüte** F *obs* sobre *m* con la paga

'Löhnung F ⟨~; ~en⟩ paga *f*; salario *m*

'Lohnverhandlungen FPL negociaciones *fpl* salariales; **Lohnverzicht** M disminución *f* (voluntaria) del salario, renuncia *f* a parte del salario; (*Verzicht auf Lohnsteigerung*) renuncia *f* a incremento salarial; **Lohnzahlung** F pago *m* de salario; paga *f*; **Lohnzettel** M nómina *f*; hoja *f* de paga; **Lohnzulage** F → Lohnzuschlag; **Lohnzusatzkosten** PL costes *pl* salariales adicionales; **Lohnzuschlag** M plus *m*; extra *m*; prima *f*; sobresueldo *m*; **Lohnzuwachs** M incremento *m* (*od* aumento *m*) de los salarios

'Loipe ['lɔʏpə] F ⟨~; ~n⟩ SPORT pista *f* de fondo

Lok F ⟨~; ~s⟩ → Lokomotive

lo'kal ADJ local

Lo'kal N ⟨~(e)s; ~e⟩ local *m*; sala *f*; (*Gaststätte*) restaurante *m*; café *m*; cafetería *f*; (*Nachtlokal*) local *m* nocturno, *sp* pub *m*; (*Kneipe*) bar *m*; **öffentliches ~** establecimiento *m* público

Lo'kalanästhesie F MED anestesia *f* local; **Lokalausgabe** F *Zeitung*: edición *f* local (*od* regional); **Lokalbahn** F ferrocarril *m* local; **Lokalberichterstatter** M, **Lokalberichterstatterin** F reportero *m*, -a *f* local; **Lokalblatt** N periódico *m* local

Lo'kale(s) N ⟨~n; → A⟩ *Zeitung*: crónica *f* local

Lo'kalfarbe F *Farblehre*: color *m* local; **Lokalfernsehen** N televisión *f* local (*od* regional); **Lokalfunk** M radio *f* local (*od* regional)

lokali'sierbar ADJ localizable; **nicht ~** ilocalizable

lokali'sieren VT ⟨*ohne* ge-⟩ localizar; **Lokalisierung** F ⟨~; ~en⟩ localización *f*

Lokali'tät F ⟨~; ~en⟩ localidad *f*

Lo'kalkolorit N colorido *m* local; **Lokalnachrichten** FPL *Zeitung*: información *f* local; **Lokalpatriotismus** M patriotismo *m* de campanario (*od* local); **Lokalpolitik** F política *f* local (*od* regional); **Lokalpolitiker** M, **Lokalpolitikerin** F político *m*, -a *f* local (*od* regional); **Lokalradio** N radio *f* local (*od* regional); **Lokalreporter** M, **Lokalreporterin** F periodista *m/f* (*od* reportero *m*, -a *f*) local (*od* regional); **Lokalsender** M emisora *f* local (*od* regional); **Lokalteil** M *Zeitung*: sección *f* (de información) local; **Lokaltermin** M JUR inspección *f* ocular (del lugar de los hechos); **Lokalverkehr** M tráfico *m* local; **Lokalwahlen** FPL elecciones *fpl* locales

'Lokführer M, **Lokführerin** F maquinista *m/f*

Lokomo'tive F ⟨~; ~n⟩ locomotora *f*, *umg* máquina *f*; **Lokomotivführer** M, **Lokomotivführerin** F maquinista *m/f*

'Lokschuppen M BAHN depósito *m* de máquinas

'Lokus M ⟨~; ~se⟩ *umg* retrete *m*, excusado *m*

'Lombard M, N ⟨~(e)s; ~e⟩ WIRTSCH préstamo *m* pignoraticio; **Lombardbank** F ⟨~; ~en⟩ lombardo *m*; **Lombardbestände** MPL títulos *mpl* pignorados en un banco; **Lombarddarlehen** N préstamo *m* sobre valores

Lombar'dei F ⟨~⟩ GEOG Lombardía *f*

'lombardfähig ADJ WIRTSCH pignorable; **Lombardgeschäft** N WIRTSCH operación *f* de pignoración

lombar'dieren VT ⟨*ohne* ge-⟩ WIRTSCH pignorar; conceder un crédito pignoraticio; conceder un adelanto sobre valores

'Lombardkredit M FIN crédito *m* pignoraticio; adelanto *m* sobre valores; **Lombardsatz** M tipo *m* de pignoración

'London N ⟨~s⟩ Londres *m*; **Londoner** M ⟨~s; ~⟩, **Londonerin** F ⟨~; ~nen⟩ londinense *m/f*

Look [lʊk] M ⟨~s; ~s⟩ (*Aussehen*) look *m*

'Looping ['lu:pıŋ] M, N ⟨~s; ~s⟩ FLUG looping *m*; **einen ~ machen** rizar el rizo

'Lorbeer M ⟨~s; ~en⟩ BOT laurel *m*; *fig* **sich auf seinen ~en ausruhen** dormirse sobre los laureles; *fig* **~en ernten** cosechar laureles; **Lorbeerbaum** M laurel *m*; **Lorbeerblatt** N hoja *f* de laurel; **Lorbeerkranz** M corona *f* de laurel

Lord M ⟨~s; ~s⟩ lord *m*

'Lore F ⟨~; ~n⟩ BAHN vagoneta *f*

'Lorenzstrom M GEOG río *m* de San Lorenzo

Lor'gnette [lɔrn'jɛtə] F ⟨~; ~n⟩ *obs* impertinentes *mpl*

los A ADJ 1 (*nicht befestigt*) suelto; (*locker*) flojo; (*frei*) libre; **der Knopf ist ~** el botón se ha caído; **der Hund ist ~** el perro anda suelto 2 **etw/j-n ~ sein** haberse librado (*od* desembarazado) de a/c/alg; **sein Geld ist er ~** *umg* se ha quedado sin blanca; **eine Sorge ~ sein** tener una preocupación menos; **etw/j-n ~ werden** quitarse de encima a/c/a alg, deshacerse de a/c/alg 3 **was ist ~?** ¿qué pasa?, ¿qué sucede?, ¿qué ocurre?; **was ist denn mit dir ~?** ¿qué te pasa?; **was ist ~ mit ihm?** ¿qué le pasa?, ¿qué le ocurre?; **mit ihm ist nicht viel ~** no sirve para gran cosa; **es ist etwas ~** algo pasa; *umg* **da ist (schwer) was ~** hay jaleo; *Stimmung etc*: hay mucha animación; **als ob nichts ~ wäre** como si no ocurriera (*od* pasara) nada 4 → loshaben B INT **~!** ¡vamos!, ¡en marcha!, ¡andando!; **~, ~!** (*schnell, schnell*) ¡vamos, deprisa; **auf die Plätze, fertig, ~!** ¡preparados, listos, ya!

Los N ⟨~es; ~e⟩ 1 (*Lotterielos*) billete *m* de lotería; boleto *m* (de rifa); **das große ~ ziehen** sacar el primer premio (*od umg* el gordo); *fig* **er hat (mit j-m/etw) das große ~ gezogen** le ha tocado la lotería (con alg/a/c); ha tenido verdadera suerte (con alg/a/c); **etw durch das ~ entscheiden** echar a/c a suertes; **durch das ~ bestimmen** elegir por sorteo 2 (*Schicksal*) suerte *f*, destino *m*; **ein schweres ~ haben** tener una vida difícil 3 *bes* HANDEL (*Anteil*) lote *m*

'lösbar ADJ (re)soluble (*a. fig*); **Lösbarkeit** F ⟨~⟩ (re)solubilidad *f*

'losbekommen VT ⟨*irr*; *ohne* ge-⟩ lograr separar (*bzw* desprender *od* soltar); **losbinden** VT ⟨*irr*⟩ desatar; (*freilassen*) soltar; SCHIFF desamarrar; **losbrechen** ⟨*irr*⟩ A VT soltar; separar; desprender; romper B VI ⟨sn⟩ 1 (*abbrechen*) romperse; desprenderse 2 *fig* (*ausbrechen*) estallar; *Gewitter etc*: desatarse, desencadenarse (*a. fig*); **losbröckeln** VI ⟨sn⟩ *Mauerwerk* desmoronarse, *Kalk* desprenderse

'Löschanlage F instalación *f* de extinción; *für Kalk*: instalación *f* de apagado; **Löscharbeit** F 1 trabajo *m* de extinción 2 SCHIFF trabajo *m* de descarga; **Löschblatt** N (papel *m*) secante *m*; **Löscheimer** M cubo *m* (de extinción de incendios)

'löschen[1] VT 1 *Licht, Feuer, Durst* apagar; *Brand a.* extinguir 2 *Text, Tonband*, IT borrar; (*streichen*) tachar; *Schuld, Konto, Hypothek* cancelar 3 *Kalk* apagar, matar

'löschen[2] VT SCHIFF descargar, alijar; *Ladung* desembarcar

'Löschen[1] N ⟨~s⟩ 1 *v. Feuer etc*: apagamiento *m*; extinción *f* 2 → Löschung 1 3 *v. Text etc*: borrado *m* (*a.* IT, *Tonband*)

'Löschen[2] N ⟨~s⟩ SCHIFF descarga *f*, alijo *m*; desembarque *m*

'Löscher M 1 (*Feuerlöscher*) extintor *m* (de incendios) 2 SCHIFF descargador *m* (de muelle)

'Löschfahrzeug N vehículo-bomba *m*, autobomba *f*; coche *m* (*od* camión *m*) de bomberos; **Löschgebühren** FPL, **Löschgeld** N SCHIFF gastos *mpl* de descarga; **Löschgerät** N extintor *m*; **Löschhafen** M SCHIFF puerto *m* de desembarque (*od* de descarga); **Löschkalk** M cal *f* apagada (*od* muerta); **Löschkopf** M *Tonband*: cabeza *f* borradora; **Löschmannschaft** F equipo *m* de bomberos;

L

Löschpapier N (papel *m*) secante *m*; **Löschplatz** M SCHIFF muelle *m* de descarga; desembarcadero *m*; descargadero *m*; **Löschtaste** F IT tecla *f* de borrar; **Löschung** F ⟨~; ~en⟩ 1 *e-r Gesellschaft*: extinción *f*, *e-r Schuld, e-s Vertrags etc*: cancelación *f* 2 SCHIFF → Löschen²; **Löschwasser** N ⟨~s⟩ agua *f* para extinguir incendios; **Löschzug** M equipo *m* de bomberos

'losdonnern VI estallar (como un trueno); **gegen j-n ~** tronar contra alg; **losdrehen** VT soltar; *schraubend*: des(a)tornillar

'lose A ADJ 1 suelto (*a. Haar*); (*losgelöst*) separado 2 (*locker*) flojo; movedizo; (*beweglich*) movible; **~ sein** *Zahn* moverse 3 *bes* HANDEL (*unverpackt*) a granel; **~ verkaufen** vender a granel 4 *fig* frívolo; licencioso; **~ Reden führen** decir frivolidades; **eine ~ Zunge** *od* **einen ~n Mund haben** tener mala lengua, *umg* tener la lengua (muy) larga B ADV 1 **~ (zusammen)binden** atar flojo 2 *fig* frívolamente

Lose'blattsammlung F libro *m* de hojas sueltas (*od* intercambiables)

'Lösegeld N rescate *m*

'loseisen *umg* A VT 1 **j-n von j-m ~** liberar a alg de las garras de alg; **j-n von etw ~** librar a alg de a/c 2 **etw bei j-m ~** sacar a/c a alg B VR **sich ~** liberarse

'Lösemittel N 1 CHEM disolvente *m* 2 MED expectorante *m*; **lösemittelfrei** ADJ libre *od* exento de disolventes

'losen VI echar a suertes; sortear

'Losen N ⟨~s⟩ sorteo *m*

'lösen A VT 1 soltar; *Knoten etc* abrir, deshacer; (*losbinden*) desatar; (*trennen*) separar (**von** de); (*abtrennen*) desprender, despegar, desligar (**von** de); *Schraube* des(a)tornillar; **die Bremse ~** soltar el freno; **Schmutz ~** desincrustar la suciedad 2 CHEM disolver (**in** *dat* en); desleír 3 *Problem etc* solventar; resolver, solucionar (*a.* MATH); *Rätsel* adivinar; *Verwickeltes* desenredar; desenlazar 4 **eine Fahrkarte ~** sacar un billete 5 *Vertrag* rescindir, resolver, anular; *Beziehungen, Verlobung* romper 6 *Husten, Krampf* soltar B VR **sich ~** 1 (*sich loslösen*) deshacerse, desprenderse, soltarse; despegarse; **sich von etw ~** separarse de a/c; retirarse de a/c; **sich von j-m ~** desapegarse (*od* desligarse *od* distanciarse) de alg 2 (*sich lockern*) soltarse (*a. Bremse*), aflojarse 3 CHEM (*sich auflösen*) disolverse (**in** *dat* en); desleírse 4 *Schuss* dispararse 5 *Problem* resolverse

'Losentscheid M decisión *f* por sorteo

'Loser ['lu:zər] M ⟨~s; ~⟩, **Loserin** F ⟨~; ~nen⟩ perdedor *m*, -a *f*

'losfahren VI ⟨irr; sn⟩ 1 (*abfahren*) salir; partir; *Fahrzeug* ponerse en marcha, arrancar 2 *fig* **auf j-n ~** abalanzarse sobre alg, acometer a alg, arremeter contra alg

'losgehen VI ⟨irr; sn⟩ 1 echar a andar; (*weggehen*) partir, marcharse, irse; ponerse en marcha; **(direkt) auf etw ~** ir derecho a a/c; *fig* no andarse por las ramas 2 (*sich lösen*) *umg* soltarse, desprenderse 3 *Gewehr, Schuss* dispararse, descargarse; **nicht ~** encasquillarse 4 (*angreifen*) **auf j-n ~** arremeter contra (*od* acometer a *od* abalanzarse sobre) alg 5 *umg* (*anfangen*) empezar; **es kann ~** podemos empezar

'losgelöst ADJ desligado, desprendido (**von** de)

'loshaben VT ⟨irr⟩ *umg* **etw ~** ser muy entendido en a/c

'loshaken VT *Öse* desabrochar; *Wagen* desenganchar; **losheulen** VI *umg* echarse (*od* romper) a llorar; **Loskauf** M (*Freikauf*) rescate *m*; JUR redención *f*; **loskaufen** VT rescatar; redimir; **losketten** VT desencadenar; *Hund* soltar; **losknüpfen** VT desanudar, desatar

'loskommen VI ⟨irr; sn⟩ 1 *umg* (*wegkommen*) (poder) salir (*od* partir); (*frei werden*) quedar libre; *aus der Gefangenschaft*: ser puesto en libertad; FLUG despegar 2 **von etw ~** (*loswerden*) lograr desprenderse de a/c; **von j-m ~** lograr deshacerse (*od* desembarazarse) de alg; *fig* **ich komme nicht davon los** no se me quita de la cabeza

'loskoppeln VT *Hunde* desatraillar; *Waggon* desenganchar, desacoplar; **loskriegen** VT *umg* lograr desprender; **loslachen** VI echarse (*od* romper) a reír; soltar una carcajada

'loslassen VT 1 *Gegenstand* soltar (*a. fig Tier, Häftling*); dejar caer; *Gefangene* poner en libertad 2 *umg fig Brief, Rundschreiben* hacer circular, *umg Rede* soltar, echar, largar 3 *umg pej* (*ansetzen*) **j-n auf j-n/etw ~** *umg* soltar (*od* lanzar) a alg a alg/a/c

'loslegen VI *umg* empezar; (*reden*) embalarse; **leg los!** ¡venga, acaba ya!, ¡empieza ya de una vez!

'löslich ADJ CHEM, *a. Kaffee* soluble (**in** *dat* en); **nicht ~** insoluble; **Löslichkeit** F ⟨~⟩ solubilidad *f*

'loslösen VT A desprender; (*trennen*) separar B VR **sich ~** desprenderse; *a. fig* soltarse (**von** de); **Loslösung** F (*Trennung*) separación *f*; **loslöten** VT desoldar

'losmachen A VT desprender; despegar; (*losbinden*) desatar; (*abhaken*) desenganchar; (*aufknöpfen*) desabrochar; SCHIFF *Schiff, Taue* desamarrar; *Segel* largar B VR **sich ~** 1 soltarse, desatarse 2 *fig* **sich ~ von** desprenderse de; desembarazarse de; (*frei machen*) emanciparse de

'losmarschieren VI ⟨ohne ge-, sn⟩ ponerse en marcha; **losplatzen** VI estallar; *lachend*: soltar una carcajada; **losrasen** VI ⟨sn⟩ *umg* salir disparado (*od* de estampía)

'losreißen ⟨irr⟩ A VT arrancar B VR **sich ~** desprenderse; soltarse (*a. Hund*); separarse (**von** de); *Tier* desatarse; *Schiff* romper las amarras; *fig* **sich von etw nicht ~ können** no lograr desprenderse (*od* apartarse) de a/c; **losrennen** VI echar a correr

Löss ⟨~es; ~e⟩, **Löß** M ⟨~es; ~e⟩ GEOL loess *m*

'lossagen VR **sich ~ von** abjurar de; renegar de (*a.* REL); (*sich trennen*) separarse de; romper con; **Lossagung** F ⟨~; ~en⟩ abjuración *f*; separación *f*

'losschießen VI 1 ⟨sn⟩ **auf j-n ~** (*losstürzen*) lanzarse (*od* abalanzarse) sobre alg 2 ⟨h⟩ *umg fig* **na, schieß mal los!** (*erzähle*) *umg* ¡venga, desembucha! 3 ⟨h⟩ *mit e-r Waffe*: disparar

'losschlagen ⟨irr⟩ A VT 1 separar (a martillazos *od* a golpes) 2 HANDEL *Ware* vender a cualquier precio (*od umg* a precios tirados) B VI MIL lanzarse al ataque; iniciar las hostilidades; **auf j-n ~** golpear a alg

'losschnallen VT desabrochar; *Gürtel* desceñir; **losschrauben** VT des(a)tornillar

'lossprechen VT REL absolver; **Lossprechung** F ⟨~; ~en⟩ REL absolución *f*

'lossprengen VT volar, hacer saltar; **losspringen** VI 1 lanzarse (**auf j-n** sobre alg) 2 (*sich ablösen*) desprenderse; **lossteuern** VI *fig* **auf etw ~** ir derecho a a/c; **losstürmen** VI ⟨sn⟩, **losstürzen** VI ⟨sn⟩ echar a correr; lanzarse (*od* precipitarse) (**auf** *acus* sobre); **lostrennen** VT separar; deshacer; *Genähtes* descoser

'Lostrennen N, **Lostrennung** F separación *f*

'lostreten VT *fig* desencadenar; **eine Lawine ~** *a. fig* desencadenar un alud

'Lostrommel F bombo *m*

'Losung F ⟨~; ~en⟩ 1 (*Parole*) consigna *f*; santo *m* y seña 2 JAGD excrementos *mpl*, cagarruta *f*

'Lösung F ⟨~; ~en⟩ 1 MATH, *e-s Rätsels, Problems*: solución *f*; THEAT desenlace *m* 2 (*Trennung*) separación *f*; *e-s Vertrages*: rescisión *f*; resolución *f*, anulación *f*; *e-r Verlobung a.* ruptura *f*; *der Ehe*: disolución *f* 3 CHEM *Flüssigkeit*: solución *f*; *Vorgang*: disolución *f*

'Lösungsansatz M intento *m* (*od* propuesta *f*) de solución; **Lösungsmittel** N CHEM disolvente *m*; **lösungsmittelfrei** ADJ libre *od* exento de disolventes; **Lösungsmodell** N modelo *m* de solución; **Lösungsmöglichkeit** F posibilidad *f* de solución (*od* arreglo *od* salida); **Lösungsstrategie** F estrategia *f* de solución (*od* arreglo *od* salida); **Lösungsversuch** M → Lösungsansatz; **Lösungsweg** M vía *f* (*od* camino *m*) de solución (*od* arreglo)

'Losungswort N ⟨~(e)s; ~e⟩ MIL consigna *f*, santo *m* y seña

'Losverkäufer M, **Losverkäuferin** F lotero *m*, -a *f*

'loswerden VT ⟨irr⟩ desembarazarse de; deshacerse de; librarse de; quitarse de encima; HANDEL (lograr) vender; **sein Geld ~** perder (*bzw* gastarse) todo el dinero

'losziehen VI ⟨irr; sn⟩ (*fortgehen*) irse, marcharse; *fig* **gegen** *od* **über j-n/etw ~** arremeter contra alg/a/c; *umg* tronar contra alg/a/c

Lot [lo:t] N ⟨~(e)s; ~e⟩ 1 perpendicular *f*; ARCH plomada *f*; SCHIFF sonda *f*; **das ~ fällen** abatir la perpendicular; *fig* **im ~ sein** estar en orden (*od* en regla); *fig* **(wieder) ins ~ bringen** arreglar, poner en orden; **nicht im ~** torcido (*a. fig*) 2 (*Lötmetall*) soldadura *f* 3 *obs* (*Gewicht*) media onza *f*

'lötbar ADJ soldable

'loten VT ARCH echar la plomada; SCHIFF sondear

'Loten N ⟨~s⟩ SCHIFF sondeo *m*

'löten VT TECH soldar; *mit Zinn*: estañar

'Löten N ⟨~s⟩ TECH soldadura *f*

'Lothringen N ⟨~s⟩ Lorena *f*; **Lothringer** M ⟨~s; ~⟩, **Lothringerin** F ⟨~; ~nen⟩ lorenés *m*, -esa *f*; **lothringisch** ADJ lorenés

Loti'on [-ts-] F ⟨~; ~en⟩ *Kosmetik*: loción *f*

'Lötkolben M TECH soldador *m*; **Lötlampe** TECH F lámpara *f* para soldar, soplete *m*

'Lotleine F ARCH hilo *m* de la plomada; SCHIFF cordel *m* de la sonda

'Lotos ['lo:tɔs] M ⟨~; ~⟩ BOT loto *m*; **Lotosblume** F flor *f* de loto

'lotrecht ADJ a plomo; vertical; perpendicular

'Lötrohr N TECH soplete *m*

'Lotse M ⟨~n; ~n⟩ SCHIFF práctico *m*; (*Fluglotse*) controlador *m* aéreo; *fig* guía *m*

'lotsen VT SCHIFF pilotar; FLUG dirigir, controlar; *umg fig* llevar, conducir

'Lotsen N ⟨~s⟩ SCHIFF pilotaje *m*; FLUG control *m*; **Lotsenboot** N SCHIFF lancha *f* del práctico; barco *m* piloto; **Lotsendienst** M SCHIFF servicio *m* de práctico(s); (servicio *m* de) pilotaje *m od* practicaje *m*; *fig* servicio *m* de asesoramiento; **Lotsengebühr** F, **Lotsengeld** N (derechos *mpl* de) pilotaje *m*

'Lotsin F ⟨~; ~nen⟩ SCHIFF práctico *f*; (*Fluglotsin*) controladora *f* aérea; *fig* guía *f*

'Lötstelle F TECH soldadura *f*

Lotte'rie F ⟨~; ~n⟩ lotería *f*; **Lotterieeinnehmer** M, **Lotterieeinnehmerin** F lotero *m*, -a *f*; **Lotteriegewinn** M premio *m* (en la lotería); **Lotterielos** N billete *m* de lotería; **Lotteriespiel** N (juego *m* de la) lotería *f*

'lotterig ADJ *umg pej* 1 *Person* desaliñado; bohemio 2 *Sache* hecho sin esmero, hecho de cualquier manera; chapucero; **Lotterleben** N *pej* vida *f* desordenada (*bzw* licenciosa)

'lottern VI *reg* vagar; llevar una vida licenciosa; **Lotterwirtschaft** F *pej* desorden *m*; incuria *f*

'Lotto N ⟨~s; ~s⟩ ≈ lotería *f* primitiva; **~ spielen** ≈ jugar a la lotería primitiva; **Lottozahlen** PL ≈ números *mpl* de la lotería primitiva

'Lotung F ⟨~; ~en⟩ SCHIFF sondeo *m*

'Lötung F ⟨~; ~en⟩ TECH soldadura *f*; **Lötwasser** N ⟨~s⟩ agua *f* para soldar; **Lötzinn** N 1 TECH estaño *m* para soldar 2 *fig* **~, Blödsinn!** ¡bobadas, tontadas!

Lounge [laʊndʒ] F ⟨~; ~s⟩ 1 (*Hotelhalle*) hall *m*, vestíbulo *m* 2 FLUG (*Wartehalle*) sala *f* de embarque

'Love-Parade ['lavpəre:t] F ⟨~⟩ *desfile tecno de Berlín*

'Lover ['lavər] M *umg* amante *m/f*

'Love-Story ['lavstɔ:ri] F historia *f* de amor

'Löwe M ⟨~n; ~n⟩ ZOOL león *m* (*a. fig*); ASTRON Leo *m*

'Löwenanteil M *fig* parte *f* del león; **Löwenbändiger** M ⟨~s; ~⟩, **Löwenbändigerin** F ⟨~; ~nen⟩ domador *m*, -a *f* de leones; **Löwengrube** F leonera *f*; **Löwenherz** N HIST **Richard ~** Ricardo Corazón de León; **Löwenjagd** F caza *f* del león; **Löwenmähne** F melena *f* (*a. fig*); **Löwenmaul** N BOT becerra *f*, dragón *m*; **löwenstark** ADJ fuerte como un león; **Löwenzahn** M ⟨~(e)s⟩ BOT diente *m* de león; **Löwenzwinger** M leonera *f*

'Löwin F ⟨~; ~nen⟩ ZOOL leona *f*

lo'yal [loa'ja:l] ADJ leal; **Loya'list** M ⟨~en; ~en⟩, **Loya'listin** F ⟨~; ~nen⟩ leal *m/f*

Loyali'tät [loa'ja-] F ⟨~⟩ lealtad *f*

LP F ABK (Langspielplatte) LP *m*, elepé *m*

LPG F ABK (Landwirtschaftliche Produktionsgenossenschaft) HIST *DDR*: Cooperativa *f* de producción agrícola

LSD N ABK (Lysergsäurediäthylamid) *Droge*: LSD *m*

lt. ABK (laut) según

Ltg. ABK → Leitung[2]

Ltn. ABK (Leutnant) MIL segundo teniente *m*, alférez *m*

Luchs [-ks] M ⟨~es; ~e⟩ ZOOL lince *m* (*a. fig*), lobo *m* cerval; **wie ein ~ aufpassen** estar ojo avizor; **Luchsauge** N *fig* **~n haben** tener ojos de lince

'luchsen VI *umg* avivar los ojos; acechar

'Lücke F ⟨~; ~n⟩ vacío *m*, hueco *m*; *fig a.* laguna *f*; (*leere Stelle*) blanco; (*Auslassung*) omisión *f*; *in e-r Mauer* grieta *f*; (*Parklücke*) plaza *f*; (*Bresche*) brecha *f*; **eine ~ füllen** llenar (*od* tapar) un hueco; *fig* llenar (*od* cubrir) un vacío; **eine ~ reißen** MIL abrir (una) brecha; *fig* dejar un vacío

'Lückenbüßer M ⟨~s; ~⟩, **Lückenbüßerin** F ⟨~; ~nen⟩ suplente *m/f*; *umg* suplefaltas *m/f*, tapaagujeros *m/f*

'lückenhaft ADJ defectuoso; incompleto; **Lückenhaftigkeit** F ⟨~⟩ defectuosidad *f*

'lückenlos A ADJ continuo, completo; ininterrumpido B ADV **~ berichten** hacer un informe completo

lud → laden[1], laden[2]

'Lude M ⟨~n; ~n⟩ *umg* chulo *m*, *sl* macarra *m*

'Luder N ⟨~s; ~⟩ 1 *umg pej* mal bicho *m*; *sl* zorra *f*; **ein armes ~** una pobre diabla; *Schimpfwort*: **dummes ~** animal *m*; *anerkennend*: **sie ist ein gerissenes ~** es una tipa lista 2 *umg* **freches/kleines ~** *umg* pillo *m*, -a *f*; bicho *m* 3 JAGD carroña *f*

'Lues F ⟨~⟩ MED lúes *f*, sífilis *f*

Luft F ⟨~; ~e⟩ 1 aire *m*; atmósfera *f*, *fig a.* ambiente *m*; **frische ~ schöpfen** *od* **schnappen** tomar el aire (*od* el fresco); respirar nuevos aires; despejarse la cabeza; **die ~ herauslassen** desinflar; **an die (frische) ~ gehen** airearse, orearse, salir al (aire) fresco, tomar el fresco; *umg* **j-n an die (frische) ~ setzen** *umg* mandar a alg a freír espárragos; poner a alg (de patitas) en la calle; **an die ~ hängen** *bzw* **stellen** airear, (ex)poner al aire; **an der frischen ~** al aire libre; **in der ~ schweben** flotar en el aire (*a. fig*); **in die ~ fliegen** *od* **gehen** volar por el aire; hacer explosión; **in die ~ jagen** *od* **sprengen** volar, hacer saltar; **von ~ und Liebe leben** vivir del aire 2 (*Atem*) respiración *f*; **~ holen** respirar, tomar aliento, aspirar; **tief ~ holen** respirar hondo (*od* profundamente); **nach ~ schnappen** jadear; **keine ~ bekommen** no poder respirar; tener ahogos, sofocarse; **wieder ~ bekommen** recobrar el aliento, volver a respirar; *umg fig* **mir blieb die ~ weg** *umg* me quedé de piedra 3 *fig umg* **die ~ ist rein** no hay moros en la costa; *umg* **es ist dicke ~** el ambiente está cargado; *umg* **er ist ~ für mich** para mí no existe; *umg* **sich** (*dat*) *od* **seinem Herzen ~ machen** desahogarse; **seinem Ärger ~ machen** exteriorizar su disgusto 4 *fig mit präp*: **aus der ~ gegriffen** sacado de la manga; **in der ~ liegen** estar en el aire; *umg* **es liegt was in der ~** hay algo en el ambiente; *umg* **sich in ~ auflösen** *umg* esfumarse; **in der ~ hängen** estar en el aire (*od* en suspenso); *umg* **in die ~ gehen** *vor Wut*: airarse, *umg* subirse a la parra; **in die ~ hinein reden** hablar al aire

'Luftabschluss M TECH cierre *m* hermético, estanqueidad *f*; **Luftabwehr** F defensa *f* antiaérea; **Luftabwehrrakete** F MIL misil *m* antiaéreo; **Luftabzug** M TECH evacuación *f* de aire; **Luftakrobat** M, **Luftakrobatin** F acróbata *m/f* del aire; **Luftalarm** M alarma *f* aérea; **Luftangriff** M MIL ataque *m* aéreo; incursión *f* aérea; **Luftansicht** F vista *f* aérea; **Luftaufklärung** F MIL reconocimiento *m* aéreo; **Luftaufnahme** F vista *f* aérea, aerofoto *f*; **Luftaustausch** M ventilación *f*; **Luftaustritt** M salida *f* de aire; **Luftbad** N baño *m* de aire; **Luftballon** M *für Kinder*: globo *m*; **Luftbasis** F base *f* aérea; **Luftbefeuchter** M ⟨~s; ~⟩ humidificador *m* de aire; **Luftbelastung** F polución *f* del aire; **Luftbereifung** F neumáticos *mpl*; **Luftbetankung** F FLUG abastecimiento *m* aéreo (*od* en vuelo); **Luftbild** N → Luftaufnahme; **Luftblase** F burbuja *f* de aire; **Luft-Boden-Rakete** F MIL misil *m* aire-tierra; **Luftbremse** F freno *m* de aire; aerofreno *m*; **Luftbrücke** F puente *m* aéreo

'Lüftchen N ⟨~s; ~⟩ airecillo *m*; soplo *m* (de aire); vientecillo *m*; **es weht kein ~** no se mueve una hoja

'luftdicht ADJ hermético; **Luftdichte** F PHYS densidad *f* atmosférica

'Luftdruck M ⟨~(e)s⟩ PHYS presión *f* atmosférica; AUTO *Reifen*: presión *f* (del aire); **Luftdruckbremse** F freno *m* de aire comprimido; **Luftdruckmesser** M PHYS barómetro *m*; **Luftdruckprüfer** M AUTO comprobador *m* de la presión (de los neumáticos)

'luftdurchlässig ADJ permeable al aire; **Luftdurchlässigkeit** F permeabilidad *f* al aire

'Luftdüse F tobera *f* de aire; **Lufteinlass** M, **Lufteintritt** M entrada *f* (*od* admisión *f*) de aire; **Luftelektrizität** F electricidad *f* atmosférica; **Luftembolie** F MED embolia *f* aérea

'lüften VT 1 ventilar; airear; *Kleider a.* (ex)poner al aire, orear 2 **den Hut ~** quitarse el sombrero 3 *fig Geheimnis* revelar, desvelar

'Lüfter M ⟨~s; ~⟩ ventilador *m*

'Lufterneuerung F renovación *f* del aire

'Luftfahrt F aviación *f*; navegación *f* aérea, aeronavegación *f*; aeronáutica *f*; **Luftfahrtausstellung** F exposición *f* aeronáutica; **Luftfahrtbundesamt** N oficina *f* federal de aviación (*od* de aeronáutica); **Luftfahrtgesellschaft** F compañía *f* aérea (*od* de aviación); **Luftfahrtindustrie** F industria *f* aeronáutica; **Luftfahrtingenieur** M, **Luftfahrtingenieurin** F ingeniero *m*, -a *f* aeronáutico, -a; **Luftfahrtunternehmen** N → Luftfahrtgesellschaft

'Luftfahrzeug N aeronave *f*; **Luftfeuchtigkeit** F humedad *f* atmosférica (*od* del aire); **Luftfeuchtigkeitsmesser** M higrómetro *m*; **Luftfilter** M, N filtro *m* de aire; **Luftflotte** F flota *f* aérea

'luftförmig ADJ aeriforme

'Luftfracht F carga *f* aérea; flete *m* aéreo; **Luftfrachtbrief** M carta *f* de porte aéreo, conocimiento *m* de embarque aéreo; **Luftfrachtverkehr** M transporte *m* de carga aérea

'luftgekühlt ADJ refrigerado por aire

'Luftgeschwader N MIL escuadra *f* aérea

'luftgetrocknet ADJ secado al aire; *Schinken* curado (al aire)

'Luftgewehr N escopeta *f* (*od* carabina *f*) de aire comprimido; **Lufthauch** M soplo *m* (de aire); **Luftheizung** F calefacción *f* por aire (caliente); **Luftherrschaft** F dominio *m* del aire; **Lufthoheit** F soberanía *f* aérea; **Luftholen** N ⟨~s⟩ respiración *f*; aspiración *f*; **Lufthülle** F atmósfera *f*

'luftig ADJ aéreo; *Zimmer* bien ventilado; *Kleid* (muy) ligero, vaporoso; (*windig*) expuesto al viento

'Luftikus M ⟨~ *od* ~ses; ~se⟩ *umg pej* calavera *m*, *umg* tronera *m*

'Luftkabel N ELEK cable *m* aéreo

'Luftkampf M MIL combate *m* aéreo; **Luftkampfübung** F MIL maniobras *fpl* aéreas (*od* de aviación)

'Luftkissen N almohadilla *f* neumática; **Luftkissenboot** N, **Luftkissenfahrzeug** N aerodeslizador *m*; anfibio *m* con sustentación neumática

'Luftklappe F TECH válvula *f* de aire; ARCH ventanillo *m* (de aireación); **Luftkorridor** M corredor *m* (*od* pasillo *m*) aéreo

'luftkrank ADJ MED **~ sein** marearse (en las alturas); **Luftkrankheit** F MED enfermedad *f* (*od* mal *m*) de los aviadores

'Luftkrieg M MIL guerra *f* aérea; **Luftkühlung** F TECH refrigeración *f* por aire; **Luftkur** F cura *f* (por cambio) de aire; MED aeroterapia *f*; **Luftkurort** M estación *f* climática, balneario *m* climatológico; **Luftlandetruppen** FPL MIL tropas *fpl* aerotransportadas; **Luftlandung** F MIL aterrizaje *m* de tropas aerotransportadas

'luftleer ADJ vacío (de aire); *Reifen* desinflado; **~er Raum** vacío *m*; *fig* **im ~en Raum** en el vacío

'Luftleitung F TEL línea *f* aérea; **Luftlinie** F 1 línea *f* directa; **500 km ~** 500 km en línea recta 2 *selten* FLUG línea *f* aérea; **Luftloch** N 1 ARCH respiradero *m*; TECH ventilación *f*; *Kamin*: ventosa *f* 2 FLUG bache *m*, bolsa *f* de aire; **Luft-Luft-Rakete** F MIL misil *m* aire-aire; **Luftmangel** M falta *f* de aire; **Luftmassen** PL METEO masas *fpl* de aire; **Luftmatratze** F colchón *m* neumático; **Luftmessung** F medición *f* de los valores atmosféricos (*od* del aire); **Luftmine** F MIL mina *f* aérea; **Luftoffensive** F MIL ofensiva *f* aérea; **Luftparade** F MIL revista *f* de fuerzas aéreas; **Luftpirat** M secuestrador *m* (de avión); **Luftpiraterie** F secuestro *m* de aviones; **Luftpiratin** F secuestradora *f* (de avión)

'Luftpost F correo *m* aéreo; **durch** *od* **mit** *od* **per ~** por avión; **Luftpostbrief** M carta *f* por avión; **Luftpostdienst** M servicio *m* aeropostal; **Luftpostleichtbrief** M aerograma *m*; **Luftpostpaket** N paquete *m* por avión; **Luftpostpapier** N papel *m* de cartas por avión; **Luftpostzuschlag** M sobretasa *f* (*od* sobreporte *m od* recargo *m*) de correo aéreo

'Luftpumpe F bomba *f* neumática (*od* de aire); AUTO, *Fahrrad etc*: bomba *f* de inflar (*od* hinchar); **Luftqualität** F calidad *f* (*od* estado *m*) del aire; **Luftraum** M espacio *m* aéreo; **Luftreifen** M neumático *m*; **Luftreinhaltung** F conservación *f* de la pureza del aire; **Luftreiniger** M depurador *m* (*od* purificador *m*) de aire; **Luftreinigung** F depuración *f* (*od* purificación *f*) del aire; **Luftröhre** F ANAT tráquea *f*

'Luftröhrenentzündung F MED traqueítis *f*; **Luftröhrenschnitt** M MED traqueotomía *f*

'Luftschacht M BERGB pozo *m* de ventilación; **Luftschicht** F capa *f* atmosférica (*od* de aire); **Luftschiff** N aeronave *f*; aeróstato *m*; **lenkbares ~** dirigible *m*; **Luftschifffahrt** F navegación *f* aérea; **Luftschlacht** F MIL batalla *f* aérea; **Luftschlange** F serpentina *f*; **Luftschlauch** M AUTO cámara *f* de aire; **Luftschleuse** F esclusa *f* de aire; **Luftschlitz** M ranura *f* de ventilación; **Luftschloss** N castillo *m* en el aire; **Luftschlösser bauen** hacer castillos en el aire; **Luftschlucken** N MED aerofagia *f*; **Luftschneise** F → Luftkorridor; **Luftschraube** F hélice *f*

'Luftschutz M MIL defensa *f* antiaérea; **ziviler ~** defensa *f* civil; **Luftschutzbunker** M, **Luftschutzkeller** M refugio *m* antiaéreo; **Luftschutzübung** F simulacro *m* de defensa antiaérea

'Luftsog M estela *f* de aire; **Luftsperrgebiet** N zona *f* aérea prohibida; **Luftspieg(e)lung** F espejismo *m*; **Luftsprung** M cabriola *f*; voltereta *f*; salto *m* en el aire; **Luftsprünge machen** hacer cabriolas; dar volteretas (*bzw* saltos) en el aire; **Luftstickstoff** M nitrógeno *m* atmosférico; **Luftstrahl** M chorro *m* de aire; **Luftstrahltriebwerk** N propulsor *m* por reacción; **Luftstrategie** F MIL estrategia *f* aérea; **Luftstreitkräfte** FPL, **Luftstreitmacht** F MIL fuerzas *fpl* aéreas; **Luftstrom** M, **Luftströmung** F corriente *f* atmosférica (*od* de aire); **Luftstützpunkt** M MIL base *f* aérea; **Lufttaxi** N taxi *m* aéreo; **Lufttorpedo** M MIL torpedo *m* aéreo; **Lufttransport** M transporte *m* aéreo; **Lufttüchtigkeit** F navegabilidad *f* aérea; **Luftüberfall** M MIL incursión *f* aérea; raid *m*; **Luftüberlegenheit** F MIL supremacía *f* aérea

'Lüftung F ⟨~; ~en⟩ ventilación *f*; aireación *f*

'Lüftungsanlage F instalación *f* de ventilación; **Lüftungsrohr** N tubo *m* de ventilación; **Lüftungsschacht** M pozo *m* de ventilación

'Luftunterstützung F MIL apoyo *m* aéreo; **Luftveränderung** F cambio *m* de aires (*od* de clima); **Luftverbindung** F FLUG comunicación *f* aérea; enlace *m* aéreo; **Luftverdünnung** F rarefacción *f* (*od* enrarecimiento *m*) del aire; **Luftverkehr** M tráfico *m* (*od* tránsito *m*) aéreo

'Luftverkehrsgesellschaft F → Luftfahrtgesellschaft; **Luftverkehrslinie** F línea *f* aérea; aerovía *f*

'Luftverschmutzung F contaminación *f* atmosférica; polución *f* del aire; **Luftverteidigung** F MIL defensa *f* aérea; **Luftverunreinigung** F → Luftverschmutzung; **Luftwaffe** F MIL ejército *m* del aire; aviación *f* militar

'Luftwaffenamt N MIL oficina *f* de aeronáutica (*od* aviación) militar; **Luftwaffenbasis** F MIL base *f* (militar) aérea; **Luftwaffeneinheit** F MIL escuadrón *m* (de aviones militares); **Luftwaffengeneral** M MIL general *m* de aviación (*od* de las fuerzas aéreas); **Luftwaffenoffizier** M MIL oficial *m* de aviación (*od* de las fuerzas aéreas); **Luftwaffenstützpunkt** M MIL base *f* aérea

'Luftwarndienst M MIL servicio *m* de alerta aérea; **Luftwarnung** F MIL alerta *f* (*od* alarma *f*) aérea; **Luftwechsel** M cambio *m* de aires

'Luftweg M 1 FLUG vía *f* (*od* ruta *f*) aérea, aerovía *f*; **auf dem ~(e)** por vía aérea 2 ANAT **~e** *pl* tracto *m* respiratorio, vías *fpl* respiratorias

'Luftwiderstand M resistencia *f* del aire; **Luftwirbel** M torbellino *m*, remolino *m* de viento; **Luftwurzel** F BOT raíz *f* aérea; **Luftziegel** M BAU adobe *m*; **Luftzirkulation** F circulación *f* del aire; **Luftzufuhr** F provisión *f* (*od* entrada *f od* admisión *f*) de aire; **Luftzug** M corriente *f* de aire; TECH tiro *m*

Lug M ⟨~(e)s⟩ *geh* **~ und Trug** patrañas *fpl*

'Lüge F ⟨~; ~n⟩ mentira *f*; embuste *m*; patraña *f*; *umg* bola *f*; **j-n ~n strafen** desmentir a alg; *sprichw* **~n haben kurze Beine** antes (*od* más presto) se coge al mentiroso que al cojo

'lugen VI *reg* mirar; ojear; espiar; **aus etw ~** asomarse a a/c

'lügen VI ⟨*irr*⟩ mentir; faltar a la verdad; *umg* **er lügt wie gedruckt** miente más que habla

'Lügen N ⟨~s⟩ mentira *f*; **Lügendetektor** M detector *m* de mentiras; polígrafo *m*; **Lügengeschichte** F cuento *m* chino; **Lügengewebe** N *geh* sarta *f* de mentiras (*od* de embustes)

'lügenhaft ADJ mentiroso; embustero; *lit* mendaz; (*erdichtet*) inventado; **Lügenhaftigkeit** F ⟨~⟩ afición *f* (*bzw* inclinación *f*) a la mentira; carácter *m* mentiroso; mendacidad *f*; *Nachricht etc*: falsedad *f*

'Lügenmaul N *umg pej* mentiroso *m*; embustero *m*; *umg* bolero *m*

'Lügner M ⟨~s; ~⟩, **Lügnerin** F ⟨~; ~nen⟩ mentiroso *m*, -a *f*; embustero *m*, -a *f*; **lügnerisch** ADJ mentiroso; embustero; mendaz

'Lukas EIGENN M 1 *Vorname*: Lucas *m* 2 *Apostel*: (San) Lucas *m*; **Lukasevangelium** N *Bibel*: Evangelio de (*od* según) San Lucas

'Luke F ⟨~; ~n⟩ (*Dachluke*) tragaluz *m*, claraboya *f*; SCHIFF escotilla *f*

lukra'tiv ADJ lucrativo

lu'kullisch ADJ *geh Mahl* opíparo

'Lulatsch M ⟨~(e)s; ~e⟩ *umg* **langer ~** grandullón *m*

'lullen VT **in den Schlaf ~** arrullar

lum'bal ADJ MED lumbar; **Lumbalpunktion** F MED punción *f* lumbar

'Lumen N ⟨~s; Lumina⟩ PHYS *Maß*: lumen *m*

'Lümmel M ⟨~s; ~⟩ *umg* 1 *pej* (*Flegel*) grosero *m*, mal educado *m*, gamberro *m* 2 (*Bengel*) granuja *m*

Lümme'lei F ⟨~; ~en⟩ *umg* (*Flegelei*) grosería *f*; gamberrada *f*

'lümmelhaft ADJ *pej* (*flegelhaft*) grosero; zafio

'lümmeln V/R *umg pej* **sich in einen Sessel ~** *umg* repanchingarse en un sillón

Lump M ⟨~en; ~en⟩ *pej* (*Schurke*) sinvergüenza *m*; canalla *m*; (*Strolch*) vagabundo *m*, bribón *m*; *Arg* atorrante *m*

'lumpen *umg* A VI estar de juerga, *umg* estar de farra; **ihr habt wohl wieder die ganze Nacht gelumpt** al parecer habéis estado otra vez de juerga toda la noche B V/R **sich nicht ~ lassen** no ser mezquino; *umg* ser rumboso

'Lumpen M ⟨~s; ~⟩ 1 (*Fetzen*) harapo *m*, andrajo *m* 2 *reg* (*Putzlumpen*) bayeta *f*; trapo *m*; **Lumpenball** M fiesta *f* de disfraces con andrajos; **Lumpengesindel** N *pej obs* chusma *f*, canalla *f*, gentuza *f*; **Lumpenpack** N → Lumpengesindel; **Lumpenproletariat** N *im Marxismus*: proletariado *m* bajo, subproletariado *m*; **Lumpensammler** M 1 *obs Person*: trapero *m* 2 *umg hum Verkehr*: último tranvía *m* (*bzw* autobús *m*) de la noche; **Lumpensammlerin** F *obs* trapera *f*

Lumpe'rei F ⟨~; ~en⟩ *pej* canallada *f*; *umg* guarrada *f*, *sl* putada *f*

'lumpig ADJ 1 *pej* (*gemein*) vil, bajo, ruin 2 (*zerlumpt*) andrajoso, harapiento; (*armselig*) mezquino; miserable 3 (*geringfügig*) baladí; *sl* **~e 10 Cent** *sl* diez cochinos (*od* puñeteros) céntimos

Lunch [lantʃ] M ⟨~s; ~s⟩ almuerzo *m*; **'lunchen** VI almorzar; **'Lunchpaket** N bolsa *f* de comida

'Lunge F ⟨~; ~n⟩ ANAT pulmón *m*; *Fleischerei*: bofes *mpl*; *fig* **~n** *e-r Stadt*: respiradero *m*; MED **eiserne ~** pulmón *m* de acero; **sich** (*dat*) **die ~ aus dem Hals schreien** gritar a pleno pulmón, *umg* desgañitarse; **(auf) ~ rauchen** tragar el humo; *umg* **es auf der ~ haben** estar enfermo del pulmón

'Lungen... IN ZSSGN *oft* pulmonar; **Lungenarterie** F ANAT arteria *f* pulmonar; **Lungenbläschen** N ANAT alvéolo *m* pulmonar; **Lungenembolie** F MED embolia *f* pulmonar; **Lungenentzündung** F MED neumonía *f*, pulmonía *f*; **Lungenflügel** M ANAT lóbulo *m* pulmonar; **Lungenfunktion** F MED función *f* pulmonar; **Lungenhaschee** N ⟨~s; ~s⟩ GASTR picadillo *m* de bofes de ternera; **Lungenheilstätte** F sanatorio *m* antituberculoso; **lungenkrank** ADJ enfermo del pulmón; *weitS.* tuberculoso, tísico; **Lungenkranke** M/F enfermo *m*, -a *f* del pulmón; tuberculoso *m*, -a *f*, *umg* tísico *m*, -a *f*; **Lungenkrankheit** F MED afección *f* (*od* enfermedad *f*) pulmonar; **Lungenkraut** N BOT pulmonaria *f*; **Lungenkrebs** M MED cáncer *m* del pulmón; **Lungenlappen** M ANAT lóbulo *m* pulmonar

'lungenleidend ADJ → lungenkrank

'Lungensanatorium N sanatorio *m* antituberculoso; **Lungenspitze** F ANAT vértice *m* del pulmón; **Lungentuberkulose** F MED tuberculosis *f* pulmonar; **Lungenvene** F ANAT vena *f* pulmonar; **Lungenzug** M **einen ~ machen** inhalar el humo

'lungern VI *umg* holgazanear, vaguear, *umg* hacer el vago

'Lungern N ⟨~s⟩ *umg* holgazanería *f*; vaguería *f*

'Lunker M ⟨~s; ~⟩ METALL rechupe *m*

'Lunte F ⟨~; ~n⟩ *umg fig* **~ riechen** *umg* oler el pastel

'Lupe F ⟨~; ~n⟩ OPT lente *f* de aumento, lupa *f*; *fig* **unter die ~ nehmen** examinar de cerca; escrutar; *umg* pasar por el tamiz

'lupenrein ADJ *Edelstein* puro; *fig* impecable

'lupfen, 'lüpfen VT alzar ligeramente

Lu'pine F ⟨~; ~n⟩ BOT altramuz *m*, lupino *m*

'Lupus M ⟨~; ~ *od* ~se⟩ MED lupus *m*

Lurch M ⟨~(e)s; ~e⟩ ZOOL anfibio *m*, batracio

m

'Lurex® N ⟨~⟩ *Glitzerstoff*: lurex® *m*

Lust F ⟨~; ¨-e⟩ **1** *(Verlangen)* gana(s) *f(pl)*; *(Neigung)* inclinación *f*; *(Wunsch)* deseo *m*; **~ auf etw** *(acus)* **haben** tener ganas de a/c; **worauf hast du ~?** ¿qué te apetece?; **ich habe ~ auf ein Stück Kuchen** me apetece un trozo de pastel; **(große) ~ haben zu** *(inf)* tener (muchas) ganas de *(inf)*; **er hat keine ~ dazu** no tiene ganas de eso; *schroff*: no le da la gana; **er hat keine ~ zu arbeiten** no tiene ganas de trabajar; **hast du ~ auszugehen?** ¿te apetece salir?; **ich habe keine rechte ~ dazu** no estoy para ello; **wenn Sie ~ dazu haben** si le gusta; **er hat zu nichts ~** nada le gusta; **ich bekomme ~, zu** *(inf)* me están dando ganas de *(inf)*; **j-m ~ machen** hacer a alg entrar en ganas (**zu** de); **j-m die ~ zu etw nehmen** quitar a alg las ganas de a/c; **die ~ verlieren zu** perder las ganas de; **die ~ dazu ist mir vergangen** se me han quitado las ganas de ello **2** *(Gefallen, Vergnügen, Genuss)* placer *m*; gusto *m*; *(Freude)* alegría *f*, gozo *m*; **es ist eine ~, ihn tanzen sehen** es un verdadero placer (*od* da gusto) verle bailar; **seine ~ an etw haben** tener placer en (*bzw* tomar gusto a) a/c; **mit ~ und Liebe** con verdadero placer; de mil amores; **nach ~ und Laune** a placer **3** *geh sexuelle*: deseo *m*; *(Wollust)* voluptuosidad *f*; **seine ~ befriedigen** satisfacer sus pasiones; *geh* **seinen Lüsten frönen** ser esclavo de sus pasiones

'Lustbarkeit F ⟨~; ~en⟩ *geh, obs* diversión *f*; espectáculo *m* (público), *Am* farra *f*; **Lustempfindung** F sensación *f* de placer; deleite *m*

'Lüster M ⟨~s; ~⟩ **1** *(Kronleuchter)* araña *f* **2** TEX lustrina *f*; **Lüsterklemme** F ELEK regleta *f*

'lüstern ADJ *geh (gierig)* codicioso (**nach** *dat* de); *(geil)* lascivo, lujurioso; **~ nach etw** *(dat)* **sein** codiciar a/c; desear (*od* ansiar) a/c; **Lüsternheit** F ⟨~⟩ *geh (Habgier)* codicia *f*; *(Geilheit)* lascivia *f*; concupiscencia *f*; lujuria *f*

'lusterregend ADJ apetitoso; excitante; **lustfeindlich** ADJ ascético, antihedonista

'Lustgarten M jardín *m* de recreo; **Lustgefühl** N → Lustempfindung; **Lustgreis** M *umg pej* viejo *m* verde

'lustig **A** ADJ **1** *(fröhlich)* alegre **2** *(belustigend)* divertido, gracioso; *(komisch)* cómico; *(witzig)* chistoso; THEAT **~e Person** gracioso *m*; **es war sehr ~** fue muy divertido; **das finde ich gar nicht ~** no me hace ninguna gracia **3** *iron* **das kann ja ~ werden** vamos a estar divertidos; *iron* **sehr ~!** ¡muy gracioso! **4** **sich über j-n/etw ~ machen** burlarse de alg/a/c, reírse de alg/a/c; *umg* pitorrearse de alg/a/c **B** ADV con gracia; **es geht ~ zu** se divierte uno de lo lindo; *umg* **~ drauflos** a lo que salga

'Lustigkeit F ⟨~⟩ alegría *f*; buen humor *m*

'Lüstling M ⟨~s; ~e⟩ *obs, pej* libertino *m*

'lustlos ADJ sin ánimos (*od* ganas), falto de ánimos (*od* ganas); desanimado; sin animación (*a.* WIRTSCH *Börse*); **Lustlosigkeit** F ⟨~⟩ falta *f* de ánimos (*od* ganas); falta *f* de animación *f*; desanimación *f* (*a.* WIRTSCH *Börse*)

'Lustmolch M *umg pej, oft hum* libertino *m*; **Lustmord** M JUR asesinato *m* con motivación sexual

'Lustrum N ⟨~s; Lustra *od* Lustren⟩ HIST lustro *m*

'Lustschloss N palacio *m* de recreo

'Lustspiel N THEAT comedia *f*; **Lustspieldichter** M, **Lustspieldichterin** F comediógrafo *m*, -a *f*

'lustvoll ADJ lleno de ganas, voluptuoso; **lustwandeln** VI ⟨sn⟩ pasearse, (de)ambular

luth. ABK (lutherisch) luterano

'Luther EIGENN Lutero *m*

Luthe'raner M ⟨~s; ~⟩, **Lutheranerin** F ⟨~; ~nen⟩ luterano *m*, -a *f*

'lutherisch ADJ luterano; **Luthertum** N ⟨~s⟩ luteranismo *m*

'Lutschbonbon M, N caramelo *m*

'lutschen **A** VT chupar; chupetear **B** VI **an etw** *(dat)* **~** chupar a/c

'Lutscher M ⟨~s; ~⟩ caramelo *m* de palo, pirulí *m*; **Lutschtablette** F pastilla *f* para chupar

'Lüttich N ⟨~s⟩ *Stadt*: Lieja *f*

Luv F ⟨~⟩ SCHIFF barlovento *m*

'luven VI SCHIFF orzar; barloventear

'Luvseite F SCHIFF (costado *m* de) barlovento *m*; **luvwärts** ADV SCHIFF a (*od* hacia) barlovento

Lux N ⟨~; ~⟩ PHYS *Maß*: lux *m*

'Luxemburg N ⟨~s⟩ *Staat, Stadt*: Luxemburgo *m*; **Luxemburger** M ⟨~s; ~⟩, **Luxemburgerin** F ⟨~; ~nen⟩ luxemburgués *m*, -esa *f*; **luxemburgisch** ADJ luxemburgués, de Luxemburgo

luxuri'ös ADJ lujoso; suntuoso; de lujo

'Luxus M ⟨~⟩ lujo *m*; suntuosidad *f*; **sich** *(dat)* **den ~ leisten, zu** permitirse el lujo de; **das ist ~** *(überflüssig)* eso es un lujo

'Luxusartikel M artículo *m* de lujo; **Luxusausführung** F modelo *m* de lujo; acabado *m* (*od* terminación *f*) de lujo; **Luxusausgabe** F *Buch*: edición *f* de lujo; **Luxusauto** N coche *m* (*od* auto *m od Am* carro *m*) de lujo; **Luxusdampfer** M vapor *m* de lujo; **Luxusgut** N artículo *m* de lujo; **Luxusherberge** F, **Luxushotel** N hotel *m* de lujo; **Luxuskabine** F SCHIFF camarote *m* de lujo; **Luxusliner** [-laɪnər] M ⟨~s; ~⟩ vapor *m*, buque *m* de lujo; **Luxusmodernisierung** F modernización *f* de lujo; **Luxusrestaurant** N restaurante *m* de lujo; **Luxussanierung** F saneamiento *m* de lujo; **Luxussteuer** F impuesto *m* suntuario; impuesto *m* de lujo; **Luxusware** F artículo *m* de lujo; **Luxuswohnung** F vivienda *f* de lujo

Lu'zern N ⟨~s⟩ Lucerna *f*

Lu'zerne F ⟨~; ~n⟩ BOT alfalfa *f*

'Luzifer ⟨~s⟩ M Lucifer *m*

LV'A F ABK → Landesversicherungsanstalt

LW F ABK (Langwelle) onda *f* larga

lym'phatisch ADJ linfático

'Lymphdrüse F ANAT ganglio *m* linfático

'Lymphe F ⟨~; ~n⟩ PHYSIOL linfa *f*

'Lymphgefäß N ANAT vaso *m* linfático; **Lymphknoten** M ANAT ganglio *m* linfático

'lynchen VT linchar

'Lynchen N ⟨~s⟩, **Lynchjustiz** F linchamiento *m*

'Lyra F ⟨~; Lyren⟩ **1** MUS lira *f* **2** ASTRON Lira *f*

'Lyrik F ⟨~⟩ (poesía *f*) lírica *f*; **Lyrikband** M ⟨~(e)s; ¨-e⟩ libro *m* de poemas; **Lyriker** M ⟨~s; ~⟩ (poeta *m*) lírico *m*; **Lyrikerin** F ⟨~; ~nen⟩ poeta *f*; poetisa *f*

'lyrisch ADJ lírico

Ly'zeum [-'tseːʊm] N ⟨~s; Lyzeen⟩ **1** *obs* liceo *m* **2** *schweiz reg* instituto *m* de bachillerato

M

M, m ⟨~; ~⟩ N M, m *f*

m ABK (Meter) m (metro)

mA ABK (Milliampere) mA (miliamperio)

MA. ABK (Mittelalter) Edad *f* Media

M. A. [ɛm'ʔaː] ABK (Magister Artium) → Magister

Mä'ander M ⟨~s; ~⟩ GEOL meandro *m*; *Kunst: (Zierband)* greca *f*; **mäandern** VI GEOL *Fluss* hacer meandros

Maar N ⟨~(e)s; ~e⟩ GEOL lago *m* (de origen) volcánico

Maas F ⟨~⟩ *Fluss*: Mosa *m*

Maat M ⟨~(e)s; ~e *od* ~en⟩ SCHIFF cabo *m* de mar; marinero *m* de primera

Maca'damianuss F (nuez *f* de) macadamia *f*

'Machart F tipo *m* (de construcción); estilo *m*; forma *f*; *Kleid*: hechura *f*; **machbar** ADJ factible, viable, practicable; **Machbarkeitsstudie** F estudio *m* de viabilidad

'Mache F ⟨~⟩ *umg* **1** *(Getue)* afectación *f*; *(Vortäuschung)* apariencia *f* engañosa; **das ist doch nur ~** es pura comedia; es todo teatro **2** *(Anfertigung)* **etw in der ~ haben** tener a/c entre manos

'machen

A transitives Verb **B** intransitives Verb **C** reflexives Verb

— **A** transitives Verb —

1 hacer; *(schaffen)* crear; formar; *(herstellen)* fabricar, elaborar; confeccionar; *(erzeugen)* producir; *Komma, Punkt etc* poner; **Gewinn ~** obtener beneficios; **Verlust ~** sufrir pérdidas; **Feuer ~** hacer fuego; **(sich** *dat***) etw ~ lassen** hacerse a/c; mandar hacer a/c (**von j-m** a alg); **sich** *(dat)* **ein paar schöne Stunden ~** pasar un rato bueno; **was macht er?** *allgemein*: ¿qué hace?, *beruflich*: ¿a qué se dedica?; *(wie geht es ihm?)* ¿cómo le va?, ¿qué es de él?; **was soll ich nur ~?** ¿qué voy a hacer?; **was ist da zu ~?** *od* **was soll man da ~?** ¿qué vamos a hacer?; ¿qué se ha de hacer?; *umg* **(da ist) nichts zu ~** no hay nada que hacer; no se puede hacer nada; **das macht man nicht** eso no se hace; **das macht man so** esto se hace así **2** *(erledigen, ausführen)* hacer; ejecutar; **Licht ~** encender la luz; **den Abwasch ~** fregar (los platos); **die Einkäufe ~** hacer la compra; **noch einmal ~** volver a (hacer); **es so ~, dass …** hacerlo de manera que … *(subj)*; **er macht die Reparatur nicht unter 200 Euro** no lo repara por menos de 200 euros; *umg* **~ wir!** ¡de acuerdo! **3** *mit adj & adv*: hacer, poner; **dick ~** engordar; **j-n gesund ~** sanar (*od* curar) a alg; **j-n glücklich/unglücklich ~** hacer feliz/desgraciado a alg; **j-n krank/nervös/traurig/wütend ~** poner enfermo/nervioso/triste/furioso a alg; **es kurz ~** ser breve; **richtig/falsch ~** hacer bien/mal; **müde ~** cansar; **nass ~** mojar; **du machst mich verrückt** me vuelves loco; **mach's gut!** ¡adiós!; ¡buena suerte!; ¡que te vaya bien! **4** *(ergeben)* **wie viel** *od* **was macht das?** ¿cuánto es (esto)?; **das macht zusammen 12 Euro** son doce euros en total; **2 mal 2 macht 4** dos por dos son cuatro **5** *(verursachen)* causar, provocar, producir; **j-m Angst ~** dar miedo (*od* asustar) a alg; **Appetit ~** abrir el apetito; **Durst ~** dar sed; **j-m Hoffnung ~** dar esperanza a alg; **j-m Mut ~** alentar a alg; **j-m Sorgen ~** preocupar a alg;

etw macht Spaß a/c es divertido; **das macht das Wetter** es el tiempo **6** *umg (in Ordnung bringen)* **das Bett ~** hacer la cama; **das Zimmer ~** hacer (*od* arreglar) la habitación **7** *(schaden)* **was macht das (schon)!** ¿qué importa (eso)?; ¿qué más da?; **das macht nichts!** *(nichts passiert)* ¡no pasa nada!; *(das ist nicht wichtig)* ¡no tiene importancia!; ¡no importa!; ¡no es nada! **8** *umg* **den Clown ~** hacer el payaso, hacer payasadas; **den Schiedsrichter ~** hacer de árbitro **9** *mit präp:* **etw aus etw ~** hacer a/c de a/c; **daraus kann man etwas ~** de esto se puede sacar partido; **sich** *(dat)* **viel aus etw ~** dar mucha importancia a a/c; **ich mache mir nichts daraus** *(mag es nicht gern)* no me gusta; *(nehme es leicht)* no me importa, me da igual; *umg* **mach dir nichts draus!** ¡no te preocupes por eso!; ¡no hagas caso!; **etw für etw/j-n ~** hacer a/c para a/c/alg; *um e-r Sache/j-s Willen:* hacer a/c por a/c/alg; **das ist wie für Sie gemacht** le viene como anillo al dedo; **dagegen kann man nichts ~** esto no tiene remedio; no hay nada que hacer; **etw mit etw/j-m ~** hacer a/c con a/c/alg; **er lässt alles mit sich ~** con él se puede hacer lo que se quiera; **j-n zum General/Minister/Direktor ~** nombrar (*od* hacer) general/ministro/director a alg

— **B** intransitives Verb —

1 **j-n ~ lassen** dejar a alg hacer lo que le plazca; *umg* **lass mich nur ~** ya lo hago yo; déjalo de mi cuenta; **lange ~** tardar mucho; **~ Sie, dass ...** haga usted que ... *(subj)* **2** *umg (sich beeilen)* **ich muss ~, dass ich nach Hause komme** tengo que irme deprisa a casa; **(nun) mach schon!** ¡venga!, ¡date prisa!; **macht, dass ihr wegkommt!** *umg* ¡largaos de aquí! **3** *umg* **ins Bett ~** *umg* hacerse en la cama **4** *umg* **auf vornehm ~** hacerse el elegante; darse aires de gran señor; HANDEL *umg* **in etw** *(dat)* **~** comerciar a/c, tratar en a/c

— **C** reflexives Verb —

1 **sich ~** *umg (sich entwickeln)* hacerse, volverse; **der Junge macht sich** el chico hace progresos (*od* va mejorando); *umg* **es macht sich** *umg* poco a poco va quedando bien **2** *Person* **sich hübsch ~** arreglarse; **sich interessant ~** hacerse el interesante **3** *Sache* **sich gut ~** *(gut passen)* quedar bien; **das lässt sich ~** es factible (*od* viable); se puede arreglar; **wenn es sich ~ lässt** si puede ser; si es posible **4** *Arbeit etc:* **sich an etw** *(acus)* **~** ponerse a hacer a/c; emprender a/c; empezar a/c

'Machenschaften F̲P̲L̲ maquinaciones *fpl*; manejos *mpl*; intrigas *fpl*; tretas *fpl*

'Macher M̲ ⟨~s; ~⟩ *umg fig* hombre *m* de acción; *(Anstifter)* cerebro *m*; **Macherin** F̲ ⟨~; ~nen⟩ mujer *f* de acción; *(Anstifterin)* cerebro *m*

Ma'chete F̲ ⟨~; ~n⟩ machete *m*

machiavel'listisch A̲D̲J̲ *geh* maquiavélico

Ma'chismo [mat'ʃɪsmo] M̲ ⟨~(s)⟩ machismo *m*

'Macho ['matʃo] M̲ ⟨~(s); ~s⟩ *umg* machista *m*

Macht F̲ ⟨~; ⸚e⟩ **1** *(Gewalt)* poder *m*; poderío *m*; *(Kraft)* fuerza *f (a.* MIL*)*; *gesetzmäßige:* autoridad *f*; *(Befehlsgewalt)* mando *m*; **die ~ übernehmen** *od* **ergreifen** asumir el poder; POL **an der ~ sein** estar en el poder; **an die ~ kommen** llegar (*od* subir) al poder; **aus eigener ~** por propio impulso, *umg* por sí y ante sí; **es steht nicht in meiner ~** no está en mi poder; no depende de mí; **ich tue alles, was in meiner ~ steht** hago todo lo posible; **mit aller ~** con todo su poder; con toda energía **2** *fig (Einfluss)* influencia *f*; ascendiente *m*; influjo *m*; **die ~ der Gewohnheit/des Schicksals** la fuerza de la costumbre/del destino **3** *(Staat)* potencia *f*

'Machtantritt M̲ llegada *f* al poder; **Machtapparat** M̲ aparato *m* de poder; **Machtbefugnis** F̲ poder *m*; autoridad *f*; **Machtbereich** M̲ esfera *f* de influencia; *e-s Staates:* jurisdicción *f*; *e-r Person:* competencia *f*; **Machtbeteiligung** F̲ participación *f* en el poder

'machtbewusst A̲D̲J̲ consciente del (*od* de su) poder

'Machtdemonstration F̲ demostración *f* de poder; **Machtelite** F̲ élite *f* de poder; **Machtergreifung** F̲ toma *f* de poder; acceso *m* (*od* subida *f*) al poder; **Machterhalt** M̲, **Machterhaltung** F̲ consecución *f* del poder; **Machtfaktor** M̲ factor *m* de poder; **Machtfülle** F̲ plenitud *f* de poderes

'machtgeil A̲D̲J̲ *sl pej* ansioso de poder; **Machtgelüste** P̲L̲, **Machtgier** F̲ ansia *f* (*od* afán *m*) de poder; **machtgierig** A̲D̲J̲ ávido de poder

'Machthaber M̲ ⟨~s; ~⟩, **Machthaberin** F̲ ⟨~; ~nen⟩ dirigente *m/f*; gobernante *m/f*; *(Diktator, -in)* dictador *m*, -a *f*; **machthaberisch** A̲D̲J̲ autoritario; dictatorial; despótico

'Machthunger M̲ sed *m* de poder; **machthungrig** A̲D̲J̲ ávido de poder

'mächtig **A** A̲D̲J̲ **1** *bes* POL poderoso; fuerte; imponente; potente **2** *umg (sehr groß)* enorme, tremendo, inmenso; *(beträchtlich)* considerable; **~en Hunger haben** *umg* tener un hambre canina **3** **einer Sprache ~ sein** dominar una lengua (*od* un idioma); **seiner (selbst) ~ sein** ser dueño de sí (mismo); **seiner (selbst) nicht ~ sein** no ser dueño de sí (mismo), no poder dominarse **B** A̲D̲V̲ *umg (sehr)* muy; mucho; enormemente, fuertemente; **~ viel** *umg* a porrillo; *umg* **er arbeitet ~** trabaja como una fiera; **~ schreien** gritar con todas las fuerzas

'Mächtige M̲/̲F̲ ⟨~n; ~n; → A⟩ **die ~n** los poderosos; **Mächtigkeit** F̲ ⟨~⟩ BERGB riqueza *f*; espesor *m*; extensión *f*

'Machtkalkül N̲ cálculo *m* de poder; **Machtkampf** M̲ lucha *f* por el poder; **Machtkartell** N̲ cártel *m* de poder; **Machtkonzentration** F̲ concentración *f* de poder

'machtlos A̲D̲J̲ sin poder; impotente; débil; **dagegen ist man ~** contra eso no se puede (hacer nada); **Machtlosigkeit** F̲ ⟨~⟩ impotencia *f*; debilidad *f*

'Machtmissbrauch M̲ abuso *m* de(l) poder; **Machtmittel** N̲P̲L̲ medios *mpl* de poder; POL fuerzas *fpl* coactivas; **Machtpoker** M̲ apuesta *f* de poder; **Machtpolitik** F̲ política *f* de la fuerza; **Machtposition** F̲ posición *f* de poder (*od* de fuerza); **Machtprobe** F̲ prueba *f* de fuerza; **Machtspiel** N̲ juego *m* de poder; **Machtstellung** F̲ poderío *m*; autoridad *f*; **Machtstreben** N̲ ambición *f* de poder; **Machtübergabe** F̲ transmisión *f* (*od* entrega *f*) de poder; **Machtübernahme** F̲ → Machtergreifung; **Machtvakuum** N̲ POL vacío *m* de poder; **Machtverhältnis** N̲ relación *f* de poder; **Machtverlust** M̲ pérdida *f* de(l) poder

'machtvoll A̲D̲J̲ poderoso

'Machtvollkommenheit F̲ poder *m* absoluto; **aus eigener ~** en ejercicio de su propia autoridad; **Machtwechsel** M̲ cambio *m* de gobierno; **Machtwort** N̲ ⟨~(e)s; ~e⟩ decisión *f* terminante; palabra *f* enérgica; orden *f* perentoria; **ein ~ sprechen** imponer su autoridad; hablar con autoridad; **Machtzuwachs** M̲ aumento *m* (*od* incremento *m*) de(l) poder

'Machwerk N̲ ⟨~(e)s; ~e⟩ *umg pej* mamarracho *m*; *umg* chapuza *f*; *umg* birria *f*; **Machzahl** F̲ PHYS número *m* (de) Mach

'Macke F̲ ⟨~; ~n⟩ *umg* **eine ~ haben** *umg* estar chiflado (*od* chaveta)

'Macker M̲ ⟨~s; ~⟩ *umg pej* ligue *m*

'Mac-Welt F̲ *umg* IT mundo *m* Mac

MAD M̲ A̲B̲K̲ (Militärischer Abschirmdienst) MIL *BRD:* Servicio *m* Militar de Contraespionaje

Mada'gaskar N̲ ⟨~s⟩ Madagascar *m*; **Madagasse** M̲ ⟨~n; ~n⟩, **Madagassin** F̲ ⟨~; ~nen⟩ malgache *m/f*; **madagassisch** A̲D̲J̲ malgache *m*

'Mädchen N̲ ⟨~s; ~⟩ **1** muchacha *f*, chica *f*; *umg* moza *f*; *(Kind)* niña *f*, *umg* nena *f*; **kleines ~** chiquilla *f*; **junges ~** joven *f* **2** *(Dienstmädchen)* criada *f*, *sp* asistenta *f*; *Arg* mucama *f*; **~ für alles** chica *f* para todo; *umg fig* comodín *m*, factótum *m*

'Mädchenarbeit F̲ trabajo *m* (*od* tarea *f*) de chicas (*od* de mujeres); **mädchenhaft** A̲D̲J̲ de niña; como una niña; *(jugendlich)* juvenil; **Mädchenhaftigkeit** F̲ ⟨~⟩ carácter *m* (*od* condición *f*) de muchacha; aire *m* juvenil; **Mädchenhandel** M̲ trata *f* de blancas; **Mädchenname** M̲ **1** nombre *m* de muchacha **2** *e-r Frau:* apellido *m* de soltera; **Mädchenschule** F̲ escuela *f* de niñas; *staatliche:* instituto *m* femenino

made [meːt] A̲D̲J̲ **~ in** fabricado en

'Made F̲ ⟨~; ~n⟩ ZOOL cresa *f*; *umg (Wurm)* gusano *m*; *fig* **wie die ~ im Speck leben** vivir a sus anchas

Ma'deira [ma'deːra] **A** N̲ ⟨~s⟩ GEOG (isla *f* de) Madeira *f* **B** M̲ ⟨~s; ~s⟩ → Madeirawein; **Madeirawein** M̲ madeira *m*; vino *m* de Madeira

'Mädel N̲ ⟨~s; ~ *od umg* ~s *od südd, österr* ~n⟩ muchacha *f*, chica *f*

'Madenwurm M̲ ZOOL oxiuro *m*

Ma'dera *etc* → Madeira *etc*

'Mädesüß N̲ ⟨~⟩ BOT reina *f* de los prados

'madig A̲D̲J̲ lleno de cresas; *Obst* agusanado; **madigmachen** V̲/̲T̲ *umg fig* **etw/j-n ~** zaherir (*od* desacreditar) a/c/a alg; **j-m etw ~** quitar las ganas a alg

Ma'donna F̲ ⟨~; Madonnen⟩ Virgen *f*; **Madonnenbild** N̲ cuadro *m* de la Virgen; Mado(n)na *f*; **madonnenhaft** A̲D̲J̲ como una Virgen (*od* Mado(n)na)

Ma'drid N̲ ⟨~s⟩ Madrid *m*; **aus ~** madrileño, *lit* matritense; **Madrider** M̲ ⟨~s; ~⟩, **Madriderin** F̲ ⟨~; ~nen⟩ madrileño *m*, -a *f*

Madri'gal N̲ ⟨~s; ~e⟩ REL madrigal *m*

Madri'lene ⟨~n; ~n⟩ M̲, **Madrilenin** F̲ ⟨~; ~nen⟩ → Madrider

'Mafia F̲ ⟨~; ~s⟩ mafia *f*; **Mafia-Boss** M̲ jefe *m* de la mafia; capo *m*

mafi'os A̲D̲J̲ mafioso

Mafi'oso M̲ ⟨~(s); Mafiosi⟩ mafioso *m*

mag → mögen

Maga'zin N̲ ⟨~s; ~e⟩ **1** *(Lager)* almacén *m*, depósito *m* **2** *(Zeitschrift)* revista *f* ilustrada; RADIO, TV revista *f* **3** *e-r Waffe:* cargador *m*; *(Diamagazin)* carro *m*; **Magazinsendung** F̲ TV magazin *m*; **Magazinverwalter** M̲, **Magazinverwalterin** F̲ almacenero *m*, -a *f*; almacenista *m/f*; jefe *m*, -a *f* de depósito (*od* de almacén)

Magd [maːkt] F̲ ⟨~; ⸚e⟩ *obs* **1** criada *f (a.* AGR*)*, sirvienta *f* **2** *lit (Jungfer)* doncella *f*

'Magen M̲ ⟨~s; ⸚ *od* ~⟩ **1** ANAT estómago *m*; *der Vögel:* molleja *f*; **einen guten/schwachen ~ haben** tener buen estómago/ser flaco de estómago; **einen leeren/vollen ~ haben** tener el estómago vacío/lleno; **(j-m) den ~ auspumpen** hacer un lavado de estómago (a alg); **sich** *(dat)* **den ~ verderben** indigestarse; **auf leeren** *od* **nüchternen ~** en ayunas; a palo seco *(a. fig)*; **nichts im ~ haben** estar en ayunas; **schwer im ~ liegen** *Essen* producir pesadez de estómago; *umg* sentar como un tiro; *fig* preocupar mucho; *umg* **diese Geschichte liegt mir (schwer) im ~** esa historia me ha sentado como un tiro **2** **mir dreht sich der ~ um** se me revuelve el estómago; **mir knurrt der ~** me hace ruido el estómago (de hambre); *umg* **mir hängt der ~ in den Kniekehlen** *umg* tengo el estómago en los pies

'Magenausgang M ANAT píloro *m*; **Magenbeschwerden** FPL molestias *fpl* de estómago; **Magenbitter** M estomacal *m*; **Magenblutung** F MED hemorragia *f* gástrica; gastrorragia *f*; **Magen-Darm-Kanal** M ANAT tubo *m* digestivo; **Magen-Darm--Katarr(h)** M MED gastroenteritis *f*; **Magendrücken** N MED pesadez *f* de estómago; **Mageneingang** M ANAT cardias *m*; **Magenerweiterung** F MED gastrectasia *f*, dilatación *f* de estómago; **Magengegend** F ANAT región *f* epigástrica (*od* del estómago); **Magengeschwür** N MED úlcera *f* gástrica (*od* del estómago); **Magengrube** F ANAT hueco *m* epigástrico; **Magenknurren** N ruido *m* de tripas; borborigmos *mpl*; **Magenkrampf** M MED gastrospasmo *m*

'magenkrank ADJ MED **~ sein** padecer del estómago, estar enfermo del estómago; **Magenkrankheit** F MED gastropatía *f*, enfermedad *f* del estómago

'Magenkrebs M MED cáncer *m* del estómago; **Magenleiden** N MED afección *f* (*od* enfermedad *f*) del estómago; **Magenmittel** N PHARM estomacal *m*; **Magenmund** M → Mageneingang; **Magenpförtner** M → Magenausgang; **Magenresektion** F MED gastrectomía *f*; **Magensaft** M PHYSIOL jugo *m* gástrico; **Magensäure** F PHYSIOL acidez *f* gástrica (*od* del estómago)

'Magenschleimhaut F ANAT mucosa *f* del estómago; **Magenschleimhautentzündung** F MED gastritis *f*

'Magenschmerz M MED gastralgia *f*, dolor *m* de estómago; **~en haben** tener dolor de estómago; **Magensonde** F sonda *f* gástrica; **Magenspiegelung** F MED gastroscopia *f*; **Magenspülung** F MED lavado *m* de estómago (*od* gástrico); **magenstärkend** ADJ estomacal; **Magenverstimmung** F MED indigestión *f*

'mager ADJ **1** (*dürr*) flaco, enjuto (de carnes); (*abgemagert*) escuálido, demacrado; **~(er) werden** enflaquecer **2** (*fettarm*) bajo en grasa, light; *Kost* escaso, poco abundante, frugal; **mageres Fleisch** magro *m*; **~e Kost** comida *f* frugal; **die (sieben) ~en Jahre** las vacas flacas **3** *fig Ergebnis* pobre; (*dürftig*) insuficiente **4** AGR *Boden* árido, estéril **5** TYPO fino

'Magerkäse M queso *m* bajo en grasa (*od* light); **Magerkeit** F ⟨~⟩ **1** (*Schlankheit*) delgadez *f* **2** (*Dürftigkeit*) pobreza *f*, insuficiencia *f*; *Boden*: aridez *f*, esterilidad *f*; **Magerkohle** F hulla *f* seca; **Magermilch** F leche *f* desnatada (*od* descremada); **Magerquark** M requesón *m* desnatado; **Magersucht** F ⟨~⟩ MED anorexia *f*; **magersüchtig** ADJ MED anoréxico

'Maghreb M ⟨~⟩ Magreb *m*

'Maghreb'iner M ⟨~s; ~⟩, **Maghrebinerin** F ⟨~; ~nen⟩ magrebí *m/f*; magrebino *m*, -a *f*; mogrebino *m*, -a *f*; **maghrebinisch** ADJ magrebí; mogrebí

Ma'gie [ma'gi:] F ⟨~⟩ magia *f*; **schwarze ~** magia *f* negra

'Magier ['ma:giər] M ⟨~s; ~⟩, **Magierin** F ⟨~; ~nen⟩ mago *m*, -a *f*

'magisch ADJ mágico; **~es Auge** ojo *m* mágico

Ma'gister M ⟨~s; ~⟩ **1** *BRD Titel* → Magister Artium **2** *österr Titel* *título de licenciatura de determinadas carreras* **3** *Titelinhaber*: ≈ licenciado *m* **4** HIST maestro *m*; **Magister Artium** [-'artsiʊm] M, **Magistra Artium** F *título de licenciatura de letras*

Magis'trale F ⟨~; ~n⟩ *Verkehr*: calle *f* (*od* avenida *f*) principal; **Magis'trat** M ⟨~(e)s; ~e⟩ ayuntamiento *m*; consejo *m* municipal

Magis'tratsbeamte(r) M, **Magistratsbeamtin** F funcionario *m*, -a *f* municipal

'Magma N ⟨~s; Magmen⟩ GEOL magma *m*

Mag'nat M ⟨~en; ~en⟩ magnate *m*

Mag'nesia F ⟨~⟩ CHEM magnesia *f*

Mag'nesium N ⟨~s⟩ CHEM magnesio *m*; **magnesiumhaltig** ADJ magnésico; **Magnesiumpulver** N magnesio *m* pulverizado (*od* en polvo)

Mag'net M ⟨~(e)s *od* ~en; ~e *od* ~en⟩ imán *m* (*a. fig*); **Magnetanker** M armadura *f* de un imán; **Magnetbahn** F ferrocarril *m* electromagnético; **Magnetband** N cinta *f* magnética; **Magneteisen** N hierro *m* magnético; **Magneteisenerz** N, **Magneteisenstein** M MINER magnetita *f*, imán *m* natural, piedra *f* imán; **magnetelektrisch** ADJ magneto-eléctrico; **Magnetfeld** N campo *m* magnético

mag'netisch ADJ magnético; imantado; **~ machen** imantar; **~ werden** imantarse

Magneti'seur [-'zø:r] M ⟨~s; ~e⟩ magnetizador *m*; **magneti'sieren** V/T ⟨*ohne* ge-⟩ imantar; magnetizar (*a. fig*); **Magneti'sieren** N ⟨~s⟩, **Magneti'sierung** F ⟨~; ~en⟩ imantación *f*; magnetización *f*

Magne'tismus M ⟨~⟩ magnetismo *m*

Mag'netkarte F tarjeta *f* magnética; **Magnetkopf** M cabeza *f* magnética; **Magnetkupplung** F acoplamiento *m* magnético; **Magnetnadel** F aguja *f* magnética (*od* imantada)

Magneto'meter N ⟨~s; ~⟩ magnetómetro *m*

Mag'netpol M polo *m* del imán; **Magnetschalter** M conmutador *m* de magneto; **Magnetschnellbahn** F tren *m* de cercanías electromagnético; **Magnetschwebebahn** F tren *m* de suspensión magnética; **Magnetspule** F bobina *f* (*od* carrete *m*) del electroimán; **Magnetstab** M barra *f* imantada; **Magnetstreifen** M banda *f* magnética; **Magnettonband** N → Magnetband; **Magnetwicklung** F arrollamiento *m* del electroimán; **Magnetzünder** M AUTO magneto *m*; **Magnetzündung** F encendido *m* magnetoeléctrico

Magnifi'cat N ⟨~(s); ~s⟩ magnífica(t) *m*

Mag'nolie [-liə] F ⟨~; ~n⟩ BOT magnolia *f*

mäh INT *v. Schafen*: ¡be!

Maha'goni N ⟨~s⟩, **Mahagoniholz** N (madera *f* de) caoba *f*

Maha'radscha M ⟨~s; ~s⟩ maharajá *m*

Maha'rani F maharaní *f*

Mahd F ⟨~; ~en⟩ AGR siega *f*

'Mähdrescher M ⟨~s; ~⟩ AGR segadora-trilladora *f*, cosechadora *f*

'mähen[1] V/T & V/I AGR segar (*a. fig*); *Gras a.* cortar, guadañar

'mähen[2] V/I *umg Schaf etc* balar

'Mähen[1] N ⟨~s⟩ AGR siega *f*

'Mähen[2] N ⟨~s⟩ *umg des Schafs etc*: balido *m*

'Mäher M ⟨~s; ~⟩, **Mäherin** F ⟨~; ~nen⟩ AGR segador *m*, -a *f*

Mahl N ⟨~(e)s; ¨er *od* ~e⟩ comida *f*; (*Festmahl*) banquete *m*; *lit* ágape *m*

'mahlen V/T moler; (*zerkleinern*) triturar; (*pulverisieren*) pulverizar

'Mahlen N ⟨~s⟩ molienda *f*, moltura *f*; trituración *f*; pulverización *f*

'Mahlgang M juego *m* de muelas; **Mahlgebühr** F, **Mahlgeld** N maquila *f*; **Mahlzahn** M molar *m*

'Mahlzeit F comida *f*; **(gesegnete) ~!** ¡buen provecho!, ¡que aproveche(n)!; *umg iron* **(na dann) prost ~!** *umg* ¡estamos apañados!; *umg* ¡apaga y vámonos!

'Mähmaschine F segadora *f*; (*Grasmähmaschine*) guadañadora *f*

'Mahnbescheid M JUR orden *f* de pago; **Mahnbrief** M HANDEL *Aufforderung*: carta *f* (*od* escrito *m*) de reclamación (*od* de requerimiento); *Warnung*: carta *f* de aviso; JUR escrito *m* de apremio

'Mähne F ⟨~; ~n⟩ *Pferd*: crines *fpl*; *Löwe*: melena *f* (*a. fig hum*)

'mahnen V/T & V/I **1** **j-n zu etw ~** *od* **j-n ~, etw zu tun** exhortar (*od* amonestar) a alg para (que haga) a/c **2** (*erinnern*) **j-n an etw** (*acus*) *od* **wegen etw** (*dat*) **~** recordar a/c a alg, advertir a/c a alg; **j-n wegen einer Schuld ~** exigir (*od* reclamar) a alg el pago de una deuda **3** HANDEL reclamar, mandar una reclamación (de pago), apremiar

'mahnend ADJ monitorio; exhortatorio

'Mahner M ⟨~s; ~⟩, **Mahnerin** F ⟨~; ~nen⟩ reclamante *m/f*; exhortador *m*, -a *f*

'Mahnfrist F plazo *m* de reclamación; **Mahngebühr** F gastos *mpl* de requerimiento; **Mahnmal** N monumento *m* conmemorativo; **Mahnruf** M advertencia *f*; exhortación *f*; **Mahnschreiben** N → Mahnbrief

'Mahnung F ⟨~; ~en⟩ **1** (*Erinnerung*) recordatorio *m*; HANDEL reclamación *f* (del pago); JUR apremio *m*; **j-m eine ~ schicken** enviar un recordatorio (*od* una reclamación) a alg **2** (*Warnung*) advertencia *f*, aviso *m*, *in Spiel u. Sport*: amonestación *f* **3** (*Aufforderung*) exhortación *f*; requerimiento *m*; monición *f*

'Mahnverfahren N JUR procedimiento *m* monitorio; **Mahnwache** F piquete *m*; **Mahnwort** N advertencia *f*; **Mahnzettel** M → Mahnbrief

'Mähre F ⟨~; ~n⟩ *obs* (*altes Pferd*) rocín *m*; *umg* penco *m*, jamelgo *m*

'Mähren N ⟨~s⟩ Moravia *f*; **mährisch** ADJ moravo

Mai M ⟨~(e)s; ~e⟩ mayo *m*; **der Erste ~** el primero (*od* uno) de mayo; **Maiandacht** F KATH flores *fpl* de mayo; **Maibaum** M (árbol *m* de) mayo *m*

Maid F ⟨~; ~en⟩ *lit* muchacha *f*; moza *f*; *poet* doncella *f*

'Maifeier F fiesta *f* del trabajo; **Maiglöckchen** N BOT lirio *m* de los valles, muguete *m*; **Maikäfer** M ZOOL abejorro *m* de San Juan (*od* sanjuanero)

Mail [me:l] F ⟨~; ~s⟩ *od* N ⟨~s; ~s⟩ IT mail *m*; **etw per ~ schicken** mandar *od* enviar a/c por e-mail; → *a* E-Mail

'Mailand N ⟨~s⟩ Milán *m*

'Mailänder M ⟨~s; ~⟩, **Mailänderin** F ⟨~; ~nen⟩ milanés *m*, -esa *f*; **mailändisch** ADJ milanés

'Mailbox ['me:lbɔks] F IT buzón *m* (electrónico), mail-box *m*; TEL buzón *m* de voz; **j-m auf die ~ sprechen** dejar un mensaje en el buzón de voz de alg

'mailen ['me:lən] V/T IT **j-m etw ~** mandar a/c a alg por correo electrónico; **j-m ~** mandar un mail a alg

'Mailing [me:lɪŋ] N ⟨~s; ~s⟩ IT mailing *m*; **Mailingliste** F IT lista *f* de correo, mailing list *m*

'Mailserver [me:lsœrvər] M IT servidor *m* de correo

Main M ⟨~s⟩ Main *m*, Meno *m*

'Mainframe ['me:nfre:m] M ⟨~s; ~s⟩ IT or-

denador m principal; unidad f principal; central f de procesamiento; **Mainstream** [-stri:m] M ⟨~s⟩ corriente f principal
Mainz N ⟨~⟩ Maguncia f
Mais M ⟨~es⟩ maíz m; **'Maisbrei** M Am mazamorra f; **'Maisbrot** N pan m de maíz; reg borona f; Arg pan m criollo
'Maischbottich M cuba f de macerar
'Maische F ⟨~; ~n⟩ cebada f macerada; malta f remojada; **maischen** V/T macerar
'Maisfeld N maizal m; **Maisfladen** M Am tortilla f; **Maisflocken** FPL copos mpl de maíz; **Maiskolben** M mazorca f, panocha f, panoja f; Arg essbarer: choclo m; **Maismehl** N harina f de maíz
Maison(n)ette [mɛzɔ'nɛt] F ⟨~; ~s⟩, **Maison(n)ettewohnung** F apartamento m dúplex; (Dachwohnung) a. ático m
'Maisstärke F fécula f de maíz
Majes'tät F ⟨~; ~en⟩ majestad f (a. fig); Anrede: Eure ~ Su Majestad; **majestätisch** ADJ majestuoso
Majes'tätsbeleidigung F lesa majestad f; **Majestätsverbrechen** N crimen m de lesa majestad
Ma'jolika F ⟨~; Majoliken⟩ mayólica f
Majo'näse F → Mayonnaise
Ma'jor M ⟨~s; ~e⟩ MIL comandante m
Majo'ran M ⟨~s; ~e⟩ BOT mejorana f
Majo'rat N ⟨~(e)s; ~e⟩ JUR mayorazgo m
Majori'tät F ⟨~; ~en⟩ mayoría f; **Majori'täts...** IN ZSSGN → Mehrheitsaktionär, Mehrheitsanteil etc
Ma'juskel F ⟨~; ~n⟩ TYPO (letra f) mayúscula f
ma'kaber ADJ macabro
Maka'dam M, N ⟨~s; ~e⟩ BAU macadán m; **makadami'sieren** V/T ⟨ohne ge-⟩ BAU macadamizar
Make'donien N ⟨~s⟩ Macedonia f; **Make'donier** M ⟨~s; ~⟩, **Makedonierin** F ⟨~; ~nen⟩ macedonio m, -a f; **makedonisch** ADJ macedonio; macedónico
'Makel M ⟨~s; ~⟩ (Fleck) mácula f, mancha f, manchilla f, tacha f; (Mangel, Fehler) falta f, defecto m
Mäke'lei F ⟨~; ~en⟩ crítica f mezquina
'mäkelig ADJ difícil (de contentar), descontentadizo; criticón
'makellos ADJ sin tacha, intachable; sin defecto; inmaculado; **Makellosigkeit** F ⟨~⟩ carácter m intachable; pureza f
'mäkeln V/I criticar (mezquinamente); **an etw** (dat) **~** poner defectos (od tachas) a a/c; **an allem ~** criticarlo (od encontrar defectos a) todo
'Mäkeln N ⟨~s⟩ crítica f mezquina
Make-'up [me:k'ʔap] N ⟨~s; ~s⟩ maquillaje m; **Make-upentferner** M desmaquillante m
Makka'roni PL macarrones mpl
'Makler M ⟨~s; ~⟩ HANDEL corredor m; agente m
'Mäkler M ⟨~s; ~⟩ criticastro m, criticón m
'Maklerbüro N correduría f; **Maklergebühr** F corretaje m; **Maklergeschäft** N corretaje m; **Maklerin** F ⟨~; ~en⟩ corredor m, -a f; agente m/f; **Maklerprovision** F corretaje m; **Maklervertrag** M contrato m de corretaje (bzw de mediación)
'Mako F ⟨~; ~s⟩ od M, N ⟨~s; ~s⟩ TEX algodón m de Egipto
Makra'mee N ⟨~(e)s; ~s⟩ TEX macramé m, técnica f del anudado
Ma'krele F ⟨~; ~n⟩ Fisch: caballa f
'makro..., 'Makro... IN ZSSGN macro...
'Makro ['ma:kro] N ⟨~s; ~s⟩ IT macro f
makrobi'otisch ADJ MED macrobiótico; **Makro'kosmos** M macrocosmo(s) m

Ma'krone F ⟨~; ~n⟩ GASTR macarrón m, mostachón m; (Mandelmakrone) almendrado m
Makroökono'mie F WIRTSCH macroeconomía f; **makroöko'nomisch** ADJ WIRTSCH macroeconómico
'Makrovirus M, N IT virus m de macro
Makula'tur F ⟨~; ~en⟩ TYPO maculatura f; fig papel m de desecho; umg fig **~ reden** decir sandeces (od bobadas)
mal ADV 1 umg (einmal) **denken Sie ~ ...** imagínese que ...; **nicht ~** ni siquiera 2 MATH **zwei ~ zwei ist vier (2 x 2 = 4)** dos por dos son cuatro; Fläche, Format: **fünf ~ neun** cinco por nueve 3 **guck ~!** ¡mira!; **zeig ~!** ¡enséñamelo!
Mal¹ N ⟨~(e) od ~̈er⟩ 1 (Zeichen) marca f, señal f; (Fleck) tacha f, mancha f; (Muttermal) lunar m 2 (Denkmal) monumento m 3 SPORT meta f 4 (Wundmal) estigma m
Mal² N ⟨~(e)s; ~e⟩ vez f; **beide ~(e)** las dos veces; **viele ~e** muchas veces; **ein anderes ~** otra vez; **dieses ~** esta vez; **jedes ~** (wenn) cada vez (que); **das nächste ~** la próxima vez; **voriges ~** od **das vorige ~** la vez pasada; la otra (od la última) vez; **manches ~** alguna vez, a veces; **auf ein ~** od **mit einem ~(e)** de repente; **von ~ zu ~** cada vez; **zum erst-en/letzten ~** por primera/última vez; **zu wiederholten ~en** repetidas veces
Mala'chit M ⟨~s; ~e⟩ MINER malaquita f
'Malaga¹ N ⟨~s⟩ Stadt, Provinz: Málaga f
'Malaga² M ⟨~s; ~s⟩ Süßwein: málaga m
Ma'laie M ⟨~n; ~n⟩, **Malaiin** F ⟨~; ~nen⟩ malayo m, -a f; **malaiisch** ADJ malayo
Ma'laise [ma'lɛ:z(ə)] F ⟨~; ~n⟩ schweiz 1 (Missstimmung) malestar m, descontento m, desagrado m 2 (Misere) situación f de insatisfacción; miseria f
Malakademie F escuela universitaria f (bzw academia f) de pintura
Ma'laria F ⟨~⟩ MED malaria f, paludismo m; **Malariabekämpfung** F lucha f antipalúdica; **malariakrank** ADJ palúdico; **Malariakranke** M/F palúdico m, -a f
Ma'läse F → Malaise
Ma'lawi N ⟨~s⟩ Malawi m
Ma'laysia [ma'laɪzia] N ⟨~s⟩ Malasia f
'Malbuch N libro m para colorear
Male'diven [-v-] FPL **die ~** las (Islas) Maldivas fpl
'malen V/T pintar (a. fig); **j-n ~** (porträtieren) retratar a alg; hacer el retrato de alg; **sich ~ lassen** hacerse retratar
'Malen N ⟨~s⟩ pintura f
'Maler M ⟨~s; ~⟩ pintor m; (Anstreicher) pintor m de brocha gorda; **Malerakademie** F → Malakademie; **Maleratelier** N estudio m (de pintor)
Male'rei F ⟨~; ~en⟩ pintura f; (Gemälde) a. cuadro m; lienzo m
'Malerin F ⟨~; ~nen⟩ pintora f; **malerisch** ADJ pictórico; fig pintoresco; **Malerlehrling** M aprendiz m de pintor; **Malermeister** M maestro m pintor; **Malerstock** M tiento m; **Malerwerkstatt** F taller m de pintura
Ma'lheur [ma'lø:r] N ⟨~s; ~e od ~s⟩ geh desgracia f; accidente m; percance m
'Mali N ⟨~s⟩ Malí m
malizi'ös ADJ malicioso
'Malkasten M caja f de pinturas; **Malkunst** F arte m pictórico; **Malkurs** M curso m (od cursillo m) de pintura
Ma'llorca [ma'jɔrka] N ⟨~s⟩ Mallorca f
'malnehmen V/T ⟨irr⟩ multiplicar
ma'lochen V/I umg bregar, currar
'Malschule F escuela f de pintura
'Malta N ⟨~s⟩ **(die Insel) ~** (la Isla de) Malta
Mal'teser M ⟨~s; ~⟩, **Malteserin** F ⟨~; ~nen⟩ maltés m, -esa f; **Malteserkreuz** N cruz f de Malta; **Malteserorden** M orden f de Malta
mal'tesisch ADJ maltés, de Malta
Mal'tose F ⟨~⟩ CHEM maltosa f
malträ'tieren V/T ⟨ohne ge-⟩ maltratar
'Malus M ⟨~ od ~ses; ~ od ~se⟩, **Maluszuschlag** M allg recargo m; VERS recargo m de prima (por siniestralidad)
'Malve [-v-] F ⟨~; ~n⟩ BOT malva f; **malvenfarbig** ADJ (color) malva
Malware F [mælwɛ:r] ⟨~⟩ IT malware m, software m malicioso
'Malweise F forma f (od manera f od modo m) de pintar
Malz N ⟨~es⟩ malta f; **'Malzbier** N cerveza f de malta; **'Malzbonbon** M caramelo m de malta; **'Malzdarre** F horno m secador de malta
'Malzeichen N MATH signo m de multiplicar (od de multiplicación)
'malzen, 'mälzen V/I maltear
'Malzen, 'Mälzen N ⟨~s⟩ malteo m
Mälze'rei F ⟨~; ~en⟩ maltaje m; maltería f
'Malzextrakt M extracto m de malta; **Malzkaffee** M (café m de) malta f; **Malzzucker** M maltosa f
'Mama, Ma'ma F ⟨~; ~s⟩ mamá f
Mame'luck M ⟨~en; ~en⟩ HIST mameluco m
'Mami F ⟨~; ~s⟩ umg mamá f, mamaíta f, mami(ta) f
Mammogra'fie F, **Mammogra'phie** F ⟨~; ~n⟩ mamografía f
'Mammon M ⟨~s⟩ pej dinero m; **der schnöde ~** el vil metal; **dem ~ dienen** adorar el becerro de oro
'Mammut N ⟨~s; ~s od ~e⟩ ZOOL mamut m; **Mammutbaum** M BOT secoya f; **Mammutprogramm** N programa m gigante (od mastodóntico); **Mammutunternehmen** N empresa f gigante; **Mammutveranstaltung** F manifestación f (od acto m od reunión f) gigante
'mampfen V/I umg comer (od mascar) a dos carrillos; manducar
Mam'sell F ⟨~; ~en od ~s⟩ (Büfettmamsell) empleada f del mostrador
man¹ INDEF PR se; uno, una; (die Leute) la gente; **~ fragt sich** uno se pregunta; GASTR **~ nehme ...** tómese ...; **~ riet ihm** se le aconsejó; **~ sagt** dicen, se dice; **~ muss es tun** hay que hacerlo, es preciso (od necesario) hacerlo; **so etw tut ~ nicht** eso no se hace; **~ hat ihn gesehen** lo han visto; **~ gewöhnt sich an alles** uno se acostumbra a todo; **hier spricht ~ Englisch** aquí se habla inglés; **~ kann nie wissen** nunca se sabe; **wenn ~ ihn hört, könnte ~ glauben** oyéndole, se creería
man² ADV umg bes nordd (nur) **~ sachte!** ¡despacito!; ¡vamos por partes!; **denn ~ los!** ¡vamos, pues!; **~ schnell!** ¡venga ya!
m. A. n. ABK (meiner Ansicht nach) según mi opinión
Mä'nade F ⟨~; ~n⟩ MYTH ménade f, bacante f
'Management ['mɛnɪdʒment] N ⟨~s; ~s⟩ 1 (Unternehmensführung) gestión f, gerencia f; dirección f 2 (leitende Personen) junta f directiva; **mittleres ~** mandos mpl (inter)medios; **oberes ~** alta dirección f; **unteres ~** mandos mpl bajos
'Managementfehler ['mɛnɪdʒment-] M error m de gestión
'managen ['mɛnɪdʒən] V/T 1 Sportler, Künstler ser el manager od representante de 2 umg (zustande bringen) arreglar, organizar; (bewältigen) superar

'Manager ['mɛnɪdʒər] M ⟨~s; ~⟩, **Managerin** F ⟨~; ~nen⟩ manager *m/f*, ejecutivo *m*, -a *f*; THEAT, FILM, MUS, SPORT representante *m/f*, agente *m/f*, apoderado *m*, -a *f*; *(Unternehmer)* empresario *m*, -a *f*; *(Veranstalter)* organizador *m*, -a *f*; **Managerkrankheit** F agotamiento *m* nervioso de los ejecutivos

manch INDEF PR **A** ADJ algún, más de un; **~e (Leute)** algunos, varios; **~ einer** alguno que otro, ciertas personas; **so ~es Buch** tantos libros; **so ~es Jahr** durante tantos años; **~es Mal** algunas veces; **~er reiche Mann** más de un rico **B** *subst* **~e(r, -s)** alguno, más de uno; **~e** *pl* muchos; varios; algunos; **~es** algunas cosas; **~e glauben…** hay quien cree…; **in ~em hat er Recht** en algunas cosas tiene razón

'mancher'lei ADJ varios; diversos; toda clase de; **auf ~ Art** de diversas maneras

'mancher'orts ADV en algunos lugares

'manchmal ADV algunas veces, a veces, de vez *(od* cuando) en cuando

Man'dant M ⟨~en; ~en⟩ JUR cliente *m*, mandante *m*; **Mandantin** F ⟨~; ~nen⟩ JUR mandante *f*, cliente *f*

Manda'rin M ⟨~s; ~e⟩ mandarín *m*; **Manda'rine** F BOT mandarina *f*; **Manda'rinente** F ORN pato *m* mandarín

Man'dat N ⟨~(e)s; ~e⟩ mandato *m*

Manda'tar M ⟨~s; ~e⟩, **Mandatarin** F ⟨~; ~nen⟩ mandatario *m*, -a *f*

Man'datsgebiet N territorio *m* bajo mandato; **Mandatsmacht** F potencia *f* mandataria; **Mandatsniederlegung** F POL dimisión *f*; JUR *Rechtsanwalt*: denuncia *f* *(od* cese *m)* del mandato; **Mandatsträger** M, **Mandatsträgerin** F mandatario *m*, -a *f*; **Mandatsverzicht** M renuncia *f* al mandato

'Mandel F ⟨~; ~n⟩ **1** BOT almendra *f*; **gebrannte ~** almendra *f* garrapiñada **2** ANAT amígdala *f*, tonsila *f*; MED **die ~n herausnehmen** extirpar las amígdalas

'Mandelaugen NPL ojos *mpl* rasgados; **Mandelbaum** M BOT almendro *m*; **Mandelentfernung** F MED tonsilectomía *f*, amigdalectomía *f*; **Mandelentzündung** F MED amigdalitis *f*; **mandelförmig** ADJ en forma de almendra, almendrado; **Mandelkern** M almendra *f*; **Mandelkleie** F pasta *f* de almendras; **Mandelmilch** F leche *f* de almendras, almendrada *f*; **Mandelöl** N aceite *m* de almendras

mandibu'lar, mandibu'lär ADJ MED mandibular

Mando'line F ⟨~; ~n⟩ MUS mandolina *f*

Mando'linenspieler M, **Mandolinenspielerin** F mandolinista *m/f*

Man'drill M ⟨~s; ~e⟩ ZOOL mandril *m*

Mandschu'rei F ⟨~⟩ Manchuria *f*

man'dschurisch ADJ manchú

Ma'nege [ma'ne:ʒə] F ⟨~; ~n⟩ pista *f* de circo

'Manga M, N ⟨~s; ~s⟩ *Comic*: manga *m*

Man'gan N ⟨~s⟩ CHEM manganeso *m*

Manga'nat N ⟨~(e)s; ~e⟩ CHEM manganato *m*

Man'ganeisen N ferromanganeso *m*; **Manganerz** N mineral *m* de manganeso; **manganhaltig** ADJ manganesífero

Manga'nit N ⟨~(e)s⟩ CHEM manganita *f*

Man'ganoxid N CHEM óxido *m* mangánico; **mangansauer** ADJ CHEM **mangansaures Salz** manganato *m*; **Mangansäure** F CHEM ácido *m* mangánico; **Manganstahl** M acero *m* al manganeso

'Mangel[1] M ⟨~s; ⸚⟩ **1** *(Fehlen)* falta *f*, ausencia *f*, *a.* MED carencia *f*, deficiencia *f* **(an** *dat* de); *(Knappheit)* escasez *f*, penuria *f*; *(Unzulänglichkeit)* insuficiencia *f*; **aus ~ an** *(dat)* por falta de; **daran ist kein ~** hay bastante; **~ leiden an** *(dat)* carecer de; estar falto de **2** *(Entbehrung)* privación *f*; **~ leiden** estar necesitado, pasar privaciones *(od* estrecheces) **3** *(Fehler)* defecto *m*; *bes* JUR vicio *m*; imperfección *f*; **technischer ~** deficiencia *f* técnica; **verborgener ~** defecto *m* *(od* vicio *m)* oculto; **den ~ beheben** sanear el vicio

'Mangel[2] F ⟨~; ~n⟩ *(Wäschemangel)* calandria *f*; *umg fig* **j-n in die ~ nehmen** apretar las tuercas *(od* clavijas) a alg

'Mangelberuf M profesión *f* *(bzw* oficio *m)* con escasez de personal; **Mangelernährung** F MED malnutrición *f*; **Mangelerscheinung** F MED síntoma *m* carencial

'mangelhaft ADJ defectuoso; JUR vicioso; *(unvollkommen)* deficiente, imperfecto; *(unvollständig)* incompleto; *Schulnote*: ≈ insuficiente; **Mangelhaftigkeit** F ⟨~; ~en⟩ deficiencia *f*, imperfección *f*, estado *m* defectuoso; insuficiencia *f*

'Mängelhaftung F responsabilidad *f* *(od* garantía *f)* por defectos

'Mangelkrankheit F MED enfermedad *f* carencial *(od* por carencia); **Mangellage** F estrechez *f*, escasez *f*

'mangeln[1] V/UNPERS faltar, hacer falta; escasear; **es mangelt an** *(dat)* hay falta *(od* escasez) de; **es mangelt an Geld** falta dinero; **es mangelt mir an** *(dat)* estoy falto de; carezco de; **es mangelt ihm an nichts** no le (hace) falta nada, tiene de todo

'mangeln[2] V/T *Wäsche* calandrar; prensar

'Mangeln N ⟨~s⟩ calandrado *m*

'mangelnd ADJ escaso, insuficiente, deficitario; **wegen ~er Nachfrage** por falta de demanda; **~e Sorgfalt** falta *f* de cuidado

'Mängelrüge F HANDEL reclamación *f* por vicios (de la mercancía)

'mangels PRÄP *(gen)* por *(od* a) falta de; HANDEL **~ Masse** por falta de capital

'Mangelware F HANDEL artículo *m* escaso; **~ sein** escasear; **Mangelwirtschaft** F economía *f* de escasez

'Mango F ⟨~; ~nen *od* ~s⟩ BOT mango *m*

'Mangold M ⟨~(e)s; ~e⟩ BOT acelga(s) *f(pl)*

Man'groven FPL manglares *mpl*; **Mangrovenbaum** M mangle *m*; **Mangrovensumpf** M, **Mangrovenwald** M manglar *m*, bosque *m* de mangles

Ma'nie F ⟨~; ~n⟩ manía *f*

Ma'nier F ⟨~; ~en⟩ **1** *(Art und Weise)* manera *f*, modo *m*; *Kunst*: estilo *m* **2** *(Benehmen) mst* **~en** *pl* modales *mpl*, modos *mpl*; **das ist keine ~** eso no se hace; eso no es modo de (com)portarse; **keine ~en haben** no saber (com)portarse (debidamente); carecer de modales; tener malos modos *(od* modales)

manie'riert ADJ *geh, pej* amanerado, afectado; **Manieriertheit** F ⟨~; ~en⟩ amaneramiento *m*, afectación *f*

ma'nierlich **A** ADJ formal, decente, de buenos modales; *(höflich)* cortés **B** ADV **sich ~ betragen** portarse bien; **Manierlichkeit** F ⟨~⟩ buenos modales *mpl*, formalidad *f*; cortesía *f*

Mani'fest N ⟨~es; ~e⟩ manifiesto *m* *(a.* SCHIFF)

Manifestati'on F ⟨~; ~en⟩ manifestación *f*; **manifes'tieren** *(ohne* ge-*)* *geh* **A** V/T manifestar **B** V/R **sich ~** manifestarse, ponerse de manifiesto, evidenciarse

Mani'küre F ⟨~; ~n⟩ manicura *f* *(a. Person)*

Mani'küreetui N estuche *m* de manicura; **maniküren** V/T & V/I *(ohne* ge-*)* hacer la manicura; **Maniküreset** N set *m* de manicura

Ma'nilahanf M abacá *m*, cáñamo *m* de Manila

Manipulati'on F ⟨~; ~en⟩ manipulación *f*; **manipula'tiv** ADJ manipulativo; **manipu'lieren** V/T *(ohne* ge-*)* manipular *(a. fig)*

'manisch ADJ maníaco; PSYCH **~-depressiv** maníacodepresivo

'Manko N ⟨~s; ~s⟩ defecto *m*; HANDEL déficit *m*

Mann M ⟨~(e)s; ⸚er⟩ **1** *(Person männlichen Geschlechts)* hombre *m*, varón *m*; **junger ~** joven *m*; **älterer ~** hombre de edad; **alter ~** anciano *m*; viejo *m*; **ein ganzer ~ sein** ser todo un hombre, *umg* ser hombre de pelo en pecho; **ein gemachter ~** un hombre de éxito; **ein ~ des öffentlichen Lebens** un hombre público; **der schwarze ~** *Kinderschreck*: el coco; **ein ~ der Tat** un hombre de acción; **~ von Welt** hombre de mundo; *WC*: **(für) Männer** caballeros; **er ist ganz/nicht der ~ dazu** es/no es el hombre indicado; **das ist der ~, den ich brauche!** ¡ésta es la persona que necesito!; **das ist mein ~!** ¡éste es mi hombre!; **ein toter ~ sein** ser hombre muerto; **selbst ist der ~** ayúdate a ti mismo; **seinen ~ stehen** estar a la altura de las circunstancias; **~s genug sein, etw zu tun** atreverse a *(od* tener agallas para) hacer a/c; ser lo bastante hombre para hacer a/c; **ein ~ werden** hacerse hombre; **sich als ~ zeigen** obrar como un hombre; **~ gegen ~ kämpfen** luchar cuerpo a cuerpo; **von ~ zu ~** de hombre a hombre; **ein ~ von Wort sein** ser hombre de palabra; *sprichw* **ein ~, ein Wort** : ≈ *sprichw* quien promete, cumple; *umg* **(mein lieber) ~!** *umg* ¡hombre!; ¡madre mía!; *fig* **wie ein ~** *(geschlossen)* como un solo hombre **2** *(Ehemann)* marido *m*, esposo *m*, *sl* hombre *m*; **mein ~** mi marido; **j-n zum ~ nehmen/haben** tomar/tener por marido **3** *(Mensch)* hombre *m*; **der ~ auf der Straße** el hombre de la calle; **ein ~ aus dem Volke** un hombre del pueblo; *umg* **an den ~ bringen** *Ware* deshacerse de, vender; *Frau umg* colocar; **an den rechten ~ kommen** encontrar su igual; dar con el hombre adecuado; **~ für ~** uno por uno; uno tras otro; MIL **~ gegen ~** cuerpo a cuerpo; **bis auf den letzten ~** hasta el último hombre **4** ⟨*pl* ~⟩ *Zählgröße*, SCHIFF hombres *mpl*; **pro ~** por persona, *umg* por barba; SCHIFF **alle ~ an Deck!** ¡todo el mundo a cubierta!; SCHIFF **~ über Bord!** hombre al agua!; SCHIFF **mit ~ und Maus untergehen** irse a pique sin salvarse nadie; hundirse con toda la tripulación **5** ⟨*pl* ~en⟩ *obs od hum* *(Gefolgsleute)* **mit seinen ~en** con sus huestes *(od* hombres)

'Manna F ⟨~⟩ *od* N ⟨~s⟩ *bes* REL maná *m*

'Männchen N ⟨~s; ~⟩ hombrecito *m*, hombrecillo *m*; ZOOL macho *m*; **~ machen** alzarse sobre las patas traseras; *Hund* hacer posturas; **~ malen** pintar monigotes

'Manndecker M ⟨~s; ~⟩ SPORT marcador *m*; **Manndeckung** F SPORT marcaje *m*

'Mannen MPL *geh* → Mann 5

'Mannequin ['manəkɛ̃] N ⟨~s; ~s⟩ maniquí *f*, modelo *f*

'Männerarbeit F trabajo *m* *(od* tarea *f od* labor *f)* de hombres; **Männerberuf** M profesión *f* de hombre; **Männerchor** M coro *m* de hombres; **Männerdomäne** F coto *m* *(od* reducto *m)* masculino; (área *f* de) dominio *m* masculino; **Männerfantasien** FPL fantasías *fpl* masculinas; **Männerfreundschaft** F *iron* amistad *f* entre *(od* de) hombres; **Männergesangverein** M sociedad *f* coral masculina; **Männergewalt** F violencia *f* masculina; **Männerherrschaft** F androcracia *f*; **Männermagazin** N revista *f* para hombres; **Männerriege** F equipo *m* masculino; **Männerrolle** F papel *m* (*od* rol *m*) masculino; **Männerrunde** F círculo *m* (*od* grupo *m od* corro *m*) de hombres; *Stammtisch*: tertulia *f* (*od* peña *f*) masculina; **Männerstimme** F voz *f* de hombre; **Männertreu** F BOT cardo *m* corredor; **Männerwohnheim** N albergue *m* para hombres

'Mannesalter N edad *f* viril (*od* adulta); **im besten ~ stehen** estar en los mejores años; **Manneskraft** F fuerza *f* viril; PHYSIOL virilidad *f*; **Mannesstamm** M varonía *f*, descendencia *f* masculina; **Mannesstolz** M orgullo *m* varonil; **Manneswort** N palabra *f* de honor

'mannhaft ADJ viril; varonil; (*tatkräftig*) enérgico; (*entschlossen*) resuelto; (*tapfer*) valiente; **Mannhaftigkeit** F ⟨~⟩ virilidad *f*; valentía *f*; energía *f*

'mannigfach, mannigfaltig ADJ vario, variado, diverso; múltiple; **Mannigfaltigkeit** F ⟨~⟩ variedad *f*, diversidad *f*

'Mannjahr N WIRTSCH año-hombre *m*

'Männlein N ⟨~s; ~⟩ hombrecillo *m*

'männlich ADJ **1** masculino (*a.* BIOL, GRAM); ZOOL macho; **Kind ~en Geschlechts** (hijo *m*) varón *m* **2** (*mannhaft*) viril, varonil; *Frau* hombruno; **Männlichkeit** F ⟨~⟩ masculinidad *f*; virilidad *f*; hombría *f*

'Männlichkeitskult M, **Männlichkeitswahn** M machismo *m*

'Mannloch N TECH agujero *m* de entrada; registro *m*; **Mannmonat** M WIRTSCH mes-hombre *m*; **Mannsbild** N *bes südd, österr umg* pedazo *m* de hombre

'Mannschaft F ⟨~; ~en⟩ equipo *m* (*a.* POL, SPORT); FLUG, SCHIFF tripulación *f*; dotación *f*; MIL tropa *f*; **~en** *pl* MIL soldados *mpl*; SCHIFF marinería *f*; **mannschaftlich** ADJ en equipo

'Mannschaftsarzt M SPORT médico *m* del equipo; **Mannschaftsaufstellung** F SPORT alineación *f* del equipo; **Mannschaftsbus** M autocar *m* (*od* ómnibus *m*) del equipo; **Mannschaftsführer** M → Mannschaftskapitän; **Mannschaftsgeist** M espíritu *m* de equipo; **Mannschaftskamerad** M compañero *m* de equipo; **Mannschaftskapitän** M SPORT capitán *m* (del equipo); **Mannschaftskost** F MIL rancho *m*; **Mannschaftslauf** M → Mannschaftsrennen; **Mannschaftsleistung** F rendimiento *m* de(l) equipo; **Mannschaftsrennen** N SPORT carrera *f* por equipos; **Mannschaftsspiel** N juego *m* de equipo; **Mannschaftssport** M deporte *m* por equipos; **Mannschaftsstärke** F fuerte *m* del equipo; **Mannschaftswertung** F SPORT clasificación *f* por equipos

'mannshoch ADJ de la altura de un hombre

'Mannsleute PL *umg obs* hombres *mpl*; **Mannsperson** F *umg obs* hombre *m*

'mannstoll ADJ *umg pej* ninfómana; **Mannstollheit** F ⟨~⟩ ninfomanía *f*

'Mannstunde F WIRTSCH hora-hombre *f*

'Mannsvolk N *umg obs* hombres *mpl*

'Manntag M WIRTSCH día-hombre *m*

'Mannweib N mujer *f* hombruna; *umg* marimacho *m*

Mano'meter N ⟨~s; ~⟩ manómetro *m*

Ma'növer [-v-] N ⟨~s; ~⟩ maniobra *f*; *fig* **~** *pl a.* maquinaciones *fpl*; **Manövergelände** N campo *m* de maniobras; **Manöverkritik** F *fig* balance *f* (crítico)

manö'vrieren [-v-] VI ⟨*ohne* ge-⟩ maniobrar, hacer maniobras (*a.* AUTO *u. fig*); MIL *a.* evolucionar; **Manövrieren** N ⟨~s⟩ maniobras *fpl*; **manövrierfähig** ADJ maniobrable (*a.* AUTO); SCHIFF gobernable; **Manövrierfähigkeit** F ⟨~⟩ maniobrabilidad *f*; **Manövriermasse** F margen *m* de maniobra (*a.* WIRTSCH *Kapital*); **manövrierunfähig** ADJ incapaz de maniobrar

Man'sarde F ⟨~; ~n⟩ buhardilla *f*, guardilla *f*; *bes Am* mansarda *f*

Man'sardendach N techo *m* abuhardillado (*od* aguardillado); **Mansardenfenster** N buhardilla *f*; **Mansardenwohnung** F ático *m*; **Mansardenzimmer** N buhardilla *f*

Mansch M ⟨~(e)s⟩ *umg pej* mezcolanza *f*; porquería *f*; → *a.* Matsch

'manschen VT *umg* mezclar; revolver

Mansche'rei F ⟨~; ~en⟩ *umg* mezcolanza *f*; revoltijo *m*

Man'schette F ⟨~; ~n⟩ **1** (*Hemdmanschette*) puño *m*; (*Blumentopfmanschette*) cubretiestos *m*; TECH manguito *m* **2** *umg fig* **~n haben** *umg* tener mieditis (*od* canguelo) (**vor** de); **~n bekommen** *sl* acojonarse

Man'schettenknopf M gemelo *m*

'Mantel M ⟨~s; ¨⟩ **1** *Kleidung*: abrigo *m*; (*Regenmantel*) gabardina *f*; *leichter*: gabán *m*; (*Umhang*) capa *f*; (*Ordensmantel etc*) manto *m* (*a. fig*); MIL capote *m*; *umg fig* **den ~ nach dem Wind hängen** arrimarse al sol que más calienta, irse al viento que corre **2** TECH envoltura *f*; camisa *f*; *e-s Kabels etc*: revestimiento *m*; (*Geschossmantel*) camisa *f* (de un proyectil); (*Gussform*) caja *f*; (*Reifenmantel*) cubierta *f* **3** GEOM superficie *f* convexa **4** HANDEL título *m*

'Mäntelchen N ⟨~s; ~⟩ manteleta *f*; *fig* **sein ~ nach dem Wind hängen** cambiar de camisa; *fig* **einer Sache ein ~ umhängen** paliar (*od* disimular) a/c

'Mantelgeschoss N, *österr* **Mantelgeschoß** N MIL bala *f* con camisa; **Mantelgesetz** N POL ley *f* básica; **Mantellinie** F GEOM generatriz *f*; **Manteltarif** M, **Manteltarifvertrag** M WIRTSCH convenio *m* colectivo tipo; **Manteltasche** F bolsillo *m* del abrigo; **Manteltiere** NPL ZOOL tunicados *mpl*

Man'tille F ⟨~; ~n⟩ mantilla *f*

Man'tisse F ⟨~; ~n⟩ MATH mantisa *f*

Manu'al N ⟨~s; ~e⟩ MUS teclado *m* manual

manu'ell ADJ manual

Manufak'tur F ⟨~; ~en⟩ manufactura *f*; **Manufakturwaren** FPL artículos *mpl* manufacturados

Manu'skript N ⟨~(e)s; ~e⟩ manuscrito *m*; TYPO original *m*

Mao'ismus M ⟨~⟩ POL maoísmo *m*; **Mao'ist** M ⟨~en; ~en⟩, **Mao'istin** F ⟨~; ~nen⟩ maoísta *m/f*; **mao'istisch** ADJ maoísta

Ma'ori M ⟨~(s); ~(s)⟩ maorí *m*

'Mappe F ⟨~; ~n⟩ carpeta *f*; (*Aktenmappe*) maletín *m*, cartera *f*; (*Schulmappe*) cartapacio *m*, vade *m*

Mär F ⟨~; ~en⟩ *obs od hum* cuento *m*; (*Kunde*) noticia *f*

'Marabu M ⟨~s; ~s⟩ ORN marabú *m*

Mara'cuja F ⟨~; ~s⟩ BOT fruta *f* de la pasión, maracuyá *m*

'Marathonlauf M SPORT maratón *m*; **Marathonläufer** M, **Marathonläuferin** F SPORT corredor *m*, -a *f* de maratón, maratoniano *m*, -a *f*; **Marathonsitzung** F sesión *f* maratoniana

'Märchen N ⟨~s; ~⟩ cuento *m* (de hadas); *fig* cuento *m* (chino), patraña *f*; *umg* **erzähl doch keine ~!** ¡déjate de cuentos!; **Märchenbuch** N libro *m* de cuentos; **Märchendichter** M, **Märchendichterin** F escritor *m*, -a *f* de cuentos, cuentista *m/f*; **Märchenerzähler** M, **Märchenerzählerin** F narrador *m/f* de cuentos, cuentista *m/f*

'märchenhaft ADJ maravilloso, fabuloso, fantástico

'Märchenland N ⟨~(e)s⟩ país *m* de las maravillas; **Märchenonkel** M narrador *m* de cuentos; cuentista (*a. pej*); **Märchenprinz** M príncipe *m* azul (*a. fig*); **Märchenspiel** N THEAT obra *f* con argumento de cuento; **Märchentante** F narradora *m* de cuentos; cuentista *f* (*a. pej*); **Märchenwald** M bosque *m* maravilloso (*od* fantástico); **Märchenwelt** F mundo *m* maravilloso (*od* fantástico)

'Marder M ⟨~s; ~⟩ ZOOL marta *f*; **Marderfell** N, **Marderpelz** M piel *f* de marta

Marga'rine F ⟨~⟩ margarina *f*

'Marge ['marʒə] F ⟨~; ~n⟩ WIRTSCH margen *m*

Marge'rite F ⟨~; ~n⟩ BOT margarita *f*

margi'nal ADJ *geh* marginal

Margi'nalie [-liə] F LIT, TYPO nota *f* marginal

marginali'sieren VT marginalizar; **Marginalisierung** F ⟨~; ~en⟩ marginalización *f*

Ma'ria EIGENN F **1** *Vorname*: María *f* **2** REL **die heilige Jungfrau ~** la Santísima Virgen María

Ma'rienbild N imagen *f* de la Virgen, madona *f*; **Marienfäden** MPL hilos *mpl* de la Virgen; **Marienglas** N MINER piedra *f* especular; **Marienjahr** N año *m* mariano; **Marienkäfer** M ZOOL mariquita *f*; **Marienkult** M, **Marienverehrung** F culto *m* mariano, marianismo *m*

Marihu'ana N ⟨~s⟩ marihuana *f*, mariguana *f*, grifa *f*

Ma'rille F ⟨~; ~n⟩ *österr* albaricoque *m*

Mari'nade F ⟨~; ~n⟩ GASTR escabeche *m*

Ma'rine F ⟨~; ~n⟩ marina *f*; MIL *a.* ejército *m* de mar; **bei der ~** en la marina; **Marineakademie** F Escuela *f* Naval; **Marineartillerie** F artillería *f* naval; **Marineattaché** M agregado *m* naval; **Marinebasis** F base *f* naval; **marineblau** ADJ azul marino; **Marineeinheit** F unidad *f* naval; **Marineflieger** M aviador *m* de la marina; **Marineinfanterie** F infantería *f* de marina; **Marineingenieur** M ingeniero *m* naval; **Marinemuseum** N museo *m* naval; **Marineoffizier** M oficial *m* de marina; **Marineschule** F Escuela *f* Naval; **Marinesoldat** M soldado *m* de marina; **Marinestation** F apostadero *m*; **Marinestützpunkt** M base *f* naval; **Marinetruppen** FPL fuerzas *fpl* navales

mari'nieren VT ⟨*ohne* ge-⟩ GASTR marinar; escabechar

Mario'nette F ⟨~; ~n⟩ marioneta *f*, títere *m*, fantoche *m* (*a. fig*)

Mario'nettenbühne F → Marionettentheater; **Marionettenregierung** F *fig* POL gobierno *m* marioneta (*od* títere *od* fantoche); **Marionettenspieler** M, **Marionettenspielerin** F titiritero *m*, -a *f*; marionetista *m/f*; **Marionettentheater** N teatro *m* de títeres (*od* marionetas)

mari'tim ADJ marítimo

Mark[1] N ⟨~(e)s⟩ **1** (*Knochenmark*) médula *f* (*a.* BOT), tuétano *m*, meollo *m* (*alle a. fig*); ANAT **verlängertes ~** médula *f* oblonga(da), bulbo *m* raquídeo; **j-m durch ~ und Bein gehen** *Geräusch etc* llegar a alg hasta los tuétanos **2** *fig* (*Mut*) **kein ~ in den Knochen haben** no tener sangre en las venas; (*Innerstes*) **bis ins ~ treffen** herir en carne viva (*od* en la médula) **3** (*Fruchtmark*) pulpa *f*

Mark[2] F ⟨~; ~⟩ HIST *Währung*: marco *m*; **Deutsche ~** Marco *m* alemán; *umg* **keine müde ~** ni un duro

Mark[3] F ⟨~; ~en⟩ HIST marca *f*; **die ~ Brandenburg** la Marca de Brandeburgo

mar'kant ADJ marcado, destacado, relevante
'Marke F ⟨~; ~n⟩ **1** *(Markierung)* marca *f* (*a.* SPORT); señal *f*; *(Kontrollmarke)* contraseña *f* **2** *(Briefmarke)* sello *m*, *Am* estampilla *f* **3** *(Gebührenmarke)* póliza *f*, timbre; *(Steuermarke)* timbre *m* (*od* sello *m od* estampilla *f*) fiscal, póliza *f*; *(Erkennungsmarke)* chapa *f* **4** *(Spielmarke)* ficha *f* **5** HANDEL marca *f*; *(Sorte)* clase *f* **6** *umg* **das ist vielleicht 'ne ~!** ¡vaya tío!, ¡vaya elemento!
'Markenartikel M HANDEL artículo *m* de marca; **Markenbewusstsein** N conocimiento *m* (*od* conciencia *f*) de marcas; **Markenbutter** F mantequilla *f* de calidad; **Markenerzeugnis** N producto *m* de marca; **Markenfabrikat** N artículo *m* de marca; **Markenimage** [-ɪmɪdʒ] N imagen *f* de marca; **Markenlizenz** F licencia *f* de marcas; **Markenname** M HANDEL (nombre *m* de) marca *f*; **Markenpiraterie** F HANDEL, *Mode*: piratería *f* de marcas; **Markenprodukt** N HANDEL → Markenartikel; **Markenprofil** N perfil *m* de (la) marca; **Markenschutz** M HANDEL protección *f* de marcas; **Markentreue** F fidelidad *f* a una marca; **Markenware** F HANDEL géneros *mpl* de marca; **Markenzeichen** N HANDEL marca *f* (comercial)
'Marker M *(Leuchtmarker)* rotulador *m* fluorescente
'markerschütternd ADJ estremecedor; *Schrei*: desgarrador
Marke'tender M ⟨~s; ~⟩, **Marketenderin** F ⟨~; ~nen⟩ HIST vivandero *m*, -a *f*; cantinero *m*, -a *f*
'Marketing N ⟨~(s)⟩ WIRTSCH marketing *m*; **Marketingabteilung** F departamento *m* de marketing (*od* de mercadotecnia *od* de comercialización); **Marketingagentur** F agencia *f* de marketing; **Marketingchef** M, **Marketingchefin** F, **Marketingdirektor** M, **Marketingdirektor** F director *m*, -a *f* de marketing (*od* de mercadotecnia *od* de comercialización); **Marketingkonzept** N proyecto *m* (*od* plan *m*) de marketing; **Marketingmanager** M, **Marketingmanagerin** F director *m*, -a *f* de marketing; **Marketingstrategie** F estrategia *f* (*od* táctica *f*) de marketing (*od* de mercadotecnia)
'Markgraf M margrave *m*; **Markgräfin** F margravina *f*; **Markgrafschaft** F margraviato *m*
'markhaltig ADJ meduloso, con médula
mar'kieren V/T ⟨*ohne* ge-⟩ **1** *(kennzeichnen)* marcar (*a.* HANDEL); señalar; rotular; *(abstecken)* jalonar; **rot/schwarz** *etc* **~** marcar en rojo/negro, *etc* **2** *umg (vortäuschen)* simular, aparentar, fingir; **den starken Mann ~** hacerse el fuerte **3** *(betonen)* acentuar, subrayar
Mar'kierstab M jalón *m*; **Markierung** F ⟨~; ~en⟩ marca *f*; marcación *f*; señalización *f*, rotulación *f*; *(Abstecken)* jalonamiento *m*; *(Betonung)* acentuación *f*; **Markierungsfähnchen** N banderín *m* de jalonamiento
'markig ADJ *fig* su(b)stancioso, enjundioso; *(kräftig)* enérgico; vigoroso; **~e Worte** *pl* palabras *fpl* enérgicas
'märkisch ADJ de la Marca (de Brandeburgo)
Mar'kise F ⟨~; ~n⟩ toldo *m*; marquesina *f*
'Markklößchen N albóndiga *f* de tuétano; **Markknochen** M hueso *m* con tuétano; **Markscheide** F BERGB término *m* (*od* límite *m*) de una mina; **Markscheider** M BERGB apeador *m* de minas; **Markstein** M mojón *m*, *a. fig* hito *m*; **Markstück** N HIST moneda *f* de un marco
Markt M ⟨~(e)s; ⸚e⟩ **1** *(Wochenmarkt etc)* mercado *m*; *(Jahrmarkt)* feria *f*; **auf den ~ gehen** ir al mercado (*od* a la plaza); **auf dem ~** en el mercado **2** WIRTSCH mercado *m*; **grauer/schwarzer ~** mercado *m* gris/negro; **heimischer ~** mercado *m* nacional; **zurückhaltender ~** mercado *m* en calma *od* indeciso; **neue Märkte erschließen** abrirse nuevos mercados; **den ~ für etw erschließen** abrir mercado a a/c; **den ~ (unter sich** *dat*) **aufteilen** repartir(se) el mercado; **auf den ~ bringen** *od* **werfen** comercializar, lanzar al mercado; **auf den ~ kommen** salir al mercado, ser puesto a la venta; **neu auf den ~ kommen** entrar en el mercado; **vom ~ nehmen/verdrängen** desplazar/retirar del mercado **3** POL **der Gemeinsame ~** el Mercado Común
'Marktanalyse F análisis *m* del mercado; **Marktanteil** M cuota *f* de mercado; participación *f* en el mercado; **Marktbedingung** F condición *f* del mercado; condición *f* impuesta por el mercado
'marktbeherrschend ADJ dominante en el mercado
'Marktbeobachtung F observación *f* del mercado; **Marktbericht** M boletín *m* (*od* informe *m*) del mercado; **Marktbrunnen** M fuente *f* (de la plaza) del mercado; **Marktbude** F puesto *m* (del mercado); *größere*: tienda *f* de(l) mercado; **Marktchancen** FPL posibilidades *fpl* en el mercado, perspectivas *fpl* del mercado; **Marktdurchdringung** F penetración *f* del mercado; **Markteinführung** F lanzamiento *m* al mercado; introducción *f* en el mercado
'Marktentwicklung F desarrollo *m* del mercado; **Markterfolg** M éxito *m* en el mercado; **Markterschließung** F apertura *f* del mercado
'marktfähig ADJ negociable, comerciable
'Marktflecken M *hist* villa *f*; *kleiner*: villorrio *m*, aldehuela *f*; **Marktforscher** M, **Marktforscherin** F mercadólogo *m*, -a *f*; **Marktforschung** F estudio *m* del mercado; **Marktfrau** F vendedora *f* del mercado
'marktführend ADJ **~ sein** ser líder en el mercado; estar a la cabeza del mercado
'Marktführer M, **Marktführerin** F líder *m/f* de mercado; **Marktführerschaft** F liderazgo *m* en el mercado
'marktgängig ADJ *Ware* negociable, comerciable; usual en el mercado; *Preis* corriente, normal, usual (de mercado)
'Marktgebühr F arbitrios *mpl* de mercado; **Markthalle** F mercado *m* (cubierto); **Marktkräfte** FPL WIRTSCH fuerzas *fpl* en el *od* del mercado; **Marktlage** F situación *f* del mercado; **Marktlücke** F hueco *m* del mercado; sector *m* de(l) mercado no cubierto por la oferta; **Marktmechanismus** M mecanismo *m* de(l) mercado; **Marktnachfrage** F demanda *f* en el mercado; **Marktnische** F nicho *m* de(l) mercado; **eine ~ besetzen** ocupar un nicho de mercado; **Marktordnung** F **1** *Regelung*: organización *f* (*od* reglamentación *f*) del mercado **2** *System*: sistema *m* de mercado
'marktorientiert ADJ orientado hacia el mercado
'Marktplatz M plaza *f* (del mercado), mercado *m*; **Marktposition** F posición *f* en el mercado; **seine ~ ausbauen/festigen** mejorar/consolidar su posición en el mercado; **Marktpreis** M precio *m* de mercado, precio normal (*od* corriente *od* usual) (de mercado); **Marktprognosen** FPL pronósticos *mpl* económicos; **Marktreife** F madurez *f* para el mercado; **Marktsättigung** F saturación *f* del mercado
'Marktschreier M ⟨~s; ~⟩, **Marktschreierin** F ⟨~; ~nen⟩ *pej* voceador *m*, -a *f* de(l) mercado; **marktschreierisch** ADJ voceador
'Marktschwankungen FPL fluctuaciones *fpl* del mercado; **Marktsegment** N segmento *m* de(l) mercado; **oberes/unteres ~** segmento *m* alto/bajo del mercado; **Marktsituation** F situación *f* (*od* estado *m*) del mercado; **Marktstand** M puesto *m* del mercado; **Marktstellung** F posición *f* (*od* situación *f*) de mercado; **Marktstudie** F estudio *m* del mercado; **Markttag** M día *m* de mercado; **Markttransparenz** F transparencia *f* del mercado; **Markttreiben** N ambiente *m* en el (*od* del) mercado; **Markttrend** M tendencia *f* del mercado
'marktüblich ADJ *Preis etc* corriente, normal, usual (de mercado)
'Marktuntersuchung F estudio *m* del mercado; **Marktverkehr** M movimiento *m* del mercado; **Marktweib** N *umg mst pej* vendedora *f* del mercado; *fig pej* verdulera *f*, rabanera *f*; **Marktwert** M valor *m* en el mercado
'Marktwirtschaft F economía *f* de mercado; **freie ~** economía *f* libre de mercado; **soziale ~** economía *f* mixta de mercado
'Marktwirtschaftler M ⟨~s; ~⟩, **Marktwirtschaftlerin** F ⟨~; ~nen⟩ defensor *m*, -a *f* (*od* partidario *m*, -a *f*) de la economía de mercado
'Marktzins M WIRTSCH tipo *m* de interés del mercado
'Markung F ⟨~; ~en⟩ **1** *(Vermessung)* amojonamiento *m* **2** *(Grenzen)* confines *mpl*; límites *mpl*; *(Gebiet)* comarca *f*
'Markus EIGENN M **1** *Vorname*: Marcos *m* **2** *Apostel*: (San) Marcos *m*; **Markusevangelium** N *Bibel*: Evangelio *m* según San Marcos; **Markusplatz** M ⟨~es⟩ plaza *f* de San Marcos
'Marmarameer N Mar *m* de Mármara
Marme'lade F ⟨~; ~n⟩ mermelada *f*; **Marmeladebrot** N pan *m* con mermelada; **Marmelade(n)glas** N tarro *m* de mermelada
'Marmor M ⟨~s; ~e⟩ mármol *m*; **Marmorarbeiter** M, **Marmorarbeiterin** F marmolista *m/f*; **marmorartig** ADJ marmóreo; **Marmorbild** N (estatua *f* de) mármol *m*; **Marmorblock** M bloque *m* de mármol; **Marmorbruch** M cantera *f* de mármol
marmo'rieren V/T ⟨*ohne* ge-⟩ marmolear, jaspear, vetear; **marmo'riert** ADJ marmolado, jaspeado, veteado; **Marmo'rierung** F ⟨~; ~en⟩ marmolado *m*, jaspeado *m*
'Marmorindustrie F industria *f* del mármol; **Marmorkuchen** M GASTR *bizcocho con la masa de dos colores, oscuro y claro*
'marmorn ADJ marmóreo, de mármol
'Marmorplatte F placa *f* (*bzw* losa *f*) de mármol; **Marmorsäule** F columna *f* de mármol; **Marmorschleifer** M, marmolista *m*; **Marmorschleiferei** F marmolería *f*; **Marmorschleiferin** F marmolista *f*; **Marmorstein** M (piedra *f* de) mármol *m*; **Marmortafel** F placa *f* de mármol
ma'rode ADJ **1** *(heruntergekommen) Gebäude, Firma etc* deteriorado **2** *umg obs (erschöpft)* molido, hecho polvo
Maro'deur [-'døːr] M ⟨~s; ~e⟩ MIL *obs* merodeador *m*; **maro'dieren** V/I ⟨*ohne* ge-⟩ *obs* merodear
Marok'kaner M ⟨~s; ~⟩, **Marokkanerin** F ⟨~; ~nen⟩ marroquí *m/f*; **marokkanisch** ADJ marroquí
Ma'rokko N ⟨~s⟩ Marruecos *m*
Ma'rone F ⟨~; ~n⟩ BOT castaña *f*
Ma'rotte F ⟨~; ~n⟩ capricho *m*, manía *f*, *umg*

chifladura *f*

Mar'quis [-'kiː] M ⟨~; ~⟩, **Marquise** F marqués *m*, -esa *f*

Mars[1] M ⟨~⟩ MYTH, ASTRON Marte *m*

Mars[2] M ⟨~; ~e⟩ SCHIFF cofa *f*

'Marsbewohner M marciano *m*

marsch INT ~! ¡andando!; MIL ¡marchen!; *reg* (*verschwinde!*) ¡largo de aquí!; (*mach schnell!*) ¡deprisa!, ¡venga!; *umg* **~ ins Bett!** ¡vamos, a la cama!

Marsch[1] M ⟨~es; ⸚e⟩ marcha *f* (*a.* MUS); **auf dem ~** en marcha; **sich in ~ setzen** ponerse en marcha; *fig* **j-m den ~ blasen** decir a alg cuatro verdades (*od* cosas); mandar a paseo a alg

Marsch[2] F ⟨~; ~en⟩ tierras *fpl* aluviales fértiles; estero *m*; marisma *f*

'Marschall M ⟨~s; Marschälle⟩ mariscal *m*; **Marschallstab** M bastón *m* de mariscal

'Marschbefehl M MIL orden *f* de marcha

'marschbereit ADJ *Truppe* pronto para marchar; listo para salir; **marschfähig** ADJ apto para la marcha

'Marschflugkörper M MIL misil *m* (de) crucero; **Marschformation** F MIL formación *f* de marcha; **Marschgepäck** N MIL equipo *m* de marcha; **Marschgeschwindigkeit** F velocidad *f* de marcha

mar'schieren VI ⟨*ohne* ge-⟩ *bes* MIL marchar (**auf** sobre), desfilar; (*schnell gehen*) caminar (*od* andar) a paso ligero; **Marschierer** M ⟨~s; ~⟩ MIL participante *m* en una marcha (*od* en un desfile)

'Marschkolonne F MIL columna *f* de marcha; **Marschland** N → Marsch[2]; **Marschleistung** F etapa *f* recorrida; **Marschlied** N canción *f* de marcha; **marschmäßig** ADJ en orden (*bzw* con equipo) de marcha; **Marschmusik** F música *f* militar; **Marschordnung** F orden *m* de marcha; **Marschpause** F alto *m* (en la marcha); **Marschrichtung** F dirección *f* de la marcha; **Marschroute** F itinerario *m*; **Marschtempo** N **1** MIL paso *m* **2** MUS movimiento *m* de marcha; **Marschverpflegung** F *bes* MIL ración *f* de marcha; **Marschziel** N objetivo *m* de marcha

Marseil'laise [marsɛ'jɛːzə] F ⟨~⟩ *französische Nationalhymne*: Marsellesa *f*; **Mar'seille** [-'sɛːj] N ⟨~s⟩ Marsella *f*

'Marsmännchen N, **Marsmensch** M marciano *m*

'Marsrahe F SCHIFF verga *f* de gavia; **Marssegel** N SCHIFF gavia *f*

'Marstall M ⟨~(e)s; ⸚e⟩ caballerizas *fpl* (reales)

'Marter F ⟨~; ~n⟩ martirio *m* (*a. fig*); (*Folter*) tortura *f*; suplicio *m*; tormento *m* (*alle a. fig*)

'martern VT martirizar; (*foltern*) torturar, atormentar (*a. fig*); *fig* **j-n zu Tode ~** torturar a alguien hasta la muerte, matar a alg a fuego lento

'Marterpfahl M HIST poste *m* de tormento; **Martertod** M martirio *m*; **Marterwerkzeug** N instrumento *m* de tortura (*od* de suplicio)

marti'alisch [-tsi-] ADJ marcial

'Martin EIGENN M **1** *Vorname*: Martín *m* **2** *Heiliger*: (San) Martín *m*

Mar'tini[1] N ⟨~⟩ fiesta *f* (*bzw* día *m*) de San Martín

Mar'tini[2] M ⟨~s; ~s⟩ *Getränk*: Martini *m*

'Martinsfest N fiesta *f* de San Martín; **Martinsgans** F ganso *m* de San Martín; **Martinshorn** N sirena *f*; **Martinstag** M día *m* de San Martín; **Martinszug** M desfile *m* con farolillos el día de San Martín

'Märtyrer M ⟨~s; ~⟩, **Märtyrerin** F ⟨~; ~nen⟩ mártir *m/f*; **Märtyrerkrone** F corona *f* de mártir, aureola *f* del martirio; **Märtyrertod** M martirio *m*; **Märtyrertum** N ⟨~s⟩ martirio *m*

Mar'tyrium N ⟨~s; Martyrien⟩ martirio *m* (*a. fig*); **Martyro'logium** N ⟨~s; Martyrologien⟩ martirologio *m*

Mar'xismus M ⟨~⟩ marxismo *m*; **Marxist** M ⟨~en; ~en⟩, **Marxistin** F ⟨~; ~nen⟩ marxista *m/f*; **marxistisch** ADJ marxista

März M ⟨~(es); ~e⟩ marzo *m*

Marzi'pan N ⟨~s; ~e⟩ mazapán *m*

'Masche F ⟨~; ~n⟩ **1** TEX malla *f*; (*Strickmasche, Strumpfmasche*) punto *m*; **rechte/linke ~** punto *m* derecho/al revés **2** *umg fig* (*Trick*) truco *m*; **er hat die ~ raus** se sabe todos los trucos **3** *umg* **die neueste ~** la última moda, lo último

'Maschendraht M tela *f* (*od* malla *f*) metálica; **Maschendrahtzaun** M valla *f* (de tela) metálica; **maschenfest** ADJ **1** TEX a prueba de puntos **2** *fig* a prueba de trucos; **Maschenreihe** F vuelta *f*

Ma'schine F ⟨~; ~n⟩ **1** *allg* máquina *f*; *umg* (*Motor*) aparato *m*; (*Gerät*) ingenio *m*; *koll* **~n** maquinaria *f* **2** (*Schreibmaschine*) máquina *f* (de escribir); **(auf** *od* **mit der) ~ schreiben** escribir a (*od* con) máquina, mecanografiar **3** *umg* (*Motorrad*) *umg* moto *f* **4** *umg* (*Flugzeug*) avión *m*

ma'schinegeschrieben → maschinengeschrieben

maschi'nell **A** ADJ mecánico **B** ADV **~ hergestellt** hecho a máquina

Ma'schinenanlage F instalación *f* mecánica; **Maschinenantrieb** M accionamiento *m* (*bzw* mando *m*) mecánico; **Maschinenarbeit** F trabajo *m* mecánico (*od* a máquina); **Maschinenbau** M ⟨~(e)s⟩ construcción *f* mecánica (*od* de maquinaria); **Maschinenbauer** M ⟨~s; ~⟩, **Maschinenbauerin** F ⟨~; ~nen⟩ constructor *m*, -a *f* de máquinas

Ma'schinenbauindustrie F (sector *m*) maquinaria *f*; **Maschinenbauingenieur** M, **Maschinenbauingenieurin** F ≈ ingeniero *m*, -a *f* industrial mecánico

Ma'schinenbetrieb M explotación *f* mecánica; **Maschinenfabrik** F fábrica *f* de maquinaria

ma'schinengeschrieben ADJ *obs* escrito a máquina

Ma'schinengewehr N MIL ametralladora *f*; *leichtes*: fusil *m* ametrallador; **Maschinengewehrfeuer** N MIL fuego *m* de ametralladora; **unter ~ nehmen** ametrallar; **Maschinengewehrsalve** F salva *f* de ametralladora; **Maschinengewehrschütze** M ametrallador *m*

Ma'schinenhalle F, **Maschinenhaus** N sala *f* de máquinas; **Maschinenindustrie** F industria *f* mecánica (*od* de la maquinaria); **Maschinenkunde** F mecánica *f*; **Maschinenlaufzeit** F periodo *m* de vida útil de la máquina

ma'schinenlesbar ADJ legible por ordenador; **maschinenmäßig** ADJ mecánico

Ma'schinenmeister M maquinista *m*; jefe *m* de máquinas; THEAT tramoyista *m*; **Maschinennäher** M, **Maschinennäherin** F costurero *m*, -a *f* (que cose a máquina); **Maschinenöl** N aceite *m* lubri(fi)cante; **Maschinenpark** M parque *m* de máquinas, maquinaria *f*; **Maschinenpistole** F pistola *f* ametralladora, metralleta *f*; **Maschinenraum** M, **Maschinensaal** M sala *f* de máquinas; **Maschinensatz** M TYPO composición *f* mecánica (*od* a máquina); **Maschinenschaden** M avería *f* (de máquinas); **Maschinenschlosser** M, **Maschinenschlosserin** F montador *m*, -a *f*; ajustador *m*, -a *f*; mecánico *m*, -a *f*; **Maschinenschreiben** N mecanografía *f*

Ma'schinenteil N pieza *f* (*od* elemento *m*) de máquina; **Maschinenwechsel** M BAHN cambio *m* de locomotora; **Maschinenzeitalter** N época *f* del maquinismo

Maschine'rie F ⟨~; ~n⟩ maquinaria *f*; mecanismo *m*; THEAT tramoya *f*

Maschi'nist M ⟨~en; ~en⟩, **Maschinistin** F ⟨~; ~nen⟩ TECH, SCHIFF maquinista *m/f* (*a.* THEAT); mecánico *m*, -a *f*; THEAT tramoyista *m/f*

'Maser F ⟨~; ~n⟩ *im Holz*: veta *f*; **Maserholz** N madera *f* veteada

'maserig ADJ *Holz*: veteado, con vetas; **masern** VT vetear

'Masern PL MED sarampión *m*

'Maserung F ⟨~; ~en⟩ *im Holz*: vetas *fpl*; aguas *fpl*, trepa *f*

'Maske F ⟨~; ~n⟩ **1** máscara *f*; *Person a.*: enmascarado *m*; *bes im Karneval*: antifaz *m*; (*Verkleidung*) disfraz *m*; *fig* **j-m die ~ vom Gesicht reißen** desenmascarar (*od* quitar la máscara) a alg; **die ~ fallen lassen** quitarse la máscara (*od* la careta) **2** (*Schutzmaske, Fechtmaske*) careta *f* **3** (*Totenmaske*), *Kosmetik*, MED mascarilla *f* **4** THEAT caracterización *f*; **~ machen** maquillar **5** IT diálogo *m*, formulario *m*

'Maskenball M baile *m* de máscaras (*od* de disfraces); **Maskenbildner** M, **Maskenbildnerin** F maquillador *m*, -a *f*; caracterizador *m*, -a *f*; **Maskenkostüm** N disfraz *m*; **Maskenverleih** M alquiler *m* de disfraces; **Maskenzug** M mascarada *f*; desfile *m* de máscaras (*od* de disfraces)

Maske'rade F ⟨~; ~n⟩ mascarada *f*

mas'kieren ⟨*ohne* ge-⟩ **A** VT enmascarar, disfrazar (**als** de) (*a. fig u.* MIL) **B** VR **sich ~** enmascararse, disfrazarse

Mas'kottchen N ⟨~s; ~⟩, **Mas'kotte** F ⟨~; ~n⟩ mascota *f*

masku'lin ADJ masculino; **Maskulinum** N ⟨~s; Maskulina⟩ GRAM género *m* masculino

Maso'chismus M ⟨~⟩ masoquismo *m*; **Masochist** M ⟨~en; ~en⟩, **Masochistin** F ⟨~; ~nen⟩ masoquista *m/f*; **masochistisch** ADJ masoquista

maß → messen

Maß[1] N ⟨~es; ~e⟩ **1** (*Maßeinheit, Größe*) medida *f*; **~ nehmen** tomar las medidas (**bei a**); **nach ~** a medida; *fig* **mit zweierlei ~ messen** medir con distinto rasero; aplicar la ley del embudo; **das ~ vollmachen** colmar la medida (*a. fig*); **das ~ ist voll!** ¡es el colmo! **2** (*Verhältnis*) proporción *f* **3** (*Ausmaß*) dimensión *f*, grado *m*; **in sehr beschränktem ~(e)** en escala muy limitada; **in großem ~(e)** a gran escala; **in hohem ~(e)** en alto grado; **in höchstem ~(e)** en sumo grado, sumamente; **in reichem ~(e)** abundantemente, en abundancia; **in vollem ~(e)** plenamente; completamente; **in zunehmendem ~(e)** cada vez más; **in dem ~(e), dass** hasta el punto de; a tal extremo que; **in dem ~(e) wie ...** a medida que ..., conforme ... **4** *fig* (*Grenzen*) límite *m*; (*Mäßigung*) moderación *f*, mesura *f*; comedimiento *m*; **mit ~en** con moderación (*od* medida); **alles mit** *od* **in ~en** todo en su medida; **mit ~ und Ziel** comedidamente; compasadamente; **ohne ~ und Ziel** desmedidamente; **weder ~ noch Ziel haben** *od* **kennen** excederse; propasarse; → *a.* maßhalten **5** *geh* **über alle** *od* **die ~en** sobremanera (*nachgestellt*); excesivamente, en exceso; extremadamente, en extremo

Maß[2], *bes bayrisch a.* **Mass** F ⟨~; ~(e), *pero*: 2 ~⟩ *südd, österr* litro *m* de cerveza; **eine ~ Bier** una

M

jarra de cerveza *(de un litro)*
'Maßabteilung F TEX sección *f* de trajes a medida
Mas'sage [-'sa:ʒə] F ⟨~; ~n⟩ masaje *m*; **Massagebehandlung** F masoterapia *f*; **Massagesalon** M salón *m* de masajes
Mas'saker N ⟨~s; ~⟩ matanza *f*, carnicería *f*, masacre *f*; **massa'krieren** V/T ⟨ohne ge-⟩ matar, asesinar, masacrar
'Maßanalyse F CHEM análisis *m* volumétrico; **Maßanzug** M TEX traje *m* a medida; **Maßarbeit** F trabajo *m* a medida; *fig* trabajo *m* de precisión; *umg fig* **das war ~** ¡un trabajo perfecto! *(a. iron)*; **Maßband** N cinta *f* métrica
'Masse F ⟨~; ~n⟩ **1** *(formloser Stoff)* masa *f* (a. PHYS, WIRTSCH, JUR, ANAT); *(Paste)* pasta *f*; *(Substanz)* su(b)stancia *f* **2** *umg (Menge)* masa *f*, gran cantidad *f* (**an** *dat*, **von** de); **eine ~** *umg* un montón, una enormidad; **eine (ganze) ~ Bücher** *umg* un montón de libros **3** *von Menschen*: multitud *f*, muchedumbre *f*; *umg* masa *f*; **die breite ~** la (gran) masa; **in ~n** → massenweise
'Maßeinheit F unidad *f* de medida
'Massel M ⟨~s⟩ *sl (Glück)* suerte *f*, *sl* chorra *f*, potra *f*
'Massenabsatz M HANDEL venta *f* a gran escala (*od* en masa); **Massenabschiebung** F expulsión *f* masiva; **Massenandrang** M afluencia *f* masiva; **Massenangriff** M MIL ataque *m* concentrado (*od* en masa); **Massenansturm** M afluencia *f* masiva (*od* en masa); **Massenanziehung** F PHYS gravitación *f*; **Massenarbeitslosigkeit** F desempleo *m* masivo; **Massenarmut** F pauperismo *m*; **Massenartikel** M HANDEL artículo *m* de gran consumo
'Massenaufgebot N llamamiento *m* en masa; **Massenauflage** F TYPO gran tirada *f*; **Massenaufmarsch** M afluencia *f* masiva
'Massenbeförderung F → Massentransport; **Massenbetrieb** M *bes* AGR explotación *f* a gran escala (*od* en masa); **Massendemonstration** F manifestación *f* multitudinaria (*od* en masa *od* masiva); **Massendeportation** F deportación *f* en masa; **Masseneinsatz** M MIL intervención *m* a gran escala (*od* en masa *od* masiva); **Masseneinwanderung** F inmigración *f* masiva (*od* en masa); **Massenelend** N pauperismo *m*; **Massenentlassung** F despido *m* en masa (*od* masivo); **Massenerhebung** F levantamiento *m* en masa; **Massenerschießung** F fusilamiento *m* masivo (*od* en masa); **Massenerzeugung** F → Massenproduktion; **Massenexekution** F → Massenhinrichtung; **Massenexodus** M éxodo *m* masivo; **Massenfabrikation** F → Massenproduktion; **Massenfestnahme** F detención *f* en masa; **Massenflucht** F huida *f* en masa; **Massengeschäft** N negocio *m* a gran escala; **Massengeschmack** M gusto *m* de la gran masa (*od* del gran público); **Massengrab** N fosa *f* común; **Massengüter** NPL HANDEL mercancías *fpl* a granel
'massenhaft **A** ADJ enorme, inmenso **B** ADV en masa; en grandes cantidades
'Massenherstellung F → Massenproduktion; **Massenhinrichtung** F ejecución *f* en masa (*od* masiva); **Massenkarambolage** F *Verkehr*: colisión *f* múltiple (*od* en cadena); *bes Am* choque *m* múltiple (*od* en cadena); **Massenkommunikation** F comunicación *f* de masas; **Massenkonsumartikel** M HANDEL artículo *m* de gran consumo; **Massenkundgebung** F → Massendemonstration
'Massenmedien NPL medios *mpl* de comunicación de masas; **Massenmensch** M hombre *m* de la masa; **Massenmord** M matanza *f*; asesinato *m* en masa; **Massenphänomen** N fenómeno *m* de masas; **Massenprodukt** N producto *m* en serie; **Massenproduktion** F producción *f* (*od* fabricación *f*) a gran escala (*od* en masa); **Massenprotest** M protesta *f* masiva (*od* en masa); **Massenpsychologie** F psicología *f* de las masas; **Massenpsychose** F psicosis *f* colectiva; **Massenpublikum** N gran público *m*; gran masa *f* (del público); **Massenselbstmord** M suicidio *m* en masa (*od* masivo); **Massenspektakel** N espectáculo *m* de masas; **Massensport** M deporte *m* de masas (*od* popular); **Massensterben** N mortandad *f*; **Massensuggestion** F sugestión *f* colectiva; **Massentierhaltung** F cría *f* de animales a gran escala; **Massentourismus** M turismo *m* de masas; **Massentransport** M transporte *m* colectivo; **Massenuniversität** F universidad *f* masificada; **Massenunterkunft** F alojamiento *m* (*od* albergue *m*) de masas (*od* masivo); **Massenveranstaltung** F acto *m* multitudinario; **Massenverbrauch** M consumo *m* a gran escala; **Massenvergewaltigungen** FPL violaciones *fpl* en masa; **Massenverhaftungen** FPL detenciones *fpl* en masa
'Massenvernichtung F destrucción *f* en masa (*od* masiva); **Massenvernichtungswaffe** F MIL arma *f* de destrucción en masa (*od* masiva)
'Massenversammlung F concentración *f* de masas; **Massenvertreibung** F expulsión *f* masiva (*od* en masa); **massenweise** ADV en masa; en grandes cantidades; *umg* a porrillo, a manta; **Massenzusammenstoß** M → Massenkarambolage
'Masseschuld F WIRTSCH deuda *f* de la masa; **Masseschuldner** M, **Masseschuldnerin** F WIRTSCH deudor *m*, -a *f* de la masa
Mas'seur [ma'sø:r] M ⟨~s; ~e⟩, **Masseurin** F ⟨~; ~nen⟩ masajista *m/f*
Mas'seuse [ma'sø:zə] F ⟨~; ~n⟩ **1** *(Masseurin)* masajista *f* **2** *(Prostituierte)* prostituta *f* (en un salón de masajes)
'Maßgabe F ⟨~; ~n⟩ **nach ~** *(gen)* conforme a, a tenor de; **mit der ~, dass** con la reserva de que *(subj)*
'maßgebend, maßgeblich **A** ADJ *(bestimmend) Faktor* determinante; *(entscheidend)* decisivo; *(zuständig)* competente; *Person, Buch* de autoridad, competente; *Text a.* oficial; *Ansicht* autoritario; WIRTSCH **~e Beteiligung** participación *f* preponderante; **~ sein** determinar; decidir; marcar la pauta **B** ADV de manera decisiva; **~ an etw** *(dat)* **beteiligt sein** tener un papel decisivo en a/c
'maßgerecht ADJ ajustado a las medidas prescritas; **maßgeschneidert** ADJ hecho a medida
'maßhalten, Maß halten V/I ⟨irr⟩ *immer*: ser moderado (*od* comedido); *im Moment*: moderarse; comedirse; *stärker*: contenerse; **im Essen ~** comer con moderación
'Maßhaltigkeit F ⟨~⟩ TECH estabilidad *f* dimensional
mas'sieren V/T ⟨ohne ge-⟩ **1** MED dar masaje **2** MIL *Truppen* concentrar; **Massieren** N ⟨~s⟩ MED masaje *m*; **Massierung** F ⟨~; ~en⟩ MIL concentración *f* de tropas
'massig **A** ADJ voluminoso, abultado; macizo, compacto **B** ADV *umg (viel)* en masa; *umg* a porrillo, a manta; **er hat ~ Geld** *umg* tiene dinero a manta
'mäßig ADJ **1** *Wind, Geschwindigkeit* moderado; *im Essen a.*: frugal; *im Trinken*: sobrio; *Preis, Einkommen* módico; GASTR **bei ~er Hitze** a temperatura moderada (*od* media) **2** *(mittelmäßig)* mediano; regular; *pej* mediocre
'mäßigen **A** V/T moderar; *(mildern)* templar; suavizar, mitigar; *Zorn etc* contener; *(vermindern)* disminuir, reducir; limitar; bajar **B** V/R **sich ~** moderarse; comedirse; *stärker*: contenerse; controlarse; **mäßigend** ADJ moderador; **Mäßigkeit** F ⟨~⟩ *des Winds, der Geschwindigkeit*: moderación *f*; templanza *f*; *im Essen, im Trinken a.*: frugalidad *f*; *im Trinken*: sobriedad *f*; *des Preises, des Einkommens*: modicidad *f*; *(Mittelmäßigkeit) pej* mediocridad *f*; **Mäßigung** F ⟨~⟩ moderación *f*; templanza *f*; *(Zurückhaltung)* contención *f*; *(Verminderung)* disminución *f*, reducción *f*
mas'siv **A** ADJ **1** *Metalle, Holz* macizo; *(fest)* sólido; compacto **2** *fig Kritik, Drohung* masivo; *Forderung* extremo; *Druck* enorme **B** ADV **~ gebaut** de construcción maciza
Mas'siv N ⟨~s; ~e⟩ GEOL macizo *m*; **Massivbauweise** F construcción *f* maciza; **Massivgold** N oro *m* macizo
'Maßkleidung F TEX ropa *f* a medida; **Maßkrug** M jarra *f* (de un litro); **Maßliebchen** N BOT margarita *f*; maya *f*
'maßlos **A** ADJ extremo; *(enorm)* inmenso, enorme; *Übertreibung, Ansprüche* desmesurado, desmedido, exagerado, excesivo; *Ehrgeiz* sin límites **B** ADV *(äußerst)* enormemente; exageradamente, sin límites; **sie übertreibt ~** exagera demasiado
'Maßlosigkeit F ⟨~⟩ inmensidad *f*; falta *f* de medida (*od* moderación), desmesura *f*, descomedimiento *m*, exceso *m*, exageración *f*
'Maßnahme F medida *f*; *behördliche*: diligencia *f*; **~n ergreifen** (*od* **treffen**) tomar (*od* adoptar) medidas
'Maßnahmenbündel N, **Maßnahmenpaket** N conjunto *m* (*od* paquete *m*) de medidas
'Maßregel F medida *f*
'maßregeln V/T reprender (j-n a alg); llamar al orden; *Beamte*: castigar disciplinariamente; **Maßregelung** F reprensión *f*; llamada *f* al orden; medida *f* disciplinaria; POL sanción *f*
'Maßschneider M, **Maßschneiderin** F TEX sastre *m*, -a *f* (que trabaja) a medida; **maßschneidern** V/T TEX hacer a medida; **Maßschuhe** MPL zapatos *mpl* (hechos) a medida
'Maßstab M **1** *(Norm)* norma *f*, criterio *m*; **Maßstäbe setzen** marcar la pauta; **als ~ dienen** servir de norma; **einen ~ an etw** *(acus)* **anlegen** aplicar un criterio a a/c; **einen anderen ~ anlegen** medir por otro rasero; **j-n/etw zum ~ nehmen** tomar a alg/a/c como modelo **2** *v. Karten*: escala *f*; *fig a.* medida *f*; proporción *f*; **im ~ 1:100** a escala (de) 1:100; **in großem/kleinem ~** a gran/pequeña escala; **in verkleinertem ~** a escala reducida **3** *selten (Lineal, Zollstock)* regla *f* graduada
'maßstab(s)gerecht, maßstab(s)getreu ADJ & ADV a escala
'maßvoll ADJ moderado; comedido, mesurado
'Maßwerk N ARCH tracería *f*; **Maßzahl** F cota *f*
Mast[1] M ⟨~es; ~e *od* ~en⟩ SCHIFF mástil *m*, palo *m*; *(Leitungsmast)* poste *m*
Mast[2] F ⟨~; ~en⟩ AGR engorde *m*, ceba *f*, cebadura *f*
'Mastbaum M SCHIFF palo *m*, mástil *m*; **Mastdarm** M ANAT recto *m*
'mästen V/T cebar, engordar
'Mästen N ⟨~s⟩ cebadura *f*, engorde *m*

M

Master M ⟨~s; ~⟩ UNIV ≈ diplomatura *f*
Mäster M ⟨~s; ~⟩, **Mästerin** F ⟨~; ~nen⟩ cebador *m*, -a *f*
'Mastfutter N cebo *m*, ceba *f*; **Mastgans** F ganso *m* cebado; **Masthähnchen** N pollo *m* cebón (*od* de engorde)
'Mastix M ⟨~⟩ mástique *m*, mástic *m*, almáciga *f*
'Mastkorb M SCHIFF cofa *f*; **Mastkur** F MED cura *f* de engorde (*od* de sobrealimentación); **Mastochse** M buey *m* cebón (*od* cebado); **Mastrind** N vaca *f* cebada (*od* de engorde *od* de cebo); **Mastschwein** N cerdo *m* cebado (*od* de engorde *od* de cebo)
'Mästung F ⟨~; ~en⟩ engorde *m*, ceba(dura) *f*
Masturbati'on F ⟨~; ~en⟩ masturbación *f*; **mastur'bieren** VI ⟨*ohne* ge-⟩ masturbarse
'Mastvieh N ganado *m* cebado (*od* cebón *bzw* de engorde); **Mastwerk** N SCHIFF arboladura *f*
Masuren N ⟨~s⟩ Masura *f*; Masovia *f*
Mata'dor M ⟨~s; ~e⟩ 1 STIERK matador *m*, espada *m* 2 *fig* personaje *m* principal
Match [mɛtʃ] N, *schweiz zssgn* M ⟨~(e)s; ~s *od* ~e⟩ SPORT partido *m*; encuentro *m*, *Tennis*: juego *m*, match *m*; **Matchball** M bola *f* de partido, matchball *m*; **Matchwinner** M ⟨~s; ~⟩ ganador *m* (del partido *od* encuentro *od* juego)
'Mate M ⟨~⟩ *Tee*: mate *m*
Materi'al N ⟨~s; ~ien⟩ 1 (*Stoff, Bau-, Werkstoff*) material *m*; materia *f* 2 (*Ausrüstung*) equipo *m*; BAHN **rollendes ~** material *m* rodante (*od* móvil) 3 (*Unterlagen*) documentación *f*; **statistisches ~** datos *mpl* estadísticos
Materi'alermüdung F desgaste *m* (*od* fatiga *f*) del material; **Materialfehler** M defecto *m* de material
materiali'sieren VT ⟨*ohne* ge-⟩ materializar
Materia'lismus M ⟨~⟩ materialismo *m*; **Materia'list** M ⟨~en; ~en⟩, **Materia'listin** F ⟨~; ~nen⟩ materialista *m/f*; **materia'listisch** ADJ materialista *m*; **Materiali'tät** F ⟨~⟩ materialidad *f*
Materi'alkosten PL gastos *mpl* de material; **Materialprüfung** F ensayo *m* de materiales; **materialreich** ADJ rico en material(es); **Materialschaden** M daño *m* material; **Materialschlacht** F MIL batalla *f* de desgaste; **Materialschuppen** M cobertizo *m* para materiales; **Materialwirtschaft** F 1 (*Beschaffung*) gestión *f* de aprovisionamiento y producción 2 (*Lagerverwaltung*) gestión *f* de stocks (*od* de existencias) 3 (*Theorie*) teoría *f* de existencias
Ma'terie [-iə] F ⟨~; ~n⟩ materia *f*
materi'ell A ADJ 1 *Hilfe, Vorteil* material (*a. fig*); (*geldlich*) financiero, pecuniario 2 *pej Person* materialista B ADV **~ eingestellt sein** ser materialista
'Matetee M (hierba *f od* yerba *f*) mate *m*
'Mathe F ⟨~⟩ *umg* mates *fpl*
Mathema'tik F ⟨~⟩ matemáticas *fpl*; **reine/angewandte ~** matemáticas puras/aplicadas
Mathe'matiker M ⟨~s; ~⟩, **Mathematikerin** F ⟨~; ~nen⟩ matemático *m*, -a *f*
Mathema'tiklehrer M, **Mathematiklehrerin** F profesor *m*, -a *f* (*od* maestro *m*, -a *f*) de matemática(s)
mathe'matisch A ADJ matemático; **die ~en Wissenschaften** las ciencias exactas B ADV **~ begabt sein** tiene talento para las matemáticas
Mati'nee [-'ne:] F ⟨~; ~n⟩ función *f* (*Kino*: sesión *f*) matinal
'Matjes M ⟨~; ~⟩, **Matjeshering** M arenque *m* fresco; arenque *m* virgen

Ma'tratze F ⟨~; ~n⟩ colchón *m*; **Matratzenlager** N almacén *m* de colchones
Mä'tresse F ⟨~; ~n⟩ querida *f*, concubina *f*, manceba *f*; favorita *f*
matriar'chalisch ADJ matriarcal; **Matriar'chat** N ⟨~(e)s; ~e⟩ matriarcado *m*
Matri'archin F matriarca *f*
Ma'trikel F ⟨~; ~n⟩ matrícula *f*; **in die ~ eintragen** matricular; **Matrikelnummer** F UNIV número *m* de matrícula
'Matrix F ⟨~; Matrizes⟩ matriz *f*; **Matrixdrucker** M IT impresora *f* de matrices
Ma'trize F ⟨~; ~n⟩ matriz *f*; TECH *a.* molde *m*; *zur Vervielfältigung*: clisé *m*
Ma'trone F ⟨~; ~n⟩ matrona *f*
ma'tronenhaft ADJ & ADV como una matrona
Ma'trose M ⟨~n; ~n⟩ marinero *m*
Ma'trosenanzug M traje *m* marinero; **Matrosenbluse** F (blusa *f*) marinera *f*; **Matrosenkragen** M cuello *m* marinero; **Matrosenmütze** F gorra *f* de marinero
Matsch M ⟨~es⟩ (*Schlamm*) cieno *m*, lodo *m*; fango *m*, barro *m*; (*Brei*) pasta *f*; **'matschig** ADJ lleno de barro; cenagoso; fangoso; *Obst* pachucho; **~ werden** *Obst* pasarse
matt[1] ADJ 1 (*müde*) cansado, fatigado, (*schwach*) débil; flojo; (*erschöpft*) agotado; (*niedergeschlagen*) abatido, decaído; (*lustlos*) desanimado 2 (*gedämpft*) amortiguado; *Auge, Stimme, Blick* apagado 3 (*glanzlos*) mate (*a.* FOTO); *Farbe a.* apagado; (*trübe*) deslustrado; *Glas* empañado; opaco 4 WIRTSCH *Börse* desanimado 5 *Witz* soso, sin gracia
matt[2] ADJ *Schachspiel*: mate
Matt N ⟨~s; ~s⟩ *Schach*: mate *m*
'mattblau ADJ azul mate
'Matte[1] F ⟨~; ~n⟩ 1 (*Fußmatte*) estera *f*; (*Türmatte*) esterilla *f*, felpudo *m*; (*Strohmatte*) estera *f*; *umg fig* **auf der ~ stehen** estar a disposición 2 SPORT *Turnen*: colchoneta *f*; *Ringen*: tapiz *m*; **auf die ~ legen** enviar al tapiz; **auf die ~ gehen** besar la lona (*a. fig*)
'Matte[2] F ⟨~; ~n⟩ *schweiz od poet* (*Bergwiese*) pradera *f* alpina; pasto *m* alpino
'Matterhorn N ⟨~s⟩ GEOG **das ~** el Monte Cervino, el Matterhorn *m*
'mattgeschliffen ADJ esmerilado
'Mattglanz M matidez *f*; TECH acabado *m* mate; **Mattglas** N vidrio *m* mate (*bzw* esmerilado); **Mattgold** N oro *m* mate
Mat'thäus EIGENN M 1 *Vorname*: Mateo *m* 2 *umg* **bei ihm ist Matthäi am Letzten** está en las últimas; **Matthäusevangelium** N *Bibel*: Evangelio *m* de (*od* según) San Mateo; **Matthäuspassion** F Pasión *f* según San Mateo
'Mattheit F ⟨~⟩ 1 (*Müdigkeit*) cansancio *m*, fatiga *f*; (*Schwäche*) debilidad *f*; flojedad *f*; (*Erschöpfung*) agotamiento *m*; (*Niedergeschlagenheit*) abatimiento *m*; decaimiento *m*; (*Lustlosigkeit*) desanimación *f* 2 (*fehlender Glanz*) matidez *f*; palidez *f*; *v. Glas*: opacidad *f*
mat'tieren VT ⟨*ohne* ge-⟩ TECH matear; hacer opaco; esmerilar; deslustrar
'Mattigkeit F ⟨~⟩ → Mattheit 1
'Mattscheibe F 1 TV pequeña pantalla *f* 2 FOTO vidrio *m* (*od* cristal *m*) esmerilado; cristal *m* mate (*od* opaco) 3 *umg fig* **~ haben** tener un despiste; estar aturdido (*od* atontado); **Mattschleifen** N esmerilado *m*
'mattsetzen VT **j-n ~** dar mate a alg
'Mattvergoldung F dorado *m* mate
Ma'tura F ⟨~⟩ *österr* ≈ (exámenes *mpl* finales de) bachillerato *m*; **~ machen** aprobar el bachillerato
'Mätzchen NPL *umg* 1 (*Unsinn*) tonterías *fpl*; (*überflüssiges Zeug*) ringorrango *m*; (*Getue*) aspavientos *mpl*; **~ machen** tratar de producir efecto 2 (*Tricks*) trucos *mpl*; martingalas *fpl*; **keine ~!** ¡sin trucos!

mau ADJ *umg* malo; flojo; **mir ist ~** me siento mal
'Mauer F ⟨~; ~n⟩ muro *m*; (*Stadtmauer*) muralla *f*; (*Wand*) pared *f*; (*Lehmmauer*) tapia *f*; SPORT barrera *f*; HIST **die (Berliner) ~** el Muro (de Berlín); **die Chinesische ~** la Muralla China
'Mauerabsatz M ARCH resalto *m*; **Mauerblümchen** N *umg* **~ sein** *umg* comer pavo; **Mauereidechse** F ZOOL lagartija *f* (común); **Mauerfall** M HIST *BRD*: caída *f* del Muro
'mauern A VT tapiar B VI 1 BAU levantar una pared (*bzw* un muro); hacer trabajo de albañilería 2 SPORT formar una barrera (defensiva) 3 *Kartenspiel*: no arriesgar nada
'Maueröffnung F ARCH vano *m*; **Maueropfer** N HIST víctima *f* del muro (de Berlín); **Mauerpfeffer** M BOT uva *f* de gato; **Mauerschütze** M HIST centinela *m* del muro (de Berlín); **Mauerschwalbe** F, **Mauersegler** M ORN vencejo *m* común; **Mauervorsprung** M ARCH resalto *m* (de la pared), saliente *m*, saledizo *m*; **Mauerwerk** N (obra *f* de) mampostería *f*, (obra *f* de) albañilería *f*, obra *f* de fábrica *f*; **Mauerziegel** M ladrillo *m*; **Mauerzinne** F almena *f*
'Mauke F ⟨~⟩ VET grapa *f*
Maul N ⟨~(e)s; Mäuler⟩ 1 *v. Tieren*: boca *f*; morro *m*; (*Schnauze*) hocico *m* 2 *sl* (*Mund*); *umg* morro *m*, jeta *f*; **die bösen Mäuler** las malas lenguas; **viele Mäuler zu stopfen haben** tener que mantener muchas bocas; **halt's ~!** *umg* ¡cállate la boca!, *sl* ¡cierra el pico! 3 *umg fig* **ein loses ~ haben** ser una mala lengua; **das ~ aufreißen** *od* **ein großes ~ haben** *umg* ser un bocazas; fanfarronear; **j-m das ~ stopfen** tapar la boca a alg; **j-m ums ~ gehen** *umg* dar coba a alg; **sich** (*dat*) **das ~ zerreißen** chismorrear, comadrear (**über** *acus* sobre *od* de)
'Maulaffe M **~n feilhalten** estar boquiabierto, *Am umg* papar moscas; **Maulbeerbaum** M BOT *schwarzer*: moral *m*; *weißer*: morera *f*; **Maulbeere** F BOT mora *f*
'maulen VI *umg* (*schmollen*) estar de morros (*od Am* de hocico); *Kind umg* hacer pucheros; (*murren*) refunfuñar
'Maulesel M ZOOL mulo *m*, macho *m*; **Mauleselin** F mula *f*
'maulfaul ADJ *umg* parco en palabras, callado; **~ sein** no despegar los labios; *umg* no abrir el pico
'Maulheld M *umg pej* fanfarrón *m*; bravucón *m*; perdonavidas *m*; **Maulkorb** M bozal *m*; **einen ~ anlegen** abozalar; *fig* amordazar (j-m a alg)
'Maulkorberlass M, **Maulkorbgesetz** N POL *umg* ≈ decreto *m* (*od* ley *f*) de censura, ley *f* amordazante; **Maulschelle** F *umg* bofetón *m*, sopapo *m*, *umg* torta *f*; **Maulsperre** F MED trismo *m*; **Maultasche** F GASTR ravioli *m* suabio (para sopa)
'Maultier N ZOOL mulo *m*, macho *m*; *koll* **~e** ganado *m* mular; **Maultiertreiber** M mulatero *m*, arriero *m*
'Maultrommel F MUS birimbao *m*; **Maul-und-'Klauenseuche** F VET fiebre *f* aftosa, glosopeda *f*; **Maulwurf** M ZOOL topo *m*
'Maulwurfsgrille F ZOOL grillo *m* topo, grillotalpa *m*, cortón *m*; **Maulwurfshügel** M topera *f*
'Maure M ⟨~n; ~n⟩ moro *m*
'Maurer M ⟨~s; ~⟩ albañil *m*; *umg* paleta *m*; **Maurerarbeit** F (obra *f* de) albañilería *f*; **Maurergeselle** M oficial *m* de albañil; **Maurerhandwerk** N albañilería *f*; oficio

M

m de albañil; **Maurerin** F ⟨~; ~nen⟩ albañil *f*; **Maurerkelle** F llana *f*, paleta *f* (de albañil); **Maurerlehrling** M aprendiz *m* de albañil; **Maurermeister** M maestro *m* albañil; **Maurerpolier** M capataz *m* de obras
Maure'tanien N ⟨~s⟩ Mauritania *f*; **Mauretanier** M ⟨~s; ~⟩, **Mauretanierin** F ⟨~; ~nen⟩ mauritano *m*, -a *f*; **mauretanisch** ADJ mauritano
'Maurin F ⟨~; ~nen⟩ mora *f*; **maurisch** ADJ moro, moruno; morisco
Mau'ritius M ⟨~⟩ Mauricio *m*
Maus F ⟨~; Mäuse⟩ 1 ZOOL ratón *m*; *Am* laucha *f*; *umg fig* **weiße Mäuse sehen** tener alucinaciones; *umg* **eine graue ~** una mosquita muerta 2 IT ratón *m*; **schnurlose/optische ~** ratón *m* inalámbrico/óptico 3 *umg* (*Geld*) **Mäuse** *pl umg* cuartos *mpl*, pelas *fpl* 4 *umg* (*Handballen*) pulpejo *m*
Mausche'lei F ⟨~; ~en⟩ *umg* engaño *m*; embuste *m*; chanchullo *m*
'mauscheln VI *umg* hacer chanchullos
'Mäuschen N ⟨~s; ~⟩ ratoncito *m*; *umg* (*Mädchen*) nen(it)a *f*; **mäuschen'still** ADJ quietecito, calladito; **es ist ~** no se oye (ni) una mosca
'Mäusebussard M ORN águila *f* ratonera, ratonero *m* (común); **Mäusedreck** M cagada *f* de ratón
'Mausefalle F ratonera *f* (*a. fig*); **Mauseloch** N agujero *m* de ratón, ratonera *f*
'mausen A VI cazar ratones B VT *umg* (*stehlen*) ratear, *sl* afanar, mangar
'Mauser F ⟨~⟩ ORN muda *f*
'mausern VR **sich ~** 1 ORN mudar, estar de muda 2 *umg fig* cambiar, convertirse en; *umg* echar buen pelo (*od* buena pluma); **sich zum Schriftsteller ~** hacerse escritor
'mause'tot ADJ muerto y bien muerto; *sl* patas arriba
'mausgrau ADJ ceniciento, gris ceniza (*od* arratonado)
'mausigmachen VR *umg fig* **sich ~** ponerse fresco (*od sl* chulo)
'Mausklick M ⟨~s; ~s⟩ IT click *m* en el ratón
Mauso'leum N ⟨~s; Mausoleen⟩ mausoleo *m*
'Mauspad [-pɛt] N ⟨~s; ~s⟩ IT alfombrilla *f* del ratón; **Maustaste** F IT tecla *f* del ratón; **Mauszeiger** M IT puntero *m*
Maut F ⟨~; ~en⟩, **'Mautgebühr** F peaje *m*; **'Mautstelle** F estación *f* de peaje; **'Mautstraße** F carretera *f* de peaje; **'Mautsystem** N sistema *m* de peaje
'mauzen VI *Katze* maullar
m. a. W. ABK (mit anderen Worten) en otras palabras
max. ABK → maximal
Max EIGENN M 1 *Vorname*: Maximiliano *m* 2 GASTR **strammer ~** *plato de huevo frito sobre pan y jamón*
'Maxi-CD F Maxi-CD *m*
maxi'mal A ADJ máximo B ADV a lo sumo, como máximo
Maxi'mal... IN ZSSGN → Höchstbeanspruchung, Höchstbetrag *etc*; **Maximalforderung** F exigencia *f* (*od* reivindicación *f*) máxima
Ma'xime F ⟨~; ~n⟩ máxima *f*
maxi'mieren VT ⟨*ohne* ge-⟩ maximizar
'Maximum N ⟨~s; Maxima⟩ máximum *m*, máximo *m*; **Maximumthermometer** N termómetro *m* de máxima
Mayon'naise F ⟨~; ~n⟩ mahonesa *f*, mayonesa *f*
Maze'donien N ⟨~s⟩ Macedonia *f*; **Mazedonier** M ⟨~s; ~⟩, **Mazedonierin** F ⟨~; ~nen⟩ macedonio *m*, -a *f*, macedónico *m*, -a *f*; **mazedonisch** ADJ macedonio, macedónico
Mä'zen M ⟨~s; ~e⟩ *geh* mecenas *m*; patrocinador *m* del arte
Mäze'natentum N ⟨~s⟩ *geh* mecenazgo *m*
Mä'zenin F ⟨~; ~nen⟩ *geh* mecenas *f*; patrocinadora *f* del arte
Ma'zurka F ⟨~; ~s⟩ MUS mazurca *f*
mb ABK (Millibar) mb (milibaro)
MB ABK (Megabyte) MB (megabyte)
mbH ABK (mit beschränkter Haftung) HANDEL de responsabilidad limitada
MC F ABK ⟨~; ~(s)⟩ → Musikkassette
MdB, M. d. B. ABK (Mitglied des Bundestags) POL Miembro *m* del Bundestag
MdL, M. d. L. ABK (Mitglied des Landtags) *BRD* diputado *m*, -a *f* del Parlamento de un land; miembro *m* del Landtag
MDR M ABK (Mitteldeutscher Rundfunk) Radiodifusión *f* de Alemania central
m. E. ABK (meines Erachtens) a mi parecer, en mi opinión
Me'chanik F ⟨~; ~en⟩ mecánica *f*; **Mechaniker** M ⟨~s; ~⟩, **Mechanikerin** F ⟨~; ~nen⟩ mecánico *m*, -a *f*; **mechanisch** ADJ mecánico; automático; *fig a.* maquinal
mechani'sieren VT ⟨*ohne* ge-⟩ mecanizar; **Mechanisierung** F mecanización *f*
Mecha'nismus M ⟨~; Mechanismen⟩ mecanismo *m*
'Meckerer M ⟨~s; ~⟩, **Meckerin** F ⟨~; ~nen⟩ *umg* refunfuñón *m*, -ona *f*, refunfuñador *m*, -a *f*, gruñón *m*, -ona *f*, criticón *m*, -ona *f*; quejica *m/f*
'meckern VI 1 *Ziege*: balar 2 *umg fig* (*nörgeln*) refunfuñar, poner reparos; **über etw** (*acus*) **~** poner reparos a a/c, quejarse de a/c; **Meckern** N ⟨~s⟩ 1 *der Ziege*: balido *m* 2 *fig* crítica *f*
'Mecklenburger M ⟨~s; ~⟩, **Mecklenburgerin** F ⟨~; ~nen⟩ mecklemburgués *m*, -esa *f*; **mecklenburgisch** ADJ mecklemburgués, -esa; **Mecklenburg-Vorpommern** N ⟨~s⟩ Mecklemburgo-Antepomerania *m*
Me'daille [-'daljə] F ⟨~; ~n⟩ medalla *f*
Me'daillenchance F *bes* SPORT posibilidad *f* de obtener una medalla; **Medaillengewinner** M, **Medaillengewinnerin** F, **Medaillenträger** M, **Medaillenträgerin** F ganador *m*, -a *f* de (la) medalla, medallista *m/f*
Medail'lon [medal'jɔŋ, -l'jõː] N ⟨~s; ~s⟩ medallón *m*
medi'al ADJ medial
Medi'ante F ⟨~; ~n⟩ MUS mediante *f*
'Mediaplanung F planificación *f* de medios
Media'thek F ⟨~; ~en⟩ mediateca *f*
Media'tion F ⟨~; ~en⟩ mediación *f*; **Medi'ator** M ⟨~s; ~en⟩, **Media'torin** ⟨~; ~nen⟩ F *bes* JUR mediador *m*, -a *f*
'Medien NPL → Medium1; **Medienanstalt** F ente *m* de medios de comunicación; **Medienberichterstattung** F información *f* de los medios de comunicación; **Medienecho** N eco *m* en los medios de comunicación; **Medienereignis** N acontecimiento *m* informativo (*od* público); **Medienexperte** M, **Medienexpertin** F experto *m*, -a *f* (*od* especialista *m/f*) en medios de comunicación; **Medienforschung** F investigación *f* de medios de comunicación
'mediengerecht ADJ adecuado (*od* apropiado) para los medios de comunicación; TV adecuado (*od* apropiado) para la pantalla
'Mediengesellschaft F sociedad *f* de los medios de comunicación; **Mediengruppe** F grupo *m* de medios de comunicación; **Medienhaus** N central *f* de medios de comunicación; **Medienhype** [-haɪp] M → Medienrummel; **Medienimperium** N imperio *m* de medios de comunicación; **Medienindustrie** F industria *f* de la comunicación; **Medieninteresse** N interés *m* de los medios de comunicación; **Medienkampagne** F campaña *f* informativa (*od* de los medios de comunicación); **Medienkauffrau** F, **Medienkaufmann** M comercial *f*, *m* de los medios de comunicación; **Medienkonzentration** F concentración *f* de medios de comunicación; **Medienkonzern** M grupo *m* empresarial de medios de comunicación; **Medienkritik** F crítica *f* de (*od* a) los medios de comunicación; **Medienkritiker** M, **Medienkritikerin** F crítico *m*, -a *f* de los medios de comunicación; **Medienkunst** F arte *f* de (los) medios de comunicación; **Medienlandschaft** F panorama *m* de medios de comunicación; **Medienmogul** M magnate *m* (*od* gigante *m*) de los medios (de comunicación); **Medienpräsenz** F presencia *f* en los medios de comunicación; **Medienprojekt** N proyecto *m* con combinación de medios (de comunicación); **Medienrecht** N derecho *m* de los medios de comunicación
'medienrechtlich ADJ de derecho de los medios de comunicación
'Medienrummel M sensación *f* producida por los medios de comunicación; **Medienschaffende** M/F ⟨~n; ~n; → A⟩ creador *m*, -a *f* de medios de comunicación; **-spektakel** *n* → Medienrummel; **Medienstar** M estrella *f* de los medios de comunicación
'medienwirksam ADJ mediático
'Medienwissenschaft F 1 ciencias *fpl* de la comunicación 2 ciencias *fpl* de la información, periodismo *m*; **Medienwissenschaftler** M, **Medienwissenschaftlerin** F experto *m*, -a *f* (*od* especialista *m/f*) en ciencias de la comunicación (*od* de la información), periodista *m/f*
'Medienzar M → Medienmogul; **Medienzeitalter** N época *f* (*od* era *f*) de los medios de comunicación
Medika'ment N ⟨~(e)s; ~e⟩ medicamento *m*, fármaco *m*; *umg* medicina *f*; **medikamentenabhängig** ADJ fármacodependiente
medikamen'tös ADJ medicamentoso
Medikati'on F ⟨~; ~en⟩ medicación *f*
'Medikus M ⟨~; Medizi *od umg* ~se⟩ *umg hum* médico *m*, *umg* galeno *m*
medi'oker ADJ *geh* mediocre; **Mediokri'tät** F ⟨~⟩ mediocridad *f*
Medio'thek F ⟨~; ~en⟩ mediateca *f*
Meditati'on F ⟨~; ~en⟩ meditación *f*; **medita'tiv** ADJ meditativo; **~e Musik** *f* música *f* meditativa
mediter'ran ADJ mediterráneo
medi'tieren VI ⟨*ohne* ge-⟩ meditar (**über** *acus* sobre)
'medium ADJ ⟨*inv*⟩ GASTR medio, en su punto
'Medium N ⟨~s; Medien⟩ 1 medio *m*; (*Träger*) *a.* soporte *m*; **die Medien** los medios (informativos *od* de comunicación); **elektronische Medien** medios *mpl* electrónicos 2 (*Umwelt*) medio *m* (*a.* PHYS); ambiente *m* 3 *spiritistisches*: médium *m/f*
Medi'zin F ⟨~; ~en⟩ medicina *f*; (*Arznei*) *a.* medicamento *m*; **Doktor** *m* **der ~** doctor *m* en medicina; **~ studieren** estudiar medicina
Medi'zinball M SPORT balón *m* medicinal; **Mediziner** M ⟨~s; ~⟩, **Medizinerin** F ⟨~; ~nen⟩ 1 (*Arzt, Ärztin*) médico *m*, -a *f* 2 *Studierende*: estudiante *m/f* de medicina

medi'zinisch ADJ (ärztlich) médico; (arzneilich) medicinal; UNIV **~e Fakultät** Facultad f de Medicina; **medizinisch-technisch** ADJ → MTA
Medi'zinmann M chamán m; (Heiler) curandero m; **Medizinstudent** M, **Medizinstudentin** F estudiante m/f de medicina; **Medizinstudium** N estudios mpl de medicina; carrera f de médico; **Medizintechnik** F ingeniería f (od técnica f) médica
'Medley ['mɛdli] N ⟨~s; ~s⟩ MUS popurrí m
Me'duse F ⟨~; ~n⟩ 1 MYTH Medusa f 2 ZOOL medusa f; **Medusenhaupt** N cabeza f de Medusa
Meer N ⟨~(e)s; ~e⟩ 1 mar m (sl, poet u. SCHIFF zssgn f); (Weltmeer) océano m; **am ~** a la orilla del mar; **auf offenem ~** en alta mar; **jenseits des ~es** ultramarino, de ultramar 2 fig **ein ~ von Blumen** etc un mar de flores, etc
'Meeraal M Fisch: congrio m; **Meeräsche** F Fisch: múgil m; **Meerbarbe** F Fisch: salmonete m, barbo m de mar; **Meerblick** M **mit ~** con vistas al mar; **Meerbrasse** F, **Meerbrassen** M Fisch: besugo m; **Meerbusen** M obs golfo m; kleinerer: bahía f; **Meerenge** F estrecho m
'Meeresarm M brazo m de mar; **Meeresbiologe** M, **Meeresbiologin** F biólogo m, -a f marino, -a; **Meeresboden** M → Meeresgrund; **Meeresfrüchte** PL mariscos mpl; **Meeresgrund** M fondo m marino (od del mar); **Meereshöhe** F → Meeresspiegel
'Meereskunde F oceanografía f; **Meereskundler** M, **Meereskundlerin** F oceanógrafo m, -a f; **meereskundlich** ADJ oceanográfico
'Meeresküste F costa f, litoral m; **Meeresleuchten** N fosforescencia f del mar; **Meeressäuger** M ZOOL mamífero m marino; **Meeresspiegel** M nivel m del mar; **über/unter dem ~** sobre/bajo el nivel del mar; **Meeresstille** F SCHIFF calma f; bonanza f; **Meeresstrand** M playa f; **Meeresströmung** F corriente f marítima; **Meerestier** N animal m marino; **Meeresufer** N orilla f del mar; costa f; **Meeresverschmutzung** F ÖKOL contaminación f marina
'Meergott M dios m de los mares; **meergrün** ADJ glauco; verde mar; **Meerjungfrau** F sirena f; **Meerkatze** F ZOOL macaco m; **Meerrettich** M BOT rábano m picante; **Meersalz** N sal f marina; **Meerschaum** M espuma f de mar; **Meerschaumpfeife** F pipa f de espuma de mar; **Meerschweinchen** N ZOOL conejillo m de Indias, cobaya f, cobayo m; Peru, Ecuador cuy m; **Meerungeheuer** N monstruo m marino
'Meerwasser N agua f de mar; **Meerwasserentsalzung** F desalinización f del agua de(l) mar; **Meerwasserentsalzungsanlage** F planta f desalinizadora
'Meeting ['mi:tɪŋ] N ⟨~s; ~s⟩ reunión f, mitin m
'Mega... IN ZSSGN mega ...; **Megabit** N ⟨~(s); ~(s)⟩ IT megabit m; **Megabyte** [-baɪt] N ⟨~(s); ~(s)⟩ IT megabyte m
Mega'fon N, **Mega'phon** N ⟨~s; ~e⟩ N megáfono m
'megageil ADJ umg Jugendspr super genial
'Megahertz N ELEK megahercio m
Mega'lith M ⟨~s; ~e⟩ megalito m; **megalithisch** ADJ megalítico
'Megaparty F umg macrofiesta f
Me'gäre F ⟨~; ~n⟩ 1 MYTH Megera f 2 fig furia f

'Megastar M superestrella f; **Megatonne** F megatón m; **megatrendy** ADJ sl megaguay sl; **Megavolt** N ELEK megavoltio m; **Megawatt** N megavatio m
Mehl N ⟨~(e)s⟩ harina f; **mit ~ bestreuen** enharinar
'mehlartig ADJ farináceo; **Mehlbrei** M papilla f; gachas fpl; **mehlhaltig** ADJ farináceo; **mehlig** ADJ harinoso, farináceo
'Mehlindustrie F industria f harinera; **Mehlkäfer** M ZOOL tenebrio m (od escarabajo m) molinero; **Mehlkleister** M engrudo m; **Mehlkloß** M albóndiga f de harina; **Mehlsack** M saco m (od costal m) de harina; **Mehlschwitze** F GASTR roux m; **Mehlsieb** N tamiz m harinero; **Mehlspeise** F alimento m farináceo; (Süßspeise) (plato m) dulce m; **Mehlsuppe** F sopa f de harina; **Mehltau** M AGR echter: oídio m; falscher: mildiú m; **Mehlwurm** M ZOOL gusano m de la harina
mehr A INDEF PR 1 allg más (**als** que; bei Zahlen: de; vor Verben: de lo que); **acht Euro ~** ocho euros más; **drei Jahre ~** tres años más; **etwas ~** algo más; un poco más; **fünfmal ~** cinco veces más; **noch ~** aún más; **nicht ~!** ¡basta!; ¡no más!; **~ und ~** od **immer ~** más y más; cada vez más; **und anderes ~** y otras cosas más; **und vieles andere ~** y un largo etcétera; **und dergleichen ~** y otras cosas por el estilo; **~ oder weniger** od **minder** más o menos; **der eine ~, der andere weniger** quien más y quien menos; **nicht ~ und nicht weniger** ni más ni menos; umg **nach ~ schmecken** saber a más; **was will er ~?** ¿qué más quiere? 2 im Vergleich: **~ als fünf Jahre** más de cinco años; **~ als zwanzig Euro** más de veinte euros; **~ als nötig** más de lo necesario; **~ als er erwartete** más de lo que esperaba; **~ als alle anderen** más que todos los otros; más que nadie; **das ist nicht ~ als billig** esto es (lo) justo y nada más; **~ denn je** más que nunca 3 **je ~ ..., desto ~ ...** cuanto más ... (tanto) más ...; **je ~, desto besser** cuanto más, mejor; **umso ~** tanto más; con mayor razón; **umso ~, als** tanto más cuanto que (ind) B ADV 1 (in größerem Maß, eher) más; **wenn Sie ~ darüber wissen wollen** si quiere saber algo más; **er ist ~ reich als arm** es más bien rico que pobre; **sie ist ~ ein praktischer Mensch** es más bien una persona práctica 2 Verneinung: **nicht ~** ya no; **ich kann nicht ~** ya no puedo más; **es regnet nicht ~** ya no llueve; **etw nicht ~ tun** no volver a hacer a/c; **ich werde es nicht ~ tun** no volveré a hacerlo; **nichts ~** nada más; **ich habe nichts ~** no me queda nada; **ich sage nichts ~** ya no digo (nada) más; **nie ~** nunca más; **niemand ~** od **keiner ~** nadie más; **du bist kein Kind ~** ya no eres un niño; **kein Wort ~ (davon)!** ¡ni una palabra más!
Mehr N ⟨~s⟩ (Überschuss) excedente m; superávit m
'Mehrarbeit F aumento m de trabajo; trabajo m adicional; **Mehraufwand** M 1 an Arbeit: trabajo m adicional od suplementario 2 an Kosten: gastos mpl (od costes mpl) adicionales; **Mehraufwendungen** FPL → Mehraufwand 2; **Mehrausgabe** F gasto m (od coste m) adicional (od suplementario); exceso m de gastos (od costes); **~n** pl → Mehraufwand 2
'mehrbändig ADJ en varios tomos
'Mehrbedarf M exceso m (bzw aumento m) de consumo; necesidades fpl suplementarias; **Mehrbelastung** F sobrecarga f; carga f suplementaria; **Mehrbereichsöl** N AUTO aceite m multigrado; **Mehrbetrag** M excedente m; superávit m

'mehrdeutig ADJ ambiguo; equívoco; **Mehrdeutigkeit** F ⟨~⟩ ambigüedad f
'Mehreinnahme F aumento m (od incremento m) de ingresos; **~n** pl a. ingresos mpl adicionales (od suplementarios); (Überschuss) excedente m
'mehren V/T & V/R **(sich) ~** aumentar; multiplicar(se), incrementar(se), acrecentar(se)
'mehrere ADJ & INDEF PR varios; (verschiedene) diversos, diferentes; **mehreres** INDEF PR varias cosas; **mehrerlei** ADJ de diversas clases, de distintos tipos
'Mehrerlös M, **Mehrertrag** M → Mehreinnahme
'mehrfach A ADJ múltiple; (wiederholt) repetido, reiterado; **in ~er Hinsicht** en muchos aspectos, desde muchos puntos de vista; SPORT **~er Meister** pluricampeón m B ADV en múltiples ocasiones, reiteradas (od repetidas) veces, reiteradamente, repetidamente
'Mehrfachbeschäftigung F pluriempleo m
'Mehrfache(s) N ⟨~n; → A⟩ múltiplo m; **ein ~s an** (dat) mucho más de
'Mehrfachsteckdose F, **Mehrfachstecker** M ELEK enchufe m múltiple; **Mehrfachstimmrecht** N POL derecho m de voto múltiple
'Mehrfahrtenkarte F für Bus ≈ bonobús m; für U-Bahn: bonometro m; **Mehrfamilienhaus** N casa f multifamiliar; **Mehrfarbendruck** M impresión f policroma; policromía f; **mehrfarbig** ADJ de (bzw en) (varios) colores; policromo; multicolor; **Mehrforderung** F petición f (od solicitud f) de aumento
'mehrgängig ADJ 1 GASTR **~es Menü** menú m de varios platos 2 TECH **mit ~em Gewinde** con filete múltiple
'Mehrgebot N Auktion: puja f, mayor postura f; **Mehrgepäck** N exceso m de equipaje; **mehrgeschossig** ADJ de varios pisos; **Mehrgewicht** N exceso m de peso; sobrepeso m; **mehrgleisig** A ADJ de varias vías B fig **~ fahren** jugar a varias bandas, no (querer) cerrarse ninguna puerta, no (querer) cerrarse puertas
'Mehrheit F ⟨~; ~en⟩ mayoría f; pluralidad f; **absolute/relative/einfache ~** mayoría absoluta/relativa/simple; **mit großer/knapper ~** con amplia/estrecha mayoría; **in der ~ sein** estar en mayoría; tener mayoría
'mehrheitlich ADJ mayoritario
'Mehrheitsaktionär M, **Mehrheitsaktionärin** F accionista m/f mayoritario, -a; **Mehrheitsanteil** M cuota f de participación mayoritaria; **Mehrheitsbeschluss** M acuerdo m mayoritario; **durch ~** por mayoría de votos; **Mehrheitsbeteiligung** F participación f mayoritaria; **Mehrheitsbildung** F formación f de (la) mayoría; **Mehrheitseigner** M, **Mehrheitseignerin** F WIRTSCH e-r Gesellschaft: socio m, -a f mayoritario, -a; v. Aktien: accionista m/f mayoritario, -a; **Mehrheitsfähigkeit** F posibilidad f (od capacidad f) de formar mayoría; **Mehrheitsfraktion** F POL grupo m parlamentario mayoritario; **Mehrheitsgesellschafter** M, **Mehrheitsgesellschafterin** F WIRTSCH socio m, -a f mayoritario, -a; **Mehrheitsmeinung** F opinión f mayoritaria (od de la mayoría); **Mehrheitspartei** F partido m mayoritario; **Mehrheitsregierung** F gobierno m mayoritario (od de mayoría); **Mehrheitsübernahme** F WIRTSCH adquisición f (od bei Fusion: absorción f) de la mayoría (od de la participación mayoritaria); **Mehrheitswahlrecht** N POL sistema m mayoritario

M

'mehrjährig ADJ de varios años, plurianual
'Mehrkampf M SPORT competiciones *fpl* multidisciplinarias; **Mehrkosten** PL gastos *mpl* (*od* costes *mpl*) accesorios (*od* suplementarios *od* adicionales); exceso *m* de gastos; **Mehrlader** M ⟨~s; ~⟩ fusil *m* de repetición; **Mehrleistung** F aumento *m* de rendimiento; rendimiento *m* suplementario
'mehrmalig ADJ repetido, reiterado; **mehrmals** ADV repetidas veces; varias veces; en varias ocasiones; **mehrmonatig** ADJ de varios meses (de duración); **mehrmotorig** ADJ multimotor
'Mehrparteiensystem N POL pluripartidismo *m*; **Mehrphasenstrom** M ELEK corriente *f* polifásica
'mehrphasig ADJ ELEK polifásico
'Mehrplatzrechner M IT sistema *m* multiusuario
'mehrpolig ADJ ELEK multipolar
'Mehrporto N *Postwesen:* franqueo *m* adicional, sobreporte *m*; **Mehrpreis** M precio *m* adicional; recargo *m*; sobreprecio *m*
'mehrreihig ADJ de varias filas; **mehrschichtig** ADJ de varias capas; **mehrseitig** ADJ **1** *Manuskript, Heft etc* de varias páginas **2** *bes* POL multilateral **3** MATH poligonal; **mehrsilbig** ADJ polisílabo
'mehrsprachig ADJ *Person* poligloto, polígloto; *Text* multilingüe; **Mehrsprachigkeit** F ⟨~⟩ multilingüismo *m*
'mehrspurig ADJ *Straße* de varios carriles; **mehrstellig** ADJ *Zahl* de varias cifras; **mehrstimmig** ADJ & ADV de varias voces; polifónico; **mehrstöckig** ADJ *Haus* de varios pisos; **mehrstufig** ADJ escalonado; en varias fases; *Rakete* de varias fases (*od* etapas); **mehrstündig** ADJ de varias horas (de duración); **mehrtägig** ADJ de varios días (de duración)
'Mehrteiler M ⟨~s; ~⟩ TV serie *f* por capítulos; *umg* culebrón *m*; **mehrteilig** ADJ (compuesto) de varias partes
'Mehrung F ⟨~⟩ *geh* aumento *m*, incremento *m*; **Mehrverbrauch** M aumento *m* (*bzw* exceso *m*) de consumo
'Mehrwegflasche F ÖKOL botella *f* retornable (*od* recuperable); **Mehrweggeschirr** N vajilla *f* retornable; **Mehrwegverpackung** F ÖKOL embalaje *m* retornable
'Mehrwert M ⟨~s⟩ valor *m* añadido; producción *f* neta; plusvalía *f*
'mehrwertig ADJ CHEM polivalente
'Mehrwertsteuer F impuesto *m* sobre el valor añadido, *abk* I.V.A. *m*; **~ inbegriffen** IVA incluído; **Mehrwertsteuerbefreiung** F exención *f* del IVA; **Mehrwertsteuererhöhung** F aumento *m* (*od* incremento *m*) del I.V.A.; **mehrwertsteuerfrei** ADJ exento del IVA; **Mehrwertsteuersatz** M **(ermäßigter) ~** tipo *f* (de gravamen) del I.V.A. (reducido)
'mehrwöchig ADJ de varias semanas (de duración)
'Mehrzahl F ⟨~⟩ **1** mayoría *f*, mayor parte *f*; **in der ~** en la mayoría; **wir sind in der ~** somos mayoría **2** GRAM plural *m*
'mehrzellig ADJ BIOL pluricelular, multicelular
'Mehrzweck... IN ZSSGN multiuso, de uso múltiple; **Mehrzweckgebäude** N edificio *m* multiusos; **Mehrzweckgerät** N herramienta *f* multiuso(s); **Mehrzweckhalle** F sala *f* (*od* pabellón *m*) polivalente (*od* multiuso); **Mehrzweckraum** M espacio *m* polivalente (*od* multiuso); **Mehrzwecksportanlage** F polideportivo *m*

'meiden V/T ⟨*irr*⟩ evitar (j-n a alg); **das Glück meidet ihn** la suerte no le sonríe
Meie'rei F ⟨~; ~en⟩ **1** *reg* (*Molkerei*) lechería *f*, vaquería *f*; *Arg* tambo *m* **2** *obs* finca *f* gerenciada por un administrador
'Meile F ⟨~; ~n⟩ legua *f*; (*Seemeile*) milla *f*
'Meilenstein M piedra *f* miliar(ia); (*Kilometerstein*) mojón *m*; hito *m* (*a. fig*)
'meilenweit ADJ & ADV a muchas leguas (de distancia); **~ gehen** marchar muchos kilómetros; *fig* **~ davon entfernt sein zu** (*inf*) estar muy lejos de (*inf*)
'Meiler M ⟨~s; ~⟩ **1** (*Kohlenmeiler*) carbonera *f* **2** NUKL (*Atommeiler*) pila *f*; reactor *m*
mein[1] POSS PR **A** ADJ mi; *betont:* mío; *pl* **~e** mis; **~ Haus** mi casa; **~e Freundinnen** mis amigas; **einer ~er Freunde** uno de mis amigos; **~e Damen und Herren!** ¡señoras y señores!; **~es Wissens** que yo sepa; **~ Gott!** ¡Dios mío!; **es ist ~** es mío **B** *subst* **~er** *od* **der ~e** (el) mío; **~e** *od* **die ~e** (la) mía; **~(e)s** *od* **das ~e** (lo) mío; **das ist ~er** *bzw* **~(e)s** eso es lo mío; *geh* **die Meinen** (*meine Familie*) los míos; **Mein und Dein verwechseln** *umg* ser largo de uñas
mein[2] PRON *gen poet* **er gedenkt ~(er)** se acuerda de mí
'Meineid M ⟨~(e)s; ~e⟩ perjurio *m*; **einen ~ leisten** *od* **schwören** cometer perjurio, jurar en falso, perjurar; **meineidig** ADJ perjuro
'meinen **A** V/T **1** (*denken*) pensar, creer; (*der Meinung sein*) opinar; entender; (*vermuten*) suponer; sospechar; (*sich denken*) imaginarse, figurarse; **ich meine** me parece; tengo entendido; **ich meine, dass ...** pienso (*od* creo) que ... (*ind*); **was meinst du dazu?** ¿qué piensas tú?; **man sollte ~** se diría que; se creería que; **das will ich ~!** ¡ya lo creo!; *Am* ¡cómo no! **2** (*sagen wollen*) querer decir (**mit** con); **wie ~ Sie das?** *od* **was ~ Sie damit?** ¿qué quiere decir con eso?; **so war es nicht gemeint** no quería decir eso **3** (*sich beziehen auf*) aludir a, referirse a; **damit ist er gemeint** se refiere a él; *umg* eso va por él; **wen ~ Sie?** ¿a quién se refiere usted? **4** (*gesinnt sein*) **es gut mit j-m ~** querer el bien de alg; **es war nicht böse gemeint** lo decía (*bzw* lo hacía) sin mala intención; **ich habe es gut gemeint** lo hice con buena intención **5** (*sagen*) decir **B** V/I pensar; **~ Sie?** ¿cree Ud.?; **~ Sie wirklich?** ¿lo dice en serio?, ¿de verdad?; **meinst du nicht auch?** ¿no te parece?; **wenn Sie ~** si le parece (a usted) bien (*bzw* oportuno); **wie ~ Sie?** ¿cómo decía usted?; **(ganz) wie Sie ~** como usted quiera; como mejor le parezca a usted
'meinerseits ADV por (*od* de) mi parte; **ganz ~** el gusto es mío
'meines'gleichen PRON mis semejantes; mi(s) igual(es); gente de mi condición
'meinet'halben *geh* → meinetwegen;
meinet'wegen ADV **1** (*wegen mir*) por mí; por mi causa **2** (*mir zuliebe*) por mí **3** (*von mir aus*) por (*od* en) cuanto a mí; **~ soll er es tun** por mí que lo haga; **~!** ¡por mí!; ¡sea!;
meinet'willen ADV **um ~** por mí
'meinige POSS PR **der/die/das ~** (el) mío/(la) mía/lo mío; **ich werde das ~ tun** haré todo lo que pueda, pondré todo de mi parte; **die Meinigen** los míos, mi familia
'Meinung F ⟨~; ~en⟩ **1** *allg* opinión *f*; **die öffentliche ~** la opinión pública; **seine ~ ändern** cambiar de opinión; **seine ~ äußern** dar (*od* decir *od* expresar *od* exponer) su opinión; **seine ~ sagen** decir su opinión; **j-n von seiner ~ abbringen** hacer a alg cambiar de opinión (*od* de criterio); **sich** (*dat*) **eine ~ bilden** formarse una opinión (*od* un concepto); **ich bin der ~, dass ...** opino que ...; **was ist Ihre ~?** ¿cuál es su opinión?, ¿qué opina usted?; **meiner ~ nach** en mi opinión; a mi parecer; según mi criterio; a mi modo de ver (*od* entender) **2** *im Ggs zu anderen:* **anderer ~ sein** disentir; discrepar; ser de otra opinión; **entgegengesetzter ~ sein** ser de opinión contraria (*od* opuesta); **mit j-m einer ~ sein** ser de la misma opinión que alg; estar conforme (*od* de acuerdo) con alg; **ich bin nicht Ihrer ~** no soy de (*od* no comparto) su opinión; (**über** *acus* de); **die ~en sind geteilt** *od* **gehen auseinander** hay división de opiniones; **verschiedener** *od* **geteilter ~ sein über** (*acus*) tener distinta opinión sobre; discrepar (*od* no estar de acuerdo) en; **darüber kann man verschiedener** *od* **geteilter ~ sein** sobre eso puede haber distintas opiniones; **er steht allein mit seiner ~** sólo él opina así **3** (*Urteil*) opinión *f*, concepto *m*; **kritische ~** opinión *f* crítica; **eine gute** *od* **hohe ~ haben von** tener buena opinión de; tener un alto concepto de; **eine schlechte ~ haben von** tener mala opinión de **4** *fig* **j-m (gehörig) die ~ sagen** *umg* decir cuatro verdades a alg
'Meinungsänderung F cambio *m* de opinión; **Meinungsäußerung** F (manifestación *f* de una) opinión *f*; **Meinungsaustausch** M intercambio *m* de impresiones (*od* de opiniones *od* de puntos de vista); **Meinungsbefragung** F → Meinungsumfrage; **Meinungsbild** N imagen *f* de la opinión pública; **Meinungsbildung** F formación *f* de opinión
'Meinungsforscher M, **Meinungsforscherin** F encuestador *m*, -a *f*; **Meinungsforschung** F sondeo *m* de opinión; demoscopia *f*; **Meinungsforschungsinstitut** N instituto *m* demoscópico (*od* de sondeo)
'Meinungsfreiheit F libertad *f* de opinión
'Meinungsführer M, **Meinungsführerin** F líder *m/f* de opinión; **Meinungsführerschaft** F ⟨~⟩ liderazgo *m* de la opinión pública
'Meinungsmacher M creador *m* de opinión; **Meinungsumfrage** F sondeo *m* de opinión, encuesta *f* (demoscópica *od* de opinión); **Meinungsunterschied** M, **Meinungsverschiedenheit** F divergencia *f* (*od* discrepancia *f*) de opiniones; división *f* de pareceres; disentimiento *m*; desacuerdo *m*; **Meinungsvielfalt** F pluralismo *m* de opiniones; **Meinungswandel** M cambio *m* de opinión
'Meise F ⟨~; ~n⟩ **1** ORN paro *m* **2** *umg fig* **eine ~ haben** *umg* estar chiflado (*od* chalado)
'Meißel M ⟨~s; ~⟩ *des Bildhauers:* cincel *m*; *des Tischlers:* escoplo *m*; **meißeln** V/T cincelar; escoplear; esculpir
meist ADV la mayoría de las veces; (*gewöhnlich*) normalmente
'Meistbegünstigung F HANDEL régimen *m* (*od* trato *m*) de nación más favorecida; **Meistbegünstigungsklausel** F HANDEL cláusula *f* de nación más favorecida
'meistbietend ADV **~ verkaufen/versteigern** vender/subastar al mejor postor; **Meistbietende** M/F ⟨~n; ~n; → A⟩ mejor postor *m*, -a *f*
'meiste **A** ADJ **das ~ ...** la mayor parte de ...; **er hat das ~ Geld** él es quien más dinero tiene; **sie hat die ~ Erfahrung** (ella) tiene la mayor experiencia, (ella) es la que más experiencia tiene; **die ~n Leute** la mayoría (*od* mayor parte) de la gente; el común de las gentes; **in den ~n Fällen** en la mayoría de los casos; la mayoría (*od* mayor parte) de las veces **B** INDEF PR **1** **das ~** la mayor parte; **die ~n** la mayoría (*od* la mayor parte) **2** **am ~n** más; **was mich**

M

am ~n ärgert, ist ... lo que más me enfada es ...; was ich am ~n vermisse lo que más echo de menos
'meistens, meistenteils ADV las más (de las) veces, la mayoría de las veces; en la mayoría de los casos; en (*od* por regla) general
'Meister M ⟨~s; ~⟩ 1 *im Handwerk*: maestro *m*; *umg* **seinen ~ machen** hacer el examen de maestría (*o de algunos tipos de formación profesional*) 2 (*Chef*) maestro *m*, patrono *m*, *bes Am* patrón *m*; *in e-r Fabrik*: jefe *m* 3 SPORT campeón *m* 4 *fig* (*Könner*) maestro *m*, artista *m*; **Übung macht den ~** la práctica hace al maestro; *fig* **seinen ~ finden** *umg* hallar (*od* encontrar) la horma de su zapato 5 *Kunst*: **die alten ~** los grandes maestros 6 *umg Anrede*: *umg* ¡maestro!
'Meisterbrief M diploma *m* de maestría
'meisterhaft A ADJ magistral, de maestro; perfecto B ADV magistralmente, con maestría; a la perfección
'Meisterhand F *fig* mano *f* maestra; **Meisterin** F ⟨~; ~nen⟩ 1 *im Handwerk*: maestra *f* 2 SPORT campeona *f* 3 *fig* (*Könnerin*) maestra *f*, artista *f*; **Meisterkurs** M *Kunst*: curso *m* magistral; lección *f* magistral; **Meisterleistung** F proeza *f*
'meisterlich ADJ → meisterhaft
'meistern VT dominar; ser dueño de; controlar; (*überwinden*) vencer; superar
'Meisterprüfung F ⟨~; ~en⟩ examen *m* de maestría; **Meisterschaft** F ⟨~; ~en⟩ 1 (*Können*) maestría *f*; (*Überlegenheit*) superioridad *f*; (*Vollkommenheit*) perfección *f* 2 SPORT campeonato *m*
'Meisterschaftsfavorit M, **Meisterschaftsfavoritin** F SPORT favorito *m*, -a *f* del campeonato; **Meisterschaftskampf** M SPORT (partido *m* de) campeonato *m*; competición *f* (*od* encuentro *m*) de(l) campeonato; **Meisterschaftsrennen** N SPORT carrera *f* del campeonato; **Meisterschaftsspiel** N → Meisterschaftskampf
'Meisterschale F SPORT copa *f* (*od* trofeo *m*) de campeonato; **Meisterschuss** M tiro *m* magistral; *fig* golpe *m* maestro; **Meisterschütze** M campeón *m* de tiro; **Meistersinger** M maestro *m* cantor; *Oper*: **Die ~ von Nürnberg** Los Maestros Cantores de Nuremberg; **Meisterstück** N 1 *e-s Gesellen*: pieza *f* de maestría 2 *fig* golpe *m* maestro; **Meistertitel** M 1 *Beruf*: título *m* de maestría 2 SPORT título *m* de campeón; **Meisterwerk** N obra *f* maestra (*od* magistral); **Meisterwürde** F título *m* de maestría
'Meistgebot N *bei Auktionen*: mejor postura *f*; HANDEL mejor oferta *f*
'meistgefragt ADJ HANDEL más demandado (*od* solicitado *od* buscado); **meistgekauft** ADJ HANDEL más comprado; **meistgelesen** ADJ más leído; **meistgesucht** ADJ → meistgefragt; **meistverkauft** ADJ HANDEL de mayor venta
'Mekka N ⟨~s⟩ La Meca
Mela'min N ⟨~s; ~e⟩ *Kunststoff*: melamina *f*
Melancho'lie [-ko-] F ⟨~; ~n⟩ melancolía *f*; **Melan'choliker** M, **Melan'cholikerin** F melancólico *m*, -a *f*; **melan'cholisch** ADJ melancólico
Me'lange [me'lã:ʒ(ə)] F ⟨~; ~n⟩ 1 mezcla *f* 2 *österr* GASTR café *m* con leche
Mela'nin N ⟨~s; ~e⟩ BIOL melanina *f*
Mela'nom N ⟨~s; ~e⟩ MED melanoma *m*
Melan'zani PL *österr* berenjenas *fpl*
Me'lasse F ⟨~; ~n⟩ melaza *f*
Melato'nin N ⟨~s⟩ BIOL melatonina *f*
'Melde F ⟨~; ~n⟩ BOT armuelle *m*
'Meldeamt N 1 VERW oficina *f* del censo 2 MIL oficina *f* de reclutamiento; **Meldeauflage** F deber *m* de personación regular (ante las autoridades); **Meldebehörde** F VERW oficina *f* de empadronamiento (*od* del censo); **Meldebescheinigung** F ≈ certificado *m* de empadronamiento; **Meldeblatt** N, **Meldebogen** M VERW hoja *f* (*od* boletín *m*) de inscripción; **Meldefahrer** M MIL enlace *m* (motorizado); **Meldefrist** F VERW plazo *m* de inscripción (*bzw* de presentación); **Meldegänger** M MIL enlace *m*; estafeta *f*; **Meldegesetz** N ley *f* de empadronamiento; **Meldehund** M MIL perro *m* mensajero; **Meldekontrolle** F VERW control *m* (de la oficina) de empadronamiento (*od* censo); **Meldeliste** F 1 VERW padrón *m* municipal 2 *bes* SPORT lista *f* de inscripciones
'melden A VT 1 (*ankündigen*) anunciar; avisar, dar aviso de; **j-n ~** anunciar a alg; (*anzeigen, verraten*) denunciar a alg; **j-m etw ~** informar de a/c a alg 2 (*mitteilen*) comunicar, informar, participar, *förmlich*: notificar; *dienstlich*: dar parte de 3 *umg fig* **nichts zu ~ haben** *umg* no pintar nada; *umg fig* **du hast hier nichts zu ~** *a.* aquí no se te ha perdido nada B VR 1 **sich ~** anunciarse; (*erscheinen, sich vorstellen*) presentarse (**bei** ante), personarse; **sich ~ lassen** hacerse anunciar, pasar tarjeta; **sich zu einem Examen ~** presentarse a un examen; **sich auf ein Inserat ~** responder a un anuncio 2 SCHULE levantar la mano 3 (*sich einschreiben*) inscribirse; MIL alistarse; (*sich anmelden*) darse de alta; **sich zu** *od* **für etw ~** ofrecerse a (*od* para) a/c, apuntarse a a/c 4 (*sich bemerkbar machen*) *Person* dar señal de vida; *Alter etc* hacerse sentir; TEL contestar (a la llamada); **er wird sich schon ~** ya dará noticia de sí; **meldet euch mal wieder!** ¡llamad alguna vez!
'Meldepflicht F 1 (*Pflicht, etw mitzuteilen*) obligación *f* de comunicar (*od* notificar) 2 (*Pflicht zu erscheinen od sich vorzustellen*) obligación *f* de presentarse 3 (*Pflicht, sich anzumelden od einzuschreiben*) obligación *f* de registrar(se), obligación *f* de inscribir(se); **meldepflichtig** ADJ sujeto a declaración, de notificación obligatoria, de registro obligatorio; MED de declaración obligatoria
'Melder M ⟨~s; ~⟩ 1 TECH avisador *m* 2 MIL estafeta *f*; enlace *m*
'Melderegister N VERW padrón *m* (municipal); **Meldeschluss** M cierre *m* de (las) inscripciones; **Meldestelle** F → Meldeamt; **Meldezettel** M hoja *f* (*od* boletín *m*) de inscripción; cédula *f* de registro
'Meldung F ⟨~; ~en⟩ 1 (*Zeitungsmeldung, Radiomeldung*) noticia *f*; (*Nachricht*) mensaje *m* (*a.* IT), aviso *m* 2 (*Bericht*) informe *m*; (*Mitteilung*) comunicación *f*, *amtlich*: notificación *f*; MIL parte *m*; (*Anzeige*) denuncia *f*; **~ machen** dar parte (über de) 3 (*Anmeldung*) inscripción *f*, *bei e-r Behörde*: registro *m*; (*Bewerbung*) solicitud *f* 4 (*Wortmeldung*) petición *f* para intervenir; (*Beitrag*) contribución *f*, intervención *f*
me'liert ADJ manchado; *Stoff, Wolle* mezclado; *Haar* (**grau**) **~** entrecano
Meliorati'on F ⟨~; ~en⟩ AGR mejora *f* del suelo, bonificación *f*; **melio'rieren** VT ⟨*ohne* ge-⟩ AGR mejorar (*od* bonificar) el suelo
Me'lisse F ⟨~; ~n⟩ BOT melisa *f*, toronjil *m*; **Melissengeist®** M agua *f* de melisa
'Melkeimer M cubo *m* de ordeñar, ordeñadero *m*
'melken VT ⟨*irr*⟩ 1 ordeñar; **frisch gemolkene Milch** leche *f* recién ordeñada 2 *umg fig* desplumar; **j-n ~** *umg* dar sablazos a alg
'Melken N ⟨~s⟩ ordeño *m*; **Melker** M ⟨~s; ~⟩, **Melkerin** F ⟨~; ~nen⟩ ordeñador *m*, -a *f*; **Melkkuh** F *fig* vaca *f* lechera; caballo *m* blanco; **Melkmaschine** F ordeñadora *f*
Melo'die F ⟨~; ~n⟩ MUS melodía *f*; (*Volksmelodie*) aire *m* popular; **melodi'ös** ADJ melodioso
me'lodisch ADJ melódico
Melo'dram N, **Melo'drama** N ⟨~s; Melodramen⟩ melodrama *m*; **melodra'matisch** ADJ melodramático
Me'lone F ⟨~; ~n⟩ 1 BOT (*Zuckermelone, Honigmelone*) melón *m*; (*Wassermelone*) sandía *f* 2 *umg Hut*: (sombrero *m*) hongo *m*, bombín *m*
Mem'bran ⟨~; ~en⟩ F, **Mem'brane** F ⟨~; ~n⟩ membrana *f*; TECH, ELEK *a.* diafragma *m*
'Memel F ⟨~⟩ *Fluss*: Niemen *m*
'Memme F ⟨~; ~n⟩ *pej* cobarde *m*, *umg* gallina *m*
Me'moiren [memo'a:rən] PL memorias *fpl*
Memo'randum N ⟨~s; Memoranden *od* Memoranda⟩ memorándum *m*; **memo'rieren** VT ⟨*ohne* ge-⟩ aprender de memoria, memorizar
Me'nage [-a:ʒə] F ⟨~; ~n⟩ (*Essig- u. Ölständer*) vinagreras *fpl*
Menage'rie [-ʒ-] F casa *f* de fieras; colección *f* de fieras
Mende'lismus M ⟨~⟩ BIOL mendelismo *m*
Mene'tekel N ⟨~s; ~⟩ presagio *m* fatídico
'Menge F ⟨~; ~n⟩ 1 (*Anzahl*) cantidad *f*; cuantía *f*; **angeforderte/gelieferte ~** cantidad *f* demandada/suministrada; **in** (**großen**) **~n** en gran(des) cantidad(es), en abundancia, a espuertas; *umg* a porrillo, a manta 2 (*Vielzahl*) multitud *f*, gran número *m*, masa *f*; *umg* (*Haufen*) montón *m*; **eine ganze ~ ...** *od umg* **jede ~ ...** gran número de ...; *umg* un montón de ...; **eine ~ Geld** un dineral; **eine ~ Leute/Fragen** un montón de gente/preguntas; **er versteht eine ~ davon** *umg* sabe un rato (largo) de esto 3 (*Menschenmenge*) muchedumbre *f*, gentío *m*; (*Andrang*) afluencia *f* 4 MATH conjunto *m*
'mengen A VT mezclar B VR *fig* **sich ~ in** (*acus*) mezclarse en, inmiscuirse en, (entro)meterse en
'Mengenabweichung F diferencia *f* en cantidades; **Mengenangaben** FPL indicaciones *fpl* de cantidad; **Mengenbegrenzung** F límite *m* cuantitativo; HANDEL contingente *m*, cupo *m*; **Mengenbestimmung** F determinación *f* cuantitativa; **Mengeneinheit** F unidad *f* cuantitativa; **Mengenlehre** F MATH teoría *f* de conjuntos; **Mengenleistung** F TECH rendimiento *m* cuantitativo; **mengenmäßig** ADJ cuantitativo; **Mengenrabatt** M bonificación *f* por cantidad; **Mengenverhältnis** N relación *f* (*od* proporción *f*) cuantitativa
'Mengkorn N AGR tranquillón *m*
'Mengsel N ⟨~s; ~⟩ *reg* mezcla *f*; *umg fig* mezcolanza *f*
'Menhir M ⟨~s; ~e⟩ menhir *m*
Menin'gitis F ⟨~; Meningi'tiden⟩ MED meningitis *f*
Me'niskus M ⟨~; Menisken⟩ ANAT menisco *m*; **Meniskusoperation** F operación *f* de menisco; **Meniskusriss** M rotura *f* de menisco
'Mennige F ⟨~⟩ *Farbstoff*: minio *m*
Meno'pause F PHYSIOL menopausia *f*
Me'norca N ⟨~s⟩ Menorca *f*
'Mensa F ⟨~; ~s *od* Mensen⟩ comedor *m* universitario
Mensch[1] M ⟨~en; ~en⟩ 1 *einzelner* hombre *m*; (*Einzelmensch*) individuo *m*; *Gattung*: ser *m* humano; **jeder ~** cada cual, cada uno; todo el mundo; **kein ~** nadie; **es ist kein ~ zu sehen** no se ve a nadie; no se ve un alma (*od* alma

viviente); **ich bin ein anderer ~ (geworden)** me siento como nuevo; **er ist auch nur ein ~** es un hombre como todos; *Spiel:* **~ ärgere dich nicht®** ≈ parchís *m* **2** PL **die ~en** (*die Menschheit*) la humanidad; los humanos; (*die Leute*) la gente; **alle ~en** todo el mundo; **unter ~en kommen** hacer vida social, alternar con la gente; **so sind die ~en nun einmal** así es la naturaleza humana **3** REL **des ~en Sohn** el Hijo del Hombre; Dios Hombre; REL **~ werden** hacerse hombre, humanarse **4** (*Kerl*) sujeto *m*, individuo *m*, *umg* tío *m* **5** *umg* **~!** ¡hombre!; *umg* **~, das gibt's doch nicht!** *umg* ¡hombre, no puede ser!

Mensch² N ⟨~(e)s; ~er⟩ *reg pej* mujerzuela *f*

'Menschenaffe M ZOOL antropoide *m*; **menschenähnlich** ADJ antropomorfo, antropoide; **Menschenalter** N generación *f*; **Menschenansammlung** F, **Menschenauflauf** M aglomeración *f* de gente; concentración *f* de personas; **Menschenfeind** M misántropo *m*; **menschenfeindlich** ADJ misantrópico

'Menschenfresser M ⟨~s; ~⟩ antropófago *m*, caníbal *m*; *im Märchen:* ogro *m*; **Menschenfresserei** F ⟨~⟩ antropofagia *f*, canibalismo *m*; **Menschenfresserin** F ⟨~; ~nen⟩ antropófaga *f*, caníbal *f*

'Menschenfreund M, **Menschenfreundin** F filántropo *m*, -a *f*; **menschenfreundlich** ADJ filantrópico; humanitario; **Menschenfreundlichkeit** F filantropía *f*

'Menschenführung F conducta *f* de hombres; **Menschengedenken** N **seit ~** desde tiempos inmemoriales; **Menschengeschlecht** N género *m* humano; **Menschengestalt** F figura *f* (*od* forma *f*) humana; REL **~ annehmen** hacerse hombre

'Menschengewühl N gentío *m*; turbamulta *f*; hervidero *m* de gente; **Menschengruppe** F grupo *m* de personas; **Menschenhandel** M trata *f* de seres humanos; **Menschenhändler** M, **Menschenhändlerin** F traficante *m/f* (*od* tratante *m/f*) de personas (*od* de blancas); **Menschenhass** M misantropía *f*; **Menschenjagd** F caza *f* al hombre; **Menschenkenner** M, **Menschenkennerin** F conocedor *m*, -a *f* de los hombres (*od* de la naturaleza humana); **Menschenkenntnis** F conocimiento *m* de la naturaleza humana (*od* de los hombres); **Menschenkette** F cadena *f* humana; **Menschenkind** N **1** *fig* hombre *m*; ser *m* humano **2** *selten* niño *m*; **Menschenkraft** F fuerza *f* humana; **Menschenkunde** F antropología *f*; **Menschenleben** N vida *f* (humana); **viele ~ kosten** costar muchas vidas

'menschenleer ADJ despoblado; *Straße* desierto

'Menschenliebe F filantropía *f*; **Menschenmasse** F muchedumbre *f*; gentío *m*; multitud *f*; **Menschenmaterial** N *pej* material *m* humano; MIL **(verfügbares) ~** hombres *mpl* (disponibles); **Menschenmenge** F multitud *f*, muchedumbre *f*, gentío *m*; (*Pöbel*) turba *f*

'menschen'möglich ADJ humanamente posible; **das** *od* **alles Menschenmögliche tun** hacer lo humanamente posible

'Menschenopfer N **1** *bei Unfällen etc:* víctima *f* **2** REL *Handlung:* sacrificio *m* humano; **Menschenpotenzial** N potencial *m* humano; **Menschenraub** M secuestro *m*; **Menschenräuber** M, **Menschenräuberin** F secuestrador *m*, -a *f*

'Menschenrechte NPL derechos *mpl* humanos (*od* del hombre); **Menschenrechtler** M ⟨~s; ~⟩, **Menschenrechtlerin** F ⟨~; ~nen⟩ defensor *m*, -a *f* de los derechos humanos

'Menschenrechtserklärung F declaración *f* de los derechos humanos; **Menschenrechtsorganisation** F organización *f* de derechos humanos; **menschenrechtswidrig** ADJ contrario a (*od* violatorio de) los derechos humanos

'menschenscheu ADJ (*schüchtern*) tímido; (*ungesellig*) poco sociable; retraído; huraño

'Menschenscheu F timidez *f*; insociabilidad *f*; **Menschenschicksal** N destino *m* humano (*od* del hombre); **Menschenschinder** M ⟨~s; ~⟩, **Menschenschinderin** F ⟨~; ~nen⟩ *pej* explotador *m*, -a *f*; *pej* negrero *m*, -a *f*; **Menschenschlag** M raza *f* (de hombres); casta *f*; **Menschenschlange** F cola *f* (de personas); **Menschenschmuggel** M contrabando *m* de personas (*od* de seres humanos)

'Menschenseele F alma *f* humana; **es war keine ~ zu sehen** no se veía (ni) un alma (*od* alma viviente); **keiner ~ etwas sagen** no decir a nadie; **keiner ~ etwas zuleide tun** no hacer daño a nadie

'Menschens'kind N **~(er)!** *umg* ¡hombre!

'Menschensohn M ⟨~(e)s⟩ REL Hijo *m* del Hombre; **Menschenstimme** F voz *f* humana; **Menschenstrom** M oleada *f* de gente; **Menschentraube** F → Menschenansammlung

'menschenunwürdig ADJ indigno de un ser humano; inhumano

'menschenverachtend, Menschen verachtend ADJ inhumano, misántropo

'Menschenverstand M **der gesunde ~** el sentido común; el buen sentido; **Menschenversuch** M experimento *m* con seres humanos; **Menschenwerk** N obra *f* humana; **Menschenwürde** F dignidad *f* humana; **menschenwürdig** ADJ humano; digno de un ser humano

'Menschheit F ⟨~⟩ humanidad *f*; género *m* humano; **Menschheitstraum** M sueño *m* de la humanidad

'menschlich ADJ humano; humanitario; **die ~e Natur** la naturaleza humana; **~es Versagen** fallo *m* humano; **nach ~em Ermessen** según las previsiones humanas; dentro de lo humanamente previsible

'Menschlichkeit F ⟨~⟩ humanidad *f*; carácter *m* humanitario; **Verbrechen** *n* **gegen die ~** crimen *m* contra la humanidad

'Menschsein N ⟨~s⟩ naturaleza *f* (*od* existencia *f*) humana; lo humano; **Menschwerdung** F ⟨~⟩ REL encarnación *f*

Menstruati'on F ⟨~; ~en⟩ menstruación *f*, período *m*, regla *f*; **menstru'ieren** VI ⟨*ohne* ge-⟩ menstruar

Men'sur F ⟨~; ~en⟩ **1** *Fechten:* distancia *f* **2** MUS mensura *f* **3** UNIV duelo *m* reglamentario entre estudiantes

men'tal **A** ADJ mental; **ein ~es Problem** un problema mental **B** ADV mentalmente

Mentali'tät F ⟨~; ~en⟩ mentalidad *f*

Men'talreservation F JUR reserva *f* mental

Men'thol N ⟨~s⟩ mentol *m*; **Mentholbonbon** N caramelo *m* mentolado; **Mentholzigarette** F cigarillo *m* mentolado

'Mentor M ⟨~s; -'toren⟩, **Men'torin** F ⟨~; ~nen⟩ mentor *m*, -a *f*

Me'nü N ⟨~s; ~s⟩ **1** GASTR menú *m*; (*Gedeck*) cubierto *m*; *schweiz* (*Essen*) comida *f* **2** IT menú *m*

Menu'ett N ⟨~(e)s; ~e⟩ MUS minué *m*, minueto *m*

Me'nükarte F GASTR carta *f*; **Menüleiste** F IT barra *f* de menús

Me'phisto M *Teufel:* Mefistófeles *m*; **mephisto'phelisch** ADJ *fig* mefistofélico

'Mergel M ⟨~s; ~⟩ GEOL marga *f*; **mit ~ düngen** margar; **Mergelboden** M terreno *m* margoso; **Mergelgrube** F marguera *f*

Meridi'an M ⟨~s; ~e⟩, **Meridiankreis** M GEOG meridiano *m*

meridio'nal ADJ meridional

Me'rino M ⟨~s; ~s⟩, **Merinoschaf** N merino *m*, oveja *f* merina; **Merinowolle** F lana *f* merina

Merkanti'lismus M ⟨~⟩ WIRTSCH mercantilismo *m*

'merkbar **A** ADJ (*deutlich zu spüren*) perceptible, notable; (*leicht zu merken*) fácil de recordar **B** ADV **das Interesse hat ~ nachgelassen** el interés ha disminuido sensiblemente (*od* notablemente *od* considerablemente)

'Merkblatt N hoja *f* informativa (*od* explicativa *od* de instrucciones); **Merkbuch** N agenda *f*; libreta *f*

'merken **A** VT **1** **etw ~** darse cuenta de (*od* notar) a/c; enterarse de a/c; (*beobachten*) observar a/c; (*wahrnehmen*) percibir a/c, notar a/c, percatarse de a/c; *umg iron* **du merkst aber auch alles!** *umg* ¡no se te escapa una!; **davon ist nichts zu ~** no se nota nada de eso; **der Fehler ist kaum zu ~** el error casi no se nota **2** (*spüren*) sentir, notar; **j-n etw ~ lassen** hacer comprender (*od* notar) a/c a alg; dejar traslucir (*od* entrever); **er ließ mich merken, dass ...** me hizo ver que ...; **man merkt, dass ...** se ve que ... **B** VR **sich** (*dat*) **etw ~** recordar a/c, tomar nota de a/c; **das werde ich mir ~!** *drohend:* ¡me acordaré de esto!; *als Lehre:* esto me servirá de lección; *umg drohend:* **den werde ich mir ~!** ¡me las pagará!; **merken Sie sich** (*dat*)**, dass ...** no se le olvide que ...; **~ dir das!** ¡no se te olvides!, ¡téntelo por dicho!

'merklich **A** ADJ (*spürbar, erkennbar*) perceptible; (*beträchtlich*) considerable, notable; apreciable; (*deutlich*) evidente, visible **B** ADV **das Interesse hat ~ nachgelassen** el interés ha disminuido sensiblemente

'Merkmal N ⟨~(e)s; ~e⟩ (*Zeichen*) marca *f*, señal *f*; (*Anzeichen*) indicio *m*; síntoma *m*; (*Unterscheidungsmerkmal*) distintivo *m*; (*Kennzeichen*) rasgo *m* característico, distintivo *m*; carácter *m*, característica *f* (*a.* BIOL); (*Eigenschaft*) atributo *m*, propiedad *f*; **besondere ~e** características *fpl* especiales

Mer'kur M ⟨~s⟩ MYTH, ASTRON Mercurio *m*; **Merkurstab** M caduceo *m*

'merkwürdig ADJ curioso, singular; raro, extraño; **merkwürdiger'weise** ADV curiosamente; es curioso que (*subj*); **Merkwürdigkeit** F ⟨~; ~en⟩ curiosidad *f*; singularidad *f*; cosa *f* rara (*od* curiosa)

'Merkzeichen N marca *f*; señal *f*; (*Hinweis*) referencia *f*

'Merowinger M ⟨~s; ~⟩, **Merowingerin** F ⟨~; ~nen⟩ HIST merovingio *m*, -a *f*; **merowingisch** ADJ HIST merovingio

merzeri'sieren VT ⟨*ohne* ge-⟩ TEX mercerizar

Mesal'liance [mezal'jã:s] F ⟨~; ~n⟩ *geh obs* casamiento *m* (*od* matrimonio *m*) desigual

me'schugge ADJ *umg* chiflado, tocado (de la cabeza), chalado

'Mesner M ⟨~s; ~⟩, **Mesnerin** F ⟨~; ~nen⟩ REL *reg* sacristán *m*, -ana *f*

Mesopo'tamien N ⟨~s⟩ Mesopotamia *f*

'Message ['mɛsɪdʒ] F ⟨~; ~s⟩ mensaje *m*

'Messamt N REL misa *f*; oficio *m* divino

'Messapparat M TECH aparato *m* de medición; **Messband** N cinta *f* métrica

'messbar ADJ (con)mensurable; **Messbarkeit** F ⟨~⟩ (con)mensurabilidad *f*

'Messbecher M vaso-medida *m*; vaso *m* graduado; **Messbereich** M alcance *m* de medición; **Messbildverfahren** N fotogrametría *f*; **Messbrücke** F ELEK puente *m* de medición

'Messbuch N REL misal *m*; libro *m* de misa; **Messdiener** M, **Messdienerin** F REL monaguillo *m/f*, acólito *m*, -a *f*

'Messe F ⟨~; ~n⟩ 1 REL, MUS misa *f*; **die ~ lesen** decir (*od* celebrar) misa; **die ~ hören** oír misa; **die ~ besuchen** ir a misa 2 HANDEL feria *f* 3 SCHIFF, MIL comedor *m* (*bzw* casino *m*) de oficiales

'Messeamt N HANDEL oficina *f* (*od* secretaría *f*) de la feria; **Messebesucher** M, **Messebesucherin** F HANDEL visitante *m/f* de la feria; **Messeeröffnung** F inauguración *f* de la feria; **Messegast** M → Messebesucher; **Messegelände** N HANDEL recinto *m* ferial; **Messegesellschaft** F sociedad *f* ferial; **Messehalle** F HANDEL pabellón *m*, salón *m*; **Messehaus** N HANDEL pabellón *m* ferial (*od* de la feria); **Messekalender** M calendario *m* de ferias

'messen ⟨*irr*⟩ A VT 1 medir, mensurar; *Waffen, Geschosse, zylinderförmige Körper*: calibrar; SCHIFF (*loten*) sondar; *Hohlgefäße*: cubicar; *Wassermenge e-s Flusses*: aforar; MED **die Temperatur** (*od* **Fieber**) **~** tomar la temperatura; **die Zeit ~** medir el tiempo; cronometrar; **mit den Augen ~** (*schätzen*) calcular a ojo (de buen cubero); *fig geh* **j-n mit Blicken ~** mirar a alg de arriba abajo; **nach Metern/Litern ~** medir por metros/litros 2 *fig* **seine Kräfte mit j-m ~** medir sus fuerzas con alg; **gemessen an** (*dat*) comparado con; → *a.* gemessen B VI (*groß sein*) medir; **er misst 1,80 m** (él) mide 1,80 m C VR **sich mit j-m ~** medirse con alg; competir (*od* rivalizar *od* compararse) con alg

'Messeneuheit F novedad *f* ferial (*od* en la feria)

'Messer[1] N ⟨~s; ~⟩ cuchillo *m*; (*Klappmesser, Rasiermesser*) navaja *f*; (*Dolch*) puñal *m*; (*Klinge*) hoja *f*; TECH (*Maschinenmesser*) cuchilla *f*; MED bisturí *m*; **feststehendes ~** navaja *f* de muelles; **mit dem ~ stechen** acuchillar; *fig* **Kampf** *m* **bis aufs ~** lucha *f* sin cuartel; **j-m das ~ an die Kehle setzen** poner a alg el puñal al pecho; **j-n ans ~ liefern** traicionar a alg; *sl* hacer una putada a alg; *fig* **auf (des) ~s Schneide stehen** estar pendiente de un hilo; estar en el filo de la navaja

'Messer[2] M ⟨~s; ~⟩ → Messgerät

'Messerbänkchen N soporte *m* de cubiertos; **Messerfabrik** F cuchillería *f*, fábrica *f* de cuchillos

'Messergebnis N resultado *m* de la medición

'Messergriff M mango *m* de cuchillo; **Messerhaarschnitt** M corte *m* a navaja; **Messerheft** N → Messergriff; **Messerheld** M, **Messerheldin** F *pej* navajero *m*, -a *f*; *Am* cuchillero *m*, -a *f*; **Messerklinge** F hoja *f* de cuchillo; **Messerkontakt** M ELEK contacto *m* de cuchilla; **Messerrücken** M lomo *m* del cuchillo

'messer'scharf ADJ tajante (*a. fig*)

'Messerschmied M, **Messerschmiedin** F cuchillero *m*, -a *f*; **Messerschneide** F filo *m* (*od* corte *m*) del cuchillo; **Messerspitze** F 1 punta *f* del cuchillo 2 *Menge*: brizna *f*; **eine ~ Zimt** una pizca de canela; **Messerstecher** M navajero *m*

'Messersteche'rei F riña *f* a cuchilladas

'Messerstecherin F navajera *f*; **Messerstich** M cuchillada *f*; navajazo *m*, navajada *f*; **Messerwerfen** N lanzamiento *m* de cuchillos

'Messestand M stand *m*; **Messestandort** M plaza *f* ferial; **Messeteilnehmer** M, **Messeteilnehmerin** F expositor *m*, -a *f*

'Messfehler M error *m* de medición

'Messfeier F REL celebración *f* de la eucaristía; **Messgefäß** N 1 CHEM probeta *f* graduada 2 REL **~e** *pl* vasos *mpl* sagrados; **Messgehilfe** M REL acólito *m*, monaguillo *m*

'Messgerät N TECH instrumento *m* de medición; medidor *m*; registrador *m*

'Messgewand N REL casulla *f*

'Messglas N probeta *f* graduada; vaso *m* graduado

'Messhemd N REL alba *f*

Mes'sias M ⟨~; ~se⟩ REL **der ~** el Mesías

'Messing N ⟨~s⟩ latón *m*; **Messingblech** N latón *m* en hojas; hoja *f* de latón; **Messingdraht** M alambre *m* de latón; **Messinggießerei** F fundición *f* de latón, latonería *f*; **Messingguss** M latón *m* fundido; **Messingware** F artículos *mpl* de latón, latonería *f*

'Messinstrument N instrumento *m* de medición

'Messkännchen N REL vinajera *f*; **Messkelch** M REL cáliz *m*

'Messkolben M CHEM matraz *m* graduado; **Messlatte** F mira *f* (de nivelación); **Messleine** F cuerda *f* (*od* cinta *f*) de agrimensor; **Messmethode** F método *m* de medición (*od* de medida)

'Messner M → Mesner

'Messopfer N REL (santo) sacrificio *m* de la misa; **Messpriester** M REL celebrante *m*

'Messpunkt M punto *m* de medición; **Messreihe** F serie *f* (*od* secuencia *f od* ciclo *m*) de mediciones; **Messstab** M, **Messstange** F vara *f* de medir; *Feldmessung*: jalón *m*; **Messstation** F estación *f* de medición; **Messstelle** F lugar *m* de la medición; **Messsystem** N sistema *m* de medición (*od* de medida); **Messtechnik** F metrología *f*; **Messtisch** M plancheta *f*; **Messtischblatt** N plano *m* de plancheta; **Messtrupp** M equipo *m* de agrimensores; **Messtuch** N REL corporal *m*; **Messuhr** F reloj *m* de medición; contador *m*

'Messung F ⟨~; ~en⟩ medición *f*, medida *f*; mensuración *f*; SCHIFF arqueo *m*; **Messwagen** M coche *m* (*od* vehículo *m*) de medición; coche *m* dinamómetro

'Messwein M REL vino *m* de misa

'Messwert M valor *m* de medición, valor *m* registrado; **Messzahl** F (número *m*) índice *m*; **Messzylinder** M CHEM probeta *f* graduada

Mes'tize M ⟨~n; ~n⟩, **Mestizin** F ⟨~; ~nen⟩ mestizo *m*, -a *f*

Met [e:] M ⟨~(e)s⟩ hidromel *m*

Me'tall N ⟨~s; ~e⟩ metal *m*; **Metallader** F filón *m* metalífero; **Metallarbeiter** M, **Metallarbeiterin** F (obrero *m*, -a *f*) metalúrgico *m*, -a *f*; **Metallbaukasten** M mecano *m*; **Metallbearbeitung** F trabajo *m* de los metales; **Metallberuf** M profesión *f* metalúrgica; **Metallbeschläge** MPL chapado *m* metálico; herraje *m*; **Metallbetrieb** M empresa *f* metalúrgica; **Metalldeckung** F WIRTSCH *e-r Währung*: cobertura *f* en metálico; **Metalldetektor** M detector *m* de metales

me'tallen ADJ de metal; metálico

Me'taller M ⟨~s; ~⟩, **Metallerin** F ⟨~; ~nen⟩ *umg* trabajador *m*, -a *f* metalúrgico, -a

Me'tallfolie F lámina *f* metálica (*od* de metal); **Metallgeld** N metálico *m*, moneda *f* metálica (*od* sonante); **Metallgießerei** F fundición *f* de metales; **Metallglanz** M brillo *m* metálico; **metallhaltig** ADJ metalífero; **Metallhütte** F fábrica *f* metalúrgica

me'tallic ADJ ⟨*inv*⟩ metálico

Me'tallindustrie F industria *f* metalúrgica

me'tallisch ADJ metálico (*a. Stimme*); de metal

metalli'sieren VT ⟨*ohne* ge-⟩ metalizar

Metallogra'fie F, **Metallogra'phie** F ⟨~⟩ metalografía *f*

Metallo'id N ⟨~(e)s; ~e⟩ CHEM metaloide *m*

Me'talloxid N CHEM óxido *m* metálico; **Metallpapier** N papel *m* metalizado; **Metallputzmittel** N limpiametales *m*; **Metallsäge** F sierra *f* para metales; **Metallsalz** N CHEM sal *f* metálica; **Metallschild** N placa *f* metálica; **Metallspäne** MPL virutas *fpl* metálicas; **Metallspritzverfahren** N (procedimiento *m* de) metalización *f* a pistola (*od* al duco); **Metallstange** F vara *f* de metal; **Metallüberzug** M revestimiento *m* metálico; recubrimiento *m* metálico

Metal'lurg M ⟨~en; ~en⟩ metalúrgico *m*; **Metallur'gie** F ⟨~⟩ metalurgia *f*; **Metal'lurgin** ⟨~; ~nen⟩ metalúrgica *f*; **metal'lurgisch** ADJ metalúrgico

Metall verarbeitend ADJ metalúrgico

Me'tallverarbeitung F trabajo *m* de los metales

Me'tallwährung F patrón *m* metálico; **Metallwaren** FPL artículos *mpl* de metal; **Metallwarenfabrik** F fábrica *f* de artículos metálicos; **Metallwerk** N fábrica *f* metalúrgica; **Metallzaun** M valla *f* (*od* cerca *f*) de metal; alambrada *f*

Metamor'phose F ⟨~; ~n⟩ metamorfosis *f*

Me'tapher F ⟨~; ~n⟩ metáfora *f*

meta'phorisch ADJ metafórico

Metaphy'sik F metafísica *f*; **Meta'physiker** M, **Meta'physikerin** F metafísico *m*, -a *f*; **meta'physisch** ADJ metafísico

Metas'tase F ⟨~; ~n⟩ MED metástasis *f*; **~n bilden** formarse metástasis

Mete'or M ⟨~s; ~e⟩ meteorito *m*; *fig* meteoro *m*; **Meteoreisen** N hierro *m* meteórico; **meteorhaft** ADJ *fig* meteórico; **meteorisch** ADJ meteórico

Meteo'rit M ⟨~en *od* ~s; ~en⟩ meteorito *m*; **Meteoritenschwarm** M nube *f* de meteoritos

Meteoro'loge M ⟨~n; ~n⟩ meteorólogo *m*; **Meteorolo'gie** F ⟨~⟩ meteorología *f*; **Meteoro'login** F meteoróloga *f*; **meteoro'logisch** ADJ meteorológico

Mete'orstein M meteorito *m*; aerolito *m*, piedra *f* meteórica

'Meter M,N ⟨~s; ~⟩ metro *m*; **vier ~ breit/lang** cuatro metros de ancho/largo; **Meterband** N cinta *f* métrica; **meterlang** ADJ de varios metros de longitud; **Metermaß** N metro *m*; (*Zollstock*) metro *m* (plegable); **Meterware** F género *m* al metro; **meterweise** ADV por metros; **Meterzahl** F metraje *m*

Metha'don N ⟨~s⟩ CHEM, MED metadona *f*; **Methadonprogramm** N programa *m* de metadona

Me'than N ⟨~s⟩ CHEM metano *m*

Me'thode F ⟨~; ~n⟩ método *m*; **Methodik** F ⟨~⟩ metodología *f*; **methodisch** ADJ metódico

Metho'dismus M ⟨~⟩ PROT metodismo *m*; **Metho'dist** M ⟨~en; ~en⟩, **Metho'distin** F ⟨~; ~nen⟩ PROT metodista *m/f*; **metho'distisch** ADJ PROT metodista

Methodolo'gie F ⟨~⟩ metodología *f*; **me-**

thodo'logisch ADJ metodológico
Me'thusalem M ⟨~s⟩ REL Matusalén *m* (*a. fig*)
Me'thyl N ⟨~s⟩ CHEM metilo *m*; **Methylalkohol** M CHEM alcohol *m* metílico; **Methylbromid** N CHEM metilbromuro *m*; bromuro *m* de metilo
Methy'len N ⟨~s⟩ CHEM metileno *m*
Me'tier [-ti'eː] N ⟨~s; ~s⟩ *umg* oficio *m*; ocupación *f*
'Metrik F ⟨~; ~en⟩ métrica *f*
'metrisch ADJ métrico
Metro'nom N ⟨~s; ~e⟩ MUS metrónomo *m*
Metro'pole F metrópoli *f*; **Metropo'lit** M ⟨~en; ~en⟩ REL metropolitano *m*
'Metrum N ⟨~s; Metren⟩ metro *m*
Mett N ⟨~(e)s⟩ *reg* carne *f* de cerdo picada
'Mette F ⟨~; ~n⟩ REL maitines *mpl*
'Mettwurst F (especie de) butifarra *f* ahumada
Metze'lei F ⟨~; ~en⟩ **1** (*Morden, Niedermachen*) degollina *f*; matanza *f* **2** *Fleisch*: matanza *f*; carnicería *f*
'metzeln V/T degollar; matar
'Metzger M ⟨~s; ~⟩ carnicero *m*
Metzge'rei F ⟨~; ~en⟩ carnicería *f*
'Metzgerin F ⟨~; ~nen⟩ carnicera *f*
'Metzgermeister M, **Metzgermeisterin** F maestro *m*, -a *f* carnicero, -a
'Meuchelmord M asesinato *m* alevoso; **Meuchelmörder** M, **Meuchelmörderin** F asesino *m*, -a *f* (alevoso, -a); **meuchelmörderisch** ADJ asesino
'meucheln V/T *pej* asesinar; **meuchlerisch** ADJ *pej* alevoso, traidor; **meuchlings** ADV *geh pej* con alevosía, alevosamente, a traición
'Meute F ⟨~; ~n⟩ **1** JAGD jauría *f* **2** *fig* turba *f*
Meute'rei F ⟨~; ~en⟩ motín *m*, amotinamiento *m*; sedición *f*
'Meuterer M ⟨~s; ~⟩ amotinador *m*; amotinado *m*; sedicioso *m*; **meuterisch** ADJ amotinado; sedicioso
'meutern V/I amotinarse; *umg fig* protestar, rebelarse
Mexi'kaner M ⟨~s; ~⟩, **Mexikanerin** F ⟨~; ~nen⟩ mejicano *m*, -a *f*, mexicano *m*, -a *f*; **mexikanisch** ADJ mejicano, mexicano
'Mexiko N ⟨~⟩ **1** *Land*: Méjico *m*, *Am* México *m* **2** ~ (**Stadt**) México *m* (DF)
MEZ ABK (Mitteleuropäische Zeit) horario *m* de Europa Central
'Mezzosopran M MUS mezzo-soprano *m*; **Mezzosopranistin** F mezzo-soprano *f*
Mfg F ABK → Mitfahrgelegenheit
mg ABK (Milligramm) mg (miligramo)
MG N ABK (Maschinengewehr) ametralladora *f*
mhd. ABK → mittelhochdeutsch
MHz ABK (Megahertz) MHz (megahercio)
mi'au INT miau; **miauen** V/I ⟨*ohne* ge-⟩ maullar, mayar; **Miauen** N ⟨~s⟩ maullido *m*
mich PERS PR (*acus v.* **ich**) *unbetont*: me; *betont*: a mí; **für ~** para mí; **er fragte ~** me preguntó
'Michael EIGENN M **1** *Vorname*: Miguel *m* **2** *Heiliger*: (San) Miguel *m*
Micha'eli(s) N día *m* de San Miguel
'Michel EIGENN M **1** *Vorname*: Miguel *m* **2** **der deutsche ~** *tipo simbólico del alemán cándido y dócil, equivalente al Juan Español*
'mick(e)rig ADJ *umg Sache* pobre, flojo; (*kümmerlich*) débil, enfermizo; (*klein*) pequeño; *Person a. umg* canijo; esmirriado; chupado
'Midlife-Crisis ['mɪtlaɪfkraɪsɪs] F crisis *f* de los cuarenta
mied → meiden
'Mieder N ⟨~s; ~⟩ (*Korsett*) corsé *m*; (*Leibchen*) corpiño *m*, justillo *m*; **Miederhöschen** N faja-braga *f*; **Miederwaren** FPL corsetería *f*
Mief M ⟨~(e)s⟩ *umg* aire *m* viciado, *umg* tufo *m*, peste *f*
'miefen V/I *umg* apestar
'Miene F ⟨~; ~n⟩ (*Gesicht*) cara *f*, semblante *m*; (*Ausdruck*) gesto *m*; (*Aussehen*) aire *m*, aspecto *m*; **überlegene/unschuldsvolle ~** aire *m* de superioridad/inocencia; **mit strenger ~** con gesto adusto; **~ machen zu** hacer ademán de; hacer como si; disponerse a; **gute ~ zum bösen Spiel machen** poner a mal tiempo buena cara; **ohne eine ~ zu verziehen** sin pestañear; sin inmutarse
'Mienenspiel N mímica *f*; expresiones *fpl* faciales
mies ADJ *umg* **1** (*schlecht*) malo; **sich ~ fühlen** sentirse mal; **2** (*gemein*) *Person umg* malo, miserable; *Trick etc* sucio
'Miese PL *umg* déficit *m*; **in den ~n sein** estar en números rojos; estar al rojo
'Miesepeter M ⟨~s; ~⟩ *umg* gruñón *m*; **miesepet(e)rig** ADJ gruñón; avinagrado; **~es Gesicht** cara *f* de vinagre
'miesmachen V/T *umg* (*schlechtmachen*) criticar, pintar de negro; **j-m etw ~** quitar a alg las ganas de a/c
'Miesmacher M ⟨~s; ~⟩ *umg* derrotista *m*; alarmista *m*; pesimista *m*; (*Spielverderber*) aguafiestas *m*
Miesmache'rei F ⟨~⟩ *umg* derrotismo *m*
'Miesmacherin F ⟨~; ~nen⟩ *umg* derrotista *f*; alarmista *f*; pesimista *f*; (*Spielverderberin*) aguafiestas *f*
'Miesmuschel F ZOOL mejillón *m*
'Mietanstieg subida *f* de alquiler(es); **Mietausfall** M pérdida *f* de alquiler; **Mietauto** N → Mietwagen; **Mietbeihilfe** F subsidio *m* de alquiler
'Miete[1] F ⟨~; ~n⟩ (*Wohnungsmiete*) alquiler *m*; (*Zins*) *a.* renta *f*; JUR arriendo *m*, arrendamiento *m*; **gesetzliche ~** renta *f* legal; **zur ~ wohnen** ser inquilino; vivir en una casa (*bzw* un piso) de alquiler (**bei j-m** de alg)
'Miete[2] F ⟨~; ~n⟩ AGR silo *m*; (*Strohmiete*) almiar *m*
'Mieteinkünfte FPL, **Mieteinnahmen** FPL ingresos *mpl* de alquiler
'mieten[1] V/T *Haus, Wohnung etc* alquilar; JUR arrendar; FLUG, SCHIFF fletar; **ein Auto ~** alquilar un coche, *Am* un carro
'mieten[2] V/T *reg* AGR ensilar
'Mieten N ⟨~s⟩ alquiler *m*, JUR arrendamiento *m*; FLUG, SCHIFF flete *m*; **Mietenexplosion** F disparo *m* de los alquileres; **Mietenstopp** M congelación *f* de los alquileres
'Mietentschädigung F indemnización *f* de alquiler
'Mieter M ⟨~s; ~⟩ JUR arrendatario *m*; *v. Wohnraum*: inquilino *m*; *e-s Schiffes*: fletador *m*
'Mieterberatung F asesoramiento *m* al arrendatario (*od* inquilino); **Mieterbund** M asociación *f* de arrendatarios (*od* inquilinos); **Mietergemeinschaft** F comunidad *f* de arrendatarios (*od* inquilinos)
'Mieterhöhung F aumento *m* de(l) alquiler (*od* de renta)
'Mieterin F ⟨~; ~nen⟩ arrendataria *f*; inquilina *f*; **Mieterschaft** F ⟨~⟩ arrendatarios *mpl*; inquilinos *mpl*; **Mieterschutz** M protección *f* al arrendatario (*od* al inquilino); **Mieterschutzverein** M → Mieterbund
'Mietertrag M producto *m* del alquiler
'Mieterverein M → Mieterbund
'Mietforderung F derecho *m* (*od* reclamación *f*) de cobro de alquiler
'mietfrei **A** ADJ exento de alquiler **B** ADV sin pagar alquiler
'Miethöhe F importe *m* (*od* cuantía *f od* monto *m*) del alquiler; **Mietkauf** M JUR arrendamiento *m* con opción de compra; HANDEL leasing *m*; **Mietkosten** FPL costes *mpl* (*od* gastos *mpl*) de alquiler; **Mietminderung** F reducción *f* (*od* disminución *f*) del alquiler; **Mietniveau** N nivel *m* de los alquileres; **Mietobergrenze** F límite *m* máximo del alquiler; **Mietpreis** M (precio *m* del) alquiler *m*; **Mietrückstand** M atraso *m* de alquileres; alquileres *mpl* atrasados (*od* pendientes); **Mietschuld** F alquiler *m* adeudado (*od* pendiente); **Mietsenkung** F reducción *f* del alquiler
'Mietshaus N edificio *m* de alquiler; casa *f* de vecindad; *Arg* conventillo *m*; **Mietskaserne** F bloque *m* (*od* polígono *m*) de viviendas de alquiler
'Mietsteigerung F subida *f* de alquileres; **Mietverhältnis** N relación *f* arrendaticia; **Mietvertrag** M contrato *m* de arrendamiento (*od* alquiler *od Wohnung*: de inquilinato); **befristeter/unbefristeter ~** contrato *m* de arrendamiento (*od* alquiler *od Wohnung*: de inquilinato) a plazo fijo/indefinido; **Mietvorauszahlung** F pago *m* del alquiler por anticipado; anticipo *m* del alquiler
'Mietwagen M coche *m* de alquiler; **Mietwagenverleih** M alquiler *m* de coches
'mietweise ADV en alquiler; en arrendamiento
'Mietwert M valor *m* de la renta (de alquiler); **Mietwohnung** F piso *m* de alquiler; **Mietzeit** F período *m* de alquiler; **Mietzins** M renta *f* (de alquiler); alquiler *m*; canon *m* (de arrendamiento)
'Mieze F ⟨~; ~n⟩ **1** *umg* (*Katze*) gato *m*; *umg* micha *f*, minina *f*; micho *m*, minino *m* **2** *umg fig* (*Mädchen*) *sl* ninfa *f*
Mi'gräne F ⟨~; ~n⟩ MED jaqueca *f*, migraña *f*
Mi'grant M ⟨~en; ~en⟩, **Migrantin** F ⟨~; ~nen⟩ migrante *m/f*
Migrati'on F ⟨~; ~en⟩ BIOL, SOZIOL migración *f*; GEOL desplazamiento *m*; POL cambio *m*;
Migrationspolitik F política *f* migratoria
'mikro..., 'Mikro... IN ZSSGN micro...
'Mikro N ⟨~s; ~s⟩ *umg* (*Mikrofon*) micro *m*
'Mikroanalyse F microanálisis *m*
Mi'krobe F ⟨~; ~n⟩ microbio *m*
mikrobi'ell ADJ microbiano
'Mikrobiologe M microbiólogo *m*; **Mikrobiologie** F microbiología *f*; **Mikrobiologin** F microbióloga *f*; **mikrobiologisch** ADJ microbiológico
'Mikrochemie F microquímica *f*; **Mikrochip** [-tʃɪp] M IT microchip *m*; **Mikrocomputer** [-pjuː-] M microordenador *m*, *Am* microcomputadora *f*
'Mikroelektronik F microelectrónica *f*; **mikroelektronisch** ADJ microelectrónico
'Mikroemulsion F microemulsión *f*; **Mikrofaser** F TEX microfibra *f*; **Mikrofilm** M microfilm(e) *m*
Mikro'fon N ⟨~s; ~e⟩ micrófono *m*
'Mikrofotografie F microfotografía *f*; **Mikrogramm** N microgramo *m*
Mikro'kosmos M microcosmo(s) *m*; **Mikro'meter** N&M micrómetro *m*; **Mikro'meterschraube** F TECH tornillo *m* micrométrico
'Mikron N ⟨~s; ~⟩ *obs Längenmaß*: micra *f*
'Mikroökonomie F microeconomía *f*; **mikroökonomisch** ADJ microeconómico; **Mikroorganismus** M BIOL microorganismo *m*
Mikro'phon N → Mikrofon
'Mikrophysik F microfísica *f*; **Mikroprozessor** M microprocesador *m*
Mikro'skop N ⟨~s; ~e⟩ microscopio *m*; Mi-

krosko'pie F ⟨~⟩ microscopia *f*; **mikrosko'pieren** V/T ⟨*ohne* ge-⟩ examinar al microscopio; **mikro'skopisch** **A** ADJ microscópico **B** ADV ~ klein de tamaño microscópico

'Mikrosystemtechnik F técnica *f* de microsistema(s); **Mikrowaage** F microbalanza *f*; **Mikrowelle** F **1** *umg* → Mikrowellenherd **2** ~n *fpl* microondas *fpl*; **Mikrowellenherd** M (horno *m*) microondas *m*; **Mikrozensus** M ⟨~; ~⟩ microcenso *m*

'Milan M ⟨~s; ~e⟩ ORN milano *m*; **Roter/Schwarzer** ~ milano *m* real/negro

'Milbe F ⟨~; ~n⟩ ZOOL ácaro *m*; (*Krätzmilbe*) *a.* arador *m*

Milch F ⟨~⟩ leche *f*; *der Fische*: lecha(za) *f*

'Milchabsonderung F secreción *f* láctea; **Milchbar** F granja *f*; **Milchbart** M **1** bozo *m*; barba *f* incipiente; *umg* pelusilla *f* **2** (*Grünschnabel*) *fig* barbilampiño *m*, boquirrubio *m*; **Milchbrei** M papilla *f* lacteada; **Milchbrötchen** N bollo *m* (de leche); **Milchbruder** M hermano *m* de leche; **Milchdiät** F régimen *m* lácteo, dieta *f* láctea; **Milchdrüse** F ANAT glándula *f* mamaria; **Milcheiweiß** N lactalbúmina *f*; **Milcherzeugnisse** NPL productos *mpl* lácteos; **Milchfieber** N fiebre *f* láctea; **Milchflasche** F botella *f* de leche; *für Säuglinge*: biberón *m*; **Milchgebiss** N dentadura *f* de leche; **Milchgeschäft** N lechería *f*; **Milchgesicht** N *umg fig* barbilampiño *m*, boquirrubio *m*; **Milchglas** N vidrio *m* opalino; **milchhaltig** ADJ lactífero; **Milchhändler** M, **Milchhändlerin** F lechero *m*, -a *f*

'milchig ADJ lechoso; lácteo; BOT lactescente

'Milchkaffee M café *m* con leche; *mit Milchschaum*: café *m* con leche espumosa; **Milchkännchen** N jarrita *f* para leche; **Milchkanne** F jarro *m* para leche; **Milchkuh** F vaca *f* lechera; **Milchlamm** N cordero *m* lechal; **Milchling** M ⟨~s; ~e⟩ BOT *Pilz*: lactário *m*; **Milchmädchenrechnung** F *fig* cuenta *f* de la lechera; **Milchmann** M lechero *m*; **Milchmesser** M lactodensímetro *m*; galactómetro *m*; **Milchmixgetränk** N batido *m*

'Milchprodukt N producto *m* lácteo; **Milchproduktion** F producción *f* lechera; **Milchpulver** N leche *f* en polvo; **Milchreis** M GASTR arroz *m* con leche; **Milchsaft** M **1** BOT látex *m* **2** PHYSIOL quilo *m*; **Milchsäure** F CHEM ácido *m* láctico; **Milchschokolade** F chocolate *m* con leche; **Milchschorf** M MED costra *f* láctea; **Milchsee** M *fig* mar *m* de leche; sobreproducción *f* lechera; **Milchshake** [-ʃeːk] M → Milchmixgetränk; **Milchspeise** F lacticinio *m*; **Milchstraße** F ASTRON Vía *f* Láctea; **Milchsuppe** F sopa *f* de leche; **Milchtüte** F (tetra)brik *m* de leche; **Milchvieh** N ganado *m* lechero; **Milchwaage** F galactómetro *m*; pesaleche *m*; **Milchwirtschaft** F industria *f* lechera; **Milchzahn** M ANAT diente *m* de leche; **Milchzentrifuge** F desnatadora *f*; **Milchzucker** M CHEM lactosa *f*, azúcar *m* de leche

mild(e) **A** ADJ **1** *Licht, Luft, Seife* suave; *Kaffee, Tabak, Essen* ligero; *Klima, Wetter* templado, apacible; suave; **~er Winter** invierno *m* suave; **~(er) werden** suavizarse; *Wetter* ponerse más templado **2** *Worte, Kritik* suave; (*sanft*) dulce; *Richter, Urteil* indulgente, clemente; *Strafe*: leve; *fig* **~e Gabe** dádiva *f*; donativo *m*; limosna *f* **B** ADV **1** ~ **gewürzt** poco aliñado **2** **~e beurteilen** juzgar con indulgencia; **~e gesagt** por no decir más

'Milde F ⟨~⟩ **1** *v. Licht, Luft, Seife*: suavidad *f*; ternura *f*; *des Klimas*: templanza *f*; *des Wetters*: apacibilidad *f* **2** *v. Worten, Kritik*: suavidad *f*; (*Sanftheit*) dulzura *f*; *e-s Richters, Urteils*: indulgencia *f*; clemencia *f*; *e-r Strafe*: levedad *f*; ~ **walten lassen** tener clemencia

'mildern V/T suavizar; *Worte, Kritik* templar; (*mäßigen*) moderar; (*lindern*) *Schmerz* aliviar, mitigar; (*dämpfen*) calmar; (*abschwächen*) *Strafe* atenuar; *Zorn etc* aplacar; **mildernd** ADJ suavizante; calmante; atenuante; mitigante; JUR **~e Umstände** circunstancias *fpl* atenuantes

'Milderung F ⟨~; ~en⟩ suavización *f*; alivio *m*, mitigación *f*; moderación *f*; atenuación *f*; JUR conmutación *f*; **Milderungsgrund** M JUR circunstancia *f* atenuante

'mildherzig ADJ (*gütig*) bondadoso; (*mildtätig*) caritativo; **Mildherzigkeit** F ⟨~⟩ bondad *f*; caridad *f*; **mildtätig** ADJ caritativo; **~e Zwecke** fines *mpl* caritativos; **Mildtätigkeit** F ⟨~⟩ caridad *f*

Mili'eu [mɪli'øː] N ⟨~s; ~s⟩ (medio *m*) ambiente *m*; medio *m* (*a.* CHEM)

mili'eubedingt [mɪli'øː-] ADJ ambiental; condicionado por el ambiente (*od* medio); **milieugeschädigt** ADJ dañado por el medio (social)

Mili'euschilderung [mɪli'øː-] F ambientación *f*; **Milieustudie** F estudio *m* del medio (*od* entorno *od* ambiente *od* círculo) social; **Milieutheorie** F teoría *f* del medio

mili'tant ADJ POL militante

Mili'tär[1] N ⟨~s⟩ **1** (*Armee*) militares *mpl*; soldados *mpl*; tropas *fpl*; (*Heer*) ejército *m* **2** (*Militärwesen*) milicia *f* **3** (*Militärdienst*) servicio *m* militar; *sp umg obs* mili *f*; **zum ~ gehen** hacerse soldado; entrar en filas; **j-n zum ~ einberufen** llamar a alg a filas; **zum ~ einberufen werden** ser convocado a filas

Mili'tär[2] M ⟨~s; ~s⟩ *Offizier*: militar *m*

mili'tärähnlich ADJ paramilitar

Mili'täraktion F acción *f* militar; **Militärallianz** F alianza *f* militar; **Militäranlage** F instalación *f* (*od* equipo *m*) militar; **Militärapparat** M aparato *m* militar; **Militärarzt** M, **Militärärztin** F médico *m*, -a *f* militar; **Militärattaché** [-'ʃeː] M agregado *m* militar; **Militärbasis** F base *f* militar; **Militärbehörde** F autoridad *f* militar; **Militärbezirk** M región *f* militar; **Militärbündnis** N alianza *f* militar; **Militärdienst** M servicio *m* militar; *sp umg obs* mili *f*; ~ **leisten** cumplir el servicio militar; *sp umg* hacer la mili

Mili'tärdiktatur F dictadura *f* militar; **Militäreinheit** F unidad *f* militar; **Militäreinsatz** M **1** uso *m* de tropas **2** *Auftrag*: misión *f* militar; *Kampfhandlung*: acción *f* militar; **Militärexperte** M, **Militärexpertin** F experto *m*, -a *f* en asuntos castrenses; **Militärfahrzeug** N vehículo *m* (de transporte) militar; **Militärflughafen** M, **Militärflugplatz** M aeropuerto *m* (*od* aeródromo *m*) militar; **Militärflugzeug** N avión *m* militar; **Militärführer** M jefe *m* (*od* líder *m*) militar; **Militärgefängnis** N prisión *f* militar; **Militärgeistliche(r)** M capellán *m* castrense; **Militärgelände** N área *m* (*od* terreno *m od* campo *m*) militar; **Militärgerät** N máquina *f* (*od* aparato *m*) militar; **Militärgericht** N tribunal *m* militar; consejo *m* de guerra; **Militärgerichtsbarkeit** F jurisdicción *f* militar (*od* castrense); **Militärgouverneur** [-guvɛrˈnøːr] M gobernador *m* militar; **Militärherrschaft** F gobierno *m* militar; **Militärhospital** N hospital *m* militar; **Militärhubschrauber** M helicóptero *m* militar; **Militärintervention** F intervención *f* militar

militärisch **A** ADJ militar; *fig a.* marcial **B** ADV ~ **grüßen** saludar militarmente, hacer un saludo militar

militari'sieren V/T ⟨*ohne* ge-⟩ militarizar; **Militarisierung** F ⟨~⟩ militarización *f*

Milita'rismus M ⟨~⟩ militarismo *m*; **Milita'rist** M ⟨~en; ~en⟩, **Milita'ristin** F ⟨~; ~nen⟩ militarista *m/f*; **milita'ristisch** ADJ militarista

Mili'tärjustiz F → Militärgerichtsbarkeit; **Militärkapelle** F MUS banda *f* militar; **Militärkommandant** M, **Militärkommandeur** M [-'døːr] comandante *m* militar; **Militärkommando** N **1** (*Generalstab*) estado *m* mayor **2** (*Befehl*) orden *f* (de mando) militar **3** (*Abteilung*) destacamento *m* militar (*od* de tropas *od* de soldados); **Militärkonvoi** M convoy *m* militar; **Militärlager** N campamento *m* (*od* campo *m*) militar; **Militärmacht** F potencia *f* militar; **Militärmanöver** N maniobras *fpl* militares; **Militärmarsch** M MUS marcha *f* militar; **Militärmaschine** F avión *m* militar; **Militärmaterial** N material *m* militar; **Militärmission** F misión *f* militar; **Militärmusik** F música *f* militar; (*Blechinstrumente*) charanga *f* militar; **Militäroffensive** F ofensiva *f* militar; ataque *m* militar; **Militäroperation** F operación *f* militar; acción *f* militar; **Militärpakt** M pacto *m* militar; **Militärparade** F desfile *m* militar, parada *f* militar; **Militärpatrouille** F patrulla *f* militar; **Militärperson** F militar *m*; **Militärpersonal** N personal *m* militar

Mili'tärpflicht F servicio *m* militar obligatorio; obligación *f* de prestar el servicio militar; **militärpflichtig** ADJ sujeto al servicio militar

Mili'tärpolitik F política *f* militar; **militärpolitisch** ADJ político-militar

Mili'tärpolizei F policía *f* militar; **Militärpolizist** M, **Militärpolizistin** F policía *m/f* militar

Mili'tärputsch M golpe *m* (*od* intentona *f*) militar; pronunciamiento *m* militar; **Militärrat** M consejo *m* militar; **Militärregierung** F gobierno *m* militar; **Militärrichter** M, **Militärrichterin** F juez *m*, -a *f* militar; **Militärschlag** M ataque *m* (*od* golpe *m*) militar; acción *f* militar; **Militärseelsorge** F asistencia *f* religiosa al ejército; **Militärstaatsanwalt** M fiscal *m* militar; **Militärstaatsanwaltschaft** F fiscalía *f* militar

Mili'tärstrafgerichtsbarkeit F jurisdicción *f* militar; **Militärstrafgesetzbuch** N código *m* penal militar

Mili'tärstratege M estratega *m* militar; **Militärstrategie** F estrategia *f* militar; **Militärstrategin** F estratega *f* militar; **militärstrategisch** ADJ estratégico-militar

Mili'tärtransport M transporte *m* militar; **Militärtribunal** N tribunal *m* militar; **Militärübung** F → Militärmanöver; **Militäruniform** F uniforme *m* militar; **Militärverwaltung** F administración *f* militar

'Military [-tɛri] F ⟨~; ~s⟩ *Reitsport*: concurso *m* completo de hípica

Mili'tärzeit F período *m* (*od* plazo *m od* tiempo *m*) de servicio militar

Mi'liz F ⟨~; ~en⟩ milicia *f*; **Milizenführer** M jefe *m* (*od* líder *m*) de la milicia

Milizio'när M, **Milizionärin** F miliciano *m*, -a *f*

Mi'lizsoldat M miliciano *m*

Mill. ABK (*Million*) millón *m*; (*Millionen*) millones *mpl*

'Mille N ⟨~; ~⟩ *umg* mil *m*

Mil'lennium N ⟨~s; Millennien⟩ milenio *m*

Milliam'pere [-am'pɛːr] N ELEK miliamperio

M

m

Milliar'där M ⟨~s; ~e⟩, **Milliardärin** F ⟨~; ~nen⟩ multimillonario *m*, -a *f*

Milli'arde F ⟨~; ~n⟩ mil millones *mpl*

Milli'bar N milibar *m*; **Milli'gramm** N miligramo *m*; **Milli'liter** M mililitro *m*

Milli'meter M,N milímetro *m*; **Millimeterarbeit** F *umg* trabajo *m* de precisión; **millimetergenau** ADJ con exactitud (*od* precisión) milimétrica; **Millimeterpapier** N papel *m* milimetrado

Milli'on F ⟨~; ~en⟩ millón *m*; **zu ~en** por millones

Millio'när M ⟨~s; ~e⟩, **Millionärin** F ⟨~; ~nen⟩ millonario *m*, -a *f*; **vielfacher ~** multimillonario *m*

Milli'onenbetrug M estafa *f* millonaria (*od* de millones); fraude *m* millonario (*od* de millones); **Millionendefizit** N déficit *m* millonario (*od* de millones); **Millionenerbe** M, **Millionenerbin** F heredero *m*, -a *f* de millones; **Millionenerbschaft** F herencia *f* de millones; **Millionengewinn** M ganancias *pl* millonarias; **Millioneninvestition** F inversión *f* millonaria; **Millionenkredit** M crédito *m* millonario; **Millionenmetropole** F ciudad *f* de más de un millón de habitantes; megalópolis *f*; **Millionenpublikum** N millones *mpl* de público; público *m* multitudinario

milli'onenschwer ADJ *umg* millonario

Milli'onenstadt F ciudad *f* de más de un millón de habitantes; **Millionensumme** F suma *f* millonaria; **millionenteuer** ADJ que cuesta (*od* vale) millones; **Millionenverlust** M pérdida *f* millonaria (*od* de millones); **Millionenvermögen** N fortuna *f* millonaria; patrimonio *m* millonario

milli'onste(r, -s) ADJ millonésimo

Milli'onstel N ⟨~s; ~⟩ millonésimo *m*

Milz F ⟨~; ~en⟩ ANAT bazo *m*

'Milzbrand M VET, MED ántrax *m*, carbunco *m*; **Milzbrandbakterium** N VET, MED bacillus *m* antracis

'Milzentzündung F MED esplenitis *f*; **Milzvergrößerung** F MED esplenomegalia *f*

'Mime M ⟨~n; ~n⟩ actor *m*; HIST mimo *m*

'mimen V/T THEAT interpretar, representar; (*nachmachen*) imitar; (*vorgeben*) fingir; **den Kranken ~** hacerse el enfermo

'Mimesis F ⟨~; Mimesen⟩ mímesis *f*

'Mimik F ⟨~⟩ mímica *f*

'Mimikry F ⟨~⟩ mimetismo *m*

'Mimin F ⟨~; ~nen⟩ actriz *f*

'mimisch ADJ mímico

Mi'mose F ⟨~; ~n⟩ BOT sensitiva *f*, mimosa *f* (*a. fig*); **mimosenhaft** ADJ *fig* hipersensible

min. ABK **1** → Min. **2** → minimal

Min. ABK (Minute, Minuten) m (minuto, minutos)

Mina'rett N ⟨~(e)s; ~e⟩ minarete *m*, alminar *m*

'minder ADV *geh* menos; **nicht ~** no menos

'Minderausgabe F gasto *m* (*od* desembolso *m*) menor; **Minderbedarf** M HANDEL reducción *f* del consumo

'minderbegabt ADJ menos dotado; **minderbemittelt** ADJ **1** económicamente débil; con pocos medios (económicos); necesitado **2** *umg* **geistig ~** retrasado (mental); corto de alcances

'Minderbemittelte M/F económicamente débil *m/f*; persona *f* con pocos medios (económicos); necesitado *m*, -a *f*; **Minderbetrag** M déficit *m*; **Minderbewertung** F depreciación *f*

'mindere(r, -s) ADJ menor; (*kleiner*) más pequeño; *Wert* inferior

'Mindereinnahme HANDEL F, **Minderertrag** M menor ingreso *m*; déficit *m* (de ingresos); disminución *f* (*od* pérdida) de ingresos; **Mindergewicht** N falta *f* de peso

'Minderheit F ⟨~; ~en⟩ minoría *f*; **in der ~ sein** estar en minoría

'Minderheitenfrage F problema *m* (*od* cuestión *f*) de minorías; **Minderheitenpolitik** F política *f* (en favor) de la(s) minoría(s); **Minderheitenschutz** M protección *f* de las minorías

'Minderheitsaktionär M, **Minderheitsaktionärin** F accionista *m/f* minoritario, -a; **Minderheitsbeteiligung** F participación *f* minoritaria; **Minderheitsrecht** N derecho *m* de la minoría; **Minderheitsregierung** F gobierno *m* minoritario; **Minderheitsvotum** N voto *m* de la minoría

'minderjährig ADJ menor (de edad); **Minderjährige** M/F ⟨~n; ~n → A⟩ menor *m/f* de edad; **Minderjährigkeit** F ⟨~⟩ minoría *f* de edad

'mindern V/T disminuir; reducir; (*mildern*) moderar; (*herabsetzen*) rebajar; (*abschwächen*) atenuar

'Minderumsatz M HANDEL disminución *f* del volumen de ventas; **Minderung** F ⟨~; ~en⟩ disminución *f*; *des Wertes*: reducción *f*; *der Preise*: rebaja *f*; (*Milderung*) moderación *f*; (*Abschwächung*) atenuación *f*; **Minderwert** M menor valor *m*; minusvalía *f*

'minderwertig ADJ inferior; de menor valor (*bzw* calidad); de calidad inferior; de escaso valor; **Minderwertigkeit** F ⟨~⟩ inferioridad *f*; mediocridad *f*

'Minderwertigkeitsgefühl N sentimiento *m* de inferioridad; **Minderwertigkeitskomplex** M PSYCH complejo *m* de inferioridad

'Minderzahl F ⟨~⟩ minoría *f*; **in der ~ sein** estar en minoría

'Mindestabstand M *Verkehr*: distancia *f* (*od* separación *f*) mínima; **Mindestalter** N edad *f* mínima; **Mindestanforderung** F exigencia *f* mínima; requisito *m* mínimo; **Mindestarbeitszeit** F jornada *f* de trabajo mínima; **Mindestbeitrag** F contribución *f* (*od* aportación *f od* cuota *f od* cotización *f od* participación *f od* asignación *f*) mínima; **Mindestbestand** M *im Lager*: existencias *fpl* de seguridad; **Mindestbetrag** M cantidad *f* mínima; importe *m* mínimo; **Mindestdeckung** F *e-r Versicherung*: cobertura *f* mínima

'mindeste(r, -s) **A** ADJ mínimo, menor **B** *subst* **das Mindeste** *od* **~** el mínimo; **nicht das Mindeste** *od* **~** ni lo más mínimo; **zum Mindesten** *od* **~n** por lo menos; al menos; **nicht im Mindesten** *od* **~n** ni lo más mínimo, de ningún modo

'Mindesteinkommen N ingreso *m* mínimo; *Einkommensteuer*: renta *f* mínima; **Mindesteinlage** F depósito *m* mínimo

'mindestens ADV por lo menos; al menos; como mínimo

'Mindestfracht F flete *m* mínimo; **Mindestgebot** N *bei Auktionen*: postura *f* mínima; **Mindestgebühr** F tasa *f* mínima; **Mindestgehalt** N sueldo *m* mínimo; **Mindestgeschwindigkeit** F velocidad *f* mínima; **Mindestgewicht** N peso *m* mínimo; **Mindestgröße** F tamaño *m* mínimo

'Mindesthaltbarkeit F caducidad *f* mínima; **Mindesthaltbarkeitsdatum** N fecha *f* de caducidad mínima

'Mindestkapital N capital *m* mínimo; **Mindestlohn** M salario *m* mínimo; **Mindestmaß** N mínimo *m*, mínimum *m*; **auf ein ~ beschränken** reducir al mínimo (*od* mínimum); **Mindestpreis** M precio *m* mínimo; **Mindestrente** F pensión *f* mínima; **Mindestreserve** F reserva *f* mínima; **Mindestsatz** M tasa *f* mínima; tipo *m* mínimo; **Mindeststandard** M estándar *m* mínimo; **Mindestwert** M valor *m* mínimo; **Mindestzahl** F mínimo *m*, mínimum *m*; POL *zur Beschlussfähigkeit*: quórum *m*

'Mine F ⟨~; ~n⟩ **1** MIL mina *f*; **~n legen** colocar minas; **auf eine ~ treten** pisar una mina; SCHIFF **auf eine ~ laufen** chocar con una mina; **~n suchen** *od* **räumen** localizar (SCHIFF dragar) minas **2** (*Bleistiftmine*) mina *f*; (*Kugelschreibermine*) carga *f* **3** BERGB mina *f*

'Minendetektor M detector *m* de minas; **Minenfeld** N MIL campo *m* de minas (*od* minado); **Minengebiet** N zona *f* minada; **Minenlegen** N ⟨~s⟩ colocación *f* de minas; **Minenleger** M ⟨~s; ~⟩ SCHIFF minador *m*; **Minenräumboot** N SCHIFF dragaminas *m*; **Minenräumen** N ⟨~s⟩ SCHIFF dragado *m* de minas; **Minensperre** F barrera *f* de minas; **Minensuchboot** N buscaminas *m*; **Minensuchen** N localización *f* de minas; **Minensuchgerät** N detector *m* de minas; **minenverseucht** ADJ minado; sembrado de minas; **Minenwerfer** M lanzaminas *m*

Mine'ral N ⟨~s; ~e *od* ~ien⟩ **1** *Gestein*: mineral *m* **2** *österr* (*Mineralwasser*) agua *f* mineral; **Mineralbad** N baño *m* de aguas minerales; **Mineralfaser** F fibra *f* mineral

Mine'ralienkunde F mineralogía *f*; **Mineraliensammlung** F colección *f* de minerales

mine'ralisch ADJ mineral

minerali'sieren V/T ⟨*ohne* ge-⟩ mineralizar

Minera'loge M ⟨~n; ~n⟩ mineralogista *m*; **Mineralo'gie** F ⟨~⟩ mineralogía *f*; **Minera'login** F ⟨~; ~nen⟩ mineralogista *f*; **minera'logisch** ADJ mineralógico

Mine'ralöl N aceite *m* mineral; **Mineralölprodukt** N producto *m* de aceite mineral (*od* de petróleo); **Mineralölsteuer** F *allg* impuesto *m* sobre la gasolina; *sp* impuesto *m* sobre el petróleo, sus derivados y similares

Mine'ralquelle F manantial *m* de aguas minerales; **Mineralsalz** N sal *f* mineral; **Mineralwasser** N ⟨~s; ⸚⟩ agua *f* mineral

'mini…, 'Mini… IN ZSSGN mini…

'Mini M ⟨~s; ~s⟩ *umg* minifalda *f*

Minia'tur F ⟨~; ~en⟩ miniatura *f*; **in ~** en miniatura; **Miniaturausgabe** F edición *f* en miniatura; **Miniaturgemälde** N (cuadro *m* en) miniatura *f*; **Miniaturmaler** M miniaturista *m*; **Miniaturmalerei** F (pintura *f* de) miniatura *f*; **Miniaturmalerin** F miniaturista *f*

'Minibar F *im Hotel*: minibar *m*; **Minibus** M minibus *m*; microbus *m*; **Minicomputer** M *bes sp* miniordenador *m*; *bes Am* minicomputadora *f*; **Minidisc** [-dɪsk] F ⟨~; ~s⟩ minidisco *m*

mi'nieren V/T ⟨*ohne* ge-⟩ minar

'Minigolf N golf *m* miniatura, minigolf *m*; **Minijob** M *bes BRD*: trabajillo *m*; **Minikleid** N vestido *m* mini

mini'mal ADJ mínimo; *fig* insignificante

Mini'malbetrag M (importe *m*) mínimo *m*; **Minimalgehalt** M contenido *m* mínimo; **Minimalgewicht** N peso *m* mínimo

mini'malinvasiv ADJ MED mínimamente invasivo

Minima'lismus M ⟨~; Minimalismen⟩ minimalismo *m*; **minima'listisch** ADJ minimalista

M

Mini'malziel N meta *f* mínima
mini'mieren VI minimizar; **Minimierung** F ⟨~; ~en⟩ minimización *f*
'Minimum N ⟨~s; Minima⟩ mínimum *m*, mínimo *m*; **Minimumthermometer** N termómetro *m* de mínima
'Minirock M minifalda *f*; **Minislip** M minislip *m*
Mi'nister M ⟨~s; ~⟩ ministro *m* (**für** de); **Frau ~!** ¡señora ministra!; **Ministeramt** N cargo *m* ministerial; cartera *f*; **Ministerbank** F POL *sp* banco *m* azul; **Ministergehalt** N salario *m* de ministro
Ministeri'alausschuss M comisión *f* ministerial; **Ministerialbeamte(r)** M, **Ministerialbeamtin** F funcionario *m*, -a *f* de un ministerio; **Ministerialdirektor** M director *m* general (de un ministerio); **Ministerialdirigent** M subdirector *m* general (de un ministerio); **Ministerialerlass** M orden *f* ministerial; decreto *m* ministerial; **Ministerialrat** M consejero *m* ministerial
ministeri'ell ADJ ministerial
Mi'nisterin F ⟨~; ~nen⟩ ministra *f*
Minis'terium N ⟨~s; Ministerien⟩ ministerio *m*
Mi'nisterkonferenz F conferencia *f* de ministros; **Ministerposten** M → Ministeramt; **Ministerpräsident** M, **Ministerpräsidentin** F presidente *m*, -a *f* (del gobierno); primer, -a ministro *m*, -a *f*; **Ministerrat** M consejo *m* de ministros; **Ministersessel** M *umg* → Ministeramt
Minis'trant M ⟨~en; ~en⟩, **Minis'trantin** F ⟨~; ~nen⟩ KATH monaguillo *m/f*, acólito *m*, -a *f*; **minis'trieren** VI ⟨*ohne* ge-⟩ ayudar a misa
'Minivan [-vɛn] M monovolumen *m*
'Minna F ⟨~⟩ 1 *umg* **grüne ~** coche *m* celular 2 *umg fig* **j-n zur ~ machen** poner a alg como un trapo
'Minne F ⟨~⟩ HIST, *poet* amor *m*; **Minnelied** N canción *f* de amor; **Minnesang** M poesía *f* de los trovadores (alemanes); **Minnesänger** M HIST trovador *m* (alemán), minnesinger *m*
Minori'tät F ⟨~; ~en⟩ minoría *f*
Mino'taurus M ⟨~; Minotauren⟩ MYTH Minotauro *m*
Minu'end M ⟨~en; ~en⟩ MATH minuendo *m*
'minus ADV menos (*a.* MATH); **5 Grad ~** cinco grados bajo cero
'Minus N ⟨~; ~⟩ → Minusbetrag; **Minusbetrag** M déficit *m*; **Minusgrad** M grado *m* bajo cero
Mi'nuskel F ⟨~; ~n⟩ TYPO (letra *f*) minúscula *f*
'Minuspol M ELEK polo *m* negativo; **Minuspunkt** M punto *m* negativo; **Minustemperatur** F temperatura *f* bajo cero; **Minuszeichen** N MATH menos *m*, signo *m* negativo
Mi'nute F ⟨~; ~n⟩ minuto *m* (*a. Winkelmaß*); *umg* **auf die ~** (**genau**) en punto; *umg* como un clavo; **in letzter ~** en el último momento
mi'nutenlang A ADJ de varios minutos de duración B ADV durante algunos minutos
Mi'nutenschnelle F **in ~** en cuestión de minutos; **Minutentakt** M **im ~** cada minuto; en intervalos de un minuto; **Minutenzeiger** M *der Uhr*: minutero *m*
minuti'ös, minuzi'ös ADJ minucioso
'Minze F ⟨~; ~n⟩ BOT menta *f*; (*Pfefferminze*) hierbabuena *f*
Mio. ABK (*Million*) millón *m*; (*Millionen*) millones *mpl*
mir PERS PR (*dat v.* **ich**) *unbetont*: me; *betont*: a mí; **ein Freund von ~** un amigo mío; uno de mis amigos; **mit ~** conmigo; **von ~** de mí; de mi parte; **von ~ aus** (*meinetwegen*) por mí (no hay inconveniente); **wie du ~, so ich dir** ojo por ojo y diente por diente; donde las dan las toman; **~ nichts, dir nichts** *umg* sin más ni más; de buenas a primeras
Mira'belle F ⟨~; ~n⟩ BOT ciruela *f* amarilla (*od* mirabel)
Mi'rakel N ⟨~s; ~⟩ milagro *m*; **Mirakelspiel** N LIT misterio *m*
Misan'throp M ⟨~en; ~en⟩ *geh* misántropo *m*; **Misanthro'pie** F ⟨~⟩ misantropía *f*; **Misan'thropin** F ⟨~; ~nen⟩ misántropa *f*; **misan'thropisch** ADJ misantrópico
'Mischapparat M mezclador *m*; **Mischart** F ZOOL especie *f* híbrida; **mischbar** ADJ mezclable, miscible; **Mischbarkeit** F ⟨~⟩ miscibilidad *f*; **Mischbecher** M vaso *m* mezclador; *für Getränke*: coctelera *f*; **Mischbrot** N pan *m* de trigo y centeno; **Mischehe** F matrimonio *m* mixto
'mischen A VT 1 (*vermischen*) mezclar (**mit** con)(*a.* FILM, RADIO); CHEM combinar; *Gift* preparar; *Metalle* alear 2 *Karten* barajar B V/R **sich ~** 1 (*sich vermischen*) mezclarse 2 (*sich einmischen*) **sich in etw** (*acus*) **~** (entro)meterse en a/c, inmiscuirse en a/c; **sich ins Gespräch ~** meter baza 3 **sich unters Volk ~** (entre)mezclarse con la gente; → *a.* gemischt
'Mischer M ⟨~s; ~⟩ *Gerät*: mezclador *m*
'Mischfarbe F color *m* mixto; PHYS color *m* compuesto; **Mischfinanzierung** F WIRTSCH financiación *f* mixta; **Mischfutter** N AGR forraje *m* mixto; **Mischgemüse** N menestra *f*; **Mischkonzern** M conglomerado *m*, compañía *f* multiindustrial; **Mischkultur** F AGR cultivo *m* mixto
'Mischling M ⟨~s; ~e⟩ 1 mestizo *m*; *pej* bastardo *m* 2 BIOL, BOT híbrido *m*; bastardo *m*; **Mischmasch** M ⟨~(e)s; ~e⟩ *umg* mescolanza *f*, maremágnum *m*; ensalada *f*; **Mischmaschine** F mezcladora *f*
Misch'poke F ⟨~⟩ 1 *umg pej* (*Leute*) gentuza *f*, chusma *f* 2 (*Familie*) parentela *f*
'Mischpult N *Tontechnik*: mesa *f* de mezcla; **Mischrasse** F raza *f* mixta; *Hund*: bastardo *m*; **Mischung** F ⟨~; ~en⟩ mezcla *f*; mixtura *f*; **Mischungsverhältnis** N proporción *f* de mezcla; **Mischwald** M bosque *m* mixto; **Mischwolle** F lana *f* mezclada; **Mischzoll** M arancel *m* mixto; aduana *f* mixta
mise'rabel ADJ (*sehr schlecht*) malísimo, pésimo; (*jämmerlich*) miserable; **~ aussehen** tener muy mala cara; **ich fühle mich ~** me encuentro muy mal
Mi'sere F ⟨~; ~n⟩ miseria *f*; calamidad *f*
Mise'rere N ⟨~(s)⟩ 1 REL miserere *m* 2 MED cólico *m* miserere
'Mispel F ⟨~; ~n⟩ BOT níspero *m*
miss'achten VT ⟨*ohne* ge-⟩ desestimar; desdeñar, menospreciar; (*nicht beachten*) no respetar; faltar a; desatender; *bes Gesetz etc* desacatar
'Missachtung F 1 (*Geringschätzung*) menosprecio *m*, desprecio *m* 2 (*Nichtbeachtung*) no respeto *m*, desacato *m*; **unter ~ von** *od* (*gen*) con menosprecio de
'missbehagen VI ⟨*ohne* ge-⟩ molestar; desagradar; disgustar
'Missbehagen N molestia *f*; (*Unbehagen*) malestar *m*; desazón *f*; (*Unlust*) desagrado *m*; (*Verdruss*) disgusto *m*; **Missbildung** F deformidad *f*; deformación *f*, malformación *f*
miss'billigen VT ⟨*ohne* ge-⟩ desaprobar; reprobar; (*tadeln*) censurar, *stärker*: condenar
'Missbilligung F desaprobación *f*; reprobación *f*; disconformidad *f*; condenación *f*; **Missbrauch** M abuso *m*
miss'brauchen VT ⟨*ohne* ge-⟩ abusar de (*a. Frau*); (*unrichtig gebrauchen*) hacer mal uso de; **den Namen Gottes ~** profanar el nombre de Dios
'missbräuchlich ADJ abusivo
miss'deuten VT interpretar mal (*od* erróneamente)
'Missdeutung F interpretación *f* errónea, falsa interpretación *f*
'missen VT *geh* **etw/j-n nicht ~ können** *od* **wollen** no poder (*od* querer) prescindir de a/c/de alg; no poder pasar(se) sin a/c/sin alg
'Misserfolg M fracaso *m*, descalabro *m* (**haben** sufrir); fallo *m*; **ein ~ sein** ser un fracaso; **Missernte** F AGR mala cosecha *f*
'Missetat F fechoría *f*; delito *m*; REL pecado *m*; **Missetäter** M, **Missetäterin** F malhechor *m*, -a *f*; JUR delincuente *m/f*; REL pecador *m*, -a *f*
miss'fallen VI ⟨*irr; ohne* ge-⟩ **j-m ~** desagradar a alg, *stärker*: disgustar a alg
'Missfallen N ⟨~s⟩ desagrado *m*; disgusto *m* (**über** *acus* por); **j-s ~ erregen** disgustar a alg
'missfällig A ADJ desagradable; desfavorable B ADV **sich ~ über etw** (*acus*) **äußern** criticar (*bzw* censurar *bzw* desaprobar) a/c; hablar mal de a/c; **missgebildet** ADJ malformado; **Missgeburt** F criatura *f* deforme; monstruo *m* (*a. fig*), engendro *m*; monstruosidad *f*; **missgelaunt** ADJ malhumorado, de mal humor
'Missgeschick N contratiempo *m*, percance *m*; (*Unglück*) desgracia *f*, desdicha *f*; **Missgestalt** F deformidad *f*, monstruosidad *f*; *Wesen*: monstruo *m*
'missgestaltet ADJ deforme, contrahecho; malhecho; monstruoso; **missgestimmt** ADJ → missgelaunt
miss'glücken VI ⟨*ohne* ge-; sn⟩ fracasar, malograrse; fallar; *Plan* frustrarse; *Versuch* salir mal (*a. Kuchen*), tener mal resultado; **es ist mir missglückt** he fracasado; me ha salido mal; no he tenido éxito; **miss'gönnen** VT ⟨*ohne* ge-⟩ **j-m etw ~** envidiar a alg a/c
'Missgriff M desacierto *m*; error *m*, equivocación *f*; *umg* plancha *f*; **Missgunst** F envidia *f*; celos *mpl*; **missgünstig** ADJ envidioso; celoso (**auf** *acus* de)
miss'handeln VT ⟨*ohne* ge-⟩ maltratar, dar malos tratos (a); **Misshandlung** F malos tratos *mpl*; brutalidad *f*
'Missheirat F casamiento *m* desigual; *umg* casorio *m*
'misshellig ADJ discorde; en desacuerdo; **Misshelligkeit** F ⟨~; ~en⟩ discordancia *f*, discrepancia *f*; disensión *f*; desavenencia *f*, desacuerdo *m*
Missi'on F ⟨~; ~en⟩ misión *f* (*a.* POL, REL); REL **Äußere/Innere ~** misiones en el exterior/interior
Missio'nar M ⟨~s; ~e⟩, **Missio'narin** F ⟨~; ~nen⟩ REL misionero *m*, -a *f*; **missio'nieren** VT & VI ⟨*ohne* ge-⟩ REL misionar; **Missio'nierung** F ⟨~; ~en⟩ REL evangelización *f*
Missi'onsanstalt F REL misión *f*; **Missionschef** M POL jefe *m* de misión; **Missionsgesellschaft** F REL sociedad *f* de misiones; **Missionshaus** N REL misión *f*; **Missionspredigt** F REL sermón *m* de la misión; **Missionsschule** F escuela *f* de las misiones; **Missionswerk** N REL obra *f* misional; **Missionswesen** N ⟨~s⟩ REL misión *f*, misiones *fpl*
'Missjahr N AGR mal año *m*; mala cosecha *f*; **Missklang** M MUS disonancia *f* (*a. fig*); cacofonía *f*
'Misskredit M descrédito *m*; **in ~ geraten** caer en descrédito, desacreditarse; **j-n in ~ bringen** desacreditar a alg

'misslich ADJ (*unangenehm*) desagradable; embarazoso; (*heikel*) delicado, escabroso; (*ärgerlich*) enojoso; molesto, fastidioso; *Lage*: precario, penoso

'missliebig ADJ mal visto; impopular; **sich bei j-m ~ machen** perder las simpatías de alg; caer en desgracia; **Missliebigkeit** F ⟨~; ~en⟩ impopularidad *f*, falta *f* de simpatías

miss'lingen VI ⟨*irr; ohne* ge-; sn⟩ → missglücken

Miss'lingen N ⟨~s⟩ → Misserfolg

'Missmanagement [-mɛnɪdʒmɛnt] N mala gestión *f*; **Missmut** M mal humor *m*; **missmutig** ADJ malhumorado, de mal humor

miss'raten A VI ⟨*irr; ohne* ge-; sn⟩ salir mal; dar mal resultado; fallar B ADJ **~es Kind** niño *m* descastado

'Missstand M inconveniente *m*; (*Lage*) situación *f* penosa; (*Fehler*) defecto *m*; anomalía *f*; **einem ~ abhelfen** remediar un inconveniente; **Missstimmung** F discordancia *f*; mal humor *m*; descontento *m*

misst → messen

'Misston M MUS tono *m* disonante (*od* falso); nota *f* falsa, disonancia *f* (*a. fig*); **misstönend** ADJ discordante; desafinado

miss'trauen VI ⟨*ohne* ge-⟩ desconfiar de; no fiarse de; **j-m/einer Sache misstrauen** desconfiar de alg/a/c

'Misstrauen N desconfianza *f*; (*Argwohn*) recelo *m*, suspicacia *f*; *umg* escama *f*; **~ hegen** *od* **haben gegen** desconfiar de

'Misstrauensantrag M POL moción *f* de censura; **Misstrauensvotum** N voto *m* de censura

'misstrauisch ADJ desconfiado; (*argwöhnisch*) receloso; suspicaz; *umg* escamado; **j-n ~ machen** hacer desconfiar a alg; despertar la desconfianza de alg; *umg* escamar a alg

'Missvergnügen N desagrado *m*; descontento *m*; **missvergnügt** ADJ descontento; (*schlecht gelaunt*) de mal humor

'Missverhältnis N desproporción *f*; desequilibrio *m*; incongruencia *f*; (*Ungleichheit*) desigualdad *f*; **in einem ~ stehen** estar en desproporción; **in ein ~ bringen** desproporcionar

'missverständlich ADJ equívoco; que da lugar a interpretaciones erróneas; que se presta a confusión; **Missverständnis** N ⟨~ses; ~se⟩ malentendido *m*; equivocación *f*; equívoco *m*; **missverstehen** VT ⟨*irr; ohne* ge-⟩ entender mal, interpretar mal (*od* equivocadamente)

'Missweisung F PHYS declinación *f*; **Misswirtschaft** F mala administración *f* (*od* gestión *f*), desgobierno *m*

Mist M ⟨~(e)s⟩ 1 AGR estiércol *m*; (*Kot*) excrementos *mpl*; (*Schmutz*) basura *f*; *umg fig* **das ist nicht auf seinem ~ gewachsen** eso no es de su propia cosecha; *umg* ese bollo no se ha cocido en su horno 2 *umg fig* (*Unsinn*) *umg* tonterías *fpl*, disparate *m*; *sl* chorrada *f*; *umg* **~ bauen** *umg* meter la pata; *umg* **~ reden** decir tonterías (*od sl* chorradas) 3 *umg* (*Schund*) porquería *f*; *umg* **~ machen** chapucear; *umg* **so ein ~!** *umg* ¡semejante chorrada!; *sl* ¡jolines!; *vulg* ¡mierda!

'Mistbeet N AGR cama *f* de estiércol

'Mistel F ⟨~; ~n⟩ BOT muérdago *m*; **Mistelzweig** M rama *f* de muérdago

'misten AGR A VI estercolar B VT *Acker* abonar, estercolar; *Stall* limpiar, sacar el estiércol

'Mistfink M *umg fig* puerco *m*, cochino *m*, marrano *m*; **Mistgabel** F AGR horquilla *f* de estiércol; **Misthaufen** M AGR estercolero *m*, montón *m* de estiércol

'mistig ADJ *umg* sucio; (*unangenehm*) feo; *umg* cochino

'Mistkäfer M ZOOL geotrupo *m*; **Mistkerl** M *umg* canalla *m*; **Mistkübel** M *österr* cubo *m* de basura

Mis'tral M ⟨~s⟩ *Wind*: mistral *m*

'Miststück N, **Mistvieh** N *sl fig* sinvergüenza *m*; canalla *m*; *Frau*: *sl* lagarta *f*; pájara *f*; **Mistwagen** M carro *m* de estiércol

mit A PRÄP ⟨*dat*⟩ 1 *allg* con; **~ mir** conmigo; **~ dir** contigo; **~ sich** consigo; **~ ihm/ihr/uns** con él/ella/nosotros; **~ seiner Schwester** con (*od* acompañado de *od* en compañía de) su hermana; **~ j-m gehen** ir con alg, acompañar a alg; **komm ~ mir** ven conmigo; **was ist ~ dir?** ¿qué te pasa? 2 *Mittel*: con; por; en; a; mediante, por medio de; **~ dem Flugzeug/Zug/Auto** en avión/tren/coche; **~ der Post®** por correo; **~ einem Stock** con un bastón; **~ einem Tritt** de una patada; **~ Bleistift/der Hand schreiben** escribir a lápiz/a mano 3 *begleitender Umstand*: con; *Art u. Weise*: con; por; a; en; **~ Absicht** con intención; **~ Gewalt** por (la) fuerza, a viva fuerza; **~ Recht** con razón; **~ lauter Stimme** en voz alta; **~ Tränen in den Augen** con lágrimas en los ojos; **~ Vergnügen** con mucho gusto; **~ einem Wort** en una palabra 4 (*Eigenschaft*) de; **der Mann ~ den blauen Augen** el hombre de los ojos azules 5 *zeitlich*: con; a; **~ jedem Tag** con cada día; **~ zehn Jahren** a los diez años; **~ der Zeit** con el tiempo; a la larga 6 *Inhalt*: con, de; **ein Teller ~ Obst** un plato de fruta B ADV **~ anfassen** ayudar a hacer a/c; **~ dabei sein** estar (también) allí; **~ dazugehören** formar parte (también); **~ einbegriffen** comprendido (*od* incluido) en; **~ einstimmen** hacer coro; **~ der Beste sein** ser uno de los mejores; *umg* **~ zu den besten Schülern zählen** estar entre los mejores alumnos

'Mitangeklagte M/F coacusado *m*, -a *f*

'Mitarbeit F colaboración *f*; cooperación *f*; **unter ~ von** con la colaboración de; en colaboración (*od* cooperación) con; **mitarbeiten** VI 1 colaborar (**an, bei** *dat* en), cooperar (**an, bei** en, a) 2 *im Unterricht*: participar

'Mitarbeiter M 1 *im Team, Projekt*: colaborador *m*; cooperador *m* 2 *angestellt*: trabajador *m*; empleado *m*; **Mitarbeiterführung** F dirección *f* del personal; **Mitarbeiterin** F 1 *im Team, Projekt*: colaboradora *f*; cooperadora *f* 2 *angestellt*: trabajadora *f*; empleada *f*; **Mitarbeiterstab** M equipo *m* de trabajadores (*bzw* colaboradores); **Mitarbeiterstamm** M plantilla *f* (fija) de trabajadores; personal *m* (en plantilla *od* fijo); **Mitarbeitervertretung** F representación *f* de los trabajadores

'Mitautor M, **Mitautorin** F coautor *m*, -a *f*

'Mitbegründer M, **Mitbegründerin** F cofundador *m*, -a *f*

'mitbekommen VT ⟨*irr; ohne* ge-⟩ 1 *auf den Weg*: llevarse; (*erhalten*) recibir; *obs als Mitgift*: recibir en dote 2 *umg* (*verstehen*) comprender, entender; enterarse de; *umg* captar

'mitbenutzen VT ⟨*ohne* ge-⟩ usar en común; compartir el uso; **Mitbenutzung** F uso *m* común (*od* compartido); **Mitbenutzungsrecht** N derecho *m* de uso común (*od* compartido)

'mitberechtigt ADJ JUR copartícipe; **mitberücksichtigen** VT tener también en cuenta; considerar también; **mitbeschuldigt** JUR coinculpado

'Mitbesitz M JUR coposesión *f*; (*Miteigentum*) copropiedad *f*; *bes* POL condominio *m*; **mitbesitzen** VT ⟨*irr; ohne* ge-⟩ poseer en común; **Mitbesitzer** M, **Mitbesitzerin** F JUR coposesor *m*, -a *f*; (*Miteigentümer, -in*) copropietario *m*, -a *f*

'mitbestimmen VI ⟨*ohne* ge-⟩ participar en (*od* contribuir a) una decisión; WIRTSCH *Arbeitnehmer*: participar en la gestión (de la empresa); **Mitbestimmung** F WIRTSCH cogestión *f*; **Mitbestimmungsrecht** N derecho *m* de cogestión

'mitbeteiligen VT coparticipar; **mitbeteiligt** ADJ interesado; **~ sein** participar (**an** *dat* en); tomar parte (**an** *dat* en); estar interesado (**an** *dat* en); WIRTSCH ser consocio; JUR ser copartícipe; *e-r Straftat*: ser cómplice (**an** *dat* de), estar implicado (**an** *dat* en); **Mitbeteiligte** M/F JUR copartícipe *m/f*; **Mitbeteiligung** F coparticipación *f*

'mitbetreffen VT concernir también a; afectar también a

'mitbewerben V/R ⟨*irr; ohne* ge-⟩ **sich ~ um** competir (con alg) en; **Mitbewerber** M, **Mitbewerberin** F competidor *m*, -a *f*; contrincante *m/f*

'Mitbewohner M, **Mitbewohnerin** F compañero *m*, -a *f* de piso

'mitbezahlen VT participar en el pago; contribuir a los gastos; **mitbieten** VI 1 *Versteigerung*: participar en la puja; pujar también 2 *für ein Angebot*: participar en la oferta; ofrecer (*od* HANDEL ofertar) también

'mitbringen VT ⟨*irr*⟩ traer; *in die Ehe etc*: aportar; *Zeugen, Unterlagen* presentar; *fig Fähigkeiten etc* reunir; **Mitbringsel** N ⟨~s; ~⟩ *umg* pequeño regalo *m*; regalito *m*

'Mitbürge M cofiador *m*; **Mitbürger** M, **Mitbürgerin** F conciudadano *m*, -a *f*; **Mitbürgin** F cofiadora *f*

'mitdenken VI ⟨*irr*⟩ (**bei etw**) **~** estar atento (a a/c); *beim Zuhören a.*: seguir la argumentación (de a/c); **mitdiskutieren** VI ⟨*ohne* ge-⟩ participar en la conversación (*od* en el debate)

'Miteigentum N copropiedad *f*; **Miteigentümer** M, **Miteigentümerin** F copropietario *m*, -a *f*; condueño *m*, -a *f*

mitei'nander ADV juntos; uno(s) con otro(s); **alle ~** todos (juntos)

'Miteinander N ⟨~(s)⟩ comunidad *f*

'miteinbeziehen VT incluir también; considerar también; englobar; **mitempfinden** VT ⟨*irr; ohne* ge-⟩ → mitfühlen; **mitentscheiden** VT participar en la decisión

'Miterbe M, **Miterbin** F JUR coheredero *m*, -a *f*

'miterleben VT ⟨*ohne* ge-⟩ **etw ~** presenciar a/c, asistir a a/c; participar en a/c; **mitessen** VI comer con

'Mitesser M ⟨~s; ~⟩ MED comedón *m*, espinilla *f*

'mitfahren VI ⟨*irr; sn*⟩ ir (con); **mit j-m ~** acompañar a alg (en un viaje); **Mitfahrer** M, **Mitfahrerin** F compañero *m*, -a *f* de viaje; → *a.* Beifahrer

'Mitfahrgelegenheit F *posibilidad de hacer un trayecto en coche compartido*; **Mitfahrzentrale** F *agencia que busca posibilidades de compartir coche para viajes*

'Mitfavorit M, **Mitfavoritin** F *bes* SPORT cofavorito *m*, -a *f*

'mitfeiern A VI participar en la celebración (*od* en la fiesta) B VT **ein Fest ~** participar en una fiesta

'mitfinanzieren VT ⟨*ohne* ge-⟩ WIRTSCH cofinanciar; participar en la financiación; **Mitfinanzierung** F WIRTSCH cofinanciación *f*; financiación *f* conjunta

'mitfreuen V/R **sich mit j-m ~** compartir la alegría de alg; **mitfühlen** VT & VI **etw ~** compartir a/c; **mit j-m ~** compartir los sentimientos de alg; simpatizar con alg; **mitfühlend** ADJ compasivo; **mitführen** VT llevar (*bzw* traer) (consigo); *Fluss etc*: acarrear, arras-

trar
'mitgeben VT ⟨irr⟩ dar; *obs als Mitgift*: dar en dote; **j-m etw ~** dar a/c a alg; **j-m einen Führer ~** hacer acompañar a alg por un guía
'Mitgefangene M/F compañero *m*, -a *f* de prisión (*od* MIL de cautiverio); JUR codetenido *m*, -a *f*
'Mitgefühl N simpatía *f*; (*Mitleid*) compasión *f*; (*Beileid*) pésame *m*; **j-m sein ~ ausdrücken** dar a alg el pésame
'mitgehen VI ⟨irr; sn⟩ **1** **mit j-m ~** ir con alg, acompañar a alg; (*folgen*) seguir a alg; **mitgegangen, mitgefangen, mitgehangen** *umg* aquí te cojo, aquí te mato **2** *fig Zuhörer etc* seguir (atentamente); **begeistert ~** seguir con entusiasmo **3** *umg* **etw ~ lassen** *umg* mangar a/c, birlar a/c, limpiar a/c
'mitgenommen ADJ **1** → mitnehmen **2** *umg Möbel* estropeado; *Buch, Kleid* usado, gastado; (*erschöpft*) agotado; *umg* rendido; **~ aussehen** parecer afectado; tener un aspecto apagado
'Mitgesellschafter M, **Mitgesellschafterin** F WIRTSCH (con)socio *m*, -a *f*
'mitgestalten VT **etw ~** participar en la creación (*od* organización) de a/c; **Mitgestaltung** F participación *f* en la creación (*od* organización)
'Mitgift F ⟨~; ~en⟩ *obs* dote *m/f*; **Mitgiftjäger** M *obs* cazadotes *m*
'Mitglied N ⟨~s; ~er⟩ miembro *m*; *bes v. Vereinen*: socio *m*; *e-r Partei*: afiliado *m*; *e-r Akademie*: académico *m*; *e-r Gruppe*: componente *m*, integrante *m*; **~ des Bundestags** diputado *m*, -a *f* del Parlamento Federal; **~ des Landtags** diputado *m*, -a *f* del Parlamento de un land
'Mitgliederbeitrag M cuota *f* (de miembro *od* socio *od Partei, Gewerkschaft*: afiliado); contribución *f* (*od* aportación *f*) de los socios (*a. fig*); **Mitgliederschwund** M pérdida *f* de miembros (*od* socios *od Partei, Gewerkschaft*: afiliados); **mitgliederstark** ADJ numeroso en miembros (*od* socios *od Partei, Gewerkschaft*: afiliados); **Mitgliederversammlung** F junta *f* general
'Mitgliedsausweis M carné *m* (*od* tarjeta *f*) de miembro (*od* socio *od Partei, Gewerkschaft*: afiliado); **Mitgliedsbeitrag** M cuota *f* (de miembro *od* socio *od Partei, Gewerkschaft*: afiliado)
'Mitgliedschaft F ⟨~⟩ calidad *f* de socio; pertenencia *f* (**bei** a)
'Mitgliedskarte F→ Mitgliedsausweis; **Mitgliedsland** N país *m* miembro
'Mitglied(s)staat M estado *m* miembro
'mitgründen VT cofundar; **Mitgründer** M, **Mitgründerin** F cofundador *m*, -a *f*
'mithaben VT ⟨irr⟩ llevar (consigo)
'Mithaftung F JUR responsabilidad *f* solidaria (*od* colectiva)
'mithalten VI ⟨irr⟩ (*sich beteiligen*) ser de la partida; participar (**bei** en); (*durchhalten*) resistir; *im Tempo*: seguir el ritmo (**mit** de); *bei e-m Wettbewerb*: **~ können** poder competir
'mithelfen VI ⟨irr⟩ ayudar a; colaborar en; cooperar a; **Mithelfer** M, **Mithelferin** F cooperador *m* -a *f*; *e-r Straftat*: cómplice *m/f*
'Mitherausgeber M, **Mitherausgeberin** F coeditor *m*, -a *f*
mit'hilfe, mit Hilfe ADV **~ von** *dat* con ayuda de, *e-r Person*: con la ayuda de; mediante, por medio de
'Mithilfe F ayuda *f*, asistencia *f*; cooperación *f*, colaboración *f*; *bei e-r Straftat*: complicidad *f*
mit'hin ADV por consiguiente, por (lo) tanto; *umg* (así) pues
'mithören VT escuchar; TEL *a.* interceptar
'Mitinhaber M, **Mitinhaberin** F copropietario *m*, -a *f*; *e-r Firma*: (con)socio *m*, -a *f*
'Mitinitiator M, **Mitinitiatorin** F coiniciador *m*, -a *f*
'mitkämpfen VI tomar parte en un combate (*od* una lucha)
'Mitkämpfer M, **Mitkämpferin** F compañero *m*, -a *f* de armas (*od* de lucha); **Mitkläger** M, **Mitklägerin** F JUR codemandante *m/f*; colitigante *m/f*
'mitklatschen VI participar en el aplauso; aplaudir con los demás; aplaudir también; **mitklingen** VI resonar; MUS *Saite*: resonar por simpatía
'mitkommen VI ⟨irr; sn⟩ **1** **(mit j-m) ~** ir (*bzw* venir) con alg; acompañar a alg; **mit dem Zug ~** alcanzar el tren **2** *fig geistig*: (poder) seguir; **da komme ich nicht mehr mit** no puedo seguir(le, -te *etc*)
'Mitkonkurrent M, **Mitkonkurrentin** F HANDEL competidor *m*, -a *f*
'mitkönnen VI ⟨irr⟩ **1** (*mitgehen können*) poder ir (*bzw* venir) con alg **2** *fig* poder seguir; **da kann ich nicht mit** esto es superior a mis fuerzas (*bzw* fuera de mi alcance); **mitkriegen** VT *umg* → mitbekommen; **mitlachen** VI reírse con los demás; **mitlaufen** VI ⟨irr; sn⟩ correr con los demás; SPORT participar (en la carrera)
'Mitläufer M, **Mitläuferin** F *pej* **1** POL simpatizante *m/f*; secuaz *m*; *koll* **die ~** las huestes **2** *passiv*: participante *m/f* pasivo (*od* por inercia); *nicht engagiert*: participante *m/f* sin empeño; **Mitläufertum** N ⟨~s⟩ *pej* simpatía *f* pasiva; (*Automatismus*) participación *f* (*od* actuación *f*) por inercia
'Mitlaut M PHON consonante *f*
'Mitleid N ⟨~s⟩ compasión *f*; lástima *f*; piedad *f*; **mit j-m ~ haben** tener compasión de alg; **aus ~** por compasión; por lástima; **~ erregen** *od* **erwecken** dar lástima (*od* pena)
'mitleiden VI compartir el sufrimiento (*od* el dolor) de alg; sufrir con alg
'Mitleidenschaft F ⟨~⟩ **in ~ ziehen** afectar (también); **in ~ gezogen werden** sufrir también las consecuencias de a/c
'mitleiderregend, Mitleid erregend ADJ que despierta compasión; que da lástima; deplorable
'mitleidig **A** ADJ compasivo; piadoso; caritativo **B** ADV con compasión
'mitleid(s)los ADJ & ADV despiadado; sin piedad, sin compasión; **Mitleid(s)losigkeit** F ⟨~⟩ falta *f* de piedad; **mitleid(s)voll** ADJ lleno de compasión, compasivo
'mitlesen VT ⟨irr⟩ leer junto con otro; *im Buch*: seguir el texto; **mitliefern** VT enviar junto con (otra cosa)
'mitmachen **A** VT **1** (*teilnehmen an*) **etw ~** participar en a/c; *Mode, Lehrgang* seguir a/c; *Kurs etc* asistir a a/c; **ich mache mit!** ¡me apunto! **2** *umg* (*miterledigen*) hacer (*od* resolver) también **3** *umg* (*erleiden*) sufrir, pasar por; *umg* **das mache ich nicht mit** *umg* no cuentes (*bzw* cuente) conmigo (para eso) **B** VI **1** **bei etw ~** participar (*od* tomar parte) en a/c **2** *umg* (*funktionieren*) **nicht mehr ~** *umg* no aguantar más; **meine Beine machen nicht mehr mit** ya no me responden las piernas
'mitmarschieren VI ⟨ohne ge-⟩ **1** MIL participar en la marcha (*od* desfile) **2** **mit j-m ~** ir con alg, acompañar a alg
'Mitmensch M prójimo *m*; congénere *m*; **unsere ~en** nuestros semejantes; **mitmenschlich** ADJ relativo al prójimo; de convivencia; **~e Beziehungen** relaciones con nuestros semejantes; relaciones de convivencia humana; **Mitmenschlichkeit** F ⟨~⟩ humanidad *f*; convivencia *f* humana
'mitmischen VI *umg* **bei etw ~** estar metido en a/c; *pej* meter baza en a/c
'Mitnahme F **unter ~ von** llevándose; **die ~ von Hunden ist nicht gestattet** prohibido los perros; **Mitnahmeeffekt** M HANDEL efecto *m* concomitante
'mitnehmen VT ⟨irr⟩ **1** llevar (consigo); llevarse (*a. Person*); *Reisende* recoger; (*mitreißen*) arrastrar (*a.* TECH); *fig Gelegenheit* aprovechar; *umg fig Ort, Museum etc* visitar; **zum Mitnehmen** *Pizza etc* para llevar **2** *fig* (*erschöpfen*) agotar; *umg* hacer polvo; *durch Krankheit*: debilitar, extenuar; **j-n arg ~** dejar malparado a alg; **das hat ihn sehr mitgenommen** ha sido un rudo golpe para él; **er sieht ganz mitgenommen aus** tiene muy mala cara **3** *fig* (*schädigen*) afectar; deteriorar; *Gesundheit, Geschäft* arruinar
'Mitnehmer M ⟨~s; ~⟩ TECH leva *f*; **Mitnehmerbolzen** M TECH perno *m* de arrastre; **Mitnehmerscheibe** F TECH disco *m* de arrastre
mit'nichten ADV de ningún modo, de ninguna manera; nada de eso; en absoluto
'mitnutzen VT usar (*od* utilizar) también; compartir el uso; aprovechar también
'Mitorganisator M, **Mitorganisatorin** F coorganizador *m*, -a *f*; **mitorganisieren** VT ⟨ohne ge-⟩ coorganizar
'mitplanen VT **1** (*an der Planung beteiligt sein*) participar en el proyecto (*od* en la planificación) **2** (*in die Planung einbeziehen*) considerar, tener (*od* tomar) en cuenta; **mitprägen** VT influir también (en la configuración); *fig* dejar huellas también; **mitproduzieren** VT ⟨ohne ge-⟩ coproducir; participar en la producción
'Mitra F ⟨~; Mitren⟩ REL mitra *f*
Mi'tralklappe F ANAT válvula *f* mitral
'mitrechnen **A** VT incluir (en la cuenta); **mitgerechnet** inclusive, incluido; **nicht mitgerechnet** sin contar; sin incluir **B** VI contar
'mitreden **A** VI tomar parte (*od* intervenir) en la conversación (*bzw* en la discusión); meter baza; **überall ~ wollen** *umg* querer meterse en todo **B** VT **Sie haben hier nichts mitzureden** aquí no tiene usted nada que opinar; **ein Wort** *od* **Wörtchen mitzureden haben** tener también algo que decir; tener voz (*en un asunto*)
'mitregieren VT ⟨ohne ge-⟩ cogobernar; participar en el gobierno; **mitreisen** VI ⟨sn⟩ viajar junto con; acompañar en el viaje; **Mitreisende** M/F compañero *m*, -a *f* de viaje; **mitreißen** VT ⟨irr⟩ **1** arrastrar **2** *fig* entusiasmar; arrebatar; electrizar; **mitreißend** ADJ *fig* arrebatador; electrizante
mit'samt PRÄP (*dat*) con; en compañía de; junto con
'mitschicken VT enviar (*od* mandar) (junto) con; enviar al mismo tiempo; (*beilegen*) incluir; adjuntar; **etw (mit etw) ~** mandar a/c (con a/c), adjuntar a/c (a a/c); **mitschleifen** VT **1** arrastrar **2** *umg fig* llevar; **mitschleppen** VT llevar consigo; arrastrar consigo (*od* tras sí *od* trás de sí); *umg fig* llevar; traer; **mitschneiden** VT ⟨irr⟩ *Tontechnik*: grabar en directo; **Mitschnitt** M *Tontechnik*: grabación *f* directa; **mitschreiben** ⟨irr⟩ **A** VT **etw ~** tomar nota de a/c **B** VI tomar apuntes; escribir al dictado
'Mitschuld F JUR complicidad *f*; **mitschuldig** ADJ JUR cómplice (**an** *dat* de); **Mitschuldige** M/F cómplice *m/f*; **Mitschuldner** M, **Mitschuldnerin** F codeudor *m*, -a *f*
'Mitschüler M, **Mitschülerin** F condiscípulo *m*, -a *f*; compañero *m*, -a *f* (de clase)
'mitschwimmen VI *fig Gegenstand* ser arrastrado por (otras cosas); flotar junto con (otras cosas); **mitschwingen** VI ⟨irr; sn⟩ resonar;

M

vibrar (*a. fig*); **mitsingen** VI ⟨*irr*⟩ cantar con; unirse al canto

'mitspielen VI & VT 1 participar (*od* tomar parte) en el juego; SPORT *a.* formar parte del equipo; THEAT actuar (**bei, in** *dat* en); MUS tocar (**bei, in** *dat* con, en); *umg fig* **nicht mehr ~** retirarse (del juego) 2 *fig Gründe* estar en juego 3 **j-m übel ~** jugar una mala pasada a alg; hacer una faena a alg

'Mitspieler M, **Mitspielerin** F compañero *m*, -a *f* de juego; SPORT *e-r Mannschaft*: compañero *m*, -a *f* de equipo

'Mitsprache F participación *f* en la discusión (*bzw* decisión); **Mitspracherecht** N derecho *m* de voz *f* (*od* intervención)

'mitsprechen VI ⟨*irr*⟩ → mitreden; *fig* contar; entrar en cuenta; **mitstimmen** VI tomar parte en la votación; tener voto

'Mitstreiter M, **Mitstreiterin** F → Mitkämpfer

'mitsummen VT 1 *Person* susurrar también; (*singen*) tatarear con los demás 2 *Biene* zumbar también

'Mittag M ⟨~s; ~e⟩ mediodía *m*; **am** *od* **über ~** a mediodía; **gegen ~** hacia mediodía; **heute ~** (hoy) a mediodía; **morgen ~** mañana a mediodía; **(zu) ~ essen** almorzar, comer; *umg* **~ machen** hacer la pausa de mediodía; ir a comer (*od* almorzar)

'Mittagessen N almuerzo *m*, comida *f*

'mittäglich ADJ del mediodía

'mittags ADV a(l) mediodía; a la hora de comer; **es ist 12 Uhr ~** son las doce de la mañana

'Mittagsgast M invitado *m*, -a *f* (*od* convidado *m*, -a *f*) a comer (*od* almorzar); **Mittagsglut** F, **Mittagshitze** F calor *m* de mediodía; **Mittagskreis** M ASTRON meridiano *m*; **Mittagslinie** F ASTRON línea *f* meridiana; **Mittagsmahl** N, **Mittagsmahlzeit** F almuerzo *m*; **Mittagspause** F hora *f* de comer; **Mittagsruhe** F, **Mittagsschlaf** M siesta *f*; **~ halten** dormir (*od* echarse) la siesta; **Mittagssonne** F sol *m* de mediodía; **Mittagsstunde** F (hora *f* del) mediodía *m*; **Mittagstisch** M casa *f* de comidas; comedor *m*; **Mittagszeit** F (hora *f* del) mediodía *m*; (*Essenszeit*) hora *f* de comer; **um die** *bzw* **zur ~** a mediodía

'mittanzen VI participar en el baile; bailar también

'Mittäter M, **Mittäterin** F JUR cómplice *m/f*; coautor *m*, -a *f*; **Mittäterschaft** F JUR complicidad *f*; coautoría *f*

'Mitte F ⟨~; ~n⟩ 1 *allg* medio *m*; (*Mittelpunkt*) centro *m* (*a.* POL); *fig* **die goldene ~** el término medio; **aus unserer ~** de nuestro círculo; **in der ~** en medio; en el centro; **in der ~ stehen** estar en medio; **in unserer ~** entre nosotros; **in der ~ durchschneiden** cortar por la mitad 2 *Zeitangabe*: a mediados de; **~ März** a mediados de marzo; **~ dreißig** entre treinta y cuarenta años; **sie ist ~ dreißig** *a.* ronda los treinta y cinco; **in der ~ des XIX. Jahrhunderts** a mediados del siglo diecinueve 3 *des Wegs*: mitad *f*; **in der ~ zwischen** a medio camino entre 4 *umg fig* **ab durch die ~!** ¡fuera!, ¡lárgate! 5 **das Reich der ~** (*China*) el Imperio del Mediodía

'mitteilbar ADJ comunicable

'mitteilen VT comunicar, participar, hacer saber (**j-m etw** a/c a alg); informar, avisar (**j-m etw** a alg de a/c); *amtlich*: notificar; **sich j-m ~** desahogarse con alg

'mitteilsam ADJ comunicativo; expansivo; **Mitteilsamkeit** F ⟨~⟩ carácter *m* comunicativo; expansión *f*

'Mitteilung F ⟨~; ~en⟩ comunicación *f*; participación *f*; (*Bericht*) informe *m*; (*Anzeige*) aviso *m*; *amtliche*: notificación *f*; (*Pressemitteilung*) comunicado *m*; **~ machen** → mitteilen

'Mitteilungsbedürfnis N deseo *m* de comunicarse (*od* explayarse); necesidad *f* de confiarse a alg; **Mitteilungsblatt** N boletín *m*; **amtliches ~** boletín *m* oficial

'mittel ADV *umg* (*mäßig*) regular, así así

'Mittel N ⟨~s; ~⟩ 1 medio *m*; (*Hilfsmittel, Ausweg*) recurso *m*; **~ (zum Zweck)** resorte *m*; **(nur) ~ zum Zweck sein** ser (sólo) medio para un fin; **für j-n nur ~ zum Zweck sein** *a.* ser instrumento de alg; ser utilizado por alg; **er hat die ~ dazu** tiene medios para ello; **ihm ist jedes ~ recht** para él, el fin justifica los medios; **~ und Wege finden zu** hallar medio para (*od* de); *geh* **sich ins ~ legen** intermediar, intervenir (*en un asunto*), interceder, mediar; **mit allen ~n** por todos los medios 2 PL (*Gelder*) recursos *mpl*, fondos *mpl*, medios *mpl*; **öffentliche ~** fondos *mpl* públicos; **aus eigenen ~n** con medios propios; **seine ~ erlauben es ihm nicht** sus recursos no se lo permiten 3 *zur Reinigung, Pflege*: producto *m*; (*Heilmittel*) remedio *m* (**gegen** contra, para); CHEM agente *m* 4 MATH, METEO media *f*, promedio *m*; **im ~** (*durchschnittlich*) por término medio

'Mittelalter N ⟨~s⟩ HIST Edad *f* Media, medievo *m*; **mittelalterlich** ADJ de la Edad Media, medieval; **Mittelamerika** N América *f* Central, Centroamérica *f*

'mittelameri'kanisch ADJ centroamericano

'mittelbar ADJ indirecto; mediato

'Mittelbetrieb M HANDEL mediana empresa *f*; **mittelblond** ADJ rubio (de tono intermedio); **Mitteldeutschland** N Alemania *f* Central; **Mittelding** N cosa *f* intermedia; **ein ~ zwischen … und …** una cosa entre … y …; **Mitteleuropa** N Europa *f* Central, Centroeuropa *f*

'mitteleuropäisch ADJ centroeuropeo; **~e Zeit** hora *f* de Europa Central; **mittelfein** ADJ HANDEL entrefino

'Mittelfeld N SPORT centro *m* del campo; **Mittelfeldspieler** M, **Mittelfeldspielerin** F centrocampista *m/f*

'Mittelfinger M dedo *m* corazón; **mittelfristig** ADJ a medio plazo; **Mittelfuß** M ANAT metatarso *m*; **Mittelgang** M pasillo *m* central; **Mittelgebirge** N sistema *m* montañoso de altitud media; **Mittelgewicht** N SPORT peso *m* medio; **Mittelglied** N ANAT falangina *f*; MATH *u. Logik*: término *m* medio; **mittelgroß** ADJ *Sache* de tamaño medio; *Person* de estatura mediana; **Mittelgröße** F *e-r Sache*: tamaño *m* medio; *e-r Person*: estatura *f* mediana; **Mittelhand** F ANAT metacarpo *m*; *Pferd*: tercio *m* medio

'mittelhochdeutsch ADJ medio alto alemán, alto alemán medio; **das Mittelhochdeutsche** el medio alto alemán, el alto alemán medio

'Mittelklasse F HANDEL calidad *f* (*od* categoria *f*) media; **Mittelklassewagen** M AUTO coche *m* de categoría media

'Mittelkurs M 1 HANDEL *Wechselkurs*: tipo *m* de cambio medio, *Notierung*: cotización *f* media 2 *Unterricht*: curso *m* medio; **Mittellage** F posición *f* central; **mittelländisch** ADJ mediterráneo; **das Mittelländische Meer** el (Mar) Mediterráneo; **Mittellandkanal** M *canal entre los ríos Ems y Elba*; **mittellang** ADJ de longitud media; **Mittelleitplanke** F *Verkehr: auf der Autobahn*: valla *f* protectora central; **Mittellinie** F 1 línea *f* central (*a.* SPORT); línea *f* media (*a.* VERKEHR) 2 MATH mediana *f*

'mittellos ADJ sin recursos, falto de medios; indigente; **Mittellosigkeit** F ⟨~⟩ falta *f* de recursos (*od* de medios); (*Not*) indigencia *f*

'Mittelmächte FPL POL HIST potencias *fpl* centrales; **Mittelmaß** N medianía *f*; medida *f* regular; *v. Personen*: estatura *f* mediana (*od* regular); *pej* mediocridad *f*; **mittelmäßig** ADJ mediano, regular; *pej* mediocre; *umg* así así; **Mittelmäßigkeit** F ⟨~⟩ medianía *f*; mediocridad *f*; adocenamiento *m*

'Mittelmeer N ⟨~s⟩ (Mar *m*) Mediterráneo *m*; **Mittelmeerinsel** F isla *f* del (mar) Mediterráneo; **Mittelmeerländer** NPL países *mpl* mediterráneos; **Mittelmeerunion** F Unión *f* para el Mediterráneo

'Mittelohr N ANAT oído *m* medio; **Mittelohrentzündung** F MED otitis *f* media

'Mittelplatz M puesto *m* intermedio (*od* en el centro *od* en el medio); posición *f* intermedia; **mittelprächtig** ADJ *umg* regular; **es ist ~** puede pasar

'Mittelpunkt M centro *m* (*a. fig*); punto *m* central; *fig* corazón *m*; (*Brennpunkt*) foco *m*; **im ~ gelegen** central; céntrico; *fig* **im ~ stehen** ser el centro de la atención

'mittels PRÄP (*gen*) por medio de; mediante

'Mittelscheitel M raya *f* central (*od* al centro); **Mittelschiff** N ARCH nave *f* central; **Mittelschule** F → Realschule

'mittelschwer ADJ 1 *Schwierigkeit*: de dificultad media 2 *Gewicht*: de peso medio

'Mittelsmann M ⟨~(e)s; ⸚er⟩, **Mittelsperson** F mediador *m*; intermediario *m*

'Mittelspur F *Verkehr*: carril *m* central; **Mittelstand** M SOZIOL clase *f* media; **gehobener ~** clase *f* media alta; WIRTSCH **der ~** las medianas empresas; **mittelständisch** ADJ SOZIOL de la clase media; *weitS.* burgués; **~er Betrieb** empresa *f* mediana; **Mittelstellung** F posición *f* central (*bzw* media); **Mittelstimme** F voz *f* media; **Mittelstrecke** F SPORT medio fondo *m*; distancia *f* media

'Mittelstreckenlauf M SPORT carrera *f* de medio fondo; **Mittelstreckenläufer** M, **Mittelstreckenläuferin** F SPORT corredor *m*, -a *f* de medio fondo; **Mittelstreckenrakete** F MIL cohete *f* (*od* misil *m*) de alcance medio

'Mittelstreifen M *Verkehr: Autobahn*: (franja *f*) mediana *f*; arcén *m* central; **Mittelstück** N 1 TECH pieza *f* intermedia (*od* central) 2 *Fleischerei*: falda *f*; **Mittelstufe** F ≈ segundo grado *m*; SCHULE grados *mpl* medios; **Mittelstürmer** M, **Mittelstürmerin** F *Fußball*: delantero centro *m/f*; **Mittelwand** F ARCH pared *f* medianera; tabique *m*; **Mittelweg** M *fig* término *m* medio; compromiso *m*; **der goldene ~** el justo medio; **Mittelwelle** F RADIO onda *f* media

'Mittelwellenbereich M gama *f* de ondas medias; **Mittelwellensender** M emisora *f* de onda media

'Mittelwert M valor *m* medio; MATH término *m* medio; promedio *m*; **Mittelwort** N GRAM participio *m*

'mitten ADV 1 *räumlich*: **~ in** *bzw* **an** *bzw* **auf** (*Lage: dat, Richtung: acus*) en medio de, en el centro de; **~ unter** (*Lage: dat, Richtung: acus*) entre; **~ aus** por (*bzw* de) en medio de; **~ durch** a través de; por en medio de; por entre; **~ auf der Straße** en medio de la calle; **~ im Satz** en medio de la frase 2 *zeitlich*: **~ in der Nacht/im Winter** en plena noche/en pleno invierno; **~ am Tage** en pleno día

mitten'drin ADV *umg* justamente en el medio; **mitten'durch** ADV por en medio de; a través de; **~ schneiden** cortar por la mitad

M

'Mitternacht F ⟨~⟩ medianoche *f*; **um/gegen ~** a/hacia medianoche; **mitternächtlich** ADJ de (*od* a) medianoche; **Mitternachtssonne** F sol *m* de medianoche
'mittig ADJ TECH central; centrado
'Mittler M ⟨~s; ~⟩ mediador *m*; intermediario *m*; **Mittleramt** N buenos oficios *mpl*; mediación *f*
'mittlere(r, -s) ADJ **1** (*in der Mitte befindlich*) medio, central (*a.* TECH, GEOG), del centro; **Mittlerer Osten** Oriente *m* Medio **2** (*dazwischenliegend*) del medio; intermedio; *fig* intermediario **3** (*durchschnittlich*) de media, mediano; **~n Alters** de mediana edad; **von ~r Größe** *Sache* de tamaño mediano; *Person* de estatura mediana **4** VERW **~r Dienst** ≈ servicio *m* medio; **Beamter im ~n Dienst** funcionario *m* de grupo C (*od* de rango medio)
'Mittlerin F ⟨~; ~nen⟩ mediadora *f*; intermediaria *f*
mittler'weile ADV entretanto
'mittragen VT ⟨*irr*⟩ llevar (con otros); *fig* conllevar; compartir; **mittrinken** VT ⟨*irr*⟩ **mit j-m ~** beber con alg
'mittschiffs ADV SCHIFF en el centro del barco; **Mittsommer** M pleno verano *m*
'mittun VI & VT ⟨*irr*⟩ → mitmachen
'Mittwoch M ⟨~s; ~e⟩ miércoles *m*; **(am) ~** el miércoles; **~ früh** el miércoles por la mañana; **jeden ~** (todos) los miércoles; **letzten ~** el miércoles pasado; **nächsten ~** el próximo miércoles
Mittwoch'abend M **(am) ~** el miércoles por la noche; **mittwoch'abends** ADV los miércoles por la noche; **Mittwoch'mittag** M **(am) ~** el miércoles a mediodía; **mittwoch'mittags** ADV los miércoles a mediodía; **Mittwoch'morgen** M **(am) ~** el miércoles por la mañana; **mittwoch'morgens** ADV los miércoles por la mañana; **Mittwoch'nachmittag** M **(am) ~** el miércoles por la tarde; **mittwoch'nachmittags** ADV los miércoles por la tarde
'mittwochs ADV los miércoles
'Mittwoch'vormittag M **(am) ~** el miércoles por la mañana; **mittwoch'vormittags** ADV los miércoles por la mañana
'mit'unter ADV de vez en cuando, a veces, de cuando en cuando
'mitunterschreiben ⟨*irr*; *ohne* ge-⟩ firmar en segundo lugar; (*gegenzeichnen*) refrendar; **Mitunterschrift** F segunda firma *f*; (*Gegenzeichnung*) refrendo *m*, visto *m* bueno, contrafirma *f*; **mitunterzeichnen** VT ⟨*ohne* ge-⟩ → mitunterschreiben
'Mitunterzeichner M, **Mitunterzeichnerin** F cofirmante *m/f*; **Mitursache** F causa *f* concomitante, concausa *f*; **Mitveranstalter** M, **Mitveranstalterin** F coorganizador *m*, -a *f*
'mitverantworten VT **etw ~** compartir la responsabilidad de a/c; **mitverantwortlich** ADJ igualmente responsable; *Handelsrecht*: solidario (**für** de); **~ sein** compartir la responsabilidad (**für** de); **Mitverantwortung** F responsabilidad *f* común (*od* conjunta)
'Mitverfasser M, **Mitverfasserin** F coautor *m*, -a *f*
'mitverfolgen VT **etw ~** *Ziel* participar en la persecución (*od* en la consecución) de a/c; (*beobachten*) observar *od* seguir a/c
'Mitverschulden N JUR concurrencia *f* (*od* coexistencia *f*) de culpa
'Mitverschworene M/F conjurado *m*, -a *f*
'mitversichern VT coasegurar; **Mitversicherte** M/F coasegurado *m*, -a *f*; **Mitversicherung** F coaseguro *m*
'mitwachsen VI crecer a la par; **mitwählen** VI participar en la votación (*bzw* elección)
'Mitwelt F **die ~** el mundo contemporáneo, los contemporáneos
'mitwirken VI **1** *an e-m Projekt*: cooperar, colaborar, concurrir; (*teilnehmen*) tomar parte, participar; **bei** *od* **an etw** (*dat*) **~** cooperar en a/c, participar en a/c **2** THEAT actuar (**bei, in** *dat* en); **mitwirkend** ADJ cooperante; concomitante; **Mitwirkende** M/F ⟨~n; ~n; → A⟩ participante *m/f*; THEAT actor *m*, actriz *f*; MUS ejecutante *m/f*
'Mitwirkung F *an e-m Projekt*: cooperación *f*; colaboración *f*; concurso *m*; (*Teilnahme*) participación *f*; **unter ~ von** con la colaboración de
'Mitwissen N conocimiento *m*; JUR complicidad *f*; **ohne mein ~** sin mi conocimiento, sin saberlo yo; **unter ~ von** a sabiendas de
'Mitwisser M ⟨~s; ~⟩, **Mitwisserin** F ⟨~; ~nen⟩ consabidor *m*, -a *f*; (*Vertraute*) confidente *m/f*; JUR cómplice *m/f*
'mitzählen **A** VT contar también; incluir (en el número); **nicht mitgezählt** sin contar **B** VI **das zählt nicht mit** eso no cuenta
'mitziehen ⟨*irr*⟩ **A** VT arrastrar **B** VI ⟨sn⟩ **1** (*mitgehen*) partir (*od* irse) (**mit j-m** con alg); marcharse con los demás **2** *umg fig* (*mitmachen*) seguir el ejemplo
Mix M ⟨~; ~e⟩ *umg* mezcla *f*, mixtura *f*; **bunter ~** una mezcla abigarrada
'Mixbecher M coctelera *f*; **mixen** VT mezclar; **Mixer** M ⟨~s; ~⟩ **1** (*Barmixer*) barman *m* **2** *Gerät*: batidor *m*, batidora *f*; **Mixgetränk** N batido *m*
Mix'tur F ⟨~; ~en⟩ mixtura *f*; mezcla *f*
MKS F ABK ⟨~⟩ → Maul-und-Klauenseuche
mm ABK (Millimeter) mm (milímetro)
MM ABK F, *mst* PL → Monatsmiete
MMS [ɛmʔɛmʔ'ɛs] F *abk* (Multimedia Messaging Service) TEL MMS *m*
Mob M ⟨~s⟩ *pej* populacho *m*; chusma *f*, turba *f*
'mobben **A** VT **j-n ~** acosar a alg (en el puesto de trabajo); hacer a alg la vida imposible (en el trabajo) **B** VI hacer mobbing; **Mobbing** N ⟨~s⟩ acoso *m* moral (*od* laboral); mobbing *m*
'Möbel N ⟨~s; ~⟩ mueble *m*; **Möbelfabrik** F fábrica *f* de muebles; **Möbelgeschäft** N tienda *f* de muebles; **Möbelhändler** M, **Möbelhändlerin** F comerciante *m/f* en muebles, mueblista *m/f*; **Möbelhaus** N grandes almacenes *fpl* de muebles; **Möbelhersteller** M fabricante *m/f* de muebles; **Möbelindustrie** F industria *f* del mueble; **Möbellager** N guardamuebles *m*; **Möbelpacker** M hombre *m* de la mudanza; **Möbelpolitur** F pulimento *m* para muebles; **Möbelrolle** F roldana *f* para muebles
'Möbelschreiner M, carpintero *m*, ebanista *m*; **Möbelschreinerei** F carpintería *f*, ebanistería *f*; **Möbelschreinerin** F carpintera *f*, ebanista *f*
'Möbelspediteur [-tøːr] M, **Möbelspediteurin** F agente *m/f* de mudanzas; **Möbelspedition** F agencia *f* (*od* empresa *f*) de mudanzas
'Möbelstück N mueble *m*; **Möbelsystem** N sistema *m* de mobiliario; **Möbeltischler** *etc* → Möbelschreiner *etc*; **Möbeltransport** M mudanza *f*; **Möbelüberzug** M funda *f* de mueble; **Möbelwagen** M camión *m* de mudanza; *gepolsterter*: (camión *m*) capitoné *m*
mo'bil **A** ADJ (*beweglich*) móvil, movible; (*flink*) ágil; activo; MIL, *a. fig* **~ machen** movilizar (*gegen* contra) **B** ADV TEL *aus dem Internet*: **etw ~ herunterladen** bajarse a/c al móvil
Mo'bil... IN ZSSGN *oft* móvil
'Mobile ['moːbileː] N ⟨~s; ~s⟩ móvil *m*
Mo'bilfunk M TEL telefonía *f* móvil; **Mobilfunkbenutzer** M, **Mobilfunkbenutzerin** F usuario *m*, -a *f* de teléfonos móviles; **Mobilfunkkunde** M, **Mobilfunkkundin** F abonado *m*, -a *f* a la telefonía móvil; **Mobilfunknetz** N TEL red *f* de telefonía móvil
Mobili'ar N ⟨~s; ~e⟩ mobiliario *m*, muebles *mpl*; **Mobiliarkredit** M crédito *m* mobiliario; **Mobiliarvermögen** N bienes *mpl* muebles
Mo'bilien PL bienes *mpl* muebles; valores *mpl* mobiliarios
mobili'sieren VT ⟨*ohne* ge-⟩ movilizar (*a. fig*, MIL); **Mobili'sierung** F ⟨~; ~en⟩ movilización *f*; **Mobili'tät** F movilidad *f*
Mo'bilkommunikation F TEL (tele)comunicación *f* móvil; **Mobilmachung** F MIL movilización *f*; **Mobilmachungsbefehl** M MIL orden *f* de movilización; **Mobiltelefon** N teléfono *m* móvil, *Am* teléfono *m* celular
möbl. ABK (möbliert) amueblado
möb'lieren VT ⟨*ohne* ge-⟩ amueblar, *Am* amoblar
möb'liert **A** ADJ amueblado **B** ADV **~ vermieten** subarrendar un piso amueblado (*bzw* una habitación amueblada); **~ wohnen** vivir en un piso amueblado (*bzw* en una habitación amueblada)
Möb'lierung F ⟨~; ~en⟩ → Mobiliar; (*Einrichtung*) amueblamiento *m*
'mochte, 'möchte → mögen
mo'dal ADJ GRAM modal; **Modal** N ⟨~s⟩ modal *m*
Modali'tät F ⟨~; ~en⟩ modalidad *f*
Mo'dalverb N GRAM verbo *m* modal
'Mode F ⟨~; ~n⟩ moda *f*; **die neueste ~** la última moda (*bzw* novedad); el último grito; **~ werden** ponerse de moda; **(in) ~ sein** estar de moda, ser (la) moda; estar en boga; *fig a.* estilarse; **aus der ~ kommen** pasarse de moda; **aus der ~ sein** estar pasado de moda; **in ~ bringen** poner de moda; **mit der ~ gehen** seguir (*od* ir con) la moda; **nach der ~** a la moda; **das ist (nun mal) so ~** es la moda; se estila
'Modeartikel M artículo *m* de moda; novedad *f*; **modebewusst** ADJ que sigue la moda; **Modeboutique** [-butiːk] F boutique *f*; **Modedesigner** [-dizaɪnər] M, **Modedesignerin** F diseñador *m*, -a *f* de modas; **Modedichter** M, **Modedichterin** F poeta *m/f* de moda; **Modeerscheinung** F *fig* moda *f* pasajera; **Modefarbe** F color *m* de moda (*od* de actualidad); **Modefotografie** F fotografía *f* (de modelos) de modas; **Modegeschäft** N, **Modehaus** N tienda *f* (*od* casa *f*) de modas; **die großen Modehäuser** la alta costura
'Model[1] ['mɔdəl] N ⟨~s; ~s⟩ (*Fotomodell*) modelo *m/f*
'Model[2] ['moːdəl] M ⟨~s; ~⟩ (*Hohlform*) molde *m*
Mo'dell N ⟨~s; ~e⟩ **1** HANDEL, TECH, *fig* modelo *m*; (*Muster*) patrón *m*; (*verkleinerte Nachbildung*) maqueta *f* **2** (*Bauart*) tipo *m*; (*Urbild*) prototipo *m* **3** MAL, (*Fotomodell*) modelo *m/f*; **~ stehen** posar (como modelo); hacer de modelo (**j-m** para alg)
Mo'dellcharakter carácter *m* de modelo (*od* ideal); **Modelleisenbahn** F tren *m* (en) miniatura; **Modellfall** M caso *m* modelo; **Modellflugzeug** N modelo *m* reducido de avión, aeromodelo *m*; **modellhaft** **A** ADJ modélico, ejemplar; modelo; que sirve de modelo **B** ADV ejemplarmente
model'lieren VT ⟨*ohne* ge-⟩ modelar; amol-

dar; **Modellieren** N ⟨~s⟩ modelado *m*; **Modellierer** M ⟨~s; ~⟩, **Modelliererin** F ⟨~; ~nen⟩ modelador *m*, -a *f*; **Modelliermasse** F pasta *f* de modelar; plastilina *f od* plastelina *f*; **Modellierton** M barro *m* (*od* arcilla) para modelar; **Modellierung** F ⟨~; ~en⟩ modelado *m*; modelaje *m*

Mo'dellkleid N modelo *m*; **Modellprogramm** N programa *m* modelo; **Modellprojekt** N proyecto *m* modelo; **Modellpuppe** F maniquí *m*; **Modellrechnung** F factura *f* modelo; **Modellschreiner** *etc* → Modelltischler *etc*; **Modellstadt** F ciudad *f* modelo

Mo'delltischler M, (carpintero *m*) modelista *m* (*od* de maquetas); **Modelltischlerei** F carpintería *f* modelista (*od* de maquetas); **Modelltischlerin** F (carpintera *f*) modelista *f* (*od* de maquetas)

Mo'dellzeichner M, **Modellzeichnerin** F diseñador *m*, -a *f* de modelos; TEX diseñador *m*, -a *f* de figurines; ARCH dibujante *m/f* de maquetas

'modeln[1] [-oː-] VT (*modellieren*) modelar; amoldar

'modeln[2] [-ɔ-] VI (*als Model arbeiten*) desfilar (*od* trabajar) como modelo

'Modem ['moːdɛm] M, N ⟨~s; ~s⟩ IT, TEL módem *m*

'Modemacher M **Modemacherin** F creador *m*, -a *f* de modas; diseñador *m*, -a *f* (de modas); **Modemesse** F feria *f* de la moda

'Modemkarte F tarjeta *f* de módem

'Modenhaus N → Modegeschäft; **Modenschau** F desfile *m* de modelos (*od* de moda)

'Moder M ⟨~s⟩ moho *m*; (*Fäulnis*) putrefacción *f*, podredumbre *f*; **nach ~ riechen** oler a podrido (*bzw* a moho)

mode'rat A ADJ moderado B ADV moderadamente

Moderati'on F ⟨~; ~en⟩ TV presentación *f*; **Mode'rator** M ⟨~s; -'toren⟩, **Modera'torin** F ⟨~; ~nen⟩ moderador *m*, -a *f*; TV *a.* presentador *m*, -a *f*; **mode'rieren** VT ⟨*ohne* ge-⟩ moderar; presentar

'moderig ADJ → modrig

mo'dern[1] ADJ moderno; actual, de actualidad; (*in Mode*) a la moda; (*fortschrittlich*) progresivo; **das ist nicht mehr ~** ya ha pasado de moda; *fig* ya no se estila

'modern[2] VI (*faulen*) descomponerse; pudrirse; corromperse

Mo'derne F ⟨~⟩ modernidad *f*; tendencias *fpl* modernas; *Epoche*: época *f* moderna

moderni'sieren VT ⟨*ohne* ge-⟩ modernizar; poner al día; *Kleid etc*: reformar, adaptar al gusto actual; **Modernisierung** F ⟨~; ~en⟩ modernización *f*; **Modernisierungsinvestitionen** FPL inversiones *fpl* de modernización

Moder'nismus M ⟨~⟩ modernismo *m*; **Moder'nist** M ⟨~en; ~en⟩, **Moder'nistin** F ⟨~; ~nen⟩ modernista *m/f*; **moder'nistisch** ADJ modernista; **Moderni'tät** F ⟨~⟩ modernidad *f*

'Modesalon M salón *m* de modas (*od* de alta costura); **Modeschmuck** M bisutería *f*; **Modeschöpfer** M, **Modeschöpferin** F diseñador *m*, -a *f* de moda; creador *m*, -a *f* de alta costura; **Modetanz** M baile *m* de moda; **Modetrend** M tendencia *f* de moda; **Modewaren** FPL artículos *mpl* de moda (*od* de fantasía); novedades *fpl*; **Modewelle** F corriente *f* de moda; **Modewort** N palabra *f* de moda; **Modezeichner** M, **Modezeichnerin** F diseñador *m*, -a *f* de modas; **Modezeichnung** F figurín *m* (de modas); **Modezeitschrift** F revista *f* de modas

modifi'zieren VT ⟨*ohne* ge-⟩ modificar; **Modifizierung** F ⟨~; ~en⟩ modificación *f*

'modisch A ADJ a la moda; de moda; **~e Neuheiten** novedades *fpl* B ADV **~ gekleidet** vestido a la moda

Mo'distin F ⟨~; ~nen⟩ modista *f*

'modrig ADJ mohoso; podrido

Mo'dul N ⟨~s; ~e⟩ IT, TECH módulo *m*

modu'lar ADJ modular; **Modulati'on** F ⟨~; ~en⟩ modulación *f*; **Modu'lator** M ⟨~s; -'toren⟩ modulador *m*; **modu'lieren** VT ⟨*ohne* ge-⟩ modular

'Modus M ⟨~; Modi⟩ modo *m* (*a.* GRAM); **~ operandi** modus *m* operandi

'Mofa N ⟨~s; ~s⟩ *umg* velomotor *m*; **Mofafahrer** M, **Mofafahrerin** F conductor *m*, -a *f* de velomotor

Moge'lei F ⟨~; ~en⟩ *umg* (*Schwindelei*) trampa *f*, fullería *f*; tahurería *f*

'mogeln VI *umg* hacer trampa(s)

'Mogelpackung F engaño *m*, fraude *m*

'mögen ⟨*irr*⟩ A V/MOD ⟨*pperf* mögen⟩ 1 *Möglichkeit*: poder; **das mag sein** puede ser; **mag sein, dass …** puede ser que … (*subj*); **sie mochte zwölf (Jahre alt) sein** tendrá doce años; **wo er wohl sein mag?** ¿dónde estará?; *umg* ¿dónde se habrá metido?; **wo mag er das gehört haben?** ¿dónde habrá oído eso?; **was mag das bedeuten?** ¿qué significará eso?; **… und wie sie alle heißen ~ …** y como quiera que se llamen los demás 2 (*gern mögen, wünschen*) querer, desear; **lieber ~** preferir; **ich möchte so gern** (*inf*) me gustaría tanto (*inf*); **ich möchte gern etwas essen** quisiera comer algo; **das hätte ich sehen ~** me hubiera gustado verlo; **er mag jetzt nicht gehen** no quiere marcharse ahora 3 *einräumend, verallgemeinernd*: **so sehr ich auch möchte** por mucho que quiera; **man möchte meinen** se diría que; **was man auch immer sagen mag** se diga lo que se diga; **du magst sagen, was du willst** puedes decir lo que quieras; digas lo que digas; **wie sie auch sein ~ …** sean como sean …; **mag er auch noch so reich sein** por muy rico que sea; **man mag wollen oder nicht** quiérase o no; por las buenas o por las malas; de grado o por fuerza 4 (*sollen*) poder **er mag gehen** que se vaya; puede marcharse; **sie mag es tun, wenn sie kann** que lo haga si puede; **er mag ruhig warten!** ¡que espere! 5 *geh Wunsch*: **möge er/sie glücklich sein!** ¡que sea feliz!; **möge dieser Tag …** ojalá ese día … B VT ⟨*pperf* gemocht⟩ 1 (*gernhaben*) querer, apreciar; (*gefallen, schmecken*) gustar; **j-n/etw ~** querer a alg/a/c; **er/sie mag keinen Spinat** (a él/a ella) no le gustan las espinacas; **das mag ich gern** me gusta mucho; **das mag ich lieber** (eso) me gusta más; lo prefiero; **das mag ich nicht** no me gusta; **er mag mich nicht** *umg* no le caigo bien; no le gusto; no me quiere 2 *Bitte*: **ich möchte** quisiera; desearía; **ich möchte gern** me gustaría; **was möchten Sie?** ¿qué desea (usted)? C VI ⟨*pperf* gemocht⟩ **ich mag nicht** no quiero; **ich möchte nach Hause** quiero irme a casa

'Mogler M ⟨~s; ~⟩, **Moglerin** F ⟨~; ~nen⟩ *umg* tramposo *m*, -a *f*, fullero *m*, -a *f*

'möglich ADJ 1 *allg* posible; (*durchführbar, machbar*) factible, viable, realizable; **es ist ~, dass …** es posible (*od* puede ser) que … (*subj*); **das ist gut ~** es muy posible; **nicht ~!** ¡no es posible!; ¡no me diga(s)!; *umg* ¿será posible?; **man sollte es nicht für ~ halten!** ¡parece mentira!; ¡no te digo!; **wenn ~** si es posible; **im Rahmen des Möglichen** en la medida de lo posible; dentro de lo que cabe; **~ machen** hacer posible, posibilitar; facilitar 2 *mit so*: **so gut wie ~** lo mejor posible; **so schnell wie ~** lo más rápido posible; **so viel wie ~** todo lo posible; **so oft wie ~** lo más a menudo posible; con la mayor frecuencia que se pueda; **so bald wie ~** cuanto antes; lo antes posible; lo más pronto posible; a la mayor brevedad; **so wenig wie ~** lo menos posible; **so wenig Lärm wie ~** el menor ruido posible 3 **alles Mögliche** todo; toda clase de cosas; **er verkauft alles Mögliche** vende de todo; **alles Mögliche tun, um zu** (*inf*) hacer todo lo posible por (*inf*)

'möglicher'weise ADV posiblemente; a lo mejor; puede que

'Möglichkeit F ⟨~; ~en⟩ posibilidad *f*; (*möglicher Fall*) eventualidad *f*; contingencia *f*; (*Gelegenheit*) oportunidad *f*, ocasión *f*; **nach ~** en lo posible; **es gibt keine ~** no hay (ninguna) posibilidad; no es posible; no hay manera (*od* modo) de (*inf*); **es besteht die ~, dass …** existe la posibilidad de que … (*subj*)

'möglichst A ADV 1 (*so … wie möglich*) lo más … posible; **~ bald** cuanto antes, lo más pronto (*od* lo antes) posible; **~ gut** lo mejor posible; **~ viel** lo más posible, el mayor número (*od* la mayor cantidad) posible; **~ wenig** lo menos posible; **~ wenig Fehler** el menor número de faltas posible 2 (*wenn möglich*) si es posible B *subst* **sein Möglichstes tun** hacer todo lo posible; **ich werde mein Möglichstes tun** haré todo lo que esté en mi mano

Mo'gul M ⟨~s; ~n⟩ HIST mogol *m*

Mo'hair [mo'hɛːr] M ⟨~s; ~e⟩ mohair *m*

'Mohammed EIGENN M ⟨~s⟩ *Prophet*: Mahoma *m*

Mohamme'daner M ⟨~s; ~⟩, **Mohammedanerin** F ⟨~; ~nen⟩ *neg!* mahometano *m*, -a *f* (*a.* HIST); **mohammedanisch** ADJ *neg!* mahometano

Mo'här M ⟨~s; ~e⟩ mohair *m*

Mohn M ⟨~(e)s; ~e⟩ 1 BOT (*Schlafmohn*) adormidera *f*; (*Klatschmohn*) amapola *f* 2 GASTR (*Mohnsamen*) (granos *mpl* de) adormidera *f*; **'Mohnblume** F amapola *f*; **'Mohnkapsel** F cabeza *f* de adormidera; **'Mohnöl** N aceite *m* de adormidera; **'Mohnsamen** M semilla *f* (*od* granos *mpl*) de adormidera

Mohr M ⟨~en; ~en⟩ *obs* (*Maure*) moro *m*; *neg!* (*Schwarzer*) negro *m*

'Möhre F ⟨~; ~n⟩ BOT zanahoria *f*

'Mohrenkopf M GASTR → Schokokuss

Mohrin F ⟨~; ~nen⟩ *obs* (*Maurin*) mora *f*; *neg!* (*Schwarze*) negra *f*

'Mohrrübe F BOT zanahoria *f*

Moi'ré [moa'reː] M, N ⟨~s; ~s⟩ TEX, TYPO moaré *m*, muaré *m*; **moi'rieren** VT ⟨*ohne* ge-⟩ hacer ondas

mo'kant ADJ *geh Lächeln* burlón

Mokas'sin M ⟨~s; ~s *od* ~e⟩ mocasín *m*

mo'kieren V/R ⟨*ohne* ge-⟩ *geh* **sich über j-n/etw ~** burlarse de alg/a/c

'Mokka M ⟨~s; ~s⟩ (café *m*) moca *m*; **Mokkatasse** F jícara *f*, taza *f* de moca

Mol N ⟨~s; ~e⟩ → Molekulargewicht

Mo'lasse F ⟨~⟩ GEOL molasa *f*

Molch M ⟨~(e)s; ~e⟩ ZOOL salamandra *f*; (*Wassermolch*) tritón *m*

'Moldau F ⟨~⟩ 1 *Fluss*: Moldau *m* 2 *Land*: → Moldawien

Mol'dawien N ⟨~⟩ Moldavia *f*; **moldawisch** ADJ moldavio

'Mole F ⟨~; ~n⟩ muelle *m*; (*Hafenmole*) malecón *m*

Mole'kül N ⟨~s; ~e⟩ molécula *f*; **moleku'lar** ADJ molecular

Moleku'larbiologe M biólogo *m* molecular; **Molekularbiologie** F biología *f* molecular; **Molekularbiologin** M bióloga *f* molecular; **Molekulargenetik** F genética *f* molecular; **Molekulargewicht** N peso *m* molecular

Mole'külmasse F masa *f* molecular

'Molke F ⟨~⟩ suero *m* (de la leche)

Molke'rei F ⟨~; ~en⟩ lechería *f*; central *f* lechera; **Molkereigenossenschaft** F cooperativa *f* lechera; **Molkereiprodukt** N producto *m* lácteo

Moll N ⟨~⟩ MUS modo *m* menor

'mollig A ADJ *umg* 1 *(weich)* muelle, blando; suave 2 *(warm)* calentito 3 *(rundlich) Person:* regordete, rollizo; *umg* metido en carnes B ADV **~ warm** calentito

'Molltonart F MUS tono *m* menor; **Molltonleiter** F escala *f* menor

Mol'luske F ⟨~; ~n⟩ ZOOL molusco *m*

'Moloch M ⟨~s; ~e⟩ Moloc *m* (*a. fig*)

'Molotowcocktail M cóctel *m* Molotow

'Molton M ⟨~s; ~s⟩ TEX muletón *m*

Mo'lukken PL GEOG **die ~** las (islas) Molucas

Molyb'dän N ⟨~s⟩ CHEM molibdeno *m*

Mo'ment[1] M ⟨~(e)s; ~e⟩ momento *m*, instante *m*; **jeden ~** de un momento a otro; **der richtige ~** el momento oportuno; **im ~** *(gegenwärtig)* por el momento, de momento; **~, bitte!** ¡un momento, por favor!; *umg* **~ mal!** ¡espera!

Mo'ment[2] N ⟨~(e)s; ~e⟩ TECH, PHYS momento *m*; *(Umstand)* factor *m*, elemento *m*; *(Anlass)* motivo *m*

momen'tan A ADJ momentáneo; actual B ADV por el momento, de momento

Mo'mentaufnahme F FOTO instantánea *f*; **Momentschalter** M ELEK interruptor *m* instantáneo

Mo'naco N ⟨~s⟩ Mónaco *m*

Mo'nade F ⟨~; ~n⟩ PHIL mónada *f*; **Monadenlehre** F monadología *f*

Mo'narch M ⟨~en; ~en⟩ monarca *m*, soberano *m*

Monar'chie F ⟨~; ~n⟩ monarquía *f*; **absolute/konstitutionelle ~** monarquía *f* absoluta/constitucional

Mo'narchin F monarca *f*; **monarchisch** ADJ monárquico

Monar'chismus M ⟨~⟩ monarquismo *m*; **Monar'chist** M ⟨~en; ~en⟩, **Monar'chistin** F ⟨~; ~nen⟩ monárquico *m*, -a *f*; **monar'chistisch** ADJ monárquico

'Monat M ⟨~(e)s; ~e⟩ mes *m*; **im ~ Mai** en el mes de mayo; **am 3. dieses ~s** el tres del corriente; **pro** *od* **im ~** al mes, cada mes, mensualmente; **sie ist im fünften ~ schwanger** está en el quinto mes (del embarazo); está embarazada de cinco meses; **im wievielten ~ ist sie?** ¿de cuántos meses está?

'monatelang A ADJ de muchos meses; **~e Arbeit** muchos meses de trabajo B ADV (durante) muchos (*od* varios) meses; *(seit Monaten)* desde hace meses

'monatlich A ADJ mensual; **~e Zahlung** pago *m* mensual, mensualidad *f* B ADV *(jeden Monat)* mensualmente, todos los meses; cada mes; *(im Monat)* al mes; **~ zahlen** *a.* pagar en mensualidades; **100 Euro ~** cien euros mensuales

'Monatsabschluss M HANDEL cierre *m* mensual; *Bilanz:* balance *m* mensual; **Monatsanfang** M principios *mpl* de(l) mes; **Monatsausweis** M HANDEL balance *m* mensual; **Monatsbericht** M informe *m* mensual; **Monatsbetrag** M mensualidad *f*; **Monatsbinde** F compresa *f* higiénica; **Monatsblutung** F menstruación *f*; período *m*, regla *f*; **Monatsbudget** N presupuesto *m* mensual; **Monatsende** N fin *m* de(l) mes; **Monatsfrist** F **in ~** en el plazo de un mes; **Monatsgehalt** N sueldo *m* (*od* salario *m*) mensual, mensualidad *f*; **zusätzliches ~** paga *f* extra (de un mes); **Monatsgeld** N depósito *m* a un mes; **Monatsheft** N revista *f* (*od* cuaderno *m*) mensual; **Monatskarte** F billete *m* (*od* abono *m*) mensual; **Monatslohn** M salario *m* mensual; **Monatsmagazin** N revista *f* mensual; **Monatsmiete** F alquiler *m* mensual; **Monatsrate** F plazo *m* mensual, mensualidad *f*; **Monatsschrift** F revista *f* mensual; **Monatsverdienst** M 1 *(Monatsverdienstgehalt)* salario *m* (*od* sueldo *m*) mensual 2 *e-s Geschäfts etc:* ingresos *mpl* mensuales; ganancias *fpl* mensuales; **monatsweise** ADV por meses; mensualmente; **Monatszahlung** F mensualidad *f*

'Mönch M ⟨~(e)s; ~e⟩ monje *m*, religioso *m*, fraile *m*; **~ werden** hacerse monje, *umg* meterse fraile; **mönchisch** ADJ monacal, monástico

'Mönchskloster N monasterio *m*, convento *m* de frailes; **Mönchskutte** F hábito *m* (de monje), cogulla *f*; **Mönchsleben** N vida *f* monacal (*od* monástica); **Mönchsorden** M orden *f* monástica; **Mönchstum** N ⟨~s⟩ monacato *m*, monaquismo *m*; **Mönchszelle** F celda *f* de monje

Mond M ⟨~(e)s; ~e⟩ luna *f*; ASTRON *a.* satélite *m*; **der ~ nimmt zu/ab** hay cuarto creciente/menguante; **der ~ scheint** la luna brilla; hay luna clara; **den ~ anbellen** ladrar a la luna; **auf dem ~ landen** alunizar; *umg fig* **auf dem ~ leben** estar en la luna (*od* en babia *od* en la inopia); andar en las nubes; *fig* **hinter dem ~ leben** vivir atrasado; *fig* **vom ~ kommen** venir de otro mundo; *umg* **in den ~ gucken** quedarse con las ganas (*od umg* a la luna de Valencia)

mon'dän ADJ elegante; de mucho (*od* del gran) mundo

'Mondaufgang M salida *f* de la luna; **Mondbahn** F ASTRON órbita *f* de la luna; **mondbeglänzt** ADJ *poe t*, **mondbeschienen** ADJ iluminado (*od* bañado) por la luna; **Mondbewohner** M, **Mondbewohnerin** F selenita *m/f*

'Möndchen N ⟨~s; ~⟩ ANAT lúnula *f*

'Mondenschein M *poet* → Mondschein

'Mondfähre F módulo *m* lunar; **Mondfahrer** M selenauta *m*; **Mondfahrt** F viaje *m* a la luna (*bzw* lunar); **Mondfinsternis** F eclipse *m* lunar (*od* de luna); **Mondfisch** M pez *m* luna; **Mondforscher** M, **Mondforscherin** F selenógrafo *m*, -a *f*; **Mondforschung** F selenografía *f*; **Mondgebirge** N montañas *fpl* lunares; **Mondgestein** N rocas *fpl* lunares

'mondhell ADJ *geh* iluminado por la luna; **es ist ~** hace luna clara

'Mondjahr N año *m* lunar; **Mondkalb** N *fig* majadero *m*; **Mondkrater** M cráter *m* lunar; **Mondlandefähre** F → Mondfähre; **Mondlandung** F alunizaje *m*; **Mondlicht** N luz *f* de la luna; **Mondmonat** M mes *m* lunar; **Mondnacht** F noche *f* de luna; **Mondphase** F fase *f* de la luna; **Mondrakete** F cohete *m* lunar; **Mondscheibe** F disco *m* lunar (*od* de la luna)

'Mondschein M claro *m* de luna; **beim ~** a la luz de la luna; *umg fig* **du kannst mir (mal) im ~ begegnen!** *umg* ¡vete a freír espárragos (*od sl* a hacer puñetas)!

'Mondsichel F creciente *m*; **Mondsonde** F sonda *f* lunar; **Mondstein** M MINER piedra *f* de la luna; **Mondsucht** F sonambulismo *m*; **mondsüchtig** ADJ lunático; sonámbulo; **Mondsüchtige** M/F lunático *m*, -a *f*, sonámbulo *m*, -a *f*; **Mondviertel** N cuarto *m* de la luna; **Mondwechsel** M cambio *m* de luna

Mone'gasse M ⟨~n; ~n⟩, **Monegassin** F ⟨~; ~nen⟩ monegasco *m*, -a *f*; **monegassisch** ADJ monegasco

Moneta'rismus M monetarismo *m*; **monetaristisch** ADJ monetarista

Mo'neten PL *umg* pasta *f*, *umg* pelas *fpl*; *umg* perras *fpl*; *sl* guita *f*; *Am* plata *f*

Mon'gole M ⟨~n; ~n⟩ mongol *m*; **Mongo'lei** F ⟨~⟩ **die ~** Mongolia *f*; **Mon'golin** F ⟨~; ~nen⟩ mongol *f*; **mon'golisch** ADJ mongol, mongólico

Mongo'lismus M ⟨~⟩ *neg!* MED mongolismo *m*; **mongolo'id** ADJ *neg!* MED mongoloide

mo'nieren VT ⟨ohne ge-⟩ *(mahnen)* **etw ~** reclamar a/c; *(tadeln)* censurar *od* criticar a/c

Mo'nismus M ⟨~⟩ PHIL monismo *m*

'Monitor M ⟨~s; -'toren⟩ monitor *m*; IT *a.* pantalla *f*; **Monitoring** N ⟨~s; ~s⟩ monitoreo *m*

'mono ADV mono

mono..., Mono... IN ZSSGN mono...

Mono'chord N ⟨~s; ~e⟩ MUS monocordio *m*; **mono'gam** ADJ monógamo; **Monoga'mie** F ⟨~⟩ monogamia *f*; **Monogra'fie** F, **Monogra'phie** F ⟨~; ~n⟩ monografía *f*; **Mono'gramm** N ⟨~s; ~e⟩ monograma *m*

Mo'nokel N ⟨~s; ~⟩ monóculo *m*

'Monokultur F AGR monocultivo *m*

Mono'lith M ⟨~s; ~e *od* ~en⟩ monolito *m*; **monolithisch** ADJ monolítico

Mono'log M ⟨~(e)s; ~e⟩ monólogo *m*; **einen ~ halten** monologar; **monologisch** ADJ monológico

monologi'sieren VI ⟨ohne ge-⟩ monologar

mono'man ADJ monomaníaco; **Mono'mane** M ⟨~n; ~n⟩, **Mono'manin** F ⟨~; ~nen⟩ monomaníaco *m*, -a *f*

Mono'pol N ⟨~s; ~e⟩ monopolio *m*; **natürliches/staatliches ~** monopolio *m* natural/nacional; **monopolartig** ADJ monopolístico

monopoli'sieren VT ⟨ohne ge-⟩ monopolizar; **Monopolisierung** F monopolización *f*

Mono'polist M, **Monopolistin** F monopolista *m/f*

Mono'polkommission F comisión *f* de monopolios; **Monopolstellung** F posición *f* de monopolio; **eine ~ einnehmen** monopolizar (el mercado); **Monopolstruktur** F estructura *f* monopolística

Mo'nopoly® N ⟨~⟩ (juego *m* de) monopoly®

Monothe'ismus M ⟨~⟩ REL monoteísmo *m*; **Monothe'ist** M ⟨~en; ~en⟩, **Monothe'istin** F ⟨~; ~nen⟩ REL monoteísta *m/f*; **monothe'istisch** ADJ REL monoteísta

mono'ton ADJ monótono; **Monoto'nie** F ⟨~⟩ monotonía *f*

'Monotype® [-taɪp] F ⟨~; ~s⟩ TYPO monotipo *m*

Monoty'pie F ⟨~; ~n⟩ TYPO monotipia *f*

'Monroedoktrin F ⟨~⟩ POL, HIST doctrina *f* de Monroe, monroísmo *m*

'Monster [-st-] N ⟨~s; ~⟩ monstruo *m*; **Monsterfilm** M 1 *(Horrorfilm)* película *f* de monstruos 2 *(Großproduktion)* superproducción *f*

Mons'tranz [-st-] F ⟨~; ~en⟩ REL custodia *f*; **mons'trös** [-st-] ADJ monstruoso; **Monstrosi'tät** F ⟨~; ~en⟩ monstruosidad *f*

'Monstrum [-st-] N ⟨~; Monstren⟩ monstruo *m*

M

Mon'sun M ⟨~es; ~e⟩ monzón *m*; **Monsunregen** M lluvia *f* monzónica; **Monsunzeit** F época *f* del monzón

'Montag M ⟨~(e)s; ~e⟩ lunes *m*; **(am) ~** el lunes; **~ früh** el lunes por la mañana; **jeden ~** (todos) los lunes; **letzten ~** el lunes pasado; **nächsten ~** el próximo lunes; **heute ist ~, der 5. Oktober** estamos a lunes, 5 de octubre; *umg* **(einen) blauen ~ machen** *umg* hacer fiesta el lunes

Montag'abend M **(am) ~** el lunes por la noche; **montag'abends** ADV los lunes por la noche

Mon'tage [-'taːʒə] F ⟨~; ~n⟩ TECH montaje *m* (*a.* FILM); (*Zusammensetzen*) ensamblaje *m*; **Montagebahn** F, **Montageband** N cadena *f* de montaje; **Montagehalle** F sala *f* de montaje; **Montagetechnik** F técnica *f* de montaje; **Montagewerk** N planta *f* de montaje (*od* de ensamblaje)

'montäglich ADJ del lunes, do los lunes

Montag'mittag M **(am) ~** el lunes a mediodía; **montag'mittags** ADV los lunes a mediodía; **Montag'morgen** M **(am) ~** el lunes por la mañana; **montag'morgens** ADV los lunes por la mañana; **Montag'nachmittag** M **(am) ~** el lunes por la tarde; **montag'nachmittags** ADV los lunes por la tarde

'montags ADV los lunes; todos los lunes; cada lunes

Montag'vormittag M **(am) ~** el lunes por la mañana; **montag'vormittags** ADV los lunes por la mañana

Mon'tanindustrie F industria *f* del carbón y del acero

Montene'griner M ⟨~s; ~⟩, **Montenegrinerin** F ⟨~; ~nen⟩ montenegrino *m*, -a *f*; **montenegrinisch** ADJ montenegrino

Monte'negro N ⟨~s⟩ Montenegro *m*

Mon'teur [-'tøːr] M ⟨~s; ~e⟩ montador *m*, ajustador *m*; *bes* AUTO, FLUG mecánico *m*; **Monteuranzug** M mono *m*; **Monteurin** F ⟨~; ~nen⟩ montadora *f*; mecánica *f*

mon'tieren VT ⟨*ohne* ge-⟩ TECH montar; instalar; (*zusammensetzen*) armar; ensamblar; **Montierung** F ⟨~; ~en⟩ TECH montaje *m*; ensamblaje *m*

Mon'tur F ⟨~; ~en⟩ atuendo *m*; equipo *m*; MIL *a.* uniforme *m*; **in voller ~** con todo el equipo

Monu'ment N ⟨~(e)s; ~e⟩ monumento *m*

monumen'tal ADJ monumental; **Monumentalbau** M ⟨~(e)s; ~ten⟩ construcción *f* (*bzw* edificio *m*) monumental; **Monumentalfilm** M superproducción *f*

Monumentali'tät F ⟨~⟩ monumentalidad *f*

Moor N ⟨~(e)s; ~e⟩ pantano *m*; ciénaga *f*, cenagal *m*

'Moorbad N MED baño *m* de fango (*od* lodo); **Moorboden** M terreno *m* pantanoso; **moorig** ADJ pantanoso; cenagoso; **Moorkultur** F cultivo *m* de terrenos pantanosos; **Moorkur** F MED cura *f* (*od* tratamiento *m*) de fango (*od* lodo); **Moorland** N ⟨~(e)s⟩ terreno *m* pantanoso; pantanal *m*; tierra *f* cenagosa

Moos N ⟨~es; ~e⟩ 1 BOT musgo *m* 2 *umg fig* (*Geld*) *umg* pasta *f*; *umg* pelas *fpl*; *umg* perras *fpl*; *sl* guita *f*; *Am* plata *f*; **'moosbewachsen** ADJ cubierto de musgo; musgoso; **'moosgrün** ADJ verde musgo

'moosig ADJ musgoso

Mop M → Mopp

'Moped N ⟨~s; ~s⟩ ciclomotor *m*; **Mopedfahrer** M, **Mopedfahrerin** F ciclomotorista *m/f*

Mopp M ⟨~s; ~s⟩ mopa *f*

Mops M ⟨~es; ~̈e⟩ (perro *m*) doguillo *m*

'mopsen *umg* A VT *hum* (*stehlen*) *umg* birlar, mangar B VR **sich ~** 1 (*sich langweilen*) aburrirse como una ostra 2 (*sich ärgern*) *sl* mosquearse

Mo'ral F ⟨~⟩ 1 (*Sittenlehre; seelische Verfassung*) moral *f*; (*Sittlichkeit*) moralidad *f*; buenas costumbres *fpl*; **doppelte ~** doble moral *f*; **~ predigen** moralizar 2 *e-r Geschichte*: moraleja *f*

Mo'ralapostel M *pej* sermoneador *m*, moralizador *m*; **Moralgesetz** N ley *f* moral

mo'ralisch ADJ moral; *umg fig* **einen Moralischen haben** *umg* tener resaca

morali'sieren VI ⟨*ohne* ge-⟩ moralizar

Mora'lismus M ⟨~⟩ moralismo *m*; **Mora'list** M ⟨~en; ~en⟩, **Mora'listin** F ⟨~; ~nen⟩ moralista *m/f*; **Morali'tät** F ⟨~⟩ moralidad *f*

Mo'ralphilosophie F filosofía *f* moral; **Moralprediger** M *pej* → Moralapostel; **Moralpredigt** F *umg fig* sermón *m* (*a. pej*); **j-m eine ~ halten** echar a alg un sermón; **Moraltheologe** M, **Moraltheologin** F teólogo *m*, -a *f* moral; **Moralvorstellung** F concepción *f* moral

Mo'räne F ⟨~; ~n⟩ GEOL mor(r)ena *f*

Mo'rast M ⟨~(e)s; ~e⟩ (*Sumpf*) pantano *m*; cenagal *m*, ciénaga *f*; (*Schlamm*) fango *m*, cieno *m*, lodo *m*; **im ~ stecken bleiben** empantanarse

mo'rastig ADJ pantanoso; cenagoso, fangoso

Mora'torium N ⟨~s; Moratorien⟩ moratoria *f*; **ein ~ fordern/verkünden** pedir/declarar una moratoria

mor'bid ADJ mórbido

Morbidi'tät F ⟨~⟩ morbidez *f*

'Morchel F ⟨~; ~n⟩ BOT colmenilla *f*, morilla *f*

'Mord M ⟨~(e)s; ~e⟩ asesinato *m* (**an** *dat* a); **einen ~ begehen** *od* **verüben** cometer un asesinato; *umg fig* **es wird ~ und Totschlag geben** va a correr sangre; será una catástrofe

'Mordanklage F **unter ~ stehen** estar acusado de asesinato; **unter ~ stellen** acusar de asesinato; **Mordanschlag** M atentado *m* (**auf j-n** contra la vida de alg); **einen ~ verüben** perpetrar un atentado; **Mordaufruf** M llamamiento *m* (*od* incitación *f*) a cometer un asesinato; **Mordbefehl** M orden *f* de asesinato

'Mordbrenner M *obs* (asesino *m*) incendiario *m*

'morden A VT asesinar; matar B VI cometer un asesinato; **Morden** N ⟨~s⟩ asesinato *m*; (*Gemetzel*) matanza *f*

'Mörder M ⟨~s; ~⟩ asesino *m*; **Mördergrube** F *umg fig* **aus seinem Herzen keine ~ machen** *umg* no quedarse con nada en el pecho; **Mörderin** F ⟨~; ~nen⟩ asesina *f*; **mörderisch** A ADJ 1 asesino, homicida; (*blutig*) sangriento 2 *umg fig* (*fürchterlich*) horrible; espantoso; *Klima* mortífero; *Hitze* asfixiante, sofocante; *umg* (*gewaltig*) tremendo B ADV **~ schreien** gritar como un condenado

'Mordfall M caso *m* de asesinato; **Mordgier** F instintos *mpl* asesinos (*od* sanguinarios); sed *f* de sangre; **mordgierig** ADJ sanguinario; sediento de sangre; **Mordkommission** F brigada *f* de homicidios; **Mordkomplott** N complot *m* para cometer un asesinato; **Mordlust** F ánimo *m* asesino; **Mordnacht** F noche *f* del asesinato; **Mordplan** M plan *m* del asesinato

'Mords... *umg* IN ZSSGN tremendo; *pej umg* mortal, infernal; **'Mords'angst** F *umg* **eine ~ haben** tener un miedo cerval; **'Mords'arbeit** F trabajo *m* de esclavo; **'mords'dumm** ADJ *umg* tonto de remate

'Mordserie F serie *f* de asesinatos

'mordsge'fährlich *umg* ADJ terriblemente peligroso; **Mords'glück** N *umg* suerte *f* loca (*od* bárbara); **mords'hässlich** ADJ *umg* más feo que Picio; **Mords'hunger** M *umg* hambre *f* canina (*od* feroz); **Mords'kerl** M *umg* tío *m* estupendo; **Mords'krach** M *umg* broncazo *m*; **es gab einen ~** *umg* se armó la gorda (*od* la de San Quintín *od sl* la de Dios); **Mords'lärm** M *umg* ruido *m* infernal (*od* de mil demonios)

'mordsmäßig ADJ *umg* tremendo, formidable

'Mordsra'dau M *umg* → Mordslärm; **Mords'spaß** M *umg* gran diversión *f*; **einen ~ haben** *umg* pasarlo de primera (*od sl* de vicio); **Mordsspek'takel** M *umg* alboroto *m* infernal; **Mords'wut** F *umg* furor *m* desbordado; **eine ~ haben** *a.* estar furioso

'Mordtat F asesinato *m*; **Mordverdacht** M **unter ~ stehen** ser sospechoso de asesinato; **Mordverdächtige** M/F sospechoso *m*, -a *f* de asesinato; **Mordversuch** M tentativa *f* (*od* intento) de asesinato; **Mordwaffe** F arma *f* homicida *f* (*od* asesina)

'Mores PL *umg* **j-n ~ lehren** enseñar modales a alg

morga'natisch ADJ *hist Ehe* morganático

'morgen ADV mañana; **~ früh** mañana por la mañana; **~ Mittag** mañana a mediodía; **~ Abend** mañana por la tarde (*bzw* por la noche); **~ in acht Tagen** mañana en ocho días; dentro de ocho días a partir de mañana; **bis ~!** ¡hasta mañana!; **~ ist auch noch ein Tag** mañana es otro día

'Morgen M ⟨~s; ~⟩ 1 mañana *f*; *früher Morgen* madrugada *f*; **am ~** por la mañana; **früh am ~** *od* **am frühen ~** de madrugada; muy de mañana; **guten ~!** ¡buenos días!; **j-m einen guten ~ wünschen** dar los buenos días a alg; **am folgenden** *od* **nächsten ~** a la mañana siguiente; **heute ~** esta mañana; hoy por la mañana; **es wird ~** amanece; **eines (schönen) ~s** una (buena) mañana 2 *lit* (*Osten*) oriente *m*, levante *m*; **gen ~** hacia la mañana 3 *Feldmaß*: yugada *f*

'Morgenandacht F maitines *mpl*; **Morgenausgabe** F *e-r Zeitung*: edición *f* de la mañana; **Morgenblatt** N (periódico *m*) matutino *m*; **Morgendämmerung** F amanecer *m*; crepúsculo *m* matutino, alba *f*; **in der ~** al amanecer

'morgendlich ADJ matutino, matinal

'Morgenessen N *schweiz* desayuno *m*; **Morgenfrost** M escarcha *f* matinal; **Morgengabe** F *obs* regalo *m* de tornaboda; **Morgengebet** N oración *f* matinal; **Morgengrauen** N amanecer *m*; crepúsculo *m* matutino, alba *f*; **im ~** al amanecer; al despuntar el día; al (rayar el) alba; **Morgengymnastik** F gimnasia *f* matutina; **Morgenhimmel** M alborada *f*; (cielo *m* al) alba *m*; (cielo *m* al) amanecer *m*; **Morgenkleid** N → Morgenmantel; **Morgenland** N ⟨~(e)s⟩ *obs* Oriente *m*; Levante *m*; **morgenländisch** ADJ *obs* oriental; levantino; **Morgenluft** F aire *m* matinal; *fig* **~ wittern** oler la ocasión propicia; **Morgenmagazin** N RADIO, TV programa *m* matutino (*od* matinal); **Morgenmantel** bata *f*; (*Negligé*) salto *m* de cama; **Morgenmuffel** M *umg persona que está de mal humor cuando se levanta*; **ein ~ sein** tener mal despertar; **Morgenrock** → Morgenmantel; **Morgenrot** N, **Morgenröte** F aurora *f*; arrebol *m*

'morgens ADV por la mañana; de mañana; **früh ~** por la mañana temprano, de madrugada; **um sechs Uhr ~** a las seis de la mañana;

von ~ **bis abends** desde la mañana hasta la noche; de sol a sol

'Morgensonne F sol *m* de la mañana; **Morgenständchen** N alborada *f*; **Morgenstern** M ASTRON estrella *f* matutina; lucero *m* del alba; **Morgenstunde** F hora *f* matinal (*od* de la mañana); *sprichw* **Morgenstund hat Gold im Mund** *sprichw* a quien madruga, Dios le ayuda; **Morgentau** M rocío *m* de la mañana; **Morgenzeitung** F (periódico *m*) matutino *m*

'morgig ADJ de mañana; **am ~en Tag** mañana

'Moritat F ⟨~; ~en⟩ *balada popular de contenido dramático o tenebroso cantada en las calles y acompañada por un organillo*

Mor'mone M ⟨~n; ~n⟩ mormón *m*; **Mormonin** F ⟨~; ~nen⟩ mormona *f*; **mormonisch** ADJ mormón(ico)

Mor'phem N ⟨~s; ~e⟩ LING morfema *m*

'Morpheus M MYTH Morfeo *m*; **in Morpheus' Armen ruhen** dormirse en los brazos de Morfeo

Mor'phin N ⟨~s⟩ morfina *f*

Morphi'nismus M ⟨~⟩ *obs* morfinismo *m*; **Morphi'nist** M ⟨~en; ~en⟩, **Morphi'nistin** F ⟨~; ~nen⟩ morfinómano *m*, -a *f*

'Morphium N ⟨~s⟩ morfina *f*; **Morphiumsucht** F MED morfinomanía *f*; dependencia *f* de la morfina; **morphiumsüchtig** ADJ morfinómano; **Morphiumsüchtige** M/F morfinómano *m*, -a *f*; **Morphiumvergiftung** F MED morfinismo *m*

Morpholo'gie F ⟨~⟩ *bes* LING, BIOL, PHIL morfología *f*; **morpho'logisch** ADJ morfológico

morsch ADJ podrido; (*brüchig*) quebradizo; *Haus etc*: desvencijado; *fig* caduco

'Morsealphabet N (alfabeto *m*) morse *m*

'morsen V/T & V/I transmitir por señales morse

'Mörser M ⟨~s; ~⟩ mortero *m* (*a.* MIL); (*Gefäß*) *a.* almirez *m*; **Mörserkeule** F mano *f* de mortero (*bzw* de almirez)

'Morseschreiber M aparato *m* morse, telégrafo *m* morse; **Morseschrift** F escritura *f* morse; **Morsezeichen** NPL signos *mpl* (*bzw* señales *fpl*) morse

Morta'della F ⟨~; ~s⟩ mortadela *f*

'Mörtel M ⟨~s; ~⟩ mortero *m*; argamasa *f*; **mit ~ bewerfen** revocar; **Mörtelkelle** F llana *f*; **Mörteltrog** M cuezo *m*

Mosa'ik N ⟨~s; ~en⟩ mosaico *m* (*a. fig*); **Mosaikarbeit** F mosaico *m*; **Mosaikbild** N mosaico *m*; **Mosaikfußboden** M pavimento *m* de mosaico; **Mosaikkünstler** M, **Mosaikkünstlerin** F mosaísta *m/f* artístico, -a; **Mosaikstein** M tesela *f*

mo'saisch ADJ REL mosaico

Mosam'bik N ⟨~s⟩ Mozambique *m*

Mosambi'kaner M ⟨~s; ~⟩, **Mosambikanerin** F ⟨~; ~nen⟩ mozambiqueño *m*, -a *f*, mozambicano *m*, -a *f*; **mosambikanisch** ADJ mozambiqueño; mozambicano

Mo'schee F ⟨~; ~n⟩ mezquita *f*

'Moschus M ⟨~⟩ almizcle *m*; **Moschusochse** M ZOOL buey *m* almizclado; **Moschustier** N ZOOL almizclero *m*

'Mose → Moses

'Mosel F ⟨~⟩ Mosela *m*; **Moselwein** M vino *m* del Mosela

'mosern V/I *umg* protestar

'Moses EIGENN M Moisés *m*; *Bibel*: **die fünf Bücher Mosis** *od* **Mose** el Pentateuco

'Moskau N ⟨~s⟩ Moscú *m*; **Moskauer** M ⟨~s; ~⟩, **Moskauerin** F ⟨~; ~nen⟩ moscovita *m/f*; **moskauisch** ADJ moscovita

Mos'kito M ⟨~s; ~s⟩ ZOOL mosquito *m*; **Moskitonetz** N mosquitero *m*

Mosko'witer M ⟨~s; ~⟩, **Moskowiterin** F ⟨~; ~nen⟩ moscovita *m/f*

'Moslem M ⟨~s; ~s⟩ musulmán *m*, muslime *m*

Mos'lemin F ⟨~; ~nen⟩ musulmana *f*; **mos'lemisch** ADJ musulmán; **Mos'lime** F ⟨~; ~n⟩ musulmana *f*

Most M ⟨~(e)s; ~e⟩ mosto *m*; (*Apfelmost*) sidra *f*

Moste'rei F ⟨~; ~en⟩ fábrica *f* de mosto

'Mostert M ⟨~(e)s⟩, **Mostrich** M ⟨~(e)s⟩ *reg* mostaza *f*

'Motel, Mo'tel N ⟨~s; ~s⟩ motel *m*

Mo'tette F ⟨~; ~n⟩ MUS motete *m*

Mo'tiv N ⟨~s; ~e⟩ motivo *m* (*a. Kunst*); (*Beweggrund*) *a.* móvil *m*; LIT asunto *m*; MUS tema *m*

Motivati'on [-v-] F ⟨~; ~en⟩ motivación *f*

motivati'onsfördernd ADJ fomentando la motivación; **Motivationsförderung** F fomento *m* de la motivación; **Motivationsschub** M impulso *m* motivador; carga *f* de motivación; **Motivationsspritze** F inyección *f* (de ánimo)

moti'vieren [-v-] V/T ⟨*ohne* ge-⟩ motivar; **moti'viert** ADJT motivado; **Moti'vierung** F ⟨~⟩ motivación *f*

mo'tivisch [-v-] ADJ motivo

Mo'tivsuche F búsqueda *f* de(l) motivo; *polizeiliche Ermittlung*: indagación *f* (*od* investigación *f*) del motivo; **Motivwagen** M *bei Umzügen*: vehículo *m* motivo

Moto'cross, Moto-'Cross N ⟨~; ~e⟩ moto-cross *m*; **Moto'drom** N ⟨~s; ~e⟩ motódromo *m*

'Motor, Mo'tor M ⟨~s; ~en⟩ motor *m*; **den ~ anlassen** *od* **anwerfen** poner en marcha el motor; arrancar

'Motorantrieb M impulsión *f* por motor, motopropulsión *f*; **Motorausfall** M fallo *m* de motor; **Motorbarkasse** F barcaza *f* (*od* lancha *f*) de motor; **Motorblock** M bloque *m* (de) motor; **Motorboot** N (lancha *f*) motora *f*; motolancha *f*; **Motorbootsport** M motonáutica *f*; **Motorbremse** F freno *m* por (*od* de) motor

Mo'torenbau M construcción *f* de motores; **Motorenlärm** M ruido *m* de motores

'Motorfahrrad N velomotor *m*; **Motorfahrzeug** N vehículo *m* automóvil (*od* de motor); **Motorgehäuse** N cárter *m* (del motor); **Motorgeräusch** N ruido *m* del motor; **Motorhaube** F AUTO capó *m*

Mo'torik F ⟨~⟩ PHYSIOL motricidad *f*; **motorisch** ADJ motor, motriz; **~er Nerv** nervio *m* motor

motori'sieren V/T ⟨*ohne* ge-⟩ motorizar; **Motorisierung** F ⟨~; ~en⟩ motorización *f*

'Motorjacht F SCHIFF yate *m* de motor; **Motorleistung** F potencia *f* del motor; **Motorpflug** M AGR arado *m* de motor; **Motorpumpe** F motobomba *f*

'Motorrad N motocicleta *f*, *umg* moto *f*; **~ fahren** ir en moto(cicleta); **Motorradfahrer** M, **Motorradfahrerin** F motociclista *m/f*; **Motorradrennen** N carrera *f* de motocicletas; **Motorradsport** M motorismo *m*, motociclismo *m*

'Motorrasenmäher M cortacésped *m* de motor; **Motorroller** M escúter *m*; **Motorsäge** F motosierra *f*; **Motorschaden** M avería *f* del motor; **Motorschiff** N motonave *f*; **Motorsegler** M motovelero *m*; **Motorsport** M motorismo *m*; **Motorspritze** F autobomba *f*

'Motte F ⟨~; ~n⟩ ZOOL polilla *f*; *umg fig* **du kriegst die ~n!** ¡será posible!

'Mottenfraß M apolilladura *f*; **Mottenkiste** F *fig* **etw aus der ~ holen** desempolvar, desenmohecer a/c; **Mottenkugel** F bola *f* antipolilla; **Mottenloch** N → Mottenfraß; **Mottenschutzmittel** N antipolilla *m*

'mottensicher ADJ antipolilla; **mottenzerfressen** ADJ apolillado

'Motto N ⟨~s; ~s⟩ lema *m*, divisa *f*; *im Buch*: epígrafe *m*; **unter dem ~ ... stehen** tener como lema

'motzen V/I *umg* rezongar; protestar

'Mountainbike ['maʊntənbaɪk] N ⟨~s; ~s⟩ mountain-bike *m*, bicicleta de montaña; BTT *f* (bicicleta todo terreno); **Mountainbiker** M ⟨~s; ~⟩, **Mountainbikerin** F ⟨~; ~nen⟩ ciclista *m/f* (de bicicleta) de montaña *bzw* de BTT

'Mouse-Pad ['maʊspɛt] → Mauspad

'Mousse [mus] F ⟨~; ~s⟩ mousse *m*

mous'sieren [mu-] V/I ⟨*ohne* ge-⟩ espumar; **moussierend** ADJ espumoso; efervescente

'Möwe F ⟨~; ~n⟩ ORN gaviota *f*; **Möwengeschrei** N gritos *mpl* de las gaviotas

Mozam'bique → Mosambik

Mozza'rella M ⟨~s; ~s⟩ GASTR mozzarella *f*

MP F ABK **1** (*Militärpolizei*) policía *f* militar **2** (*Maschinenpistole*) metralleta *f*

MP'3 N IT *Format zum Speichern von Audio-Dateien*: MP3 *m*; **MP3-Player** [-pleːər] M IT reproductor *m* MP3

Mrd. ABK (Milliarde, -n) mil millones *mpl*

MS F ABK ⟨~⟩ MED (multiple Sklerose) esclerosis *f* múltiple, EM *f*

m/sec ABK (Meter pro Sekunde) metros por segundo

Ms(kr). ABK (Manuskript) ms. (manuscrito)

M'S-Kranke M/F afectado *m*, -a *f* de esclerósis múltiple; **MS-Kranker** M → MS-Kranke

MT'A M/F ABK (medizinisch-technischer Assistent, medizinisch-technische Assistentin) ≈ ATS *m/f* (ayudante técnico-sanitaria)

mtl. ABK (monatlich) mensual

'Mucke F ⟨~; ~n⟩ *umg* capricho *m*; antojo *m*; **~n haben** tener caprichos; **das hat seine ~n** tiene sus pegas

'Mücke F ⟨~; ~n⟩ **1** ZOOL mosquito *m*; *reg* (*Fliege*) mosca *f*; *fig* **aus einer ~ einen Elefanten machen** hacer una montaña de un grano de arena; hacer de una pulga un elefante (*od* un camello) **2** *umg fig* **die ~ machen** largarse, esfumarse, eclipsarse

'Muckefuck M ⟨~s⟩ *umg* café *m* flojo (*od* de recuelo); (*Kaffee-Ersatz*) sucedáneo *m* de café

'mucken V/I *umg* (*aufbegehren*) protestar; (*murren*) refunfuñar; rezongar; **ohne zu ~** sin rechistar

'Mückennetz N mosquitero *m*; **Mückenstich** M picadura *f* de mosquito

'Mucker M ⟨~s; ~⟩ *pej* (*Griesgram*) gruñón *m*, regañón *m*; (*Duckmäuser*) socarrón *m*; hipócrita *m*

'Muckis PL *umg* bolas *fpl* (de músculo)

'Mucks M ⟨~es; ~e⟩ **keinen ~ tun** no moverse; **keinen ~ sagen** no rechistar; no abrir el pico; *umg* no decir oste ni moste

'mucksen V/I(V/R) **(sich) ~** moverse; **(sich) nicht ~** no rechistar; no decir esta boca es mía; no decir ni pío

'mucks'mäuschen'still ADJ *umg* **~ sein** no decir ni pío; no rechistar; **es war ~** no se oía ni una mosca

'müde ADJ **1** cansado; fatigado; (*schläfrig*) somnoliento; **~ werden** cansarse; fatigarse; **~ sein** *a.* tener sueño **2** (*überdrüssig*) **einer Sache** (*gen*) **~ sein** estar cansado (*od* harto) de a/c; **es ~ sein, zu** (*inf*) estar cansado de (*inf*); **er wird nicht müde zu** (*inf*) no se cansa de (*inf*)

'Müdigkeit F ⟨~⟩ cansancio *m*; fatiga *f*; **vor ~ umfallen** no poder tenerse en pie (de fatiga)

Mudscha'hed M ⟨~s; Mudschahiddin⟩ *Is-*

lam: (*heiliger Krieger*) mujaidín *m*, muyahidín *m*
Mu'ezzin M ⟨~s; ~e⟩ muecín *m*
Muff[1] M ⟨~(e)s; ~e⟩ (*Handwärmer*) manguito *m*
Muff[2] M ⟨~(e)s⟩ (*Modergeruch*) olor *m* a moho
'Muffe[1] F ⟨~; ~n⟩ TECH manguito *m*
'Muffe[2] F ⟨~; ~n⟩ *umg* (*Angst*) *mst* PL **~n haben** tener miedo
'Muffel[1] F ⟨~; ~n⟩ CHEM, METALL mufla *f*
'Muffel[2] M ⟨~s; ~⟩ *umg* gruñón *m*; → *a.* Faschingsmuffel, Morgenmuffel; **muffelig** ADJ *umg* gruñón, refunfuñón
'muffeln A VI *umg* 1 (*mürrisch sein*) refunfuñar 2 (*undeutlich reden*) farfullar 3 (*kauen*) masticar (a boca llena) B V/UNPERS **es muffelt** huele a moho; *im Zimmer* huele a cerrado
'Muffelwild N ZOOL muflones *mpl*
'Muffenkupplung F TECH acoplamiento *m* de manguito; **Muffenrohr** N tubo *m* de manguito; **Muffensausen** N → Muffe[2]
'muffig ADJ 1 *Luft* viciado, enrarecido; **~ riechen** oler a moho; *Zimmer* oler a cerrado 2 *fig Person* gruñón, refunfuñón; malhumorado
'mufflig ADJ → muffelig
'Mufflon N ⟨~s; ~s⟩ ZOOL muflón *m*
muh INT ¡mu!
'Mühe F ⟨~; ~n⟩ (*Anstrengung*) esfuerzo *m*; (*Arbeit*) trabajo *m*; (*Umstände*) molestia *f*; **mit Müh und Not** a duras penas; *umg* a trancas y barrancas; **nach vieler ~** a costa de muchos (*od* de grandes) esfuerzos; **das ist verlorene ~** son esfuerzos baldíos (*od* en balde); es en balde; **~ kosten** costar trabajo (*od* esfuerzo); **~ machen** ocasionar molestias; **das macht mir keine ~** no es ninguna molestia; **es macht mir ~ zu** (*inf*) me cuesta (trabajo *od* esfuerzo) (*inf*); **seine ~ haben mit** tener mucho trabajo con; **ich habe größte ~ zu** (*inf*) me las veo y me las deseo para (*inf*); **keine ~ scheuen** no escatimar (*od* regatear) esfuerzos; **sich** (*dat*) **~ geben** esforzarse (zu por); esmerarse (**bei** en); **sich** (*dat*) (**mit etw**) **~ geben** esforzarse (en a/c); **sich** (*dat*) **alle erdenkliche ~ geben** hacer todo lo (humanamente) posible; **gib dir keine ~!** ¡no te molestes!; *iron* ¡estás perdiendo el tiempo; **sich** (*dat*) **die ~ machen zu** (*inf*) tomarse la molestia (*od* el trabajo) de (*inf*); molestarse en (*inf*); **die Sache ist (nicht) der ~ wert** la cosa (no) vale la pena
'mühelos ADV sin esfuerzo; fácilmente; **Mühelosigkeit** F ⟨~⟩ facilidad *f*
'muhen VI *Kuh* mugir
'Muhen N ⟨~s⟩ *der Kuh:* mugido *m*
'mühen V/R **sich ~** trabajar (**um zu** para); esforzarse (por *od* en); afanarse (por); **sich ~ (, etw zu tun)** afanarse (en hacer a/c)
'mühevoll ADJ penoso; fatigoso; laborioso
'Mühlbach M caz *m* del molino
'Mühle F ⟨~; ~n⟩ 1 molino *m*; (*Handmühle, Kaffeemühle*) molinillo *m* 2 (*Brettspiel*) tres *m* en raya 3 *umg* (*altes Auto*) cacharro *m*, cafetera *f*; **Mühlenindustrie** F molinería *f*, industria *f* molinera (*od* harinera); **Mühlespiel** N juego *m* del tres en raya; **Mühlrad** N rueda *f* de molino; **Mühlstein** M piedra *f* de molino, muela *f*
'Mühsal F ⟨~; ~e⟩ pena *f*; trabajo *m* penoso; fatigas *fpl*; agobio *m*; **mühsam, mühselig** A ADJ (*schwer, lästig*) pesado, gravoso; (*hart*) arduo, duro; (*sehr hart*) penoso, ímprobo; (*ermüdend*) fatigoso; (*aufwendig*) laborioso; trabajoso; (*schwierig*) difícil, dificultoso B ADV con dificultad; con mucho esfuerzo (*od* trabajo); a duras penas; **Mühseligkeit** F ⟨~⟩ → Mühsal
Mu'latte M ⟨~n; ~n⟩ mulato *m*; **Mulattin** F ⟨~; ~nen⟩ mulata *f*
'Mulde F ⟨~; ~n⟩ 1 GEOL depresión *f* (del terreno); (*Tal*) hondonada *f*; cuenca *f* 2 *reg* (*Trog*) artesa *f*
'Muli N ⟨~s; ~s⟩ ZOOL → Maultier
Mull[1] M ⟨~(e)s; ~e⟩ TEX muselina *f* fina; (*Verbandmull*) gasa *f*
Mull[2] M ⟨~(e)s⟩ AGR (*Humus*) humus *m* (*od* mantillo *m*) suave
Müll M ⟨~(e)s⟩ desechos *mpl*; (*Hausmüll*) basura *f* (*a. fig*); (*Abfälle*) residuos *mpl* (sólidos); desperdicios *mpl*; **den ~ trennen** separar la basura; **etw in den ~ werfen** echar a/c a la basura
'Müllabfuhr F recogida *f* de basuras; retirada *f* de residuos (sólidos); **Müllabladeplatz** M vertedero *m* de basuras, basurero *m*; **Müllablagerung** F depósito *m* de basura(s); acumulación *f* de residuos (*od* basura)
'Mullah M ⟨~s; ~s⟩ REL profesor *m* de religión islámica; almala *m*
'Müllaufbereitungsanlage F planta *f* transformadora (*od* procesadora) de basuras; **Müllaufkommen** N acumulación *f* de residuos (*od* basura); **Müllauto** M → Müllwagen; **Müllbeseitigung** F eliminación *f* de residuos; **Müllbeutel** M bolsa *f* de basura
'Mullbinde F venda *f* de gasa
'Müllcontainer [-te:nər] M contenedor *m* de basuras; **Mülldeponie** F vertedero *m* de basura, basurero *m*; **wilde ~** vertedero *m* incontrolado; **Mülleimer** M cubo *m* de (la) basura; **Müllentsorgung** F eliminación *f* de desechos (*od* residuos); (*mit Verwertung*) tratamiento *m* de desechos (*od* residuos)
'Müller M ⟨~s; ~⟩ molinero *m*
Mülle'rei F ⟨~⟩ molinería *f*
'Müllerin F ⟨~; ~nen⟩ molinera *f*
'Müllexport M exportación *f* de basura (*od* residuos); **Müllfahrer** M, **Müllfahrerin** F basurero *m*, -a *f*; **Müllfahrzeug** N → Müllwagen; **Müllgrube** F, **Müllhalde** F muladar *m*; basurero *m*; **Müllhaufen** M montón *m* de basura; **Müllkippe** F → Müllabladeplatz; **Müllkutscher** M *hum* → Müllmann; **Müllawine** F avalancha *f* (*od* oleada *f*) de basura; **Müllmann** M basurero *m*; **Müllmenge** F cantidad *f* de basura; **Müllofen** M horno *m* de incineración de basura; **Müllsack** M bolsa *f* de basura; **Müllschaufel** F (re)cogedor *m*; **Müllschlucker** M evacuador *m* de basuras; **Mülltonne** F bidón *m* (*od* cubo *m*) de basura; **Mülltrennung** F ÖKOL separación *f* (*od* selección *f*) de basuras; **Mülltüte** F bolsa *f* de la basura; **Müllverbrennung** F incineración *f* de basuras; **Müllverbrennungsanlage** F planta *f* incineradora de basuras; **Müllvermeidung** F evitación *f* de desechos (*od* residuos); **Müllverwertung** F ÖKOL reciclaje *m* de basura (*od* residuos); **Müllwagen** M camión *m* de la basura; **Müllwerker** M → Müllmann
'mulmig ADJ 1 *umg fig Situation* sospechoso; dudoso; **es wird ~** la cosa se pone fea; la cosa huele mal 2 **mir ist ~ (zumute)** tengo mala sensación; me da cierto miedo
multi..., 'Multi... IN ZSSGN multi...
'Multi M ⟨~s; ~s⟩ *umg* multinacional *f*
multi'ethnisch ADJ multiétnico; **multifunktio'nal** ADJ multifuncional; polifuncional; **multikultu'rell** ADJ multicultural; **multilate'ral** ADJ multilateral
Multi'media... IN ZSSGN multimedia; **Multimediaanwendung** F IT aplicación *f* multimedia
multimedi'al ADJ multimedia
Multi'media-PC M ordenador *m* (*Am* computadora *f*) multimedia; **Multimediaprodukt** N producto *m* multimedia; **Multimediashow** [-ʃo:] F show *m* multimedia; **Multimediaveranstaltung** F acto *m* multimedia
'Multimillionär M, **Multimillionärin** F multimillonario *m*, -a *f*
multinatio'nal ADJ multinacional, *Am* trasnacional; **~es Unternehmen** (empresa *f*) multinacional *f*
mul'tipel ADJ múltiple; MED **multiple Sklerose** esclerosis *f* múltiple
'Multiple-'Choice-Verfahren ['maltɪpl-'tʃɔys-] N test *m* de elección múltiple
Multipli'kand M ⟨~en; ~en⟩ MATH multiplicando *m*; **Multiplikati'on** F ⟨~; ~en⟩ MATH multiplicación *f*; **Multiplikati'onszeichen** N MATH signo *m* de multiplicar; **Multipli'kator** M ⟨~s; ~en⟩ MATH multiplicador *m*; **multipli'zierbar** ADJ multiplicable; **multipli'zieren** VT ⟨*ohne* ge-⟩ multiplicar
'Multitalent N multitalento *m*
Multivita'minsaft M zumo *m* multivitamínico; **Multivitamintablette** F pastilla *f* multivitamínica
'Mumie F ⟨~; ~n⟩ momia *f*
'mumienhaft ADJ como una momia
mumifi'zieren VT ⟨*ohne* ge-⟩ momificar; **Mumifizierung** F ⟨~⟩ momificación *f*
Mumm M ⟨~s⟩ *umg* valor *m*; coraje *m*; **~ (in den Knochen) haben** tener agallas (*od* arrestos *od umg* hígados)
'Mummelgreis M *umg* vejete *m*; vejestorio *m*; viejo *m* chocho
'mummeln VI *umg* mascullar
'Mummenschanz M ⟨~es⟩ mascarada *f*; mojiganga *f*
'Mumpitz M ⟨~es⟩ *umg* majadería *f*, disparates *mpl*, sandeces *fpl*
Mumps M ⟨~⟩ MED paperas *fpl*; *fachspr* parotiditis *f*
'München N ⟨~s⟩ Múnich *m*
'Münch(e)ner M, **Münch(e)nerin** F muniqués *m*, -esa *f*; **münch(e)nerisch** ADJ muniqués
Mund M ⟨~(e)s; ⸚er⟩ 1 ANAT boca *f*; **den ~ halten** callar la boca; *umg* cerrar el pico; **halt den ~!** ¡cállate!; *umg* ¡calla la boca!; **~ und Nase aufsperren** quedarse con la boca abierta (*od* boquiabierto); *fig* **den ~ voll nehmen** *umg* tener mucho cuento; *fig* **sich** (*dat*) **den ~ verbrennen** *umg* meter la pata; **den ~ nicht aufmachen** no despegar los labios; no decir esta boca es mía; **nicht auf den ~ gefallen sein** *umg* no tener pelos en la lengua; **wie aus einem ~e** todos a una; todos por una boca; **immer im ~e führen** traer siempre en boca; **j-m etw in den ~ legen** poner a/c en boca (*od* en labios) de alg; *umg fig* **in den ~ nehmen** *Worte etc* pronunciar, decir; **in aller ~e sein** estar en boca de todos; **mit offenem ~** boquiabierto (*a. fig*); **j-m nach dem ~(e) reden** llevar la corriente a alg; *Nachricht* cundir; **j-m über den ~ fahren** cortar la palabra a alg; **von ~ zu ~ gehen** andar (*od* correr) de boca en boca; **zum ~(e) führen** llevar(se) a la boca (*od* a los labios) 2 (*Öffnung*) *a.* abertura *f*, orificio *m*
'Mundart F dialecto *m*; habla *f*; **Mundartdichter** M, **Mundartdichterin** F poeta *m/f* regional; poeta *m/f* en (el) dialecto regional; **mundartlich** ADJ dialectal
'Mundatmung F respiración *f* bucal; **Munddusche** F ducha *f* bucal
'Mündel N ⟨~s; ~⟩ pupilo *m*; **Mündelgelder** NPL capital *m* pupilar; **mündelsicher** ADJ con garantía pupilar; **~e Anlage/Papiere** inversión *f*/valores *mpl* con garantía pupilar; **Mündelsicherheit** F garantía *f* pupilar
'munden VI *geh* saber bien, agradar al paladar; **j-m ~** saber bien a alg; **sich** (*dat*) **etw ~ lassen** comer a/c con buen apetito; saborear

a/c
'münden VI *Fluss* desembocar (**in** *acus* en) (*a. Weg, Gespräch*)
'mundfaul ADJ parco en palabras, callado; **Mundfäule** F MED estomatitis *f* ulcerosa; **mundgerecht** ADJ **j-m etw ~ machen** amoldar (*od* adaptar) a/c al gusto de alg; **Mundgeruch** M mal aliento *m;* MED halitosis *f;* **Mundharmonika** F MUS armónica *f;* **Mundhöhle** F ANAT cavidad *f* bucal
'mündig ADJ **1** JUR mayor de edad; **für ~ erklären** declarar mayor de edad; emancipar; **~ sprechen** emancipar; **~ werden** alcanzar (*od* llegar a) la mayoría de edad **2** *fig* responsable
'Mündigkeit F ⟨~⟩ mayoría *f* de edad
'mündigsprechen VT → mündig 1
'Mündigsprechung F ⟨~⟩ emancipación *f*
'mündlich **A** ADJ verbal; oral; **~e Vereinbarung** acuerdo *m* verbal; **~e Prüfung** examen *m* oral **B** ADV verbalmente, de palabra; de viva voz; oralmente
'Mundpflege F higiene *f* bucal; **Mundpropaganda** F publicidad *f* de boca en boca; **Mundraub** M hurto *m* famélico; **Mundschenk** M *hist* ⟨~(e)s; ~e⟩ escanciador *m;* copero *m;* **Mundschutz** M **1** MED mascarilla *f* **2** *beim Boxen etc:* protector *m* dental (*od* bucal); **Mundsperre** F MED trismo *m;* **Mundspiegel** M MED estomatoscopio *m*, espéculo *m* bucal; **Mundstellung** F posición *f* de la boca; **Mundstück** N *e-r Zigarette:* boquilla *f;* MUS *a.* embocadura *f; des Zaumes:* bocado *m*
'mundtot ADJ **j-n ~ machen** obligar a callar a alg; tapar la boca a alg; *bes Presse:* amordazar
'Mündung F ⟨~; ~en⟩ **1** (*Flussmündung*) desembocadura *f; breite:* estuario *m* **2** *e-s Rohrs, e-r Feuerwaffe:* boca *f;* (*Öffnung*) orificio *m*
'Mündungsarm M brazo *m* de una desembocadura; **Mündungsbremse** F MIL freno *m* de boca; **Mündungsfeuer** N MIL fogonazo *m;* **Mündungsgebiet** N estuario *m;* **Mündungskappe** F, **Mündungsschoner** M MIL tapabocas *m*
'Mundvoll M, **Mund voll** M (*Bissen*) bocado *m;* (*Schluck*) bocanada *f* → Mund 1
'Mundvorrat M provisiones *fpl* de alimentos; víveres *mpl;* **Mundwasser** N ⟨~s; Mundwässer⟩ agua *f* dentífrica; enjuague *m* (bucal); elixir *m* bucal
'Mundwerk N *umg fig* **ein großes** *od* **lautes** *od* **loses ~ haben** tener mucha labia (*od* mucho pico)
'Mundwinkel M comisura *f* de los labios
'Mund-zu-'Mund-Beatmung F (respiración *f* de) boca a boca *m;* **Mund-zu--Mund-Propaganda** F propaganda *f* de boca en boca
Muniti'on F ⟨~; ~en⟩ munición *f;* **seine (ganze) ~ verschießen** agotar sus municiones; **mit ~ versorgen** cargar munición, (a)municionar
munitio'nieren VT ⟨*ohne* ge-⟩ cargar munición, (a)municionar
Muniti'onsdepot N depósito *m* de municiones; **Munitionsfabrik** F fábrica *f* de municiones; **Munitionskammer** F SCHIFF santabárbara *f;* pañol *m* de municiones; **Munitionskasten** M caja *f* de municiones; **Munitionskolonne** F MIL convoy *m* (*od* columna *f*) de municiones; **Munitionslager** N depósito *m* de municiones; **Munitionsnachschub** M carga *f* de munición, amunicionamiento *m;* **Munitionsversorgung** F **1** *Lieferung:* suministro *f* de munición **2** → Munitionsnachschub; **Munitionswagen** M camión *m* (*bzw* furgón *m bzw* carro *m*) de municiones
'munkeln VI cuchichear; murmurar; cotillear; chismorrear; **man munkelt, dass ...** corren rumores de que ...; corre la voz de que ...
'Munkeln N ⟨~s⟩ cuchicheo *m;* cotilleo *m;* chismorreo *m*
'Münster N ⟨~s; ~⟩ catedral *f*
'munter ADJ **1** (*wach*) despierto; **~ machen** (*aufwecken*) despertar; **~ werden** despertarse, (d)espabilarse **2** (*fröhlich*) contento, alegre; (*lebhaft*) animado, vivaz, vivaracho, vivo; (*aufgeweckt*) (d)espabilado, avispado; **nur ~!** ¡ánimo!, ¡adelante! **3** (*rüstig*) lozano; MED **wieder ~** restablecido
'Munterkeit F ⟨~⟩ (*Fröhlichkeit*) alegría *f;* (*Lebhaftigkeit*) animación *f;* vivacidad *f*, viveza *f;* (*Rüstigkeit*) lozanía *f*
'muntermachen VT → munter 1
'Untermacher M ⟨~s; ~⟩ *umg* estimulante *m*
'Münzamt N, **Münzanstalt** F casa *f* de la moneda; **Münzautomat** M máquina *f* automática a moneda; **Münzdelikt** N JUR delito *m* monetario
'Münze F ⟨~; ~n⟩ **1** moneda *f;* (*Gedenkmünze*) medalla *f;* **~n** *fpl* monedas *fpl;* **bare ~** (dinero *m* en) metálico *m; fig* **etw für bare ~ nehmen** tomar en serio a/c; **gängige ~** moneda *f* corriente (*a. fig*); *fig* **j-m mit gleicher ~ heimzahlen** pagar a alg en (*od* con) la misma moneda; **in klingender ~** en dinero (*od* moneda) contante y sonante; **~n prägen** acuñar moneda **2** *Prägeanstalt:* Casa *f* de la Moneda
'Münzeinheit F unidad *f* monetaria; **Münzeinwurf** M ranura *f* (para la moneda)
'münzen VT **1** acuñar **2** *fig* **das ist (nicht) auf mich gemünzt** eso (no) va por mí
'Münzensammler M, **Münzensammlerin** F coleccionista *m/f* de monedas, numismático *m*, -a *f;* **Münzensammlung** F colección *f* numismática (*od* de monedas)
Münzfälscher M, **Münzfälscherin** F falsificador *m*, -a *f* de moneda; **Münzfälschung** F falsificación *f* de moneda; **Münzfernsprecher** M TEL teléfono *m* público de monedas; **Münzfuß** M, **Münzgehalt** M ley *f* (de la moneda); **Münzgeld** N metálico *m;* dinero *m* en moneda; **Münzgesetz** N ley *f* monetaria; **Münzkabinett** N monetario *m;* gabinete *m* de numismática; **Münzkunde** F numismática *f;* **Münzmonopol** N derecho *m* exclusivo de acuñar moneda; **Münzprägung** F acuñación *f* de monedas, amonedación *f;* **Münzrecht** N derecho *m* de acuñar moneda; **Münzsammler** *etc* → Münzensammler *etc;* **Münzsorten** FPL especies *fpl* monetarias; tipos *mpl* (*od* clases *fpl*) de moneda; **Münzstätte** F Casa *f* de la Moneda; **Münzstempel** M troquel *m*, cuño *m;* **Münzsystem** N sistema *m* monetario; **Münztankstelle** F surtidor *m* de gasolina que funciona con monedas; **Münztelefon** N teléfono *m* de monedas; **Münzumlauf** M circulación *f* monetaria; **Münzverringerung** F JUR cercenamiento *m* de moneda; **Münzvertrag** M POL convención *f* monetaria; **Münzwaage** F pesillo *m;* **Münzwechsler** M máquina *f* automática de cambio; **Münzwert** M valor *m* real (de una moneda); **Münzwesen** N ⟨~s⟩ régimen *m* monetario; **Münzzeichen** N marca *f*
Mu'räne F ⟨~; ~n⟩ *Fisch:* morena *f*, murena *f*
'mürbe ADJ **1** (*zart*) tierno (*a. Fleisch*); (*weich*) blando; *Apfel* harinoso **2** (*brüchig*) frágil, (*bröckelig*) desmoronadizo; *Teig a.* quebradizo **3** (*abgenutzt*) desgastado **4** *fig* (*zermürbt*) agotado → mürbemachen
'mürbemachen VT *fig* **j-n ~** *umg* ablandar (*od* cansar) a alg; **~** cansarse; (*nachgeben*) acabar por ceder
'Mürb(e)teig M pastaflora *f*
'Murcia N ⟨~⟩ Murcia *f*
'Mure F ⟨~; ~n⟩ avalancha *f* de lodo (y tierra) (*en la montaña*)
Murks M ⟨~es⟩ *umg* chapucería *f*, chapuza *f;* **~ machen** hacer chapuzas; **'murksen** VI *umg* chapucear, frangollar; **'Murkser** M ⟨~s; ~⟩, **'Murkserin** F ⟨~; ~nen⟩ *umg* chapucero *m*, -a *f*
'Murmel F ⟨~; ~n⟩ canica *f;* (*Glasmurmel*) *a.* bolitas *f* (de cristal)
'murmeln VT & VI murmurar, musitar, susurrar; *fig* **in den Bart ~** hablar entre dientes
'Murmeln N ⟨~s⟩ murmullo *m;* susurro *m;* **Murmeltier** N ZOOL marmota *f; umg* **wie ein ~ schlafen** dormir como un lirón (*od* un tronco)
'murren VI murmurar; gruñir, refunfuñar; rezongar; quejarse (**über** *acus* de)
'Murren N ⟨~s⟩ murmuración *f;* gruñido *m;* quejas *fpl;* **ohne ~** sin rechistar
'mürrisch ADJ de mal humor; huraño; desabrido; *Gesicht:* hosco; (*brummig*) gruñón
Mus N ⟨~es; ~e⟩ (*Brei*) puré *m;* (*Obstmus*) compota *f;* mermelada *f; umg fig* **zu ~ schlagen** hacer papilla
'Muschel F ⟨~; ~n⟩ **1** ZOOL (*Muscheltier*) lamelibranquio *m;* (*Muschelschale*) concha *f; essbare allg:* marisco *m* de concha; (*Miesmuschel*) mejillón *m;* (*Venusmuschel*) chirla *f*, almeja *f* **2** (*Ohrmuschel*) pabellón *m* **3** TEL auricular *m;* **muschelförmig** ADJ en forma de concha; conquiforme; **Muschelkalk** M caliza *f* conchífera; **Muschelschale** F concha *f; halbe a.:* valva *f;* **Muscheltier** N ZOOL lamelibranquio *m*
'Muschi F ⟨~; ~s⟩ *sl* (*Vulva*) chocho *m*
'Muse F ⟨~; ~n⟩ musa *f* (*a. fig*); **die leichte ~** las variedades; *umg fig* **die ~ hat ihn geküsst** *umg* le ha soplado la musa; le ha venido la inspiración
muse'al ADJ de museo
'Muselman M ⟨~en; ~en⟩ HIST, *pej* musulmán *m;* **muselmanisch** ADJ HIST musulmán
'Musensohn M (*Dichter*) poeta *m;* **Musentempel** M *fig* templo *m* de las musas
Mu'seum N ⟨~s; Museen⟩ museo *m;* **ins ~ gehen** ir al museo
Mu'seumsführer M, **Museumsführerin** F guía *m/f* de museo; **Museumskunde** F museología *f;* **Museumspädagogik** F pedagogía *f* de museo; **museumsreif** ADJ apto para (exposición en) el museo; **Museumsstück** N pieza *f* de museo (*a. fig*)
'Musical ['mju:sikəl] N ⟨~s; ~s⟩ musical *m;* comedia *f* musical; **Musical-Theater** N sala *f* de musicales
Mu'sik F ⟨~⟩ música *f;* **~ machen** (*spielen*) tocar instrumentos musicales; (*komponieren*) componer (música); **~ hören** escuchar (*od* oír) música; **in ~ setzen** poner en música
Mu'sikabend M velada *f* musical; **Musikakademie** F conservatorio *m* (de música)
Musi'kalien PL (piezas *fpl* de) música *f;* **Musikalienhandlung** F casa *f* (*od* tienda *f*) de música
musi'kalisch ADJ musical; **~ sein** tener talento musical; **~er Hintergrund** música *f* de fondo; **~e Umrahmung** ambientación *f* musical
Musikali'tät F ⟨~⟩ musicalidad *f;* sentido *m* de la música
Mu'sikanlage F equipo *m* (estereofónico) de música
Musi'kant M ⟨~en; ~en⟩ músico *m;* **Musikantenknochen** M *umg* ANAT hueso *m* de

la alegría (*od* de la risa); **Musikantin** F ⟨~; ~nen⟩ música *f*
Mu'sikaufführung F audición *f* musical; **Musikautomat** M → Musikbox; **Musikbegleitung** F acompañamiento *m* musical; **Musikbox** F máquina *f* tocadiscos; **Musikdirektor** M, **Musikdirektorin** F director *m*, -a *f* de orquesta; **Musikeinlage** F entreacto *m* (*od* intermedio *m* *od* interludio *m*) musical
'Musiker M ⟨~s; ~⟩, **Musikerin** F ⟨~; ~nen⟩ músico *m*, -a *f*
Mu'sikfestival N, **Musikfestspiele** NPL festival *m* (de música); **Musikfilm** M película *f* musical; **Musikfreund** M, **Musikfreundin** F aficionado *m*, -a *f* a la música, amante *m/f* de la música; **Musikgruppe** F grupo *m* musical; **Musikhändler** M, **Musikhändlerin** F comerciante *m/f* de artículos musicales; **Musikhandlung** F → Musikalienhandlung; **Musikhochschule** F Escuela *f* Superior de Música; **Musikinstrument** N instrumento *m* musical (*od* de música); **Musikkanal** M RADIO, TV canal *m* de música; **Musikkapelle** F orquesta *f*; banda *f* de música (*a.* MIL); **Musikkassette** F casete *m* (*od* cinta *f*) de música; **Musikkorps** N MIL banda *f* militar; **Musikkritik** F crítica *f* musical; **Musikkritiker** M, **Musikkritikerin** F crítico *m*, -a *f* musical; **Musikkultur** F cultura *f* musical; **Musiklehrer** M, **Musiklehrerin** F profesor *m*, -a *f* de música; **Musikliebhaber** M, **Musikliebhaberin** F → Musikfreund; **Musikmagazin** N → Musikzeitschrift; **Musikmarkt** M mercado *m* de (la) música (*od* musical); **Musikmeister** M MIL músico *m* mayor; **Musiknarr** M, **Musiknärrin** F melómano *m*, -a *f*; **Musikpädagoge** M, **Musikpädagogin** F pedagogo *m*, -a *f* de música (*od* musical); **Musikpavillon** M kiosco *m* (*od* templete *m*) de la música; **Musikprogramm** N programa *m* de música (*od* musical); **Musikraum** M sala *f* de música; **Musikredakteur** M, **Musikredakteurin** F redactor *m*, -a *f* musical (*od* especializado en música); **Musikrichtung** F tendencia *f* musical; escuela *f* musical; **Musikschrank** M → Musiktruhe; **Musikschule** F conservatorio *m* (de música); **Musikschüler** M, **Musikschülerin** F alumno *m*, -a *f* (*od* estudiante *m/f*) de música; **Musikschwärmerei** F melomanía *f*; **Musiksender** M RADIO, TV emisora *f* de música (*od* musical); **Musiksendung** F programa *m* de música (*od* musical); **Musikstil** M estilo *m* musical; **Musikstück** N pieza *f* de música (*od* musical); **Musikszene** F mundo *m* de la música; ambiente *m* musical; **Musiktheater** N teatro *m* (*od* comedia) musical; **Musiktherapie** F musicoterapia *f*; **Musiktruhe** F *hist* mueble *m* radio, radiogramola *f*; **Musikunterricht** M lecciones *fpl* de música; **Musikverein** M sociedad *f* filarmónica; **Musikverlag** M editorial *f* de música; **Musikverleger** M, **Musikverlegerin** F editor *m*, -a *f* de música; **Musikwerk** N obra *f* musical, composición *f* (musical)
Mu'sikwissenschaft F musicología *f*; **Musikwissenschaftler** M, **Musikwissenschaftlerin** F musicólogo *m*; -a *f*; **musikwissenschaftlich** ADJ musicológico
Mu'sikwunsch M deseo *m* musical; **Musikzeitschrift** F revista *f* de música; **Musikzug** M banda *f* de música
'musisch ADJ *Person* con sensibilidad artística; *Veranlagung* de arte; **die ~en Fächer** las materias artísticas

musi'zieren VI ⟨*ohne* ge-⟩ hacer música; cultivar la música
Mus'kat M ⟨~(e)s; ~e⟩ nuez *f* moscada; **Muskatblüte** F macia *f*, macis *m*
Muska'teller M ⟨~s; ~⟩ (vino *m* de) moscatel *m*; **Muskatellertraube** F uva *f* moscatel; **Muskatellerwein** M (vino *m* de) moscatel *m*
Mus'katnuss F nuez *f* moscada; **Muskatnussbaum** M BOT mirística *f*
'Muskel M ⟨~s; ~n⟩ músculo *m*; *fig* **die ~n spielen lassen** enseñar los músculos; **Muskelband** N ANAT ligamento *m* muscular; **muskelbepackt** ADJ (muy) musculoso; **Muskelfaser** F ANAT fibra *f* muscular; **Muskelfaserriss** M MED rotura *f* de fibra muscular; desgarro *m* muscular; **Muskelgewebe** N ANAT tejido *m* muscular; **Muskelkater** M *umg* agujetas *fpl*; **Muskelkraft** F fuerza *f* muscular; **Muskelkrampf** M calambre *m*; **Muskelmann** M, **Muskelmensch** M, **Muskelprotz** M *umg pej* hombre *m* musculoso; **Muskelriss** M MED desgarro *m* muscular; **Muskelschwäche** F debilidad *f* muscular, MED miastenia *f*; **Muskelschwund** M MED atrofia *f* muscular; **Muskelzerrung** F MED distensión *f* (*umg* tirón *m*) muscular
Mus'kete F ⟨~; ~n⟩ MIL *hist* mosquete *m*; **Muske'tier** M ⟨~s; ~e⟩ MIL mosquetero *m*
musku'lär ADJ muscular
Muskula'tur F ⟨~; ~en⟩ musculatura *f*
musku'lös ADJ musculoso
'Müsli N ⟨~s; ~⟩ muesli *m*
'Muslim M ⟨~(s); ~e *od* ~s⟩ → Moslem
Mus'lima F ⟨~; ~s *od* Muslimen⟩, **Muslime** F ⟨~; ~n⟩, **Muslimin** F ⟨~, ~nen⟩ → Moslemin; **muslimisch** ADJ → moslemisch
muss → müssen
Muss N ⟨~⟩ necesidad *f*
'Mussbestimmung F disposición *f* imperativa
'Muße F ⟨~⟩ ocio *m*; **mit ~** con toda tranquilidad, con calma
Musse'lin M ⟨~s; ~e⟩ TEX muselina *f*
'müssen A V/MOD ⟨*pperf* müssen⟩ 1 *allg* tener que; *innere Überzeugung a.*: deber, haber de; (*gezwungen sein*) estar (*od* verse) obligado a; **man muss** (*inf*) hay que (*inf*); **ich muss nicht hingehen** no necesito ir allá; **er muss kommen** *moralische Pflicht*: debe venir; **wir ~ Ihnen leider mitteilen, dass …** nos vemos en la obligación de comunicarle que …; **ich muss Ihnen sagen …** permítame que le diga …; debo (*od* he de) decirle …; **sie müsste es ihm sagen** tendría que decírselo; **sie muss schlafen** necesita dormir; **ich muss es tun** tengo que hacerlo, es preciso que lo haga; **ich weiß schon, was ich tun muss** ya sé lo que tengo que hacer; **er muss es nicht wissen** no hace falta que (él) se entere; **Urlaub müsste man haben!** ¡ojalá tuviéramos vacaciones!; *umg* **kein Mensch muss ~** nadie está obligado a nada 2 *Sache* (*nötig sein*) necesitar, tener necesidad de; **sein ~** ser necesario; **es muss sein** tiene que ser; **muss das (wirklich) sein?** ¿es (realmente) necesario?; **wenn es (unbedingt) sein muss** si no hay más (*od* otro) remedio; si hay que hacerlo; si es (absolutamente) necesario; **wie es sein muss** como es debido; **es muss getan werden** es preciso (*od* necesario) hacerlo 3 *bei e-r Vermutung*: **er muss es gewesen sein** debe de haber sido él; **er muss bald kommen** no tardará en venir; *umg* estará al caer; **sie muss krank sein** debe de estar enferma; estará enferma; **er muss verrückt sein** debe de estar loco; **er muss zu Hause sein** debe de estar en casa; **der Zug müsste längst hier sein** el tren ya hace tiempo que debería (*od* tendría que) estar aquí 4 *unwillkürlich*: **ich musste husten** me dio la tos; **ich musste (einfach) lachen** no pude menos de reírme; **ich musste niesen** tuve que estornudar B VI ⟨*pperf* gemusst⟩ 1 (*gehen müssen*) tener que irse; **ich muss nach Hause** tengo que irme a casa 2 *umg zur Toilette*: **ich muss mal** tengo que ir al servicio (*od* baño *od umg* water); *umg* tengo que hacer mis necesidades
'Mußestunden FPL, **Mußezeit** F ratos *mpl* libres (*od* de ocio)
'müßig ADJ 1 ocioso; desocupado; inactivo 2 (*unnütz*) ocioso, inútil; (*überflüssig*) superfluo; **~es Gerede** palabras *fpl* ociosas; **~e Frage** pregunta *f* superflua
'Müßiggang M ⟨~(e)s⟩ ociosidad *f*; holgazanería *f*, haraganería *f*; desocupación *f*; vagancia *f*; *sprichw* **~ ist aller Laster Anfang** la ociosidad es madre de todos los vicios; **Müßiggänger** M ⟨~s; ~⟩, **Müßiggängerin** F ⟨~; ~nen⟩ ocioso *m*, -a *f*
'Mussvorschrift F → Mussbestimmung
'Muster N ⟨~s; ~⟩ 1 (*Vorlage*) modelo *m* (**für** para); (*Vorbild*) modelo *m* (**an** *dat* de); (*Beispiel*) ejemplo *m*; *fig* botón *m* de muestra; (*Urbild*) (proto)tipo *m*; **als ~ dienen** servir de modelo; **als ~ hinstellen** poner como ejemplo; **ein ~ an Tugendhaftigkeit** un modelo de virtuosidad; **nach ~** según modelo; conforme a la muestra 2 *e-s Stoffs etc*: dibujo *m*; diseño *m* 3 (*Schnittmuster*) patrón *m* 4 (*Warenmuster*) muestra *f* (*a.* HANDEL); espécimen *m*; **kostenloses ~** muestra *f* gratuita; HANDEL **~ ohne Wert** muestra sin valor 5 GRAM paradigma *m*
'Musterausstellung F HANDEL exposición *f* de muestras; **Musterbeispiel** N ejemplo *m* (típico); (*Vorbild*) modelo *m* (ejemplar); **Musterbetrieb** M HANDEL empresa *f* modelo (*od* piloto); AGR explotación *f* modelo; **Musterbild** N modelo *m*; ideal *m*; **Musterbrief** M carta *f* tipo; modelo *m* de carta; **Musterbuch** N HANDEL muestrario *m*; **Musterexemplar** N 1 HANDEL ejemplar *m* de muestra 2 *umg fig* modelo *m*; **ein ~ von Ehemann** un marido modelo; **Musterfall** M caso *m* tipo; **Mustergatte** M marido *m* modelo (*od* ejemplar)
'mustergültig ejemplar; modelo; **Mustergültigkeit** F ⟨~⟩, ejemplaridad *f*
'Mustergut N AGR granja *f* modelo (*od* piloto)
'musterhaft ADJ → mustergültig
'Musterkarte F HANDEL muestrario *m*; tarjeta *f* de muestras; **Musterknabe** M *pej* niño *m* modelo; **Musterkoffer** M HANDEL (maleta *f*) muestrario *m*; **Musterkollektion** F HANDEL → Mustersammlung; **Musterland** N ⟨~(e)s; ⸚er⟩ país *m* modelo (*od* ejemplar); **Mustermesse** F HANDEL feria *f* de muestras
'mustern VT 1 examinar; mirar de arriba abajo; inspeccionar 2 MIL *Truppen* pasar revista a; *Rekruten* **gemustert werden** pasar el reconocimiento; → *a.* gemustert
'Musterprozess M JUR proceso *m* modelo; **Mustersammlung** F HANDEL colección *f* de muestras, muestrario *m*; **Musterschüler** M, **Musterschülerin** F alumno *m*, -a *f* modelo (*od* ejemplar); **Musterschutz** M protección *f* de las muestras (*bzw* de los modelos); **Musterstück** N modelo *m*; (*Probe*) muestra *f*; espécimen *m*
'Musterung F ⟨~; ~en⟩ examen *m*; inspección *f*; MIL revista *f* (de tropas); *von Rekruten*: revisión *f* médica; **Musterungskommission** F MIL comisión *f* (*od* junta *f*) de recluta-

miento
'Mustervertrag M contrato *m* tipo; modelo *m* de contrato; **Musterwohnung** F piso *m* piloto; **Musterzeichner** M, **Musterzeichnerin** F dibujante *m/f* de modelos (*bzw* de muestras); **Musterzeichnung** F dibujo *m* de modelo (*bzw* de muestra)
Mut M ⟨~(e)s⟩ valor *m*, coraje *m*; ánimo *m*; **~ fassen** *od* **schöpfen** cobrar ánimo (*od* valor); **wieder ~ fassen** recobrar el ánimo; **j-m ~ machen** (*od* **zusprechen**) infundir ánimo a alg; animar (*od* alentar) a alg; **j-m den ~ nehmen** desalentar (*od* desanimar) a alg; **den ~ sinken lassen** *od* **verlieren** perder el ánimo, desalentarse, desanimarse, desmoralizarse; **(nicht) den ~ haben, zu** (*inf*) (no) atreverse a (*inf*); **es gehört ~ dazu** hay que tener valor para eso; *geh* **guten ~es sein** estar optimista; estar de buen humor; **seinen ganzen ~ zusammennehmen** armarse de valor; **nur ~!** ¡valor!; ¡ánimo!; **zu ~e** → zumute
Mutati'on F ⟨~; ~en⟩ 1 BIOL mutación *f* 2 MED (*Stimmbruch*) cambio *m* de la voz
'Mütchen N ⟨~s⟩ *umg* **sein ~ an j-m kühlen** descargar su cólera en alg; ensañarse con alg
mu'tieren VI ⟨*ohne* ge-⟩ 1 BIOL mutar (**zu** a *od* en) 2 *Stimme* cambiar la voz
'mutig ADJ valiente, corajoso, (*kühn*) bravo; atrevido
'mutlos ADJ desalentado, desanimado; desmoralizado; descorazonado; **~ machen** desalentar, desanimar; **~ werden** desanimarse; desmoralizarse; descorazonarse
'Mutlosigkeit F ⟨~⟩ desaliento *m*, desánimo *m*, falta *f* de ánimo
'mutmaßen VT presumir, suponer; conjeturar; **mutmaßlich** ADJ presunto; supuesto; (*wahrscheinlich*) probable; **Mutmaßung** F ⟨~; ~en⟩ conjetura *f*; presunción *f*; suposición *f*; especulación *f*; (*Verdacht*) sospecha *f*; **~en anstellen** hacer conjeturas
'Mutprobe F prueba *f* de valor
'Mutter¹ F ⟨~; ⸚⟩ madre *f*; **eine werdende ~** una futura madre; **die ~ Gottes** la Madre de Dios; *fig* **~ Natur** (Madre) Naturaleza; **sie wird ~** va a ser madre
'Mutter² F ⟨~; ~n⟩ TECH tuerca *f*
'Mütterberatung(sstelle) F consultorio *m* de maternidad
'Mutterboden M AGR (madre *f*) tierra *f*; **Mutterbrust** F seno *m* materno
'Mütterchen N ⟨~s; ~⟩ madrecita *f*; **ein altes ~** una viejecita *f*
'Muttererde F 1 AGR → Mutterboden 2 *fig* tierra *f* natal; **Mutterflugzeug** N avión *m* nodriza; **Mutterfreuden** PL alegría *f* de ser madre; **~ entgegensehen** estar embarazada (*od* encinta); **Muttergesellschaft** F WIRTSCH sociedad *f* matriz *od* madre; **Muttergestein** N GEOL roca *f* madre; **Muttergewinde** N TECH filete *m* matriz
'Mutter'gottes F Nuestra Señora *f*; **Muttergottesbild** N imagen *f* de la Virgen; madona *f*
'Muttergrundstück N finca *f* matriz; **Mutterhaus** N WIRTSCH casa *f* matriz (*od* central)
'Mütterheim N residencia *f* materna
'Mutterherz N corazón *m* maternal (*od* de madre); **Mutterinstinkt** M instinto *m* maternal; **Mutterkirche** F REL iglesia *f* matriz; **Mutterkonzern** M → Muttergesellschaft; **Mutterkorn** N BOT cornezuelo *m* de centeno; **Mutterkuchen** M ANAT placenta *f*; **Mutterland** N ⟨~(e)s; ⸚er⟩ 1 (*Heimat*) madre *f* patria 2 *Kolonialismus*: metrópoli *f*; **das spanische ~** la metrópoli española
'Mutterlauge F CHEM lejía *f* madre; **Mutterleib** M seno *m* (*od* claustro *m*) materno; **im ~** en el seno materno
'mütterlich A ADJ maternal; materno B ADV como una madre; **mütterlicherseits** ADV por parte (*od* de parte) de la madre; *Verwandte*: (por el lado) materno; **Mütterlichkeit** F ⟨~⟩ maternidad *f*; sentimiento *m* maternal
'Mutterliebe F amor *m* maternal; **mutterlos** ADJ huérfano *m* de madre; sin madre; **Muttermal** N lunar *m*, MED nevo *m*; **Muttermilch** F leche *f* materna; *fig* **etw mit der ~ einsaugen** mamar a/c; **Muttermord** M matricidio *m*; **Muttermörder** M, **Muttermörderin** F matricida *m/f*; **Muttermund** M ⟨~(e)s⟩ ANAT orificio *m* uterino; **Mutterpartei** F POL partido *m* matriz; **Mutterpflicht** F deber *m* maternal; **Mutterrecht** N matriarcado *m*; **Mutterrolle** F papel *m* de madre; **Mutterschaf** N oveja *f* madre
'Mutterschaft F ⟨~⟩ maternidad *f*
'Mutterschaftsgeld N paga *f* por maternidad; **Mutterschaftsurlaub** M permiso *m* de (*od* por) maternidad; **Mutterschaftsvertretung** F suplencia *f* de maternidad
'Mutterschiff N buque *m* nodriza; **Mutterschoß** M regazo *m* materno; **Mutterschutz** M protección *f* de la maternidad (*od* a la madre); (*Mutterschutzzeit*) permiso *m* de (*od* por) maternidad; **Mutterschutzgesetz** N ley *f* de protección a la madre; **Mutterschwein** N cerda *f* (madre)
'mutter'seelenal'lein ADJ *umg* solo como un hongo; solito
'Muttersöhnchen N niño *m* mimado; **Muttersprache** F lengua *f* materna; **muttersprachlich** ADJ maternohablante; **Mutterstelle** F **~ vertreten bei** hacer de madre con; **Muttertag** M Día *m* de la Madre; **Mutterteil** N herencia *f* de la madre; JUR *Pflichtteil*: legítima *f* materna; **Muttertier** N (animal *m*) madre *f*; **Mutterwitz** M gracia *f* (natural); salero *m*, chispa *f*; **Mutterzelle** F BIOL célula *f* madre
'Mutti F ⟨~; ~s⟩ *umg* mamá *f*, mamaíta *f*
'Mutung F ⟨~; ~en⟩ BERGB solicitud *f* de concesión minera
'Mutwille M ⟨~ns⟩ petulancia *f*; (*Schelmerei*) travesura *f*, diablura *f*; (*Böswilligkeit*) malicia *f*; **mutwillig** A ADJ petulante; (*schelmisch*) travieso; (*böswillig*) malicioso; (*absichtlich*) intencional B ADV (*absichtlich*) a propósito, con intención, deliberadamente
'Mütze F ⟨~; ~n⟩ gorro *m*; *mit Schirm*: gorra *f*; (*Baskenmütze*) boina *f*
'Mützenschirm M visera *f*
m. W. ABK (meines Wissens) a mi saber (*od* entender)
MW ABK (Mittelwelle) onda *f* media
MwSt., Mw.-St. F ABK (Mehrwertsteuer) IVA *m* (Impuesto sobre el Valor Añadido); **inkl. ~** IVA incluido
Myan'mar N ⟨~s⟩ Myanmar *m*
My'om N ⟨~s; ~e⟩ MED mioma *m*
Myri'ade F ⟨~; ~n⟩ miríada *f*; *fig pl* **~n von …** miles y miles de …
'Myrr(h)e F ⟨~; ~n⟩ BOT mirra *f*
'Myrte F ⟨~; ~n⟩ BOT mirto *m*, arrayán *m*; **Myrtenkranz** M corona *f* de mirto
Mys'terienspiel N THEAT misterio *m*
mysteri'ös ADJ misterioso
Mys'terium N ⟨~s; Mysterien⟩ misterio *m*
Mystifikati'on F ⟨~; ~en⟩ mistificación *f*; engaño *m*, superchería *f*; **mystifi'zieren** VT ⟨*ohne* ge-⟩ mistificar; engañar, embaucar
'Mystik F ⟨~⟩ mística *f*; **Mystiker** M ⟨~s; ~⟩, **Mystikerin** F ⟨~; ~nen⟩ místico *m*, -a *f*
'mystisch ADJ místico
Mysti'zismus M ⟨~⟩ misticismo *m*
'Mythe F ⟨~; ~n⟩ mito *m*; **mythenhaft** ADJ, **mythisch** ADJ mítico
Mytho'loge M ⟨~n; ~n⟩ mitólogo *m*, mitologista *m*; **Mytholo'gie** F ⟨~; ~n⟩ mitología *f*; **Mytho'login** F ⟨~; ~nen⟩ mitóloga *f*, mitologista *f*; **mytho'logisch** ADJ mitológico
'Mythos M, **'Mythus** M ⟨~; Mythen⟩ mito *m*

N

N, n N N, n *f*
N ABK (Norden) norte *m*
na INT *umg* pues; *auffordernd, beschwichtigend*: ¡vamos!; *überrascht, empört*: ¡hombre!; *ungläubig*: ¡no me diga!; **~?** *neugierig*: ¿y (bien)?; **~, ~!** ¡pero hombre!; *begütigend*: ¡vaya!; **~ also!** ¡ya ve(s)!; ¡pues entonces!; **~ endlich!** ¡por fin!; **~ gut** *od* **~ schön** *nachgebend*: bueno; **~ ja!** ¡bueno!; ¡(está) bien!; **~ los!** ¡vamos!, ¡venga!; **~ so was!** *erstaunt*: ¡vaya!, ¡hombre!; **~ und?** ¿y qué?; **~ und ob!** ¡vaya que sí!; **~ warte!** ¡ya verás!; **~, wie geht's?** bueno ¿qué tal?; **~, dann nicht!** *resignierend*: ¡bueno, entonces, no!
'Nabe F ⟨~; ~n⟩ TECH (*Radnabe*) cubo *m*
'Nabel M ⟨~s; ~⟩ ANAT ombligo *m* (*a. fig*); BOT hilo *m*; **Nabelbinde** F vendaje *m* umbilical; *für Neugeborene*: ombliguero *m*; **Nabelbruch** M MED hernia *f* umbilical; **Nabelschau** F *umg fig* introspección *f*; *umg* ombliguismo *m*; **Nabelschnur** F, **Nabelstrang** M cordón *m* umbilical
'Nabenbremse F freno *m* de cubo; **Nabenhaube** F, **Nabenkappe** F tapacubo(s) *m*
'Nabob M ⟨~s; ~s⟩ nabab *m* (*a. fig*)
NABU ABK (Naturschutzbund Deutschland) *organización ecologista alemana*
nach A PRÄP (*dat*) 1 *Richtung*: hacia, para; *bei näherer Bestimmung*: a; *Zug, Schiff* con destino a, para; **abreisen ~** partir (*od* salir) para; marcharse a; **~ Madrid reisen** ir a Madrid; **~ Spanien** hacia (*od* a) España; **~ dem Fluss (hin)** hacia el río, en dirección al río; **~ Norden (zu)** hacia el norte; **~ Norden liegen** estar situado al norte; dar al norte; **~ dieser Seite** hacia este lado; *schweiz* **der Straße ~** siguiendo la calle (*bzw* la carretera); **der Weg ~ Toledo** el camino de Toledo; **~ rechts/links** hacia (*od* a) la derecha/izquierda; **~ oben/unten** hacia arriba/abajo; **~ oben/unten gehen** subir/bajar; **~ vorn/hinten** hacia adelante/atrás; **~ vorn kommen** ir adelante, avanzar 2 *zeitlich, Reihenfolge*: después de, tras; (*nach Ablauf von*) al cabo de; **~ drei Uhr** después de las tres; **es ist fünf (Minuten) ~ zehn** son las diez y cinco; **~ einer halben Stunde** al cabo de (*od* a la) media hora; **~ einigen Tagen** pasados (*od* transcurridos) algunos días; **~ getaner Arbeit** después de trabajar; una vez hecho (*od* terminado) el trabajo; **~ vielen Mühen** tras muchos esfuerzos; **~ Tisch** después de comer; **bitte, ~ Ihnen!** Ud. primero, por favor!; **einer ~ dem andern** uno tras otro 3 (*gemäß*) según, conforme a; de acuerdo con; **seinem Aussehen/seiner Form ~** a juzgar por su aspecto/forma; **~ dem Gedächtnis** de memoria; **dem Gesetz ~** conforme a (*od* según) la ley; **~ Gewicht verkaufen** vender al peso; **der**

Größe ~ según el tamaño; **~ Maß** a medida; **ihrer Meinung ~** según ella; en su opinión; **dem Namen ~** de nombre; **~ geltendem Recht** conforme a (*od* según) el derecho vigente; **je ~ den Umständen** según las circunstancias; **~ dem Verfahren von** según el método de; **~ seiner/ihrer Weise** a su manera **4** *mit Personen*: **~ dem Arzt schicken** enviar a buscar al médico; **j-n ~ j-m (be)nennen** llamar a alg como alg; dar a alg el nombre de alg **5** GASTR **riechen/schmecken ~** oler/saber a; **~ spanischer** *etc* **Art** a la española, *etc* **B** ADV **mir ~!** ¡seguidme!; **~ und ~** poco a poco; paulatinamente; **~ wie vor** ahora (*od* hoy) como antes; hoy como ayer; **das ist ~ wie vor billig/interessant** sigue siendo barato/interesante

'nachäffen VT *pej* remedar; imitar ridículamente

Nachäffe'rei F ⟨~; ~en⟩ *pej* remedo *m*; imitación *f* ridícula

'nachahmen VT imitar; copiar; (*fälschen*) falsificar, contrahacer; **nachahmenswert** ADJ digno de ser imitado; ejemplar; **Nachahmer** M ⟨~s; ~⟩, **Nachahmerin** F ⟨~; ~nen⟩ imitador *m*, -a *f*; copiador *m*, -a *f*; (*Fälscher,-in*) falsificador *m*, -a *f*; **Nachahmung** F ⟨~; ~en⟩ imitación *f*; copia *f*; (*Fälschung*) falsificación *f*; **vor ~en wird gewarnt** tenga cuidado con las imitaciones; **Nachahmungstrieb** M instinto *m* de imitación

'nacharbeiten VT (*nachbilden*) imitar; copiar; (*verbessern*) retocar, repasar; *Versäumtes* recuperar

'Nachbar M ⟨~n *od* ~s; ~n⟩ vecino *m*

'Nachbar... IN ZSSGN *mst* vecino; **Nachbardorf** N pueblo *m* vecino (*od* inmediato); **Nachbarhaus** N casa *f* contigua (*od* vecina); **Nachbarin** F ⟨~; ~nen⟩ vecina *f*; **Nachbarland** N país *m* vecino; **nachbarlich** **A** ADJ vecino **B** ADV de (*od* como) vecino; **mit j-m ~ verkehren** tener relaciones de buena vecindad con alg; **Nachbarort** M población *f* vecina; pueblo *m* vecino

N

'Nachbarschaft F ⟨~⟩ vecindad *f*; (*die Nachbarn*) *a.* vecinos *mpl*, vecindario *m*; (*Nähe*) cercanía *f*, proximidad *f*; **in der ~** cerca de aquí; en la vecindad; **gute ~ halten** estar en (*od* tener) relaciones de buena vecindad, llevarse bien con el vecino; **nachbarschaftlich** ADJ de (buena) vecindad; del vecino

'Nachbarsleute PL vecinos *mpl*

'Nachbarstaat M Estado *m* vecino (*od* limítrofe); **Nachbarwohnung** F piso *m* (*od Am* departamento *m*) vecino

'nachbauen VT copiar; imitar

'nachbearbeiten VT ⟨*ohne* ge-⟩ revisar, redactar; **Nachbearbeitung** F revisión *f* (*de un texto*); redacción *f* (*od* arreglo *m*) posterior

'Nachbeben N temblor *m* (*od* sismo *m*) secundario

'nachbehandeln VT ⟨*ohne* ge-⟩ MED tratar ulteriormente; **Nachbehandlung** F MED tratamiento *m* ulterior (*od* posterior)

'nachberechnen VT recargar; **Nachberechnung** F recargo *m*

'nachbereiten VT ⟨*ohne* ge-⟩ *Lernstoff* repasar; **Nachbereitung** F repaso *m*

'nachbessern VI retocar; **Nachbesserung** F ⟨~⟩ retoque *m*

'nachbestellen **A** VT HANDEL **etw ~** hacer un nuevo pedido de a/c; *im Restaurant*: **Kaffee ~** pedir otro café **B** VI HANDEL hacer un nuevo pedido; *im Restaurant*: repetir el plato; **Nachbestellung** F HANDEL nueva orden *f*, nuevo pedido *m*, pedido *m* suplementario

'nachbeten VT *umg pej* repetir mecánicamente, repetir como un lorito; **Nachbeter** M ⟨~s; ~⟩, **Nachbeterin** F ⟨~; ~nen⟩ *pej* el/la que repite mecánicamente; eco *m*

'Nachbetrachtung F reflexión *f* (*od* consideración *f od* observación *f*) posterior

'nachbewilligen VT conceder un suplemento de; **Nachbewilligung** F crédito *m* suplementario

'nachbezahlen VT pagar como suplemento; (*nachträglich bezahlen*) pagar posteriormente (*od* más tarde); **Nachbezahlung** F pago *m* suplementario (*od* posterior)

'Nachbild N copia *f*; PHYSIOL imagen *f* persistente; **nachbilden** VT copiar; imitar; reproducir; **Nachbildung** F copia *f*; imitación *f*; reproducción *f*

'nachbleiben VI ⟨*irr*; sn⟩ *reg* → zurückbleiben; **nachblicken** VI **j-m ~** seguir a alg con la vista; **Nachblutung** F MED hemorragia *f* adicional; nueva hemorragia *f*; **nachbohren** VI *umg fig* insistir

'Nachbörse F ⟨~; ~n⟩ WIRTSCH operaciones *fpl* después del cierre de la bolsa; **nachbörslich** WIRTSCH **A** ADJ extraoficial; **~er Preis** cotización *f* libre **B** ADV después del cierre de la bolsa

'Nachbürge M subavalista *m*; subfiador *m*; **nachdatieren** VT ⟨*ohne* ge-⟩ postfechar, poner fecha posterior

nach'dem KONJ **1** *zeitlich*: después (de) que; *bei gleichem Subjekt*: después de (*inf*); **~ er gegessen hatte** después de (*od* tras) haber comido, una vez (*od* después) que hubo comido; **~ sie das gesagt hatte, ging sie** dicho esto se marchó, después de decir esto se fue; **~ er so viel Geld ausgegeben hat** habiendo gastado tanto dinero **2** **je ~ (wie)** según (cómo) (*subj*); **je ~!** ¡depende!

'nachdenken VI ⟨*irr*⟩ reflexionar (**über** *acus* sobre); meditar (sobre); pensar (*acus*); **Nachdenken** N reflexión *f*; meditación *f*

'nachdenklich ADJ pensativo, meditabundo; ensimismado, absorto; **j-n ~ machen** dar que pensar a alg; **das machte mich sehr ~** me dejó muy pensativo

'Nachdenklichkeit F ⟨~⟩ ensimismamiento *m*; **Nachdichtung** F LIT imitación *f*; versión *f* libre; traducción *f* literaria, adaptación *f*

'nachdrängen VI empujar desde atrás

'Nachdruck[1] M ⟨~(e)s⟩ (*Tatkraft*) energía *f*; vigor *m*; (*Betonung*) énfasis *m*; insistencia *f*, ahínco *m*; **einer Sache** (*dat*) **~ verleihen** dar énfasis a a/c; **auf etw** (*acus*) **~ legen** insistir en a/c; poner énfasis en a/c; hacer hincapié en a/c

'Nachdruck[2] M ⟨~(e)s; ~e⟩ TYPO reimpresión *f*; reproducción *f*; **~ verboten** se prohibe la reproducción; **nachdrucken** VT TYPO reimprimir; reproducir

'nachdrücklich **A** ADJ enérgico; enfático; insistente **B** ADV con energía; con insistencia (*od* ahínco); **etw ~ verlangen** reclamar enérgicamente a/c; **er riet ~ davon ab** le aconsejó seriamente que no lo hiciera; **etw ~ empfehlen** recomendar encarecidamente a/c; **j-n ~ auffordern** intimar a alg

'Nachdrucksrecht N TYPO derecho *m* de reproducción

'nachdunkeln VI *Farben* ponerse oscuro (con el tiempo); oscurecer (con el tiempo)

'Nacheiferer M emulador *m*, émulo *m*; **nacheifern** VI **j-m ~** emular a alg; **Nacheiferung** F ⟨~⟩ emulación *f*

'nacheilen VI ⟨sn⟩ **j-m ~** correr tras (*od* detrás de) alg

'nacheinander ADV **1** (*hintereinander*) uno(s) tras otro(s); sucesivamente; **zweimal ~** dos veces seguidas; **drei Tage ~** tres días seguidos (*od* consecutivos) **2** *reflexiv*: **sich ~ sehnen** echarse de menos (mutuamente)

'nachempfinden VT ⟨*irr; ohne* ge-⟩ → nachfühlen

'Nachen M ⟨~s; ~⟩ *poet* bote *m*; canoa *f*

'Nacherbe M, **Nacherbin** F heredero *m* último, heredera *f* última; **Nachernte** F AGR segunda cosecha *f*

'nacherzählen VT ⟨*ohne* ge-⟩ repetir (una narración); reproducir; adaptar; **Nacherzählung** F narración *f*; adaptación *f*

'nachexerzieren VI ⟨*ohne* ge-⟩ MIL hacer un ejercicio suplementario (*od* de castigo); **Nachexerzieren** N MIL ejercicio *m* suplementario (*od* de castigo)

Nachf. ABK (Nachfolger) sucesor

'Nachfahr(e) M ⟨~en; ~en⟩ descendiente *m*

'nachfahren VI ⟨*irr*; sn⟩ **j-m ~** seguir a alg (en un vehículo)

'Nachfahrin F ⟨~; ~nen⟩ descendiente *f*

'nachfärben VT reteñir, volver a teñir; **nachfassen** VI *beim Essen*: repetir; *umg fig* (*nachfragen*) insistir; **Nachfeier** F celebración *f* posterior; **nachfeiern** VT celebrar a posteriori; **nachfeilen** VT retocar con la lima; *fig* retocar

'Nachfolge F ⟨~⟩ sucesión *f*; REL **~ Christi** Imitación *f* de Cristo; **j-s ~ antreten** → nachfolgen

'nachfolgen VI ⟨sn⟩ *geh* **j-m ~** seguir a alg; *im Amt etc*: suceder a alg; **nachfolgend** ADJ siguiente; subsiguiente; (*aufeinander folgend*) consecutivo; **das Nachfolgende** lo siguente

'Nachfolgepartei F partido *m* sucesor; **Nachfolger** M ⟨~s; ~⟩, **Nachfolgerin** F ⟨~; ~nen⟩ sucesor *m*, -a *f*

'Nachfolgestaat M Estado *m* sucesor

'nachfordern VT pedir además; *Fehlendes* reclamar; **Geld ~** pedir (un *od* el) dinero adicional; **Nachforderung** F petición *f* adicional; reclamación *f* (suplementaria); *v. Geld* petición *f* de dinero adicional

'nachforschen VI investigar, indagar (**nach etw** a/c); hacer indagaciones (sobre a/c); *bes polizeilich a.*: pesquisar, hacer pesquisas; **Nachforschung** F investigación *f*, indagación *f*; *bes polizeilich*: pesquisa *f*; **~en über j-n/etw anstellen** hacer indagaciones sobre alg/a/c

'Nachfrage F ⟨~⟩ HANDEL demanda *f* (**nach** *dat* de); **sinkende/steigende** *od* **wachsende ~** demanda *f* decreciente/creciente; **~ auf dem Arbeitsmarkt** demanda *f* de empleo; **~ schaffen** crear demanda; **die ~ sinkt/steigt** la demanda baja/crece; **es herrscht starke/geringe (nach diesem Artikel) ~** hay mucha/poca demanda (de ese producto)

'nachfragen VI **1** **~ (nach)** (*sich erkundigen*) informarse (de), preguntar (por); (*wiederholt fragen*) volver a preguntar (por) **2** (*erbitten*) solicitar **3** HANDEL demandar

'Nachfrager M, **Nachfragerin** F interesado *m*, -a *f*; solicitante *m/f*; HANDEL demandante *m/f*

'Nachfragerückgang M HANDEL caída *f* (*od* baja *f*) de la demanda; **Nachfrageschub** M HANDEL aumento *m* repentino de la demanda; **Nachfrageschwäche** F HANDEL insuficiencia *f* (*od* baja *f*) de la demanda

'Nachfrist F plazo *m* suplementario (*od* de gracia); prórroga *f*

'nachfühlen VT **j-m etw ~ können** comprender a alg en a/c; **ich kann dir deinen Ärger/deine Unruhe ~** comprendo (muy bien) tu disgusto/tu intranquilidad

'nachfüllbar ADJ recargable

'nachfüllen VT rellenar, volver a llenar; recargar; **Tinte ~** recargar (*od* rellenar) tinta; **Nachfüllpackung** F recambio *m*, carga

f; **Nachfüllung** F relleno *m*; recarga *f*
'Nachgang M VERW, HANDEL **im ~ zu** como continuación a
'nachgeben VI ‹irr› **1** *Material* ceder; *(erschlaffen)* aflojarse; *Stoff* dar de sí; TECH ser elástico (*od* flexible) **2** *fig* ceder, cejar; *(einlenken)* transigir, condescender; *(schwach werden)* claudicar; *(aufgeben)* arriar bandera; bajar velas; **nicht ~** no dar su brazo a torcer; **j-m an etw** *(dat)* **nichts ~** no ceder a alg en a/c **3** HANDEL *Preise etc* bajar
'nachgeboren ADJ póstumo; *(jünger)* segundogénito
'Nachgebühr F sobretasa *f*; recargo *m*; **Nachgeburt** F MED secundinas *fpl*
'nachgehen VI ‹irr; sn› **1** **(j-m) ~** seguir (a alg), seguir los pasos (de alg) **2** *e-r Sache* andar tras; ocuparse de; *Geschäften* dedicarse a, atender a; *e-m Vorfall* investigar; tratar de aclarar; *Vergnügen* entregarse a **3** *fig* **die Sache geht mir nach** la cosa me preocupa **4** *Uhr* ir atrasado; **zwei Minuten ~** ir dos minutos atrasado
'nachgelassen ADJ MUS, LIT *Werk* póstumo; **nachgemacht** ADJ imitado; *(künstlich)* artificial; *(gefälscht)* falsificado; **nachgeordnet** ADJ subordinado
'nachge'rade ADV *(bereits)* ya; *(allmählich)* poco a poco; *(geradezu)* realmente
'nachgeraten VI ‹irr; *ohne* ge-; sn› **j-m ~** *umg* salir a alg; parecerse mucho a alg
'Nachgeschmack M ‹~(e)s› gustillo *m*; deje *m*, dejo *m* *(a. fig)*; **übler ~** resabio *m*; *fig* **einen bitteren ~ hinterlassen** dejar mal sabor de boca
'nachgewiesener'maßen ADV según consta; como queda comprobado
'nachgiebig ADJ **1** *Material* flexible; elástico **2** *fig Person* dócil; complaciente, condescendiente; *(entgegenkommend)* deferente; *(nachsichtig)* indulgente; transigente; **Nachgiebigkeit** F ‹~› **1** *v. Material:* flexibilidad *f*; elasticidad *f* **2** *fig e-r Person:* docilidad *f*; complacencia *f*, condescendencia *f*; *(Entgegenkommen)* deferencia *f*; *(Nachsicht)* indulgencia *f*; transigencia *f*
'nachgießen ‹irr› **A** VT *Getränk* echar más **B** VI llenar de nuevo; **j-m nachgießen** servir más a alg; **nachglühen** VI continuar ardiendo; **nachgrübeln** VI cavilar, meditar (**über** *acus* sobre); pensar mucho (**über** *acus* en); **nachgucken** VI *umg reg* → nachsehen; **nachhaken** VI *umg* volver a preguntar, insistir
'Nachhall M resonancia *f*; eco *m*; *bes fig* repercusión *f*; **nachhallen** VI resonar, retumbar; repercutir
'nachhaltig ADJ *(beständig)* duradero, durable; *(andauernd)* persistente; ÖKOL sostenible; **~e Entwicklung** desarrollo *m* sostenible; **Nachhaltigkeit** F ‹~› duración *f*; persistencia *f*; ÖKOL sostenibilidad *f*; **Nachhaltigkeitsfaktor** M factor *m* de sostenibilidad
'nachhängen VI ‹irr› **einer Sache** *(dat)* **~** añorar a/c; **seinen Gedanken ~** estar absorto (*od* ensimismado) en sus pensamientos; ensimismarse
nach'hause ADV, **nach Haus(e)** ADV a casa; **j-n ~ bringen** *od* **begleiten** acompañar a alg a su casa; **~ gehen** ir a (*od* para) casa; **~ kommen** volver a casa; **kommen Sie gut ~!** ¡que le vaya bien!; ¡vaya usted con Dios!; **j-n mit ~ nehmen** *od* **bringen** traer a alg a casa; **~ schicken** enviar a casa, mandar para casa; **~ zurückkehren** *in die Heimat:* regresar a su país
Nach'hausegehen N **beim ~** al volver a casa; **Nachhauseweg** M **auf dem ~** de camino a casa
'nachhelfen VI ‹irr› **einer Sache** *(dat)* **~** acelerar (*od* activar) a/c; **j-m ~** echar una mano a alg
nach'her, 'nachher ADV después, luego; más tarde; **bis ~!** ¡hasta luego!
nach'herig ADJ posterior; ulterior
'Nachhilfe F ayuda *f*; clases *fpl* particulares (*od* de repaso); **Nachhilfelehrer** M, **Nachhilfelehrerin** F profesor *m*, -a *f* particular (para repaso de asignaturas); **Nachhilfestunde** F clase *f* particular (*od* de repaso); **Nachhilfeunterricht** M clases *fpl* particulares (*od* de repaso)
'Nachhinein N **im ~** posteriormente, a posteriori; a toro pasado
'nachhinken VI ‹sn› *fig* venir detrás; quedar atrás (*od* rezagado)
'Nachholbedarf M necesidad(es) *f(pl)* de recuperación; **den ~ decken** cubrir las necesidades; **es besteht großer ~** hay mucho que recuperar, hay que recuperar mucho camino
'nachholen VT recuperar
'Nachhut F ‹~; ~en› MIL retaguardia *f*; *fig* **die ~ bilden** cerrar la marcha; ir a la zaga; **Nachhutgefecht** N MIL combate *m* a retaguardia
'nachimpfen VT MED revacunar; **Nachimpfung** F MED revacunación *f*
'nachjagen **A** VI perseguir, correr detrás de; JAGD dar caza a; *fig* **einer Sache ~** andar a la caza de a/c **B** VT **j-m eine Kugel ~** disparar sobre alg que huye
'Nachkalkulation F HANDEL calculación *f* posterior; **Nachklang** M resonancia *f*; eco *m*; *fig* recuerdo *m*; reminiscencia *f*; **nachklingen** VI ‹irr› resonar *(a. fig)*; **Nachkomme** M ‹~n; ~n› descendiente *m/f*
'nachkommen VI ‹irr; sn› **1** *(später kommen)* llegar después (*od* más tarde); **j-m ~** seguir a alg; *(j-n einholen)* alcanzar a alg **2** **einer Aufforderung ~** seguir una invitación; *stärker:* cumplir un requerimiento; **einer Bitte ~** acceder a *od* corresponder a una petición; **einer Verpflichtung ~** cumplir (con) una obligación; **einer Vorschrift ~** cumplir *od* acatar una orden **3** *(folgen können)* (poder) seguir *(a. fig)*; **nicht ~** *mit der Arbeit etc:* no dar abasto
'Nachkommenschaft F ‹~› descendencia *f*; **Nachkömmling** M ‹~s; ~e› descendiente *m/f*
'Nachkriegs... IN ZSSGN de (la) pos(t)guerra; **Nachkriegsfilm** M película *f* de (la) pos(t)guerra; **Nachkriegsgesellschaft** F sociedad *f* de (la) pos(t)guerra; **Nachkriegsjahr** N año *m* de (la) pos(t)guerra; **Nachkriegszeit** F pos(t)guerra *f*
'Nachkur F MED tratamiento *m* ulterior
'Nachlass M ‹~es; ~e *od* Nachlässe› **1** *(Ermäßigung)* reducción *f*, disminución *f*; *(Rabatt)* rebaja *f*, descuento *m*; *(Steuernachlass)* desgravación *f*; *e-r Strafe, Forderung:* remisión *f*; *e-r Schuld:* condonación *f*; **einen ~ von 3% gewähren** conceder un descuento del 3 por ciento **2** *(Erbschaft)* herencia *f*; sucesión *f* (de bienes); *(Hinterlassenschaft)* legado *m*; *(hinterlassene Güter)* bienes *mpl* hereditarios (*od* de la herencia), masa *f* hereditaria; *literarischer:* obras *fpl* póstumas; JUR **den ~ eröffnen** abrir la sucesión
'nachlassen ‹irr› **A** VT **1** **(vom Preis) etw ~** rebajar (el precio en) a/c; **100 Euro ~** hacer una rebaja de cien euros **2** *(hinterlassen)* dejar; *letztwillig:* legar **3** *(lockern)* aflojar **4** *Strafe, Schuld* remitir; condonar, perdonar **B** VI **1** *(sich vermindern)* disminuir, decrecer; atenuarse; *Kräfte etc* desfallecer; debilitarse **2** *(lose werden)* aflojarse; ceder **3** *(milder werden)* suavizarse; *(aufhören)* cesar *(a. Regen)* **4** *(sich erschöpfen)* agotarse; *Eifer, Aufmerksamkeit* relajarse, entibiarse; *Sturm, Wind, Zorn, Schmerz* calmarse; amainar; *Fieber* remitir, declinar; *Hitze* bajar, amainar, ceder
'Nachlassen N ‹~s› aflojamiento *m*; *(Verminderung)* disminución *f*; decrecimiento *m*; *(Abschwächung)* atenuación *f*; remisión *f*; descenso *m*
'nachlassend ADJ MED *Fieber, Schmerz* remitente
'Nachlassgegenstand M JUR bien *m* hereditario, bien *m* de la herencia (*od* sucesión); **Nachlassgericht** N JUR tribunal *m* sucesorio; **Nachlassgläubiger** M, **Nachlassgläubigerin** F JUR acreedor *m*, -a *f* en herencia
'nachlässig ADJ negligente; descuidado; *(gleichgültig)* indolente; *(lässig)* despreocupado; *(schlampig)* desaliñado; dejado; **Nachlässigkeit** F ‹~; ~en› negligencia *f*; descuido *m*; *(Schlamperei)* desaliño *m*; dejadez *f*; incuria *f*
'Nachlassinventar N JUR inventario *m* sucesorio; **Nachlasspfleger** M, **Nachlasspflegerin** F JUR curador *m*, -a *f* sucesorio, -a (*od* de la sucesión); **Nachlassschuld** F JUR deuda *f* sucesoria; **Nachlassverwalter** M, **Nachlassverwalterin** F JUR administrador *m*, -a *f* de la sucesión (*od* de la testamentaría); **Nachlassverwaltung** F JUR administración *f* de la sucesión (*od* de la testamentaría)
'nachlaufen VI ‹irr; sn› **j-m/einer Sache ~** correr tras alg/a/c; perseguir a alg/a/c; *fig* **j-m ~** andar (*od* ir) tras alg
'nachleben VI **j-m ~** tomar como ejemplo (*od* modelo) a alg; seguir el ejemplo de alg; **nachlegen** VT *Holz etc* reponer; echar más; **Nachlese** F AGR rebusca *f*; *v. Ähren a.:* espigueo *m*; *fig (Nachtrag)* suplemento *m*; **~ halten** rebuscar; espigar; **nachlesen** VT & VI ‹irr› **1** AGR rebuscar, espigar **2** *Text* volver a leer; *(prüfen)* verificar; **in einem Buch ~** consultar un libro
'Nachlieferfrist F plazo *m* de entrega posterior; **nachliefern** VT *(später liefern)* entregar más tarde; *ergänzend:* completar la entrega; **Nachlieferung** F envío *m* suplementario
'nachlösen VT *Fahrkarte* sacar (billete) ya en autobús, tren, *etc*; *(Zuschlag bezahlen)* pagar un suplemento
nachm. ABK (nachmittags) por la tarde
'nachmachen VT **1** *(nachahmen)* imitar, copiar (**j-m etw** a/c de alg); *umg* **das soll mir (erst mal) einer ~!** a ver quien lo hace! **2** *(fälschen)* contrahacer; falsificar **3** *(später machen)* hacer más tarde
'Nachmahd F AGR segunda siega *f*
'nachmalen VT copiar; **nachmalig** ADJ posterior; ulterior; **nachmals** ADV más tarde, posteriormente; **nachmessen** VT ‹irr› comprobar la medida; volver a medir
'Nachmittag M tarde *f*; horas *fpl* después de(l) mediodía; **am ~** por la tarde; después de(l) mediodía; **heute ~** esta tarde, hoy después de(l) mediodía, hoy por la tarde; **morgen/gestern ~** mañana/ayer por la tarde; **im Laufe des ~s** en la tarde; en las horas después de(l) mediodía; **am späten ~** a última hora de la tarde
'nachmittags ADV por la tarde, después de(l) mediodía; *regelmäßig:* todas las tardes
'Nachmittagsfixing N ‹~s; ~s› WIRTSCH *Börse:* fixing *m* de la tarde; **Nachmittagskleid** N vestido *m* de tarde; **Nachmittagsprogramm** N programa *m* vespertino (*od* de tarde); **Nachmittagsstunde** F hora *f* vespertina (*od* de la tarde); **Nachmittagsunterricht** M clase *f* vespertina (*od*

de la tarde); **Nachmittagsvorstellung** F THEAT función *f* de la tarde

'Nachnahme F ⟨~; ~n⟩ *Postwesen:* re(e)mbolso *m;* **gegen** *od* **per ~** contra re(e)mbolso; **Nachnahmegebühr** F *Postwesen:* derechos *mpl* (*od* tasa *f*) de re(e)mbolso; **Nachnahmesendung** F *Postwesen:* envío *m* contra re(e)mbolso

'Nachname M apellido *m*

'nachnehmen V/T ⟨*irr*⟩ **1** *Postwesen:* (*Nachnahme erheben*) re(e)mbolsarse **2** *Essen etc* repetir; **nachordern** V/T HANDEL hacer un pedido suplementario; **nachpfeifen** V/I **j-m ~** *e-r Frau* silbar a alg piropeando; **nachplappern** V/T repetir mecánicamente; *umg* repetir como un loro, hablar por boca de ganso

'Nachporto N *Postwesen:* sobretasa *f;* porte *m* adicional

'nachprüfbar ADJ comprobable, verificable; **nachprüfen** V/T **1** (*überprüfen*) comprobar, controlar, verificar **2** SCHULE (*später prüfen*) examinar de nuevo; **Nachprüfung** F **1** (*Überprüfung*) comprobación *f*, revisión *f;* (*Kontrolle*) control *m*, verificación *f* **2** SCHULE recuperación *f*

'nachrangig ADJ de segundo orden (en importancia); secundario

'nachrechnen V/T **etw ~** repasar la cuenta; comprobar el cálculo; **Nachrechnen** N, **Nachrechnung** F comprobación *f* de un cálculo (*bzw* de una cuenta)

'Nachrede F **1** *e-s Buches:* epílogo *m* **2** (*Verleumdung*) **üble ~** difamación *f*, detracción *f;* **j-n in üble ~ bringen** difamar (*od* infamar) a alg

'nachreden V/T repetir; **j-m Böses ~** hablar mal de alg; difamar a alg; **nachreichen** V/T *Speisen* servir otra vez; *Unterlagen* entregar posteriormente

'Nachreife F postmaduración *f*

'nachreifen V/I AGR madurar después de ser recogido (*od* de la recolección); **nachreisen** V/I ⟨sn⟩ **j-m ~** seguir a alg; ir a reunirse con alg; **nachrennen** V/I ⟨*irr;* sn⟩ **j-m ~** correr detrás de alg; perseguir a alg

'Nachricht F ⟨~; ~en⟩ **1** noticia *f;* (*Neuigkeit*) novedad *f*, nueva *f;* (*Mitteilung*) información *f*, comunicación *f;* aviso *m;* (*Botschaft*) mensaje *m*, recado *m;* **~ haben/erhalten von** tener/recibir noticias de; **j-m von etw ~ geben** informar a alg de a/c; **ich habe keine ~ von ihm** no tengo noticias suyas, estoy sin noticias suyas; **j-m eine ~ hinterlassen** dejar un mensaje (*od* recado) a alg; **eine ~ auf dem Anrufbeantworter hinterlassen** dejar un mensaje en el contestador **2** RADIO, TV **~en** *fpl* noticiario *m;* **letzte ~en** últimas noticias *fpl;* noticias *fpl* de última hora

'Nachrichtenabteilung F MIL sección *f* de transmisiones; **Nachrichtenagentur** F agencia *f* de noticias; **Nachrichtenblatt** N boletín *m* informativo; **Nachrichtenbörse** F bolsa *f* de noticias; **Nachrichtenbüro** N oficina *f* de información; **Nachrichtendienst** M **1** (*Presseagentur*) servicio *m* de información **2** (*Geheimdienst*) servicio *m* de inteligencia; servicio *m* secreto **3** MIL servicio *m* de transmisiones

'nachrichtendienstlich ADJ relativo al servicio de inteligencia; **~e Informationen** informaciones *fpl* del servicio de inteligencia

'Nachrichtenkanal M TV, RADIO canal *m* (*od* emisora *f*) de noticias; **Nachrichtenlage** F estado *m* (actual) de la información; **Nachrichtenmaterial** N material *m* informativo; **Nachrichtennetz** N red *f* de (tele)comunicación; **Nachrichtenoffizier** M MIL oficial *m* del servicio de transmisiones; **Nachrichtenprogramm** N TV, RADIO programa *m* informativo (*od* de noticias); noticiario *m;* **Nachrichtenquelle** F fuente *f* de información; **Nachrichtensatellit** M satélite *m* de comunicaciones; **Nachrichtensender** M TV, RADIO emisora *f* de noticias; estación *f* de noticias; **Nachrichtensendung** F noticiario *m;* TV, RADIO *a.* (espacio *m*) informativo *m;* **Nachrichtensperre** F bloqueo *m* informativo; embargo *m* de noticias; **Nachrichtensprecher** M, **Nachrichtensprecherin** F locutor *m*, -a *f;* **Nachrichtenstelle** F centro *m* de información; **Nachrichtentechnik** F ⟨~⟩ técnica *f* de comunicaciones; **Nachrichtentruppe** F MIL tropa *f* de transmisiones; **Nachrichtenübermittlung** F transmisión *f* de informaciones; **Nachrichtenwesen** N comunicaciones *fpl;* MIL transmisiones *fpl;* **Nachrichtenzentrale** F central *f* de información

'nachrichtlich ADJ de noticias; informativo

'nachrücken V/I avanzar; *in e-e höhere Stelle:* ascender; **Nachrücker** M ⟨~s; ~⟩, **Nachrückerin** F ⟨~; ~nen⟩ sustituto *m*, -a *f;* sucesor *m*, -a *f*

'Nachruf M necrología *f;* *Artikel:* artículo *m* necrológico; **nachrufen** V/T ⟨*irr*⟩ **j-m (etw) ~** gritar (a/c) detrás de alg

'Nachruhm M gloria *f* póstuma; **nachrühmen** V/T **j-m etw ~** decir a/c en honor (*od* en elogio) de alg

'nachrüsten V/I **1** MIL rearmar **2** TECH, IT actualizar, modernizar; **Nachrüstung** F **1** MIL rearme *m* **2** TECH, IT actualización *f*, modernización *f*

'nachsagen V/T **1** repetir **2** **j-m etw ~** decir a/c de alg; atribuir a/c a alg; **Nachsaison** F temporada *f* baja; **in der ~** en la temporada baja; **Nachsatz** M GRAM segundo miembro *m* de la proposición; *in Briefen:* pos(t)data *f*

'nachschauen **A** V/T (*prüfen*) comprobar, verificar; (*nachschlagen*) consultar; **in einem Buch ~** consultar un libro; **ein Wort (im Wörterbuch/Lexikon) ~** buscar una palabra (en el diccionario/en la enciclopedia) **B** V/I mirar; **j-m ~** seguir a alg con la vista (*od* mirada); **~, ob** asegurarse de si; (ir a) ver si; comprobar si

'nachschenken V/T servir más; **darf ich (Ihnen) ~?** ¿le sirvo un poco más?; **nachschicken** V/T → nachsenden; **nachschieben** V/T añadir posteriormente

'nachschießen V/T ⟨*irr*⟩ **Geld ~** hacer un pago suplementario; **10.000 Euro ~** hacer un pago suplementario de 10.000 euros

'Nachschlag M **1** MUS mordente *m* (*bzw* grupeto *m*) final **2** *beim Essen:* ración *f* suplementaria

'nachschlagen ⟨*irr*⟩ **A** V/T & V/I *Stelle im Buch:* buscar (en un libro); **ein Wort (im Wörterbuch/Lexikon) ~** buscar una palabra (en el diccionario/en la enciclopedia); **in einem Buch ~** consultar un libro **B** V/I ⟨sn⟩ **j-m ~** parecerse (mucho) a alg, salir a alg

'Nachschlagewerk N obra *f* de consulta

'nachschleichen V/I ⟨*irr;* sn⟩ **j-m ~** seguir furtivamente a alg; *bes spähend:* espiar a alg; **nachschleppen** V/T arrastrar (*od* llevar) tras sí

'Nachschlüssel M llave *f* falsa; (*Dietrich*) ganzúa *f*

'nachschreiben V/T ⟨*irr*⟩ **1** *Prüfung* hacer (un examen *m* de) recuperación, recuperar (una asignatura) **2** *nach e-r Vorlage:* copiar; *nach Gehör:* tomar apuntes; **Nachschrift** F *e-r Rede etc:* apuntes *mpl;* *in Briefen:* pos(t)data *f*

'Nachschub M ⟨~(e)s; Nachschübe⟩ MIL abastecimiento *m;* (*Verstärkung*) refuerzos *mpl;* **Nachschubbasis** F base *f* logística; **Nachschubkolonne** F MIL columna *f* de abastecimiento; **Nachschublager** N MIL depósito *m* de abastecimiento; **Nachschublinie** F, **Nachschubweg** M MIL línea *f* de reabastecimiento; **Nachschubwesen** N MIL logística *f*

'nachschulisch ADJ postescolar

'Nachschuss M **1** SPORT *Fußball:* remate *m* de rebote **2** HANDEL → Nachschusszahlung; **Nachschusszahlung** F pago *m* adicional; aportación *f* suplementaria

'nachschütten V/T añadir; echar más

'nachsehen ⟨*irr*⟩ **A** V/I **1** **j-m ~** seguir a alg con la vista (*od* la mirada) **2** (*sich informieren*) enterarse, informarse; **~, ob** asegurarse de si; ir a ver si **3** **in einem Buch ~** consultar un libro **B** V/T **1** (*prüfen*) revisar; controlar; examinar; *Hefte* corregir **2** **etw (im Wörterbuch/Lexikon) ~** buscar a/c (en el diccionario/en la enciclopedia) **3** **j-m etw ~** (*durchgehen lassen*) perdonar a/c a alg, dejar pasar a/c a alg; *umg* hacer la vista gorda sobre a/c

'Nachsehen N **1** (*Prüfen*) examen *m;* revisión *f;* *v. Heften:* corrección *f* **2** *in e-m Buch:* consulta *f* **3** **das ~ haben** quedarse con las ganas (*od* a la luna de Valencia *od* con dos palmos de narices)

'Nachsendeadresse F nueva dirección *f* del destinatario; **Nachsendeantrag** M solicitud *f* de reexpedición de envíos postales *od* del correo

'nachsenden V/T ⟨*irr*⟩ hacer seguir; reexpedir; **bitte ~** remítase al destinatario; **Nachsendung** F reexpedición *f*

'nachsetzen **A** V/T posponer; (*hinzufügen*) añadir, agregar **B** V/I ⟨sn⟩ **1** **j-m ~** salir en persecución de alg, perseguir a alg **2** JAGD dar caza a

'Nachsicht F ⟨~⟩ indulgencia *f;* benevolencia *f;* tolerancia *f;* **~ üben** *od* **haben mit** ser indulgente con

'nachsichtig **A** ADJ indulgente; complaciente; tolerante **B** ADV **etw ~ beurteilen** juzgar a/c con indulgencia

'Nachsichtwechsel M HANDEL letra *f* a tantos días vista; **Nachsilbe** F LING sufijo *m*

'nachsinnen V/I ⟨*irr*⟩ reflexionar, meditar (**über** *acus* sobre); **Nachsinnen** N reflexión *f;* meditación *f*

'nachsitzen V/I ⟨*irr*⟩ SCHULE quedar castigado en clase; **Nachsitzen** N SCHULE retención *f* en clase como castigo

'Nachsommer M veranillo *m* (de San Martín); **Nachsorge** F MED atención *f* postoperatoria

'nachspähen V/I **j-m ~** espiar a alg

'Nachspann M FILM genéricos *mpl* de fin; **Nachspeise** F postre *m*

'Nachspiel N **1** THEAT, *fig* epílogo *m;* MUS postludio *m* **2** (*Konsequenzen*) consecuencias *fpl* (negativas), secuelas *fpl;* **ein ~ haben** tener consecuencias, *umg* traer cola; **die Sache wird ein gerichtliches ~ haben** el asunto será llevado ante los tribunales **3** SPORT prórroga *f*

'nachspielen **A** V/T MUS repetir **B** V/I SPORT jugar la prórroga; **Nachspielzeit** F SPORT prórroga *f;* tiempo *m* suplementario de juego

'nachspionieren V/I ⟨*ohne* ge-⟩ **j-m ~** espiar a alg; **nachsprechen** V/T & V/I ⟨*irr*⟩ repetir; **j-m ~** repetir lo dicho por alg; **j-m etw ~** repetir a alg a/c; **nachspülen** V/T *Wäsche* aclarar; **nachspüren** V/I **j-m ~** seguir los pasos (*od* la pista *od* el rastro) de alg; rastrear (*a.* JAGD); *fig* **einer Sache** (*dat*) **~** investigar (*od* indagar) a/c

N

nächst PRÄP (dat) geh **1** räumlich: muy cerca de, junto a **2** Reihenfolge: después de
'nächst'beste(r, -s) ADJ **der/die Nächstbeste** beliebig: el primero/la primera que llegue (od que se presente); in der Qualität: el segundo/la segunda mejor (en calidad)
'nächste(r, -s) (sup v. **nahe**) **A** ADJ **1** Reihenfolge, zeitlich: siguiente; próximo; **im ~n Augenblick** momentos después; **bei ~r Gelegenheit** en la primera ocasión; **~s Jahr** el año próximo, el año que viene; **das ~ Mal** od **~s Mal** la próxima vez; **~n Sonntag** el próximo domingo, el domingo que viene; **~ Woche** la semana que viene; **am ~n Tag** al día siguiente; **in den ~n Tagen** uno de estos días, en los próximos días; **in ~r Zeit** próximamente **2** Entfernung, Beziehung: el más cercano; Weg: el más corto; **die ~ Straße links** la primera calle a la izquierda; **die ~n Verwandten** los parientes más cercanos; **der ~ Weg** el camino más corto; **aus ~r Nähe** muy de cerca; **im ~n Haus** en la casa de al lado; **ins ~ Dorf gehen** ir al pueblo vecino **B** ADV **am ~n** lo más cerca; **er kommt dem am ~n** es el que más se le aproxima; **j-m/einer Sache am ~n kommen** aproximarse al máximo a alg/a/c
'Nächste ⟨~n; ~n; → A⟩ **A** M REL (Mitmensch) prójimo m; **jeder ist sich** (dat) **selbst der ~** la caridad bien entendida empieza por uno mismo **B** M/F **der/die ~ bitte!** ¡el/la siguiente, por favor!; ¿a quién le toca ahora?
'Nächste(s) N ⟨~n; → A⟩ lo primero; fig lo más indicado; lo procedente; **das ~ (zu tun) wäre ...** lo primero (que habría que hacer) sería ...
'nachstehen VI ⟨irr⟩ **j-m ~** ser inferior a alg; **sie steht ihm nicht** (od **in nichts**) **nach** no le cede en nada; no le va a la zaga; **nachstehend** **A** ADJ siguiente; mencionado abajo; **im Nachstehenden** a continuación **B** ADV a continuación; en lo que sigue; **nachsteigen** VI ⟨irr; sn⟩ umg e-m Mädchen correr (od andar) tras; **nachstellbar** ADJ ajustable; regulable; **nachstellen** **A** VT **1** colocar detrás **2** GRAM posponer **3** TECH reajustar; Uhr retrasar **B** VI **j-m ~** perseguir a alg; hinterhältig: acechar a alg; tender un lazo a alg; e-m Mädchen asediar a alg
'Nachstellschraube F TECH tornillo m de ajuste; **Nachstellung** F **1** TECH ajuste m, reglaje m **2** (Verfolgung) persecución f
'Nächstenliebe F ⟨~⟩ amor m al prójimo; **christliche ~** caridad f
'nächstens ADV **1** próximamente, en breve, dentro de poco **2** umg (am Ende) al final
'Nächster M → Nächste
'Nachsteuer F impuesto m adicional; recargo m impositivo (od fiscal od tributario)
'nächstfolgend ADJ (sub)siguiente; próximo; **nächstliegend** ADJ el más próximo (od cercano); **das Nächstliegende** lo primero; fig lo más indicado
'nächst'möglich ADJ **der ~e Termin** lo antes posible
'Nachstoß M Fechten: parada f y a fondo
'nachstoßen VI ⟨irr⟩ MIL perseguir; **nachstreben** VI **einer Sache** (dat) **~** aspirar a (conseguir) a/c; ambicionar a/c; **j-m ~** tomar a alg por modelo; seguir el ejemplo de alg; emular a alg; **nachströmen** VI fig seguir en masa; **nachstürzen** VI ⟨sn⟩ **j-m ~** lanzarse tras alg; **nachsuchen** VT & VI **1** buscar; rebuscar **2** geh **um etw ~** solicitar a/c
'Nachsuchen N geh busca f; rebusca f; (Bitte) solicitud f
Nacht F ⟨~; ~̈e⟩ noche f; **(vor)gestern ~** (ante)anoche; **heute ~** esta noche, hoy por la noche; **morgen ~** mañana por la noche; **es wird ~** od **die ~ bricht herein** anochece, está anocheciendo, se hace de noche; **es ist ~** es de noche; **die ganze ~ aufbleiben** od umg **sich** (dat) **die ~ um die Ohren schlagen** no acostarse (en toda la noche), pasar una noche en blanco, umg empalmar (la noche con el día); **die ganze ~ nicht schlafen können** no poder dormir en toda la noche; **eine gute/schlechte ~ verbringen** od **haben** pasar una buena/mala noche; **j-m eine gute ~ wünschen** desear a alg (que pase) una buena noche; **bei Einbruch der ~** al anochecer; al cerrar la noche; **nach Einbruch der ~** cerrada la noche; fig **bei ~ und Nebel** clandestinamente; **im Schutz der ~** al amparo de la noche; **in der ~** od **bei ~** od geh **des ~s** por la noche, de noche; **mitten in der ~** en plena noche; **tief** od **spät in der ~** muy entrada la noche; a altas horas de la noche; **die ~ verbringen in** (dat) pernoctar, pasar la noche en; **über ~** durante la noche; fig de la noche a la mañana; **über ~ bleiben** pasar la noche; reg **zu(r) ~ essen** cenar; **die ~ zum Tag machen** hacer de la noche día y del día noche, no acostarse (en toda la noche), umg empalmar (la noche con el día); **gute ~!** ¡buenas noches!; iron **na, dann gute ~!** ¡apaga y vámonos!; sprichw **in der ~ sind alle Katzen grau** de noche todos los gatos son pardos
'Nachtangriff M MIL ataque m nocturno
'nachtanken VI echar (od reponer) combustible, repostar
'Nachtarbeit F trabajo m nocturno
'Nachtarbeitsverbot N prohibición f del trabajo nocturno; **Nachtarbeitszuschlag** M prima f por trabajo nocturno
'Nachtasyl N asilo m (od albergue m) nocturno; cotarro m; **Nachtbar** F bar m nocturno
'nachtblau ADJ azul nocturno; **nachtblind** ADJ hemerálope; **Nachtblindheit** F hemeralopía f, ceguera f nocturna
'Nachtbus M (línea f de) autobús m nocturno; **Nachtclub** M club m nocturno; **Nachtcreme** F crema f de noche; **Nachtdienst** M servicio m nocturno; turno m de noche; **~ haben** Arzt etc estar de guardia
'Nachteil M desventaja f, inconveniente m; (Schaden) perjuicio m; detrimento m; **j-m ~e bringen** perjudicar a alg; **im ~ sein** od **sich im ~ befinden** estar en desventaja (od en situación desventajosa); **die Sache hat einen ~** el asunto tiene un inconveniente; **zum ~ von** en perjuicio (od detrimento) de
'nachteilig **A** ADJ desventajoso, desfavorable; perjudicial; contrario **B** ADV **sich ~ auswirken für** resultar perjudicial para; **~ für j-n ausgehen** resultar en perjuicio (od en detrimento) de alg
'Nachteinsatz M FLUG misión f nocturna
'nächtelang ADV (durante) noches enteras
'nächtens ADV por la noche; de noche
'Nachtessen N reg cena f; **Nachteule** F umg fig trasnochador m; **Nachtexpress** M BAHN (tren) m expreso m nocturno; **Nachtfahrt** F viaje m nocturno; **Nachtfalter** M ZOOL mariposa f nocturna, falena f; **Nachtflug** M vuelo m nocturno; **Nachtfrost** M helada f nocturna; **Nachtgebühr** F tarifa f nocturna; **Nachtgefecht** N MIL combate m nocturno; **Nachtgewand** N geh → Nachthemd; **Nachtglas** N (Fernglas) prismáticos mpl nocturnos (od de noche); **Nachtglocke** F timbre m de noche; **Nachthemd** N camisón m, camisa f de dormir
'Nachtigall F ⟨~; ~en⟩ ORN ruiseñor m
'nächtigen VI geh pasar la noche, pernoctar (in dat en)
'Nachtisch M ⟨~(e)s⟩ postre m; **zum ~ gibt es ...** de postre hay ...
'Nachtklub M club m nocturno; cabaret m; **Nachtlager** N campamento m nocturno; (Quartier) alojamiento m (para la noche); (Bett) yacija f; **Nachtlampe** F lamparilla f; **Nachtleben** N ⟨~s⟩ vida f nocturna
'nächtlich ADJ nocturno
'Nachtlicht N lamparilla f; **Nachtlokal** N local m (od club m) nocturno; sp pub m; **Nachtluft** F (aire m) fresco m de la noche; **Nachtmahl** N cena f; **Nachtmarsch** M MIL marcha f nocturna; **Nachtmensch** M noctámbulo m, -a f; **Nachtmusik** F serenata f; **Nachtmütze** F gorro m de dormir
'nachtönen VI resonar
'Nachtportier [-ti'eː] M portero m de noche (od nocturno); **Nachtquartier** N alojamiento m (para la noche)
'Nachtrag M ⟨~(e)s; Nachträge⟩ suplemento m; (Anhang) apéndice m; (Hinzufügung) adición f, aditamento m; im Brief: pos(t)data f; (Testamentsnachtrag) codicilo m
'nachtragen VT ⟨irr⟩ (hinzufügen) añadir, agregar; **j-m etw ~** llevar a/c detrás de alg; fig guardar rencor a alg por a/c; **nachtragend** ADJ rencoroso; **nachträglich** **A** ADJ (später) posterior, ulterior; (zusätzlich) adicional, suplementario **B** ADV más tarde; posteriormente
'Nachtragsetat M, **Nachtragshaushalt** M POL, WIRTSCH presupuesto m suplementario (od adicional)
'Nachtraubvogel M (ave f) rapaz f nocturna
'nachtrauern VI **j-m/einer Sache ~** añorar a alg/añorar a/c; llorar la pérdida de alg/a/c
'Nachtruhe F descanso m nocturno; calma f nocturna; **die ~ stören** perturbar el descanso nocturno
nachts ADV de noche; por (od durante) la noche
'Nachtschatten M BOT hierba f mora, solano m; **Nachtschattengewächse** NPL BOT solanáceas fpl

'Nachtschicht F **1** Arbeit: turno m de noche; **~ haben** tener turno de noche **2** Personal: equipo m de noche
'nachtschlafend ADJ **zu ~er Zeit** (muy) de noche
'Nachtschwärmer M, **Nachtschwärmerin** F umg noctámbulo m, -a f, trasnochador m, -a f; juerguista m/f; **Nachtschweiß** M MED sudores mpl nocturnos; **Nachtschwester** F MED enfermera f de noche (bzw de guardia); **Nachtsitzung** F sesión f nocturna; **Nachtspeicherheizung** F calefacción f por acumulación nocturna; **Nachtstrom** M ELEK energía f eléctrica nocturna; **Nachtstuhl** M sillico m; **Nachtstunde** F hora f nocturna; **Nachttarif** M tarifa f nocturna; **Nachttaxi** N taxi m nocturno; **Nachttisch** M mesita f de noche; **Nachttischlampe** F lámpara f de cabecera; **Nachttopf** M orinal m; umg perico m; **Nachttresor** M caja f nocturna
'nachtun VT ⟨irr⟩ **es j-m ~** seguir el ejemplo de alg
'Nachtvogel M ORN ave f nocturna; umg fig trasnochador m; **Nachtvorstellung** F THEAT, FILM función f de noche; **Nachtwache** F vigilancia f nocturna; guardia f de noche; am Krankenbett: vela f; MIL ronda f; **bei j-m ~ halten** velar a alg; **Nachtwächter** M vigilante m nocturno, sereno m
'nachtwandeln VI ⟨sn⟩ ser sonámbulo; **Nachtwandeln** N sonambulismo m; **Nachtwanderung** F caminata f nocturna;

excursión *f* a pie nocturna; **Nachtwandler** M, **Nachtwandlerin** F sonámbulo *m*, -a *f*; **nachtwandlerisch** ADJ sonámbulo; **mit ~er Sicherheit** infaliblemente

'Nachtzeit F **zur ~** de noche, por la noche; **Nachtzeug** N cosas *fpl* de dormir; cosas *fpl* necesarias para pernoctar (*od* para pasar la noche); **Nachtzug** M BAHN tren *m* nocturno (*od* de la noche); **Nachtzuschlag** M suplemento *m* (*od* plus *m*) por trabajo nocturno (*od* de noche)

'Nachuntersuchung F MED examen *m* (*od* reconocimiento *m*) ulterior (*bzw* de control); **Nachurlaub** M prolongación *f* de las vacaciones

'nachverhandeln VI negociar (*od* discutir) posteriormente; (*erneut verhandeln*) llevar a cabo negociaciones adicionales; JUR debatir la causa posteriormente; **Nachverhandlung** F negociación *f* (*od* discusión *f*) posterior; JUR debate *m* posterior (*od* ulterior) de la causa

'nachverlangen VT ⟨*ohne* ge-⟩ pedir más; **nachversichern** VT ⟨*ohne* ge-⟩ aumentar la cantidad asegurada; completar el seguro; **Nachversicherung** F seguro *m* adicional (*od* suplementario)

'nachvollziehbar ADJ lógico, comprensible; **nachvollziehen** VT ⟨*irr, ohne* ge-⟩ *Gedanken etc* seguir, comprender

'nachwachsen VI ⟨*irr;* sn⟩ **(wieder) ~** volver a crecer; reproducirse; retoñar, rebrotar; **nachwachsend** ADJ *Rohstoffe* renovable

'Nachwahl F POL segunda elección *f*; elección *f* complementaria; **Nachwehen** FPL 1 MED dolores *mpl* de sobreparto (*od* puerperio); entuertos *mpl* (uterinos) 2 *fig* consecuencias *fpl* (desagradables)

'nachweinen VI *fig* añorar (**j-m** a alg; **einer Sache** a/c)

'Nachweis M ⟨~es; ~e⟩ prueba *f*; (*Urkunde*) documentación *f*; (*Beleg*) comprobante *m*, justificante *m*; *e-s Giftstoffs*: detección; **statistischer ~** evidencia *f* estadística; **den ~ (für etw) liefern** *od* **erbringen** presentar la prueba (*od* el justificante) (de a/c); probar; CHEM detectar (a/c); *urkundlich*: documentar (a/c); **zum ~ von** como (*od* para) constancia de; en apoyo de; como prueba de

'nachweisbar ADJ demostrable; comprobable; *Giftstoff etc* detectable; **Nachweisbarkeit** F demostrabilidad *f*; *e-s Giftstoffes etc*: detectabilidad *f*; **Nachweisbarkeitsgrenze** F → Nachweisgrenze

'nachweisen VT ⟨*irr*⟩ 1 (*beweisen*) probar, demostrar; *Befähigung etc* acreditar; *urkundlich*: documentar 2 *Giftstoff etc* detectar 3 *Arbeit etc* procurar, proporcionar, facilitar; **Nachweisgrenze** F límite *m* de detección; **unter der ~** bajo el límite de detección; **nachweislich** A ADJ → nachweisbar B ADV como puede comprobarse; según se puede probar; según consta

N

'Nachwelt F posteridad *f*; **nachwiegen** VT repesar; volver a pesar; comprobar el peso (de); **Nachwinter** M invierno *m* tardío; **nachwirken** VI seguir actuando (*od* produciendo efecto *od* obrando) (**auf** *acus* sobre); (*rückwirken*) repercutir, tener repercusiones (**auf** *acus* en)

'Nachwirkung F efecto *m* ulterior (*od* secundario); (*Rückwirkung*) repercusión *f*; reacción *f*; **unter der ~ von etw leiden** *od* **(die) ~en von etw spüren** resentirse de a/c

'Nachwort N epílogo *m*

'Nachwuchs M ⟨~es⟩ 1 descendencia *f*; (*junge Generation*) nueva generación *f*; *in e-m Beruf*: cantera *f* (*a.* SPORT); **es fehlt an ~ für diesen Beruf** faltan continuadores de este oficio; **den ~ heranbilden** formar a los jóvenes; **den wissenschaftlichen ~ ausbilden** formar la nueva generación de científicos 2 *umg* (*Kinder*) prole *f*; **~ bekommen** tener un hijo

'Nachwuchsförderung F fomento *m* (*od* promoción *f*) de los jóvenes (*od* de las nuevas generaciones *od bes* SPORT de la cantera); **Nachwuchskräfte** FPL personal *m* de renuevo; **Nachwuchskünstler** M, **Nachwuchskünstlerin** F artista *m/f* joven (*od* de la nueva generación); **Nachwuchsmangel** M *im Personal*: falta *f* de personal de renuevo; *bei den Auszubildenden*: falta *f* de aprendices; *bes* SPORT falta *f* de cantera; **Nachwuchsmusiker** M, **Nachwuchsmusikerin** F músico *m*, -a *f* joven (*od* de la nueva generación); **Nachwuchspolitiker** M, **Nachwuchspolitikerin** F político *m*, -a *f* joven (*od* de la nueva generación); **Nachwuchsproblem** N falta *f* de continuadores (*od* de sangre joven); *bes* SPORT déficit de cantera; **Nachwuchsspieler** M, **Nachwuchsspielerin** F jugador *m*, -a *f* joven (*od* de la nueva generación)

'nachzahlen VT & VI completar el pago; pagar un suplemento (*bzw* la diferencia); **nachzählen** VT recontar; contar de nuevo; (*überprüfen*) repasar; **Nachzählen** N recuento *m*; **Nachzahlung** F pago *m* suplementario (*od* adicional); suplemento *m* de pago; recargo *m*; **nachzeichnen** VT copiar; **Nachzeichnung** F copia *f*; **nachziehen** ⟨*irr*⟩ A VT 1 (*hinter sich herziehen*) arrastrar (*a. Bein*); llevar tras sí 2 (*festziehen*) *Schraube* apretar 3 *Striche* reforzar, repasar; *Augenbrauen* marcar B VI ⟨sn⟩ **j-m ~** seguir a alg, ir detrás de alg; **nachzotteln** VI ⟨sn⟩ *umg* **j-m ~** trotar detrás de alg

'Nachzucht F 1 (*weiteres Züchten*) reproducción *f*; continuación *f* de la crianza (*od* cría *f*) 2 (*Nachkommen*) descendencia *f*; **die ~ eines Rennpferdes** la descendencia (*od* los hijos) de un caballo de carreras

'Nachzug M **im ~** como continuación; **Nachzügler** M ⟨~s; ~⟩, **Nachzüglerin** F ⟨~; ~nen⟩ rezagado *m*, -a *f*; **Nachzündung** F AUTO encendido *m* retardado

'Nackedei M ⟨~s; ~s⟩ *umg* (nene *m*) desnudo *m*, (nena *f*) desnuda *f*

'Nacken M ⟨~s; ~⟩ nuca *f*, cerviz *f*; cogote *m*; *bes v. Tieren*: pescuezo *m*; **den ~ beugen** doblar el espinazo; *fig* **j-m den ~ steifen** respaldar a alg; **j-n im ~ haben** ser perseguido de cerca por alg, doblar (*od* bajar) la cerviz; **j-m im ~ sitzen** (*bedrängen*) atosigar a alg; (*verfolgen*) pisar a alg los talones

'nackend ADJ *umg* → nackt

'Nackenhebel M *Ringen*: presa *f* de nuca; **nackenlang** ADJ *Haar* hasta (la altura de) la nuca; **Nackenrolle** F reposacuellos *m*; **Nackenschlag** M golpe *m* en la nuca, cogotazo *m*; *fig* revés *m*, contratiempo *m*; **Nackenschutz** M cubrenuca *m*, cogotera *f*

'nackt A ADJ 1 *Mensch* desnudo (*a. Wand etc*); *umg* en cueros, en pelota(s); *Vogel* desplumado; **mit ~en Füßen** descalzo 2 *fig* **das ~e Leben** nada más que la vida; **die ~en Tatsachen** los hechos escuetos; **die ~e Wahrheit** la verdad desnuda (*od* pura y dura *od* sin tapujos); **~e Zahlen** cifras *fpl* puras; **mit ~en Worten** a secas B ADV **~ baden** bañarse desnudo; **sich ~ ausziehen** desnudarse

'Nacktbadestrand M playa *f* nudista; **Nacktfoto** N desnudo *m*; **Nacktfrosch** M *umg* niño *m* desnudo; niña *f* desnuda; **Nacktheit** F ⟨~⟩ desnudez *f*; **Nacktkultur** F (des)nudismo *m*; **Nacktsamer** MPL BOT gimnospermas *fpl*; **Nacktschnecke** F ZOOL babosa *f*

'Nadel F ⟨~; ~n⟩ aguja *f*; (*Stecknadel*) alfiler *m*; BOT pinocha *f*; (*Brosche*) broche *m*, prendedor *m*; *umg Drogenjargon* **an der ~ hängen** *umg* estar enganchado; *fig* **wie auf ~n sitzen** estar en (*od* sobre) ascuas

'Nadelabweichung F *Kompass*: declinación *f* (*od* desviación *f*) magnética; **Nadelarbeit** F TEX labores *fpl* (de aguja); **Nadelbaum** M BOT conífera *f*; **Nadelbrief** M TEX sobre *m* de alfileres (*bzw* de agujas); **Nadelbüchse** F alfiletero *m*; **Nadeldrucker** M IT impresora *f* de agujas; **nadelförmig** ADJ en forma de aguja; BOT, MINER acicular; **Nadelhölzer** NPL BOT coníferas *fpl*; **Nadelkissen** N acerico *m*; **Nadelkopf** M cabeza *f* de alfiler; **Nadellager** N TECH cojinete *m* de agujas

'nadeln VI *Baum* perder las pinochas

'Nadelöhr N 1 ojo *m* de la aguja 2 *fig, Verkehr*: cuello *m* de botella; **Nadelstich** M pinchazo *m* (de aguja); alfilerazo *m* (*a. fig*); (*Nähstich*) puntada *f*; **Nadelstreifen** M raya *f* inglesa; raya *f* fina; **Nadelstreifenanzug** M traje *m* de raya inglesa (*od* fina); **Nadelwald** M bosque *m* de coníferas

'Nagel[1] M ⟨~s; ⸚⟩ 1 clavo *m*; *hölzerner*: clavija *f*, (*Schuhnagel*) estaquilla *f*; (*Ziernagel*) tachuela *f*; **einen ~ einschlagen** clavar un clavo; **mit Nägeln beschlagen** clavetear 2 *fig* **etw an den ~ hängen** renunciar a a/c; *bes Beruf*: colgar los hábitos; **den ~ auf den Kopf treffen** dar en el clavo; *umg* **Nägel mit Köpfen machen** tomar una decisión

'Nagel[2] M ⟨~s; ⸚⟩ 1 ANAT uña *f*; **sich** (*dat*) **die Nägel schneiden** cortarse las uñas; **die Nägel pflegen** hacerse las uñas 2 *fig* **auf den Nägeln brennen** ser urgente; correr mucha prisa; *umg* **sich** (*dat*) **etw unter den ~ reißen** *umg* soplar a/c, *sl* mangar a/c

'Nagelbett N ANAT matriz *f* de la uña, lecho *m* ungueal; **Nagelbohrer** M TECH barrena *f*; **Nagelbürste** F cepillo *m* de uñas; **Nagelfeile** F lima *f* para las uñas; **Nagelgeschwür** N MED panadizo *m*; **Nagelhaut** F ANAT cutícula *f* (ungueal); **Nagelkopf** M cabeza *f* del clavo; **Nagellack** M esmalte *m* (*od* laca *f*) de uñas; **Nagellackentferner** M quitaesmalte *m*

'nageln VT 1 clavar (**an, auf** *acus* en) 2 (*benageln*) clavetear; **genagelte Schuhe** zapatos *mpl* claveteados

'nagel'neu ADJ flamante

'Nagelpflege F cuidado *m* de las uñas, manicura *f*; **Nagelpflegenecessaire** N [-nesesɛːr] estuche *m* de manicura; **Nagelprobe** F *fig* **die ~ machen** apurar el vaso; **Nagelreiniger** M limpiaúñas *m*; **Nagelschere** F tijeras *fpl* para uñas; **Nagelzange** F cortaúñas *m*

'nagen VT & VI roer (*a. fig*) (**an etw** *dat* a/c); (*zerfressen*) corroer (**an etw** *dat* a/c); **nagend** ADJ roedor; (*fressend, ätzend*) corrosivo

'Nager M ⟨~s; ~⟩, **Nagetier** N ZOOL roedor *m*

nah A ADJ ⟨⸚er; nächste⟩ 1 *räumlich*: próximo; cercano; (*benachbart*) vecino; **ganz ~** muy cerca; **~ bei** *od* **~ an** junto a; cerca de; a corta distancia de; **~ am** *od* **beim Bahnhof** cerca de (*od* junto a) la estación; **der Nahe Osten** el Próximo Oriente 2 *zeitlich*: próximo; (*bevorstehend*) inminente 3 *Freund* íntimo; **~er Verwandter** pariente *m* cercano B ADV ⟨⸚er; am nächsten⟩ 1 *räumlich*: cerca; **von Nahem** de cerca; **von ~ und fern** de todas partes 2 *zeitlich*: **~e bevorstehen** ser inminente 3 **~(e) verwandt sein mit** ser pariente cercano de 4 *fig* **er ist ~e an die Fünfzig** ronda los cincuenta; **ich war ~(e) daran zu** *(inf)* estaba a punto de *(inf)*; **ich war ~e daran zu fallen** por poco me caigo; **j-m zu ~e treten** propasarse con alg, ofender a alg, herir los sentimientos de alg → *a.* nahebringen, nahegehen *etc* **C** PRÄP *(dat)* **er ist dem Tode ~e** se está muriendo; **der Vollendung ~e sein** estar casi terminado, a punto de terminar

'Näharbeit F costura *f*

'Nahaufklärung F MIL reconocimiento *m* a corta distancia; **Nahaufnahme** F FOTO primer plano *m*; **Nahbrille** F gafas *fpl* para cerca

'nahe ADJ → nah

'Nähe F ⟨~⟩ proximidad *f*; cercanía *f*, vecindad *f*; *(Umgebung)* alrededores *mpl*, inmediaciones *fpl*; **(ganz) aus der ~** de (muy) cerca; **aus nächster ~ schießen** disparar a quemarropa (*od* a boca de jarro); **in der ~ von** cerca de, junto a, cercano a; **hier in der ~** cerca de aquí, aquí cerca; **es ist ganz in der ~** está muy cerca de aquí, está a dos pasos; **in unmittelbarer ~** en la inmediata proximidad (**von** de); **in seiner ~** cerca de él

'nahe'bei ADV muy cerca

'nahebringen V/T ⟨irr⟩ **j-m etw ~** hacer comprender bien a/c a alg; iniciar a alg en a/c

'nahegehen V/I ⟨irr; sn⟩ **j-m ~** afectar a alg; **das geht ihm sehr nahe** le afecta (*od* aflige) mucho

'nahe gelegen ADJ próximo, cercano; vecino

'nahekommen V/I ⟨irr; sn⟩ **1** acercarse a, aproximarse a; **der Wahrheit** *(dat) etc* **~** acercarse a la verdad **2** *fig emotional*: intimar (**j-m** con alg); **sich** *(dat)* **~** intimar

'nahelegen V/T **j-m etw ~** insinuar a/c a alg; sugerir a/c a alg; *(empfehlen)* recomendar a/c a alg

'naheliegen V/I ⟨irr⟩ ser natural (*od* lógico); ser obvio (*od* evidente); ser de suponer; *Möglichkeit etc* presentarse, ofrecerse; **das liegt nahe** se comprende, es de suponer

'naheliegend ADJ, **'nahe liegend** ADJ cercano; *fig* lógico; natural; evidente, obvio; **aus ~en Gründen** por razones obvias

'Nahempfang M ⟨~(e)s⟩ RADIO recepción *f* a corta distancia

'nahen V/I(V/R) *geh* **(sich) nahen** acercarse, aproximarse

'nähen V/T coser; *Kleid etc* hacer; MED *Wunde* suturar

'näher *(komp v.* **nahe***)* **A** ADJ **1** *räumlich*: más cercano, más próximo; *Weg* más corto; **bei ~er Betrachtung** mirándolo (*od* considerándolo) bien (*od* más a fondo) **2** *zeitlich*: más próximo **3** *(genauer)* más detallado; **~e Einzelheiten** más (*od* mayores) detalles *mpl*; pormenores *mpl*; **~e Auskünfte** informes *mpl* más amplios **B** ADV **1** *räumlich*: más cerca; más de cerca; **~ ansehen** mirar de cerca; **~ kommen** aproximarse, acercarse; **~ liegen** estar más cerca; **~ treten** aproximarse, acercarse; **treten Sie näher!** ¡acérquese! **2** *fig* **etw ~ ausführen** detallar a/c, puntualizar a/c, pormenorizar a/c; **sich mit etw ~ befassen** familiarizarse con a/c; profundizar (en) a/c; **~ eingehen auf** *(acus)* entrar en detalles sobre; **~ erklären** puntualizar; concretar; **~ kennen** conocer de cerca; **j-n ~ kennenlernen** conocer a alg mejor (*od* más a fondo); → *a.* näherbringen, näherkommen *etc*

'näherbringen V/T ⟨irr⟩ *fig* **j-m etw ~** hacer comprender mejor a/c a alg; poner a/c al alcance de alg; familiarizar a alg con a/c; **einander ~** *Personen* acercar, aproximar, unir

'Nähere(s) N ⟨~n; → A⟩ detalles *mpl* más amplios, pormenores *mpl*; **~s bei/siehe ...** para más detalles dirigirse a/véase ...

Nähe'rei F ⟨~; ~en⟩ costura *f*

'Naherholung F recreo *m* (*od* descanso *m*) en zona periurbana; **Naherholungsgebiet** N zona *f* de recreo; zona *f* recreativa periurbana

'Näherin F ⟨~; ~nen⟩ costurera *f*

'näherkommen V/I ⟨irr; sn⟩ *fig* **jetzt kommen wir der Sache schon näher** ya nos vamos acercando al asunto; **sich** *(dat)* **~** conocerse mejor; **durch dieses Ereignis sind sie sich nähergekommen** los acontecimientos les han hecho acercarse más → näher B 1

'näherliegen V/I ⟨irr⟩ *fig* parecer más indicado (*od* lógico *od* obvio) → näher B 1

'nähern **A** V/T aproximar, acercar **B** V/R **sich ~** acercarse; **sich j-m/einer Sache ~** aproximarse (*od* acercarse) a alg/a/c

'näher rücken V/T acercar(se); aproximar(se)

'nähertreten V/I ⟨irr; sn⟩ *fig* **j-m ~** entrar en relaciones más íntimas con alg; **einer Sache ~** familiarizarse con a/c → näher B 1

'Näherung F ⟨~; ~en⟩ MATH aproximación *f*

'Näherungsverfahren N MATH método *m* de aproximación; **Näherungswert** M MATH valor *m* aproximado

'nahestehen V/I ⟨irr⟩ *fig* **j-m ~** ser muy amigo (*od* íntimo) de alg; *bes* POL simpatizar con alg, estar vinculado a alg; **nahestehend** *fig* cercano, próximo; allegado; *Freund* íntimo

'nahetreten V/I ⟨irr; sn⟩ *fig* **j-m ~** entrar en relaciones con alg

'nahe'zu ADV casi

'Nähfaden M, **Nähgarn** N hilo *m* (de coser)

'Nahkampf M (lucha *f*) cuerpo a cuerpo *m* (*a.* SPORT); **Nahkampfartillerie** F MIL artillería *f* de apoyo directo; **Nahkampfwaffe** F arma *f* para lucha a corta distancia

'Nähkästchen N TEX costurero *m*; *umg fig* **aus dem ~ plaudern** divulgar secretos; **Nähkorb** M canastilla *f* de costura; **Nähkurs** M curso *m* (*od* cursillo *m od* clases *pl*) de costura (*od* de labor)

nahm → nehmen

'Nähmaschine F máquina *f* de coser; **Nähnadel** F aguja *f* (de coser)

Nah'ost M Próximo Oriente *m*

'Nährboden M BIOL medio *m* de cultivo; *fig* caldo *m* de cultivo (**für** para); **Nährcreme** F crema *f* nutritiva

'nähren **A** V/T **1** *geh* nutrir; alimentar (*a. fig*); *Kind* amamantar, criar, lactar **2** *fig geh Hoffnung* nutrir, abrigar; *Hass etc* cebar **B** V/I ser nutritivo **C** V/R *geh* **sich ~ von** nutrirse de, alimentarse de; vivir de

'Nährflüssigkeit F caldo *m* de cultivo

'nahrhaft ADJ nutritivo; *Essen* sustancioso; **Nahrhaftigkeit** F ⟨~⟩ valor *m* nutritivo

'Nährhefe F levadura *f* alimenticia; **Nährlösung** F BIOL solución *f* nutritiva; caldo *m* de cultivo; **Nährmittel** N producto *m* alimenticio; *weitS. pl* **~** *(Teigwaren)* pastas *fpl* alimenticias; **Nährsalz** N sal *f* alimenticia

'Nährstoff M sustancia *f* nutritiva, nutriente *m*; **nährstoffarm** ADJ poco nutritivo, pobre en sustancias nutritivas; **Nährstoffbedarf** M exigencias *fpl* nutritivas; **Nährstoffgehalt** M contenido *m* nutritivo; **Nährstoffmangel** M deficiencia *f* nutritiva; **nährstoffreich** ADJ (muy) nutritivo; rico en sustancias nutritivas (*od* alimenticias)

'Nahrung F ⟨~⟩ **1** alimento *m*; *(Kost)* comida *f*; dieta *f*; *(Unterhalt)* sustento *m*; **~ zu sich nehmen** nutrirse; alimentarse **2** *fig* **geistige ~** alimento *m* espiritual; **einer Sache** *(dat)* **neue ~ geben** dar pasto a a/c

'Nahrungsaufnahme F ingestión *f* de alimentos; **Nahrungskette** F cadena *f* alimentaria (*od* alimenticia); **Nahrungsmangel** M escasez *f* de víveres (*od* de alimentos)

'Nahrungsmittel N alimento *m*; producto *m* alimenticio; *pl a.* víveres *mpl*; **Nahrungsmittelchemie** F química *f* alimenticia; **Nahrungsmittelfälschung** F adulteración *f* de productos alimenticios; **Nahrungsmittelindustrie** F industria *f* alimenticia (*od* alimentaria *od* de la alimentación); **Nahrungsmittelproduktion** F producción *f* de alimentos; **Nahrungsmittelsektor** M sector *m* alimenticio; **Nahrungsmittelvergiftung** F intoxicación *f* alimenticia; **Nahrungsmittelversorgung** F aprovisionamiento *m* (*od* abastecimiento *m od* suministro *m*) de alimentos

'Nahrungssorgen FPL preocupación *f* por el pan cotidiano; **~ haben** tener apenas para vivir

'Nährwert M valor *m* nutritivo

'Nähseide F seda *f* de coser; torzal *m*

Naht F ⟨~; ⸚e⟩ TEX costura *f*; TECH *(Schweißnaht)* soldadura *f*; BOT, MED sutura *f*; *umg fig* **aus den** *od* **allen Nähten platzen** *Person* estar como un tonel; *Raum* estar hasta los topes; *Institution* explotar

'Nähtisch M, **Nähtischchen** N costurero *m*

'nahtlos ADJ sin costuras; TECH sin soldadura; *fig* sin ruptura; **Nahtstelle** F **1** → Naht **2** *fig* punto *m* de encuentro

'Nahverkehr M tráfico *m* a corta distancia; BAHN tráfico *m* de cercanías; **öffentlicher ~** (servicio *m* de) transporte *m* público urbano (*od* local)

'Nahverkehrsangebot N oferta *f* (*od* líneas *pl*) de transporte público urbano (*od* local); servicio *m* de transporte público urbano (*od* local); **Nahverkehrsmittel** N medio *m* de transporte público urbano (*od* local); **Nahverkehrsnetz** N red *f* de (servicio *m* de) transporte público; **Nahverkehrszug** M tren *m* de cercanías

'Nähzeug N ⟨~(e)s⟩ útiles *mpl* de costura; neceser *m* de costura

'Nahziel N objetivo *m* inmediato

na'iv ADJ ingenuo; cándido; inocente, candoroso; **~e Malerei** pintura *f* naif

Na'ive F ⟨~n; ~n⟩ THEAT ingenua *f*

Naivi'tät [-v-] F ⟨~⟩ ingenuidad *f*; candidez *f*; inocencia *f*, candor *m*

Na'jade F ⟨~; ~n⟩ MYTH náyade *f*

'Name M ⟨~ns; ~n⟩ **1** *allg* nombre *m*; *(Benennung)* denominación *f*; **die ~n aufrufen** pasar lista; **j-m einen ~n geben** poner nombre a alg; **seinen ~n nennen** dar su nombre; **ich will keine ~n nennen** no quiero citar nombres; **seinen ~n unter etw** *(acus)* **setzen** poner su nombre bajo a/c; **auf den ~n lautend** nominativo; **auf den ~n Bello hören** *Hund* atender por Bello; **j-n beim** *od* **mit ~n nennen** llamar a alg por su nombre; **im ~n ...** *(gen)* en nombre de ...; **in j-s** *(dat)* **~n** *od* **im ~n von j-m** en nombre de alg; **in meinem ~n** en mi nombre; **dem ~n nach kennen** conocer de nombre; **unter falschem ~n** bajo nombre falso (*od* supuesto); **unter fremdem ~n** de incógnito **2** *(Familienname)* apellido *m*; **voller ~** nombre completo; nombre y apellidos; **wie ist Ihr ~?** ¿cómo se llama usted?; ¿cuál es su nombre?; **mein ~ ist Schmitt** me llamo Schmitt **3** HANDEL **auf den ~n (von)** a nombre de; **in eigenem ~n und für eigene Rechnung** en nombre y por cuenta propios; **in fremdem ~n und für fremde Rechnung** en nombre y por cuenta ajenos **4** *(Ruf)* reputa-

N

ción *f*, fama *f*, renombre *m*; **sich** (*dat*) **einen ~n machen** hacerse un nombre; adquirir reputación, ganar fama **5** *fig* **die Dinge** *od* **das Kind beim (rechten) ~n nennen** llamar las cosas por su nombre; *umg* llamar al pan, pan y al vino, vino

'Namen M ⟨~s; ~⟩ → Name; **Namenforschung** F onomástica *f*; **Namengebung** F ⟨~⟩ denominación *f*; **Namengedächtnis** N memoria *f* para los nombres; **Namenkunde** F onomástica *f*; **Namenliste** F nómina *f*; lista *f* de nombres; relación *f* nominal; **namenlos** ADJ sin nombre; anónimo; *fig* indecible, inexpresable; **Namenregister** N → Namenliste

'namens **A** ADV llamado, de nombre, denominado; apellidado **B** PRÄP (*gen*) en nombre de

'Namensaktie F HANDEL acción *f* nominativa; **Namensänderung** F cambio *m* de nombre; **Namensaufruf** M llamamiento *m* nominal; **Abstimmung** *f* **durch ~** votación *f* nominal; **Namensgebung** F → Namengebung; **Namensliste** F → Namenliste; **Namenspapier** N HANDEL título *m* (*od* valor *m*) nominativo; **Namenspatron** M santo *m*; **Namensscheck** M FIN cheque *m* nominativo; **Namensschild** N *an Türen*: placa *f* (con el nombre); *an Kleidung*: insignia *f*; *auf Tischen*: cartel *m*; **Namensschwester** F tocaya *f*; **Namensstempel** M facsímil(e) *m*, estampilla *f*; **Namenstag** M onomástica *f*, (día *m* del) santo *m*; **mein ~** el día de mi santo; **Namensverwechslung** F confusión *f* de nombres (*bzw* de apellidos); **Namensvetter** M homónimo *m*; tocayo *m*; **Namenszug** M firma *f*; (*Schnörkel*) rúbrica *f*

'namentlich **A** ADJ nominal; nominativo **B** ADV nominalmente; por el nombre; (*besonders*) particularmente; en especial; sobre todo

'Namenverzeichnis N → Namenliste

'namhaft ADJ (*berühmt*) notable, renombrado; eminente; (*beträchtlich*) considerable; importante; **~ machen** nombrar, indicar

Na'mibia N Namibia *f*; **Namibier** M ⟨~s; ~⟩, **Namibierin** F ⟨~; ~nen⟩ namibiano *m*, -a *f*; **namibisch** ADJ namibiano

'nämlich **A** ADJ **der Nämliche** el mismo; **das Nämliche** la misma cosa, lo mismo **B** ADV **1** (*und zwar*) a saber; es decir, esto es, o sea **2** *begründend*: es que …; **er war ~ krank** es que estaba enfermo

'nannte → nennen

Nanofa'rad N PHYS nanofarad(io) *m*; **Nano'meter** N nanómetro *m*

'Nanopartikel N nanopartícula *f*; **Nanosekunde** N nanosegundo *m*; **Nanotechnik** F nanotecnia *f*; **Nanotechnologie** F nanotecnología; **Nanoteilchen** N → Nanopartikel

na'nu INT *umg* ¡hombre!; ¡caramba!; ¡atiza!

'Napalm® ⟨~s⟩ N MIL napalm *m*; **Napalmbombe** F bomba *f* de napalm

Napf M ⟨~(e)s; ⁼e⟩ escudilla *f*; cazuela *f*; **'Napfkuchen** M GASTR pastel *m* de molde

'Naphtha N ⟨~s⟩ *u.* F ⟨~⟩ nafta *f*

Naphtha'lin N ⟨~s⟩ naftalina *f*

Na'poleon EIGENN M Napoleón *m*

napole'onisch ADJ HIST napoleónico

'Nappa N ⟨~(s); ~s⟩, **Nappaleder** N napa *f*

'Narbe F ⟨~; ~n⟩ cicatriz *f* (*a. fig*); (*Pockennarbe*) marca *f*; (*Ledernarbe*) grano *m*; BOT estigma *m*; **~n bildend** cicatrizante

'narben V/T *Leder* granear

'Narbenbildung F cicatrización *f*; **Narbenseite** F *Leder*: grano *m*, flor *f*

'narbig ADJ señalado (*od* lleno) de cicatrices; *Leder* granulado

'Narde F ⟨~; ~n⟩ BOT nardo *m*

Nar'kose F ⟨~; ~n⟩ MED narcosis *f*, anestesia *f*; **in ~** anestesiado; **Narkosearzt** M, **Narkoseärztin** F (médico *m*, -a *f*) anestesista *m/f*; **Narkosemittel** N anestésico *m*, narcótico *m*; **Narkoseschwester** F enfermera *f* anestesista

Nar'kotikum N ⟨~s; Narkotika⟩ narcótico *m*; **narkotisch** ADJ narcótico

narkoti'sieren V/T ⟨*ohne* ge-⟩ MED narcotizar, anestesiar

Narr M ⟨~en; ~en⟩ **1** (*Dummkopf*) loco *m*; tonto *m*; **sei doch kein ~!** ¡no seas tonto!; **j-n zum ~en halten** *od* **haben** burlarse de alg, tomar el pelo a alg **2** (*Spaßmacher*) bufón *m*; THEAT gracioso *m* **3** *umg fig* **einen ~en an j-m/etw gefressen haben** estar loco (*umg* chiflado) por alg/a/c; estar encaprichado con alg/a/c

narra'tiv ADJ narrativo

'narren V/T *geh* **j-n ~** burlarse de alg, tomar el pelo a alg

'Narrenfreiheit F **sie hat bei ihm ~** con él, puede hacer las locuras que quiera; **Narrenhaus** N manicomio *m*; casa *f* de locos (*od* de orates); **Narrenkappe** F gorro *m* de bufón; **narrensicher** ADJ a toda prueba; infalible; **Narrenstreich** M bufonada *f*, arlequinada *f*

Narre'tei F ⟨~; ~en⟩ *geh*, **'Narrheit** F ⟨~; ~en⟩ locura *f*; tontería *f*; payasada *f*

'Närrin F ⟨~; ~nen⟩ loca *f*; tonta *f*

'närrisch ADJ **1** (*dumm*) loco; tonto; (*überspannt*) extravagante **2** (*drollig*) cómico, gracioso

'Narwal M ⟨~s; ~e⟩ ZOOL narval *m*

Nar'ziss EIGENN M ⟨~ *od* ~es; ~e⟩ MYTH Narciso *m*; *fig* narciso *m*

Nar'zisse F ⟨~; ~n⟩ BOT narciso *m*

Nar'zissmus M ⟨~⟩ narcisismo *m*; **Nar'zisst** M ⟨~en; ~en⟩, **Nar'zisstin** F ⟨~; ~nen⟩ narcisista *m/f*; **nar'zisstisch** ADJ narcisista

na'sal ADJ PHON nasal

Na'sal M ⟨~s; ~e⟩ PHON nasal *f*

nasa'lieren V/T ⟨*ohne* ge-⟩ PHON nasalizar; **Nasalieren** N ⟨~s⟩, **Nasalierung** F ⟨~; ~en⟩ nasalización *f*

Na'sallaut M PHON (sonido *m*) nasal *f*

'naschen V/T & V/I comer golosinas, golosin(e)ar; **(von) etw ~** golosear a/c, picar a/c; **gern ~** ser goloso

'Nascher M ⟨~s; ~⟩ goloso *m*

Nasche'rei F ⟨~; ~en⟩ **1** (*das Naschen*) picoteo *m* **2** → Näscherei

Näsche'rei F (*Süßigkeit*) *mst* PL **~en** golosinas *fpl*; *umg* chuches *fpl*

'Nascherin F ⟨~; ~nen⟩ golosa *f*; **naschhaft** ADJ goloso; **Naschhaftigkeit** F ⟨~⟩ golosina *f*; **Naschkatze** F, **Naschmaul** N goloso *m*, -a *f*; **Naschwerk** N golosinas *fpl*, chucherías *fpl*; dulces *mpl*

'Nase F ⟨~; ~n⟩ **1** ANAT nariz *f*; *umg* narices *fpl*; **mir läuft die ~** me gotea la nariz; **sich** (*dat*) **die ~ putzen** sonarse; **auf die ~ fallen** dar de narices (*od* de bruces *od umg* de morros) (en el suelo); **aus der ~ bluten** sangrar por la nariz; **durch die ~ sprechen** ganguear; **in die ~ steigen** *Geruch* subirse a las narices; **vor meiner ~** delante de mis narices **2** (*Geruchssinn*) olfato *m*; **eine feine ~ haben** tener olfato fino; tener buen olfato **3** *fig* **die ~ hoch tragen** tener mucho copete; **nicht weiter als seine ~ sehen** no ver más allá de sus narices; **die ~ in etw** (*acus*)/**in alles stecken** meter las narices en a/c/en todo; **sich** (*dat*) **eine goldene ~ mit etw verdienen** hacerse de oro con a/c; **j-m eine lange ~ machen** burlarse (*od* mofarse) de alg; caricaturizar a alg; *umg* **die ~ voll haben** *umg* estar hasta la coronilla (*od* las narices) **(von** de); **die ~ vorn haben** llevar la delantera **4** *fig, mit präp*: **j-m etw an der ~ ansehen** notar a/c en la cara a alg; **ich sehe es dir an der ~ an** te lo noto en la cara; **fass dich an deine eigene ~!** no te metas en lo que no te importa; no te metas donde no te llaman; **j-n an der ~ herumführen** burlarse de alg; **j-m etw auf die ~ binden** revelar a alg un secreto; **j-m auf der ~ herumtanzen** traer a alg al retortero; manejar a alg a su antojo; *umg* tomar el pelo a alg; *umg* **auf die ~ fallen** fracasar, *umg* darse de narices (**mit** en *od* contra); *umg* **j-m eins auf die ~ geben** *umg* echar un rapapolvo a alg; *umg* **auf der ~ liegen** estar enfermo; **j-m etw aus der ~ ziehen** tirar de la lengua a alg; **j-n mit der ~ auf etw stoßen** meter por las narices a/c a alg; *umg* **immer der ~ nach** siempre derecho; **j-m etw unter die ~ reiben** echar a alg en cara a/c; refregar a alg a/c por las narices; *umg Bus etc* **vor der ~ wegfahren** marcharse delante de las narices; **j-m die Tür vor der ~ zuschlagen** dar a alg con la puerta en las narices; *umg* **j-m etw vor der ~ wegschnappen** quitar a alg a/c en sus propias narices **5** (*Tülle*) pico *m*, *umg* pitorro *m*; TECH nariz *f*; talón *m*; FLUG *a.* morro *m* **6** *umg* (*Person*) **pro ~** por cabeza, *umg* por barba

'naselang ADV *umg* **alle ~** a cada rato (*od* instante)

'näseln V/I ganguear, hablar por la nariz

'Näseln N ⟨~s⟩ gangueo *m*

'näselnd ADJ gangoso; nasal

'Nasenaffe M ZOOL násico *m*; **Nasenbein** N ANAT hueso *m* nasal; **Nasenbeinbruch** M MED fractura *f* (*od* rotura *f*) del hueso nasal; **Nasenbluten** N MED hemorragia *f* nasal; *fachspr* epistaxis *f*; **~ haben** sangrar por la nariz; **Nasenflügel** M ANAT ala *f* nasal; **Nasenhöhle** F ANAT fosa *f* nasal

'Nasenlänge F **um eine ~ gewinnen** ganar por media cabeza; *fig* **sie ist mir immer um eine ~ voraus** siempre me lleva algo de ventaja

'Nasenlaut M PHON (sonido *m*) nasal *f*; **Nasenloch** N ANAT ventana *f* de la nariz; **Nasennebenhöhle** F ANAT seno *m* nasal; **Nasenpopel** M ⟨~s; ~⟩ *umg* albondiguilla *f*

'Nasen-'Rachen-Raum M ANAT nasofaringe *f*

'Nasenring M nariguera *f*; **Nasenrücken** M ANAT dorso *m* de la nariz; **Nasenscheidewand** F ANAT tabique *m* nasal; **Nasenschleim** M moco *m*; **Nasenschleimhaut** F ANAT mucosa *f* nasal, pituitaria *f*; **Nasenspitze** F punta *f* de la nariz; *fig* **man sieht es ihm an der ~ an** se le ve (*od* nota) en la cara; **Nasenspray** N spray *m* nasal; **Nasenstüber** M *umg* soplamocos *m*; papirotazo *m* en la nariz; **Nasentropfen** MPL gotas *fpl* nasales; **Nasenwurzel** F ANAT raíz *f* nasal

'naseweis ADJ (*vorlaut*) indiscreto; impertinente; (*neugierig*) curioso

'Naseweis M ⟨~es; ~e⟩ indiscreto *m*; curioso *m*, *umg* metomentodo *m*

'nasführen V/T *geh* **j-n ~** tomar el pelo a alg

'Nashorn N ZOOL rinoceronte *m*

'naslang ADV → naselang

nass ADJ ⟨~er *od* ⁼er; ~este *od* ⁼este⟩ mojado; (*feucht*) húmedo; **~ machen** mojar; (*befeuchten*) humedecer; **sich ~ machen** *od* **~ werden** mojarse; **durch und durch** (*od* **bis auf die Haut**) **~ sein** estar empapado; estar calado hasta los huesos

N

Nass N ⟨~es⟩ *geh* líquido *m*; (*Wasser*) agua *f*
'Nässe F ⟨~⟩ humedad *f*; **vor ~ schützen!** ¡presérvese de la humedad!
'nässen A V/T mojar; (*befeuchten*) humedecer B V/I 1 (*durchsickern*) filtrar; rezumar 2 *Wunde* exudar
'Nässen N ⟨~s⟩ *e-r Wunde*: exudación *f*
'nässend ADJ *Wunde* exudante
'Nassfäule F podredumbre *f* húmeda; **nassforsch** ADJ *umg Person, Benehmen* descarado; **nasskalt** ADJ frío y húmedo; **es ist ~** hace un frío húmedo; **nassmachen** V/T & V/R → nass; **nassspritzen** V/T → spritzen 1; **Nasswäsche** F ropa *f* mojada; **Nasszelle** F cuarto *m* húmedo
'Natel® N *schweiz* teléfono *m* móvil
Nati'on F ⟨~; ~en⟩ nación *f*; **die Vereinten ~en** las Naciones Unidas
natio'nal ADJ nacional; **auf ~er Ebene** a nivel (*od* escala) nacional
Natio'nalbewusstsein N conciencia *f* nacional; **Nationalcharakter** M carácter *m* nacional
Natio'naldemokrat M, **Nationaldemokratin** F nacional-demócrata *m/f*; **nationaldemokratisch** ADJ nacional-demócratico
Natio'naleinkommen N renta *f* nacional; **Nationalelf** F *Fußball*: selección *f* (nacional); **Nationalfahne** F bandera *f* (*od* pabellón *m*) nacional; **Nationalfarben** FPL colores *mpl* nacionales; **Nationalfeiertag** M fiesta *f* nacional; **Nationalflagge** F bandera *f* nacional; **Nationalgarde** F milicia *f* (*od* guardia *f*) nacional; **Nationalgericht** N GASTR plato *m* nacional; **Nationalgetränk** N bebida *f* nacional; **Nationalheld** M, **Nationalheldin** F héroe *m*, heroína *f* nacional; **Nationalhymne** F himno *m* nacional
nationali'sieren V/T ⟨*ohne* ge-⟩ nacionalizar; **Nationalisierung** F ⟨~; ~en⟩ nacionalización *f*
Nationa'lismus M ⟨~⟩ nacionalismo *m*; **Nationa'list** M ⟨~en; ~en⟩, **Nationa'listin** F ⟨~; ~nen⟩ nacionalista *m/f*; **nationa'listisch** ADJ nacionalista; **Nationali'tät** F ⟨~; ~en⟩ nacionalidad *f*
Nationali'tätskennzeichen N AUTO placa *f* de nacionalidad; **Nationalitätsprinzip** N principio *m* de la nacionalidad
Natio'nalkomitee N comité *m* nacional; **Nationalkongress** M congreso *m* nacional; **nationalkonservativ** ADJ nacional-conservador; **Nationalkonvent** M HIST Convención *f* (nacional); **nationalliberal** ADJ nacional-liberal; **Nationalmannschaft** F SPORT equipo *m* (*od* selección *f*) nacional; **Nationalökonom** M economista *m*; **Nationalökonomie** F economía *f* política; **Nationalökonomin** F economista *f*; **Nationalpark** M parque *m* nacional; **Nationalrat** M *schweiz, österr* 1 (*Parlament*) Consejo *m* Nacional 2 *Mitglied*: miembro *m* del Consejo Nacional
Nationalsozia'lismus M nacionalsocialismo *m*; **Nationalsozia'list** M, **Nationalsozia'listin** F nacionalsocialista *m/f*; **nationalsozia'listisch** ADJ nacionalsocialista
Natio'nalspieler M, **Nationalspielerin** F SPORT jugador *m*, -a *f* (de la selección) nacional *m*; **Nationalstolz** M orgullo *m* nacional; **Nationaltrainer** M, **Nationaltrainerin** F entrenador *m*, -a *f* nacional; **Nationaltrikot** N SPORT camiseta *f* nacional; **Nationalversammlung** F POL asamblea *f* nacional
'NATO, 'Nato F ABK (North Atlantic Treaty Organization) OTAN *f* (Organización del Tratado del Atlántico Norte)
'Nato-Eingreiftruppe F fuerza *f* de intervención de la OTAN; **Nato-Gipfel** M cumbre *f* de la OTAN; **Nato-Osterweiterung** F ampliación *f* de la OTAN hacia el Este (*od* al Este); **Nato-Staat** M país *m* (*od* estado *m*) miembro *m* de la OTAN; **Nato-Truppe** F tropa *f* de la OTAN
'Natrium N ⟨~s⟩ CHEM sodio *m*; **Natriumchlorid** N CHEM cloruro *m* de sodio (*od* sódico)
'Natron N ⟨~s⟩ CHEM sosa *f*; *umg* bicarbonato *m* (sódico); **kohlensaures ~** carbonato *m* sódico (*od* de sosa); **Natronlauge** F CHEM sosa *f* alcalina; **Natronsalpeter** M CHEM nitrato *m* sódico (*od* de sosa)
'Natter F ⟨~; ~n⟩ ZOOL culebra *f*; *giftige*: áspid *m*; *fig* víbora *f*; *fig geh* **eine ~ am Busen nähren** criar cuervos
'Natterngezücht N *Bibel, a. fig*: raza *f* de víboras
na'tur ADJ (*ohne Zusätze*) natural
Na'tur F ⟨~; ~en⟩ 1 *allg* naturaleza *f*; **in freier ~** en el campo, en plena naturaleza; MAL **nach der ~ malen** pintar del natural 2 (*Wesen*) naturaleza *f*; (*Veranlagung*) temperamento *m*; (*Charakter*) índole *f*; carácter *m*; natural *m*; **seiner ~ nach** por su naturaleza; **gegen die ~** contra la naturaleza, antinatural; **von ~ (aus)** por naturaleza; **das liegt in der ~ der Sache** es propio de su naturaleza; es inherente a su condición; **seine wahre ~ zeigen** mostrar su verdadero carácter; *umg* enseñar las orejas 3 *v. Personen*: naturaleza *f*; condición *f* natural; (*Charakter*) carácter *m*; (*Veranlagung*) temperamento *m*; **das liegt in seiner ~** es propio de su condición natural; **j-m zur zweiten ~ werden** convertirse para alg en una segunda naturaleza; **eine starke ~ haben** tener buena constitución física; ser fuerte de naturaleza
na'tura NUR IN: **in ~** (*leibhaftig*) en persona; *umg* (*in Naturalien*) en especie
Natu'ralbezüge MPL pago *m* (*od* remuneraciones *fpl*) en especie
Natu'ralien PL productos *mpl* naturales (*bzw* del suelo); **in ~ (be)zahlen** pagar en especie; **Naturalienkabinett** N, **Naturaliensammlung** F museo *m* (*od* colección *f od* gabinete *m*) de historia natural
naturali'sieren V/T ⟨*ohne* ge-⟩ naturalizar; nacionalizar; **sich ~ lassen** naturalizarse; **Naturalisierung** F ⟨~; ~en⟩ naturalización *f*; nacionalización *f*
Natura'lismus M ⟨~⟩ naturalismo *m*; **Natura'list** M ⟨~en; ~en⟩, **Natura'listin** F ⟨~; ~nen⟩ naturalista *m/f*; **natura'listisch** ADJ naturalista
Natu'ralleistung F remuneración *f* (*bzw* prestación *f*) en especie; **Naturallohn** M salario *m* en especie; **Naturalwert** M valor *m* en especie
Na'turarzt M, **Naturärztin** F → Naturheilkundige; **naturbelassen** ADJ *Lebensmittel* natural, no tratado; **Naturbeschreibung** F descripción *f* de la naturaleza; **Naturbild** N cuadro *m* natural; **Naturbursche** M hijo *m* de la naturaleza; **Naturdenkmal** N ÖKOL monumento *m* natural
Natu'rell N ⟨~s; ~e⟩ natural *m*; disposición *f* natural; *weitS.* carácter *m*
Na'turerbe N patrimonio *m* natural; **Naturereignis** N → Naturerscheinung; **Naturerlebnis** N vivencia *f* (*od* experiencia *f*) de la naturaleza; **Naturerscheinung** F fenómeno *m* natural; **Naturerzeugnisse** NPL productos *mpl* naturales; **Naturfarbe** F color *m* natural; **Naturfaser** F fibra *f* natural; **Naturforscher** M, **Naturforscherin** F naturalista *m/f*; **Naturforschung** F estudio *m* de la naturaleza; **Naturfreund** M, **Naturfreundin** F amante *m/f* de la naturaleza; **Naturgabe** F don *m* natural
na'turgegeben ADJ natural; **naturgemäß** A ADJ conforme a la naturaleza (*od* a las leyes naturales); natural; normal B ADV conforme a la naturaleza (*od* a las leyes naturales); naturalmente; normalmente
Na'turgeschichte F historia *f* natural; **naturgeschichtlich** ADJ de (la) historia natural; **Naturgesetz** N ley *f* natural (*od* de la naturaleza); **naturgetreu** A ADJ (copiado del) natural; fiel B ADV al natural; **Naturgewalt** F fuerza *f* de la naturaleza
Na'turheilkunde F medicina *f* naturista (*od* natural); naturopatía *f*; **Naturheilkundige** M/F (médico *m*, -a *f*) naturista *m/f*, naturópata *m/f*; **Naturheilmittel** N medicina *f* (*od* remedio *m*) natural; remedio *m* naturista; **Naturheilverfahren** N terapia *f* naturista; medicación *f* naturista
Na'turkatastrophe F catástrofe *f* natural; cataclismo *m*; **Naturkind** N hijo *m* de la naturaleza; *weitS.* ingenuo *m*; alma *f* cándida; **Naturkost** F dieta *f* (*od* alimentación *f*) natural; **Naturkostladen** M tienda *f* de productos naturales; **Naturkraft** F fuerza *f* natural (*od* de la naturaleza); **Naturkunde** F ciencias *fpl* naturales; **naturkundlich** ADJ de ciencias naturales; **Naturlehrpfad** M ÖKOL itinerario *m* didáctico
na'türlich A ADJ natural (*a. fig*); (*unbefangen*) *a.* ingenuo; cándido; (*einfach*) sencillo; MATH **~e Zahl** número *m* natural; JUR **~e Person** persona *f* natural (*od* física); **in ~er Größe** de tamaño natural; **eines ~en Todes sterben** morir de muerte natural; **es ist ganz ~, dass** es lógico (*od* muy natural) que B ADV naturalmente; **~!** ¡claro que sí!, ¡desde luego!, ¡por supuesto!, *bes Am* ¡cómo no!; **~ nicht!** ¡claro que no!; **Natürlichkeit** F ⟨~⟩ naturalidad *f*
Na'turliebhaber M, **Naturliebhaberin** F amante *m/f* de la naturaleza; **Naturmensch** M hombre *m* natural; *unzivilisierter*: hombre *m* primitivo; **naturnah** ADJ *Landschaft etc* natural; **Naturnotwendigkeit** F necesidad *f* natural, necesidad *f* inevitable; **Naturpark** M parque *m* natural; **Naturphänomen** N fenómeno *m* natural; **Naturphilosophie** F filosofía *f* natural; **Naturprodukt** N producto *m* natural; **Naturraum** M espacio *m* natural; **Naturrecht** N derecho *m* natural; **Naturreich** N reino *m* de la naturaleza; **naturrein** ADJ natural; puro; **Naturreis** M arroz *m* integral (*od* no refinado); *sp a.* arroz *m* de Calasparra; **Naturreligion** F religión *f* natural; **Naturreservat** N reserva *f* natural; **Naturschätze** MPL riquezas *fpl* naturales; **Naturschauspiel** N *fig* espectáculo *m* natural (*od* de la naturaleza); **Naturschönheiten** FPL bellezas *fpl* naturales; **Naturschutz** M protección *f* de la naturaleza; **unter ~ stehen** estar protegido (oficialmente); **Naturschützer** M, **Naturschützerin** F protector *m*, -a *f* (*od* defensor *m*, -a *f*) de la naturaleza; **Naturschutzgebiet** N reserva *f* natural (*od* ecológica); **Naturstein** M piedra *f* natural; **Naturtalent** N talento *m* (natural); **sie ist ein ~** tiene grandes dotes (naturales); **Naturtreue** F fidelidad *f* (natural); **Naturtrieb** M instinto *m*
na'turtrüb ADJ *Saft* sin filtrar; **naturverbunden** ADJ ligado a la naturaleza; **natur-**

verträglich ADJ compatible (*od* en armonía) con la naturaleza; (*ökologisch*) ecológico; **Naturvolk** N pueblo *m* primitivo; **naturwidrig** ADJ contrario a la naturaleza; antinatural; contra natura

Na'turwissenschaften FPL ciencias *fpl* naturales; **Naturwissenschaftler** M, **Naturwissenschaftlerin** F científico *m*, -a *f*; *Am* cientista *m/f*; **naturwissenschaftlich** ADJ de (las) ciencias naturales

Na'turwunder N maravilla *f* de la naturaleza; **Naturzerstörung** F destrucción *f* de la naturaleza; **Naturzustand** M estado *m* natural

'Nautik F ⟨~⟩ SCHIFF náutica *f*; **Nautilus** M ⟨~; ~ *od* ~se⟩ ZOOL nautilo *m*, argonauto *m*; **nautisch** ADJ SCHIFF náutico

Na'varra [-v-] N Navarra *f*

Navi N ⟨~s; ~s⟩ ABK (Navigationssystem) *umg* navegador *m* de coche; *umg* GPS *m*

Navigati'on [-v-] F ⟨~⟩ navegación *f*

Navigati'onskarte [-v-] F carta *f* de navegación; **Navigationsoffizier** M oficial *m* de derrota; **Navigationsraum** M caseta *f* de derrota; **Navigationsschule** F escuela *f* náutica; **Navigationssystem** N IT sistema *m* de navegación; AUTO sistema *m* de asistencia al conductor

Navi'gator [-v-] M ⟨~s; -'toren⟩, **Naviga'torin** F ⟨~; ~nen⟩ FLUG navegador *m*, -a *f*; **navi'gieren** VI ⟨*ohne* ge-⟩ navegar

'Nazi M ⟨~s; ~s⟩ *umg* nazi *m*; **Nazidiktatur** F dictadura *f* nazi; **Naziherrschaft** F dominio *m* nazi; (período *m* del) gobierno *m* nazi; **Naziregime** N régimen *m* nazi

Na'zismus M ⟨~⟩ nazismo *m*

'Nazistaat M estado *m* nazi

na'zistisch ADJ nazi

'Naziterror M terror *m* nazi; **Naziverbrecher** M, **Naziverbrecherin** F criminal *m/f* nazi; **Nazizeit** F época *f* nazi

n. Chr. ABK (nach Christus) después de Jesucristo

NDR M ABK (Norddeutscher Rundfunk) Radio *m* de la Alemania del Norte

Ne'andertaler M ⟨~s; ~⟩ hombre *m* de Neandertal

Ne'apel N ⟨~s⟩ Nápoles *m*

Neapoli'taner M ⟨~s; ~⟩, **Neapolitanerin** F ⟨~; ~nen⟩ napolitano *m*, -a *f*; **neapolitanisch** ADJ napolitano

'Nebel M ⟨~s; ~⟩ niebla *f*; SCHIFF bruma *f*, *leichter*: neblina *f*; ASTRON nebulosa *f*; **bei ~** con niebla; **der ~ steigt/löst sich auf** la niebla se levanta/se disipa; **in ~ gehüllt** envuelto en (*od* por) la niebla

'Nebelbank F banco *m* de niebla; **Nebelbombe** F bomba *f* fumígena; **Nebelfetzen** MPL jirones *mpl* de niebla; **Nebelfleck** M ASTRON nebulosa *f*; **nebelhaft** ADJ nebuloso; *fig a.* vago; **Nebelhaftigkeit** F ⟨~⟩ nebulosidad *f* (*a. fig*); **Nebelhorn** N SCHIFF sirena *f* (*od* bocina) *f* de niebla; **nebelig** ADJ nebuloso (*a. fig*); brumoso; **es ist ~** hay (*od* hace) niebla; **Nebelkrähe** F ORN corneja *f* cenicienta

'nebeln V/UNPERS **es nebelt** hay niebla

'Nebelscheinwerfer M AUTO faro *m* antiniebla; **Nebelschleier** M velo *m* de niebla; **Nebelschlussleuchte** F AUTO luz *f* antiniebla trasera; **Nebelwand** F cortina *f* de niebla; **Nebelwerfer** M MIL lanzanieblas *m*; **Nebelwetter** N tiempo *m* nebuloso (*od* brumoso)

'neben PRÄP **1** (*dat*) *Ortsangabe* al lado de, junto a, contiguo a; **rechts ~ der Tür** a la derecha de la puerta **2** (*acus*) *Richtungsangabe* al lado de, junto a, contiguo a; **stell es ~ die Tür** ponlo al lado de la puerta **3** *fig* (*dat*) además de, con, amén de; **~ anderen Dingen** *a.* entre otras cosas **4** (*dat*) (*verglichen mit*) en comparación con

'Nebenabgabe F tasa *f* complementaria; **Nebenabsicht** F objeto *m* (*od* fin *od* propósito *m*) secundario; (*Hintergedanke*) segunda intención *f*; **Nebenakzent** M acento *m* secundario; **Nebenamt** N empleo *m* (*od* cargo *m*) accesorio; **nebenamtlich** ADJ & ADV como empleo (*od* cargo *m*) accesorio; (*nebenberuflich*) como ocupación secundaria

neben'an ADV al lado; **gleich ~** aquí al lado; **das Haus ~** la casa de al lado

'Nebenanschluss M TEL extención *f*; línea *f* suplementaria; **Nebenapparat** M TEL supletorio *m*; **Nebenausgabe** F gasto *m* accesorio (*od* adicional); **Nebenausgang** M salida *f* lateral; **Nebenbahn** F BAHN línea *f* secundaria; (*Zweigbahn*) ramal *m*; **Nebenbedeutung** F significado *m* secundario

neben'bei ADV **1** (*beiläufig*) entre paréntesis, de paso; **~ bemerkt** *od* **gesagt** dicho sea entre paréntesis; dicho (sea) de paso **2** (*außerdem*) además; (*gleichzeitig*) al mismo tiempo

'Nebenberuf M profesión *f* (*od* oficio *m*) adicional; **nebenberuflich** ADJ & ADV como ocupación secundaria; como profesión (*od* oficio) adicional; **Nebenbeschäftigung** F (*Nebenjob*) ocupación *f* accesoria; *umg* trabajillo *m*; (*zusätzliche Aufgabe*) actividad *f* suplementaria; **Nebenbuhler** M ⟨~s; ~⟩, **Nebenbuhlerin** F ⟨~; ~nen⟩ rival *m/f*; competidor *m*, -a *f*; **Nebeneffekt** M efecto *m* secundario

nebenein'ander ADV **1** *örtlich*: uno(s) al lado de otro(s); juntos; **~ bestehen** coexistir → nebeneinandersetzen, nebeneinanderstellen **2** *zeitlich*: simultáneamente

Nebenein'ander N ⟨~s⟩ coexistencia *f*

nebenein'anderliegend ADJ *Zimmer* contiguo; **nebeneinanderschalten** V/T ELEK conectar en paralelo; **nebeneinandersetzen** V/T, **nebeneinanderstellen** V/T poner uno al lado de otro; yuxtaponer; *fig* cotejar, comparar

Nebenein'anderstellung F ⟨~⟩ **1** yuxtaposición *f* **2** *fig* comparación *f*; paralelo *m*

'Nebeneingang M entrada *f* lateral; **Nebeneinkommen** N, **Nebeneinkünfte** PL ingresos *mpl* adicionales (*od* complementarios *od* accesorios); **Nebeneinnahme** F ingreso *m* adicional (*od* extraordinario); **Nebenerscheinung** F MED síntoma *m* accesorio; **Nebenerwerb** M ganancia *f* adicional; **Nebenerzeugnis** N → Nebenprodukt; **Nebenfach** N SCHULE asignatura *f* secundaria; **Nebenfigur** F personaje *m* secundario; **Nebenfluss** M afluente *m*; **Nebenfrau** F concubina *f*; **Nebengebäude** N (edificio *m*) anejo *m*; dependencia *f*; **Nebengebühren** FPL gastos *mpl* accesorios; derechos *mpl* adicionales; **Nebengedanke** M → Nebenabsicht; **Nebengeräusch** N RADIO (ruidos *mpl*) parásitos *mpl*; TEL crepitación *f*; **Nebengeschmack** M resabio *m*; gustillo *m*; **Nebengewinn** M beneficio *m* adicional; **Nebengleis** N BAHN apartadero *m*; **Nebenhandlung** F THEAT episodio *m*; **Nebenhaus** N **1** (*Nachbarhaus*) casa *f* contigua (*od* vecina) **2** (*Anbau*) → Nebengebäude

neben'her ADV **1** al lado **2** → nebenbei

neben'hin ADV de paso

'Nebenhoden M ANAT epidídimo *m*; **Nebenhöhle** F ANAT seno *m* (paranasal); **Nebenhöhlenentzündung** F MED sinusitis *f*; **Nebenjob** M *umg* ocupación *f* accesoria; *umg* trabajillo *m*; **Nebenklage** F JUR demanda *f* (*od* acción *f*) accesoria; **Nebenkläger** M, **Nebenklägerin** F JUR acusador *m* privado, -a *f* privada; querellante *m/f*; **Nebenkosten** PL gastos *mpl* adicionales (*od* accesorios); **Nebenleistung** F HANDEL prestación *f* secundaria; **Nebenlinie** F **1** *Herkunft*: línea *f* colateral **2** BAHN → Nebenstrecke; **Nebenmann** M ⟨~(e)s; ⸚er *od* -leute⟩ vecino *m*; **Nebennieren** FPL ANAT glándulas *fpl* (*od* cápsulas *fpl*) suprarrenales

'nebenordnen V/T LING coordinar

'Nebenperson F → Nebenfigur; **Nebenprodukt** N subproducto *m*; CHEM (producto *m*) derivado *m*; **Nebenraum** M apartadizo *m*; habitación *f* (*Am* pieza *f*) contigua; **Nebenrechte** NPL derechos *mpl* accesorios; **Nebenrolle** F THEAT papel *m* secundario (*a. fig*); **Darsteller** *m* **von ~n** actor *m* secundario; **Nebensache** F cosa *f* secundaria; cosa *f* de poca monta (*od* importancia); bagatela *f*; **das ist ~** eso no tiene importancia (*od* no importa); eso es lo de menos; eso es secundario

'nebensächlich ADJ secundario, de poca importancia (*od* monta); insignificante; **Nebensächlichkeit** F ⟨~; ~en⟩ bagatela *f*; trivialidad *f*

'Nebensaison F temporada *f* baja; **Nebensatz** M GRAM oración *f* subordinada; **Nebenschluss** M ELEK derivación *f*, shunt *m*; **Nebensinn** M → Nebenbedeutung

'nebenstehend ADJ & ADV (de) al lado; adyacente, contiguo; (*am Rand*) al margen; adjunto (al texto)

'Nebenstelle F **1** TEL extensión *f* **2** (*Filiale*) sucursal *f*; *v. Behörden*: delegación *f*; **Nebenstellenanlage** F TEL centralita *f* (telefónica); **Nebenstrafe** F JUR pena *f* accesoria; **Nebenstraße** F carretera *f* secundaria; (*Seitenstraße*) calle *f* lateral; **Nebenstrecke** F BAHN línea *f* secundaria; (*Zweigstrecke*) ramal *m*; **Nebentätigkeit** F actividad *f* secundaria (*od* suplementaria); **Nebentisch** M **am ~** en la mesa de al lado; **Nebenton** M PHON acento *m* secundario; **Nebentür** F puerta *f* lateral; **Nebenumstände** MPL circunstancias *fpl* accesorias; pormenores *mpl*, detalles *mpl*; **Nebenursache** F causa *f* secundaria (*bzw* concomitante); **Nebenverdienst** M → Nebeneinkommen; **Nebenweg** M camino *m* lateral; *fig* (*Umweg*) rodeo *m*; (*Abkürzungsweg*) atajo *m*; **Nebenwinkel** M MATH ángulo *m* adyacente; **Nebenwirkung** F efecto *m* secundario (*a.* MED); **Nebenzimmer** N habitación *f* contigua (*od* de al lado); *e-s Ladens*: trastienda *f*; **Nebenzweck** M fin *m* secundario; **Nebenzweig** M rama *f* lateral (*fig a.* accesoria); *Stammbaum*: línea *f* colateral

'neblig ADJ → nebelig; **neblig-trüb** ADJ nebuloso y gris; calinoso

nebst PRÄP (*dat*) *geh* con, junto con; acompañado de; (*einschließlich*) incluido

Neces'saire [nesɛ'sɛːr] N ⟨~s; ~s⟩ neceser *m*

'necken **A** V/T j-n **~** mofarse (*od* burlarse) de alg; tomar el pelo a alg; *boshaft*: hostigar a alg **B** V/R **sich ~** bromear; estar de guasa; *boshaft*: hostigarse

Necke'rei F ⟨~; ~en⟩ broma *f*, burla *f*; *umg* guasa *f*

'neckisch ADJ bromista; guasón; (*drollig*) gracioso; (*kokett*) coquetón

nee ADV *umg* → nein

'Neffe M ⟨~n; ~n⟩ sobrino *m*

Negati'on F ⟨~; ~en⟩ negación *f*

'negativ ADJ negativo; **~e Antwort** negativa *f*

'Negativ N ⟨~s; ~e⟩ MATH, PHYS, FOTO negativo *m*; **Negativimage** N imagen *f* negativa; mala imagen *f*; **Negativliste** F lista *f* negativa (*od* de exclusión); **Negativ-**

schlagzeile F titular m negativo; **Negativtrend** M tendencia f negativa
'Neger M ⟨~s; ~⟩ *neg!* negro m; **Negerin** F ⟨~; ~nen⟩ *neg!* negra f; **Negerkind** N *neg!* negrito m; **Negerkuss** M *umg neg!* → Schokokuss
ne'gieren V/T ⟨*ohne* ge-⟩ negar; **Negierung** F ⟨~; ~en⟩ negación f
Negligé, Negligee [negli'ʒeː] N ⟨~s; ~s⟩ bata f; salto m de cama
negro'id ADJ negroide
'nehmen ⟨*irr*⟩ V/T **1** *in die Hand* tomar; *(ergreifen)* coger, *Arg* agarrar; **bei der Hand ~** tomar (*od* coger, *Arg* agarrar) de la mano; **etw aus der Tasche ~** sacar a/c del bolsillo; **sich** *(dat)* **etw ~** coger(se) a/c; *Kochbuch*: **man nehme … tómese …; hier, ~ Sie!** ¡tome usted! **2** *beim Essen*: servirse; *(einnehmen)* tomar (*a.* MED); **noch mal/nochmals ~** repetir **3** *(in Empfang nehmen)* recibir; *(annehmen)* aceptar, admitir; *(kaufen)* quedarse con; *Geld* cobrar; **wie viel ~ Sie für …?** ¿cuánto cobra (*od* pide) usted por …? **4** *Bus, Taxi etc* tomar, coger (*Arg nur* tomar); *Hindernis* salvar, franquear **5** *(wegnehmen)* quitar, retirar; **etw vom Tisch ~** quitar (*od* retirar) a/c de la mesa; **j-m etw ~** privar a alg de a/c; quitar a alg a/c; **j-m die Hoffnung ~** hacer perder la esperanza a alg; **es sich** *(dat)* **nicht ~ lassen, zu** *(inf)* insistir en *(inf)*; **das lasse ich mir nicht ~** nadie me privará de hacerlo; *umg* **woher ~ und nicht stehlen?** ¿de dónde voy a sacar eso? **6** **etw ~ als** *od* **für** tomar a/c por **7** *mit präp und sich*: **etw an sich** *(acus)* **~** *(aufbewahren)* guardar a/c; *(behalten)* quedarse con a/c; *(einstecken) umg* embolsarse; alzarse con a/c; **etw auf sich** *(acus)* **~** hacerse cargo de a/c; asumir a/c; **etw mit sich** *(dat)* **~** llevarse a/c; **etw zu sich ~** *(essen)* tomar a/c; **j-n zu sich ~** recoger a alg (en su casa); **Gott hat ihn zu sich genommen** Dios le ha llamado a su lado; está con Dios **8** *(behandeln)* tratar; **j-n zu ~ wissen** saber (cómo) tratar a alg; coger las vueltas a alg **9** *fig (annehmen, betrachten)* **wie man's nimmt** según se tome; según se mire; según (y cómo); **alles in allem genommen** después de todo; en resumidas cuentas; **~ wir den Fall, dass …** (su)pongamos que …; pongamos el caso que …; **man muss die Dinge ~, wie sie sind** hay que tomar las cosas como tal como son; *umg* **wenn Sie's so ~** si se lo toma así; **streng genommen** en sentido exacto
'Nehmen N ⟨~s⟩ toma f, tomadura f; *Boxen u. fig*: **er ist hart im ~** encaja bien (los golpes)
'Nehmer M ⟨~s; ~⟩, **Nehmerin** F ⟨~; ~nen⟩ tomador m, -a f; *(Käufer, -in)* comprador m, -a f
'Nehrung F ⟨~; ~en⟩ GEOG lengua f de tierra
Neid M ⟨~(e)s⟩ envidia f; **aus ~** de (*od* por) envidia; **vor ~ vergehen** (*od umg* **platzen**) morirse de envidia; **blass werden vor ~** palidecer de envidia; **j-s ~ erregen** dar envidia a alg; provocar la envidia de alg; *umg* **das muss der ~ ihm lassen** hay que reconocerlo
'neiden V/T *geh* **j-m etw ~** envidiar a/c a alg
'Neider M ⟨~s; ~⟩, **Neiderin** F ⟨~; ~nen⟩ envidioso m, -a f; **viele Neider** *pl* **haben** despertar mucha envidia
'Neidhammel M ⟨~s; ~⟩ *umg* envidioso m
'neidisch **A** ADJ envidioso; **auf j-n ~ sein** envidiar a alg; tener envidia de alg; **auf etw** *(acus)* **~ sein** envidiar a/c **B** ADV con envidia; **neidlos** ADJ sin envidia; **neidvoll** ADJ lleno de envidia
'Neige F ⟨~; ~n⟩ **1** *geh* resto m; *(Bodensatz)* sedimento m; *im Fass*: heces *fpl*; *im Glas*: poso m; **zur ~ gehen** estar acabándose; tocar a su fin; *Tag* declinar; **bis zur ~** hasta el fondo (*od* la última gota); **bis zur ~ leeren** apurar hasta la última gota (*a. fig*) **2** *(Abhang)* declive m, pendiente f
'neigen **A** V/T inclinar; bajar; *(niederbeugen)* doblar **B** V/I **zu etw ~** *(tendieren)* tender a a/c; *zu. Übergewicht etc a.*: tener la tendencia a a/c; **dazu neigen zu** *(inf)* ser propenso a *(inf)*; **sie neigt zu Erkältungen** es propensa a los resfriados; **er neigt zu Übertreibungen** *a.* tiende a exagerar las cosas; *fig* **zu der Auffassung ~, dass** tender (*od* inclinarse) a creer que; *fig* **ich bin geneigt, ihn zu unterstützen** me inclino a apoyarle **C** V/R **sich ~** **1** *Zweige, Ebene* inclinarse; *Mauer, Baum* ladearse; *Abhhang (abschüssig sein)* ir en declive; *Person* **sich (nach vorn/auf die Seite) ~** inclinarse (hacia delante/hacia un lado) **2** *fig* **sich (zum Ende) ~** *geh Tag* declinar; tocar a su fin
'Neigung F ⟨~; ~en⟩ **1** *allg* inclinación f (*a. fig*); *(geneigte Fläche)* declive m, pendiente f; *Straße*: rasante f **2** *fig (Tendenz)* propensión f (**zu** a) (*a.* MED); tendencia f; *(Veranlagung)* disposición f; **die ~ haben zu** tener la tendencia a; **wenig ~ haben zu** estar poco inclinado (*od* dispuesto) a **3** *(Zuneigung)* afecto m, inclinación f (**für** a); *(Vorliebe)* afición f (**für** a); **seinen ~en leben** seguir sus inclinaciones; dedicarse a sus aficiones
'Neigungsanzeiger M BAHN indicador m de pendiente (*od* rasante); **Neigungsebene** F plano m de inclinación; **Neigungsehe** F *obs* casamiento m por (mutua) inclinación; **Neigungsmesser** M (in)clinómetro m; **Neigungsverhältnis** N relación f de declive; **Neigungswinkel** M ángulo m de inclinación
nein ADV no; **~ sagen** decir que no; negarse; **aber ~!** ¡que no!; **ach ~!** *od* **~ so (et)was!** ¡no me diga(s)!; **~ und abermals ~!** ¡no y (mil veces) no!; **ich glaube ~** creo que no
Nein N ⟨~s⟩ no m; **~ sagen** decir que no (*a. fig*); **mit (einem) ~ antworten** contestar (*od* decir) que no; responder negativamente; **mit ~ stimmen** votar no; **Neinsager** M eterno negador m; **Neinstimme** F POL voto m negativo (*od* en contra)
Nekro'log M ⟨~(e)s; ~e⟩ necrología f
Nekro'pole F ⟨~; ~n⟩, **Ne'kropolis** F ⟨~; Nekropolen⟩ ARCHÄOL necrópolis f
Ne'krose F ⟨~; ~n⟩ MED necrosis f; **nekrotisch** ADJ necrótico
'Nektar M ⟨~s; ~e⟩ BIOL, MYTH, *Getränk*: néctar m
Nekta'rine F ⟨~; ~n⟩ nectarina f
'Nelke F ⟨~; ~n⟩ BOT clavel m; *(Gewürznelke)* clavo m; **gemahlene ~n** *pl* clavo(s) m*(pl)* en polvo
'Nemesis F ⟨~⟩ MYTH Némesis f
'nennbar ADJ expresable; indicable; **Nennbelastung** F TECH carga f nominal; **Nennbetrag** M importe m nominal
'nennen ⟨*irr*⟩ **A** V/T **1** nombrar; *(benennen)* llamar, denominar; designar; **seinen Namen ~** decir (*od* dar) su nombre; **nach j-m genannt werden** llevar el nombre de alg **2** *(erwähnen)* mencionar, citar; **(namentlich) genannt werden** ser mencionado **3** *(bezeichnen als)* calificar de; tratar de; **das nenne ich einen Helden!** eso es lo que yo llamo un héroe!; **das nenne ich Mut!** ¡eso sí que es valor!; ¡a eso llamo yo valor! **B** V/R **sich ~** **1** llamarse; nombrarse; *mit Familiennamen*: apellidarse; **sich nach j-m ~** llevar el nombre de alg **2** SPORT *(sich melden)* inscribirse **3** *umg* **und so was nennt sich mein Freund!** ¿eso es ser un amigo?
'nennenswert **A** ADJ digno de mención; apreciable; notable; considerable; estimable **B** ADV *(merklich)* notablemente; considerablemente; **nicht ~ steigen/fallen** subir/caer de forma inapreciable
'Nenner M ⟨~s; ~⟩ MATH denominador m; **auf einen (gemeinsamen) ~ bringen** reducir a un común denominador (*a. fig*)
'Nennform F GRAM infinitivo m; **Nennkapital** N capital m nominal; **Nennleistung** F TECH potencia f (*od* rendimiento m) nominal
'Nennung F ⟨~; ~en⟩ mención f; *(Benennung)* denominación f; designación f; SPORT inscripción f; **unter ~ des Namens** mencionando (*od* diciendo *od* dando) el nombre
'Nennwert M HANDEL valor m nominal; **Nennwort** N GRAM nombre m
'neo…, 'Neo… IN ZSSGN *oft* neo…
'Neofaschismus M neofascismo m; **Neofaschist** M, **Neofaschistin** F neofascista m/f
'Neokolonialismus M neocolonialismo m; **neokonservativ** ADJ neoconservador
Neolo'gismus M ⟨~; Neologismen⟩ LING neologismo m
'Neon N ⟨~s⟩ CHEM neón m
'Neonatologie F ⟨~⟩ neonatología f
'Neonazi M neonazi m; **neonazistisch** ADJ neonazi
'Neonlampe F lámpara f de neón; **Neonlicht** N luz f de neón; **Neonreklame** F anuncio m luminoso (*od* de neón); **Neonröhre** F tubo m de neón
Neo'plasma N MED neoplasma m, neoplasia f
'Neorealismus M neorrealismo m
'Nepal N Nepal m
Nepalese M ⟨~n; ~n⟩, **Nepalesin** F ⟨~; ~nen⟩ nepalés m, -esa f; **nepalesisch** ADJ nepalés
Nepo'tismus M ⟨~⟩ nepotismo m
Nepp M ⟨~s⟩ *umg* tomadura f de pelo *umg*; **das ist ein ~** es un robo (*od* timo)
'neppen V/T timar, dar el timo; *umg* clavar, desollar

Nep'tun M ⟨~s⟩ MYTH, ASTRON Neptuno m
'Nero EIGENN M Nerón m
Nerv [nɛrf] M ⟨~s; ~en⟩ nervio m; BOT *a.* nervadura f; **j-m auf die ~en gehen** *od umg* **j-m den ~ töten** crispar los nervios a alg; *umg* dar la lata a alg; **gute ~en haben** tener los nervios bien templados; **starke** *od* **eiserne ~en haben** tener los nervios de acero; **schwache ~en haben** ponerse nervioso fácilmente; perder los nervios con facilidad; **den ~ haben, etw zu tun** tener el valor de hacer a/c; **die ~en behalten** conservar la calma; guardar su sangre fría; **die ~en verlieren** perder los nervios (*od* los estribos *od* la cabeza); dejarse llevar de los nervios; **(j-m) an den ~en zerren** crispar (*od* destrozar) los nervios (a alg); **mit den ~en am Ende** (*od umg* **herunter** *od umg* **fertig**) **sein** tener los nervios destrozados (*od* deshechos); *umg* **Sie haben (vielleicht) ~en!** ¡pues sí que tiene usted humor!
'nerven V/T *umg* poner nervioso; enervar; **j-n ~** *umg* dar la lata a alg; agobiar (*od* cansar *od* agotar) a alg; sacar (a alg) de sus casillas; **das nervt!** *umg* ¡qué lata!, ¡qué rollo!
'Nervenanfall M ataque m de nervios; **Nervenanspannung** F tensión f nerviosa; **Nervenarzt** M, **Nervenärztin** F neurólogo m, -a f; **nervenaufreibend** ADJ enervante; **Nervenbahn** F vía f nerviosa; **Nervenbündel** N ANAT fascículo m nervioso; *umg (Person)* manojo m de nervios; **Nervenentzündung** F MED neuritis f; **Nervenfaser** F fibra f nerviosa; **Nervengas** N gas m nervioso; **Nervengift** N neurotoxina f; **Nervenheilanstalt** F → Ner-

venklinik; **Nervenheilkunde** F neurología *f*; **Nervenkitzel** M cosquilleo *m* nervioso, suspense *m*; **Nervenklinik** F clínica *f* psiquiátrica (*od* mental); clínica *f* (*od* sanatorio *m od* hospital *m*) de enfermedades nerviosas; **Nervenknoten** M ANAT ganglio *m* nervioso; **nervenkrank** ADJ neurópata, neurótico; **Nervenkranke** M/F neurópata *m/f*; **Nervenkrankheit** F afección *f* nerviosa, neuropatía *f*; **Nervenkrieg** M guerra *f* de nervios; **Nervenkrise** F crisis *f* nerviosa; **Nervenleiden** N → Nervenkrankheit; **Nervensäge** F *umg* pelma(zo) *m*; *umg* latoso *m*; **Nervenschmerz** M neuralgia *f*; **Nervenschock** M shock *m* nervioso; **nervenschwach** ADJ neurasténico; **Nervenschwäche** F debilidad *f* nerviosa; neurastenia *f*; **nervenstark** ADJ que tiene buenos nervios; que resiste; sereno; tranquilo; sosegado; **Nervenstärke** F serenidad *f*; tranquilidad *f*; **nervenstärkend** ADJ **~es Mittel** tónico *m* nervino, estimulante *m* nervioso; **Nervenstrang** M ANAT cordón *m* nervioso; **Nervensystem** N ANAT sistema *m* nervioso; **vegetatives ~** sistema *f* nervioso vegetativo; **Nervenüberreizung** F neurosis *f*; (sobre)excitación *f* nerviosa; **Nervenzelle** F célula *f* nerviosa, neurona *f*; **Nervenzentrum** N centro *m* nervioso; **nervenzerrüttend** ADJ enervante; **Nervenzucken** N tic *m* nervioso; **Nervenzusammenbruch** M colapso *m* nervioso; crisis *f* nerviosa; **am Rande eines ~s sein** estar al borde de un ataque de nervios

'nervig ADJ 1 nervioso; nervudo; *fig* (*kräftig*) *a.* vigoroso 2 BOT nervado 3 *umg* (*aufreibend*) enervante

'nervlich A ADJ nervioso B ADV **~ am Ende sein** tener los nervios destrozados (*od* deshechos)

ner'vös ADJ nervioso; crispado; **~ machen** poner nervioso; crispar (los nervios); **~ sein** estar nervioso, *umg* tener nervios; **~ werden** ponerse nervioso

Nervosi'tät F ⟨~⟩ nerviosidad *f*, nerviosismo *m*; (*Gereiztheit*) crispación *f*

'nervtötend ADJ *umg* enervante

Nerz M ⟨~es; ~e⟩ ZOOL visón *m* (*a. Pelz*); **'Nerzmantel** M abrigo *m* de visón; **'Nerzstola** F estola *f* de visón

'Nescafé® M ⟨ ~s; ~s⟩ nescafé *m*

'Nessel[1] F ⟨~; ~n⟩ BOT ortiga *f*; *umg fig* **sich in die ~n setzen** meterse en un berenjenal; **da haben wir uns schön in die ~n gesetzt!** ¡buena la hemos hecho!; ¡en buena nos hemos metido!

'Nessel[2] M ⟨~s⟩ → Nesseltuch; **Nesselfieber** N, **Nesselsucht** F MED urticaria *f*; **Nesseltuch** N TEX tejido *m* de ramio

Nest N ⟨~(e)s; ~er⟩ 1 nido *m* (*a. fig*); **(s)ein ~ bauen** nidificar; **ein ~ ausnehmen** quitar los huevos (*od* las crías) del nido 2 *fig* **sein eigenes ~ beschmutzen** echar piedras sobre su propio tejado; *fig* **sich ins gemachte ~ setzen** hacer buena boda; casarse bien 3 *umg* (*kleiner Ort*) poblacho *m*, pueblo *m* de mala muerte 4 *umg* (*Bett*) **ins ~** (*Bett*) **gehen** ir a la cama

'Nestbau M ⟨~(e)s; ~ten⟩ nidificación *f*

'Nestei N nidal *m*

'nesteln V/I **an etw** (*dat*) **~** manosear a/c

'Nestflüchter M ORN pájaro *m* nidífugo; **Nesthäkchen** N *fig* benjamín *m*; **Nesthocker** M ORN pájaro *m* nidícola; **Nestling** M ⟨~s; ~e⟩ pajarito *m* todavía en el nido

'Nestor M 1 EIGENN Néstor *m* 2 ⟨~s; -'toren⟩ *fig* decano *m*

'Nestwärme F calor *m* de hogar

nett ADJ 1 (*freundlich*) amable, simpático (**zu j-m** con alg); (*angenehm*) agradable; **das ist ~ von Ihnen** es usted muy amable; **sei so ~ und mach die Tür zu!** ¡por favor, cierra la puerta! 2 (*hübsch, niedlich*) bonito, lindo, *umg* mono; (*reizend*) gracioso 3 *umg iron* menudo, valiente; **du bist mir ein ~er Freund!** ¡valiente amigo eres!; **das kann ja ~ werden** esto se va a poner bueno

'netter'weise ADV amablemente

'Nettigkeit F ⟨~; ~en⟩ amabilidad *f*, gentileza *f*

'netto ADJ neto

'Nettobetrag M importe *m* neto; **Nettoeinkommen** N, **Nettoeinkünfte** FPL, **Nettoeinnahmen** FPL ingresos *mpl* netos; **Nettoertrag** M producto *m* neto (*od* líquido); rendimiento *m* neto; **Nettogehalt** N sueldo *m* neto; **Nettogewicht** N peso *m* neto; **Nettogewinn** M ganancia *f* neta, HANDEL beneficio *m* neto (*od* líquido); **Nettokreditaufnahme** F WIRTSCH recurso *m* neto al mercado financiero; utilización *f* neta de créditos; **Nettolohn** M salario *m* neto; **Nettoneuverschuldung** F WIRTSCH nuevo endeudamiento *m* neto; nueva deuda *f* neta; **Nettopreis** M precio *m* neto; **Nettosozialprodukt** N producto *m* nacional (*selten* social) neto; **Nettoumsatz** M importe *m* neto de la cifra de negocios; **Nettoverdienst** M *Gewinn*: ganancia *f* neta; *Gehalt, Lohn*: sueldo *m* (*bzw* salario *m*) neto; **Nettoverlust** M pérdida *f* neta; **Nettovermögen** N patrimonio *m* neto, neto *m* patrimonial; **Nettozahler** M WIRTSCH pagador *m* neto

'Network ['nɛtvøːrk] N ⟨~s; ~s⟩ 1 TV, RADIO cadena *f* (*od* red *f*) de emisoras 2 IT red *f*; → *a* Netzwerk *etc*; **networken** V/I trabajar en red

Netz N ⟨~es; ~e⟩ 1 *allg* red *f* (*a. Verkehr*, TEL, IT); (*Gepäcknetz*) rejilla *f*; (*Haarnetz*) redecilla *f*; **soziales ~** red social; ELEK **ans ~ gehen** conectarse a la red; IT **im ~ surfen** navegar por la red; ELEK **vom ~ nehmen** desconectar (*od* sacar) de la red 2 (*Spinnennetz*) telaraña *f*; TEL *umg* **ich habe kein ~** (*Empfang*) no tengo cobertura 3 *fig* **seine ~e auswerfen** lanzar sus redes; **j-m ins ~ gehen** caer en las redes de alg (*a. fig*); *fig* **sich im eigenen ~ fangen** caer en sus propias redes 4 SPORT **den Ball ins ~ jagen** enviar el balón (*od* la pelota) a la red; *Tennis*: **am ~ spielen** jugar junto a la red 5 ANAT omento *m*

'Netzadapter M ELEK adaptador *m* a la red; **Netzanschluss** M conexión *f* a la red; toma *f* de red; interfaz *f* de red; **netzartig** ADJ reticular; reticulado; **Netzausfall** M ELEK, IT fallo *m* de alimentación; fallo *m* de la red; (*Stromausfall*) apagón *m*; **Netzbetreiber** M ELEK, IT operador *m* (*od* explotador *m*) de una red; proveedor *m* de redes; **Netzbetrieb** M ELEK alimentación *f* a la red; **Netzempfänger** M RADIO receptor *m* conectable a la red

'netzen V/T mojar; humedecer

'Netzfehler M SPORT red *f*; **Netzflügler** MPL ZOOL neurópteros *mpl*; **netzförmig** ADJ → netzartig; **Netzgerät** N ELEK alimentador *m* a la red; **netzgespeist** ADJ ELEK alimentado a la red; **Netzgewölbe** N ARCH bóveda *f* reticular

'Netzhaut F ANAT *des Auges*: retina *f*; **Netzhautablösung** F MED desprendimiento *m* de la retina; **Netzhautentzündung** F MED retinitis *f*

'Netzhemd N camiseta *f* de malla; **Netzkabel** ELEK cable *m* de alimentación eléctrica; **Netzkarte** F 1 BAHN (tarjeta *f* de) abono *m* 2 IT tarjeta *f* de red; **Netzmagen** M ZOOL redecilla *f*, retículo *m*; **Netzmittel** N CHEM humectante *m*, mojante *m*; **Netzmonopol** N monopolio *m* de la red; **Netzspannung** F ELEK tensión *f* de la red; **Netzstoff** M tejido *m* de malla; **Netzstrom** M ELEK corriente *f* de la red; **Netzstrümpfe** MPL medias *fpl* de red (*od* de rejilla); **Netzsuche** F *Handy*: selección *f* de red; **Netzteil** N TEL fuente *f od* equipo *m* de alimentación

'Netzwerk N 1 IT red *f* (de ordenadores *od* informática); **drahtloses ~** red *f* inalámbrica 2 **soziales ~** red *f* (de apoyo) social; **Netzwerkadministrator** M, **Netzwerkadministratorin** F IT administrador *m*, -a *f* (*od* gestor *m*, -a *f*) de (la) red; **Netzwerkserver** M IT servidor *m* de red; **Netzwerkspezialist** M, **Netzwerkspezialistin** F IT especialista *m/f* en redes

neu A ADJ 1 *Sache* nuevo; (*neuartig*) original; **ganz ~** completamente nuevo; flamante; **wie ~ sein** estar como nuevo; → *a* Neue(s) 2 (*neuzeitlich*) moderno; **~er Ausdruck** neologismo *m*; **die ~ere/neueste Geschichte** la historia moderna/reciente; **~ere Sprachen** lenguas *fpl* modernas; **die ~ere Zeit** los tiempos modernos 3 (*kürzlich geschehen*) reciente; (*im Entstehen begriffen*) naciente; **~eren Datums** de fecha reciente; **die ~este Mode** la última moda; **~este Nachrichten** últimas noticias *fpl*, noticias *fpl* de última hora; → *a* Neueste(s) 4 **das ~e Jahr** el año nuevo; **das Neue Testament** el Nuevo Testamento; **die Neue Welt** el Nuevo Mundo 5 *Person* (*angehend*) novel; **in etw** (*dat*) **~ sein** ser novicio (*od* novel *od* nuevo) en a/c 6 **das ist mir ~** no lo sabía; **das ist mir ganz** *od* **völlig ~** es la primera noticia; → *a* Neue(s) 7 *adverbial* **aufs Neue** *od* **von Neuem** de nuevo B ADV 1 (*erstmals*) por primera vez; (*kürzlich*) recientemente; recién; HANDEL **~ einführen** lanzar; **~ erbauen** reconstruir; **ein Restaurant** *etc* **~ eröffnen** inaugurar un restaurante, *etc* 2 (*von Neuem, wieder*) de nuevo; otra vez; **~ bearbeiten** refundir, revisar; **~ beleben** reanimar; **eine Stelle ~ besetzen** cubrir una vacante; **etw ~ einrichten** instalar nuevo a/c; *Wohnung etc* poner (*od* amueblar) nuevo a/c; **~ füllen** rellenar; **neu gestalten** reorganizar; BAU remodelar; THEAT **~ inszenieren** reponer; **~ machen** hacer de nuevo; rehacer; volver a hacer; **~ ordnen** reordenar

'Neuanfang M reinicio *m*; nuevo comienzo *m*; **Neuankömmling** M recién llegado *m* (*od* venido *m*); **Neuanschaffung** F nueva adquisición *f*; **neuartig** ADJ nuevo; reciente; moderno; **Neuartigkeit** F ⟨~⟩ novedad *f*; modernidad *f*

neu aufgelegt ADJ TYPO, LIT reeditado; (*neu gedruckt*) reimpreso

'Neuauflage F reedición *f* (*a. fig*); **Neuaufnahme** F 1 *Mitglieder*: incorporación *f*; admisión *f* 2 MED *Patienten*: ingreso *m*; **Neuaufteilung** F redistribución *f*; nuevo reparto *m*; nueva distribución *f*; **Neuausgabe** F *e-s Buchs*: nueva edición *f*, reedición *f*

'Neubau M ⟨~(e)s; ~ten⟩ nueva construcción *f*; edificio *m* nuevo; *eben fertiggestellt*: casa *f* (*od* edificio *m*) de reciente construcción (*od* de nueva planta); *im Bau*: casa *f* en construcción; **Neubaugebiet** N ensanche *m*; **Neubaustrecke** F BAHN tramo *m* nuevo; **Neubauviertel** N barrio *m* nuevo (*od* de casas nuevas); **Neubauvorhaben** N proyecto *m* de obra nueva; **Neubauwohnung** F vivienda *f* (*od* piso *m*, *Am* departamento *m*) de nueva construcción

neu bearbeitet LIT refundido, revisado

'Neubearbeitung F LIT edición *f* refundida (*od* revisada); refundición *f*; **Neubeginn** M

N

nuevo comienzo *m*; **Neubekehrte** M/F converso *m*, -a *f*; neófito *m*, -a *f*; **Neubelebung** F reanimación *f*; **Neubesetzung** F *e-s Amtes*: nueva designación *f*; THEAT *e-r Rolle*: nuevo reparto *m*; **Neubestimmung** F redefinición *f*; nueva disposición *f*; **Neubewertung** F revalorización *f*; reevaluación *f*; **Neubildung** F formación *f* reciente; LING neologismo *m*; BIOL neoformación *f*; MED neoplasma *m*; neoplasia *f*; **Neubürger** M, **Neubürgerin** F ciudadano *m*, -a *f* (*od* habitante *m/f*) recién llegado, -a; **Neudefinition** F redefinición *f*; nueva definición *f*; **neudeutsch** ADJ *iron* alemán moderno; **Neudruck** M reimpresión *f*

'Neue M/F ⟨~n; ~n; → A⟩ nuevo *m*, -a *f*; recién venido *m*, -a *f* (*od* llegado *m*, -a *f*)

'Neue(s) N ⟨~n; ~n; → A⟩ **das ~** lo nuevo; lo moderno; **was gibt's ~s?** ¿qué hay de nuevo?; **es gibt nichts ~s** no hay nada (de) nuevo; no hay (ninguna) novedad; **das ist mir nichts ~s** ya lo sabía

'Neueinstellung F **1** *Arbeitsmarkt*: nueva contratación *f*; nueva colocación *f* **2** TECH *Maschinen*: reajuste *m*; nueva regulación *f*; nueva graduación *f*; **Neueintritt** M *in e-e Firma*: nuevo ingreso *m*; **Neueinwanderer** M inmigrante *m* nuevo (*od* recién llegado)

Neu'england N GEOG Nueva Inglaterra *f*

neu entdeckt ADJ recién descubierto; **neu entstanden** recién formado; creado recientemente

'Neuentwicklung F desarrollo *m*

'Neuer → Neue

neu erbaut reconstruido; recién construido

'neuer'dings ADV últimamente, recientemente, desde hace poco

'Neuerer M ⟨~s; ~⟩ innovador *m*

'Neuerkrankung F nueva afección *f*

'neuerlich **A** ADJ reciente; (*wiederholt*) reiterado **B** ADV → neuerdings; (*von Neuem*) de nuevo, nuevamente

neu eröffnet recién inaugurado (*od* abierto); de nueva apertura

'Neueröffnung F inauguración *f*

neu errichtet recién construido (*od* edificado *od* levantado)

'Neuerscheinung F novedad *f* (literaria); publicación *f* nueva (*od* reciente)

neu erschienen ADJ *Buch* recién publicado (*od* aparecido)

'Neuerung F ⟨~; ~en⟩ innovación *f*; (*Änderung*) cambio *m*; (*Besserung*) reforma *f*; (*Neuheit*) novedad *f*; **technische ~** innovación *f* (*od* novedad *f*) técnica; **eine ~ einführen** introducir una innovación

'Neuerwerb M, **Neuerwerbung** F nueva adquisición *f*

neu erworben recién adquirido; adquirido recientemente (*od* hace poco)

'Neues → Neue(s)

'Neueste(s) N ⟨~n; ~n; → A⟩ **das ~** lo más nuevo; *Zeitung*: las últimas noticias; *Mode*: la última novedad; **weißt du schon das ~?** ¿sabes lo último?

'Neufahrzeug N AUTO vehículo *m* nuevo; **Neufassung** F nueva versión *f*; **Neuformierung** F reformación *f*; nueva formación *f*; **Neuformulierung** F reformulación *f*; nueva formulación *f*

Neu'fundland N Terranova *m*; **Neufundländer** M ⟨~s; ~⟩ *Hund*: terranova *m*

neu gebaut recién construido; de nueva construcción

'neugeboren ADJ recién nacido; *fig* **sich wie ~ fühlen** sentirse como nuevo; **Neugeborene(s)** N ⟨~n; → A⟩ recién nacido *m*; **Neugeborenenscreening** N MED screening *m* (*Am a.* monitoreo *m*) neonatal

neu gegründet recién fundado (*od* creado *od* establecido); **neu geschaffen** nuevo

'Neugeschäft N negocio *m* nuevo; **Neugestaltung** F reorganización *f*; remodelación *f*

neu gewählt reelegido; **neu gewonnen** obtenido recientemente; logrado (*od* alcanzado) por primera vez

'Neugier(de) F ⟨~⟩ curiosidad *f*; **aus ~(de)** por curiosidad; **er brennt vor ~(de)** le pica la curiosidad

'neugierig ADJ curioso; **~ sein auf** (*acus*) tener curiosidad (*od* estar curioso) por saber; **ich bin ~, ob …** estoy curioso por saber si …; **du machst mich ~** me tienes intrigado

'Neugierige M/F ⟨~n; ~n; → A⟩ curioso *m*, -a *f*; **Neugliederung** F reorganización *f*; **Neugotik** F neogótico *m*; **neugotisch** ADJ neogótico; **neugriechisch** ADJ neogriego; **Neugriechisch(e)** N griego *m* moderno; **Neugründung** F fundación *f* nueva (*od* reciente); **Neugruppierung** F reagrupación *f*

Neugui'nea N Nueva Guinea *f*

'Neuheit F ⟨~; ~en⟩ novedad *f* (*a. Produkt*); **~en auf der Messe präsentieren** presentar novedades en la feria

'neuhochdeutsch ADJ alto alemán moderno

'Neuigkeit F ⟨~; ~en⟩ novedad *f*; noticia *f*, nueva *f*; **Neuigkeitswert** M valor *m* novedoso; *bes Am* valor *m* como novedad

'Neuinfektion F MED nueva infección *f*; **Neuinszenierung** F THEAT reposición *f*; nueva escenificación *f*; **Neuinterpretation** F reinterpretación *f*; nueva interpretación *f*; **Neuinvestition** F WIRTSCH reinversión *f*; inversión *f* adicional; nueva inversión *f*

'Neujahr N ⟨~(e)s⟩ Año *m* Nuevo

'Neujahrsabend M *bes sp*: nochevieja *f*; noche *f* de San Silvestre; **Neujahrsbotschaft** F mensaje *m* de año nuevo; **Neujahrsnacht** F Nochevieja *f*; **Neujahrstag** M día *m* de Año Nuevo; **Neujahrswunsch** M felicitación *f* de año nuevo

Neukale'donien N Nueva Caledonia

'Neukonstruktion F nueva construcción *f*; **Neukonzeption** F concepción *f* nueva; concepción *f* reformulada (*od* repensada); **Neuland** N ⟨~(e)s⟩ tierra *f* virgen (*a. fig*); AGR **~ erschließen** roturar nuevas tierras; *fig* **~ betreten** abrir nuevos horizontes; **Neulandgewinnung** F puesta *f* en cultivo de nuevas tierras

'neulateinisch ADJ neolatino

'neulich ADV el otro día; últimamente; recientemente; hace poco; **~ Abend** la otra noche

'Neuling M ⟨~s; ~e⟩ novato *m*, novicio *m*, novel *m*, bisoño *m*

'Neume F ⟨~; ~n⟩ MUS neuma *m*

Neu-'Mexiko N Nuevo México *m*

'neumodisch ADJ de última moda; moderno

'Neumond M luna *f* nueva; ASTRON interlunio *m*, novilunio *m*

neun ADJ nueve; *beim Kegeln*: **alle ~e!** ¡pleno!

Neun F ⟨~; ~en⟩ nueve *m*; *umg* **ach, du grüne ~e!** ¡Dios mío!; *umg* ¡jolín!; *umg* ¡su madre!

'Neunauge N *Fisch*: lamprea *f*; **Neuneck** N ⟨~(e)s; ~e⟩ MATH eneágono *m*; **neuneckig** ADJ MATH eneágono

'Neuner M ⟨~s; ~⟩ *südd* nueve *m*

'neuner'lei ADJ de nueve clases

'neunfach ADJ nueve veces; **das Neunfache** nueve veces tanto

'neun'hundert ADJ novecientos

'neunjährig ADJ de nueve años

'neunmal ADV nueve veces; **neunmalig** ADJ nueve veces repetido; **neunmalklug** ADJ *umg* sabidillo; **Neunmalkluge** M/F *umg* sabelotodo *m/f*; **den ~n spielen** meterse en honduras

neunt ADV **zu ~** nueve; **zu ~ sein** ser nueve

'neuntägig ADJ de nueve días

'neun'tausend ADJ nueve mil

'neunte(r, -s) ADJ noveno

'Neuntel N ⟨~s; ~⟩ **ein ~** un noveno; la novena parte

'neuntens ADV en noveno lugar

'neunzehn ADJ diecinueve; **neunzehnte** ADJ decimonoveno; **Neunzehntel** N diecinueveavo *m*

'neunzig ADJ noventa; **die ~er Jahre** os años noventa

'Neunzig F ⟨~⟩ (número *m*) noventa *m*

'Neunziger M ⟨~s; ~⟩, **Neunzigerin** F ⟨~; ~nen⟩ nonagenario *m*, -a *f*; noventón *m*, noventona *f*; **Neunzigerjahre** NPL **die ~** los años noventa; **in den ~n** en los años noventa

'neunzigjährig ADJ de noventa años; nonagenario; **Neunzigjährige** M/F ⟨~n; ~n; → A⟩ → Neunziger

'neunzigste ADJ nonagésimo

'Neuordnung F reorganización *f*; reestructuración *f*; reforma *f*; reajuste *m*; **Neuorientierung** F nueva orientación *f*, reorientación *f*; **Neupflanzung** F nuevo plantío *m*; *Am* nueva plantación *f*

'Neuphilologe M *Lehrkraft*: profesor *m* de lenguas modernas; *Student*: estudiante *m* de lenguas modernas; **Neuphilologie** F filología *f* moderna; **Neuphilologin** F *Lehrkraft*: profesora *f* de lenguas modernas; *Studentin*: estudiante *f* de lenguas modernas

'Neuplanung F nueva planificación *f*; nuevo proyecto *m*; **Neupreis** M precio *m* nuevo; **Neupriester** M sacerdote *m* recién ordenado; **Neuproduktion** F WIRTSCH nueva producción *f*

Neural'gie F ⟨~; ~n⟩ MED neuralgia *f*

neu'ralgisch ADJ MED neurálgico (*a. fig*); **~er Punkt** punto *m* neurálgico

Neurasthe'nie F ⟨~; ~n⟩ MED neurastenia *f*; **neuras'thenisch** ADJ MED neurasténico

'Neuregelung F reorganización *f*; **neureich** ADJ nuevo rico; **Neureiche** M/F nuevo rico *m*, nueva rica *f*

Neu'ritis F ⟨~; Neuri'tiden⟩ MED neuritis *f*

'Neurobiologe M neurobiólogo *m*; **Neurobiologie** F neurobiología *f*; **Neurobiologin** F neurobióloga *f*; **Neurochirurg** M neurocirujano *m*; **Neurochirurgie** F neurocirugía *f*; **Neurochirurgin** F neurocirujana *f*

Neuroder'mitis F ⟨~; Neurodermi'tiden⟩ MED neurodermitis *f*; **Neuro'loge** M ⟨~n; ~n⟩ neurólogo *m*; **Neurolo'gie** F neurología *f*; **Neuro'login** F ⟨~; ~nen⟩ neuróloga *f*

'Neuron N ⟨~s; ~en⟩ ANAT neurona *f*

neuro'nal ADJ de la(s) neurona(s)

Neu'rose F ⟨~; ~n⟩ MED neurosis *f*

Neu'rotiker M ⟨~s; ~⟩, **Neurotikerin** F ⟨~; ~nen⟩ neurótico *m*, -a *f*

neu'rotisch ADJ neurótico

neurovegeta'tiv ADJ neurovegetativo

'Neuschnee M nieve *f* recién caída; **Neuschöpfung** F nueva creación *f*

Neu'seeland N Nueva Zelanda *f*; **Neuseeländer** M ⟨~s; ~⟩, **Neuseeländerin** F ⟨~; ~nen⟩ neozelandés *m*, -esa *f*; **neuseeländisch** ADJ neozelandés

'Neusilber N alpaca *f*; metal *m* blanco; **neusprachlich** ADJ relativo a las lenguas modernas; **Neustadt** F barrios *mpl* nuevos; ensanche *m*; **neutestamentlich** ADJ *Bibel*: del Nuevo Testamento

neu'tral ADJ LING, ZOOL, CHEM neutro; POL neutral; **für ~ erklären** declarar neutral; **~ bleiben** permanecer neutral

Neu'trale M/F ⟨~n; ~n; → A⟩ neutral *m/f*

neutrali'sieren V/T ⟨*ohne* ge-⟩ neutralizar; **Neutralisierung** F ⟨~; ~en⟩ neutralización *f*

Neutra'lismus M ⟨~⟩ neutralismo *m*; **Neutra'list** M ⟨~en; ~en⟩, **Neutra'listin** F ⟨~; ~nen⟩ neutralista *m/f*; **neutra'listisch** ADJ neutralista; **Neutrali'tät** F ⟨~⟩ neutralidad *f*

Neutrali'tätserklärung F declaración *f* de neutralidad; **Neutralitätsrecht** N derecho *m* de neutralidad; **Neutralitätsverletzung** F violación *f* de la neutralidad; **Neutralitätsvertrag** M tratado *m* de neutralidad

'Neutron N ⟨~s; Neu'tronen⟩ PHYS neutrón *m*

Neu'tronenbombe F bomba *f* de neutrones

'Neutrum N ⟨~s; Neutra *od* Neutren⟩ LING neutro *m*

'neuvermählt ADJ recién casado; **die Neuvermählten** los novios; los desposados

'Neuvermietung F nuevo arrendamiento *m*; nuevo alquiler *m*; **Neuverpflichtung** F nueva obligación *f*; nuevo compromiso *m*; **Neuverschuldung** F WIRTSCH nuevo endeudamiento *m*; **Neuverteilung** F redistribución *f*

'Neuwagen M AUTO coche *m* (*Am* carro *m*) nuevo; **Neuwahl** F nueva elección *f*; **~en ansetzen** convocar nuevas elecciones; **Neuwert** M valor *m* de (*od* cuando) nuevo; **neuwertig** ADJ como nuevo; **Neuwort** N neologismo *m*; **Neuzeit** F HIST Edad *f* Moderna; tiempos *mpl* modernos; **neuzeitlich** ADJ moderno; **Neuzugang** M **1** *im Krankenhaus*: ingreso *m* **2** *von Waren*: novedad *f*; *e-r Bibliothek*: nueva adquisición *f*; **Neuzulassung** F AUTO primer permiso *m* de circulación

'Newcomer ['nju:kamər] M MUS, POL *usw* fresco *m*, joven *m*

New 'Mexiko [nju:'mɛksiko] N Nuevo Méjico *m*

'Newsgroup ['nju:sgru:p] F ⟨~; ~s⟩ IT newsgroup *m*, foro *m* (de discusión); **Newsletter** M ⟨~(s); ~s⟩ *Internet*: newsletter *m od f*, boletín *m* digital

'New York ['nju:jɔrk, 'nu:jɔrk] N Nueva York *f*

NG'O F ⟨~; ~s⟩ ABK (Non-Governmental Organization, Nichtregierungsorganisation) ONG *f* (Organización No Gubernamental)

Nia'garafälle MPL cataratas *fpl* del Niágara

'Nibelungen MPL Nibelungos *mpl*; *Oper*: **der Ring der ~** El Anillo de los Nibelungos; **Nibelungenhort** M tesoro *m* de los Nibelungos; **Nibelungenlied** N LIT Cantar *m* de los Nibelungos; **Nibelungentreue** F *fig* fidelidad *f* hasta la muerte

Nica'ragua N Nicaragua *f*

Nicaragu'aner M ⟨~s; ~⟩, **Nicaraguanerin** F ⟨~; ~nen⟩ nicaragüense *m/f*; **nicaraguanisch** ADJ nicaragüense

nicht ADV **1** *allg* no; **~ ganz** no del todo; **~ viel** no mucho; **~ so schön wie …** no tan bonito como …; **~ zu hoch** no demasiado alto; **durchaus ~** nada de eso; de ningún modo; **gar ~, überhaupt ~** en absoluto; de ningún modo; **(ganz und) gar ~ billig** nada barato; **~ nur (sondern auch)** no sólo (sino también); **wenn ~** si no; en caso contrario **2** **auch ~** tampoco; **ich auch ~** (ni) yo tampoco **3** **~ (ein)mal** ni siquiera; **~ ein Einziger** ni uno solo **4** **~ mehr** ya no; **noch ~** todavía no; **~ mehr/weniger als** nada más/menos que; **~ mehr und ~ weniger** ni más ni menos **5** **~ lange darauf** poco (tiempo) después; al poco rato **6** **~, dass …** no sea que … (*subj*); **~ dass ich wüsste** no que yo sepa **7** *Fragen*: **~?** *od* **~ wahr?** ¿no?, ¿verdad?; **etwa ~?** ¿a que no?; **warum ~?, wieso ~?** ¿por qué no?, cómo que no?; **wirklich ~?** ¿de verdad que no?; **ist es ~ schön heute?** ¡qué día más bonito!, ¿verdad? **8** *Ausrufe*: **bitte ~!** ¡por favor, no!; **komm ~!** ¡no vengas!; **~ doch!** ¡que no!; no hagas eso; *umg* ¡quita!; ¡déjame!; **~ schlecht!** ¡no está mal!; **sicher ~!** ¡seguro que no!; **nur das ~!, wirklich ~!** ¡todo menos eso!; ¡cierto que no!

nicht…, Nicht… IN ZSSGN *oft* no…

'Nichtachtung F irreverencia *f*; irrespetuosidad *f*, falta *f* de respeto (**vor** a); *bes vor Behörden*: desacato *m*

'nichtamtlich, nicht amtlich ADJ no oficial

'Nichtanerkennung F no reconocimiento *m*; **Nichtangriffspakt** M POL pacto *m* de no agresión; **Nichtannahme** F no aceptación *f*; falta de *f* aceptación; (*Zurückweisung*) rechazo *m*; **Nichtanwendung** F no aplicación *f*; **Nichtanwesenheit** F ausencia *f*; falta *f* de presencia; **Nichtausführung** F no ejecución *f*; **Nichtbeachtung** F, **Nichtbefolgung** F inobservancia *f*; incumplimiento *m*; falta de cumplimiento (*od* observancia); **Nichtbehinderte** M/F no discapacitado *m*, -a *f*; no minusválido *m*, -a *f*; **Nichtbezahlung** F falta *f* de pago, impago *m*

'Nichte F ⟨~; ~n⟩ sobrina *f*

'nichtehelich, nicht ehelich ADJ extramatrimonial

'Nichteinhaltung F incumplimiento *m*; **Nichteinlösung** F falta *f* de pago, impago *m*; **Nichteinmischung** F no intervención *f*, no injerencia *f*; **Nichteisenmetall** N metal *m* no férrico; **Nichterfüllung** F incumplimiento *m*; **Nichterscheinen** N ausencia *f*; inasistencia *f*; JUR no comparecencia *f*, incomparecencia *f*; **Nichtfachmann** M profano *m*; *umg* lego *m*

'nichtig ADJ vano; fútil; (*ungültig*) inválido; (*unwirksam*) ineficaz, sin efecto; JUR nulo; **für ~ erklären** declarar nulo; invalidar; dejar sin efecto

'Nichtigkeit F ⟨~; ~en⟩ vanidad *f*; futilidad *f*; (*Wertlosigkeit*) nadería *f*, bagatela *f*; (*Ungültigkeit*) invalidez *f*; (*Unwirksamkeit*) ineficacia *f*; JUR nulidad *f*

'Nichtigkeitsbeschwerde F JUR recurso *m* de nulidad; **Nichtigkeitserklärung** F JUR declaración *f* de nulidad; anulación *f*; invalidación *f*; **Nichtigkeitsklage** F JUR demanda *f* de nulidad

'Nichtkämpfer M no combatiente *m*; **Nichtkonvertierbarkeit** F inconvertibilidad *f*; **Nichtkriegführung** F no beligerancia *f*

nicht leitend ADJ ELEK no conductor, dieléctrico

'Nichtleiter M ELEK cuerpo *m* no conductor (*od* dieléctrico); aislante *m*; aislador *m*; **Nichtmitglied** N no miembro *m*; no socio *m*

'nichtöffentlich, nicht öffentlich ADJ privado; *Sitzung* cerrado

'Nichtraucher M no fumador *m*; **ich bin ~** no fumo; **Nichtraucherabteil** N compartim(i)ento *m* para no fumadores; **Nichtrauchergesetz** N Ley *f* Antitabaco; **Nichtraucherin** F no fumadora *f*; **Nichtraucherschutz** M protección *m* de los no fumadores; **Nichtraucherzone** F zona *f* para no fumadores

nicht rostend ADJ inoxidable

nichts INDEF PR **1** *allg* nada; **~ anderes** ninguna otra cosa; **~ dergleichen** nada parecido; **~ Neues** nada (de) nuevo; **(ganz und) gar ~** nada en absoluto; absolutamente nada; *umg* nada de nada; **das ist so gut wie gar ~** eso y nada todo es lo mismo; **das ist ~ für mich** esto no me va; no es lo mío; **davon habe ich ~** esto no me sirve de nada; **(da ist) ~ zu machen** no hay nada que hacer; es inútil; **als wenn ~ geschehen wäre** como si (no hubiera pasado) nada; *umg* como si tal cosa **2** **~ als** nada más que; **~ weniger als** nada menos que; **ich hatte ~ als Scherereien** lo único que conseguí fue fastidiarme **3** **~ mehr** *od* **~ weiter** nada más; **weiter ~?** *od* **sonst ~?** ¿nada más?; ¿es todo?; **weiter ~!** ¡nada más!; ¡eso es todo!; **wenn es sonst** *od* **weiter ~ ist** si no es más que eso, si eso es todo **4** *Wendungen*: **alles oder ~** o todo, o nada; **mir ~, dir ~** sin más ni más; de buenas a primeras; **für ~ (und wieder ~)** en balde; por nada; por amor al arte; **daraus wird ~** *umg* eso se va quedar en nada (*od* en agua de borrajas), eso no llegará a ninguna parte; **aus ~ wird ~** de donde nada hay, nada se puede sacar; **wegen** *od* **um ~** por nada; por un quítame allá esas pajas; **um ~ in der Welt** por nada del mundo **5** *Ausrufe*: **~ da!** ¡nada de eso!; **~ zu danken!** de nada; no hay de qué; **das macht ~!** ¡no importa!; *als Antwort auf e-e Entschuldigung*: no ha sido nada; **~ davon!** ¡no hablemos de eso!; *umg* **~ wie hin!** *umg* vámonos allá!; *umg* **~ wie weg!** *umg* larguémonos! **6** (*sehr wenig*) **so gut wie ~** poco menos que nada; casi nada; **das sieht nach ~ aus** parece poca cosa; **ist das ~?** ¿te parece poco? **7** *umg* **wie ~** (*schnell*) en menos que nada

Nichts N ⟨~⟩ **1** nada *f*; (*Leere*) vacío *m*; **(wie) aus dem ~ auftauchen** surgir de la nada; **aus dem ~ schaffen** sacar de la nada; **sich in ~ auflösen** desvanecerse; *fig a.* frustrarse; *umg* quedarse en agua de borrajas; **vor dem ~ stehen** estar (completamente) arruinado **2** (*Kleinigkeit*) insignificancia *f*; minucia *f*; nadería *f* **3** *pej Mensch*: cero *m* a la izquierda

nichts ahnend ADJ que no sospecha nada

'Nichtschwimmer M, **Nichtschwimmerin** F no nadador *m*, -a *f*

nichtsdesto'trotz *umg*, **nichtsdesto'weniger** ADV sin embargo, no obstante; con todo

'Nichtsein N inexistencia *f*; no existencia *f*

'Nichtsesshafte M/F ⟨~n; ~n; → A⟩ persona *f* sin hogar

'Nichtskönner M persona *f* incapaz; nulidad *f*; **Nichtsnutz** M ⟨~es; ~e⟩ inútil *m*; pillo *m*; **nichtsnutzig** ADJ que no sirve para nada; (*unartig*) travieso; **Nichtsnutzigkeit** F ⟨~⟩ inutilidad *f*

'nichtssagend ADJ, **nichts sagend** ADJ insignificante; (*inhaltlos*) vacuo; *Gesicht* inexpresivo; *Worte* vacío, vano; *Antwort* vago; *Redensart* trivial; (*fade*) insípido

'Nichtstuer M ⟨~s; ~⟩, **Nichtstuerin** F ⟨~; ~nen⟩ holgazán *m*, -ana *f*, vago *m*, -a *f*, gandul *m*, -a *f*; **Nichtstun** N ⟨~s⟩ (*Faulheit*) holgazanería *f*; gandulería *f*; vagancia *f*; (*Muße*) ociosidad *f*, ocio *m*; **Nichtswisser** M ⟨~s; ~⟩ ignorante *m*; **nichtswürdig** ADJ *geh* indigno; bajo, infame, vil; abyecto; **Nichtswürdigkeit** F *geh* indignidad *f*; bajeza *f*; infamia *f*

'Nichtübereinstimmung F *von Meinungen*: disconformidad *f*; discrepancia *f*; *sich nicht glei-*

chen: diferencia *f*; **Nichtverbreitung** F no divulgación *f*; no difusión *f*; no propagación *f*; **Nichtvollstreckung** F no ejecución *f*; **Nichtvorhandensein** N falta *f*, ausencia *f*; inexistencia *f*; no existencia *f*; **bei ~** en su defecto; **Nichtwähler** M, **Nichtwählerin** F abstencionista *m/f*; **Nichtweiterverbreitung** F POL no proliferación *f*; **Nichtwissen** N ignorancia *f*; **Nichtzahlung** F falta *f* de pago, impago *m*; **Nichtzulassung** F no admisión *f*; no autorización *f*; **Nichtzuständigkeit** F incompetencia *f*; **Nichtzustellung** F JUR falta *f* de notificación (*od* comunicación *f*); *Postwesen*: no entrega *f*, no envío *m*; **Nichtzutreffende(s)** N ⟨~n; → A⟩ **~s (bitte) streichen** táchese lo que no convenga (*od* proceda)

'**Nickel** N ⟨~s⟩ CHEM níquel *m*; **Nickelbrille** F gafas *fpl* de metal; **Nickelchromstahl** M acero *m* al cromoníquel; **Nickelstahl** M acero *m* al níquel

'**nicken** VI **1** **(mit dem Kopf) ~** inclinar la cabeza; *zustimmend*: asentir con la cabeza; *als Gruß*: saludar (con una inclinación de cabeza) **2** *umg* (*schlummern*) dar cabezadas, dormitar

'**Nicken** N ⟨~s⟩ cabezada *f*, cabeceo *m*

'**Nickerchen** N ⟨~s; ~⟩ *umg* siestecita *f*; **ein ~ machen** *umg* echar una cabezadita (*od* un sueñecito)

'**Nicki** M ⟨~(s); ~s⟩ TEX niqui *m*; **Nickipullover** M *jersey tipo niqui*; **Nickituch** N *pequeño pañuelo para el cuello*

nie ADV nunca, jamás; **~ und nimmer** nunca jamás; **~ wieder** *od* **~ mehr** nunca más; **jetzt oder ~** ahora o nunca; **noch ~ da gewesen** sin precedente, inaudito

'**nieder** ADV abajo; **auf und ~ gehen** subir y bajar; **~ mit ...!** ¡abajo ...!; *stärker*: ¡muera(n)...!; **~ mit den Verrätern!** ¡abajo los traidores!

'**Niederbayern** N Baja Baviera *f*

'**niederbeugen** **A** VT doblar, inclinar (hacia abajo); *fig* abatir; agobiar **B** VR **sich ~** doblarse, inclinarse (al suelo); bajarse; **niederblicken** VI mirar hacia abajo; bajar los ojos; **~ auf** (*acus*) bajar la vista hacia; **niederbrechen** VT ⟨*irr*⟩ derribar, demoler; **niederbrennen** ⟨*irr*⟩ **A** VT quemar, reducir a cenizas **B** VI ⟨sn⟩ quedar reducido a cenizas; **niederbrüllen** VT **j-n ~** hacer callar a alg (a gritos), abuchear a alg; **niederbücken** VR **sich ~** agacharse; bajarse

'**niederdeutsch** ADJ bajo alemán; **niederdonnern** VI derrumbarse con gran estrépito; **Niederdruck** M ⟨~(e)s⟩ TECH baja presión *f*; **niederdrücken** VT (hacer) bajar; apretar (hacia abajo); oprimir (*a. fig*); (*zermalmen*) aplastar; *fig* deprimir; abatir

'**niedere(r, -s)** ADJ **1** bajo; *im Rang, Wert*: menor, inferior; *fig* bajo, vil; *Gesinnung* innoble; **die ~n Klassen** las clases bajas; **von ~r Geburt** *od* **Herkunft** de origen humilde **2** BIOL inferior

'**niederfahren** VI ⟨*irr*; sn⟩ *geh* bajar, descender; **niederfallen** VI ⟨*irr*; sn⟩ *geh* caer al suelo; **vor j-m ~** echarse (*od* postrarse) a los pies de alg; caer de rodillas ante alg

'**niederfrequent** ADJ ELEK de baja frecuencia; **Niederfrequenz** F baja frecuencia *f*

'**Niedergang** M ⟨~s⟩ descenso *m*; *v. Gestirnen*: ocaso *m* (*a. fig*); *fig* decadencia *f*; **niedergedrückt** ADJ *fig* abatido; deprimido; desalentado; **niedergehen** VI ⟨*irr*; sn⟩ **1** bajar; FLUG aterrizar **2** *Regen* caer; *Unwetter* abatirse (**auf** sobre)

'**niedergeschlagen** ADJ *fig* abatido; deprimido; cabizbajo; desalentado; desanimado; **Niedergeschlagenheit** F ⟨~⟩ abatimiento *m*; depresión *f* (moral); postración *f*; desaliento *m*

'**niederhalten** VT ⟨*irr*⟩ contener, reprimir, refrenar; **niederhauen** VT ⟨*irr*⟩ derribar (a golpes); **niederhocken** VR **sich ~** acurrucarse; agacharse; ponerse en cuclillas; **niederholen** VT SCHIFF, *Flagge* arriar; **Niederholz** N monte *m* bajo; **Niederjagd** F JAGD caza *f* menor; **niederkämpfen** VT abatir; vencer; *fig Gefühle* contener, reprimir, refrenar; **niederkauern** VI ⟨sn⟩ → niederhocken; **niederknallen** VT matar a tiros (*od* de un tiro); **niederknien** VI ⟨sn⟩ arrodillarse, ponerse de rodillas (**vor** *dat* ante); **niederknüppeln** VT **j-n ~** aporrear a alg, *umg* moler a alg a palos

'**niederkommen** VI ⟨*irr*; sn⟩ *geh* (*gebären*) dar a luz, parir, alumbrar; **Niederkunft** F ⟨~; ~e⟩ *geh* parto *m*, alumbramiento *m*

'**Niederlage** F ⟨~; ~n⟩ derrota *f* (*a.* MIL); **j-m eine ~ beibringen** *od* **bereiten** infligir a alg una derrota; **eine ~ erleiden** sufrir una derrota

'**Niederlande** NPL Países *mpl* Bajos; **Niederländer** M ⟨~s; ~⟩, **Niederländerin** F ⟨~; ~nen⟩ neerlandés *m*, -esa *f*; **niederländisch** ADJ neerlandés

'**niederlassen** ⟨*irr*⟩ **A** VT (*herunterlassen*) bajar **B** VR **sich ~** **1** establecerse, instalarse; (*Platz nehmen*) sentarse, tomar asiento; *Vogel* posarse **2** (*seinen Wohnsitz nehmen*) domiciliarse; establecerse, fijar su residencia; afincarse; (**in** *dat* en) **3** *beruflich*: **sich als Anwalt/Arzt ~** abrir bufete/un consultorio

'**Niederlassung** F ⟨~; ~en⟩ **1** (*Sichniederlassen*) asentamiento *m*, instalación *f*, establecimiento *m* **2** HANDEL (*Filiale*) sucursal *f*; *e-r Bank, Versicherung a.* agencia *f*; **eine ~ eröffnen/gründen** inaugurar/establecer una sucursal **3** (*Siedlung*) colonia *f*; **Niederlassungsfreiheit** F libertad *f* de establecimiento

'**niederlegen** **A** VT **1** (*zu Boden legen*) poner (*od* depositar) en el suelo; posar; **einen Kranz (an j-s Grab** *dat***) ~** depositar una corona (en la tumba de alg) **2** *fig* (*aufgeben*) **sein Amt ~** dimitir de su cargo; resignar sus funciones; presentar la dimisión; **die Arbeit ~** ponerse en huelga; cesar (temporalmente) de trabajar; **die Krone ~** abdicar la corona; **die Waffen ~** rendir *od* deponer las armas **3** **schriftlich ~** formular (*od* poner) por escrito; dejar escrito; *urkundlich* **~** hacer constar en un documento **4** *obs* (*hinterlegen*) depositar; *gerichtlich*: consignar **B** VR *geh* **sich ~** acostarse

'**Niederlegung** F ⟨~; ~en⟩ (*Amtsniederlegung*) dimisión *f*; **~ der Arbeit** huelga *f od* cese *m* (temporal) del trabajo

'**niedermachen** VT **1** (*töten*) matar **2** *umg fig* **j-n ~** (*fertig machen*) hacer papilla a alg; **niedermähen** VT segar (*a. fig*); **niedermetzeln** VT masacrar; acuchillar

'**Niedermoor** N turbera *f* baja; **Niederösterreich** N Baja Austria *f*

'**niederprasseln** VI *Regen* abatirse (**auf** *acus* sobre); *fig Kritik etc* **auf j-n ~** desencadenarse sobre alg; **niederreißen** VT ⟨*irr*⟩ echar abajo; derribar; *Gebäude a.* demoler

'**Niederrhein** M **der ~** el Bajo Rin

'**niederringen** VT ⟨*irr*⟩ *geh* vencer; *fig a.* sobreponerse a

'**Niedersachsen** N Baja Sajonia *f*

'**niederschießen** ⟨*irr*⟩ **A** VT derribar de un tiro; matar a tiros (*od* a balazos) **B** VI ⟨sn⟩ precipitarse (**auf** *acus* sobre); lanzarse (desde arriba)

'**Niederschlag** M **1** METEO *mst* **Niederschläge** *mpl* precipitaciones *fpl*; **radioaktiver ~** lluvia *f* radiactiva **2** *fig* **seinen ~ finden in** (*dat*) reflejarse (*od* traducirse *od* plasmarse) en **3** CHEM precipitado *m*; (*Bodensatz*) sedimento *m*; depósito *m* **4** *Boxen*: derribo *m*; knock-out *m*

'**niederschlagen** ⟨*irr*⟩ **A** VT **1** (*zu Boden schlagen*) derribar (a puñetazos); *beim Boxen*: noquear **2** *Aufstand* reprimir; sofocar **3** JUR *Untersuchung etc* suspender; *Verfahren* suprimir, cancelar **4** *Augen, Kragen* bajar **B** VR **sich ~** **1** CHEM precipitarse; depositarse; *Dämpfe* condensarse **2** *fig geh* reflejarse, traducirse (**in** *dat* en)

'**niederschlagsarm** ADJ de escasas precipitaciones; **niederschlagsfrei** ADJ sin precipitaciones; **Niederschlagsmenge** F pluviosidad *f*; **niederschlagsreich** ADJ muy lluvioso; con abundantes lluvias; de abundantes precipitaciones

'**Niederschlagung** F ⟨~⟩ **1** *e-s Aufstands*: represión *f* **2** JUR suspensión *f*; supresión *f*, cancelación *f*; **Niederschlesien** N Baja Silesia *f*

'**niederschmettern** VT derribar; aplastar (*a. fig*); *fig* fulminar; anonadar, aterrar; **niederschmetternd** ADJ deprimente; desconsolador, descorazonador; aterrador; **niederschreiben** VT ⟨*irr*⟩ poner por escrito; apuntar; redactar; **niederschreien** VT ⟨*irr*⟩ acallar (a gritos); abuchear; **Niederschrift** F escrito *m*; redacción *f*; JUR acta *f*; **niederschweben** VI ⟨sn⟩ descender planeando; **niedersetzen** **A** VT depositar; posar; *auf den Boden*: poner en el suelo; **~ auf** (*acus*) poner (*od* colocar) sobre **B** VR **sich ~** sentarse; *Vogel* posarse; **niedersinken** VI ⟨*irr*; sn⟩ *geh* caer (*od* bajar) lentamente; *vor Schwäche*: desplomarse; *vor j-m*: postrarse

'**Niederspannung** F ⟨~⟩ ELEK baja tensión *f*; **Niederspannungsleitung** F ELEK cable *m* (*od* línea *f*) de baja tensión

'**niederstechen** VT ⟨*irr*⟩ *mit e-m Messer*: acuchillar; *mit e-m Dolch*: apuñalar; STIERK matar de una estocada; **niedersteigen** VI ⟨*irr*; sn⟩ *geh* bajar, descender; **niederstimmen** VT POL dejar en la minoría; rechazar por votación; **niederstoßen** ⟨*irr*⟩ **A** VT derribar; echar al suelo **B** VI ⟨sn⟩ *Falke etc* precipitarse (**auf** *acus* sobre); **niederstrecken** VT *geh* **j-n ~** derribar a alg; **j-n mit einem Schuss ~** derribar (*od* matar) de un tiro a alg; **niederstürzen** VI ⟨sn⟩ *geh* derrumbarse

'**Niedertracht** F ⟨~⟩ *geh* infamia *f*; bajeza *f*; *stärker* abyección *f*, vileza *f*; **niederträchtig** ADJ infame; bajo; *stärker* vil, abyecto; **Niederträchtigkeit** F ⟨~; ~en⟩ infamia *f*; → *a* Niedertracht

'**niedertrampeln** VT pisotear; **niedertreten** VT ⟨*irr*⟩ pisar; aplastar; *Schuhe* destalonar; torcer los tacones

'**Niederung** F ⟨~; ~en⟩ GEOG tierra *f* baja; depresión *f* (del terreno); *fig mst* **~en** *fpl* bajos fondos *mpl*; **die ~en der Gesellschaft** los bajos fondos de la sociedad

'**Niederwald** M monte *m* bajo

'**niederwalzen** VT *fig* aplastar; **niederwerfen** ⟨*irr*⟩ **A** VT derribar; echar al suelo; atropellar; derrocar (*a. fig*); *Gegner* vencer; derrotar; *Aufstand* reprimir, sofocar **B** VR **sich ~** tirarse al suelo; **sich vor j-m ~** arrojarse a los pies de alg; postrarse ante alg; **Niederwerfung** F ⟨~; ~en⟩ *geh* derrocamiento *m*; *e-s Aufstandes*: represión *f*; MIL *des Feindes*: derrota *f*; **Niederwild** N JAGD caza *f* menor; **niederzwingen** VT ⟨*irr*⟩ *geh* vencer; *fig* dominar, subyugar

'**niedlich** ADJ bonito, lindo, *umg* mono; gracioso; *iron* **das ist ja ~!** ¡qué gracia!; **Niedlichkeit** F ⟨~⟩ lindeza *f*; gentileza *f*; gracia *f*

N

'Niednagel M MED respigón *m*, repelo *m*, padrastro *m* (de los dedos)
'niedrig A ADJ bajo; (*a. im Rang, Wert, Preis*); *Preis a.* módico, barato; *Rang, Wert* inferior; *Herkunft* humilde; *fig* vil, abyecto, envilecido; **zu ~em Preis** a bajo precio; **~er als etw** inferior a a/c B ADV bajo (*a. fig*); **~ fliegen** volar bajo; **~er hängen** *bzw* **machen** *bzw* **stellen** bajar; **~ sitzen** estar (sentado) en un asiento bajo; **~ spielen** jugar a poco
'Niedrigenergiehaus N casa *f* de bajo consumo energético; **niedrigerhängen** V/T *fig* bajar → niedrig B; **Niedrigkeit** F ⟨~⟩ 1 bajeza *f* 2 *fig* bajeza *f*; *stärker* vileza *f* 3 *des Preises*: modicidad *f*, baratura *f*; **Niedriglohn** M sueldo *m* (*od* salario *m*) bajo; **Niedriglohnland** N ⟨~(e)s; ¨er⟩ país *m* con salarios bajos; **Niedrigpreis** M precio *m* bajo; precio *m* económico
niedrig stehend ADJ bajo
'Niedrigsteuergebiet N WIRTSCH área *f* (*od* zona *f*) de impuestos bajos
'Niedrigstpreis M precio *m* mínimo
'Niedrigstrahlung F baja radiación *f*; **Niedrigwasser** N bajamar *f*; *v. Flüssen*: estiaje *m*
'niemals ADV nunca, jamás; **~ mehr** nunca más
'niemand INDEF PR nadie; ninguno; persona alguna; **~ ander(e)s** *od* **~ sonst ~** nadie más; ningún otro; **~ mehr** nadie más; **~ als er** nadie sino él; **es ist/war ~ da** no hay/había nadie; no está/estaba nadie; **ich kenne hier ~** no conozco a nadie aquí
'Niemand M ⟨~(e)s; ~e⟩ *pej* donnadie *m*
'Niemandsland N ⟨~(e)s⟩ tierra *f* de nadie
'Niere F ⟨~; ~n⟩ ANAT riñón *m* (*a.* GASTR); MED **künstliche ~** riñón *m* artificial; *umg fig* **das geht mir an die ~n** esto me afecta mucho; me llega al alma
'Nierenbecken N ANAT pelvis *f* renal; **Nierenbeckenentzündung** F MED pielitis *f*; **Nierenbraten** M GASTR riñonada *f*; **Nierenentzündung** F MED nefritis *f*; **nierenförmig** ADJ reniforme; **Niereninsuffizienz** F MED insuficiencia *f* renal; **Nierenkolik** F MED cólico *m* nefrítico; **Nierenkranke** M/F nefrítico *m*, -a *f*; enfermo *m*, -a *f* del riñón; **Nierenleiden** N MED nefropatía *f*; afección *f* renal; **Nierenschaden** M MED lesión *f* del riñón (*od* renal); **Nierenschmerzen** MPL dolor *m* de riñones; **Nierenschrumpfung** F MED atrofia *f* renal; **Nierenstein** M MED cálculo *m* renal; **Nierentisch** M mesa *f* riñón
'nieseln V/UNPERS lloviznar; **Nieselregen** M llovizna *f*; *umg* calabobos *m*
'niesen V/I estornudar
'Niesen N ⟨~s⟩ estornudo *m*
'Niespulver N polvo *m* de estornudar
'Nießbrauch M ⟨~(e)s⟩ JUR usufructo *m*; **Nießbraucher** M ⟨~s; ~⟩, **Nießbraucherin** F ⟨~; ~nen⟩ usufructuario *m*, -a *f*
'Nieswurz F ⟨~; ~en⟩ BOT eléboro *m*
'Niet M ⟨~(e)s; ~e⟩ TECH remache *m*, roblón *m*; **Nietbolzen** M perno *m* remachado
'Niete[1] F ⟨~; ~n⟩ 1 *Lotterie*: billete *m* no premiado 2 *fig* (*Person*) fracasado *m*; inútil *m*; don nadie *m*; (*Sache*) fracaso *m*; **sich als ~ erweisen** salir rana (*a. Sache*); **eine ~ sein** ser una calamidad
'Niete[2] F ⟨~; ~n⟩ TECH remache *m*; **Nieteisen** N hierro *m* para remachar
'nieten V/T remachar, robl(on)ar
'Nietenhose F tejanos *mpl*; **Niethammer** M martillo *m* de remachar; **Nietkopf** M cabeza *f* de remache (*od* de roblón); **Nietmaschine** F remachadora *f*; **Nietnaht** F costura *f* de remaches
'niet- und 'nagelfest ADJ *fig* sólido, bien firme; **alles mitnehmen, was nicht ~ ist** *umg* no dejar clavo ni estaca en la pared
'Nietung F ⟨~; ~en⟩ remachado *m*
Ni'geria N Nigeria *f*
Nigeri'aner M ⟨~s; ~⟩, **Nigerianerin** F ⟨~; ~nen⟩ nigeriano *m*, -a *f*; **nigerianisch** ADJ nigeriano
'Nigger M ⟨~s; ~⟩ *neg!* negro *m*
Nihi'lismus M ⟨~⟩ nihilismo *m*; **Nihi'list** M ⟨~en; ~en⟩, **Nihi'listin** F ⟨~; ~nen⟩ nihilista *m/f*; **nihi'listisch** ADJ nihilista
Nika'ragua N *etc* → Nicaragua *etc*
'Nikolaus EIGENN M 1 *Vorname*: Nicolás *m* 2 **Sankt ~, der Heilige ~** San Nicolás; **Nikolaustag** M día *m* de san Nicolás
Niko'tin N ⟨~s⟩ nicotina *f*; **nikotinarm** ADJ bajo en nicotina; **nikotinfrei** ADJ sin nicotina, desnicotinizado; **Nikotingehalt** M contenido *m* en nicotina; **nikotinhaltig** ADJ con nicotina; **Nikotinkaugummi** N MED chicle *m* de nicotina; **Nikotinpflaster** N MED parche *m* de nicotina; **Nikotinsäure** F ácido *m* nicotínico; **Nikotinsucht** F MED nicoti(ni)smo *m*; **nikotinsüchtig** ADJ adicto al tabaco; **Nikotinvergiftung** F MED intoxicación *f* por la nicotina
Nil M ⟨~s⟩ Nilo *m*; **'Nildelta** N delta *m* del Nilo; **'Nilpferd** N ZOOL hipopótamo *m*
'Nimbus M ⟨~; ~se⟩ nimbo *m*; aureola *f* (*beide a. fig*); *fig* prestigio *m*; **mit einem ~ umgeben** nimbar; aureolar (*a. fig*); *fig* **seinen ~ einbüßen** desprestigiarse, perder el prestigio
nimm → nehmen
'nimmer ADV *geh, a. reg* jamás; **nie und ~** nunca jamás
'Nimmerleinstag M *umg* el día que nunca llegará; **am (Sankt) ~** cuando las ranas críen pelo; **auf den (Sankt) ~ verschieben** aplazar para las calendas griegas
'nimmermehr ADV nunca más; ya no; **nimmermüde** ADJ incansable, infatigable; **Nimmersatt** M ⟨~ *od* ~(e)s; ~e⟩ glotón *m*, *umg* comilón *m*, tragón *m*; *fig* insaciable *m*
Nimmer'wiedersehen N **auf ~ verschwinden** desaparecer para siempre; **auf ~!** ¡adiós para siempre!; ¡hasta nunca!
nimmt → nehmen
'Nimwegen N Nimega *f*
'Nippel M ⟨~s; ~⟩ 1 TECH boquilla *f* (roscada *od* de la rosca) 2 *umg* (*Brustwarze*) pezón *m*
'nippen V/I beber a sorbitos (*od* traguitos); **an etw** (*dat*) **~** probar a/c
'Nippes PL → Nippsachen
'Nippflut F SCHIFF pequeña marea *f*; **Nippsachen** FPL baratijas *fpl*, chucherías *fpl*; bibelots *mpl*
'nirgends, 'nirgendwo ADV en ninguna parte
Nir'wana N ⟨~s⟩ nirvana *m*
'Nische F ⟨~; ~en⟩ nicho *m*; (*Wandnische*) hornacina *f*; **ökologische ~** nicho *m* ecológico; **Nischenmarkt** M HANDEL mercado *m* de nicho
'Nisse F ⟨~; ~n⟩ ZOOL liendre *f*
'nisten V/I anidar (*a. fig*), hacer el nido, nidificar
'Nisten N ⟨~s⟩ construcción *f* del nido; nidificación *f*; **Nistkasten** M caja *f* nido; **Nistplatz** M lugar *m* de nidificación; *von Hennen*: nidal *m*; ponedero *m*; **Nistzeit** F tiempo *m* de nidificación
Ni'trat N ⟨~(e)s; ~e⟩ CHEM nitrato *m*; **Nitratbelastung** F contaminación *f* de nitrato; **Nitratwert** M contenido *m* en nitrato
Ni'trid N ⟨~(e)s; ~e⟩ nitruro *m*
ni'trieren V/T ⟨*ohne* ge-⟩ nitrar; *Stahl* nitrurar; **Nitrierung** F ⟨~; ~en⟩ nitración *f*; *v. Stahl*: nitruración *f*
Nitrifikati'on F ⟨~; ~en⟩ nitrificación *f*; **nitrifi'zieren** V/T ⟨*ohne* ge-⟩ nitrificar
Ni'trit N ⟨~s; ~e⟩ CHEM nitrito *m*
'Nitrobenzol N nitrobenceno *m*; **Nitroglyzerin** N nitroglicerina *f*; **Nitrolack** M nitrolaca *f*
Nitrosa'min N ⟨~s; ~e⟩ CHEM nitrosamina *f*
'Nitrosprengstoff M explosivo *m* de nitroglicerina; **Nitrotoluol** N ⟨~s⟩ CHEM nitrotolueno *m*; **Nitrozellu'lose** F nitrocelulosa *f*
Ni'veau [ni'vo:] N ⟨~s; ~s⟩ nivel *m* (*a. fig*); **~ haben** tener clase (*od* nivel); **kein ~ haben** ser mediocre; **auf hohem ~** en un nivel alto; **das ist unter meinem ~** estoy por encima de eso
ni'veaulos [ni'vo:-] ADJ *fig* sin categoría
nivel'lieren V/T ⟨*ohne* ge-⟩ nivelar
Nivel'liergerät N, **Nivellierinstrument** N nivelador *m*; **Nivellierlatte** F mira *f* de nivelación; **Nivellierung** F ⟨~; ~en⟩ nivelación *f*
nix PRON *umg* → nichts
Nix M ⟨~es; ~e⟩ MYTH espíritu *m* de las aguas, genio *m* acuático
'Nixe F ⟨~; ~n⟩ ondina *f*
'Nizza N Niza *f*
n. J. ABK (nächsten Jahres) del año próximo
n. M. ABK (nächsten Monats) del mes próximo
NN ABK → Normalnull
N. N. ABK (nomen nescio *od* nomen nominandum) pendiente
No. ABK (Numero) número *m*
NO ABK (Nordosten) nordeste *m*
'Noah EIGENN M 1 *Vorname*: Noé *m* 2 **die Arche ~** el arca *f* de Noé
'nobel ADJ (*vornehm*) noble; (*freigebig*) espléndido; generoso; *umg* rumboso
'Nobelherberge F *umg*, **Nobelhotel** N hotel *m* de lujo; **Nobelkarosse** F *umg* coche *m* de lujo; *umg* cochazo *m*; **Nobelmarke** F *bes* AUTO marca *f* de prestigio (*od* exclusiva)
No'belpreis M premio *m* Nobel; **alternativer ~** Premio *m* Nobel Alternativo; **Nobelpreisträger** M, **Nobelpreisträgerin** F premio *m/f* Nobel
'Nobelviertel N barrio *m* exclusivo; barrio *m* elegante
'Nobody ['no:bɔdi] M ⟨~s; ~s⟩ *mst pej* don *m* nadie
noch A ADV 1 *zeitlich* todavía, aún; **~ nicht** todavía no; aún no; **~ nie** nunca; **~ heute** hoy mismo; **heute ~** *od* **immer ~** aún hoy (en día); todavía hoy; **~ bevor** antes de; **er raucht immer ~** (*od* **~ immer**) sigue fumando; **~ nicht lange** aún no hace mucho (tiempo); **er kommt ~** llegará; **sie wird schon ~ kommen** ya vendrá 2 (*außerdem*) **~ einer/eine** otro/otra (más); **~ etwas** (*etwas anderes*) otra cosa; (*etwas mehr*) un poco más; **~ einmal** otra vez; una vez más; de nuevo; **~ einmal so viel** el doble; otro tanto; **~ dazu** además de eso; fuera de eso; **dazu kommt ~** a ello hay que añadir; **kaum ~** apenas, casi no; **~ mehr** aún más; **zwölf oder ~ mehr** doce o más; **nur ~** sólo; **es sind nur ~ fünf Personen** sólo quedan cinco personas 3 *mit so*: **jede ~ so kleine Gefälligkeit** toda complacencia por pequeña que sea; **sei sie ~ so reich** por rica que sea; **man kann ~ so vorsichtig sein** por muy precavido que se sea; **wenn er/sie auch ~ so bittet** por mucho que suplique 4 *mit Komparativ*: **~ schöner, schneller** *etc* más bonito/rápido, *etc* 5 *iron* **das fehlte gerade ~!** *od* **auch das ~!** ¡lo que faltaba!; **das wäre ja ~**

schöner! ¡no faltaba más!; *umg* **~ und ~** *umg* a manta, a porrillo; **er hat Geld ~ und ~** *umg* está forrado (de dinero) B KONJ → weder

'nochmalig ADJ reiterado; repetido; **nochmals** ADV otra vez, una vez más; de nuevo

Nock N ⟨~(e)s; ~e⟩ SCHIFF penol *m*

'Nocken M ⟨~s; ~⟩ TECH leva *f*; **Nockenscheibe** F TECH disco *m* de levas; **Nockenwelle** F TECH árbol *m* de levas

'Nockerl N ⟨~s; ~n⟩ *bes österr* albondiguilla *f*; **Salzburger ~n** soufflé *m* de vainilla

Noc'turne [nɔk'tʏrn] N ⟨~s; ~s⟩ *od* F ⟨~; ~s⟩ MUS nocturno *m*

NOK N ABK (Nationales Olympisches Komitee) CON *m* (Comité Olímpico Nacional)

'nolens 'volens ADV de (buen) grado o por fuerza; por las buenas o por las malas

No'made M ⟨~n; ~n⟩ nómada *m*

no'madenhaft ADJ nómada; **Nomadenleben** N vida *f* nómada; **Nomadentum** N ⟨~s⟩ nomadismo *m*; **Nomadenvolk** N pueblo *m* nómada

Nomadin F ⟨~; ~nen⟩ nómada *f*

no'madisch ADJ, **nomadi'sierend** ADJ nómada

'Nomen N ⟨~s; Nomina⟩ LING nombre *m*

Nomenkla'tur F ⟨~; ~en⟩ nomenclatura *f*

nomi'nal ADJ nominal (*a.* LING)

Nomi'nallohn M salario *m* nominal; **Nominalphrase** F LING frase *f* nominal; **Nominalwert** M valor *m* nominal; **Nominalzins** M interés *m* nominal

'Nominativ M ⟨~s; ~e⟩ GRAM nominativo *m*

nomi'nell ADJ nominal

nomi'nieren V/T ⟨*ohne* ge-⟩ nombrar; *Kandidaten* proponer

No-'Name-Marke [no'ne:m-] F marca *f* blanca, marca *f* sin nombre; *Peru* marca *f* chancho; **No-Name-Produkt** N artículo *m* (*od* producto *m*) sin marca

Noncha'lance [nõʃa'lã:s] F ⟨~⟩ desenvoltura *f*; **noncha'lant** [-'lã:] ADJ desenvuelto

'None F ⟨~; ~n⟩ 1 MUS novena *f* 2 REL nona *f*

'Non-Food-Artikel ['nɔnfu:t-] MPL artículos *mpl* no alimentarios

'Nonius M ⟨~; Nonien⟩ TECH nonio *m*; **Noniusteilung** F escala *f* de nonio

Nonkonfor'mismus M inconformismo *m*; **Nonkonfor'mist** M, **Nonkonfor'mistin** F inconformista *m/f*, anticonformista *m/f*

'Nonne F ⟨~; ~n⟩ monja *f* (*a.* ZOOL); religiosa *f*; **~ werden** meterse monja; tomar el velo

'Nonnenhaube F toca *f*; **Nonnenkloster** N convento *m* de monjas; **Nonnentracht** F hábito *m* de religiosa(s)

Nonplus'ultra N ⟨~s⟩ non plus ultra *m*; *umg* no-va-más *m*

'Nonsens M ⟨~⟩ disparate *m*; tontería *f*

non'stop [-st-] ADV directo, sin paradas

Non'stopflug M, **Non'stop-Flug** M FLUG vuelo *m* sin escala (*od* directo)

Non'stopkino N, **Non'stop-Kino** N cine *m* de sesión continua

'nonverbal ADV no verbal

'Noppe F ⟨~; ~n⟩ mota *f*; **noppen** V/T desmotar; **Noppenmuster** N dibujo *m* de nudos

Nord M ⟨~(e)s⟩ 1 → Norden 2 → Nordwind

Nord... IN ZSSGN del Norte; septentrional; boreal

'Nord'afrika N Africa *f* del Norte; **Nordafri'kaner** M, **Nordafri'kanerin** F norteafricano *m*, -a *f*; **nordafri'kanisch** ADJ norteafricano

'Nordallianz F ⟨~⟩ POL Alianza *f* del Norte

'Norda'merika N América *f* del Norte, Norteamérica *f*; **Nordameri'kaner** M, **Nordameri'kanerin** F norteamericano *m*, -a *f*; **nordameri'kanisch** ADJ norteamericano; *aus den USA*: estadounidense, *umg* yanqui

Nordat'lantikpakt M ⟨~(e)s⟩ Tratado *m* del Atlántico Norte

'Nordbahnhof M estación *f* del Norte

'norddeutsch ADJ del norte de Alemania; de la Alemania del Norte; **Norddeutsche** M/F alemán *m*, alemana *f* del Norte; **Norddeutschland** N Alemania *f* del Norte

'Norden M ⟨~s⟩ Norte *m*; *e-s Landes, e-r Stadt*: norte *m*; **im ~** al (*od* en el) norte; **im ~ von** al norte de; **nach ~** hacia el norte; **nach ~ liegen** estar situado al norte; *Zimmer* dar al norte; **von ~** del norte

'Nordeu'ropa N Europa *f* del Norte; **Nordeuropäer** M, **Nordeuropäerin** F habitante *m/f* de Europa del Norte; **nordeuro'päisch** ADJ nor(d)europeo

'Nordfenster N ventana *f* que da al norte; **Nordflanke** F *e-s Bergs*: vertiente *f* norte; **Nordfriese** M, **Nordfriesin** F habitante *m/f* de Frisia septentrional; **nordfriesisch** ADJ frisón septentrional; **Nordfriesland** N Frisia *f* septentrional; **Nordhälfte** F hemisferio *m* norte; **Nordhang** M *e-s Bergs*: pendiente *f* norte

'Nordic Walking N SPORT marcha *f* nórdica

'Nord'irland N Irlanda *f* del Norte

'nordisch ADJ nórdico, del norte; (*skandinavisch*) escandinavo

'Nordkap N GEOG cabo *m* Norte

'Nordko'rea N Corea *f* del Norte

'Nordküste F costa *f* norte (*od* septentrional); **Nordländer** M ⟨~s; ~⟩, **Nordländerin** F ⟨~; ~nen⟩ habitante *m/f* (de los países) del Norte; norteño *m*, -a *f*; **Nordlandreise** F viaje *m* a las tierras boreales

'nördlich A ADJ del Norte, septentrional; **die ~e Halbkugel** el hemisferio norte; **in ~er Richtung** en dirección al norte B ADV (*im Norden*) al norte; **~ (von)** al norte de; **weiter ~** más al norte

'Nordlicht N 1 aurora *f* boreal 2 *hum* (*Norddeutscher*) *persona del norte de Alemania*;

Nordmeer N GEOG Mar *m* Ártico

Nordnord'ost M nornordeste *m*

Nordnord'west M nornoroeste *m*

Nord'ost(en) M nor(d)este *m*; **nord'östlich** ADJ del nordeste; **~ von** al nordeste de

Nord-'Ostsee-Kanal M Canal *m* de Kiel

Nord'ostwind M viento *m* del nordeste

'Nordpol M polo *m* norte (*od* ártico); **Nordpolarkreis** M círculo *m* polar ártico; **Nordpolexpedition** F expedición *f* al polo norte

'Nordrhein-West'falen N Renania *f* del Norte-Westfalia; **nordrhein-west'fälisch** ADJ de Renania del Norte-Westfalia

'Nordsee F ⟨~⟩ Mar *m* del Norte; **Nordseeküste** F costa *f* norte

'Nordseite F lado *m* norte; **Nordstaaten** MPL Estados *mpl* del Norte; **Nordstern** M estrella *f* polar (*od* del Norte)

Nord-'Süd-Dialog M diálogo *m* Norte-Sur; **Nord-Süd-Gefälle** N contraste *m* Norte-Sur; **Nord-Süd-Konflikt** M conflicto *m* Norte-Sur

'Nordwand F *e-s Berges*: pared *f* norte; **nordwärts** ADV hacia el norte

Nord'west(en) M noroeste *m*; **nord'westlich** ADJ del noroeste; **~ von** al noroeste de

'Nordwind M viento *m* del norte; cierzo *m*; tramontana *f*; *poet* aquilón *m*

Nörge'lei F ⟨~; ~en⟩ manía *f* de refunfuñar; manía *f* de criticarlo todo; afán *m* de censurar

'nörgeln V/I refunfuñar; criticarlo todo; **über etw** (*acus*) **~** quejarse de a/c; **Nörgler** M ⟨~s; ~⟩, **Nörglerin** F ⟨~; ~nen⟩ refunfuñón *m*, -ona *f*; criticón *m*, -ona *f*

Norm F ⟨~; ~en⟩ norma *f*; pauta *f*; regla *f*; **europäische ~** norma *f* europea; **als ~ gelten** servir de norma

nor'mal ADJ normal; (*gewöhnlich*) corriente; *fig* natural, lógico; **das ist doch ganz ~** eso es absolutamente normal; *umg* **er ist nicht ganz ~** está tocado de la cabeza; no está en sus cabales; *umg* **bist du noch ganz ~** *umg* ¿las tienes todas contigo?

Nor'malbenzin N gasolina *f* normal

Nor'male F ⟨~(n); ~n⟩ MATH normal *f*

nor'maler'weise ADV normalmente

Nor'malfall M caso *m* normal; **im ~** normalmente; **Normalfilm** M película *f* normal; **Normalgeschwindigkeit** F velocidad *f* normal; **Normalgewicht** N peso *m* normal; **Normalgröße** F tamaño *m* normal; *Kleidung*: talla *f* corriente

normali'sieren A V/T ⟨*ohne* ge-⟩ normalizar B V/R **sich ~** volver a la normalidad; normalizarse; **Normalisierung** F ⟨~; ~en⟩ normalización *f*; vuelta *f* a la normalidad

Normali'tät F ⟨~⟩ normalidad *f*

Nor'mallösung F CHEM solución *f* standard; **Normalmaß** N medida *f* normal; TECH patrón *m*; **Normalnull** N ⟨~(s)⟩ nivel *m* medio del mar; **Normalpapier** N papel *m* normal; **Normalpost** F correo *m* ordinario

nor'malsichtig ADJ emétrope; **Normalsichtigkeit** F ⟨~⟩ emetropía *f*

Nor'malspur F BAHN vía *f* (de ancho) normal; **Normalsterbliche** M/F persona *f* común y corriente; **Normaltarif** M tarifa *f* normal; **Normaluhr** F reloj *m* regulador; **Normalverbraucher** M consumidor *m* normal; *hum* **Otto ~** (el) ciudadano *m* de a pie; **Normalverteilung** F *Statistik*: distribución *f* normal; **Normalzeit** F hora *f* oficial (*od* normal); **Normalzustand** M estado *m* normal, normalidad *f*

Nor'manne M ⟨~n; ~n⟩, **Normannin** F ⟨~; ~nen⟩ normando *m*, -a *f*; **normannisch** ADJ normando

norma'tiv ADJ normativo

'Normblatt N hoja *f* de normas

'normen V/T normalizar; estandarizar

'Normenausschuss M comité *m* de normalización; **Normenkontrollklage** F JUR recurso *m* de inconstitucionalidad

'normgerecht ADJ según norma

nor'mieren V/T ⟨*ohne* ge-⟩ → normen

'Normteil N TECH pieza *f* normal

'Normung F ⟨~; ~en⟩ normalización *f*; estandarización *f*

'Norwegen N Noruega *f*; **Norweger** M ⟨~s; ~⟩, **Norwegerin** F ⟨~; ~nen⟩ noruego *m*, -a *f*; **Norwegerpulli** *umg* M, **Norwegerpullover** M jersey *m* noruego; **norwegisch** ADJ noruego

Nostal'gie F ⟨~⟩ nostalgia *f*; **nos'talgisch** ADJ nostálgico

Not F ⟨~; ~e⟩ 1 (*Elend*) miseria *f*; (*Armut*) indigencia *f*; **~ leiden** *od* **in ~ sein** estar en la miseria; **in ~ geraten** caer en la miseria; *sprichw* **in der ~ frisst der Teufel Fliegen** a falta de pan, buenas son tortas 2 (*Notlage*) emergencia *f*, urgencia *f*; (*Bedrängnis*) apuro *m*; dificultad *f*; **in ~ sein** estar en una emergencia (*bzw* en un apuro); **in (tausend) Nöten sein** pasar (grandes) apuros; **j-m aus der ~ helfen** sacar a alg de un apuro; *sprichw* **~ macht erfinderisch** hombre pobre todo es trazas; el hambre aguza el ingenio 3 (*Notwendigkeit*) necesidad *f*;

der ~ gehorchend por necesidad; **es hat keine ~** no es preciso; *(es eilt nicht)* no hay *(od* corre) prisa; **wenn ~ am Mann ist** en caso de necesidad *(od* de urgencia); en cuando sea necesario; **aus der ~ eine Tugend machen** sacar *(od* hacer) de la necesidad virtud; *sprichw* **~ kennt kein Gebot** la necesidad carece de ley → nottun **4** *(Mangel)* escasez *f*, penuria *f*; falta *f* **(an** de); **an etw** *(dat)* **~ leiden** carecer de a/c; → *a.* notleidend **5** *(Mühe)* pena *f*; **seine liebe ~ mit etw/j-m haben** pasar sus penas con a/c/alg; **er wird seine liebe ~ haben, um** *(inf)* le costará (trabajo) *(inf)*; *umg* se verá negro para *(inf)*; **mit knapper ~** a duras penas **6 zur ~** *(schlimmstenfalls)* en caso de apuro; *(wenn es nicht anders geht)* si no hay más remedio; **das geht zur ~** puede pasar

'Nota F ⟨~; ~s⟩ HANDEL nota *f*, factura *f*

nota'bene ADV *geh* nota bene

'Notanker M SCHIFF ancla *f* de socorro; *fig* áncora *f* de salvación

No'tar M ⟨~s; ~e⟩ notario *m*; *Am a.* escribano *m* (público)

Notari'at N ⟨~(e)s; ~e⟩ *Büro*: notaría *f*; *Am* escribanía *f* (pública); *Amt*: notariado *m*

Notari'atsgebühren FPL derechos *mpl* notariales

notari'ell **A** ADJ notarial; **~e Urkunde** acta *f* *(od* testimonio *m)* notarial **B** ADV ante notario; **~ beglaubigt** notariado

No'tarin F ⟨~; ~nen⟩ notaria *f*; *Am a.* escribana *f* (pública)

'Notarzt M, **Notärztin** F médico *m*, -a *f* de urgencias *(od* de guardia); **Notarztwagen** M coche *m* médico de urgencias *(od* de guardia); **Notaufnahme** F MED **1** *Krankenhausabteilung*: urgencias *pl* **2** *Einzelfall*: ingreso *m* de urgencia *(od* de emergencia); **Notausgang** M, **Notausstieg** M salida *f* de emergencia; **Notbehelf** M recurso *m* de urgencia; expediente *m*; **Notbeleuchtung** F alumbrado *m* provisional; luces *fpl* de emergencia; **Notbett** N cama *f* de urgencia *(od* de emergencia); **Notbremse** F freno *m* de socorro *(od* emergencia); **die ~ ziehen** accionar el freno de socorro *(od* emergencia); *fig umg* dar marcha atrás; **Notbremsung** F frenazo *m*; **Notbrücke** F puente *m* provisional; **Notdienst** M servicio *m* de urgencia(s) *(od* de emergencia); **~ haben** estar de guardia; **Notdurft** F ⟨~⟩ *geh* **seine ~ verrichten** hacer sus necesidades

'notdürftig **A** ADJ **1** *(knapp)* apenas suficiente **2** *(behelfsmäßig)* provisional **B** ADV provisionalmente; **~ bekleidet** a penas vestido; **~ reparieren** parchear

'Note F ⟨~; ~n⟩ **1** MUS nota *f*; **~n** *pl* música *f*; partitura *f*; **ganze ~** semibreve *f*, redonda *f*; **halbe ~** mínima *f*, blanca *f*; **~n lesen** leer música; **nach ~n singen** cantar con papel **2** SCHULE nota *f*; **j-m ~n geben** *a. fig* dar notas a alg **3** POL nota *f* **4** *bes schweiz (Geldschein)* billete *m* (de banco) **5** *fig* **besondere ~** nota *f* particular; **persönliche ~** toque *m* personal

'Notebook ['no:tbʊk] N ⟨~s; ~s⟩ IT notebook *m*, (ordenador *m*) portátil *m*

'Notenaufruf M FIN retirada *f* de billetes (de banco); **Notenausgabe** F FIN emisión *f* de billetes (de banco); **Notenaustausch** POL M → Notenwechsel; **Notenbank** F banco *m* emisor; **Notenbanker** [-bɛŋkər] M FIN banquero *m* del banco emisor; **Notenblatt** N MUS hoja *f* de música; **Notenbuch** N MUS libro *m* de música; **Notendurchschnitt** M SCHULE nota *f* media; **Notenfähnchen** N MUS rabillo *m*; **Notenhals** M MUS plica *f*; **Notenheft** N MUS cuaderno *m* de música; **Notenkopf** M MUS cabeza *f* (de la nota); **Notenlesen** N MUS lectura *f* musical; **Notenlinie** F MUS línea *f* del pentagrama; **die fünf ~n** el pentagrama; **Notenpapier** N MUS papel *m* de música *(od* pautado); **Notenpresse** F FIN imprenta *f* de billetes (de banco); **Notenpult** N MUS atril *m*; **Notenschlüssel** M MUS clave *f*; **Notenschrank** M MUS (mueble *m*) musiquero *m*; **Notenschrift** F MUS notación *f* musical; **Notenständer** M MUS atril *m*; **Notensystem** N **1** SCHULE sistema *m* de calificación **2** MUS pentagrama *m*; **Notentext** M MUS partitura *f*; **Notenumlauf** M FIN circulación *f* fiduciaria *(od* de billetes); **Notenwechsel** POL M canje *m* *(od* cambio *m)* de notas

'Notepad ['no:tpɛt] N ⟨~s; ~s⟩ IT ordenar *m* tipo bloc de notas

'Noterbe M JUR heredero *m* forzoso

'Notfall M caso *m* de emergencia *(od* de urgencia); caso *m* de apuro; **im ~** en caso de urgencia; en caso necesario; *(wenn es nicht anders geht)* si no hay más remedio; **im äußersten ~** en último extremo; en el último caso; **für den ~** por si es necesario

'Notfalldienst M MED servicio *m* de urgencia(s); **Notfallpatient** M, **Notfallpatientin** F MED paciente *m/f* de urgencia *(od* de emergencia); **Notfallplan** M plan *m* de emergencia

'notfalls ADV *(wenn es nicht anders geht)* si no hay más remedio; *(schlimmstenfalls)* en último caso

'Notflagge F SCHIFF bandera *f* de socorro; **Notfrist** F JUR plazo *m* perentorio; **notgedrungen** **A** ADJ forzoso **B** ADV por necesidad; forzosamente; por fuerza, a la fuerza; **Notgroschen** M dinero *m* de reserva; **Nothafen** M SCHIFF puerto *m* de refugio; **Nothelfer** M salvador *m*; **Nothilfe** F primeros auxilios *mpl*

no'tieren ⟨*ohne* ge-⟩ **A** V/T **1** **(sich** *dat)* **etw ~** apuntar(se) a/c, tomar nota de a/c **2** *Börse*: cotizar **B** V/I WIRTSCH **an der Börse ~** cotizar en bolsa; **Notierung** F ⟨~; ~en⟩ **1** *Börse*: cotización *f*; **amtliche ~** cotización *f* oficial **2** MUS apuntación *f*, notación *f* musical

'nötig ADJ **1** *allg* necesario, preciso; **wenn ~** si es necesario; **unbedingt ~** imprescindible; **~ machen** hacer necesario; **~ sein** ser necesario *(od* preciso *od* menester); hacer falta; **~ werden** hacerse necesario; **es ist ~, zu** *(inf)* es necesario, hay que *(inf)*; **es ist ~, dass ...** es necesario que ... *(subj)*; **es ist nicht ~, dass du kommst** no hace falta que vengas; **es nicht für ~ halten, zu** *(inf)* no creer *(od* no considerar) necesario *(inf)*; **das wäre doch nicht ~ gewesen!** *Geschenke etc*: ¡no tenía que haberse molestado! **2** *mit haben*: **etw ~ haben** necesitar *(od* precisar) a/c; **er hat es sehr ~** le hace mucha falta; *fig* **das habe ich (doch) nicht ~** no tengo ninguna necesidad de ello; *umg* **du hast es gerade ~** *umg* menuda falta te hace

'Nötige(s) N ⟨~n; → A⟩ lo necesario

'nötigen V/T **1** *(zwingen)* **j-n ~, etw zu tun** obligar *(od* forzar) a alg a hacer a/c; **sich nicht ~ lassen** no dejarse presionar; **sich genötigt sehen zu** *(inf)* verse obligado a *(od* en la necesidad de) **2** *geh (dringend bitten)* instar a; **sich (nicht) ~ lassen** (no) hacerse de rogar **3** JUR compeler, coaccionar

'nötigenfalls ADV → notfalls

'Nötigung F ⟨~; ~en⟩ JUR coacción *f*

No'tiz F ⟨~; ~en⟩ **1** nota *f*, apunte *m*; anotación *f*; *(Zeitungsnotiz)* noticia *f*; **sich** *(dat)* **~en machen** tomar notas *(od* apuntes) **2** ⟨~⟩ *fig* **von etw** *(dat)* **~ nehmen** tomar (buena) nota de a/c; hacer caso de a/c; fijarse en a/c; **keine ~ von etw** *(dat)* **nehmen** no hacer caso de a/c; pasar por alto a/c

No'tizblock M bloc *m* de notas; **Notizbuch** N libreta *f* (de apuntes); agenda *f*; **Notizzettel** M nota *f*; papelito *m* (de notas) *f*

'Notkühlsystem N sistema *m* de refrigeración de emergencia; **Notlage** F apuro *m*; emergencia *f*; situación *f* crítica *(od* precaria); **Notlagenindikation** F MED, JUR *Abtreibungsgesetz*: supuesto *m* de situación precaria *(od* de necesidad *od* crítica); **notlanden** V/I FLUG hacer un aterrizaje forzoso; **Notlandung** F FLUG aterrizaje *m* forzoso *(od* de emergencia)

'notleidend, Not leidend ADJ **1** necesitado; indigente **2** HANDEL *Wechsel* pendiente de cobro

'Notleidende M/F ⟨~n; ~n; → A⟩ necesitado *m*, -a *f*; indigente *m/f*; **Notleine** F cuerda *f* *(od* SCHIFF cable *m)* de socorro; **Notlösung** F solución *f* de emergencia *(od umg* de paños calientes); **Notlüge** F mentira *f* inocente *(od* piadosa); **Notmaßnahme** F medida *f* de urgencia

no'torisch ADJ notorio

'Notpfennig M → Notgroschen; **Notplan** M plan *m* de emergencia; **Notprogramm** N POL, WIRTSCH programa *m* de emergencia; **Notquartier** N alojamiento *m* provisional *(od* temporal)

'Notruf M llamada *f* de socorro; **Notrufnummer** F número *m* (telefónico) de emergencia *(od* de socorro); **Notrufsäule** F poste *m* de socorro; **Notruftelefon** N teléfono *m* de emergencia *(od* de socorro); **Notrufzentrale** F central *f* de emergencias

'Notrutsche F FLUG rampa *f* de emergencia; **notschlachten** V/T *krankes Tier* sacrificar; **Notschlachtung** F sacrificio *m* de urgencia; **Notsignal** N señal *f* de socorro; **Notsitz** M asiento *m* de reserva; traspuntín *m*; **Notstand** M POL estado *m* de emergencia; JUR estado *m* de necesidad; **den ~ ausrufen** *(od* **verhängen)** declarar *(od* decretar) el estado de emergencia

'Notstandsgebiet N región *f* siniestrada; zona *f* catastrófica; **Notstandsgesetz** N ley *f* de emergencia; **Notstandsplan** M plan *m* de emergencia

'Notstromaggregat N grupo *m* electrógeno de emergencia; **Nottaufe** F KATH agua *f* de socorro; PROT bautismo *m* de urgencia

'Nottreppe F escalera *f* de emergencia; **nottun** V/T *geh* ser preciso, hacer falta; **es tut not, dass ...** es necesario que ... *(subj)*; **Notunterkunft** F alojamiento *m* provisional; **Notverband** M MED vendaje *m* provisional *(od* de urgencia); **Notverkauf** M venta *f* forzada; **Notverordnung** F decreto *m* de urgencia; **Notversorgung** F abastecimiento *m* de emergencia; **Notvorstand** M junta *f* directiva provisional; **notwassern** V/I FLUG hacer un amaraje forzoso; **Notwasserung** F FLUG amaraje *m* forzoso; **Notwehr** F ⟨~⟩ JUR **(aus) ~** (en) legítima defensa

'notwendig ADJ necesario, preciso; **unbedingt ~** indispensable, imprescindible

'notwendiger'weise ADV necesariamente; forzosamente

'Notwendigkeit F ⟨~; ~en⟩ necesidad *f*; **unumgängliche ~** necesidad *f* absoluta *(od* ineludible)

'Notzeichen N señal *f* de alarma *(od* de socorro); **Notzeit** F **in ~en** en tiempos de crisis; **Notzucht** F ⟨~⟩ JUR violación *f*; estupro *m*; **notzüchtigen** V/T JUR violar, forzar

'Nougat ['nu:gat] M,N ⟨~s; ~s⟩ ≈ turrón *m* de chocolate

N

Nov. ABK (November) nov. (noviembre)
'Novel Food ['nɔvəl'fu:t] N ⟨~(s)⟩ (*gentechnisch veränderte Lebensmittel*) alimentos *mpl* transgénicos
No'velle [-v-] F ⟨~; ~n⟩ **1** LIT novela *f* corta **2** POL ley *f* complementaria (*od* modificativa); **eine ~ einbringen** presentar una enmienda (*od* modificación) de ley
Novel'list [-v-] M ⟨~en; ~en⟩ novelista *m*; **Novellistik** F ⟨~⟩ novelística *f*; **Novellistin** F ⟨~; ~nen⟩ novelista *f*; **novellistisch** ADJ novelístico
No'vember [-v-] M ⟨~⟩ **1** noviembre *m*; **im ~** en (el mes de) noviembre; **Anfang/Mitte/Ende ~** a principios/mediados/finales de noviembre **2** *Datumsangaben*: **der erste ~** el uno (*od* primero) de noviembre; **der zweite, dritte** *etc* **~** el dos, tres, *etc* de noviembre; **am 10. ~** el 10 de noviembre
Novi'tät [-v-] F ⟨~; ~en⟩ novedad *f*; *Buch a.*: publicación *f* reciente
No'vize [-v-] M ⟨~n; ~n⟩ novicio *m*
Novizi'at [-v-] N ⟨~(e)s; ~e⟩ noviciado *m*
No'vizin [-v-] F ⟨~; ~nen⟩ novicia *f*
'Novum [-v-] M ⟨~s; Nova⟩ novedad *f*; (*Neuerung*) *a.* inovación *f*
NP'D F ABK (Nationaldemokratische Partei Deutschlands) Partido *m* Nacional-Demócrata de Alemania
Nr. ABK (Nummer) número *m*
NR'W ABK → Nordrhein-Westfalen
NS ABK (Nachschrift) posdata *f*
NS... IN ZSSGN nacional-socialista, del nacional-socialismo; **NS-Staat** N Estado *m* nacional-socialista; **NS-Verbrecher** M, **NS-Verbrecherin** F criminal *m/f* nacional-socialista; **NS-Zeit** F época *f* del nacional-socialismo
N.T. N ABK (Neues Testament) Nuevo Testamento *m*
Nu M **im ~** en un santiamén; en un abrir y cerrar de ojos; en un instante, en menos que nada
Nu'ance [ny'ã:sə] F ⟨~; ~n⟩ matiz *m*; **nuan'cieren** [nyã'si:rən] V/T ⟨*ohne* ge-⟩ matizar
'nüchtern ADJ **1** (*ohne gegessen zu haben*) en ayunas; **auf ~en Magen** en ayunas; con el estómago vacío **2** (*nicht betrunken*) sobrio, no bebido; **nicht mehr ganz ~ sein** *umg* estar achispado (*od* algo bebido); **(wieder) ~ werden** volver a estar sobrio; desembriagarse; *fig* desengañarse, desilusionarse; **~ machen** desembriagar, desemborrachar, quitar la embriaguez **3** *fig* (*sachlich*) *Mensch, Kritik* objetivo, sensato; *Stil* sobrio; (*alltäglich, unromantisch*) prosaico; (*vernünftig*) razonable
'Nüchternheit F ⟨~⟩ sobriedad *f*; prosaísmo *m*; sensatez *f*; desapasionamiento *m*; objetividad *f*
'nuckeln V/I *umg* chupar, chupetear; **an etw** (*dat*) **~** chupar a/c; **Nuckelpinne** F ⟨~; ~n⟩ *umg* (*Auto*) *umg* cacharro *m*, *umg* cafetera *f*
'Nudel F ⟨~; ~n⟩ **1** *mst* **~n** *pl* pastas *fpl* alimenticias; (*Fadennudel*) fideos *mpl* **2** *umg fig* **eine ulkige ~ sein** *umg* ser un caso; **Nudelholz** N rodillo *m* (para amasar)
'nudeln V/T cebar; sainar
'Nudelsalat M ≈ ensalada *f* de pasta; **Nudelsuppe** F sopa *f* de fideos
Nu'dismus M ⟨~⟩ (des)nudismo *m*
Nu'dist M ⟨~en; ~en⟩, **Nudistin** F ⟨~; ~nen⟩ (des)nudista *m/f*
'Nugat M, N → Nougat
nukle'ar..., Nukle'ar... IN ZSSGN nuclear
Nukle'arabfall M basura *f* nuclear (*od* atómica), basura *f* radioactiva; **Nuklearanlage** F central *f* nuclear (*od* atómica); **Nuklearmaterial** N material *m* nuclear (*od* atómico *od* radioactivo); **Nukleartest** M test *m* (*od* prueba *f*) nuclear
'Nukleon N ⟨~s; Nukle'onen⟩ nucleón *m*
'Nukleus M ⟨~; Nuklei⟩ **1** BIOL (*Zell-, Nervenkern*) núcleo *m* **2** *fig* esencia *f*; fondo *m*
null ADJ **1** *Zahl*: cero; **gleich ~** nulo; **~ Fehler haben** no tener ningún error; **~ Grad/Uhr** cero grados/horas; *fig* **die Stunde ~** la hora cero; **auf ~ stehen** estar a cero; **unter/über ~** bajo/sobre cero; SPORT **~ zu ~** empate a cero; **zwei zu ~** dos a cero; **~ Komma zwei** cero coma dos; *umg fig* **in ~ Komma nichts** (*od* **nix**) en un santiamén, en un dos por tres **2** *verstärkend*: **~ und nichtig** nulo y sin valor; **etw für ~ und nichtig erklären** declarar nulo y sin valor a/c **3** *umg fig* **~ Ahnung haben** no tener ni idea (**von** de); **~ Bock haben** *umg* no tener ninguna gana (**auf** *acus* de a/c)
Null F ⟨~; ~en⟩ **1** *Zahl*: cero *m*; *umg fig* **Ergebnis gleich ~** sin éxito **2** *umg* (*Person*) **eine ~ sein** ser una nulidad; *umg* ser un cero (a la izquierda)
Nullacht'fünfzehn-... *umg pej* IN ZSSGN común y corriente
'Nulldiät F dieta *f* absoluta; **Nullleiter** M ELEK conductor *m* neutro; **Nulllösung** F POL opción *f* cero; **Nullnummer** **1** TYPO número cero **2** (*Fehlschlag*) metedura *f* de pata; **Nullpunkt** M (punto *m*) cero *m*; MATH *u. fig* origen *m*; *umg fig* **auf dem ~ sein** estar en el punto más bajo; **Nullrunde** F *ronda de negociaciones en la que se acuerda no modificar nada*; **Nullspannung** F ELEK tensión *f* nula; **Nullstellung** F posición *f* cero; **Nullstrich** M trazo *m* de cero; **Nulltarif** M **zum ~** gratis; **Nullwachstum** N WIRTSCH crecimiento *m* cero
'Nulpe F ⟨~; ~n⟩ *umg* cero *m* (a la izquierda)
Nume'rale N ⟨~s; Numeralia⟩ GRAM (adjetivo *m*) numeral *m*
nume'rieren *etc* → nummerieren *etc*
nu'merisch ADJ numérico
'Numerus M ⟨~; Numeri⟩ **1** GRAM número *m* **2** PL ⟨~⟩ **~ clausus** UNIV numerus *m* clausus; *sp* ≈ nota *f* de corte
Numis'matik F ⟨~⟩ numismática *f*; **Numismatiker** M ⟨~s; ~⟩, **Numismatikerin** F ⟨~; ~nen⟩ numismático *m*, -a *f*; **numismatisch** ADJ numismático
'Nummer F ⟨~; ~n⟩ **1** *allg* número *m* (*a. Zeitung, Schuh etc*); *Kleidergröße a.*: talla *f*; *e-r CD* pista *f*; AUTO (número *m* de) matrícula *f*; **laufende ~** número de orden; **mit ~n versehen** numerar; *fig* **ein paar ~n zu groß (für j-n) sein** ir más allá de las posibilidades (de alg) **2** TEL número *m*; **die ~ wählen** marcar el número; **Sie erreichen mich unter der ~ ...** me puede llamar al número ... **3** *umg* (*Sache*) **eine tolle ~** un gran hecho; **auf ~ sicher gehen** ir sobre seguro; *umg* picar de vara larga; *sl* **eine ~ schieben** tirarse (*od* echarse) un polvo *sl* **4** *umg fig* **er ist eine komische ~** *umg* es un numerito
numme'rieren V/T ⟨*ohne* ge-⟩ numerar; *Seiten a.* paginar; **Nummeriermaschine** F numeradora *f*; **Nummerierung** F ⟨~; ~en⟩ numeración *f*; *von Seiten* paginación *f*
'Nummernkonto N cuenta *f* numerada (*od* cifrada); **Nummernscheibe** F TEL disco *m*; **Nummernschild** N AUTO placa *f* de matrícula; **Nummernstempel** M (sello *m*) numerador *m*
nun ADV **1** (*jetzt*) ahora; **von ~ an** desde ahora; (de ahora) en adelante; a partir de ahora; (*seitdem*) desde entonces **2** *einleitend*: pues; *überleitend*: ahora bien; pues bien; **~ aber** *bei Folgerungen*: ahora bien; **~ (ja)** bueno, en fin **3** *fragend*: **~?** ¿bien?; **und (was) ~?** ¿y ahora qué?; **(und) was sagst du ~?** ¿(y) qué dices ahora?; **~, was sagen Sie dazu?** bueno, ¿qué le parece? **4** *in Ausrufen*: **~ denn!** ¡ea!; ¡vaya!; **~ gut!** ¡pues bien!; ¡está bien!; ¡bueno!; **~, ~!** *besänftigend*: ¡(pero) hombre! **5** **es ist ~ einmal so** las cosas son así; **sie will es ~ einmal so haben** lo quiere así - ¡qué se le va a hacer!
'nun'mehr ADV *geh* ahora; (*von jetzt an*) desde ahora; en adelante
Nuntia'tur F ⟨~; ~en⟩ nunciatura *f*
'Nuntius M ⟨~; Nuntien⟩ **(päpstlicher) ~** nuncio *m* papal (*od* del Papa)
nur ADV **1** *ausschließend*: sólo, solamente; *Am* no más; **~ er** sólo él; nadie sino él; nadie más que él; **~ ein wenig** un poco nada más; **~ noch** tan sólo; nada más que; **sie hat ~ noch 100 Euro** no tiene más que cien euros; **~ aus Eitelkeit** sólo por vanidad, por pura vanidad; **mit ~ wenigen Ausnahmen** con muy pocas excepciones; **du brauchst es ~ zu sagen** no tienes (*od* no necesitas) más que decirlo; **wenn nur ...** con tal que (*subj*) **2** *verneint*: **(alle,) ~ er nicht** (todos) excepto él; (todos) menos él; **alles, ~ das nicht!** ¡todo menos eso! **3** **nicht ~ ..., sondern auch ...** no sólo ... sino también ... **4** KONJ **..., ~ dass ...** solo que ...; **~ gut, dass ...** bien que ... **5** *verstärkend*: **so gut** (*od* **viel**) **ich ~ kann** lo mejor que pueda; **ich weiß es ~ zu gut** lo sé perfectamente (*od* demasiado bien); **~ zu sehr** demasiado
nur [2] ADV **1** *in Ausrufen, Wünschen*: **wenn ~ ...** ojalá; **wenn sie ~ wüsste!** ¡si lo supiera!; **dass er ~ nicht kommt!** ¡qué no se le ocurra venir!; **wenn ich ~ daran denke!** ¡sólo de pensarlo! **2** *ermunternd*: **~ zu** adelante!; **~ keine Angst!** ¡no tengas miedo!; **geh ~!** ¡vete!; **sieh ~!** ¡mira!; **lassen Sie mich ~ machen!** ¡usted déjeme a mí! **3** *fragend, zweifelnd*: **was soll ich ~ sagen?** ¿y ahora qué digo?; **wie kommt er ~ hierher?** ¿cómo habrá podido venir aquí? **4** *warnend*: **der soll ~ kommen!** ¡que venga!; **~ nicht lügen!** ¡sobre todo, nada de mentiras!; **warte ~, ...!** ¡ya verás (ya) ...!; **tu das ~ ja nicht!** ¡guárdate de hacer eso!
'Nürnberg N Nuremberg *m*
'nuscheln V/I barbullar; farfullar; mascullar; no vocalizar (bien)
Nuss F ⟨~; ⸚e⟩ BOT nuez *f*; (*Haselnuss*) avellana *f*; *umg fig* **das ist eine harte ~** *umg* es duro de pelar; **j-m eine harte ~ zu knacken geben** dar a alg un hueso duro de roer
'Nussbaum M nogal *m*, noguera *f*; **Nussbaumholz** N (madera *f* de) nogal *m*; **nussbraun** ADJ de color nogal; **Nusskern** M almendra *f* de la nuez; **Nussknacker** M cascanueces *m*, rompenueces *m*; **Nusskohle** F (carbón *m*) galleta *f*; **Nussschale** F cáscara *f* de nuez; *fig* (*kleines Schiff*) barquito *m*; **Nussschokolade** F chocolate *m* con nueces; **Nusstorte** F tarta *f* de nueces
'Nüster F ⟨~; ~n⟩ *mst* **~n** PL ollares *mpl*
Nut F ⟨~; ~en⟩, **'Nute** F ⟨~; ~n⟩ TECH ranura *f*; muesca *f*; **~ und Feder** ranura y lengüeta
'nuten V/T encajar; hacer ranuras; ranurar
'Nutenfräser M fresa *f* de ranurar
'Nutte F ⟨~; ~n⟩ *sl* puta *f*, *sl* zorra *f*, fulana *f*
nutz ADJ **das ist zu nichts ~** no sirve para nada; → *a.* nütze
Nutz M *geh* **zu j-s ~ und Frommen** en bien y provecho de alg; **sich** (*dat*) **etw zu ~e machen** → zunutze
'Nutzanwendung F utilización *f*; aplicación *f* práctica; *e-r Fabel*: moraleja *f*
'nutzbar ADJ (*brauchbar*) utilizable; *Boden, Wald, Ölvorkommen* aprovechable; **etw ~ machen** utilizar a/c, aprovechar a/c; **Nutzbarmachung** F ⟨~; ~en⟩ utilización *f*; aprovecha-

N

miento *m*

'nutzbringend A ADJ provechoso; beneficioso; (*gewinnbringend*) lucrativo; fructífero B ADV ~ **anlegen** hacer producir; invertir productivamente; ~ **anwenden** emplear con provecho

'nütze ADJ **zu etw ~ sein** servir para a/c; **zu nichts ~ sein** no servir para nada

'Nutzeffekt M TECH efecto *m* útil

'nutzen A VT 1 TECH *etc* **etw ~** utilizar a/c; *Ressourcen etc* explotar a/c; (*Nutzen ziehen aus*) *a.* sacar provecho de a/c 2 *Gelegenheit etc* aprovechar B VI → nützen B

'Nutzen M ⟨~s; ~⟩ 1 (*Nützlichkeit*) utilidad *f*; **von ~ sein** ser de utilidad 2 (*Gewinn, Vorteil*) beneficio *m*; provecho *m*; (*Ertrag*) rendimiento *m*; fruto *m*; **j-m ~ bringen** producir beneficio a alg; **~ aus etw ziehen** sacar provecho (*od* partido) de a/c; **zum ~ von** en beneficio de

'nützen A VT 1 (*benutzen*) utilizar 2 *Gelegenheit etc* aprovechar; explotar B VI ser útil; **j-m (zu etw) ~** servir a alg (para a/c); **was nützt es, dass …?** ¿de qué sirve …?; **nichts ~** no servir para nada; **es nützt nichts** es en balde; es inútil

'Nutzer M ⟨~s; ~⟩, **Nutzerin** F ⟨~; ~nen⟩ ADMIN, IT usuario *m*, -a *f*

'Nutzfahrzeug N (vehículo *m*) utilitario *m*; vehículo *m* industrial; **Nutzfläche** F superficie *f* útil; **landwirtschaftliche ~** superficie *f* cultivable; **Nutzgarten** M huerto *m*; **Nutzholz** N madera *f* útil (*od* de labrar); **Nutzlast** F carga *f* útil; **Nutzleistung** F rendimiento *m* efectivo; TECH potencia *f* útil

'nützlich ADJ útil; provechoso; (*vorteilhaft*) ventajoso; beneficioso; **sich ~ machen** hacerse útil; echar una mano; **Nützlichkeit** F ⟨~⟩ utilidad *f*; (*Vorteil*) ventajas *fpl*; **Nützlichkeitsprinzip** N utilitarismo *m*

'nutzlos ADJ inútil; infructuoso; (*vergeblich*) *a.* vano; **Nutzlosigkeit** F ⟨~⟩ inutilidad *f*; infructuosidad *f*

'Nutznießer M ⟨~s; ~⟩, **Nutznießerin** F ⟨~; ~nen⟩ beneficiario *m*, -a *f*; JUR usufructuario *m*, -a *f*; **Nutznießung** F ⟨~⟩ disfrute *m*; JUR usufructo *m*

'Nutzpflanze F planta *f* útil; **Nutzraum** M espacio *m* útil; **Nutzstrom** M ELEK corriente *f* útil; **Nutztier** N animal *m* útil

'Nutzung F ⟨~; ~en⟩ utilización *f*; aprovechamiento *m*; explotación *f* (*a.* AGR); *fig* disfrute *m*

'Nutzungsbedingungen FPL **allgemeine ~** condiciones *fpl* generales de uso; **Nutzungsdauer** F TECH duración *f* (útil); **Nutzungsentgelt** N JUR canon *m*; derechos *mpl* de uso (*od* de explotación); WIRTSCH royalty *m*; **Nutzungsrecht** N derecho *m* de utilización (*od* de uso); JUR derecho *m* de usufructo; **Nutzungsverbot** N prohibición *f* de uso (*od* de utilización *od* de explotación)

'Nutzvieh N ganado *m* de producción (*od* de renta); **Nutzwert** M valor *m* útil

NW ABK (Nordwesten) noroeste *m*

'Nylon® ['naɪlɔːn] N ⟨~s⟩ nilón *m*; **Nylonstrümpfe** MPL medias *fpl* de nilón

'Nymphe F ⟨~; ~n⟩ ninfa *f* (*a.* ZOOL)

nympho'man ADJ ninfómana; **Nymphoma'nie** F ⟨~⟩ ninfomanía *f*; **Nympho'manin** F ⟨~; ~nen⟩ ninfómana *f*

O¹, o N O, o *f*

O ABK² (Osten) E (Este)

o INT ¡oh!; ¡ah!; **~ doch!** ¡oh, ciertamente!; **~ ja!** ¡sí, ciertamente; **~ nein!** ¡oh, no!; **~ Gott!** ¡oh, Dios mío!; **~ weh!** ¡ay!; *geh* **~ dass doch …!** ¡ojalá … (*subj*)!

o. ABK 1 (*oben*) arriba 2 (*ohne*) sin

o.a. ABK (oben angeführt) mencionado más arriba

o. Ä. ABK (oder Ähnliches) o algo parecido, o algo por el estilo

OAS F ABK ⟨~⟩ (Organisation Amerikanischer Staaten) OEA *f* (Organización de Estados Americanos)

O'ase F ⟨~; ~n⟩ oasis *m* (*a. fig*); **~ des Friedens** remanso *m* de paz

ob A KONJ si; **als ~** como si (*subj*); **(so) tun, als ~** hacer como si …; aparentar …; fingir …; **er tat, als ~ er mich nicht sähe** hizo como si no me viese; aparentó no verme; **es ist, als ~ …** se diría que …; **es ist mir, als ~ …** me parece que …; **~ er noch da ist?** ¿estará aún ahí?; **alle, ~ groß, ~ klein** todos, grandes y pequeños; **~ … oder** si … o; **(na), und ~!** ¡y tan(to)!; ¡y cómo!, ¡ya lo creo!; ¡claro que sí!; **und ~ ich mich daran erinnere!** ¡vaya si me acuerdo! B PRÄP 1 ⟨*dat*⟩ *schweiz* (*oberhalb*) encima de; sobre 2 *obs* ⟨*gen, selten dat*⟩ (*wegen, über*) por (causa de), a causa de

o. B. ABK (ohne Befund) MED sin hallazgo

OB M ABK (Oberbürgermeister) primer alcalde *m*

'Obacht F ⟨~⟩ *reg* atención *f*; cuidado *m*; **~ geben** prestar atención; tener cuidado; **~!** ¡cuidado!, *umg* ¡ojo!

Obb. ABK (Oberbayern) Alta Baviera

ÖBB FPL ABK (Österreichische Bundesbahnen) Ferrocarriles *mpl* Federales Austríacos

'Obdach N ⟨~(e)s⟩ *geh* albergue *m*; cobijo *m*, abrigo *m*, refugio *m*; asilo *m*; **j-m ~ gewähren** dar albergue (*od* cobijo) a alg

'obdachlos ADJ sin hogar (*od* techo); **~ sein** no tener hogar

'Obdachlose M/F ⟨~n; ~n; → A⟩ persona *f* sin hogar; vagabundo *m*, -a *f*; **Obdachlosenasyl** N albergue *m* (nocturno) para personas sin hogar; hogar *m* (nocturno) para personas sin techo; casa-hogar *f* para vagabundos; **Obdachlosigkeit** F ⟨~⟩ falta *f* de hogar (*od* de techo)

Obdukti'on F ⟨~; ~en⟩ MED autopsia *f*

Obdukti'onsergebnis N resultado *m* de la autopsia (*od* de la necropsia)

obdu'zieren VT ⟨*ohne* ge-⟩ MED hacer la autopsia a, autopsiar

'O-Beine NPL piernas *fpl* arqueadas (*od* estevadas *od* en O)

'o-beinig ADJ estevado

Obe'lisk M ⟨~en; ~en⟩ obelisco *m*

'oben ADV 1 *allg* arriba (**auf** *acus od dat* de); en la parte superior; (*in der Höhe*) en lo alto; (*auf der Oberfläche*) encima, en la superficie (**auf** *acus od dat* de); *auf Kisten*: **~!** ¡(este lado) arriba!; **~ (am Tisch) sitzen** *am Tisch*: ocupar la cabecera (de la mesa); **~ auf dem Berg** en lo alto de la montaña; **da/dort ~** ahí/allí arriba; **nach ~** hacia arriba; **nach ~ gehen** subir; **von ~** de(sde) arriba; **von ~ herab** de lo alto; *fig* despectivo; con altivez; *fig* **j-n von ~ herab behandeln** tratar a alg por encima del hombro; **von ~ bis unten** de arriba abajo; *fig* de pies a cabeza 2 *im Text*: arriba; **links/rechts ~** arriba a la izquierda/derecha; **siehe ~** véase (más) arriba; **weiter ~** más arriba; **wie ~ angegeben** como arriba se indica; **auf Seite 10 ~** en la página diez, arriba 3 *umg* **~ ohne** *umg* con los pechos al aire; en top-less; *umg fig* **mir steht's bis (hier) ~** *umg* estoy hasta la coronilla 4 → *a.* oben erwähnt, oben genannt *etc*

oben'an ADV arriba; en lo (más) alto; *fig* a la cabeza; *fig* **~ stehen** *auf e-r Liste*: encabezar la lista

oben'auf ADV (por) encima; (*an der Oberfläche*) en la superficie; *fig* **~ sein** estar muy contento (*bzw* en plena forma); **oben'drauf** ADV *umg* (por) encima; **oben'drein** ADV aparte de ello; además; por añadidura

oben erwähnt ADJ mencionado más arriba; **oben genannt** ADJ citado más arriba; susodicho; antes citado

oben'hin ADV por encima; superficialmente; *fig* a la ligera; **etw ~ abtun** pasar por alto a/c

obenhin'aus ADV **~ wollen** tener grandes aspiraciones; *umg* picar muy alto

oben stehend ADJ → oben erwähnt

'Ober M ⟨~s; ~⟩ 1 (*Kellner*) camarero *m*; **Herr ~!** ¡camarero! 2 *Kartenspiel*: caballo *m*

'Ober… in ZSSGN, *räumlich*: superior; GEOG *a.* alto; *Rang*: jefe

'Oberarm M ANAT brazo *m*; **Oberarmknochen** M ANAT húmero *m*; **Oberarzt** M, **Oberärztin** F médico *m*, -a *f* adjunto, -a; **Oberaufseher** M, **Oberaufseherin** inspector *m*, -a *f* general; supervisor *m*, -a *f*; **Oberaufsicht** F alta inspección *f*; supervisión *f*; **Oberbau** M ⟨~; ~ten⟩ superestructura *f* (*a.* BAHN); **Oberbayern** N GEOG la Alta Baviera; **Oberbefehl** M MIL alto mando *m*; mando *m* supremo; **Oberbefehlshaber** M MIL comandante *m* supremo (*od* en jefe); general *m* en jefe; **Oberbegriff** M término *m* genérico; concepto *m* general; **Oberbekleidung** F ropa *f* exterior; **Oberbett** N edredón *m*; **Oberbuchhalter** M WIRTSCH jefe *m* de contabilidad; **Oberbürgermeister** M (primer) alcalde *m*; *Arg* intendente *m*; **Oberbürgermeisterin** F primera alcaldesa *f*; *Arg* intendenta *f*; **Oberdeck** N SCHIFF cubierta *f* superior

'obere(r, -s) ADJ superior; alto; más elevado; de arriba; **die ~n Klassen** las clases superiores (*bzw* acomodadas)

'Obere M/F REL superior *m*, -a *f*; **Oberer** REL → Obere

'oberfaul ADJ *umg* 1 *Person* (*sehr faul*) sumamente perezoso 2 *Sache* de mal cariz

'Oberfeldwebel M MIL sargento *m* primero

'Oberfläche F (*Außenseite*) exterior *m*; *Flächenausdehnung*: superficie *f*; **auf der ~ des Wassers** a ras (*od* flor) de agua; **an die ~ kommen** salir a la superficie; **an/unter der ~** en/bajo la superficie; *fig* **an der ~ bleiben** quedarse en la superficie

'oberflächenaktiv ADJ tensoactivo; **Oberflächenbearbeitung** F acabado *m* de superficies; **Oberflächenbehandlung** F tratamiento *m* de superficies; **Oberflächenhärtung** F temple *m* de superficie; **oberflächennah** ADJ cercano a la superficie; **Oberflächenspannung** F *v. Flüssigkeiten*: tensión *f* superficial

'oberflächlich A ADJ superficial (*a. fig*); (*flüchtig*) somero; ligero B ADV *behandeln* superficialmente; *kennen* por encima, vagamente; **Oberflächlichkeit** F superficialidad *f*; ligereza *f*

'Oberförster M *obs* → Revierförster; **Oberforstmeister** M inspector *m* general de montes; **Oberfranken** N GEOG la Alta Franconia; **obergärig** ADJ *Bier* de fermenta-

ción alta; **Obergefreite(r)** M MIL cabo *m* primero; **Obergeschoss**, *österr* **Obergeschoß** N ARCH piso *m* alto (*od* superior); **Obergewalt** F poder *m* supremo; autoridad *f* suprema; **Obergrenze** F tope *m*; techo *m*; límite *m* superior; **oberhalb** PRÄP (*gen*) más arriba de; por encima de
'Oberhand F ⟨~⟩ *fig* superioridad *f*; supremacía *f*; **die ~ haben** prevalecer, (pre)dominar; **die ~ gewinnen** (**über** *acus*) imponerse (a), obtener una ventaja (sobre)
'Oberhaupt N jefe *m*; *bes* POL líder *m*; *e-r Bande*: cabecilla *m*; **Oberhaus** N POL Cámara *f* Alta; *England*: Cámara *f* de los Lores; **Oberhaut** F epidermis *f*; **Oberhemd** N camisa *f* (de vestir); **Oberherrschaft** F supremacía *f*; **Oberhirt(e)** M *geh* REL pastor *m* supremo; **Oberhoheit** F soberanía *f*; supremacía *f*
'Oberin F ⟨~; ~nen⟩ **1** KATH superiora *f* **2** *im Krankenhaus*: jefa *f* de enfermeras
'Oberingenieur M ingeniero *m* jefe; **oberirdisch** ADJ de superficie; ELEK aéreo; **Oberitalien** N Italia *f* del Norte; **Oberkante** F borde *m* superior; *umg* **... steht mir bis ~ Unterlippe** *umg* estoy hasta la coronilla (*od* las narices) de ...; **Oberkellner** M, **Oberkellnerin** jefe *m*, -a *f* de comedor, maître *m* (d'hôtel); **Oberkiefer** M ANAT maxilar *m* superior
Ober'kirchenrat M PROT *Behörde*: consistorio *m* supremo; *Person*: miembro *m* del consistorio supremo
'Oberklasse F **1** clase *f* (*od* curso *m*) superior; SCHULE grado *m* superior **2** SOZIOL → Oberschicht 2; **Oberkommandierende** M/F MIL comandante *m*, -a *f* en jefe; **Oberkommando** N MIL alto mando *m*; mando *m* supremo; **Oberkommissar** M comisario *m* (*od* comisionado *m*) jefe; **Oberkörper** M parte *f* superior del cuerpo; tronco *m*; busto *m*; **den ~ frei machen** descubrir el torso; **Oberlandesgericht** N *BRD e-s Bundeslands*: tribunal *m* superior del estado federado; ≈ audiencia *f* territorial; **Oberlauf** M *e-s Flusses*: curso *m* superior, cabecera *f*; **Oberleder** N pala *f*, empella *f*; **Oberlehrer** M, **Oberlehrerin** F *obs*: maestro *m*, -a *f* superior, -a de primera enseñanza; **Oberleitung** F **1** dirección *f* (general); WIRTSCH gerencia *f* **2** ELEK catenaria *f*; línea *f* aérea; **Oberleitungsbus** M trolebús *m*; **Oberleutnant** M MIL teniente *m*; SCHIFF **~ zur See** alférez *m* de navío; **Oberlicht** N **1** *Lichtöffnung*: claraboya *f* **2** (*Licht von oben*) luz *f* cenital; **Oberliga** F SPORT tercera división *f*; **Oberlippe** F labio *m* superior; **Obermaat** M SCHIFF contramaestre *m*; **Oberösterreich** N la Alta Austria; **Oberpfalz** F GEOG el Alto Palatinado
Ober'postdirektion F *obs* dirección *f* general de correos
'Oberpriester M arcipreste *m*; **Oberrabbiner** M gran rabino *m*; **Oberrhein** M GEOG el Alto Rin; **oberrheinisch** ADJ del Alto Rin
'Obers N ⟨~⟩ *österr* GASTR nata *f*
'Oberschenkel M ANAT muslo *m*; **Oberschenkelhalsbruch** M MED fractura *f* de cuello del fémur; **Oberschenkelknochen** M ANAT fémur *m*
'Oberschicht F **1** capa *f* superior **2** SOZIOL *der Gesellschaft*: clases *fpl* altas; alta sociedad *f*; **oberschlau** ADJ *umg* sabiondo, listillo; **Oberschlesien** N GEOG la Alta Silesia; **Oberschule** F *umg* instituto *m* de segunda enseñanza (*od* de enseñanza media *od* de bachillerato); *Am* liceo *m*; **Oberschüler** M, **Oberschülerin** F *umg* estudiante *m/f* de bachillerato; alumno *m*, -a *f* de enseñanza media; **Oberschulrat** M, **Oberschulrätin** F inspector *m*, -a *f* jefe de enseñanza; **Oberschwester** F MED enfermera *f* jefe, jefa *f* de enfermeras; **Oberschwingung** F PHYS vibración *f* armónica; **Obersee** M GEOG **der ~** *la parte oriental del Lago de Constanza*; **Oberseite** F lado *m* (*od* cara *f*) superior
'Oberst M ⟨~en *od* ~s; ~e(n)⟩ MIL coronel *m*
'Ober'staatsanwalt M **Ober'staatsanwältin** F primer fiscal *m/f*; *Am* procurador *m*, -a *f* general; **Ober'stabsarzt** M MIL comandante *m* médico
'oberste(r, -s) **A** ADJ (*sup v.* **obere**) el más alto; *Schublade etc* de arriba; *Stockwerk* último; *Rang* superior; *Ziel* más alto; **~ Gewalt** poder *m* supremo; **Oberster Gerichtshof** Tribunal *m* Supremo **B** *subst* **der/das Oberste** el/lo más alto; **das Oberste zuunterst kehren** volver lo de arriba abajo; revolverlo todo
'Obersteiger M BERGB capataz *m* de mina; **Oberstimme** F MUS parte *f* superior
'Oberst'leutnant M MIL teniente *m* coronel
'Oberstübchen N ⟨~s⟩ *umg fig* **er ist nicht ganz richtig im ~** *umg* está mal de la azotea
'Oberstudiendirektor M, **Oberstudiendirektorin** F director *m*, -a *f* de un instituto de enseñanza media (*od* de segunda enseñanza); **Oberstudienrat** M, **Oberstudienrätin** F profesor *m*, -a *f* de instituto
'Oberstufe F SCHULE grado *m* (*bzw* cursos *mpl*) superior(es) del bachillerato; bachillerato *m* superior; **Oberstufenschüler** M, **Oberstufenschülerin** F alumno *m*, -a *f* de bachillerato superior (*od* del grado superior del bachillerato); **Oberteil** N parte *f* superior; *Kleidung*: cuerpo *m*; **Oberton** M MUS (sonido *m*) armónico *m*; **Oberver'waltungsgericht** N tribunal *m* administrativo superior; **Obervolta** N HIST GEOG Alto Volta *m*; **Oberwachtmeister** M MIL sargento *m* mayor; **Oberwasser** N aguas *fpl* arriba; *fig* **~ bekommen/haben** sacar/llevar ventaja; **Oberweite** F *Schneiderei*: medida *f* de pecho, busto *m*; **Oberwelt** F (superficie *f* de la) tierra *f*
'Obfrau F → Obmann
ob'gleich KONJ aunque; aun cuando; bien que; a pesar de que (*subj*)
'Obhut F ⟨~⟩ *geh* custodia *f*; protección *f*; tutela *f*; guardia *f*; **in seine ~ nehmen** tomar bajo su protección
'obig ADJ susodicho, mencionado más arriba, antes citado
Ob'jekt N ⟨~(e)s; ~e⟩ **1** objeto *m*; *fig* proyecto *m*; asunto *m* **2** (*Immobilie*) bien *m* inmobiliario **3** GRAM complemento *m*, objeto *m*
objek'tiv ADJ objetivo; (*unparteiisch*) imparcial
Objek'tiv N ⟨~s; ~e⟩ OPT objetivo *m*
objekti'vieren [-v-] V/T ⟨*ohne* ge-⟩ objetivar; **Objekti'vierung** F objetivación *f*; **Objektivi'tät** F ⟨~⟩ objetividad *f*; imparcialidad *f*
Ob'jektkunst F arte *m* objeto; **objektorientiert** ADJ IT orientado al objeto; **Objektorientierung** F IT orientación *f* al objeto; **Objekttisch** M platina *f* (microscópica); **Objektträger** M portaobjeto(s) *m*
Ob'late F ⟨~; ~n⟩ oblea *f*; REL hostia *f*
'obliegen V/I ⟨*irr*⟩ *geh* **j-m ~** incumbir a alg; ser de la incumbencia de alg; **Obliegenheit** F obligación *f*; incumbencia *f*
obli'gat ADJ *geh* obligatorio; indispensable; de rigor; MUS obligado
Obligati'on F WIRTSCH obligación *f*; **~en ausgeben** emitir obligaciones
Obligati'onsinhaber M obligacionista *m*; **Obligationsschuld** F deuda *f* en obligaciones
obliga'torisch ADJ obligatorio; indispensable
'Obligo N ⟨~s; ~s⟩ WIRTSCH obligación *f*; compromiso *m*; **ohne ~** sin garantía (ni responsabilidad); sin obligación
'Obmann M ⟨~(e)s; Obmänner *od* Obleute⟩, **Obmännin** F ⟨~; ~nen⟩ **1** *e-s Vereins, Kampfgerichts*: presidente *m*, -a *f* **2** (*Schiedsmann, -frau*) árbitro *m*, -a *f* **3** *in e-m Betrieb*: portavoz *m/f*, representante *m/f* del personal
O'boe [o'bo:ə] F ⟨~; ~n⟩ MUS oboe *m*
Obo'ist M ⟨~en; ~en⟩, **Oboistin** F ⟨~; ~nen⟩ oboísta *m/f*
'Obolus M ⟨~; ~ *od* ~se⟩ óbolo *m*; *fig geh* donativo *m*, dádiva *f*; (*Almosen*) limosna *f*; contribución *f*; **seinen ~ entrichten** apartar su grano de arena, contribuir con su óbolo
'Obrigkeit F ⟨~; ~en⟩ autoridad *f* (pública); autoridades *fpl*; **obrigkeitlich** ADJ de la autoridad; autoritativo; **Obrigkeitsstaat** M Estado *m* autoritario
ob'schon KONJ → obgleich
Observa'tion F ⟨~; ~en⟩ observación *f*, contemplación *f*; **Observa'torium** N ⟨~s; Observa'torien⟩ observatorio *m*; **obser'vieren** V/T ⟨*ohne* ge-⟩ observar; **Obser'vierung** F ⟨~; ~en⟩ → Observation
Obses'sion F ⟨~; ~en⟩ obsesión *f*; manía *f*; obcecación *f*; obstinación *f*; **obsessiv** ADJ obsesivo; maniático; abcecado; obstinado
'obsiegen V/I ⟨*ohne* ge-⟩ *geh* ganar (*a.* JUR); triunfar (**über** *acus* sobre); vencer (**über** *acus* a); *fig* prevalecer (**über** *acus* sobre)
obs'kur ADJ oscuro (*a. fig*)
Obskuran'tismus M ⟨~⟩ oscurantismo *m*
obso'let ADJ *geh* obsoleto; caduco; anticuado
Obst [o:pst] N ⟨~es⟩ fruta *f*; **~ und Gemüse** frutas *pl* y verduras *fpl*
'Obst(an)bau M fruticultura *f*; **Obstbauer** M, **Obstbäuerin** F fruticultor *m*, -a *f*; **Obstbaum** M (árbol *m*) frutal *m*; **Obstbaumzucht** F fruticultura *f*; cultivo *m* de árboles frutales; **Obsternte** F cosecha *f* (*od* recolección *f*) de fruta(s); **Obsterzeugung** F producción *f* frutícola (*od* frutera); **Obstgarten** M huerto *m* frutal; **Obsthandel** M comercio *m* de frutas; **Obsthändler** M **Obsthändlerin** F frutero *m*, -a *f*; **Obsthandlung** F frutería *f*
obsti'nat ADJ *geh* obstinado
'Obstkern M pepita *f*; **Obstkonserve** F conserva *f* de fruta; **Obstkuchen** M tarta *f* de fruta(s); **Obstkunde** F pomología *f*
'Obstler M ⟨~s; ~⟩ aguardiente *m* de frutas
'Obstmarkt M mercado *m* de frutas; **Obstmesser** N cuchillo *m* de fruta; **Obstpflanzung** F, **Obstplantage** F plantación *f* frutal; plantación *f* de árboles frutales
Obstrukti'on F ⟨~; ~en⟩ obstrucción *f*
Obstrukti'onspolitik F política *f* obstruccionista, obstruccionismo *m*; **Obstruktionstaktik** F táctica *f* obstruccionista
'Obstsaft M zumo *m* de frutas; **Obstsalat** M macedonia *f* de frutas; **Obstschale** F **1** (*Haut*) mondadura *f* de frutas **2** (*Schüssel*) frutero *m*; **Obstsorte** F tipo *m* (*od* clase *f*) de fruta; **Obsttorte** F tarta *f* de frutas; **Obst- und Gemüsebau** M hortofruticultura *f*; **Obstwein** M vino *m* de fruta; **Obstwiese** F campo *f* frutal; finca *f* (*od* parcela *f* *od* terreno *m*) (de cultivo) frutal
obs'zön ADJ obsceno
Obszöni'tät F ⟨~; ~en⟩ obscenidad *f*
'Obus M *umg* (Oberleitungsbus) trolebús *m*

'obwalten VI (ohne ge-) geh reinar, imperar; **unter den ~den Umständen** en las circunstancias actuales (od imperantes)
ob'wohl KONJ → obgleich
Ochs [ɔks] M (~en; ~en) südd, österr, schweiz → Ochse
'Ochse ['ɔksə] (~n; ~n) ZOOL buey m; umg fig estúpido m, burro m, idiota m; **wie der Ochs vorm Berg dastehen** estar perplejo; estar completamente desconcertado; no saber qué hacer
'ochsen VI umg empollar; umg hincar los codos; umg quemarse las cejas; sl pencar
'Ochsenauge N ARCH ojo m de buey; **Ochsenfleisch** N carne f de buey; **Ochsengespann** N yunta f de bueyes; **Ochsenkarren** M carreta f de bueyes; **Ochsenmaulsalat** M GASTR ensalada f de morro de buey; **Ochsenschwanzsuppe** F GASTR sopa f de rabo de buey; **Ochsenstall** M boyera f, boyeriza f; **Ochsentour** F umg camino m espinoso; ardua tarea f; **Ochsentreiber** M boyero m, boyerizo m; **Ochsenziemer** M vergajo m; **Ochsenzunge** F GASTR lengua f de buey (a. BOT)
'Öchslegrad M Weinbau: grado m Oechsle
'Ocker M, N (~s; ~) MINER, Farbe: ocre m; **ockerfarben** ADJ, **ockergelb** ADJ ocre; **ockerhaltig** ADJ ocroso
od. ABK (oder) o
öd [øːt] → öde
Oda'liske F (~; ~n) odalisca f
'Ode ['oːdə] F (~; ~n) oda f
'öde ['øːdə] ADJ **1** desierto; (unbewohnt) despoblado; inhabitado **2** (unbebaut) inculto; yermo; (einsam) solitario **3** fig (langweilig) aburrido; monótono
'Öde F (~; ~n) **1** desierto m; soledad f; (Leere) vacío m **2** fig (Eintönigkeit) aburrimiento m; monotonía f
'Odem M (~s) poet hálito m; aliento m
Ö'dem N (~s; ~e) MED edema m
ödem'atisch, ödema'tös ADJ MED edematoso
'oder KONJ o; vor "o" u. "ho": u; zwischen Zahlen: ó; (sonst) sino; en otro caso; **~ auch** od **~ aber** o bien
'Oder F GEOG Oder m
'Ödipus EIGENN M MYTH Edipo m; **Ödipuskomplex** M PSYCH complejo m de Edipo
'Ödland N terreno m baldío (od inculto); yermo m; erial m
Odys'see [ody'seː] F (~; ~n) MYTH, LIT Odisea f; fig odisea f
O'dysseus EIGENN M Ulises m
OECD F ABK (Organisation für wirtschaftliche Zusammenarbeit und Entwicklung) OCDE f (Organización para la Cooperación y el Desarrollo Económico)
OEZ F ABK (Osteuropäische Zeit) hora f de la Europa oriental
OF ABK (Originalfassung) V.O. (versión original)
'Ofen M (~s; ⸚) (Heizofen) estufa f; (Backofen, Fabrikofen, Schmelzofen) horno m; fig **hinterm ~ hocken** ser (un) trashoguero; umg fig **jetzt ist der ~ aus!** ¡es el acabóse!; ¡se acabó!, ¡se ha terminado!
'Ofenbank F asiento m adosado a la chimenea; **ofenfrisch** ADJ recién salido del horno; **Ofenfüllung** F hornada f; **Ofenheizung** F calefacción f por estufa; **Ofenkartoffel** F GASTR patata f (od Am papa f) asada; **Ofenklappe** F válvula f de la estufa; **Ofenloch** N boca f de(l) horno; **Ofenrohr** N cañón m del horno; tubo m de estufa; **Ofenrost** M parrilla f; rejilla f; **Ofenruß** M hollín m; **Ofenschirm** M pantalla f (de estufa); **Ofensetzer** M, **Ofensetzerin** F fumista m/f; **Ofentür** F puerta f de la estufa (bzw del horno m); **Ofenzug** M tiro m del horno
'offen **A** ADJ **1** (geöffnet) abierto (a. Hemd, Kragen, Brief, Wunde); (freiliegend) descubierto; (ohne Deckel) destapado; Schuhe desatado; **halb ~** Tür entreabierto; **weit ~** de par en par; **~es Gelände** a. descampado m; **auf ~er See** en alta mar; **auf ~er Straße** en plena calle; fig **mit ~em Mund** (erstaunt) con la boca abierta; **das Geschäft hat** od **ist ~** la tienda está abierta; HANDEL **~e Handelsgesellschaft** sociedad f colectiva **2** HANDEL (unverpackt, lose) a granel; **~er Wein** vino m de garrafa **3** fig (freimütig) franco, abierto; **~ für etw sein** estar abierto a a/c; **~ zu j-m sein** ser franco con alg; **ein ~es Wesen haben** ser de espíritu abierto **4** fig (ungelöst) en suspenso; pendiente; **~e Frage** interrogante m; **die Frage bleibt ~** la pregunta queda pendiente **5** Stelle vacante **6** (nicht bezahlt) sin pagar, pendiente; Rechnung, Kredit etc abierto **7** MIL **~e Feldschlacht** batalla f campal **B** ADV **1** (sichtbar) abiertamente; (freiliegend) al descubierto; **~ spielen** jugar a cartas vistas **2** (freimütig) francamente; **~ darlegen** patentizar; **~ gesagt** od **gestanden** a decir verdad; hablando (od dicho) con franqueza; **~ heraus** sin rodeos; **~ reden** hablar abiertamente (od con franqueza) **3** → a. offen bleiben, offen halten etc
'offenbar **A** ADJ manifiesto; patente, palmario; evidente; obvio; ostensible; (anscheinend) aparente; **~ werden** hacerse manifiesto, manifestarse (**in** dat, **durch** acus en) **B** ADV **1** (anscheinend) aparentemente, por lo visto **2** (offensichtlich) manifiestamente, evidentemente
offen'baren (ohne ge-) **A** VT manifestar; hacer patente; dar a conocer; Geheimnis etc revelar (a. REL), descubrir, desvelar **B** VR **sich ~** **1** manifestarse; revelarse **2** **sich j-m ~** confiarse a alg; abrir su corazón a alg; **Offenbarung** F manifestación f; revelación f (a. REL); Bibel: **die ~ des Johannes** el Apocalipsis (de San Juan); **Offenbarungseid** M JUR declaración f jurada de bienes (del deudor); POL reconocimiento m de estar en las últimas
'offenbleiben VI (irr; sn) fig Frage a. quedar pendiente (od en suspenso od en el aire); Wunsch quedar sin cumplir
offen bleiben VI (irr; sn) Tür etc quedar abierto
'offenhalten VT (irr) fig reservar; dejar libre
offen halten VT (irr) mantener (bzw dejar) abierto
'Offenheit F (~) franqueza f; sinceridad f; **offenherzig** ADJ **1** franco; abierto; sincero; (treuherzig) ingenuo; cándido **2** umg fig Kleid umg despechugado; **Offenherzigkeit** F (~) franqueza f; sinceridad f; candidez f; **offenkundig** ADJ manifiesto, evidente, Tatsache a. notorio; Irrtum a. flagrante; (öffentlich) público; **Offenkundigkeit** F (~) notoriedad f
'offenlassen VT (irr) fig Frage a. dejar pendiente (od en suspenso od en el aire)
offen lassen VT (irr) **1** Tür etc dejar abierto **2** beim Schreiben: dejar en blanco
'offenlegen VT fig revelar, desvelar; poner de manifiesto; evidenciar; patentizar
'Offenlegung F (~; ~en) puesta f de manifiesto; revelación f; **Offenmarktpolitik** F WIRTSCH política f de mercado abierto
'offensichtlich **A** ADJ manifiesto, evidente **B** ADV evidentemente; **Offensichtlichkeit** F evidencia f
offen'siv ADJ ofensivo; agresivo
Offen'sive [-və] F (~; ~n) ofensiva f (a. MIL); **die ~ ergreifen** tomar la ofensiva; **in die ~ gehen** pasar a la ofensiva (a. fig); **Offensivkraft** F fuerza f (od capacidad f) ofensiva (od de ataque)
'offenstehen VI (irr) Rechnung a. estar pendiente; Stelle estar vacante; fig **j-m ~** ser accesible a alg; **es steht Ihnen offen, zu** (inf) es usted libre (od dueño) de (inf)
offen stehen VI (irr) Tür etc estar abierto
'offenstehend ADJ, **offen stehend** Tür etc abierto
offenstehend ADJ fig **~e Rechnung** cuenta f pendiente, factura f sin pagar
'öffentlich **A** ADJ público; **~e Ausgaben/Einnahmen** gastos mpl/ingresos mpl públicos; **~e Bekanntmachung** aviso m público; bando m; **~es Eigentum** dominio m público; propiedad f pública; **~e Gelder** fondos mpl públicos; fig **~es Haus** casa f pública (od de lenocinio); **im ~en Interesse** en interés público; **Person des ~en Lebens** persona f de la vida pública; **~e Meinung** opinión f pública; **~es Recht** derecho m público; **~es Unternehmen** empresa f estatal (od pública) **B** ADV públicamente; en público; **~ auftreten** presentarse al público; **~ bekannt machen** publicar, hacer público; **~ reden** hablar en público
'Öffentlichkeit F (~) publicidad f; (Publikum) público m; **in der ~** en público; **in aller ~** delante de todo el mundo; a la vista de todos; **an die ~ treten** presentarse al público; **an die ~ bringen** divulgar; **die ~ informieren** publicar; dar a la publicidad; **mit etw an die ~ gehen** od **treten** publicar a/c, hacer público a/c; **an** od **in die ~ dringen** trascender al público, difundirse; JUR **unter Ausschluss der ~** a puerta cerrada
'Öffentlichkeitsarbeit F relaciones fpl públicas; **öffentlichkeitswirksam** ADJ de impacto (od efecto) en la opinión pública
'öffentlich-rechtlich ADJ (de derecho) público
offe'rieren VT (ohne ge-) geh ofrecer
Of'ferte F (~; ~n) HANDEL oferta f
Offizi'alverteidiger M JUR defensor m de oficio
offizi'ell ADJ oficial
Offi'zier M (~s; ~e) MIL, SCHIFF oficial m; SCHIFF **erster ~** segundo comandante m; **~ vom Dienst** oficial m de servicio
Offi'ziersanwärter M aspirante m a oficial; **Offiziersbursche** M asistente m, ordenanza m; **Offizierskasino** N casino m militar; **Offizierskorps** N cuerpo m de oficiales; oficialidad f; **Offizierslaufbahn** F carrera f de oficial; **Offiziersmesse** F comedor m de oficiales; SCHIFF cámara f de oficiales; **Offizierspatent** N despacho m de oficial; **Offiziersrang** M grado m de oficial
Offi'zin F (~; ~en) obs **1** (Apotheke) farmacia f **2** (Buchdruckerei) imprenta f; taller m tipográfico; **offizi'nell** ADJ PHARM oficinal
offizi'ös ADJ oficioso, semioficial
'offline ['ɔflaɪn] ADV IT fuera de línea, off-line; **~ arbeiten** trabajar fuera de línea (od off-line); **Offlinebetrieb** M servicio m (bzw operación f) fuera de línea
'öffnen **A** VT abrir; Flasche a. descorchar; Zugedecktes destapar; Zugeknöpftes desabrochar; Leiche hacer la autopsia; **hier ~!** ¡ábrase por este lado!; **ein wenig ~** entreabrir **B** VR **sich ~** abrirse (**j-m/einer Sache** a alg/a/c)
'Öffnen N apertura f
'Öffner M **1** (Büchsenöffner) abridor m; (Flaschenöffner) abrebotellas m **2** (Türöffner) portero m automático (od electrónico)
'Öffnung F (~; ~en) **1** (Öffnen) apertura f (a. POL); e-r Flasche mit Korken descorche m **2** (offene

Stelle) abertura *f*; orificio *m* (*a.* ANAT); *(Loch)* agujero *m*, *in Wänden*: boquete *m*; *(Eingang)* boca *f* (*a.* TECH)

'Öffnungsklausel F cláusula *f* de apertura; **Öffnungszeiten** FPL horas *fpl* de apertura (*bzw* de oficina); horario *m* de atención al público; HANDEL horario *m* comercial

'Offroadfahrzeug ['ɔfro:t-] N (vehículo *m*) todoterreno *m*

'Offsetdruck M TYPO impresión *f* offset

oft ADV a menudo; muchas veces; con frecuencia, frecuentemente; *(wiederholt)* repetidas veces; **so und so ~** tantas (y tantas) veces; **wie ~?** ¿cuántas veces?; **wie ~!** ¡cuántas veces!; **sehr ~** muy a menudo; **nicht ~** pocas veces

'öfter ADV (*komp v.* **oft**) **1** *absolut*: **~** *od geh* **des Öfteren** con frecuencia **2** **~ als** con más frecuencia que, más a menudo que; **je ~ ich ihn sehe, desto …** cuantas más veces le veo, tanto más …

'öfters ADV *umg* con frecuencia; bastante a menudo; reiteradas (*od* repetidas *od* varias) veces

'oftmalig ADJ repetido, reiterado; frecuente; **oftmals** ADV → oft

OG N ABK (Obergeschoss) piso *m* superior

oh INT ¡oh!

'Oheim M ⟨~s; ~⟩ *obs* tío *m* (maternal)

OHG F ABK (Offene Handelsgesellschaft) sociedad *f* colectiva

Ohm[1] N ⟨~s; ~⟩ ELEK ohmio *m*; **ohmsches Gesetz** ley *f* de Ohm; **ohmscher Widerstand** resistencia *f* óhmica

Ohm[2] M ⟨~(e)s; ~e⟩ *obs* → Oheim

'Ohmmeter N ⟨~s; ~⟩ ohmiómetro *m*

'ohne **A** PRÄP *(acus)* sin; *(frei von)* libre (*od* exento) de; desprovisto de; *(ungerechnet)* sin contar; **~ Weiteres** sin más; sin reparo, sin inconveniente; sin más ni más; **~ mich!** ¡no cuentes conmigo!; **es geht auch ~** no hace falta; **es geht auch ~ ihn** podemos prescindir de él; *umg* **das ist nicht (ganz) ~** *(das hat es in sich)* hay que tener cuidado; *umg* **das ist (gar) nicht ~** *(nicht schlecht)* no está mal **B** KONJ **~ dass …** sin que *(subj)*; **~ zu …** *(inf)* sin … *(inf)*; **~ etwas zu nehmen/sagen** sin llevarse/decir nada

ohne'dies ADV → ohnehin; **ohne'gleichen** ADV sin igual, sin par; incomparable; inigualable; único; sin precedente; **ohne'hin** ADV de todos modos

'Ohnmacht F ⟨~; ~en⟩ **1** MED desvanecimiento *m*, desmayo *m*, lipotimia *f*, síncope *m*; *umg* soponcio *m*; patatús *m*; **in ~ fallen** desmayarse, desvanecerse **2** *(Machtlosigkeit)* impotencia *f*; *(Schwäche)* debilidad *f*

'ohnmächtig **A** ADJ **1** MED desmayado, desvanecido; sin sentido, sin conocimiento; **~ werden** desmayarse, desfallecer, sufrir un desvanecimiento; perder el conocimiento **2** *(machtlos)* impotente **B** ADV **sie musste ~ zusehen, wie …** vio impotente como …

'Ohnmachtsgefühl N sentimiento *m* de impotencia

o'ho INT ¡vaya!; ¡caramba!; *umg* **klein, aber oho** *umg* pequeño pero matón

OHP M ABK (Overheadprojektor) proyector *m* de transparencias, retroproyector *m*; **OHP-Folie** F transparencia *f*

Ohr N ⟨~(e)s; ~en⟩ **1** ANAT oreja *f*; *(Hörorgan)* oído *m*; **inneres/äußeres ~** oído *m* interno/externo; **gute/schlechte ~en haben** tener buen/mal oído; **abstehende ~en haben** tener las orejas de soplillo; **die ~en aufmachen** *od* **aufsperren** poner el oído (alerta); abrir los oídos; **die ~en hängen lassen** bajar las orejas; *fig* **mit hängenden ~en** con las orejas gachas; **die ~en spitzen** *Tier* levantar las orejas; *Person* aguzar el oído; **j-m die ~en vollschreien** aturdir (*od* atronar) a alg los oídos; **sich** *(dat)* **die ~en zuhalten** taparse las orejas; **ihm klingen die ~en** le suenan (*od* zumban) los oídos; **j-n am ~ ziehen** tirar a alg de la oreja; dar a alg un tirón de orejas; **ich höre nicht gut auf diesem ~** no oigo bien de este oído; **sich hinter den ~en kratzen** rascarse la oreja; **j-m etw ins ~ sagen/flüstern** decir/susurrar a alg a/c al oído; **zum einen ~ hinein- und zum anderen wieder hinausgehen** entrar por un oído y salir por el otro **2** *(Gehör)* oído *m*; **ein feines ~ haben** tener el oído fino; **ganz ~ sein** ser todo oídos; MUS **ins ~ gehen** pegarse al oídos; **wer ~en hat, der höre!** al buen entendedor, pocas palabras **3** *fig* **tauben ~en predigen** predicar en desierto; *umg* **sich aufs ~ legen** acostarse; *umg* planchar la oreja; *umg* **j-m eins** *od* **ein paar hinter die ~en geben** dar un bofetón a alg; **schreib dir das hinter die ~en!** ¡date por advertido!; **noch nicht trocken hinter den ~en sein** *umg* estar con la leche en los labios; **j-m (mit etw) in den ~en liegen** pedir a alg (a/c) con insistencia; **j-n übers ~ hauen** dar gato por liebre a alg; timar a alg, *umg* tomar el pelo a alg; **bis über die ~en in Schulden stecken** estar entrampado hasta las cejas; **bis über beide ~en rot werden** ponerse (colorado) como un tomate; *umg* **bis über beide ~en (in j-n) verliebt sein** estar enamorado hasta las cejas (de alg); *umg* **viel um die ~en haben** estar muy ocupado; *umg* **j-m etw um die ~en hauen** tirar a alg a/c a la cara; → steifhalten **4** *fig* **j-m zu ~en kommen** llegar a oídos de alg; **es ist mir zu ~en gekommen, dass …** he oído decir que …; me han dicho que …

Öhr N ⟨~(e)s; ~e⟩ *(Öse)* ojete *m*; ojal *m*; *(Nadelöhr)* ojo *m*

'Ohrclip M pendiente *m* de pinza; (pendiente *m* de) clip *m*

'Ohrenarzt M, **Ohrenärztin** F otólogo *m*, -a *f*; **Ohrenausfluss** M → Ohrenfluss; **Ohrenbeichte** F REL confesión *f* auricular; **ohrenbetäubend** ADJ ensordecedor; atronador; **Ohrenbluten** N MED otorragia *f*; **Ohrenentzündung** F MED inflamación *f* del oído; otitis *f*; **Ohrenfluss** M MED supuración *f* del oído; otorrea *f*; **Ohrenheilkunde** F otología *f*; **Ohrenklappe** F orejera *f*; **Ohrenklingen** N silbido *m* de los oídos; **Ohrenleiden** N MED enfermedad *f* del oído, otopatía *f*; **Ohrensausen** N MED zumbido *m* de oídos; **Ohrenschmalz** N cerumen *m*; *umg* cera *f*; **Ohrenschmaus** M deleite *m* (*od* regalo *m*) para el oído; **es ist ein ~** da gusto escucharlo; **Ohrenschmerzen** MPL dolor *m* de oídos; otalgia *f*; **ich habe ~** me duelen los oídos; **Ohrenschützer** M orejera *f*; **Ohrensessel** M butaca *f* (*od* sillón *m*) de orejas; **Ohrenspezialist** M, **Ohrenspezialistin** F otólogo *m*, -a *f*; **Ohrenspiegel** M MED espéculo *m* auricular, otoscopio *m*; **Ohrenzeuge** M, **Ohrenzeugin** F testigo *m/f* auricular

'Ohrfeige F bofetada *f*; bofetón *m*, guantazo *m*; *umg* sopapo *m*, torta *f*; **ohrfeigen** VT abofetear, dar (*od* pegar) una bofetada; **Ohrgehänge** N pendientes *mpl*; **Ohrhörer** M *(Kopfhörer)* auricular *m* (de) botón; **Ohrläppchen** N ⟨~s; ~⟩ ANAT lóbulo *m* de la oreja; **Ohrmuschel** F ANAT pabellón *m* de la oreja; **Ohrring** M pendiente *m*, arete *m*

'Ohrspeicheldrüse F ANAT (glándula *f*) parótida *f*; **Ohrspeicheldrüsenentzündung** F MED parotiditis *f*

'Ohrthermometer N MED termómetro *m* de oído; **Ohrtrompete** F ANAT trompa *f* de Eustaquio; **Ohrwurm** M **1** ZOOL tijereta *f* **2** *fig* melodía *f* pegadiza

o. J. ABK (ohne Jahr) sin fecha

o'je, o'jemine! INT ¡vaya!; ¡Jesús!

o.k., okay [o'ke:] INT *umg* ¡vale!, ¡okey!

ok'kult ADJ *geh* oculto

Okkul'tismus M ⟨~⟩ ocultismo *m*; **Okkultist** M ⟨~en; ~en⟩, **Okkultistin** F ⟨~; ~nen⟩ ocultista *m/f*; **okkultistisch** ADJ ocultista

Okku'pant M ⟨~en; ~en⟩, **Okku'pantin** F ⟨~; ~nen⟩ *geh* ocupante *m/f*; **okku'pieren** VT ⟨*ohne* **ge-**⟩ *geh* ocupar, invadir

'Öko… IN ZSSGN eco…; *bei Nahrungsmitteln*: bio…; **Ökobauer** M, **Ökobäuerin** F ecoagricultor *m*, -a *f*; agricultor *m*, -a *f* ecologista; **Ökobilanz** F balance *m* (*od* resultado *pl*) de la política ecológica; **Ökohaus** N casa *f* ecológica; **Ökoindustrie** F ecoindustria *f*; industria *f* de productos ecológicos; **Ökolabel** [-le:bəl] N etiqueta *f* ecológica; ecoetiqueta *f*; **Ökoladen** M tienda *f* naturista

Öko'loge M ⟨~n; ~n⟩ ecólogo *m*; **Ökolo'gie** F ⟨~⟩ ecología *f*; **Öko'login** F ⟨~; ~nen⟩ ecóloga *f*; **öko'logisch** ADJ ecológico; **Ökologi'sierung** F ⟨~⟩ ecologización *f*

'Ökomarkt M ecomercado *m*; mercado *m* (de productos) ecológico(s)

Öko'nom M economista *m*; **Ökono'mie** F ⟨~; ~n⟩ economía *f*; **Öko'nomin** F economista *f*; **öko'nomisch** ADJ económico

'Ökopartei F POL partido *m* ecológico; **Ökoprodukt** N producto *m* ecológico; ecoproducto *m*; **Ökoprojekt** N proyecto *m* ecológico; **Ökosiegel** N sello *m* ecológico; **Ökosteuer** F ecotasa *f*; impuesto *m* ecológico; **Ökostrom** M electricidad *f* ecológica; **Ökosystem** N ecosistema *m*; **Ökotourismus** M ecoturismo *m*

Okt. ABK (Oktober) octubre

Okta'eder [-'e:dər] N ⟨~s; ~⟩ MATH octaedro *m*

Ok'tan N ⟨~s⟩ CHEM octano *m*

Ok'tant M ⟨~en; ~en⟩ SCHIFF octante *m*

Ok'tanzahl F AUTO índice *m* (*od* número *m*) de octano, octanaje *m*

Ok'tav N ⟨~s; ~e⟩ TYPO (tamaño *m* en) octavo *m*; **Oktavband** M TYPO tomo *m* en octavo; octanaje *m*

Ok'tave [-və] F ⟨~; ~n⟩ MUS octava *f*; **Oktavformat** N TYPO → Oktav

Ok'tett N ⟨~(e)s; ~e⟩ MUS octeto *m*

Ok'tober M ⟨~s; ~⟩ octubre *m*; **Oktoberfest** N fiesta *f* de la cerveza (de Múnich)

oktro'yieren VT ⟨*ohne* **ge-**⟩ *geh* imponer

Oku'lar N ⟨~s; ~e⟩ OPT ocular *m*

oku'lieren VT ⟨*ohne* **ge-**⟩ AGR injertar

Oku'lieren N injerto *m*; **Okuliermesser** N navaja *f* de injertar; **Okulierung** F injerto *m*

öku'menisch ADJ REL ecuménico; **~es Konzil** concilio *m* ecuménico; **~e Bewegung** ecumenismo *m*

'Okzident M ⟨~(e)s⟩ Occidente *m*

Öl N ⟨~(e)s; ~e⟩ **1** *(Speiseöl, Motorenöl)* aceite *m*; AUTO **das ~ wechseln** cambiar el aceite **2** *(Erdöl)* petróleo *m*; *(Heizöl)* fuel(-oil) *m*; **~ exportierendes Land** país *m* exportador de petróleo; **~ verarbeitende Industrie** industria *f* petroquímica **3** MAL óleo *m*; MAL **in ~ malen** pintar al óleo **4** *fig* **~ ins Feuer gießen** echar leña al fuego

'Ölbaum M BOT olivo *m*; **Ölbaumkultur** F oleicultura *f*; **Ölbehälter** M depósito *m* de aceite; **Ölberg** M *Bibel*: Monte *m* de los Olivos; **Ölbild** N MAL → Ölgemälde; **Ölboom** [-bu:m] M WIRTSCH boom *m* del petróleo; **Ölbrenner** M TECH quemador *m*

O

de aceite (*bzw* fuel-oil)

'Öldruck M 1 TECH presión *f* de aceite 2 TYPO oleografía *f*; **Öldruckanzeiger** M TECH indicador *m* de presión de aceite; **Öldruckbremse** F TECH freno *m* hidráulico de aceite; **Öldruckschmierung** F TECH engrase *m* por aceite a presión

'Oldtimer ['oʊldtaɪmər] M ⟨~s; ~⟩ AUTO coche *m* antiguo (*od* de época)

Ole'ander M ⟨~s; ~⟩ BOT adelfa *f*, oleandro *m*, laurel *m* rosa

Ole'in N ⟨~s; ~e⟩ CHEM oleína *f*; **Oleinsäure** F CHEM ácido *m* oleico

'ölen V/T 1 TECH aceitar; (*schmieren*) engrasar; lubri(fi)car; *fig* **es geht wie geölt** esto va sobre ruedas 2 (*salben*) ungir

'Ölen N TECH engrase *m*; lubri(fi)cación *f*

'Ölexport M WIRTSCH exportación *f* de petróleo; **Ölfarbe** F MAL pintura *f* al óleo; *des Anstreichers*: pintura *f* al aceite; **Ölfarbendruck** M TYPO cromolitografía *f*; **Ölfeld** N campo *m* petrolífero; **Ölfeuerung** F combustión *f* de aceite; **Ölfilm** M película *f* de petróleo (*od* de aceite); **Ölfilter** M filtro *m* de aceite; **Ölfrucht** F BOT fruto *m* oleaginoso

OLG N → Oberlandesgericht

'Ölgas N gas *m* de petróleo; **Ölgemälde** N MAL (cuadro *m* al) óleo *m*; **Ölgemisch** N mezcla *f* de aceite y gasolina; **Ölgesellschaft** F WIRTSCH compañía *f* petrolera; **Ölgewinnung** F producción *f* de petróleo

'Ölgötze M *umg pej* **(dastehen) wie ein ~** (estar) como un pasmarote

'ölhaltig ADJ aceitoso; oleoso; BOT oleaginoso; (*erdölhaltig*) petrolífero

'Ölhaut F (*Regenmantel*) impermeable *m*; **Ölheizung** F calefacción *f* al fuel-oil

'ölig ADJ aceitoso; untuoso; oleoso

Oli'garch M ⟨~en; ~en⟩ oligarca *m*; **Oligar'chie** F ⟨~; ~n⟩ oligarquía *f*; **Oligarchin** F ⟨~; ~nen⟩ oligarca *f*; **oli'garchisch** ADJ oligárquico

'Olim M *hum* **seit ~s Zeiten** desde tiempos inmemoriales; **zu ~s Zeiten** en tiempos de Maricastaña

'Ölimport M importación *f* de petróleo

o'liv ADJ ⟨inv⟩ oliva

O'live [-və] F ⟨~; ~n⟩ BOT aceituna *f*, oliva *f*

O'livenanbau [-v-] M olivicultura *f*; **Olivenbaum** M BOT olivo *m*; **olivenfarben, olivenfarbig** ADJ color aceituna; aceitunado; **Olivenhain** M olivar *m*; **Olivenöl** N aceite *m* de oliva; **Olivenpflanzung** F olivar *m*

o'livfarben, olivfarbig ADJ color aceituna; aceitunado; **olivgrün** ADJ verde oliva

'Öljacke F chaqueta *f* embreada; **Ölkanister** M bidón *m* (*od* lata *f*) de aceite; **Ölkännchen** N, **Ölkanne** F aceitera *f*; **Ölkuchen** M AGR torta *f* oleaginosa (*od* de orujo); **Öllache** F charco *m* (*od* laguna *f*) de petróleo; **Öllampe** F lámpara *f* de aceite; candil *m* (de aceite); quinqué *m*; **Ölleitung** F oleoducto *m*; **Ölmalerei** F pintura *f* al óleo; **Ölmessstab** M AUTO varilla *f* del nivel de aceite; **Ölmühle** F molino *m* de aceite; almazara *f*; **Ölofen** M estufa *f* de fuel-oil; **Ölpalme** F BOT palma *f* oleífera; **Ölpapier** N papel *m* parafinado; **Ölpest** F ÖKOL marea *f* negra; **Ölpflanze** F BOT planta *f* oleaginosa; **Ölpipeline** [-'paɪplaɪn] F oleoducto *m*; **Ölplattform** F plataforma *f* petrolífera; **Ölpreis** M WIRTSCH precio *m* del petróleo (*od* del crudo); **Ölpresse** F prensa *f* de aceite; **Ölpumpe** F bomba *f* de aceite (*bzw* de engrase); **Ölquelle** F pozo *m* de petróleo; **Ölraffinerie** F refinería *f* de aceite (*bzw* de petróleo); **Ölreichtum** M abundancia *f* de (reservas de) petróleo; riqueza *f* petrolífera; **Ölsaaten** FPL AGR semillas *fpl* oleaginosas; **Ölsardine** F sardina *f* en aceite; **Ölsäure** F CHEM ácido *m* oleico; **Ölscheich** M *pej* jeque(cillo) *m* del petróleo; **Ölschiefer** M GEOL pizarra *f* bituminosa; **Ölschlamm** M lodo *m* (*od* lodazal *m*) de petróleo; **Ölschmierung** F engrase *m* con aceite; **Ölskizze** F MAL esbozo *m* (*od* boceto *od* bosquejo *m*) al óleo; **Ölspur** F huella *f* (*od* rastro *m*) de aceite (*od* de petróleo); **Ölstaat** M país *m* productor de petróleo

'Ölstand M nivel *m* del aceite; **Ölstandanzeiger** M indicador *m* del nivel de aceite

'Öltank M depósito *m* de aceite; **Öltanker** M SCHIFF petrolero *m*; **Ölteppich** M ÖKOL *auf dem Meer etc*: capa *f* de aceite; marea *f* negra; **Öltuch** N hule *m*

'Ölung F ⟨~; ~en⟩ 1 TECH engrase *m*; lubri(fi)cación *f* 2 REL unción *f*; **die Letzte ~** la extremaunción

'ölverschmiert ADJ embadurnado de (*od* con) petróleo (*od* aceite); **ölverschmutzt** ADJ contaminado por petróleo (*od* aceite); **Ölverschmutzung** F contaminación *f* petrolífera (*od* por hidrocarburos); **ölverseucht** ADJ → ölverschmutzt

'Ölversorgung F aprovisionamiento *m* (*od* abastecimiento *m od* suministro *m*) de petróleo; **Ölvorkommen** N yacimiento *m* petrolífero; **Ölwaage** F oleómetro *m*; **Ölwanne** F AUTO cárter *m*; **Ölwechsel** M AUTO cambio *m* de aceite; **einen ~ machen (lassen)** cambiar el aceite

O'lymp M MYTH Olimpo *m*; THEAT *umg* paraíso *m*, gallinero *m*

Olympi'ade F ⟨~; ~n⟩ olimpíada *f*

O'lympiamannschaft F equipo *m* olímpico; **olympiareif** ADJ apto para los juegos olímpicos; **Olympiasieg** M victoria *f* olímpica (*od* en los juegos olímpicos); triunfo *m* olímpico (*od* en los juegos olímpicos); **Olympiasieger** M, **Olympiasiegerin** F campeón *m*, -ona *f* olímpico, -a; **Olympiastadion** N estadio *m* olímpico; **Olympiastadt** F ciudad *f* olímpica

o'lympisch ADJ olímpico; **Olympische Spiele** juegos *mpl* olímpicos; **~es Dorf** villa *f* olímpica

'Ölzeug N SCHIFF encerado *m*; **Ölzuführung** F TECH alimentación *f* de aceite; **Ölzweig** M ramo *m* de olivo

'Oma F ⟨~; ~s⟩ *umg* abuelita *f*

'Ombudsfrau F ⟨~; ~en⟩, **Ombudsmann** M ⟨~(e)s; ¨er *od* -leute⟩ defensor *m*, -a *f* del pueblo

Ome'lett N ⟨~s; ~s⟩ tortilla *f*

'Omen N ⟨~s; ~ *od* Omina⟩ presagio *m*, agüero *m*, augurio *m*; **gutes/böses ~** buen/mal agüero

omi'nös ADJ ominoso; de mal agüero; (*bedenklich*) sospechoso

'Omnibus M ⟨~ses; ~se⟩ (*Stadtomnibus*) autobús *m*; (*Reiseomnibus*) autocar *m*; (*Linienomnibus*) coche *m* de línea

'Omnibus... IN ZSSGN de autobús; **Omnibusbahnhof** M terminal *f* de autobuses; estación *f* de autobuses (*od* de autocares); **Omnibusfahrer** M, **Omnibusfahrerin** F conductor *m*, -a *f* de autobús; **Omnibushaltestelle** F parada *f* de autobuses; **Omnibuslinie** F línea *f* de autobuses; **Omnibusschaffner** M, **Omnibusschaffnerin** cobrador *m*, -a *f* de autobús

omnipo'tent ADJ omnipotente; todopoderoso; **Omnipo'tenz** F ⟨~⟩ omnipotencia *f*

OmU F ABK ⟨~⟩ (Original mit Untertiteln) VO *f* con subtítulos (*od* subtitulada)

Ona'nie F ⟨~⟩ onanismo *m*; masturbación *f*; **ona'nieren** V/I ⟨ohne ge-⟩ masturbarse

On'dit [õ:'di:] N ⟨~(s); ~s⟩ *obs* rumor *m*

Ondulati'on F ⟨~; ~en⟩ ondulación *f*; **ondu'lieren** V/T ⟨ohne ge-⟩ ondular

'One-Night-Stand ['wannaɪtstɛnt] M ⟨~s; ~s⟩ ligue *m* de una noche

'Onkel M ⟨~s; ~ *od umg* ~s⟩ tío *m*; *kinderspr* **der ~ Doktor** el médico; **Onkelehe** F *umg obs* concubinato *m* (*con una viuda*)

Onko'loge M ⟨~n; ~n⟩ MED oncólogo *m*; **Onkolo'gie** F ⟨~⟩ oncología *f*; **Onko'login** F ⟨~; ~nen⟩ oncóloga *f*

'online ['ɔnlaɪn] ADJ & ADV en línea, conectado, on-line; **~ arbeiten** trabajar (*od* operar) en línea; **~ gehen** conectarse (a Internet); **~ ordern** hacer su(s) pedido(s) en línea *od* on-line

'Onlineanbieter M servidor *m* on-line (*od* en línea); **Online-Banking** N banca *f* electrónica; banca *f* on-line (*od* en línea); **Onlinebetrieb** M operación *f* en línea; **Onlinebroker** M agente *m* de bolsa (*od* broker *m*) on-line; **Onlinebuch** N libro *m* digital; **Onlinedatenbank** F base *f* de datos en línea; **Onlinedienst** M servicio *m* on-line (*od* en línea); **Onlinegeschäft** N operación *f* on-line (*od* en línea); **Onlinehändler** M comerciante *m* on-line (*od* en línea); **Online-Journalismus** M periodismo *m* digital, periodismo *m* virtual; **Onlinekauf** M compra *f* on-line (*od* en línea), compra *f* electrónica; **Onlineladen** M → Online-Shop; **Online-Publishing** [-pablɪʃɪŋ] N publicación *f* on-line (*od* en línea); **Online-Redakteur** M, **Online-Redakteurin** F redactor *m*, -a *f* online; **Online-Shop** M tienda *f* virtual; negocio *m* en línea; **Online-Shopping** N compra *f* on-line (*od* en línea); cibercompra *f*; **Onlinetransaktion** F transacción *f* on-line (*od* en línea), transacción *f* electrónica; **Onlineverkauf** M venta *f* on-line (*od* en línea), venta *f* electrónica; **Onlinezeitschrift** F revista *f* digital

onomatopo'etisch ADJ LING onomatopéyico; **Onomatopö'ie** F ⟨~; ~n⟩ onomatopeya *f*

Ontoge'nese F ⟨~⟩ BIOL ontogenia *f*; **Ontolo'gie** F ⟨~⟩ ontología *f*; **onto'logisch** ADJ ontológico

'Onyx M ⟨~es; ~e⟩ MINER ónice *m*, ónix *f*

op. ABK (Opus, Werk) obra *f*

o. P. ABK (ordentlicher Professor) catedrático *m* numerario

OP M ABK (Operationssaal) quirófano *m*

'Opa M ⟨~s; ~s⟩ *umg* abuelito *m*

O'pal M ⟨~s; ~e⟩ MINER ópalo *m*; **opalartig** ADJ opalino; **Opalglas** N cristal *m* opalino

opali'sieren V/I ⟨ohne ge-⟩ irisar; tener reflejos opalinos; **Opalisieren** N ⟨~s⟩ opalescencia *f*; **opalisierend** ADJ opalescente; opalino; irisado

'OPEC F ⟨~⟩ ABK (Organisation Erdöl exportierender Länder) OPEP *f* (Organización de Países Exportadores de Petróleo); **OPEC-Land** N, **OPEC-Staat** M país *m* (miembro) de la OPEP

Open-'Air... [o:pən'ʔɛ:r-] IN ZSSGN al aire libre; **Open-Air-Festival** N festival *m* al aire libre; **Open-Air-Konzert** N concierto *m* al aire libre; **Open-Air-Veranstaltung** F espectáculo *m* al aire libre

Open-Source-Software [o:pən'sɔ:ssɔftvɛ:r] F IT software *m* de código abierto

'Oper F ⟨~; ~n⟩ MUS, *a. Gebäude* ópera *f*; **komische ~** ópera *f* bufa (*od* cómica)

ope'rabel ADJ MED operable; **nicht ~** inoperable

Opera'teur [-'tøːr] M ⟨~s; ~e⟩, **Operateurin** F ⟨~; ~nen⟩ MED operador *m*, -a *f*; **Operati'on** F MED operación *f* (*a.* MIL, WIRTSCH); MED *a.* intervención *f* quirúrgica
Operati'onsbasis F MIL base *f* de operaciones (*od* operacional); **operationsfähig** ADJ 1 MED operable 2 TECH → funktionsfähig; **Operationsgebiet** N MIL campo *m* de operaciones; **Operationskittel** M MED bata *f* de operador; **Operationsmethode** F 1 MED método *m* quirúrgico (*od* operatorio), método *m* de operación (*od* de intervención quirúrgica) 2 MIL método *m* estratégico, método *m* de operaciones (militares) 3 MATH método *m* operacional; **Operationsplan** M MIL plan *m* estratégico, plan *m* de operaciones (militares); **Operationssaal** M MED quirófano *m*; **Operationsschwester** F enfermera *f* de quirófano; **Operationstechnik** F 1 MED técnica *f* quirúrgica (*od* operatoria) 2 MIL técnica *f* de operaciones (militares); **Operationstisch** M MED mesa *f* de operaciones; **Operationsziel** N MIL objetivo *m* estratégico, objetivo *m* de la operación (militar)
opera'tiv A ADJ 1 MED operatorio; quirúrgico; **~er Eingriff** intervención *f* quirúrgica 2 MIL operacional; operativo; estratégico B ADV MED **~ entfernen** extirpar
Ope'rator M ⟨~s; -toren⟩, **Opera'torin** F ⟨~; ~nen⟩ IT operador *m*, -a *f*
Ope'rette F ⟨~; ~n⟩ MUS opereta *f*
ope'rettenhaft ADJ de opereta
ope'rierbar ADJ MED operable; **nicht ~** inoperable
ope'rieren ⟨*ohne* ge-⟩ A VT MED operar (**an** *dat* de); **sich ~ lassen** operarse; **operiert werden** ser operado (*od* intervenido quirúrgicamente); **er wurde am Herzen operiert** fue operado del corazón B VI operar (*a.* MIL); intervenir quirúrgicamente; *fig* **vorsichtig ~** proceder con cautela
'Opernabend M noche *f* de ópera; **Opernarie** F aria *f* de ópera; **Opernaufführung** F representación *f* de ópera; función *f* de ópera; **Opernball** M baile *m* de la ópera; **Opernbühne** F escenario *m* de (la) ópera; **Opernchor** M coro *m* de (la) ópera; **Operndichter** M, **Operndichterin** autor *m*, -a *f* de ópera; libretista *m/f*; **Opernglas** N, **Operngucker** M (*Fernglas*) gemelos *mpl* (de teatro); **opernhaft** ADJ de ópera; operístico; **Opernhaus** N (teatro *m* de la) ópera; **Opernintendant** M director *m* del teatro de la ópera; **Opernmusik** F música *f* de ópera; **Opernregisseur** M director *m* artístico (*od* de escena) de una ópera; **Opernsänger** M, **Opernsängerin** F cantante *m/f* de ópera; **Operntext** M libreto *m* (de la ópera)
'Opfer N ⟨~s; ~⟩ 1 REL sacrificio *m* (*a. fig*); (*Opfergabe*) ofrenda *f*; **große ~ für etw bringen** hacer grandes sacrificios por a/c; **kein ~ scheuen** no reparar en sacrificios 2 REL (*Opfergabe*) ofrenda *f*; (*Opfertier*) víctima *f* 3 (*Unfallopfer, Todesopfer etc*) víctima *f*; **~ fordern** causar víctimas, cobrar(se) víctimas; **j-m/einer Sache zum ~ fallen** ser víctima de alg/a/c
'Opferaltar M altar *m* del sacrificio (*od* de sacrificios); **opferbereit** ADJ → opferwillig; **Opferbereitschaft** F → Opferwille; **Opferbilanz** F saldo *m* de las víctimas; **Opferfest** N fiesta *f* (*od* ceremonia *f*) de sacrificio; **opferfreudig** ADJ → opferwillig; **Opfergabe** F ofrenda *f*; **Opfergefäß** N cáliz *m*; vaso *m* sagrado; **Opfergeist** M espíritu *m* de sacrificio; **Opferlamm** N 1 REL Cordero *m* de Dios 2 *fig* víctima *f* inocente (*od* propiciatoria); *umg* cabeza *f* de turco; **Opfermut** M espíritu *m* de sacrificio
'opfern A VT & VI REL sacrificar (*a. fig*); inmolar; (*spenden*) ofrendar; **sein Leben ~ für** sacrificar (*od* dar) su vida por B VR **sich ~** sacrificarse (**für** *acus* por) (*a. fig*)
'Opferpriester M (sacerdote *m*) sacrificador *m*; inmolador *m*; **Opferrolle** F *fig* papel *m* de víctima; **Opferschale** F patena *f*; **Opferschutz** M amparo *m* (*od* protección *f*) de las víctimas; **Opferstock** M cepillo *m* (limosnero); **Opfertier** N víctima *f* (*a. fig*); **Opfertod** M sacrificio *m* de la (propia) vida; supremo sacrificio *m*; **Opferung** F ⟨~; ~en⟩ sacrificio *m*; inmolación *f*; REL (*Messopferung*) ofertorio *m*; **Opferwille** M abnegación *f*; espíritu *m* de sacrificio; **opferwillig** ADJ dispuesto al sacrificio; abnegado; sacrificado; **Opferwilligkeit** F → Opferwille
Ophthalmo'loge M ⟨~n; ~n⟩ oftalmólogo *m*; **Ophthalmolo'gie** F oftalmología *f*; **Ophthalmo'login** F ⟨~; ~nen⟩ oftalmóloga *f*
Opi'at N ⟨~(e)s; ~e⟩ opiáceos *mpl*
'Opium ['oːpiʊm] N ⟨~s⟩ opio *m*; **opiumhaltig** ADJ opiáceo; opiado; **Opiumhandel** M tráfico *m* de opio; **Opiumhöhle** F fumadero *m* de opio; **Opiumraucher** M, **Opiumraucherin** F fumador *m*, -a *f* de opio; **Opiumsucht** F opiomanía *f*, (drogo)dependencia *f* del opio; **opiumsüchtig** ADJ opiómano, (drogo)dependiente del opio; **Opiumsüchtige** M/F opiómano *m*, -a *f*, (drogo)dependiente *m/f* del opio
ÖPNV M ABK (Öffentlicher Personennahverkehr) transporte *m* público de personas a corta distancia
O'possum N ⟨~s; ~s⟩ ZOOL zarigüeya *f*
Oppo'nent M ⟨~en; ~en⟩, **Oppo'nentin** F ⟨~; ~nen⟩ oponente *m/f*; **oppo'nieren** VI ⟨*ohne* ge-⟩ oponerse (**gegen** a)
oppor'tun ADJ oportuno
Opportu'nismus M ⟨~⟩ oportunismo *m*; **Opportu'nist** ⟨~en; ~en⟩ M, **Opportu'nistin** F ⟨~; ~nen⟩ oportunista *m/f*; **opportu'nistisch** ADJ oportunista; **Opportuni'tät** F oportunidad *f*
Oppositi'on F ⟨~; ~en⟩ oposición *f* (*a.* POL)
oppositio'nell ADJ de la oposición
Oppositi'onsbündnis N POL alianza *f* (*od* pacto *m*) de la oposición; **Oppositionsführer** M, **Oppositionsführerin** F POL jefe *m*, -a *f* (*od* líder *m/f*) de la oposición; **Oppositionspartei** F POL partido *m* de la oposición; **Oppositionspolitik** F POL política *f* de (la) oposición; **Oppositionspolitiker** M, **Oppositionspolitikerin** F POL político *m*, -a *f* de (la) oposición
Op'tant M ⟨~en; ~en⟩, **Optantin** F ⟨~; ~nen⟩ *bes* JUR, HANDEL optante *m/f*
'Optativ M ⟨~s; ~e⟩ GRAM (modo *m*) optativo *m*
op'tieren VI ⟨*ohne* ge-⟩ optar (**für** por)
'Optik F ⟨~⟩ óptica *f*
'Optiker M ⟨~s; ~⟩, **Optikerin** F ⟨~; ~nen⟩ óptico *m*, -a *f*
opti'mal A ADJ óptimo B ADV de manera óptima; **opti'mieren** VT ⟨*ohne* ge-⟩ optim(iz)ar; **Opti'mierung** F ⟨~; ~en⟩ optim(iz)ación *f*
Opti'mismus M ⟨~⟩ optimismo *m*; **Opti'mist** M ⟨~en; ~en⟩, **Opti'mistin** F ⟨~; ~nen⟩ optimista *m/f*; **opti'mistisch** ADJ optimista
'Optimum N ⟨~s; Optima⟩ óptimo *m*
Opti'on F ⟨~; ~en⟩ *bes* JUR, HANDEL opción *f* (**für, auf** *acus* de, a)
Opti'onsfrist F JUR, HANDEL plazo *m* de opción; **Optionsrecht** N derecho *m* de opción; **Optionsschein** M HANDEL certificado *m* de opción; **Optionsvertrag** M contrato *m* de opción
'optisch ADJ óptico; *Reiz etc* visual; **~e Täuschung** ilusión *f* óptica
Opto'meter N ⟨~s; ~⟩ MED, OPT optómetro *m*
opu'lent ADJ *geh* opulento; *Mahl a.* opíparo; **Opu'lenz** F ⟨~⟩ opulencia *f*
'Opus N ⟨~; Opera⟩ MUS, LIT *etc* obra *f*
O'rakel N ⟨~s; ~⟩ oráculo *m* (*a. fig*); **orakelhaft** ADJ enigmático
o'rakeln VI vaticinar; hablar en enigmas
o'ral A ADJ oral B ADV oralmente; *Medikament* **~ verabreichen** administrar por vía oral
O'ralsex M, **Oralverkehr** M ⟨~s⟩ sexo *m* oral
o'range ADJ → orangefarben
O'range [o'rãːʒə] F ⟨~; ~n⟩ naranja *f*
Oran'geade [orãˈʒaːdə] F ⟨~; ~n⟩ naranjada *f*; **Oran'geat** [-'ʒaːt] N ⟨~s; ~e⟩ naranja *f* escarchada (*od* confitada)
o'rangefarben [-ʒ-] ADJ anaranjado, (de color) naranja
O'rangenbaum [-ʒ-] M BOT naranjo *m*; **Orangenblüte** F azahar *m*; **Orangenhain** M naranjal *m*; **Orangenhaut** F *umg* (*Zellulitis*) celulitis *f*; **Orangensaft** M zumo *m* de naranja; **Orangenschale** F cáscara *f* (*od* piel *f*) de naranja
'Orang-'Utan M ⟨~s; ~s⟩ ZOOL orangután *m*
Ora'torienchor M coro *m* de oratorio; **ora'torisch** ADJ oratorio; **Ora'torium** N ⟨~s; Oratorien⟩ MUS, REL oratorio *m*
ORB M ABK (Ostdeutscher Rundfunk Brandenburg) *Radiodifusión de Alemania oriental*
Orbi'talstation F estación *f* en órbita
'Orca M ⟨~s; ~s⟩ ZOOL *Wal*: orca *m*
Or'chester [ɔr'k-] N ⟨~s; ~⟩ MUS orquesta *f*; **Orchesterbegleitung** F ⟨~⟩ acompañamiento *m* de orquesta; **Orchesterdirigent** M, **Orchesterdirigentin** F director *m*, -a *f* de orquesta; **Orchestergraben** M THEAT foso *m* orquestal (*od* de la orquesta); **Orchesterkonzert** N MUS concierto *m* de orquesta; *Komposition*: concierto *m* para orquesta; **Orchesterloge** F palco *m* de proscenio; **Orchestermusik** F música *f* orquestal; **Orchestermusiker** M, **Orchestermusikerin** F músico *m*, -a *f* de orquesta; **Orchesterprobe** F ensayo *m* de (la) orquesta; **Orchesterstück** N, **Orchesterwerk** N pieza *f* (*od* composición *f*) para orquesta
orches'trieren [ɔrk-] VT ⟨*ohne* ge-⟩ orquestar; **Orchestrierung** F ⟨~; ~en⟩ orquestación *f*
Orchi'dee [ɔrç-] F ⟨~; ~n⟩ BOT orquídea *f*
'Orden M ⟨~s; ~⟩ 1 REL *etc* orden; **in einen ~ eintreten** ingresar en una orden, tomar los hábitos *f* 2 (*Auszeichnung*) condecoración *f*; cruz *f*; **j-m einen ~ verleihen** conceder a alg una condecoración; condecorar a alg
'ordengeschmückt ADJ condecorado
'Ordensband N 1 banda *f* (*od* cinta *f od* cordón *m*) de una condecoración 2 *Nachtfalter*: **Rotes ~** catocala *f* nupcial; **Blaues ~** noctuido *m* de los fresnos; **Ordensbruder** M REL fraile *m*, religioso *m*; hermano *m*; *weltlich*: cofrade *m*; **Ordensfrau** F → Ordensschwester
'Ordensgeistliche M/F clérigo *m* regular; **Ordensgeistlichkeit** F clero *m* regular
'Ordensgelübde N voto *m* monástico; **Ordensgemeinschaft** F comunidad *f* religiosa; cofradía *f*; hermandad *f* religiosa; orden *f*; **Ordenskleid** N REL hábito *m* religioso; **Ordensregel** F REL regla *f* (de una orden

O

religiosa); **Ordensritter** M caballero *m* de una orden; **Ordensschleife** F cinta *f* (de una condecoración); **Ordensschwester** F religiosa *f*, monja *f*; **Ordensspange** F pasador *m*; **Ordensstern** M cruz *f*; estrella *f*; placa *f*; **Ordensträger** M, **Ordensträgerin** F condecorado *m*, -a *f*, galardonado *m*, -a *f*; **Ordensverleihung** F concesión *f* de una condecoración (*od* de un galardón)

'ordentlich A ADJ 1 (*ordnungsliebend*) ordenado; (*aufgeräumt*) en orden; bien ordenado; (*sorgfältig*) esmerado; metódico, sistemático 2 (*anständig*) formal, decente, como es debido; (*achtbar*) respetable; honrado; **ein ~er Mensch** un hombre de bien, una persona respetable; **~e Leute** gente *f* de bien 3 JUR *Gericht etc* ordinario; (*regulär*) regular; *Mitglied, Professor* numerario, titular 4 *umg* (*ganz gut*) bueno; **eine ~e Leistung** un buen trabajo; **das ist ganz ~** está bastante bien; no está mal 5 *umg* (*reichlich*) abundante; *umg* (*tüchtig*) fuerte, considerable; **ein ~er Schluck** un buen trago; **eine ~e Tracht Prügel** *umg* una soberana paliza; **nichts Ordentliches** nada que valga (la pena) B ADV 1 (*geordnet*) ordenadamente; (*sorgfältig*) con cuidado 2 (*anständig*) como es debido 3 *umg* (*ganz gut*) bien; **er macht das sehr ~** lo hace muy bien 4 *umg* (*reichlich*) de lo lindo; *umg* **es ist ~ kalt** hace bastante (*bzw* mucho) frío

'Order F ⟨~; ~s *od* ~n⟩ MIL orden *f*; HANDEL *a.* pedido *m*; **an die ~ von** a la orden de; **an eigene ~** a la propia orden; **an fremde ~** a la orden de un tercero; **auf ~ von** a la orden de

'Orderbuch N HANDEL libro *m* de pedidos; **Ordereingang** M HANDEL entrada *f* (*od* llegada *f*) de una orden (*od* de un pedido)

'ordern V/T HANDEL pedir

'Orderpapier N FIN título *m* (*od* valor *m*) a la orden; **Orderscheck** M FIN cheque *m* a la orden

Ordi'nalzahl F GRAM número *m* ordinal

ordi'när ADJ ordinario; vulgar; corriente; *Ausdruck* grosero

Ordinari'at N ⟨~(e)s; ~e⟩ 1 UNIV cátedra *f* universitaria 2 KATH obispado *m*, sede *f* episcopal, episcopado *m*; **Ordi'narius** M ⟨~; Ordinarien⟩ UNIV catedrático *m* numerario

Ordi'nate F ⟨~; ~n⟩ MATH ordenada *f*; **Ordinatenachse** F eje *m* de ordenadas

Ordinati'on F ⟨~; ~en⟩ 1 REL ordenación *f* 2 MED (*Verordnung*) prescripción *f* 3 *österr* (*Arztpraxis*) consulta *f* (del médico); (*Sprechstunde*) hora *f* de consulta

ordi'nieren V/T ⟨*ohne* ge-⟩ 1 REL ordenar; **ordiniert werden** ordenarse 2 MED prescribir, recetar

'ordnen V/T 1 (*in Ordnung bringen*) ordenar, poner en orden 2 arreglar (*a. Haar etc*); (*organisieren*) organizar 3 (*sortieren*) clasificar; **alphabetisch/chronologisch ~** clasificar por orden alfabético/cronológico; **in Gruppen ~** agrupar

'Ordner¹ M ⟨~s; ~⟩ 1 *für Akten etc*: archivador *m*, clasificador *m* 2 IT carpeta *f*, archivo *m*

'Ordner² M ⟨~s; ~⟩, **Ordnerin** F ⟨~; ~nen⟩ *Person*: empleado *m*, -a *f* del servicio del orden; encargado *m*, -a *f* del orden (*od* de la organización); guardia *m/f*

'Ordnung F ⟨~; ~en⟩ 1 (*geordneter Zustand*) orden *m*; **öffentliche/gesellschaftliche ~** orden *m* público/social; **der ~ halber** para el buen orden (de las cosas); **~ in etw bringen** poner orden en a/c; **die ~ (wieder)herstellen** (r)establecer el orden; **es herrscht ~** reina el orden; **~ schaffen** poner orden; **die ~ stören** perturbar (*od* alterar) el orden 2 *Handlung*: puesta *f* en orden; (*Anordnung*) disposición *f*, colocación *f* 3 BIOL *etc* orden *m*; (*System*) sistema *m*; régimen *m*; (*Grad*) categoría *f*; **Straße erster ~** carretera *f* de primer orden 4 (*Vorschrift*) ordenamiento *m*; reglamento *m* 5 MIL formación *f*; **geschlossene ~** formación *f* cerrada 6 *mit präp*: **aus der ~ kommen** salirse del orden (establecido); perturbarse, trastornarse; **für ~ sorgen** poner orden; **in ~ bringen** ordenar; poner en orden; (*aufräumen*) arreglar; *Maschine etc* componer; **in ~ halten** mantener en orden (*bzw* en buen estado); **in ~ sein** estar en orden; estar bien ordenado; *Zimmer* estar arreglado; *Papiere* estar en regla; TECH funcionar; **nicht in ~ sein** TECH no funcionar; estar roto (*od* averiado); *gesundheitlich*: no sentirse bien; *umg* estar malucho; **alles ist in bester** *od* **schönster ~** todo está perfectamente (*od* en perfecto orden); **es ist alles wieder in ~** ya está todo arreglado; *umg* **sie ist in ~** es una buena persona; es buena chica; **(das geht) in ~!** ¡está bien!; ¡conforme!; ¡de acuerdo!; **das finde ich nicht in ~** no me parece bien; **zur ~ rufen** llamar al orden

'Ordnungsbehörde F autoridad *f* (*od* oficina *f*) de orden público; **Ordnungsdienst** M servicio *m* de orden; **Ordnungsgeld** N JUR multa *f*; sanción *f* pecuniaria

'ordnungsgemäß A ADJ debido; en orden; reglamentario; en regla; en debida forma, como es debido; (*gesetzlich*) legal B ADV debidamente; en debida forma

'Ordnungshaft F JUR arresto *m* sustitutorio; **ordnungshalber** ADV para el debido orden; **Ordnungshüter** M guardián *m* del orden; (*Polizist*) agente *m* del orden, policía *m/f*; **Ordnungskraft** F → Ordner²; **Ordnungsliebe** F amor *m* al orden; **ordnungsliebend** ADJ ordenado; amante del orden; **ordnungsmäßig** ADJ & ADV → ordnungsgemäß; **Ordnungsmaßnahme** F medida *f* para mantener el orden público; **Ordnungspolitik** F política *f* de orden público; **ordnungspolitisch** ADJ de orden público; **Ordnungspolizei** F policía *f* de orden público; **Ordnungsprinzip** N principio *m* de orden; **Ordnungsrecht** N derecho *m* de orden público; **ordnungsrechtlich** ADJ de orden público; **Ordnungsruf** M llamada *f* (*od* llamamiento *m*) al orden; **Ordnungssinn** M sentido *m* del orden; **Ordnungsstrafe** F JUR corrección *f* disciplinaria; (*Geldstrafe*) multa *f*

'ordnungswidrig ADJ contrario al orden; irregular; (*gesetzwidrig*) ilegal; **Ordnungswidrigkeit** F irregularidad *f*; ilegalidad *f*

'Ordnungszahl F 1 GRAM número *m* ordinal 2 PHYS *der Atome*: número *m* atómico

Ordo(n)'nanz F ⟨~; ~en⟩ MIL ordenanza *m*; asistente *m*; **Ordo(n)nanzoffizier** M MIL oficial *m* en servicio

Or'gan N ⟨~s; ~e⟩ 1 ANAT, (*Nachrichtenorgan*), *fig* órgano *m*; *fig* **kein ~ haben für** no estar interesado en; no tener talento para 2 *umg* (*Stimme*) voz *m*; **sie hat ein lautes ~** tiene una voz fuerte

Or'ganbank F MED banco *m* de órganos

Or'gandy M ⟨~s⟩ TEX organdí *m*

Or'ganempfänger M, **Organempfängerin** F receptor *m*, -a *f* de órganos; **Organentnahme** F MED extracción *f* de órganos; **Organhandel** M tráfico *m* de órganos (humanos)

Organi'gramm N ⟨~(e)s; ~e⟩ organigrama *m*

Organisati'on F ⟨~; ~en⟩ 1 *allg* organización *f*; **das ist eine Frage der ~** es (una) cuestión de organización 2 POL **~ Amerikanischer Staaten** Organización *f* de Estados Americanos; **~ Erdöl exportierender Länder** Organización *f* de los Países Exportadores de Petróleo; **~ für wirtschaftliche Zusammenarbeit und Entwicklung** Organización *f* para la Cooperación y el Desarrollo

Organisati'onsausschuss M → Organisationskomitee; **Organisationsebene** F nivel *m* de organización; **Organisationseinheit** F unidad *f* de organización; **Organisationsfehler** M defecto *m* de organización; **Organisationsform** F forma *f* de organización; **Organisationsfrage** F cuestión *f* de organización; **Organisationsgrad** M grado *m* de organización; **Organisationskomitee** N comité *m* organizador; **Organisationsplan** M organigrama *m*; **Organisationsproblem** N problema *m* de organización; **Organisationsstruktur** F estructura *f* de la organización

Organisati'onstalent N talento *m* de organización; **~ haben** *od* **ein ~ sein** tener gran talento de organización

Organi'sator M ⟨~s; -'toren⟩, **Organisa'torin** F ⟨~; ~nen⟩ organizador *m*, -a *f*; **organisa'torisch** ADJ organizador

or'ganisch ADJ orgánico (*a.* AGR)

organi'sieren ⟨*ohne* ge-⟩ A V/T 1 organizar 2 *umg* (*beschaffen*) proporcionar, procurar, facilitar; (*klauen*) *umg* mangar, pispar B V/R **sich ~** organizarse; **sich gewerkschaftlich ~** sindicarse

organi'siert ADJ organizado; **(gewerkschaftlich) ~er Arbeiter** trabajador *m* sindicado; **~e Kriminalität** delincuencia *f* (*od* criminalidad *f*) organizada

Organi'sierung F organización *f*

Orga'nismus M ⟨~; Organismen⟩ organismo *m*

Orga'nist M ⟨~en; ~en⟩, **Organistin** F ⟨~; ~nen⟩ organista *m/f*

'Organizer ['ɔrgənaɪzər] M ⟨~s; ~⟩ IT organizador *m*, asistente *m* electrónico

Or'ganspende F MED donación *f* de órganos; **Organspendeausweis** M carné *m* (*od* tarjeta *f*) de donante de órganos; **Organspender** M, **Organspenderin** F MED donante *m/f* de órganos; **Organtransplantation** F, **Organverpflanzung** F MED trasplante *m* de órganos

Or'gasmus M ⟨~; Orgasmen⟩ PHYSIOL orgasmo *m*; **einen ~ bekommen** tener un orgasmo

or'gastisch ADJ orgástico

'Orgel F ⟨~; ~n⟩ MUS órgano *m*; **(die) ~ spielen** tocar el órgano; **Orgelbalg** M fuelle *m* de órgano; **Orgelbau** M ⟨~(e)s⟩ construcción *f* de órganos, organería *f*; **Orgelbauer** M, **Orgelbauerin** F organero *m*, -a *f*; **Orgelkonzert** N recital *m* de órgano; **Orgelmusik** F ⟨~⟩ música de (*od* para) órgano

'orgeln V/I 1 MUS tocar el órgano 2 *Hirsch* bramar; *umg fig* **ich glaub', ein Hirsch orgelt!** pero, ¿estás loco (*bzw* estáis/están locos) o qué?

'Orgelpfeife F tubo *m* (*od* cañón *m*) de órgano; *hum* **wie die ~n** por tamaño; **Orgelpunkt** M MUS nota *f* pedal; **Orgelregister** N registro *m* de órgano; **Orgelspiel** N música *f* de órgano; **Orgelspieler** M, **Orgelspielerin** F organista *m/f*; **Orgelwerk** N obra *f* (*od* pieza *f*) para órgano; **Orgelzug** M → Orgelregister

orgi'astisch ADJ orgiástico

'Orgie ['ɔrgiə] F ⟨~; ~n⟩ orgía *f*; **eine ~ feiern** montar una orgía

'Orient ['oːriɛnt] M ⟨~s⟩ **der ~** el Oriente *m*;

der Vordere ~ el Oriente Próximo

Orien'tale M ⟨~n; ~n⟩, **Orientalin** F ⟨~; ~nen⟩ oriental *m/f*; **orientalisch** ADJ oriental

Orienta'list M ⟨~en; ~en⟩, **Orientalistin** F ⟨~; ~nen⟩ orientalista *m/f*

orien'tieren ⟨*ohne* ge-⟩ A VT 1 (*ausrichten*) orientar; **nach Süden ~** orientar al sur 2 *fig* (*in Kenntnis setzen*) orientar (**über** *acus* sobre), poner al corriente (**über** *acus* de) B VR **sich ~** 1 *räumlich*: orientarse 2 (*sich informieren*) orientarse (**über** *acus* sobre *od* acerca de); informarse, ponerse al corriente 3 **sich an etw/j-m ~** guiarse por a/c/alg

Orien'tierung F ⟨~; ~en⟩ orientación *f* (*a. fig*); **zur ~** para (*od* a título de) información; **die ~ verlieren** desorientarse; *fig a.* perder el norte

Orien'tierungshilfe F punto *m* de referencia; **Orientierungskurs** M curso *m* de orientación; **orientierungslos** ADJ desorientado; **Orientierungspreis** M HANDEL precio *m* indicativo; **Orientierungspunkt** M punto *m* de referencia; **Orientierungssinn** M sentido *m* de la orientación

'Orientteppich M alfombra *f* oriental (*od* de Oriente)

origi'nal A ADJ original; (*echt*) auténtico; (*ursprünglich*) *a.* genuino B ADV **~ spanischer Sherry** auténtico jerez español; **etw ~ übertragen** retransmitir a/c en directo

Origi'nal N ⟨~(e)s; ~e⟩ original *m* (*a. fig Sonderling*); (*Urschrift*) autógrafo *m*; **etw im ~ lesen** leer a/c en el (texto) original

Origi'nalaufnahme F grabación *f* (*od* versión *f*) original; **Originalausgabe** F edición *f* original; **Originalbeleg** M recibo *m* original; **Originaldokument** N documento *m* original; documento *m* auténtico; **Originalfassung** F versión *f* original; **originalgetreu** ADJ conforme al original; **Originalhandschrift** F autógrafo *m*

Originali'tät F ⟨~⟩ originalidad *f*; (*Seltsamkeit*) singularidad *f*

Origi'nalpackung F embalaje *m* de origen, envase *m* original; **Originalrechnung** F factura *f* original; **Originalschauplatz** M lugar *m* original; lugar *m* auténtico de los hechos (*od* acontecimientos); **Originalsprache** F lengua *f* (*od* idioma *m*) original; **Originaltext** M (texto *m*) original; **Originaltitel** M título *m* original; **Originalton** M tono *m* original; **die Rede des Kanzlers im ~** el discurso del canciller en voz original; **Originalübertragung** F TV, RADIO → Livesendung; **Originalverpackung** F embalaje *m* de origen, envase *m* original; **Originalversion** F versión *f* original; **Originalzustand** M estado *m* original

origi'nell ADJ original; (*eigenartig*) singular; raro; curioso; *Einfall etc* ingenioso; ocurrente

O'rion M ASTRON Orión *m*

'Orka M ⟨~s; ~s⟩ ZOOL *Wal*: orca *m*

Or'kan M ⟨~(e)s; ~e⟩ huracán *m*; **orkanartig** ADJ huracanado; **~er Beifall** aplausos *mpl* atronadores; ovación *f* ensordecedora

'Orkus M ⟨~⟩ MYTH orco *m*; *fig geh a.* infierno *m*

Orna'ment N ⟨~(e)s; ~e⟩ ornamento *m*; adorno *m*; **mit ~en verzieren** ornamentar; **ornamen'tal** ADJ ornamental; **Orna'mentik** F ⟨~⟩ arte *m* ornamental

Or'nat N ⟨~(e)s; ~e⟩ traje *m* de ceremonia; REL ornamentos *mpl* sacerdotales

Ornitho'loge M ⟨~n; ~n⟩ ornitólogo *m*; **Ornitholo'gie** F ⟨~⟩ ornitología *f*; **Ornitho'login** F ⟨~; ~nen⟩ ornitóloga *f*; **ornitho'logisch** ADJ ornitológico

Ort M ⟨~(e)s; ~e, SCHIFF *u.* MATH ⸚er⟩ 1 lugar *m*, sitio *m*; (*Punkt, Stelle*) puesto *m*, punto *m*; MATH **geometrischer ~** lugar *m* geométrico; *fig* **höheren ~es** en las altas esferas; **am rechten ~** en su sitio (*od* lugar), en su debido lugar; **an ~ und Stelle, vor ~** sobre el terreno; en el lugar mismo (*od* de los hechos); **am vereinbarten ~** en el lugar convenido; **an ~ und Stelle sein** estar en el lugar mismo (*bzw* convenido); **an ~ und Stelle gelangen, sich an ~ und Stelle einfinden** llegar al lugar mismo (*bzw* convenido); *fig* **das ist hier nicht der (richtige) ~ für …** no es éste el lugar (adecuado) para …; THEAT **~ der Handlung ist Paris** la acción se desarrolla en Paris 2 (*Ortschaft*) lugar *m*; población *f*, localidad *f*; **am hiesigen ~** aquí; en esta localidad; HANDEL en esta plaza; en ésta; **von ~ zu ~ ziehen** ir de un lugar a otro

'Örtchen N ⟨~s; ~⟩ *umg* (**stilles**) **~** (*WC*) retrete *m*; excusado *m*

'orten VT localizar; *Radar, Sender*: localizar; **Orter** M FLUG navegador *m*

orthochro'matisch [-kro-] ADJ ortocromático; **ortho'dox** ADJ ortodoxo (*a.* REL); **Orthodo'xie** F ⟨~⟩ ortodoxia *f*; **Ortho'drome** F ⟨~; ~n⟩ SCHIFF ortodromia *f*

Orthogra'fie F, **Orthogra'phie** F ⟨~⟩ ortografía *f*; **ortho'grafisch** ADJ, **ortho'graphisch** ADJ ortográfico; **~er Fehler** falta de ortografía

Ortho'päde M ⟨~n; ~n⟩ traumatólogo *m*; **Orthopä'die** F ⟨~⟩ traumatología *f*; **Ortho'pädin** F ⟨~; ~nen⟩ traumatóloga *f*; **ortho'pädisch** ADJ traumatológico

'örtlich A ADJ local (*a.* MED, METEO); PHARM tópico B ADV **~ begrenzen** delimitar; MED **~ betäuben** poner una anestesia local; **Örtlichkeit** F ⟨~; ~en⟩ localidad *f*; sitio *m*, lugar *m*; *Am* ubicación *f*; **~en** *fpl* localidades *fpl*

'Ortsangabe F indicación *f* del lugar; *auf Briefen*: señas *fpl*

'ortsansässig ADJ local; *Person* residente (en el lugar); vecino (de la localidad)

'Ortsansässige M/F ⟨~n; ~n; → A⟩ residente *m/f*; vecino *m*, -a *f* (de la localidad); **Ortsansässigkeit** F ⟨~⟩ vecindad *f*

'Ortsausgang M salida *f*; **am ~** a la salida del pueblo; **Ortsbegehung** F inspección *f* del lugar; **Ortsbehörde** F autoridad *f* local; **Ortsbeschreibung** F descripción *f* del lugar; *fachspr* topografía *f*; **Ortsbesichtigung** F JUR inspección *f* ocular; **Ortsbestimmung** F determinación *f* de la posición; orientación *f*; SCHIFF estima *f*; *Radar*: localización *f*; **ortsbeweglich** ADJ móvil; portátil; transportable; **Ortsbezirk** M circunscripción *f* (*od* distrito *m*) local; **Ortsbild** N imagen *f* del lugar

'Ortschaft F ⟨~; ~en⟩ población *f*, poblado *m*; localidad *f*; lugar *m*

'Ortscheit N ⟨~(e)s; ~e⟩ AGR *am Wagen*: volea *f*

'Ortsdurchfahrt F travesía *f* (de población); **Ortsende** N → Ortsausgang

'ortsfest ADJ estacionario, fijo; **ortsfremd** ADJ forastero; **Ortsfremde** M/F forastero *m*, -a *f*; **ortsgebunden** ADJ *Person* condicionado al lugar de residencia; **nicht ~** con disponibilidad geográfica (*od* para el traslado); con movilidad geográfica

'Ortsgeistliche M KATH cura *m* (*od* sacerdote *m*) local; pastor *m* local; **Ortsgericht** N *Hessen* tribunal *m* (*od* juzgado *m*) local; **Ortsgespräch** N TEL llamada *f* local (*od* urbana); **Ortsgruppe** F agrupación *f* local; **Ortskenntnis** F conocimiento *m* del lugar; **Ortskern** M centro *m* (*od* núcleo *m*) del pueblo (*od* de la localidad); **Ortskommandant** M *Feuerwehr*, MIL, HIST comandante *m* de la plaza; **Ortskrankenkasse** F caja *f* local del seguro de enfermedad

'ortskundig ADJ conocedor de la localidad

'Ortsmitte F, **Ortsmittelpunkt** M → Ortskern

'ortsnah ADJ cercano al pueblo (*od* al lugar *od* a la localidad)

'Ortsname M nombre *m* del lugar (*od* de la población *od* de la localidad); topónimo *m*; **Ortsnetz** N TEL red *f* (*od* área *f*) urbana; **Ortspolizei** F policía *f* local; **Ortsschild** N señal *f* indicadora de población; **Ortssender** M RADIO emisora *f* local; **Ortssinn** M sentido *m* de la orientación; **Ortstarif** M TEL tarifa *f* urbana; **Ortsteil** M barrio *m*, distrito *m* municipal; **Ortstermin** M JUR inspección *f* judicial (*od* ocular) del lugar

'ortsüblich ADJ según la costumbre (*od* el uso) local; HANDEL *Preise* de la plaza

'Ortsumfahrung F, **Ortsumgehung(sstraße)** F *Verkehr*: carretera *f* de circunvalación (del lugar)

'Ortsveränderung F desplazamiento *m*; **Ortsverband** M agrupación *f* (*od* asociación *f od* (con)federación *f od* liga *f od* unión *f*) local; **Ortsverkehr** M tráfico *m* local; TEL servicio *m* urbano (*od* local); **Ortsverwaltung** F administración *f* (*od bes Am* intendencia *f od* gobernación *f*) local; **Ortsvorsitzende** M/F presidente *m*, -a *f* local; **Ortsvorstand** M (junta *f*) directiva *f* local; consejo *m* de dirección (*od* de administración) local; **Ortsvorsteher** M, **Ortsvorsteherin** F → Ortsvorsitzende; **Ortszeit** F hora *f* local; **um elf Uhr ~** a las once, hora local; **Ortszentrum** → Ortskern; **Ortszulage** F, **Ortszuschlag** M subsidio *m* de residencia

'Ortung F ⟨~; ~en⟩ orientación *f*; SCHIFF (determinación *f* de la) estima *f*; FLUG navegación *f*; *mit Radar*: (radio)localización *f*

'Ortungsgerät N aparato *m* localizador de posición; **Ortungspunkt** M punto *m* de referencia

öS ABK HIST (österreichischer Schilling) chelín *m* austríaco

'O-Saft M *umg* zumo *m* de naranja

'Oscar M ⟨~(s); ~s⟩ (premio *m*) Oscar *m*; **mit dem ~ prämiert** *umg* oscarizado

'Öse F ⟨~; ~n⟩ corchete *m*; ojal *m*; ojete *m*

'Ösi M ⟨~s; ~s⟩ *umg neg!* (*Österreicher*) austriaco *m*

'Oskar EIGENN M 1 *Vorname*: Oscar *m* 2 *umg* **frech wie ~** más fresco que una lechuga

Os'mane M ⟨~n; ~n⟩, **Osmanin** F ⟨~; ~nen⟩ HIST otomano *m*, -a *f*; turco *m*, -a *f*; **osmanisch** ADJ HIST otomano, turco, osmanlí

'Osmium N ⟨~s⟩ CHEM osmio *m*

Os'mose F ⟨~⟩ ósmosis *f*, osmosis *f*; **osmotisch** ADJ osmótico; **~er Druck** presión *f* osmótica

'Ossi M ⟨~s; ~s⟩ *umg neg!* habitante *m* de la antigua Alemania del Este

Ost M ⟨~(e)s⟩ 1 → Osten 2 → Ostwind

'Ost'afrika N África *f* Oriental

'ostafrika'nisch ADJ de(l) África oriental

Ostal'gie F ⟨~⟩ nostalgia *f* de la antigua RDA; **os'talgisch** ADJ *nostálgico de la antigua RDA*

'ostasi'atisch ADJ de(l) Asia oriental

'Ost'asien N Asia *f* Oriental

'Ostberlin N Berlín *m* Este (*od* oriental)

'Ostblock M POL HIST bloque *m* oriental; **Ostblockland** N, **Ostblockstaat** M estado *m* del bloque oriental

'ostdeutsch ADJ de la Alemania Oriental (*od* del Este), germano-oriental

'Ostdeutsche M/F alemán *m*, -ana *f* del Este; **Ostdeutschland** N Alemania *f* Oriental

'Osten M ⟨~s⟩ **1** Este *m*; *e-s Landes, e-r Stadt*: este *m*; POL **der ~** el Este; **im ~** al (*od* en el) este; **im ~ von** *od gen* al este de; **nach ~** hacia el este; **nach ~ liegen** estar situado al este; *Zimmer* dar al este; **von ~** del este **2** *von Spanien*: levante *m* **3** (*Orient*) oriente *m*; **der Nahe ~** el Próximo Oriente; **der Mittlere ~** el Oriente Medio; **der Ferne ~** el Extremo (*od* Lejano) Oriente

ostenta'tiv **A** ADJ ostentativo; ostensivo **B** ADV **er verließ ~ den Saal** abandonó la sala en señal de protesta

Osteopo'rose F ⟨~; ~n⟩ MED osteoporosis *f*

'Osterei N huevo *m* de Pascua; **Osterferien** FPL vacaciones *fpl* de Pascua (*od* de Semana Santa); **Osterfest** N (fiesta *f* de) Pascua *f*; **Osterglocke** F BOT narciso *m*; **Osterhase** M *conejo de Pascua*; **Osterinseln** FPL GEOG Islas *fpl* de Pascua; **Osterkerze** F KATH vela *f* (*od* cirio *m*) de Pascua; **Osterlamm** N cordero *m* pascual

'österlich ADJ pascual; de Pascua

Oster'montag M Lunes *m* de Pascua (de Resurrección)

'Ostern N Pascua *f* (de Resurrección); **an** *od* **zu ~** por Pascua; **frohe** *od* **fröhliche ~!** ¡Felices Pascuas!

'Osternacht F víspera *f* de Pascua (de Resurrección)

'Österreich N Austria *f*; **Österreicher** M ⟨~s; ~⟩, **Österreicherin** F ⟨~; ~nen⟩ austríaco *m*, -a *f*; **österreichisch** ADJ austríaco

Oster'samstag M Sábado *m* Santo (*od* de Gloria); **Oster'sonntag** M Domingo *m* de Pascua (*od* de Resurrección *od* de Gloria)

'Osterweiterung F POL ampliación *f* hacia el Este; **~ der EU/NATO** ampliación *f* de la UE/OTAN hacia el Este

'Osterwoche F Semana *f* Santa; **Osterwochenende** N fin *m* de semana de Pascua (florida *od* de Resurrección); **Osterzeit** F tiempo *m* pascual (*od* de Pascua)

'Osteu'ropa N Europa *f* del Este (*od* Oriental)

'Osteuropäer M, **Osteuropäerin** F habitante *m/f* de Europa del Este (*od* Oriental); **osteuropäisch** ADJ de la Europa del Este

'Ostfenster N ventana *f* que da al este; **Ostflanke** F *e-s Bergs*: vertiente *f* este

'Ost'friese M, **Ostfriesin** F habitante *m/f* de Frisia oriental; **ostfriesisch** ADJ frisón oriental; **Ostfriesland** N Frisia *f* oriental

'Ostgote M, **Ostgotin** F ostrogodo *m*, -a *f*; **ostgotisch** ADJ ostrogodo

'Osthang M *e-s Bergs*: pendiente *f* este

'Ost'indien N Indias *fpl* Orientales

'Ostküste F costa *f* este (*od* oriental); *sp* costa *f* de Levante

'Ostler M *umg neg!* habitante *m* de la antigua Alemania del Este

'östlich **A** ADJ del Este; oriental; **~e Länge** longitud *f* este; **in ~er Richtung** en dirección al este **B** ADV (*im Osten*) al este (**von** de); **~ von** al este de; **weiter ~** más al este

'Ostmark F HIST marco *m* de la RDA; **Ostnordost** M nordeste *m* oriental; **Ostpolitik** F (política *f* de) apertura *f* al Este

'Ostpreuße M prusiano *m* oriental; **Ostpreußen** N Prusia *f* Oriental; **Ostpreußin** F prusiana *f* oriental; **ostpreußisch** ADJ prusiano oriental

Östro'gen N ⟨~s; ~e⟩ estrógeno *m*; **Östrogenmangel** M MED falta *f* (*od* deficiencia *f*) de estrógeno

'oströmisch ADJ HIST **das ~e Reich** el Imperio Bizantino

'Ostsee F ⟨~⟩ (Mar *m*) Báltico *m*

'Ostseite F lado *m* este; **Ostsektor** M sector *m* oriental; **ostwärts** ADV hacia el este; **Ostwind** M viento *m* del este, *sp a.* Levante *m*; **Ostzone** F **1** zona *f* oriental **2** HIST *mst pej* zona *f* (de ocupación) soviética

OSZE F ABK (Organisation für Sicherheit und Zusammenarbeit in Europa) OSCE *f* (Organización para la Seguridad y Cooperación en Europa)

Oszillati'on F oscilación *f*

Oszil'lator M ⟨~s; -'toren⟩ oscilador *m*

oszil'lieren VI ⟨*ohne* ge-⟩ oscilar

Oszillo'graf M, **Oszillo'graph** M ⟨~en; ~en⟩ oscilógrafo *m*

'O-Ton M *umg* → Originalton

'Otter[1] F ⟨~; ~n⟩ (*Viper*) víbora *f*

'Otter[2] M ⟨~s; ~⟩ (*Fischotter*) nutria *f*

'Otto EIGENN M **1** *Vorname*: Otón *m* **2** **~ der Große** Otón el Grande **3** *sl fig* **den flotten ~ haben** (*Durchfall*) tener cagalera *sl*

ÖTV F ABK (Öffentliche Dienste, Transport und Verkehr) *sindicato alemán de los servicios públicos y transportes* (*hasta 2001*); → *a* ver.di

out [aʊt] ADJ *umg* **~ sein** estar pasado de moda

'Outdoorjacke [autdɔːr-] F cazadora *f*; chaquetón *m*; chaqueta *f*; anorak *m*

'outen ['aʊtən] *umg* **A** VT **j-n ~** revelar la homosexualidad de alg; hacer salir del armario a alg *umg* **B** VR **sich ~** salir del armario *umg*; *fig* **sich als Raucher** *etc* **~** confesarse fumador, *etc*

'Outfit ['aʊtfɪt] N ⟨~(s); ~s⟩ (*Kleidung*) indumentaria *f*; vestimenta *f*; (*Ausrüstung*) equipo *m*; **Outing** N ⟨~s⟩ outing *m*, salida *f* del armario; **Outlaw** [-lɔː] M ⟨~(s); ~s⟩ outlaw *m*; persona *f* fuera de la ley; **Outlet** N ⟨~s; ~s⟩ outlet *m*; **Output** M, N ⟨~s; ~s⟩ **1** IT output *m*; salida *f* (de datos) **2** WIRTSCH resultado *m* final; producción *f* final; **Outsider** [-saɪdər] M ⟨~s; ~⟩ **1** (*Außenseiter*) (auto)marginado *m* **2** *Pferd*: ou(t)sider *m*

'outsourcen ['aʊtsɔːrsən] VT WIRTSCH externalizar, subcontratar servicios propios; **Outsourcing** N ⟨~(s); ~s⟩ WIRTSCH externalización *f*; outsourcing *m*

Ouver'türe [uvɛr'tyːrə] F ⟨~; ~n⟩ MUS obertura *f*

o'val [-v-] ADJ oval, ovalado

O'val [-v-] N ⟨~s; ~e⟩ óvalo *m*

O'varium [-v-] N ⟨~s; Ovarien⟩ ANAT ovario *m*

Ovati'on F [-v-] ⟨~; ~en⟩ ovación *f*; **j-m eine ~ darbringen** ovacionar a alg; aclamar a alg

'Overall ['oːvərɔːl] M ⟨~s; ~s⟩ mono *m*

'overdressed ['oːvərdrɛst] ADJ exagerado en el vestir

'Overheadfolie ['oːvərhɛt-] F transparencia *f*; **Overheadprojektor** M proyector *m* de transparencias, retroproyector *m*

'Overkill ['oːvərkɪl] M exterminio *m* múltiple; **Overkillfähigkeit** F capacidad *f* de superexterminio

ÖVP F ABK (Österreichische Volkspartei) Partido *m* Popular Austríaco

Ovulati'on [-v-] F ⟨~; ~en⟩ PHYSIOL ovulación *f*; **Ovulation'shemmer** M anovulatorio *m*

O'xalsäure F CHEM ácido *m* oxálico

'Oxer M ⟨~s; ~⟩ *Reitsport*: oxer *m*

O'xid N ⟨~s; ~e⟩ CHEM óxido *m*

Oxidati'on F ⟨~; ~en⟩ oxidación *f*; **Oxidati'onsmittel** N (agente *m*) oxidante *m*; **oxi'dierbar** ADJ CHEM oxidable; **nicht ~** inoxidable; **oxi'dieren** ⟨*ohne* ge-⟩ **A** VT oxidar **B** VI oxidarse; **Oxi'dierung** F ⟨~; ~en⟩ oxidación *f*

O'xyd, Oxydati'on *etc* → Oxid, Oxidation

etc

'Ozean ['oːtseaːn] M ⟨~s; ~e⟩ océano *m*; **Ozeandampfer** M transatlántico *m*

Oze'anien N Oceanía *f*; **ozeanisch** ADJ oceánico

Ozeanogra'fie F, **Ozeanogra'phie** F ⟨~⟩ oceanografía *f*

'Ozeanriese M transatlántico *m* gigante; **Ozeanüberquerung** F travesía *f* oceánica

'Ozelot M ⟨~s; ~e⟩ ZOOL ocelote *m*

O'zon M, N ⟨~s⟩ CHEM ozono *m*; **Ozonalarm** M ÖKOL alarma *f* por ozono; **Ozonbelastung** F ÖKOL carga *f* de ozono; **Ozongehalt** M contenido *m* de ozono; **ozonhaltig** ADJ ozonífero; ozonizado

ozoni'sieren VT ⟨*ohne* ge-⟩ ozon(iz)ar

O'zonkiller M ÖKOL destructor *m* de la capa de ozono; **Ozonkonzentration** F ÖKOL concentración *f* de ozono; **Ozonloch** N ÖKOL agujero *m* de (*od* en) la capa de ozono; **ozonreich** ADJ rico en ozono; **ozonschädigend** ADJ ÖKOL dañino (*od* perjudicial *od* contraproducente) para la capa de ozono; **Ozonschicht** F ÖKOL capa *f* de ozono; **Ozonwert** M valor *m* (*od* nivel *m*) de ozono; **ozonzerstörend** ADJ ÖKOL destructor de la capa de ozono

P

P, p N P, p *f*

P. ABK (Pater) padre *m*

p. A. ABK (per Adresse) en casa de

paar[1] INDEF PR **ein ~** (*einige*) algunos, unos (cuantos); (*wenige*) unos pocos; **ein ~ hundert** *od* **Hundert** algunos centenares; **ein ~ Mal** algunas veces, un par de veces; **ein ~ Tage** unos días; un par de días; **vor ein ~ Tagen** hace algunos (*od* pocos) días; **ein ~ verließen den Saal** algunos abandonaron la sala

paar[2] ADJ par; **~ oder unpaar?** ¿par o impar?; ¿pares o nones?

Paar N ⟨~(e)s; ~e⟩ **1** *Sachen*: par *m*; **ein ~ Schuhe/Handschuhe** un par de zapatos/guantes **2** *Personen, Tiere*: pareja *f*; **das junge ~** los recién casados; **ein ~ werden** ser, formar una pareja; (*heiraten*) casarse

'paaren **A** VT emparejar; (a)parear; *Tiere* acoplar, aparear; *fig* juntar; unir; asociar **B** VR **sich ~** **1** (*sich begatten*) aparearse, acoplarse **2** *fig* asociarse; unirse

'Paarhufer MPL ZOOL artiodáctilos *mpl*; **paarig** ADJ par; BOT geminado; **Paarlauf** M, **Paarlaufen** N SPORT patinaje *m* por parejas; **Paarung** F ⟨~; ~en⟩ apareamiento *m*, acoplamiento *m* (*beide a.* ZOOL); emparejamiento *m*; **Paarungszeit** F ZOOL época *f* del apareamiento; **paarweise** ADV a pares; dos a dos; de dos en dos; por parejas; **~ anordnen** (a)parear; **Paarzeher** MPL ZOOL → Paarhufer

Pacht F ⟨~; ~en⟩ arriendo *m*, arrendamiento *m* (*a. Pachtgeld*); **in ~ geben/nehmen** dar/tomar en arrendamiento; **'Pachtdauer** F período *m* de arrendamiento

'pachten VT arrendar, tomar en arrendamiento

'Pächter M ⟨~s; ~⟩, **Pächterin** F ⟨~; ~nen⟩ arrendatario *m*, -a *f*

'Pachtgeld N → Pachtzins; **Pachtgrundstück** N tierra *f* arrendada; terreno *m* arrendado; **Pachtgut** N, **Pachthof** M finca *f*

P

arrendada; **Pachtobjekt** N, **Pachtsache** F cosa *f* arrendada; **Pachtung** F ⟨~; ~en⟩ arrendamiento *m*; **Pachtvertrag** M contrato *m* de arrendamiento; **pachtweise** ADV en arriendo, en arrendamiento; **Pachtzins** M arrendamiento *m*, arriendo *m*; renta *f* (*od* canon *m*) de arrendamiento

Pack¹ M ⟨~(e)s; ~e *od* ⸚e⟩ (*Paket*) paquete *m*; bulto *m*; (*Bündel*) lío *m*; hato *m*; (*Ballen*) fardo *m*; bala *f*

Pack² N ⟨~(e)s⟩ *pej* (*Gesindel*) gentuza *f*; chusma *f*, canalla *f*

'Päckchen N ⟨~s; ~⟩ paquete *m*; *Postwesen:* pequeño paquete *m*; **ein ~ Zigaretten** un paquete de cigarrillos; *fig* **jeder hat sein ~ zu tragen** cada cual tiene su cruz

'Packeis N banquisa *f*, banco *m* de hielo

'packen A VT 1 *Paket etc* hacer; *Waren* empaquetar, embalar; (*hineinpacken*) meter (**in** *acus* en); **seinen Koffer ~** hacer la maleta; **etw in den Koffer ~** meter a/c en la maleta; **in Kisten ~** encajonar; **in Papier ~** envolver en (*od* con) papel 2 (*ergreifen*) coger, *Am* agarrar; **j-n am Arm ~** coger, *Am* agarrar a alg del brazo 3 *fig* (*fesseln*) cautivar, emocionar, conmover; **die Angst packte mich** el miedo se apoderó de mí 4 *umg fig* (*schaffen*) conseguir; *Examen umg* pasar; **er packt es nicht** *a.* no es capaz de hacerlo; **sie hat es doch noch gepackt** al final lo consiguió 5 *umg* (*gehen*) **~ wir's?** ¿nos vamos?; **~ wir's!** ¡vamos!, ¡vámonos! B VI (*Koffer packen*) hacer las maletas C VR *umg* **sich ~** *umg* largarse; **pack dich!** ¡largo de aquí!; ¡lárgate de aquí!

'Packen M ⟨~s; ~⟩ paquete *m* (grande); (*Ballen*) fardo *m*, bala *f*; *fig* montón *m*

'packend ADJ A *fig Erzählung* cautivador; conmovedor; emocionante B ADV **~ erzählen** contar *od* relatar de forma emocionante

'Packer M ⟨~s; ~⟩ empaquetador *m*; embalador *m*; envasador *m*

Packe'rei F ⟨~; ~en⟩ servicio *m* de embalaje; *Raum:* sala *f* de embalaje *m*

'Packerin F ⟨~; ~nen⟩ empaquetadora *f*; embaladora *f*; envasadora *f*

'Packerl N ⟨~s; ~n⟩ *österr* paquete *m* pequeño

'Packesel M burro *m* de carga (*a. fig*); **Packlage** F *Straßenbau:* firme *m*; **Packleinen** N, **Packleinwand** F (h)arpillera *f*; **Packmaschine** F (máquina *f*) embaladora *f*; **Packmaterial** N material *m* de embalaje; **Packpapier** N papel *m* de embalar (*od* de envolver); *Papiersorte:* papel *m* de estraza; **Packraum** M sala *f* de embalaje; **Packsattel** M albarda *f*

'Packung F ⟨~; ~en⟩ 1 paquete *m*; (*Schachtel*) caja *f*; cajetilla *f*; (*Verpackung*) envase *m*, envoltura *f*; TECH guarnición *f*; empaquetadura *f* 2 MED envoltura *f*; fomento *m*; **Packungsbeilage** F PHARM instrucciones *fpl*; hoja *f* informativa; prospecto *m*

'Packwagen M furgón *m*; **Packzettel** M lista *f* de embalaje

Päda'goge M ⟨~n; ~n⟩ pedagogo *m*; **Pädagogik** F ⟨~⟩ pedagogía *f*; **Pädagogin** F ⟨~; ~nen⟩ pedagoga *f*

päda'gogisch ADJ pedagógico; **~e Hochschule** escuela *f* normal; *sp* ≈ Escuela *f* Superior de Magisterio

'Paddel N ⟨~s; ~⟩ canalete *m*; pagaya *f*, zagual *m*; **Paddelboot** N canoa *f*, piragua *f*

'paddeln VI remar; (*Paddelboot fahren*) ir en canoa (*od* en piragua); **Paddeln** N ⟨~s⟩, **Paddelsport** M piragüismo *m*

'Paddler M ⟨~s; ~⟩, **Paddlerin** F ⟨~; ~nen⟩ palista *m/f*, piragüista *m/f*

Päde'rast M ⟨~en; ~en⟩ pederasta *m*; **Päderas'tie** F ⟨~⟩ pederastia *f*

'pädo'phil ADJ pedófilo; **Pädo'phile** M/F ⟨~n; ~n; → A⟩ pedófilo *m*, -a *f*; **Pädo'philie** F ⟨~⟩ pedofilia *f*; *selten* paidofilia *f*

Pa'ella F ⟨~; ~s⟩ paella *f*

paff INT ¡paf!; ¡pum!; ¡zas!

'paffen VI fumar a bocanadas, fumar sin tragar el humo

'Page ['pa:ʒə] M ⟨~n; ~n⟩ paje *m*; *im Hotel:* botones *m*

'Pagenfrisur F, **Pagenkopf** M peinado *m* a lo paje; media melena *f*

pagi'nieren VT ⟨*ohne* ge-⟩ TYPO paginar; **Paginierung** F ⟨~; ~en⟩ paginación *f*

Pa'gode F ⟨~; ~n⟩ pagoda *f*

pah INT ¡bah!; ¡pse!

Pail'lette [paɪ'jɛtə] F lentejuela *f*

Pair [pɛ:r] M ⟨~s; ~s⟩ HIST par *m*

Pak F ABK (Panzerabwehrkanone) MIL cañón *m* antitanque

Pa'ket N ⟨~(e)s; ~e⟩ paquete *m*; bulto *m*; *Postwesen:* paquete *m* postal; **Paketannahme** F recepción *f* de paquetes; **Paketaufkleber** M etiqueta *f* de franqueo (*od* postal); **Paketausgabe** F entrega *f* de paquetes; **Paketbombe** F paquete-bomba *m*; **Paketdienst** M servicio *m* de mensajería; mensajeros *pl*; servicio *m* de paquetes; **Paketkarte** F boletín *m* de expedición; **Paketpost** F servicio *m* postal de paquetes; **Paketzustellung** F entrega *f* de paquetes a domicilio

'Pakistan N Pakistán *m*

Pakis'taner M ⟨~s; ~⟩, **Pakistanerin** F ⟨~; ~nen⟩, **Pakistani** M ⟨~(s); ~(s)⟩, F ⟨~; ~(s)⟩ pakistaní *m/f*, paquistaní *m/f*; **pakistanisch** ADJ pakistaní, paquistaní

Pakt M ⟨~(e)s; ~e⟩ pacto *m*; **einen ~ schließen** concertar (*od* hacer) un pacto (*a. fig*)

pak'tieren VI ⟨*ohne* ge-⟩ pactar

'Paladin M ⟨~s; ~e⟩ HIST paladín *m*

Pa'lais [pa'lɛ:] N ⟨~; ~⟩ *geh* palacio *m*

Paläo'graf M, **Paläo'graph** M ⟨~en; ~en⟩ paleógrafo *m*; **Paläogra'fie** F, **Paläogra'phie** F ⟨~⟩ paleografía *f*; **Paläo'grafin** F, **Paläo'graphin** F ⟨~; ~nen⟩ paleógrafa *f*; **paläo'grafisch** ADJ, **paläo'graphisch** ADJ paleográfico; **Paläo'lithikum** N ⟨~s⟩ paleolítico *m*; **paläo'lithisch** ADJ paleolítico

Paläonto'loge M ⟨~n; ~n⟩ paleontólogo *m*; **Paläontolo'gie** F ⟨~⟩ paleontología *f*; **Paläonto'login** F ⟨~; ~nen⟩ paleontóloga *f*; **paläonto'logisch** ADJ paleontológico

Paläo'zoikum N ⟨~s⟩ paleozoico *m*; **paläozoisch** ADJ paleozoico

Pa'last M ⟨~(e)s; Paläste⟩ palacio *m*; **palastartig** ADJ como en un palacio

Paläs'tina N Palestina *f*

Palästi'nenser M ⟨~s; ~⟩, **Palästinenserin** F ⟨~; ~nen⟩ palestino *m*, -a *f*; **Palästinenserstaat** M Estado *m* palestino

palästi'nensisch, **paläs'tinisch** ADJ palestino

Pa'lastrevolution F revolución *f* palaciega

pala'tal ADJ palatal

Pala'tal M PHON (sonido *m*) palatal *f*

Palat'schinke F ⟨~; ~n⟩ *österr* GASTR *tipo de crepé dulce*

Pa'laver [-v-] N ⟨~s; ~⟩ parloteo *m*

pa'lavern [-v-] VI ⟨ *ohne* ge-⟩ parlotear

Pa'lazzo M ⟨~(s); Palazzi⟩ palacio *m*

Pa'lette F ⟨~; ~n⟩ MAL, TECH paleta *f*; *fig* (*Vielfalt*) abanico *m*; gama *f*; **eine ganze ~ an Möglichkeiten** toda una gama de posibilidades

pa'letti *umg* ADJ **alles ~** no pasa nada; todo en orden

Palet'tierung F ⟨~; ~en⟩ paletización *f*

Pali'sade F ⟨~; ~n⟩ empalizada *f*; **mit ~n umgeben** empalizar

Pali'sadenzaun M (em)palizada *f*

Pali'sander M ⟨~s⟩, **Palisanderholz** N palisandro *m*; jacarandá *m*

Pa'lladium N ⟨~s⟩ CHEM paladio *m*

Pallia'tiv N ⟨~s; ~e⟩ MED paliativo *m*

'Palme F ⟨~; ~n⟩ BOT palmera *f*; palma *f*; *umg fig* **j-n auf die ~ bringen** sacar a alg de quicio; FILM **die Goldene ~** la Palma de Oro

'Palmenhain M palmar *m*; **Palm(en)herz** N BOT palmito *m*; **Palmlilie** F BOT yuca *f*; **Palmöl** N aceite *m* de palma; **Palmsonntag** M Domingo *m* de Ramos

'Palmtop ['pa:mtɔp] M ⟨~s; ~s⟩ IT ordenador *m* de mano, ordenador *m* palmtop

'Palmwedel M palma *f*; **Palmwein** M vino *m* de palma; **Palmzweig** M palma *f*

'Pampa F ⟨~; ~s⟩ pampa *f*; *umg* **(irgendwo) in der ~** en la quinta puñeta; donde Cristo perdió el mechero

'Pampe F ⟨~⟩ *umg* (*Brei*) pasta *f*; papilla *f*

Pampel'muse F ⟨~; ~n⟩ BOT pomelo *m*

Pam'phlet [-'fle:t] N ⟨~(e)s; ~e⟩ libelo *m*, panfleto *m*

Pamphle'tist M ⟨~en; ~en⟩, **Pamphletistin** F ⟨~; ~nen⟩ libelista *m/f*, panfletista *m/f*

'pampig ADJ *umg* 1 (*frech*) insolente, *umg* sobrado; *umg* fresco 2 (*breiig*) pastoso

Pamps M ⟨~(es)⟩ *umg* → Pampe

Pan M MYTH Pan *m*

Pa'nade F ⟨~; ~n⟩ GASTR rebozo *m*

panafri'kanisch ADJ panafricano

'Panama N Panamá *m*

Pana'maer M ⟨~s; ~⟩, **Panamaerin** F ⟨~; ~nen⟩ panameño *m* -a *f*

'Panamahut M jipijapa *m*, panamá *m*

pana'maisch ADJ panameño

'Panamakanal M canal *m* de Panamá

panameri'kanisch ADJ panamericano; HIST **Panamerikanische Union** Unión *f* Panamericana; → *a* OAS; **Panamerika'nismus** M panamericanismo *m*

pana'rabisch ADJ panárabe

'Panda M ⟨~s; ~s⟩, **Pandabär** M ZOOL panda *m*

Pande'mie F ⟨~; ~n⟩ MED pandemia *f*

Pa'neel N ⟨~s; ~e⟩ panel *m*; (*Deckenpaneel*) artesonado *m*

'Panelbefragung ['pɛnəl-] F encuesta *f* (de) panel

'Panflöte F flauta *f* de Pan, caramillo *m*

päng INT ¡bang!

Pa'nier N ⟨~s; ~e⟩ 1 *obs* (*Fahne*) bandera *f*; estandarte *m* 2 *geh fig* lema *m*; **sich** (*dat*) **etw aufs ~ schreiben** ponerse a/c como meta

pa'nieren VT ⟨*ohne* ge-⟩ GASTR empanar, rebozar; **Paniermehl** N pan *m* rallado

'Panik F ⟨~; ~en⟩ pánico *m*; **von ~ erfasst** preso de pánico; **in ~ geraten** sentir pánico; **es brach eine ~ aus** cundió el pánico

'Panikmache F ⟨~⟩ alarmismo *m*; **Panikmacher** M, **Panikmacherin** F alarmista *m/f*; **Panikreaktion** F reacción *f* de pánico

'panisch ADJ pánico; **~e Angst** pánico *m*; **~e Angst vor etw haben** tener pánico a a/c; **~er Schrecken** terror *m* pánico

'Panne F ⟨~; ~n⟩ 1 avería *f*; (*Reifenpanne*) pinchazo *m*; **eine ~ haben** tener una avería; pinchar 2 *fig* (*Missgeschick*) contratiempo *m*; (*Fehler*) *umg* plancha *f*

'Pannendienst M, **Pannenhilfe** F AUTO (servicio *m* de) auxilio *m* en carretera

Pa'noptikum N ⟨~s; Panoptiken⟩ gabinete *m* de figuras de cera; panóptico *m* (*a. fig*)

Pano'rama N ⟨~s; Panoramen⟩ panorama

m; **Panoramaaufnahme** F FOTO vista *f* panorámica; **Panoramablick** M vista *f* panorámica; **Panoramastraße** M ruta *f* panorámica; **Panoramawagen** M BAHN vagón *m* panorámico; **Panoramaweg** M camino *m* (*od* sendero *m*) panorámico

'panschen A VI *umg im Wasser:* chapotear B VT adulterar; *Wein* aguar; *umg* bautizar; **gepanschter Wein** vino *m* aguado

Pansche'rei F ⟨~; ~en⟩ adulteración *f*

'Pansen M ⟨~s; ~⟩ panza *f*

Pansla'wismus M ⟨~⟩ paneslavismo *m*

'Panter M → Panther

Panthe'ismus M ⟨~⟩ panteísmo *m;* **Panthe'ist** M ⟨~en; ~en⟩, **Panthe'istin** F ⟨~; ~nen⟩ panteísta *m/f;* **panthe'istisch** ADJ panteísta

'Pantheon N ⟨~s; ~s⟩ panteón *m*

'Panther M ⟨~s; ~⟩ ZOOL pantera *f*

Pan'tine F ⟨~; ~n⟩ zueco *m;* chanclo *m*

Pan'toffel M ⟨~s; ~n⟩ zapatilla *f; mit Hacken:* chinela *f; umg fig* **er steht unter dem ~** es ella la que lleva los pantalones; **Pantoffelheld** M *umg* Juan *m* Lanas, calzonazos *m*, bragazas *m;* **Pantoffeltierchen** N ZOOL paramecio *m*

Panto'mime[1] F ⟨~; ~n⟩ pantomima *f*

Panto'mime[2] M ⟨~n; ~n⟩, **Pantomimin** F ⟨~; ~nen⟩ (panto)mimo *m*, -a *f;* **pantomimisch** ADJ pantomímico

'pantschen *etc* → panschen *etc*

'Panzer M ⟨~s; ~⟩ 1 (*Rüstung*) armadura *f;* coraza *f;* (*Schuppenpanzer*) loriga *f* 2 MIL (*Kampfwagen*) carro *m* (de combate); *schwerer:* carro *m* de asalto; tanque *m; leichter:* tanqueta *f* 3 ZOOL caparazón *m*

'Panzerabwehr F MIL defensa *f* antitanque; **Panzerabwehrkanone** F MIL cañón *m* antitanque (*od* anticarro); **Panzerabwehrrakete** F MIL misil *m* antitanque

'panzerbrechend ADJ MIL antitanque, anticarro

'Panzerbrigade F MIL brigada *f* acorazada; **Panzerdivision** F MIL división *f* acorazada (*od* blindada); **Panzereinheit** F MIL unidad *f* de tanques; **Panzerfahrzeug** N vehículo *m* blindado; **Panzerfaust** F MIL lanzagranadas *m* antitanque, bazooka *m;* **Panzerflotte** F MIL flota *f* de acorazados; **Panzergeschoss**, *österr* **Panzergeschoß** N MIL proyectil *m* perforante; **Panzergewölbe** N FIN cámara *f* acorazada; **Panzerglas** N cristal *m* antibala(s); **Panzergranate** F MIL granada *f* perforante; **Panzergrenadier** M MIL soldado *m* de carros de combate; **Panzerhandschuh** M guantelete *m;* **Panzerhemd** N cota *f* de mallas; **Panzerjäger** M MIL cazador *m* de carros de combate; **Panzerkampfwagen** M MIL carro *m* de combate; **Panzerkolonne** F MIL columna *f* de tanques; **Panzerkorps** N MIL cuerpo *m* acorazado; **Panzerkreuzer** M SCHIFF acorazado *m;* **Panzermine** F MIL mina *f* antitanque

'panzern A VT acorazar; blindar B VR *fig* **sich ~ gegen** acorazarse contra

'Panzerplatte F plancha *f* de blindaje; **Panzerregiment** N regimiento *m* blindado; **Panzerschiff** N SCHIFF (buque *m*) acorazado *m;* **Panzerschrank** M caja *f* fuerte; **Panzerspähwagen** M carro *m* blindado de reconocimiento; **Panzersperre** F barrera *f* antitanque; **Panzertruppen** FPL tropas *fpl* acorazadas; **Panzerturm** M torre *f* acorazada (*od* blindada); **Panzerung** F ⟨~; ~en⟩ blindaje *m;* coraza *f;* **Panzerverband** M formación *f* de tropas acorazadas; **Panzerwaffe** F arma *f* acorazada; **Panzerwagen** M carro *m* blindado (*od* de combate); *schwerer:* carro *m* de asalto, tanque *m;* **Panzerweste** F chaleco *m* blindado (*od* antibala); **Panzerzug** M tren *m* blindado

Pä'onie F ⟨~; ~n⟩ BOT peonía *f*

Pa'pa, 'Papa M ⟨~s; ~s⟩ *umg* papá *m*, papa *m*

Papa'gei M ⟨~s *od* ~en; ~en⟩ ORN papagayo *m*, loro *m* (*a. fig*); **schwatzen wie ein ~** hablar más que una cotorra; **Papageienkrankheit** F VET psitacosis *f*

Papa'razzo M ⟨~s; Paparazzi⟩ paparazzo *m*

Pa'paya F ⟨~; ~s⟩ papaya *f*

Paperback ['pe:pərbɛk] N ⟨~s; ~s⟩ *Buch:* libro *m* en rústica

'Papi M ⟨~s; ~s⟩ *umg kinderspr* papaíto *m*

Pa'pier N ⟨~(e)s; ~e⟩ 1 papel *m;* **zu ~ bringen** poner por escrito; **in ~ einschlagen** *od* **einwickeln** envolver en papel; *fig* **nur auf dem ~ stehen** existir solamente sobre el papel; *fig* ser pura teoría; *fig* **~ ist geduldig** el papel todo lo aguanta 2 (*Urkunde*) documento *m* 3 **~e** *pl* (*Ausweise*) documentación *f* (personal); papeles *mpl;* **seine ~e in Ordnung bringen** arreglar sus papeles 4 WIRTSCH (*Wertpapier*) valor *m;* título *m*

Pa'pierblume F flor *f* de papel; **Papierbrei** M TECH pasta *f* de papel; **Papiercontainer** [-kɔnte:nər] M contenedor *m* de (*od* para) papel; **Papiereinzug** M *v. Drucker, Kopierer:* avance *m* (*od* arrastre *m*) de papel; alimentación *f* de papel

pa'pieren ADJ 1 (*aus Papier*) de papel 2 *fig Stil* seco; cancillerezco

Pa'pierfabrik F fábrica *f* de papel; **Papierfetzen** M pedazo *m* de papel; *umg* papelote *m;* **Papierflut** F papeleo *m;* **Papierformat** M formato *m* de papel; **Papiergeld** N papel *m* moneda; **Papiergewicht** N *Boxen:* peso *m* papel; **Papierhalter** M *Schreibmaschine:* soporte *m* de papel; **Papierhändler** M, **Papierhändlerin** F papelero *m*, -a *f;* **Papierhandlung** F papelería *f;* **Papierindustrie** F industria *f* papelera; **Papierkorb** M papelera *f*, cesto *m* de los papeles; IT **elektronischer ~** papelera *f* electrónica, cesto *m* electrónico; **Papierkram** M, **Papierkrieg** M *umg* papeleo *m* (burocrático); **Papiermesser** N cortapapeles *m;* **Papiermühle** F fábrica *f* de papel; **Papierrecycling** [-risaɪklɪŋ] N reciclado *m* de(l) papel; **Papierrolle** F rollo *f* de papel; TYPO bobina *f* de papel; **Papierschere** F tijeras *fpl* para cortar papel; **Papierschlange** F serpentina *f;* **Papierschneidemaschine** F guillotina *f;* **Papierschnitzel** N & M recorte *m* de papel; **Papierserviette** F servilleta *f* de papel; **Papierstau** M *im Drucker:* atasco *m* de papel; **Papierstreifen** M tira *f* de papel; **Papiertaschentuch** N pañuelo *m* de papel; **Papiertiger** M *fig* tigre *m* de papel; **Papiertonne** F contenedor *m* de papel; **Papiertüte** F cucurucho *m;* bolsa *f* de papel; **Papierverschwendung** F despilfarro *m* (*od* derroche *m*) de papel; **Papierwährung** F moneda *f* fiduciaria; **Papierwaren** FPL papelería *f;* objetos *pl* de escritorio; **Papierzufuhr** F *Drucker:* suministro *m* (*od* alimentación *f*) de papel

Pa'pist M ⟨~en; ~en⟩, **Papistin** F ⟨~; ~nen⟩ *pej* papista *m/f;* **papistisch** ADJ papista

Papp M ⟨~s; ~e⟩ *umg* 1 (*Brei*) papilla *f* 2 (*Kleister*) pasta *f*

'Pappband M ⟨~(e)s; ¨~e⟩ encuadernación *f* en cartón; **Pappbecher** M vaso *m* de cartón (*od* de papel); **Pappdeckel** M cubierta *f* (*od* tapa *f*) de cartón

'Pappe F ⟨~; ~n⟩ 1 cartón *m*, *feine:* cartulina *f; umg fig* **das ist nicht von ~** *umg* no es moco de pavo 2 *umg fig* (*Führerschein*) carné *m* (*od* carnet *m*) (de conducir) 3 *Drogenjargon* (*LSD-Trip*) tripi *m sl*

'Pappel F ⟨~; ~n⟩ BOT álamo *m*, chopo *m;* **Pappelallee** F alameda *f*

'päppeln VT **j-n ~** dar papilla a alg; *fig* mimar a alg

'pappen *umg* A VT pegar (**auf** *acus* a) B VI pegarse; *Schnee* cuajar

'Pappenheimer MPL *umg* **seine ~ kennen** conocer su gente; saber de qué pie cojea alg

'Pappenstiel M *umg* **das ist kein ~** *umg* no es moco de pavo; **das ist keinen ~ wert** eso no vale un comino; **für einen ~** a precio tirado

papperla'papp INT ¡pamplinas!

'pappig ADJ 1 (*breiig*) pastoso 2 (*klebrig*) pegajoso

'Pappkamerad M MIL *für Schießübungen:* blanco *m* figurado; **Pappkarton** M (caja *f* de) cartón *m;* **Pappmaché** N → Pappmaschee; **Pappmaschee** N ⟨~s; ~s⟩ cartón *m* piedra; **Pappnase** F 1 *Verkleidung* ≈ nariz *f* de cartón 2 *pej* (*Witzfigur*) guasón *m;* **Pappschachtel** F (caja *f* de) cartón *m;* **Pappschild** N rótulo *m* (*od* letrero *m od* cartel *m*) de papel; **Pappschnee** M nieve *f* húmeda; **Pappteller** M plato *m* de cartón

'Paprika[1] M ⟨~s; ~s⟩ 1 BOT pimiento *m* 2 *Gewürz:* pimentón *m* 3 (*Paprikaschote*) pimiento *m*

'Paprika[2] F ⟨~; ~(s)⟩ (*Paprikaschote*) pimiento *m;* **Paprikaschnitzel** N GASTR escalope *m* al pimentón; **Paprikaschote** F pimiento *m;* **rote ~** pimiento *m* morrón

Papst M ⟨~es; ¨~e⟩ papa *m;* **'Papstaudienz** F audiencia *f* pontificia; **'Papstkrone** F tiara *f*

'päpstlich ADJ papal, pontificio; **~er Nuntius** nuncio *m* apostólico; *fig* **~er sein als der Papst** ser más papista que el papa

'Papsttum N ⟨~s⟩ papado *m;* pontificado *m;* **Papstwahl** F elección *f* del Papa; **Papstwürde** F pontificado *m;* dignidad *f* papal

'Papua M ⟨~s; ~s⟩, F ⟨~; ~(s)⟩ papú(a) *m/f;* **Papua-Neuguinea** N Papúa *f* y Nueva Guinea *f*

Pa'pyrus M ⟨~; Papyri⟩ papiro *m;* **Papyrusrolle** F papiro *m;* **Papyrusstaude** F BOT papiro *m*

Pa'rabel F ⟨~; ~n⟩ MATH *u. fig* parábola *f;* **Parabelkurve** F MATH curva *f* parabólica

Para'bolantenne F antena *f* parabólica; **parabolisch** ADJ parabólico

Parabolo'id N ⟨~s; ~e⟩ paraboloide *m*

Para'bolspiegel M espejo *m* parabólico

Pa'rade F ⟨~; ~n⟩ 1 MIL desfile *m* (militar); revista *f;* **die ~ abnehmen** pasar revista a las tropas 2 *Reitsport:* parada *f; Fechten a.* quite *m* 3 *fig* **j-m in die ~ fahren** *umg* echar a rodar los planes de alg

Pa'radeanzug M uniforme *m* de gala; **Paradeaufstellung** F MIL **in ~** en parada; **Paradebeispiel** N ejemplo *m* clásico

'Paradeiser M ⟨~s; ~⟩ *österr* tomate *m*

Pa'rademarsch M desfile *m;* **Paradepferd** N caballo *m* de regalo; *fig* caballo *m* de batalla; **Paradeplatz** M plaza *f* de armas; **Paradeschritt** M MIL paso *m* de parada; **Paradeuniform** F uniforme *m* de gala

para'dieren VI ⟨*ohne* ge-⟩ MIL desfilar; *fig* **mit etw ~** hacer gala (*od* alarde) de a/c

Para'dies N ⟨~es; ~e⟩ paraíso *m; fig a.* edén *m;* **Paradiesapfel** M tomate *m;* **paradiesisch** ADJ paradisíaco; *fig a.* celestial; **Paradiesvogel** M 1 ORN ave *f* del paraíso 2 *fig Person:* personaje *m* extravagante (*od* estrafalario)

Para'digma N ⟨~s; Paradigmen⟩ paradigma *m*; **paradig'matisch** ADJ paradigmático; **Para'digmenwechsel** M POL cambio *m* de paradigma

para'dox ADJ paradójico

Para'dox N ⟨~es; ~e⟩ paradoja *f*

Parado'xie F ⟨~; ~n⟩ paradojismo *m*

Pa'radoxon N ⟨~s; Paradoxa⟩ paradoja *f*

Paraf'fin N ⟨~s; ~e⟩ CHEM parafina *f*; **paraffi'nieren** VT ⟨*ohne* ge-⟩ parafinar

Para'graf M, **Para'graph** M ⟨~en; ~en⟩ párrafo *m*; JUR artículo *m*

Para'grafenreiter M, **Paragraphenreiter** M *pej* leguleyo *m*; burócrata *m*; **Paragrafenwerk** N JUR, **Paragraphenwerk** N JUR articulado *m*; articulaje *m*; **Paragrafenzeichen** N, **Paragraphenzeichen** N párrafo *m*

'Paraguay N Paraguay *m*; **Paraguayer** M ⟨~s; ~⟩, **Paraguayerin** F ⟨~; ~nen⟩ paraguayo *m*, -a *f*; **paraguayisch** ADJ paraguayo

paral'laktisch ADJ PHYS, ASTRON paraláctico; **Paral'laxe** F ⟨~; ~n⟩ PHYS, ASTRON paralaje *m*

paral'lel [-'le:l] **A** ADJ paralelo (**mit, zu** a) **B** ADV paralelamente; **~ laufen** ser paralelo (**zu** a); **~ laufend** paralelo; ELEK **~ schalten** conectar en paralelo; **~ geschaltet** conectado en paralelo

Paral'lele [-'le:lə] F ⟨~; ~n⟩ **1** GEOM paralela *f*; **eine ~ ziehen** trazar una paralela **2** *fig* paralelo *m*; parangón *m*; **eine ~ ziehen** establecer (*od* hacer) un paralelo; hacer un parangón

Paral'lelfall M caso *m* paralelo

Paralle'lismus M ⟨~; Parallelismen⟩, **Paralleli'tät** F ⟨~⟩ paralelismo *m*

Paral'lelklasse F SCHULE clase *f* paralela; **Parallelkreis** M ASTRON paralelo *m*

Parallelo'gramm N ⟨~(e)s; ~e⟩ GEOM paralelogramo *m*

Paral'lelschaltung F ELEK conexión *f* en paralelo; **Parallelstraße** F calle *f* paralela

'Paralympics [pærə'lɪmpɪks] PL juegos *pl* paralímpicos (*od* paraolímpicos)

Para'lyse F ⟨~; ~n⟩ MED parálisis *f*; **paraly'sieren** VT ⟨*ohne* ge-⟩ paralizar (*a. fig*); **Para'lytiker** M ⟨~s; ~⟩, **Para'lytikerin** F ⟨~; ~nen⟩ paralítico *m*, -a *f*; **para'lytisch** ADJ paralítico

Pa'rameter M ⟨~s; ~⟩ parámetro *m*

'paramilitärisch ADJ paramilitar

Para'noia F ⟨~⟩ PSYCH paranoia *f*; **parano'id** ADJ PSYCH paranoico; **Para'noiker** M ⟨~s; ~⟩, **Para'noikerin** F ⟨~; ~nen⟩ PSYCH paranoico *m*, -a *f*

'Paranuss F BOT nuez *f* del Brasil

para'phieren VT ⟨*ohne* ge-⟩ rubricar; *Am* inicializar; **Paraphierung** F ⟨~; ~en⟩ rubricación *f*, *Am* inicialización *f*

Para'phrase F paráfrasis *f*; **paraphra'sieren** VT ⟨*ohne* ge-⟩ parafrasear

'Parapsychologie F parapsicología *f*

Para'sit M ⟨~en; ~en⟩ parásito *m* (*a. fig*); **parasi'tär** ADJ, **para'sitisch** ADJ parásito; parasitario

pa'rat ADJ preparado, listo; **etw ~ haben** tener a/c a punto

'Paratyphus M MED paratifus *m*, paratifoidea *f*

Para'vent [-vã:] M, N ⟨~s; ~s⟩ biombo *m*

'Pärchen N ⟨~s; ~⟩ parejita *f*

Par'cours [-'ku:r] M ⟨~; ~⟩ *Reitsport*: recorrido *m*

par'dauz INT ¡cataplum!, ¡zas!

Par'don [-'dɔŋ, -'dõ:] M, N ⟨~s⟩ perdón *m*; **kein(en) ~ geben** no dar cuartel; no ir a perdonar nada

Paren'these F ⟨~; ~n⟩ paréntesis *m*

par excel'lence [parɛksɛ'lã:s] ADV *geh* por excelencia

Par'forcejagd [-'fɔrs-] F caza *f* de acoso; montería *f*; **Parforceritt** M *fig* hazaña *f* lograda con el mayor esfuerzo

Par'fum [par'fy:m] N, **Par'füm** N ⟨~s; ~e *od* ~s⟩ perfume *m* (*a. fig*)

Parfüme'rie F ⟨~; ~n⟩ perfumería *f*

Par'fümfläschchen N frasco *m* (*od* pomo *m*) de perfume

parfü'mieren ⟨*ohne* ge-⟩ **A** VT perfumar **B** VR perfumarse

Par'fümzerstäuber M vaporizador *m*

'pari ADV WIRTSCH a la par; **über/unter ~ stehen** estar por encima/debajo de la par

'Paria M ⟨~s; ~s⟩ paria *m*

pa'rieren ⟨*ohne* ge-⟩ **A** VT **1** *Fechten*: parar (*a. fig*) **2** *Pferd* parar (en seco) **B** VI (*gehorchen*) obedecer

'Parikurs M WIRTSCH cotización *f* a la par

Pa'ris N París *m*; **Pariser** M ⟨~s; ~⟩ **1** parisiense *m*; parisino *m* **2** *umg* (*Präservativ*) condón *m*; preservativo *m*; **Pariserin** F ⟨~; ~nen⟩ parisiense *f*, parisina *f*; **pariserisch** ADJ parisiense, parisino

Pari'tät F ⟨~⟩ paridad *f* (*a.* WIRTSCH); **pari'tätisch** ADJ paritario

'Pariwert M WIRTSCH valor *m* a la par

Park M ⟨~s; ~s⟩ parque *m* (*a. Wagenpark etc*)

'Parka M ⟨~s; ~s⟩ *od* F ⟨~; ~s⟩ (*Jacke*) parka *m*

'Park-and-'ride-System ['pa:kəndraɪd-] N sistema *m* park and ride; sistema *m* de aparcar y viajar

'Parkanlage F zona *f* ajardinada; jardín *m* público; **Parkausweis** M tarjeta *f* de aparcamiento (para residentes); **Parkbank** F ⟨~; ¨~e⟩ banco *m* de un parque

'parken VT & VI estacionar, aparcar; *Am* parquear

'Parken N ⟨~s⟩ estacionamiento *m*, aparcamiento *m*; **~ verboten!** prohibido aparcar, estacionamiento prohibido; **parkend** ADJ estacionado, aparcado; **Parkerlaubnis** → Parkausweis

Par'kett N ⟨~(e)s; ~e⟩ **1** *Fußboden*: parqué *m*, parquet *m*, entarimado *m*; **(das) ~ legen** entarimar; **das ~ abschleifen** acuchillar el parquet **2** THEAT patio *m* de butacas, platea *f*, *Am* luneta *f* **3** WIRTSCH *Börse*: parqué *m*

Par'kett(fuß)boden M entarimado *m*, parqué *m*

parket'tieren VT ⟨*ohne* ge-⟩ entarimar

Par'kettlegen N ⟨~s⟩ entarimado *m*; **Parkettleger** M ⟨~s; ~⟩, **Parkettlegerin** F ⟨~; ~nen⟩ entarimador *m*, -a *f*; **Parkettloge** [-lo:ʒə] F THEAT palco *m* de platea; **Parkettplatz** M THEAT butaca *f* de patio

'Parkfläche F **1** *e-s Parks*: área *f* del parque (*od* del jardín público) **2** *Verkehr*: superficie *f* (*od* área *f od* zona *f*) de aparcamiento; **Parkgebühr** F tarifa *f* de aparcamiento; **Parkhaus** N parking *m od* aparcamiento *m* (de varios pisos)

par'kieren VI ⟨*ohne* ge-⟩ *schweiz* → parken

'Parkinsonkrankheit, parkinsonsche Krankheit F MED enfermedad *f* de Parkinson

'Parkkralle F cepo *m*; **Parkleitsystem** N sistema *m* de gestión de aparcamientos; **Parkleuchte** F, **Parklicht** N luz *f* de estacionamiento; **Parklizenz** F tarjeta *f* de aparcamiento para residentes; **Parklizenzierung** F sistema *m* de aparcamiento para residentes; **Parklücke** F hueco *m* para aparcar

'Parkplatz M aparcamiento *m*, aparcadero *m*, párking *m*, *Am* parqueadero *m*; **einen ~ suchen** buscar un aparcamiento *etc*; **Parkplatznot** F falta *f* (*od* escasez *f*) de aparcamiento (*od* de estacionamiento); **Parkplatzsuche** F búsqueda *f* de aparcamiento

'Parkregelung F regulación *f* (*od* reglamentación *f*) del aparcamiento de vehículos; **Parkscheibe** F disco *m* de aparcamiento; **Parkschein** M talón *m* (*od* cupón *m*) de aparcamiento (*od* de párking); **Parkscheinautomat** M expendedor *m* automático de billetes (*od* cupones) de aparcamiento; **Parkstreifen** M faja *f* de aparcamiento; carril *m* de estacionamiento; **Parkuhr** F parquímetro *m*; **Parkverbot** N prohibición *f* de estacionamiento; **im ~ stehen** estar en zona prohibida (*od* de estacionamiento prohibido); **Parkwächter** M, **Parkwächterin** F **1** *im Park*: guarda *m/f* (de parque) **2** *im Parkhaus*: guardacoches *m/f*; **Parkzeit** F tiempo *m* de estacionamiento

Parla'ment N ⟨~(e)s; ~e⟩ parlamento *m*; **Europäisches ~** parlamento *m* europeo

Parlamen'tär M ⟨~s; ~e⟩ MIL parlamentario *m*

Parlamen'tarier M ⟨~s; ~⟩, **Parlamen'tarierin** F ⟨~; ~nen⟩ parlamentario *m*, -a *f*, diputado *m*, -a *f*; **parlamen'tarisch** ADJ parlamentario; **Parlamenta'rismus** M ⟨~⟩ parlamentarismo *m*

Parla'mentsabgeordnete M/F diputado *m*, -a *f* al parlamento; **Parlamentsbeschluss** M decisión *f* parlamentaria; **Parlamentsdebatte** F debate *m* parlamentario; **Parlamentsferien** PL vacaciones *fpl* parlamentarias; **Parlamentsfraktion** F grupo *m* parlamentario; **Parlamentsgebäude** N (edificio *m* del) parlamento *m*; **Parlamentsmandat** N mandato *m* parlamentario; acta *f* de diputado; **Parlamentsmitglied** N miembro *m* del parlamento; **Parlamentspräsident** M, **Parlamentspräsidentin** F presidente *m*, -a *f* del parlamento; **Parlamentspräsidium** N Mesa *f* (*od* presidencia *f*) del parlamento; *sp* Mesa *f* (*od* presidencia *f*) de las Cortes; **Parlamentssitz** M escaño *m*; *Am* curul *m* parlamentario; **Parlamentssitzung** F sesión *f* parlamentaria; **Parlamentswahlen** FPL elecciones *fpl* legislativas (*od* al parlamento)

par'lieren VI ⟨*ohne* ge-⟩ *obs* conversar; **Französisch ~** conversar en francés

Parme'san M ⟨~s⟩, **Parmesankäse** M (queso *m*) parmesano *m*

Par'nass M ⟨~es⟩ MYTH Parnaso *m*

Paro'die F ⟨~; ~n⟩ parodia *f* (**auf** *acus* de); **paro'dieren** VT ⟨*ohne* ge-⟩ parodiar; **Paro'dist** M ⟨~en; ~en⟩, **Paro'distin** F ⟨~; ~nen⟩ parodista *m/f*; **paro'distisch** ADJ paródico

Parodon'tose F ⟨~; ~n⟩ ZAHN paradontosis *f*

Pa'role F ⟨~; ~n⟩ **1** MIL consigna *f*; santo *m* y seña; **die ~ ausgeben** dar la consigna **2** *fig* lema *m*, (e)slogan *m*

Pa'roli N ⟨~s; ~s⟩ pároli *m*; **j-m ~ bieten** hacer pároli a alg; *fig* enfrentarse con alg

Part M ⟨~s; ~s⟩ parte *f* (*a.* MUS, THEAT)

Par'tei F ⟨~; ~en⟩ **1** *Gruppe*, POL partido *m*; *bes pej* facción *f*; bando *m*; **in eine ~ eintreten** ingresar en (*od* afiliarse a) un partido **2** *fig* **für j-n ~ ergreifen** tomar el partido de alg, ponerse del lado (*od* de parte) de alg; **gegen j-n ~ ergreifen** tomar partido contra alg **3** JUR parte *f*; (*Mietspartei*) inquilino *m*; **die streitenden/vertragschließenden ~en** las partes litigantes/contratantes

Par'teiabzeichen N insignia *f* de partido; **Parteiamt** N cargo *m* en el partido; **Parteiapparat** M aparato *m* partidista; **Parteiausschluss** M expulsión *f* (de un partido); **Parteiausschlussverfahren** N procedimiento *m* (*od* trámite *m*) de expulsión (de un partido); **Parteiblatt** N órgano *m* del partido; **Parteibuch** N carnet *m* de partido; **sein ~ zurückgeben** devolver el carnet del partido; **Parteibüro** N oficina *f* del partido; **Parteichef** M, **Parteichefin** F jefe *m*, -a *f* (*od* dirigente *m/f*) de partido

Par'teienbündnis N alianza *f* (*od* pacto *m*) entre partidos políticos; **Parteiendemokratie** F democracia *f* de partidos (políticos); **Parteienfinanzierung** F financiación *f* de los partidos (políticos); **Parteiengespräch** N diálogo *m* entre (los) partidos políticos; **Parteienherrschaft** F partidocracia *f*; **Parteienkoalition** F coalición *f* de partidos; **Parteienlandschaft** F conjunto *m* (*od* totalidad *f*) de partidos políticos; **Parteienpluralismus** M pluralismo *m* de partidos políticos; **Parteienspektrum** N conjunto *m* (*od* totalidad *f*) de los partidos políticos; **Parteienwesen** N ⟨~s⟩ partidismo *m*

Par'teiführer M, **Parteiführerin** F jefe *m*, -a *f* (*od* líder *m/f od* dirigente *m/f*) de un partido; **Parteiführung** F dirección *f* del partido; **Parteigänger** M ⟨~s; ~⟩, **Parteigängerin** F ⟨~; ~nen⟩ partidario *m*, -a *f*; secuaz *m/f*; *pej* faccionario *m*, -a *f*; **Parteigeist** M espíritu *m* de partido; partidismo *m*; **Parteigenosse** M, **Parteigenossin** F afiliado *m*, -a *f* a un partido; *i. e. S.* al partido comunista; **Parteigericht** N tribunal *m* del partido; **Parteigremium** N gremio *m* del partido

par'teiisch A ADJ parcial B ADV con parcialidad

Par'teikader M cuadro *m* del partido; **Parteikarriere** F carrera *f* dentro del partido; **Parteikomitee** N comité *m* del partido; **Parteikongress** M congreso *m* del partido; **Parteileitung** F → Parteiführung

par'teilich ADJ partidista; del partido; (*parteiisch*) parcial; **Parteilichkeit** F ⟨~⟩ parcialidad *f*

Par'teilinie F línea *f* del partido

par'teilos ADJ sin partido, apartidista; independiente; **Parteilose** M/F ⟨~n; ~n; → A⟩ independiente *m/f*; **Parteilosigkeit** F ⟨~⟩ independencia *f*, apartidismo *m*

Par'teimann M ⟨~(e)s; -leute⟩ hombre *m* de(l) partido; **Parteimitglied** N miembro *m* del partido; **Parteimitgliedschaft** F afiliación *f* a un partido; **seine ~ ruhen lassen** dejar en suspenso la afiliación de un partido

par'teinah ADJ próximo (*od* cercano) al partido

Par'teinahme F inclinación *f* en pro; adhesión *f* (**für** *acus* a); **Parteiname** M nombre *m* del partido; **Parteipolitik** F política *f* partidista (*od* de partido); **parteipolitisch** ADJ político-partidista; de los partidos políticos

Par'teipräsident M, **Parteipräsidentin** F → Parteivorsitzende; **Parteipräsidium** N presidencia *f* del partido; mesa *f* directiva del partido

Par'teiprogramm N programa *m* del partido; **Parteiräson** F **aus ~** por razón del partido; por motivo(s) del partido; a causa del partido; **Parteisekretär** M, **Parteisekretärin** F secretario *m*, -a *f* del partido; **Parteisprecher** M, **Parteisprecherin** F portavoz *m/f* (*Am* vocero *m*, -a *f*) del partido; **Parteistatut** N estatuto *m* del partido

Par'teitag M congreso *m* del partido

Par'teitagsdelegierte M/F delegado *m*, -a *f* al congreso del partido; **Parteitagsrede** F discurso *m* (pronunciado) en el congreso del partido

par'teitaktisch ADJ táctico-partidista; **parteiunabhängig** ADJ independiente del partido

Par'teiverbot N prohibición *f* (*od* proscripción *f*) de un partido; **Parteiverfahren** N expediente *m* contra un miembro del partido; **Parteiversammlung** F asamblea *f* (*od* mitin *m*) del partido; **Parteivize** M vicepresidente *m*, -a *f* del partido; **Parteivorsitzende** M/F presidente *m*, -a *f* del partido; **Parteivorstand** M ejecutiva *f* (*bzw* comité *m* ejecutivo) del partido; **Parteizugehörigkeit** F afiliación *f* a un partido

Par'terre [-'tɛrə] N ⟨~s; ~s⟩ 1 ARCH planta *f* baja; piso *m* bajo; **parterre wohnen** vivir en un (piso) bajo 2 THEAT patio *m* (de butacas), platea *f*; **Parterreloge** [-lo:ʒə] F THEAT palco *m* de platea; **Parterrewohnung** F piso *m* bajo

Par'tie F ⟨~; ~n⟩ 1 (*Teil*) parte *f*; ANAT región *f*; THEAT papel *m*; MUS parte *f* 2 *beim Spiel*: partida *f*; SPORT *beim Tennis etc*: partido *m*; **eine ~ Schach spielen** jugar una partida de ajedrez; **mit von der ~ sein** ser del grupo, tomar parte; **ich bin mit von der ~!** ¡me apunto! 3 (*Heiratsmöglichkeit*) partido *m*; **eine gute ~ machen/sein** hacer/ser un buen partido 4 (*Ausflug*) excursión *f* 5 HANDEL *Mengeneinheit*: partida *f*, lote *m*

parti'ell [parts'iɛl] A ADJ parcial B ADV parcialmente, en parte

Par'tikel F ⟨~; ~n⟩ 1 LING partícula *f* 2 *zssgn* N ⟨~s; ~⟩ PHYS partícula *f*

partiku'lar, partiku'lär ADJ parcial, particular

Partikula'rismus M ⟨~⟩ particularismo *m*; **Partikula'rist** M ⟨~en; ~en⟩, **Partikula'ristin** F ⟨~; ~nen⟩ particularista *m/f*; **partikula'ristisch** ADJ particularista

Parti'san M ⟨~s *od* ~en; ~en⟩ partisano *m*; guerrillero *m*; **Partisanenkrieg** M guerra *f* de guerrillas; **Partisanin** F ⟨~; ~nen⟩ partisana *f*; guerrillera *f*

parti'tiv ADJ GRAM partitivo

Parti'tur F ⟨~; ~en⟩ MUS partitura *f*

Parti'zip N ⟨~s; Partizipien⟩ GRAM participio *m*; **~ Präsens/Perfekt** participio *m* presente pasado

Partizipa'tion F ⟨~; ~en⟩ participación *f*

partizipi'al ADJ GRAM participial

partizi'pieren V/I *geh* **an etw** (*dat*) **~** participar (*od* tener parte) en a/c

'Partner M ⟨~s; ~⟩, **Partnerin** ⟨~; ~nen⟩ F 1 *allg* compañero *m*, -a *f*; (*Gesprächspartner*) interlocutor *m*, -a *f* 2 (*Tanzpartner*) pareja *f*; THEAT, FILM compañero *m*, -a *f* de reparto, pareja *f*; *im Spiel*: compañero *m*, -a *f* de juego 3 (*Ehepartner*) cónyuge *m/f* 4 HANDEL socio *m*, -a *f*

'Partnerfirma F empresa *f* asociada; **Partnerland** N ⟨~(e)s; ¨er⟩ país *m* socio (*od* asociado); **Partnerlook** [-lʊk] M **im ~** vestidos de la misma manera; **Partnerschaft** F ⟨~; ~en⟩ 1 HANDEL compañía *f*; participación *f*; colaboración *f* 2 *von Städten*: hermanamiento *m* 3 (*Beziehung*) relación *f* (de pareja); **partnerschaftlich** ADJ *Beziehung* de igual a igual; *Zusammenarbeit* de compañero; **Partnerschaftsvertrag** M HANDEL contrato *m* de asociación (*od* de colaboración *od* de cooperación); **Partnerstaat** M estado *m* asociado (*od* miembro); **Partnerstadt** F ciudad *f* hermanada; **Partnertausch** M intercambio *m* de parejas; **Partnerunternehmen** N empresa *f* asociada; **Partnerwahl** F elección *f* de pareja

par'tout [par'tu:] ADV *geh* a toda costa; **~ nicht** de ninguna manera

'Party F ⟨~; ~s *od* Parties⟩ fiesta *f*; **auf eine ~ gehen** ir a una fiesta; **eine ~ feiern** (*od* **machen**) hacer fiesta; **Partydroge** F droga *f* de fiesta; **Partygast** M invitado *m*, -a *f* a una fiesta; **Partyservice** M servicio *m* a domicilio; servicio *m* de catering; **Partyset** N *für Kindergeburtstag etc*: piñata *f*, *bes Am* cotillón *m*; **Partystimmung** F ambiente *m* festivo

Parve'nü [-v-] M ⟨~s; ~s⟩ *geh* advenedizo *m*; nuevo rico *m*

'Parze F ⟨~; ~n⟩ MYTH Parca *f*

Par'zelle F ⟨~; ~n⟩ parcela *f*; *Am* lote *m*

parzel'lieren V/T ⟨*ohne* ge-⟩ parcelar; *Am* lotear, lotificar; **Parzellierung** F ⟨~; ~en⟩ parcelación *f*; *Am* loteo *m*, lotificación *f*

Pasch M ⟨~(e)s; ~e *od* ¨e⟩ *beim Würfeln*: parejas *fpl*; **einen ~ werfen** hacer parejas

'Pascha M ⟨~s; ~s⟩ bajá *m*, pachá *m*; **wie ein ~ leben** vivir como un pachá

'Paspel F ⟨~; ~n⟩ TEX ribete *m*; trencilla *f*, cordoncillo *m*; *breite*: galón *m*

paspe'lieren V/T ⟨*ohne* ge-⟩ TEX ribetear; trencillar; galonear

Pass M ⟨~es; ¨e⟩ 1 (*Bergpass*) paso *m*, puerto *m*; (*Engpass*) desfiladero *m*, garganta *f* 2 (*Reisepass*) pasaporte *m*; **einen ~ ausstellen/beantragen** expedir/solicitar un pasaporte 3 SPORT pase *m* 4 → Passgang

pas'sabel ADJ pasadero; mediano; aceptable; **das ist ~** puede pasar

Pas'sage [-'sa:ʒə] F ⟨~; ~n⟩ *allg* pasaje *m* (*a.* MUS, SCHIFF)

Passa'gier [-'ʒi:r] M ⟨~(e)s; ~e⟩ viajero *m*; FLUG, SCHIFF pasajero *m*; *koll* **~e** *pl a.* pasaje *m*; **blinder ~** polizón *m*

Passa'gieraufkommen N número *m* de pasajeros; **Passagierdampfer** M → Passagierschiff; **Passagierflugzeug** N avión *m* de pasajeros; **Passagierin** F ⟨~; ~nen⟩ viajera *f*; pasajera *f*; **Passagierliste** F lista *f* de pasajeros; **Passagiermaschine** F FLUG avión *m* de pasajeros; **Passagierschiff** N buque *m* de pasaje(ros), paquebote *m*

'Passah N ⟨~s⟩, **Passahfest** N REL pascua *f*

'Passamt N VERW oficina *f* de pasaportes

Pas'sant M ⟨~en; ~en⟩, **Passantin** F ⟨~; ~nen⟩ transeúnte *m/f*, viandante *m/f*

Pas'sat [pa'sa:t] M ⟨~(e)s; ~e⟩, **Passatwind** M (viento *m*) alisio *m*

'Passbild N foto(grafía) *f* de pasaporte

'Passe F ⟨~; ~n⟩ TEX *am Kleid*: canesú *m*

pas'sé, pas'see [pa'se:] ADJ pasado de moda; **~ sein** estar pasado de moda

'passen A V/T 1 SPORT *Ball* **zu j-m ~** pasar a alg; **den Ball ~** pasar la pelota 2 TECH (*einpassen*) ajustar; encajar B V/I 1 *Ersatzteil, Schlüssel* **auf** *od* **in etw** (*acus*) **~** entrar bien en a/c, encajar bien en a/c; **in etw** (*acus*) **~** (*Platz haben*) caber en a/c; **zu etw** (*dat*) **~** ir bien con a/c 2 *Kleidung* sentar (*od* quedar) bien (j-m a alg) 3 *fig* (*harmonieren*) **~ zu** hacer juego con, cuadrar con, encajar con; *umg* pegar con; **zu j-m ~** *a.* congeniar con alg; **er passt nicht für diese Arbeit** no es el hombre apropiado (*od* no sirve) para ese trabajo; **das passt nicht hierher** eso no viene (*od* no hace) al caso → zueinanderpassen 4 (*genehm sein*) venir bien, convenir; **es passt mir nicht** no me conviene; no me viene bien, (*es gefällt mir nicht*) no me agrada; no me gusta; **dieser Termin passt mir nicht** esa fecha no me viene bien; **das**

P

passt mir **großartig** me viene muy bien; *umg* me viene a la medida (*od* a pedir de boca); *bes südd* **passt schon!** (así) está bien; *umg iron* **das könnte dir so ~!** *umg* ¡qué más quisieras!, ¡que te crees tú eso! **5** *Kartenspiel*: pasar (*a. fig*) **C** V/R *umg* **das passt sich nicht** (*gehört sich nicht*) eso no se hace; eso no conviene; **das passt sich gut** eso viene a pedir de boca

'passend ADJ (*angemessen*) conveniente; apropiado, adecuado; (*zur Sache gehörig*) pertinente; (*zutreffend*) acertado; (*entsprechend*) correspondiente; *Zeit* oportuno; *Kleidung* justo; ajustado; *in Farbe etc*: **dazu ~** a juego, haciendo juego; **bei ~er Gelegenheit** en ocasión oportuna; **das ~e Wort** la palabra apropiada (*od* oportuna); *beim Zahlen*: **haben Sie es (nicht) ~?** ¿(no) lo tiene justo?

'passender'weise ADV de modo adecuado; de manera apropiada (*od* justa)

Passepar'tout [paspar'tu:] N ⟨~s; ~s⟩ **1** (*Generalschlüssel*) llave *f* maestra **2** (*Rahmen*) passepartout *m*

'Passfoto N foto(grafía) *f* de pasaporte; **Passgang** M ⟨~(e)s⟩ *des Pferdes*: paso *m* de ambladura, portante *m*; **im ~ gehen** amblar; **Passgänger** M ⟨~s; ~⟩ ZOOL (caballo *m*) amblador *m*

pas'sierbar ADJ transitable; franqueable; practicable

pas'sieren ⟨*ohne* ge-⟩ **A** V/T **1** *Fluss* atravesar; *Grenze a.* pasar; *Ort* pasar por **2** GASTR pasar; colar **B** V/I ⟨sn⟩ (*geschehen*) pasar, suceder, ocurrir; **was ist passiert?** ¿qué ha pasado (*od* ocurrido)?; **es ist nichts passiert** no ha sido nada; **bei dem Unfall ist mir nichts passiert** salí indemne del accidente; **das kann jedem (mal) ~** eso puede pasar a cualquiera

Pas'sierschein M salvoconducto *m*; pase *m*; *Zoll*: permiso *m* de libre tránsito; SCHIFF pasavante *m*

'Passinhaber M, **Passinhaberin** F titular *m/f* del pasaporte

Passi'on F ⟨~; ~en⟩ pasión *f*; REL Pasión *f*

passio'niert ADJ apasionado; *iron Trinker etc* empedernido

Passi'onsblume F BOT pasionaria *f*; **Passionsfrucht** F maracuyá *m*; **Passionsgeschichte** F REL historia *f* de la Pasión (de Cristo); **Passionsspiel** N THEAT Misterio *m* de la Pasión; **Passionswoche** F REL Semana *f* Santa; **Passionszeit** F REL cuaresma *f*

'passiv ADJ pasivo

'Passiv N ⟨~s; ~e⟩ GRAM pasivo *m*; voz *f* pasiva

Pas'siva [-v-] PL HANDEL pasivo *m*

'Passivbilanz F HANDEL balance *m* pasivo; **Passivgeschäft** N operación *f* pasiva; **Passivhaus** N TECH, ÖKOL casa *f* pasiva

passi'vieren [-v-] V/T ⟨*ohne* ge-⟩ HANDEL llevar al pasivo; **Passivi'tät** F ⟨~⟩ pasividad *f*

'Passivposten M HANDEL partida *f* (*od* asiento *m*) del pasivo; **Passivrauchen** N fumar *m* pasivamente; **Passivraucher** M, **Passivraucherin** F fumador *m* pasivo, -a *f* pasiva; **Passivsaldo** M HANDEL saldo *m* pasivo; **Passivseite** F WIRTSCH lado *m* pasivo; **auf der ~** en el lado (*od* del lado) del pasivo

'Passkontrolle F control *m* de pasaportes; **Passsitz** M TECH asiento *m* de ajuste; **Passstelle** F VERW oficina *f* de pasaportes; **Passstraße** F puerto *m* de montaña; **Passstück** N TECH pieza *f* de ajuste

'Passung F ⟨~; ~en⟩ TECH ajuste *m*

'Passus M ⟨~; ~⟩ párrafo *m*; *im Buch*: pasaje *m*

'Passwesen N ⟨~s⟩ VERW pasaportes *mpl*

'Passwort N ⟨~(e)s; ¨~er⟩ consigna *f*; IT contraseña *f*; (palabra *f*) clave *f*; **passwortgeschützt** ADJ IT protegido con (*od* por) contraseña

'Passzwang M obligación *f* de llevar pasaporte; pasaporte *m* obligatorio

'Paste F ⟨~; ~n⟩ pasta *f*

Pas'tell N ⟨~(e)s; ~e⟩ (*Bild, Farbe*) pastel *m*; **in ~ malen** pintar al pastel; **Pastellbild** N (cuadro *m* al) pastel *m*; **Pastellfarbe** F (color *m* al) pastel *m*; **Pastellmaler** M pastelista *m*; **Pastellmalerei** F pintura *f* al pastel; **Pastellmalerin** F pastelista *f*; **Pastellstift** M (lápiz *m*) pastel *m*; **Pastellton** M tono *m* pastel

Pas'tete F ⟨~; ~n⟩ GASTR empanada *f*; pastel *m*; (*Fleischpastete*) *a.* paté *m*

Pasteurisati'on [-stø:-] F ⟨~; ~en⟩ pasteurización *f*; **pasteuri'sieren** V/T ⟨*ohne* ge-⟩ pasteurizar

Pas'tille F ⟨~; ~n⟩ pastilla *f*

'Pastor M ⟨~s; -'toren⟩ *mst* PROT pastor *m*; KATH cura *m*

pasto'ral ADJ pastoral; **Pasto'rale** F ⟨~; ~n⟩ pastoral *f* (*a.* MUS); MAL escena *f* pastoral

Pas'torin F ⟨~; ~nen⟩ *mst* PROT pastora *f*

pas'tos ADJ MAL pastoso; **pas'tös** ADJ MED pastoso

Pata'gonien N GEOG Patagonia *f*

Patch [pɛtʃ] M, N ⟨~es, ~es⟩ IT parche *m*

'Patchwork ['pɛtʃvœrk] N ⟨~s; ~s⟩ **1** patchwork *m* **2** labor *f* de aguja (con parches geométricos); **Patchworkfamilie** F familia *f* reconstituida

'Pate M ⟨~n; ~n⟩ padrino *m*; **~ stehen bei** ser padrino de, apadrinar a

'Patengeschenk N regalo *m* de bautizo; **Patenkind** N ahijado *m*, -a *f*; **Patenonkel** M padrino *m*; **Patenschaft** F padrinazgo *m*, apadrinamiento *m*; *von Städten*: hermanamiento *m*; **die ~ übernehmen (für)** apadrinar (a); **Patenstadt** F → Partnerstadt

pa'tent ADJ *umg* excelente; (*praktisch*) (con sentido) práctico; *Sache* ingenioso; **ein ~er Kerl** un chico estupendo, *umg* un gran tipo

Pa'tent N ⟨~(e)s; ~e⟩ **1** HANDEL patente *f*; **etw zum ~ anmelden** solicitar la patente de a/c; **ein ~ eintragen** (*od* **anmelden**) registrar una patente (**auf** *acus* de); **ein ~ verwerten/erteilen** explotar/conceder una patente **2** *umg fig* (*raffinierte Sache*) mecanismo *m* ingenioso

Pa'tentamt N oficina *f* de patentes; *sp* registro *m* de la propiedad industrial; **europäisches ~** Oficina *f* Europea de Patentes; **Patentanmeldung** F solicitud *f* de patente; **Patentanspruch** M reivindicación *f* de patente

'Patentante F madrina *f*

Pa'tentanwalt M, **Patentanwältin** F *allg* abogado *m*, -a *f* de patentes; *sp* agente *m/f* (oficial) de la propiedad industrial; **Patentbeschreibung** F descripción *f* de (la) patente; **Patenterteilung** F concesión *f* de (la) patente

pa'tentfähig ADJ patentable; **Patentfähigkeit** F patentabilidad *f*

Pa'tentgebühr F derechos *mpl* de patente; **Patentgegenstand** M objeto *m* patentado; **Patentgesetz** N ley *f* sobre patentes; **Patentgesetzgebung** F legislación *f* (en materia) de patentes

paten'tierbar ADJ patentable; **Patentierbarkeit** F ⟨~⟩ patentabilidad *f*

paten'tieren V/T ⟨*ohne* ge-⟩ patentar; **paten'tiert** ADJ patentado; **Paten'tierung** F ⟨~; ~en⟩ acto *m* de patentar

Pa'tentinhaber M, **Patentinhaberin** F tenedor *m*, -a *f* (*od* titular *m/f*) de una patente; **Patentlösung** F *fig* solución *f* ideal; **Patentrecht** N derecho *m* de patentes (*od* de propiedad industrial); **Patentregister** N → Patentrolle; **Patentrezept** N *fig* panacea *f*; solución *f* universal; receta *f* mágica (*od* salvadora); **Patentrolle** F registro *m* de patentes (*sp* de la propiedad industrial); **Patentschrift** F descripción *f* de la patente; exposición *f* del invento; **Patentschutz** M protección *f* de patentes (*od* de la propiedad industrial); **Patenturkunde** F certificado *m* de patente; **Patentverletzung** F violación *f* de patente; **Patentverschluss** M cierre *m* patentado (*bzw* de presión); **Patentverwertung** F explotación *f* de una patente

'Pater M ⟨~s; ~ *od* Patres⟩ REL padre *m*

Pater'noster **A** N ⟨~s; ~⟩ REL Padrenuestro *m* **B** M ⟨~s; ~⟩ → Paternosteraufzug; **Paternosteraufzug** M (ascensor *m* en) rosario *m*

pa'thetisch ADJ patético

patho'gen ADJ MED patógeno; **Pathoge'nese** F ⟨~; ~n⟩ MED patogenia *f*; **Patho'loge** M ⟨~n; ~n⟩ patólogo *m*; **Patholo'gie** F ⟨~⟩ patología *f*; **Patho'login** F ⟨~; ~nen⟩ patóloga *f*; **patho'logisch** ADJ patológico

'Pathos N ⟨~⟩ patetismo *m*; RHET énfasis *m*; *pej* afectación *f*, grandilocuencia *f*

Pati'ence [pasi'ã:s] F ⟨~; ~n⟩ *Kartenspiel*: solitario *m*; **eine ~ legen** hacer un solitario

Pati'ent M, [pa'tsiɛnt] ⟨~en; ~en⟩ enfermo *m*; paciente *m*

Pati'entenakte F expediente *m* del paciente; historia *f* clínica (del paciente); **Patientenaufklärung** F *sp* ≈ consentimiento *m* informado; **Patiententestament** N, **Patientenverfügung** F JUR testamento *m* vital

Pati'entin F ⟨~; ~nen⟩ enferma *f*; paciente *f*

'Patin F ⟨~; ~nen⟩ madrina *f*

'Patina F ⟨~⟩ pátina *f*

pati'nieren V/T ⟨*ohne* ge-⟩ dar pátina

Patri'arch [-i'arç] M ⟨~en; ~en⟩ patriarca *m*; **patriar'chal(isch)** ADJ patriarcal; **Patriar'chat** N ⟨~(e)s⟩ patriarcado *m*

Patri'ot M ⟨~en; ~en⟩, **Patriotin** F ⟨~; ~nen⟩ patriota *m/f*; **patriotisch** ADJ patriótico

Patrio'tismus M ⟨~⟩ patriotismo *m*

Pa'tristik F ⟨~⟩ REL patrística *f*, patrología *f*

Pa'trize F ⟨~; ~n⟩ TECH punzón *m*

Pa'trizier M ⟨~s; ~⟩, **Patrizierin** F ⟨~; ~nen⟩ HIST patricio *m*, -a *f*; **patrizisch** ADJ patricio

Pa'tron M ⟨~s; ~e⟩ patrono *m*; REL, SCHIFF patrón *m*; *umg fig* tío *m*, tipo *m*; **ein übler ~** un mal sujeto

Patro'nat N ⟨~(e)s; ~e⟩ patronato *m* (*a.* REL); (*Schirmherrschaft*) patrocinio *m*; **Patro'natsfest** N REL fiesta *f* patronal

Pa'trone F ⟨~; ~n⟩ cartucho *m* (*a.* MIL, FOTO, *etc*)

Pa'tronenauswerfer M eyector *m* de cartuchos; **Patronengurt** M portacartuchos *m*; canana *f*; **Patronenhülse** F vaina *f* (de cartucho); casquillo *m*; **Patronenlager** N recámara *f*; **Patronenrahmen** M cargador *m*; **Patronenstreifen** M banda *f* de cartuchos; **Patronentasche** F cartuchera *f*; **Patronentrommel** F tambor *m* de cartuchos

Pa'tronin F ⟨~; ~nen⟩ patrona *f*

Pa'trouille [pa'truljə] F ⟨~; ~n⟩ patrulla *f*; (*Stadtpatrouille*) ronda *f*; **Patrouillenboot** N patrullero *m*

patrouil'lieren [patrul'ji:rən] V/I ⟨*ohne* ge-;

P

sn⟩ patrullar; rondar

patsch INT ¡zas!; ¡pam!

'Patsche[1] F ⟨~; ~n⟩ *fig* aprieto *m*, apuro *m*; **in der ~ sitzen** estar en un atolladero (*od* apuro *od* aprieto); **j-n in der ~ (stecken) lassen** dejar a alg en las astas del toro (*od* en la estacada); **j-m aus der ~ helfen** sacar a alg del atolladero (*od* de un apuro)

'Patsche[2] F ⟨~; ~n⟩ *umg* (*Hand*) manecita *f*, manita *f*

'patschen V/I *umg im Wasser*: chapotear; **in die Hände ~** dar palmadas

'patsche'nass → patschnass

'Patschhand F, **Patschhändchen** N *umg* manecita *f*, manita *f*

'patsch'nass ADJ *umg* calado hasta los huesos; hecho una sopa

'Patschuli N ⟨~s; ~s⟩ BOT pachulí *m*

patt ADJ *Schach*: **~ bleiben** quedar en (*od* hacer) tablas; **~ sein** estar en tablas

Patt N ⟨~s; ~s⟩ *Schach*: tablas *fpl* (*a. fig*)

'Patte F ⟨~; ~n⟩ TEX pata *f*, cartera *f*

'patzen V/I *umg* chapucear; MUS equivocarse; **Patzer** M ⟨~s; ~⟩ *umg* planchazo *m*; **patzig** ADJ *umg* insolente; impertinente

'Pauke F ⟨~; ~n⟩ MUS bombo *m*; (*Kesselpauke*) timbal *m*, atabal *m*; *umg fig* **mit ~n und Trompeten** a bombo y platillo; *umg fig* **mit ~n und Trompeten durchfallen** *umg* suspender con todas las de la ley; *umg* **auf die ~ hauen** *umg* echar una cana al aire; (*angeben*) *umg* echarse un farol

'pauken V/T **1** MUS tocar (*od* batir) el timbal (*bzw* el bombo) **2** *umg* SCHULE (*lernen*) *umg* empollar **3** UNIV (*fechten*) esgrimir

'Paukenhöhle F ANAT (caja *f* del) tímpano *m*; **Paukenschlag** M MUS golpe *m* de bombo (*bzw* de timbal); *fig* campanada *f*; **Paukenschlägel** M MUS maza *f*; **Paukenschläger** M MUS bombo *m*

'Pauker M ⟨~s; ~⟩ **1** MUS timbalero *m* **2** *umg* SCHULE *umg* profe *m*

Pauke'rei F *umg* SCHULE estudio *m* intenso

'Paukerin F ⟨~; ~nen⟩ **1** MUS timbalera *f* **2** *umg* SCHULE *umg* profe *f*

Paul EIGENN M *Vorname, Papstname*: Pablo *m*

'Paulus EIGENN M **1** *Vorname*: Pablo *m* **2** *Apostel*: San Pablo *m*

'Pausbacke F moflete *m*; **pausbäckig** ADJ mofletudo

pau'schal **A** ADJ total, global (*a. fig*) **B** ADV globalmente (*a. fig*); *fig* en total; *im Hotel etc*: todo incluido; **Pauschalarrangement** N *Fremdenverkehr*: paquete *m* turístico (*od* de estancia); forfait *m*; **Pauschalbetrag** M importe *m* (*od* suma *f*) global; *Zahlung* pago *m* único

Pau'schale F ⟨~; ~n⟩ importe *m* (*od* cantidad *f od* suma *f*) global; precio *m* alzado; **Pauschalhonorar** N honorario *m* global, iguala *f*

pauscha'lieren V/T ⟨*ohne* ge-⟩ globalizar; fijar una cantidad (*od* un precio) global; **Pauschalierung** F ⟨~; ~en⟩ globalización *f*

Pau'schalkauf M compra *f* en conjunto (*od* en bloque); **Pauschalpolice** F póliza *f* global; **Pauschalpreis** M precio *m* global (*od* a tanto alzado); **Pauschalreise** F viaje *m* (con) todo incluido; viaje *m* organizado; **Pauschalsatz** M tarifa *f* global; **Pauschalsumme** F suma *f* global; **Pauschaltarif** M tarifa *f* global (*od* a tanto alzado); **Pauschaltourist** M, **Pauschaltouristin** F turista *m/f* a forfait; turista *m/f* en viaje organizado; **Pauschalurlaub** M vacaciones *pl* todo incluido (*od* organizadas); vacaciones *pl* a tanto alzado; **Pauschalversicherung** F seguro *m* global (*od* a forfait); **Pauschalwert** M valor *m* a forfait

'Pausche F ⟨~; ~n⟩ *am Turnpferd*: arco *m*

'Pause[1] F ⟨~; ~n⟩ **1** *allg* pausa *f* (*a.* MUS); (*Zwischenzeit*) intervalo *m*; MIL alto *m*; (*Kampfpause*) tregua *f* (*a. fig*); SCHULE recreo *m*, *kurze*: descanso *m*; *fig* compás *m* de espera; **eine ~ machen** hacer una pausa (*od* un descanso); SCHULE **~ haben** tener descanso (*od* pausa) **2** MUS silencio *m*; **ganze/halbe ~** silencio *m* de redonda/blanca; THEAT entreacto *m*; *Konzert*, FILM descanso *m*

'Pause[2] F ⟨~; ~n⟩ (*Durchzeichnung*) calco *m*

'pausen V/T calcar

'Pausenhof M SCHULE patio *m* de recreo; **pausenlos** **A** ADJ incesante, ininterrumpido **B** ADV sin cesar, incesantemente; sin descanso; sin tregua; **Pausenzeichen** N RADIO indicativo *m*; sintonía *f*

pau'sieren V/I ⟨*ohne* ge-⟩ hacer una pausa; pausar; hacer un alto (*a. fig*)

'Pauspapier N papel *m* de calcar

'Pavian [-v-] M ⟨~s; ~e⟩ ZOOL babuino *m*

'Pavillon [-vɪljɔŋ, -jõ:] M ⟨~s; ~s⟩ pabellón *m*; (*Verkaufspavillon*) quiosco *m*, kiosco *m*; MUS *a.* templete *m*

'Paybackkarte ['pe:bɛk-] F tarjeta *f* de descuento

'Paycard ['pe:ka:rd] F ⟨~; ~s⟩ tarjeta *f* de pago; **Pay-TV** [-ti:vi:] N ⟨~(s)⟩ televisión *f* de pago (*od* a la carta)

Pa'zifik M ⟨~s⟩ Pacífico *m*; **Pazifikinsel** F isla *f* en el (*od* del océano) Pacífico

pa'zifisch ADJ **der Pazifische Ozean** el (Océano) Pacífico

Pazi'fismus M ⟨~⟩ pacifismo *m*; **Pazifist** M ⟨~en; ~en⟩, **Pazifistin** F ⟨~; ~nen⟩ pacifista *m/f*; **pazifistisch** ADJ pacifista

PC M ABK (Personal Computer) PC *m*; ordenador *m* (*Am* computadora *f* personal); **PC-Arbeitsplatz** M puesto *m* de trabajo con ordenador (*Am* con computadora); **PC-Tisch** M mesa *f* para (*od* de) ordenador; *Am* mesa de (*od* para) computadora

PD'A ABK **A** M ⟨~(s); ~s⟩ (*Personal Digital Assistant*) PDA *m* **B** F ⟨~; ~s⟩ MED (*Periduralanästhesie*) epidural *f*; *Am a.* anestesía *f* peridural

PD'S F ABK ⟨~⟩ (Partei des Demokratischen Sozialismus) PDS *m* (*partido de izquierda alemán*)

'Peanuts ['pi:nats] PL *fig* **das sind ~** esto no es nada más que calderilla

Pech N ⟨~(s); ~e⟩ **1** pez *f*; brea *f*; (*Schusterpech*) cerote *m*; (*Erdpech*) betún *m*; **mit ~ bestreichen** empegar; embrear; *umg fig* **wie ~ und Schwefel zusammenhalten** ser uña y carne **2** *umg fig* mala suerte *f*; *umg* mala pata *f*, mala sombra *f*; *fig* **~ haben** tener mala suerte; *umg* tener mala sombra (*od* mala pata)

'Pechblende F ⟨~⟩ MINER pechblenda *f*; **Pechfackel** F antorcha *f* (de resina); **Pechharz** N pez *f* resina; **Pechkohle** F MINER azabache *m*; hulla *f* pícea

'pech('raben)'schwarz ADJ negro como el carbón (*od* el azabache); **es ist ~e Nacht** la noche está oscura como boca de lobo

'Pechsträhne F mala racha *f*; **Pechtag** M día *m* aciago; **Pechvogel** M *umg* cenizo *m*, gafe *m*; **ein ~ sein** tener mala pata; tener el santo de espaldas

Pe'dal N ⟨~(e)s; ~e⟩ pedal *m* (*a.* MUS); **in die ~e treten** pedalear; **Pedalritter** M *iron umg* ciclista *m*

Pe'dant M ⟨~en; ~en⟩ pedante *m*, meticuloso *m*

Pedante'rie F ⟨~⟩ pedantería *f*; meticulosidad *f*

Pe'dantin F ⟨~; ~nen⟩ pedante *f*, meticulosa *f*; **pedantisch** ADJ pedante; meticuloso

'Peddigrohr N roten *m*

Pe'dell M ⟨~s; ~e⟩ bedel *m*

Pedi'küre F ⟨~; ~n⟩ pedicura *f* (*a. Person*); **pediküren** V/T & V/I hacer (la) pedicura

'Peepshow ['pi:pʃo:] F ⟨~; ~s⟩ peepshow *m*

Peer-to-'Peer... [pi:rtu'pi:r-] IN ZSSGN IT peer to peer; **Peer-to-Peer-Netzwerk** N red *f* peer to peer; **Peer-to-Peer-Verbindung** F conexión *f* peer to peer

'Pegasus M MYTH Pegaso *m*

'Pegel M ⟨~s; ~⟩ **1** TECH *u. fig* nivel *m* **2** (*Flutmesser*) fluviómetro *m* **3** (*Wasserstand*) → Pegelhöhe; **Pegelhöhe** F, **Pegelstand** M nivel *m* de agua

'Peilanlage F instalación *f* radiogoniométrica; **Peilantenne** F antena *f* radiogoniométrica; **Peilempfänger** M receptor *m* radiogoniométrico

'peilen V/T **1** SCHIFF sond(e)ar; (*orten*) arrumbar; marcar; FLUG orientarse por radiogoniómetro; *umg* **die Lage ~** sondear (*od* tantear) el terreno **2** *umg fig* (*kapieren*) **etw ~** *umg* captar a/c, pillar a/c

'Peilfunk M radiogoniometría *f*; **Peilgerät** N radiogoniómetro *m*; **Peilkompass** M brújula *f* de marcación; **Peilstation** F estación *f* radiogoniométrica; **Peilung** F ⟨~; ~en⟩ **1** SCHIFF (*Loten*) sondeo *m*; SCHIFF orientación *f*; arrumbamiento *m*; marcación *f*; FLUG orientación *f* (radio)goniométrica **2** *umg* (*Durchblick*) **keine ~ haben** no tener ni idea

Pein F ⟨~⟩ pena *f*; (*Qual*) tormento *m*; suplicio *m*; tortura *f*; (*Schmerz*) dolor *m*; sufrimiento *m*

'peinigen V/T *geh* hacer sufrir; atormentar; torturar; **Peiniger** M ⟨~s; ~⟩, **Peinigerin** F ⟨~; ~nen⟩ atormentador *m*, -a *f*, torturador *m*, -a *f*; **Peinigung** F ⟨~; ~en⟩ tormento *m*; tortura *f*; mortificación *f*

'peinlich **A** ADJ penoso; (*unangenehm*) desagradable; molesto; *Lage etc* precario; embarazoso; *umg* cortante; *Frage* delicado; **es ist mir ~** me sabe (muy) mal; lo siento muchísimo; **dieses Versehen war ihm ~** estaba avergonzado de su error **B** ADV **~ genau** escrupuloso, minucioso, meticuloso; **~ sauber** pulcro; **~ berühren** causar una penosa impresión

'Peinlichkeit F ⟨~; ~en⟩ **1** *Eigenschaft*: lo penoso, lo vergonzoso, lo violento, lo desagradable **2** (*peinliche Sache*) vergüenza *f* **3** (*Genauigkeit*) escrupulosidad *f*, meticulosidad *f*

'Peitsche F ⟨~; ~n⟩ látigo *m*; *lange*: fusta *f*

'peitschen **A** V/T golpear (con un látigo); *bes als Strafe*: azotar, fustigar (j-n a alg) **B** V/I ⟨sn⟩ *Schüsse* sonar; *Regen* **gegen die Fensterscheiben ~** golpear contra las ventanas

'Peitschenhieb M latigazo *m*; *Am* fuetazo *m*; **Peitschenknall** M chasquido *m*; **Peitschenschnur** F tralla *f*, trencilla *f*; **Peitschenstiel** M mango *m* del látigo

Peki'nese M ⟨~n; ~n⟩ *Hund*: (perro *m*) pequinés *m*

'Peking N Pekín *m*

Pek'tin N ⟨~s; ~e⟩ pectina *f*

pekuni'är ADJ *geh* pecuniario

Pele'rine F ⟨~; ~n⟩ esclavina *f*; capa *f*; pelerina *f*

'Pelikan M ⟨~s; ~e⟩ ORN pelícano *m*, pelicano *m*

'Pelle F ⟨~; ~n⟩ **1** *bes nordd* piel *f*; pellejo *m*; *dicke Schale von Obst*: monda *f* **2** *umg fig* **j-m auf der ~ liegen** molestar (*od* importunar) a alg; *umg* dar la lata a alg; **j-m auf die ~ rücken** atosigar a alg; **j-m nicht von der ~ gehen** pegarse a alg

'pellen V/T *bes nordd* mondar, pelar

'Pellet N & M ⟨~s, ~s⟩ pelet *m*

'Pellkartoffeln FPL GASTR patatas *fpl* cocidas sin pelar

Pelopon'nes M/F GEOG Peloponeso *m*

Pelz M ⟨~es; ~e⟩ piel *f; am Tier:* pellejo *m; umg* **j-m auf den ~ rücken** atosigar a alg; *umg* **j-m eins auf den ~ brennen** pegar un tiro a alg; *umg* **sich** *(dat)* **die Sonne auf den ~ scheinen lassen** estar tumbado al sol
'Pelzbesatz M guarnición *f* de piel; **pelzbesetzt** ADJ guarnecido de piel; **Pelzfutter** N forro *m* de piel; **pelzgefüttert** ADJ forrado de piel; **Pelzgeschäft** N peletería *f*; **Pelzhandel** M comercio *m* de pieles; peletería *f*; **Pelzhändler** M, **Pelzhändlerin** F peletero *m*, -a *f*; **Pelzhandschuh** M guante *m* forrado de piel
'pelzig ADJ **1** *(behaart)* peludo **2** MED *Zunge* sarroso
'Pelzjacke F chaquetón *m* de piel; **Pelzjäger** M, **Pelzjägerin** F trampero *m*, -a *f*; **Pelzkragen** M cuello *m* de piel; **Pelzmantel** M abrigo *m* de pieles; **Pelzmütze** F gorra *f* (*od* gorro *m*) de piel; **Pelzstiefel** M bota *f* forrada de piel; **Pelztier** N animal *m* de piel; **Pelztierfarm** F granja *f* de peletería; **Pelzwaren** FPL, **Pelzwerk** N pieles *fpl*; peletería *f*
Pe'naten PL MYTH penates *mpl*
'PEN-Club ['pɛnklʊp] M PEN Club *m*
Pen'dant [pã'dã:] N ⟨~s; ~s⟩ *geh* pareja *f*; réplica *f*; **das ~ sein zu** hacer juego con
'Pendel N ⟨~s; ~⟩ péndulo *m*; *der Uhr:* péndola *f*; **Pendelachse** F eje *m* oscilante; **Pendelausschlag** M amplitud *f* de la oscilación pendular; **Pendelbewegung** F movimiento *m* pendular
'pendeln VI **1** ⟨h⟩ oscilar; *fig (schwanken)* vacilar **2** ⟨sn⟩ *Verkehr:* ir y venir
'Pendeln N ⟨~s⟩ **1** oscilaciones *fpl*; balanceo *m* **2** *Verkehr:* vaivén *m*
'Pendelsäge F sierra *f* de vaivén; **Pendelschlag** M, **Pendelschwingung** F oscilación *f* del péndulo; **Pendeltür** F puerta *f* oscilante (*od* de vaivén); **Pendeluhr** F reloj *m* de péndola; **Pendelverkehr** M (tráfico *m* de) vaivén *m*, servicio *m* de lanzadera; **Pendelzug** M BAHN tren *m* de vaivén
'Pendler M ⟨~s; ~⟩, **Pendlerin** F ⟨~; ~nen⟩ trabajador *m*, -a *f* vaivén (*que viaja diariamente a su lugar de trabajo*)
pene'trant ADJ penetrante; *umg fig Person* pesado; **~er Kerl** *umg* pelmazo *m*
peng INT ¡bang!
pe'nibel ADJ *umg* escrupuloso; minucioso; meticuloso
Penicil'lin N → Penizillin
'Penis M ⟨~; ~se *od* Penes⟩ ANAT miembro *m* (viril), pene *m*
Penizil'lin N ⟨~s⟩ PHARM penicilina *f*
Pen'näler M ⟨~s; ~⟩, **Pennälerin** F ⟨~; ~nen⟩ *umg* colegial *m*, -a *f*
'Pennbruder M *umg* vagabundo *m*
'Penne F ⟨~; ~n⟩ *umg obs* cole *m*
'pennen VI *umg* dormir
'Penner M ⟨~s; ~⟩, **Pennerin** F ⟨~; ~nen⟩ *umg* vagabundo *m*, -a *f*, vago *m*, -a *f*
Pensi'on [paŋzi'o:n, pɛn-] F **1** *(Gästehaus)* pensión *f* (*a. Unterkunft u. Verpflegung*); casa *f* de huéspedes; **in voller ~** con pensión completa **2** *(Ruhegehalt)* (pensión *f* de) jubilación *f* **3** *(Ruhestand)* jubilación *f*; MIL retiro *m*; **in ~ gehen** jubilarse; MIL retirarse; **in ~ sein** estar jubilado (*bzw* retirado)
Pensio'när M ⟨~s; ~e⟩, **Pensionärin** F ⟨~; ~nen⟩ pensionista *m/f*; *(Ruheständler[in])* jubilado *m*, -a *f*; MIL retirado *m*, -a *f*
Pensio'nat N ⟨~(e)s; ~e⟩ pensionado *m*; internado *m*; colegio *m* de internos
pensio'nieren VT ⟨*ohne* ge-⟩ jubilar; **sich ~ lassen** jubilarse, pedir la jubilación; MIL retirarse, pedir el retiro; **pensio'niert** ADJ pensionado; jubilado; MIL retirado; **Pensio'nierung** F ⟨~; ~en⟩ jubilación *f*; MIL retiro *m*
Pensio'nist M ⟨~en; ~en⟩, **Pensionistin** F ⟨~; ~nen⟩ *österr (Ruheständler[in])* jubilado *m*, -a *f*; MIL retirado *m*, -a *f*
Pensi'onsalter N edad *f* de jubilación; **Pensionsanspruch** M → Pensionsberechtigung; **pensionsberechtigt** ADJ con derecho a jubilación (*bzw* a retiro); **Pensionsberechtigung** F derecho *m* a jubilación (*bzw* a retiro); **Pensionsempfänger** M, **Pensionsempfängerin** F jubilado *m*, -a *f*; pensionista *m/f*; MIL retirado *m*; **Pensionsfonds** M fondo *m* de pensiones; **Pensionsgast** M huésped *m*; **Pensionsgrenze** F → Pensionsalter; **Pensionskasse** F caja *f* de pensiones; **Pensionspreis** M precio *m* de la pensión
'Pensum N ⟨~s; Pensa *od* Pensen⟩ *(Aufgabe)* tarea *f* (asignada); *(Lehrstoff)* materia *f* (de enseñanza); lección *f*
Penta'gon[1] N ⟨~s; ~e⟩ *(Fünfeck)* pentágono *m*
'Pentagon[2] N ⟨~s⟩ *amerikanisches Verteidigungsministerium:* Pentágono *m*
Penta'gramm N ⟨~(e)s; ~e⟩ pentagrama *m*
Pen'tameter M ⟨~s; ~⟩ LIT pentámetro *m*
Penta'teuch M ⟨~s⟩ *Bibel:* pentateuco *m*
'Penthaus N, **'Penthouse** [-haus] N ⟨~; ~s⟩ ático *m*; casa *f* azotea; penthouse *m*
'Pentium-Prozessor [pɛntsiʊm-] M IT procesador *m* pentium
Pep M *umg* **~ haben** tener chispa (*od* gancho)
Pepe'roni F ⟨~; ~⟩ guindilla *f*, pimiento *m* picante
Pep'sin N ⟨~s; ~e⟩ CHEM pepsina *f*
per [pɛr] PRÄP *(acus)* por; **~ Bahn** por ferrocarril (*od* tren); **~ Einschreiben** (por correo) certificado; **~ pedes** a pie; WIRTSCH **~ Prokura** por poder; **~ se** de por sí; **~ Schiff** por barco (*od* buque *od* mar); vía marítima; HANDEL **~ Stück** por pieza; **mit j-m ~ du sein** tutearse con alg
Per'cussion [pər'kaʃən] F ⟨~; ~s⟩ MUS percusión *f*; **Percussioninstrument** N instrumento *m* de percusión
peren'nierend ADJ BOT *fachspr* perenne; vivaz
Peres'troika F ⟨~⟩ POL, HIST perestroika *f*
per'fekt **A** ADJ **1** perfecto; *(vollendet)* acabado **2** *(abgemacht)* arreglado; HANDEL **~ machen** concluir **B** ADV perfectamente; **er spricht ~ Deutsch** habla perfectamente el alemán; habla el alemán a la perfección
'Perfekt N ⟨~s; ~e⟩ GRAM pretérito *m* perfecto
Perfekti'on F ⟨~⟩ perfección *f*
Perfektio'nismus M ⟨~⟩ perfeccionismo *m*; **Perfektio'nist** M ⟨~en; ~en⟩, **Perfektio'nistin** F ⟨~; ~nen⟩ perfeccionista *m/f*
per'fid(e) ADJ pérfido
Perfi'die F ⟨~; ~n⟩ perfidia *f*
Perforati'on F ⟨~; ~en⟩ perforación *f* (*a.* MED); **perfo'rieren** VT ⟨*ohne* ge-⟩ perforar; **Perfo'riermaschine** F perforadora *f*
Per'formance [pər'fɔ:rməns] F ⟨~; ~s⟩ **1** *(Vorstellung)* THEAT representación *f*; MUS actuación *f*; interpretación *f* **2** WIRTSCH *von Aufgaben:* cumplimiento *m*; *(Leistung)* rendimiento *m*; *des Unternehmens:* resultados *pl* **3** IT rendimiento *m*
Perga'ment N ⟨~(e)s; ~e⟩ pergamino *m*; **pergamentartig** ADJ apergaminado; **Pergamentband** M ⟨~(e)s; ~e⟩ encuadernación *f* (*bzw* tomo *m*) en pergamino; **Pergamentpapier** N papel *m* pergamino
'Pergola F ⟨~; Pergolen⟩ pérgola *f*
'perinatal ADJ MED perinatal
Peri'ode F ⟨~; ~n⟩ **1** periodo *m*, período *m* (*a.* ASTRON, LING, MATH, PHYS); ELEK *a.* ciclo *m* **2** MED menstruación *f*, regla *f*; **Periodenzahl** F ELEK número *m* de períodos; frecuencia *f*
peri'odisch ADJ periódico; MATH **~er Bruch** fracción periódica; CHEM **~es System (der Elemente)** sistema *m* periódico (de los elementos)
Periodizi'tät F ⟨~⟩ periodicidad *f*
peri'pher ADJ periférico
Periphe'rie F ⟨~; ~n⟩ periferia *f*; *e-r Stadt: a.* extrarradio *m*; **Peripheriegerät** N IT aparato *m* periférico; unidad *f* periférica
Peri'phrase F ⟨~; ~n⟩ RHET perífrasis *f*; **Peri'skop** N ⟨~s; ~e⟩ periscopio *m*; **Peri'staltik** F ⟨~⟩ PHYSIOL peristaltismo *m*
Per'kal M ⟨~s; ~e⟩ TEX percal *m*
Perkussi'on F ⟨~; ~en⟩ *allg* percusión *f*
perku'tan ADJ PHARM percutáneo; **perku'tieren** VT ⟨*ohne* ge-⟩ MED percutir
'Perle F ⟨~; ~n⟩ **1** perla *f* (*a. fig u.* PHARM); *aus Glas, Holz etc:* cuenta *f*; *(Glasperle) a.* abalorio *m*; *fig* **~n vor die Säue werfen** echar margaritas a los cerdos **2** *fig Person u. Sache:* perla *f*, joya *f* **3** *(Sektperle)* burbuja *f*; *(Schweißperle)* gota *f*
'perlen VI *Getränke* burbujear; *(schäumen)* espumar; *Schweiß* gotear
'Perlenfischer M, pescador *m* de perlas; **Perlenfischerei** F pesca *f* de perlas; **Perlenfischerin** F pescadora *f* de perlas; **Perlenindustrie** F industria *f* perlera; **Perlenkette** F collar *m* de perlas; **Perlenschmuck** M aderezo *m* de perlas; **Perlenstickerei** F bordado *m* de perlas
'perlfarben, perlgrau ADJ gris perla; perlino
'Perlgraupen FPL GASTR cebada *f* perlada; **Perlhuhn** N ORN gallina *f* de Guinea, pintada *f*; *Am* gallineta *f*; **Perlmuschel** F ostra *f* perlera; madreperla *f*
'Perlmutt N ⟨~s⟩, **Perlmutter** F ⟨~⟩ nácar *m*; **perlmutterartig** ADJ nacarado; **Perlmutterglanz** M brillo *m* nacarino; **perlmuttern** ADJ de nácar; nacarado
'Perlschrift F TYPO perla *f*; **Perlzwiebel** F BOT rocambola *f*; cebollita *f* perla
Perm N ⟨~s⟩ GEOL pérmico *m*
perma'nent ADJ permanente; **Perma'nenz** F ⟨~⟩ permanencia *f*
Permanga'nat N ⟨~(e)s; ~e⟩ CHEM permanganato *m*
permis'siv ADJ permisivo
Permutati'on F ⟨~; ~en⟩ permutación *f* (*a.* MATH); **permu'tieren** VI ⟨*ohne* ge-⟩ permutar
pernizi'ös ADJ MED *fachspr* pernicioso
pero'ral ADJ MED *fachspr* por vía oral, peroral
'Peroxid N ⟨~(e)s; ~e⟩ CHEM peróxido *m*
Perpen'dikel M ⟨~s; ~⟩ péndola *f*; MATH perpendículo *m*
perpetu'ieren VI ⟨*ohne* ge-⟩ *geh* perpetuar, inmortalizar
Per'petuum 'mobile N ⟨~; Perpetua mobilia⟩ movimiento *m* perpetuo
per'plex ADJ perplejo; estupefacto; consternado
Pe'rron [pɛ'rõ] M ⟨~s; ~s⟩ *schweiz (Bahnsteig)* andén *m*
Per'senning F ⟨~; ~e(n) *od* ~s⟩ SCHIFF tela *f* (*od* lona *f*) impermeable
'Perser M ⟨~s; ~⟩, **Perserin** F ⟨~; ~nen⟩ persa *m/f*; **Perserkriege** MPL HIST guerras *fpl* médicas; **Perserteppich** M alfombra *f* persa
Persi'aner M ⟨~s; ~⟩ astracán *m*; **Persianermantel** M abrigo *m* de astracán
'Persien N *bes* HIST Persia *f*

Persif'lage [-'fla:ʒə] F ⟨~; ~n⟩ parodia *f*; **persif'lieren** VT ⟨*ohne* ge-⟩ parodiar
Per'silschein M *umg iron* certificado *m* de exoneración
'persisch ADJ persa; **der Persische Golf** el Golfo Pérsico
Per'son F ⟨~; ~en⟩ **1** persona *f*; **ich für meine ~** en cuanto a mí; yo personalmente; por mi parte; **in (eigener) ~** personalmente; en persona; **in einer ~** en una sola (*od* misma) persona; **er ist Gärtner und Chauffeur in einer ~** hace a la vez de jardinero y de chófer; **pro ~** por persona; por cabeza; *umg* por barba **2** THEAT, LIT personaje *m* **3** GRAM persona *f*; **dritte ~** tercera persona; **in der ersten ~** en primera persona **4** *pej* (*Frau*) **eine freche ~** una insolente
Perso'nal N ⟨~s⟩ personal *m*; (*Angestellte e-r Firma*) empleados *mpl*, plantilla *f*; recursos *mpl* humanos; (*Bedienstete*) personal *m* de servicio; servidumbre *f*; **~ abbauen/einstellen** reducir/contratar personal
Perso'nalabbau M ⟨~(e)s⟩ reducción *f* de personal; flexibilización *f* de plantilla; **Personalabteilung** F sección *f* (*od* departamento *m*) de personal; **Personalakte** F expediente *f* personal; hoja *f* de servicios; **Personalangaben** FPL datos *mpl* personales; **Personalaufstockung** F aumento *m* de personal (*od* de la plantilla); **Personalausgaben** FPL gastos *mpl* de personal; **Personalausstattung** F recursos *pl* humanos (disponibles); **Personalausweis** M *sp* documento *m* nacional (*umg* carnet *m*) de identidad; *Am* cédula *f* personal; **Personalberater** M, **Personalberaterin** F consultor *m*, -a *f* (*od* asesor *m*, -a *f*) de personal; **Personalbestand** M WIRTSCH plantilla *f* (de personal); nómina *f*; MIL efectivo *m*; **Personalbüro** N oficina *f* de personal; **Personalchef** M, **Personalchefin** F jefe *m*, -a *f* de personal (*od* de recursos humanos); **Personal Computer** M ordenador *m* (*Am* computadora *f*) personal; **Personaleingang** M entrada *f* de servicio; **Personaleinsatz** M destino *m* dado al personal; aplicación *f* de los recursos humanos; **Personaleinsparung** F ahorro *m* (*od* economía *f*) de personal; **Personalengpass** M escasez *f* de personal; **Personalentscheidung** F decisión *f* en materia de personal; **Personaletat** M presupuesto *m* para gastos de personal; **Personalführung** F gestión *f* de personal; **Personalgesellschaft** F sociedad *f* (de carácter) personalista
Perso'nalien PL datos *mpl* personales (*od* de identificación *od* de filiación); **j-s ~ aufnehmen** tomar los datos personales (*od* la filiación) de alg; **j-s ~ feststellen** comprobar los datos personales (*od* la identidad) de alg
Personali'sierung F ⟨~; ~en⟩ personalización *f*
Perso'nalknappheit F carestía *f* (*od* escasez *f od* falta *f*) de personal; **Personalkosten** PL → Personalausgaben; **Personalkredit** M crédito *m* personal; **Personalkürzung** F recorte *m* (*od* reducción *f*) de personal; **Personalleiter** M, **Personalleiterin** F jefe *m*, -a *f* de personal (*od* de recursos humanos); **Personalmangel** M escasez *f* de personal; **Personalmittel** PL medios *pl* para el personal; **Personalnot** F (gran) penuria *f* de personal; **Personalnotstand** F carencia *f* casi absoluta de personal; **Personalplanung** F planificación *f* (en materia) de personal; **Personalpolitik** F política *f* de personal (*od* de recursos humanos); **personalpolitisch** ADJ político-personal; **Personalpronomen** N GRAM pronombre *m* personal; **Personalrat** M **1** *Organ*: consejo *m* del personal **2** *Person*: miembro *m* del consejo de personal; **Personalrätin** F miembro *f* del consejo de personal; **Personalreduzierung** F reducción *f* (*od* disminución *f*) de personal; **Personalstand** M efectivos *pl* humanos; *Am* plantilla *f* (de personal), nómina *f*; **Personalsteuer** F impuesto *m* personal; **Personalüberhang** M exceso *m* de personal; **Personalunion** F unión *f* personal; **Personalvertreter** M, **Personalvertreterin** F delegado *m*, -a *f* (*od* representante *m/f*) del personal; **Personalvertretung** F representación *f* del personal; **Personalvorstand** M ≈ director *m* de personal; **Personalwesen** N personal *m*, recursos *mpl* humanos; *Verwaltung* administración *f* de personal; **Personalwohnung** F piso *m* (*od* vivienda *f*) para el personal
per'sona non 'grata F ⟨~⟩ persona *f* no grata
perso'nell ADJ **A** ADJ personal **B** ADV con respecto al personal; **wir sind ~ unterbesetzt** no estamos completos, nos falta personal
Per'sonenaufzug M ascensor *m*; **Personenbeförderung** F transporte *m* de viajeros; **Personenbeschreibung** F reseña *f*; señas *fpl* personales; **personenbezogen** ADJ relativo (*od* referido) a la(s) persona(s); **Personengesellschaft** F WIRTSCH sociedad *f* personalista; **Personenkontrolle** F control *m* de las personas; **Personenkraftwagen** M (automóvil *m* de) turismo *m*; **Personenkreis** M círculo *m* de personas; **Personenkult** M POL culto *m* a la personalidad; **Personennahverkehr** M **öffentlicher ~** transporte *m* público (de pasajeros) de cercanías; transporte *m* público urbano; **Personenschaden** M daño *m* (*od* desgracia *f*) personal; **Personenstand** M estado *m* civil; **Personenstandsregister** N registro *m* civil; **Personenverkehr** M tráfico *m* de viajeros; **freier ~** libre circulación *f* de las personas; **Personenverzeichnis** N lista *f* de personal; THEAT personajes *mpl*; **Personenwaage** F báscula *f*; **Personenwagen** M BAHN coche *m* de viajeros; AUTO (automóvil *m* de) turismo *m*; **Personenzug** M BAHN tren *m* de viajeros (*od* de pasajeros)
Personifikati'on F ⟨~⟩ personificación *f*; **personifi'zieren** VT ⟨*ohne* ge-⟩ personificar; personalizar (*a.* GRAM); **personifi'ziert** ADJ en persona; **Personifi'zierung** F ⟨~; ~en⟩ → Personifikation
per'sönlich **A** ADJ personal; individual; (*privat*) particular; (*leibhaftig*) en persona; **~e Anspielung** alusión *f* personal; **~e Freiheit** libertad *f* individual; **ich ~** yo personalmente; por mi parte; en cuanto a mí; **(j-m gegenüber) ~ werden** hacer alusiones personales (a alg) **B** ADV en persona; personalmente; *bes* JUR a título personal; **etw ~ abgeben** entregar personalmente (*od* en propia mano) a/c; **~ erscheinen** personarse; hacer acto de presencia; **~ haften** responder personalmente (*od* con su persona) (**für** de); **etw ~ nehmen** sentirse (*od* darse por) aludido por a/c
Per'sönlichkeit F ⟨~; ~en⟩ personalidad *f*; (*bedeutender Mensch*) *a.* personaje *m*; (*Eigenart*) individualidad *f*
Per'sönlichkeitsbild N imagen *f* (*od* cuadro *m*) de la personalidad; **Persönlichkeitsentwicklung** F desenvolvimiento *m* de la personalidad; **Persönlichkeitsrecht** N derecho *m* de la personalidad; **Persönlichkeitsspaltung** F desdoblamiento *m* de la personalidad; **Persönlichkeitsstörung** F PSYCH trastorno *m* de la personalidad
Perspek'tive [perspek'tiːvə] F ⟨~; ~n⟩ perspectiva *f* (*a. fig*); **neue ~n eröffnen sich** se abren nuevas perspectivas; **perspektivisch** ADJ perspectivo; MAL **~e Verkürzung** escorzo *m*; **perspektivlos** ADJ carente de perspectivas; sin perspectivas; **Perspektivlosigkeit** F falta *f* de perspectivas
Pe'ru N el Perú
Peru'aner M ⟨~s; ~⟩, **Peruanerin** F ⟨~; ~nen⟩ peruano *m*, -a *f*; **peruanisch** ADJ peruano
Pe'rücke F ⟨~; ~n⟩ peluca *f*; *kleine*: peluquín *m*; **Perückenmacher** M, **Perückenmacherin** F peluquero *m*, -a *f*
per'vers ADJ perverso
Perversi'on F ⟨~; ~en⟩ perversión *f*; **Perversi'tät** F ⟨~; ~en⟩ perversidad *f*; **Perver'tierung** F ⟨~; ~en⟩ perversión *f*, degeneración *f*, depravación *f*
Pe'seta F ⟨~; Peseten⟩, **Pesete** F ⟨~; ~n⟩ HIST peseta *f*, *umg* pela *f*
Pes'sar N ⟨~s; ~e⟩ MED pesario *m*
Pessi'mismus M ⟨~⟩ pesimismo *m*; **Pessimist** M ⟨~en; ~en⟩, **Pessimistin** F ⟨~; ~nen⟩ pesimista *m/f*; **pessimistisch** ADJ pesimista
Pest F ⟨~⟩ MED peste *f* (*a. fig*); *umg* **j-n/etw hassen wie die ~** odiar a alg/a/c como la muerte; *umg* **j-n wie die ~ meiden** huir de alg como de la peste; *umg fig* **j-m die ~ an den Hals wünschen** abominar de alg; *umg* **wie die ~ stinken** *umg* oler a cuerno quemado
'pestartig ADJ pestífero; pestilente; pestilencial; **Pestbeule** F MED bubón *m* pestoso; **Pesthauch** M emanación *f* pestilencial; miasma *m*
Pesti'zid N ⟨~s; ~e⟩ pesticida *m*, plaguicida *m*
'pestkrank ADJ atacado de la peste; **Pestkranke** M/F apestado *m*, -a *f*
Peter EIGENN M **1** *Vorname*: Pedro *m* **2** *Kartenspiel*: **Schwarzer ~** juego *m* del tizne; *fig* **j-m den schwarzen ~ zuschieben** *umg* cargar el mochuelo (*umg* el muerto) a alg
Peter'silie [-liə] F BOT ⟨~⟩ perejil *m*
'Peterskirche F Basílica *f* de San Pedro
Pe'tit F ⟨~⟩ TYPO letra *f* de ocho puntos
Petiti'on F ⟨~; ~en⟩ petición *f*, súplica *f*; solicitud *f*
Petiti'onsrecht N derecho *m* de petición; **Petitionsweg** M **auf dem ~** por vía de solicitud
'Petri 'Heil INT ¡buena pesca!
'Petrochemie F petroquímica *f*; **petrochemisch** ADJ petroquímico; **Petrodollar** M petrodólar *m*
Pe'troleum [-leʊm] N ⟨~s⟩ petróleo *m*; **petroleumhaltig** ADJ petrolífero; **Petroleumkocher** M infernillo *m* de petróleo; **Petroleumlampe** F lámpara *f* de petróleo
'Petrus EIGENN M *Apostel*: San Pedro *m*
'petto: **etw in ~ haben** tener a/c en reserva (*od* en cartera); traer a/c en la manga
Pe'tunie [-niə] F ⟨~; ~n⟩ BOT petunia *f*
Petz M *umg* **Meister ~** oso *m*
'Petze F ⟨~; ~n⟩ *umg* → Petzer
'petzen VI *umg* chivar, chivatear; dar el soplo (*od* chivatazo)
'Petzer M ⟨~s; ~⟩ *umg* soplón *m*, chivato *m*, acusica *m*
Pf ABK (Pfennig) HIST pfennig *m*
Pfad M ⟨~(e)s; ~e⟩ senda *f*; sendero *m*; IT vía *f*, ruta *f*, camino *m*; **ausgetretener ~** camino *m* trillado (*a. fig*)
'Pfadfinder M **1** *allg* explorador *m* **2** *Mitglied der Jugendorganisation*: (boy-)scout *m*; **Pfadfin-**

derbewegung F escultismo *m*; **Pfadfinderin** F exploradora *f*; scout *f*; **Pfadfinderschaft** F ⟨~⟩ movimiento *m* scout; escultismo *m*
'Pfadname M IT nombre *m* de la ruta (*od* del camino)
'Pfaffe M ⟨~n; ~n⟩ *pej* cura *m*; clerizonte *m* *pej*; **'Pfaffentum** N ⟨~s⟩ *pej* clericalismo *m*; *pej* clerigalla *f*
'pfäffisch ADJ *pej* clerical
Pfahl M ⟨~(e)s; ¨~e⟩ palo *m*; piquete *m*; (*Absteckpfahl*) jalón *m*; ARCH (*Grundpfahl*) pilote *m*; (*Zaunpfahl*) estaca *f*; AGR (*Stützpfahl*) rodrigón *m*; **'Pfahlbau** M ⟨~(e)s; ~ten⟩ palafito *m*; HIST **~ten** *mpl a.* construcciones *fpl* (*od* aldeas *fpl*) lacustres; **'Pfahlbrücke** F puente *m* sobre pilotes
'pfählen V/T **1** *Bäume, Reben* rodrigar **2** *als Todesstrafe*: empalar
'Pfahlmuschel F ZOOL mejillón *m*; **Pfahlramme** F TECH martinete *m* para hincar pilotes; **Pfahlrost** M ARCH emparrillado *m* de pilotes; **Pfahlwerk** N ARCH zampeado *m*; estacada *f*; empalizada *f* (*a.* MIL); **Pfahlwurzel** F BOT raíz *f* pivotante; **Pfahlzaun** M estacada *f*; empalizada *f*
Pfalz F **1** GEOG **die ~** el Palatinado **2** HIST palacio *m* (imperial); **'Pfalzgraf** M conde *m* palatino
'pfälzisch ADJ palatino
Pfand N ⟨~(e)s; ¨~er⟩ **1** prenda *f* (*a. beim Spiel*); **als ~ geben/nehmen** dar/tomar en prenda; **als ~ für** en prenda de; **auf ~ leihen/borgen** prestar/tomar sobre una prenda **2** (*Sicherheit*) fianza *f*; garantía *f* **3** (*Flaschenpfand*) depósito *m*; **diese Flasche kostet (kein) ~** esta botella (no) lleva depósito
'pfändbar ADJ embargable; **Pfändbarkeit** F ⟨~⟩ embargabilidad *f*
'Pfandbrief M HANDEL cédula *f* hipotecaria
'pfänden V/T JUR embargar
'Pfänderspiel N juego *m* de prendas
'Pfandflasche F botella *f* retornable; **Pfandgläubiger** M, **Pfandgläubigerin** F acreedor *m*, -a *f* pignoraticio, -a; **Pfandhaus** N, **Pfandleihe** F monte *m* de piedad; casa *f* de empeño; *Am a.* prendería *f*; montepío *m*; **Pfandleiher** M, **Pfandleiherin** F prestamista *m/f* (sobre prendas); **Pfandrecht** N derecho *m* prendario; **Pfandsache** F prenda *f*; objeto *m* pignorado; **Pfandschein** M papeleta *f* de empeño; resguardo *m* de prenda; **Pfandschuld** F deuda *f* pignoraticia; **Pfandschuldner** M, **Pfandschuldnerin** F deudor *m*, -a *f* pignoraticio, -a; **Pfandsicherheit** F garantía *f* (*od* seguridad *f*) prendaria
'Pfändung F ⟨~; ~en⟩ JUR embargo *m*
'Pfändungsbefehl M orden *f* de embargo; **Pfändungsbeschluss** M auto *m* de embargo; **pfändungsfrei** ADJ inembargable; **Pfändungsgläubiger** M, **Pfändungsgläubigerin** F acreedor *m*, -a *f* embargante; **Pfändungsschuldner** M, **Pfändungsschuldnerin** F (deudor *m*, -a *f*) embargado *m*, -a *f*
'Pfanne F ⟨~; ~n⟩ **1** (*Bratpfanne*) sartén *f*; **eine ~ voll** una sartenada *f* **2** TECH caldera *f* **3** (*Dachpfanne*) teja *f* **4** ANAT (*Gelenkpfanne*) cavidad *f* cotiloidea, cotila *f* **5** *umg fig* **j-n in die ~ hauen** *umg* cargarse a alg; hacer polvo a alg
'Pfannenstiel M mango *m* de la sartén
'Pfannkuchen M GASTR crepe *m*; **Berliner ~** buñuelo *m* berlinés
'Pfarramt N curato *m*; rectoría *f*, parroquia *f*; **Pfarrbezirk** M parroquia *f*
'Pfarre F ⟨~; ~n⟩, **Pfar'rei** F ⟨~; ~en⟩ parroquia *f*
'Pfarrer M ⟨~s; ~⟩ KATH cura *m*; (*Gemeindepfarrer*) *a.* párroco *m*, rector *m*; PROT pastor *m*; **Pfarrerin** F ⟨~; ~nen⟩ PROT pastora *f* (protestante *od* evangélica)
'Pfarrfest N fiesta *f* de la parroquia (*od* parroquial); **Pfarrfrau** F PROT esposa *f* del pastor; **Pfarrgemeinde** F parroquia *f*, feligresía *f*; **Pfarrgottesdienst** M oficios *mpl* religiosos parroquiales; **Pfarrhaus** N casa *f* rectoral (*od* parroquial); **Pfarrhof** M casa *f* (rural) del párroco; **Pfarrkind** N parroquiano *m*, feligrés *m*; **Pfarrkirche** F iglesia *f* parroquial; **Pfarrstelle** F curato *m*; **Pfarrvikar** M vicario *m* (párroco)
Pfau M ⟨~(e)s; ~en⟩ ORN pavo *m* real; *fig* **sich wie ein ~ spreizen** pavonearse
'Pfauenauge N *Schmetterling*: pavón *m*; **Pfauenfeder** F pluma *f* de pavo real; **Pfauenhenne** F pava *f* real
Pfd. ABK (Pfund) libra *f*
'Pfeffer M ⟨~s⟩ BOT, *Gewürz* pimienta *f*; **gemahlener ~** pimienta *f* molida (*od* en polvo); **schwarzer/weißer ~** pimienta *f* negra/blanca; **mit ~ und Salz bestreuen** salpimentar; *fig* **er soll hingehen** *od* **bleiben, wo der ~ wächst!** ¡que se vaya al diablo (*od* al cuerno)!; **ich wollte, sie wäre da, wo der ~ wächst** desería verla a cien leguas de aquí
'Pfeffergurke F pepinillo *m* en vinagre; **pfefferig** ADJ pimentado; **Pfefferkorn** N grano *m* de pimienta; **Pfefferkuchen** M pan *m* de especias
'Pfeffer'minz[1] ⟨*ohne art, inv*⟩ BOT menta *f*
'Pfeffer'minz[2] N ⟨~es; ~e⟩, **Pfefferminzbonbon** M, N caramelo *m* de menta
'Pfeffer'minze F BOT ⟨~⟩ menta *f*, hierbabuena *f*; **Pfefferminzpastille** F, **Pfefferminzplätzchen** N pastilla *f* de menta; **Pfefferminztee** M infusión *f* de menta (*od* de hierbabuena)
'Pfeffermühle F molino *m* de pimienta
'pfeffern V/T **1** echar pimienta, condimentar con pimienta **2** *umg fig* tirar (violentamente) **3** → gepfeffert
'Pfeffernuss F panecillo *m* de especias; **Pfefferplantage** F pimental *m*; **Pfeffersteak** N GASTR bistec *m* a la pimienta; **Pfefferstrauch** M BOT pimentero *m*; **Pfefferstreuer** M pimentero *m*
'pfeffrig → pfefferig
'Pfeife F ⟨~; ~n⟩ **1** (*Trillerpfeife*) pito *m*, silbato *m*; MUS pífano *m*; (*Orgelpfeife*) tubo *m* (*od* cañón *m*) de órgano; *fig* **nach j-s ~ tanzen** llevar la corriente a alg **2** (*Tabakspfeife*) pipa *f*; **~ rauchen** fumar (en) pipa **3** *umg pej Person*: inútil *m*; *umg* caso *m*
'pfeifen A V/T **1** MUS *Lied* silbar; *umg fig* **ich werd' dir was ~!** ¡ni hablar!; *umg* ¡ya puedes esperar sentado! **2** SPORT *Foul* pitar **B** V/I **1** *allg* silbar (*a. fig Wind, Kugel etc*); *Schiedsrichter* pitar (*a.* THEAT *etc*); tocar el pito **2** *umg fig* **auf etw** (*acus*) **pfeifen** *umg* pasar de a/c; *umg fig* **ich pfeife darauf** *umg* me importa un pito (*od* un bledo)
'Pfeifen N ⟨~s⟩ silbido *m*; toque *m* de silbato
'pfeifend ADJ silbador; sibilante (*a.* MED)
'Pfeifendeckel M tapa(dera) *f* de la pipa; *int* **~!** *umg* ¡narices!; **Pfeifenkopf** M cabeza *f* de (la) pipa, cazoleta *f*; **Pfeifenraucher** M, **Pfeifenraucherin** F fumador *m*, -a *f* de pipa; **Pfeifenreiniger** M escobilla *f* limpiapipas; **Pfeifenspitze** F boquilla *f*; **Pfeifenständer** M portapipas *m*; **Pfeifenstopfer** M cargapipas *m*; **Pfeifentabak** M tabaco *m* de pipa; *grober*: picadura *f*; **Pfeifenwerk** N MUS *e-r Orgel*: cañonería *f*, tubería *f*
'Pfeifer M ⟨~s; ~⟩, **Pfeiferin** F ⟨~; ~nen⟩ silbador *m*, -a *f*; MUS pífano *m/f*
'Pfeifkessel M olla *f* (*bzw* hervidor *m*) con silbato; **Pfeifkonzert** N *bes* THEAT pitadas *fpl*; abucheo *m*; **Pfeifton** M silbido *m*
Pfeil M ⟨~(e)s; ~e⟩ flecha *f* (*a. Richtungsweiser u.* IT); saeta *f*; (*Wurfpfeil*) dardo *m*; **einen ~ abschießen** disparar (*od* lanzar) una flecha; *fig* **wie ein ~ losschießen** partir como una flecha; *umg* salir disparado como una flecha
'Pfeiler M ⟨~s; ~⟩ pilar *m* (*a. fig*); (*Stützpfeiler*) puntal *m* (*a. fig*); (*Wandpfeiler*) pilastra *f*; (*Fensterpfeiler, Türpfeiler*) jamba *f*; (*Brückenpfeiler*) pila *f*
'Pfeilflügel M FLUG ala *f* en flecha; **pfeilförmig** ADJ en forma de flecha; sagital; **pfeilgerade** ADJ & ADV derecho como una flecha; **Pfeilgift** N curare *m*; **Pfeilkraut** N BOT sagitaria *f*; **Pfeilrichtung** F dirección *f* de la flecha; **pfeilschnell** ADJ & ADV (rápido) como una flecha; **Pfeilschuss** M flechazo *m*; **Pfeilschütze** M arquero *m*; saetero *m*; **Pfeilspitze** F punta *f* de flecha; **Pfeiltaste** F IT tecla *f* de flecha; **Pfeilverzahnung** F TECH dentado *m* angular; **Pfeilwurz(el)** F BOT arrurruz *m*
'Pfennig M ⟨~s; ~e⟩ HIST *Deutschland*: pfennig *m*; *fig* céntimo *m*; *Am* centavo *m*; **keinen ~ haben** no tener un duro; estar sin un cuarto; **nicht einen ~ wert sein** no valer un céntimo; **auf den ~ genau** hasta la última peseta; **mit jedem ~ rechnen (müssen), jeden ~ umdrehen müssen** no atar los perros con longanizas; *umg fig* **auf den ~ sehen** mirar la peseta; *sprichw* **wer den ~ nicht ehrt, ist des Talers nicht wert** muchos pocos hacen un mucho
'Pfennigabsatz M tacón *m* de aguja (*od* alfiler); **Pfennigfuchser** M ⟨~s; ~⟩ *pej* tacaño *m*; cicatero *m*; roñoso *m*; **Pfennigfuchserei** F ⟨~⟩ *pej* tacañería *f*; cicatería *f*; roñería *f*; **Pfennigfuchserin** F ⟨~; ~nen⟩ *pej* tacaña *f*; cicatera *f*; roñosa *f*
Pferch M ⟨~(e)s; ~e⟩ aprisco *m*, redil *m*; majada *f*
'pferchen V/T apriscar (in *acus* en); *fig* embanastar; hacinar
Pferd [-eː-] N ⟨~(e)s; ~e⟩ **1** caballo *m* (*a. Schach*); montado; **ein ~ reiten** montar un caballo; **aufs ~ steigen** montar a caballo; **vom ~ steigen** desmontar (del caballo); descabalgar; echar pie a tierra; **zu ~e** a caballo **2** *fig* **das beste ~ im Stall** lo mejor que tenemos; **das ~ beim Schwanz aufzäumen** empezar la casa por el tejado, poner el carro delante de los bueyes; **aufs falsche ~ setzen** errar el tiro; *umg fig* **wie ein ~ arbeiten** trabajar como un negro; **mit ihm/ihr kann man ~e stehlen** es un chico estupendo/una chica estupenda; *umg* vale para todo; **keine zehn ~e brächten mich dazu** por nada del mundo lo haría; *umg* **ich glaub', mich tritt ein ~!** si no lo veo, no lo creo; pero, ¿estás loco (*bzw* estáis/están locos) o qué? **3** *Turngerät*: potro *m*
'Pferdeapfel M bosta *f* (*od* cagajón *m*) de caballo; **Pferdebremse** F ZOOL *Insekt*: tábano *m*; **Pferdedecke** F manta *f* para caballos; *verzierte*: gualdrapa *f*; **Pferdedieb** M, **Pferdediebin** F cuatrero *m*, -a *f*; **Pferdedroschke** F *hist* coche *m* de punto; *Am* victoria *f*; **Pferdefleisch** N carne *f* de caballo; **Pferdefuhrwerk** N vehículo *m* hipomóvil; carro *m* (con tiro) de caballos
'Pferdefuß M **1** pie *m* equino **2** *fig* inconveniente *m*; **die Sache hat einen ~** la cosa tiene su pero
'Pferdefutter N forraje *m*; **Pferdegebiss** N *umg* dentadura *f* de caballo; **Pferdegeschirr** N montura *f*; arnés *m*, arreos *mpl*; **Pferdegespann** N tiro *m* de caballos;

Pferdehandel M comercio *m* en caballos; **Pferdehändler** M, **Pferdehändlerin** F tratante *m/f* en caballos; chalán *m*, -ana *f*; **Pferdehuf** M casco *m* de caballo; **Pferdeknecht** M mozo *m* de cuadra; **Pferdekoppel** F dehesa *f* caballar; **Pferdekur** F *fig* cura *f* de caballo; **Pferdelänge** F SPORT largo *m* de caballo; **um zwei ~n siegen** ganar por dos largos (*od* cuerpos); **Pferdemarkt** M mercado *m* de caballerías; **Pferdemetzgerei** F carnicería *f* caballar; **Pferdenatur** F *fig* **eine ~ haben** ser fuerte como un roble; **Pferdepfleger** M mozo *m* de caballos; **Pferderasse** F raza *f* caballar; **Pferderennbahn** F hipódromo *m*; **Pferderennen** N carrera *f* de caballos; **Pferdeschwanz** M cola *f* de caballo (*a. Frisur*); **Pferdesport** M hipismo *m*, deporte *m* hípico (*od* ecuestre); **Pferdestall** M cuadra *f*, caballeriza *f*; **Pferdestärke** F TECH caballo *m* de vapor; **Pferdestriegel** M bruza *f*, almohaza *f*; **Pferdewagen** M coche *m* de caballos; **Pferdewechsel** M cambio *m* de tiro; **Pferdezucht** F cría *f* caballar; **Pferdezüchter** M, **Pferdezüchterin** F, -a *f* criador *m* de caballos

'Pferdsprung M *Turnen*: salto *m* de potro

pfiff → pfeifen

Pfiff M ⟨~(e)s; ~e⟩ **1** silbido *m*; pitada *f*; pitido *m* **2** *fig* truco *m*; artimaña *f*; último toque *m*; **mit ~** con garbo (*od* salero); **den ~ heraushaben** conocer el truco

'Pfifferling M ⟨~s; ~e⟩ BOT rebozuelo *m*; cantarelo *m*; *fig* **das ist keinen ~ wert** *umg* eso no vale un comino (*od* un pimiento)

'pfiffig ADJ astuto; ladino; socarrón; *umg* cuco; **eine ~e Lösung** una solución original; **Pfiffigkeit** F ⟨~⟩ astucia *f*; socarronería *f*; *umg* cuquería *f*

'Pfiffikus M *umg* vivo *m*, vivales *m*

'Pfingstbewegung F REL pentecostalismo *m*

'Pfingsten N ⟨~; ~⟩ *od* PL (Pascua *f* de) Pentecostés *m*; **an** *od* **zu ~** en Pentecostés; **Pfingstferien** PL vacaciones *fpl* de Pentecostés; **Pfingstfest** N → Pfingsten; **Pfingstler** M ⟨~s; ~⟩, **Pfingstlerin** F ⟨~; ~nen⟩ REL pentecostalista *m/f*; **Pfingst'montag** M Lunes *m* de Pascua Granada; **Pfingstochse** M *umg* **herausgeputzt wie ein ~** vestido de tiros largos; adornado como jaca en feria; **Pfingstrose** F BOT peonía *f*; **Pfingst'sonntag** M domingo *m* de Pentecostés

'Pfirsich M ⟨~(e)s; ~e⟩ BOT melocotón *m*; *Am* durazno *m*; **Pfirsichbaum** M melocotonero *m*; *Am* duraznero *m*; **Pfirsichkern** M almendra *f* del melocotón

'Pflänzchen N ⟨~s; ~⟩ **1** BOT plantita *f*; plantón *m* **2** *fig* tipo *m*; *iron* **ein nettes ~!** ¡buena alhaja!

'Pflanze F ⟨~; ~n⟩ **1** BOT planta *f*, vegetal *m* **2** *umg fig* tipo *m*

'pflanzen[1] **A** V/T plantar; cultivar **B** V/R *umg fig* **sich ~** plantarse

'pflanzen[2] V/T *österr* **j-n ~** (*veralbern*) tomar el pelo a alg

'Pflanzen N ⟨~s⟩ plantación *f*

'Pflanzenart F variedad *f* de planta (*od* vegetal); **Pflanzenbau** M ⟨~(e)s⟩ cultivo *m* de plantas; producción *f* vegetal; **Pflanzenbeschreibung** F fitografía *f*; **Pflanzenbiologie** F fitobiología *f*; **Pflanzendecke** F capa *f* (*od* cubierta *f*) vegetal; **Pflanzeneiweiß** N proteína *f* vegetal; **Pflanzenfaser** F fibra *f* vegetal; **Pflanzenfett** N grasa *f* vegetal

'pflanzenfressend ADJ, **Pflanzen fressend** ADJ herbívoro; *fachspr* fitófago

'Pflanzenfresser M ZOOL herbívoro; *fachspr* fitófago *m*; **Pflanzengeografie** F, **Pflanzengeographie** F fitogeografía *f*; **Pflanzengift** N veneno *m* vegetal; **Pflanzenkost** F alimentación *f* vegetal; régimen *m* vegetariano; **Pflanzenkunde** F ⟨~⟩ botánica *f*; **Pflanzenöl** N aceite *m* vegetal; **Pflanzenreich** N reino *m* vegetal; **Pflanzensammlung** F herbario *m*; **Pflanzenschädling** M parásito *m* de los cultivos; plaga *f* vegetal; **Pflanzenschutz** M protección *f* de las plantas; **Pflanzenschutzmittel** N *allg* producto *m* fitosanitario; (*Schädlingsbekämpfungsmittel*) pesticida *m*; (*Unkrautvernichtungsmittel*) herbicida *m*; **Pflanzensorte** F especie *f* vegetal; **Pflanzentier** N ZOOL zoófito *m*; **Pflanzenwelt** F mundo *m* vegetal; **Pflanzenwuchs** M vegetación *f*; **Pflanzenzüchter** M, **Pflanzenzüchterin** F fitogenetista *m/f*; **Pflanzenzüchtung** F fitogenética *f*

'Pflanzer M ⟨~s; ~⟩, **Pflanzerin** F ⟨~; ~nen⟩ plantador *m*, -a *f*; **Pflanzholz** N plantador *m*

'pflanzlich ADJ vegetal

'Pflänzling M ⟨~s; ~e⟩ plantón *m*

'Pflanzmaschine F plantadora *f*; **Pflanzschule** F plantel *m*; semillero *m*; **Pflanzstätte** F *fig* semillero *m*; **Pflanzung** F ⟨~; ~en⟩ plantación *f*; plantío *m*

'Pflaster N ⟨~s; ~⟩ **1** MED emplasto *m*; parche *m*; (*Heftpflaster*) esparadrapo *m* **2** (*Straßenpflaster*) pavimento *m*; (*Kopfsteinpflaster*) empedrado *m*, adoquinado *m*; *fig* **(das) ~ treten** callejear; *fig* **Madrid ist ein teures ~** la vida es cara en Madrid

'Pflasterarbeit F obras *fpl* de pavimentación; **Pflasterer** M ⟨~s; ~⟩, **Pflastererin** F ⟨~; ~nen⟩ empedrador *m*, -a *f*

'pflastern V/T pavimentar; *mit Kopfstein*: empedrar, adoquinar

'Pflastern N ⟨~s⟩ empedrado *m*, adoquinado *m*; pavimentación *f*; **Pflasterstein** M adoquín *m*; **Pflasterung** F ⟨~; ~en⟩ → Pflastern

'Pflaume F ⟨~; ~n⟩ **1** BOT ciruela *f*; **getrocknete ~** ciruela *f* pasa **2** *umg pej* (*Versager(in)*) *umg* melón *m*, -ona *f*

'pflaumen V/I *umg* bromear, *umg* chungearse

'Pflaumenbaum M BOT ciruelo *m*; **Pflaumenkompott** N compota *f* de ciruelas; **Pflaumenkuchen** M tarta *f* de ciruelas; **Pflaumenmarmelade** F mermelada *f* de ciruela; **Pflaumenmus** N dulce *m* de ciruela

'pflaumenweich ADJ blando como una ciruela; *umg fig* blandengue

'Pflege F ⟨~⟩ **1** *e-r Person*: cuidado(s) *m(pl)*; (*Krankenpflege*) asistencia *f*; (*Körperpflege*) aseo *m*; **in ~ nehmen** hacerse cargo (de); *Kind a.* tomar al cuidado; **in ~ geben** *Kind* dar a criar; **gute ~ haben** estar bien cuidado (*od* atendido) **2** (*Förderung*) fomento *m*; *fig der Künste etc*: cultivo *m* **3** TECH conservación *f*; mantenimiento *m*, entretenimiento *m*

'pflegebedürftig ADJ que necesita cuidados; *Person a.* dependiente (de cuidados permanentes); **Pflegebedürftigkeit** F dependencia *f* (de cuidados permanentes)

'Pflegebefohlene M/F ⟨~n; ~n; → A⟩ persona *f* bajo curatela; (*Mündel*) pupilo *m*, -a *f*; **Pflegeberuf** M profesión *f* de cuidador; profesión *f* (de la rama) asistencial; **Pflegebett** N cama *f* para dependientes; **Pflegedienst** M **ambulanter ~** asistencia *f* ambulante; **Pflegeeinrichtung** F residencia *f*, establecimiento *m* de dependientes; **Pflegeeltern** PL padres *mpl* tutelares; **Pflegefall** M enfermo *m*, -a *f* que necesita cuidados continuos; **Pflegegeld** N pensión *f* para personas dependientes; **Pflegeheim** N (*Altenpflegeheim*) asilo *m*, residencia *f* asistida; **Pflegekasse** F caja *f* del seguro de dependencia; **Pflegekind** N niño *m* bajo curatela; niño *m* acogido; **Pflegekraft** F cuidador *m*, -a *f*; **pflegeleicht** ADJ *Stoff*. de fácil lavado; **Pflegeleistung** F asistencia *f* a personas dependientes; **Pflegemittel** N (*Waschmittel*) detergente *m*; **Pflegemutter** F ama *f* de cría

'pflegen **A** V/T & V/I **1** cuidar (j-n a alg; **etw** de a/c); atender a; *Kranke a.* asistir a; (*erhalten*) mantener, conservar; (*instand halten*) entretener **2** *Künste* fomentar; *Freundschaft a.* cultivar; **gute Beziehungen ~** mantener buenas relaciones (**mit** *dat* con) **3** **etw zu tun ~** tener la costumbre de hacer a/c, soler hacer a/c; **solche Streiche ~ schlecht auszugehen** tales bromas suelen acabar mal **B** V/R **sich ~** cuidarse (*a. fig*); asearse

'Pflegenotdienst M urgencias *fpl* (para personas dependientes); **Pflegenotstand** M estado *m* de emergencia en asistencia para dependientes; **Pflegeperson** F dependiente *m/f*; **Pflegepersonal** N cuidadores *pl*; personal *m* sanitario

'Pfleger M ⟨~s; ~⟩, **Pflegerin** F ⟨~; ~nen⟩ **1** MED cuidador *m*, -a *f* (*a. v. Tieren*); enfermero *m*, -a *f* **2** JUR curador *m*, -a *f* **3** (*Denkmalpfleger etc*) conservador *m*, -a *f*

'Pflegeversicherung F seguro *m* de dependencia

'pfleglich **A** ADJ cuidadoso **B** ADV cuidadosamente, con cuidado; **etw ~ behandeln** tratar a/c con cuidado

'Pflegling M ⟨~s; ~e⟩ → Pflegebefohlene; **Pflegschaft** F ⟨~; ~en⟩ JUR curaduría *f*; curatela *f*

Pflicht F ⟨~; ~en⟩ **1** deber *m*; (*Verpflichtung*) obligación *f*; **seine ~ tun** *od* **erfüllen** cumplir con su deber; **seine ~ versäumen** *od* **verletzen** faltar a su deber, *im Amt*: prevaricar; **es ist meine ~, zu …** (*inf*) es mi deber (*od* obligación) … (*inf*); **es sich** (*dat*) **zur ~ machen** *od* **es als seine ~ betrachten** (*inf*) considerar como su deber (*inf*); **das war seine ~ und Schuldigkeit** no ha hecho más que cumplir con su deber; **die ~ ruft** el deber me reclama **2** SPORT ejercicio *m* obligatorio

'Pflicht… IN ZSSGN *oft* obligatorio; **Pflichtaufgabe** F deber *m*; tarea *f* obligatoria; **Pflichtbeitrag** M cuota *f* obligatoria; **Pflichtberatung** F asesoramiento *m* obligatorio; orientación *f* obligatoria; **pflichtbewusst** ADJ consciente de su deber; formal; **Pflichtbewusstsein** N conciencia *f* del deber; formalidad *f*; **Pflichteifer** M celo *m*, empeño *m*; **pflichteifrig** ADJ celoso (de cumplir sus deberes); **Pflichterfüllung** F cumplimiento *m* del deber; **Pflichtexemplar** N ejemplar *m* destinado al depósito legal; *e-r Doktorarbeit etc*: ejemplar *m* obligatorio; **Pflichtfach** N UNIV asignatura *f* obligatoria; **Pflichtfigur** F SPORT *Eislauf*: figura *f* obligatoria; **Pflichtgefühl** N sentido *m* del deber

'pflichtgemäß **A** ADJ debido; obligatorio; prescrito **B** ADV debidamente; conforme a su deber; según su obligación; **pflichtgetreu** ADJ fiel a su deber; fiel cumplidor de sus obligaciones

'Pflichtprogramm N SPORT *Eislauf* programa *m* obligatorio; **Pflichtreserve** F reserva *f* obligatoria; **pflichtschuldig** **A** ADJ debido **B** ADV debidamente; como es debido;

Pflichtstunde F hora *f* (*od* clase *f*) obligatoria; **Pflichtteil** N JUR (parte *f*) legítima *f*; **pflichttreu** ADJ fiel a su deber; **Pflichttreue** F fiel cumplimiento *m* del deber; **Pflichtübung** F SPORT ejercicio *m* obligatorio; *fig* obligación *f*
'pflichtvergessen A ADJ olvidado (*od* descuidado) de sus deberes; (*treulos*) desleal; *im Amt*: prevaricador B ADV **~ handeln** faltar a su deber, *im Amt*: prevaricar; **Pflichtvergessenheit** F olvido *m* del deber; deslealtad *f*; *im Amt*: prevaricación *f*
'Pflichtverletzung F incumplimiento *m* del deber; *im Amt*: prevaricación *f*; **Pflichtversäumnis** N negligencia *f* en el cumplimiento del deber; **pflichtversichert** ADJ asegurado obligatoriamente; **Pflichtversicherung** F seguro *m* obligatorio; **Pflichtverteidiger** M, **Pflichtverteidigerin** F JUR defensor *m*, -a *f* (*od* abogado *m*, -a *f*) de oficio
'pflichtwidrig A ADJ contrario al deber B ADV **~ handeln** faltar al deber; obrar en contra de su deber; **Pflichtwidrigkeit** F deslealtad *f*
Pflock M ⟨~(e)s; ~̈e⟩ estaquilla *f*; (*Zapfen*) clavija *f*; (*Zeltpflock*) estaca *f*; *zum Abstecken*: jalón *m*; (*Dübel*) taco *m*; tarugo *m*
'pflücken V/T coger; *bes Am* recoger
'Pflücker M ⟨~s; ~⟩, **Pflückerin** F ⟨~; ~nen⟩ (re)cogedor *m*, -a *f*; recolector *m*, -a *f*; **Pflückmaschine** F recogedora *f* (de frutas); **pflückreif** ADJ *Frucht* cogedero; **Pflücksalat** M *ensalada que no forma cogollos, p.e. canónigos*
Pflug M ⟨~(e)s; ~̈e⟩ arado *m*
'pflügen V/T & V/I arar; **Pflügen** N ⟨~s⟩ aradura *f*; **Pflüger** M ⟨~s; ~⟩, **Pflügerin** F ⟨~; ~nen⟩ arador *m*, -a *f*
'Pflugschar F reja *f* (del arado); **Pflugsterz** M ⟨~es; ~e⟩ mancera *f*; esteva *f*
'Pfortader F ANAT vena *f* porta
'Pforte F ⟨~; ~n⟩ puerta *f* (principal)
'Pförtner M ⟨~s; ~⟩ 1 portero *m*; conserje *m* 2 ANAT píloro *m*; **Pförtnerhaus** N portería *f*; **Pförtnerin** F ⟨~; ~nen⟩ portera *f*; **Pförtnerloge** F, **Pförtnerwohnung** F portería *f*
'Pfosten M ⟨~s; ~⟩ poste *m*; (*Fensterpfosten, Türpfosten*) jamba *f*
'Pfote F ⟨~; ~n⟩ pata *f* (*a. umg Hand*); *umg* **~n weg!** ¡las manos quietas!
'Pfriem M ⟨~(e)s; ~e⟩ punzón *m*; (*Ahle*) lezna *f*
'Pfropf M ⟨~(e)s; ~e⟩ → Pfropfen¹
'pfropfen V/T 1 taponar; (*vollstopfen*) rellenar; *umg* (*hineinstopfen*) meter a la fuerza (**in** *acus* en); **gepfropft voll** rebosante; *mit Personen*: atestado; **der Saal war gepfropft voll** la sala estaba atestada (*od* repleta *od* hasta los topes) 2 AGR injertar
'Pfropfen¹ M ⟨~s; ~⟩ 1 tapón *m*; (*Korkpfropfen*) corcho *m* 2 MED (*Blutpfropfen*) trombo *m*; coágulo *m*
'Pfropfen² N ⟨~s⟩ AGR injerto *m*
'Pfropfmesser N AGR abridor *m*, navaja *f* de injertar; **Pfropfreis** N AGR injerto *m*; púa *f*
'Pfründe F ⟨~; ~n⟩ REL prebenda *f* (*a. fig*); *fig* (**fette**) **~** sinecura *f*, canonjía *f*; **Pfründner** M ⟨~s; ~⟩ REL prebendado *m*
pfui INT ¡puah!, ¡puf!; **~** (**Teufel** *od* **Spinne**)! ¡qué asco!; *fig moralisch* ¡qué vergüenza!; *zu Kindern*: **das ist ~!** ¡caca!
Pfund N ⟨~(e)s; ~e⟩ 1 *Gewicht*: medio kilo *m*; libra *f* (*ca. 460 g*); **ein ~ Salz** medio kilo de sal; *fig geh* **mit seinem ~e wuchern** aprovechar (*od* hacer valer) su talento 2 *Währung*: libra *f*; **~** (**Sterling**) libra *f* (esterlina)
'pfundig ADJ *umg* estupendo; *umg* de miedo, de aúpa; fenómeno
'Pfundskerl M *umg* **ein ~** un tío (*od* chico *od* tipo) estupendo
'pfundweise ADV por libras
Pfusch M ⟨~(e)s⟩, **'Pfuscharbeit** F 1 chapucería *f*, chapuza *f* 2 *reg* (*Mogelei, Betrug*) trampa *f*, fullería *f* 3 *österr* (*Schwarzarbeit*) trabajo *m* clandestino (*od umg* negro)
'pfuschen V/I chapucear; *umg* (*mogeln*) hacer trampas
'Pfuscher M ⟨~s; ~⟩ chapucero *m*; *reg* (*Mogler*) tramposo *m*
Pfusche'rei F ⟨~; ~en⟩ chapucería *f*, chapuza *f*; mamarrachada *f*, estropicio *m*
'Pfuscherin F ⟨~; ~nen⟩ chapucera *f*; *reg* (*Moglerin*) tramposa *f*
'Pfütze F ⟨~; ~n⟩ charco *m*
PH F ABK (Pädagogische Hochschule) ≈ Escuela *f* Normal Superior
'Phalanx F ⟨~; Phalangen⟩ MIL, *a. fig* falange *f*
'phallisch ADJ fálico
'Phallus M ⟨~; Phalli *od* Phallen *od* ~se⟩ falo *m*; **Phalluskult** M falismo *m*; **Phallussymbol** N símbolo *m* fálico
Phäno'men N ⟨~s; ~e⟩ fenómeno *m* (*a. fig*)
phänome'nal ADJ fenomenal; **phänomeno'logisch** ADJ fenomenológico
'Phänotyp M ⟨~s; ~en⟩, **Phänotypus** M ⟨~; Phänotypen⟩ BIOL fenotipo *m*
Phanta'sie, phanta'sieren *etc* → Fantasie, fantasieren *etc*
Phan'tasma N ⟨~s; Phantasmen⟩ fantasma *m*; **Phantasmago'rie** F ⟨~; ~n⟩ fantasmagoría *f*
Phan'tom N ⟨~s; ~e⟩ 1 (*Gespenst*) fantasma *m*; (*Trugbild*) visión *f* 2 MED (*Nachbildung*) modelo *m* anatómico; **Phantombild** N retrato-robot *m*
'Pharao M ⟨~s; ~nen⟩ HIST Faraón *m*
phara'onisch ADJ faraónico
Phari'säer M ⟨~s; ~⟩ *Bibel*: fariseo *m* (*a. fig*); **Pharisäertum** N ⟨~s⟩ fariseísmo *m*; **pharisäisch** ADJ farisaico (*a. fig*)
'Pharmabranche F ramo *m* farmacéutico; **Pharmafirma** F empresa *f* farmacéutica; **Pharmaindustrie** F industria *f* farmacéutica
Pharmako'loge M ⟨~n; ~n⟩ farmacólogo *m*; **Pharmakolo'gie** F ⟨~⟩ farmacología *f*; **Pharmako'login** F ⟨~; ~nen⟩ farmacóloga *f*; **pharmako'logisch** ADJ farmacológico
'Pharmareferent M, **Pharmareferentin** F representante *m/f* farmacéutico, -a; **Pharmariese** M *umg* gigante *m* farmacéutico
Pharma'zeut M ⟨~en; ~en⟩ farmacéutico *m*; **Pharmazeutik** F ⟨~⟩ farmacia *f*; **Pharmazeutin** F ⟨~; ~nen⟩ farmacéutica *f*; **pharmazeutisch** ADJ farmacéutico
Pharma'zie F ⟨~⟩ farmacia *f*
'Phase F ⟨~; ~n⟩ fase *f*; *fig a.* etapa *f*
'Phasendiagramm N diagrama *m* de fases; **Phasendifferenz** F diferencia *f* de fase; **phasengleich** ADJ en fase; **Phasenverschiebung** F desfasaje *m*, desfase *m*; **phasenweise** ADJ por (*od* en) fases; **Phasenzahl** F número *m* de fases
Phe'nol N ⟨~s⟩ CHEM fenol *m*
Phe'nyl N ⟨~s⟩ CHEM fenilo *m*
Philan'throp M ⟨~en; ~en⟩ filántropo *m*; **Philanthro'pie** F ⟨~⟩ filantropía *f*; **Philan'thropin** F ⟨~; ~nen⟩ filántropa *f*; **philan'thropisch** ADJ filantrópico
Philate'lie F ⟨~⟩ filatelia *f*; **Philate'list** M ⟨~en; ~en⟩, **Philate'listin** F ⟨~; ~nen⟩ filatelista *m/f*, filatélico *m*, -a *f*; **philate'listisch** ADJ filatélico
Philharmo'nie F ⟨~; ~n⟩ sociedad *f* (*bzw* orquesta *f*) filarmónica; *Gebäude*: auditorio *m*; **Philhar'moniker** M ⟨~s; ~⟩, **Philhar'monikerin** F ⟨~; ~nen⟩ filarmónico *m*, -a *f*; **philhar'monisch** ADJ filarmónico; **~es Orchester** orquesta *f* filarmónica
'Philipp EIGENN M 1 *Vorname*: Felipe *m* 2 *Königsname*: Felipe *m*; **König Philipp II** el rey Felipe Segundo
Phi'lippika F ⟨~; Philippiken⟩ *geh fig* filípica *f*
Philip'pinen PL **die ~** las Filipinas; **philippinisch** ADJ filipino
Phi'lister M ⟨~s; ~⟩ *Bibel*: filisteo *m*; *fig pej* burgués *m*; hombre *m* de miras estrechas; **philisterhaft** ADJ *fig pej* aburguesado; estrecho de miras
Philo'loge M ⟨~n; ~n⟩ filólogo *m*; **Philolo'gie** F ⟨~⟩ filología *f*; **Philo'login** F ⟨~; ~nen⟩ filóloga *f*; **philologisch** ADJ filológico
Philo'soph M ⟨~en; ~en⟩ filósofo *m*; **Philoso'phie** F ⟨~; ~n⟩ filosofía *f*; **philoso'phieren** V/I ⟨*ohne* ge-⟩ filosofar (**über** *acus* sobre); **Philo'sophin** F ⟨~; ~nen⟩ filósofa *f*; **philo'sophisch** ADJ filosófico
Phi'mose F ⟨~; ~n⟩ MED fimosis *f*
Phi'ole F ⟨~; ~n⟩ redoma *f*; frasquito *m*; CHEM matraz *m*
Phishing ['fɪʃɪŋ] N INTERNET phishing *m*
'Phlegma N ⟨~s⟩ flema *f*; calma *f*; *umg* pachorra *f*, cachaza *f*
Phleg'matiker M ⟨~s; ~⟩, **Phlegmatikerin** F ⟨~; ~nen⟩ flemático *m*, -a *f*; **phlegmatisch** ADJ flemático; calmoso
Phleg'mone F ⟨~; ~n⟩ MED flemón *m*
'pH-neutral ADJ pH neutral
Pho'bie F ⟨~; ~n⟩ PSYCH fobia
Phon N, **Fon** N ⟨~s; ~s *od* ~⟩ fono *m*
Pho'nem N, **Fo'nem** N ⟨~s; ~e⟩ fonema *m*
'Phonendoskop N MED fonendoscopio *m*
Pho'netik F, **Fo'netik** F ⟨~⟩ fonética *f*
Pho'netiker M, **Fo'netiker** M ⟨~s; ~⟩
Pho'netikerin F, **Fo'netikerin** F ⟨~; ~nen⟩ fonetista *m/f*
pho'netisch ADJ, **fo'netisch** ADJ fonético
'Phönix M ⟨~(es); ~e⟩ MYTH Fénix *m* (*a. fig*); *fig* **wie ein ~ aus der Asche erstehen** renacer de sus cenizas (como el ave Fénix)
Phö'nizien N HIST Fenicia *f*; **Phönizier** M ⟨~s; ~⟩, **Phönizierin** F ⟨~; ~nen⟩ fenicio *m*, -a *f*; **phönizisch** ADJ fenicio
Phono'gramm N, **Fono'gramm** ⟨~s; ~e⟩ fonograma *m*
Phono'logie F, **Fono'logie** F ⟨~⟩ fonología *f*
phono'logisch ADJ, **fono'logisch** ADJ fonológico
Phono'meter N, **Fono'meter** N ⟨~s; ~⟩ fonómetro *m*
Phono'metrie F, **Fono'metrie** F ⟨~⟩ fonometría *f*
Phono'thek F, **Fono'thek** F ⟨~; ~en⟩ fonoteca *f*
Phos'gen N ⟨~s⟩ CHEM fosgeno *m*
Phos'phat N ⟨~(e)s; ~e⟩ CHEM fosfato *m*; **phosphatfrei** ADJ libre de fosfato; sin fosfato(s); **phosphathaltig** ADJ fosfatado
'Phosphor M ⟨~s⟩ CHEM fósforo *m*; **Phosphorbombe** F MIL bomba *f* de fósforo
Phosphores'zenz F ⟨~⟩ fosforescencia *f*; **phosphores'zieren** V/I ⟨*ohne* ge-⟩ fosforescer; **phosphores'zierend** ADJ fosforescente; *weitS.* luminoso
'phosphorhaltig ADJ fosfórico; fosforado; **phosphorig** ADJ fosforoso; **phosphor-**

P

sauer ADJ CHEM fosfórico; **phosphorsaures Salz** fosfato *m*; **Phosphorsäure** F CHEM ácido *m* fosfórico
'Photo..., photo... *etc* IN ZSSGN → foto... *etc*
Pho'ton N, **Fo'ton** N ⟨~s; ~en⟩ PHYS fotón *m*
Pho'tonenstrahl M, **Fo'tonenstrahl** M rayo *m* fotónico
'Phrase F ⟨~; ~n⟩ 1 *pej (Redensart)* frase *f* (vacía), cliché *m*, tópico *m*; **leere ~n** palabras *fpl* hueras; palabrería *f*; *umg* **~n dreschen** hacer frases; hablar con tópicos; hablar por hablar 2 LING frase *f* 3 MUS frase *f* (musical)
'Phrasendrescher M, **Phrasendrescherin** F palabrero *m*, -a *f*; charlatán *m*, -ana *f*; cuentista *m/f*; **phrasenhaft** ADJ verboso; *(schwülstig)* enfático
Phraseolo'gie F ⟨~; ~n⟩ fraseología *f*; **phraseo'logisch** ADJ fraseológico
phra'sieren V/T ⟨*ohne* ge-⟩ MUS frasear; **Phrasierung** F ⟨~; ~en⟩ fraseo *m*
'Phrygien N ⟨~s⟩ HIST Frigia *f*; **Phrygier** M ⟨~s; ~⟩, **Phrygierin** F ⟨~; ~nen⟩ frigio *m*, -a *f*; **phrygisch** ADJ frigio
'pH-Wert M valor *m* pH
Phyloge'nese F ⟨~⟩ BIOL filogénesis *f*, filogenia *f*; **phylogenetisch** ADJ filogenético
Phy'salis F ⟨~; ~⟩ BOT physalis *m*, uvilla *f*, uchuva *f*
Phy'sik F ⟨~⟩ física *f*
physi'kalisch ADJ físico
'Physiker M ⟨~s; ~⟩, **Physikerin** F ⟨~; ~nen⟩ físico *m*, -a *f*
Phy'siklehrer M, **Physiklehrerin** F profesor *m*, -a *f* de física
'Physikum N ⟨~s; Physika⟩ UNIV, MED examen *m* preclínico
Physio'gnom M ⟨~en; ~en⟩ fisonomista *m*; **Physiogno'mie** F ⟨~; ~n⟩ fisonomía *f*; **Physio'gnomin** F ⟨~; ~nen⟩ fisonomista *f*; **physio'gnomisch** ADJ fisonómico
Physio'loge M ⟨~n; ~n⟩ fisiólogo *m*; **Physiolo'gie** F ⟨~⟩ fisiología *f*; **Physio'login** F ⟨~; ~nen⟩ fisióloga *f*; **physio'logisch** ADJ fisiológico
Physiothera'peut M, **Physiothera'peutin** F fisioterapeuta *m/f*; **Physiothera'pie** F fisioterapia *f*
'physisch ADJ físico
Phyto... IN ZSSGN fito...
Pi N ⟨~(s); ~s⟩ *(Zahl)* pi *m*; *umg* **~ mal Daumen** *umg* a ojo (de buen cubero); calculado muy por encima
pia'nissimo ADJ MUS pianissimo, pianísimo
Pia'nist M ⟨~en; ~en⟩, **Pianistin** F ⟨~; ~nen⟩ MUS pianista *m/f*; **pianistisch** ADJ MUS pianístico
pi'ano ADV MUS piano
Pi'ano N ⟨~s; ~s⟩ MUS piano *m*
Piccolo → Pikkolo
'picheln V/I *umg* empinar el codo; copear
'Pichelsteiner ADJ *od* N ⟨~s⟩ GASTR **~ (Eintopf** M) *estofado de lomo de vaca (con legumbres y patatas)*
Pick M ⟨~s; ~s⟩ *österr umg* pico *m*, zapapico *m*
'Picke F ⟨~; ~n⟩ pico *m*, zapapico *m*
'Pickel M ⟨~s; ~⟩ 1 *(Spitzhacke)* pico *m*; *(Eispickel)* piolet *m* 2 MED grano *m*; espinilla *f*; **Pickelhaube** F MIL HIST casco *m* de punta
'pickelig ADJ MED lleno de granos, granujiento, granujoso
'picken V/I 1 *(hacken)* picar; *Vogel* picotear; *fig (heraussuchen)* **etw aus etw** *(dat)* **~** escoger a/c entre a/c 2 *umg österr (kleben)* pegar
'Pickerl N ⟨~s; ~(n)⟩ *österr umg Verkehr:* viñeta *f*
'picklig → pickelig
'Picknick N ⟨~s; ~s *od* ~e⟩ merienda *f* campestre, pícnic *m*; **(ein) ~ machen** hacer pícnic
'picknicken V/I merendar en el campo, hacer pícnic
'Picknickkorb M cesta *f* de la merienda
PID F ABK (Präimplantationsdiagnostik) DGP *m (diagnóstico genético preimplantacional o preimplantatorio)*
Piedes'tal [piedɛs'taːl] N ⟨~s; ~e⟩ pedestal *m*
'Piefke M ⟨~s; ~s⟩ *österr pej (Bundesdeutscher)* alemán *m*
'piekfein ADJ *umg* peripuesto, acicalado; *umg* finolis; de tiros largos, de punta en blanco; **pieksauber** ADJ *umg* impecable
piep INT ¡pío!
Piep M 1 **keinen ~ sagen** no decir ni pío 2 *umg* **einen ~ haben** estar mal de la cabeza; *umg* estar chalado
'piepe, piepegal ADJ *umg* **das ist mir ~** *umg* me importa un pito (*od* un bledo)
'piepen V/I piar; *umg* **bei dir piept's wohl?** ¿estás loco?
'Piepen[1] N ⟨~s⟩ pío *m*, piada *f*; **es ist zum ~** *umg* es para mondarse de risa
'Piepen[2] PL *umg (Geld)* pasta *f*, cuartos *mpl*
'Piepmatz M ⟨~es; ⸚e⟩ *umg* pajarillo *m*
'piepsen V/I piar; **Piepser** M ⟨~s; ~⟩ *(Empfänger)* busca *m*; localizador *m*; **piepsig** ADJ *umg* **~e Stimme** voz *f* aguda, vocecita *f*
Pier M ⟨~s; ~e *od* ~s⟩ *od* F ⟨~; ~s⟩ SCHIFF muelle *m*; atracadero *m*, desembarcadero *m*; *(Hafendamm)* malecón *m*
'piercen ['piːrsən] V/T **j-n ~** hacer un piercing a alg; **sich ~ lassen** hacerse piercing; **Piercing** N ⟨~s; ~s⟩ piercing *m*
'piesacken V/T *umg* **j-n ~** importunar a alg; *umg* fastidiar, jorobar a alg
Pie'tät [pie-] F ⟨~⟩ piedad *f*; reverencia *f*, respeto *m*; **pietätlos** ADJ irrespetuoso; irreverente; **Pietätlosigkeit** F ⟨~⟩ irrespetuosidad *f*; irreverencia *f*; **pietätvoll** ADJ reverente; piadoso, devoto
Pie'tismus [pie-] M ⟨~⟩ pietismo *m*; **Pie'tist** M ⟨~en; ~en⟩, **Pie'tistin** F ⟨~; ~nen⟩ pietista *m/f*; **pie'tistisch** ADJ pietista
pi'ezoelektrisch [pi'e-] ADJ piezoeléctrico; **Piezoelektrizität** F piezoelectricidad *f*
Pig'ment N ⟨~(e)s; ~e⟩ pigmento *m*
Pigmentati'on F ⟨~; ~en⟩, **Pig'mentbildung** F pigmentación *f*
pigmen'tieren V/T ⟨*ohne* ge-⟩ pigmentar; **Pigmentierung** F ⟨~; ~en⟩ pigmentación *f*
Pik[1] M ⟨~s; ~e⟩ 1 *(Berg)* pico *m* 2 *umg fig* **er hat einen ~ auf mich** está de punta conmigo; me tiene ojeriza (*od umg* tirria)
Pik[2] N ⟨~s; ~s⟩ *Kartenspiel:* pique *m*
pi'kant A ADJ picante (*a. fig*); *Witz etc a.* verde B ADV **~ gewürzt** picante
Pikante'rie F ⟨~; ~n⟩ 1 *(pikante Note)* nota *f* picante 2 *(pikante Geschichte)* cuento *m* (*bzw* chiste *m*) picante (*od* verde)
'Pik-Ass N *Kartenspiel:* as *m* de pique
'Pike F ⟨~; ~n⟩ pica *f*; *fig* **etw von der ~ auf lernen** aprender a/c desde cero
Pi'kee M ⟨~s; ~s⟩ TEX piqué *m*
'piken V/T & V/I *umg* picar, pinchar
pi'kieren V/T ⟨*ohne* ge-⟩ AGR trasplantar, replantar; **pikiert** *(beleidigt)* picado; *umg* amoscado, *sl* cabreado; **~ sein** picarse
'Pikkolo M ⟨~s; ~s⟩ 1 *(Hotelpage)* botones *m* 2 *umg* GASTR *(Sektfläschchen)* benjamín *m*; **Pikkoloflöte** F MUS flautín *m*
Pi'krinsäure F CHEM ácido *m* pícrico
'piksen → piken
Pikto'gramm N ⟨~s; ~e⟩ pictograma *m*
Pi'laster M ⟨~s; ~⟩ ARCH pilastra *f*
Pi'latus M → Pontius
'Pilger M ⟨~s; ~⟩ peregrino *m*; romero *m*; **Pilgerfahrt** F peregrinación *f*; romería *f*; **Pilgerin** F ⟨~; ~nen⟩ peregrina *f*; romera *f*; **Pilgermuschel** F ZOOL venera *f*
'pilgern V/I ⟨sn⟩ peregrinar (*a. fig*), ir en peregrinación (**nach** a)
'Pilgerreise F (viaje *m* de) peregrinación *f*, peregrinaje; romería *f*; **Pilgerschaft** F ⟨~⟩ peregrinación *f*; **Pilgerstab** M bordón *m*; **Pilgerstätte** F lugar *m* de peregrinación; santuario *m*; lugar *m* sagrado
'Pille F ⟨~; ~n⟩ 1 píldora *f*; pastilla *f* 2 *fig* **eine bittere ~** un trago amargo, un mal trago; **die (bittere) ~ schlucken** tragar quina; **j-m die (bittere) ~ versüßen** dorar la píldora a alg 3 *(Verhütungspille)* píldora *f* (anticonceptiva); **die ~ nehmen** tomar la píldora (anticonceptiva)
'Pillendöschen N, **Pillendose** F pastillero *m*; **Pillendreher** M 1 *hum (Apotheker)* boticario *m* 2 ZOOL escarabajo *m* pelotero; **Pillenschachtel** F caja *f* de píldoras
Pi'lot M ⟨~en; ~en⟩ piloto *m*; **Pilotabschluss** M WIRTSCH convenio *m* piloto; **Pilotanlage** F planta *f* piloto; instalación *f* piloto; central *f* piloto; **Pilotballon** M globo *m* piloto
Pi'lotenfehler M FLUG error *m* del piloto; **Pilotenkanzel** F FLUG carlinga *f*; cabina *f* del piloto; **Pilotensitz** M FLUG asiento *m* del piloto
Pi'lotfilm M TV, *Kino* episodio *m* piloto; **Pilotfunktion** F función *f* piloto
Pi'lotin F ⟨~; ~nen⟩ (mujer *f*) piloto *f*
Pi'lotphase F fase *f* (*od* etapa *f*) piloto; **Pilotprojekt** F proyecto *m* piloto; **Pilotsendung** F TV programa *m* piloto; **Pilotverfahren** N procedimiento *m* piloto (*od* experimental); **Pilotversuch** M prueba *f* (*od* ensayo *m od* experimento *m*) piloto
Pils N ⟨~; ~⟩, **'Pils(e)ner** N ⟨~s; ~⟩ (cerveza *f* tipo) pilsen *f*
Pilz M ⟨~es; ~e⟩ 1 BOT hongo *m*; *mit Hut:* seta *f*; *fig* **wie ~e aus der Erde** *od* **aus dem Boden schießen** brotar (*od* crecer) como hongos; proliferar como champiñones 2 *umg* MED *(Pilzinfektion)* micosis *f*
'Pilzbefall M MED, AGR enfermedad *f* criptogámica, micosis *f*; **pilzförmig** ADJ fungiforme; **Pilzinfektion** F MED infección *f* micótica, micosis *f*; **Pilzkopf** M *fig obs* Beatle *m*; **Pilzkrankheit** F MED micosis *f*; **Pilzkunde** F micología *f*; **Pilzsammler** M, **Pilzsammlerin** F (re)colector *m*, -a *f* de setas (*od* de hongos); **Pilzsporen** PL esporas *pl* de los hongos (*od* de las setas); **pilztötend** ADJ fungicida; **~es Mittel** fungicida *m*; **Pilzvergiftung** F intoxicación *f* por hongos venenosos; *fachspr* micetismo *m*
Piment M *od* N ⟨~s⟩ pimienta *f* de Jamaica, malagueta *f*
'Pimmel M ⟨~s; ~⟩ *sl* picha *f*; *umg* pito *m*
'pimpelig ADJ *umg (zimperlich)* melindroso; *(weichlich)* blando, blandengue, delicado; *(wehleidig)* quejumbroso, *umg* quejica
Pimper'nell M ⟨~s; ~e⟩ BOT pimpinela *f*
Pinako'thek F ⟨~; ~en⟩ pinacoteca *f*
Pi'nasse F ⟨~; ~n⟩ SCHIFF pinaza *f*
'pingelig ADJ *umg* meticuloso, pedante
'Pingpong N ⟨~s; ~s⟩ ping-pong *m*, tenis *m* de mesa; **~ spielen** jugar al ping-pong
'Pinguin M ⟨~s; ~e⟩ ORN pingüino *m*, pájaro *m* bobo
'Pinie ['piːniə] F ⟨~; ~n⟩ BOT pino *m* (piñonero)
'Pinienhain M pinar *m*; **Pinienkern** M piñón *m*; **Pinienwald** M pinar *m*; **Pinienzapfen** M piña *f*
pink ADJ fucsia (inv)

'Pinke F ⟨~⟩ *umg obs (Geld)* pasta *f*, tela *f*, monises *mpl*, *sl* parné *m*

'Pinkel M ⟨~s; ~⟩ *umg* **feiner ~** petimetre *m*; señoritingo *m*; *sl* pijo *m*

'pinkeln VI *umg* hacer pis; *sl* mear; **Pinkelpause** F *sl bei Autofahrt etc*: descanso *m* (*od* parada *f*) para ir al servicio (*sl* para mear)

Pinke'pinke F ⟨~⟩ *umg* → Pinke

'Pinne F ⟨~; ~n⟩ 1 SCHIFF caña *f* del timón; *(Ruderpinne)* barra *f* 2 *bes nordd* tachuela *f*; *(Zwecke)* chincheta *f*; *(spitzer Stift)* punta *f*

'pinnen VT **etw an die Wand ~** fijar a/c en la pared (con chinchetas)

'PIN-Nummer F FIN número *m* de identificación personal; número *m* secreto; clave *f* personal

'Pinnwand F tablón *m* (de notas)

'Pinscher M ⟨~s; ~⟩ 1 ZOOL pinscher *m* 2 *fig pej* don *m* nadie

'Pinsel M ⟨~s; ~⟩ 1 pincel *m*; *(Anstreicherpinsel, Rasierpinsel)* brocha *f* 2 *umg fig (Dummkopf)* bobo *m*, lelo *m*

Pinse'lei F ⟨~; ~en⟩ *pej* pintarrajo *m*; mamarracho *m*

'Pinselführung F (técnica *f* con el) pincel *m*; manera *f* de llevar el pincel

'pinseln VI & VT pincelar (*a.* MED); MAL pintar; *pej* pintarrajear

'Pinselstrich M MAL pincelada *f*; toque *m* (de pincel); *des Anstreichers*: brochazo *m*

'Pinte F ⟨~; ~n⟩ *umg pej* tabernucho *m*

Pin-'up-Girl [pɪnˈʔapgøːrl] N ⟨~s; ~s⟩ pin-up *f*

Pin'zette F ⟨~; ~n⟩ pinzas *fpl*

Pio'nier M ⟨~s; ~e⟩ 1 pionero *m*, precursor *m* 2 MIL zapador *m*; **Pionierarbeit** F *fig* **~ leisten** abrir nuevos caminos; **Pionierbataillon** N MIL batallón *m* de (ingenieros) zapadores; **Pionierin** F ⟨~; ~nen⟩ 1 MIL zapadora *f* 2 *fig* pionera *f*, precursora *f*; **Pionierkorps** N MIL cuerpo *m* de (ingenieros) zapadores

Pipa'po N ⟨~s⟩ *umg* **mit allem ~** con toda la parafernalia; *umg* con todas las pijadas

'Pipeline [ˈpaɪplaɪn] F ⟨~; ~s⟩ *für Öl*: oleoducto *m*; *für Gas*: gasoducto *m*

Pi'pette F ⟨~; ~n⟩ pipeta *f*

'Pipi N ⟨~s⟩ *kinderspr* **~ machen** *umg* hacer pipí (*od* pis); **Pipifax** *umg pej* M ⟨~⟩ mandanga *f*

Pips M ⟨~es⟩ VET pepita *f*

Pi'rat M ⟨~en; ~en⟩ pirata *m*

Pi'ratenflagge F bandera *f* negra; **Piratenschiff** N barco *m* pirata; **Piratensender** M emisora *f* pirata

Pirate'rie F ⟨~; ~n⟩ piratería *f*

Pi'ratin F ⟨~; ~nen⟩ pirata *f*

Pi'roge F ⟨~; ~n⟩ SCHIFF piragua *f*

Pi'rol M ⟨~s; ~e⟩ ORN oropéndola *f*

Pirou'ette [piruˈɛtə] F ⟨~; ~n⟩ pirueta *f*; **eine ~ drehen** hacer una pirueta

Pirsch F ⟨~⟩ JAGD (caza *f* al) rececho *m*, chanteo *m*; **auf die ~ gehen** → pirschen

'pirschen VI JAGD recechar, chantear

'Pisse F ⟨~⟩ *sl* orina *f*; *sl* meada *f*, pis *m*

'pissen VI *sl* orinar; *sl* mear, hacer pis

Pis'soir [pisoˈaːr] N ⟨~s; ~e *od* ~s⟩ urinario *m*, mingitorio *m*

Pis'tazie F ⟨~; ~n⟩ BOT pistacho *m*

'Piste F ⟨~; ~n⟩ *allg* pista *f*

Pis'tole F ⟨~; ~n⟩ pistola *f*; **mit vorgehaltener ~** a punta de pistola; *fig* **j-m die ~ auf die Brust setzen** poner a alg entre la espada y la pared; poner a alg el puñal en el pecho; **wie aus der ~ geschossen** al punto; al instante; como un rayo

Pis'tolenduell N duelo *m* a pistola; **Pistolengriff** M culata *f* (de la pistola); **Pistolenhalfter** F pistolera *f*; **Pistolenschießen** N tiro *m* con pistola; **Pistolenschuss** M pistoletazo *m*; **Pistolenschütze** M pistolero *m*, tirador *m* de pistola; **Pistolentasche** F pistolera *f*

Pis'ton [-ˈtõː] N ⟨~s; ~s⟩ MUS cornetín *m* de pistón

'Pitbull M ⟨~s; ~s⟩ *Hund*: pitbull *m/f*

'pitsch(e)nass ADJ *umg* empapado, calado hasta los huesos, hecho una sopa

pitto'resk ADJ pintoresco

'Pius EIGENN M *(Papstname)* Pío *m*

'Pixel N ⟨~; ~⟩ IT pixel *m*; punto *m* de imagen

'Pizza F ⟨~; ~s *od* Pizzen⟩ pizza *f*

Pizze'ria F ⟨~; ~s *od* Pizzerien⟩ pizzería *f*

Pizzi'kato N ⟨~s; ~s⟩ MUS pizzicato *m*

Pkt. ABK (Punkt) punto *m*

Pk'w, PK'W M ⟨~(s); ~(s)⟩ ABK (Personenkraftwagen) turismo *m*

Pla'cebo N ⟨~s; ~s⟩ PHARM placebo *m*

pla'cieren → platzieren

'placken VR *umg* **sich ~** afanarse; ajetrearse, bregar

Placke'rei F ⟨~; ~en⟩ ajetreo *m*, trajín *m*; faena *f*; brega *f*

plä'dieren VI ⟨*ohne* ge-⟩ JUR informar; hacer un alegato, abogar (**für** por; **gegen** contra) (*a. fig*)

Plädoyer [-doaˈjeː] N ⟨~s; ~s⟩ JUR informe *m*

Pla'fond [-ˈfõː] M ⟨~s; ~s⟩ techo *m* (*a. fig*)

'Plage F ⟨~; ~n⟩ 1 *(Qual)* tormento *m*; molestia *f*; *(Ärger)* fastidio *m*; *(Belästigung)* vejación *f*; *(Übel)* mal *m*; *(Schinderei)* trabajo *m* pesado; faena *f* 2 *(Landplage)* plaga *f* (*a. Bibel*); calamidad *f* 3 *(Plagegeist)* **er/sie ist eine echte ~** es un pesado/una pesada; **Plagegeist** M *umg* pegote *m*, pesado *m*, latoso *m*

'plagen A VT *(quälen)* molestar; *stärker*: atormentar; *(belästigen)* importunar, incomodar, fastidiar, vejar; *(bedrängen)* atosigar; MED **geplagt von** aquejado de B VR **sich ~** afanarse; ajetrearse; matarse trabajando

Plagi'at N ⟨~(e)s; ~e⟩ plagio *m*; **Plagi'ator** M ⟨~s; -ˈtoren⟩, **Plagia'torin** M ⟨~; ~nen⟩ plagiario *m*, -a *f*; **plagiieren** VT ⟨*ohne* ge-⟩ plagiar; *umg* fusilar

Pla'kat N ⟨~(e)s; ~e⟩ cartel *m*; anuncio *m*; **ein ~ anschlagen** fijar un cartel; **~e (an)kleben** pegar carteles

plaka'tieren A VT anunciar por carteles B VI fijar carteles; **Plakatierung** F ⟨~; ~en⟩ fijación *f* de carteles

plaka'tiv ADJ llamativo

Pla'katkleber M, **Plakatkleberin** F pegador *m*, -a *f* de carteles; cartelero *m*, -a *f*; **Plakatmaler** M, **Plakatmalerin** F cartelista *m/f*; **Plakatsäule** F columna *f* anunciadora; **Plakatschild** N cartelera *f* (publicitaria); **Plakatwand** F valla *f* publicitaria; **Plakatwerbung** F publicidad *f* por carteles

Pla'kette F ⟨~; ~n⟩ *(Tafel)* placa *f* (conmemorativa); *(Abzeichen)* distintivo *m*; *(Medaille)* medalla *f*

plan ADJ llano, plano; liso

Plan M ⟨~(e)s; ⸚e⟩ 1 *allg* plan *m*; *(Vorhaben)* proyecto *m*; **einen ~ entwerfen/fassen** trazar/concebir un plan; **Pläne schmieden** hacer proyectos (*od* planes) 2 (ARCH, *Stadtplan*) plano *m*, mapa *m*; *(Fahrplan)* horario *m* 3 *(Absicht)* plan *m*; intención *f*, propósito *m*; designio *m*; **alles läuft nach ~** todo marcha como estaba previsto 4 *(Bühne)*, *fig* **auf dem ~ erscheinen** *od* **auf den ~ treten** entrar en liza; *weitS.* aparecer (en escena); **j-n auf den ~ rufen** hacer aparecer a alg

'Plandrehbank F TECH torno *m* para refrentar; **plandrehen** VT TECH refrentar, tornear al aire

'Plane F ⟨~; ~n⟩ toldo *m*; lona *f*

'planen VI & VT proyectar, planear (*a. Reise*); *Arbeit*, WIRTSCH planificar; *(vorsehen)* prever; *absolut*: hacer planes; **wie geplant** según lo previsto

'Planer M ⟨~s; ~⟩ proyectista *m*; planificador *m*; **Planerfüllung** F cumplimiento *m* (*od* realización *f od* ejecución *f*) del plan; **Planerin** F ⟨~; ~nen⟩ proyectista *f*; planificadora *f*

'Pläneschmied M, **Pläneschmiedin** F proyectista *m/f*; forjador *m*, -a *f* de planes (*od* de proyectos)

Pla'net M ⟨~en; ~en⟩ planeta *m*

plane'tarisch ADJ planetario; **Planetarium** N ⟨~s; Planetarien⟩ planetario *m*

Pla'netenbahn F órbita *f* (planetaria); **Planetengetriebe** N TECH engranaje *m* planetario; **Planetensystem** N sistema *m* planetario

'Planfilm M FOTO película *f* plana; **Planfräsmaschine** F TECH fresadora *f* para superficies planas

'plangemäß ADJ → planmäßig

pla'nieren VT ⟨*ohne* ge-⟩ aplanar; nivelar; allanar; **Planiergerät** N nivelador *m*; **Planierraupe** F niveladora *f*; **Planierung** F ⟨~⟩ aplanamiento *m*; nivelación *f*

Plani'meter N planímetro *m*; **Planime'trie** F ⟨~⟩ GEOM planimetría *f*; **plani'metrisch** ADJ planimétrico

'Planke F ⟨~; ~n⟩ tabla *f*, tablón *m*

Plänke'lei F ⟨~; ~en⟩ escaramuza *f* (*a. fig*)

'plänkeln VI escaramuzar

'Plankton N ⟨~s⟩ BIOL plancton *m*

'planlos ADJ & ADV sin plan; sin método (*od* sistema); sin orden (ni concierto); *(aufs Geratewohl)* al azar; **Planlosigkeit** F ⟨~⟩ falta *f* de método

'planmäßig A ADJ metódico; sistemático; VERW de plantilla; *Verkehr*: de línea; **~e Abfahrt/Ankunft** salida *f*/llegada *f* regular B ADV metódicamente, con método; sistemáticamente; como estaba previsto; **Planmäßigkeit** F ⟨~⟩ método *m*; orden *m*; regularidad *f*

'Planquadrat N cuadrícula *f*

'Planschbecken N piscina *f* para niños

'planschen VI chapotear, chapalear

Plansche'rei F ⟨~; ~en⟩ chapoteo *m*

'Plansoll N HANDEL cuota *f* obligatoria prevista; **Planspiegel** M espejo *m* plano; **Planspiel** N juego *m* de simulacro; **Planstärke** F MIL efectivo *m* previsto; **Planstelle** F WIRTSCH, VERW plaza *f* (*od* puesto *m*) de plantilla

Plan'tage [-ʒə] F ⟨~; ~n⟩ plantación *f*

Plan'tagenwirtschaft [-ʒ-] F agricultura *f* de plantaciones

plantschen *etc* → planschen *etc*

'Planung F ⟨~; ~en⟩ planificación *f*; **im Stadium der** (*od* **in der**) **~ sein** estar en proyecto

'Planungsabteilung F departamento *m* de planificación; **Planungsausschuss** M junta *f* planificadora; **Planungsfehler** M error *m* (*od* fallo *m*) de planificación; **Planungsingenieur** M, **Planungsingenieurin** F ingeniero *m*, -a *f* de planificación; **Planungskonzept** N bosquejo *m* (*od* borrador *m*) de la planificación; **Planungsphase** F fase *f* (*od* etapa *f*) de planificación; **sich in der ~ befinden** estar en planificación; **Planungssicherheit** F estabilidad *f* a largo plazo; **Planungsstab** M grupo *m* responsable (*od* encargado) de la planificación; **Planungsstadium** N → Planungsphase; **Planungsstand** M estado *m* (actual) de la planificación; **Planungsverfahren** N procedimiento *m* tramitatorio; **Planungs-**

zeit F tiempo *m* (*od* período *m od* plazo *m*) de planificación
'planvoll ADJ metódico; sistemático
'Planwagen M carro *m* de toldo; **Planwirtschaft** F economía *f* dirigida (*od* planificada); **planwirtschaftlich** ADJ económico-dirigista; **Planzeichnen** N delineación *f*; **Planzeichner** M, **Planzeichnerin** F delineante *m/f*; **Planzeichnung** F plano *m*; dibujo *m*
Plappe'rei F ⟨~; ~en⟩ parloteo *m*; cháchara *f*; cotorreo *m*
'Plappermaul N; -mäulchen *n pej* parlanchín *m*, -china *f*, hablador *m*, -a *f*; (*Klatschbase*) cotorra *f*; cotilla *f*
'plappern *umg* A VT decir, contar B VI charlar, parlotear; *pej* cotorrear
'Plaque [plak] F ⟨~; ~s⟩ ZAHN placa *f* dental
'plärren VI *pej umg* chillar; berrear; (*weinen*) lloriquear
'Plärren N ⟨~s⟩ *pej* chillido *m*; berrido *m*; lloriqueo *m*
'Plasma N ⟨~s; Plasmen⟩ BIOL, PHYS plasma *m*; **Plasmabildschirm** M IT pantalla *f* de plasma
'Plastik[1] F ⟨~; ~en⟩ 1 *Kunst*: plástica *f*; artes *fpl* plásticas; (*Bildwerk*) escultura *f* 2 MED injerto *m* 3 *fig des Stils etc*: plasticidad *f*
'Plastik[2] N ⟨~s⟩ (*Kunststoff*) plástico *m*; **aus ~** de plástico; **Plastikabfall** M residuos *mpl* (*od* desperdicios *mpl od* deshechos *mpl*) de plástico; **Plastikbecher** M vaso *m* (*od* vasito *m*) de plástico; **Plastikbehälter** M recipiente *m* (*od* depósito *m*) de plástico; **Plastikbeutel** M bolsa *f* de plástico; **Plastikbombe** F bomba *f* de plástico; **Plastikeimer** M cubo *m* (*od* balde *m*) de plástico; **Plastikeinband** M TYPO sobrecubierta *f* plastificada
'Plastiker M ⟨~s; ~⟩, **Plastikerin** F ⟨~; ~nen⟩ *Kunst*: escultor *m*, -a *f*
'Plastikflasche F botella *f* de plástico; **Plastikgeld** N *umg* dinero *m* de plástico; **Plastikhülle** F funda *f* (*od* cubierta *f od* envoltura *f*) de plástico; **Plastikkarte** F tarjeta *f* de plástico; **Plastikmüll** M → Plastikabfall; **Plastikplane** F cubierta *f* (*od* funda *f*) de plástico; **Plastikrecycling** N ÖKOL reciclaje *m* de plástico; **Plastiksack** M saco *m* (*od* bolsa *f*) de plástico; **Plastikstuhl** M silla *f* de plástico; **Plastiktasche** F, **Plastiktüte** F bolsa *f* de plástico; **Plastikverpackung** envoltura *f* (*od* envoltorio *m*) de plástico
Plasti'lin® N ⟨~s⟩ plastilina *f od* plastelina *f*; pasta *f* de modelar
'plastisch A ADJ plástico; *fig a.* gráfico; **~e Chirurgie** cirugía *f* plástica B ADV **etw ~ darstellen** describir a/c de forma plástica (*od* expresiva)
Plastizi'tät F ⟨~⟩ plasticidad *f*
Pla'tane F ⟨~; ~n⟩ BOT plátano *m*
Pla'teau [-'to:] N ⟨~s; ~s⟩ GEOG meseta *f*, altiplanicie *f*; *bes Am* altiplano *m*; **Plateauschuhe** MPL zapatos *mpl* de plataforma
'Platin N ⟨~s⟩ platino *m*; **Platinblech** N lámina *f* de platino; **platinblond** ADJ rubio platino
Pla'tine F ⟨~; ~n⟩ 1 ELEK platina *f*, placa *f* madre 2 METALL platina *f*; pletina *f*
'platinhaltig ADJ GEOL platinífero
plati'nieren VT ⟨*ohne* ge-⟩ platinar
Plati'tude F → Plattitüde
'Plato(n) EIGENN M Platón *m*
Pla'toniker M ⟨~s; ~⟩ PHIL platónico *m*; **platonisch** ADJ PHIL de Platón; platónico (*a. fig Liebe*)
platsch INT ¡zas!; ¡plaf!
'platschen VI 1 ⟨h⟩ chapotear 2 ⟨sn⟩ batir (**an** *od* **auf** *od* **gegen etw** *acus* contra a/c)
'plätschern VI *Bach etc* murmurar; **im Wasser ~** chapotear, chapalear
'Plätschern N ⟨~s⟩ murmullo *m*; chapale(te)o *m*; chapoteo *m*
platt A ADJ 1 (*flach*) llano; plano; (*abgeplattet*) aplanado; (*platt gedrückt*) aplastado; *Nase* chato 2 *Reifen* desinflado; pinchado; *umg* AUTO **einen Platten haben** *umg* tener un reventón (*od* un pinchazo) 3 *fig* (*geistlos*) banal, trivial; soso 4 *umg vor Staunen*: perplejo; **ich war ~** me quedé boquiabierto (*od* de piedra) B ADV **~ drücken** achatar, aplastar; **sich ~ hinwerfen** echarse de bruces (*od* boca abajo)
Platt N ⟨~(s)⟩ *umg* bajo alemán *m*
'Plättbrett N *reg* tabla *f* de planchar; **Plättchen** N ⟨~s; ~⟩ plaquita *f*; laminilla *f*
'plattdeutsch ADJ bajo alemán; **Plattdeutsch** N bajo alemán *m*
'plattdrücken VT → platt B, drücken A 1
'Platte F ⟨~; ~n⟩ 1 *aus Metall, Glas*: placa *f*; *aus Stein*: losa *f*; *aus Blech*: chapa *f*, plancha *f*; *aus Holz*: tabla *f*; (*Fliese*) baldosa *f*; (*Kachel*) azulejo *m* 2 *zum Servieren* bandeja *f*; (*Schüssel*) fuente *f*; **kalte ~** fuente *f* de fiambres 3 (*Schallplatte*) disco *m*; *umg fig* **alte ~** *umg* rollo *m*; *a. fig* **eine andere ~ auflegen** cambiar el disco 4 (*Druckplatte*) plancha *f* 5 (*Tischplatte*) tablero *m*; (*Arbeitsplatte*) encimera *f* 6 (*Kochplatte*) fuego *m*, placa *f* 7 *umg* (*Glatze*) calva *f*
'plätten VT *reg* planchar; *umg fig* **ich war geplättet** *umg* me quedé pasmado; **Plätten** N ⟨~s⟩ *reg* planchado *m*
'Plattenbau M ⟨~(e)s; ~ten⟩ *bes ehemalige DDR*: edificio *m* de módulos prefabricados; **Plattenbausiedlung** F urbanización *f* (de edificios) de módulos prefabricados; **Plattenbauweise** F construcción *f* en losa
'Plattenbelag M embaldosado *m*; **Plattendruck** M ⟨~(e)s; ~e⟩ TYPO estereotipia *f*; **Plattenkondensator** M ELEK condensador *m* de placas; **Plattenlabel** [-le:bəl] N 1 (*Etikett*) etiqueta *f* del disco 2 (*Plattenfirma*) sello *m* discográfico; marca *f* de discos; **Plattenleger** M, **Plattenlegerin** F embaldosador *m*, -a *f*; solador *m*, -a *f*; **Plattenschrank** M discoteca *f*
'Plattensee M GEOG Lago *m* Balatón
'Plattenspieler M tocadiscos *m*; **Plattenteller** M giradiscos *m*; **Plattenvertrag** M contrato *m* con un sello discográfico; **Plattenwechsler** M cambiadiscos *m*
'Platterbse F BOT almorta *f*
platter'dings ADV absolutamente; de todo punto
'Plattfisch M pez *m* plano; **Plattform** F plataforma *f* (*a. fig*); **Plattfuß** M 1 MED pie *m* plano 2 *umg* AUTO reventón *m*, pinchazo *m*; **Plattfußeinlage** F plantilla *f* ortopédica; **plattfüßig** ADJ con pies planos
'Plattheit F ⟨~; ~en⟩ 1 forma *f* plana 2 *fig* (*Plattitüde*) trivialidad *f*, banalidad *f*; (*Geschmacklosigkeit*) insulsez *f*; chabacanería *f*
plat'tieren VT ⟨*ohne* ge-⟩ TECH chapear; **Plattieren** N ⟨~s⟩ chapeado *m*
Platti'tüde F ⟨~; ~n⟩ trivialidad *f*, banalidad *f*
'Plattnase F nariz *f* chata (*od* roma); **plattnasig** ADJ chato; **Plattwürmer** MPL ZOOL platelmintos *mpl*
Platz M ⟨~es; ⸚e⟩ 1 *in e-r Stadt*: plaza *f* (*a.* WIRTSCH, MIL) 2 (*Sportplatz*) campo *m*; *bes Am* cancha *f*; (*Tennisplatz*) pista *f*, cancha *f*; **vom ~ stellen** echar 3 (*Gelände*) terreno *m*; (*Bauplatz*) solar *m*, terreno *m* 4 (*Raum*) espacio *m*, lugar *m*; **viel ~ einnehmen** ocupar mucho sitio; abultar; **~ finden** encontrar sitio; (*hineinpassen*) caber; **~ lassen** dejar sitio (**für** *a od* para); **j-m** *od* **für j-n ~ machen** hacer sitio a alg; **~ schaffen** abrir paso, *Arg* hacer cancha; **es ist kein ~ (mehr)** no hay (*od* queda) sitio; **~ da!** *od* **~ gemacht!** ¡apártense!, ¡dejen paso!; ¡hagan sitio!; *Arg* ¡cancha! 5 (*Ort*) lugar *m*; (*Stelle*) sitio *m*; *v. Gebäuden*: emplazamiento *m*, *bes Am* ubicación *f*; **(nicht) an seinem ~ sein** (no) estar en su sitio (*od* lugar); *fig* **am ~e sein** (*angebracht sein*) estar indicado; ser conveniente (*od* oportuno); *fig* **fehl am ~e sein** estar fuera de lugar; *fig* **j-n an seinen ~ verweisen** situar a alg en el lugar que le corresponde 6 (*Sitzplatz*) asiento *m*, sitio *m*; THEAT localidad *f*; **j-m einen ~ anweisen** indicar a alg un asiento; **seinen ~ behalten** continuar sentado; **seinen ~ einnehmen** ocupar su asiento (*bzw* su puesto); **~ nehmen** sentarse, tomar asiento; **bis auf den letzten ~ besetzt** lleno hasta los topes (*od* hasta la bandera) 7 (*Stellung, Rangplatz*) puesto *m*; **den zweiten ~ belegen** ganar el segundo puesto; *Konkurrenten* **j-n auf die Plätze verweisen** tomar la delantera de alg; SPORT **auf die Plätze, fertig, los!** ¡preparados, listos, ya!
'Platzangebot N oferta *f* de plazas; oferta *f* de espacio; **Platzangst** F 1 *umg* claustrofobia *f* 2 PSYCH agorafobia *f*; **Platzanweiser** M, **Platzanweiserin** F acomodador *m*, -a *f*; **Platzausnutzung** F aprovechamiento *m* del espacio (*od* del lugar)
'Plätzchen N ⟨~s; ~⟩ 1 *Gebäck*: galleta *f*; pasta *f* 2 (*kleiner Platz*) plazuela *f*; (*Stelle*) rincón *m*; **ein nettes ~** un lugar encantador
'Platzdeckchen N mantel *m* individual
'platzen VI ⟨sn⟩ 1 reventar (*a. Reifen*); romperse; *Geschoss* estallar, hacer explosión 2 *umg fig* (*scheitern*) fracasar, frustrarse; *Betrug etc* descubrirse 3 *fig* **vor Lachen** *etc* **~** reventar de risa, *etc*; **vor Neugier ~** morir de curiosidad; **vor Wut ~** estallar de ira 4 *umg fig* **ins Zimmer ~** irrumpir (*od* entrar de improviso) en la habitación
'Platzen N ⟨~s⟩ reventón *m*; estallido *m*; explosión *f*
'Platzersparnis F economía *f* de espacio; **Platzgeschäft** N HANDEL operación *f* en plaza; **Platzgewinn** M ganancia *f* de espacio; **Platzhalter** M comodín *m*
pla'tzieren ⟨*ohne* ge-⟩ A VT colocar, invertir (*a.* WIRTSCH) B V/R SPORT **sich ~ als ...** clasificarse como ...; **Platzierung** F ⟨~; ~en⟩ 1 WIRTSCH colocación *f*, inversión *f* 2 SPORT clasificación *f*
'Platzkarte F BAHN billete *m* con asiento (reservado); reserva *f* de plaza (*od* asiento); THEAT *etc* localidad *f*; **Platzkommandant** M MIL comandante *m* de la plaza; **Platzkonzert** N concierto *m* al aire libre; **Platzmangel** M falta *f* de sitio (*od* de espacio); **Platzmiete** F THEAT abono *m*; **Platznachbar** M THEAT *etc* vecino *m* de localidad; **Platznot** F → Platzmangel; **Platzpatrone** F MIL cartucho *m* de fogueo (*od* sin bala); **mit ~n schießen** tirar sin bala; **Platzproblem** M problema *m* de espacio
'platzraubend, Platz raubend ADJ que ocupa mucho sitio; que no deja sitio (libre); abultado
'Platzregen M aguacero *m*, chaparrón *m*; chubasco *m*; **Platzreservierung** F reserva *f* (de asiento); **Platzscheck** M HANDEL cheque *m* sobre plaza
'platzsparend, Platz sparend ADJ que no ocupa mucho sitio; que deja sitio (libre)
'Platzvertreter M, **Platzvertreterin** F HANDEL agente *m/f* (*od* representante *m/f*) local; **Platzverweis** M SPORT expulsión *f*;

P

Platzwart M guarda *m*; **Platzwechsel** M 1 cambio *m* de sitio 2 HANDEL letra *f* de plaza; **Platzwunde** F MED herida *f* abierta

Plaude'rei F ⟨~; ~en⟩ charla *f*; plática *f*

'Plauderer M ⟨~s; ~⟩, **Plauderin** F ⟨~; ~nen⟩ conversador *m*, -a *f*; charlista *m/f*

'plaudern VI conversar; charlar (**über** *acus* sobre *od* de), platicar; *umg* estar de palique (*od* de cháchara)

'Plaudern N ⟨~s⟩ conversación *f*; charla *f*; **Plauderstündchen** N rato *m* de charla; **Plaudertasche** F *umg* persona *f* habladora (*od* parlanchina); *pej* chismosa *f*, cotilla *f*, cotorra *f*; **Plauderton** M **im ~** en tono de conversación

Plausch M ⟨~(e)s; ~e⟩ *umg* charla *f*, plática *f*

'plauschen VI *umg* charlar, platicar

plau'sibel ADJ plausible; **j-m etw ~ machen** hacer a alg comprender a/c

Plausibili'tät F ⟨~⟩ plausibilidad *f*

plauz INT ¡cataplum!

'Play-back ['ple:bɛk] N ⟨~s; ~s⟩ play-back *m*; **'Playboy** [-bɔʏ] M ⟨~s; ~s⟩ play-boy *m*; **Play-'off** N ⟨~(s); ~s⟩ SPORT play-off *m*; **Play-'off-Runde** F ronda *f* de play-off

Pla'zenta F ⟨~; ~s *od* Plazenten⟩ ANAT placenta *f*; **Plazentaablösung** F MED desprendimiento *m* de la placenta

'Plazet N ⟨~s; ~s⟩ **sein ~ geben** dar su beneplácito

pla'zieren → platzieren

Ple'bejer M ⟨~s; ~⟩, **Plebejerin** F ⟨~; ~nen⟩ HIST *fig, geh* plebeyo *m*, -a *f*; **plebejisch** ADJ plebeyo

Plebis'zit N ⟨~(e)s; ~e⟩ plebiscito *m*; **plebiszi'tär** ADJ plebiscitario

Plebs M ⟨~⟩ *geh pej* plebe *f*; populacho *m*

'pleite ADV **~ sein** (*Bankrott sein*) estar en quiebra; *umg fig* (*kein Geld in der Tasche haben*) estar sin blanca

'Pleite F ⟨~; ~n⟩ quiebra *f*; *umg fig* fracaso *m*; chasco *m*; **~ machen** quebrar, declararse en quiebra (*a. fig*) → pleitegehen; **pleitegehen** VI ⟨*irr*; sn⟩ quebrar, declararse en quiebra (*a. fig*); **Pleitewelle** F ola *f* de quiebras

'Plektron ⟨~s; Plektren *od* Plektra⟩, **Plektrum** N ⟨~s; Plektren *od* Plektra⟩ MUS púa *f*

plem'plem ADJ *umg* tocado de la cabeza; *sl* chalado, chalupa

Ple'narsaal M sala *f* de plenos; **Plenarsitzung** F, **Plenartagung** F sesión *f* plenaria, pleno *m*

'Plenum N ⟨~s⟩ pleno *m*

Pleo'nasmus M ⟨~; Pleonasmen⟩ pleonasmo *m*; **pleonastisch** ADJ pleonástico

'Pleuelstange F TECH biela *f*

Pleu'ritis F ⟨~; Pleuri'tiden⟩ MED pleuritis *f*

Plis'see N ⟨~s; ~s⟩ TEX plisado *m*; **Plisseerock** M falda *f* plisada

plis'sieren VT ⟨*ohne* ge-⟩ TEX plisar

PLO F ABK (Palestine Liberation Organization) OLP *f* (Organización para la Liberación de Palestina)

'Plockwurst F (especie de) salchichón *m*

'Plombe F ⟨~; ~n⟩ 1 ZAHN empaste *m* 2 (*Zollplombe*) precinto *m*; marchamo *m*

plom'bieren VT ⟨*ohne* ge-⟩ 1 ZAHN empastar; *mit Gold:* orificar 2 *Zoll etc* precintar

Plom'bieren N ⟨~s⟩ 1 ZAHN empaste *m*; orificación *f* 2 *des Zolls etc* precinto *m*

'Plötze F ⟨~; ~n⟩ *Fisch:* gardón *m*

'plötzlich A ADJ súbito, repentino; brusco; (*unerwartet*) imprevisto, inesperado B ADV de repente, de pronto; de golpe; de improviso; *umg* **aber etw ~!** ¡pero deprisa!; **Plötzlichkeit** F ⟨~⟩ lo inesperado

'Pluderhose F pantalón *m* bombacho

Plu'meau [ply'mo:] N ⟨~s; ~s⟩ edredón *m*

plump ADJ 1 (*dick*) tosco (*a. Lüge, Fälschung*) 2 (*schwerfällig*) pesado 3 (*ungeschickt*) burdo, torpe 4 (*dreist*) grosero; **'Plumpheit** F ⟨~; ~en⟩ 1 (*Dicke*) tosquedad *f* 2 (*Schwerfälligkeit*) pesadez *f* 3 (*Ungeschicklichkeit*)torpeza *f* 4 (*Dreistheit*) grosería *f*

plumps INT *auf den Boden:* ¡cataplum!; ¡pum!; *ins Wasser:* ¡plof!

Plumps M ⟨~es; ~e⟩ batacazo *m*

'plumpsen VI ⟨sn⟩ caer pesadamente; dar un batacazo

'Plunder M ⟨~s⟩ trastos *mpl* (viejos), cachivaches *mpl*; chirimbolos *mpl*; (*Lumpen*) trapos *mpl* viejos; **alter ~** antiguallas *fpl*

Plünde'rei F ⟨~; ~en⟩ saqueo *m*; pillaje *m*

'Plünderer M ⟨~s; ~⟩ saqueador *m*; pillador *m*

'Plundergebäck N GASTR *tipo de bollo relleno*

'Plünderin F ⟨~; ~nen⟩ saqueadora *f*, pilladora *f*

'plündern VT & VI pillar; saquear; *fig* **etw/j-n ~** desvalijar a/c/a alg

'Plünderung F ⟨~; ~en⟩ pillaje *m*; saqueo *m*; merodeo *m*; *fig* desvalijamiento *m*

'Plündrer M → Plünderer

'Plural M ⟨~s; ~e⟩ plural *m*; **Pluralendung** F terminación *f* (*od* desinencia *f*) del plural

plu'ralisch ADJ plural

Plura'lismus M ⟨~⟩ pluralismo *m*; **pluralistisch** ADJ pluralista

plus ADV más; *Temperatur:* sobre cero; **zwei ~ drei** dos más tres; **fünf Grad ~** cinco grados sobre cero

Plus N ⟨~⟩ excedente *m*, WIRTSCH superávit *m*; *umg* ventaja *f*, plus *m*

Plüsch M ⟨~es; ~e⟩ felpa *f*; peluche *m*; **'plüschartig** ADJ afelpado; **'Plüschtier** N (animal *m* de) peluche *m*

'Pluspol M ELEK polo *m* positivo; **Pluspunkt** M punto *m* a favor (*a. fig*); **einen ~ für sich verbuchen** apuntarse un tanto; **Plusquamperfekt** N GRAM pluscuamperfecto *m*

'plustern [-u:-] V/R **sich ~** *Vogel* ahuecar las plumas

'Pluszeichen N signo *m* de adición, más *m*

'Pluto M ⟨~⟩ 1 ASTRON Plutón *m* 2 MYTH Pluto *m*

Plutokra'tie F ⟨~; ~n⟩ plutocracia *f*; **pluto'kratisch** ADJ plutocrático

Plu'tonium N ⟨~s⟩ CHEM plutonio *m*; **plutoniumhaltig** ADJ que (con)tiene plutonio

PLZ F ABK (Postleitzahl) CP *m* (Código postal)

Pneu [pnø:] M ⟨~s; ~s⟩ *bes schweiz* neumático *m*

Pneu'matik [pnɔʏ-] F PHYS ⟨~⟩ neumática *f*; **pneu'matisch** ADJ neumático; **Pneumo'thorax** M ⟨~(es); ~e⟩ MED neumotórax *m*

Po[1] M ⟨~(s)⟩ GEOG Po *m*

Po[2] M ⟨~s; ~s⟩ *umg* trasero *m*; *umg* pompis *m*; **'Pobacke** F nalga *f*

'Pöbel M ⟨~s⟩ plebe *f*; populacho *m*, chusma *f*, gentuza *f*; **pöbelhaft** ADJ plebeyo; grosero, soez; **Pöbelhaftigkeit** F ⟨~⟩ plebeyez *f*; grosería *f*; ordinariez *f*; **Pöbelherrschaft** F ⟨~⟩ oclocracia *f*

'pöbeln VI denostar, injuriar, insultar, ofender

'pochen A VT BERGB triturar, machacar; quebrantar B VI *geh* 1 (*klopfen*) golpear (**an, gegen etw** *acus* a, contra a/c); **an die Tür ~:** llamar a la puerta 2 *Herz* palpitar, latir 3 *fig* **auf etw** (*acus*) **~** insistir en a/c; reclamar a/c

po'chieren [pɔ'ʃi:rən] VT ⟨*ohne* ge-⟩ GASTR escalfar; **pochierte Eier** huevos *mpl* escalfados

'Pocke F ⟨~; ~n⟩ MED grano *m*; pústula *f*

'Pocken FPL MED viruela *f*; **Pockenimpfung** F vacunación *f* antivariólica; **Pockenkranke** M/F varioloso *m*, -a *f*, virolento *m*, -a *f*; **Pockennarbe** F hoyo *m* de viruela, cacaraña *f*; **pockennarbig** ADJ picado (*od* marcado) de viruelas; **Pockenschutzimpfung** F → Pockenimpfung

'pockig ADJ virolento; varioloso

Podcast ['pɔtka:st] M ⟨~s; ~s⟩ IT podcast *m*

Po'dest N ⟨~(e)s; ~e⟩ 1 → Podium 2 (*Treppenabsatz*) descansillo *m*, rellano *m*

'Podex M ⟨~es; ~e⟩ *umg hum* pompis *m*

'Podium N ⟨~s; Podien⟩ estrado *m*, tarima *f*, entarimado *m*, podio *m*

'Podiumsdiskussion F, **Podiumsgespräch** N mesa *f* redonda, coloquio *m* (público), RADIO tertulia *f*

Po'em N ⟨~s; ~e⟩ poema *m*

Poe'sie F ⟨~; ~n⟩ poesía *f*; **Poesiealbum** N álbum *m* de poesía

Po'et M ⟨~en; ~en⟩ poeta *m*; **Poetik** F ⟨~⟩ poética *f*, arte *m* poético; **Poetin** F ⟨~; ~nen⟩ poetisa *f*; **poetisch** ADJ poético

Po'grom N & M ⟨~s; ~e⟩ pogrom(o) *m*; **Pogromnacht** F noche *f* del pogrom(o); **Pogromstimmung** F ambiente *m* (*od* atmósfera *f*) como en un pogrom(o)

Po'inte [po'ɛ̃:tə] F ⟨~; ~n⟩ agudeza *f*; *e-s Witzes:* gracia *f*

poin'tiert [poɛ̃'ti:rt] ADJ 1 (*betont*) acentuado 2 (*geistreich*) agudo; sutil

Pointil'lismus [poɛ̃-] M ⟨~⟩ MAL puntillismo *m*

Po'kal M ⟨~s; ~e⟩ copa *f* (*a.* SPORT); **Pokalendspiel** N, **Pokalfinale** N SPORT final *f* de la copa; **Pokalgewinn** M el haber ganado la copa; **~ in Leipzig!** hemos (*bzw* han, *etc*) ganado la copa en Leipzig!; **Pokalspiel** N SPORT partido *m* de copa; **Pokalverleihung** F entrega *f* de la copa

'Pökelfass N saladero *m*; **Pökelfleisch** N carne *f* salada; salazones *fpl*; **Pökelhering** M arenque *m* salado

'pökeln VT salar; adobar

'Pökeln N ⟨~s⟩ salazón *f*

'Poker N ⟨~s⟩ → Pokerspiel; **Pokerface** [-fe:s] N ⟨~; ~s⟩, **Pokergesicht** N cara *f* de póker

'pokern VI jugar al póker; **Pokerspiel** N póker *m*, póquer *m*

Pol M ⟨~s; ~e⟩ polo *m* (*a.* ELEK *u. fig*); **Flug über den ~** vuelo *m* transpolar; *fig* **der ruhende ~** el remanso de paz

po'lar ADJ polar

Po'larexpedition F expedición *f* al polo; **Polarforscher** M, **Polarforscherin** F explorador *m*, -a *f* de las regiones polares; **Polarforschung** F exploración *f* de las regiones polares; **Polarfront** F METEO frente *m* polar; **Polarfuchs** M ZOOL zorro *m* azul; **Polarhund** M ZOOL perro *m* esquimal

Polari'meter N ⟨~s; ~⟩ PHYS polarímetro *m*; **Polarisati'on** F ⟨~; ~en⟩ polarización *f*; **polari'sieren** VT ⟨*ohne* ge-⟩ *a. fig* polarizar; **Polari'sierung** F ⟨~; ~en⟩ polarización *f*; **Polari'tät** F ⟨~; ~en⟩ polaridad *f*

Po'larkreis M círculo *m* polar (**nördlicher** ártico; **südlicher** antártico); **Polarlicht** N luz *f* polar; **Polarmeer** N océano *m* glacial; **Polarstern** M ASTRON estrella *f* polar; **Polarzone** F zona *f* glacial

'Polder M ⟨~s; ~⟩ pólder *m*

'Pole M ⟨~n; ~n⟩ polaco *m*

Po'lemik F ⟨~; ~en⟩ polémica *f*; **Polemiker** M ⟨~s; ~⟩, **Polemikerin** F ⟨~; ~nen⟩ polemista *m/f*; **polemisch** ADJ polémico

P

polemi'sieren VI ⟨*ohne* ge-⟩ polemizar

'Polen N Polonia *f*; *fig* **noch ist ~ nicht verloren** todavía no se ha dicho la última palabra

Po'lente F ⟨~⟩ *sl* bofia *f*, poli *f*

Po'lice [po'li:sə] F ⟨~; ~n⟩ *bes* VERS póliza *f*

Po'lier M ⟨~s; ~e⟩ capataz *m*

po'lieren VT pulir (*a. fig*); dar (*od* sacar) brillo a; METALL *a.* bruñir, pulimentar; *Möbel* lustrar; **Polieren** N ⟨~s⟩ pulimento *m*; bruñido *m*; **Polierer** M ⟨~s; ~⟩, **Poliererin** F ⟨~; ~nen⟩ pulidor *m*, -a *f*; bruñidor *m*, -a *f*

Po'liermaschine F pulidora *f*; **Poliermittel** N producto *m* para pulir; **Polierscheibe** F disco *m* para pulir; **Polierstahl** M bruñidor *m*

'Poliklinik F MED policlínica *f*; dispensario *m*

'Polin F ⟨~; ~nen⟩ polaca *f*

'Polio F ⟨~⟩ *umg* MED polio *f*

Poliomye'litis F ⟨~; Poliomyeli'tiden⟩ MED poliomielitis *f*

'Polio-Schluckimpfung F MED vacuna *f* oral contra la poliomielitis

Po'litbüro N politburó *m*, buró *m* político

Politesse F ⟨~; ~n⟩ (mujer *f*) policía *f*

Poli'tik F ⟨~⟩ política *f*; **~ der Stärke** política *f* de fuerza; **~ der Öffnung** aperturismo *m*, política *f* aperturista; **~ der offenen Tür** política *f* de puerta abierta

Politi'kaster M ⟨~s; ~⟩ *pej* politicastro *m*

Po'litiker M ⟨~s; ~⟩ político *m*; **Politikerin** F ⟨~; ~nen⟩ (mujer *f*) política *f*; **Politikerkaste** F casta *f* de los políticos

poli'tikfähig ADJ apto (*od* idóneo) para la política; **Politikfähigkeit** F capacidad *f* (*od* aptitud *f*) para la política; **Politikmüdigkeit** F desencanto *m* político; hartazgo *m* político; decepción *f* política

Po'litikum N ⟨~s; Politika⟩ cuestión *f* política; asunto *m* político

poli'tikunfähig ADJ políticamente incapaz; incapaz para la política; **Politikunfähigkeit** F incapacidad *f* (para la) política

poli'tikverdrossen ADJ harto (*od* hastiado *od* desencantado) de la política; **Politikverdrossenheit** F desgana *f* política; desencanto *m* político; hastío *m* político

Poli'tikverständnis N modo *m* de entender la política, entendimiento *m* de la política

Poli'tikwissenschaft F ciencia *f* política; **Politikwissenschaftler** M, **Politikwissenschaftlerin** F → Politologe, Politologin

po'litisch **A** ADJ político **B** ADV **~ korrekt** políticamente correcto

politi'sieren ⟨*ohne* ge-⟩ **A** VI hablar de política; *pej* politiquear **B** VT politizar; **Politisieren** N ⟨~s⟩ *pej* politiqueo *m*; **Politisierung** F ⟨~⟩ politización *f*

Po'litmagazin N *Zeitschrift*: revista *f* política; TV, RADIO programa *m* político, magazine *f* de política

Polito'loge M ⟨~n; ~n⟩ politólogo *m*; *Am* politicólogo *m*; **Politolo'gie** F ⟨~⟩ ciencias *fpl* políticas; **Polito'login** F ⟨~; ~nen⟩ politóloga *f*; *Am* politicóloga *f*

Po'litprominenz F clase *f* política; personalidades *pl* (más destacadas) de la escena política; **Politszene** F mundillo *m* de la política; escena *f* política; **Politthriller** [-θrılər] M thriller *m* político

Poli'tur F ⟨~; ~en⟩ **1** (*Glanz*) brillo *m*, lustre *m*; (*Schutzschicht*) pulimento *m* **2** *Mittel* abrillantador *m*

Poli'zei F ⟨~⟩ policía *f*; **Polizeiakte** F acta *f* policial; expediente *m* policial; **Polizeiaktion** F operación *f* policial; **Polizeiaufgebot** N despliegue *m* de policía; **Polizeiaufsicht** F vigilancia *f* policíaca; **unter ~** bajo vigilancia (de la policía); **Polizeiauto** N coche *m* de la policía; **Polizeibeamte(r)** M, **Polizeibeamtin** F agente *m/f* de policía; **Polizeibegleitung** F escolta *f* policial; **Polizeibehörde** F policía *f*; **Polizeibericht** M informe *m* policial; **Polizeiberuf** M profesión *f* de policía; profesión *f* policial; **Polizeicomputer** M ordenador *m* (*od* computadora *f*) de la policía; **Polizeidienst** M servicio *m* de policía; **Polizeidirektion** F jefatura *f* de policía; **Polizeidirektor** M, **Polizeidirektorin** F director *m*, -a (*od* jefe *m*, -a *f*) de la policía; **Polizeieinsatz** M intervención *f* policial (*od* policíaca); actuación *f* policial (*od* policíaca); operación *f* policial; **Polizeieskorte** F escolta *f* (*od* convoy *m*) policial; **Polizeiexperte** M, **Polizeiexpertin** F experto *m*, -a *f* en temas policiales; **Polizeifahrzeug** N vehículo *m* policial; coche-patrulla *m*; **Polizeifunk** M sistema *m* de radicomunicación policial; **Polizeigericht** N tribunal *m* policial; **Polizeigewahrsam** N **in ~ sein** estar detenido (*od* arrestado) policialmente; **Polizeigewalt** F poder *m* (*od* autoridad *f*) policial; **Polizeigriff** M agarro *m* policial; **Polizeihaft** F prisión *f* gubernativa; detención *f* policial; **Polizeihauptkommissar** M comisario *m* superior de policía; **Polizeihoheit** F soberanía *f* policial; autoridad *f* policial; **Polizeihund** M perro *m* policía; **Polizeiinspektion** F inspección *f* de policía; **Polizeiinspektor** M, **Polizeiinspektorin** F inspector *m*, -a de policía; **Polizeiknüppel** M porra *f*; **Polizeikommissar** M, **Polizeikommissarin** F comisario *m*, -a *f* de policía; **Polizeikontrolle** F control *m* policial

poli'zeilich **A** ADJ policíaco, policial, de (la) policía **B** ADV por (orden de) la policía

Poli'zeimaßnahme F medida *f* policial; **Polizeinotruf** M número *m* de la policía (para casos urgentes); **Polizeipräsident** M, **Polizeipräsidentin** F jefe *m*, -a *f* superior de policía; **Polizeipräsidium** N jefatura *f* superior de policía; **Polizeiprotokoll** N protocolo *m* policial; *bei e-m Verhör*: atestado *m* policial; acta *f* policial; **Polizeirecht** N derecho *m* policial; **Polizeirevier** N comisaría *f* de policía; **Polizeischule** F escuela *f* de policía; **Polizeischüler** M, **Polizeischülerin** F alumno *m*, -a *f* de la escuela de policía; **Polizeischutz** M protección *f* policial; **unter ~ stellen** poner bajo protección policial; **Polizeisperre** F barrera *f* policial; cordón *m* policial; **Polizeispitzel** M confidente *m* de la policía; *umg* chivato *m*; **Polizeisprecher** M, **Polizeisprecherin** F portavoz *m/f* (*od Am* vocero *m*, -a *f*) de la policía; **Polizeistaat** M Estado *m* policía; **polizeistaatlich** político-policial; **Polizeistation** F → Polizeiwache; **Polizeistreife** F patrulla *f* de policía; **Polizeistunde** F hora *f* de cierre; **polizeitaktisch** ADJ de táctica policial; táctico-policial; **Polizeitruppe** F tropa *f* de policía; destacamento *m* policial; **Polizeiverhör** N interrogatorio *m* policial; **Polizeiverordnung** F ordenanza *f* de policía; **Polizeiwache** F puesto *m* de policía; comisaría *f* (de policía); **Polizeiwagen** M → Polizeiauto; *für Häftlinge*: coche *m* celular; **polizeiwidrig** ADJ contrario a las ordenanzas de la policía; *fig* intolerable

Poli'zist M ⟨~en; ~en⟩, **Polizistin** F ⟨~; ~nen⟩ (agente *m/f* de) policía *m/f*; guardia *m/f* de polo

'Polka F ⟨~; ~s⟩ MUS, *Tanz*: polca *f*

'Polklemme F ELEK borne *m* (*od* terminal *m*)

'Pollen M ⟨~s; ~⟩ BOT polen *m*

Polluti'on F ⟨~; ~en⟩ MED polución *f*

'polnisch ADJ polaco

'Polo N ⟨~s⟩ → Polospiel; **Polohemd** N (camisa *f*) polo *m*

Polo'naise [-'nɛ:sə], **Polo'näse** F ⟨~; ~n⟩ polonesa *f*

'Poloschläger M mazo *m* de polo; **Polospiel** N polo *m*; **Polospieler** M, **Polospielerin** F jugador *m*, -a *f* de polo, polista *m/f*

'Polschuh M ELEK borne *m*, terminal *m*

'Polster N ⟨~s; ~⟩ **1** (*Polsterauflage*) acolchado *m*; (*Kissen*) cojín *m*; almohadón *m* **2** (*Füllung*) relleno *m* **3** *fig finanziell etc*: reserva *f*; **Polsterer** M ⟨~s; ~⟩ tapicero *m*; colchonero *m*; **Polstergarnitur** F tresillo *m*; **Polsterin** F ⟨~; ~nen⟩ tapicera *f*; colchonera *f*; **Poltermaterial** N material *m* de relleno (para tapicería); **Polstermöbel** NPL muebles *mpl* tapizados

'polstern VT tapizar; acolchar; *umg fig* **gut gepolstert** *umg* metidito en carnes

'Polstersessel M sillón *m* tapizado; **Polsterstuhl** M silla *f* tapizada; **Polsterung** F ⟨~; ~en⟩ acolchado *m*; relleno *m*

'Polterabend M víspera *f* de boda; **Polterer** M ⟨~s; ~⟩ alborotador *m*; *umg* buscarruidos *m*; **Poltergeist** M duende *m*, trasgo *m*; **Polterin** F ⟨~; ~nen⟩ alborotadora *f*; *umg* buscarruidos *f*

'poltern VI alborotar; hacer ruido; *umg* armar jaleo; (*wettern*) echar pestes; *Sache* caer con estrépito; **an die Tür ~** golpear (*od* aporrear) la puerta

'Poltern N ⟨~s⟩ alboroto *m*; jaleo *m*; estrépito *m*

Polya'cryl N ⟨~s⟩ CHEM poliacrilonitrilo *m*; **Polya'mid** N ⟨~s; ~e⟩ CHEM poliamida *f*; **Polyäthy'len** N ⟨~s; ~e⟩ CHEM polietileno *m*; **Polychro'mie** F ⟨~; ~n⟩ policromía *f*; **Poly'eder** N ⟨~s; ~⟩ GEOM poliedro *m*; **Poly'ester** M ⟨~s; ~⟩ CHEM poliéster *m*

poly'fon ADJ, **poly'phon** ADJ polifónico

Polyfo'nie F, **Polypho'nie** F ⟨~⟩ polifonía *f*

poly'gam ADJ polígamo; **Polyga'mie** F ⟨~⟩ poligamia *f*; **Polyga'mist** M ⟨~en; ~en⟩ polígamo *m*; **poly'glott** ADJ polígloto; **Poly'gon** N ⟨~s; ~e⟩ GEOM polígono *m*

poly'mer ADJ CHEM polímero; **Poly'mer** N ⟨~s; ~e⟩ polímero *m*; **Polymerisati'on** F ⟨~; ~en⟩ CHEM polimerización *f*; **polymeri'sieren** VT ⟨*ohne* ge-⟩ CHEM polimerizar; **poly'morph** ADJ polimorfo

Poly'nesien N ⟨~s⟩ Polinesia *f*; **Polynesier** M ⟨~s; ~⟩, **Polynesierin** F ⟨~; ~nen⟩ polinesio *m*, -a *f*; **polynesisch** ADJ polinesio

Po'lyp M ⟨~en; ~en⟩ **1** ZOOL pólipo *m* **2** ANAT *mst pl* **~en** (*Darmpolyp*) pólipos *mpl* (intestinales); *umg* (*Nasenpolyp*) adenoides *fpl*, pólipos *mpl* nasales **3** *sl fig* (*Polizist*) polizonte *m*

Polysty'rol N ⟨~s; ~e⟩ CHEM poliestirol *n*; **Poly'technikum** N ⟨~s; Polytechnika *od* Polytechniken⟩ politécnico *m*, escuela *f* politécnica; **poly'technisch** ADJ politécnico

Polythe'ismus M ⟨~⟩ politeísmo *m*; **Polythe'ist** M ⟨~en; ~en⟩, **Polythe'istin** F ⟨~; ~nen⟩ politeísta *m/f*; **polythe'istisch** ADJ politeísta

Po'made F ⟨~; ~n⟩ (*Salbe*) pomada *f*; *für das Haar*: gomina *f*; **pomadig** ADJ **1** *Haar* con gomina **2** *umg fig* (*träge*) flemático, remolón, cachazudo

pomadi'sieren VT ⟨*ohne* ge-⟩ *Haar* engomar

Pome'ranze F ⟨~; ~n⟩ BOT *Frucht*: naranja *f* amarga → *a.* Bitterorange; *Baum*: naranjo *m*

P

amargo
'Pommer M ⟨~n; ~n⟩, **Pommerin** F ⟨~; ~nen⟩ pomerano *m*, -a *f*; **pommer(i)sch** ADJ pomerano
'Pommern N Pomerania *f*
Pommes 'frites [pɔm'frɪt] PL patatas *fpl* fritas
Pomp M ⟨~(e)s⟩ pompa *f*; fausto *m*, suntuosidad *f*; boato *m*; **'pomphaft** ADJ pomposo; fastuoso, suntuoso
pom'pös ADJ ostentoso, aparatoso; espectacular, vistoso; → *a.* pomphaft
Pontifi'kalamt N KATH misa *f* pontifical; **Pontifi'kat** N ⟨~(e)s; ~e⟩ KATH pontificado *m*
'Pontius [-tsiʊs] M HIST, *Bibel*: **~ Pilatus** Poncio Pilatos; *fig* **von ~ zu Pilatus laufen** andar de la Ceca a la Meca; ir de Herodes a Pilatos
Pon'ton [-'tɔŋ, -'tõ:] M ⟨~s; ~s⟩ pontón *m*; **Pontonbrücke** F puente *m* de pontones (*od* flotante)
'Pony[1] N ⟨~s; ~s⟩ ZOOL poney *m*
'Pony[2] M ⟨~s; ~s⟩ *Frisur*: flequillo *m*
Pop M ⟨~(s)⟩ → Popmusik
'Popanz M ⟨~es; ~e⟩ espantajo *m*, coco *m*; *fig* muñeco *m*
'Pop-Art F ⟨~⟩ *Kunst*: pop art *m*; arte *m* popular
'Popcorn N ⟨~s⟩ palomitas *pl* (de maíz)
'Pope M ⟨~n; ~n⟩ REL pope *m*
'Popel M ⟨~s; ~⟩ *umg* albondiguilla *f*; **popelig** ADJ *umg* mezquino; pobre, mísero
Pope'lin M ⟨~s; ~e⟩, **Pope'line** M ⟨~s; ~⟩ *u.* F ⟨~; ~⟩ TEX popelín *m*
'popeln VI *umg* hacer albondiguillas; **in der Nase ~** hurgarse la nariz
'Popgruppe F MUS grupo *m* pop; **Popkonzert** N concierto *m* pop; **Popmusik** F música *f* pop; **Popmusiker** M, **Popmusikerin** F músico *m*, -a *f* pop
Po'po M ⟨~s; ~s⟩ *umg* pompis *m*, culito *m*, mapamundi *m*; **Poposcheitel** M *umg hum* raya *f* central
'Popsänger M, **Popsängerin** F cantante *m/f* pop; **Popsong** M canción *f* pop; **Popstar** [st-] M estrella *f* pop
popu'lär ADJ popular; **~ machen** → popularisieren
populari'sieren VT ⟨*ohne* ge-⟩ popularizar; divulgar, vulgarizar; **Populari'sierung** F ⟨~; ~en⟩ popularización *f*; divulgación *f*, vulgarización *f*; **Populari'tät** F ⟨~⟩ popularidad *f*
Popu'lärkultur F cultura *f* popular; **Populati'on** F ⟨~; ~en⟩ BIOL población *f*; **Popu'list** M ⟨~en; ~en⟩, **Popu'listin** F ⟨~; ~nen⟩ POL populista *m/f*; **popu'listisch** ADJ POL populista
'Pop-up-Fenster ['pɔpʔap-] N IT ventana *f* pop-up; **Pop-up-Menü** N IT menú *m* desplegable (*od* directo), menú *m* pop-up
'Pore F ⟨~; ~n⟩ poro *m*; **porig** ADJ poroso
'Porno M ⟨~s; ~s⟩ *umg* película *f* (*bzw* novela *f*) porno(gráfica); **Pornofilm** M película *f* porno(gráfica)
Porno'graf M, **Porno'graph** M ⟨~en; ~en⟩ pornógrafo *m*
Pornogra'fie F, **Pornogra'phie** F ⟨~⟩ pornografía *f*
Porno'grafin F, **Porno'graphin** F ⟨~; ~nen⟩ pornógrafa *f*
porno'grafisch ADJ, **porno'graphisch** ADJ pornográfico
'Pornoroman M novela *f* porno(gráfica); **Pornostar** [st-] M estrella *f* de porno
po'rös ADJ poroso
Porosi'tät F ⟨~⟩ porosidad *f*
'Porphyr [-fy:r] M ⟨~s; ~e⟩ pórfido *m*, pórfiro *m*
'Porree M ⟨~s; ~s⟩ *nordd* BOT puerro *m*
Por'tal N ⟨~s; ~e⟩ portal *m*; **Portalkran** M TECH grúa *f* (de) pórtico
Porte'feuille [pɔrt(ə)'fø:j] N ⟨~s; ~s⟩ cartera *f*; (*Wertpapierbestand*) cartera *f* de valores; **Minister ohne ~** ministro *m* sin cartera; **Portemon'naie** [-mɔ'nɛ:] N portamonedas *m*, monedero *m*
Por'tier [-ti'e:] M ⟨~s; ~s⟩ portero *m*, conserje *m*
Porti'ere [-ti'ɛ:rə] F ⟨~; ~n⟩ cortina *f*; guardapuerta *f*
Por'tiersfrau F portera *f*; **Portiersloge** [-ʒe] F, **Portierswohnung** F portería *f*
Porti'on F ⟨~; ~en⟩ **1** (*bestimmte Menge*) ración *f*; **eine ~ Reis** *etc* una ración de arroz *etc*; **eine ~ Kaffee** *una jarrita de dos tazas de café*; *umg fig* **halbe ~** poquita cosa *f* (*a. Person*) **2** (*Anteil*) parte *f*, porción *f*; **portio'nieren** VT ⟨*ohne* ge-⟩ GASTR servir (en) raciones; cortar en porciones
Portmo'nee N ⟨~s; ~s⟩ → Portemonnaie
'Porto N ⟨~s; ~s *od* Porti⟩ *Postwesen*: franqueo *m*, porte *m*; **~ bezahlt** porte pagado; **~ zahlt der Empfänger** a franquear en destino
'Portoauslagen FPL gastos *mpl* de franqueo; **portofrei** ADJ franco (*od* exento) de porte; libre de franqueo; **Portofreiheit** F franquicia *f* postal; **Portogebühr** F (tarifa *f* de) franqueo *m*; tarifa *f* postal; **Portokasse** F caja *f* menor; *fig* **etw aus der ~ bezahlen** poder pagar sin pestañear; **Portokosten** PL → Portoauslagen; **portopflichtig** ADJ sujeto a franqueo; **Portozuschlag** M sobreporte *m*
Por'trät [-'trɛ:] N ⟨~s; ~s⟩ retrato *m*
porträ'tieren VT ⟨*ohne* ge-⟩ **j-n ~** retratar a alg, hacer un retrato a alg
Por'trätmaler M, **Porträtmalerin** F retratista *m/f*
'Portugal N Portugal *m*
Portu'giese M ⟨~n; ~n⟩ portugués *m*; **Portugiesin** F ⟨~; ~nen⟩ portuguesa *f*; **portugiesisch** ADJ portugués; (*das*) *Portugiesisch(e)* el portugués
'Portwein M vino *m* de Oporto, oporto *m*
Porzel'lan N ⟨~s; ~e⟩ porcelana *f*; **Meißner ~** porcelana *f* de Sajonia; **Porzellanerde** F caolín *m*; **Porzellanfüllung** F *Zahn*: empaste *m* de porcelana; **Porzellangeschirr** N vajilla *f* de porcelana; **Porzellanindustrie** F industria *f* de la porcelana; **Porzellanladen** M tienda *f* de porcelana; **Porzellanmalerei** F pintura *f* sobre porcelana; **Porzellanmanufaktur** F **1** *Fabrik*: fábrica *f* de porcelana **2** *Herstellung*: fabricación *f* (*od* manufactura *f*) de porcelana; **Porzellanmasse** F pasta *f* de porcelana; **Porzellanpuppe** F muñeca *f* de porcelana; **Porzellanservice** N → Porzellangeschirr; **Porzellanteller** M plato *m* de porcelana; **Porzellanwaren** FPL porcelanas *fpl*; artículos *mpl* de porcelana
POS M ABK (point of sale) TPV *m* (terminal punto de venta)
Po'saune F ⟨~; ~n⟩ trombón *m*; **die ~n des Jüngsten Gerichts** las trompetas del juicio final
po'saunen **A** VI MUS tocar el trombón **B** VT *fig* pregonar (a los cuatro vientos); **Posaunenbläser** M → Posaunist; **Posaunenengel** M ángel *m* trompetero
Posau'nist M ⟨~en; ~en⟩, **Posaunistin** F ⟨~; ~nen⟩ trombón *m/f*, trombonista *m/f*
'Pose F ⟨~; ~n⟩ pose *f*; afectación *f*; *bes* MAL postura *f*
po'sieren VI ⟨*ohne* ge-⟩ posar
Positi'on F ⟨~; ~en⟩ **1** *allg* posición *f*; SCHIFF situación *f*; **verantwortliche ~** puesto *m* de responsablidad; **eine gute ~ haben** *od* **sich in einer guten ~ befinden** estar en buena posición; **seine ~ sichern/stärken** asegurarse/fortalecer su posición **2** HANDEL (*Posten*) partida *f*
positio'nieren VT ⟨*ohne* ge-⟩ colocar, posicionar (*a.* WIRTSCH); **Positionierung** F ⟨~; ~en⟩ posicionamiento *m*
Positi'onsanzeiger M indicador *m* de situación; **Positionsbestimmung** F posicionamiento *m*; **Positionslampe** F SCHIFF luz *f* de situación; **Positionslichter** NPL FLUG luces *fpl* de posición; **Positionspapier** N comentario *m* por escrito; síntesis *f* (*od* documento) explicatorio; **Positionswechsel** M cambio *m* de posición (*od* de actitud *od* de postura)
'positiv **A** ADJ positivo; (*bejahend*) afirmativo; *umg* seguro **B** ADV **weißt du das ~?** ¿estás seguro?
'Positiv ⟨~s; ~e⟩ **A** M GRAM (grado *m*) positivo *m* **B** N FOTO positivo *m*; **positivelektrisch** ADJ de carga eléctrica positiva
Positi'vismus M ⟨~⟩ positivismo *m*; **Positivist** M ⟨~en; ~en⟩, **Positivistin** F ⟨~; ~nen⟩ positivista *m/f*; **positivistisch** ADJ positivista
'Positivliste F PHARM, POL lista *f* positiva; **auf der ~ stehen** estar en la lista positiva
'Positron N ⟨~s; ~en⟩ PHYS posit(r)ón *m*
Posi'tur F ⟨~; ~en⟩ posición *f*; postura *f*; **sich in ~ setzen** (*od umg* **werfen**) adoptar una actitud afectada
'Posse F ⟨~; ~n⟩ THEAT farsa *f* (*a. fig*); **~n reißen** hacer bufonadas
'possenhaft ADJ burlesco; bufonesco; **Possenreißer** M bufón *m*; **Possenspiel** N THEAT farsa *f*
'possessiv ADJ GRAM posesivo; **Possessivpronomen** N GRAM pronombre *m* posesivo
pos'sierlich ADJ gracioso; cómico; *umg* mono
Post[1] F ⟨~⟩ **1** (*Postsendungen*) correo *m*; (*Briefwechsel*) correspondencia *f*; **mit der ~, per ~** por correo **mit getrennter ~** por (correo) separado; **mit gleicher ~** con el mismo envío; **mit umgehender ~** a vuelta de correo; **die ~ aufgeben/erledigen** expedir/despachar la correspondencia; **ist ~ für mich da?** ¿hay cartas para mí? **2** IT **elektronische ~** correo *m* electrónico
Post®[2] F ⟨~⟩ *Institution*: correos *mpl*; (*Postamt a.*) oficina *f* de correos *mpl*; **auf die** (*od* **zur**) **~ bringen** echar (*bzw* llevar) al correo;; **zur ~ gehen** ir al correo (*od* a correos)
'Postadresse F dirección *f* postal; **Postagentur** F agencia *f* postal; estafeta *f*
pos'talisch ADJ postal
Posta'ment N ⟨~(e)s; ~e⟩ *geh* pedestal *m*
'Postamt N oficina *f* (*od* estafeta *f*) de correos; **postamtlich** ADJ postal; **Postangestellte** M/F empleado *m*, -a *f* de correos; **Postanschrift** F dirección *f* postal; **Postanweisung** F giro *m* postal; **telegrafische ~** giro *m* telegráfico; **Postauftrag** M mandato *m* postal; **Postausgang** M salida *f* de correo; correspondencia *f* de salida, IT correo *m* saliente; **Postausgangskorb** M bandeja *f* de salida de correo; **Postauto** N coche *m* de correos; **Postbank** F ⟨~; ~en⟩ banco *m* postal; banco *m* de Correos; **Postbeamte(r)** M, **Postbeamtin** F *obs* empleado *m*, -a *f* de correos; **Postbeförderung** F transporte *m* postal; **Postbehörde** F → Postverwaltung; **Postbezirk** M distrito *m*

P

postal; **Postbezug** M e-r Zeitung etc: suscripción f postal (od por correo); **Postbote** M, **Postbotin** F cartero m, -a f; **Postbus** M autocar m postal; **Postdienst** M servicio m postal (od de correos); **Postdirektion** F administración f de correos; **Posteingang** M correo m recibido; correspondencia f de entrada; bes IT correo m entrante; **Posteingangsstempel** M sello m de correo recibido; **Posteinlieferungsschein** M resguardo m de entrega

posten ['pɔːstən] VT & VI INTERNET Nachricht, Message postear; **einen Kommentar ~** postear un comentario

'**Posten** M ⟨~s; ~⟩ **1** (Stellung) puesto m; (Arbeitsstelle) colocación f, empleo m; destino m; (Amt) cargo m **2** MIL puesto m; (Wachposten) guardia f; Person: centinela m; **~ beziehen** montar la guardia; **~ stehen** estar de guardia; umg fig **auf verlorenem ~ stehen** od **kämpfen** luchar por una causa perdida **3** fig **auf dem ~ sein** (aufpassen) poner atención; estar en guardia; estar (ojo) alerta; gesundheitlich: sentirse bien; estar en (buena) forma; **nicht auf dem ~ sein** no sentirse bien, umg no estar muy católico; **wieder auf dem ~ sein** estar restablecido **4** HANDEL (Warenposten) partida f; lote m; Buchhaltung: asiento m; elemento m

'**Postenaufstellung** F MIL colocación f de centinelas; **Postenkette** F, **Postenlinie** F MIL cordón m de centinelas; **postenweise** ADV HANDEL en (od por) partidas

'**Poster** ['pɔːstər] N ⟨~s; ~⟩ poster m, póster m

'**Postfach** N apartado m de correos; Am casilla f postal; **Postflugzeug** N avión m correo; **Postgebühren** FPL tarifas fpl postales; **Postgeheimnis** N secreto m postal; **Postgiroamt** N obs Caja f Postal; **Postgirokonto** N obs cuenta f corriente postal; **Posthalter** M obs maestro m de postas; **Posthorn** N corneta f de postillón

post'hum ADJ póstumo

pos'tieren ⟨ohne ge-⟩ **A** VT colocar; apostar (a. MIL) **B** VR **sich ~** colocarse; apostarse

'**Postillion** [-ɪl'joːn] M ⟨~s; ~e⟩ **1** hist postillón m **2** Schmetterling: colias f común

'**postindustriell** ADJ posindustrial

'**Postkarte** F (tarjeta f) postal f; **~ mit Rückantwort** tarjeta f postal-respuesta; **Postkunde** M, **Postkundin** F cliente m/f postal (od de correos); **Postkutsche** F diligencia f; **postlagernd** ADV lista de correos; **Postleitzahl** F código m postal

'**Pöstler** M, **Pöstlerin** F schweiz cartero m, -a f

'**Postmeister** M hist → Posthalter; **Postminister** M, **Postministerin** F ministro m, -a f de Comunicaciones; **Postministerium** N Ministerio m de Comunicaciones

'**postmodern** ADJ posmoderno

'**Postmonopol** N monopolio m postal (od de correos); **Postnachnahme** F reembolso m postal

postnume'rando ADV HANDEL posteriormente; a plazo vencido; **postopera'tiv** ADJ MED pos(t)operatorio

'**Postpaket** N paquete m postal; **Postpaketdienst** M servicio m postal de paquetes; **Posträuber** M ladrón m de correo; **Postsache** F objeto m postal; **Postsack** M saca f; **Postschalter** M ventanilla f (de correos)

'**Postscheck** M cheque m postal; **Postscheckamt** N obs oficina f de cheques postales; **Postscheckkonto** N obs cuenta f corriente postal

'**Postschiff** N buque m correo; **Postschließfach** N → Postfach; **Postsendung** F envío m postal

'**Postskript** N ⟨~(e)s; ~e⟩, **Postskriptum** N ⟨~s; Postskripta, österr a. Postskripte⟩ pos(t)data f

'**Postsparbuch** N libreta f de ahorro postal; **Postsparkasse** F caja f postal de ahorros; **Poststation** F obs posta f; **Poststelle** F oficina f auxiliar de correos; estafeta f; **Poststempel** M matasellos m; **Datum** n **des ~s** fecha f del matasellos; **Posttarif** M tarifa f postal

'**posttraumatisch** ADJ postraumático

'**Postüberweisung** F giro m (od transferencia f) postal

Postu'lat N ⟨~(e)s; ~e⟩ geh postulado m; **postu'lieren** VT ⟨ohne ge-⟩ geh postular

pos'tum ADJ póstumo

'**Postverbindung** F comunicación f postal; **Postverein** M unión f postal; **Postverkehr** M servicio m postal; **Postverteilung** F reparto m del correo; **Postverwaltung** F administración f de correos; **Postwagen** M BAHN coche m correo; ambulancia f de correos; **postwendend** ADV a vuelta de correo; **Postwertzeichen** N sello m (de correos), Am estampilla f; **Postwesen** N ⟨~s⟩ (servicio m de) correos mpl; **Postwurfsendung** F envío m colectivo; **Postzug** M BAHN tren m correo; **Postzustellung** F reparto m (de correspondencia)

po'tent ADJ sexuell; a. fig potente

Poten'tat M ⟨~en; ~en⟩, **Potentatin** F ⟨~; ~nen⟩ geh pej potentado m, -a f

Po'tenz F ⟨~; ~en⟩ **1** MATH potencia f; **zweite ~** cuadrado m; **dritte ~** cubo m; **vierte ~** cuarta potencia; **in die dritte ~ erheben** elevar a la tercera potencia (od al cubo) **2** (Manneskraft) potencia f, virilidad f

Potenzi'al N ⟨~s; ~e⟩ potencial m (**an** dat en); **Potenzialabfall** M ELEK caída f de potencial; **Potenzialdifferenz** F ELEK diferencia f de potencial

Potenzi'alis M ⟨~⟩ GRAM (modo m) potencial m; **potenzi'ell** ADJ potencial (a. Energie), en potencia; virtual; **poten'zieren** VT ⟨ohne ge-⟩ MATH elevar a una potencia; fig potenciar; **Potenzio'meter** N ⟨~s; ~⟩ ELEK potenciómetro m

'**Potpourri** ['pɔtpʊri] N ⟨~s; ~s⟩ MUS popurrí m (a. fig)

Pott M ⟨~s; ~̈e⟩ reg → Topf; **ein ~ Kaffee** un tazón de café

'**Pottasche** F ⟨~⟩ CHEM ⟨~⟩ potasa f

'**pott'hässlich** ADJ umg más feo que Picio

'**Pottwal** M ZOOL cachalote m

Pou'larde [puː-] F ⟨~; ~n⟩ pularda f

pous'sieren [pu'siːrən] VI ⟨ohne ge-⟩ umg reg **mit j-m ~** flirtear (od tontear) con alg

'**Power** ['paʊər] F ⟨~⟩ fuerza f, energía f, vigor m, potencia f; **~ haben** tener mucha energía, tener empuje; **Powerfrau** umg F mujer f de ímpetu, mujer f potente

'**powern** ['paʊərn] VI trabajar con ímpetu

'**Powidl** M ⟨~s; ~⟩ österr mermelada f de ciruelas

pp., ppa. ABK (per procura) por poder

PR F ABK (Public Relations) RP fpl (relaciones públicas)

Prä'ambel F ⟨~; ~n⟩ bes POL preámbulo m

P'R-Abteilung F departamento m de RP (od de relaciones públicas)

Pracht F ⟨~⟩ magnificencia f; (Prunk) pompa f; suntuosidad f; lujo m (Glanz) esplendor m; fig **es war eine (wahre) ~** fue (realmente) magnífico

'**Prachtaufwand** M lujo m; suntuosidad f; **Prachtausgabe** F TYPO edición f de lujo; **Prachtbau** M ⟨~(e)s; ~ten⟩ edificio m suntuoso; **Prachtexemplar** N umg ejemplar m estupendo, preciosidad f; Buch: ejemplar m de lujo; umg fig → Prachtkerl

'**prächtig** ADJ **1** magnífico; suntuoso; lujoso; grandioso; soberbio **2** umg fig (großartig) excelente; espléndido; umg estupendo

'**Prachtkerl** M un tío (od tipo) estupendo; **ein ~ von einem Sohn** una joya de hijo; **Prachtkleid** N ORN plumaje m hermoso; **Prachtliebe** F magnificencia f; ostentación f; fastuosidad f; **prachtliebend** ADJ ostentoso; fastuoso; **Prachtmensch** M hombre m admirable; **Prachtstück** N pieza f selecta; iron alhaja f, joya f

'**prachtvoll** ADJ → prächtig

'**Prachtwerk** N Buch: obra f (bzw edición f) de lujo

Prädestinati'on F ⟨~⟩ predestinación f; **prädesti'nieren** VT ⟨ohne ge-⟩ predestinar (**zu** acus a); **prädestiniert** ADJ **zu etw ~** predestinado a a/c

Prädi'kat N ⟨~(e)s; ~e⟩ **1** GRAM predicado m **2** (Zensur) nota f, calificación f; **mit ~ (sehr gut)** con nota (de sobresaliente) **3** (Titel) título m; **prädika'tiv** ADJ GRAM predicativo; **~es Adjektiv** adjetivo m predicativo; **Prädi'katsnomen** N GRAM predicado m nominal

prädispo'nieren VT ⟨ohne ge-⟩ predisponer (**für** acus a, para); **prädispo'niert** ADJ predispuesto (**für** acus a, para)

Prä'fekt M ⟨~en; ~en⟩ prefecto m

Präfek'tur F ⟨~; ~en⟩ prefectura f

Prä'fix N ⟨~es; ~e⟩ GRAM prefijo m

Prag N Praga f

'**Prägeanstalt** F (casa f de la) moneda f; **Prägedruck** M ⟨~(e)s; ~e⟩ TYPO impresión f en relieve; **Prägeform** F matriz f

'**prägen** VT **1** TECH imprimir; Leder, Papier estampar; Münzen acuñar (a. Wort etc) **2** fig marcar; grabar; **j-n** (bzw **j-s Charakter**) **prägen** marcar a alg (bzw el carácter de alg); **ins Gedächtnis ~** grabar en la memoria

'**Prägen** N ⟨~s⟩ → Prägung; **Prägepresse** F troqueladora f; **Prägestempel** M cuño m, troquel m

Prag'matiker M ⟨~s; ~⟩, **Prag'matikerin** F ⟨~; ~nen⟩ pragmático m, -a f, pragmatista m/f; **prag'matisch** ADJ pragmático; **Pragma'tismus** M ⟨~⟩ pragmatismo m

präg'nant ADJ (kurz) conciso, sucinto; lacónico; (genau) preciso, exacto; **Präg'nanz** F ⟨~⟩ concisión f; laconismo m; (Genauigkeit) precisión f, exactitud f

'**Prägung** F ⟨~; ~en⟩ **1** TECH impresión f; auf Leder etc: estampación f, estampado m **2** von Münzen, e-s Worts: acuñación f **3** fig creación f; (Gepräge) cuño m, marchamo m; corte m

'**prähistorisch** ADJ prehistórico

'**prahlen** VI presumir, alardear, fanfarronear, jactarse (**mit** de); **mit etw ~** a. umg fardar de a/c

'**Prahler** M ⟨~s; ~⟩ presumido m, fanfarrón m

Prahle'rei F ⟨~; ~en⟩ **1** (das Prahlen) alardeo m, fanfarronería f **2** Äußerung: fanfarronada f, bravuconada f

'**Prahlerin** F ⟨~; ~nen⟩ presumida f; fanfarrona f; **prahlerisch** ADJ fanfarrón; presumido; **Prahlhans** M ⟨~es; -hänse⟩ obs valentón m, bravucón m, matasiete m, perdonavidas m

Prahm M ⟨~(e)s; ~e⟩ SCHIFF gabarra f

Präju'diz N ⟨~es; ~e⟩ JUR prejuicio m; **präjudi'zieren** VT ⟨ohne ge-⟩ prejuzgar

präkolum'bianisch ADJ precolombiano; **präko'lumbisch** ADJ precolombino

'**Praktik** F ⟨~; ~en⟩ práctica f; pej **~en** pl maquinaciones fpl; trucos mpl; manejos mpl (sucios)

P

prakti'kabel ADJ viable, practicable; factible; **Praktikabili'tät** F ⟨~⟩ viabilidad *f*, practicabilidad *f*, factibilidad *f*

Prakti'kant M ⟨~en; ~en⟩, **Praktikantin** F ⟨~; ~nen⟩ persona *f* en período de prácticas; practicante *m/f* (técnico, -a); *(Rechtspraktikant)* pasante *m/f*

'Praktiker M ⟨~s; ~⟩, **Praktikerin** F ⟨~; ~nen⟩ **1** práctico *m/f* **2** MED *(praktischer Arzt, praktische Ärztin)* médico *m*, -a *f* de medicina general

'Praktikum N ⟨~s; Praktika⟩ (período *m* de) prácticas *fpl*; *des Rechtspraktikanten*: pasantía *f*; **ein ~ machen** hacer unas prácticas

'Praktikumsplatz M puesto *m* (*od* plaza *f*) de practicante

'praktisch **A** ADJ *allg* práctico; **~er Arzt** médico *m* de medicina general **B** ADV prácticamente; *(quasi) a.* casi; **~ durchführen** practicar, poner en (*od* llevar a la) práctica; **~ unmöglich** punto menos que imposible

'praktischerweise ADV prácticamente

prakti'zieren ⟨*ohne* ge-⟩ **A** VT practicar **B** VI practicar, *Arzt* ejercer; **praktizierend** ADJ **~er Arzt** médico *m* en ejercicio; **~er Katholik** católico *m* practicante

Prä'lat M ⟨~en; ~en⟩ KATH prelado *m*

Prälimi'narien [-iən] PL preliminares *mpl*

Pra'line F ⟨~; ~n⟩ bombón *m* (de chocolate); **Pralinenschachtel** F caja *f* de bombones

prall **A** ADJ **1** *(straff)* tenso, tirante; tieso **2** *(voll)* repleto; relleno; *Ballon etc* henchido; hinchado; **in der ~en Sonne** a pleno sol **3** *(eng anliegend)* apretado **4** *(rundlich) umg* rechoncho **5** *umg (betrunken)* **~ sein** estar mamado **B** ADV **~ gefüllt** repleto

Prall M ⟨~(e)s; ~e⟩ choque *m*; impacto *m*; rebote *m*

'prallen VI ⟨sn⟩ *(zurückprallen)* rebotar; *Sonne* apretar; **gegen** *od* **auf** *od* **an etw ~** chocar (*od* dar) contra a/c; **Praller** M ⟨~s; ~⟩ → Pralltriller; **Prallhang** M *e-s Flusses*: orilla *f* externa (*de un meandro*); **Pralltriller** M MUS mordente *m* superior; **prallvoll** ADJ *umg* a tope, de bote en bote

prälu'dieren VI ⟨*ohne* ge-⟩ MUS preludiar; **Prä'ludium** N ⟨~s; Präludien⟩ MUS preludio *m*

'Prämie [-miə] F ⟨~; ~n⟩ **1** *(Preis)* premio *m*; *(Belohnung) a.* recompensa *f* **2** VERS, FIN prima *f*; *(Gehaltsprämie)* gratificación *f*; **eine ~ bekommen** recibir una prima (*bzw* una gratificación)

'Prämienanleihe F empréstito *m* con prima; **Prämienaufschlag** M sobreprima *f*; **Prämiengeschäft** N operación *f* a (*od* con) prima; **Prämienregelung** F régimen *m* de primas (*bzw* de gratificaciones); **Prämienrückgewähr** F reembolso *m* de primas; **Prämiensatz** M prima *f*; **Prämienschein** M bono *m* de prima; **Prämiensparen** N ahorro *m* por primas; **Prämienstaffelung** F clasificación *f* de primas; **Prämiensystem** N WIRTSCH sistema *m* de primas (*od* cuotas)

prä'mi(i)eren VT ⟨*ohne* ge-⟩ conceder un premio (*bzw* una prima); *Aussteller a.* premiar; **Prämi(i)erung** F ⟨~; ~en⟩ adjudicación *f* del premio; concesión *f* de premios

Prä'misse F ⟨~; ~n⟩ premisa *f*

'prangen VI **1** *(auffallen)* llamar la atención; **~ mit** ostentar *(acus)*; hacer alarde de **2** *geh (glänzen)* brillar, resplandecer; lucir

'Pranger M ⟨~s; ~⟩ picota *f*; **j-n an den ~ stellen** poner a alg en la picota (*a. fig*)

'Pranke F ⟨~; ~n⟩ garra *f*; zarpa *f* (*a. umg fig Hand*); **Prankenhieb** M zarpazo *m*

pränume'rando ADV HANDEL por adelantado (*od* anticipado)

Präpa'rat N ⟨~(e)s; ~e⟩ preparado *m*, preparación *f*; **Präpa'rator** M ⟨~s; -'toren⟩, **Präpara'torin** F ⟨~; ~nen⟩ preparador *m*, -a *f*; *von Tieren*: disector *m*, -a *f*; **präpa'rieren** ⟨*ohne* ge-⟩ VT preparar; *Tier* disecar

Präpositi'on F ⟨~; ~en⟩ GRAM preposición *f*; **präpositio'nal** ADJ GRAM preposicional

Prä'rie F ⟨~; ~n⟩ pradera *f*; llano *m*; **Präriehund** M perro *m* (*od* perrito) de la pradera; **Präriewolf** M ZOOL coyote *m*

'Präsens N ⟨~⟩ GRAM presente *m*; **Präsensform** F forma *f* en presente

prä'sent ADJ presente; **~ sein** estar presente

Prä'sent N ⟨~s; ~e⟩ regalo *m*

präsen'tabel ADJ presentable

Präsentati'on F ⟨~; ~en⟩ presentación *f*; *Kunst*: actuación *f*

präsen'tieren ⟨*ohne* ge-⟩ **A** VT presentar (*a.* MIL); MIL **präsentiert das Gewehr!** ¡presenten armas! **B** VR **sich ~** presentarse

Präsen'tierteller M *fig* **auf dem ~** a la vista de todos; **auf dem ~ überreichen** servir en bandeja (de plata)

Prä'senz F ⟨~⟩ presencia *f*; *(Anwesenheit) a.* asistencia*f*; **schwache ~** escasa presencia *f*; **seine ~ verstärken** reforzar su presencia; **Präsenzbibliothek** F biblioteca *f* de libre consulta; **Präsenzdiener** M *österr* recluta *m*; **Präsenzdienst** M *österr* MIL servicio *m* militar; **Präsenzliste** F lista *f* de asistencia; **Präsenzstärke** F ⟨~⟩ MIL efectivo *m*

Präserva'tiv N ⟨~s; ~e⟩ preservativo *m*

Präsi'dent M ⟨~en; ~en⟩ presidente *m*

Präsi'dentenberater M, **Präsidentenberaterin** F consejero *m*, -a *f* presidencial; **Präsidentenwahl** F elecciones *fpl* presidenciales

Präsi'dentin F ⟨~; ~nen⟩ presidenta *f*; **Präsidentschaft** F ⟨~⟩ presidencia *f*

Präsi'dentschaftsanwärter M, **Präsidentschaftsanwärterin** F, **Präsidentschaftskandidat** M, **Präsidentschaftskandidatin** F candidato *m*, -a *f* a la presidencia; **Präsidentschaftskandidatur** F candidatura *f* a la presidencia

Präsidi'alamt N **1** *Büro*: oficina *f* de la presidencia; casa *f* (*od* palacio *m*) de gobierno **2** *Amt*: Jefatura *f* del Estado; **Präsidialrat** M consejo *m* presidencial; **Präsidialsystem** N régimen *m* presidencial, presidencialismo *m*

präsi'dieren VI ⟨*ohne* ge-⟩ presidir

Prä'sidium N ⟨~s; Präsidien⟩ **1** *(Vorsitz)* presidencia *f*; POL Mesa *f*; **~ des Bundestags** Mesa *f* del Bundestag; **das ~ übernehmen** asumir la presidencia **2** *(Vorstand)* directiva *f* **3** *(Polizeipräsidium)* presidio *m*

'prasseln VI crepitar; *Feuer a.* chisporrotear; *Regen* caer con fuerza

'Prasseln N ⟨~s⟩ crepitación *f*; *von Feuer*: chisporroteo *m*; estrépito *m*

'prassen VI darse la gran vida

'Prasser M ⟨~s; ~⟩ disipador *m*; vividor *m*

Prasse'rei F ⟨~; ~en⟩ vida *f* alegre (*bzw* disipada); *pej* disipación *f*; *umg* francachela *f*

'Prasserin F ⟨~; ~nen⟩ disipadora *f*; vividora *f*

Präten'dent M ⟨~en; ~en⟩, **Prätendentin** F ⟨~; ~nen⟩ *geh* pretendiente *m*, -a *f*

Prätenti'on F ⟨~; ~en⟩ *geh* pretensión *f*; **prätenti'ös** ADJ *geh* presuntuoso, pretencioso

'Prater M *parque emblemático de Viena*

Prä'teritum N ⟨~s; Präterita⟩ GRAM pretérito *m*

'Prätor M ⟨~s; -'toren⟩ HIST pretor *m*

'Pratze F ⟨~; ~n⟩ pata *f* (*a. umg fig*)

Prä'venti'on F ⟨~; ~en⟩ prevención *f*; **Präventionsprogramm** N programa *m* preventivo

präven'tiv ADJ preventivo; **Präventivkrieg** M guerra *f* preventiva; **Präventivmaßnahme** F medida *f* preventiva

'Praxis F ⟨~; Praxen⟩ **1** *(nicht Theorie)* práctica *f*; *(Erfahrung) a.* experiencia *f*; **in die ~ umsetzen** llevar a la práctica **2** *(Arztpraxis)* consultorio *m*, consulta *f*; *(Anwaltspraxis)* bufete *m*

'praxisbezogen ADJ → praxisnah

'Praxisbezug M orientación *f* hacia la práctica

'praxisfern ADJ alejado de la práctica; ajeno a la práctica; **Praxisgebühr** F MED ≈ tasas *fpl* (*od* honorarios *mpl*) de consulta; **praxisnah** ADJ práctico; ligado a la práctica; **praxisorientiert** ADJ orientado hacia la práctica

Präze'denzfall M precedente *m*; **einen ~ schaffen** crear (*od* sentar) un precedente

prä'zis(e) ADJ preciso; exacto

präzi'sieren VT ⟨*ohne* ge-⟩ precisar

Präzisi'on F ⟨~⟩ precisión *f*

Präzisi'onsarbeit F trabajo *m* de precisión; **Präzisionsinstrument** N instrumento *m* de precisión; **Präzisionswaage** F balanza *f* de precisión

P'R-Chef M, **PR-Chefin** F jefe *m*, jefa *f* del departamento de relaciones públicas

'predigen VT & VI predicar; **etw ~** predicar a/c; **j-m ~** echar un sermón a alg; *fig a.* sermonear a alg

'Predigen N ⟨~s⟩ predicación *f*; **Prediger** M ⟨~s; ~⟩, **Predigerin** F ⟨~; ~nen⟩ predicador *m*, -a *f*; *Bibel*: **der ~ Salomo** el Eclesiastés

'Predigt F ⟨~; ~en⟩ sermón *m* (*a. umg fig*); *kurze*: plática *f*; **eine ~ halten** pronunciar un sermón; *umg fig* **j-m eine ~ halten** echar un sermón a alg

Preis M ⟨~es; ~e⟩ **1** *(Kaufpreis)* precio *m*; **(zur Zeit) gültiger ~** precio *m* vigente; **wettbewerbsfähiger ~** precio *m* competitivo; **einen ~ ausmachen** *od* **vereinbaren** convenir un precio; **den ~ festsetzen/diktieren** fijar/imponer el precio; **die ~e erhöhen/senken** subir *od* aumentar *od* elevar/bajar los precios; **seinen ~ wert sein** valer lo que cuesta; **hoch im ~ stehen** tener alto precio; **im ~ steigen** subir, aumentar de precio; **sich im ~ niederschlagen** repercutir en el precio; **mit dem ~ heruntergehen** rebajar el precio; **um jeden ~** a cualquier (*od* a todo) precio; *fig a.* a toda costa; a todo trance; cueste lo que cueste; *fig* **um keinen ~** por nada (del mundo); de ningún modo; **zum ~ von** al precio de; **zum halben ~** a mitad de precio **2** *(Auszeichnung)* premio *m*; galardón *m*; *(Belohnung)* recompensa *f*; **der Große ~ von ...** el Gran Premio *m* de ...; **einen ~ aussetzen** ofrecer un premio; **einen ~ erhalten** ser premiado (*od* galardonado); **den ~ erringen** *od* **gewinnen** obtener (*od* ganar) el premio; llevarse la palma; **einen ~ auf j-s Kopf** *(acus)* **(aus)setzen** poner precio a la cabeza de alg; **j-m einen ~ zuerkennen** conceder (*od* adjudicar) un premio a alg **3** *poet (Lob)* alabanza *f*, elogio *m*; gloria *f*

'Preisabbau M ⟨~(e)s⟩ reducción *f* (progresiva) de precios; **Preisabkommen** N → Preisabsprache; **Preisabschlag** M rebaja *f*, descuento *m*; deducción *f* de precio; **Preisabsprache** F acuerdo *m* sobre los precios; **Preisabzug** M → Preisabschlag; **Preisänderung** F cambio *m* de precio; **Preisangabe** F indicación *f* (*bzw* fijación *f*) del precio; **Preisangebot** N oferta *f* de precio; **Preisangleichung** F reajuste *m* de precios; **Preisanhebung** F aumento *m* de los precios; **Preisanpassung** F → Preisangleichung; **Preisanstieg** M subida *f* (*od* aumento *m*) de (los) precios; **Preisaufgabe** F tema *m* de concurso; **Preisaufschlag** M sobreprecio *m*; recargo *m*, suplemento *m*; **Preisauftrieb** M movimiento *m* alcista de (los) precios; **Preisausschreiben** N concurso *m*; certamen *m*; **Preisauszeichnung** F etiquetado *m* (*od* etiquetaje *m*) de los precios; indicación *f* del precio; **Preisberechnung** F cálculo *m* de precios; **preisbereinigt** ADJ deflactado; expresado en cifras reales; **Preisbewegung** F movimiento *m* de los precios

'preisbewusst A ADJ consciente de los precios B ADV **~ einkaufen** comprar comparando los precios antes

'Preisbildung F formación *f* de precios; **Preisbindung** F acuerdo *m* sobre precios; fijación *f* (*bzw* control) de precios; **Preisdiktat** N dictado *m* de precios; **Preisdrücker** M bajista *m*; **Preiseinbruch** M → Preissturz

'Preiselbeere F BOT arándano *m* encarnado

'Preisempfehlung F **unverbindliche ~** WIRTSCH precio *m* recomendado (no obligatorio)

'preisen ⟨*irr*⟩ A VT *geh* alabar, elogiar; ensalzar, encomiar; glorificar B VR **sich glücklich ~ (können)** (poder) considerarse dichoso

'Preisentwicklung F evolución *f* de los precios; **Preiserhöhung** F aumento *m* (*od* subida *f od* alza *f*) de los precios; **Preisermäßigung** F reducción *f* (*od* rebaja *f*) de precio; **Preisexplosion** F explosión *f* de precios; **Preisfestsetzung** F fijación *f* de los precios; **Preisfrage** F 1 (*Geldfrage*) cuestión *f* de precio 2 (*Preisaufgabe*) cuestión *f*; *umg* pregunta *f* del millón; **Preisfreigabe** F desbloqueo *m* de precios

'Preisgabe F ⟨~⟩ 1 *e-s Geheimnisses*: revelación *f* 2 (*Auslieferung*) exposición *f* 3 *von Idealen etc*: abandono *m*; renuncia *f* (*gen* a)

'preisgeben VT ⟨*irr*⟩ 1 **ein Geheimnis** revelar un secreto 2 (*aussetzen*) **etw/j-n einer Gefahr ~** exponer a/c/a alg a un peligro; (*ausliefern*) **j-n dem Gelächter ~** poner a alg en ridículo; **j-n der Schande ~** exponer a alg a la vergüenza 3 (*aufgeben*) *Ideale etc* renunciar a

'preisgebunden ADJ a precio controlado (*od* fijado *od* regulado)

'Preisgefälle N disparidad *f* de los precios; **Preisgefüge** N estructura *f* de los precios

'preisgekrönt ADJ premiado; *Dichter* laureado

'Preisgeld N SPORT prima *f*; **Preisgericht** N jurado *m* (calificador); **Preisgestaltung** F → Preisbildung; **Preisgrenze** F límite *m* de precio; **oberste ~** techo *m*

'preisgünstig ADJ → preiswert

'Preisindex M índice *m* de precios; **Preiskartell** N cartel *m* de precios

'Preisklasse F categoría *f* de precios; **gehobene ~** (categoría *f* de) precios *mpl* más altos; **mittlere ~** (categoría *f* de) precios *mpl* medios; **niedrige ~** categoría *f* económica; **untere ~** (categoría *f* de) precios *mpl* medio-bajos

'Preisknüller M *umg* ganga *f*; **Preiskontrolle** F control *m* de precios; **Preiskrieg** M guerra *f* de precios; **Preislage** F **in dieser ~** a este precio; **in jeder ~** de todos los precios

'Preis-'Leistungs-Verhältnis N WIRTSCH relación *f* calidad-precio

'preislich ADJ relativo al precio

'Preisliste F lista *f* de precios; **gültige ~** lista *f* de precios vigentes; **Preisnachlass** M descuento *m*, rebaja *f*; **Preisniveau** N nivel *m* de precios; **Preisnotierung** F *Börse*: cotización *f*; **Preispolitik** F política *f* de precios; **Preisrätsel** N concurso *m*; **Preisreduzierung** F reducción *f* de precios; **Preisregelung** F regulación *f* de precios; **Preisrichter** M, **Preisrichterin** F miembro *m* del jurado; juez *m* (del concurso); **Preisrückgang** M disminución *f* (*od* retroceso *m od* descenso *m*) de los precios; **Preisschild** N etiqueta *f* del precio; **Preisschraube** F espiral *f* de los precios; **an der ~ drehen** aumentar *bzw* bajar los precios; **Preisschwankung** F fluctuación *f* de precios; **Preissegment** N segmento *m* de los precios; **Preissenkung** F disminución *f* (*od* rebaja *f od* reducción *f*) de precios; **Preisskala** F escala *f* de precios; **gleitende ~** escala *f* móvil de precios; **Preisspanne** F margen *m* de precios; **Preisstabilisierung** F estabilización *f* de los precios; **Preisstabilität** F estabilidad *f* de los precios; **Preissteigerung** F aumento *m* (*od* subida *f od* elevación *f*) de precios; **Preissteigerungsrate** F tasa *f* de carestía; tasa *f* de inflación; **Preisstopp** M congelación *f* de precios; **Preissturz** M caída *f* brusca (*od* vertiginosa) de los precios; **Preisstützung** F apoyo *m* de los precios; **Preissubvention** F subvención *f* de precios; **Preissystem** N sistema *m* de precios; **Preistabelle** F, **Preistafel** F tabla *f* (*od* baremo *m*) de precios

'Preisträger M, **Preisträgerin** F premiado *m*, -a *f*; galardonado *m*, -a *f*; agraciado *m*, -a *f* (en el concurso)

'preistreibend ADJ WIRTSCH inflacionista; **sich ~ auswirken** causar (*od* provocar) un disparo de los precios

Preistreibe'rei F aumento *m* abusivo (*od* alza *f* abusiva) de los precios

'Preisüberwachung F control *m* (*od* vigilancia *f*) de los precios; **Preisunterschied** M diferencia *f* de precio; **Preisverfall** M caída *f* de precios; **Preisvergabe** F → Preisverleihung; **Preisvergleich** M comparación *f* de precios; **Preisverhandlung** F negociación *f* de los precios; **Preisverleihung** F distribución *f* (*od* entrega *f od* reparto *m*) de premios; **Preisvorstellung** F idea *f* (concreta) de los precios

'preiswert A ADJ barato, a buen precio; económico; **~ sein** salir a cuenta B ADV barato; a precio razonable, a buen precio

'preiswürdig ADJ digno de un (*bzw* del) premio; merecedor de un (*bzw* del) premio

'Preiszuschlag M sobreprecio *m*; suplemento *m*

pre'kär ADJ precario

'Prellbock M BAHN tope *m* (fijo); parachoques *m*; *fig* cabeza *f* de turco

'prellen VT 1 *Ball* botar 2 MED **sich** (*dat*) **etw ~** contusionarse a/c 3 *fig* (*betrügen*); **j-n (um etw) ~** estafar a alg (a/c); *umg* **die Zeche ~** irse sin pagar

Prelle'rei F ⟨~; ~en⟩ estafa *f*, *umg* timo *m*

'Prellschuss M tiro *m* de rebote; **Prellstein** M guardacantón *m*; **Prellung** F ⟨~; ~en⟩ MED contusión *f*

Premi'ere [premi'ɛːrə] F ⟨~; ~n⟩ estreno *m*

Premi'erenkino N cine *m* de estreno

Premi'erminister [-i'eː-] M, **Premierministerin** F primer ministro *m*, primera ministra *f*

'Prepaid-Karte ['priːpeːt-] F TEL tarjeta *f* prepago

'Presbyter M ⟨~s; ~⟩, **Presbyterin** F ⟨~; ~nen⟩ PROT miembro *m* del consistorio

Presby'terium N ⟨~s; Presbyterien⟩ PROT consistorio *m*

'preschen VI ⟨sn⟩ *umg* correr, ir corriendo; **nach vorne ~** adelantarse

'Presse F ⟨~; ~n⟩ 1 (*Zeitungswesen*) prensa *f*; **etw aus der ~ erfahren** enterarse de a/c por la prensa; *fig* **eine gute/schlechte ~ haben** tener buena/mala prensa 2 TECH prensa *f*; (*Fruchtpresse*) exprimidor *m* 3 *umg fig* SCHULE curso *m* intensivo

'Presseabteilung F departamento *m* (*od* oficina *f*) de prensa; **Presseagentur** F agencia *f* de prensa; **Presseamt** N oficina *f* de prensa; **Presseattaché** M agregado *m* de prensa; **Presseausweis** M carnet *m* de periodista; **Pressebericht** M informe *m* de prensa; **Pressebüro** N → Presseamt; **Pressechef** M, **Pressechefin** F POL jefe *m*, -a *f* de prensa; **Pressedienst** M servicio *m* de prensa; **Presseerklärung** F declaración *f* de prensa; **Pressefeldzug** M campaña *f* de prensa; **Pressefotograf** M, **Pressefotografin** F fotógrafo *m*, -a *f* de la prensa; reportero *m*, -a *f* gráfico, -a; **Pressefreiheit** F libertad *f* de prensa; **Pressegesetz** N ley *f* de prensa; **Presseinformation** F información *f* de prensa; **Pressekonferenz** F conferencia *f* (*od* rueda *f*) de prensa; **Presseleute** PL *umg* chicos *mpl* de la prensa; **Pressemeldung** F noticia *f* de la prensa; **Pressemitteilung** F comunicado *m* (*od* declaración *f*) de prensa

'pressen VT 1 (*drücken*) prensar (*a.* TECH); **der Saal war gepresst voll** la sala estaba repleta de público 2 (*auspressen*) exprimir; *Saft* extraer 3 (*zusammenpressen*) apretar; comprimir 4 (*stanzen*) estampar 5 *fig* (*bedrücken*) oprimir; **gepresstes Lachen** risa *f* forzada

'Pressen N ⟨~s⟩ presión *f*; prensado *m*; compresión *f*; (*Stanzen*) estampación *f*

'Pressenachrichten FPL noticias *fpl* de (la) prensa; **Pressenotiz** F nota *f* de prensa; **Pressereferent** M, **Pressereferentin** F jefe *m*, -a *f* de prensa; **Presseschau** F resumen *m* de prensa; **Pressesprecher** M, **Pressesprecherin** F portavoz *m/f* (*Am* vocero *m*, -a *f*) de prensa; **Pressestelle** F → Presseamt; **Pressestimmen** FPL comentarios *mpl* de la prensa; **Pressetribüne** F tribuna *f* de la prensa; **Presseverband** M asociación *f* de la prensa; **Pressezensur** F censura *f* de prensa; **Pressezentrum** N centro *m* de prensa

'Pressform F TECH molde *m*; matriz *f*; **Pressgas** N gas *m* comprimido; **Pressglas** N vidrio *m* prensado

pres'sieren A V/UNPERS ⟨*ohne* ge-⟩ *bes südd umg* **es pressiert** es urgente, corre prisa B VI *schweiz* (*sich beeilen*) darse prisa, apresurarse

'Presskohle F carbón *m* comprimido; **Pressling** M ⟨~s; ~e⟩ TECH pieza *f* prensada

'Pressluft F aire *m* comprimido; **Pressluftantrieb** M accionamiento *m* neumático (*od* por aire comprimido); **Pressluftbohrer** M perforador *f* neumático; **Presslufthammer** M martillo *m* neumático

'Pressstoff M materia *f* prensada; **Pressung** F ⟨~; ~en⟩ presión *f*; prensado *m*; compresión *f*; **Presswalze** F cilindro *m* (*od* rodillo *m*) compresor

Pres'tige [-tiːʒ(ə)] N ⟨~s⟩ prestigio *m*; **Prestigegewinn** M aumento *m* de prestigio; **Prestigeverlust** M desprestigio *m*; pérdida *f* de prestigio

'Preuße M ⟨~n; ~n⟩ prusiano *m*; **Preußen** N ⟨~s⟩ Prusia *f*; **Preußin** F ⟨~; ~nen⟩ prusiana *f*; **preußisch** ADJ prusiano

P'R-Frau *umg* F encargada *f* (*od* especialista *f*) de relaciones públicas

'prickeln VI picar; *Wein im Glas*: burbujear; *Glieder* hormiguear
'Prickeln N ⟨~s⟩ picor *m*; *v. Wein im Glas*: burbujeo *m*; *v. Gliedern*: hormigueo *m*
'prickelnd ADJ picante (*a. fig*)
Priem M ⟨~(e)s; ~e⟩ pedazo *m* de tabaco para mascar; **'Priemtabak** M tabaco *m* para mascar
pries → preisen
'Priester M ⟨~s; ~⟩ *allg* sacerdote *m*; KATH cura *m*; (*Kirchenmann*) eclesiástico *m*, clérigo *m*; **Priesteramt** N sacerdocio *m*; **Priestergewand** N vestiduras *fpl* sagradas; KATH sotana *f*; **Priesterherrschaft** F teocracia *f*; *pej* clericalismo *m*; **Priesterin** F ⟨~; ~nen⟩ sacerdotisa *f*; **Priesterkäppchen** N KATH solideo *m*; **priesterlich** ADJ sacerdotal; **Priesterschaft** F ⟨~⟩ KATH clero *m*; clerecía *f*; **Priesterseminar** N KATH seminario *m* (conciliar); **Priesterstand** M, **Priestertum** N ⟨~s⟩ sacerdocio *m*; estado *m* sacerdotal; **Priesterweihe** F KATH ordenación *f* sacerdotal; **die ~ empfangen** recibir las (sagradas) órdenes; **Priesterwürde** F dignidad *f* sacerdotal; sacerdocio *m*
Prim F ⟨~; ~en⟩ **1** MUS unísono *m* **2** *Fechten*: primera *f*
'prima **A** ADJ ⟨*inv*⟩ **1** *umg* estupendo, fantástico, de aúpa, de primera; **ein ~ Kerl** *umg* un tío estupendo; **(das ist) ~!** *umg* ¡fantástico!, estupendo! **2** *obs* de primera (calidad); HANDEL *a.* superfino **B** ADV muy bien; *umg* estupendamente, de maravilla; **wir verstehen uns ~** nos entendemos perfectamente, nos llevamos muy bien
'Prima F ⟨~; Primen⟩ SCHULE último curso *m* (*de un colegio de segunda enseñanza*)
Primaballe'rina F primera bailarina *f*; **Prima'donna** F ⟨~; Primadonnen⟩ primera cantante *f*; diva *f*
Pri'maner M ⟨~s; ~⟩, **Primanerin** F ⟨~; ~nen⟩ SCHULE alumno *m*, -a *f* del último curso
pri'mär ADJ primario; elemental; **Primäraffekt** M MED afección *f* primaria
Pri'mararzt M, **Primarärztin** F *österr* médico *m*, -a *f* jefe
Pri'märenergie F energía *f* primaria
Pri'marschule F *schweiz* → Grundschule, Hauptschule
Pri'märspannung F ELEK tensión *f* primaria; **Primärstrom** M ELEK corriente *f* primaria
'Primas M ⟨~; ~se *od* Pri'maten⟩ KATH primado *m*
Pri'mat[1] M,N ⟨~s; ~e⟩ primacía *f* (**vor, über** *acus* sobre)
Pri'mat[2] M ⟨~en; ~en⟩ ZOOL primate *m*
'Primawechsel M HANDEL primera *f* de cambio
'Prime F ⟨~; ~n⟩ MUS unísono *m*
'Primel F ⟨~; ~n⟩ BOT primavera *f*, prímula *f*
'Primetime, Prime Time ['praımtaım] F ⟨~; ~s⟩ TV, RADIO horario *m* estelar
primi'tiv ADJ primitivo; *fig a.* tosco; rudimentario; **Primitivi'tät** [-v-] F ⟨~⟩ primitivismo *m*
'Primus M ⟨~; Primi *od* ~se⟩ SCHULE primero *m* (de la clase)
'Primzahl F MATH número *m* primo
'Printmedien NPL medios *mpl* impresos; prensa *f* escrita; **Printprodukt** N producto *m* escrito; **Printwerbung** F publicidad *f* en prensa
Prinz M ⟨~en; ~en⟩ príncipe *m*
Prin'zessin F ⟨~; ~nen⟩ princesa *f*
'Prinzgemahl M príncipe *m* consorte
Prin'zip N ⟨~s; Prinzipien⟩ principio *m*; **im ~** en principio; **aus ~** por principio
prinzipi'ell **A** ADJ de principio **B** ADV por principio
Prin'zipienfrage F cuestión *f* de principios; **Prinzipienreiter** M *pej* doctrinario *m*; dogmatista *m*; **Prinzipienreiterei** F *pej* doctrinarismo *m*; dogmatismo *m*; **Prinzipienstreit** M disputa *f* sobre principios
'prinzlich ADJ principesco, de príncipe; **Prinzregent** M príncipe *m* regente
'Prion N ⟨~s; Pri'onen⟩ MST PL BIOL, MED prión *m*
'Prior M ⟨~s; ~en⟩ KATH prior *m*
Prio'rat N ⟨~(e)s; ~e⟩ priorato *m*
Pri'orin F ⟨~; ~nen⟩ priora *f*
Priori'tät F ⟨~; ~en⟩ prioridad *f*; **~en setzen** establecer prioridades
Priori'tätsaktie F acción *f* preferente; **Prioritätsanspruch** M derecho *m* de prioridad; **Prioritätsgläubiger** M acreedor *m* privilegiado; **Prioritätsobligation** F obligación *f* preferente
'Prise F ⟨~; ~n⟩ **1** **eine ~ Tabak** una toma de rapé; **eine ~ Salz** una pizca de sal **2** SCHIFF presa *f*; buque *m* apresado
'Prisenkommando N SCHIFF destacamento *m* de presa; **Prisenrecht** N SCHIFF derecho *m* de presas marítimas
'Prisma N ⟨~s; Prismen⟩ prisma *m*
pris'matisch ADJ prismático
'Prismenglas N prismáticos *mpl*
'Pritsche F ⟨~; ~n⟩ **1** (*Feldbett*) cama *f* de campaña, catre *m* **2** (*Narrenpritsche*) palmeta *f*
'Pritschenwagen M camión *m* de plataforma
pri'vat [-v-] **A** ADJ privado; (*persönlich*) particular **B** ADV en privado; **j-n ~ sprechen** hablar con alg en privado
Pri'vatadresse [-v-] F dirección *f* privada (*od* particular); **Privatangelegenheit** F asunto *m* privado (*od* particular); **Privatanleger** M, **Privatanlegerin** F inversionista *m/f* particular (*od* privado, -a); **Privatarmee** F ejército *m* privado (*od* propio); **Privataudienz** F audiencia *f* privada (*od* particular); **Privatauto** N coche *m* privado (*od* particular); **Privatbank** F ⟨~; ~en⟩ banco *m* privado; **Privatbereich** M ámbito *m* privado; esfera *f* privada; **Privatbesitz** M propiedad *f* privada; **Privatbesuch** M visita *f* privada (*od* particular); **Privatdetektiv** M, **Privatdetektivin** F investigador *m*, -a *f* (*od* detective *m/f*) privado, -a; **Privatdozent** M, **Privatdozentin** F ≈ catedrático *m*, -a *f* no numerario, -a; **Privateigentum** N → Privatbesitz; **Privateigentümer** M, **Privateigentümerin** F propietario *m*, -a *f* privado, -a (*od* particular); **Privateinkommen** N ingresos *mpl* privados (*od* particulares); **Privatfahrzeug** N vehículo *m* (*od* coche *m*) privado (*od* particular); **Privatfernsehen** N televisión *f* privada; **Privatfinanzierung** F financiación *f* privada (*od* particular); **Privatflugzeug** N avión *m* privado (*od* particular); **Privatgebrauch** M uso *m* privado (*od* particular); **nur zum ~** sólo para uso privado (*od* particular); **Privatgelehrte** M/F científico *m*, -a *f* sin cargo público; **Privatgeschäfte** NPL operaciones *fpl* realizadas a título personal; **Privatgesellschaft** F HANDEL sociedad *f* privada (*od* particular); **Privatgespräch** N conversación privada; TEL conferencia *f* (*od* llamada *f*) privada; **Privathaus** N casa *f* particular; **Privathaushalt** M **1** → Privathaus **2** WIRTSCH economía *f* doméstica; presupuesto *m* privado (*od* particular); *Volkswirtschaft*: **die ~e** los hogares *mpl*; **Privatheit** F ⟨~⟩ privacidad *f*
pri'vatim [-v-] ADV en privado; (*vertraulich*) confidencialmente
Pri'vatindustrie [-v-] F industria *f* privada (*od* particular); **Privatinitiative** F iniciativa *f* privada; **Privatinteresse** N interés *m* privado (*od* particular); **Privatinvestitionen** FPL inversiones *fpl* privadas (*od* particulares)
privati'sieren [-v-] ⟨*ohne* ge-⟩ **A** VT privatizar **B** VI vivir de sus rentas; **Privatisierung** F ⟨~; ~en⟩ privatización *f*; **Privatisierungspolitik** F política *f* de privatizaciones
Pri'vatjet [-va:tdʒɛt] M → Privatflugzeug; **Privatkapital** N capital *m* particular (*od* privado); **Privatklage** F JUR acusación *f* particular (*od* privada); acción *f* privada; **Privatkläger** M, **Privatklägerin** F JUR acusador *m*, -a *f* particular (*od* privado, -a); **Privatklinik** F clínica *f* privada; **Privatkonto** N cuenta *f* particular (*od* privada); **Privatkorrespondenz** F correspondencia *f* particular; **Privatkunde** M cliente *m* particular (*od* privado); **Privatkundengeschäft** N HANDEL negocio *m* de clientes privados (*od* particulares); **Privatkundin** F cliente *f* particular (*od* privada); **Privatleben** N vida *f* privada; **Privatlehrer** M, **Privatlehrerin** F profesor *m*, -a *f* particular; **Privatmann** M ⟨~(e)s; ¨er *od* -leute⟩ particular *m*; **Privatmeinung** F opinión *f* particular (*od* personal); **Privatmensch** M → Privatperson; **Privatpatient** M, **Privatpatientin** F MED paciente *m/f* particular; **Privatperson** F particular *m/f*; **Privatprogramm** N **1** programa *m* privado **2** TV, RADIO → Privatsender; **Privatquartier** N → Privatunterkunft; **Privatradio** N radio *f* comercial; estación *f* de radio privada; **Privatraum** M espacio *m* (*od* ámbito *m*) particular (*od* privado)
Pri'vatrecht [-v-] N JUR derecho *m* privado; **privatrechtlich** ADJ de (*od* del) derecho privado
Pri'vatrente [-v-] F plan *m* de pensiones; **Privatsache** F asunto *m* particular; **Privatschatulle** F *oft hum* recursos *mpl* privados; **Privatschule** F colegio *m* particular; escuela *f* privada; **Privatsekretär** M, **Privatsekretärin** F secretario *m*, -a *f* particular; **Privatsender** M **1** TV (cadena *f* de) televisión *f* privada **2** RADIO (emisora *f* de) radio *f* privada; **Privatsphäre** F esfera *f* privada, privacidad *f*; **Schutz *f* der ~** política *f* de privacidad; **Privatstunde** F lección *f* (*od* clase *f*) particular; **Privatunterkunft** F alojamiento *m* privado (*od* en casa particular)
Pri'vatunternehmen [-v-] N empresa *f* privada; **Privatunternehmer** M, **Privatunternehmerin** F empresario *m*, -a *f* privado, -a
Pri'vatunterricht [-v-] M clases *fpl* (*od* lecciones *fpl*) particulares; **Privatverbrauch** M consumo *m* particular; **Privatvermögen** N bienes *mpl* particulares; fortuna *f* privada; **Privatversicherung** F seguro *m* privado; **Privatwagen** M → Privatfahrzeug; **Privatweg** M camino *m* particular; **Privatwirtschaft** F economía *f* privada; **privatwirtschaftlich** ADJ económico-privado; **Privatwohnung** F domicilio *m* particular
Privi'leg [-v-] N ⟨~s; Privilegien⟩ privilegio *m*; **privile'gieren** VT ⟨*ohne* ge-⟩ privilegiar; conceder un privilegio; **privile'giert** ADJ privilegiado
P'R-Kampagne F campaña *f* publicitaria; campaña *f* de relaciones públicas; **PR-Mann** *umg* M encargado *m* *od* especialista *m* de rela-

P

ciones públicas
pro PRÄP *(acus)* por; **~ Jahr** por *(od* al) año; **~ Kopf** por cabeza, per cápita; **~ Person** por persona; **~ Stück** por *(od* la) pieza; **1000 Stück ~ Stunde** 1.000 piezas por hora; **~ Tag** por *(od* al) día
Pro N ⟨~⟩ pro *m*; **(das) ~ und (das) Kontra** (los) pros y (los) contras
pro... IN ZSSGN pro; **proaktiv** ADJ proactivo
Pro'band M ⟨~en; ~en⟩, **Probandin** F ⟨~; ~nen⟩ probando *m*, -a *f*
pro'bat ADJ probado; eficaz; **ein ~es Mittel** un método eficaz
'Probe F ⟨~; ~n⟩ **1** prueba *f (a.* MATH, TECH); *(Prüfung) a.* examen *m*, test *m*; *(Versuch)* ensayo *m*; **auf** *od* **zur ~** a prueba; a título de ensayo; **Ehe auf ~** matrimonio *m* a prueba; **auf ~ kaufen** comprar a prueba; **die ~ bestehen** resistir la prueba; **auf die ~ stellen** poner *(od* someter) a prueba; probar; **auf eine harte ~ stellen** poner a una dura prueba *(a. fig)*; **machen wir die ~ aufs Exempel!** ¡pongámoslo a prueba! **2** MUS, THEAT ensayo *m*; *(Gesangsprobe)* audición *f* **3** *(kleine Menge)* muestra *f*; espécimen *m*; **eine ~ entnehmen** tomar *(od* sacar) una muestra; HANDEL **Kauf** *m* **nach ~** venta *f* según muestra; **zur ~** como *(od* para) muestra
'Probeabdruck M ⟨~(e)s; ~e⟩ TYPO prueba *f*; *(Fahne)* galerada *f*; **Probeabstimmung** F POL votación *f* de prueba; **Probeabzug** M TYPO prueba *f*; **Probealarm** M prueba *f* del sistema de alarma; **Probeaufnahme** F FILM prueba *f* de cámara; **eine ~ drehen** hacer una prueba; **Probeauftrag** M pedido *m* de ensayo *(od* de prueba); **Probebelastung** F TECH carga *f* de prueba; **Probebestellung** F HANDEL pedido *m* de prueba; pedido *m* (por vía) de ensayo; **Probeentnahme** F toma *f* de muestras; **Probeexemplar** N (ejemplar *m* de) muestra *f*; espécimen *m*; **Probefahrt** F viaje *m* de prueba; **Probeflug** M vuelo *m* de prueba *(od* de ensayo)
'probehalber ADJ a prueba; de prueba; a título de ensayo
'Probejahr N año *m* de prueba *(bzw* de prácticas); **Probekauf** M compra *f* a prueba *(od* por vía de ensayo); **Probelauf** M carrera *f* de ensayo; TECH marcha *f* de ensayo; **Probemuster** N HANDEL muestra *f* de calidad
'proben VT ensayar *(a.* MUS, THEAT)
'Probenummer F ejemplar *m* gratuito; **Probephase** F fase *f* de prueba *(od* de ensayo); **Proberaum** M THEAT, MUS sala *f* de ensayos; **Probeseite** F TYPO página *f* de muestra; **Probesendung** F HANDEL envío *m* de muestra *(od* prueba); **Probestück** N muestra *f*; espécimen *m*
'probeweise ADV por vía de ensayo; a (título de) prueba
'Probezeit F período *m* de prueba *(a. Arbeitswelt)*; período *m* de prácticas
pro'bieren VT ⟨ohne ge-⟩ **1** *(versuchen)* probar; *(prüfen) a.* someter a prueba; ensayar *(a.* THEAT) **2** *Speisen, Getränke* probar, catar, degustar
Pro'bieren N ⟨~s⟩ **1** *(Versuch)* prueba *f*; ensayo *m*; *sprichw* **~ geht über Studieren** la experiencia es madre de la ciencia **2** *v. Speisen, Getränken*: degustación *f*; **Probierglas** N copa *f* de degustación
probi'otisch ADJ GASTR probiótico
Pro'blem N ⟨~s; ~e⟩ problema *m*; **kein ~!** no pasa nada; no hay problema; **~e haben** tener problemas; **ein ~ lösen** solucionar un problema
Pro'blemabfall M desperdicios *pl (od* deshechos *pl)* problemáticos
Proble'matik F ⟨~⟩ problemática *f*; **problematisch** ADJ problemático
pro'blembeladen ADJ problemático; con problemas; lleno de problemas; **Problembewältigung** F superación *f* del problema; **problembewusst** ADJ consciente del problema; **Problembewusstsein** N conciencia *f* del problema; **Problemkreis** M problemática *f*
pro'blemlos **A** ADJ que no causa problemas; *Kind* fácil **B** ADV *verlaufen etc*: sin problemas
Pro'blemlösung F solución *f* del problema *(od* de problemas); **Problemmüll** M → Problemabfall; **problemorientiert** ADJ orientado hacia el problema; **Problemstellung** F planteamiento *m (od* enfoque *m)* del problema; **Problemviertel** N *in e-r Stadt*: barrio *m* problemático *(od* peligroso); **Problemzone** F zona *f* en crisis; *am Körper*: zona *f* problemática
Pro'cedere [-'tse:dərə] N → Prozedere
'Product-'Placement ['prɔ:dakt'ple:smɛnt] N ⟨~s; ~s⟩ colocación *f* (a la vista) del producto
Pro'dukt N ⟨~(e)s; ~e⟩ *allg* producto *m (a.* MATH, CHEM); *(Geistesprodukt)* producción *f*; *(Ergebnis)* resultado *m*; HANDEL **innovatives ~** producto *m* innovador; **ein ~ der Fantasie** un producto de la fantasía
Pro'duktdesign [-dizaɪn] N diseño *m* del producto; **Produkteinführung** F lanzamiento *m* del producto
Pro'duktenbörse F WIRTSCH bolsa *f* de contratación *(od* de mercancías); lonja *f*; **Produktenhandel** M comercio *m* de productos agrícolas; **Produktenmarkt** M mercado *m* de abastos
Pro'duktentwicklung F desarrollo *m* del producto; **Produktfamilie** F familia *f* de productos; **Produktgestaltung** F presentación *f (od* diseño *m)* del producto; **Produkthaftung** F responsabilidad *f* civil por productos defectuosos; **Produktinformation** F información *f* sobre el producto; HANDEL *zu Geräten etc*: descripción *f* del producto; **Produktinnovation** F innovación *f* de productos
Produkti'on F ⟨~; ~en⟩ producción *f*; **durchschnittliche/jährliche ~** producción *f* media/anual; **landwirtschaftliche/industrielle ~** producción *f* agrícola/industrial; **nationale/weltweite ~** producción *f* nacional/mundial; **die ~ aufnehmen** poner en marcha la producción; **die ~ drosseln/einstellen/steigern** bajar/suspender/aumentar la producción; **die ~ verlagern** trasladar la producción; **in der ~ arbeiten** trabajar en producción; **in ~ gehen** salir a producción
Produkti'onsaufnahme F puesta *f* en fabricación; **Produktionsausfall** M pérdida *f* de producción; **Produktionsbeschränkung** F restricción *f* de la producción; **Produktionsbetrieb** M empresa *f* productora; **Produktionserhöhung** F aumento *m* de producción; **Produktionsgenossenschaft** F cooperativa *f* de producción; **Produktionsgüter** NPL bienes *mpl* de producción; **Produktionshalle** F nave *f* de producción; **Produktionsindex** M índice *m* de producción; **Produktionskapazität** F capacidad *f* de producción; **Produktionskosten** PL gastos *mpl* de producción; **Produktionsleistung** F rendimiento *m* de producción; **Produktionsleiter** M, **Produktionsleiterin** F jefe *m*, -a *f* de producción; FILM director *m*, -a *f* de producción; **Produktionslinie** F línea *f* de producción; **Produktionsmethode** F método *m* de producción; **Produktionsmittel** N medio *m* de producción; **Produktionsnorm** F norma *f* de producción; **Produktionspalette** F gama *f* de producción; **Produktionsplan** M plan *m* de producción; **Produktionsprozess** M proceso *m* productivo *(od* de producción); **Produktionsrückgang** M disminución *f (od* retroceso *m)* de la producción; **Produktionssoll** N producción *f* obligada; **Produktionsstand** M nivel *m* de la producción; **Produktionsstätte** F lugar *m* de producción; **Produktionssteigerung** F aumento *m* de (la) producción; **Produktionsstopp** M paralización *f (od* congelación *f)* de la producción; **Produktionsstufe** F fase *f* de producción; **Produktionssystem** N sistema *m* de producción
Produkti'onstechnik F tecnología *f (Verfahren*: técnica *f)* de la producción; **produktionstechnisch** ADJ técnico-productivo; **Produktionstechnologie** F tecnología *f* de la producción
Produkti'onsüberschuss M excedente *m* de producción; **Produktionsumfang** M volumen *m* de la producción; **Produktionsverfahren** N técnica *f* de la producción; **Produktionsverlagerung** F traslado *m (od* desplazamiento *m)* de la producción; **Produktionsvolumen** N volumen *m* de producción; **Produktionszeit** F tiempo *m (od* plazo *m od* período *m)* de producción; **Produktionszentrum** N centro *m* productor; **Produktionsziel** N objetivo *m* de la producción; **Produktionszweig** M ramo *m* de (la) producción
produk'tiv ADJ productivo
Produktivi'tät [-v-] F ⟨~⟩ productividad *f*; **Produktivitätssteigerung** F aumento *m (od* incremento *m)* de la productividad
Produk'tivkraft F fuerza *f* productiva
Pro'duktlebenszyklus M ciclo *m* de duración de un producto; **Produktlinie** F línea *f* de productos; **Produktmanagement** [-mɛnɪdʒmənt] N gestión *f* de productos; **Produktmanager** [-mɛnɪdʒər] M, **Produktmanagerin** F jefe *m*, -a *f* de producto; **Produktname** M nombre *m* del producto; **Produktpalette** F gama *f* de productos; **breite ~** amplia gama *f* de productos; **Produktpiraterie** F piratería *f* de productos, piratería *f* comercial; **Produktplanung** F planificación *f* de productos; **Produktpräsentation** F presentación *f* de productos; **Produktqualität** F calidad *f* de (los) productos; **Produktsegment** N segmento *m (od* ramo *m)* de productos; **Produktvielfalt** F variedad *f* de productos; **Produktwerbung** F publicidad *f* de productos
Produ'zent M ⟨~en; ~en⟩, **Produzentin** F ⟨~; ~nen⟩ productor *m*, -a *f (a.* FILM); *(Hersteller[in])* fabricante *m/f*
produ'zieren ⟨ohne ge-⟩ **A** VT producir; fabricar; *fig* crear **B** VR **sich ~** presentarse; *pej* darse tono
Prof. ABK (Professor) catedrático *m*; profesor *m*
pro'fan ADJ profano; *(weltlich)* secular; seglar; **profa'nieren** VT ⟨ohne ge-⟩ profanar; **Profa'nierung** F ⟨~; ~en⟩ profanación *f*
Profes'sion F ⟨~; ~en⟩ *obs* profesión *f*; oficio *m*; actividad *f* profesional
professionali'sieren VT profesionalizar; **Professionalisierung** F ⟨~; ~en⟩ profesionalización *f*
Professiona'lismus M ⟨~⟩ profesionalismo *m*; **Professionali'tät** F ⟨~⟩ profesio-

nalidad *f*
professio'nell ADJ profesional
Pro'fessor M ⟨~s; -s'soren⟩ catedrático *m* (de universidad); profesor *m* (universitario); **(außer)ordentlicher ~** catedrático *m* (super)numerario
professo'ral ADJ profesoral
Profes'sorenstelle F cátedra *f*; plaza *f* de catedrático (universitario); **Professorentitel** M título *m* de catedrático (universitario)
Profes'sorin F ⟨~; ~nen⟩ catedrática *f* (de universidad); profesora *f* (universitaria)
Profes'sur F ⟨~; ~en⟩ cátedra *f*
'Profi M ⟨~s; ~s⟩ *umg* profesional *m*
'Profi... IN ZSSGN profesional; **Profifußball** M fútbol *m* profesional
Pro'fil N ⟨~s; ~e⟩ **1** perfil *m* (*a.* TECH); (*Umriss*) silueta *f*; (*Reifenprofil*) ranuras *fpl*; dibujo *m*; **im ~** de perfil; **im ~ darstellen** perfilar **2** *fig* imagen *f*
Pro'fildraht M alambre *m* perfilado; **Profileisen** N hierro *m* perfilado
profi'lieren ⟨*ohne* ge-⟩ **A** V/T perfilar **B** V/R *fig* **sich ~** destacarse; **profi'liert** ADJ **1** perfilado **2** *fig* claramente definido; *Persönlichkeit* relevante; destacado
Profi'lierung F ⟨~; ~en⟩ **nach stärkerer ~ streben** aspirar a sobresalir todavía más
Profi'lierungssucht F ansias *fpl* (*od* afán *m*) de sobresalir; **profilierungssüchtig** ADJ ansioso por sobresalir
'Profiliga F SPORT liga *f* profesional
Pro'filleiste F moldura *f*; **profillos** ADJ sin perfil; *fig* chato; vago; impreciso; **Profilsohle** F suela *f* acanalada; **Profilstahl** M acero *m* perfilado
'Profisport M deporte *m* profesional
Pro'fit M ⟨~(e)s; ~e⟩ provecho *m*; lucro *m*; ganancia *f*, beneficio *m*; **~ machen** sacar ganancias
profi'tabel ADJ provechoso; ventajoso; lucrativo
'Profit-Center ['prɔfitsɛntər] N centro *m* de beneficio
Profi'teur [-'tøːr] M ⟨~s; ~e⟩, **Profiteurin** F ⟨~; ~nen⟩ *pej* → Profitmacher, Profitmacherin
Pro'fitgier F afán *m* de lucro; **profitgierig** ADJ ávido de lucro
profi'tieren V/I ⟨*ohne* ge-⟩ **~ bei** *od* **von** ganar (*od* salir ganando) de, sacar provecho de, beneficiarse de
Pro'fitmacher M *pej* beneficiario *m*; oportunista *m*; **Profitmacherei** F oportunismo *m*; **Profitmacherin** F *pej* beneficiaria *f*; oportunista *f*; **Profitmaximierung** F maximización *f* de los beneficios
pro'fitorientiert ADJ orientado hacia el lucro (*od* a los beneficios *od* a las ganancias); **profitträchtig** ADJ muy beneficioso
pro forma ADV por (pura) fórmula
Pro'forma-Rechnung F HANDEL factura *f* ficticia (*od* pro forma); **Proforma-Verkauf** M venta *f* simulada (*od* ficticia); **Proforma-Wechsel** M efecto *m* de favor; letra *f* proforma
Prog'nose F ⟨~; ~n⟩ pronóstico *m* (*a.* MED); **kurz-/mittel-/langfristige ~n** pronósticos *mpl* a corto/medio/largo plazo; **eine ~ stellen** pronosticar
Prog'nostiker M ⟨~s; ~⟩, **Prognostikerin** F ⟨~; ~nen⟩ pronosticador *m*, -a *f*
prognosti'zieren V/T ⟨*ohne* ge-⟩ pronosticar
Pro'gramm N ⟨~s; ~e⟩ **1** *allg* programa *m* (*a.* IT); (*Zeitplan*) *a.* agenda *f*; *e-r Waschmaschine etc*: ciclo *m*; *umg* **was steht heute auf dem ~?** ¿qué programa tenemos para hoy?; **das passt nicht in mein ~** esto no entra en mis planes; IT **das ~ starten/beenden** arrancar/finalizar el programa **2** *Blatt, Heft*: programa *m* de mano **3** TV (*Kanal*) canal *m*, cadena *f*
Pro'grammabsturz M IT caída *f* del programa; **Programmangebot** N TV, RADIO programación *f*; **Programmchef** M, **Programmchefin** F, **Programmdirektor** M, **Programmdirektorin** F director *m*, -a *f* de programación; **Programmfehler** M IT error *m* de programa; fallo *m* de programación; **Programmfenster** IT ventana *f* de aplicación; **programmgemäß** ADV según el programa; **Programmgestalter** M, **Programmgestalterin** F realizador *m*, -a *f* del programa; **Programmgestaltung** F programación *f*; **Programmheft** N programa *m*; **Programmhinweis** M información *f* sobre el programa
program'mierbar ADJ programable
program'mieren V/T ⟨*ohne* ge-⟩ programar (*a.* IT)
Program'mierer M ⟨~s; ~⟩, **Programmiererin** F ⟨~; ~nen⟩ IT programador *m*, -a *f*; **Programmierfehler** M IT defecto *m* (*od* error *m*) de programación; **Programmiersprache** F IT lenguaje *m* de programación; **Programmierung** F ⟨~; ~en⟩ IT programación *f*; **Programmierungsfehler** M IT → Programmierfehler
Pro'grammkino N cineclub *m*; **Programmkonzept** N idea *f* (*od* plan *m*) de un programa; **Programmmanager** M IT administrador *m* de programas; **Programmmusik** F música *f* descriptiva; **Programmpaket** N paquete *m* (*od* lote *m*) de programas; IT *a.* paquete *m* de rutinas; **Programmsteuerung** F mando *m* programado; **Programmsymbol** N IT icono *m* (*od* ícono *m*) de programa; **Programmtaste** F TV selector *m* de canales; **Programmvielfalt** F variedad *f* de la programación; **Programmvorschau** F avance *m* de programa; **Programmwahl** F TV selección *f* de canal; **Programmzeitschrift** F revista *f* de programación (de televisión y radio)
Progressi'on F ⟨~; ~en⟩ progresión *f*; **steile ~** progresión rápida
progres'siv ADJ progresivo; **Progressivsteuer** F impuesto *m* progresivo
Prohibiti'on F ⟨~; ~en⟩ prohibición *f*
prohibi'tiv ADJ prohibitivo; **Prohibitivzoll** M derecho *m* (*od* arancel *m*) prohibitivo
Pro'jekt N ⟨~(e)s; ~e⟩ proyecto *m*; plan *m*; **Projektbeschreibung** F descripción *f* del proyecto; **projektbezogen** ADJ relativo al proyecto; **Projektförderung** F fomento *m* del proyecto; ayuda *f* (*od* apoyo *m*) al proyecto; **projektgebunden** ADJ sujeto al proyecto; **Projektgruppe** F grupo *m* de trabajo (del projecto)
projek'tieren ⟨*ohne* ge-⟩ **A** V/T proyectar; planear **B** V/I hacer proyectos; **Projektierung** F ⟨~; ~en⟩ proyección *f*
Projek'til N ⟨~s; ~e⟩ proyectil *m*
Pro'jektingenieur M, **Projektingenieurin** F ingeniero *m*, -a *f* proyectista
Projekti'on F ⟨~; ~en⟩ proyección *f*
Projekti'onsapparat M proyector *m*; **Projektionsbild** N imagen *f* proyectada; **Projektionsebene** F MATH plano *m* de proyección; **Projektionsfläche** F **1** MATH plano *m* de proyección **2** FILM pantalla *f*; **Projektionslampe** F lámpara *f* de proyección; **Projektionsraum** M sala *f* (*bzw* cabina *f*) de proyección; **Projektionsschirm** M, **Projektionswand** F pantalla *f*
Pro'jektleiter M, **Projektleiterin** F director *m*, -a *f* (*od* jefe *m*, -a *f*) del proyecto; **Projektleitung** F dirección *f* del proyecto; **Projektmanagement** [-mɛnɪdʒmənt] N gestión *f* del proyecto; **Projektmanager** [-mɛnɪdʒər] M, **Projektmanagerin** F director *m*, -a *f* de(l) proyecto; jefe *m*, jefa *f* del proyecto; **Projektmittel** NPL medios *mpl* del proyecto
Pro'jektor M ⟨~s; -'toren⟩ proyector *m*
Pro'jektplanung F planificación *f* del proyecto; **Projektvorschlag** M propuesta *f* de (*od* para un) proyecto
proji'zieren V/T ⟨*ohne* ge-⟩ proyectar
Proklamati'on F ⟨~; ~en⟩ proclamación *f*;
prokla'mieren V/T ⟨*ohne* ge-⟩ proclamar
Pro-'Kopf-Einkommen N renta *f* per cápita, renta *f* por habitante; **Pro-Kopf-Verbrauch** M consumo *m* per cápita
Pro'kura F ⟨~; Prokuren⟩ poder *m* general (mercantil); procuración *f*; **per ~** por poder; **j-m ~ erteilen** conceder (*od* otorgar) poder a alg
Pro'ku'rist M ⟨~en; ~en⟩, **Prokuristin** F ⟨~; ~nen⟩ apoderado *m*, -a *f* general
Pro'let M ⟨~en; ~en⟩ *pej* plebeyo *m*; hombre *m* vulgar
Proletari'at N ⟨~(e)s⟩ proletariado *m*;
Prole'tarier M ⟨~s; ~⟩, **Prole'tarierin** F ⟨~; ~nen⟩ proletario *m*, -a *f*; **prole'tarisch** ADJ proletario
proletari'sieren V/T ⟨*ohne* ge-⟩ proletarizar;
Proletarisierung F ⟨~⟩ proletarización *f*
pro'letenhaft ADJ *fig* aplebeyado; plebeyo
Pro'letin F ⟨~; ~nen⟩ *pej* plebeya *f*
Proliferati'on F ⟨~; ~en⟩ MED, POL proliferación *f*
Proll M ⟨~s; ~s⟩ *umg* → Prolet; **prollig** ADJ *umg* → proletenhaft
Pro'log M ⟨~(e)s; ~e⟩ prólogo *m*
Prolongati'on [-lɔŋga-] F ⟨~; ~en⟩ HANDEL prolongación *f*; prórroga *f*
Prolongati'onsgebühr F *Börse*: reporte *m*; **Prolongationsgeschäft** N *Börse*: operación *f* de reporte; **Prolongationswechsel** M letra *f* prolongada (*bzw* prolongable)
prolon'gieren V/T ⟨*ohne* ge-⟩ HANDEL prolongar; prorrogar
Prome'nade F ⟨~; ~n⟩ paseo *m*
Prome'nadendeck N SCHIFF cubierta *f* de paseo; **Promenadenkonzert** N concierto *m* al aire libre; **Promenadenmischung** F *umg Hund*: perro *m* mestizo (*od* de raza indefinible)
prome'nieren V/I ⟨*ohne* ge-⟩ *obs* pasearse
Pro'metheus EIGENN M MYTH Prometeo *m*
'Promi M ⟨~s; ~s⟩ *umg*celebridad *f*; **die ~s** *pl a.* los notables
Pro'mille N ⟨~(s); ~⟩ **1** (*Tausendstel*) (tanto *m*) por mil *m*; **4 ~** el 4 por mil **2** *umg pl* grado *m* de alcoholemia; **2,5 ~** alcoholemia del 2,5; **Promillegrenze** F *umg* grado *m* máximo de alcoholemia
promi'nent ADJ prominente; eminente; **Prominente** M/F ⟨~n; ~n; → A⟩ celebridad *f*; personaje *m* famoso; **Prominenz** F ⟨~⟩ celebridades *fpl*; personalidades *fpl*; *der Gesellschaft*: alta sociedad *f*
Pro'moter M, **Promoterin** F (*Veranstalter, -in*) promotor *m*, -a *f*
Pro'motion[1] [prə'məʊʃn] F ⟨~; ~s⟩ HANDEL (*Werbeaktion*) promoción *f*
Promoti'on[2] F ⟨~; ~en⟩ UNIV doctorado *m*;
promo'vieren ⟨*ohne* ge-⟩ UNIV **A** V/T **j-n ~** conferir el grado de doctor a alg **B** V/I doctorarse
prompt ADJ pronto; rápido; inmediato;
'Promptheit F ⟨~⟩ prontitud *f*

Pro'nomen N ⟨~s; ~ od Pronomina⟩ GRAM pronombre *m*; **pronomi'nal** ADJ GRAM pronominal
Propä'deutik F ⟨~; ~en⟩ propedéutica *f*; **propädeutisch** ADJ propedéutico
Propa'ganda F ⟨~⟩ propaganda *f*; publicidad *f*; **~ machen** hacer propaganda (**für** *acus* para); **Propagandafeldzug** M, **Propagandakampagne** F campaña *f* de propaganda (*od* publicitaria); **Propagandamaterial** N (material *m* de) propaganda *f*; **Propagandamittel** NPL medios *pl* propagandísticos (*od* de publicidad); **Propagandazwecke** MPL fines *pl* propagandísticos (*od* publicitarios)
Propagan'dist M ⟨~en; ~en⟩, **Propagandistin** F ⟨~; ~nen⟩ propagandista *m/f*; **propagandistisch** ADJ propagandista
propa'gieren V/T ⟨ohne ge-⟩ propagar; hacer propaganda para; **Propagierung** F ⟨~⟩ propagación *f*
Pro'pan N ⟨~s⟩ CHEM propano *m*; **Propangas** N (gas *m*) propano *m*
Pro'peller M hélice *f*; propulsor *m*; **Propellerblatt** N, **Propellerflügel** M pala *f* de hélice; **Propellerflugzeug** N avión *m* de hélice; **Propellerturbine** F turbopropulsor *m*, turbohélice *f*
'proper ADJ aseado; pulcro
Pro'phet M ⟨~en; ~en⟩ profeta *m*; *sprichw* **der ~ gilt nichts in seinem Vaterlande** nadie es profeta en su tierra
Prophe'tie F ⟨~⟩ profecía *f*
Pro'phetin F ⟨~; ~nen⟩ profetisa *f*; **prophetisch** ADJ profético
prophe'zeien V/T ⟨ohne ge-⟩ profetizar; vaticinar, augurar; *weitS.* predecir; *bes Wetter*: pronosticar; **Prophezeiung** F ⟨~; ~en⟩ profecía *f*; vaticinio *m*, augurio *m*; *weitS.* predicción *f*; *bes Wetter*: pronóstico *m*
prophy'laktisch ADJ MED profiláctico; preventivo; **Prophy'laxe** F ⟨~; ~n⟩ profilaxis *f*; prevención *f*
Proporti'on F ⟨~; ~en⟩ proporción *f*
proportio'nal ADJ proporcional; **direkt/umgekehrt ~** directamente/inversamente proporcional; en razón directa/inversa (**zu** a)
Proportio'nale F ⟨~; ~n⟩ MATH término *m* de una proporción; **mittlere ~** media *f* proporcional; **Proportionali'tät** F ⟨~; ~en⟩ proporcionalidad *f*; **proportio'niert** ADJ proporcionado; **gut/schlecht ~** bien/mal proporcionado
Pro'porz M ⟨~es; ~e⟩ *bes* POL representación *f* proporcional
'proppen'voll ADJ *umg* lleno a rebosar; *umg* a tope
Propst [-o:-] M ⟨~es; ~̈e⟩ KATH preboste *m*; prepósito *m*; PROT primer pastor *m*
Props'tei F ⟨~; ~en⟩ prepositura *f*
'Prorektor M ⟨~s; ~en⟩ vicerrector *m*
'Prosa F ⟨~⟩ prosa *f*; **Prosaband** M ⟨~(e)s; ~̈e⟩ LIT libro *m* (*od* volumen *m od* tomo *m*) de prosa
Pro'saiker M ⟨~s; ~⟩, **Prosaikerin** F ⟨~; ~nen⟩ prosista *m/f*; **prosaisch** ADJ prosaico (*a. fig*)
'Prosaschriftsteller M, **Prosaschriftstellerin** F prosista *m/f*
Pro'secco M ⟨~(s); ~s od Prosecchi⟩ GASTR (vino *m*) prosecco *m*
Prose'lyt M ⟨~en; ~en⟩ *geh* prosélito *m*; **Proselytenmacherei** F *pej* proselitismo *m*
'prosit [-o:-] INT **~!** *beim Trinken*: ¡(a su) salud!; *beim Niesen*: ¡Jesús!; **~ Neujahr!** ¡feliz año nuevo!
'Prosit N ⟨~s; ~s⟩ **ein ~ ausbringen** hacer un brindis
Pros'pekt [-sp-] M ⟨~(e)s; ~e⟩ **1** prospecto *m*, folleto *m*; *gefalteter*: tríptico *m* **2** MAL (*Ansicht*) vista *f*, perspectiva *f* **3** THEAT telón *m* de fondo
prospe'rieren V/I ⟨ohne ge-⟩ prosperar; **Prosperi'tät** F ⟨~⟩ prosperidad *f*
prost [-o:-] INT → prosit; *iron* **~ Mahlzeit!** ¡estamos aviados!
'Prostata F ⟨~; Prostatae⟩ ANAT próstata *f*; **Prostatakrebs** M cáncer *m* de próstata
prostitu'ieren ⟨ohne ge-⟩ **A** V/T prostituir **B** V/R **sich ~** prostituirse; **Prostitu'ierte** F ⟨~n; ~n; → A⟩ prostituta *f*; **Prostituti'on** F ⟨~⟩ prostitución *f*
Pros'zenium N ⟨~s; Proszenien⟩ proscenio *m*; **Proszeniumsloge** [-ʒə] F palco *m* de proscenio
Protago'nist M ⟨~en; ~en⟩, **Protagonistin** F ⟨~; ~nen⟩ protagonista *m/f*
Prote'ase F BIOL proteasa *f*; **Proteasehemmer** M MED inhibidor *m* de proteasa
Prote'gé [-'ʒe:] M ⟨~s; ~s⟩ *geh* protegido *m*; **prote'gieren** [-'ʒi:rən] V/T ⟨ohne ge-⟩ *geh* proteger; apadrinar
Prote'id N ⟨~(e)s; ~e⟩ CHEM proteído *m*
Prote'in N ⟨~s; ~e⟩ CHEM proteína *f*
Protekti'on F ⟨~; ~en⟩ protección *f*; **Protektio'nismus** M ⟨~⟩ proteccionismo *m*; **protektio'nistisch** ADJ proteccionista
Pro'tektor M ⟨~s; -'toren⟩ SPORT protector *m*
Protekto'rat N ⟨~(e)s; ~e⟩ POL protectorado *m*; *allg* patrocinio *m*
Pro'test M ⟨~(e)s; ~e⟩ protesta *f*; WIRTSCH protesto *m*; **~ erheben** *od* **einlegen gegen** protestar (*od* elevar una protesta) contra; **aus ~ (gegen)** en protesta (por); **unter ~** bajo protesta; WIRTSCH con protesto; WIRTSCH **~ mangels Annahme/Zahlung** protesto por falta de aceptación/pago; WIRTSCH **zu ~ gehen** *Wechsel* ir al protesto; WIRTSCH **zu ~ gehen lassen** protestar
Pro'testaktion F acción *f* de protesta
Protes'tant M ⟨~en; ~en⟩, **Protestantin** F ⟨~; ~nen⟩ protestante *m/f*; **protestantisch** ADJ protestante
Protestan'tismus M ⟨~⟩ protestantismo *m*
Pro'testanzeige F WIRTSCH notificación *f* de protesto; **Protestbewegung** F movimiento *m* de protesta; **Protestdemonstration** F POL manifestación *f* de protesta; **Protesterklärung** F declaración *f* de protesta; **Protesthaltung** F postura *f* contestataria; actitud *f* de protesta
protes'tieren V/I & V/T ⟨ohne ge-⟩ protestar (*a. Wechsel*) (**gegen** *acus* contra)
Pro'testkampagne F campaña *f* de protesta; **Protestkosten** PL WIRTSCH gastos *mpl* de protesto; **Protestkundgebung** F manifestación *f* de protesta
Pro'testler M ⟨~s; ~⟩, **Protestlerin** F ⟨~; ~nen⟩ contestatario *m*, -a *f*; *pej* persona *f* protestona
Pro'testmarsch M marcha *f* de protesta; **Protestnote** F POL nota *f* de protesta; **Protestplakat** N cartel *m* (*od* pancarta *f*) de protesta; **Protestresolution** F resolución *f* de protesta (adoptada); **Protestsong** M canción *f* protesta; **Proteststreik** M huelga *f* de protesta; **Proteststurm** M tempestad *f* de protestas; **Protesturkunde** F WIRTSCH acta *f* de protesto; **Protestveranstaltung** F acto *m* de protesta; mitin *m* contestatario; **Protestversammlung** F POL mitin *m* (*od* asamblea *f*) de protesta; **Protestwahl** F POL voto *m* de protesta (*od* de castigo); **Protestwähler** M, **Protestwählerin** F elector *m*, -a *f* que emite un voto de castigo; **Protestwelle** F ola *f* de protesta
Pro'these F ⟨~; ~n⟩ MED prótesis *f*; **eine ~ tragen** llevar una prótesis
Proto'koll N ⟨~s; ~e⟩ **1** (*Niederschrift*) acta *f*; protocolo *m*; registro *m*; **(das) ~ führen** redactar el acta; **ein ~ aufnehmen** levantar acta; **ins ~ aufnehmen** *od* **zu ~ nehmen** *od* **im ~ vermerken** hacer constar en el acta; **etw zu ~ geben** hacer constar a/c en actas **2** POL protocolo *m*; **Chef des ~s** jefe *m* del protocolo; *sp* introductor *m* de embajadores
Protokol'lant M ⟨~en; ~en⟩, **Protokollantin** F ⟨~; ~nen⟩ → Protokollführer; **protokollarisch** ADJ protocolario
Proto'kollaufnahme F redacción *f* del acta; **Protokollbuch** N libro *m* de actas; **Protokollchef** M, **Protokollchefin** F POL jefe *m*, -a *f* del protocolo; **Protokollführer** M, **Protokollführerin** F redactor *m*, -a *f* del acta; *e-r Sitzung*: secretario *m*, -a *f* (de actas); JUR *bei Gericht*: actuario *m*, -a *f*
protokol'lieren ⟨ohne ge-⟩ **A** V/T hacer constar en el acta; protocol(iz)ar **B** V/I redactar el acta; levantar acta; **Protokollierung** F ⟨~; ~en⟩ redacción *f* del acta; protocolización *f*
'Proton N ⟨~s; Pro'tonen⟩ PHYS protón *m*
Proto'plasma N BIOL protoplasma *m*; **'Prototyp** M prototipo *m*; **Proto'zoen** NPL BIOL protozoos *mpl*, protozoarios *mpl*
Protube'ranz F ⟨~; ~en⟩ ASTRON protuberancia *f*
Protz M ⟨~es od ~en; ~e od ~en⟩ *pej* fanfarrón *m*, *umg* farolero *m*; **reicher ~** ricacho *m*, ricachón *m*
'protzen V/I presumir (de rico); darse aires de gran señor; fanfarronear; **~ mit** hacer gala (*od* alarde *od* ostentación) de; vanagloriarse de
Protze'rei F ⟨~; ~en⟩ ostentación *f*
'protzig ADJ jactancioso; presumido; fanfarrón; *Sache* ostentoso; aparatoso
Prov. ABK (Provinz) provincia *f*
Pro'vence [-'vãs] F ⟨~⟩ GEOG Provenza *f*
Proveni'enz [-v-] F ⟨~; ~en⟩ procedencia *f*, origen *m*
Proven'zale [-v-] M ⟨~n; ~n⟩, **Provenzalin** ⟨~; ~nen⟩ provenzal *m/f*; **provenzalisch** ADJ provenzal
Provi'ant [-vi'ant] M ⟨~s; ~e⟩ provisiones *fpl*; víveres *mpl*; vituallas *fpl*; **mit ~ versehen** aprovisionar, abastecer; avituallar; **Proviantamt** N MIL intendencia *f* (de víveres); **Proviantausgabe** F MIL distribución *f* de víveres
Provider [pro'vaɪdər] M ⟨~s; ~⟩ IT proveedor *m*
Pro'vinz [-v-] F ⟨~; ~en⟩ provincia *f*; **Provinzbewohner** M, **Provinzbewohnerin** F provinciano *m*, -a *f*; **Provinzblatt** N diario *m* (*od* periódico *m*) de provincia(s)
Provinzia'lismus [-v-] M ⟨~; Provinzialismen⟩ provincialismo *m*; **Provinziali'tät** F ⟨~⟩ provincialidad *f*; *pej* provincianismo *m*
provinzi'ell [-v-] ADJ provincial; *pej* provinciano
Pro'vinzler [-v-] M ⟨~s; ~⟩, **Provinzlerin** F ⟨~; ~nen⟩ *pej* provinciano *m*, -a *f*; **provinzlerisch** ADJ *pej* provinciano, de provincias
Pro'vinznest [-v-] N *umg pej* pueblucho *m*, nido *m*; **Provinzposse** F farsa *f* (*od* actitud *f*) provinciana; **Provinzstadt** F ciudad *f* de provincia (*od* provinciana); **Provinztheater** N teatro *m* de provincia (*a. fig u. pej*)
Provisi'on [-v-] F ⟨~; ~en⟩ HANDEL comisión *f*; **auf ~ arbeiten** trabajar a comisión
Provisi'onsabrechnung [-v-] F liquida-

P

ción *f* de las comisiones; **Provisionsbasis** F HANDEL **auf ~** a comisión; **provisionsfrei** ADJ sin comisión, libre de comisión; **Provisionssatz** M tipo *m* de comisión; **Provisionsüberschuss** M excedente *m* de la comisión; **Provisionszahlung** F pago *m* de comisión

provi'sorisch [-v-] ADJ provisional; interino; transitorio; **Provisorium** N ⟨~s; Provisorien⟩ solución *f* (*bzw* estado *m bzw* arreglo *m*) provisional; ZAHN obturacion *f* provisional

provo'kant [-v-] ADJ → provozierend

Provoka'teur [-voka'tøːr] M ⟨~s; ~e⟩, **Provoka'teurin** F ⟨~; ~nen⟩ (agente *m/f*) provocador *m*, -a *f*; **Provokati'on** F ⟨~; ~en⟩ provocación *f*

provoka'tiv [-voka'tiːf], **provoka'torisch** ADJ provocador, provocativo, provocante; **provo'zieren** V/T ⟨*ohne* ge-⟩ provocar; **provozierend** ADJ provocador; provocante

'prowestlich ADJ POL prooccidental

Pro'zedere [-'tseːdərə] N ⟨~; ~⟩ modo *m* de proceder (*od* de obrar); **Proze'dur** F ⟨~; ~en⟩ procedimiento *m*; proceso *m*; **prozedu'ral** ADJ procedimental

Pro'zent N ⟨~(e)s; ~e⟩ 1 (*Hundertstel*) (tanto *m*) por ciento *m*; **25 ~** el 25 por ciento; **um die 10 ~** alrededor (*od* cerca) del 10 por ciento; **um fünf ~ wachsen** crecer un cinco por ciento; **über/unter zwei ~** por encima/por debajo del dos por ciento; **zu vier ~** al cuatro por ciento; **zu wie viel ~?** ¿a cuánto por ciento? 2 *umg* **~e** *pl* (*Gewinnanteil*) porcentaje *m*; (*Rabatt*) rebaja *f*, descuento *m*

Pro'zentpunkt M punto *m* porcentual; **Prozentrechnung** F cálculo *m* porcentual; **Prozentsatz** M porcentaje *m*; **ein hoher ~ an** (*dat*) un porcentaje elevado de

prozentu'al ADJ al tanto por ciento; **~er Anteil** porcentaje *m*

Pro'zentzahl F (cifra *f* expresada en) porcentaje *m*; cifra *f* porcentual

Pro'zess M ⟨~es; ~e⟩ 1 JUR proceso *m*; (*Zivilprozess*) pleito *m*; (*Rechtsstreit*) litigio *m*; causa *f*; **einen ~ führen** litigar; seguir una causa (**gegen** contra); *als Anwalt*: defender una causa (*bzw* un pleito); *als Richter*: entender en una causa; **einen ~ einleiten** instruir una causa; incoar un proceso; **einen ~ anstrengen (gegen)** entablar (*od* promover) un pleito (contra); poner pleito (a); **einen ~ gewinnen/verlieren** ganar/perder un pleito; **j-m den ~ machen** procesar a alg 2 (*Vorgang*) proceso *m* (*a.* CHEM); procedimiento *m* 3 *fig* **kurzen ~ machen** no andarse por las ramas; cortar por lo sano; **kurzen ~ mit etw machen** cortar por lo sano con a/c

Pro'zessakten FPL JUR actas *fpl* procesales (*od* del proceso); **Einsicht in die ~ bekommen** (poder) examinar las actas procesales; **Prozessbevollmächtigte** M/F JUR apoderado *m* procesal; procurador *m* (judicial); representante *m* en juicio; **prozessfähig** ADJ JUR capaz para litigar; con capacidad procesal; **Prozessfähigkeit** F JUR capacidad *f* procesal; **prozessführend** ADJ JUR litigante; **Prozessführung** F litigación *f*; seguimiento *m* de la causa; **Prozessgegenstand** M JUR objeto *m* del proceso (*od* procesal); **Prozessgegner** M, **Prozessgegnerin** F JUR parte *f* contraria

prozes'sieren V/I ⟨*ohne* ge-⟩ litigar, pleitear; seguir una causa (**gegen** contra)

Prozessi'on F ⟨~; ~en⟩ procesión *f*

Pro'zesskosten PL costas *fpl* procesales; **Prozesskostenhilfe** F JUR asistencia *f* judicial gratuita

Pro'zessor M ⟨~s; -s'soren⟩ IT procesador *m*

Pro'zessordnung F ley *f* de enjuiciamiento; **Prozesspartei** F parte *f* (litigante), parte *f* procesal; **Prozessrecht** N derecho *m* procesal; **Prozesstermin** M vista *f*; audiencia *f* de procedimiento

prozessu'al ADJ procesal; procedimental

pro'zessunfähig ADJ sin capacidad procesal; **Prozessunfähigkeit** F incapacidad *f* procesal

Pro'zessvertreter M, **Prozessvertreterin** F → Prozessbevollmächtigte; **Prozessvollmacht** F poder *m* procesal; **Prozesswelle** F ola *f* de procesos; sinnúmero *m* de juicios

'prüde ADJ mojigato, gazmoño; pudibundo

Prüde'rie F ⟨~⟩ mojigatería *f*, gazmoñería *f*

'Prüfauftrag M encargo *m* de verificación (*od* de examen *od* de análisis); **Prüfbericht** M informe *m* escrito de un examen; acta *f* de ensayos (*od* de revisión); informe *m* de la inspección

'prüfen A V/T 1 *allg* examinar; (*nachprüfen*) *a.* comprobar, verificar; revisar; *amtlich*: inspeccionar, controlar, supervisar; (*erwägen*) considerar; estudiar; (*sondieren*) sondear; tantear; (*erproben*) probar, poner a prueba; TECH ensayar; **etw auf seine Genauigkeit ~** verificar la exactitud de a/c 2 SCHULE **j-n ~ (in** *dat*) examinar a alg (de) B V/R **sich ~** examinarse; hacer examen de conciencia

'prüfend A ADJ *Blick* escrutador B ADV **j-n ~ betrachten** examinar a alg de pies a cabeza

'Prüfer M ⟨~s; ~⟩, **Prüferin** F ⟨~; ~nen⟩ examinador *m*, -a *f*; WIRTSCH revisor *m*, -a *f*; interventor *m*, -a *f*; auditor *m*, -a *f*; TECH verificador *m*, -a *f*; *von Wein etc*: catador *m*, -a *f*

'Prüfexemplar N ejemplar *m* de muestra; **Prüffeld** N TECH campo *m* de pruebas (*od* de ensayos); **Prüfgerät** N (aparato *m*) comprobador *m*; **Prüflampe** F lámpara *f* piloto; **Prüfling** M ⟨~s; ~e⟩ examinando *m*; **Prüfstand** M TECH banco *m* de pruebas (*od* de ensayo); puesto *m* de ensayo; *fig* **auf dem ~ stehen** tener que demostrar la eficacia; **Prüfstein** M *fig* piedra *f* de toque; **Prüfstelle** F servicio *m* de inspección; centro *m* de control (*od* de verificación); centro *m* de peritación

'Prüfung F ⟨~; ~en⟩ 1 examen *m* (*a.* SCHULE); (*Test*) prueba *f* (*a. fig*), test *m*; *bes* TECH ensayo *m*; **bei näherer ~** después de un examen más detenido; **schriftliche/mündliche ~** examen *m* escrito/oral; **eine ~ machen** *od* **ablegen** hacer (*od* pasar) un examen; examinarse 2 (*Nachprüfung*) comprobación *f*, verificación *f*; revisión *f* 3 (*Inspektion*) inspección *f*, control *m*; *staatliche*: fiscalización *f* 4 (*Erwägung*) consideración *f*; estudio *m*

'Prüfungsangst F miedo *m* a los exámenes; **Prüfungsarbeit** F trabajo *m* escrito; examen *m*; **Prüfungsaufgabe** F tema *m* de examen; ejercicio *m*; **Prüfungsausschuss** M tribunal *m* examinador; TECH comisión *f* de verificación; WIRTSCH comisión *f* calificadora; **Prüfungsbericht** M TECH certificado *m* de prueba; WIRTSCH informe *m* de auditoría; **Prüfungsergebnis** N resultado *m* del examen; **Prüfungsfach** N materia *f* de examen; **Prüfungsfrage** F pregunta *f* de examen; **Prüfungsgebühren** FPL derechos *mpl* de examen; **Prüfungsgegenstand** M tema *m* de examen; **Prüfungskandidat** M, **Prüfungskandidatin** F examinando *m*, -a *f*, candidato *m*, -a *f*; **Prüfungskommission** F → Prüfungsausschuss; **Prüfungsnote** F calificación *f*; **Prüfungsordnung** F reglamento *m* de exámenes; **Prüfungstermin** M fecha *f* del examen; **Prüfungszeugnis** N diploma *m*; TECH certificado *m* de verificación

'Prüfverfahren N procedimiento *m* de verificación (*od* de control); método *m* de ensayo (*od* de verificación)

'Prügel M ⟨~s; ~⟩ 1 (*Knüppel*) palo *m*, bastón *m* 2 PL (*Schläge*) palos *mpl*; **Tracht** *f* **~** *a.* paliza *f*, *umg* tunda *f*, zurra *f*; **~ bekommen** *od* **beziehen** recibir una paliza; **eine gehörige Tracht ~ bekommen** (*od umg* **kriegen**) llevarse una soberana paliza; **j-m eine Tracht ~ verabreichen** dar (*od umg* propinar) a alg una paliza; **~ verdienen** merecer palos

Prüge'lei F ⟨~; ~en⟩ riña *f*, pendencia *f*; pelea *f*; *umg* camorra *f*, gresca *f*

'Prügelknabe M *umg fig* cabeza *f* de turco; chivo *m* emisario; **der ~ sein** *umg* ser el que paga el pato

'prügeln A V/T **j-n ~** pegar a alg; dar (de) palos a alg; apalear (*od* aporrear) a alg; *umg* sacudir el polvo a alg B V/R **sich ~** andar (*od* liarse) a golpes (*od* a palos)

'Prügelstrafe F castigo *m* corporal

Prunk M ⟨~(e)s⟩ pompa *f*; fausto *m*, boato *m*; suntuosidad *f*; magnificencia *f*; aparato *m*; **'Prunkbau** M ⟨~(e)s; ~ten⟩ edificio *m* pomposo (*od* ostentoso *od* suntuoso); **'Prunkbett** N lecho *m* suntuoso; cama *f* imperial

'prunken V/I brillar; **mit etw ~** ostentar (*od* lucir) a/c, hacer alarde de a/c; **Prunkgemach** N sala *f* suntuosa; **prunkhaft** ADJ pomposo, fastuoso, suntuoso; aparatoso, ostentoso; **prunkliebend** ADJ amante de la ostentación (*bzw* del lujo); **Prunkstück** N obra *f* maestra (*a. fig*); **Prunksucht** F afán *m* de ostentación; **prunksüchtig** ADJ → prunkliebend; **prunkvoll** ADJ → prunkhaft

'prusten V/I resoplar; (*laut niesen*) estornudar con fuerza; **vor Lachen ~** reventar de risa

PS N ABK 1 (*Pferdestärke*) CV *m* (caballo de vapor) 2 (*Postskriptum*) PD *f* (postdata)

Psalm M ⟨~s; ~en⟩ salmo *m*

Psal'mist M ⟨~en; ~en⟩ salmista *m*; **Psalmo'die** F ⟨~; ~n⟩ salmodia *f*; **psalmo'dieren** V/I ⟨*ohne* ge-⟩ salmodiar

'Psalter M ⟨~s; ~⟩ REL, MUS salterio *m*

'pseudo…, **'Pseudo…** IN ZSSGN (p)seudo…

Pseudo'nym N ⟨~s; ~e⟩ (p)seudónimo

'pseudowissenschaftlich ADJ (p)seudocientífico

pst INT ¡pss!; ¡chist!

'Psyche F ⟨~; ~n⟩ 1 PSYCH (p)siquis *f*, (p)sique *f* 2 MYTH Psique *f*

psyche'delisch ADJ (p)sicodélico

Psychi'ater M ⟨~s; ~⟩, **Psychiaterin** F ⟨~; ~nen⟩ MED (p)siquiatra *m/f*

Psychia'trie F ⟨~⟩ (p)siquiatría *f*; **psychi'atrisch** ADJ (p)siquiátrico

'psychisch ADJ (p)síquico

Psychoana'lyse F (p)sicoanálisis *m*; **Psychoana'lytiker** M, **Psychoana'lytikerin** F (p)sicoanalista *m/f*; **psychoana'lytisch** ADJ (p)sicoanalítico

Psycho'drama N psicodrama *m*; **psycho'gen** ADJ (p)sicógeno; **Psycho'gramm** N estudio *m* (p)sicológico

'Psychokrimi M *a. fig* thriller *m* (p)sicológico

Psycholingu'istik F (p)sicolingüística *f*; **Psycho'loge** M ⟨~n; ~n⟩ (p)sicóloga *m*; **Psycholo'gie** F ⟨~⟩ (p)sicología *f*; **Psycho'login** F ⟨~; ~nen⟩ (p)sicóloga *f*; **psycho'logisch** ADJ (p)sicológico

Psychomo'torik F (p)sicomotricidad *f*; **psychomotorisch** ADJ (p)sicomotor

Psychoneu'rose F (p)siconeurosis *f*; **Psycho'path** M ⟨~en; ~en⟩, **Psycho'pa-**

P

thin F ⟨~; ~nen⟩ (p)sicópata *m/f*; **psycho'pathisch** ADJ (p)sicopático; **Psycho'pharmakon** N ⟨~s; Psychopharmaka⟩ (p)sicofármaco *m*; **Psychophy'sik** F (p)sicofísica *f*; **Psychophysiolo'gie** F (p)sicofisiología *f*

Psy'chose F ⟨~; ~n⟩ (p)sicosis *f*

Psychoso'matik F ⟨~⟩ (p)sicosomática *f*; **psychoso'matisch** ADJ (p)sicosomático; **psychoso'zial** ADJ psicosocial

'Psychoterror M (p)sicoterror *m*; acoso *m* (p)sicológico

Psychothera'peut M, **Psychotherapeutin** F (p)sicoterapeuta *m/f*; **psychotherapeutisch** ADJ (p)sicoterápico

Psychothera'pie F (p)sicoterapia *f*

psy'chotisch ADJ (p)sicótico

PT'A M/F ABK (pharmazeutisch-technischer Assistent, pharmazeutisch-technische Assistentin) asistente *m/f* farmacéutica, -o

puber'tär ADJ púber, adolescente; **Puber'tät** F ⟨~⟩ pubertad *f*; **puber'tierend** ADJ **~e Jugendliche** adolescentes *mpl*; *pej* jovenzuelos *pl*

Pu'blicity [pa'blɪsiti:] F ⟨~⟩ publicidad *f*

'Public Re'lations ['pablɪkri'laɪʃəns] PL relaciones *fpl* públicas

'Public-Re'lations-'Manager M [-mɛnɪdʒər], **Public-Relations-Managerin** F gerente *m/f* de relaciones públicas

pu'blik ADJ público; **~ machen** hacer público, publicar; dar publicidad a; **~ werden** hacerse público; difundirse

Publikati'on F ⟨~; ~en⟩ publicación *f*

Publikati'onsorgan N medio *m* (*od* órgano *m*) de publicación

pu'blikmachen VT → publik

'Publikum N ⟨~s⟩ público *m*; concurrencia *f*; auditorio *m*; *umg* respetable *m*

'Publikumsandrang M afluencia *f* (*od* concurrencia *f*) de público; **Publikumsbeschimpfung** F insulto *m* (*od* ofensa *f*) al público; **Publikumserfolg** M éxito *m* de público; **Publikumsgeschmack** M gusto *m* del público; **Publikumsliebling** M preferido *m* del público; **Publikumsmagnet** M gran atracción *f*; **Publikumspreis** M premio *m* otorgado por el público; **Publikumsrenner** M exitazo *m*; superventas *m*

'Publikumsverkehr M *Öffnungszeiten pl* **für ~** horario *m* de atención al público; **für den ~ geöffnet** abierto al público

'publikumswirksam ADJ con gran éxito entre el público

publi'zieren VT ⟨*ohne* ge-⟩ publicar; **Publi'zist** M ⟨~en; ~en⟩ periodista *m*, publicista *m*; **Publi'zistik** F ⟨~⟩ periodismo *m*; **Publi'zistin** F ⟨~; ~nen⟩ periodista *f*, publicista *f*; **publi'zistisch** ADJ periodístico; **Publizi'tät** F ⟨~⟩ publicidad *f*

Puck M ⟨~s; ~s⟩ *Eishockey*: disco *m*

'Puddeleisen N METALL hierro *m* pudelado

'puddeln VT METALL pudelar

'Puddeln N ⟨~s⟩ METALL pudelaje *m*; **Puddelofen** M METALL horno *m* de pudelar; **Puddelstahl** M METALL acero *m* pudelado

'Pudding M ⟨~s; ~e *od* ~s⟩ flan *m*; (*Sahnepudding*) natillas *fpl*; **Puddingform** F molde *m* de flan; **Puddingpulver** N polvos *mpl* para hacer flan

'Pudel M ⟨~s; ~⟩ (perro *m*) caniche *m*; *fig* **das ist des ~s Kern** ahí está la madre del cordero); **wie ein begossener ~ dastehen** quedar como tonto en vísperas

'Pudelmütze F gorra *f* (con borla)

'pudel'nackt ADJ *umg* en cueros (vivos); *umg* en pelota(s); **pudel'nass** ADJ *umg* calado hasta los huesos; **pudel'wohl** ADJ *umg* **sich ~ fühlen** estar alegre como unas pascuas; estar como el pez en el agua

'Puder M ⟨~s; ~⟩ polvos *mpl*; **Puderdöschen** N, **Puderdose** F polvera *f*

'pudern A VT empolvar; (*bestäuben*) (es)polvorear B VR **sich ~** darse (*od* ponerse) polvos

'Puderquaste F borla *f* de polvos; **Puderzucker** M azúcar *m* en polvo (*od* glas)

Puerto-Ri'caner M ⟨~s; ~⟩, **Puerto-Ricanerin** F ⟨~; ~nen⟩ puertorriqueño *m*, -a *f*

pu'erto-ricanisch ADJ puertorriqueño

Pu'erto 'Rico N Puerto Rico *m*

puff INT ¡paf!; ¡pum!

Puff[1] M ⟨~(e)s; ~̈e⟩ (*Stoß*) empujón *m*, empellón *m*; golpe *m*; *mit dem Ellbogen*: codazo *m*; *umg fig* **einen ~ vertragen können** tener buenas espaldas

Puff[2] M ⟨~(e)s; ~e *od* ~s⟩ (*Sitzkissen*) puf *m*

Puff[3] M, N ⟨~s; ~s⟩ *sl* (*Bordell*) casa *f* de putas, burdel *m*

Puff[4] N ⟨~(e)s⟩ *Spiel*: juego *m* del chaquete, backgammon *m*

'Puffärmel M manga *f* de farol (*od* abombada); **Puffbohne** F BOT haba *f*

'puffen A VI (*knallen*) estallar; detonar; BAHN echar humo B VT (*stoßen*) empujar; (*bauschig machen*) ahuecar

'Puffer M ⟨~s; ~⟩ BAHN tope *m*; TECH amortiguador *m*; CHEM *a.* tampón *m*; **Pufferlösung** F CHEM solución *f* tampón; **Pufferstaat** M Estado *m* tapón; **Pufferung** F ⟨~; ~en⟩ amortiguación *f* (*a.* CHEM); **Pufferzone** F zona *f* tampón

'Puffmais M palomitas *fpl* (de maíz)

'Puffmutter F patrona *f* de burdel

'Puffreis M arroz *m* inflado

'Puffspiel N → Puff[4]

puh INT ¡puf!; ¡uf!

'pulen VT *reg Krabben etc* pelar; **aus etw ~** sacar de a/c

Pulk M ⟨~(e)s; ~s⟩ FLUG formación *f*; *fig* pelotón *m*

Pull-'down-Menü N IT menú *m* desplegable

'Pulle F ⟨~; ~n⟩ 1 *umg* (*Flasche*) botella *f* 2 *umg fig* **volle ~** (*laut*) *umg* a toda pastilla; (*rasend schnell*) *umg* a tumba abierta

'Pulli M ⟨~s; ~s⟩ *umg*, **Pul'lover** M ⟨~s; ~⟩ jersey *m*, suéter *m*

Pu'llunder M ⟨~s; ~⟩ chaleco *m* de lana

Puls M ⟨~es; ~e⟩ pulso *m*; **hoher/niedriger ~** pulso *m* acelerado/lento; **j-m den ~ fühlen** tomar el pulso a alg (*a. fig*); **'Pulsader** F arteria *f*; **sich** (*dat*) **die ~n aufschneiden** cortarse las (venas de las) muñecas

'pulsen VI → pulsieren

pul'sieren VI ⟨*ohne* ge-⟩ (*schlagen*) pulsar, latir; palpitar; *Blut* circular; *fig* estar animado; **Pulsieren** N ⟨~s⟩ pulsación *f*, latido *m*; **pulsierend** ADJ pulsátil, pulsativo; *fig* **~es Leben** vida *f* animada

'Pulsschlag F pulsación *f*; pulso *m*; **Pulsstockung** F MED intermisión *f* del pulso; **Pulswärmer** M mitón *m*; **Pulszahl** F número *m* de pulsaciones

Pult N ⟨~(e)s; ~e⟩ 1 *Schule*: pupitre *m* 2 (*Lese-, Notenpult*) atril *m* 3 *schweiz* (*Schreibtisch*) escritorio *m*; **Pultdach** N tejado *m* de una sola vertiente

'Pulver N ⟨~s; ~⟩ 1 *allg* polvo *m* 2 (*Schießpulver*) pólvora *f*; *fig* **er ist keinen Schuss ~ wert** no vale lo que come; *umg fig* **er hat das ~ nicht erfunden** no ha inventado la pólvora; *umg fig* **sein ~ verschießen** quemar su pólvora; *fig* **er hat sein ~ umsonst verschossen** ha gastado la pólvora en salvas 3 *umg* (*Geld*) pasta *f*, *sl* parné *m*

'pulverartig ADJ pulverulento; **Pulverdampf** M humo *m* de la pólvora; **Pulverfass** N polvorín *m*; *fig* **auf einem ~ sitzen** estar sobre el polvorín (*od* volcán); **pulverförmig** ADJ pulverulento

'pulverig ADJ pulverulento

pulveri'sierbar ADJ pulverizable; **pulveri'sieren** VT ⟨*ohne* ge-⟩ pulverizar, reducir a polvo; **Pulveri'sierung** F ⟨~⟩ pulverización *f*

'Pulverkaffee M café *m* en polvo; **Pulverkammer** F, **Pulvermagazin** N polvorín *m*; SCHIFF santabárbara *f*; **Pulverschnee** M nieve *f* polvo

'pulvrig ADJ → pulverig

'Puma M ⟨~s; ~s⟩ ZOOL puma *m*

'Pummel M ⟨~s; ~⟩ *umg* niño *m* rollizo; *umg* gordinflón *m*; **pummelig** ADJ *umg* rechoncho, rollizo; regordete

Pump M ⟨~s⟩ *umg* **auf ~ kaufen** comprar fiado; **auf ~ leben** vivir de sablazos

'Pumpe F ⟨~; ~n⟩ bomba *f*; (*Fahrradpumpe*) bomba *f* de aire; *Am a.* inflador *m*

'pumpen VT 1 dar a la bomba, bombear; **Luft in etw** (*acus*) **~** inflar a/c 2 *umg fig* (*borgen*) **j-m etw ~** prestar a/c a alg; **von j-m etw ~** pedir prestado a/c a alg; **Geld von j-m ~** pedir dinero prestado a alg; *umg* sablear (*od* dar un sablazo) a alg

'Pumpen N ⟨~s⟩ bombeo *m*; **Pumpenschwengel** M brazo *m* de la bomba

'Pumpernickel M GASTR pan *m* negro de Westfalia

'Pumpgun ['pampgan] F ⟨~; ~s⟩ fusil *m* pumpgun

'Pumphose F (pantalones *mpl*) bombachos *mpl*

Pumps [pœmps] M ⟨~; ~⟩ zapato *m* de medio tacón

'Pumpstation F, **Pumpwerk** N estación *f* de bombeo

'punisch ADJ HIST púnico; **die Punischen Kriege** las Guerras Púnicas

Punk [paŋk] M ⟨~s; ~s⟩ punk(i) *m*; **'Punkband** [-bɛnt] F banda *f* (de música) punk; **'Punker** M ⟨~s; ~⟩, **'Punkerin** F ⟨~; ~nen⟩ punk(i) *m/f*

'punkig ADJ punk(i)

'Punkrock M ⟨~(e)s⟩ MUS punk *m*

Punkt M ⟨~(e)s; ~e⟩ 1 (*Zeichen*) punto *m*; MUS puntillo *m*; (*Tupfen*) lunar *m*; **Grüner ~**® *Abfallwirtschaft* punto *m* verde; **~, Absatz** punto y aparte; **~, gleiche Zeile** punto y seguido; *umg* **ohne ~ und Komma reden** hablar sin parar; *umg fig* **nun mach aber 'n ~!** ¡no me digas!; ¡basta ya! 2 *Wert*: punto *m*; SPORT tanto *m*; *Boxen*: punto *m*; *Börse a.*: entero *m*; **nach ~en schlagen/siegen/verlieren** derrotar/ganar/perder por puntos 3 *e-s Vertrages*: cláusula *f*; artículo *m*; *e-r Frage*: extremo *m*, particular *m*; *der Tagesordnung*: asunto *m*; JUR *der Anklage*: cargo *m*; **~ für ~** punto por punto; **wir kommen noch auf diesen ~ zurück** volveremos sobre el particular 4 (*Angelegenheit*) cuestión *f*, asunto *m*; **in diesem ~** en este punto; en esta cuestión; sobre ese particular; **in vielen ~en** en muchos aspectos; **in einem ~ einig sein** estar de acuerdo sobre un punto 5 *fig* **der springende ~** el punto decisivo; **schwacher** *od* **wunder ~** punto *m* débil; **toter ~** punto *m* muerto; **~ fünf Uhr** a las cinco en punto; **etw auf den ~ bringen** llegar al quid de a/c; **bis zu einem gewissen ~** hasta cierto punto

'Punktabzug M deducción *f* (*od* descuento *m*) de puntos

'Pünktchen N ⟨~s; ~⟩ puntito *m*; puntillo *m*; *fig* **das ~ auf dem i sein** ser perfecto; no faltar

nada
'punkten VT puntuar; *a. fig* **(nicht) ~ können** (no) puntuar
'Punktfeuer N MIL fuego *m* convergente
'punktgenau ADJ absolutamente exacto; muy preciso; **~e Landung** aterrizaje *m* al milímetro
'Punktgewinn M ganancia *f* de puntos; **Punktgleichheit** F SPORT igualdad *f* de puntos; empate *m*
punk'tieren VT ‹*ohne* ge-› **1** puntear **2** MUS poner el puntillo **3** MED puncionar, hacer una punción; **Punktiernadel** F MED aguja *f* de punción; **punktiert** ADJ **1** *Linie* punteado **2** MUS *Note* con puntillo; **Punktierung** F ‹~; ~en› punteado *m*
Punkti'on F ‹~; ~en› MED punción *f*
'Punktlandung aterrizaje *m* al milímetro
'pünktlich **A** ADJ puntual; (*genau*) exacto; preciso; **~ sein** ser puntual **B** ADV a la hora (precisa), con puntualidad; con exactitud; **~ kommen** llegar puntual; **~ um 2 Uhr** a las dos en punto
'Pünktlichkeit F ‹~› puntualidad *f*; exactitud *f*; precisión *f*
'Punktniederlage F SPORT derrota *f* por puntos; **Punktrichter** M, **Punktrichterin** F SPORT juez *m*, -a *f*; **Punktschweißen** N TECH soldadura *f* por puntos; **Punktsieg** M victoria *f* por puntos; **Punktsieger** M, **Punktsiegerin** F vencedor *m*, -a *f* por puntos; **Punktspiel** N SPORT partido *m* (*od* encuentro *m*) de campeonato; **Punktsystem** N sistema *m* de puntos
punktu'ell **A** ADJ parcial, puntual **B** ADV parcialmente, puntualmente
'Punktum N **und damit ~!** ¡basta ya!; *umg* ¡y sanseacabó!
'Punktverlust M pérdida *f* de puntos; **Punktwertung** F SPORT cualificación *f* por puntos, puntuación *f*; **Punktzahl** F SPORT número *m* de puntos, puntuación *f*; tanteo *m*
Punsch M ‹~es; ~e› ponche *m*; **'Punschbowle** [-bo:lə] F ponchera *f*
'Punze F ‹~; ~n› TECH punzón *m*; **punzen** VT repujar
Pup ‹~(e)s; ~e› → Pups
'pupen → pupsen
Pu'pille F ‹~; ~n› ANAT pupila *f*; *umg* niña *f* del ojo; **erweiterte ~n** *fpl* pupilas *fpl* dilatadas
Pu'pillenabstand M distancia *f* (inter)pupilar; **Pupillenerweiterung** F dilatación *f* de la pupila; **Pupillenreflex** M reflejo *m* pupilar; **Pupillenverengung** F contracción *f* de la pupila
'Püppchen N ‹~s; ~› muñequita *f*; *umg fig* (*niedliches Mädchen*) muñeca *f*, monada *f*, *umg* bombón *m*
'Puppe F ‹~; ~n› **1** muñeca *f* (*a. umg fig Mädchen*); (*Marionette*) títere *m*, fantoche *m*; marioneta *f*; (*Schneiderpuppe*) maniquí *m*; *umg fig* **die ~n tanzen lassen** no dejar piedra para mover **2** ZOOL crisálida *f*; pupa *f* **3** *umg* **bis in die ~n schlafen** dormir hasta muy tarde; *umg* pegársele a uno las sábanas
'Puppenbühne F teatro *m* de títeres (*od* de guiñoles); **Puppengesicht** N cara *f* de muñeca; **Puppenhaus** N casa *f* de muñecas; **Puppenspiel** N (teatro *m* de) guiñol *m*; títeres *mpl*; **Puppenspieler** M, **Puppenspielerin** F titiritero *m*, -a *f*, marionetista *m/f*; **Puppenstube** F → Puppenhaus; **Puppentheater** N → Puppenspiel; **Puppenwagen** M cochecito *m* de muñeca
Pups M ‹~es; ~e› *sl* pedo *m*, *vulg* cuesco *m*; **'pupsen** VI *sl* soltar pedos; peer
pur ADJ puro; **~er Zufall** pura casualidad; **aus ~er Neugierde** por pura curiosidad
Pü'ree N ‹~s; ~s› puré *m*; **Püreepresse** F pasapurés *m*
Purga'torium N ‹~s› KATH purgatorio *m*
pur'gieren VT ‹*ohne* ge-› MED purgar; **purgierend** ADJ purgativo
pü'rieren VT ‹*ohne* ge-› GASTR hacer puré; **Pürierstab** M batidora *f*
Pu'rismus M ‹~› purismo *m*, casticismo *m*; **Purist** M ‹~en; ~en›, **Puristin** F ‹~; ~nen› purista *m/f*, casticista *m/f*; **puristisch** ADJ purista, casticista
Puri'taner M ‹~s; ~›, **Puri'tanerin** F ‹~; ~nen› puritano *m*, -a *f*; **puri'tanisch** ADJ puritano; **Purita'nismus** M ‹~› puritanismo *m*
'Purpur M ‹~s› púrpura *f*; **purpurfarben, purpurfarbig** ADJ purpúreo, purpurino; **Purpurmantel** M manto *m* de púrpura
'purpurn, purpurrot ADJ purpúreo, purpurino; **Purpurschnecke** F ZOOL múrice *m*; púrpura *f*
'Purzelbaum M ‹~(e)s; -bäume› voltereta *f*; **einen ~ schlagen** dar una voltereta
'purzeln VI ‹sn› dar volteretas; caer (rodando); resbalar
pushen [pʊʃn] VT (*propagieren*) impulsar, empujar
Push-'up-B'H [pʊʃ'ʔapbe:'ha:] M sujetador *m* push-up
'pusseln VI *umg* trajinar
'Puste [pu:-] F ‹~› *umg* aliento *m*; **aus der ~ kommen** quedar sin aliento; **außer ~ sein** estar sin aliento; **keine ~ mehr haben** no poder más
'Pusteblume [pu:-] F *umg* diente *m* de león; **Pustekuchen** INT *umg* **~!**¡narices!; ¡y un cuerno!
'Pustel F [pu:-] ‹~; ~n› MED pústula *f*
'pusten [pu:-] VT & VI *umg* **1** (*blasen*) soplar; **ins Röhrchen ~** hacer el test de alcoholemia; *umg* **ich werde dir was ~!** puedes esperar sentado **2** (*keuchen*) jadear
'Pusterohr [pu:-] N cerbatana *f*
puta'tiv ADJ JUR (*vermutlich*) putativo
'Pute F ‹~; ~n› ZOOL pava *f*; *Fleisch*: pavo *m*; *fig* **dumme ~** pava *f*
'Putenbraten M GASTR pavo *m* asado; **Putenbrust** F GASTR pechuga *f* de pavo; **Putenschinken** M GASTR jamón *m* de pavo; **Putenschnitzel** N GASTR escalope *m* de pavo
'Puter M ‹~s; ~› ZOOL pavo *m*; **puterrot** ADJ rojo como un tomate; **~ werden** ponerse como un tomate, *umg* subírsele a uno el pavo
Putsch M ‹~(e)s; ~e› POL golpe *m* (de Estado); intentona *f*
'putschen VI POL hacer una intentona
Put'schist M ‹~en; ~en›, **Putschistin** F ‹~; ~nen› POL golpista *m/f*
'Putschversuch M POL intento *m* golpista, intentona *f* (*od* intento *m*) de pronunciamiento
'Putte F ‹~; ~n› *Kunst*: angelote *m*
Putz M ‹~es› **1** ARCH enlucido *m*; revoque *m*; **unter ~** bajo revoque **2** *obs* atavío *m* (*Schmuck*) adorno *m*; ornamento *m* **3** *umg fig* **auf den ~ hauen** ir(se) de juerga
'putzen **A** VT & VI **1** (*sauber machen*) limpiar; (*scheuern*) fregar; **sich** (*dat*) **die Nase ~** sonarse (la nariz); **sich** (*dat*) **die Zähne ~** limpiarse los dientes; **~ gehen** limpiar, trabajar como empleado *m*, -a *f* de (la) limpieza **2** *obs* (*schmücken*) adornar **B** V/R *obs* **sich ~** (*schmücken*) ataviarse; acicalarse
'Putzen N ‹~s› limpieza *f*; fregado *m*; **Putzer** M ‹~s; ~› limpiador *m*; MIL asistente *m*; **Putzfrau** F, **Putzhilfe** F *neg!* empleada *f* de (la) limpieza; *pej* mujer *f* de faenas
'putzig ADJ *umg* (*niedlich*) gracioso; mono; (*seltsam*) raro, curioso
'Putzkolonne F equipo *m* (*od* brigada *f*) de la limpieza; **Putzlappen** M trapo *m* (de limpieza); **Putzmittel** N producto *m* de limpieza; detergente *m*
'putz'munter ADJ *umg* vivito y coleando
'Putztuch N → Putzlappen; **Putzwolle** F estopa *f*; **Putzzeug** N utensilios *mpl* de limpieza
'Puzzle ['pusəl, 'pasəl] N ‹~s; ~s› rompecabezas *m*, puzzle *m*
PVC N ABK (Polyvinylchlorid) PVC *m* (polyvinyl chloride)
Pyg'mäe M ‹~n; ~n›, **Pygmäin** F ‹~; ~nen› pigmeo *m*, -a *f*
Py'jama [py'ʒa:ma] M ‹~s; ~s› pijama *m*
Pyra'mide F ‹~; ~n› pirámide *f*
pyra'midenförmig ADJ piramidal; **Pyramidenstumpf** M tronco *m* de pirámide
Pyre'näen PL Pirineos *mpl*; **Pyrenäenhalbinsel** F Península *f* Ibérica
pyre'näisch ADJ pirenaico
Py'rit M ‹~s; ~e› MINER pirita *f*
Pyro'lyse F ‹~; ~n› pirólisis *f*; **Pyro'mane** M ‹~n; ~n› pirómano *m*; **Pyroma'nie** F ‹~› piromanía *f*; **Pyro'manin** F ‹~; ~nen› pirómana *f*; **Pyro'meter** N ‹~s; ~› pirómetro *m*; **Pyro'technik** F pirotecnia *f*; **Pyro'techniker** M, **Pyro'technikerin** F pirotécnico *m*, -a *f*; **pyro'technisch** ADJ pirotécnico
'Pyrrhus EIGENN M HIST Pirro *m*; **Pyrrhussieg** M *fig* victoria *f* pírrica
pythago'reisch ADJ pitagórico; MATH **~er Lehrsatz** teorema *m* de Pitágoras
'Pythia EIGENN F REL, *fig* pitonisa *f*
'Python F ‹~; ~s›, **Pythonschlange** F ZOOL pitón *m*

Q, q N Q, q *f*
qkm ABK (Quadratkilometer) kilómetro *m* cuadrado
qm ABK (Quadratmeter) metro *m* cuadrado
'quabbelig ADJ fofo; (*glitschig*) gelatinoso; viscoso
'Quacksalber M ‹~s; ~› *pej* charlatán *m*, medicastro *m*; curandero *m*
Quacksalbe'rei F ‹~› charlatanería *f*; curanderismo *m*
'Quacksalberin F ‹~; ~nen› *pej* charlatana *f*, medicastra *f*; curandera *f*
Quad N ‹~s; ~s› AUTO quad *m*, cuatriciclo *m*
'Quaddel F ‹~; ~n› MED habón *m*
'Quader M ‹~s; ~› **1** MATH paralelepípedo *m* rectangular **2** BAU sillar *m*; **Quaderstein** M sillar *m*, piedra *f* de sillería
Qua'drant M ‹~en; ~en› cuadrante *m*
Qua'drat N ‹~(e)s; ~e› **1** cuadrado *m*; TYPO *a.* cuadratín *m* **2** MATH **im ~** al cuadrado; **drei im ~** tres (elevado) al cuadrado; **ins ~ erheben** elevar al cuadrado
qua'dratisch ADJ cuadrado; **~e Gleichung** ecuación *f* de segundo grado
Qua'dratkilometer M kilómetro *m* cuadrado; **Quadratlatschen** MPL *umg* zapatones *pl*; **Quadratmeile** F milla *f* cuadrada; **Quadratmeter** M, N metro *m* cuadrado; **Quadratmeterpreis** M precio *m* por metro cuadrado; **Quadratschädel** M *umg* cabeza *f* cuadrada

Q

Quadra'tur F ⟨~; ~en⟩ cuadratura *f*; *geh fig* **die ~ des Kreises** la cuadratura del círculo
Qua'dratwurzel F MATH raíz *f* cuadrada; **Quadratzahl** F MATH número *m* cuadrado; **Quadratzentimeter** M, N centímetro *m* cuadrado
qua'drieren V/T ⟨*ohne* ge-⟩ MATH elevar al cuadrado; **Qua'driga** F ⟨~; Quadrigen⟩ HIST cuadriga *f*; **Qua'drille** [-iljə] F ⟨~; ~n⟩ *Tanz, Reitkunst*: cuadrilla *f*
quadro'fon ADJ, **quadro'phon** ADJ cuadrofónico, tetrafónico
Quadrofo'nie F, **Quadropho'nie** F ⟨~⟩ cuadrofonía *f*, tetrafonía *f*
'Quäke F ⟨~; ~n⟩ **1** JAGD (*Instrument zur Tierstimmenimitation*) reclamo *m* **2** *Scherzartikel*: matasuegros *m*
'quaken V/I *Frosch* croar; *Ente* graznar; **mit ~der Stimme** con la voz chillona
'Quaken N ⟨~s⟩ *Frosch* croar *m*; *Ente* graznido *m*
'quäken V/I *Stimme, Radio* chillar; *Kleinkind* berrear
'Quäker M ⟨~s; ~⟩, **Quäkerin** F ⟨~; ~nen⟩ REL cuáquero *m*, -a *f*
'Quäkertum N ⟨~s⟩ cuaquerismo *m*
Qual F ⟨~; ~en⟩ tortura *f*; tormento *m*, suplicio *m*; (*Beklemmung*) angustia *f*; *leichter*: pena *f*, congoja *f*; **die ~ der Wahl** la dificultad de elegir (entre muchas cosas); **die ~en der Angst/Ungewissheit** la angustia del miedo/de la inseguridad; **tausend ~en leiden** sufrir mil penas; **für j-n eine ~ sein** ser un tormento para alg; **j-n von seinen ~en erlösen** liberar a alg de su sufrimiento
'quälen **A** V/T atormentar; (*foltern*) torturar; *Tier* maltratar; *fig* (*bedrücken*) **j-n ~** angustiar, atribular a alg; *Gedanken* inquietar, preocupar a alg; (*belästigen*) importunar, molestar a alg, *umg* dar la lata a alg; **j-n mit Fragen ~** acosar a alg a preguntas; **j-n zu Tode ~** maltratar (*od* torturar) a alg hasta la muerte; **ein gequältes Lächeln** una sonrisa forzada **B** V/R **sich ~** atormentarse, torturarse; *vor Unruhe*: angustiarse; (*sich abmühen*) esforzarse (*od* afanarse) mucho (*para conseguir a/c*); **sich ~ müssen** tener que luchar
'quälend ADJ atormentador; torturador; (*bedrückend*) angustioso; (*besorgniserregend*) inquietante, preocupante; (*lästig*) acosador; *Schmerz* atroz
Quäle'rei F ⟨~; ~en⟩ tormento *m*; tortura *f*; *stärker*: martirio *m*; suplicio *m*
'Quälgeist M *umg* pesado *m*, pelmazo *m*, *sp sl* plasta *m*
Qualifi'kant M ⟨~en; ~en⟩, **Qualifi'kantin** F ⟨~; ~nen⟩ persona *f* (*bzw* equipo *m*) que aspira a clasificarse; **Qualifikati'on** F ⟨~; ~en⟩ **1** cualificación *f*; (*Eignung*) capacidad *f*, aptitud *f* **2** SPORT clasificación *f*
Qualifikati'onsgruppe F SPORT grupo *m* de clasificación; **Qualifikationsrennen** N SPORT carrera *f* de clasificación *f*; **Qualifikationsrunde** F SPORT eliminatoria *f*; **Qualifikationsspiel** N SPORT encuentro *m* (*od* partido *m*) de clasificación; **Qualifikationsturnier** N SPORT torneo *m* (*od* campeonato *m*) de clasificación; **Qualifikationswettbewerb** M SPORT eliminatoria *f*
qualifi'zieren ⟨*ohne* ge-⟩ **A** V/T **1** cualificar; (*befähigen*) habilitar (**für** para) **2** *geh* (*bezeichnen*) calificar (**als** de *od* como) **B** V/R **sich ~** **1** SPORT clasificarse **2** *Ausbildung*: adquirir la cualificación, formarse; **qualifi'ziert** ADJ cualificado (*a.* JUR); (*geeignet*) apto (**als, zu** para); **Qualifi'zierung** F ⟨~; ~en⟩ **1** cualificación *f* **2** SPORT clasificación *f*
Quali'tät F ⟨~; ~en⟩ **1** *Beschaffenheit*: calidad *f*; **erstklassige ~** primera calidad *f*, alta calidad *f*; **handelsübliche ~** calidad *f* usual en el comercio; **mangelnde ~** falta *f* de calidad; **minderwertige/mittelmäßige ~** calidad *f* inferior/mediana calidad *f*; **die ~ steigern/verbessern** mejorar la calidad **2** *Eigenschaft*: cualidad *f*
qualita'tiv **A** ADJ cualitativo **B** ADV en cuanto a la calidad; **~ überlegen** superior en calidad
Quali'tätsanforderung F exigencia *f* de calidad; **Qualitätsanspruch** M exigencia *f* de (alta) calidad; **Qualitätsarbeit** F trabajo *m* de alta calidad; **Qualitätserzeugnis** N producto *m* de (alta) calidad; **Qualitätskontrolle** F control *m* de calidad; **Qualitätskriterium** N criterio *m* de calidad; **Qualitätsmanagement** [-mɛnɪdʒmənt] N gestión *f* de calidad; **Qualitätsmarke** F marca *f* de calidad; **Qualitätsmaßstab** M criterio *m* (*od* norma *f* *od* pauta *f*) de calidad; **Qualitätsnorm** F norma *f* de calidad; **Qualitätsprodukt** N → Qualitätserzeugnis; **Qualitätssicherung** F aseguramiento *m* de la calidad; **Qualitätsstandard** M estándar *m* (*od* norma *f*) de calidad; **Qualitätssteigerung** F mejora *f* de la calidad; **Qualitätsunterschied** M diferencia *f* de calidad; **Qualitätsverlust** M pérdida *f* (*od* merma *f*) de calidad; **Qualitätsware** F HANDEL género *m* de primera calidad; artículo *m* de alta calidad; **Qualitätszeichen** N signo *m* de calidad; **Qualitätszeugnis** N certificado *m* de calidad
quali'tätvoll ADJ de primera calidad; de gran (*od* suma) calidad; de calidad suprema
'Qualle F ⟨~; ~n⟩ ZOOL medusa *f*
Qualm M ⟨~(e)s⟩ (*Rauch*) humo *m* espeso; (*Dampf, Dunst*) vapor *m* espeso; (*Rauchwolke*) humareda *f*
'qualmen V/I **1** *Schornstein* humear, echar humo **2** *umg Raucher* fumar a bocanadas (*od* como una chimenea)
'qualmig ADJ **1** (*verqualmt*) lleno de humo; (*dunstig*) lleno de vapor **2** *umg* (*rauchend*) humeante
'qualvoll **A** ADJ penoso; (*quälend*) atormentador, torturador; (*schmerzlich*) doloroso; *Schmerz* atroz, insoportable; (*beklemmend*) angustioso; **~er Tod** muerte (muy) dolorosa; **~es Warten** espera angustiosa **B** ADV **~ zugrunde gehen** tener una muerte muy dolorosa
Quant N ⟨~s; ~en⟩ PHYS cuanto *m*
'Quäntchen N ⟨~s; ~⟩ *geh* poquito *m*, grano *m*, pedacito *m*; **ein ~ Hoffnung** un rayo de esperanza
'Quanten PL *umg* **1** (*Füße*) *umg* pinreles *mpl*, *sl* pezuñas *fpl*, *sl* quesos *mpl* **2** (*Schuhe*) barcas *fpl*, zapatones *mpl*
'Quantenchemie F química *f* cuántica; **Quantenmechanik** F PHYS mecánica *f* cuántica; **Quantenphysik** F física *f* cuántica; **Quantensprung** M PHYS, *a. fig* salto cuántico; **Quantentheorie** F PHYS teoría *f* cuántica (*od* de los cuantos); **Quantenzahl** PHYS número *m* cuántico
quantifi'zieren V/T cuantificar; **Quantifizierung** F ⟨~; ~en⟩ cuantificación
Quanti'tät F ⟨~; ~en⟩ (*Menge*) cantidad *f*; (*Anzahl*) número *m*; **quantita'tiv** **A** ADJ cuantitativo **B** ADV en cuanto a la cantidad; desde el punto de vista cuantitativo; **Quanti'tätsbestimmung** F determinación *f* cuantitativa
'Quantum N ⟨~s; Quanten⟩ cantidad *f*; ración *f*; tanto *m*; **ein tägliches ~** una ración diaria; **ein gewisses ~ an** (*dat*) una cierta cantidad de
'Quappe F ⟨~; ~n⟩ **1** *Fisch*: lota *f* **2** (*Kaulquappe*) renacuajo *m*
Quaran'täne [kar-] F ⟨~; ~n⟩ cuarentena *f*; **unter ~ stehen** estar bajo cuarentena; **unter ~ stellen** *od* **in ~ legen** poner en cuarentena
Quaran'täneflagge F SCHIFF bandera *f* de cuarentena; **Quarantänestation** F MED lazareto *m*
Quark¹ M ⟨~(e)s⟩ **1** requesón *m*, queso *m* fresco (*tipo quark*) **2** *umg fig* → Quatsch
Quark² [kvɔːrk] N ⟨~s; ~s⟩ PHYS quark *m*
'Quarkspeise F *crema de requesón y fruta*
Quart¹ N ⟨~s; ~e⟩ **1** *altes Flüssigkeitsmaß*: pinta *f* **2** TYPO cuarto *m*, folio *m* español
Quart² F ⟨~; ~en⟩ MUS, *Fechten*: cuarta *f*
'Quarta F ⟨~; Quarten⟩ SCHULE tercer curso *m* (*de un instituto de enseñanza media*)
Quar'tal N ⟨~s; ~e⟩ trimestre *m*
Quar'talsabrechnung F liquidación *f* trimestral; **Quartalsabschluss** M cierre *m* trimestral; **Quartalsbeginn** M principio *m* de trimestre; **Quartalsbilanz** M balance *m* trimestral; **Quartalsende** N fin *m* de trimestre; **Quartalsergebnis** N resultado *m* trimestral; **Quartalssäufer** M bebedor *m* periódico; **quartalsweise** ADV por trimestres, trimestralmente; **Quartalszahlung** F pago *m* trimestral
quar'talweise → quartalsweise
Quar'tär N ⟨~s⟩ GEOL cuaternario *m*
'Quartband M ⟨~(e)s; ¨~e⟩ TYPO tomo *m* en cuarto; **Quartblatt** N, **Quartbogen** M TYPO cuartilla *f*
'Quarte F ⟨~; ~n⟩ MUS cuarta *f*
'Quarterback ['kvɔːrtərbɛk] M ⟨~(s); ~s⟩ SPORT quarterback *m*
Quar'tett N ⟨~(e)s; ~e⟩ **1** MUS cuarteto *m* **2** *Kartenspiel*: ≈ juego *m* (de cartas) de las familias
'Quartformat N TYPO formato *m* en cuarto
Quar'tier [-'tiːr] N ⟨~s; ~e⟩ **1** (*Unterkunft*) alojamiento *m*; habitación *f*; *obs* **bei j-m ~ nehmen** *od* **beziehen** alojarse (*od* hospedarse) en casa de alg **2** MIL cuartel *m*; acantonamiento *m*; **~ machen** aposentar las tropas
Quar'tiermacher M MIL aposentador *m*
Quarz M ⟨~es; ~e⟩ MINER cuarzo *m*; **'Quarzglas** N vidrio *m* de cuarzo; **'quarzhaltig** ADJ cuarcífero; **'quarzig** ADJ cuarzoso; **'Quarzkristall** M cristal *m* de cuarzo; **'Quarzlampe** F lámpara *f* de cuarzo; **'Quarzsand** M arena *f* silícea; arena *f* cuarzosa; **'Quarzuhr** F reloj *m* de cuarzo
'quasi ADV casi; por decirlo así
Quasse'lei F ⟨~; ~en⟩ *umg* palabrería *f*, *umg* parloteo *m*
'quasseln **A** V/T **dummes Zeug ~** *umg* decir bobadas (*od* chorradas) **B** V/I hablar sin ton ni son; hablar por hablar; desbarrar
'Quasselstrippe F ⟨~; ~n⟩ *umg hum* **1** (*Telefon*) teléfono *m* **2** (*Person*) *umg* cotorra *f*
'Quaste F ⟨~; ~n⟩ TEX borla *f*
'Quästor M ⟨~s; -'toren⟩ **1** HIST cuestor *m* **2** UNIV tesorero *m*
Quäs'tur F ⟨~; ~en⟩ **1** HIST cuestura *f* **2** UNIV contaduría *f*; caja *f*
quater'när ADJ CHEM cuaternario
Quatsch M ⟨~(e)s⟩ *umg* **1** (*dummes Geschwätz*) tonterías *fpl*, bobadas *fpl*; *umg* pamplinas *fpl*, *sl* chorrada *f*; **red keinen ~!** ¡no digas tonterías!; **das ist ~!** *umg* ¡eso son bobadas!; **so ein ~!** ¡qué tontería! **2** (*Dummheit*) tonterías *fpl*, bobadas *fpl*; *Am* macanas *fpl*; **~ machen** hacer el tonto (*od umg* el indio)
'quatschen *umg* **A** V/T contar **B** V/I **1** (*plaudern*) charlar; parlotear **2** (*dummes Zeug reden*) desbarrar; decir bobadas (*od* necedades) **3** (*tratschen*) cotillear; chismorrear

Quatsche'rei F ⟨~; ~en⟩ parloteo *m*; chismorreo *m*
'Quatschkopf M *umg (Schwätzer) umg* charlatán, -ana *m/f*; *(Dummkopf)* idiota *m/f*; imbécil *m*, tonto *m*
'Quechua N ⟨~s⟩ *Indianersprache in Peru*: quechúa *m*
'Quecke F ⟨~; ~n⟩ BOT grama *f*
'Quecksilber N CHEM mercurio *m*, azogue *m (a. fig)*; **Quecksilberbarometer** N barómetro *m* de mercurio; **quecksilberhaltig** ADJ mercurial; **quecksilberig** ADJ *fig* vivaracho; **~ sein** *umg* ser un azogue; **Quecksilberoxid** N CHEM óxido *m* mercúrico; **Quecksilberpräparate** NPL PHARM merculiales *mpl*; **Quecksilbersalbe** F PHARM ungüento *m (od* pomada *f)* mercurial; **Quecksilbersäule** F PHYS columna *f* de mercurio; **Quecksilbervergiftung** F MED hidrargirismo *m*, mercurialismo *m*
'Quell M ⟨~(e)s; ~e⟩ *poet* → Quelle
'Quellcode M, **Quelltext** M IT código *m* fuente
'Quelle F ⟨~; ~n⟩ 1 fuente *f (a. fig)*; manantial *m*; **heiße ~** terma *f*, fuente *f* termal 2 *fig* **aus bester ~** de primera mano; *fig* **etw aus guter** *od* **sicherer ~ haben** *od* **wissen** saber a/c de fuente fidedigna, *umg* saber a/c de buena tinta; *fig* **amtliche ~** fuente autorizada 3 *umg fig* **an der ~ sitzen** *fig* beber en la fuente
'quellen¹ VI ⟨irr; sn⟩ *(hervorquellen) Wasser etc* brotar, manar; *(fließen)* fluir; *fig* emanar, proceder, surgir **(aus** de)
'quellen² A VT *Erbsen* poner en remojo, remojar B VI ⟨irr; sn⟩ *(anschwellen) Erbsen, Holz* hincharse
'Quellenangabe F indicación *f* de las fuentes; **Quellenerschließung** F alumbramiento *m* de aguas; **Quellenforschung** F investigación *f* de las fuentes; **Quellenmaterial** N documentos *mpl*, documentación *f*; fuentes *fpl*; **Quellennachweis** M índice *m* de (las) fuentes; bibliografía *f*; **Quellensteuer** F WIRTSCH, FIN impuesto *m* en la fuente; **Quellenstudium** N estudio *m* de las fuentes
'Quellfluss M fuente *f*, manantial *m* (de un río); **Quellgebiet** N fuentes *fpl*; **Quellnymphe** F MYTH náyade *f*; **Quellwasser** N ⟨~s; ~⟩ agua *f* de manantial (*od* de fuente); **Quellwolke** F METEO cúmulo *m*
'Quendel M ⟨~s; ~⟩ BOT serpol *m*, tomillo *m*; samarilla *f*
Quenge'lei F ⟨~; ~en⟩ *umg* 1 *(leises Weinen)* lloriqueo *m*, gimoteo *m* 2 *(lästiges Bitten)* ruegos *mpl* quejumbrosos 3 *(Nörgelei)* quejas *fpl* infundadas; refunfuño *m*; crítica *f* pedantesca
'quengelig ADJ *umg* quejica, quejumbroso; refunfuñón; *Baby* llorón; **quengeln** VI *umg* 1 *(leise weinen)* lloriquear 2 *(drängen)* importunar (con ruegos) 3 *(nörgeln)* quejarse, refunfuñar, gruñir; **Quengler** M ⟨~s; ~⟩, **Quenglerin** F ⟨~; ~nen⟩ quejica *m/f*; criticón *m*, -ona *f*; refunfuñón *m*, -ona *f*
'Quentchen N → Quäntchen
quer ADV a(l) través; de través; *(schräg)* (en sentido) transversal; **~ durch** *od* **~ über** *(acus)* a través de; **~ über die Straße gehen** atravesar (*od* cruzar) la calle; **~ stellen** *bzw* **~ übereinander legen** cruzar; → quergehen, querlegen, querstellen
'Querachse F eje *m* transversal; **Querbalken** M ARCH travesaño; *Wappen*: barra *f*
quer'beet ADJ sin rumbo fijo
'Querdenker M, **Querdenkerin** F persona *f* con ideas poco convencionales
quer'durch ADV transversalmente, de un extremo a otro
'Quere F ⟨~⟩ dirección *f* transversal; **in die ~** *od* **der ~ nach** de través; *fig* **j-m in die ~ kommen** contrariar los proyectos de alg; poner cortapisas a alg; cruzarse en el camino de alg; **mir ist etw in die ~ gekommen** he tenido un contratiempo
'Quereinsteiger M, **Quereinsteigerin** F persona *f* que viene de otro ramo
Que'relen FPL riña *f*, querella *f*; discusiones *fpl*
querfeld'ein ADV campo a través; **Querfeldeinlauf** M, **Querfeldeinrennen** N SPORT carrera *f* campo a través, cross-country *m*
'Querflöte F flauta *f* travesera; **Querformat** N TYPO formato *m* oblongo; **in ~** apaisado
'quergehen VI ⟨irr; sn⟩ *umg fig* salir al revés
quer gestreift ADJ 1 *Muster*: a rayas horizontales 2 *Muskel* estriado
'Querholz N traviesa *f*; **Querkopf** M *umg* cabezudo *m*, testarudo *m*; **querköpfig** ADJ *umg* terco, testarudo, obstinado; **Querlage** F MED presentación *f* transversal; **Querlager** N TECH cojinete *m* transversal; **Querlatte** F SPORT *des Tors*: larguero *m*
quer laufend ADJ transversal
'querlegen VR *umg* **sich ~** oponerse; poner cortapisas
'Querlinie F línea *f* transversal; **Querparken** N *Verkehr*: estacionamiento *m* en batería; **Querpass** M SPORT *bes Fußball*: pase *m* cruzado; **Querrichtung** F dirección *f* transversal; **Querrinne** F *Verkehr*: badén *m*; **Querruder** N FLUG alerón *m*
'querschießen VI *umg* contrariar los planes (j-m de alg)
'Querschiff N ARCH nave *f* transversal; **querschiffs** ADV SCHIFF de babor a estribor; **Querschlag** M BERGB galería *f* transversal; **Querschläger** M MIL impacto *m* de través; tiro *m* de rebote
'Querschnitt M sección *f* (*od* corte *m*) transversal; *fig* muestra *f* representativa; **Querschnittansicht** F vista *f* de perfil; **querschnitt(s)gelähmt** ADJ MED parapléjico (por corte medular); **Querschnitt(s)lähmung** F MED paraplejía *f* (por corte medular); **Querschnittzeichnung** F dibujo *m* en sección transversal
'Querschuss M *fig* boicot *m*, bloqueo *m*, obstrucción *f*
quer stehend ADJ (en posición) transversal (*od* diagonal), cruzado; oblongo; atravesado
'querstellen VR → querlegen
'Querstraße F travesía *f*; calle *f* transversal; **Querstreifen** M banda *f* transversal; *im Stoff*: raya *f* transversal; **Querstrich** M 1 línea *f* (*od* raya *f od* trazo *m*) transversal 2 TYPO barra *f* (transversal); **Quersumme** F MATH suma *f* de las cifras de un número; **Querträger** M ARCH traviesa *f*; **quertreiben** VI intrigar; maquinar; **Quertreiber** M intrigante *m*
Quertreibe'rei F ⟨~; ~en⟩ *a. pl* **~en** intrigas *fpl*; manejos *mpl*
'Quertreiberin F intrigante *f*
Queru'lant M ⟨~en; ~en⟩, **Querulantin** F ⟨~; ~nen⟩ *pej* pleitista *m/f*; criticón *m*, -ona *f*; refunfuñador *m*, -a *f*
'Querverbindung F conexión *f* (*od* comunicación *f*) transversal; **Querwand** F pared *f* transversal
'Quetsche F ⟨~; ~n⟩ 1 *reg (Presse)* prensa *f* 2 *reg (Zwetsche)* ciruela *f*
'quetschen A VT 1 *(zerdrücken)* aplastar; *zu Brei*: machacar; pisar; *(ausquetschen)* exprimir; estrujar 2 *(hineinquetschen)* apretujar, meter a presión (*od* a la fuerza) (**in** *acus* en) 3 MED contusionar; magullar; **sich** *(dat)* **die Finger ~** pillarse los dedos B VR **sich in etw** *(acus)* **~** *(drängen)* apretujarse en a/c
'Quetschfalte F tabla *f*; **Quetschkartoffeln** FPL GASTR puré *m* de patatas; **Quetschkommode** F *umg* acordeón *m*; **Quetschung** F ⟨~; ~en⟩ MED magulladura *f*, contusión *f*; **Quetschwunde** F herida *f* contusa
'Quetzal M ⟨~s; ~s⟩ 1 ORN quetzál *m* 2 *Währung in Guatemala*: quetzál *m*
Queue [kø:] N & M ⟨~s; ~s⟩ *Billard*: taco *m*
quick ADJ *reg* vivo, rápido; alerta; ágil
'Quickie M ⟨~s; ~s⟩ *umg* polvo *m*
'quickle'bendig ADJ vivito y coleando
'quieken VI chillar, dar gritos estridentes
'Quieken N ⟨~s⟩ chillidos *mpl*
Quie'tismus [kvie-] M ⟨~⟩ quietismo *m*; **Quie'tist** M ⟨~en; ~en⟩, **Quie'tistin** F ⟨~; ~nen⟩ quietista *m/f*
'quietschen VI chillar; *Tür, Bremsen etc* chirriar; rechinar
'Quietschen N ⟨~s⟩ chirrido *m*; rechinamiento *m*
quietschver'gnügt ADJ *umg* alegre como unas pascuas (*od* como unas castañuelas)
quillt → quellen¹, quellen² B
Quilt M ⟨~s; ~s⟩ quilt *m*
Quint F ⟨~; ~en⟩ MUS, *Fechten*: quinta *f*
'Quinta F ⟨~; Quinten⟩ SCHULE segundo curso *m (de un instituto de enseñanza media)*
'Quinte F ⟨~; ~n⟩ MUS quinta *f*
'Quintessenz F quintaesencia *f*
Quin'tett N ⟨~(e)s; ~e⟩ MUS quinteto *m*
Quirl M ⟨~s; ~e⟩ 1 *(Küchengerät)* batidor *m* 2 *fig Person*: remolino *m*; torbellino *m* 3 BOT verticilo *m*
'quirlen VT 1 batir 2 *fig* remolinear
'quirlig ADJ *umg* vivaracho
quitt ADJ libre; igual; desquitado; **nun sind wir ~** estamos en paz; **(mit j-m) ~ sein** *Schulden* no tener ya deudas (con alg); *Beziehung* no tener ya relaciones (con alg); **mit j-m ~ werden** aclarar las cosas con alg
'Quitte F ⟨~; ~n⟩ BOT membrillo *m*; **quittegelb** ADJ amarillo como un membrillo
'Quittenbaum M membrillero *m*; **Quittenbrot** N dulce *m* de membrillo; **quittengelb** ADJ → quittegelb; **Quittengelee** N carne *f* de membrillo; **Quittenmarmelade** F mermelada *f* de membrillo
quit'tieren VT ⟨ohne ge-⟩ 1 HANDEL **etw ~** dar recibo de a/c; extender un recibo por a/c; **den Empfang ~** acusar recibo; *umg fig* **etw mit einem Lächeln ~** contestar a/c con una sonrisa 2 **den Dienst ~** presentar su dimisión; cesar en el cargo; dimitir; MIL retirarse
'Quittung F ⟨~; ~en⟩ 1 HANDEL recibo *m*; *(Depotschein)* resguardo *m*; **gegen ~** contra recibo; **eine ~ ausstellen (über** *acus*) extender (*od* dar) un recibo (de) 2 *fig* merecido *m*; **er hat die ~ für sein Verhalten bekommen** le han pasado la cuenta por su comportamiento
'Quittungsblock M talonario *m* de recibos
Qui'vive [ki'vi:f] *umg obs* **auf dem ~ sein** estar ojo avizor, estar alerta
Quiz [kvis] N ⟨~; ~⟩ concurso *m* (de preguntas y respuestas) (*a.* TV, RADIO); **'Quizmaster** M ⟨~s; ~⟩ presentador *m* de un concurso (de preguntas y respuestas); **'Quizsendung** F, **Quizshow** [-ʃo:] F TV, RADIO programa-concurso *m*
quoll → quellen¹, quellen² B
'Quorum N ⟨~s⟩ quórum *m*
'Quote F ⟨~; ~n⟩ *(Bruchteil, Beitrag)* cuota *f*; *(Rate)* tasa *f*; *(Anteil)* contingente *m*, cupo *m*

'Quotenaktie F WIRTSCH acción f sin valor nominal; **Quotenfrau** F mujer f de cuota; **Quotenregelung** F, **Quotensystem** N sistema m de cuotas

Quoti'ent [-tsi'ɛnt] M ⟨~en; ~en⟩ cociente m

quo'tieren V/T ⟨ohne ge-⟩ cotizar; **Quotierung** F ⟨~; ~en⟩ cotización f

quoti'sieren V/T ⟨ohne ge-⟩ prorratear, repartir (a prorrata)

R

R, r N R, r f

Ra'batt M ⟨~(e)s; ~e⟩ HANDEL rebaja f; descuento m; **einen ~ bekommen** gozar de una rebaja; **(einen) ~ geben/gewähren** hacer/conceder una rebaja; **mit einem ~ von ...** con un descuento de ...

Ra'batte F ⟨~; ~n⟩ AGR arriate m, tabla f

Ra'battmarke F sello m de descuento

Ra'batz M ⟨~es⟩ umg jaleo m; alboroto m; **~ machen** armar jaleo (od la de San Quintín)

Ra'bauke M ⟨~n; ~n⟩ umg gamberro m; camorrista m

'Rabbi M ⟨~(s); ~s od Rabbinen⟩, **Rab'biner** M ⟨~s; ~⟩ rabino m

rab'binisch ADJ rabínico

'Rabe M ⟨~n; ~n⟩ ORN cuervo m; fig **weißer ~** mirlo m blanco; **wie ein ~ stehlen** ser largo de uñas

'Rabenaas N fig bellaco m; **Rabeneltern** PL padres mpl desnaturalizados; **Rabenmutter** F madre f desnaturalizada; **raben'schwarz** ADJ negro como el azabache; **Rabenvater** M padre m desnaturalizado

rabi'at ADJ rabioso, furioso; (grob) brutal

'Rache F ⟨~⟩ venganza f (für de, por); **aus ~ für** en venganza de (od por), para vengarse de; **nach ~ schreien** clamar venganza; **auf ~ sinnen** abrigar propósitos de venganza; meditar una venganza; **an j-m ~ nehmen** vengarse de alg; **für etw ~ nehmen** vengarse de a/c

'Racheakt M ⟨~(e)s; ~e⟩ acto m de venganza; **Racheaktion** F acción f de venganza; **Rachedurst** M sed f de venganza; **Rachegelüste** NPL deseos mpl (od sed f) de venganza; **Rachegöttin** F divinidad f vengadora

'Rachen M ⟨~s; ~⟩ ANAT faringe f; (Schlund) garganta f; (Maul) boca f; v. Tieren u. fig: fauces fpl; umg fig **j-m den ~ stopfen** tapar la boca a alg; umg fig **er kann den ~ nicht voll genug kriegen** nunca está satisfecho

'rächen A V/T vengar B V/R **sich ~** 1 vengarse (an j-m de alg); (sich revanchieren) desquitarse, tomar el desquite; **sich an j-m für etw ~** vengarse de a/c en (od con) alg 2 **es wird sich (noch) ~** habrá de pagarse caro

'Rachenabstrich M MED frotis m faríngeo; **Rachenblütler** MPL BOT escrofulariáceas fpl

'rächend ADJ vengador; vengativo

'Rachenentzündung F MED faringitis f; **Rachenhöhle** F ANAT cavidad f faríngea; **Rachenkatarr(h)** M → Rachenentzündung; **Rachenmandel** F ANAT adenoíde konj; **Rachenputzer** M ⟨~s; ~⟩ umg Schnaps: umg matarratas m; Wein: vino m peleón; **Rachenspiegel** M MED faringoscopio m

'Rächer M ⟨~s; ~⟩, **Rächerin** F ⟨~; ~nen⟩ vengador m, -a f

'Rachgier F → Rachsucht

Ra'chitis F ⟨~; Rachi'tiden⟩ MED raquitis f, raquitismo m; **rachitisch** ADJ MED raquítico

'Rachsucht F sed f (od ansias fpl) de venganza; **rachsüchtig** ADJ sediento de venganza; vengativo

'Racker M ⟨~s; ~⟩ umg pícaro m; **kleiner ~** granuja m, pilluelo m

'rackern V/I matarse trabajando, afanarse

'Racket ['rɛkət] N ⟨~s; ~s⟩ SPORT raqueta f de tenis

Rad N ⟨~(e)s; ¨~er⟩ 1 rueda f; **unter die Räder kommen** e-s Autos: meterse debajo de las ruedas; umg fig perderse, arruinarse; caminar hacia su perdición; fig **das fünfte ~ am Wagen sein** estar de más (od de sobra) 2 (Fahrrad) bicicleta f, umg bici f; **(mit dem) ~ fahren** ir en bicicleta 3 **ein ~ schlagen** Pfau abrir el abanico; hacer la rueda; SPORT a. dar una voltereta

'Radachse F TECH eje m de rueda

Ra'dar M od N ⟨~s⟩ radar m; **Radaranlage** F instalación f de radar; **Radarausrüstung** F equipo m radar; **Radarfalle** F Verkehr: control m de velocidad por radar; **Radarflugzeug** N avión-radar m; **Radargerät** N (equipo m) radar m; **radargesteuert** ADJ guiado por radar; **Radarkontrolle** F Verkehr: control m de velocidad por radar; **Radarmessung** F medición f por radar; **Radarschirm** M pantalla f de radar; **Radarstation** F estación f de radar; **Radarsystem** N sistema m (od red f) de estaciones de radar; **Radartechniker** M, **Radartechnikerin** F técnico m, -a f de radar, radarista m/f

Ra'dau M ⟨~s⟩ umg alboroto m; jaleo m, umg follón m; **~ machen** armar jaleo (od la zapatiesta); hacer ruido

'Radaufhängung F suspensión f de la rueda

Ra'daumacher M → Radaubruder

'Radball M SPORT polo m en bicicleta; **Radbremse** F freno m sobre la rueda

'Rädchen N ruedecita f; (Spornrädchen) estrella f

'Raddampfer M vapor m de ruedas

'Rade F BOT (Kornrade) neguilla f

'radebrechen V/T & V/I ⟨radebrecht, radebrechte, geradegebrecht, h⟩ **(eine Sprache) ~** chapurrear (una lengua); **Radebrechen** N chapurreo m

'radeln V/I ⟨sn⟩ umg bes südd ir en bicicleta; umg pedalear

'Rädelsführer M, **Rädelsführerin** F cabecilla m/f

'rädern V/T 1 HIST enrodar 2 umg fig **wie gerädert sein** umg estar hecho polvo, estar molido

'Rädern N ⟨~s⟩ HIST suplicio m de la rueda

'Rädertierchen NPL ZOOL rotíferos mpl; **Räderwerk** N TECH rodaje m (a. Uhr); engranaje m (a. fig)

'Radfahren N ⟨~s⟩ ciclismo m

Rad fahren V/I ⟨irr; sn⟩ 1 ir (od montar) en bicicleta; umg pedalear 2 umg fig pej umg hacer la rosca

'Radfahrer M ⟨~s; ~⟩, **Radfahrerin** F ⟨~; ~nen⟩ ciclista m/f; **Radfahrweg** M → Radweg

'Radi M ⟨~s; ~s⟩ umg südd, österr (Rettich) rábano m

radi'al ADJ radial; **Radialbohrmaschine** F taladradora f radial

Radiästhe'sie F ⟨~⟩ radiestesia f

Radicchio [-kio] M ⟨~s⟩ BOT lechuga f roja

ra'dieren V/T ⟨ohne ge-⟩ 1 mit Gummi: borrar; mit Messer: raspar 2 Kunst: grabar al agua fuerte; **Radierer** M ⟨~s; ~⟩ 1 goma f de borrar 2 Künstler: grabador m al agua fuerte, aguafuertista m; **Radiererin** F ⟨~; ~nen⟩ grabadora f al agua fuerte, aguafuertista f

Ra'diergummi M goma f de borrar; **Radierkunst** F grabado m al agua fuerte; **Radiermesser** N raspador m; **Radiernadel** F buril m; **Radierung** F ⟨~; ~en⟩ Kunst: grabado m al agua fuerte; aguafuerte m

Ra'dieschen N ⟨~s; ~⟩ BOT rabanito m

radi'kal ADJ radical; POL a. extremista; **Radi'kal** N ⟨~s; ~e⟩ CHEM radical m; **Radi'kale** M/F ⟨~n; ~n; → A⟩ POL radical m/f; extremista m/f

radikali'sieren V/T ⟨ohne ge-⟩ radicalizar; **Radikalisierung** F ⟨~⟩ radicalización f

radi'kalislamisch ADJ POL **~e Bewegung** F movimiento m islamista radical; **~e Opposition** f oposición f islamista radical

Radika'lismus M ⟨~⟩ radicalismo m; extremismo m; **Radikali'tät** F ⟨~⟩ radicalidad f

Radi'kalkur F MED cura f radical

Radi'kand M ⟨~en; ~en⟩ MATH radicando m

'Radio N ⟨~s; ~s⟩ radio f; (Rundfunk) a. radiodifusión f; **im ~** por la radio; **~ hören** escuchar la radio; **im ~ übertragen** radiar, transmitir (od difundir) por (la) radio; → a. Rundfunk etc

radioak'tiv ADJ radiactivo; **~e Niederschläge** precipitaciones fpl radiactivas; **~e Strahlung/Verseuchung** radiación f/contaminación f radiactiva

'Radioaktivi'tät [-v-] F radiactividad f; **Radioapparat** M aparato m de radio, radiorreceptor m; **Radioastronomie** F radioastronomía f; **Radiobastler** M, **Radiobastlerin** F radioaficionado m, -a f; **Radiobiologie** F radiobiología f; **Radiochemie** F radioquímica f; **Radiodurchsage** F mensaje m radiodifundido; **radioelektrisch** ADJ radioeléctrico; **Radioelement** N CHEM radioelemento m; **Radiofrequenz** F radiofrecuencia f; **Radiogerät** N → Radioapparat

Radio'gramm N ⟨~s; ~e⟩ radiograma m

'Radiohändler M, **Radiohändlerin** F comerciante m/f en artículos de radiotelefonía; vendedor m, -a f de radios; **Radiohörer** M, **Radiohörerin** F radioyente m/f; **Radiointerview** N entrevista f radiofónica; entrevista f por (od para) la radio; **Radioisotop** N CHEM radioisótopo m, isótopo m radiactivo

Radio'loge M ⟨~n; ~n⟩ MED radiólogo m; **Radiolo'gie** F ⟨~⟩ MED radiología f; **Radio'login** F MED ⟨~; ~nen⟩ radióloga f

'Radiomeldung F noticia f radiada (od radiodifundida)

Radio'meter N ⟨~s; ~⟩ PHYS radiómetro m

'Radioprogramm N programa m de radio (od de emisiones radiofónicas); **Radiorekorder** M ⟨~s; ~⟩ radiocasete m; **Radioreporter** M, **Radioreporterin** F reportero m, -a f radiofónico, -a (od de radio); **Radioröhre** F válvula f (od lámpara f) de radio; **Radiosender** M emisora f de radio; **Radiosendung** F programa m de radio

Radiosko'pie F MED ⟨~⟩ radioscopia f

'Radiosonde F radiosonda f; **Radiotechnik** F radiotecnia f; **Radiotechniker** M, **Radiotechnikerin** F radiotécnico m, -a f; **radiotechnisch** ADJ radiotécnico; **Radiotelefonie** F radiotelefonía f; **Radioteleskop** N radiotelescopio m; **Radiotherapie** F radioterapia f; **Radioübertragung** F (re)transmisión f radiofónica; **Radiowecker** M radiodespertador m; **Radiowelle** F onda f radioeléctrica; **Radiozube-**

hör N accesorios *mpl* de radio(telefonía)

'Radium N ⟨~s⟩ CHEM radio *m*; **Radiumbehandlung** F, **Radiumtherapie** F MED radiumterapia *f*, radioterapia *f*

'Radius M ⟨~; Radien⟩ radio *m*

'Radkappe F AUTO tapacubos *m*; **Radkasten** M AUTO guardarruedas *m*; **Radkörper** M cuerpo *m* (*od* centro *m*) de la rueda; **Radkranz** M llanta *f* de la rueda

'Radl N ⟨~s; ~⟩ *südd* → Rad 2

'Radlänge F SPORT **um eine ~ gewinnen** ganar por una rueda

'Radler M ⟨~s; ~⟩ 1 (*Radfahrer*) ciclista *m* 2 GASTR *Getränk sp* ≈ clara *f*; **Radlerhose** F pantalón *m* de ciclista; **Radlerin** F ⟨~; ~nen⟩ ciclista *f*

'Radnabe F cubo *m* (de la rueda); buje *m*

'Radon N ⟨~s⟩ CHEM radón *m*

'Radrennbahn F velódromo *m*; **Radrennen** N carrera *f* ciclista; **Radrennfahrer** M, **Radrennfahrerin** F (corredor *m*, -a *f*) ciclista *m/f*; **Radschaufel** F paleta *f*, álabe *m*

Rad schlagen VI ⟨irr⟩ *Turnen*: hacer la rueda

'Radspeiche F radio *m* (de rueda)

'Radsport M ciclismo *m*; **Radsporthalle** F velódromo *m* cubierto; **Radsportler** M ⟨~s; ~⟩, **Radsportlerin** F ⟨~; ~nen⟩ ciclista *m/f*

'Radspur F rodada *f*; rodera *f*; carril *m*; **Radstand** M distancia *f* entre ejes; paso *m* de rueda; **Radstreifen** M → Radspur; **Radtour** F excursión *f* en bicicleta; **Radverkehr** M tráfico *m* de bicicletas; **Radwanderung** F excursión *f* en bicicleta; **Radweg** M carril-bici *m*, *Am* ciclovía *f*

RAF F ABK ⟨~⟩ → Rote-Armee-Fraktion

'raffen VT 1 arrebatar; (*hamstern*) acaparar; **etw an sich** (*acus*) **~** apoderarse de a/c 2 *Stoff* plisar; *Kleid* recoger 3 (*kürzen*) **eine geraffte Darstellung** una exposición resumida 4 *umg* (*kapieren*) **sie rafft es nicht** no entiende ni pío; se queda en ayunas

'Raffgier F avidez *f*, codicia *f*; **raffgierig** ADJ codicioso, ávido

Raffi'nade F ⟨~; ~n⟩ azúcar *m* refinado; **Raffine'rie** F ⟨~; ~n⟩ refinería *f*; **Raffi'nesse** F ⟨~; ~n⟩ 1 (*Schlauheit*) astucia *f*; sutilidad *f* 2 (*Verfeinerung*) refinamiento, sofisticación *f*; **raffi'nieren** VT ⟨ohne ge-⟩ refinar; **Raffi'nieren** N refinación *f*

raffi'niert ADJ 1 *Plan* ingenioso; *Mensch a.* (*schlau*) astuto; perspicaz, sutil 2 (*verfeinert*) refinado, sofisticado; **Raffiniertheit** F ⟨~⟩ → Raffinesse

'Rafting [ra:-] N ⟨~s⟩ SPORT ráfting *m*

'Rage ['ra:ʒə] F ⟨~⟩ *umg* rabia *f*, furia *f*; **j-n in ~ bringen** poner furioso a alg

'ragen VI **aus etw** (*dat*) **~** sobresalir de a/c, destacar entre a/c, elevarse sobre a/c; **in etw** (*acus*) **~** estar metido (*od* entrando) en a/c; *vertikal*: alzarse en a/c; **~ über** dominar (*a. fig*)

'Raglanärmel M TEX manga *f* raglán

Ra'gout [ra'gu:] N ⟨~s; ~s⟩ GASTR guisado *m*, ragú *m*

'Ragtime ['rɛgtaim] M ⟨~⟩ MUS ragtime *m*

'Rah(e) F ⟨~; Rahen⟩ SCHIFF verga *f*

Rahm M ⟨~s⟩ nata *f*, crema *f*; *fig* **den ~ abschöpfen** quedarse con la mejor tajada

'rahmen VT encuadrar; *Bild a.* poner en un marco

'Rahmen M ⟨~s; ~⟩ 1 (*Bilderrahmen, Fensterrahmen*) marco *m* (*a. fig*) 2 (*Fahrradrahmen*) cuadro *m*; AUTO chasis *m*; TECH armazón *m*, bastidor *m* 3 (*Stickrahmen*) bastidor *m* 4 *fig* (*Rand, Spanne*) margen *m*; (*Grenze*) límite *m*; (*Bereich*) ámbito *m*; (*Hintergrund*) telón *m* de fondo; **den ~** (**von etw**) **sprengen** superar los límites (de a/c); **aus dem ~ fallen** salir(se) de lo corriente; (*unpassend sein*) estar fuera de lugar; **im ~ von** (*od gen*) dentro del marco (*bzw* margen *bzw* límite *bzw* ámbito) de; **im ~ des Festes** en el transcurso de la fiesta; **im ~ bleiben** no pasarse de la raya

'Rahmenabkommen N → Rahmenvertrag; **Rahmenantenne** F antena *f* de cuadro; **Rahmenbedingungen** PL condiciones *fpl* previas; **Rahmengesetz** N ley *f* básica (*od* de bases); **Rahmenhandlung** F LIT trama *f* marco; **Rahmenprogramm** N programa *m* marco; **Rahmenstickerei** F bordado *m* de bastidor; **Rahmensucher** M FOTO visor *m* de visión directa, iconómetro *m*; **Rahmentarif** M WIRTSCH tarifa *f* básica; **Rahmenveranstaltung** F acto *m* (*od* celebración *f*) marco; **Rahmenvereinbarung** F acuerdo *m* (*od* convenio *m od* pacto *m*) marco; **Rahmenvertrag** M acuerdo *m* marco (*od* base)

'rahmig ADJ cremoso

'Rahmjoghurt M *od* N yogurt *m* cremoso; **Rahmkäse** M queso *m* de nata

'Rahmung F ⟨~; ~en⟩ enmarcaje *m*

'Rahsegel N SCHIFF vela *f* cuadrada

Rain M ⟨~(e)s; ~e⟩ lindero *m*; linde *m/f*

'räkeln → rekeln

Ra'kete F ⟨~; ~n⟩ cohete *m*; MIL *a.* misil *m*; **mehrstufige ~** cohete de escalones múltiples (*od* de varias fases)

Ra'ketenabschussbasis F base *f* de lanzamiento de cohetes (*bzw* misiles); **Raketenabschussrampe** F rampa *f* de lanzamiento de cohetes

Ra'ketenabwehrrakete F misil *m* antimisil; **Raketenabwehrsystem** N sistema *m* de defensa antimisil(es)

Ra'ketenangriff M ataque *m* con misiles; **Raketenantrieb** M propulsión *f* por cohete; **Raketenbasis** → Raketenabschussbasis; **Raketenbeschuss** M bombardeo *m* con misiles; **Raketenflugzeug** N avión *m* cohete; **Raketengeschoss**, *österr* **Raketengeschoß** N proyectil *m* cohete; MIL misil *m*; **Raketenkopf** M cabeza *f* (de un cohete); **Raketenstellung** F emplazamiento *m* de los misiles; **Raketentechnik** F cohetería *f*; **Raketenträger** M portacohetes *m*, portamisiles *m*; **Raketentriebwerk** N propulsor *m* de cohetes; **Raketenwerfer** M lanzacohetes *m*, lanzamisiles *m*

Ra'kett N ⟨~(e)s; ~e *od* ~s⟩ → Racket

'Rallye ['rali:] F ⟨~; ~s⟩ *schweiz zssgn* N ⟨~s; ~s⟩ rally(e) *m*

RAM M ABK (random access memory) IT RAM (memoria de acceso aleatorio)

Rama'dan M ⟨~(e)s; ~e⟩ ramadán *m*

'RAM-Erweiterung F IT ampliación *f* de la memoria RAM

'Rammbock M TECH martillo *m* pilón; pisón *m*; **rammdösig** ADJ *umg* aturdido

'Ramme F ⟨~; ~n⟩ TECH martinete *m*

'rammeln VI ZOOL aparearse; *vulg Menschen*: *vulg* follar, joder; → *a.* gerammelt

'rammen VT 1 TECH (*einrammen*) hincar, hundir; **etw in etw** (*acus*) **~** clavar (*od* hundir) a/c en a/c 2 AUTO chocar con; *von hinten*: embestir; SCHIFF abordar; **(seitlich) ~** chocar (lateralmente) con

'Rammklotz M mazo *m*; **Rammler** M ⟨~s; ~⟩ ZOOL macho *m* de liebre; conejo *m* macho; **Rammsporn** M SCHIFF espolón *m*

'Rampe F ⟨~; ~n⟩ 1 rampa *f*; (*Verladerampe*) muelle *m* de carga 2 THEAT proscenio *m*

'Rampenlicht N ⟨~(e)s⟩ candilejas *fpl*, batería *f*; **im ~ (der Öffentlichkeit) stehen** estar en el candelero

rampo'nieren VT ⟨ohne ge-⟩ *umg* deteriorar, estropear; romper; averiar

'Ramsch M ⟨~es⟩ (géneros *mpl* de) pacotilla *f*; baratillo *m*; cachivaches *mpl*; **im ~ kaufen** → ramschen

'ramschen VT comprar en montón (*od* en globo)

'Ramschladen M baratillo *m*; **Ramschware** F (artículos *mpl* de) pacotilla *f*

ran ADV *umg* → heran; **(jetzt aber) ~!** ¡ahora!, ¡vamos!; **~ an die Arbeit!** ¡a trabajar!

Ranch [rɛntʃ] F ⟨~; ~es⟩ *Am* rancho *m*, hacienda *f*, estancia *f*

'Rancher ['rɛntʃər] M ⟨~s; ~⟩, **Rancherin** F ⟨~; ~nen⟩ ganadero *m*, -a *f*; *Am* estanciero *m*, -a *f*; *Am* ranchero *m*, -a *f*

Rand M ⟨~(e)s; ¨er⟩ 1 (*Grenze*) borde *m*; (*Waldrand*) linde *m*; (*Stadtrand*) periferia *f*; (*Wundrand*) borde *m*, labio *m* (de la herida); **am ~e erwähnen** decir de paso (*od* de pasada); **am ~e des Abgrundes/des Verderbens/der Verzweiflung sein** estar al borde del abismo/de la perdición/de la desesperación; **bis an den** *od* **zum ~** hasta el borde; *fig* **am ~e des Grabes stehen** estar con un pie en la sepultura 2 (*Einfassung*) borde *m*, cerca *f*; *erhöhter*: reborde *m*; (*Saum*) orla *f*, cenefa *f*; (*Brillenrand*) montura *f*; *in e-m Buch, Heft*: margen *m*; **dunkle Ränder** *um die Augen*: ojeras *fpl*; **am ~e vermerken** anotar al margen; *fig* **am ~e bemerkt** dicho sea de paso; **das versteht sich am ~e** eso cae de su peso 3 *umg* **außer ~ und Band sein** estar fuera de quicio 4 *sl* **halt den ~!** ¡cállate la boca!, *umg* ¡cierra el pico! 5 *fig* **zu ~e** → zurande

Ran'dale F ⟨~⟩ *umg* jaleo *m*; *mit Sachbeschädigung*: violencia *f* callejera

randa'lieren VI ⟨ohne ge-⟩ alborotar; *umg* armar jaleo (*od* escándalo); **Randalierer** M ⟨~s; ~⟩, **Randaliererin** ⟨~; ~nen⟩ F alborotador *m*, -a *f*

'Randbedingung F condición *f* marginal; **Randbemerkung** F nota *f* marginal; acotación *f*; apostilla *f*; *fig* glosa *f*; comentario *m*; **mit ~en versehen** acotar; **Randbezirk** M zona *f* marginal, región *f* periférico; *e-r Stadt*: barrio *m* periférico

'rändeln VT TECH bordear; *Münzen* acordonar

'rändern VT orlar, orillar, ribetear

'Randerscheinung F fenómeno *m* secundario; **Randfigur** F personaje *m* secundario; *der Gesellschaft*: marginado *m*; **Randgebiet** N periferia *f*; *e-r Stadt a.*: alrededores *mpl*, afueras *fpl*; *e-r Wissenschaft*: campo *m* adyacente; **Randglosse** F → Randbemerkung; **Randgruppe** F grupo *m* marginal; **soziale ~n** marginados *mpl* sociales; **Randlage** F periferia *f*; *e-r Stadt*: suburbio *m*, alrededores *mpl*; **Randleiste** F reborde *m*; **randlos** ADJ **~e Brille** gafas *fpl* (con montura) al aire; **Randschärfe** F FOTO nitidez *f* marginal; **Randstaat** M Estado *m* marginal; **randständig** ADJ SOZIOL marginal; **Randstein** M bordillo *m*; **Randstellung** F *soziale*: marginación *f*; **Randstreifen** M 1 *Verzierung*: cenefa *f* 2 *Verkehr*: arcén *m*; escalón *m* lateral; **Randthema** N tema *m* marginal (*od* secundario); **Randverzierung** F TYPO viñeta *f*; **randvoll** ADJ lleno hasta el borde; *fig* hasta los topes

Ranft M ⟨~(e)s; ¨e⟩ *reg umg* (*Brotkanten*) cantero *m*

Rang M ⟨~(e)s; ¨e⟩ 1 (*Grad*) rango *m*; (*Stellung*) categoría *f*, posición *f*; (*Stand*) clase *f*; condición *f*; MIL grado *m*, graduación *f*; (*Güte*) calidad *f*; **ersten ~es** de primer orden; de primera categoría; **alles, was ~ und Namen hat** toda la prominencia; **j-m den ~ ablaufen** aventajar a alg; eclipsar a alg; tomar la delantera a alg; **j-m den ~ streitig machen** competir con alg 2 THEAT anfiteatro *m*; **erster/zweiter** *etc* **~** primer/segundo, *etc* piso 3 **Ränge** *mpl e-s Stadions*: gradas *fpl* 4 *Fußballtoto*: clase *f* de premio

'Rangabzeichen N distintivo *m*; **Rangälteste** M/F MIL oficial *m*, -a *f* de mayor antigüedad (*bzw* de más alta graduación)

'Range F ⟨~; ~n⟩ *reg* granuja *m*, pilluelo *m*; rapaz *m*; *Mädchen*: rapaza *f*; chiquilla *f* traviesa

'rangehen VI ⟨*irr*; sn⟩ *umg* abordar (**an etw** a/c); **tüchtig ~** arrimar el hombro

Range'lei F ⟨~; ~en⟩ *umg* forcejeo *m*, pelea *f*

'rangeln *umg* VI forcejear

'Ranger ['re:ndʒər] M ⟨~s; ~(s)⟩ 1 *im Nationalpark*: guardabosque *m* 2 MIL ranger *m*

'Rangerhöhung F MIL ascenso *m*; **Rangfolge** F jerarquía *f*

Ran'gierbahnhof [-'ʒi:r-] M BAHN estación *f* de maniobras (*od* de clasificación)

ran'gieren [-'ʒi:rən] ⟨*ohne* ge-⟩ A VT BAHN maniobrar, hacer maniobras B VI figurar; **an erster Stelle ~** ocupar el primer puesto; figurar en primer lugar

Ran'gieren [-'ʒi:rən] N ⟨~s⟩ BAHN maniobras *fpl*; **Rangierer** M ⟨~s; ~⟩, **Rangiererin** F ⟨~; ~nen⟩ BAHN enganchador *m*, -a *f* de vagones; **Rangiergleis** N vía *f* de maniobras; **Rangierlokomotive** F locomotora *f* de maniobras

'Rangliste F escalafón *m*; MIL *a.* escala *f*; SPORT clasificación *f*; WIRTSCH → Ranking; **Ranglistenplatz** M WIRTSCH puesto *m* del ranking; **Rangordnung** F jerarquía *f*; orden *m* de precedencia; WIRTSCH ranking *m*; **Rangstreit** M, **Rangstreitigkeit** F lucha *f* por el rango (a tener); **Rangstufe** F grado *m*; escalón *m*; categoría *f*; **Rangunterschied** M diferencia *f* de rango; **Rangzweite** M/F segundo *m*, -a *f* por rango (*od* de la lista)

'ranhalten V/R ⟨*irr*⟩ *umg* **sich ~** darse prisa; menearse, moverse

rank ADJ esbelto; grácil; **~ und schlank** delgado y esbelto

'Ranke F ⟨~; ~n⟩ BOT zarcillo *m*; (*Weinranke*) sarmiento *m*; pámpano *m*

'Ränke MPL *geh obs* intrigas *fpl*, maquinaciones *fpl*; mañas *fpl*; **~ schmieden** intrigar, maquinar

'ranken A VI trepar (*a. Reben*) B V/R **sich um etw ~** enredarse a a/c; *fig Legenden etc* haber alrededor de (*od* sobre) a/c

'Rankengewächs N BOT planta *f* trepadora; **Rankenwerk** N ARCH ornamentos *mpl*; arabescos *mpl*; florituras *fpl*

'Ranking ['rɛŋkɪŋ] N ⟨~s; ~s⟩ WIRTSCH (*Rangliste, Bewertung*) orden *m* de sucesión; clasificación *f*, ránking *m*

'rankommen VI *umg* → herankommen; **rankriegen** VT *umg* **j-n ~** *umg* apretar las clavijas a alg; **ranmachen** V/R *umg* **sich an j-n ~** *umg* rondar a alg, ligarse a alg

rann → rinnen

'rannehmen VT *umg* **j-n hart ~** hacer sudar a alg

'rannte → rennen

Ra'nunkel F ⟨~; ~n⟩ BOT ranúnculo *m*

'Ranzen M ⟨~s; ~⟩ 1 mochila *f*; (*Schulranzen*) cartera *f* mochila 2 *umg* (*Wanst*) panza *f*, barriga *f*

'ranzig A ADJ rancio; **~ werden** enranciarse, ponerse rancio B ADV **~ riechen/schmecken** oler/saber a rancio

Rap [rɛp] M ⟨~(s); ~s⟩ MUS rap *m*

ra'pid(e) ADJ rápido

Ra'pier N ⟨~s; ~e⟩ *hist* (*Fechtwaffe*) estoque *m*; florete *m*

'Rappe M ⟨~n; ~n⟩ caballo *m* negro

'Rappel M ⟨~s; ~⟩ *umg* manía *f*; *umg* chifladura *f*; **einen ~ haben** tener vena de loco; *umg* estar chiflado (*od* majareta *od* como una cabra); **einen ~ kriegen** coger un berrinche; **sie hat den ~ gekriegt** *umg* le ha dado la neura

'rappeln VI 1 *umg* (*klappern*) matraquear, hacer ruido; tabletear; *Wecker* sonar 2 *umg fig* **bei dir rappelt's wohl?** ¿estás loco?; **rappelvoll** ADJ *umg* a tope; hasta los topes; *Lokal*: hasta la bandera

'Rappen M ⟨~s; ~⟩ *schweiz* céntimo *m* (del franco suizo)

'Rapper ['rɛpər] M ⟨~s; ~⟩, **Rapperin** F ⟨~; ~nen⟩ MUS rapero *m*, -a *f*; cantante *m/f* de rap

Rap'port M ⟨~(e)s; ~e⟩ informe *m*; MIL parte *m*

Raps M ⟨~es; ~e⟩ BOT colza *f*; **Rapsöl** N aceite *m* de colza

Ra'punzel F ⟨~; ~n⟩, **Rapunzelsalat** M BOT (hierba *f* de) canónigos *mpl*

rar ADJ raro; escaso; **~ sein** escasear → rarmachen

Rari'tät F ⟨~; ~en⟩ rareza *f*; objeto *m* raro, curiosidad *f*; **Raritätenhändler** M, **Raritätenhändlerin** F negociante *m/f* de curiosidades

'rarmachen V/R *umg* **er macht sich rar** se deja ver muy raras veces; *umg* no se le ve el pelo

ra'sant A ADJ 1 *Tempo* vertiginoso; *umg* rapidísimo 2 *Ballistik*: rasante 3 *umg* (*toll*) *umg* estupendo B ADV vertiginosamente; **~ fahren** *umg* conducir a la velocidad del rayo

rasch A ADJ rápido; veloz; pronto; (*flink*) ágil B ADV rápidamente, con rapidez; de prisa; **~!** ¡de prisa!, ¡venga!; **mach ~!** ¡date prisa!

'rascheln VI crujir (*a. Seide*); *Laub* susurrar; **Rascheln** N crujido *m*; *der Seide a.*: frufrú *m*; susurro *m*

'Raschheit F ⟨~⟩ prontitud *f*; rapidez *f*; agilidad *f*

'rasen VI ⟨sn⟩ 1 *umg* (*eilen*) ir a toda velocidad; darse mucha prisa; *Auto a.* *umg* ir a toda pastilla; **das Auto raste gegen einen Baum** el coche se estrelló contra un árbol 2 **(vor Wut) ~** rabiar; estar hecho una furia; estar fuera de sí 3 *Wind, See* bramar; *Sturm* desencadenarse

'Rasen M ⟨~s; ~⟩ césped *m*; **mit ~ bedecken** cubrir con césped, encespedar; **(den) ~ mähen** cortar el césped

'rasend A ADJ 1 (*wütend*) furioso, enfurecido; (*wahnsinnig*) frenético; **~ werden** enfurecerse; **j-n ~ machen** exasperar a alg, poner furioso (*od* volver loco) a alg, *umg* poner negro a alg 2 *Geschwindigkeit* vertiginoso 3 *fig Schmerz* atroz; *Beifall* frenético B *umg* ADV **~ schnell** rapidísimo, vertiginoso; **~ teuer** por las nubes; **etw ~ gern tun** estar loco por (*od* con) a/c; **~ verliebt** locamente enamorado

'Rasenfläche F césped *m*; **Rasenmäher** M ⟨~s; ~⟩ cortacésped *m*; **Rasenplatz** M SPORT (campo *m* de fútbol de) césped *m*; **Rasenschere** F cizallas *fpl* de césped; **Rasensport** M deporte *m* sobre hierba; **Rasensprenger** M aspersor *m* para céspedes; **Rasentrimmer** M cortabordes *m*; **Rasenwalze** F rodillo *m* para césped

'Raser M ⟨~s; ~⟩ *umg* AUTO loco *m* de la carretera (*od* del volante)

Rase'rei F ⟨~; ~en⟩ 1 furia *f*; rabia *f*; furor *m*; frenesí *m*; *a.* MED paroxismo *m*; **zur ~ bringen** poner furioso 2 AUTO velocidad *f* vertiginosa; exceso *m* de velocidad

'Raserin F ⟨~; ~nen⟩ *umg* AUTO loca *f* de la carretera (*od* del volante)

Ra'sierapparat M maquinilla *f* de afeitar; **elektrischer ~** maquinilla *f* eléctrica (de afeitar), afeitadora *f*; **Rasiercreme** F crema *f* de afeitar

ra'sieren ⟨*ohne* ge-⟩ A VT afeitar, rasurar; hacer la barba B V/R **sich ~** afeitarse; **Rasieren** N afeitado *m*; *Am* afeitada *f*

Ra'sierer M ⟨~s; ~⟩ *umg* maquinilla *f* (eléctrica) de afeitar; **Rasierklinge** F hoja *f* de afeitar; **Rasiermesser** N navaja *f* de afeitar; **Rasierpinsel** M brocha *f* de afeitar; **Rasierschaum** M espuma *f* de afeitar; **Rasierseife** F jabón *m* de afeitar; **Rasierspiegel** M espejo *m* de afeitar; **Rasierwasser** N ⟨~s; ~ *od* -wässer⟩ loción *f* (para después) del afeitado; **Rasierzeug** N ⟨~s⟩ utensilios *mpl* para afeitar

Rä'son [rɛ'zɔŋ, rɛ'zõ:] F ⟨~⟩ **j-n zur ~ bringen** hacer a alg entrar en razón

räso'nieren VI ⟨*ohne* ge-⟩ *geh* razonar; argüir; (*nörgeln*) critiquizar

'Raspel F ⟨~; ~n⟩ TECH lima *f* gruesa, escofina *f*; *Küche*: rallador *m*; **raspeln** VT TECH escofinar; (*schaben*) raspar; GASTR rallar

'Rasse F ⟨~; ~n⟩ raza *f*; **Rassehund** M perro *m* de casta

'Rassel F ⟨~; ~n⟩ carraca *f*, matraca *f*; (*bes Kinderrassel*) sonajero *m*; **Rasselbande** F *umg* pandilla *f* de niños; **Rasselgeräusch** N MED estertor *m*; crepitación *f*

'rasseln VI 1 hacer ruido; MED crepitar; **mit etw ~** hacer sonar a/c; *mit der Rassel*: *umg* matraquear 2 *umg* **durchs Examen ~** *umg* catear un examen

'Rasseln N ruido *m*; *der Rassel*: matraqueo *m*; MED crepitación *f*; estertor *m*

'rasselnd ADJ *Geräusch* ≈: metálico

'Rassen... IN ZSSGN racial, de razas

'Rassendiskriminierung F discriminación *f* racial; **Rassenfanatiker** M, **Rassenfanatikerin** F racista *m/f*; **Rassenfrage** F problema *m* racial; **Rassenhass** M odio *m* de razas; **Rassenkampf** M lucha *f* de razas; **Rassenkreuzung** F BIOL cruzamiento *m* de razas; **Rassenmerkmal** N BIOL carácter *m* racial; **Rassentrennung** F segregación *f* racial, segregacionismo *m*; **Gegner der ~** integracionista *m*; **Rassenunruhen** FPL disturbios *mpl* raciales

'Rassepferd N caballo *m* de casta; **rasserein** ADJ de raza pura

'rassig ADJ de (buena) casta, castizo; *fig* de buen ver; que tiene clase; **rassisch** ADJ racial

Ras'sismus M ⟨~⟩ racismo *m*; **Rassist** M ⟨~en; ~en⟩, **Rassistin** F ⟨~; ~nen⟩ racista *m/f*; **rassistisch** ADJ racista

Rast F ⟨~; ~en⟩ descanso *m*; pausa *f*; parada *f*; alto *m* (*a.* MIL); TECH *Hochofen* etalaje *m*; **~ machen** descansar; hacer (un) alto (*a.* MIL); **ohne ~ und Ruh(e)** sin tregua ni reposo

'Rasta M ⟨~s; ~s⟩ rasta *m*; **Rastalocken** FPL dreads *mpl*

'Rastanlage F *Verkehr*: *Autobahn*: área *f* de servicios

'rasten VI descansar; MIL hacer (un) alto; *sprichw* **wer rastet, der rostet** piedra movediza no cría moho; piedra movediza, nunca moho la cobija

'Raster[1] M ⟨~s; ~⟩ FOTO retículo *m*; TYPO, OPT *a.* retícula *f*

'Raster[2] N ⟨~s; ~⟩ TV trama *f*; *fig* esquema *m*; **Rasterbild** N TV cuadro *m*; **Rasterdruck** M ⟨~(e)s; ~e⟩ TYPO fotograbado *m* a media tinta; **Rasterfahndung** F rastreo *m* persecutorio

'rastern VT TV explorar; **Rasterpapier** N papel *m* reticulado; **Rasterung** F 1 TYPO reticulación *f*; reticulado *m* 2 TV exploración *f*

'Rasthaus N albergue *m* de carretera; **Rast-**

hof M restaurante *m* de carretera; *Autobahn:* área *f* de servicio; **rastlos** ADJ sin descansar; incesante; *(unermüdlich)* infatigable, incansable; **Rastlosigkeit** F ⟨~⟩ desasosiego *m*; actividad *f* incansable, trabajo *m* infatigable; **Rastplatz** M lugar *m* de descanso (*bzw* de parada); MIL etapa *f*; *Autobahn:* área *f* de reposo; **Raststätte** F → Rasthof

Ra'sur F ⟨~; ~en⟩ afeitado *m*

Rat M 1 ⟨~(e)s)⟩ *(Ratschlag)* consejo *m*; *(Vorschlag)* recomendación *f*; sugerencia *f*; **j-s ~ befolgen** seguir el consejo de alg; **j-m einen ~ geben** dar a alg un consejo; aconsejar a alg; *geh* **~ halten** deliberar; celebrar consejo; **da ist guter ~ teuer** en esto es difícil aconsejar; **er weiß immer ~** siempre sabe encontrar remedio para todo; **auf meinen ~ (hin)** por mi consejo; **auf keinen ~ hören** no atender a consejos de nadie; **bei j-m ~ suchen** *od* **sich** *(dat)* **bei j-m ~ holen** pedir consejo a alg; consultar a alg; **j-m mit ~ und Tat zur Seite stehen** ayudar con su consejo y apoyo a alg; **j-n um ~ fragen** pedir consejo a alg; consultar a alg; **zu ~e** → zurate 2 *(Ausweg)* remedio *m*; expediente *m*; **~ schaffen** encontrar medio (*od* remedio); **(sich** *dat*) **keinen ~ mehr wissen** ya no saber qué hacer 3 ⟨~(e)s; ¨~e⟩ *Kollegium, Behörde:* consejo *m*; *(Stadtrat)* concejo *m*; *Person:* consejero *m*; concejal *m*; **Europäischer ~** Consejo *m* Europeo

'Rate F ⟨~; ~n⟩ plazo *m*; **monatliche ~** mensualidad *f*; **auf ~n kaufen** comprar a plazos; **in ~n zahlen** pagar a plazos

'raten[1] VT & VI ⟨irr⟩ **j-m etw** *od* **zu einer Sache ~** aconsejar a alg a/c; **j-m ~, etw zu tun** aconsejar a alg que haga a/c; **sich** *(dat)* **~ lassen** tomar consejo de; dejarse aconsejar por; **lassen Sie sich** *(dat)* **~!** ¡escuche mi consejo!; ¡créame usted!; *hör auf,* **das rate ich dir** te lo digo por tu bien; **(es) für geraten halten** juzgar procedente (*od* oportuno)

'raten[2] VT & VI ⟨irr⟩ *(erraten)* adivinar; **richtig ~** acertar; **das raten Sie nicht!** ¿a que no lo adivina usted?

'Ratenkauf M compra *f* a plazos; **Ratenkaufvertrag** M contrato *m* de venta a plazos; **ratenweise** ADV a plazos; **Ratenzahlung** F pago *m* a plazos

'Räteregierung F POL HIST gobierno *m* soviético (*od* de los soviets); **Räterepublik** F HIST república *f* de los soviets

'Ratespiel N juego *m* de preguntas

'Ratgeber M 1 *Person:* consejero *m* 2 *Büchlein:* prontuario *m*; **Ratgeberin** F consejera *f*; **Rathaus** N ayuntamiento *m*, *reg* casa *f* consistorial; *Am* municipalidad *f*; **Rathaussaal** M sala *f* (*od* salón *m* principal) del ayuntamiento

Ratifikati'on F ⟨~; ~en⟩ ratificación *f*; **Ratifikati'onsurkunde** F instrumento *m* de ratificación

ratifi'zieren VT ⟨ohne ge-⟩ ratificar; **Ratifizierung** F ⟨~; ~en⟩ ratificación *f*

'Rätin F ⟨~; ~nen⟩ consejera *f*

'Ratio ['ra:tsio] F ⟨~⟩ razón *f*

Rati'on F ⟨~; ~en⟩ ración *f*; porción *f*; MIL **eiserne ~** ración *f* de reserva (*od* de hierro)

ratio'nal ADJ racional (*a.* MATH)

rationali'sieren VT ⟨ohne ge-⟩ racionalizar; **Rationalisierung** F ⟨~; ~en⟩ racionalización *f*

Rationali'sierungseffekt M efecto *m* (*od* resultado *m*) de la racionalización; **Rationalisierungsmaßnahme** F medida *f* de racionalización

Rationa'lismus M ⟨~⟩ racionalismo *m*; **Rationa'list** M ⟨~en; ~en⟩, **Rationa'listin** F ⟨~; ~nen⟩ racionalista *m/f*; **rationa'listisch** ADJ racionalista; **Rationali'tät** F racionalidad *f*

ratio'nell ADJ racional; *(sparsam)* económico;

ratio'nieren VT ⟨ohne ge-⟩ racionar; **Ratio'nierung** F ⟨~; ~en⟩ racionamiento *m*

'rätisch ADJ GEOG rético

'ratlos ADJ perplejo, desconcertado; confuso, desorientado; **Ratlosigkeit** F ⟨~⟩ perplejidad *f*, desconcierto *m*; confusión *f*, desorientación *f*

'rätoromanisch ADJ **die ~e Sprache** el retorromano; *schweiz* el romance

'ratsam ADJ aconsejable; oportuno; conveniente; adecuado; indicado; procedente; *(zu empfehlen)* recomendable; **nicht ~** desaconsejable; **(es) für ~ halten zu** creer oportuno (*od* conveniente) *(inf)*

'Ratsamkeit F ⟨~⟩ oportunidad *f*; conveniencia *f*; procedencia *f*

ratsch INT ¡zas!

'Ratsche F ⟨~; ~n⟩ MUS matraca *f*, carraca *f*

'ratschen VI *südd umg* charlar

'Ratschlag M consejo *m*; **ratschlagen** VI *obs* deliberar; **Ratschluss** M decisión *f*

'Rätsel N ⟨~s; ~⟩ adivinanza *f*, acertijo *m*; *schwieriges:* rompecabezas *m* (*a. fig*); *fig* enigma *m*; misterio *m*; **des ~s Lösung** la solución del enigma; **ein ~ aufgeben** proponer una adivinanza; **ein ~ lösen** descifrar un enigma; **ich stehe vor einem ~** *od* **es ist mir ein ~** no me lo explico

'rätselhaft ADJ enigmático; misterioso; *(unverständlich)* incomprensible; inexplicable; **Rätselhaftigkeit** F ⟨~⟩ carácter *m* enigmático (*od* misterioso)

'rätseln VI especular (**über** *acus* sobre); **Rätselraten** N ⟨~s⟩ *fig* conjeturas *fpl*; especulaciones *fpl*

'Ratsherr M *obs* concejal *m*; edil *m*; **Ratskeller** M restaurante *m* (en el sótano) del ayuntamiento; **Ratsmitglied** N POL, WIRTSCH miembro *m* del consejo; *Kommunalpolitik:* miembro *m* del concejo; concejal *m*; **Ratspräsident** M, **Ratspräsidentin** F POL, WIRTSCH presidente *m*, -a *f* del consejo; *Kommunalpolitik:* presidente *m*, -a *f* del concejo; **Ratssitzung** F sesión *f* del ayuntamiento; **Ratsversammlung** F asamblea *f* municipal

'Ratte F ⟨~; ~n⟩ rata *f*; **~n vertilgen** desratizar

'Rattenbekämpfung F desratización *f*; **Rattenfalle** F ratonera *f*; **Rattenfänger** M 1 cazador *m* de ratas; **der ~ von Hameln** el Flautista de Hamelin 2 *Hund:* (perro *m*) ratonero *m* 3 POL *pej* embaucador *m* del público, charlatán *m*; **Rattengift** N raticida *m*, matarratas *m*; **Rattenplage** F plaga *f* de ratas; **Rattenschwanz** M *fig* **ein ganzer ~ von** una sarta de

'rattern VI traquetear; *Gewehrfeuer* tabletear

'Rattern N ⟨~s⟩ traqueteo *m*; tableteo *m*

'ratze'kahl ADV *umg* todo, por completo

'ratz'fatz ADV *umg* en un santiamén; en el acto

rau ADJ 1 *(uneben)* áspero (*a. Wolle, Stoff, Haut*); *Fläche* rugoso; *(aufgesprungen)* agrietado 2 *Klima* duro, inclemente; *Winter a.* riguroso, severo, rudo; *Wetter* destemplado 3 *Stimme* bronco; *(heiser)* ronco; *Kehle* inflamado 4 *Gegend* salvaje; *See* grueso 5 *fig* rudo; *(grob)* grosero, basto; *Sitten* tosco; **~es Leben** vida *f* ruda; **~er Ton** tono *m* áspero (*od* duro); **~e Wirklichkeit** dura realidad *f* 6 *umg* **in ~en Mengen** *umg* en masas, *umg* a porrillo, a manta

Raub M ⟨~(e)s⟩ 1 robo *m*; rapiña *f*; *(Überfall)* atraco *m*; asalto *m*; *(Entführung)* rapto *m*; secuestro *m* 2 *(Beute)* presa *f* (*a.* ZOOL); *des Siegers:* botín *m*; **auf ~ ausgehen** buscar su presa; *fig* **ein ~ der Flammen werden** ser pasto de las llamas

'Raubbau M ⟨~(e)s⟩ ÖKOL explotación *f* abusiva; AGR, BERGB *a.* cultivo *m* abusivo; FORST tala *f* indiscriminada; **~ treiben** BERGB agotar una mina; AGR agotar las tierras; *geh fig* **mit** *od* **an seinen Kräften ~ treiben** agotar sus fuerzas; *geh fig* **mit seiner Gesundheit ~ treiben** arruinar su salud

'Raubdelikt N delito *m* de robo; **Raubdezernat** N brigada *f* de robos; **Raubdruck** M ⟨~(e)s; ~e⟩ TYPO edición *f* pirata (*od* clandestina)

'Raubein N patán *m*; hombre *m* rudo (*od* basto); **raubeinig** ADJ brusco, adusto; de genio áspero

'rauben VT & VI robar (*a. fig*); cometer robos; *(entführen)* raptar; secuestrar; *fig* **j-m etw ~** *Schlaf, Hoffnung* quitar a/c a alg

'Räuber M ⟨~s; ~⟩ 1 ladrón *m*; *(Straßenräuber)* salteador *m* (de caminos); bandido *m*, bandolero *m*; *(Seeräuber)* pirata *m*; **~ und Gendarm spielen** jugar a ladrones y policías 2 ZOOL (de)predador *m*

'Räuberbande F cuadrilla *f* de ladrones; pandilla *f* de malhechores; **Räubergeschichte** F 1 cuento *m* de ladrones 2 *fig* patraña *f*, cuento *m* chino; **Räuberhauptmann** M ⟨~(e)s; ¨~er⟩ capitán *m* de bandoleros; **Räuberhöhle** F guarida *f* de ladrones, ladronera *f*; **Räuberin** F ⟨~; ~nen⟩ ladrona *f*; bandida *f*; *(Seeräuberin)* pirata *f*

'räuberisch ADJ rapaz; (de)predador (*a.* ZOOL); **räubern** VI cometer robos; pillar

'Räuberpistole F *umg* → Räubergeschichte 2; **Räuberunwesen** N ⟨~s⟩ bandidaje *m*, bandolerismo *m*

'Raubfisch M pez *m* (de)predador; **Raubgier** F rapacidad *f*; **raubgierig** ADJ rapaz; **Raubkatze** F ZOOL felino *m*; **Raubkopie** F *von CDs, CD-ROMs etc:* copia *f* ilegal (*od* pirata); **raubkopieren** VT ⟨ohne ge-⟩ A VT piratear, hacer copias piratas de B VI hacer copias piratas; **Raubmord** M robo *m* con homicidio; **Raubmörder** M, **Raubmörderin** F ladrón *m*, -ona *f* asesino, -a; **Raubpressung** F *e-r CD, DVD etc:* impresión *f* clandestina (*od* pirata); **Raubritter** M HIST caballero *m* bandido; **Raubtier** N *allg* animal *m* de presa (*od* de rapiña); fiera *f*; ZOOL **~e** *pl* carniceros *mpl*, carnívoros *mpl*; **Raubtierhaus** N casa *f* de fieras; **Raubüberfall** M atraco *m*, asalto *m* (**bewaffneter** a mano armada); **Raubvogel** M *umg* ave *f* de rapiña (*od* de presa), (ave *f*) rapaz *f*; **Raubzug** M incursión *f* hostil; correría *f*

Rauch M ⟨~(e)s⟩ humo *m*; *fig* **in ~ aufgehen** *od* **sich in ~ auflösen** irse (todo) en humo, desvanecerse (como el humo), quedar en nada

'Rauchabzug M conducto *m* de humo; *in der Küche:* extractor *m* de humos, campana *f* extractora (de humos); **Rauchbombe** F bomba *f* fumígena

'rauchen A VT fumar B VI 1 *Person* fumar; **auf Lunge ~** tragar el humo 2 *Feuer, Kamin* humear; echar (*od* hacer) humo; *fig* **mir raucht der Kopf** me sale humo de la cabeza

'Rauchen N ⟨~s⟩ hábito *m* de fumar; fumar *m*; **~ verboten!** prohibido fumar

'rauchend ADJ humeante; CHEM fumante

Rauch entwickelnd ADJ fumígeno

'Rauchentwicklung F desprendimiento *m* de humo

'Raucher M ⟨~s; ~⟩ fumador *m*

'Räucheraal M GASTR anguila *f* ahumada

'Raucherabteil N BAHN compartimiento *m*

R

de fumadores
'Räucherhering M GASTR arenque *m* ahumado
'Raucherhusten M MED tos *f* de fumador
'Raucherin F ⟨~; ~nen⟩ fumadora *f*
'Räucherkammer F ahumadero *m*; **Räucherkerze** F pebete *m*; sahumerio *m*
'Raucherkneipe F bar *m* para fumadores
'Räucherlachs M GASTR salmón *m* ahumado
'Raucherlokal N local *m* para fumadores
'räuchern A VT ahumar; *Fleisch a.* curar (al humo); MED, AGR fumigar B VI sahumar; incensar
'Räuchern N ⟨~s⟩ ahumado *m*; fumigación *f*; **Räucherpulver** N polvos *mpl* fumigatorios; **Räucherschinken** M GASTR jamón *m* ahumado; **Räucherstäbchen** N palito *m* de sándalo, pebete *m*
Rauch erzeugend ADJ fumígeno
'Rauchfahne F penacho *m* de humo; **Rauchfang** M (campana *f* de la) chimenea *f*; **Rauchfleisch** N GASTR carne *f* ahumada; **rauchfrei** ADJ sin humo; **Rauchgas** N gas *m* fumígeno; **rauchgeschwärzt** ADJ ennegrecido por el humo; **Rauchglas** N vidrio *m* ahumado; **Rauchgranate** F granada *f* fumígena
'rauchig ADJ *(voller Rauch)* lleno de humo, humoso; *(rauchend)* humeante; *Stimme* ronco
'rauchlos ADJ sin humo
'Rauchmelder M detector *m* de humos; **Rauchsäule** F columna *f* de humo; **Rauchschleier** M MIL cortina *f* de humo; **rauchschwach** ADJ *Pulver* sin humo; **Rauchschwaden** MPL nubes *fpl* de humo; **Rauchtabak** M picadura *f*; tabaco *m* para pipa; **Rauchverbot** N prohibición *f* de fumar; **Rauchvergiftung** F intoxicación *f* por el humo; **Rauchverzehrer** M fumívoro *m*; **Rauchvorhang** M MIL cortina *f* de humo; **Rauchwaren** FPL 1 tabacos *mpl* 2 *(Pelze)* peletería *f*; **Rauchwerk** N → Rauchwaren 1; **Rauchwolke** F humareda *f*; **Rauchzeichen** N señal *f* de humo; **Rauchzeug** N juego *m* de fumar; **Rauchzimmer** N salón *m* de fumar; fumadero *m*
'Räude F ⟨~; ~n⟩ VET roña *f*, sarna *f*; **räudig** ADJ roñoso, sarnoso
'rauen VT *fachspr Tuch* cardar, perchar
rauf *umg* → herauf(...), hinauf *etc*
'Raufasertapete F papel *m* de fibra gruesa
'Raufbold M ⟨~(e)s; ~e⟩ camorrista *m*, pendenciero *m*; matón *m*
'Raufe F ⟨~; ~n⟩ AGR pesebre *m*
'raufen A VT *(ausrupfen)* arrancar; **sich** *(dat)* **die Haare ~** mesarse los cabellos B VI/V/R **(sich) ~** *(kämpfen)* reñir, pelearse; andar a la greña
Raufe'rei F ⟨~; ~en⟩ riña *f*, pelea *f*; pendencia *f*, *umg* camorra *f*
'Rauflust F ⟨~⟩ acometividad *f*; carácter *m* pendenciero; ganas *fpl* de pelear; **rauflustig** ADJ pendenciero
'Raufutter N AGR pienso *m* grosero
rauh *etc* → rau *etc*
'rauhaarig ADJ hirsuto
'Rauheit F ⟨~⟩ aspereza *f*; rudeza *f*; grosería *f*; dureza *f*; *des Klimas*: destemplanza *f*; rigor *m*; *der Stimme*: bronquedad *f*; ronquera *f*
Raum M ⟨~(e)s; ⸚e⟩ 1 *(Zimmer)* habitación *f*, cuarto *m*, *Am* pieza *f*; *(Räumlichkeit)* local *m*; sala *f*; **gewerbliche Räume** locales *mpl* comerciales *bzw* industriales; *fig* **etw im ~ stehen lassen** dejar a/c en suspenso 2 *(Bereich, Weltraum)* espacio *m*; *abgegrenzter*: recinto *m*; *Fußball*: **freier ~** espacio *m* libre 3 *(Ausdehnung)* extensión *f* 4 *(Platz)* espacio *m*, lugar *m*, sitio *m*; *(Spielraum)* *a.* margen *m*; *(Rauminhalt)* volumen *m*, capacidad *f*, cabida *f*; **~ bieten für** tener cabida para, admitir; **viel ~ einnehmen** ocupar mucho sitio; abultar; *fig* **~ geben** *e-r Bitte* acceder a; *(nachgeben)* ceder a; *e-m Gedanken etc* dar lugar a 5 *(Gebiet)* área *f*; región *f*; zona *f*; **im ~ Berlin** en la zona de Berlín; **im mitteleuropäischen ~** en la zona centrieuropea
'Raumakustik F condiciones *fpl* acústicas (de una sala); **Raumanalyse** F análisis *m* volumétrico; **Raumanzug** M traje *m* espacial; **Raumaufteilung** F distribución *f* del espacio; **Raumausnutzung** F aprovechamiento *m* del espacio; **Raumbedarf** M espacio *m* requerido (*od* necesario); **Raumbild** N OPT imagen *f* estereoscópica; **Raumbildmessung** F OPT estereofotogrametría *f*
'Raumdeckung F SPORT marcaje *m* por zonas; **Raumdichte** F densidad *f* de volumen; **Raumeinheit** F unidad *f* de volumen
'räumen VT 1 *(fortschaffen)* quitar; *an e-n Ort*: llevar; *Minen* dragar; **Schnee ~** quitar la nieve; **etw in den Schrank ~** guardar algo en el armario 2 *(ausräumen) Hafen, Fluss* dragar 3 *(leer bzw frei machen) Wohnung* desalojar, desocupar; *Saal, Straße* despejar; HANDEL **die Lager ~** liquidar las existencias; *Ort, Gebiet* evacuar (*a.* MIL) 4 *(verlassen) Stellung* abandonar; *Platz* ceder
'Räumen N ⟨~s⟩ → Räumung
'Raumersparnis F economía *f* de espacio; **Raumfähre** F lanzadera *f* (*od* transbordador *m*) espacial
'Raumfahrer M, **Raumfahrerin** F astronauta *m/f*, *bes aus Russland*: cosmonauta *m/f*
'Raumfahrt F ⟨~⟩ astronáutica *f*; navegación *f* interplanetaria (*od* espacial); *bes in Russland*: cosmonáutica *f*; **Raumfahrtindustrie** F industria *f* (aero)espacial (*od* astronáutica); **Raumfahrtmedizin** F medicina *f* espacial
'Raumfahrzeug N vehículo *m* espacial; **Raumflug** M vuelo *m* espacial; **Raumforschung** F investigación *f* espacial; **raumfüllend** ADJ voluminoso, grande; **Raumgehalt** M cabida *f*; **Raumgestalter** M, **Raumgestalterin** F decorador *m*, -a *f* de interiores, interiorista *m/f*; **Raumgestaltung** F decoración *f* de interiores, interiorismo *m*; **Raumgleiter** M balsa *f* espacial; transbordador *m* espacial; **Rauminhalt** M volumen *m*, capacidad *f*; **Raumkapsel** F cápsula *f* espacial; **Raumklima** N clima *m* de interiores; **Raumlabor(atorium)** N laboratorio *m* espacial
'räumlich A ADJ espacial; CHEM volumétrico; OPT estereoscópico B ADV **~ begrenzt** localizado; **~ sehr beengt sein** estar falto de espacio
'Räumlichkeit F ⟨~; ~en⟩ local *m*; **~en** *fpl* *(Räume)* salas *fpl*
'Raumluft F aire *m* interior; **Raummangel** M falta *f* de espacio (*od* sitio); estrechez *f*; **Raummaß** N medida *f* de capacidad; **Raummessung** F estereometría *f*; **Raummeter** M, N metro *m* cúbico; *Holzmaß*: estéreo *m*; **Raumnot** F → Raummangel; **Raumordnung** F ordenación *f* (*od* planificación *f*) territorial; **Raumpfleger** M limpiador *m*; **Raumpflegerin** F limpiadora *f*, mujer *f* de limpieza; **Raumplanung** F planificación *f* territorial; **Raumschiff** N nave *f* espacial, astronave *f*, cosmonave *f*; **Raumschifffahrt** F → Raumfahrt; **Raumsonde** F sonda *f* espacial
Raum sparend ADJ que requiere poco espacio; que ocupa poco sitio
'Raumspray M ambientador *m* de aire; **Raumstation** F estación *f* espacial (*od* orbital); **Raumteiler** M separador *m* de ambientes, tabique *m*; **Raumtemperatur** F temperatura *f* ambiente; **Raumton** M sonido *m* estereofónico; **Raumtransporter** M nave *f* espacial
'Räumung F ⟨~; ~en⟩ 1 *(Fortschaffen) v. Schutt*: descombro *m*; *Minen a.* dragado 2 *(Ausräumen) e-s Hafens, Flusses*: dragado *m* 3 *(Leer- bzw Freimachen) Saal, Straße*: despejo *m*; *e-s Ortes, Gebietes*: evacuación *f* (*a.* MIL); HANDEL *e-s Lagers*: liquidación *f* (de existencias); *e-r Wohnung*: desalojamiento *m*; JUR *(Zwangsräumung)* desahucio *m*
'Räumungsantrag M JUR solicitud *f* de desahucio; **Räumungsbefehl** M JUR orden *f* de desahucio; **Räumungsklage** F JUR demanda *f* de desahucio; **Räumungstitel** M JUR título *m* de desahucio; **Räumungsverfügung** F JUR orden *m* de desahucio (*od* de desalojo); mandato *m* (*od* notificación *f*) de desalojo; **Räumungsverkauf** M HANDEL liquidación *f* total
'raunen VT & VI *geh* murmurar; musitar; *(flüstern)* cuchichear; susurrar; **man raunt, dass ...** corre la voz que ...
'Raunen N murmullo *m*; cuchicheo *m*; susurro *m*; **ein ~ ging durch die Menge** el murmullo se extendió entre la gente
'raunzen VI *umg reg* refunfuñar; gruñir
'Raupe F ⟨~; ~n⟩ ZOOL, TECH oruga *f*
'Raupenantrieb M TECH tracción *f* de oruga; **Raupenfahrzeug** N vehículo *m* oruga; **Raupenfraß** M AGR daño *m* causado por las orugas; **Raupenkette** F TECH oruga *f*; **Raupenschlepper** M tractor *m* oruga
'Raureif M escarcha *f*
raus *umg* 1 → heraus *etc*, hinaus *etc* 2 INT **~ (mit dir)!** ¡fuera de aquí!; *umg* ¡largo de aquí!; **~ mit ihm!** ¡fuera con él!
Rausch M ⟨~es; ⸚e⟩ embriaguez *f*, borrachera *f* (*beide a. fig*); *umg* trompa *f*, mona *f*; **sich** *(dat)* **einen ~ antrinken** embriagarse, emborracharse; *umg* coger una mona (*od* trompa); **einen ~ haben** estar embriagado (*od* borracho *od* trompa); **seinen ~ ausschlafen** *umg* dormir la mona; *fig* **der ~ der Geschwindigkeit** la borrachera de la velocidad
'rauschen VI 1 ⟨h⟩ *Wind, Laub* susurrar; *Bach a.* murmurar; *Wasser* correr; *Brandung* rugir; *Stoff* crujir; *im Ohr*: zumbar; TECH haber interferencias 2 ⟨sn⟩ *umg (sich schnell bewegen)* pasar como una exhalación; **sie rauschte aus dem Zimmer** salió majestuosamente de la habitación
'Rauschen N ⟨~s⟩ rumor *m*; susurro *m*; murmullo *m*; crujido *m*; RADIO ruido *m*; soplido *m*; **rauschend** ADJ rumoroso; ruidoso; susurrante; murmurante; crujiente; *Beifall* atronador, estrepitoso; **ein ~es Fest feiern** hacer una fiesta por todo lo alto (*od* a lo grande)
'Rauschfilter M *Tontechnik*: filtro *m* de ruido
'Rauschgift N estupefaciente *m*, droga *f*; **~ nehmen** drogarse; **Rauschgiftabhängige** M/F toxicómano *m*, -a *f*; drogadicto *m*, -a *f*; narco(a)dicto *m*, -a *f*, narcodependiente *m/f*; **Rauschgiftdealer** M, **Rauschgiftdealerin** F → Rauschgifthändler; **Rauschgiftdelikt** N delito *m* de narcotráfico (*od* de tráfico de estupefacientes); **Rauschgiftdezernat** N brigada *f* de estupefacientes; **Rauschgiftfahnder** M, **Rauschgiftfahnderin** F agente *m/f* (*od* policía *m*) antidrogas; **Rauschgifthandel** M tráfico *m* de estupefacientes (*od* de drogas); **Rauschgifthändler** M, **Rauschgifthändlerin** F traficante *m/f* de estupefacientes (*od* de drogas); *bes Am* narcotraficante *m/f*; **Rauschgiftkriminalität** F narcotráfico

R

m; **Rauschgiftopfer** N víctima *f* de la droga; víctima *f* del consumo de estupefacientes (*od* de drogas)
'Rauschgiftschmuggel M contrabando *m* de estupefacientes (*od* de drogas); **Rauschgiftschmuggler** M, **Rauschgiftschmugglerin** F contrabandista *m/f* de estupefacientes (*od* de drogas)
'Rauschgiftsucht F toxicomanía *f*, drogadicción *f*; **rauschgiftsüchtig** ADJ toxicómano, drogadicto; **Rauschgiftsüchtige** M/F toxicómano *m*, -a *f*; drogadicto *m*, -a *f*; **Rauschgiftszene** F ambiente *m* (*od* mundillo *m*) de los drogadictos (*od* de los drogodependientes); **Rauschgifttote** M/F víctima *f* (mortal) de la droga
'Rauschgold N oropel *m*; **Rauschgoldengel** *ángel del belén*
'rauschhaft ADJ *fig* extático; **Rauschmittel** N estupefaciente *m*; droga *f*; **Rauschunterdrückung** F *Tontechnik*: supresión *f* (*od* reducción *f*) de ruidos; **Rauschzustand** M estado *m* de embriaguez (*od* de ebriedad)
'rausfliegen V/I ⟨*irr*; sn⟩ *umg* ser despedido; *umg* ser echado; **raushalten** V/T & V/R *umg*→ heraushalten; **rauskriegen** V/T *umg* **1** (*erfahren*) (llegar a) saber **2** *Rätsel* resolver
'räuspern V/R **sich ~** carraspear; aclarar la voz
'rausschmeißen V/T *umg* → hinauswerfen; **Rausschmeißer** M ⟨~s; ~⟩ *umg* **1** *Person*: matón *m*; *sl* apagabroncas *m* **2** *Tanz*: último baile *m*; **Rausschmiss** M ⟨~es; ~e⟩ *umg* despido *m*
'Raute F ⟨~; ~n⟩ BOT ruda *f*; MATH rombo *m*; *Wappen* losange *m*
'Rautenfläche F TECH faceta *f*; **rautenförmig** ADJ romboidal; **Rautengewächse** NPL BOT rutáceas *fpl*
Rave [re:v] M ⟨~(s); ~s⟩ rave *m*; **Ravemusik** F música *f* rave
'Raver ['re:vər] M ⟨~s; ~⟩, **Raverin** F ⟨~; ~nen⟩ raver *m/f*
Ravi'oli [-v-] PL GASTR ravioli *pl*
'Razzia F ⟨~; Razzien⟩ batida *f*; redada *f*
rd. ABK (rund) alrededor de
Re'agens N ⟨~; Reagenzien⟩ → Reagenz
Rea'genz N ⟨~es; ~ien⟩ CHEM reactivo *m*; **Reagenzglas** N CHEM probeta *f*; tubo *m* de ensayo; **Reagenzpapier** N papel *m* reactivo
rea'gieren V/I ⟨*ohne* ge-⟩ reaccionar (**auf** *acus* a); BIOL, MED *a.* responder (**auf** *acus* a); **schnell ~** tener buenos reflejos
Reak'tanz F ⟨~; ~en⟩ ELEK reactancia *f*
Reakti'on F ⟨~; ~en⟩ reacción *f* (*a.* CHEM MED); **auf** *acus* a)
reaktio'när ADJ reaccionario; **Reaktio'när** M ⟨~s; ~e⟩, **Reaktio'närin** F ⟨~; ~nen⟩ reaccionario *m*, -a *f*
reakti'onsfähig ADJ capaz de reaccionar; **Reaktionsfähigkeit** F ⟨~⟩ capacidad *f* de reacción; reactividad *f*
Reakti'onsgeschwindigkeit F velocidad *f* de reacción; **Reaktionskette** F cadena *f* de reacciones; **Reaktionsmittel** N reactivo *m*; **reaktionsschnell** ADJ de reacciones rápidas; **Reaktionsvermögen** N capacidad *f* de reacción; **Reaktionszeit** F tiempo *m* de reacción
'reaktiv ADJ reactivo
reakti'vieren [-v-] V/T ⟨*ohne* ge-⟩ reactivar; **Reaktivierung** F ⟨~; ~en⟩ reactivación *f*
Re'aktor M ⟨~s; -'toren⟩ reactor *m*; **Reaktordruckbehälter** M caldera *f* a presión de reactor; **Reaktorkern** M núcleo *m* del reactor; **Reaktorsicherheit** F seguridad *f* del reactor; **Reaktortyp** M tipo *m* de reactor
re'al ADJ real; efectivo; concreto; (*gegenständlich*) material; **Realeinkommen** N renta *f* real
Re'alien PL realidades *fpl*, hechos *mpl*
Rea'lignment [ria'laınment] N ⟨~s; ~s⟩ WIRTSCH reajuste *m*, realineamiento *m*, realineación *f* (de los tipos de cambio)
Re'alinjurie [-riə] F ⟨~; ~n⟩ JUR injuria *f* de obra
Realisa'tion F ⟨~; ~en⟩ realización *f*
reali'sierbar ADJ realizable; **Realisierbarkeit** ⟨~⟩ F factibilidad *f*, viabilidad *f*; realizabilidad *f*
reali'sieren V/T ⟨*ohne* ge-⟩ realizar (*a.* WIRTSCH); **Realisierung** F ⟨~; ~en⟩ realización *f*
Rea'lismus M ⟨~⟩ realismo *m*; **Realist** M ⟨~en; ~en⟩, **Realistin** F ⟨~; ~nen⟩ realista *m/f*
rea'listisch ADJ realista; **realistischerweise** ADV realistamente
Reali'tät F ⟨~; ~en⟩ realidad *f*
Reali'tätsbezug M vínculo *m* con la realidad; referencia *f* a la realidad; **Realitätsferne** F lejanía *f* de la realidad; **Realitätsverlust** M pérdida *f* de la noción de la realidad
Reality-T'V [ri'ɛlıtiti'vi:] N ⟨~(s)⟩ programación *f* de casos reales; reality TV *m*, reality programming *m*
Re'alkonkurrenz F WIRTSCH concurso *m* real, pluralidad *f* de delitos; **Realkredit** M crédito *m* real (*od* inmobiliario); **Reallast** F carga *f* real; **Reallohn** M WIRTSCH salario *m* real; poder *m* adquisitivo del salario; **Reallohnverlust** M WIRTSCH pérdida *f* de poder adquisitivo (del salario); **Realpolitik** F política *f* realista; **Realschulabschluss** M *título de enseñanza media* (*después del décimo curso escolar*); *sp* ≈ título *m* de educación secundaria; **Realschule** F **1** *Schulart*: *tipo de enseñanza media, de nivel inferior al bachiller* **2** *Schule*: instituto *m* de enseñanza media (*hasta el décimo curso escolar*); *sp* ≈ instituto *m* de educación secundaria; **vierstufige ~** instituto *m* de enseñanza media de cuatro cursos (*cursos 7 a 10*); **Realsozialismus** M POL HIST socialismo *m* real; **Realunion** F POL unión *f* real; **Realwert** M valor *m* real
'reanimieren V/T ⟨*ohne* ge-⟩ reanimar
'Rebbach M *umg* → Reibach
'Rebe F ⟨~; ~n⟩ BOT vid *f*; (*Ranke*) sarmiento *m*; pámpano *m*
Re'bell M ⟨~en; ~en⟩ rebelde *m* (*a. fig*); *bes* MIL sublevado *m*
Re'bellenführer M, **Rebellenführerin** F cabecilla *m/f* de una insurrección (*od* de una rebelión); líder *m/f* de una pandilla de rebeldes
rebel'lieren V/I ⟨*ohne* ge-⟩ rebelarse; sublevarse
Re'bellin F ⟨~; ~nen⟩ rebelde *f*
Rebell'ion F ⟨~; ~en⟩ rebelión *f*; sublevación *f*
re'bellisch ADJ rebelde (*a. fig*)
'Rebhuhn N perdiz *f*; **junges ~** perdigón *m*; **Reblaus** F filoxera *f*; **Rebmesser** N podadera *f*
'Rebound ['ri:baunt] M ⟨~s; ~s⟩ *Basketball*: rebote *m*
'Rebpfahl M rodrigón *m*; **Rebsorte** F variedad *f* (*od* tipo *m*) de uva; **Rebstock** M cepa *f*
'Rebus M, N ⟨~; ~se⟩ jeroglífico *m*
'rechen V/T rastrillar
'Rechen M ⟨~s; ~⟩ **1** AGR rastrillo *m* **2** *in der Spielbank*: raqueta *f*
'Rechenaufgabe F, **Rechenbeispiel** N, problema *m* de aritmética; **Rechenbuch** N libro *m* de aritmética; **Rechenexempel** N → Rechenaufgabe; **Rechenfehler** M error *m* de cálculo; **Rechenkunst** F aritmética *f*; **Rechenkünstler** M, **Rechenkünstlerin** F aritmético *m*, -a *f*; **Rechenleistung** F IT potencia *f* del ordenador; capacidad *f* de procesamiento (*od* de proceso); **Rechenmaschine** F calculadora *f*
'Rechenschaft F ⟨~⟩ cuenta(s) *f(pl)*; **~ ablegen** *od* **geben** rendir cuentas, dar cuenta (**über** *acus* de); **von j-m ~ verlangen über** *od* **j-n zur ~ ziehen für** pedir cuenta(s) a alg de; **j-m ~ schuldig sein** estar obligado a dar cuenta a alg; *fig* deber a alg una explicación (**über** *acus* de, sobre)
'Rechenschaftsbericht M informe *m*; resumen *m* de actividad; FIN informe *m* (*od* relación *f*) de cuentas; **jährlicher ~** WIRTSCH informe *m* (*od* memoria *f*) anual; **Rechenschaftspflicht** F obligación *f* de rendir cuentas; **rechenschaftspflichtig** ADJ obligado a rendir cuentas
'Rechenschieber M, **Rechenstab** M *obs* regla *f* de cálculo; **Rechentabelle** F baremo *m*; **Rechentafel** F escala *f* aritmética; tabla *f* de cálculos; **Rechenunterricht** M enseñanza *f* de la aritmética; clase *f* de aritmética; **Rechenzentrum** N centro *m* informático; centro *m* de cálculo (*od* de computación), centro *m* de procesamiento (*od* de proceso) de datos
Re'cherche [re'ʃɛrʃə] F ⟨~; ~n⟩ pesquisa *f*; indagación *f*
recher'chieren [reʃɛr'ʃi:rən] V/T & V/I ⟨*ohne* ge-⟩ pesquisar, indagar; hacer pesquisas
'rechnen **A** V/T & V/I **1** MATH calcular, hacer cálculos (*od* números); *mit dem Computer*: computar; **im Kopf ~** calcular mentalmente; hacer un cálculo mental **2** (*zählen*) contar; **die Kosten nicht gerechnet** sin contar los gastos; **von heute an gerechnet** contando a partir de hoy **3** (*veranschlagen*) calcular; (*schätzen*) estimar; **er rechnet 30 Euro die Stunde** calcula (*od* cobra) 30 euros la hora; **alles in allem gerechnet** en total; **knapp gerechnet, eine Stunde** una hora larga **4** *fig* (*sparen*) **er kann nicht ~** no sabe economizar; no sabe administrar bien su dinero **5** (*einbeziehen*) **~ zu** contar entre, incluir en; **er rechnet mich zu seinen Freunden** me cuenta entre sus amigos **6** (*erwarten*) **mit etw ~** contar con a/c; confiar en a/c **7** (*sich verlassen*) **auf j-n ~** contar con alg **B** V/R **sich ~** ser rentable; **sich nicht ~** no salir a (*od* la) cuenta; *fig* no valer la pena (*od* la molestia)
'Rechnen N ⟨~s⟩ cálculo *m*; aritmética *f*
'Rechner M ⟨~s; ~⟩ **1** *Person*: calculador *m*; aritmético *m*; **kühler ~** calculador *m* frío **2** *Gerät*: calculadora *f* **3** IT (*Computer*) computadora *f*, computador *m*, ordenador *m*
Rechne'rei F *pej* disquisiciones *fpl*, elucubraciones *fpl*
'rechnergestützt ADJ asistido (*od* auxiliado) por ordenador (*od* computadora); computarizado; **rechnerisch** ADJ aritmético; calculatorio; **Rechnersystem** N IT sistema *m* (*od* red *f*) de ordenadores
'Rechnung F ⟨~; ~en⟩ **1** (*Rechnen*) cálculo *m*; operación *f* aritmética; (*Berechnung*) cómputo *m* **2** WIRTSCH (*Abrechnung*) cuenta *f* (*a. Hotelrechnung etc*); (*Warenrechnung*) factura *f*; nota *f*; (*Anwaltsrechnung*) minuta *f*; **fällige ~** factura *f* a pagar *od* pendiente; **laufende/offene ~** cuenta *f* corriente/abierta; **überfällige ~** factura *f* vencida; **unbezahlte ~** cuenta *f* pen-

R

diente; **übertrieben hohe ~** cuenta *f* abusiva, *umg* cuentas del Gran Capitán; **eine ~ ausstellen** extender una factura; facturar; **eine ~ begleichen** liquidar (*od* saldar *od* pagar) una factura; **die ~ bitte!** ¡la cuenta, por favor!; **auf eigene ~** por cuenta propia; **auf ~ von** por cuenta de; **auf ~ kaufen** comprar a crédito; **das geht auf meine ~** eso corre de (*od* por) mi cuenta; **etw auf die ~ setzen** cargar a/c en cuenta; *fig* **auf seine ~ nehmen** tomar por su cuenta; HANDEL **auf Ihre ~ und Gefahr** por su cuenta y riesgo; **auf seine ~ kommen** hallar su cuenta; quedar satisfecho; **für fremde ~** por cuenta ajena; **etw in ~ stellen** poner (*od* cargar) a/c en cuenta; facturar a/c; **j-m etw in ~ stellen** cargar a/c en la cuenta de alg 3 *fig* **~ ablegen** rendir cuentas; **einer Sache** (*dat*) **~ tragen** tener a/c en cuenta; **eine alte ~ mit j-m zu begleichen haben** tener una cuenta pendiente con alg; **die ~ ohne den Wirt machen** no contar con la huéspeda; **seine ~ ging nicht auf** no le salió la cuenta

'Rechnungsabschluss M cierre *m* (*bzw* saldo *m*) de una cuenta; finiquito *m*; **Rechnungsabteilung** F departamento *m* de facturación; **Rechnungsausstellung** F facturación *f*; **Rechnungsauszug** M extracto *m* de cuenta; **Rechnungsbetrag** M importe *m* de la factura; **Rechnungsbuch** N libro *m* de cuentas; **Rechnungsdatum** N fecha *f* de la factura; **Rechnungseinheit** F unidad *f* de cuenta; **Rechnungsführer** M, **Rechnungsführerin** F contador *m*, -a *f*; **Rechnungsführung** F contabilidad *f*; **Rechnungshof** M Tribunal *m* de Cuentas; **Rechnungsjahr** N HANDEL ejercicio *m* contable; año *m* económico; **Rechnungslegung** F ⟨~; ~en⟩ rendición *f* de cuentas; **Rechnungsnummer** F número *m* de factura; **Rechnungsperiode** F periodo *m* de cuenta; periodo *m* contable; **Rechnungsposten** M HANDEL asiento *m* contable; *im Etat*: partida *f*

'Rechnungsprüfer M, **Rechnungsprüferin** F revisor *m*, -a *f* (*od* censor *m*, -a *f*) de cuentas; auditor *m*, -a *f*; **Rechnungsprüfung** F revisión *f* de cuentas; auditoría *f* (de cuentas); *bes Etat*: fiscalización *f*; **Rechnungsprüfungsamt** N oficina *f* de revisión de cuentas

'Rechnungsstellung F facturación *f*; **Rechnungswert** M valor *m* contable; **Rechnungswesen** N ⟨~s⟩ contabilidad *f*

recht A ADJ 1 (*gelegen, passend*) oportuno; conveniente; (*geeignet*) propio, apropiado, adecuado; **der ~e Mann** el hombre apropiado (*od* indicado); **der ~e Weg** el buen camino; **das ~e Wort** la palabra apropiada; **das ist ~** eso está bien; **wenn es Ihnen ~ ist** si le parece bien; si usted no tiene inconveniente; **das ist mir ~** *od* **mir ist's ~** me va bien, me parece bien, me conviene; **das ist mir nicht ~** no me gusta; no estoy de acuerdo; **ihm ist alles ~** se conforma (*od* está de acuerdo) con todo; **am ~en Ort** en el lugar debido; **zur ~en Zeit** a tiempo; en el momento oportuno; a propósito 2 (*richtig, gerecht*) justo, recto; (*rechtmäßig*) legítimo; **das ist nur ~ und billig** no es sino lo justo; es (de) justicia; **was dem einen ~ ist, ist dem andern billig** lo que es justo para uno debe serlo también para el otro; **das war nicht ~ von dir** no has hecho bien; **~ so!** ¡bien!; ¡bien hecho!; ¡así me gusta!; *umg* **alles, was ~ ist!** ¡no hay derecho!; ¡ya está bien!; **alles, was ~ ist, aber ...** lo que quieras, pero ... 3 (*echt*) verdadero, auténtico; **ein ~er Narr** un verdadero tonto B ADV 1 (*gelegen, passend*) oportunamente; (*geeignet*) adecuadamente; **das kommt mir gerade ~** me viene muy a propósito (*od umg* de perillas); *iron* lo que me faltaba; **Sie kommen gerade ~** llega usted muy oportunamente; **es j-m ~ machen** contentar a alg; **ich kann es ihr nie ~ machen** no consigo hacer nada a su gusto; **man kann es nicht allen ~ machen** nunca llueve a gusto de todos; **schon ~!** ¡ya está bien! 2 (*richtig, gerecht*) bien; (*wirklich*) realmente, verdaderamente; **~ und schlecht** mal que bien; sin pena ni gloria; **habe ich ~ gehört?** ¿he oído bien?; **~ daran tun, zu** (*inf*) hacer bien en (*inf*); **das geschieht ihm ~** lo tiene merecido, le está bien empleado; **ich weiß nicht ~** no sé a punto fijo (*od* a ciencia cierta); **ganz ~!** ¡eso es!; ¡exactamente!, ¡exacto! 3 *verstärkend*: **erst ~** con mayor razón (*od* motivo); **nun erst ~!** ahora con mayor motivo; ahora más que nunca; **nun erst ~ nicht!** ¡ahora menos que nunca!; ¡ahora sí que no! 4 (*sehr*) bien; *vor Verben*: muy; (*ziemlich*) bastante; **~ gern** con mucho gusto; **~ gut** bastante bien, nada mal; **~ herzliche Grüße!** ¡saludele(s) muy cordialmente de mi parte (**an** *acus* a)!

Recht N ⟨~(e)s; ~e⟩ 1 (*Anspruch*) derecho *m* (**auf** *acus* a); (*Vorrecht*) privilegio *m*; prerrogativa *f*; (*Berechtigung*) autorización *f*, atribución *f*; **das ~ des Stärkeren** el derecho del más fuerte; **alle ~e vorbehalten** reservados todos los derechos; TYPO es propiedad; **ein ~ haben auf** tener derecho a; **gleiches ~ für alle** los mismos derechos para todos; **mit gleichen ~en und Pflichten** con los mismos derechos y obligaciones; **mit welchem ~?** ¿con qué derecho?; ¿a santo de qué?; **das ~ haben, zu** (*inf*) tener (el) derecho de (*inf*); **das ~ haben, etw zu tun** tener (el) derecho a hacer a/c 2 **recht haben** *od* **im ~ sein** tener razón; (*Berechtigung*) razón *f*; **recht behalten** acabar teniendo razón; **j-m recht geben** dar a alg la razón; **das ~ auf seiner Seite haben** tener la razón de su parte; **er hat vollkommen** *od* **völlig recht** tiene muchísima (*od* toda la) razón; **mit** *od* **zu ~** con razón; **mit vollem ~** con pleno derecho; con toda la razón 3 (*Gerechtigkeit*) justicia *f*; **er hat recht bekommen** le han hecho justicia; **sich** (*dat*) **selbst ~ verschaffen** tomarse la justicia por su mano; **zu seinem ~ kommen** hallar justicia; **j-m zu seinem ~ verhelfen** hacer justicia a alg 4 (*Gesamtheit der Gesetze*) derecho *m*; **~ sprechen** hacer justicia; **nach geltendem ~** según las leyes vigentes; **von ~s wegen** JUR en derecho; (*eigentlich*) en realidad, a decir verdad

'rechte(r, -s) ADJ 1 derecho (*a.* POL); *lit* diestro; **~ Seite** lado *m* derecho, derecha *f*; *e-s Stoffes*: cara *f* 2 GEOM **~r Winkel** ángulo *m* recto

'Rechte[1] F ⟨~n; ~n⟩ 1 *Hand*: (mano *f*) derecha *f*; *poet* diestra *f*; **zur ~n** a la derecha; **zu seiner ~n** a su derecha 2 POL derecha *f* 3 *Boxen*: derechazo *m*

'Rechte[2] M/F ⟨~n; ~n; → A⟩ 1 *iron* **du bist mir der ~!** ¡valiente amigo eres tú!; **an den ~n kommen** encontrar su igual 2 POL derechista *m/f*; persona *f* de derechas

'Rechte(s) N ⟨~n; → A⟩ lo justo; **etw ~s** algo bueno (*od* positivo); algo que vale; **nichts ~s wissen** no saber gran cosa; **das ~ treffen** acertar; **nach dem ~n sehen** vigilar (si todo está en orden); *umg* ver cómo andan las cosas

'Rechteck N ⟨~(e)s; ~e⟩ rectángulo *m*; **rechteckig** ADJ rectangular

'rechtens ADV de derecho

'Rechter M → Rechte[2]

'rechtfertigen A V/T justificar; (**nicht**) **zu ~** (in)justificable B V/R **sich ~** justificarse (**wegen** por); exculparse

'rechtfertigend ADJ justificativo; **Rechtfertigung** F ⟨~; ~en⟩ justificación *f*

'Rechtfertigungsgrund M argumento *m* justificativo; JUR causa *f* de justificación; **Rechtfertigungsschrift** F escrito *m* justificativo

'rechtgläubig ADJ ortodoxo; **Rechtgläubige** M/F ortodoxo *m* -a *f*; **Rechtgläubigkeit** F ortodoxia *f*

'Rechthaber M ⟨~s; ~⟩ ergotista *m*; disputador *m*; *umg* respondón *m*

Rechthabe'rei F ⟨~⟩ ergotismo *m*; espíritu *m* de contradicción

'Rechthaberin F ⟨~; ~nen⟩ ergotista *f*; disputadora *f*; *umg* respondona *f*; **rechthaberisch** ADJ ergotista; disputador; *umg* respondón; **er ist sehr ~** siempre quiere tener razón

'rechtlich A ADJ (*rechtmäßig*) legítimo; (*gesetzlich*) legal; JUR jurídico; *Schritt, Maßnahme a.* judicial B ADV jurídicamente; legalmente; **~ anerkennen** legitimar; legalizar; **Rechtlichkeit** F ⟨~⟩ legitimidad *f*; legalidad *f*; carácter *m* legal

'rechtlos ADJ sin derecho(s); privado de derechos; (*vogelfrei*) fuera de la ley; **Rechtlosigkeit** F ⟨~⟩ ausencia *f* de derechos; (*Rechtswidrigkeit*) ilegalidad *f*

'rechtmäßig ADJ legal; legítimo; (*billig*) justo, equitativo; **für ~ erklären** legalizar; legitimar; **Rechtmäßigkeit** F ⟨~⟩ legalidad *f*; legitimidad *f*

rechts ADV a (*od* por) la derecha; a mano derecha; **~ abbiegen** girar a la derecha; **~ fahren/gehen** circular/ir por la derecha; **sich ~ halten** llevar la derecha; POL **~ stehen** ser de derechas, ser derechista; **~ überholen** adelantar (*od* pasar) por la derecha; **weder ~ noch links sehen** no mirar a derecha ni izquierda; seguir (derecho) su camino; **~ von** a la derecha de

'Rechtsabbieger M AUTO vehículo *m* que gira a la derecha; **Rechtsabteilung** F JUR sección *f* jurídica, departamento *m* jurídico; **Rechtsanspruch** M JUR título *m* (*od* pretensión *f*) legal; **einen ~ auf etw** (*acus*) **haben** tener derecho a a/c

'Rechtsanwalt M, **Rechtsanwältin** F abogado *m*, -a *f*; letrado *m*, -a *f*; *nicht plädierend*: procurador *m*, -a *f*; **Rechtsanwaltsbüro** N bufete *m*; **Rechtsanwaltschaft** F abogacía *f*

'Rechtsanwaltskammer F colegio *m* de abogados; **Rechtsanwaltskanzlei** F → Rechtsanwaltsbüro

'Rechtsauffassung F opinión *f* jurídica; concepto *m* jurídico; **Rechtsaufsicht** F control *m* jurídico (*od* de legalidad), tutela *f* (jurídica); **Rechtsausdruck** M término *m* jurídico; **Rechtsauskunft** F información *f* jurídica; **Rechtsausleger** M, **Rechtsauslegerin** F *Boxen* zurdo *m*, -a *f*; **Rechtsauslegung** F interpretación *f* de la ley; **Rechtsausschuss** M comisión *f* jurídica

Rechts'außen M ⟨~; ~⟩ 1 SPORT *Fußball*: extremo *m* derecha 2 *umg* POL ultraderechista *m*

'Rechtsbegehren N JUR conclusiones *fpl*; **Rechtsbegriff** M JUR concepto *m* jurídico; **Rechtsbehelf** M JUR recurso *m* (jurídico); **Rechtsbeistand** M JUR asistencia *f* judicial; *Person*: consultor *m* jurídico, consultora *f* jurídica *f*, -a; *Anwalt*: abogado *m*, -a *f*; **Rechtsbelehrung** F JUR *der Geschworenen*: instrucción *f* (legal); **Rechtsberater** M, **Rechtsberaterin** F JUR asesor *m*, -a *f* jurídico, -a; **Rechtsberatung** F JUR asesoría *f* (*od* orientación *f*) jurídica; **Rechtsberatungs-**

stelle F JUR asesoría *f* jurídica; **Rechtsbeugung** F JUR prevaricación *f*; **Rechtsbewusstsein** N sentido *m* (*od* conciencia *f*) del derecho; **Rechtsbrecher** M, **Rechtsbrecherin** F infractor *m*, -a *f* de la ley; **Rechtsbruch** M violación *f* del derecho; **rechtsbündig** ADJ TYPO justificado (*od* alineado) a la derecha

'rechtschaffen *obs* ADJ honrado; íntegro; recto; **ein ~er Mann** un hombre de bien

'Rechtschaffenheit F ⟨~⟩ *obs* honradez *f*; integridad *f*; rectitud *f*

'Rechtschreibfehler M falta *f* de ortografía; **Rechtschreibprogramm** N IT programa *m* de ortografía; **Rechtschreibprüfung** F corrector *m* ortográfico; verificación *f* ortográfica; **Rechtschreibreform** F reforma *f* de las normas ortográficas (*od* de la ortografía)

'Rechtschreibung F ⟨~; ~en⟩ ortografía *f*

'Rechtsdrall M **1** torsión *f* a la derecha **2** POL *umg* tendencia *f* derechista; **rechtsdrehend** ADJ CHEM dextrógiro; **Rechtsdrehung** F rotación *f* (*od* giro *m*) a la derecha; dextrorrotación *f*; **Rechtseinheit** F JUR unidad *f* jurídica; **Rechtseinwand** M JUR objeción *f*; **Rechtsempfinden** N JUR sentido *m* de la justicia; **rechtserheblich** ADJ JUR jurídicamente relevante; **Rechtsexperte** M, **Rechtsexpertin** F JUR experto *m*, -a *f* jurídico, -a; experto *m*, -a *f* en derecho

'rechtsextrem ADJ POL de extrema derecha; ultraderechista

'Rechtsextremismus M POL extremismo *m* de derecha(s); **Rechtsextremist** M, **Rechtsextremistin** F → Rechtsradikale; **rechtsextremistisch** → rechtsextrem

'rechtsfähig ADJ JUR con capacidad jurídica; **~ sein** tener personalidad jurídica; **Rechtsfähigkeit** F JUR capacidad *f* jurídica

'Rechtsfall M caso *m* jurídico; **Rechtsfehler** M JUR error *m* jurídico (*od* de la justicia); **Rechtsfolgen** FPL JUR consecuencias *fpl* jurídicas; **Rechtsfolgerung** F JUR conclusión *f* jurídica; **Rechtsform** F forma *f* jurídica; **Rechtsfrage** F JUR cuestión *f* jurídica (*bzw* de derecho); **rechtsfrei** ADJ sin leyes; **Rechtsfriede** M paz *f* jurídica; **Rechtsgang** M **1** JUR procedimiento *m* judicial **2** TECH marcha *f* a la derecha

'rechtsgängig ADJ TECH de paso derecho

'Rechtsgefühl N JUR sentido *m* de la justicia; rectitud *f*; **Rechtsgelehrte** M/F JUR jurisconsulto *m*, -a *f*; legista *m/f*; jurista *m/f*; letrado *m*, -a *f*; **rechtsgerichtet** ADJ POL derechista; de derechas; **Rechtsgeschäft** N negocio *m* (*od* acto *m*) jurídico; **Rechtsgewinde** N TECH filete *m* a la derecha; **Rechtsgleichheit** F JUR igualdad *f* ante la ley

'Rechtsgrund M JUR fundamento *m* legal (*od* jurídico); **Rechtsgrundlage** F JUR base *f* jurídica (*od* legal); **Rechtsgrundsatz** M JUR principio *m* jurídico (*od* de derecho); fundamento *m* jurídico (*od* legal)

'rechtsgültig ADJ válido; legal; *Schriftstück* auténtico; **Rechtsgültigkeit** F ⟨~⟩ validez *f* jurídica; *e-s Schriftstückes*: autenticidad *f*; **Rechtsgutachten** N JUR dictamen *m* judicial

'Rechtshaken M *Boxen*: derechazo *m*

'Rechtshandel M → Rechtsstreit

'Rechtshänder M ⟨~s; ~⟩, **Rechtshänderin** F ⟨~; ~nen⟩ diestro *m*, -a *f*; **rechtshändig** ADJ diestro

'Rechtshandlung F JUR acto *m* jurídico

'rechtshängig ADJ JUR pendiente; sub judice; **Rechtshängigkeit** F ⟨~⟩ JUR litispendencia *f*

'rechtsherum ADV a la derecha

'Rechtshilfe F ⟨~⟩ JUR asistencia *f* judicial; **Rechtshilfeersuchen** N JUR comisión *f* rogatoria; **Rechtsinhaber** M, **Rechtsinhaberin** F JUR derechohabiente *m*; **Rechtsinstitut** N instituto *m* jurídico; institución *f* jurídica; **Rechtsirrtum** M JUR error *m* de derecho

'rechtskonservativ ADJ POL de derecha conservadora

'Rechtskonsulent M JUR *schweiz* agente *m* jurídico; **Rechtskraft** F JUR fuerza *f* de ley; *e-s Urteils*: firmeza *f*; (*Gültigkeit*) validez *f*; **rechtskräftig** ADJ JUR que tiene fuerza de ley; *Urteil* firme; (*gültig*) válido; **~ werden** adquirir fuerza de ley; *allg* entrar en vigor

'Rechtskultur F JUR cultura *f* jurídica; **Rechtskunde** F JUR jurisprudencia *f*; **rechtskundig** ADJ JUR versado en leyes; **Rechtskundige** M/F JUR jurisperito *m*, -a *f*, jurisconsulto *m*, -a *f*

'Rechtskurve F curva *f* a la derecha

'Rechtslage F JUR situación *f* jurídica; **rechtsliberal** ADJ POL de derecha liberal; **Rechtsmangel** M JUR vicio *m* jurídico; defecto *m* legal; **Rechtsmängelhaftung** F JUR saneamiento *m* por evicción

'Rechtsmedizin F medicina *f* forense (*od* legal); **Rechtsmediziner** M, **Rechtsmedizinerin** F médico *m*, -a *f* forense (*od* legista); **rechtsmedizinisch** ADJ forense, legista

'Rechtsmittel N JUR recurso *m*; **ein ~ einlegen** interponer un recurso; **Rechtsmittelbelehrung** F JUR instrucción *f* sobre recursos

'Rechtsnachfolge F sucesión *f* en el derecho; **Rechtsnachfolger** M, **Rechtsnachfolgerin** F causahabiente *m/f*

'rechtsnational ADJ POL de derecha nacionalista; nacionalista conservador

'Rechtsnorm F JUR norma *f* jurídica; **Rechtsordnung** F JUR orden *m* (*od* ordenamiento *m*) jurídico

'rechtsorientiert ADJ POL derechista; de derechas; **Rechtspartei** F POL partido *m* de derechas (*od* derechista)

'Rechtspersönlichkeit F JUR personalidad *f* jurídica; **Rechtspflege** F JUR administración *f* de justicia; **Rechtsphilosophie** F filosofía *f* del derecho

'Rechtspopulismus M POL populismo *m* de derecha; **Rechtspopulist** M, **Rechtspopulistin** F POL populista *m/f* de derecha; **rechtspopulistisch** ADJ POL del populismo de derecha

'Rechtsposition F JUR posición *f* jurídica; **Rechtspraxis** F JUR práctica *f* jurídica

'Rechtsprechung F ⟨~; ~en⟩ JUR administración *f* de justicia; jurisdicción *f*; jurisprudencia *f*

'rechtsradikal ADJ POL de la extrema derecha, ultraderechista; **Rechtsradikale** M/F ⟨~n; ~n; → A⟩ POL extremista *m/f* (*od* radical *m/f*) de derechas, ultraderechista *m/f*; **Rechtsradikalismus** M POL radicalismo *m* de derechas

'Rechtsreferendar M, **Rechtsreferendarin** F JUR licenciado *m*, -a *f* en derecho en prácticas; pasante *m/f*

'Rechtsregierung F POL gobierno *m* de derechas; **Rechtsruck** M POL giro *m* hacia la derecha; derechización *f*

'Rechtssache F JUR asunto *m* judicial; expediente *m*; causa *f*; **Rechtsschutz** M protección *f* jurídica; garantía *f* legal; **Rechtsschutzversicherung** F seguro *m* de protección jurídica; **Rechtssicherheit** F seguridad *f* (*od* certeza *f*) jurídica; **Rechtssprache** F terminología *f* jurídica; **Rechtsspruch** M JUR sentencia *f*, fallo *m*; *von Geschworenen*: veredicto *m*; **Rechtsstaat** M Estado *m* constitucional (*od* de derecho); **rechtsstaatswidrig** ADJ contrario al estado de derecho; **Rechtsstandpunkt** M punto *m* de vista jurídico; **Rechtsstatus** M JUR estatus *m* jurídico (*od* legal); **Rechtsstellung** F JUR situación *f* (*od* condición *f*) jurídica; estado *m* legal

'Rechtssteuerung F AUTO conducción *f* a la derecha

'Rechtsstreit M JUR litigio *m*, pleito *m*; causa *f*

'Rechtsterrorismus M POL terrorismo *m* de derechas; **rechtsterroristisch** ADJ POL del terrorismo de derechas

'Rechtstitel M JUR título *m* legal; **Rechtsträger** M titular *m* de un derecho; **Rechtsträgerschaft** F titularidad *f* jurídica

'Rechtstrend M POL tendencia *f* (*od* orientación *f*) hacia la derecha

rechts'um ADV **~!** ¡(vuelta a la) derecha!; **~ kehrt!** ¡media vuelta a la derecha!

'rechtsunfähig ADJ JUR sin capacidad jurídica; **Rechtsunfähigkeit** F JUR incapacidad *f* jurídica

'rechtsungültig ADJ JUR ilegal; inválido; nulo; **Rechtsungültigkeit** F JUR invalidez *f* jurídica

'rechtsunwirksam ADJ JUR nulo (de derecho); sin efectos jurídicos

'rechtsverbindlich ADJ JUR jurídicamente vinculante; obligatorio; legal (y válido); **Rechtsverbindlichkeit** F JUR obligación *f* legal; obligatoriedad *f* jurídica

'Rechtsverdreher M *pej* rábula *m*; **Rechtsverfahren** N JUR procedimiento *m* legal (*od* judicial); **Rechtsvergleichung** F JUR derecho *m* comparado; **Rechtsverhältnis** N JUR relación *f* jurídica

'Rechtsverkehr M AUTO circulación *f* por la derecha

'Rechtsverletzung F JUR violación *f* del derecho; **Rechtsvermutung** F JUR presunción *f* legal; **Rechtsverordnung** F JUR reglamento *m* jurídico; decreto-reglamento *m*; **Rechtsverstoß** M JUR violación *f* del derecho; infracción *f*; **Rechtsvertreter** M, **Rechtsvertreterin** F JUR representante *m/f* legal; **Rechtsvorgänger** M causante *m*; **Rechtsvorschrift** F JUR prescripción *f* (*od* norma *f*) jurídica; reglamento *m* jurídico

'Rechtsweg M ⟨~(e)s⟩ JUR vía *f* judicial; **auf dem ~** por vía judicial; **den ~ beschreiten** proceder judicialmente; tomar medidas judiciales; recurrir a los tribunales

'Rechtswegegarantie F JUR garantía *f* de la vía judicial

'rechtswidrig ADJ JUR ilegal; antijurídico; contrario al derecho; **Rechtswidrigkeit** F JUR ilegalidad *f*; antijuridicidad *f*

'rechtswirksam ADJ → rechtskräftig

'Rechtswissenschaft F jurisprudencia *f*; **Rechtswohltat** F JUR beneficio *m* jurídico; **Rechtszustand** M JUR situación *f* jurídica; estatuto *m* legal

'rechtwink(e)lig ADJ rectangular; **rechtzeitig** **A** ADJ oportuno **B** ADV oportunamente; a tiempo; con la debida antelación; **Rechtzeitigkeit** F ⟨~⟩ oportunidad *f*

Reck N ⟨~(e)s; ~e⟩ SPORT barra *f* fija

'Recke M ⟨~n; ~n⟩ *geh* héroe *m*

'recken **A** V/T extender, alargar; METALL, *Wäsche* estirar; **den Hals ~** alargar el cuello **B** V/R

R

sich ~ estirarse; *beim Aufwachen*: desperezarse
'reckenhaft ADJ *geh* heroico; gallardo; gigantesco
'Reckstange F SPORT barra *f* fija
Re'corder M → Rekorder
re'cycelbar [ri'saɪkəl-] ADJ ÖKOL reciclable
re'cyceln [ri'saɪkəln] VT ÖKOL reciclar
Re'cycling [ri'saɪklɪŋ] N ⟨~s⟩ ÖKOL reciclaje *m*, reciclado *m*, reciclamiento *m*; **Recyclinganlage** F planta *f* de reciclaje; **Recyclingfirma** F empresa *f* de reciclaje; **Recyclingpapier** N papel *m* de reciclaje
Redak'teur [-tøːr] M ⟨~s; ~e⟩, **Redakteurin** F ⟨~; ~nen⟩ redactor *m*, -a *f*; **Redakti'on** F ⟨~; ~en⟩ redacción *f*; **redaktio'nell** ADJ de redacción
Redakti'onskonferenz F reunión *f* de la redacción
Redakti'onsschluss M cierre *m* de la edición; **nach ~** al cerrar la edición; **nach ~ eingegangene Nachricht** *f* noticia *f* de última hora
Redakti'onssitzung F reunión *f* de la redacción; **Redaktionsstab** M → Redaktionsteam; **Redaktionsstatut** N estatuto *m* (*od* reglamento *m*) de la redacción; código *m* (interno) de la redacción; **Redaktionsteam** N equipo *m* de redacción
'Rede F ⟨~; ~n⟩ 1 (*Vortrag*) discurso *m*; (*Ansprache*) alocución *f*; arenga *f*; *feierliche*: oración *f*; **eine ~ halten** (*od umg* **schwingen**) pronunciar (*od umg* soltar) un discurso 2 (*Äußerung*) palabras *fpl*; (*Gerücht*) *a.* rumor *m*; **große ~n führen** *umg* fanfarronear; **langer** *od* **der langen ~ kurzer Sinn** resumiendo; **Ihren ~n nach** a juzgar por lo que usted dice; **es geht die ~, dass** corre la voz (*od* el rumor) que; se dice que 3 (*Redeweise*) lenguaje *m*; dicción *f*; modo *m* de hablar, (*das Reden*) conversación *f*; (*Sprechfähigkeit*) habla *m*; **j-m ~ und Antwort stehen** dar cuenta a alg (**wegen** de); **die ~ auf etw bringen** hacer caer la conversación sobre a/c; sacar a colación a/c; **die ~ kam auf ...** la conversación cayó sobre ...; **wenn die ~ darauf kommt** si se llega a hablar de eso; si eso sale a colación; **j-m in die ~ fallen** interrumpir a alg; cortar la conversación a alg; **wovon ist die ~?** ¿de qué se trata?; **es ist die ~ davon, dass ...** la cuestión es que ...; **davon ist nicht die ~** no se habla (*od* trata) de eso; *fig* **davon kann keine ~ sein** no hay ni que pensarlo; es imposible; **j-n wegen etw** (*dat*) **zur ~ stellen** pedir explicaciones a alg de a/c; pedir a alg cuenta de a/c 4 *fig* **das ist nicht der ~ wert** no tiene importancia; *umg* **keine ~!** ¡ni soñarlo!, ¡ni hablar! 5 GRAM **(in)direkte ~** estilo *m* (in)directo
'Redebeitrag M intervención *f*; **Rededuell** N duelo *m* oratorio; duelo *m* verbal; duelo *m* de palabra; **Redefigur** F figura *f* de dicción; metáfora *f*; **Redefluss** M verbosidad *f*, locuacidad *f*; **Redefreiheit** F libertad *f* de (la) palabra (*od* de expresión); **Redegabe** F don *m* de la palabra; talento *m* oratorio; elocuencia *f*; **redegewandt** ADJ de palabra fácil; diserto; elocuente; **Redegewandtheit** F facilidad *f* de palabra; elocuencia *f*; **Redekunst** F arte *m* de hablar; retórica *f*; oratoria *f*; **seine ganze ~ aufbieten** usar de toda su elocuencia; **Redemanuskript** N manuscrito *m* del discurso (*od* de la intervención *od* de lo expuesto)
'reden A VI 1 (*sprechen*) hablar (**von** de); *ausführlich*: discurrir; (*e-e Rede halten*) pronunciar un discurso; **du hast gut ~** se dice fácil 2 (*sich unterhalten*) conversar; (*plaudern*) charlar; platicar; **mit j-m ~** hablar *od* conversar con alg; **über etw** (*acus*) **~** hablar sobre a/c; (*etw erörtern*) discutir (sobre) a/c; **mit sich ~ lassen** avenirse (*od* atender) a razones; ser transigente (*od* tratable); **ich habe mit dir zu ~** tengo que hablar contigo; **sie ~ nicht mehr miteinander** ya no se hablan; **gut/schlecht über j-n ~** hablar bien/mal de alg; **über Politik ~** hablar de política; **darüber lässt sich ~** sobre eso podemos llegar a entendernos; **viel von sich ~ machen** dar mucho que hablar B VT decir; **Unsinn ~** decir tonterías C VR **sich heiser ~** enronquecer (*od* quedarse ronco) de tanto hablar
'Reden N ⟨~s⟩ modo *m* de hablar; habla *f*; **viel ~s von etw machen** dar excesiva importancia a a/c; meter mucho ruido por a/c; *sprichw* **~ ist Silber, Schweigen ist Gold** en boca cerrada no entran moscas; por la boca muere el pez
'Redensart F locución *f*; dicho *m*; giro *m*, modismo *m*; **sprichwörtliche ~** refrán *m*; **das ist so eine ~** es un decir
'Redenschreiber M, **Redenschreiberin** F escritor, -a *m/f* de discursos; *pej* negro *m*, -a *f*
Rede'rei F habladurías *fpl*
'Redeschwall M, **Redestrom** M verbosidad *f*, *umg* verborrea *f*; **Redetext** M texto *m* del discurso (*od* de la intervención *od* de lo expuesto); **Redeverbot** N prohibición *f* de hablar; **Redeweise** F modo *m* (*od* manera *f*) de hablar; lenguaje *m*; manera *f* de expresarse; **Redewendung** F giro *m*, locución *f*, modismo *m*; **feste** (*od* **stehende**) **~** frase *f* hecha; **Redezeit** F tiempo *m* asignado a cada orador
redi'gieren VT ⟨*ohne* ge-⟩ *fachspr* redactar; **Redigieren** N ⟨~s⟩ redacción *f*
Redis'kont M FIN redescuento *m*; **rediskontfähig** ADJ redescontable
rediskon'tieren VT & VI ⟨*ohne* ge-⟩ FIN redescontar; **Rediskontierung** F ⟨~⟩ FIN redescuento *m*
'redlich A ADJ *Person* honrado, sincero; *Tat* de buena fe B ADV 1 **~ handeln** obrar de buena fe 2 *fig* **sich ~ bemühen** esforzarse mucho; **sich ~ plagen** trabajar duro
'Redlichkeit F ⟨~⟩ *e-r Person*: honradez *f*; probidad *f*; sinceridad *f*; *e-r Tat*: buena fe *f*
'Redner M ⟨~s; ~⟩ orador *m*; conferenciante *m*; **Rednerbühne** F tribuna *f* (de oradores); **Rednergabe** F talento *m* oratorio; don *m* de la palabra; **Rednerin** F ⟨~; ~nen⟩ oradora *f*; conferenciante *f*; **rednerisch** ADJ oratorio; retórico; **~e Begabung** don *m* de la palabra; **Rednerliste** F lista *f* de oradores; **Rednerpult** N tribuna *f*; **Rednertribüne** F → Rednerbühne
'redselig ADJ hablador, facundo; *stärker*: locuaz, *umg* parlanchín, parlero; (*weitschweifig*) verboso; **Redseligkeit** F ⟨~⟩ locuacidad *f*; facundia *f*; verbosidad *f*
Redukti'on F ⟨~; ~en⟩ reducción *f*
Redukti'onsdiät F MED dieta *f* reductora; **Reduktionsgetriebe** N TECH engranaje *m* reductor; **Reduktionsmittel** N CHEM (agente *m*) reductor *m*
redun'dant ADJ redundante; **Redun'danz** F ⟨~; ~en⟩ redundancia *f*
redu'zierbar ADJ reducible, reductible; **Reduzierbarkeit** F ⟨~⟩ reducibilidad *f*, reductibilidad *f*
redu'zieren ⟨*ohne* ge-⟩ A VT reducir (**auf** *acus* a) B VR **sich ~** reducirse; **redu'ziert** ADJ *Ware* rebajado; **Redu'zierung** F ⟨~; ~en⟩ reducción *f*
'Reede F ⟨~; ~n⟩ SCHIFF rada *f*; **Reeder** M ⟨~s; ~⟩ SCHIFF armador *m*, naviero *m*
Reede'rei F ⟨~; ~en⟩ SCHIFF compañía *f* naviera
'Reederin F ⟨~; ~nen⟩ SCHIFF armadora *f*, naviera *f*
re'ell [reɛl] ADJ 1 (*wirklich*) real (*a. Zahl*); efectivo 2 *Preis* razonable; *Angebot* aceptable; *Firma* sólido; serio
Reep N ⟨~(e)s; ~e⟩ SCHIFF cable *m*; cabo *m*
Reex'port [reʔɛks-] M HANDEL reexportación *f*; **reexpor'tieren** VT ⟨*ohne* ge-⟩ reexportar
Refek'torium N ⟨~s; Refektorien⟩ refectorio *m*
Refe'rat N ⟨~(e)s; ~e⟩ 1 *Vortrag*: ponencia *f*; informe *m*; **ein ~ halten** informar (**über** *acus* sobre); UNIV disertar sobre un tema 2 VERW (*Dienststelle*) negociado *m*; sección *f*
Refe'ree [refə'riː] M ⟨~s; ~s⟩ SPORT árbitro *m*; réferi *m*
Referen'dar M ⟨~s; ~e⟩, **Referendarin** F ⟨~; ~nen⟩ 1 JUR ≈ pasante *m/f* 2 (*Lehramtsreferendar*) profesor *m*, -a *f* en prácticas
Refe'rendum N ⟨~s; Referenda *od* Referenden⟩ referéndum *m*
Refe'rent M ⟨~en; ~en⟩, **Referentin** F ⟨~; ~nen⟩ ponente *m/f*; relator *m*, -a *f*; VERW jefe *m*, -a *f* de negociado
Refe'renz F ⟨~; ~en⟩ referencia *f*; recomendación *f*; **~en** *pl a.* informes *mpl*; **Referenzkurs** M FIN cotización *f* (*od* tipo *m*) de referencia; **Referenznummer** F número *m* de referencia; **Referenzpreis** M precio *m* de referencia
refe'rieren VI ⟨*ohne* ge-⟩ relatar, referir; presentar un informe (**über** *acus* sobre); UNIV disertar sobre un tema
Reff N ⟨~(e)s; ~s⟩ SCHIFF rizo *m*
'reffen VT SCHIFF arrizar
refinan'zieren VT ⟨*ohne* ge-⟩ refinanciar; **Refinanzierung** F refinanciación *f*
reflek'tieren ⟨*ohne* ge-⟩ A VT PHYS reflejar B VI 1 (*nachdenken*) reflexionar (**über** *acus* sobre) 2 WIRTSCH *u. fig* **~ auf** interesarse por; *auf e-n Posten etc*: aspirar a
Re'flektor M ⟨~s; -'toren⟩ reflector *m*
reflek'torisch ADJ reflexivo
Re'flex M ⟨~es; ~e⟩ reflejo *m* (*a.* PHYSIOL); **bedingter ~** reflejo *m* condicionado; **reflexartig** ADJ de modo reflejo; reflejamente; **Reflexbewegung** F movimiento *m* reflejo
Reflexi'on F ⟨~; ~en⟩ reflexión *f*; **Reflexionswinkel** M ángulo *m* de reflexión
refle'xiv ADJ GRAM reflexivo; **Reflexivpronomen** N GRAM pronombre *m* reflexivo
Re'flexzonenmassage F, -therapie *f* reflexología *f od* reflexoterapia *f* (podal)
Ref.-Nr. ABK (Referenznummer) N/Ref. (Número de referencia)
Re'form F ⟨~; ~en⟩ reforma *f*; **Reformansatz** M comienzo *m* (*od* inicio *m*) de (la) reforma
Reformati'on F ⟨~⟩ HIST Reforma *f*; **Reformationszeit** F época *f* de la Reforma
Refor'mator M ⟨~s; -'toren⟩, **Reforma'torin** F ⟨~; ~nen⟩ reformador *m*, -a *f*; *bes* POL reformista *m/f*; **reforma'torisch** ADJ reformador; *bes* POL reformista
re'formbedürftig ADJ que necesita reforma
Re'formbemühung F, **Reformbestrebung** F esfuerzo *m* de (*od* aspiración *f* a) reforma(s); tendencia *f* reformista; **Reformbewegung** F movimiento *m* de (*od* a favor de) reformas; **Reformbündnis** N pacto *m* por la reforma; **Reformeifer** M empeño *m* reformista; celo *m* reformador
Re'former M ⟨~s; ~⟩, **Reformerin** F ⟨~; ~nen⟩ reformador *m*, -a *f*; reformista *m/f*
Re'formfähigkeit F capacidad *f* para la reforma; **Reformgegner** M adversario (*od*

enemigo *m*) de las reformas; contrario *m* a las reformas; antirreformista *m*; **Reformgesetz** N ley *f* de reforma(s); **Reformhaus** N tienda *f* de productos dietéticos (*od* de régimen)

refor'mierbar ADJ reformable; **Reformierbarkeit** F ⟨~⟩ reformabilidad *f*

refor'mieren V/T ⟨*ohne* ge-⟩ reformar

refor'miert A PPERF → reformieren B ADJ *bes schweiz* REL protestante; **Reformierte** M/F ⟨~n; ~n; → A⟩ reformado *m*, -a *f*; **Reformierung** F ⟨~; ~en⟩ reforma *f*, reformación *f*

Refor'mismus M reformismo *m*; **Refor'mist** M ⟨~en; ~en⟩, **Refor'mistin** F ⟨~; ~nen⟩ reformista *m/f*; **refor'mistisch** ADJ reformista

Re'formkommunist M, **Reformkommunistin** F comunista *m/f* reformista

Re'formkost F alimentación *f* dietética (*od* de régimen); **Reformkurs** M POL rumbo *m* reformista; **Reformmaßnahmen** FPL (medidas *fpl* de) reforma(s) *fpl*; **Reformpolitik** F política *f* reformista; reformismo *m*; **Reformstau** M POL inmovilismo *m* antirreformista; parón *m* de las reformas; **reformwillig** ADJ dispuesto a la reforma

Re'frain [rə'frɛ̃:] M ⟨~s; ~s⟩ estribillo *m*

Refrakti'on F ⟨~; ~en⟩ PHYS refracción *f*; **Refrakti'onsmesser** M refractómetro *m*

Re'fraktor M ⟨~s; -'toren⟩ ASTRON refractor *m*, telescopio *m* dióptrico

Reg. ABK (Regiment) MIL regimiento *m*

Re'gal[1] N ⟨~s; ~e⟩ (*Gestell*) *mit e-r Ablagefläche*: estante *m*; *mit mehreren Ablageflächen*: estantería *f*; (*Bücherregal*) *a.* librería *f*

Re'gal[2] N ⟨~s; ~e⟩ (*Orgel*) órgano *m* portátil

Re'galbrett N estante *m*; **Regalfläche** F espacio *m* de estanterías; **Regalwand** F estantería *f* de pared

Re'gatta F ⟨~; Regatten⟩ regata *f*

Reg.-Bez. ABK (Regierungsbezirk) distrito *m* administrativo

'rege ADJ (*tätig*) activo; (*lebhaft*) vivo, animado; (*flink*) ágil; *Geist* despierto; *Verkehr* intenso; *fig* ~ **werden** *Wunsch etc* despertar; hacerse sentir

'Regel F ⟨~; ~n⟩ 1 regla *f*; (*Vorschrift*) *a.* reglamento *m*; (*Norm*) norma *f*; pauta *f*; **es ist die ~, dass …** por norma … (*ind*), la norma es que … (*subj*); **in der ~** normalmente, por regla general; *umg* **nach allen ~n der Kunst** como es debido, con todas las de la ley; **von der ~ abweichen** apartarse (*od* salir) de la regla; **es sich** (*dat*) **zur ~ machen** hacer una regla de 2 PHYSIOL regla *f*, período *m*

'regelbar ADJ regulable; ajustable

'Regelfall M caso *m* normal; **Regelkreis** M ELEK circuito *m* regulador

'regellos ADJ sin regla; (*unregelmäßig*) irregular; (*unordentlich*) desordenado; confuso; **Regellosigkeit** F ⟨~⟩ irregularidad *f*; desorden *m*

'regelmäßig A ADJ regular (*a.* GRAM); (*geregelt*) regulado; (*geordnet*) ordenado; (*normal*) normal; *zeitlich*: periódico; **in ~en Abständen** a intervalos regulares; periódicamente B ADV regularmente; con regularidad; periódicamente; (*stets*) siempre; **Regelmäßigkeit** F ⟨~⟩ regularidad *f*; periodicidad *f*

'regeln A V/T regular (*a. Verkehr*); TECH *a.* ajustar; (*ordnen*) arreglar; regularizar; *durch Verordnungen*: reglamentar B V/R **sich ~ nach** regirse por; **das wird sich schon ~** ya se arreglará

'regelrecht A ADJ 1 conforme a la(s) regla(s); en regla; correcto; normal 2 *fig* (*wirklich*) verdadero B ADV *fig* de verdad, verdaderamente; **sie hat mich ~ betrogen** me ha engañado totalmente

'Regelsatz M WIRTSCH unidad *f* (de) base; tasa *f* normal; **Regelschule** F escuela *f* normal; **Regelstudienzeit** F duración *f* media de los estudios; **Regelung** F ⟨~; ~en⟩ arreglo *m*; regularización *f*; regulación *f* (*a.* TECH); *gesetzliche*: reglamentación *f*; **Regelventil** N válvula *f* reguladora; **Regelverletzung** F, **Regelverstoß** M SPORT infracción *f* de las reglas; **Regelwerk** N reglamento *m*; reglas *fpl*

'regelwidrig ADJ contrario a la(s) regla(s); irregular; (*anormal*) anómalo; **Regelwidrigkeit** F irregularidad *f*; anomalía *f*

'regen A V/T mover B V/R **sich ~** moverse (*a. fig*); hacer un movimiento; (*tätig sein*) ser activo; menearse; *fig* hacerse sentir; *Gefühl* despertarse, nacer; *Gewissen* remorverse; **es regt sich kein Lüftchen** no se mueve una hoja; no hay ni un soplo de aire

'Regen M ⟨~s; ~⟩ lluvia *f* (*a. fig*); **feiner ~** llovizna *f*; *umg* calabobos *m*; ÖKOL **saurer ~** lluvia *f* ácida; **bei ~** con lluvia; **im ~** bajo la lluvia; **auf ~ folgt Sonnenschein** después de la tempestad (*od* la tormenta) viene la calma; **vom ~ in die Traufe kommen** saltar de la sartén y dar en las brasas

'Regenanlage F AGR instalación *f* de riego por aspersión; **regenarm** ADJ de escasas lluvias; **Regenbekleidung** F prendas *fpl* para la lluvia; **Regenbö(e)** F turbión *m*; ráfaga *f* de lluvia

'Regenbogen M arco *m* iris; **regenbogenfarben** ADJ iridiscente; irisado; **Regenbogenfarben** FPL colores *mpl* del arco iris; **in allen ~ schillern** irisar; **Regenbogenforelle** F *Fisch*: trucha *f* arco iris; **Regenbogenhaut** F ANAT iris *m*; **Regenbogenhautentzündung** F MED iritis *f*; **Regenbogenpresse** F *umg* prensa *f* del corazón

'Regendach N (*Vordach*) alero *m*; *aus Tuch*: toldo *m*; **regendicht** ADJ impermeable

Regenerati'on F ⟨~; ~en⟩ regeneración *f*; **regenera'tiv** ADJ regenerativo; **~e Energien** energías *fpl* regenerativas; **regene'rieren** ⟨*ohne* ge-⟩ A V/T regenerar B V/R **sich ~** regenerarse

'Regenfälle MPL lluvias *fpl*; **Regengebiet** N zona *f* (*od* región *f*) pluviosa; **Regenguss** M chubasco *m*, aguacero *m*, chaparrón *m*; **Regenhaut** F impermeable *m* de plástico; **Regenjahr** N año *m* lluvioso (*od* de lluvias); **Regenmantel** M impermeable *m*; **Regenmenge** F pluviosidad *f*; cantidad *f* de lluvia; **Regenmesser** M pluviómetro *m*; **regennass** ADJ calado (*od* empapado *od* mojado) por la lluvia; **Regenpfeifer** M ORN alcaraván *m*; chorlito *m*; **regenreich** ADJ lluvioso; **Regenrinne** F gotera *f*

'Regensburg N Ratisbona *f*

'Regenschauer M chubasco *m*; **Regenschirm** M paraguas *m*; **Regenschirmständer** M paragüero *m*

Re'gent M ⟨~en; ~en⟩ regente *m*; (*Herrscher*) soberano *m*, monarca *m*

'Regentag M día *m* lluvioso (*od* de lluvia)

Re'gentin F ⟨~; ~nen⟩ regenta *f*; (*Herrscherin*) soberana *f*

'Regentonne F barril *m* (*od* bidón *m*) para el agua pluvial; **Regentropfen** M gota *f* de lluvia

Re'gentschaft F ⟨~; ~en⟩ regencia *f*

'Regenumhang M capa *f* de lluvia; **Regenwahrscheinlichkeit** F probabilidad *f* de lluvias; **Regenwald** M (pluvi)selva *f*; **(tropischer) ~** selva *f* tropical; **Regenwasser** N ⟨~s⟩ agua *f* pluvial (*od* de lluvia); **Regenwassernutzung** F aprovechamiento *m* (*od* utilización *f*) de aguas pluviales

'Regenwetter N tiempo *m* lluvioso; **bei ~** cuando hay lluvia; si llueve; *fig* **ein Gesicht machen wie sieben Tage ~** poner cara de vinagre (*od* de viernes santo)

'Regenwolke F nube *f* (cargada) de lluvia; **Regenwurm** M ZOOL lombriz *f* (de tierra); **Regenzeit** F estación *f* de las lluvias (*od* lluviosa)

'Reggae [rɛ'ge:] M ⟨~(s)⟩, **Reggaemusik** F MUS reggae *m*

Re'gie [re'ʒi:] F ⟨~⟩ 1 THEAT dirección *f* artística (*od* de escena); FILM, TV dirección *f*, realización *f*; **(bei etw) ~ führen** dirigir (a/c); **unter der ~ von …** dirigido por …, bajo la dirección de … 2 (*Verwaltung*) administración *f*; **in eigener ~** por cuenta propia

Re'gieanweisung [re'ʒi:-] F indicación *f* (*od* orden *f*) del director; **Regiearbeit** F trabajo *m* de dirección; **Regieassistent** M, **Regieassistentin** F ayudante *m/f* de dirección (FILM *a.* de realización); **Regiedebüt** N debut *m* como director; **Regieeinfall** M idea *f* (*od* ocurrencia *f*) del director; **Regiekonzept** N bosquejo *m* (*od* esbozo *m*) del trabajo de dirección

re'gieren ⟨*ohne* ge-⟩ A V/T 1 POL gobernar; (*lenken, leiten*) dirigir 2 GRAM regir B V/I *Regierung, Partei* gobernar; *König* reinar; *Minister* dirigir; **über j-n/etw ~** reinar sobre alg/a/c; **regierend** ADJ reinante; **die Regierenden** los gobernantes

Re'gierung F ⟨~; ~en⟩ gobierno *m*; *sp a.* Administración *f*; *e-s Monarchen*: reinado *m*; **unter der ~ von** bajo el reinado de; **an die ~ kommen** subir al poder; *Fürst*: subir al trono; **eine ~ bilden** formar gobierno

Re'gierungsabkommen N acuerdo *m* intergubernamental; **Regierungsamt** N cargo *m* gubernamental; **Regierungsangestellte** M/F empleado *m*, -a *f* del Gobierno; **Regierungsantritt** M advenimiento *m* (*od* acceso *m*) al poder; *e-s Fürsten*: subida *f* al trono; **Regierungsapparat** M aparato *m* del Gobierno; **Regierungsarmee** F ejército *m* regular; **Regierungsausschuss** M comisión *f* gubernativa (*od* gubernamental); **Regierungsbank** F ⟨~⟩ *sp* banco *m* azul; **Regierungsbeamte(r)** M, **Regierungsbeamtin** F funcionario *m*, -a *f* del Gobierno; **Regierungsbeauftragte** M/F delegado *m*, -a *f* del Gobierno; **Regierungsbehörde** F autoridad *f* gubernamental (*od* administrativa)

Re'gierungsberater M, **Regierungsberaterin** F consejero *m*, -a *f* (*od* asesor *m*, -a *f*) del Gobierno

Re'gierungsbeteiligung F participación *f* en el Gobierno; **Regierungsbevollmächtigte** M comisionado *m*, -a *f* del Gobierno; plenipotenciario *m*, -a *f*; **Regierungsbezirk** M distrito *m* (administrativo); **Regierungsbildung** F formación *f* del Gobierno; **Regierungsblatt** N boletín *m* oficial; **Regierungschef** M, **Regierungschefin** F jefe *m*, -a *f* del Gobierno; presidente *m*, -a *f* del Gobierno; **Regierungsentwurf** M proyecto *m* (*od* plan *m*) gubernamental; **Regierungserklärung** F declaración *f* gubernamental

re'gierungsfähig ADJ POL capaz de gobernar; capaz de formar gobierno; **Regierungsfähigkeit** F POL capacidad *f* para gobernar; capacidad *f* de formar gobierno; **regierungsfeindlich** ADJ antigubernamental

Re'gierungsform F forma *f* de gobierno; régimen *m* (político); **Regierungsfrakti-**

on F grupo *m* parlamentario del Gobierno; **regierungsfreundlich** ADJ progubernamental; **Regierungsgebäude** N palacio *m* (*od* casa *f*) del Gobierno; **Regierungsgegner** M, **Regierungsgegnerin** F adversario *m*, -a *f* (*od* enemigo *m*, -a *f*) del Gobierno; **Regierungsgeschäft** N asunto *m* gubernamental; asunto *m* de gobierno; **Regierungsjahr** N año *m* de gobierno; **Regierungskoalition** F coalición *f* gubernamental; **Regierungskommission** F comisión *f* gubernamental; **Regierungskonferenz** F *auf nationaler Ebene*: reunión *f* de los miembros del Gobierno; *auf internationaler Ebene*: conferencia *f* intergubernamental; **Regierungskreise** MPL círculos *mpl* gubernamentales; **Regierungskrise** F crisis *f* gubernamental (*od* ministerial)

re'gierungskritisch ADJ crítico frente al Gobierno

Re'gierungskurs M política *f* seguida por el Gobierno; **Regierungslager** N filas *fpl* del Gobierno; **Regierungsmannschaft** F equipo *m* gubernamental; **Regierungsmitglied** N miembro *m* del Gobierno; **regierungsnah** ADJ cercano (*od* próximo) al Gobierno; **Regierungsorgan** N órgano *m* del Gobierno; **Regierungspalast** M palacio-sede *m* del Gobierno; **Regierungspartei** F partido *m* gubernamental; **Regierungspolitiker** M, **Regierungspolitikerin** político *m*, -a *f* del partido que gobierna

Re'gierungspräsident M, **Regierungspräsidentin** F 1 *BRD e-s Regierungsbezirks*: presidente *m*, -a *f* del distrito administrativo 2 *sp* ≈ subdelegado *m* del Gobierno; **Regierungspräsidium** N 1 *BRD e-s Regierungsbezirks*: gobierno *m* del distrito administrativo 2 *sp* ≈ subdelegación *f* del Gobierno

Re'gierungsprogramm N programa *m* del Gobierno; **Regierungsrat** M consejero *m* gubernamental; **Regierungssitz** M sede *f* del Gobierno; **Regierungssprecher** M, **Regierungssprecherin** F portavoz *m/f* gubernamental (*od* del Gobierno); *Am* vocero *m*, -a *f* del Gobierno; **Regierungsstelle** F delegación *f* del Gobierno; organismo *m* (*od* servicio *m*) gubernamental; **Regierungssystem** N sistema *m* de gobierno; **Regierungstätigkeit** F actividad *f* gubernamental; **regierungstreu** ADJ fiel al Gobierno; **Regierungsumbildung** F reorganización *f* del Gobierno, reajuste *m* (*od* remodelación *f*) gubernamental; **regierungsunabhängig** ADJ independiente del Gobierno

Re'gierungsverantwortung F responsabilidad *f* gubernamental; **die ~ übernehmen** asumir el Gobierno; hacerse cargo de las tareas de Gobierno

Re'gierungsvorlage F proyecto *m* gubernamental; **Regierungswechsel** M cambio *m* de Gobierno; **Regierungszeit** F mandato *m* (de un gobierno); *e-s Fürsten*: reinado *m*; **Regierungszentrale** F sede *f* central del Gobierno

Re'giestuhl [re'ʒiːʃtuːl] M silla *f* del director

Re'gime [re'ʒiːm] N ⟨~s; ~(s) [re'ʒiːmə, re'ʒiːms]⟩ régimen *m*; **Regimekritiker** M, **Regimekritikerin** F crítico *m*, -a *f* del régimen (del gobierno); HIST *im Kommunismus*: revisionista *m/f*; **regimekritisch** ADJ crítico frente al régimen; HIST revisionista

Regi'ment N 1 ⟨~(e)s; ~er⟩ MIL regimiento *m* 2 ⟨~(e)s; ~e⟩ mando *m*; **das ~ führen** mandar, *umg* llevar la batuta; cortar el bacalao; ser el amo del cotarro; *iron Frau*: llevar los pantalones; **ein strenges ~ führen** gobernar con mano dura

Regi'mentskommandeur M MIL jefe *m* de(l) regimiento; **Regimentsstab** M MIL plana *f* mayor del regimiento

re'gimetreu [re'ʒiːm-] ADJ fiel al régimen

Regi'on F ⟨~; ~en⟩ región *f*; **Not leidende ~** región *f* en crisis; región *f* necesitada; **unterentwickelte ~** región *f* subdesarrollada; *umg fig* **in höheren ~en schweben** estar en las nubes

regio'nal ADJ regional; **Regionalbahn** F tren *m* de cercanías; **Regionalbus** M bus *m* regional; **Regionalförderung** F *der EU*: ayudas *fpl* regionales (con fondos estructurales)

regionali'sieren V/T regionalizar; **Regionali'sierung** F ⟨~; ~en⟩ regionalización *f*; **Regiona'lismus** M ⟨~⟩ regionalismo *m*; **Regiona'list** M ⟨~en; ~en⟩, **Regiona'listin** F ⟨~; ~nen⟩ regionalista *m/f*; **regiona'listisch** ADJ regionalista

Regio'nalliga F SPORT liga *f* regional; **Regionalmacht** F POL potencia *f* regional; **Regionalparlament** N POL parlamento *m* regional

Regio'nalpolitik F política *f* regional; *sp* política *f* autonómica; **Regionalpolitiker** M, **Regionalpolitikerin** F político *m*, -a *f* regional; *sp* político *m*, -a *f* autonómico, -a; **regionalpolitisch** ADJ de política regional; *sp* de política autonómica

Regio'nalregierung F gobierno *m* regional; *sp* gobierno *m* autónomo; **Regionalsender** M emisora *f* regional; **Regionalverkehr** M tráfico *m* regional; **Regionalwahl** F elección *f* regional; *sp* elección *f* autonómica; **Regionalzeitung** F periódico *m* (*od* diario *m* de tirada) regional; **Regionalzug** M → Regionalbahn

Regis'seur [reʒi'søːr] M ⟨~s; ~e⟩, **Regisseurin** F ⟨~; ~nen⟩ THEAT director *m*, -a *f* de escena; FILM director *m*, -a *f* (artístico), realizador *m*, -a *f*

Re'gister N ⟨~s; ~⟩ registro *m* (*a.* MUS); *e-s Buches*: índice *m*; tabla *f* de materias; **sich in ein ~ eintragen lassen** inscribirse en un registro; **im ~ eintragen** registrar; *fig* **alle ~ ziehen** tocar todos los registros, tocar todas las teclas

Re'gisterkarte F IT indicador *m*; **Registertonne** F SCHIFF tonelada *f* de arqueo (*od* de registro)

Regis'trator M ⟨~s; -'toren⟩, **Registra'torin** F ⟨~; ~nen⟩ registrador *m*, -a *f*; archivero *m*, -a *f*; **Registra'tur** F ⟨~; ~en⟩ (oficina *f* de) registro *m*; archivo *m*

regis'trieren V/T ⟨*ohne* ge-⟩ 1 (*eintragen*) registrar, inscribir 2 *fig* (*bemerken*) registrar, constatar

Regis'trieren N ⟨~s⟩ registro *m*; **Registriergerät** N aparatoo *m* registrador; **Registrierkasse** F caja *f* registradora; **Registriernummer** F número *m* de registro (*od* de inscripción *od* de archivo)

regis'triert ADJT inscrito; **Registrierung** F ⟨~; ~en⟩ registro *m*; inscripción *f*

Regle'ment [-ə'mãː] N ⟨~s; ~s⟩ reglamento *m*; **reglemen'tieren** V/T ⟨*ohne* ge-⟩ reglamentar; **Reglemen'tierung** F ⟨~; ~en⟩ reglamentación *f*; reglamento *m*

'Regler M ⟨~s; ~⟩ TECH regulador *m*; ELEK reóstato *m*

'reglos ADJ → regungslos

'regnen V/UNPERS llover (*a. fig*); *fein*: lloviznar; **es regnet** está lloviendo; llueve; **Regner** M AGR aspersor *m*; **regnerisch** ADJ lluvioso

Re'gress M ⟨~es; ~e⟩ JUR recurso *m*; **~ nehmen gegen** recurrir contra; **Regressanspruch** M JUR derecho *m* a indemnización; **Regressforderung** F JUR recurso *m*

regres'siv ADJ decreciente

Re'gressklage F JUR acción *f* recursoria; **Regressnehmer** M, **Regressnehmerin** F recurrente *m/f*; **Regresspflicht** F responsabilidad *f*; **regresspflichtig** ADJ responsable civilmente; **j-n ~ machen** recurrir contra alg

'regsam ADJ activo; vivo; despierto; **Regsamkeit** F ⟨~⟩ actividad *f*; vivacidad *f*

regu'lär ADJ regular; corriente, normal

Regu'lator M ⟨~s; -'toren⟩ regulador *m*

regu'lierbar ADJ regulable; ajustable

regu'lieren V/T ⟨*ohne* ge-⟩ regular (*a. Fluss*); regularizar; *durch Verordnungen*: reglamentar; TECH ajustar; WIRTSCH arreglar (las cuentas)

Regu'lierschraube F TECH tornillo *m* de regulación; **Regulierung** F ⟨~; ~en⟩ regulación *f*; regularización *f*; arreglo *m*; *durch Verordnungen*: reglamentación *f*; TECH ajuste *m*; reglaje *m*; WIRTSCH liquidación *f*; **Regulierventil** [-v-] N válvula *f* reguladora

'Regung F ⟨~; ~en⟩ movimiento *m*; (*Gefühlsregung*) sentimiento *m*; emoción *f*; (*Anwandlung*) impulso *m*; arranque *m*

'regungslos ADJ sin movimiento; inmóvil; inerte; **Regungslosigkeit** F ⟨~⟩ inmovilidad *f*; inacción *f*, inercia *f*

Reh N ⟨~(e)s; ~e⟩ ZOOL corzo *m*; *weibliches*: corza *f*

'Reha F ABK ⟨~; ~s⟩ → Rehabilitation, Rehabilitationszentrum

'Reha-... IN ZSSGN → Rehabilitationsklinik *etc*

Rehabilitati'on F ⟨~; ~en⟩ rehabilitación *f* (*a.* MED)

Rehabilitati'onsklinik F clínica *f* de rehabilitación; **Rehabilitationszentrum** N centro *m* de rehabilitación

rehabili'tieren V/T ⟨*ohne* ge-⟩ rehabilitar (*a.* MED); **Rehabilitierung** F ⟨~; ~en⟩ rehabilitación *f* (*a.* MED)

'Rehbock M ZOOL corzo *m*; **Rehbraten** M GASTR asado *m* de corzo; **Rehgeiß** F ZOOL corza *f*; **Rehkeule** F GASTR pierna *f* de corzo; **Rehkitz** N ZOOL corcino *m*; **Rehposten** M JAGD posta(s) *f(pl)*; **Rehrücken** M GASTR lomo (*bzw* solomillo *m*) de corzo; **Rehwild** N JAGD venado *m*; **Rehziemer** M → Rehrücken

'Reibach M ⟨~s⟩ *umg* **bei etw (einen) ~ machen** *umg* hacer el agosto con a/c; **seinen ~ machen** hacer su agosto; *umg* ponerse las botas

'Reibahle F TECH escariador *m*

'Reibe F ⟨~; ~n⟩, **Reibeisen** N rallador *m*

'Reibekuchen M GASTR → Kartoffelpuffer; **Reibelaut** M LING sonido *m* fricativo, fricativa *f*

'reiben ⟨*irr*⟩ A V/T & V/I 1 (*aneinander reiben*) frotar; *leicht*: rozar; *stärker*: estregar, restregar, refregar; *bes* MED friccionar; **etw trocken ~** secar a/c; **sich** (*dat*) **die Augen ~** restregarse los ojos (*a. fig*); **sich** (*dat*) **die Hände ~** frotarse las manos (*a. fig*) 2 (*schaben*) raspar; GASTR *Karotte, Käse etc* rallar; **zu Pulver ~** pulverizar B V/R **sich wund ~** excoriarse, desollarse; *fig* **sich an j-m ~** buscar pelea (*od* pendencia) con alg, buscar a alg las cosquillas

Reibe'reien FPL *fig* roces *mpl*, fricciones *fpl*

'Reibfestigkeit F resistencia *f* al roce

'Reibung F ⟨~; ~en⟩ 1 (*Reiben*) frote *m*, frotamiento *m*, frotación *f*, roce *m*; PHYS rozamiento *m*, fricción *f* 2 *fig* **~en** *fpl* roces *mpl*, fricciones *fpl*

'Reibungselektrizität F electricidad *f* por frotamiento; **Reibungsfläche** F 1 superficie *f* de fricción 2 *fig* → Reibungspunkt;

R

Reibungskoeffizient M PHYS coeficiente *m* de fricción; **Reibungskupplung** F TECH acoplamiento *m* de fricción
'reibungslos ADJ & ADV sin dificultades; sin obstáculos
'Reibungspunkt M *fig* punto *m* de fricción; **Reibungsverlust** M pérdida *f* por fricción; **Reibungswärme** F calor *m* de fricción; **Reibungswiderstand** M PHYS resistencia *f* de fricción; ELEK resistencia *f* de rozamiento
reich A ADJ 1 *allg* rico (**an** *dat* en); (*wohlhabend*) adinerado, acomodado, acaudalado; **Arm und Reich** ricos y pobres; **~ machen** hacer rico, enriquecer; **~ werden** hacerse rico, enriquecerse 2 (*reichlich*) *Ernte etc* abundante; copioso; *Mahl* opíparo, suculento; *fig Wissen* profundo; HANDEL **~e Auswahl** amplio surtido *m*; **in ~em Maße** en abundancia; con profusión B ADV (*sehr*) muy; **~ bebildert** *od* **illustriert** profusamente ilustrado; **~ begütert** acaudalado; opulento; **~ geschmückt** profusamente adornado
Reich N ⟨~(e)s; ~e⟩ imperio *m*; (*Königreich*) reino *m* (*a.* BIOL *u. fig*); **das Deutsche ~** *vor 1918*: el Imperio Alemán; *bes nach 1918*: el Reich; **das Dritte ~** el Tercer Reich; **das ~ Gottes** el Reino de Dios; REL **Dein ~ komme** venga a nosotros tu reino
'Reiche M/F ⟨~n; ~n; → A⟩ rico *m*, -a *f*; *umg* ricacho *m*, -a *f*; **die ~n** los ricos
'reichen A V/I 1 (*sich erstrecken*) **~ (bis)** llegar, alcanzar (hasta); *in der Fläche*: extenderse (hasta); *nach oben*: elevarse (hasta); *nach unten*: bajar (hasta); **an etw ~** (*etw berühren*) tocar a a/c; **er reicht mir nicht einmal bis ans Kinn** no me llega ni a la barbilla; **so weit das Auge reicht** todo lo que la vista abarca; al alcance de la vista 2 (*genügen*) bastar, ser suficiente, alcanzar; **es reicht für alle** hay bastante para todos; **das reicht!** ¡basta!; *umg* **jetzt reicht's aber!** ¡basta ya!; ¡apaga y vámonos!; *umg* **mir reicht's!** estoy harto; *umg* estoy hasta la coronilla B V/T 1 (*geben*) dar; alcanzar, alargar; *bes bei Tisch*: pasar; (*darbieten*) ofrecer, presentar; **j-m die Hand ~** dar la mano a alg 2 *geh* (*servieren*) servir
'Reicher M → Reiche
'reichhaltig ADJ abundante, copioso; rico; (*ausführlich*) amplio; (*mannigfaltig*) variado; HANDEL **eine ~e Auswahl haben** estar bien surtido; **Reichhaltigkeit** F ⟨~⟩ abundancia *f*, copiosidad *f*; riqueza *f*; gran variedad *f*
'reichlich A ADJ abundante, cuantioso, copioso; (*umfangreich*) amplio; *Mahlzeit a.* opíparo; **sein ~es Auskommen haben** tener para vivir holgadamente B ADV en abundancia; (*genügend*) bastante; **es ist ~ Platz** hay sitio de sobra; **mehr als ~** más que suficiente; con creces; **~ versehen sein mit** estar bien provisto de; **~ vorhanden sein** abundar; *umg* **das ist ~ langweilig** es bastante aburrido
'reichmachen V/T → reich A 1
'Reichsadler M HIST águila *f* imperial; **Reichsapfel** M HIST globo *m* imperial; **Reichsgebiet** N HIST *Deutschland*: territorio *m* del Reich; **Reichshauptstadt** F HIST *Deutschland*: capital *f* del Reich; **Reichskanzlei** F HIST *Deutschland*: Cancillería *f* del Reich; **Reichskanzler** M HIST *Deutschland*: Canciller *m* del Reich; **Reichspogromnacht** F → Kristallnacht; **Reichspräsident** M HIST *Deutschland*: Presidente *m* del Reich; **Reichsregierung** F HIST *Deutschland*: Gobierno *m* del Reich; **Reichsstadt** F HIST ciudad *f* imperial; **freie ~** ciudad *f* libre; **Reichsstände** MPL HIST Estados *mpl* del Imperio; **Reichstag** M Reichstag *m*; HIST Dieta *f* Imperial; **reichs'unmittelbar** ADJ HIST dependiente directamente del emperador, inmediato; **Reichsverweser** M HIST vicario *m* del Imperio; (*Regent*) regente *m*; **Reichswehr** F ⟨~⟩ HIST *Deutschland*: Reichswehr *f*
'Reichtum M ⟨~s; ¨er⟩ riqueza *f* (**an** *dat* en); (*Vermögen*) fortuna *f*; (*Fülle*) abundancia *f* (**an** *dat* de); opulencia *f*; (*Vielfalt*) gran variedad *f*
'Reichweite F alcance *m* (*a. fig*); (*Aktionsradius*) radio *m* de acción; **etw in ~ haben** tener a/c al alcance (de la mano); **außer ~** fuera de alcance
reif ADJ 1 *Frucht etc* maduro (*a. fig u.* MED); *Obst a.* en sazón; *Käse* curado; **~ werden** madurar 2 *fig* **in ~erem Alter** en edad madura; **~ sein für** estar maduro para; **die Zeit ist ~ für Investitionen** ha llegado la hora de invertir; *umg* **er ist ~ für die Klapsmühle** está para meterlo en el manicomio 3 *umg iron* **eine ~e Leistung** un trabajo bien hecho
Reif[1] M ⟨~(e)s; ~e⟩ (*Fassreif, Spielzeug*) aro *m*; (*Ring*) anillo *m*; (*Diadem*) diadema *f*
Reif[2] M ⟨~(e)s⟩ (*Raureif*) escarcha *f*; (*Frost*) helada *f* blanca
'Reife F ⟨~⟩ 1 madurez *f* (*a. fig*); *Obst a.*: sazón *f*; **zur ~ bringen** (hacer) madurar; **zur ~ kommen** llegar a la madurez 2 SCHULE **mittlere ~** ≈ bachillerato *m* elemental
'Reifegrad M grado *m* de madurez
'reifen[1] A V/I madurar (*a. fig*); *Obst a.* sazonar; *geh* (*erwachsen werden*) llegar a la edad madura; **zum Manne ~** hacerse un hombre B V/T (hacer) madurar
'reifen[2] V/UNPERS **es hat gereift** hay escarcha
'Reifen[1] N ⟨~s⟩ maduración *f* (*a. fig*)
'Reifen[2] M ⟨~s; ~⟩ 1 (*Autoreifen, Fahrradreifen*) neumático *m*, *Am a.* llanta *f* 2 *Spielzeug, Sportgerät*: aro *m* 3 (*Ring*) anillo *m* 4 (*Fassreifen*) aro *m*, cerco *m*; **Reifendruck** M ⟨~(e)s; ¨e⟩ presión *f* del neumático (*od* de inflado); **Reifendruckmesser** M comprobador *m* de presión (en los neumáticos); **Reifenheber** M levantaneumáticos *m*; **Reifenmantel** M cubierta *f* de neumático; **Reifenpanne** F pinchazo *m*; reventón *m*; **Reifenprofil** N dibujo *m* (de la banda de rodadura); **Reifenwechsel** M cambio *m* de neumático(s)
'Reifeprozess M proceso *m* de maduración; **Reifeprüfung** F SCHULE examen *m* de madurez; *sp* examen *m* de bachillerato (superior); **Reifezeugnis** N SCHULE certificado *m* (*od* título *m*) de bachillerato
'Reifglätte F hielo *m* (que cubre la carretera)
'reiflich A ADJ maduro; **nach ~er Überlegung** después de pensarlo bien B ADV **sich** (*dat*) **etw ~ überlegen** considerar detenidamente a/c; **das würde ich mir ~ überlegen** lo pensaría muy bien
'Reifung F ⟨~⟩ maduración *f*
'Reigen M ⟨~s; ~⟩ (*Rundtanz*) danza *f* (*od* baile *m*) en rueda (*od* en redondo); (*Kinderreigen*) corro *m*; **im ~** en corro; **den ~ eröffnen** comenzar la danza (*a. fig*); abrir el baile; *fig* **den ~ der Redner eröffnen** tomar la palabra en primer lugar
'Reihe F ⟨~; ~n⟩ 1 *allg* fila *f* (*a.* MIL, *Sitzreihe*); (*Menschenschlange*) *a. umg* cola *f*; *Häuser, Bäume, Knöpfe*: hilera *f*; *untereinander*: columna *f*; *nebeneinander*: línea *f*; *beim Stricken*: vuelta *f*, *fig* **die ~n schließen** cerrar las filas; *umg fig* **aus der ~ kommen** desarreglarse, quedar en desorden; *umg* **aus der ~ tanzen** hacer rancho aparte; MIL **in geschlossenen ~n** en columna cerrada; **in der vordersten ~** en primera fila; en primer término; **in Reih und Glied** en fila; **in einer ~ gehen** *hintereinander*: ir en fila india; MIL; **in eine ~ stellen** disponer en fila; *fig* parangonar (**mit j-m** con alg) 2 (*Folge, Anzahl*) serie *f* (*a.* MATH, CHEM), tanda *f*; (*Aufeinanderfolge*) sucesión *f*; MATH *a.* progresión *f*; **eine ~ von** una serie de, una tanda de; **eine ~ von Jahren** unos cuantos años; *umg* **eine ganze** *od* **lange ~ von** una retahíla (*od* un rosario *od* una sarta) de; ELEK **in ~ schalten** conectar (*od* montar) en serie 3 (*Reihenfolge*) orden *m*, turno *m*; **wer ist an der ~?** ¿a quién le toca?; **ich bin an der ~** me toca a mí; es mi turno; me ha llegado la vez; **warten, bis man an die ~ kommt** esperar su turno; **außer der ~** fuera de turno; **der ~ nach** por orden; por turno (*od* tanda); sucesivamente; uno después de otro; **der ~ nach erzählen** contar punto por punto; **gehen wir der ~ nach** vayamos por partes 4 *umg fig* **etw auf die ~ kriegen** (*bewältigen*) gobernárselas, apañárselas
'reihen A V/T disponer (*od* colocar *od* poner) en fila; *auf e-e Schnur*: ensartar; TEX *Näherei*: hilvanar B V/R **sich an etw** (*acus*) **~** seguir inmediatamente a a/c, sucederse a a/c
'Reihenfabrikation F, **Reihenfertigung** F fabricación *f* en serie
'Reihenfolge F sucesión *f*; *Anordnung*: orden *m* (de sucesión); *abwechselnde*: turno *m*; **in alphabetischer/chronologischer ~** por orden alfabético/cronológico
'Reihenhaus N chalet *m* adosado; **Reihenmotor** M motor *m* en línea; **Reihenschalter** M ELEK conmutador *m* (*od* interruptor *m*) en serie; **Reihenschaltung** F ELEK conexión *f* en serie; **Reihenuntersuchung** F MED **röntgenologische ~** fotoseriación *f*
'reihenweise ADV 1 (*in Reihen*) en filas; por filas 2 (*in Scharen*) en serie, en masa
'Reiher M ⟨~s; ~⟩ ORN garza *f*; **Reiherente** F ORN porrón *m* moñudo, porrón *m* común; **Reiherfeder** F pluma *f* de garza
'reihern V/I *sl* (*sich erbrechen*) *umg* arrojar
reih'um ADV por turno(s); **~ gehen** *Buch etc* pasar de mano en mano; **etw ~ gehen lassen** hacer pasar a/c de mano en mano
Reim M ⟨~(e)s; ~e⟩ rima *f*; **~e schmieden** rimar; versificar; hacer versos; *umg fig* **ich kann mir keinen ~ darauf machen** no comprendo nada; no me lo explico
'reimen A V/T rimar (**auf** *acus* con) B V/R **sich ~** rimar (**auf** *acus* con); **reimlos** ADJ sin rima; *Gedicht* no rimado; **~er Vers** verso *m* suelto (*od* blanco)
Reim'port [reʔɪmˈpɔrt] M, **Reimportati'on** F WIRTSCH reimportación *f*; **reimpor'tieren** V/T ⟨*ohne* ge-⟩ reimportar
'Reimschmied M *hum* rimador *m*, versificador *m*
rein[1] A ADJ 1 (*unvermischt*) puro; *Wein, Saft a.* natural; *Alkohol* absoluto; **~es Gold** oro *m* fino (*od* de ley); **~e Mathematik** matemática *f* pura; **~e Seide/Wolle** pura seda *f*/lana *f* 2 (*sauber*) limpio (*a. Gewissen*); *Luft* fresco, puro; **~ halten** conservar limpio; **~(e) machen** limpiar 3 (*klar*) claro (*a. Klang, Wasser*); nítido 4 (*echt*) auténtico; legítimo, verdadero; *Abstammung etc* castizo; **~es Deutsch** alemán *m* puro (*od* correcto) 5 WIRTSCH *Gewinn etc* neto 6 *umg fig verstärkend*: **~e Freude** verdadera alegría *f*; **~e Lüge** pura mentira *f*; **aus ~em Mitleid** por pura compasión (*od* lástima); **die ~e Wahrheit** la pura verdad; **das ist der ~ste Wahnsinn** eso es una verdadera locura; **~er Zufall** pura casualidad *f* B ADV 1 puramente; meramente; (*ausschließlich*) únicamente, solamente 2 (*gänzlich*) absolutamente; completamente; **~ gar nichts** absolutamente nada, nada de nada; **~ unmöglich** de todo punto (*od* absolutamente) imposible; **~ zufällig** por pura casualidad

R

rein[2] *umg* → herein *etc*, hinein *etc*
'Reinbetrag M importe *m* líquido (*od* neto)
Reindl N ⟨~s; ~n⟩ *österr*, **'Reine** F ⟨~; ~n⟩ *reg* GASTR cazuela pequeña
Reine(s) N ⟨~n; → A⟩ 1 **etw ins ~ schreiben** poner (*od* sacar) a/c en limpio; pasar a/c a limpio 2 *fig* **eine Sache ins ~ bringen** dilucidar a/c; aclarar a/c; arreglar un asunto; **mit etw ins ~ kommen** resolver a/c; poner en claro a/c; **mit j-m ins ~ kommen** sincerarse con alg; **mit sich im ~n sein** saber a qué atenerse
Reine'claude [rɛnəˈkloːdə] F → Reneklode
'Reinemachefrau F mujer *f* de (la) limpieza; **Reinemachen** N ⟨~s⟩ limpieza *f*
'Reinerlös M, **Reinertrag** M rendimiento *m* neto, producto *m* líquido (*od* neto)
'Reinfall M *umg* fracaso *m*; desilusión *f*; *umg* chasco *m*; **glatter ~** completo fracaso *m*; **einen ~ erleben** sufrir un desengaño; *umg* llevarse un chasco
'reinfallen VI *umg* → hereinfallen; **reingehen** VI *umg* → hineingehen
'Reingewicht N peso *m* neto; **Reingewinn** M beneficio *m* neto, ganancia *f* neta; **Reinhaltung** F ⟨~⟩ *der Umwelt*: protección *f*
'reinhauen A VT *umg* **j-m eine ~** *umg* partir la cara a alg B VI *umg beim Essen*: *umg* comer como una lima; tener buen saque
'Reinheit F ⟨~⟩ pureza *f* (*a. fig*); (*Sauberkeit*) limpieza *f*; (*Klarheit*) claridad *f*; nitidez *f*
'reinigen A VT limpiar; *Luft*, REL purificar; *Flüssigkeit* clarificar, depurar (*a. fig*); MED *Wunde* absterger; deterger; *Darm* purgar; *Metalle* acrisolar (*a. fig*); CHEM rectificar; **chemisch ~** limpiar (*od* lavar) en seco; **von einer Schuld ~** purgar de una culpa B V/R **sich ~** limpiarse; **sich von seinen Sünden ~** purgar sus pecados
'reinigend ADJ limpiador; purificador, depurador; MED abstergente; detersivo, detergente; depurativo (*a.* MED); (*abführend*) purgativo, purgante
'Reinigung F ⟨~; ~en⟩ 1 (*Saubermachen*) limpieza *f* 2 TECH *von Wasser*: depuración *f*, purificación *f* (*a. fig*); CHEM rectificación *f*; clarificación *f*; **~ der Abluft/von Abwässern** depuración *f* del aire de salida/de aguas residuales 3 **chemische ~** lavado *m* (*od* limpieza *f*) en seco; *Betrieb*: tintorería *f*, *umg* tinte *m*
'Reinigungsanlage F instalación *f* de limpieza (*od* limpiadora); planta *f* depuradora; sistema *m* de depuración; **Reinigungscreme** F crema *f* limpiadora (*od* desmaquilladora); **Reinigungsfirma** F empresa *f* de limpieza; **Reinigungsmilch** F *Kosmetik*: leche *f* limpiadora; **Reinigungsmittel** N detergente *m*; producto *m* de limpieza; **Reinigungspersonal** N personal *m* de limpieza
'Reinkarnation [reʔɪn-] F ⟨~; ~en⟩ REL reencarnación *f*
'Reinkultur F cultivo *m* puro; *umg fig* **in ~** puro
'reinlegen VT *umg* → hereinlegen
'reinleinen ADJ de hilo puro
'reinlich ADJ limpio, aseado; pulcro; **Reinlichkeit** F ⟨~⟩ limpieza *f*, aseo *m*; pulcritud *f*
'Reinmachen N → Reinemachen
'reinrassig ADJ de raza pura; de casta; de sangre pura; **Reinrassigkeit** F ⟨~⟩ pureza *f* de casta; limpieza *f* de sangre
'reinreißen VT ⟨*irr*⟩, **reinreiten** VT ⟨*irr*⟩ *umg* **j-n ~** meter a alg en un lío
Rein'schiff N ⟨~s⟩ SCHIFF **~ machen** baldear (la cubierta)
'Reinschrift F copia *f* en limpio
'reinseiden ADJ de seda pura
'Reintegration [reʔɪn-] F reintegración *f*
'reinvestieren [reʔɪn-] VT ⟨*ohne* ge-⟩ reinvertir; **Reinvesti'tion** F reinversión *f*
'reinwaschen VT & V/R ⟨*irr*⟩ **(sich) ~** librar(se) de sospechas, limpiar(se) de culpas
'reinweg ADV *umg* absolutamente, completamente, por completo
'reinwollen[1] ADJ de lana pura
'reinwollen[2] VI ⟨*irr*⟩ → hineinwollen
'reinwürgen VT *umg fig* **j-m eine** *od* **eins ~** hacer a alg una faena
'reinziehen VT *umg* 1 (*essen*) **sich** (*dat*) **einen Hamburger ~** *umg* zamparse una hamburguesa 2 **sich** (*dat*) **einen Film ~** *umg* tragarse una película; **sich** (*dat*) **einen Roman ~** *umg* cepillarse una novela
Reis[1] M ⟨~es; (~e)⟩ BOT, GASTR arroz *m*
Reis[2] N ⟨~es; ~er⟩ BOT, AGR ramita *f*, ramilla *f*; (*Schössling*) vástago *m*
'Reis(an)bau M ⟨~(e)s⟩ cultivo *m* del arroz; **Reisbauer** M, **Reisbäuerin** F arrocero *m*, -a *f*; **Reisbrei** M GASTR papilla *f* de arroz; *Milchreis*: arroz *m* con leche
'Reise F ⟨~; ~n⟩ viaje *m*; (*Rundreise*) circuito *m*; (*Überfahrt*) travesía *f*; **eine ~ machen** hacer un viaje; **auf ~n gehen** *od* **eine ~ antreten** ir (*od* salir) de viaje; **auf ~n sein** estar de viaje; **~ um die Welt** viaje alrededor del mundo; **wohin geht die ~?** ¿a dónde va usted?; **glückliche ~!** ¡feliz viaje!; **gute ~!** ¡buen viaje!
'Reiseandenken N recuerdo *m* de viaje; **Reiseantritt** M inicio *m* del viaje; **Reiseapotheke** F botiquín *m* (de viaje); **Reiseartikel** MPL artículos *mpl* de viaje; **Reisebedarf** M artículos *mpl* de viaje; **Reisebegleiter** M, **Reisebegleiterin** F 1 compañero *m*, -a *f* de viaje 2 → Reiseleiter; **Reisebekanntschaft** F *persona a la que se ha conocido en un viaje*
'Reisebericht M informe *m* de viaje; descripción *f* de un (*bzw* del) viaje; **Reisebeschränkung** F restricción *f* (*od* limitación *f*) de viaje; **Reisebeschreibung** F relación *f* (*od* descripción *f*) de un (*bzw* del) viaje; **Reisebüro** N agencia *f* de viajes; **Reisebus** M autocar *m*; **Reisedecke** F manta *f* de viaje; **Reisedokumente** NPL documentos *mpl* de viaje; **Reiseeindrücke** MPL impresiones *fpl* de viaje
'reisefertig ADJ preparado (*od* listo) para el viaje; **sich ~ machen** prepararse para partir; hacer las maletas
'Reisefieber N nerviosismo *m* ante el viaje; **Reisefreiheit** F libertad *f* de circulación; **reisefreudig** ADJ → reiselustig; **Reiseführer** M 1 *Person*: guía *m* turístico 2 *Buch*: guía *f*; **Reiseführerin** F guía *f* turística; **Reisegefährte** M, **Reisegefährtin** F compañero *m*, -a *f* de viaje
'Reisegepäck N equipaje *m*; **Reisegepäckversicherung** F seguro *m* de equipajes
'Reisegeschwindigkeit F FLUG, SCHIFF, AUTO velocidad *f* de crucero; **Reisegesellschaft** F → Reisegruppe; **Reisegewerbe** N comercio *m* ambulante; **Reisegewerbekarte** M licencia *f* de comercio ambulante; **Reisegruppe** F grupo *m* turístico (*od* de turistas); **Reisekatalog** M catálogo *m* turístico (*od* de viajes); **Reisekoffer** M maleta *f*, *kleiner*: maletín *m*
'Reisekosten PL gastos *mpl* de viaje (*od* de desplazamiento); **die ~ werden (von uns) erstattet** los gastos de viaje corren a nuestra cuenta; **Reisekostenabrechnung** F liquidación *f* de (los) gastos de viaje; *Aufstellung*: detalle *m* de los gastos de viaje; **Reisekostenerstattung** F, **Reisekostenvergütung** F indemnización *f* por desplazamiento
'Reisekrankenversicherung F seguro *m* de enfermedad durante el viaje (*od* en *od* para el extranjero); **Reisekrankheit** F mareo *m*; **Reiseland** N ⟨~(e)s; ~er⟩ país *m* turístico; **Reiseleiter** M, **Reiseleiterin** F guía *m/f* (turístico, -a), (guía *m/f*) acompañante *m/f*; **Reiseleitung** F guía *m* turístico; **Reiselektüre** F lectura *f* de viaje; **Reiselust** F afición *f* a viajar; **reiselustig** ADJ aficionado a viajar; **Reisemagazin** N *Zeitschrift*: revista *f* de viajes; TV programa *m* de turismo (en televisión); **Reisemarkt** M mercado *m* del turismo
'reisen VI ⟨sn⟩ 1 *allg* viajar; hacer un viaje; **er ist viel gereist** ha viajado mucho; **~ durch** pasar por; (*umherreisen*) recorrer; **durch ein Land ~** recorrer un país; **~ nach** ir (de viaje) a; trasladarse a; marcharse a 2 **geschäftlich ~** ir en viaje de negocios; hacer un viaje de negocios
'Reisende M/F ⟨~n; ~n; → A⟩ viajero *m*, -a *f*; (*Fahrgast*) pasajero *m*, -a *f*; HANDEL (*Geschäftsreisende*) viajante *m/f*; (*Vergnügungsreisende*) turista *m/f*
'Reisenecessaire [-nesesɛːr] N neceser *m* (de viaje); **Reisepass** M pasaporte *m*; **biometrischer ~** pasaporte *m* biométrico; **Reisepläne** MPL proyectos *mpl* de viaje; **Reiseprogramm** N programa *m* de viaje; **Reiseroute** F itinerario *m*; **Reiserücktritt** M anulación *f* de un *bzw* del viaje; **Reiserücktrittsversicherung** F seguro *m* de anulación de un viaje; **Reiseruf** M mensaje *m* urgente a través de las emisoras de radio; **Reisescheck** M cheque *m* de viaje; **Reiseschreibmaschine** F *obs* máquina *f* de escribir portátil; **Reisespesen** PL gastos *mpl* de viaje; **Reisetasche** F bolsa *f* de viaje; **Reisetermin** M fecha *f* de(l) (inicio del) viaje; **Reiseunfallversicherung** F seguro *m* contra (*od* de) accidentes de viaje; **Reiseveranstalter** M agente *m* de viajes; operador *m* turístico; **Reiseverbot** N prohibición *f* de viajar; **Reiseverkehr** M tráfico *m* de viajeros; turismo *m*; **Reisewarnung** F *des Auswärtigen Amtes*: recomendación de no viajar; **eine ~ herausgeben** recomendar no viajar a un país; **Reisewecker** M despertador *m* de viaje; **Reiseweg** M ruta *f* (*od* itinerario *m*) de(l) viaje; **Reisewelle** F ola *f* de viajeros
'Reisewetter N tiempo *m* para el viaje; **Reisewetterbericht** M pronóstico *m* del tiempo para viajeros
'Reisezeit F periodo *m* (*od* período *m*) de viaje; *Saison*: temporada *f* turística; **Reiseziel** N punto *m* de destino; término *m* del viaje; **Reisezug** M tren *m* de viajeros; **Reisezuschuss** M subvención *f* para gastos de viaje
'Reisfeld N arrozal *m*
'Reisig N ⟨~s⟩ leña *f* menuda; ramojo *m*; chasca *f*; **Reisigbesen** M escoba *f* de ramas; **Reisigbündel** N haz *m* de leña; **Reisigfeuer** N chamarasca *f*
'Reiskorn N grano *m* de arroz; **Reismehl** N harina *f* de arroz; **Reispapier** N papel *m* de arroz
Reiß'aus M *umg* **~ nehmen** *umg* tomar las de Villadiego; poner pies en polvorosa
'Reißbrett N tablero *m* de dibujo
'reißen ⟨*irr*⟩ A VT 1 (*wegreißen, abreißen*) arrancar; (*herausreißen*) sacar; **an sich** (*acus*) **~** arrebatar; *fig* apoderarse de; *Macht* usurpar; *Gespräch*, WIRTSCH monopolizar; **j-n aus etw ~** sacar a alg de a/c (*a. fig*); **mit sich ~** arrastrar (*a. fig*); **sie riss den Wagen** *bzw* **das Lenkrad nach rechts** dio un volantazo hacia la derecha; **sich** (*dat*) **die Kleider vom Leibe ~** quitarse la ropa violentamente; **j-n zu Boden ~** derribar a alg, tirar a alg al suelo 2 (*zerreißen*) romper; rasgar;

desgarrar; **in Stücke ~** romper en pedazos 3 JAGD *Tier* matar 4 *fig* **Witze ~** contar (*od* decir) chistes B VI 1 ⟨sn⟩ *Schnur* romperse; *Stoff, Papier* desgarrarse, rasgarse; *Saite* saltarse; *Putz etc* quebrar(se); resquebrarse; (*Löcher bekommen*) agujerearse; (*sich spalten*) henderse 2 ⟨h⟩ **an etw** (*dat*) **~** tirar (violentamente) de a/c C VR **sich ~** 1 (*sich verletzen*) **sich an etw** (*dat*) **~** lastimarse con (*od* en) a/c 2 *fig* **sich um etw ~** disputarse a/c; **sich um j-n ~** pelearse por alg; volcarse con alg; **sich nicht um etw ~** *Auftrag* no tener especial interés en a/c; **ich reiße mich nicht darum** no me entusiasma

'Reißen N ⟨~s⟩ 1 MED dolores *mpl* reumáticos 2 SPORT *Gewichtheben*: arrancada *f*

'reißend ADJ 1 *Fluss etc* rápido; raudo; (*heftig*) violento; impetuoso; *Schmerz* lancinante 2 *Tier* feroz 3 HANDEL **~en Absatz finden** tener muy buena salida, *umg* venderse como el pan

'Reißer M ⟨~s; ~⟩ HANDEL éxito *m* de venta; THEAT (pieza *f* de) éxito *m* extraordinario; *umg* exitazo *m*; **reißerisch** ADJ chillón; exagerado; **~e Reklame** *umg* bombo *m*

'Reißfeder F *Zeichnen*: tiralíneas *m*

'reißfest ADJ resistente a la rotura; **Reißfestigkeit** F resistencia *f* a la rotura

'Reißkohle F carboncillo *m*; **Reißleine** F FLUG cuerda *f* de desgarre; **Reißnadel** F trazador *m*; **Reißnagel** M chincheta *f*; **Reißschiene** F regla *f* de dibujo (*od* en forma de T), te *f*; **Reißverschluss** M (cierre *m* de) cremallera *f*; **Reißwolf** M *für Dokumente*: destructor *m* (*od* destructora *f*) de documentos; trituradora *f* de papel; **Reißzahn** M ZOOL (diente *m*) canino *m*; colmillo *m*; **Reißzeug** N estuche *m* de compases; caja *f* de dibujo; **Reißzwecke** F chincheta *f*

'Reiswaffel F galleta *f* de arroz

'Reitanzug M traje *m* de montar; *für Damen*: vestido *m* de amazona; **Reitbahn** F picadero *m*; pista *f* de equitación

'reiten ⟨*irr*⟩ A VI ⟨sn⟩ montar (*od* ir) a caballo; cabalgar; SPORT practicar la equitación; **gut/schlecht ~** montar bien/mal; ser buen/mal jinete; **auf einem Pferd ~** montar un caballo; **auf j-s Rücken** (*dat*) **~** ir a horcajadas sobre alg B VT 1 *Pferd* montar 2 **j-n über den Haufen ~** atropellar (*od* derribar) a alg (con el caballo)

'Reiten N ⟨~s⟩ equitación *f*

'reitend ADJ montado, a caballo

'Reiter M ⟨~s; ~⟩ 1 jinete *m* 2 MIL soldado *m* de caballería; **spanischer ~** caballo *m* de frisa 3 TECH *Gestell*: caballete *m* 4 (*Kartenreiter*) guión *m*

Reite'rei F ⟨~⟩ caballería *f*

'Reiterin F ⟨~; ~nen⟩ amazona *f*

'Reiterregiment N HIST regimiento *m* de caballería; **Reitersmann** M ⟨~(e)s; ¨er *od* -leute⟩ *obs* jinete *m*; **Reiterstandbild** N estatua *f* ecuestre

'Reitgerte F fusta *f*; **Reithalle** F picadero *m* (cubierto); **Reithose** F pantalón *m* de montar; **Reitknecht** M *hist* palafrenero *m*; **Reitkunst** F equitación *f*; **Reitlehrer** M, **Reitlehrerin** F profesor *m*, -a *f* de equitación; **Reitpeitsche** F látigo *m* (de jinete); **Reitpferd** N caballo *m* de silla; caballería *f*; **Reitschule** F escuela *f* de equitación; **Reitsport** M deporte *m* hípico, hípica *f*; equitación *f*; **Reitstall** M caballeriza *f*; **Reitstiefel** M bota *f* de montar; **Reitstock** M TECH contrapunta *f*; **Reittier** N animal *m* de silla (*od* de montar); caballería *f*, cabalgadura *f*; **Reitturnier** N concurso *m* hípico; **Reitunterricht** M lecciones *fpl* de equitación; **Reitweg** M camino *m* de herradura; **Reitzeug** N montura *f*; avíos *mpl* de montar

Reiz M ⟨~es; ~e⟩ 1 PHYSIOL estímulo *m* (*a. fig Antrieb*); (*Erregung*) excitación *f*, *stärker*: irritación *f* (*a.* MED) 2 (*Anziehungskraft*) atractivo *m*, encanto *m*; (*Anreiz*) aliciente *m*, incentivo *m*; (*Kitzel*) prurito *m*; (*Versuchung*) tentación *f*; **weibliche ~e** encantos *mpl* (de una mujer); **einen (großen) ~ auf j-n ausüben** fascinar a alg; **den ~ verlieren** perder todo atractivo (*od* interés)

'reizbar ADJ excitable; irritable (*a.* MED, PHYSIOL); sensible; (*jähzornig*) irascible; (*überempfindlich*) susceptible; **Reizbarkeit** F ⟨~⟩ excitabilidad *f*; irritabilidad *f*; sensibilidad *f*; irascibilidad *f*; susceptibilidad *f*

'reizen VT & VI 1 (*erregen*) excitar; MED *a.* irritar; (*anregen*) estimular (*a.* MED) 2 (*herausfordern*) provocar; (*aufhetzen*) incitar; azuzar; (*ärgern*) enojar, irritar; **in gereiztem Ton** en tono irritado 3 (*anziehen*) seducir; (*locken*) *a.* atraer; (*bezaubern*) encantar; (*in Versuchung führen*) tentar; **das würde mich ~** me gustaría; no me disgustaría; **das kann mich nicht ~** no me atrae 4 *beim Skat*: cantar

'reizend ADJ encantador, atractivo; precioso, bonito, delicioso; MED irritante; **das ist ~ von dir** eres un encanto; *iron* **das ist ja ~!** ¡(la cosa) tiene gracia!

'Reizfigur F figura *f* polémica; **Reizgas** N gas *m* irritante; **Reizhusten** M MED tos *f* irritativa

'Reizker M ⟨~s; ~⟩ BOT mízcalo *m*, rovellón *m*

'Reizklima N clima *m* estimulante

'reizlos ADJ sin atractivo (*od* aliciente); sin gracia, sin garbo; (*fade*) soso, insípido; **Reizlosigkeit** F ⟨~⟩ falta *f* de atractivos; insipidez *f*

'Reizmittel N MED excitante *m*; estimulante *m*; *fig* incentivo *m*; **Reizschwelle** F PHYSIOL umbral *m* de estimulación; **Reizstoff** M su(b)stancia *f* excitante (*bzw* irritante *bzw* estimulante); **Reizthema** N tema *m* controvertido (*od* irritante); **Reizung** F ⟨~; ~en⟩ irritación *f* (*a. fig*); PHYSIOL estimulación *f*

'reizvoll ADJ 1 (*schön*) atractivo; encantador 2 (*interessant*) *Aufgabe etc* interesante, atrayente 3 (*verführerisch*) seductor; (*verlockend*) tentador; incitante

'Reizwäsche F ⟨~⟩ ropa *f* interior sexy; **Reizwort** N ⟨~(e)s; ¨er *od* ~e⟩ palabra *f* que despierta polémica

rekapitu'lieren VT ⟨*ohne* ge-⟩ recapitular

'rekeln VR **sich ~** repantigarse, repanchigarse; (*sich strecken*) estirarse; desperezarse

Reklamati'on F ⟨~; ~en⟩ reclamación *f*; **Reklamationsabteilung** F departamento *m* de reclamaciones

Re'klame F ⟨~; ~n⟩ 1 publicidad *f*; propaganda *f*; reclamo *m*; **~ machen** hacer propaganda 2 (*Anzeige*) anuncio *m* (publicitario); **Reklamefläche** F espacio *m* publicitario; **Reklamerummel** M *umg* guirigay *m* publicitario; *umg* bombo *m*; **Reklameschild** N cartel *m* publicitario; **Reklametafel** F valla *f* publicitaria

rekla'mieren ⟨*ohne* ge-⟩ A VT reclamar B VI hacer una reclamación; (*protestieren*) protestar (**gegen** contra); **bei j-m ~** reclamar a alg; *a.* SPORT

rekonstru'ieren VT ⟨*ohne* ge-⟩ reconstruir; **Rekonstrukti'on** F ⟨~; ~en⟩ reconstrucción *f*

Rekonvales'zent M ⟨~en; ~en⟩, **Rekonvales'zentin** F ⟨~; ~nen⟩ convaleciente *m/f*; **Rekonvales'zenz** F ⟨~⟩ convalecencia *f*

Re'kord M ⟨~(e)s; ~e⟩ récord *m*, marca *f*, plusmarca *f*; **einen ~ aufstellen/halten** establecer/conservar (*od* ostentar) el récord (*od* una marca); **einen ~ brechen** *od* **überbieten** superar (*od* batir) una marca; **einen ~ verbessern/einstellen** mejorar/igualar una marca

Re'kordbesuch M (número *m*) récord *m* de visitantes; **Rekordbeteiligung** F participación *f* récord; **Rekorddefizit** N déficit *m* récord

Re'korder M ⟨~s; ~⟩ (*Kassettenrekorder*) magnetofón *m*, grabadora *f*; (*Videorekorder*) (grabadora *f* de) vídeo *m*

Re'kordergebnis N resultado *m* récord; **Rekordernte** F cosecha *f* récord; **Rekordgeschwindigkeit** F velocidad *f* récord; **Rekordgewinn** M beneficio *m* (*od* ganancia *f*) récord; **Rekordhalter** M ⟨~s; ~⟩ plusmarquista *m*; recordman *m*; **Rekordhalterin** F ⟨~; ~nen⟩ plusmarquista *f*; **Rekordhöhe** F altura *f* récord; **Rekordinhaber** M → Rekordhalter; **Rekordjahr** N año *m* récord, año *m* de récords; **Rekordler** M *umg* → Rekordhalter; **Rekordmeister** M campeón *m* plusmarquista; **Rekordniveau** N nivel *m* récord; **Rekordpreis** M precio *m* récord; **Rekordstand** M → Rekordniveau

Re'kordsumme F suma *f* (*od* monto *m od* importe *m*) récord; **Rekordumsatz** M WIRTSCH facturación *f* récord; cifra *f* de ventas récord; volumen *m* de negocios récord; **rekordverdächtig** ADJ capaz de batir (*od* superar) un récord; **Rekordverlust** M pérdida *f* récord; **Rekordversuch** M tentativa *f* de superar una marca; **Rekordzahl** F cifra *f* récord; **Rekordzeit** F tiempo *m* récord

Re'krut M ⟨~en; ~en⟩ MIL recluta *m*, quinto *m*

Re'krutenausbildung F instrucción *f* de reclutas; **Rekrutenaushebung** F reclutamiento *m*; **Rekrutenjahrgang** M quinta *f*

rekru'tieren ⟨*ohne* ge-⟩ A VT reclutar, *Am* enrolar B VR **sich ~** reclutarse (**aus** de); **Rekrutierung** F ⟨~; ~en⟩ reclutamiento *m*, *Am* enrolamiento *m*; **Rekrutierungsstelle** F centro *m* de reclutamiento

Re'krutin F ⟨~; ~nen⟩ MIL recluta *f*, quinta *f*

'Rektaindossament N FIN endoso *m* restrictivo; **Rektaklausel** F FIN cláusula *f* nominativa

rek'tal A ADJ MED rectal B ADV **etw ~ verabreichen** administrar a/c por vía rectal

'Rektapapiere NPL FIN títulos *mpl* nominativos; valores *mpl* intransferibles; **Rektascheck** M FIN cheque *m* nominativo (*od* intransferible); **Rektawechsel** M FIN letra *f* nominativa (*od* intransferible)

Rektifikati'on F ⟨~; ~en⟩ rectificación *f*; **rektifi'zieren** VT ⟨*ohne* ge-⟩ rectificar

Rekti'on F ⟨~; ~en⟩ GRAM régimen *m*

'Rektor M ⟨~s; -'toren⟩ UNIV rector *m*; SCHULE director *m*

Rekto'rat N ⟨~(e)s; ~e⟩ UNIV rectorado *m*; SCHULE dirección *f*; *Büro*: rectoría *f*

Rek'torenkonferenz F conferencia *f* de rectores; **Rektorin** F ⟨~; ~nen⟩ UNIV rectora *f*; SCHULE directora *f*

Rektosko'pie F ⟨~; ~n⟩ MED rectoscopia *f*

'Rektum N ⟨~s; Rekta⟩ ANAT recto *m*

rekulti'vieren [-v-] VT recultivar; **Rekultivierung** F ⟨~; ~en⟩ recultivo *m*

Re'kurs M ⟨~es; ~e⟩ JUR recurso *m*

Rel. ABK (Religion) religión *f*

Re'lais [rəˈlɛː] N ⟨~; ~⟩ ELEK relevador *m*, relé *m*; **Relaissender** M transmisor *m* de repetición; **Relaisstation** F repetidor *m*; **Relaissteuerung** F mando *m* por relé

Relati'on F ⟨~; ~en⟩ relación *f*

rela'tiv ADJ relativo

R

relati'vieren [-v-] VT ‹ohne ge-› relativizar; **Relati'vierung** F ‹~; ~en› relativización f; **Relati'vismus** M ‹~› PHIL relativismo m; **relati'vistisch** ADJ relativista; **Relativi'tät** F ‹~; ~en› relatividad f; **Relativi'tätstheorie** F teoría f de la relatividad
Rela'tivpronomen N GRAM pronombre m relativo; **Relativsatz** M GRAM oración f relativa
re'laxen [ri'lɛksən] VI relajar, descansar; **relaxt** ADJ *(entspannt)* relajado, laxo, distendido
Relegati'on F ‹~; ~en› expulsión f; **rele'gieren** VT ‹ohne ge-› expulsar
rele'vant [-v-] ADJ relevante; **Relevanz** F ‹~› relevancia f
Reli'ef N ‹~s; ~s *od* ~e› relieve m; **reliefartig** ADJ en relieve; **Reliefdruck** M ‹~(e)s; ~e› impresión f en relieve; **Reliefkarte** F mapa m en relieve
Religi'on F ‹~; ~en› religión f
Religi'onsbekenntnis N confesión f (religiosa); **Religionseifer** M celo m religioso; **Religionsfreiheit** F libertad f religiosa (*od* de cultos); **Religionsgemeinschaft** F comunidad f religiosa; **Religionsgeschichte** F historia f de las religiones; **Religionskrieg** M guerra f de religión; **Religionslehre** F enseñanza f religiosa; **Religionslehrer** M, **Religionslehrerin** F profesor m, -a f de religión (*od* de enseñanza religiosa); **religionslos** ADJ irreligioso; sin religión; **Religionslosigkeit** F ‹~› irreligiosidad f; **Religionspädagogik** F pedagogía f religiosa; pedagogía f de la religión; **Religionsphilosophie** F filosofía f de la religión; **Religionssoziologie** F sociología f religiosa; sociología f de la religión; **Religionsstifter** M, **Religionsstifterin** F fundador m, -a f de una religión; **Religionsstreit** M controversia f religiosa; **Religionsunterricht** M enseñanza f religiosa; **Religionswechsel** M cambio m de confesión (*bzw* religión); conversión f; **Religionswissenschaftler** M, **Religionswissenschaftlerin** F investigador m, -a f de las religiones; especialista m/f en (historia de las) religiones; **Religionszugehörigkeit** F (pertenencia f a una) confesión f
religi'ös ADJ religioso; *(fromm)* piadoso; devoto; **~e Kunst** arte m sacro
Religiosi'tät F ‹~› religiosidad f; sentimiento m religioso; *(Frömmigkeit)* piedad f; devoción f
Re'likt N ‹~(e)s; ~e› residuo m; REL, BIOL reliquia f
'Reling F ‹~; ~s *od* ~e› SCHIFF borda f
Re'liquie [-kviə] F ‹~; ~n› reliquia f
Re'liquienschrein M relicario m
Re'make [ri:'me:k] N ‹~s; ~s› FILM remake f
Rema'nenz F ‹~› PHYS remanencia f
remilitari'sieren VT ‹ohne ge-› remilitarizar; **Remilitarisierung** F remilitarización f
Reminis'zenz F ‹~; ~en› reminiscencia f
re'mis [re'mi:] ADV **~ spielen** *Schach:* hacer tablas; SPORT empatar
Re'mis [re'mi:] N ‹~; ~› *Schach:* tablas fpl; SPORT empate m
Remit'tenden FPL *Buchhandel:* libros mpl devueltos; devoluciones fpl; **Remittent** M ‹~en; ~en›, **Remittentin** F ‹~; ~nen› WIRTSCH tomador m, -a f (*od* tenedor m, -a f) de una letra; **remittieren** ‹ohne ge-› WIRTSCH VT remesar, remitir; *Bücher:* devolver
Remmi'demmi N ‹~s› *umg* juerga f; bullicio m
Remou'lade [remu-] F ‹~; ~n›, **Remouladensoße** F GASTR salsa f tártara
Rempe'lei F ‹~› *umg* empujón m; atropello m; *Fußball:* carga f
'rempeln VT *umg* empujar; atropellar; *Fußball:* cargar
Ren N ‹~s; ~s› ZOOL reno m
Renais'sance [rənɛ'sã:s] F ‹~› HIST Renacimiento m; **Renaissancestil** M estilo m Renacimiento (*od* renacentista)
re'nal ADJ ANAT renal
Renationali'sierung F renacionalización f
renatu'riert ADJ renaturalizado; **Renaturierung** F ‹~› renaturización f
Rendez'vous [rãde'vu:] N ‹~; ~› cita f; **ein ~ haben mit** tener una cita con; **zu einem ~ gehen** acudir a una cita
Rendez'vousmanöver [rãde'vu:-] N *Raumfahrt:* maniobra f de encuentro
Ren'dite F ‹~; ~n› WIRTSCH rédito m, rentabilidad f, rendimiento m; **hohe ~** alto rendimiento m
Rene'gat M ‹~en; ~en›, **Renegatin** F ‹~; ~nen› renegado m, -a f
Rene'klode F ‹~; ~n› BOT ciruela f claudia
Re'nette F ‹~; ~n› BOT reineta f
reni'tent ADJ renitente, recalcitrante; **Reni'tenz** F ‹~› renitencia f
'Rennbahn F pista f (de carreras); *(Pferderennbahn)* hipódromo m; *Arg* cancha f; AUTO circuito m; **Rennboot** N bote m de carreras
'rennen ‹irr› **A** VI ‹sn› correr; *(vorwärts stürzen)* precipitarse; **gegen etw ~** chocar (*od* dar) contra a/c; estrellarse contra a/c; **in sein Verderben ~** correr hacia su perdición; **um die Wette ~** echar una carrera; *umg* **er rennt dauernd zum Direktor** siempre se queja al director **B** VT **j-n über den Haufen ~** arrollar (*od* atropellar) a alg
'Rennen N ‹~s; ~› carrera f; **totes ~** carrera f ex aequo (*od* que acaba en empate); **das ~ aufgeben** abandonar la carrera; *fig* abandonar la lucha; *fig* **das ~ machen** triunfar, salir vencedor
'Renner M ‹~s; ~› **1** → Rennpferd **2** *umg* *(Verkaufsrenner)* HANDEL éxito m de venta
'Rennfahrer M, **Rennfahrerin** F AUTO corredor m, -a f (automovilista), piloto m/f (de carreras), *umg* as m del volante; *Motorrad:* corredor m, -a f (motorista); *Fahrrad:* corredor m, -a f (ciclista)
'Rennjacht F yate m de regatas; **Rennmannschaft** F equipo m de corredores; **Rennpferd** N caballo m de carreras; **Rennpiste** F → Rennstrecke; **Rennplatz** M hipódromo m; **Rennrad** N bicicleta f de carreras; **Rennsport** M carreras fpl; **Rennstall** M cuadra f de carreras; AUTO escudería f; **Rennstrecke** F recorrido m; pista f; AUTO circuito m; **Rennwagen** M coche m de carreras; *umg* bólido m
Renom'mee N ‹~s; ~s› *geh* fama f; reputación f; renombre m; **renom'mieren** VI *geh* ‹ohne ge-› fanfarronear; darse importancia; *umg* darse pisto; **mit etw ~** jactarse de a/c, presumir de a/c; **renom'miert** ADJ *geh* afamado, renombrado; famoso, célebre
reno'vieren [-v-] VT ‹ohne ge-› renovar; restaurar; **Renovierung** F ‹~; ~en› renovación f; restauración f
Reno'vierungsarbeiten [-v-] FPL trabajos mpl de reforma (*od* de renovación); **renovierungsbedürftig** ADJ necesitado de reformas (*od* de renovación); **Renovierungskosten** PL costes mpl (*od* costos mpl) de las reformas (*od* de la renovación)
ren'tabel ADJ rentable; lucrativo; que rinde (beneficio)
Rentabili'tät F ‹~› rentabilidad f; rendimiento m
Rentabili'tätsberechnung F WIRTSCH cálculo m de la rentabilidad; **Rentabilitätsgrenze** F WIRTSCH límite m de rentabilidad; **Rentabilitätsschwelle** F umbral m de rentabilidad; **Rentabilitätssteigerung** F aumento m de rentabilidad; **Rentabilitätsverlust** M pérdida f de rentabilidad
'Rente F ‹~; ~n› *(Altersrente)* pensión f; *Geldbetrag, Zustand a.:* jubilación f; *aus Kapital:* renta f; **lebenslange ~** pensión f vitalicia; **eine ~ beziehen** percibir una pensión; *umg* **in ~ gehen** jubilarse; **in ~ sein** estar jubilado
'Rentenalter N ‹~s› edad f de pensión (*od* de retiro *od* de jubilación); **das ~ erreichen** alcanzar la edad de retiro (*od* de jubilarse); **Rentenanspruch** M derecho m a pensión (*od* a jubilación); **Rentenanstalt** F caja f de pensiones; **Rentenantrag** M solicitud f de pensión; **Rentenbank** F ‹~; ~en› banco m agrícola de crédito (emisor de títulos de renta); **Rentenbeitrag** M cuota f para el seguro de pensiones; **Rentenberechtigte** M/F beneficiario m, -a f de la pensión; **Rentenbrief** M WIRTSCH título m de renta fija; **Renteneintrittsalter** N **1** *gesetzliches:* edad f de jubilación legal **2** *tatsächliches:* edad f de jubilación real; **Rentenempfänger** M, **Rentenempfängerin** F titular m/f (*od* beneficiario m, -a f) de una pensión; *(Sozialrentenempfänger)* pensionista m/f; **Rentenfonds** [-fõ:] M WIRTSCH fondo m de renta fija; fondo m de inversión en renta fija; **Rentenkasse** F caja f de pensiones; **Rentenleistung** F (prestación f en concepto de) pensión f; **Rentenmarkt** M WIRTSCH mercado m de renta fija; **Rentenpapiere** NPL WIRTSCH títulos mpl de renta fija; **Rentenreform** F reforma f del sistema de pensiones; **Rentensystem** N sistema m de pensiones (*od* jubilaciones); **Rentenversicherung** F seguro m de pensiones (*od* jubilaciones)
'Rentenversicherungsanstalt F instituto m (nacional) de previsión; caja f del seguro de pensiones (*od* jubilaciones); **Rentenversicherungsbeitrag** M cuota f (*od* cotización f) al seguro de pensiones (*od* jubilaciones); **Rentenversicherungsträger** M ente m titular del seguro de pensiones
'Rentenwerte MPL WIRTSCH → Rentenpapiere; **Rentenzahlung** F pago m de la pensión
'Rentier N ZOOL reno m
ren'tieren VR ‹ohne ge-› **sich ~** ser rentable; rentar bien; *fig* valer la pena
'Rentner M ‹~s; ~› pensionista m; jubilado m; **Rentnerehepaar** N matrimonio m de pensionistas (*od* jubilados); **Rentnerin** F ‹~; ~nen› pensionista f; jubilada f
Reorganisati'on F ‹~; ~en› reorganización f; **reorgani'sieren** VT ‹ohne ge-› reorganizar
repa'rabel ADJ reparable
Reparati'onen FPL POL reparaciones fpl (de guerra)
Reparati'onsausschuss M comisión f de reparaciones; **Reparationsforderung** F demanda f de reparaciones (de guerra); **Reparationsleistung** F prestación f a título de reparación; **Reparationszahlung** F pago m a título de reparación
Repara'tur F ‹~; ~en› reparación f; compostura f; arreglo m; **in ~** en reparación; **in ~ geben** dar a componer (*od* a arreglar)
repara'turanfällig ADJ delicado, frágil

Repara'turanleitung F manual *m* de instrucciones, instrucciones *fpl* de reparación; **Reparaturarbeit** F trabajo *m* de reparación; **reparaturbedürftig** ADJ necesitado de (*od* que necesita) arreglo (*od* reparación); **reparaturfähig** ADJ reparable; **Reparaturkosten** PL gastos *mpl* de reparación; **Reparaturwerkstatt** F taller *m* de reparaciones

repa'rieren VT ‹*ohne* ge-› reparar; arreglar

repatri'ieren VT ‹*ohne* ge-› POL repatriar; **Repatriierung** F ‹~; ~en› POL repatriación *f*

Reper'toire [-to'a:r] N ‹~s; ~s› *geh* repertorio *m* (*a. fig*)

repe'tieren VT ‹*ohne* ge-› *geh* repetir; **Repetieren** N ‹~s› *geh* repetición *f*; **Repetiergewehr** N fusil *m* de repetición; escopeta *f* repetidora

Repe'titor M ‹~s; -'toren›, **Repeti'torin** F ‹~; ~nen› UNIV repetidor *m*, -a *f*; **Repeti'torium** N ‹~s; Repetitorien› UNIV clase *f* (*od* curso *m*) de repetición

Re'plik F ‹~; ~en› *geh* réplica *f*

Re'port M ‹~(e)s; ~e› **1** (*Bericht*) informe *m* **2** WIRTSCH reporte *m*

Repor'tage [-a:ʒə] F ‹~; ~n› reportaje *m*

Re'porter M ‹~s; ~›, **Reporterin** F ‹~; ~nen› reportero *m*, -a *f*, periodista *m/f*

Re'portgeschäft N WIRTSCH operación *f* de reporte

Repräsen'tant M ‹~en; ~en› representante *m*; **Repräsentantenhaus** N POL *USA*: Cámara *f* de Representantes; **Repräsentantin** F ‹~; ~nen› representante *f*

Repräsen'tanz F ‹~; ~en› oficina *f* de representación; **Repräsentati'on** F ‹~; ~en› representación *f*; **Repräsentati'onskosten** PL gastos *mpl* de representación; **repräsenta'tiv** ADJ representativo

Repräsentativsystem N POL sistema *m* representativo; **Repräsentativumfrage** F encuesta *f* representativa

repräsen'tieren VT ‹*ohne* ge-› representar

Repres'salien FPL represalias *fpl*; **~ anwenden/befürchten** tomar/temer represalias

Repres'sion F ‹~; ~en› represión *f*

Repres'sionspolitik F política *f* represiva (*od* de represión)

Re'prise F ‹~; ~n› THEAT, FILM reposición *f*, reprise *f*; MUS repetición *f*, reexposición *f*

reprivati'sieren VT ‹*ohne* ge-› desnacionalizar; reprivatizar; **Reprivatisierung** F desnacionalización *f*; reprivatización *f*

Reprodukti'on F reproducción *f*

Reprodukti'onsmedizin F MED medicina *f* de la reproducción (*od* procreación) humana; **Reproduktionstechnik** F técnica *f* de (la) reproducción; **Reproduktionstechnologie** F tecnología *f* de (la) reproducción

reprodu'zierbar ADJ reproducible; **Reproduzierbarkeit** F ‹~› reproductibilidad *f*, repetibilidad *f*

reprodu'zieren VT ‹*ohne* ge-› reproducir

Rep'til N ‹~s; ~ien› ZOOL reptil *m*; **Reptilienfonds** M *iron* fondos *mpl* secretos, fondos *mpl* reservados

Repu'blik F ‹~; ~en› república *f*; **Berliner ~** (*heutige Bundesrepublik*) república *f* de Berlín; HIST **Bonner ~** república *f* de Bonn; antigua RFA; HIST **Weimarer ~** república *f* de Weimar

Republi'kaner M ‹~s; ~›, **Republikanerin** F ‹~; ~nen› republicano *m*, -a *f*; **republikanisch** ADJ republicano

Republi'kflucht F HIST *DDR*: fuga *f* (*od* huida *f*) de la RDA; **Republikflüchtling** M HIST *DDR*: refugiado *m*, -a *f* de la RDA; **Republikparlament** N parlamento *m* republicano; **republikweit** ADJ en toda la república

Repulsi'onsmotor M TECH motor *m* de repulsión

Reputati'on F ‹~› reputación *f*

'Requiem ['re:kviɛm] N ‹~s; ~s› (misa *f* de) réquiem *m*, misa *f* de difuntos; MUS réquiem *m*

requi'rieren VT ‹*ohne* ge-› MIL requisar

Requi'sit N ‹~(e)s; ~en› requisito *m*; THEAT, FILM **~en** *pl* accesorios *mpl*, aderezos *mpl*, atrezzo *m*; **Requisitenkammer** F cuarto *m* de aderezos; **Requisitenmeister** M maestro *m* de aderezos

Requisi'teur [-'tø:r] M ‹~s; ~e›, **Requisiteurin** F ‹~; ~nen› atrezzista *m/f*; **Requisiti'on** F ‹~; ~en› MIL requisición *f*, requisa *f*

resch ADJ *reg* crujiente

Re'seda F ‹~; ~s› BOT reseda *f*

Resekti'on F ‹~; ~en› MED resección *f*

Reser'vat [-v-] N ‹~(e)s; ~e›, **Reservati'on** F ‹~; ~en› reserva *f*

Re'serve [-və] F ‹~; ~n› *allg* reserva *f*; **eiserne ~** reserva *f* para emergencias; WIRTSCH **stille ~n** reservas *fpl* tácitas (*od* ocultas); **die ~n angreifen** recurrir a las reservas; **~n schaffen** acumular reservas; **als ~ zurücklegen** guardar en reserva; **etw in ~ haben** tener a/c reservado; MIL **zur ~ abgestellt werden** pasar a la reserva; *umg* **j-n aus der ~ locken** *umg* sacar a alg de la burbuja

Re'servearmee [-v-] F MIL ejército *m* de reserva (*od* de reservistas); **Reservebank** F ‹~; ~̈e› SPORT banquillo *m*; **Reservefonds** [-fõ:] M WIRTSCH fondo *m* de reserva; **dem ~ zuführen** asignar a las reservas; pasar al fondo de reserva; **Reservekanister** M *für Benzin*: bidón *m* de reserva; **Reservekapital** N capital *m* de reserva; **Reservemannschaft** F equipo *m* de reserva

Re'servenbildung [-v-] F ‹~› WIRTSCH constitución *f* de reservas

Re'serveoffizier [-v-] M MIL oficial *m* de reserva; **Reserverad** N rueda *f* de repuesto (*od* de recambio); **Reservespieler** M, **Reservespielerin** F SPORT suplente *m/f*, reserva *m/f*; **Reservetank** M depósito *m* de reserva; **Reservetruppen** FPL tropas *fpl* de reserva

reser'vieren [-v-] VT ‹*ohne* ge-› reservar; **einen Tisch ~** reservar una mesa

reser'viert ADJ [-v-] reservado (*a. fig*); **sich ~ verhalten** guardar reserva (*od* una actitud reservada); **Reserviertheit** F ‹~› *Benehmen*: actitud *f* reservada

Reser'vierung [-v-] F ‹~; ~en› reservación *f*, reserva *f*; **Reser'vist** M ‹~en; ~en›, **Reser'vistin** F ‹~; ~nen› MIL reservista *m/f*; **Reser'voir** [-vo'a:r] N ‹~s; ~s› depósito *m*; *fig* reserva *f*

Resi'denz F ‹~; ~en› **1** residencia *f* **2** → Residenzstadt; **Residenzstadt** F Corte *f*; capital *f*

resi'dieren VI ‹*ohne* ge-› residir

Resignati'on F ‹~; ~en› resignación *f*; **resigna'tiv** ADJ resignado; de resignación; **in einer ~en Stimmung sein** estar inmerso en un ambiente de resignación

resig'nieren VI ‹*ohne* ge-› resignarse

resis'tent ADJ resistente (**gegen** a); **Resis'tenz** F ‹~; ~en› resistencia *f*

reso'lut ADJ resuelto, resoluto; enérgico; decidido

Resoluti'on F ‹~; ~en› resolución *f*

Reso'nanz F ‹~; ~en› resonancia *f*; *fig a.* eco *m*, repercusión *f*; **Resonanzboden** M caja *f* de resonancia

resor'bieren VT ‹*ohne* ge-› BIOL, MED resorber; **Resorpti'on** F ‹~; ~en› resorción *f*

resoziali'sieren VT ‹*ohne* ge-› reinsertar (en la sociedad); **Resozialisierung** F reinserción *f* social, resocialización *f*

resp. ABK (respektive) respectivamente

Re'spekt M ‹~(e)s› respeto *m* (**vor** *dat* a); **vor j-m/etw ~ haben** tener respeto a alg; respetar a alg/a/c; **j-m ~ einflößen** inspirar respeto a alg; **sich** (*dat*) **~ verschaffen** hacerse respetar; **bei allem ~** con todo respeto (sea dicho); con perdón de usted; **~!** *umg* ¡chapó!

respek'tabel ADJ respetable; **respek'tieren** VT ‹*ohne* ge-› respetar; **respek'tierlich** ADJ respetable; **Respek'tierung** F ‹~› respeto *m*; **respek'tive** ADV *geh* respectivamente (*nachgestellt*)

re'spektlos ADJ irrespetuoso; sin respeto; **Respektlosigkeit** F ‹~; ~en› falta *f* de respeto

Re'spektsperson F persona *f* de respeto

re'spektvoll ADJ respetuoso; **respektwidrig** ADJ irrespetuoso; irreverente; **Respektwidrigkeit** F ‹~› irreverencia *f*

Ressenti'ment [rɛsãti'mã:] N ‹~s; ~s› *geh* resentimiento *m*

Res'sort [rɛ'so:r] N ‹~s; ~s› VERW departamento *m*; negociado *m*; *e-s Ministers*: cartera *f*; (*Zuständigkeit*) incumbencia *f*; **das fällt nicht in mein ~** no es asunto de mi incumbencia

res'sortübergreifend [rɛ'so:r-] ADJ que trasciende un departamento; que va más allá de un solo ministerio

Res'source [rɛ'sʊrsə] F ‹~; ~n› recurso *m* (*a.* WIRTSCH); ÖKOL **natürliche/knappe ~n** recursos *mpl* naturales/escasos

res'sourcenschonend ADJ respetuoso con los recursos; **Ressourcenverschwendung** F despilfarro *m* de recursos

Rest M ‹~es; ~e› resto *m* (*a.* MATH); restante *m*; CHEM residuo *m*; (*Überrest, Spur*) vestigio *m*; HANDEL (*Restbetrag*) remanente *m*; saldo *m*; (*Stoffrest*) retal *m*; **~e** *mpl* (*Speiserest*) sobras *fpl*, restos *mpl*; **und der ganze ~** y todo lo demás; **die sterblichen ~e** los restos mortales; *umg fig* **j-m den ~ geben** dar a alg el golpe de gracia

'Restalkohol M alcohol *m* residual

Res'tant M ‹~en; ~en› HANDEL deudor *m* moroso; *Ware*: **~en** *pl* restos *mpl*

'Restauflage F TYPO resto *m* de edición

Restau'rant [resto'rã:] N ‹~s; ~s› restaurante *m*

Restaura'teur [restora'tø:r] M ‹~s; ~e›, **Restaurateurin** F ‹~; ~nen› *bes schweiz* dueño *m*, -a *f* de un restaurante; gastrónomo *m*, -a *f*

Restaurati'on [-taʊ-] F ‹~; ~en› POL, MAL, ARCH restauración *f*; **restaura'tiv** ADJ restaurativo; **Restau'rator** M ‹~s; -'toren›, **Restaura'torin** F ‹~; ~nen› restaurador *m*, -a *f* (de obras de arte); **restau'rieren** ‹*ohne* ge-› **A** VT restaurar **B** VR *umg* **sich ~** restaurarse; **Restau'rierung** F ‹~; ~en› restauración *f*

'Restbestand M HANDEL resto *m*; saldo *m*; *Waren*: existencias *fpl* restantes; **Restbetrag** M remanente *m*, saldo *m*, suma *f* restante; **Restforderung** F débito *m* restante; **Restguthaben** N resto *m* a favor

restitu'ieren VT ‹*ohne* ge-› *bes* JUR restituir; **Restituti'on** F ‹~; ~en› restitución *f*

Restituti'onsanspruch M reinvindicación *f* de restitución; **Restitutionsklage** F JUR acción *f* de revisión

'Restlager N HANDEL existencias *fpl* restantes; **Restlaufzeit** F FIN plazo *m* (*od* vencimiento *m*) residual; NUKL *e-s AKW*: tiempo *m* de vida restante

'restlich ADJ restante; que sobra

'restlos **A** ADJ entero, completo, total **B**

ADV enteramente, totalmente; por completo, completamente; *umg* **~ glücklich** rebosante de alegría
'Restmüll M residuos *mpl* restantes; **Restposten** M HANDEL partida *f* restante (*od* residual *od* de cierre)
Restrikti'on F ⟨~; ~en⟩ restricción *f*; **restrik'tiv** ADJ restrictivo
'Restrisiko N riesgo *m* (remanente)
'Restrukturierung F reestructuración *f*, remodelación *f*
'Restschuld F deuda *f* restante; **Reststoff** M sustancia *f* (*od* materia *f*) residual; **Restsumme** F suma *f* restante; resto *m*; **Restwert** M WIRTSCH valor *m* residual; **Restzahlung** F pago *m* restante (*od* del resto)
Resul'tante F ⟨~; ~n⟩ MATH resultante *f*
Resul'tat N ⟨~(e)s; ~e⟩ *geh* resultado *m*; **resultatlos** ADJ sin resultado; infructuoso
resul'tieren VI ⟨*ohne* ge-⟩ *geh* **aus etw ~** resultar de a/c; **daraus resultiert, dass ...** de ello resulta que ...
Resul'tierende F ⟨~n; ~n; → A⟩ MATH resultante *f*
Resü'mee N ⟨~s; ~s⟩ resumen *m*; **resü'mieren** VT ⟨*ohne* ge-⟩ resumir
retar'dierend ADJ de retraso, retardador; **~er Faktor** factor *m* de retraso; factor *m* retardador
Re'torte F ⟨~; ~n⟩ CHEM retorta *f*; alambique *m*; *umg fig* **aus der ~** artificial; **Retortenbaby** [-be:bi] N MED bebé-probeta *m*
'retro ADJ ⟨*inv*⟩ nostálgico (*de los años 50-70*)
'Retro F ⟨~, ~s⟩ *umg* retrospectiva *f*; **Retro-Look** [-lʊk] M *umg* look *m* retro; **Retro-Sound** M [-saʊnt] *umg* sonido *m* retro
retrospek'tiv ADJ *geh* retrospectivo
Retrospek'tive [-və] F ⟨~; ~n⟩ *geh* retrospectiva *f*
Retro-Stil M *umg* estilo *m* retro; **Retro-Trend** M *umg* tendencia *f* retro
'retten **A** VT **1** salvar (**aus** *od* **vor** *dat* de); poner en (*od* a) salvo; **sie rettete mir das Leben** me salvó la vida; **j-n vor dem Ertrinken ~** salvar a alg de morirse ahogado **2** (*befreien*) librar (**aus** de) **er rettete Julia aus einer peinlichen Situation** libró (*od* sacó) a Julia de una situación incómoda **3** (*bergen*) rescatar **4** *fig umg* **er ist nicht mehr zu ~** es un caso perdido; **bist du noch zu ~?** ¿estás loco? **B** VR **sich ~** salvarse; librarse; **sie rettete sich ins Haus** se refugió en la casa; **rette sich, wer kann!** ¡sálvese quien pueda!; *fig* **sich vor Arbeit nicht mehr ~ können** estar agobiado de trabajo
'rettend ADJ salvador; *fig* **~er Engel** ángel *m* salvador; ángel *m* de la salvación
'Retter M ⟨~s; ~⟩, **Retterin** F ⟨~; ~nen⟩ salvador *m*, -a *f* (*a.* REL)
'Rettich M ⟨~s; ~e⟩ BOT rábano *m*
'Rettung F ⟨~; ~en⟩ **1** (*Errettung*) salvación *f* (*a.* REL); (*Befreiung*) liberación *f*; **das war seine ~** eso le salvó; **es gibt keine ~ für ihn** no tiene salvación **2** (*Hilfe*) socorro *m*, auxilio *m*; **er ist meine letzte ~** él es mi última esperanza **3** (*Bergung*) salvamento *m* (*a.* SCHIFF), rescate *m* **4** *österr* (*Krankenwagen*) ambulancia *f*
'Rettungsaktion F operación *f* de rescate (*od* de salvamento); **Rettungsanker** M áncora *f* (*fig a.* tabla *f*) de salvación; **Rettungsarbeiten** FPL trabajos *mpl* de rescate (*od* de salvamento); **Rettungsboje** F boya *f* salvavidas (*od* de salvamento); **Rettungsboot** N bote *m* salvavidas; **Rettungsdienst** M servicio *m* de salvamento; **Rettungseinsatz** M misión *f* (*od* acción *f* *od* operación *f*) de socorro; **Rettungsfloß** N balsa *f* de salvamento; **Rettungsgürtel** M cinturón *m* salvavidas; **Rettungshubschrauber** M helicóptero *m* de salvamento; **Rettungskraft** F socorrista *m/f*; **Rettungsleine** F cuerda *f* de salvamento; **Rettungsleitstelle** F oficina *f* central (*od* dirección *f*) de socorro
'rettungslos ADJ & ADV sin remedio; **er ist ~ verloren** no hay remedio (*od* salvación) para él; está irremediablemente perdido
'Rettungsmannschaft F equipo *m* de rescate (*od* de salvamento); **Rettungsmaßnahme** F medida *f* de rescate (*od* de socorro); **Rettungsmedaille** F medalla *f* de salvamento; **Rettungsring** M salvavidas *m*; **Rettungssanitäter** M, **Rettungssanitäterin** F enfermero *m*, -a *f* (del equipo) de rescate; **Rettungsschwimmer** M, **Rettungsschwimmerin** socorrista *m/f*; **Rettungsstation** F puesto *m* de socorro; **Rettungstrupp** M → Rettungsmannschaft; **Rettungsversuch** M tentativa *f* de salvamento; **Rettungswagen** M ambulancia *f*; **Rettungswesen** N ⟨~s⟩ socorrismo *m*; **Rettungsweste** F chaleco *m* salvavidas
Re'turn [ri'tœrn] M ⟨~s; ~s⟩ *Tennis*: devolución *f*, contestación *f*; **Returntaste** F IT tecla *f* Return
Re'tusche F ⟨~; ~n⟩ FOTO retoque *m*
Retu'scheur [-'ʃø:r] M ⟨~s; ~e⟩, **Retu'scheurin** F ⟨~; ~nen⟩ retocador *m*, -a *f*; **retu'schieren** VT ⟨*ohne* ge-⟩ retocar
'Reue F ⟨~⟩ arrepentimiento *m* (**über** *acus* de); (*Zerknirschung*) contrición *f* (*a.* REL); (*Bedauern*) pesar *m*; **~ empfinden** arrepentirse (**über** *acus* de); JUR **tätige ~** arrepentimiento *m* activo; **Reuegefühl** N sentimiento *m* de pesar; remordimiento *m*
'reuen V/UNPERS *geh* **es reut mich, das getan zu haben** me arrepiento de haberlo hecho; **reuevoll** ADJ arrepentido; pesaroso; REL penitente; (*zerknirscht*) contrito
'Reugeld N JUR prima *f* de rescate; **reuig** ADJ → reuevoll; **reumütig** ADJ → reuevoll
'Reuse F ⟨~; ~n⟩ nasa *f*
'Reusenantenne F ELEK antena *f* en forma de nasa
Re'vanche [re'vã:ʃ(ə)] F ⟨~; ~n⟩ desquite *m*; revancha *f*; **Revanchekampf** M, **Revanchespiel** N SPORT partido *m* (*od* encuentro *m*) de desquite
revan'chieren [revã'ʃi:rən] VR ⟨*ohne* ge-⟩ **sich (bei j-m) ~** *positiv*: devolver un favor (a alg); *negativ*: tomarse la revancha *od* desquitarse (con alg); **sich bei j-m für etw ~** *positiv*: corresponder a alg por a/c; *negativ*: tomarse la revancha (*od* desquitarse) con alg por a/c
Revan'chismus [revã:'ʃɪsmʊs] M ⟨~⟩ revanchismo *m*; **Revanchist** M ⟨~en; ~en⟩, **Revanchistin** F ⟨~; ~nen⟩ revanchista *m/f*; **revanchistisch** ADJ revanchista
'Reverend [-v-] M ⟨~s; ~s⟩ REL reverendo *m*
Reve'renz [-v-] F ⟨~; ~en⟩ reverencia *f*
Re'vers [-'vɛ:r] N ⟨~; ~ [-vɛ:rs]⟩ (*Rockaufschlag*) solapa *f*
rever'sibel [-v-] ADJ reversible
revi'dierbar [-v-] ADJ revisable; **revi'dieren** VT ⟨*ohne* ge-⟩ revisar
Re'vier [re'vi:r] N ⟨~s; ~e⟩ **1** (*Jagdrevier*) coto *m* **2** (*Polizeirevier*) comisaría *f* **3** ZOOL territorio *m* **4** (*Bezirk*) distrito *m* **5** (*Kohlenrevier*) cuenca *f* **6** MIL enfermería *f*; **Revierförster** M guarda *m* forestal del distrito; *sp a.* inspector *m* de montes
Revire'ment [revirə'mã:] N ⟨~s; ~s⟩ POL reajuste *m* ministerial
Revisi'on [-v-] F ⟨~; ~en⟩ **1** revisión *f*; chequeo *m*; TYPO contraprueba *f*; (*Zollrevision*) registro *m*; **interne ~** auditoría *f* interna **2** JUR recurso *m* de casación; JUR **~ einlegen** *od* **in die ~ gehen** interponer recurso (de casación)
Revisio'nismus [-v-] M ⟨~⟩ POL revisionismo *m*; **Revisionist** M ⟨~en; ~en⟩, **Revisionistin** F ⟨~; ~nen⟩ revisionista *m/f*; **revisionistisch** ADJ revisionista
Revisi'onsantrag [-v-] M JUR demanda *f* de casación; **Revisionsbericht** M WIRTSCH informe *m* sobre (*od* de) la revisión; dictamen *m* del interventor (*od* del auditor); **Revisionsbogen** M TYPO contraprueba *f*; **Revisionsgericht** N JUR tribunal *m* de casación; **Revisionsverfahren** N JUR procedimiento *m* de casación; **Revisionsverhandlung** F JUR vista *f* de recurso de casación
Re'visor [re'vi:zɔr] M ⟨~s; -'soren⟩, **Revi'sorin** F ⟨~; ~nen⟩ revisor *m*, -a *f*; inspector *m*, -a *f*; interventor *m*, -a *f*; HANDEL censor *m*, -a *f* de cuentas
'revitalisieren [-v-] VT ⟨*ohne* ge-⟩ revitalizar; **Revitalisierung** F ⟨~⟩ revitalización *f*
Re'volte [-v-] F ⟨~; ~n⟩ revuelta *f*; motín *m*
revol'tieren [-v-] VI ⟨*ohne* ge-⟩ amotinarse; rebelarse (*a. fig*)
Revoluti'on [-v-] F ⟨~; ~en⟩ revolución *f*; **revolutio'när** ADJ revolucionario
Revolutio'när [-v-] M ⟨~s; ~e⟩, **Revolutionärin** F ⟨~; ~nen⟩ revolucionario *m*, -a *f* (*a. fig*)
revolutio'nieren [-v-] VT ⟨*ohne* ge-⟩ revolucionar (*a. fig*)
Re'volver [revɔlvər] M ⟨~s; ~⟩ revólver *m*; **Revolverblatt** N *umg* periódico *m* sensacionalista; *umg* periodicucho *m*; **Revolverheld** M matón *m*; pistolero *m*; **Revolverkopf** M TECH cabezal *m* revólver; **Revolverpresse** F *umg* prensa *f* amarilla (*od* sensacionalista)
Re'vue [re'vy:] F THEAT revista *f* (musical); *fig* **~ passieren lassen** pasar revista a; **Revuefilm** M película *f* de revistas; **Revuegirl** [-gœrl] N corista *f*; **Revuetheater** N teatro *m* de revistas
Rezen'sent M ⟨~en; ~en⟩, **Rezen'sentin** F ⟨~; ~nen⟩ reseñador *m*, -a *f*; crítico *m*, -a *f*; **rezen'sieren** VT ⟨*ohne* ge-⟩ reseñar, hacer la reseña de; **Rezensi'on** F ⟨~; ~en⟩ crítica *f*; reseña *f*; **Rezensi'onsexemplar** N ejemplar *m* para reseña
Re'zept N ⟨~(e)s; ~e⟩ MED, GASTR receta *f*; **Rezeptblock** M MED talonario *m* de recetas; **rezeptfrei** ADJ PHARM sin receta (*od* prescripción) médica
Rezepti'on F ⟨~; ~en⟩ recepción *f* (*a. im Hotel*)
Rezepti'onsforschung F LIT investigación *f* de la recepción; **Rezeptionsgeschichte** F LIT historia *f* de la recepción
re'zeptpflichtig ADJ PHARM con receta (*od* prescripción) médica; **Rezeptsammlung** F GASTR recetario *m*
Rezep'tur F ⟨~; ~en⟩ PHARM composición *f*, fórmula *f* (de un medicamento)
Rezessi'on F ⟨~; ~en⟩ WIRTSCH recesión *f*; **leichte/starke ~** ligera/fuerte recesión; **weltweite ~** recesión mundial
rezessi'onsbedingt ADJ condicionado por la recesión; **Rezessionsgefahr** F riesgo *m* de recesión; **rezessionsgeplagt** ADJ agobiado (*od* acosado) por la recesión; **Rezessionsjahr** N año *m* de recesión
rezes'siv ADJ BIOL recesivo
rezi'prok ADJ recíproco
Reziprozi'tät F ⟨~⟩ reciprocidad *f*
Rezitati'on F ⟨~; ~en⟩ recitación *f*; **Rezita'tiv** N ⟨~s; ~e⟩ MUS recitado *m*, recitativo *m*
Rezi'tator M ⟨~s; -'toren⟩, **Rezi'tatorin**

F ⟨~; ~nen⟩ recitador *m*, -a *f*; **rezi'tieren** VT ⟨*ohne* ge-⟩ recitar; declamar

'R-Gespräch N TEL conferencia *f* de cobro revertido

Rgt. ABK (Regiment) MIL regimiento *m*

rh ABK (Rhesusfaktor) factor *m* Rhesus

RH N ABK ⟨~⟩ → Reihenhaus

Rha'barber M ⟨~s⟩ BOT ruibarbo *m*

Rhapso'die F ⟨~; ~n⟩ MUS rapsodia *f*

'Rhein M ⟨~(e)s⟩ Rin *m*; **Rheinbund** M HIST Confederación *f* del Rin; **Rheinfall** M GEOG salto *m* del Rin; **Rheingold** N *Oper*: El Oro del Rin

'rheinisch ADJ renano

'Rheinland N ⟨~(e)s⟩ Renania *f*; **Rheinländer** M ⟨~s; ~⟩, **Rheinländerin** F ⟨~; ~nen⟩ renano *m*, -a *f*; **rheinländisch** ADJ renano

'Rheinland-'Pfalz N Renania-Palatinado *m*

'Rheinschifffahrt F navegación *f* por el (*od* del) Rin; **Rheinwein** M vino *m* del Rin

Rheos'tat M ⟨~(e)s; ~e⟩ ELEK reóstato *m*

'Rhesusaffe M macaco *m* rhesus; **Rhesusfaktor** M MED factor *m* Rhesus (*od* Rh)

Rhe'torik F ⟨~⟩ retórica *f*; **Rhetoriker** M ⟨~s; ~⟩, **Rhetorikerin** F ⟨~; ~nen⟩ retórico *m*, -a *f*

Rhe'torikkurs M curso *m* de retórica

rhe'torisch ADJ retórico

'Rheuma N ⟨~s⟩ MED reuma(tismo) *m*; **zu ~ neigen** ser propenso a padecer reuma; **rheumakrank** ADJ reumático

Rheu'matiker M ⟨~s; ~⟩, **Rheumatikerin** F ⟨~; ~nen⟩ reumático *m*, -a *f*

rheu'matisch ADJ reumático; **Rheuma'tismus** M ⟨~⟩ reumatismo *m*; **an ~ leidend** reumático

Rhi'nozeros N ⟨~ *od* ~ses; ~se⟩ ZOOL rinoceronte *m*

Rhodo'dendron M *od* N ⟨~s; Rhododendren⟩ BOT rododendro *m*

'Rhodos N GEOG Rodas *f*

'rhombisch ADJ rombal

Rhombo'eder N ⟨~s; ~⟩ MATH romboedro *m*; **rhombo'id** ADJ romboidal; **Rhombo'id** N ⟨~s; ~e⟩ MATH romboide *m*

'Rhombus M ⟨~; Rhomben⟩ MATH rombo *m*; *Wappen*: losange *m*

'Rhone F ⟨~⟩ Ródano *m*

'Rhönrad N *Turnen*: rueda *f* viviente (*od* girante)

'Rhythmik F ⟨~⟩ rítmica *f*; **rhythmisch** ADJ rítmico

'Rhythmus M ⟨~; Rhythmen⟩ ritmo *m*; **Rhythmuswechsel** M cambio *m* de ritmo (*od* de compás)

'Ribisel F ⟨~; ~n⟩ *österr* GASTR grosella *f*

'Ribonukleinsäure F CHEM, BIOL ácido *m* ribonucleico

Ribo'som N ⟨~s; ~en⟩ BIOL ribosoma *m*

'Richtantenne F antena *f* dirigida (*od* direccional); **Richtbeil** N hacha *f* del verdugo; **Richtblei** N BAU plomada *f*; **Richtblock** M tajo *m*

'richten¹ A VT 1 (*in die richtige Stellung bringen*) colocar bien; (*einstellen*) ajustar; (*ausrichten*) disponer en fila; alinear (*a.* MIL); **gerade ~** enderezar, poner derecho; **in die Höhe ~** enderezar, levantar, erguir 2 (*lenken*) dirigir (**an** *acus*, **auf** *acus* a; **gegen** contra); *Blick* fijar (**auf** *acus* en); *Fernrohr, Gewehr* apuntar (**auf** *acus* a); *Bitte, Brief, Frage* dirigir (**an** *acus* a); *Anklage* dirigir (**gegen** contra); *Aufmerksamkeit, Bemühungen* centrar, fijar (**auf** *acus* en); *Wut* concentrar (**gegen** contra); *Gedanken* dirigir, orientar (**auf** *acus* a); **das ist gegen dich gerichtet** eso va por ti 3 (*zurechtmachen*) ordenar, arreglar; (*reparieren*) reparar, arreglar; **sich** (*dat*) **das Haar ~** arreglarse el pelo 4 (*herrichten*) disponer; preparar (*a. Essen*); *Tisch* poner; *Bett* hacer; *Zimmer* arreglar 5 *umg* (*reparieren*) arreglar, reparar B V/R 1 **sich auf etw** (*acus*) **~** *Blicke, Aufmerksamkeit* fijarse (*od* concentrarse) en a/c; **sich gegen j-n ~** *Kritik, Worte* dirigirse en contra de alg; *Wut* concentrarse contra alg 2 **sich nach etw ~** ajustarse a a/c; atenerse a a/c; acomodarse a a/c; (*sich orientieren*) orientarse *od* guiarse por a/c; (*abhängen von*) depender de a/c; (*sich bestimmen nach*) estar determinado (*od* condicionado) por a/c; *Preis* regirse por a/c; GRAM concordar con a/c; ser regido por a/c; **sich nach der Mode** *etc* **~** seguir la moda, *etc*; **ich werde mich danach ~** lo tendré presente (*od* en cuenta) 3 **sich nach j-m ~** adaptarse a (lo que convenga a) alg; **ich richte mich nach dir** como a ti te parezca; como tú consideres oportuno

'richten² VT & VI *geh* JUR (**über**) **j-n ~** juzgar a alg, sentenciar a alg

'Richter M ⟨~s; ~⟩ juez *m* (*a. fig*); magistrado *m*; **sich zum ~ aufwerfen** erigirse en juez; **~ in eigener Sache sein** ser juez y parte; **etw vor den ~ bringen** llevar a/c a los tribunales

'Richteramt N judicatura *f*; magistratura *f*; **Richterbank** F ⟨~; ⁼e⟩ sitial *m*, tribunal *m*; **Richterin** F ⟨~; ~nen⟩ jueza *f*; **Richterkollegium** N colegio *m* de jueces; **richterlich** ADJ judicial; **~e Gewalt** poder *m* judicial; **Richterschaft** F ⟨~⟩ magistratura *f*, judicatura *f*, estamento *m* judicial

'Richterskala F ⟨~⟩ *für Erdbeben*: escala *f* de Richter

'Richterspruch M sentencia *f*; fallo *m*; pronunciamiento *m* judicial; veredicto *m*; **Richterstand** M judicatura *f*; magistratura *f*; **Richterstelle** F plaza *f* judicial; **Richterstuhl** M *fig* tribunal *m*; **Richtertisch** M mesa *f* de tribunal; tabla *f*

'Richtfest N ARCH fiesta *f* de cubrir aguas; **Richtfunk** M radioenlace *m* dirigido; **Richtfunksender** F radiofaro *m* direccional; **Richtgeschwindigkeit** F *Verkehr*: velocidad *f* máxima aconsejable; **Richtgröße** F tamaño *m* máximo aconsejable

'richtig A ADJ 1 (*nicht falsch*) correcto; bueno; (*genau*) exacto, preciso; **er ist der ~e Mann** es el hombre apropiado (*od* que hace falta); **der ~e Weg** el camino correcto; **das ist nicht ~** no es cierto (*od* exacto); eso no está bien; **es war ~ von dir, zu** (*inf*) has hecho bien en (*inf*); *umg* **nicht ganz ~ im Kopf sein** no estar en sus cabales; *umg* estar mal de la cabeza; *umg* **mit der Sache ist etwas nicht ~** aquí hay algo raro; *umg* aquí hay gato encerrado; **~!** ¡exacto!; ¡justo!; ¡eso es!; **ganz ~!** ¡muy bien!; ¡perfectamente!; **so ist's ~!** ¡así está bien!; ¡así me gusta!; ¡bien hecho! 2 (*geeignet*) apropiado, oportuno, adecuado; (*zutreffend*) acertado; (*angebracht*) justo; **ich halte es für ~** lo creo conveniente; lo considero oportuno; **im ~en Augenblick** en el momento oportuno 3 (*wahr*) verdadero; (*echt*) auténtico, legítimo, genuino; **er ist ein ~er Idiot** es un perfecto idiota; **ein ~er Madrider** un madrileño castizo; **sein ~er Name** su nombre verdadero B ADV 1 (*nicht falsch*) bien; **~ gehen** *Uhr* andar (*od* marchar) bien; **~ rechnen/singen/hören** calcular/cantar/oír bien; **das hast du ~ gemacht** (lo) has hecho muy bien; **~er gesagt** mejor dicho; → *a.* richtigliegen, richtigstellen 2 (*gehörig*) debidamente; como es debido; (*passend*) **du kommst gerade ~** vienes muy a propósito (*od* en el momento oportuno) 3 *verstärkend*: *umg* **~ gut/schlecht** *etc* francamente (*od* realmente) bien/mal, *etc*; **er wurde ~ böse** estaba realmente enfadado; se enfadó de verdad

'Richtige M/F ⟨~n; ~n; → A⟩ persona *f* ideal; *iron* **an den ~n geraten** dar con el mejor; *iron* **du bist mir der ~!** ¡estás bueno!

'Richtige(s) N ⟨~n; → A⟩ **das ~ treffen** acertar, *umg* dar en el clavo; **das ~ für uns** lo mejor para nosotros; **das ist das ~ für ihn** eso es lo que le conviene (*od* hace falta); **nichts ~s gelernt haben** no haber aprendido nada de provecho

'Richtiger M → Richtige

richtiger'weise ADV correctamente; acertadamente

'richtiggehend A ADJ verdadero B ADV realmente

'Richtigkeit F ⟨~⟩ rectitud *f*; corrección *f*; (*Genauigkeit*) exactitud *f*; precisión *f*; (*Wahrheit*) veracidad *f*; (*Echtheit*) autenticidad *f*; **seine ~ haben** estar en orden (*od* en regla); VERW **für die ~ der Abschrift** es conforme con la copia

'Richtigkeitsbefund M VERW conformidad *f*; **nach ~** en caso de conformidad

'richtigliegen VI ⟨*irr; südd, österr, schweiz a.* sn⟩ *fig* estar en lo cierto; estar en buen camino; **richtigstellen** VT *fig* rectificar; (*klarstellen*) poner en su punto (*od* su sitio), puntualizar

'Richtigstellung F ⟨~⟩ rectificación *f*; puntualización *f*

'Richtlinie F norma *f*, pauta *f*, línea *f* de orientación; **~n** *pl* (*Anweisungen*) directivas *fpl*, directrices *fpl*, instrucciones *fpl*; **Richtmaß** N patrón *m*; norma *f*; **Richtmikrofon** N micrófono *m* direccional; **Richtplatz** M patíbulo *m*; lugar *m* del suplicio (*od* de la ejecución); **Richtpreis** M HANDEL precio *m* de orientación (*od* indicativo); **unverbindlicher ~** precio *m* sin compromiso; **Richtscheit** N regla *f*; cartabón *m*; escuadra *f*; ARCH *der Maurer*: maestra *f*; **Richtschnur** F 1 ARCH *der Maurer*: tendel *m* 2 *fig* pauta *f*; regla *f* de conducta; hilo *m* conductor; **als ~ dienen** servir como norma; **Richtsender** M emisora *f* direccional; **Richtspruch** M 1 JUR sentencia *f* 2 BAU discurso *m* durante la fiesta de cubrir aguas; **Richtstätte** F → Richtplatz; **Richtstrahler** M antena *f* direccional

'Richtung F ⟨~; ~en⟩ 1 dirección *f*; sentido *m*; (*Kurs*) SCHIFF rumbo *m*, derrota *f*, derrotero *m*; **die ~ ändern** cambiar de dirección; cambiar de rumbo (*a. fig*); **die ~ verlieren** desorientarse, desnortarse (*a. fig*); **aus allen ~en** de todas partes; **in ~ …** en dirección a …; **in gerader ~** en línea derecha, (*geradeaus*) todo derecho; **in umgekehrter** *bzw* **entgegengesetzter ~** en sentido contrario; **in ~ auf** (*acus*) con dirección a; **in ~ nach** (*dat*) en dirección hacia; **ein erster Schritt in ~ (auf den) Frieden** el primer paso hacia la paz; **nach allen ~en** en todas las direcciones; en todos los sentidos (*a. fig*); BAHN **Zug aus der ~ von … nach** (*dat*) … tren procedente de … con destino a … 2 *fig* (*Tendenz*) tendencia *f*; orientación *f*; (*Kunstrichtung*) movimiento *m*, escuela *f*; *umg fig* **die ~ stimmt** por ahí va; **einer Sache** (*dat*) **eine andere ~ geben** cambiar el rumbo de a/c; **eine andere ~ nehmen** tomar otro rumbo

'Richtungsänderung F cambio *m* de dirección; cambio *m* de rumbo (*a. fig*); **Richtungsanzeiger** M AUTO indicador *m* de dirección; **Richtungskampf** M POL lucha *f* por el rumbo (*od* por la orientación *od* por la política) a seguir; **Richtungspfeil** M flecha *f* (indicadora) de dirección; **Richtungsschild** N *Verkehr*: señal *f* de orientación (*od* de dirección); **Richtungswechsel** M → Richtungsänderung

'richtung(s)weisend ADJ orientador; directivo; normativo; **~ sein** marcar la pauta

'Richtwaage F nivel *m* (de agua); **Richtwert** M valor *m* de orientación (*od* indicativo); **Richtzahl** F coeficiente *m*; WIRTSCH cifra *f* de referencia; índice *m*

'Ricke F ⟨~; ~n⟩ JAGD corza *f*

rieb → reiben

'riechen ⟨*irr*⟩ A VT 1 oler; (*wittern*) olfatear, husmear 2 *umg fig* (*ausstehen*) **j-n nicht ~ können** no soportar a alg; *umg* no tragar a alg; *umg* tener hincha a alg 3 *umg fig* (*voraussehen*) **etw nicht ~ können** no poder ver a/c; **das konnte ich doch nicht ~!** ¿cómo iba a adivinarlo? B VI oler (**an etw** *dat* a/c; **nach etw** a a/c); **gut/schlecht ~** oler bien/mal; **an einer Blume ~** oler una flor; **aus dem Mund ~** tener mal aliento

'Riechen N ⟨~s⟩ (*Geruchssinn*) olfato *m*; olfacción *f*

'riechend ADJ oliente; (*wohlriechend*) oloroso, odorante; fragante; (*übel riechend*) maloliente; fétido

'Riecher M ⟨~s; ~⟩ *umg* nariz *f*; **einen guten ~ haben** tener buen olfato, tener nariz; **den richtigen ~ gehabt haben** haber tenido buen olfato

'Riechfläschchen N pomo *m* (de olor); frasquito *m* de perfume; **Riechnerv** M ANAT nervio *m* olfativo (*od* olfatorio); **Riechorgan** N órgano *m* del olfato (*od* olfatorio); **Riechsalz** N sal *f* volátil; **Riechstoff** M sustancia *f* odorante (*od* olorosa)

'Ried N ⟨~(e)s; ~e⟩ 1 BOT cañaveral *m*; (*Schilf*) caña *f*; juncal *m* 2 (*Moor*) pantano *m*, ciénaga *f*; **Riedgras** N BOT carrizo *m*

rief → rufen

'Riefe F ⟨~; ~n⟩ *bes nordd* estría *f*; acanaladura *f*

'riefe(l)n VT estriar; acanalar

'Riege F ⟨~; ~n⟩ *Turnen*: sección *f*

'Riegel M ⟨~s; ~⟩ 1 cerrojo *m*; (*Fensterriegel, Türriegel*) pasador *m*; *am Schloss*: pestillo *m*; **den ~ vorschieben** echar el cerrojo; *fig* **einer Sache** (*dat*) **einen ~ vorschieben** poner freno (*od* coto) a a/c 2 *Schokolade*: barra *f*; *Seife*: pastilla *f*

'riegeln VT echar el cerrojo

'Riegelstellung F MIL posición *f* de barrera

'Riemen M ⟨~s; ~⟩ 1 correa *f* (*a.* TECH); (*Schnürriemen*) cordón *m*; (*Gürtel*) cinturón *m*; *fig* **den ~ enger schnallen** apretarse el cinturón; *umg fig* **sich am ~ reißen** hacer un esfuerzo; contenerse 2 SCHIFF remo *m*; **sich in die ~ legen** ir a todo remo; *fig* arrimar el hombro

'Riemenantrieb M TECH impulsión *f* por correa; **Riemenscheibe** F TECH polea *f*

'Riese M ⟨~n; ~n⟩ gigante *m* (*a. fig*); *im Märchen a.*: ogro *m*; *fig* coloso *m*; mastodonte *m*

'Rieselfeld N *Abwasserreinigung*: campo *m* regado con aguas residuales

'rieseln VI *Wasser* correr; (*tropfen*) gotear; *Quelle* manar; *Bach* murmurar; *Sand* pasar (lentamente); *Schweiß* chorrear; *fig* **ein Schauder rieselte ihr über den Rücken** tenía escalofríos

'Riesen... IN ZSSGN *umg* gigantesco, enorme

'Riesen'arbeit F *umg* trabajo *m* gigantesco; **Riesen'ärger** M *umg* **das gibt einen ~** eso ocasiona (*od* provoca *od* origina) un gran disgusto (*od* un disgusto mayúsculo); **sie wird einen ~ bekommen** (ella) se llevará un disgusto mayúsculo

'Riesen'chance F *umg* gran (*od* grandiosa) ocasión *f*; ocasión *f* formidable; **Riesen'dummheit** F *umg* enorme estupidez *f*; **Riesen'erfolg** M *umg* éxito *m* enorme, *umg* exitazo *m*; **Riesen'fehler** M *umg* error *m* garrafal

'Riesengebirge N GEOG Montes *mpl* de los Gigantes

'Riesenge'schäft N *umg* (*Verkaufserfolg*) gran éxito *m* de venta; (*Vertrag*) negocio *m* redondo

'riesen'groß, riesenhaft ADJ gigantesco; enorme; colosal

'Riesenhaftigkeit F ⟨~⟩ tamaño *m* colosal (*od* gigantesco)

'Riesen'hunger M *umg* hambre *f* canina; **Riesen'kraft** F *umg* fuerza *f* hercúlea; **Riesenpro'blem** N *umg* problema *m* mayúsculo (*od* enorme *od* colosal); *umg* problemón *m*

'Riesenrad N *Kirmes*: noria *f*; **Riesenschildkröte** F ZOOL tortuga *f* gigante; **Riesenschlange** F ZOOL boa *f*; *koll* **~n** *pl* boídidos *mpl*

'Riesen'schritt M **mit ~en** a pasos agigantados

'Riesenslalom M *Skisport*: slalom *m* gigante

'Riesenstärke F fuerza *f* hercúlea

'Riesen'summe F *umg* suma *f* elevadísima; cantidad *f* desorbitante; monto *m* enorme

'Riesenwelle F *Turnen*: molino *m*; **Riesenwuchs** M MED gigantismo *m*

'riesig A ADJ 1 gigantesco; enorme, inmenso (*a. fig*) 2 *umg fig* (*hervorragend*) *umg* fantástico, colosal, formidable B ADV *umg* **es hat mich** *od* **ich habe mich ~ gefreut** me he alegrado muchísimo (*od* un montón); **wir haben uns ~ amüsiert** lo hemos pasado en grande

'Riesin F ⟨~; ~nen⟩ giganta *f*

'Riesling ⟨~s; ~e⟩ (vino *m* de) Riesling *m*

riet → raten[1], raten[2]

Riff N ⟨~(e)s; ~e⟩ SCHIFF arrecife *m*; (*Felsklippe*) escollo *m*

'Riffel F ⟨~; ~n⟩ *für Flachs*: peine *m* (para desgargolar)

'riffeln VT TECH estriar; acanalar; *Flachs* desgargolar; **Riffelung** F ⟨~; ~en⟩ estriado *m*; acanalado *m*; **Riffelwalze** F cilindro *m* estriado (*od* acanalado)

ri'gide ADJ rígido

Rigidi'tät F ⟨~⟩ rigidez *f*

'Rigips® M ⟨~⟩ BAU Rigips® (carton *m* yeso); **Rigipsplatte** F placa *f* de carton yeso (*de la marca Rigips®*); **Rigipswand** F tabique *m* de carton yeso (*de la marca Rigips®*)

ri'golen VT ⟨*ohne* ge-⟩ AGR desfondar

Rigo'rismus M ⟨~⟩ rigorismo *m*; **rigo'ros** ADJ riguroso; severo; rígido; **Rigorosi'tät** F ⟨~⟩ rigurosidad *f*; **Rigo'rosum** N ⟨~s; Rigorosa⟩ UNIV examen *m* (oral) de doctorado

'Rikscha F ⟨~; ~s⟩ riksha *m*

'Rille F ⟨~; ~n⟩ ranura *f*, estría *f*, acanaladura *f*; AGR *u. Schallplatte*: surco *m*

'rillen VT estriar; acanalar

Ri'messe F ⟨~; ~n⟩ HANDEL remesa *f*

Rind N ⟨~(e)s; ~er⟩ vacuno *m*, res *f* vacuna, bovino *m*; *koll* **~er** *pl* ZOOL bóvidos *mpl*; AGR ganado *m* vacuno (*od* bovino)

'Rinde F ⟨~; ~n⟩ *allg* corteza *f*

'Rinderbestand M efectivo *m* (*od* censo *m*) bovino; **Rinderbraten** M GASTR asado *m* de buey; **Rinderfilet** N GASTR solomillo *m* de buey; **Rinderherde** F rebaño *m* de ganado vacuno; *Am* tropa *f* de ganado; **Rinderhirt** M, **Rinderhirtin** F vaquero *m*, -a *f*; boyero *m*, -a *f*; **Rinderleber** F GASTR hígado *m* de vaca (*od* de buey); **Rinderlende** F GASTR lomo *m* de vaca (*od* de buey); **Rinderpest** F VET peste *f* bovina; **Rinderschmorbraten** M GASTR estofado *m*; **Rinderseuche** F VET → Rinderpest; **Rindertalg** M sebo *m* de buey; **Rindertuberkulose** F VET tuberculosis *f* bovina; **Rinderwahn(sinn)** M VET mal *m* (*od* enfermedad *f*) de las vacas locas; encefalopatía *f* espongiforme bovina; **Rinderzucht** F cría *f* de ganado bovino (*od* vacuno); **Rinderzunge** F lengua *f* de buey

'Rindfleisch N GASTR carne *f* de vacuno; **Rindleder** N → Rindsleder; **rindledern** → rindsledern

'Rindskeule F GASTR pierna *f* de buey; **Rindsleder** N cuero *m* de vaca (*bzw* de buey); *weiches*: vaqueta *f*; **rindsledern** ADJ de cuero (de vaca *bzw* de buey)

'Rindvieh N ganado *m* bovino (*od* vacuno); *sl fig Schimpfwort*: animal *m*, pedazo *m* de bruto; imbécil *m*

Ring M ⟨~(e)s; ~e⟩ 1 *allg* anillo *m* (*a.* BOT, CHEM); (*Fingerring*) *a.* sortija *f*; (*Ehering*) alianza *f*; (*Eisenring*) argolla *f*; (*Reifen*) aro *m*; cerco *m*; (TECH *u. Vorhangring*) anilla *f*; TECH abrazadera *f* 2 (*Kreis*) círculo *m*; *v. Menschen*: corro *m*; (*Spionagering, Verbrecherring*) red *f* 3 *Boxen*: ring *m*, cuadrilátero *m* 4 *Turnen*: **~e** *mpl* anillas *fpl* 5 *Verkehr*: (*Ringstraße*) cinturón *m*, circunvalación *f* 6 *um die Augen*: ojera *f*; **~e um die Augen haben** tener ojeras 7 ASTRON *um Gestirne*: aureola *f*

'Ringbahn F *Verkehr*: ferrocarril *m* (*bzw* línea *f*) de circunvalación; **Ringbuch** N cuaderno *m* (*od* carpeta *f*) de anillas

'Ringel M ⟨~s; ~⟩ rosca *f*; **Ringelblume** F BOT caléndula *f*, maravilla *f*; **Ringellocke** F bucle *m*; caracol *m*; sortija *f*; rizo *m*, tirabuzón *m*

'ringeln A VT anillar; *Haar* ensortijar B V/R **sich ~** arrollarse; *Haar* ensortijarse; *Schlange etc* enroscarse

'Ringelnatter F ZOOL culebra *f* de agua; **Ringelreihen** M danza *f* en corro; **Ringelspiel** N *österr* → Karussell; **Ringeltaube** F ORN paloma *f* torcaz; **Ringelwürmer** MPL ZOOL anélidos *mpl*

'ringen ⟨*irr*⟩ A VT 1 **j-m etw aus der Hand ~** arrebatar (*od* quitar) a alg a/c de las manos 2 **die Hände ~** retorcer(se) las manos B VI luchar (**mit** con; **um** por) (*a. fig,* SPORT); forcejear; **mit j-m um etw ~** disputar a/c a alg; **mit dem Tode ~** agonizar; **nach Atem ~** respirar con dificultad

'Ringen N ⟨~s⟩ lucha *f* (*a. fig u.* SPORT); forcejeo *m*

'Ringer M ⟨~s; ~⟩, **Ringerin** F ⟨~; ~nen⟩ luchador *m*, -a *f* (*a. fig u.* SPORT)

'Ringfeder F muelle *m* (*od* resorte *m*) anular; **Ringfinger** M (dedo *m*) anular *m*; **ringförmig** ADJ anular; circular; **Ringheft** N → Ringbuch; **Ringkampf** M SPORT lucha *f*; **Ringkämpfer** M, **Ringkämpferin** F luchador *m*, -a *f*; **Ringmauer** F muralla *f*; **Ringpanzer** M HIST cota *f* de mallas; **Ringrichter** M *Boxen*: árbitro *m*

rings ADV alrededor (**um** de)

'Ringscheibe F TECH disco *m* anular

'ringsher'um ADV en torno, en derredor, alrededor; (*im Kreis*) en redondo; (*überall*) por todas partes; *poet* por doquier

'Ringstraße F *Verkehr*: avenida *f* de circunvalación; cinturón *m* (de ronda); ronda *f*

'rings'um, ringsum'her → ringsherum

'Rinne F ⟨~; ~n⟩ (*Rille*) surco *m*; (*Bewässerungsrinne*) reguera *f*; regata *f*; (*Leitungsrinne*) conducto *m*, canal *m*; (*Dachrinne*) gotera *f*, canalón *m*; ARCH ranura *f*; estría *f*; acanaladura *f*

'rinnen VI ⟨*irr*⟩ 1 (*fließen*) correr (*a. Tränen*); fluir, manar; (*tröpfeln*) gotear; *Schweiß* chorrear 2 (*undicht sein*) tener fugas; *Topf* salirse 3 *Zeit* pasar, transcurrir

'Rinnsal N ⟨~(e)s; ~e⟩ 1 (*Bächlein*) arroyuelo *m*; regato *m* 2 *v. Blut etc*: reguero *m*; **Rinnstein** M 1 *Straße*: arroyo *m* 2 *fig* → Gosse

'**Rippchen** N ⟨~s; ~⟩ GASTR costilla *f*; **Kasseler ~** chuleta *f* de cerdo ahumada
'**Rippe** F ⟨~; ~n⟩ 1 ANAT costilla *f*; **j-m die ~n brechen** romper a alg las costillas; **man kann bei ihm die ~n zählen** está en los huesos; *umg* **ich kann mir's doch nicht aus den ~n schneiden** *od* **leiern** no puedo hacer lo imposible 2 ARCH nervadura *f*; TECH, BOT, SCHIFF, FLUG costilla *f*; (*Kühlrippe, Heizrippe*) aleta *f* 3 *Schokolade*: barra *f*
'**Rippenbogen** M ANAT arco *m* costal; **Rippenbruch** M MED fractura *f* de costilla(s); **Rippenfell** N ANAT pleura *f* (costal); **Rippenfellentzündung** F MED pleuresía *f*; **Rippenheizkörper** M, **Rippenkühler** M TECH radiador *m* de aletas; **Rippenspeer** M GASTR **Kasseler ~** chuleta *f* de cerdo ahumada; **Rippenstoß** M empujón *m*, empellón *m*; codazo *m*; **Rippenstück** N GASTR entrecote *m*
Rips M ⟨~es; ~e⟩ TEX reps *m*
'**Risiko** N ⟨~s; ~s *od* Risiken⟩ 1 *allg* riesgo *m*; **ein ~ eingehen** correr un riesgo (*od* un albur); **kein ~ eingehen** ir sobre seguro; **auf eigenes ~** por riesgo propio 2 HANDEL riesgo *m*; **versicherbares ~** riesgo *m* asegurable; **ein ~ decken** cubrir un riesgo; **das ~ übernehmen** hacerse cargo del (*od* aceptar el) riesgo; **gegen alle Risiken** a *od* contra todo riesgo
'**Risikoabschätzung** F evaluación *f* de un riesgo *bzw* de los riesgos; **risikoarm** ADJ con poco riesgo; poco arriesgado; **Risikoausgleich** M compensación *f* de riesgos; **Risikobereitschaft** F disposición *f* a correr un riesgo; **Risikoerhöhung** F agravación *f* del riesgo; **Risikofaktor** M factor *m* de riesgo
'**risikofrei** ADJ libre de riesgos; sin riesgo
'**Risikogruppe** F grupo *m* de riesgo; **Risikohäufung** F acumulación *f* de riesgos; **Risikokapital** N FIN capital *m* (a) riesgo (*od* especulativo); **Risikolebensversicherung** F seguro *m* de vida-riesgo; **Risikominderung** F disminución *f* del riesgo; **Risikopotenzial** N VERS potencial *m* de riesgo; **Risikoprämie** F VERS prima *f* de riesgo
'**risikoreich** ADJ muy arriesgado
'**Risikoschwangerschaft** F MED embarazo *m* de alto riesgo; **Risikostreuung** F distribución *f* de los riesgos; **Risikostudie** F VERS estudio *m* de riesgo; **Risikovorsorge** F VERS provisiones *fpl* de riesgo
ris'kant ADJ arriesgado; aventurado, *Am* riesgoso
ris'kieren V/T ⟨*ohne* ge-⟩ arriesgar
'**Rispe** F ⟨~; ~n⟩ BOT panícula *f*
'**rispenförmig** ADJ paniculado; **Rispengras** N BOT poa *f*
Riss M ⟨~es; ~e⟩ 1 rotura *f*; desgarro *m* (*beide a.* MED); *im Stoff*: rasgón *m*, roto *m*, desgarrón *m*; (*Sprung*) raja *f*; resquebrajadura *f*; (*Spalt*) fisura *f* (*a.* MED *Knochenriss*); hendidura *f*; rendija *f*; (*Schramme*) rasguño *m*; *Mauer, Haut*: grieta *f*; *fig* ruptura *f*, rompimiento *m*; escisión *f*; **~e bekommen** rajarse; agrietarse; *fig Freundschaft* enfriarse 2 (*Zeichnung*) plano *m*, trazado *m*
'**Rissbildung** F agrietamiento *m*
'**rissig** ADJ hendido; rajado; *Mauer, Haut* agrietado; *Glas, Porzellan* resquebrajado; **~ werden** agrietarse; resquebrajarse; henderse, rajarse
'**Risswunde** F MED herida *f* con desgarro
'**Rist** M ⟨~es; ~e⟩ *des Fußes*: garganta *f* del pie; empeine *m*; *der Hand*: dorso *m* de la mano; **Ristgriff** M *Turnen*: presa *f* dorsal
ritsch INT **~, ratsch!** ¡tris, tras!
ritt → reiten
Ritt M ⟨~(e)s; ~e⟩ paseo *m* (*bzw* carrera *f*) a caballo; cabalgata *f*
'**Ritter** M ⟨~s; ~⟩ 1 caballero *m*; **fahrender ~** caballero *m* andante; **~ ohne Furcht und Tadel** caballero *m* sin miedo y sin tacha; **~ von der traurigen Gestalt** Caballero *m* de la Triste Figura; **j-n zum ~ schlagen** armar caballero a alg 2 GASTR **arme ~** torrijas *fpl*
'**Ritterburg** F castillo *m* feudal; **Rittergut** N señorío *m*; tierra *f* señorial; **Rittergutsbesitzer** M gran propietario *m* (de tierras); **Ritterkreuz** N cruz *f* de caballero; **ritterlich** ADJ caballeresco; *Gesinnung a.* caballeroso; *fig a.* galante; **Ritterlichkeit** F ⟨~⟩ caballerosidad *f* (*a. fig*); hidalguía *f*; **Ritterorden** M orden *f* de caballería; **Deutscher ~** Orden *f* Teutónica; **Ritterroman** M LIT libro *m* de caballerías; **Ritterrüstung** F armadura *f*; **Rittersaal** M sala *f* de los caballeros (*bzw* de ceremonias); **Ritterschaft** F ⟨~⟩ caballería *f*
'**Ritterschlag** M acolada *f*; espaldarazo *m*; **j-m den ~ erteilen** armar caballero a alg; **den ~ empfangen** ser armado caballero
'**Rittersporn** M ⟨~s; ~e⟩ BOT espuela *f* de caballero; **Ritterstand** M, **Rittertum** N ⟨~s⟩, **Ritterwesen** N ⟨~s⟩ caballería *f*; **Ritterzeit** F época *f* caballeresca
'**rittlings** ADV a horcajadas
'**Rittmeister** M MIL, HIST capitán *m* de caballería
Ritu'al N ⟨~s; ~e *od* ~ien⟩ ritual *m*; **rituali'siert** ADJ ritualizado; **Ritu'almord** M asesinato *m* ritual; **ritu'ell** ADJ ritual
'**Ritus** M ⟨~; Riten⟩ rito *m*
Ritz M ⟨~es; ~e⟩ 1 (*Kratzer*) rasguño *m*, arañazo *m* 2 → Ritze
'**Ritze** F ⟨~; ~n⟩ (*Spalt*) hendidura *f*, rendija *f*; grieta *f*; fisura *f*
'**Ritzel** N ⟨~s; ~⟩ TECH piñón *m*
'**ritzen** A V/T rajar, rayar; (*kratzen*) arañar, rasguñar; (*schneiden*) cortar, hacer una incisión (en) B V/R **sich ~** rasguñarse; → *a.* geritzt
'**Ritzer** M ⟨~s; ~⟩ *umg* rasguño *m*, arañazo *m*
Ri'vale M ⟨~n; ~n⟩, **Rivalin** F ⟨~; ~nen⟩ rival *m/f*; (*Mitbewerber[in]*) competidor *m*, -a *f*, contrincante *m/f*
rivali'sieren V/I ⟨*ohne* ge-⟩ rivalizar; competir; **Rivali'tät** F ⟨~; ~en⟩ rivalidad *f*; competencia *f*
'**Rizinusöl** N aceite *m* de ricino
RK N ABK (Rotes Kreuz) Cruz Roja
RNS F ABK (Ribonukleinsäure) ARN *m* (ácido ribonucleico)
Roadmap ['ro:dmɛp] F ⟨~; ~s⟩ POL hoja *f* de ruta
'**Roadmovie** ['ro:dmuvi:] N ⟨~s; ~s⟩ FILM película *f* de carretera; road movie *m*
Roaming ['ro:mɪŋ] N ⟨~s⟩ TEL itinerancia *f*, roaming *m*
'**Roastbeef** ['ro:stbi:f] N ⟨~s; ~s⟩ GASTR rosbif *m*
'**Robbe** F ⟨~; ~n⟩ ZOOL foca *f*
'**robben** V/I avanzar cuerpo a tierra
'**Robbenfang** M caza *f* de focas
'**Robe** F ⟨~; ~n⟩ vestido *m* de gala; (*Amtstracht*) toga *f*
Ro'binie F ⟨~; ~n⟩ BOT robinia *f*, acacia *f* falsa
'**Roboter** M ⟨~s; ~⟩ autómata *m*, robot *m*; **Robotertechnik** F robótica *f*
ro'bust ADJ robusto; **Robustheit** F ⟨~⟩ robustez *f*
roch → riechen
Ro'chade [-x-] F ⟨~; ~n⟩ *Schach*: enroque *m*
'**röcheln** V/I respirar (b)roncamente; **Röcheln** N ⟨~s⟩ estertor *m*; respiración *f* ronca; **röchelnd** ADJ estertoroso
'**Rochen** M ⟨~s; ~⟩ *Fisch*: raya *f*
ro'chieren [-x-] V/I ⟨*ohne* ge-⟩ *Schach*: enrocar
'**Rock**[1] M ⟨~(e)s; ~̈e⟩ TEX 1 (*Damenrock*) falda *f*, *Arg* pollera *f* 2 *schweiz* → Kleid 3 MIL guerrera *f* 4 *der Geistlichen*: hábito *m*
'**Rock**[2] M ⟨~(s)⟩ MUS rock *m*
'**Rockaufschlag** M TEX solapa *f*
'**Rockband** [-bɛnt] F MUS banda *f* de rock
'**Röckchen** N ⟨~s; ~⟩ TEX falda *f* corta; faldita *f*
'**Rocker** M ⟨~s; ~⟩ roquero *m*; **Rockerbande** F *umg* grupo *m* de roqueros; **Rockerin** F ⟨~; ~nen⟩ roquera *f*
'**rockig** ADJ MUS rockero; al estilo rock
'**Rockkonzert** N concierto *m* roquero (*od* de rock); **Rockmusik** F música *f* roquera (*od* [de] rock); **Rockmusiker** M, **Rockmusikerin** F roquero *m*, -a *f*; músico *m*, -a *f* de rock; **Rocksänger** M, **Rocksängerin** F cantante *m/f* de rock
'**Rocksaum** M TEX costura *f* (*od* dobladillo *m*) de la falda; **Rockschoß** M TEX faldón *m*; *umg fig* **sich an j-s Rockschöße** (*acus*) **hängen** agarrarse a los faldones de alg
'**Rocksong** M canción *f* de rock; **Rockstar** M estrella *f* de rock
'**Rockzipfel** M caída *f* de la falda; *umg fig* **an j-s ~** (*dat*) **hängen** estar pegado a las faldas de alg
'**Rodel** M ⟨~s; ~⟩ → Rodelschlitten; **Rodelbahn** F pista *f* de trineos (*od* de luge)
'**rodeln** V/I ir en trineo; SPORT *a.* lugear
'**rödeln** V/I *sl* (*schuften*) *sl* currar
'**Rodelschlitten** M tobogán *m*, trineo *m* (pequeño); SPORT *a.* luge *f*
'**Rodemaschine** F roturadora *f*
'**roden** V/T desmontar; rozar; (*urbar machen*) roturar; **Roden** N ⟨~s⟩ desmonte *m*; roza *f*; roturación *f*
'**Rodler** M ⟨~s; ~⟩, **Rodlerin** F ⟨~; ~nen⟩ persona *f* que monta en trineo
'**Rodung** F ⟨~; ~en⟩ → Roden
'**Rogen** M ⟨~s; ~⟩ *der Fische*: huevas *fpl*
'**Roggen** M centeno *m*; **Roggenbrot** N pan *m* de centeno; **Roggenmehl** N harina *f* de centeno
roh ADJ 1 (*ungekocht*) crudo (*a.* GASTR) 2 (*unbearbeitet*) bruto; *Tuch* basto, burdo; *Wolle* en rama; *Stein* tosco, sin labrar 3 *fig Person* inculto, *stärker*: bárbaro; *Verhalten* grosero, tosco; (*grob*) bruto, rudo; *stärker*: brutal; **er ist ein ~er Kerl** es un bruto (*od* un bestia)
'**Rohbau** M ⟨~(e)s; ~ten⟩ ARCH obra *f* bruta (*od* en bruto); **Rohbaumwolle** F algodón *m* en rama; **Rohbilanz** F WIRTSCH balance *m* provisional (*od* aproximativo); **Rohdiamant** M diamante *m* (en) bruto; **Roheinnahme** F WIRTSCH ingreso *m* bruto; **Roheisen** N hierro *m* bruto
'**Roheit** F → Rohheit
'**Rohentwurf** M borrador *m*; **Rohertrag** M WIRTSCH rendimiento *m* (*od* producto *m*) bruto; **Roherz** N mineral *m* bruto; **Roherzeugnis** N producto *m* bruto; **Rohfaser** F fibra *f* bruta (*od* cruda); **Rohgewicht** N peso *m* bruto; **Rohgewinn** M WIRTSCH beneficio *m* bruto; **Rohgummi** M, N caucho *m* bruto (*od* virgen); **Rohguss** M fundición *f* en bruto; **Rohhäute** FPL pieles *fpl* verdes; cueros *mpl* crudos
'**Rohheit** F ⟨~; ~en⟩ *Benehmen*: crudeza *f*, grosería *f*, brusquedad *f*; (*Rücksichtslosigkeit*) rudeza *f*; *Handlung*: brutalidad *f*
'**Rohkaffee** M café *m* no torrado (*od* no tostado); **Rohkost** F GASTR régimen *m* crudo; **Rohköstler** M ⟨~s; ~⟩, **Rohköstlerin** F ⟨~; ~nen⟩ partidario *m*, -a *f* del régimen crudo, crudívoro *m*, -a *f*; **Rohleder** N cuero *m* bruto (*od* sin curtir); **Rohleinen** N lino *m*

R

crudo
'Rohling M ⟨~s; ~e⟩ 1 *Person*: bruto *m*; individuo *m* grosero 2 TECH pieza *f* bruta; *(CD-Rohling)* CD *m* virgen
'Rohmaterial N materia *f* prima; **Rohmetall** N metal *m* bruto; **Rohmilch** F leche *f* cruda; **Rohmilchkäse** M queso *m* elaborado con leche cruda; **Rohöl** N aceite *m* crudo (*od* bruto); *(Erdöl)* (petróleo *m*) crudo *m*; **Rohölmotor** M motor *m* de aceite pesado; **Rohprodukt** N producto *m* bruto
Rohr N ⟨~(e)s; ~e⟩ 1 TECH *(Röhre)* tubo *m*; *(Leitungsrohr)* cañería *f*; tubería *f*; MIL *(Geschützrohr)* cañón *m*; *(Blasrohr)* caña *f* 2 BOT *(Schilfrohr)* caña *f*; **spanisches ~** caña *f* de Indias (*od* de Bengala), junquillo *m*; *fig* **wie ein ~ im Wind sein** ser una veleta 3 *südd, österr (Backrohr)* horno *m* 4 *umg fig* **volles ~** *(laut)* a todo volumen; *(rasend schnell) umg* a toda pastilla
'Rohranschluss M unión *f* (*od* conexión *f*) de tubo; **Rohrblatt** N MUS lengüeta *f*, caña *f*; **Rohrbruch** M rotura *f* de tubo (*od* de cañería)
'Röhrchen N ⟨~s; ~⟩ *für Medikamente*: tubito *m*; *(Kanüle)* cánula *f*; *beim Alkoholtest*: *umg* **ins ~ blasen** *umg* soplar por el tubo
'Rohrdach N tejado *m* encañizado; **Rohrdommel** F ⟨~; ~n⟩ ORN avetoro *m*
'Röhre F ⟨~; ~n⟩ 1 tubo *m* (*a.* TV), caño *m*; *(Leitungsröhre)* conducto *m*; tubería *f*; cañería *f*; MED cánula *f*; RADIO válvula *f*, lámpara *f*; PHYS **Braun'sche ~** tubo *m* de rayos catódicos 2 *(Backröhre)* horno *m* 3 *umg (Fernseher) umg* tele *f*, caja *f* tonta 4 *umg fig* **in die ~ gucken** quedarse con las ganas (*od* con dos palmos de narices); *hum (fernsehen)* ver la tele
'röhren VI *Hirsch* bramar
'Röhrenfassung F portaválvula *m*; **röhrenförmig** ADJ tubular; **Röhrenhose** F TEX (pantalón *m*) pitillo *m*; **Röhrenknochen** M hueso *m* largo; caña *f*, canilla *f*; **Röhrenleitung** F → Rohrleitung; **Röhrenpilz** M BOT boleto *m*; **Röhrensockel** M TECH zócalo *m* de válvula; **Röhrensystem** N → Rohrsystem; **Röhrenverstärker** M RADIO amplificador *m* de válvulas; **Röhrenwalzwerk** N TECH laminador *m* de tubos
'Rohrflöte F flauta *f* de caña; caramillo *m*; zampoña *f*; **Rohrgeflecht** N cañizo *m*; *für Stühle*: rejilla *f*
'Röhricht N ⟨~s; ~e⟩ cañaveral *m*, cañizal *m*; *(Binsenröhricht)* juncal *m*, junquera *f*
'Rohrkolben M BOT espadaña *f*; anea *f*; **Rohrkrümmer** M codo *m* (de tubo); **Rohrleger** M ⟨~s; ~⟩, **Rohrlegerin** F ⟨~; ~nen⟩ montador *m*, -a *f* de tubos; **Rohrleitung** F tubería *f*, cañería *f*; **Rohrleitungssystem** N sistema *m* de tubos; tubería *f*; cañería *f*
'Röhrling M ⟨~s; ~e⟩ BOT boleto
'Rohrmast M poste *m* tubular; **Rohrmöbel** NPL muebles *mpl* de junco; **Rohrmuffe** F manguito *m* de tubo; **Rohrnetz** N red *f* (*od* sistema *m*) de tubos; tubería *f*; cañería *f*; **Rohrpost** F correo *m* tubular *od* neumático; **Rohrpostbrief** M carta *f* neumático; **Rohrschelle** F TECH abrazadera *f*; **Rohrspatz** M ORN hortelano *m*; *fig* **wie ein ~ schimpfen** echar pestes; jurar como un carretero
'Rohrstock M bastón *m* (de caña), caña *f*; **Rohrstuhl** M silla *f* de rejilla; **Rohrstutzen** M TECH empalme *m* de tubo; tubuladura *f*; **Rohrsystem** N sistema *m* de tubos; tubería *f*; cañería; **Rohrweite** F calibre *m*; **Rohrzange** F TECH tenazas *fpl* para tubos; **Rohrzucker** M azúcar *m* de caña

'Rohseide F seda *f* cruda; **Rohstahl** M acero *m* bruto
'Rohstoff M materia *f* prima; **Rohstoffbedarf** M necesidad *f* de materias primas; **Rohstoffersparnis** F ahorro *m* en materias primas; **Rohstoffmangel** M escasez *f* de materias primas; **Rohstoffmarkt** M mercado *m* de materias primas; **Rohstoffvorkommen** NPL yacimiento(s) *mpl* de materias primas
'Rohtabak M tabaco *m* bruto (*od* en rama); **Rohwolle** F lana *f* en bruto (*od* en rama); **Rohzucker** M azúcar *m* sin refinar; **Rohzustand** M **im ~** en bruto; sin elaborar
'Rokoko N ⟨~s⟩ rococó *m*; **Rokokostil** M estilo *m* rococó
'Rolandslied N LIT Canción *f* de Rolando
'Rolladen → Rollladen
'Rollbahn F FLUG pista *f* de rodadura (*od* de rodaje); *zum Starten*: pista *f* de despegue; *zum Landen*: pista *f* de aterrizaje; **Rollbandmaß** N cinta *f* métrica arrollable; **Rollbraten** M GASTR asado *m* enrollado; **Rollcontainer** M contenedor *m* con ruedas; **Rolldach** N AUTO techo *m* arrollable
'Rolle F ⟨~; ~n⟩ 1 *(Zusammengerolltes)* rollo *m* (*a. Papierrolle, Drahtrolle*); *(Spule)* bobina *f*; *(Garnrolle) a.* carrete *m* (*a. an der Angel*); *(Geldrolle)* cartucho *m* 2 *(Walze)* rodillo *m*; cilindro *m*; *unter Möbeln*: rueda *f*; roldana *f*; *am Flaschenzug*: polea *f* 3 THEAT *u. fig* papel *m*, rol *m*; THEAT **die ~n besetzen** *od* **verteilen** hacer el reparto de papeles; *fig* **aus der ~ fallen** salirse de tono; *umg* hacer una plancha; **eine ~ spielen** THEAT representar (*od* hacer) un papel; *fig* desempeñar (*od* jugar *od* hacer) un papel; *Sache*: ser de importancia; **es spielt keine ~, ob …** no importa si …; **Geld spielt keine ~** el dinero es lo de menos; *fig* **die ~n tauschen** invertir los papeles 4 FLUG tonel *m* 5 SPORT *Turnen*: voltereta *f* 6 *obs (Register)* nómina *f*; lista *f*; SCHIFF rol *m*
'rollen A VT girar, hacer rodar; *(einrollen)* enrollar; *(aufrollen)* arrollar; **die Augen ~** revolver los ojos B VI ⟨sn⟩ 1 rodar; *Tränen* correr; *umg fig* **die Sache rollt** la cosa marcha 2 *Donner* retumbar 3 SCHIFF *Schiff* cabecear; balancear(se); **die See rollt** la mar está agitada (*od* brava) C VR **sich ~** arrollarse; enrollarse; *Papier* abarquillarse
'Rollen N ⟨~s⟩ 1 movimiento *m* giratorio; rotación *f*; **ins ~ kommen** empezar a rodar; *fig* empezar a funcionar; *fig* **etw ins ~ bringen** poner a/c en circulación (*bzw* en funcionamiento) 2 *des Donners*: el retumbar 3 *des Schiffes*: cabeceo *m*; balanceo *m*
'Rollenbesetzung F THEAT reparto *m* (de papeles); **Rollenbild** N idea *f* de la función a desarrollar
'rollend ADJ rodante; BAHN **~es Material** material *m* rodante
'Rollenfach N THEAT especialidad *f*; **Rollenhandtuch** N toalla *f* (en rollo giratorio); **Rollenlager** N TECH cojinete *m* de rodillos; **Rollenspiel** N juego *m* de rol; **Rollentausch** M inversión *f* de papeles (*od* de los roles); **Rollenverständnis** N manera *f* de entender un papel (*od* un rol); **Rollenverteilung** F distribución *f* (*od* reparto *m*) de los papeles (*a. fig*); **Rollenwechsel** M cambio *m* de rol(es); **Rollenzuweisung** F asignación *f* de papeles (*od* de roles)
'Roller M ⟨~s; ~⟩ 1 *Spielzeug*: patinete *m* 2 *(Motorroller)* scooter *m* 3 SCHIFF *Welle*: rompiente *m*; **Rollerfahrer** M, **Rollerfahrerin** F conductor *m*, -a *f* de scooter (*bzw* de patinete)
'Rollfeld N → Rollbahn; **Rollfilm** M FOTO rollo *m* (de película); carrete *m*; **Rollgeld** N HANDEL (gastos *mpl* de) camionaje *m* (*bzw* acarreo *m*); **Rollgut** N HANDEL mercancía *f* acarreada
'Rolli M ⟨~s; ~s⟩ *umg* 1 *(Rollkragenpullover)* cisne *m* 2 → Rollstuhlfahrer
'Rollkommando N brigada *f* móvil; **Rollkragen** M TEX cuello *m* cisne (*od* alto); **Rollkragenpullover** M TEX jersey *m* de cuello cisne (*od* alto), *umg* cisne *m*; *Arg* polera *f*; **Rollladen** M persiana *f* (enrollable); *eiserner*: cierre *m* metálico; *bei Möbeln*: cierre *m* corredizo; **Rollmops** M GASTR arenque *m* enrollado en escabeche
'Rollo N ⟨~s; ~s⟩ persiana *f* (enrollable)
'Rollschinken M GASTR jamón *m* en rollo; **Rollschrank** M armario *m* persiana
'Rollschuh M patín *m* de ruedas; **~ laufen** patinar sobre ruedas; **Rollschuhbahn** F pista *f* para patinaje sobre ruedas; **Rollschuhlaufen** N patinaje *m* sobre ruedas; **Rollschuhläufer** M, **Rollschuhläuferin** F patinador *m*, -a *f*
'Rollsitz M *im Ruderboot*: asiento *m* corredizo; **Rollsplitt** M gravilla *f* suelta; **Rollsteig** M tapiz *m* rodante
'Rollstuhl M sillón *m* de ruedas; **Rollstuhlfahrer** M, **Rollstuhlfahrerin** F discapacitado *m*, -a *f* en silla de ruedas
'Rolltreppe F escalera *f* mecánica (*od* automática), *Am a.* escalador *m*; **Rollverdeck** N AUTO → Rolldach
Rom N Roma *f*; *fig* **alle Wege führen nach ~** por todas partes se va a Roma; todos los caminos conducen a Roma; **~ wurde auch nicht an einem Tage erbaut** no se ganó Zamora en un día
ROM N ABK (read-only memory) IT ROM *f*
'Roma PL romaníes *mpl*
Ro'man M ⟨~s; ~e⟩ LIT novela *f*
Ro'manasalat M GASTR lechuga *f* romana
Ro'manautor M, **Romanautorin** F LIT novelista *m/f*; autor *m*, -a *f* de novelas
'Roman'cier [romã'sjeː] M ⟨~s; ~s⟩ novelista *m*
Ro'mane M ⟨~n; ~n⟩ latino *m*
Ro'manfigur F personaje *m* novelesco; **Romanform** F forma *f* novelesca; **in ~ bringen** novelar; **romanhaft** ADJ novelesco; **Romanheld** M, **Romanheldin** F héroe *m*, heroína *f* novela
Ro'manik F ⟨~⟩ *Kunst*: estilo *m* románico; **Romanin** F ⟨~; ~nen⟩ latina *f*; **romanisch** ADJ *Kunst* románico; *Sprache a.* neolatino, romance; *Volk* latino
Roma'nist M ⟨~en; ~en⟩ romanista *m*; **Romanistik** F ⟨~⟩ filología *f* románica; **Romanistin** F ⟨~; ~nen⟩ romanista *f*; **romanistisch** ADJ romanista
Ro'mankunst F novelística *f*; **Romanleser** M, **Romanleserin** F lector *m*, -a *f* de novelas; **Romanliteratur** F literatura *f* novelesca; **Romanschriftsteller** M, **Romanschriftstellerin** F novelista *m/f*
Ro'mantik F ⟨~⟩ romanticismo *m* (*a. fig*); **Romantiker** M ⟨~s; ~⟩, **Romantikerin** F ⟨~; ~nen⟩ romántico *m*, -a *f* (*a. fig*); **romantisch** ADJ romántico (*a. fig*)
romanti'sieren VT ⟨*ohne* ge-⟩ romantizar
Ro'mantsch N ⟨~⟩ romanche *m*
Ro'manvorlage F LIT 1 *(Roman als Vorlage) novela que sirve de base a una película, obra de teatro, etc* 2 *(Vorlage für e-n Roman)* base *f* (*od* fuente *f*) para una novela
Ro'manze F ⟨~; ~n⟩ romance *m* (*a. fig*); MUS romanza *f*; **Romanzensammlung** F romancero *m*
'Römer M ⟨~s; ~⟩ 1 romano *m* 2 *Weinglas*:

copa *f* de cristal; **Römerin** F ⟨~; ~nen⟩ romana *f*
'römisch ADJ romano; **römisch-ka'tholisch** ADJ católico (apostólico) romano
röm.-kath. → römisch-katholisch
'Rommé, Rommee N ⟨~s; ~s⟩ *Kartenspiel*: rummy *m*
Ron'dell N ⟨~s; ~e⟩ glorieta *f*; *(Rundbau)* rotonda *f*; AGR arriate *m* circular
'Rondo N ⟨~s; ~s⟩ MUS rondó *m*
'röntgen V/T examinar con rayos X; hacer una radiografía; radiografiar
'Röntgen N ⟨~s⟩ 1 *umg bes* MED *(Untersuchung)* radiografía *f* 2 ⟨*pl* ~⟩ PHYS *Einheit*: (unidad *f*) roentgen *m*; **Röntgenapparat** M aparato *m* de rayos X; **Röntgenaufnahme** F radiografía *f*; **Röntgenbehandlung** F MED radioterapia *f*; tratamiento *m* con rayos X; **Röntgenbestrahlung** F irradiación *f* con rayos X; **Röntgenbild** N → Röntgenaufnahme; **Röntgendermatitis** F MED ⟨~⟩ radiodermatitis *f*; **Röntgendiagnose** F radiodiagnóstico *m*; **Röntgendurchleuchtung** F radioscopia *f*, examen *m* radioscópico; **Röntgengerät** N → Röntgenapparat
Röntgeno'loge M ⟨~n; ~n⟩ radiólogo *m*; **Röntgenolo'gie** F ⟨~⟩ radiología *f*; **Röntgeno'login** F ⟨~; ~nen⟩ radióloga *f*; **röntgeno'logisch** ADJ radiológico
'Röntgenschädigung F MED radiolesión *f*; radiopatía *f*; **Röntgenschirm** M pantalla *f* radioscópica (*od* fluoroscópica); **Röntgenstrahlen** MPL rayos *mpl* X (*od* Roentgen); **Röntgentherapie** F radioterapia *f*; **Röntgentiefentherapie** F radioterapia *f* profunda; **Röntgenuntersuchung** F examen *m* radiológico (*od* por rayos X); *(Durchleuchtung)* examen *m* radioscópico
'Rooibos-Tee M, **'Rooibusch-Tee** M → Rotbuschtee
'rosa ADJ rosa, de color (de) rosa, rosado
'Rosa N ⟨~s; ~ *od umg* ~s⟩ color *m* (de) rosa
'rosafarben, rosarot → rosa
rösch ADJ *bes südd (knusprig)* crujiente
'Rose F ⟨~; ~n⟩ 1 BOT rosa *f*; *Strauch*: rosal *m*; *fig* **(nicht) auf ~n gebettet sein** (no) estar sobre un lecho de rosas; (no) pasársela en flores; **keine ~ ohne Dornen** no hay rosa sin espinas 2 ARCH rosetón *m* 3 *(Kompassrose)* rosa *f* de los vientos 4 MED erisipela *f*
rosé ADJ ⟨*inv*⟩ rosado, clarete
Ro'sé M ⟨~s; ~s⟩ *Wein*: clarete *m*, (vino *m*) rosado *m*
'rosenfarben, rosenfarbig ADJ (color de) rosa
'Rosengarten M rosaleda *f*; **Rosengewächse** NPL BOT rosáceas *fpl*; **Rosenholz** N palo *m* de rosa; **Rosenkäfer** M cetonia *f*; **Rosenkavalier** M *Oper*: **Der ~** El caballero de la rosa; **Rosenkohl** M BOT col *f* de Bruselas; **Rosenkranz** M guirnalda *f* de rosas; REL rosario *m*; **den ~ beten** rezar el rosario; **Rosenkreuzer** MPL HIST rosicrucianos *mpl*; **Rosenkrieg** M 1 *(Ehekrieg)* pelea *f* encarnizada entre los esposos 2 **Rosenkriege** MPL HIST guerras *fpl* de las Dos Rosas; **Rosenmonat** M *poet* mes *m* de las rosas, junio *m*
Rosen'montag M lunes *m* de Carnaval; **Rosenmontagszug** M desfile *m* del lunes de Carnaval
'Rosenöl N esencia *f* de rosas; **rosenrot** ADJ rosa, de color (de) rosa, rosado; **Rosenstock** M, **Rosenstrauch** M rosal *m*; **Rosenstrauß** M ramo *m* de rosas; **Rosenwasser** N ⟨~s; -wässer⟩ agua *f* de rosas; **Rosenzucht** F cultivo *m* de rosas; **Rosenzüchter** M, **Rosenzüchterin** F cultivador *m*, -a *f* de rosas; **Rosenzweig** M rama *f* del rosal
Ro'sette F ⟨~; ~n⟩ roseta *f*; ARCH rosetón *m*
'rosig A ADJ 1 *Farbe*: rosa, de color (de) rosa, rosado; *Gesicht* sonrosado 2 *fig* risueño; *Zukunft, Lage* de color de rosa; **alles in ~em Licht sehen** verlo todo de color de rosa B ADV **uns geht es nicht gerade ~** no estamos pasando un buen momento
Ro'sine F ⟨~; ~n⟩ (uva *f*) pasa *f*; *umg fig* **große ~n im Kopf haben** tener muchos humos; picar muy alto; *umg fig* **die ~n aus dem Kuchen picken** llevarse la mejor tajada
'Röslein N ⟨~s; ~⟩ rosita *f*
'Rosmarin M ⟨~s⟩ BOT romero *m*
'Ross N ⟨~es; ~e⟩ 1 *südd obs* caballo *m*; *poet* corcel *m*; **hoch zu ~** (montado) a caballo 2 *fig* **auf dem hohen ~ sitzen** *od* **sich aufs hohe ~ setzen** subir(se) de tono; tener muchos humos
'Rösselsprung M *Schach, Rätsel*: salto *m* del caballo
'Rosshaar N crin *f* (de caballo); **Rosshaarmatratze** F colchón *m* de crin; **Rosskastanie** F BOT *Frucht*: castaña *f* de Indias; *Baum*: castaño *m* de Indias; **Rosskur** F *umg fig* cura *f* de caballo
Rost¹ M ⟨~(e)s⟩ 1 *(Eisenoxid)* herrumbre *f*, orín *m*, moho *m*; **~ ansetzen** aherrumbrarse; enmohecerse; oxidarse; **von ~ zerfressen** herrumbroso; oxidado 2 BOT roya *f*
Rost² M ⟨~(e)s; ~e⟩ TECH *(Feuerrost)* emparrillado *m*; *(Gitterrost)* rejilla *f*; *(Bratrost)* parrilla *f*; **auf dem ~ braten** asar a la parrilla; **vom ~** a la parrilla
'rostbeständig ADJ inoxidable; anticorrosivo; **Rostbildung** F formación *f* de herrumbre; oxidación *f*
'Rostbraten M GASTR *carne de vaca o cerdo cocida a fuego lento*; **Rostbratwurst** F GASTR salchicha *f* a la parrilla
'rostbraun ADJ tostado
'Röstbrot N pan *m* tostado
'Röste F ⟨~; ~n⟩ AGR *(Flachsröste)* enriado *m*
'rosten V/I oxidarse; aherrumbrarse, enmohecerse; *fig* **alte Liebe rostet nicht** los primeros amores retoñan; → a rasten
'Rosten N ⟨~s⟩ enmohecimiento *m*; oxidación *f*
'rösten V/T 1 tostar *(a. Kaffee, Brot)*; *auf dem Rost*: asar (a la parrilla); *in der Pfanne*: saltear 2 *Flachs, Hanf* enriar 3 METALL calcinar
'Rösten N ⟨~s⟩ 1 tostado *m*, tueste *m*; *v. Kaffee*: torrefacción *f* 2 *v. Flachs, Hanf*: enriado *m* 3 METALL calcinación *f*
'Röster M ⟨~s; ~⟩ tostador *m*
Röste'rei F ⟨~; ~en⟩ tostadero *m*
'rostfarben, rostfarbig ADJ tostado; **Rostfleck** M mancha *f* de herrumbre (*od* de orín); **rostfrei** ADJ inoxidable
'röstfrisch ADJ recién tostado
'Rösti PL *schweiz* GASTR *salteado de patatas ralladas*
'rostig ADJ oxidado; tomado de orín, herrumbroso; **~ werden** → rosten
'Röstkaffee M café *m* tostado (*od* torrefacto); **Röstkartoffeln** FPL patatas *fpl* salteadas
'Rostlaube F *umg (altes Auto)* *umg* cacharro *m* oxidado
'Röstofen M METALL horno *m* de calcinación
'Rostschutz M protección *f* contra la oxidación; **Rostschutzanstrich** M, **Rostschutzfarbe** F pintura *f* antioxidante (*od* anticorrosiva); **Rostschutzmittel** N (agente *m*) antioxidante *m* (*bzw* anticorrosivo *m*)
'rostsicher ADJ inoxidable; antioxidante; anticorrosivo
rot A ADJ ⟨"er, "este⟩ 1 *Farbe* rojo (*a.* POL); colorado; encarnado; *Wein* tinto; *Gesichtsfarbe* rubicundo; *Lippen* carmín; **~e Haare haben** ser pelirrojo; **~ werden** enrojecer; *im Gesicht a.*: ponerse rojo (*od* colorado *od* encarnado), ruborizarse; *vor Scham*: sonrojarse; **~ vor Zorn** rojo de cólera 2 *in Eigennamen*: **die Rote Armee** el Ejército Rojo; **der Rote Halbmond** el Creciente Rojo; **das Rote Kreuz** la Cruz Roja; ÖKOL **die Rote Liste (der bedrohten Arten)** la Lista Roja (de Especies Amenazadas); **das Rote Meer** el mar Rojo 3 *fig* **der ~e Faden** el hilo conductor; WIRTSCH **in den ~en Zahlen stehen** estar en números rojos; tener déficit B ADV **einen Tag (im Kalender) ~ anstreichen** marcar en rojo una fecha; → *a.* rot gestreift, rotglühend
Rot N ⟨~s; ~ *od umg* ~s⟩ 1 rojo *m* (*a.* VERKEHR); *Verkehr*: **die Ampel steht auf** *od* **zeigt ~** el semáforo está rojo; **bei ~ durchfahren** *umg* saltarse el semáforo 2 *Schminke*: colorete *m*; **~ auflegen** darse (*od* ponerse) colorete 3 *(Wolkenrot)* arrebol *m* 4 *Wappenkunde*: gules *mpl*
Ro'tarier M ⟨~s; ~⟩, **Rotarierin** F ⟨~; ~nen⟩ rotario *m*, -a *f*
Rotati'on F ⟨~; ~en⟩ rotación *f*
Rotati'onsachse F eje *m* de rotación; **Rotationsdruck** M ⟨~(e)s⟩ TYPO impresión *f* rotativa; **Rotationsmaschine** F, **Rotationspresse** F TYPO rotativa *f*; **Rotationsprinzip** N POL principio *m* de rotación
'Rotauge N *Fisch*: escarcho *m*; **rotbackig, rotbäckig** ADJ de mejillas coloradas; rubicundo; **Rotbarsch** M *Fisch*: gallineta *f* nórdica; **Rotbart** M HIST **Kaiser ~** Barbarroja *m*; **rotbärtig** ADJ barbirrojo; **rotblond** ADJ rubicundo; **Rotbrasse** F *Fisch*: pargo *m*; **rotbraun** ADJ pardo rojizo; *Pferd*: alazán; **rotbrüchig** ADJ METALL quebradizo en caliente; **Rotbuche** F BOT haya *f* común; **Rotbuschtee** M té *f* rojo rooibos; **Rotchina** N *pej* China *f* roja (*od* popular); **Rotdorn** M BOT espino *m* de flores rojas
'Rote M/F ⟨~n; ~n; → A⟩ POL rojo *m*, -a *f*
'Röte F ⟨~⟩ color *m* rojo; rojez *f*; *der Wolken*: arrebol *m*; *der Scham*: sonrojo *m*; rubor *m*; **die ~ stieg ihr ins Gesicht** se sonrojó; se ruborizó
Rote-'Armee-Fraktion F HIST *banda terrorista alemana de los años 70-80 del siglo pasado*
'Rötel M ⟨~s; ~⟩ 1 MINER almagre *m* 2 → Rötelstift
'Röteln PL MED rubéola *f*
'Rötelstift M MAL sanguina *f*, lápiz *m* rojo; **Rötelzeichnung** F MAL sanguina *f*
'röten A V/T enrojecer; colorear (*od* teñir) de rojo B V/R **sich ~** enrojecerse, ponerse rojo; *vor Scham a.*: sonrojarse; ruborizarse
'Roter M → Rote
'Rotfeder F *Fisch*: escardino *m*; **Rotfuchs** M 1 ZOOL zorro *m* rojo 2 *Pferd*: alazán *m* (claro); **rotgelb** ADJ amarillo rojizo; rojo amarillento
'rotgestreift ADJ, **rot gestreift** ADJ de (*od* con) rayas rojas
'rotglühend ADJ, **rot glühend** ADJ (rojo) candente; (puesto) al rojo (vivo)
'Rotglut F ⟨~⟩ calor *m* rojo; incandescencia *f*; **zur ~ bringen** poner al rojo (vivo)
'rot-grün ADJ POL *BRD*: **~e Koalition** coalición *f* roji-verde; coalición *f* entre SPD y Verdes
'rothaarig ADJ pelirrojo; **Rothaut** F *neg!* piel roja *m/f*; **Rothirsch** M ZOOL ciervo *m* (común)
ro'tieren V/I ⟨*ohne* ge-⟩ girar; **rotierend** ADJ rotatorio, giratorio
'Rotkäppchen N Caperucita *f* Roja; **Rotkehlchen** N ⟨~s; ~⟩ ORN petirrojo *m*; **Rot-**

R

kohl M BOT lombarda *f*; **Rotkopf** M pelirrojo *m*; **Rotkraut** N *südd, österr* → Rotkohl
Rot'kreuzhelfer M, **Rotkreuzhelferin** F voluntario *m*, -a *f* (*bzw* socorrista *m/f*) de la Cruz Roja
'Rotlauf M VET erisipela *f* porcina, mal *m* rojo
'rötlich ADJ rojizo; *Gesicht* rubicundo
'Rotlicht N ⟨~(e)s⟩ luz *f* roja (*a.* VERKEHR); **Rotlichtbezirk** M *sp* zona *f* del barrio chino; *Am* zona *f* del barrio rojo (*perímetro donde está autorizada la prostitución*); **Rotlichtmilieu** N *sp* círculos *mpl* del barrio chino; bajos fondos *mpl*; mundillo *m* de la prostitución; **Rotlichtviertel** N *sp* barrio *m* chino; *Am* zona *f* roja, barrio *m* rojo
'Rotmilan M ⟨~s; ~e⟩ ORN milano *m* real
'rotnasig ADJ de nariz roja
'Rotor M ⟨~s; ~en⟩ rotor *m*; ELEK *a.* inducido *m*
'Rotschimmel M (caballo *m*) roano *m* (*od* ruano *m*); **Rotschopf** M pelirrojo *m*; **Rotschwänzchen** N ⟨~s; ~⟩ ORN colirrojo *m*
'rotsehen VI ⟨*irr*⟩ *umg* perder los estribos; ponerse furioso
'Rotstift M lápiz *m* rojo; *fig* **den ~ ansetzen** economizar, ahorrar; **Rotstiftpolitik** F política *f* de ahorro (*od* de reducción de gastos)
'Rottanne F BOT abeto *m* rojo, picea *f* (común)
'Rotte F ⟨~; ~n⟩ grupo *m*; *v. Arbeitern*: brigada *f*; cuadrilla *f*; MIL fila *f*; (*Bande*) banda *f*; pandilla *f*
'Rottenführer M MIL *Nationalsozialismus* cabo *m* de fila; *v. Arbeitern*: capataz *m*; cabo *m*
'Rottweiler M ⟨~s; ~⟩ *Hund*: rottweiler *m*
Ro'tunde F ⟨~; ~n⟩ ARCH (*Rundbau*) rotonda *f*
'Rötung F ⟨~; ~en⟩ enrojecimiento *m*; MED rubefacción *f*; rubicundez *f*
'rotwangig ADJ → rotbackig
'Rotwein M vino *m* tinto; **Rotwelsch** N jerga *f* del hampa, germanía *f*; *Arg* lunfardo *m*; **Rotwild** N JAGD venado *m*, ciervos *mpl*; **Rotwurst** F morcilla *f*
'Rotz M ⟨~es⟩ **1** *sl* moco *m*; *umg* **~ und Wasser heulen** llorar a moco tendido **2** VET muermo *m*
'rotzen VI *sl* sonarse la nariz; (*ausspucken*) escupir
'rotz'frech ADJ *umg* descarado, sinvergüenza
'rotzig ADJ **1** *sl* mocoso **2** *umg fig* → rotzfrech **3** VET muermoso; **Rotzjunge** *sl* M, **Rotznase** F *sl* mocoso *m*
Rouge [ru:ʒ] N ⟨~s; ~s⟩ colorete *m*; **~ auflegen** ponerse colorete
Rou'lade [ru-] F ⟨~; ~n⟩ GASTR filete *m* relleno
Rou'leau [ru'lo:] N ⟨~s; ~s⟩ → Rollo
Rou'lett [ru:lɛt] N ⟨~(e)s; ~e *od* ~s⟩, **Rou'lette** [ru'lɛtə] N ⟨~s; ~s⟩ ruleta *f*; **~ spielen** jugar a la ruleta
Rou'lett(e)tisch [ru-] M mesa *f* (para el juego) de ruleta
'Route ['ru:tə] F ⟨~; ~n⟩ itinerario *m*, ruta *f*; recorrido *m*; **Routenplaner** M AUTO, INTERNET sistema *m* de navegación
'Router ['raʊtər, 'ru:tər] M ⟨~s, ~⟩ IT router *m*
Rou'tine [ru-] F ⟨~⟩ rutina *f* (*a. Computer*); (*Praxis*) práctica *f*; experiencia *f*; **Routineangelegenheit** F asunto *m* rutinario; **Routinearbeit** F trabajo *m* rutinario; **Routinekontrolle** F control *m* de rutina (*od* rutinario); **routinemäßig** ADJ rutinario; **Routineuntersuchung** F *allg* control *m* de rutina; MED reconocimiento *m* (*od* chequeo *m*) de rutina (*od* rutinario)
Routini'er [rutini'e:] M ⟨~s; ~s⟩ rutinero *m*; *fig* experto *m*, entendido *m*
routi'niert [ru-] ADJ experimentado, experto; versado, ducho; *pej* rutinero
'Rowdy ['raʊdi] M ⟨~s; ~s⟩ bruto *m*; camorrista *m*; gamberro *m*
Roya'list [roaja'-] M ⟨~en; ~en⟩, **Royalistin** F ⟨~; ~nen⟩ monárquico *m*, -a *f*; **royalistisch** ADJ realista, monárquico
RT ABK (Registertonne) tonelada *f* de registro
Ru'anda N ⟨~s⟩ Ruanda *f*; **Ruander** M ⟨~s; ~⟩, **Ruanderin** F ⟨~; ~nen⟩ ruandés *m*, -esa *f*; **ruandisch** ADJ ruandés
'Rubbellos N billete *m* de lotería instantánea; *umg* rasca-rasca *m*
'rubbeln VT *umg* frotar
'Rübe F ⟨~; ~n⟩ **1** BOT remolacha *f*; **weiße ~** nabo *m*; **gelbe ~** *südd* (*Möhre*) zanahoria *f*; **rote ~** remolacha *f* colorada **2** *umg fig* (*Kopf*) *umg* coco *m*, cholla *f*; *umg fig* **eins auf die ~ kriegen** recibir una cachete
'Rubel M ⟨~s; ~⟩ rublo *m*; **Rubelkurs** M FIN cotización *f* del rublo
'Rübenzucker M azúcar *m* de remolacha
'rüber *umg* → herüber *etc*, hinüber *etc*
'rüberbringen VT ⟨*irr*⟩ **1** → hinüberbringen **2** *umg* (*vermitteln können*) transmitir, pasar; **rüberkommen** VI ⟨*irr*; sn⟩ **1** → hinüberkommen **2** *umg* (*verstanden werden*) entenderse, pasar
'Rubikon M ⟨~s⟩ **den ~ überschreiten** pasar el Rubicón (*a. fig*)
Ru'bin M ⟨~s; ~e⟩ rubí *m*
'Rübkohl M *schweiz* colinabo *m*; **Rüböl** N aceite *m* de colza
Ru'brik F ⟨~; ~en⟩ rúbrica *f*; *e-r Zeitung*: sección *f*; columna *f*; **unter der ~** bajo el título de
'Rübsamen M ⟨~s⟩, **Rübsen** M ⟨~s⟩ BOT nabina *f*
'ruchbar ADJ *geh* público, notorio; **~ werden** hacerse público; ir cundiendo; trascender; **ruchlos** ADJ *geh* sin escrúpulos; desalmado; *Verbrechen* atroz; abominable; **Ruchlosigkeit** F ⟨~; ~en⟩ *geh* maldad *f*; vileza *f*; perfidia *f*; *e-s Verbrechens*: atrocidad *f*
Ruck M ⟨~(e)s; ~e⟩ arranque *m*; arrancada *f*; (*Zug*) tirón *m* (**an** *dat* de); *am Zügel*: sofrenada *f*; (*Stoß*) empujón *m* (*a. fig*); sacudida *f*; **auf einen ~** de un golpe; de un tirón; POL **~ nach links** giro *m* hacia la izquierda; *fig* **sich** (*dat*) **einen ~ geben** hacer un esfuerzo; hacer de tripas corazón
'Rückansicht F vista *f* de atrás; vista *f* por detrás; **Rückantwort** F respuesta *f*; **bezahlte ~** respuesta *f* pagada; **Telegramm mit ~** telegrama *m* con respuesta pagada; **Rückantwortschein** M cupón *m* de respuesta
'ruckartig **A** ADJ brusco **B** ADV a sacudidas; de golpe; **~ anfahren** arrancar bruscamente
'Rückäußerung F respuesta *f*, contestación *f*; **Rückbank** F ⟨~; ⸚e⟩ AUTO asiento *m* posterior (*od* trasero); **Rückberufung** F *v. e-m Amt*: deposición *f*, destitución *f*
'rückbesinnen VR **sich auf die alten Werte ~** recapacitar sobre (*od* retomar) los antiguos valores
'Rückbesinnung F regreso *m*, retorno *m* (**auf** *acus* a); **Rückbewegung** F movimiento *m* retrógrado; **rückbezüglich** ADJ GRAM reflexivo; **Rückbildung** F MED, BIOL involución *f*; regresión *f*; **Rückblende** F FILM flash-back *m*; *fig* retrospectiva *f*; **Rückblick** M *fig* (ojeada *f*) retrospectiva *f*; *zusammenfassender*: resumen *m*; **rückblickend** ADV retrospectivamente; **Rückbuchung** F HANDEL extorno *m*; **Rückbürge** M fiador *m* subsidiario; **Rückbürgschaft** F fianza *f* subsidiaria; retrogarantía *f*
'rückdatieren VT ⟨*ohne* ge-⟩ antedatar, antefechar, poner una fecha anterior
'ruckeln VI dar tirones (*od* sacudidas)
'rucken **A** VT tirar, empujar, sacudir **B** VI dar una sacudida
'rücken **A** VT (*bewegen*) mover; (*schieben*) empujar; correr; (*verrücken*) cambiar de sitio, desplazar; (*wegrücken*) apartar, remover, quitar (**von** de); (*näher rücken*) acercar; **den Tisch ans Fenster ~** correr la mesa hacia la ventana; **etw auf die Seite ~** apartar a un lado a/c **B** VI ⟨sn⟩ moverse; (*wegrücken*) apartarse; (*Platz machen*) hacer sitio; correrse; **höher ~** subir; *fig* ascender; **näher ~** aproximarse, acercarse (*beide a. zeitlich*); arrimarse; **vorwärts ~** avanzar; **an j-s Stelle** (*acus*) **~** ocupar el sitio de alg; *fig* ponerse en el lugar de alg; **mit etw ~** mover a/c; remover a/c; **nicht von der Stelle ~** no moverse del sitio; **rück mal (ein bisschen nach links)!** ¡córrete (un poco hacia la izquierda)!
'Rücken M ⟨~s; ~⟩ **1** *e-s Menschen, Tieres*: espalda *f*; GASTR lomo *m*; **den ~ beugen** doblar el espinazo (*a. fig*); **j-m den ~ decken** cubrir la espalda a alg; respaldar a alg; **sich** (*dat*) **den ~ frei halten** asegurarse la retirada; **~ an ~** espalda con(tra) espalda; **auf den ~ fallen** caer(se) (*od* dar) de espaldas; *fig* caer de espaldas; **auf dem ~ (schwimmen** *etc*) (nadar, *etc*) de espaldas; **auf dem ~ liegend** echado de espaldas; boca arriba; *fachspr* en decúbito supino; **sich auf den ~ legen** tumbarse de espaldas (*od* boca arriba); **auf dem ~ tragen** llevar a cuestas; **den Wind im ~ haben** SCHIFF tener viento en popa (*od* de cola); *fig* ir viento en popa; **mit gebeugtem ~** cargado de espaldas; **es lief mir eiskalt über den ~** *od* **den ~ hinunter** me dio un escalofrío **2** *fig* **einen breiten ~ haben** tener buenas espaldas; **j-m/einer Sache den ~ kehren** dar la espalda a alg/a/c; **j-m den ~ stärken** respaldar a alg; **hinter j-s ~** (*dat*) a las espaldas de alg; **j-m in den ~ fallen** atacar a alg por la espalda **3** (*Rückseite*) dorso *m* (*a. Handrücken, Messerrücken*); (*Buchrücken*) lomo *m*; (*Stuhlrücken*) respaldo *m*; (*Gebirgsrücken*) loma *f*
'Rückenbeschwerden FPL MED molestias *fpl* (*od* dolores *mpl*) de espalda; **Rückenbreite** F anchura *f* de (la) espalda
'Rückendeckung F MIL protección *f* de la retaguardia; *fig* respaldo *m*; **j-m ~ geben** cubrir a alg las espaldas; **sich ~ verschaffen** respaldarse; **gute ~ haben** tener guardadas las espaldas
'Rückenflosse F *e-s Fisches*: aleta *f* dorsal; **Rückenflug** M FLUG vuelo *m* invertido; **rückenfrei** ADJ que deja la espalda descubierta; **Rückengymnastik** F gimnasia *f* para la espalda; **Rückenlage** F decúbito *m* supino; **in ~** de espaldas, boca arriba; **Rückenlehne** F respaldo *m*; **Rückenleiden** N dolencias *fpl* (*od* dolores *mpl*) de espalda; **Rückenmark** N ANAT médula *f* espinal
'Rückenmarksanästhesie F MED raquianestesia *f*; anestesia *f* peridural (*od* epidural); **Rückenmarksentzündung** F MED mielitis *f*; **Rückenmarksnerv** M ANAT nervio *m* raquídeo
'Rückenmuskel M ANAT músculo *m* dorsal; **Rückennummer** F SPORT dorsal *m*; **Rückenprobleme** NPL problemas *mpl* de espalda; **Rückenschild** M ZOOL caparazón *m* dorsal, espaldar *m*; **Rückenschmerzen** MPL MED dolores *mpl* de espalda; **Rückenschwimmen** N natación *f* de espalda; **Rückenschwimmer** M, **Rückenschwimmerin** F espaldista *m/f*; **Rückenstärkung** F apoyo *m* moral; **Rücken-**

wind M SCHIFF viento *m* en popa; AUTO viento *m* de cola (*od* por atrás); **Rückenwirbel** M ANAT vértebra *f* dorsal
'Rückerinnerung F reminiscencia *f*; **Rückeroberung** F reconquista *f*; **rückerstatten** V/T ‹*ohne* ge-› restituir, devolver; reintegrar; *Geld a.* re(e)mbolsar; **Rückerstattung** F restitución *f*, devolución *f*; reintegro *m*; re(e)mbolso *m*; **Rückerwerb** M readquisición *f*; recuperación *f*; **Rückfahrkarte** F, **Rückfahrschein** M billete *m* de ida y vuelta; **Rückfahrscheinwerfer** M AUTO luz *f* de marcha atrás; **Rückfahrt** F viaje *m* de vuelta (*od* de regreso); vuelta *f*; **auf der ~** al volver
'Rückfall M **1** MED recaída *f*; recidiva *f*; **einen ~ haben** *od* **erleiden** tener una recaída, reincidir **2** JUR reincidencia *f*, reiteración *f*; **Rückfallfieber** N MED fiebre *f* recurrente; **rückfällig** ADJ **1** MED recidivante **2** JUR reincidente; JUR **~ werden** reincidir (en un delito); **Rückfällige** M/F ‹~n; ~n; → A› JUR reincidente *m/f*
'Rückfenster N AUTO ventanilla *f* posterior; **Rückflug** M vuelo *m* de regreso; **Rückfluss** M reflujo *m*; **Rückforderung** F reclamación *f*; **Rückfracht** F cargamento *m* (SCHIFF flete *m*) de retorno; **Rückfrage** F demanda *f* de información aclaratoria (*bzw* de nuevos informes)
'rückfragen V/I pedir nuevos informes (*bzw* aclaraciones) (**bei** a); **rückführen** V/T POL repatriar
'Rückführung F *v. Personen in ihr Heimatland*: repatriación *f*
'Rückgabe F devolución *f*; restitución *f*; **mit der Bitte um ~** a título devolutivo; se ruega la devolución; **Rückgabeanspruch** M derecho *m* a devolución; **Rückgabefrist** F plazo *m* de devolución; **Rückgaberecht** N derecho *m* de devolución
'Rückgang M retroceso *m*; *des Geschäfts*: baja *f*; (*Abnahme*) descenso *m*; disminución *f*; **saisonbedingter ~** baja *f* estacional; **starker ~** bajón *m*; **einen starken ~ verzeichnen** estar en pleno retroceso
'rückgängig ADJ retrógrado; WIRTSCH descendente; en baja; **~ machen** anular; deshacer; *Vertrag a.* rescindir; (*absagen*) cancelar; **Rückgängigmachung** F ‹~› anulación *f*; rescisión *f*; cancelación *f*
'rückgebildet ADJ MED atrofiado; **Rückgewinnung** F recuperación *f*; **rückgliedern** V/T reincorporar; reintegrar; **Rückgliederung** F reincorporación *f*; reintegración *f*
'Rückgrat N ANAT columna *f* vertebral (*a. fig*), espina *f* dorsal, espinazo *m*; *fig* (*Stütze*) puntal *m*; *fig* **~ haben** no dar su brazo a torcer; no doblegarse; **kein ~ haben** doblegarse servilmente; no tener dignidad
'Rückgratverkrümmung F MED escoliosis *f*, desviación *f* de la columna vertebral; **Rückgriff** M JUR recurso *m*; **Rückgriffsrecht** N derecho *m* de recurso; **Rückhalt** M respaldo *m*, apoyo *m*, sostén *m*; *finanziell*: recursos *mpl*; **einen ~ an j-m haben** respaldarse en alg; **Rückhaltebecken** N TECH depósito *m* (*größer*: embalse *m*) de retención; **rückhaltlos** ADV sin reserva; francamente; incondicionalmente; **Rückhand** F SPORT revés *m*; **Rückkauf** M readquisición *f*; JUR retroventa *f*; rescate *m*; *von Aktien*: re(e)mbolso *m*, amortización *f*
'Rückkaufsrecht N JUR derecho *m* de retroventa; **Rückkaufswert** M valor *m* de retroventa
'Rückkehr F ‹~› regreso *m*, vuelta *f*; retorno *m*; **bei meiner ~** a mi regreso; al volver; **Rückkehrer** M ‹~s; ~›, **Rückkehrerin** F ‹~; ~nen› *allg* retornado *m*, -a *f*; *in sein/ihr Heimatland*: repatriado *m*, -a *f*; **rückkoppeln** V/T RADIO acoplar retroactivamente (*od* en reacción); **Rückkopp(e)lung** F ‹~; ~en› ELEK retroacción *f* (*a.* BIOL), realimentación *f*; **Rückkunft** F ‹~› *geh* → Rückkehr; **Rückladung** F → Rückfracht
'Rücklage F ‹~; ~n› (*Ersparnis*) ahorros *mpl*; FIN (fondos *mpl* de) reserva *f*; **gesetzlich/satzungsgemäße ~** reserva legal/estatutaria; **~n bilden** formar reservas, crear fondos de reserva
'Rücklagefonds M FIN fondo *m* de reserva; **Rücklauf** M reflujo *m*; TECH marcha *f* retrógrada (*od* atrás); MIL *e-s Geschützes*: retroceso *m*, reculada *f*; **Rücklaufbremse** F freno *m* de retroceso
'rückläufig ADJ (*rückwärtsgewandt*) retrógrado; regresivo; inverso; (*sinkend*) descendente, bajista; **~e Bewegung** retrogradación *f* (*a.* ASTRON); regresión *f*; retroceso *m*; **~e Entwicklung** regresión *f*
'Rücklehne F respaldo *m*; **Rückleitung** F TECH tubería *f* de retorno; ELEK circuito *m* de retorno; **Rücklicht** N AUTO luz *f* trasera; *e-s Fahrrads*: faro *m* trasero; **Rücklieferung** F devolución *f*
'rücklings ADV **1** (*nach hinten*) hacia atrás **2** (*von hinten*) por detrás, por la espalda **3** *Lage*: de espaldas; boca arriba
'Rückmarsch M regreso *m*, vuelta *f*; MIL retirada *f*; **Rückmeldung** F **1** UNIV (re)inscripción *f* **2** (*Feedback*) feed-back *m*
'Rücknahme F ‹~; ~n› recogida *f*; *e-r Behauptung*: retractación *f*; JUR desistimiento *m*; **Rücknahmepflicht** F **1** *Wiedererwerb*: obligación *f* de readquisición **2** *bei mangelhaften Produkten*: obligación *f* de retirada (*od* de recogida); **Rücknahmesatz** M HANDEL tipo *m* de readquisición; **Rücknahmeverpflichtung** F → Rücknahmepflicht
'Rückporto N *Postwesen*: porte *m* de vuelta; **Rückprall** M rebote *m*; rechazo *m*; **Rückrechnung** F HANDEL cuenta *f* de resaca; **Rückreise** F (viaje *m* de) regreso *m*; vuelta *f*; **Rückruf** M TEL devolución *f* de la llamada; **Rückrufaktion** F HANDEL *bei mangelhaften Produkten*: llamada *f* a fábrica; **Rückrunde** F SPORT encuentro *m* (*od* partido) de vuelta
'Rucksack M mochila *f*; **Rucksacktourist** M, **Rucksacktouristin** F turista *m/f* mochilero, -a
'Rückschau F retrospección *f*; retrospectiva *f*; **rückschauend** ADV retrospectivamente; **Rückschlag** M **1** contragolpe *m*; (*Rückprall*) rebote *m*; *des Geschützes*: retroceso *m*, reculada *f* **2** *fig* revés *m*; contratiempo *m*; retroceso *m*; WIRTSCH recesión *f*; MED recaída *f*; **Rückschlagventil** N TECH válvula *f* de retención; **Rückschluss** M conclusión *f*, deducción *f*; **Rückschlüsse ziehen aus** sacar conclusiones de; **Rückschreiben** N contestación *f*, respuesta *f*; **Rückschritt** M **1** paso *m* atrás **2** *fig* retroceso *m*
'rückschrittlich ADJ reaccionario; retrógrado
'Rückseite F parte *f* posterior (*od* trasera *od* de atrás); trasera *f*; *e-s Blattes etc*: dorso *m*; vuelta *f*; *v. Münzen*: reverso *m*; *des Mondes etc*: cara *f* oculta; *des Stoffes*: revés *m*; **auf der ~** al dorso; **siehe ~** véase al dorso
'Rücksendung F devolución *f*, reexpedición *f*, retorno *m*
'Rücksicht F ‹~; ~en› consideración *f*; (*Umsicht*) miramiento *m*; (*Achtung*) respeto *m*; **aus** *od* **mit ~ auf** (*acus*) por consideración a; en atención a; teniendo en cuenta; **(keine) ~ auf j-n/etw nehmen** (*beachten*) (no) tener a alg/a/c en consideración; (*schonen*) (no) tratar a alg/a/c con miramientos; **mit ~ darauf, dass ...** teniendo en cuenta que ...; **ohne ~ auf** (*acus*) *Personen*: sin guardar consideraciones a; sin tener ninguna consideración con; sin respetar a; *Sachen*: sin mirar; sin tener en cuenta que; sin reparar en; **ohne jede ~** sin miramiento alguno; sin ninguna consideración; sin ningún respeto; sin contemplaciones; *umg* **ohne ~ auf Verluste** sin pararse en barras; *umg* a lo bestia
'Rücksichtnahme F ‹~› consideración *f*; miramiento *m*; contemplaciones *fpl*
'rücksichtslos **A** ADJ desconsiderado, inconsiderado; sin miramientos; (*unbekümmert*) despreocupado; (*gefühllos*) insensible; despiadado; brutal; **~er Fahrer** conductor *m* irresponsable **B** ADV desconsideradamente, sin consideración; sin miramientos; **~ handeln** actuar sin contemplaciones; **~ fahren** *umg* conducir a lo loco
'Rücksichtslosigkeit F ‹~; ~en› falta *f* de consideración (*od* de respeto); inconsideración *f*, desconsideración *f*; brutalidad *f*; **rücksichtsvoll** ADJ considerado; atento; deferente; (*taktvoll*) discreto; delicado; **j-n ~ behandeln** tratar con delicadeza (*od* con mucho respeto) a alg
'Rücksitz M asiento *m* trasero; **Rückspiegel** M AUTO (espejo *m*) retrovisor *m*; **Rückspiel** N SPORT partido *m* de vuelta
'Rücksprache F consulta *f*; entrevista *f*; **mit j-m ~ halten** *od* **nehmen** consultar con alg; entrevistarse con alg; ponerse al habla con alg
'Rückstand M **1** (*Rest*) residuo *m* (*a.* CHEM), resto *m*; (*Bodensatz*) sedimento *m* **2** (*Zurückbleiben*) atraso *m*; *e-r Rechnung*: remanente *m*; (*Lieferrückstand, Arbeitsrückstand*) retraso *m*; HANDEL **Rückstände** atrasos *mpl*; pagos *mpl* atrasados; HANDEL **im ~ bleiben** demorar (*od* retrasar) el pago; **in ~ geraten** atrasarse; **im ~ sein** *zeitlich*: estar atrasado; HANDEL estar retrasado en el pago; SPORT ir por detrás en el marcador; **er ist mit seiner Miete zwei Monate im ~** debe dos meses de alquiler
'rückständig ADJ **1** *Zahlung* atrasado; pendiente (de pago); *Person, mit der Zahlung*: moroso; **~e Miete** alquiler *m* vencido (*od* atrasado) **2** *fig* anticuado, *umg* carroza; pasado de moda; *Land* atrasado; subdesarrollado; **Rückständigkeit** F ‹~› **1** atraso *m* **2** *fig* mentalidad *f* atrasada
'Rückstau M *Verkehr*: retención *f*; *v. Wasser*: remanso *m*; **Rückstellung** F WIRTSCH reserva *f*, fondo *m* de previsión; **~en für Risiken und Ausgaben** provisiones *fpl* para riesgos y gastos; **Rückstoß** M repulsión *f* (*a.* PHYS); MIL retroceso *m*; *v. Gewehren a.*: culatazo *m*; **Rückstrahler** M catafoto *m*, catafaro *m*; ojo *m* de gato; **Rückstrahlung** F reflexión *f*; reverberación *f*; **Rückstrom** M ELEK corriente *f* de retorno; **Rücktaste** F *Schreibmaschine, Computer*: tecla *f* de retroceso; **Rücktransport** M transporte *m* de vuelta (*od* de retorno); *v. Flüchtlingen etc*: repatriación *f*
'Rücktritt M **1** *v. Amt*: renuncia *f*; dimisión *f* (*a.* POL); *vom Vertrag*: desistimiento *m*; **seinen ~ erklären** *od* **einreichen** presentar su dimisión **2** *beim Fahrrad*: → Rücktrittbremse
'Rücktrittbremse F *Fahrrad*: freno *m* de contrapedal
'Rücktrittsabsicht F propósito *m* (*od* intención *f*) de dimisión (*od* de renuncia); **Rücktrittsangebot** N ofrecimiento *m* (*od* propuesta *f*) de dimisión (*od* de renuncia); **Rücktrittsdrohung** F amenaza *f* de dimisión

R

(*od* de renuncia); **Rücktrittserklärung** F declaración *f* de dimisión (*od* de renuncia); **Rücktrittsforderung** F solicitud *f* (*od* exigencia *f*) de dimisión; **Rücktrittsfrist** F JUR plazo *m* de renuncia *od* de rescisión; **Rücktrittsgesuch** N dimisión *f*; renuncia *f*; **Rücktrittsrecht** N HANDEL derecho *m* de retracto (*od* de rescisión); **Rücktrittsschreiben** N carta *f* de dimisión

'**rückübersetzen** VT ⟨*ohne* ge-⟩ retraducir; retrotraducir; **Rückübersetzung** F retraducción *f*; retrotraducción *f*

'**Rückumschlag** M sobre *m* para respuesta; sobre *m* para reexpedición (*od* para retorno); **rückvergüten** VT ⟨*ohne* ge-⟩ re(e)mbolsar; devolver; **Rückvergütung** F re(e)mbolso *m*; devolución *f*; reintegro *m*; **Rückversicherer** M reasegurador *m*; **rückversichern** ⟨*ohne* ge-⟩ A VT VERS reasegurar B VR **sich ~** (*sich vergewissern*) cerciorarse; **Rückversicherung** F 1 VERS reaseguro *m* 2 *fig* verificación *f*; **Rückwand** F pared *f* del fondo; *e-s Gebäudes*: fachada *f* posterior; **Rückwanderer** M repatriado *m*

'**rückwärtig** ADJ trasero, posterior; MIL de la etapa

'**rückwärts** ADV hacia atrás; para atrás

'**Rückwärtsbewegung** F movimiento *m* retrógrado (*od* de retroceso); **rückwärtsfahren** VI ⟨*irr*;~; ⟩ dar marcha atrás; **Rückwärtsgang** M AUTO marcha *f* atrás; **im ~** marcha atrás; **rückwärtsgehen** VI ⟨*irr*;~; ⟩ ir hacia atrás, retroceder de espaldas; *umg* andar a reculones; *fig* ir decayendo; deteriorarse; **rückwärtsgewandt** ADJ retrógrado

'**Rückwechsel** M HANDEL letra *f* de resaca; **Rückweg** M (camino *m* de) vuelta *f*; regreso *m*; **auf dem ~** a la vuelta, al volver

'**ruckweise** ADV a empujones; a golpes; a sacudidas

'**rückwirken** VI repercutir (**auf** *acus* en); **rückwirkend** A ADJ (de efecto) retroactivo B ADV **~ vom ...** con efecto retroactivo al ...; **~ zum 1. Januar** con efecto retroactivo desde el uno de enero; **Rückwirkung** F efecto *m* retroactivo; retroactividad *f*; (*Nachwirkung*) repercusión *f*

'**rückzahlbar** ADJ re(e)mbolsable, reintegrable; **Rückzahlung** F re(e)mbolso *m*, reintegro *m*

'**Rückzieher** M 1 SPORT *Fußball*: tijereta *f* 2 *fig* **einen ~ machen** echarse atrás; dar marcha atrás; (*sich widerrufen*) retractarse, desdecirse

ruck, zuck ADV *umg* en un abrir y cerrar de ojos; en el acto; al instante

'**Rückzug** M *bes* MIL retirada *f* (*a. fig*); repliegue *m*; **den ~ antreten** emprender la retirada; *a. fig* retirarse; **zum ~ blasen** tocar a retirada; **j-m den ~ abschneiden** cortar la retirada a alg (*a. fig*)

'**Rückzugsgebiet** N → Rückzugsraum; **Rückzugsgefecht** N MIL combate *m* en retirada; **Rückzugslinie** F MIL línea *f* de retirada; **Rückzugsraum** M zona *f* de refugio

'**Rucola** M ⟨~⟩, **Rucolasalat** M GASTR rúcola *m*; ruqueta *m*

'**rüde** ADJ rudo; brutal; grosero

'**Rüde** M ⟨~n; ~n⟩ macho *m* (de perro, lobo, *etc*)

'**Rudel** N ⟨~s; ~⟩ 1 ZOOL manada *f* 2 *fig* tropel *m*; enjambre *m*; pandilla *f*, cuadrilla *f*; **rudelweise** ADV en manadas; en tropel

'**Ruder** N ⟨~s; ~⟩ 1 remo *m* 2 SCHIFF, FLUG *u. fig* (*Steuerruder*) timón *m*; **das ~ herumreißen** dar un golpe de timón (*a. fig*); **am ~ sein** llevar el timón (*a. fig*); POL estar en el poder; *fig* **ans ~ kommen** llegar (*od* subir) al poder; *fig* **aus dem ~ laufen** volverse incontrolable

'**Ruderbank** F ⟨~; ~̈e⟩ banco *m* de remeros, bancada *f*; **Ruderblatt** N pala *f* del remo; **Ruderboot** N barco *m* (*od* bote *m od* embarcación *f*) de remos; **Ruderer** M ⟨~s; ~⟩ remero *m*; **Rudergabel** F chumacera *f*; **Rudergänger** M, **Rudergast** M ⟨~es; ~en⟩ SCHIFF timonel *m*; **Ruderin** F ⟨~; ~nen⟩ remera *f*; **Ruderklub** M club *m* de regatas (de remo)

'**rudern** ⟨h *od* sn⟩ A VT remar B VI remar; bogar; SPORT hacer remo; *fig* **mit den Armen ~** agitar los brazos; *beim Gehen*: balancear los brazos

'**Rudern** N ⟨~s⟩ → Rudersport; **Ruderpinne** F ⟨~; ~n⟩ barra *f* (del timón); **Ruderregatta** F regata *f* de remo; **Ruderschlag** M golpe *m* de remo, palada *f*; **Rudersport** M (deporte *m* del) remo *m*; **Ruderstange** F remo *m*; **Ruderverein** M → Ruderklub

Rudi'ment N ⟨~(e)s; ~e⟩ rudimento *m*

rudimen'tär ADJ rudimentario

Ruf M ⟨~(e)s; ~e⟩ 1 (*Schrei*) llamada *f*, grito *m* (*a. e-s Tiers*); (*innere Stimme*) vocación *f* 2 (*Forderung*) petición *f* (**nach** de); **der ~ nach Freiheit** la llamada de la libertad 3 (*Ernennung*) nombramiento *m*; **einen ~ an die Universität ... erhalten** recibir un nombramiento en la universidad de ... 4 *fig* (*Ansehen*) fama *f*, reputación *f*, renombre *m*; HANDEL *a.* crédito *m*; (*guter Ruf*) *a.* prestigio *m*; **einen schlechten ~ haben** tener mala reputación; **einen guten/hervorragenden ~ genießen** disfrutar de buena/excelente reputación; **sich** (*dat*) **einen ~ erwerben** adquirir fama; **er ist besser als sein ~** es mejor de lo que dicen; **in gutem ~ stehen** tener (*od* gozar de) buena fama; **in dem ~ stehen zu** *od* (*gen*) tener fama de; **j-n/etw in schlechten ~ bringen** difamar a alg; desacreditar a alg/a/c; **j-n um seinen guten ~ bringen** quitar (*od* hacer perder) a alg su buena reputación; **ein Künstler von internationalem ~** un artista de fama (*od* de renombre) internacional

'**Rufbereitschaft** F **sich in ~ befinden** estar localizable

'**rufen** ⟨*irr*⟩ A VI llamar (**nach j-m** a alg); (*schreien*) gritar (*a. Tiere*); dar gritos (*od* voces); *lit* clamar; (*ausrufen*) exclamar B VT 1 (*herbeirufen*) **j-n ~** llamar a alg; **j-n ~ lassen** llamar (*od* hacer venir) a alg; mandar por alg 2 (*ausrufen*) gritar; → *a.* gerufen

'**Rufen** N ⟨~s⟩ gritos *mpl*; voces *fpl*; **Rufer** M ⟨~s; ~⟩, **Ruferin** F ⟨~; ~nen⟩ llamador *m*, -a *f*

'**Rüffel** M ⟨~s; ~⟩ *umg* reprimenda *f*, bronca *f*, *umg* rapapolvo *m*; **rüffeln** VT *umg* **j-n ~** dar un jabón a alg, echar una bronca (*od* un rapapolvo) a alg

'**Rufmord** M asesinato *m* moral; **Rufmordkampagne** F campaña *f* de desprestigio

'**Rufname** M nombre *m* de pila; **Rufnummer** F TEL número *m* de teléfono; **Rufsäule** F poste *m* de socorro; **Rufumleitung** F TEL desvío *m* de llamadas; **Rufweite** F alcance *m* de la voz; **in/außer ~** al alcance/fuera del alcance de la voz; **Rufzeichen** N TEL señal *f* de llamada

'**Rugby** ['rakbi:] N ⟨~⟩ rugby *m*; **Rugbymannschaft** F equipo *m* de rugby; **Rugbyspieler** M, **Rugbyspielerin** F jugador, -a *f m* de rugby

'**Rüge** F ⟨~; ~n⟩ reprimenda *f*, reprensión *f*; *amtlich*: censura *f*; **eine ~ bekommen** sufrir una reprimenda; **j-m eine ~ erteilen** reprender a alg (**wegen etw** a/c)

'**rügen** VT reprender (**j-n wegen etw** a alg a/c); (*tadeln*) censurar; reprobar

'**Ruhe** F ⟨~⟩ 1 (*Gelassenheit*) calma *f*, tranquilidad *f*; *innere*: sosiego *m*, quietud *f*; **(die) ~ bewahren** mantener la calma; **er lässt sich nicht aus der ~ bringen** no se altera por nada; no hay quien le haga perder la calma; **es lässt mir keine ~** me inquieta; **die ~ verlieren** inquietarse; perder la serenidad; *umg* **die ~ weghaben** tener calma (chicha); **in aller ~** con calma, con toda tranquilidad; **überlege es dir in aller ~** piénsalo con calma; **zur ~ bringen** calmar; sosegar; aquietar; apaciguar; **zur ~ kommen** tranquilizarse, calmarse; **nicht zur ~ kommen** *od* **keine ~ haben** no tener tranquilidad; no tener ni un momento de descanso; *umg* **immer mit der ~!** ante todo, calma! 2 (*Friede*) tranquilidad *f*, paz *f*; **die ~ vor dem Sturm** la calma que precede a la tormenta; **sich** (*dat*) **keine ~ gönnen** no darse tregua; **man hat keine ~ vor ihm** no le deja a uno tranquilo; **j-m keine ~ lassen** molestar (*od* importunar) continuamente a alg; **j-n nicht in ~ lassen** no dejar en paz a alg; **lass mich in ~!** ¡déjame en paz!; **lassen Sie mich damit in ~!** no me moleste más con eso; no me hable más de eso; **in ~ und Frieden leben** vivir en paz 3 (*Schweigen, Stille*) silencio *m*; **~ halten** guardar silencio; mantenerse tranquilo; **~!** ¡silencio!; **gib doch endlich ~!** ¡no molestes más!; ¡estáte quieto! 4 (*Erholung*) descanso *m*, reposo *m* (*a.* MED); **angenehme ~!** ¡buenas noches!; ¡que (usted) descanse!; **wohlverdiente ~** bien merecido descanso; **sich zur ~ begeben** retirarse a descansar; (ir a) acostarse; *fig* **die ewige ~** el descanso eterno; *fig* **j-n zur letzten ~ betten** dar el último adiós a alg; *umg* **jetzt hat die liebe Seele Ruh'** ya tiene lo que quería; ya está satisfecho 5 VERW **die (öffentliche) ~ stören/wiederherstellen** alterar (*od* perturbar)/restablecer el orden (público) 6 (*Ruhestand*) **sich zur ~ setzen** jubilarse, retirarse 7 TECH, PHYS **in ~** en reposo

'**Ruhebank** F ⟨~; ~̈e⟩ banco *m* de descanso; **Ruhebedürfnis** N necesidad *f* de descanso; **ruhebedürftig** ADJ necesitado de reposo; **Ruhebett** N lecho *m*; **Ruhegehalt** N (pensión *f* de) jubilación *f*; MIL retiro *m*

'**Ruhegehaltsempfänger** M, **Ruhegehaltsempfängerin** F jubilado *m*, -a *f*

'**Ruhegeld** N pensión *f* de retiro; **Ruhekissen** N almohada *f*; **Ruhelage** F posición *f* de reposo; (*Gleichgewicht*) equilibrio *m*

'**ruhelos** ADJ sin descansar; agitado; inquieto; intranquilo; desasosegado; **Ruhelosigkeit** F ⟨~⟩ agitación *f*; inquietud *f*; intranquilidad *f*; desasosiego *m*

'**ruhen** VI 1 (*ausruhen*) descansar; reposar; **nicht ~ und rasten** no darse tregua; **er wird nicht eher ~, bis ...** no descansará hasta que ... (*subj*) 2 *geh* (*schlafen*) dormir; **ich wünsche wohl zu ~** le(s) deseo muy buenas noches 3 *geh v. Toten*: **hier ruht ...** aquí yace (*od* descansa) ...; **ruhe in Frieden!** ¡descanse en paz!; **lasst die Toten ~!** dejemos en paz a los muertos 4 (*liegen*) estar acostado; **~ auf** (*dat*) apoyarse en; ARCH estribar en (*a. fig*); TECH descansar sobre; *fig* (*lasten*) pesar, gravitar sobre; **den Blick ~ lassen auf** (*dat*) fijar la mirada en; **sein Blick ruht auf** tiene la mirada fija en 5 *fig* (*stillstehen*) no moverse; estar inmóvil; *Verhandlung, Prozess etc* estar suspendido (*od* en suspenso); *Arbeit, Verkehr* estar paralizado; **~ lassen** *Arbeit* suspender; **lassen wir das ~** hablemos de otra cosa; no toquemos ese asunto; *umg* peor es meneallo

'**Ruhen** N ⟨~s⟩ 1 descanso *m*, reposo *m* 2 VERKEHR *etc* paralización *f* 3 JUR suspensión *f*

'**ruhenlassen** VT *fig* → ruhen 5

'**Ruhepause** F descanso *m*, pausa *f*, tregua *f*;

kurze: respiro *m*; **Ruheplatz** M, *umg* **Ruheplätzchen** N lugar *m* de descanso (*bzw* de reposo); **Ruheposten** M sinecura *f*, prebenda *f*; *umg* enchufe *m*; **Ruhepunkt** M punto *m* de reposo; MUS pausa *f*; **Ruheraum** M habitación *f* (*od* cuarto *m*) para descansar

'Ruhestand M jubilación *f*; *bes* MIL retiro *m*; **j-n in den ~ versetzen** jubilar a alg; **in den ~ treten** *od* **gehen** jubilarse; MIL retirarse; **im ~** jubilado; MIL retirado; **Versetzung in den (vorzeitigen) ~** jubilación *f* (anticipada)

'Ruheständler M ⟨~s; ~⟩, **Ruheständlerin** F ⟨~; ~nen⟩ *umg* jubilado *m*, -a *f*, pensionista *m/f*

'Ruhestätte F sitio *m* de reposo; lugar *m* de descanso; (*Zufluchtsort*) retiro *m*; **letzte ~** última morada *f*; **Ruhestellung** F posición *f* de reposo (*a.* MED); MIL acantonamiento *m*; **ruhestörend** ADJ perturbador; **Ruhestörer** M, **Ruhestörerin** F perturbador *m*, -a *f* (del orden público); alborotador *m*, -a *f*; **Ruhestörung** F perturbación *f* del orden público; disturbio *m*; **nächtliche ~** alboroto *m* nocturno; **Ruhestrom** M ELEK corriente *f* de reposo; **Ruhetag** M día *m* de descanso; (día *m* de) asueto *m*; **Ruhezeit** F tiempo *m* de descanso; **Ruhezone** F zona *f* de descanso; **Ruhezustand** M **im ~** en reposo

'ruhig A ADJ 1 tranquilo, calmado (*a. See, Börse*); (*friedlich*) apacible; pacífico; *Atmung, See* sosegado; *Hand* seguro; *Meer* en calma; *Farbe* discreto; *Wetter, Wind,* WIRTSCH *Markt* encalmado; TECH **~er Gang** marcha *f* suave; **~(er) werden** tranquilizarse; calmarse; sosegarse; **keine ~e Minute haben** no tener un minuto de descanso; no tener paz ni sosiego 2 (*still*) quieto; (*schweigsam*) silencioso, callado; **~!** ¡silencio!; **sei ~!** ¡estáte quieto!; ¡cállate la boca! 3 (*gelassen*) reposado; sereno; (*nervenstark*) imperturbable, impasible; **bei ~er Überlegung** considerándolo con calma; *umg* **nur immer ~ Blut!** ¡calma!; ¡serenidad! B ADV 1 tranquilamente, (*leise*) silenciosamente; (*ohne Zwischenfälle*) sin incidencias; (*gelassen*) con calma; **~ bleiben** permanecer tranquilo; conservar la calma; **seien Sie ganz ~** (*unbesorgt*) no se inquiete usted; pierda usted cuidado; **~ schlafen** dormir tranquilo; **~ verlaufen** transcurrir sin incidentes; **sich ~ verhalten** mantenerse tranquilo 2 *umg* (*getrost*) sin problemas; **sagen Sie es ~** dígalo con franqueza; **er kann ~ warten** puede esperar tranquilamente; *umg iron* puede esperar sentado; **man kann ~ behaupten, dass ...** bien puede afirmarse que ...; **das können Sie ~ tun** puede usted hacerlo tranquilamente; **du könntest ~ mehr arbeiten** bien podrías trabajar un poco más

'ruhigstellen V/T, **ruhig stellen** V/T MED *Arm, Bein* inmovilizar

'Ruhigstellung F ⟨~⟩ inmovilización *f*

'Ruhm M ⟨~(e)s⟩ gloria *f*; (*Ruf*) fama *f*; **sich mit ~ bedecken** (*od umg* **bekleckern**) cubrirse de gloria

'ruhmbedeckt ADJ cubierto de gloria; **ruhmbegierig** ADJ ávido de gloria

'rühmen A V/T (*loben*) elogiar, alabar; (*preisen*) ensalzar, celebrar, enaltecer; **j-n wegen etw ~** elogiar a alg por a/c; **~d hervorheben** mencionar con elogio B V/R **sich einer Sache** (*gen*) **~** preciarse (*od* gloriarse) de a/c; *prahlerisch*: vanagloriarse (*od* jactarse) de a/c; **ohne mich ~ zu wollen** modestia aparte

'Rühmen N ⟨~s⟩ elogios *mpl*; **rühmenswert** ADJ laudable; digno de elogio

'Ruhmesblatt N *fig* **es war kein ~ für ihn** no se lució; **Ruhmeshalle** F panteón *m*; **Ruhmestat** F hecho *m* glorioso; proeza *f*

'rühmlich ADJ glorioso; (*ehrenvoll*) honroso; (*löblich*) laudable, loable, encomiable; **sich ~ hervortun** distinguirse

'ruhmlos ADJ sin gloria; oscuro; vergonzoso; **Ruhmlosigkeit** F ⟨~⟩ ausencia *f* de gloria; oscuridad *f*; **ruhmreich** ADJ glorioso; **Ruhmsucht** F afán *m* (*od* sed *f*) de gloria; vanagloria *f*; **ruhmsüchtig** ADJ ávido (*od* sediento) de gloria; vanaglorioso; **ruhmvoll** ADJ glorioso

Ruhr[1] F ⟨~⟩ MED disentería *f*

Ruhr[2] F ⟨~⟩ GEOG Ruhr *m*

'Rührapparat M agitador *m*; batidor *m*; **Rührei** N huevos *mpl* revueltos

'rühren A V/T 1 mover 2 (*umrühren*) agitar, remover; *Teig* batir, amasar; (*einrühren*) desleír 3 *fig* (*in Rührung versetzen*) conmover; llegar al alma; impresionar; enternecer; emocionar; **das rührte ihn wenig** no le impresionó lo más mínimo; *umg* se quedó tan fresco; → *a.* gerührt B V/I 1 (*umrühren*) revolver, remover; **unter ständigem Rühren** removiendo continuamente 2 (*herrühren*) **~ von** proceder de; provenir de; dimanar de; obedecer a; ser debido a; **das rührt daher, dass ...** eso viene de que ... 3 *fig* tocar (**an** *dat* en); **~ wir nicht daran!** no toquemos ese asunto; hablemos de otra cosa C V/R **sich ~** moverse (*a. fig*); agitarse; *fig* (*tätig sein*) menearse; (*sich melden*) *Person* dar señal de vida; *Gefühl* hacerse sentir; **sich nicht ~** no moverse (*a. fig*); permanecer inmóvil; *fig* **er hat sich nicht gerührt** no tengo noticias suyas; no sé nada de él; MIL **rührt euch!** ¡en su lugar descanso!; ¡descansen!

'rührend ADJ conmovedor; emocionante; enternecedor; **das ist ~ von dir** eres muy amable

'Ruhrgebiet N ⟨~(e)s⟩ Cuenca *f* del Ruhr

'rührig ADJ activo; dinámico; enérgico; (*unternehmend*) emprendedor; (*flink*) ágil; vivo; **Rührigkeit** F ⟨~⟩ actividad *f*; viveza *f*; espíritu *m* emprendedor; agilidad *f*

'Rührlöffel M cucharón *m*; **Rührmichnichtan** N *umg* **Kräutlein ~** *umg* mírame y no me toques

'Ruhrpott M *umg* → Ruhrgebiet

'rührselig ADJ sentimental; sensiblero; lacrimógeno; **Rührseligkeit** F ⟨~; ~en⟩ sentimentalismo *m*; sensiblería *f*

'Rührstück N THEAT drama *m* sentimental; melodrama *m*; **Rührtrommel** F redoblante *m*; **Rührung** F ⟨~⟩ emoción *f*; enternecimiento *m*; **Rührwerk** N TECH agitador *m*

Ru'in M ⟨~s⟩ ruina *f*; *fig a.* perdición *f*

Ru'ine F ⟨~; ~n⟩ ruina *f* (*a. fig*); ruinas *fpl*

rui'nieren ⟨*ohne* ge-⟩ A V/T arruinar; causar la ruina de; (*verderben*) echar a perder, estropear B V/R **sich ~** arruinarse; **rui'niert** ADJ arruinado; **~ sein** estar en la ruina; **rui'nös** ADJ *bes* WIRTSCH ruinoso

'Rülps M ⟨~es; ~e⟩ → Rülpser

'rülpsen V/I *sl* eructar, regoldar

'Rülpser M ⟨~s; ~⟩ *sl* eructo *m*, regüeldo *m*

rum *umg* → herum *etc*

Rum M ⟨~s; ~s⟩ ron *m*

Ru'mäne M ⟨~n; ~n⟩ rumano *m*; **Rumänien** N Rumania *f*; **rumäniendeutsch** ADJ rumano-alemán; **Rumänin** F ⟨~; ~nen⟩ rumana *f*; **rumänisch** ADJ rumano

'Rumba F ⟨~; ~s⟩ rumba *f*; **Rumbakugel** F maraca *f*

'rumkriegen *umg* → herumkriegen; **rummachen** V/I *umg* **an etw** (*dat*) **~** *umg* enredar con a/c; **an j-m ~** *umg* manosear a alg

'Rummel M ⟨~s⟩ *umg* 1 (*Betrieb*) *umg* ajetreo *m*; (*Lärm, Tumult*) *umg* jaleo *m*; tráfago *m*; follón *m*; barullo *m*; batahola *f*; **einen großen ~ um etw machen** armar un escándalo por a/c; *fig* **den ~ kennen** *umg* conocer el truco (*od* el paño); sabérselas todas 2 *bes nordd* (*Jahrmarkt*) feria *f*

'Rummelplatz M feria *f*; parque *m* de atracciones

ru'moren V/I ⟨*ohne* ge-⟩ hacer ruido; *fig* **es rumort im Volk** hay agitación en las masas

'Rumpelkammer F (cuarto *m*) trastero *m*

'rumpeln V/I hacer ruido; traquetear; *Wagen* dar sacudidas

'Rumpf M ⟨~es; ~e⟩ 1 ANAT tronco *m* 2 *e-r Statue*: torso *m* 3 SCHIFF casco *m* 4 FLUG fuselaje *m*; **Rumpfbeuge** F ⟨~; ~n⟩ flexión *f* de tronco; **Rumpfdrehung** F torsión *f* de tronco

'rümpfen V/T **die Nase ~** arrugar la nariz; *fig* (**über etw** *acus*) **die Nase ~** mirar con desprecio (a a/c)

'Rumpsteak [-ste:k] N GASTR filete *m* de culata

Run [ran] M ⟨~s; ~s⟩ riada *f*

'rund A ADJ 1 redondo; (*kreisförmig*) circular; (*abgerundet*) redondeado; (*kugelförmig*) esférico; POL **Konferenz am ~en Tisch** mesa *f* redonda 2 (*dicklich*) rollizo; *Gesicht* regordete; *Backen* relleno 3 *fig* **ein ~er Geburtstag** *un cumpleaños múltiplo de diez*; **~e Summe** suma redonda 4 *fig* (*eindeutig*) *Absage etc* rotundo; (*gelungen, perfekt*) **eine ~e Sache** ≈ un asunto que ha salido redondo; *umg* **das war ein ~es Fest** la fiesta ha sido un pleno éxito; **(noch nicht) ~ sein** (no) estar en su punto B ADV 1 **~ um etw** alrededor de a/c; **~ um die Welt** alrededor del mundo; *fig* **alles ~ ums Haus/Kochen** todo lo concerniente a la casa/la cocina 2 (*ungefähr*) más o menos, aproximadamente; **~ gerechnet** en números redondos 3 *fig* **(für j-n) ~ laufen** salir redondo (a alg)

Rund N ⟨~(e)s; ~e⟩ redondel *m*; círculo *m*

'Rundbau M ⟨~(e)s; ~ten⟩ ARCH rotonda *f*; edificio *m* circular; **Rundblick** M panorama *m*; vista *f* panorámica; **Rundbogen** M ARCH arco *m* de medio punto; **Rundbrief** M circular *f*

'Runde F ⟨~; ~n⟩ 1 (*Rundgang*) ronda *f* (*a.* MIL, *Polizei*); **die ~ machen** *Polizei* rondar; hacer la ronda (*a. fig Gerücht*); *Becher, Nachricht* circular 2 (*Gesellschaft*) círculo *m*; corro *m*; (*Tischrunde*) tertulia *f*; peña *f*; **in der ~** (*im Kreise*) en redondo; (*im Umkreis*) a la redonda; **in die ~ blicken** mirar a su alrededor 3 *bei Getränken*: ronda *f*; *umg* **eine ~ spendieren** pagar una ronda 4 *beim Laufen, Rennen, Spielen*: vuelta *f*; *Boxen*: asalto *m*; *umg fig* **etw gut über die ~n bringen** llevar a/c a buen fin (*od* feliz término); *umg fig* **(mit etw) über die ~n kommen** *umg* salir adelante (con a/c), arreglárselas (con a/c); *umg fig* **gerade noch über die ~n kommen** conseguir a/c por los pelos

'Rundeisen N TECH hierro *m* redondo

'runden A V/T redondear B V/R **sich ~** redondearse; *fig* completarse

'Runderlass M circular *f*; **runderneuern** V/T AUTO *Reifen*: recauch(ut)ar; **Runderneuerung** F recauch(ut)ado *m*; **Rundfahrt** F vuelta *f* (en coche); viaje *m* circular; circuito *m*; **Rundfeile** F TECH lima *f* redonda; **Rundflug** M vuelta *f* aérea; **Rundfrage** F encuesta *f*

'Rundfunk M ⟨~s⟩ radio *f*; radiodifusión *f*; **im ~** en la radio; **durch ~ übertragen** radiar, transmitir por la radio; **Rundfunkansager** M, **Rundfunkansagerin** F → Rundfunksprecher; **Rundfunkansprache** F alocución *f* radiada; **Rundfunkanstalt** F estación *f* de radio; **Rundfunkbericht** M informe *m* transmitido por la radio; *Am* informe *m* radial; **Rundfunkempfang** M recepción *f* radiofónica; **Rundfunkempfänger** M radiorreceptor *m*, (aparato *m* de) radio *f*; **Rundfunkgebühr** F tasa *f* de radio y televisión; **Rundfunkgerät** N (aparato *m* de) radio *f*; **Rundfunkgesellschaft** F sociedad *f* de radiodifusión; **Rundfunkhörer** M, **Rundfunkhörerin** F radioyente *m/f*, radiescucha *m/f*; **Rundfunkinterview** [intərvjuː] N entrevista *f* radiofónica; *Am* entrevista *f* radial; **Rundfunkmeldung** F noticia *f* radiada (*od* radiofónica *od Am* radial); **Rundfunknetz** N red *f* de radiodifusión; **Rundfunkprogramm** N programa *m* de radio (*od* de emisiones radiofónicas); **Rundfunkrat** M 1 *Amt*: consejo *m* de radio (difusión) 2 *Person*: consejero *m* de radio (difusión); **Rundfunkrätin** F consejera *f* de radio(difusión); **Rundfunkreklame** F → Rundfunkwerbung

'**Rundfunkreportage** F reportaje *m* radiado; **Rundfunkreporter** M, **Rundfunkreporterin** F reportero *m*, -a *f* de la radio

'**Rundfunksatellit** M satélite *m* de (*od* para) radiodifusión; **Rundfunksender** M emisora *f* de radio, radioemisora *f*; **Rundfunksendung** F emisión *f* de radio (*od* radiofónica); **Rundfunksprecher** M, **Rundfunksprecherin** F locutor *m*, -a *f* (radiofónico, -a); **Rundfunkstation** F estación *f* de radio; emisora *f*

'**Rundfunktechnik** F radiotecnia *f*; **Rundfunktechniker** M, **Rundfunktechnikerin** F radiotécnico *m*, -a *f*

'**Rundfunkübertragung** F (re)transmisión *f* radiofónica; **Rundfunkwerbung** F publicidad *f* radiofónica (*od* por radio); guías *pl* comerciales; **Rundfunkwesen** N ⟨~s⟩ radiodifusión *f*; **Rundfunkzeitung** F revista *f* de radio

'**Rundgang** M vuelta *f*; *bes* MIL ronda *f*; **einen ~ machen** dar una vuelta; recorrer (la casa, la ciudad, *etc*)

'**rundgehen** V/UNPERS ⟨*irr*; sn⟩ *umg* **es geht rund** (*es ist viel los*) hay mucho jaleo; (*es geht hoch her*) hay mucho ambiente; **heute ging es rund** hoy hubo mucho jaleo

'**Rundgesang** M ronda *f*

'**Rundheit** F ⟨~⟩ redondez *f*

'**rundhe'raus** ADV rotundamente; francamente, con toda franqueza; sin rodeos

'**rundhe'rum** ADV 1 (*ringsum*) alrededor (**um** de), en torno (**um** a); en redondo; a la redonda 2 (*völlig*) completamente; **~ glücklich** completamente feliz

'**Rundholz** N rollizo *m*; rollo *m* de madera; madera *f* en rollo; **Rundkopfschraube** F TECH tornillo *m* de cabeza redonda; **Rundlauf** M *Turnen*: pasos *mpl* de gigante

'**rundlich** ADJ 1 redondeado 2 (*dicklich*) rollizo, rechoncho, regordete, gordinflón, *umg* lleno; **Rundlichkeit** F ⟨~⟩ forma *f* redondeada

'**Rundreise** F circuito *m*; gira *f*; SCHIFF crucero *m*; BAHN viaje *m* circular

'**Rundruf** M serie *f* de llamadas; **Rundschau** F 1 *Zeitschrift*: revista *f* 2 → Rundblick; **Rundschreiben** N circular *f*; **Rundschrift** F (letra *f*) redondilla *f*; **Rundstahl** M redondo *m* de acero; **Rundstrahler** M antena *f* omnidireccional; **Rundstück** N *nordd* panecillo *m*; **Rundtanz** M danza *f* en corro (*od* en redondo)

'**rund'um** ADV → rundherum

'**Rundung** F ⟨~; ~en⟩ redondez *f*; (*Kurve*) curva *f* (*a. umg v. Frauen*)

'**rund'weg** [-vɛk] ADV rotundamente; (en) redondo; de plano

'**Rundweg** [-veːk] M camino *m* circular;

Rundzange F alicates *mpl* (de picos) redondos

'**Rune** F ⟨~; ~n⟩ runa *f*

'**Runenschrift** F caracteres *mpl* rúnicos

'**Rungenwagen** M BAHN vagón *m* de plataforma (con teleros)

'**Runkelrübe** F BOT remolacha *f* forrajera

'**runter** *umg* → herunter *etc*, hinunter *etc*

'**runterhauen** V/T ⟨*irr*⟩ *umg* **j-m eine ~** *umg* pegar a alg una bofetada; **runterholen** V/T *umg von oben*: ir a buscar arriba; *sl* **sich** (*dat*) **einen ~** *sl* hacerse una paja, cascársela

'**Runzel** F ⟨~; ~n⟩ arruga *f*; **~n bekommen** arrugarse; **runzelig** ADJ → runzlig; **runzeln** A V/T arrugar; fruncir; **die Stirn ~** arrugar la frente; fruncir las cejas (*od* el entrecejo) B V/R **sich ~** arrugarse

'**runzlig** ADJ arrugado; rugoso; **~ werden** arrugarse

'**Rüpel** M ⟨~s; ~⟩ mal educado *m*; bruto *m*; grosero *m*

Rüpe'lei F ⟨~; ~en⟩ grosería *f*

'**rüpelhaft** ADJ mal educado, grosero; **Rüpelhaftigkeit** F ⟨~⟩ grosería *f*

'**rupfen** V/T 1 (*ausreißen*) arrancar 2 *Geflügel* desplumar, pelar (*beide a. fig*)

'**Rupfen** M ⟨~s; ~⟩ TEX (h)arpillera *f*

'**Rupie** [ˈruːpiə] F rupia *f*

'**ruppig** ADJ (*grob*) grosero; rudo; (*unhöflich*) mal educado; *Ton* brusco; **Ruppigkeit** F ⟨~⟩ grosería *f*

'**Ruprecht** EIGENN M 1 *Vorname*: Ruperto *m* 2 **Knecht ~** acompañante de San Nicolás

'**Rüsche** F ⟨~; ~n⟩ TEX frunce *m*, fruncido *m*; volante *m*

'**Rushhour** [ˈraʃʔaʊər] F ⟨~; ~s⟩ *Verkehr*: hora *f* punta

Ruß M ⟨~es⟩ 1 hollín *m*; tizne *m*; TECH negro *m* de humo 2 BOT *Pflanzenkrankheit*: tizón *m*

'**Russe** M ⟨~n; ~n⟩ ruso *m*

'**Rüssel** M ⟨~s; ~⟩ trompa *f* (*a. v. Insekten*); *v. Schwein*: hocico *m*, *umg* jeta *f*; *umg* (*Nase*) narizota *f*; **Rüsseltiere** NPL ZOOL proboscidios *mpl*

'**rußen** V/I producir (*od* dejar) hollín; **Rußfilter** M filtro *m* de partículas; **rußgeschwärzt** ADJ ennegrecido por el hollín

'**rußig** ADJ 1 cubierto de hollín; tiznado; ennegrecido por el humo 2 BOT atizonado

'**Russin** F ⟨~; ~nen⟩ rusa *f*

'**russisch** ADJ ruso; POL **~e Föderation** *f* federación *f* rusa; GASTR **~e Eier** huevos *mpl* a la rusa; (*das*) *Russisch(e)* el ruso; **russisch-'deutsch** ADJ germano-ruso; **russisch-orthodox** ADJ REL ruso-ortodoxo

'**Russland** N ⟨~s⟩ Rusia *f*; **Russlanddeutsche** M/F ruso *m*, -a *f* de etnia alemana

'**Rußpartikel** M partícula *f* de hollín

'**rüsten** A V/T 1 *geh* (*herrichten*) preparar, disponer; (*ausrüsten*) equipar 2 MIL armar 3 ARCH **ein Haus ~** levantar un andamio B V/I 1 MIL armarse; **zum Krieg ~** hacer preparativos de guerra; prepararse para la guerra 2 *geh* hacer preparativos (**zu** para) C V/R *geh* **sich ~** prepararse (**zu** para), disponerse (**zu** a, para)

'**Rüsten** N ⟨~s⟩ MIL armamento *m*

'**Rüster** F ⟨~; ~n⟩ BOT olmo *m*

'**rüstig** ADJ vigoroso; robusto; (*tätig*) activo; enérgico; **~er Rentner** *m* jubilado *m* activo; **noch ~ für sein Alter sein** llevar bien los años; estar bien conservado (para su edad)

'**Rüstigkeit** F ⟨~⟩ vigor *m*; robustez *f*

rusti'kal ADJ *Möbel* rústico

'**Rüstkammer** F *hist* armería *f*; arsenal *m*; **Rüstmaterial** N ARCH material *m* de andamiaje; **Rüststange** F ARCH palo *m* de andamiaje

'**Rüstung** F ⟨~; ~en⟩ 1 MIL armamento *m* 2 (*Harnisch*) armadura *f*

'**Rüstungsbeschränkung** F limitación *f* de armamentos; **Rüstungsbetrieb** M → Rüstungsfabrik; **Rüstungsexperte** M, **Rüstungsexpertin** F experto *m*, -a *f* en armamento (*od* en armas); **Rüstungsexport** M exportación *f* de armas; **Rüstungsfabrik** F fábrica *f* de armamento; **Rüstungsgut** N arma *f*, armamento *m*; **Rüstungsindustrie** F industria *f* de armamento; **Rüstungskontrolle** F control *m* de armamento; **Rüstungsschmiede** F *hist* fábrica *f* de armamento; **Rüstungswettlauf** M carrera *f* de armamentos (*od* armamentista)

'**Rüstzeug** N 1 (*Werkzeug*) herramientas *fpl*; equipo *m*; material *m* 2 *fig* **geistiges ~** bagaje *m* (intelectual); **das nötige ~ haben** estar bien preparado (**für** para)

'**Rute** F ⟨~; ~n⟩ 1 (*Gerte*) vara *f*; varilla *f*; (*Zuchtrute*) férula *f* (*a. fig*) 2 ANAT verga *f*; JAGD (*Schwanz*) cola *f* 3 (*Angelrute*) caña *f*

'**Rutenbündel** N HIST *der Liktoren*: fasces *fpl*; **Rutengänger** M zahorí *m*

Ru'thenium N ⟨~s⟩ CHEM rutenio *m*

'**Rutsch** M ⟨~(e)s; ~e⟩ 1 deslizamiento *m*; (*Erdrutsch*) desprendimiento *m* de tierras 2 *umg* (*kurze Reise*) escapada *f*; *umg fig* **in einem ~** de un tirón 3 *umg* **guten ~ (ins neue Jahr)!** ¡feliz entrada (en el año nuevo)!; **Rutschbahn** F deslizadero *m*; *im Vergnügungspark*: tobogán *m*

'**Rutsche** F ⟨~; ~n⟩ 1 TECH plano *m* (*bzw* vertedor *m*) inclinado; deslizadero *m* 2 → Rutschbahn

'**rutschen** V/I ⟨sn⟩ 1 deslizarse; (*ausrutschen*) resbalar; AUTO *a.* patinar, derrapar 2 *Erdreich* desprenderse 3 (*herunterrutschen*) *Person* resbalarse; *Sache a.* caerse 4 *umg* **rutsch mal ein Stück!** ¡córrete un poco!

'**Rutschen** N ⟨~s⟩ 1 deslizamiento *m*; resbalamiento *m*; AUTO patinazo *m*; **ins ~ kommen** resbalar; escurrirse; *bes* AUTO dar un patinazo 2 *v. Erdreich*: desprendimiento *m*

'**rutschfest** ADJ → rutschsicher

'**rutschig** ADJ resbaladizo; escurridizo; **Rutschpartie** F *umg* **eine ~ machen** deslizarse; **rutschsicher** ADJ antideslizante

'**rütteln** V/T & V/I 1 sacudir; agitar; TECH vibrar; trepidar; *Wagen* traquetear, dar sacudidas; **j-n aus dem Schlaf ~** despertar a alg sacudiéndole; **an etw** (*dat*) **~** sacudir a/c; **an der Tür ~** sacudir la puerta; *fig* **ein gerüttelt Maß an** una medida colmada de; *fig* **daran ist nicht zu ~** es un hecho 2 *Greifvögel* cernerse

'**Rütteln** N ⟨~s⟩ sacudidas *fpl*; TECH vibración *f*; trepidación *f*; *des Wagens*: traqueteo *m*

'**Rüttler** M ⟨~s; ~⟩ TECH vibrador *m*

Rw'anda N *etc* → Ruanda *etc*

S

S[1], **s** N S, s *f*

s ABK (Sekunde) segundo

S[2] ABK 1 (*Süden*) sur *m* 2 (*Schilling*) HIST (*ehem. österr Währung*) chelín *m*

s. ABK (siehe) véase

S. ABK (Seite) p. (página)

s. a. ABK (siehe auch) véase también

Sa. ABK (Summa, Summe) suma; total

Saal M ⟨~(e)s; Säle⟩ sala *f*; salón *m*

'**Saalbau** M ⟨~(e)s; ~ten⟩ gran salón *m*; **Saaldiener** M ujier *m*

Saar F ⟨~⟩ GEOG Sarre *m*

Saar'brücken N Sarrebruck *m*

S

'Saargebiet N, **Saarland** N ⟨~(e)s⟩ territorio *m* del Sarre; **Saarländer** M ⟨~s; ~⟩, **Saarländerin** F ⟨~; ~nen⟩ saarense *m/f*; habitante *m/f* del Sarre (*od* del Saar); **saarländisch** ADJ saarense

'Saat F ⟨~; ~en⟩ AGR **1** (*Säen*) siembra *f*, sementera *f* **2** (*Samen*) simientes *fpl*, semillas *fpl* (*a. fig*); **die ~ steht gut** los sembrados prometen; **Saatenstand** M ⟨~es⟩ estado *m* de los sembrados; **Saatfeld** N sembrado *m*; **Saatgut** N simientes *fpl*, semillas *fpl*; **Saat- und Pflanzgut** simientes *fpl* y plantones; **Saatkartoffeln** FPL patatas *fpl* de siembra; **Saatkorn** N grano *m* (de semilla); **Saatkrähe** F ORN grajo *m*; **Saatzeit** F sementera *f*, época *f* de siembra *f*; **Saatzucht** F selección *f* de semillas

'Sabbat M ⟨~s; ~e⟩ sabbat *m*, sábado *m* judío (*od* de los hebreos); **Sabbatjahr** N año *m* sabático; **Sabbatruhe** F descanso *m* sabático

'sabbern V/I *umg* babosear, babear; (*schwatzen*) *umg* parlotear, cotorrear

'Säbel M ⟨~s; ~⟩ sable *m*; (*Türkensäbel*) cimitarra *f*; **mit dem ~ rasseln** hacer sonar el sable; *fig* adoptar una actitud belicosa; **Säbelbeine** NPL piernas *fpl* estevadas; **säbelbeinig** ADJ (pati)estevado; **Säbelfechten** N esgrima *f* de sable; **Säbelhieb** M sablazo *m*

'säbeln V/T sablear, dar sablazos; *weitS.* (*ungeschickt schneiden*) cortar mal

'Säbelrasseln N *pej* ruido *m* de sables; **Säbelrassler** M ⟨~s; ~⟩ *umg pej* militarote *m*

Sabo'tage [-'ta:ʒə] F ⟨~⟩ sabotaje *m*; **Sabotageakt** M ⟨~es; ~e⟩ acto *m* de sabotaje

Sabo'teur [-'tø:r] M ⟨~s; ~e⟩, **Saboteurin** F ⟨~; ~nen⟩ saboteador *m*, -a *f*

sabo'tieren V/T ⟨*ohne* ge-⟩ sabotear

Sa(c)cha'rin [-xa-] N ⟨~s⟩ *fachspr* sacarina *f*; **Sa(c)cha'rose** F ⟨~⟩ CHEM sacarosa *f*

'Sachanlagen FPL *Buchhaltung*: inmovilizado *m* material; **Sachausgaben** FPL gastos *mpl* materiales

'Sachbearbeiter M, **Sachbearbeiterin** F empleado *m*, -a *f* administrativo, -a (*que tramita un caso determinado*); encargado *m*, -a *f* de tramitar un proyecto; *Ministerium*: jefe *m*, -a *f* de negociado; **der zuständige ~** *bzw* **die zuständige ~in** la persona competente

'Sachberater M, **Sachberaterin** F asesor *m*, -a *f* técnico, -a; **Sachbeschädigung** F daño *m* material; **sachbezogen** **A** ADJ pertinente; referido al asunto **B** ADV con referencia al tema; a propósito; **Sachbezüge** MPL remuneración *f* en especie; **Sachbuch** N libro *m* de divulgación científica; libro *m* (de) no ficción; **sachdienlich** ADJ *Hinweis* pertinente; (*nützlich*) útil; **Sachdienlichkeit** F ⟨~⟩ pertinencia *f*; utilidad *f*

'Sache F ⟨~; ~n⟩ **1** (*Ding*) cosa *f*; (*Gegenstand*) objeto *m* **2** **~n** *pl* (*Habseligkeiten*) cosas *fpl*; efectos *mpl* (personales); (*Kleider*) ropa *f*; (*Möbel*) muebles *mpl*; (*Gepäck*) equipaje *m*; **seine ~n packen** hacer la maleta; *umg* liar los bártulos (*a. fig*); **ich habe keine warmen ~n** no tengo ropa de abrigo **3** (*Angelegenheit*) asunto *m*, cuestión *f*; (*Tatsache*) hecho *m*; (*Umstand*) circunstancia *f*; (*Ereignis*) suceso *m*; *in Wendungen oft*: cosa *f*; **das ist eine ~ für sich** eso es cosa aparte; **das ist eine andere ~** es otra cosa; *umg* eso es otro cantar; **es ist keine große ~** no tiene importancia; no es gran cosa; **keine halben ~n machen** no hacer las cosas a medias; **das ist nicht jedermanns ~** esto no lo hace cualquiera; eso no es para todos los gustos; **das ist so eine ~** es difícil (de decir); **die ~ ist die, dass** ... *od* **die ~ liegt so, dass** ... el caso es que ...; lo que pasa es que ...; **es ist (eine) beschlossene ~, dass** está decidido que (*ind*); **so wie die ~ steht** tal como están las cosas; en estas circunstancias; **ich will wissen, was an der ~ ist** quiero saber lo que haya de cierto en el asunto; **bei der ~ bleiben** atenerse a los hechos; no divagar; **nicht bei der ~ bleiben** divagar; apartarse del asunto; andarse por las ramas; **(ganz) bei der ~ sein** estar muy atento a a/c; **nicht bei der ~ sein** no prestar atención; estar distraído, *umg* estar en las nubes; **etw von der ~ verstehen** ser del oficio; saber de qué va la cosa; **zur ~ kommen** ir al grano; **sofort zur ~ kommen** ir derecho al asunto; **zur ~!** ¡(vamos) al caso!; *umg* ¡al grano!; **zur ~ gehörig** pertinente; **das gehört nicht zur ~** *od* **das tut nichts zur ~** esto no hace al caso; esto no tiene importancia; esto no es para ser tratado aquí **4** (*Anliegen, persönliche Angelegenheit, Aufgabe*) causa *f*; asunto *m*; **gemeinsame ~ machen mit j-m** hacer causa común con alg; **für eine gute ~ kämpfen** luchar por una buena causa; **es ist ~ der Regierung, zu** (*inf*) al gobierno corresponde (*od* incumbe) (*inf*); **das ist nicht deine ~** eso no es asunto tuyo; no es de tu incumbencia; **das ist seine ~!** (*das muss er selbst erledigen*) ¡allá él!; ¡con su pan se lo coma!; **seine ~ verstehen** saber lo que se tiene entre manos; conocer su oficio; **seine ~ gut machen** hacer un buen trabajo; salir airoso (**bei etw** de a/c); **sich** (*dat*) **seiner ~ sicher sein** estar seguro de sí mismo **5** JUR, POL causa *f*; (*Fall*) caso *m*; JUR **in ~n A gegen B** en la causa A contra B; **in eigener ~** en causa propia; *fig* por propio interés, en nombre propio; *fig* **in ~n** ... en materia de ...; POL **zur ~ beitragen** contribuir a la causa **6** *umg* (*Dummheit*) **mach (doch) keine ~n!** *umg* ¡déjate de tonterías!; déjate de historias; *erstaunt*: ¡no me digas!; **~n gibt's!** *umg* ¡qué cosas! **7** *umg* (*Stundenkilometer*) **mit hundert ~n** a cien (kilómetros) por hora

'Sacheinlage F WIRTSCH aportación *f* en especie (*od* no dineraria)

'Sachenrecht N JUR derecho *m* de cosas

'Sachentschädigung F indemnización *f* en especie; **Sachentscheidung** F JUR decisión *f* sobre el fondo (del asunto); **Sachererklärung** F explicación *f* de los hechos; JUR definición *f* real; **Sachgebiet** N materia *f*; campo *m*

'sachgemäß, sachgerecht **A** ADJ *Verpackung, Behandlung* apropiado, adecuado; pertinente; *Darstellung, Bericht* objetivo, conforme a los hechos **B** ADV **~ entscheiden** decidir pertinentemente

'Sachkatalog M catálogo *m* de materias; **Sachkenner** M, **Sachkennerin** F conocedor *m*, -a *f*; experto *m*, -a *f*, perito *m*, -a *f*; **Sachkenntnis** F, **Sachkunde** F conocimiento *m* de causa; pericia *f*; competencia *f*; **sachkundig** ADJ experto, perito; versado; competente; con conocimiento de causa; **sich ~ machen** informarse; instruirse; **Sachkundige** M/F → Sachkenner; **Sachlage** F estado *m* de cosas; circunstancias *fpl*; situación *f*; **bei dieser ~** en (*od* bajo) estas circunstancias; **Sachleistung** F prestación *f* (*od* pago *m*) en especie

'sachlich **A** ADJ objetivo; (*die Sache betreffend*) material; pertinente; (*nüchtern*) positivo; práctico; realista; (*unparteiisch*) imparcial; *Stil* sobrio **B** ADV **~ richtig/falsch** objetivamente correcto/falso

'sächlich ADJ GRAM neutro

'Sachlichkeit F ⟨~⟩ objetividad *f*; realismo *m*; sentido *m* práctico; pertinencia *f*; imparcialidad *f*

'Sachmangel M vicio *m* de la cosa; **Sachmängelhaftung** F saneamiento *m* por vicios físicos; **Sachregister** N índice *m* (*od* tabla *f*) de materias; **Sachschaden** M daño(s) *m(pl)* material(es); **geringer ~** ligeros daños materiales

'Sachse ['zaksə] M ⟨~n; ~n⟩ sajón *m*

'Sachsen [-ks-] N ⟨~s⟩ Sajonia *f*; **Sachsen-Anhalt** F Sajonia-Anhalt *f*

'Sächsin [-ks-] F ⟨~; ~nen⟩ sajona *f*; **sächsisch** ADJ sajón, de Sajonia

'Sachspende F ⟨~; ~n⟩ donativo *m* en especie; ayuda *f* material

sacht **A** ADJ suave **B** ADV suavemente; (*allmählich*) poco a poco; (*vorsichtig*) con cuidado; con tiento; *umg* pasito a paso; (*langsam*) despacio; **(immer) ~e!** ¡alto ahí!; ¡despacio!; ¡vamos por partes!; (*Vorsicht!*) ¡cuidado!

'sachte ADV → sacht B

'Sachverhalt M ⟨~s; ~e⟩ hechos *mpl*; estado *m* de cosas; circunstancias *fpl*; **den ~ darlegen** exponer los hechos; → *a.* Sachlage; **Sachvermögen** N patrimonio *m* real (*od* material); **Sachverstand** M → Sachkenntnis; **sachverständig** ADJ → sachkundig

'Sachverständige M/F ⟨~n; ~n; → A⟩ experto *m*, -a *f*, perito *m*, -a *f*; especialista *m/f* (en la materia)

'Sachverständigenausschuss M comisión *f* de expertos; **Sachverständigengutachten** N informe *m* (*od* dictamen *m*) pericial; peritaje *m*; **Sachverständigenschätzung** F tasación *f* pericial

'Sachverständiger M → Sachverständige; **Sachverzeichnis** N → Sachregister; **Sachwalter** M ⟨~s; ~⟩, **Sachwalterin** F ⟨~; ~nen⟩ JUR (*Anwalt, Anwältin*) abogado *m*, -a *f* (*a. fig*); procurador *m*, -a *f*; (*Verwalter, -in*) administrador *m*, -a *f*; (*Treuhänder, -in*) agente *m* fiduciario; **Sachwert** M valor *m* real; **~e** *pl* bienes *mpl* reales; **Sachwissen** N conocimientos *mpl*; **Sachwörterbuch** N enciclopedia *f*; diccionario *m* enciclopédico

'Sachzwang M imperativo *m*; presión *f* (de las circunstancias); necesidad *f*; **unter ~ stehen** estar bajo presión (de las circunstancias)

Sack M ⟨~(e)s; ⸚e⟩ **1** saco *m* (*a. Augensack*); (*Beutel*) bolsa *f*; (*Postsack, Geldsack*) saca *f*; **ein ~ (voll)** ... un saco de ...; **der gelbe ~** *bolsa amarilla para envases reciclables*; *umg* **schlafen wie ein ~** dormir como un tronco; *fig* **die Katze im ~ kaufen** comprar algo a ciegas; *fig* **j-n in den ~ stecken** superar (*od* aventajar) a alg; **mit ~ und Pack** con todo lo que tiene; *umg* con todos los bártulos; con armas y bagajes; **mit ~ und Pack abziehen** *umg* liar los bártulos **2** *sl* (*Hoden*) pelotas *fpl*; *sl* **er geht mir auf den ~** me pone negro **3** *umg pej* **fauler ~!** ¡gandul!; *sl* **alter ~!** ¡vejestorio!

'sackartig ADJ en forma de saco; *wissenschaftlich*: sacciforme; **Sackbahnhof** M estación *f* terminal

'Säckel M ⟨~s; ~⟩ bolsa *f*

'sacken **A** V/T ensacar **B** V/I (*sinken*) hundirse

'sackförmig ADJ en forma de saco; sacciforme

'Sackgasse F callejón *m* sin salida (*a. fig*); *fig a.* impasse *m*; **Sackhüpfen** N carrera *f* de sacos; **Sackkarren** M carretilla *f*; **Sackkleid** N vestido *m* saco; **Sackleinen** N, **Sackleinwand** F (h)arpillera *f*; **Sackpfeife** F MUS cornamusa *f*, gaita *f*

Sa'dismus M ⟨~⟩ sadismo *m*

Sa'dist M ⟨~en; ~en⟩, **Sadistin** F ⟨~; ~nen⟩ sádico *m*, -a *f*; **sadistisch** ADJ sádico

'säen ['zɛ:ən] V/T & V/I sembrar (*a. fig*); *fig* **dünn gesät** escaso

'Säen ['zɛ:ən] N ⟨~s⟩ siembra *f*

'Säer M ⟨~s; ~⟩, **Säerin** F ⟨~; ~nen⟩ sembrador *m*, -a *f*

Sa'fari F ⟨~; ~s⟩ safari *m*; **Safarihemd** N guayabera *f*, sahariana
Safe [se:f] M ⟨~s; ~s⟩ caja *f* fuerte (*od* de caudales); *e-r Bank*: caja *f* de seguridad
'Saffianleder N tafilete *m*
'Safran M ⟨~s; ~e⟩ azafrán *m*; **safrangelb** ADJ azafranado, de color azafrán
Saft M ⟨~(e)s; ¨~e⟩ **1** *Getränk*: zumo *m*; *bes Am* jugo *m* **2** BOT *u. fig* savia *f*; *eingedickter*: jarabe *m* (*a.* PHARM); PHYSIOL (*Körpersaft*) humor *m*; *fig* **weder ~ noch Kraft haben** no tener fuerzas **3** (*Fleischsaft*) jugo *m*; **im eigenen ~ schmoren** cocerse en su propio jugo
'saftgrün ADJ verde vegetal
'saftig ADJ jugoso; *Speise* suculento; *fig Witz etc* picante; verde; (*kraftvoll*) fuerte; *umg Preise etc* exorbitante; **~e Niederlage** derrota *f* aplastante; **~e Ohrfeige** sonora bofetada *f*
'Saftigkeit F ⟨~⟩ jugosidad *f*; *fig* verdura *f*; **Saftladen** M *umg pej* tugurio *m*; **saftlos** ADJ sin jugo; sin savia; seco; *fig* insípido, sin sabor; **saft- und kraftlos** sin fuerzas; **Saftlosigkeit** F ⟨~⟩ falta *f* de jugo (*bzw* de savia); insipidez *f*; **Saftpresse** F exprimidor *m*
'Sage F ⟨~; ~n⟩ leyenda *f*; mito *m*; fábula *f*; (*Überlieferung*) tradición *f*; *fig* **es geht die ~** corren rumores de que; se dice que
'Säge F ⟨~; ~n⟩ sierra *f*; (*Handsäge*) serrucho *m*; **Sägeblatt** N hoja *f* de sierra; **Sägebock** M tijera *f*; caballete *m*, burro *m*; **Sägefisch** M *Fisch*: pez *m* sierra; **Sägemaschine** F sierra *f* mecánica; **Sägemehl** N serrín *m*; **Sägemühle** F aserradero *m*

'sagen

A transitives Verb **B** intransitives Verb

— **A** transitives Verb —

1 (*äußern, mitteilen*) decir (**zu** *dat* a; **über** *acus* sobre, de); **Ja/Nein ~** decir que sí/no; **die Wahrheit ~** decir la verdad; **was sagten Sie?** ¿cómo decía usted?; **~ Sie ihm, er soll kommen** dígale que venga; **darf ich auch einmal etwas ~?** ¿se me permite decir algo también?; **j-m etw ~ lassen** hacer saber a/c a alg; **ich habe mir ~ lassen, dass** me han dicho (*od* contado) que; **was wollte ich ~?** ¿qué iba a decir (yo)?; ¿qué quería decir (yo)?; **was ich (noch) ~ wollte** lo que quería decir; a propósito; **das würde ich nicht (gerade) ~** no diría yo tanto; **damit ist alles gesagt** con eso está dicho todo; **damit ist nicht gesagt, dass** eso no quiere decir que; **~ wir 100 Euro** digamos cien euros; **sage und schreibe 1000 Euro** nada menos que (*od umg* la friolera de) mil euros; **man sagt, er sei tot** se dice que ha muerto; **nun sage noch einer ...** y aun hay quien dice ...; **man möchte ~** se diría; **was man auch ~ mag** por más que se diga; dígase lo que se quiera; dígase lo que se diga; **so etwas sagt man nicht** eso no se dice **2** (*befehlen*) **etwas zu ~ haben** tener algo que decir (**bei** en); **er hat hier nichts zu ~** *umg* no pinta nada aquí; **er hat mir nichts zu ~** no es quién para darme órdenes a mí; **nichts mehr zu ~ haben** ya no tener voz ni voto; **sich** (*dat*) **nichts ~ lassen** no atender a razones; no hacer caso de nadie; **lass dir das gesagt sein!** ¡téntelo por dicho! **3** (*bedeuten*) significar, querer decir; **das hat nichts zu ~** eso no significa (*od* no quiere decir) nada; eso no es nada; eso no tiene importancia; **sagt dir das etwas?** ¿te dice algo?; ¿te suena (de algo)? **4** (*meinen*) parecer; **was ~ Sie zu** (*dat*)**?** ¿qué me dice de?; **was ~ Sie dazu?** ¿qué le parece (a usted)?; **dagegen ist nichts zu ~** no hay inconveniente (en ello); **haben Sie etwas dagegen zu ~?** ¿tiene usted algo que objetar?; ¿qué comentario daría usted?; **was wollen Sie damit ~?** ¿qué quiere usted decir con eso?; ¡explíquese!; **ich weiß, was ich sage** yo me entiendo **5** *in Ausrufen*: **das muss man schon ~** eso sí; **das kann man wohl ~** bien puede decirse eso; *umg* ¡y tanto!; **das brauchen Sie mir nicht zu ~** *od* **Sie können ~, was Sie wollen** diga (usted) lo que quiera; **wem ~ Sie das?** ¡si lo sabré yo!; ¿a quién se lo dice?; **was Sie nicht ~** ¡no me diga!; *umg* ¡no fastidie!; ¡qué barbaridad!; **ich hab's ja (gleich) gesagt!** ¡lo que había dicho!; *umg* **na, wer sagt's denn!** ¡ya lo ves!

— **B** intransitives Verb —

decir; **sag mal, ...** dime ...; **~ Sie mal!** ¡diga usted!; ¡dígame!; **sag bloß!** ¡no me digas!; **wie sagt man auf Spanisch?** ¿cómo se dice en español?; **wie soll ich ~?** ¿cómo diría?; **wie gesagt** como ya he dicho; como queda dicho; **wie man so sagt** como suele decirse; como quien dice; **wenn ich so ~ darf** por así decir (lo); **besser gesagt** mejor dicho; **unter uns gesagt** dicho sea entre nosotros; **gesagt ist gesagt** lo dicho, dicho está; **gesagt, getan** dicho y hecho

'Sagen N ⟨~s⟩ **das ~ haben** decidir, mandar; *umg* cortar el bacalao, llevar la voz cantante
'sägen **A** VT (a)serrar **B** VI *umg* (*schnarchen*) roncar
'sagenhaft **A** ADJ legendario; mítico; *umg fig* fabuloso, fenomenal **B** *umg* ADV (*sehr*) terriblemente; **er ist ~ reich** es fabulosamente (*od* enormemente) rico; **Sagenkreis** M ciclo *m* de leyendas; **Sagenschatz** M tesoro *m* de leyendas; **sagenumwoben** ADJ legendario
'Säger M ⟨~s; ~⟩ serrador *m*
'Sägespäne MPL serrín *m*; aserraduras *fpl*, virutas *fpl*; **Sägewerk** N TECH aserradero *m*; **Sägezahn** M diente *m* de sierra
'Sago M ⟨~s⟩ sagú *m*; **Sagopalme** F sagú *m*
sah → sehen
Sa'hara F ⟨~⟩ GEOG Sáhara *m*, Sahara *m*
'Sahne F ⟨~⟩ crema *f*, nata *f*; **~ schlagen** montar la nata; **Sahnebonbon** M, N caramelo *m* de crema; **Sahneeis** N helado *m* de nata; **Sahnejoghurt** M *od* N yogur *m* cremoso; **Sahnekännchen** N jarrita *f* para crema; **Sahnekäse** M queso *m* de nata; **Sahnequark** M requesón *m* de nata; **Sahnetorte** F torta *f* de crema
'sahnig ADJ mantecoso; cremoso
'Saibling M ⟨~s; ~e⟩ *Fisch*: salvelino *m*
Sai'son [zɛ'zɔŋ, zɛ'zõ:] F ⟨~; ~s⟩ temporada *f*; (*Jahreszeit*) estación *f*; época *f*; **Saisonabhängigkeit** F estacionalidad *f*; **Saisonabschluss** M fin *m* de temporada
saiso'nal [zɛ-] **A** ADJ estacional, de temporada; WIRTSCH **~e Arbeitslosigkeit** paro *m* estacional; desempleo *m* de temporada; WIRTSCH **~e Schwankungen** variaciones *fpl* (*od* fluctuaciones *fpl*) estacionales **B** ADV **~ bedingt** estacional; **~ bereinigt** → saisonbereinigt
Sai'sonarbeit [zɛ'ʒɔŋ-, zɛ'zõ:-] F trabajo *m* estacional (*od* de temporada); **Saisonarbeiter** M, **Saisonarbeiterin** F (trabajador *m*, -a *f*) temporero *m* -a *f*; **Saisonartikel** M artículo *m* de temporada; **Saisonausverkauf** M liquidación *f* por fin de temporada
sai'sonbedingt [zɛ'ʒɔŋ-, zɛ'zõ:-] ADJ estacional; **saisonbereinigt** ADJ WIRTSCH corregido de las variaciones estacionales; desestacionalizado
Sai'sonbetrieb [zɛ'ʒɔŋ-, zɛ'zõ:-] M empresa *f* de temporada; **Saisonende** N, **Saisonschluss** M cierre *m* de temporada; **Saisonschlussverkauf** M → Saisonausverkauf; **Saisonschwankungen** FPL variaciones *fpl* (*od* fluctuaciones *fpl*) estacionales
'Saite F ⟨~; ~n⟩ MUS cuerda *f*; **leere ~** cuerda *f* al aire; MUS **eine ~ aufziehen** poner una cuerda; *fig* **andere ~n aufziehen** cambiar de tono; apretar la cuerda
'Saitenhalter M cordal *m*; **Saiteninstrument** N instrumento *m* de cuerda; **Saitenspiel** N son *m* del harpa (*bzw* de lira)
'Sakko M, N ⟨~s; ~s⟩ chaqueta *f*, americana *f*, *Am* saco *m*
sa'kral ADJ **1** REL sagrado; sacro **2** MED sacral
Sakra'ment N ⟨~(e)s; ~e⟩ KATH sacramento *m*; **sakramen'tal** ADJ KATH sacramental; **Sakramentshäuschen** N KATH sagrario *m*
Sakri'leg N ⟨~s; ~e *od* Sakrilegien⟩ sacrilegio *m*
Sakris'tan M ⟨~s; ~e⟩, **Sakris'tanin** F ⟨~; ~nen⟩ KATH sacristán *m*, -ana *f*; **Sakris'tei** F ⟨~; ~en⟩ sacristía *f*
sakro'sankt ADJ sacrosanto (*a. fig*)
Säku'larfeier F centenario *m*
säkulari'sieren VT ⟨ohne ge-⟩ secularizar; **Säkularisierung** F ⟨~; ~en⟩ secularización *f*
'Säkulum N ⟨~s; Säkula⟩ *geh* siglo *m*
Sala'mander M ⟨~s; ~⟩ ZOOL salamandra *f*
Sa'lami F ⟨~; ~s⟩ ≈ salchichón *m*; *m*; **Salamitaktik** F POL táctica *f* del salchichón, estrategia *f* de pequeños pasos
Sa'lär N ⟨~s; ~e⟩ *schweiz* sueldo *m*
Sa'lat M ⟨~(e)s; ~e⟩ ensalada *f*; (*Kopfsalat*) lechuga *f*; **ein Kopf ~** una (cabeza de) lechuga; **gemischter ~** ensalada *f* mixta; *umg fig* **da haben wir den ~!** ¡buena la hemos hecho!, ¡estamos listos!, ¡estamos apañados!
Sa'latbesteck N cubierto *m* (para servir) la ensalada; **Salatkopf** M cogollo *m* de lechuga; **Salatsauce** F aliño *m*; **Salatschleuder** F centrifugadora *f*; **Salatschüssel** F ensaladera *f*; **Salatsoße** F aliño *m*
sal'badern VI parlotear; *umg* discursear, perorar
'Salband N ⟨~(e)s; ¨~er⟩ **1** TEX *Weberei*: orillo *m* **2** BERGB salbanda *f*
'Salbe F ⟨~; ~n⟩ pomada *f*, ungüento *m*, pasta *f*
Sal'bei M ⟨~s⟩ *od* F ⟨~⟩ BOT salvia *f*
'salben VT untar (**mit** *dat* con, de); REL ungir; *e-n Toten* embalsamar; **zum König ~** ungir por rey; **der Gesalbte des Herrn** el Ungido del Señor
'Salböl N REL santo óleo *m*; crisma *m*; **Salbung** ⟨~; ~en⟩ F untura *f*; unción *f* (*a.* REL *u. fig*); ungimiento *m*; **salbungsvoll** ADJ con (*od* lleno de) unción; *pej* patético
sal'dieren VT ⟨ohne ge-⟩ HANDEL saldar; **Saldierung** F ⟨~; ~en⟩ saldo *m*; liquidación *f*
'Saldo M ⟨~s; ~s *od* Salden *od* Saldi⟩ HANDEL saldo *m*; **per ~** por saldo; **einen ~ aufweisen** arrojar un saldo (**von** de); **den ~ auf neue Rechnung vortragen** pasar el saldo a cuenta nueva; **~ zu unseren/Ihren Gunsten** saldo a nuestro/su favor
'Saldoguthaben N saldo *m* activo; **Saldoübertrag** M transporte *m* del saldo a cuenta nueva; **Saldovortrag** M saldo *m* a cuenta nueva; saldo *m* anterior; **Saldowechsel** M letra *f* por saldo (a cuenta)
'Säle → Saal
'Salier M ⟨~s; ~⟩ HIST salio *m*
Sa'line F ⟨~; ~n⟩ salina *f*; **salinisch** ADJ salino

'salisch ADJ HIST sálico; **das Salische Gesetz** la ley sálica
Sali'zylsäure F ácido *m* salicílico
Salm M ⟨~(e)s; ~e⟩ *Fisch*: salmón *m*
'Salmiak M ⟨~s⟩ CHEM sal *f* amoníaca (*od* de amoníaco); cloruro *m* amónico; **Salmiakgeist** M amoníaco *m* (acuoso)
Salmo'nelle F ⟨~; ~n⟩ salmonela *f*; **Salmonellenerkrankung** F salmonelosis *f*
'Salomo EIGENN M Salomón *m*
salo'monisch ADJ salomónico; **~es Urteil** juicio *m* de Salomón (*od* salomónico)
Sa'lon [za'lɔŋ, za'lõː] M ⟨~s; ~s⟩ salón *m*; *für Schönheitspflege*: instituto *m*; **salonfähig** ADJ presentable; **nicht ~** *Witz* verde; **Salonlöwe** M *umg* dandi *m*, petimetre *m*; **Salonmusik** F música *f* de salón; **Salonstück** N THEAT comedia *f* de salón; **Salonwagen** M BAHN coche-salón *m*
sa'lopp A ADJ 1 (*lässig*) desenvuelto, desenfadado, despreocupado; dejado; *pej* desaliñado, descuidado (en el vestir) 2 *Ausdruck* familiar B ADV a la ligera; muy por encima
Sal'peter M ⟨~s⟩ salitre *m*, nitro *m*; **Salpeterdünger** M AGR abono *m* nítrico; **Salpetergrube** F salitral *m*; salitrera *f*; **salpeterhaltig** ADJ salitroso; nitroso; **salpetersauer** ADJ nítrico; **salpetersaures Salz** nitrato *m*; **Salpetersäure** F CHEM ácido *m* nítrico
sal'petrig ADJ CHEM **~e Säure** ácido *m* nitroso
Salpin'gitis F ⟨~; Salpingi'tiden⟩ MED salpingitis *f*, enfermedad *f* inflamatoria de la pelvis
'Salsa M ⟨~⟩ MUS salsa *f*; **~ tanzen** bailar salsa; **Salsamusik** F música *f* salsa
'Salto M ⟨~; ~s *od* Salti⟩ salto *m*; **~ mortale** salto *m* mortal
Sa'lut M ⟨~(e)s; ~e⟩ MIL salva *f* de honor; **~ schießen** tirar una salva
salu'tieren V/I ⟨*ohne* ge-⟩ MIL saludar; hacer el saludo militar
Sa'lutschüsse MPL MIL salvas *fpl* de reglamento (*od* de ordenanza)
Salva'dor N ⟨~s⟩ El Salvador; **Salvadori'aner** M ⟨~s; ~⟩, **Salvadori'anerin** F ⟨~; ~nen⟩ salvadoreño *m*, -a *f*; **salvadori'anisch** ADJ salvadoreño
'Salve [-və] F ⟨~; ~n⟩ MIL descarga *f*, salva *f* (*a. fig*); **eine ~ abgegeben** disparar una salva; **Salvenfeuer** N tiro *m* de salvas
'Salweide F ⟨~; ~n⟩ BOT salguera *f*
Salz N ⟨~es; ~e⟩ sal *f* (*a. fig*); *fig* **das ~ der Erde** la sal de la tierra; **in ~ legen** salar, poner en sal
'salzarm A ADJ pobre en sal; **~e Kost** dieta *f* desclorurada B ADV con poca sal
'Salzbergwerk N mina *f* de sal; **Salzbildung** F CHEM salificación *f*; **Salzbrezel** F rosquilla *f* salada; **Salzburg** N ⟨~s⟩ Salzburgo *m*
'salzen V/T ⟨*pperf* gesalzen⟩ salar; *fig* **gesalzene Preise** precios exorbitantes (*od* escandalosos)
'Salzen N ⟨~s⟩ (*Einsalzen*) salazón *m*
'Salzfabrikant M, **Salzfabrikantin** F salinero *m*, -a *f*; **Salzfässchen** N salero *m*; **Salzfisch** M pescado *m* salado; **Salzfleisch** N carne *f* salada; **Salzgebäck** N saladitos *mpl*; **Salzgehalt** M salinidad *f*; contenido *m* de sal; **Salzgewinnung** F extracción *f* de sal; **Salzgrube** F mina *f* de sal; salina *f*; **Salzgurke** F pepinillo *m* en salmuera
'salzhaltig ADJ salino; salífero; salobre; **Salzhaltigkeit** F ⟨~⟩ salinidad *f*
'Salzhering M arenque *m* salado (*bzw* en salmuera)
'salzig ADJ 1 (*gesalzen*) salado 2 (*Salz enthaltend*) salino, alobre
'Salzindustrie F industria *f* salinera; **Salzkartoffeln** FPL patatas *fpl* hervidas; **Salzkorn** N grano *m* de sal; **Salzlake** F salmuera *f*
'salzlos ADJ & ADV sin sal; **Salzlösung** F solución *f* salina
'Salzmandeln FPL almendras *fpl* saladas; **Salzpflanzen** FPL BOT halófitos *mpl*; **Salzsäule** F *Bibel*: estatua *f* de sal; *fig* **zur ~ erstarren** quedarse de piedra; **Salzsäure** F CHEM ácido *m* clorhídrico; **Salzsee** M lago *m* salado
'Salzsole F salmuera *f*; **Salzstange** F palito *m* salado; **Salzsteuer** F impuesto *m* sobre la sal; *hist* gabela *f*; **Salzstreuer** M salero *m*; **Salzwasser** N ⟨~s; -wässer⟩ agua *f* salada (*bzw* salobre); **Salzwerk** N salina *f*; mina *f* de sal
'Sämann M ⟨~(e)s; ⸚er⟩ sembrador *m*
Sama'riter M ⟨~s; ~⟩ samaritano *m*; *Bibel*: **der Barmherzige ~** el buen samaritano; **Samariterdienst** M servicio *m* de asistencia voluntaria; **Samariterin** F ⟨~; ~nen⟩ samaritana *f*
'Sämaschine F sembradora *f*
'Samba F ⟨~; ~s⟩ *od* M ⟨~s; ~s⟩ samba *f*
'Sambia N ⟨~s⟩ GEOG Zambia; **Sambier** M ⟨~s; ~⟩, **Sambierin** F ⟨~; ~nen⟩ zambiano *m*, –a *f*; **sambisch** ADJ zambiano
'Same M ⟨~ns; ~n⟩, **Samen** M ⟨~s; ~⟩ 1 BOT semilla *f* (*a. fig*); (*Saat*) simiente *f*; (*Korn*) grano *m*; **in ~n schießen** granar 2 PHYSIOL (*Sperma*) semen *m*, esperma *m* 3 (*Keim*) germen *m*
'Samen... IN ZSSGN espermático, seminal; **Samenbank** F ⟨~; ~en⟩ banco *m* de esperma; **Samenbildung** F PHYSIOL espermatogénesis *f*; **Samenbläschen** N ANAT vesícula *f* seminal; **Samenerguss** M eyaculación *f*; **Samenfaden** M espermatozoide *m*, espermatozoo *m*; **Samenflüssigkeit** F líquido *m* seminal; **Samengang** M ANAT conducto *m* seminal; **Samenhandel** M comercio *m* de granos y semillas; **Samenhändler** M, **Samenhändlerin** F comerciante *m/f* en granos y semillas; **Samenkapsel** F BOT cápsula *f* seminal; **Samenkorn** N BOT grano *m*; **Samenleiter** M ANAT conducto *m* deferente; **Samenpflanzen** FPL BOT esperma(tó)fitos *mpl*; fanerógamas *fpl*; **Samenspender** M donante *m* de semen (*od* de esperma)
'Samenstrang M ANAT cordón *m* espermático; **Samenstrangunterbindung** F MED vasoligadura *f*
'samentragend ADJ seminífero
'Samenzelle F BIOL célula *f* espermática
Säme'rei F ⟨~; ~en⟩ semillas *fpl*; granos *mpl*
'sämig ADJ espeso; cremoso
'Sämischleder N (piel *f* de) gamuza *f*
'Sämling M ⟨~s; ~e⟩ BOT planta *f* de semillero
'Sammelaktion F colecta *f*; cuestación *f*; **Sammelalbum** N álbum *m*; **Sammelanschluss** M TEL línea *f* colectiva; **Sammelauftrag** M → Sammelbestellung; **Sammelband** M ⟨~(e)s; ⸚e⟩ colección *f* (en un volumen); antología *f*; **Sammelbecken** N depósito *m* (colector); receptáculo *m* (*a. fig*); **Sammelbegriff** M concepto *m* colectivo (*od* genérico); **Sammelbehälter** M depósito *m* (colector); receptáculo *m*; tanque *m*; **Sammelbestellung** F HANDEL pedido *m* conjunto (*od* colectivo); **Sammelbezeichnung** F nombre *f* colectivo; **Sammelbüchse** F hucha *f*, alcancía *f*; *in der Kirche*: cepillo *m*; **Sammelcontainer** M HANDEL contenedor *m* de cargas colectivas; **Sammeldepot** N WIRTSCH depósito *m* colectivo; **Sammelfahrschein** M billete *m* colectivo; **Sammelgüter** NPL envío *m* colectivo; → *a.* Sammelladung
'Sammelkasse F *Warenhaus*: caja *f* central; **Sammelkonto** N cuenta *f* colectiva; **Sammelladung** F cargamento *m* colectivo; carga *f* colectiva; consignación *f* global; **Sammellager** N depósito *m*; **Sammellinse** F lente *f* convergente; **Sammelliste** F lista *f* de suscripción; **Sammelmappe** F carpeta *f*
'sammeln A V/T 1 (*einsammeln*) recoger (*a. Daten, Stimmen, Pilze*); **Pflanzen ~** herborizar 2 (*e-e Sammlung anlegen*) coleccionar; **Briefmarken** *etc* **~** coleccionar sellos, *etc*; *wieder*: reponer fuerzas; LIT **gesammelte Werke** obras *fpl* completas 3 (*anhäufen*) acumular, apilar, amontonar; *Reichtümer a.* atesorar; **Erfahrungen ~** adquirir experiencias; **Kräfte ~** acumular fuerzas 4 *Geld, Spenden* recaudar, colectar, reunir 5 (*zusammenbringen*) reunir (*a.* MIL); *in Gruppen*: agrupar; *aus Werken*: compilar; recopilar B V/R **sich ~** 1 (*sich anhäufen*) acumularse; (*zusammenkommen*) reunirse, juntarse; congregarse; *in Gruppen*: agruparse 2 *Strahlen* converger 3 *fig innerlich*: recogerse; (*sich konzentrieren*) (re)concentrarse; (*sich fassen*) reponerse C V/I 1 (*Geld sammeln*) hacer una colecta; recaudar dinero (**für** para) 2 MIL **~!** ¡reunión!
'Sammeln N ⟨~s⟩ 1 (*Einsammeln*) recogida *f*; recolección *f* 2 (*Anhäufen*) acumulación *f*, apilamiento *m*, amontonamiento *m*; *v. Kräften*: acopio *m* 3 *v. Geld*: recaudación *f*; *v. Spenden*: cuestación *f*; colecta *f* 4 (*Zusammenbringen*) reunión *f* (*a.* MIL); *aus Werken*: compilación *f*
'Sammelname M nombre *m* colectivo; **Sammelnummer** F TEL número *m* colectivo; **Sammelplatz** M, **Sammelpunkt** M lugar *m* (*od* punto *m*) de reunión; *bes* MIL lugar *m* de concentración; **Sammelsendung** F HANDEL envío *m* colectivo; **Sammelstelle** F depósito *m* central (*od* general); (*Abholstelle*) puesto *m* de recogida; *für Flüchtlinge etc*: lugar *m* de concentración
Sammel'surium N ⟨~s; Sammelsurien⟩ mezcolanza *f*; revoltijo *m*; *umg* cajón *m* de sastre
'Sammelsystem N IT sistema *m* de recopilación; **Sammeltransport** M transporte *m* colectivo; **Sammelüberweisung** F FIN giro *m* combinado; **Sammelwut** F manía *f* (*od* furor *m*) coleccionista
'Sammler M ⟨~s; ~⟩ 1 *Person*: coleccionista *m* 2 TECH colector *m*; ELEK acumulador *m*; **Sammlerin** F ⟨~; ~nen⟩ coleccionista *f*; **Sammlung** F ⟨~; ~en⟩ 1 (*das Sammeln*) recolección *f*; *v. Spenden*: colecta *f*, cuestación *f* 2 (*das Gesammelte*) colección *f* (*a. Kunstwerke, Briefmarken*); LIT *v. Gedichten, Aufsätzen etc*: antología *f*; *v. Gesetzen etc*: recopilación *f* 3 *fig innere*: recogimiento *m*; (*Konzentration*) concentración *f*
Samo'war M ⟨~s; ~e⟩ samovar *m*
'sampeln ['zampəln] V/T & V/I MUS samplear; **Sample** ['zampəl] N ⟨~(s); ~s⟩ HANDEL, MUS muestra *f*; **Sampler** M ⟨~s; ~⟩ MUS sampler *m*
'Samstag M ⟨~(e)s; ~e⟩ sábado *m*; **(am) ~** el sábado; **~ früh** el sábado por la mañana; **jeden ~** (todos) los sábados; **letzten ~** el sábado pasado; **nächsten ~** el próximo sábado
Samstag'abend M **(am) ~** el sábado por la noche; **samstag'abends** ADV los sábados por la noche; **Samstag'mittag** M **(am) ~** el sábado a mediodía; **samstag'mittags** ADV los sábados a mediodía; **Samstag'morgen** M **(am) ~** el sábado por la maña-

S

na; **samstag'morgens** ADV los sábados por la mañana; **Samstag'nachmittag** M (am) ~ el sábado por la tarde; **samstag'nachmittags** ADV los sábados por la tarde
'samstags ADV los sábados
Samstag'vormittag M (am) ~ el sábado por la mañana; **samstag'vormittags** ADV los sábados por la mañana
samt A ADV ~ **und sonders** (todos) sin excepción; absolutamente todos B PRÄP (dat) con; acompañado de; incluso; junto con
Samt M ⟨~(e)s; ~e⟩ terciopelo *m*; **samtartig** ADJ aterciopelado; **Samtband** N ⟨~(e)s; ⸚er⟩ cinta *f* de terciopelo
'samten ADJ 1 (aus Samt) de terciopelo (*a. fig*) 2 (wie Samt) aterciopelado
'Samthandschuh M guante *m* de terciopelo; *fig* **j-n mit ~en anfassen** tratar a alg con guante de seda
'samtig ADJ aterciopelado (*a. fig*)
'Samtkleid N vestido *m* de terciopelo
'sämtlich A ADJ todo; entero; (vollständig) completo; **~e Werke** obras *fpl* completas B ADV todos (sin excepción); la totalidad de; todos juntos; en conjunto
'Samtpfötchen N *fig* patita *f* de terciopelo; **auf ~** *fig* (leise, heimlich) a escondidas, *umg* a escondidillas; **samtweich** ADJ aterciopelado; suave como una seda
Sana'torium N ⟨~s; Sanatorien⟩ sanatorio *m*
Sand M ⟨~(e)s; ~e⟩ arena *f*; **mit ~ bestreuen** (en)arenar; SCHIFF **auf ~ laufen** enarenarse; *fig* **j-m ~ in die Augen streuen** echar tierra a los ojos de alg; *fig* **auf ~ bauen** edificar sobre arena; *fig* **im ~e verlaufen** quedar en nada; quedar(se) en agua de borrajas; *fig* **j-m ~ ins Getriebe streuen** meter bastones en las ruedas de alg; *umg fig* **etw in den ~ setzen** malograr a/c; *umg* echar a perder a/c; *umg* **wie ~ am Meer** a montones; *umg* a porrillo
San'dale F ⟨~; ~n⟩ sandalia *f*; **Sanda'lette** F ⟨~; ~n⟩ sandalia *f* (de tacón)
'Sandbahn F pista *f* de arena; **Sandbank** F ⟨~; ⸚e⟩ SCHIFF banco *m* de arena; **Sandblatt** N *Zigarre*: hoja *f* envolvente; **Sandboden** M terreno *m* arenoso; **Sandburg** F castillo *m* de arena; **Sanddorn** M BOT espino *m* falso (*od* amarillo)
'Sandelbaum M, **Sandelholz** N sándalo *m*
'sandfarben ADJ color de arena
'Sandfloh M ZOOL nigua *f*; **Sandform** F molde *m* de arena; **Sandgrube** F arenal *m*; **Sandguss** M TECH fundición *f* en (molde de) arena; **Sandhase** M *beim Kegeln*: pifia *f*; **Sandhaufen** M montón *m* de arena
'sandig ADJ arenoso; arenisco; (sandhaltig) arenífero
'Sandkasten M *für Kinder*: arenero *m* (*a.* BAHN); **Sandkorn** N grano *m* de arena; **Sandkuchen** M GASTR polvorón *m* (especie de bizcocho fino); **Sandmann** M, **Sandmännchen** N 1 *hombre imaginario que arroja arena a los niños en los ojos para que se duerman* 2 *poet* sueño *m*; **Sandpapier** N papel *m* de lija; **Sandsack** M saco *m* de arena (*a. Boxen*); *bes* MIL saco *m* terrero
'Sandstein M piedra *f* arenisca; gres *m*; *für Schleifsteine*: asperón *m*; **Sandsteinbruch** M cantera *f* de piedra arenisca (*od* de gres)
'Sandstrahl M TECH chorro *m* de arena; **sandstrahlen** V/T limpiar con chorro de arena; **Sandstrahlgebläse** N TECH soplador *m* de chorro de arena; **Sandstrand** M playa *f* de arena; **Sandstreuer** M 1 *Person*: arenero *m* 2 *Gerät*: esparcidor *m* de arena; **Sandsturm** M tormenta *f* (*od* tempestad *f*) de arena
sandte → senden²
'Sandtorte F bizcocho *m* de Saboya (especie de bizcocho fino); **Sanduhr** F reloj *m* de arena
'Sandwich ['sɛntvɪtʃ] N ⟨~(e)s; ~(e)s⟩ sandwich *m*; emparedado *m*; (Baguettesandwich) bocadillo *m*; **Sandwichman** [-mɛn] M, **Sandwichmann** M hombre-anuncio *m*
'Sandwüste F desierto *m* arenoso (*od* de arena)
sanft ADJ 1 suave (*a. fig*); (zart) delicado; (weich) blando; **~e Geburt** parto *m* natural; **~er Tourismus** turismo *m* verde 2 (leicht) ligero; *Wind, Wellen* suave 3 *Person* tierno; (ruhig) afable; (freundlich) amable; (friedlich) apacible
'Sänfte F ⟨~; ~n⟩ silla *f* de manos; litera *f*
'Sanftheit F ⟨~⟩ suavidad *f*; blandura *f*; **Sanftmut** F ⟨~⟩ dulzura *f*; afabilidad *f*; mansedumbre *f*; **sanftmütig** ADJ dulce; manso; apacible
sang → singen
Sang M ⟨~(e)s; ⸚e⟩ *obs* canto *m*; **mit ~ und Klang** *obs* cantando y tocando; MIL a tambor batiente (*a. fig*); *umg iron* **mit ~ und Klang durchfallen** *umg* suspender estrepitosamente
'sangbar ADJ cantable
'Sänger M ⟨~s; ~⟩ cantor *m*; (Opernsänger, Konzertsänger) cantante *m*; (Volkssänger) cantador *m*; *in e-r Band*: vocalista *m*; *sp* (Flamencosänger) cantaor *m*; **Sängerbund** M asociación *f* coral; orfeón *m*; **Sängerfest** N festival *m* lírico; concurso *m* de orfeones; **Sängerin** F ⟨~; ~nen⟩ cantora *f*; (Opernsängerin, Konzertsängerin) cantante *f*, cantatriz *f*; *in e-r Band*: vocalista *f*; *sp* (Flamencosängerin) cantaora *f*; **Sängerknabe** M niño *m* cantor; **Sängerkrieg** M certamen *m* lírico
'sangesfreudig, sangeslustig ADJ cantarín
'sanglos ADV *fig* **sang- und klanglos** sin pena ni gloria
Sangu'iniker [zaŋgu'iː-] M ⟨~s; ~⟩, **Sanguinikerin** F ⟨~; ~nen⟩ persona *f* sanguínea (*od* de temperamento sanguíneo); **sanguinisch** ADJ sanguíneo
sa'nieren ⟨ohne ge-⟩ A V/T *allg* sanear; *Altbau* rehabilitar; WIRTSCH *Unternehmen* reorganizar, reestructurar; TECH sanear, subsanar B V/R *umg fig* **sich ~** *umg* hacer su agosto; ponerse las botas; **Sanierung** F ⟨~; ~en⟩ saneamiento *m*; WIRTSCH reorganización *f*; reestructuración *f*; *von Altbauten*: rehabilitación *f*
Sa'nierungskonzept N WIRTSCH plan *m* de saneamiento; **Sanierungsmaßnahme** F medida *f* de saneamiento; **Sanierungsplan** M plan *m* de saneamiento; **Sanierungsprogramm** N programa *m* de saneamiento
sani'tär ADJ sanitario; **~e Einrichtungen** instalaciones *fpl* sanitarias
Sani'täter M ⟨~s; ~⟩, **Sanitäterin** F ⟨~; ~nen⟩ (Rettungssanitäter) socorrista *m/f*; *bes* MIL sanitario *m*, -a *f*; (Bahrenträger, -in) camillero *m*, -a *f*
Sani'tätsartikel MPL artículos *mpl* sanitarios; **Sanitätsauto** N ambulancia *f*; **Sanitätsbehörde** F *sp* Inspección *f* de Sanidad; **Sanitätsdienst** M servicio *m* sanitario (*od* de sanidad); **Sanitätseinheit** F unidad *f* sanitaria; **Sanitätsflugzeug** N avión *m* ambulancia; **Sanitätskasten** M botiquín *m*; **Sanitätskolonne** F columna *f* de sanidad; **Sanitätskorps** N MIL cuerpo *m* de sanidad militar; **Sanitätsoffizier** M MIL oficial *m* médico; oficial *m* de sanidad militar; **Sanitätspersonal** N personal *m* sanitario; **Sanitätswache** F casa *f* de socorro; dispensario *m*; **Sanitätswagen** M ambulancia *f*; **Sanitätswesen** N ⟨~s⟩ sanidad *f*; higiene *f* pública; MIL sanidad *f* militar; **Sanitätszug** M MIL tren *m* ambulancia
sank → sinken
Sankt ADJ ⟨inv⟩ *vor männlichen Eigennamen*: San, *vor D und T*: Santo; *vor weiblichen Eigennamen*: Santa
Sankti'on F ⟨~; ~en⟩ sanción *f*; **wirtschaftliche ~en** sanciones *fpl* económicas
sanktio'nieren V/T ⟨ohne ge-⟩ sancionar; **Sanktionierung** F ⟨~; ~en⟩ sanción *f*
San Ma'rino N GEOG San Marino *m*
sann → sinnen
'Sansibar N ⟨~s⟩ Zanzíbar *m*
'Sanskrit N ⟨~s⟩ sánscrito *m*
'Saphir ['zaːfiːr] M ⟨~s; ~e⟩ zafiro *m* (*a. am Plattenspieler*)
sapper'lot, sapper'ment INT ¡caramba!; ¡caracoles!
'sapphisch ['zapfɪʃ, 'zafɪʃ] ADJ sáfico
'Sappho ['zapfo, 'zafo] EIGENN F Safo *f*
Sara'bande F ⟨~; ~n⟩ MUS zarabanda *f*
Sara'gossa N ⟨~s⟩ Zaragoza *f*
Sara'zene M ⟨~n; ~n⟩, **Sarazenin** F ⟨~; ~nen⟩ sarraceno *m*, -a *f*; **sarazenisch** ADJ sarraceno
'Sarde M ⟨~n; ~n⟩ sardo *m*
Sar'delle F ⟨~; ~n⟩ *Fisch*: anchoa *f*; **Sardellenpaste** F GASTR pasta *f* de anchoas
'Sardin F ⟨~; ~nen⟩ sarda *f*
Sar'dine F ⟨~; ~n⟩ *Fisch*: sardina *f*
Sar'dinenbüchse F lata *f* de sardinas; **Sardinenfischer** M pescador *m*, -a *f* de sardinas; sardinero *m*, -a *f*
Sar'dinien N ⟨~s⟩ Cerdeña *f*; **Sardinier** M ⟨~s; ~⟩, **Sardinierin** F ⟨~; ~nen⟩ sardo *m*, -a *f*; **sardinisch** ADJ sardo
'sardisch ADJ sardo
sar'donisch ADJ *geh* sardónico
Sarg M ⟨~(e)s; ⸚e⟩ ataúd *m*, féretro *m*, caja *f*; **'Sargdeckel** M tapa *f* del ataúd; **'Sargnagel** M clavo *m* del ataúd; **'Sargtuch** N paño *m* mortuorio
'Sari M ⟨~s *od* ~; ~s⟩ sari *m*
Sar'kasmus M ⟨~; Sarkasmen⟩ sarcasmo *m*; **sarkastisch** ADJ sarcástico
Sar'kom N ⟨~s; ~e⟩ MED sarcoma *m*
Sarko'phag [-'faːk] M ⟨~s; ~e⟩ sarcófago *m*
SARS N (Severe Acute Respiratory Syndrome, schweres akutes Atemwegsyndrom) SRAS *m od* SRAG *m* (*síndrome respiratorio agudo severo od grave*)
saß → sitzen
'Satan M ⟨~s; ~e⟩ 1 Satán *m*, Satanás *m* 2 *umg pej fig* satanás *m*, demonio *m*
sa'tanisch ADJ satánico; diabólico
Sata'nist M ⟨~en, ~en⟩, **Satanistin** F ⟨~, ~nen⟩ satanista *m/f*; **satanistisch** ADJ satánico
'Satansbraten M *umg hum* pillo *m*; granuja *m*; **Satanskerl** M diablo *m* (de hombre); *pej* demonio *m*
Satel'lit [-'liːt] M ⟨~en; ~en⟩ satélite *m*; **künstlicher ~** satélite *m* artificial
Satel'liten... IN ZSSGN de satélite, satelital, satelitario; **Satellitenantenne** F TECH (antena *f*) parabólica *f*; **Satellitenbild** N TECH imagen *f* captada por (*od* vía) satélite(s); **Satellitenempfänger** M TV receptor *m* satélite; **Satellitenfernsehen** N TV televisión *f* por (*od* vía) satélite; **Satellitenfoto** N foto *f* por satélite; **Satellitenschüssel** F TECH *umg* antena *f* parabólica; *sp umg* paellera *f*; **Satellitenstaat** M POL Estado *m* satélite; **Satellitenstadt** F ciudad *f* satélite; **Satellitenträgerrakete** F cohete *m* portasatélites; **Satellitenübertragung** F TECH difusión *f* (*od* retransmisión *f*) por satélite

S

Sa'tin [za'tɛŋ, za'tɛ̃ː] M ⟨~s; ~s⟩ satén m, raso m
sati'nieren VT ⟨ohne ge-⟩ satinar
Sati'nieren N ⟨~s⟩ satinado m
Sa'tire F ⟨~; ~n⟩ sátira f; **Satiriker** M ⟨~s; ~⟩ poeta m (bzw escritor m) satírico; (hombre m) satírico m; **Satirikerin** F ⟨~; ~nen⟩ poetisa f (bzw escritora f) satírica; (mujer f) satírica f; **satirisch** ADJ satírico
Satisfakti'on F ⟨~; ~en⟩ satisfacción f
satt A ADJ 1 beim Essen: satisfecho, lleno; harto (a. fig); **~ sein** haber comido bastante; estar harto; **danke, ich bin ~** gracias, estoy lleno; **von einer Suppe werde ich nicht ~** una sopa no me quita el hambre (od no me sacia) 2 fig **ich bin es ~ zu** (inf) estoy harto de (inf) 3 Farben subido, intenso (a. Klänge) B ADV 1 **~ machen** hartar; saciar; umg llenar; **sich ~ essen** comer hasta la saciedad, hartarse de comer; **nicht ~ werden** quedarse con hambre; **er kann sich nicht ~ daran sehen** no se cansa de contemplar a/c; no puede apartar la vista de a/c 2 fig → sattbekommen, satthaben, sattkriegen 3 umg **Sonne/Kaviar ~** umg sol/caviar para hartarse
'sattbekommen VT ⟨irr⟩ fig cansarse (od hastiarse) de a/c
'Sattdampf M TECH vapor m saturado
'Sattel M ⟨~s; ⸚⟩ 1 (Reitsattel) silla f (de montar); (Fahrradsattel) sillín m; (Packsattel) albarda f; **den ~ auflegen/abnehmen** ensillar/desensillar el caballo; **sich in den ~ schwingen** subir a caballo; **ohne ~ reiten** montar en pelo; fig **fest im ~ sitzen** tener la posición asegurada; **j-n aus dem ~ heben** desmontar (od descabalgar) a alg; fig suplantar (od desbancar) a alg 2 GEOL anticlinal m; (Bergsattel) collado m 3 MUS ceja f, cejilla f 4 Schneiderei: canesú m 5 ARCH travesaño m
'Sattelbogen M arzón m; **Satteldach** N tejado m de dos vertientes (od a dos aguas); **Satteldecke** F mantilla f
'sattelfest ADJ **~ sein** estar firme en la silla; fig **in etw** (dat) **~ sein** ser versado en a/c
'Sattelgurt M cincha f; **Sattelknopf** M perilla f del arzón
'satteln VT ensillar; Packtier enalbardar
'Sattelnase F nariz f en silla de montar; **Sattelpferd** N caballo m de silla; **Sattelschlepper** M camión m remolque; semirremolque m, trailer m; **Satteltasche** F alforjas fpl; **Sattelzeug** N arreos mpl; montura f
'satthaben VT ⟨irr⟩ umg fig **etw ~** estar harto de a/c; estar cansado (od hastiado) de a/c; umg estar hasta la coronilla (od hasta los pelos) de a/c; **j-n ~** estar harto de alg
'Sattheit F ⟨~⟩ 1 saciedad f 2 von Farben: riqueza f; intensidad f
'sättigen A VT 1 geh saciar, völlig: hartar (**mit** dat de) 2 fig satisfacer, contentar 3 CHEM, PHYS, WIRTSCH Markt saturar (**mit** dat con) B VI Nahrungsmittel llenar, saciar; **sättigend** ADJ nutritivo, sustancioso; umg que llena mucho
'Sättigung F ⟨~; ~en⟩ saciedad f (**mit** dat de); CHEM, PHYS, WIRTSCH saturación f; fig satisfacción f; **Sättigungspunkt** M CHEM punto m de saturación
'sattkriegen VT umg fig cansarse (od hastiarse) de a/c
'Sattler M ⟨~s; ~⟩ sillero m; talabartero m; (Geschirrmacher) guarnicionero m
Sattle'rei F ⟨~; ~en⟩ talabartería f; guarnicionería f
'sattmachen VT → satt B 1
'sattsam ADV geh harto, suficientemente; **~ bekannt** harto conocido
satu'rieren VT ⟨ohne ge-⟩ geh saturar
Sa'turn M ASTRON, MYTH Saturno m
'Satyr ['za:tʏr] M ⟨~s od ~n; ~n od ~e⟩ MYTH sátiro m
'Satz M ⟨~es; ⸚e⟩ 1 LING frase f; GRAM a. oración f, proposición f (a. Logik u. MATH); PHIL, MATH teorema m; **mitten im ~** en medio de la frase 2 MUS (Teil e-s Musikstücks) movimiento m, tiempo m; **eine Sinfonie in drei Sätzen** una sinfonía de tres movimientos 3 ⟨ohne pl⟩ TYPO composición f; **in ~ geben/gehen** entregar/ir a composición 4 (Serie, Set) juego m; v. Töpfen: batería f; v. Waren: surtido m; IT v. Daten: conjunto m, juego m; **ein ~ Briefmarken** una serie de sellos; **ein ~ Schlüssel** un juego de llaves 5 Tennis: manga f, set m; **einen ~ gewinnen** (od umg **machen**) ganar una manga 6 (Sprung) salto m, brinco m; **einen ~ machen** dar un salto; **mit einem ~** de (od en) un salto 7 ⟨ohne pl⟩ (Bodensatz) sedimento m; depósito m; Kaffee: posos mpl 8 (Tarif) tipo m; tasa f; tarifa f; WIRTSCH **zum ~ von** al tipo de; a razón de
'Satzanalyse F GRAM análisis m sintáctico; **Satzaussage** F GRAM predicado m, atributo m de la oración; **Satzball** M Tennis: bola f de set; **Satzbau** M ⟨~(e)s⟩ GRAM construcción f (de la frase); **Satzergänzung** F GRAM complemento m; **Satzfehler** M TYPO error m de composición; **Satzgefüge** N GRAM frase f compleja; período m; cláusula f compuesta; **Satzgegenstand** M GRAM sujeto m; **Satzglied** N GRAM parte f de la oración; **Satzlehre** F GRAM sintaxis f; **Satzprogramm** IT, TYPO programa m de composición; **Satzspiegel** M TYPO justificación f; **Satzsystem** N TYPO sistema m de composición; **Satzteil** M GRAM parte f de la oración
'Satzung F ⟨~; ~en⟩ estatuto(s) m(pl); reglamento m; (Vorschrift) precepto m; (Ordenssatzung) regla f
'Satzungsänderung F modificación f de los estatutos; reforma f estatutaria; **satzungsgemäß** ADJ, **satzungsmäßig** ADJ estatutario; reglamentario; conforme a los estatutos (bzw al reglamento); **satzungswidrig** ADJ contrario a los estatutos; antirreglamentario
'satzweise ADV GRAM frase por frase; **Satzzeichen** N LING signo m de puntuación
Sau F ⟨~; ⸚e⟩ 1 ZOOL cerda f, puerca f; südd a. (Schwein) cerdo m; umg fig **wie eine gesengte ~ (fahren)** (ir) como loco 2 ⟨pl ~en⟩ (Wildsau) jabalina f 3 sl (schmutziger od gemeiner Mensch) cerdo m, -a f, puerco m, -a f, cochino m, -a f, marrano m, -a f 4 sl fig **keine ~** ni un alma; **die ~ rauslassen** sl hacer el bestia; **das ist unter aller ~** es pésimo (od malísimo); **j-n zur ~ machen** sl poner a alg como un trapo (od de vuelta y media); **wie ~**, reg **wie die ~** (schlecht) umg de pena, vulg de puta pena; (toll) vulg de puta madre
'Sauarbeit F sl 1 (körperlich schwere Arbeit) trabajo m de chinos, umg paliza f 2 (Pfuscharbeit) chapuza f
'sauber A ADJ 1 limpio; bes Personen a. aseado, pulcro; Umwelt no contaminado; (hübsch) bonito 2 (anständig) honrado, limpio, decente 3 Schrift, Arbeit esmerado, pulcro; **~!** ¡bien hecho!; iron ¡menuda cosa! 4 iron **~e Arbeit!** umg ¡bien hecho!; **ein ~es Früchtchen** una buena alhaja; **ein ~er Freund** valiente amigo; empört: **bist du noch ganz ~!** umg ¡tú no estás bien de la cabeza! B ADV → sauber halten, sauber machen
sauber halten VT mantener limpio
'Sauberkeit F ⟨~⟩ limpieza f; aseo m; pulcritud f; fig integridad f
'säuberlich A ADJ limpio; pulcro; (sorgfältig) esmerado B ADV (fein) con esmero
'saubermachen VT & VI, **sauber machen** VT & VI limpiar; hacer la limpieza
'säubern VT 1 limpiar (**von** dat de); bes körperlich: asear 2 fig (frei machen) librar (**von** dat de); MIL von Feinden: limpiar; Straße etc despejar; Sprache depurar; POL purgar, depurar
'Säuberung F ⟨~; ~en⟩ 1 limpieza f; aseo m 2 POL u. fig depuración f, purga f; **ethnische ~** depuración f étnica
'Säuberungsaktion F POL depuración f, purga f; MIL operación f de limpieza
'sau'blöd(e) ADJ umg → saudumm
'Saubohne F BOT haba f
'Sauce ['zo:sə] F → Soße
Sauci'ere [zosi'ɛ:rə] F ⟨~; ~n⟩ salsera f
'Saudi M ⟨~s; ~s⟩ saudí m
Saudi-'Araber M, **Saudi-'Araberin** F saudí m/f, saudita m/f; **Saudi-A'rabien** N Arabia f Saudí (od Saudita); **saudi-a'rabisch** ADJ saudí, saudita
'sau'dumm ADJ umg tonto de capirote (od de remate); sl tonto del culo; Sache: fastidioso; maldito; sl puñetero
'sauer A ADJ 1 ácido (a. Frucht, Boden CHEM); unangenehm: agrio (a. Obst, Wein, Milch); (herb) acre; **saure Gurken** pepinillos mpl en vinagre; **saurer Regen** lluvia f ácida; **~ werden** agriarse, ponerse agrio (a. Wein); Milch a. cuajarse 2 umg (verärgert) enfadado; umg cabreado; (beleidigt) umg amoscado; **auf j-n ~ sein** estar enfadado con alg; **auf j-n ~ werden** enfadarse (od umg cabrearse) con alg; **ein saures Gesicht machen** poner cara de vinagre 3 fig Arbeit etc penoso, duro, pesado; obs **es sich** (dat) **~ werden lassen** esforzarse mucho; tomarse mucho trabajo para a/c; obs **es wird mir ~ zu** (inf)... me cuesta (inf); umg **gib ihm Saures!** ¡duro con él! B ADV 1 GASTR **~ einlegen** poner en vinagre; **~ schmecken** saber ácido, tener un sabor ácido 2 fig (**sich** dat) **etw ~ verdienen** ganar a/c a costa de mucho bregar; ganar a/c con muchos sudores; **j-m das Leben ~ machen** amargar la vida a alg; fig **auf etw ~ reagieren** tomar a mal a/c; reaccionar con frialdad a a/c
'Sauerampfer M BOT acedera f; **Sauerbraten** M GASTR asado m adobado, carne f adobada; **Sauerbrunnen** M agua(s) f(pl) mineral(es)
Saue'rei F ⟨~; ~en⟩ sl porquería f, cochinada f
'Sauerkirsche F guinda f; **Sauerklee** M BOT acederilla f; **Sauerkohl** M, **Sauerkraut** N chucrut m, col f fermentada
'säuerlich ADJ 1 algo ácido; acídulo; agrete; Wein avinagrado, Obst ácido 2 fig (missmutig) de mal humor; **Säuerling** M ⟨~s; ~e⟩ fachspr → Sauerbrunnen
'Sauermilch F cuajada f; leche f agria (bzw cuajada)
'säuern VT agriar, acedar, schwach: acidular; Teig leudar, hacer fermentar; CHEM acidificar
'Säuern N ⟨~s⟩ CHEM acidificación f
'Sauerrahm M nata f agria
'Sauerstoff M ⟨~(e)s⟩ CHEM oxígeno m; **mit ~ verbinden** od **anreichern** oxigenar; **Sauerstoffaufnahme** F absorción f de oxígeno; **Sauerstoffentzug** M desoxigenación f; **Sauerstoffflasche** F botella f de oxígeno; **Sauerstoffgehalt** M contenido m de oxígeno; **Sauerstoffgerät** N inhalador m de oxígeno; **sauerstoffhaltig** ADJ oxigenado; **Sauerstoffmangel** M ⟨~s⟩ falta f (od carencia f) de oxígeno; MED anoxemia f; anoxia f; **Sauerstoffmaske** F máscara f de oxígeno; **Sauerstoffsättigung** F oxigenación f; **Sauerstofftherapie** F MED oxigenote-

rapia *f*; **Sauerstoffzelt** N MED tienda *f* (*od* carpa *f*) de oxígeno; **Sauerstoffzufuhr** F aporte *m* (*od* suministro *m*) de oxígeno

'sauersüß ADJ agridulce (*a. fig*); **Sauerteig** M levadura *f*; **sauertöpfisch** ADJ avinagrado, malhumorado

'Säuerung F ⟨~; ~en⟩ CHEM acidificación *f*; **Säuerungsmittel** N acidulante *m*

'Saufbold *umg* M ⟨~s; ~e⟩, **Saufbruder** M *umg* → Säufer

'saufen VT & VI ⟨*irr*⟩ **1** *Tier* beber **2** *umg Mensch* beber en (od con) exceso, abusar del alcohol; *umg* empinar el codo; *umg* **~ wie ein Loch** *umg* beber como una cuba

'Saufen N ⟨~s⟩ vicio *m* de la bebida; abuso *m* del alcohol

'Säufer M ⟨~s; ~⟩ *sl pej* bebedor *m*; *stärker*: *umg* borracho *m*, *umg* borrachín *m*, curda *m*

Saufe'rei F ⟨~; ~en⟩ *sl* borrachera *f*; *umg* curda *f*

'Säuferin F ⟨~; ~nen⟩ *sl pej* bebedora; *umg* borracha *f*; *sl* mamada *f*; **Säufernase** F nariz *f* de bebedor; **Säuferstimme** F voz *f* aguardentosa; **Säuferwahn(sinn)** M MED delírium *m* tremens

'Saufgelage N → Sauferei

'Saufraß M *sl* bazofia *f*

säuft → saufen

'Saugapparat M aspirador *m*; **Saugbagger** M draga *f* de succión

'saugen **A** VT & VI **1** **an etw** (*dat*) **~** chupar a/c; **den Saft aus einer Orange ~** sorber el zumo de una naranja **2** *Säuglinge, Tierjunge* **(an der Brust) ~** mamar **3** **(Staub) ~** pasar la aspiradora **4** TECH (*ansaugen*) succionar, aspirar; (*aufsaugen*) absorber **B** VR **sich voll Wasser ~** empaparse de agua

'Saugen N ⟨~s⟩ (*Ansaugen*) succión *f*; aspiración *f*; (*Aufsaugen*) absorción *f*

'säugen VT *Kind* dar el pecho a; *Tierjunge a.*: amamantar, dar de mamar; *fachspr* lactar

'Säugen N ⟨~s⟩ amamantamiento *m*; lactancia *f*, lactación *f*; cría *f*

'Sauger M ⟨~s; ~⟩ **1** *an der Babyflasche*: tetina *f*; (*Schnuller*) chupete *m* **2** TECH aspirador *m*

'Säuger M ⟨~s; ~⟩, **Säugetier** N ZOOL mamífero *m*; **Säugezeit** F lactancia *f*

'saugfähig ADJ absorbente; **Saugfähigkeit** F ⟨~⟩ capacidad *f* de absorción, poder *m* absorbente

'Saugferkel N ZOOL lechón *m*; **Saugflasche** F biberón *m*; **Saugheber** M sifón *m*; **Saughub** M AUTO carrera *f* de aspiración; **Saugkraft** F fuerza *f* de aspiración; **Saugleistung** F capacidad *f* de aspiración; **Saugleitung** F tubería *f* de aspiración

'Säugling M ⟨~s; ~e⟩ lactante *m*, niño *m* de pecho; bebé *m*

'Säuglingsausstattung F canastilla *f*; **Säuglingsheim** N casa *f* cuna; **Säuglingsintensivstation** F MED unidad *f* de cuidados intensivos de neonatología; **Säuglingspflege** F puericultura *f*; **Säuglingspflegerin** F, **Säuglingsschwester** F puericultora *f*; **Säuglingsstation** F MED unidad *f* de neonatología; **Säuglingssterblichkeit** F mortalidad *f* infantil; **Säuglingswaage** F pesabebés *m*

'Saugluft F aire *m* de aspiración; **Sauglüfter** M ventilador *m* aspirante; **Saugnapf** M ventosa *f* (*a.* ZOOL); **Saugpapier** N papel *m* absorbente; **Saugpost** F papel *m* vergé (*od* verjurado); **Saugpumpe** F bomba *f* aspirante

'sau'grob ADJ *sl* muy grosero

'Saugrohr N tubo *m* de aspiración; **Saugrüssel** M ZOOL trompa *f* (chupadora); **Saugventil** N válvula *f* de aspiración; **Saugvorrichtung** F dispositivo *m* aspirador; **Saugwirkung** F efecto *m* de aspiración; succión *f*

'Sauhatz F JAGD caza *f* del jabalí; **Sauhaufen** M *sl* desbarajuste *m*, desmadre *m*; *umg* panda *f* de caóticos; **Sauhirt** M, **Sauhirtin** F porquerizo *m*, -a *f*; **Sauigel** M *sl* cochino *m*; **sauigeln** VI *sl* decir porquerías

'säuisch ADJ *sl pej* puerco, cochino, guarro; asqueroso; *fig* obsceno

'sau'kalt ADJ *umg* **es ist ~** hace un frío que pela; **Sau'kälte** F *umg* frío *m* pelón (*od* que pela)

'Saukerl M *sl pej* cochino *m*, puerco *m*, cerdo *m*; canalla *m*; **Sauklaue** F *umg* letra *f* muy mala; **Saulaune** F *umg* humor *m* de mil demonios

'Säule F ⟨~; ~n⟩ *allg u. fig* columna *f*; (*Pfeiler*) pilar *m* (*a. fig*); *fig a.* puntal *m*; PHYS **galvanische/voltaische ~** pila *f* galvánica/voltaica

'Säulendiagramm N diagrama *m* (*od* gráfico *m*) de barras; diagrama *m* de columnas (apiladas); histograma *m*; **Säulenfuß** M ARCH basa *f*; zócalo *m*; **Säulengang** M columnata *f*; arcada *f*; peristilo *m*; **Säulenhalle** F salón *m* columnario; (*Vorbau*) pórtico *m*; **Säulenheilige** M/F estilita *m/f*; **Säulenkapitell** N, **Säulenknauf** M ARCH capitel *m*; **Säulenordnung** F ARCH orden *m* arquitectónico; **Säulenreihe** F columnata *f*; peristilo *m*; **Säulenschaft** M ARCH fuste *m*; **Säulenweite** F ARCH intercolu(m)nio *m*

Saum M ⟨~(e)s; ¨~e⟩ **1** TEX (*Kleidersaum*) dobladillo *m*; (*Naht*) bastilla *f*; (*Besatz*) ribete *m*; orla *f*; (*Rand*) borde *m* (*a. fig*); orilla *f* **2** *poet* (*Waldessaum*) linde *m/f*

'saumäßig *sl* **A** ADJ muy malo, pésimo; *sl* cochino, puerco **B** ADV mal; pésimamente; terriblemente

'säumen[1] VT **1** TEX hacer un dobladillo; (*einfassen*) orlar, ribetear **2** *fig* (*begrenzen*) bordear

'säumen[2] VI *geh* (*zögern*) tardar; (*zaudern*) vacilar; (*sich aufhalten*) detenerse, demorarse; (*spät kommen*) retrasarse

'Säumen N ⟨~s⟩ tardanza *f*; vacilación *f*; retraso *m*; retardo *m*; demora *f*

'säumig ADJ *mst geh* **1** (*verspätet*) atrasado; retrasado; (*langsam*) lento; tardío; **~ sein** demorarse; llegar tarde, retrasarse **2** (*nachlässig*) negligente; *Schuldner* moroso; JUR **~ werden** caer en mora; **~er Zahler** (deudor *m*) moroso *m*

'Säumigkeit F *e-s Schuldners*: morosidad *f*

'Saumnaht F bastilla *f*

'Säumnis F ⟨~; ~se⟩ demora *f*, morosidad *f*; retraso *m*; tardanza *f*; **Säumniszuschlag** M HANDEL recargo *m* por demora

'Saumpfad M camino *m* de herradura; **Saumpferd** N caballo *m* de carga; **Saumsattel** M albarda *f*

'saumselig ADJ *geh* (*langsam*) lento; indolente; moroso; (*trödelnd*) remolón; (*nachlässig*) descuidado, negligente; **Saumseligkeit** F ⟨~⟩ *geh* lentitud *f*; indolencia *f*; morosidad *f*; (*Nachlässigkeit*) descuido *m*, negligencia *f*

'Saumstich M punto *m* de festón; **Saumtier** N bestia *f* de carga; acémila *f*

'Sauna F ⟨~; ~s *od* Saunen⟩ sauna *f*

'Saure(s) N ⟨~n; → A⟩ → sauer A

'Säure F ⟨~; ~n⟩ **1** CHEM ácido *m* **2** *Geschmack*: acidez *f*; *unangenehm*: ácido; **Säurebad** N baño *m* de ácido

'säurebeständig ADJ resistente a los ácidos; acidorresistente; **säurebildend** ADJ acidificante; **Säurebildung** F acidificación *f*; **säureempfindlich** ADJ sensible a los ácidos; **säurefest** ADJ → säurebeständig; **säurefrei** ADJ exento (*od* libre) de ácido

'Säuregehalt M acidez *f*; **Säuregrad** M grado *m* de acidez

Saure'gurkenzeit, Saure-'Gurken-Zeit F *umg* época *f* de calma; estación *f* muerta; temporada *f* baja

'säurehaltig ADJ acidífero; ácido; **säurelöslich** ADJ soluble en ácido

'Säuremesser M ⟨~s; ~⟩ acidímetro *m*

'Saurier [-iər] M ⟨~s; ~⟩ ZOOL saurio *m*

Saus M **in ~ und Braus leben** vivir a todo tren; vivir a lo loco

'säuseln **A** VT *fig* susurrar **B** VI *Blätter* susurrar; *Wind* murmurar

'Säuseln N ⟨~s⟩ murmullo *m*, susurro *m*

'sausen VI ⟨sn⟩ **1** *im Ohr*: zumbar; *Geschoss, Wind* silbar; **es saust mir in den Ohren** me zumban los oídos **2** *Fahrzeug* pasar (*od* ir) a toda velocidad; *Person* correr; *umg fig* **etw ~ lassen** dejar (correr) a/c; renunciar a a/c; *umg* **durchs Examen ~** *umg* catear un examen

'Sausen N ⟨~s⟩ zumbido *m*; silbido *m*

'sausenlassen VT ⟨*irr*⟩ *umg fig* → sausen 2

'Sausewind M viento *m* impetuoso; *umg fig* cabeza *f* de chorlito

'Saustall M pocilga *f* (*a. fig*); **Sauwetter** N *umg* tiempo *m* de perros; **Sauwirtschaft** F *umg neg!* desbarajuste *m*, lío *m*; casa *f* de tócame Roque (*od* de María Cristina) *umg*

'sau'wohl ADV *umg* **sich ~ fühlen** sentirse magníficamente (*od* como el pez en el agua); **Sau'wut** F *umg* rabia *f* de mil demonios

Sa'vanne F ⟨~; ~n⟩ sabana *f*

Sa'voyen N ⟨~⟩ GEOG Saboya *f*; **savoyisch** ADJ saboyano, -a

Saxo'fon [zakso'foːn] N, **Saxo'phon** [zakso'foːn] N ⟨~s; ~e⟩ saxófono *m*, saxo(fón) *m*; **Saxofo'nist** M, **Saxopho'nist** M ⟨~en; ~en⟩, **Saxofo'nistin** F, **Saxopho'nistin** F ⟨~; ~nen⟩ saxofonista *m/f*

S'B- ABK IN ZSSGN (Selbstbedienung) de autoservicio

'S-Bahn F *Verkehr*: tren *m* de cercanías; **S-Bahn-Netz** N red *f* de trenes de cercanías; **S-Bahn-Station** F estación *f* de trenes de cercanías

SBB FPL ABK (Schweizer Bundesbahnen) Ferrocarriles *mpl* Federales Suizos

S'B-Laden M (tienda *f* con *od* de) autoservicio *m*

'scannen ['skɛnən] VT TECH, IT (e)scanear

'Scanner ['skɛnər] M escáner *m*; scanner *m*; (*Strichkodeleser*) lector *m* de código de barras; **Scannerkasse** F caja *f* registradora con escáner (*od* con lector de código de barras)

'Schabe F ⟨~; ~n⟩ ZOOL cucaracha *f*

'Schabefleisch N carne *f* cruda picada; **Schabeisen** N, **Schabemesser** N raspador *m*; rascador *m*; raedera *f*; *der Gerber*: chifla *f*

'schaben VT raspar; rascar; raer; *Fleisch* picar; *Felle* chiflar

'Schaber M ⟨~s; ~⟩ raspador *m*, rascador *m*

'Schabernack M ⟨~(e)s; ~e⟩ travesura *f*; jugarreta *f*; broma *f*; **j-m einen ~ spielen** gastar una broma a alg; **aus ~** por pura broma

'schäbig ADJ **1** (*abgetragen*) raído; gastado, muy usado; (*zerlumpt*) andrajoso, desastrado; (*armselig*) miserable; menguado **2** *fig* (*geizig*) mezquino, sórdido, *umg* roñoso; **Schäbigkeit** F ⟨~⟩ **1** *v. Kleidung*: desgaste *m*, deslustre *m*, deslucimiento *m* **2** *fig Charakter*: sordidez *f*; mezquindad *f*, roñería *f*

Scha'blone F ⟨~; ~n⟩ **1** patrón *m*; (*Malschablone*) modelo *m*; (*Zeichenschablone*) plantilla *f*; (*Lehre*) calibre *m*; *des Zimmerers*: escantillón *m* **2** *fig* patrón *m*; pauta *f*; rutina *f*; **nach der ~ arbeiten** seguir la rutina

scha'blonenhaft ADJ *fig* maquinal, automá-

tico; rutinario; estereotipado
schablo'nieren VT ‹ohne ge-› copiar de un patrón; MAL estarcir
'Schabmesser N → Schabeisen
Scha'bracke F ‹~; ~n› gualdrapa *f*
'Schabsel N ‹~s; ~› raspadura *f*
Schach N ‹~s› **1** *Spiel*: ajedrez *m*; **~ spielen** jugar al ajedrez **2** *Angriff auf den gegnerischen König*: **~ (dem König)!** ¡jaque (al rey)!; **~ (und) matt!** ¡jaque mate!; **~ bieten** poner en jaque, dar (*od* hacer) jaque (a); *fig* **in ~ halten** tener en jaque; mantener a raya
'Schachaufgabe F problema *m* de ajedrez; **Schachbrett** N tablero *m* de ajedrez
'schachbrettartig, schachbrettförmig ADJ ajedrezado; **Schachbrettmuster** N dibujo *m* a cuadros, ajedrezado *m*
'Schacher M ‹~s› *umg* cambalache *m*, trapicheo *m*, chalaneo *m*; (*Feilschen*) regateo *m*; *bes* POL chanchullo *m*
'Schächer M ‹~s; ~› *Bibel*: ladrón *m*
'Schacherer M ‹~s; ~› chalán *m*; regatón *m*
'schachern VI cambalachear; chalanear; (*feilschen*) regatear (**um etw** a/c)
'Schachern N ‹~s› → Schacher
'Schachfeld N casilla *f* (del tablero de ajedrez); escaque *m*; **Schachfigur** F pieza *f* (de ajedrez)
'schach'matt ADJ jaque mate; *fig* (*erschöpft*) molido, rendido; *umg* hecho polvo; **~ setzen** poner en jaque mate
'Schachmeister M, **Schachmeisterin** F campeón *m*, -ona *f* de ajedrez; **Schachmeisterschaft** F campeonato *m* de ajedrez
'Schachpartie F partida *f* de ajedrez; **Schachspiel** N juego *m* de ajedrez; **Schachspieler** M, **Schachspielerin** F jugador *m*, -a *f* de ajedrez, ajedrecista *m/f*
'Schacht M ‹~(e)s; ⸚e› *allg* pozo *m* (*a.* BERGB); TECH (*Hochofen*) cuba *f*; (*Fahrstuhlschacht, Treppenschacht*) caja *f*, hueco *m*; (*Einstiegschacht*) registro *m*; **Schachtabteufung** F ‹~; ~en› BERGB excavación *f* de pozos; **Schachteingang** M BERGB bocamina *f*
'Schachtel F ‹~; ~n› **1** caja *f*; cartón *m*; *kleine*: cajita *f*; **~ Streichhölzer/Pralinen** caja *f* de cerillas/bombones; **~ Zigaretten** cajetilla *f* (*od* paquete *m*) de cigarillos **2** *umg fig* **alte ~** vieja *f*, *umg* carroza *f*
'Schachtelhalm M BOT cola *f* de caballo
'schachteln VT *Sätze* encadenar (los períodos); **Schachtelsatz** M GRAM frase *f* intrincada
'schachten VI BERGB abrir un pozo
'schächten VT degollar conforme al rito judío; **Schächter** M ‹~s; ~› matarife *m* judío
'Schachtförderung F BERGB extracción *f* por pozos; **Schachtofen** M TECH horno *m* de cuba
'Schachturnier N torneo *m* de ajedrez; **Schachzug** M jugada *f*; movimiento *m* de una pieza; *fig* **ein guter ~** *od* **ein geschickter ~** una buena jugada
'schade ADJ **~, dass** (qué) lástima que (*subj*); **es ist ~, dass** es una lástima (*od* una pena) que (*subj*); **~ , dass er nicht kommen kann!** ¡(qué) lástima que no pueda venir!; **es ist ~ um ihn** es digno de lástima; **es ist sehr ~** es una verdadera lástima (*od* pena); **(wie) ~!** ¡qué lástima!; ¡qué pena!; **dafür ist es zu ~** para eso es demasiado bueno; **sie ist sich** (*dat*) **zu ~ dafür** no quiere rebajarse a eso
'Schädel M ‹~s; ~› **1** ANAT cráneo *m*; (*Totenschädel*) calavera *f* **2** *umg fig* (*Kopf*) cabeza *f*, *umg* chola *f*; **j-m den ~ einschlagen** *umg* romper la crisma a alg
'Schädel... IN ZSSGN cefálico; **Schädelbasis** F ANAT base *f* del cráneo; **Schädelbasisbruch** M MED fractura *f* de la base *f* del cráneo; **Schädelbohrer** M MED trépano *m*; **Schädelbruch** M MED fractura *f* del cráneo; **Schädeldach** N ANAT bóveda *f* craneal; **Schädelhirntrauma** N MED traumatismo *m* craneoencefálico; **Schädelhöhle** F ANAT cavidad *f* craneal; **Schädelindex** M índice *m* cefálico; **Schädelinnendruck** M MED presión *f* intracraneal; **Schädelknochen** M ANAT hueso *m* craneano; **Schädellehre** F frenología *f*; craneología *f*; **Schädelmessung** F craneometría *f*; cefalometría *f*; **Schädelstätte** F *Bibel*: Calvario *m*; Gólgota *m*; **Schädelverletzung** F MED traumatismo *m* craneal
'schaden VI dañar; hacer daño; perjudicar; **j-m/einer Sache ~** causar (*od* ocasionar) daño a alg/a a/c; **das schadet nichts** no importa; es igual; **das schadet ihm gar nichts** le está bien empleado; **das könnte nichts ~** no estaría mal; **was schadet es?** ¿qué más da?, ¿qué importa?
'Schaden M ‹~s; ⸚› **1** (*Sachschaden*) daño *m*; *schwerer*: estragos *mpl*; *durch Unwetter, Feuer etc*: siniestro *m*; TECH avería *f*; (*Beschädigung*) deterioro *m*, desperfecto *m*; (*Gebrechen*) defecto *m*; (*Verletzung*) lesión *f*; **Schäden anrichten** *od* **verursachen** ocasionar (*od* causar) daños; causar perjuicio; VERS **einen ~ decken/melden** cubrir/avisar un daño; VERS **gegen ~ versichern** asegurar contra daños **2** (*Nachteil*) perjuicio *m*; detrimento *m*; **seelischer ~** trauma(tismo) *m*; **~ nehmen** dañarse; *Person* hacerse daño; lastimarse; sufrir perjuicios; resultar perjudicado; **j-m ~ zufügen** causar (*od* ocasionar) daño (*bzw* perjuicio) a alg; perjudicar a alg; **es soll dein ~ nicht sein** no te arrepentirás; será en provecho tuyo; **zu ~ kommen** dañarse; *Person* hacerse daño; lastimarse; sufrir perjuicios; resultar perjudicado; **nicht zu ~ kommen** *bei e-m Unfall*: salir ileso; **zu seinem ~** en detrimento suyo; en su perjuicio; **durch ~ wird man klug** de los escarmentados nacen los avisados **3** WIRTSCH (*Verlust*) pérdida(s) *f(pl)*; **mit ~ verkaufen** vender con pérdida
'Schadenabschätzung F valoración *f* de los daños; **Schadenabteilung** F departamento *m* de siniestros; **Schadenaufstellung** F especificación *f* de daños
'Schadenersatz M indemnización *f* por daños y perjuicios; (*Ausgleich*) compensación *f*; **~ beanspruchen** reclamar indemnización por daños y perjuicios; JUR **auf ~ klagen** entablar una acción por daños (y perjuicios); **~ leisten** pagar daños; indemnizar (**j-m für etw** a alg por a/c)
'Schadenersatzanspruch M derecho *m* a indemnización por daños y perjuicios; **Schadenersatzforderung** F reclamación *f* por daños y perjuicios; **Schadenersatzklage** F JUR demanda *f* (*od* acción *f*) por daños y perjuicios; **Schadenersatzpflicht** F obligación *f* de indemnización; **schadenersatzpflichtig** ADJ responsable de daños y perjuicios
'Schadenfreiheitsrabatt M bonificación *f* por no siniestralidad; **Schadenfreude** F alegría *f* del (*od* por el) mal ajeno
'schadenfroh **A** ADJ malicioso; **~ sein** regocijarse (*od* alegrarse) del (*od* por el) mal ajeno **B** ADV **~ lachen** reír con malicia
'Schadensanzeige F aviso *m* de siniestro; **Schadensberechnung** F cómputo *m* de los daños (*bzw* del siniestro); **Schadensbilanz** F balance *m* de pérdidas; **Schadensfall** M (caso *m* de) siniestro *m*; **im ~** en caso de siniestro; **Schadensfestsetzung** F determinación *f* de los daños; **Schadensfeststellung** F comprobación *f* (*od* constatación *f*) de los daños; **Schadensformular** N formulario *m* de daños; **Schadenshöhe** F total *m* de pérdidas; **Schadensmeldung** F parte *m* de daños; aviso *m od* parte *m* de siniestro
'Schadenversicherung F seguro *m* contra (*od* de) daños
'schadhaft ADJ (*mangelhaft*) defectuoso; (*beschädigt*) deteriorado; estropeado; *Waren* en mal estado, en malas condiciones; averiado (*a. Motor*); *Gebäude* ruinoso; *Zähne* cariado; **~ werden** deteriorarse; gastarse; HANDEL averiarse; *Zähne* cariarse; **Schadhaftigkeit** F ‹~› defectuosidad *f*, estado *m* defectuoso; mal estado *m*; malas condiciones *fpl*
'schädigen VT dañar, perjudicar, causar daño (*od* perjuicio) (**j-n** a alg); *Ruf etc* menoscabar; **Schädigung** F ‹~; ~en› daño *m*; perjuicio *m*; detrimento *m*; menoscabo *m*; MED lesión *f*
'Schadinsekt N insecto *m* nocivo (*od* dañino)
'schädlich ADJ dañino, perjudicial, deletéreo, *für die Gesundheit a.*: nocivo; (*verderblich*) pernicioso; (*schlecht*) malo; (*gefährlich*) peligroso; **Schädlichkeit** F ‹~› nocividad *f*; carácter *m* nocivo
'Schädling M ‹~s; ~e› ZOOL animal *m* dañino; plaga *f* animal; *a.* BOT parásito *m*
'Schädlingsbekämpfung F lucha *f* antiparasitaria; control *m* de plagas; **Schädlingsbekämpfungsmittel** N (producto *m*) antiparasitario *m*; pesticida *m*, plaguicida *m*
'schadlos ADJ sin daño; indemne; **sich (für etw) an j-m ~ halten** indemnizarse (*od* resarcirse) (de a/c) con alg; **Schadloshaltung** F indemnización *f*; resarcimiento *m*
'Schadstoff M sustancia *f* nociva (*od* perjudicial); **schadstoffarm** ADJ poco nocivo; poco contaminante; de baja contaminación; **~es Kraftfahrzeug** vehículo *m* poco contaminante; vehículo *m* de baja contaminación; **Schadstoffausstoß** M emisión *f* contaminante (*od* de sustancias nocivas *od* contaminantes); **Schadstoffbelastung** F contaminación *f*; carga *f* contaminante; **schadstofffrei** ADJ no contaminante; **schadstoffgeprüft** ADJ con plaqueta de inspección de baja contaminación
'Schaf N ‹~(e)s; ~e› **1** ZOOL oveja *f*; *fig* **das schwarze ~ sein** ser la oveja negra; ser el garbanzo negro **2** *umg fig* (*Dummkopf*) borrego *m*, borrico *m*; **Schafbock** M carnero *m*
'Schäfchen N ‹~s; ~› **1** ZOOL (*kleines Schaf*) corderillo *m*, corderito *m*; *fig* **sein(e) ~ ins Trockene bringen** hacer su agosto; arrimar el ascua a su sardina **2** PL *umg fig* (*Schutzbefohlene*) rebaño *m*; **Schäfchenwolken** FPL METEO cirros *mpl*
'Schäfer M ‹~s; ~› pastor *m*; **Schäfergedicht** N LIT bucólica *f*; égloga *f*; **Schäferhund** M ZOOL perro *m* pastor; **deutscher ~** pastor *m* alemán; **Schäferhütte** F cabaña *f* de pastor; **Schäferin** F ‹~; ~nen› pastora *f*; **Schäferroman** M LIT novela *f* pastoril; **Schäferspiel** N LIT pastoral *f*; **Schäferstündchen** N *fig* horita *f* de amor; cita *f* amorosa
'Schaffell N piel *f* de oveja; vellón *m*
'schaffen **A** VT **1** ‹irr› (*erschaffen*) *Werk, Bedürfnis* crear (*a.* REL); *Werk a.* producir; (*gründen, ins Leben rufen*) organizar, constituir, establecer, fundar; **Arbeitsplätze ~** crear empleo; **Ordnung ~** poner orden; **Platz ~** hacer sitio; **wie geschaffen sein für** estar hecho para; ser a propósito para; *fig* **wie Gott ihn geschaffen hat(te)** como su madre lo echó al mundo

2 ⟨irr⟩ (bewirken, bereiten) **Ärger/Probleme** etc **~** causar od ocasionar disgustos/problemas **3** (befördern) llevar, transportar; (herschaffen) aportar; traer; (wegschaffen) quitar, apartar; umg **schaff ihn mir vom Hals!** umg ¡quítalo de mi vista! **4** (fertig bringen, erreichen) conseguir, lograr; poder hacer; (beenden) llevar a cabo; **es ~, etw zu tun** lograr (od conseguir) hacer una cosa; **wir werden es ~** lo conseguiremos; saldremos adelante; **er hat es geschafft** (beendet) lo ha terminado; (erreicht) lo ha conseguido; ha tenido éxito; im Leben: se ha abierto camino, ha hecho carrera; **er schafft es in einer Stunde** lo hace en una hora; **etw nicht ~** no dar abasto con a/c; **er schafft seine Arbeit nicht** no puede acabar su trabajo; **ich schaffe nicht alles** no puedo con todo **5** **mit etw/j-m (nichts) zu ~ haben** (no) tener (nada) que ver con a/c/alg; **ich will damit nichts zu ~ haben** no quiero mezclarme en eso; me lavo las manos en ese asunto **6** umg (erschöpfen) agotar; umg hacer polvo; **j-n ~** umg dejar hecho polvo a alg; **ich bin (total) geschafft** estoy rendido (od umg hecho polvo) **B** VI **1** **j-m zu ~ machen** (Mühe machen) dar que hacer a alg; dar (mucha) guerra a alg; (Sorgen machen) afectar a alg; traer de cabeza a alg; **das Herz macht ihm zu ~** tiene molestias con el corazón **2** **sich** (dat) **zu ~ machen** ocuparse (**mit** en); im Haus etc: trajinar; **sich** (dat) **(unbefugt) an etw** (dat) **zu ~ machen** tocar (od trastornar) a/c (sin permiso); **der Dieb machte sich an der Tür zu ~** el ladrón intentaba abrir la puerta **3** südd (arbeiten) trabajar (duro), umg currar

'Schaffen N ⟨~s⟩ creación f; producción f; (Arbeit) trabajo m; actividad f; **das geistige ~** el trabajo intelectual

'schaffend ADJ (schöpferisch) creador; (produktiv) productivo; (arbeitend) trabajador, diligente

'Schaffensdrang M ⟨~(e)s⟩ afán m creador; (Arbeitslust) voluntad f (od afán m) de trabajar; **Schaffenskraft** F fuerza f creadora

'Schaffer M ⟨~s; ~⟩ südd umg trabajador m infatigable

'Schaffleisch N (carne f de) cordero m

'Schaffner M ⟨~s; ~⟩, **Schaffnerin** F ⟨~; ~nen⟩ BAHN revisor m, -a f; Straßenbahn, Autobus: cobrador m, -a f

'Schaffung F ⟨~⟩ (Erschaffung) creación f, producción f; (Gründung) establecimiento m, fundación f; (Einrichtung) institución f, organización f; **~ von Arbeitsplätzen** creación f de empleo

'Schafgarbe F BOT aquilea f, milenrama f; **Schafherde** F rebaño m de ovejas; **Schafhirt** M, **Schafhirtin** F pastor m, -a f; **Schafhürde** F aprisco m; redil m; für die Nacht: majada f; **Schafkäse** M queso m de oveja; **Schafkopf** M **1** südd juego de naipes **2** → Schafskopf; **Schafleder** N badana f; **Schafmilch** F leche f de oveja

Scha'fott N ⟨~(e)s; ~e⟩ patíbulo m, cadalso m

'Schafpelz M piel f de oveja (bzw de cordero); Kleidungsstück: zalea f; zamarra f; fig **Wolf im ~** lobo m con piel de cordero; **Schafpocken** PL VET comalia f, morriña f; **Schafscherer** M, **Schafschererin** F esquilador m, -a f; **Schafschermaschine** F esquiladora f; **Schafschur** F esquileo m, esquila f

'Schafskäse M → Schafkäse; **Schafskopf** M fig burro m; majadero m; estúpido m; umg melón m

'Schafstall M aprisco m; redil m; **Schafstelze** F ⟨~; ~n⟩ ORN: lavandera f boyera

Schaft M ⟨~(e)s; ~̈e⟩ (Lanzenschaft, Fahnenschaft) asta f; (Stiefelschaft) caña f; (Säulenschaft) fuste m; (Gewehrschaft) caja f; e-s Werkzeugs: mango m; e-r Blume: tallo m; e-s Schlüssels: tija f, astil m; (Griff) puño m; manija f

'schäften VT enmangar, poner mango a; Gewehr montar

'Schaftstiefel M bota f alta

'Schafweide F pasto m de ovejas; **Schafwolle** F lana f (de oveja); **Schafzucht** F cría f de ovejas (od de ganado lanar); **Schafzüchter** M, **Schafzüchterin** F criador m, -a f de ovejas (od de ganado lanar)

Schah M ⟨~s; ~s⟩ sha m

Scha'kal M ⟨~s; ~e⟩ ZOOL chacal m

'Schäker M ⟨~s; ~⟩ oft hum **1** (Witzbold) bromista m; burlón m, guasón m **2** (Flirtender) galanteador m

Schäke'rei F ⟨~; ~en⟩ **1** (Scherz) broma f, chanza f; guasa f **2** (das Flirten) galanteo m, flirteo m, coqueteo m

'Schäkerin F ⟨~; ~nen⟩ oft hum **1** (Witzbold) bromista f **2** (Flirtende) coqueta f

'schäkern VI **1** (scherzen) bromear, chancear (**mit j-m** con alg) **2** (flirten) flirtear, galantear, coquetear, tontear (**mit j-m** con alg)

schal ADJ soso (a. fig); insípido; Getränk flojo; **~ schmecken** saber soso, no saber a nada; **~ werden** aflojarse

Schal M ⟨~s; ~s⟩ chal m; bufanda f; (Seidenschal) fular m; (Schultertuch) mantón m

'Schalbrett N ARCH tabla f de encofrado

'Schale F ⟨~; ~n⟩ **1** v. Eiern, Nüssen etc: cáscara f; v. Früchten, Gemüse: piel f, pellejo m; abgeschälte: mondadura f (a. Kartoffelschale); (Hülse) vaina f **2** (Muschelschale, Schildkrötenschale) concha f; (Krebsschale) caparazón m **3** Gefäß: fuente f; (Trinkschale) copa f; (Brunnenschale, Tasse) taza f; (Napf) escudilla f, cuenco m; flache: bandeja f; TECH, CHEM, MED cubeta f; (Waagschale) platillo m; METALL (Gussschale) lingotera f, coquilla f **4** TECH (Lagerschale) cojinete m, casquillo m; PHYS des Atoms: capa f **5** umg fig **sich in ~ werfen** (od umg **schmeißen**) ponerse de punta en blanco; ponerse de veinticinco alfileres, acicalarse, emperejilarse

'schälen **A** VT Obst, Kartoffeln pelar, mondar; Eier quitar la cáscara a; Bäume descortezar; Hülsenfrüchte quitar la vaina a **B** VR **sich ~** **1** Bäume descortezarse **2** Haut descamarse, umg pelarse; MED exfoliarse; **meine Haut schält sich** me estoy pelando

'Schalenbauweise F construcción f monocasco; **Schalenfrucht** F BOT fruto m de cáscara; **Schalenguss** M TECH colada f (od fundición f) en coquilla; **Schalengussform** F TECH coquilla f; **Schalenkupplung** F TECH acoplamiento m de cojinetes; **Schalensitz** M AUTO asiento m envolvente; **Schalenstiefel** M SPORT bota f dura; **Schalentiere** MPL crustáceos mpl

'Schalheit F ⟨~⟩ insipidez f (a. fig)

'Schalk M ⟨~(e)s; ~e od ~̈e⟩ pícaro m, -a f; travieso m, -a f (Spaßvogel) bromista m/f; socarrón m, -ona f; fig **er hat den ~ im Nacken** siempre está de broma; es un pícaro

'schalkhaft ADJ pícaro; travieso; socarrón; **Schalkhaftigkeit** F ⟨~⟩ picardía f, travesura f

Schall M ⟨~(e)s; ~e⟩ sonido m, son m; (Lärm) ruido m; (Widerhall) eco m; resonancia f

'Schallbecher M MUS pabellón m; **Schallboden** M MUS fondo m de resonancia; **Schallbrechung** F refracción f del sonido; **Schallbrett** N tornavoz m; **schalldämmend** ADJ insonorizante; **Schalldämmung** F insonorización f; aislamiento m acústico; **Schalldämpfer** M amortiguador m de ruidos; AUTO silenciador m; **Schalldämpfung** F amortiguamiento m del ruido; **Schalldeckel** M → Schallbrett; **schalldicht** ADJ insonoro, insonorizado; **~ machen** insonorizar

'schallen VI sonar; (widerhallen) resonar; (dröhnen) retumbar; **schallend** **A** ADJ sonoro; resonante; retumbante; rimbombante (a. Stimme); **~es Gelächter** risotada f; carcajada f; **~e Ohrfeige** sonora bofetada f **B** ADV **~ lachen** reír(se) a carcajadas

'Schallfortpflanzung F propagación f del sonido; **Schallgeschwindigkeit** F velocidad f del sonido; **schallisoliert** ADJ aislado contra el ruido; insonorizado; **Schallisolierung** F aislamiento m acústico; insonorización f; **Schalllehre** F acústica f; **Schallleiter** M conductor m del sonido; **Schallloch** N abertura f acústica; MUS orificio m en forma de efe; **Schallmauer** F PHYS barrera f del sonido; **die ~ durchbrechen** romper la barrera del sonido; **Schallmesser** M fonómetro m; **Schallmessung** F fonometría f; **Schallortung** F localización f por el sonido; **Schallplatte** F disco m; **auf ~ aufnehmen** grabar en disco

'Schallplattenarchiv N discoteca f; **Schallplattenaufnahme** F impresión f (od grabación f) de discos; **Schallplattenmusik** F música f de discos; pej música f en conserva (od en lata); **Schallplattensammlung** F discoteca f; **Schallplattenschrank** M armario m para discos; discoteca f

'Schallquelle F fuente f sonora (od de sonido); **schallschluckend** ADJ fonoabsorbente; **Schallschutz** M aislamiento m acústico; (Vorrichtung) aislante m acústico; **Schallsignal** N señal f acústica; **Schallstärke** F intensidad f del sonido; **Schalltechnik** F técnica f acústica (od del sonido); **Schalltrichter** M bocina f; **Schallwelle** F onda f sonora (od acústica); **Schallwort** N ⟨~(e)s; ~̈er⟩ GRAM palabra f onomatopéyica

'Schälmaschine F descortezadora f; für Gemüse: mondadora f

Schal'mei F ⟨~; ~en⟩ MUS chirimía f; dulzaina f

'Schälmesser N descortezador m; für Kartoffeln: pelapatatas m

Scha'lotte F ⟨~; ~n⟩ BOT chalote m

schalt → schelten

'Schaltanlage F instalación f de distribución; **Schaltautomatik** F AUTO caja f de cambios automática, cambio m automático; **Schaltbild** N ELEK diagrama m de circuito; **Schaltbrett** N ELEK cuadro m de distribución; TECH cuadro m de mando; FLUG a. tablero m (od panel m) de instrumentos

'schalten **A** VI **1** (umschalten), mit e-m Schalter: **auf „aus" ~** apagar; **auf „ein" ~** encender; **die Ampel schaltet auf Rot** el semáforo se pone en rojo; TV **ins erste Programm ~** poner el primer canal; TV **wir ~ ins Stadion** conectaremos con el estadio **2** AUTO cambiar de marcha (od de velocidad); **in den zweiten Gang ~** poner la segunda **3** geh **~ und walten** mandar a capricho; hacer su voluntad; disponer libremente (**mit etw** de a/c); **j-n ~ und walten lassen** dejar a alg obrar a su antojo (od a su capricho); **frei ~ und walten (können)** (poder) mover las cuerdas a su antojo **4** umg fig (begreifen) caer (en la cuenta); (reagieren) reaccionar **B** VT **1** ELEK conectar; poner en circuito; (umschalten) conmutar; TECH acoplar; (zwischenschalten) intercalar; (bedienen) accionar, maniobrar **2** in der Zeitung: **eine Anzeige ~** poner un anuncio

'Schalten N ⟨~s⟩ **1** ELEK conexión f; conmutación f **2** TECH accionamiento m; acoplamiento *m* 3 AUTO cambio *m* de velocidad (*od* de marcha) 4 *geh* (*freie Verfügung*) libre disposición *f*

'**Schalter** M ⟨~s; ~⟩ 1 FIN, *Post*: ventanilla *f*; BAHN *etc* taquilla *f*, despacho *m* de billetes, *Am* boletería *f* 2 ELEK interruptor *m*; conmutador *m*; (*Bedienungsknopf*) (botón *m* de) mando *m*; **Schalterbeamte(r)** M, **Schalterbeamtin** F taquillero *m*, -a *f*; FIN *etc* empleado *m*, -a *f* de ventanilla; *Am* boletero *m*, -a *f*; **Schalterdienst** M servicio *m* de ventanilla (*bzw* de taquilla); **Schalterhalle** F sala *f* de ventanillas; **Schalterstunden** FPL horas *fpl* de despacho (*bzw* de taquilla); **Schalterverkehr** M operaciones *fpl* en ventanilla

'**Schaltfläche** F IT botón *m* (de comando); **Schaltgetriebe** N AUTO caja *f* de cambios (manual); **Schalthebel** M *allg* palanca *f* de mando; ELEK palanca *f* del interruptor; AUTO palanca *f* de cambio de marchas; **Schaltjahr** N año *m* bisiesto; **Schaltkasten** M ELEK caja *f* de distribución; **Schaltklinke** F TECH gatillo *m* de trinquete; **Schaltknopf** M (botón *m* de) mando *m*; pulsador *m*; **Schaltkreis** M ELEK circuito *m* de conmutación; **Schaltplan** M ELEK diagrama *m* de circuito; **Schaltpult** N pupitre *m* de mando (*od* de control); **Schaltraum** M sala *f* de mando (*od* de control); **Schaltschrank** M armario *m* de distribución; **Schalttafel** F ELEK cuadro *m* de distribución; → *a* Schaltbrett; **Schalttag** M día *m* del año bisiesto; día *m* intercalar; **Schaltuhr** F interruptor *m* horario; **Schaltung** F ⟨~; ~en⟩ 1 ELEK conexión *f*; (puesta *f* en) circuito *m*; (*Umschaltung*) conmutación *f*; TECH acoplamiento *m*; **integrierte ~** circuito *m* integrado 2 AUTO *Bauteil*: caja *f* de cambios; *Vorgang*: cambio *m* de marcha (*od* de velocidad); **Schaltvorrichtung** F ELEK dispositivo *m* de conexión (*bzw* de interrupción)

'**Schalung** F ⟨~; ~en⟩ ARCH encofrado *m*; revestimiento *m*

Scha'luppe F ⟨~; ~n⟩ SCHIFF chalupa *f*; lancha *f*

'**Scham** F ⟨~⟩ 1 *Gefühl*: vergüenza *f*; (*Schamhaftigkeit*) pudor *m*, *Am* pena *f*; **falsche ~** falsa vergüenza *f*; pudibundez *f*; **vor ~ erröten/vergehen** enrojecer/morir de vergüenza 2 ANAT → Schamteile; *Bibel*: desnudez *f*; **seine ~ bedecken** cubrir sus vergüenzas

Scha'mane M ⟨~n; ~n⟩, **Schamanin** F ⟨~; ~nen⟩ chamán *m*, -ana *f*; **schamanisch** ADJ chamánico

Schama'nismus M chamanismo *m*

'**Schambehaarung** F ANAT vello *m* púbico; **Schambein** N ANAT pubis *m*; **Schambeinfuge** F ANAT sínfisis *f* púbica; **Schamberg** M ANAT monte *m* de Venus; **Schambogen** M ANAT arco *m* del pubis

'**schämen** V/R **sich (für** *od* **wegen etw) ~** avergonzarse (de *od* por a/c); tener vergüenza (de *od* por a/c); **ich schäme mich für dich** me avergüenzo de ti; **ich schäme mich vor ihr** siento vergüenza ante ella; **sie schämt sich zu Tode** se muere de vergüenza; **er schämt sich in Grund und Boden** se le cae la cara de vergüenza; **ich schäme mich, zu** (*inf*) me da vergüenza (*inf*); **schäm dich!** ¡qué vergüenza!; **schämst du dich gar nicht?** ¿no te da vergüenza?; **du solltest dich (was) ~** debieras (*od* tendrías que) avergonzarte; debiera darte vergüenza; te tendría que dar vergüenza

'**Schamgefühl** N vergüenza *f*; (sentido *m* del) pudor *m*; **das ~ verletzen** ofender el pudor; **Schamgegend** F ANAT región *f* pubiana; **Schamhaare** NPL ANAT pelos *mpl* púbicos, vello *m* pubiano

'**schamhaft** ADJ púdico; pudoroso; (*verschämt*) vergonzoso; (*scheu*) recatado; (*prüde*) pudibundo; **Schamhaftigkeit** F ⟨~⟩ pudor *m*; (*Scheu*) recato *m*; *übertriebene*: pudibundez *f*

'**Schamlippen** FPL ANAT labios *mpl* de la vulva

'**schamlos** ADJ 1 (*ohne Schamgefühl*) impúdico; inmoral; indecente; (*schändlich*) vergonzoso 2 (*unverschämt*) desvergonzado, sinvergüenza, descarado; **ein ~er Kerl** un sinvergüenza; un desvergonzado; **Schamlosigkeit** F ⟨~⟩ 1 falta *f* de vergüenza (*bzw* de pudor); impudor *m*; impudi(ci)cia *f*; indecencia *f* 2 (*Unverschämtheit*) impudencia *f*, descaro *m*, desvergüenza *f*

Scha'motte F ⟨~⟩ chamota *f*; **Schamott(e)stein** M ladrillo *m* de chamota

Scham'pon N ⟨~s; ~s⟩ → Shampoo; **schampo'nieren** V/T ⟨*ohne* ge-⟩ lavar con champú

'**Schampus** M ⟨~⟩ *umg* champán *m*; *sp a.* cava *f*

'**schamrot** ADJ ruboroso; sonrojado; abochornado; **~ werden** ruborizarse; sonrojarse; abochornarse

'**Schamröte** F rubor *m*; sonrojo *m*; **j-m die ~ ins Gesicht treiben** sacar a alg los colores a la cara

'**Schamteile** MPL partes *fpl* pudendas (*od* vergonzosas); vergüenzas *fpl*

'**schandbar** ADJ → schändlich

'**Schande** F ⟨~⟩ vergüenza *f*; *geh* (*Unehre*) deshonra *f*; deshonor *m*; (*Schmach*) ultraje *m*; infamia *f*; **j-m ~ machen** deshonrar a alg; ser la vergüenza de alg; **j-m keine ~ machen** honrar a alg; no ser la vergüenza de alg; **j-n in ~ bringen** cubrir de vergüenza a alg; deshonrar a alg; **ich muss zu meiner ~ gestehen** para vergüenza mía (*od* sonrojo mío) debo confesar (*od* reconocer); **es ist eine (wahre) ~!** ¡es una (auténtica) vergüenza!; ¡qué vergüenza!; **zu ~n** → zuschanden

'**schänden** V/T 1 *Ruf* deshonrar, difamar; envilecer; (*beschimpfen*) injuriar; ultrajar; afrentar; (*besudeln*) manchar; (*entweihen*) profanar; (*entstellen*) desfigurar 2 *obs* (*vergewaltigen*) violar, abusar de, estuprar

'**Schänder** M ⟨~s; ~⟩ 1 difamador *m*; profanador *m* 2 *obs sexuell*: violador *m*; estuprador *m*

'**Schandfleck** M mancha *f*; mancilla *f*; deshonra *f*; sambenito *m*

'**schändlich** ADJ (*empörend*) vergonzoso; deshonroso; (*niederträchtig, verwerflich*) ignominioso; *Verbrechen* infame; innoble; escandaloso; (*abscheulich*) abominable, horrible; **Schändlichkeit** F ⟨~; ~en⟩ ignominia *f*; infamia *f*

'**Schandmal** N ⟨~(e)s; ~e *od* -mäler⟩ estigma *m*; marca *f* infamante; padrón *m* de ignominia; **Schandmaul** N mala lengua *f*; lengua *f* de víbora; **Schandpfahl** M *hist* picota *f*; **Schandtat** F vileza *f*; infamia *f*; (*Verbrechen*) crimen *m* abominable; *umg iron* **er ist zu jeder ~ bereit** *umg* está dispuesto a cualquier broma; ni dice no a nada

'**Schändung** F ⟨~; ~en⟩ 1 (*Entehrung*) deshonra *f*; difamación *f*; (*Entweihung*) profanación *f* 2 *obs sexuelle*: violación *f*; estupro *m*

'**Schankbier** N cerveza *f* de barril

'**Schänke** F → Schenke

'**Schanker** M ⟨~s; ~⟩ MED *obs* chancro *m*

'**Schankerlaubnis** F, **Schankkonzession** F concesión *f* para expender bebidas alcohólicas; **Schanksteuer** F impuesto *m* sobre la venta de bebidas; **Schankstube** F → Schankwirtschaft; **Schanktisch** M mostrador *m*; **Schankwirt** M tabernero *m*; **Schankwirtschaft** F despacho *m* de bebidas; taberna *f*; tasca *f*; bar *m*

'**Schanze** F ⟨~; ~n⟩ 1 MIL obra *f* de fortificación; trinchera *f*; *fig* **etw in die ~ schlagen** arriesgar a/c 2 SPORT (*Sprungschanze*) trampolín *m* 3 SCHIFF castillo *m* de proa

'**Schanzenkleid** N SCHIFF empavesada *f*; **Schanzenrekord** M *Skispringen*: récord *m* del trampolín; **Schanzentisch** M *beim Skispringen*: plataforma *f* del trampolín

Schar F ⟨~; ~en⟩ 1 (*Menge*) multitud *f*; (*Gruppe*) grupo *m*; (*Haufen*) tropa *f*; tropel *m*; (*Bande*) cuadrilla *f*, banda *f*; (*Herde*) rebaño *m* (*a. fig*); *v. Vögeln*: bandada *f*; **~en von Menschen** multitudes *fpl*; **in ~en** → scharenweise 2 (*Pflugschar*) reja *f*

Scha'rade F ⟨~; ~n⟩ charada *f*

'**scharen** A V/T **um sich ~** reunir en torno a sí B V/R **sich ~ um** reunirse en torno de; **sich um j-n ~** arremolinarse en torno a alg

'**scharenweise** ADV en grupos; en tropel; en masa; *Vögel* en bandadas

scharf A ADJ 1 ⟨=er; =ste⟩ (*schneidend*) cortante; *Zähne, Nägel, Krallen, Messer* afilado; **~e Kante** canto *m* vivo 2 (*abrupt, schroff*) brusco; *Kurve* cerrado; *fig* **~er Gegensatz** fuerte contraste *m* 3 *Umriss* claro, bien definido; FOTO nítido; *Licht* vivo; *Brille, Fernglas* potente 4 *Speisen* picante; (*herb*) agrio; *Essig, Schnaps, Senf* fuerte; *Geruch a.* acre; (*ätzend*) cáustico, corrosivo 5 (*streng*) severo; *Kontrolle* riguroso; **~e Bewachung** vigilancia *f* estrecha 6 *Kritik, Ironie* mordaz, cáustico; *Worte* tajante; *Protest* enérgico, vivo; *Antwort* afilado; **~e Zunge** lengua *f* mordaz; **eine ~e Zunge haben** *a.* tener la lengua afilada 7 *Blick, Verstand, Auge* agudo, penetrante; *Gehör* fino; *Stimme, Laut* estridente, agudo; **~es Gedächtnis** memoria *f* fiel 8 (*rau*) rudo, áspero; *Wind* recio, cortante; *Kälte* penetrante 9 *Munition* real, de verdad, con bala; *Bombe* activo; **~ machen** *Zünder* armar 10 **das ~e S** *Buchstabe*: la S alemana 11 *Ball* duro 12 *umg* (*geil*) cachondo; **auf j-n ~ sein** *umg* estar loco por alguien; **auf etw** (*acus*) **~ sein** codiciar a/c 13 *Hund* mordedor 14 *Kampf* reñido B ADV 1 (*genau*) **~ aufpassen** poner mucha atención; aguzar el oído (*od* la vista); **j-n ~ ansehen** mirar fijamente (*od* de hito en hito) a alg; **~ blickend** perspicaz; penetrante; clarividente; **~ bewachen** vigilar estrechamente (*od* de cerca); vigilar bien; FOTO **~ (ein)stellen** enfocar bien; enfocar con precisión; **~ nachdenken** reflexionar profundamente; hacer memoria 2 (*heftig, stark*) **j-n ~ anfassen** ser muy severo con alg; **sich ~ äußern gegen** expresarse en términos muy duros contra; **~ urteilen** juzgar severamente 3 AUTO **~ bremsen** dar un frenazo, frenar en seco; **~ rechts/links abbiegen** girar bruscamente a la derecha/izquierda; **sich ~ rechts halten** tenerse muy a la derecha 4 *im Geruch, Geschmack*: picante; **~ riechen** tener un olor picante; *unangenehm*: tener un olor acre; **~ gewürzt** preparado con muchas especias 5 **~ laden/schießen** cargar/tirar con bala 6 (*sexy*) *umg* **~ aussehen** *umg* estar como un tren *od* como un queso

'**Scharfabstimmung** F RADIO sintonización *f* aguda; **Scharfblick** M perspicacia *f*; penetración *f*; clarividencia *f*

'**Schärfe** F ⟨~; ~n⟩ 1 *e-s Messers*: agudeza *f* (*a. fig des Verstands, Gehörs, der Augen*); *der Sinne a.*: acuidad *f*; *des Verstandes a.*: perspicacia *f*, sutileza *f*, sagacidad *f* 2 (*Deutlichkeit*) claridad *f*; FOTO nitidez *f*; (*Genauigkeit*) precisión *f*; exactitud *f*; (*Feinheit*) fineza *f* 3 *von Speisen*: gusto *m* (*od* sabor *m*) picante; (*Bitterkeit*) acrimonia *f*; *ätzende*: causticidad *f* 4 (*Bissigkeit*) acritud *f*; *von Kritik*: mordacidad *f*; *e-r Diskussion*: aspereza *f*; *fig* **die ~ nehmen** quitar hierro (a), limar las durezas

S

5 *(Strenge)* rigor *m*, dureza *f*; severidad *f*
'Scharfeinstellung F FOTO enfoque *m* de precisión
'schärfen VT 1 *Messer* afilar; *Rasiermesser* suavizar; *Säge* limar; *(wetzen)* aguzar 2 *Sprengkörper* armar 3 *fig Verstand, Sinne etc* aguzar 4 *(verschärfen)* agravar; agudizar; intensificar
'Schärfentiefe F FOTO profundidad *f* de campo
'scharfkantig ADJ anguloso; de arista(s) viva(s)
'scharfmachen VT → scharf A 9
'Scharfmacher M POL instigador *m*; agitador *m*; azuzador *m*
'Scharfmache'rei F ⟨~; ~en⟩ instigación *f*; manejos *mpl* agitadores
'Scharfmacherin F POL instigadora *f*; agitadora *f*; **Scharfrichter** M verdugo *m*; ejecutor *m* (de la justicia); **Scharfschießen** N tiro *m* con bala; **Scharfschütze** M, **Scharfschützin** F tirador *m*, -a *f* de precisión; **scharfsichtig** ADJ de vista aguda; perspicaz *(a. fig)*; **Scharfsichtigkeit** F ⟨~⟩ vista *f* aguda; perspicacia *f (a. fig)*; *fig* penetración *f*; **Scharfsinn** M perspicacia *f*; sagacidad *f*; penetración *f*; sutileza *f*
'scharfsinnig ADJ sagaz; sutil; de agudo ingenio; **scharfstellen** VT → scharf B 1; **scharfzüngig** ADJ cáustico
Scha'ria F ⟨~⟩ REL, POL sharia *f*
'Scharlach M 1 ⟨~s⟩ MED escarlatina *f* 2 ⟨~s; ~e⟩ *Farbe*: escarlata *f*; **scharlachfarben** ADJ, **scharlachrot** ADJ (de color) escarlata
'Scharlatan M ⟨~s; ~e⟩ charlatán *m*
Scharlatane'rie F ⟨~; ~n⟩ charlatanería *f*
Scharm M *etc* → Charme
Schar'mützel N ⟨~s; ~⟩ MIL escaramuza *f*; refriega *f*; **schar'mützeln** VI MIL escaramuzar
Schar'nier N ⟨~s; ~e⟩ bisagra *f*, charnela *f*; **Scharniergelenk** N ANAT articulación *f* en charnela, ginglimo *m*
'Schärpe F ⟨~; ~n⟩ banda *f*; faja *f*; fajín *m*
'scharren A VT *Loch* cavar; abrir B VI *(kratzen)* raspar; rascar; raer; *bes Tiere* escarbar; *Pferd* piafar; **in der Erde ~** soterrar; escarbar en la tierra; **mit den Füßen ~** restregar el suelo con los pies
'Scharte F ⟨~; ~n⟩ *(Kerbe)* mella *f*; *fig* **eine ~ auswetzen** subsanar un error; desquitarse; sacarse la espina
Schar'teke F ⟨~; ~n⟩ *pej* 1 *obs (Buch)* libraco *m*; mamotreto *m* 2 *umg (alte Frau)* vejestorio *m*; *umg* carroza *f*
'schartig ADJ mellado; **~ machen** mellar
schar'wenzeln VI lisonjear, *umg* dar coba; **um j-n ~** rondar a alg; *umg* hacer la rosca a alg
'Schaschlik M, N ⟨~s; ~s⟩, **Schaschlikspieß** M GASTR pincho *m* de carne
'schassen VT *umg* despedir, echar, expulsar
'Schatten M ⟨~s; ~⟩ 1 sombra *f (a. fig)*; **~ spenden** hacer sombra; **~ spendend** umbroso; **(einen) ~ werfen** hacer sombra; **im ~** a la sombra 2 *fig* **j-m wie sein ~ folgen** ser la sombra de alg; **er ist nur noch ein ~ (seiner selbst)** es sólo una sombra de lo que fue; *geh* **der ~ des Todes** la(s) sombra(s) de la muerte; **einen ~ werfen auf** *(acus)* empañar, oscurecer *(a/c)*; **im ~ leben** vivir en la sombra; **im ~ stehen/bleiben** estar/quedar oculto; **j-n in den ~ stellen** hacer sombra a alg; eclipsar a alg; **etw in den ~ stellen** superar a/c; dejar (muy) atrás a/c; **über seinen ~ springen** saltar sobre la propia sombra; **niemand kann über seinen ~ springen** genio y figura hasta la sepultura
'Schattenbild N silueta *f*; sombra *f*; **Schattenboxen** N SPORT boxeo *m* de sombra; **Schattendasein** N **ein ~ führen** vivir en la sombra; **Schattendatei** F IT → Schattenspeicher
'schattenhaft ADJ *fig* vago
'Schattenkabinett N POL gabinete *m* fantasma; gobierno *m* a (*od* en) la sombra
'schattenlos ADJ sin sombra
'Schattenmorelle F BOT guinda *f*; **Schattenpflanze** F BOT planta *f* de sombra (*od* esciófila)
'schattenreich ADJ lleno de sombra; muy umbroso
'Schattenreich N MYTH reino *m* de las sombras; **Schattenriss** M silueta *f*; **Schattenseite** F lado *m* de la sombra; *fig* reverso *m* de la medalla; *(Nachteil)* inconveniente *m*; pero *m*; **Schattenspeicher** M IT memoria *f* sombra (*od* duplicada *od* no direccionable), antememoria *f*; **Schattenspender** M *Baum*: árbol *m* que da sombra; *Vorrichtung*: dispositivo *m* que da sombra; **Schattenspiel** N sombras *fpl* chinescas; **Schattenwirtschaft** F economía *f* paralela (*od* sumergida)
schat'tieren VT *(ohne* ge-*)* MAL sombrear; *(nuancieren)* matizar; **Schattierung** F ⟨~; ~en⟩ MAL sombras *fpl*, sombreado *m*; *(Nuance)* matiz *m (a. fig)*; POL tendencia *f*
'schattig ADJ sombrío, sombreado; *(Schatten spendend)* sombroso, umbroso; **~er Platz** sombría *f*; *umg (kühl)* **hier ist es aber ~** ≈ qué rasca hace aquí
Scha'tulle F ⟨~; ~n⟩ *geh* cofre *m*, cofrecillo *m*; *e-s Fürsten*: fortuna *f* particular
Schatz M ⟨~es; ¨~e⟩ 1 tesoro *m (a. fig)* 2 *(Geliebte[r])* querido *m*, -a *f*; **mein ~!** ¡cariño!; ¡mi vida! 3 *(hilfsbereiter Mensch)* ángel *m*, cielo *m*; **du bist ein ~!** ¡eres un sol!
'Schatzamt N Tesorería *f*; Tesoro *m*; ministerio *m* de Hacienda; **Schatzanweisung** F WIRTSCH, FIN bono *m* del Tesoro
'schätzbar ADJ estimable; apreciable
'Schätzchen N ⟨~s; ~⟩ *Kosewort*: cariño *m*
'schätzen VT 1 *(abschätzen)* evaluar, valorar, tasar; *(einschätzen)* estimar (**auf** *acus* en); **wie alt ~ Sie ihn?** ¿cuántos años le echa usted?; **sich glücklich ~** considerarse feliz 2 *(achten)* apreciar, estimar; **j-n/etw ~ lernen** llegar a apreciar a alg/a a/c; **zu ~ wissen** (saber) apreciar; **das schätze ich gar nicht** no me gusta nada 3 *(vermuten)* suponer; opinar; **ich schätze, dass es morgen regnet** supongo que mañana lloverá
'schätzenswert ADJ estimable, apreciable; digno de aprecio
'Schätzer M, ⟨~s; ~⟩, **Schätzerin** F ⟨~; ~nen⟩ tasador *m*, -a *f*
'Schatzgräber M, **Schatzgräberin** F buscador *m*, -a *f* de tesoros; **Schatzinsel** F isla *f* del tesoro; **Schatzkammer** F (cámara *f* del) tesoro *m*; tesorería *f*; **Schatzkanzler** M POL canciller *m* de la Tesorería; *England*: canciller *m* del Exchequer; **Schatzkästchen** N, **Schatzkästlein** N joyero *m*, cofrecillo *m* de joyas; **Schatzmeister** M, **Schatzmeisterin** F tesorero *m*, -a *f*; **Schatzsucher** M, **Schatzsucherin** F cazatesoros *m/f*
'Schätzung F ⟨~; ~en⟩ 1 apreciación *f*; evaluación *f*, valoración *f*, estimación *f*; tasación *f*; **nach meiner ~** según mis cálculos 2 *(Hochschätzung)* estima *f*, aprecio *m* 3 *Bibel*: censo *m*
'Schätzungsfehler M error *m* de apreciación; **schätzungsweise** ADV aproximadamente
'Schatzwechsel M WIRTSCH, FIN letra *f* del Tesoro
'Schätzwert M valor *m* estimado (*od* estimativo)
Schau F ⟨~; ~en⟩ 1 *(Ansicht)* vista *f*; aspecto *m*; *innere*: visión *f* 2 *(Ausstellung)* exposición *f*; exhibición *f*; **zur ~ stellen** exhibir, exponer (a la vista); **zur ~ tragen** ostentar; hacer gala (*od* alarde) de 3 *(Besichtigung)* inspección *f* 4 *(Vorführung)* espectáculo *m*, show *m*; revista *f* (*a.* MIL); *umg fig* **eine ~ abziehen** dar un espectáculo; *umg fig* **j-m die ~ stehlen** robar el protagonismo (*od* el espectáculo) a alg; llevarse todos los aplausos; *umg fig* **mach keine ~!** ¡menos cuento!
'Schaubild N diagrama *m*; gráfica *f*, gráfico *m*; **Schaubude** F barraca *f* de feria; tenderete *m*; **Schaubühne** F teatro *m*; escena *f*
'Schauder M ⟨~s; ~⟩ escalofrío *m*; estremecimiento *m*; *(Entsetzen)* horror *m*
'schaudererregend, Schauder erregend ADJ escalofriante; horripilante
'schauderhaft ADJ estremecedor; horrible; espantoso; horroroso, horrendo; *Verbrechen* abominable, atroz
'schaudern A VI estremecerse (**vor** *dat* de); *(beben)* temblar; **vor Kälte ~** tiritar de frío B V/UNPERS **es schaudert mich** tengo escalofríos; **mich schaudert bei diesem Gedanken** me da horror (*od* me horroriza) pensarlo
'schaudernd ADJ horrorizado
'schauen VI 1 mirar, ver; *(betrachten)* contemplar; **aus dem Fenster ~** asomarse a la ventana; **j-m ins Herz ~** leer en el corazón de alg; **um sich ~** mirar en torno (suyo); **schau mal!** ¡mira!; *bes iron* **schau, schau!** ¡vaya, vaya! 2 *fig* **auf j-n ~** *nachahmend*: imitar a alg; **auf etw ~** fijarse en a/c 3 **nach j-m/etw ~** cuidar de alg/a/c; **schau mal nach den Kindern!** ¡mira a ver qué hacen los niños!; **schau, dass du nicht hinfällst!** ¡cuidado en no caerte!
'Schauer M ⟨~s; ~⟩ 1 *(Regenschauer)* chubasco *m*; aguacero *m*, chaparrón *m* 2 *(Schauder)* escalofrío *m*; estremecimiento *m*; **schauerartig** ADJ chubascoso; **~e Regenfälle** *pl od* **Niederschläge** *pl* chubascos *mpl*
'Schauerdrama N LIT dramón *m*; drama *m* espeluznante; **Schauergeschichte** F cuento *m* horripilante; **schauerlich** ADJ horrible; espantoso; terrorífico; horripilante, espeluznante; **Schauermann** M ⟨~(e)s; -leute⟩ SCHIFF obrero *m* portuario; cargador *m* (*bzw* descargador *m*) de muelle; estibador *m*
'schauern VI → schaudern
'Schauerroman M LIT novela *f* de terror (*od* de suspense); novelón *m* truculento
'Schaufel F ⟨~; ~n⟩ pala *f*, *kleine*: paleta *f (a. Geweihschaufel)*; *(Kaminschaufel)* badila *f*, badil *m*; *(Radschaufel)* álabe *m*, paleta *f*; **eine ~ voll** una palada (*od* paletada); **Schaufelbagger** M draga *f* de cangilones
'schaufeln A VT mover (*bzw* recoger) con la pala; *Loch* cavar; *Grab* abrir; *Schnee* quitar B VI trabajar con la pala
'Schaufelrad N rueda *f* de paletas (*od* de álabes)
'Schaufenster N escaparate *m*; *Am* vidriera *f*; **Schaufensterauslage** F productos *mpl* en exhibición (en el escaparate); **Schaufensterbeleuchtung** F iluminación *f* del escaparate; **Schaufensterbummel** M paseo *m* para ver escaparates; **einen ~ machen** mirar los escaparates; **Schaufensterdekorateur** M, **Schaufensterdekorateurin** F decorador *m*, -a *f* de escaparates, escaparatista *m/f*; **Schaufensterdekoration** F decoración *f* de escaparates, escaparatismo *m*; **Schaufensterdiebstahl** M robo *m* con fractura del escaparate; **Schaufenstergestaltung** F → Schaufensterde-

koration; **Schaufensterpuppe** F maniquí *m*; **Schaufensterscheibe** F luna *f* (de escaparate); **Schaufensterwerbung** F publicidad *f* en escaparates; **Schaufensterwettbewerb** M concurso *m* de escaparates

'**Schaufler** M ⟨~s; ~⟩ JAGD paleto *m*

'**Schauflug** M vuelo *m* de exhibición; **Schaugeschäft** N mundo *m* del espectáculo (*od* de la farándula); **Schauglas** N TECH mirilla *f*; **Schaukampf** M *Boxen*: (combate *m* de) exhibición *f*; **Schaukasten** M vitrina *f*

'**Schaukel** F ⟨~; ~n⟩ columpio *m*; *Am* hamaca *f*; (*Gartenschaukel*) balancín *m*; (*Wippe*) báscula *f*; **Schaukelbewegung** F movimiento *m* basculante

'**schaukeln** A V/T 1 balancear; *auf e-r Schaukel*: columpiar, *Am* hamaquear; (*wiegen*) mecer 2 *umg fig* (*regeln*) arreglar; **wir werden das Kind schon ~!** ¡ya lo arreglaremos! B V/I balancear(se) (*a.* SCHIFF); columpiarse; mecerse; (*wippen*) bascular; (*schwanken*) bambalear(se), tambalearse; *beim Gehen*: contonearse

'**Schaukeln** N ⟨~s⟩ balanceo *m* (*a.* SCHIFF); tambaleo *m*; mecedura *f*; **Schaukelpferd** N caball(it)o *m* balancín; caballo *m* de columpio; **Schaukelpolitik** F política *f* oportunista; **Schaukelreck** N SPORT *Turnen*: trapecio *m*; **Schaukelstuhl** M mecedora *f*; balancín *m*

'**Schaulaufen** N SPORT *Eislauf*: exhibición *f* de patinaje artístico; **Schauloch** N TECH mirilla *f*; **Schaulust** F curiosidad *f*; **schaulustig** ADJ curioso; **Schaulustige** M/F ⟨~n; ~n; → A⟩ curioso *m*, -a *f*

Schaum M ⟨~(e)s; ⸚e⟩ *allg* espuma *f*; GASTR **zu ~ schlagen** *Eiweiß* batir a punto de nieve; *fig* **~ schlagen** fanfarronear; *fig* **zu ~ werden** desvanecerse, esfumarse; quedar en nada

'**Schaumbad** N baño *m* de espuma; **Schaumblase** F burbuja *f*

'**schäumen** V/I espumar; hacer (*od* echar) espuma; *Wellen* encresparse; *fig* **vor Wut ~** espumajear de rabia; echar chispas; **schäumend** ADJ espumoso; espumante

'**Schaumfestiger** M espuma *f* fijadora; **Schaumgebäck** N GASTR merengue *m*; **schaumgebremst** ADJ **~es Waschmittel** detergente *m* de espuma controlada; **Schaumgold** N oropel *m*; **Schaumgummi** M, N gomaespuma *f*, goma *f* espuma

'**schaumig** A ADJ espumoso B ADV GASTR **~ schlagen** batir a punto de nieve

'**Schaumkanone** F cañón *m* de espuma; **Schaumkrone** F cresta *f* de espuma; **Schaumlöffel** M espumadera *f*; **Schaumlöschgerät** N extintor *m* de espuma; **Schaummaschine** F máquina *f* generadora de espuma; **Schaumparty** F fiesta *f* de la espuma; **Schaumschläger** M 1 batidor *m* 2 *fig Person*: charlatán *m*, cuentista *m*; *umg* cantamañanas *m*

Schaumschläge'rei F charlatanería *f*; bambolla *f*

'**Schaumstoff** M espuma *f*

'**Schaumünze** F medalla *f*

'**Schaumwein** M vino *m* espumoso

'**Schaupackung** F envase *m* sin contenido; embalaje *m* ficticio; **Schauplatz** M THEAT escena *f*; *fig* escenario *m*; teatro *m*; **Schauprozess** M proceso *m* espectacular (*od* sensacionalista)

'**schaurig** ADJ (*grässlich*) horrible; espantoso; macabro; (*unheimlich*) horripilante, espeluznante; (*düster*) lúgubre

'**Schauspiel** N 1 LIT, THEAT pieza *f* de teatro; *Gattung*: drama *m* 2 *geh fig* espectáculo *m*; **Schauspieldichter** M, **Schauspieldichterin** F autor *m*, -a *f* dramático, -a; dramaturgo *m*, -a *f*; **Schauspieldichtung** F poesía *f* dramática

'**Schauspieler** M actor *m*; *a. fig* comediante *m*; *lit* histrión *m*

Schauspiele'rei 1 *Beruf*: oficio *m* de actor 2 *umg pej* comedia *f*

'**Schauspielerin** F actriz *f*; comedianta *f* (*a. fig*); **schauspielerisch** ADJ teatral; **~es Talent** talento *m* para la representación; dotes *fpl* de actor; dotes *fpl* histriónicas; **schauspielern** V/I 1 THEAT hacer teatro 2 *pej* afectar; hacer comedia

'**Schauspielhaus** N teatro *m*; **Schauspielkunst** F arte *m* dramático; **Schauspielschule** F escuela *f* de arte dramático; **Schauspielunterricht** M clase *f* de interpretación

'**Schausteller** M, **Schaustellerin** F expositor *m*, -a *f*; *auf Jahrmärkten*: feriante *m/f*; **Schaustellung** F ⟨~; ~en⟩ exposición *f*; exhibición *f*; **Schaustück** N objeto *m* expuesto (*bzw* curioso *od* interesante); (*Medaille*) medalla *f*; **Schautafel** F cuadro *m* explicativo; **Schauturnen** N exhibición *f* gimnástica

Scheck M ⟨~s; ~s⟩ FIN cheque *m* (**über** *acus de*); *umg* talón *m* (**über** *acus* de); **bestätigter/gedeckter ~** cheque *m* confirmado/cubierto; **gekreuzter/gesperrter ~** cheque *m* cruzado/bloqueado; **ungedeckter ~** cheque *m* sin fondo; **einen ~ über 500 Euro ausstellen** extender un cheque de 500 euros; **einen ~ einlösen/sperren** cobrar/bloquear un cheque; **einen ~ zur Gutschrift einreichen** ingresar un cheque para abonar en cuenta; **mit** *od* **per ~ zahlen** pagar con cheque

'**Scheckbuch** N → Scheckheft

'**Schecke** M/F ⟨~n; ~n⟩ (caballo *m*) pío *m*

'**Scheckfälscher** M, **Scheckfälscherin** F falsificador *m*, -a *f* de cheques; **Scheckfälschung** F falsificación *f* de cheques; **Scheckformular** N talón *m*; **Scheckheft** N talonario *m* de cheques; *Am* chequera *f*

'**scheckig** ADJ manchado; *Pferd* pío

'**Scheckinhaber** M, **Scheckinhaberin** F tenedor *m*, -a *f* de un cheque; **Scheckkarte** F tarjeta *f* cheque; **Scheckkonto** N cuenta *f* de cheques; **Schecknummer** F número *m* del cheque; **Scheckverkehr** M operaciones *fpl* de cheques; **Scheckzahlung** F pago *m* con cheque

'**scheel** ADJ & ADV *umg fig* envidioso; **j-n ~** *od* **mit ~en Augen ansehen** *misstrauisch*: mirar de reojo a alg; *neidisch*: mirar con ojos envidiosos a alg, mirar a alg con envidia

'**Scheffel** M ⟨~s; ~⟩ fanega *f*; *fig* **sein Licht unter den ~ stellen** poner la luz bajo el celemín

'**scheffeln** V/I **Geld ~** hincharse, *umg* forrarse (de dinero); apalear oro; **scheffelweise** ADV *fig* a montones, *umg* a porrillo

'**Scheibe** F ⟨~; ~n⟩ 1 *runde*: disco *m* (*a.* TECH, *Platte, CD*); *tellerförmig*: plato *m*; platillo *m*; (*Schießscheibe*) blanco *m*; (*Unterlegscheibe*) TECH arandela *f*; (*Töpferscheibe*) torno *m*; **nach der ~ schießen** tirar al blanco 2 *Brot, Käse*: rebanada *f*; *Fleisch*: tajada *f*; *Wurst, Zitrone*: rodaja *f*; *Melone*: raja *f*; *Schinken, Speck*: lonja *f*; **in ~n schneiden** cortar en rebanadas (*bzw* rodajas, *etc*); *umg fig* **da kannst du dir noch eine ~ abschneiden** podrías aprender mucho de él; podrías seguir su ejemplo 3 (*Fensterscheibe*) cristal *m*; vidrio *m*; (*Spiegelscheibe, Autoscheibe, Schaufensterscheibe*) luna *f*

'**Scheibenbremse** F freno *m* de disco; **scheibenförmig** ADJ en forma de disco, discoidal; **Scheibengardine** F visillo *m*; **Scheibenhonig** M, **Scheibenkleister** M *umg verhüllend* **~!** *vulg* ¡mierda!; *umg* ¡jolín!; **Scheibenkupplung** F TECH acoplamiento *m* de discos; **Scheibenrad** N rueda *f* de plato (*od* de disco); **Scheibenschießen** N tiro *m* al blanco; **Scheibenstand** M tiro *m*; **Scheibenwaschanlage** F AUTO lavacristales *m* (eléctrico), lavaparabrisas *m*; **scheibenweise** ADV en rebanadas, tajadas, *etc*; **Scheibenwischer** M AUTO limpiaparabrisas *m*

Scheich M ⟨~s; ~e *od* ~s⟩ 1 jeque *m* 2 *umg fig mst hum* (*Partner*) tío *m*, tipo *m*

'**Scheide** F ⟨~; ~n⟩ 1 (*Futteral*) estuche *m*, funda *f*; (*Degenscheide*) vaina *f* (*a.* BOT); **aus der ~ ziehen** *Degen* desenvainar; **in die ~ stecken** envainar 2 ANAT vagina *f* 3 (*Trennungslinie*) línea *f* divisoria; (*Grenze*) límite *m*; frontera *f*

'**Scheidelinie** F línea *f* divisoria; **Scheidemauer** F pared *f* divisoria

'**scheiden** ⟨irr⟩ A V/T 1 (*trennen*) separar (*a.* CHEM *u. Erze*); dividir; (*auslesen*) segregar 2 *Ehe u. fig* divorciar; **geschieden werden** divorciarse; **sich (von j-m) ~ lassen** divorciarse (de alg) B V/I *geh* separarse (**von** de); (*weggehen*) irse, marcharse; despedirse; **aus dem Dienst ~** jubilarse; **aus dem Amt ~** cesar en el cargo; **aus dem Leben ~** morir, fallecer C V/R **sich ~** separarse, segregarse; *fig* **hier ~ sich die Geister** (aquí) las opiniones difieren; → *a.* geschieden

'**Scheiden** N ⟨~s⟩ 1 (*Trennung*) separación *f*; (*Abschied*) despedida *f* 2 (*Teilung*) división *f*; (*Auslesen*) segregación *f*

'**Scheidenausfluss** M MED flujo *m* vaginal

'**scheidend** ADJ *aus e-m Amt*: saliente, dimisionario; **das ~e Jahr** el año que acaba

'**Scheidenentzündung** F MED vaginitis *f*

'**Scheidewand** F pared *f* divisoria; tabique *m*; septo *m* (*a.* ANAT); **Scheidewasser** N ⟨~s; -wässer⟩ CHEM agua *f* fuerte; **Scheideweg** M encrucijada *f* (*a. fig*); *fig* **am ~ stehen** estar en la encrucijada

'**Scheidung** F ⟨~; ~en⟩ 1 (*Ehescheidung*) divorcio *m*; **auf ~ klagen** entablar demanda de divorcio; **die ~ einreichen** pedir el divorcio; **in ~ leben** vivir separados 2 (*Unterscheidung*) separación *f* (*a.* CHEM); división *f*

'**Scheidungsanwalt** M, **Scheidungsanwältin** F abogado *m*, -a *f* matrimonialista; **Scheidungsgrund** M causa *f* de divorcio; **Scheidungskind** N hijo *m*, -a *f* de padres divorciados; **Scheidungsklage** F demanda *f* de divorcio; **Scheidungsprozess** M pleito *m* de divorcio; **Scheidungsrate** F tasa *f* de divorcio; **Scheidungsurteil** N sentencia *f* de divorcio

Schein[1] M ⟨~(e)s; ~e⟩ 1 (*Bescheinigung*) certificado *m*; (*Quittung*) recibo *m*; (*Beleg*) resguardo *m*, talón *m*; (*Formular*) impreso *m* 2 (*Geldschein*) billete *m* 3 UNIV (*Seminarschein*) papeleta *f*

Schein[2] M ⟨~(e)s⟩ 1 (*Lichtschein*) luz *f*; (*Helle*) claridad *f*; (*Schimmer*) vislumbre *m*; (*Glanz*) brillo *m*, resplandor *m* 2 *fig* (*Anschein*) apariencia *f*; aspecto *m*; semblante *m*; (*Sinnestäuschung*) ilusión *f*; **(schöner) ~** ilusión *f*; **der ~ trügt** las apariencias engañan; **den ~ wahren** salvar las apariencias; **dem ~e nach** por (*od* según) las apariencias; **nach dem ~ (zu) urteilen** (a) juzgar por las apariencias; **unter dem ~** (*gen*) bajo el manto de; so pretexto de; **(nur) zum ~** (sólo) por apariencia; por (pura) fórmula

'**Scheinangriff** M MIL simulacro *m* de ataque; ataque *m* simulado; **Scheinargument** N argumento *m* especioso (*od* engañoso); **scheinbar** A ADJ aparente; (*vorgeblich*) ficticio; simulado; (*trügerisch*) engañoso B ADV aparentemente; según parece; en apariencia; **Scheinbeweis** M prueba *f* especiosa; **Scheinbild** N imagen *f* engañosa; simulacro *m*; ilusión *f*; fantasma *m*; **Scheinblüte** F WIRTSCH prosperidad *f* aparente; **Scheinehe** F matrimonio *m* ficticio

'scheinen¹ VI ‹irr› (*leuchten*) lucir; (*glänzen*) brillar, resplandecer; **der Mond scheint** hay luna (clara); **die Sonne scheint** hace sol; **die Sonne scheint mir ins Gesicht** el sol me da en la cara

'scheinen² VI ‹irr› (*den Anschein haben*) parecer; (*wie etw aussehen*) tener aspecto de; tener aire de; **mir scheint, dass** me parece que (*ind*); **das scheint mir gut** me parece bien; **er scheint müde zu sein** parece estar cansado; **sie scheint nicht zu kommen** *od umg* **sie kommt scheint's nicht** parece que no viene; **wie es scheint** a lo que parece; según parece; **es scheint so** así parece

'Scheinfirma F compañía *f* (*od* empresa *f*) fantasma; sociedad *f* ficticia; **Scheinfriede** M paz *f* ficticia; **Scheingefecht** N MIL simulacro *m* de combate; **Scheingeschäft** N negocio *m* ficticio; **Scheingrund** M razón *f* aparente; argumento *m* especioso; (*Vorwand*) pretexto *m*; **scheinheilig** ADJ hipócrita; farisaico; (*frömmelnd*) santurrón, gazmoño, mojigato

'Scheinheilige M/F ‹~n; ~n; → A› hipócrita *m/f*; fariseo *m*, -a *f*; (*Frömmler*) santurrón *m*, -ona *f*; gazmoño *m*, -a *f*; mojigato *m*, -a *f*; **Scheinheiligkeit** F ‹~› hipocresía *f*; fariseísmo *m*; (*Frömmelei*) santurronería *f*, gazmoñería *f*, mojigatería *f*

'Scheinheirat F → Scheinehe; **Scheinkauf** M compra *f* ficticia (*od* simulada); **Scheinschwangerschaft** F MED embarazo *m* fantasma; embarazo *m* simulado; **Scheinselbstständigkeit** F WIRTSCH autonomía *f* laboral ficticia; **Scheintod** M muerte *f* en apariencia; muerte *f* aparente

'scheintot ADJ aparentemente muerto; *umg fig* más viejo que Matusalén

'Scheinverkauf M venta *f* ficticia (*od* simulada); **Scheinvertrag** M contrato *m* ficticio (*od* simulado); **Scheinwelt** F mundo *m* aparente (*od* quimérico)

'Scheinwerfer M proyector *m*; reflector *m*; AUTO faro *m*, foco *m* (*a.* THEAT); **Scheinwerferlicht** N THEAT luz *f* de los focos; **Scheinwerferwaschanlage** F AUTO sistema *m* lavafaros

'Scheinwiderstand M ELEK impedancia *f*

Scheiß M ‹~(es)› *sl* 1 (*Dummheit*) *umg* chorrada *f*; **mach (bloß) keinen ~!** ¡déjate de chorradas! 2 *reg* → Scheißdreck

Scheiß... *sl* IN ZSSGN *sl* de mierda

'Scheißdreck M *vulg* 1 *sl* mierda *f* 2 *fig* **das geht dich einen ~ an!** *sl* ¡eso te importa una mierda!; **red keinen ~!** *umg* ¡no digas chorradas!; **so ein ~!** *sl* ¡(vaya) mierda!; *vulg* ¡joder!

'Scheiße F ‹~› *sl* mierda *f* (*a. fig*); **etw ist ~** a/c es una mierda; **~ aussehen** *sl* tener una pinta horrenda; **du siehst ~ aus!** *vulg* ¡qué mierda de aspecto tienes!; **~ bauen** *vulg* joderla; **in der ~ sitzen** *od* **stecken** *vulg* estar jodido; **(so eine) ~!** *sl* ¡(vaya) mierda!; *vulg* ¡joder!

'scheißegal ADJ *sl* **das ist mir ~** me la suda; me la afloja; me importa una mierda; *reg* me importa un pijo

'scheißen VI ‹irr› *sl* cagar; *fig* **auf etw ~** cagarse en a/c; **scheiß drauf!** (*ist mir doch egal!*) *sl* ¡me importa una mierda!

'Scheißhaus N *sl* cagadero *m*; **Scheißkerl** M *sl* cabrón *m* de mierda *m*; *sl* hijo *m* de puta

Scheit N ‹~(e)s; ~e› leño *m*

'Scheitel M ‹~s; ~› 1 ANAT coronilla *f*; **vom ~ bis zur Sohle** de (los) pies a (la) cabeza 2 (*Haarscheitel*) raya *f*; **einen ~ ziehen** hacer una raya 3 (*höchster Punkt*) cumbre *f*; ápice *m*; MATH vértice *m*

'Scheitelbein N ANAT (hueso *m*) parietal *m*; **Scheitelfaktor** M ELEK factor *m* de amplitud; **Scheitelkreis** M círculo *m* vertical

'scheiteln VT **das Haar ~** hacer la raya

'Scheitelpunkt M punto *m* culminante; MATH vértice *m*; ASTRON cenit *m*; **Scheitelwinkel** MPL MATH ángulos *mpl* opuestos por el vértice

'Scheiterhaufen M hoguera *f*; pira *f*

'scheitern VI SCHIFF naufragar (*a. fig*); zozobrar; *fig* fracasar; frustrarse, malograrse

'Scheitern N ‹~s› SCHIFF naufragio *m* (*a. fig*); zozobra *f*; *fig* fracaso *m*; **zum ~ bringen** hacer fracasar; **zum ~ verurteilt** abocado al fracaso

'Schelde F ‹~; ~n› GEOG Escalda *m*

Schelf M,N ‹~(e)s; ~e› GEOL plataforma *f* continental

'Schellack M ‹~s› goma *f* laca

'Schelle F ‹~; ~n› 1 MUS (*Glöckchen*) cascabel *m*; (*Klingel*) campanilla *f*; *am Tamburin etc*: sonaja *f* 2 TECH collar *m*; abrazadera *f* 3 (*Maulschelle*) bofetada *f*, *umg* tortazo *m* 4 *Kartenspiel*: **~n** *pl* oros *mpl*

'schellen VI sonar; tocar (la campanilla); **es hat geschellt** han llamado

'Schellen N ‹~s› toque *m* de campanilla; llamada *f*; **Schellenbaum** M MUS chinesco(s) *m(pl)*; **Schellengeläut(e)** N cascabeleo *m*; campanilleo *m*; tintineo *m*; **Schellenkappe** F gorro *m* con cascabeles; gorro *m* de bufón; **Schellentrommel** F pandereta *f*

'Schellfisch M eglefino *m*

Schelm M ‹~(e)s; ~e› 1 (*Schlingel*) pilluelo *m*, *umg* pillín *m*; *obs* (*Schalk*) pícaro *m* 2 (*Schurke*) bribón *m*

'Schelmengesicht N cara *f* de pícaro; **Schelmenroman** M novela *f* picaresca; **Schelmenstreich** M, **Schelmenstück** N picardía *f*; travesura *f*; (*Gemeinheit*) bribonada *f*; canallada *f*

'schelmisch ADJ pícaro; travieso

'Schelte F ‹~; ~n› reprimenda *f*; *umg* rapapolvo *m*, bronca *f*; **~ bekommen** sufrir (*od* llevarse)

'schelten ‹irr› *geh od reg* A VT reprender; regañar; increpar; reñir; **j-n ~** echar a alg una reprimenda (*o umg* una bronca) (**wegen** por); *geh* **j-n einen Dummkopf ~** llamar tonto a alg B VI **mit j-m ~** echar a alg una reprimenda

'Schelten N ‹~s› *geh od reg* reprimenda *f*; reprensión *f*

'Schema N ‹~s; ~s *od* Schemata *od* Schemen› 1 esquema *m*; (*Muster*) modelo *m*; *umg* **nach ~ F** siempre igual; uniformemente 2 (*grafische Darstellung*) diagrama *m*

sche'matisch ADJ esquemático; **~e Darstellung** diagrama *m*; representación *f* esquemática

schemati'sieren VT ‹ohne ge-› esquematizar; **Schema'tismus** M ‹~› esquematismo *m*

'Schemel M ‹~s; ~› taburete *m*; escabel *m*

'Schemen M ‹~s; ~› sombra *f*, silueta *f*; fantasma *m*, espectro *m*; **schemenhaft** ADJ espectral, fantasmal, irreal

'Schengen N ‹~s› GEOG Schengen *m*; POL **das ~er Abkommen** POL el Acuerdo de Schengen

'Schenke F ‹~; ~n› despacho *m* de bebidas; taberna *f*; bar *m*; *umg* tasca *f*

'Schenkel M ‹~s; ~› 1 ANAT (*Oberschenkel*) muslo *m*; (*Unterschenkel*) pierna *f* 2 MATH *e-s Winkels*: lado *m*; *e-s Zirkels*: pierna *f*; **Schenkelbruch** M MED fractura *f* del fémur; **Schenkeldruck** M ‹~(e)s› *Reitsport*: presión *f* de las piernas; **Schenkelhals** M ANAT cuello *m* del fémur; **Schenkelknochen** M ANAT fémur *m*; **Schenkelrohr** N TECH tubo *m* acodado

'schenken VT 1 *als Geschenk*: dar; regalar; **j-m etw (zum Geburtstag) ~** regalar a/c a alg (por su cumpleaños); **etw zu Weihnachten geschenkt bekommen** recibir a/c de regalo de Navidad; *fig* **mir ist in meinem Leben nichts geschenkt worden** a mi nadie me ha regalado nada en esta vida; HANDEL **das ist (ja) geschenkt** ¡está regalado!; ¡es regalado!; ¡es una ganga!; **ich möchte es nicht geschenkt haben** no lo quiero ni regalado 2 JUR **j-m etw ~** donar a/c a alg, hacer donación de a/c a alg 3 (*erlassen*) perdonar, dispensar (j-m etw alg de a/c); *Strafe a.* condonar 4 **j-m/einer Sache Aufmerksamkeit ~** prestar atención a alg/a/c; **j-m keinen Blick ~** no hacer caso a alg 5 *fig* (*ersparen*) **sich** (*dat*) **etw ~** dispensarse de a/c; pasar por alto a/c; **das kannst du dir ~** puedes ahorrártelo; puedes ahorrarte eso 6 *obs* (*einschenken*) echar

'Schenkende M/F ‹~n; ~n; → A› → Schenker

'Schenker M ‹~s; ~›, **Schenkerin** F ‹~; ~nen› *bes* JUR donador *m*, -a *f*; donante *m/f*

'Schenkung F ‹~; ~en› JUR donación *f*; **~ unter Lebenden** donación *f* entre vivos

'Schenkungssteuer F impuesto *m* sobre donaciones; **der ~ unterliegen** estar sujeto al impuesto sobre donaciones; **Schenkungsurkunde** F JUR escritura *f* (*od* acta *f*) de donación; **Schenkungsversprechen** N JUR promesa *f* de donación; **Schenkungsvertrag** M JUR contrato *m* de donación; **schenkungsweise** ADV a título de donación

'scheppern VI *umg* traquetear; tabletear; tintinear; *fig Unfall*: **da hat's gescheppert** se la han pegado

'Scherbe F ‹~; ~n› fragmento *m*; pedazo *m*; casco *m*; **~n** *fpl a.* añicos *mpl*; **in ~n gehen** romperse en pedazos; hacerse añicos

'Scherbeanspruchung F TECH esfuerzo *m* de cizallamiento

'Scherbengericht N ‹~(e)s› HIST ostracismo *m*; **Scherbenhaufen** M *fig* añicos *mpl*; ruinas *fpl*; *in e-r Beziehung etc*: **vor einem ~ stehen** estar ante las ruinas (*od* los añicos) de la relación, *etc*

'Schere F ‹~; ~n› 1 tijera(s) *f(pl)*; (*Blechschere*) cizalla(s) *f(pl)* 2 ZOOL (*Krebsschere*) pinza *f*; tenaza *f* 3 *fig*, HANDEL (*Preisschere etc*) tijera *f* 4 SPORT *Ringen, Turnen*: tijera *f*

'scheren¹ VT ‹irr› *Haare, Bart, Rasen* cortar; (*stutzen*) recortar (*a. Hecke*); *Schafe* esquilar; *Rasen a.* tundir; *Weberei* urdir

'scheren² A VT (*angehen*) **j-n ~** importar a alg; interesar a alg; **was schert dich das?** ¿qué te importa eso?; **das schert mich nicht** eso no me preocupa (*bzw* interesa) B VR 1 **sich um etw ~** ocuparse de a/c 2 **scher dich zum Henker** (*od* **zum Teufel**)! ¡vete al diablo!; ¡vete al cuerno!

'Scherenfernrohr N telescopio *m* de tijera; **Scherenschlag** M *Fußball*: tijereta *f*; **Scherenschleifer** M, **Scherenschleiferin** F afilador *m*, -a *f*, amolador *m*, -a *f*; **Scherenschnitt** M silueta *f*

Schere'rei F ‹~; ~en› molestia *f*; fastidio *m*; engorro *m*; **j-m viel ~en machen** causar muchas molestias a alg

'Scherfestigkeit F TECH resistencia *f* al cizallamiento

'Scherflein N ⟨~s; ~⟩ *geh* óbolo *m*; **sein ~ (zu etw) beitragen** *od* **beisteuern** contribuir con su óbolo (para a/c); poner (*od* aportar) su grano de arena (para a/c)

'Scherge M ⟨~n; ~n⟩ *geh* esbirro *m* (*a. fig*); alguacil *m*

'Schermaschine F tundidora *f*; (*Schafschermaschine*) esquiladora *f*; **Schermaus** F 1 ZOOL rata *f* topera; *umg* rata *f* de agua 2 *schweiz* (*Maulwurf*) topo *m*

Scherz M ⟨~es; ~e⟩ broma *f*, burla *f*; (*Witz*) chiste *m*; **ein schlechter ~** una broma pesada; **(seinen) ~ treiben mit j-m** gastar una broma a alg; tomar el pelo a alg; **das ist kein ~** no es cosa de broma; esto va en serio; **aus ~** *od* **im ~** *od* **zum ~** en broma; de mentirijillas; **halb im ~, halb im Ernst** entre bromas y veras; **~ beiseite** *od* **ohne ~!** ¡bromas aparte!; ¡hablemos en serio!; **lass die ~e!** ¡déjate de bromas!

'Scherzartikel M objeto *m* de pega; artículo *m* humorístico; artículo *m* de broma

'scherzen VI bromear, *umg* chotearse (**über** *acus* de); hablar en broma; **damit ist nicht zu ~** no es cosa de broma; **nicht mit sich ~ lassen** no entender de bromas (*od* de burlas); **Sie ~ wohl?** ¡no hablará en serio!; ¡(eso) lo dirá usted en broma!; **er ist nicht zum Scherzen aufgelegt** no está para bromas (*od* fiestas)

'Scherzfrage F adivinanza *f* divertida (*od* jocosa); **Scherzgedicht** N poesía *f* festiva; poema *m* burlesco

'scherzhaft A ADJ burlesco; chistoso, cómico; (*humorvoll*) humorístico; jocoso; (*tändelnd*) juguetón B ADV en broma; **Scherzhaftigkeit** F ⟨~⟩ jocosidad *f*

'Scherzkeks M *umg hum Person*: gracioso *m*, -a *f*; **Scherzname** M apodo *m*, mote *m*

'Scherzo MUS ['skɛrtso] N ⟨~s; ~s *od* Scherzi⟩ scherzo *m*

'scherzweise ADV en (*od* de) broma; de burlas; **Scherzwort** N ⟨~(e)s; ~e⟩ chiste *m*; palabra *f* chistosa; gracia *f*

scheu ADJ 1 tímido; (*furchtsam*) medroso; (*zurückhaltend*) reservado; retraído; (*ungesellig*) insociable, huraño 2 *Tier* asustadizo; *Pferd* espantadizo; *Pferd* **~ machen** espantar; **~ werden** espantarse

Scheu F ⟨~⟩ 1 (*scheues Wesen*) timidez *f*; (*Menschenscheu*) insociabilidad *f*; reserva *f* 2 (*Abneigung*) aversión *f* (**vor** *dat* a) 3 (*Ehrfurcht*) temor *m*, respeto *m* (**vor** *dat* a); **ohne ~** sin temor

'Scheuche F ⟨~; ~n⟩ espantajo *m* (*a. fig*)

'scheuchen VT espantar; ahuyentar; *umg* **j-n aus dem Haus ~** echar a alg de casa

'scheuen A VI *Pferd* espantarse, desbocarse B VR **sich vor etw** (*dat*) **~** recelarse de a/c; temer a/c; **sich ~, etw zu tun** tener miedo (*od* escrúpulos) a (*od* de) hacer a/c C VT temer; rehuir; **keine Kosten ~** no reparar en gastos; **keine Mühe/Opfer ~** no regatear (*od* escatimar) esfuerzos/sacrificios

'Scheuer F ⟨~; ~n⟩ *reg* → Scheune; **Scheuerbürste** F cepillo *m* de fregar; escobilla *f*; **Scheuerlappen** M bayeta *f* (de fregar); **Scheuerleiste** F zócalo *m*; **Scheuermittel** N limpiador *m* abrasivo

'scheuern A VT 1 fregar; SCHIFF *Deck* baldear; (*reiben*) frotar, (r)estregar 2 *umg* **j-m eine ~** dar una bofetada a alg B VI *Schuhe etc* rozar C VR **sich wund ~** excoriarse, desollarse

'Scheuern N ⟨~s⟩ frotamiento *m*; fregado *m*; SCHIFF baldeo *m*; **Scheuerpulver** N polvos *mpl* para fregar; **Scheuersand** M arena *f* para fregar; **Scheuertuch** N → Scheuerlappen

'Scheuklappe F anteojera *f* (*a. fig*); *fig* **~n haben** ser estrecho de miras

'scheumachen VT → scheu 2

'Scheune F ⟨~; ~n⟩ granero *m*; pajar *m*

'Scheunendrescher M *umg fig* **fressen wie ein ~** comer a dos carrillos; tener buen saque; *umg* ser un tragón; **Scheunentor** N AGR puerta *f* del granero; **dastehen wie der Ochs vorm ~** estar perplejo; no saber qué hacer

'Scheusal N ⟨~s; ~e⟩ monstruo *m*

'scheußlich A ADJ horrible; odioso; terrible; monstruoso; *Tat* atroz; abominable; execrable; (*abstoßend*) repugnante; repulsivo; asqueroso; **ein ~es Wetter** un tiempo muy desapacible; *umg* un tiempo de perros B ADV **~ unangenehm** sumamente desagradable; **~ schmecken** saber a demonios; **es ist ~ kalt** hace un frío espantoso

'Scheußlichkeit F ⟨~; ~en⟩ horror *m*; atrocidad *f*; monstruosidad *f*

Schi M ⟨~s; ~er⟩ *etc* → Ski *etc*

Schicht[1] F ⟨~; ~en⟩ 1 capa *f*; *dünne*: película *f*; *Farbe a.*: mano *f* (de pintura); FOTO emulsión *f* 2 GEOL estrato *m*; (*Bodensatz*) sedimento *m*; ARCH *Steine*: hilada *f*; *Holz*: pila *f* 3 SOZIOL (*Gesellschaftsschicht*) capa *f* (social); clase *f*; estamento *m*; **breite ~en der Bevölkerung** amplias capas (*od* vastos sectores) de la población

Schicht[2] F ⟨~; ~en⟩ (*Arbeitsschicht*) jornada *f*; (*Arbeitsgang*) turno *m*; tanda *f*; *Arbeiter*: equipo *m*, cuadrilla *f*, brigada *f* (de obreros); **~ haben** tener turno; **in ~en arbeiten** *od* **~ arbeiten** trabajar por turnos (*bzw* por equipos)

'Schichtarbeit F trabajo *m* por turno(s); **Schichtarbeiter** M, **Schichtarbeiterin** F obrero *m*, -a *f* (*od* empleado *m*, -a *f*) que trabaja por turno(s)

'schichten VT disponer en capas; *Holz etc* apilar; GEOL estratificar; TECH *Hochofen* cargar; SCHIFF estibar

'Schichtgestein N GEOL roca *f* estratificada; **Schichtholz** N leña *f* apilada; **Schichtseite** F FOTO lado *m* de la emulsión; **Schichtung** F ⟨~; ~en⟩ disposición *f* en capas; apilamiento *m*; GEOL *u. fig* estratificación *f*; SCHIFF estibación *f*; **Schichtunterricht** M enseñanza *f* por turnos; **Schichtwechsel** M relevo *m* de equipos (*od* de turnos); cambio *m* de turno

'schichtweise ADV en (*od* por) capas; por equipos; por turnos

'Schichtwolke F METEO estrato *m*; **Schichtzulage** F plus *m* (*od* suplemento *m*) de turno; plus *m* en concepto de trabajo por turnos

schick [ʃɪk] ADJ ⟨inv⟩ → chic

Schick M ⟨~(e)s⟩ → Chic

'schicken A VT enviar, mandar; WIRTSCH remitir; HANDEL (*versenden*) expedir, despachar; (*übermitteln*) transmitir; **etw an j-n** *od* **j-m etw ~** mandar (*od* enviar) a/c a alg; **etw mit der Post®/per Kurier ~** enviar (*od* mandar) a/c por correo/por servicio de correo; **j-n nach Hause ~** mandar a alg a casa B VI **nach j-m ~** mandar buscar a alg; enviar por alg C VR **sich ~** 1 (*geziemen*) convenir; ser conveniente (*od* decente); **das schickt sich nicht** eso no está bien; eso no se hace 2 **sich in etw** (*acus*) **~** conformarse con (*od* resignarse a) a/c 3 *südd* (*sich beeilen*) darse prisa

Schicke'ria F ⟨~⟩ *umg pej* **die ~** la gente chic; la gente guapa (*od* pija); los pijos

'Schickimicki M *umg pej* pijo *m*, -a *f*; **Schickimicki-Kneipe** F *umg* local *m* pijo; **Schickimicki-Szene** F *umg* mundillo *m* de los pijos

'schicklich ADJ *geh* conveniente; apropiado; (*anständig*) decente, decoroso; de buen tono; **Schicklichkeit** F ⟨~⟩ *geh* conveniencia *f*; decencia *f*, decoro *m*; buen tono *m*

'Schicksal N ⟨~s; ~e⟩ (*Los*) suerte *f*; fortuna *f*; (*Bestimmung*) destino *m*, sino *m*; *negativ*: fatalidad *f*; **j-n seinem ~ überlassen** abandonar a alg a su suerte; **es war sein ~** era su destino; **das gleiche ~ erfahren** correr la misma suerte; **(das ist) ~** es la vida

'schicksalhaft ADJ fatal; imponderable; contingente

'Schicksalsfrage F cuestión *f* fatal; **Schicksalsfügung** F designio *m* de la Providencia; **Schicksalsgefährte** M, **Schicksalsgefährtin** F compañero *m*, -a *f* de infortunio; **Schicksalsgemeinschaft** F unidad *f* de destinos; **Schicksalsgenosse** M, **Schicksalsgenossin** F compañero *m*, -a *f* de infortunio; **Schicksalsglaube** M fatalismo *m*; **Schicksalsgöttinnen** FPL MYTH Parcas *fpl*; **Schicksalsprüfung** F prueba *f* (del destino); **Schicksalsschlag** M revés *m* de la fortuna; golpe *m* del destino; **Schicksalsstunde** F hora *f* fatal; **schicksalsverbunden** ADJ unido por el mismo destino; **Schicksalswende** F peripecia *f*

'Schickung F ⟨~; ~en⟩ *geh obs* caso *m* providencial; **göttliche ~** Divina Providencia *f*

'Schiebebühne F BAHN plataforma *f* móvil; TECH transbordador *m*; THEAT escenario *m* móvil; **Schiebedach** N AUTO techo *m* corredizo; **Schiebefenster** N ventana *f* corrediza; *senkrecht*: ventana *f* de guillotina

'schieben ⟨irr⟩ A VT 1 empujar; mover; (*gleiten lassen*) hacer resbalar; deslizar; *Möbel, Riegel* correr; *Fahrrad, Kinderwagen* empujar; **zur Seite ~** apartar (*od* correr) a un lado; **in den Mund/in die Hosentasche ~** meter (*od* introducir) en la boca/en el bolsillo; **in den Ofen ~** enhornar, meter en el horno → beiseiteschieben 2 *zeitlich*: **auf einen andern Tag ~** aplazar a otro día 3 *fig* **etw auf j-n ~** imputar a/c a alg; (in)culpar a alg de a/c; **die Schuld auf j-n ~** echar la culpa a alg B VI *fig* (*unredlich verfahren*) *umg* hacer chanchullos; *mit Waren*: traficar (ilícitamente); *umg* hacer estraperlo C VR **sich (vorwärts) ~** *Menschenmengen* avanzar empujando; **sich zwischen etw** (*acus*) **~** atravesar a/c; pasar entre a/c

'Schieber M ⟨~s; ~⟩ 1 TECH corredera *f*; distribuidor *m*; cursor *m*; compuerta *f*; registro *m*; (*Riegel*) pasador *m*, cerrojo *m* 2 *umg pej Person*: traficante *m*; chanchullero *m*; estraperlista *m*; **Schiebergeschäft** N *umg* tráfico *m* ilegal; chanchullo *m*; *umg* estraperlo *m*; **~e machen** *umg* hacer estraperlo; **Schieberin** F ⟨~; ~nen⟩ *umg pej* traficante *f*; chanchullera *f*; estraperlista *f*

'Schiebermütze F ≈ boina *f* con visera; **Schieberventil** N TECH válvula *f* de corredera

'Schiebesitz M asiento *m* corredizo; **Schiebetür** F puerta *f* corrediza (*od* (de) corredera); **Schiebewand** F tabique *m* corredizo

'Schiebung F ⟨~; ~en⟩ 1 (*Schwindelei*) chanchullo *m*; trampa *f*; (*illegale Absprache*) arreglo *m* bajo cuerda; SPORT **(das ist) ~** ¡tongo! *m* 2 *mit Waren*: tráfico *m* ilegal, *umg* estraperlo *m*

schied → scheiden

'Schiedsgericht N JUR tribunal *m* arbitral (*od* de arbitraje); SPORT *etc*: jurado *m* (calificador); **einem ~ unterwerfen** someter a arbitraje; **schiedsgerichtlich** ADJ arbitral

'Schiedsgerichtsbarkeit F jurisdicción *f* arbitral; **Schiedsgerichtshof** M **(Haager) Ständiger ~** Tribunal *m* Permanente de Arbitraje (de La Haya); **Schiedsgerichtsklausel** F cláusula *f* de arbitraje; **Schiedsgerichtsverfahren** N →

Schiedsverfahren

'Schiedsmann M ⟨~(e)s; ~̈er od -leute⟩ JUR árbitro m; *(Vermittler)* hombre m bueno

'Schiedsrichter M ⟨~s; ~⟩ árbitro m (a. SPORT); *Fußball: a.* colegiado m; *umg* trencilla m; *bei Wettbewerben:* juez m; **Schiedsrichteramt** N arbitraje m; **Schiedsrichterassistent** *Fußball:* arbitro m asistente; **Schiedsrichterball** M SPORT saque m neutral; **Schiedsrichterin** F ⟨~; ~nen⟩ árbitra f (a. SPORT); *bei Wettbewerben:* jueza f; **schiedsrichterlich** ADJ arbitral

'schiedsrichtern VI hacer de árbitro, arbitrar

'Schiedsspruch M JUR fallo m (od sentencia f) arbitral; arbitraje m; laudo m; **einen ~ fällen** dictar laudo; **Schiedsstelle** F JUR órgano m arbitral; centro m de arbitraje; **Schiedsverfahren** N JUR procedimiento m arbitral (od de arbitraje); **Schiedsvertrag** M JUR contrato m de arbitraje; compromiso m arbitral

schief A ADJ 1 *(schräg)* oblicuo (a. MATH), ladeado; *(geneigt)* inclinado; en declive; *(quer)* atravesado; *(krumm)* torcido; **~e Absätze** tacones torcidos (od desgastados); **~e Ebene** plano m inclinado; **ein ~es Gesicht machen** torcer el gesto (od *umg* el morro); **die Mauer ist ~** el muro está torcido; **der Schiefe Turm von Pisa** la Torre Inclinada de Pisa 2 *fig (falsch) Vergleich, Argumentation* falso, erróneo (a. *Urteil*); *(zweideutig)* equívoco; ambiguo; **~es Bild** idea f falsa; **der Vergleich ist ~** a. la comparación cojea; **auf die ~e Bahn geraten** ir por mal camino; descarriarse; **in ein ~es Licht geraten** dar una impresión equívoca B ADV 1 oblicuamente; de través; **den Hut ~ aufsetzen** ladear (od poner ladeado) el sombrero; **du hältst das Glas ~** tienes el vaso inclinado; **~ hängen** colgar (od estar) torcido; **~ stehen** estar inclinado (bzw ladeado od torcido); **~ stellen** inclinar; ladear; **~ gewachsen** deforme 2 *fig* **j-n ~ ansehen** mirar de reojo (od de soslayo) a alg; **~ blicken** *(schielen)* mirar (de) torcido; bizcar; → a. schiefgehen, schiefgewickelt *etc*

'Schiefe F ⟨~⟩ oblicuidad f; inclinación f; sesgo m; ladeo m; *fig* concepto m equivocado

'Schiefer M ⟨~s; ~⟩ pizarra f; GEOL esquisto m; **mit ~ decken** empizarrar

'schieferartig ADJ pizarroso; esquistoso; **schieferblau** ADJ azul apizarrado

'Schieferbruch M pizarral m, pizarrería f; **Schieferdach** N tejado m de pizarra, empizarrado m; **Schieferdecker** M pizarrero m

'schieferfarben, schieferfarbig ADJ (de) color de pizarra

'Schiefergebirge N montaña f esquistosa

'schiefergrau ADJ gris apizarrado, de color de pizarra; **schieferhaltig, schieferig** ADJ esquistoso; pizarroso

'Schieferöl N aceite m de esquisto; **Schieferplatte** F plancha f de pizarra; **Schieferstein** M roca f pizarrosa; **Schiefertafel** F pizarra f; **Schieferton** M arcilla f esquistosa

'schiefgehen VI ⟨irr; sn⟩ *umg fig* fracasar; salir mal; malograrse; venirse abajo; *iron* **es wird schon ~!** ¡todo se arreglará!; **schiefgewickelt** ADJ *umg* **~ sein** estar (muy) equivocado

'Schiefhals MED **angeborener ~** tortícolis f; **Schiefheit** F ⟨~⟩ → Schiefe

'schieflachen VR *umg* **sich ~** desternillarse (od troncharse) de risa (**über** *acus* con)

'schieflaufen VI ⟨irr; sn⟩ → schiefgehen; **schiefliegen** VI ⟨irr⟩ *umg* estar equivocado

'schieftreten VT, **'schief treten** ⟨irr⟩ **die Absätze ~** torcer (od desgastar) los tacones

'schiefwink(e)lig ADJ MATH oblicuángulo

'schieläugig ADJ bizco, estrábico

'schielen VI 1 bizcar, bizquear, ser bizco 2 *umg fig* **auf** od **nach etw ~** mirar a/c de soslayo (od de reojo); *(begehren)* codiciar a/c; **Schielen** N ⟨~s⟩ estrabismo m; vista f torcida; **schielend** ADJ bizco, bisojo; estrábico; **Schieler** M ⟨~s; ~⟩, **Schielerin** F ⟨~; ~nen⟩ bizco m, -a f, estrábico m, -a f

schien → scheinen[1], scheinen[2]

'Schienbein N ANAT tibia f; espinilla f; **Schienbeinschützer** M ⟨~s; ~⟩ espinillera f

'Schiene F ⟨~; ~n⟩ 1 BAHN *etc* carril m, raíl m, (a. *Vorhangschiene*) riel m; TECH, ELEK barra f; *(Führungsschiene)* guía f; **~n verlegen** poner raíles; *Zug* **aus den ~n springen** descarrilar 2 MED tablilla f, férula f

'schienen VT MED entablillar

'Schienenbus M *Verkehr:* ferrobús m; **Schienenfahrzeug** N vehículo m sobre carriles; **schienengleich** ADJ BAHN **~er Übergang** paso m a nivel; **Schienennetz** N BAHN red f ferroviaria; **Schienenräumer** M BAHN limpiavías m; **Schienenstrang** M BAHN vía f férrea; **Schienenverkehr** M tráfico m (bzw transporte m) ferroviario; **Schienenweg** M vía f férrea; **auf dem ~** por ferrocarril

schier A ADJ puro; **~es Fleisch** carne f sin hueso B ADV casi; por poco; **~ unmöglich** casi imposible

'Schierling M ⟨~s; ~e⟩ BOT cicuta f; **Schierlingsbecher** M copa f de cicuta; *geh* **den ~ trinken** beber (od tomar) la cicuta

'Schießausbildung F MIL instrucción f de tiro; **Schießbaumwolle** F algodón m pólvora; nitrocelulosa f; **Schießbefehl** M orden f de tirar; **Schießbude** F barraca f (od caseta f) de tiro (al blanco); **Schießbudenfigur** F *fig* adefesio m; **Schießeisen** N *umg* pistola f, revólver m, *sl* fusca f

'schießen[1] ⟨irr⟩ A VT 1 *Kugel, Pfeil* tirar; JAGD *Wild* matar 2 SPORT *Fußball* tirar, chutar; *(werfen)* lanzar, arrojar; **ein Tor ~** marcar un gol; **das 1:1 ~** meter el 1-1 3 FOTO tirar, hacer; **ein paar Fotos ~** hacer algunas fotos B VI 1 *mit e-r Schusswaffe:* tirar, disparar (**auf j-n/etw** a od contra alg/a/c); hacer fuego (**auf j-n** sobre alg); **gut ~** *Person* ser buen tirador; *Gewehr* tener el tiro justo; **scharf ~** tirar a matar 2 SPORT *Fußball:* chutar 3 *sl Drogenjargon:* inyectarse, chutarse, picarse

'schießen[2] VI ⟨irr, sn⟩ 1 *(sausen)* salir disparado; *(sich stürzen)* precipitarse, lanzarse (sobre); *(hervorschießen) Blut, Wasser etc* brotar, manar (**aus** de); **sie schoss aus dem Haus** salió corriendo de la casa; **das Blut schoss ihm ins Gesicht** se le subió la sangre a la cara; se le puso la cara encendida; **die Tränen schossen mir in die Augen** se me saltaban las lágrimas; *fig* **j-m durch den Kopf ~** cruzar (od pasar por) la mente de alg; venir a las mientes de alg 2 **in die Höhe ~** *(schnell wachsen)* crecer rápidamente; *Pflanzen, Kinder* espigarse, *umg* dar un estirón; *Preise* dispararse

'Schießen N ⟨~s⟩ 1 tiro m; *(Schüsse)* tiros *mpl*, disparos *mpl*; MIL fuego m 2 *umg fig* **es ist zum ~** es para morirse (od mondarse) de risa

'schießenlassen VT, **schießen lassen** VT *umg fig* **etw ~** abandonar a/c; renunciar a a/c

Schieße'rei F ⟨~; ~en⟩ tiroteo m

'Schießgewehr N *umg* fusil m; **Schießhund** M *umg fig* **wie ein ~ aufpassen** estar muy atento; **Schießplatz** M MIL campo m (od polígono m) de tiro; **Schießpulver** N pólvora f; **Schießscharte** F MIL aspillera f; *für Geschütz:* tronera f, barbacana f; **Schießscheibe** F blanco m; **Schießsport** M tiro m (deportivo); **Schießstand** M campo m (od polígono m) de tiro; **Schießübung** F ejercicios *mpl* (od prácticas *fpl*) de tiro

'Schifahren N *etc* → Skifahren *etc*

Schiff N ⟨~(e)s; ~e⟩ 1 barco m; buque m; embarcación f; *(bes* MIL*)* navío m; **auf dem ~** a bordo; **mit dem ~ fahren** ir (od viajar) en barco; HANDEL **geliefert ab ~** puesto en buque; **klar ~ machen** SCHIFF limpiar el barco; *umg fig* arreglar el asunto 2 ARCH nave f 3 TYPO galera f

'schiffbar ADJ navegable; **Schiffbarkeit** F ⟨~⟩ navegabilidad f; **Schiffbarmachung** F ⟨~⟩ canalización f

'Schiffbau M ⟨~(e)s⟩ construcción f naval; **Schiffbauer** M constructor m naval (od de buques); **Schiffbauindustrie** F industria f naviera; **Schiffbauingenieur** M ingeniero m naval; **Schiffbruch** M naufragio m; **~ erleiden** naufragar (a. *fig*); **schiffbrüchig** ADJ náufrago; naufragado; **Schiffbrüchige** M/F ⟨~n; ~n; → A⟩ náufrago m, -a f; **Schiffbrücke** F puente m de barcas; pontón m flotante; **Schiffchen** N ⟨~s; ~⟩ 1 SCHIFF *(kleines Schiff)* barquito m 2 TEX *(Webschiffchen, Nähmaschinenschiffchen)* lanzadera f 3 MIL *(Mütze)* gorro m 4 BOT quilla f

'schiffen A VI 1 *obs* SCHIFF navegar 2 *sl (urinieren) sl* mear B V/UNPERS *umg (stark regnen)* diluviar, caer chaparrones; **es schifft** *umg* llueve a cántaros

'Schiffer M ⟨~s; ~⟩ navegante m; *(Schiffsherr)* patrón m; *(Matrose)* marinero m; *(Flussschiffer)* barquero m; **Schifferklavier** N acordeón m; **Schifferknoten** M nudo m marinero; **Schiffermütze** F gorra f de marino; **Schifferpatent** N patente m de capitán

'Schifffahrt F ⟨~⟩ navegación f; *(Seereise)* viaje m por mar (od en barco); *(Ausflug)* excursión f en barco

'Schifffahrtsgesellschaft F compañía f naviera (od de navegación); **Schifffahrtskanal** M canal m navegable (od de navegación); **Schifffahrtskunde** F náutica f; navegación f; **Schifffahrtslinie** F línea f marítima (od de navegación); **Schifffahrtsstraße** F ruta f navegable; **Schifffahrtsweg** M vía f navegable; *(Route)* ruta f marítima

'Schiffsagent M, **Schiffsagentin** F agente m marítimo; **Schiffsagentur** F agencia f marítima; **Schiffsanlegeplatz** M embarcadero m; **Schiffsarzt** M, **Schiffsärztin** F médico m, -a f de a bordo (od naval); **Schiffsausrüster** M naviero m, armador m; **Schiffsbau** *etc* → Schiffbau *etc*; **Schiffsbauch** M cala f; **Schiffsbefrachter** M fletador m; **Schiffsbefrachtung** F fletamento m; **Schiffsbesatzung** F tripulación f, dotación f; **Schiffsboden** M fondo m de la cala; **Schiffsbreite** F manga f; **Schiffsbrücke** F → Schiffbrücke

'Schiffsschaukel F columpio m (con lanchas)

'Schiffseigentümer M, **Schiffseigentümerin** F, **Schiffseigner** M, **Schiffseignerin** F propietario m, -a f del buque; *(Reeder)* armador m; **Schiffsfahrt** F *(Ausflug)* excursion f en barco; *(Seereise)* travesía f, viaje m en barco; **Schiffsflagge** F pabellón m; **Schiffsfracht** F flete m; cargamento m; **Schiffsfrachtbrief** M póliza f de carga; **Schiffsfriedhof** M cementerio m de buques; **Schiffsführer** M patrón m; **Schiffsgeschütz** N cañón m de a bordo; **Schiffshebewerk** N montabarcos m; **Schiffsjunge** M grumete m; **Schiffskatastrophe** F catástrofe f marítima (od naval); siniestro *m* marítimo; **Schiffskoch** M, **Schiffsköchin** F cocinero *m*, -a *f* de barco (*od* de a bordo); **Schiffskompass** M brújula *f*; aguja *f* de marear; **Schiffskörper** M casco *m* (del barco); **Schiffskreisel** M estabilizador *m* giroscópico; **Schiffsküche** F cocina *f* de a bordo; **Schiffsladung** F cargamento *m* (del barco); **Schiffslänge** F eslora *f*; **Schiffsluke** F escotilla *f*; **Schiffsmakler** M, **Schiffsmaklerin** F corredor *m*, -a *f* de buques; agente *m/f* naviero, -a; **Schiffsmannschaft** F tripulación *f*; **Schiffsmessbrief** M certificado *m* de arqueo; **Schiffsmieter** M, **Schiffsmieterin** F fletador *m*, -a *f*; **Schiffspapiere** NPL documentación *f* del barco; HANDEL documentos *mpl* de embarque; **Schiffspassage** F pasaje *m* (marítimo); **Schiffsplanke** F tablón *m*; **Schiffsraum** M (*Laderaum*) bodega *f*; (*Kielraum*) cala *f*; (*Tonnage*) tonelaje *m*; **Schiffsreeder** M armador *m*; naviero *m*; **Schiffsreise** F viaje *m* marítimo; (*Kreuzfahrt*) crucero *m* (de placer); **Schiffsrumpf** M casco *m*; **Schiffsschraube** F hélice *f* (del barco); **Schiffsspediteur** M consignatario *m* de buques; **Schiffstagebuch** N diario *m* de a bordo; cuaderno *m* de bitácora; **Schiffstaufe** F bautizo *m* de un barco; **Schiffsverkehr** M *auf Flüssen*: tráfico *m* fluvial; *auf See*: tráfico *m* marítimo; **Schiffsvermessung** F arqueo *m*; **Schiffsvermieter** M, **Schiffsvermieterin** F fletante *m/f*; **Schiffswache** F vigía *m*; (*Wachzeit*) cuarto *m*; **Schiffswand** F costado *m*; **Schiffswerft** F astillero *m*; **Schiffszimmermann** M carpintero *m* de ribera; calafate *m*; **Schiffszwieback** M galleta *f* (de barco)

Schi'it M ⟨~en; ~en⟩, **Schiitin** F ⟨~; ~nen⟩ chiíta *m/f*, chií *m/f*; **schiitisch** ADJ chiíta, chií

Schi'kane F ⟨~; ~n⟩ **1** (*Quälerei*) vejación *f*; (*Hindernis*) traba *f*; pega *f*, cortapisa *f*; *umg* triquiñuela *f*; **das sind reine ~n** *umg* sólo son ganas de fastidiar **2** *umg fig* (*Raffinesse*) **mit allen ~n** con todo lujo; por todo lo alto

schika'nieren VT ⟨*ohne* ge-⟩ **j-n ~** vejar a alg; poner trabas (*od* cortapisas) a alg; hacer la vida imposible a alg; *umg* hacer la pascua a alg; **schika'nös** ADJ vejatorio

'Schikoree → Chicorée

'Schilaufen *etc* → Skilaufen *etc*

Schild[1] M ⟨~(e)s; ~e⟩ **1** MIL, (*Schutzschild*) escudo *m* (*a.* ZOOL); *kleiner*: broquel *m* **2** (*Wappenschild*) escudo *m* de armas **3** *fig* **auf den ~ erheben** alzar sobre el pavés; **etw im ~e führen** tramar (*od* maquinar) a/c; abrigar malas intenciones

Schild[2] N ⟨~(e)s; ~er⟩ **1** letrero *m*; rótulo *m*; (*Namensschild, Türschild, Autoschild*) placa *f*; (*Abzeichen*) *a.* chapa *f* **2** (*Verkehrsschild*) señal *f*, (poste *m*) indicador *m* **3** (*Preisschild*) etiqueta *f*

'Schildbürger M *fig* papanatas *m*; **Schildbürgerstreich** M tontada *f*

'Schilddrüse F ANAT (glándula *f*) tiroides *m*

'Schilddrüsenhormon N ANAT hormona *f* tiroidea; **Schilddrüsenüberfunktion** F MED hipertiroidismo *m*; **Schilddrüsenunterfunktion** F MED hipotiroidismo *m*

'Schilderhaus N, **Schilderhäuschen** N MIL garita *f*; **Schildermaler** M, **Schildermalerin** F rotulista *m/f*

'schildern VT (*beschreiben*) describir, *anschaulich*: pintar; (*darstellen*) exponer; caracterizar; retratar; (*erzählen*) contar, narrar; (*berichten*) relatar, referir; **Schilderung** F ⟨~; ~en⟩ descripción *f*; pintura *f*; exposición *f*; narración *f*; relación *f*, relato *m*

'schildförmig ADJ en forma de escudo, escutiforme

'Schildknappe M MIL, HIST escudero *m*; **Schildkröte** F ZOOL tortuga *f*; (*Süßwasserschildkröte*) *a.* galápago *m*; **Schildkrötensuppe** F GASTR sopa *f* de tortuga; **Schildlaus** F ZOOL cochinilla *f*; **Schildpatt** N ⟨~(e)s⟩ carey *m*; (*Panzer*) concha *f* (de tortuga); **Schildwache** F MIL centinela *f*; *Person*: centinela *m*

Schilf N ⟨~(e)s; ~e⟩ BOT **1** *Pflanze*: carrizo *m*; caña *f* **2** *Röhricht*: carrizal *m*; cañaveral *m*; **Schilfdach** N tejado *m* encañizado

'schilfern VI *reg* descamarse, exfoliarse

'Schilfgras N → Schilfrohr

'schilfig ADJ cubierto de carrizo (*od* de cañas)

'Schilfmatte F estera *f* (*kleine*: esterilla *f*) de carrizo; **Schilfrohr** N BOT carrizo *m*; caña *f*

'Schillerkragen M TEX cuello *m* vuelto; **Schillerlocken** FPL GASTR cazón *m* ahumado

'schillern VI tornasolar; irisar; relucir; *bes Stoff* hacer visos; **Schillern** N ⟨~s⟩ tornasol *m*; viso *m*; opalescencia *f*; irisación *f*; **schillernd** ADJ **1** tornasolado; irisado; *Stoff* cambiante; **in tausend Farben ~** matizado de mil colores **2** *fig Begriff* opaco; *Person* ambiguo

'Schilling M ⟨~s; ~e⟩ HIST *Währung*: chelín *m*

'schilpen VI *Vogel* chirriar

schilt → schelten

Schi'märe F ⟨~; ~n⟩ quimera *f*; **schimärisch** ADJ quimérico

'Schimmel[1] M ⟨~s; ~⟩ ZOOL *Pferd*: caballo *m* blanco

'Schimmel[2] M ⟨~s⟩ BOT (*Schimmelpilz*) moho *m*; **schimmelig** ADJ mohoso, enmohecido; **~ werden** → schimmeln

'schimmeln VI enmohecer(se), criar (*od* cubrirse de) moho; **Schimmelpilz** M moho *m*

'Schimmer M ⟨~s; ~⟩ luz *f* tenue, vislumbre *f* (*a. fig*); (*Glanz*) resplandor *m*, brillo *m*; (*Widerschein*) reflejo *m*; *fig* **einen ~ Hoffnung haben** tener un rayo (*od* una chispa) de esperanza; *fig* **keinen (blassen) ~ von etw haben** (*nichts argwöhnen*) no sospechar nada; (*nichts wissen*) no tener ni remota (*od* la menor) idea de a/c; *umg* no saber ni jota de a/c

'schimmern VI despedir una luz tenue; (*glänzen*) resplandecer, brillar; (re)lucir

Schim'panse M ⟨~n; ~n⟩ ZOOL chimpancé *m*

Schimpf M ⟨~(e)s⟩ *geh* insulto *m*, ofensa *f*; *stärker*: ultraje *m*; (*Schande*) ignominia *f*, deshonra *f*; **j-m einen ~ antun** insultar (*od* injuriar) a alg; **mit ~ und Schande** ignominiosamente

'Schimpfe F *umg* **na warte, zu Hause kriegst du ~** ¡ya verás!, en casa te espera una bronca

'schimpfen **A** VT **1** **j-n ~** reñir (*od umg* echar una bronca) a alg **2** (*nennen*) **j-n einen Dummkopf ~** tratar a alg de imbécil; **j-n einen Lügner ~** llamar (*od* calificar de) embustero a alg **B** VI **1** maldecir, echar pestes; (*keifen*) chillar; **vor sich** (*acus*) **hin ~** renegar **2** **auf** *od* **über j-n ~** echar pestes contra alg; lanzar invectivas contra alg; **mit j-m ~** reñir (*od umg* echar una bronca) a alg; **über etw** (*acus*) **~** echar pestes de a/c **C** VR *fig iron* **und so was schimpft sich Freundin!** ¡y eso se llama una amiga!

'Schimpfen N ⟨~s⟩, **Schimpfe'rei** ⟨~; ~en⟩ F insultos *mpl*; denuestos *mpl*; improperios *mpl*; invectivas *fpl*

'Schimpfkanonade F ⟨~; ~n⟩ *umg* sarta *f* de improperios

'schimpflich ADJ *geh* (*ehrverletzend*) deshonroso, desdoroso; (*schmachvoll*) vergonzoso, *stärker*: oprobioso, ignominioso; (*beleidigend*) injurioso; afrentoso

'Schimpfname M mote *m* (*od* apodo *m*) injurioso; **Schimpfwort** N ⟨~(e)s; ~er *od* ~e⟩ (*Kraftausdruck*) palabrota *f*, *umg* taco *m*

'Schindel F ⟨~; ~n⟩ ripia *f*; **Schindeldach** N tejado *m* de ripia(s); **Schindelmacher** M *albañil que hace el tejado de ripia*

'schindeln VT cubrir con ripias

'schinden ⟨*irr*⟩ **A** VT **1** (*quälen*) maltratar, vejar; (*ausbeuten*) explotar **2** *umg fig* (*herausschinden*) *umg* gorrear; **Eindruck ~** *umg* darse pisto; *umg* fardar; **Zeit ~** ganar tiempo **3** *obs* (*abhäuten*) desollar **B** VR *umg* **sich ~** matarse trabajando; dar el callo

'Schinder M ⟨~s; ~⟩ **1** (*Quäler*) negrero *m*; (*Ausbeuter*) explotador *m* **2** *obs* (*Abdecker*) desollador *m*

Schinde'rei F ⟨~; ~en⟩ **1** (*schlechte Behandlung*) vejación *f*, maltrato *m* **2** (*schwere Arbeit*) *neg!* trabajo *m* de negros (*od* de chinos); *umg* paliza *f* **3** *obs* (*Abdeckerei*) desolladero *m*

'Schindluder N *fig* **mit j-m ~ treiben** tratar inhumanamente a alg; (*verhöhnen*) escarnecer a alg; *umg* **mit etw ~ treiben** abusar de a/c; **mit seiner Gesundheit ~ treiben** jugar con su salud

'Schindmähre F rocín *m*; *umg* penco *m*, jamelgo *m*

'Schinken M ⟨~s; ~⟩ **1** jamón *m*; **roher ~** ≈ jamón *m* serrano; **gekochter ~** ≈ jamón *m* dulce (*od* de York) **2** *umg pej Gemälde*: pintarrajo *m*, mamarracho *m*; *Buch*: ladrillo *m*, *umg* mamotreto *m*, tostón *m* **3** *sl* (*Hinterteil*) *umg* trasero *m*

'Schinkenbrötchen N bocadillo *m* de jamón; **Schinkenscheibe** F lonja *f* de jamón; **Schinkenspeck** M jamón *m* con tocino; beicon *m*, bacon *m*; **Schinkenwurst** F embutido *m* de jamón

'Schippe F ⟨~; ~n⟩ **1** pala *f*; *umg fig* **j-n auf die ~ nehmen** *umg* tomar el pelo a alg **2** (*Schmollmund*) **eine ~ machen** *od* **ziehen** hacer pucheros

'schippen VT & VI palear; **Schnee ~** quitar la nieve con pala

Schirm M ⟨~(e)s; ~e⟩ **1** (*Regenschirm*) paraguas *m*; (*Sonnenschirm*) sombrilla *f* **2** (*Lampenschirm*) pantalla *f* (*a.* TV, *Ofenschirm etc*) **3** (*Mützenschirm*) visera *f* **4** (*spanische Wand*) biombo *m* **5** *fig* (*Schutz*) protección *f*; abrigo *m*; refugio *m*; amparo *m*

'Schirmantenne F antena *f* (en) paraguas; **Schirmbild** N imagen *f* fluoroscópica (*bzw* radioscópica); **Schirmdach** N tejadillo *m*; alpende *m*; **schirmen** VT proteger; abrigar; resguardar; **Schirmfutteral** N → Schirmhülle; **Schirmgestell** N varillaje *m* del paraguas; **Schirmgitter** N RADIO rejilla *f* pantalla; **Schirmgitterröhre** F tetrodo *m*; **Schirmherr** M, **Schirmherrin** F patrono *m*, -a *f*; protector *m*, -a *f*; patrocinador *m*, -a *f*

'Schirmherrschaft F patronato *m*; patrocinio *m*; protectorado *m*; **die ~ für etw übernehmen** patrocinar a/c; **unter der ~ von** bajo la égida (*od* los auspicios) de; patrocinado por

'Schirmhülle F funda *f* de paraguas; **Schirmmütze** F gorra *f* de visera; **Schirmständer** M paragüero *m*; **Schirmstange** F varilla *f*; **Schirmwand** F pantalla *f*; biombo *m*

Schi'rokko M ⟨~s; ~s⟩ siroco *m*

'schirren VT aparejar; enjaezar

'Schisma N ⟨~s; Schismen⟩ cisma *m*

Schis'matiker M ⟨~s; ~⟩, **Schismatikerin** F ⟨~; ~nen⟩ cismático *m*, -a *f*; **schismatisch** ADJ cismático

schiss → scheißen

Schiss M ⟨~es⟩ **1** *vulg* (*Kot*) mierda *f* **2** *sl fig* (*Angst*) *sl* canguelo *m*, cagueta *f*; **~ bekommen** *sl* cagarse, acojonarse; **~ haben** *sl* estar cagado (*od* acojonado); cagarse de miedo

schizo'id ADJ PSYCH esquizoide; **~e Persönlichkeit** personalidad *f* esquizoide; **schizo'phren** ADJ PSYCH esquizofrénico; **Schizophre'nie** F ⟨~⟩ PSYCH esquizofrenia *f*

'schlabberig ADJ blanduzco, fofo

'schlabbern A VT *Tier* beber a lengüetadas B VI 1 *beim Essen*: sorber (ruidosamente); *(sabbern)* babear 2 *umg Kleider* colgar 3 *reg (schwätzen)* parlotear, chacharear

Schlacht F ⟨~; ~en⟩ batalla *f (a. fig)*; **die ~ bei** *od* **von ...** la batalla de ...; **eine ~ schlagen** *od* **liefern** librar una batalla; **sich** *(dat)* **eine ~ liefern** pelearse; **die ~ gewinnen/verlieren** ganar/perder la batalla

'Schlachtbank F ⟨~; ⸚bänke⟩ tajo *m* de carnicero; *fig* **zur ~ führen** llevar al matadero; **Schlachtbeil** N hacha *f* de carnicero

'schlachten VT matar, degollar, sacrificar; *Arg* faenar; *fig* hacer una matanza (*od* carnicería)

'Schlachten N ⟨~s⟩ matanza *f (a. fig)*, sacrificio *m*; *fig* carnicería *f*, masacre *f*; **Schlachtenbummler** M ⟨~s; ~⟩, **Schlachtenbummlerin** F ⟨~; ~nen⟩ SPORT forofo *m*, -a *f*; aficionado *m*, -a *f* (*od umg* hincha *m/f*) forastero, -a; **Schlachtenmaler** M, **Schlachtenmalerin** F MAL pintor *m*, -a *f* de batallas

'Schlachter M ⟨~s; ~⟩ *nordd* carnicero *m*; *im Schlachthof*: matarife *m*

'Schlächter M ⟨~s; ~⟩ 1 *nordd* carnicero *m*; *im Schlachthof*: matarife *m* 2 *fig* verdugo *m*

Schlachte'rei F, **Schlächte'rei** F ⟨~; ~en⟩ 1 *nordd* carnicería *f* 2 *fig a.* matanza *f*

'Schlachtfeld N MIL campo *m* de batalla; **das ~ behaupten** quedar dueño del campo (de batalla); **Schlachtfest** N fiesta *f* de la matanza (del cerdo); **Schlachtfleisch** N carne *f* de matanza (*bzw* de consumo); **Schlachtflotte** F MIL escuadra *f* (de combate); armada *f*; **Schlachtgeschrei** N gritos *mpl* del combate; **Schlachtgetümmel** N fragor *m* del combate; **mitten im ~** en lo más recio del combate; **Schlachtgewicht** N peso *m* muerto (*bzw* en canal); **Schlachtgewühl** N → Schlachtgetümmel; **Schlachthaus** N, **Schlachthof** M matadero *m*; **Schlachtkreuzer** M MIL, SCHIFF *obs* crucero *m* de batalla; **Schlachtlinie** F MIL línea *f* de batalla; **Schlachtmesser** N jifero *m*, cuchillo *m* de matarife; **Schlachtopfer** N víctima *f*; **Schlachtordnung** F MIL orden *m* de batalla; **in ~ aufstellen** (dis)poner en orden de batalla; **Schlachtplan** M plan *m* de batalla *(a. fig)*; *fig* plan *m* de acción; **Schlachtplatte** F GASTR *plato tradicional de carnes y embutidos (que se sirve después de la matanza del cerdo)*; **Schlachtross** N caballo *m* de batalla; **Schlachtruf** M grito *m* de guerra; **Schlachtschiff** N MIL, SCHIFF acorazado *m*; **Schlachtung** F ⟨~; ~en⟩ matanza *f (a. fig)*; **Schlachtvieh** N reses *fpl* de matadero (*od* de sacrificio)

'Schlacke F ⟨~; ~n⟩ METALL escoria *f*; *fig* impureza *f*; *(Hochofenschlacke)* cagafierro *m*; **~n** *fpl* MED residuos *mpl*; *Diät*: fibra(s) *fpl*

'schlackenarm ADJ *Kost* pobre en fibras (*bzw* residuos); **Schlackenbildung** F escorificación *f*; **schlackenfrei** ADJ exento de escorias; **Schlackenhalde** F escorial *m*; **schlackenreich** ADJ *Kost* rico en fibras; **Schlackenstein** M ladrillo *m* de escoria

'schlackern VI bambalear; *(zittern)* temblar, tembleque ar; *Kleider* colgar; **mit den Armen/Beinen ~** balancear los brazos/las piernas; *umg fig* **mit den Ohren ~** quedar(se) boquiabierto

'schlackig ADJ escoriáceo; **Schlackwurst** F salchichón *m*; longaniza *f*

Schlaf M ⟨~(e)s⟩ 1 *allg* sueño *m*; **leichter/tiefer ~** sueño *m* ligero/profundo; **~ finden** conciliar el sueño, dormirse; **aus dem ~ auffahren** *od* **hochfahren** despertar sobresaltado; **j-n aus dem ~ reißen** despertar a alg bruscamente; **im ~(e)** durmiendo; **halb im ~** medio dormido; *fig* **etw im ~ können** saber(se) al dedillo a/c; **in tiefem ~ liegen** estar profundamente dormido; *umg* estar en siete sueños; **in den ~ singen** arrullar; cantar la nana; **in ~ sinken** dormirse 2 *fig* **der ewige ~** el sueño eterno 3 *umg* **das fällt mir nicht im ~ ein!** ¡ni soñarlo!; ¡ni en sueños!

'Schlafabteil N BAHN compartim(i)ento *m* de coche-cama(s); **Schlafanzug** M pijama *m*

'Schläfchen N ⟨~s; ~⟩ sueñecito *m*; *mittags*: siestecita *f*; **ein ~ machen** echar un sueñecito (*bzw* una siestecita); dar una cabezada, descabezar el sueño

'Schlafcouch F sofá-cama *m*

'Schlafdefizit N sueño *m* atrasado; **ein ~ aufbauen** acumular sueño atrasado; **ein ~ haben** tener *od* llevar sueño atrasado

'Schläfe F ⟨~; ~n⟩ sien *f*

'schlafen VI ⟨irr⟩ 1 *allg* dormir; **gut/schlecht ~** dormir bien/mal; **leicht ~** tener el sueño ligero; **tief und fest ~** dormir profundamente; **~ gehen** acostarse, ir a dormir, ir(se) a la cama; **nicht ~ können** no poder dormir (*od* conciliar el sueño); no poder pegar ojo; **j-n ~ legen** acostar a alg; **sich ~ legen** acostarse; *fig* **~ Sie darüber** *umg* consúltelo con la almohada; **schlaf gut** (*od* **schön**)! ¡que duermas bien! 2 *(übernachten)* dormir, pernoctar; hacer (*od* pasar la) noche; **bei j-m ~** dormir en casa de alg 3 *(Sex haben)* **mit j-m ~** acostarse con alg 4 *fig (unaufmerksam sein)* estar durmiendo (*od* dormido)

'Schläfenbein N ANAT (hueso *m*) temporal *m*

'Schlafengehen N **vor dem ~** antes de acostarse; **Schlafenszeit** F **es ist ~** es hora de (ir a) dormir (*od* de acostarse)

'Schläfer M ⟨~s; ~⟩, **Schläferin** F ⟨~; ~nen⟩ 1 durmiente *m/f*; *(Langschläfer)* dormilón *m*, -ona *f* 2 POL terrorista *m/f* durmiente (*od* en letargo)

schlaff A ADJ 1 *Seil etc* flojo; relajado; *(weich)* blando; fláccido *(a. Haut)*; fofo; *(welk)* marchito; lacio; **~ machen** aflojar; relajar *(a. fig)*; ablandar; debilitar; **~ werden** aflojarse; relajarse *(a. fig)*; ablandarse 2 *fig Person* lánguido, decaído; *(träge)* perezoso; *(schwach)* débil; sin energía; decaído B ADV *fig* sin fuerza

'Schlaffheit F ⟨~⟩ 1 *e-s Seils etc*: flojedad *f*; relajamiento *m*, relajación *f (a. fig)*; *(Weichheit)* blandura *f*; flaccidez *f (a. der Haut)*; flojera *f*; *(Welkheit)*marchitez *f* 2 *e-r Person*: languidez *f*; *(Kraftlosigkeit)* debilidad *f*; falta *f* de energía

'Schlafgast M huésped *m* para la noche; **Schlafgelegenheit** F alojamiento *m*; **Schlafgemach** N *geh* dormitorio *m*, alcoba *f*

Schla'fittchen N ⟨~s; ~⟩ *umg* **j-n beim ~ kriegen** *od* **nehmen** agarrar a alg por el cogote; echar la garra a alg

'Schlafkabine F SCHIFF camarote *m*; **Schlafkammer** F alcoba *f*; **Schlafkoje** F SCHIFF litera *f*; **Schlafkrankheit** F MED enfermedad *f* del sueño; **Schlafkur** F MED cura *f* de sueño; **Schlaflied** N nana *f*, canción *f* de cuna

'schlaflos ADJ insomne; **~e Nacht** noche *f* en vela (*od* en blanco *od* toledana); **~e Nächte haben** padecer insomnio; pasar las noches en vela

'Schlaflosigkeit F ⟨~⟩ insomnio *m*; **Schlafmangel** M falta *f* de sueño; **Schlafmittel** N MED somnífero *m*, soporífero *m*, dormitivo *m*; soporífero *m*; hipnótico *m*; **Schlafmütze** F 1 *(Bettmütze)* gorro *m* de dormir 2 *umg fig (Langschläfer[in])* dormilón *m*, -ona *f*; *(Tranfunzel)* pasmarote *m/f*; pachorriento *m*, -a *f*; **schlafmützig** ADJ *umg* dormilón; pasmado; **Schlafraum** M dormitorio *m*

'schläfrig ADJ soñoliento; medio dormido, adormitado; *(benommen)* amodorrado; *fig (träge)* perezoso; **~ sein** tener sueño; **~ machen** adormecer; **~ werden** adormitarse, adormilarse

'Schläfrigkeit F ⟨~⟩ somnolencia *f*; ganas *fpl* de dormir; *(Benommenheit)* modorra *f*; *fig* indolencia *f*

'Schlafrock M bata *f*; **Schlafsaal** M dormitorio *m*; **Schlafsack** M saco *m* de dormir; **Schlafsessel** M sillón-cama *m*; **Schlafstadt** F ciudad *f* dormitorio; **Schlafstätte** F, **Schlafstelle** F alojamiento *m* (para la noche); **Schlafstörung** F insomnio *m*; **~en haben** *od* **an ~en leiden** padecer (*od* tener) insomnio; **Schlafsucht** F MED somnolencia *f*, *stärker*: letargo *m*; sopor *m*

'schlafsüchtig ADJ MED soñoliento; *stärker*: letárgico

schläft → schlafen

'Schlaftablette F PHARM tableta *f* (*od* pastilla *f*) para dormir; **Schlaftrunk** M poción *f* hipnótica (*od* soporífica); **schlaftrunken** ADJ *geh* soñoliento; medio dormido, amodorrado; **Schlaftrunkenheit** F *geh* somnolencia *f*; **Schlafwagen** M BAHN coche-cama *m*, *Am* coche *m* dormitorio; **Schlafwagenabteil** N BAHN → Schlafabteil; **schlafwandeln** VI ser sonámbulo; **Schlafwandeln** N ⟨~s⟩ sonambulismo *m*; **Schlafwandler** M ⟨~s; ~⟩, **Schlafwandlerin** F ⟨~; ~nen⟩ sonámbulo *m*, -a *f*; **Schlafzimmer** N dormitorio *m*; alcoba *f*; cuarto *m*

Schlag M ⟨~(e)s; ⸚e⟩ 1 *(Hieb)* golpe *m (a. Boxen, Tennis, fig)*; *(Faustschlag)* puñetazo *m*; *mit der Hand*: manotazo *m*, manotada *f*; *mit der flachen Hand*: palmada *f*; *mit dem Knüppel*: porrazo *m*; estacazo *m*; *mit dem Stock*: palo *m*; *mit dem Pferdehuf*: coz *f*; **ein ~ ins Gesicht** una bofetada *(a. fig)*; **Schläge bekommen** recibir una paliza; *fig* **keinen ~ tun** no dar golpe; *fig* **auf einen ~** de golpe; *fig* **~ auf ~** sin cesar, ininterrumpidamente; **mit einem ~** de un solo golpe; *(plötzlich)* de pronto, de repente; de improviso 2 *fig (Schicksalsschlag)* golpe *m*, revés *m*; **ein harter ~** un rudo golpe; *fig* **ein ~ ins Wasser** un golpe fallido (*od* al aire) 3 *Geräusch*: golpe *m*; *(Glockenschlag)* campanada *f*; *(Vogelsang)* canto *m*, trino *m*, gorjeo *m*; **~ vier Uhr** las cuatro en punto 4 ELEK descarga *f* (eléctrica); *im Körper*: sacudida *f*; calambre *m*; **sie hat einen ~ bekommen** le ha dado una descarga (*od* un calambre) 5 MED ataque *m* de apoplejía; **vom ~ getroffen** apoplético; **vom ~ getroffen werden** sufrir un ataque de apoplejía; *umg fig* **wie vom ~ gerührt** *od* **getroffen sein** quedarse de piedra; *fig* **ich dachte, mich trifft der ~** me quedé de piedra; *fig* **mich soll der ~ treffen, wenn ...** que me trague la tierra si ...; que me parta un rayo si ... 6 *(Herzschlag)* latido *m*; palpitación *f*; *(Pulsschlag)* pulsación *f*; *(Pendelschlag)* oscilación *f* 7 *fig (Art)* especie *f*, clase *f*; *v. Menschen*: raza *f*, casta *f*; *pej* jaez *m*; calaña *f*, ralea *f*; **vom alten ~** chapado a la antigua; **vom gleichen ~** del mismo jaez 8 *umg Essen*: ración *f* 9 FORST tala *f*; AGR hoja *f*

Schlag² M ⟨~(e)s⟩ *österr* (*Schlagsahne*) nata *f*

'Schlagabtausch M *Boxen*: intercambio *m* de golpes; *fig* disputa *f*, enfrentamiento *m* verbal; **Schlagader** F ANAT arteria *f*; **Schlaganfall** M MED accidente *m* vascular cerebral; ictus *m*; (ataque *m* de) apoplejía *f*; **einen ~ bekommen** sufrir un ataque de apoplejía

'schlagartig A ADJ repentino; súbito; *Bewegung* brusco B ADV de repente, bruscamente; de improviso; de golpe

'Schlagball M (juego *m* de) pelota *f*; **Schlagbass** M MUS contrabajo *m* punteado; **Schlagbaum** M barrera *f*; **Schlagbohrer** M, **Schlagbohrmaschine** F TECH taladradora *f* de percusión; **Schlagbolzen** M percutor *m*

'Schlägel M ⟨~s; ~⟩ mazo *m*; (*Trommelschlägel*) palillo *m*, varilla *f*; baqueta *f*; BERGB martillo *m* de minero

'schlagen

⟨*irr*⟩

A transitives Verb B intransitives Verb C reflexives Verb

— A transitives Verb —

1 *einmal*: golpear; *mehrmals*: dar golpes sobre; (*verprügeln*) pegar; **etw an die Wand ~** fijar a/c en la pared; **j-m etw aus der Hand ~** arrancar a alg a/c de la mano; **etw in den Boden ~** clavar a/c en el suelo; **j-n ins Gesicht ~** abofetear (*od* pegar en la cara) a alg; **mit der Faust/dem Fuß ~** dar un puñetazo/una patada (j-n/etw a alg/a a/c); **j-n zu Boden ~** derribar a alg 2 (*besiegen*) vencer, derrotar, batir (*a.* SPORT); SPORT **j-n drei zu zwei ~** ganar a alg por tres (tantos) a dos; *fig* **ein geschlagener Mann** un hombre arruinado (*od* perdido) 3 **ein Bein übers andere ~** cruzar las piernas; **die Hände vors Gesicht ~** taparse la cara con las manos 4 *Uhrzeit*: **zehn Uhr ~** dar las diez; **es hat drei geschlagen** han dado las tres; **die vollen und die halben Stunden ~** dar las horas y las medias; *fig* **seine Stunde hat geschlagen** ha llegado su hora; *fig* **eine geschlagene Stunde** una hora entera 5 MUS *Laute etc* tocar, pulsar, tañer; *Trommel* tocar; **den Takt ~** llevar el ritmo 6 *fig Schlacht* hacer; *Falten, Rad* hacer, librar; *Brücke* tender, echar; MATH *Kreis* describir, trazar; *Wunden* infligir; **Alarm ~** dar la alarma; **Feuer ~** sacar chispas; sacar fuego; **ein Rad ~** hacer una voltereta 7 *Baum* talar; **Holz ~** cortar leña 8 GASTR *Eier* batir; *Sahne a.* montar 9 *Münzen* acuñar 10 *Stein beim Brettspiel*: comer 11 (*einwickeln*) **in Papier ~** envolver en papel 12 (*seihen*) **durch ein Sieb ~** pasar por el tamiz

— B intransitives Verb —

1 golpear (*a. Tür etc*), dar golpes; (*stoßen*) chocar; (*hauen*) pegar; *Pferd* cocear, dar coces; SCHIFF *Segel* gualdrapear; **an** *od* **auf** *od* **gegen etw** (*acus*) **~** dar (*od* chocar) contra a/c; *Regen* azotar a/c; **mit der Faust gegen** *od* **auf etw** (*acus*)**~** dar un puñetazo en a/c; **mit den Flügeln ~** batir las alas; *Flammen* **aus etw** (*dat*) **~** salir de a/c; *Blitz* **in etw** (*acus*) **~** caer en a/c; *Flammen* **in die Höhe ~** alzarse; **nach j-m ~** dar un golpe a alg; *fig* (*j-m ähneln*) parecerse a, salir a alg; **um sich ~** dar golpes a diestro y siniestro; **blind um sich ~** dar palos de ciego; **mit Händen und Füßen um sich ~** defenderse a puñetazos y patadas 2 *Uhr, Glocke* tocar; *Uhr a.* dar la hora; *Vogel* cantar, trinar; gorjear 3 *Herz, Puls* latir; palpitar 4 *Motor* ratear 5 **(j-m) auf den Magen ~** sentar como una patada en el estómago (de alg)

— C reflexives Verb —

1 **sich** (*acus*) **an die Brust ~** golpearse el pecho; **sich** (*acus*) **an die Stirn ~** darse una palmada en la frente; *fig* **sich** (*dat*) **etw aus dem Kopf ~** quitarse a/c de la cabeza 2 (*kämpfen*) **sich tapfer ~** portarse bien; *fig* **er hat sich gut geschlagen** se ha portado bien; lo ha hecho muy bien; **sich geschlagen geben** darse por vencido (*a. fig*); **sich mit j-m ~** batirse con alg (*a. im Duell*); (*prügeln*) pelearse con alg; **sich um etw ~** disputarse a/c; arrancarse a/c de las manos 3 *fig* (*sich fortbewegen*) **sich durch den Wald ~** atravesar (*od* abrirse paso a través de) la selva; *fig* **sich durchs Leben ~** ir viviendo (*od umg* tirando); *umg* **sich in die Büsche ~** *umg* escurrir el bulto; **sich zu j-m** *od* **auf j-s Seite** (*acus*) **~** ponerse del lado de alg; tomar partido por alg 4 MED **sich auf die Nieren** *etc* **~** afectar los riñones, *etc*

'Schlagen N ⟨~s⟩ 1 golpeo *m* 2 *des Herzens*: latido *m*; palpitación *f*; *des Pulses*: pulsación *f* 3 *der Uhr, der Glocke*: campanada *f*; *der Vögel*: canto *m*; gorjeo *m*, trino *m* 4 *v. Bäumen*: tala *f*

'schlagend ADJ contundente, concluyente (*a. Beweis*); *Argument* rotundo, irrefutable; convincente; (*unwiderlegbar*) irrefutable; BERGB **~e Wetter** grisú *m*; UNIV **~e Verbindung** asociación estudiantil que practica la esgrima

'Schlager M ⟨~s; ~⟩ 1 MUS canción *f* moderna (*od* de moda); (canción *f* de) éxito *m* 2 HANDEL (*Verkaufsschlager*) artículo *m* de gran venta; THEAT éxito *m* de taquilla, *umg* exitazo *m*

'Schläger M ⟨~s; ~⟩ 1 (*Raufbold*) matón *m*; pendenciero *m*, camorrista *m* 2 (*Ballschläger*) *allg* pala *f*; (*Federballschläger, Tennisschläger*) raqueta *f*; (*Hockeyschläger*) stick *m*; (*Golfschläger*) palo *m*; *Fechten* florete *m*; GASTR batidor *m*

Schläge'rei F ⟨~; ~en⟩ reyerta *f*, riña *f*; pelea *f*, pendencia *f*; **eine ~ anfangen** llegar a las manos

'Schlagerfestival N festival *m* de la canción; **Schlagerkomponist** M, **Schlagerkomponistin** F compositor *m*, -a *f* de canciones de moda; **Schlagermelodie** F melodía *f* en boga; aire *m* de moda; **Schlagermusik** F ⟨~⟩ música *f* de moda; **Schlagerparade** F hit-parade *m*; **Schlagersänger** M, **Schlagersängerin** F intérprete *m/f* de canciones de moda

'Schlägertyp M matón *m*

'schlagfertig A ADJ *fig* **~ sein** saber replicar; tener buenas salidas; **~e Antwort** réplica *f* aguda B ADV **~ antworten** replicar agudamente (*od* con viveza)

'Schlagfertigkeit F *fig* prontitud *f* en la réplica; capacidad *f* de réplica; **Schlagfestigkeit** F TECH resistencia *f* a los choques (*od* a los golpes); **Schlagholz** N SPORT pala *f*; **Schlaginstrument** N MUS instrumento *m* de percusión; **Schlagkraft** F ⟨~⟩ MIL fuerza *f* combativa (*od* de combate), combatividad *f*; *fig* energía *f*, vigor *m*

'schlagkräftig ADJ 1 fuerte, potente; MIL combativo 2 *fig* (*beweiskräftig*) contundente; *Argument* fuerte

'Schlaglicht N MAL claro *m*; (*Strahl*) rayo *m* de luz (*a. fig*); *fig* **ein ~ werfen auf** poner en evidencia; **Schlagloch** N *Verkehr*: bache *m*; **Schlagobers** N ⟨~⟩ *österr*, **Schlagrahm** M *südd* → Schlagsahne; **Schlagring** M llave *f* americana; **Schlagsahne** F nata *f* batida (*bzw* para montar); **Schlagschatten** M MAL sombra *f* proyectada

'Schlagseite F SCHIFF escora *f*; **~ haben** SCHIFF escorar; dar la banda, bandear; *umg fig* (*angetrunken sein*) estar medio borracho, tambalearse, dar bandazos

'Schlagserie F *Boxen*: serie *f* de golpes; **Schlagstock** M *Polizei*: porra *f*; **Schlaguhr** F reloj *m* de horas; **Schlagwechsel** M *Boxen*: cambio *m* de golpes; **Schlagwerk** N *Uhr*: juego *m* de campanas; sonería *f*

'Schlagwetter N BERGB grisú *m*; **Schlagwetterexplosion** F BERGB explosión *f* de grisú; **Schlagwetterschutz** M BERGB protección *f* antigrisú

'Schlagwort N ⟨~(e)s; ¨er *od* ¨e⟩ 1 frase *f* hecha; (*Gemeinplatz*) lugar *m* común, tópico *m*; (*Motto*) lema *m*, (e)slogan *m* 2 ⟨*pl* -wörter⟩ *e-s Verzeichnisses*: palabra *f* clave; **Schlagzeile** F titular *m*, cabecera *f*; **~n machen** saltar a las primeras páginas; **Schlagzeug** N MUS batería *f*; percusión *f*; **Schlagzeuger** M ⟨~s; ~⟩, **Schlagzeugerin** F ⟨~; ~nen⟩ MUS batería *m/f*, baterista *m/f*, percusionista *m/f*; **Schlagzünder** M cebo *m* de percusión

Schlaks M ⟨~es; ~e⟩ *umg* grandullón *m*, *umg* larguirucho *m*; **'schlaksig** ADJ larguirucho; desgarbado

Schla'massel M ⟨~s; ~⟩ *umg* (*Widrigkeit*) contrariedad *f*; *umg* mala pata *f*; (*Durcheinander*) embrollo *m*; *umg* lío *m*, follón *m*, cacao *m*

Schlamm M ⟨~(e)s; ~e⟩ *in Gewässern*: barro *m*, lodo *m*; (*Morast*) fango *m*; limo *m*; (*Sumpf*) cieno *m*; **'Schlammbad** N MED baño *m* de fango (*od* de lodo); **'Schlammboden** M terreno *m* fangoso

'schlämmen V/T *Hafen etc* dragar; limpiar; *Erze* lavar, decantar; CHEM levigar; AGR embarrar

'schlammig ADJ (*Schlamm enthaltend*) embarrado; lodoso; (*morastig*) fangoso; limoso; (*sumpfig*) cenagoso, pantanoso

'Schlämmkreide F creta *f* lavada; blanco *m* de España

'Schlammlawine F avalancha *f* (*od* alud *m*) de lodo; **Schlammloch** N lodazal *m*; atascadero *m*; **Schlammpackung** F MED envoltura *f* de fango; **Schlammschlacht** F 1 *Fußball*: partido *m* en el barro 2 POL *etc* (*unsachlicher Streit*) pelea *f* con golpes bajos

'Schlampe F ⟨~; ~n⟩ *umg pej* 1 (*ungepflegte Frau*) mujer *f* desaseada; (mujer *f*) dejada; *umg* puerca *f* 2 (*Flittchen*) *umg* mujer *f* fácil

'schlampen V/I *umg* (*unordentlich sein*) ser desordenado (*od* descuidado); (*schlampig arbeiten*) chapucear; ser chapucero; **Schlamper** M ⟨~s; ~⟩ *umg* (*Stümper*) chapucero *m*; *südd* (*unordentlicher Mensch*) hombre *m* desordenado; (hombre *m*) dejado

Schlampe'rei F ⟨~; ~en⟩ *umg* (*Unordentlichkeit*) desorden *m*; desaliño *m*, desaseo *m*; (*Nachlässigkeit*) negligencia *f*, desidia *f*, dejadez *f*; (*schlampige Arbeit*) chapuza *f*

'schlampig ADJ *umg* (*nachlässig*) descuidado, desidioso; (*unordentlich*) desordenado; (*liederlich*) desaliñado; desaseado; *Arbeit* chapucero

schlang → schlingen

'Schlange F ⟨~; ~n⟩ 1 ZOOL culebra *f*; *große*: serpiente *f*; *poet* sierpe *f* 2 TECH serpentín *m* 3 *fig pej* víbora *f*; serpiente *f*; **eine ~ am Busen nähren** criar cuervos 4 (*Menschenschlange*) cola *f*; (*Autoschlange*) caravana *f*; **~ stehen** hacer (*od* formar) cola 5 ASTRON Serpiente *f*

'schlängeln V/R **sich ~** 1 *Bach, Weg etc* serpentear; ondular; *Weg a.* hacer curvas 2 *Tier* arrastrarse, reptar; **schlängelnd** ADJ serpenteado; sinuoso; tortuoso

'schlangenartig ADJ serpentino; (*gewunden*) sinuoso, serpenteado

'Schlangenbeschwörer M ⟨~s; ~⟩, **Schlangenbeschwörerin** F ⟨~; ~nen⟩ encantador *m*, -a *f* de serpientes; **Schlangenbiss** M picadura *f* (*od* mordedura *f*) de serpiente; **Schlangenbrut** F nidada *f* de serpientes; *fig* ralea *f* de víboras (*od* de sierpes); **Schlangenfarm** F serpentario *m*

'schlangenförmig ADJ → schlangenartig

'Schlangenfraß M *sl* bazofia *f*, bodrio *m*; **Schlangengift** N veneno *m* de serpiente; **Schlangengurke** F pepino *m*; **Schlangenhaut** F piel *f* de serpiente; **Schlangenkühler** M TECH serpentín *m* refrigerador; **Schlangenleder** N piel *f* de serpiente

'Schlangenlinie F línea *f* sinuosa; serpentina *f*; raya *f* ondulada; **in ~n fahren** *bzw* **gehen** ir haciendo eses

'Schlangenmensch M contorsionista *m/f*; *umg* hombre *m* de goma; **Schlangenserum** N MED antídoto *m*; **Schlangenstab** M MYTH caduceo *m*; **Schlangenwindung** F sinuosidad *f*, tortuosidad *f*; *e-s Weges*: serpentina *f*; **Schlangenwurz(el)** F BOT serpentaria *f*

schlank ADJ delgado; esbelto; **~(er) werden** adelgazar; **~ machen** *Ernährung* adelgazar; *Kleidung* hacer delgado; **von ~er Figur** *od* **von ~em Wuchs** de esbelta figura; de talle esbelto; WIRTSCH **~e Produktion** producción *f* ajustada; POL **~er Staat** Estado *m* con menor grado de actividad; WIRTSCH **~es Unternehmen** empresa *f* racionalizada; empresa *f* que ya ha racionalizado

'Schlankheit F ⟨~⟩ delgadez *f*; esbeltez *f*

'Schlankheitsdiät F régimen *m* adelgazante; **Schlankheitskur** F cura *f* de adelgazamiento

'Schlankheitsmittel N, **Schlankmacher** M *umg* producto *m* adelgazante

'schlankmachen V/T → schlank

'schlankweg ADV *umg* rotundamente; sin ceremonias; lisa y llanamente

schlapp ADJ (*ohne Energie*) flojo, sin energía, aplatanado; (*träge*) soso, laxo; (*schwach*) blando, blanduzco, fofo; (*abgespannt*) agotado, rendido; **~ machen** fatigar; aplatanar; **~ werden** fatigarse; aplatanarse; *umg fig* **für ~e 300 Euro** por la miseria de 300 euros → schlappmachen

'Schlappe F ⟨~; ~n⟩ *umg* revés *m*; fracaso *m*; (*Niederlage*) derrota *f*, descalabro *m*; **eine ~ erleiden** *od* **einstecken** sufrir un fracaso (*bzw* una derrota *od* un descalabro)

'schlappen A V/I (*latschen*) arrastrar los pies B V/T (*schlürfen*) beber a lengüetadas

'Schlappen M ⟨~s; ~⟩ *umg* (*Pantoffel*) chancleta *f*; zapatilla *f*

'Schlappheit F ⟨~⟩ flojedad *f*; apatía *f*; dejadez *f*; enervación *f*; **Schlapphut** M sombrero *m* flexible (de ala ancha); chambergo *m*

'schlappmachen V/I *umg* flaquear, flojear; desmayarse; **nur nicht ~!** ¡ánimo!

'Schlappohren NPL orejas *fpl* gachas; **Schlappschuh** M → Schlappen; **Schlappschwanz** M *sl* blandengue *m*, *umg* mandria *m*; bragazas *m*; (*Feigling*) cobarde *m*

Schla'raffenland N ⟨~(e)s⟩ (país *m* de) jauja *f*; país *m* de las mil maravillas; **Schlaraffenleben** N vida *f* ociosa (*od* de canónigo)

schlau ADJ ⟨~er; ~ste *od* ~este⟩ (*listig*) astuto; avispado; pillo; socarrón; (*gewitzt, klug*) listo; prudente; *umg* **ich werde nicht ~ daraus** no comprendo nada; no me aclaro; **er wird nie ~** no aprenderá nunca; **aus j-m nicht ~ werden** no saber qué pensar de alg; **das ist ein ganz Schlauer** sabe mucho latín

'Schlauberger M ⟨~s; ~⟩ *umg* vivo *m*, cuco *m*, pillo *m*; marrullero *m*

Schlauch M ⟨~(e)s; ⸚e⟩ 1 tubo *m* (flexible); *zum Spritzen*: manga *f*, manguera *f* 2 AUTO, *Fahrrad*: cámara *f* de aire 3 (*Weinschlauch, Ölschlauch*) odre *m* 4 *umg* (*Strapaze*) brega *f*; *umg* paliza *f* 5 *umg* **auf dem ~ stehen** *umg* estar desorientado; *umg* ser duro de mollera

'schlauchartig ADJ tubular

'Schlauchboot N bote *m* neumático

'schlauchen V/T & V/I *umg* fatigar, cansar; **j-n ~** hacérselas pasar moradas a alg; hacer sudar (la gota gorda) a alg

'Schlauchkleid N traje *m* tubo; **Schlauchleitung** F tubería *f* flexible; **schlauchlos** ADJ *Reifen* sin cámara; **Schlauchventil** N válvula *f* de cámara de aire

'Schläue F ⟨~⟩ (*Klugheit*) ingenio *m*; (*Gerissenheit*) astucia *f*

'schlauer'weise ADV astutamente; prudentemente

'Schlaufe F ⟨~; ~n⟩ lazo *m*; (*Knoten*) nudo *m* corredizo; *am Gürtel etc*: pasador *m*; *beim Skistock, Schirm*: tir(ill)a *f*

'Schlauheit F ⟨~⟩ astucia *f*; picardía *f*; cuquería *f*; socarronería *f*; (*Klugheit*) prudencia *f*; **Schlaukopf** M, **Schlaumeier** M → Schlauberger

Schla'winer M ⟨~s; ~⟩ *umg* pillo *m*; bribón *m*

schlecht A ADJ 1 malo; *vor e-m maskulinen Substantiv im Singular*: mal; **~e Augen** mala vista; **~e Behandlung** tratamiento *m* incorrecto; maltrato *m*, malos tratos *mpl*; **einen ~en Geschmack haben** tener mal gusto; **ein ~es Gewissen haben** tener mala conciencia; **~er Ruf** mala fama (*od* reputación); **im ~en Sinne** en mal sentido; en sentido peyorativo; **es ist ~es Wetter** hace mal tiempo; **~er werden** empeorar; bajar de calidad; **(das ist) nicht ~!** ¡no está mal!; **das Schlechte** lo malo 2 *Ware* de mala calidad; **~es Geschäft** mal negocio; **in ~em Zustand** en mal estado 3 *Zeiten* duro; difícil; *Witz* pesado, de mal gusto; **~er Scherz** broma *f* de mal gusto 4 (*verdorben*) podrido, estropeado; *bes Obst* pasado, podrido; *Luft* viciado; **~ werden** *Sache* echarse a perder; estropearse; deteriorarse 5 (*boshaft*) malvado, malicioso; (*gemein*) vil, ruin; **~er Mensch** mala persona; *stärker* miserable *m*; **in ~er Gesellschaft** en mala compañía 6 **mir ist** *od* **wird ~** me siento mal; no me siento bien; **dabei kann einem ~ werden** (es algo que) da náuseas (*od* asco) B ADV mal; **~ aussehen** tener mala cara (*od* mal aspecto); tener mala pinta; **~ behandeln** tratar mal; (*misshandeln*) maltratar; **es wird ihm ~ bekommen** lo pagará caro; **es bekam ihm ~** le sentó mal (*a. fig*); **~ besucht** poco concurrido; **~ bezahlt** mal pagado; **morgen geht es ~** mañana me viene mal; mañana no me va bien; **es geht ihm ~** *od* **es steht ~ um ihn** *wirtschaftlich*: sus negocios van mal; *gesundheitlich*: va mal; **~ handeln** hacer (*od* actuar) mal; **~ und recht** mal que bien; **mehr ~ als recht** con más pena que gloria; **~ riechend** maloliente; **das kann ich ~ sagen** no puedo decirlo a ciencia cierta; **auf j-n ~ zu sprechen sein** no estar bien dispuesto hacia alg; *umg* estar de punta con alg; **~ zu übersetzen** difícil de traducir; **ich kann es ~ vermeiden** no puedo evitarlo; **~ verstehen** entender mal

'schlechter ADJ & ADV peor; **~ werden** empeorar; **immer ~** de mal en peor, cada vez peor

'schlechter'dings ADV *obs* absolutamente; decididamente; **~ unmöglich** de todo punto imposible

'Schlechterstellung F ⟨~⟩ empeoramiento *m*; agravamiento *m*

schlecht gelaunt ADJ malhumorado, de mal humor

'Schlechtheit F ⟨~⟩ → Schlechtigkeit

schlecht'hin ADV 1 (*ganz einfach*) sencillamente; (pura y) simplemente; (*unumwunden*) lisa y llanamente 2 **August ist der Ferienmonat ~** agosto es el mes de vacaciones por antonomasia

'Schlechtigkeit F ⟨~; ~en⟩ (*Bosheit*) maldad *f*; (*Verderbtheit*) perversidad *f*; depravación *f*; (*Gemeinheit*) vileza *f*; ruindad *f*; bajeza *f*

'schlechtmachen V/T *fig* (*schlechtreden*) **etw (bei j-m) ~** hablar mal de a/c (a alg); **j-n ~** hablar mal de alg, dejar mal (*od* en mal lugar) a alg; (*verleumden*) calumniar (*od* denigrar) a alg

schlecht machen V/T (*nicht gut machen*) **etw ~** hacer mal a/c

'schlechtweg ADV → schlechthin

Schlecht'wettergebiet N METEO zona *f* de mal tiempo; **Schlechtwettergeld** WIRTSCH subsidio *m* (*od* indemnización *f*) por mal tiempo; **Schlechtwetterperiode** F METEO período *m* de mal tiempo

'schlecken *südd, österr* A V/T *Eis* chupar; *Milch* (re)lamer B V/I 1 **an etw ~** lamer a/c 2 (*naschen*) comer golosinas

Schlecke'rei F ⟨~; ~en⟩ golosina *f*

'Schleckermaul N *umg* goloso *m*, -a *f*

'Schlegel M ⟨~s; ~⟩ *österr, südd, schweiz* GASTR (*z. B. Hühnerschlegel*) pata *f*, muslo *m*; *größer*: pernil *m*, pierna *f*

'Schlehdorn M ⟨~(e)s; ~e⟩ BOT endrino *m*

'Schlehe F ⟨~; ~n⟩ BOT endrina *f*

'schleichen ⟨*irr*⟩ A V/I ⟨sn⟩ 1 *auf Zehenspitzen*: andar (*od* ir) de puntillas; *heimlich*: deslizarse; andar furtivamente; **in das Haus ~** introducirse furtivamente en la casa; **aus dem Haus ~** salir furtivamente (*od* a hurtadillas) de la casa; **geschlichen kommen** acercarse a hurtadillas (*od* a paso de lobo *od* sigilosamente) 2 (*langsam gehen bzw fahren*) ir a paso lento; avanzar a paso de tortuga B V/R **sich ~** 1 colarse, deslizarse (**in** *acus* en); **sich heimlich aus etw ~** salir a hurtadillas de a/c 2 *reg umg* **schleich dich!** ¡lárgate!

'schleichend ADJ (*verstohlen*) furtivo; *Gift* lento; *Krankheit* latente; (*tückisch*) insidioso; *Inflation* reptante, latente

'Schleicher M ⟨~s; ~⟩, **Schleicherin** F ⟨~; ~nen⟩ *fig* hipócrita *m/f*; rastrero *m*, -a *f*; **Schleichhandel** M comercio *m* clandestino, tráfico *m* ilícito; (*Schwarzhandel*) *umg* estraperlo *m*; (*Schmuggel*) contrabando *m*; **Schleichweg** M camino *m* secreto (*a. fig*); *fig* medios *mpl* ocultos; (*Abkürzung*) atajo *m*; **auf ~en** subrepticiamente; clandestinamente; **Schleichwerbung** F HANDEL publicidad *f* encubierta (*od* disimulada)

'Schleie F ⟨~; ~n⟩ *Fisch*: tenca *f*

'Schleier M ⟨~s; ~⟩ velo *m* (*a.* FOTO *u. fig*); *fig* mantilla *f*; (*Nebelschleier, Dunstschleier*) cortina *f*; **den ~ lüften** quitar (*od* descorrer) el velo (*a. fig*); **den ~ nehmen** *Nonne*: tomar el velo; **einen ~ vor den Augen haben** tener un velo ante los ojos; **unter dem ~ der Nächstenliebe** bajo el manto de la caridad; *fig* **einen ~ über etw breiten** echar (*od* correr) un velo sobre a/c

'Schleiereule F ORN lechuza *f*; **Schleierfahndung** F pesquisa *f* (*od* investigación *f*) encubierta

'schleierhaft ADJ misterioso, enigmático; (*unbegreiflich*) incomprensible; **das ist mir einfach ~** no me lo explico; no lo comprendo; no me cabe en la cabeza

'Schleierkraut N BOT gipsófila *f*

'Schleiertanz M danza *f* de los velos

'Schleifbahn F pista *f* de deslizamiento

'Schleife F ⟨~; ~n⟩ 1 (*Schlinge*) lazo *m* (*a. Haarschleife*); (*Knoten*) nudo *m*; (*Band*) (lazo *m* de) cinta *f*, moño *m*; TEX (*Fliege*) corbata *f* de lazo, pajarita *f*; (*Abzeichen*) divisa *f*; **eine ~ binden** *Schnürsenkel etc*: hacer un nudo 2 (*Kurve*) curva *f*, viraje *m*; (*starke Biegung*) recodo *m*; *e-s Flusses*: meandro *m*; FLUG **eine ~ fliegen** volar en círculo **3** IT bucle *m*, circuito *m* cerrado

'schleifen¹ VT ⟨irr⟩ **1** (*schärfen*) afilar, aguzar; TECH rectificar; *Rasiermesser* suavizar **2** (*glätten*) pulir; alisar; (*schmirgeln*) esmerilar; lijar; *Glas* tallar; biselar; *Edelsteine* tallar; abrillantar; *Diamant* tallar **3** MIL (*drillen*) **j-n ~** hacer sudar a alg

'schleifen² **A** VT **1** (*nachziehen*) arrastrar (*a. umg fig*); *umg* **j-n ins Theater/zum Traualtar ~** llevar a alg a rastras al teatro/al altar **2** MIL *Festung etc* arrasar, desmantelar **B** VI *umg fig* **etw ~ lassen** pasar de a/c

'Schleifen N ⟨~s⟩ **1** (*Schärfen*) afiladura *f*, vaciado *m*; TECH rectificación *f*; (*Glätten*) pulimento *m*; *Edelsteine*: tallado *m*; (*Schmirgeln*) esmerilado *m* **2** MIL *e-r Festung etc*: desmantelamiento *m* **3** MUS ligadura *f*; **Schleifenflug** M FLUG vuelo *m* en círculos

'schleifenlassen VT → schleifen² B

'Schleifenstraße F *Verkehr*: (carretera *f* de) circunvalación *f*

'Schleifer M ⟨~s; ~⟩ **1** afilador *m*, amolador *m*; vaciador *m*; (*Polierer*) pulidor *m*; TECH rectificador *m*; (*Edelsteinschleifer*) tallador *m*, tallista *m* **2** MIL *fig* instructor *m* inhumano, *umg* negrero *m* **3** MUS apoyatura *f*, mordente *m*

Schleife'rei F ⟨~; ~en⟩ taller *m* de afilador

'Schleiferin F ⟨~; ~nen⟩ afiladora *f*, amoladora *f*; vaciadora *f*; (*Poliererin*) pulidora *f*; (*Edelsteinschleiferin*) talladora *f*, tallista *f*

'Schleifkontakt M ELEK contacto *m* por rozamiento (*od* fricción); **Schleiflack** M laca *f* para pulir; **Schleifmaschine** F afiladora *f*; rectificadora *f*; lijadora *f*; amoladora *f*; **Schleifmittel** N abrasivo *m*; **Schleifpapier** N papel *m* de lija (*od* abrasivo); **Schleifrad** N rueda *f* de afilar; **Schleifriemen** M suavizador *m*; **Schleifring** M ELEK anillo *m* colector; **Schleifscheibe** F muela *f*; **Schleifstein** M piedra *f* de afilar; *drehbarer*: muela *f*; **Schleifung** F ⟨~; ~en⟩ → Schleifen

Schleim M ⟨~(e)s; ~e⟩ PHYSIOL mucosidad *f*; (*bes Nasenschleim*) moco *m*; MED pituita *f*; flema *f*; BOT mucílago *m*; *der Schnecke*: baba *f*; GASTR crema *f* (de cereales); **~ aushusten** *od* **auswerfen** *geh od* MED arrojar flema(s), expectorar; **'Schleimabsonderung** F secreción *f* mucosa

'schleimartig ADJ mucoso; BOT mucilaginoso

'Schleimauswurf M expectoración *f*; **Schleimbeutel** M ANAT bolsa *f* sinovial; **Schleimbeutelentzündung** F MED bursitis *f*; sinovitis *f*; **Schleimdrüse** F ANAT glándula *f* mucosa

'schleimen VI **1** MED producir mucosidades **2** *umg pej* hacer la pelota (a alg)

'Schleimer M ⟨~s; ~⟩, **Schleimerin** F ⟨~; ~nen⟩ *umg pej* pelota *m/f*; zalamero *m*, -a *f*; adulón *m*, -ona *f*; **Schleimfluss** M MED flujo *m* mucoso; **Schleimhaut** F ANAT (membrana *f*) mucosa *f*

'schleimig ADJ **1** mucoso; BOT mucilaginoso; MED flemoso; (*zähflüssig*) viscoso; MED **~-eitrig** mucopurulento **2** *fig pej* rastrero, adulador

'schleimlösend ADJ expectorante; **~es Mittel** *n* mucolítico *m*

'Schleimlöser M MED mucolítico *m*; **Schleimpilz** M BOT mixomiceto *m*; **Schleimscheißer** M *sl*, **Schleimscheißerin** F lameculos *m/f*; **Schleimsuppe** F crema *f* (de cereales)

'schlemmen VI comer opíparamente; regalarse; banquetear; *umg* andar de francachela

'Schlemmer M ⟨~s; ~⟩ (*Genussmensch*) sibarita *m*

Schlemme'rei F ⟨~; ~en⟩ sibaritismo *m*; (*Gelage*) francachela *f*; comilona *f*

'schlemmerhaft ADJ *Mahl* opíparo; pantagruélico

'Schlemmerin F ⟨~; ~nen⟩ (*Genussmensch*) sibarita *f*; **Schlemmerlokal** N restaurante *m* de lujo

'schlendern VI ⟨sn⟩ andar despacio; pasear lentamente; ir (*od* andar) paseando (**durch** por); **durch die Straßen ~** callejear; vagar por las calles

'Schlendrian M ⟨~(e)s⟩ *umg pej* rutina *f*; (*Unachtsamkeit*) descuido *m*; desidia *f*, incuria *f*; **seinen ~ gehen** seguir el camino trillado

'schlenkern VT & VI balancear, bambolear; **die Arme** *od* **mit den Armen ~** balancear (*od* bambolear) los brazos

'Schleppantenne F antena *f* colgante; **Schleppdampfer** M remolcador *m*

'Schleppe F ⟨~; ~n⟩ *e-s Kleides*: cola *f* (del vestido)

'schleppen **A** VT (*hinterherziehen, mühsam tragen*) arrastrar; SCHIFF, FLUG, AUTO remolcar; llevar a remolque; *Netz* rastrear; *umg fig j-n* llevar a rastras **B** VR **sich ~** (*mühsam gehen*) arrastrarse (*a. fig*); *Krankheit* arrastrar, padecer desde hace tiempo; **sich mit etw ~** cargar con a/c; *fig* luchar con a/c **C** VI arrastrar; MUS retrasar

'Schleppen N ⟨~s⟩ arrastre *m*; (*Abschleppen*) remolque *m*

'schleppend ADJ arrastrado; (*langsam*) lento; (*schwerfällig*) pesado; *Tonfall, Unterhaltung, Stimme* lánguido, cansino; WIRTSCH *Börse* desanimado; *Nachfrage* escaso

'Schleppenkleid N vestido *m* de cola

'Schlepper M ⟨~s; ~⟩ **1** SCHIFF remolcador *m*; AGR tractor *m* **2** *umg* (*Kundenwerber*) gancho *m* **3** → Schleuser; **Schlepperbande** F banda *f* de redes clandestinas de inmigración; **Schlepperorganisation** F organización *f* de tráfico ilegal de mano de obra

'Schleppflug M FLUG vuelo *m* a remolque; **Schleppflugzeug** N FLUG avión *m* remolcador; **Schleppkahn** M SCHIFF lancha *f* de remolque; **Schlepplift** M telearrastre *m*; **Schlepplohn** M SCHIFF derechos *mpl* de remolque

'Schleppnetz N SCHIFF red *f* barredera (*od* de arrastre); traína *f*; **Schleppnetzfischerei** F SCHIFF pesca *f* de arrastre

'Schleppschiff N SCHIFF (barco *m*) remolcador *m*; **Schleppschifffahrt** F SCHIFF remolque *m*; **Schleppseil** N SCHIFF cable *m* de remolque (*od* de arrastre); FLUG cuerda *f* guía; *Ballon*: arrastradera *f*; **Schleppstart** M FLUG despegue *m* remolcado

'Schlepptau N → Schleppseil; **ins ~ nehmen** llevar a remolque (*a. fig*); **sich von j-m ins ~ nehmen lassen** dejarse arrastrar por alg

'Schleppzug M SCHIFF flotilla *f* de remolque

'Schlesien N ⟨~s⟩ HIST Silesia *f*; **Schlesier** M ⟨~s; ~⟩, **Schlesierin** F ⟨~; ~nen⟩ silesiano *m*, -a *f*; **schlesisch** ADJ silesiano

Schleswig-Holstein N ⟨~s⟩ Schleswig-Holstein *m*

'Schleuder F ⟨~; ~n⟩ **1** (*Wurfgerät*) honda *f*; FLUG catapulta *f* **2** TECH centrífuga *f*, centrifugadora *f*; (*Wäscheschleuder*) secadora *f* centrífuga; *für Honig etc*: extractor *m*; **Schleuderartikel** M HANDEL artículo *m* de precio ruinoso; **Schleudergang** M *der Waschmaschine*: (programa *m* de) centrifugado *m*; **Schleudergebläse** N TECH soplante *m* centrífuga; **Schleudergefahr** F *Verkehr*: piso *m* deslizante; **Schleuderhonig** M miel *f* extraída; **Schleuderkraft** F fuerza *f* centrífuga; **Schleudermaschine** F **1** TECH centrifugadora *f* **2** FLUG catapulta *f*

'schleudern **A** VT **1** (*werfen*) lanzar, arrojar **2** TECH centrifugar (*a. Wäsche*); FLUG lanzar con catapulta, catapultar; *Honig* extraer **3** AUTO **aus einer Kurve geschleudert werden** salirse de una curva **B** VI AUTO resbalar, patinar, derrapar

'Schleudern N ⟨~s⟩ **1** (*Werfen*) lanzamiento *m* **2** AUTO patinazo *m*, derrape *m*; **ins ~ geraten** *od* **kommen** dar un patinazo (*a. fig für Personen*) **3** FLUG lanzamiento *m* por catapulta **4** TECH centrifugación *f* (*a. der Wäsche*)

'Schleuderpreis M HANDEL precio *m* ruinoso (*od* irrisorio); precio *m* regalado; **Schleuderpumpe** F TECH bomba *f* centrífuga; **schleudersicher** ADJ antideslizante; **Schleudersitz** M FLUG asiento *m* catapulta (*od* eyectable); **Schleuderstart** M FLUG lanzamiento *m* (*od* despegue *m*) por catapulta; **Schleudertrauma** N MED traumatismo *m* en latigazo; traumatismo *m* por frenado brusco; **Schleuderwaffe** F arma *f* arrojadiza; **Schleuderware** F HANDEL género *m* a precio tirado; baratijas *fpl*

'schleunig ADV *geh* prontamente; rápidamente; (*überstürzt*) precipitadamente

'schleunigst ADV de prisa, corriendo; (*sofort*) inmediatamente; (*unverzüglich*) sin tardanza, sin demora; lo antes posible, cuanto antes

'Schleuse F ⟨~; ~n⟩ esclusa *f*

'schleusen VT **1** *Schiff* hacer pasar por la esclusa **2** *fig* hacer pasar; **etw ins Ausland ~** sacar a/c ilegalmente del país; **j-n durch die Stadt ~** hacer pasar a alg por la ciudad

'Schleusengeld N derechos *mpl* de esclusa; **Schleusenkammer** F cámara *f* de esclusa; **Schleusenmeister** M guarda-esclusa *m*; **Schleusentor** N puerta *f* de esclusa; compuerta *f*; **Schleusenwärter** M → Schleusenmeister

'Schleuser M *bei illegaler Immigration*: *sp* pasador *m* (de inmigrantes ilegales); *mit Booten*: paterero *m*; tiburón *m*; *Mex* coyote *m*; **Schleuserbande** F mafia *f* de inmigrantes

schlich → schleichen

'Schliche MPL (*geheime Machenschaften*) intrigas *fpl*, manejos *mpl*; (*Tricks*) trucos *mpl*; **hinter j-s ~** (*acus*) **kommen** *od* **j-m auf die ~ kommen** descubrir las intrigas (*od* los manejos) de alg; **j-s ~ kennen** conocer los trucos (*od* las mañas) de alg

schlicht **A** ADJ (*einfach*) simple, sencillo; *Person* llano; (*nüchtern*) escueto; (*glatt*) liso; (*anspruchslos*) modesto; *Mahl* frugal; *Wesen, Kleidung* modesto; **die ~e Wahrheit** la verdad escueta; **ein ~er Mensch** un hombre sencillo **B** ADV simplemente; **~ und einfach** lisa y llanamente

'Schlichte F ⟨~; ~n⟩ TEX encolante *m*

'schlichten VT **1** *Streit* mediar, arreglar, componer; zanjar; dirimir; *durch Schiedsspruch*: arbitrar **2** TECH (*glätten*) alisar; allanar, aplanar; TEX encolar; *Tuch* carmenar

'Schlichten N ⟨~s⟩ **1** conciliación *f*; *durch Schiedsspruch*: arbitraje *m* **2** (*Glätten*) alisadura *f*; aplanamiento *m*, allanamiento *m*; **Schlichter** M ⟨~s; ~⟩, **Schlichterin** F ⟨~; ~nen⟩ mediador *m*, -a *f*; árbitro *m*, -a *f*

'Schlichtfeile F TECH lima *f* dulce; **Schlichthammer** M TECH martillo *m* de alisar; **Schlichtheit** F ⟨~⟩ sencillez *f*; llaneza *f*; simplicidad *f*; **Schlichthobel** M TECH cepillo *m* de alisar; **Schlichtmaschine** F TECH encoladora *f*

'Schlichtung F ⟨~; ~en⟩ conciliación *f*; mediación *f*; *durch Schiedsspruch*: arbitraje *m*

'Schlichtungsausschuss M comisión *f* de conciliación (*bzw* de arbitraje); **Schlich-**

tungsstelle F comisión f de arbitraje; **Schlichtungsversuch** M tentativa f de conciliación

Schlick M ⟨~(e)s; ~e⟩ cieno m, légamo m

schlief → schlafen

'Schliere F ⟨~; ~n⟩ *im Glas:* estría f

'Schließe F ⟨~; ~n⟩ cierre m; *(Schnalle)* hebilla f

'schließen¹ ⟨irr⟩ A VT 1 *(zumachen)* cerrar; *(einschließen)* encerrar; **in sich** *(dat)* ~ encerrar, incluir; **an etw** *(acus)* ~ atar; *(ketten)* encadenar; *fig* añadir 2 **j-n in die Arme** ~ estrechar a alg en sus brazos 3 *(beenden)* terminar, acabar, concluir; rematar; *Kongress, Versammlung* clausurar; *Sitzung* levantar; *Computerprogramm, Debatte* cerrar 4 *(abschließen) Vertrag* concluir; *Bündnis* concertar; *Ehe* contraer; *Freundschaft* trabar, contraer; **Frieden** ~ *nach e-m Streit:* hacer las paces (**mit** con); *nach e-m Krieg:* firmar la paz (**mit** con) 5 *(anschließen)* **an den Vortrag schloss sich eine Diskussion** a la conferencia siguió una discusión B VI 1 *(zugehen) Tür, Fenster, Dose* **(leicht/nicht richtig)** ~ cerrar (bien *od* fácilmente/mal); **der Schlüssel schließt nicht** la llave no cierra 2 *Geschäft, Unternehmen* cerrar 3 *(zu Ende gehen)* terminarse, acabarse C VR **sich** ~ cerrarse (*a.* MED *Wunde*); *(vernarben)* cicatrizarse; → *a.* geschlossen

'schließen² ⟨irr⟩ A VT *(folgern)* deducir, inferir, concluir (**aus** de) B VI *(folgern)* **aus etw** *(dat)* ~ deducir (*od* inferir *od* inducir) de a/c; **auf etw** *(acus)* ~ **lassen** denotar (*od* indicar *od* sugerir) a/c; **ich schließe daraus, dass ...** de eso deduzco que ..., de eso saco la conclusión que ...; **von sich auf andere** ~ juzgar a otros por sí mismo; **du kannst nicht von dir auf andere** ~ no puedes pensar que los demás son como tú

'Schließen N ⟨~s⟩ → Schließung

'Schließer M ⟨~s; ~⟩, **Schließerin** F ⟨~; ~nen⟩ llavero m, -a f; *(Pförtner[in])* portero m, -a f; *in Gefängnissen:* carcelero m, -a f

'Schließfach N *Postwesen:* apartado m de correos, *Am* casilla f de correo; *am Bahnhof:* consigna f automática; FIN caja f fuerte (*od* de seguridad)

'schließlich ADV 1 *(endlich)* finalmente; por fin; por último; ~ **etw tun** acabar haciendo a/c; terminar por hacer a/c 2 *(immerhin)* en fin de cuentas, después de todo, al fin y al cabo; en definitiva

'Schließmuskel M ANAT esfínter m

'Schließung F ⟨~; ~en⟩ cierre m; *e-r Ehe:* celebración f; *e-r Sitzung, e-r Versammlung etc:* clausura f

schliff → schleifen¹

Schliff M ⟨~(e)s; ~e⟩ 1 *(Schleifen)* pulimento m; esmerilado m; *(Schärfen)* afiladura f; *(Politur)* pulido m; *v. Edelsteinen:* tallado m; *fig* **einer Sache den letzten ~ geben** dar los últimos (re)toques (*od* la última mano) a a/c 2 *(geschliffene Fläche) e-s Edelsteins:* faceta f; *e-s Messers:* filo m; *(Schärfe)* afilado m 3 *fig (Manieren)* urbanidad f, buenos modales mpl; MIL *(Drill)* adiestramiento m rudo; **j-m ~ beibringen** desbastar (*od* pulir *od umg* desasnar) a alg

schlimm A ADJ 1 *(schlecht)* malo; *vor e-m maskulinen Substantiv im Singular:* mal; **eine ~e Sache** una mala cosa; **ein ~es Ende nehmen** acabar mal; un mal asunto; **eine ~e Wendung nehmen** tomar mal rumbo 2 *Lage, Fehler, Krankheit* grave; *Zeit* difícil; duro; *(ernst)* grave, serio; **das ist nicht ~** no es tan grave; no ha sido nada; no hay que preocuparse; **das ist halb** *od* **nicht so ~** no es tan grave; no es para tanto; **er ist nicht so ~, wie er aussieht** no es tan malo como parece; *umg* **ist es ~, wenn ich nicht komme?** ¿te importa (*od* pasa algo) si no voy? 3 *(böse)* malo, malvado; *Wort* desagradable 4 *umg (krank)* enfermo; *(entzündet)* inflamado; **einen ~en Fuß haben** tener un pie enfermo B ADV mal; ~ **dran sein** estar mal; estar en una situación difícil (*od* delicada); ~ **enden** acabar mal; **es steht ~ mit ihm** está en una situación crítica

'schlimmer ADJ & ADV peor; **immer ~** cada vez peor; **und was (noch) ~ ist** y lo que es peor; **umso ~** peor todavía; tanto peor; **~ machen** empeorar; **~ werden** ir cada vez peor; empeorar; ir de mal en peor; *Krankheit* agravarse; **es gibt Schlimmeres** hay cosas peores

'schlimmste(r, -s) ADJ el peor; **das Schlimmste ist, dass ...** lo peor es que; **auf das Schlimmste gefasst sein** estar preparado para lo peor; esperar lo peor

'schlimmstenfalls ADV en el peor de los casos

'Schlinge F ⟨~; ~n⟩ 1 lazo m (*a.* JAGD *u. fig*); *(Schlaufe)* nudo m corredizo; **eine ~ legen** tender un lazo (*a. fig*); *fig* **in die ~ gehen** caer en el lazo (*od* en la trampa); *fig* **den Kopf aus der ~ ziehen** librarse de un peligro; salir del apuro 2 MED cabestrillo m; **den Arm in der ~ tragen** llevar el brazo en cabestrillo

'Schlingel M ⟨~s; ~⟩ *umg* pilluelo m, *umg* pillín m; granuja m, bribón m; pícaro m

'schlingen ⟨irr⟩ A VT 1 *ineinander:* enlazar, entrelazar; *(binden)* anudar; **etw um etw ~** enlazar a/c con a/c; **zu einem Knoten ~** anudar; **die Arme um j-n ~** abrazar a alg 2 *(hinunterschlingen)* deglutir; tragar, engullir, *umg* zampar B VI tragar, *umg* zampar C VR **sich um etw ~** arrollarse a a/c; enroscarse en a/c; *Pflanzen* trepar por a/c

'Schlingerbewegung F balance m, balanceo m

'schlingern VI SCHIFF balancear(se); dar bandazos (*a. fig*)

'Schlingern N ⟨~s⟩ SCHIFF → Schlingerbewegung

'Schlingpflanze F BOT planta f voluble (*od* enredadera); liana f

Schlips M ⟨~es; ~e⟩ *umg* corbata f; *umg fig* **j-m auf den ~ treten** ofender a alg; *fig* **sich** *(acus)* **auf den ~ getreten fühlen** sentirse ofendido; picarse

'Schlitten M ⟨~s; ~⟩ 1 *(Rodelschlitten)* trineo m; ~ **fahren** ir en trineo, trinear; *umg fig* **mit j-m ~ fahren** *(j-n hart behandeln)* tratar muy mal (*od* sin contemplaciones) a alg; tratar a alg a patadas 2 TECH carro m; SCHIFF *zum Stapellauf:* basada f 3 *umg (Auto)* cochazo m, *pej* cacharro m

'Schlittenbahn F pista f de trineos; **Schlittenfahrt** F paseo m en trineo; **Schlittenhund** M perro m de trineo; **Schlittenkufe** F patín m (de trineo); **Schlittenlift** M teletrineo m

'Schlitterbahn F resbaladero m, deslizadero m

'schlittern VI ⟨sn⟩ *(gleiten, ausgleiten)*; resbalar (**auf dem Eis** sobre el hielo); patinar; *mit Anlauf:* deslizarse; *fig* **in etw ~** verse envuelto (*od* implicado) en a/c

'Schlittern N ⟨~s⟩ resbalón m; patinazo m

'Schlittschuh M patín m (para hielo); ~ **laufen** patinar; **Schlittschuhbahn** F patinadero m; pista f de hielo; **Schlittschuhlaufen** N patinaje m (sobre hielo); **Schlittschuhläufer** M, **Schlittschuhläuferin** F patinador m, -a f (sobre hielo)

Schlitz M ⟨~es; ~e⟩ abertura f estrecha; *(Spalt)* hendidura f, rendija f; *(Einwurfschlitz)* ranura f; *e-s Kleids, Rocks:* raja f; *im Kleid a.:* cuchillada f; *(Hosenschlitz)* bragueta f

'Schlitzaugen NPL ojos mpl rasgados; **schlitzäugig** ADJ de ojos rasgados; **Schlitzblende** F OPT diafragma m de hendidura

'schlitzen VT hender, hendir; rajar; rasgar; *Kleid* acuchillar

'Schlitzfräser M TECH fresa f para ranurar; **Schlitzohr** N *umg fig* zorro m, vivo m; **schlitzohrig** ADJ *umg fig* astuto, taimado, vivo; **Schlitzverschluss** M FOTO obturador m de cortina

'schloh'weiß ADJ blanco como la nieve

schloss → schließen¹

Schloss N ⟨~es; ¨er⟩ 1 *Gebäude:* palacio m; *(Burg)* castillo m; *sp a.* alcázar m 2 *(Türschloss)* cerradura f; cerrojo m (*a. Gewehrschloss*); *(Vorhängeschloss)* candado m; *(Verschluss)* cierre m; **unter ~ und Riegel** en el trullo; a buen recaudo; **hinter ~ und Riegel setzen/sitzen** *Verbrecher* meter/estar entre rejas (*od umg* en chirona)

'Schlösschen N ⟨~s; ~⟩ palacete m

'Schlosser M ⟨~s; ~⟩ cerrajero m

Schlosse'rei F ⟨~; ~en⟩ cerrajería f

'Schlossergeselle M oficial m (de) cerrajero; **Schlosserhandwerk** N oficio m de cerrajero; cerrajería f; **Schlosserin** F ⟨~; ~nen⟩ cerrajera f; **Schlosserlehrling** M ⟨~s; ~e⟩ aprendiz m, -a f de cerrajero; **Schlossermeister** M, **Schlossermeisterin** F maestro m, -a f cerrajero, -a

'schlossern VI hacer trabajos de cerrajería

'Schlosserwerkstatt F (taller m de) cerrajería f

'Schlossgarten M jardín m del palacio; **Schlossherr** M, **Schlossherrin** F castellano m, -a f; **Schlosshof** M patio m del castillo *bzw* palacio; *(Ehrenhof)* patio m de honor; **Schlosshund** M *umg fig* **wie ein ~ heulen** llorar a moco tendido; **Schlosskapelle** F capilla f de palacio; **Schlosspark** M parque m del palacio; **Schlosswache** F guardia f de palacio

Schlot M ⟨~(e)s; ~e⟩ *reg* chimenea f; *umg* **wie ein ~ rauchen** fumar como un carretero; fumar como una chimenea; **'Schlotfeger** M ⟨~s; ~⟩ 1 *reg (Schornsteinfeger)* deshollinador m 2 GASTR Schokoladenröllchen npl gefüllt mit Schlagsahne

'schlott(e)rig A ADJ 1 *Knie* tembloroso 2 *zu weite Kleidung:* muy holgado, demasiado grande B ADV ~ **gehen** ir con paso vacilante (*od* inseguro)

'schlottern VI *(wackeln)* vacilar; *(zittern)* temblar, *vor Kälte a.:* tiritar; *Beine* flaquear; *Kleidung* venir grande; estar muy holgado; **mit ~den Knien** con las rodillas temblorosas

Schlucht F ⟨~; ~en⟩ garganta f; cañada f; *(Engpass)* desfiladero m; quebrada f; *mit Bach, Fluss:* barranco m; *(Abgrund)* abismo m; sima f

'schluchzen VI sollozar

'Schluchzen N ⟨~s⟩ sollozos mpl

Schluck M ⟨~(e)s; ~e⟩ trago m; sorbo m; **ein ~ Wasser** un sorbo (*od* un poco) de agua; **ein tüchtiger ~** un buen trago; **einen ~ tun** echar un trago; **mit einem ~** de un trago

'Schluckauf M ⟨~s⟩ hipo m; **(den) ~ haben** tener hipo; hipar; **Schluckbeschwerden** FPL dificultad f de tragar; MED disfagia f

'Schlückchen N ⟨~s; ~⟩ traguito m

'schlucken A VT 1 tragar (*a. fig*); *(herunterschlucken)* tragar; MED deglutir 2 *fig Beleidigung etc* encajar; *(verbrauchen) a.* gastar; *Geld etc* absorber; **alles ~** *(glauben) umg* tragarse todo (lo que le dicen) B VI tragar

'Schlucken¹ N ⟨~s⟩ deglución f

'Schlucken² M ⟨~s⟩ → Schluckauf

'Schlucker M ⟨~s; ~⟩ **armer ~** pobre hombre m; pobre diablo m, pobretón m;

Schluckimpfung F MED vacuna(ción) *f* oral; **Schluckreflex** N reflejo *m* de deglución; **Schluckspecht** M *umg* borrachín *m*; **schluckweise** ADV a tragos, a sorbos

'Schluderarbeit F, **Schlude'rei** F ⟨~; ~en⟩ chapuza *f*, chapucería *f*

'schluderig → schludrig

'schludern VI & VT chapucear, frangollar, *umg* chafallar (**bei etw** en a/c)

'schludrig *umg* A ADJ *Arbeit* chapucero; *Kleidung* descuidado B ADV **~ arbeiten** hacer chapuzas

schlug → schlagen

'Schlummer M ⟨~s⟩ sueño *m* ligero; reposo *m*; **Schlummerlied** N canción *f* de cuna; nana *f*

'schlummern VI dormitar; dormir; **schlummernd** ADJ dormido; *fig* latente; potencial; **Schlummerrolle** F ≈ almohada *f* cervical

'Schlumpe F ⟨~; ~n⟩ *umg* → Schlampe

Schlund M ⟨~(e)s; ~̈e⟩ 1 ANAT garganta *f*, gaznate *m*; (*Rachen*) faringe *f* 2 ZOOL fauces *fpl* 3 *fig* (*Abgrund*) sima *f*; abismo *m*; *e-s Vulkans*: cráter *m*; **'Schlundkopf** M ANAT faringe *f*; **'Schlundtasche** F ANAT bolsa *f* faríngea

Schlupf M ⟨~(e)s; ~̈e⟩ TECH, ELEK resbalamiento *m*

'schlüpfen VI ⟨sn⟩ (*gleiten*) deslizarse; escurrirse; **in den/aus dem Mantel ~** ponerse/quitarse el abrigo; (**aus dem Ei**) **~** salir (del huevo), eclosionar

'Schlüpfen N ⟨~s⟩ deslizamiento *m*; *aus dem Ei*: eclosión *f*

'Schlüpfer M ⟨~s; ~⟩ TEX braga(s) *f(pl)*

'Schlupfloch N *von Tieren*: refugio *m*; abrigo *m*; guarida *f* (*a. fig*); *von Räubern a.* escondrijo *m*

'schlüpfrig ADJ 1 (*glatt*) resbaladizo; escurridizo 2 *fig pej* (*unanständig*) escabroso; obsceno; *Witz* verde; **Schlüpfrigkeit** F ⟨~; ~en⟩ *fig a.* escabrosidad *f*; obscenidad *f*

'Schlupfwespe F ZOOL icneumón *m*; **Schlupfwinkel** M → Schlupfloch

'schlurfen VI arrastrar los pies

'schlürfen A VT sorber; *genussvoll*: beber a sorbos B VI *beim Trinken*: hacer ruido al beber; *beim Essen*: hacer ruido al comer

Schluss[1] M ⟨~es; ~̈e⟩ (*Ende*) fin *m*, final *m*, término *m*; (*Schließung*) cierre *m* (*a. Börsenschluss*); *e-r Versammlung etc*: clausura *f*; final *m*; *in e-r Reihe*: **den ~ bilden** ir a la cola; **am ~** al final; **zum ~** para terminar; por fin, por último, finalmente; **bis zum ~** hasta el final; **zum ~ sagte er** terminó diciendo; **~ machen** (*beenden*) acabar, terminar, finalizar; (*Selbstmord verüben*) suicidarse; **mit etw ~ machen** poner fin (*od* término) a a/c; acabar con a/c; poner punto final a a/c; **mit j-m ~ machen** cortar con alg; romper con alg; *umg* acabar con alg; **Ina hat mit Boris ~ gemacht** Ina ha roto con Boris; **~!** ¡se acabó!, ¡basta!; (**und**) **~ damit!** ¡y asunto concluido!; *umg* ¡y sanseacabó!, ¡y en paz!; **~ mit ...!** ¡basta de ...!

Schluss[2] M ⟨~es; ~̈e⟩ (*Folgerung*) conclusión *f*, deducción *f*; inferencia *f*; **einen ~ ziehen** deducir, inferir, sacar en consecuencia (**aus** de); **Schlüsse aus etw ziehen** sacar conclusiones de a/c; **daraus ziehe ich den ~, dass ...** de esto deduzco que; **zu dem ~ kommen** *od* **gelangen, dass** llegar a la conclusión de que

'Schlussabrechnung F HANDEL liquidación *f* final; **Schlussakkord** M MUS acorde *m* final; **Schlussakt** M ⟨~es; ~e⟩ THEAT acto *m* final (*a. fig*); *e-r Veranstaltung*: acto *m* de clausura; **Schlussakte** F acta *f* final; **Schlussansprache** F discurso *m* de clausura; **Schlussantrag** M JUR conclusión *f*; **Schlussbemerkung** F observación *f* final; *i. e. S* epílogo *m*; **Schlussbericht** M informe *m* final; **Schlussbilanz** F balance *m* final; WIRTSCH balance *m* de cierre (*od* de fin de ejercicio); **Schlusseffekt** M efecto *m* final

'Schlüssel M 1 llave *f* (**zu** de) (*a.* TECH) 2 (*Chiffrierschlüssel*), MUS *u. fig* clave *f* 3 (*Verteilerschlüssel*) esquema *m*, cuadro *m*; **Schlüsselanhänger** llavero *m*; **Schlüsselbart** M paletón *m*; **Schlüsselbein** N ANAT clavícula *f*; **Schlüsselblume** F BOT primavera *f*; **Schlüsselbrett** N tablero *m* de llaves; **Schlüsselbund** M, N ⟨~(e)s; ~e⟩ manojo *m* de llaves; **Schlüsseldienst** M servicio *m* de cerrajería; (*Schlüsselmacher*) llaves *fpl* al minuto; **Schlüsselerlebnis** N experiencia *f* crucial; **Schlüsseletui** N llavero *m*; **Schlüsselfaktor** M factor *m* clave (*od* esencial *od* fundamental)

'schlüsselfertig ADJ *Gebäude* llave en mano

'Schlüsselfigur F *fig* figura *f* (*od* hombre *m*) clave; **Schlüsselgewalt** F JUR poder *m* de llaves; **Schlüsselindustrie** F industria *f* clave (*od* básica); **Schlüsselkind** N niño *m*, -a *f* de la llavesche; **Schlüsselkompetenz** F competencia *f* clave; **Schlüsselloch** N ojo *m* de la cerradura; **Schlüsselposition** F → Schlüsselstellung; **Schlüsselqualifikation** F calificación *f* clave; **Schlüsselring** M llavero *m*; **Schlüsselroman** M LIT novela *f* de clave; **Schlüsselstelle** F *im Bergsport*: lugar *m* clave; **Schlüsselstellung** F posición *f* (*od* puesto *m*) clave; **Schlüsseltasche** F estuche *m* llavero; **Schlüsselwort** N ⟨~(e)s; ~̈er *od* ~̈e⟩ palabra *f* clave

'Schlussergebnis N resultado *m* final; WIRTSCH balance *m* final; **Schlussfeier** F ceremonia *f* (*od* acto *m*) de clausura; **Schlussfolge** F → Schlussfolgerung

'schlussfolgern VI concluir (**aus** *dat* de); **Schlussfolgerung** F ⟨~; ~en⟩ conclusión *f*; consecuencia *f* (**aus** *dat* de); **Schlussformel** F fórmula *f* final; *in Briefen etc*: fórmula *f* de cortesía

'schlüssig ADJ 1 *Argument* lógico; *Beweis* concluyente, contundente 2 **sich** (*dat*) **~ sein** estar resuelto (*od* decidido); **sich** (*dat*) **~ werden** resolverse (*od* decidirse) (**etw zu tun** a hacer a/c); tomar la resolución (de hacer a/c)

'Schlüssigkeit F ⟨~⟩ contundencia *f*

'Schlusskommuniqué N comunicado *m* final; **Schlusskurs** M WIRTSCH *Börse*: cotización *m* de cierre (*od* de última hora *od* de clausura *od* final); **Schlussleuchte** F AUTO luz *f* trasera; BAHN farol *m* de cola

'Schlusslicht N 1 AUTO luz *f* trasera; BAHN farol *m* de cola 2 *umg fig* farolillo *m* rojo; SPORT *a.* colista *m*; **das ~ bilden** hacer de (*od* ser el) farolillo rojo

'Schlussmann M ⟨~(e)s; ~̈er *od* -leute⟩ SPORT portero *m*; guardameta *m*; **Schlussnotierung** F WIRTSCH → Schlusskurs; **Schlussoffensive** F SPORT ofensiva *f* final; **Schlusspfiff** M SPORT pitada *f* (*od* pitado *m*) final; **Schlussphase** F etapa *f* final; **Schlussprotokoll** N protocolo *m* final; **Schlussprüfung** F examen *m* final; **Schlusspunkt** M punto *m* final; **Schlussrede** F discurso *m* de clausura; **Schlussrunde** F SPORT vuelta *f* final; final *f*; *Boxen*: último asalto *m*; **Schlusssatz** M proposición *f* final; última frase *f*; *e-r Rede*: conclusión *f*; MUS final *m*; **Schlusssitzung** F sesión *f* de clausura; **Schlusssprung** M SPORT salto *m* a pies juntillas; **Schlussstein** M ARCH clave *f* de bóveda

'Schlussstrich M *fig* punto *m* final; **einen ~ unter etw ziehen** poner punto final a a/c; hacer borrón y cuenta nueva

'Schlussszene F THEAT escena *f* final; **Schlusstermin** M fecha *f* límite (*od* tope); **Schlussverkauf** M venta *f* (*bzw* rebajas *fpl*) de fin de temporada; **Schlusswort** N ⟨~(e)s; ~e⟩ última palabra *f*; (*Nachwort*) epílogo *m*; **Schlusszeichen** N señal *f* del fin

Schmach F ⟨~⟩ *geh* afrenta *f*; ignominia *f*; oprobio *m*; (*Entwürdigung*) envilecimiento *m*; (*Demütigung*) humillación *f*

'schmachten VI *geh* (*sich sehnen*) **nach etw** (*dat*) **~** languidecer por a/c; añorar a/c; suspirar por a/c; **schmachtend** ADJ lánguido; suspirante; sentimental; *Blicke* nostálgico

'Schmachtfetzen M *umg pej Lied*: canción *f* sentimental; *Film*: película *f* sentimental

'schmächtig ADJ delgado; flaco, enjuto, *umg* delgaducho; (*schwächlich*) débil, delicado

'Schmachtlocke F *umg hum* rizo *m*; caracol *m*

'schmachvoll ADJ *geh* ignominioso; vergonzoso; humillante

'schmackhaft ADJ sabroso; suculento; apetitoso; *fig* **j-m etw ~ machen** hacer a/c apetecible (*od* atractivo) a alg; dar aliciente a a/c ante alg; **Schmackhaftigkeit** F ⟨~⟩ buen sabor *m*

'schmähen VT insultar, injuriar; vituperar; denostar; (*verleumden*) calumniar; difamar; blasfemar; **schmählich** ADJ ignominioso; afrentoso; vergonzoso; denigrante; (*schändlich*) indigno; deshonroso

'Schmählied N canción *f* satírica; **Schmährede** F invectiva *f*; **Schmähschrift** F libelo *m* (infamatorio); panfleto *m*; **Verfasser einer ~** libelista *m*; panfletista *m*

'Schmähung F ⟨~; ~en⟩ (*Beleidigung*) insulto *m*, injuria *f*; improperios *pl*; (*Verleumdung*) calumnia *f*, difamación *f*; (*Lästerung*) blasfemia *f*

'Schmähwort N ⟨~(e)s; ~e⟩ palabra *f* injuriosa; insulto *m*, invectiva *f*

schmal ADJ ⟨~er *od* ~̈er; ~ste *od* ~̈ste⟩ 1 (*eng*) estrecho, angosto; **~er** *od* **schmäler machen** estrechar; **~er** *od* **schmäler werden** estrecharse; *Person* adelgazar 2 (*dünn*) delgado; *Gestalt* esbelto; *Gesicht* afilado; *Hände* fino; *Hüften* estrecho 3 *fig* (*gering*) escaso, exiguo

'schmalbrüstig ADJ estrecho de pecho

'schmälern VT reducir, disminuir; mermar, menguar; (*beschränken*) recortar, limitar, restringir; *Ruf* menoscabar; **Schmälerung** F ⟨~; ~en⟩ reducción *f*, disminución *f*; merma *f*; (*Beschränkung*) recorte *m*, restricción *f*, limitación *f*; *des Rufes*: menoscabo *m*

'Schmalfilm M película *f* estrecha (*od* de super 8); **Schmalfilmkamera** F cámara *f* de (*od* para) película estrecha (*od* de super 8)

'Schmalhans M *umg obs* **bei ihm ist ~ Küchenmeister** no tiene qué llevarse a la boca; **Schmalheit** F ⟨~⟩ estrechez *f*; delgadez *f*; *fig* escasez *f*; **schmallippig** ADJ de labios delgados; **Schmalseite** F parte *f* estrecha (*od* angosta)

'Schmalspur F BAHN vía *f* estrecha; *Am* trocha *f* angosta; **Schmalspurakademiker** M *umg pej* universitario *m* de vía estrecha (*bzw* a medio camino); **Schmalspurbahn** F BAHN ferrocarril *m* de vía estrecha (*Am* de trocha angosta); **schmalspurig** ADJ de vía estrecha

'Schmaltier N JAGD cierva *f* de uno a dos años

'Schmalz[1] N ⟨~es; ~e⟩ grasa *f* derretida; (*Schweineschmalz*) manteca *f* de cerdo; *umg fig* **kein ~ in den Knochen haben** ser poca cosa, ser enclenque

'Schmalz[2] M ⟨~es⟩ *umg pej* sensiblería *f*, sentimentalismo *m*; *in der Stimme*: unción *f*

'**Schmalzbrot** N pan *m* con manteca

'**schmalzen, schmälzen** VT engrasar, untar; poner manteca a

'**Schmalzgebäck** N mantecado *m*

'**schmalzig** ADJ 1 mantecoso; grasiento, grasoso; untuoso (*a. fig*) 2 *fig pej* sentimental, empalagoso, meloso

Schmand M *tipo de nata agria*

'**Schmankerl** N ⟨~s; ~n⟩ *südd, österr* exquisitez *f*

schma'rotzen VI BOT, ZOOL parasitar; *fig* vivir a costa ajena; *umg* vivir de gorra, gorrear; *Peru* vivir del cuento

Schma'rotzer M ⟨~s; ~⟩ 1 ZOOL, BOT parásito *m* 2 *fig* parásito *m*; zángano *m*; *umg* gorrón *m*; **schmarotzerhaft** ADJ parasitario, parasítico, parásito; **Schmarotzerin** F ⟨~; ~nen⟩ parásito *m*; *umg* gorrona *f*; **schmarotzerisch** ADJ → schmarotzerhaft; **Schmarotzerleben** N vida *f* de parásito; **Schmarotzerpflanze** F planta *f* parásita; **Schmarotzertier** N animal *m* parásito; **Schmarotzertum** N ⟨~s⟩ parasitismo *m*

'**Schmarre** F ⟨~; ~n⟩ (*vernarbte Wunde*) chirlo *m*; cicatriz *f*

'**Schmarren** M ⟨~s; ~⟩ 1 GASTR *österr, südd* GASTR *plato dulce consistente en una crepe desmenuzada* 2 *südd, österr umg fig* (*Unsinn*) disparate *m*, chorrada *f*

Schmatz M ⟨~es; ~e⟩ *umg* beso *m* (sonoro); '**schmatzen** VI 1 (*laut essen*) comer ruidosamente; hacer ruido al comer 2 (*laut küssen*) besuquear; besar ruidosamente

'**schmauchen** A VT fumar con deleite; fumar a gusto B VI *reg* fumar

Schmaus M ⟨~es; ⸚e⟩ comida *f* opípara; festín *m*; banquete *m*; *umg* comilona *f*; '**schmausen** VI *obs, noch hum* comer bien; regalarse; comer opíparamente; banquetear

Schmause'rei F ⟨~; ~en⟩ *umg* comilona *f*; francachela *f*, cuchipanda *f*

'**schmecken** A VI saber, tener gusto (*od* sabor) (**nach** a); **bitter ~** tener sabor amargo; **gut/schlecht ~** saber bien/mal; tener buen/mal sabor (*od* gusto); **nach nichts ~** ser insípido, no saber a nada; **das schmeckt nach Fisch** sabe a pescado; **wie schmeckt Ihnen der Wein?** ¿qué tal le parece el vino?; **wie schmeckt's?** ¿qué tal sabe?; **schmeckt es (dir)?** ¿te gusta?; **mir schmeckt es (gut)** me gusta (mucho); **es schmeckt ihm nicht** no le gusta; (*er hat keinen Appetit*) no tiene apetito; **sich** (*dat*) **etw ~ lassen** saborear a/c; **es sich** (*dat*) **~ lassen** comer con gana (*od* buen apetito); *umg fig* **die Arbeit schmeckt ihm nicht** el trabajo no le gusta; **lassen Sie es sich gut ~!** ¡buen provecho!, ¡que aproveche! B VT (*Geschmack empfinden*) percibir el sabor (**von** de); **sie schmeckt nichts mehr** ha perdido el gusto; **ich schmecke Rosmarin in der Soße** noto un toque de romero en la salsa

'**Schmecken** N ⟨~s⟩ PHYSIOL gustación *f*

Schmeiche'lei F ⟨~; ~en⟩ halago *m*; lisonja *f*; *galante*: piropo *m*; *vorgespielte*: zalamería *f*; *umg* coba *f*; *pej* adulación *f*; **~en sagen** echar piropos

'**schmeichelhaft** ADJ halagüeño; lisonjero; **Schmeichelkätzchen** N, **Schmeichelkatze** F *umg* zalamera *f*

'**schmeicheln** VI halagar; lisonjear; *pej* adular; *umg* dar coba (**j-m** a alg); (*umschmeicheln*) engatusar; **sich geschmeichelt fühlen** sentirse lisonjeado; **das Bild schmeichelt ihr sehr** el retrato la favorece mucho

'**schmeichelnd** ADJ lisonjero; *pej* adulador; zalamero

'**Schmeichler** M ⟨~s; ~⟩, **Schmeichlerin** F ⟨~; ~nen⟩ lisonjeador *m*, -a *f*, *umg* pelota *m/f*; pelotillero *m*, -a *f*; (*Kriecher, -in*) adulador *m*, -a *f*; zalamero *m*, -a *f*; **schmeichlerisch** ADJ lisonjero; (*kriecherisch*) adulador, zalamero

'**schmeißen** ⟨*irr*⟩ *umg* A VT 1 (*werfen*) lanzar, arrojar; (*wegschmeißen*) tirar; echar 2 *umg fig* (*abbrechen*) *umg* abandonar, dejar; THEAT **die Vorstellung ~** hacer fracasar la representación 3 (*bewältigen*) **das werden wir schon ~** ya lo arreglaremos (*bzw* conseguiremos) 4 **eine Runde (Wein) ~** pagar una ronda (de vino) B VI **mit Geld um sich ~** *umg* tirar el dinero por la ventana C VR **sich auf den Boden ~** tirarse al suelo; **sich auf etw/j-n ~** abalanzarse (*od* precipitarse *od* echarse) sobre a/c/alg; *fig* dedicarse (de lleno) a a/c; **sich vor den Zug ~** tirarse delante del tren

'**Schmeißfliege** F ZOOL moscarda *f*, mosca *f* de la carne

Schmelz M ⟨~es; ~e⟩ esmalte *m* (*a. Zahnschmelz*); (*Glanz*) brillo *m* (suave); *der Stimme*: encanto *m* melodioso; dulzura *f*; '**schmelzbar** ADJ fusible, fundible; '**Schmelzbarkeit** F ⟨~⟩ fusibilidad *f*; '**Schmelzdraht** M alambre *m* fusible

'**Schmelze** F ⟨~; ~n⟩ 1 TECH fundición *f* (*a. Schmelzhütte*); fusión *f* 2 (*Schneeschmelze*) deshielo *m*

'**schmelzen** ⟨*irr*⟩ A VI ⟨sn⟩ 1 fundirse; (*flüssig werden*) derretirse; *Schnee a.* deshelarse 2 *fig* (*weich werden*) enternecerse, ablandarse 3 (*schwinden*) menguar; desvanecerse; *Vermögen etc* gastarse, *umg* fundirse B VT fundir; (*verflüssigen*) licuar, licuefacer; *Butter, Wachs etc* derretir

'**Schmelzen** N ⟨~s⟩ METALL fundición *f*; fusión *f*; derretimiento *m*; licuación *f*, licuefacción *f*

'**schmelzend** ADJ 1 METALL, PHYS fundente 2 *fig* dulce, encantador; *Stimme, Musik* melodioso; (*schmachtend*) lánguido

Schmelze'rei F ⟨~; ~en⟩ TECH fundición *f*

'**Schmelzfarbe** F color *m* vitrificable (*od* de esmalte); **Schmelzgut** N ⟨~s⟩ masa *f* fundida; **Schmelzhütte** F TECH fundición *f*; **Schmelzkäse** M queso *m* fundido; **Schmelzmittel** N TECH fundente *m*; **Schmelzofen** M TECH horno *m* de fusión; **Schmelzpunkt** M PHYS punto *m* de fusión; **Schmelzschweißung** F TECH soldadura *f* por fusión; **Schmelzsicherung** F ELEK fusible *m*; **Schmelztiegel** M crisol *m* (*a. fig*); **Schmelzwärme** F calor *m* de fusión; **Schmelzwasser** N ⟨~s; ~⟩ agua *f* de deshielo

'**Schmerbauch** M *umg* panza *f*, barriga *f*; *Person*: panzudo *m*, barrigón *m*, barrigudo *m*

'**Schmerle** F ⟨~; ~n⟩ *Fisch*: locha *f*

Schmerz M ⟨~es; ~en⟩ 1 *körperlicher*: dolor *m*; MED **ausstrahlender** *od* **fortgeleiteter ~** dolor *m* referido; **brennender ~** causalgia *f*; **j-m ~ bereiten** causar dolor a alg; *fig* hacer sufrir (*od* apenar) a alg; **~en im Kreuz haben** tener dolor de *bzw* tener dolor de riñones; **wo haben Sie ~en?** ¿dónde le duele?; **große ~en erleiden** sufrir grandes dolores; *iron* **sonst noch ~en?** ¿algo más? 2 *seelischer*: pena *f*; pesar *m*; aflicción *f*; **tiefen ~ empfinden** sentir profundo dolor; **mit ~en erwarten** esperar con ansia (*od* con gran impaciencia)

'**Schmerzausstrahlung** F MED irradiación *f* del dolor; **schmerzbetäubend** ADJ analgésico

'**schmerzempfindlich** ADJ sensible al dolor; **Schmerzempfindlichkeit** F sensibilidad *f* al dolor

'**schmerzen** VT & VI 1 *körperlich*: doler; (*Schmerz verursachen*) *a.* causar dolor (a); hacer sufrir; **mir schmerzt der Fuß/der Kopf** tengo un dolor en el pie/la cabeza; me duele el pie/la cabeza 2 *fig* (*bekümmern*) apenar, causar pena; afligir; *fig* **es schmerzt mich** me da pena; me aflige mucho

'**schmerzend** ADJ dolorido; → *a.* schmerzhaft

'**Schmerzensgeld** N indemnización *f* (por daño personal); pretium *m* doloris; **Schmerzenslager** N *poet* lecho *m* del dolor; **Schmerzensmann** M ⟨~(e)s⟩ REL eccehomo *m*; **Schmerzensschrei** M grito *m* de dolor

'**schmerzerfüllt** ADJ *fig* profundamente afligido; apenado

'**schmerzerregend, Schmerz erregend** ADJ doloroso; que causa dolor

'**Schmerzforschung** F investigación *f* del dolor

'**schmerzfrei** ADJ libre de dolor; sin dolores; **~ sein** *Person* no padecer dolores

'**Schmerzgefühl** N sensación *f* dolorosa; **Schmerzgrenze** F *fig* **die ~ ist erreicht** hemos llegado al límite; **schmerzhaft** ADJ doloroso; dolorido; **Schmerzhaftigkeit** F ⟨~⟩ dolor *m*; **Schmerzklinik** F clínica *f* del dolor

'**schmerzlich** A ADJ *Ereignis, Verzicht* doloroso, doliente, dolorido; *Pflicht, Aufgabe* penoso; triste; **ein ~er Verlust** una sensible pérdida B ADV **~ berühren** causar profunda pena

'**schmerzlindernd** ADJ → schmerzstillend; **Schmerzlinderung** F atenuación *f* (*od* alivio *m*) del dolor

'**schmerzlos** ADJ *Operation, Geburt* sin dolor(es); exento de dolor; MED *Eingriff* indoloro; *umg* **kurz und ~** rápidamente; sin cumplidos

'**Schmerzlosigkeit** F ⟨~⟩ ausencia *f* de dolor; MED analgesia *f*; **Schmerzmittel** N MED analgésico *m*

'**schmerzstillend** ADJ analgésico, calmante, sedativo; MED **~es Mittel** analgésico *m*; calmante *m*

'**Schmerztablette** F PHARM analgésico *m*, calmante *m*; **Schmerztherapie** F MED tratamiento *m* contra el dolor; analgesia *f*

'**schmerzunempfindlich** ADJ insensible al dolor; analgésico; **Schmerzunempfindlichkeit** F insensibilidad *f* al dolor; MED analgesia *f*

'**schmerzverzerrt** ADJ retorcido del dolor; **ein ~es Gesicht** una cara desfigurada por el dolor; **schmerzvoll** ADJ (muy) doloroso; doliente

'**Schmetterball** M *Tennis*: smash *m*, mate *m*; *Volleyball*: remate *m*

'**Schmetterling** M ⟨~s; ~e⟩ mariposa *f*

'**Schmetterlingsblütler** MPL BOT papilionáceas *fpl*; **Schmetterlingsnetz** N red (ecilla) *f* para cazar mariposas; **Schmetterlingsstil** M ⟨~(e)s⟩ SPORT *Schwimmen*: estilo *m* mariposa; **Schmetterlingsventil** N TECH válvula *f* en cruz

'**schmettern** A VT 1 (*schleudern*) lanzar (*od* arrojar) (con violencia); **zu Boden ~** arrojar al suelo 2 *Lied* cantar con brío 3 *umg* **einen ~** (*trinken*) empinar el codo B VI 1 ⟨sn⟩ (*aufprallen*) chocar; **gegen etw ~** darse un golpe contra a/c 2 ⟨h⟩ *Tennis etc*: dar un smash 3 ⟨h⟩ (*krachen*) retumbar; MUS *Trompete* resonar; *Vogel* gorjear, trinar

'**schmetternd** ADJ retumbante; resonante

Schmied M ⟨~(e)s; ~e⟩ herrero *m*; (*Hufschmied*) herrador *m*; *fig* forjador *m*, artífice *m*; '**schmiedbar** ADJ maleable; '**Schmiedbarkeit** F ⟨~⟩ maleabilidad *f*

'**Schmiede** F ⟨~; ~n⟩ herrería *f*; fragua *f*, forja *f*; **Schmiedearbeit** F forja *f*; *Werk*: obra *f* de forja; **Schmiedeeisen** N hierro *m* forja-

S

do; **schmiedeeisern** ADJ (de hierro) forjado; **Schmiedeesse** F *(Ofen)* hornaza *f*; *(Schmiede)* fragua *f*; **Schmiedehammer** M martillo *m* de forja; *großer*: macho *m*; **Schmiedehandwerk** N oficio *m* de herrero

'schmieden VT 1 forjar; **kalt/warm ~** forjar en frío/en caliente 2 *fig (ersinnen)* forjar; *(anzetteln)* fraguar, urdir, tramar; *Komplott* tramar; **Pläne ~** urdir (*od* fraguar *od* hacer) planes; **ein Bündnis ~** forjar una alianza

'Schmiedepresse F prensa *f* de forjar; **Schmiedestahl** M acero *m* forjado; **Schmiedestück** N pieza *f* forjada; **Schmiedewerkstatt** F (taller *m* de) forja *f*

'schmiegen VR **sich ~** *an die Haut, um den Körper etc*: amoldarse, ajustarse; **sich an j-n ~** arrimarse estrechamente (*bzw* cariñosamente) a alg; estrecharse contra alg; **sich an j-s Körper** *(acus)* **~** *Kleid* ajustarse al cuerpo de alg

'schmiegsam ADJ 1 flexible, plegable 2 *fig* dócil, dúctil; acomodadizo; **Schmiegsamkeit** F ⟨~⟩ flexibilidad *f*; ductilidad *f*; *fig a.* docilidad *f*

'Schmierapparat M TECH engrasador *m*; **Schmierbüchse** F TECH caja *f* de grasa; engrasador *m*, lubri(fi)cador *m*

'Schmiere F ⟨~; ~n⟩ 1 *(Fett)* grasa *f*; unto *m*; sebo *m*; *(fettiger Schmutz)* mugre *f* 2 THEAT teatro *m* de la legua; teatrillo *m* de tercera 3 *umg* **~ stehen** vigilar mientras otro roba; hacer de espía

'schmieren A VT 1 *(bestreichen, verteilen)* untar (**auf** *acus* en); extender (**auf** *acus* sobre); **Butter aufs Brot ~** untar el pan con mantequilla; *umg* **sich** *(dat)* **Creme ins Gesicht ~** ponerse crema en la cara 2 TECH lubri(fi)car, *mit Fett*: engrasar; aceitar; untar; *umg* **sich** *(dat)* **die Kehle ~** remojar el gaznate, lubricar la garganta; *umg fig* **das läuft** *od* **geht wie geschmiert** *umg* esto va que chuta (*od* sobre ruedas *od* como una seda) 3 *umg fig (bestechen)* **j-n ~** comprar a alg; *umg* untar (la mano *od* el carro) a alg 4 *(beschmutzen)* embadurnar; *Maler* pintarrajear; *(kritzeln)* garabatear; *(schlecht schreiben)* borronear, borrajear; emborronar; **Parolen an die Wände ~** emborronar las paredes con lemas, garabatear lemas en las paredes 5 *umg* **j-m eine ~** dar un tortazo a alg; dar una bofetada (*od* un bofetón) a alg B VI *(schlecht schreiben)* borronear; garabatear; *Stift* manchar

'Schmieren N ⟨~s⟩ 1 TECH lubri(fi)cación *f*, engrase *m* 2 *(Beschmutzung)* embadurnamiento *m*; *(Kritzeln)* garabateo *m*; **Schmierenkomödiant** M, **Schmierenschauspieler** M THEAT, FILM cómico *m* de la legua; comicastro *m*

'Schmierer M ⟨~s; ~⟩ *pej (schlechter Maler)* pintamonas *m*

Schmiere'rei F ⟨~; ~en⟩ embadurnamiento *m*; *(Wandschmiererei)* pintada(s) *f(pl)*; *(Kritzelei)* garabateo *m*; *(schlechte Malerei)* pintarrajo *m*, mamarracho *m*, mamarrachada *f*

'Schmiererin F ⟨~; ~nen⟩ *(schlechte Malerin)* pintamonas *f*

'Schmierfähigkeit F TECH poder *m* lubri(fi)cante; **Schmierfett** N grasa *f* lubri(fi)cante; **Schmierfink** M ⟨~en *od* ~s; ~en⟩ *umg pej* 1 *(Schmutzfink)* puerco *m*, -a *f*, marrano *m*, -a *f*, cochino *m*, -a *f* 2 *beim Schreiben, Zeichnen, fig in Veröffentlichungen*: puerco *m*, -a *f*, guarro *m*, -a; **Schmiergeld** N soborno *m*, unto *m* (de rana); **Schmiergeldaffäre** F escándalo *m* de soborno; *Am* mordida *f*

'schmierig ADJ 1 *(fettig)* grasiento, grasoso; untuoso; *(ölig)* aceitoso; *(klebrig)* pringoso 2 *(schmutzig)* sucio; mugriento; cochambroso; *(obszön)* obsceno, verde; **~e Geschäfte** negocios *mpl* sucios 3 *Person (kriecherisch)* adulador, zalamero

'Schmierkanne F aceitera *f*; **Schmierloch** N TECH agujero *m* de lubrificación, orificio *m* de engrase; **Schmiermittel** N lubri(fi)cante *m*; **Schmiernippel** M TECH boquilla *f* de engrase; **Schmiernut** F TECH pata *f* de lubri(fi)cación; **Schmieröl** N aceite *m* lubri(fi)cante; **Schmierpapier** N papel *m* (de) sucio; borrador *m*; **Schmierplan** M TECH esquema *m* de lubri(fi)cación; **Schmierpresse** F TECH prensa *f* de engrase; **Schmierpumpe** F TECH bomba *f* de engrase; **Schmierring** M TECH aro *m* de lubri(fi)cación; **Schmierseife** F jabón *m* verde (*od* blando); **Schmierspalt** M TECH ranura *f* de lubri(fi)cación; **Schmierstelle** F TECH punto *m* de engrase

'Schmierstoff M TECH lubricante *m*; **Schmierstoffwechsel** M TECH cambio *m* de lubri(fi)cantes

'Schmierung F ⟨~; ~en⟩ lubri(fi)cación *f*, engrase *m*; **Schmiervorrichtung** F TECH engrasador *m*; **Schmierzettel** M borrador *m*

schmilzt → schmelzen

'Schminke F ⟨~; ~n⟩ maquillaje *m*; **~ auflegen** → schminken

'schminken A VT maquillar, pintar; **grell geschminkt sein** ir pintado como una mona; **sich** *(dat)* **die Lippen ~** pintarse los labios B VR **sich ~** maquillarse; pintarse; THEAT *a.* caracterizarse

'Schminken N ⟨~s⟩ maquillaje *m*; **Schminkkoffer** M neceser *m* de belleza; **Schminkstift** M barrita *f* (*od* lápiz *m*) de colorete; **Schminktäschchen** N neceser *m*; **Schminktisch** M tocador *m*; **Schminktopf** M *umg hum* **die ist wohl in den ~ gefallen!** ¡qué pintarrajeada va!

'Schmirgel M ⟨~s; ~⟩ esmeril *m*; **Schmirgelleinwand** F tela *f* de esmeril

'schmirgeln VT esmerilar

'Schmirgeln N ⟨~s⟩ esmerilado *m*; **Schmirgelpapier** N papel *m* de esmeril (*od* de lija); **Schmirgelscheibe** F esmeriladora *f*

schmiss → schmeißen

'Schmiss M ⟨~es; ~e⟩ 1 *(Hiebwunde)* tajo *m*, *umg* chirlo *m* 2 ⟨*ohne pl*⟩ *fig (Schwung)* brío *m*

'schmissig ADJ brioso, con brío

'Schmöker M ⟨~s; ~⟩ *umg* **(dicker) ~** novelón *m*; *pej* ladrillo *m*

'schmökern VI *umg* **(in einem Buch) ~** enfrascarse en un libro

'Schmollecke F → Schmollwinkel

'schmollen VI poner mala cara; hacer mohínes; estar enfurruñado; *umg* estar de hocico (*od* de morros)

'Schmollen N ⟨~s⟩ enfado *m*; enfurruñamiento *m*; **Schmollmund** M *umg* morro *m*, hocico *m*; **einen ~ machen** poner(se) de morros; **Schmollwinkel** M **im ~ sitzen** *umg* estar de morros (*od* de hocico), estar enfadado

schmolz → schmelzen

'Schmorbraten M GASTR estofado *m*

'schmoren A VT GASTR estofar; asar a fuego lento; guisar B VI GASTR cocer a fuego lento; ELEK quemarse; *umg fig vor Hitze*: asarse; **in der Sonne ~** asarse (*od* tostarse) al sol; *umg* **j-n ~ lassen** dejar a alg en vilo (*od* en suspense)

'schmorenlassen VT *umg fig* → schmoren B

'Schmorfleisch N carne *f* estofada; **Schmorpfanne** F sartén *f* para fuego lento; **Schmortopf** M cacerola *f*; cazuela *f*

Schmu M ⟨~s⟩ *umg* trampa *f*; **~ machen** sisar, birlar; *beim Spiel*: hacer trampas

schmuck ADJ *obs (hübsch)* bonito, guapo, majo; apuesto; *(elegant)* elegante; *umg* pimpante; *(sauber)* limpio

Schmuck M ⟨~(e)s; ~e⟩ 1 joyas *fpl*, alhajas *fpl*; *(Modeschmuck)* bisutería *f*; **~ anlegen/tragen** ponerse (llevar) joyas 2 *(Zierde)* adorno *m*; ornamento *m*; *(Putz)* atavío *m*

'schmücken A VT adornar (**mit** *dat* con, de); ornar, ornamentar (**mit** *dat* con); *(verzieren) a.* decorar (**mit** *dat* con); *(verschönern)* embellecer, engalanar (**mit** *dat* con) B VR **sich ~** ataviarse, engalanarse, adornarse (**mit** *dat* con); **er schmückt sich gern mit fremden Federn** le gusta apropiarse de los méritos de los otros

'Schmücken N ⟨~s⟩ adorno *m*; ornamentación *f*; embellecimiento *m*; decoración *f*

'Schmuckfeder F pluma *f* de adorno; **Schmuckgegenstand** M joya *f*, alhaja *f*; **Schmuckgeschäft** N joyería *f*; *für Modeschmuck*: bisutería *f*; **Schmuckkästchen** N, **Schmuckkasten** M joyero *m* *Am* alhajera *f*

'schmucklos ADJ sin adorno; *(schlicht)* sencillo; *(nüchtern)* austero; *Stil* sobrio

'Schmucklosigkeit F ⟨~⟩ ausencia *f* (*od* falta *f*) de adorno; sencillez *f*; austeridad *f*; **Schmucknadel** F alfiler *m* de adorno; *(Brosche)* broche *m*; **Schmucksachen** FPL joyas *fpl*, alhajas *fpl*; **Schmuckstück** N joya *f* (*a. fig*), alhaja *f*; **Schmuckwaren** FPL (objetos *mpl* de) joyería *f*; bisutería *f*

'Schmuddel M ⟨~s⟩ *umg pej* falta *f* de limpieza; suciedad *f*

'schmuddelig ADJ *umg pej* mugriento; *Person a.* desaseado; descuidado; desaliñado; *Wetter* desapacible

'Schmuddelkind N *umg pej* niño *m*, -a *f* descuidado, -a; **Schmuddelwetter** N tiempo *m* desapacible

'schmuddlig ADJ → schmuddelig

'Schmuggel M ⟨~s⟩ contrabando *m*

Schmugge'lei F ⟨~; ~en⟩ contrabando *m*

'Schmuggelgut N mercancía *f* de contrabando

'schmuggeln A VI hacer contrabando B VT pasar (*od* introducir) de contrabando (*od* de matute)

'Schmuggeln N ⟨~s⟩ → Schmuggelei; **Schmuggelware** F mercancía *f* de contrabando; alijo *m*; matute *m*; **~ beschlagnahmen** confiscar mercancías de contrabando

'Schmuggler M ⟨~s; ~⟩ contrabandista *m*; **Schmugglerbande** F banda *f* de contrabandistas; **Schmugglerin** F ⟨~; ~nen⟩ contrabandista *f*; **Schmugglerring** M red *f* de contrabandistas; **Schmugglerschiff** N barco *m* contrabandista

'schmunzeln VI mostrar satisfacción (**über** *acus* por); sonreír(se) satisfecho; **Schmunzeln** N ⟨~s⟩ sonrisa *f* de satisfacción

'schmurgeln VT & VI *reg* GASTR freír

Schmus M ⟨~es⟩ *umg (Schmeichelei)* zalamería *f*, lagotería *f*; *umg* coba *f*; *(Geschwätz)* palabrería *f*, cháchara *f*

'Schmusekatze F *umg* *mujer a quien le gusta ser cariñosa y recibir caricias*

'schmusen VI *umg (kosen)* acariciarse; besuquearse; **mit j-m ~** *umg* hacer arrumacos con alg, besuquearse con alg

'Schmuser M ⟨~s; ~⟩, **Schmuserin** F ⟨~; ~nen⟩ *umg* *persona a quien le gusta ser cariñosa y recibir caricias*

Schmutz M ⟨~es⟩ suciedad *f* (*a. fig*); *(Unrat)* inmundicia *f*; basura *f*; *(Straßenschmutz)* barro *m*; lodo *m*; *bes fettiger*: mugre *f*; *moralischer*: indecencia *f*; *fig* **j-n mit ~ bewerfen** echar barro a alg;

fig **j-n/etw in den ~ ziehen** *od* **zerren** arrastrar a alg/a/c por los suelos (*od* por el fango)
'schmutzabweisend, Schmutz abweisend ADJ que repele la suciedad
'Schmutzbogen M TYPO maculatura *f*; **Schmutzbürste** F cepillo *m* para quitar el barro; **schmutzen** VI ensuciar(se); manchar; **Schmutzfink** M ⟨~en *od* ~s; ~en⟩ *umg* puerco *m*, -a *f*, marrano *m*, -a *f*, cochino *m*, -a *f*; **Schmutzfleck** M mancha *f* (de barro); **Schmutzgeier** M ZOOL alimoche *m*
'schmutzig ADJ 1 sucio (*a. fig*); mugriento; inmundo (*a. fig*); (*unreinlich*) desaseado, desaliñado; **~ machen** manchar, ensuciar; **~ werden** *bzw* **sich ~ machen** ensuciarse; *fig* **~e Geschäfte** negocios *mpl* sucios; *fig* **~e Wäsche waschen** sacar los trapos sucios 2 *fig Worte, Witz* verde, soez; (*unflätig*) obsceno; sórdido; (*schweinisch*) puerco, cochino; **~e Reden führen** decir obscenidades; **~e Witze erzählen** (*od umg* **reißen**) contar chistes verdes
'Schmutzigkeit F ⟨~⟩ 1 suciedad *f*; cochambre *m/f*; desaseo *m* 2 *fig* sordidez *f*; obscenidad *f*; **Schmutzpresse** F prensa *f* inmunda; **Schmutzschicht** F capa *f* de mugre; **Schmutzstoff** M contaminante *m*; impurificante *m*; **Schmutztitel** M TYPO anteportada *f*; **Schmutzwäsche** F ropa *f* sucia; **Schmutzwasser** N ⟨~s; -wässer⟩ agua *f* sucia; aguas *fpl* servidas; (*Abwasser*) desagüe *m*, aguas *fpl* negras; **Schmutzzulage** F prima *f* por trabajos sucios
'Schnabel M ⟨~s; ⸚⟩ pico *m* (*a. umg fig Mund*); *e-r Kanne a.*: pitorro *m*; MUS embocadura *f*; SCHIFF (*Schiffsschnabel*) espolón *m*; *umg fig* **halt den ~!** ¡cierra el pico!; *umg fig* **den ~ aufmachen** *od* **auftun** abrir el pico; decir esta boca es mía; *umg fig* **er spricht, wie ihm der ~ gewachsen ist** dice las cosas como le vienen a la boca; *umg* no tiene pelos en la lengua
'schnabelförmig ADJ en forma de pico; rostrado; **Schnabelhieb** M picotazo *m*
'schnäbeln VI picotear; *fig* besuquearse
'Schnabelschuh M HIST zapato *m* de pico (*od* de punta); **Schnabeltasse** F pistero *m*; **Schnabeltier** N ZOOL ornitorrinco *m*
schnabu'lieren VI ⟨*ohne* ge-⟩ *umg* comer con buen apetito; regalarse
Schnack M ⟨~(e)s⟩ *nordd* palabrería *f*, parloteo *m*, cháchara *f*
'schnackeln *reg umg* A VI **mit den Fingern** (*od* **der Zunge**) **~** chascar *od* chasquear los dedos (*od* la lengua) B VI/UNPERS **bei ihr hat es geschnackelt** (*sie hat es begriffen*) *umg* ha caído; (*sie hat sich verliebt*) *umg* se ha colado
'schnacken A VT *nordd* charlar, *umg* chacharear B VI (*Unsinn reden*) disparatar, decir disparates
'Schnackerl N ⟨~s⟩ *österr* hipo *m*
'Schnake F ⟨~; ~n⟩ ZOOL *reg* mosquito *m*
'Schnalle F ⟨~; ~n⟩ 1 hebilla *f*; broche *m* 2 *umg pej Person*: **dumme ~** pava *f*, idiota *f*
'schnallen VT 1 abrochar; *mit Riemen*: atar (con correa); **etw enger/weiter ~** apretar/aflojar a/c 2 *umg fig* (*begreifen*) captar, coger; *umg* **er hat's geschnallt** *umg* ha caído
'Schnallendorn M hebijón *m*, púa *f* de la hebilla; **Schnallenschuh** M zapato *m* de hebillas; **Schnallenverschluss** M cierre *m* de hebilla
'schnalzen VI **mit der Zunge ~** chasquear (*od* chascar) (con) la lengua; **mit den Fingern ~** castañetear los dedos
'Schnalzen N ⟨~s⟩ chasquido *m*; castañeteo *m*
'Schnäppchen N ⟨~s; ~⟩ HANDEL *umg* ganga *f*; chollo *m*; **Schnäppchenführer** M HANDEL *umg* guía *f* de gangas; **Schnäppchenjagd** F *umg* pesca *f* de gangas; **auf ~ gehen** ir a la pesca de gangas; **Schnäppchenjäger** M, **Schnäppchenjägerin** F HANDEL *umg* cazaofertas *m/f*, cazador *m*, -a *f* de gangas
'schnappen A VT 1 (*erwischen*) atrapar, coger; *Tier* **etw ~** atrapar a/c; *umg* **sich** (*dat*) **etw ~** echar mano a a/c 2 *umg Diebe* trincar, pillar, pescar 3 *fig* **(frische) Luft ~** tomar el aire B VI 1 *Schloss* cerrarse; **die Tür schnappt ins Schloss** la puerta se cierra 2 *Tier* morder, intentar coger con los dientes; **nach etw ~** intentar atrapar a/c (*a. fig*); **nach j-m ~** intentar morder a alg 3 *fig* **nach Luft ~** jadear
'Schnäpper M ⟨~s; ~⟩ (*Türschnäpper*) pestillo *m* de golpe (*od* de resorte); MED lanceta *f*
'Schnappfeder F resorte *m*; **Schnappmesser** N navaja *f* de muelle(s) (*od* de resorte); **Schnappschloss** N cerradura *f* de golpe (*od* de resorte); **Schnappschuss** M FOTO instantánea *f*
Schnaps M ⟨~es; ⸚e⟩ aguardiente *m*; **'Schnapsbrenner** M ⟨~s; ~⟩ destilador *m* (de licores); **'Schnapsbrennerei** F ⟨~; ~en⟩ destilería *f* (de licores); **'Schnapsbrennerin** F ⟨~; ~nen⟩ destiladora *f* (de licores); **'Schnapsbruder** M *umg pej* borrachín *m*
'Schnäpschen N ⟨~s; ~⟩ copita *f* (de aguardiente, *etc*)
'Schnapsdrossel F *umg pej* borrachín *m*, -ina *f*
'schnapse(l)n, 'schnäpseln VI tomar una copita; *umg* empinar el codo
'Schnapsfahne F *umg* **eine ~ haben** apestar a aguardiente; **Schnapsflasche** F botella *f* de aguardiente; **Schnapsglas** N copita *f* para licor; **Schnapsidee** F *umg* idea *f* descabellada, *umg* idea *f* de bombero; **Schnapsnase** F nariz *f* de bebedor (*od* de borrachín); **Schnapszahl** F número *m* con (*od* de) cifras idénticas
'schnarchen VI roncar
'Schnarchen N ⟨~s⟩ ronquido *m*; **Schnarcher** M ⟨~s; ~⟩, **Schnarcherin** F ⟨~; ~nen⟩ roncador *m*, -a *f*; **Schnarchnase** F *umg pej* (*Langweiler*) *umg* muermo *m*; (*Trottel, Penner*) *umg* pasmarote *m*; *mst hum* (*Schlafmütze*) *umg* marmota *f*
'Schnarre F ⟨~; ~n⟩ carraca *f*; matraca *f*; **schnarren** VI chirriar; rechinar, crujir; **Schnarren** N ⟨~s⟩ sonido *m* sordo (*bzw* estridente); chirrido *m*; rechinamiento *m*; ronquido *m*; **Schnarrsaite** F MUS bordón *m*
'Schnattergans F *umg fig pej*, **Schnatterliese** F *umg pej* cotorra *f*
'schnattern VI 1 *Gans, Ente* graznar 2 *umg fig mst pej* (*schwätzen*) cotorrear, parlotear; hablar por los codos 3 **vor Kälte ~** tiritar de frío
'Schnattern N ⟨~s⟩ 1 *von Tieren*: graznido *m* 2 *umg fig* (*Schwatzen*) cotorreo *m*, parloteo *m*
'schnauben VI resollar; resoplar (*a. Pferd*); bufar; (*keuchen*) jadear; *fig* **vor Wut ~** bufar de ira; → schnäuzen
'Schnauben N ⟨~s⟩ resuello *m*; resoplido *m*; bufido *m*; jadeo *m*
'schnaubend ADJ jadeante
'schnaufen VI 1 *vor Anstrengung etc*: resollar; respirar con dificultad; resoplar; jadear 2 *umg* (*atmen*) respirar
'Schnaufen N ⟨~s⟩ resuello *m*; respiración *f* dificultosa
'schnaufend ADJ jadeante
'Schnaufer M ⟨~s; ~⟩ *umg* respiración *f*
'Schnauferl N (A. M) ⟨~s; ~(n)⟩ *österr coche pequeño, antiguo y bien conservado*
Schnauz M ⟨~es; ⸚e⟩, **'Schnauzbart** M *umg* bigote *m* (grande); mostacho *m*; **'schnauzbärtig** ADJ bigotudo
'Schnauze F ⟨~; ~n⟩ 1 ZOOL hocico *m* 2 AUTO, FLUG morro *m*; *an Gefäßen*: pico *m* 3 *sl* (*Mund*) **eine große ~ haben** *umg* ser un bocazas; **j-m in die ~ schlagen** *sl* partir (*od* hinchar) los morros a alg; **halt die ~!** *umg* ¡cierra el pico!; **die ~ voll haben** *umg* estar hasta las narices (*od* la coronilla *od* el gorro); *umg* **frei (nach) ~** sobre la marcha; a gusto; **(mit etw) auf die ~ fallen** llevarse un chasco (con a/c)
'schnauzen VI *umg* vocear, vociferar; sargentear, berrear
'schnäuzen A VR **sich ~** sonarse B VT **sich** (*dat*) **die Nase ~** sonarse la nariz
'Schnauzer M ⟨~s; ~⟩ 1 ZOOL *Hunderasse*: grifón *m* 2 *umg* (*Schnurrbart*) bigote *m*
'Schnäuzer M ⟨~s; ~⟩ bigote *m*
'Schnecke F ⟨~; ~n⟩ 1 ZOOL, GASTR caracol *m*; (*Nacktschnecke*) limaza *f*, babosa *f*; *umg fig* **j-n zur ~ machen** *umg* echar una bronca a alg; poner a alg verde 2 ANAT cóclea *f*, caracol *m* 3 TECH (tornillo *m*) sinfín *m*; ARCH, MUS voluta *f*; *Frisur*: caracol *m* 4 *Gebäck*: rosca *f*, caracola *f*
'Schneckenbohrer M TECH barrena *f* helicoidal; **Schneckenförderer** M TECH transportador *m* de tornillo sinfín (*od* sin fin)
'schneckenförmig ADJ acaracolado; helicoidal; en espiral; en voluta
'Schneckengang M 1 TECH → Schneckengewinde 2 *fig* → Schneckentempo; **Schneckengehäuse** N → Schneckenhaus; **Schneckengetriebe** N TECH engranaje *m* helicoidal (*od* de tornillo sin fin); **Schneckengewinde** N TECH filete *m* helicoidal; **Schneckenhaus** N concha *f* (de caracol); **Schneckenlinie** F espiral *f*; **Schneckenpfanne** F sartén *f* para caracoles
'Schneckenpost F **mit der ~** a paso de tortuga; **Schneckenpresse** F TECH extorsionadora *f* de tornillo sin fin; **Schneckenpumpe** F TECH bomba *f* helicoidal; **Schneckenrad** N TECH rueda *f* helicoidal; **Schneckenradgetriebe** TECH → Schneckentrieb; **Schneckentempo** N **im ~** a paso de tortuga; **Schneckentrieb** M TECH engranaje *m* espiral (de tornilllo sin fin); transmisión *f* por tornillo sin fin
Schnee M ⟨~s⟩ 1 nieve *f* (*a. TV*); **ewiger ~** nieves *fpl* perpetuas (*od* eternas); **es liegt viel ~** hay mucha nieve; *umg fig* **das ist ~ von gestern** ya ha pasado mucho tiempo; ha pasado a la historia 2 GASTR (*Eischnee*) clara *f* (de huevo) batida, clara a punto de nieve; **zu ~ schlagen** batir a punto de nieve 3 *Drogenjargon*: (*Kokain*) nieve *f*
'Schneeammer F ORN escribano *m* nival; **Schneeanzug** M traje *m* de nieve
'Schneeball M 1 bola *f* de nieve 2 BOT mundillo *m*; viburno *m*; **Schneeballeffekt** M efecto *m* multiplicador; **Schneeballschlacht** F batalla *f* con bolas de nieve; **Schneeballsystem** N HANDEL venta *f* en pirámide (*od*en cadena);sistema *m* de venta piramidal
'schneebedeckt ADJ cubierto de nieve; nevado
'Schneeberg nevada *f*; montaña *f* cubierta de nieve; **Schneebesen** M GASTR batidor *m*; varillas *fpl*; **schneeblind** ADJ cegado por la nieve; **Schneeblindheit** F oftalmía *f* de las nieves; **Schneebrett** N cornisa *f* de nieve; **Schneebrille** F gafas *fpl* de esquiador (*bzw* de alpinista); gafas *fpl* de nieve; **Schneebruch** M ramas *fpl* caídas por el peso de la nieve; **Schneedecke** F capa *f* de

nieve; **Schneeeule** F ORN lechuza *f* blanca; **Schneefall** M nevada *f*; **Schneefeld** N, **Schneefläche** F campo *m* nevado (*od* cubierto de nieve); **Schneeflocke** F copo *m* de nieve; **Schneefräse** F quitanieves *m* rotativo; fresadora *f* quitanieves

'schneefrei ADJ **1** (*ohne Schnee*) sin nieve **2** SCHULE ~ no tener clase a causa de la nieve

'Schneegans F ORN ánsar *m* nival; **Schneegestöber** N ventisca *f*; torbellino *m* de nieve; **schneeglatt** ADJ resbaladizo por estar la nieve helada; **Schneeglätte** F hielo-nieve *m* resbaladizo; nieve *f* resbaladiza; **Schneeglöckchen** N BOT campanilla *f* de las nieves; **Schneegrenze** F límite *m* de las nieves perpetuas; cota *f* de la nieve; **Schneegrube** F nevero *m*; **Schneehase** F ZOOL liebre *f* alpina (*od* de los Alpes); **Schneehaufen** M amontonamiento *m* (*od* montón *m*) de nieve; **Schneehemd** N anorak *m*; **Schneehöhe** F espesor *m* de la nieve; **Schneehuhn** N ORN perdiz *f* blanca (*od* nival)

'schneeig ADJ cubierto de nieve; nevado; (*häufig beschneit*) nevoso

'Schneekanone F cañón *m* de nieve (artificial); **Schneekette** F AUTO cadena *f* antideslizante; **Schneekönig** M *reg* ORN abadejo *m*, reyezuelo *m*; *fig* **sich wie ein ~ freuen** estar más alegre que unas pascuas; **Schneekristall** M cristal *m* de nieve; **Schneekuppe** F cima *f* nevada; pico *m* nevado; **Schneelandschaft** F paisaje *m* cubierto de nieve; **Schneelawine** F avalancha *f* (*od* alud *m*) de nieve; **Schneemann** M ⟨~(e)s; ~̈er⟩ muñeco *m* (*od* monigote *m*) de nieve; **Schneemassen** FPL masas *fpl* de nieve; **Schneematsch** M nieve *f* semiderretida; **Schneemensch** M hombre *m* de las nieves; **Schneemobil** N ⟨~s; ~e⟩ vehículo *m* oruga para la nieve; **Schneepflug** M **1** *Verkehr*: quitanieves *m* **2** *Skisport*: barreniève *m*; **Schneeräumer** M ⟨~s; ~⟩ *Verkehr*: (máquina *f*) quitanieves *m*; **Schneeraupe** F vehículo *m* oruga-quitanieve; **Schneeregen** M METEO aguanieve *f*; **Schneeregion** F zona *f* (*od* región *f*) con nieves perpetuas *od* nevosa

'schneereich ADJ de nieve abundante, con mucha nieve, nevoso

'Schneereifen M AUTO neumático *m* para nieve; **Schneeschauer** M METEO chubasco *m* (en forma) de nieve; **Schneeschaufel** F, **Schneeschippe** F pala *f* para quitar la nieve; **Schneeschipper** M barrendero *m* (de nieve); **Schneeschläger** M GASTR batidor *m*; **Schneeschleuder** F quitanieves *m* rotativo; **Schneeschmelze** F deshielo *m*; **Schneeschuh** M raqueta *f* de nieve

'schneesicher ADJ **~es Gebiet** zona *f* con nieve segura; región *f* (*od* comarca) con nieve garantizada

'Schneeskooter M ⟨~s; ~⟩ moto *f* de nieve, scooter *m* de nieve; **Schneesport** M deporte *m* de la nieve; **Schneesturm** M METEO temporal *m* de nieve; **Schneetreiben** N METEO ventisca *f*; **Schneeverhältnisse** NPL condiciones *fpl* de la nieve; **Schneeverwehung** F ⟨~; ~en⟩ remolino *m* de nieve; acumulación *f* de nieve; **Schneewächte** → Schneewechte; **Schneewasser** N ⟨~s⟩ aguanieve *f*; **Schneewechte** F ⟨~; ~n⟩ cornisa *f* de nieve; **Schneewehe** F ⟨~; ~n⟩ nieve *f* acumulada; ventisquero *m*; remolino *m* de nieve

'schnee'weiß ADJ níveo, blanco como la nieve

'Schneewetter N tiempo *m* nevoso (*od* de nieves)

Schnee'wittchen N ⟨~s⟩ Blancanieves *f*

'Schneewolke F nube *f* de nieve; **Schneezaun** M mampalizada *f* contra la nieve

Schneid M ⟨~(e)s⟩ *umg südd, österr* brío *m*; gallardía *f*; arrojo *m*, *umg* narices *fpl*; **~ haben** tener arrestos (*od* agallas)

'Schneidbrenner M TECH soplete *m* cortante (*od* de oxicorte)

'Schneide F ⟨~; ~n⟩ corte *m*, filo *m*; (*Klinge*) cuchilla *f*; *e-s Bohrers*: punta *f*

'Schneidebrett N tajo *m*

'Schneideisen N TECH terraja *f*

'Schneidekante F arista *f* cortante; **Schneidemarke** F marca *f* de cortar; **Schneidemaschine** F (máquina *f*) cortadora *f*; **Schneidemesser** N cuchillo *m* de (*od* para) cortar; cuchilla *f*

'schneiden **A** VT & VI ⟨*irr*⟩ **1** cortar; *Bäume, Hecken* podar; (*abschneiden, ausschneiden, zuschneiden*) recortar; (*zerteilen*) dividir, partir; seccionar; TECH *Gewinde* tornear; roscar; *Fleisch* tajar; *Braten* trinchar; MED cortar; operar; *in Holz etc*: grabar, tallar; **klein ~** cortar (*od* picar) fino; **das Messer schneidet gut** el cuchillo corta bien; **eng/weit geschnitten** *Kleid* de talle estrecho/ancho; **ins Gesicht ~** *Wind* cortar la cara; **sich** (*dat*) **die Haare ~ lassen** cortarse el pelo; *fig* **das schneidet mir ins Herz** me parte el corazón (*od* el alma) **2** FILM montar **3** *Verkehr*: cortar el paso (*od* el camino); *ein anderes Fahrzeug* meterse por delante de; **eine Kurve ~** tomar una curva cerrada **4** **Grimassen ~** hacer muecas **5** *fig* **j-n ~** hacer el vacío (a) **B** VR **sich ~** **1** cortarse, hacerse un corte **2** *Linien* cruzarse, atravesarse **3** *umg fig* **sich** (**gewaltig**) **~** (*irren*) estar muy equivocado; equivocarse de medio a medio

'Schneiden N ⟨~s⟩ corte *m*; *umg* **die Luft ist zum ~** *umg* el aire se podría cortar; el aire está muy cargado

'schneidend ADJ cortante; *Kälte a.* penetrante; *Werkzeug a.* incisivo (*alle a. fig*); *Stimme* penetrante; estridente; *Hohn etc* mordaz; sarcástico; **~e Kälte** un frío que corta (*od umg* que pela)

'Schneider M ⟨~s; ~⟩ **1** *Beruf*: sastre *m*; *für Damen*: modista *m*; *umg fig* **frieren wie ein ~** tiritar de frío **2** TECH *Gerät*: cortador *m* **3** *Kartenspiel*: **im ~ sein** acabar la partida sin llegar a los treinta puntos; *umg fig* **aus dem ~ sein** haber salido del apuro; *umg fig* **wir sind aus dem ~** hemos salido airosos; no nos ha pasado nada malo

'Schneiderarbeit F trabajo *m* de sastre

Schneide'rei F ⟨~; ~en⟩ *Handwerk, Werkstatt*: sastrería *f*; (*das Schneiden*) costura *f*, confección *f*

'Schneidergeselle M oficial *m* de sastre (ría); **Schneiderhandwerk** N oficio *m* de sastre, sastrería *f*; **Schneiderin** F ⟨~; ~nen⟩ sastra *f*; *für Damen*: modista *f*; costurera *f*; **Schneiderkostüm** N (traje *m*) sastre *m*; **Schneiderkreide** F jaboncillo *m* de sastre; **Schneiderlehrling** M aprendiz *m*, -a *f* de sastre; **Schneidermeister** M maestro *m* sastre; **Schneidermuskel** M ANAT músculo *m* sartorio

'schneidern **A** VI hacer vestidos (*od* ropa); coser; ejercer de sastre (*bzw* de modista) **B** VT hacer; confeccionar; **sich** (*dat*) **etw ~** hacerse (algo de) ropa

'Schneidern N ⟨~s⟩ costura *f*

'Schneiderpuppe F maniquí *m*; **Schneiderschere** F tijeras *fpl* de sastre; **Schneidersitz** M **im ~** con las piernas cruzadas; **Schneiderwerkstatt** F (taller *m* de) sastrería *f*

'Schneidetisch M FILM mesa *f* de montaje; **Schneidewerkzeug** N herramienta *f* cortante; **Schneidezahn** M ANAT (diente *m*) incisivo *m*

'schneidig ADJ *fig* enérgico; gallardo; brioso; arrojado; *umg* bragado; (*fesch*) apuesto; **Schneidigkeit** F ⟨~⟩ → Schneid

'schneien VI & V/UNPERS nevar; **es schneit** nieva, está nevando; *umg fig* **j-m ins Haus ~** dejarse caer por casa de alg

'Schneise F ⟨~; ~n⟩ (*Waldschneise*) pasillo *m* forestal; (*Feuerschneise*) cortafuego *m*; (*Flugschneise*) pasillo *m* aéreo

schnell **A** ADJ rápido; pronto; veloz; *im Kopf*: vivo; (*plötzlich*) repentino, súbito; (*beschleunigt*) acelerado; (*hastig*) presuroso; *Bewegung* ágil; (*schnellfüßig*) ligero; **~e Bedienung** servicio *m* rápido; **~e Erwiderung** pronta respuesta *f*; **~e Fortschritte** rápidos progresos *mpl*; *umg* **eine ~e Mark machen** ganar dinero fácil (mente); **ein ~er Wagen** un coche rápido; **~er werden** acelerar; **in ~er Folge** en sucesión rápida; **von ~em Entschluss** pronto en las decisiones; **~ wie der Blitz** rápido como el rayo **B** ADV pronto; rápidamente; de prisa; (*hastig*) apresuradamente; **so ~ wie möglich** lo más pronto (*od* rápido) posible; tan pronto como sea posible; cuanto antes; lo antes posible; **~ beleidigt sein** ofenderse fácilmente; **~ fahren** ir de prisa (*od* a gran velocidad); **~er gehen** avivar (*od* aligerar) el paso; **das ist (aber) ~ gegangen** esto ha sido rápido; **~ handeln** actuar rápidamente (*od* sin demora); **~ machen** darse prisa; apresurarse; **~ trocknend** de secado rápido; **~ verderblich** muy perecedero; **~!** ¡venga!; ¡de prisa!; **nicht so ~!** ¡no tan de prisa!; ¡más despacio!; **mach ~!** ¡date prisa!

'Schnellanalyse F análisis *m* rápido; **Schnellarbeitsstahl** M TECH acero *m* de corte rápido; **Schnellausbildung** F formación *f* acelerada

'Schnellbahn F *Verkehr*: tren *m* de cercanías; **Schnellbahnnetz** N red *f* de trenes de cercanías

'Schnellbauweise F ARCH, TECH construcción *f* con piezas prefabricadas; **Schnellboot** N lancha *f* rápida; **Schnelldampfer** M vapor *m* rápido; **Schnelldienst** M servicio *m* rápido; **Schnelldrehstahl** M TECH acero *m* rápido; **Schnelldrucker** M impresora *f* rápida; **Schnelldurchgang** M ≈ vistazo *m*; **im ~** de pasada, rápidamente

'Schnelle F ⟨~⟩ **1** → Schnelligkeit; *umg* **auf die ~** a toda prisa **2** ⟨*pl* ~n⟩ (*Stromschnelle*) rápido *m*

'schnellen **A** VT lanzar, arrojar **B** VI **aus dem Wasser ~** *Fisch* saltar sobre el agua; botar; **in die Höhe ~** *Person* sobresaltarse; *Preise* dispararse

'schnellend ADJ **~er Finger** MED dedo *m* en gatillo

'Schnellfeuer N MIL tiro *m* (*od* fuego *m*) rápido; **Schnellfeuergeschütz** N MIL cañón *m* de tiro rápido; **Schnellfeuergewehr** N MIL fusil *m* de tiro rápido; **Schnellfeuerwaffe** F MIL arma *f* de tiro rápido

'schnellfüßig ADJ ligero de pies; veloz

'Schnellgang M AUTO superdirecta *f*; **Schnellgaststätte** F GASTR restaurante *m* (de servicio) rápido; cafetería *f*; snack(bar) *m*; **Schnellgericht** N **1** JUR tribunal *m* sumario **2** GASTR plato *m* rápido; **Schnellhefter** M carpeta *f*, clasificador *m*

'Schnelligkeit F ⟨~⟩ rapidez *f*; celeridad *f*; (*Geschwindigkeit*) velocidad *f*; (*Promptheit*) prontitud *f*; (*Leichtfüßigkeit*) ligereza *f*; **Schnelligkeitsrekord** M récord *m* de velocidad

'Schnellimbiss M **1** (*Imbiss*) plato *m* rápido;

S

umg tentempié *m*, piscolabis *m* **2** *(Gaststätte)* → Schnellgaststätte; *(Imbissbude)* chiringuito *m*
'Schnellkochtopf M GASTR olla *f* exprés (*od* a presión); **Schnellkraft** F elasticidad *f*; **Schnellkurs** M cursillo *m* (*od* curso *m*) acelerado; **Schnelllader** M ⟨~s; ~⟩ AUTO cargador *m* rápido; **Schnelllauf** M carrera *f* de velocidad; **Schnellläufer** M, **Schnellläuferin** F corredor *m*, -a *f*; velocista *m/f*
'schnelllebig ADJ *Zeit* trepidante, efímero
'Schnellpaket N paquete *m* urgente; **Schnellpresse** F TYPO prensa *f* rápida; **Schnellreinigung** F limpieza *f* (en seco) rápida; **Schnellrücklauf** M *Videorekorder etc*: rebobinado *m* rápido; **Schnellschlussventil** N TECH válvula *f* de cierre rápido; **Schnellschrift** F taquigrafía *f*; **Schnellschritt** M paso *m* acelerado; **im ~** a (*od* con) paso acelerado
'Schnellschuss M *umg* producto *m* rápido; **Schnellschusskamera** F FOTO cámara *f* de disparo rápido
'Schnellsegler M SCHIFF velero *m* rápido; **Schnellstahl** M TECH acero *m* rápido; **Schnellstraße** F *Verkehr*: vía *f* rápida, autovía *f*; **Schnellsuchlauf** M (función *f* de) busca *f* rápida; **Schnelltaste** F IT tecla *f* rápida; **Schnelltestverfahren** N método *m* de prueba rápida; **Schnelltriebwagen** M BAHN HIST automotor *m* rápido; **Schnellverband** M MED vendaje *m* de urgencia (*od* rápido); **Schnellverfahren** N **1** JUR procedimiento *m* acelerado; juicio *m* sumarísimo **2** TECH método *m* rápido; **Schnellverkehr** M tráfico *m* rápido; **schnellwüchsig** ADJ de crecimiento rápido
'Schnellzug M BAHN *obs* (tren *m*) expreso *m*; tren *m* directo
'Schnepfe F ⟨~; ~n⟩ ORN becada *f*, chocha *f*
'Schnepfenstrich M, **Schnepfenzug** M JAGD paso *m* de las chochas (*od* becadas)
'schnetzeln V/T *reg* trocear, cortar (a tiras)
'schneuzen → schnäuzen
'Schnickschnack M ⟨~(e)s⟩ **1** *(wertlose Sachen)* chismes *pl*; cachivaches *pl* **2** *(Geschwätz)* necedades *fpl*, sandeces *fpl*
'schniefen V/I *umg* sorberse los mocos
'schniegeln *umg mst pej* **A** V/T ataviar; acicalar **B** V/R **sich ~** ataviarse; acicalarse; → *a.* geschniegelt
'schnieke ADJ *reg* elegante; chic
'Schnippchen N *fig* **j-m ein ~ schlagen** chafar los planes a alg; dar un chasco a alg; hacer una jugarreta a alg
'Schnippel M, N ⟨~s; ~⟩ *umg* → Schnipsel; **schnippeln** V/T *umg* recortar
'schnippen **A** V/T lanzar (con un dedo) **B** V/I **mit den Fingern ~** chasquear los dedos
'schnippisch ADJ *pej* impertinente; arrogante; respondón; *umg* fresco
'Schnipsel M, N *umg* recorte *m*, recortadura *f*; **schnipseln** V/T → schnippeln
schnitt → schneiden
Schnitt M ⟨~(e)s; ~e⟩ **1** *(das Schneiden)* corte *m*; AGR *a.* siega *f*; *Bäume*: poda *f*; *Buch*: corte *m*, *vorderer*: canto *m*; *umg fig* **seinen ~ machen** *umg* hacer su agosto; *umg* ponerse las botas **2** *(Wunde)* cortadura *f*; tajo *m*; *(Kerbe)* muesca *f*; entalladura *f* **3** MED incisión *f*; sección *f* (*a.* BIOL *Präparat*) **4** TEX *(Machart)* corte *m*, hechura *f*; *(Schnittmuster)* patrón *m*; **nach dem neuesten ~** a la última moda **5** FILM montaje *m* **6** *(Durchschnitt)* promedio *m*, término *m* medio; **im ~** por término medio **7** GEOM *(Schnittlinie, Schnittfläche)* intersección *f*; **der Goldene ~** sección *f* áurea **8** TECH *(Schnittzeichnung)* sección *f* **9** *Kunst*: grabado *m*

'Schnittblumen FPL flores *fpl* cortadas; **Schnittbohnen** FPL judías *fpl* verdes; *Arg* chauchas *fpl* cortadas; **Schnittbreite** F TECH ancho *m* (*od* anchura *f*) de corte
'Schnittchen N ⟨~s; ~⟩ GASTR emparedado *m*; sandwich *m*; canapé *m*
'Schnitte F ⟨~; ~n⟩ **1** *(Scheibe)* rebanada *f* **2** *(belegte Brotschnitte)* ≈: montad(it)o *m*; *Blechkuchen*: trozo *m*
'schnittfest ADJ *Käse, Kuchen etc* fácil de cortar, que se puede cortar bien; *Frucht* de pulpa firme
'Schnittfläche F superficie *f* de corte; **Schnittführung** F MED incisión *f*; **Schnittholz** N madera *f* serradiza (*od* de sierra)
'schnittig ADJ de elegante línea (*bzw* forma); AUTO *a.* aerodinámico
'Schnittkante F canto *m* cortado (*od* de corte); **Schnittkäse** M queso *m* al corte; queso *m* en lonchas; **Schnittlauch** M BOT cebollino *m*; **Schnittlinie** F GEOM línea *f* de intersección; *am Kreis*: secante *f*; **Schnittmeister** M, **Schnittmeisterin** F FILM montador *m*, -a *f* (de cine); **Schnittmenge** F MATH intersección *f* de los conjuntos; **Schnittmuster** N TEX modelo *m*; patrón *m*; **Schnittpunkt** M GEOM (punto *m* de) intersección *f*; **Schnittsalat** M *ensalada que no forma cogollos, p.e. canónigos*
'Schnittstelle F IT *u. fig* interfaz *m/f*, interface *m/f*; **Schnittstellenanschluss** M IT conexión *f* de interfaz
'Schnittwunde F MED cortadura *f*, corte *m*, herida *f* incisa
'Schnitzarbeit F (obra *f* de) talla *f*
'Schnitzel N ⟨~s; ~⟩ **1** GASTR escalope *m*, escalopa *f* **2** (*zssgn* M) *(Papierschnitzel etc)* pedacito *m*; recortadura *f*, recorte *m*; **Schnitzeljagd** F ≈ gincana *f*
'schnitzeln V/T recortar; GASTR cortar en trozos pequeños; trocear
'schnitzen V/T & V/I tallar (*od* esculpir) en madera
'Schnitzen N ⟨~s⟩ talla *f* en madera; **Schnitzer** M ⟨~s; ~⟩ **1** *Person*: tallista *m*, escultor *m* en madera **2** *umg fig (Fehler)* desliz *m*; *umg* gazapo *m*, pifia *f*; **einen ~ machen** *umg* echar un gazapo; pifiar
Schnitze'rei F ⟨~; ~en⟩ talla *f* (en madera) (*a. Werk*)
'Schnitzerin F ⟨~; ~nen⟩ tallista *f*, escultora *f* en madera
'Schnitzkunst F escultura *f* (*od* talla *f*) en madera; **Schnitzmesser** N cuchillo *m* de tallar (*od* de tallista); **Schnitzwerk** N (obra *f* de) talla *f*; escultura *f* de madera
'schnodd(e)rig ADJ *umg (lässig)* desenvuelto; *umg* dejado; *(respektlos)* petulante, impertinente; insolente; *umg* fresco; **Schnodd(e)rigkeit** F ⟨~⟩ petulancia *f*, impertinencia *f*; insolencia *f*; *umg* frescura *f*
'schnöde *geh* **A** ADJ *(verachtenswert)* desdeñable; indigno; bajo, vil; *(geringschätzig)* desdeñoso; despectivo; *(schäbig)* mezquino; **der ~ Mammon** el vil metal; **~r Undank** negra ingratitud *f* **B** ADV ignominiosamente; **~ behandeln** tratar con desprecio
'Schnorchel M ⟨~s; ~⟩ SCHIFF esnórquel *m*; *Sporttauchen a.*: respirador *m*; **schnorcheln** V/I practicar el esnórquel
'Schnörkel M ⟨~s; ~⟩ **1** ARCH voluta *f* **2** *beim Schreiben*: rasgo *m* caligráfico, *umg* ringorrango *m*; *beim Namenszug*: rúbrica *f* **3** *fig (Verzierung)* floreos *mpl*, *umg* ringorrango *m*; **schnörkelhaft** ADJ recargado de adornos; churrigueresco (*a. fig*)
'schnörkeln V/I *umg* hacer ringorrangos

'schnorren V/T & V/I *umg* gorrear, sablear, vivir de gorra; **etw bei** *od* **von j-m ~** gorronear a/c a alg; **Schnorrer** M ⟨~s; ~⟩, **Schnorrerin** F ⟨~; ~nen⟩ *umg* gorrón *m*, -ona *f*, sablista *m/f*
'Schnösel M ⟨~s; ~⟩ *umg pej* chulo *m*; petimetre *m*; **reicher ~** *umg* pijo *m*; **schnöselig** ADJ *umg pej* chulo
schnuck(e)lig ADJ *umg* mono
Schnüffe'lei F ⟨~; ~en⟩ *umg* husmeo *m*, *umg* fisgoneo *m*
'schnüffeln **A** V/I **1** *(schnuppern)* oliscar, olisquear; *Tier a.* olfatear (**an etw** *dat* a/c); husmear **2** *fig (spionieren)* husmear; fisgar, fisgonear, curiosear **B** V/T *Drogenjargon* olisquear; esnifar
'Schnüffeln N ⟨~s⟩ olisqueo *m*; husmeo *m*; *fig* fisgoneo *m*; **Schnüffler** M ⟨~s; ~⟩, **Schnüfflerin** F ⟨~; ~nen⟩ **1** husmeador *m*, -a *f* **2** *fig (Detektiv, Spion etc)* fisgón *m*, -ona *f*; entrometido *m*, -a *f* **3** *Drogenjargon* esnifador *m*, -a *f*
'schnullen V/I *reg* chupar; **Schnuller** M ⟨~s; ~⟩ chupete *m*
'Schnulze F ⟨~; ~n⟩ *umg mst pej* MUS canción *f* sentimental (*od* empalagosa); FILM película *f* sentimental (*od* empalagosa); **schnulzig** ADJ sensiblero, sentimental, empalagoso, cursi
'schnupfen V/I & V/T **1** *Schnupftabak* tomar rapé **2** *Drogenjargon* esnifar
'Schnupfen M ⟨~s; ~⟩ MED resfriado *m*, co(n)stipado *m*; catarro *m*; coriza *f*; **einen ~ haben** estar resfriado (*od* co[n]stipado); **einen ~ bekommen** *od* **sich** (*dat*) **einen ~ holen** resfriarse, co(n)stiparse; acatarrarse; *umg* pescar (*od* pillar) un resfriado
'Schnupfenspray N spray *m* nasal; **Schnupfer** M ⟨~s; ~⟩, **Schnupferin** F ⟨~; ~nen⟩ tomador *m*, -a *f* de rapé; **Schnupftabak** M rapé *m*; **Schnupftabak(s)dose** F tabaquera *f*; **Schnupftuch** N *obs* pañuelo *m*
'schnuppe ADJ *umg* **das ist mir ~** *umg* me importa un comino (*od* un pito *od* un rábano *od* un bledo)
'Schnuppe F ⟨~; ~n⟩ **1** *(Sternschnuppe)* estrella *f* fugaz **2** *reg an der Kerze*: pábilo *m*
'schnuppern V/T & V/I **etw** (*acus*) **~** *od* **an etw** (*dat*) **~** olfatear (*od* olisquear) a/c
Schnur F ⟨~; ~e⟩ **1** cuerda *f*; *dünnere*: cordón *m*; *(Kordel)* cordel *m*; *für Perlen*: sarta *f* **2** *umg (Kabel)* cable *m*; ELEK flexible *m*
'Schnürband N *reg am Schuh*: cordón *m*; **Schnürboden** M THEAT telar *m*
'Schnürchen N ⟨~s; ~⟩ cordoncillo *m*; *fig* **etw wie am ~ können** saber a/c al dedillo; *fig* **das geht wie am ~** esto va a las mil maravillas (*od* como una seda); *umg* esto va que chuta
'schnüren V/T *(zusammenbinden)* atar; enlazar; *Schuhe* liar
'schnurg(e)'rade ADJ & ADV (todo) derecho; en línea recta; a cordel
'Schnurkeramik F ARCHÄOL cerámica *f* acordelada (*od* de cordel)
'schnurlos ADJ inalámbrico; **~es Telefon** teléfono *m* inalámbrico (*od* sin hilos)
'Schnurrbart M bigote *m*; mostacho *m*; **schnurrbärtig** ADJ bigotudo
'schnurren V/I *(summen)* zumbar; *Katze* ronronear (*a. fig Motor etc*); **Schnurren** N ⟨~s⟩ zumbido *m*; ronroneo *m*; **Schnurrhaare** NPL vibrisas *fpl*
'Schnürriemen M lazo *m*
'Schnürschuh M zapato *m* de cordones; **Schnürsenkel** M cordón *m*; lazo *m*; **Schnürstiefel** M borceguí *m*
'schnur'stracks ADV **1** *(geradeaus)* derecho, derechamente; directamente **2** *(sofort)* en el

acto; inmediatamente
schnurz ADJ, **'schnurz('piep)'egal** ADJ *umg* **das ist mir ~** me importa un bledo, no me interesa nada
'Schnute F ⟨~; ~n⟩ *umg* hocico *m*, jeta *f*; **eine ~ ziehen** *umg* torcer el hocico, poner morros; hacer pucheros
schob → schieben
'Schober M ⟨~s; ~⟩ AGR almiar *m*; pajar *m*
Schock M ⟨~(e)s; ~s⟩ shock *m*, choque *m*; conmoción *f*; *seelischer*: trauma *m*; ELEK descarga *f*; **einen ~ erleiden** sufrir una conmoción (*od* un shock); **unter ~ stehen** estar conmocionado, estar bajo los efectos de un shock; **einen ~ versetzen** traumatizar
'Schockbehandlung F MED → Schocktherapie
'schocken V/T → schockieren
'Schocker M ⟨~s; ~⟩ FILM película *f* de terror (*od* de miedo)
scho'ckieren V/T ⟨*ohne* ge-⟩ causar un shock; *moralisch*: escandalizar; chocar; **schockierend** ADJ escandaloso; chocante
'Schockschäden MPL MED daños *mpl* debidos a *od* causados por un shock; **Schocksyndrom** N MED síndrome *m* de shock *od* choque; **Schocktherapie** F MED tratamiento *m* por shock *od* choque; **Schockwelle** F onda *f* de choque; **Schockwirkung** F efecto *m* de shock *od* choque
'schofel, schofelig ADJ *umg* (*gemein*) ruin; vil; (*geizig, armselig*) mezquino, infame
'Schöffe M ⟨~n; ~n⟩ JUR escabino *m*; **Schöffengericht** N JUR tribunal *m* de escabinos; escabinado *m*; **Schöffin** F ⟨~; ~nen⟩ JUR escabina *f*
'Schokokuss M GASTR *bola f de merengue cubierta de chocolate*
Schoko'lade F ⟨~; ~n⟩ chocolate *m* (*a. Getränk*); **(heiße) ~ mit Sahne** chocolate *m* caliente (*od* a la taza) con nata; **Tafel** *f* **~** tableta *f* de chocolate
schoko'lade(n)braun ADJ → schokoladenfarben
'Schokoladeneis N helado *m* de chocolate; **Schokoladenfabrik** F fábrica *f* de chocolates, chocolatería *f*; **schokoladenfarben** ADJ (de) color chocolate; achocolatado; marrón chocolate; **Schokoladenkuchen** M GASTR tarta *f* de chocolate; **Schokoladenpudding** M flan *m* de chocolate; **Schokoladenseite** F *umg fig* lado *m* bueno (*od* agradable); **Schokoladensoße** F salsa *f* de chocolate; **Schokoladenstreusel** → Schokostreusel; **Schokoladentafel** F tableta *f* de chocolate
Schoko'ladenzyste F MED quiste *m* de chocolate
'Schokoriegel M GASTR *umg* chocolatina *f*; barra *f* (*od* barrita) de chocolate; **Schokostreusel** MPL & NPL fideos *mpl* de chocolate
Scho'lar M ⟨~en; ~en⟩ HIST escolar *m*; estudiante *m*
Scho'lastik F ⟨~⟩ 1 HIST escolástica *f*, escolasticismo *m* 2 *umg pej* verbalismo *m*; sutileza *f*; **Scholastiker** M ⟨~s; ~⟩, **Scholastikerin** F ⟨~; ~nen⟩ HIST escolástico *m*, -a *f*; **scholastisch** ADJ escolástico
scholl → schallen
'Scholle[1] F ⟨~; ~n⟩ 1 (*Erdscholle*) terrón *m*; gleba *f* (*a. fig*); *fig* (*Heimaterde*) terruño 2 (*Eisscholle*) témpano *m*
'Scholle[2] F ⟨~; ~n⟩ *Fisch*: platija *f*, solla *f*
'Schollenbrecher M AGR desterronadora *f*
'Schöllkraut N ⟨~(e)s⟩ BOT celidonia *f*
schon A ADV 1 (*bereits*) ya; **heute/morgen ~** hoy/mañana mismo; **~ immer** siempre; **~ jetzt** ahora mismo; **~ am frühen Morgen** desde muy temprano; **es ist ~ 12 Uhr** ya son las doce; **es ist ~ lange her** hace (ya) mucho tiempo; **sie ist ~ 2 Monate krank** lleva ya dos meses enferma; **das ist ~ das dritte Mal** ya van tres veces; **es ist ~ zu spät** ya es demasiado tarde; **~ von Anfang an** desde el primer momento; ya desde el comienzo; **hast du ~ mit ihm gesprochen?** ¿has hablado ya con él?; **das kennen wir ~** *umg* eso ya lo sabemos (de memoria); **sie drehte sich um und ~ war sie weg** se dio la vuelta y desapareció; **ich komme ~!** ¡(ya) voy!; **ich verstehe ~!** ¡está bien!; ¡entendido!; ¡ya!; **er wollte ~ gehen** (ya) iba a marcharse; **~ wieder** otra vez; **was gibt's ~ wieder?** ¿qué es lo que pasa ahora? 2 (*allein, nur*) **~ deshalb** sólo por eso; **(allein) ~ der Gedanke daran** (de) sólo pensarlo; sólo de pensarlo; la sola idea de; **~ der Höflichkeit wegen** aunque no sea más que por cortesía; **~ dadurch allein** (tan) sólo por eso 3 (*sogar*) incluso; **~ für drei Euro** ya a (partir de) tres euros 4 (*inzwischen*) **~ (mal)** mientras tanto B PARTIKEL 1 *verstärkend*: **du wirst ~ sehen!** ¡ya verás! 2 (*ohnehin*) **das ist ~ teuer genug** ya es bastante caro 3 *einräumend*: **das ~, aber ...** eso desde luego, pero ...; **Zeit hätte ich ~, aber ...** tiempo sí que tendría, pero ...; **~ gut!** ¡bueno!; ¡ya está (bien)!; **ich gebe ~ zu, dass ...** no puedo menos de reconocer que ...; **das ist ~ wahr, aber ...** (claro que) es así, pero ... 4 *beruhigend*: **er wird ~ kommen** ya vendrá; (de) seguro que vendrá; **es wird ~ wieder (werden** *od* **gehen)** ya se arreglará; todo se arreglará 5 (*endlich*) **nun komm ~** ¡pero venga!; ¡no te quedes ahí!; ¡venga, venga! 6 *abwertend*: **was weiß du ~ (davon)** ¡y tú qué sabes!; **(na), wenn ~!** ¿y qué?; ¿qué importa eso? 7 **wenn ~, denn ~!** ¡si ha de ser, sea!; ¡a lo hecho, pecho!
schön A ADJ 1 (*schön anzusehen*) hermoso; bello; (*hübsch*) bonito, *Am* lindo; *Person a.* guapo; *hum* **das ~e Geschlecht** el bello sexo; **sich ~ machen** arreglarse, engalanarse, *umg* ponerse guapo 2 *fig* (*gut, großartig*) magnífico; excelente; *Leben, Zeiten a.* bueno; **eine ~e Gelegenheit** una magnífica ocasión; **in ~ster Ordnung** perfectamente; **es ist ~es Wetter** hace buen tiempo; **wieder ~ werden** *Wetter*: mejorar 3 **~!** *zustimmend*: ¡de acuerdo!; ¡(está) bien!; *Am* ¿cómo no?; **~en Dank!** ¡muchas gracias! 4 **~e Literatur** bellas letras *fpl*; **~e Künste** bellas artes *fpl* 5 (*beträchtlich*) **eine ~e Summe** una cantidad considerable; *umg* una bonita suma 6 **eines ~en Tages** algún día; el día menos pensado 7 *iron* **(nur) ~e Worte** palabras *fpl* hueras; *umg* música *f* celestial; **es kommt noch ~er** hay más aún; **das wäre ja noch ~er!** ¡no faltaría (*od* faltaba) más!; **da sind wir ~ dran!** estamos aviados (*od* frescos); **von Ihnen hört man ja ~e Dinge!** ¡lindas cosas me cuentan de usted!; **du bist mir ein ~er Freund!** ¡valiente amigo eres tú!, ¡vaya un amigo que tengo en ti! 8 (*liebenswürdig, nett*) **das ist ~ von dir** es muy amable de tu parte; eres muy amable; **das ist nicht ~ von dir** no está bien que hagas eso B ADV 1 **das klingt ~** suena muy bien; *fig* parece muy prometedor; **alles gut und ~, aber ...** todo eso está muy bien, pero ... 2 **bitte ~** *als Bitte*: por favor, haga el favor; *Antwort auf e-n Dank*: de nada, no hay de qué; *auf e-e Entschuldigung*: (no ha sido) nada; **(ich) danke ~** muchas gracias; **er lässt Sie ~ grüßen** le manda muchos recuerdos 3 (*sehr*) bien; **~ warm/weich** calentito/suavecito; *umg* **du bist ~ dumm** estás muy tonto; *umg* **er ist (ganz) ~ dumm, dass** mira qué tonto que es que ...; *umg* **er hat uns ganz ~ angelogen** nos ha mentido a base de bien; *umg* **wir mussten ganz ~ arbeiten** tuvimos que trabajar de lo lindo; *umg* **sich (ganz) ~ erschrecken** llevarse un buen susto; *umg* **sie hat (ganz) ~ gestaunt** se ha extrañado mucho 4 *umg verstärkend*: **sei ~ artig!** ¡haz el favor de portarte bien!; **bleib ~ sitzen!** ¡quédate sentado!
'Schonbezug M funda *f* (protectora); AUTO cubreasientos *m*
'Schöne F ⟨~n; ~n; → A⟩ beldad *f*; *umg* guapa *f*
'Schöne(s) N ⟨~n⟩ **das ~** lo hermoso; lo bello; *iron* **Sie werden etwas ~s von mir denken!** ¡bonita opinión tendrá usted de mí!; *iron* **das Schönste ist, dass ...** lo mejor es que ...; *iron* **jetzt kommt das Schönste** lo mejor viene ahora
'schonen A V/T tratar bien (*bzw* con cuidado); cuidar (bien); (*schützen*) proteger, preservar; *Gefühle, Rechte, Eigentum etc* respetar; *Kräfte etc* economizar, ahorrar; **j-n ~** tener consideración con alg; guardar consideración a alg; ser indulgente con alg; **seine Gesundheit ~** cuidarse B V/R **sich ~** cuidarse; **sich nicht ~** trabajar en exceso; **du solltest dich mehr ~!** ¡deberías cuidarte más!; ¡no estaría mal que te cuidaras más!
'schönen V/T *Wein* clarificar; *Textilien* avivar; **eine Statistik ~** manipular (*od* afeitar *od* retocar) una estadística
'schonend A ADJ (*rücksichtsvoll*) considerado; (*nachsichtig*) indulgente; (*maßvoll*) moderado B ADV **~ behandeln** tratar cuidadosamente (*od* con cuidado); *j-n* tratar con miramientos; **j-m etw ~ beibringen** comunicar con precaución a/c a alg
'Schoner M ⟨~s; ~⟩ 1 (*Schonbezug*) funda *f*; cubierta *f* (pequeña) 2 SCHIFF goleta *f*; **Schonersegel** N SCHIFF vela *f* de goleta
'schönfärben V/T *fig* **etw ~** idealizar a/c, pintar a/c de color de rosa; manipular a/c; **Schönfärber** M *fig* optimista *m*
Schönfärbe'rei F ⟨~; ~en⟩ *fig* idealización *f*
'Schönfärberin F *fig* optimista *f*
'Schonfrist F plazo *m* de gracia (*od* de respiro); **Schongang** M 1 AUTO sobremarcha *f* 2 *Waschmaschine*: → Schonprogramm
'Schöngeist M esteta *m/f*; erudito *m*, -a *f*
Schöngeiste'rei F ⟨~⟩ esteticismo *m*
'schöngeistig ADJ intelectual, erudito; estético; **~e Literatur** bellas letras *fpl*
'Schönheit F ⟨~; ~en⟩ 1 (*das Schöne*) belleza *f*; hermosura *f* 2 *Frau*: beldad *f*, belleza *f*; mujer *f* hermosa (*od* bella)
'Schönheitschirurg M cirujano *m* plástico; **Schönheitschirurgie** F cirugía *f* estética (*od* plástica); **Schönheitschirurgin** F cirujana *f* plástica; **Schönheitsfarm** F centro *m* (*od* clínica *f*) de belleza; **Schönheitsfehler** M defecto *m* exterior; imperfección *f*; *fig a.* lunar *m*; **Schönheitsfleck** M lunar *m*
'Schönheitsideal N belleza *f* ideal; ideal *m* de belleza; patrón *m* (*od* modelo *m*) de belleza; **(nicht) dem gängigen ~ entsprechen** (no) corresponder a lo que se entiende por ideal de belleza
'Schönheitsinstitut N instituto *m* de belleza; **Schönheitskönigin** F miss *f*; reina *f* de (la) belleza; **Schönheitskonkurrenz** F → Schönheitswettbewerb; **Schönheitsmittel** N cosmético *m*; artículo *m* de belleza; **Schönheitsoperation** F operación *f* de cirugía estética; **Schönheitspflege** F cosmética *f*; **Schönheitspfleger** M, **Schönheitspflegerin** F esteticista *f*; **Schönheitsreparatur** F reparación *f* de embellecimiento; reparación *f* menor; **Schönheitssalon** M salón *m* (*od* instituto *m*) de belleza;

Schönheitssinn M sentido *m* estético; sentimiento *m* estético (*od* de lo bello); **Schönheitswettbewerb** M concurso *m* de belleza; *umg* concurso *m* de mises
'Schonkost F MED dieta *f*; (comida *f* de) régimen *m*
'Schönling M ⟨~(e)s; ~e⟩ guaperas *m*; guapillo *m*; guapito *m*
'schönmachen A V/T & V/R → schön A 1 B V/I *Hund* hacer posturas
'Schonprogramm N programa *m* para prendas delicadas
'schönreden V/T *Pleite, Niederlage, Misserfolg etc* bagatelizar, minimizar, quitar importancia a
Schönrede'rei F ⟨~⟩ bagatelización *f*
'Schönredner M, **Schönrednerin** F *persona que quita importancia a a/c*
'schönschreiben V/I ⟨irr⟩ caligrafiar
'Schönschrift F ⟨~⟩ caligrafía *f*; **in ~ schreiben** caligrafiar; **Schöntuer** M ⟨~s; ~⟩ (*Schmeichler*) adulador *m*, lisonjero *m*; *umg* pelota *m*
Schöntue'rei F ⟨~⟩ (*Schmeichelei*) adulación *f*, lisonja *f*
'Schöntuerin F ⟨~; ~nen⟩ (*Schmeichlerin*) aduladora *f*, lisonjera *f*; *umg* pelota *f*
'schöntun V/I ⟨irr⟩ (*schmeicheln*) adular, halagar, lisonjear; **j-m ~** hacerse el simpático con alg; *umg* hacer la pelota a alg
'Schonung F ⟨~; ~en⟩ 1 (*Rücksichtnahme*) consideración *f*, miramiento *m*; (*Erhaltung*) conservación *f*; protección *f*; MED reposo *m*; relajación *f*; **der Kranke braucht ~** el enfermo necesita reposo; **mit ~ behandeln** tratar con cuidado (*od* miramiento *od* consideración); **um ~ bitten** pedir indulgencia 2 FORST coto *m* de bosque nuevo; vedado *m*; (*Baumschule*) plantel *m*, vivero *m*
'schonungsbedürftig ADJ necesitado de cuidados (*bzw* de reposo); *nach e-r Krankheit*: convaleciente; **schonungslos** ADJ (*rücksichtslos*) desconsiderado; sin consideración; sin miramiento(s); (*erbarmungslos*) despiadado; sin piedad; (*brutal*) brutal; **Schonungslosigkeit** F ⟨~⟩ (*Rücksichtslosigkeit*) falta *f* de consideración; (*Brutalität*) crueldad *f*
'Schonwaschgang M programa *m* para ropa delicada
Schön'wetterlage F METEO tiempo *m* anticiclónico; **Schönwetterperiode** F METEO periodo *m* anticiclónico; periodo *m* de buen tiempo (*a. fig*)
'Schonzeit F JAGD veda *f*; *fig* plazo *m* de gracia; **es ist ~** es tiempo de veda
Schopf M ⟨~(e)s; ¨~e⟩ 1 (*Haarschopf*) cabello *m*; *wirrer*: pelambrera *f*; *der Vögel*: copete *m*; moño *m*; penacho *m*; *fig* **die Gelegenheit beim ~(e) packen** *od* **fassen** coger la ocasión por los pelos 2 *schweiz* (*Schuppen, Nebengebäude*) cobertizo *m*
'Schöpfbrunnen M pozo *m*; **Schöpfeimer** M cubo *m*; balde *m*; TECH cangilón *m*
'schöpfen V/T 1 *Wasser etc* sacar (**aus** de); SCHIFF achicar; **leer ~** vaciar 2 **frische Luft ~** tomar el aire 3 *fig* **neue Hoffnung ~** concebir nuevas esperanzas; **Verdacht ~** sospechar; **Vertrauen ~** cobrar confianza
'Schöpfer M ⟨~s; ~⟩ 1 creador *m*; autor *m*; artífice *m*; REL **der ~** el Creador 2 → Schöpfkelle; **Schöpfergeist** M genio *m* (*od* espíritu *m*) creador; **Schöpferhand** F mano *f* creadora; **Schöpferin** F ⟨~; ~nen⟩ creadora *f*; autora *f*; **schöpferisch** ADJ creador; creativo; productor; **Schöpferkraft** F fuerza *f* creadora, creatividad *f*
'Schöpfkelle F, **Schöpflöffel** M cazo *m*; cucharón *m*; TECH vasija *f*, perol *m*; **Schöpfpapier** N papel *m* de tina; **Schöpfrad** N rueda *f* elevadora (*bzw* de cangilones); noria *f*
'Schöpfung F ⟨~; ~en⟩ *Bibel*: creación *f* (*a. geh Werk*); **Schöpfungsgeschichte** F *Bibel*: Génesis *m*
'Schöpfwerk N TECH elevador *m* de agua; SCHIFF achicador *m*
'Schoppen M ⟨~s; ~⟩ *Maß*: cuartillo *m*; **ein ~ Wein** una copa de vino
schor → scheren[1]
Schorf M ⟨~(e)s; ~e⟩ MED costra *f*; esfacelo *m*, escara *f*; **'Schorfbildung** F escarificación *f*; **'schorfig** ADJ costroso, cubierto de costras
'Schorle F ⟨~; ~n⟩ GASTR (*Weinschorle*) *vino mezclado con agua mineral*; (*Saftschorle*) *zumo mezclado con agua mineral*
'Schornstein M ⟨~(e)s; ~e⟩ chimenea *f*; *fig* **etw in den ~ schreiben** dar a/c por perdido; *umg fig* **zum ~ hinausjagen** tirar por la ventana
'Schornsteinaufsatz M caperuza *f* (*od* sombrerete *m*) de chimenea; **Schornsteinfeger** M, **Schornsteinfegerin** F deshollinador *m*, -a *f*; limpiachimeneas *m/f*; **Schornsteinhaube** F, **Schornsteinkappe** F → Schornsteinaufsatz
schoss → schießen[1], schießen[2]
Schoss M ⟨~es; ~e⟩ BOT retoño *m*; brote *m*
Schoß M ⟨~es; ¨~e⟩ regazo *m*; seno *m* (*a. fig Mutterleib*); (*Rockschoß*) faldón *m*; **auf den ~ nehmen** *Kind* poner en el regazo; **die Hände in den ~ legen** estar mano sobre mano; cruzarse de brazos; *geh* **im ~e der Familie** en el seno de la familia; *fig* **j-m in den ~ fallen** caer a alg del cielo
'Schoßhund M, **Schoßhündchen** N perro *m* (*bzw* perrillo *m*) faldero; **Schoßkind** N niño *m* mimado
'Schössling M ⟨~s; ~e⟩ BOT retoño *m*, renuevo *m*, vástago *m*; brote *m*
'Schot(e)[1] F ⟨~; Schoten⟩ SCHIFF escota *f*
'Schote[2] F ⟨~; ~n⟩ BOT *bei Gemüse*: vaina *f*; silicua *f*
Schott N ⟨~(e)s; ~en⟩ mamparo *m*
'Schotte M ⟨~n; ~n⟩ escocés *m*
'Schottenrock M falda *f* escocesa; **Schottentür** F SCHIFF compuerta *f*
'Schotter M ⟨~s; ~⟩ 1 guijos *mpl*; (*Straßenschotter*) grava *f*; gravilla *f*; BAHN balasto *m* 2 *umg* (*Geld*) pasta *f*; **Schotterdecke** F *Straße*: firme *m* de gravilla
'schottern V/T rociar con grava; salpicar de grava; cubrir de gravilla (*od* de grava); BAHN balastar; **Schotterstraße** F carretera *f* (*od* calle *f*) sin asfaltar; **Schotterung** F ⟨~; ~en⟩ capa *f* de grava; BAHN balastado *m*, balasto *m*
'Schottin F ⟨~; ~nen⟩ escocesa *f*; **schottisch** ADJ escocés; **Schottland** N ⟨~s⟩ Escocia *f*
schraf'fieren V/T ⟨ohne ge-⟩ sombrear; rayar; plumear; **Schraffierung** F ⟨~; ~en⟩ sombreado *m*; rayado *m*; plumeado *m*
schräg A ADJ 1 oblicuo; (*geneigt*) inclinado; (*diagonal*) diagonal; (*quer hindurchgehend*) transversal; **~e Fläche** superficie *f* inclinada; **~e Wand** pared *f* inclinada; (*Dachschräge*) techo *m* inclinado 2 *umg fig* (*unkonventionell*) *Musik, Vorstellungen* estrafalario, estrambótico; **ein ~er Vogel** un tío estrafalario, *umg* un bicho raro; **was für ein ein ~er Typ** *od* **Vogel!** ¡qué pájaro! B ADV oblicuamente; al sesgo; (*von der Seite*) de soslayo; (*abgeschrägt*) en declive; (*diagonal*) diagonalmente; en diagonal; (*quer*) de través; **~ gegenüber (von)** casi enfrente (de); **den Kopf ~ halten** ladear la cabeza; **~ stellen** ladear, inclinar, sesgar; *umg fig* **j-n ~ ansehen** mirar a alg de reojo; **~ über die Straße gehen** atravesar la calle en diagonal
'Schräganansicht F vista *f* oblicua; **Schrägbalken** M *Wappen*: banda *f*
'Schräge F ⟨~; ~n⟩ oblicuidad *f*; (*Neigung*) inclinación *f*; TECH (*Fase*) bisel *m*
'schrägen V/T sesgar, cortar al sesgo; TECH (*fasen*) cortar en bisel; biselar
'Schrägfläche F plano *m* inclinado; **Schrägheck** N AUTO parte *f* posterior (*od* trasera) oblicua; **Schrägkante** F bisel *m*; chaflán *m*; **schrägkantig** ADJ achaflanado; biselado; **Schräglage** F inclinación *f*; posición *f* oblicua (*od* inclinada); **Schräglager** N TECH apoyo *m* helicoidal
schräg laufend ADJ diagonal; transversal; **~er Druck** impresión *f* no alineada
'Schrägparken N *Verkehr*: aparcamiento *m* en batería; **Schrägpass** M *Fußball*: pase *m* cruzado; **Schrägrad** N TECH piñón *m* de dentado helicoidal; **Schrägschliff** M biselado *m*; **Schrägschnitt** M TECH corte *m* en bisel; **Schrägschrift** F escritura *f* oblicua; TYPO letra *f* bastardilla (*od* itálica); **Schrägschuss** M *Fußball*: tiro *m* cruzado
'schrägstellen V/T → schräg B
'Schrägstreifen M diagonal; **Schrägstrich** M trazo *m* oblicuo; barra *f* diagonal (*od* inclinada)
schrak → schrecken
'Schramme F ⟨~; ~n⟩ rozadura *f*; (*Kratzwunde*) arañazo *m*, rasguño *m*; *auf Lack, in e-r CD*: raya *f*
'schrammen V/T & V/I rozar; (*kratzen*) arañar, rasguñar; *auf Lack etc*: rayar; **sich** (*dat*) **die Hand (an etw** *dat*) **~** hacerse (con a/c) un rasguño en la mano
Schrank M ⟨~(e)s; ¨~e⟩ 1 armario *m*; (*Geschirrschrank*) aparador *m*; (*Kleiderschrank*) ropero *m* 2 *umg* (*großer, breitschultriger Mann*) **ein ~ (von einem Mann)** un armario de hombre
'Schrankbett N cama *f* abatible; **Schrankbrett** N anaquel *m*
'Schranke F ⟨~; ~n⟩ barrera *f* (*a.* BAHN *u. fig*); *fig* límite *m*; *fig* **in die ~n fordern** desafiar, retar; **~n setzen** poner límites (*od* coto) a; **j-n in ~n halten** tener a raya a alg; **sich in ~n halten** contenerse; quedar(se) dentro de los límites; **j-n in seine ~n (ver)weisen** poner a alg en el lugar que le corresponde; poner a alg en su lugar; poner a raya a alg
'schränken V/T TECH *Säge* triscar
'schrankenlos ADJ sin límites, ilimitado; (*maßlos*) desmesurado, desmedido; (*zügellos*) desenfrenado; **Schrankenlosigkeit** F ⟨~⟩ descomedimiento *m*; desenfreno *m*
'Schrankenwärter M BAHN guardabarrera *m*
'Schrankfach N casilla *f*; anaquel *m*; **Schrankkoffer** M maleta-armario *f*; baúl *m*; **Schranktür** F puerta *f* de(l) armario; **Schrankwand** F librería *f* mural; mueble *m* pared
'Schrap'nell N ⟨~s; ~e *od* ~s⟩ 1 MIL HIST granada *f* (*od* proyectil *m*) de metralla; shrapnel *m* 2 *sl pej* (*ältere hässliche Frau*) bruja *f*
'schrappen V/T *reg* rascar; **Schrapper** M ⟨~s; ~⟩ TECH rascador *m*
'Schraubdeckel M tapón *m* de rosca; tapa *f* roscada
'Schraube F ⟨~; ~n⟩ 1 TECH tornillo *m*; **~ ohne Ende** TECH tornillo sin fin; *fig* círculo *m* vicioso; *umg* cuento *m* de nunca acabar; *umg fig* **bei ihm ist eine ~ los** *od* **locker** le falta un tornillo; *fig* **die ~n anziehen** apretar las clavijas 2 SCHIFF, FLUG hélice *f* 3 SPORT giro *m* 4 *umg pej* **eine alte ~** una vieja chiflada
'schrauben A V/T 1 (*anschrauben, festschrauben*) atornillar; (**an etw** *acus* a a/c); *Deckel* poner

(**auf** *acus* a); **fester ~** apretar los tornillos 2 (*abschrauben*) desatornillar (**von** de); *Deckel* quitar (**von de**) 3 *fig* **in die Höhe ~** hacer subir, *umg* poner por las nubes B V/R **sich in die Höhe ~** *Flugzeug* elevarse; → *a.* geschraubt

'**Schraubenbolzen** M perno *m* roscado; **Schraubendreher** M ⟨~s; ~⟩ destornillador *m*; **Schraubenfeder** F muelle *m* helicoidal; **schraubenförmig** ADJ helicoidal; **Schraubengang** M paso *m* de filete (*od* de rosca); **Schraubengewinde** N filete *m* (*od* rosca *f*) de tornillo; **Schraubenkopf** M cabeza *f* de tornillo; **Schraubenlehre** F calibre *m* para tornillos; **Schraubenmutter** F ⟨~; ~n⟩ tuerca *f*; **Schraubenschlüssel** M llave *f* de tuercas, aprietatuercas *m*; **Schraubenspindel** F TECH husillo *m* (*od* árbol *m*) roscado; **Schraubenwelle** F SCHIFF, FLUG árbol *m* portahélice; **Schraubenwinde** F gato *m* de tornillo; **Schraubenwindung** F espira *f*; filete *m* de tornillo; **Schraubenzieher** M ⟨~s; ~⟩ destornillador *m*

'**Schraubglas** N frasco *m* con tapa roscada; **Schraubstock** M torno *m*, tornillo *m* de banco; **Schraubverschluss** M cierre *m* roscado

'**Schrebergarten** M huerto *m* familiar

Schreck M ⟨~(e)s; ~e⟩ susto *m*; *jäher*: sobresalto *m*; **einen ~ bekommen** asustarse, llevarse un susto; **j-m einen ~ einjagen** dar a alg un susto; *umg* **ach du (mein) ~!** ¡cielos!, ¡dios mío!

'**Schreckbild** N fantasma *m*, espectro *m*; espantajo *m*

'**schrecken** V/T asustar, dar un susto; *stärker*: atemorizar; espantar; aterrar; horrorizar; (*aufschrecken*) sobresaltar

'**Schrecken** M ⟨~s; ~⟩ 1 susto *m*; *jäher*: sobresalto *m*; (*Furcht*) temor *m*; miedo *m*; (*Entsetzen*) espanto *m*; (*Panik*) pánico *m*; **einen ~ bekommen** asustarse, llevarse un susto; **j-m einen ~ einjagen** asustar (*od* dar un susto) a alg; espantar (*od* aterrorizar) a alg; infundir temor (*od* miedo) a alg; **j-m einen schönen ~ einjagen** dar un susto tremendo a alg; dar un buen susto a alg; **~ erregen** horrorizar, causar horror; **~ verbreiten** hacer cundir el terror; sembrar el pánico; **ein Ende mit ~** un fin espantoso; **mit dem ~ davonkommen** no sufrir más que el susto 2 *geh* (*Schrecklichkeit*) terror *m*; pavor *m*; horror *m*; **ein Bild des ~s** una imagen del horror; **die ~ des Krieges** los horrores de la guerra 3 (*gefürchtete Person*) terror *m*; **der ~ seiner Feinde** el terror de sus enemigos

'**schreckenerregend** ADJ, **Schrecken erregend** ADJ espantoso; terrorífico

'**schreckensbleich** ADJ lívido de espanto

'**Schreckensbotschaft** F noticia *f* alarmante (*od* terrible); **Schreckensherrschaft** F régimen *m* de terror; terrorismo *m*; **Schreckensnachricht** F → Schreckensbotschaft; **Schreckensnacht** F noche *f* de terror; **Schreckensschreie** MPL gritos *mpl* de espanto; **Schreckenstat** F atrocidad *f*

'**Schreckgespenst** N fantasma *m*, espectro *m* (*beide a. fig*); **schreckhaft** ADJ asustadizo; miedoso; espantadizo; **Schreckhaftigkeit** F ⟨~⟩ timidez *f*

'**schrecklich** A ADJ 1 (*erschreckend, entsetzlich*) espantoso; horrible, horroroso; atroz; *Anblick, Unfall* terrible; **wie ~!** ¡qué horror!, ¡qué espanto! 2 **ein ~er Mensch** una persona terrible (*od* espantosa) 3 *umg fig* (*riesig*) tremendo; enorme; formidable; colosal B ADV *umg fig* (*sehr*) muchísimo; (*ungemein*) terriblemente; **~ viel Geld** una barbaridad de dinero

'**Schrecklichkeit** F ⟨~; ~en⟩ espanto *m*; horror *m*; atrocidad *f*

'**Schrecknis** N ⟨~ses; ~se⟩ horror *m*

'**Schreckschraube** F *umg pej Frau*: cardo *m*

'**Schreckschuss** M tiro *m* al aire; *fig* aldabonazo *m*; falsa alarma *f*; **einen ~ abgeben** disparar un tiro al aire; **Schreckschusspistole** F pistola *f* detonadora (*od* de fogueo)

'**Schrecksekunde** F momento *m* de(l) susto; AUTO segundo *m* de reacción

Schrei M ⟨~(e)s; ~e⟩ 1 grito *m*; *Hahn*: canto *m* 2 *Mode*: **der letzte ~** el último grito

'**Schreibadresse** F IT dirección *f* de escritura; **Schreibarbeit** F (*Büroarbeit*) trabajo *m* de oficina; IT *am Computer*: trabajo *m* de computación; **Schreibarm** M brazo *m* de escritura; **Schreibart** F modo *m* de escribir; modo *m* de registro; estilo *m*; **Schreibbedarf** M utensilios *mpl* para escribir; artículos *mpl* de escritorio; **Schreibbereich** área *f* de escritura; **Schreibblock** M bloc *m* (de notas); **Schreibbüro** N servicio *m* (general) de oficina; servicio de mecanografía, taquigrafía y computación; **Schreibdatum** N fecha *f* de grabación (*bzw* de escritura); **Schreibdichte** densidad *f* de grabación (*bzw* de impresión); **Schreibdienst** M → Schreibbüro

'**schreiben** ⟨*irr*⟩ A V/T & V/I 1 escribir (**j-m** *od* **an j-n** a alg); (*aufschreiben*) apuntar, anotar; TECH registrar; IT (*speichern*) grabar, memorizar, poner en memoria; **gut/schlecht ~** escribir bien/mal; **richtig/falsch ~** escribir correctamente (*od* bien)/incorrectamente (*od* mal); *Handschrift*: tener buena/mala letra; *Stil*: ser un buen/mal escritor; **der Kugelschreiber schreibt gut** el bolígrafo escribe bien; **dieser Kuli schreibt nicht** este boli no escribe; IT **Programme ~** construir (*od* crear) programas; **die Rechnung ~** extender la factura; **die Zeitung schreibt** el periódico dice (*od* pone); **was schreibt die Zeitung?** ¿qué pone (en) el periódico?; **am Computer ~** escribir en el ordenador; **an etw ~** estar trabajando en a/c; **auf ein Blatt** *etc* **~** escribir en una hoja, *etc*; IT **in den Speicher ~** escribir en la memoria; **mit Bleistift ~** escribir a (*od* con) lápiz; **mit Füllfederhalter ~** escribir con pluma *f* (estilográfica); **mit "ss" ~** escribir con "ss"; **über etw ~** escribir sobre a/c; *Zeitung*: hacerse eco de a/c; **an die Tafel ~** escribir en la pizarra 2 *geh* **wir ~ das Jahr 2006** estamos en 2006 B V/R **sich ~** 1 (*korrespondieren*) mantener correspondencia (**mit** con); *umg* cartearse con 2 **wie ~ Sie sich?** ¿cómo se escribe su nombre?

'**Schreiben** N ⟨~s; ~⟩ 1 escritura *f* 2 (*Brief*) carta *f*; (*Schriftstück*) escrito *m*; *diplomatisches*: nota *f*; **amtliches ~** oficio *m*; **Ihr ~ vom ...** su carta del ...

'**Schreiber** M ⟨~s; ~⟩ (*Verfasser*) autor *m*; escritor *m*; JUR escribano *m*; actuario *m*

Schreibe'rei F ⟨~; ~en⟩ *pej* (*Papierkrieg*) papeleo *m*

'**Schreiberin** F ⟨~; ~nen⟩ (*Verfasserin*) autora *f*; escritora *f*; JUR escribana *f*; actuaria *f*; **Schreiberling** M ⟨~s; ~e⟩ *umg pej* escritorzuelo *m*; *umg* escribidor *m*

'**Schreibetui** N plumier *m*; **schreibfaul** ADJ perezoso para escribir; **Schreibfaulheit** F pereza *f* de escribir; **Schreibfeder** F pluma *f*; **Schreibfehler** M 1 falta *f* de ortografía (*od* de escritura) 2 IT error *m* de grabación; **Schreibfreigabe** F permiso *m* de escribir; autorización *f* de escritura; **Schreibgerät** N utensilio *m* para escribir

'**schreibgeschützt** ADJ IT protegido contra (*od* de) escritura (*od* grabación); **~e Datei** *f* fichero *m* protegido de grabación

'**Schreibheft** N cuaderno *m*; **Schreibkraft** F mecanógrafo *m*, -a *f*; (auxiliar *m/f*) administrativo *m*, -a *f*; **Schreibkrampf** M MED calambre *m* de los escribientes; calambre *m* en la mano (*producida por...*); **Schreibkunst** F arte *m* de escribir; (*Schönschreibkunst*) caligrafía *f*; **Schreib-Lese-Kopf** M IT cabezal *m* lector/escritor; **schreiblustig** ADJ amigo de escribir; **Schreibmappe** F carpeta *f*

'**Schreibmaschine** F máquina *f* de escribir; **(mit der) ~ schreiben** escribir a máquina; mecanografiar; **Schreibmaschinenpapier** N papel *m* para máquina de escribir

'**Schreibmaterial** N objetos *mpl* de escritorio; **Schreibmodus** M IT modalidad *f* de escritura; **Schreibpapier** N papel *m* de escribir; **Schreibpult** N pupitre *m*; **Schreibschrank** M secreter *m*; **Schreibschrift** F letra *f*; **Schreibschutz** M IT protección *f* contra escritura (*od* grabación); **schreibschützen** V/T IT proteger contra sobre(e)scritura; **Schreibstube** F MIL oficina *f*, despacho *m*

'**Schreibtisch** M mesa *f* de despacho; escritorio *m*; **Schreibtischarbeit** F trabajo *m* de escritorio; **Schreibtischarbeiter** M, **Schreibtischarbeiterin** F oficinista *m/f*; **Schreibtischgarnitur** F juego *m* de escritorio, escribanía *f*; **Schreibtischjob** [-dʒɔp] M *umg* trabajo *m* de oficina; **Schreibtischlampe** F lámpara *f* de escritorio; **Schreibtischsessel** M sillón *m* de escritorio; **Schreibtischstuhl** M silla *f* de escritorio; **Schreibtischtäter** M, **Schreibtischtäterin** F autor *m*, -a *f* moral (de un crimen); **Schreibtischunterlage** F carpeta *f*

'**Schreibübung** F ejercicio *m* de escritura (*od* de caligrafía)

'**Schreibung** F ⟨~; ~en⟩ grafía *f*; (*Rechtschreibung*) ortografía *f*; **schreibunkundig** ADJ que no sabe escribir; **Schreibunterlage** F carpeta *f*; **Schreibverbot** N prohibición *f* de escribir

'**Schreibwaren** FPL papelería *f*; artículos *mpl* de escritorio; **Schreibwarengeschäft** N papelería *f*; **Schreibwarenhändler** M, **Schreibwarenhändlerin** F papelero *m*; **Schreibwarenhandlung** F, **Schreibwarenladen** M papelería *f*

'**Schreibweise** F → Schreibung; **Schreibzeug** N recado *m* de escribir; juego *m* de escritorio; **Schreibzimmer** N salón *m* escritorio

'**schreien** V/T & V/I ⟨*irr*⟩ gritar (*a. ausrufen*), dar (*od* lanzar *od* pegar) gritos; vocear, dar voces; vociferar; (*kreischen*) chillar (*a. Tier*), dar chillidos; *Kind a.* berrear; *Eule* ulular; *Esel* rebuznar; *Hirsch* bramar; **nach j-m ~** llamar a voces a alg; **nach etw ~** pedir a gritos a/c; *fig* estar pidiendo a voces a/c

'**Schreien** N ⟨~s⟩ gritos *mpl*; griterío *m*; vocerío *m*, vociferación *f*; (*Kreischen*) chillería *f*, chillido(s) *mpl*; *e-s Kindes*: berrido *m*; *Esel*: rebuzno *m*; *Hirsch*: bramido *m*; *umg* **es ist zum ~** *umg* es para morirse de risa

'**schreiend** ADJ gritando, dando voces; a voz en cuello (*od* en grito); (*kreischend*) chillón (*a. fig Farben*); *fig* **~es Unrecht** injusticia *f* manifiesta (*od* que clama al cielo)

'**Schreier** M ⟨~s; ~⟩ → Schreihals

Schreie'rei F ⟨~; ~en⟩ griterío *m*; vocerío *m*

'**Schreihals** M *umg* gritón *m*, -ona *f*; chillón *m*, -ona *f*; vocinglero *m*, -a *f*; vociferador *m*, -a *f*; *Kind*: (niño *m*, -a *f*) llorón *m*, -ona *f*; **Schreikrampf** M gritos *mpl* convulsivos

Schrein M ⟨~(e)s; ~e⟩ *geh* (*Kasten*) cofre *m*, *klei-*

ner: cofrecillo *m*; (*Reliquienschrein*) relicario *m*
'Schreiner M ⟨~s; ~⟩ carpintero *m*; (*Kunstschreiner*) ebanista *m*; **Schreinerarbeit** F obra *f* de carpintería (*bzw* ebanistería)
Schreine'rei F ⟨~; ~en⟩ carpintería *f*; (*Kunstschreinerei*) ebanistería *f*
'Schreinerhandwerk N carpintería *f*; (*Kunstschreinerhandwerk*) ebanistería *f*; **Schreinerin** F ⟨~; ~nen⟩ carpintera *f*; (*Kunstschreinerin*) ebanistera *f*, ebanista *f*; **Schreinerlehrling** M aprendiz *m*, -a *f* de carpintero; **Schreinermeister** M maestro *m* carpintero
'schreinern A VI carpintear B VT **einen Schrank** *etc* **~** hacer un armario *etc*
'Schreinerwerkstatt F carpintería *f*; (*Kunstschreinerwerkstatt*) ebanistería *f*
'schreiten VI ⟨*irr*⟩ *geh* 1 andar *od* caminar pausadamente; *feierlich*: marchar con solemnidad; **im Zimmer auf und ab ~** ir con paso firme de un lado a otro de la habitación; **würdevoll ~** ir con paso solemne 2 *fig* **zu etw ~** proceder (*od* pasar) a a/c; **zur Abstimmung ~** (*übergehen*) proceder a la votación; **zur Tat ~** poner manos a la obra
schrickt → schrecken
schrie → schreien
schrieb → schreiben
Schrieb M ⟨~s; ~e⟩ *umg* carta *f*
Schrift F ⟨~; ~en⟩ 1 (*Schreiben*) escritura *f*; (*Handschrift*) letra *f* 2 (*Buchstabensystem*) alfabeto *m*; **in arabischer ~** en letras árabes 3 TYPO (*Schriftzeichen*) caracteres *mpl*; tipo *m* de letra (*od* de imprenta) 4 (*Schriftstück*) escrito *m*; documento *m*; (*Abhandlung*) tratado *m*; (*Veröffentlichung*) publicación *f*; (*Werk*) obra *f*, *kleine*: opúsculo *m*; **die Heilige ~** la(s) Sagrada(s) Escritura(s); LIT **sämtliche ~en** obras *fpl* completas
'Schriftart F TYPO tipo *m* (*od* carácter *m*) de letra (*od* de imprenta); *bes* IT fuente *f*; **Schriftartwechsel** M TYPO cambio *m* de tipo de letra, cambio *m* de juego de caracteres; **Schriftauslegung** F REL exégesis *f*
'Schriftbild N TYPO ojo *m*; **individuelles ~** letra *f*
'Schriftdeutsch N alemán *m* literario; **Schriftdeutung** F grafología *f*; **Schriftfeld** N recuadro *m*; **Schriftform** F **in ~** por escrito; **Schriftführer** M, **Schriftführerin** F secretario *m*, -a *f*; **Schriftgelehrte(r)** M *Bibel*: doctor *m* de la ley; escriba *m*; **Schriftgrad** M, **Schriftgröße** F TYPO tamaño *m* de fuente, cuerpo *m* de la letra; **Schrifthöhe** F TYPO altura *f* (de la letra), árbol *m*; **Schriftleiter** M, **Schriftleiterin** F redactor *m*, -a *f*; **Schriftleitung** F redacción *f*
'schriftlich A ADJ escrito; **~e Prüfung** examen *m* escrito B ADV por escrito; **~ abfassen** poner por escrito; **~ mitteilen** comunicar por escrito; **können Sie mir das bitte ~ geben?** ¿me lo puede dar por escrito?; *umg* **das kann ich dir ~ geben** eso te lo garantizo, de eso puedes estar seguro
'Schriftmetall N metal *m* para tipos de imprenta; **Schriftprobe** F 1 prueba *f* de escritura 2 TYPO espécimen *m* tipográfico; *ausgedruckte*: prueba *f* de tipos; **Schriftrolle** F HIST rollo *m*, pergamino *m* arrollado
'Schriftsachverständige M/F grafólogo *m*, -a *f*; **Schriftsatz** M 1 JUR alegato *m* 2 TYPO composición *f*; **Schriftsetzer** M, **Schriftsetzerin** F TYPO cajista *m/f*; tipógrafo *m*, -a *f*; **Schriftsprache** F lenguaje *m* literario (*od* culto); **Schriftsteller** M ⟨~s; ~⟩ escritor *m*; autor *m*; literato *m*
Schriftstelle'rei F ⟨~⟩ profesión *f* de literato
'Schriftstellerin F ⟨~; ~nen⟩ escritora *f*; autora *f*; literata *f*; **schriftstellerisch** ADJ literario; de escritor; de literato
'schriftstellern VI escribir (obras literarias)
'Schriftstellername M seudónimo *m*; **Schriftstellerverband** M sociedad *f* de autores
'Schriftstück N escritura *f*; escrito *m*; documento *m*; **Schrifttum** N ⟨~s⟩ literatura *f*; **Schriftvergleich** M comparación *f* de letras; **Schriftverkehr** M correspondencia *f*; **Schriftwechsel** M correspondencia *f*; POL canje *m* de notas; **Schriftzeichen** N signo *m* de escritura; TYPO tipo *m*, letra *f*, carácter *m* (de imprenta); carácter *m* gráfico, símbolo *m* gráfico; **Schriftzug** M trazo *m*, rasgo *m* (de pluma)
schrill ADJ *Stimme, Ton* agudo, penetrante; *Schrei, Lachen* estridente; **'schrillen** VI producir un sonido agudo; sonar agudo (*od* estridente)
Schrimps → Shrimp
'Schrippe F ⟨~; ~n⟩ *reg* panecillo *m*
schritt → schreiten
Schritt M ⟨~(e)s; ~e⟩ 1 *einzelner*: paso *m* (*a. Tanzschritt*); **große ~e machen** dar grandes zancadas; **nicht einen ~ gehen können** no poder dar paso; **die ersten ~e tun** *Kind* hacer pinitos (*a. fig*); **nur ein paar ~(e) von hier entfernt** sólo a unos pasos de aquí; **auf ~ und Tritt** a cada paso; continuamente; **j-m auf ~ und Tritt folgen** seguir los pasos de alg; **seine ~e lenken auf** (*acus*) encaminar (*od* dirigir) sus pasos a (*od* hacia); **~ für ~** paso a paso (*a. fig*); **mit schnellen ~en** a paso ligero; con paso acelerado 2 *Gangart*: paso *m*; ritmo *m*; **aus dem ~ kommen** perder el paso; **im gleichen ~** al mismo paso; **im ~ gehen** *bzw* **fahren** ir al paso; **mit j-m ~ halten** llevar el paso a alg; ir al mismo paso que alg; **mit etw ~ halten** ir al ritmo de a/c; *fig* **mit der Entwicklung** (*od* **mit der Zeit**) **~ halten** estar od mantenerse al día; ir con el tiempo 3 *fig* (*Maßnahme*) paso *m*; medida *f*; gestión *f*; *amtlicher*: trámite *m*; tramitación *f*; **~e tun** *od* **unternehmen (um zu)** hacer gestiones (para); **die notwendigen ~e einleiten** tomar las medidas necesarias (**gegen** contra); **den ersten ~ tun** dar el primer paso; tomar la iniciativa; **den entscheidenden ~ tun** dar el paso decisivo; **wir sind schon einen ~ weitergekommen** ya se ha dado un paso adelante 4 ANAT perineo *m* 5 TEX *e-r Hose*: entrepierna(s) *f(pl)*
'Schrittgeschwindigkeit F velocidad *f* de paso (humano); **~ fahren** ir *od* circular a velocidad de paso; **Schrittlänge** F 1 longitud *f* del paso 2 TEX *Hose*: largo *m* de la entrepierna; **Schrittmacher** M 1 SPORT guía *m* 2 *fig* pionero *m*; precursor *m* 3 MED marcapasos *m*; **Schritttempo** N **im ~ (fahren)** (ir) al paso; **Schrittwechsel** M cambio *m* de paso; **schrittweise** ADV paso a paso; progresivamente; gradualmente; **Schrittzähler** M podómetro *m*, cuentapasos *m*
'schroff A ADJ 1 *Felsen, Berg* escarpado, abrupto (*a. fig*) 2 *fig Person* rudo; áspero; (*schneidend*) tajante; *Ton* brusco; (*kurz angebunden*) seco; **~e Ablehnung** negativa *f* rotunda B ADV **j-n ~ behandeln** tratar con aspereza a alg
'Schroffheit F ⟨~⟩ 1 *Felsen, Berg*: escarpadura *f* 2 *fig im Ton*: brusquedad *f*; *e-r Person*: rudeza *f*, aspereza *f*; *e-r Äußerung*: sequedad *f*
'schröpfen VT 1 MED escarificar; sangrar; aplicar ventosas 2 *umg fig finanziell*: **j-n ~** desollar vivo a alg; pelar (*od* desplumar *od* esquilmar) a alg; **Schröpfkopf** M MED ventosa *f*
Schrot M, N ⟨~(e)s; ~e⟩ 1 JAGD perdigones *mpl*, *feiner*: mostacilla *f*; (*Rehposten*) postas *fpl* 2 AGR grano *m* triturado 3 (*Feingehalt*) ley *f*; *fig* **ein Mann von echtem ~ und Korn** un hombre *m* de pura (*od* de buena) cepa; **von altem ~ und Korn** chapado a la antigua
'Schrotbrot N ≈ pan *m* integral; **schroten** VT triturar, desmenuzar; machacar; **Schrotflinte** F escopeta *f* de postas; **Schrotkorn** N 1 AGR trigo *m* triturado 2 JAGD perdigón *m*; **Schrotkugel** F perdigón *m*; **Schrotladung** F JAGD perdigonada *f*; **Schrotmehl** N harina *f* gruesa; **Schrotmeißel** M TECH tajadera *f*; **Schrotmühle** F molino *m* triturador; **Schrotsäge** F sierra *f* de tronzar; **Schrotschuss** M JAGD perdigonada *f*
Schrott M ⟨~(e)s; ~e⟩ 1 chatarra *f*; *umg* **ein Auto zu ~ fahren** destrozar un coche 2 *fig umg* (*Kram*) trastos *mpl*; (*wertloses Zeug*) basura *f*
'Schrottauto N coche *m* para (el) desguace; **schrotten** VT *umg* chatarrizar, chatarrear; **ich habe mein7 Auto geschrottet** he chatarrizado mi coche; **Schrottfahrzeug** N vehículo *m* para (el) desguace; **Schrotthalde** F depósito *m* de chatarra; **Schrotthandel** M comercio *m* de chatarra; **Schrotthändler** M, **Schrotthändlerin** F chatarrero, -a *m/f*; **Schrotthaufen** M montón *m* de chatarra; *fig* (*Auto*) *umg* cacharro *m*; **Schrottplatz** M depósito *m* de chatarra; **Schrottpresse** F prensa *f* de *od* para chatarra; **schrottreif** ADJ para el desguace; *fig* para el arrastre; **Schrottwert** M valor *m* residual (*od* de desecho)
'schrubben VT fregar; SCHIFF limpiar (con el lampazo); **Schrubben** N ⟨~s⟩ fregado *m*, fregadura *f*; **Schrubber** M ⟨~s; ~⟩ escobilla *f*; escobillón *m*; SCHIFF lampazo *m*
'Schrulle F ⟨~; ~n⟩ 1 extravagancia *f*, rareza *f*; manía *f*; capricho *m*; *umg* chifladura *f* 2 *umg pej Frau*: **alte ~** vieja *f* chiflada; **schrullenhaft, schrullig** ADJ extravagante; caprichoso; maniático; *umg* chiflado
'schrumpelig ADJ *umg Haut* apergaminado, avellanado; (*runzelig*) rugoso, arrugado; hecho un higo; **schrumpeln** VI *umg* apergaminarse, avellanarse; arrugarse
'schrumpfen VI 1 encogerse; estrecharse; TECH contraerse; MED atrofiarse; *Früchte* arrugarse 2 *fig* (*abnehmen*) reducirse; *Einnahmen, Kapital a.* disminuir, menguar
'Schrumpfkopf M cabeza *f* reducida; **Schrumpfniere** F MED riñón *m* cirrótico; cirrosis *f* renal; **Schrumpfung** F ⟨~; ~en⟩ encogimiento *m*; estrechamiento *m*; *bes* TECH, WIRTSCH contracción *f*; MED retracción *f*; atrofia *f*; *fig* disminución *f*, reducción *f*
'Schrunde F ⟨~; ~n⟩ grieta *f* (*a. in Haut, Lippen*); fisura *f*; **schrundig** ADJ agrietado; rajado, hendido
'schruppen VT 1 TECH desbastar 2 → schrubben
Schub M ⟨~(e)s; ⸚e⟩ 1 (*Stoß*) empujón *m*, empuje *m*; empellón *m*; *Kegeln*: bolada *f* 2 *v. Menschen etc*: grupo *m*; *v. Brot*: hornada *f* (*a. fig*) 3 MED (*Krankheitsschub*) ataque *m*; brote *m* 4 TECH (*Schubkraft*) empuje *m*
'schubartig ADJ a empujones
'Schubbeanspruchung F TECH esfuerzo *m* cortante; **Schubbetrieb** M AUTO desaceleración *f*, deceleración *f*; **Schubdüse** F tobera *f* de propulsión (*od* de empuje)
'Schuber M ⟨~s; ~⟩ estuche *m*; **Schubfach** N cajón *m*; gaveta *f*
'Schubkarre F, **Schubkarren** M carretilla *f*; **Schubkasten** M → Schublade; **Schubkraft** F TECH (fuerza *f* de) empuje *m*; **Schublade** F cajón *m*; gaveta *f*; **Schub-**

lehre F TECH calibre *m* para medir gruesos; pie *m* de rey; **Schubleistung** F potencia *f* de empuje
Schubs M ⟨~es; ~e⟩ *umg* empujón *m*, empellón *m*
'**schubsen** VT *umg* **j-n ~** empujar (*od* dar un empujón) a alg; **Schubser** M ⟨~s; ~⟩ *umg* → Schubs
'**Schubstange** F TECH biela *f*
'**schubweise** ADV **1** a empujones, a empellones; MED por etapas **2** *beim Backen*: a hornadas **3** (*allmählich*) poco a poco, paso a paso
'**schüchtern** ADJ tímido; (*ängstlich*) apocado, pusilánime; encogido; (*verschämt*) vergonzoso; **Schüchternheit** F ⟨~⟩ timidez *f*; (*Ängstlichkeit*) apocamiento *m*, pusilanimidad *f*; encogimiento *m*
'**schuckeln** VI *reg umg* dar sacudidas
'**schuckern** VI *reg Motor etc* dar golpes
schuf → schaffen
'**Schufa** F ABK (Schutzgemeinschaft für allgemeine Kreditsicherung) FIN *asociación alemana de protección al crédito*
Schuft M ⟨~(e)s; ~e⟩ canalla *m*; bribón *m*; infame *m*; granuja *m*; bellaco *m*
'**schuften** VT *umg* currar; bregar; matarse trabajando; *umg* pencar
Schufte'rei F ⟨~; ~en⟩ trabajo *m* pesado; faena *f*
'**schuftig** ADJ canallesco; vil, ruin, bajo; **Schuftigkeit** F ⟨~; ~en⟩ canallada *f*; vileza *f*; villanía *f*; bellaquería *f*
Schuh M ⟨~(e)s; ~e⟩ **1** zapato *m*; **hohe ~e** zapatos *mpl* de tacón alto; **sich** (*dat*) **die ~e anziehen/ausziehen** calzarse/descalzarse; ponerse/quitarse los zapatos; *fig* **j-m etw in die ~e schieben** imputar a/c a alg; **er wollte es mir in die ~e schieben** quería cagarme el mochuelo (*od* el sambenito); *umg* **er weiß, wo ihn der ~ drückt** sabe dónde le aprieta el zapato; *umg* **da drückt der ~!** ¡ahí le duele! **2** TECH patín *m* **3** SCHIFF (*Ankerschuh*) zapata *f*
'**Schuhabsatz** M tacón *m*; **Schuhanzieher** M calzador *m*; **Schuhband** N ⟨~(e)s; ¨er⟩ cordón *m* (de zapato); **Schuhbürste** F cepillo *m* para los zapatos; cepillo *m* para el calzado; **Schuhcreme** F crema *f* para el calzado, betún *m*; **Schuhfabrik** F fábrica *f* de calzado; **Schuhgeschäft** N tienda *f* de calzado; zapatería *f*
'**Schuhgröße** F número *m*; **~ 40 tragen** *od* **haben** calzar (d)el cuarenta, tener el cuarenta; **welche ~ haben Sie?** ¿qué número calza?
'**Schuhindustrie** F industria *f* del calzado; **Schuhkarton** M caja *f* de zapatos; **Schuhleder** N cuero *m* para calzado; **Schuhleisten** M horma *f*; **Schuhlöffel** M calzador *m*; **Schuhmacher** M ⟨~s; ~⟩ zapatero *m*
Schuhmache'rei F ⟨~; ~en⟩ taller *m* de zapatero
'**Schuhmacherin** F ⟨~; ~nen⟩ zapatera *f*; **Schuhplattler** M *Tanz*: zapateado *m* bávaro (*bzw* tirolés); **Schuhputzer** M ⟨~s; ~⟩, **Schuhputzerin** F ⟨~; ~nen⟩ limpiabotas *m/f*; **Schuhputzmittel** N producto *m* de (*od* para la) limpieza del calzao; **Schuhputzzeug** N útiles *mpl* de (*od* para la) limpieza del calzado; **Schuhriemen** M *reg* → Schuhband; **Schuhschachtel** F → Schuhkarton; **Schuhschrank** M (armario *m*) zapatero *m*; **Schuhsohle** F suela *f*; **Schuhspanner** M horma *f*; extendedor *m*; **Schuhwaren** FPL, **Schuhwerk** N calzado *m*; **Schuhwichse** F → Schuhcreme
'**Schukosteckdose®** F ELEK enchufe *m* con derivación a tierra; toma *f* de tierra
'**Schulabbruch** M abandono *m* escolar; **Schulabgänger** M **Schulabgängerin** F que ha terminado el periodo escolar; *Am* egresado *m*, -a *f*; *nach dem Abitur*: que ha terminado el bachillerato; **Schulabschluss** M certificado *m* (*od* diploma *m*) escolar; **Schulalter** N edad *f* escolar; **Schulamt** N autoridad *f* escolar; **Schulanfang** M *nach den Ferien*: comienzo *m* del curso; *am Morgen*: comienzo *m* de las clases; **Schulangst** F miedo *m* al colegio *bzw* a la escuela; **Schularbeit** F **1** (*Klassenarbeit*) examen *m* **2** PL **~en** (*Hausaufgaben*) deberes; **Schularbeiten** FPL deberes *mpl*; **Schularzt** M, **Schulärztin** F médico *m*, -a *f* escolar; **Schulaufgabe** F → Schularbeit; **Schulaufsicht** F inspección *f* de enseñanza; **Schulausflug** M excursión *f* escolar; **Schulausgabe** F TYPO edición *f* escolar
'**Schulbank** F ⟨~; ¨e⟩ banco *m* de escuela; **die ~ drücken** ir a la escuela
'**Schulbeginn** M → Schulanfang; **Schulbehörde** F autoridad *f* escolar; **Schulbeispiel** N ejemplo *m* clásico (*od* típico); **Schulbesuch** M **1** asistencia *f* escolar (*od* a clase) **2** (*Schulzeit*) escolaridad *f*
'**Schulbildung** F estudios *mpl*; formación *f* escolar; **höhere ~** enseñanza *f* secundaria; (*Sekundarstufe II*) ≈ bachillerato *m*
'**Schulbuch** N libro *m* de texto; **Schulbücherei** F biblioteca *f* escolar; **Schulbus** M autobús *m* escolar; **Schulchor** M coro *f* de la escuela *od* escolar
schuld ADJ **an etw** (*dat*) **~ sein** ser (el) culpable de a/c; tener la culpa de a/c; **ich bin ~ daran, dass** es culpa mía que …
Schuld F ⟨~; ~en⟩ **1** (*Geldschuld*) WIRTSCH, FIN deuda *f*; (*Soll*) débito *m*; **~en begleichen** cancelar las deudas; **~en eintreiben** cobrar deudas; **~en haben** *od* **in ~en stecken** tener deudas, estar endeudado; **bei j-m 1000 Euro ~en haben** deber a alg 1000 euros; **~en machen** *od* **sich in ~en stürzen** contraer deudas; endeudarse; empeñarse; *umg* entramparse; *fig* **(tief) in j-s ~** (*dat*) **stehen** *od* **sein** estar en (muy) deuda con alg **2** (*Verantwortlichkeit*) culpa *f*; (*Fehler*) falta *f*; JUR culpabilidad *f*; **~ haben** ser culpable; **an etw** (*dat*) **~ haben** tener la culpa de a/c; **das ist meine ~** *od* **ich habe ~ (daran)** es mi culpa; es culpa mía; la culpa es mía; yo tengo la culpa; **wer hat ~ (daran)?** ¿quién tiene la culpa?; **wessen ~ ist es?** ¿de quién es la culpa?; **die ~ liegt nicht an ihm** no es culpa suya; él no tiene la culpa; **die ~ auf sich** (*acus*) **nehmen** atribuirse la culpa, declararse culpable; **die ~ auf j-n schieben** *od* **j-m die ~ zuschieben** echar la culpa a alg; **durch meine ~** por mi culpa; por culpa mía; **j-m die ~ für etw geben** echar a alg la culpa de a/c; imputar a alg a/c; **ohne meine ~** sin culpa mía; REL **und vergib uns unsere ~** y perdónanos nuestras ofensas; **zu ~en** → zuschulden
'**Schuldanerkenntnis** N JUR reconocimiento *m* de deuda; **Schuldausschließungsgrund** M JUR (circunstancia *f*) eximente *f*; **Schuldbekenntnis** N confesión *f* (de una culpa); **schuldbeladen** ADJ cargado de culpas; **Schuldbetrag** M importe *m* de la deuda; **Schuldbeweis** M prueba *f* de culpabilidad
'**schuldbewusst** ADJ consciente de su culpabilidad; *Miene* culpable; **Schuldbewusstsein** N conciencia *f* de la culpabilidad
'**Schuldbuch** N WIRTSCH libro *m* de deudas; (*Staatsschuldbuch*) registro *m* de deudas
'**schulden** VT **j-m etw ~** deber a alg a/c; WIRTSCH *a.* adeudar a alg a/c; *bes fig* estar en deuda con alg por a/c
'**Schulden** FPL → Schuld **1**
'**Schuldenberg** M montaña *f* de deudas; **Schuldendienst** M servicio *m* de la deuda; **Schuldenerlass** M remisión *f* de deudas; **Schuldenfalle** F trampa *f* de deudas; **schuldenfrei** ADJ libre (*od* exento) de deudas; **Schuldenlast** F (carga *f* de) deudas *fpl*; deudas *fpl* apremiantes; **Schuldenmasse** F WIRTSCH masa *f* pasiva; **Schuldenpolitik** F política *f* de déficit; **Schuldensenkung** F reducción *f* de las deudas
'**Schuldentilgung** F amortización *f* (de deudas); **Schuldentilgungsfonds** M fondo *m* de amortización
'**Schulderlass** M perdón *m* de una deuda; **Schuldfrage** F cuestión *f* de culpabilidad (*bzw* de responsabilidad); **Schuldgefühl** N sentimiento *m* de culpabilidad; **schuldhaft** ADJ culpable
'**Schuldienst** M **im ~ tätig sein** ejercer de profesor (*bzw* de maestro)
'**schuldig** ADJ **1** culpable; (*verantwortlich*) responsable; **sich ~ bekennen** declararse culpable; **sich eines Verbrechens ~ machen** *od* **eines Verbrechens ~ sein** ser culpable de un crimen; **~ sprechen** *od* **für ~ erklären** declarar culpable; reconocer su culpa (*bzw* su falta); *hist* **~ geschieden** divorciado como parte culpable **2** WIRTSCH deudor; *Geld* debido; **j-m etw ~ sein** deber a alg a/c; *fig a.* estar en deuda con alg; **ich bin Ihnen eine Erklärung ~** le debo una explicación; **was bin ich Ihnen ~?** ¿qué le debo?; ¿cuánto le debo?; **etw ~ bleiben** quedar deudor (*od* adeudar) a/c; *fig* **j-m nichts ~ bleiben** pagar a alg con la misma moneda; devolver a alg la pelota **3** *geh* (*gebührend*) debido
'**Schuldige** M/F ⟨~n; ~n; → A⟩ culpable *m/f*; **Schuldiger** **1** → Schuldige **2** REL **wie wir vergeben unseren ~n** como también nosotros perdonamos a los que nos ofenden
'**Schuldigkeit** F ⟨~⟩ deber *m*; obligación *f*; **er hat nur seine ~ getan** no ha hecho más que cumplir con su deber; **seine Pflicht und ~ tun** limitarse a cumplir con su deber
'**schuldigsprechen** VT → schuldig **1**
'**Schuldirektor** M, **Schuldirektorin** F director *m*, -a *f* de escuela
'**Schuldklage** F JUR demanda *f* por deudas; **Schuldkomplex** M PSYCH complejo *m* de culpabilidad; **Schuldkonto** N FIN cuenta *f* deudora; **schuldlos** ADJ **an etw ~ sein** no tener la culpa de a/c, no ser culpable de a/c; **Schuldlosigkeit** F ⟨~⟩ inocencia *f*; inculpabilidad *f*
'**Schuldmerkmal** N **besonderes ~** característica *f* especial de la culpa; **Schuldnachweis** M JUR prueba *f* de culpabilidad
'**Schuldner** M ⟨~s; ~⟩ deudor *m*; **Schuldnerbegünstigung** F favorecimiento *m* de un deudor; **Schuldnerberater** M, **Schuldnerberaterin** F asesor *m*, -a *f* de deudores; **Schuldnerin** F ⟨~; ~nen⟩ deudora *f*; **Schuldnerland** N ⟨~(e)s; ¨er⟩ país *m* deudor; **Schuldnerstaat** M Estado *m* deudor; **Schuldnerverzeichnis** N registro *m* (*od* lista *f*) de deudores; **Schuldnerverzug** M JUR demora *f* en el pago de una deuda; deuda *f* retrasada
'**Schuldposten** M WIRTSCH adeudo *m*; asiento *m* deudor; **Schuldrecht** N derecho *m* de obligaciones; **Schuldschein** M WIRTSCH pagaré *m*; abonaré *m*; **Schuldsprechung** F ⟨~; ~en⟩ JUR veredicto *m* (*bzw* declaración *f*) de culpabilidad; **Schuldspruch** M JUR veredicto *m* de culpabilidad; **Schuldübernahme** F asunción *f* de deuda; **Schuldverhältnis** N WIRTSCH, JUR

S

obligación *f*; **Schuldverschreibung** F WIRTSCH obligación *f*; **unkündbare ~** obligación *f* perpetua; **Schuldversprechen** N JUR promesa *f* de deuda; **Schuldzinsen** MPL FIN intereses *mpl* de deuda (*od* sobre depósitos); *Bilanz*: intereses *mpl* (*od* cargos) fijos; intereses *mpl* deudores (en la moneda prestada); **Schuldzuweisung** F imputación *f* de (la) culpa

'Schule F ⟨~; ~n⟩ **1** *allg* escuela *f*; (*sechsjährige Grundschule*) colegio *m*; *umg* cole *m*; *danach*: instituto *m*; **höhere ~** escuela *f* superior; **in die ~ kommen** (*eingeschult werden*) ser escolarizado, empezar el colegio; **zur** (*od* **in die**) **~ gehen** ir al colegio (*bzw* al instituto) **2** (*Unterricht*) clase(s) *f(pl)*; **(keine) ~ haben** (no) tener clase; **wann hast du morgen ~?** ¿cuándo empiezas mañana las clases?; **morgen ist keine ~** mañana no hay clase; **in die ~ gehen** ir a clase; **etw in der ~ lernen** aprender a/c en clase **3** (*Lehrbuch*) método *m* **4** *fig* escuela *f*; **~ machen** hacer escuela; sentar cátedra; *Beispiel etc* cundir; **ein Diplomat der alten ~** un diplomático de la vieja escuela; **aus der ~ plaudern** no poder callar la boca; irse de la lengua; **durch eine harte ~ gehen** pasar por un rudo aprendizaje

'schuleigen ADJ propio de la escuela; **schulen** V/T *Person* enseñar; instruir; (*ausbilden*) formar; (*einüben*) ejercitar; adiestrar; *Fähigkeit, Auge, Ohr* entrenar

'Schüler M ⟨~s; ~⟩ **1** alumno *m*; escolar *m*; *der Grundschule*: colegial *m*; *höherer*: estudiante *m* **2** *fig* discípulo *m*; (*Anhänger*) seguidor *m*; **Schüleraustausch** M intercambio *m* de alumnos; **Schülerausweis** M carné *m* de estudiante; **Schülerfahrkarte** F billete *m* de estudiante; **schülerhaft** ADJ escolar; de colegial; *fig* imperfecto

'Schülerin F ⟨~; ~nen⟩ **1** alumna *f*; *der Grundschule*: colegiala *f*; *höhere*: estudiante *f* **2** *fig* discípula *f*; (*Anhängerin*) seguidora *f*; **Schülerlotse** M, **Schülerlotsin** F guía *m/f* escolar de tráfico; **Schülermitverwaltung** F representación *f* de alumnos; **Schülerschaft** F ⟨~⟩ alumnado *m*; **Schülerzeitung** F periódico *m* escolar

'Schulerziehung F educación *f* escolar; **Schulfach** N asignatura *f*; **Schulfeier** F → Schulfest; **Schulferien** PL vacaciones *fpl* escolares; **Schulfernsehen** N televisión *f* escolar; **Schulfest** N fiesta *f* escolar; **Schulfilm** M película *f* educativa; **Schulflug** M FLUG vuelo *m* de entrenamiento; **Schulflugzeug** N avión-escuela *m*

'schulfrei ADJ **heute ist ~** hoy no hay clase; **~er Tag** día *m* no lectivo (*od* de asueto)

'Schulfreund M, **Schulfreundin** F compañero *m*, -a *f* de clase; **Schulfunk** M RADIO emisión *f* escolar; **Schulgebäude** N edificio *m* escolar; escuela *f*; **Schulgebrauch** M **für den ~** para uso escolar; **Schulgelände** N recinto *m* escolar

'Schulgeld N (tasas *fpl* de) matrícula *f*; cuota *f* (escolar); **Schulgeldfreiheit** F gratuidad *f* de enseñanza; matrícula *f* gratuita

'Schulgottesdienst M servicio *m* religioso (*katholischer*: misa *f*) en la escuela; **Schulhaus** N escuela *f*; **Schulheft** N cuaderno *m* (de clase); **Schulhof** M patio *m* escolar, patio *m* de la escuela; **Schulinspektor** M, **Schulinspektorin** F inspector *m*, -a *f* de enseñanza

'schulisch ADJ escolar; **~e Leistungen** rendimiento *m* escolar

'Schuljahr N *Zeitraum*: año *m* escolar (*a. Klasse*); curso *m* (lectivo); **Schuljugend** F juventud *f* escolar; alumnos *mpl*; **Schuljunge** M escolar *m*; **Schulkamerad** M, **Schulkameradin** F compañero *m*, -a *f* de clase; condiscípulo *m*, -a *f*; **Schulkenntnisse** FPL conocimientos *mpl* adquiridos en la escuela; **Schulkind** N escolar *m/f*; colegial *m*, -a *f*; **Schulklasse** F clase *f*, curso *m*; *Raum*: aula *f*; **Schullandheim** N granja-escuela *f*; **Schullehrer** M, **Schullehrerin** F maestro *m*, -a *f* (de escuela)

'Schulleiter M, **Schulleiterin** F director *m*, -a *f*; **Schulleitung** F dirección *f* de la escuela

'Schulmädchen N alumna *f*; colegiala *f*; **Schulmann** M ⟨~(e)s; ⁻̈er⟩ pedagogo *m*; **Schulmappe** F cartera *f*; vade *m*; **Schulmedizin** F medicina *f* oficial (*od* convencional); **Schulmeister** M *hum* maestro *m* de escuela, *pej* pedante *m*

'schulmeisterlich ADJ *pej* pedante, pedantesco; **schulmeistern** V/T & V/I *fig pej* poner cátedra; (*kritisieren*) criticar *od* corregir de forma pedante

'Schulmusik F música *f* escolar; **Schulorchester** N orquesta *f* escolar *od* de la escuela; **Schulordnung** F reglamento *m* escolar; **Schulpferd** N caballo *m* amaestrado (*bzw* de picadero); **Schulpflicht** F enseñanza *f* (*od* escolarización *f*) obligatoria; **schulpflichtig** ADJ *Kind* en edad escolar; **~e Kinder** *a.* población *f* escolar

'Schulpolitik F política *f* escolar; **schulpolitisch** ADJ relativo a la política escolar; **~es Thema** cuestión *f* de política escolar

'Schulpsychologe M, **Schulpsychologin** F psicólogo *m*, -a *f* escolar

'Schulranzen M cartera *f* mochila; **Schulrat** M, **Schulrätin** F inspector *m*, -a *f* de enseñanza; **Schulraum** M local *m* escolar; aula *f*; **Schulraumnot** F carencia *f* de locales escolares; **Schulreform** F reforma *f* escolar; **schulreif** ADJ preparado para ir a la escuela; **Schulreife** F madurez *f* escolar

'Schulreiten N equitación *f* a la alta escuela; **Schulreiter** M, **Schulreiterin** F artista *m/f* ecuestre

'Schulschießen N MIL prácticas *fpl* de tiro; **Schulschiff** N SCHIFF buque *m* escuela; **Schulschluss** M *bei Unterrichtsende*: salida *f* de clase; *zu Beginn der Ferien*: clausura *f* del curso; **Schulspanisch** N español *m* (del colegio); **Schulspeisung** F almuerzo *m* escolar; **Schulsport** M deporte *m* escolar; **Schulsprecher** M, **Schulsprecherin** F delegado *m*, -a *f* (*od* representante *m/f*) de los alumnos; **Schulstress** M estrés *m* escolar; **Schulstunde** F lección *f*; (hora *f* de) clase *f*; **Schulsystem** N sistema *m* de enseñanza (*od* escolar); **Schultafel** F pizarra *f*; **Schultag** M día *m* lectivo (*od* de clase); **Schultasche** F cartera *f*; vade *m*

'Schulter F ⟨~; ~n⟩ **1** ANAT hombro *m*; **breite ~n haben** tener anchas las espaldas; ser ancho de espaldas; **~ an ~** hombro con hombro, hombro a hombro; *fig* codo a codo; **auf die ~ nehmen** cargar (*od* echarse) al hombro; **j-m auf die ~ klopfen** palmotear a alg; dar a alg una palmadita en el hombro; SPORT *Ringen*: **auf die ~ legen** *od* **zwingen** poner sobre las espaldas; **auf den ~n tragen** llevar a hombros (*od* cuestas); **über die ~ gehängt** en bandolera; **die** *od* **mit den ~n zucken** encogerse de hombros **2** GASTR espalda *f* paletilla *f* **3** *fig* **j-n über die ~ ansehen** mirar a alg por encima del hombro; **j-m die kalte ~ zeigen** dar (*od* volver) la espalda a alg; **etw auf die leichte ~ nehmen** tomar a la ligera a/c; echar a/c en saco roto; **die Verantwortung ruht auf seinen ~n** la responsabilidad pesa sobre él (*od* sobre sus espaldas)

'Schulterband N ⟨~(e)s; ⁻̈er⟩ *Orden*: banda *f*; **Schulterblatt** N ANAT omóplato *m*, omoplato *m*, escápula *f*; **Schulterbreite** F anchura *f* entre los hombros; *Schneiderei*: tiro *m*

'schulterfrei ADJ *Kleid* que deja los hombros descubiertos

'Schultergegend F ANAT región *f* escapular; **Schultergelenk** N articulación *f* escapulohumeral; articulación *f* del húmero; **Schultergurt** M tirante *m*, correa *f*; **Schultergürtel** M cintura *f* escapular; **Schulterhöhe** F altura *f* del hombro; altura *f* de la espalda; **Schulterklappe** F MIL hombrera *f*; **schulterlahm** ADJ *Tier* despald(ill)ado; **schulterlang** ADJ *Haar* por los hombros

'schultern V/T echar al hombro

'Schulterpolster N hombrera *f*; **Schulterriemen** M bandolera *f*; **Schulterschluss** M acto *m* solidario (**zwischen** *dat* entre); *fig* alianza *f*, unión *f*; **Schulterstand** M *Turnen*: apoyo *m* sobre hombros; **Schulterstativ** M FOTO soporte *m* de hombro; **Schulterstück** N MIL hombrera *f*; *an Kleidern u.* GASTR: espalda *f*; **Schultertasche** F bolso *m* en bandolera; **Schultertuch** N mantilla *f*; mantón *m*; **Schulterwehr** F MIL espaldón *m*

'Schulträger M VERW titular *m* del centro; entidad *f* titular del centro docente; **Schultüte** F *cucurucho grande de cartón que contiene golosinas y material escolar que reciben los niños de sus padres el primer día de colegio*; **Schultyp** M tipo *m* de escuela

'Schulung F ⟨~; ~en⟩ **1** *e-r Person*: enseñanza *f*; instrucción *f*; (*Ausbildung*) formación *f*; *praktische*: adiestramiento *m*; práctica *f*; *e-r Fähigkeit, der Augen, des Gehörs*: entrenamiento *m* **2** (*Lehrgang*) curso *m*, cursillo *m*

'Schulungskurs(us) M curso *m* de perfeccionamiento (*od* entrenamiento); **Schulungslehrgang** M → Schulungskurs(us); **Schulungspersonal** N personal *m* de capacitación (*od* entrenamiento); **Schulungsraum** M (sala *f* de) clase *f*

'Schulunterricht M enseñanza *f* escolar; clases *fpl*; **Schulversagen** N fracaso *m* escolar; **Schulversäumnis** N inasistencia *f* a clase; falta *f* de asistencia; **Schulverwaltung** F administración *f* escolar; **Schulvorstand** M junta *f* directiva del colegio; **Schulwechsel** M cambio *m* de escuela; **Schulweg** M camino *m* de (*bzw* a la escuela); **Schulweisheit** F sabiduría *f* escolar; **Schulwesen** N ⟨~s⟩ (sistema *m* de) enseñanza *f*; sistema *m* escolar; **Schulwissen** N conocimientos *mpl* de la escuela; **Schulwörterbuch** N diccionario *m* para uso escolar; **Schulzeit** F *tägliche*: horas *fpl* de clase; (*Periode*) (tiempo *m* de) escolaridad *f*; *weitS.* años *mpl* escolares; **Schulzeugnis** N notas *fpl*; boletín *m* de notas; hoja *f* de calificaciones; **Schulzimmer** N (sala *f* de) clase *f*; **Schulzwang** M enseñanza *f* obligatoria

Schumme'lei F ⟨~; ~en⟩ *umg* engaño *m*; trampa *f*; estafa *f*, *umg* timo *m*

'schummeln V/I *umg* engañar, timar, hacer trampa

'schumm(e)rig ADJ crepuscular; *Licht* débil; *Raum* de poca luz

Schund M ⟨~(e)s⟩ *pej* baratija *f*; porquería *f*; *Film, Roman*: pacotilla *f*; **'Schundliteratur** F literatura *f* de baja estofa; **'Schundroman** M novelón *m*; **'Schundware** F género *m* de pacotilla

'schunkeln V/I balancearse rítmicamente

S

(cogidos del brazo)

'Schuppe ⟨~; ~n⟩ F ZOOL, BOT escama *f*; *(Kopfschuppe)* caspa *f*; *fig* **es fiel ihm wie ~n von den Augen** se le cayó la venda de los ojos

'schuppen A VT *Fisch* escamar B VR **sich ~** *Haut* descamarse, exfoliarse

'Schuppen M ⟨~s; ~⟩ *für Wagen, Geräte*: cobertizo *m*; *bes im Hafen u. umg Lokal* tinglado *m*; FLUG hangar *m*; **Schuppenflechte** F MED psoriasis *f*; **schuppenförmig** ADJ escamiforme; **Schuppenpanzer** M loriga *f*; **Schuppentier** N ZOOL animal *m* escamoso

'schuppig ADJ escamoso

'Schuppung F ⟨~; ~en⟩ exfoliación *f*, descamación *f*

Schur F ⟨~; ~en⟩ *v. Schafen*: esquileo *m*

'Schüreisen N hurgón *m*; atizador *m*; **schüren** VT hurgonear; atizar *(a. fig)*; *fig* fomentar, alimentar

'schürfen A VT 1 *Gold etc* excavar 2 *(schaben)* raspar; *(aufkratzen)* **sich** *(dat)* **die Haut ~** excoriarse, arañarse B VI BERGB excavar, hacer excavaciones; hacer prospecciones C VR **sich ~** excoriarse, arañarse

'Schürfung F ⟨~; ~en⟩ 1 MED excoriación *f* 2 BERGB excavación *f*; prospección *f*; exploración *f*; **Schürfwunde** F MED excoriación *f*

'Schürhaken M hurgón *m*, atizador *m*

'schurigeln VT *umg* vejar, fastidiar

'Schurke M ⟨~n; ~n⟩ canalla *m*; bribón *m*; bellaco *m*; infame *m*; **Schurkenstaat** M ≈ estado *m* terrorista

Schurke'rei F ⟨~; ~en⟩ canallada *f*; bribonada *f*

'Schurkin M ⟨~; ~nen⟩ bribona *f*; bellaca *f*; infame *f*; **schurkisch** ADJ canallesco; vil, infame

'Schürloch N boca *f* del hogar

'Schurwolle F TEX *Qualitätswolle*: **(reine) ~** (pura) lana *f* virgen

Schurz M ⟨~es; ~e⟩ delantal *m*; mandil *m*; *(Lendenschurz)* taparrabo *m*

'Schürze F ⟨~; ~n⟩ delantal *m*; *umg fig* **hinter jeder ~ her sein** ser mujeriego *(od* aficionado a las faldas)

'Schurzeit F *v. Schafen*: esquileo *m*

'schürzen VT *Rock* arremangar; *Lippen* fruncir

'Schürzenband N ⟨~(e)s; ¨er⟩ cinta *f* de delantal; **Schürzenjäger** M aficionado *m* a las faldas; hombre *m* faldero *(od* mujeriego); tenorio *m*

Schuss M ⟨~es; ¨e, *pero* 2 ~ Munition⟩ 1 tiro *m*, disparo *m* **(auf** *acus* a); *(Knall)* detonación *f*; *(Ladung)* carga *f* (explosiva); *(Munition)* cartucho *m*; **einen ~ abgeben** disparar (un tiro), hacer un disparo; **es fiel ein ~** se oyó un tiro; **fünf ~ Munition** cinco balas *(bzw* proyectiles); *umg fig* **ein ~ in den Ofen** *umg* un fracaso; *umg fig* **der ~ ging nach hinten los** le salió el tiro por la culata; *umg fig* **j-m einen ~ vor den Bug geben** darle un toque a alg; *umg fig* **er ist keinen ~ Pulver wert** no vale un pimiento; *umg fig* **weit(ab) vom ~ sein** estar en el quinto pino 2 *Menge*: chorrito *m*; **ein ~** *Essig, Rum, Whisky etc* unas gotas *(od* un chorrito) de; **ein(e) Cola mit ~** una cola con algo de alcohol 3 *Drogenjargon* pico *m*, chute *m*; **goldener ~** dosis *f* mortal; **sich** *(dat)* **einen ~ setzen** meterse un pico *(od* un chute) 4 *Skisport*: **~ fahren** descender en línea recta 5 *Fußball*: chute *m*, tiro *m* **(aufs Tor** a puerta) 6 *umg fig* **in ~** en orden; **gut in ~ sein** estar en perfectas condiciones; estar a punto; **nicht in ~ sein** *Person*: *umg* estar malucho; *umg* **in ~ bringen** arreglar, componer; poner a punto; **wieder in ~ bekommen** *(od umg* **kriegen)** poner a flote; **in ~ halten** mantener en buen estado *(od* buenas condiciones) 7 TEX *Weberei*: trama *f*

'Schussbahn F *(Schusslinie)* línea *f* de mira; *(Flugbahn)* trayectoria *f*; **Schussbereich** M *(Reichweite)* alcance *m*; *(Feuerzone)* zona *f* de fuego; **schussbereit** ADJ 1 preparado para tirar, dispuesto a disparar 2 FOTO listo para disparar

'Schussel M ⟨~s; ~⟩ *umg* despistado *m*, -a *f*; *umg* cabeza *f* de chorlito

'Schüssel F ⟨~; ~n⟩ *(Salatschüssel)* fuente *f*; *flache*: plato *m (a. Gericht)*; *kleine*: cuenco *m*; *(Suppenschüssel)* sopera *f*; *(Waschschüssel)* jofaina *f*, palangana *f*

'schusselig ADJ atolondrado; irreflexivo; distraído; despistado; **Schusseligkeit** F ⟨~; ~en⟩ *umg* atolondramiento *m*, despiste *m*

'Schussfaden M TEX *Weberei*: hilo *m* de trama; **Schussfahrt** F *Ski*: descenso *m* en línea recta; **Schussfeld** N campo *m* de tiro; **freies ~ haben** tener el tiro libre; *fig* **ins ~ der Presse** *etc* **geraten** estar en el punto de mira de la prensa

'schussfest ADJ → schusssicher; **schussgerecht** ADJ JAGD al alcance de la bala

'Schusskanal M MED trayecto *m* del proyectil

'Schüßlersalze PL MED sales *fpl* de Schüssler

'Schusslinie F línea *f* de tiro *(od* de mira); **in die ~ geraten** estar en el punto de mira; **schusssicher** ADJ a prueba de bala; **Schussstellung** F posición *f* de tiro; **Schussverletzung** F herida *f* de bala *(od* por arma de fuego), balazo *m*; **Schusswaffe** F arma *f* de fuego; **Schusswechsel** M tiroteo *m*

'Schussweite F alcance *m* de tiro; **auf ~** a tiro; *a. fig* **außer ~** fuera de alcance *(od* de tiro)

'Schusswinkel M ángulo *m* de tiro; **Schusswunde** F → Schussverletzung; **Schusszeit** F JAGD período *m* hábil de caza

'Schuster M ⟨~s; ~⟩ zapatero *m*; *fig* **auf ~s Rappen reisen** ir a pie, ir andando, *umg* ir en el coche de San Fernando; *sprichw* **~, bleib bei deinem Leisten!** ¡zapatero, a tus zapatos!

'Schusterahle F lezna *f*; **Schusterdraht** M hilo *m* empegado, sedal *m*

'schustern VT & VI 1 *umg obs* hacer *(bzw* remendar) zapatos 2 *fig pej (pfuschen)* chapucear, frangollar

'Schusterwerkstatt F zapatería *f*

'Schute F ⟨~; ~n⟩ SCHIFF gabarra *f*; chalana *f*

Schutt M ⟨~(e)s⟩ escombros *mpl*; *(Bauschutt) a.* cascotes *mpl*; **in ~ und Asche legen** reducir a cenizas; **~ abladen verboten!** ¡prohibido depositar escombros!

'Schuttabladeplatz M escombrera *f*; vertedero *m* de escombros

'Schüttbeton M hormigón *m* colado

'Schütte F ⟨~; ~n⟩ 1 ≈ recipiente vertedor 2 *reg* AGR montón *m*; pila *f*; **~ Stroh** manojo *m* de paja

'Schüttelbecher M agitador *m*; **Schüttelfrost** M MED escalofríos *mpl*; *Am Centr* chucho *m*; **Schüttellähmung** F MED parálisis *f* agitante

'schütteln A VT sacudir; *Gefäß* agitar; **den Kopf ~** menear la cabeza; *verneinend*: (de)negar con la cabeza; **j-m die Hand ~** estrechar a alg la mano; **vor Gebrauch ~!** ¡agítese antes de usarlo!; **der Ekel schüttelte mich** me estremecí de asco B VUNPERS **es schüttelt mich vor Kälte** estoy temblando de frío C VR **sich ~** sacudirse; **sich vor Lachen ~** desternillarse de risa

'Schütteln N ⟨~s⟩ sacudimiento *m*; agitación *f*; **Schüttelreim** M rima *f* doble con metátesis; **Schüttelrutsche** F TECH plano *m* inclinado vibratorio

'schütten A VT *Flüssigkeit* echar; *(gießen)* verter **(in** *acus* en); *(verschütten)* derramar; **sich** *(dat)* **Wein ins Glas ~** echarse, servirse vino; **er hat sich** *(dat)* **Saft über die Hose geschüttet** se le ha derramado el zumo sobre el pantalón; el zumo (se le ha caído y) le ha manchado el pantalón B VUNPERS *umg* **es schüttet** está diluviando *(od* lloviendo a cántaros)

'schütter ADJ **~es Haar** pelo *m* ralo

'Schüttgut N ⟨~(e)s⟩ HANDEL mercancías *fpl* *(bzw* carga *f)* a granel

'Schutthalde F escombrera *f*; BERGB escorial *m*; **Schutthaufen** M montón *m* de escombros; **in einen ~ verwandeln** reducir a escombros *(bzw* a cenizas); **Schuttkegel** M GEOL cono *m* de erupción (de un volcán); **Schuttpflanze** F BOT planta *f* ruderal; **Schuttplatz** M vertedero *m* de escombros, escombrera

Schutz M ⟨~es⟩ 1 *allg* protección *f* **(vor** *dat*, **gegen** *acus* contra); amparo *m*; *(Obhut)* custodia *f*; **unter dem ~ von** al amparo de; **sich in j-s ~** *(acus)* **begeben** ponerse bajo la protección de alg; **j-n (vor j-m/etw) in ~ nehmen** salir en defensa de alg (contra alg/a/c); **im** *(od* **unter dem) ~(e)** *(gen)* protegido por; al amparo *(od* socaire) de; **im ~(e) der Nacht** al amparo de la noche; **vor j-m/etw ~ suchen** buscar protección contra alg/a; **zum ~(e)** *(gen)* como protección de/c; **zum ~ der Häuser** *etc* para proteger las casas, *etc* 2 *(Zuflucht)* refugio *m*; asilo *m*; abrigo *m*; **~ suchen** buscar refugio; refugiarse; ampararse 3 *(Verteidigung)* defensa *f*; *(Geleit)* salvaguardia *f* 4 *(das Bewahren)* preservación *f*, protección *f*

Schütz N ⟨~es; ~e⟩ ELEK contactor *m*; *e-r Schleuse*: compuerta *f*

'Schutzanstrich M pintura *f (od* capa *f)* protectora; MIL pintura *f* de camuflaje; **Schutzanzug** M traje *m* protector; buzo *m*

'schutzbedürftig ADJ que necesita protección

'Schutzbefohlene M/F ⟨~n; ~n; → A⟩ protegido *m*, -a *f*; **Schutzbelag** M capa *f* protectora; **Schutzblech** N *am Fahrrad*: parafango *m*; **Schutzbrief** M 1 AUTO seguro *m* de viaje 2 *obs* POL salvoconducto *m*; **Schutzbrille** F gafas *fpl* protectoras; **Schutzbündnis** N POL alianza *f* defensiva; **Schutzdach** N abrigo *m*; marquesina *f*; *am Haus*: alero *m*; **Schutzdamm** M dique *m* de protección *(od* protector)

'Schütze M ⟨~n; ~n⟩ 1 tirador *m (a. im Schützenverein)* 2 *Fußball*: *(Torschütze)* goleador *m* 3 MIL *Dienstgrad*: soldado *m* raso 4 ASTRON Sagitario *m*

'schützen A VT 1 proteger **(vor** *dat*, **gegen** contra, de); *durch Vorsicht*: prevenir **(vor** *dat*, **gegen** contra); **gesetzlich geschützt** protegido por la ley; **patentrechtlich geschützt** patentado; **geschützt vor** al abrigo de; a cubierto de; **Gott schütze dich!** ¡que Dios te proteja!, ¡que Dios te ampare!, ¡Dios te guarde! 2 *gegen e-e Bedrohung*: *Bürger, Leben* defender **(vor** *dat*, **gegen** de, contra); *(vor Kälte)* abrigar 3 *(bewahren)* resguardar; guarecer; guardar; preservar, proteger **(vor** *dat*, **gegen** de); **vor Nässe/Licht ~!** ¡presérvese de la humedad/de la luz!; **die Natur ~** preservar *(od* proteger) la naturaleza B VI proteger; **das schützt vor Kälte** protege contra el frío C VR **sich (vor etw/j-m) ~** protegerse (contra *od* de a/c/alg)

'schützend ADJ protector

'Schützenfest N concurso *m* de tiro (con fiesta popular); fiesta *f* de tiradores; **Schützenfisch** M ZOOL pez *m* arquero

'Schutzengel M ángel *m* custodio *(od* de la

guarda)

'**Schützengesellschaft** F, **Schützengilde** F sociedad *f* de tiro; **Schützengraben** M MIL trinchera; **Schützenhilfe** F *fig* respaldo *m*; **j-m ~ geben** *od* **leisten** respaldar a alg; **Schützenkönig** M rey *m* de los tiradores; campeón *m* de tiro; **Schützenloch** N MIL pozo *m* de tirador; **Schützenpanzer** M MIL carro *m* de combate; **Schützenstand** M puesto *m* de tiro; **Schützensteuerung** F ELEK mando *m* por contactores; **Schützenverein** M → Schützengesellschaft

'**Schützer** M ⟨~s; ~⟩, **Schützerin** F ⟨~; ~nen⟩ protector *m*, -a *f*; defensor *m*, -a *f*

'**Schutzfarbe** F pintura *f* protectora; **Schutzfärbung** F ZOOL coloración *f* protectora; **Schutzfilm** M película *f* protectora; **Schutzfrist** F plazo *m* de protección; **Schutzgebiet** N zona *f* protegida; POL protectorado *m*; **Schutzgebühr** F cuota *f* de protección; **Schutzgeist** M genio *m* tutelar; **Schutzgeländer** N barandilla *f*

'**Schutzgeld** N cuota *f* (*od* dinero *m*) de protección; **~ zahlen** pagar para no ser atacado; pagar a cambio de protección; **Schutzgelderpressung** F extorsión *f* a cambio de protección

'**Schutzgeleit** N escolta *f*; **Schutzgitter** N reja *f* (protectora); **Schutzgott** M dios *m* tutelar; **Schutzhafen** M puerto *m* de refugio; **Schutzhaft** F JUR prisión *f* preventiva; arresto *m* precautorio; **Schutzhandschuh** M guante *m* protector; **Schutzhaube** F TECH cubierta *f* protectora; **Schutzheilige** M/F patrono *m*, patrón *m*, patrona *f*; **Schutzhelm** M casco *m* protector

'**Schutzherr** M, **Schutzherrin** F protector *m*, -a *f*; patrocinador *m*, -a *f*; **Schutzherrschaft** F protectorado *m*

'**Schutzhülle** F envoltura *f* protectora; funda *f*; *Buch*: cubierta *f*; **Schutzhütte** F refugio *m*; **Schutzimpfung** F MED vacunación *f* preventiva, inmunización *f*

'**Schützin** F ⟨~; ~nen⟩ **1** tiradora *f* (*a. im Schützenverein*) **2** *Fußball*: (*Torschützin*) goleadora *f*

'**Schutzkappe** F capuchón *m* protector; **Schutzkleidung** F ropa *f* de protección; **Schutzleiste** F listón *m* protector; AUTO moldura *f* (protectora)

'**Schützling** M ⟨~s; ~e⟩ protegido *m*, -a *f*; pupilo *m*, -a *f*

'**schutzlos** ADJ sin protección; desprotegido; sin defensa; indefenso; sin amparo, desamparado; **Schutzlosigkeit** F ⟨~⟩ indefensión *f*; desprotección *f*; desamparo *m*

'**Schutzmacht** F POL potencia *f* protectora; **Schutzmann** M ⟨~(e)s; ≃er *od* -leute⟩ guardia *m* (urbano); agente *m* de policía; **Schutzmarke** F HANDEL marca *f* (eingetragene registrada); **Schutzmaske** F careta *f* protectora; **Schutzmaßnahme** F medida *f* preventiva (*od* de protección); **Schutzmauer** F muro *m* de defensa; *bei Wasserbauten*: muro *m* de contención; (*Wall*) muralla *f*; **Schutzmittel** N preservativo *m*; MED profiláctico *m*; **Schutzpatron** M, **Schutzpatronin** F → Schutzheilige

'**Schutzpolizei** F policía *f* de seguridad; **Schutzpolizist** M → Schutzmann

'**Schutzraum** M refugio *m*; (*Luftschutzraum*) refugio *m* antiaéreo; **Schutzschicht** F capa *f* protectora; **Schutzschirm** M pantalla *f* protectora; **Schutzüberzug** M funda *f*; **Schutzumschlag** M *e-s Buchs*: sobrecubierta *f*; **Schutzverband** M **1** *Organisation*: asociación *f* protectora **2** MED vendaje *m* protector; **Schutzvorrichtung** F dispositivo *m* de protección; defensa *f*; **Schutzwache** F guardia *f*; escolta *f*; **Schutzwaffe** F arma *f* defensiva; **Schutzwall** M muralla *f*; *fig* baluarte *m*; **Schutzwand** F pantalla *f* protectora; **Schutzwehr** F MIL defensa *f*, obra *f* de fortificación; (*Bollwerk*) baluarte *m* (*a. fig*); **Schutzzaun** M valla *f* protectora

'**Schutzzoll** M aduana *f* protectora; arancel *m* proteccionista; **Schutzzollpolitik** F proteccionismo *m*; política *f* proteccionista; **Schutzzollsystem** N sistema proteccionista

'**Schutzzone** F zona *f* protegida (*od* de protección); FORST zona *f* de defensa

'**schwabbelig** ADJ *umg Körperteil* fofo, flác(c)ido; *Pudding* blando; **schwabbeln** V/I *umg* **1** (*wackeln*) tembl(eque)ar, bambolearse **2** *reg pej* (*schwatzen*) parlotear, chacharear, charlotear

'**Schwabe** M ⟨~n; ~n⟩ suabo *m*

'**Schwaben** N ⟨~s⟩ GEOG Suabia *f*; **Schwabenstreich** M hazaña *f* cómica, proeza *f* grotesca; payasada *f*

'**Schwäbin** F ⟨~; ~nen⟩ suaba *f*; **schwäbisch** ADJ suabo

schwach **A** ADJ ⟨≃er; ≃ste⟩ **1** flojo (*a. Kaffee, Tee*); (*kraftlos*) débil; endeble; (*zart*) tenue; (*gebrechlich*) achacoso; (*geschwächt*) debilitado; (*kränklich*) enfermizo; (*machtlos*) impotente; *hum* **das ~e Geschlecht** el sexo débil; **~e Stunde** momento *m* de flaqueza (*od* de debilidad); **ein ~er Versuch** un tímido intento; **die wirtschaftlich Schwachen** los económicamente débiles; **~ machen** *Körper* debilitar; **~ werden** debilitarse; *fig* (*schwanken*) flaquear; *umg* (*nachgeben*) caer en la tentación; **mir wird (ganz) ~** me siento mal; me mareo; **schwächer werden** (*Kraft verlieren*) ir debilitándose; ir perdiendo fuerzas (*od* energía); (*nachgeben*) flaquear; (*nachlassen*) flojear; *Licht* atenuarse; *Ton, Stimme* apagarse; *Atem, Puls* debilitarse; *umg* **nur nicht ~ werden!** ¡ánimo!; *umg* **mach mich nicht ~!** (*führ mich nicht in Versuchung*) ¡no me tientes!; (*das glaube ich nicht*) *umg* ¡no fastidies! → schwachmachen **2** (*schlecht*) malo; *gesundheitlich*: frágil; delicado; *Herz* debilitado; *Motor, Brille* flojo (*a. fig Ergebnis, Film, Buch, Schüler*); WIRTSCH *Markt, Börse, Leistung etc* flojo; **~e Augen haben** tener la vista cansada; **sie hat eine ~e Blase** tiene problemas con la vejiga; **ein ~es Gedächtnis haben** ser flaco de memoria; **~e Nerven haben** estar mal de los nervios; **~e Seite** *od* **Stelle** (punto *m*) flaco *m*; **er ist ~ in Mathematik** está flojo en matemáticas **3** (*gering*) pequeño, escaso (*a. Puls, Atem*); *Nachfrage* escaso; **~er Besuch** poca asistencia *f*; **ein ~er Trost** un pobre consuelo **4** GRAM débil **B** ADV **1** **sich nur ~ wehren** prácticamente no resistirse **2** (*schlecht*) mal **3** (*gering*) escasamente; **die Ausstellung war nur ~ besucht** fue poco público a la exposición

'**Schwäche** F ⟨~; ~n⟩ **1** debilidad *f* (*a. fig*); (*Kraftlosigkeit*) falta *f* de vigor (*od* de energía); endeblez *f*; MED astenia *f*; (*Machtlosigkeit*) impotencia *f*; (*Schlaffheit*) flojedad *f* (*a.* WIRTSCH *u. fig*); **menschliche ~** flaqueza humana, fragilidad (de la naturaleza) humana **2** *fig* (*schwache Seite*) flaco *m*, punto *m* flaco, punto *m* débil; **sie hat ~n in Mathematik** es floja en matemáticas **3** (*Vorliebe*) debilidad *f* (**für** por); **eine ~ für etw haben** tener debilidad por a/c

'**Schwächeanfall** M desvanecimiento *m*, desfallecimiento *m*, desmayo *m*; **Schwächegefühl** N sensación *f* de debilidad

'**schwächeln** V/I *umg* **du schwächelst heute** hoy andas un poco pachucho; no estás a tu altura; se te nota debilitado

'**schwächen** V/T debilitar; (*entkräften*) *a.* extenuar; *körperlich*: enervar; (*mildern*) atenuar, suavizar; (*vermindern*) disminuir; reducir

'**Schwächezustand** M estado *m* de debilidad; MED astenia *f*

'**Schwachheit** F ⟨~; ~en⟩ debilidad *f*; *fig a.* flaqueza *f*; **Schwachkopf** M imbécil *m/f*; idiota *m/f*; **schwachköpfig** ADJ imbécil; tonto; estúpido; *Greis* chocho

'**schwächlich** ADJ débil; (*kraftlos*) sin energía; endeble; (*zart*) tenue; delicado; (*kränklich*) enfermizo; enclenque, delicado; *umg* canijo; (*gebrechlich*) achacoso; *pej* blandengue *m*; **Schwächlichkeit** F ⟨~⟩ debilidad *f* (de constitución); endeblez *f*; MED astenia *f*

'**Schwächling** M ⟨~s; ~e⟩ persona *f* débil (*od* sin energía); *umg* blandengue *m/f*, mandria *m/f*

'**schwachmachen** V/T *umg fig* **du machst mich (noch) ~** *umg* me pones negro

'**Schwachpunkt** M punto *m* débil; **schwachsichtig** ADJ de vista débil, amblíope; **Schwachsichtigkeit** F ⟨~⟩ debilidad *f* de la vista, ambliopía *f*

'**Schwachsinn** M ⟨~(e)s⟩ **1** MED debilidad *f* mental **2** (*Unsinn*) imbecilidad *f*; **schwachsinnig** ADJ **1** MED deficiente mental **2** *umg* (*unsinnig*) imbécil; **Schwachsinnige** M/F ⟨~n; ~n; → *A*⟩ imbécil *m/f*; MED deficiente *m/f* mental

'**Schwachstelle** punto *m* débil; **Schwachstrom** M ELEK corriente *f* de baja tensión (*od* de bajo voltaje)

'**Schwächung** F ⟨~; ~en⟩ debilitación *f*, extenuación

'**schwachwerden** V/I → schwach A 1

'**Schwaden** M ⟨~s; ~⟩ **1** (*Dampfschwaden*) vapores *mpl* (densos); (*Nebelschwaden*) velos *mpl* (de niebla); (*Rauchschwaden*) nubes *konj*, humareda *f* **2** BERGB mofeta *f* **3** AGR hilera *f*

Schwa'dron F ⟨~; ~en⟩ MIL *hist* escuadrón *m*

Schwadro'neur M ⟨~s; ~e⟩ *geh, pej* charlatán *m*; fanfarrón *m*; **schwadro'nieren** V/I ⟨*ohne* ge-⟩ *umg* hablar por los codos; fanfarronear

Schwafe'lei F ⟨~; ~en⟩ *umg* disparates *mpl*, bobadas *fpl*

'**schwafeln** V/I disparatar, desbarrar, desatinar

'**Schwager** M ⟨~s; ≃⟩ cuñado *m*, hermano *m* político

'**Schwägerin** F ⟨~; ~nen⟩ cuñada *f*, hermana *f* política

'**Schwalbe** F ⟨~; ~n⟩ **1** ORN golondrina *f*; *fig* **eine ~ macht noch keinen Sommer** una golondrina no hace verano **2** *umg im Fußball*: **eine ~ machen** *dejarse caer al suelo fingiendo para conseguir una falta del contrario*

'**Schwalbenschwanz** M **1** *Schmetterling*: macaón *m* **2** TECH cola *f* de milano **3** *umg obs hum* (*Frack*) frac *m*

Schwall M ⟨~(e)s; ~e⟩ (*Wasserschwall*) aluvión *m*, riada *f* (*beide a. fig v. Menschen*); crecida *f*, avenida *f*; *v. Worten*: torrente *m*, cascada *f*

schwamm → schwimmen

Schwamm M ⟨~(e)s; ≃e⟩ **1** ZOOL esponja *f* **2** *südd, österr* (*Pilz*) hongo *m*; seta *f* **3** (*Putzschwamm*) esponja *f*; *umg fig* **~ drüber!** ¡lo pasado, pasado!; ¡borrón y cuenta nueva!

'**schwammartig** reticulado, esponjoso

'**Schwammerl** N (A, M) *österr, südd* seta *f*

'**Schwammfischer** M pescador *m* de esponjas; **Schwammfischerei** F pesca *f* de esponjas; **Schwammfischerin** F pescadora *f* de esponjas

'**schwammig** ADJ esponjoso; (*schlaff, aufgedunsen*) fofo, flác(c)ido; (*unklar*) borroso

'**Schwammtiere** NPL ZOOL espongiarios

S

mpl, poríferos *mpl*; **Schwammtuch** N bayeta *f*

Schwan M ⟨~(e)s; ≃e⟩ ORN cisne *m*; *fig* **mein lieber ~!** *umg* ¡ostras!; *sl* ¡hostia!

schwand → schwinden

'schwanen V/UNPERS **mir schwant etwas** tengo un vago presentimiento (*od* una corazonada); **mir schwant nichts Gutes** tengo un mal presentimiento

'Schwanengesang *fig* M canto *m* del cisne; **Schwanenhals** M cuello *m* de cisne (*a.* TECH *u. fig*); **Schwanenteich** M estanque *m* con cisnes

schwang → schwingen

Schwang M **im ~(e) sein** estar en boga; estar de moda

'schwanger ADJ embarazada, encinta (**von j-m** de alg); preñada; *verhüllend* en estado (interesante); **sie ist im sechsten Monat ~** está embarazada de seis meses; **~ werden** concebir, quedar embarazada (*od* encinta); *fig umg hum* **mit etw ~ gehen** *Plan etc*: acariciar a/c, concebir a/c

'Schwangere F ⟨~n; ~n⟩ (mujer *f*) embarazada *f*, gestante *f*; **Schwangerenberatung** F asesoramiento *m* prenatal; **Schwangerenfürsorge** F ⟨~⟩ asistencia *f* social a las embarazadas

'schwängern V/T embarazar, dejar embarazada (*od* encinta); *fig* impregnar (**mit** de)

'Schwangerschaft F ⟨~; ~en⟩ embarazo *m*, preñez *f*, gravidez *f*; **unerwünschte** (*od* **ungewollte**) **~** embarazo *m* no deseado

'Schwangerschaftsabbruch M aborto *m*, interrupción *f* del embarazo; **Schwangerschaftsgymnastik** F gimnasia *f* maternal (*od* pre-parto); **Schwangerschaftsstreifen** M, *mst* PL estría *f*, *mst pl*; **Schwangerschaftstest** M test *m* (*od* prueba *f*) del embarazo; **Schwangerschaftsunterbrechung** F interrupción *f* del embarazo; **Schwangerschaftsurlaub** M *umg* vacaciones *fpl* por embarazo; **schwangerschaftsverhütend** ADJ anticoncepcional, anticonceptivo; **Schwangerschaftsverhütung** F contracepción *f*, anticoncepción *f*

'Schwängerung F ⟨~; ~en⟩ fecundación *f*; (*Empfängnis*) concepción *f*; *fig* impregnación *f*

Schwank M ⟨~(e)s; ≃e⟩ **1** (*lustige Geschichte*) bufonada *f*; chascarrillo *m*; cuento *m* divertido **2** THEAT farsa *f*; juguete *m* cómico, sainete *m*

'schwanken V/I **1** *Boden* temblar; *Boot, Zweig* balancearse **2** ⟨+*Richtungsangabe*, sn⟩ *Person* tambalearse, dar tumbos; *Betrunkener a. umg* ir haciendo eses **3** (*sich ändern*) cambiar; variar; *Preise, Temperatur* oscilar, fluctuar **4** *fig* (*zögern*) vacilar, titubear; estar indeciso

'Schwanken N ⟨~s⟩ **1** oscilación *f*; vacilación *f*; *hin und her*: balanceo *m*, bamboleo *m*; tambaleo *m*; (*Veränderung*) variación *f*; variabilidad *f* **2** *fig* (*Zögern*) vacilación *f*, titubeo *m*; indecisión *f*, irresolución *f* **3** WIRTSCH fluctuación *f*

'schwankend ADJ **1** *Bewegung* oscilante; *Person* tambaleante **2** *fig* (*zögernd*) vacilante, titubeante; (*unentschlossen*) indeciso, irresoluto **3** (*wechselnd*) variable; (*unbeständig*) inconstante; inestable; WIRTSCH *Preis, Kurs* fluctuante; *Gesundheit* precario

'Schwankung F ⟨~; ~en⟩ **1** → Schwanken **2** ASTRON *der Erdachse*: nutación *f*; *des Mondes*: libración *f* **3** (*Veränderung*) oscilación *f*; *der Preise*: fluctuación *f*; **jahreszeitliche** (*od* **saisonale** *od* **saisonbedingte**) **~en** variaciones *fpl* estacionales; **konjunkturelle ~en** fluctuaciones *fpl* coyunturales; **~en unterliegen** fluctuar

Schwanz M ⟨~es; ≃e⟩ **1** cola *f* (*a.* FLUG, ASTRON), rabo *m*; *fig* **den ~ bilden** ir a la cola; *umg* hacer de farolillo rojo; *umg fig* **den ~ einziehen** irse (con el) rabo entre piernas; *umg fig* **j-m auf den ~ treten** ofender a alg; *sl* **kein ~** nadie; **es war kein ~ da** no había ni un alma; no había alma viviente **2** *vulg* (*Penis*) *vulg* picha *f*, *vulg* polla *f*, *vulg* rabo *m*

'schwänzeln V/I **1** colear, mover la cola, menear el rabo **2** *fig umg pej* **um j-n ~** *umg* dar coba a alg; hacer la pelota a alg

'schwänzen V/T & V/I **(die Schule) ~** no asistir a clase; *Jugendspr* hacer novillos; **eine Stunde** *od* **Vorlesung ~** *umg* fumarse una clase

'Schwanzende N punta *f* de rabo (*od* de la cola); **Schwanzfeder** F ORN pluma *f* caudal; **Schwanzfläche** F FLUG plano *m* estabilizador de cola; **Schwanzflosse** F **1** *Fisch*: aleta *f* caudal **2** FLUG estabilizador *m* de cola

'schwanzlastig ADJ FLUG pesado de cola; **schwanzlos** ADJ ZOOL anuro

'Schwanzlurche MPL ZOOL urodelos *mpl*; **Schwanzsteuer** N FLUG timón *m* de cola; **Schwanzstück** N *Rind*: cuarto *m* trasero

schwapp INT **~!** ¡zas!

'schwappen V/I **1** (**hin und her**) **~** moverse; *in Wellen*: hacer olas; (*überfließen*) derramarse **2** **aus etw ~** salirse de a/c; derramarse de a/c

'Schwäre F ⟨~; ~n⟩ *geh* MED úlcera *f*; ulceración *f*; absceso *m* (supurante); **schwären** V/I *geh* MED ulcerarse; supurar; **schwärend** ADJ *geh* ulceroso; ulcerado

Schwarm M ⟨~(e)s; ≃e⟩ **1** *Bienen*: enjambre *m*; *Insekten*: nube *f*; *Vögel*: bandada *f*; *Fische*: banco *m*, cardumen *m*; *Personen*: enjambre *m*, nube *f*; (*Menge*) turba *f*, tropel *m* **2** *fig* pasión *f*; ideal *m*; sueño *m*; (*angebetete Person*) ídolo *m*, adorado *m*, -a *f*; ideal *m*

'schwärmen V/I **1** ⟨+ *Richtungsangabe*, sn⟩ *Bienen* enjambrar; *Insekten* zumbar; *Vögel* revolotear; *Menschen* ir (en masa) **2** *fig* fantasear; **für j-n/etw ~** entusiasmarse por alg/a/c; ser entusiasta de (*od* sentir entusiasmo por) alg/a/c; ser un gran admirador de alg/a/c; *verliebt*: adorar a alg; estar loco (*od umg* chalado) por alg; **von etw ~** poner a/c por las nubes

'Schwärmen N ⟨~s⟩ **1** *der Bienen*: enjambrazón *f*; *der Vögel*: revoloteo *m*; MIL despliegue *m* **2** *fig* entusiasmo *m*; exaltación *f*; fantasías *fpl*; **ins ~ geraten** extasiarse

'Schwärmer M ⟨~s; ~⟩ **1** entusiasta *m*; exaltado *m*; (*Träumer*) iluso *m*; visionario *m*; (*Fanatiker*) fanático *m* **2** ZOOL esfinge *f* **3** *Feuerwerk*: buscapiés *m*

Schwärme'rei F ⟨~; ~en⟩ entusiasmo *m* (**für** por); exaltación *f*; éxtasis *m*; arrebato *m*; *in Worten*: lirismo *m*; sentimentalismo *m*; (*Träumerei*) ilusión *f*; (*Fanatismus*) fanatismo *m*

'Schwärmerin F ⟨~; ~nen⟩ entusiasta *f*; (*Träumerin*) ilusa *f*; visionaria *f*; (*Fanatikerin*) fanática *f*

'schwärmerisch ADJ (*begeistert*) entusiasmado; (*überschwänglich*) efusivo; (*zu gefühlsbetont*) exaltado; romántico; entusiasta; (*fanatisch*) fanático

'Schwarte F ⟨~; ~n⟩ **1** GASTR (*Speckschwarte*) corteza *f* (de cerdo *bzw* tocino); *gebratene*: chicharrón *m* **2** *umg* (*dickes Buch*) mamotreto *m*; *umg* tostón *m* **3** *umg fig* (*Haut*) piel *f* (dura) **4** *Schreinerei*: costero *m*; **Schwartenmagen** M ≈ embutido *m* (*od* embuchado *m*) de cerdo; **schwartig** ADJ cortezudo

'schwarz **A** ADJ ⟨≃er; ≃este⟩ **1** negro (*a. Hautfarbe, fig*); *Brot a.* moreno; (*geschwärzt*) ennegrecido; *fig* (*finster*) sombrío; **das Schwarze Brett** el tablón (*od* la tabla) de anuncios; **das ~e Gold** (*Erdöl*) el oro negro; **~er Kaffee** café *m* solo; **~e Magie** nigromancia *f*, magia *f* negra; **~er Mann** *Kinderschreck*: coco *m*, bu *m*; **das Schwarze Meer** el Mar Negro; *fig* **~e Seele** alma *f* negra; WIRTSCH **~e Zahlen schreiben** escribir números negros; no tener pérdidas; *umg* **sich ~ ärgern** *umg* reventar de rabia, *sl* cabrearse; **~ machen** ennegrecer, *mit Kohle*: tiznar; *fig* **auf die ~e Liste setzen** poner en la lista negra; **~ werden** ennegrecer(se), ponerse negro; *umg beim Skat*: quedar zapatero; *fig* **~ von Menschen** plagado de gente; **mir wurde** *od* **es wurde mir ~ vor den Augen** perdí el conocimiento; *umg* **da kann er warten, bis er ~ wird** *umg iron* puede esperar sentado; **~ auf weiß** por escrito → schwarzärgern **2** (*illegal*) clandestino; *umg* negro, de estraperlo; **~er Markt** mercado *m* negro; *umg* estraperlo *m* **3** *umg fig, bes* POL (*konservativ*) conservador **4** (*pessimistisch*) **~e Gedanken** ideas *fpl* sombrías; pensamientos *mpl* lúgubres; **~er Tag** día *m* aciago **B** ADV *umg* **etw ~ kaufen** *umg* comprar a/c de estraperlo; **sich ~ kleiden** vestirse de negro; → *a.* schwarz gerändert, schwarz gestreift *etc*

Schwarz N ⟨~es⟩ (color *m*) negro *m*; **in ~ gehen** ir vestido de negro; *bei Trauer*: llevar (*od* ir de) luto

Schwarz'afrika N África *f* Subsahariana, África *f* Negra

'Schwarzarbeit F trabajo *m* clandestino (*od umg* negro); **schwarzarbeiten** V/I trabajar clandestinamente; **Schwarzarbeiter** M, **Schwarzarbeiterin** F trabajador, -a *m/f* clandestino, -a

'schwarzärgern V/R *umg fig* **sich ~** *umg* reventar de rabia, *sl* cabrearse

'schwarzäugig ADJ de ojos negros; **schwarzblau** ADJ negro azulado; azul negruzco

'Schwarzblech N chapa *f* negra; palastro *m*; **schwarzbraun** ADJ castaño oscuro; moreno; *Pferd* bayo oscuro; **Schwarzbrot** N pan *m* negro (*bzw* moreno); **Schwarzdrossel** F ORN mirlo *m* (común)

'Schwarze M/F ⟨~n; ~n; → A⟩ (*Schwarzhäutige*) negro *m*, -a *f*

'Schwarze(s) N ⟨~n; → A⟩ **1** *Farbe*: negro *m*; **ins ~ treffen** dar en el blanco (*a. fig*), hacer (*od* dar en la) diana; **Schuss ins ~** tiro *m* en el blanco **2** **das kleine ~** *vestido negro de fiesta*

'Schwärze F ⟨~⟩ negro *m*; negrura *f*; (*Druckerschwärze*) tinta *f* de imprenta

'schwärzen V/T & V/I ennegrecer; TYPO entintar

'Schwärzen N ⟨~s⟩ ennegrecimiento *m*; TYPO entintado *m*

'Schwarzer M → Schwarze(r) 1

'schwarzfahren V/I ⟨irr⟩ **1** *öffentlicher Verkehr*: viajar sin billete **2** AUTO *ohne Führerschein*: conducir sin permiso; **Schwarzfahrer** M, **Schwarzfahrerin** F **1** *öffentlicher Verkehr*: viajero, -a *m/f* sin billete **2** AUTO conductor, -a *m/f* sin permiso

'Schwarzfahrt F viaje *m* sin billete; **Schwarzgeld** dinero *m* negro

schwarz gerändert ADJ de borde negro; **schwarz gestreift** ADJ con listas (*od* rayas) negras

'schwarzhaarig ADJ pelinegro, de pelo negro, de cabellos negros

'Schwarzhandel M comercio *m* (*od* tráfico *m*) clandestino; mercado *m* negro; estraperlo *m* (**mit** con); **~ treiben** estraperl(e)ar, hacer estraperlo; **Schwarzhändler** M, **Schwarzhändlerin** F traficante *m/f* clandestino, -a; *umg* estraperlista *m/f*; **schwarzhören** V/I **1** RADIO utilizar un receptor clandestinamente **2** *obs* UNIV asistir a clase sin estar matriculado; **Schwarzhörer** M, **Schwarzhörerin** F **1** RADIO radioyente *m/f* clandestino (*que no paga el canon correspondiente*) 2 UNIV *obs* oyente *m/f* clandestino

'schwärzlich ADJ negruzco; tirando a negro

'schwarzmalen VI *fig* poner (*od* pintar) negro; ser pesimista

'Schwarzmarkt M mercado *m* negro, *umg* estraperlo *m*; **Schwarzmilan** M ⟨~s; ~e⟩ ORN milano *m* negro; **Schwarzpulver** N pólvora *f* negra

'schwarz-rot-gold(en) ADJ negro, rojo y oro

'Schwarzsauer N *nordd* GASTR menudillos *mpl* de ganso guisados

'schwarzschlachten VT sacrificar (*od* matar) reses clandestinamente; **Schwarzschlachtung** F sacrificio *m* clandestino

'schwarzsehen VI ⟨*irr*⟩ 1 TV *ver la TV sin pagar el canon correspondiente* 2 (*pessimistisch sein*) ser pesimista; verlo todo negro; **ich sehe schwarz für dich** lo veo mal para ti

'Schwarzseher M ⟨~s; ~⟩ 1 pesimista *m* 2 TV telespectador *m* clandestino (*que ve la TV sin pagar las tasas correspondientes*)

Schwarzsehe'rei F ⟨~⟩ pesimismo *m*

'Schwarzseherin F ⟨~; ~nen⟩ 1 pesimista *f* 2 TV telespectadora *f* clandestina (*que ve la TV sin pagar las tasas correspondientes*); **Schwarzsender** M TV, RADIO emisora *f* clandestina (*od* pirata); **Schwarzwald** M **der ~** la Selva *f* Negra; **Schwarzwälder** ADJ ⟨*inv*⟩ **~ Kirschtorte** tarta *f* Selva Negra; **Schwarzwasserfieber** MED fiebre *f* hemoglobinúrica

'schwarz-'weiß ADJ (en) blanco y negro

Schwarz-'Weiß-Fernseher M, **Schwarz-Weiß-Fernsehgerät** N televisión *f* en blanco y negro; **Schwarz-Weiß-Film** M película *f* en blanco y negro; **Schwarz-Weiß-Foto** N foto *f* en blanco y negro; **Schwarz-Weiß-Fotografie** F fotografía *f* en blanco y negro

'schwarzwerden VI → schwarz A 1

'Schwarzwild N JAGD jabalíes *mpl*; **Schwarzwurzel** F BOT salsifí *m* negro, escorzonera *f*

Schwatz M ⟨~es; ~e⟩ charla *f*; parloteo *m*; *umg* palique *m*; **'Schwatzbase** F *umg* cotorra *f*; cotilla *f*

'schwatzen, 'schwätzen VI *reg* 1 charlar; chacharear, parlotear (**über** *acus* sobre), *umg* estar de palique; *im Unterricht*: hablar; **hört auf zu ~** ¡dejad de hablar! 2 (*ausplaudern*) ser indiscreto, cometer una indiscreción

'Schwatzen, 'Schwätzen N ⟨~s⟩ charla *f*; cháchara *f*, parloteo *m*

'Schwätzer M ⟨~s; ~⟩ hablador *m*; charlatán *m*; parlanchín *m*; *umg* bocazas *m*

Schwätze'rei F ⟨~; ~en⟩ → Schwatzen

'Schwätzerin F ⟨~; ~nen⟩ → Schwatzbase

'schwatzhaft ADJ hablador; locuaz, *umg* parlanchín, parlero; (*indiskret*) indiscreto; **Schwatzhaftigkeit** F ⟨~⟩ locuacidad *f*; indiscreción *f*

'Schwebe F ⟨~⟩ **in der ~** en suspensión; *fig* **in der ~ sein** estar en suspenso (*od* en vilo *od* pendiente); **in der ~ lassen** dejar pendiente (*od* en suspenso)

'Schwebebahn F (*Hängebahn*) ferrocarril *m* aéreo (*od* colgante *od* suspendido); (*Bergschwebebahn, Seilschwebebahn*) teleférico *m*; funicular *m* aéreo; *an e-r Schiene*: aerotrén *m*; **Schwebebalken** M SPORT *Turnen*: barra *f* de equilibrios; **Schwebeflug** M *Hubschrauber*: vuelo *m* cernido; (*Segelflug*) planeo *m*

'schweben VI 1 ⟨*+ Richtungsangabe*, sn⟩ *in der Luft etc*: flotar, estar suspendido; *im Wasser* flotar; (*hängen*) colgar, estar suspendido (**an** *dat* de); (*gleiten*) *bes* FLUG planear; *Vogel* cernerse 2 *fig* (*in der Schwebe sein*) estar en suspenso (*od* en vilo); estar pendiente (*a.* JUR) 3 *fig* **in Angst ~** estar con el alma en vilo; **in Gefahr ~** estar en peligro; **in höheren Regionen ~** andar por las nubes; **mir schwebt immer sein Bild vor Augen** siempre tengo presente su imagen

'Schweben N ⟨~s⟩ suspensión *f*; FLUG planeo *m*; (*Levitation*) levitación *f*

'schwebend ADJ suspendido; *fig* en suspenso, en vilo; JUR **~es Verfahren** asunto *m* pendiente

'Schwebeteilchen N partícula *f* en suspensión

'Schwede M ⟨~n; ~n⟩ sueco *m*; **Schweden** N ⟨~s⟩ Suecia *f*; **Schwedin** F ⟨~; ~nen⟩ sueca *f*; **schwedisch** ADJ sueco

'Schwefel M ⟨~s⟩ CHEM azufre *m*; **mit ~ behandeln** azufrar; **mit ~ verbinden** sulfurar

'Schwefelbad N baño *m* sulfuroso; **Schwefelblume** F, **Schwefelblüte** F CHEM flor *f* de azufre; azufre *m* sublimado; **Schwefeldampf** M vapor *m* de azufre (*bzw* sulfuroso)

'Schwefeldioxid N CHEM dióxido *m* de azufre; anhídrido *m* (*od* gas *m*); **Schwefeldioxidausstoß** M emisión *f* de dióxido de azufre sulfuroso

'Schwefeleisen N CHEM sulfuro *m* de hierro; **schwefelgelb** ADJ azufrado; **Schwefelgrube** F mina *f* de azufre; azufrera *f*; **schwefelhaltig** ADJ sulfuroso, sulfúreo, azufroso; **schwefelig** ADJ → schweflig; **Schwefelkies** M MINER pirita *f* de hierro

'Schwefel'kohlenstoff M sulfuro *m* de carbono

'schwefeln VT azufrar, sulfatar (*a.* AGR); CHEM sulfurar

'Schwefeln N ⟨~s⟩ azufrado *m*; sulfuración *f*; **Schwefelquelle** F aguas *fpl* sulfurosas; **schwefelsauer** ADJ CHEM sulfatado; **schwefelsaures Salz** sulfato *m*; **Schwefelsäure** F CHEM ácido *m* sulfúrico; **Schwefelung** F ⟨~; ~en⟩ → Schwefeln

Schwefel'wasserstoff M CHEM sulfuro *m* de hidrógeno; hidrógeno *m* sulfurado; **Schwefelwasserstoffsäure** F CHEM ácido *m* sulfhídrico; **Schwefelwasserstoffverbindung** F CHEM hidrosulfuro *m*; sulfhidrato *m*

'schweflig ADJ sulfuroso, sulfúreo, azufroso; **~e Säure** *f* ácido *m* sulfuroso

Schweif M ⟨~(e)s; ~e⟩ 1 *geh* (*Schwanz*) cola *f* 2 *e-s Kometen a.*: cabellera *f*

'schweifen A VI ⟨sn⟩ errar; vagar, andar vagando; vagabundear; **in die Ferne ~** correr mundo; *fig* **den Blick ~ lassen über** pasear (*od* dejar vagar) la mirada por; **seine Gedanken/die Fantasie ~ lassen** dar rienda suelta a los pensamientos/a la fantasía B VT (*bogenförmig ausschneiden*) cortar en arco (*od* en curva); TECH contornear; (*wölben*) abombar

'Schweifsäge F sierra *f* de contornear; **schweifwedeln** VI *fig* → schwänzeln

'Schweigegeld N precio *m* del silencio; **Schweigemarsch** M marcha *f* silenciosa (*od* del silencio); **Schweigeminute** F minuto *m* de silencio

'schweigen VI ⟨*irr*⟩ callar(se); guardar silencio, permanecer callado; (*aufhören*) *Lärm etc* cesar; **von** *od* **über etw ~** callar a/c; **zu etw ~** pasar en silencio a/c; no decir nada a a/c; *fig* **~ können** poder guardar un secreto; **ganz zu ~ von ...** por no hablar de ...; y no hablemos de ...; sin (*od* por no) mencionar ...; **~ wir darüber** no hablemos de eso; **wer schweigt, stimmt zu** quien calla, otorga; **schweig!** *umg* ¡cállate la boca!; ¡silencio!

'Schweigen N ⟨~s⟩ silencio *m*; (*Nichtredenwollen*) mutismo *m*; **das ~ brechen** romper el silencio; **zum ~ bringen** acallar; hacer callar; reducir al silencio; tapar la boca (**j-n** a alg); **~ ist Gold** el silencio es oro; *umg* en boca cerrada no entran moscas

'schweigend A ADJ silencioso; callado; POL **~e Mehrheit** mayoría *f* silenciosa B ADV silenciosamente; en silencio; **~ zuhören** escuchar en silencio

'Schweigepflicht F deber *m* de discreción; **berufliche/ärztliche ~** secreto *m* profesional/médico

'Schweiger M ⟨~s; ~⟩ hombre *m* taciturno (*od* callado)

'schweigsam ADJ callado; (*still*) silencioso; (*trübsinnig*) taciturno; (*wortkarg*) de pocas palabras; (*verschwiegen*) discreto; **Schweigsamkeit** F ⟨~⟩ silencio *m*; (*Trübsinnigkeit*) taciturnidad *f*; (*Diskretion*) discreción *f*

Schwein N ⟨~(e)s; ~e⟩ 1 cerdo *m*, puerco *m*, cochino *m*, *Am* chancho *m* (*alle a.* GASTR); *koll* **~e** *pl* ganado *m* porcino 2 *umg fig pej* (*schmutziger, unanständiger, gemeiner Mensch*) cerdo *m*, -a *f*, puerco *m*, -a *f*, *Am* chancho *m*, -a *f* 3 *umg* (*Mensch*) **kein ~** nadie; ni un alma; **armes ~** *umg* pobre diablo *m* 4 *umg* (*Glück*) suerte *f*, *umg* chorra *f*; **~ haben** *umg* tener suerte, *stärker*: tener una suerte loca, *umg* tener churra (*od* chorra); estar de chamba

'Schweinebauch M GASTR tripa *f* (de cerdo); **Schweinebraten** M GASTR asado *m* de cerdo; **Schweinefett** N grasa *f* de cerdo; **Schweinefilet** N GASTR solomillo *m* de cerdo; **Schweinefleisch** N (carne *f* de) cerdo *f*; **Schweinegeld** N *umg* **ein ~** un ojo de la cara; **Schweinegrippe** F MED gripe *f* porcina; **Schweinehirt** M porquero *m*, porquerizo *m*

'Schweinehund M 1 *sl Schimpfwort*: cerdo *m* asqueroso; canalla *m*; *sl* hijo *m* de perra (*od* de puta) 2 *hum* **der innere ~** los bajos instintos; **ich kann meinen inneren ~ nicht überwinden** no tengo autocontrol

'Schweinekoben M ⟨~s; ~⟩ pocilga *f*; **Schweinekotelett** N GASTR chuleta *f* de cerdo; **Schweinelende** F GASTR solomillo *m* de cerdo; lomo *m* de cerdo; **Schweinemagen** M tripas *fpl* (*od* estómago *m*) de cerdo

'Schweinemast F engorde *m* de cerdos; cebadura *f* de cerdos; **Schweinemastbetrieb** granja *f* de engorde de cerdos; engordadero *m* de cerdos

'Schweinepest F peste *f* porcina

Schweine'rei F ⟨~; ~en⟩ *umg* 1 porquería *f*; (*Schmutz*) *a.* cochambre *m*; *fig* (*Gemeinheit*) cochinada *f*; guarrada *f* 2 (*Zote, Unanständigkeit*) marranada *f*

'Schweinerippchen N costilla *f* de cerdo

'schweinern ADJ de cerdo

'Schweineschmalz N manteca *f* de cerdo; **Schweineschnitzel** N escalope *m* de cerdo; **Schweinestall** M pocilga *f* (*a. fig*), cochiquera *f*; *fig* cuchitril *m*, zahúrda *f*; **Schweinezucht** F cría *f* de cerdos (*od* porcina); porci(no)cultura *f*; **Schweinezüchter** M, **Schweinezüchterin** F criador *m*, -a *f* de cerdos, porci(no)cultor *m*, -a *f*

'Schweinigel M *umg* puerco *m*, cochino *m*, cerdo *m* (asqueroso)

Schweinige'lei F *umg pej* cochinada *f*; obscenidad *f*

'schweinigeln VI *umg pej* hacer porquerías; decir (*bzw* contar) obscenidades

'schweinisch ADJ puerco, cochino; obsceno; guarro

'Schweins... de cerdo; → *a.* Schweine-

S

bauch, Schweinebraten *etc*; **Schweinsblase** F vejiga *f* de cerdo; **Schweinsborste** F cerda *f*; **Schweinsgalopp** M *umg* **im ~** *umg* a toda pastilla; **Schweinshachse** F, *südd* **Schweinshaxe** F pierna *f* de cerdo; codillo *m*; **Schweinskopf** M cabeza *f* de cerdo; **Schweinsleder** N piel *f* (*od* cuero *m*) de cerdo; **schweinsledern** ADJ de piel (*od* de cuero) de cerdo; **Schweinsohr** N *Gebäck*: palmera *f*

Schweiß M ⟨~es⟩ **1** sudor *m* (*a. fig*); transpiración *f*, *leichter*: trasudor *m*; **kalter ~** sudor *m* frío; **in ~ gebadet sein** estar empapado en (*od* de) sudor; **in ~ geraten** empezar a sudar; **das hat viel ~ gekostet** ha costado muchos sudores (*od* esfuerzos); **im ~e deines Angesichtes** con el sudor de tu rostro (*od* frente); **ihm steht der ~ auf der Stirn** tiene la frente empapada de sudor **2** JAGD sangre *f*

'**Schweißabsonderung** F PHYSIOL sudoración *f*, sudación *f*; MED diaforesis *f*, hidrosis *f*

'**Schweißaggregat** N TECH grupo *m* de soldadura; **Schweißapparat** M TECH aparato *m* de soldadura; **Schweißausbruch** M sudoración *f* (profusa); ataque *m* de sudor; **Schweißband** N ⟨~(e)s; ¨er⟩ *für das Handgelenk*: muñequera *f*; *im Hut*: badana *f*

'**schweißbar** ADJ TECH soldable; **schweißbedeckt** ADJ sudoroso

'**Schweißbrenner** M TECH soplete *m* (para soldar); **Schweißdrüse** F ANAT glándula *f* sudorípara; **schweißecht** ADJ resistente a la transpiración

'**schweißen** A VT TECH soldar B VI JAGD sangrar

'**Schweißen** N ⟨~s⟩ TECH soldadura *f*; **Schweißer** M ⟨~s; ~⟩ TECH soldador *m*

Schweiße'rei F ⟨~; ~en⟩ TECH taller *m* de soldadura

'**Schweißerin** F ⟨~; ~nen⟩ TECH soldadora *f*

'**Schweißfuchs** M *Pferd*: alazán *m* tostado

'**Schweißfüße** MPL pies *mpl* sudorosos; *umg* quesos *mpl*; **er hat ~** le sudan los pies; **schweißgebadet** empapado en sudor

'**Schweißgerät** N soldador *m*, soldadora *f*

'**Schweißgeruch** M olor *m* a sudor; **Schweißhund** M JAGD sabueso *m*; **schweißig** ADJ **1** sudado; sudoriento **2** JAGD sangriento; ensangrentado

'**Schweißmangel** M MED hipohidrosis *f*

'**Schweißnaht** F TECH (costura *f* de) soldadura *f*

'**Schweißperle** F gota *f* de sudor

'**Schweißstahl** M TECH acero *m* batido (*od* soldado); **Schweißstelle** F TECH soldadura *f*; **Schweißtechnik** F TECH técnica *f* de la soldadura

'**Schweißtest** M MED prueba *f* del sudor; **schweißtreibend** ADJ MED sudorífico, diaforético; **~es Mittel** sudorífico *m*, diaforético *m*; **schweißtriefend** ADJ empapado de sudor; **Schweißtropfen** M gota *f* de sudor; **Schweißtuch** N REL sudario *m*

'**Schweißung** F ⟨~; ~en⟩ TECH soldadura *f*

'**Schweißwolle** F AGR lana *f* sucia

Schweiz F ⟨~⟩ **die ~** Suiza *f*; **die deutsche/französische/italienische ~** la Suiza alemana/francesa/italiana

'**Schweizer** A ADJ ⟨*inv*⟩ suizo; **~ Käse** queso *m* suizo; (*Emmentaler*) queso *m* emmental B M ⟨~s; ~⟩ **1** suizo *m* **2** *Käse* queso *m* suizo; (*Emmentaler*) queso *m* emmental

'**schweizerdeutsch** ADJ **die ~en Mundarten** las hablas (*od* los dialectos) suizo-alemánicos; **er spricht ~** habla dialecto suizo-alemánico

'**Schweizerdeutsch** N dialecto *m* suizo-alemánico; suizo *m* alemán

'**Schweizergarde** F *päpstliche*: Guardia *f* Suiza; **Schweizerin** F ⟨~; ~nen⟩ suiza *f*; **schweizerisch** ADJ suizo; helvético

'**Schwelanlage** F TECH instalación *f* de destilación (*od* de carbonización) a baja temperatura; **Schwelbrand** M fuego *m* sin llama

'**schwelen** A VI arder sin llama; quemarse lentamente; *fig* requemar B VT quemar lentamente; *Kokerei*: carbonizar a baja temperatura

'**schwelgen** VI **1** *im Essen, Trinken*: regalarse; darse la gran vida; gozarla (**in** *dat* con *od ger*); **im Überfluss ~** nadar en la opulencia (*od* en la abundancia) **2** *geh fig* **in etw** (*dat*) **~** disfrutar mucho (*od* regodearse) con a/c; deleitarse con (*od* en) a/c; entregarse al goce de a/c; **in Erinnerungen ~** deleitarse con los recuerdos, regodearse en recuerdos

Schwelge'rei F ⟨~; ~en⟩ disipación *f*; *Mahl*: francachela *f*, *umg* comilona *f*

'**schwelgerisch** ADJ disipado; *Mahl* opíparo; (*sinnlich, genießerisch*) sibarita; epicúreo; voluptuoso

'**Schwelle** F ⟨~; ~n⟩ umbral *m* (*a.* PSYCH *u. fig*); BAHN traviesa *f*; *Am* durmiente *m*; **die ~ überschreiten** *od* **den Fuß über die ~ setzen** traspasar (*od* pisar) el umbral; **ich werde keinen Fuß über seine ~ setzen** no pondré un pie en su casa; *fig* **an der ~ einer neuen Zeit** en los umbrales (*od* en el albor) de una nueva época

'**schwellen** A VT *Segel etc* inflar; hinchar; *Brust* henchir B VI ⟨*irr*; sn⟩ hincharse; *Wasser* crecer

'**Schwellenangst** F PSYCH miedo *m* ante situaciones nuevas; miedo *m* (*od* temor *m*) a lo nuevo (*od* a lo desconocido); **Schwellenland** M ⟨~(e)s; ¨er⟩ país *m* umbral; nación *f* emergente; **Schwellenpreis** M precio *m* de umbral; precio *m* de entrada; **Schwellenreiz** M estímulo *m* liminar (*od* umbral); **Schwellenwert** M valor *m* umbral

'**Schwellgewebe** N ANAT tejido *m* cavernoso (*od* eréctil); **Schwellkörper** M ANAT cuerpo *m* cavernoso; **Schwellung** F ⟨~; ~en⟩ hinchazón *f*; MED *a.* tumefacción *f*; bulto *m*

'**Schwelung** F ⟨~; ~en⟩ combustión *f* incompleta; *Kokerei*: carbonización *f* a baja temperatura

'**Schwemme** F ⟨~; ~n⟩ **1** HANDEL oferta *f* excesiva, aluvión *m* (**an** *dat* de) **2** *reg* (*Bierkneipe*) cervecería *f* (popular); *umg* tasca *f*; **schwemmen** VT (*anschwemmen*) acarrear; (*fortschwemmen*) arrastrar; *Holz* conducir flotando río abajo; **Schwemmland** N ⟨~(e)s⟩ (terreno *m* de) aluvión *m*

'**Schwengel** M ⟨~s; ~⟩ **1** (*Pumpenschwengel*) mango *m*; (*Glockenschwengel*) badajo *m*; (*Brunnenschwengel*) cigoñal *m* **2** *sl* (*Penis*) *umg* pito *m*

Schwenk M ⟨~(e)s; ~s⟩ **1** (*Umschwung*) giro *m* **2** FILM, TV toma *f* panorámica

'**Schwenkachse** F TECH eje *m* oscilante; **Schwenkarm** M TECH brazo *m* orientable (*od* movible *od* giratorio); **schwenkbar** ADJ orientable; giratorio; oscilante

'**schwenken** A VT **1** (*schütteln*) *Hut, Fahne* agitar; *Stock etc* blandir; (*hin und her bewegen*) mover; menear **2** (*drehen*) girar, virar (*a. Kamera*) **3** GASTR saltear **4** (*spülen*) enjuagar B VI cambiar de dirección; girar; FLUG, SCHIFF virar; *Truppen* hacer una conversión; **nach links ~** virar a la izquierda

'**Schwenkkartoffeln** FPL patatas *fpl* salteadas; **Schwenkkran** M grúa *f* giratoria; **Schwenkrad** N rueda *f* oscilante; **Schwenkung** F ⟨~; ~en⟩ **1** cambio *m* de dirección; (*Drehung*) vuelta *f*; giro *m* (*a. fig*); SCHIFF virada *f* **2** *fig* cambio *m* de opinión (*od umg* de chaqueta)

schwer[1] A ADJ **1** *im Gewicht*: pesado; (*massiv*) macizo; compacto; *Stoff* sólido; **~er Boden** terreno *m* pesado; CHEM **~es Wasser** agua *f* pesada; *fig* **~es Geschütz auffahren** emplear toda la artillería; **zwei Kilo ~ sein** pesar dos kilos; **wie ~ bist du?** ¿cuánto pesas? **2** *fig Speise, Parfum* pesado; indigesto; *Tabak, Getränke* fuerte **3** *Motorrad* potente B ADV **~ beladen** muy cargado; **~ tragen** *od* **heben** cargar mucho; **die Mahlzeit liegt mir ~ im Magen** estoy empachado

schwer[2] A ADJ **1** (*schwierig*) difícil; dificultoso; complicado; **~e Stunde** hora *f* difícil; **~e Zeiten** tiempos difíciles (*od* duros) **2** (*mühevoll*) penoso; arduo; (*hart*) duro (*a. Arbeit*); (*mühselig*) laborioso; **~e Geburt** parto *m* difícil (*a. fig*); **~e Pflicht** deber *m* oneroso **3** *fig* (*schwerfällig*) tardo; lerdo; **~ von Begriff sein** ser tardo de entendimiento; *umg* ser duro de mollera B ADV **1** (*schwierig*) con dificultad, difícilmente; **es ~ haben** estar en una situación difícil; tener grandes dificultades; **es ~ mit j-m/etw haben** tenerlo difícil con alg/a/c; **ich habe es ~ mit ihm** *a.* me da mucho que hacer; me da mucha guerra; **das wird ~ (zu machen) sein** lo veo muy difícil; **~ zu erlangen** difícil de conseguir; **~ zu sagen** difícil de decir; → *a.* schwernehmen **2** (*mühsam*) con dificultad; **~ arbeiten** trabajar duro; **~ atmen** respirar con dificultad; **~ hören** ser duro de oído; **sich ~ entschließen** ser tardo de resolución; → *a.* schwer erziehbar, schwer fallen, *etc*

schwer[3] A ADJ **1** (*schlimm*) grave (*a. Krankheit, Wunde, Verbrechen*); *Strafe* severo; *Enttäuschung, Gewitter, Schock* fuerte; **~e Erkältung** fuerte resfriado *m*; **~er Fehler** falta *f* grave; **~er Irrtum** grave (*od* craso) error *m*; *fig umg* **~er Junge** criminal *m* peligroso; **~es Schicksal** cruel destino *m*; **~er Schlag** golpe *m* duro; *fig a.* rudo golpe *m*; **~er Verlust** una gran pérdida **2** SCHIFF **~e See** mar *f* gruesa B ADV **1** (*ernstlich*) de gravedad, gravemente; **~ beleidigen** ofender gravemente; **~ beleidigt sein** estar muy ofendido; **~ stürzen** sufrir una grave caída; **~ verunglücken** tener un grave accidente; → *a.* schwerbeschädigt, schwer verletzt, schwer verwundet **2** (*sehr*) muy; *umg* **~ aufpassen** prestar mucha atención; **~ bestrafen** castigar severamente; **~ betrunken** completamente borracho; *umg* como una cuba; **~ enttäuscht** muy (*bzw* cruelmente) desilusionado; *umg* **sie ist ~ in Ordnung** *umg* es muy maja; → *a.* schwer beladen, schwer bewaffnet *etc*

'**Schwerarbeit** F trabajo *m* pesado (*od* penoso *od* duro)

'**Schwerarbeiter** M, **Schwerarbeiterin** F obrero *m*, -a *f* empleado, -a en trabajos duros; **Schwerarbeiterzulage** F prima *f* de penosidad

'**Schwerathletik** F ⟨~⟩ atletismo *m* pesado

'**schweratmig** ADJ que respira con dificultad

'**schwerbehindert** ADJ, **schwer behindert** ADJ con discapacidad *f* grave; **~ sein** tener una discapacidad grave

'**Schwerbehinderte** M/F persona *f* con discapacidad grave; minusválido *m*, -a *f* profundo, -a

'**schwerbeladen** ADJ muy cargado

'**Schwerbenzin** N gasolina *f* pesada

'**schwerbeschädigt** ADJ, **schwer beschädigt** ADJ **1** VERW *Person* mutilado grave **2** *Sache* muy deteriorado

'**Schwerbeschädigte** M/F ⟨~n; ~n; → A⟩ VERW gran mutilado *m*, -a *f*

S

ˈ**schwerbewaffnet** ADJ fuertemente armado; *umg* armado hasta los dientes
ˈ**schwerblütig** ADJ serio, grave; de carácter melancólico
ˈ**Schwere** F ⟨~⟩ **1** peso *m*; pesantez *f*; pesadez *f* (*a. fig im Kopf etc*); PHYS gravedad *f*; *des Weines*: cuerpo *m* **2** *fig* (*Ernst*) seriedad *f*, gravedad *f* (*a. e-r Krankheit, e-s Verbrechens*); (*Wichtigkeit*) importancia *f*; *e-r Strafe*: severidad *f*; rigor *m*; *der Verantwortung*: peso *m*
ˈ**Schwere(s)** N ⟨~n; → A⟩ **~s durchmachen** pasar un trago amargo
ˈ**Schwerefeld** N PHYS campo *m* gravitatorio; **schwerelos** ADJ ingrávido; **Schwerelosigkeit** F ⟨~⟩ ingravidez *f*; **Schwerenöter** M ⟨~s; ~⟩ *umg hum* calavera *m*; tenorio *m*, castigador *m*
ˈ**schwererziehbar** ADJ, **schwer erziehbar** ADJ difícil; inadaptado
ˈ**schwerfallen** V/I ⟨*irr*⟩ **j-m ~** resultar difícil a alg; **es fällt ihm schwer, zu** (*inf*) le cuesta (mucho) (*inf*)
ˈ**schwerfällig** ADJ pesado; (*plump*) torpe; (*langsam, träge*) lento, tardo; *geistig*: lerdo, tardo de entendimiento; **Schwerfälligkeit** F ⟨~⟩ pesadez *f*; (*Ungeschicklichkeit*) torpeza *f*; (*Langsamkeit*) lentitud *f*
ˈ**Schwergewicht** N **1** *Person*: peso *m* pesado (*a.* SPORT) **2** *fig* acento *m*, énfasis *m*; **das ~ liegt auf ...** el acento está en ...; **Schwergewichtler** M SPORT peso *m* pesado; **Schwergewichtsmeister** M SPORT campeón *m* de los pesos pesados
ˈ**Schwergut** N HANDEL mercancía *f* pesada
ˈ**schwerhörig** ADJ duro de oído, sordo; **Schwerhörigkeit** F ⟨~⟩ dureza *f* de oído, sordera *f*; MED hipoacusia *f*
ˈ**Schwerindustrie** F industria *f* pesada; **Schwerindustrielle** M/F gran industrial *m/f*
ˈ**Schwerkraft** F PHYS gravitación *f*; fuerza *f* de gravedad
ˈ**schwerkrank** ADJ, **schwer krank** ADJ gravemente enfermo
ˈ**Schwerkriegsbeschädigte(r)** M gran mutilado *m* de guerra; **Schwerlastwagen** M camión *m* pesado (*od* de gran tonelaje)
ˈ**schwerlich** ADV difícilmente; **das wird er ~ tun** es poco probable que lo haga
ˈ**schwerlöslich** ADJ, **schwer löslich** ADJ difícilmente soluble
ˈ**schwermachen** V/T, **schwer machen** V/T **j-m etw ~** poner dificultades a alg con a/c; **j-m das Leben ~** amargar (*od* complicar) la vida a alg; **es j-m ~** poner a alg las cosas difíciles; amargar (*od* complicar) la vida a alg; **es sich** (*dat*) **~ machen** ponérselo difícil
ˈ**Schwermetall** N metal *m* pesado; **Schwermut** F melancolía *f*; **schwermütig** ADJ melancólico
ˈ**schwernehmen** V/T ⟨*irr*⟩ tomar a pecho
ˈ**Schweröl** N aceite *m* pesado
ˈ**Schwerpunkt** M **1** PHYS centro *m* de gravedad (*a. fig*) **2** *fig* punto *m* esencial, enfoque *m*; **der ~ liegt auf ...** el enfoque está en ...; **Schwerpunktverlagerung** F desplazamiento *m* del centro de gravedad
ˈ**schwerreich** ADJ *umg* muy rico; *umg* forrado (de dinero)
ˈ**Schwerspat** M MINER espato *m* pesado, baritina *f*
Schwert N ⟨~(e)s; ~er⟩ **1** espada *f*; **zum ~ greifen** empuñar la espada **2** SCHIFF orza *f*; ˈ**Schwertfisch** M *Fisch*: pez *m* espada, emperador *m*; ˈ**schwertförmig** ADJ ensiforme; ˈ**Schwertlilie** F BOT lirio *m*
ˈ**Schwertransport** M transporte *m* pesado
ˈ**Schwertschlucker** M tragador *m* de sables, tragasables *m*; **Schwertstreich** M golpe *m* de espada
ˈ**schwertun** V/R ⟨*irr*⟩ *umg* **sich ~** tener dificultades (**mit** con); **er hat sich schwergetan** le ha costado mucho
ˈ**Schwerverbrecher** M, **Schwerverbrecherin** F criminal *m/f* peligroso, -a
ˈ**schwerverdaulich** ADJ, **schwer verdaulich** ADJ difícil de digerir; pesado, indigesto (*a. fig*)
ˈ**Schwerverkehr** M tráfico *m* (*od* tránsito *m*) pesado
ˈ**schwerverletzt** ADJ, **schwer verletzt** ADJ gravemente herido, malherido
ˈ**Schwerverletzte** M/F herido *m*, -a *f* grave
ˈ**schwerverständlich** ADJ, **schwer verständlich** ADJ difícil de comprender
ˈ**schwerverwundet** ADJ, **schwer verwundet** ADJ gravemente herido, malherido
ˈ**Schwerverwundete** M/F herido *m*, -a *f* grave; **Schwerwasserreaktor** M NUKL reactor *m* de agua pesada
ˈ**schwerwiegend, schwer wiegend** ADJ *fig* grave; de gravedad; muy serio; de mucho peso
ˈ**Schwester** F ⟨~; ~n⟩ hermana *f*; (*Ordensschwester*) *a.* religiosa *f*; *Anrede*: sor *f*; (*Krankenschwester*) enfermera *f*; **Schwesterchen** N ⟨~s; ~⟩ hermanita *f*; **Schwesterfirma** F, **Schwestergesellschaft** F WIRTSCH empresa *f* (*od* sociedad *f od* compañía *f*) asociada; **schwesterlich** **A** ADJ de hermana **B** ADV como hermana
ˈ**Schwesternhelferin** F auxiliar *f* de enfermería; **Schwesternpaar** N dos hermanas *fpl*; **Schwesternschaft** F **1** REL comunidad *f* de religiosas **2** MED cuerpo *m* de enfermeras; **Schwesterntracht** F uniforme *m* de monja
ˈ**Schwesterpartei** F POL partido *m* hermano; formación *f* política hermana; **Schwesterschiff** N buque *m* gemelo; **Schwesterunternehmen** N WIRTSCH → Schwesterfirma
ˈ**Schwibbogen** M ARCH arbotante *m*
schwieg → schweigen
ˈ**Schwiegereltern** PL suegros *mpl*, padres *mpl* políticos; **Schwiegermutter** F ⟨~; ⸚⟩ suegra *f*, madre *f* política; **Schwiegersohn** M yerno *m*, hijo *m* político; **Schwiegertochter** F nuera *f*, hija *f* política; **Schwiegervater** M suegro *m*, padre *m* político
ˈ**Schwiele** F callo *m*; callosidad *f*; **schwielig** ADJ calloso
ˈ**schwierig** ADJ difícil (*a. Person*); (*mühevoll*) penoso, arduo, dificultoso; laborioso; *Problem*: complejo; (*heikel*) delicado, espinoso; escabroso; precario; (*verwickelt*) complicado, intrincado; **~es Gelände** terreno *m* escabroso (*od* accidentado); **~ machen** dificultar; **das Schwierigste haben wir hinter uns** ya hemos pasado lo más difícil
ˈ**Schwierigkeit** F ⟨~; ~en⟩ dificultad *f*; (*Hindernis*) obstáculo *m*; **ohne ~** sin dificultad; **auf ~en stoßen** encontrar dificultades; **~en bekommen** *od* **in ~en geraten** encontrar dificultades; **~en mit sich bringen** entrañar dificultades; **j-n in ~en bringen** poner en dificultades a alg; **sich in ~en befinden** estar en dificultades; hallarse en una situación difícil (*od* precaria); **~en machen** poner dificultades; poner obstáculos (*od* trabas *od* cortapisas); **unnötige ~en machen** complicar innecesariamente las cosas
ˈ**Schwierigkeitsgrad** M grado *m* (*od* coeficiente *m*) de dificultad
ˈ**Schwimmbad** N piscina *f*; *Arg* pileta *f*; *Mex* alberca *f*; **Schwimmbagger** M draga *f* flotante; **Schwimmbassin** N, **Schwimmbecken** N piscina *f*; **Schwimmblase** F *Fisch*: vejiga *f* natatoria; **Schwimmboje** F boya *f* flotante; **Schwimmbrücke** F puente *m* flotante; **Schwimmdock** N SCHIFF dique *m* flotante
ˈ**schwimmen** ⟨*irr*; sn, *ohne Richtungsangabe* h *od* sn⟩ **A** V/I **1** *Lebewesen* nadar; **~ gehen** ir a nadar; **an Land ~** ganar la orilla a nado; **auf dem Rücken ~** nadar de espaldas; **obenauf ~** sobrenadar; **über einen Fluss ~** atravesar (*od* cruzar) un río a nado; **unter Wasser ~** nadar entre dos aguas; *umg hum* **wie eine bleierne Ente ~** nadar como un plomo **2** *Dinge* flotar **3** *fig* (*sehr nass sein*) estar inundado; **in Tränen ~** deshacerse en lágrimas; llorar a lágrima viva; **in seinem Blut ~** estar bañado en su sangre; **mir schwimmt es vor den Augen** se me va la vista **4** *fig* (*unsicher sein*) estar confundido; perder el hilo **B** V/T nadar; recorrer a nado
ˈ**Schwimmen** N ⟨~s⟩ natación *f*; **zum ~ gehen** ir a nadar (*od* a bañarse)
ˈ**schwimmend** **A** ADJ flotante **B** ADV a nado
ˈ**Schwimmer** M ⟨~s; ~⟩ **1** *Mensch*: nadador *m* **2** TECH, FLUG flotador *m*; *der Angel*: veleta *f*; **Schwimmerin** F ⟨~; ~nen⟩ nadadora *f*; **Schwimmernadel** F TECH aguja *f* de flotador
ˈ**schwimmfähig** ADJ flotable; *Schiff* en condiciones de navegar
ˈ**Schwimmfähigkeit** F flotabilidad *f*; navegabilidad *f*; **Schwimmflosse** F **1** ZOOL aleta *f* (nadadora) **2** SPORT aleta *f* (de natación); **Schwimmflügel** M nadadera *f*; flotador *m* para brazos; manguito *m*; **Schwimmfuß** M ZOOL pata *f* natatoria (*bzw* palmeada); **Schwimmgürtel** M corchos *mpl* (para nadar); (*Rettungsgürtel*) cinturón *m* salvavidas; **Schwimmhalle** F piscina *f* cubierta; **Schwimmhaut** F ZOOL membrana *f* natatoria (*od* interdigital); **Schwimmhose** F bañador *m*; **Schwimmklub** M club *m* de natación; **Schwimmkörper** M flotador *m*; **Schwimmkran** M TECH grúa *f* flotante; **Schwimmlehrer** M, **Schwimmlehrerin** F profesor *m*, -a *f* de natación; **Schwimmmeisterschaft** F campeonato *m* de natación; **Schwimmsport** M natación *f*; **Schwimmstadion** N piscina *f* estadio; **Schwimmstil** M estilo *m* natatorio; **Schwimmstoß** M brazada *f*; **Schwimmverein** M → Schwimmklub; **Schwimmvögel** MPL ORN palmípedas *fpl*; **Schwimmweste** F chaleco *m* salvavidas
ˈ**Schwindel** M ⟨~s; ~⟩ **1** MED vértigo *m*, desvanecimiento *m*; (*Schwindelanfall*) mareo *m*; vahído *m* **2** *fig* (*Lüge*) embuste *m*; patraña *f*, *umg* bola *f*; (*Vortäuschung*) engaño *m*; superchería *f*; (*Betrug*) fraude *m*; estafa *f*, *umg* timo *m*; *umg* **den ~ kenne ich** conozco el truco; **das ist doch alles ~!** *umg* ¡todo eso son cuentos (chinos)!; *umg* **der ganze ~** todo el tinglado
ˈ**Schwindelanfall** M MED vahído *m*; vértigo *m*; mareo *m*; **einen ~ bekommen** tener (*od* sufrir) un vahído; írsele la cabeza (a alg)
Schwindeˈlei F ⟨~; ~en⟩ (*Lüge*) mentira *f*; patraña *f*; embuste *m*; cuento *m*; (*Betrug*) fraude *m*; estafa *f*
ˈ**schwindelerregend, Schwindel erregend** ADJ vertiginoso; que da vértigo (*a. fig*)
ˈ**Schwindelfirma** F → Schwindelunternehmen; **schwindelfrei** ADJ libre de vértigo; que no tiene vértigo; que no se marea; **Schwindelgefühl** N MED sensación *f* de

S

vértigo; mareo *m*; **schwindelhaft** ADJ vertiginoso; (*betrügerisch*) fraudulento
'schwindelig ADJ mareado, desvanecido; **mir ist** *od* **wird ~** me mareo; se me va la cabeza; **leicht ~ werden** marearse fácilmente; **das macht mich ~** me da vértigo
'schwindeln V/I **1** **mir** *od* **mich schwindelt** me siento mareado; la cabeza me da vueltas **2** *fig* (*lügen*) mentir; decir embustes; contar patrañas; (*betrügen*) estafar, timar; (*mogeln*) hacer trampas; engañar
'schwindelnd ADJ *Höhe etc* vertiginoso; *fig* **~e Höhen erreichen** *Preise* andar por las nubes, dispararse
'Schwindelunternehmen N empresa *f* (*od* compañía *f*) de negocios fraudulentos
'schwinden V/I ⟨*irr*; sn⟩ *geh* (*abnehmen*) disminuir, ir disminuyendo, decrecer, menguar; (*verschwinden*) desaparecer; desvanecerse; (*verfallen*) decaer; **ihm schwand der Mut** perdió el ánimo; **die Sinne schwanden ihr** perdió el conocimiento; se desmayó; **ihm ~ die Kräfte** le abandonan las fuerzas; **jede Hoffnung ~ lassen** perder todas las esperanzas; abandonar toda esperanza
'Schwinden N ⟨~s⟩ (*das Abnehmen*) disminución *f*, decrecimiento *m*, mengua *f*; (*das Verschwinden*) desaparición *f*; desvanecimiento *m*; decaimiento *m*
'Schwindler M ⟨~s; ~⟩, **Schwindlerin** F ⟨~; ~nen⟩ (*Lügner[in]*) mentiroso *m*, -a *f*, embustero *m*, -a *f*; (*Betrüger[in]*) estafador *m*, -a *f*, embaucador *m*, -a *f*; (*Mogler[in]*) tramposo *m*, -a *f*, fullero *m*, -a *f*; **schwindlerisch** ADJ (*verlogen*) embustero; (*betrügerisch*) engañador, falaz; fraudulento
'schwindlig ADJ → schwindelig
'Schwindsucht F ⟨~⟩ *obs* MED tisis *f*; tuberculosis *f* (pulmonar); **schwindsüchtig** ADJ *obs* MED tísico; tuberculoso; **Schwindsüchtige** M/F *obs* tísico *m*, -a *f*; tuberculoso *m*, -a *f*
'Schwingachse F AUTO eje *m* oscilante
'Schwinge F ⟨~; ~n⟩ **1** *geh* (*Flügel*) ala *f* **2** TECH corredera *f*
'schwingen ⟨*irr*⟩ **A** V/T *hin und her*: agitar; mover; *Schwert, Keule etc* blandir; esgrimir; *Gerte* cimbrar; *Fahne* hacer ondear; tremolar, agitar; *Flügel* batir **B** V/I *Ton, Saite* vibrar; *Pendel* oscilar; (*schwanken*) balancearse; bambolear; → *a.* geschwungen **C** V/R **sich ~** lanzarse; elevarse; **sich über die Mauer ~** saltar el muro; **sich auf sein Fahrrad ~** montar en la bicicleta; **sich in den Sattel ~** montar a caballo; **sich in die Luft ~** remontar el vuelo; elevarse en el aire
'schwingend ADJ vibrante; oscilante
'Schwinger M ⟨~s; ~⟩ *Boxen*: swing *m*
'Schwingkreis M ELEK circuito *m* oscilante; **Schwingtür** F puerta *f* oscilante; **Schwingung** F ⟨~; ~en⟩ vibración *f*; oscilación *f*; movimiento *m* oscilatorio (*bzw* de vaivén); **in ~en versetzen** hacer vibrar
'Schwingungsdämpfer M amortiguador *m* de vibraciones; **Schwingungsdauer** F período *m* de oscilación; **Schwingungserzeuger** M oscilador *m*; **schwingungsfrei** ADJ exento de vibraciones; **Schwingungsknoten** M nodo *m* de oscilación; **Schwingungsweite** F amplitud *f* (de la oscilación); **Schwingungszahl** F número *m* de oscilaciones
'Schwippschwager M, **Schwippschwägerin** F hermano *m*, -a *f* del cuñado
Schwips M ⟨~es; ~e⟩ *umg* chispa *f*; **einen ~ haben** estar achispado (*od* alegre)
'schwirren V/I *Pfeil, Kugel etc* silbar; *Insekt* zumbar; *fig Gerüchte* circular, correr; **mir schwirrt der Kopf** me da vueltas la cabeza; *umg* tengo la cabeza como un bombo; **mir schwirrte alles Mögliche durch den Kopf** (se) me pasaban muchas cosas por la cabeza
'Schwirren N ⟨~s⟩ frémito *m*; silbido *m*; zumbido *m*; aleteo *m*
'Schwitzbad N baño *m* turco (*bzw* de vapor)
'schwitzen **A** V/I **1** *Mensch* sudar; transpirar; *leicht*: trasudar; **am ganzen Körper ~** estar empapado de sudor **2** *Fenster, Wände* rezumar **B** V/T *fig* **Blut (und Wasser) ~** sudar sangre; *umg* sudar la gota gorda
'Schwitzen N ⟨~s⟩ sudor *m*; transpiración *f*; *leichtes*: trasudor *m*; MED diaforesis *f*
'schwitzend ADJ sudoroso; sudoriento, sudado; **schwitzig** ADJ sudoroso
'Schwitzkasten M **j-n in den ~ nehmen** hacer una llave a alg; **Schwitzkur** F MED cura *f* sudorífica (*od* diaforética); **Schwitzmittel** N MED sudorífico *m*, diaforético *m*; **Schwitzpackung** F MED envoltura *f* sudorífica
Schwof M ⟨~(e)s; ~e⟩ *umg* baile *m* (popular); *umg* bailongo *m*; **'schwofen** V/I *umg* bailar; bailotear
schwoll → schwellen B
'schwören V/T & V/I ⟨*irr*⟩ JUR jurar (**bei** por) (*a. fig*); afirmar bajo juramento; prestar juramento; **j-m Freundschaft/Treue ~** jurar amistad/fidelidad a alg; **j-m Rache ~** jurar vengarse de alg; **bei Gott ~** jurar por (el nombre de) Dios; *fig* **auf etw/j-n ~** tener absoluta confianza en a/c/alg, poner la mano en el fuego por a/c/alg; **ich könnte ~, dass ...** juraría que ...; → *a.* geschworen
'Schwören N ⟨~s⟩ juramento *m*, prestación *f* de juramento
'Schwuchtel F ⟨~; ~n⟩ *umg pej sl* marica *f*
schwul ADJ *umg* homosexual, invertido; *umg* de la acera de enfrente; *umg* marica
schwül ADJ sofocante; bochornoso; cargado; **es ist ~** hace bochorno; (*sinnlich*) sensual; voluptuoso
'Schwule(r) M ⟨~n; ~n; → A⟩ *umg* homosexual *m*; *umg* marica *m*, *sl* maricón *m*, sarasa *m*
'Schwüle F ⟨~⟩ calor *m* sofocante; bochorno *m*; atmósfera *f* cargada (*od* pesada); (*Sinnlichkeit*) sensualidad *f*; voluptuosidad *f*
'Schwulenbewegung F movimiento *m* gay; **Schwulenlokal** N local *m* gay
Schwuli'tät F ⟨~; ~en⟩ *umg* apuro *m*, aprieto *m*; **in ~en sein** estar en un apuro (*od* en un aprieto)
Schwulst M ⟨~es; ¨~e⟩ pomposidad *f*; *in der Architektur*: hinchazón *f*; *in der Literatur*: ampulosidad *f*
'schwülstig **A** ADJ *Stil* enfático; *Architektur* hinchado, pomposo, *Literatur* ampuloso **B** ADV **~ schreiben** tener un estilo enfático (*od* ampuloso); **Schwülstigkeit** F ⟨~; ~en⟩ ampulosidad *f* (de estilo); grandilocuencia *f*
'schwummerig ADJ *umg* → schwindelig
Schwund M ⟨~(e)s⟩ disminución *f*, merma *f*; HANDEL pérdida *f*; (*Schrumpfung*) contracción *f*; MED atrofia *f*; RADIO fading *m*
Schwung M ⟨~(e)s; Schwünge⟩ **1** (*Bewegung*) impulso *m*, empuje *m* (*a. fig*); (*Schwingung*) oscilación *f*; **etw in ~ bringen** dar impulso a a/c; activar a/c; **wieder in ~ bringen** reactivar; sacar a flote; *bes* HANDEL relanzar; **~ holen** coger impulso; **in ~ kommen** coger impulso; *fig* tomar vuelo; progresar; cobrar impulso **2** *fig* arranque *m*; pujanza *f*; (*Elan*) brío *m*; ímpetu *m*; dinamismo *m*; vitalidad *f*; (*Aufschwung*) elevación *f*; vuelo *m*; **in ~ sein** *Person* sentirse pleno de energía; desplegar gran actividad; **keinen ~ haben** estar falto de energía **3** *umg* (*Menge*) *Papier, Bücher*: montón *m*; lote *m*
'Schwungfeder F ORN remera *f*; pena *f*;
schwunghaft ADJ vivo, activo; *Handel etc* floreciente; próspero
'Schwungkraft F PHYS fuerza *f* motriz (*bzw* centrífuga); *fig* ímpetu *m*; brío *m*
'schwunglos ADJ *fig Person* sin brío; sin entusiasmo; *umg Rede* sin garra; **Schwungrad** N TECH volante *m*; **schwungvoll** ADJ lleno de vitalidad (*od* de energía); dinámico, activo; brioso; vibrante (*a. Musik*); *Rede etc* enfático; de alto vuelo
schwupp INT ¡zas!
Schwur M ⟨~(e)s; Schwüre⟩ juramento *m*; (*Gelübde*) voto *m*; **einen ~ leisten** prestar juramento; **'Schwurgericht** N jurado *m*; tribunal *m* de jurados
'Science-Fiction ['saɪəns'fɪkʃən] F ⟨~⟩ ciencia *f* ficción
Scien'tology® [saɪən'tɔlədʒɪ] F REL Cienciología® *f*
'scratchen ['skrɛtʃən] V/T & V/I *umg* scratchear
'Screening ['skri:nɪŋ] F ⟨~s; ~s⟩ *bes* MED monitoreo *m*, criba *f*, despistaje *m*
'Screenshot ['skri:nʃɔt] M ⟨~s; ~s⟩ IT screenshot *m*, captura *f* de pantalla (*od* de imagen)
'Scriptgirl ['skrɪptgœrl] N → Skriptgirl
Scroll [skro:l] M ⟨~s; ~s⟩ deslizamiento *m* de datos; **'Scrollbefehl** M comando *m* de desplazamiento
'scrollen ['skro:lən] V/T & V/I IT scrollear, mover (en la pantalla)
s. d. ABK (siehe dort) véase allá
SD M ABK (Sicherheitsdienst) servicio *m* de seguridad
SDS M ABK (Sozialistischer Deutscher Studentenbund) → sozialistisch
Sé'ance [ze'ã:s(ə)] F ⟨~; ~n⟩ sesión *f* espiritista (*od* de espiritismo)
Sebor'rhö F ⟨~; ~en⟩ MED seborrea *f*
sec ABK (Sekunde) segundo *m*
sechs ADJ seis
Sechs F ⟨~; ~en⟩ **1** *Zahl*: seis *m* **2** *Schulnote*: ≈ suspenso
Sechs'achteltakt M MUS compás *m* de seis por ocho
'Sechseck N GEOM hexágono *m*; **sechseckig** ADJ GEOM hexa gonal; **Sechsender** M JAGD venado *m* de seis puntas
'sechser'lei ADJ de seis especies distintas; seis clases def
'sechsfach ADJ séxtuplo; seis veces más; **Sechsfache(s)** N ⟨~n; → A⟩ séxtuplo *m*; **sechsflächig** ADJ GEOM hexaédrico; **Sechsflächner** M GEOM hexaedro *m*; **sechsfüßig** ADJ de seis pies; ZOOL hexápodo
'sechs'hundert ADJ seiscientos
'sechsjährig ADJ de seis años (de edad); **Sechsjährige** M/F ⟨~n; ~n; → A⟩ niño *m*, -a *f* de seis años
'Sechskant... TECH hexagonal
'sechsmal ADV seis veces; **sechsmonatig** ADJ semestral; de seis meses; **sechsmonatlich** **A** ADJ semestral **B** ADV cada seis meses; por semestres; **sechsmotorig** ADJ de seis motores; **sechsprozentig** ADJ del seis por ciento; **sechsschüssig** ADJ *Revolver* de seis tiros; **sechsseitig** ADJ de seis lados; GEOM hexagonal; **sechssilbig** ADJ LIT *Vers* hexasílabo; **sechssitzig** ADJ de seis plazas
'sechsstellig ADJ *Zahl* de seis cifras (*od* dígitos); **sechsstimmig** ADJ de (*od* a) seis voces; **sechsstöckig** ADJ de seis pisos
sechst ADV **zu ~** seis; **zu ~ sein** ser seis; **wir sind zu ~** somos seis
Sechs'tagerennen N SPORT carrera *f* (ciclista) de los seis días
'sechstägig ADJ de seis días

S

'sechs'tausend ADJ seis mil
'sechste(r, -s) ADJ sexto; **der ~ Mai** el seis de mayo; **Karl der Sechste (VI.)** Carlos sexto (VI)
'Sechstel N ⟨~s; ~⟩ **ein ~** la sexta parte; un sexto; **sechstens** ADV en sexto lugar; *bei Aufzählungen*: sexto; **Sechszylindermotor** M motor *m* de seis cilindros
'sechzehn ADJ dieciséis; **Sechzehnender** M ⟨~s; ~⟩ JAGD venado *m* de dieciséis puntas
'sechzehnte(r, -s) ADJ decimosexto; **Ludwig der Sechzehnte (XVI.)** Luis dieciséis (XVI)
'Sechzehntel N ⟨~s; ~⟩ dieciseisavo *m*; **Sechzehntelnote** F MUS semicorchea *f*; **Sechzehntelpause** F MUS pausa *f* de semicorchea
'sechzehntens ADV en décimosexto lugar; *bei Aufzählungen*: décimosexto
'sechzig ADJ sesenta; **rund ~ Personen** unas sesenta personas; etwa, **etwa** *od* **rund ~ (Jahre alt) sein** tener unos sesenta años; **~er Jahre** → Sechzigerjahre
'Sechziger M ⟨~s; ~⟩, **Sechzigerin** F ⟨~; ~nen⟩ sexagenario *m*, -a *f*, *umg* sesentón *m*, -ona *f*; **in den Sechzigern sein** haber pasado los sesenta (años)
Sechzigerjahre NPL **die ~** los años sesenta; **in den ~n** en los años sesenta
'sechzigjährig ADJ de sesenta años; sexagenario
'sechzigste ADJ sexagésimo; **Sechzigstel** N ⟨~s; ~⟩ sesentavo *m*
'Second'handgeschäft ['sekənt'hɛnt-] N → Secondhandladen; **Secondhandkleidung** F ropa *f* de segunda mano; **Secondhandladen** M tienda *f* de segunda mano
SED F ABK (Sozialistische Einheitspartei Deutschlands) HIST *DDR*: Partido *m* Socialista Unificado de Alemania
Seda'tivum [-v-] N ⟨~s; Sedativa⟩ MED sedante *m*
Se'dez N ⟨~es⟩, **Sedezformat** N TYPO formato *m* dieciseisavo, *abk* 16°
se'dierend ADJ MED sedante; **Sedierung** F ⟨~; ~en⟩ MED sedación *f*
Sedi'ment N ⟨~(e)s; ~e⟩ sedimento *m*
sedimen'tär ADJ sedimentario
Sedi'mentgestein N GEOL rocas *fpl* sedimentarias
See[1] M ⟨~s; ~n⟩ *(Binnensee)* lago *m*; *(Teich)* estanque *m*
See[2] F ⟨~⟩ **1** *(Meer)* mar *m/f*; océano *m*; **an der ~** a la orilla del mar; **an die ~ gehen** *od* **fahren** ir a la playa; **auf ~** en el mar; **auf hoher ~** en alta mar; **in ~ gehen** *od* **stechen** zarpar; hacerse a la mar; *Segler a.* hacerse a la vela; **zur ~ gehen** *od* **fahren** hacerse (*od* ser) marino **2** *(Seegang)* marejada *f*; *(Woge)* ola *f*; **schwere** *od* **raue ~** mar *f* gruesa
'Seeaal M *Fisch*: anguila *f* de mar, congrio *m*; **Seeadler** M ORN águila *f* marina; **Seealpen** PL Alpes *mpl* marítimos; **Seeamt** N tribunal *m* marítimo; **Seeanemone** F ZOOL anémona *f* de mar; actinia *f*; **Seebad** N baño *m* de mar; *Ort*: playa *f*; balneario *m* marítimo; **Seebär** M *fig* lobo *m* de mar; **Seebarsch** M *Fisch*: lubina *f*; **Seebeben** N maremoto *m*; **Seebrasse** F, **Seebrassen** M *Fisch*: besugo *m*; **Seedienst** M servicio *m* naval (*od* marítimo); **See-Elefant** M ZOOL elefante *m* marino
'seefahrend ADJ navegante; marítimo; **Seefahrer** M, **Seefahrerin** F navegante *m/f*
'Seefahrt F **1** navegación *f* **2** *(Reise)* viaje *m* por mar; crucero *m*; *(Überfahrt)* travesía *f*
'seefest ADJ **1** *Schiff* marinero; en (perfecto) estado de navegar **2** *Person* que no se marea; resistente al mareo; **Seefisch** M pez *m* marino; HANDEL pescado *m* de mar; **Seefischerei** F pesca *f* marítima (*od* de altura)
'Seefracht F flete *m* marítimo; **Seefrachtbrief** M HANDEL conocimiento *m* (de embarque); **Seefrachtverkehr** M transporte *m* de carga marítima; **Seefrachtvertrag** M contrato *m* de fletamiento
'Seefunkdienst M servicio *m* de radio marítimo
'Seegang M marejada *f*, oleaje *m*; **leichter ~** marejadilla *f*; **schwerer** *od* **hoher ~** mar *f* gruesa *f*
'Seegebiet N dominio *m* marítimo; **im ~ von** en aguas de; **Seegefecht** N MIL combate *m* naval; **Seegras** N BOT hierba *f* de mar; HANDEL crin *f* vegetal; **seegrün** ADJ verdemar; **Seegurke** F ZOOL pepino *m* de mar; **Seehafen** M puerto *m* marítimo (*od* de mar); **Seehandel** M comercio *m* marítimo; **Seehecht** M *Fisch*: merluza *f*; **Seeherrschaft** F dominio *m* de los mares; soberanía *f* marítima; **Seehund** M ZOOL foca *f*; **Seehundsfell** N piel *f* de foca; **Seeigel** M ZOOL erizo *m* de mar; **Seekabel** N cable *m* submarino; **Seekadett** M MIL, SCHIFF guardiamarina *m*; **Seekalb** N ZOOL vítulo *m* (*od* becerro *m*) marino; **Seekarte** F carta *f* marina; **seeklar** ADJ SCHIFF en franquía; listo para zarpar; **Seeklima** N clima *m* marítimo
'seekrank ADJ mareado; **~ werden** marearse; **Seekrankheit** F mareo *m*, mal *m* del mar
'Seekrieg M guerra *f* naval (*od* marítima); **Seekuh** F ZOOL manatí *m*, vaca *f* marina; **Seeküste** F costa *f*; litoral *m*; **Seelachs** M *Fisch*: carbonero *m*; *selten a. für*: abadejo *m*; **Seeland** N ⟨~s⟩ GEOG Zeland(i)a *f*
'Seele F ⟨~; ~n⟩ **1** *allg* alma *f*; *bes* REL ánima *f*; *(Gemüt)* ánimo *m*; *fig (Herz)* corazón *m*; **bei meiner ~** por mi alma; **das liegt mir (schwer) auf der ~** me preocupa (mucho); **er spricht mir aus der ~** es exactamente lo que yo pensaba; **sich** *(dat)* **die ~ aus dem Leib schreien** desgañitarse; **in tiefster ~** de corazón; en lo más profundo del corazón (*od* del alma); **das tut mir in der ~ weh** lo siento (*od* me duele) en el alma; **das ist ihm in der ~ zuwider** le causa horror; **mit** *od* **von ganzer ~** con toda el alma; **sich** *(dat)* **etwas von der ~ reden** desahogarse **2** *fig* **die ~ von etw sein** ser el alma de a/c; **er ist eine treue ~** *od* **eine ~ von Mensch** es un bendito; es un alma de Dios **3** *fig (Mensch)* **es war keine ~ da** no había alma viviente; **ein Dorf von 500 ~n** un pueblo de quinientas almas
'Seelenamt N REL misa *f* de réquiem (*od* de difuntos); **Seelenfreund** M amigo *m* íntimo (*od* del alma); **Seelenfriede(n)** M paz *f* interior (*od* del alma); **Seelengröße** F grandeza *f* de alma; magnanimidad *f*; **Seelenheil** N salvación *f* (del alma); **Seelenhirt** M *geh* pastor *m* de almas; **Seelenkunde** F (p)sicología *f*; **Seelenleben** N ⟨~s⟩ vida *f* interior (*bzw* espiritual)
'seelenlos ADJ sin alma; desalmado
'Seelenmesse F → Seelenamt; **Seelennot** F *geh*, **Seelenpein** F *geh*, **Seelenqual** F *geh* angustia *f*; **Seelenregung** F reacción *f* afectiva; emoción *f*; **Seelenruhe** F paz *f* (*od* tranquilidad *f*) del alma; serenidad *f*; sosiego *m*; **in aller ~** con toda tranquilidad; **seelenruhig** ADV con mucha calma; **Seelenstärke** F *geh* entereza *f*; **Seelentröster** M *umg* quitapenas *m* (*a. Alkohol*); **Seelenverkäufer** M SCHIFF *(schlechtes Schiff) pej* carraca *f*
'seelenverwandt ADJ de afinidad espiritual; **Seelenverwandtschaft** F afinidad *f* espiritual
'seelenvoll ADJ *geh* con mucha alma; lleno de vida; *(ausdrucksvoll)* expresivo
'Seelenwanderung F reencarnación *f*; transmigración *f* de las almas, metempsicosis *f*; **Seelenzustand** M estado *m* anímico (*od* del alma)
'Seeleute PL marineros *mpl*; marinos *mpl*; gente *f* de mar; hombres *mpl* de la mar
'seelisch **A** ADJ mental; *(psychisch)* (p)síquico, anímico; MED **~es Leiden** enfermedad *f* mental, (p)sicopatía *f*; **~e Grausamkeit** crueldad *f* mental; **~es Gleichgewicht** equilibrio *m* mental **B** ADV **~ bedingt** por razones (p)síquicas; (p)sicógeno
'Seelöwe M ZOOL león *m* marino
'Seelsorge F ⟨~⟩ asistencia *f* espiritual; **Seelsorger** M ⟨~s; ~⟩ padre *m* (*od* director *m*) espiritual; PROT pastor *m* (de almas); SCHULE, MIL capellán *m*; **Seelsorgerin** F ⟨~; ~nen⟩ PROT pastora *f*; **seelsorgerisch** ADJ pastoral; **~e Betreuung** dirección *f* espiritual
'Seeluft F aire *m* de mar; **Seeluftstreitkräfte** FPL MIL fuerzas *fpl* aeronavales
'Seemacht F MIL potencia *f* naval (*od* marítima); **Seemann** M ⟨~(e)s; -leute⟩ marino *m*; marinero *m*
'seemännisch ADJ náutico; marinero; de marin(er)o; marítimo
'Seemannsausdruck M término *m* náutico; expresión *f* marinera; **Seemannsgarn** N *fig* historia *f* de marinero; **~ spinnen** contar historias (*od* aventuras) de marineros; **Seemannssprache** F lenguaje *m* marinero
'seemäßig ADJ **~e Verpackung** embalaje *m* (para transporte) marítimo
'Seemeile F milla *f* (marina *od* náutica); **Seemine** F MIL mina *f* submarina; **Seemöwe** F ORN gaviota *f*
'Seenkunde F limnología *f*
'Seenot F ⟨~⟩ peligro *m* marítimo; **in ~** en peligro de naufragar; **Seenotdienst** M servicio *m* de salvamento de náufragos
'Seenplatte F GEOG plataforma *f* de lagos
'Seeoffizier M oficial *m* de marina; **Seeotter** F ZOOL nutria *f* de mar; **Seepferd** N, **Seepferdchen** N ZOOL caballo *m* marino, hipocampo *m*; caballito *m* de mar; **Seeräuber** M pirata *m*; corsario *m*
Seeräube'rei F piratería *f*
'Seeräuberin F pirata *f*; **seeräuberisch** ADJ pirata; **Seeräuberschiff** N buque *m* pirata; corsario *m*
'Seerecht N derecho *m* marítimo; **Seereise** F viaje *m* por mar; crucero *m*; **Seerose** F **1** BOT nenúfar *m* **2** ZOOL actinia *f*; **Seeroute** F ruta *f* marítima; **Seesack** M petate *m*; saco *m* de marinero
'Seeschiff N buque *m* de altura; navío *m*; HANDEL **frei Längsseite ~** franco al costado del buque; **Seeschifffahrt** F navegación *f* marítima
'Seeschlacht F batalla *f* naval; **Seeschlange** F serpiente *f* de mar; **Seeschwalbe** F ZOOL gaviotín *m*; **Seesieg** M victoria *f* naval; **Seespediteur** M, **Seespediteurin** F agente *m/f* de transportes marítimos; **Seestadt** F ciudad *f* marítima; **Seestern** M ZOOL estrellamar *f*, estrella *f* de mar, asteria *f*; **Seestreitkräfte** FPL MIL fuerzas *fpl* navales; **Seestück** N MAL marina *f*; **Seetang** M BOT algas *fpl* marinas; varec *m*
'Seetransport M transporte *m* marítimo (*od* por mar); **Seetransportversicherung** F seguro *m* marítimo
'seetüchtig ADJ *Schiff* marinero; en perfectas condiciones para navegar; **Seetüchtigkeit** F cualidades *fpl* marineras; navegabilidad *f*

S

ˈ**Seeufer** N orilla *f* del lago; **Seeungeheuer** N monstruo *m* marino; **seeuntüchtig** ADJ no apto para navegar; **Seeverbindung** F comunicación *f* marítima; **Seeverkehr** M tráfico *m* marítimo; **Seeversicherung** F seguro *m* marítimo; **Seevogel** M ave *f* marina; **Seevolk** N pueblo *m* navegante; nación *f* marítima; **Seewalze** F ZOOL holoturia *f*; **Seewarte** F observatorio *m* marítimo; **seewärts** ADV mar adentro; **Seewasser** N ⟨~s⟩ agua *f* de mar

ˈ**Seeweg** M vía *f* (*od* ruta *f*) marítima; **auf dem ~** por mar; por vía marítima; **Seewind** M viento *m* (*bzw* brisa *f*) del mar; **Seezeichen** N señal *f* marítima; baliza *f*; **Seezunge** F *Fisch*: lenguado *m*

ˈ**Segel** N ⟨~s; ~⟩ 1 SCHIFF vela *f*; **unter ~ gehen** hacerse a la vela; largar las velas; **die ~ streichen** recoger (*od* arriar) velas (*a. fig*); *fig* darse por vencido (**vor** *dat* ante); **die ~ hissen** *od* **setzen** poner (*od* izar) velas; **mit vollen ~n** a toda(s) vela(s) (*a. fig*), a velas desplegadas; viento en popa 2 ANAT velo *m*

ˈ**Segelboot** N barco *m* (*bzw* yate *m*) de vela; velero *m*; SPORT *a.* balandro *m*; **segelfertig** ADJ listo para hacerse a la vela; **Segelfläche** F superficie *f* vélica; **segelfliegen** VI ⟨*nur inf*⟩ volar en planeador; hacer vuelo a vela; **Segelfliegen** N vuelo *m* a vela (*od* sin motor)

ˈ**Segelflieger** M, **Segelfliegerin** F piloto *m/f* de vuelo sin motor; aviador, -a *m/f* a vela; planeador -a *m/f*; **Segelfliegerschule** F escuela *f* de vuelo a vela (*od* sin motor)

ˈ**Segelflug(sport)** M vuelo *m* sin motor; **Segelfluggelände** N terreno *m* de vuelo a vela; **Segelflugzeug** N planeador *m*

ˈ**Segeljacht** F yate *m* de vela; **segelklar** ADJ → segelfertig; **Segelklub** M club *m* náutico (*od* de vela); **Segelmacher** M, **Segelmacherin** F velero *m*, -a *f*

ˈ**segeln** VI ⟨+*Richtungsangabe*, sn⟩ *Segelschiff* navegar a (la) vela; (*absegeln*) hacerse a la vela (**nach** para); SPORT practicar (el deporte de) la vela; *fig* (*schweben*) planear (*a. Flugzeug*); **~ nach** hacer vela hacia; *umg* **durchs Examen ~** *umg* catear (*od* suspender) un examen

ˈ**Segeln** N ⟨~s⟩ navegación *f* a vela; SPORT (deporte *m* de la) vela *f*; yachting *m*

ˈ**Segelohren** NPL *umg* orejas *fpl* de soplillo

ˈ**Segelregatta** F regata *f* a vela; **Segelschiff** N barco *m* (*od* buque *m*) de vela, velero *m*; **Segelschlitten** M trineo *m* a vela; **Segelsport** M (deporte *m* de la) vela *f*; yachting *m*; **Segelstange** F verga *f*; **Segelsurfen** N surf *m* a vela; **Segeltörn** M ⟨~s; ~s⟩ viaje *m* (*od* crucero *m*) en barco de vela (*od* en velero); **Segeltuch** N lona *f*; **Segeltuchschuhe** MPL zapatos *mpl* de lona; **Segelwerk** N velamen *m*, velaje *m*

ˈ**Segen** M ⟨~s; ~⟩ 1 REL bendición *f*; (*Gnade*) gracia *f*; (*Tischgebet*) benedícite *m*; bendición *f* de la mesa; **j-m den ~ geben** *od* **erteilen** dar la bendición a alg; bendecir a alg; **den ~ über j-n/etw sprechen** bendecir a alg/a/c; *umg fig* **seinen ~ zu etw geben** dar su beneplácito a a/c; *iron* **meinen ~ hat er** por mí que lo haga 2 *fig* prosperidad *f*; felicidad *f*; suerte *f*; *des Himmels*: bendición *f*, don *m*; (*Fülle*) abundancia *f*; riqueza *f*; **es ist ein ~ (Gottes)** es una bendición (de Dios); **es ist ein wahrer ~** es una verdadera suerte; es una bendición 3 (*Glück*) felicidad *f*; **(j-m) ~ bringen** traer suerte (a alg); **~ bringend** bienhechor; benéfico; **zum ~ der Menschheit** para bien de la humanidad

ˈ**segensreich** ADJ bienhechor; benéfico; *Erfindung* beneficioso; **Segensspruch** M bendición *f*; **Segenswünsche** MPL buenos deseos *mpl*; **meine ~** mi felicitación; mi enhorabuena

ˈ**Segler** M ⟨~s; ~⟩ 1 *Person*: deportista *m* de vela; aficionado *m* al deporte de la vela; balandrista *m* 2 *Schiff*: velero *m*; barco *m* de vela; **Seglerin** F ⟨~; ~nen⟩ deportista *f* de vela

Segˈ**ment** N ⟨~(e)s; ~e⟩ segmento *m*; **mittleres/oberes/unteres ~** segmento *m* intermedio/alto/bajo; **~ der unteren Preisklasse** segmento *m* de precios medio-bajos

ˈ**segnen** VT bendecir; dar la bendición a; (*weihen*) consagrar; **ein gesegnetes neues Jahr** un feliz y próspero año nuevo; *umg fig* **einen gesegneten Appetit haben** tener un apetito enorme; **im gesegneten Alter von …** a la venerable edad de …; *fig* **mit etw gesegnet sein** tener la suerte de tener a/c; *fig* **mit Gütern gesegnet** colmado de bienes; **Gott segne dich!** ¡Dios te bendiga!; **gesegnet** bendito; **gesegnete Mahlzeit!** ¡buen provecho!

ˈ**Segnung** F ⟨~; ~en⟩ 1 REL bendición *f*; consagración *f* 2 *fig* beneficio *m*; **~en** *pl* bendiciones *fpl*, frutos *mpl*

Seh… IN ZSSGN óptico, visual

ˈ**Sehachse** F eje *m* visual (*od* óptico)

ˈ**sehbehindert** ADJ con discapacidad visual; **Sehbehinderte** M/F deficiente *m/f* visual; **Sehbehinderung** F discapacidad *f* (*od* deficiencia *f*) visual

ˈ**Sehbeteiligung** F TV índice *m* de audiencia

ˈ**sehen**

⟨*irr*⟩

A transitives Verb **B** intransitives Verb **C** reflexives Verb

— **A** transitives Verb —

1 *allg* ver; (*anblicken*) mirar; (*beobachten*) observar; (*bemerken*) notar; **flüchtig ~** entrever; **das sieht man** ya se ve; eso se ve claramente; **ich sah ihn fallen** le vi caer; **ich habe sie kommen (ge)sehen** la he visto venir; **zu ~ sein** estar a la vista; (*ausgestellt sein*) estar expuesto; **es ist nichts zu ~** no se ve nada; **niemand war zu ~** no se veía a nadie 2 (*treffen*) ver, encontrar; **siehst du ihn manchmal?** ¿lo ves a veces? 3 *fig* **ich sehe die Sache anders** yo veo las cosas de otro modo; **etw gern/nicht gern ~** ver a/c con buenos/malos ojos; **er sieht es gern, wenn man ihn bedient** le gusta que le sirvan; **ich sehe es (nicht) gern, wenn …** (no) me gusta que … (*subj*); **gern bei j-m gesehen sein** ser bienvenido en casa de alg; **menschlich gesehen** humanamente; *umg fig* **ich kann ihn nicht mehr ~** *umg* no le aguanto más; *umg* **da sieht man (es) mal wieder!** (*ich habe es doch gleich gesagt*) ¿no lo había dicho?; **hat man so etwas schon gesehen?** ¿habráse visto (semejante cosa)? 4 *mit lassen*: **~ lassen** dejar ver; (*zeigen*) mostrar, enseñar; *umg* **lass mal ~!** ¡déjame ver!, ¡a ver!; **sich ~ lassen** mostrarse, dejarse ver; *mit e-m schönen Kleid etc*: lucir; **sich ~ lassen können** ser (*od* estar) presentable, estar bien; **damit kannst du dich ~ lassen** no está nada mal; **sie kann sich ~ lassen** no tiene por qué esconderse; **er hat sich nicht mehr ~ lassen** no se le ha vuelto a ver; *umg* no se le ha visto el pelo; **lass dich nie mehr hier ~!** ¡no vuelvas a aparecer por aquí!

— **B** intransitives Verb —

1 **gut/schlecht ~** ver bien/mal; **wie man sieht** por lo visto; según se ve; **wie ich sehe** por lo que veo; *fig* **ich will ~, dass …** (*ich will mich bemühen*) veré si …; trataré de … (*inf*); **wir werden (schon) ~** ya veremos 2 **sieh doch!** ¡pero fíjate!; **sieh mal!** ¡mira!; ¡fíjate!; *umg* **sieh mal einer an!** *umg* ¡no me digas!; ¡vaya, vaya!; **na, siehst du?** *od* **siehst du wohl!** ¿ves?; ¡ya lo ves!; **(und) siehe da, …** y mira … 3 *mit präp*: **auf etw** (*acus*) **~** mirar a/c; (*achten*) fijarse en a/c; **das Zimmer sieht auf den Park** la habitación da (*od* tiene vista) al parque; **er sieht nur auf seinen Vorteil** no mira más que por sí; **nicht auf den Preis ~** no mirar el precio; **darauf ~, dass …** cuidar de que … (*subj*); **aus dem Fenster ~** mirar por la ventana; asomarse a la ventana; **daraus ist zu ~, dass …** por ello se ve que …; de ello resulta que …; ello muestra que …; **in die Sonne ~** mirar el sol; **in den Spiegel ~** mirar(se) en el espejo; **nach etw/j-m ~** *sorgend*: mirar por a/c/alg, cuidar de a/c/alg 4 *Verweis*: **siehe …** véase …; **siehe oben/unten** véase más arriba/abajo; **siehe Seite 20** véase la página veinte

— **C** reflexives Verb —

1 **sich ~** verse 2 **sie sah sich schon als Filmstar** ya se la veía de estrella de cine; **sich einem Problem gegenüber ~** verse ante un problema

ˈ**Sehen** N ⟨~s⟩ vista *f*; visión *f*; **j-n vom ~ kennen** conocer a alg de vista

ˈ**sehenlassen** V/R → sehen A 4

ˈ**sehenswert, sehenswürdig** ADJ digno de verse; curioso; notable; **Sehenswürdigkeit** F ⟨~; ~en⟩ lugar *m* de interés, monumento *m* artístico; cosa *f* digna de verse (*bzw* de visitarse); **~en** *pl* monumentos *mpl* artísticos (*bzw* históricos); curiosidades *fpl* (turísticas); lugares *mpl* de interés

ˈ**Seher** M ⟨~s; ~⟩ profeta *m*; (*Hellseher*) vidente *m*; **Seherblick** M vista *f* profética; **Sehergabe** F don *m* profético; **Seherin** F ⟨~; ~nen⟩ profetisa *f*; vidente *f*; **seherisch** ADJ profético

ˈ**Sehfehler** M defecto *m* de visión; defecto *m* visual; **Sehfeld** N campo *m* visual; **Sehkraft** F facultad *f* (*od* potencia *f*) visual; vista *f*; **Sehlinie** F OPT visual *f*

ˈ**Sehne** F ⟨~; ~n⟩ 1 ANAT tendón *m* 2 (*Bogensehne*) cuerda *f* (*a.* MATH)

ˈ**sehnen** V/R **sich nach etw ~** anhelar a/c; desear ardientemente a/c; ansiar a/c; *nach Vergangenem, Verlorenem*: añorar a/c; sentir nostalgia de a/c; **sich nach j-m ~** ansiar ver a alg; suspirar por alg

ˈ**Sehnen** N ⟨~s⟩ deseo *m* ardiente; ansias *fpl*; anhelos *mpl*; *nach Vergangenem, Verlorenem*: añoranza *f*; nostalgia *f*

ˈ**Sehnenband** N ⟨~(e)s; ¨er⟩ ANAT ligamento *m* (tendinoso); **Sehnenentzündung** F MED tendinitis *f*; **Sehnenfäden** ANAT hilos *mpl* tendinosos; **Sehnenriss** M MED rotura *f* del tendón

ˈ**Sehnenscheide** F ANAT vaina *f* tendinosa; **Sehnenscheidenentzündung** F MED tenosinovitis *f*, tendovaginitis *f*

ˈ**Sehnenverkürzung** F MED retracción *f* tendinosa; **Sehnenzerrung** F MED distensión *f* de un tendón

ˈ**Sehnerv** M ANAT nervio *m* óptico

ˈ**sehnig** ADJ *Fleisch* con filamentos; tendinoso; *Person, Arm, Gestalt* nervudo

ˈ**sehnlich** A ADJ *Wunsch* ardiente; vehemente; (*leidenschaftlich*) apasionado; *Erwartung* vivo, ansioso B ADV con ardor; fervorosamente; **~(st) wünschen** desear ardientemente; codiciar; **~(st) erwarten** esperar con impaciencia

ˈ**Sehnsucht** F ⟨~; -süchte⟩ deseo *m* ardiente (*od* vehemente) (**nach** de); anhelo *m*, ansia *f*; *nach Vergangenem, Verlorenem*: añoranza *f*; nostalgia *f*; **mit ~ erwarten** esperar con impaciencia

'sehnsüchtig, sehnsuchtsvoll ADJ anheloso, ansioso; *nach Vergangenem, Verlorenem*: con añoranza; nostálgico; *(ungeduldig)* impaciente; *(schmachtend)* lánguido

'Sehorgan N órgano *m* visual (*od* de la vista); **Sehprobe** F, **Sehprüfung** F examen *m* de la vista

sehr ADV **1** *bei Verben*: mucho; **es gefällt mir ~** me gusta mucho; **~ vermissen** echar mucho de menos **2** *vor adj & adv*: muy; **~ früh** muy temprano; **~ gut** muy bueno; muy bien; **er arbeitet ~ gut** trabaja muy bien; **~ oft** muy a menudo; con mucha frecuencia; **ich würde es ~ gern tun** lo haría con mucho gusto; **~ viel** mucho; muchísimo; **~ viel Geld** mucho dinero; **~ viele Leute** mucha gente; **~ viele andere** otros muchos; **er arbeitet ~ viel** trabaja mucho **3** **so ~** tanto; **so ~, dass ...** tanto que ...; hasta el extremo (*od* punto) de ... (*inf*); **wie ~** por más que; **er weiß nicht, wie ~ ...** no sabe cuánto ...; **zu ~** demasiado, en extremo

'Sehrohr N periscopio *m*; **Sehschärfe** F agudeza *f* visual; **Sehschlitz** M abertura *f* visual; **Sehschule** F ≈ entrenamiento *m* (especial) de la vista; **Sehschwäche** F debilidad *f* de la vista; MED ambliopía *f*; **Sehstörung** F MED trastorno *m* de la vista (*od* visual); **Sehtest** M test *m* (*od* examen *m*) visual (*od* de la vista); **Sehvermögen** N facultad *f* (*od* capacidad *f*) visual; vista *f*; **Sehweite** F alcance *m* de la vista; OPT distancia *f* visual; **Sehwinkel** M ángulo *m* visual; **Sehzentrum** N centro *m* visual

sei → sein[1]

seicht ADJ **1** *Wasser* poco profundo; de poca profundidad; vadeable **2** *fig* superficial; trivial; banal; **'Seichtheit** F ⟨~⟩, **'Seichtigkeit** F ⟨~⟩ poca profundidad *f*; *fig* superficialidad *f*; insulsez *f*; insipidez *f*

seid → sein[1]

'Seide F ⟨~; ~n⟩ **1** TEX seda *f*; **reine ~** seda *f* pura; **künstliche ~** seda *f* artificial, rayón *m* **2** BOT cuscuta *f*

'Seidel N ⟨~s; ~⟩ *südd (Bierseidel)* jarro *m* para cerveza; *mit Deckel*: pichel *m*; **Seidelbast** M BOT torvisco *m*

'seiden ADJ *(aus Seide)* de seda; *(wie Seide, seidig)* sedoso; **seidenartig** ADJ sedoso; sedeño

'Seidenatlas M satén *m*; raso *m* de seda; **Seidenband** N ⟨~(e)s; ~̈er⟩ cinta *f* de seda; **Seidenbau** M ⟨~(e)s⟩ seri(ci)cultura *f*; **Seidenbluse** blusa *f* de seda; **Seidenfabrik** F sedería *f*; **Seidengarn** N hilo *m* de seda; **Seidengespinst** N capullo *m* de (gusano de) seda; **Seidengewebe** N tejido *m* de seda; **Seidenglanz** M brillo *m* de seda; lustre *m* sedoso; **Seidenhandel** M comercio *m* de la seda; sedería *f*; **Seidenhändler** M, **Seidenhändlerin** F comerciante *m/f* en sedas; sedero *m*, -a *f*; **Seidenindustrie** F industria *f* sedera (*od* de la seda); **Seidenpapier** N papel *m* de seda; **Seidenraupe** F gusano *m* de seda

'Seidenraupenzucht F seri(ci)cultura *f*; **Seidenraupenzüchter** M, **Seidenraupenzüchterin** F seri(ci)cultor *m*, -a *f*

'Seidenspinner M ZOOL bómbice *m*; **Seidenspinnerei** F hilandería *f* de seda

'Seidenstickerei F bordado *m* sobre seda; **Seidenstoff** M (tejido *m* de) seda *f*; **Seidenstraße** F Ruta *f* de la Seda; **Seidenstrumpf** M media *f* de seda; **Seidenwaren** FPL sedería *f*; sedas *fpl*; **Seidenwäsche** F ropa *f* interior de seda

'seiden'weich ADJ suave como (la) seda; sedoso

'Seidenzucht F seri(ci)cultura *f*; **Seidenzüchter** M, **Seidenzüchterin** F seri(ci)cultor *m*, -a *f*

'seidig ADJ sedoso (*a. fig*); sedeño

'Seife F ⟨~; ~n⟩ jabón *m*

'seifen V/T *reg* (en)jabonar

'Seifenbehälter M jabonera *f*; **Seifenbildung** F saponificación *f*; **Seifenblase** F pompa *f* de jabón; **Seifendose** F jabonera *f*; **Seifenfabrik** F jabonería *f*, fábrica *f* de jabones; **Seifenflocken** FPL copos *mpl* de jabón; **Seifenhalter** M jabonera *f*; **Seifenkiste** F *umg vehículo infantil artesanal imitando un automóvil*; **Seifenkraut** N BOT jabonera *f*, saponaria *f*; **Seifenlauge** F lejía *f* de jabón; lejía *f* jabonosa; **Seifenoper** F TV telenovela *f*; *umg* culebrón *m*; **Seifenpulver** N jabón *m* en polvo; **Seifenschale** F jabonera *f*; **Seifenschaum** M espuma *f* (de jabón); **Seifensieder** M ⟨~s; ~⟩ jabonero *m*; **Seifensiederei** F ⟨~; ~en⟩ jabonería *f*; **Seifenspender** M distribuidor *m* de jabón; **Seifenwasser** N ⟨~s⟩ agua *f* jabonosa (*od* de jabón)

'seifig ADJ jabonoso; saponáceo

'seigern V/T METALL licuar; BERGB cavar a plomo; **Seigerschacht** M BERGB pozo *m* vertical

'Seihe F ⟨~; ~n⟩ → Seiher; **seihen** V/T filtrar; colar; pasar; **Seihen** N ⟨~s⟩ filtración *f*; coladura *f*; **Seiher** M ⟨~s; ~⟩ *reg* colador *m*; pasador *m*; filtro *m*; **Seihtuch** N ⟨~(e)s; -tücher⟩ *reg* filtro *m* de estameña

Seil N ⟨~(e)s; ~e⟩ cuerda *f*; *starkes*: soga *f*; maroma *f*; *(Springseil)* comba *f*; *der Seiltänzer*: cuerda *f* floja; SCHIFF jarcia *f*, *(Tau)* cable *m*, cabo *m*; **auf dem ~ tanzen** hacer equilibrios en la cuerda floja

'Seilbahn F *(Standseilbahn)* funicular *m*; *(Drahtseilbahn)* teleférico *m*; **Seilbremse** F freno *m* por cable; **Seilbrücke** F puente *m* funicular (*bzw* suspendido)

'Seiler M ⟨~s; ~⟩ cordelero *m*

Seile'rei F ⟨~; ~en⟩ cordelería *f*

'Seilerin F ⟨~; ~nen⟩ cordelera *m*; **Seilerwaren** FPL cordelería *f*

'Seilfähre F transbordador *m* de tracción por cable; **Seilrolle** F TECH roldana *f*; **Seilschaft** F **1** *Bergsteigen*: cordada **2** POL *pej* enchufistas *mpl*; **Seilscheibe** F polea *f* de cable; **Seilschwebebahn** F teleférico *m*; (ferrocarril *m*) aéreo *m*; **seilspringen** V/I saltar a la comba; **Seilspringen** N salto *m* a la comba (*od* a la cuerda); **Seilstart** M FLUG lanzamiento *m* por cable; **Seilsteuerung** F mando *m* por cable; **Seiltanzen** N baile *m* en la cuerda floja

'Seiltänzer M, **Seiltänzerin** F funámbulo *m*, -a *f*, funambulista *m/f*, equilibrista *m/f*; alambrista *m/f*; **Seiltänzerstange** F balancín *m*

'Seiltrommel F tambor *m* para cable; **Seilwerk** N cordaje *m*, cordería *f*; **Seilwinde** F torno *m* de cable; **Seilzug** M TECH tracción *f* de cable; *Gerät*: polispasto *m*

sein[1]

⟨*irr*; sn⟩

A intransitives Verb B unpersönliches Verb
C Modalverb

— A intransitives Verb —

1 *dauernd, Eigenschaft, Beruf*: ser; **arm/alt ~** ser pobre/viejo; **verheiratet/ledig ~** ser (*od* estar) casado/soltero; **sie ist Spanierin** es española; **er ist Rechtsanwalt/Katholik** es abogado/católico; **die Erde ist rund** la tierra es redonda; **sei er auch noch so groß** por grande que sea; **es wird nicht immer so ~** no siempre será así; **ich bin's!** ¡soy yo!; **sind Sie es?** ¿es usted?; **was ist das?** ¿qué es es(t)o? **2** *vorübergehend*: estar; **krank/zufrieden ~** estar enfermo/contento; **der Teller ist schmutzig** el plato está sucio **3** *(sich befinden) mit Ortsangabe*: estar, encontrarse; **hier ist es** aquí es; es aquí; **hier bin ich** aquí estoy; **da ist** *bzw* **sind ...** (aquí) hay ...; **auf dem Platz sind viele Menschen** hay mucha gente en la plaza; **er ist zu Hause** está en casa; **wir sind in Sevilla** estamos en Sevilla; **das Dorf ist nicht weit von hier** el pueblo no está lejos de aquí; **gestern Abend war ich im Kino** anoche estuve en el cine **4** *(da sein, vorhanden sein, existieren)* existir; ser; estar; **wenn sie nicht gewesen wäre ...** si no hubiera sido por ella ...; **das kann nicht ~** eso no puede ser; eso no es posible; **es mag ~** puede ser; es posible **5** *(stammen)* **von** *od* **aus ... ~** ser de ...; **er ist aus Madrid** es de Madrid **6** *in Altersangaben*: **sie ist 24 (Jahre alt)** tiene 24 años; **wie alt bist du?** ¿cuántos años tienes? **7** *(passieren)* pasar, ocurrir; **was ist?** ¿qué hay?; ¿qué pasa (*od* ocurre)?; *umg* **ist was?** ¿pasa algo? **8** *(stattfinden)* ser, tener lugar, celebrarse; **es war an einem Freitag** fue un viernes; **muss das ~?** ¿es necesario? **9** *(bedeuten)* ser, significar; **was soll das ~?** ¿qué es (*od* significa) esto? **10** **~ lassen** *umg* dejar; **lass das ~!** ¡déjalo! **11** MATH *(ergeben)* ser; **fünf und zwei sind sieben** cinco y dos son siete; **zwei mal drei ist sechs** dos por tres son seis

— B unpersönliches Verb —

1 *bei Witterungsangaben*: hacer; ser; **es ist kalt/warm** hace frío/calor; **es ist schön/windig** hace bueno/viento **2** *in Zeitangaben*: ser; **es ist früh/spät** es temprano/tarde; **es ist drei Uhr** son las tres; **heute ist der 5. Mai** hoy estamos a cinco de mayo; **morgen ist Mittwoch** mañana es miércoles; **es ist ein Jahr her, dass ...** hace (ya) un año que ... **3** *fig* **wie dem auch sei** como sea; sea como fuere; **wenn dem so ist** si es así; en ese caso; **es sei denn, dass ...** a menos que ... (*subj*); a no ser que ... (*subj*); **sei es, dass ...** sea que ...; **das wär's!** se acabó!; *beim Einkaufen*: eso es todo; **was darf es ~?** *im Geschäft*: ¿qué le pongo?; **ist es nicht so?** ¿no es así?; **es ist nun an dir, zu** (*inf*) ahora te toca a ti de (*inf*); **wie wäre es, wenn ...?** ¿qué le parece si ... (*subj*)? **4** **wie ist Ihnen?** *(wie fühlen Sie sich?)* ¿cómo se siente usted?; **mir ist nicht wohl** no me siento bien; **mir ist besser** me siento mejor; **mir ist nicht danach** no estoy de humor para eso; **mir ist nicht nach Arbeiten** no tengo ganas de trabajar; **mir ist nicht nach Feiern** no estoy para fiestas; **mir ist so, als ob ...** me parece como si ... (*subj*); estoy como si ... (*subj*); **mir ist, als höre ich ihn** me parece estar oyéndole

— C Modalverb —

1 *zur Bildung zusammengesetzter Zeiten*: haber; **ich bin angekommen** he llegado; **wir sind gegangen** nos hemos ido; **sie ist eingeschlafen** se ha dormido; **ich bin gewesen** (yo) he sido **2** *mit zu + inf*: **das Haus ist zu verkaufen** la casa se vende; **er ist nicht zu sprechen** no se puede hablar con él; **es ist zu hoffen, dass ...** es de esperar que ...; **was ist zu tun?** ¿qué hay que hacer?

sein[2] POSS PR **A** ADJ **1** su; **~ Buch** su libro; **~e Jacke** su chaqueta; **~e Kinder** sus niños; **einer ~er Freunde** uno de sus amigos; **mein und ~ Bruder/Vater** mi hermano/padre y el suyo **2** *alleinstehend*: suyo; **es ist ~s** es suyo; es de él; **das sind ~e** estos son suyos **B** *subst* **1** **der ~e** *od* **Seine** el suyo; **die ~e** *od* **Seine** la suya;

das ~e *od* **Seine** lo suyo; **das ~e** *od* **Seine dazu beitragen** poner su parte; **das ~e** *od* **Seine tun** hacer todo lo posible; cumplir (con) su deber; **jedem das ~e** *od* **Seine** a cada uno (*od* a cada cual) lo suyo **2** **die ~en** *od* **Seinen** (*seine Familie*) los suyos

Sein N ⟨~s⟩ ser *m*; (*Wesenheit*) esencia *f*; (*Dasein*) existencia *f*; **~ oder Nichtsein** ser o no ser

'Seine ['sɛːn(ə)] F GEOG Sena *m*

'seiner POSS PR (*gen v.* **er**) de él; **ich gedenke ~** me acuerdo de él; pienso en él

'seiner'seits ADV por su parte; de su lado (*od* parte); **er ~** él por su parte; en cuanto a él; **seinerzeit** ADV en su día (*od* época); aquel entonces

'seines'gleichen PRON ⟨*inv*⟩ su igual; sus semejantes; **j-n wie ~ behandeln** tratar a alg de igual a igual; **nicht ~ haben** no tener rival (*od* par); ser único (en su género); **unter ~** entre iguales; **das sucht ~** no tiene igual (*od* parangón)

'seinet'halben *obs*, **seinet'wegen** ADV **1** (*ihm zuliebe, vom ihm aus*) por él **2** (*wegen ihm*) por causa suya, a causa de él; por culpa suya; por consideración a él; **seinet'willen** ADV **um ~** por él

'seinige POSS PR *geh, obs* **der ~** *od* **Seinige** el suyo; **die ~** *od* **Seinige** la suya; **das ~** *od* **Seinige** lo suyo; **die ~n** *od* **Seinigen** (*seine Familie*) los suyos

'seinlassen V/T → sein A 10

'seismisch ADJ sísmico

Seismo'graf M, **Seismo'graph** M ⟨~en; ~en⟩ sismógrafo *m*; **Seismo'gramm** N ⟨~s; ~e⟩ sismograma *m*; **Seismo'loge** M ⟨~n; ~n⟩ sismólogo *m*; **Seismolo'gie** F ⟨~⟩ sismología *f*; **Seismo'login** F ⟨~; ~nen⟩ sismóloga *f*

seit **A** PRÄP (*dat*) **1** *Zeitpunkt*: desde; a partir de; **~ damals** desde entonces; **~ dem Tag, an dem …** desde el día que … **2** *Zeitraum*: desde hace; **~ Kurzem** desde hace poco; **~ Langem** desde hace (mucho) tiempo; **~ einiger Zeit** de un tiempo a esta parte; **ich bin ~ einem Jahr hier** hace un año que estoy aquí; **~ zehn Tagen ist er verreist** salió de viaje hace diez días **B** KONJ desde que; **seit ich ihn kenne, …** desde que lo conozco

seit'dem **A** ADV desde entonces, desde aquel tiempo **B** KONJ desde que

'Seite¹ F ⟨~; ~n⟩ **1** *e-s Gegenstandes*: lado *m*; *von Stoff, e-r Münze, Schallplatte*: cara *f*; SCHIFF costado *m*, banda *f*; **hintere ~** lado *m* posterior, parte *f* de atrás; *e-r Münze*: reverso *m*, cruz *f*; *e-s Blattes*: dorso *m*; **rechte/linke ~** derecha *f*/izquierda *f*; lado *m* derecho/izquierdo; *e-s Stoffes*: cara *f*/revés *m*; **vordere ~** lado *m* anterior; *e-s Gebäudes*: frente *m*, fachada *f* principal, *e-r Münze*: anverso *m*, cara *f*; **auf dieser/jener ~** de este/aquel lado; **auf** *od* **von beiden ~n** por los dos lados, de uno y otro lado; *umg* **etw auf die ~ legen** (*sparen*) ahorrar; SCHIFF **sich auf die ~ legen** inclinarse de banda; ponerse de costado; **j-n auf die ~ nehmen** llamar aparte a alg; **auf die ~ schaffen** *od* **bringen** (*wegnehmen*) hacer desaparecer; (*stehlen*) hurtar; **j-n von der ~ ansehen** mirar a alg de soslayo (*od* de lado); *fig geringschätzig*: mirar a alg de reojo; **von der ~ gesehen** visto de lado; ARCH, MAL visto de perfil; **zur ~ gehen** *od* **treten** apartarse a un lado; **etw zur ~ legen** apartar a/c, poner al lado a/c **2** *Körperpartie*: costado *m* (*a. e-s Tieres*); (*Flanke*) flanco *m* (*a.* MIL); **~ an ~** codo con codo; lado a lado; **an j-s ~** (*dat*) **sitzen/gehen** estar sentado/ir al lado de alg; **die Arme in die ~n stemmen** ponerse en jarras; **j-m nicht von der ~ gehen** (*od* **weichen**) no apartarse de alg; seguir a alg como la sombra al cuerpo; **sich** (*dat*) **vor Lachen die ~n halten** desternillarse de risa **3** *fig* (*Aspekt*) lado *m*, aspecto *m*; faceta *f*; **jedes Ding hat seine zwei ~n** todas las cosas tienen su lado bueno y su lado malo; **auf der einen ~ …, auf der anderen (~) …** por un lado … por otro (lado) …; **von allen ~n betrachten** *Angelegenheit* tener en cuenta todos los aspectos (*od* todos los puntos de vista); **von dieser ~ betrachtet** visto desde este punto; considerado en ese aspecto **4** (*Richtung*) lado *m*, parte *f*; sentido *m*, dirección *f*; **nach allen ~n (hin)** a todas partes; hacia todos los lados; en todos los sentidos (*a. fig*); en todas las direcciones; **von allen ~n** de todas partes; THEAT **zur ~ sprechen** hablar aparte **5** (*Eigenschaft*) lado *m*, cara *f*; *umg* **schwache/starke ~** punto *m* débil (*od* flaco)/punto *m* fuerte; **seine guten ~n haben** *Person* tener sus buenas cualidades; *Sache* tener sus ventajas; **man sollte beide ~n hören** debería oírse a las dos partes; **sich von seiner besten ~ zeigen** mostrar su mejor cara **6** (*Partei*) parte *f*, partido *m*; **j-n auf seine ~ bringen** atraer a alg a su partido (*od* bando); **j-n auf seiner ~ haben** tener a alg de su parte; **auf j-s ~** (*dat*) **sein** *od* **stehen** estar de la parte de alg; **sich auf j-s ~** (*acus*)**schlagen** ponerse de parte de alg; **auf ~n** → aufseiten; **von meiner ~** de mi parte; **von ~n** → vonseiten; **j-m zur ~ stehen** asistir (*od* secundar *od* apoyar) a alg **7** **von gut unterrichteter ~** de fuente bien informada **8** MATH *e-r Gleichung*: miembro *m*

'Seite² F ⟨~; ~n⟩ *e-s Buches*: página *f*; *e-r Zeitung a.*: plana *f*; (*Blatt*) hoja *f*; **auf ~ 102** en la página 102; TEL **die Gelben ~n®** las páginas amarillas

'Seitenairbag [-ʔɛːrbɛk] M AUTO airbag *m* lateral; **Seitenanfang** TYPO M comienzo *m* (*od* inicio *m*) de página; **Seitenangabe** F indicación *f* de la página; **Seitenangriff** M ataque *m* lateral; MIL ataque *m* de flanco; **Seitenansicht** F **1** *seitlich*: vista *f* lateral; perfil *m* **2** IT vista *f* previa; **Seitenarm** M *e-s Flusses*: lateral *m*; **Seitenaufprallschutz** M AUTO sistema *m* de protección contra impactos laterales; **Seitenausgang** salida *f* lateral; **Seitenblick** M mirada *f* de soslayo (*od* de reojo); **Seitendeckung** F MIL guardia *f* (*bzw* protección *f*) de flanco; **Seitendruck** M ⟨~(e)s; ⸚e⟩ presión *f* lateral; **Seiteneingang** M entrada *f* lateral

'Seiteneinsteiger M, **Seiteneinsteigerin** F ≈ persona *f* que ejerce otra profesión que la aprendida; *neg!* intruso *m*, -a *f*

'Seitenende N TYPO fin *m* de página; **Seitenfenster** N ventana *f* lateral; AUTO ventanilla *f* lateral; **Seitenfläche** F superficie *f* lateral; **Seitenflosse** F *beim Fisch*: aleta *f* lateral; FLUG plano *m* fijo vertical; **Seitenflügel** M ARCH *e-s Gebäudes*: ala *f* lateral; **Seitenformat** N IT formato *m* de página; **Seitengang** M galería *f* lateral; pasillo *m* (lateral); **Seitengasse** F calleja *f* lateral; **Seitengebäude** N (edificio *m*) anexo *m*; **Seitengewehr** N MIL bayoneta *f*; **Seitenhalbierende** F MATH mediana *f*; **Seitenhieb** M **1** *Fechten*: golpe *m* de flanco **2** *fig* indirecta *f* (**auf** *acus* a); **Seitenkanal** M contracanal *m*; **Seitenkante** F arista *f* lateral; **Seitenlage** F posición *f* lateral; MED decúbito *m* lateral

'seitenlang ADJ de muchas páginas

'Seitenlänge F longitud *f* de (la) página; **Seitenlayout** [-leː'ʔaʊt] N TYPO, IT formateo *m* de página; **Seitenlehne** F brazo *m*; **Seitenleitwerk** N FLUG timón *m* lateral (*od* de dirección); **Seitenlinie** F **1** línea *f* lateral (*a. Fisch*); *Fußball*: línea *f* de banda; *Tennis*: línea *f* de lado **2** *Stammbaum*: línea *f* colateral; **Seitenloge** F THEAT palco *m* lateral; **Seitenmoräne** F GEOL mor(r)ena *f* lateral; **Seitennaht** F TEX costura *f* lateral; **Seitennummerierung** F TYPO numeración *f* de página; **Seitenrand** M margen *m*; **Seitenruder** N FLUG timón *m* de dirección

'seitens PRÄP (*gen*) VERW de parte de

'Seitenscheitel M raya *f* al lado; **Seitenschiff** N ARCH *e-r Kirche* nave *f* lateral; **Seitenschlitz** M *am Kleid*: apertura *f* lateral; **Seitenschneider** M TECH alicates *mpl* de corte lateral; **Seitenschritt** M paso *m* al lado

'Seitensprung M **1** salto *m* hacia un lado **2** *fig* (*eheliche Untreue*) escapada *f* matrimonial; **einen ~ machen** engañar a la pareja; correrse una aventurilla amorosa

'Seitenstechen N ⟨~s⟩ MED punzadas *fpl* en el costado; dolores *mpl* de costado; **Seitensteuer** N → Seitenruder; **Seitenstraße** F calle *f* lateral; **Seitenstreifen** M arcén *m*; **Seitenstück** N (*Gegenstück*) pareja *f*; **das ~ bilden zu** hacer juego (*od* emparejar) con; **Seitentasche** F bolsillo *m* lateral; **Seitenteil** N parte *f* lateral; **Seitenthema** N MUS segundo tema *m*; **Seitentür** F puerta *f* lateral; **Seitenumbruch** M IT, TYPO salto *m* de página

'seitenverkehrt ADJ invertido lateralmente; de lados invertidos

'Seitenverwandte M/F pariente *m/f* colateral; **Seitenwagen** M *Motorrad*: sidecar *m*; **Seitenwahl** F SPORT sorteo *m* de campos; **Seitenwand** F pared *f* lateral; ARCH fachada *f* lateral; **Seitenwechsel** M **1** SPORT cambio *m* de campos **2** *fig* traición *f* **3** IT salto *m* de página; **Seitenweg** M camino *m* lateral; (*Abkürzung*) atajo *m*; **Seitenwind** M viento *m* de costado; **Seitenzahl** F **1** *Anzahl*: número *m* de páginas **2** *einzelne*: número de la página; **mit ~en versehen** paginar

seit'her ADV desde entonces

'seitlich ADJ lateral; de lado; **~ von etw** gelegen situado al lado de a/c; **Seitpferd** N *Turnen*: caballo *m* con arcos; **seitwärts** ADV (*zur Seite*) de lado; (*auf der Seite*) al lado (**von** de); hacia un lado; lateralmente

sek., Sek. ABK (Sekunde) segundo *m*

Sek ABK → Sekundarstufe

Se'kante F ⟨~; ~n⟩ MATH secante *f*

Se'kret N ⟨~(e)s; ~e⟩ secreción *f*

Sekre'tär M ⟨~s; ~e⟩ **1** *Person*: secretario *m* **2** *Möbel*: secreter *m*

Sekretari'at N ⟨~(e)s; ~e⟩ secretaría *f*; secretariado *m*

Sekre'tärin F ⟨~; ~nen⟩ secretaria *f*

Sekreti'on F ⟨~; ~en⟩ PHYSIOL secreción *f*; **innere/äußere ~** secreción *f* interna/externa; **Sekretionsmangel** M, **Sekretionsschwäche** F MED hiposecreción *f*

Sekretol'ytikum N ⟨~s; Sekretolytika⟩ PHARM expectorante *m*

sekre'torisch ADJ MED secretorio

Sekt M ⟨~(e)s; ~e⟩ champán *m*; *spanischer*: cava *m*

'Sekte F ⟨~; ~n⟩ secta *f*

'Sektempfang M recepción *f* con champán

'Sektenwesen N ⟨~s⟩ sectarismo *m*

'Sektflasche F botella *f* de champán; **Sektfrühstück** N desayuno *m* con champán; **Sektglas** N copa *f* de champán

Sek'tierer M ⟨~s; ~⟩, **Sektiererin** F ⟨~; ~nen⟩ sectario *m*, -a *f*; **sektiererisch** ADJ sectario

Sekti'on F ⟨~; ~en⟩ **1** (*Abteilung*) sección *f* **2** MED disección *f*; (*Obduktion*) autopsia *f*

Sekti'onsbefund M MED resultado *m* de la

autopsia; **Sektionschef** M, **Sektionschefin** F jefe *m*, -a *f* de sección (*bzw* de negociado)
'Sektkelch M copa *f* (alta) de champán; **Sektkellerei** F cava *f*; **Sektkübel** M cubo *m* para enfriar champán, champanero *m*; **Sektkühler** M enfriador *f* de champán
'Sektor M ⟨~s; ~en⟩ sector *m* (*a.* MATH, MIL *u. fig*); **industrieller ~** sector *m* industrial; **primärer/sekundärer/tertiärer ~** sector *m* primario/secundario/terciario
'Sektschale F copa *f* (ancha) de champán
Sekun'dant M ⟨~en; ~en⟩ *im Duell*: padrino *m*
sekun'där ADJ secundario
Sekun'därelement N ELEK pila *f* secundaria; **Sekundärinfektion** F MED infección *f* secundaria; **Sekundärliteratur** F bibliografía *f* (*sobre temas científicos, filosóficos, etc*); **Sekundärmarkt** M WIRTSCH mercado *m* secundario (de valores)
Sekun'darstufe F **~ I** *período de la enseñanza escolar que dura desde el quinto hasta el décimo curso*; **~ II** *período de la enseñanza escolar que dura desde el undécimo hasta el décimo tercer curso*
Se'kundawechsel M HANDEL segunda *f* de cambio
Se'kunde F ⟨~; ~n⟩ **1** segundo *m* (*a. Winkelmaß*); *Uhr* **auf die ~ genau gehen** ir perfectamente; ir al segundo **2** MUS segunda *f*
Se'kundenbruchteil M fracción *f* de segundo; **Sekundenkleber** M pegamento *m* instantáneo; **Sekundenschnelle** F **in ~** en un segundo; **Sekundenzeiger** M segundero *m*
sekun'dieren V/I ⟨*ohne* ge-⟩ secundar; *im Duell*: apadrinar
'selbe ADJ mismo; **zur ~n Zeit** a la misma hora; al mismo tiempo; **im ~n Augenblick** en el mismo instante
'selber PRON *umg* → selbst A; **selbig** PRON *obs* mismo
selbst **A** DEM PR ⟨*inv*⟩ (*persönlich*) mismo; personalmente; (*in eigener Person*) en persona; (*ohne fremde Hilfe*) por sí mismo; **ich ~** yo mismo; **sie ~** ella misma; **wir ~** nosotros mismos; **mir ~** a mí mismo; **die Sache ~** la cosa en sí; **er möchte es ~ tun** desea hacerlo personalmente (*od* él mismo); **sie ist die Güte ~** es la bondad personificada (*od* en persona); **mit sich ~ reden** hablar consigo mismo (*od* entre sí); **von ~** de por sí; por sí solo, por sí mismo, *Sache*: automáticamente; (*aus eigenem Antrieb*) espontáneamente; por propia iniciativa; **das versteht sich von ~** eso se entiende por sí solo; *umg* eso cae de su peso; **wie von ~** de un modo espontáneo; **~ ist der Mann!** ¡ayúdate a ti mismo!; → *a.* selbst gebacken, selbst gemacht *etc* **B** ADV (*sogar*) hasta; aun; incluso; **~ er** él mismo; **~ seine Freunde** hasta sus (mismos) amigos; **~ beim besten Willen geht es nicht** aun con la mejor voluntad no es posible; **~ wenn …** aun cuando … (*subj*); incluso (*od* hasta) si … (*subj*)
Selbst N ⟨~⟩ yo *m*; **sein ganzes ~** todo su ser; **'Selbstabholer** M, **'Selbstabholerin** F *im Möbelgeschäft etc*: *persona que recoge lo comprado del almacén sin que se lo manden a casa*; **'Selbstachtung** F autoestima *f*; propia estimación *f*; respeto *m* de sí mismo; **'Selbstanalyse** F autoanálisis *m*
'selbständig *etc* → selbstständig *etc*
'Selbstanklage F autoacusación *f*; **Selbstansteckung** F MED autoinfección *f*; **Selbstantrieb** M autopropulsión *f*; **mit ~** autopropulsado, automotor
'Selbstanzeige F JUR autodenuncia *f*; **Selbstaufgabe** F suicidio *m* moral; **Selbstaufopferung** F autosacrificio *m*; **Selbstaufzug** M *der Uhr*: cuerda *f* automática; **Selbstauslöser** M FOTO disparador *m* automático, autodisparador *m*; **Selbstausschalter** M ELEK interruptor *m* automático; **Selbstbedarf** M necesidades *fpl* personales; consumo *m* propio; **Selbstbedienung** F autoservicio *m*
'Selbstbedienungsbank F ⟨~; ~en⟩ cajero *m* automático; **Selbstbedienungsladen** M (tienda *f* de) autoservicio *m*
'Selbstbefriedigung F masturbación *f*; onanismo *m*; **Selbstbefruchtung** F autofecundación *f*; **selbstbeherrscht** ADJ dueño de sí
'Selbstbeherrschung F dominio *m* (*od* control *m*) de sí mismo, autodominio *m*, autocontrol *m*; **~ besitzen** saber dominarse; **die ~ verlieren** perder los estribos (*od* el control); descontrolarse
'Selbstbeköstigung F manutención *f* a costa propia; **Selbstbeobachtung** F autoobservación *f*; introspección *f*; **Selbstbespiegelung** F *fig* narcisismo *m*; **Selbstbestäubung** F BOT autopolinización *f*
'Selbstbestimmung F autodeterminación *f*; **Selbstbestimmungsrecht** N POL derecho *m* de autodeterminación
'Selbstbeteiligung F VERS cuota *f* del asegurado; franquicia *f*; **Selbstbetrug** M ilusión *f*, autoengaño *m*; **Selbstbewirtschaftung** F explotación *f* directa
'selbstbewusst ADJ consciente de sí mismo (*bzw* de su propia valía); (*anmaßend*) arrogante; pretencioso; **Selbstbewusstsein** N conciencia *f* de la valía propia; conciencia *f* de sí (mismo); *pej* arrogancia *f*; presunción *f*
'Selbstbezichtigung F autoinculpación *f*; **Selbstbildnis** N autorretrato *m*; **Selbstbinder** M pajarita *f*; **Selbstbiografie** F autobiografía *f*; **Selbstdarstellung** F **1** autorrepresentación *f*; *neg umg* autobombo *m* **2** → Selbstbildnis; **Selbstdisziplin** F autocontrol *m*; autodisciplina *f*; **Selbsteinschaltung** F ELEK conexión *f* automática; **Selbstentladung** F descarga *f* espontánea; **Selbstentzündung** F inflamación *f* espontánea, autoinflamación *f*; **Selbsterfahrung** F autoanálisis *m*; **Selbsterfahrungsgruppe** grupo *m* de autoanálisis
'Selbsterhaltung F conservación *f* de sí mismo, autoconservación *f*; **Selbsterhaltungstrieb** M instinto *m* de conservación
'Selbsterkenntnis F conocimiento *m* de sí mismo; **Selbsterniedrigung** F humillación *f* voluntaria; **Selbsterregung** F ELEK autoexcitación *f*; **Selbsterziehung** F autoeducación *f*
'selbstfahrend ADJ automotor; **Selbstfahrer** M **1** AUTO conductor *m* propietario **2** VERW *Rollstuhl*: silla *f* de ruedas
'Selbstfinanzierung F autofinanciación *f*
selbst gebacken ADJ *Kuchen, Brot* hecho en casa, de fabricación casera
'Selbstgebrauch M **zum ~** para uso personal
'selbstgefällig **A** ADJ autocomplaciente; satisfecho (*bzw* pagado) de sí mismo; (*eingebildet*) vanidoso, ufano, presuntuoso; fatuo **B** ADV con aire de suficiencia; **Selbstgefälligkeit** F ⟨~; ~en⟩ ufanía *f*, autocomplacencia *f*
'Selbstgefühl N dignidad *f* personal; (*Eigenliebe*) amor *m* propio
selbst gemacht ADJ que lo ha hecho él mismo (*bzw* ella misma, *etc*); *Wurst, Marmelade etc* de la casa, hecho en casa, de fabricación casera
'selbstgenügsam ADJ que se basta a sí mismo; **Selbstgenügsamkeit** F ⟨~⟩ autosuficiencia *f*
'selbstgerecht ADJ ególatra; infatuado; fariseo
'Selbstgespräch N monólogo *m*; soliloquio *m*; **~e führen** monologar; mantener un monólogo
selbst gezogen ADJ BOT de cosecha propia
'Selbstheilung F MED curación *f* espontánea; **Selbstheilungskräfte** FPL MED fuerzas *fpl* autocurativas
'selbstherrlich ADJ autoritario; arbitrario; **Selbstherrlichkeit** F ⟨~; ~en⟩ arbitrariedad *f*
'Selbstherrschaft F autocracia *f*; **Selbstherrscher** M autócrata *m*
'Selbsthilfe F autoayuda *f*; (*Notwehr*) defensa *f* propia (*od* personal); **zur ~ greifen** ayudarse a sí mismo; **Selbsthilfegruppe** F grupo *m* de autoayuda (*od* de ayuda mutua)
'Selbstinduktion F ELEK autoinducción *f*; **Selbstironie** F autoironía *f*
'Selbstjustiz F autojusticia *f*; **~ üben** tomarse la justicia por su mano
'Selbstklebeetikett N etiqueta *f* autoadhesiva; **selbstklebend** ADJ autoadhesivo
'Selbstkosten PL costes *mpl* propios; costes *mpl* directos; **Selbstkostenpreis** M **zum ~** a precio de coste
'Selbstkritik F autocrítica *f*; **selbstkritisch** autocrítico
'Selbstladegewehr N fusil *m* automático; **Selbstladepistole** F pistola *f* automática
'Selbstlader M ⟨~s; ~⟩ **1** MIL arma *f* automática **2** TECH cargador *m* automático; **Selbstläufer** M HANDEL producto *m* que se vende sólo; **Selbstlaut** M LING vocal *f*; **Selbstlob** N alabanza *f* propia; *umg* autobombo *m*
'selbstlos ADJ desinteresado; desprendido; altruista; abnegado; **Selbstlosigkeit** F ⟨~⟩ desinterés *m*; desprendimiento *m*; altruismo *m*; abnegación *f*
'Selbstmedikation F MED automedicación *f*; **Selbstmitleid** N autocompasión *f*; victimismo *m*
'Selbstmord M suicidio *m*; **~ begehen** suicidarse; cometer suicidio; **Selbstmordanschlag** M atentado *m* suicida; **Selbstmordattentäter** M, **Selbstmordattentäterin** F terrorista *m/f* suicida
'Selbstmörder M, **Selbstmörderin** F suicida *m/f*; **selbstmörderisch** ADJ suicida (*a. fig*); **~e Absichten haben** tener intención de suicidarse
'selbstmordgefährdet ADJ propenso al suicidio; **Selbstmordversuch** M intento *m* (*od* tentativa *f*) de suicidio
'Selbstporträt N autorretrato *m*; **Selbstprüfung** F examen *m* de conciencia; **selbstredend** ADJ *umg* → selbstverständlich; **Selbstregelung** F TECH regulación *f* automática, autorregulación *f*; **Selbstregierung** F autogobierno *m*; **Selbstregler** M regulador *m* automático; **selbstreinigend** ADJ autodepurante; autolimpiante; **Selbstreinigung** F BIOL autodepuración *f*; **Selbstschädigung** F daño *m* a sí mismo; autodaño *m*; autolesión *f*; **Selbstschalter** M ELEK interruptor *m* automático
'selbstschließend ADJ de cierre automático; **selbstschmierend** ADJ autolubricante
'Selbstschutz M autodefensa *f*, autoprotección *f*; **selbstsicher** **A** ADJ seguro de sí mismo **B** ADV con seguridad; **Selbstsicherheit** F seguridad *f* en sí mismo; aplomo *m*

S

'selbstständig A ADJ (*eigenständig, unabhängig*) independiente; *beruflich*: autónomo; **sich ~ machen** emanciparse, independizarse, *geschäftlich*: establecerse por cuenta propia B ADV por sí solo (*od* mismo); por su cuenta; independientemente; (*aus eigenem Antrieb*) por iniciativa propia; **~ handeln** actuar con independencia; tratar por propia iniciativa
'Selbstständige M/F ⟨~n; ~n; → A⟩ autónomo *m*, -a *f*; independiente *m/f*; **Selbstständigkeit** F ⟨~⟩ autonomía *f*, independencia *f*
'Selbststeuerung F TECH mando *m* (*bzw* control *m*) automático; **Selbststudium** N estudios *mpl* autodidácticos; **Selbstsucht** F egoísmo *m*
'selbstsüchtig ADJ egoísta; **selbsttätig** A ADJ TECH automático B ADV automáticamente; **Selbsttätigkeit** F TECH automatismo *m*
'Selbsttäuschung F ilusión *f*; autoengaño *m*; **Selbsttor** N *Fußball*: autogol *m*; **selbsttragend** ADJ TECH autoportante; **Selbstüberschätzung** F concepto *m* de sí mismo demasiado alto; presunción *f*; **Selbstüberwindung** F represión *f* de sí mismo; dominio *m* sobre sí mismo; *weitS.* abnegación *f*; **Selbstunterricht** M instrucción *f* autodidáctica; **Selbstuntersuchung** F MED *der Brust*: autoexploración *f* mamaria; autoexamen *m* mamario; **Selbstverachtung** F desprecio *m* de sí mismo; **Selbstverbrauch** M consumo *m* personal; autoconsumo *m*
'selbstvergessen ADJ olvidado de sí mismo; absorto, ensimismado; **Selbstvergessenheit** F olvido *m* de sí mismo
'Selbstvergiftung F autointoxicación *f*; **Selbstvergötterung** F, **Selbstverherrlichung** F egolatría *f*; **Selbstverlag** M **im ~** editado por el autor; **Selbstverletzung** F autolesión *f*; **Selbstverleugnung** F abnegación *f*; **Selbstvernichtung** F autodestrucción *f*; **Selbstverpflegung** F alimentación *f* (*od* comida *f*) por cuenta propia; **mit ~** *im Urlaub*: sin servicio; **Selbstverschluss** M cierre *m* automático; **selbstverschuldet** ADJ por culpa propia
'Selbstversorger M 1 *Person*: autoabastecedor *m*; abastecedor *m* de sí mismo; usuario *m* autosuficiente 2 *Land*: país *m* autárquico 3 *Landwirtschaft*: agricultura *f* de autoconsumo (*od* de autoabastecimiento); **Selbstversorgung** F autoabastecimiento *m*; (*Autarkie*) autarquía *f*
'selbstverständlich A ADJ natural; evidente; lógico; **das ist ~** eso se sobreentiende; eso se entiende por sí mismo; *umg* eso cae de su peso; **es ist ~, dass …** queda entendido que …; huelga decir que … B ADV naturalmente; por supuesto; desde luego; *Antwort auf e-e Bitte*: no faltaba más; *Am* ¿cómo no; **~ nicht!** ¡claro que no!; **für ~ halten** *od* **als ~ hinnehmen** dar por descontado (*od* por supuesto)
'Selbstverständlichkeit F ⟨~; ~en⟩ naturalidad *f*; evidencia *f*; **das ist eine ~** es evidente; (eso) es cosa muy natural; **mit der größten ~** como la cosa más natural (del mundo); como si tal cosa
'Selbstverstümmelung F automutilación *f*; **Selbstverteidigung** F autodefensa *f*; defensa *f* personal; **Selbstverteidigungsrecht** N derecho *m* de legítima defensa; **Selbstvertrauen** N confianza *f* en sí mismo, autoconfianza *f*; **Selbstverwaltung** F autonomía *f* administrativa; autogestión *f*; **Selbstverwirklichung** F autorrealización *f*
'Selbstwertgefühl N PSYCH autoestima *f*
'selbstzerstörerisch ADJ autodestructivo; **Selbstzerstörung** F autodestrucción *f*
'selbstzufrieden ADJ contento (*od* satisfecho) de sí mismo; **Selbstzufriedenheit** F satisfacción *f* de sí mismo
'Selbstzündung F TECH, AUTO encendido *m* automático, autoencendido *m*; **Selbstzweck** M fin *m* absoluto; finalidad *f* en sí
'selchen V/T *südd, österr* ahumar; **Selchfleisch** N carne *f* ahumada; cecina *f*
selek'tieren seleccionar; **Selekti'on** F ⟨~; ~en⟩ selección *f*; **selek'tiv** ADJ selectivo
Selektivi'tät [-v-] F ⟨~⟩ selectividad *f*
Se'len N ⟨~s⟩ CHEM selenio *m*; **Selensäure** F CHEM ácido *m* selénico; **Selenzelle** F ELEK célula *f* de selenio
'Selfmademan ['sɛlfmeːtmɛn] M ⟨~s; Selfmademen⟩ hombre *m* que se ha hecho a sí mismo
'selig A ADJ 1 REL bienaventurado; **~ werden** salvar el alma; ganar el cielo; *Bibel*: **~ sind die geistig Armen** bienaventurados los pobres de espíritu 2 *obs* (*verstorben*) difunto; **mein ~er Vater** mi difunto padre; mi padre, que en paz descanse; **~en Angedenkens** de feliz memoria; **Gott hab' ihn ~** Dios le tenga en su gloria 3 *fig* (*glücklich*) feliz, dichoso; lleno de alegría; encantado; **er ist ganz ~** está radiante de alegría B ADV **~ entschlafen** entregar su alma a Dios; morir en la paz del Señor
'Selige M/F ⟨~n; ~n; → A⟩ REL beato *m*, -a *f*; bienaventurado *m*, -a *f*; **Seligkeit** F ⟨~⟩ 1 REL bienaventuranza *f*; beatitud *f*; **die ewige ~ erlangen** alcanzar la salvación eterna 2 *fig* felicidad *f*, dicha *f*; gozo *m*
'seligpreisen V/T ⟨*irr*⟩ glorificar
'Seligpreisung F ⟨~; ~en⟩ glorificación *f*; *Bibel*: **die ~en** las bienaventuranzas
'seligsprechen V/T ⟨*irr*⟩ beatificar
'Seligsprechung F ⟨~; ~en⟩ beatificación *f*
'Sellerie M ⟨~s; ~s⟩ *od* F ⟨~; ~⟩ BOT apio *m*; **Selleriesalat** M ensalada *f* de apio
'selten A ADJ raro; (*außergewöhnlich*) *a.* extraordinario; singular; (*knapp, spärlich*) escaso, poco abundante; (*merkwürdig*) curioso, extraño; **~ sein** ser raro; ser poco frecuente; escasear; **~er werden** enrarecerse; espaciarse; escasear; **das ist nichts Seltenes** no tiene nada de extraordinario B ADV 1 raras veces; raramente; con poca frecuencia; en contadas ocasiones; **höchst ~** muy raramente; **nicht ~** bastante a menudo, con (relativa) frecuencia; no pocas veces; **es kommt ~ vor, dass …** no es normal que … (*subj*) 2 (*sehr, besonders*) excepcionalmente; **~ schön** *Mädchen* de curiosa belleza, excepcionalmente bella (*od* guapa)
'Seltenheit F ⟨~; ~en⟩ 1 rareza *f*; escasez *f*, poca abundancia *f* 2 *Sache*: cosa *f* rara; curiosidad *f*; **Seltenheitswert** M carácter *m* de rareza
'Selterswasser N ⟨~s; ⸚⟩ agua *f* de Seltz; *weitS.* sifón *m*; soda *f*
'seltsam ADJ (*merkwürdig*) raro, curioso, extraño; (*wunderlich*) extravagante, estrambótico
seltsamer'weise ADV curiosamente
'Seltsamkeit F ⟨~; ~en⟩ rareza *f*, extrañeza *f*, curiosidad *f*; (*merkwürdige Sache*) extravagancia *f*
Se'mantik F ⟨~⟩ LING semántica *f*; **semantisch** LING ADJ semántico
Sema'phor N & M ⟨~s; ~e⟩ IT semáforo *m*
Se'mester N ⟨~s; ~⟩ semestre *m*; **er studiert im vierten ~ Jura** está en segundo (año) de derecho; *umg* **ein älteres ~** (*Student in e-m höheren Semester*) *estudiante que ha cursado ya varios años*; *umg hum* (*ältere Person*) persona que ya no es un jovenzuelo
Se'mesterbeginn M comienzo *m* de(l) semestre; **Semesterende** N fin *m* del semestre; **Semesterferien** PL vacaciones *fpl* (semestrales de la universidad); **Semesterschluss** M → Semesterende; **Semesterticket** N *abono de transporte para estudiantes válido durante un semestre*
'Semifinale N semifinal *f*
Semi'kolon N ⟨~s; ~s *od* Semikola⟩ LING punto *m* y coma
semilu'nar ADJ *fachspr*, MED semilunar
Semi'nar N ⟨~s; ~e⟩ UNIV seminario *m* (*a. Priesterseminar*); (*Kurs*) curso *m* práctico; **Seminararbeit** F UNIV ≈ trabajo *m* escrito
Semina'rist M ⟨~en; ~en⟩ REL seminarista *m*
Semi'otik F ⟨~⟩ LING, PHIL semiótica *f*; **semiotisch** ADJ semiótico
semiperme'abel ADJ semipermeable
Se'mit M ⟨~en; ~en⟩, **Semitin** F ⟨~; ~nen⟩ semita *m/f*; **semitisch** ADJ semita; *Sprache* semítico
'Semmel F ⟨~; ~n⟩ *bes südd, österr* panecillo *m*; *umg fig* **wie warme ~n weggehen** desaparecer como churros; venderse como rosquillas; **semmelblond** ADJ rubio pálido; **Semmelbrösel** MPL pan *m* rallado; **Semmelknödel** M *bola hecha a base de pan, que se sirve como guarnición*; **Semmelmehl** N pan *m* rallado
sen. ABK (senior) padre *m*
Se'nat M ⟨~(e)s; ~e⟩ senado *m*; UNIV claustro *m* (de profesores); JUR sala *f*; **Se'nator** M ⟨~s; -'toren⟩, **Sena'torin** F ⟨~; ~nen⟩ senador, -a *m/f*; **sena'torisch** ADJ senatorial
Se'natsausschuss M comisión *f* senatorial; **Senatsbeschluss** M decreto *m* del senado; **Senatswahlen** FPL elecciones *fpl* al senado (*od* senatoriales)
'Sendeanlage F (estación *f*) emisora *f*; **Sendeanstalt** F → Sender 1; **Sendeantenne** F antena *f* emisora (*od* de emisión); **Sendebereich** M alcance *m* de emisión; **Sendefolge** F programa *m* de emisiones; **Sendegebiet** N TV, RADIO zona *f* de emisión; **Sendegerät** N emisor *m*; **Sendeleiter** M, **Sendeleiterin** F director *m*, -a *f* de la emisión; **Sendemast** M torre *f* de antenas
'senden[1] V/T ⟨*schweiz irr*⟩ RADIO, TV emitir; (*übertragen*) transmitir (*a.* TEL); RADIO *a.* radiar, radiodifundir
'senden[2] ⟨*irr*⟩ A V/T (*schicken*) enviar; mandar; HANDEL remitir B V/I **nach j-m ~** enviar (*od* mandar) a buscar a alg
'Sendepause F pausa *f*; **Sendeplan** M 1 horario *m* de las emisiones 2 → Sendeprogramm; **Sendeprogramm** N programa *m* de emisiones
'Sender M ⟨~s; ~⟩ 1 (*Radiosender etc*) (estación *f*) emisora *f*; (*Fernsehsender*) *a.* canal *m* 2 *Gerät*: transmisor *m*; emisor *m*
'Senderaum M estudio *m*; **Sendereihe** F serie *f* de emisiones, serial *m*
'Senderöhre F válvula *f* emisora (*od* de emisión); **Sendeschluss** M cierre *m* de las emisiones; **Sendestation** F (estación *f*) emisora *f*; **Sendeturm** M torre *f* de emisión; **Sendezeichen** N sintonía *f*; indicativo *m* (de la emisora); **Sendezeit** F tiempo *m* (*od* horario *m*) de emisión; *e-r Sendung*: franja *f* horaria; **Sendezentrale** F central *f* emisora
'Sendschreiben N misiva *f*; mensaje *m*
'Sendung F ⟨~; ~en⟩ 1 envío *m* (*a. Gegenstand*); expedición *f*, HANDEL *a.* remesa *f* 2 *geh* (*Auftrag*) misión *f* 3 RADIO, TV emisión *f*; TV *a.* espacio *m*; (*Übertragung*) transmisión *f*
'Senegal M ⟨~(s)⟩ **der ~** Senegal *m*
Senega'lese M ⟨~n; ~n⟩, **Senegalesin** F ⟨~; ~nen⟩ senegalés *m*, -esa *f*; **senegale-**

sisch senegalés
Senes'zenz F ⟨~⟩ MED senescencia *f*
Senf M ⟨~(e)s; ~e⟩ mostaza *f*; **scharfer ~** mostaza *f* picante (*od* fuerte); **süßer ~** mostaza *f* dulce (*od* suave); *umg fig* **seinen ~ dazugeben** meter baza; echar su cuarto a (*od* de) espadas
'Senfgas N MIL gas *m* mostaza; iperita *f*; **Senfgurke** F pepinillo *m* en vinagre (con granos de mostaza); **Senfkorn** N grano *m* de mostaza; **Senfpflaster** N MED sinapismo *m*; **Senfsauce** F salsa *f* de mostaza; **Senftopf** M mostacero *m*; tarro *m* de mostaza
'Senge PL *reg umg* **~ kriegen** recibir una paliza
'sengen A VT quemar; chamuscar; *Geflügel etc* sollamar B VI *Sonne* quemar; abrasar; **sengend** ADJ abrasador; **~e Hitze** calor *m* tórrido
se'nil ADJ senil
Senili'tät F ⟨~⟩ senilidad *f*
'senior ['ze:nio:r] ADJ **Herr Roth ~** el señor Roth padre
'Senior ['ze:nio:r] M ⟨~s; ~'oren⟩ 1 (*älterer Mensch*) anciano *m*; **die ~en** la tercera edad 2 HANDEL padre 3 SPORT sénior *m* 4 (*Ältester*) decano *m*; **Seniorchef** M jefe *m* de más edad; socio *m* decano
Seni'orenheim N residencia *f* para la tercera edad; **Seniorenmannschaft** F SPORT equipo *m* sénior (*bzw* de veteranos); **Seniorenpass** ≈ tarjeta *f* dorada
Seni'orin F ⟨~; ~nen⟩ 1 (*ältere Frau*) anciana *f* 2 SPORT sénior *f*
'Senkblei N SCHIFF sonda *f*; TECH plomada *f*
'Senke F ⟨~; ~n⟩ depresión *f* (del terreno)
'Senkel M ⟨~s; ~⟩ cordón *m*
'senken A VT 1 bajar (*a. Stimme, Augen*); *Kopf a.* inclinar; *Fahne* inclinar; *ins Wasser*: sumergir, hundir; *in die Erde*: (*Pfahl*) hincar 2 *Preise, Steuern* reducir, (re)bajar; *Kosten* disminuir B V/R **sich ~** 1 bajarse; inclinarse; *Gebäude, Boden* hundirse; *Fundament* asentarse 2 *Abend* caer
'Senker M ⟨~s; ~⟩ TECH avellanador *m*
'Senkfuß M MED pie *m* plano
'Senkgrube F BAU sumidero *m*; *für Grundwasser*: pozo *m* de drenaje (*od* de infiltración); *für Abwässer*: pozo *m* negro, letrina *f*; **Senkkasten** M TECH cajón *m* sumergible; **Senklot** N → Senkblei; **Senkniet** M TECH remache *m* avellanado
'senkrecht ADJ vertical; TECH *a.* a plomo; *bes* MATH perpendicular (**zu** a)
'Senkrechte F ⟨~n; ~n⟩ (línea *f*) perpendicular *f*; vertical *f*; **eine ~ errichten** levantar una perpendicular; **Senkrechtstart** M despegue *m* vertical; **Senkrechtstarter** M 1 FLUG avión *m* de despegue vertical 2 *umg fig* trepa(dor) *m* (*persona que ha tenido una carrera vertiginosa*)
'Senkschraube F TECH tornillo *m* avellanado
'Senkung F ⟨~; ~en⟩ 1 (*Senken*) inclinación *f*; *im Gelände*: depresión *f*; (*Abschrägung*) declive *m*, pendiente *f*; ARCH hundimiento *m* 2 *der Preise, der Steuern* bajada *f*; reducción *f*, disminución *f*, (re)baja *f* 3 *Metrik*: sílaba *f* no marcada 4 MED descenso *m*, ptosis *f*; (*Blutsenkung*) sedimentación *f*
'Senkungsgeschwindigkeit F MED velocidad *f* de sedimentación
'Senkwaage F PHYS areómetro *m*
Senn M ⟨~(e)s; ~e⟩, **'Senne** M ⟨~n; ~n⟩, **'Senner** M ⟨~s; ~⟩ vaquero *m* alpino
Senne'rei F ⟨~; ~en⟩ vaquería *f* (*bzw* quesería *f*) alpina
'Sennerin F ⟨~; ~nen⟩ vaquera *f* alpina
'Sennesblätter NPL BOT hojas *fpl* de sen; **Sennesstrauch** M BOT sen *m*
'Sennhütte F cabaña *f* alpina
Sensati'on F ⟨~; ~en⟩ sensación *f*; hecho *m* sensacional
sensatio'nell ADJ sensacional
Sensati'onsbedürfnis N afán *m* de experimentar sensaciones; **Sensationsblatt** N periódico *m* sensacionalista; **Sensationsgier** F, **Sensationslust** F avidez *f* de sensaciones, sensacionalismo *m*; **sensationslüstern** ADJ ávido de sensaciones, sensacionalista; **Sensationsmeldung** F noticia *f* sensacional; **Sensationspresse** F prensa *f* sensacionalista (*od* amarilla); **Sensationsprozess** M proceso *m* sensacional; causa *f* célebre; **Sensationssucht** F → Sensationsgier
'Sense F ⟨~; ~n⟩ 1 guadaña *f*; **mit der ~ mähen** guadañar 2 *umg* **jetzt ist ~!** ¡se acabó!; *umg* **und damit ~!** *umg* ¡y sanseacabó!
'Sensenmann M ⟨~(e)s⟩ *fig* **der ~** la Muerte; la Parca, la Descarnada
sen'sibel ADJ sensible; (*leicht beleidigt*) susceptible
sensibili'sieren VT ⟨*ohne* ge-⟩ sensibilizar (**für** para) (*a.* FOTO); **Sensibili'sierung** F ⟨~; ~en⟩ sensibilización *f*; **Sensibili'tät** F ⟨~⟩ sensibilidad *f*
sensi'tiv ADJ sensitivo
Sensiti'vierung F ⟨~⟩ sensibilización *f*
'Sensor M ⟨~s; ~'soren⟩ sensor *m*
sen'sorisch ADJ sensorio, sensorial
Sensua'lismus M ⟨~⟩ sensualismo *m*; **Sensualist** M ⟨~en; ~en⟩, **Sensualistin** F ⟨~; ~nen⟩ sensualista *m/f*; **sensualistisch** ADJ sensualista
Sensuali'tät F ⟨~⟩ sensualidad *f*
sensu'ell ADJ sensual
Sen'tenz F ⟨~; ~en⟩ sentencia *f*; máxima *f*
sentenzi'ös ADJ sentencioso
sentimen'tal ADJ sentimental; **Sentimentali'tät** F ⟨~; ~en⟩ sentimentalismo *m*
sepa'rat A ADJ separado; (*abgesondert*) apartado; (*privat*) particular; *Eingang etc* independiente B ADV por separado; aparte
'Separat(ab)druck M ⟨~(e)s; ~e⟩ TYPO separata *f*, tirada *f* aparte; **Separateingang** M entrada *f* independiente; **Separatfriede** M POL paz *f* por separado
Separa'tismus M ⟨~⟩ separatismo *m*; **Separatist** M ⟨~en; ~en⟩, **Separatistin** F ⟨~; ~nen⟩ separatista *m/f*; **separatistisch** ADJ separatista
Separa'torenfleisch N carne *f* separada mecánicamente
Separee, Sépa'rée N ⟨~s; ~s⟩ reservado *m*
'Sepia F ⟨~; Sepien⟩ 1 ZOOL jibia *f*, sepia *f* 2 MAL sepia *f*; **Sepiazeichnung** F MAL dibujo *m* en sepia
'Sepsis F ⟨~; Sepsen⟩ MED septicemia *f*, sepsis *f*
Sept. ABK (September) setiembre
Sep'tember M ⟨~(s); ~⟩ se(p)tiembre *m*
Sep'tett N ⟨~(e)s; ~e⟩ MUS septeto *m*
Septikä'mie F ⟨~; ~n⟩ MED septicemia *f*
Sep'time F ⟨~; ~n⟩ MUS séptima *f*
'septisch ADJ MED séptico
'Septum N ⟨~s; Septa *od* Septen⟩ ANAT (*Scheidewand*) tabique *m*, septo *m*
Se'quenz F ⟨~; ~en⟩ secuencia *f* (*a.* FILM); (*Reihe*) serie *f*, sucesión *f*
Sequenzi'alschaltung F TECH circuito *m* (*od* conexión *f*) secuencial
Se'quester M ⟨~s; ~⟩ 1 JUR secuestrador *m* 2 MED secuestro *m*
seques'trieren VT ⟨*ohne* ge-⟩ JUR secuestrar; **Sequestrierung** F ⟨~; ~en⟩ JUR secuestro *m*
Se'rail [-'raɪ] N ⟨~s; ~s⟩ serrallo *m*
'Seraph M ⟨~s; ~e *od* ~im⟩ serafín *m*
se'raphisch ADJ seráfico
'Serbe M ⟨~n; ~n⟩ serbio *m*; **Serbien** N ⟨~s⟩ Serbia *f*; **Serbin** F ⟨~; ~nen⟩ serbia *f*; **serbisch** ADJ serbio
Sere'nade F ⟨~; ~n⟩ serenata *f*
'Serge ['sɛrʒ(ə)] F ⟨~; ~n⟩ TEX sarga *f*
Ser'geant [sɛr'ʒant] M ⟨~en; ~en⟩ sargento *m*
'Serie ['ze:riə] F ⟨~; ~n⟩ serie *f*; RADIO, TV *a.* serial *m*; (*Folge*) sucesión *f*; TECH **in ~ gehen** fabricarse en serie; **in ~ herstellen** fabricar en serie
seri'ell ADJ IT en serie
'Serienartikel M artículo *m* (fabricado) en serie; **Serienausstattung** F equipo *m* de (*od* en) serie; **Serienbau** M ⟨~(e)s; ~ten⟩ construcción *f* en serie; **Serienbrief** M circular *m*; IT carta *f* modelo; **Serienfabrikation** F, **Serienfertigung** F fabricación *f* (*od* producción *f*) en serie; **Serienhaus** N casa *f* prefabricada; **Serienherstellung** F → Serienfabrikation
'serienmäßig ADJ & ADV en serie; **~ herstellen** fabricar en serie
'Serienmord asesinato *m* en serie; **Serienmörder** M, **Serienmörderin** F asesino *m*, -a *f* en serie; **Seriennummer** F número *m* de serie; **Serienproduktion** F producción *f* (*od* fabricación) en serie; **serienreif** ADJ listo (*od* preparado) para su fabricación en serie; **Serienschalter** M ELEK conmutador *m* múltiple (*od* en serie); **Serienschaltung** F ELEK conexión *f* (*od* acoplamiento *m*) en serie; **Serientäter** M, **Serientäterin** F infractor *m*, -a *f* reincidente; **Serienwagen** M coche *m* de serie; **serienweise** ADV en serie
seri'ös ADJ serio; formal; *Firma* sólido
Seriosi'tät F ⟨~⟩ seriedad *f*, formalidad *f*
Ser'mon M ⟨~s; ~e⟩ *pej* sermón *m*
Serolo'gie F ⟨~⟩ MED serología *f*; **sero'logisch** ADJ serológico
sero'positiv ADJ seropositivo
se'rös ADJ MED seroso
Seroto'nin N ⟨~s⟩ PHYSIOL serotonina *f*; **Serotoninwiederaufnahmehemmer** MPL **selektive ~** MED inhibidores *mpl* selectivos de la recaptación de serotonina
Serpen'tin M ⟨~s; ~e⟩ MINER serpentina *f*
Serpen'tine F ⟨~; ~n⟩ 1 (*Windung*) curva *f* cerrada 2 (*Serpentinenstraße*) *f* carretera *f* (*od* camino *m*) en serpentina
'Serum N ⟨~s; Sera *od* Seren⟩ suero *m*
'Serum... IN ZSSGN seroso; **Serumbehandlung** F MED seroterapia *f*; **Serumreaktion** F serorreacción *f*
'Server ['zøːrvər] M ⟨~s; ~⟩ IT servidor *m*, server *m*; **Serververbindung** F conexión *f* con el servidor
Ser'vice[1] [sɛr'vi:s] N ⟨~s; ~⟩ (*Geschirr*) vajilla *f*; juego *m* (*od* servicio *m*) de mesa
'Service[2] ['sø:rvɪs] M ⟨~; ~s⟩ 1 (*Bedienung*) servicio *m*, atención *f* al cliente; (*Kundendienst*) asistencia *f* técnica; servicio *m* post-venta 2 *Tennis*: servicio *m*; **Service-Center** [-sɛntər] N centro *m* de servicio; **Service-Management** [-mɛnɪdʒmənt] N gestión *f* de servicios; **Servicewüste** F vacío *m* de servicios
Ser'vierbrett [-v-] N bandeja *f*
ser'vieren [-v-] ⟨*ohne* ge-⟩ A VT servir (**j-m etw** a/c a alg) (*a. Tennis*); **es ist serviert** la comida está servida; los señores están servidos B VI servir (a la mesa)
Ser'viererin [-v-] F ⟨~; ~nen⟩ camarera *f*; **Serviertisch** M trinchero *m*; **Serviertochter** F *schweiz* → Serviererin; **Servier-**

wagen M carrito *m* de servir (*od* de servicio *od* de té)
Servi'ette [-v-] F ⟨~; ~n⟩ servilleta *f*
Servi'ettenring [-v-] M servilletero *m*; **Serviettentasche** F servilletera *f*
ser'vil [-v-] ADJ servil
Servili'tät [-v-] F ⟨~⟩ servilismo *m*
'Servobremse [-v-] F servofreno *m*, freno *m* asistido; **Servolenkung** F dirección *f* asistida, servodirección *f*; **Servomotor** M servomotor *m*
'Servus [-v-] INT **~!** *südd österr umg* ¡hola!; *beim Abschied*: ¡adiós!; *Arg umg* ¡chao!
'Sesam M ⟨~s; ~s⟩ BOT sésamo *m*, ajonjolí *m*; *fig* **~, öffne dich!** ¡ábrete, sésamo!; **Sesambein** N ANAT hueso *m* sesamoideo; **Sesamöl** aceite *m* de sésamo
'Sessel M ⟨~s; ~⟩ sillón *m*; butaca *f* (*a.* THEAT); **Sessellift** M telesilla *m*
'sesshaft ADJ **1** sedentario; **~e Lebensweise** vida *f* sedentaria **2** (*wohnhaft*) establecido, avecindado; **~ werden** establecerse, avecindarse; *umg* afincarse (**in** *dat* en)
'Sesshaftigkeit F ⟨~⟩ vida *f* sedentaria, sedentarismo *m*; **Sesshaftmachung** F ⟨~; ~en⟩ sedentarización *f*
Set N&M ⟨~s; ~s⟩ **1** (*Satz*) juego *m* **2** (*Platzdeckchen*) mantel *m* individual **3** FILM set *m*
'Setzei N *reg* GASTR huevo *m* al plato
'setzen **A** VT **1** *allg* poner (**auf den Boden** en el suelo); **an den Mund/an die Lippen ~** llevarse a la boca/a los labios; *fig* **j-n über j-n ~** nombrar a alg jefe de alg **2** *gezielt*: meter, colocar; **etw/j-n neben etw/j-n ~** colocar (*od* meter) alguna cosa/a alguien junto a (*od* al lado de) alguna cosa/alguien **3** *Kind, Kranke* sentar; **j-n in in einen Sessel ~** sentar a alg en un sillón **4** **j-n über einen Fluss ~** pasar a alg a la otra orilla **5** AGR *Pflanze* plantar **6** *Denkmal* colocar, erigir, levantar; *Ofen* instalar **7** (*festlegen*) fijar; (*ordnen*) disponer, ordenar; **eine Frist ~** fijar (*od* señalar) un plazo **8** TYPO componer; **etw kursiv ~** poner a/c en cursiva **9** (*schreiben*) *Punkt, Komma* poner; **auf j-s Rechnung** (*acus*) **~** poner (*od* cargar) en la cuenta de alg **10** *im Spiel*: apostar, poner (**auf** *acus* sobre) **11** *in die Zeitung*: insertar, poner **12** **die Segel ~** poner *od* izar velas **13** JAGD **Junge ~** parir **B** VI **1** *im Spiel*: apostar (**auf** *acus* a); **hoch/niedrig ~** jugar fuerte/bajo **2** *mit über*: **über einen Graben ~** saltar (*od* salvar) una zanja; **über einen Fluss ~** cruzar (*od* atravesar *od* pasar) un río **C** VR **sich ~** **1** ponerse, colocarse; (*Platz nehmen*) sentarse, tomar asiento; *Vogel* posarse; **sich an die Arbeit ~** ponerse a trabajar; **sich auf einen Stuhl/in einen Sessel ~** sentarse en una silla/una butaca; **sich ins Auto ~** meterse en el coche; *Fahrer* ponerse al volante; **sich zu j-m ~** sentarse junto a (*od* al lado de) alg; **~ Sie sich!** ¡siéntese (usted)! **2** *Flüssigkeit* posarse; *Erdreich* afirmarse; *feste Bestandteile* depositarse, precipitarse **3** *Staub, Geruch* pegarse (**in** *acus* a) **D** V/UNPERS *umg* **es wird Schläge ~** habrá palos; **es wird was ~** *od* **gleich setzt's was** *umg* habrá hule; → *a.* gesetzt
'Setzer M ⟨~s; ~⟩ TYPO cajista *m*; tipógrafo *m*; (*Maschinensetzer*) linotipista *m*
Setze'rei F ⟨~; ~en⟩ TYPO taller *m* de composición; sala *f* de cajas
'Setzerin F ⟨~; ~nen⟩ TYPO cajista *f*; tipógrafa *f*; (*Maschinensetzerin*) linotipista *f*
'Setzfehler M TYPO error *m* tipográfico; **Setzkasten** M **1** *im Gartenbau*: semillero *m* **2** TYPO *hist* caja *f* (de imprenta); **Setzling** M ⟨~s; ~e⟩ **1** AGR, BOT plantón *m* **2** (*Fischbrut*) alevín *m*; **Setzlinie** F TYPO regleta *f*; **Setzmaschine** F TYPO componedora *f*; **Setzwaage** F nivel *m* de albañil
'Seuche F ⟨~; ~n⟩ epidemia *f*; enfermedad *f* infecciosa (*od* contagiosa); (*Tierseuche*) epizootia *f*; peste *f*; *fig* plaga *f*
'seuchenartig ADJ epidémico
'Seuchenbekämpfung F lucha *f* contra las epidemias; **Seuchengebiet** N región *f* contaminada; **Seuchengefahr** F peligro *m* de epidemia; **Seuchenherd** M foco *m* de la epidemia
'seufzen VI suspirar (**nach** por); dar un suspiro; (*stöhnen*) gemir; (*jammern*) quejarse (**über** *acus* de); **seufzend** ADJ & ADV suspirando; entre suspiros
'Seufzer M ⟨~s; ~⟩ suspiro *m*; (*Stöhnen*) gemido *m*; **einen ~ (der Erleichterung) ausstoßen** dar un suspiro (de satisfacción); **Seufzerbrücke** F *in Venedig*: Puente *m* de los Suspiros
Sex M ⟨~(es)⟩ **1** (*Geschlechtsverkehr*) sexo *m*; **~ mit j-m haben** acostarse con alg, *umg* enrollarse con alg **2** (*dargestellte Sexualität*) sexualidad *f* **3** → Sex-Appeal
Sex-Ap'peal [-ʔəˈpiːl] M ⟨~s⟩ atractivo *m* sexual, sex-appeal *m*; **~ haben** *umg* tener gancho
'Sexbombe F mujer *f* muy sexy; **Sexfilm** M película *f* erótica
Se'xismus M ⟨~⟩ sexismo *m*
Se'xist M ⟨~en; ~en⟩, **Sexistin** F ⟨~; ~nen⟩ sexista *m/f*; **sexistisch** ADJ sexista
Sexo'loge M ⟨~n; ~n⟩ sexólogo *m*; **Sexolo'gie** F ⟨~⟩ sexología *f*; **Sexo'login** F ⟨~; ~nen⟩ sexóloga *f*
'Sexshop M sex(-)shop *m*; **Sexsymbol** N símbolo *m* sexual (*od* erótico)
Sex'tant M ⟨~en; ~en⟩ sextante *m*
'Sexte F ⟨~; ~n⟩ MUS sexta *f*
Sex'tett N ⟨~(e)s; ~e⟩ MUS sexteto *m*
Sex'tole F ⟨~; ~n⟩ MUS seisillo *m*
'Sextourismus M turismo *m* sexual; **Sextourist** M, **Sextouristin** F turista *m/f* sexual
Sexu'aldelikt M delito *m* sexual; **Sexualerziehung** F educación *f* sexual; **Sexualforscher** M, **Sexualforscherin** F sexólogo *m*, -a *f*; **Sexualforschung** F sexología *f*; **Sexualhormon** N hormona *f* sexual
Sexuali'tät F ⟨~⟩ sexualidad *f*
Sexu'alkunde F educación *f* sexual; **Sexualleben** N vida *f* sexual; **Sexualmord** M asesinato *m* sexual; **Sexualmörder** M, **Sexualmörderin** F asesino *m*, -a *f* sexual; **Sexualpartner** M, **Sexualpartnerin** F pareja *f* sexual; **Sexualtrieb** M instinto *m* sexual; **Sexualverbrechen** N delito *m* sexual; **Sexualverbrecher** M delincuente *m* sexual; **Sexualwissenschaft** F sexología *f*
sexu'ell **A** ADJ sexual; **~e Aufklärung** iniciación *f* sexual; **~er Missbrauch** abuso *m* sexual **B** ADV sexualmente
'Sexus M ⟨~; ~⟩ *geh* sexo *m*
'sexy ADJ que tiene atractivo sexual, sexy; **~ sein** *a. umg* tener gancho
Sey'chellen PL **die ~** las (Islas) Seycheles
Sezessi'on F ⟨~; ~en⟩ *geh* secesión *f*; **Sezessi'onskrieg** M HIST guerra *f* de secesión
Se'zierbesteck N MED estuche *m* de disección; **sezieren** VT ⟨*ohne* ge-⟩ MED disecar (*a. fig*); hacer la autopsia de; **Sezieren** N ⟨~s⟩ disección *f*; **Seziermesser** N escalpelo *m*; bisturí *m*; **Seziersaal** M sala *f* de disección
sfr, sFr. ABK (Schweizer Franken) franco suizo
SGM'L-Dokument N IT documento *m* SGML
Sham'poo [ʃamˈpuː] N ⟨~s⟩ champú *m*; **shampoo'nieren** VT ⟨*ohne* ge-⟩ lavar con champú
'Shareware [ˈʃɛːrwɛːr] F ⟨~; ~s⟩ IT shareware *m*; software *m* compartido; programas *mpl* compartidos
'Sheriff [ˈʃɛrɪf] M ⟨~s; ~s⟩ sheriff *m*
'Sherry [ˈʃɛri] M ⟨~s; ~s⟩ jerez *m*
'Shetland-Pony [ˈʃɛtləndpɔni] N pony *m* de Shetland
Shi'atsu [ʃiˈatsu] N ⟨~⟩ *Alternativmedizin*: shiatsu *m*
'Shift-Taste [ˈʃɪft-] F IT tecla *f* SHIFT; tecla *f* de mayúsculas
'shoppen [ʃɔpən] VI **~ (gehen)** ir de compras
'Shopping [ˈʃɔpɪŋ] N ⟨~s; ~s⟩ compras *fpl*, shopping *m*; **Shoppingcenter** N centro *m* comercial; **Shoppingsender** M TV canal *m* de teletienda *f*
'Shortcut [ˈʃɔrtkat] M ⟨~s; ~s⟩ IT camino *m* cort
Shorts [ʃɔːrts] PL pantalones *mpl* cortos
Show [ʃoː] F ⟨~; ~s⟩ espectáculo *m*, show *m*
'Showbusiness [-bɪznɛs] N ⟨~⟩, **Showgeschäft** N mundo *m* del espectáculo (*od* de la farándula); **Showman** [-mɛn] M ⟨~s; Showmen⟩ showman *m*; **Showmaster** [-maːstər] M presentador *m*, animador *m*
Shrimp [ʃ-] M ⟨~s; ~s⟩ *mst* **~s** PL gambas *fpl*
'shuffeln [ˈʃafəln] VI MUS reproducir al azar
Shunt [ʃant] M ⟨~s; ~s⟩ MED derivación *f*
'Shuttle [ˈʃatəl] M ⟨~s; ~s⟩, **Shuttlebus** M lanzadera *f*
'Siam N ⟨~s⟩ HIST Siam *m*
Sia'mese M ⟨~n; ~n⟩, **Siamesin** F ⟨~; ~nen⟩ HIST siamés *m*, -esa *f*; **siamesisch** ADJ siamés; **~e Zwillinge** hermanos *mpl bzw* hermanas *fpl* siameses
'Siamkatze F (gato *m*) siamés *m*
Si'birien N ⟨~s⟩ Siberia *f*; **Sibirier** M ⟨~s; ~⟩, **Sibirierin** F ⟨~; ~nen⟩ siberiano *m*, -a *f*; **sibirisch** ADJ siberiano
Si'bylle EIGENN F **1** *Vorname*: Sibilia *f* **2** MYTH Sibila *f*
sibyl'linisch ADJ sibilino (*a. fig*)
sich PRON **1** *3. Person, dat u. ac*: se; *nach ngpräp*: sí; **~ selbst** (a) sí mismo; **~** (*dat*) **die Hände waschen** lavarse las manos; **er denkt nur an ~** es muy egoísta; **sie hat etwas an ~** (*dat*)tiene un no sé qué; **etw bei ~ haben** tener (*od* llevar) a/c consigo (*od* encima); **bei ~ denken** pensar entre (*od* para) sí; **für ~ allein** por sí (solo); **sie bleiben für ~** se quedan aparte; **etw hinter ~** (*dat*) **haben** tener a/c detrás de sí; **neben ~** (*dat*) a su lado; **sie blickte um ~** (*acus*) miró a su alrededor; **von ~ aus** espontáneamente; **etw von ~** (*dat*) **aus tun** hacer a/c espontáneamente (*od* por sí solo); **vor ~** (*dat*) **haben** tener ante sí; **er bat sie zu ~** les hizo venir; les invitó (a verle) **2** PL (*einander*) **sie kennen ~ gut genug** se conocen bastante bien; **sie lieben ~** se quieren **3** *unpersönlich*: **an (und für) ~** en sí; de (por) sí; (*eigentlich*) en realidad; **das Ding an ~** la cosa en sí; **damit hat es nichts auf ~** (*dat*) eso no tiene (ninguna) importancia; no es nada **4** *passivisch*: **in diesem Bett schläft es ~ gut** se duerme bien en esa cama
'Sichel F ⟨~; ~n⟩ AGR hoz *f*; (*Mondsichel*) creciente *m*; **sichelförmig** ADJ en forma de hoz, falciforme
'sicheln VT AGR cortar con la hoz
'Sichelzellanämie F MED anemia *f* drepanocítica
'sicher **A** ADJ **1** (*nicht gefährdet*) seguro; (*gewährleistet*) garantizado; *Erfolg* indudable; *Zukunft* asegurado; **~e Existenz** existencia *f* asegurada; **~e Grundlage** base *f* sólida; **~ ist ~** *umg* hombre precavido vale por dos; lo seguro es lo seguro; **auf der ~en Seite sein** estar protegido; **vor j-m/etw ~ sein** *Person* estar seguro

S

(*od* al salvo) de alg/a/c; **vor ihm sind Sie ~** no tiene nada que temer de él **2** (*nicht gefährlich*) seguro; **~es Geleit** salvoconducto *m*; **~er Ort** lugar *m* seguro; **man ist dort seines Lebens nicht ~** allí se arriesga (*od* corre peligro) la vida **3** (*gewiss*) seguro, cierto; **ganz ~** con toda seguridad; sin falta; **ich bin mir ganz ~** no me cabe la menor duda; **einer Sache** (*gen*) **~ sein** estar seguro de a/c; **sich** (*dat*) **seiner Sache** (*gen*) **~ sein** estar seguro de sí mismo; **der Erfolg ist uns ~** el éxito es nuestro; **soviel ist ~** al menos eso es cierto; **~ ist, dass er ...** lo cierto es que él ...; **sind Sie ~?** ¿está usted seguro? **4** (*zuverlässig*) certero, seguro; (*fest*) firme; *Gedächtnis* fiel; **~e Hand** mano *f* segura; **~er Schritt** paso *m* firme; **aus ~er Quelle** de fuente fidedigna **5** (*selbstbewusst*) seguro (de sí); **ein ~es Auftreten haben** tener aplomo **B** ADV **1** (*gefahrlos*) con seguridad; **sich ~ fühlen** sentirse seguro **2** (*zuverlässig*) **~ Auto fahren** ser seguro al volante **3** (*gewiss*) con toda seguridad; seguramente; ciertamente, con certeza; sin duda, indudablemente; **(aber) ~!** ¡claro (que sí)!, ¡seguro!, *Am* ¿cómo no?; **er wird ~ kommen** seguro que viene; **~ wissen** saber con seguridad (*od* con certeza); saber a ciencia cierta **4** (*selbstbewusst*) **~ auftreten** mostrar (*od* tener) aplomo

'sichergehen VI ⟨*irr*⟩ ir (*od* andar) sobre seguro; **um sicherzugehen** para ir sobre seguro; para estar seguro

'Sicherheit F ⟨~; ~en⟩ **1** (*Schutz; Gefahrlosigkeit*) seguridad *f*; **soziale ~** seguridad *f* social; **~ auf der Straße** seguridad *f* vial; **~ im Verkehr** seguridad *f* del tráfico; **in ~** a salvo; fuera de peligro; **(sich) in ~ bringen** poner(se) a salvo; **sich in ~ wiegen** creerse seguro; **zur ~** para mayor seguridad; *umg* por si acaso **2** (*Gewissheit*) certeza *f*, certidumbre *f*; **mit ~** con seguridad, con certidumbre, con certeza; **mit ~ behaupten** afirmar de modo terminante (*od* rotundo); sostener con firmeza; afirmar con aplomo **3** (*Selbstsicherheit*) seguridad *f* (en sí mismo); *im Auftreten*: aplomo *m* **4** WIRTSCH garantía *f*; (*Bürgschaft*) fianza *f*; JUR caución *f*; WIRTSCH **als ~ für** como garantía de; **eine ~ leisten** dar una seguridad (*od* garantía); JUR **eine ~ stellen** dar una caución; **als ~ dienen** servir de garantía **5** (*Treffsicherheit*) acierto *m* **6** (*Festigkeit*) firmeza *f*; estabilidad *f*

'Sicherheitsabstand M *Verkehr*: distancia *f* (*od* intervalo *m*) de seguridad; **Sicherheitsbeamte(r)** M, **Sicherheitsbeamtin** F agente *m/f* de seguridad; **Sicherheitsbeauftragte** M/F encargado *m*, -a *f* de la seguridad; **Sicherheitsbehörde** F *sp* Dirección *f* General de Seguridad; **Sicherheitsberater** M, **Sicherheitsberaterin** F POL consejero *m*, -a *f* de seguridad; **Sicherheitsbestimmungen** FPL normas *fpl* de seguridad; **Sicherheitsbindung** F *Ski*: fijación *f* de seguridad; **Sicherheitsdienst** M **(privater) ~** servicio *m* (privado) de seguridad; **Sicherheitsfaktor** M factor *m* de seguridad; **Sicherheitsfonds** M WIRTSCH fondo *m* de garantía; **Sicherheitsglas** N vidrio *m* de seguridad; **Sicherheitsgründe** MPL **aus ~n** por razones de seguridad; **Sicherheitsgurt** M AUTO, FLUG cinturón *m* de seguridad

'sicherheitshalber ADV para mayor seguridad

'Sicherheitshinweis M consejo *m* de uso; *des Auswärtigen Amtes*: **~e** consejos *mpl* de seguridad; **Sicherheitskette** F cadena *f* de seguridad (*od* antirrobo); *am Armband etc*: fiador *m*; **Sicherheitsklausel** F JUR cláusula *f* de seguridad; WIRTSCH cláusula *f* de salvaguardia; **Sicherheitskonferenz** F conferencia *f* de seguridad; **Sicherheitskopie** F → Sicherungskopie; **Sicherheitskräfte** FPL fuerzas *fpl* de seguridad; **Sicherheitslampe** F BERGB lámpara *f* de seguridad; **Sicherheitsleistung** F WIRTSCH garantía *f*; (*Bürgschaft*) fianza *f*; JUR *a.* caución *f*; **Sicherheitsmaßnahme** F medida *f* de seguridad; **Sicherheitsnadel** F imperdible *m*; *Am* prendedor *m*; **Sicherheitspakt** M POL pacto *m* de seguridad; **Sicherheitspolitik** F política *f* de seguridad; **Sicherheitspolizei** F cuerpo *m* (*od* policía *f*) de seguridad; **Sicherheitsrat** M POL *der UNO*: Consejo *m* de Seguridad; **Sicherheitsschloss** N cerradura *f* (*od* cierre *m*) de seguridad; **Sicherheitsventil** N válvula *f* de seguridad; **Sicherheitsverschluss** M cierre *m* de seguridad; **Sicherheitsvorkehrung** F medida *f* de seguridad; **~en treffen** tomar medidas de seguridad; **Sicherheitsvorrichtung** F dispositivo *m* de seguridad; **Sicherheitsvorschriften** FPL reglamento *m* (*bzw* normas *fpl*) de seguridad; **Sicherheitszone** F zona *f* de seguridad

'sicherlich ADV seguramente; de seguro, de cierto; por cierto; (*zweifellos*) sin duda; **~!** ¡claro que sí!; **~ nicht** seguro que no; no, por cierto; **~ hat er recht** estoy seguro de que tiene razón; **er wird ~ kommen** estoy seguro de que vendrá

'sichern **A** VT **1** (*sicherstellen*) asegurar (**gegen** *acus*, **vor** *dat* contra); (*gewährleisten*) garantizar; *Frieden, Position* consolidar, afianzar **2** (*in Sicherheit bringen*) poner a salvo (*od* en seguridad); poner a cubierto (**vor** *dat* de) **3** (*schützen*) proteger, preservar (**vor** *dat* de) **4** *beim Klettern*: **j-n ~** asegurar a alg **5** *Schusswaffe* poner el seguro a **6** IT asegurar, guardar **7** **sich** (*dat*) **etw ~** asegurarse a/c; reservarse a/c **B** VR **sich ~ gegen** (*acus*) *od* **vor** (*dat*) asegurarse contra; (*sich schützen*) preservarse de; (*sich in Sicherheit bringen*) ponerse a salvo de; *vor Regen, Gewitter, Schüssen*: ponerse a cubierto de **C** VI JAGD tomar el viento; → *a.* gesichert

'sicherstellen VT **1** poner en seguro; poner en seguridad; (*gewährleisten*) asegurar, garantizar **2** (*beschlagnahmen*) confiscar, embargar; intervenir; incautarse de; (*in Gewahrsam nehmen*) tomar bajo custodia; **Sicherstellung** F ⟨~; ~en⟩ **1** (*Gewährleistung*) aseguramiento *m*; constitución *f* de garantías **2** (*Beschlagnahme*) confiscación *f*, embargo *m*, (de)comiso *m*

'Sicherung F ⟨~; ~en⟩ **1** aseguramiento *m*; (*Schutz*) protección *f* (**vor** *dat*, **gegen** *acus* contra); salvaguardia *f*; (*Garantie*) garantía *f*; (*Befestigung*) consolidación *f*; afianzamiento *m* **2** ELEK fusible *m*; cortacircuito *m*; TECH dispositivo *m* de seguridad; *an Schusswaffen*: seguro *m* **3** IT almacenamiento *m*

'Sicherungs... IN ZSSGN *mst* de seguridad; **Sicherungsabteilung** F MIL destacamento *m* de seguridad; **Sicherungsdiskette** F disquete *m* de seguridad; **Sicherungshypothek** F hipoteca *f* de seguridad (*od* de garantía); **Sicherungskasten** M ELEK caja *f* de fusibles; **Sicherungskopie** F IT copia de seguridad (*od* de backup); **Sicherungsübereignung** F JUR transmisión *f* en garantía; **Sicherungsverwahrung** F JUR internamiento *m* de seguridad

Sicht F ⟨~⟩ **1** vista *f*; (*Sichtbarkeit*) visibilidad *f*; **gute/schlechte ~** buena/mala visibilidad; **heute ist gute** *od* **klare ~** hoy la visibilidad es buena; **j-m die ~ nehmen** quitar la vista a alg; **in ~ (sein)** (estar) a la vista; **außer ~** fuera del alcance de la vista; **in ~ kommen** aparecer **2** (*Betrachtungsweise*) punto *m* de vista; *fig* **auf lange ~** a largo plazo, a la larga; **aus meiner ~** desde mi punto de vista **3** WIRTSCH **auf ~** a la vista; **auf kurze/lange ~** a corto/largo plazo; a corta/larga vista (*a. fig*); **zahlbar bei ~** pagadero a la vista; **30 Tage nach ~** a treinta días vista

'sichtbar ADJ visible; (*wahrnehmbar*) perceptible (a la vista); *fig* (*offenbar*) evidente; manifiesto; patente; (*auffällig*) ostensible; **ohne ~en Erfolg** sin éxito apreciable; **~ werden** aparecer; *fig* manifestarse; hacerse patente; evidenciarse; **~ machen** mostrar; evidenciar; poner de manifiesto

'Sichtbarkeit F ⟨~⟩ visibilidad *f*; evidencia *f*; **Sichtbereich** M campo *m* de visibilidad; **Sichtbeton** M ARCH hormigón *m* visto; **Sichteinlage** F WIRTSCH depósito *m* (*od* imposición *f*) a la vista

'sichten VT **1** (*erblicken*) avistar; divisar, distinguir; descubrir **2** *fig Papiere, Beweismaterial* (*prüfen*) examinar; (*sortieren*) escoger; seleccionar; (*ordnen*) ordenar; clasificar

'Sichten N ⟨~s⟩ examen *m*; clasificación *f*

'Sichtfeld N campo *m* visual; zona *f* de visibilidad; IT visor *m*; **Sichtfenster** N ventana *f*; **Sichtflug** M FLUG vuelo *m* con visibilidad (*od* visual); **Sichthülle** F (*Klarsichthülle*) funda *f* transparente (para documentos); **Sichtkonto** N cuenta *f* a la vista

'sichtlich **A** ADJ visible; manifiesto, evidente, ostensible **B** ADV visiblemente; (*zusehends*) a ojos vistas; **~ erfreut** visiblemente contento

'Sichtung F ⟨~; ~en⟩ (*Prüfung*) examen *m*; (*Einteilung*) clasificación *f*; (*Sortierung*) selección *f*; **Sichtverhältnisse** NPL (condiciones *fpl* de) visibilidad *f*; **Sichtvermerk** M visado *m*; visto *m* bueno; **mit ~ versehen** visar; **Sichtwechsel** M HANDEL letra *f* a la vista; **Sichtweite** F alcance *m* visual (*od* de la vista); **außer/in ~** fuera del/al alcance de la vista

'Sickergrube F pozo *m* de infiltración; **sickern** VI ⟨sn⟩ rezumar; filtrarse; caer gota a gota; escurrirse; **Sickerwasser** N ⟨~s; ~⟩ agua *f* de infiltración

side'ral, si'derisch ADJ ASTRON sideral, sidéreo

sie PERS PR *3. Person* **A** SG **1** *Subjekt*: ella; *unbetont mst unübersetzt*: **~ lacht** ríe; **wo ist sie** ¿dónde está?; *betont*: **~ allein** ella sola; **wenn ich ~ wäre** si yo fuera ella **2** *als Objekt, für e-e Frau, unbetont* : la; *betont*: a ella; **ich kenne ~** la conozco; *betont*: a ella la conozco; **hast du ~ gesehen?** ¿la has visto? **3** *als Objekt, für e-e Sache*: lo/la; **da ist die Kirche - ich sehe ~** ahí está la iglesia - la veo **B** PL **1** *Subjekt*: ellos/as; *unbetont mst unübersetzt*: **~ sind nicht da** no están; *betont*: **~, die Mädchen** ellas, las chicas; **~, die Eltern** ellos, los padres **2** *Objekt*: los/las; *für männliche Personen reg a.*: les; *betont*: a ellos/a ellas; **ich kenne ~ nicht** no los (*bzw* las) conozco; *betont*: a ellos (*bzw* ellas) no los (*bzw* las) conozco

Sie[1] PERS PR *Anrede*: **1** *Subjekt*: *sg* usted; *pl* ustedes; *beim Verb mst unübersetzt*: **kommen Sie?** ¿viene? (*bzw* ¿vienen?); **j-n mit ~ anreden** tratar a alg de usted; *umg* **~ da!** ¡oiga! **2** (*acus*) *Objekt*: *sg* lo/la; *für männliche Personen reg a.* le; *pl* los (*reg a.* les)/las; *betont*: a usted; *pl* a ustedes; **ich kenne ~ nicht** no lo (*bzw* la) conozco; *pl* no los (*bzw* las) conozco; *betont*: a usted no lo (*bzw* la) conozco; *pl* a ustedes no los (*bzw* las) conozco

Sie[2] F *Mensch*: mujer *f*; *Tier*: hembra *f*; **ein Er und eine ~** un hombre y una mujer

Sieb N ⟨~(e)s; ~e⟩ *grobes*: criba *f*; *feines*: tamiz *m*; (*Küchensieb*) pasador *m*; (*Abtropfsieb*) escurridor *m*; *für Flüssiges*: colador *m*; *für Mehl etc*: cedazo *m*; **durchlöchert sein wie ein ~** estar hecho una criba

'siebartig ADJ en forma de criba, cribiforme

S

'Siebbein N ANAT (hueso *m*) etmoides *m*; **Siebdruck** M ⟨~(e)s; ~e⟩ TYPO serigrafía *f*
'sieben¹ V/T tamizar, pasar por el tamiz; *Flüssigkeiten* colar; pasar por el colador; *Sand, Kies etc* cribar; *Mehl* cerner; *fig (auswählen)* escoger, seleccionar
'sieben² ADJ siete
'Sieben¹ N ⟨~s⟩ cribado *m*; *fig* selección *f*
'Sieben² F ⟨~⟩ siete *m*
Sieben'bürgen N ⟨~s⟩ GEOG Transilvania *f*; **siebenbürgisch** ADJ transilvano
'Siebeneck N GEOM heptágono *m*; **siebeneckig** ADJ GEOM heptagonal
siebener'lei ADJ de siete clases (*od* especies) diferentes
'siebenfach ADJ siete veces más, séptuplo; **Siebenfache(s)** ⟨~n; → A⟩ séptuplo *m*
'Siebengestirn N ASTRON Pléyades *fpl*
'sieben'hundert ADJ setecientos; **siebenhundertste** ADJ septingentésimo
Sieben'jahresplan M plan *m* septenal
'siebenjährig ADJ de siete años (de edad); **der Siebenjährige Krieg** la Guerra de los Siete Años; **Siebenjährige** M/F ⟨~n; ~n; → A⟩ niño *m*, -a *f* de siete años
'Siebenkampf M SPORT heptatlón *m*
'siebenmal ADV siete veces; **siebenmalig** ADJ siete veces repetido
Sieben'meilenstiefel MPL botas *fpl* de siete leguas; **mit ~n gehen** ir a paso de gigante
'Sieben'monatskind N sietemesino *m*
'siebenprozentig ADJ al siete por ciento
'Sieben'sachen FPL trastos *mpl*, chismes *mpl*, cachivaches *mpl*; **seine ~ packen** liar los bártulos (*od* el petate)
'Siebenschläfer M **1** ZOOL lirón *m* **2** *Tag*: 27 de junio; **siebensilbig** ADJ heptasílabo; **Siebensilbner** M ⟨~s; ~⟩ heptasílabo *m*
'siebenstellig ADJ *Zahl* de siete dígitos, de siete cifras; **siebenstündig** ADJ de siete horas; **siebentägig** ADJ de siete días
'sieben'tausend ADJ siete mil
'siebente(r, -s) → siebte(r, -s); **Siebentel** N → Siebtel
'siebförmig ADJ en forma de criba, cribiforme; **Siebmaschine** F cribadora *f*; **Siebröhre** F BOT tubo *m* criboso
siebt ADV **zu ~** siete; **zu ~ sein** ser siete
'siebte(r, -s) ADJ séptimo; **der** (*od* **den** *od* **am**) **~(n) Juni** el siete de Junio; **Alfons der Siebte (VII.)** Alfonso séptimo (VII)
'Siebtel N ⟨~s; ~⟩ séptimo *m*, séptima parte *f*; **siebtens** ADV séptimo; en séptimo lugar
'siebzehn ADJ diecisiete; **siebzehnte** ADJ decimoséptimo; **Siebzehntel** N ⟨~s; ~⟩ diecisieteavo *m*; **siebzehntens** ADV decimoséptimo; en decimoséptimo lugar
'siebzig ADJ setenta; **~er Jahre** → Siebzigerjahre
'Siebziger M ⟨~s; ~⟩, **Siebzigerin** F ⟨~; ~nen⟩ septuagenario *m*,-a *f*; *umg* setentón *m*, -ona *f*
'Siebzigerjahre NPL **die ~** los años setenta; **in den ~n** en los años setenta
'siebzigjährig ADJ de setenta años, septuagenario; **siebzigste** ADJ septuagésimo; **Siebzigstel** N ⟨~s; ~⟩ setentavo *m*
'siechen V/I *(dahinsiechen) obs* consumirse, extenuarse; *(kränklich sein)* ser enfermizo (*od* achacoso); **Siechtum** N ⟨~s⟩ *geh obs* padecimiento *m* crónico; enfermedad *f* larga
'Siedegrad M grado *m* de ebullición; **Siedehitze** F temperatura *f* de ebullición; *fig* calor *m* tropical; **Siedekessel** M caldera *f*
'siedeln V/I establecerse, asentarse; **Siedeln** N asentamiento *m*
'sieden ⟨*irr od regulär*⟩ **A** V/I hervir, estar en ebullición; *(kochen)* cocer **B** V/T (hacer) hervir; *Zucker* refinar; *Seife, Salz* hacer; **Sieden** N ⟨~s⟩ ebullición *f*; hervor *m*; *v. Zucker*: refinación *f*; **siedend** ADJ hirviente; en ebullición; **~ heiß** hirviendo; *fig* **es überlief ihn ~ heiß** se sobresaltó
'Siedepunkt M punto *m* de ebullición
'Siedler M ⟨~s; ~⟩, **Siedlerin** F ⟨~; ~nen⟩ colono *m*, -a *f*; colonizador *m*, -a *f*; poblador *m*, -a *f*
'Siedlung F ⟨~; ~en⟩ *(Ort)* urbanización *f*; *(Wohnsiedlung)* polígono *m* residencial
'Siedlungsgebiet N terreno *m* de urbanización; **Siedlungsgesellschaft** F *in Städten*: sociedad *f* urbanizadora; **Siedlungspolitik** F política *f* de asentamiento
Sieg M ⟨~(e)s; ~e⟩ victoria *f*; triunfo *m* (**über** *acus* sobre) (*a. fig*); **den ~ erringen** *od* **davontragen** alzarse con el triunfo; llevarse la palma (*a. fig*) → *a.* siegen
'Siegchance F posibilidad *f* de ganar; **seine ~ vergeben** *od* **verspielen** perder su posibilidad de ganar
'Siegel N ⟨~s; ~⟩ sello *m*; *(Plombe)* precinto *m*; *fig* **unter dem ~ der Verschwiegenheit** confidencialmente; bajo (el sello del) secreto; **Siegellack** M lacre *m*; **Siegellackstange** F barra *f* de lacre
'siegeln V/T sellar; *mit Plombe*: precintar; *mit Lack*: lacrar
'Siegelring M anillo *m* de sello
'siegen V/I vencer (**über j-n** a alg); triunfar (**über** *acus* de, sobre); lograr (*od* obtener) la victoria, lograr el triunfo; salir vencedor (*od* triunfante); *bes* SPORT ganar; SPORT **mit 4 zu 2 ~** ganar por cuatro (tantos) a dos (**über** *acus* a)
'Sieger M ⟨~s; ~⟩ vencedor *m* (*a.* SPORT); ganador *m*; triunfador *m*; **Siegerehrung** F ceremonia *f* de entrega de (los) premios; **Siegerin** F ⟨~; ~nen⟩ vencedora *f*; ganadora *f*; triunfadora *f*; **Siegerkranz** M corona *f* triunfal; **Siegerliste** F lista *f* de ganadores; palmarés *m*; **Siegermächte** FPL potencias *fpl* victoriosas (*od* vencedoras); **Siegermannschaft** F equipo *m* vencedor (*od* ganador); **Siegerpodest** N, **Siegertreppchen** N SPORT podio *m* de vencedores; **Siegerurkunde** F certificado *m* de vencedor
'siegesbewusst ADJ seguro del triunfo (*od* de triunfar)
'Siegeschance F → Siegchance; **Siegesdenkmal** N monumento *m* de la victoria; **Siegesfeier** F, **Siegesfest** N celebración *f* de una victoria; fiesta *f* triunfal; **Siegesgeschrei** N gritos *mpl* de triunfo
'siegesgewiss ADJ → siegesbewusst
'Siegesgöttin F MYTH Victoria *f*; **Siegeshymne** F himno *m* triunfal; **Siegeslauf** M *fig* avance *m* triunfal; **Siegespalme** F palma *f* de la victoria; **Siegespreis** M premio *m*; *fig* palma *f*; *Zeichen*: trofeo *m*; **Siegesrausch** M → Siegestaumel; **Siegessäule** F columna *f* triunfal
'siegessicher ADJ seguro del triunfo
'Siegestaumel M *geh* embriaguez *f* del triunfo (*od* de la victoria); **Siegestreffer** M golpe *m* del triunfo; **siegestrunken** ADJ *geh* ebrio del triunfo (*od* de la victoria); **Siegeswille(n)** M voluntad *f* de vencer; **Siegeszeichen** N trofeo *m*; **Siegeszug** M marcha *f* (*bzw* cortejo *m*) triunfal; *fig* → Siegeslauf
'sieggekrönt ADJ *geh* triunfador, victorioso; coronado de laureles; **sieggewohnt** ADJ acostumbrado a vencer; **sieghaft** ADJ triunfante; **siegreich** ADJ victorioso; triunfante; triunfador; *bes* SPORT ganador
'siehe ADV véase; **~ oben/unten** véase más arriba/más abajo
sieht → sehen
Siel M, N ⟨~(e)s; ~e⟩ *(Deichsiel)* esclusa *f* (de dique); compuerta *f*
'Sielengeschirr N arneses *mpl*, arreos *mpl*
Si'esta F ⟨~; Siesten *od* ~s⟩ siesta *f*; **~ halten** dormir la siesta
'siezen V/T **j-n ~** tratar (*od* hablar) de usted a alg
'Sigel N ⟨~s; ~⟩ sigla *f*
Sigmo'id M ⟨~(e)s; ~e⟩ ANAT *Teil des Darms*: sigmoideo *m*
Sig'nal N ⟨~s; ~e⟩ señal *f*; BAHN *a.* semáforo *m*; *(Hornsignal)* toque *m*; **das ~ geben** dar la señal (**zu** de); BAHN **das ~ auf Fahrt/Halt stellen** poner la señal de vía libre/de parada
Sig'nalanlage F sistema *m* de señalización; **Signalbuch** N código *m* de señales
Signale'ment [-'mɛnt, -'mãː] N ⟨~s; ~e⟩ *schweiz* señas *fpl* personales; filiación *f*
Sig'nalfarbe F color de *m* señalización; **Signalfeuer** N almenara *f*; fogaril *m*; **Signalflagge** F bandera *f* de señales; **Signalgast** M ⟨~(e)s; ~en⟩ SCHIFF señalador *m*, señalero *m*; **Signalhorn** N bugle *m*
signali'sieren V/T ⟨*ohne* ge-⟩ señalar; *(zu verstehen geben)* **j-m etw ~** señalar (*od* dar a entender) a/c a alg
Sig'nallampe F lámpara *f* (*bzw* farol *m*) de señales; **Signalmast** M semáforo *m*; **Signalpfeife** F silbato *m* de señales; **Signalrakete** F cohete *m* de señales; **signalrot** ADJ rojo señal; **Signalscheibe** F BAHN disco *m* de señales; **Signalstange** F BAHN semáforo *m*; **Signalsystem** N señalización *f*; **Signalwärter** M BAHN guardaseñales *m*; **Signalwirkung** F **~ haben** marcar la pauta
Signa'tarstaaten MPL Estados *mpl* signatarios
Signa'tur F ⟨~; ~en⟩ **1** *e-s Künstlers*: signo *m*; *(Unterschrift)* firma *f* **2** *Bücherei*, TYPO signatura *f*; número *m* de referencia; *auf Landkarten*: signos *mpl* convencionales; **Sig'net** [-'neː] N ⟨~s, ~s *od* ~e⟩ TYPO marca *f* de imprenta (*od* del impresor); HANDEL logotipo *m*; **sig'nieren** V/T ⟨*ohne* ge-⟩ *(unterzeichnen)* firmar; *Autor*: dedicar; **ein Buch ~** firmar un libro
signifi'kant ADJ significativo; **Signifi'kanz** F ⟨~⟩ significación *f*
Sikka'tiv N ⟨~s; ~e⟩ secante *m*
Si'lage [ziˈlaːʒə] F ⟨~; ~n⟩ ensilaje *m*
'Silbe F ⟨~; ~n⟩ sílaba *f*; *fig* **etw mit keiner ~ sagen** *od* **erwähnen** no decir ni una palabra sobre a/c; **er versteht keine ~ davon** no entiende ni jota de eso
'Silbenrätsel N crucigrama *m* silábico; charada *f*; **Silbentrennung** F separación *f* de (las) sílabas; división *f* en sílabas; **automatische ~** división *f* automática en sílabas
'Silber N ⟨~s⟩ plata *f* (*a. umg Tafelsilber*); **aus ~** de plata; *umg (Silbermedaille)* **sie hat ~ gewonnen** ha ganado la plata; **Silberarbeit** F plata *f* labrada; argentería *f*; **silberartig** ADJ argentino; argénteo, argentado; **Silberbarren** M barra *f* de plata; **Silberbergwerk** N mina *f* de plata; **Silberbeschlag** M guarnición *f* de plata; **Silberbesteck** N cubierto *m* de plata; **Silberblech** N chapa *f* (*od* lámina *f*) de plata
'Silberblick M *umg* estrabismo *m*; **einen ~ haben** ser bizco
'Silberchlorid N CHEM cloruro *m* de plata; **Silberdistel** F BOT carlina *f* (angélica), cardo *m* pinto (*od* ajonjero); **Silberdraht** M hilo *m* de plata; **Silbererz** N mineral *m* argentífero (*od* de plata)
'silberfarben, silberfarbig ADJ plateado

S

'Silberfischchen N *Insekt*: lepisma *f*; pececillo *m* de plata; **Silberfolie** F hoja *f* de plata; **Silberfuchs** M ZOOL zorro *m* plateado; **Silbergehalt** M ley *f* (*od* título *m*) de plata; **Silbergeld** N moneda *f* de plata; **Silbergeschirr** N (vajilla *f* de) plata *f*; platería *f*; **Silberglanz** M brillo *m* de plata; *des Mondes etc*: reflejos *mpl* argénteos

'silbergrau ADJ gris plata (*od* argentado); *Haar* plateado; **silberhaltig** ADJ argentífero; **silberhell** ADJ argentino, argénteo

'Silberhochzeit F bodas *fpl* de plata; **silberig** ADJ → silbern; **Silberklang** M sonido *m* argentino; **Silberling** M ⟨~s; ~e⟩ HIST denario *m* de plata; **Silbermedaille** F medalla *f* de plata; **Silbermöwe** F ZOOL gaviota *f* argéntae; **Silbermünze** F moneda *f* de plata

'silbern ADJ (*aus Silber*) de plata; (*silberhell*) argentino, argénteo; (*versilbert*) plateado, argentado; **~e Hochzeit** bodas *fpl* de plata

'Silberpapier N papel *m* de plata; **Silberpappel** F BOT álamo *m* blanco; **silberplattiert** ADJ chapado en plata; **Silberschmied** M, **Silberschmiedin** F platero *m*, -a *f*; **Silberstickerei** F bordado *m* en plata; **Silberstreifen** M *fig* **ein ~ am Horizont** un rayo *m* de esperanza; **Silbertanne** F BOT abeto *m* blanco; **Silberwährung** F patrón *m* plata; **Silberwaren** FPL artículos *mpl* (*od* objetos *mpl*) de plata; platería *f*; **Silberweide** F BOT sauce *m* blanco; **silberweiß** ADJ blanco plateado; **Silberzwiebel** F GASTR cebollita *f* (agridulce)

'silbrig ADJ → silbern

Silhou'ette F ⟨~; ~n⟩ silueta *f*; perfil *m*

Si'licium → Silizium

Sili'kat N ⟨~(e)s; ~e⟩ CHEM silicato *m*; **Sili'kon** N ⟨~s; ~e⟩ silicona *f*; **Sili'kose** F ⟨~; ~n⟩ MED silicosis *f*

Si'lizium N ⟨~s⟩ CHEM silicio *m*

'Silo M ⟨~s; ~s⟩ silo *m*; **in einem ~ einlagern** ensilar; **Silofutter** N AGR forraje *m* ensilado, ensilaje *m*

Si'lur N ⟨~s⟩ GEOL silúrico *m*; **silurisch** ADJ GEOL silúrico, siluriano

Sil'vester N & M ⟨~s; ~⟩, **Silvesterabend** M víspera *f* de Año Nuevo; **Silvesternacht** F noche *f* de San Silvestre; *umg* noche *f* vieja

Sim'babwe N ⟨~s⟩ GEOG Zimbabue *m*

'Similistein M piedra *f* preciosa artificial

'SIM-Karte F TEL tarjeta *f* SIM

'simpel ADJ (*einfach*) simple; sencillo; (*schlicht*) *oft pej* banal; *pej* (*einfältig*) tonto, bobo; simple

'Simpel M ⟨~s; ~⟩ *reg umg* simple *m*, bobo *m*

Sims M, N ⟨~es; ~e⟩ (*Fenstersims*) moldura *f*, poyete *m*; ARCH cornisa *f*; (*Kaminsims*) repisa *f*

'simsen VI *umg* (*e-e SMS schicken*) mandar un mensaje (*bzw* mensajes) SMS

'Simshobel M cepillo *m* de molduras

Simu'lant M ⟨~en; ~en⟩, **Simu'lantin** F ⟨~; ~nen⟩ simulador *m* -a *f*; **Simulati'on** F ⟨~; ~en⟩ simulación *f*; **Simu'lator** M ⟨~s; -'toren⟩ TECH simulador *m*; **simu'lieren** VT & VI ⟨*ohne* ge-⟩ simular; fingir; **Simu'lieren** N ⟨~s⟩ simulación *f*; fingimiento *m*

simul'tan *fachspr* **A** ADJ simultáneo **B** ADV simultáneamente

Simul'tandolmetschen N interpretación *f* simultánea, interpretación *f* en cabina; **Simultandolmetscher** M **Simultandolmetscherin** F intérprete *m/f* en cabina; intérprete *m/f* de simultánea

Simul'tanspiel N *Schach*: partida *f* simultánea

sind → sein[1]

Sine'kure F ⟨~; ~n⟩ sinecura *f*

Sinfo'nie F ⟨~; ~n⟩ MUS sinfonía *f*; **Sinfoniekonzert** N concierto *m* sinfónico; **Sinfonieorchester** N (orquesta *f*) sinfónica *f*

Sin'foniker M ⟨~s; ~⟩, **Sinfonikerin** F ⟨~; ~nen⟩ sinfonista *m/f*

sin'fonisch ADJ sinfónico; **~e Dichtung** poema *m* sinfónico

'Singakademie F academia *f* de canto

'Singapur N ⟨~s⟩ Singapur *m*

'singbar ADJ cantable; **Singdrossel** F ORN tordo *m* (*od* zorzal *m*) común

'singen VT & VI ⟨*irr*⟩ **1** MUS cantar; **falsch ~** desentonar, desafinar; **richtig ~** entonar; cantar bien; **hoch/tief ~** cantar con voz aguda/grave; **laut/leise ~** cantar en voz alta/a media voz; **vom Blatt ~** repentizar; **ein Duett ~** cantar a dúo; **vor sich** (*acus*) **hin ~** canturrear; **j-n in den Schlaf ~** arrullar a alg **2** *sl vor der Polizei*: hablar, cantar

'Singen N ⟨~s⟩ canto *m*

'Single[1] ['zɪŋ(g)əl] M ⟨~(s); ~s⟩ (*Alleinstehende[r]*) persona *f* que vive sola; soltero *m*, -a *f*

'Single[2] ['zɪŋ(g)əl] F ⟨~; ~s⟩ *CD, Schallplatte*: sencillo *m*, single *m*

'Singlehaushalt M hogar *m* de soltero; **Singlewohnung** F piso *m* de soltero

'Singsang M salmodia *f*; canto *m* monótono; **Singspiel** N opereta *f*; *sp* zarzuela *f*; **Singstimme** F voz *f* cantante; parte *f* de canto; **Singstunde** F lección *f* de canto

'Singular ['zɪŋg-] M ⟨~s; ~e⟩ GRAM singular *m*

singu'lär ['zɪŋg-] ADJ singular; raro; **singu'larisch** ['zɪŋg-] ADJ GRAM en singular

'Singvogel M pájaro *m* cantor; ave *f* cantora

'sinken VI ⟨*irr*; sn⟩ **1** (*fallen*) *Preise, Temperatur* caer; (*abnehmen*) *Thermometer, Ansehen* descender; *Schiff* hundirse, irse a pique; sumergirse; *Nebel* ir bajando; *Sonne* ponerse; **auf den** *od* **zu Boden ~** caer al suelo; desplomarse; **~ lassen** *Stimme, Kopf* bajar; **auf die Knie ~** caer de rodillas; **j-m in die Arme ~** (dejarse) caer en los brazos de alg; **in Ohnmacht ~** desmayarse; **in tiefen Schlaf ~** caer en profundo sueño; **in einen Sessel ~** dejarse caer en un sillón **2** (*abnehmen*) disminuir; *Preise, Kurse a.* bajar; *Thermometer* descender; *Temperatur* bajar; **im Preis ~** caer de precio **3** *fig Stimmung, Laune etc* decaer; *Hoffnung a.* desvanecerse; **er ist tief gesunken** *moralisch*: ha caído muy bajo; **er ist in meiner Achtung gesunken** ha perdido mucho en mi estimación

'Sinken N ⟨~s⟩ **1** (*Abnahme*) *der Fiebersäule, des Ansehens*: descenso *m*; (*Fall*) *der Preise, Temperatur*: caída *f*; *bes e-s Schiffs*: hundimiento *m* **2** (*Verminderung*) disminución *f*; *der Preise*: baja *f*; reducción *f*

Sinn M ⟨~(e)s; ~e⟩ **1** (*Bedeutung*) significación *f*; *e-s Wortes, Satzes etc*: sentido *m*; *bes* LING significado *m*; *e-s Wortes a.*: acepción *f*; **dem ~e nach** conforme al sentido; **in diesem ~e** en este sentido; **in gewissem ~e** en cierto sentido (*od* modo); **im eigentlichen/engeren/übertragenen ~(e)** en sentido propio/más estricto/figurado; **im weiteren ~(e)** por extensión; **im wahrsten ~(e) des Wortes** en toda la extensión (*od* acepción) de la palabra **2** (*Zweck*) sentido *m*, objetivo *m*; **der ~ des Lebens** el sentido de la vida; **ohne ~ und Verstand** sin pies ni cabeza; sin ton ni son; a tontas y a locas; **weder ~ noch Verstand haben** no tener pies ni cabeza; **das hat** (*od umg* **macht**) **keinen ~** eso no tiene sentido; es inútil **3** (*Wahrnehmungsfähigkeit*) sentido *m*; **die fünf ~e** los cinco sentidos; **der sechste ~** el sexto sentido; *umg* **seine fünf ~e beisammenhaben** estar en su sano juicio; **sich** (*dat*) **etw aus dem ~ schlagen** quitarse a/c de la cabeza; **das geht mir nicht aus dem ~** no se me quita de la cabeza; no dejo de pensar en ello; **in den ~ kommen** ocurrirse a/c; venirse a las mientes a/c; **es kam mir in den ~, dass …** se me ocurrió que …; **es ist mir nie in den ~ gekommen** nunca se me ha ocurrido tal cosa; **das will mir nicht in den ~** no me cabe (*od* entra) en la cabeza **4** (*Verständnis*) sentido *m*; (*Gefühl*) sentimiento *m*; **~ für etw haben** interesarse (*od* mostrar interés) por a/c; tener gusto por a/c; **sie hat ~ für Humor** tiene sentido del humor; **er hat ~ für das Schöne** sabe apreciar lo bello; **dafür habe ich keinen ~** yo no entiendo de esas cosas; **ohne ~ und Verstand** sin pies ni cabeza **5** *geh pl* (*Bewusstsein*) **nicht (recht) bei ~en sein** *od* **von ~en sein** no estar en su (sano) juicio, estar fuera de sí; *umg* **bist du von ~en?** ¿estás loco? **6** (*Geist, Gesinnung*) espíritu *m*; (*Neigung*) inclinación *f*; gusto *m*, afición *f*; **im ~e des Gesetzes** conforme al espíritu de la ley; **das ist nicht in meinem ~(e)** eso no es de mi agrado (*od* de mi gusto); **das ist ganz nach meinem ~(e)** eso es justo lo que quería; **etw im ~ haben** tener a/c en mente; **nichts anderes im ~ haben als …** no pensar más que en …; no tener ojos más que para …; **in j-s ~(e)** (*dat*) **handeln** obrar como alg lo hubiese querido; **sein ~ steht nach Höherem** aspira a más, *umg* pica más alto

'Sinnbild N símbolo *m*; emblema *m*; (*Gleichnis*) alegoría *f*; **sinnbildlich** **A** ADJ simbólico; alegórico **B** ADV **~ darstellen** simbolizar

'sinnen VI ⟨*irr*⟩ *geh* **1** reflexionar, meditar (**über** *acus* sobre) **2** **auf etw ~** pensar en a/c; (*aushecken*) tramar a/c

'Sinnen N ⟨~s⟩ *geh* reflexiones *fpl*, meditaciones *fpl*; pensamientos *mpl*; **all sein ~ und Trachten** todos sus pensamientos; todas sus aspiraciones

'sinnend ADJ pensativo; meditabundo

'Sinnenfreude F *geh* voluptuosidad *f*; placeres *mpl* sensuales, sensualidad *f*; **sinnenfreudig, sinnenfroh** ADJ voluptuoso; sensual; **Sinnenlust** F → Sinnenfreude; **Sinnenmensch** M persona *f* sensual; **Sinnenrausch** M *geh* embriaguez *f* de los sentidos; **Sinnenreiz** M excitación *f* sensual; **Sinnentaumel** M → Sinnenrausch

'sinnentleert ADJ sin sentido; **sinnentstellend** ADJ que desfigura el sentido

'Sinnenwelt F mundo *m* material (*od* físico)

'Sinnes… IN ZSSGN *oft* sensorial, sensorio; **Sinnesänderung** F cambio *m* de opinión; **Sinnesart** F mentalidad *f*; **Sinneseindruck** M impresión *f* sensorial; **Sinnesempfindung** F sensación *f*; **Sinnesnerv** M nervio *m* sensorial (*od* sensitivo); **Sinnesorgan** N órgano *m* sensorial; **Sinnesreiz** M estímulo *m* sensorial (*od* sensitivo); **Sinnesschärfe** F agudeza *f* (*od* acuidad *f*) de los sentidos; **Sinnestäuschung** F ilusión *f* de los sentidos; alucinación *f*; **Sinneswahrnehmung** F sensación *f*, percepción *f* sensorial; **Sinneswandel** M cambio *m* de opinión; **Sinneszelle** F célula *f* sensorial (*od* sensitiva)

'sinnfällig ADJ manifiesto, evidente; patente; **Sinnfälligkeit** F ⟨~⟩ evidencia *f*

'Sinngebung F ⟨~; ~en⟩ interpretación *f*; **Sinngedicht** N epigrama *m*

'sinngemäß **A** ADJ conforme al sentido; análogo; respectivo **B** ADV **~ gelten** aplicarse mutatis mutandi; **etw ~ wiedergeben** repetir el sentido general de a/c

'sinngetreu ADJ fiel

sin'nieren VI ⟨*ohne* ge-⟩ cavilar, meditar (**über etw** *acus* sobre a/c)

'sinnig ADJ 1 *(sinnvoll)* sensato, oportuno, conveniente 2 *iron* ingenioso; agudo; **Sinnigkeit** F ⟨~⟩ *mst iron* ingeniosidad *f*

'sinnlich ADJ 1 *Mund, Liebe, Mensch* sensual; *(wollüstig)* voluptuoso; carnal 2 *Eindruck etc* sensorial; *Ggs zu geistig*: físico; material; **die ~e Welt** el mundo material; **Sinnlichkeit** F ⟨~⟩ sensualidad *f*; apetito *m* sensual; voluptuosidad *f*

'sinnlos A ADJ sin sentido; sin razón; absurdo; *(unvernünftig)* insensato; desatinado; *(zwecklos)* inútil; *(maßlos)* extremo, desmesurado B ADV **~ betrunken** *umg* (borracho) como una cuba

'Sinnlosigkeit F ⟨~; ~en⟩ falta *f* de sentido; absurdo *m*; *(sinnlose Handlung)* insensatez *f*; desatino *m*

'sinnreich ADJ ingenioso; **Sinnspruch** M sentencia *f*; aforismo *m*; **sinnverwandt** ADJ sinónimo; **~es Wort** sinónimo *m*; **sinnvoll** ADJ *(vernünftig)* razonable, sensato; *(e-n Sinn ergebend, mit Sinn erfüllt)* lleno de sentido; con sentido; que tiene sentido; *(zweckmäßig)* útil, oportuno, conveniente

'sinnwidrig ADJ *geh* absurdo; improcedente; contraproducente; **Sinnwidrigkeit** F ⟨~⟩ absurdo *m*; contrasentido *m*

Sino'loge M ⟨~n; ~n⟩ sinólogo *m*; **Sinolo'gie** F ⟨~⟩ sinología *f*; **Sino'login** F ⟨~; ~nen⟩ sinóloga *f*

'Sinter M ⟨~s; ~⟩ MINER concreción *f*; METALL escoria *f*; **sintern** A VI MINER concrecionarse B VT METALL sinterizar; **Sinterung** F ⟨~; ~en⟩ MINER concreción *f*; METALL sinterización *f*

'Sintflut F ⟨~; ~en⟩ *Bibel*: diluvio *m*; *umg* **nach mir die ~** *umg* ¡(a mí) que me aspen!; **sintflutartig** ADJ *Regenfälle* como un diluvio

'Sinti PL *gitanos de origen alemán*

'Sinus M ⟨~; ~ *od* ~se⟩ MATH seno *m* (*a.* ANAT)

Sinu'sitis F ⟨~; Sinusi'tiden⟩ sinusitis *f*

'Sinusknoten M ANAT nodo *m* sinoauricular; **Sinuskurve** F MATH curva senoidal, sinusoide *f*

'Siphon [zi'fɔŋ, zi'fõ:] M ⟨~s; ~s⟩ sifón *m*

'Sippe F ⟨~; ~n⟩ clan *m* (*a. iron*), estirpe *f*; *(Verwandtschaft)* parentela *f*; *fig* **die ganze ~** toda la pandilla

'Sippenhaftung F JUR *bes im Nationalsozialismus*: responsabilidad *f* colectiva de la familia

'Sippschaft F ⟨~; ~en⟩ *pej* estirpe *m*; clan *m*; ralea *f*; *(Gesindel)* chusma *f*

Si'rene F ⟨~; ~n⟩ MYTH, TECH sirena *f*

Si'renengeheul N ulular *m* de las sirenas; **Sirenengesang** M canto *m* de las sirenas; **sirenenhaft** ADJ de sirena; *fig* seductor; **Sirenenstimme** F voz *f* de sirena (*a. fig*)

'Sirius M ⟨~⟩ ASTRON Sirio *m*

'sirren VI zumbar

'Sirup M ⟨~s; ~e⟩ *(Fruchtsirup)* jarabe *m*; *(Melasse, Zuckerrübensirup)* melaza *f*

'Sisal M ⟨~s⟩, **Sisalhanf** M pita *f*; sisal *m*

sis'tieren VT ⟨*ohne* ge-⟩ JUR *Verfahren* suspender; *(verhaften)* detener; **Sistierung** F ⟨~; ~en⟩ suspensión *f*; detención *f*

'Sisyphusarbeit F trabajo *m* de Sísifo

Sit-'In N ⟨~s; ~s⟩ sentada *f*

'Sitte F ⟨~; ~n⟩ 1 costumbre *f*; *(Gewohnheit)* *a.* hábito *m*; *(Brauch)* uso *m*; usanza *f*; **~n und Gebräuche** usos y costumbres; **~ sein** ser costumbre, estilarse; **das ist bei uns (nicht) ~** (no) es costumbre entre nosotros; **es ist ~, zu …** se acostumbra …, es costumbre … *(inf)*; **nach alter ~** a la antigua usanza; *sprichw* **andere Länder, andere ~n** otros países, otras costumbres 2 *(Sittlichkeit)* moral *f*; **gegen die guten ~n verstoßen** atentar a las buenas costumbres 3 *(Benehmen)* **~n** *pl* modales *mpl*; **gute/schlechte ~n** *pl* buenos/malos modales 4 *sl* → Sittenpolizei

'Sittenapostel M *umg pej* moralizador *m*; **Sittenbild** N, **Sittengemälde** N cuadro *m* de costumbres; **Sittengesetz** N ley *f* moral; **Sittenlehre** F PHIL moral *f*; ética; **sittenlos** ADJ inmoral; **Sittenlosigkeit** F ⟨~⟩ inmoralidad *f*; **Sittenpolizei** F *umg* brigada *f* contra el vicio; **Sittenroman** M LIT novela *f* de costumbres; **sittenstreng** ADJ *obs* austero; puritano; **Sittenstrolch** M *umg* delincuente *m* sexual; **Sittenverfall** M corrupción *f* moral; depravación *f* (*od* relajación *f*) de las costumbres; degradación *f* de la moral; **Sittenverfeinerung** F refinamiento *m* de las costumbres

'sittenwidrig ADJ 1 *(unmoralisch)* inmoral, contra la moral 2 *(ungesetzlich)* contra la costumbre; contrario a las buenas costumbres; **Sittenwidrigkeit** F ⟨~⟩ inmoralidad *f*; *Tat*: atentado *m* contra las buenas costumbres

'Sittich M ⟨~s; ~e⟩ ORN cotorra *f*; perico *m*

'sittlich ADJ moral; ético; *(anständig)* decente

'Sittlichkeit F ⟨~⟩ moralidad *f*; moral *f*; *(Anständigkeit)* decencia *f*; honestidad *f*

'Sittlichkeitsdelikt N → Sittlichkeitsverbrechen; **Sittlichkeitsgefühl** N sentido *m* moral; **Sittlichkeitsverbrechen** N JUR crimen *m* sexual; **Sittlichkeitsverbrecher** M JUR delincuente *m* sexual, autor *m* de un delito sexual

'sittsam ADJ *obs* honesto; recatado; casto; *(anständig)* decente; *(tugendhaft)* virtuoso; *(bescheiden)* modesto; **Sittsamkeit** F ⟨~⟩ *obs* honestidad *f*; recato *m*; castidad *f*; *(Anstand)* decencia *f*; *(Tugendhaftigkeit)* virtud *f*; *(Bescheidenheit)* modestia *f*

Situati'on F ⟨~; ~en⟩ situación *f*; **finanzielle/wirtschaftliche ~** situación *f* financiera/económica; **die ~ retten** salvar la situación

situa'tionsbedingt ADJ condicionado por la situación

Situati'onskomik F comicidad *f* de situación; **Situationsplan** M plano *m* de orientación; **Situationsstück** N THEAT comedia *f* de situaciones

situ'iert ADJ **gut ~ sein** tener una posición acomodada (*od* desahogada); estar bien situado

Sitz M ⟨~es; ~e⟩ 1 *(Sitzplatz)* asiento *m*; POL escaño *m*; *im Kino, Theater*: butaca *f*; POL **~ und Stimme haben** tener voz y voto; **von den ~en reißen** *Zuschauer*: levantar de los asientos; electrizar 2 *Ort*: sitio *m*; lugar *m*; *(Amtssitz, Bischofssitz, Regierungssitz etc)* sede *f*; *(Wohnsitz)* domicilio *m*; residencia *f*; *(Gesellschaftssitz, Geschäftssitz)* domicilio *m* social 3 *Kleidung*: **einen guten ~ haben** sentar (*od* caer) bien 4 *(Sitzhaltung)* posición *f* 5 *umg fig* **auf einen ~** de una sentada

'Sitzbad N baño *m* de asiento; **Sitzbank** F ⟨~; ~̈e⟩ banco *m*; **Sitzbein** N ANAT isquión *m*; **Sitzblockade** F sentada *f*; **Sitzecke** F tresillo *m*

'sitzen VI ⟨*irr*; h, *südd, österr, schweiz* sn⟩ 1 estar sentado; *Vögel* estar posado; **sehr viel ~** llevar una vida sedentaria; **am Schreibtisch ~** estar sentado delante del escritorio; **auf einem Stuhl/in einem Sessel ~** estar sentado en una silla/en una butaca; **bei Tisch ~** estar a la mesa; estar comiendo; **bei j-m ~** estar sentado junto (*od* al lado de) alg; → *a.* sitzen bleiben, sitzen lassen 2 *als Mitglied*: **in einem Ausschuss** *etc* **~** ser miembro de una comisión, *etc*; **im Parlament ~** ser diputado 3 *(sich befinden)* estar, hallarse; *Firma, Regierung, Behörden* tener sede (**in** *dat* en); *fig Übel etc* radicar, estribar 4 *fig* **an etw ~** estar ocupado (*od* trabajando) en a/c; **(immer) über den Büchern ~** estar siempre sobre los libros, *umg* quemarse las cejas (estudiando); *umg* **einen ~ haben** *(betrunken sein)* *umg* tener una cogorza 5 *Kleidung* sentar bien 6 *umg Hieb* ser contundente; dar de lleno; *fig Bemerkung* ser acertado; hacer efecto; **das muss ~** *Geübtes* hay que saberlo al dedillo; **das sitzt** *Gelerntes* me lo sé bien 7 *Nagel, Brett* **fest/locker ~** estar fijo/suelto 8 *umg im Gefängnis*: *umg* estar a la sombra (*od* en chirona) 9 *e-m Maler*: posar

'Sitzen N ⟨~s⟩ posición *f* sentada (*od* sedente); **das viele ~ schadet der Gesundheit** la vida sedentaria perjudica la salud

'sitzenbleiben VI, **sitzen bleiben** VI ⟨*irr*; sn⟩ 1 quedar (*od* permanecer) sentado; **bleib sitzen!** ¡no te levantes!; ¡no te muevas! 2 *Schüler* suspender un curso; tener que repetir el curso 3 HANDEL *umg* **auf einer Ware ~** no poder vender una mercancía

'Sitzenbleiber M ⟨~s; ~⟩, **Sitzenbleiberin** F ⟨~; ~nen⟩ *umg neg!* SCHULE repetidor *m*, -a *f*

'sitzend ADJ sentado; BIOL sésil; MED sedentario; **~e Lebensweise** vida *f* sedentaria, sedentarismo *m*

'sitzenlassen VT, **sitzen lassen** VT ⟨*irr*⟩ 1 *(e-n Platz anbieten)* ofrecer un (*bzw* su) asiento a 2 *(im Stich lassen)* *umg* **sie hat ihn ~** *(sie hat ihn verlassen)* *umg* lo ha dejado; *(sie ist nicht gekommen)* le ha dado plantón 3 **etw (nicht) auf sich** *(dat)* **~** (no) tragar(se) a/c

'Sitzfläche F superficie *f* del asiento; *fig hum* asentaderas *fpl*; **Sitzfleisch** N *umg hum* perseverancia *f*; paciencia *f*; **kein ~ haben** *umg* ser culo de mal asiento; **Sitzgarnitur** F tresillo *m*; **Sitzgelegenheit** F asiento *m*; **Sitzgruppe** F tresillo *m*; **Sitzkissen** N cojín *m* (de asiento); puf *m*; **Sitzordnung** F distribución *f* de los asientos; **Sitzpirouette** F *Eislauf*: pirueta *f* sentada

'Sitzplatz M (localidad *f* de) asiento *m*; THEAT *a.* butaca *f*; **Sitzplatzreservierung** F reserva *f* de asiento

'Sitzreihe F THEAT fila *f* (de butacas); *im Stadion*: grada *f*; **Sitzsack** M saco *m* relleno de bolitas para sentarse; **Sitzstange** F *Vögel*: percha *f*; **Sitzstreik** M huelga *f* de brazos caídos, sentada *f*

'Sitzung F ⟨~; ~en⟩ sesión *f*; junta *f*; reunión *f*; **öffentliche ~** sesión *f* pública; **eine ~ abhalten** celebrar una sesión; **die ~ eröffnen/leiten/schließen** abrir/presidir/levantar la sesión; **die ~ unterbrechen/verschieben** suspender/aplazar la sesión; **die ~ ist geschlossen** se levanta la sesión

'Sitzungsbericht M acta *f* de la sesión; protocolo *m*; **Sitzungsgeld** N dietas *fpl* de asistencia; **Sitzungsperiode** F POL periodo *m* de sesiones; **Sitzungsprotokoll** N protocolo *m*, acta *f* de la reunión; **Sitzungssaal** M salón *m* (*od* sala *f*) de sesiones; **Sitzungstisch** M mesa *f* de juntas; **Sitzungszimmer** N sala *f* de sesiones

'Sitzverteilung F POL *im Parlament*: reparto *m* de asientos

Sizili'aner M ⟨~s; ~⟩, **Sizilianerin** F ⟨~; ~nen⟩ siciliano *m*, -a *f*; **sizilianisch** ADJ siciliano

Si'zilien N ⟨~s⟩ Sicilia *f*

'Skabies F ⟨~⟩ MED sarna *f*

'Skala F ⟨~; Skalen *od* ~s⟩ escala *f*; MUS, *(Farbskala)* *a.* gama *f* (*beide a. fig*); RADIO cuadrante *m*

ska'lar ADJ MATH escalar; **~e Größe** magnitud *f* escalar

Ska'lar M ⟨~s; ~e⟩ MATH escalar *m*

'Skale F ⟨~; ~n⟩ → Skala
Skalp M ⟨~s; ~e⟩ cabellera f (arrancada con la piel), escalpo m
Skal'pell N ⟨~s; ~e⟩ MED escalpelo m; **skal'pieren** VT ⟨ohne ge-⟩ arrancar la cabellera; escalpar
'Skalpjäger M, **Skalpjägerin** F cazador m, -a f de cabelleras
Skan'dal M ⟨~s; ~e⟩ escándalo m; (Schande) vergüenza f; **Skandalblatt** N periódico m sensacionalista; **Skandalchronik** F crónica f escandalosa
skanda'lös ADJ escandaloso
Skan'dalpresse F prensa f sensacionalista; **Skandalprozess** M proceso m escandaloso; **skandalumwittert** ADJ que es piedra de escándalo
skan'dieren VT ⟨ohne ge-⟩ Vers escandir
Skandi'navien N ⟨~s⟩ Escandinavia f; **Skandinavier** M ⟨~s; ~⟩, **Skandinavierin** F ⟨~; ~nen⟩ escandinavo m, -a f; **skandinavisch** ADJ escandinavo
Skat M ⟨~(e)s; ~e od ~s⟩ *juego de cartas parecido al tresillo*
'Skateboard ['sketbɔːrt] N ⟨~s; ~s⟩ monopatín m
'skaten ['skeːtən] VI patinar, montar en monopatín
Ske'lett N ⟨~(e)s; ~e⟩ esqueleto m; **zum ~ abgemagert sein** estar en los huesos; **Skelettmuskulatur** F ANAT músculo m esquelético, musculatura f esquelética
'Skepsis F ⟨~⟩ escepticismo m; **Skeptiker** M ⟨~s; ~⟩, **Skeptikerin** F ⟨~; ~nen⟩ escéptico m, -a f; **skeptisch** ADJ escéptico
Skepti'zismus M ⟨~⟩ escepticismo m
Sketch [skɛtʃ] M ⟨~(es); ~e od ~s⟩, **Sketsch** M ⟨~(e)s; ~e⟩ sketch m
Ski [ʃiː] M ⟨~s; ~er⟩ esquí m; **auf ~ern** con esquís; **~ fahren** od **~ laufen** esquiar
'Skianzug [ʃiː-] M traje m de esquiador; **Skiausrüstung** F equipo m de esquiar; **Skibindung** fijación f del esquí; **Skibob** M skibob m; **Skibrille** F gafas fpl de esquí; **Skifahren** N (deporte m del) esquí m; **Skifahrer** M, **Skifahrerin** F esquiador m, -a f; **Skifliegen** N SPORT vuelo m (de) esquí; **Skigebiet** N zona f de esquí; **Skigelände** N terreno m de esquí; **Skigymnastik** F gimnasia f para esquiadores; **Skihaserl** N ⟨~s; ~⟩ südd, österr umg hum esquiadora f joven od principiante; **Skihose** F pantalón m de esquiar; **Skihütte** F refugio m (de esquiadores); **Skikurs** M curso m de esquí; **Skilager** N excursión f a la nieve; **Skilanglauf** M esquí m de fondo; **Skilaufen** N → Skifahren; **Skiläufer** M, **Skiläuferin** F → Skifahrer; **Skilehrer** M **Skilehrerin** F profesor m, -a f (od monitor m, -a f) de esquí; **Skilift** M telesquí m; remonte m mecánico (od de esquí); **Skimütze** F gorro m de esquiador
Skin [skɪn] M ⟨~s; ~s⟩, **'Skinhead** [-hɛt] M ⟨~s; ~s⟩ cabeza m rapada; skin m (head)
'Skioverall ['ʃiːoːvərɔːl] M mono m para esquiar, mono m de esquí; **Skipiste** F pista f de esquí; **Skischanze** F rampa f, trampolín; **Skischuh** M → Skistiefel; **Skisport** M (deporte m del) esquí m; **Skispringen** N salto m de esquís; **Skispringer** M, **Skispringerin** F saltador m, -a f de esquí; **Skispur** F huella f de esquí; **Skistiefel** MPL botas fpl de esquiar; **Skistock** M bastón m de esquí; **Skitour** F travesía f de esquí de montaña; **Skiträger** M AUTO portaesquís m; **Skiwachs** N cera f para esquís; **Skizirkus** M ≈ sistema m de pistas (de esquí)
'Skizze F bosquejo m (a. fig); (Entwurf) esbozo m; boceto m; (Zeichnung) croquis m
'Skizzenblock M bloc m de dibujo; **Skizzenbuch** N álbum m de dibujos; **skizzenhaft** ADJ esbozado; en bosquejo (od croquis)
skiz'zieren VT ⟨ohne ge-⟩ bosquejar; esbozar
'Sklave M ⟨~n; ~n⟩ esclavo m (a. fig); **j-n zum ~n machen** esclavizar a alg; reducir a la esclavitud a alg; **~ seiner Arbeit sein** ser esclavo de su trabajo
'Sklavenarbeit F umg fig neg! trabajo m de negros; **Sklavenhandel** M tráfico m de esclavos; trata f de negros; **Sklavenhändler** M traficante m de esclavos; negrero m; **Sklavenmarkt** M mercado m de esclavos; **Sklavenschiff** N barco m negrero
Sklave'rei F ⟨~; ~en⟩ bes HIST esclavitud f; **in ~ geraten** caer en la esclavitud
'Sklavin F ⟨~; ~nen⟩ esclava f; **sklavisch** ADJ de esclavo; servil
'Sklera F ⟨~; Skleren⟩ ANAT esclerótica f
Skle'ritis F ⟨~; Skleri'tiden⟩ MED escleritis f
Sklerö'dem N MED escleredema m; **Skleroder'mie** F ⟨~; ~n⟩ MED escleroderma m
Skle'rose F ⟨~; ~n⟩ MED esclerosis f; **multiple ~** esclerosis f múltiple (od en placa)
'Sklerotherapie F MED escleroterapia f
skle'rotisch ADJ MED esclerótico; esclerosado
Skoli'ose F ⟨~; ~n⟩ MED escoliosis f
skon'tieren VT ⟨ohne ge-⟩ HANDEL descontar
'Skonto M, N ⟨~s; ~s⟩ HANDEL descuento m; **3% ~** 3% de descuento; **2% ~ gewähren** conceder un descuento del 2%
Skor'but M ⟨~(e)s⟩ MED escorbuto m
Skorpi'on M ⟨~s; ~e⟩ **1** ZOOL escorpión m, alacrán m **2** ASTRON Escorpión m
Sko'tom N ⟨~s; ~e⟩ MED escotoma m
skr ABK (schwedische Krone) corona sueca
Skript N ⟨~(e)s; ~en⟩ apuntes mpl; FILM guión m; **'Skriptgirl** [-gœrl] N FILM secretaria f de rodaje, script-girl f
skrofu'lös ADJ MED escrofuloso; **Skrofu'lose** F ⟨~; ~n⟩ MED escrofulosis f
'Skrotum N ⟨~s; Skrota⟩ ANAT escroto m
'Skrupel M ⟨~s; ~⟩ escrúpulo m; **skrupellos** ADJ sin escrúpulos; **Skrupellosigkeit** F ⟨~; ~en⟩ falta f de escrúpulos
'Skullboot N SCHIFF skull m
Skulp'tur F ⟨~; ~en⟩ escultura f
Skunk M ⟨~s; ~s⟩ ZOOL mofeta f
skur'ril ADJ burlesco; grotesco
'S-Kurve F curva f en S
'Slalom M ⟨~s; ~s⟩ eslalon m, slalom m; **Slalomläufer** M, **Slalomläuferin** F slalomista m/f
Slang [slɛŋ] M ⟨~s; ~s⟩ jerga f; slang m
'Slawe M ⟨~n; ~n⟩ eslavo m; **Slawin** F ⟨~; ~nen⟩ eslava f; **slawisch** ADJ eslavo
Sla'wist M ⟨~en; ~en⟩ eslavista m; **Slawistik** F ⟨~⟩ eslavística f; **Slawistin** ⟨~; ~nen⟩ eslavista f; **slawistisch** ADJ eslavista
Slip M ⟨~s; ~s⟩ slip m, braga(s) f(pl); **'Slipeinlage** F salva-slip(s) m; protegeslip(s) m; protector m de slip
'Slipper M ⟨~s; ~⟩ Schuh: mocasín m
'Slogan ['sloːgən] M ⟨~s; ~s⟩ (e)slogan m
Slo'wake M ⟨~n; ~n⟩ eslovaco m; **Slowa'kei** F ⟨~⟩ **die ~** Eslovaquia f; **Slo'wakin** F ⟨~; ~nen⟩ eslovaca f; **slo'wakisch** ADJ eslovaco
Slo'wene M ⟨~n; ~n⟩ esloveno m; **Slowenien** N ⟨~s⟩ Eslovenia f; **Slowenin** F ⟨~; ~nen⟩ eslovena f; **slowenisch** ADJ esloveno
Slum [slam] M ⟨~s; ~s⟩ barrio m bajo
sm ABK (Seemeile) milla f marina
S. M. ABK (Seine Majestät) Su Majestad
Small Talk M ⟨~s⟩ conversación f trivial; **~ halten/machen** charlar (de asuntos mpl) sin importancia
Sma'ragd M ⟨~(e)s; ~e⟩ esmeralda f; **smaragden** ADJ de esmeralda; Farbe: de color esmeralda; **smaragdgrün** ADJ verde esmeralda
SMART Board® ['smartboːrt] N ⟨~s; ~s⟩ IT SMART Board® m
'Smartphone ['smartfoːn] N, **'Smart Phone** ['smartfoːn] N ⟨~s; ~s⟩ TEL smartphone m
'Smiley ['smaɪli] N ⟨~(s); ~s⟩ IT carita f
Smog M ⟨~(s); ~s⟩ smog m; **Smogalarm** M alerta f de smog
'Smoking M ⟨~s; ~s⟩ esmoquin m, smoking m
SMS F ABK ⟨~; ~⟩ TEL SMS m; mensaje m (corto); **ich schicke dir eine ~** te mando un mensaje (SMS)
'Smyrnateppich M tapiz m de Esmirna
Snack [snɛk] M ⟨~s; ~s⟩ snack m; **'Snackbar** F cafetería f; snack(-bar) m
'Snakeboard ['sneːkbɔrt] N ⟨~s, ~s⟩ snakeboard m, *monopatín con dos plataformas (unidas por una barra central)*
'Sneak Preview ['sniːkprivjuː] F ⟨~; ~s⟩ FILM preestreno m sorpresa, anteprima f
'sniffen VT Drogen: esnifar
Snob M ⟨~s; ~s⟩ (e)snob m
Sno'bismus M ⟨~; Snobismen⟩ (e)snobismo m; **snobistisch** ADJ (e)snob
'Snowboard ['snoːbɔrt] N ⟨~s; ~s⟩ snowboard m

so

A Adverb **B** Konjunktion **C** Partikel

— A Adverb —

1 (in dieser Weise) así; de este modo, de esta manera; **~ ist er** (él) es así; **~ oder ~** de una manera o de otra; de todos modos; **~ ist es** así es; **~ ist das Leben** así es la vida; **~ geht das nicht** así no puede ser; **~ geht es, wenn …** así sucede cuando …; es lo que ocurre cuando …; **er macht es auch ~** él hace lo mismo; **wenn dem ~ ist** en ese caso; siendo así; **mir ist ~, als ob …** me parece que …; **das kam ~: …** fue así: …; **und ~ musste er gehen** y así tuvo que marcharse; sprichw **wie du mir, ~ ich dir** si haces mal, espera otro tal **2** (solch, derart) tal, semejante; **~ eins** od **einer/eine** Gegenstand: umg uno/una así; **~ ein Dummkopf!** ¡qué idiota!, ¡qué tonto!; **~ ein Glück!** ¡qué suerte!; **~ ein Mensch** un hombre así; **~ etwas** algo así; algo por el estilo; **~ etwas wie** una especie de; algo así como; umg **nein, ~ (et)was!** ¡parece mentira!; ¡hay que ver!; **in ~ einem Fall** en un caso así, en tal caso; **mit ~ einem Hut!** ¡con un sombrero así!; ¡con semejante sombrero! **3** vor adj & adv (Grad, Ausmaß) tan, tanto; **~ eben** apenas; **~ etwa** poco más o menos; **~ groß** tan grande; **~ lange** tanto (tiempo); **er hat sie ~ lieb** la quiere tanto; **es ist ~ schön!** ¡es tan hermoso!; **~ sehr** tanto; **~ sehr, dass** tanto que; hasta tal punto que, hasta el extremo de (inf); **~ viel** tanto, tal cantidad; **~ viele** tantos; **~ wenig** tan poco; **ich bin nicht ~ dumm, das zu glauben** no soy tan tonto como para creérmelo **4** im Vergleich: tan; (unverändert) tal; **~ wie …, ~ …** como …, así …; **ich kann es ~ wenig wie du** soy tan incapaz de hacerlo como tú; **er ist (nicht) ~ reich wie du** (no) es tan rico como tú; **~ schnell/weit** etc **wie möglich** lo más lejos/rápido, etc posible; **~ wie sie ist** tal como es; tal cual es; **die Dinge ~**

S

lassen, wie sie sind dejar las cosas tal como son **5** **~?** *erstaunt:* ¿de veras?; ¿ah, sí?; *zweifelnd:* ¿es posible?; ¿usted cree?; **~!** ¡ya!; ¡bien!; *abschließend:* ¡eso es!; *(endlich)* ¡por fin!; **~, ~!** ¡vaya, vaya!; *iron* ¡ah, bueno!; **ach ~!** ¡ah, sí!; ¡ah, bueno!; ¡ya comprendo!; ¡(ah,) ya!; **~ seid ihr!** ¡así sois!; *umg* ¡hay que ver cómo sois! **6** *konsekutiv, mst unübersetzt:* **wenn er kommt, ~ bleibe ich** si (él) viene, me quedaré; **wenn du Zeit hast, ~ schreibe mir** si tienes tiempo escríbeme **7** *umg (ungefähr)* más o menos **8** *umg* **das schaffe ich auch ~** *(ohne Hilfsmittel)* aún así lo voy a conseguir; *umg* **das bekommen Sie ~** *(umsonst)* se lo dan gratis **9** *bei Zitaten:* **..., ~ der Minister ...** en palabras del ministro; **~ lauteten seine Worte** esas *(od* tales) fueron sus palabras **10** *heißt sie nicht Julia* **oder ~ (ähnlich)?** ¿o algo así?

— **B** Konjunktion —

1 *geh (wenn)* si; **~ Gott will** si Dios quiere **2** *konzessiv:* **~ reich er auch sei** por rico que sea **3** **~ dass** → sodass

— **C** Partikel —

1 **~ ziemlich** casi casi, más o menos; **ich habe das nur ~ gesagt** lo he dicho por decir **2** *Aufforderung:* **~ hör doch!** ¡escucha pues!; ¡óyeme!; ¡haz el favor de escuchar!

s. o. ABK (siehe oben) véase más arriba

SO ABK (Südosten) sudeste *m*

so'bald KONJ tan pronto como; así que; en cuanto

'Söckchen N ⟨~s; ~⟩ calcetín *m* (corto)

'Socke F ⟨~; ~n⟩ calcetín *m*; *umg fig* **sich auf die ~n machen** marcharse, *umg* largarse; *umg fig* **von den ~n sein** *umg* quedarse de piedra *(od* de una pieza)

'Sockel M ⟨~s; ~⟩ **1** ARCH zócalo *m*; *e-r Statue:* pedestal *m*; *e-r Säule, e-s Gebäudes:* base *f* **2** ELEK casquillo *m*; *e-r Lampe:* portalámparas *m*

'Socken M ⟨~s; ~⟩ *reg* → Socke; **Sockenhalter** M liga *f*

'Soda F ⟨~⟩ *od* N ⟨~s⟩ soda *f*; CHEM sosa *f*; carbonato *m* sódico *(od* de sosa)

so'dann ADV luego, después; acto seguido

so'dass KONJ de manera *(od* modo) que *(subj)*

'Sodawasser N ⟨~s; -wässer⟩ soda *f*; agua *f* carbonatada

'Sodbrennen N MED acidez *f (od* ardor *m)* de estómago; pirosis *f*

'Sodom N ⟨~s⟩ Sodoma *f*

Sodo'mie F ⟨~; ~n⟩ zoofilia *f*; **Sodo'mit** M ⟨~en; ~en⟩ zoófilo *m*

so'eben ADV ahora mismo; en este instante; **~ etw getan haben** acabar de hacer a/c; **er ist ~ angekommen** acaba de llegar; **~ erschienen** *Buch* acaba de publicarse

'Sofa N ⟨~s; ~s⟩ sofá *m*, canapé *m*; diván *m*; **Sofakissen** N cojín *m*, almohadón *m* (de sofá)

so'fern KONJ con tal que, siempre que *(subj)*; en tanto que *(subj)*; si es que *(ind)*; **~ nicht** a menos que, a no ser que *(subj)*

soff → saufen

Sof'fitte F ⟨~; ~n⟩ THEAT bambalina *f*

so'fort ADV en seguida, al instante, inmediatamente; en el acto; **ich bin ~ fertig** en seguida termino; **~ wirkend** de efecto instantáneo *(od* inmediato); **er war ~ tot** murió en el acto; **(ich komme) ~!** ¡(ya) voy!

'Sofortbild N FOTO foto *f* de revelado instantáneo; **Sofortbildkamera** F FOTO cámara *f* de fotos al instante

'Soforthilfe F ⟨~⟩ ayuda *f* inmediata; **sofortig** ADJ inmediato; instantáneo; **mit ~er Wirkung** con efecto inmediato; **Sofortmaßnahme** F medida *f* inmediata *(od* de urgencia *od* de emergencia)

'Softboot ['sɔftbu:t] M ⟨~s, ~s⟩ SPORT bota *f* blanda, soft boot *m*; **Softeis** N helado *m* cremoso

'Softie M ⟨~s; ~s⟩ *umg* hombre *m* de carácter dulce

'Software [-wɛ:r] F ⟨~; ~s⟩ IT software *m*; **Softwareanbieter** M, **Softwareanbieterin** F vendedor *m*, -a *f* de software; **Softwareentwickler** M, **Softwareentwicklerin** F programador *m*, -a *f* de software; **Softwarepaket** N paquete *m* de software

sog → saugen

Sog M ⟨~(e)s; ~e⟩ succión *f*; SCHIFF, FLUG remolino *m*; *der Brandung:* resaca *f*; *(Kielwasser)* estela *f*; *fig* atractivo *m*, magnetismo *m*

so'gar ADV hasta, y aun; incluso; **~ wenn** aun cuando; **~ der König** el mismo *(od* el propio) rey; **ja, ~ ... es más ...**

'sogenannt ADJ, **so genannt** ADJ llamado; *(angeblich)* pretendido

so'gleich ADV → sofort

'Sohle F ⟨~; ~n⟩ **1** *(Fußsohle)* planta *f* (del pie); *fig* **auf leisen ~n** a la chita callando **2** *(Schuhsohle)* suela *f*; *(Einlegesohle)* plantilla *f* **3** *(Talsohle, Kanalsohle)* fondo *m* (a. BERGB)

'sohlen V/T poner media suela (a); *Am* remontar

'Sohlengänger M ZOOL plantígrado *m*

Sohn M ⟨~(e)s; Söhne⟩ hijo *m*; *Bibel:* **der verlorene ~** el hijo pródigo

'Söhnchen N ⟨~s; ~⟩ hijito *m*

'Sohnesliebe F amor *m* filial

Soi'ree [soa're:] F ⟨~; ~n⟩ velada *f*

'Soja F ⟨~; Sojen⟩ BOT soja *f*; **Sojabohne** F haba *f* de soja; **Sojamehl** N harina *f* de soja; **Sojaöl** N aceite *m* de soja; **Sojasoße** F GASTR salsa *f* de soja

'Sokrates EIGENN M Sócrates *m*

So'kratiker M ⟨~s; ~⟩ socrático *m*; **sokratisch** ADJ socrático

so'lange KONJ mientras, en tanto que; **~ bis** hasta que *(subj)*

so'lar ADJ solar; **Solarbatterie** F pila *f* solar; **Solarenergie** F energía *f* solar

So'larium N ⟨~s; Solarien⟩ solario *m*, solárium *m*

So'larkraftwerk N central *f* solar

Solar'plexus M ANAT plexo *m* solar

So'larstrom M electricidad *f* solar; **Solartechnik** F técnica *f* solar, heliotecnia *f*; **Solarzelle** F célula *f* solar

'Solawechsel M WIRTSCH letra *f* al propio cargo

'Solbad N baño *m* de agua salina; *Ort:* balneario *m* de aguas salinas

solch DEM PR **A** ADJ tal; semejante; **ein ~er** *od* **~ ein Mensch** un hombre tal; un hombre así; **~e Leute** tal gente; semejante gente; gente así; **ich habe ~e Angst** tengo tanto miedo; **ich hätte ~e Lust ihn zu sehen** tendría tantas ganas de verlo; **als ~er** como tal; **die Philosophie als ~e** la filosofía en sí; **auf ~e Art** de tal manera *(od* modo), así **B** *subst* **er hat schon ~e** *(Briefmarken etc)* ya tiene de ese tipo

'solcherart ADV de tal modo *(od* manera *od* suerte); **solcherlei** ADJ tales; semejantes

Sold M ⟨~(e)s; ~e⟩ MIL paga *f*, soldada *f*; *weitS.* sueldo *m*; *fig* **in j-s ~** *(dat)* **stehen** estar al servicio de alg; estar a sueldo de alg

Sol'dat M ⟨~en; ~en⟩ soldado *m*; militar *m*; **~en spielen** jugar a los soldados; **~ werden** hacerse soldado; entrar en el servicio (militar)

Sol'datenbund M asociación *f* de ex combatientes; **Soldatenfriedhof** M cementerio *m* militar *(od* de guerra); **Soldatenkönig** M HIST Rey *m* Sargento; **Soldatenleben** N vida *f* militar; **Soldatenlied** N canción *f* militar; **Soldatensprache** F lenguaje *m* militar; **Soldatentum** N ⟨~s⟩ virtudes *fpl* castrenses; tradición *f* militar

Solda'teska F ⟨~; Soldatesken⟩ *pej* soldadesca *f*

Sol'datin F soldado *f*, militar *f*; **soldatisch** ADJ de soldado; militar; castrense

'Soldbuch N libreta *f* militar

'Söldling M ⟨~s; ~e⟩ *pej*, **Söldner** M ⟨~s; ~⟩ mercenario *m*

'Söldnerheer N ejército *m* de mercenarios; **Söldnertruppen** FPL tropas *fpl* mercenarias

'Sole F ⟨~; ~n⟩ agua *f* salina; *(Salzlake)* salmuera *f*

'Solei N GASTR *huevo cocido y conservado en salmuera*

Soli *umg* M → Solidaritätszuschlag

so'lid → solide

Soli'darbeitrag M contribución *f* solidaria; **Solidarbürgschaft** F JUR garantía *f* solidaria; **Solidargemeinschaft** F WIRTSCH sociedad *f* solidaria; **Solidarhaftung** F JUR responsabilidad *f* solidaria

soli'darisch **A** ADJ solidario; **sich ~ erklären mit** declararse solidario con **B** ADV **~ haften für** responder solidariamente de

solidari'sieren V/R ⟨ohne ge-⟩ **sich ~ mit** solidarizarse *(od* declararse solidario) con

Solidari'tät F ⟨~⟩ solidaridad *f*

Solidari'tätsaktion F campaña *f* solidaria; **Solidaritätsfonds** M fondo *m* de solidaridad; **Solidaritätszuschlag** M *BRD:* recargo *m* de solidaridad (con el Este de Alemania)

so'lide ADJ **1** *(stabil)* sólido; *(haltbar)* robusto; duradero, durable **2** WIRTSCH *Firma* solvente; acreditado; de confianza **3** *Person* serio, formal; *(häuslich)* casero; *Verhältnisse* ordenado; **~ werden** *Person umg* sentar la cabeza

Solidi'tät F ⟨~⟩ solidez *f*; *e-r Person:* seriedad *f*, formalidad *f*; HANDEL solvencia *f*

So'list M ⟨~en; ~en⟩, **Solistin** F ⟨~; ~nen⟩ solista *m/f*; **solistisch** ADJ como *(od* en calidad de) solista

Soli'tär M ⟨~s; ~e⟩ solitario *m*

Soll N ⟨~(s); ~(s)⟩ HANDEL debe *m*; pasivo *m*; *(Liefersoll, Produktionssoll)* cuota *f* fijada *(od* asignada); *(Plansoll)* norma *f* de producción; **das ~ erfüllen** alcanzar el objetivo (de producción) fijado; **~ und Haben** debe y haber

'Sollaufkommen N rendimiento *m* exigido *(od* previsto); **Sollausgaben** FPL gastos *mpl* estimativos *(od* previstos); **Sollbestand** M efectivo *m* teórico *(od* previsto); **Sollbruchstelle** ≈ sitio *m od* punto *m* de rotura controlada; **Sollbuchung** F débito *m*; **Solleinnahme** F ingreso *m* estimativo

'sollen

A Modalverb **B** transitives und intransitives Verb

— **A** Modalverb —

⟨pperf sollen⟩ **1** *Auftrag, Aufforderung:* deber, tener que; **du sollst arbeiten** debes trabajar; **er soll sich beeilen!** ¡que se dé prisa!; **was soll ich tun?** ¿qué debo hacer?, ¿qué quieres que haga?; **ich sollte das tun?** ¿yo hacer eso?; **du sollst es nicht wieder tun** no vuelvas a hacerlo; REL *Gebot:* **du sollst nicht töten** no matarás **2** *Pflicht:* deber; *Notwendigkeit:* **jemand soll ...** es necesario *od* preciso que alg ... *(subj)*; **ich soll dich abholen** me han encargado que viniera a buscarte; **er soll hingehen** es preciso *(od* necesario) que vaya; **wenn es sein soll** si ha de ser **3** *Rat, Erwartung:* deber; **man sollte ihn bestrafen** habría que castigarlo; **er sollte lieber heimgehen** mejor sería que se

S

fuera a casa; **er hätte hingehen ~** debiera haber ido allá; **sie soll lieber mehr lernen** sería mejor que estudiara más; **du hättest es mir sagen ~** debieras habérmelo dicho; **Sie hätten nur sehen ~!** ¡si usted hubiera visto!; **das hätte er nicht tun ~** no debería haberlo hecho; **was sollte ich tun?** ¿qué iba a hacer?; **du solltest ihm das Rauchen verbieten** deberías prohibir fumar; **er hätte es eigentlich wissen ~** debería saberlo; **er wusste nicht, ob er lachen oder weinen sollte** no sabía si reír o llorar **4** *Wunsch*: **er soll kommen** quiero (*bzw* quiere[n]) que venga; **soll ich kommen?** ¿quiere(s) que venga?; **soll ich dir etw mitbringen?** ¿quieres que te traiga algo?; **sie soll hochleben!** ¡que viva! **5** *Ratlosigkeit, Zweifel*: **ich weiß nicht, wie ich es ihm sagen soll** no sé cómo decírselo; **was soll ich dir sagen?** ¿qué te diré?; ¿qué quieres que te diga?; **soll das wahr sein?** ¿puede ser cierto eso?; **wie soll das (nur** *od* **bloß) weitergehen?** ¿y ahora qué?; **nun soll mir einer sagen, dass …** que me vengan ahora diciendo que … **6** *Absicht*: **soll das für mich sein?** ¿es para mí?; **es sollte ein Scherz sein** era en broma; sólo era una broma; **das sollst du haben** lo tendrás; **was soll das bedeuten?** ¿qué quiere decir eso?; **es soll nicht wieder vorkommen** no volverá a pasar **7** *Vermutung*: **man sollte doch meinen, dass …** se supone que …; **sollte es möglich sein?** ¿sería posible?; **sollte ich mich doch geirrt haben?** ¿si me habré equivocado?; **sollte er vielleicht krank sein?** ¿acaso estará enfermo?; **sollte er das getan haben?** ¿es posible que haya hecho eso? **8** *Bedingung*: **sollte er kommen** caso que venga; si viniera; **wenn es regnen sollte …** si lloviera …; **sollte dies der Fall sein …** en ese caso …; **sollten Sie ihn sehen, so grüßen Sie ihn von mir** si le ve salúdele de mi parte **9** *Gerücht*: **er soll morgen eintreffen** se espera que llegue mañana; **es soll viele Opfer gegeben haben** dicen (*od* parece ser *od* informan) que ha habido muchas víctimas; **es soll bald regnen** parece que va a llover pronto; **sie soll (sehr) krank sein** dicen que está (muy) enferma; **er soll reich sein** dicen (*od* se dice) que es rico; **sie soll in Berlin sein** dicen (*od* parece ser) que está en Berlín **10** *Schicksal*: **es sollte ganz anders kommen, als er dachte** fue todo lo contrario a lo que había pensado; **ein Jahr sollte verstreichen, bis …** habría de pasar un año hasta que …; *lit* **es hat nicht ~ sein** no ha podido ser

— **B** transitives und intransitives Verb —

⟨*pperf* gesollt⟩ **der Brief soll auf die Post®** hay que mandar la carta; **was soll das?** ¿qué significa esto?, ¿a qué viene eso?; **soll ich?** ¿puedo?; **was soll ich damit?** ¿qué hago con esto?; **was soll ich dort?** ¿qué tengo yo que hacer (*od* buscar) allí?; *umg* ¿qué he perdido yo allí?; *umg* ¿qué pinto yo allí?; *umg* **was soll's?** ¡qué se le va a hacer!; *umg* ¡y qué!

'Söller M ⟨~s; ~⟩ *e-r Burg*: azotea *f*; terrado *m*

'Sollfrequenz F ELEK frecuencia *f* nominal; **Sollleistung** F rendimiento *m* previsto; **Sollposten** M WIRTSCH, FIN partida *f* deudora (*od* del debe); **Sollsaldo** M WIRTSCH, FIN saldo *m* deudor; **Sollseite** F WIRTSCH, FIN debe *m*; **Sollstärke** F efectivo *m* previsto; **Sollwert** M valor *m* nominal (*bzw* requerido *od* pedido); **Sollzinsen** FIN MPL intereses *mpl* deudores; intereses *mpl* en contra

'solo ADV **1** MUS en solitario **2** *umg* solo; **ich bin zurzeit ~** por el momento estoy sin pareja

'Solo N ⟨~s; ~s *od* Soli⟩ MUS solo *m*; **Soloinstrument** N instrumento *m* solista; **Solokonzert** N recital *m*; **Solopartie** F solo *m*; **Solosänger** M, **Solosängerin** solista *m/f*; **Solospieler** M, **Solospielerin** F solista *m/f*; **Solostimme** F solo *m*; **Solotanz** M solo *m* (de baile); **Solotänzer** M, **Solotänzerin** F bailarín *m*, -ina *f* solista

'Solquelle F manantial *m* de aguas salinas

sol'vent ADJ WIRTSCH solvente

Sol'venz F ⟨~; ~en⟩ WIRTSCH solvencia *f*

So'malia N ⟨~s⟩ Somalia *f*

so'matisch ADJ MED somático

Som'brero M ⟨~s; ~s⟩ sombrero *m* mejicano (*od* mexicano)

so'mit ADV por consiguiente, por (lo) tanto; así pues; de manera que

'Sommer M ⟨~s; ~⟩ verano *m*; *lit* estío *m*; **im ~** en verano; **mitten im ~** en pleno verano

'Sommerabend M tarde *f* de verano; **Sommeranfang** M comienzo *m* del verano; **Sommeranzug** M traje *m* de verano; **Sommeraufenthalt** M veraneo *m*; **Sommerfahrplan** M BAHN horario *m* de verano; **Sommerferien** PL vacaciones *fpl* de verano (*od* estivales)

'Sommerfrische F ⟨~; ~n⟩ *obs* veraneo *m*; **in die ~ gehen** ir a veranear, ir de veraneo

'Sommerfrischler M ⟨~s; ~⟩, **Sommerfrischlerin** F ⟨~; ~nen⟩ *obs* → Sommergast

'Sommergast M veraneante *m/f*; **Sommergetreide** N cereales *mpl* de verano; **Sommerhalbjahr** N semestre *m* de verano; **Sommerhaus** N casa *f* de campo; **Sommerkleid** N vestido *m* de verano

'sommerlich **A** ADJ veraniego, estival; de verano **B** ADV **sich ~ kleiden** vestir ropa de verano

'Sommerloch N *umg* época *f* veraniega (sin mucha actividad); **Sommermonat** M mes *m* de verano; **Sommernacht** F noche *f* de verano; **Sommernachtstraum** M sueño *m* de una noche de verano; **Sommerolympiade** F olimpiada *f* de verano; **Sommerpause** F descanso *m* veraniego; **Sommerreifen** M AUTO neumático *m* de verano; **Sommersachen** FPL ropa *f* de verano; **Sommerschlaf** M ZOOL sueño *m* estival, estivación *f*; **Sommerschlussverkauf** M HANDEL rebajas *fpl* de verano; **Sommersemester** N UNIV semestre *m* de verano; **Sommersitz** M residencia *f* veraniega (*od* estival); **Sommersmog** M smog *m* de verano; **Sommersonnenwende** F solsticio *m* de verano

'Sommerspiele NPL **Olympische ~** juegos olímpicos de verano; olimpiada *f* de verano

'Sommersprosse F peca *f*; **sommersprossig** ADJ pecoso; **Sommertag** M día *m* de verano; **Sommerweide** F agostadero *m*; **Sommerweizen** M trigo *m* marzal; **Sommerwohnung** F vivienda *f* de verano; chalet *m* de veraneo; **Sommerzeit** F **1** *Jahreszeit* temporada *f* estival (*od* de verano); verano *m* **2** *Uhr*: horario *m* de verano

somnam'bul ADJ MED sonámbulo; **Somnambu'lismus** M ⟨~⟩ sonambulismo

So'nar N ⟨~(e)s; ~e⟩ sonar *m*

So'nate F ⟨~; ~n⟩ MUS sonata *f*

Sona'tine F ⟨~; ~n⟩ MUS sonatina *f*

'Sonde F ⟨~; ~n⟩ sonda *f* (*a.* MED *etc*)

'sonder PRÄP ⟨*acus*⟩ *geh* sin

'Sonderabdruck M ⟨~(e)s; ~e⟩ TYPO tirada *f* aparte; separata *f*; **Sonderabteilung** F sección *f* especial; **Sonderanfertigung** F fabricación *f* especial; **Sonderangebot** N HANDEL oferta *f* (especial); **im ~** en oferta; **Sonderauftrag** M misión *f* especial; **Sonderausbildung** F formación *f* (*od* instrucción *f*) especial; **Sonderausführung** F construcción *f* especial; **Sonderausgabe** F **1** *Buch*: edición *f* especial; *Zeitung a.*: número *m* extraordinario **2** WIRTSCH **~n** *pl* gastos *mpl* extraordinarios; **Sonderausschuss** M comisión *f* (*od* comité *m*) especial; **Sonderausstattung** F equipo *m* especial; *bes* AUTO extras *mpl*

'sonderbar ADJ (*befremdend*) raro; extraño, curioso; (*ungewöhnlich*) singular; particular; (*wunderlich*) extravagante; estrafalario; **sonderbarer'weise** ADV curiosamente; cosa extraña; **Sonderbarkeit** F ⟨~; ~en⟩ (*Befremdlichkeit*) rareza *f*; cosa *f* rara (*od* extraña); (*Ungewöhnlichkeit*) singularidad *f*; particularidad *f*; (*Ausgefallenheit*) extravagancia *f*

'Sonderbeauftragte M/F representante *m/f* especial; **Sonderbeilage** F *e-r Zeitung etc*: suplemento *m* (especial)

'Sonderbericht M informe *m* especial; **Sonderberichterstatter** M, **Sonderberichterstatterin** F enviado *m*, -a *f* especial

'Sonderbestimmung F disposición *f* especial; **Sonderbestrebung** F tendencia *f* particularista; **Sonderbotschafter** M, **Sonderbotschafterin** F embajador *m*, -a *f* extraordinario, -a; **Sonderdruck** M ⟨~(e)s; ~e⟩ → Sonderabdruck; **Sondereinnahmen** FPL ingresos *mpl* extraordinarios; **Sondereinsatzkommando** N MIL grupo *m* especial de operaciones; **Sonderfall** M caso *m* especial (*bzw* excepcional); **Sonderfriede(n)** M paz *f* separada; **Sondergebiet** N especialidad *f*; **Sondergenehmigung** F autorización *f* *od* permiso *m* especial; **Sondergericht** N JUR tribunal *m* especial; **Sondergesetz** N ley *f* especial

'sonder'gleichen ADV sin igual; sin par; sin precedente; **eine Frechheit ~** el colmo de la desvergüenza

'Sondergröße F HANDEL talla *f* especial; **Sondergüter** NPL JUR bienes *mpl* parafernales; **Sonderheft** N edición *f* (*od* número *m*) especial; **Sonderinteresse** N interés *m* particular; **Sonderklasse** F clase *f* especial; **Sonderkommando** N MIL unidad *f* (*od* comando *m*) especial; **Sonderkonditionen** FPL condiciones *fpl* particulares

'sonderlich **A** ADJ **1** (*ungewöhnlich*) extraordinario; singular; (*besonders*) particular; **ich habe kein ~es Interesse dafür** no me interesa gran cosa; **kein ~er Unterschied** sin diferencia notable (*od* particular) **2** (*sonderbar*) extraño **B** ADV **nicht ~** no especialmente; no mucho

'Sonderling M ⟨~s; ~e⟩ hombre *m* estrafalario, *umg* tipo *m* raro; original *m*; **Sondermarke** F sello *m* (*bzw* emisión *f*) especial; **Sondermeldung** F comunicado *m* especial; **Sonderminister** M, **Sonderministerin** F ministro *m*, -a *f* sin cartera; **Sondermodell** N modelo *m* especial; **Sondermüll** M ÖKOL residuos *mpl* peligrosos; desechos *mpl* tóxicos; residuos *mpl* especiales

'sondern[1] KONJ sino; **nicht nur …, ~ auch …** no sólo … sino también …

'sondern[2] V/T *geh* separar; poner aparte, apartar; (*auslesen*) seleccionar; → *a.* gesondert

'Sondernummer F *e-r Zeitung*: edición *f* especial; número *m* extraordinario; **Sonderposten** M HANDEL artículo *m* de ofert; **Sonderpreis** M precio *m* especial; **Sonderrabatt** M rebaja *f* extraordinaria (*od* especial); **Sonderrecht** N privilegio *m*; prerrogativa *f*; *sp e-r Stadt*: fuero *m*; **Sonderregelung** F reglamentación *f* (*bzw* régimen *m*) especial

'sonders ADV **samt und ~** todos sin excep-

ción
'**Sonderschicht** F *Arbeit* turno *m* extra
'**Sonderschule** F centro *m* de educación especial; **Sonderschullehrer** M, **Sonderschullehrerin** F educador *m*, -a *f* de enseñanza especial
'**Sondersitzung** F sesión *f* extraordinaria; **Sonderstahl** M acero *m* especial; **Sonderstellung** F posición *f* privilegiada; **Sonderstempel** M *Briefmarke*: matasellos *m* especial; **Sondersteuer** F impuesto *m* extraordinario; **Sondertarif** M tarifa *f* especial; **Sonderung** F ⟨~; ~en⟩ *geh* (*Trennung*) separación *f*; selección *f*; **Sonderurlaub** M vacaciones *fpl* especiales; MIL permiso *m* extraordinario; **Sondervereinbarung** F acuerdo *m* especial; **Sondervergütung** F gratificación *f* especial; **Sonderverkauf** M venta *f* en promoción; **Sondervollmachten** FPL poderes *mpl* especiales; **Sonderwunsch** M deseo *m* especial; **Sonderzeichen** N IT carácter *m* especial; **Sonderzubehör** N extras *mpl*; **Sonderzug** M BAHN tren *m* especial; **Sonderzulage** F suplemento *m* especial; **Sonderzuteilung** F reparto *m* extraordinario
Son'dierballon M globo *m* sonda
son'dieren V/T ⟨*ohne* ge-⟩ sondar, sondear (*a.* SCHIFF, MED *u. fig*); explorar; *fig* tantear; **Son'dieren** N ⟨~s⟩, **Sondierung** F ⟨~; ~en⟩ sondeo *m* (*a. fig*); exploración *f*; *fig* tanteo *m*; **Sondierungsgespräch** N conversación *f* de sondeo
So'nett N ⟨~(e)s; ~e⟩ LIT soneto *m*
Song M ⟨~s; ~s⟩ canción *f*
'**Sonnabend** M ⟨~s; ~e⟩ *bes nordd* sábado *m*; → *a.* Samstag; **sonnabends** ADV *bes nordd* los sábados
'**Sonne** F sol *m*; ASTRON Sol *m*; **die ~ scheint** hace sol; **in der ~** al sol; **von der ~ beschienen** soleado; *fig* **ein Platz an der ~** un lugar al sol; **es gibt nichts Neues unter der ~** no hay nada nuevo bajo el sol
'**sonnen** A V/T *reg* (ex)poner al sol; (a)solear B V/R **sich ~** (ex)ponerse al sol; tomar el sol; *fig* **sich in j-s Gunst** (*dat*) **~** gozar del favor de alg
'**Sonnenanbeter** M, **Sonnenanbeterin** F adorador *m*, -a *f* del sol; **Sonnenaufgang** M salida *f* del sol; **Sonnenbad** N baño *m* de sol; **ein ~ nehmen** tomar un baño de sol; **sonnenbaden** V/I tomar el sol (*bzw* un baño de sol); **Sonnenbahn** F ASTRON órbita *f* del sol; *scheinbare*: eclíptica *f*; **Sonnenball** M ASTRON esfera *f* solar; **Sonnenbank** F ⟨~; ¨e⟩ solárium *m*; cama *f* solar; **Sonnenbatterie** F batería *f* solar
'**sonnenbeschienen** ADJ soleado; bañado por el sol
'**Sonnenbestrahlung** F irradiación *f* solar; insolación *f*; **Sonnenblende** F FOTO, AUTO parasol *m*; **Sonnenblume** F BOT girasol *m*
'**Sonnenblumenkern** M pipa *f* (de girasol); **Sonnenblumenöl** N aceite *m* de girasol
'**Sonnenbrand** M quemadura *f* del sol; MED eritema *m* solar; **einen ~ bekommen** quemarse; **einen ~ haben** haberse quemado; **Sonnenbräune** F bronceado *m*; **Sonnenbrille** F gafas *fpl* de sol; **Sonnencreme** F crema *f* solar (*od* bronceadora); **Sonnendach** N marquesina *f*; toldo *m*; AUTO techo *m* solar; **Sonnendeck** N SCHIFF cubierta *f* solar; **Sonneneinstrahlung** F radiación *f* solar; **Sonnenenergie** F energía *f* solar; **Sonnenferne** F ASTRON afelio *m*; **Sonnenfinsternis** F eclipse *m* solar (*od* de sol); **Sonnenfleck** M mancha *f* solar
'**sonnengebräunt** ADJ bronceado; moreno, tostado por el sol
'**Sonnengeflecht** N PHYSIOL plexo *m* solar; **Sonnenglut** F ardor *m* del sol; **Sonnenhitze** F calor *m* del sol; *umg* solazo *m*
'**sonnenhungrig** ADJ sediento de sol
'**Sonnenhut** M sombrero *m*; *für Frauen*: pamela *f*; **Sonnenjahr** N año *m* solar
'**sonnen'klar** ADJ *fig* claro como el sol (*od* el agua)
'**Sonnenkollektor** M panel *m* (*od* colector *m*) solar; **Sonnenkönig** M HIST el Rey Sol; **Sonnenkraftwerk** N central *f* solar; **Sonnenlicht** N luz *f* del sol (*od* solar); **Sonnenmilch** F leche *f* solar (*od* bronceadora); **Sonnenmonat** M mes *m* solar; **Sonnennähe** F ASTRON perihelio *m*; **Sonnenöl** N aceite *m* solar (*od* bronceador)
'**Sonnenschein** M sol *m*, luz *f* del sol; **im ~** al sol; **es herrscht eitel ~** todo va a las mil maravillas
'**Sonnenschirm** M *zum Tragen*: sombrilla *f*, *für Garten etc*: parasol *m*; **Sonnenschutzmittel** N producto *m* solar, bronceador *m*; **Sonnensegel** N toldo *m*; **Sonnenseite** F lado *m* expuesto al sol; *fig* lado *m* bueno, lado *m* alegre de las cosas; **Sonnenspektrum** N espectro *m* solar; **Sonnenstand** M posición *f* del sol; **Sonnenstich** M MED insolación *f*; **Sonnenstrahl** M rayo *m* solar (*od* de sol); **Sonnenstrahlung** F radiación *f* solar; **Sonnenstudio** N centro *m* de bronceado; **Sonnensystem** N sistema *m* solar; **Sonnentag** M día *m* de sol; ASTRON día *m* solar; **Sonnenterrasse** F solárium *m*, solario *m*; **Sonnenuhr** F reloj *m* de sol; **Sonnenuntergang** M puesta *f* del sol, ocaso *m*; **sonnenverbrannt** ADJ tostado (*stärker*: quemado) por el sol; atezado; **Sonnenwende** F ASTRON solsticio *m*; **Sonnenzeit** F hora *f* solar; **Sonnenzelle** F célula *f* solar
'**sonnig** ADJ 1 *Wetter, Tag* soleado 2 *fig* (*unbeschwert*) alegre, risueño; (*heiter*) radiante; **ein ~es Gemüt haben** tener un carácter alegre
'**Sonntag** M ⟨~s; ~e⟩ 1 domingo *m*; **(am) ~** el domingo; **an Sonn- und Feiertagen** los domingos y días festivos; **~ früh** el domingo por la mañana; **jeden ~** (todos) los domingos; **letzten ~** el domingo pasado; **nächsten ~** el próximo domingo 2 KATH **Weißer ~** Domingo *m* de Cuasimodo, pascuilla *f*
Sonntag'abend M **(am) ~** el domingo por la noche; **sonntag'abends** ADV los domingos por la noche
'**sonntäglich** A ADJ dominical, dominguero B ADV (todos) los domingos; **sich ~ anziehen** endomingarse
Sonntag'mittag M **(am) ~** el domingo a mediodía; **sonntag'mittags** ADV los domingos a mediodía; **Sonntag'morgen** M **(am) ~** el domingo por la mañana; **sonntag'morgens** ADV los domingos por la mañana; **Sonntag'nachmittag** M **(am) ~** el domingo por la tarde; **sonntag'nachmittags** ADV los domingos por la tarde
'**sonntags** ADV los domingos
'**Sonntagsanzug** M traje *m* de domingo (*od* de fiesta); *umg* traje *m* dominguero; **Sonntagsarbeit** F trabajo *m* dominical; **Sonntagsausflug** M excursión *f* del domingo (*od* dominical); **Sonntagsausflügler** M, **Sonntagsausflüglerin** F dominguero *m*, -a *f*; **Sonntagsbeilage** F *der Zeitung*: suplemento *m* dominical; **Sonntagsblatt** N *Zeitung*: periódico *m* (*od* revista *f*) dominical; **Sonntagsbraten** M asado *m* del domingo; **Sonntagsdienst** M servicio *m* dominical; **~ haben** estar de guardia
'**Sonntagsfahrer** M, **Sonntagsfahrerin** F *pej* (conductor *m*, -a *f*) dominguero *m*, -a *f*
'**Sonntagsgottesdienst** M servicio *m* religioso del domingo *od* dominical; *katholisch*: misa *f* dominical *od* del domingo; **Sonntagsjäger** M cazador *m* dominguero, *pej* mal cazador *m*; **Sonntagskind** N niño *m* nacido en domingo; *fig* **ein ~ sein** haber nacido con buena estrella, *umg* haber nacido de pie(s); **Sonntagskleid** N vestido *m* de fiesta, *umg* vestido *m* dominguero; **Sonntagsruhe** F descanso *m* dominical; **Sonntagsspaziergang** M paseo *m* dominical; **Sonntagsstaat** M ropas *fpl* de fiesta; **im ~** endomingado
Sonntag'vormittag M **(am) ~** el domingo por la mañana; **sonntag'vormittags** ADV los domingos por la mañana
'**sonnverbrannt** ADJ *österr, schweiz* → sonnenverbrannt
'**Sonnwendfeuer** N hogueras *fpl* de San Juan
Sonogra'fie F, **Sonogra'phie** F ⟨~; ~n⟩ ecografía *f*, (ultra)sonografía *f*
so'nor ADJ sonoro; *Stimme a.* campanudo
'**sonst** ADV 1 (*außerdem*) además; (*im Übrigen*) por lo demás; **~ jemand** otro; otra persona; **~ nichts** nada más; **~ niemand** ningún otro, nadie más; **~ nirgends** en ninguna otra parte; **~ überall** en cualquier otro sitio; **~ noch (et)was?** ¿alguna otra cosa?; **~ noch jemand?** ¿alguien más?; **was ~ noch?** ¿qué más?, ¿algo más?; ¿otra cosa?; **wenn es ~ nichts ist** si no es más que eso; si no es otra cosa; **haben Sie ~ noch Fragen?** ¿tiene(n) alguna otra pregunta? 2 (*gewöhnlich*) normalmente; en general, generalmente; (*bei anderen Gelegenheiten*) otras veces, en otras ocasiones; en otros casos; **mehr als ~** más de lo (*od* más que de) ordinario; **wie ~** como de costumbre, como otras veces 3 (*andernfalls, a. drohend*) de lo contrario; si no; de no ser así; en caso contrario; **beeil dich, ~ …** date prisa, si no … 4 (*anders*) **wer denn ~?** ¿qué otro?; **wer ~ als er?** ¿quién sino él?
'**sonstig** ADJ otro; demás; (*gewöhnlich*) habitual, acostumbrado; (*ehemalig*) de antes; de otras veces; **Sonstiges** otros, varios
sonst was ADV *umg* cualquier cosa; **sonst wer** ADV *umg* cualquiera; otra persona; **sonst wie** ADV *umg* de otra (*od* cualquier) manera; de (cualquier) otro modo; **sonst wo** ADV *umg* en cualquier sitio; en otra parte; en algún otro sitio; dondequiera
so'oft KONJ cuando; siempre que; cada vez que; todas las veces que; **~ du kommst** cada vez que vienes; siempre que vienes; **~ Sie wollen** siempre que quiera
Soor M ⟨~(e)s; ~e⟩ MED muguet *m*
So'phist M ⟨~en; ~en⟩ HIST sofista *m*
So'phistik F ⟨~⟩ doctrina *f* sofística; **Sophistin** F ⟨~; ~nen⟩ sofista *f*; **sophistisch** ADJ sofista; sofístico
'**Sophokles** EIGENN M Sófocles *m*
So'pran M ⟨~s; ~e⟩ MUS soprano *m*
So'pranflöte F flauta *f* soprano
Sopra'nist M ⟨~en; ~en⟩, **Sopranistin** F ⟨~; ~nen⟩ soprano *m/f*
So'pransaxofon N saxofón *m* soprano; **Sopranschlüssel** M MUS clave *f* de soprano (*od* de do)
'**Sorbe** M ⟨~n; ~n⟩, **Sorbin** F ⟨~; ~nen⟩ sorbo *m*, -a *f* *miembro de una etnia eslava afincada en Sajonia y Brandenburgo*
Sor'bet N [zɔr'beː] ⟨~s; ~s⟩ GASTR sorbete *m*
'**sorbisch** ADJ sorbo

S

'Sorge F ⟨~; ~n⟩ 1 *(Besorgnis)* preocupación *f*; *(Kummer)* pena *f*; pesadumbre *f*; **~n haben** estar preocupado, tener preocupaciones; **andere ~n haben** tener otras cosas en qué pensar; **ohne (jede) ~** sin preocupaciones; libre de cuidados; **j-m ~n machen** preocupar a alg; tener preocupado (*od* causar preocupación) a alg; **sich** *(dat)* **~n machen** preocuparse (**wegen, um** por); **sich** *(dat)* **keine ~n machen** no inquietarse (*od* preocuparse) por nada; **das ist meine geringste ~** eso es lo que menos me preocupa 2 *(Unruhe)* inquietud *f*; alarma *f*; **(um etw/j-n) in ~ sein** estar inquieto (*od* preocupado) (por a/c/por alg); **keine ~!** *od* **seien Sie ohne ~!** ¡no se preocupe (usted)!, ¡descuide!, ¡no hay cuidado!; *umg* ¡pierda usted cuidado! 3 *(Fürsorge)* cuidado *m*, solicitud *f*; *geh* **dafür ~ tragen, dass ...** encargarse (*od* preocuparse) de que ... 4 *(Problem)* **lassen Sie das meine ~ sein** yo me encargo de eso; déjelo de mi parte(*od* cuenta); *umg iron* **du hast ~n!** *umg* ¡si yo te contara ...!

'sorgen A VI 1 **für etw ~** cuidar de a/c, tener cuidado de a/c; *(sich kümmern)* atender a a/c; velar por a/c; ocuparse de a/c; *(beschaffen)* proporcionar a/c, procurar a/c; **für j-n ~** cuidar a alg, atender a alg; **dafür ~, dass ...** cuidar de que ... *(subj)*; procurar que ... *(subj)*; **dafür werde ich ~** ya cuidaré yo de eso; **dafür ist gesorgt** eso ya está arreglado; **für ihn ist gesorgt** no le faltará nada; está provisto de todo 2 *(bewirken)* causar; **der Regen sorgt für Abkühlung** la lluvia provoca un descenso de las temperaturas B V/R **sich ~** preocuparse, apenarse, inquietarse, alarmarse (**um** por)

'Sorgenbrecher M *umg* quitapesares *m*, quitapenas *m*; **Sorgenfalten** FPL arrugas *fpl* de preocupación

'sorgenfrei, sorgenlos ADJ sin (*od* libre de) preocupaciones (*od* cuidados); con desahogo

'Sorgenkind N niño *m* que causa muchas preocupaciones; **mein ~** el hijo de mis desvelos

'sorgenvoll A ADJ lleno de preocupaciones (*od* cuidados); (muy) preocupado; *(beunruhigt)* inquieto; alarmado; ansioso B ADV con preocupación, con inquietud

'Sorgerecht N JUR derecho *m* de guarda; custodia *f* (de los hijos)

'Sorgfalt F ⟨~⟩ cuidado *m*; *liebevolle*: solicitud *f*; *peinliche*: esmero *m*; *(Aufmerksamkeit)* atención *f*; *(Genauigkeit)* exactitud *f*; *(Gewissenhaftigkeit)* escrupulosidad *f*; **~ verwenden auf** poner cuidado en; esmerarse en

'sorgfältig ADJ cuidadoso; esmerado; *(aufmerksam)* atento; *(genau)* exacto; minucioso; *(gewissenhaft)* concienzudo; escrupuloso;

sorglich ADJ *obs* cuidadoso

'sorglos ADJ *(sorgenfrei)* sin preocupaciones, libre de cuidados; *(unachtsam)* descuidado; negligente; *(leichtfertig)* despreocupado; **Sorglosigkeit** F ⟨~⟩ descuido *m*, *(Unachtsamkeit)* negligencia *f*; incuria *f*; *(Unbekümmertheit)* despreocupación *f*

'sorgsam ADJ → sorgfältig; **Sorgsamkeit** F ⟨~⟩ → Sorgfalt

'Sorte F ⟨~; ~n⟩ 1 *(Art)* variedad *f*, clase *f*; especie *f*; género *m*; tipo *m*; *(Qualität)* calidad *f*; *(Marke)* marca *f*; BOT variedad *f* 2 FIN **~n** *pl* divisas *fpl*; (billetes *mpl* y) monedas *fpl* extranjeras

'Sortengeschäft N FIN operaciones *fpl* de moneda extranjera

sor'tieren V/T ⟨*ohne* ge-⟩ *(einordnen)* clasificar; *(ordnen)* ordenar; *(aussortieren)* separar; entresacar; *(auslesen)* escoger, seleccionar; IT ordenar, clasificar

Sor'tieren N ⟨~s⟩ → Sortierung; **Sortierer** M ⟨~s; ~⟩, **Sortiererin** F ⟨~; ~nen⟩ clasificador *m*, -a *f*; **Sortiermaschine** F (máquina *f*) clasificadora *f*; **Sortierung** F ⟨~; ~en⟩ separación *f*; clasificación *f*; selección *f*

Sorti'ment N ⟨~s; ~e⟩ HANDEL surtido *m*; **breites/flaches ~** amplio surtido *m*/surtido *m* básico; **etw im ~ haben** tener a/c en el surtido; **etw ins ~ aufnehmen** incorporar a/c en el surtido; **etw aus dem ~ nehmen** suprimir a/c del surtido

Sorti'menter M ⟨~s; ~⟩ → Sortimentsbuchhändler

Sorti'mentsbreite F amplitud *f* del surtido

Sorti'mentsbuchhändler M, **Sortimentsbuchhändlerin** F librero *m*, -a *f* comisionista; **Sortimentsbuchhandlung** F librería *f* general (*bzw* de depósito)

Sorti'mentserweiterung F ampliación *f* del surtido

SOS N ⟨~⟩ (Save Our Souls) SOS *m*; **~ funken** lanzar un SOS

so'sehr KONJ por mucho (*od* más) que; **~ sie sich (auch) bemüht hat** por mucho que se ha esforzado

so'so ADV *umg* así así; regular; **~!** ¡vaya, vaya!; **es geht ~ (lala)** *umg* vamos tirando

SOS-Ruf M SOS *m*; señal *f* (*bzw* llamada *f*) de socorro

'Soße F ⟨~; ~n⟩ salsa *f*

'Soßenbinder M ≈ harina *f* para espesar salsas; **Soßenlöffel** M cuchara *f* salsera; **Soßenschüssel** F salsera *f*

sott → sieden

Sou'brette [zu'brɛtə] F ⟨~; ~n⟩ *Oper*: tiple *f* ligera; THEAT graciosa *f*

Souff'lé [zu'fle:], **Souff'lee** N ⟨~s; ~s⟩ GASTR soufflé *m*

Souff'leur [zu'flø:r] M ⟨~s; ~e⟩ apuntador *m*; **Souffleurkasten** M concha *f* del apuntador

Souff'leuse [zu'flø:zə] F ⟨~; ~n⟩ apuntadora *f*; **souff'lieren** V/T & V/I ⟨*ohne* ge-⟩ apuntar

Soul [so:l] ⟨~s⟩ MUS soul *m*; **'Soulmusik** F música *f* soul

Sound [zaʊnt] M ⟨~s; ~s⟩ *umg* sonido *m*; **'Soundkarte** F IT tarjeta *f* de sonido; **'Soundmixer** M *Gerät*: mezcladora *f* de sonido

'soundso ADV de tal y tal manera; **~ oft** tantas y tantas veces; **~ viel** tantos, equis; **~ viel Euro** tantos euros; **Herr Soundso** fulano de tal; **Frau Soundso** fulana de tal

'soundsovielt ADJ **am ~en Mai** a tantos (*od* no sé cuántos) de mayo

'Soundtrack ['zaʊnttrɛk] M ⟨~s; ~s⟩ MUS banda *f* sonora

Sou'tane [zu-] F ⟨~; ~n⟩ sotana *f*

Souter'rain [zutɛ'rɛ̃:] N ⟨~s; ~s⟩ sótano *m*

Souve'nir [zuvə'ni:r] N ⟨~s; ~s⟩ recuerdo *m*, souvenir *m*

souve'rän [zuvə'rɛ:n] A ADJ soberano; *fig* *(überlegen)* superior B ADV con superioridad

Souve'rän [zuvə'rɛ:n] M ⟨~s; ~e⟩ soberano *m*; **Souveräni'tät** F ⟨~⟩ soberanía *f*

so'viel KONJ 1 por lo que; **~ ich weiß** por lo que sé; que yo sepa 2 *(sosehr)* por más (*od* mucho) que *(subj)*

so viel ADV tanto; **doppelt ~** *od* **noch einmal ~** otro tanto; el doble; **~ wie** tanto como; **~ steht fest** lo cierto es que ...; **iss, ~ du kannst** come todo lo que puedas

so'weit KONJ en cuanto *(subj)*; **~ nicht** a menos que *(subj)*; **~ ich sehe** por lo visto; **~ ich es beurteilen kann** por lo que yo puedo juzgar

so weit ADV **~ sein** estar preparado; **bist du ~?** ¿has terminado ya?; ¿estás listo?; **es ist ~** ya está (listo); **du hast ~ recht** hasta cierto punto tienes razón; **es geht ihm ~ ganz gut** le va bastante bien

so'wenig KONJ por poco que *(subj)*; **~ Erfahrung er auch hat, ...** aunque tiene muy poca experiencia ...

so wenig ADV tan poco

so'wie KONJ 1 *(als auch)* así como 2 *(sobald)* tan pronto como *(subj)*; en cuanto *(subj)*

sowie'so ADV en todo caso; de todos modos, de todas formas; *umg* **das ~!** ¡esto desde luego (*od* por supuesto)!

'Sowjet ['sɔvjɛt] M ⟨~s; ~s⟩ HIST, POL soviet *m*; **Oberster ~** Soviet *m* Supremo; **Sowjetbürger** M, **Sowjetbürgerin** F HIST ciudadano *m*, -a *f* soviético, -a

sow'jetisch ADJ HIST soviético

'Sowjetrepublik F HIST república *f* soviética; **Sowjetrusse** M, **Sowjetrussin** F *umg* → Sowjetbürger; **Sowjetunion** F HIST Unión *f* Soviética; **Sowjetzone** F HIST zona *f* soviética

so'wohl KONJ **~ ... als auch ...** no sólo ... sino también ...; tanto ... como ...

'Sozi M ⟨~s; ~s⟩ *umg pej* sociata *m/f*

sozi'al ADJ social; **~er Wohnungsbau** construcción *f* de viviendas de protección oficial; **~e Fürsorge** asistencia *f* social

Sozi'alabbau M POL degradación *f* social, recortes *mpl* sociales; **Sozialabgaben** FPL cargas *fpl* sociales; **Sozialamt** N oficina *f* de asistencia social; **Sozialarbeit** F trabajo *m* (*od* labor *f*) social; **Sozialarbeiter** M, **Sozialarbeiterin** F trabajador *m*, -a *f* (*bzw* asistente *m/f*) social; **Sozialausschuss** M comisión *f* de asuntos sociales, comité *m* social; **Sozialbeiträge** MPL cuotas *fpl* de seguridad social

Sozi'aldemokrat M socialdemócrata *m*; **Sozialdemokratie** F socialdemocracia *f*; **Sozialdemokratin** F socialdemócrata *f*; **sozialdemokratisch** ADJ socialdemócrata

Sozi'aleinrichtungen FPL servicios *mpl* sociales; **Sozialethik** F ética *f* social; **Sozialfall** M receptor *m*, -a *f* de ayuda social; **Sozialfonds** M fondo *m* social; **Europäischer ~** Fondo *m* Social Europeo; **Sozialfürsorge** F asistencia *f* (*od* previsión *f*) social; **Sozialfürsorger** M, **Sozialfürsorgerin** F → Sozialarbeiter; **Sozialgericht** N JUR Juzgado *m* de lo Social; **Sozialgesetzgebung** F legislación *f* social

Sozi'alhilfe F asistencia *f* (*od* ayuda *f*) social; **Sozialhilfeempfänger** M, **Sozialhilfeempfängerin** F receptor *m*, -a *f* de ayuda social

soziali'sieren V/T ⟨*ohne* ge-⟩ socializar; **Sozialisierung** F ⟨~; ~en⟩ socialización *f*

Sozia'lismus M ⟨~⟩ socialismo *m*; **Sozialist** M ⟨~en; ~en⟩, **Sozialistin** F ⟨~; ~nen⟩ socialista *m/f*; **sozialistisch** ADJ socialista

Sozi'alkritik F crítica *f* social; **sozialkritisch** crítico-social; de crítica social; **Sozialkunde** F *Schulfach*: ≈ ciencias sociales; **Soziallasten** FPL cargas *fpl* sociales; **Sozialleistung** F prestación *f* social

so'zialliberal ADJ POL socioliberal; **sozialmedizinisch** ADJ médicosocial, sociomedical

Sozi'alpädagoge M, **Sozialpädagogin** F pedagogo *m*, -a *f* social; **Sozialpädagogik** F pedagogía *f* social

Sozi'alpartner MPL partes *fpl* (*od* interlocutores *mpl*) sociales; **Sozialplan** M plan *m* social; **Sozialpolitik** F política *f* social; **sozialpolitisch** ADJ político-social, sociopolítico; **Sozialprestige** [-tiːʒ] N prestigio *m* (*od* status *m*) social; **Sozialprodukt** N producto *m* nacional (*od* social); **Sozialpsychologie** F (p)sicología *f* social; **sozialpsychologisch** ADJ psicosocial; **Sozialreform** F reforma *f* social; **Sozialrente** F pensión *f* del seguro social; **Sozialrentner** M, **Sozialrentnerin** F pensionista *m/f* (*od* beneficiario *m*, -a *f*) del seguro social; **Sozialstaat** M Estado *m* social

Sozi'alversicherte M/F afiliado *m*, -a *f* al seguro social; **Sozialversicherung** F seguro *m* social; seguridad *f* social

Sozi'alwissenschaften FPL ciencias *fpl* sociales; **Sozialwohnung** F vivienda *f* social (*od* de protección oficial)

Sozio'gramm N ⟨~(e)s; ~e⟩ sociograma *m*; **soziokultu'rell** ADJ sociocultural; **Soziolingu'istik** F LING sociolingüística *f*; **Sozio'loge** M ⟨~n; ~n⟩ sociólogo *m*; **Soziolo'gie** F ⟨~⟩ sociología *f*; **Sozio'login** F ⟨~; ~nen⟩ socióloga *f*; **sozio'logisch** ADJ sociológico

'Sozius M ⟨~; ~se *od* Sozii⟩ 1 WIRTSCH socio *m*, asociado *m* 2 *Motorrad*: ocupante *m* del asiento trasero, *umg* paquete *m*; **Soziussitz** M asiento *m* trasero

sozu'sagen ADV por decirlo así, por así decir; como quien dice

Spa N & M ⟨~(s); ~s⟩ (*Wellnessbad*) spa *m*

'Spaceshuttle ['speːsʃatl] N ⟨~s; ~s⟩ *Raumfahrt* lanzadera *f* (*od* transportador *m*) espacial

'Spachtel M ⟨~s; ~⟩ *od* F ⟨~; ~n⟩ espátula *f*; **Spachtelkitt** M pasta *f* para emplastecer

'spachteln V/T & V/I 1 *Gips* alisar; *Farbe* emplastar, emplastecer 2 *umg fig* (*essen*) tragar, engullir (etw a/c)

'spacig ['speːsɪç] ADJ *Jugendspr* ≈ galáctico

Spa'gat M, N ⟨~(e)s; ~e⟩ SPORT spagat *m*

Spa'g(h)etti PL espaguetis *mpl*; **Spag(h)ettiträger** MPL *Mode* tirantes *mpl* (de) espagueti

'spähen V/I acechar; otear; atisbar; espiar (nach j-m/etw a alg/a/c); (*beobachten*) observar; **aus dem Fenster ~** espiar por la ventana

'Späher M ⟨~s; ~⟩ vigilante *m*; vigía *m*; MIL explorador *m*; espía *m*; **Späherblick** M mirada *f* escrutadora; **Späherin** M ⟨~; ~nen⟩ vigilante *f*; vigía *f*; espía *f*; **Spähtrupp** M MIL patrulla *f*; sección *f* de reconocimiento; **Spähwagen** M MIL carro *m* de reconocimiento

Spa'lier N ⟨~s; ~e⟩ AGR espaldar *m*; espaldera *f*; (*Weinspalier*) emparrado *m*; *fig* **~ stehen** *od* **ein ~ bilden** formar calle; MIL cubrir la carrera; **Spalierobst** N fruta *f* de espaldera

Spalt M ⟨~(e)s; ~e⟩ hendedura *f*, hendidura *f*; (*Öffnung*) abertura *f*; (*Türspalt*) resquicio *m*; (*Lücke*) intersticio *m*; (*Schlitz*) rendija *f*, ranura *f*; (*Riss*) fisura *f*; raja *f*; grieta *f*; (*Felsspalt*) quebradura *f*

'spaltbar ADJ hendible; CHEM disociable; PHYS escindible, fisible, *Am* fisionable; **Spaltbarkeit** F ⟨~⟩ PHYS fisibilidad *f*

'Spalte F ⟨~; ~n⟩ 1 → Spalt 2 TYPO columna *f*

'spalten A V/T 1 hender; rajar; agrietar; *Holz* partir 2 CHEM disociar, desdoblar; PHYS escindir; NUKL desintegrar 3 *fig* dividir, desunir, *Partei a.* escindir B V/R **sich ~** 1 henderse; rajarse; dividirse; partirse (en dos); (*rissig werden*) agrietarse 2 CHEM disociarse; PHYS escindirse 3 *fig* dividirse; separarse, desunirse: *Partei* escindirse

'spaltenlang ADJ TYPO de varias columnas; **spaltenweise** ADV por columnas

'Spaltfrucht F BOT esquizocarpo *m*; **Spaltfuß** M ZOOL pie *m* bisulco; **Spaltholz** N madera *f* de raja; **Spaltlampe** F MED lámpara *f* de hendidura; **Spaltmaterial** N PHYS, NUKL material *m* escindible (*od* fisible); **Spaltpilz** M BOT esquizomiceto *m*; **Spaltprodukt** N CHEM producto *m* de disociación; NUKL producto *m* de fisión

'Spaltung F ⟨~; ~en⟩ 1 PHYS escisión *f*; NUKL *a.* fisión *f*; CHEM disociación *f*; BIOL segregación *f* 2 *fig* división *f*; desdoblamiento *m* (*a.* PSYCH); escisión *f* (*a.* POL); desunión *f*; REL disidencia *f*; (*Kirchenspaltung*) cisma *m*

'Spaltungsprodukt N → Spaltprodukt

'Spaltzunge F ZOOL lengua *f* bífida

Spam [spɛm] M ⟨~s; ~s⟩ IT (*per E-Mail versandte unerwünschte Werbung etc*) correo *m* basura, spam *m*; **Spamfilter** M filtro *m* de correo basura, filtro *m* de spam; **Spamming** N ⟨~s⟩ IT spamming *m*, envío *m* de correo electrónico no solicitado

Span M ⟨~(e)s; Späne⟩ (*Holzspan*) astilla *f*; (*Splitter*) raja *f*; (*Hobelspan*) viruta *f*, acepilladura *f*; (*Feilspan*) limadura *f*; *fig* **arbeiten, dass die Späne fliegen** *umg* trabajar como una fiera

'spanabhebend ADJ TECH con arranque de viruta

'Spanferkel N lechón *m*, cochinillo *m*

'Spange F ⟨~; ~n⟩ prendedero *m*; TECH abrazadera *f*; (*Schnalle, Schuhspange*) hebilla *f*; (*Brosche*) broche *m*; (*Armspange*) brazalete *m*; (*Haarspange, Ordensspange*) pasador *m*; (*Zahnspange*) aparato *m* de ortodoncia

'Spaniel M ⟨~s; ~s⟩ (perro *m* de caza) español *m*

'Spanien N ⟨~s⟩ España *f*; **Spanier** M ⟨~s; ~⟩, **Spanierin** F ⟨~; ~nen⟩ español *m* -a *f*

'spanisch ADJ español; hispano, hispánico; *Sprache a.* castellano; **das Spanische** el español, la lengua española, el castellano; **auf Spanisch** en español, en castellano; BOT **~er Pfeffer** → Paprika[1]; MIL **~er Reiter** caballo *m* de Fris(i)a; **~e Wand** biombo *m*; *umg fig* **das kommt mir ~ vor** (eso) me suena a chino

'spanischsprachig ADJ 1 *Mensch, Land* hispanohablante; de habla española; *sp* castellanohablante 2 *Wörterbuch* de lengua española (*sp* castellana); *Unterricht* en español (*sp* castellano)

spann → spinnen

Spann M ⟨~(e)s; ~e⟩ ANAT empeine *m*

'Spannbacke F TECH mordaza *f* de sujeción; **Spannbeton** M hormigón *m* pretensado; **Spannbetttuch** N sábana *f* adaptable (*od* ajustable); **Spanndraht** M TECH alambre *m* tensor

'Spanne F ⟨~; ~n⟩ 1 (*Unterschied*) diferencia *f*, margen *m* (*a.* HANDEL) 2 (*Zeitspanne*) espacio *m* (*od* lapso *m*) (de tiempo) 3 *Maß*: palmo *m*

'spannen A V/T 1 (*dehnen*) tender; (*straffen*) estirar; (*strecken*) extender; *Bogen, Feder* armar; *Feuerwaffe a.* amartillar; *Muskeln* contraer 2 (*befestigen, einspannen*) *Riemen, Saite* apretar; TECH *a.* fijar, sujetar; **in den Schraubstock ~** poner en el torno; **in die Schreibmaschine ~** *Papier* poner en la máquina de escribir; **vor** *od* **an den Wagen ~** *Pferde* enganchar (al coche); *Ochsen* uncir al carro 3 *fig* **seine Erwartungen** *od* **Hoffnungen hoch ~** alentar las esperanzas; **seine Forderungen zu hoch ~** tener pretensiones exageradas; *umg* picar muy alto 4 *umg* (*merken*) percibir B V/I 1 *Kleidung, Schuhe* apretar, venir demasiado justo 2 *umg fig* **~ auf** (*beobachten*) observar atentamente; (*erwarten*) esperar con impaciencia C V/R **sich ~** 1 *Seil, Muskeln* estirarse 2 (*sich wölben*) levantarse; **sich über etw** (*acus*) **~** extenderse por encima de a/c; → *a.* gespannt

'spannend ADJ *fig* de palpitante interés; (*fesselnd*) cautivador; emocionante; muy interesante; *bes* FILM, LIT de suspense

'Spanner M ⟨~s; ~⟩ 1 TECH tensor *m*; (*Schuhspanner*) horma *f*, extendedor *m*; (*Hosenspanner*) estirador *m*; (*Zeitungsspanner*) sujetador *m*; *für Tennisschläger*: prensarraqueta *m* 2 ZOOL falena *f* 3 ANAT (músculo *m*) tensor *m* 4 *umg* (*Voyeur*) mirón *m*

'Spannfeder F TECH resorte *m* tensor; **Spannfutter** N TECH mandril *m* de sujeción; **Spannkraft** F elasticidad *f* (*a. fig*); fuerza *f* elástica; PHYS tensión *f*; *e-s Muskels*: tonicidad *f*; *fig* energía *f*; **spannkräftig** ADJ elástico; **Spannrahmen** M TECH bastidor *m* tensor; **Spannsäge** F sierra *f* de bastidor; **Spannschloss** N tensor *m*; **Spannschraube** F tornillo *m* tensor; **Spannseil** N cable *m* tensor

'Spannung F ⟨~; ~en⟩ 1 TECH, ELEK tensión *f* (*a. fig*); ELEK *a.* voltaje *m*; (*Druck, Gasspannung*) presión *f* 2 *fig* (*gespannte Aufmerksamkeit*) tensión *f*; vivo interés *m*; viva atención *f*; (*Ungeduld*) impaciencia *f*, ansia *f*; (*Neugier*) curiosidad *f*; (*Erwartung*) expectación *f*; FILM *etc* suspense *m*; **j-n in ~ halten** tener en vilo (*od* en suspense) a alg; **mit ~ erwarten** esperar impaciente; **j-n in ~ versetzen** excitar la curiosidad de alg 3 PSYCH, *fig* (*gespanntes Verhältnis*) tensión *f* (*a.* PSYCH); relaciones *fpl* tirantes, tirantez *f* (de relaciones); **soziale ~en** tensiones *fpl* sociales 4 (*Gegensatz*) discrepancia *f*

'Spannungsabfall M ELEK caída *f* de tensión; **Spannungsausgleich** M ELEK compensación *f* de potencial (*od* de tensión); **Spannungsfeld** N ELEK campo *m* de tensión; *fig* **im ~ zwischen** en el área conflictiva de; **Spannungsgebiet** N POL región *f* de tensiones; **spannungsgeladen** ADJ *fig* cargado de tensión; emocionante; **Spannungskopfschmerz** M MED cefalea *f* por tensión; **spannungslos** ADJ 1 ELEK sin tensión 2 *fig* (*langweilig*) aburrido; **Spannungsmesser** M ELEK voltímetro *m*; **Spannungsregler** M ELEK regulador *m* de tensión (*od* de voltaje); **Spannungsverlust** M ELEK pérdida *f* de tensión; **Spannungswandler** M ELEK transformador *m* de tensión

'Spannvorrichtung F TECH dispositivo *m* tensor (*od* de sujeción); **Spannweite** F 1 FLUG, ORN *u. fig* envergadura *f* 2 (*lichte Weite*) luz *f*; abertura *f*; **Spannwerkzeug** N TECH herramienta *f* de sujeción

'Spanplatte F TECH tablero *m* de virutas

Spant N ⟨~(e)s; ~en⟩ SCHIFF cuaderna *f*

'Sparbrenner M quemador *m* económico (*od* de mínimo consumo); **Sparbrief** M FIN cédula *f* (*od* carta *f*) de ahorro; **Sparbuch** N libreta *f* de ahorro; **Sparbüchse** F, **Spardose** F hucha *f*, *Am* alcancía *f*; **Spareinlage** F imposición *f* (*od* depósito *m*) de ahorro

'sparen A V/T ahorrar (*a. fig Zeit, Kräfte*); (*einsparen*) *a.* economizar; (*zurücklegen*) reservar; **~ Sie sich** (*dat*) **die Mühe** no se moleste usted B V/I 1 ahorrar, economizar; hacer ahorros (*od* economías); vivir económicamente; **an allem ~** economizar en todo 2 *fig mit Lob etc*: escatimar (*a/c*)

'Sparen N ⟨~s⟩ ahorro *m*

'Sparer M ⟨~s; ~⟩, **Sparerin** F ⟨~; ~nen⟩ ahorrador *m* -a *f*; **die kleinen ~** *pl* los pequeños ahorradores

'Sparflamme F llama *f* pequeña; *fig* **auf ~** a medio gas; **Sparförderung** F fomento *m* del ahorro

'Spargel M ⟨~s; ~⟩ BOT espárrago *m*; **grüner/weißer ~** espárrago *m* verde/blanco; **wilder ~** esparrago *m* triguero; **ein Bund ~** un manojo de espárragos; **Spargelbeet** N esparraguera *f*; **Spargelcremesuppe** sopa *f* de espárragos

'Spargelder PL ahorros *mpl*; economías *fpl*

'Spargelkohl M BOT brécol(es) *m(pl)*; **Spargelkopf** M, **Spargelspitze** F punta *f* de espárrago; **Spargelsuppe** F sopa *f* de espárragos; **Spargelzeit** F tiempo *m* (*od* época *f*) de espárragos

'Spargroschen M pequeños ahorros *mpl*, *umg* ahorrillos *mpl*; **Sparguthaben** N ahorro(s) *m(pl)*; **Sparkasse** F caja *f* de ahorros; **Sparkassenbuch** N → Sparbuch; **Sparkonto** N cuenta *f* de ahorro; **Sparkurs** M política *f* de ahorro; **auf ~ gehen** comenzar (*od* iniciar) una política de ahorro

'spärlich A ADJ (*knapp*) poco abundante; *Ergebnis, Ernte* escaso, exiguo; (*ärmlich*) pobre; *Mahl* frugal; *Haar* claro; *Bart* ralo; *Lohn* modesto; (*selten*) raro, poco frecuente B ADV poco; **~ bekleidet** apenas vestido; ligero de ropa; **~ bevölkert** escasamente poblado

'Spärlichkeit F ⟨~⟩ *e-s Ergebnisses, e-r Ernte*: escasez *f*; (*Ärmlichkeit*) pobreza *f*; (*Seltenheit*) rareza *f*; *e-r Mahlzeit*: frugalidad *f*

'Sparmaßnahme F medida *f* de ahorro (*od* de economía); **Sparpackung** F envase *m* económico; **Sparpaket** N WIRTSCH, POL paquete *m* de ahorro; **Sparpfennig** M → Spargroschen; **Sparpolitik** F política *f* de austeridad; **Sparprämie** F FIN prima *f* (*od* premio *m*) de ahorro; **Sparprogramm** N POL programa *m* de austeridad

'Sparren M ⟨~s; ~⟩ cabrio *m*; *umg fig* **einen ~ (zu viel) haben** tener vena de loco; estar mal de la cabeza

'Sparring N ⟨~s⟩ *Boxen*: combate *m* de entrenamiento; **Sparringspartner** M compañero *m* de entrenamiento

'sparsam A ADJ 1 *Person* ahorrador, ahorrativo; poco gastador; (*sehr sparsam*) parsimonioso 2 (*wirtschaftlich*) económico 3 *fig Einrichtung* reducido; *Dekoration* escaso; *Beleuchtung* de consumo reducido; *Bewegung* limitado B ADV económicamente; con economía; **~ leben** gastar poco; **~ mit etw umgehen** economizar a/c (*a. fig*); hacer uso moderado de a/c

'Sparsamkeit F ⟨~⟩ economía *f*; *übertriebene*: parsimonia *f*; *strenge*: austeridad *f*; **aus ~** por (razones de) economía; **~ am falschen Ende** *umg* el chocolate del loro

'Sparschwein N hucha *f*; cerdito *m*; **Sparsinn** M sentido *m* del ahorro; **Sparstrumpf** M *umg hum* ≈ calcetín *m* de los ahorros

'Sparta N ⟨~s⟩ Esparta *f*

Spar'taner M ⟨~s; ~⟩, **Spartanerin** F ⟨~; ~nen⟩ espartano *m*, -a *f*; **spartanisch** ADJ espartano (*a. fig*); **mit ~er Einfachheit** con sobriedad espartana; **~e Lebensweise** vida *f* austera

'Sparte F ⟨~; ~n⟩ (*Abteilung*) sección *f*; (*Gebiet*) sector *m*; rama *f*; especialidad *f*; (*Rubrik*) sección *f*, categoría *f*

'Spartrieb M instinto *m* de ahorro; **Sparvertrag** M contrato *m* de ahorro; **Sparzins** M FIN interés *m* de ahorro

'spasmisch ADJ, **spas'modisch** ADJ MED espasmódico

Spasmo'lytikum N ⟨~s; Spasmolytika⟩ MED antiespasmódico *m*; **spasmolytisch** ADJ antiespasmódico

'Spasmus M ⟨~; Spasmen⟩ MED espasmo *m*

Spaß M, *österr a.* **Spass** M ⟨~es; Späße⟩ 1 (*Vergnügen*) diversión *f*; **ein teurer ~** un capricho caro; **das ist ein teurer ~ für mich** eso me cuesta un ojo de la cara (*od umg* un riñón); **viel ~ haben** divertirse mucho; pasarlo en grande; **~ machen** *Sache* dar gusto; hacer gracia; ser divertido; *Person* → spaßen; **es macht keinen ~** no tiene ninguna gracia; no hace gracia; **den ~ verderben** aguar la fiesta; **sich** (*dat*) **einen ~ aus etw machen** divertirse con a/c; *iron* **Sie machen mir ~!** ¡me hace usted una gracia!; **~ an etw** (*dat*) **haben** divertirse con a/c; **zum ~** para divertirse; **viel ~!** *umg* ¡que te diviertas! 2 (*Scherz*) broma *f*; *Am* chanza *f*, *umg* guasa *f*; *sl* cachondeo *m*; (*Witz*) chiste *m*; **schlechter ~** broma *f* pesada (*od* de mal gusto); **~ verstehen** no tomar a mal las bromas; aguantar burlas; **keinen ~ verstehen** *od* **vertragen** no entender de bromas; no ser amigo de bromas; no consentir burlas; **darin versteht er keinen ~** eso lo toma muy en serio; **aus ~** en broma; de guasa; *sl* de cachondeo; **seinen ~ mit j-m treiben** gastar una broma a alg; burlarse de alg; *umg* chunguearse de alg; **das war nur ~** era sólo en broma; **da hört der ~ auf** *umg* eso pasa de castaño oscuro; **~ beiseite!** ¡bromas aparte!, ¡hablando en serio!

'spaßen VI bromear, chancear; gastar bromas; hablar en broma; *umg* chunguearse; **damit ist nicht zu ~** esto no es para tomárselo a broma; con eso no se juega; **nicht mit sich** (*dat*) **~ lassen** no estar para bromas; *geh* **Sie ~ wohl!** ¡no hablará en serio!

'spaßeshalber ADV en broma; **spaßhaft, spaßig** ADJ burlesco; divertido; gracioso; chusco; (*drollig*) chistoso; jocoso; cómico

'Spaßmacher M ⟨~s; ~⟩, **Spaßmacherin** F ⟨~; ~nen⟩ → Spaßvogel; **Spaßverderber** M ⟨~s; ~⟩, **Spaßverderberin** F ⟨~; ~nen⟩ aguafiestas *m/f*; **Spaßvogel** M bromista *m/f*; chancero *m*, -a *f*, burlón *m*, -ona *f*; *umg* guasón *m*, -ona *f*

'Spastiker M ⟨~s; ~⟩, **Spastikerin** F ⟨~; ~nen⟩ MED espástico *m*, -a *f*; **spastisch** A ADJ espástico; espasmódico B ADV **~ gelähmt** con parálisis espástica

Spat[1] M ⟨~(e)s; ~e⟩ MINER espato *m*

Spat[2] M ⟨~(e)s⟩ VET esparaván *m*

spät A ADJ (*spät eintretend*) tardío; (*vorgerückt*) avanzado; **das ~e Mittelalter** el final de la Edad Media; **im ~en Sommer** a fines del verano; **zu ~er Stunde** a una hora avanzada B ADV tarde; **wie ~ ist es?** ¿qué hora es?; **es ist ~** es tarde; **es wird ~** se hace (*od* se está haciendo) tarde; **bis ~ in die Nacht** hasta muy entrada la noche; **~ in der Nacht** a altas horas de la noche; **zu ~ kommen** venir (*bzw* llegar) (demasiado) tarde; retrasarse; **ich bin ~ dran** se me hace tarde; **besser ~ als nie** más vale tarde que nunca

'spätabends ADV muy de noche

'Spätdienst turno *m* de tarde (*bzw* de noche); **~ haben** trabajar en el turno de la tarde

'Spatel M ⟨~s; ~⟩ espátula *f*

'Spaten M ⟨~s; ~⟩ laya *f*; **Spatenstich** M *fig* **den ersten ~ tun** empezar una obra

'Spätentwickler M *Person*: lento, -a *m/f*

'später A ADJ (*danach kommend*) posterior; ulterior; (*zukünftig*) futuro B ADV más tarde, más adelante, posteriormente; **eine Stunde ~** una hora más tarde (*od* después); **bis ~!** ¡hasta luego!

'späterhin ADV *geh* más tarde, posteriormente; más adelante

'spätestens ADV a más tardar; lo más tarde; como muy tarde

'Spätfolgen PL efectos *pl* tardíos; **Spätfrost** M helada *f* tardía; **Spätfrucht** F fruto *m* tardío; **Spätgeburt** F parto *m* tardío (*od* retrasado); **Spätgotik** F ARCH gótico *m* tardío; **Spätheimkehrer** M HIST *prisionero de guerra repatriado muy tarde*; **Spätherbst** M fin(es) *m(pl)* del otoño; otoño *m* tardío; **Spätlese** F AGR rebusca *f*; **Spätnachmittag** M **am ~** a última hora de la tarde; a la caída de la tarde; **Spätnachrichten** FPL RADIO, TV noticias *fpl* de la noche

'Spätobst N fruta *f* tardía; **spätreif** ADJ tardío; **Spätschicht** F *Arbeit*: turno *m* de tarde (*bzw* de noche); **~ haben** trabajar en el turno de la tarde; **Spätsommer** M veranillo *m* de San Martín; **Spätvorstellung** F sesión *f* de noche; **Spätwirkung** F efecto *m* tardío

Spatz M ⟨~en; ~en⟩ ORN gorrión *m*; *fig* **das pfeifen die ~en von den Dächern** es un secreto a voces; *sprichw* **besser ein ~ in der Hand als eine Taube auf dem Dach** más vale pájaro en mano que ciento volando; *umg fig* **wie ein ~ essen** comer como un pajarito

'Spatzenhirn N *umg* cabeza *f* de chorlito

'Spätzle PL GASTR *tipo de pasta de huevo fresca*

'Spätzünder M *Person*: (*Spätentwickler*) lento, -a *m/f*; **Spätzündung** F AUTO encendido *m* retardado

spa'zieren VI ⟨*ohne* ge-; sn⟩ (*herumgehen*) pasear(se); **~ fahren** pasear(se) (*od* dar un paseo) en coche, *etc*; **j-n (im Auto) ~ fahren** llevar a alg de paseo (en coche); **~ führen** llevar a pasear, sacar de paseo; **~ gehen** ir de paseo; pasear(se), dar un paseo; ir a pasear

Spa'zierengehen N paseo *m*

Spa'zierfahrt F paseo *m* en coche, *etc*; **Spaziergang** M paseo *m*; *kleiner*: vuelta *f*; **einen ~ machen** dar un paseo (*bzw* una vuelta); **Spaziergänger** M ⟨~s; ~⟩, **Spaziergängerin** F ⟨~; ~nen⟩ paseante *m/f*; **Spazierritt** M paseo *m* a caballo; **Spazierstock** M bastón *m*; **Spazierweg** M paseo *m*

SP'D F ABK (Sozialdemokratische Partei Deutschlands) Partido *m* Socialdemócrata de Alemania

Specht M ⟨~(e)s; ~e⟩ ORN pico *m*, pájaro *m* carpintero

Speck M ⟨~(e)s; ~e⟩ tocino *m*; lardo *m*; *geräucherter*: bacon *m*; *zum Spicken*: mecha *f*; *umg beim Menschen*: carnes *fpl*; **~ ansetzen** *umg* engordar, echar carnes; *Frau a.*: ajamonarse; **mit ~ fängt man Mäuse** más moscas se cazan con miel que con vinagre; *umg* **'ran an den ~!** ¡manos a la obra!; ¡al ataque!

'speckig ADJ (*fett*) lardoso, grasiento; (*schmierig*) pringoso

'Speckscheibe F lonja *f* de tocino; **Speckschwarte** F corteza *f* de tocino; **Speckseite** F hoja *f* de tocino; *fig* **mit der Wurst nach der ~ werfen** meter aguja y sacar reja; **Speckstein** M MINER esteatita *f*; **Speckstreifen** M, **Speckwürfel** M taco *m* de tocino

spe'dieren VT ⟨*ohne* ge-⟩ *schweiz* expedir, despachar

Spedi'teur [-'tøːr] M ⟨~s; ~e⟩, **Spediteurin** F ⟨~; ~nen⟩ agente *m/f* (*od* comisionista *m/f*) de transportes; (*Möbelspediteur*) transportista *m/f*

Spediti'on F ⟨~; ~en⟩ 1 expedición *f*; despacho *m* 2 → Speditionsfirma

Spediti'onsbranche F ramo *m* de transportes; **Speditionsfirma** F agencia *f* de transportes; **Speditionsgebühren** FPL, **Speditionskosten** PL gastos *mpl* de expedición

Speed-Dating ['spiːtdeːtiŋ] N ⟨~s; ~s⟩ cita *f* rápida, multicitas *f*, speed dating *m*

Speer M ⟨~(e)s; ~e⟩ lanza *f*; (*Spieß*) pica *f*; (*Jagdspeer*) venablo *m*, dardo *m*; (*Wurfspeer*) jabalina *f* (*a.* SPORT); **'Speerwerfen** N SPORT lanzamiento *m* de jabalina; **'Speerwerfer** M, **'Speerwerferin** F lanzador *m* -a *f* de jabalina

'Speiche F ⟨~; ~n⟩ 1 *(Radspeiche)* rayo *m* 2 ANAT radio *m*

'Speichel M ⟨~s⟩ saliva *f*; *(Geifer)* baba *f*; **Speicheldrüse** F ANAT glándula *f* salival; **Speichelfluss** M salivación *f*, MED ptialismo *m*; **Speichellecker** M ⟨~s; ~⟩ cobista *m*, adulón *m*, *umg* pelotillero *m*, *vulg* lameculos *m*

Speichellecke'rei F adulación *f* servil

'speicheln VI salivar

'Speichenrad N rueda *f* de rayos

'Speicher M ⟨~s; ~⟩ 1 *(Lager)* almacén *m*, depósito *m*; AGR *(Kornspeicher)* granero *m*, silo *m* 2 *reg (Dachboden)* desván *m* 3 IT memoria *f*; **virtueller ~** memoria *f* virtual

'speicherbar ADJ IT memorizable

'Speichererweiterung F IT ampliación *f* de la memoria; **Speicherkapazität** F capacidad *f* de almacenamiento; IT capacidad *f* de memoria; **Speicherkraftwerk** N central *f* de acumulación; **Speichermedium** N IT soporte *m* de memoria; medio *m* de almacenamiento (*od* de memoria)

'speichern VT 1 *Waren* almacenar; AGR *a.* ensilar; *Vorräte* acaparar, acumular 2 *Wärme, Strom* acumular 3 IT *Daten* almacenar, memorizar; *Text* guardar; *Menübefehl*: **~ unter** guardar como

'Speicherplatz M IT espacio *m* de memoria (*od* de almacenamiento); **verfügbarer ~** espacio *m* de memoria disponible; **Speicherschutz** M IT protección *f* de la memoria; **Speichersee** M embalse *m*; **Speichertaste** F TEL tecla *f* de memoria; **Speicherung** F ⟨~; ~en⟩ 1 *von Waren*: almacenamiento *m*, almacenaje *m* 2 *von Wärme, Strom*: acumulación *f* 3 IT *von Daten*: almacenamiento *m*, memorización *f*; *von Texten*: acción *f* de guardar; **Speicherzugriff** M IT acceso *m* a la memoria

'speien VT & VI ⟨irr⟩ *(spucken)* escupir; expectorar; *(sich erbrechen)* vomitar; *fig* **Feuer ~** vomitar fuego

'Speigat(t) N ⟨~(e)s; ~en *od* ~s⟩ SCHIFF imbornal *m*

Speis M ⟨~es⟩ 1 BAU *(Mörtel)* mortero *m* 2 *südd, österr (Speisekammer)* despensa *f*

'Speise F ⟨~; ~n⟩ *(Nahrung)* alimento *m*; comida *f*; *(Gericht)* plato *m*; *feine*: manjar *m*; **Speis(e) und Trank** comida y bebida; **kalte ~n** fiambres *mpl*; **warme ~n** platos *mpl* calientes

'Speisebrei M PHYSIOL quimo *m*; **Speiseeis** N helado *m*; **Speisefett** N grasa *f* alimenticia; **Speisekammer** F despensa *f*; **Speisekarte** F carta *f*, lista *f* de platos, minuta *f*, menú *m*; **Speiseleitung** F ELEK línea *f* de alimentación

'speisen *geh* A VT alimentar (*a.* ELEK, TECH), dar de comer a; *Hochofen* cebar B VI comer; **zu Mittag ~** almorzar, comer; **zu Abend ~** cenar

'Speisenaufzug M montaplatos *m*; **Speisenfolge** F menú *m*

'Speiseöl N aceite *m* alimenticio; aceite *m* comestible (*od* de mesa); **Speisepilz** M seta *f* comestible; **Speiseplan** M menú *m*; **Speisepumpe** F TECH bomba *f* de alimentación; **Speisereste** PL restos *mpl* de la comida, sobras *fpl*; **Speiseröhre** F ANAT esófago *m*; gaznate *m*; **Speisesaal** M comedor *m*; *in Klöstern*: refectorio *m*; **Speisesaft** M PHYSIOL quilo *m*; **Speiseschrank** M despensa *f*; alacena *f*; **Speisewagen** M BAHN coche *m* (*od* vagón *m*) restaurante; **Speisewasser** N ⟨~s; ~⟩ TECH agua *f* de alimentación; **Speisezettel** M → Speisekarte; **Speisezimmer** N comedor *m*

'Speisung F ⟨~; ~en⟩ alimentación *f* (*a.* ELEK, TECH); *Bibel*: **~ der Fünftausend** multiplicación *f* de los panes

'Speitüte F *umg* bolsa *f* de papel (para caso de mareo)

'spei'übel ADJ *umg* **mir ist ~** tengo ganas de vomitar

Spek'takel M ⟨~s; ~⟩ *(Schauspiel)* espectáculo *m*; *(Skandal)* escándalo *m*; *(Aufruhr)* alboroto *m*, *umg (Lärm)* jaleo *m*, ruido *m*, follón *m*; **spektaku'lär** ADJ espectacular

Spek'tralanalyse F análisis *m* espectral; **Spektralfarben** FPL colores *mpl* del espectro

Spektro'meter N ⟨~s; ~⟩ espectrómetro *m*; **Spektro'skop** N ⟨~s; ~e⟩ espectroscopio *m*

'Spektrum N ⟨~s; Spektra *od* Spektren⟩ espectro *m* (*a. fig*)

Speku'lant M ⟨~en; ~en⟩, **Spekulantin** F ⟨~; ~nen⟩ especulador *m*, -a *f*; WIRTSCH *(Börsenspekulant)* agiotista *m/f*

Spekulati'on F ⟨~; ~en⟩ WIRTSCH, *fig* especulación *f*; **~en anstellen** *od* **sich in ~en ergehen** especular, hacer especulaciones (**über** *acus* sobre)

Spekulati'onsgeschäft N WIRTSCH operación *f* de especulación; **Spekulationsgewinn** M WIRTSCH ganancia *f* obtenida con especulaciones; **Spekulationskauf** M WIRTSCH compra *f* especulativa; **Spekulationspapiere** NPL WIRTSCH valores *mpl* de especulación

Speku'latius M ⟨~; ~⟩ *tipo de galleta de especias*

spekula'tiv ADJ especulativo

speku'lieren VI ⟨ohne ge-⟩ 1 *umg fig* **auf etw** *(acus)* **~** aspirar a a/c; poner la mira en a/c 2 HANDEL especular (**mit** con); **an der Börse ~** especular en Bolsa; jugar a la Bolsa; **auf Baisse/Hausse ~** especular a la baja/sobre el alza 3 *(mutmaßen)* conjeturar (**über** *acus* sobre)

'Spekulum N ⟨~s; Spekula⟩ espéculo *m*

Spe'lunke F ⟨~; ~n⟩ 1 *(Kneipe)* tabernucho *m*; tasca *f*; *(Spielhölle)* garito *m* 2 *Behausung*: cuchitril *m*; tugurio *m*

Spelz M ⟨~es; ~e⟩ BOT *(Dinkel)* espelta *f*

'Spelze F ⟨~; ~n⟩ BOT gluma *f*

spen'dabel ADJ *umg* liberal, generoso; rumboso

'Spende F ⟨~; ~n⟩ *(Gabe)* donativo *m*; dádiva *f*; óbolo *m*; *(Schenkung)* donación *f*; *(Almosen)* limosna *f*; REL *(Opfergabe)* ofrenda *f*

'spenden VT 1 *als Spende*: dar; donar (*a. Blut, Organ*); hacer donación de; *(beitragen)* contribuir (**zu** a) 2 REL *Sakramente* administrar 3 *geh fig (austeilen) Lob, Wärme etc* dispensar; *Schatten* dar; **Beifall ~** aplaudir; **(j-m) Trost ~** consolar (alg)

'Spendenaffäre F POL escándalo *m* de donaciones; **Spendenaktion** F colecta *f*; **Spendenaufruf** M llamamiento *m* de donaciones; *für kulturelle, wohltätige Zwecke*: de donativos; **Spendenbereitschaft** F voluntad *f* de donar; **Spendenkampagne** F campaña *f* de donaciones; **Spendenkonto** N cuenta *f* para donaciones; *für kulturelle, wohltätige Zwecke*: para donativos; **Spendenquittung** F recibo *m* (*od* comprobante *m*) de una (*bzw* de la) donación

'Spender M ⟨~s; ~⟩ 1 donador *m*; dador *m*, donante *m* (*a. Blutspender, Organspender*) 2 *Behälter*: distribuidor *m* (*a. Automat*); dispensador *m* 3 *(Wohltäter)* bienhechor *m*; **Spenderausweis** M → Organspendeausweis; **Spenderherz** N corazón *m* de un donante; **Spenderin** F ⟨~; ~nen⟩ 1 donadora *f*; donante *f* 2 *(Wohltäter[in])* bienhechora *f*; **Spenderniere** F riñón *m* de un donante

spen'dieren VT ⟨ohne ge-⟩ *umg (bezahlen)* pagar; *(schenken)* regalar; dar; ofrecer; **j-m ein Bier** *etc* **~** invitar a alg a una cerveza, *etc*; **Spendierhosen** FPL *umg hum* **die ~ anhaben** ser rumboso

'Spendung F ⟨~; ~en⟩ → Spende; REL administración *f*

'Spengler M ⟨~s; ~⟩ *südd, österr, schweiz* → Klempner

'Spenzer M ⟨~s; ~⟩ TEX chaquetilla *f*

'Sperber M ⟨~s; ~⟩ ORN gavilán *m*, esparaván *m*

Spe'renzchen PL *umg* tiquismiquis *mpl*; **~ machen** *(zimperlich tun)* hacer melindres; *(Umstände machen)* gastar cumplidos; *(sich sträuben)* resistirse

'Sperling M ⟨~s; ~e⟩ ORN gorrión *m*

'Sperma N ⟨~s; ~ta *od* Spermen⟩ BIOL esperma *m*

'Sperma... IN ZSSGN espermático

Spermato'zele F ⟨~; ~n⟩ espermatocele *m*; **Spermato'zoon** N ⟨~s; Spermatozoen⟩ espermatozoo *m*, espermatozoide *m*

'Spermien... IN ZSSGN seminal

Spermi'zid N ⟨~(e)s; ~e⟩ espermicida *m*

'sperr'angel'weit ADV *umg* **die Tür stand ~ offen** la puerta estaba abierta de par en par

'Sperrbalken M tranca *f*; **Sperrbaum** M barrera *f*; **Sperrbezirk** M zona *f* prohibida; **Sperrdepot** N WIRTSCH depósito *m* bloqueado; **Sperrdruck** M ⟨~(e)s⟩ TYPO composición *f* espaciada

'Sperre F ⟨~; ~n⟩ 1 *(das Sperren)* clausura *f*; cierre *m* 2 *auf e-r Straße*: barrera *f* (*a.* MIL); *(Barrikade)* barricada *f*; *(Hindernis)* obstáculo *m* 3 *(Bahnsteigsperre)* barrera *f*; *(Kontrolle)* control *m* 4 TECH bloqueo *m*; *Vorrichtung*: cierre *m*; *(Stromsperre etc)* corte *m* 5 *(Verbot)* prohibición *f*, interdicción *f*; SPORT *(Spielverbot, Startverbot)* suspensión *f* 6 HANDEL *(Embargo)* embargo *m*; *(Boykott)* boicot(eo) *m*; *(Quarantäne)* cuarentena *f*; *(Blockade)* bloqueo *m*

'sperren A VT 1 *Zugang* cerrar (*a. Hafen, Grenze*); *Straße a.* cortar (**für den Verkehr** al tráfico); *durch Absperrmannschaften*: acordonar 2 *(versperren)* obstruir, interceptar 3 *(blockieren)* bloquear (*a.* TECH, IT *Konto, Kredit, Scheck, Zahlungen*); *Zahlungen a.* suspender; *Konto a.* congelar; *Gas, Licht, Wasser* cortar; **das Telefon ~** cortar el teléfono 4 *(verbieten)* prohibir; interdecir 5 SPORT *(behindern)* obstruir; *(Spielverbot aussprechen)* suspender 6 *(aussperren)* **j-n aus dem Haus ~** cerrar a alg la puerta de casa 7 *(einsperren)* encerrar; **j-n in den Keller ~** encerrar a alg en el sótano 8 TYPO espaciar B VR **sich ~** *(sich sträuben)* oponerse, resistir(se) (**gegen** a); protestar (contra) C VI *reg* **die Tür sperrt** *(klemmt)* la puerta encaja mal (*bzw* está agarrotada); → *a.* gesperrt

'Sperren N ⟨~s⟩ → Sperrung

'Sperrfeder F TECH muelle *m* de trinquete; **Sperrfeuer** N MIL fuego *m* de barrera; **Sperrfrist** F plazo *m* de suspensión (*bzw* de espera); **Sperrgebiet** N zona *f* prohibida; **Sperrgürtel** M cordón *m* sanitario; **Sperrgut** N mercancías *fpl* voluminosas (*od* de gran bulto); **Sperrguthaben** N FIN crédito *m* bloqueado (*od* congelado); fondos *mpl* bloqueados; **Sperrhaken** M TECH gatillo *m* (de trinquete); *e-r Uhr*: escape *m*

'Sperrholz N madera *f* contrachap(e)ada (*od* terciada); **Sperrholzplatte** F tablero *m* contrachapeado

'sperrig ADJ voluminoso, abultado, de mucho bulto

'Sperrkette F 1 cadena *f* de barrera; *an der Tür*: cadena *f* de seguridad 2 *(Postenkette)* cor-

S

dón *m*; **Sperrklinke** F TECH trinquete *m* (de bloqueo); *an Türen*: fiador *m*; **Sperrkonto** N FIN cuenta *f* bloqueada (*od* congelada); **Sperrkreis** M RADIO circuito *m* filtro (*od* filtrador *od* eliminador); **Sperrminderheit** F, **Sperrminorität** F WIRTSCH minoría *f* de bloqueo; **Sperrmüll** M basura *f* voluminosa; muebles *mpl* y enseres domésticos fuera de uso; **Sperrriegel** M cerrojo *m* (de seguridad); **Sperrsitz** M THEAT butaca *f* de platea; **Sperrstunde** F hora *f* de cierre; MIL toque *m* de queda

'Sperrung F ⟨~; ~en⟩ 1 *e-r Straße*: cierre *f*, corte *m* 2 (*Versperrung*) obstrucción *f*; intercep(ta)ción *f*; obturación *f* 3 (*Blockierung*) bloqueo *m* (*a.* TECH, WIRTSCH); *v. Geldern etc*: congelación *f*; *von Zahlungen* suspensión *f* 4 (*Abschaltung*) interrupción *f*; *v. Gas, Strom*: corte *m* 5 (*Verbot*) prohibición *f*; interdicción *f* 6 SPORT *e-s Spielers*: suspensión *f* 7 TYPO espaciado *m*

'Sperrvermerk M FIN, WIRTSCH nota *f* de no negociabilidad (*od* de bloqueo); **Sperrvorrichtung** F TECH dispositivo *m* de parada (*od* de detención) (*bzw* de bloqueo); **Sperrzoll** M derecho *m* prohibitivo; **Sperrzone** F zona *f* prohibida

'Spesen PL gastos *mpl*; **die ~ erstatten** re(e)mbolsar los gastos; **Spesenabrechnung** F liquidación *f* de gastos; **Spesenaufstellung** F especificación *f* de gastos; **spesenfrei** ADJ libre de gastos; **Spesenkonto** N cuenta *f* de gastos; **Spesenrechnung** F cuenta *f* (*od* nota *f*) de gastos; **Spesenvergütung** F reembolso *m* de los gastos; **Spesenvorschuss** M anticipo *m* de los gastos

'Speyer N ⟨~s⟩ Spira *f*, Espira *f*

'Spezi[1] M ⟨~s; ~s⟩ *reg umg* amigo *m* íntimo, *umg* amigote *m*

'Spezi[2] M GASTR *refresco de cola y naranja*

Spezi'alanfertigung F fabricación *f* especial; **Spezialarzt** M, **Spezialärztin** F (médico *m*, -a *f*) especialista *m/f*; **Spezialausführung** F construcción *f* especial; **Spezialeffekt** M efecto *m* especial; **Spezialfach** N especialidad *f*; **Spezialfahrzeug** N vehículo *m* para usos especiales; **Spezialfall** M caso *m* especial (*od* particular); **Spezialgebiet** N especialidad *f*; **Spezialgeschäft** N WIRTSCH comercio *m* del ramo; **~ für ...** comercio especializado en ...

speziali'sieren ⟨*ohne* ge-⟩ A VT especializar B VR **sich ~** especializarse (**auf** *acus* en); **speziali'siert** ADJ especializado; **Speziali'sierung** F ⟨~; ~en⟩ especialización *f*; **fehlende ~** falta *f* de especialización

Spezia'list M ⟨~en; ~en⟩, **Spezialistin** F ⟨~; ~nen⟩ especialista *m/f* (**für** en) (*a.* MED)

Speziali'tät F ⟨~; ~en⟩ especialidad *f*; **Spezialitätenrestaurant** N restaurante *m* típico

Spezi'alkräfte PL personal *m* especializado; **Spezialslalom** M slalom *m* (*od* eslalon *m*) especial; **Spezialstahl** M acero *m* especial

spezi'ell A ADJ especial; particular; MED específico; *umg* **auf Ihr Spezielles!** ¡a su salud! B ADV especialmente, en especial; en particular; **etw ~ angeben** especificar a/c, pormenorizar a/c

'Spezies [-tsiɛs] F ⟨~; ~⟩ especie *f*

Spezifikati'on F ⟨~; ~en⟩ especificación *f*

spe'zifisch ADJ específico; PHARM **~es Mittel** específico *m*; PHYS **~es Gewicht** peso *m* específico; **~e Wärme** calor *m* específico

spezifi'zieren VT ⟨*ohne* ge-⟩ especificar; detallar; **Spezifizierung** F ⟨~; ~en⟩ especificación *f*

'Sphäre F ⟨~; ~n⟩ esfera *f*; *fig* ambiente *m*; **Sphärenmusik** F música *f* celestial (*od* de las esferas); **sphärisch** ADJ esférico

Sphäro'id N ⟨~(e)s; ~e⟩ GEOM esferoide *m*

Spheno'id N ⟨~(e)s; ~e⟩ *Kristallform*: esfenoides *m*

'Sphinkter M ⟨~s; ~e⟩ ANAT esfínter *m*

Sphinx [sfɪŋks] F ⟨~; ~e⟩ *od* ARCHÄOL M ⟨~; ~e *od* Sphingen⟩ esfinge *f*

'Spickaal M GASTR anguila *f* ahumada

'spicken A VT 1 GASTR mechar 2 *fig* llenar (**mit** de); *Rede* **gespickt mit** repleto (*od* lleno) de 3 *umg* (*bestechen*) sobornar, *umg* untar la mano (j-n a alg) B VI SCHULE (*abschreiben*) copiar (**bei j-m** de alg)

'Spicker M → Spickzettel

'Spickgans F ganso *m* ahumado; **Spicknadel** F aguja *f* mechera (*od* de mechar); **Spickzettel** M SCHULE chuleta *f*

spie → speien

'Spiegel M ⟨~s; ~⟩ 1 espejo *m* (*a. fig*); (*Schrankspiegel*) luna *f*; MED espéculo *m*; *fig* **im ~ der Presse** en el espejo de la prensa; *fig* **das kannst du dir hinter den ~ stecken** (*das kannst du behalten*) quédatelo, guárdatelo; (*merk dir das*) no lo olvides 2 (*Wasserspiegel*) superficie *f*; (*Wasserstand*) nivel *m* (*a.* PHYSIOL *Alkoholspiegel, Blutzuckerspiegel etc*) 3 TEX *am Frack, Smoking*: solapa *f*; MIL *der Uniform*: distintivo *m* 4 TYPO (*Satzspiegel*) justificación *f* 5 *der Schießscheibe*: centro *m* del blanco 6 JAGD espejo *m* 7 (*Türfüllung*) panel *m*

'Spiegelbelag M azogue *m*; **Spiegelbild** N imagen *f* reflejada (en un espejo); (*Kehrbild*) imagen *f* invertida; *fig* reflejo *m*; (*Täuschung*) espejismo *m*; **spiegelbildlich** ADJ invertido

'spiegel'blank ADJ terso (*od* limpio) como un espejo; espejado; (*glänzend*) brillante; pulido

'Spiegelei N huevo *m* frito (*od* al plato)

Spiegelfechte'rei F fantasmagoría *f*; finta *f*; disimulo *m*

'Spiegelfernrohr N telescopio *m* catóptrico; **Spiegelfolie** F azogue *m*; **Spiegelglas** N cristal *m* de espejo

'spiegel'glatt ADJ *Wasseroberfläche* como un espejo; *Straße* muy resbaladizo

'spiegelgleich ADJ MATH simétrico; **Spiegelgleichheit** F MATH simetría *f*

'Spiegelkarpfen M *Fisch*: carpa *f* espejo; **Spiegelmikroskop** N microscopio *m* con reflector

'spiegeln A VT reflejar B VI 1 (*wie ein Spiegel wirken*) reflejar, espejear 2 (*glänzen*) brillar, relucir, resplandecer C VR **sich ~** reflejarse (**in** *dat* en) (*a. fig*)

'Spiegelreflexkamera F FOTO cámara *f* reflex (*od* de espejo); **Spiegelsaal** M sala *f* de los espejos; **Spiegelscheibe** F luna *f* de espejo; **Spiegelschrank** M armario *m* de luna (*od* de espejo); **Spiegelschrift** F escritura *f* invertida (*od* en espejo); **Spiegelteleskop** N telescopio *m* reflector; **Spiegelung** F ⟨~; ~en⟩ (*Spiegelbild*), *von Licht*: reflejo *m*; PHYS reflexión *f*; (*Luftspiegelung*) espejismo *m*

'spiegelverkehrt ADJ invertido lateralmente

Spiel N ⟨~(e)s; ~e⟩ 1 juego *m*; (*a. Spielweise, fig der Farben, Muskeln*); **falsches ~** juego *m* con trampas, *fig* doble juego; **die Olympischen ~e** los Juegos Olímpicos; **das ~ verderben** desbaratar el juego; *fig a.* aguar la fiesta; **das ~ ist aus** se ha terminado el juego 2 (*Spielrunde*) partida *f*; SPORT partido *m*, encuentro *m*; *Schach etc*: partida *f*; **ein ~** (*e-e Partie*) **machen** jugar una partida; **machen Sie Ihr ~!** ¡hagan juego!; **das ~ aufgeben** abandonar la partida; **das ~ verloren geben** dar por perdida la partida; resignarse; SPORT **wie steht das ~?** ¿cómo van? 3 *fig* **doppeltes ~ treiben** jugar con dos barajas; **j-m freies ~ lassen** dejar manos libres a alg; *fig* **gewonnenes ~ haben** tener ganada la partida; **j-s ~ durchschauen** ver (*od* conocer) a alg el juego; **sein ~ mit j-m treiben** jugar con alg; burlarse de alg; **mit j-m leichtes ~ haben** tenerlo fácil con alg; no encontrar dificultades con alg; ganar con facilidad a alg; **lass ihn aus dem ~!** ¡no lo metas en eso! 4 THEAT (*Stück*) pieza *f*, (*Vorführung*) representación *f*, *der Darsteller*: interpretación *f*, actuación *f*; MUS (*Anschlag*) pulsación *f*, (*Vortrag*) ejecución *f* 5 (*Satz*) **ein ~ Karten** una baraja; **ein ~ Stricknadeln** un juego de agujas de punto 6 TECH (*Spielraum*) juego *m*; **~ haben** tener juego

'Spielart F variante *f*; BIOL variedad *f*; **Spielausgang** M SPORT resultado *m* final (del partido); **Spielautomat** M máquina *f* recreativa, *umg* (máquina *f*) tragaperras *m/f*; **Spielball** M 1 SPORT pelota *f*; *Tennis, Billard*: bola *f* (de juego) 2 *fig* juguete *m*; **ein ~ der Wellen sein** estar a merced de las olas; **Spielbank** F ⟨~; ~en⟩ casa *f* de juego; casino *m* (de juego); **spielbar** ADJ MUS ejecutable; tocable; **Spielbein** N pierna *f* desapoyada; **Spielbrett** N tablero *m*; *beim Damespiel*: damero *m*; **Spieldauer** F 1 SPORT duración *f* del partido 2 *e-r Platte*: duración *f* de la audición; **Spieldose** F caja *f* de música

'Spielekonsole F consola *f* de (video)juegos

'spielen A VT 1 jugar a (*a.* SPORT); **Karten/Tennis/Cowboy ~** jugar a las cartas/al tenis/a los vaqueros 2 MUS *Instrument* tocar; *Stück a.* ejecutar, interpretar; **Geige/Klavier ~** tocar el violín/el piano 3 THEAT representar; actuar; *Rolle a.* interpretar; **den Hamlet ~** interpretar a Hamlet 4 FILM poner, proyectar, pasar, *umg* dar; *CD, DVD etc* poner 5 *umg fig* **was wird hier gespielt?** ¿qué pasa aquí?; **j-m etw in die Hände ~** hacer llegar a/c a alg 6 (*vorgeben*) simular, fingir; **den Dummen ~** hacerse el tonto; **den Kranken ~** hacerse el enfermo; **den großen Mann ~** darse aires (*od* dárselas) de gran señor; **mit gespieltem Ernst** con seriedad fingida; **mit gespielter Gleichgültigkeit** con fingida indiferencia B VI 1 jugar (*a.* SPORT); **unentschieden ~** empatar; **sie haben 1:0 gespielt** han ganado uno a cero; **mit j-m ~** jugar con alg (*a. fig*); *fig* **mit j-s Gefühlen ~** jugar con (los sentimientos de) alg; **mit Puppen ~** jugar con muñecas; **mit Worten ~** hacer juegos de palabras; *fig* **mit seiner Gesundheit ~** jugar con la salud; **um etw ~** jugarse a/c; (*wetten*) *a.* apostar a/c; **um Geld ~** jugar con dinero; **falsch ~** jugar mal; **hoch/niedrig ~** jugar fuerte/bajo → falschspielen 2 MUS tocar; **falsch ~** desafinar; tocar mal; **auf der Gitarre/dem Klavier ~** tocar a la guitarra/al piano 3 THEAT actuar; *Handlung* pasar, desarrollarse 4 *fig* **seine Muskeln ~ lassen** enseñar los puños; **mit dem Gedanken ~, zu ...** (*inf*) acariciar la idea de ... (*inf*); **seine Beziehungen ~ lassen** tocar todos los resortes 5 *Farbe*: **ins Blaue ~** tirar a azul; **in allen Farben ~** irisar

'spielend ADV *fig* fácilmente; sin esfuerzo; sin dificultades; **~ lernen** aprender jugando; **es ist ~ leicht** es un juego de niños; *umg* es coser y cantar (*od* pan comido)

'Spieler M ⟨~s; ~⟩ jugador *m*; THEAT actor *m*; MUS ejecutante *m*, instrumentista *m*

Spiele'rei F ⟨~; ~en⟩ 1 jugueteo *m*; (*Zeitvertreib*) pasatiempo *m*; divertimiento *m*; **eine ~ mit Zahlen** un pasatiempo numérico 2 (*Leichtigkeit*) juego *m* de niños; (*Kleinigkeit*) bagatela *f* 3 (*Kinderei, Herumspielen*) niñada *f*, niñería *f* 4 (*Schnickschnack*) sandeces *fpl*

'Spielereinkauf M SPORT fichaje *m*; **Spielergebnis** N SPORT resultado *m* (del partido);

Spielerin F ⟨~; ~nen⟩ jugadora *f*; THEAT actriz *f*; MUS ejecutante *f*, instrumentista *f*
ˈ**spielerisch** ADJ **1** *(leicht)* como jugando; *(ohne Ernst)* juguetón; **mit ~er Leichtigkeit** con gran facilidad; (como) jugando **2** SPORT *(spieltechnisch)* del juego; **eine gute ~e Leistung** una buena actuación
ˈ**Spielfeld** N SPORT campo *m* (*od* terreno *m*) de juego; *Am* cancha *f*; *Tennis*: pista *f*; *Basketball*: cancha *f*; **Spielfilm** M largometraje *m*; **Spielfläche** F VERW *für Kinder*: zona *f* de recreo infantil; **Spielfolge** F programa *m*; **Spielführer** M, **Spielführerin** F SPORT capitán *m*, -ana *f* (del equipo); **Spielgefährte** M, **Spielgefährtin** F compañero *m*, -a *f* de juegos; **Spielgeld** N **1** dinero *m* de juguete **2** *Spieleinsatz*: puesta *f*; **Spielgewinn** M ganancia *f* en el juego; **Spielhälfte** F SPORT **1** *erste*: primer tiempo *m*; *zweite*: segundo tiempo *m* **2** *des Spielfelds*: campo *m*; **Spielhalle** F salón *m* recreativo; **Spielhölle** F garito *m*, guarida *f* de juego; **Spielkamerad** M, **Spielkameradin** F → Spielgefährte; **Spielkarte** F naipe *m*, carta *f*; **Spielkasino** N casino *m* (de juego); **Spielklub** M club *m* de jugadores; **Spielkonsole** F consola *f* de (video)juegos; **Spielleidenschaft** F pasión *f* del juego
ˈ**Spielleiter** M, **Spielleiterin** F **1** THEAT director *m*, -a *f* artístico, -a (*od* de escena); FILM director *m*, -a *f*, realizador *m*, -a *f* **2** SPORT árbitro *m/f* **3** TV presentador *m*, -a *f*; **Spielleitung** F THEAT dirección *f* (artística)
ˈ**Spielleute** PL → Spielmann; **Spielmacher** M SPORT cerebro *m* (del equipo); **Spielmann** M ⟨~(e)s; -leute⟩ HIST ministril *m*; juglar *m*; **Spielmannszug** M banda *f* de música; **Spielmarke** F ficha *f*; **Spielmaterial** N *Spionage*: desinformación *f*; **Spielothek** F ludoteca *f*; **Spielplan** M THEAT programa *m*; repertorio *m*; cartelera *f*; **auf dem ~ stehen** estar en cartel; **sich auf dem ~ halten** mantenerse en cartelera
ˈ**Spielplatz** M *(Kinderspielplatz)* parque *m* infantil
ˈ**Spielraum** M **1** espacio *m* (libre); amplitud *f*; *fig* margen *m* (de tolerancia); *(Bewegungsfreiheit)* libertad *f* de movimiento; **freien ~ haben** tener campo libre; tener libertad de movimiento; **~ lassen** dejar margen (**für** para) **2** TECH juego *m*
ˈ**Spielregel** F regla *f* del juego (*a. fig*); **Spielsachen** FPL juguetes *mpl*; **Spielsalon** M sala *f* recreativa; **Spielschuld** F deuda *f* de juego; **Spielschule** F parvulario *m*; **Spielshow** [-ʃoː] F TV concurso *m* televisivo; **Spielstand** M tanteo *m*; **Spielstein** M pieza *f* de juego; **Spielstraße** F *Verkehr*: *calle cerrada al tráfico para que juegen los niños*; **Spielsucht** F pasión *f* del juego; **Spieltag** M SPORT día *m* de la competición *bzw* del partido; **Spielteufel** M demonio *m* del juego; **Spieltisch** M mesa *f* de juego; *im Kasino*: tapete *m* verde; **Spieltrieb** M instinto *m* del juego (*od* lúdico); **Spieluhr** F reloj *m* de música; **Spielverbot** N SPORT suspensión *f*; **Spielverderber** M ⟨~s; ~⟩, **Spielverderberin** F ⟨~; ~nen⟩ aguafiestas *m/f*; **Spielvereinigung** F club *m* deportivo; **Spielverlängerung** F SPORT prórroga *f* (del partido); **Spielverlauf** M transcurso *m* del partido; **Spielverlust** M pérdida *f* en el juego
ˈ**Spielwaren** FPL juguetes *mpl*; **Spielwarengeschäft** N juguetería *f*; **Spielwarenhändler** M, **Spielwarenhändlerin** F comerciante *m/f* en juguetes; **Spielwarenhandlung** F juguetería *f*; **Spielwarenindustrie** F industria *f* del juguete (*od* juguetera)
ˈ**Spielwerk** N mecanismo *m* (de una caja de música); **Spielwiese** F **1** campo *m* de juegos **2** *fig* **eine ~ für neue Ideen** ≈ un terreno para nuevas ideas; **Spielwut** F → Spielsucht; **Spielzeit** F **1** THEAT temporada *f* **2** SPORT duración *f* del partido; **reguläre ~** tiempo *m* reglamentario; **Spielzeug** N juguete *m* (*a. fig*); **Spielzeugeisenbahn** F tren *m* de juguete; **Spielzimmer** N cuarto *m* de juego (*bzw* de los niños)
ˈ**Spiere** F ⟨~; ~n⟩ SCHIFF percha *f*; botalón *m*; **Spierstrauch** M BOT espirea *f*
Spieß M ⟨~es; ~e⟩ **1** *Waffe*: pica *f*; lanza *f*; *(Wurfspieß)* dardo *m*; venablo *m*; *(Jagdspieß)* jabalina *f*; *fig* **den ~ umdrehen** volver la tortilla **2** *(Bratspieß)* brocheta *f*, asador *m*; espetón *m*; *kleinerer*: pincho *m*; **am ~** a la brocheta; **an den ~ stecken** espetar; **er schreit wie am ~** grita como un condenado **3** *umg* MIL sargento *m* primero; *umg* mandamás *m*
ˈ**Spießbürger** M, **Spießbürgerin** F *pej* pequeñoburgués *m*, -esa *f*; **spießbürgerlich** ADJ *pej* de pequeñoburgués; **Spießbürgertum** N espíritu *m* burgués
ˈ**spießen** V/T atravesar (*od* traspasar) con la pica (*bzw* lanza); **etw auf etw** *(acus)* **~** clavar (*od* espetar) a/c en a/c; **etw in etw** *(acus)* **~** clavar a/c en a/c
ˈ**Spießer** M ⟨~s; ~⟩ **1** *umg pej* → Spießbürger **2** JAGD venado *m* de dos años; **Spießgeselle** M cómplice *m*, *umg* compinche *m*; compañero *m* de fechorías
ˈ**spießig** ADJ *pej* (pequeño)burgués; aburguesado; estrecho de miras
ˈ**Spießrute** F baqueta *f*; MIL, HIST **~n laufen** correr baquetas; *fig* sentir la mirada de los curiosos
ˈ**Spikes** [spaɪks] MPL **1** AUTO neumáticos *mpl* claveteados **2** SPORT zapatillas *fpl* de clavos; **Spikesreifen** M neumáticos *mpl* claveteados
Spill N ⟨~(e)s; ~e⟩ SCHIFF cabrestante *m*
Spina bifida F ⟨~⟩ MED espina *f* bífida
spiˈnal ADJ espinal; MED **~e Kinderlähmung** parálisis *f* infantil, poliomielitis *f*
Spiˈnat M ⟨~(e)s; ~e⟩ BOT espinaca *f*; GASTR espinacas *fpl*
Spind M, N ⟨~(e)s; ~e⟩ taquilla *f*; alacena *f*
ˈ**Spindel** F ⟨~; ~n⟩ huso *m* (*a.* BIOL); TECH *(Schraubenspindel)* husillo *m*; *(Zapfen)* pivote *m*; *(Wellbaum)* árbol *m* (*a. e-r Wendeltreppe*)
ˈ**spindelˈdürr** ADJ enjuto de carnes; *umg* delgado como un fideo
ˈ**spindelförmig** ADJ fusiforme, en forma de huso; **Spindelstock** M TECH cabezal *m* (de husillo)
Spiˈnett N ⟨~(e)s; ~e⟩ MUS espineta *f*
ˈ**Spinnaker** M ⟨~s; ~⟩ SCHIFF spinnaker *m*
ˈ**Spinne** F ⟨~; ~n⟩ ZOOL araña *f*; *umg* **pfui ~!** ¡qué asco!
ˈ**spinneˈfeind** ADJ **j-m ~ sein** estar a matar con alg
ˈ**spinnen** *(irr)* **A** V/T **1** TEX hilar **2** *fig Intrigen* tramar, urdir **B** V/I **1** TEX hilar **2** *umg fig (verrückt sein)* estar chiflado; estar mal de la cabeza; estar chaveta (*od* majareta); *(faseln)* fantasear; *umg* **du spinnst wohl?** ¡tú deliras!; ¿estás loco? **3** *reg Katze* ronronear
ˈ**Spinnengewebe** N, **Spinnennetz** N tela *f* de araña, telaraña *f*
ˈ**Spinner** M ⟨~s; ~⟩ **1** TEX hilandero *m* **2** *umg fig pej* majareta *m*; chalado *m*; chiflado *m* **3** ZOOL esfinge *f*, bómbice *m*
Spinneˈrei F ⟨~; ~en⟩ **1** TEX hilandería *f*, *Betrieb a.*: fábrica *f* de hilados **2** *umg fig pej* locura *f*, chifladura *f*; manías *fpl*
ˈ**Spinnerin** F ⟨~; ~nen⟩ **1** TEX hilandera *f* **2** *umg fig pej* majareta *f*; chalada *f*; chiflada *f*
ˈ**Spinnfaser** F fibra *f* textil; **Spinngewebe** N telaraña *f*, tela *f* de araña; **Spinnmaschine** F máquina *f* de hilar, hiladora *f*; **Spinnrad** N torno *m* de hilar; **Spinnstoff** M materia *f* textil; **Spinnstube** F *hist* cuarto *m* de las hilanderas; **Spinnwebe** F → Spinngewebe
Spin-ˈoff [spɪnˈʔɔf] M, N ⟨~(s); ~s⟩ WIRTSCH efecto *m* indirecto, beneficios *mpl* incidentales, beneficios *mpl* indirectos; **Spin-off-Produkt** N *(zweitverwertetes Produkt)* producto *m* derivado; subproducto *m*; producto suplementario
spintiˈsieren V/I ⟨*ohne* ge-⟩ *umg (grübeln)* cavilar; *(fantasieren)* fantasear
Spiˈon M ⟨~s; ~e⟩ **1** *(Agent)* espía *m* **2** *in der Tür*: mirilla *f*
Spioˈnage [-ʒə] F ⟨~⟩ espionaje *m*; **Spionageabwehr** F contraespionaje *m*; **Spionageabwehrdienst** M servicio *m* de contraespionaje; **Spionagefall** M caso *m* de espionaje; **Spionagenetz** N, **Spionagering** M red *f* de espionaje; **Spionagesatellit** M satélite *m* espía; **spionageverdächtig** ADJ sospechoso de espionaje
spioˈnieren V/I ⟨*ohne* ge-⟩ espiar
Spiˈonin F ⟨~; ~nen⟩ espía *f*
Spiˈräe F ⟨~; ~n⟩ BOT espirea *f*
spiˈral ADJ (en) espiral; **Spiralbohrer** M broca *f* espiral
Spiˈrale F ⟨~; ~n⟩ **1** espiral *f*, hélice *f*; ARCH voluta *f* **2** *(Pessar)* diu *m*; **Spiralfeder** F resorte *m* espiral (*od* helicoidal); *der Uhr*: espiral *f*; **spiralförmig** ADJ, **spiralig** ADJ espiral; helicoidal; **Spirallinie** F espiral *f*; **Spiralnebel** M ASTRON nebulosa *f* espiral
Spiriˈtismus M ⟨~⟩ espiritismo *m*; **Spiritist** M ⟨~en; ~en⟩, **Spiritistin** F ⟨~; ~nen⟩ espiritista *m/f*; **spiritistisch** ADJ espiritista
Spirituaˈlismus M ⟨~⟩ espiritualismo *m*
spirituˈell ADJ espiritual
Spirituˈosen PL bebidas *fpl* espirituosas (*od* alcohólicas)
ˈ**Spiritus** M ⟨~; ~se⟩ alcohol *m* (etílico); **Spirituskocher** M infiernillo *m*, hornillo *m* (de alcohol); **Spirituslampe** F lámpara *f* de alcohol
Spiroˈchäte F ⟨~; ~n⟩ BIOL *Bakterium*: espiroqueta *f*
Spiroˈgraf M, **Spiroˈgraph** M ⟨~; ~en⟩ MED espirógrafo *m*; **Spiroˈmeter** M espirómetro *m*
Spiˈtal N ⟨~s; ¨er⟩ *bes österr, schweiz* hospital *m*
spitz **A** ADJ **1** agudo (*a.* MATH *Winkel*); puntiagudo; *Gesicht* afilado; BOT acuminado; *(dünn)* delgado **2** *fig (Bemerkung)* mordaz, cáustico; acerbo; picante; *Schrei* agudo **B** ADV en punta; **~ auslaufen** terminar en punta
Spitz M ⟨~es; ~e⟩ ZOOL lulú *m*
ˈ**Spitzbart** M barba *f* en punta (*od* de chivo); *am Kinn*: pera *f*, perilla *f*; **Spitzbergen** N GEOG Spitzberg *m*; **Spitzbogen** M ARCH ojiva *f*, arco *m* ojival; **spitzbogig** ADJ ojival; **Spitzbube** M *hum (Dieb)* ladrón *m*; ratero *m*, *umg* caco *m*; *(Schelm)* pícaro *m*; *Junge*: pillín *m*, pillo *m*; tunante *m*
ˈ**Spitzbubengesicht** N cara *f* de pícaro (*od* de pillo); **Spitzbubenstreich** M picardía *f*; bellaquería *f*; *umg* granujada *f*; trastada *f*
ˈ**Spitzbübin** F ⟨~; ~nen⟩ pícara *f*; **spitzbübisch** ADJ pícaro; de pillo
ˈ**Spitze** F ⟨~; ~n⟩ **1** *allg* punta *f* (*a. Haarspitze, Fingerspitze, Nasenspitze, e-s Zugs*), pico *m*; *(Schuhspitze)* puntera *f*; GEOM *e-s Dreiecks*: vértice *m*; *bes* ANAT, BIOL ápice *m*; ápex *m*; **die ~ von etw abbrechen** despuntar a/c **2** *(Turmspitze)*

aguja *f*; flecha *f*; *(Giebelspitze, Dachspitze)* remate *m* **3** *(Baumspitze)* cima *f*, copa *f*; *(Bergspitze)* cima *f*, cumbre *f* **4** *(äußerstes Ende)* extremo *m*; extremidad *f*; cabo *m*; *(Höchstwert)* tope *m*; *(Überschuss)* excedente *m*; *fig* **die Dinge auf die ~ treiben** extremar (*od* llevar hasta el extremo) las cosas **5** *fig e-s Unternehmens etc:* cabeza *f*; dirección *f*; *(Spitzengruppe)* cabecera *f*; **die ~n der Gesellschaft** la crema de la sociedad; las notabilidades; **an der ~ sein** *od* **stehen** estar a la cabeza (*a.* SPORT); estar al frente (**von** de); encabezar; SPORT **an der ~ liegen** ir en cabeza, ir a la cabeza; llevar la delantera; **sich an die ~ setzen** tomar la delantera (*a.* SPORT); ponerse a la cabeza (*od* al frente) (*gen* de) **6** *(Zigarettenspitze)* boquilla *f* **7** *fig (bissige Bemerkung)* indirecta *f*; **das ist eine ~ gegen dich** eso va por ti **8** TEX encaje *m*, puntilla *f*; *fig* **einer Sache die ~ nehmen** *od* **abbrechen** quitar hierro a a/c **9** *umg***einsame ~ sein** *umg* ser el no-va-más → spitze

spitze ADJ *umg* **das ist ~!** ¡es estupendo!; *sl* ¡es cojonudo!; *umg* ¡es el no-va-más!

'Spitzel M ⟨~s; ~⟩ *(Spion)* espía *m*; *der Polizei:* confidente *m*; *(Zwischenträger)* confidente *m*; *umg* soplón *m*

'spitzeln VI espiar

'spitzen **A** VT aguzar; afilar; *Bleistift a.* sacar punta a; **den Mund** *od* **die Lippen ~** redondear los labios **B** VI *reg (erhoffen)* **auf etw** *(acus)* **~** codiciar a/c; desear con ansia a/c

'Spitzenbelastung F ELEK carga *f* de punta; **Spitzenbesatz** M TEX guarnición *f* de encajes; **Spitzenbluse** F TEX blusa *f* de encajes; **Spitzeneinsatz** M TEX entredós *m* (de encaje); **Spitzenergebnis** N resultado *m* sobresaliente; **Spitzenerzeugnis** N, **Spitzenfabrikat** N producto *m* de primera calidad; **Spitzengehalt** N sueldo *m* máximo; **Spitzengeschwindigkeit** F velocidad *f* máxima (*od* punta); **Spitzengruppe** F cabecera *f*; SPORT *Radfahren:* pelotón *m* de cabeza; *e-r Tabelle:* grupo *m* de cabeza; **Spitzenkandidat** M, **Spitzenkandidatin** F candidato *m*, -a *f* principal

'Spitzenklasse F primera calidad *f*; gran clase *f*; **ein Hotel der ~** un hotel de primera; *umg* **~ sein** ser genial

'Spitzenkleid N vestido *m* (guarnecido) de encajes; **Spitzenklöppel** M ⟨~s; ~⟩ TEX bolillo *m*; **Spitzenklöppler** M ⟨~s; ~⟩, **Spitzenklöpplerin** F ⟨~; ~nen⟩ TEX encajero *m* -a *f*; **Spitzenkraft** F persona *f* altamente cualificada; **Spitzenkragen** M cuello *m* de encaje (*od* de puntilla)

'Spitzenleistung F **1** *e-s Arbeiters:* rendimiento *m* máximo **2** SPORT récord *m*; plusmarca *f* **3** TECH rendimiento *m* máximo; *e-r Maschine:* potencia *f* máxima **4** *fig* hazaña *f*; proeza *f*; **Spitzenlohn** M salario *m* máximo; **Spitzenorganisation** F organización *f* central; **Spitzenpolitiker** M, **Spitzenpolitikerin** F alto cargo *m* político; **Spitzenposition** F posición *f* tope; **Spitzenprodukt** N HANDEL producto *m* (*od* artículo *m*) de primera calidad; **Spitzenqualität** F calidad *f* suprema (*od* superior); **Spitzenreiter** M SPORT favorito *m*; líder *m* (*a. fig*); delantero *m*; *fig* puntero *m*; *in der Hitparade:* número *m* uno

'Spitzensportler M, **Spitzensportlerin** F deportista *m/f* de gran clase

'Spitzenstrom M ELEK corriente *f* de punta; **Spitzentanz** M baile *m* de puntas; **Spitzentänzerin** F bailarina *f* de punt(ill)as; **Spitzentechnik** F técnica *f* de punta; **Spitzentechnologie** F tecnología *f* de punta (*od* líder); alta tecnología *f*; **Spitzenverband** M asociación *f* central; **Spitzenverdiener** M, **Spitzenverdienerin** F persona *f* de ingresos elevados; **Spitzenverkehrszeit** F horas *fpl* punta; **Spitzenwein** M vino *m* selecto; **Spitzenwert** M valor *m* máximo

'Spitzer M ⟨~s; ~⟩ sacapuntas *m*, afilalápices *m*

'spitzfindig ADJ sutil; **Spitzfindigkeit** F ⟨~; ~en⟩ sutileza *f*; sutilidad *f*; argucia *f*

'Spitzhacke F pico *m*; **Spitzhammer** M martillo *m* de puntas

'spitzig ADJ → spitz; **Spitzkohl** M *variedad de repollo de forma ovalada y puntiaguda*; **spitzkriegen** VT *umg* enterarse (de), descubrir

'Spitzmaus F ZOOL musaraña *f*, musgaño *m*; **Spitzname** M apodo *m*, mote *m*; **Spitznase** F nariz *f* puntiaguda; **Spitzwegerich** M BOT llantén *m* menor; **spitzwink(e)lig** ADJ MATH acutángulo; **spitzzüngig** ADJ cáustico

Spleen [spli:n] M ⟨~s; ~s⟩ manía *f*; esplín *m*; *umg* chifladura *f*; excentricidad *f*; **einen ~ haben** ser un excéntrico; **'spleenig** ADJ excéntrico; maniático

'spleißen VT ⟨irr⟩ hender, rajar; SCHIFF *Tau* ayustar; *Kabel* empalmar

Splenekto'mie F ⟨~; ~n⟩ MED esplenectomía *f*; **Splenomega'lie** F ⟨~; ~n⟩ MED esplenomegalia *f*

Splint M ⟨~(e)s; ~e⟩ TECH clavija *f*; **'Splintholz** N albura *f*

'splissen VT → spleißen

Splitt M ⟨~(e)s; ~e⟩ gravilla *f*

'splitten VT WIRTSCH, POL partir, dividir

'Splitter M ⟨~s; ~⟩ *(Holzsplitter)* astilla *f*; *im Finger:* espina *f*; *(Glassplitter, Granatsplitter, Steinsplitter)* casco *m*; MED *(Knochensplitter)* esquirla *f*; *(Bruchstück)* fragmento *m*; **~** *pl von Glas a.:* cristales *mpl*, añicos *mpl*

'Splitterbruch M MED fractura *f* conminuta; **splitter'faser'nackt** ADJ → splitternackt; **splitterfrei** ADJ *Glas* inastillable; **Splittergruppe** F POL grupúsculo *m*

'splittern VI saltar en pedazos; astillarse; estrellarse

'splitter'nackt ADJ en cueros (vivos), *umg* en pelota(s)

'Splitterpartei F POL partido *m* minúsculo; micropartido *m*; **splittersicher** ADJ MIL a prueba de cascos (*od* de metralla); *Glas* inastillable; **Splitterwirkung** F MIL efecto *m* del estallido

'Splitting N **1** *Steuerrecht:* *(Ehegattensplitting)* *sistema de tributación conjunta de un matrimonio* **2** WIRTSCH partición *f* **3** POL ≈ voto *m* doble

SPÖ F ABK (Sozialistische Partei Österreichs) Partido *m* Socialista de Austria

'Spoiler M ⟨~s; ~⟩ AUTO alerón *m*

Spondy'litis F ⟨~; Spondyli'tiden⟩ MED espondilitis *f*

spong'iös ADJ BOT esponjoso, reticulado

'sponsern VT patrocinar, auspiciar

'Sponsor ['ʃpɔnzo:r] M ⟨~s; -'soren *od* ~s⟩, **Spon'sorin** F ⟨~; ~nen⟩ patrocinador *m*, -a *f*; auspiciador *m*, -a *f*

'Sponsoring ['ʃpɔnsorıŋ] N ⟨~s; ~s⟩ mecenazgo *m*; apadrinamiento *m*

spon'tan ADJ espontáneo

Spontan(e)i'tät F ⟨~⟩ espontaneidad *f*

Spon'tangeburt F parto *m* normal; **Spontanheilung** F MED curación *f* espontánea; **Spontankauf** M compra *f* espontánea

spo'radisch ADJ esporádico

'Spore F ⟨~; ~n⟩ BOT espora *f*; **Sporentierchen** N ZOOL esporozoo *m*

Sporn M ⟨~(e)s; Sporen⟩ espuela *f* (*a.* BOT); ZOOL, SCHIFF, TECH espolón *m*; MED espica *f*; **einem Pferd die Sporen geben** dar de espuelas al caballo; espolear a un caballo, dar de espuelas a un caballo; *fig* **sich** *(dat)* **die Sporen verdienen** hacer méritos; hacer sus primeras armas

'Spornrad N FLUG rueda *f* de cola; **Spornrädchen** N rodaja *f*, estrella *f* (de la espuela); **spornstreichs** ADV *lit* a rienda suelta; a toda prisa; a todo correr; a escape; *(sofort)* inmediatamente, acto seguido

Sport M ⟨~(e)s⟩ deporte *m*; *Schulfach:* educación *f* física; **~ treiben** practicar un deporte; **~ treibend** que practica un deporte

'Sportabzeichen N insignia *f* deportiva; **Sportanlage** F complejo *m* deportivo, polideportivo *m*; **Sportanzug** M conjunto *m* deportivo; **Sportart** F deporte *m*; **~en** *fpl* deportes *mpl*; disciplinas *fpl* deportivas; **Sportartikel** M artículo *m* de deporte; **Sportarzt** M, **Sportärztin** F médico *m*, -a *f* de deporte; **Sportausrüstung** F equipo *m* deportivo (*od* de deporte); **sportbegeistert** ADJ entusiasta del (*od* aficionado al) deporte

'Sportbericht M reportaje *m* deportivo; crónica *f* deportiva; **Sportberichterstatter** M, **Sportberichterstatterin** F reportero *m*, -a *f* de deportes

'Sport-BH M sujetador *m* deportivo; **Sportcoupé** N AUTO cupé *m* deportivo; **Sportdress** M conjunto *m* deportivo; **Sportereignis** N acontecimiento *m* deportivo; **Sportfeld** N campo *m* de deportes; *Am* cancha *f*; **Sportfest** N fiesta *f* deportiva; **Sportflieger** M aviador *m* deportista; **Sportfliegerei** F aviación *f* deportiva; **Sportfliegerin** F aviadora *f* deportista; **Sportflugzeug** N avión *m* deportivo, avioneta *f* (de deporte)

'Sportfreund M **Sportfreundin** F **1** *(Sportliebhaber[in])* amigo *m*, -a *f* del deporte **2** *(Sportkamerad[in])* compañero *m*, -a *f* de deportes

'Sportgeist M espíritu *m* deportivo; **Sportgelände** N campo *m* (*od* terreno *m*) de deportes; **Sportgerät** N aparato *m* de deporte; **Sportgeschäft** N tienda *f* de artículos de deporte; **Sporthalle** F gimnasio *m*, pabellón *m* de deportes (*od* deportivo); **Sporthemd** N camisa *f* sport; **Sporthochschule** F escuela *f* superior de deportes; **Sporthotel** N hotel *m* para deportistas; **Sportjacke** F chaqueta *f* sport; **Sportjournalist** M **Sportjournalistin** F periodista *m/f* deportivo, -a; **Sportkanone** F *umg* as *m* del deporte; **Sportkleidung** F prendas *fpl* deportivas; **Sportklub** M club *m* deportivo; **Sportlehrer** M, **Sportlehrerin** F profesor *m*, -a *f* de educación física

'Sportler M ⟨~s; ~⟩, **Sportlerin** F ⟨~; ~nen⟩ deportista *m/f*

'sportlich ADJ deportivo; deportista; **Sportlichkeit** F ⟨~⟩ deportividad *f*

'Sportmedizin F medicina *f* deportiva; **Sportnachrichten** FPL noticias *fpl* deportivas; **Sportpalast** M palacio *m* de los deportes; **Sportplatz** M → Sportfeld; **Sportredakteur** M, **Sportredakteurin** F redactor *m*, -a *f* deportivo, -a

'Sportreportage F reportaje *m* deportivo; **Sportreporter** M **Sportreporterin** F reportero *m*, -a *f* deportivo, -a

'Sportschuhe MPL **1** *(Turnschuhe)* zapatillas *fpl* de deportes **2** *(sportliche Schuhe)* zapatos *mpl* deportivos; **Sportschule** F escuela *f* de deportes; **Sportsendung** F emisión *f*

deportiva
'Sportsgeist M → Sportgeist; **Sportskanone** F → Sportkanone; **Sportsmann** M ⟨~(e)s; -leute⟩ deportista *m*
'Sportstadion N estadio *m* deportivo; **Sporttauchen** N submarinismo *m*, escafandrismo *m*; **Sporttaucher** M, **Sporttaucherin** buceador *m*, -a *f*, submarinista *m/f*; **Sportteil** M *e-r Zeitung:* sección *f* deportiva; **Sporttrikot** N maillot *m*; **Sportunterricht** M (clase *f* de) educación *f* física; **Sportveranstaltung** F acto *m* deportivo; **Sportverband** M asociación *f* deportiva; **Sportverein** M sociedad *f* deportiva; **Sportverletzung** F ≈ herida *f* causada por practicar un deporte; **Sportwagen** M 1 AUTO coche *m* deportivo; vehículo *m* sport 2 *Kinderwagen:* cochecito *m* deportivo; **Sportwelt** F mundo *m* deportivo (*od* de los deportes); **Sportzeitung** F periódico *m* deportivo; **Sportzentrum** N centro *m* deportivo
Spott M ⟨~(e)s⟩ burla *f*; escarnio *m*; mofa *f*; *beißender:* sarcasmo *m*; *verhüllter:* ironía *f*; *witziger:* sátira *f*; REL blasfemia *f*; **seinen ~ mit etw/j-m treiben** burlarse de a/c/de alg; hacer befa de a/c/de alg; mofarse de a/c/de alg
'Spottbild N caricatura *f*
'spott'billig ⟨~⟩ A ADJ baratísimo; *umg* regalado, tirado, una ganga B ADV a precio irrisorio (*od* tirado *od* regalado)
'Spottdrossel F ORN sinsonte *m*
Spötte'lei F ⟨~; ~en⟩ burla *f*; mofa *f*; *umg* chunga *f*; chacota *f*
'spötteln VI burlarse (**über** *acus* de); mofarse (de)
'spotten VI **~ über** (*acus*) burlarse de; reírse de; (*lächerlich machen*) ridiculizar; (*höhnen*) hacer mofa de, mofarse de; **jeder Beschreibung** (*gen*) **~** ser indescriptible
'Spötter M ⟨~s; ~⟩, **Spötterin** F ⟨~; ~nen⟩ burlón *m*, -ona *f*, *umg* guasón *m*, -ona *f*; *bissiger:* cínico *m*, -a *f*
'Spottfigur F *umg* hazmerreír *m*; **Spottgedicht** N sátira *f*, poema *m* satírico; **Spottgelächter** N risa *f* burlona; **Spottgeld** N **für ein ~** por un precio irrisorio
'spöttisch A ADJ burlón; mofador; sarcástico; irónico; satírico B ADV **~ lächeln** sonreír burlonamente; sotorreírse
'Spottlied N canción *f* burlona; **Spottlust** F espíritu *m* sarcástico; carácter *m* burlón; **spottlustig** ADJ sarcástico; burlón, guasón; **Spottname** M mote *m*, apodo *m*; **Spottpreis** M *umg* precio *m* irrisorio; precio *m* dúmping; **für einen ~** a precio de ganga; **Spottschrift** F sátira *f*; **Spottsucht** F espíritu *m* burlón
sprach → sprechen
'Sprachatlas M atlas *m* lingüístico; **Sprachbarriere** F → Sprachschranke; **Sprachbegabung** F don *m* de lenguas; talento *m* lingüístico; facilidad *f* para aprender idiomas; **Sprachcomputer** M IT ordenador *m* parlante; **Sprachdenkmal** N monumento *m* lingüístico (*bzw* literario)
'Sprache F ⟨~; ~n⟩ 1 *allg* lengua *f*; idioma *m*; **alte/neuere ~** lengua *f* antigua/moderna; **lebende/tote ~** lengua *f* viva/muerta; **fremde ~n** idiomas *mpl* extranjeros, lenguas *fpl* extranjeras; **in spanischer ~** en lengua española 2 (*Ausdrucksweise*) lenguaje *m*; dicción *f*; *e-r Person:* manera *f* de hablar (*od* de expresarse); (*Sprachstil*) estilo *m*; **eine gekünstelte ~** un estilo *m* artificial; **eine offene ~ sprechen** hablar con franqueza; **er spricht jetzt eine ganz andere ~** ha cambiado de tono; *fig* **die ~ der Kunst** el lenguaje del arte 3 (*Sprechfähigkeit*) palabra *f*; habla *f*; **die ~ verlieren/wiedergewinnen** perder/recobrar el habla (*a. fig*) 4 (*Stimme*) **nicht mit der ~ herauswollen** no atreverse a hablar; **heraus mit der ~!** ¡habla!, ¡suéltalo!, ¡explícate!; *umg* ¡desembucha!; **ihr blieb die ~ weg** *od* **es hat ihr die ~ verschlagen** se quedó sin habla (*od* con la boca abierta *od umg* de una pieza) 5 *im Gespräch:* **die ~ auf etw bringen** hacer caer la conversación sobre a/c; **zur ~ bringen** someter a discusión; poner sobre el tapete; traer a colación; **zur ~ kommen** llegar a discutirse (*od* tratarse)
'Spracheigenheit F, **Spracheigentümlichkeit** F idiotismo *m*
'Sprachendienst M servicio *m* lingüístico; servicio *m* de traducción e interpretación; **Sprachengewirr** N confusión *f* de lenguas; **Sprachenschule** F escuela *f* de idiomas
'Spracherkennung F IT reconocimiento *m* de voz; **Spracherkennungssoftware** F IT software *m* de reconocimiento *m* de voz
'Sprachfehler M defecto *m* de lenguaje (*od* del habla); LING solecismo *m*; **Sprachforscher** M, **Sprachforscherin** F lingüista *m/f*; **Sprachforschung** F lingüística *f*; **Sprachführer** M manual *m* (*od* guía *f*) de conversación
'Sprachgebiet N **das spanische/deutsche ~** los países de habla hispana/alemana
'Sprachgebrauch M uso *m* del idioma; **Sprachgefühl** N intuición *f* lingüística; sentido *m* del idioma; **sprachgesteuert** ADJ accionado por la voz, controlado por voz; **Sprachgewalt** F grandilocuencia *f*; **sprachgewaltig** ADJ grandilocuente
'sprachgewandt ADJ de palabra fácil; *Redner* diserto; elocuente; **Sprachgewandtheit** F facilidad *f* de palabra; dominio *m* de idiomas; elocuencia *f*
'Sprachgrenze F frontera *f* lingüística; **Sprachheilkunde** F logopedia *f*; **Sprachinsel** F islote *m* lingüístico; **Sprachkenntnisse** PL conocimientos *mpl* lingüísticos (*bzw* de idiomas extranjeros); **ihre spanischen ~** su(s) conocimientos de español; **mit ~n** con idiomas
'sprachkundig ADV versado en lingüística; conocedor de (*od* experto en) idiomas; políglota
'Sprachkurs M curso *m* de idiomas; **Sprachlabor** N laboratorio *m* de idiomas; **Sprachlähmung** F MED afasia *f*; **Sprachlehre** F gramática *f*; **Sprachlehrer** M **Sprachlehrerin** F profesor *m* -a *f* de idiomas
'sprachlich ADJ lingüístico; relativo al idioma (*bzw* al lenguaje); **sprachlos** ADJ (*wortlos*) sin palabras, mudo; privado del habla; *fig* (*verblüfft*) atónito, estupefacto; **~ sein** *od* **dastehen** quedarse sin habla (*od* con la boca abierta)
'Sprachlosigkeit F ⟨~⟩ 1 *vor Staunen:* estupefacción *f* 2 MED afasia *f*; **Sprachraum** M → Sprachgebiet; **Sprachreinheit** F pureza *f* del idioma; **Sprachreise** F viaje *m* para aprender un idioma (*bzw* idiomas); **Sprachrohr** N bocina *f*; megáfono *m*; *fig* portavoz *m*; órgano *m*; **Sprachschatz** M vocabulario *m*; léxico *m*; **Sprachschnitzer** M *umg* desliz *m* gramatical; **Sprachschranke** F barrera *f* lingüística; **Sprachstörung** F MED disfasia *f*; **Sprachstudium** N estudio *m* de lenguas (*od* idiomas); **Sprachtalent** N → Sprachbegabung; **Sprachtherapie** F logopedia *f*; ortofonía *f*; terapia *f* del lenguaje
'Sprachunterricht M enseñanza *f* (*od* clase *f*) de idiomas; **~ erteilen** *od* **geben** enseñar idiomas; dar clases de idioma; **spanischer ~** clase *f* de español
'Sprachvergleich M comparación *f* de lenguas *od* idiomas); **Sprachvergleichung** F *obs* filología *f* comparada; **Sprachverlust** M MED afasia *f*; **Sprachverstoß** M falta *f* gramatical, solecismo *m*
'sprachwidrig ADJ incorrecto; **Sprachwidrigkeit** F incorrección *f* (del lenguaje); barbarismo *m*
'Sprachwissenschaft F lingüística *f*; *historische a.:* filología *f*; **allgemeine ~** lingüística *f* general; **historisch-vergleichende ~** filología *f* comparada
'Sprachwissenschaftler M, **Sprachwissenschaftlerin** lingüista *m/f*; filólogo *m*, -a *f*; **sprachwissenschaftlich** ADJ lingüístico; filológico
sprang → springen
Spray [spreː] M, N ⟨~s; ~s⟩ spray *m*; **Spraydose** F lata *f* de spray; aerosol *m*, vaporizador *m*, pulverizador *m*; **Sprayer** M ⟨~s; ~⟩, **Sprayerin** F ⟨~; ~nen⟩ pintor *m*, -a *f* de graffiti; graffitista *m/f*, graffitero *m*, -a *f*
'Sprechanlage F interfono *m*; teléfono *m* interior; intercomunicador *m*; **Sprechart** F manera *f* (*od* modo *m*) de hablar (*od* de expresarse); dicción *f*; **Sprechblase** F *Comic:* bocadillo *m*; **Sprechchor** M THEAT coro *m* hablado; *fig* coro *m*

'sprechen

⟨*irr*⟩

A intransitives Verb **B** transitives Verb **C** reflexives Verb

— **A** intransitives Verb —

1 *allg* hablar (**über** *acus*, **von** *dat* sobre, de); *Vortragender:* disertar (**über** *acus* sobre); **deutlich ~** (*aussprechen*) pronunciar bien; **klar ~** hablar claro (*od* claramente); **offen ~** hablar con franqueza; TEL **er/sie spricht gerade** (en este momento) está hablando por otra línea; **über j-n/etw** *od* **von jm/etw ~** hablar de alg/a/c; dejemos eso; **ich spreche von ihm** me refiero a él; **von etwas anderem ~** hablar de otra cosa; cambiar de conversación; **von j-m gut/schlecht ~** hablar bien/mal de alg; **~ wir nicht davon** no hablemos de eso; **auf etw** (*acus*) **zu ~ kommen** sacar a/c a colación; **sie kamen auf das Haus/ihren Bruder zu ~** salió el tema de la casa/de su hermano 2 *Person* **zu ~ sein** recibir; admitir visita; **für j-n zu ~ sein** *a.* estar (visible) para alg; **er ist nicht zu ~** no recibe (visita); está ocupado 3 (*sich unterhalten*) **mit j-m ~** hablar *od* conversar con alg; **mit sich** (*dat*) **selbst ~** hablar entre sí; **spreche ich mit Frau Arcas?** ¿estoy hablando con la señora Arcas?; **sie ~ nicht (mehr) miteinander** no se hablan; **ich muss erst mit meinem Anwalt ~** tengo que consultar (*od* hablar) antes con mi abogado; *fig* **(nicht) mit sich** (*dat*) **~ lassen** (no) atender a razones; **zu j-m ~** hablar a alg 4 *fig* **auf j-n gut zu ~ sein** estar bien dispuesto hacia alg; **auf j-n nicht gut zu ~ sein** estar enfadado con alg; tener a alg atravesado (*od* entre ceja y ceja); **für etw ~** (*etw befürworten*) abogar por a/c; **für j-n ~** *stellvertretend:* hablar en lugar (*bzw* en nombre) de alg; *zu seinen Gunsten:* hablar en favor de alg, interceder por alg; **das spricht für ihn** dice mucho (en favor) de él; **das spricht für ihren Mut** es una prueba de su valor; **alle Anzeichen ~ dafür, dass ...** todo induce a creer que ...; **das spricht für sich (selbst)** eso habla por sí solo; es evidente; **dagegen ~** hablar en contra; **das spricht gegen ihn** eso

S

va en contra de él; eso le desfavorece; **was spricht (denn) dagegen?** ¿qué argumentos hay en contra?; **die Verzweiflung spricht aus ihm** la desesperación le hace hablar así

— **B** transitives Verb —

1 *Wahrheit, Gebet, Gedicht* decir; *Urteil* dictar 2 **eine Sprache ~** hablar un idioma; **spanisch ~** hablar (en) español 3 **j-n sprechen** hablar con alg; **kann ich Sie kurz ~?** ¿podría hablar con usted un momento?; **kann ich bitte Frau Horn ~?** quisiera hablar con la señora Horn; **j-n zu ~ wünschen** desear hablar con alg

— **C** reflexives Verb —

sich ~ hablarse; **wir ~ uns noch!** ¡ya nos veremos!; *drohend*: ¡nos veremos las caras!

'Sprechen N ⟨~s⟩ 1 (*Sprechvermögen*) don *m* de la palabra; habla *f* 2 (*Aussprache*) pronunciación *f*

'sprechend ADJ que habla; *fig* expresivo; elocuente

'Sprecher M ⟨~s; ~⟩, **Sprecherin** F ⟨~; ~nen⟩ (*Wortführer[in]*) portavoz *m/f*; *Am* vocero *m*, -a *f*; (*Redner[in]*) orador *m*, -a *f*; RADIO locutor *m*, -a *f*; TV presentador *m*, -a *f*; SCHULE delegado *m*, -a *f*

'Sprechfehler M lapsus *m* linguae; **Sprechfunk** M radiotelefonía *f*; **Sprechfunkgerät** N radioteléfono *m*; **Sprechgebühr** F TEL tarifa *f* telefónica; **Sprechgesang** M MUS recitado *m*; **Sprechkapsel** F TEL cápsula *f* del micrófono; **Sprechrolle** F THEAT papel *m* hablado; **Sprechstunde** F horario *m* de despacho; horas *fpl* de consulta (*a.* MED); **~ haben** tener consulta; **Sprechstundenhilfe** F *neg!* MED auxiliar *f* (de médico); **Sprechtaste** F TEL botón *m* de conversación; **Sprechübungen** FPL ejercicios *mpl* de conversación (*bzw* de fonación); **Sprechunterricht** M clases *fpl* de dicción (*bzw* de declamación); **Sprechweise** F → Sprechart; **Sprechzimmer** N despacho *m*; *e-s Arztes*: sala *f* de consulta, consultorio *m*; *im Kloster, Gefängnis*: locutorio *m*

'spreizbeinig ADJ esparrancado

'Spreize F ⟨~; ~n⟩ TECH puntal *m*; riostra *f*; codal *m*; *Turnen*: separación *f* de las piernas

'spreizen A VT abrir; extender; **die Beine ~** separar las piernas; abrirse de piernas; *umg* esparrancarse B VR **sich ~** *Finger* estirar; *Flügel* abrir; *fig* pavonearse; **sich ~ gegen** oponerse a; → gespreizt

'Spreizfuß M pie *m* con los dedos abiertos; **Spreizring** M TECH anillo *m* extensible

'Sprengbombe F bomba *f* explosiva

'Sprengel M ⟨~s; ~⟩ distrito *m*; REL (*Diözese*) diócesis *f*; (*Pfarrbezirk*) parroquia *f*

'sprengen A VT 1 volar, hacer saltar (**in die Luft** por los aires); *mit Dynamit*: dinamitar 2 (*aufbrechen*) hacer estallar (*od* reventar); *Schloss, Tür* forzar; violentar; *Ketten* romper 3 *fig Versammlung etc* disolver; dispersar; *Spielbank* saltar 4 (*besprengen*) rociar; *Garten, Straße* regar; *Wäsche* humedecer; *Weihwasser* asperjar B VI ⟨sn⟩ *Reiter* galopar; lanzarse al galope

'Sprengen N ⟨~s⟩ 1 voladura *f* 2 (*Besprengen*) riego *m*; aspersión *f*

'Sprenger M ⟨~s; ~⟩ (*Rasensprenger*) regador *m*, aspersor *m*

'Sprengflüssigkeit F líquido *m* explosivo; **Sprenggeschoss** N proyectil *m* explosivo; **Sprengkammer** F cámara *f* de mina (para voladura); **Sprengkapsel** F detonador *m*, fulminante *m*; cápsula *f* explosiva; **Sprengkommando** N MIL destacamento *m* de dinamiteros; **Sprengkopf** M cabeza *f* (explosiva); ojiva *f* (explosiva); **Sprengkörper** M petardo *m*; (cuerpo *m*) explosivo *m*; artefacto *m*; **Sprengkraft** F fuerza *f* explosiva; **Sprengladung** F carga *f* explosiva; **Sprengloch** N BERGB agujero *m* de mina; (*Bohrloch*) barreno *m*; **Sprengmeister** M dinamitero *m*; barrenero *m*; **Sprengmittel** N explosivo *m*; **Sprengpatrone** F cartucho *m* explosivo; **Sprengsatz** M carga *f* explosiva

'Sprengstoff M explosivo *m*; materia *f* explosiva; **Sprengstoffattentat** N atentado *m* con explosivos; **Sprengstoffattentäter** M, **Sprengstoffattentäterin** F dinamitero *m*, -a *f*

'Sprengtrichter M cráter *m*; **Sprengtrupp** M → Sprengkommando; **Sprengung** F ⟨~; ~en⟩ 1 voladura *f*; *mit Dynamit*: dinamitación *f* 2 *fig e-r Versammlung*: disolución *f*; dispersión *f*; **Sprengwagen** M camión *m* de riego, autorregadora *f*; **Sprengwedel** M KATH *für Weihwasser*: hisopo *m*; **Sprengwirkung** F efecto *m* explosivo (*bzw* de la explosión)

'Sprenkel M ⟨~s; ~⟩ mota *f*; (*Fleck*) mancha *f*; salpicadura *f*; **sprenkeln** VT manchar; salpicar; (*tüpfeln*) motear

Spreu F ⟨~⟩ tamo *m*; granzas *fpl*; (*Stroh*) paja *f* menuda; **die ~ vom Weizen sondern** *od* **trennen** separar el grano de la paja (*a. fig*)

spricht → sprechen

'Sprichwort N ⟨~(e)s; ¨er⟩ proverbio *m*; refrán *m*; **sprichwörtlich** ADJ proverbial (*a. fig*); **Sprichwortsammlung** F refranero *m*

'sprießen VI ⟨irr; sn⟩ 1 *Pflanze* brotar; nacer; crecer; (*keimen*) germinar 2 *Bart* crecer, sombrear

Spriet N ⟨~(e)s; ~e⟩ SCHIFF vela *f* de abanico

'Springbrunnen M surtidor *m*; fuente *f*

'springen A VI ⟨sn⟩ 1 *Person* saltar; **über etw** *acus* **~** saltar a/c, dar un salto sobre a/c (*a. fig*, SPORT); (*hüpfen*) brincar; **aus dem Bett/Fenster ~** saltar de la cama/por la ventana; **über einen Graben ~** saltar una zanja 2 *Ball* botar; rebotar; *Ampel* **auf Rot springen** cambiar a rojo 3 (*zerspringen*) estallar; reventar; romperse; partirse; *Porzellan, Glas* resquebrajarse, rajarse; **gesprungene Lippen** labios *mpl* cortados 4 *beim Lesen*: saltar(se) un renglón 5 *umg reg* (*laufen*) correr 6 *umg fig* **etw ~ lassen** *umg* aflojar la mosca; **100 Euro ~ lassen** *umg* aflojar 100 euros B VT ⟨h *od* sn⟩ *Sprung* hacer, ejecutar; *Entfernung, Höhe, Rekord* saltar

'Springen N ⟨~s⟩ saltos *mpl*; *Reitsport*: concurso *m* de saltos

'springend ADJ *fig* **der ~e Punkt** el punto capital (*od* esencial); *umg* el busilis, el quid, el meollo de la cuestión

'springenlassen VT → springen A 6, Klinge

'Springer M ⟨~s; ~⟩ 1 SPORT saltador *m* 2 *Schach*: caballo *m* 3 *beruflich*: comodín *m*; **Springerin** F ⟨~; ~nen⟩ 1 SPORT saltadora *f* 2 *beruflich*: comodín *f*

'Springflut F marea *f* viva; **Springfrucht** F BOT fruto *m* dehiscente; **Springinsfeld** M ⟨~(e)s; ~e⟩ *fig* saltabardales *m*; **Springkraut** N BOT balsamina *f*

'spring'lebendig ADJ vivaracho; *umg* vivito y coleando

'Springmaus F ZOOL jerbo *m*; **Springmesser** N navaja *f* automática; **Springpferd** N caballo *m* saltador; **Springprüfung** F concurso *m* de saltos; **Springquell** M surtidor *m*, fuente *f*, *poet* fontana *f*; **Springreiten** N concurso *m* de saltos; **Springreiter** M jinete *m* de salto; **Springreiterin** F amazona *f* de salto; **Springseil** N cuerda *f* para saltar; comba *f*

'Sprinkler M ⟨~s; ~⟩ aspersor *m*; **Sprinkleranlage** F instalación *f* de aspersores

Sprint M ⟨~s; ~s⟩ SPORT (e)sprint *m*; **'sprinten** VI ⟨sn⟩ hacer un (e)sprint; (e)sprintar; **'Sprinter** M ⟨~s; ~⟩, **'Sprinterin** F ⟨~; ~nen⟩ velocista *m/f*, (e)sprínter *m/f*

Sprit M ⟨~(e)s; ~e⟩ *umg* 1 (*Benzin*) gasolina *f* 2 (*Schnaps*) aguardiente *m*; alcohol *m*

'Spritzbeton M hormigón *m* proyectado; **Spritzdüse** F boquilla *f* pulverizadora; AUTO inyector *m* (de chorro)

'Spritze F ⟨~; ~n⟩ 1 (*Handspritze, Klistierspritze*) jeringa *f*; MED *a.* jeringuilla *f*; inyección *f*; (*Feuerspritze*) bomba *f* de incendios; (*Gartenspritze*) manga *f* 2 MED (*Einspritzung*) inyección *f*; **j-m eine ~ geben** poner a alg una inyección

'spritzen A VT 1 *mit Wasser*: *Garten* rociar, regar (**mit** con); (*herumspritzen*) salpicar; **j-n nass ~** mojar a alg; **j-m Soße auf die Kleider ~** manchar a alg la ropa con salsa 2 *bes* AGR **Gift ~** pulverizar; **die Bäume ~** tratar los árboles (con pesticida) 3 MED *Medikament* inyectar; **j-n (in den Arm) ~** poner a alg una inyección en el brazo; **sich** (*dat*) **Insulin** *etc* **~** inyectarse insulina, *etc* 4 (*lackieren*) pintar con pistola 5 *Getränk* mezclar con soda B VI 1 **mit Wasser ~** asperjar (*od* rociar) con agua 2 ⟨h, *mit Richtungsangabe* sn⟩ *Fett, Wasser etc* salpicar; *Fett a.* saltar; (*herausspritzen*) brotar, surtir; salir a chorro 3 *umg Drogenjargon umg* chutarse, inyectarse 4 *Feuerwehr*: manejar (la bomba de incendios) 5 ⟨sn⟩ *umg* (*eilen*) salir disparado C VR **sich ~** ponerse una inyección; *umg Drogenjargon umg* chutarse, inyectarse

'Spritzen N ⟨~s⟩ jeringazo *m*; salpicadura *f*; riego *m*; rociadura *f*, aspersión *f*; pulverización *f*; MED inyección *f*; **Spritzenhaus** N *obs* depósito *m* de bombas de incendios

'Spritzer M ⟨~s; ~⟩ (*Farbspritzer*) salpicadura *f*; (*Tintenspritzer*) borrón *m*; (*kleiner Tropfen*) chispa *f*

'Spritzfahrt F *umg* (pequeña) excursión *f* (*od* vuelta *f*); escapada *f*; **Spritzflasche** F CHEM matraz *m* de lavado; **Spritzgebäck** N ≈ buñuelos *mpl*; **Spritzguss** M TECH moldeo *m* por inyección

'spritzig ADJ *Getränk* burbujeante; *Auto* rápido; *Person* alegre; (*geistreich*) chispeante

'spritzlackieren VT ⟨ohne ge-⟩ pintar (*od* barnizar) a pistola; **Spritzlackierung** F pintura *f* (*od* barnizado *m*) a pistola

'Spritzpistole F pistola *f* pulverizadora (*bzw* para pintar *od* para barnizar); **Spritzschutz** M AUTO protección *f* contra las salpicaduras; **Spritztour** F *umg* → Spritzfahrt; **Spritzvergaser** M carburador *m* de pulverización

'spröde ADJ 1 *Material* frágil; quebradizo; *Metall, Stimme* bronco; *Haar, Haut* seco, áspero 2 *fig* (*abweisend*) esquivo; reservado; *bes Mädchen* melindroso, dengoso; pudibundo; *Thema* difícil; **Sprödigkeit** F ⟨~⟩ 1 fragilidad *f*; bronquedad *f*; aspereza *f* 2 *fig* esquivez *f*; reserva *f*

spross → sprießen

Spross M ⟨~es; ~e⟩ BOT retoño *m*, vástago *m* (*beide a. Nachkomme*); renuevo *m*

'Sprosse F ⟨~; ~n⟩ 1 (*Leitersprosse*) escalón *m*; peldaño *m* 2 *e-s Fensters*: travesaño *m* 3 *am Geweih*: mogote *m*; candil *m*

'sprossen VI ⟨sn⟩ brotar; retoñar; echar renuevos; (*keimen*) germinar

'Sprossenfenster N ARCH ventana *f* con parteluces; **Sprossenwand** F *Turnen*: espaldera *f*

'Sprössling M ⟨~s; ~e⟩ vástago *m* (*a. fig*), retoño *m*

'Sprotte F ⟨~; ~n⟩ *Fisch*: espadín *m*

Spruch M ⟨~(e)s; Sprüche⟩ 1 (*Ausspruch*) dicho *m*; sentencia *f*; máxima *f*; (*Sinnspruch*) aforismo *m*, adagio *m*; (*Wahlspruch*) lema *m*; (*Bibel-*

spruch) versículo *m*; **die Sprüche Salomons** los Proverbios de Salomón 2 JUR sentencia *f*; fallo *m*; *(Entscheidung)* decisión *f*; *der Geschworenen:* veredicto *m*; *(Schiedsspruch)* laudo *m* arbitral 3 *umg* **(große) Sprüche klopfen** *od* **machen** fanfarronear; tener mucho cuento; **das sind doch nur Sprüche!** ¡no son más que cuentos!

'Spruchband N ⟨~(e)s; ~̈er⟩ pancarta *f*; **Spruchkammer** F HIST, POL tribunal *m* de desnazificación

'spruchreif ADJ JUR concluso (*od* listo) para sentencia; **das ist noch nicht ~** no está listo para sentencia

'Sprudel M ⟨~s; ~⟩ 1 *reg Getränk:* agua *f* mineral con gas; *(Limonade)* gaseosa *f* 2 *(Quelle)* hervidero *m*; surtidor *m* (de aguas minerales)

'sprudeln VI 1 ⟨+ *Richtungsangabe* sn⟩ *(hervorsprudeln)* surtir, brotar, salir a borbotones (**aus** de) 2 *(aufwallen)* hervir; borbotar 3 *Getränk* burbujear 4 *fig (hastig sprechen)* hablar a borbotones; farfullar; *vor Begeisterung etc:* rebosar de

'Sprudeln N ⟨~s⟩ burbujeo *m*; efervescencia *f*; **sprudelnd** ADJ efervescente; *fig* chispeante; fogoso; **Sprudler** M ⟨~s; ~⟩ *(kleiner Springbrunnen)* surtidor *m*, *(Trinkwassersprudler)* carbonatadora *f*

Sprue F ⟨~⟩ MED esprúe *m*, muguet *m*

'Sprühdose F aerosol *m*, spray *m*

'sprühen A VT 1 *Funken* chisporrotear, echar chispas; *Flammen* lanzar 2 *(besprengen)* rociar; *(a.* AGR*)* pulverizar; atomizar B VI *Wasser, Regen* lloviznar; **Funken ~** chisporrotear; echar chispas; chispear *(a. fig Augen etc)*; **vor Geist/Witz ~** rebosar de genio/de gracia

'Sprühen N ⟨~s⟩ chisporroteo *m (a. fig)*; centelleo *m (a. fig)*; **sprühend** ADJ chispeante *(a. fig)*; centelleante *(a. fig)*; **Sprühentladung** F ELEK efluvio *m* en corona; **Sprühgerät** N atomizador *m*; **Sprühnebel** M *umg* niebla *f* meona; **Sprühregen** M llovizna *f*; *umg* calabobos *m*

Sprung[1] M ⟨~(e)s; Sprünge⟩ 1 salto *m (a.* SPORT *u. fig)*; *(Satz)* brinco *m*; *(Luftsprung)* cabriola *f*; *ins Wasser:* zambullida *f*; **Sprünge machen** dar saltos (*od* brincos); **in Sprüngen** a saltos; **mit einem ~** de un salto; **zum ~ ansetzen** tomnar impulso 2 *fig* **den ~ ins Ungewisse wagen** dar un salto en las tinieblas; *umg* **er kann keine großen Sprünge machen** no puede permitirse grandes gastos; no anda muy sobrado de dinero; **es ist nur ein ~ bis dorthin** está a dos pasos de aquí; **auf dem ~ sein, zu …** *(inf)* estar a punto de … *(inf)*; **nur auf einen ~ bei j-m vorbeikommen** pasar sólo un momento (por casa de alg); **j-m auf die Sprünge helfen** ayudar a alg; dar una pista a alg; **j-m auf die Sprünge kommen** descubrir las intenciones (*od* los manejos) de alg

Sprung[2] M ⟨~(e)s; Sprünge⟩ *(Riss, a. im Lack)* resquebrajadura *f*; grieta *f*; *im Glas, Porzellan:* raja *f*, grieta *f*; *in e-r Mauer:* hendidura *f*; **Sprünge bekommen** resquebrajarse, *Glas* rajarse, *Mauer* henderse

'Sprungbein N 1 SPORT pierna *f* de impulso 2 ANAT astrágalo *m*; **sprungbereit** ADJ preparado para saltar; **Sprungbrett** N trampolín *m (a. fig)*; **Sprungdeckeluhr** F saboneta *f*; **Sprungfeder** F muelle *m*, resorte *m*; **Sprungfedermatratze** F colchón *m* de muelles, somier *m*; **Sprunggelenk** N ZOOL jarrete *m*; **Sprunggrube** F SPORT foso *m* de caída

'sprunghaft A ADJ 1 *Person:* inconstante; veleidoso; versátil 2 *(schnell)* repentino, inesperado B ADV **~ (an)steigen** *Preise* dispararse; **Sprunghaftigkeit** F ⟨~⟩ inconstancia *f*; versatilidad *f*

'Sprunglatte F 1 SPORT listón *m*, barra *f* 2 FORST listón *m* de protección; **Sprunglauf** M *Skisport:* salto *m* de esquís; **Sprungpferd** N *Turnen:* caballo *m* de saltos; **Sprungregress** M WIRTSCH recurso *m* directo; **Sprungschanze** F *Skisport:* trampolín *m* (de saltos); **Sprungseil** N comba *f*; **Sprungstab** M SPORT pértiga *f* (de salto); **Sprungtuch** N *Feuerwehr:* tela *f* salvavidas, lona *f* (*od* paño *m*) de salvamento; **Sprungturm** M *Schwimmsport:* torre *f* de trampolines; **sprungweise** ADV a saltos

'Spucke F ⟨~⟩ *umg* saliva *f*; esputo *m*; *umg* **ihm blieb die ~ weg** se quedó atónito (*od* con la boca abierta *od* de una pieza)

'spucken VT & VI escupir; *(erbrechen)* vomitar; *(aushusten)* expectorar; **Spucknapf** M escupidera *f*; **Spucktüte** F *umg* bolsa *f* de papel (para caso de mareo)

'Spuk [-u:-] M ⟨~(e)s; ~e⟩ aparición *f* (de fantasmas); fantasma *m*, espectro *m*

'spuken VI trasguear; andar por la casa; **es spukt in diesem Haus** en esta casa hay fantasmas; *fig* **die Idee spukt in seinem Kopf** está obsesionado por la idea

'Spukgeist M duende *m*; trasgo *m*; **Spukgeschichte** F cuento *m* de aparecidos

'spukhaft ADJ espectral; fantasmal

'Spukhaus N casa *f* encantade (*od* de fantasmas); **Spukschloss** N castillo *m* encantado (*od* de fantasmas)

'Spülbecken N fregadero *m*; pila *f*; *des Klosetts:* taza *f*; **Spülbürste** cepillo *m* de fregar

'Spule F ⟨~; ~n⟩ bobina *f*, carrete *m (a.* ELEK*)*; *(Weberspule)* canilla *f (a. Nähmaschine)*

'Spüle F ⟨~; ~n⟩ fregadero *m*, pila *f*

'spulen VT bobinar; devanar; encanillar

'spülen A VT 1 lavar; *Geschirr a.* fregar; *Gläser, Mund* enjuagar; *Wäsche* aclarar; MED irrigar 2 **etw ans Ufer** *od* **an Land ~** arrojar a/c a la orilla B VI 1 *Geschirr* fregar 2 *am WC:* tirar de la cadena

'Spülen N ⟨~s⟩ lavado *m*; fregado *m*

'Spülerin F, **Spülfrau** F lavaplatos *f*; **Spülklosett** N wáter *m*, inodoro *m*; **Spüllappen** M estropajo *m*

'Spülmaschine F lavavajillas *m*, lavaplatos *m*; **spülmaschinenfest** ADJ apto para lavavajillas

'Spülmittel N detergente *m* (para fregar); **Spülstein** M *reg* pila *f*, fregadero *m*; **Spültuch** N bayeta *f* (para fregar); **Spülung** F ⟨~; ~en⟩ lavado *m*; enjuague *m*; MED ducha *f*; *Magen, Blase:* lavado *m*; *Darm:* irrigación *f*; *Klosett:* depósito *m* de agua; **Spülwasser** N ⟨~s; -wässer⟩ lavaduras *fpl*; agua *f* de fregar (*od* de lavar); *schmutziges:* aguas *fpl* sucias, lavazas *fpl*

'Spulwurm M ZOOL, MED áscaris *f*; ascáride *f*

Spund M ⟨~(e)s; ~e⟩ 1 *e-s Fasses:* tapón *m* (de cuba), bitoque *m* 2 *umg* **junger ~** *umg* mangante *m*, novato *m*, jovenzuelo *m*

'spunden VT taponar; TECH *(falzen)* ensamblar; **Spundloch** N piquera *f*; canillero *m*; **Spundwand** F cablestacado *m*

Spur F ⟨~; ~en⟩ 1 *allg* huella *f (a. fig)* *(Abdruck)* rastro *m*; *(Fußspur)* pisada *f*; *(Fährte)* pista *f*; traza *f*; *(Wagenspur)* carril *m*; *(Reifenspur)* rodada *f*; **j-s ~en folgen** seguir las huellas de alg *(a. fig)*; **j-m auf die ~ kommen** descubrir a alg (*od* las intenciones de alg); **j-m auf der ~ sein** seguir (*od* estar sobre) la pista de alg; **einer Sache** *(dat)* **auf die ~ kommen** descubrir a/c; descubrir el pastel 2 *fig (Anzeichen)* indicio *m*; *(Merkmal)* marca *f*; *e-r Verletzung:* señal *f*; *e-r alten Kultur:* vestigio *m (a.* CHEM*)* 3 *Verkehr:* *(Fahrspur)* carril *m*; **die ~ wechseln** cambiar de carril; **j-n von der ~ abbringen** despistar a alg *(a. fig)*; *fig* **auf die ~ helfen** *od* **bringen** dar una pista, poner en la pista 4 *(kleine Menge)* **eine ~ Salz** una pizca de sal; *umg* **keine** *od* **nicht die ~** ni lo más mínimo; ni sombra de; *umg* **keine ~!** ¡qué va!; ¡ni pensarlo!; ¡ni hablar! 5 TECH → Spurweite 6 *(Tonspur)* canal *m*; pista *f*

'spürbar ADJ sensible; perceptible; palpable; **~ werden** hacerse sentir

'spuren A VT *Loipe* trazar B VI 1 *Skifahren etc:* trazar la pista 2 *umg fig (tun, was erwartet wird)* obedecer; cumplir con su deber; trabajar bien

'spüren A VT *(empfinden)* sentir, experimentar; *(wahrnehmen)* percibir, notar; *(wittern)* husmear *(a. fig)*; *Folgen etc* resentirse de; **etw zu ~ bekommen** tener que sufrir a/c; **von Mitleid war nichts zu ~** no había ni la más mínima compasión B VI JAGD rastrear, seguir el rastro (de); *fig* **~ nach** husmear; hacer indagaciones; buscar

'Spurenelement N CHEM, PHYSIOL elemento *m* traza, oligoelemento *m*

'Spürhund M perro *m* rastrero, sabueso *m (a. fig)*; *(Polizeispürhund)* perro *m* policía

'spurlos ADV sin dejar huella (*od* rastro); **~ verschwinden** desaparecer sin dejar huella; *umg* esfumarse

'Spürnase F buen olfato *m (a. fig)*; **Spürsinn** M sagacidad *f*; *e-s Hundes:* (buen) olfato *m*

Spurt M ⟨~(e)s; ~e⟩ SPORT sprint *m*; **plötzlicher ~** escapada *f*; **'spurten** VI (e)sprintar; hacer un (e)sprint; *umg* correr

'Spurwechsel M *Verkehr:* cambio *m* de carril; **Spurweite** F BAHN ancho *m* de vía, *Am* trocha *f*; AUTO distancia *f* entre ruedas

'sputen VR **sich ~** apresurarse, darse prisa; *Am* apurarse

'Sputum N ⟨~s; Sputa⟩ MED esputo *m*; expectoración *f*

squamös ADJ MED escamoso

Squash [skvɔʃ] N ⟨~⟩ SPORT squash *m*; **'Squashcourt** [-kɔːrt] M ⟨~s; ~s⟩ cancha *f* (*od* pista *f* od. campo *m*) de squash; **'Squashhalle** cancha *f* cubierta (*od* campo *m* cubierto) de squash; **'Squashschläger** M raqueta *f* de squash

Sri Lanka N ⟨~s⟩ Sri Lanka *f*

st INT ¡chist!, ¡chitón!

St. ABK 1 *(Sankt)* san(to) 2 *(Stunde)* hora *f*

Staat M ⟨~(e)s; ~en⟩ 1 POL Estado *m*; *weitS.* nación *f*, país *m*; *(Regierung)* gobierno *m*; **die (Vereinigten) ~en** *(USA)* Estados Unidos, *abk* EE UU *mpl*; **von ~s wegen** por razones de estado 2 *fig (Aufwand)* aparato *m*, ostentación *f*; *(Pracht)* gala *f*, pompa *f*; **in vollem ~** con todas sus galas; *umg* de tiros largos; **großen ~ machen** vivir a lo grande; llevar un gran tren de vida; **mit etw ~ machen** hacer alarde (*od* gala) de a/c; lucir a/c; **damit kannst du keinen ~ machen** no puedes hacer alarde de ello 3 ZOOL sociedad *f*; **~en bildend** ZOOL social

'Staatenbund M confederación *f* de Estados

'staatenlos ADJ apátrida; sin nacionalidad; **Staatenlose** M/F ⟨~n; ~n; → A⟩ apátrida *m/f*

'staatlich A ADJ del Estado, estatal; gubernamental; público; nacional; oficial; **~e Einrichtung** institución *f* del Estado B ADV por el Estado; **~ anerkannt** reconocido por el Estado; **~ geprüft** con diploma oficial; **~ überwacht** controlado por el Estado

'Staatsakt M ⟨~(e)s; ~e⟩ ceremonia *f* oficial; **Staatsaktion** F *fig* asunto *m* de Estado; **Staatsamt** N cargo *m* público

'Staatsangehörige M/F súbdito *m* -a *f*; ciudadano *m* -a *f*; **Staatsangehörigkeit** F ⟨~; ~en⟩ nacionalidad *f*; ciudadanía *f*; **doppelte ~** doble nacionalidad *f*

S

'Staatsangelegenheit F cuestión *f* de Estado; asunto *m* público; **Staatsanleihe** F empréstito *m* del Estado; **Staatsanwalt** M, **Staatsanwältin** F fiscal *m/f*; **Staatsanwaltschaft** F fiscalía *f*; ministerio *m* público; **Staatsanzeiger** M Boletín *m* del Estado; *sp* Boletín *m* Oficial del Estado; **Staatsapparat** M aparato *m* (*od* maquinaria *f*) estatal; **Staatsarchiv** N archivo *m* nacional (*od* del Estado); **Staatsaufsicht** F inspección *f* del Estado; **Staatsausgaben** FPL gastos *mpl* públicos; **Staatsbank** F ⟨~; ~en⟩ banco *m* del Estado (*od* estatal); **Staatsbankrott** M bancarrota *f* nacional; **Staatsbeamte(r)** M, **Staatsbeamtin** F funcionario *m*, -a *f* público, -a (*od* del Estado); **Staatsbegräbnis** N sepelio *m* nacional; **Staatsbehörde** F autoridad *f* estatal; **Staatsbesitz** M → Staatseigentum; **Staatsbesuch** M visita *f* oficial; **Staatsbetrieb** M empresa *f* estatal; **Staatsbibliothek** F biblioteca *f* nacional

'Staatsbürger M, **Staatsbürgerin** F ciudadano *m*; -a *f* **er ist deutscher ~** es ciudadano alemán; **Staatsbürgerkunde** F instrucción *f* (*od* educación *f*) cívica; **staatsbürgerlich** ADJ cívico; **Staatsbürgerrecht** N derecho *m* de ciudadanía; **Staatsbürgerschaft** F → Staatsangehörigkeit

'Staatschef M **Staatschefin** F jefe *m*, jefa *f* de(l) Estado; **Staatsdienst** M servicio *m* público (*od* del Estado)

'staatseigen ADJ perteneciente al Estado

'Staatseigentum N bienes *mpl* nacionales; patrimonio *m* nacional; **im ~** de titularidad estatal; **sich im ~ befinden** ser de dominio público; formar parte del patrimonio del Estado; ser de propiedad estatal

'Staatseinkünfte PL ingresos *mpl* del Estado; rentas *fpl* públicas (*od* del Estado); **Staatsexamen** N examen *m* de Estado; *sp* licenciatura *f*; **zweites ~** *für das höhere Lehramt*: examen *m* de Estado para magisterio

'Staatsfeind M, **Staatsfeindin** F enemigo *m* público, enemiga *f* pública; **staatsfeindlich** ADJ hostil al Estado

'Staatsform F forma *f* de Estado; **Staatsgebiet** N territorio *m* nacional

'staatsgefährdend ADJ peligroso para el Estado; subversivo; **Staatsgefährdung** F amenaza *f* contra la seguridad del Estado

'Staatsgefängnis N prisión *f* estatal; **Staatsgeheimnis** N secreto *m* de Estado; *umg fig* gran secreto *m*; **Staatsgelder** NPL fondos *mpl* públicos; **Staatsgeschäft** N asunto *m* del Estado; **Staatsgewalt** F poder *m* del Estado; autoridad *f* pública; **Staatsgrundgesetz** N ley *f* orgánica (*od* fundamental) del Estado; **Staatshaushalt** M presupuesto *m* del Estado; **Staatshoheit** F soberanía *f* (nacional); **Staatsinteresse** N interés *m* nacional; **Staatskanzlei** F cancillería *f* de Estado; **Staatskasse** F Tesoro *m* público, fisco *m*, erario *m*; **Staatskirche** F Iglesia *f* nacional

'Staatskommissar M, **Staatskommissarin** F comisario *m*, -a *f* del Estado

'Staatskosten PL **auf ~** a expensas del Estado; **Staatskunst** F política *f*; arte *f* de gobernar; **Staatslehre** F teoría *f* (*od* doctrina *f*) del Estado; **Staatslotterie** F lotería *f* nacional; **Staatsmann** M ⟨~(e)s; ¨er⟩ hombre *m* de Estado, estadista *m*; **staatsmännisch** ADJ de hombre de Estado

'Staatsminister M **Staatsministerin** F ministro *m*, -a *f* de Estado

'Staatsmittel NPL fondos *mpl* públicos; **Staatsmonopol** N monopolio *m* del Estado; **Staatsoberhaupt** N jefe *m*, -a *f* del Estado; *gekröntes*: soberano *m*, -a *f*; **Staatsorgan** N órgano *m* del Estado; **Staatspapiere** NPL WIRTSCH efectos *mpl* (*od* fondos *mpl*) públicos; valores *mpl* del Estado

'staatspolitisch ADJ político-nacional; **Staatspolizei** F **geheime ~** *Nationalsozialismus* policía *f* secreta del Estado

'Staatspräsident M **Staatspräsidentin** F presidente *m*, -a *f* del Estado

'Staatsprüfung F → Staatsexamen; **Staatsräson** F razón *f* de Estado; **Staatsrat** M **1** *Behörde*: Consejo *m* de Estado **2** *Person*: consejero *m* de Estado; **Staatsrätin** F consejera *f* de Estado

'Staatsrecht N derecho *m* público (*od* político); *i. e. S* derecho *m* constitucional; **Staatsrechtler** M ⟨~s; ~⟩, **Staatsrechtlerin** F ⟨~; ~nen⟩ JUR especialista *m/f* en derecho público; **staatsrechtlich** ADJ fundado en el derecho público; de derecho público

'Staatsregierung F gobierno *m* (del Estado); **Staatsreligion** F religión *f* (oficial) del Estado; **Staatsrente** F renta *f* pública (*od* del Estado); **Staatsruder** N *fig* timón *m* del Estado; **das ~ in Händen haben** tener las riendas del poder; **Staatsschiff** N *fig* nave *f* del Estado

'Staatsschuld F WIRTSCH deuda *f* pública (*od* del Estado); **Staatsschuldverschreibung** F WIRTSCH obligación *f* del Estado

'Staatssekretär M **Staatssekretärin** F secretario *m*, -a de Estado; *in Spanien*: subsecretario *m*, -a

'Staatssicherheit F, **Staatssicherheitsdienst** M HIST *DDR*: servicio *m* (secreto) de seguridad del Estado; **Staatssiegel** N sello *m* oficial (*od* del Estado); **Staatsstraße** F carretera *f* nacional; **Staatsstreich** M golpe *m* de Estado; **Staatstrauer** F luto *m* nacional; **Staatsunternehmen** N WIRTSCH empresa *f* pública (*od* del Estado)

'Staatsverbrechen N crimen *m* político; **Staatsverbrecher** M, **Staatsverbrecherin** F criminal *m/f* político, -a

'Staatsverfassung F constitución *f*; **Staatsverschuldung** F endeudamiento *m* público (*od* del Estado); **Staatsvertrag** M tratado *m* (político); **Staatsverwaltung** F administración *f* pública; **Staatswirtschaft** F economía *f* política; **Staatswissenschaften** FPL ciencias *fpl* políticas; **Staatswohl** N bien *m* público; **Staatszuschuss** M subvención *f* del Estado

Stab M ⟨~(e)s; Stäbe⟩ **1** (*Stock*) bastón *m*; (*Stange*) vara *f*; (*bes Metallstab*) barra *f*; *dünner*: varilla *f* (*a. Schirmstab, Fächerstab*); *e-s Gitters*: barrote *m*; (*Amtsstab*) vara *f*; (*Bischofsstab*) báculo *m*; (*Pilgerstab*) bordón *m*; MUS *fig* **den ~ über j-n brechen** condenar a alg; criticar severamente a alg **2** SPORT *Stabhochsprung*: pértiga *f*, *Am* garrocha *f*; *Staffellauf*: testigo *m* **3** MUS (*Dirigentenstab*) batuta *f*; **den ~ führen** dirigir la orquesta **4** MIL Estado *m* Mayor **5** (*Mitarbeiterstab*) plana *f* mayor; equipo *m*

'Stabantenne F antena *f* de varilla; **Stabbatterie** F ELEK pila *f* cilíndrica

'Stäbchen N ⟨~s; ~⟩ barrita *f*; palito *m* (*a. Essstäbchen*); bastoncillo *m*; varilla *f*; ANAT bastoncillo *m* (retiniano); (*Kragenstäbchen*) ballena *f*; *umg* (*Zigarette*) pitillo *m*; **Stäbchenbakterium** F bacilo *m*; **stäbchenförmig** ADJ baciliforme

'Stabeisen N TECH hierro *m* en barras; **Stabführung** F MUS dirección *f* (de una orquesta); **unter der ~ von** bajo la dirección (*od* batuta) de

'Stabhochspringer M, **Stabhochspringerin** F SPORT pertiguista *m/f*; saltador *m*, -a *f* de (*od* con) pértiga; **Stabhochsprung** M salto *m* de (*od* con) pértiga

sta'bil ADJ *allg* estable; (*fest*) *a.* robusto

Stabili'sator M ⟨~s; -'toren⟩ estabilizador *m*; AUTO barra *f* estabilizadora; CHEM estabilizante *m*; **stabili'sieren** V/T & V/R ⟨*ohne* ge-⟩ (sich) ~ estabilizar(se)

Stabili'sierung F ⟨~⟩ estabilización *f*; **Stabilisierungsfläche** F, **Stabilisierungsflosse** F FLUG plano *m* fijo de estabilización

Stabili'tät F ⟨~⟩ estabilidad *f*; **Stabilitätspolitik** F POL política de estabilidad

'Stablampe F linterna *f*; **Stabmagnet** M barra *f* imantada (*bzw* magnética); **Stabmixer** M batidora *f*; **Stabreim** M aliteración *f*

'Stabsarzt M MIL capitán *m* médico; **Stabschef** M MIL jefe *m* de Estado Mayor; **Stabskompanie** F MIL compañía *f* del cuartel general; **Stabsoffizier** M MIL oficial *m* del Estado Mayor; oficial *m* superior; **Stabsquartier** N MIL cuartel *m* general; **Stabsunteroffizier** M MIL suboficial *m* de Estado Mayor

'Stabübergabe F, **Stabwechsel** M SPORT entrega *f* del testigo

stach → stechen

'Stachel M ⟨~s; ~n⟩ pincho *m* (*a. v. Igel*); ZOOL púa *f*; *Insekten*: aguijón *m* (*a. fig*); BOT espina *f*; *zum Viehtreiben*: aguijada *f*; *am Sporn*: acicate *m* (*a. fig Anreiz*); *fig* picadura *f*; *fig* **einer Sache den ~ nehmen** quitar hierro a a/c; **einen ~ zurücklassen** dejar mal sabor

'Stachelbeere F BOT grosella *f* espinosa; **Stachelbeerstrauch** M BOT grosellero *m* espinoso

'Stacheldraht M alambre *m* espinoso (*od* de púas); **Stacheldrahtverhau** M alambrado *m* (de púas); **Stacheldrahtzaun** M alambrada *f* (de púas)

'Stachelflosse F *Fisch*: aleta *f* espinosa; **Stachelhalsband** N *für Hunde*: collar *m* de púas, carlanca *f*; **Stachelhäuter** MPL ZOOL equinodermos *mpl*

'stachelig ADJ *Igel, Bart* con pinchos, erizado; BOT espinoso; aguijonado

'stacheln V/T aguijar, aguijonear (*a. fig*); *fig* estimular, incitar

'Stachelrochen M *Fisch*: raya *f* espinosa; **Stachelschwein** N ZOOL puerco *m* espín

'stachlig ADJ → stachelig

'Stadel M ⟨~s; ~⟩ *südd, österr, schweiz* granero *m*; cobertizo *m*

'Stadion N ⟨~s; Stadien⟩ estadio *m*

'Stadium N ⟨~s; Stadien⟩ estadio *m*, estado *m*; fase *f*, etapa *f*

Stadt F ⟨~; Städte⟩ **1** ciudad *f*; **die ~ Berlin** la ciudad de Berlín; **in die ~ gehen** (*einkaufen*) ir de compras **2** (*Stadtverwaltung*) municipio *m*

'Stadt... IN ZSSGN → städtisch

stadt'auswärts ADV hacia fuera de la ciudad

'Stadtauto N miniautomóvil *m* urbano; **Stadtautobahn** F autopista *f* urbana; **Stadtbahn** F ferrocarril *m* metropolitano (*bzw* urbano); *umg* metro *m*; **Stadtbaumeister** M arquitecto *m* municipal; **Stadtbehörde** F autoridad *f* municipal; **stadtbekannt** ADJ notorio; conocido en toda la ciudad; **Stadtbevölkerung** F población *f* urbana

'Stadtbewohner M, **Stadtbewohnerin** F → Städter

'Stadtbezirk M distrito *m* municipal; **Stadtbibliothek** F biblioteca *f* municipal; **Stadtbild** N aspecto *m* urbano; fisonomía *f* de la ciudad; **Stadtbummel** M **einen ~ machen** recorrer las calles, callejear; **Stadt-**

S

büro N FLUG terminal *f*
'Städtchen N ⟨~s; ~⟩ pequeña ciudad *f*; población *f*; villa *f*
'Städtebau M ⟨~(e)s⟩ urbanismo *m*; **Städtebauer** M ⟨~s; ~⟩, **Städtebauerin** F ⟨~; ~nen⟩ urbanista *m/f*; **städtebaulich** ADJ urbanístico
stadt'einwärts ADV hacia el centro de la ciudad
'Städteordnung F régimen *m* municipal; **Städtepartnerschaft** F, **Städtepatenschaft** F gemelación *f* (*od* hermanamiento *m*) de ciudades; **Städteplanung** F planificación urbana (*o* urbanística); plan *m* de ordenación urbana; urbanismo *m*
'Städter M ⟨~s; ~⟩, **Städterin** F ⟨~; ~nen⟩ habitante *m/f* de una ciudad; ciudadano *m*, -a *f*
'Städtetag M congreso *m* de delegados municipales
'Stadtexpress M tren *m* regional (*od* interurbano); **Stadtgarten** M jardín *m* municipal; **Stadtgas** N gas *m* ciudad; **Stadtgebiet** N término *m* municipal; área *f* urbana; **Stadtgemeinde** F municipio *m* urbano
'Stadtgespräch N TEL llamada *f* urbana; *fig* **~ sein** *umg* ser la comidilla de la ciudad; **das ist schon ~ geworden** no se habla de otra cosa en la ciudad
'Stadtgraben M *hist* foso *m* de la ciudad; **Stadtguerilla** F guerrilla *f* urbana; **Stadthalle** F auditorio *m* municipal; *oft* sala *f* de congresos
'städtisch ADJ urbano; (*großstädtisch*) metropolitano; *bes* VERW municipal; **~er Beamter** funcionario *m* municipal; **die ~en Behörden** las autoridades municipales
'Stadtkämmerer M tesorero *m* municipal; **Stadtkasse** F caja *f* (*bzw* contaduría *f*) municipal; **Stadtkern** M centro *m* (de la ciudad); casco *m* urbano; **Stadtkind** N niño *m* de ciudad; *umg hum* rata *f* de la ciudad; **Stadtkommandant** M MIL HIST comandante *m* de la plaza; **Stadtkreis** M VERW circunscripción *f* urbana
'stadtkundig ADJ que conoce bien la ciudad; → stadtbekannt
'Stadtleben N vida *f* de la ciudad; **Stadtleute** PL gente *f* de la ciudad; **Stadtmauer** F muralla *f* (de la ciudad); **Stadtmensch** M persona *f* de la ciudad; *oft pl* **~en** gente *f* de la ciudad; **Stadtmitte** F centro *m* (urbano *od* de la ciudad); **Stadtmüll** M residuos *mpl* (*od* desperdicios *mpl*) urbanos; **Stadtpark** M parque *m* municipal; **Stadtplan** M plano *m* de la ciudad; **Stadtplanung** F planificación *f* urban(ístic)a; ordenación *f* urbana; urbanismo *m*; **Stadtpolizei** F *schweiz* policía *f* (*od* guardia *f*) urbana (*od* municipal); **Stadtpräsident** M *schweiz* → Bürgermeister
'Stadtrand M afueras *fpl*; extrarradio *m*; periferia *f*; **Stadtrandsiedlung** F colonia *f* periférica
'Stadtrat M 1 VERW: concejo *m* municipal 2 *Person*: concejal *m*; **Stadträtin** F concejala *f*; **Stadtrecht** N HIST privilegio *m* de ciudad libre; derecho *m* municipal; **Stadtrundfahrt** F vuelta *f* por la ciudad; visita *f* de la ciudad; **Stadtstaat** M ciudad-Estado *f*; **Stadtstreicher** M ⟨~s; ~⟩, **Stadtstreicherin** F ⟨~; ~nen⟩ vagabundo *m*, -a *f*; **Stadtteil** M barrio *m*; barriada *f*; **Stadttheater** N teatro *m* municipal; **Stadttor** N puerta *f* de la ciudad; **Stadtväter** MPL ediles *mpl*; **Stadtverkehr** M circulación *f* urbana, tráfico *m* urbano
'Stadtverordnete M/F ⟨~n; ~n; → A⟩ concejal *m*, -a *f*; **Stadtverordnetenversammlung** F concejo *m*; **Stadtverordneter** M → Stadtverordnete
'Stadtverwaltung F administración *f* municipal (urbana); ayuntamiento *m*; **Stadtviertel** N barrio *m*; barriada *f*; **Stadtwerke** NPL *compañía municipal de electricidad, agua, gas y transportes públicos*; **Stadtzentrum** N → Stadtmitte
Sta'fette F ⟨~; ~n⟩ estafeta *f*; SPORT relevo *m*; **Stafettenlauf** M carrera *f* de relevos
Staf'fage [-'faːʒə] F ⟨~; ~n⟩ accesorios *mpl*; adorno *m*; *umg fig* trampantojo *m*
'Staffel F ⟨~; ~n⟩ 1 SPORT relevo *m*; *Team*: equipo *m* de relevos 2 FLUG escuadrilla *f* 3 (*Stufe*) escalón *m* (*a.* MIL *u. fig*); grada *f*; **Staffelaufstellung** F MIL formación *f* escalonada
Staffe'lei F ⟨~; ~en⟩ MAL caballete *m*
'Staffellauf M SPORT (carrera *f* de) relevos *mpl*; **Staffelläufer** M, **Staffelläuferin** F corredor *m*, -a *f* de relevos, relevista *m/f*
'staffeln V/T & V/R **(sich) ~** escalonar(se); graduar(se)
'Staffelstab M SPORT testigo *m*; **Staffeltarif** M tarifa *f* escalonada; **Staffelung** F ⟨~; ~en⟩ escalonamiento *m*; graduación *f*; **Staffelzinsen** MPL FIN interés *m* escalonado
Stag N ⟨~(e)s; ~e(n)⟩ SCHIFF estay *m*
Stagflati'on F ⟨~; ~en⟩ WIRTSCH estan(ca)flación *f*, stagflación *f*
Stagnati'on F ⟨~; ~en⟩ estancamiento *m*; estagnación *f*; paralización *f*; **stag'nieren** V/I ⟨*ohne* ge-⟩ estancarse; paralizarse; **Stag'nieren** N ⟨~s⟩, **Stag'nierung** F ⟨~⟩ → Stagnation
stahl → stehlen
Stahl M ⟨~(e)s; Stähle⟩ 1 acero *m*; **aus ~** de acero; *fig* **Nerven aus ~ haben** tener nervios de acero 2 (*Wetzstahl*) chaira *f* 3 *poet* (*Schwert*) espada *f*; acero *m*; hierro *m*
'Stahlarbeiter M, **Stahlarbeiterin** F obrero *m*, -a *f* del acero; **Stahlbad** N MED baño *m* ferruginoso; *Ort*: balneario *m* de aguas ferruginosas; **Stahlband** N ⟨~(e)s; ¨er⟩ fleje *m* de acero; **Stahlbau** M ⟨~(e)s; ~ten⟩ construcción *f* metálica; **Stahlbeton** M hormigón *m* armado; **stahlblau** ADJ azul acerado; **Stahlblech** N chapa *f* de acero; **Stahlbürste** F escobilla *f* metálica; **Stahldraht** M alambre *m* (*od* hilo *m*) de acero
'stählen V/T 1 METALL acerar 2 *fig Körper etc* fortalecer; robustecer; endurecer; templar
'stählern ADJ 1 de acero, acerado 2 *fig* de hierro, férreo; **~e Nerven** nervios *mpl* de acero
'Stahlfach N caja *f* fuerte (*od* de seguridad); **Stahlfeder** F 1 TECH resorte *m* de acero 2 *Schreibfeder*: pluma *f* de acero; **Stahlgerüst** N armazón *f* de acero (*bzw* metálica); **Stahlgießerei** F fundición *f* de acero; **stahlgrau** ADJ gris acerado; **Stahlguss** M acero *m* colado, fundición *f* de acero
'stahl'hart ADJ acerado, duro como el acero
'Stahlhelm M casco *m* de acero; **Stahlindustrie** F industria *f* del acero; **Stahlkammer** F *e-r Bank*: cámara *f* acorazada; **Stahlmöbel** NPL muebles *mpl* de acero (*od* metálicos); **Stahlplatte** F plancha *f* de acero; **Stahlquelle** F fuente *f* ferruginosa
'Stahlrohr N tubo *m* de acero; **Stahlrohrmöbel** NPL muebles *mpl* tubulares (*od* de tubo de acero)
'Stahlross N *umg hum* (*Fahrrad*) *umg* caballo *m* de hierro; bici *f*; **Stahlseil** N cable *m* de acero; **Stahlskelettbau** M ⟨~(e)s; ~ten⟩ construcción *f* en armazón de acero; **Stahlspäne** MPL virutas *fpl* de acero; **Stahlstich** M *Kunst*: grabado *m* sobre acero; **Stahlträger** M ARCH viga *f* metálica; **Stahlwaren** FPL artículos *mpl* de acero; cuchillería *f*; **Stahlwerk** N fábrica *f* de acero, acería *f*
stak → stecken B
'Stake F ⟨~; ~n⟩ → Staken
'staken V/T atracar con el bichero
'Staken M ⟨~s⟩ *nordd* (*Stange*) pértiga *f*; SCHIFF bichero *m*
Sta'ket N ⟨~(e)s; ~e⟩ empalizada *f*; estacada *f*
Stak'kato N ⟨~s; ~s *od* Stakkati⟩ MUS staccato *m*
'staksen V/I ⟨sn⟩ *umg* andar con los pies tiesos; **staksig** ADJ tieso; *umg* desgarbado
Stalag'mit M ⟨~en; ~en⟩ MINER estalagmita *f*; **Stalak'tit** M ⟨~en; ~en⟩ MINER estalactita *f*
Stali'nismus M ⟨~⟩ estalinismo *m*; **Stalinist** M ⟨~en; ~en⟩, **Stalinistin** F ⟨~; ~nen⟩ estalinista *m/f*; **stalinistisch** ADJ estalinista
'Stalinorgel F MIL HIST *im 2. Weltkrieg*: lanzacohetes *m* múltiple, órgano *m* de Stalin
Stall M ⟨~(e)s; Ställe⟩ 1 (*Kuhstall*) establo *m*; corral *m*; (*Pferdestall*) cuadra *f*; (*Schweinestall*) pocilga *f*; (*Hühnerstall*) gallinero *m*; (*Kaninchenstall*) conejera *f*; (*Schafstall*) aprisco *m*; *umg fig* **aus gutem ~** de buena familia 2 (*Rennstall*) cuadra *f* 3 *umg* (*elendes Zimmer*) cuchitril *m*
'Stallbauten MPL alojamientos *mpl* para el ganado; **Stallbursche** M mozo *m* de cuadra; **Stallfütterung** F, **Stallhaltung** F estabulación *f*; **Stallknecht** M *obs* mozo *m* de cuadra; **Stalllaterne** F farol *m* de establo; **Stallmeister** M caballerizo *m*; **Stallmist** M estiércol *m* de establo; **Stallungen** FPL *für Pferde*: cuadras *fpl*, caballerizas *fpl*; *für Kühe*: establos *mpl*; → *a.* Stallbauten; **Stallvieh** N ganado *m* estabulado; **Stallwache** F guardia *f* de caballeriza
Stamm M ⟨~(e)s; Stämme⟩ 1 (*Baumstamm*) tronco *m* (*a.* ANAT); (*Stängel*) tallo *m* 2 (*Mitarbeiterstamm etc*) núcleo *m*, plantilla *f*; (*Kundenstamm*) clientela *f* fija; MIL cuadros *mpl* 3 (*Volksstamm*) tribu *f* 4 (*Geschlecht*) estirpe *f*, linaje *m*; (*Sippe*) familia *f*; clan *m* 5 BIOL filum *m*, filo *m*, tronco *m*; (*Bakterienstamm*) cepa *f* 6 LING (*Wortstamm*) radical *m*
'Stammaktie F WIRTSCH acción *f* ordinaria; **Stammaktionär** M, **Stammaktionärin** F titular *m/f* de una acción ordinaria; **Stammbaum** M árbol *m* genealógico; ZOOL pedigrí *m*; **Stammbelegschaft** F plantilla *f* fija; **Stammbuch** N libro *m* de familia; álbum *m* (de recuerdos); **Stammdaten** PL IT datos *mpl* maestros (*od* fijos); **Stammeinlage** F WIRTSCH aportación *f* (al capital inicial); participación *f* social
'stammeln V/T & V/I balbucir, balbucear; (*stottern*) tartamudear; **Stammeln** N ⟨~s⟩ balbuceo *m*; tartamudeo *m*
'stammen V/I **~ aus** *od* **von** (*kommen, hervorgehen*) venir de; descender de; (*seinen Ursprung haben in*) proceder de; provenir de; (*sich ableiten*) dimanar de; derivarse de (*a.* LING); (*beheimatet sein*) ser natural de; (*datieren*) datar de; **dieser Vorschlag stammt von Felix** esa propuesta es de Félix; **~ aus** *e-r Stadt etc*: ser oriundo (*od* natural *od* originario) de; **aus guter Familie ~** ser de buena familia
'Stammesgeschichte F BIOL filogenia *f*; **Stammeshäuptling** M jefe *m* de tribu; cacique *m*
'Stammform F LING forma *f* radical (*od* primitiva); **Stammgast** M cliente *m/f* habitual, parroquiano *m*, -a *f*; **Stammgericht** N *im Gasthaus*: plato *m* del día; **Stammhalter** M primogénito *m*; **Stammhaus** N HANDEL casa *f* central (*od* matriz); **Stammholz** N madera *f* de tronco
'stämmig ADJ robusto, fornido, vigoroso;

S

membrudo; (*gedrungen*) rehecho; rechondo; **Stämmigkeit** F ⟨~⟩ robustez *f*
ˈ**Stammkapital** N WIRTSCH capital *m* social; **Stammkneipe** F bar *m* habitual
ˈ**Stammkunde** M, **Stammkundin** F cliente *m/f* habitual (*od* fijo, -a); parroquiano *m*, -a *f*; **Stammkundschaft** F clientela *f* habitual (*od* fija)
ˈ**Stammland** N ⟨~(e)s; ⸚er *od* ~e⟩ patria *f*; país *m* de origen; **Stammlokal** N restaurante *m* habitual; **Stammmutter** F ⟨~; ⸚⟩ progenitora *f*; **Stammpersonal** N personal *m* fijo (*od* de plantilla); **Stammplatz** M lugar *m* habitual; sitio *m* de costumbre; **Stammrolle** F MIL matrícula *f*; SCHIFF rol *m*; **Stammsilbe** F LING sílaba *f* radical; **Stammsitz** M **1** *e-s Adelshauses*: solar *m*, casa *f* solariega **2** THEAT asiento *m* de abono; **Stammtafel** F tabla *f* genealógica; **Stammtisch** M mesa *f* de planta; *Personenrunde*: tertulia *f*, peña *f*; **Stammvater** M fundador *m* de una familia; progenitor *m*
ˈ**stammverwandt** ADJ de la misma raza; del mismo origen (*a.* LING)
ˈ**Stammverzeichnis** N IT (*Hauptverzeichnis*) directorio *m* principal; **Stammwort** N ⟨~(e)s; ⸚er⟩ LING voz *f* primitiva, radical *m*
ˈ**Stammzelle** F BIOL, MED célula *f* madre; **Stammzellenforschung** F MED investigación *f* de las células madre
ˈ**Stampfbeton** M hormigón *m* apisonado
ˈ**Stampfe** F ⟨~; ~n⟩ pisón *m*; mazo *m*; (*Stößel*) mano *f* de mortero
ˈ**stampfen** **A** VI **1** ⟨h⟩ *mit den Füßen*: patear; patalear; dar patadas (en el suelo); *Pferd* piafar; **mit dem Fuß auf die Erde ~** dar una patada en el suelo **2** ⟨sn⟩ (*sich stampfend fortbewegen*) andar pesadamente **3** ⟨h⟩ SCHIFF cabecear, arfar **B** VT **1** (*feststampfen*) apisonar (*a. Erde*); pisar (*a. Trauben*) **2** (*klein stampfen*) *Kartoffeln, Kraut* machacar **3** *Rhythmus* seguir con el pie (dando patadas) **4** *fig* **etw aus dem Boden ~** sacar a/c de debajo de las piedras (*od* debajo de la tierra *od* desde la nada)
ˈ**Stampfen** N ⟨~s⟩ pataleo *m*; *der Trauben*: pisadura *f*; (*Kleinstampfen*) machaqueo *m*; (*Feststampfen*) apisonamiento *m*; SCHIFF cabeceo *m*
ˈ**Stampfer** M ⟨~s; ~⟩ **1** GASTR machacadera *f* **2** TECH → Stampfe **3** *Arbeiter beim Keltern*: pisador *m*
stand → stehen
Stand[1] M ⟨~(e)s; Stände⟩ **1** (*Stehen*) posición *f* (*od* postura *f*) erecta; posición *f* (*od* postura *f*) de pie; **Sprung aus dem ~** salto *m* sin carrerilla; *umg fig* **aus dem ~ (heraus)** espontáneamente; **im ~** de pie **2** (*Standort*) emplazamiento *m*, lugar *m*, sitio *m*; ASTRON situación *f* **3** *fig* (*Lage*) situación *f*, posición *f*; (*Zustand*) estado *m*; **der ~ der Dinge** el estado de las cosas; **bei diesem ~ der Dinge** a esas alturas; **so ist der ~ der Dinge** así están las cosas; **einen schweren ~ haben** estar en una situación difícil (*od* penosa *od* delicada); tener que luchar; **er hat einen harten ~ mit ihm** se lo pone muy difícil; **etw auf den neuesten ~ bringen** poner a/c al día, actualizar a/c; **j-n in den ~ setzen, zu …** (*inf*) poner a alg en condiciones de … (*inf*) **4** (*Stillstand*) parada *f* **5** (*Wasserstand*) nivel *m*; (*Barometerstand*) altura *f*; WIRTSCH *v. Papieren, Aktien*: curso *m*; HANDEL *der Preise*: cotización *f*; SPORT (*Spielstand*) tanteo *m*; **den höchsten ~ erreichen** alcanzar el máximo nivel **6** (*Berufsstand*) profesión *f*; oficio *m*; HIST **die Stände** (*Reichsstände*) los Estados del Reino; *sp* las Cortes; los Estamentos; HIST **der dritte ~** el tercer estado, la burguesía **7** *gesellschaftlich*: nivel *m*; (*Stellung*) posición *f* (social); condición *f*; *obs* **die höheren/niederen Stände** las clases altas (*od* elevadas)/bajas **8** (*Familienstand*) estado *m* (civil); **in den ~ der Ehe treten** tomar estado **9** **außer ~e, im ~e** → außerstande, imstande
Stand[2] M ⟨~(e)s; Stände⟩ (*Verkaufsstand*) puesto *m*; tenderete *m*; (*Marktstand*) puesto *m*; (*Ausstellungsstand, Informationsstand, Messestand*) stand *m*
ˈ**Standard** M ⟨~s; ~s⟩ norma *f*; tipo *m*; patrón *m*; standard *m*, estándar *m*; **internationaler ~** norma(s) internacional(es); estándar *m* internacional
ˈ**Standardabweichung** F desviación *f* estándar (*od* tipo); **Standardausführung** modelo *m* estándar; **Standardausrüstung** equipo *m* (*od* equipamiento *m*) estándar; **Standardbrief** M *Postwesen*: carta *f* normalizada (*de hasta 20 gramos*); **Standardformat** N formato *n* estándar; **Standardformular** N formulario *m* estándar
standardiˈsieren VT ⟨*ohne* ge-⟩ normalizar, estandarizar
standardiˈsiert ADJ estandarizado, normalizado; **Standardisierung** F ⟨~; ~en⟩ normalización *f*, estandarización *f*
ˈ**Standardmodell** N modelo *m* estándar; **Standardtyp** M tipo *m* normal (*od* estándar); **Standardversion** F versión *f* estándar; **Standardvertrag** M contrato *m* tipo; **Standardwerk** N obra *f* modelo
Stanˈdarte F ⟨~; ~n⟩ estandarte *m*; guión *m*; **Standartenträger** M portaestandarte *m*
ˈ**Standbein** N pierna *f* de apoyo; *fig* **ein zweites ~ haben** tener una fuente de ingresos adicionales; **Standbild** N **1** SKULP estatua *f*; *kleines*: estatuilla *f* **2** FILM (*Standfoto*) foto *f* fija
ˈ**Stand-by** [ˈstɛntbaɪ] N [ˈstɛntbaɪ] N ⟨~(s); ~s⟩ posición *f* (*od* estado *m* *od* actitud *f*) de reserva (*od* de espera); **Stand-by-Modus** M TV, IT modo *m* (de) espera; **Stand-by-Ticket** N FLUG billete *n* de lista de espera
ˈ**Ständchen** N ⟨~s; ~⟩ (*Abendständchen*) serenata *f*; (*Morgenständchen*) alborada *f*; **j-m ein ~ bringen** dar una serenata a alg
ˈ**Stander** M ⟨~s; ~⟩ guión *m*; SCHIFF gallardete *m*
ˈ**Ständer** M ⟨~s; ~⟩ **1** (*Gestell*) caballete *m*; soporte *m* (*a. am Fahrrad*); *für mehrere Fahrräder*: patilla *f* de apoyo; montante *m*; pie *m*; (*Kleiderständer*) perchero *m*; (*Notenständer*) atril *m* **2** BAU (*Pfosten*) poste *m*; estante *m* **3** ELEK estator *m* **4** *sl* picha *f* en erección; **einen ~ haben** *bzw* **kriegen** tener una erección; *sl* empalmarse
ˈ**Ständerlampe** F lámpara *f* de pie
ˈ**Standesamt** N VERW registro *m* civil; **standesamtlich** **A** ADJ **~e Trauung** matrimonio *m* civil **B** ADV **~ heiraten** casarse por lo civil
ˈ**Standesbeamte(r)** M, **Standesbeamtin** F empleado *m*, -a *f* del registro civil; **Standesbewusstsein** N conciencia *f* de clase; **Standesdünkel** M *pej* orgullo *m* de casta; **Standesehre** F honor *m* profesional; dignidad *f* (*od* decoro *m*) profesional
ˈ**standesgemäß** ADJ & ADV conforme a su rango (*od* posición social); **~ leben** vivir como corresponde a su posición social (*od* a su categoría)
ˈ**Standesgenosse** M **unsere ~n** nuestros iguales; **standesmäßig** ADJ & ADV → standesgemäß; **Standesperson** F persona *f* de calidad; notabilidad *f*, notable *m*; **Standesregister** N registro *m* del estado civil; **Standesrücksichten** FPL consideraciones *fpl* de clase; **Standesunterschied** M diferencia *f* de clases; **Standesvorurteil** N prejuicio *m* de clase (*od* de casta)
ˈ**standeswidrig** ADJ impropio de su estado
ˈ**standfest** ADJ estable; fijo; **Standfestigkeit** F ⟨~⟩ estabilidad *f*, firmeza
ˈ**Standfoto** N foto *f* fija; **Standgeld** N *bei Ausstellungen*: derechos *mpl* de puesto; **Standgericht** N MIL consejo *m* de guerra; juicio *m* sumarísimo; **Standglas** N TECH indicador *m* de nivel
ˈ**standhaft** **A** ADJ constante; firme; perseverante; imperturbable; **~ bleiben** mantenerse firme; *in Gefahr*: capear el temporal **B** ADV con firmeza; **Standhaftigkeit** F ⟨~⟩ constancia *f*; firmeza *f*; perseverancia *f*
ˈ**standhalten** VI ⟨*irr*⟩ mantenerse firme; resistir a; perseverar; **der Kritik ~** resistir la crítica
ˈ**ständig** **A** ADJ permanente; (*fortdauernd*) continuo; *Lärm a.* constante; incesante; perpetuo; *Mitglied, Einkommen, Wohnsitz* fijo; **~er Ausschuss** comisión *f* permanente; POL *im Bundestag*: diputación *f* permanente **B** ADV permanentemente; continuamente; constantemente; sin cesar, incesantemente; (*immer*) siempre
ˈ**ständisch** ADJ corporativo
ˈ**Standleitung** F TEL circuito *m* de servicio fijo; IT línea *f* particular (*od* dedicada); **Standlicht** N AUTO luz *f* de población; alumbrado *m* de posición; **Standmotor** M motor *m* fijo
ˈ**Standort** M ⟨~(e)s; ~e⟩ **1** *e-s Betriebs*: sede *f*, emplazamiento *m*, *bes Am* ubicación *f*; *fig* postura *f*; **den ~ bestimmen** localizar; SCHIFF determinar la situación **2** MIL guarnición *f*; SCHIFF situación *f*; punto *m* **3** BIOL residencia *f* ecológica
ˈ**Standortbestimmung** F localización *f*; SCHIFF determinación *f* de la situación (*od* del punto); **Standortfaktor** M factor *m* de localización; **Standortkommandant** M MIL comandante *m* de la plaza; **Standortvorteil** M *bes* WIRTSCH ventaja *f* que ofrece el (lugar de) emplazamiento; **Standortwahl** elección *f* del emplazamiento
ˈ**Standpauke** F *umg* rapapolvo *m*; sermón *m*; filípica *f*; **j-m eine ~ halten** echar un rapapolvo (*od* un sermón) a alg; **Standplatz** M puesto *m*; sitio *m*; *für Taxis*: parada *f*
ˈ**Standpunkt** M puesto *m*; *fig* punto *m* de vista; opinión *f*; criterio *m*; **den ~ vertreten, dass …** *od* **auf dem ~ stehen, dass …** opinar que …; sostener el criterio (*od* la opinión) de que …; **einen anderen ~ vertreten** *od* **auf einem anderen ~ stehen** ser de otra opinión; pensar de otro modo; tener otro punto de vista
ˈ**Standquartier** N MIL guarnición *f*; acantonamiento *m*; *fig* cuartel *m* general
ˈ**Standrecht** N ley *f* marcial; **standrechtlich** ADJ & ADV por aplicación de la ley marcial; **~ erschießen** pasar por las armas, fusilar
ˈ**Standseilbahn** F funicular *m*; **standsicher** ADJ estable; **Standsicherheit** F estabilidad *f*; **Standspur** F *Verkehr*: carril *m* de parada de emergencia; **Standuhr** F reloj *m* de pie; reloj *m* vertical; reloj *m* de sobremesa; **Standvisier** N *am Gewehr*: alza *f*; **Standvogel** M ave *f* sedentaria; **Standwaage** F SPORT plancha *f* horizontal; **Standwild** N caza *f* sedentaria
ˈ**Stange** F ⟨~; ~n⟩ **1** (*Holzstange*) palo *m*; (*Metallstange, Gardinenstange*) barra *f*; (*Eisenstange*) vara *f*; *lange*: varal *m*; (*Gardinenstange*) *a.* varilla *f*; SPORT (*Sprungstab*) pértiga *f*; (*Kleiderstange, Vogelstange*) percha *f*; (*Fahnenstange*) asta *f*; (*Absteckpfahl*) jalón *m*; *für Reben, Bohnen etc*: rodrigón *m*; (*Wagenstange*) lanza *f*; (*Zugstange*) tirante *m* **2** GASTR (*Zimtstange*) rama *f*; (*Lakritzstange*) palo *m* **3** *v. Zigaretten*: cartón *m* **4** **Anzug** *m* **von der ~** traje *m* hecho (*od* de confección); *umg*

S

eine (schöne) ~ **Geld kosten** costar un dineral (*od* un ojo de la cara) 5 *umg fig* **j-m die ~ halten** ponerse de parte de alg; respaldar a alg; *umg fig* **bei der ~ bleiben** no apartarse del tema; (*standhalten*) mantenerse firme, no cejar; seguir en la brecha 6 JAGD (*Geweihstange*) pitón *m*

'**Stängel** M ⟨~s; ~⟩ BOT tallo *m*

'**Stangenbohne** F judía *f* de enrame (*od* trepadora); **Stangenbrot** N pan *m* de barra; **Stangeneisen** N hierro *m* en barras; **Stangengold** N oro *m* en barras; **Stangenspargel** M espárrago *m* entero; **Stangenzirkel** M compás *m* de varas

stank → stinken

'**Stänker** M ⟨~s; ~⟩ → Stänkerer

Stänke'rei F ⟨~; ~en⟩ *umg* camorra *f*; pendencia *f*; marimorena *f*; intrigas *fpl*

'**Stänkerer** M ⟨~s; ~⟩, **Stänkerin** F ⟨~; ~nen⟩ *umg* camorrista *m/f*; buscarruidos *m/f*; intrigante *m/f*

'**stänkern** VI *umg* buscar camorra; intrigar

Stanni'ol N ⟨~s; ~e⟩ papel *m* (*od* hoja *f*) de estaño

'**Stanze** F ⟨~; ~n⟩ 1 TECH estampa *f*; (*Lochstanze*) punzonadora *f* 2 LIT (*Strophe*) estancia *f*

'**stanzen** VT (*prägen*) estampar; (*lochen*) punzonar; (*Blech*) perforar

'**Stanzen** N ⟨~s⟩ estampación *f*, estampado *m*; punzonado *m*; **Stanzmaschine** F punzonadora *f*; **Stanzpresse** F prensa *f* para estampar

'**Stapel** M ⟨~s; ~⟩ 1 montón *m*; pila *f* 2 WIRTSCH depósito *m* 3 SCHIFF grada *f*; SCHIFF **auf ~ legen** poner la quilla; **vom ~ lassen** SCHIFF botar; lanzar al agua; *umg fig Rede etc* soltar

'**stapelbar** ADJ apilable

'**Stapelholz** N madera *f* de pila (*od* apilada); **Stapelkarren** M carretilla *f* apiladora (*bzw* elevadora); **Stapellauf** M SCHIFF botadura *f*

'**stapeln** A VT apilar; amontonar; (*lagern*) almacenar B VR **sich ~** apilarse; amontonarse

'**Stapelplatz** M (*Handelsplatz*) emporio *m*; (*Lager*) depósito *m*; SCHIFF varadero *m*; **Stapelstuhl** M silla *f* apilable

'**Stapfe** F ⟨~; ~n⟩, '**Stapfen** M ⟨~s; ~⟩ huella *f*, pisada *f*

'**stapfen** VI ⟨sn⟩ andar pesadamente (*bzw* con dificultad)

Star[1] M ⟨~(e)s; ~e⟩ ORN estornino *m*

Star[2] M ⟨~(e)s; ~e⟩ MED **grauer ~** catarata *f*; **grüner ~** glaucoma *m*; **j-m den ~ stechen** operar de cataratas a alg; *fig* abrir los ojos a alg

Star[3] [staːr] M ⟨~s; ~s⟩ FILM, THEAT estrella *f*, astro *m*, figura *f* estelar, vedette *f*; (*Opernstar*) divo *m*, diva *f*; SPORT as *m*; '**Starallüren** FPL caprichos *mpl* de diva (*bzw* divo); '**Staranwalt** M ⟨~s; -anwälte⟩, '**Staranwältin** F ⟨~; ~nen⟩ abogado *m*, -a *f* estrella

starb → sterben

'**Starbesetzung** F FILM, THEAT reparto *m* estelar

'**Starbrille** F MED gafas *fpl* para operados de cataratas

stark A ADJ ⟨stärker; stärkste⟩ 1 *allg* fuerte (*a. fig*, GRAM); *körperlich*: robusto; vigoroso; (*mächtig*) poderoso; *Motor*, TECH potente; **das ~e Geschlecht** el sexo fuerte; POL **der ~e Mann** el hombre fuerte; *fig* **~e Seite** fuerte *m*, punto *m* fuerte; **~ machen** fortalecer; **~ werden** cobrar fuerzas, fortalecerse; **in etw ~ sein** estar fuerte en a/c; **sich ~ genug fühlen um ...** (*inf*) sentirse con fuerzas de ... (*inf*); *umg* **den ~en Mann markieren** hacerse el hombre; darse aires de valiente → starkmachen 2 *Kaffee, Tee* cargado; *Tabak* fuerte 3 (*fest*) sólido; resistente; (*massiv*) compacto; macizo; (*dicht*) espeso; **~e Nerven** nervios *mpl* de acero 4 (*dick*) grueso, gordo; (*beleibt*) corpulento; (*umfangreich*) voluminoso; **das Buch ist 300 Seiten ~** el libro tiene trescientas páginas; **eine 30 Zentimeter ~e Mauer** un muro de treinta centímetros de espesor; **~ werden** (*beleibt werden*) engordar, *umg* echar carnes 5 (*intensiv*) intenso (*a. Verkehr, Kälte, Regen*), fuerte; (*heftig*) violento; (*beträchtlich*) considerable; *Interesse, Hunger, Durst* gran(de); MED *Mittel* enérgico; *Brille* de alta graduación; **~e Erkältung** fuerte resfriado *m*; **~er Esser** gran comedor *m*, *umg* comilón *m*; **~er Frost** helada *f* fuerte (*od* intensa); WIRTSCH **~e Nachfrage** gran (*od* fuerte) demanda *f*; **~er Raucher** gran fumador *m*, fumador *m* empedernido; **~er Trinker** gran bebedor *m*, bebedor *m* empedernido 6 *fig* **das ist ein ~es Stück!** *od* **das ist ~!** (*e-e Unverschämtheit*) ¡no hay derecho!; ¡eso es demasiado!; ¡eso es un poco fuerte!; *Jugendspr* **(echt) ~** *umg* genial, alucinante 7 **1000 Mann ~** con la fuerza de 1000 hombres; **eine 200 Mann ~e Kompanie** una compañía de doscientos hombres B ADV 1 (*viel*) mucho; *vor adj*: muy; **~ rauchen** fumar mucho; **~ regnen** llover mucho (*od* intensamente); **~ übertrieben** muy exagerado 2 (*in hohem Maß*) altamente, en alto grado; intensamente; fuertemente; **~ wirkend** MED de acción enérgica; drástico

'**Starkbier** N cerveza *f* fuerte

'**Stärke**[1] F ⟨~; ~n⟩ 1 (*Kraft*) fuerza *f* (*a. v. Nerven, der Gefühle, des Willens*); (*Robustheit*) vigor *m*, robustez *f*; (*Macht*) poder *m*; potencia *f*; (*Heftigkeit*) violencia *f* 2 TECH (*Leistung*) potencia *f* (*a. Lichtstärke, e-r Armee*) 3 (*Dicke*) grosor *m*, grueso *m*, espesor *m*; (*Beleibtheit*) gordura *f*; corpulencia *f*; (*Größe*) volumen *m*; (*Kaliber*) calibre *m* 4 (*Intensität*) intensidad *f* (*a. des Verkehrs*), fuerza *f* (*a. des Windes, Regens etc*); CHEM *e-r Lösung*: concentración *f* 5 (*Anzahl*) tamaño *m*, número *m*; cantidad *f*; MIL efectivo *m* 6 *fig* (*starke Seite*) especialidad *f*; fuerte *m*, punto *m* fuerte

'**Stärke**[2] F ⟨~; ~n⟩ (*Wäschestärke*) almidón *m*; GASTR *bes* (*Kartoffelstärke*) fécula *f*; **Stärkeerzeugnisse** NPL productos *mpl* amiláceos; **Stärkefabrik** F almidonería *f*

'**Stärkegrad** M (grado *m* de) intensidad *f*

'**stärkehaltig** ADJ feculento, amiloideo, amiláceo

'**Stärkeindustrie** F industria *f* feculera; **Stärkemehl** N fécula *f*

'**stärken** A VT 1 fortalecer; fortificar; MED *a.* tonificar; robustecer; vigorizar; *seelisch*: confortar 2 *Wäsche* almidonar B VR **sich ~** fortalecerse; (re)cobrar fuerzas; *durch Essen*: confortarse; repararse

'**stärkend** ADJ fortalecedor; fortificante; MED tonificante, tónico; analéptico; *Schlaf, Speise* reparador; confortante

'**stärker** *komp* → stark

'**Stärkezucker** M CHEM glucosa *f*

'**starkknochig** ADJ huesudo

'**starkmachen** VR *umg fig* **sich für j-n/etw ~** apoyar a alg/a/c

'**stärkste** → stark

'**Starkstrom** M ELEK corriente *f* de alta tensión; **Starkstromkabel** N cable *m* de alta intensidad; **Starkstromleitung** F línea *f* de alta intensidad

'**Starkult** M vedetismo *m*

'**Stärkung** F ⟨~; ~en⟩ 1 *der Gesundheit*: fortalecimiento *m*; corroboración *f*; robustecimiento *m* 2 *der Position, Macht*: consolidación *f* 3 (*Trost*) confortación *f* 4 (*Imbiss*) refrigerio *m*

'**Stärkungsmittel** N tónico *m*; reconstituyente *m*

'**starkwandig** ADJ de pared gruesa

'**Starlet** N ⟨~s; ~s⟩ aspirante *f* a estrella, starlet *f*

'**Staroperation** F MED operación *f* de catarata(s)

'**Starparade** F lluvia *f* de estrellas; desfile *m* estelar

starr A ADJ rígido (*a.* TECH); (*steif*) *a.* tieso; (*erstarrt*) *Glieder* entumecido; (*unbeweglich*) fijo; inmóvil; (*unbeugsam*) inflexible; (*starrsinnig*) obstinado, terco, testarudo; *Blick* fijo; **~ vor Entsetzen** aterrado, petrificado de espanto; **~ vor Kälte** transido (*od* aterido) de frío; **~ vor Schrecken** pasmado; **~ vor Staunen** estupefacto, atónito, pasmado; **~ werden** entesarse, ponerse tieso B ADV (*hartnäckig*) con tesón; **~ ansehen** mirar fijamente (*od* de hito en hito)

'**Starre** F ⟨~⟩ → Starrheit

'**starren** VI 1 **auf** *od* **in etw** (*acus*) **~** mirar fijamente a/c; **auf j-n ~** mirar fijamente a alg; clavar los ojos en alg 2 **von** *od* **vor etw ~** estar erizado de a/c; **vor** *od* **von Schmutz ~** estar cubierto de suciedad; **vor Waffen ~** estar armado hasta los dientes

'**Starrheit** F ⟨~⟩ rigidez *f* (*a. fig v. Gesetzen*); tiesura *f*; *der Glieder*: entumecimiento *m*; (*Unbeweglichkeit*) inmovilidad *f*; *des Blicks*: fijeza *f*; *fig* inflexibilidad *f*; obstinación *f*, terquedad *f*, testarudez *f*; rigor *m*; **Starrkopf** M testarudo *m*, -a *f*, *umg* cabezota *m/f*; **starrköpfig** ADJ → starrsinnig; **Starrköpfigkeit** F ⟨~⟩ → Starrsinn; **Starrkrampf** M MED tétanos *m*; **Starrsinn** M obstinación *f*, terquedad *f*, testarudez *f*; **starrsinnig** ADJ obstinado, terco, testarudo, *umg* cabezudo, cabezota; **Starrsucht** F MED catalepsia *f*

'**Start** M ⟨~(e)s; ~s *od* ~e⟩ (*Beginn*) comienzo *m*, principio *m*; SPORT salida *f*; AUTO arranque *m*; FLUG despegue *m*; *Rakete, Raumschiff*: lanzamiento *m*; **an den ~ gehen** tomar la salida, comenzar; **einen guten ~ haben** hacer una buena salida; FLUG hacer un buen despegue; *fig* entrar con buen pie (en a/c); SPORT **fliegender/stehender ~** salida lanzada/fija (*od* parada); FLUG **den ~ freigeben** autorizar el despegue

'**Startautomatik** F AUTO arranque *m* automático, autoarranque *m*; **Startbahn** F FLUG pista *f* de despegue; *Flugzeugträger*: cubierta *f* de despegue; **startbereit** ADJ FLUG listo para despegar (*od* para el despegue); *umg fig* listo para partir; **Startblock** M *Leichtathletik* bloque *m* de salida

'**starten** A VI partir; SPORT tomar la salida, salir; FLUG despegar; *Fahrzeug* arrancar B VT SPORT dar la (señal de) salida; *Rakete, Satellit* lanzar; *fig* iniciar, poner en marcha; *umg Rede etc* soltar

'**Starter** M ⟨~s; ~⟩ 1 SPORT juez *m* de salida; stárter *m* 2 AUTO arrancador *m*, arranque *m*; **Starterknopf** M botón *m* de arranque

'**Starterlaubnis** F 1 FLUG autorización *f* para despegar 2 SPORT autorización *f* para participar; **Startflagge** F SPORT bandera *f* de salida; **Startfolge** F orden *m* de salida

'**Starthilfe** F 1 (*Unterstützung*) ayuda *f* inicial 2 AUTO **j-m ~ geben** ayudar a alg a arrancar el coche; **Starthilfekabel** N cable *m* de empalme

'**Startkapital** N capital *m* incial; **startklar** ADJ FLUG listo para emprender el vuelo (*od* para despegar); **Startlinie** F línea *f* de salida; **Startloch** N hoyo *m*; **Startnummer** F número *m* de salida; SPORT dorsal *m*; **Startordnung** F → Startfolge; **Startpistole** F pistola *f* de salida; **Startplatz** M punto *m* de salida (*bzw* partida); FLUG lugar *m* de despegue; **Startposition** F posición *f* de salida (*od* partida); FLUG posición *f* de despegue; **Startprogramm** N IT programa *m* de arranque (*od* de inicialización); **Startrakete** F cohete *m* de lanzamiento; **Startrampe** F plataforma *f* de lanzamiento; **Startschleuder** F catapulta *f*; **Startschub** M FLUG empuje *m* de despegue

'Startschuss M pistoletazo *m* de salida; **den ~ geben** dar la salida; *fig* dar luz verde

'Startsignal N → Startzeichen; **Startstrecke** F FLUG carrera *f* de despegue; **Startverbot** N 1 FLUG prohibición *f* de despegue 2 SPORT suspensión *f*; **Startzeichen** N SPORT señal *f* de salida

'Stase F ⟨~; ~n⟩ → Stasis

'Stasi F ABK (Staatssicherheitsdienst) POL, HIST *DDR*: Servicio *m* (secreto) de Seguridad del Estado; **Stasi-Akten** FPL protocolos *mpl*, actas *fpl* de Stasi

'Stasis F ⟨~; Stasen⟩ *fachspr* estasis *f*

'Statik F ⟨~⟩ estática *f*; **Statiker** M ⟨~s; ~⟩, **Statikerin** F ⟨~; ~nen⟩ ARCH estático *m*, -a *f*; especialista *m/f* en cálculos estáticos

Sta'tin N ⟨~s; ~e⟩ MED estatina *f*

Stati'on F ⟨~; ~en⟩ 1 estación *f* (*a.* BAHN, *Funkstation, Sendestation, Forschungsstation*); (*Haltestelle*) *a.* parada *f* 2 *im Krankenhaus*: unidad *f*, departamento *m*; sección *f* 3 **~ machen** detenerse; **in Madrid ~ machen** hacer una parada en Madrid

statio'när A ADJ estacionario; TECH fijo; MED **~e Behandlung** tratamiento *m* clínico B ADV **j-n ~ behandeln** someter a alg a tratamiento clínico

statio'nieren V/T ⟨*ohne* ge-⟩ estacionar; *Raketen* instalar, desplegar; *Truppen* establecer; **Stationierung** F ⟨~; ~en⟩ estacionamiento *m*; despliegue *m*; **Stationierungskosten** PL gastos *mpl* de estacionamiento (*od* de despliegue)

Stati'onsarzt M, **Stationsärztin** F médico *m*, -a *f* jefe *m* de sección; **Stationsschwester** F enfermera *f* jefe (de sección); **Stationsvorsteher** M BAHN jefe *m* de estación

'statisch ADJ estático

Sta'tist M ⟨~en; ~en⟩ THEAT comparsa *m*, figurante *m*; FILM extra *m*

Sta'tistik F ⟨~; ~en⟩ estadística *f*

Sta'tistiker M ⟨~s; ~⟩, **Statistikerin** F ⟨~; ~nen⟩ estadístico *m*, -a *f*

Sta'tistin F ⟨~; ~nen⟩ comparsa *f*, figuranta *f*; FILM extra *f*

sta'tistisch ADJ estadístico

Sta'tiv N ⟨~s; ~e⟩ soporte *m*; FOTO trípode *m*

'Stator M ⟨~s; -'toren⟩ ELEK estator *m*

statt A PRÄP (*gen*) en lugar de, en vez de; **~ meiner** en mi lugar; JUR **an Eides ~** en lugar de juramento; *geh* JUR **an Kindes ~ annehmen** adoptar, prohijar; **an Zahlungs ~** en lugar (*od* concepto) de pago B KONJ **~ zu arbeiten** en vez de trabajar

statt'dessen ADV en su lugar; en lugar de eso

'Stätte F ⟨~; ~n⟩ *geh* lugar *m*, sitio *m*; paraje *m*; (*Wohnstätte*) morada *f*; **die Heiligen ~n** los Santos Lugares; **keine bleibende ~ haben** no tener residencia fija

'stattfinden ⟨*irr*⟩ tener lugar; celebrarse, verificarse; realizarse; **stattgeben** V/I ⟨*irr*⟩ *e-m Gesuch* dar curso a; *e-r Bitte* acceder a; JUR *e-r Klage* estimar; admitir; **statthaft** ADJ admisible; lícito; permitido; JUR procedente

'Statthalter M gobernador *m*; (*Vizekönig*) virrey *m*; *Christi*: vicario *m*; (*Stellvertreter*) lugarteniente *m*; **Statthalterschaft** F gobernaduría *f*; lugartenencia *f*; HIST capitanía *f* general

'stattlich ADJ 1 (*prächtig*) vistoso, magnífico, espléndido; (*eindrucksvoll*) imponente, impresionante; majestuoso; *Figur* arrogante; *Aussehen* apuesto; gallardo; bien parecido; *Frau* de arrogante figura; *Gebäude* vistoso; **von ~er Erscheinung** de buena (*od* gallarda) presencia; de apuesta figura 2 (*zahlreich*) numeroso (*a. Familie*), nutrido 3 *Summe, Vermögen* imponente, considerable

'Stattlichkeit F ⟨~⟩ majestuosidad *f*; importancia *f*; gallardía *f*

'Statue [-uə] F ⟨~; ~n⟩ estatua *f*; **statuenhaft** ADJ estatuario

Statu'ette F ⟨~; ~n⟩ figurilla *f*; estatuilla *f*

statu'ieren V/T ⟨*ohne* ge-⟩ estatuir, establecer; **ein Exempel ~** hacer un escarmiento

Sta'tur F ⟨~; ~en⟩ estatura *f*; talla *f*; tipo *m*; **von kleiner ~** de baja estatura

'Status M ⟨~; ~⟩ *rechtlicher*: estado *m* (de cosas); estatus *m*; **sozialer ~** posición *f* (*od* condición *f*) social; **~ quo** statu quo *m*

'Statusleiste F IT barra *f* de estado; **Statussymbol** N signo *m* externo de posición social; **Statuszeile** F IT línea *f* de estado

Sta'tut N ⟨~(e)s; ~en⟩ estatuto *m*; reglamento *m*; **statutenmäßig** ADJ estatutario; conforme a los estatutos

Stau M ⟨~(e)s; ~s *od* ~e⟩ (*Verkehrsstau*) retención *f* (*a. von Flüssigkeiten*), atasco *m*, embotellamiento *m*

Staub M ⟨~(e)s⟩ polvo *m*; **~ aufwirbeln** levantar polvo; *fig* levantar una polvareda; producir gran revuelo; **~ saugen** pasar la aspiradora; **~ wischen** limpiar (*od* quitar) el polvo; *fig* **j-n in den ~ treten** hacer morder el polvo a alg; **im ~ kriechen** arrastrarse por el suelo; **in den ~ zerren** *od* **ziehen** arrastrar por los suelos; **mit ~ bedecken** empolvar; *umg fig* **sich aus dem ~ machen** desaparecer; tomar las de Villadiego; poner tierra en (*od* por) medio

'Stauballergie F MED alergia *f* al polvo; **staubbedeckt** ADJ cubierto de polvo; polvoriento; **Staubbesen** M plumero *m*; **Staubbeutel** M BOT antera *f*; **Staubblatt** N → Staubgefäß; **Staubblüte** F BOT flor *f* estaminífera (*od* masculina)

'Stäubchen N ⟨~s; ~⟩ partícula *f* de polvo; polvillo *m*

'staubdicht ADJ a prueba de polvo; hermético

'Staubecken N embalse *m*

'stauben V/I levantar (*bzw* soltar) polvo; **es staubt** hay mucho polvo

'stäuben V/T (*bestäuben*) polvorear, espolvorear (*a.* AGR); empolvar; (*zerstäuben*) pulverizar

'Stäuben N ⟨~s⟩ AGR espolvoreo *m*

'Staubfaden M BOT filamento *m* (estaminal); **Staubfänger** M colector *m* (*od* captador *m*) de polvo; *fig* nido *m* de polvo; **Staubfilter** M filtro *m* de polvo; **Staubflocke** F pelusa *f*; **staubfrei** ADJ sin polvo; **Staubgefäß** N BOT estambre *m*

'staubig ADJ cubierto de polvo, polvoriento, polvoroso

'Staubkamm M caspera *f*; **Staubkorn** N partícula *f* de polvo; polvillo *m*; **Staublappen** M → Staubtuch; **Staublunge** F MED neumoconiosis *f*; silicosis *f*; **Staubmantel** M guardapolvo *m*

'staubsaugen, Staub saugen V/I pasar la aspiradora (por), limpiar con aspiradora

'Staubsauger M ⟨~s; ~⟩ aspiradora *f*, aspirador *m*; **Staubschicht** F capa *f* de polvo; **Staubtuch** N paño *m* quitapolvo, trapo *m* para limpiar el polvo; gamuza *f*; **Staubwedel** M plumero *m*; **Staubwirbel** M remolino *m* de polvo, polvareda *f*; **Staubwolke** F nube *f* de polvo; tolvanera *f*; **Staubzucker** M azúcar *m* en polvo (*od* de lustre)

'stauchen V/T 1 comprimir; TECH recalcar; *Niete* aplastar 2 *umg fig* echar una bronca (j-n a alg)

'Staudamm M dique *m* de contención; (muro *m* de) presa *f*

'Staude F ⟨~; ~n⟩ BOT planta *f* perenne (*od* vivaz); mata *f*; (*Strauch*) arbusto *m*

'Staudruck M TECH ⟨~(e)s⟩ presión *f* dinámica; **Staudruckmesser** M registrador *m* de presión dinámica

'stauen A V/T *Wasser* estancar; represar, embalsar; SCHIFF estibar; *Blut* impedir que circule B V/R **sich ~** 1 *Wasser* estancarse; remansarse; represarse; *Blut* no circular 2 (*sich anhäufen*) amontonarse; acumularse 3 *Menschenmenge* agolparse 4 *Verkehr* congestionarse (*a.* MED)

'Stauen N ⟨~s⟩ SCHIFF estiba(ción) *f*

'Stauer M ⟨~s; ~⟩ SCHIFF estibador *m*

'Staumauer F muro *m* de contención

'staunen V/I asombrarse, admirarse (**über** *acus* de); maravillarse (**über** *acus* de); quedar (*od* estar) asombrado (*od* admirado); *stärker*: quedar pasmado; **da staunst du, was?** *umg* ¿a que alucinas?; ¿qué te parece?

'Staunen N ⟨~s⟩ asombro *m*, admiración *f*; extrañeza *f*; **j-n in ~ (ver)setzen** asombrar a alg, llenar a alg de asombro; **aus dem ~ nicht herauskommen** no salir de su asombro; **ich komme aus dem ~ nicht (mehr) heraus** (ya) no salgo de mi asombro

'staunend A ADJ asombrado, admirado B ADV con asombro; **staunenswert** ADJ asombroso, maravilloso; estupendo

'Staupe F ⟨~; ~n⟩ VET moquillo *m*

'Stausee M pantano *m*; embalse *m*; **Staustrahltriebwerk** N FLUG estatorreactor *m*; **Staustufe** F nivel *m* de embalse; **Stauung** F ⟨~; ~en⟩ 1 (*Ansammlung*) acumulación *f*; *e-s Flusses* represa *f*; *Wasser*: estancamiento *m*; contención *f* 2 *Verkehr*: congestión *f* (*a.* MED *v. Blut*); atasco *m*, embotellamiento *m*; retención *f* 3 SCHIFF (*Verstauung*) estiba(ción) *f*; **Stauwarnung** F *Verkehr*: aviso *m* de atascos de tráfico; **Stauwasser** N ⟨~s; -wässer⟩ agua *f* remansada (*od* represada *od* embalsada); **Stauwehr** N presa *f*; **Stauwerk** N presa *f* (de contención)

Std. ABK (Stunde) hora *f*

Steak [steːk] N ⟨~s; ~s⟩ bistec *m*; bisté *m*; *Am* bife *m*

Stea'rin N ⟨~s; ~e⟩ estearina *f*; **Stearinkerze** F vela *f* de estearina; **Stearinsäure** F CHEM ácido *m* esteárico

'Stechapfel M BOT estramonio *m*; **Stechbeitel** M, **Stecheisen** N TECH formón *m*; (*Locheisen*) escoplo *m*

'stechen ⟨*irr*⟩ A V/T 1 *Dorn, mit Nadel*: pinchar; *Insekt* picar; MED punzar, dar punzadas; MED puncionar; **j-n mit einem Messer ~** clavar a alg un cuchillo 2 *Spargel, Rasen* cortar; *Torf* extraer 3 *Kartenspiel*: matar, fallar 4 (*abstechen*) *Schlachtvieh* matar, degollar 5 **in Kupfer ~** grabar en cobre B V/I 1 *Dorn, Nadel* pinchar; *Sonne, Insekten* picar; **es sticht mich** *od* **mir in der Seite** siento punzadas en el costado; **mit etw in etw** (*acus*) **~** clavar a/c en a/c; **nach j-m ~** acuchillar a alg 2 *fig* **in die Augen** (*od* **ins Auge**) **~** saltar a la vista; llamar la atención 3 SPORT *bes Reiten*: desempatar 4 WIRTSCH (*die Stechuhr betätigen*) fichar 5 *Kartenspiel*: hacer baza C V/R **sich** (*dat od acus*) **in den Finger ~** pincharse un dedo

'Stechen N ⟨~s⟩ 1 (*Gravieren*) grabado *m* 2 (*Schmerz*) punzada *f*, dolor *m* lancinante 3 SPORT *bes Reiten*: desempate *m*

'stechend ADJ 1 punzante; *Schmerz a.* lancinante 2 *Sonne* ardiente, abrasador 3 *Blick, Geruch* penetrante

'**Stecher** M ⟨~s; ~⟩ **1** *(Graveur)* grabador *m* **2** *an der Schusswaffe*: gatillo *m*, disparador *m* **3** *für Proben*: sonda *f*; pincho *m*

'**Stechfliege** F tábano *m*; **Stechginster** M BOT tojo *m*, aulaga *f*; **Stechheber** M sifón *m*; pipeta *f*; *zur Weinprobe*: catavino *m*; **Stechkarte** F WIRTSCH tarjeta *f* para fichar; tarjeta *f* (*od* ficha *f*) de control; **Stechmücke** F mosquito *m*; *Am* zancudo *m*; **Stechpaddel** N canalete *m*; **Stechpalme** F BOT acebo *m*; **Stechrüssel** M *Insekt*: trompa *f* picadora; **Stechschritt** M MIL paso *m* de la oca; **Stechuhr** F reloj *m* marcador (*od* de control *od* para fichar); **Stechzirkel** M compás *m* de punta seca

'**Steckbrief** M (carta *f*) requisitoria *f*; orden *f* de búsqueda; orden *f* de busca y captura (**erlassen** cursar); *(Signalement)* señas *fpl* personales

'**steckbrieflich** ADV por vía requisitoria; **sie wird ~ gesucht** *a.* sobre ella pesa una orden de busca y captura

'**Steckdose** F ELEK (caja *f* de) enchufe *m*, tomacorriente *m*

'**stecken** **A** V/T **1** meter, poner, introducir (**in** *acus* en); *Pfähle* hincar; *Pflanzen* plantar; **an den Finger ~** poner en el dedo; **den Kopf aus dem Fenster ~** asomarse por la ventana; **etw durch etw ~** meter a/c por a/c; **etw in etw ~** meter a/c en a/c; *umg fig* **j-n ins Gefängnis ~** encerrar a alg en la cárcel **2** *(befestigen)* fijar, sujetar; **etw an etw** (*acus*) **~** fijar a/c en a/c; *mit e-r Nadel*: prender a/c en a/c **3** *fig Ziel* proponer; fijar, señalar; **Arbeit/Geld in etw ~** invertir trabajo/dinero en a/c **4** *umg* **j-m etw ~** insinuar (*od* dar a entender) a alg a/c; dar el soplo a alg; *umg* **es j-m (ordentlich) ~** *umg* decir a alg cuatro verdades **B** V/I **1** *(sich befinden)* estar, encontrarse, hallarse (metido) en; estar metido en; *(verborgen sein)* estar escondido (*od* oculto); **in etw** (*dat*) **~** *Pfahl, Stange* estar metido (*od* puesto) en a/c; **tief in etw ~** estar muy metido en a/c; **(tief) in Arbeit ~** estar metido (de lleno) en el trabajo; **der Schlüssel steckt (im Schloss)** la llave está puesta; **immer zu Hause ~** estar siempre metido en casa; **wo steckt er denn?** ¿dónde está metido?; *umg* **wo hast du nur gesteckt?** *umg* ¿dónde andabas (metido)?; **da steckt sie!** ¡aquí está! **2** *(befestigt sein)* estar fijado (*bzw* pegado); **an etw** (*dat*) **~** estar prendido en a/c **3** *fig* **in ihm steckt etwas** es hombre que promete; vale mucho; **es steckt viel Arbeit darin** ha costado mucho trabajo **4** *umg* **gesteckt voll** abarrotado (de gente), lleno hasta los topes

'**Stecken** M ⟨~s; ~⟩ bastón *m*; varilla *f*

'**steckenbleiben** V/I, **stecken bleiben** V/I ⟨*irr*; sn⟩ **1** quedar atascado (**in etw** *dat* en a/c); *Fahrzeug a.* quedar detenido; quedarse parado **2** *(verbleiben)* quedar; *Nagel etc* quedar clavado (*bzw* empotrado); **in der Kehle ~** quedar atravesado en la garganta **3** *umg fig beim Reden*: cortarse; perderse; perder el hilo **4** *fig Verhandlungen etc* paralizarse

'**steckenlassen** V/T, **stecken lassen** V/T ⟨*irr*⟩ dejar (metido); **den Schlüssel ~** dejar la llave puesta

'**Steckenpferd** N **1** *für Kinder*: caballito *m* de palo **2** *fig (Hobby)* caballo *m* de batalla; violín *m* de Ingres; afición *f*, hobby *m*

'**Stecker** M ⟨~s; ~⟩ ELEK clavija *f*, enchufe *m*

'**Steckkamm** M peineta *f*; **Steckkissen** N *für Säuglinge*: almohada *f*; **Steckkontakt** M ELEK enchufe *m*; **Steckling** M ⟨~s; ~e⟩ AGR plantón *m*; postura *f*

'**Stecknadel** F alfiler *m*; *fig* **es hätte keine ~ zu Boden fallen können** no cabía un alfiler; **man hätte eine ~ fallen hören können** se hubiera podido oír volar una mosca; **etw wie eine ~ suchen** buscar a/c por todas partes; **eine ~ in einem Heuhaufen suchen** buscar una aguja en un pajar

'**Stecknadelkopf** M cabeza *f* de alfiler

'**Steckrübe** F BOT colinabo *m*; **Steckschlüssel** M TECH llave *f* tubular; **Steckschuss** M herida *f* de bala sin orificio de salida

Steg M ⟨~(e)s; ~e⟩ **1** *(kleine Brücke, Bootssteg)* pasarela *f*; pasadera *f*; SCHIFF embarcadero *m* **2** MUS *an Saiteninstrumenten*: puente *m* (*a. Brillensteg*) **3** TEX *(Hosensteg)* trabilla *f* **4** TECH *(Verbindungsstück)* pieza *f* de unión; *(Strebe)* travesaño *m* **5** TYPO regleta *f*; **Steghose** F pantalón *m* pitillo

'**Stegreif** M ⟨~(e)s⟩ **aus dem ~** sin previa preparación, improvisando; **aus dem ~ sprechen** *od* **dichten** improvisar; MUS **aus dem ~ spielen** *a.* repentizar

'**Stegreifdichter** M, **Stegreifdichterin** F improvisador *m*, -a *f*; **Stegreifgedicht** N poesía *f* improvisada; improvisación *f*; **Stegreifrede** F discurso *m* improvisado; **Stegreifspieler** M, **Stegreifspielerin** F MUS repentista *m/f*

'**Stehaufmännchen** N dominguillo *m*, tentetieso *m*

'stehen

⟨*irr*; h, *südd, österr, schweiz* sn⟩

A intransitives Verb B unpersönliches Verb
C reflexives Verb

— **A** intransitives Verb —

1 *(aufrecht stehen)* estar de *od* en pie; *sl Penis* estar erecto; **die Saat steht gut** la sementera presenta buen aspecto; *fig* **das Geschäft steht und fällt mit ihm** el negocio depende totalmente de él; **so wie er ging und stand** tal como estaba **2** *(sich befinden)* estar, encontrarse (**am Fenster** en la ventana); **über/unter j-m ~** ser superior/inferior a alg; *fig* **über etw ~** estar por encima de a/c **3** *(sein)* estar; **allein ~** estar solo; **wie steht die Sache?** ¿cómo va la cosa?; ¿qué tal anda el asunto?; **die Sache steht schlecht** las cosas se ponen feas; **so wie die Dinge ~** tal como están las cosas; **du stehst allein mit deiner Meinung** eres el único que opina así; **wie steht das Spiel?** ¿cómo va el juego?; **das Spiel steht zwei zu drei (2: 3)** el partido va 2 a 3 **4** GRAM **das Adverb steht hinter dem Verb** el adverbio va siempre tras el verbo; **der Konjunktiv steht …** el subjuntivo se emplea … **5** WIRTSCH **hoch/niedrig ~** *Aktien* cotizarse alto/bajo; **wie steht der Dollar?** ¿a cómo está el dólar?; **die Aktien ~ auf …** (*dat*) las acciones se cotizan a …; **bei einer Bank Geld ~ haben** tener dinero (depositado) en un banco **6** *Kleider, Farben etc* **j-m gut/schlecht ~** sentar bien/mal a alg **7** *(geschrieben stehen)* estar escrito, figurar, constar (**in** en); **es steht geschrieben** está escrito; **auf der Liste ~** estar (*od* figurar) en la lista; **was steht auf dem Plakat?** ¿qué pone en el cartel?; **auf dem Scheck steht kein Datum/keine Unterschrift** el cheque no tiene fecha/firma (*od* no está fechado/firmado); **davon steht nichts im Brief** de eso no se dice nada en la carta; **was steht in den Zeitungen?** ¿qué dicen los periódicos? **8** *Signal etc* **auf Halt ~** indicar parada; *Ampel* **auf Rot ~** estar rojo; *Zeiger* **auf 3 Uhr ~** marcar las 3; **das Barometer steht auf Regen** el barómetro anuncia (*od* señala) lluvia; **das Thermometer steht auf 5 Grad unter Null** el termómetro marca (*od* señala) cinco grados bajo cero **9** **darauf steht Gefängnis** está penado con la cárcel; **darauf ~ 10 Jahre Gefängnis** está penado con diez años de cárcel **10** *(stillstehen)* detenerse, estar (*bzw* quedarse) parado; *Verkehr a.* estar paralizado; *Maschine, Uhr* estar parado **11** *fig* **hinter j-m ~** respaldar a alg; **zu j-m ~** estar de parte de alg; apoyar a alg; **wie stehst du dazu?** ¿qué opinas de eso?; ¿qué te parece?; **ihm steht der Sinn nach Ruhm** aspira a la gloria; *umg* **auf etw** (*acus*) **~** *umg* gustar a uno (muchísimo); estar loco por a/c; molar a alg a/c; **auf j-n ~** *umg* estar loco (*od* colado) por alg **12** **für etw ~** *(gewährleisten)* garantizar a/c; *(stellvertretend sein)* sustituir a a/c **13** **das wird ihn teuer zu ~ kommen** lo pagará caro **14** *fig (fertig sein)* estar terminado; **das Projekt steht** el proyecto está listo **15** *umg* **es steht mir bis hier(her)** *od* **bis hierhin** *od* **bis oben** *umg* estoy hasta las narices (*od* hasta la coronilla)

— **B** unpersönliches Verb —

1 **so steht es** así están las cosas; **wie steht's?** ¿como va?, ¿qué tal?; **wie steht's mit ihm?** ¿qué pasa con él?; **es steht gut/schlecht mit ihm** le va bien/mal; las cosas se presentan bien/mal para él; **wie steht's um ihn?** ¿cómo le va?; **wie steht's mit Ihrer Gesundheit?** ¿qué tal anda de salud? **2** **es steht zu befürchten, dass …** es de temer que … (*subj*); **es steht zu erwarten, dass …** es de esperar que … (*subj*)

— **C** reflexives Verb —

sich bei etw gut/schlecht ~ tener/no tener provecho de a/c; salir ganando/perdiendo; **sich gut/schlecht mit j-m ~** estar (*od* llevarse) bien/mal con alg → gutstehen

'**Stehen** N ⟨~s⟩ posición *f* (*od* postura *f*) erecta; *(Halten)* estacionamiento *m*; **zum ~ bringen** parar, detener; *Blut* restañar; **zum ~ kommen** pararse, detenerse

'**stehenbleiben** V/I ⟨*irr*; sn⟩ → stehen bleiben 1

stehen bleiben V/I ⟨*irr*; sn⟩ **1** *(halten)* pararse (*a. Uhr*), detenerse; quedarse parado; estacionarse; **plötzlich ~** pararse en seco; **wo/auf welcher Seite sind wir stehen geblieben?** ¿dónde nos hemos/en qué página hemos quedado?; **nicht ~!** ¡circulen! **2** *(aufrecht bleiben)* quedar de pie; mantenerse en pie; estar derecho **3** *(unverändert bleiben)* conservarse; *(keine Fortschritte machen)* no progresar **4** *(zurückgelassen werden)* quedar

'**stehend** ADJ **1** (puesto) en pie; de pie; derecho; *(aufgerichtet)* erguido **2** *Wasser* estancado, muerto **3** *(unbeweglich)* inmóvil; fijo; estable; **~e Redewendung** frase *f* hecha; **~en Fußes** en el acto **4** MIL *Heer* permanente

'**stehenlassen** V/T ⟨*irr*⟩ → stehen lassen 2, 3, 4

stehen lassen V/T ⟨*irr*⟩ **1** dejar (en su sitio); *Fehler* dejar (sin corregir); **sich** (*dat*) **einen Bart ~** dejarse (*od* dejar crecer) la barba **2** *(im Stich lassen)* abandonar, *umg* dejar plantado; **alles stehen und liegen lassen** dejarlo (*od* abandonarlo) todo **3** *(nicht anrühren)* no tocar **4** *(vergessen)* olvidar

'**Steher** M ⟨~s; ~⟩ SPORT *Radfahren*: corredor *m* ciclista tras moto, stayer *m*; **Steherrennen** N ciclismo *m* (*bzw* carrera *f*) tras moto

'**Stehimbiss** M tentempié *m*; **Stehkneipe** F bar *m*; **Stehkonvent** M *umg* corrillo *m*; **Stehkragen** M cuello *m* alto, cuello *m* Mao; **Stehlampe** F lámpara *f* de pie; **Stehleiter** F escalera *f* doble (*od* de tijera)

'**stehlen** ⟨*irr*⟩ **A** V/T & V/I robar; hurtar; *(wegnehmen)* quitar; **(j-m etw) ~** hurtar (*od* robar) a/c a alg; **j-m die Zeit ~** hacer a alg perder el tiempo; *umg* **er kann mir gestohlen bleiben!** *umg* ¡que se vaya al cuerno (*od* a la porra)!; *umg* **das kann mir gestohlen bleiben** *umg* me importa un pito; *Bibel*: **du sollst nicht ~** no hurtarás **B** VR **sich ~ in** (*acus*) introducirse furtivamente en; **sich ~ aus** salir a hurtadillas de

'**Stehlen** N ⟨~s⟩ robo *m*; hurto *m*; **Stehler** M ⟨~s; ~⟩, **Stehlerin** F ⟨~; ~nen⟩ ladrón *m*, -ona *f*; **Stehlsucht** F cleptomanía *f*

'**Stehplatz** M plaza *f* de pie; THEAT localidad *f* (*od* entrada *f*) de pie; **Stehpult** N pupitre *m* (para escribir de pie); **Stehsatz** M TYPO composición *f* conservada; **Stehvermögen** N resistencia *f*; capacidad *f* de aguante

'**Steiermark** F ⟨~⟩ GEOG **die ~** Estiria *f*; **Steiermärker** M ⟨~s; ~⟩, **Steiermärkerin** F ⟨~; ~nen⟩ estirio *m*, -a *f*

steif **A** ADJ **1** rígido; tieso (*a. Kragen*); (*unbiegsam*) inflexible; *Gelenk* anquilosado; *Glieder* envarado, entumecido; *Penis* erecto; **~e Finger haben** tener los dedos agarrotados; MED **~er Hals** tortícolis *f*; **~ vor Kälte** aterido (*od* transido) de frío; **~ wie ein Stock** tieso como un ajo; **~ werden** ponerse tieso (*a. Penis*); *Glieder* envararse, entumecerse; *Gelenke* anquilosarse **2** (*dickflüssig*) espeso; consistente; **Sahne ~ schlagen** batir la nata; **~ werden** *Sahne, Eiweiß* espesar **3** *fig* (*förmlich*) tieso, ceremonioso, formal, etiquetero; (*gezwungen*) afectado; (*linkisch*) torpe, desmañado **4** *reg Grog, Brise* fuerte **B** ADV **~ und fest behaupten** afirmar categóricamente; sostener con tesón (*od* erre que erre)

'**Steife** F ⟨~; ~n⟩ **1** → Steifheit **2** (*Stärkemittel*) almidón *m* **3** TECH (*Strebe*) puntal *m*

'**steifen** VT atiesar, entesar; poner tieso; *Wäsche* almidonar

'**steifhalten** VT *umg* **halt die ~en steif!** *umg* ¡ánimo!

'**Steifheit** F ⟨~⟩ **1** rigidez *f*; tiesura *f*; inflexibilidad *f*; MED anquilosis *f* **2** *fig im Benehmen*: formalidad *f*; tiesura *f*; (*Ungewandtheit*) torpeza *f*; **Steifleinen** N entretela *f*

'**steifschlagen** VT → steif A 2

Steig M ⟨~(e)s; ~e⟩ sendero *m*, vereda *f*

'**Steigbügel** M estribo *m* (*a.* ANAT); **Steigbügelriemen** M ación *f*

'**Steige** F ⟨~; ~n⟩ **1** (*steiler Pfad*) sendero *m* empinado **2** *südd* (*Kiste*) bandeja *f*; jaula *f*

'**Steigeisen** NPL garfios *mpl*; *Bergsteigen*: trepadores *mpl*

'**steigen** VI ⟨irr, sn⟩ **1** (*sich erheben*) alzarse; elevarse (*a. Ballon*); elevarse, ir subiendo; *Flugzeug* tomar altura; *Nebel* aumentar; *Wasser* subir, crecer **2** (*hinaufsteigen*) subir (**auf** *acus* a); ascender; (*klettern*) trepar (**auf** *acus* a); escalar; **auf den Berg ~** subir a (*od* escalar) la montaña; **auf einen Baum ~** subirse (*od* trepar) a un árbol; **auf eine Leiter ~** subirse a una escalera; **aufs Fahrrad/Pferd ~** montar en bicicleta/a caballo; **auf den Thron ~** subir al trono **3** (*hinabsteigen, aussteigen*) bajar; **aus dem Auto/Zug/Flugzeug ~** bajarse del coche/tren/avión; **aus dem Bett ~** levantarse de la cama; **aus dem Fenster ~** salir por la ventana; **vom Fahrrad/Pferd ~** bajarse de la bicicleta/del caballo **4** (*einsteigen*) **ins Auto/in den Zug/ins Flugzeug ~** subirse al coche/tren/avión; **ins Bad ~** meterse en el baño; *umg* **ins Bett ~** acostarse, meterse en la cama; **in den Wagen** *etc* **~** subir al coche **5** *Pferd* (*sich aufbäumen*) encabritarse **6** **über etw** (*acus*) **~** saltar (*bzw* pasar) por encima de a/c; **über die Mauer ~** saltar la muralla **7** *fig* (*zunehmen*) aumentar; *im Rang*: ascender; *Preise, Barometer, Fieber etc* subir; *Temperatur* aumentar (**auf** *acus* a; **um** en, por); **im Preis ~** subir (*od* aumentar) de precio **8** *umg* (*stattfinden*) tener lugar; **eine Party steigt** hay una fiesta

'**Steigen** N ⟨~s⟩ subida *f*; ascensión *f*; (*Zunahme*) aumento *m*; crecimiento *m*; *des Wassers*: crecida *f*; *der Preise*: alza *f*, subida *f*

'**steigend** ADJ creciente; ascendente; **~e Tendenz** *Börse* tendencia *f* al alza (*od* alcista)

'**Steiger** M ⟨~s; ~⟩ BERGB capataz *m* de minas

'**steigern** **A** VT **1** elevar; alzar; *Ansprüche, Chancen, Leistung, Produktion, Tempo* aumentar, acrecentar; *Miete, Preise* elevar, subir; (*verstärken*) reforzar; intensificar; (*verschlimmern*) agravar; **die Geschwindigkeit ~** forzar (*od* acelerar *od* aumentar) la velocidad **2** GRAM formar el comparativo (*bzw* el superlativo) **B** VI *auf e-r Auktion*: pujar **C** VR **sich ~** aumentar, ir en aumento; acrecentarse; intensificarse; (*sich verbessern*) progresar, mejorar

'**Steigerung** F ⟨~; ~en⟩ **1** aumento *m*; elevación *f*; (*Verstärkung*) intensificación *f*; (*Anstieg*) subida *f*; WIRTSCH *a.* alza *f*; (*Verschlimmerung*) agravación *f* **2** GRAM comparación *f*; RHET gradación *f*

'**Steigerungsrate** F tasa *f* de incremento; **Steigerungsstufe** F GRAM grado *m* de comparación

'**Steigfähigkeit** F FLUG capacidad *f* ascensional; AUTO capacidad *f* de ascensión; **Steiggeschwindigkeit** F FLUG velocidad *f* ascensional; **Steighöhe** F FLUG techo *m*; *e-s Geschosses*: altura *f* alcanzada; **Steigleitung** F tubería *f* ascensional; ELEK línea *f* de subida; **Steigrohr** N tubo *m* ascensional (*od* montante)

'**Steigung** F ⟨~; ~en⟩ **1** elevación *f*; *e-r Straße*: cuesta *f*, pendiente *f*; (*Gefälle*) declive *m* **2** (*Rampe*) rampa *f* **3** TECH *e-r Schraube*: paso *m*; **Steigungswinkel** M FLUG ángulo *m* de elevación

steil **A** ADJ escarpado; empinado; *Küste* acantilado; *Fels* abrupto; (*geneigt*) inclinado, en declive; *fig Karriere* vertiginoso **B** ADV **~ in die Höhe fliegen** elevarse verticalmente; **~ ansteigen** empinarse

'**Steilfeuer** N MIL tiro *m* curvo; **Steilfeuergeschütz** N MIL cañón *m* de tiro curvo

'**Steilflug** M FLUG vuelo *m* vertical; **Steilhang** M declive *m* escarpado; despeñadero *m*; precipicio *m*; **Steilheit** F ⟨~⟩ escarpa *f*, escarpadura *f*; **Steilkurve** F FLUG viraje *m* vertical; **Steilküste** F acantilado *m*; **Steilpass** M *Fußball*: pase *m* en profundidad; **Steilschrift** F letra *f* vertical; **Steilwand** F *im Gebirge*: pared *f*

Stein M ⟨~(e)s; ~e⟩ **1** piedra *f*; (*Kieselstein*) guijarro *m*, canto *m* (rodado); (*Fels*) roca *f*; peña *f*; (*Edelstein*) piedra *f* preciosa; **aus ~** de piedra; *fig* **nicht aus ~ sein** no ser de piedra; **hart wie ~** duro como una piedra; **zu ~ werden** petrificarse (*a. fig*); *umg* **da würde ich lieber ~e klopfen** antes prefiero sacar piedras del río **2** (*Grabstein, Gedenkstein*) lápida *f* **3** (*Dominostein*) ficha *f*; *Damespiel etc*: pieza *f*, peón *m*; *fig* **bei j-m einen ~ im Brett haben** gozar del favor (*od* de la estimación) de alg **4** MED cálculo *m* **5** (*Obstkern*) hueso *m*, *Am* carozo *m* **6** *fig* **~ des Anstoßes** piedra *f* de escándalo; **der ~ der Weisen** la piedra filosofal; **den ~en predigen** predicar en desierto; **den ersten ~ werfen** tirar la primera piedra (**nach** a); *fig* **den ~ ins Rollen bringen** tomar la iniciativa de a/c; desencadenar a/c; **keinen ~ auf dem anderen lassen** no dejar piedra sobre piedra (*od umg* títere con cabeza); **j-m ~e in den Weg legen** poner obstáculos (*od* trabas *od* cortapisas) a alg; **mir fällt ein ~ vom Herzen** se me quita un gran peso de encima **7** *umg* **es friert ~ und Bein** está cayendo una fuerte helada; **~ und Bein schwören** jurar por lo más sagrado (*od* por todos los santos)

'**Steinadler** M ORN águila *f* real

'**stein'alt** ADJ muy viejo; vetusto; *umg* más viejo que Matusalén

'**Steinaxt** F HIST hacha *f* de sílex; **Steinbank** F ⟨~; ⸚e⟩ banco *m* de piedra; **Steinbau** M ⟨~(e)s; ~ten⟩ construcción *f* de piedra; **Steinbild** N estatua *f* de piedra; **Steinbildung** F **1** GEOL petrificación *f* **2** MED litiasis *f*; **Steinblock** M bloque *m* de piedra; **Steinbock** M **1** ZOOL cabra *f* montés **2** ASTRON Capricornio *m*; **Steinboden** M **1** *Gelände*: suelo *m* pedregoso **2** ARCH enlosado *m*; **Steinbohrer** M TECH barrena *f* para piedras; **Steinbrech** M BOT saxífraga *f*; **Steinbrecher** M **1** cantero *m* **2** *Maschine*: quebrantadora *f*

'**Steinbruch** M cantera *f*; **Steinbrucharbeiter** M cantero *m*

'**Steinbutt** M *Fisch*: rodaballo *m*; **Steindruck** M ⟨~(e)s; ~e⟩ TYPO litografía *f*; **Steineiche** F BOT encina *f*

'**steinern** ADJ de piedra (*a. fig Gesicht*); pétreo; **~es Herz** corazón *m* de piedra

'**Steinerweichen** N ⟨~s⟩ *fig* **zum ~** desgarrador

'**Steinfliese** F (*Kachel*) azulejo *m*; *für Fußboden*: baldosa *f*; **Steinfrucht** F BOT fruto *m* de hueso, drupa *f*; **Steinfußboden** M piso *m* de piedra; embaldosado *m*; **Steingarten** M (jardín *m* de) rocalla *f*; **Steingeröll** N rocalla *f*; **Steingut** N gres *m*; loza *f*; **Steinhagel** M pedrisco *m*; pedrea *f*

'**stein'hart** ADJ duro como una piedra

'**Steinhuhn** N ORN perdiz *f* griega (*od* mayor)

'**steinig** ADJ pedregoso; (*felsig*) rocoso

'**steinigen** VT lapidar; apedrear; **Steinigung** F ⟨~; ~en⟩ lapidación *f*

'**Steinkauz** M ORN mochuelo *m* común; **Steinkitt** M litocola *f*; **Steinklee** M BOT meliloto *m*; **Steinklopfer** M picapedrero *m*

'**Steinkohle** F hulla *f*, carbón *m* de piedra

'**Steinkohlenbecken** N cuenca *f* hullera; **Steinkohlenbergwerk** N BERGB mina *f* de hulla (*od* de carbón); **Steinkohlenindustrie** F industria *f* hullera; **Steinkohlenteer** M alquitrán *m* de hulla; brea *f*; **Steinkohlenzeit** F GEOL carbonífero *m*

'**Steinkrankheit** F → Steinleiden; **Steinkrug** M cántaro *m*; **Steinleiden** N MED litiasis *f*; **Steinmarder** M ZOOL garduña *f*; **Steinmeißel** M escoplo *m* de cantería; **Steinmetz** M ⟨~en; ~en⟩ picapedrero *m*; cantero *m*; **Steinobst** N fruta *f* de hueso; **Steinöl** N petróleo *m*, aceite *m* mineral; **Steinpflaster** N empedrado *m*, adoquinado *m*; **Steinpilz** M BOT boleto *m* (comestible); **Steinplatte** F losa *f*; (*Fliese*) baldosa *f*; **mit ~n auslegen** enlosar; embaldosar

'**stein'reich** ADJ *fig* inmensamente rico, riquísimo; **~er Mann** *umg* ricacho *m*, ricachón *m*, enormemente rico *m*

'**Steinsalz** N sal *f* gema; **Steinschlag** M **1** caída *f* (*od* desprendimiento *m*) de piedras **2** *selten* (*Schotter*) grava *f*; BAHN balasto *m*; **Steinschleifer** M pulidor *m* de piedras; **Steinschleuder** F honda *f*; *Spielzeug*: tirachinas *m*; **Steinschneider** M lapidario *m*; grabador *m* en piedra; **Steinschnitt** M **1** grabado *m* en piedra **2** MED litotomía *f*; **Steinschotter** M grava *f*; BAHN balasto *m*; **Steinsetzer** M (*Pflasterer*) adoquinador *m*, empedrador *m*; (*Fliesenleger*) solador *m*; **Steintafel** F lápida *f*; **Steintopf** M puchero *m*; orza *f*; **Steinwurf** M pedrada *f*; *fig* **einen ~ entfernt** a tiro de piedra; **Steinzeichnung** F litografía *f*; **Steinzeit** F edad *f*

S

de piedra; **ältere/jüngere ~** paleolítico m/neolítico m; **steinzeitlich** ADJ de la edad de piedra

Steiß M ⟨~es; ~e⟩ *(Gesäß)* trasero m; nalgas *fpl*; ANAT región f glútea; **'Steißbein** N ANAT cóccix m, coxis m; **'Steißbeinwirbel** M ANAT vértebra f coxígea; **'Steißlage** F MED presentación f de nalgas

'Stele F ⟨~; ~n⟩ estela f

Stel'lage [-'la:ʒə] F ⟨~; ~n⟩ armazón m; *(Regal)* estantería f; **Stellagegeschäft** N HANDEL → Stellgeschäft

'stellbar ADJ ajustable, regulable

'Stelldichein N ⟨~s; ~s⟩ cita f (de amor); **sich** *(dat)* **ein ~ geben** darse cita; **j-m ein ~ geben** concertar una cita con alg

'Stelle F ⟨~; ~n⟩ **1** *(Ort)* sitio m, lugar m; *(bestimmter Bereich)* parte f; *(Platz)* plaza f, puesto m; *(Punkt)* punto m; *(Standort)* emplazamiento m, *bes Am* ubicación f; *fig* **eine schwache ~** un punto débil (*od* flaco); **schadhafte ~** defecto m; **an der richtigen ~** al lugar correspondiente; a la autoridad competente; **(ich) an deiner ~** yo en tu lugar, yo que tú; **ich möchte nicht an deiner ~ sein** no quisiera estar en tu lugar (*od umg* en tu pellejo); **A an die ~ von B setzen** poner A en lugar de B; **an j-s ~** *(acus)* **treten** hacer las veces de alg; reemplazar a alg; **auf der ~** *(am Ort)* sobre el terreno; *(sofort)* en el acto; **auf der ~ treten** *fig* no adelantar; no hacer progresos; MIL marcar el paso; **er war auf der ~ tot** murió en el acto; **von der ~ bringen** mover (de su sitio); **nicht von der ~ kommen** no salir del sitio; *fig* no avanzar, no progresar; *Verhandlungen* estancarse, estar en un punto muerto; **sich nicht von der ~ rühren** no moverse del sitio; **sich zur ~ melden** presentarse (**bei j-m** a alg); **zur ~ sein** estar presente; *umg* estar al pie del cañón **2** *(Arbeitsstelle)* puesto m (de trabajo); empleo m, colocación f; *(Amt)* cargo m, función f; **freie** *od* **unbesetzte ~** puesto m libre; vacante f; **unbefristete ~** puesto m de trabajo permanente; **eine ~ suchen** buscar (un) empleo; **neue ~n schaffen** crear empleo; **sich um eine ~ bewerben** solicitar un empleo **3** *(Behörde, Dienststelle)* autoridad f, servicio m; departamento m; centro m oficial **4** *in e-m Text, Musikstück*: pasaje m **5** *in e-r Reihenfolge*: puesto m, lugar m; **an erster ~ (stehen)** (estar) en primer lugar; SPORT **an vierter ~ liegen** ser el cuarto **6** MATH *e-r Zahl*: cifra f, dígito m; *(Dezimalstelle)* decimal m; **diese Zahl hat drei ~n** es un número de tres cifras (*od* de tres dígitos)

'stellen **A** V/T **1** *(setzen, legen)* colocar, poner, meter; *(aufrecht stellen)* poner derecho; *in e-r bestimmten Ordnung*: situar; *ordnend*: disponer, ordenar; **kalt ~** *Getränk* enfriar, poner a refrescar; **warm ~** poner a calentar, poner al fuego; **vor Augen ~** poner ante los ojos; **sich** *(dat)* **vor Augen ~** imaginar(se) → beiseitestellen **2** *Verbrecher, Wild* coger; *(abfangen)* interceptar; *(in die Enge treiben)* acorralar, acosar **3** *Aufgabe, Bedingung* poner; *Frage* hacer; *Frist* fijar, señalar; *Problem, Thema* plantear; *Antrag* presentar **4** *(liefern)* suministrar, proveer, facilitar; *(beisteuern)* contribuir; *(zuweisen)* asignar; *Ersatzmann, Bürgen, Zeugen* presentar; **j-m etw ~** poner a/c a la disposición de alg **5** TECH *(einstellen)* regular, ajustar; *Uhr* poner en hora; **leiser/lauter ~** *Radio etc* bajar/subir (el volumen); **den Wecker auf sechs Uhr ~** poner el despertador a las seis **B** V/R **sich ~** **1** ponerse, meterse; colocarse; situarse; *(nicht setzen)* quedarse de pie; *(sich hinstellen)* levantarse; **sich auf die Zehenspitzen ~** ponerse de puntillas; **~ Sie sich hierher!** ¡póngase usted aquí!; *fig* **sich vor/hinter j-n ~** proteger/respaldar a alg; *fig* **sich gegen j-n ~** ponerse en contra de alg; adoptar una actitud hostil hacia alg; *fig* **sich gegen etw ~** oponerse a a/c **2** **sich ~, als ob …** aparentar; fingir, simular; hacer como si …; **sich dumm/tot/taub ~** hacerse el tonto/el muerto/el sordo; **sich krank ~** fingirse enfermo, simular estar enfermo **3** *(erscheinen)* presentarse; *Täter* entregarse; *zum Militär*: alistarse; **sich einem Gegner** *etc* **~** hacer frente a un adversario, *etc*; **sich zum Kampf/der Kritik ~** plantar cara al enemigo/a la crítica; **sich der Polizei ~** entregarse a la policía **4** *Probleme* plantearse **5** **sich mit j-m gut ~** ponerse a bien con alg; **wie ~ Sie sich dazu?** ¿qué opina usted de ello?; ¿qué dice usted a eso? **6** HANDEL *Preis* **sich ~ auf** *(acus)* ascender a, salir a **C** PPERF **gut/schlecht gestellt sein** tener buena/mala posición; *finanziell*: estar bien/mal de dinero; vivir con holgura/vivir apretado; **ganz auf sich** *(acus)* **gestellt sein** tener que defenderse solo; depender de sí mismo

'Stellenabbau M WIRTSCH reducción f (*od* recorte m) de puestos de trabajo (*od* de empleos); **Stellenangebot** N oferta f de colocación (*od* de empleo); **Stellenausschreibung** F anuncio m de concurso para promover una plaza; **Stellenbeschreibung** F diseño del trabajo; descripción f del puesto de trabajo; **Stellenbewerber** M, **Stellenbewerberin** F solicitante m/f; **Stellengesuch** N demanda f (*od* solicitud f) de empleo

'stellenlos ADJ sin colocación, sin empleo

'Stellenmarkt M bolsa f de(l) trabajo; **Stellennachweis** M → Stellenvermittlung; **Stellenplan** M plantilla f; **Stellenstopp** M congelación f de empleos (*od* de colocaciones); **Stellenstreichung** F supresión f de empleos (*od* de puestos de trabajo); **Stellenvermittler** M, **Stellenvermittlerin** F agente m/f de colocaciones; **Stellenvermittlung** F agencia f de colocaciones

'stellenweise ADV aquí y allá; en algunos puntos, en algunas partes; esporádicamente; *(teilweise)* en parte; METEO localmente

'Stellenwert M importancia f (relativa)

'Stellfläche F superficie f útil (*od* de carga); **Stellgeschäft** N WIRTSCH operación f de doble opción; **Stellmacher** M ⟨~s; ~⟩ carretero m; **Stellmache'rei** F ⟨~; ~en⟩ carretería f; **Stellmutter** F ⟨~; ~n⟩ TECH tuerca f de ajuste; **Stellplatz** M AUTO *im Freien*: garaje m abierto; *in der Garage*: plaza f de estacionamiento; **Stellring** M TECH anillo m de ajuste; **Stellschraube** F TECH tornillo m de ajuste; **Stellspiegel** M espejo m móvil

'Stellung F ⟨~; ~en⟩ **1** *(Position)* posición f; *(Körperstellung) a.* postura f; *(Haltung)* actitud f; *(Anordnung)* colocación f, disposición f, arreglo m **2** *fig (Einstellung)* posición f, postura f; **zu etw ~ nehmen** tomar posición sobre a/c; dar su opinión (*od* su parecer) sobre a/c; opinar sobre a/c; **für j-n ~ nehmen** abogar por (*od* en favor) de alg; defender a alg **3** *(Anstellung)* colocación f, empleo m; puesto m; *(Amt)* cargo m; *fig* **führende** *od* **leitende ~** cargo m (*od* puesto m) directivo **4** *(Stand)* estado m; condición f; *(Rang)* status m; rango m; posición f (social); *(Lage)* situación f; **die ~ der Frau in der Gesellschaft** el papel de la mujer en la sociedad **5** MIL *allg u. taktisch*: posición f; *(Front)* líneas *fpl*; *e-s Geschützes*: emplazamiento m; **~ beziehen** tomar posición; **die ~ halten** mantener la posición; *fig* seguir en la brecha **6** *v. Zeugen*: presentación f

'Stellungnahme F ⟨~; ~n⟩ *(Meinung)* toma f de posición; opinión f, parecer m; criterio m; *(Bericht)* informe m; VERW **an … mit der Bitte um ~** pase a informe de …

'Stellungsbefehl M MIL orden f de incorporación a filas; **Stellungskrieg** M MIL guerra f de posiciones; *(Grabenkrieg)* guerra f de trincheras

'stellungslos ADJ sin colocación, sin empleo; **stellungspflichtig** ADJ *österr, schweiz* MIL sujeto a reclutamiento

'Stellungssuchende M/F ⟨~n; ~n; → A⟩ solicitante m/f de empleo; **Stellungswechsel** M **1** MIL cambio m de posición **2** WIRTSCH cambio m de empleo

stellv. ABK → stellvertretend

'stellvertretend ADJ suplente; interino; vice…; **~er Direktor** subdirector m; **~er Vorsitzender** vicepresidente m; **~ für etw/j-n** en representación de a/c/alg

'Stellvertreter M *(Ersatz)* suplente m, sustituto m; *(Vertreter)* representante m; *amtlich a.*: delegado m; REL vicario m; **Stellvertreterin** F *(Ersatz)* suplente f, sustituta f; *(Vertreterin)* representante f; *amtlich a.*: delegada f; **Stellvertretung** F suplencia f; sustitución f; representación f; HANDEL **in ~** por poder

'Stellvorrichtung F TECH dispositivo m de regulación; **Stellwand** F pantalla f protectora; **Stellwerk** N puesto m de enclavamiento; BAHN garita f de señales

'Stelzbein N pierna f (*od umg* pata f) de palo; **stelzbeinig** ADJ zancudo; *fig* espetado

'Stelze F ⟨~; ~n⟩ zanco m; *umg (langes Bein)* zanca f; **auf ~n gehen** andar en zancos

'stelzen V/I ⟨sn⟩ andar en zancos; *fig* dar zancadas

'Stelzfuß M → Stelzbein; **Stelzvogel** M ZOOL ave f zancuda; **Stelzwurzel** F BOT raíz f zanco (*od* fúlcrea)

'Stemmbogen M *Ski*: viraje m en cuña; **Stemmeisen** N escoplo m; formón m; *(Hebel)* palanqueta f; *(Meißel)* cincel m

'stemmen **A** V/T **1** *(heben) Gewicht, Last* levantar; apalancar **2** *(drücken)* apoyar con fuerza (**gegen** contra); **die Hände in die Seiten ~** ponerse en jarras **3** **Löcher ~** agujerear (con el formón) **B** V/R **sich gegen etw ~** apoyarse contra a/c; *fig* oponerse a a/c, resistir(se) a a/c

'Stempel M ⟨~s; ~⟩ **1** *Instrument*: sello m (de goma); TECH *(Locheisen)* punzón m; *(Kolben)* émbolo m; *(Münzstempel)* cuño m; BERGB puntal m **2** *Abdruck*: sello m, timbre m; *(Namensstempel)* estampilla f; *(Poststempel)* matasellos m; HANDEL *auf Waren*: marca f; *auf Edelmetall*: contraste m; *(Viehstempel)* hierro m **3** *fig* sello m; carácter m; marchamo m; **einer Sache** *(dat)* **seinen ~ aufdrücken** imprimir su carácter a a/c; **den ~ des Genies** *etc* **tragen** llevar el sello (*od* el marchamo) del genio, *etc* **4** BOT pistilo m

'Stempelbogen M pliego m de papel timbrado (*od* sellado); **Stempelfarbe** F tinta f para tampón; **stempelfrei** ADJ exento de (derechos de) timbre; **Stempelgebühr** F derechos *mpl* de timbre; **Stempelhalter** M portasellos m; **Stempelkissen** N tampón m, almohadilla f; **Stempelmarke** F timbre m (móvil); póliza f; **Stempelmaschine** F máquina f de timbrar; matasellos m automático

'stempeln **A** V/T **1** sellar; timbrar; estampillar; *Briefmarke* matasellar; *Edelmetall* marcar; *Fahrkarte, Stechkarte* fichar (*a. abs*) **2** **j-n zu etw ~** tildar a alg de a/c **B** V/I *umg* **~ gehen** cobrar subsidio de paro; *weitS.* estar parado (*od* sin trabajo)

'Stempelpapier N papel m sellado; **stempelpflichtig** ADJ sujeto a timbre; **Stempelsteuer** F impuesto m del timbre; **Stempeluhr** F *(Kontrolluhr)* reloj m de control (*bzw* para fichar); **Stempelung** F ⟨~; ~en⟩ selladura f, sellado m; estampillado m; **Stempel-**

zeichen N sello *m*; marca *f*
'Stengel → Stängel
'Steno F ⟨~⟩ *umg* (*Stenografie*) taqui *f*; **Stenoblock** M bloc *m* para taquigramas
Steno'graf M ⟨~en; ~en⟩ taquígrafo *m*; (*Maschinenstenograf*) estenotipista *m*; **Steno'grafendienst** M servicio *m* taquigráfico; **Stenogra'fie** F ⟨~; ~n⟩ taquigrafía *f*; **stenogra'fieren** V/T & V/I ⟨*ohne* ge-⟩ taquigrafiar; **Steno'grafin** F ⟨~; ~nen⟩ taquígrafa *f*; (*Maschinenstenografin*) estenotipista *f*; **steno'grafisch** ADJ taquigráfico
'Steno'gramm N ⟨~s; ~e⟩ taquigrama *m*; **ein ~ aufnehmen** taquigrafiar al dictado
Ste'nose F ⟨~; ~n⟩ MED estenosis *f*
Stenoty'pie F ⟨~; ~n⟩ estenotipia *f*; **Stenoty'pist** M ⟨~en; ~en⟩ taquimecanógrafo *m*; **Stenoty'pistin** F ⟨~; ~nen⟩ taquimecanógrafa *f*, taquígrafa *f*; *umg* taquimeca *f*
'Stentorstimme F voz *f* estentórea
Stenz M ⟨~es; ~e⟩ *reg umg* golfo *m*; *umg* chulo *m*; (*Geck*) *umg* pijo *m*
Step → Stepp
Stepp M ⟨~s; ~s⟩ (baile *m* de) claqué *m*
'Steppdecke F colcha *f* guateada; edredón *m*
'Steppe F ⟨~; ~n⟩ estepa *f*
'steppen[1] V/T TEX pespunt(e)ar
'steppen[2] V/I *tanzen*: bailar claqué
'Steppen[1] N ⟨~s⟩ TEX pespunte *m*
'Steppen[2] N ⟨~s⟩ → Stepptanz
'Steppenheide F pseudoestepa *f*; **Steppenwolf** M ZOOL lobo *m* de las praderas, coyote *m*
'Stepper M ⟨~s; ~⟩, **Stepperin** F ⟨~; ~nen⟩ bailador *m* -a *f* de claqué
'Steppke M ⟨~s; ~s⟩ *umg* muchachito *m*, mozuelo *m*
'Steppnaht F TEX pespunte *m*; **Steppstich** M TEX pespunte *m*, punto *m* atrás
'Stepptanz M (baile *m* de) claqué *m*; **Stepptänzer** M, **Stepptänzerin** F bailador *m* -a *f* de claqué
'Sterbealter N edad *f* de defunción; **Sterbebegleitung** F acompañamiento al (*od* del) moribundo; **Sterbebett** N lecho *m* de muerte; **Sterbefall** M (caso *m* de) fallecimiento *m*; defunción *f*; **Sterbefallversicherung** F seguro *m* de decesos; **Sterbegebet** N oración *f* de los agonizantes; **Sterbegeld** N subsidio *m* de sepelio; **Sterbeglocke** F posa *f*; toque *m* a muerto; **Sterbehaus** N casa *f* mortuoria; **Sterbehelfer** M, **Sterbehelferin** F ayudante *m/f* para morir (*od* practicante *m/f* de la eutanasia); **Sterbehilfe** F MED eutanasia *f*; **Sterbekasse** F caja *f* de defunción; **Sterbelager** N → Sterbebett
'sterben V/I ⟨*irr*; sn⟩ morir (**an, vor, aus** de; **für** por); morirse (*a. fig*); fallecer; expirar; *umg* pasar a mejor vida; (*umkommen*) perecer; perder la vida; **zu früh ~** malograrse; **eines natürlichen/gewaltsamen Todes ~** morir de muerte natural/violenta; **alle Menschen müssen ~** todos somos mortales; *umg* **davon stirbt man nicht** ¡no es tan grave!; *umg fig* **ich sterbe vor Neugier/Langeweile** me muero de curiosidad/aburrimiento; *umg fig* **sie ist für mich gestorben** para mí ya no existe
'Sterben N ⟨~s⟩ muerte *f*; fallecimiento *m*; **im ~ liegen** estar muriéndose; estar moribundo (*od* muriéndose); agonizar, estar agonizando (*od* en la agonía); *umg* **zum ~ langweilig** para morirse de aburrimiento
'sterbend ADJ moribundo; agonizante (*a. fig*); **Sterbende** M/F ⟨~n; ~n; → A⟩ moribundo *m* -a *f*, agonizante *m/f*
'Sterbensangst F angustia *f* mortal, ansias *fpl* mortales
'sterbenskrank ADJ enfermo de muerte; muy enfermo; moribundo; **sterbenslangweilig** ADJ *fig* aburridísimo, soporífero; **sterbensmüde** ADJ muerto de cansancio
'Sterbenswörtchen N **kein ~ sagen** no decir ni una palabra; *umg* no decir ni mu (*od* ni pío); no abrir el pico
'Sterberate F índice *m* (*od* tasa *f*) de mortalidad; **Sterberegister** N registro *m* de defunciones; **Sterbesakramente** NPL últimos sacramentos *mpl*; viático *m*; **Sterbestunde** F hora *f* de (la) muerte (*od* suprema); trance *m* mortal; **Sterbetafel** F tabla *f* de vida (*od* mortalidad); **Sterbetag** M día *m* de la muerte; fecha *f* del fallecimiento; **Sterbeurkunde** F partida *f* de defunción; **Sterbeziffer** F → Sterberate; **Sterbezimmer** N cámara *f* mortuoria
'sterblich ADJ mortal
'Sterbliche M/F ⟨~n; ~n; → A⟩ mortal *m/f*; **ein gewöhnlicher ~r** cualquier mortal; **Sterblichkeit** F ⟨~⟩ mortalidad *f*
'Sterblichkeitsrate F, **Sterblichkeitsziffer** F → Sterberate
'stereo ADJ estéreo
'Stereo N ⟨~s; ~s⟩ estereofonía *f*; **in ~** en estéreo; **Stereoanlage** F equipo *m* estereofónico (*od umg* estéreo); **Stereoaufnahme** F **1** *Tontechnik*: grabación *f* estereofónica **2** FOTO estereofotografía *f*; **Stereochemie** F estereoquímica *f*
stereo'fon ADJ, **stereo'phon** ADJ estereofónico; **Stereofo'nie** F, **Stereopho'nie** F ⟨~⟩ estereofonía *f*; **Stereome'trie** F ⟨~⟩ estereometría *f*; **stereo'metrisch** ADJ estereométrico
'Stereoplatte F disco *m* estereofónico (*umg* estéreo)
Stereo'skop N ⟨~s; ~e⟩ estereoscopio *m*; **stereo'skopisch** ADJ estereoscópico
'Stereoton M sonido *m* estereofónico, estereosonido *m*
stereo'typ ADJ estereotipado (*a. fig*); **~e Redensart** cliché *m*; **Stereo'typ** N ⟨~s; ~e⟩ estereotipo *m*; **Stereoty'pie** F ⟨~; ~n⟩ estereotipia *f*; **stereoty'pieren** V/T ⟨*ohne* ge-⟩ TYPO estereotipar
ste'ril ADJ estéril (*a. fig*)
Sterilisati'on F ⟨~; ~en⟩ esterilización *f*; **Sterilisationapparat** autoclave *f*
Sterili'sator M ⟨~s; -'toren⟩ esterilizador *m*; **sterili'sieren** V/T ⟨*ohne* ge-⟩ esterilizar; **Sterili'sierung** F ⟨~; ~en⟩ esterilización *f*; **Sterili'tät** F ⟨~⟩ esterilidad *f* (*a. fig*)
'Sterling M ⟨~s; ~e⟩ esterlina *f*; **Pfund ~** libra *f* esterlina
Stern[1] M ⟨~(e)s; ~e⟩ estrella *f*, astro *m* (*beide a. fig*); TYPO asterisco *m*; MIL estrella *f*; *Hotel, Restaurant* **mit drei ~en** de tres estrellas; **das steht noch in den ~en** todavía está por ver; **mit ~en besät** estrellado; **unter einem günstigen/ungünstigen ~ geboren sein** haber nacido con buena/mala estrella; **an seinen guten ~ glauben** tener fe en su buena estrella; **nach den ~en greifen** tener grandes pretensiones; picar muy alto; *umg fig* **~e sehen** ver las estrellas; *Unternehmen* **unter keinem guten ~ stehen** tener mala estrella
Stern[2] M ⟨~s; ~e⟩ SCHIFF popa *f*
Ster'nalpunktion F ⟨~; ~en⟩ MED punción *f* esternal
'Sternbild N ASTRON, ASTROL constelación *f*; **Sternblume** F BOT aster *m*; **Sternchen** N ⟨~s; ~⟩ estrellita *f*; TYPO asterisco *m*; *fig* (*Filmsternchen*) aspirante *f* a estrella, starlet *f*; **Sterndeuter** M ⟨~s; ~⟩, **Sterndeuterin** F ⟨~; ~nen⟩ astrólogo *m*, -a *f*; **Sterndeutung** F ⟨~; ~en⟩ astrología *f*; **Sterndreieckanlasser** M TECH arranque *m* estrella-triángulo
'Sternenbanner N bandera *f* estrellada; **sternenhell** ADJ estrellado; **Sternenhimmel** M cielo *m* estrellado; firmamento *m*; **sternenklar** ADJ estrellado; **Sternenlicht** N luz *f* de las estrellas; ASTRON luz *f* sideral; **Sternensystem** N sistema *m* estelar; **Sternenzelt** N *lit* → Sternenhimmel
'Sternfahrt F SPORT rally(e) *m*; **sternförmig** ADJ en forma de estrella, estrellado; **Sternfrucht** F BOT carambola *f*; **Sterngucker** M, **Sternguckerin** F *hum* astrónomo *m*
'stern'hagel'voll ADJ *umg* pedo *m*; *umg* borracho perdido (*od* como una cuba); **sternhell** ADJ estrellado
'Sternjahr N ASTRON año *m* sideral; **Sternkarte** F planisferio *m* celeste; **sternklar** ADJ estrellado; **Sternkunde** F astronomía *f*; **Sternmotor** M TECH motor *m* radial (*od* en estrella); **Sternschaltung** F ELEK conexión *f* en estrella; **Sternschnuppe** F estrella *f* fugaz; **Sternschnuppenregen** M lluvia *f* de estrellas; **Sternstunde** F *fig* momento *m* estelar; **Sterntaler** MPL *Märchen*: lluvia *f* de estrellas
'Sternum N ⟨~s; Sterna⟩ ANAT (*Brustbein*) esternón *m*
'Sternwarte F observatorio *m* (astronómico); **Sternzeichen** N signo *m* (del zodíaco)
Stero'ide NPL *Biochemie*: esteroide *m*
Sterz M ⟨~es; ~e⟩ **1** (*Pflugsterz*) mancera *f*, esteva *f* **2** *der Vögel*: rabadilla *f*, obispillo *m*
stet ADJ → stetig
Stetho'skop N ⟨~s; ~e⟩ MED estetoscopio *m*
'stetig ADJ (*kontinuierlich*) continuo (*a.* MATH); permanente; (*beständig*) constante; perpetuo; (*gleichmäßig*) igual; **Stetigkeit** F ⟨~⟩ continuidad *f* (*a.* MATH); constancia *f*; firmeza *f*
stets [ʃteːts] ADV siempre; continuamente; constantemente
'Steuer[1] N ⟨~s; ~⟩ SCHIFF, FLUG timón *m* (*a. fig*); AUTO volante *m*; **sich ans** *od* **hinters ~ setzen** ponerse al volante; *fig* **das ~ fest in der Hand haben** llevar el timón con mano segura; **am ~ stehen** *od* **sitzen** llevar el timón (*a. fig*); *fig* **das ~ übernehmen** tomar el timón; **das ~ herumreißen** dar un golpe de timón (*a. fig*)
'Steuer[2] F ⟨~; ~n⟩ impuesto *m* (*a. auf Waren*); VERW contribución *f*; derechos *mpl*; **direkte/indirekte ~** impuesto *m* directo/indirecto; **~n zahlen** pagar impuestos; **~n hinterziehen** evadir el pago de impuestos; defraudar en los impuestos; **etw von der ~ absetzen** deducir a/c de los impuestos
'Steuerabzug M retención *f* fiscal, deducción *f* del impuesto; **Steueraffäre** F escándalo tributario (*od* fiscal); **Steueramnestie** F amnistía *f* fiscal; **Steueraufkommen** N recaudación *f* fiscal; ingresos *mpl* tributarios (*od* por impuestos); **Steueraufschlag** M sobretasa *f* fiscal; recargo *m* tributario; **Steuerausfall** M déficit *m* en la recaudación fiscal; **Steuerausgleich** M reajuste *m* impositivo
'steuerbar ADJ **1** (*lenkbar*) gobernable; *Luftschiff* dirigible **2** WIRTSCH imponible
'Steuerbeamte(r) M, **Steuerbeamtin** F funcionario *m*, -a *f* de Hacienda; **Steuerbefreiung** F exención *f* de impuestos; desgravación *f* fiscal; **steuerbegünstigt** ADJ con privilegio fiscal; **Steuerbegünstigung** F privilegio *m* fiscal (*od* tributario); **Steuerbehörde** F *sp* Hacienda *f*, fisco *m*;

autoridad *f* fiscal; **Steuerbeitreibung** F recaudación *f* de impuestos; **Steuerbelastung** F cargas *fpl* fiscales; **Steuerberater** M, **Steuerberaterin** F asesor *m*, -a *f* fiscal; **Steuerbescheid** M liquidación *f* (*od* notificación *f*) de impuestos; **Steuerbetrag** M total *m* del impuesto; **Steuerbilanz** F balance *m* fiscal

'Steuerbord N SCHIFF estribor *m*

'Steuerboykott M boicot *m* tributario (*od* fiscal); *umg* huelga *f* de impuestos; **Steuerdruck** M ⟨~(e)s⟩ presión *f* fiscal; **Steuerehrlichkeit** F honradez *f* fiscal (*od* tributaria); **Steuereingänge** MPL, **Steuereinnahme** F recaudación *f* tributaria (*od* de impuestos); ingresos *mpl* fiscales (*od* impositivos *od* recaudatorios); **Steuereinnehmer** M, **Steuereinnehmerin** F *obs* recaudador *m*, -a *f* (de contribuciones); **Steuerentlastung** F desgravación *f* fiscal; **Steuererhebung** F recaudación *f* (*od* cobro *m*) de impuestos; **Steuererhöhung** F aumento *m* de los impuestos

'Steuererklärung F declaración *f* de la renta; **gemeinsame ~ (der Ehegatten)** declaración (tributaria) conjunta (de los cónyuges); **die ~ abgeben** *od* **einreichen** presentar la declaración tributaria

'Steuererlass M desgravación *f*; **Steuererleichterung** F privilegio *m* fiscal; **Steuerermäßigung** F rebaja *f* (*od* reducción *f*) de impuestos; **Steuerersparnis** F ahorro *m* de impuestos; **Steuerexperte** M, **Steuerexpertin** F experto *m*, -a *f* en materia tributaria (*od* fiscal); **Steuerfahnder** M, **Steuerfahnderin** F inspector *m*, -a *f* de Hacienda; **Steuerfahndung** F pesquisa *f* fiscal

'Steuerfläche F FLUG superficie *f* de control; **Steuerflosse** F FLUG aleta *f*

'Steuerflucht F evasión *f* fiscal; **steuerfrei** ADJ libre (*od* exento) de impuestos; no imponible; sin impuestos; no sujeto al pago de impuestos; **Steuerfreibetrag** M importe *m* exento de impuestos; **Steuerfreigrenze** F límite *m* de exención tributaria; **Steuerfreiheit** F exención *f* fiscal (*od* de impuestos); franquicia *f* tributaria; **Steuergeheimnis** N secreto *m* fiscal; **Steuergelder** NPL fondos *mpl* recaudados

'Steuergerät N dispositivo *m* de control; aparato *m* de mando

'Steuergerechtigkeit F justicia *f* fiscal; **Steuergeschenk** N regalo *m* fiscal

'Steuergesetz N ley *f* tributaria (*od* fiscal); **Steuergesetzgebung** F legislación *f* fiscal

'Steuergroschen MPL *umg* fondos *mpl* recaudados; **Steuergruppe** F categoría *f* fiscal; **Steuerhebel** M TECH palanca *f* de mando; **Steuerhinterziehung** F defraudación *f* (*od* fraude *m*) fiscal; **Steuerinspektor** M, **Steuerinspektorin** F inspector *m*, -a *f* de Hacienda; **Steuerjahr** N año *m* fiscal, ejercicio *m* fiscal; **Steuerkarte** F tarjeta *f* de impuestos; **Steuerklasse** F categoría *f* fiscal (*od* tributaria); **Steuerknüppel** M FLUG palanca *f* de mando; **Steuerkraft** F capacidad *f* contributiva; fuerza *f* tributaria; **Steuerlast** F carga *f* fiscal (*od* tributaria)

'steuerlich ⟨~⟩ A ADJ fiscal; tributario; impositivo; **~e Belastung** carga *f* fiscal; gravamen *m*; **in ~er Hinsicht** en materia fiscal B ADV **~ absetzbar** desgravable; deducible de los impuestos; **~ begünstigt sein** gozar de privilegios fiscales

'Steuerliste F lista *f* de contribuyentes

'Steuermann M ⟨~(e)s; ~er⟩ SCHIFF timonel *m*

'Steuermarke F timbre *m* (fiscal); póliza *f*; **steuermindernd** ADJ **~e Faktoren** factores reductores (*od* moderadores) del impuesto; **Steuermittel** NPL fondos *mpl* recaudados (*od* de origen tributario)

'steuern A VT 1 SCHIFF gobernar; timonear; *als Lotse*: pilotar, *Am* pilotear (*a.* FLUG); AUTO conducir, guiar; TECH mandar; maniobrar; controlar 2 *fig Gespräch* dirigir; *Prozess, Meinung* manipular B VI SCHIFF llevar el timón (*a. fig*); hacer (*od* navegar) rumbo (**nach** a)

'Steuernachlass M desgravación *f* fiscal; **Steuernachzahlung** F pago *m* de impuestos atrasados; **Steuernummer** F *von Personen*: número *m* de identificación fiscal; *von Unternehmen*: código *m* de identificación fiscal; **Steueroase** F, **Steuerparadies** N paraíso *m* fiscal

'Steuerpflicht F hecho *m* imponible; obligación *f* impositiva (*od* tributaria *od* fiscal); **der ~ unterliegen** estar sujeto a imposición (*od* tributación); **steuerpflichtig** ADJ sujeto a tributación (*od* a contribución); contribuyente; *Sache* imponible; **Steuerpflichtige** M/F ⟨~n; ~n; → A⟩ contribuyente *m/f*

'Steuerplan M plan *m* fiscal (*od* tributario); **Steuerpolitik** F política *f* fiscal; **steuerpolitisch** ADJ político-fiscal; político-tributario; **Steuerprogramm** M IT programa *m* de control; **Steuerprüfer** M, **Steuerprüferin** F inspector *m*, -a *f* de Hacienda; inspector *m*, -a *f* tributario, -a; **Steuerprüfung** F inspección *f* fiscal, fiscalización *f*

'Steuerpult N TECH pupitre *m* de mando

'Steuerquelle F fuente *f* de impuestos

'Steuerrad N AUTO volante *m* (de dirección); SCHIFF rueda *f* del timón

'Steuerrecht N derecho *m* fiscal; **steuerrechtlich** ADJ jurídico-fiscal

'Steuerreform F reforma *f* fiscal (*od* tributaria); **Steuerregister** N registro *m* tributario; lista *f* de contribuyentes; **Steuerrückerstattung** F devolución *f* de impuestos; **Steuerrückstände** MPL impuestos *mpl* adeudados

'Steuerruder N SCHIFF timón *m*, gobernalle *m*

'Steuersache F **in ~n** en materia de impuestos; en asuntos fiscales; **Steuersäckel** M *umg* arcas *fpl* fiscales; **Steuersatz** M tasa *f* de impuesto; tipo *m* impositivo

'Steuersäule F AUTO columna *f* de dirección

'Steuerschätzung F estimación *f* fiscal; **Steuerschlupfloch** N escondrijo *m* (*od* escapatoria *f*) fiscal; **Steuerschraube** F *umg fig* **die ~ anziehen** apretar el torniquete fiscal; **Steuerschuld** F deuda *f* tributaria (*od* fiscal); *sp* líquido *m* imponible; **Steuerschuldner** M, **Steuerschuldnerin** F deudor *m*, -a *f* de impuestos; contribuyente *m/f*

'steuerschwach ADJ de escasa tributación

'Steuersenkung F reducción *f* de impuestos; **Steuerstaffelung** F progresividad *f* impositiva; **Steuerstundung** F moratoria *f* fiscal; **Steuersubvention** F subvención *f* fiscal; **Steuersünder** M, **Steuersünderin** F defraudador *m*, -a *f* fiscal; autor *m*, -a *f* de un fraude fiscal; **Steuersystem** N sistema *m* tributario (*od* fiscal); régimen *m* fiscal (*od* tributario); sistema *m* de tributación; **Steuertabelle** F tabla *f* impositiva

'Steuerung F ⟨~; ~en⟩ 1 *Tätigkeit*: SCHIFF gobierno *m*; navegación *f*; FLUG pilotaje *m*; AUTO conducción *f*; TECH mando *m*; control *m*; maniobra *f* 2 *Vorrichtung*: SCHIFF, FLUG timón *m*; AUTO (mecanismo *m* de) dirección *f*; ELEK distribución *f* 3 *fig* orientación *f*; (*Leitung*) dirección *f*; (*Bekämpfung*) control *m*

'Steuerungsinstrument N instrumento *m* de control (*od* de mando); **Steuerungssystem** N sistema *m* de control (*od* de mando); **Steuerungstaste** F IT tecla de mando (*od* de control); **Steuerungstechnik** F ingeniería *f* de control; técnica *f* (*od* tecnología *f*) de control

'Steuerveranlagung F estimación *f* (*od* tasación *f*) de los impuestos; **Steuervergehen** N infracción *f* (*od* delito *m*) fiscal; **Steuervergünstigung** F privilegio *m* fiscal (*od* tributario); **Steuerverwaltung** F administración *f* fiscal (*od* tributaria); gestión *f* fiscal; *Behörde*: fisco *m*; **Steuervorteil** M ventaja *f* fiscal

'Steuerwelle F TECH árbol *m* (*od* eje *m*) de mando; eje *m* de distribución

'Steuerwert M valor *m* imponible; **Steuerwesen** N ⟨~s⟩ régimen *m* fiscal (*od* tributario); **Steuerzahler** M, **Steuerzahlerin** F contribuyente *m/f*; **Steuerzahlung** F pago *m* (*od* liquidación *f*) de impuestos

'Steuerzeichen N IT carácter *n* (*od* señal *f*) de control

'Steuerzuschlag M impuesto *m* adicional; recargo *m* impositivo

'Steven M ⟨~s; ~⟩ SCHIFF roda *f*, estrave *m*

'Steward ['stju:ərt] M ⟨~s; ~s⟩ SCHIFF camarero *m* (de barco); FLUG auxiliar *m* de vuelo

'Stewardess ['stju:ərdɛs] F ⟨~; ~en⟩ SCHIFF camarera *f*; FLUG azafata *f*, *Am* aeromoza *f*

StGB ABK (Strafgesetzbuch) Código *m* penal

sti'bitzen VT ⟨*ohne* ge-⟩ *umg* escamotear; birlar, *umg* mangar

Stich M ⟨~(e)s; ~e⟩ 1 (*Nadelstich*) pinchazo *m*; punción *f*; (*Insektenstich*) picadura *f* 2 (*Messerstich*) cuchillada *f*; (*Dolchstich*) puñalada *f*; (*Degenstich*) estocada *f*; (*Lanzenstich*) lanzada *f* 3 TEX puntada *f*, punto *m* (*a.* MED) 4 MED *Schmerz*: punzada *f*, dolor *m* punzante; *fig* **es gab ihr einen ~ (ins Herz)** la hirió en lo más hondo (del corazón) 5 *fig* **j-n im ~ lassen** (*ohne Hilfe lassen*) dejar a alg en la estacada; (*verlassen*) abandonar a alg; **sein Gedächtnis ließ ihn im ~** le falló la memoria 6 *fig* (*boshafte Bemerkung*) puñalada *f*; pinchazo *m*, alfilerazo *m*; indirecta *f* 7 (*Kupferstich, Stahlstich*) grabado *m*; estampa *f* 8 *im Kartenspiel*: baza *f*; **einen ~ machen** hacer baza 9 *umg* **einen ~ bekommen** *Fleisch* picarse; *Wein, Milch* agriarse; **einen ~ haben** *Milch* estar agriado; *Wein a.* estar picado; *fig Person* estar tocado (*od* mal) de la cabeza 10 *Farbe*: **einen ~ ins Blaue/Grüne haben** tirar a azul/verde

'Stichbahn F BAHN ramal *m*; **Stichblatt** N *am Degen*: guardamano *m*

'Stichel M ⟨~s; ~⟩ buril *m*; cincel *m*

Stiche'lei F ⟨~; ~en⟩ *fig* pinchazo *m*, pulla *f*; indirecta *f*; (*Neckerei*) zumba *f*

'sticheln VT & VI 1 (*nähen*) dar puntadas 2 *fig* echar *od* lanzar indirectas (*od* pullas)

'Stichentscheid M voto *m* decisivo

'stichfest ADJ *Reifen etc* imperforable, a prueba de pinchazos; *fig* a toda prueba

'Stichflamme F llamarada *f*; llama *f* viva

'stichhaltig ADJ sólido, fundado; plausible; válido; concluyente; convincente; **Stichhaltigkeit** F ⟨~⟩ solidez *f*, fundamento *m*; plausibilidad *f*; validez *f*

'Stichkampf M SPORT desempate *m*; **Stichling** M ⟨~s; ~e⟩ *Fisch*: espinoso *m*, gasterósteo *m*

'Stichprobe F prueba *f* al azar; muestra *f* (*a. Statistik*); **~n machen** tomar pruebas al azar; **stichprobenartig** ADJ escogido (*od* selec-

S

cionado) al azar; hecho por sondeo

'Stichsäge F serrucho *m* de calar

sticht → stechen

'Stichtag M día *m* fijado; (*Fälligkeitsdatum*) fecha *f* de vencimiento; (*äußerster Termin*) fecha *f* tope; plazo *m* límite; **Stichtagsregelung** F reglamentación *f* (*od* regulación *f*) del día de referencia (*od* del plazo límite); **Stichwaffe** F arma *f* punzante; **Stichwahl** F POL votación *f* de desempate, balotaje *m*

'Stichwort N ⟨~(e)s; ~̈er *od* ~̈e⟩ 1 ⟨*pl* Stichwörter⟩ *im Wörterbuch*: entrada *f* 2 ⟨*pl* ~e⟩ THEAT entrada *f*, pie *m* 3 ⟨*pl* ~e⟩ (*Losungswort*) santo *m* y seña; (*Schlüsselwort*) palabra *f* clave 4 (*Notiz*) apunte *m* 5 ⟨*pl* ~e⟩ *Oberbegriff*: término *m* genérico, voz *f* guía; **Stichwortgeber** M, **Stichwortgeberin** F apuntador *m*, -a *f*; **Stichwortverzeichnis** N índice *m* (alfabético)

'Stichwunde F herida *f* punzante; **Stichzahl** F número *m* índice

'Stickarbeit F TEX bordado *m*

'sticken VT & VI TEX bordar

'Sticker[1] ['stikər] M ⟨~s; ~⟩ *Anstecker*: distintivo *m*; rótulo *m* transparente; *Aufkleber*: pegatina *f*; sticker *m*

'Sticker[2] M ⟨~s; ~⟩ TEX bordador *m*

Sticke'rei F ⟨~; ~en⟩ TEX bordado *m*

'Stickerin F ⟨~; ~nen⟩ TEX bordadora *f*

'Stickgarn N TEX hilo *m* de bordar

'Stickgas N gas *m* asfixiante; **Stickhusten** M MED tos *f* ferina

'stickig ADJ sofocante; asfixiante; *Luft* cargado

'Stickmaschine F TEX máquina *f* de bordar; **Stickmuster** N TEX patrón *m* de bordado; **Sticknadel** F TEX aguja *f* de bordar

'Stickoxid N CHEM óxido *m* nítrico

'Stickrahmen M TEX bastidor *m* (de bordar); **Stickseide** F TEX seda *f* de bordar

'Stickstoff M ⟨~(e)s⟩ CHEM nitrógeno *m*; **stickstoffarm** ADJ pobre en nitrógeno; **Stickstoffdioxid** N CHEM dióxido *m* de nitrógeno; **Stickstoffdünger** M AGR abono *m* nitrogenado; **stickstofffrei** ADJ exento (*od* libre) de nitrógeno; **stickstoffhaltig** ADJ nitrogenado; **Stickstoffkreislauf** M ciclo *m* del nitrógeno; **stickstoffreich** ADJ rico en nitrógeno; **Stickstoffverbindung** F compuesto *m* nitrogenado

'stieben VI ⟨*irr*⟩ dispararse, volar; *Funken* saltar, desprenderse; *Menge* dispersarse, disiparse

'Stiefbruder M hermanastro *m*

'Stiefel M ⟨~s; ~⟩ bota *f*; (*Halbstiefel*) botín *m*, botina *f*; *umg* **einen ~ vertragen können** tener buen saque

Stiefe'lette F ⟨~; ~n⟩ botín *m*, botina *f*

'Stiefelknecht M sacabotas *m*, descalzador *m* de bota

'stiefeln VI andar a zancadas; *umg* zancajear; → *a.* gestiefelt

'Stiefelschaft M caña *f* (de la bota); **Stiefelspanner** M horma *f* de bota; **Stiefelstulpe** F reborde *m* de la bota

'Stiefeltern PL padrastros *mpl*; **Stiefgeschwister** PL hermanastros *mpl*; **Stiefkind** N hijastro *m*, -a *f*; *fig* desgraciado *m*; **Stiefmutter** F ⟨~; ~̈⟩ madrastra *f*; **Stiefmütterchen** N BOT pensamiento *m*

'stiefmütterlich A ADJ de madrastra B ADV como una madrastra; **~ behandeln** tratar con negligencia; **von der Natur ~ behandelt** poco favorecido por la naturaleza

'Stiefschwester F hermanastra *f*; **Stiefsohn** M hijastro *m*; **Stieftochter** F hijastra *f*; **Stiefvater** M padrastro *m*

stieg → steigen

'Stiege F ⟨~; ~n⟩ 1 (*Treppe*) escalera *f* (estrecha) 2 (*Obstkiste*) ≈ caja *f*

'Stieglitz M ⟨~es; ~e⟩ ORN jilguero *m*

stiehlt → stehlen

Stiel M ⟨~(e)s; ~e⟩ 1 (*Handgriff*) mango *m*; (*Besenstiel*) *a.* palo *m* (*a. v. Eis*); *e-r Axt etc*: astil *m* 2 BOT tallo *m*; pedúnculo *m*; (Stängel) palo *m*; *e-r Frucht*: pezón *m*, *umg* rabo *m*; (*Blattstiel*) pecíolo *m*

'Stielaugen NPL ojos *mpl* saltones; ZOOL ojos *mpl* pedunculados; *fig* **~ machen** *umg* abrir unos ojos como platos; **er machte ~ nach** ihr se le fueron (*od* saltaban) los ojos tras ella

'Stielbrille F impertinentes *mpl*; **Stielpfanne** F, **Stieltopf** M cazo *m*

stier A ADJ **~er Blick** mirada *f* fija B ADV **~ ansehen** mirar fijamente

Stier M ⟨~(e)s; ~e⟩ toro *m*; *umg bes* STIERK cornúpeto *m*; ASTRON Tauro *m*; *fig* **den ~ bei den Hörnern packen** agarrar al toro por los cuernos (*od* las astas)

'stieren VI **auf etw** (*acus*) **~** mirar fijamente a/c; (*glotzen*) mirar boquiabierto a/c

'Stierkampf M *Kunst*: tauromaquia *f*; *Veranstaltung*: corrida *f* de toros; fiesta *f* taurina; *sp a.* fiesta *f* nacional; lidia *f*; **Stierkampfarena** F → Stierkampfplatz; **Stierkämpfer** M, **Stierkämpferin** F torero *m*, -a *f*; lidiador *m*, -a *f*; diestro *m*, -a *f*; (*Matador[in]*) matador *m*, -a *f*, espada *m/f*; **Stierkämpfertracht** F traje *m* de luces; **Stierkampfplatz** M plaza *f* de toros; (*Arena*) arena *f*, ruedo *m*; **Stiernacken** M pescuezo *m* de toro; **stiernackig** ADJ cogotudo

'Stiesel M ⟨~s; ~⟩ *umg pej* paleto *m*, palurdo *m*

stieß → stoßen

Stift[1] M ⟨~(e)s; ~e⟩ 1 (*Schreibstift*) lápiz *m* 2 (*Pflock*) tarugo *m*; TECH clavija *f*, espiga *f*; (*Nagel*) tachuela *f*; punta *f*; (*Bolzen*) perno *m*; (*Zapfen*) pivote *m*; (*Stäbchen*) barrita *f*; (*Zahnstift*) espiga *f* 3 *umg* (*Lehrling*) aprendiz *m*

Stift[2] N ⟨~(e)s; ~e⟩ 1 REL capítulo *m*, cabildo *m*; (*Altersheim*) residencia *f* de ancianos; (*Seminar*) seminario *m*; (*Privatschule*) colegio *m* religioso 2 *österr* (*Kloster*) convento *m*

'stiften VT 1 (*gründen*) *Orden, Sekte* fundar; (*einrichten*) *Kloster, Schule* crear; establecer, instituir; erigir 2 *Geld* donar, regalar; *Preis* patrocinar; **gestiftet von ...** por cortesía de ... 3 (*schaffen*) suscitar; (*verursachen*) causar, ocasionar; *Unruhe etc* provocar; *Zwietracht* sembrar; **Frieden ~** restablecer la paz; **Gutes ~** hacer bien; **Unheil ~** causar desgracia; Zwietracht sembrar 4 *umg* **stiften gehen** largarse, eclipsarse, esfumarse

'Stifter M ⟨~s; ~⟩, **Stifterin** F ⟨~; ~nen⟩ fundador *m*, -a *f*; (*Spender[in]*) donador *m*, -a *f*, donante *m/f*

'Stiftsdame F, **Stiftsfräulein** N canonesa *f*; **Stiftsherr** M capitular *m*, canónigo *m*; **Stiftskirche** F colegiata *f*

'Stiftung F ⟨~; ~en⟩ fundación *f*; (*Schaffung*) creación *f*; institución *f*; (*Schenkung*) donación *f*; **milde ~** obra *f* pía

'Stiftungsfeier F, **Stiftungsfest** N aniversario *m* de la fundación; **Stiftungsurkunde** F acta *f* de fundación (*od* fundacional)

'Stiftzahn M diente *m* de espiga (*od* de perno)

'Stigma N ⟨~s; Stigmen *od* ~ta⟩ estigma *m* (*a.* ZOOL)

'stigmati'sieren VT ⟨*ohne* ge-⟩ estigmatizar; **Stigmatisierung** F estigmatización *f*

Stil M ⟨~(e)s; ~e⟩ 1 estilo *m* 2 *umg fig* **in großem ~** en gran escala; **in großem ~ leben** vivir a lo grande

'Stilart F estilo *m*; **stilbildend** ADJ que forma (*od* crea) un nuevo estilo; **Stilblüte** F desliz *m* estilístico; **stilecht** ADJ de época

Sti'lett N ⟨~(e)s; ~e⟩ estilete *m*

'Stilfehler M falta *f* de estilo; **Stilfigur** F *Rhetorik*: figura *f* retórica; **Stilgefühl** N sentido *m* del estilo; **stilgerecht** ADJ en estilo correcto; conforme (*od* ajustado) al estilo; → *a.* stilecht

stili'sieren VT ⟨*ohne* ge-⟩ estilizar; **Stilisierung** F ⟨~; ~en⟩ estilización *f*

Sti'list M ⟨~en; ~en⟩ estilista *m*; **Stilistik** F ⟨~⟩ estilística *f*; **Stilistin** ⟨~; ~nen⟩ estilista *f*; **stilistisch** ADJ estilístico; **in ~er Hinsicht** en cuanto al estilo; desde el punto de vista estilístico

'Stilkleid N vestido *m* de época; **Stilkunde** F estilística *f*

still A ADJ 1 (*ruhig*) tranquilo; quieto; silencioso; (*schweigsam*) *a.* callado; mudo; (*unbeweglich*) inmóvil; *See* en calma; **~es Gebet** oración *f* mental; **~e Messe** misa *f* rezada; **~ bleiben** quedarse tranquilo; quedarse quieto; callar(se); **~ werden** sosegarse; calmarse, serenarse, (*schweigen*) callar(se); **es wurde ~** se hizo (*od* produjo) un silencio; **~!** ¡silencio!; ¡chitón!; ¡pst!; **sei ~!** *umg* ¡cállate la boca!; *Kind* ¡(estáte) quieto! 2 (*friedlich*) pacífico; apacible; plácido; **~es Leben** vida *f* sosegada 3 WIRTSCH (*flau*) desanimado; flojo 4 JUR tácito; **~e Übereinkunft** acuerdo *m* tácito; **~er Vorbehalt** reserva *f* mental 5 *fig* (*heimlich*) secreto; **~e Hoffnung** secreta esperanza *f*; **~e Liebe** amor *m* secreto; WIRTSCH **~e Reserve** reservas *fpl* ocultas; **im Stillen** en silencio, calladamente; (*heimlich*) en secreto, *im negativen Sinn*: bajo cuerda; (*für sich*) para sí 6 **Stiller Ozean** (océano *m*) Pacífico *m* 7 **~es Wasser** agua *f* sin gas; agua *f* mansa (*bzw* estancada); *fig Person*: mosquita *f* muerta; *fig* **ein ~es Wasser sein** matarlas callando; *sprichw* **~e Wasser sind tief** no hay que fiarse del agua mansa 8 *umg* **~es Örtchen** retrete *m*, excusado *m* B ADV **sich ~ verhalten** mantenerse tranquilo; estar(se) quieto; **~ und leise** *bzw* **heimlich** *umg* callandito, a la chita callando

'stille ADJ *umg* → still

'Stille F ⟨~⟩ (*Ruhe*) tranquilidad *f*; sosiego *m*; calma *f*; quietud *f*; (*Friede*) paz *f*; (*Schweigen*) silencio *m*; (*Meeresstille*) calma *f*; bonanza *f*; WIRTSCH estancamiento *m*; **in der ~** en silencio; en secreto; **in der ~ der Nacht** en el silencio de la noche; **in aller ~** *Hochzeit, Beisetzung* en el mayor silencio; *fig* en la (más estricta) intimidad; **~ trat ein** se hizo el silencio

'Stillehre F estilística *f*

'stillen A VT 1 *Durst* apagar, *umg* matar; *Hunger* saciar, *umg* matar; satisfacer (el apetito) 2 *Blut* restañar; cortar (la hemorragia); *Schmerz* calmar, mitigar 3 *Kind* lactar, amamantar; criar; dar de mamar, dar el pecho a 4 *fig Neugier, Verlangen etc* satisfacer B VI amamantar

'Stillen N ⟨~s⟩ *e-s Kindes*: amamantamiento *m*, lactancia *f* (materna), lactación *f*

'stillend ADJ **~e Mutter** madre *f* lactante

'Stillgeld N *schweiz* subsidio *m* de lactancia

'Stillhalteabkommen N (convenio *m* de) moratoria *f*; **stillhalten** VI ⟨*irr*⟩ no moverse, quedarse quieto; (*anhalten*) pararse, detenerse; **Stillleben** N MAL naturaleza *f* muerta; bodegón *m*

'stilllegen VT inmovilizar (*a.* MED); *Betrieb, Eisenbahnstrecke* cerrar; *Maschine etc* parar, detener; *Verkehr etc* paralizar; *Fahrzeug* retirar del servicio

'Stilllegung F ⟨~; ~en⟩ *v. Kapital*: inmovilización *f*; *e-r Fabrik*: cierre *m*; paro *m*; detención *f*; paralización *f*; **Stilllegungsverfügung** F orden *f* de cierre (*od* paralización)

stillliegen VI ⟨*irr*⟩ estar parado (*od* inmovili-

zado); *Verkehr etc* estar paralizado
ˈstillos ADJ sin estilo; *fig* de mal gusto; cursi
ˈStillperiode F (período *m* de) lactancia *f*
ˈstillschweigen VI ⟨irr⟩ callarse, guardar silencio; no decir nada; estar (*od* quedar) callado
ˈStillschweigen N silencio *m*; mutismo *m*; **~ bewahren** guardar silencio; **mit ~ übergehen** silenciar, callar, pasar en silencio
ˈstillschweigend A ADJ 1 (*wortlos*) callado 2 *fig Abmachung* tácito; implícito; **~e Übereinkunft** consentimiento *m* tácito B ADV tácitamente; implícitamente; (*im Stillen*) en silencio; sin decir palabra; **etw ~ übergehen** silenciar a/c
ˈstillsitzen VI ⟨irr⟩, **still sitzen** VI ⟨irr⟩ estar (*od* quedar) quieto; no moverse; *fig* quedar inactivo; **nicht ~ können** no poder estarse quieto
ˈStillstand M ⟨~(e)s⟩ parada *f*; paro *m*; detención *f*; (*Lähmung*) paralización *f*; (*Untätigkeit*) inacción *f*; (*Unterbrechung*) interrupción *f*, suspensión *f*; MED paro *m*; *vorübergehender*: intermitencia *f*; estancamiento *m* (*a.* WIRTSCH, *fig*); **zum ~ bringen** *Maschine, Blutung* parar; detener; *Verkehr*: paralizar, retener; **zum ~ kommen** detenerse, pararse; paralizarse; *fig Verhandlungen etc* estancarse, llegar a un punto muerto
ˈstillstehen VI ⟨irr⟩ 1 detenerse; pararse; estar inmóvil; quedarse quieto; no moverse (del sitio); *Verkehr*: estar paralizado; *Maschinen etc* estar parado; *fig* **der Verstand stand ihm still** quedó anonadado 2 MIL cuadrarse; **stillgestanden!** ¡firmes!
ˈstillstehend ADJ estacionario; inmóvil; inmovilizado; fijo; *Wasser u. fig* estancado
ˈStillung F ⟨~⟩ tranquilización *f*; apaciguamiento *m*; satisfación *f*; estancamiento *m*; **stillvergnügt** ADJ contento; con (íntima) satisfacción; **Stillzeit** F → Stillperiode
ˈStilmittel N recurso *m* estilístico; GRAM, *Rhetorik a.*: recurso *m* retórico; **Stilmöbel** NPL muebles *mpl* de estilo (*od* de época); **Stilprobe** F muestra *f* de estilo; **Stilrichtung** F MUS estilo *m* (musical); **Stilübung** F ejercicio *m* de estilo; **stilvoll** ADJ de estilo depurado (*od* refinado); artístico; de buen gusto; **Stilwörterbuch** N diccionario *m* de estilo
ˈStimmabgabe F votación *f*; **Stimmaufzählung** F escrutinio *m* (*od* conteo *m*) de votos; **Stimmband** N ⟨~(e)s; ~̈er⟩ ANAT cuerda *f* vocal; **Stimmbandresektion** F ⟨~; ~en⟩ MED cordotomía *f*
ˈstimmberechtigt ADJ con derecho a votar (*od* a voto); **Stimmberechtigte** M/F votante *m*; **Stimmberechtigung** F derecho *m* de voto
ˈStimmbezirk M circuscripción *f* electoral; **Stimmbildung** F fonación *f*; **Stimmbruch** M cambio *m* de voz; muda *f*; **im ~ sein** estar de muda, cambiar la voz; **Stimmbürger** M, **Stimmbürgerin** F *schweiz* ciudadano *m*, -a *f* con derecho a voto
ˈStimme F ⟨~; ~n⟩ 1 voz *f*; **mit lauter/leiser ~** en voz alta/baja; **die ~ des Gewissens/der Vernunft** la voz de la conciencia/de la razón; *fig* **der ~ seines Herzens folgen** seguir los impulsos de su corazón 2 POL (*Wahlstimme*) voto *m*, sufragio *m*; **seine ~ abgeben** votar (**für** por; **gegen** contra); depositar su voto; **j-m seine ~ geben** votar por alg; dar su voto a alg; **fünf ~n erhalten** obtener cinco votos; **mit 3 gegen 2 ~n** por tres votos contra dos; **mit 5 ~n Mehrheit** con una mayoría de cinco votos; por cinco votos de mayoría 3 MUS voz *f*; (*Part*) parte *f*; **eine gute ~ haben** tener (buena) voz; **bei ~ sein** estar bien de voz, estar en voz; **nicht bei ~ sein** estar indispuesto 4 (*Meinung*) voz *f*, opinión *f*: **die kritischen ~n in der Öffentlichkeit** la opinión crítica del público; *sprichw* **Volkes ~, Gottes ~** voz del pueblo, voz de Dios
ˈstimmen A VT 1 MUS *Instrument* afinar; *bes Gitarre, Laute* templar; **höher/tiefer ~** alzar/bajar de tono; **hoch/tief gestimmt** alto/bajo de tono; **gut/schlecht gestimmt sein** estar bien/mal afinado; **nach etw ~** afinar con a/c 2 **j-n froh** *od* **heiter ~** poner a alg de buen humor; **j-n traurig ~** entristecer a alg; **gut/schlecht gestimmt (sein)** (estar) de buen/mal humor; **das stimmte mich nachdenklich** eso me hizo reflexionar 3 *fig* **j-n für etw ~** (pre)disponer a alg para a/c; **j-n gegen etw/j-n ~** prevenir a alg contra a/c/alg B VI 1 (*richtig sein*) *Summe, Abrechnung* estar bien; cuadrar; WIRTSCH estar conforme; **da stimmt etwas nicht** aquí hay algo que no está claro; ahí hay algo raro; *umg* aquí hay gato encerrado; *umg* **bei ihm stimmt etwas nicht** le pasa algo; *beim Bezahlen*: *umg* **stimmt so!** ¡quédese con la vuelta! 2 (*wahr sein*) ser cierto (*od* exacto *od* procedente *od* correcto); **stimmt!** ¡exacto!; ¡eso es!; **das stimmt** (eso) es cierto; es verdad; así es; **das stimmt nicht** no es así; aquí hay un error; eso no es cierto; no es exacto 3 (*übereinstimmen*) concordar, estar de acuerdo, coincidir con; *Farben etc* armonizar 4 POL votar (**für** por; **gegen** contra); POL **für/gegen j-n ~** votar a/contra alg
ˈStimmen N ⟨~s⟩ MUS afinación *f*
ˈStimmenfang M captación *f* (*od* caza *f*) de votos; **Stimmengewirr** N rumor *m* confuso de voces; algarabía *f*; **Stimmengleichheit** F igualdad *f* de votos; empate *m*; **bei ~** en caso de empate; **Stimmenkauf** M compra *f* de votos; **Stimmenmehrheit** F mayoría *f* (*od* pluralidad *f*) de votos; **mit ~** por mayoría de votos; **Stimmenminderheit** F minoría *f* de votos; **Stimmenprüfung** F escrutinio *m*
ˈStimmenthaltung F abstención *f* (del voto)
ˈStimmenzähler M, **Stimmenzählerin** F escrutador *m*, -a *f*; **Stimmenzählung** F escrutinio *m*; recuento *m* de votos; **die ~ vornehmen** hacer el escrutinio
ˈStimmer M ⟨~s; ~⟩, **Stimmerin** F ⟨~; ~nen⟩ MUS afinador *m*, -a *f*
ˈstimmfähig ADJ → stimmberechtigt
ˈStimmgabel F MUS diapasón *m*
ˈstimmgewaltig ADJ de voz potente; **stimmhaft** ADJ *Laut* sonoro
ˈStimmhammer M MUS afinador *m*
ˈstimmig ADJ armónico; *Argumentation* coherente; **Stimmigkeit** F ⟨~⟩ conformidad *f*; armonía *f*
ˈStimmkarte F → Stimmzettel; **Stimmkraft** F fuerza *f* vocal; **Stimmlage** F MUS registro *m*; tesitura *f*
ˈstimmlich ADJ vocal; de la voz
ˈStimmlippen PL ANAT pliegues *mpl* vocales
ˈstimmlos ADJ sin voz; áfono, afónico; *Laut* sordo; **Stimmlosigkeit** F ⟨~⟩ afonía *f*
ˈStimmorgan N ANAT órgano *m* vocal (*od* fonador)
ˈStimmrecht N derecho *m* de voto (*od* de sufragio); **allgemeines ~** sufragio *m* universal; **das ~ ausüben** votar, ejercitar el derecho de voto; **Stimmrechtlerin** F HIST sufragista *f*
ˈStimmritze F ANAT glotis *f*; **Stimmschlüssel** M MUS afinador *m*; **Stimmstock** M MUS alma *f*; **Stimmübung** F MUS vocalización *f*; solfeo *m*; **~en machen** vocalizar; solfear; **Stimmumfang** M MUS registro *m* de la voz
ˈStimmung F ⟨~; ~en⟩ 1 *fig* (*Laune*) estado *m* de ánimo; (*Gemütsverfassung*) humor *m*; disposición *f* (de ánimo); (*Ausgelassenheit*) animación *f*; **guter/schlechter ~ sein** estar de buen/mal humor; estar bien/mal dispuesto; **in gedrückter ~ sein** estar deprimido *od* abatido; **in (gehobener) ~ sein** estar alegre, *umg* estar eufórico; **(nicht) in der ~ sein, zu** *od* **für** (no) estar de humor (*od* en vena) para; **in ~ bringen** animar; dar alegría (*od* animación) a; **in ~ kommen** animarse; alegrarse; *Cuba* embullarse; **die ~ war glänzend** hubo gran animación; se desbordó la alegría 2 (*Atmosphäre*) *e-s Bildes*: efecto *m* (íntimo), impresión *f*; WIRTSCH *der Börse*: tendencia *f*; *e-r Gruppe, e-s Fests*: ambiente *m*; *bes* MIL moral *f*; espíritu *m*; **allgemeine ~** opinión *f* pública; **günstige ~** ambiente *m* favorable; **feindselige ~** animosidad *f*; **~ machen** crear ambiente; **~ machen für** hacer propaganda de 3 MUS afinación *f*, afinado *m*
ˈStimmungsbarometer N *fig* barómetro *m* de la opinión (pública); **Stimmungsbild** N cuadro *m* de ambiente; impresiones *fpl*; **Stimmungskanone** F *umg* animador *m*, -a *f*; **Stimmungslage** F 1 estado *m* (*od* disposición *f*) de ánimo 2 WIRTSCH *Börse*: tendencia *f* bursátil
ˈStimmungsmache F *umg intento de predisponer a alg a a/c*; **Stimmungsmacher** M, **Stimmungsmacherin** F 1 *Party, Show*: animador *m*, -a *f* 2 POL agitador *m*, -a *f* político, -a
ˈStimmungsmensch M hombre *m* veleidoso; *umg* veleta *m/f*; **Stimmungsmusik** F música *f* ambiental (*Hintergrundmusik*) música de fondo; **Stimmungstief** N ⟨~s; ~s⟩ tendencia *f* bajista; **Stimmungsumschwung** F cambio *m* de humor (*bzw* de estado de ánimo); WIRTSCH cambio *m* de tendencia (*od* de signo); **stimmungsvoll** ADJ de gran efecto; *Bild* lleno de ambiente; muy expresivo; *Fest* muy animado; **Stimmungswandel** M → Stimmungsumschwung
ˈStimmverhalten N conducta *f* electoral; **Stimmvieh** N *pej* rebaño *m* electoral; **Stimmwechsel** M → Stimmbruch; **Stimmzählung** → Stimmenzählung; **Stimmzettel** M papeleta *f* (*Am* boleto *m*) de votación
ˈStimulans N ⟨~; Stimulanzien⟩ MED estimulante *m*; aliciente *m*, incentivo *m*; *fig* incitación *f*, provocación
Stimulatiˈon F ⟨~; ~en⟩ estimulación *f*
stimuˈlieren VT ⟨ohne ge-⟩ estimular; **stimulierend** ADJ estimulante; **Stimulierung** F ⟨~; ~en⟩ → Stimulation
ˈStinkbombe F bomba *f* fétida
ˈStinkefinger M *sl* ≈ corte *m* de mangas; *sl* **j-m den ~ zeigen** *hacer a alg un gesto obsceno con el puño cerrado y el dedo corazón en alto*
ˈstinken VI ⟨irr⟩ 1 oler mal; despedir mal olor, heder; *pej* apestar; **hier stinkt es** aquí huele mal, aquí hay mal olor; aquí (hay un olor que) apesta; **nach etw ~** heder a; apestar a; **wie die Pest ~** apestar, *umg* oler a demonios 2 *umg* **mir stinkt's!** ¡estoy harto!; *umg fig* **diese Arbeit stinkt mir** *umg* estoy hasta las narices de este trabajo 3 *umg fig* **das stinkt zum Himmel** esto clama al cielo; *umg* **vor Geld ~** *umg* estar podrido de dinero
ˈstinkend ADJ fétido, maloliente; pestífero; apestoso; hediondo; **~ faul** → stinkfaul; **stinkˈfaul** ADJ *umg* vago redomado; *umg* vagoneta; muy gandul (*od* vago); **~ sein** ser más vago que la chaqueta de un guardia; no dar golpe
ˈstinkig ADJ 1 → stinkend 2 *umg* (*schlecht gelaunt*) *umg* de mala uva

'stink'langweilig ADJ *umg* aburridísimo, soporífero; **Stink'laune** F *umg* humor *m* de perros; **stinknor'mal** ADJ *umg* de lo más normal; **stink'reich** ADJ *umg* podrido de dinero
'Stinktier N ZOOL mofeta *f*; *Am* chinga *f*
'Stink'wut F *umg* rabia *f* tremenda; **er hat eine ~** *umg* está que echa chispas (*od* que bufa)
Stint M ⟨~(e)s; ~e⟩ *Fisch*: eperlano *m*
Stipendi'at M ⟨~en; ~en⟩, **Stipendiatin** F ⟨~; ~nen⟩ becario *m* -a *f*
Sti'pendium N ⟨~s; Stipendien⟩ beca *f*; bolsa *f* de estudios
'stippen V/T mojar; **Stippvisite** F visita *f* corta; *umg* visita *f* de médico
stirbt → sterben
Stirn F **1** frente *f*; *fig* **die ~ haben, zu** (*inf*) atreverse a; tener la desfachatez de; **die ~ runzeln** fruncir el ceño, arrugar la frente; **sich vor die ~ schlagen** darse una palmada en la frente **2** *fig* **j-m die ~ bieten** hacer frente a alg; enfrentarse a (*od* con) alg; *umg* dar la cara a alg; **es steht ihm auf der ~ geschrieben** lo lleva escrito en la frente; se le ve en la cara
Stirn... IN ZSSGN ANAT frontal; **Stirnader** F ANAT vena *f* frontal; **Stirnband** N ⟨~(e)s; ⸗er⟩ cinta *f* (para ceñir la frente); **Stirnbein** N ANAT (hueso *m*) frontal *m*; **Stirnbinde** F frontal *m*; **Stirnfalte** F arruga *f* de la frente
'Stirnhöhle F ANAT seno *m* frontal; **Stirnhöhlenentzündung** F MED sinusitis *f*
'Stirnlage F MED *des Fötus*: presentación *f* de frente; **Stirnlocke** F flequillo *m*, fleco *m*; **Stirnrad** N TECH rueda *f* dentada recta; **Stirnreif** M diadema *f*; **Stirnriemen** M *Pferd*: frontalera *f*; **Stirnrunzeln** N ceño *m*; **Stirnseite** F ARCH frente *m/f*; fachada *f* anterior; frontispicio *m*; **Stirnwand** F pared *f* frontal; **Stirnwunde** F herida *f* en la frente
stob → stieben
'stöbern V/I **1** revolver (**in etw** *dat* a/c); trastear; *Hund* zarcear **2** *reg* (*sauber machen*) hacer limpieza general
Sto'chastik F ⟨~⟩ MATH análisis *m* estocástico; **stochastisch** ADJ estocástico
'stochern V/I hurgar (**in etw** *dat* a/c); **im Essen ~** comer sin apetito; **im Feuer ~** atizar el fuego; (**sich** *dat*) **in den Zähnen ~** mondar (*od* escarbarse) los dientes
Stöchiome'trie F ⟨~⟩ CHEM estequiometría *f*; **stöchio'metrisch** ADJ estequiométrico
Stock¹ M ⟨~(e)s; Stöcke⟩ **1** bastón *m* (*a. Spazierstock, Skistock*); palo *m* (*a. Schlagstock*); (*Zuchtrute*) férula *f*; (*Billardstock*) taco *m*; (*Zeigestock*) puntero *m*; (*Gewehrstock*) baqueta *f*; (*Rohrstock*) caña *f*; **am ~ gehen** andar con (*od* apoyado en un) bastón; *umg fig* pasarlas canutas; *fig* **über ~ und Stein** a campo traviesa **2** BOT (*Blumenstock*) planta *f* de flores; (*Rosenstock*) rosal *m*; (*Rebstock*) cepa *f*; (*Strunk*) pie *m*; (*Baumstumpf*) tocón *m* **3** (*Gebirgsstock*) macizo *m*
Stock² M ⟨~(e)s; ~⟩ (*Stockwerk*) piso *m*, planta *f*; **im ersten ~** en el primer piso; **das Haus ist 5 ~ hoch** la casa tiene cinco pisos, es una casa de cinco plantas
Stock³ M ⟨~s; ~s⟩ WIRTSCH capital *m*; fondos *mpl*; (*Vorrat*) existencias *fpl*, stock *m*
'stockbe'soffen ADJ *sl*, **stockbe'trunken** ADJ *umg* hecho una cuba
'Stockbett N litera *f*
'stock'blind ADJ *umg* completamente ciego
'Stockdegen M bastón *m* de estoque
'stock'dumm ADJ *umg* tonto de capirote (*od* de remate); **stock'dunkel** ADJ *umg* muy (*od* completamente) oscuro; **es ist ~** no se ve ni (una) gota
'Stöckel M ⟨~s; ~⟩ *umg* tacón *m* alto
'stöckeln V/I *umg* andar sobre tacones altos
'Stöckelschuhe MPL zapatos *mpl* de tacón alto
'stocken V/I **1** (*stillstehen*) pararse, detenerse (*a. Herz*); (*unterbrochen werden*) interrumpirse, estar (*od* quedar) interrumpido; (*aufhören*) cesar; *Atem, beim Sprechen*: cortarse, atascarse; (*stagnieren*) estancarse (*a.* WIRTSCH) **2** (*langsamer werden*) retardarse; *Verkehr* paralizarse; atascarse; congestionarse (*a.* MED) **3** *fig* pararse, no adelantar; *Verhandlungen* llegar a un punto muerto, empantanarse; *Gespräch* languidecer (*a.* WIRTSCH) **4** *Flüssigkeiten* dejar de fluir (*od* de correr); *Blut* no circular; *südd, österr, schweiz* (*gerinnen*) cuajarse **5** (*schimmeln*) enmohecerse
'Stocken N ⟨~s⟩ → Stockung; **ins ~ geraten** → stocken 2, 3
'stockend **A** ADJ entrecortado **B** ADV **~ sprechen** hablar con la voz entrecortada
'Stockente F ZOOL ánade *m/f* real
'stock'finster ADJ → stockdunkel
'Stockfisch M bacalao *m* (seco)
'Stockfleck M mancha *f* de moho
'stock'heiser ADJ afónico
'Stockhieb M bastonazo *m*
'Stockholm N ⟨~s⟩ Estocolmo *m*
'stockkonserva'tiv ADJ ultraconservador; *umg pej* rancio; **stock'nüchtern** ADJ *umg* muy sobrio
'Stockpunkt M *Öl*: punto *m* de solidificación
'Stockrose F BOT malva *f* real, malvarrosa *f*
'stock'sauer ADJ *umg* muy enfadado; furioso (**auf j-n** con alg); *umg* cabreado (**auf j-n** con alg)
'Stockschirm M bastón *m* paraguas; **Stockschläge** MPL palos *mpl*; bastonazos *mpl*; **Stockschnupfen** M MED romadizo *m*; coriza *f* seca; **Stockständer** M bastonera *f*
'stock'steif ADJ muy tenso, muy rígido (*od* tieso) (*a. fig*); **stock'taub** ADJ *umg* más sordo que una tapia
'Stockung F ⟨~; ~en⟩ **1** *der Produktion*: detención *f*; *der Verhandlungen*: interrupción *f*; *beim Sprechen*: atasco *m*; estancamiento *m* (*a.* WIRTSCH); *völlige*: cesación *f*; paralización *f* (*a. fig*); (*Verlangsamung*) desaceleración *f* **2** *Verkehr*: congestión *f*, atasco *m* **3** MED estasis *f*; estancación *f*
'Stockwerk N ⟨~(e)s; ~e⟩ piso *m*; planta *f*; **das unterste ~** la planta baja; **im ersten ~** en el primer piso
'Stockzwinge F contera *f*; regatón *m*
Stoff M ⟨~(e)s; ~e⟩ **1** TEX (*Gewebe*) tela *f*, tejido *m*; (*Tuch*) paño *m* **2** CHEM, PHYS materia *f*, sustancia *f*; (*Werkstoff*) material *m* **3** (*Wirkstoff*) agente *m* **4** (*Thema*) tema *m*, asunto *m* (*a. Gesprächsstoff*); objeto *m*; (*Lehrstoff*) materia *f*; **~ zum Lachen/Gerede geben** dar que reír/decir (*od* hablar) **5** *umg* (*Rauschgift*) *sl* polvo *m*; (*Alkohol*) alcohol *m* **6** *umg* **~ geben** *umg* ir a toda pastilla
'Stoffbahn F ancho *m*; tiro *m*; **Stoffballen** M bala *f* de tela (*od* paño); **stoffbespannt** ADJ revestido de tela; **Stoffbespannung** F revestimiento *m* de tela
'Stoffel M ⟨~s; ~⟩ *umg* zopenco *m*, paleto *m*; **stoffelig** ADJ zopenco, paleto
'Stofffetzen M jirón *m* (*od* pedazo *m*) de tela; **Stoffhandschuh** M guante *m* de hilo; **Stoffkreislauf** M circulación *f* (*od* ciclo *m*) de materiales
'stofflich ADJ **1** material; concreto **2** *fig* temático, del tema; **Stofflichkeit** F ⟨~⟩ materialidad *f*
'Stoffmuster N **1** dibujo *m* **2** (*Probe*) muestra *f* de tela; **Stoffpuppe** F muñeca *f* de trapo; **Stoffreste** MPL retales *mpl*; retazos *mpl*; **Stofftier** N animal *m* de trapo
'Stoffwechsel M PHYSIOL metabolismo *m*; **Stoffwechselkrankheit** F MED trastorno *m* metabólico; **Stoffwechselprodukt** N metabolito *m*; **Stoffwechselstörungen** FPL MED trastornos *mpl* metabólicos
'stöhnen V/I gemir; *fig* quejarse (**über** *acus* de)
'Stöhnen N ⟨~s⟩ gemidos *mpl*; ayes *mpl*
'Stoiker M ⟨~s; ~⟩, **Stoikerin** F ⟨~; ~nen⟩ PHIL *u. fig* estoico *m*, -a *f*; **stoisch** ADJ estoico
Stoi'zismus M ⟨~⟩ PHIL estoicismo *m*
'Stola F ⟨~; Stolen⟩ estola *f*
'Stollen M ⟨~s; ~⟩ **1** BERGB galería *f*; MIL abrigo *m* **2** SPORT *am Fußballschuh*: taco *m* **3** GASTR ≈ bollo *m* de Navidad; **Stollenbau** M ⟨~(e)s⟩ BERGB explotación *f* en galerías
'Stolperdraht M alambre *m* para tropezar; alambrada *f* baja
'stolpern V/I ⟨sn⟩ tropezar (**über etw** *acus* con *od* en a/c); dar un tropezón; dar un traspié; trompicar; **über ein Wort ~** atascarse en una palabra; *umg fig* **er ist über diese Affäre gestolpert** *umg* ese asunto le hizo estrellarse
'Stolpern N ⟨~s⟩ tropezón *m*; traspié *m*; **Stolperstein** M *fig* cortapisa *f*
stolz ADJ **1** *Person* orgulloso; (*hochmütig*) soberbio; altivo; (*eingebildet*) presuntuoso; vanidoso; **~ machen** enorgullecer; **~ werden** enorgullecerse; **auf etw** (*acus*) **~ sein** estar orgulloso de a/c **2** *fig* (*prächtig*) soberbio, magnífico; imponente; majestuoso
Stolz M ⟨~es⟩ orgullo *m*; (*Hochmut*) soberbia *f*; altivez *f*; (*Einbildung*) presunción *f*; vanidad *f*; **falscher ~** falso orgullo; **er ist der ~ seiner Mutter** es el orgullo de su madre; **seinen ~ dareinsetzen, zu** (*inf*) poner todo su empeño en (*inf*)
stol'zieren V/I ⟨*ohne* ge-⟩ pavonearse; *umg* darse postín
'Stoma N ⟨~s; Stomata⟩ BIOL estoma *m*
Stoma'titis F ⟨~; Stomati'tiden⟩ MED estomatitis *f*; **Stomatolo'gie** F ⟨~⟩ estomatología *f*
stop, Stop → stopp, Stopp
'Stopfei N TEX huevo *m* de zurcir
'stopfen **A** V/T **1** (*hineinstopfen*) meter (**in** *acus* en *od* dentro de); **etw in etw** (*acus*) **~** meter a la fuerza a/c en a/c; **gestopft voll** *mit Menschen*: abarrotado (*od* repleto) de gente **2** (*zustopfen*) *Loch* tapar (*a.* MUS *Trompete*) **3** (*füllen*) llenar; rellenar (**mit** de); *Pfeife* cargar, rellenar; *Wurst* embutir; embuchar **4** TEX (*flicken*) repasar; zurcir **5** (*mästen*) *Geflügel* engordar, cebar **B** V/I **1** (*sättigen*) saciar, hartar; empachar **2** MED estreñir **3** (*schlingen*) tragar
'Stopfen¹ N ⟨~s⟩ **1** TEX (*Flicken*) repaso *m*; zurcido *m* **2** *v. Geflügel*: engorde *m*
'Stopfen² M ⟨~s; ~⟩ tapón *m*
'Stopfgarn N hilo *m* de zurcir; **Stopfnadel** F aguja *f* de zurcir; **Stopfwolle** F lana *f* de zurcir
stopp INT ¡alto!; *in Telegrammen*: punto
Stopp M ⟨~s; ~s⟩ **1** (*Anhalten*) parada *f* **2** (*Unterbrechung*) interrupción *f* **3** WIRTSCH bloqueo *m*, congelación *f*
'Stoppelbart M barba *f* de varios días; **Stoppelfeld** N rastrojo *m*; rastrojera *f*
'stoppelig ADJ **1** AGR cubierto de rastrojos **2** *Gesicht* mal afeitado; *Kinn* sin afeitar
'stoppeln V/T AGR espigar; rebuscar
'Stoppeln FPL **1** AGR rastrojos *mpl* **2** (*Bartstoppeln*) cañones *mpl*; **Stoppelwerk** N *fig* chapuza *f*, chapucería *f*
'stoppen V/T & V/I **1** (*anhalten*) parar (*a. Ball*); detener(se) **2** **die Zeit ~** medir *od* cronometrar el tiempo; **etw ~** cronometrar a/c
'Stopper M ⟨~s; ~⟩ *Fußball*: defensa *m* central;

Stopplicht N *Verkehr:* luz *f* de parada; **Stoppschild** N, **Stoppsignal** N *bes* VERKEHR señal *f* de parada (*od* de stop); **Stopptaste** F *CD-Player, Recorder etc:* tecla *f* (*od* botón *m*) de parada; **die ~ drücken** pulsar (*od* apretar) el botón (*od* la tecla) de parada (*od* [de] stop); **Stoppuhr** F cronómetro *m*

'Stöpsel M ⟨~s; ~⟩ 1 (*Verschluss*) *e-r Badewanne:* tapón *m* 2 ELEK (*Stecker*) clavija *f* 3 *umg* (*Kind*) hombrecillo *m*; chiquillo *m*, chicuelo *m*, enano *m*, *Arg* pibe *m*; **stöpseln** V/T & V/I 1 taponar 2 ELEK enchufar (la clavija)

Stör M ⟨~(e)s; ~e⟩ *Fisch:* esturión *m*

'Störaktion F acción *f* perturbadora; **störanfällig** delicado; **Störangriff** M MIL ataque *m* de hostigamiento

Storch M ⟨~(e)s; Störche⟩ ORN cigüeña *f*; **junger ~** cigoñino *m*

'Storchenbiss M *umg hum* mancha *f* de nacimiento; **Storchennest** N nido *m* de cigüeña

'Storchschnabel M 1 BOT pico *m* de cigüeña; geranio *m* 2 TECH pantógrafo *m*

Store [stoːr] M ⟨~s; ~s⟩ estor *m*; visillo *m*

'stören A V/T 1 *Person, Veranstaltung* estorbar, perturbar; (*belästigen*) molestar; importunar; incomodar; **lassen Sie sich nicht ~!** ¡no se moleste (usted)!; **stört es Sie, wenn ich rauche?** ¿le molesta que fume? 2 *Ruhe, Frieden, Beziehung* (per)turbar; *Ordnung a.* alterar; *Unterricht* interrumpir; (*durcheinanderbringen*) trastornar; revolver 3 RADIO, TEL interferir 4 (*missfallen*) **j-n ~** disgustar a alg B V/I molestar; **störe ich?** ¿molesto?, ¿interrumpo?; **bitte nicht ~!** no molestar! C V/R *umg* **sich an etw/j-m ~** escandalizarse por a/c/alg; → *a.* gestört

'störend ADJ & ADV (*unangenehm*) desagradable; (*lästig*) molesto; fastidioso; perturbador; **~ wirken** resultar molesto

'Störenfried M ⟨~(e)s; ~e⟩ perturbador *m*, -a *f*; entrometido *m*, -a *f*; *umg* aguafiestas *m/f*

'Störfaktor M factor *m* perturbador; **Störfall** M (caso *m* de) avería *f*, incidente *m*, accidente *m* (mayor); **Störfeuer** N MIL fuego *m* de hostigamiento (*od* de perturbación); **Störfrequenz** F RADIO frecuencia *f* perturbadora; **Störgeräusche** NPL RADIO (ruidos *mpl*) parásitos *mpl*, interferencias *fpl*; **Störmeldung** F *akustisch:* alarma *f* (sonora); *schriftlich:* aviso *m* (*od* informe *m*) de avería(s) (técnica[s])

stor'nieren V/T ⟨ohne ge-⟩ HANDEL resconrar; *Auftrag, Reise* anular; *Bankauftrag* cancelar; **Stornierung** F ⟨~; ~en⟩ HANDEL rescuentro *m*; contrapartida *f*; *e-s Auftrags:* anulación *f*; FIN cancelación *f*

'Storno N ⟨~s; Storni⟩ FIN cancelación *f*; **Stornogebühr** F tasa *f* de cancelación

'Störpegel M nivel *m* de ruidos

'störrig → störrisch

'störrisch ADJ 1 (*widerspenstig*) recalcitrante; (*unlenksam*) intratable; desobediente, indócil 2 (*stur*) obstinado, terco, testarudo, *umg* cabezudo; **Störrischkeit** F ⟨~⟩ 1 (*Widerspenstigkeit*) desobedencia *f* 2 (*Sturheit*) obstinación *f*, terquedad *f*, testarudez *f*

'Störschutz M RADIO dispositivo *m* antiparásito; **Störsender** M emisora *f* interferente; **Störsendung** F emisión *f* perturbadora

'Störung F ⟨~; ~en⟩ 1 (*Unterbrechung*) interrupción *f*; (*Behinderung*) obstrucción *f* 2 (*Belästigung*) molestia *f*, estorbo *m*; alteración *f*; **verzeihen Sie die ~** perdone usted la molestia 3 TECH avería *f*, fallo *m*; (*Betriebsstörung*) incidencia *f* 4 RADIO interferencia *f*, parásito *m* 5 METEO perturbación *f*; **atmosphärische ~** perturbación *f* atmosférica 6 MED **~en** *fpl* trastornos *mpl*; defectos *mpl*

'Störungsdienst M servicio *m* de averías; **störungsfrei** ADJ sin perturbaciones; RADIO exento de parásitos; **Störungsstelle** F → Störungsdienst; **Störungstrupp** M equipo *m* (*od* cuadrilla *f*) de reparaciones

Stoß[1] M ⟨~es; Stöße⟩ 1 empujón *m*, empellón *m*; (*Schlag*) golpe *m*; *mit dem Ellenbogen:* codazo *m*; *mit der Faust:* puñetazo *m*; *mit dem Fuß:* puntapié *m*, patada *f*; *mit dem Kopf:* cabezazo *m*; *mit den Hörnern:* cornada *f*; *mit dem Gewehrkolben:* culatazo *m* (*a. beim Abfeuern*); *Billard:* tacada *f*, tacazo *m*; *Fechten:* estocada *f*; (*Dolchstoß*) puñalada *f*; **j-m einen ~ versetzen** dar un empujón a alg 2 (*Anstoß, Antrieb*) impulso *m*; propulsión *f*; *fig* **sich** (*dat*) (*od* **seinem Herzen**) **einen ~ geben** *umg* hacer de tripas corazón 3 (*Erschütterung*) sacudida *f* (*a. v. Wagen, Motor, Erdstoß*); (*Ruck*) tirón *m*; (*Anprall*) choque *m*; colisión *f*; percusión *f* 4 (*Schwimmstoß*) brazada *f* 5 (*Windstoß*) ráfaga *f* 6 TECH (*Fuge*) juntura *f*; BAHN junta *f* (*od* unión *f*) de carriles; BERGB frente *m* de galería; *Schneiderei:* refuerzo *m*; dobladillo *m* 7 MUS *ins Horn etc:* toque *m* 8 PHARM dosis *f* masiva

Stoß[2] M ⟨~es; Stöße⟩ (*Haufen*) montón *m*; pila *f*; *v. Papieren, Akten:* legajo *m*; *v. Banknoten:* fajo *m*

'stoßartig ADJ intermitente (*a.* TECH, ELEK); esporádico; periódico; → *a.* stoßweise[1]

'Stoßdämpfer M TECH, AUTO amortiguador *m* (de choques); **Stoßdegen** M florete *m*; estoque *m*

'Stößel M ⟨~s; ~⟩ 1 *im Mörser:* mano *f* de almirez; mano *f* (del mortero) 2 (*Rammer*) pisón *m*

'stoßempfindlich ADJ sensible a los choques

'stoßen ⟨irr⟩ A V/T 1 (*anstoßen*) empujar; (*anrempeln*) atropellar; *mit dem Fuß:* dar un puntapié a; (*schlagen*) golpear; *Pfahl* clavar, hincar; TECH impeler; **j-m das Messer in die Brust ~** clavar (*od* hundir) el cuchillo a alg en el pecho; **j-n in die Rippen ~** dar a alg un empujón (*od* un empellón); **mit den Hörnern ~** topar, topetar, *bes Stier* cornear, dar cornadas a; **vom Thron ~** destronar 2 (*rammen*) apisonar; **in die Erde ~** clavar (*od* hundir) en la tierra 3 (*klein stoßen*) triturar, machacar; (*mahlen*) moler; MED magullar, contundir; (*zerstoßen*) machacar; **zu Pulver ~** pulverizar, reducir a polvo 4 SPORT *Kugel* lanzar 5 *fig* **~ aus** expulsar de; **j-n aus dem Haus ~** arrojar (*od* echar) de casa a alg; **j-n von sich** (*dat*)**~** rechazar a alg B V/I 1 ⟨h⟩ dar un golpe; *Bock* topar; topetar; *Wagen, Motor* dar sacudidas; *Fechten:* dar una estocada 2 ⟨sn⟩ **an** *od* **gegen etw** (*acus*) **~** dar con (*od* contra) a/c; chocar con a/c, *stolpernd:* tropezar con a/c; **mit dem Fuß gegen etw** (*acus*) **~** dar se con el pie contra a/c, tropezar con a/c 3 ⟨h⟩ (*angrenzen*) **an etw ~** lindar con a/c; estar contiguo a a/c 4 ⟨sn⟩ (*begegnen*) **~ auf** (*acus*) dar con (*od* en); tropezar con; *fig auf Ablehnung, Widerstand etc a.:* chocar con, encontrar; **auf Schwierigkeiten ~** encontrar dificultades 5 ⟨sn⟩ **zu j-m ~** reunirse con alg 6 ⟨h⟩ MUS **ins Horn ~** tocar el cuerno C V/R **sich ~** golpearse; darse un golpe; (*sich wehtun*) lastimarse; hacerse daño; **sich an etw** (*dat*) **~** dar con (*od* contra) a/c; chocar contra a/c; *fig* (*sich stören*) escandalizarse de a/c; ofenderse por a/c; **sich am Kopf ~** recibir un golpe en la cabeza

'Stoßfänger M paragolpes *m*; amortiguador *m* de golpes; **stoßfest** ADJ resistente a los choques; **Stoßfestigkeit** F resistencia a los choques; **stoßfrei** ADJ sin choques; exento de sacudidas; **Stoßgebet** N jaculatoria *f*; fervorín *m*; **Stoßkante** F reborde *m*; **Stoßkeil** M MIL punta *f*; **Stoßkraft** F TECH fuerza *f* de propulsión; *fig* empuje *m*, pujanza *f*; **Stoßkugel** F SPORT peso *m*; **Stoßmaschine** F TECH mortajadora *f*; **Stoßseufzer** M suspiro *m* hondo; **stoßsicher** ADJ a prueba de choques; **Stoßstange** F AUTO parachoques *m*

stößt → stoßen

'Stoßtrupp M MIL grupo *m* de choque; pelotón *m* de asalto; **Stoßtruppen** FPL MIL fuerzas *fpl* de choque

'Stoßverkehr M horas *fpl* punta (*od* de tráfico intenso); **Stoßwaffe** F arma *f* contundente

'stoßweise[1] A ADJ intermitente; entrecortado B ADV con intermitencia; periódicamente; esporádicamente; (*ruckweise*) a trompicones, a golpes; por sacudidas; **~ atmen** respirar de manera entrecortada

'stoßweise[2] ADJ (*in Stapeln*) en pilas, a montones

'Stoßzahn M ZOOL defensa *f*, colmillo *m*; **Stoßzeit** F *Verkehr:* horas *fpl* punta (*od* de gran afluencia)

'Stotterer M ⟨~s; ~⟩, **Stotterin** F ⟨~; ~nen⟩ tartamudo *m*, -a *f*

'stottern V/I tartamudear; (*stammeln*) balbucir, balbucear

'Stottern N ⟨~s⟩ tartamudeo *m*; tartamudez *f*; (*Stammeln*) balbuceo *m*

'Stövchen N ⟨~s; ~⟩ calientaplatos *m* para teteras

Stpfl. M ABK (Steuerpflichtiger) contribuyente *m/f*

StPO F ABK → Strafprozessordnung

Str. ABK (Straße) calle *f*

Stra'bismus M ⟨~⟩ MED *fachspr* estrabismo *m*

stracks ADV *räumlich:* derecho; directamente; *umg* derechito; *zeitlich:* inmediatamente; en el acto

'Strafabteilung F MIL cuerpo *m* disciplinario; **Strafänderung** F JUR modificación *f* de la pena; **Strafandrohung** F mandato *m* conminatorio; amenaza *f* penal; **Strafanstalt** F centro *m* (*od* establecimiento *m*) penitenciario; penitenciaría *f*; penal *m*

'Strafantrag M JUR *des Klägers:* querella *f* penal; instancia *f* de persecución; *des Staatsanwaltes:* petición *f* del fiscal; **einen ~ stellen** presentar una querella (**gegen** contra); querellarse

'Strafantritt M comienzo *m* del encarcelamiento; **Strafanzeige** F denuncia *f*; **~ erstatten** presentar una denuncia; **Strafarbeit** F SCHULE (ejercicio *m* de) castigo *m*; **Strafaufschub** M JUR aplazamiento *m* de la ejecución penal; **Strafausschließungsgrund** M excusa *f* absolutoria; causa *f* eximente de la penalidad; **Strafaussetzung** F suspensión *f* de la pena; **~ zur Bewährung** remisión *f* condicional (de la pena); condena *f* condicional

'strafbar ADJ **~e Handlung** acción *f* punible; hecho *m* delictivo; **~ sein** (*Tat*) ser punible (*od* sancionable); **sich ~ machen** incurrir en una pena, delinquir

'Strafbarkeit F ⟨~⟩ punibilidad *f*; **Strafbataillon** N MIL batallón *m* disciplinario; **Strafbefehl** M orden *f* penal; **Strafbefugnis** F facultad *f* de castigar; poder *m* correccional; **Strafbestimmung** F disposición *f* penal

'Strafe F ⟨~; ~n⟩ 1 *allg* castigo *m*; punición *f*; sanción *f* *körperliche:* corrección *f*; REL penitencia *f*; **zur ~ für** en castigo de; **bei ~ von** bajo pena de; so pena de 2 JUR pena *f*; condena *f*; (*Geldstrafe*) multa *f*; **~ zahlen** pagar una multa; **bei ~ verboten** prohibido bajo pena (de multa); **etw unter ~ stellen** penar a/c

'strafen VT **1** castigar; sancionar; *bes* SPORT penalizar; *körperlich a.*: corregir; *(tadeln)* reprender; **mit Verachtung ~** despreciar **2** JUR penar, imponer una pena; *mit Bußgeld*: multar
'strafend ADJ punitivo; *(rächend)* vengador, vindicativo; severo; **ein ~er Blick** una mirada reprensiva; **~e Gerechtigkeit** justicia *f* punitiva
'Strafentlassene M/F ⟨~n; ~n; → A⟩ ex penado *m*, ex penada *f*; ex preso *m*, ex presa *f*; **Strafentlassung** F **bedingte ~** libertad *f* condicional
'Straferkenntnis N decisión *f* penal; **Straferlass** M remisión *f* de la pena; condonación *f*; *allgemeiner*: amnistía *f*; **Strafexpedition** F MIL expedición *f* punitiva
straff **A** ADJ **1** *(steif)* rígido, tieso **2** *(gespannt)* tenso; tirante; *Haut* terso **3** *Haltung* erguido **4** *fig (streng) Organisation, Führungsstil* riguroso, severo; rígido **5** *Stil* conciso **B** ADV **~ anziehen** *Schraube* apretar fuertemente; *Seil* estirar; **~ anliegend** *Kleidung* ceñido, ajustado; **~ organisiert** ≈ organizado hasta en los más mínimos detalles; **~ spannen** tensar, estirar
'Straffall M JUR delito *m* punible; asunto *m* criminal
'straffällig ADJ culpable; delincuente; **~ werden** incurrir en un delito *(bzw* en una pena); cometer un acto punible *(od* delictivo); delinquir; **Straffälligkeit** F ⟨~⟩ delincuencia *f*, criminalidad *f*; **erstmalige ~** primera infracción; **nach ~** pos(t)delictual; **vor ~** predelictual
'straffen **A** VT **1** poner tieso *(od* tirante); atiesar; estirar *(a.* MED); *Haut a.* tensar **2** *fig Text* condensar **B** V/R **sich ~** ponerse tirante; estirarse; *Körper* enderezarse; **Straffheit** F ⟨~⟩ rigidez *f*; *(Spannung)* tensión *f*; tirantez *f*; *fig (Strenge)* rigor *m*; rigidez *f*; *des Stils*: concisión *f*
'straffrei **A** ADJ impune; exento de castigo; no punible; **für ~ erklären** despenalizar **B** ADV **~ ausgehen** quedar impune
'Straffreiheit F ⟨~⟩ impunidad *f*; despenalización *f*; inculpabilidad *f*
'Straffung F ⟨~; ~en⟩ tensamiento *n*; *fig e-s Texts*: condensación *f*
'Strafgebühr F recargo *m*; *(Geldstrafe)* multa *f*; **Strafgefangene** M/F preso *m*, -a *f*; penado *m*, -a *f*; **Strafgeld** N multa *f*; **Strafgericht** N tribunal *m* penal *(od* de lo criminal *od* de lo penal); *fig* castigo *m*; *göttliches*: juicio *m* de Dios; **Strafgerichtsbarkeit** F jurisdicción *f* criminal *(od* penal); **Strafgerichtshof** M **Internationaler ~** Tribunal *m* Internacional de Crímenes de Guerra
'Strafgesetz N ley *f* penal; **Strafgesetzbuch** N código *m* penal; **Strafgesetzgebung** F legislación *f* penal
'Strafgewalt F poder *m* punitivo *(od* sancionador); **Strafhaft** F reclusión *f*, prisión *f*; **Strafjustiz** F justicia *f* penal *(od* represiva); **Strafkammer** F JUR sala *f* de lo criminal; **Strafklausel** F cláusula *f* penal; **Strafkolonie** F *hist* colonia *f* penitenciaria; **Strafkompanie** F MIL compañía *f* disciplinaria; **Straflager** N campamento *m* disciplinario *(od* penitenciario)
'sträflich **A** ADJ *(strafbar)* punible, castigable, penable; criminal *(a. weitS.)*; *(tadelnswert)* reprensible; vituperable; *(unverzeihlich)* imperdonable **B** ADV de manera imperdonable; **etw ~ vernachlässigen** descuidar a/c de manera imperdonable
'Sträfling M ⟨~s; ~e⟩ preso *m*, -a *f*; penado *m*, -a *f*; *(Zuchthäusler[in])* recluso *m*, -a *f*; presidiario *m*, -a *f*; **Sträflingskleidung** F ropas *fpl* de presidiario
'straflos ADJ → straffrei; **Straflosigkeit** F ⟨~⟩ → Straffreiheit
'Strafmandat N *bes* VERKEHR multa *f*; **Strafmaß** N extensión *f (od* cuantía *f)* de la pena; **Strafmaßnahme** F medida *f* punitiva *(od* represiva); sanción *f*
'strafmildernd ADJ atenuante; **~er Umstand** (circunstancia *f)* atenuante *f*; **Strafmilderung** F JUR atenuación *f* de la pena
'strafmündig ADJ en edad penal; **Strafmündigkeit** F mayoría *f* de edad penal
'Strafporto N *Postwesen*: recargo *m (od* sobretasa *f)* de franqueo; **Strafpredigt** F reprensión *f*; *umg* sermón *m*; **j-m eine ~ halten** *umg* echar un sermón a alg
'Strafprozess M JUR proceso *m* penal; causa *f (od* proceso *m)* criminal; **Strafprozessordnung** F JUR ley *f* de enjuiciamiento criminal; **Strafprozessrecht** N JUR derecho *m* procesal penal
'Strafpunkt M SPORT (punto *m* de) penalización *f*; punto *m* de penalty; **mit einem ~ belegen** penalizar; **Strafrahmen** M JUR marco *m* penal *(od* de pena)
'Strafraum M SPORT *Fußball*: área *f* de castigo *(od* de penalty); **Strafraumgrenze** F SPORT *Fußball*: línea *f* (demarcatoria) del área de penalty
'Strafrecht N derecho *m* penal; **Strafrechtler** M, **Strafrechtlerin** F penalista *m/f*; criminalista *m/f*
'strafrechtlich ADJ penal; de(l) derecho penal; criminal; **~e Verfolgung** persecución *f* penal; **~ verfolgen** perseguir por la ley *(od* la justicia)
'Strafrechtspflege F justicia *f* penal *(od* criminal); **Strafrechtsreform** F reforma *f* penal
'Strafregister N registro *m* de antecedentes penales; historial *m* delictivo; **Strafregisterauszug** M certificado *m* de penales
'Strafrichter M, **Strafrichterin** F juez *m*, -a *f* penal *(od* de lo criminal); **Strafrunde** F SPORT *Biathlon, Langlauf*: ronda *f (od* vuelta *f)* de castigo; **Strafsache** F JUR causa *f* penal; asunto *m* criminal; **Zuständigkeit** *f* **in ~n** jurisdicción *f* penal; **Strafsenat** M JUR sala *f* penal; **Strafsteuer** F impuesto *m* castigo; **Strafstoß** M SPORT *Fußball*: penalty *m*; **Straftat** F delito *m*; acto *m* criminal; infracción *f* penal; *schwere*: crimen *m*; **Straftäter** M, **Straftäterin** F delincuente *m/f*; **Strafumwandlung** F conmutación *f* de la pena
'strafunmündig ADJ menor de edad penal; **Strafunmündigkeit** F minoridad *f (od* minoría *f)* penal
'Strafurteil N sentencia *f* penal *(od* condenatoria)
'Strafvereitelung F JUR encubrimiento *m* personal; obstaculización *f* de la punición; **~ bei Tötungsdelikt** encubrimiento *m* del homicidio; **~ zugunsten von Angehörigen** encubrimiento *m* entre parientes
'Strafverfahren N procedimiento *m* penal; **Strafverfolgung** F persecución *f* (por vía) penal; procesamiento *m* penal; **Strafverfügung** F disposición penal
'strafverschärfend ADJ **~er Umstand** (circunstancia *f)* agravante *f*; **Strafverschärfung** F agravación *f* de la pena
'strafversetzen VT trasladar disciplinariamente; **Strafversetzung** F traslado *m* forzoso *(od* disciplinario)
'Strafverteidiger M, **Strafverteidigerin** F abogado *m*, -a *f* defensor, -a (en causas criminales); **Strafvollstreckung** F ejecución *f (od* cumplimiento *m)* de la pena
'Strafvollzug M ejecución *f* de la pena; *weitS.* régimen *m* penitenciario; **offener ~** régimen *m* abierto; **Strafvollzugsanstalt** F centro *m* penitenciario
'strafweise ADV como castigo; **strafwürdig** ADJ → strafbar
'Strafwurf M SPORT *Handball*: tiro *m* libre; **Strafzeit** F condena *f (a.* SPORT); tiempo *m (od* duración *f)* de la pena; **Strafzelle** F celda *f* de castigo; **Strafzettel** M boletín *m* de denuncia; *umg* multa *f*; **Strafzoll** M arancel *m* de *od* como castigo; sanción *f* aduanera; **etw mit einem ~ belegen** imponer un arancel de *od* como castigo a a/c; aplicar una sanción aduanera a a/c; **Strafzumessung** F aplicación *f (od* medición *f)* de la pena
Strahl M ⟨~(e)s; ~en⟩ **1** *(Lichtstrahl)* rayo *m (a.* PHYS *u. fig)* **2** *(Wasserstrahl)* chorro *m*; *dünner*: hilo *m* **3** MATH radio *m* vector; **'Strahlantrieb** M FLUG propulsión *f* a chorro *(od* a reacción); **'Strahldüse** F eyector *m*
'strahlen VI **1** PHYS radiar, emitir rayos; *(ausstrahlen)* irradiar; NUKL desprender radiaciones (radiactivas) **2** *(glänzen)* brillar, resplandecer; *(Gestirn)* relucir; destellar **3** *fig (lächeln)* estar radiante (**vor Glück, Freude** de felicidad, de alegría)
'Strahlen N ⟨~s⟩ → Strahlung; **Strahlenbehandlung** F MED radioterapia *f*; **Strahlenbelastung** F exposición *f* a radiaciones; NUKL radioexposición *f*; carga *f* radiante *(od* radiactiva); dosis *f* de (ir)radiación; **Strahlenbiologie** F radiobiología *f*; **strahlenbrechend** ADJ PHYS, OPT refractivo, refringente; **Strahlenbrechung** F PHYS, OPT refracción *f* (de los rayos); **Strahlenbündel** N haz *m* de rayos
'strahlend **A** ADJ radiante *(a. fig* **vor** de); **~er Sonnenschein** sol radiante *(od* rutilante) **B** ADV **~ weiß** blanco radiante
'Strahlendermatitis F MED radiodermitis *f*; **Strahlendetektor** M detector *m* de radiaciones; **Strahlendosis** F dosis *f* de (ir)radiación; **Strahleneinfall** M incidencia *f* de rayos
'strahlenempfindlich ADJ radiosensible; **Strahlenempfindlichkeit** F radiosensibilidad *f*
'strahlenförmig **A** ADJ radial, radiado *(a.* ZOOL, BOT) **B** ADV *angeordnet*: radialmente
'Strahlenforscher M, **Strahlenforscherin** F radiólogo *m*, -a *f*; **Strahlenforschung** F radiología *f*
'strahlengeschädigt ADJ dañado *(od* deteriorado) por radiaciones
'Strahlenkegel M cono *m* de rayos; **Strahlenkrankheit** F radiopatía *f*; **Strahlenkranz** M, **Strahlenkrone** F aureola *f (a. fig)*; nimbo *m*; **Strahlenmesser** M actinómetro *m*; **Strahlenmüll** M basura *f* radiactiva; desechos *mpl* radiactivos
'Strahlenpilz M BOT actinomiceto *m*; **Strahlenpilzerkrankung** F MED actinomicosis *f*
'Strahlenquelle F fuente *f* de rayos; **Strahlenschaden** M daño *m* por radiaciones; deterioro *m* por irradiación; **Strahlenschädigung** F radiolesión *f*, lesión *f* por radiación
'Strahlenschutz M protección *f* radiológica *(od* contra las radiaciones), radioprotección *f*; **Strahlenschutzbehörde** F consejo *m* de seguridad nuclear; **Strahlenschutzverordnung** F reglamento *m* sobre *(od* de) protección contra la (ir)radiación
'strahlensicher ADJ a prueba de radiaciones; protegido contra rayos
'Strahlentherapie F radioterapia *f*; **Strahlentierchen** NPL ZOOL radiolarios *mpl*; **strahlenverseucht** ADJ contaminado

S

por la (ir)radiación *f*; **Strahlenwolke** F nube *f* radiactiva

'Strahler M ⟨~s; ~⟩ 1 *(Lampe)* proyector *m* 2 *(Heizstrahler)* radiador *m*

'strahlig ADJ → strahlenförmig

'Strahlkraft F 1 NUKL fuerza *f* de radiación 2 *fig* capacidad *f* (*od* fuerza *f*) de atracción; atractivo *m*; **Strahlpumpe** F bomba *f* inyectora; **Strahlrohr** N tubo *m* de chorro; *Feuerwehr:* lanza *f* de incendio; **Strahltriebwerk** N reactor *m*; propulsor *m* de reacción; **Strahlturbine** F turborreactor *m*

'Strahlung F ⟨~; ~en⟩ 1 NUKL radiación *f* (radiactiva) 2 PHYS irradiación *f*

'strahlungsarm ADJ **~er Bildschirm** monitor *m* de baja radiación

'Strahlungsbelastung F → Strahlenbelastung; **Strahlungsenergie** F energía *f* radiante (*od* de radiación); **Strahlungsmenge** F cantidad *f* de radiaciones; **Strahlungsmesser** M actinómetro *m*; **Strahlungsmessung** F actinometría *f*; **Strahlungsschaden** M → Strahlenschädigung; **Strahlungswärme** F calor *m* radiante (*od* de radiación)

'Strähnchen NPL *im Haar:* mechas *fpl*

'Strähne F ⟨~; ~n⟩ 1 *(Haarsträhne)* mechón *m*, *unordentlich:* greña *f* 2 *(Garnsträhne)* madeja *f*

'strähnig ADJ *Haar* lacio; desgreñado

straight [stre:t] *Jugendspr* A ADJ 1 *sexuell: Person* hetero 2 *Verhalten* consecuente B ADV ≈ directamente

Stra'min M ⟨~s; ~e⟩ TEX cañamazo *m*

stramm A ADJ 1 *(straff)* tenso, tirante; tieso 2 *(kräftig)* robusto; fuerte, vigoroso; *umg* **~er Bursche** buen mozo *m*; mocetón *m*; *umg* **~es Mädchen** real moza *f* 3 *(streng)* severo; rígido; **~e Disziplin** disciplina *f* severa; MIL **~e Haltung annehmen** cuadrarse B ADV 1 *(eng)* **~ sitzen** *Kleid etc* estar (*od* venir) justo; **~ ziehen** estirar 2 *umg* **~ marschieren** ir a paso marcial

'strammstehen VI ⟨irr⟩ MIL cuadrarse

'strammziehen VT ⟨irr⟩, **stramm ziehen** VT ⟨irr⟩ *umg* **j-m die Hosen ~** dar una tunda a alg

'Strampelhöschen N, **Strampelhose** F pelele *m*

'strampeln VI 1 *Baby* patalear; *umg* pernear 2 *umg (Rad fahren)* pedalear 3 *umg fig (sich anstrengen)* esforzarse; *umg* deslomarse

Strand M ⟨~(e)s; Strände⟩ playa *f*; *(Uferstrand)* ribera *f*, orilla *f*; *(Küste)* costa *f*, litoral *m*; **am ~** en la playa; SCHIFF **auf ~ laufen** *od* **geraten** encallar, varar

'Strandbad N playa *f*; **Strandburg** F castillo *m* de arena

'stranden VI ⟨sn⟩ 1 SCHIFF encallar, varar (**in** *dat* en) 2 *fig* naufragar; fracasar

'Stranden N ⟨~s⟩ → Strandung; **Strandfischer** M pescador *m* costanero; **Strandfischerei** F pesca *f* costanera (*od* costera); **Strandgut** N despojos *mpl* del mar, objetos *mpl* arrojados por el mar; restos *mpl* de naufragio; **Strandhafer** M BOT barrón *m*, elimo *m* arenario; **Strandhotel** N hotel *m* de playa; **Strandkleid** N vestido *m* playero; **Strandkorb** M sillón *m* de mimbre para playa; **Strandläufer** M ORN sisón *m*; **Strandpromenade** F paseo *m* marítimo; **Strandraub** M raque *m*; **Strandräuber** M raquero *m*; **Strandrecht** N SCHIFF derecho *m* de naufragio (*od* de averías); **Strandschuhe** MPL playeras *fpl*; **Strandung** F ⟨~; ~en⟩ SCHIFF encalladura *f*, varad(ur)a *f*; **Strandwache** F guardia *f* de la costa; **Strandwächter** M guardacostas *m*

Strang M ⟨~(e)s; Stränge⟩ 1 *(Seil)* cuerda *f*, soga *f*; *zum Anschirren:* tirante *m*; **zum Tode durch den ~ verurteilen** condenar a la horca; *fig* **am gleichen ~ ziehen** empujar el mismo carro; tirar de la misma cuerda; perseguir el mismo fin; *fig* **über die Stränge schlagen** excederse; propasarse; *umg* pasarse de la raya 2 *(Garnstrang)* madeja *f* 3 BAHN *(Schienenstrang)* vía *f* 4 ANAT cordón *m*

'Strangguss M TECH, METALL colada *f* continua

Strangulati'on F ⟨~; ~en⟩ estrangulación *f*, estrangulamiento *m*; **strangu'lieren** VT ⟨ohne ge-⟩ estrangular; **Strangu'lierung** F ⟨~; ~en⟩ estrangulación *f*, estrangulamiento *m*

Stra'paze F ⟨~; ~n⟩ fatiga *f*; *(Schufterei)* trabajo *m* penoso

strapa'zieren VT ⟨ohne ge-⟩ fatigar; cansar mucho; *(abnutzen)* gastar; *Haut* estropear; *Geduld, Nerven* poner a prueba; **strapazierfähig** ADJ *Stoff* resistente (al uso)

strapazi'ös ADJ agotador, penoso, fatigoso

Straps M ⟨~es; ~e⟩ liguero *m*

Strass M ⟨~ *od* ~es; ~e⟩ estrás *m*, strass *m*

'Straßburg N ⟨~s⟩ Estrasburgo *m*

'Straße F ⟨~; ~n⟩ 1 calle *f*; vía *f*; *(Weg)* camino *m*; *(Landstraße, Fahrstraße)* carretera *f*; *(Prachtstraße)* avenida *f*; paseo *m*; **verstopfte ~n** calles *fpl bzw* carreteras *fpl* atascadas; **der Mann von der ~** el hombre de la calle; el ciudadano de a pie; **auf der ~** en la calle (*bzw* carretera); **auf offener ~** en plena calle; en la vía pública; **auf die ~ gehen** salir a la calle; POL echarse a la calle; *fig* **j-n auf die ~ setzen** *Angestellte, Mieter* poner a alg (de patitas) en la calle; echar a alg a la calle; *fig* **auf der ~ sitzen** *od* **stehen** *(keine Wohnung haben, arbeitslos sein)* estar en la calle; **über die ~ gehen** cruzar la calle; *fig* **über die ~** *verkaufen etc:* para llevar 2 *(Meerenge)* estrecho *m*; **die ~ von Gibraltar** el Estrecho de Gibraltar 3 TECH *Walzwerk:* tren *m*

'Straßenanzug M traje *m* de calle; **Straßenarbeiter** M peón *m* caminero

'Straßenbahn F tranvía *m*; *Am* carro *m*; **Straßenbahndepot** N depósito de tranvías

'Straßenbahner M ⟨~s; ~⟩, **Straßenbahnerin** F ⟨~; ~nen⟩ tranviario *m*, -a *f*

'Straßenbahnführer M, **Straßenbahnführerin** F conductor *m*, -a *f* de tranvía; **Straßenbahngleis** N vía *f* del tranvía; riel *m* (*od* carril *m*) del tranvía; **Straßenbahnhaltestelle** F parada *f* del tranvía; **Straßenbahnlinie** F línea *f* de tranvías; **Straßenbahnschaffner** M, **Straßenbahnschaffnerin** F *obs* cobrador *m*, -a *f* de tranvía; **Straßenbahnschiene** F carril *m* de tranvía; **Straßenbahnverkehr** M circulación *f* (*bzw* servicio *m*) de tranvías; **Straßenbahnwagen** M tranvía *m*

'Straßenbarrikade F barricada *f* callejera

'Straßenbau M ⟨~(e)s⟩ construcción *f* de carreteras; **Straßenbauarbeiten** FPL obras *fpl* viales; **Straßenbaumaschine** F máquina *f* de obras públicas

'Straßenbelag M firme *m*; **Straßenbeleuchtung** F alumbrado *m* público; **Straßenbenutzungsgebühr** F peaje *m*; impuesto *m* vial; **Straßenbiegung** F esquina *f* (de una calle); **Straßenbild** N imagen *f* de la calle; forma *f* (*od* apariencia *f od* configuración) de la calle; **Straßenbrücke** F viaducto *m*; puente *m* sobre la calle *bzw* puente *m* de carretera; **Straßencafé** N cafetería *f* de terraza; **Straßendecke** F firme *m*, piso *m*; pavimento *m*; **Straßendirne** F *pej* prostituta *f* (*od sl* puta *f*) callejera; **Straßenecke** F esquina *f*; **Straßeneinmündung** F bocacalle *f*; **Straßenfeger** M, **Straßenfegerin** F barrendero *m*, -a *f*; **Straßenfest** N fiesta *f* en la calle; **Straßenfront** F fachada *f* a la calle; **Straßenführung** F trazado *m* (de una carretera); **Straßengebühr** F (tasa *f* de) peaje *m*; **Straßenglätte** F piso *m* deslizante (*od* resbaladizo); **Straßengraben** M cuneta *f*; **Straßengüterverkehr** M transporte *m* de mercancías (*Am* mercaderías) por carretera (*od* por camión); **Straßenhandel** M venta *f* ambulante; comercio *m* ambulante (*od* callejero); **Straßenhändler** M, **Straßenhändlerin** F vendedor *m* -a *f* ambulante; **Straßenjunge** M golfillo *m*; **Straßenkampf** M lucha *f* callejera; **Straßenkarte** F mapa *m* de carreteras

'Straßenkehrer M, **Straßenkehrerin** F barrendero *m*, -a *f*; **Straßenkehrmaschine** F barredera *f*

'Straßenkind N niño *m* de la calle; **Straßenkontrolle** F control *m* callejero; **Straßenkreuzer** M *umg* cochazo *m*; *umg* haiga *m*; **Straßenkreuzung** F cruce *m* (de calles *bzw* de carreteras); intersección *f*; **Straßenkriminalität** F criminalidad *f* callejera; **Straßenkünstler** M, **Straßenkünstlerin** F artista *m/f* callejero, -a; **Straßenlage** F AUTO comportamiento *m* en carretera; **Straßenlampe** F, **Straßenlaterne** F farol *m*; farola *f*; **Straßenmädchen** N → Straßendirne

'Straßenmeister M, **Straßenmeisterin** F inspector *m*, -a *f* de caminos; **Straßenmeisterei** F ⟨~; ~en⟩ oficina *f* de mantenimiento vial

'Straßenmusik N música *f* callejera; **Straßenmusikant** M, **Straßenmusikantin** F, **Straßenmusiker** M, **Straßenmusikerin** F músico *m*, -a *f* ambulante (*od* callejero, -a)

'Straßennetz N red *f* de carreteras (*od* vial); **Straßenpflaster** N pavimento *m*, empedrado *m*, adoquinado *m*; **Straßenrand** M borde *m* de la carretera (*od* de la calle); **Straßenraub** M atraco *m*; **Straßenräuber** M, **Straßenräuberin** F salteador *m*, -a *f* de caminos; atracador *m*, -a *f*

'Straßenreinigung F limpieza *f* callejera (*od* pública); **Straßenreinigungsmaschine** F barredera *f*

'Straßenrennen N carrera *f* por carretera; **Straßensammlung** F cuestación *f* pública; **Straßenschild** N letrero *m* (*od* rótulo *m*) de calle; **Straßenschlacht** F lucha *f* callejera; batalla *f* campal; **Straßenschuh** M zapato *m* de calle

'Straßenseite F *e-r Straße:* lado *m* de la calle; *e-s Gebäudes:* frente *m*, fachada *f* (a la calle); *e-s haltenden Autos:* lado *m* acera; **auf der anderen ~** al otro lado de la calle, en la acera del frente

'Straßensperre F barrera *f*; *(Barrikade)* barricada *f*; **Straßensperrung** F cierre *m* de la circulación (*od* del tránsito); cierre *f* de carretera; **Straßentransport** M transporte *m* por carretera; **Straßentunnel** M túnel *m* de carretera; **Straßenüberführung** F paso *m* superior; **Straßenübergang** M paso *m* para peatones; **Straßenunterführung** F paso *m* subterráneo; túnel *m*; **Straßenverhältnisse** NPL condiciones *fpl* de las carreteras

'Straßenverkauf M venta *f* ambulante (*od* callejera); **Straßenverkäufer** M, **Straßenverkäuferin** F vendedor *m*, -a *f* ambulante

'Straßenverkehr M circulación *f* por carretera; tráfico *m* rodado; **Straßenverkehrsordnung** F código *m* de la circulación

'Straßenverzeichnis N (nomenclátor *m*) callejero *m*; indicador *m* (*od* guía *f*) de calles; **Straßenwacht** F asistencia *f* en carretera; (servicio *m* de) auxilio *m* en carreteras; **Straßenwalze** F apisonadora *f*; **Straßenwesen** N ⟨~s⟩ sistema *m* vial; vialidad *f* principal; **Straßenzoll** M peaje *m*; **Straßenzug** M (*Hauptverkehrsstraße*) arteria *f*; calle principal (y sus prolongaciones)

'Straßenzustand M estado *m* de las carreteras; **Straßenzustandsbericht** M boletín *m* sobre el estado *m* de las carreteras

Stra'tege M ⟨~n; ~n⟩ estratega *m*; **Strate'gie** F estrategia *f*; **Stra'tegin** F ⟨~; ~nen⟩ estratega *f*; **stra'tegisch** ADJ estratégico

Stratos'phäre F ⟨~⟩ estratosfera *f*

'Stratum N ⟨~s; Strata⟩ *fachspr* (*Schicht*) estrato *m*

'Stratus M ⟨~; Strati⟩, **Stratuswolke** F METEO estrato *m*

'sträuben A VT *Federn, Fell* erizar; *Haare* poner de punta B VR 1 **sich ~** *Federn, Fell* erizarse; *Haare* ponerse de punta (*a. fig*) 2 *fig* **sich gegen etw ~** resistirse a a/c; oponerse a a/c; obstinarse contra a/c

'Sträuben N ⟨~s⟩ *der Haare etc*: erizamiento *m*; *fig* resistencia *f*; oposición *f*

Strauch M ⟨~(e)s; Sträucher⟩ BOT mata *f*; *großer*: arbusto *m*; **'strauchartig** ADJ arbustivo

'straucheln VI ⟨sn⟩ 1 *geh* tropezar, dar un tropezón; dar un traspié 2 *fig* (*auf die schiefe Bahn geraten*) ir por el mal camino

'Strauchtomate F tomate *m* en rama; **Strauchwerk** N ⟨~(e)s⟩ matorral *m*

Strauß[1] M ⟨~es; Sträuße⟩ 1 (*Blumenstrauß*) ramo *m*, ramillete *m* 2 *obs* (*Kampf*) lucha *f*; pelea *f*; **einen ~ ausfechten** sostener una lucha

Strauß[2] M ⟨~es; ~e⟩ ORN (**Vogel**) ~ avestruz *f*

'Sträußchen N ⟨~s; ~⟩ ramillete *m*

'Straußenei N huevo *m* de avestruz; **Straußenfeder** F pluma *f* de avestruz

'Strebe F ⟨~; ~n⟩ puntal *m*; (*Querstrebe*) traviesa *f*; **Strebebalken** M tornapunta *f*; puntal *m*; **Strebebogen** M ARCH arbotante *m*; **Strebemauer** F ARCH contrafuerte *m*

'streben VI 1 ⟨h⟩ (*trachten*) **nach etw ~** ambicionar a/c; aspirar a a/c; tender a (*od* hacia) a/c; tratar de lograr (*od* de conseguir) a/c 2 ⟨sn⟩ *räumlich*: **zu** *od* **nach etw ~** dirigirse hacia a/c

'Streben N ⟨~s⟩ **~ nach** aspiración *f* a; tendencia *f* hacia (*od* a); afán *m* de; esfuerzos *mpl* para (*od* por); ambición *f* de

'Strebepfeiler M ARCH contrafuerte *m*

'Streber M ⟨~s; ~⟩ *umg pej* ambicioso *m*; arribista *m*; *umg* trepa *m*; SCHULE *umg* empollón *m*; **streberhaft** ADJ *umg pej* ambicioso; **Streberin** F ⟨~; ~nen⟩ *umg pej* ambiciosa *f*; arribista *f*; *umg* trepa *f*; SCHULE *umg* empollona *f*; **Strebertum** N ⟨~s⟩ *umg pej* ambición *f*; arribismo *m*

'strebsam ADJ (*fleißig*) aplicado; asiduo; afanoso; (*ehrgeizig*) ambicioso; **Strebsamkeit** F ⟨~⟩ (*Fleiß*) aplicación *f*; asiduidad *f*; afán *m*; (*Ehrgeiz*) ambición *f*

'Streckapparat M MED aparato *m* de extensión continua; **streckbar** ADJ extensible; **Streckbarkeit** F ⟨~⟩ extensibilidad *f*; **Streckbett** N MED cama *f* ortopédica

'Strecke F ⟨~; ~n⟩ 1 (*Entfernung*) distancia *f* (*a.* SPORT); *zurückzulegende*: recorrido *m*, trayecto *m*; (*Teilstrecke*) trecho *m*; (*Reisestrecke*) trayecto *m*; itinerario *m*; ruta *f*; SCHIFF travesía *f*; *Rennsport*: circuito *m*; **eine ~ zurücklegen** recorrer un trayecto; recorrer una distancia; SPORT cubrir una distancia; **eine gute ~ (Wegs)** un buen trecho (de camino); **auf der ~ bleiben** quedarse en el camino; *fig Person* quedar(se) en la estacada; *Plan* ir al garete; fracasar 2 (*Verkehrslinie*) línea *f*; BAHN sección *f*, tramo *m*; (*Gleis*) vía *f*; **auf freier ~** en plena vía 3 BERGB galería *f* 4 MATH segmento *m* de recta; **gerade ~** recta *f* 5 JAGD (*Jagdbeute*) piezas *fpl* cobradas; **zur ~ bringen** JAGD (re)matar; *fig Verbrecher* capturar, *weitS. Gegner* derrotar

'strecken A VT 1 (*gerade machen*) extender; enderezar; (*dehnen*) estirar (*a.* METALL); (*walzen*) laminar; **die Beine/Arme ~** estirar las piernas/los brazos; **im gestreckten Galopp** a galope tendido; MATH **gestreckter Winkel** ángulo *m* plano (*od* de 180 grados) 2 **die Hände durch das Gitter ~** alargar las manos a través de las rejas 3 *Speise, Vorräte* alargar, hacer que cunda (*a. Sauce*) 4 **j-n zu Boden ~** derribar a alg; (*töten*) matar a alg; (*besiegen*) vencer a alg B VR **sich ~** extenderse; alargarse; estirarse; *beim Aufwachen*: desperezarse; **sich ins Gras ~** tenderse sobre el césped

'Strecken N ⟨~s⟩ estiramiento *m*; alargamiento *m*; METALL estiraje *m*; laminado *m*

'Streckenabschnitt M parte *f* (*od* segmento *m*) del trayecto (*od* del tramo *od* del camino); sección *f* de la vía; **Streckenarbeiter** M BAHN peón *m* de vía; **Streckenbau** M ⟨~(e)s⟩ BAHN construcción *f* de la vía; **Streckenbegehung** F BAHN recorrido *m* de las vías; **Streckenlänge** F largo *m* del recorrido; **Streckennetz** BAHN red *f* de líneas; **Streckenstilllegung** F BAHN suspensión *f* del servicio (de ferrocarriles) en un tramo; **Streckentauchen** N SPORT natación *f* bajo el agua; **Streckenwärter** M BAHN guardavía *m*

'streckenweise ADV *räumlich*: a trechos; *zeitlich*: a ratos

'Streckhang M *Turnen*: suspensión *f* extendida; **Streckmittel** N CHEM diluente *m*; **Streckmuskel** M ANAT (músculo *m*) extensor *m*; **Streckung** F ⟨~; ~en⟩ extensión *f*; BOT elongación *f*; METALL laminado *m*; **Streckverband** M MED vendaje *m* extensor; **Streckwalze** F METALL cilindro *m* laminador

'Streetball ['stri:tbɔ:l] N ⟨~s⟩ (*Variante des Basketball*) streetball *m*; **Streetworker** [-vœrkər] M ⟨~s; ~⟩, **Streetworkerin** F ⟨~; ~nen⟩ asistente *m/f* social (en la calle)

Streich M ⟨~(e)s; ~e⟩ 1 (*Schlag*) golpe *m*; *mit der Hand*: manotada *f*, guantaz *m*; (*Rutenstreich*) varazo *m*; (*Schwertstreich*) cintarazo *m*; *mit der Peitsche*: latigazo *m*, *Arg* rebencazo *m*; **j-m einen ~ versetzen** dar un golpe a alg; **auf einen** *od* **mit einem ~** de un golpe 2 (*Schabernack*) travesura *f*; jugarreta *f*; **dummer ~** tontería *f*, tontada *f*; majadería *f*; **kindlicher ~** chiquillada *f*; **toller ~** calaverada *f*; **schlechter** *od* **übler ~** mala jugada *f* (*od* pasada *f*); **verrückter ~** quijotada *f*; locura *f*; **dumme ~e machen** hacer tonterías (*od* travesuras); **j-m einen ~ spielen** hacer a alg una jugarreta; chasquear (*od* dar un chasco) a alg; **j-m einen bösen** *od* **üblen ~ spielen** jugar a alg una mala pasada; hacer a alg una mala jugada (*od* una faena)

'streicheln VT acariciar

'Streicheln N ⟨~s⟩ caricias *fpl*; **Streichelzoo** M zoo *m* para acariciar a los animales

'streichen ⟨*irr*⟩ A VT 1 (*anstreichen*) pintar; **frisch gestrichen!** ¡recién pintado! 2 (*bestreichen*) recubrir (**mit** de); *Creme* extender; poner; **Butter aufs Brot ~** untar el pan con mantequilla 3 (*ausstreichen*) tachar; rayar; borrar; WIRTSCH *Auftrag, Schuld* cancelar, anular; (*tilgen*) suprimir; **von einer Liste ~** borrar (*od* tachar) de una lista; **Nichtgewünschtes bitte ~** táchese lo que no interese 4 (*glatt streichen*) alisar; **sich** (*dat*) **den Bart ~** acariciarse la barba 5 SCHIFF *Segel* arriar, *Flagge a.* abatir 6 MUS tocar B VI 1 pasar (**durch, über** *acus* por); rozar (**an etw** *dat* a/c); **j-m über die Wange ~** acariciar la mejilla de alg; **mit der Hand über etw** (*acus*) **~** pasar la mano sobre (*od* por) a/c 2 (*umherstreichen*) vagar; vagabundear; merodear; *Vögel* pasar; volar (**nach** hacia); **durch Feld und Wald ~** correr (por) montes y valles; **um etw (herum) ~** merodear por a/c 3 (*anstreichen*) pintar; → *a.* gestrichen

'Streichen N ⟨~s⟩ 1 (*Anstreichen*) pintura *f* 2 (*Ausstreichen*) tachadura *f*; (*Wegstreichen*) supresión *f*

'Streicher PL MUS instrumentos *mpl* de cuerda; cuerdas *fpl*

'streichfähig ADJ *Butter etc* untable

'Streichfeuer N MIL fuego *m* rasante; **Streichgarn** N hilo *m* de lana cardada; **Streichholz** N cerilla *f*, fósforo *m*; **Streichholzschachtel** F caja *f* de cerillas; **Streichinstrument** N MUS instrumento *m* de cuerda (*od* de arco); **Streichkäse** M queso *m* para extender; **Streichkonzert** N MUS concierto *m* para instrumentos de cuerda; **Streichliste** F lista *f* (*od* catálogo *m*) de recortes (*od* de cancelaciones *od* anulaciones); **Streichmusik** F MUS música *f* para cuerda; **Streichorchester** N MUS orquesta *f* de cuerdas; **Streichquartett** N MUS cuarteto *m* de cuerda

'Streichung F ⟨~; ~en⟩ (*Wegfall*) cancelación *f*, anulación; *im Text*: tachadura *f*; supresión *f*; (*Kürzung*) (re)corte *m*

'Streif M ⟨~(e)s; ~e⟩ → Streifen

'Streifband N ⟨~(e)s; ⸚er⟩ *Postwesen*: faja *f*; **unter ~** bajo faja; **Streifbanddepot** N WIRTSCH depósito *m* separado; **Streifbandzeitung** F periódico *m* enviado con faja

'Streife F ⟨~; ~n⟩ patrulla *f*; (*Kontrollgang*) ronda *f*; **auf ~ gehen** patrullar

'streifen A VT 1 (*leicht berühren*) rozar (*a. Kugel*); tocar ligeramente; **den Boden ~** rasar el suelo; pasar a ras del suelo; **mit einem Blick ~** echar una ojeada (a *od* sobre); **sein Blick streifte mich** *a.* su mirada me alcanzó por un momento 2 *fig Thema* tocar; tratar someramente (*od* de pasada) 3 **in die Höhe ~** *Ärmel* remangar, arremangar 4 (*abstreifen*) quitarse; **von etw ~** quitar de a/c 5 (*mit Streifen versehen*) rayar B VI ⟨sn⟩ 1 (*umherstreifen*) **~ durch** caminar, vagar, andar vagando (*od* errante) por 2 **an etw** (*dat*) **~** tocar ligeramente a/c; **über etw** (*acus*) **~** pasar rozando (*od* ligeramente) por a/c

'Streifen M ⟨~s; ~⟩ 1 estría *f* (*a.* GEOL, ANAT, ZOOL); banda *f*; (*Stoffstreifen, Papierstreifen*) tira *f* (*a. Speckstreifen*); (*Metallstreifen*) lámina *f*; (*Geländestreifen, Lichtstreifen*) faja *f* 2 (*Muster*) *im Stoff*: raya *f*; lista *f*; (*Linie*) línea *f* 3 *umg* (*Filmstreifen*) cinta *f*, *umg* peli *f*

'Streifenbeamte(r) M → Streifenpolizist

'streifend ADJ *fig* **~ an** (*dat*) rayano en

'Streifendienst M servicio *m* de patrulla; **Streifenkarte** F *Verkehr*: ≈ bonobús *m*; tarjeta *f* multiviaje; **Streifenmuster** N dibujo *m* de rayas; **Streifenpolizist** M, **Streifenpolizistin** F patrullero *m*, -a *f*, oficial *m/f* patrullero, -a; **Streifenwagen** M coche *m* patrulla

'streifig ADJ listado, a listas; estriado; *Stoff a.*: rayado; a rayas

'Streifjagd F caza *f* en mano; **Streiflicht** N reflejo *m* de luz; luz *f* escapada; *fig* glosa *f*; **~er werfen auf** ilustrar; **Streifschuss** M roce *m*, rozadura *f* (causada por una bala); **Streifung** F ⟨~; ~en⟩ rayado *m*; estriado m, estriación f; **Streifzug** M correría f; MIL incursión f; raid m

Streik M ⟨~(e)s; ~s⟩ huelga f; **wilder ~** huelga f salvaje; **einen ~ ausrufen** convocar una huelga; **in den ~ treten** declararse en (od ir a la) huelga

'Streikaufruf M convocatoria f de huelga; llamamiento m a la huelga; **Streikausschuss** M comité m de huelga; **Streikbereitschaft** F (pre)disposición f para la huelga; **Streikbewegung** F movimiento m huelguístico; **Streikbrecher** M, **Streikbrecherin** F esquirol m/f

'streiken VI 1 declararse en huelga; ir a la huelga; estar en huelga 2 umg fig (nicht mitmachen) pasar; **ich streike** me niego 3 Motor etc fallar; no funcionar

'Streikende M/F ⟨~n; ~n; → A⟩ huelguista m/f; **Streikführer** M, **Streikführerin** F jefe m, -a f de los huelguistas; **Streikgeld** N subsidio m de huelga; **Streikkasse** F fondo m de huelga; **Streikposten** M piquete m (de huelga); **Streikrecht** N derecho m de (bzw a) la huelga; **Streikschlichter** M, **Streikschlichterin** F mediador m, -a f; **Streiktag** M día m (od jornada f) de huelga; **Streikwelle** F ola f de huelgas

Streit M ⟨~(e)s; ~e⟩ 1 querella f; (Konflikt) conflicto m; (Meinungsverschiedenheit) desavenencia f; disensión f, diferencia f; (Wortstreit) disputa f (**über** acus sobre) 2 mit Tätlichkeiten: riña f, pelea f (**über** acus por); reyerta f; politischer, gelehrter: controversia f; polémica f; **mit j-m ~ anfangen** od **suchen** buscar pelea (od umg camorra) con alg; **mit j-m in ~ liegen** estar enemistado (od reñido) con alg; **mit j-m in ~ geraten** reñir con alg; umg armar camorra (od gresca) con alg 3 (Kampf) lucha f, combate m; contienda f 4 JUR litigio m, querella f

'Streitaxt F hacha f de armas; fig **die ~ begraben** enterrar el hacha de guerra

'streitbar ADJ (kriegerisch) belicoso; guerrero; combativo; (streitlustig) agresivo; camorrista

'streiten ⟨irr⟩ A VI 1 mit Worten: disputar, debatir, heftig: altercar (**mit** dat con); sostener una controversia (bzw una polémica); **mit j-m über etw** (acus) **~** disputarse con alg por a/c 2 handgreiflich: reñir, pelear (**um** acus por) 3 (kämpfen) luchar, combatir, lidiar; bes fig batallar; militar (**für** acus por) 4 JUR litigar, poner pleito (**mit** dat a) B VR **sich ~** reñir (**mit j-m** con alg); querellarse; **sich über etw** (acus) **~** disputar sobre a/c; discutir (od sostener una discusión) sobre a/c; **sich um etw ~** disputarse a/c; **darüber lässt sich ~** sobre eso puede discutirse; es un caso discutible

'streitend ADJ beligerante; bes fig militante; JUR **die ~en Parteien** las partes litigantes

'Streiter M ⟨~s; ~⟩ geh (Kämpfer) luchador m; (Vorkämpfer) campeón m; paladín m (**für** de)

Streite'rei F ⟨~; ~en⟩ oft PL **~en** disputas fpl; discusiones fpl; querellas fpl; peleas fpl

'Streiterin F ⟨~; ~nen⟩ geh luchadora f

'Streitfall M litigio m (a. JUR); diferencia f; bes POL conflicto m; **im ~** en caso de litigio; **Streitfrage** F objeto m de disputa (bzw de controversia); cuestión f discutible; punto m litigioso; **Streitgegenstand** M JUR objeto m del litigio; **Streitgespräch** N disputa f; discusión f; **Streithahn** M umg, **Streithammel** M umg pendenciero m; umg buscarruidos m; disputador m; querellador m

'streitig ADJ (bestreitbar) disputable; discutible; controvertible; (umstritten) discutido; JUR litigioso; contencioso; **j-m etw ~ machen** disputar a/c a alg; **Streitigkeit** F ⟨~; ~en⟩ → Streit

'Streitkräfte FPL MIL fuerzas fpl armadas; **Streitkultur** F cultura f de conflicto; **Streitlust** F agresividad f; combatividad f; acometividad f; **streitlustig** ADJ agresivo; combativo; disputador; pendenciero; umg camorrista; **Streitmacht** F MIL fuerza f armada; **Streitobjekt** N JUR objeto m de (bzw en) litigio; **Streitpunkt** M punto m de controversia (od litigioso); **Streitsache** F JUR pleito m; (asunto m) contencioso m; **Streitschrift** F escrito m polémico; diatriba f; **Streitsucht** F manía f de disputar; carácter m pendenciero; **streitsüchtig** ADJ disputador; pendenciero; umg camorrista; **Streitthema** N tema m de conflicto (od de disenso); **Streitwagen** M HIST carro m de guerra; **Streitwert** M JUR cuantía f del litigio

Stre'litzie F BOT estrelicia f

streng A ADJ 1 (unbeugsam, hart) severo; Untersuchung, Person a. riguroso; (unnachgiebig) rígido; Blick duro 2 (genau) Regeln, Prinzipien estricto; exacto; Sitte, Lebensführung austero; Befehl terminante; **auf ~e Diät setzen** poner a dieta rigurosa; **~(st)es Stillschweigen** mutismo m absoluto 3 Geschmack acerbo; áspero; Geruch penetrante 4 Winter duro, riguroso; Kälte a. intenso 5 Stil austero; Kleid sobrio B ADV 1 (hart) severamente; **j-n ~ bestrafen** castigar severamente a alg; **j-n ~ behandeln** tratar severamente (od con severidad) a alg; tratar con dureza a alg; **~ erziehen** educar severamente (od con mano dura); **~ vorgehen** proceder con rigor (**gegen** contra) 2 (genau) estrechamente; **~ befolgen** observar (od cumplir) estrictamente; **~ bewachen** bzw **überwachen** vigilar estrechamente; **~ nach Vorschrift handeln** atenerse estrictamente a lo prescrito; **~ vertraulich** estrictamente confidencial; **~ verboten** terminantemente prohibido 3 **~ riechen** oler fuerte

'Strenge F ⟨~⟩ 1 severidad f; rigor m; rigurosidad f; rigidez f; des Blicks: dureza f; (Sittenstrenge) austeridad f 2 (Genauigkeit) exactitud f 3 der Kälte: intensidad f, rigor m 4 des Geruchs: acritud f; des Geschmacks: aspereza f 5 des Stils: austeridad f

streng genommen ADV en rigor; en el sentido estricto de la palabra; estrictamente hablando

'strenggläubig ADJ ortodoxo; **Strenggläubigkeit** F ⟨~⟩ ortodoxia f

Strepto'kokkus M ⟨~; Streptokokken⟩ BIOL, MED estreptococo m; **Streptomy'zin** N ⟨~s⟩ PHARM estreptomicina f

Stress M ⟨~es; ~e⟩ MED stress m, estrés m, tensión f; **unter** (dat) **~ stehen**, umg **~ haben** estar estresado, estar muy liado

'stressen VT umg agobiar; producir estrés

'stressfrei ADJ libre de estrés; sin estrés; **stressgeplagt** ADJ atormentado (od plagado od agobiado) por el estrés; **stressig** ADJ umg estresante, agobiante

Stretch [strɛtʃ] M ⟨~(e)s; ~es⟩ TEX stretch m; **'Stretchhose** F pantalón m elástico (od stretch)

Streu F ⟨~⟩ AGR cama f (de paja), camada f

'Streubesitz M WIRTSCH propiedad f dispersa; **Streubüchse** F → Streudose; **Streudienst** M Verkehr: servicio encargado de esparcir sal (bzw arena) de deshielo; **Streudose** F für Salz: salero m; für Zucker: azucarero m; für Pfeffer: pimentero m

'streuen VT & VI dispersar (**auf** acus, **über** acus por); Kies, Sand esparcir; echar; diseminar; MIL, OPT dispersar; **Sand ~** echar arena; **Salz/Zucker auf etw** (acus) **~** espolvorear con sal/azúcar; **Blumen auf den Weg ~** cubrir (od sembrar) de flores el camino; bei Glatteis: **(die Straße) ~** *echar gravilla o sal en la calle para que no se resbale en el hielo*

'Streuer M ⟨~s; ~⟩ (Salzstreuer) salero m; (Pfefferstreuer) pimentero m; (Zuckerstreuer) azucarero m

'Streufeld N PHYS campo m de dispersión; **Streufeuer** N MIL tiro m disperso; **Streugut** N gravilla f

'streunen VI vagar; vagabundear; errar; **~der Hund** perro m vagabundo

'Streuner M ⟨~s; ~⟩, **Streunerin** F ⟨~; ~nen⟩ vagabundo m, -a f

'Streupulver N MED polvo m vulnerario; **Streusalz** N sal f para derretir la nieve; **Streusand** M arenilla f; **Streusandbüchse** F salvadera f; arenillero m

'Streuselkuchen M *tarta cubierta de bolitas de mantequillas, azúcar y harina*

'Streustrahlung F PHYS radiación f difusa; **Streuung** F ⟨~; ~en⟩ allg dispersión f; **Streuzucker** M azúcar m molido

strich → streichen

Strich M ⟨~(e)s; ~e⟩ 1 (Linie) trazo m; raya f; línea f; (Querstrich) barra f; (Streifen) estría f; auf e-r Skala: grado m; **einen ~ durch etw machen** rayar a/c, tachar a/c; fig **j-m einen ~ durch die Rechnung machen** contrariar los proyectos de alg; desbaratar (od echar a rodar) los proyectos de alg; **einen ~ unter etw machen** subrayar a/c; fig poner punto final a a/c; umg hacer borrón y cuenta nueva; fig **unter dem ~** a fin de cuentas; **~ drunter!** ¡olvidémoslo!; ¡punto y raya!; umg **er ist nur noch ein ~** umg está como un fideo (od en los huesos) 2 (Bürstenstrich, Pinselstrich) pincelada f; (Federstrich) rasgo m; plumada f; beim Rasieren: pasada f; umg **keinen ~ tun** no dar golpe 3 e-s Fells, Gewebes: sentido m; des Tuches: pelo m; **mit dem ~** en el sentido del pelo; **gegen den ~** Fell a contrapelo; fig al contrario; umg **das geht mir gegen den ~** esto no me gusta nada; no me conviene en absoluto; umg eso me viene muy a contrapelo; **nach ~ und Faden** con todas las de la ley; a fondo 4 MUS (Taktstrich) barra f; (Bogenstrich) arqueada f 5 der Vögel: paso m 6 umg (Prostitution) **der ~** umg la prostitución callejera; umg la carrera; **auf den ~ gehen** echarse a la vida; hacer la calle (od la carrera) 7 (Landstrich) región f; comarca f

'Strichätzung F grabado m de línea(s); **Strichcode** M IT, HANDEL código m de barras; **Stricheinteilung** F graduación f

'stricheln VT plumear; (schraffieren) rayar; **gestrichelte Linie** línea f discontinua; **Strichelung** F ⟨~; ~en⟩ plumeado m

'Stricher M ⟨~s; ~⟩, **Stricherin** F ⟨~; ~nen⟩ sl → Strichjunge, Strichmädchen; **Strichjunge** M umg chapero m; prostituto m; **Strichmädchen** N umg prostituta f callejera

'Strichpunkt M punto m y coma; **Strichregen** M lluvia f local; **Strichvogel** M ave f de paso

'strichweise ADV local; en algunos puntos; bes METEO por zonas; aquí y allá; **~ Regen** lluvias fpl dispersas

'Strichzeichnung F dibujo m a rayas; **Strichzeit** F der Vögel: (tiempo m de) paso m

Strick M ⟨~(e)s; ~e⟩ 1 cuerda f; soga f; **wenn alle ~e reißen** en el peor de los casos; si todo falla; como último recurso; fig **j-m aus etw einen ~ drehen** umg echar (od cargar) a alg el muerto 2 umg fig (Schelm) pícaro m; granuja m

'Strickarbeit F labor f de punto; **Strickbeutel** M bolsa f de labores (de punto)

'stricken VT hacer labores de punto; hacer punto (de media); tricotar; Am a. tejer; **Stricken** N ⟨~s⟩ punto m de aguja (od de media), tricotaje *m*; **Stricker** M ⟨~s; ~⟩, **Strickerin** F ⟨~; ~nen⟩ calcetero *m*, -a *f*

'**Strickgarn** N hilo *m* para labores de punto; **Strickhandschuhe** MPL guantes *mpl* de punto; **Strickjacke** F chaqueta *f* de punto; **Strickkleid** N vestido *m* de punto; **Strickkleidung** F punto *m*; **Strickleiter** F escal(er)a *f* de cuerda; **Strickmaschine** F tricotosa *f*; **Strickmütze** F gorro *m* (*od* gorra *f*) de punto; **Stricknadel** F aguja *f* de punto (*od* para labores de punto); **Strickstrumpf** M media *f* de punto; **Strickwaren** FPL géneros *mpl* de punto; **Strickweste** F chaleco *m* de punto; **Strickwolle** F lana *f* de labores; **Strickzeug** N avíos *mpl* de labores de punto

'**Stridor** M ⟨~s⟩ MED estridor *m*

'**Striegel** M ⟨~s; ~⟩ almohaza *f*; **striegeln** VT almohazar

'**Strieme** F ⟨~; ~n⟩, **Striemen** M ⟨~s; ~⟩ cardenal *m*; roncha *f*, verdugón *m*; **striemig** ADJ acardenalado

'**Striezel** M ⟨~s; ~⟩ *Gebäck*: bollo *m* trenzado

strikt A ADJ estricto B ADV **~ durchführen** cumplir estrictamente; **~ gegen etw sein** estar absolutamente en contra de a/c; **(das ist) ~ verboten** (es) terminantemente prohibido

Strik'tur F ⟨~; ~en⟩ MED estrictura *f*

String M, '**Stringtanga** M TEX tanga *m*; *Am zssgn f*; g-string *m*

strin'gent ADJ estricto; **Strin'genz** F ⟨~⟩ estrictez *f*

'**Strippe** F ⟨~; ~n⟩ *umg* 1 *reg* cordón *m*; cuerda *f*; *umg fig* **j-n fest an der ~ haben** tener a alg bien atado (*od* sujeto) 2 TEL **j-n an der ~ haben** tener a alg al teléfono; *umg* **dauernd an der ~ hängen** telefonear continuamente; estar todo el día colgado del teléfono

'**strippen** VI hacer un estriptis (*od* striptease); **Stripper** M ⟨~s; ~⟩, **Stripperin** ⟨~; ~nen⟩ F artista *m/f* de estriptis (*od* striptease)

'**Striptease** ['strɪpti:z] M ⟨~⟩ striptease *m*, estriptis *m*; destape *m*; **Stripteasetänzer** M, **Stripteasetänzerin** → Stripper

stritt → streiten

'**strittig** ADJ (*umstritten*) discutido; (*bestreitbar*) cuestionado; → streitig; **~er Punkt** punto *m* litigioso

Strobos'kop N ⟨~s; ~e⟩ TECH estroboscopio *m*; **Stroboskoplampe** F TECH lámpara *f* estroboscópica; **Stroboskoplicht** N luz *f* estroboscópica

Stroh N ⟨~(e)s⟩ paja *f*; *fig* **leeres ~ dreschen** hablar sin ton ni son; desatinar; *fig* **~ im Kopf haben** tener la cabeza vacía (*od* llena de aire)

'**Strohballen** M paca *f* de paja; **strohblond** ADJ rubio pajizo; **Strohblume** F BOT siempreviva *f*; **Strohbund** N manojo *m* de paja; **Strohdach** N tejado *m* de paja

stroh'dumm ADJ *umg* tonto de remate

'**strohfarben** ADJ (de color) pajizo; **Strohfeuer** N fuego *m* de paja; *fig* humo *m* de paja; fogonazo *m*; **Strohgeflecht** N trenzado *m* de paja; **strohgelb** ADJ amarillo pajizo

'**Strohhalm** M (brizna *f* de) paja *f*; *zum Trinken*: pajita *f*, paja *f*; *fig* **nach einem ~ greifen** *od* **sich an einen ~ klammern** agarrarse a un clavo ardiendo; **über einen ~ stolpern** ahogarse en un vaso de agua

'**Strohhut** M sombrero *m* de paja; **Strohhütte** F choza *f*

'**strohig** ADJ pajoso; *fig* seco

'**Strohkopf** M *umg fig* cabeza *f* hueca; → *a.* Dummkopf; **Strohlager** N cama *f* de paja; **Strohmann** M ⟨~(e)s; ¨er⟩ *fig* testaferro *m*; hombre *m* de paja; **Strohmatte** F estera *f* de paja; **Strohsack** M jergón *m* de paja; *umg* **heiliger ~!** ¡caracoles!; ¡Dios mío!;

Strohwitwe F *hum* mujer *f* cuyo marido está de viaje; **Strohwitwer** M *umg hum* rodríguez *m*; **ich bin ~** estoy de rodríguez

'**Strolch** M ⟨~(e)s; ~e⟩ *pej* canalla *m*; vagabundo *m*; tunante *m*; *Arg* atorrante *m*; *umg* (*Schlingel*) *umg* pillo *m*, pillín *m*

'**strolchen** VI ⟨sn⟩ vagabundear, vagar

Strom[1] M ⟨~(e)s; Ströme⟩ 1 (*Fluss*) río *m*; *reißender*: torrente *m* 2 *fig* torrente *m*; raudal *m*; mar *m*; **~ von Menschen** oleada *f* de gente; **~ von Tränen** raudal *m* de lágrimas; **~ von Worten** torrente *m* de palabras; **Ströme von Blut** ríos *mpl* de sangre; **in Strömen fließen** correr a raudales; **es regnet in Strömen** está lloviendo a cántaros (*od* a mares) 3 (*Strömung*) corriente *f*; **gegen den ~ schwimmen** nadar contra la corriente; *fig* ir a contracorriente; **mit dem ~ schwimmen** dejarse llevar de la corriente; *fig* seguir la corriente

Strom[2] M ⟨~(e)s⟩ ELEK corriente *f* (eléctrica), electricidad *f*, *umg* luz *f*; **~ sparen** ahorrar electricidad; **den ~ sperren** cortar la corriente(*od umg* luz); **unter ~** con corriente, vivo; **unter ~ stehen** tener corriente; *fig* estar a cien, tener las pilas puestas

'**strom'ab** ADV → stromabwärts

'**Stromabnehmer** M 1 ELEK trole *m*; toma *f* de corriente; colector *m*; escobilla *f* 2 (*Verbraucher*) abonado *m*; **Stromabschaltung** F corte *m* de corriente

'**strom'abwärts** ADV aguas (*od* río) abajo; **~ treiben** flotar con la corriente

'**Stromaggregat** N ELEK grupo *m* electrógeno; **Stromanschluss** M ELEK toma *f* de corriente

'**strom'auf(wärts)** ADV aguas (*od* río) arriba; **~ fahren** ir contra la corriente (*od* contracorriente)

'**Stromausfall** M ELEK falta *f* de corriente; apagón *m*; **Stromdichte** F ELEK densidad *f* de corriente; **Stromeinschränkungen** FPL restricciones *fpl* eléctricas (*od* del consumo eléctrico)

'**strömen** VI ⟨sn⟩ *Wasser* correr; fluir; *stärker*: chorrear, salir a chorro(s); *Regen* caer a chorros; *Menschen* acudir en masa (**in** *acus*, **nach** a); afluir (**in** *acus*, **nach** a); **~ aus/in** salir/entrar en masa; **~der Regen** lluvia *f* torrencial

'**Stromenge** F pasaje *m* estrecho de un río

'**Stromer** M ⟨~s; ~⟩, **Stromerin** F ⟨~; ~nen⟩ *umg* vagabundo *m*, -a *f*; **stromern** VI ⟨sn⟩ vagabundear; vagar (**durch** por)

'**Stromerzeuger** M ELEK generador *m*; **Stromerzeugung** F ELEK generación *f* eléctrica (*od* de electricidad); producción *f* eléctrica (*od* de electricidad)

Strom führend ADJ ELEK vivo; con corriente

'**Stromgewinnung** F → Stromerzeugung; **Stromkosten** PL costes *mpl* (*od* costos *mpl od* gastos *mpl*) de electricidad; **Stromkreis** M ELEK circuito *m*; **Stromleiter** M ELEK conductor *m*; **Stromleitung** F línea *f* eléctrica; conducción *f* de corriente; **Stromlieferung** F ELEK suministro *m* de corriente; **Stromlinie** F PHYS línea *f* aerodinámica

'**Stromlinienform** F forma *f* aerodinámica; **stromlinienförmig** ADJ aerodinámico

'**stromlos** ADJ ELEK sin corriente

'**Strommast** M ELEK poste *m* de alta tensión; **Strommesser** M ELEK amperímetro *m*; **Stromnetz** N ELEK red *f* de corriente (*od* eléctrica); **Strompreis** M tarifa *f* eléctrica (*od* de la electricidad); **Stromquelle** F ELEK fuente *f* de corriente (eléctrica), fuente *f* de alimentación; **Stromrechnung** F recibo *m* del consumo de electricidad; *umg* recibo *m* de la luz; **Stromrichter** M ELEK convertidor *m* de corriente; **Stromschiene** F ELEK barra *f* de toma de corriente; **Stromschlag** M ELEK descarga *f* eléctrica; calambre *m*

'**Stromschnelle** F *im Fluss*: rápido *m*

'**Stromschwankung** F ELEK fluctuación *f* de la corriente; **Stromspannung** F ELEK tensión *f* (de la corriente); voltaje *m*; **stromsparend** ADJ economizador de corriente; **Stromsperre** F ELEK corte *m* de corriente; **Stromstärke** F ELEK intensidad *f* de la corriente; amperaje *m*; **Stromstoß** M ELEK impulso *m* de corriente; descarga *f* eléctrica; **Stromtarif** M → Strompreis

'**Strömung** F ⟨~; ~en⟩ corriente *f* (*a.* METEO *fig*)

'**Strömungsgetriebe** N transmisión *f* hidráulica; **Strömungslehre** F aerodinámica *f*

'**Stromunterbrecher** M ELEK interruptor *m*; cortacorriente *m*; **Stromunterbrechung** F interrupción *f* (*od* corte *m*) de la corriente; **Stromverbrauch** M consumo *m* de electricidad (*od* de corriente); **Stromverbraucher** M consumidor *m* de electricidad, abonado *m*; **Stromverlust** M ELEK pérdida *f* de corriente

'**Stromversorger** M ELEK suministrador *m* (*od* proveedor *m*) de electricidad (*od* de energía eléctrica); **Stromversorgung** F ELEK suministro *m* (*od* alimentación *f*) de energía eléctrica (*od* de corriente)

'**Stromwandler** M ELEK transformador *m* de intensidad (*od* de corriente); **Stromwender** M ELEK inversor *m* de corriente; conmutador *m*; **Stromzähler** M ELEK contador *m* de corriente; *umg* contador *m* de luz

'**Strontium** N ⟨~s⟩ CHEM estroncio *m*

'**Strophe** F ⟨~; ~n⟩ estrofa *f*

'**strotzen** VI **~ von** *od* **vor etw** (*dat*) rebosar de a/c; estar lleno de a/c; **vor Gesundheit ~** rebosar (*od* estar rebosante de) salud; **von Fehlern ~** estar plagado de faltas

'**strotzend** ADJ exuberante; **~ von** *od* **vor** rebosante de; pletórico de; **vor Gesundheit ~** rebosante de salud

'**strubbelig** ADJ *umg Haar* enmarañado, revuelto; desgreñado; **Strubbelkopf** M *umg* cabeza *f* desgreñada

'**Strudel** M ⟨~s; ~⟩ 1 torbellino *m* (*a. fig*); *v. Wasser, Staub*: remolino *m*; *a. fig* vorágine *f* 2 *Kuchen* ≈: pastel *m* de hojaldre

Struk'tur F ⟨~; ~en⟩ estructura *f*; *v. Stoffen*: textura *f*

Struktura'lismus M ⟨~⟩ PHIL estructuralismo *m*; **Strukturalist** M ⟨~en; ~en⟩, **Strukturalistin** F ⟨~; ~nen⟩ PHIL estructuralista *m/f*; **strukturalistisch** ADJ PHIL estructuralista

struk'turbedingt ADJ estructural

struktu'rell ADJ estructural

struktu'rieren VT ⟨*ohne* ge-⟩ estructurar

Struk'turkrise F crisis *f* estructural; **strukturpolitisch** ADJ político-estructural; **strukturschwach** ADJ **~e Regionen** regiones *fpl* estructuralmente débiles; regiones *fpl* débiles en términos estructurales; **Strukturschwäche** F debilidad *f* estructural; debilidad *f* en términos de estructura; **Strukturwandel** M cambio *m* estructural (*od* de estructura)

'**Struma** F ⟨~; Strumen *od* Strumae⟩ MED bocio *m*

Strumpf M ⟨~(e)s; Strümpfe⟩ 1 TEX (*Damenstrumpf*) media *f*; (*Socke*) calcetín *m*; *umg fig* **sich auf die Strümpfe machen** marcharse, *umg* largarse 2 TECH (*Glühstrumpf*) manguito *m* incandescente

'**Strumpfband** N ⟨~(e)s; ¨er⟩ liga *f*; **Strumpfhalter** M liguero *m*, portaligas

S

m; **Strumpfhose** F leotardos *mpl*; (*Damenstrumpfhose*) panty *m*; **Strumpfwaren** FPL medias *fpl*
Strunk M ⟨~(e)s; Strünke⟩ (*Baumstrunk*) tocón *m*; (*Kohlstrunk*) troncho *m*
'struppig ADJ *Haar* erizado; hirsuto; (*zerzaust*) desgreñado
'Struwwelkopf M pelo *m* desgreñado; **Struwwelpeter** M LIT Pedrito *m* el Desgreñado
Strych'nin N ⟨~s⟩ CHEM estricnina *f*
'Stube F ⟨~; ~n⟩ *reg* habitación *f*, cuarto *m*; *bes Am* pieza *f*; **die gute ~** la sala *f*, el salón *m*
'Stubenälteste(r) M MIL jefe *m* de cuarto; **Stubenarrest** M MIL arresto *m* en cuartel; prohibición *f* de salir; **Stubenfliege** F ZOOL mosca *f* (doméstica); **Stubengelehrte(r)** M *pej* sabio *m* de gabinete; **Stubenhocker** M *pej* persona *f* muy casera; **ein ~ sein** ser muy casero; **Stubenmädchen** N camarera *f obs* (de habitación)
'stubenrein ADJ **1** *Hund* limpio, educado; *fig Witz* para todos los públicos **2** **nicht ~** (*frivol, schlüpfrig*) indecente, verde
Stuck M ⟨~(e)s⟩ ARCH estuco *m*
Stück N ⟨~(e)s; ~e⟩ **1** *konkret*: pieza *f*; *abgetrenntes*: trozo *m* (*a. Fleisch, Kuchen, Papier, Schnur*), pedazo *m*; *umg* cacho *m*; (*Scherbe, Splitter*) casco *m*; (*Teilstück*) parte *f*; (*Bruchstück*) fragmento *m*; (*Probestück*) muestra *f*; ejemplar *m*; WIRTSCH (*Wertpapier*) título *m*; **~ Brot** pedazo *m* de pan; **~ Land** parcela *f*; lote *m* de terreno; **~ Seife** pastilla *f* de jabón; **~ Vieh** cabeza *f* de ganado; **~ Weg** trecho *m*; **~ Zucker** terrón *m* de azúcar; **2 Euro das ~** a dos euros la pieza; **am** *od* **im ~** *Käse etc* en un pedazo (*od* trozo); **aus einem ~** de una (sola) pieza; **~ für ~** pieza por pieza; **in ~e gehen** despedazarse, hacerse pedazos; **in ~e schlagen** *bzw* **reißen** hacer pedazos (*od* añicos); romper; **in ~e schneiden** cortar en pedazos (*od* en trozos), trocear **2** MUS, THEAT pieza **3** *aus e-m Buch, Kapitel etc*: pasaje *m*; trozo *m* **4** *fig* **ein schweres ~ Arbeit** una ruda tarea; **ein hübsches ~ Geld** una bonita suma; *umg* **das ist ein starkes ~** eso ya es demasiado; *umg* eso pasa de la raya; **große ~e auf j-n halten** apreciar mucho (*od* tener en mucho aprecio) a alg; **sich** (*dat*) **große ~e einbilden** presumir mucho (**auf etw** *acus* de a/c); **aus freien ~en** voluntariamente; de buen grado; espontáneamente; **in allen ~en** en todos los aspectos (*od* puntos); en todo; **in einem ~** (*ununterbrochen*) de un tirón; **in vielen ~en** en muchos aspectos (*od* puntos) **5** *Person umg fig* **ein freches ~** un (*bzw* una) sinvergüenza, *sl* un (*bzw* una) caradura; **er ist ein faules ~** es un gandul
'Stuckarbeit F estucado *m*
'Stückarbeit F trabajo *m* a destajo
'Stuckarbeiter M, **Stuckarbeiterin** F estuquista *m/f* estucador *m*, -a *f*
'Stückarbeiter M, **Stückarbeiterin** F destajista *m/f*
Stucka'teur M ⟨~s; ~e⟩, **Stucka'teurin** F ⟨~; ~nen⟩ estuquista *m/f* estucador *m*, -a *f*; **Stucka'tur** F ⟨~; ~en⟩ estucado *m*
'Stückchen N ⟨~s; ~⟩ pedacito *m*, trocito *m*; *von Schokolade*: onza *f*; **stückchenweise** ADJ **1** pieza por pieza; pedazo por pedazo; poco a poco; uno a uno **2** (*mühsam*) palmo a palmo
'stückeln V/T partir en trozos (*od* en pedazos); fraccionar (*a.* FIN); despedazar; WIRTSCH dividir en títulos; **Stückelung** F ⟨~; ~en⟩ despedazamiento *m*; fraccionamiento *m* (*a.* FIN)
'Stückeschreiber M, **Stückeschreiberin** F THEAT autor *m*, -a *f* de teatro (*od* de obras dramáticas)
'Stückgut N HANDEL mercancía *f* en fardos; bultos *mpl* sueltos (*od* de detalle); **Stückkohle** F carbón *m* cribado; galleta *f*; **Stückkosten** PL coste *m* por unidad (*od* unitario); **Stückleistung** F TECH rendimiento *m* en piezas-hora; **Stückliste** F lista *f* detallada (*od* de bultos); especificación *f*; **Stücklohn** M salario *m* por unidad de obra; **Stückpreis** M precio *m* por unidad
'stückweise ADV (*einzeln*) suelto; pedazo por pedazo; a trozos; HANDEL por piezas
'Stückwerk N obra *f* imperfecta; (*Stümperei*) chapucería *f*, chapuza *f*; **Stückzahl** F número *m* de piezas (*od* de unidades, HANDEL *a.* de bultos); **Stückzeit** F TECH tiempo *m* de elaboración por pieza; **Stückzinsen** PL WIRTSCH intereses *mpl* por efecto; **Stückzoll** M derecho *m* por unidad
stud. ABK (studiosus, Student) estudiante *m/f*
Stu'dent M ⟨~en; ~en⟩ estudiante *m*; universitario *m*; **~ der Medizin/der Naturwissenschaften/der Philologie/der Rechte** estudiante *m* de medicina/de ciencias/de letras/de derecho
Stu'dentenaustausch M intercambio *m* de estudiantes; **Studentenausweis** M carné *m* de estudiante; **Studentenführer** M dirigente *m* estudiantil; **Studentenfutter** N *frutos secos y pasas*; **Studentenheim** N residencia *f* de estudiantes; *sp a.* Colegio *m* Mayor; **Studentenjahre** NPL años *mpl* de estudiante; **Studentenleben** N vida *f* de estudiantes (*od* estudiantil); **Studentenlied** N canción *f* estudiantil; **Studentenorganisation** F asociación *f* de estudiantes (*od* estudiantil); **Studentenprotest** M protesta *f* estudiantil; **Studentenrevolte** F revuelta *f* estudiantil; **Studentenschaft** F ⟨~⟩ estudiantado *m*, alumnado *m* universitario; **Studentensprache** F jerga *f* estudiantil; **Studentenunruhen** FPL disturbios *mpl* estudiantiles; **Studentenverbindung** F corporación *f* de estudiantes (*od* estudiantil) tradicional; **Studentenvereinigung** F asociación *f* de estudiantes (*od* estudiantil); **Studentenvertretung** F representación *f* de estudiantes (*od* estudiantil); *Personen*: delegación *f* de estudiantes (*od* estudiantil); **Studentenwerk** N obra *f* de ayuda estudiantil (*od* para estudiantes); **Studentenwohnheim** N → Studentenheim; **Studentenwohnung** F piso *m* de estudiante; **Studentenzeit** NPL tiempo *m* de estudiante
Stu'dentin F ⟨~; ~nen⟩ estudiante *f*; universitaria *f*; **~ der Medizin/der Naturwissenschaften/der Philologie/der Rechte** estudiante *f* de medicina/de ciencias/de letras/de derecho
'studentisch ADJ estudiantil; de estudiante
'Studie [-iə] F ⟨~; ~n⟩ estudio *m*; **~n** *pl* → *a.* Studium
'Studienabbruch M interrupción *f* de los estudios universitarios; **Studienanfänger** M, **Studienanfängerin** F estudiante *m/f* del primer semestre (*od* del primer año); **Studienangebot** N plazas *fpl* de estudios; vacantes *fpl*; **Studienassessor** M, **Studienassessorin** F *in Spanien* ≈: profesor *m*, -a *f* adjunto de Instituto; **Studienaufenthalt** M estancia *f* de estudios; **Studienbeihilfe** F subvención *f* para estudios; ayuda *f* al estudio; **Studienbetrieb** M marcha *f* (*od* funcionamiento *m*) de los estudios; **Studiendarlehen** N prestamo *m* para estudiantes; **Studiendauer** F duración *f* de los estudios
'Studiendirektor M, **Studiendirektorin** F jefe *m*, -a *f* de estudios
'Studienfach N asignatura *f*; especialidad *f*; **Studienfahrt** F viaje *m* de estudios; **Studiengang** M carrera *f*; ciclo *m* de estudios; **Studiengebühren** FPL matrícula *f*, tasas *fpl* académicas; derechos *mpl* de matrícula; **studienhalber** ADV por razón de estudios; **Studieninhalt** M contenidos *mpl* del estudio (*bzw* de los estudios); **Studienjahr** N curso *m* (académico); **~e** *pl* → Studienzeit; **Studienkommission** F comisión *f* de estudios; **Studienkredit** M crédito *m* para estudiantes; **Studienobjekt** N objeto *m* de estudio; **Studienordnung** F normativa *f* de cada carrera universitaria; reglamento *m* de estudios universitarios; **Studienplan** M plan *m* (*bzw* programa *m*) de estudios; currículo *m*; **Studienplatz** M plaza *f* universitaria (*od* en la universidad); **Studienrat** M, **Studienrätin** F catedrático *m* -a *f* de Instituto; **Studienreferendar** M **Studienreferendarin** F ≈ aspirante *m/f* al profesorado de enseñanza media; **Studienreform** F reforma *f* universitaria; **Studienreise** F → Studienfahrt; **Studienzeit** F años *mpl* de estudio (*od* de universidad); **in meiner ~** en mi tiempo de estudiante; **Studienzeitverkürzung** F reducción *f* de los estudios universitarios
stu'dieren V/T & V/I ⟨*ohne* ge-⟩ estudiar (en una universidad); cursar estudios universitarios; estudiar una carrera universitaria; **Medizin/Jura/Naturwissenschaften ~** estudiar medicina/derecho/ciencias; seguir la carrera de medicina/derecho/ciencias; **j-n ~ lassen** dar carrera a alg; enviar a alg a la universidad; **er hat studiert** ha estudiado en una universidad
'Studieren N ⟨~s⟩ estudio(s) *m*(*pl*); **Studierende** M/F ⟨~n; ~n; → *A*⟩ estudiante *m/f*; universitario *m*, -a *f*
'studiert ADJ letrado; *umg* **ein Studierter** un hombre de carrera
Stu'dierzimmer N estudio *m*; gabinete *m* de trabajo
'Studio N ⟨~s; ~s⟩ *allg* estudio *m*; **Studiogast** M RADIO, TV panelista *m*
Stu'diosus M ⟨~; Studiosen *od* Studiosi⟩ *umg* estudiante *m*
'Studium N ⟨~s; Studien⟩ **1** estudio *m*; (*Universitätsstudium*) estudios *mpl* (universitarios); (*Berufsstudium*) carrera *f* **2** (*Forschung*) estudio *m*; investigación *f*; **Studien (über etw** *acus*) **betreiben** investigar (sobre a/c)
'Stufe F **1** *e-r Treppe*: escalón *m*, peldaño *m*; *bes im Amphitheater*: grada *f* **2** *fig* (*Rang*) categoría *f*; (*Niveau*) nivel *m*; (*Phase*) fase *f*, etapa *f*; **von ~ zu ~** de grado en grado; **mit j-m auf gleicher ~ stehen** estar al mismo nivel de alg; **j-n mit j-m auf eine** *od* **auf die gleiche Stufe stellen** poner a alg al mismo nivel que alg **3** *bei Pumpen, Turbinen, Raketen*: escalón *m*, piso *m*, etapa *f* **4** GEOL, *im Gelände*: terraza *f* **5** MUS (*Tonstufe*) intervalo *m*
'stufen V/T escalonar
'Stufenbarren M *Turnen*: barras *fpl* asimétricas; **Stufenfolge** F gradación *f*; escalonamiento *m*
'stufenförmig **A** ADJ escalonado; *fig a.* gradual **B** ADV **~ anordnen** *od* **aufstellen** escalonar
'Stufengetriebe N TECH engranaje *m* escalonado; **Stufenhärtung** F TECH temple *m* escalonado; **Stufenleiter** F **1** escala *f* graduada **2** *fig* escalafón *m*; escala *f* social; **die ~ hinaufsteigen** ascender en la escala social
'stufenlos **A** ADJ TECH sin escalones; continuo, con progresión continua **B** ADV **~ verstellbar** regulable en progresión contínua

'Stufenpyramide F pirámide *f* escalonada; **Stufenrakete** F cohete *m* de escalones (*od* etapas); **Stufenschalter** M ELEK interruptor *m* por grados; **Stufensitz** M grada *f*

'stufenweise A ADJ gradual B ADV por grados, gradualmente; en escalones; por etapas; progresivamente

Stuhl M ⟨~(e)s; Stühle⟩ 1 *zum Sitzen*: silla *f*; (*Kirchenstuhl*) banco *m*; **elektrischer ~** silla *f* eléctrica; **auf dem elektrischen ~ hinrichten** electrocutar; **der Heilige ~** la Santa Sede; *fig* **j-m den ~ vor die Tür setzen** poner a alg de patitas en la calle; *fig* **sich zwischen zwei Stühle setzen** desaprovechar por indecisión dos oportunidades simultáneas; *fig* **zwischen zwei Stühlen sitzen** nadar entre dos aguas; *umg fig* **ich bin fast vom ~ gefallen** *od* **das hat mich fast vom ~ gehauen** *umg* me quedé de piedra (*od* atónito) 2 (*Lehrstuhl*) cátedra *f* 3 MED (*Stuhlgang*) deposición *f*, deposiciones *fpl*; (*Kot*) heces *fpl*

'Stuhlbein N pata *f* de silla; **Stuhldrang** M necesidad *f* de defecar; **Stuhlflechter** M, **Stuhlflechterin** F sillero *m*, -a *f*

'Stuhlgang M MED defecación *f*; evacuación *f* del vientre; deposición *f*; **~ haben** defecar, deponer, evacuar el vientre; **keinen ~ haben** estar estreñido

'Stuhllehne F respaldo *m*; **Stuhluntersuchung** F MED examen *m* coprológico; **Stuhlverhaltung** F MED estreñimiento *m*; **Stuhlzäpfchen** N PHARM supositorio *m* laxante; **Stuhlzwang** M MED tenesmo *m* rectal

'Stuka M ⟨~s; ~s⟩ MIL HIST *umg* (*Sturzkampfflugzeug*) stuka *m*

Stukka'teur *etc* → Stuckateur *etc*

'Stulle F ⟨~; ~n⟩ *nordd* bocadillo *m*, *umg* bocata *m*

'Stulpe F ⟨~; ~n⟩ 1 (*Stiefelstulpe*) vuelta *f*; reborde *m* 2 (*Ärmelstulpe*) puño *m*

'stülpen V/T 1 (*umstülpen*) volver; **nach außen ~** volver (del revés) 2 (*aufstülpen, überstülpen*) poner; *Hut* calar; **etw auf etw** (*acus*) **~** poner a/c a a/c

'Stulpenärmel M manga *f* con puño; **Stulpenhandschuh** M guante *m* con puño; *Fechten*: guante *m* de esgrima; **Stulpenstiefel** M bota *f* alta con caña vuelta

'Stülpnase F nariz *f* respingona

stumm ADJ mudo (*a. fig*, LING); (*schweigsam*) silencioso; taciturno; **~ werden** enmudecer, perder el habla; THEAT **~es Spiel** pantomima *f*

'Stumme M/F ⟨~n; ~n; → A⟩ mudo *m*, muda *f*

'Stummel M ⟨~s; ~⟩ (*Kerzenstummel*) cabo *m*; (*Zigarettenstummel*) colilla *f*; → *a.* Stumpf; **Stummelflügel** M *z. B. der Pinguine*: ala *f* corta y redondeada; **Stummelpfeife** F pipa *f* corta

'Stummer M → Stumme; **Stummfilm** M película *f* muda; *koll* cine *m* mudo; **Stummheit** F ⟨~⟩ mudez *f*; (*Schweigen*) silencio *m*; mutismo *m*

'Stumpen M ⟨~s; ~⟩ (*Zigarre*) cigarro *m* suizo; cigarro *m* (tipo) robusto

'Stümper M ⟨~s; ~⟩ chapucero *m*; *umg* chambón *m*

Stümpe'rei F ⟨~; ~en⟩ chapucería *f*, chapuza *f*

'stümperhaft A ADJ chapucero; defectuoso B ADV **~ ausgeführt** hecho de mala manera

'Stümperin F ⟨~; ~nen⟩ chapucera *f*

'stümpern V/T & V/I chapucear; frangollar; **auf dem Klavier ~** aporrear el piano

'Stümpern N ⟨~s⟩ chapucería *f*, chapuza *f*

stumpf ADJ 1 *Messer, Schere* sin filo; desafilado; *Nadel, Degen* sin punta, romo; **~ machen** embotar; desafilar; *fig* entorpecer, embrutecer; **~ werden** embotarse, perder el filo; *fig* entorpecerse, embrutecerse 2 *Nase* romo, chato; GEOM *Kegel, Pyramide* truncado; *Winkel* obtuso 3 *Haar, Metall, Farbe* opaco 4 *fig geistig*: torpe; lerdo; obtuso; *Blick* inexpresivo; *Sinne* embotado; (*teilnahmslos*) apático; inexpresivo; indiferente

Stumpf M ⟨~(e)s; Stümpfe⟩ (*Baumstumpf*) tocón *m*; *e-r Kerze*: cabo *m*; (*Zahnstumpf*) raigón *m*; *v. Gliedmaßen*: muñón *m*; **mit ~ und Stiel ausrotten** *a. fig* arrancar de cuajo (*od* de raíz); erradicar, extirpar radicalmente; *Dorf etc*: *a.* borrar del mapa

'Stumpfheit F ⟨~⟩ 1 embotamiento *m* 2 *fig a.* torpeza *f*; embrutecimiento *m*; (*Teilnahmslosigkeit*) indiferencia *f*; apatía *f*; insensibilidad *f*; **Stumpfnase** F nariz *f* roma (*od* chata); **stumpfnasig** ADJ chato; **Stumpfschweißen** N TECH soldadura *f* a tope

'Stumpfsinn M 1 *allg* estupidez *f*; (*Abgestumpftheit*) embrutecimiento *m*; (*Teilnahmslosigkeit*) indiferencia *f*; apatía *f* 2 *umg* (*Langeweile*) tedio *m*, aburrimiento *m*; monotonía *f*; *umg* **so ein ~!** ¡qué rollo!

'stumpfsinnig ADJ 1 *allg* estúpido; obtuso; lerdo; torpe; (*abgestumpft*) embrutecido; (*teilnahmslos*) indiferente; apático; *umg* 2 (*langweilig*) tedioso, aburrido; monótono

stumpfwink(e)lig ADJ MATH obtusángulo

'Stunde F ⟨~; ~n⟩ 1 hora *f* (*a. fig*); *fig* momento *m*; **eine halbe ~** media hora *f*; **eine ~ lang** durante una hora; **alle zwei ~n** cada dos horas; **in einer ~** en una hora; dentro de una hora; **in einer schwachen/stillen ~** en un momento de flaqueza/de tranquilidad; **in letzter ~** a última hora; **60 Kilometer in der ~** 60 kilómetros por hora; **nach einer ~** al cabo de una hora; **von ~ zu ~** de hora en hora; *lit* **von Stund an** desde aquel momento; **vor einer ~** hace una hora; **zu jeder ~** a cualquier hora; a todas horas; **zur ~** por el momento, por ahora; *fig* **seine ~ ist gekommen** *od* **hat geschlagen** ha llegado su hora; *fig* **seine ~n sind gezählt** tiene sus horas contadas 2 (*Unterrichtsstunde*) lección *f*, clase *f*; **~n geben** dar (*od* impartir) clases; **~n nehmen** tomar lecciones (**bei** con)

'stunden V/T WIRTSCH aplazar; **j-m die Zahlung ~** conceder a alg una prórroga para el pago

'Stundenbuch N KATH libro *m* de horas; **Stundendurchschnitt** M promedio *m* por hora; **Stundengebet** N KATH hora *f* canónica; **Stundengeschwindigkeit** F velocidad *f* (media) por hora; **Stundenglas** N reloj *f* de arena; ampolleta *f*; **Stundenhotel** N casa *f* de citas, meublé *m*; **Stundenkilometer** MPL kilómetro *m* por hora

'stundenlang A ADJ de horas enteras; interminable; de largas horas B ADV horas y horas

'Stundenleistung F rendimiento *m* por hora; **Stundenlohn** M salario *m* por hora; **Stundenplan** M SCHULE horario *m* (de clases); **Stundensatz** M tarifa *f* de salario por hora, tarifa *f* horaria; **Stundenschlag** M toque *m* de la hora; **mit dem ~** al dar la hora; **stundenweise** ADV por horas; **Stundenzeiger** M *der Uhr*: horario *m*

'Stündlein N ⟨~s; ~⟩ *fig* **letztes ~** hora *f* suprema (*od* de la muerte); **sein letztes ~ ist gekommen** *od* **hat geschlagen** ha llegado su última hora

'stündlich ADV 1 (*jede Stunde*) (a) cada hora; de una hora a otra 2 (*in der Stunde*) **zweimal ~** dos veces por hora 3 (*jeden Augenblick*) de un momento a otro

'Stundung F ⟨~; ~en⟩ WIRTSCH aplazamiento *m* (de pago); prórroga *f*; moratoria *f*; **Stundungsgesuch** N solicitud *f* de aplazamiento (*od* de moratoria)

Stunk M ⟨~(e)s⟩ *umg* camorra *f*; gresca *f*; **~ machen** buscar camorra; armar gresca (*od* jaleo); **es wird ~ geben** habrá jaleo (*od* hule)

Stunt [stant] M ⟨~s; ~s⟩ FILM stunt *m*; escena *f* de acrobacias peligrosas (*od* espectaculares); **'Stuntman** [-mɛn] M FILM cascador *m*, doble *m*; stuntman *m*; **'Stuntwoman** [-vumɛn] F cascadora *f*, doble *f*; stuntwoman *f*

stu'pend ADJ *geh* estupendo

stu'pid(e) ADJ estúpido

Stupidi'tät F ⟨~; ~en⟩ estupidez *f*

'Stupor M ⟨~s⟩ MED estupor *m*

Stups M ⟨~es; ~e⟩ *umg* empujón *m* ligero; **'stupsen** V/T *umg* empujar ligeramente; dar un empujoncito; **'Stupsnase** F nariz *f* respingona

stur A ADJ 1 *Person* (*starrsinnig*) testarudo, terco, tozudo, *umg* cabezón, cabezudo; (*schwerfällig*) torpe; (*unbeirrbar*) tozudo 2 *Arbeit etc* (*geisttötend*) embrutecedor B ADV obstinadamente, tercamente, tozudamente; **'Sturheit** F ⟨~⟩ testarudez *f*, tozudez *f*, terquedad *f*; (*Hartnäckigkeit*) obstinación *f*

Sturm M ⟨~(e)s; Stürme⟩ 1 tempestad *f* (*a. fig*); (*Gewittersturm*) tormenta *f* (*a. fig*); borrasca *f*, temporal *m*; vendaval *m*; (*Windstoß*) ráfaga *f*; *fig* **~ im Wasserglas** tempestad *f* en un vaso de agua 2 *fig der Gefühle*: ímpetu *m*, impetuosidad *f*; fogosidad *f*; **ein ~ der Entrüstung** una ola de indignación; HIST, LIT **~ und Drang** movimiento de reacción contra la Ilustración 3 SPORT *Fußball*: delantera *f* 4 MIL asalto *m* (**auf** *acus* a); carga *f*; (*Angriff*) ataque *m*; *fig* **~ läuten** *od* **klingeln** tocar a rebato; *fig* **gegen etw ~ laufen** protestar violentamente contra a/c, rebelarse contra a/c; **etw im ~ nehmen** tomar a/c por asalto (*a. fig*)

'Sturmabteilung F MIL sección *f* de asalto; **Sturmangriff** M MIL asalto *m*; carga *f*; **Sturmartillerie** F MIL artillería *f* de asalto; **Sturmbataillon** N MIL batallón *m* de asalto; **Sturmbö** F ráfaga *f* huracanada; **Sturmbock** M HIST ariete *m*; **Sturmboot** N MIL lancha *f* de asalto

'stürmen A V/T asaltar (*a. fig Geschäfte*); tomar al (*od* por) asalto B V/I ⟨sn⟩ asaltar; dar el asalto; atacar (*a.* SPORT); (*sich stürzen*) lanzarse (**auf** *acus* sobre); (*rennen*) precipitarse (**auf** *acus* sobre) C V/UNPERS **es stürmt** hay tempestad (*bzw* temporal)

'Stürmen N ⟨~s⟩ → Sturm

'Stürmer M ⟨~s; ~⟩, **Stürmerin** F ⟨~; ~nen⟩ SPORT delantero *m*, -a *f*; **Stürmerreihe** F línea *f* delantera

'Sturmflut F marea *f* viva (*od* muy alta); **sturmfrei** ADJ *umg fig* **~e Bude** cuarto *m* independiente; **sturmgepeitscht** ADJ azotado por el viento; **Sturmgewehr** N MIL fusil *m* de asalto; **Sturmglocke** F *hist* campana *f* de rebato; **Sturmhaube** F HIST celada *f*; morrión *m*

'stürmisch A ADJ 1 *Wetter* tempestuoso (*a. fig*); tormentoso; borrascoso (*a. fig*); *Meer* agitado, *poet* proceloso 2 *fig* (*ungestüm*) impetuoso; fogoso, brioso; (*leidenschaftlich*) apasionado; *Debatte etc* turbulento; tumultuoso; *Protest* violento; **~er Beifall** aplausos *mpl* delirantes (*od* atronadores *od* frenéticos); **~e Heiterkeit** grandes carcajadas *fpl* 3 (*rasant*) rápido; **nicht so ~!** ¡vamos despacio!; *umg* ¡despacito! B ADV **~ begrüßen** saludar efusivamente; **~ umarmen** abrazar efusivamente; **j-n ~ feiern** volcarse con alg

'Sturmkolonne F MIL columna *f* de asalto;

Sturmlauf M, **Sturmlaufen** N MIL asalto *m*; **Sturmleiter** F MIL *hist* escala *f* de asalto; **Sturmpanzer** M MIL carro *m* de asalto; **sturmreif** ADJ MIL maduro para el asalto; **Sturmschaden** M daños *mpl* causados por la tempestad; **Sturmschritt** M MIL paso *m* de carga; **im ~** a paso de carga, muy deprisa; **Sturmsegel** N vela *f* de fortuna; **Sturmsignal** N 1 MIL señal *f* de ataque 2 SCHIFF señal *f* de tempestad; **Sturmspitze** F SPORT delantero *m* centro; punta *f* de lanza; **Sturmtief** N METEO borrasca *f*; **Sturmtrupp** M MIL grupo *m* de asalto; **Sturmvogel** M ORN petrel *m*, ave *f* de las tempestades; **Sturmwarnung** F SCHIFF aviso *m* de tempestad; **Sturmwelle** F MIL oleada *f* de asalto; **Sturmwetter** N temporal *m*; tiempo *m* tempestuoso; **Sturmwind** M viento *m* huracanado

Sturz M ⟨~es; Stürze⟩ 1 *(Fall)* caída *f* (*a. fig, Preissturz, Temperatursturz*) 2 *(Einsturz)* derrumbamiento *m* 3 *fig* descenso *m* (brusco); bajón *m*; *(Untergang)* ruina *f*; POL *e-r Regierung*: derrocamiento *m* 4 ⟨*pl* Stürze *od* ~e⟩ ARCH *(Fenstersturz, Türsturz)* dintel *m*

'Sturzacker M AGR campo *m* roturado; **Sturzbach** M torrente *m*; **Sturzbomber** M MIL bombardero *m* en picado

'stürzen A VT 1 *(umstürzen)* derribar, hacer caer; tumbar; *(hinabstürzen)* arrojar, precipitar, *Felsen* despeñar; **j-n in einen Abgrund ~** arrojar a alg en un precipicio 2 *Regierung, Minister* derrocar, derribar 3 *(kippen) Gefäß etc* volcar; **nicht ~!** ¡no volcar! 4 *fig* **j-n ins Elend ~** arruinar a alg; hundir a alg en la miseria; **j-n ins Verderben ~** perder a alg; causar la perdición de alg 5 AGR *Boden* roturar B VI ⟨sn⟩ 1 *(fallen) auf den Boden*: caer(se); *in die Tiefe*: precipitarse, estrellarse; *Pferd* abatirse; FLUG **~ auf** *(acus)* estrellarse contra; **zu Boden ~** caer al suelo; dar en el suelo; **vom Fahrrad/Pferd** caer(se) de la bicicleta/del caballo; **schwer** *od* **unglücklich ~** tener una mala caída, hacerse daño al caer 2 *(rennen)* precipitarse (**auf die Straße/nach draußen** hacia la calle/hacia afuera); **ins Zimmer ~** entrar precipitadamente (*od umg* como una tromba) C VR **sich ~** 1 arrojarse; precipitarse (**von** *dat* desde; **in** *acus* a); **sich aus dem Fenster ~** arrojarse (*od* tirarse) por la ventana; **sich in j-s Arme ~** *(dat)* arrojarse en los brazos de alg; *geh* **sich in sein Schwert ~** traspasarse con la espada; **sich ins Wasser ~** arrojarse (*od* tirarse) al agua 2 **sich auf etw/j-n ~** lanzarse sobre a/c/alg, tirarse a a/c/alg; **sich auf etw** *(acus)* **~** *a.* abalanzarse sobre a/c

'Stürzen N ⟨~s⟩ caída *f*; vuelco *m*

'Sturzflug M FLUG vuelo *m* en picado; **Sturzgeburt** F MED parto *m* precipitado; **Sturzgüter** NPL HANDEL géneros *mpl* a granel; **Sturzhelm** M casco *m* protector; **Sturzkampfflugzeug** N MIL HIST avión *m* de combate en picado; **Sturzregen** M chaparrón *m*; **Sturzsee** F, **Sturzwelle** F marejada *f*; oleada *f*; golpe *m* de mar

Stuss M ⟨~es⟩ *umg* disparates *mpl*, desatinos *mpl*, sandeces *fpl*; *umg* chorradas *fpl*, tonterías *fpl*; **red keinen ~!** ¡no digas tonterías (*od* disparates)!

'Stute F ⟨~; ~n⟩ yegua *f*

'Stuten M ⟨~s; ~⟩ GASTR *reg* pan *m* de molde

'Stutenfohlen N, **Stutenfüllen** N potranca *f*; potra *f*; **Stutenherde** F yeguada *f*

Stute'rei F ⟨~; ~en⟩ acaballadero *m*

Stütz M ⟨~es; ~e⟩ *Turnen*: apoyo *m*

'Stützbalken M puntal *m*

'Stutzbart M barba *f* recortada (*bzw* en punta)

'Stütze F ⟨~; ~n⟩ 1 apoyo *m*; TECH, ARCH *(Ständer)* soporte *m*; estribo *m*; AGR rodrigón *m*, tutor *m* 2 *fig* sostén *m*, apoyo *m*; respaldo *m*; *(Hilfe)* ayuda *f*; **du bist die ~ seines Alters** eres el báculo de su vejez 3 *umg* *(Arbeitslosengeld)* subsidio *m* de desempleo

'stutzen¹ VT cortar; *Flügel, Hecke, Bart, Schwanz* recortar (*a. fig kürzen*); *Baum* (cha)podar; desmochar

'stutzen² VI *(innehalten) erstaunt*: sorprenderse; quedar perplejo; quedar suspenso; *verwirrt*: desconcertarse; quedar confundido; *argwöhnisch*: concebir sospechas; *misstrauisch*: *umg* mosquearse; *Pferde* aguzar las orejas

'Stutzen M ⟨~s; ~⟩ 1 MIL carabina *f* 2 TECH *(Rohr)* tubuladura *f*, empalme *m*; *(Einfüllstutzen)* tubo *m* 3 SPORT *(Strumpf)* calcetín *m* sport

'stützen A VT apoyar (*a.* WIRTSCH *u. fig*), sostener; *(sichern)* afianzar, asegurar; ARCH apuntalar; TECH entibar; AGR rodrigar, tutorar; *Äste* ahorquillar; *fig* apoyar, respaldar B VR **sich ~ auf** *(acus)* apoyarse en, descansar sobre; *fig* basarse (*od* fundarse) en; estribar en; **sich mit dem Ellbogen ~** acodarse; **sich auf die Ellbogen ~** apoyarse en los codos

'Stutzer M ⟨~s; ~⟩ 1 *obs* pisaverde *m*, currutaco *m*; dandy *m*; *umg* pinturero *m*; *Arg* compadrito *m* 2 *schweiz* → Stutzen 1; **stutzerhaft** ADJ pinturero; cursilón

'Stutzflügel M MUS piano *m* de media cola

'stutzig ADJ *(erstaunt)* sorprendido; suspenso; *(verwirrt)* desconcertado; perplejo; confuso; *(argwöhnisch)* suspicaz, *umg* escamado; **~ machen** desconcertar; dejar perplejo; *(Argwohn wecken)* despertar sospechas, *umg* escamar; **~ werden** quedarse perplejo

'Stützlager N TECH soporte *m* (de apoyo); *(Widerlager)* contrafuerte *m*; **Stützmauer** F ARCH muro *m* de apoyo; **Stützpfeiler** M pilar *m* de sostén; puntal *m*; contrafuerte *m*; **Stützpreis** M WIRTSCH precio *m* subvencionado; **Stützpunkt** M punto *m* de apoyo (*a. fig*); SCHIFF, MIL base *f*; **Stützstrumpf** M media *f* de compresión

'Stützung F ⟨~; ~en⟩ apoyo *m* (*a.* WIRTSCH); **Stützverband** M MED vendaje *m* contentivo; **Stützwaage** F *Turnen*: apoyo *m* horizontal

StVO F ABK (Straßenverkehrsordnung) Código *m* de la circulación

'stylen ['staılən] VT diseñar; **perfekt gestylt sein** ir muy guapo (*od* arreglado); **Styling** N ⟨~s; ~s⟩ diseño *m*; styling *m*; *e-r Person a.*: look *m*; **stylisch** ADJ *(modisch)* chic, de moda

Styro'por® N estiropor *m*, styropor *m*; (espuma *f* del) poliestireno *m* (expandible)

Styx M ⟨~⟩ MYTH Estigia *f*

s. u. ABK (siehe unten) véase más abajo

Su'ada F, **Suade** F ⟨~; Suaden⟩ *pej* verbosidad *f*; *pej* verborrea *f*

suba'kut ADJ MED subagudo

subal'tern ADJ subalterno; **Subal'terne** M/F ⟨→ A⟩ subalterno *n*, -a *f*

'Subdominante F ⟨~; ~n⟩ MUS subdominante *f*

Sub'jekt N ⟨~(e)s; ~e⟩ 1 sujeto *m* (*a.* GRAM) 2 *fig pej* sujeto *m*, individuo *m*; **übles ~** sujeto *m* de cuidado, tipo *m* peligroso

subjek'tiv ADJ subjetivo

Subjektivi'tät [-v-] F ⟨~⟩ subjetividad *f*

sub'klinisch ADJ MED subclínico

'Subkontinent M subcontinente *m*; **Subkultur** F subcultura *f*; BIOL subcultivo *m*

subku'tan ADJ MED subcutáneo, hipodérmico

sub'lim ADJ sublime

Subli'mat N ⟨~(e)s; ~e⟩ CHEM sublimado *m*; **subli'mieren** VT ⟨*ohne* ge-⟩ CHEM, PSYCH sublimar (*a. fig*); **Subli'mierung** F ⟨~; ~en⟩ sublimación *f*

sublingu'al ADJ MED sublingual

submandibu'lär ADJ MED submandibular

Submissi'on F ⟨~; ~en⟩ WIRTSCH concurso-subasta *m*; **Submissionsweg** M **auf dem ~** en subasta; por (vías de) licitación

Submit'tent M ⟨~en; ~en⟩, **Submittentin** F ⟨~; ~nen⟩ HANDEL licitador *m*, -a *f*

Subordinati'on F ⟨~; ~en⟩ LING subordinación *f*; **subordi'nieren** VT ⟨*ohne* ge-⟩ subordinar

subsidi'är ADJ subsidiario

Subsidiari'tät F ⟨~⟩ subsidiariedad *f*; **Subsidiaritätsprinzip** N POL principio *m* de subsidiariedad

Sub'sidien NPL subsidios *mpl*

Subskri'bent M ⟨~en; ~en⟩, **Subskri'bentin** F ⟨~; ~nen⟩ suscriptor *m*, -a *f*; **subskri'bieren** VT ⟨*ohne* ge-⟩ suscribir

Subskripti'on F ⟨~; ~en⟩ 1 *e-r Zeitschrift etc*: abono *m*; su(b)scripción *f* 2 WIRTSCH *(Zeichnung von Wertpapieren)* suscripción *f*

Subskripti'onsliste F lista *f* de suscripción; **Subskriptionspreis** M precio *m* de suscripción

'Substantiv N ⟨~s; ~e⟩ GRAM sustantivo *m*

substanti'vieren [-v-] VT ⟨*ohne* ge-⟩ GRAM sustantivar

'substantivisch [-v-] GRAM A ADJ sustantivo B ADV como sustantivo

Sub'stanz F ⟨~; ~en⟩ 1 su(b)stancia *f*; materia *f*; *umg fig* **j-m an die ~ gehen** llegar a alg al alma 2 WIRTSCH capital *m* efectivo; **von der ~ leben** *od* **zehren** vivir del capital

substan'ziell ADJ sustancial

Sub'stanznahme F genérico *m*; **Substanzschwund** M, **Substanzverlust** M pérdida *f* de su(b)stancia

substitu'ieren VT ⟨*ohne* ge-⟩ sustituir; **Substi'tut** M ⟨~en; ~en⟩ WIRTSCH sustituto *m*

Sub'strat N ⟨~(e)s; ~e⟩ LING *etc* su(b)strato *m*

subsu'mieren VT ⟨*ohne* ge-⟩ *(einschließen)* comprender, incluir; *(unterordnen)* **~ unter** *(dat)* subordinar a

sub'til ADJ sutil

Subtili'tät F ⟨~; ~en⟩ sutileza *f*, sutilidad *f*

Subtra'hend M ⟨~en; ~en⟩ MATH sustraendo *m*; **subtra'hieren** VT ⟨*ohne* ge-⟩ MATH sustraer, restar

Subtrakti'on F ⟨~; ~en⟩ MATH sustracción *f*, resta *f*; **Subtraktionszeichen** N MATH signo *m* (de) menos (*od* de sustracción)

'Subtropen PL regiones *fpl* subtropicales; **subtropisch** ADJ subtropical

'Subunternehmer M, **Subunternehmerin** F subcontratista *m/f*; **einen ~ beauftragen** encargar a un subcontratista

Subventi'on [-v-] F ⟨~; ~en⟩ subvención *f*; subsidio *m*; **~en streichen** suprimir (*od* cancelar *od* anular) subvenciones; **subventio'nieren** VT ⟨*ohne* ge-⟩ subvencionar; subsidiar; **Subventio'nierung** F ⟨~; ~en⟩ concesión *f* de subvenciones (*od* de subsidios); **Subventi'onsabbau** M restricción *f* (*od* supresión *f*) de subvenciones

subver'siv [zʊpvɛr'zi:f] ADJ subversivo

'Subwoofer ['zapvu:fər] M ⟨~s, ~⟩ *Tontechnik*: subwoofer *m*

'Suchabfrage M IT **~ (im Internet)** búsqueda *f* (*od* consulta *f*) (en Internet *od* en la red); **Suchaktion** F (operación *f* de) busca *f*; búsqueda *f*; **Suchanzeige** F aviso *m* de búsqueda; **Suchbefehl** M IT orden *f* de búsqueda; **Suchdienst** M servicio *m* de búsqueda

'Suche F ⟨~⟩ busca *f*; búsqueda *f* (*a.* IT); **auf der ~ nach** en (*od* a la) busca de; **auf die ~**

S

nach j-m/etw gehen *od* **sich auf die ~ nach j-m/etw machen** ir en busca de alg/a/c
'suchen VT & VI **1** buscar; *(erforschen)* investigar; *(nachforschen)* inquirir, indagar; *bes polizeilich*: pesquisar, hacer pesquisas; JAGD rastrear; *Minen* detectar; **eine Stelle ~** buscar empleo; **nach etw/j-m ~** buscar a/c/a alg; *sprichw* **wer sucht, der findet** quien busca, halla; **Sie haben hier nichts zu ~** aquí no se le ha perdido nada; no tiene nada que buscar aquí; **hier haben wir nichts zu ~** aquí sobramos; **such!** *zum Hund*: ¡busca, busca! **2** *(sich bemühen um)* **Rat bei j-m ~** pedir consejo a alg **3** *geh (versuchen)* **~ zu** *(inf)* tratar de; **zu gefallen ~** querer agradar **4** → gesucht
'Suchen N ⟨~s⟩ → Suche
'Sucher M ⟨~s; ~⟩ **1** *Person*: buscador *m* **2** FOTO visor *m*; OPT enfocador *m*; **Sucherin** F ⟨~; ~nen⟩ buscadora *f*; **Sucherkamera** F camera *f* con (*od* de) visor
'Suchfunktion F IT función *f* de búsqueda (avanzada); **Suchgerät** N detector *m*; **Suchhund** M sabueso *m*; **Suchkartei** F fichero *m* de personas desaparecidas (*od* buscadas); **Suchlauf** M IT operación *f* de búsqueda; **Suchmaschine** F IT buscador *m*; motor *m* de búsqueda; **Suchmaske** F IT máscara *f* de búsqueda; **Suchscheinwerfer** M faro *m* móvil; proyector *m* orientable; **Suchstelle** F → Suchdienst
Sucht F ⟨~; Süchte⟩ **1** *(Verlangen)* **~ (nach)** afán *m* (de); *stärker*: manía *f* (de), pasión *f* (por) **2** *(Rauschgiftsucht etc)* adicción *f*; toxicomanía *f*
'süchtig ADJ ávido; *nach Rauschgift etc*: adicto, toxicómano; **~ machen** crear adicción
'Süchtige M/F ⟨~n; ~n; → A⟩ adicto *m*, -a *f*; *(Drogensüchtige)* drogadicto *m*, -a *f*; toxicómano *m*, -a *f*; drogodependiente *m/f*; **Süchtigkeit** F ⟨~⟩ adicción *f*; *(Drogensüchtigkeit)* toxicomanía *f*
'Suchtkranke M/F → Süchtige; **Suchtprävention** F prevención *f* de la adicción a drogas
'Suchwort N ⟨~(e)s; ¨er⟩ IT término *m* de búsqueda
'suckeln VI *reg* chupar
Sud M ⟨~(e)s; ~e⟩ decocción *f*
Süd M ⟨~(e)s⟩ **1** → Süden **2** → Südwind
'Süd'afrika N Africa *f* del Sur, Sudáfrica *f*
'Südafri'kaner M **Südafrikanerin** F sudafricano *m* -a *f*; **südafrikanisch** ADJ sudafricano
Süda'merika N América *f* del Sur, Sudamérica *f*
Südameri'kaner M, **Südamerikanerin** F sudamericano *m* -a *f*; **südamerikanisch** ADJ sudamericano; de la América del Sur
Su'dan M Sudán *m*
Suda'nese M ⟨~n; ~n⟩, **Sudanesin** F ⟨~; ~nen⟩ sudanés *m*, -esa *f*; **sudanesisch** ADJ sudanés
'süddeutsch ADJ de la Alemania del Sur; del sur de Alemania; **Süddeutsche** M/F alemán *m*, -ana *f* del Sur; **Süddeutschland** N Alemania *f* del Sur
Sude'lei F ⟨~; ~en⟩ *umg pej sl* porquería *f*; *(Kritzelei)* garabatos *mpl*, garabateo *m*; MAL pintarrajo *m*; mamarracho *m*
'sudeln VT & VI *(beschmieren)* embadurnar; ensuciar; *(klecksen)* chafarrinar; *(kritzeln)* garabatear; borronear; MAL pintorrear, pintarrajear
'Süden M ⟨~s⟩ Sur *m*, Mediodía *m*; **im ~ von** al sur de; **nach ~** hacia el sur; al sur
Su'deten PL **die ~** los (Montes) Sudetes; **Sudetendeutsche** M/F alemán *m*, -ana *f* de los Sudetes
'Südeu'ropa N Europa *f* del Sur; **südeuro'päisch** ADJ sureuropeo; sudeuropeo; europeo meridional; **Süd'frankreich** N (la) Francia meridional
'Südfrüchte FPL frutas *fpl* (de países) meridionales (*bzw* tropicales)
'Südko'rea N Corea *f* del Sur
'Südküste F costa *f* meridional; **Südlage** F orientación *f* al sur (*od* al mediodía); **Südländer** M ⟨~s; ~⟩, **Südländerin** F ⟨~; ~nen⟩ meridional *m/f*, habitante *m/f* (de los países) del sur; *fig* latino *m*, -a; **südländisch** ADJ meridional
'Sudler M ⟨~s; ~⟩ *pej (Schmierer)* embadurnador *m*; *(Maler) umg* pintamonas *m*
'südlich **A** ADJ del sur, meridional; *Breite a.* austral; **in ~er Richtung** hacia el sur; **~e Halbkugel** hemisferio *m* austral; **~er Breite** de latitud *f* sur (*od* austral) **B** ADV **~ von** al sur de
'Südlicht N aurora *f* austral
Süd'ost M **1** → Südosten **2** → Südostwind; **Süd'osten** M Sudeste *m*; **süd'östlich** **A** ADJ (situado) al sudeste **B** ADV **~ von** al sudeste de; **Süd'ostwind** M viento *m* sudeste
'Südpol M polo *m* sur (*od* antártico *od* austral); **Südpolarländer** NPL tierras *fpl* australes; **Südpolarmeer** N Océano *m* Glacial Antártico; **Südsee** F Mares *mpl* del sur; Pacífico *m* meridional; *Inselwelt*: Oceanía *f*; **Südseite** F lado *m* (del) sur
'Süd'spanien N España *f* meridional, sur *m* de España; **Südspanier** M, **Südspanierin** F persona *f* del sur de España; **südspanisch** ADJ del sur de España, de la España meridional
'Südstaaten MPL *USA*: Estados *mpl* del sur
Südsüd'ost M Sudsudeste *m*; **Südsüd'west** M Sudsudoeste *m*
'Südtirol N Sur *m* del Tirol; Trentino *m*
'südwärts ADV hacia el sur; al sur; al mediodía; **~ ziehen** migrar hacia el sur
Süd'west M **1** → Südwesten **2** → Südwestwind
Süd'westen M Sudoeste *m*; **Südwester** M *Hut*: sueste *m*; **südwestlich** **A** ADJ (situado) al sudoeste **B** ADV **~ von** al sudoeste de; **Südwestwind** M viento *m* sudoeste
'Südwind M viento *m* del sur, *poet* austro *m*
'Sueskanal M, **'Suezkanal** M canal *m* de Suez
Suff M ⟨~(e)s⟩ *umg pej* borrachera *f*, cogorza *f*; **sich dem ~ ergeben** darse a la bebida; **im ~** borracho, ebrio
'süffeln **A** VT *umg* beber **B** VI *umg* empinar el codo; **süffig** ADJ *umg Geschmack*: suave (*od* agradable) al paladar; abocado
süffi'sant ADJ presuntuoso; **mit einem ~en Lächeln** con aire de suficiencia
Suf'fix N ⟨~es; ~e⟩ GRAM sufijo *m*
Suffra'gette F ⟨~; ~n⟩ HIST sufragista *f*
sugge'rieren VT ⟨ohne ge-⟩ sugerir; insinuar; **Suggesti'on** F ⟨~; ~en⟩ sugestión *f*; sugerencia *f*, insinuación *f*
sugges'tiv ADJ sugestivo; sugerente; **Suggestivfrage** F pregunta *f* sugestiva (*od* sugerente)
'Suhle F ⟨~; ~n⟩ JAGD bañadero *m*; revolcadero *m*; **suhlen** VR **sich (im Dreck) ~** revolcarse en el fango
'sühnbar ADJ expiable
'Sühne F ⟨~; ~n⟩ expiación *f*; *(Wiedergutmachung)* reparación *f*; JUR conciliación *f*; **Sühnealtar** M altar *m* expiatorio; **Sühnemaßnahme** F sanción *f*
'sühnen VT *(büßen)* expiar; reparar; **für etw ~** pagar por a/c
'Sühnetermin M JUR plazo *m* de conciliación; **Sühneverfahren** N JUR procedimiento *m* de conciliación; **Sühneversuch** M JUR intento *m* de conciliación
'Sühnopfer N REL sacrificio *m* expiatorio
'Sühnung F ⟨~⟩ → Sühne
'Suite ['svi:t(ə)] F ⟨~; ~n⟩ **1** *Hotel u.* MUS suite *f* **2** *obs (Gefolge)* comitiva *f*, séquito *m*
Sui'zid M, N ⟨~(e)s; ~e⟩ suicidio *m*
sukzes'siv ADJ sucesivo; consecutivo; **sukzessive** ADV sucesivamente; consecutivamente
Sul'fat N ⟨~(e)s; ~e⟩ CHEM sulfato *m*; **Sul'fid** N ⟨~(e)s; ~e⟩ CHEM sulfuro *m*; **Sul'fit** N ⟨~s; ~e⟩ CHEM sulfito *m*
Sulfona'mid N ⟨~(e)s; ~e⟩ PHARM sulfonamida *f*, sulfamida *f*
'Sultan M ⟨~s; ~e⟩ sultán *m*
Sulta'nat N ⟨~(e)s; ~e⟩ sultanato *m*, sultanía *f*
Sul'tanin F ⟨~; ~nen⟩ sultana *f*
Sulta'nine F ⟨~; ~n⟩ (pasa *f*) sultana *f*
'Sülze F ⟨~; ~n⟩ gelatina *f*; carne *f* en gelatina
Sum'mand M ⟨~en; ~en⟩ MATH sumando *m*; **summarisch** ADJ sumario; compendiado; sucinto
'Sümmchen N ⟨~s; ~⟩ *umg* **ein hübsches** *od* **nettes ~** una bonita suma
'Summe F ⟨~; ~n⟩ suma *f*; total *m*; importe *m*
'summen VT & VI **1** *Insekten, Maschine etc* zumbar **2** *Lied* cantar a boca cerrada; tararear
'Summen N ⟨~s⟩ zumbido *m*; tarareo *m*; **Summer** M ⟨~s; ~⟩ ELEK vibrador *m*; zumbador *m*
sum'mieren ⟨ohne ge-⟩ **A** VT sumar, adicionar; *fig* acumular **B** VR **sich ~** sumarse; *fig* acumularse; **Summieren** N ⟨~s⟩, **Summierung** F ⟨~; ~en⟩ MATH suma *f*, adición *f*; *fig* acumulación *f*
'Summton M TEL zumbido *m*
Sumpf M ⟨~(e)s; Sümpfe⟩ pantano *m*; ciénaga *f*; *fig* ciénaga *f*, cenagal *m*; **in einen ~ geraten** empantanarse
'Sumpfboden M suelo *m* pantanoso; **Sumpfdotterblume** F calta *f*, hierba *f* centella
'sumpfen VI *umg* ir de juerga (*od* de parranda)
'Sumpffieber N MED paludismo *m*, fiebre *f* palúdica; **Sumpfgas** N CHEM gas *m* de los pantanos; metano *m*; **Sumpfhuhn** N ORN polluela *f*; *fig hum* juerguista *m*, parrandero *m*; **sumpfig** ADJ pantanoso; cenagoso; **Sumpfland** N ⟨~(e)s⟩ terreno *m* pantanoso; **Sumpfloch** N cenagal *m*; **Sumpfmeise** F carbonero *m* palustre; **Sumpfotter** M ZOOL visón *m*; **Sumpfpflanze** F BOT planta *f* palustre; **Sumpfschnepfe** F ORN agachadiza *f*; **Sumpfwiese** F prado *m* pantanoso
Sums M ⟨~es⟩ *umg obs* **großen ~ machen** hacer mucho ruido (*od* muchos aspavientos)
Sund M ⟨~(e)s; ~e⟩ estrecho *m*
'Sundainseln FPL archipiélago *m* de la Sonda
'Sünde F ⟨~; ~n⟩ pecado *m*; **kleine ~** pecadillo *m*; **eine ~ begehen** pecar, cometer un pecado; *fig* **es ist eine ~ und Schande** es una verdadera vergüenza; *fig* **~ gegen den guten Geschmack** atentado *m* al buen gusto
'Sündenbekenntnis N confesión *f* de los pecados; **Sündenbock** M REL chivo *m* emisario (*od* expiatorio); *fig a.* cabeza *f* de turco; **Sündenerlass** M perdón *m* (*od* remisión *f*) de los pecados; absolución *f*; **Sündenfall** M pecado *m* original; caída *f* del primer hombre; **Sündengeld** N *umg fig umg* dineral *m*; **es kostet ein ~** cuesta un riñón; **Sündenlast** F peso *m* de los pecados; **Sündenleben** N vida *f* de pecador; **ein ~ führen** vivir en pecado; **Sündenlohn** M premio *m* del pecado; **sündenlos** ADJ sin pecado; **Sün-**

denpfuhl M cenagal *m* (del vicio); **Sündenregister** N lista *f* de pecados; **Sündenvergebung** F → Sündenerlass
'Sünder M ⟨~s; ~⟩, **Sünderin** F ⟨~; ~nen⟩ F pecador *m*, -a *f*; *fig* **armer ~** pobre diablo *m*;
Sündflut F *obs* → Sintflut
'sündhaft A ADJ 1 *geh* culpable; REL pecador; *Absicht, Tat* pecaminoso 2 *umg fig Preis* exagerado B ADV *umg fig* **~ teuer** carísimo;
Sündhaftigkeit F ⟨~⟩ inclinación *f* al mal
'sündig ADJ pecador; *(schuldig)* culpable; pecaminoso; *(lasterhaft)* inmoral; **~ werden** caer en pecado; **sündigen** VI pecar; cometer un pecado **(gegen** contra**)**; **an j-m ~** obrar mal con alg; faltar a alg; **sündlos** ADJ → sündenlos
Sun'nit M ⟨~en; ~en⟩, **Sunnitin** F ⟨~; ~nen⟩ sun(n)ita *m/f*; **sunnitisch** sun(n)ita
'super ADJ ⟨inv⟩ *umg* estupendo, *umg* de campeonato, *sl* cojonudo
'Super N ⟨~s⟩, **Superbenzin** N (gasolina *f*) super *m*; **Superdividende** F WIRTSCH dividendo *m* extraordinario; **superfein** ADJ superfino; **Superintendent** M, **Superintendentin** F superintendente *m/f*; **Superkargo** M ⟨~s; ~s⟩ SCHIFF sobrecargo *m*
'superklug ADJ *umg iron* que se pasa de listo; **~ sein** pasarse de listo; **Superkluge** M/F ⟨~n; ~n; → A⟩ sabihondo *m*, -a *f*
'Superlativ M ⟨~s; ~e⟩ GRAM superlativo *m*; **superlativisch** [-v-] ADJ superlativo
'superleicht ADJ *(sehr einfach)* superfácil
'Supermacht F POL superpotencia *f*; **Supermann** M ⟨~(e)s; ~̈er⟩ supermán *m*; **Supermarkt** M supermercado *m*; **supermodern** ADJ ultramoderno; **Superoxid** N CHEM peróxido *m*; **Superphosphat** N CHEM superfosfato *m*; **Superstar** M superestrella *f*
Su'pinum N ⟨~s; Supina⟩ GRAM supino *m*
'Suppe F ⟨~; ~n⟩ 1 sopa *f*; *klare:* caldo *m*; consomé *m*; **die ~ auslöffeln** pagar los vidrios rotos (*od* el pato); *fig* **j-m die ~ versalzen** aguar la fiesta a alg; **sich** *(dat)* **eine schöne ~ einbrocken** meterse en un atolladero (*od* en un lío) 2 *umg fig (starker Nebel)* niebla *f* cerrada
'Suppenfleisch N carne *f* para caldo; **Suppengrün** N verdura *f* (para el caldo); **Suppenhuhn** N gallina *f* para caldo; *Gericht:* gallina *f* en caldo; **Suppenkelle** F cucharón *m*, cazo *m*; **Suppenkraut** N → Suppengrün; **Suppenlöffel** M cuchara *f* sopera; **Suppenschüssel** F sopera *f*; **Suppenteller** M plato *m* hondo; plato *m* sopero *od* para sopa; **Suppenterrine** F sopera *f*; **Suppentopf** M olla *f*; **Suppenwürfel** M cubito *m* de caldo, extracto *m* de caldo
Supple'ment N ⟨~(e)s; ~e⟩ suplemento *m*; **Supplementband** M ⟨~(e)s; ~̈e⟩ apéndice *m*, suplemento *m*; **Supplementwinkel** M MATH ángulo *m* suplementario
Sup'port [sa'pɔːrt] M ⟨~s; ~s⟩ (servicio *m* de) soporte *m*; **technischer ~** soporte *m* técnico; **~ vor Ort** soporte *m* en sitio (*od* local)
Supposi'torium N ⟨~s; Suppositorien⟩ PHARM supositorio *m*
'supraleitend ADJ PHYS supraconductor, superconductor; **Supraleiter** M ⟨~s; ~⟩ PHYS supraconductor *m*, superconductor *m*, hiperconductor *m*; **Supraleitfähigkeit** F PHYS superconductividad *f*
'supranatio'nal ADJ supranacional
'Surfbrett ['zœrf-] N tabla *f* de surf
'surfen VI ⟨h *od* sn, *mit Richtungsangabe* sn⟩ 1 SPORT hacer surf, practicar el surf 2 **im Internet ~** navegar por Internet
'Surfen N ⟨~s⟩ surf(ing) *m*; **Surfer** M ⟨~s; ~⟩, **Surferin** F ⟨~; ~nen⟩ 1 SPORT surfista *m/f* 2 *im Internet:* navegante *m/f*, cibernauta *m/f*
'Surinam N ⟨~s⟩ Surinam *m*
Surrea'lismus M ⟨~⟩ surrealismo *m*; **Surrealist** M ⟨~en; ~en⟩, **Surrealistin** F ⟨~; ~nen⟩ surrealista *m/f*; **surrealistisch** ADJ surrealista
'surren VI *Motor, Insekt* zumbar; *(schwirren)* silbar, zumbar
'Surren N ⟨~s⟩ zumbido *m*
Surro'gat N ⟨~(e)s; ~e⟩ sucedáneo *m*
'Sushi N ⟨~s; ~s⟩ GASTR sushi *m*
sus'pekt ADJ sospechoso
suspen'dieren VT ⟨*ohne* ge-⟩ suspender; **vom Dienst ~** suspender de sus funciones; **Suspen'dierung** F ⟨~; ~en⟩ suspensión *f*; **Suspensi'on** F ⟨~; ~en⟩ suspensión *f* (*a.* CHEM); **Suspen'sorium** N ⟨~s; Suspensorien⟩ MED suspensorio *m*
süß A ADJ 1 dulce; *(gesüßt)* dulcificado, endulzado; edulcorado (*a.* PHARM); *(gezuckert)* azucarado; *Duft* fragante; **~er Wein** vino suave; **widerlich ~** dulzarrón, empalagoso 2 *fig (lieblich)* dulce, suave; meloso; *bes Stimme* melifluo; *Lächeln, Worte* dulce, tierno; *(reizend)* encantador; *(niedlich)* precioso, bonito, lindo; *bes Kind umg* mono B ADV 1 **~ schmecken** ser dulce, tener (un) sabor dulce; **~ riechen** tener un olor dulce 2 *fig* dulcemente; **~ klingen** halagar el oído; **~ träumen** tener dulces sueños
'Süße F ⟨~⟩ dulzura *f*; dulzor *m*
'süßen VT endulzar; dulcificar; edulcorar (*a.* PHARM); *mit Zucker:* azucarar; *Kaffee, Tee a.* echar azúcar en
'Süßholz N BOT regaliz *m*, palo *m* dulce; *umg fig* **~ raspeln** echar flores; piropear, chicolear, acaramelarse; **Süßholzraspler** M ⟨~s; ~⟩ *umg* mariposón *m*
'Süßigkeit F ⟨~; ~en⟩ 1 *(Süße)* dulzura *f* 2 **~en** *pl* dulces *mpl*; golosinas *fpl*
'Süßkartoffel F batata *f*, boniato *m*, buniato *m*; **Süßkirsche** F cereza *f* (mollar); **Süßkraft** F poder *m* edulcorante; **süßlich** ADJ dulzón; *fig a.* acaramelado, almibarado, meloso, empalagoso; **Süßlichkeit** F ⟨~⟩ carácter *m* dulzón; **Süßmost** M zumo *m* de fruta (sin fermentar)
'süß'sauer A ADJ agridulce (*a. fig*) B ADV **~ lächeln** sonreír con amargura
'Süßspeise F (plato *m* de) dulce *m*; **Süßstoff** M edulcorante *m*, dulcificante *m*
'Süßwaren FPL dulces *mpl*; **Süßwarengeschäft** N confitería *f*, dulcería *f*; **Süßwarenhändler** M, **Süßwarenhändlerin** F confitero *m*, -a *f*
'Süßwasser N ⟨~s; ~⟩ agua *f* dulce; **Süßwasserfisch** M pez *m* de agua dulce
'Süßwein M vino *m* dulce
SW ABK (Südwesten) sudoeste *m*
'Sweater ['sveːtər] M ⟨~s; ~⟩ TEX suéter *m*; **Sweatshirt** [-øːrt] N ⟨~s; ~s⟩ sudadera *f*
'Swimmingpool ['svɪmɪŋpuːl] M ⟨~s; ~s⟩ piscina *f*
Swing M ⟨~s⟩ MUS, WIRTSCH swing *m*
SWR ABK (Südwestrundfunk) Radio *m* de la Alemania del Sudoeste *m*
Syllo'gismus M ⟨~; Syllogismen⟩ silogismo *m*; **syllogistisch** ADJ silogístico
'Sylphe F ⟨~; ~n⟩, **Syl'phide** F ⟨~; ~n⟩ sílfide *f* (*a. fig*)
Syl'vester N → Silvester
Symbi'ose F ⟨~; ~n⟩ BIOL simbiosis *f*; **symbiotisch** ADJ simbiótico
Sym'bol N ⟨~s; ~e⟩ símbolo *m*; *auf Landkarten etc:* signo *m* convencional; *(Emblem)* emblema *m*; IT *a.* icono *m*; **symbolhaft** ADJ simbólico, representativo
Sym'bolik F ⟨~⟩ carácter *m* simbólico; simbolismo *m*; **symbolisch** ADJ simbólico
symboli'sieren VT ⟨*ohne* ge-⟩ simbolizar;
Symbolisierung F ⟨~; ~en⟩ simbolización *f*
Symbo'lismus M ⟨~⟩ simbolismo *m*; **Symbolist** M ⟨~en; ~en⟩, **Symbolistin** F ⟨~; ~nen⟩ simbolista *m/f*
Sym'bolleiste F IT barra *f* de herramientas;
symbolträchtig ADJ cargado de simbolismo; muy simbólico
Symme'trie F ⟨~; ~n⟩ simetría *f*; **Symmetrieebene** F plano *m* de simetría
sym'metrisch ADJ simétrico
Sympa'thie F ⟨~; ~n⟩ simpatía *f*; **für j-n ~ empfinden** sentir simpatía por alg; **Sympathiekundgebung** F manifestación *f* (*od* muestra *f*) de simpatía; testimonio *m* de adhesión; **Sympathiestreik** M huelga *f* de solidaridad; **Sympathiewerbung** F *campaña publicitaria de imagen*
Sympathi'sant M ⟨~en; ~en⟩, **Sympathisantin** F ⟨~; ~nen⟩ POL simpatizante *m/f*
sym'pathisch ADJ simpático; **sie ist mir ~** me cae bien; MED **~es Nervensystem** sistema *m* (nervioso) simpático
sympathi'sieren VI ⟨*ohne* ge-⟩ simpatizar **(mit** con**)**
Sympho'nie F ⟨~; ~n⟩ → Sinfonie
Sym'physe F ⟨~; ~n⟩ MED sínfisis *f*
Sym'posion N ⟨~s; Symposien⟩, **Symposium** N ⟨~s; Symposien⟩ simposio *m*, simposium *m*
Symp'tom N ⟨~s; ~e⟩ síntoma *m*, signo *m*
Sympto'matik F ⟨~⟩ sintomatología *f*;
symptomatisch ADJ sintomático
Syna'goge F ⟨~; ~n⟩ sinagoga *f*
Sy'napse F ⟨~; ~n⟩ ANAT sinapsis *f*
Synästhe'sie F ⟨~; ~n⟩ sinestesia *f*
syn'chron ADJ sincrónico; **Synchronblitz** M FOTO flash *m* sincronizado; **Synchrongetriebe** N AUTO cambio *m* de velocidades sincronizado
Synchronisati'on F ⟨~; ~en⟩ sincronización *f*; doblaje *m*; **synchroni'sieren** VT ⟨*ohne* ge-⟩ sincronizar; FILM *a.* doblar; **Synchroni'sierung** F ⟨~; ~en⟩ → Synchronisation
Synchro'nismus M ⟨~; Synchronismen⟩ sincronismo *m*
Syn'chronmotor M motor *m* sincrónico;
Synchronschwimmen N SPORT natación *f* sincronizada; **Synchronsprecher** M, **Synchronsprecherin** F FILM doblador *m*, -a *f*, actor *m*, actriz *f* de doblaje
Synchro'tron N ⟨~s; ~e⟩ TECH sincrotrón *m*
Syndika'lismus M ⟨~⟩ sindicalismo *m*; **Syndikalist** M ⟨~en; ~en⟩, **Syndikalistin** F ⟨~; ~nen⟩ sindicalista *m/f*
Syndi'kat N ⟨~(e)s; ~e⟩ sindicato *m*
'Syndikus M ⟨~; ~se, Syndiken *od* Syndizi⟩ síndico *m*; asesor *m* jurídico
Syn'drom N ⟨~s; ~e⟩ MED síndrome *m*
Synechie F ⟨~; ~n⟩ MED sinequia *f*
Syner'gie F ⟨~; ~n⟩ sinergia *f*; **~n erzeugen** crear sinergias; **Synergieeffekt** M WIRTSCH efecto *m* sinérgico (*od* sinergético)
Syn'kope[1] F ⟨~; ~n⟩ MUS síncopa *f*
'Synkope[2] F ⟨~; ~n⟩ MED síncope *m*
synko'pieren VT ⟨*ohne* ge-⟩ sincopar
syn'kopisch ADJ sincopado
syno'dal ADJ PROT, KATH sinodal; **Synodale** M/F ⟨~n; ~n; → A⟩ sinodal *m/f*; **Synodalverfassung** F constitución *f* del sínodo
Sy'node F ⟨~; ~n⟩ PROT, KATH sínodo *m*
sy'nodisch ADJ sinodal
syno'nym ADJ sinónimo; **Syno'nym** N ⟨~s; ~e⟩ sinónimo *m*; **Syno'nymik** F ⟨~⟩ sinonimia *f*
Sy'nopse F ⟨~; ~n⟩ sinopsis *f*; **synoptisch**

S

ADJ sinóptico
Sy'novia F ⟨~⟩ ANAT membrana *f* sinovial
Synovi'alflüssigkeit F ANAT líquido *m* sinovial
syn'taktisch ADJ GRAM sintáctico
'Syntax F ⟨~⟩ sintaxis *f*
Syn'these F ⟨~; ~n⟩ síntesis *f*; **(aus, von, zwischen** *dat* de)
'Synthesizer ['zyntezaɪzər] M ⟨~s; ~s⟩ MUS sintetizador *m*
Syn'thetik N ⟨~s⟩ sintético *m*; **synthetisch** **A** ADJ sintético; artificial **B** ADV **~ herstellen** sintetizar
'Syphilis F ⟨~⟩ MED sífilis *f*
Syphi'litiker M ⟨~s; ~⟩, **Syphilitikerin** F ⟨~; ~nen⟩ sifilítico *m*, -a *f*; **syphilitisch** ADJ sifilítico
'Syrer M ⟨~s; ~⟩, **Syrerin** F ⟨~; ~nen⟩ sirio *m*, -a *f*; **Syrien** N ⟨~s⟩ Siria *f*; **syrisch** ADJ sirio
Sys'tem N ⟨~s; ~e⟩ sistema *m*; POL, WIRTSCH *a.* régimen *m*; *(Methode)* método *m*; **in ein ~ bringen** sistematizar; **~ haben** ser sistemático
Sy'stemabsturz M IT colapso *m* (*od* avería *f od* fallo *m*) del sistema; **Systemanalyse** F análisis *m* de sistemas
Sy'stemanalytiker M, **Systemanalytikerin** F analista *m/f* (*od* ingeniero *m*, -a *f*) de sistemas; analista-programador *m*, analista-programadora *f*
Syste'matik F ⟨~; ~en⟩ sistemática *f*; sistematización *f*; **Systematiker** M ⟨~s; ~⟩, **Systematikerin** F ⟨~; ~nen⟩ persona *f* metódica (*od* sistemática); **systematisch** **A** ADJ sistemático; metódico **B** ADV sistemáticamente; con método; de un modo sistemático; **~ ordnen** sistematizar
systemati'sieren VT ⟨*ohne* ge-⟩ sistematizar; **Systematisierung** F ⟨~; ~en⟩ sistematización *f*
Sy'stemausfall M → Systemabsturz; **Systemdatei** F archivo *m* (*od* fichero *m*) de sistema; **Systemfehler** M fallo *m* del sistema; error *m* del sistema
sys'temimmanent ADJ SOZIOL, POL inmanente al sistema
Sys'temkomponente F componente *m* del sistema; **Systemkritiker** M, **Systemkritikerin** F POL crítico *m*, -a *f* del sistema (*od* del régimen)
sys'temlos ADJ & ADV sin sistema; sin método
Sys'temsoftware [-sɔftvɛːr] F software *m* del sistema; soporte *m* lógico del sistema; **Systemstart** M IT inicio *m* del sistema; **Systemsteuerung** F IT control *m* (*od* mando *m*) del sistema; panel *m* de control; **Systemzwang** M restricción *f* del sistema
'Systole F ⟨~; ~n⟩ PHYSIOL sístole *f*
s. Z. ABK (seinerzeit) en su día
Sze'nario N ⟨~s; ~s⟩, **Szenarium** N ⟨~s; Szenarien⟩ THEAT, FILM escenario *m* (*a. fig* POL)
'Szene ['stseːnə] F ⟨~; ~n⟩ **1** THEAT escena *f*; *(Bühne)* escenario *m*; tablas *fpl*; FILM secuencia *f*; **auf offener ~** en escena; **hinter der ~** entre bastidores (*a. fig*); **in ~ setzen** llevar a la escena; poner en escena (*a. fig*) **2** *fig (Auseinandersetzung)* escena *f*, numerito *m*; **j-m eine ~ machen** hacer una escena a alg; montar a alg un numerito; **sich in ~ setzen** darse importancia, darse aires **3** *umg fig (Gesellschaftsgruppe)* ambiente; **die ~** la movida; **die politische ~** el mundillo político; las esferas políticas
'Szenelokal N bar *m* de moda
'Szenenaufnahme F FILM toma *f*, plano *m*; **Szenenwechsel** M cambio *m* de escena (*a. fig*); mutación *f*
Szene'rie F ⟨~; ~n⟩ escenario *m*; decorado *m*; decoraciones *fpl*
'szenisch ADJ escénico
'Szylla F ⟨~⟩ MYTH, *fig geh* **(zwischen) ~ und Charybdis** (entre) Escila *f* y Caribdis *f*

T

T, t N T, t *f*
t ABK (Tonne) t (tonelada)
'Tabak M ⟨~s; ~e⟩ tabaco *m*; *(Schnupftabak)* rapé *m*; **~ kauen** mascar tabaco; **~ schnupfen** tomar rapé; *umg fig* **das ist aber starker ~** eso es un poco fuerte; *umg* eso ya pasa de la raya
'Tabakanbau M, **Tabakbau** M ⟨~(e)s⟩ cultivo *m* de(l) tabaco; **Tabakbeize** F salsa *f* de tabaco; **tabakbraun** ADJ (color) tabaco; **Tabakfabrik** F fábrica *f* de tabacos; **Tabakgenuss** M MED tabaquismo *m*; **Tabakhandel** M comercio *m* de tabacos; **Tabakhändler** M, **Tabakhändlerin** F tabaquero *m*, -a *f*; *sp* estanquero *m*, -a *f*; **Tabakindustrie** F industria *f* tabaquera; **Tabakladen** M *sp* estanco *m*; *Am* tabaquería *f*; **Tabakmonopol** N monopolio *m* de tabacos; **Tabakpflanze** F (planta *f* de) tabaco *m*; **Tabakpflanzung** F tabacal *m*, plantación *f* de tabaco; **Tabakqualm** M humo *m* espeso de tabaco
'Tabaksbeutel M petaca *f*
'Tabakschnupfer M, **Tabakschnupferin** F tomador *m*, -a *f* de rapé
'Tabaksdose F tabaquera *f*; **Tabakspfeife** F pipa *f* (de fumar)
'Tabaksteuer F impuesto *m* sobre el tabaco; **Tabakvergiftung** F MED nicotinismo *m*; tabaquismo *m*; **Tabakwaren** FPL tabacos *mpl*
tabel'larisch ADJ & ADV en forma de tabla (*od* de cuadro); sinóptico; **~er Lebenslauf** curriculum vitae *m* sinóptico
tabellari'sieren VT ⟨*ohne* ge-⟩ tabular
Ta'belle F ⟨~; ~n⟩ **1** *(Übersicht)* tabla *f*; cuadro *m* (sinóptico) **2** SPORT clasificación *f*
Ta'bellenform F **in ~** de forma sinóptica; *Zusammenstellung*: → *a* tabellarisch; **Tabellenführer** M, **Tabellenführerin** M SPORT líder *m/f*; **Tabellenkalkulation** F, **Tabellenkalkulationsprogramm** N IT hoja *f* de cálculo; **Tabellenletzte** M/F ⟨~n; ~n; → A⟩ SPORT colista *m/f*
tabel'lieren VT tabular
Taber'nakel N & M ⟨~s; ~⟩ tabernáculo *m*
Ta'blett N ⟨~(e)s; ~e⟩ bandeja *f*
Ta'blette F ⟨~; ~n⟩ PHARM tableta *f*; comprimido *m*; pastilla *f*
ta'blettensüchtig ADJ fármacodependiente
Tabs [tɛps] PL *Waschmittel*: pastillas *fpl*
ta'bu ADJ tabú
Ta'bu N ⟨~s; ~s⟩ tabú *m*
'Tabula'rasa F tabla *f* rasa; **~ mit etw machen** hacer tabla rasa de a/c
Tabu'lator M ⟨~s; ~en⟩ tabulador *m*; **Tabulatortaste** F tecla *f* de tabulador
'Tacheles *umg* **mit j-m ~ reden** hablar sin rodeos con alg
'Tacho M ⟨~s; ~s⟩ *umg*, **Tacho'meter** M, N ⟨~s; ~⟩ tacómetro *m*; AUTO *a.* velocímetro *m*
Tachykar'die F ⟨~; ~n⟩ MED taquicardia *f*;
Tachy'meter N ⟨~s; ~⟩ taquímetro *m*
'Tadel M ⟨~s; ~⟩ **1** *(Rüge)* reprimenda *f*; reprensión *f*; *(Missbilligung)* desaprobación *f*, *stärker*: reprobación *f*; *(Vorwurf)* reproche *m*; *(Kritik)* crítica *f*; censura *f* **2** *geh* **ohne ~** sin tacha; **über jeden ~ erhaben** por encima de todas las críticas
'tadellos **A** ADJ **1** *(ohne Fehler)* irreprochable; impecable; *bes moralisch*: intachable, sin tacha; *(einwandfrei)* esmerado; sin defecto **2** *umg (großartig)* perfecto; *(ausgezeichnet)* excelente, magnífico; *umg* estupendo **B** ADV **1** *Kleidung* **~ sitzen** sentar perfectamente **2** *umg (großartig)* perfectamente; **Tadellosigkeit** F ⟨~⟩ irreprochabilidad *f*; impecabilidad *f*; perfección *f*; esmero *m*
'tadeln VT *(rügen)* reprender **(wegen** por); *(missbilligen)* desaprobar; reprobar; *(kritisieren)* criticar; censurar; **etw an j-m ~ od j-n wegen etw ~** reprochar a/c a alg; **an allem etw zu ~ finden** poner tachas a todo; encontrar defectos a todo
'tadelnd ADJ reprobatorio
'tadelnswert ADJ criticable; censurable; reprobable; reprensible; reprochable
'Tadelsucht F manía *f* de criticar (*bzw* de censurar); **tadelsüchtig** ADJ criticador, *umg* criticón
Tae'kwondo N ⟨~⟩ taekwondo *m*
'Tafel F ⟨~; ~n⟩ **1** *(Brett)* tablón *m*, tabla *f*; tablero *m*; *als Wandverkleidung etc*: panel *m*; *(Steintafel, Gedenktafel)* lápida *f*, *(Gedenktafel) a.* placa *f*; *(Schild)* letrero *m*, rótulo *m*, placa *f*; BAU placa *f*; **eine ~ Schokolade** una tableta de chocolate **2** *bes* SCHULE *(Wandtafel)* pizarra *f* **3** *(Schautafel)* cuadro *m*; *(Tabelle)* tabla *f*; *(Bildtafel) in Büchern*: lámina *f* **4** *Elektronik*: panel *m*; *(Schalttafel)* cuadro *m* de distribución **5** *geh (Esstisch)* mesa *f*; *(Festtafel)* banquete *m*; **die ~ aufheben** levantar la mesa
'Tafel... IN ZSSGN *bes. Obst, Wein*: de mesa; **Tafelaufsatz** M centro *m* de mesa; **Tafelbutter** F mantequilla *f* fina; **tafelfertig** ADJ listo para servir (*od* comer); **tafelförmig** ADJ tabular, en forma de tabla; **Tafelfreuden** FPL *geh* placeres *mpl* de la mesa; **Tafelgeschirr** N servicio *m* de mesa; vajilla *f*; **Tafelklavier** N piano *m* cuadrado; **Tafelland** N ⟨~(e)s; ¨er⟩ meseta *f*, altiplanicie *f*; **Tafelmusik** F música *f* de mesa
'tafeln VI estar a la mesa; *(schmausen)* banquetear
'täfeln VT *Wand* revestir de madera, enmaderar; *Decke* artesonar; *Fußboden* entarimar
'Täfeln N ⟨~s⟩ → Täfelung
'Tafelobst N frutas *fpl* de mesa (*od* de postre); **Tafelöl** N aceite *m* de mesa; **Tafelrunde** F mesa *f* redonda; tertulia *f*; LIT Tabla *f* Redonda; **Tafelsalz** N sal *f* de mesa; **Tafelsilber** N (cubiertos *mpl* de) plata *f*
'Täfelung F ⟨~; ~en⟩ *(Wandtäfelung)* revestimiento *m* de madera; *(Deckentäfelung)* artesonado *m*; *(Bodentäfelung)* entarimado *m*
'Tafelwaage F TECH balanza *f* de Roberval; **Tafelwasser** N agua *f* mineral; **Tafelwein** M vino *m* de mesa
Taft M ⟨~(e)s; ~e⟩ tafetán *m*
Tag[1] M ⟨~(e)s; ~e⟩ **1** *allg*: día *m*; *(Datum) a.* fecha *f*; *als Dauer a.*: jornada *f*; **~ für ~** día por (*od* tras) día; **~ um ~** día tras día; **was ist heute für ein ~?** ¿a qué día estamos hoy?; ¿a cuántos estamos?; ¿qué día es hoy?; **heute ist ein schöner ~** hoy hace buen día; **kein ~ vergeht, ohne dass** no pasa día sin que *(subj)*; **guten ~!** buenos días!; *nachmittags*: buenas tardes!; **j-m Guten** *od* **guten ~ sagen** dar a alg los buenos días; **sich** *(dat)* **einen vergnügten ~ machen** pasar un buen día; *umg* ir de juerga; *Arg* farrear; *fig* **einen schlechten ~ haben** tener un mal día; *fig* **seinen guten/schlechten**

T

~ **haben** estar de buen/mal humor **2** *Zeitangabe*: **alle ~e** todos los días; **dieser ~e** estos días; *(demnächst)* uno de estos días; *(kürzlich)* últimamente; el otro día; **eines (schönen) ~es** *Vergangenheit*: un (buen) día, cierto día; *zukünftig*: algún día; el día menos pensado; el mejor día; **einige ~e später** a los pocos días; **den ganzen ~ (über** *od* **lang)** (durante) todo el día; **jeden ~** cada día; todos los días; a diario, diariamente; **jeden zweiten ~** cada dos días; **zwei ~e lang** durante dos días; dos días enteros; **den lieben langen ~** todo el santo día; **(noch) an diesem ~** ese mismo día; **am folgenden ~** al día siguiente; **am ~ nach** el día siguiente a, el día después de; **am ~ danach** *od* **darauf** al día siguiente; al otro día; **am ~ vor** la víspera de, el día antes de; el día anterior a; **am ~ davor** *od* **zuvor** el día anterior, la víspera; **auf den ~ genau** el día justo; en la fecha exacta; **bis auf den heutigen ~** hasta hoy mismo; hasta (el día de) hoy; hasta la fecha; **in vierzehn ~en** dentro de quince días; **seit dem ~(e), an dem …** desde el día que …; **von einem ~ auf den anderen** de la noche a la mañana; de un día para otro; **von ~ zu ~** de día en día; de un día a otro; **vom ersten ~(e) an** desde el primer día; **vor einigen ~en** hace unos días **3** *Gegensatz v. Nacht*: **am** *od* **bei ~(e)** de día; diurno; **~ und Nacht** día y noche; **es ist ~** es de día; **es ist heller ~!** ¡ya es de día!; **es wird ~** está amaneciendo, se hace de día; *fig* **das ist wie ~ und Nacht** es (tan diferente) como el día y la noche; **bis (weit) in den ~ hinein schlafen** dormir hasta muy entrada la mañana **4** *fig* **schwarzer ~** día *m* negro; **an den ~ bringen** dar a conocer; sacar a la luz, revelar; **an den ~ kommen** salir a la luz, revelarse, descubrirse; **an den ~ legen** manifestar, evidenciar; hacer patente; **in den ~ hinein leben** vivir al día; **zu ~e treten** → zutage **5** **~ der offenen Tür** día *m* de puertas abiertas; REL **der Jüngste ~** el día del Juicio **6** BERGB **über ~e** a cielo abierto; al descubierto; **unter ~e** bajo tierra, en la mina **7** PL *(Lebenszeit)* **auf seine alten ~e** a su edad; **seine ~e sind gezählt** tiene los días contados; **in unseren ~en** en nuestros días; hoy en día **8** *umg pl (Menstruation)* **sie hat ihre ~e** tiene la regla

Tag² [tɛk] N ⟨~s; ~s⟩ IT marca *f*

tag'aus ADV **~, tagein** día por día

'tagblind ADJ nictálope; **Tagblindheit** F nictalopía *f*

'Tagebau M ⟨~(e)s; ~e⟩ BERGB explotación *f* a cielo abierto; **Tageblatt** N *in Namen: (Zeitung)* diario *m*; periódico *m*; **Tagebuch** N diario *m*; **Tagedieb** M haragán *m*; gandul *m*; **Tagegeld** N *mst* PL **~er** dietas *fpl*

tag'ein ADV **tagaus, ~** día por día

'tagelang ADV días enteros; días y días; durante días; **Tagelohn** M jornal *m*; **im ~ arbeiten** trabajar a jornal; **Tagelöhner** M ⟨~s; ~⟩, **Tagelöhnerin** F ⟨~; ~nen⟩ jornalero *m*, -a *f*

'tagen¹ V/I *Versammlung* celebrar sesión; reunirse (en sesión); celebrar reunión; *(beraten)* deliberar

'tagen² V/UNPERS *geh (Tag werden)* amanecer; **es tagt** amanece, está amaneciendo, se hace de día

'Tagereise F jornada *f*; SCHIFF singladura *f*

'tagesaktuell ADJ WIRTSCH del día

'Tagesanbruch M madrugada *f*, amanecer *m*; *poet* alba *f*; **vor ~** antes de amanecer; **bei ~** al amanecer; al despuntar el día; al (rayar el) alba; **Tagesarbeit** F jornada *f*; **Tagesausflug** M excursión *f* de un día; **Tagesbefehl** M MIL orden *f* del día; **Tagesbericht** M informe *m* diario, boletín *m* del día; **Tagescreme** F crema *f* de día; **Tagesdecke** F colcha *f*; **Tagesdienst** M servicio *m* diurno; **Tageseinnahme** F ingreso *m* diario; recaudación *f* del día; *oft pl* **~n** ingresos *mpl* diarios; **Tagesereignis** N acontecimiento *m* del día; **Tagesfahrt** F viaje *m* de un día; **Tagesförderung** F BERGB extracción *f* diaria; **Tagesgeld** N FIN, WIRTSCH dinero *m* de día a día; **Tagesgericht** N GASTR plato *m* del día; **Tagesgeschäft** N WIRTSCH negocio *m* en efectivo; operación *f* al contado; **Tagesgeschehen** N acontecimientos *mpl* del día; **Tagesgespräch** N novedad *f* del día; **Tageskarte** F **1** BAHN, *Nahverkehr*: billete *m* para un día **2** GASTR menú *m*; **Tageskasse** F THEAT taquilla *f*; **Tageskurs** M WIRTSCH cotización *f* del día; *v. Devisen*: cambio *m* del día; **Tageslauf** M jornada *f*; **Tagesleistung** F rendimiento *m* por día; producción *f* diaria

'Tageslicht N luz *f* natural *(od* del día); **bei ~** a la luz del día; *fig* **das ~ erblicken** nacer, venir al mundo; **das ~ scheuen** rehuir la luz; *fig* **ans ~ bringen** sacar a la luz; revelar; descubrir; *fig* **ans ~ kommen** salir a la luz; descubrirse

'Tageslichtprojektor M retroproyector *m*; **Tageslohn** M jornal *m*; **Tagesmarsch** M jornada *f*; **Tagesmeldung** F noticia *f* del día; **Tagesmutter** F ⟨~; ~⟩ niñera *f* (*que cuida a los niños en su propia casa*); **Tagesnachrichten** FPL noticias *fpl* del día

'Tagesordnung F orden *m* del día *(a. fig)*; *fig* **an der ~ sein** estar al orden del día; ser (cosa) corriente; **auf die ~ setzen** incluir en el orden del día; **auf der ~ stehen** figurar en el orden del día; **von der ~ streichen** retirar *(od* quitar *od* eliminar) del orden del día; **zur ~ übergehen** pasar al orden del día *(a. fig)*

'Tagesordnungspunkt M punto *m* *(od* tema *m*) del orden del día; **zum nächsten ~ übergehen** pasar al siguiente punto *m* del orden del día; **Tagespreis** M HANDEL precio *m* corriente *(od* del día); **Tagespresse** F prensa *f* diaria *(od* del día); **Tagesproduktion** F producción *f* diaria; **Tagesration** F ración *f* diaria; **Tagesrückfahrkarte** F BAHN billete *m* de ida y vuelta *(en el día)*; **Tagessatz** M **1** JUR *(Geldstrafe)* día-multa *f* **2** *im Krankenhaus*: importe *m* por día de estancia (hospitalaria); **Tagesschau** F TV telediario *m*; **Tagesschicht** F turno *m* de día; **Tagesstempel** M sello *m* fechador; **Tagestemperatur** F temperatura *f* diurna; **Tagestour** F → Tagesfahrt; **Tagesumsatz** M HANDEL venta *f* diaria; **Tagesverdienst** M ganancia *f* diaria; **Tageszeit** F hora *f* del día; **zu jeder ~** a cualquier hora del día; a toda hora; **Tageszeitung** F diario *m*; **Tagesziel** N etapa *f* *(a.* MIL); **Tageszinsen** PL FIN intereses *mpl* por día

'tageweise ADV por día(s); al día; **Tagewerk** N *geh* tarea *f* diaria; trabajo *m* diario; jornada *f*

'Tagfalter M ZOOL mariposa *f* diurna

'taggen ['tɛgən] V/T IT marcar; **Tagging** [-ɪŋ] N ⟨~s; ~s⟩ marcaje *m*

'tag'hell ADJ claro como el día; **es ist ~** ya es de día

'täglich **A** ADJ diario, cotidiano; de todos los días; de cada día **B** ADV **1** *(jeden Tag)* todos los días, cada día; a diario, diariamente **2** *(pro Tag)* al día, por día; **zweimal ~** dos veces al día *(od* por día)

tags ADV **~ darauf** el *(bzw* al) día siguiente, al otro día; **~ zuvor** el día antes *(od* anterior); la víspera

'Tagschicht F turno *m* de día; **~ haben** tener turno de día

'tagsüber ADV de día; durante el día

'tag'täglich **A** ADJ diario; de todos los días; de cada día **B** ADV todos los días; cada día; diariamente

'Tagtraum M sueño *m* diurno

Tagund'nachtbetrieb M servicio *m* permanente; **Tagundnachtgleiche** F ⟨~; ~n⟩ equinoccio *m*

'Tagung F ⟨~; ~en⟩ congreso *m*; conferencia *f*; *in Namen a.*: jornadas *fpl*; **an einer ~ teilnehmen** participar en un congreso

'Tagungsort M lugar *m* de la reunión; *bei Kongressen etc*: lugar *m* de celebración; **Tagungsraum** M sala *f* *(od* salón *m*) de congresos *(od* reuniones); **Tagungsteilnehmer** M, **Tagungsteilnehmerin** F congresista *m/f*; jornadista *m/f*

'Tagvogel M ave *f* diurna; **Tagwechsel** M WIRTSCH letra *f* a día fijo; **tagweise** ADV → tageweise

Ta'hiti N ⟨~s⟩ Tahití *m*

Tai'fun M ⟨~s; ~e⟩ tifón *m*

'Taille ['taljə] F ⟨~; ~n⟩ cintura *f*, talle *m*; **auf ~ gearbeitet** entallado

'Taillenumfang M, **Taillenweite** F medida *f* del talle

tail'liert ADJ entallado; con la cintura marcada

'Taiwan N ⟨~s⟩ Taiwan *m*

Take [te:k] N ⟨~s; ~s⟩ FILM toma *f*

'Takel N ⟨~s; ~⟩ SCHIFF aparejo *m*; *(Hebezeug)* guindaste *m*

Take'lage [-'la:ʒə] F ⟨~; ~n⟩ SCHIFF → Takelung

'Takelmeister M SCHIFF aparejador *m*

'takeln V/T SCHIFF aparejar

'Takelung F ⟨~; ~en⟩, **Takelwerk** N ⟨~(e)s⟩ SCHIFF jarcia *f*, cordaje *m*; *mit Segeln*: aparejo *m*

Takt M ⟨~(e)s; ~e⟩ **1** MUS compás *m*; *(Rhythmus)* cadencia *f*; **im ~** acompasado, a compás; **den ~ schlagen** marcar el compás; **den ~ halten** *od* **im ~ bleiben** llevar el compás; **aus dem ~ kommen** perder el compás; *fig* desconcertarse; **j-n aus dem ~ bringen** hacer a alg perder el compás; *fig* desconcertar a alg **2** TECH, AUTO tiempo *m* **3** *fig* tacto *m*; delicadeza *f*; discreción *f*; *fig* **~ haben** tener tacto

'taktfest ADJ firme en el compás; *fig* ducho; **Taktgefühl** N *fig* tacto *m*; delicadez *f*; discreción *f*

tak'tieren V/I ⟨*ohne* ge-⟩ seguir una táctica

'Taktik F ⟨~; ~en⟩ táctica *f* *(a. fig)*; **Taktiker** M ⟨~s; ~⟩, **Taktikerin** F ⟨~; ~nen⟩ táctico *m*, -a *f*; **taktisch** ADJ táctico

'taktlos ADJ sin tacto; indiscreto; poco delicado; sin delicadeza; **Taktlosigkeit** F ⟨~; ~en⟩ falta *f* de tacto *(od* de delicadeza); indiscreción *f*; indelicadeza *f*; **eine ~ begehen** cometer una indiscreción; **taktmäßig** ADJ acompasado; cadencioso, rítmico; **Taktstock** M batuta *f*; **Taktstrich** M MUS barra *f* de compás; **taktvoll** ADJ delicado; discreto; **~ sein** tener tacto; proceder con (sumo) tacto

Tal N ⟨~(e)s; Täler⟩ valle *m*; **zu ~ fahren** bajar

tal'ab(wärts) ADV valle abajo

Ta'lar M ⟨~s; ~e⟩ traje *m* talar; JUR, UNIV toga *f*; REL sotana *f*

tal'auf(wärts) ADV valle arriba

'Talbrücke F viaducto *m*; **Talenge** F estrechez *f* *(od* angostura *f*) de un valle

Ta'lent N ⟨~(e)s; ~e⟩ talento *m* *(a. Person)*; *Eigenschaft a.* don *m*; dotes *fpl* naturales; **~ haben für** *od* **zu** tener talento *(od* mucha facilidad) para

talen'tiert ADJ talentoso; de talento; dotado

T

ta'lentlos ADJ sin talento; **Talentlosigkeit** F ⟨~⟩ falta *f* de talento; **Talentsucher** M, **Talentsucherin** F cazatalentos *m/f*

'Taler M HIST táler(o) *m*

'Talfahrt F **1** bajada *f*, descenso *m* **2** *mit dem Schiff*: navegación *f* aguas abajo (*od* río abajo) **3** *fig* bajón *m*; WIRTSCH caída *f*

Talg M ⟨~(e)s; ~e⟩ PHYSIOL sebo *m*; **'talgartig** ADJ seboso; sebáceo; **'Talgdrüse** F ANAT glándula *f* sebácea; **'talgig** ADJ seboso; **'Talglicht** N vela *f* (*od* bujía *f*) de sebo

'Taliban PL **die ~** los talibán (*od selten* los talibanes)

'Talisman M ⟨~s; ~e⟩ talismán *m*

'Talje F SCHIFF polea *f*; aparejo *m*

'Talk[1] M ⟨~(e)s⟩ MINER talco *m*

Talk[2] [tɔːk] M ⟨~s; ~s⟩ *umg* charla *f*

'Talkessel M circo *m* (de montañas)

'talkhaltig ADJ, **talkig** ADJ talcoso

'Talkmaster ['tɔːk-] M ⟨~s; ~⟩, **Talkmasterin** F ⟨~; ~nen⟩ TV presentador *m*, -a *f*

'Talkpuder M polvos *mpl* de talco

'Talkshow ['tɔːk-] F ⟨~; ~s⟩ TV tertulia *f*; talkshow *m*; programa *m* de entrevistas

'Talkum N ⟨~s⟩ → Talkpuder

'Talmi N ⟨~s⟩ similor *m*; *fig* baratija *f*

'Talmud M ⟨~(e)s; ~e⟩ Talmud *m*; **tal'mudisch** ADJ talmúdico; **Talmu'dist** M ⟨~en; ~en⟩ talmudista *m*

'Talmulde F valle *m* hondo; hondonada *f*

Ta'lon [ta'lõː] M ⟨~s; ~s⟩ WIRTSCH talón *m*

'Talschlucht F hoz *f*; garganta *f*; **Talsenke** F vaguada *f*; **Talsohle** F **1** GEOG vaguada *f*, fondo *m* del valle **2** *fig* WIRTSCH nivel *m* más bajo; **die ~ erreicht haben** haber tocado fondo; **Talsperre** F presa *f*; **talwärts** ADV hacia abajo; *bei Flüssen*: agua abajo; **Talweg** M camino *m* del valle

Tama'rinde F ⟨~; ~n⟩ BOT tamarindo *m*; **Tama'riske** F ⟨~; ~n⟩ BOT tamarisco *m*, taray *m*

'Tambour [-uːr] M ⟨~s; ~e⟩ HIST tambor *m*; **Tambourmajor** M tambor *m* mayor

Tambu'rin N ⟨~s; ~e⟩ tamboril *m*; (*Schellentamburin*) pandereta *f*; pandero *m*

Tam'pon ['tampɔn, tam'pɔŋ] M ⟨~s; ~s⟩ MED tapón *m*, tampón *m*

tampo'nieren V/T ⟨*ohne* ge-⟩ MED taponar; **Tamponieren** N ⟨~s⟩ taponamiento *m*

Tam'tam N ⟨~s; ~s⟩ **1** MUS tam-tam *m* **2** *umg fig* (**viel**) **~ machen** dar mucho bombo (**um** a); **mit großem ~** a bombo y platillo

Tand M ⟨~(e)s⟩ *geh* (*Nichtigkeit*) bagatela *f*, fruslería *f*, friolera *f*; (*billiges Zeug*) baratijas *fpl*; (*Flitterkram*) chucherías *fpl*

Tände'lei F ⟨~; ~en⟩ **1** (*Spielerei*) jugueteo *m* **2** *obs* (*Liebelei*) galanteo *m*, coqueteo *m*, amorío *m*

'tändeln V/I **1** juguetear (**mit** con) **2** *obs* (*flirten*) galantear, coquetear

'Tandem N ⟨~s; ~s⟩ tándem *m*; **Tandemanordnung** F TECH disposición *f* en tándem

Tang M ⟨~(e)s; ~e⟩ BOT alga *f* marina; varec *m*

'Tanga ['taŋga] M ⟨~s; ~s⟩ TEX tanga *m*; *Am zssgn f*

'Tangens [-ŋg-] M ⟨~; ~⟩ MATH tangente *f*

Tan'gente [-ŋg-] F ⟨~; ~n⟩ GEOM tangente *f*

tangenti'al [-ŋg-] ADJ tangencial; **Tangentialebene** F GEOM plano *m* tangencial

tan'gieren [-ŋg-] V/T ⟨*ohne* ge-⟩ tocar; *fig geh* afectar

'Tango ['taŋgo] M ⟨~s; ~s⟩ MUS tango *m*

Tank M ⟨~s; ~s⟩ depósito *m*; (*Wassertank*) *a.* aljibe *m*; cisterna *f*; AUTO depósito *m* de gasolina

'Tanke F ⟨~; ~n⟩ *umg* gasolinera *f*

'tanken V/T & V/I (**Benzin**) **~** echar (gasolina), repostar (gasolina); *fig* **neue Kräfte ~** cargar fuerzas

'Tanker M ⟨~s; ~⟩ SCHIFF petrolero *m*; buque *m* cisterna; **Tankerflotte** F SCHIFF flota *f* petrolera

'Tankflugzeug N avión *m* cisterna

Tan'kini M ⟨~s; ~s⟩ MODE tankini *m*

'Tanklastzug M camión *m* (*od* vehículo *m*) cisterna; **Tanklöschfahrzeug** N autobomba *f*; **Tanksäule** F surtidor *m* de gasolina; **Tankschiff** N → Tanker; **Tankstelle** F gasolinera *f*; surtidor *m* de gasolina; *große*: estación *f* de servicio; **Tankwagen** M camión *m* cisterna; BAHN vagón *m* cisterna; **Tankwart** M ⟨~(e)s; ~e⟩, **Tankwartin** F ⟨~; ~nen⟩ empleado *m*, -a *f* de gasolinera, gasolinero *m*, -a *f*

'Tanne F ⟨~; ~n⟩ BOT abeto *m*

'tannen ADJ de abeto

'Tannenbaum M abeto *m*; **Tannenholz** N (madera *f* de) abeto *m*; **Tannenmeise** F carbonero *m* garrapinos; **Tannennadel** F aguja *f* de abeto; *weitS.* pinocha *f*; **Tannenwald** M bosque *m* de abetos, abetal *m*; **Tannenzapfen** M piña *f* de abeto

Tan'nin N ⟨~s⟩ CHEM tanino *m*

Tansa'nia N ⟨~s⟩ Tanzania *f*

Tan'sanier M ⟨~s⟩, **Tansanierin** F ⟨~; ~nen⟩ tanzano *m*, -a *f*; **tansanisch** ADJ tanzano

'Tantal N ⟨~s⟩ CHEM tantalio *m*

'Tantalus M MYTH Tántalo *m*; **Tantalusqualen** FPL *geh, a. fig* suplicio *m* de Tántalo

'Tante F ⟨~; ~n⟩ tía *f* (*a. umg pej*); *Kindersprache*: tita *f*

Tante-'Emma-Laden N *umg* tienda *f* de la esquina

Tanti'eme [-ti'eːmə] F ⟨~; ~n⟩ WIRTSCH tanto *m* por ciento; participación *f* en los beneficios; *e-s Autors etc*: **~n** *fpl* derechos *mpl* de autor

'Tanz M ⟨~es; Tänze⟩ baile *m* (*a. Veranstaltung*); danza *f* (*a.* MUS); THEAT bailable *m*; *umg fig* **einen ~ mit j-m haben** tener un altercado con alg; **jetzt geht der ~ los!** ahora empieza el jaleo (*od* la danza)

'Tanzabend M (velada *f* de) baile *m*; **Tanzbar** F salón *m* de baile; dáncing *m*; **Tanzbär** M *obs* oso *m* bailador; **Tanzbein** N **das ~ schwingen** bailar, *umg* mover el esqueleto; **Tanzboden** M (*Tanzfläche*) pista *f* de baile; *Lokal*: salón *m* de baile; **Tanzdiele** F → Tanzbar; **Tanzeinlage** F pieza *f* de baile; THEAT bailable *m*

'tänzeln V/I ⟨sn⟩ bailotear; contonearse; *Pferd* dar escarceos

'tanzen V/T & V/I **1** bailar; danzar; (**einen**) **Walzer ~** bailar un vals **2** *fig* **auf den Wellen ~** *Schiff, Gegenstand* balancearse con las olas

'Tanzen N ⟨~s⟩ → Tanz

'Tänzer M ⟨~s; ~⟩, **Tänzerin** F ⟨~; ~nen⟩ bailador *m*, -a *f*; danzante *m/f*; danzarín *m*, -ina *f*; (*Berufstänzer*) bailarín *m*, -ina *f*; (*Flamencotänzer*) bailaor *m*, -a *f*

'Tanzfest N baile *m*; **Tanzfläche** F pista *f* de baile; **Tanzgruppe** F grupo *m* de danza; **Tanzkapelle** F orquesta *f* de baile; **Tanzkunst** F arte *m* de bailar (*od* de la danza); **Tanzlehrer** M, **Tanzlehrerin** F profesor *m*, -a *f* de baile; **Tanzlokal** N salón *m* (*od* sala *f*) de baile; **Tanzmeister** M, **Tanzmeisterin** F maestro *m*, -a *f* de baile; THEAT coreógrafo *m*, -a *f*; **Tanzmusik** F música *f* de baile; (música *f*) bailable *m*; **Tanzorchester** N orquesta *f* de baile; **Tanzpaar** N pareja *f* de baile; **Tanzpartner** M, **Tanzpartnerin** F pareja *f* (de baile); **Tanzplatte** F bailable *m*; **Tanzsaal** M salón *m* (*od* sala *f*) de baile; **Tanzschritt** M paso *m* de baile (*od* de danza); **~e** *pl a.* evoluciones *fpl*; **Tanzschuh** M zapatilla *f* de baile; **Tanzschule** F academia *f* de baile; **Tanzstunde** F lección *f* de baile; **Tanzturnier** N concurso *m* de baile; **Tanzunterricht** M lecciones *fpl* de baile; **Tanzvergnügen** N (reunión *f* de) baile *m*; *umg* guateque *m*

Tao'ismus M ⟨~⟩ taoísmo *m*; **Tao'ist** M ⟨~s; ~⟩, **Tao'istin** F ⟨~; ~nen⟩ taoísta *m/f*

'Tapergreis M *umg* → Tattergreis

Ta'pet N **etw aufs ~ bringen** poner a/c sobre el tapete

Ta'pete F ⟨~; ~n⟩ papel *m* pintado; (*Stofftapete*) tapiz *m*

Ta'petenbahn F tira *f* de papel pintado; **Tapetenmuster** N dibujo *m* (de papel pintado); **Tapetentür** F puerta *f* secreta, falsete *m*; **Tapetenwechsel** M *umg fig* cambio *m* de ambiente

tape'zieren V/T ⟨*ohne* ge-⟩ empapelar; **Tapezieren** N ⟨~s⟩ empapelado *m*; **Tapezierer** M ⟨~s; ~⟩, **Tapeziererin** F ⟨~; ~nen⟩ empapelador *m*, -a *f*; **Tapeziernagel** M clavo *m* de tapicería

'tapfer **A** ADJ valiente, valeroso; bravo; (*furchtlos*) intrépido **B** ADV **sich ~ halten** mostrar valentía; resistir valerosamente; **Tapferkeit** F ⟨~⟩ valentía *f*; bravura *f*; (*Furchtlosigkeit*) intrepidez *f*; **Tapferkeitsmedaille** F MIL ≈ Medalla *f* Militar

Tapi'oka F ⟨~⟩ GASTR tapioca *f*

'Tapir M ⟨~s; ~e⟩ ZOOL tapir *m*

Tapisse'rie F ⟨~; ~n⟩ tapicería *f*

'tappen V/I **1** ⟨+*Richtungsangabe* sn⟩ (*stapfen*) andar a ciegas (*od* a tientas); **durchs Zimmer ~** recorrer la habitación a tientas; *fig* **in die Falle ~** caer en la trampa; *fig* **im Dunkeln ~** andar a tientas **2** (*tastend greifen*) buscar a ciegas (*od* a tientas); **nach dem Schalter ~** buscar a ciegas el interruptor

'täppisch ADJ torpe, desmañado, desgarbado

Taps M ⟨~es; ~e⟩ *umg* **1** (*Schlag*) palmada *f* **2** (*Tollpatsch*) persona *f* torpe; palurdo *m*; alma *f* de cántaro; **'tapsen** V/I ⟨sn⟩ caminar pesadamente; **'tapsig** ADJ → täppisch

'Tara F ⟨~; Taren⟩ HANDEL tara *f*

Ta'rantel F ⟨~; ~n⟩ ZOOL tarántula *f*; *fig* **wie von der ~ gestochen** como atarantado; impetuoso

Taran'tella F ⟨~; ~s *od* Tarantellen⟩ MUS tarantela *f*

ta'rieren V/T ⟨*ohne* ge-⟩ HANDEL tarar

Ta'rif M ⟨~s; ~e⟩ **1** (*Gebühr*) tarifa *f* **2** (*Zolltarif*) arancel *m* **3** *Arbeitswelt*: (*Gehaltstarif*) baremo *m* salarial; **Tarifabkommen** N → Tarifvertrag; **Tarifbruch** M *Arbeitswelt*: violación *f* del convenio colectivo; **Tariferhöhung** F aumento *m* de tarifas; *Arbeitswelt*: aumento *m* salarial; **Tarifermäßigung** F reducción *f* de tarifas; **Tarifgestaltung** F tarificación *f*; **Tarifgruppe** F *Arbeitswelt*: categoría *f* salarial

tari'fieren V/T ⟨*ohne* ge-⟩ tarifar; **Tarifierung** F ⟨~; ~en⟩ tarificación *f*

Ta'rifkonflikt M conflicto *m* tarifario; **tariflich** ADJ tarifario; según tarifa; *Arbeitswelt*: según el convenio colectivo

Ta'riflohn M salario *m* (según convenio) colectivo; **tarifmäßig** ADJ → tariflich; **Tarifnormen** FPL *Arbeitswelt*: normas *fpl* contractuales *od* del convenio colectivo; **Tariffordnung** F baremo *m*; **Tarifpartner** MPL *Arbeitswelt*: partes *fpl* contratantes de un convenio colectivo; **die ~** *pl a.* los patronos *mpl* y obreros *mpl*; **Tarifpolitik** F *Arbeitswelt*: política *f* salarial; **Tarifrunde** F → Tarifverhandlungen; **Tarifsatz** M tarifa *f*; **Tarifsystem** N sistema *m* de tarifas; **Tariftabelle** F baremo *m*; **Tarifverhandlungen** FPL WIRTSCH negociaciones *fpl* colectivas; negociación *f* del convenio colectivo; **Tarifvertrag** M *Arbeitswelt*: convenio *m* colectivo; **Tarifzone** F zona *f* tarifaria

'Tarnanstrich M pintura *f* de camuflaje

'tarnen A VT disimular; enmascarar; encubrir; *bes* MIL *u. fig* camuflar B V/R **sich ~** camuflarse (**als** como)

'Tarnfarbe F pintura *f* de camuflaje; **Tarnkappe** F manto *m* que hace invisible; **Tarnnetz** N MIL red *f* disimuladora (*od* de camuflaje); **Tarnorganisation** F tapadera *f*

'Tarnung F ⟨~; ~en⟩ enmascaramiento *m*, camuflaje *m*; *fig a.* tapadera *f*, cubierta *f*; **nur zur ~** sólo para disimular

Ta'rock N & M ⟨~s; ~s⟩, *bes esoterisch*: **Ta'rot** [ta'ro:] N & M ⟨~s; ~s⟩ *Kartenspiel*: tarot *m*

'Tasche F ⟨~; ~n⟩ 1 (*Handtasche*) bolso *m*; (*Beutel, Reisetasche*) bolsa *f*; (*Aktentasche*) cartera *f* 2 *in der Kleidung*: bolsillo *m*; **in die ~ stecken** meter(se) en el bolsillo 3 *fig* (*Geldbeutel*) **etw aus eigener ~ bezahlen** pagar a/c del propio bolsillo; **in die eigene ~ arbeiten** trabajar para su bolsillo; **(tief) in die ~ greifen** rascarse el bolsillo, alargar la bolsa; **j-m auf der ~ liegen** vivir a expensas (*od* a costa) de alg; **j-m Geld aus der ~ ziehen** sacar dinero de alg 4 *fig* **j-n/etw in der ~ haben** tener a alg/a/c en el bolsillo (*od umg* en el bote); *umg* **sich** (*dat*) **in die eigene ~ lügen** engañarse a uno mismo

'Taschenausgabe F edición *f* de bolsillo; **Taschenbuch** N libro *m* de bolsillo; **Taschendieb** M, **Taschendiebin** F ratero *m*, -a *f*; (*Brieftaschendieb*) carterista *m/f*; **vor ~en wird gewarnt!** ¡cuidado con los rateros!; **Taschendiebstahl** M ratería *f*; **Taschenfeuerzeug** N encendedor *m* de bolsillo; **Taschenformat** N tamaño *m* de bolsillo; **Taschengeld** N dinero *m* para gastos menudos; *monatliches*: paga *f*; **Taschenkalender** M agenda *f* (de bolsillo); **Taschenkamm** M peine *m* de bolsillo; **Taschenkrebs** M ZOOL ermitaño *m*, paguro *m*; **Taschenlampe** F linterna *f* de bolsillo; **Taschenmesser** N navaja *f*; **Taschenrechner** M calculadora *f* de bolsillo; **Taschenschirm** M paraguas *m* plegable (*od* de bolsillo); **Taschenspiegel** M espejo *m* de bolsillo

'Taschenspieler M prestidigitador *m*; **Taschenspielerei** F prestidigitación *f*; juego *m* de manos; escamoteo *m*; **Taschenspielerin** F prestidigitadora *f*

'Taschentuch N pañuelo *m* (de bolsillo); **Taschenuhr** F reloj *m* de bolsillo; **Taschenwörterbuch** N diccionario *m* de bolsillo

'Tasse F ⟨~; ~n⟩ taza *f*; *große*: tazón *m*; **eine ~ Kaffee/Tee** una taza de café/té; *umg fig* **nicht alle ~n im Schrank haben** estar mal de la cabeza (*od* de la azotea); estar majareta; *umg* **trübe ~** *umg* tío *m* aburrido

Tasta'tur F ⟨~; ~en⟩ MUS, IT teclado *m*; **Tastaturanordnung** F, **Tastaturbelegung** F disposición *f* (*od* colocación *f*) del teclado

'tastbar ADJ *bes* MED palpable

'Taste F ⟨~; ~n⟩ tecla *f*; **eine ~ drücken** apretar una tecla; *hum* **in die ~n hauen** teclear furiosamente

'tasten A VT tocar, tentar; palpar (*a.* MED); TEL manipular B VI tantear (*a. fig*); **nach etw ~** buscar a/c a tientas; tentar a/c C V/R **sich vorwärts ~** andar a tientas

'Tasten N ⟨~s⟩ tanteo *m*; palpación *f*; (*Berühren*) tacto *m*

'Tastenblock M IT, TEL bloque (*od* grupo *m*) de teclas

'tastend ADJ a tientas; a tiento

'Tastenfeld N teclado *m*; **Tasteninstrument** N MUS instrumento *m* de tecla; **Tastenkombination** F combinación *f* de teclas; **Tastentelefon** N teléfono *m* de teclas; **Tastentöne** MPL *Handy*: tonos *mpl* de teclado

'Taster M ⟨~s; ~⟩ ELEK manipulador *m*; TECH pulsador *m*; ZOOL palpo *m*; **Tasterzirkel** M TECH compás *m* de espesor (*od* de grueso)

'Tasthaar N ZOOL pelo *m* táctil; **Tastorgan** N órgano *m* del tacto; **Tastsinn** M (sentido *m* del) tacto *m*

tat → tun

Tat F ⟨~; ~en⟩ 1 hecho *m*; acto *m*, acción *f*; (*Heldentat*) hazaña *f*, proeza *f*; **gute ~** buena acción *f*; **in die ~ umsetzen** realizar; llevar a efecto (*od* a la práctica); *geh* **zur ~ schreiten** pasar a los hechos (*od* a la acción); poner manos a la obra 2 (*Straftat*) crimen *m*; **auf frischer ~ ertappen** sorprender (*od* coger) en flagrante (*od* in fraganti); *umg* coger con las manos en la masa 3 **in der ~** en efecto, efectivamente

Ta'tar[1] M ⟨~en; ~en⟩ tártaro *m*

Ta'tar[2] N ⟨~s; ~s⟩ GASTR tártaro *m*; **Tatarbeefsteak** N GASTR bistec *m* tártaro

Ta'tarin F ⟨~; ~nen⟩ tártara *f*

'Tatbestand M JUR hechos *mpl*; *bes Strafrecht*: figura *f* delictiva, tipo *m* delictivo; **Tatbestandsaufnahme** F JUR levantamiento *m* del acta; **Tatbeweis** M prueba *f* suministrada por los hechos; prueba *f* material; **Tateinheit** F ⟨~⟩ JUR concurso *m* ideal; unidad *f* de delitos; **in ~ mit ...** en concurrencia ideal con ...

'Tatendrang M, **Tatendurst** M espíritu *m* de acción (*od* emprendedor); dinamismo *m*; empuje *m*; **tatendurstig** ADJ emprendedor; **tatenlos** A ADJ inactivo; indolente B ADV con los brazos cruzados

'Täter M ⟨~s; ~⟩, **Täterin** F ⟨~; ~nen⟩ JUR autor *m*, -a *f* (del hecho); **Täterprofil** N perfil *m* criminal; **Täterschaft** F ⟨~⟩ autoría *f*

'tätig ADJ 1 *allg* activo; (*im aktiven Dienst*) en activo; **~ werden** intervenir 2 *beruflich*: **~ sein als** trabajar de; **als Arzt/Rechtsanwalt ~ sein** ejercer la medicina/la abogacía; **~ sein in** (*dat*) trabajar en, dedicarse a 3 *Vulkan* activo

'tätigen VT efectuar; hacer; realizar

'Tätigkeit F ⟨~; ~en⟩ 1 (*Tun*) actividad *f*; acción *f*; (*Beschäftigung*) ocupación *f* 2 (*Beruf*) profesión *f*, trabajo *m*; (*Funktion*) función *f*; **anspruchsvolle ~** trabajo *m* exigente 3 TECH (*Funktionieren*) funcionamiento *m*; **in ~** en actividad; en acción; **in ~ setzen** poner en acción (*od* en actividad), poner en marcha; **in ~ treten** entrar en acción; **außer ~ setzen** *Maschine* parar

'Tätigkeitsbereich M campo *m* de acción (*od* de actividad); (*Aufgabengebiet*) esfera *f* (*od* sector *m*) de actividades; funciones *pl*; **Tätigkeitsbericht** M informe *m* de actividades; **Tätigkeitsbeschreibung** F descripción *f* del puesto de trabajo; **Tätigkeitsfeld** N campo *m* de acción (*od* de actividad); **Tätigkeitsform** F GRAM voz *f* activa; **Tätigkeitswort** N GRAM verbo *m*

'Tatkraft F energía *f*; **tatkräftig** ADJ enérgico; activo; **~er Mensch** hombre *m* de acción

'tätlich A ADJ de hecho; de obra; JUR **~e Beleidigung** injuria *f* de hecho; **~ werden** recurrir a la violencia; pasar (*od* acudir) a las vías de hecho B ADV **~ misshandeln** maltratar de obra; **Tätlichkeit** F ⟨~; ~en⟩ (acto *m* de) violencia *f*; **~en** *pl a.* vías *fpl* de hecho; **es kam zu ~en** pasaron (*od* acudieron) a las vías de hecho

'Tatmehrheit F JUR concurso *m* real; pluralidad *f* de delitos

'Tatort M ⟨~(e)s; ~e⟩ lugar *m* del suceso (*od* del crimen); JUR lugar *m* de autos

täto'wieren ⟨*ohne* ge-⟩ A VT tatuar B V/R **sich ~ (lassen)** tatuarse; **Tätowieren** N ⟨~s⟩, **Tätowierung** F ⟨~; ~en⟩ tatuaje *m*

'Tatsache F ⟨~; ~n⟩ 1 hecho *m*; **angesichts der ~** ante el hecho; en vista de los hechos; **vollendete ~** hecho consumado; **j-n vor vollendete ~n stellen** poner a alg ante un hecho consumado; **sich auf den Boden der ~n stellen** atenerse a los hechos; hacer frente a la realidad; ser realista; **die ~n sprechen für sich** los hechos hablan por sí solos; **~ ist, dass ...** el hecho es que ...; lo cierto es que ...; **das ändert nichts an der ~, dass ...** eso no altera en nada el hecho de que ... 2 *umg* **~?** ¿de veras?; *umg* **~!** ¡de verdad!

'Tatsachenbericht M relato *m* verídico (*od* de los hechos); **Tatsachenirrtum** M JUR error *m* de hecho; **Tatsachenmaterial** N material *m* sobre los hechos (mismos); **Tatsachenroman** M novela-reportaje *f*

tat'sächlich A ADJ (*wirklich*) real, positivo, efectivo; (*wahr*) verdadero; auténtico; **~er Wert** valor *m* real; **in ~er und rechtlicher Beziehung** de hecho y de derecho B ADV en efecto; de hecho; realmente; **~?** ¿de verdad?

'tätscheln VT dar golpecitos suaves; dar palmaditas cariñosas

'Tattergreis M *umg pej* viejo *m* decrépito, vejestorio *m*; **Tatterich** M ⟨~(e)s⟩ *umg* temblor *m* (*od umg* tembleque *m*) de las manos

'tatterig ADJ *umg* temblequeante; *Greis*: *umg* chocho

Tat'too [ta'tu:] M, N ⟨~s; ~s⟩ tatuaje *m*

'tattrig ADJ → tatterig

'Tatumstände MPL circunstancias *fpl* del hecho; **Tatverdacht** M sospecha *f*; **unter ~ stehen** estar bajo sospecha; **Tatwaffe** F arma *f* utilizada para el delito

'Tatze F ⟨~; ~n⟩ zarpa *f*, garra *f*; (*Pfote, a. umg Hand*) pata *f*; **Tatzenhieb** M zarpazo *m*

'Tatzeuge M, **Tatzeugin** F testigo *m/f* presencial (*od* del hecho)

Tau[1] N ⟨~(e)s; ~e⟩ *bes* SCHIFF cuerda *f*; cable *m*; maroma *f*; cabo *m*; (*Haltetau*) amarra *f*

Tau[2] M ⟨~(e)s⟩ rocío *m*

taub ADJ 1 sordo (*a. fig* **gegen** a); (*schwerhörig*) duro de oído; **auf einem Ohr ~** sordo de un oído; **~ machen** ensordecer; **~ werden** ensordecer; quedar sordo; *fig* **sich ~ stellen** hacerse el sordo; hacer oídos sordos (*od* de mercader); *fig geh* **~en Ohren predigen** predicar en (el) desierto 2 *Glieder* entumecido 3 *Nuss* vacío, huero; *Ähre* hueco; *Gestein* estéril

'Taube[1] F ⟨~; ~n⟩ ORN paloma *f* (*a. fig* POL); **junge ~** pichón *m*

'Taube[2] M/F ⟨~n; ~n; → A⟩ sordo *m*, -a *f*

'Taubenei N huevo *m* de paloma; **Taubenhaus** N palomar *m*; **Taubenkot** M, **Taubenmist** M palomina *f*; **Taubenschießen** N tiro *m* de pichón; **Taubenschlag** M palomar *m*; **Taubenzucht** F cría *f* de palomas, colombicultura *f*; **Taubenzüchter** M, **Taubenzüchterin** F criador *m*, -a *f* de palomas, colombicultor *m*, -a *f*; **Taubenzüchterverein** M sociedad *f* colombófila

'Tauber[1] → Taube[2]

'Täuber ⟨~s; ~⟩, **Täuberich** M ⟨~s; ~e⟩ palomo *m*

'Taubheit F ⟨~⟩ 1 sordera *f* 2 *der Glieder*: entumecimiento *m* 3 *des Gesteins*: esterilidad *f*; **Taubnessel** F BOT ortiga *f* muerta (*od* blanca); **taubstumm** ADJ *neg!* → gehörlos; sordomudo; **Taubstumme** M/F *neg!* → Gehörlose; sordomudo m, -a f

'**Taubstummenanstalt** F, **Taubstummenschule** F neg! colegio m de sordomudos

Taubstummheit F neg! sordomudez f

'**Tauchbad** N TECH baño m de sumersión; **Tauchbatterie** F ELEK pila f de inmersión; **Tauchboot** N SCHIFF sumergible m; submarino m

'**tauchen** A VT sumergir (**in** acus en); (eintunken) mojar; TECH inmergir; fig **in Licht getaucht** bañado de luz B VI ⟨sn⟩ sumergirse; zambullirse; bes SPORT bucear; **nach Perlen ~** buscar perlas (debajo del agua)

'**Tauchen** N ⟨~s⟩ sumersión f; zambullida f; TECH inmersión f; SPORT buceo m; selten escafandrismo m

'**Taucher** M ⟨~s; ~⟩ 1 Mensch: buceador m; selten escafandrista m; (Berufstaucher) buzo m 2 ORN somormujo m; **Taucheranzug** M traje m de buzo; escafandra f; **Taucherausrüstung** F equipo m de buceo (od de inmersión); **Taucherbrille** F gafas fpl de buceo (od de buzo); **Taucherglocke** F campana f de buceo (od de buzo); **Taucherhelm** M casco m de buzo; **Taucherin** F ⟨~; ~nen⟩ buceadora f; selten escafandrista f; **Taucherkugel** F batisfera f

'**tauchfähig** ADJ sumergible; **Tauchfähigkeit** F ⟨~⟩ sumergibilidad f

'**Tauchgerät** N equipo m de inmersión; → a Taucherausrüstung; **tauchklar** ADJ SCHIFF U-Boot listo para sumergirse; **Tauchkolben** M TECH émbolo m de inmersión; **Tauchsieder** M TECH calentador m por inmersión; **Tauchsport** M buceo m, submarinismo m; **Tauchverfahren** N TECH procedimiento m de inmersión

'**tauen**¹ A VT (zum Tauen bringen) derretir B VI ⟨sn⟩ (auftauen) deshelarse; Schnee derretirse C VUNPERS **es taut** hay deshielo

'**tauen**² VUNPERS **es taut** (es fällt Tau) está rociando, cae rocío

'**Tauen**¹ N ⟨~s⟩ v. Schnee etc: deshielo m

'**Tauen**² N ⟨~s⟩ caída f del rocío, rociada f

'**Tauende** N SCHIFF chicote m

'**Taufakt** M (ceremonia f del) bautizo m; **Taufbecken** N pila f bautismal; **Taufbuch** N registro m (od libro m) de bautizos

'**Taufe** F ⟨~; ~n⟩ Sakrament: bautismo m; Akt: bautizo m; **die ~ empfangen** recibir el bautismo (od las aguas bautismales); ser bautizado; **aus der ~ heben** sacar de pila; ser padrino (bzw madrina); fig inaugurar

'**taufen** VT bautizar (a. fig); umg cristianar; **katholisch getauft sein** ser católico bautizado; **er ist auf den Namen … getauft** está bautizado con el nombre de …; su nombre de pila es …

'**Taufen** N ⟨~s⟩ bautismo m

'**taufeucht** ADJ húmedo de rocío, rociado

'**Taufkapelle** F baptisterio m; **Taufkleid** N vestido m bautismal (od de bautizar)

'**Täufling** M ⟨~s; ~e⟩ Kind: recién bautizado m; Erwachsener: neófito m

'**Taufname** M nombre m de pila; **Taufpate** M padrino m (de bautismo); **Taufpatin** F madrina f (de bautismo); **Taufregister** N → Taufbuch

'**taufrisch** ADJ húmedo de rocío; fig (fresco) como una rosa

'**Taufschein** M partida f de bautismo; **Taufstein** M pila f bautismal; **Taufwasser** N agua f bautismal; **Taufzeuge** M, **Taufzeugin** F KATH testigo m, -a f del bautismo

'**taugen** VI 1 (wert sein) valer; **nichts ~** no valer nada; no servir para nada 2 (geeignet sein) **zu etw ~** servir para a/c; ser útil (od bueno) para a/c; **zu nichts ~** no servir para nada; no ser útil para nada 3 bes Personen: ser apto (**zu** para)

'**Taugenichts** M ⟨~ od ~es; ~e⟩ 1 inútil m; (Faulpelz) haragán m, holgazán m 2 (Spitzbube) pillo m; bribón m

'**tauglich** ADJ 1 Sache útil, bueno (**zu** para); (geeignet) apropiado, a propósito 2 Person (befähigt) apto, idóneo; capacitado; MIL apto (od útil) (para el servicio); **Tauglichkeit** F ⟨~⟩ aptitud f; idoneidad f; MIL aptitud f para el servicio

'**Tauglichkeitsgrad** M MIL grado m de aptitud; **Tauglichkeitszeugnis** N certificado m de aptitud

'**tauig** ADJ cubierto de rocío

'**Taumel** M ⟨~s⟩ 1 (Schwindel) vértigo m; vahído m 2 fig (Überschwang) embriaguez f; delirio m, frenesí m

'**taumelig** ADJ vacilante; tambaleante

'**taumeln** VI ⟨sn⟩ vacilar; tambalearse; dar traspiés (od tumbos); (torkeln) umg hacer eses; (schwindelig sein) tener vértigo; **zum Bett ~** ir dando tumbos hacia la cama

'**Taumeln** N ⟨~s⟩ tambaleo m

'**taumelnd** ADJ tambaleante, vacilante

'**Taupunkt** M PHYS punto m de rocío

'**Taurin** N taurina f

Tausch M ⟨~es; ~e⟩ cambio m (a. HANDEL); (Austausch) trueque m; intercambio m (a. v. Informationen); (Umtausch) canje m; e-s Amtes, e-r Wohnung: permuta f; **im ~ gegen …** a cambio de …; a trueque de …; **in ~ nehmen** recibir (od aceptar) en cambio; **in ~ geben** dar en cambio

'**tauschen** A VT cambiar, trocar, canjear (**gegen, für** por) (a. HANDEL); (austauschen) intercambiar; Ämter, Wohnung permutar B VI **mit j-m ~** cambiar con alg; **ich möchte nicht mit ihm/ihr ~** no quisiera estar en su lugar; no me cambiaría con (od por) él/ella

'**täuschen** A VT 1 **j-n ~** (betrügen) engañar, embaucar a alg; (irreführen) mistificar, despistar a alg; (überlisten) burlar a alg 2 j-s Erwartungen etc defraudar; frustrar; j-s Vertrauen abusar (de) 3 **wenn mich nicht alles täuscht** si mal no recuerdo B VI (trügerisch sein) engañar C V/R **sich ~** engañarse (**in** dat en); (sich irren) equivocarse, estar equivocado; (sich etw vormachen) llamarse a engaño; **sich durch etw ~ lassen** dejarse engañar por a/c; **sich in j-m ~** equivocarse con alg; **da ~ Sie sich aber** (en eso) está usted muy equivocado

'**täuschend** A ADJ engañador, engañoso; (trügerisch) ilusorio; **~e Ähnlichkeit** parecido m asombroso B ADV **j-m ~ ähnlich sehen** parecerse mucho a alg; **sich** (dat) **~ ähnlich sehen** a. parecerse como dos gotas de agua; **~ nachahmen** imitar a la perfección

'**Tauschgeschäft** N trueque m; **Tauschhandel** M (comercio m de) trueque m; comercio m de cambio; **~ treiben** trocar; hacer cambios (od trueques); **Tauschmittel** N medio m de canje; **Tauschobjekt** N objeto m de canje

'**Täuschung** F ⟨~; ~en⟩ 1 (Betrug) engaño m; falacia f; JUR a. fraude m; **arglistige ~** dolo m 2 (Irreführung) mistificación f 3 (Einbildung) ilusión f; (Irrtum) error m; equivocación f; **sich ~en hingeben** ilusionarse, hacerse ilusiones; **sich keiner ~ hingeben** a. no llamarse a engaño 4 (Trick) truco m, trampa f; des Gegners: finta f

'**Täuschungsabsicht** F JUR **mit ~** con ánimo de dolo; **Täuschungsangriff** M MIL ataque m simulado; **Täuschungsmanöver** N MIL maniobra f de diversión; **Täuschungsversuch** M tentativa f de fraude (JUR a. de engaño)

'**Tauschverkehr** M operaciones fpl de trueque; **Tauschvertrag** M contrato m de cambio (bzw de canje); v. Wohnungen etc: contrato m de permuta; **tauschweise** ADV en cambio, en trueque; por canje; por permuta; **Tauschwert** M valor m de cambio

'**tausend** ADJ mil; **~ Dank!** ¡un millón de gracias!; **ungefähr ~ Personen** cerca de mil (od de un millar de) personas

'**Tausend**¹ F (Zahl) mil m

'**Tausend**² N 1 ⟨~s; ~(e)⟩ Einheit: millar m; HANDEL **(fünf) vom ~** (cinco) por mil; HANDEL **im ~** por mil 2 PL **~e** (Unmengen) millares mpl; **~e von Menschen** miles de personas; **~e und Abertausende (von)** miles y miles de; millares de; **in die ~e gehen** ascender a (od cifrarse en) varios miles; **zu ~en** a (od por) millares; a (od por) miles

'**Tausender** M ⟨~s; ~⟩ Geldschein: billete m de mil; '**tausender'lei** ADJ **~ Dinge** etc miles de cosas, etc

'**tausendfach, tausendfältig** A ADJ mil veces tanto B ADV de mil modos distintos, de mil maneras diferentes

'**Tausendfüß(l)er** M ⟨~s; ~⟩ ZOOL ciempiés m; fachspr miriápodo m

'**Tausend'güldenkraut** N BOT centaur(e)a f menor; '**Tausend'jahrfeier** F (fiesta f del) milenario m

'**tausendjährig** ADJ milenario

'**Tausendkünstler** M, **Tausendkünstlerin** F hombre m, mujer f hábil para todo; **ein ~ sein** umg ser un hacha

'**tausendmal** ADV mil veces

Tausend'markschein M HIST billete m de mil marcos

'**Tausendsas(s)a** M ⟨~s; ~s⟩ umg demonio m (od diablo m) de hombre; (Schwerenöter) castigador m; **Tausendschön(chen)** N ⟨~s; ~e⟩ BOT margarita f; amaranto m

'**tausendste(r, -s)** ADJ milésimo; **tausendstel** ADJ ⟨inv⟩ milésimo; **Tausendstel** N ⟨~s; ~⟩ milésima f (parte f)

'**tausendund'ein** ADJ mil uno; **die Märchen aus Tausendundeiner Nacht** las Mil y una Noches

Tautolo'gie F ⟨~; ~n⟩ LING, PHIL tautología f; **tauto'logisch** ADJ tautológico

'**Tautropfen** M gota f de rocío; **Tauwerk** N cordaje m; SCHIFF jarcias fpl; **Tauwetter** N deshielo m (a. fig POL); **wir haben ~** hay deshielo; **Tauziehen** N ⟨~s⟩ SPORT prueba f de la cuerda; fig tira y afloja m; (Kampf) pugna f

Ta'verne F ⟨~; ~n⟩ taberna f

Taxa'meter M ⟨~s; ~⟩ taxímetro m

Ta'xator M ⟨~tors; ~'toren⟩, **Taxa'torin** F ⟨~; ~nen⟩ tasador m, -a f

'**Taxcard** [-ka:rt] F ⟨~; ~s⟩ schweiz (Telefonkarte) tarjeta f telefónica

'**Taxe**¹ F ⟨~; ~n⟩ 1 (Gebühr) tasa f, impuesto m 2 (Schätzung) tasación f

'**Taxe**² F ⟨~; ~n⟩ umg → Taxi

'**taxfrei** ADJ exento de derechos

'**Taxi** N ⟨~s; ~s⟩ taxi m; **Taxichauffeur** M, **Taxichauffeurin** F taxista m/f

ta'xieren VT ⟨ohne ge-⟩ tasar; evaluar; estimar; **Taxieren** N ⟨~s⟩ → Taxierung; **Taxierer** M ⟨~s; ~⟩, **Taxiererin** F ⟨~; ~nen⟩ tasador m, -a f; **Taxierung** F ⟨~; ~en⟩ tasación f; evaluación f; estimación f

'**Taxifahrer** M, **Taxifahrerin** F taxista m/f; **Taxistand** M parada f de taxis; **Taxizentrale** F central f de taxis

'**Taxus** M ⟨~; ~⟩ BOT tejo m

'**Taxwert** M valor m estimativo (od de tasación)

Tb(c), Tbk F ABK (Tuberkulose) tuberculosis f

TC'M F ABK (Traditionelle Chinesische Medizin) MTC *f (medicina tradicional china)*
Teak [ti:k] N, **'Teakholz** N teca *f*
Team [ti:m] N ⟨~s⟩ equipo *m*; **ein ~ bilden** formar un equipo; **im ~ arbeiten** trabajar en equipo
'Teamarbeit F trabajo *m* en equipo; **Teamgeist** M espíritu *m* de equipo; **Teamwork** [-vœrk] N → Teamarbeit
'Technik F ⟨~; ~en⟩ **1** técnica *f*; tecnología *f*; **auf dem neuesten Stand der ~ sein** ser lo último en tecnología **2** *(Ausrüstung)* instalaciones *fpl* técnicas **3** *(Funktionsweise)* técnica *f*; *(Methode)* método *m*, procedimiento *m*
'Techniker M ⟨~s; ~⟩, **Technikerin** F ⟨~; ~nen⟩ técnico *m*, -a *f*; **Technikum** N ⟨~s; Technika *od* Techniken⟩ escuela *f* técnica
'technisch **A** ADJ técnico; **~e Abteilung** servicio *m* técnico; **~er Ausdruck** término *m* técnico; tecnicismo *m*; **~e Chemie** química *f* industrial; **~er Direktor** director *m* técnico; **Technische Hochschule** Escuela *f* Superior Técnica; **Technische Universität** Universidad *f* Técnica; **~er Leiter** ingeniero-jefe *m*; **~es Personal** personal *m* técnico **B** ADV **~ begabt** técnicamente capacitado; **~ unmöglich** técnicamente imposible
techni'sieren V/T ⟨*ohne* ge-⟩ mecanizar; tecnificar; **Technisierung** F ⟨~; ~en⟩ mecanización *f*, tecnificación *f*
'Techno ['tɛkno] M,N ⟨~(s)⟩ MUS música *f* tecno; *sp a.* bakalao *m*
Techno'krat M ⟨~en; ~en⟩ tecnócrata *m*; **Technokra'tie** F ⟨~⟩ tecnocracia *f*; **Techno'kratin** F ⟨~; ~nen⟩ tecnócrata *f*
Technolo'gie F ⟨~; ~n⟩ tecnología *f*; **die neuen ~n** las nuevas tecnologías; **technologieintensiv** ADJ de uso intensivo de la tecnología; **Technologiepark** M parque *m* tecnológico; **Technologietransfer** M transferencia *f* de tecnología; **Technologiezentrum** N parque *m* tecnológico; centro *m* de I+D
techno'logisch ADJ tecnológico
'Technomusik [-k-] F música *f* tecno
Techtel'mechtel N ⟨~s; ~⟩ amorío *m*, lío *m* amoroso
'Teckel M ⟨~s; ~⟩ *Dackel*: teckel *m*
'Teddy ['tɛdi] M ⟨~s; ~s⟩, **Teddybär** M oso *m* de felpa (*od* de peluche)
'Tee M ⟨~s; ~s⟩ **1** *schwarzer*: té *m*; **grüner ~** té verde; **~ mit Zitrone** té con limón; **~ trinken** tomar (el) té; **~ aufgießen** *od* **aufbrühen/ziehen lassen** hacer/dejar reposar el té **2** *(Kräutertee)* infusión *f*; MED tisana *f* **3** *umg fig* **abwarten und ~ trinken!** ¡paciencia y barajar!
'Teebeutel M bolsita *f* de té; **Teeblatt** N hoja *f* de té; **Teebüchse** F, **Teedose** F bote *m* (*od* lata *f*) de té; **Tee-Ei** N bola-colador *f* para té; **Teefilter** M filtro *m* de (*od* para) té; **Teegebäck** N pastas *fpl* de té; **Teegeschirr** N juego *m* (*od* servicio *m*) de té; **Teeglas** N vaso *m* de té; **Teekanne** F, **Teekessel** M tetera *f*; **Teelöffel** M cucharilla *f* (de té); **ein ~ voll** una cucharadita; **Teemaschine** F tetera *f* automática; **Teemischung** F mezcla *f* de té
'Teenager ['ti:ne:dʒər] M ⟨~s; ~⟩ adolescente *m/f*; quinceañero *m*, -a *f*; teenager *m/f*
'Teenie ['ti:ni] M ⟨~s; ~s⟩ jovenzuelo *m*, -a *f*
Teer M ⟨~(e)s; ~e⟩ alquitrán *m*; brea *f*; **'Teerbrennerei** F alquitranería *f*; **'teeren** V/T alquitranar; embrear; HIST *als Strafe*: **~ und federn** alquitranar y emplumar; **'Teeren** N ⟨~s⟩ alquitranado *m*; **'Teerfarben** FPL, **'Teerfarbstoffe** MPL colorantes *mpl* de alquitrán; **'teerig** ADJ alquitranado; embreado; **'Teermaschine** F alquitranadora *f*
'Teerose F BOT rosa *f* de té
'Teerpappe F cartón *m* embreado (*od* alquitranado); **Teerseife** F jabón *m* de brea; **Teershampoo** N champú *m* de brea; **Teerung** F ⟨~; ~en⟩ alquitranado *m*
'Teesalon M salón *m* de té; **Teeservice** N servicio *m* de té; **Teesieb** N colador *m* de té; **Teestrauch** M BOT (planta *f* del) té *m*; **Teestube** F salón *m* de té; **Teetasse** F taza *f* para té; **Teetrinker** M, **Teetrinkerin** F bebedor *m*, -a *f* de té; **Teewagen** M carrito *m* de té (*od* de servicio); **Teewärmer** M cubretetera *m*
'Teheran N Teherán *m*
Teich M ⟨~(e)s; ~e⟩ estanque *m*; *(Fischteich)* vivero *m*; *umg fig* **über den großen ~ fahren** pasar (*od* cruzar) el charco
'Teichralle F ORN polla *f* de agua
Teig M ⟨~(e)s; ~e⟩ masa *f*; pasta *f*; **'teigig** ADJ pastoso (*a. fig*); *Obst* pachucho; **'Teigknetmaschine** F amasadora *f*; **'Teigmulde** F artesa *f*; **'Teigrädchen** N rodaja *f* corta-pasta; **'Teigrolle** F rodillo *m* (para amasar); **'Teigwaren** FPL pastas *fpl* alimenticias
Teil ⟨~(e)s; ~e⟩ **A** M **1** *e-s Ganzen*: parte *f*; *aus e-r Teilung a.*: porción *f*; *(Bestandteil)* elemento *m*; componente *m*; *(Bruchteil)* fragmento *m*; fracción *f*; **ein großer ~** (una) gran parte; **der größte ~ von** *od* (+*gen*) la mayoría (*od* la mayor parte) de; **aus allen ~en der Welt** de todas las partes del mundo; **zum ~** en parte; parcialmente; **zum großen ~** en gran parte; **zum größten ~** en la mayor parte; en la mayoría **2** JUR parte *f*; **beide ~e anhören** escuchar a las dos partes **B** N *(Einzelteil, Ersatzteil)* pieza *f*; *(Stück) a.* trozo *m*, pedazo *m*; HANDEL **jedes ~ fünf Euro** a cinco euros la pieza **C** M, N **1** *(Anteil)* parte *f*; porción *f*; lote *m*; **das beste ~** la mejor parte (*od umg* tajada); **ein gut ~ von** una buena parte de; gran parte de; **ein gut ~ größer** bastante (*od* mucho) más grande; **ich für mein(en) ~** (yo) por mi parte; en cuanto a mí; **zu gleichen ~en** a (*od* en) partes iguales **2** *(Beitrag)* parte *f*, contribución *f*; **sein(en) ~ beitragen** *od* **beisteuern** poner su parte; aportar su granito de arena **3** *fig* **er wird schon sein ~ bekommen** ya llevará su merecido; *fig* **sich** *(dat)* **sein ~ denken** pensarse lo suyo
'Teilakzept N WIRTSCH aceptación *f* parcial; **Teilansicht** F vista *f* parcial; **teilbar** ADJ divisible (**durch** por); MATH **durch 5 ~ sein** ser divisible por 5; **Teilbarkeit** F ⟨~⟩ divisibilidad *f*; **Teilbetrag** M suma *f* parcial
'Teilchen N ⟨~s; ~⟩ **1** *(kleines Stück)* partícula *f* (*a.* PHYS) **2** *Gebäck* bollo *m*; **Teilchenbeschleuniger** M PHYS acelerador *m* de partículas
'teilen **A** V/T **1** *(zerteilen)* dividir; fraccionar; partir; **in zwei Teile ~** dividir en dos (partes); partir por la mitad; **geteilte Arbeitszeit** horario *m* partido; **teile und herrsche!** ¡divide y vencerás! **2** MATH dividir; **durch zwei ~** dividir por dos; **geteilt durch fünf** dividido por cinco; **sich ~ lassen durch** *Zahl* ser divisible por **3** *(verteilen, aufteilen)* repartir, distribuir (**in** *acus* en; **unter** *acus* entre); **den Gewinn ~** repartir la ganancia; **sich** *(dat)* **die Kosten ~** repartir los gastos; **etw unter sich** *(dat)* **~** repartirse a/c; **sich** *(dat)* **etw mit j-m ~** compartir a/c con alg **4** *fig j-s Meinung, Schicksal, Leid, Freude* compartir (**mit j-m** con alg) **B** V/R **sich ~** *(auseinandergehen)* dividirse; fraccionarse; partirse; *Weg* separarse, bifurcarse; **sich in drei Gruppen ~** dividirse en tres grupos
'Teiler M ⟨~s; ~⟩ MATH divisor *m*; **der größte gemeinsame ~** el máximo divisor común
'Teilerfolg M éxito *m* parcial; **Teilergebnis** N resultado *m* parcial; **Teilfinsternis** F ASTRON eclipse *m* parcial; **Teilgebiet** N sector *m*
'Teilhabe F ⟨~; ~n⟩ *geh, a. fig* participación *f* (**an** *dat* en); **teilhaben** V/I ⟨*irr*⟩ participar (**an** *dat* en); tener parte en
'Teilhaber M ⟨~s; ~⟩, **Teilhaberin** F ⟨~; ~nen⟩ participante *m/f*; WIRTSCH socio *m*, -a *f*; **stiller ~** socio *m* tácito; **Teilhaberschaft** F ⟨~⟩ participación *f*; WIRTSCH calidad *f* de socio
'teilhaftig ADJ *geh* partícipe de; **einer Sache** *(gen)* **~ werden** participar en a/c
'Teilhaftung F JUR responsabilidad *f* parcial; **Teilinvalidität** F invalidez *f* parcial; **Teilkaskoversicherung** F seguro *m* (del coche) contra riesgos parciales; **Teillieferung** F HANDEL entrega *f* parcial; **Teilmenge** F MATH subconjunto *m*; **teilmöbliert** ADJ *Wohnung* parcialmente amueblado; **Teilmontage** F TECH montaje *m* parcial
'Teilnahme F ⟨~⟩ **1** participación *f* (**an** *dat* en); *an e-r Veranstaltung*: asistencia *f* (**an** *dat* a); *(Mitarbeit)* colaboración *f*, cooperación *f* **2** *fig (Mitgefühl)* simpatía *f*; compasión *f*; *(Anteilnahme)* interés *m*; *(Beileid)* condolencia *f*, pésame *m*; **j-m seine ~ aussprechen** dar el pésame a alg
'teilnahmeberechtigt ADJ autorizado a participar; con derecho a asistir; **Teilnahmeberechtigung** F derecho *m* de participar
'teilnahmslos ADJ *(gleichgültig)* indiferente; sin interés; *(gefühllos)* insensible; impasible; *(träge)* indolente; apático; *(passiv)* pasivo; **Teilnahmslosigkeit** F ⟨~⟩ *(Gleichgültigkeit)* indiferencia *f*; falta *f* de interés; *(Gefühllosigkeit)* insensibilidad *f*; impasibilidad *f*; *(Trägheit)* indolencia *f*; apatía *f*; *(Passivität)* pasividad *f*; **teilnahmsvoll** ADJ compasivo
'teilnehmen V/I ⟨*irr*⟩ **1** *(mitwirken)* **~ (an** *dat***)** participar (en); tomar parte (en); colaborar, cooperar (en); **j-n an etw** *(dat)* **~ lassen** hacer partícipe a alg de a/c **2** *(anwesend sein)* **an etw** *(dat)* **~** asistir a a/c, estar presente en a/c **3** *fig* **an j-s Freude/Leid** *(dat)* **~** compartir la alegría/pena de alg
'teilnehmend ADJ **1** *(mitwirkend)* participante, partícipe; *(anwesend)* presente **2** *(interessiert)* interesado; *(mitfühlend)* compasivo
'Teilnehmer M ⟨~s; ~⟩, **Teilnehmerin** F ⟨~; ~nen⟩ **1** *mitwirkend*: participante *m/f* (**an** *dat* en); *anwesend*: asistente *m/f*, concurrente *m/f*; *an e-m Kurs*: cursillista *m/f* **2** *an e-m Wettbewerb*: concursante *m/f*; *an e-m Wettkampf*: contendiente *m/f*; *(Mitbewerber, -in)* contrincante *m/f*; SPORT **~ an der Schlussrunde** finalista *m/f* **3** TEL abonado *m*, -a *f*
'Teilnehmerliste F lista *f* de participantes; TEL lista *f* de abonados; **Teilnehmerstaat** M Estado *m* participante; **Teilnehmerverzeichnis** N → Teilnehmerliste; **Teilnehmerzahl** F cifra *f* de asistentes
'Teilpacht F aparcería *f*
teils ADV en parte; **~ ..., ~ ...** medio ..., medio ...; por un lado ... (y) por otro ...; ya ..., ya ...; *umg* **~, ~** así así, *umg* medio, medio
'Teilschaden M daño *m* (*od* siniestro *m*) parcial; **Teilschuldverschreibung** F WIRTSCH obligación *f* parcial; **Teilsendung** F HANDEL remesa *f* (*od* envío *m*) parcial; **Teilstrecke** F recorrido *m* parcial; *Verkehr*: sección *f*; **Teilstreik** M huelga *f* parcial; **Teilstrich** M marca *f*, división *f*; **Teilstück** N sección *f*; *(Bruchstück)* fragmento *m*
'Teilung F ⟨~; ~en⟩ **1** división *f* (*a.* MATH,

T

BIOL, POL); (*Spaltung*) escisión *f* **2** (*Aufteilung*) partición *f* (*a. Erbteilung etc*), separación *f*; *von Land*: parcelación *f*; (*Zerstückelung*) desmembración *f*; desmembramiento *m* **3** (*Verteilung*) reparto *m*, distribución *f* **4** (*Gradeinteilung*) graduación *f*

'Teilungsartikel M GRAM artículo *m* partitivo; **Teilungsmasse** F WIRTSCH masa *f* activa; **Teilungszahl** F MATH dividendo *m*; **Teilungszeichen** N MATH signo *m* de división

'Teilverlust M pérdida *f* parcial; **teilweise** **A** ADJ parcial **B** ADV en parte; parcialmente; (*in einzelnen Teilen*) por partes; **Teilzahl** F MATH cociente *m*; (*Bruchzahl*) número *m* fraccionario; **Teilzahlung** F pago *m* parcial (*od* fraccionado); (*Ratenzahlung*) pago *m* a plazos; (*Rate*) plazo *m*; **auf ~ kaufen/verkaufen** comprar/vender a plazos

'Teilzahlungssystem N sistema *m* de pagos parciales (*od* de pagos a plazos); **Teilzahlungsverkauf** M venta *f* a plazos

'Teilzeit F ⟨~⟩ tiempo *m* parcial; **~ arbeiten** trabajar a jornada (*od* tiempo) parcial; **Teilzeitarbeit** F trabajo *m* a tiempo parcial (*od* de jornada reducida); **Teilzeitarbeiter** M, **Teilzeitarbeiterin** F trabajador *m*, -a *f* a tiempo (*od* en jornada) parcial; **Teilzeitarbeitsplatz** M puesto *m* de trabajo a tiempo (*od* de jornada) parcial; **teilzeitbeschäftigt** ADJ empleado a tiempo parcial; **Teilzeitbeschäftigte** M/F empleado *m*, -a *f* a tiempo parcial; **Teilzeitbeschäftigung** F trabajo *m* a tiempo parcial; **Teilzeitjob** M *umg* → Teilzeitarbeit; **Teilzeitkraft** F empleado *m*, -a *f* a tiempo parcial

Te'in N ⟨~s⟩ CHEM teína *f*

Teint [tɛ̃:] M ⟨~s; ~s⟩ tez *f*, color *m* del rostro; **blasser/dunkler ~** tez pálida/oscura

'T-Eisen N TECH hierro *m* en T

Tek'tonik F ⟨~⟩ GEOL tectónica *f*; **tektonisch** ADJ tectónico

Tel. ABK (Telefon) tel., tfno. (teléfono)

'Telearbeit F teletrabajo *m*; trabajo *m* a distancia (*od* a domicilio); **Telearbeiter** M, **Telearbeiterin** F teletrabajador *m*, -a *f*; **Telearbeitsplatz** M puesto *m* de teletrabajo; teleempleo *m*; **Telebanking** [-bɛŋkɪŋ] N ⟨~s⟩ telebanco *m*; banco *m* electrónico a domicilio

'Telefax N ⟨~; ~ *od* ~e⟩ (tele)fax *m*; *Gerät a.*: aparato *m* de telefax; telecopiadora *f*; **Telefaxanschluss** M conexión *f* de telefax; **Telefaxgerät** N → Telefax; **Telefaxnummer** F número *m* de telefax

Tele'fon N ⟨~s; ~e⟩ teléfono *m*; **schnurloses ~** telefóno *m* inalámbrico (*od* sin hilos); **~ haben** tener teléfono; **ans ~ gehen** (*wenn es klingelt*) coger el teléfono; **Sie werden am ~ verlangt** le llaman al teléfono

Tele'fonanlage F instalación *f* telefónica; **Telefonanruf** M llamada *f* telefónica; *umg* telefonazo *m*; **Telefonanrufbeantworter** M contestador *m* automático; **Telefonanschluss** M conexión *f* telefónica; toma *f* de teléfono; **Telefonapparat** M teléfono *m*; aparato *m* telefónico

Telefo'nat N ⟨~(e)s; ~e⟩ llamada *f* telefónica; *umg* telefonazo *m*

Tele'fonauskunft F servicio *m* de información telefónica; **Telefonbanking** [-bɛŋkɪŋ] N ⟨~s⟩ banca *f* telefónica; telebanca *f*; servicio *m* de banco telefónico (*od* por teléfono); **Telefonbuch** N guía *f* telefónica, listín *m* (de teléfonos); **Telefongebühr(en)** F(PL) tarifa *f* telefónica; **Telefongesellschaft** F (compañía *f*) telefónica *f*; **Telefongespräch** N conversación *f* telefónica; (*Ferngespräch*) conferencia *f* telefónica; **Telefonhäuschen** N cabina *f* telefónica; **Telefonhörer** M auricular *m* (del teléfono)

Telefo'nie F ⟨~⟩ *fachspr* telefonía *f*

telefo'nieren V/I ⟨*ohne* ge-⟩ **1** (*anrufen*) llamar por teléfono, telefonear; **nach Madrid ~** llamar a Madrid **2** (*am Telefon sprechen*) **mit j-m ~** hablar por teléfono con alg; **sie telefoniert gerade** está hablando por teléfono

tele'fonisch **A** ADJ telefónico **B** ADV por teléfono; **~ bestellen** pedir por teléfono; **j-n ~ erreichen** comunicar por teléfono con alg; **~ durchsagen** transmitir por teléfono; **wie bereits ~ besprochen** con referencia a nuestra conversación telefónica

Telefo'nist M ⟨~en; ~en⟩, **Telefonistin** F ⟨~; ~nen⟩ telefonista *m/f*, operador *m*, -a *f*

Tele'fonkabel N cable *m* telefónico; **Telefonkarte** F tarjeta *f* telefónica (de prepago); tarjeta *f* de teléfonos; **Telefonkonferenz** F conferencia *f* telefónica; **Telefonleitung** F línea *f* telefónica; **Telefonnetz** N red *f* telefónica; **Telefonnummer** F número *m* de teléfono; **Telefonrechnung** F factura *f* de teléfono; **Telefonsäule** F BRD: ≈ cabina *f* telefónica (abierta); **Telefonseelsorge** F teléfono *m* de la esperanza; **Telefonstecker** M clavija *f* de teléfono; **Telefonüberwachung** F intervención *f* telefónica; **Telefonverbindung** F comunicación *f* telefónica; **Telefonzelle** F cabina *f* telefónica; **Telefonzentrale** F central *f* telefónica

'Telefotografie F telefotografía *f*

Tele'graf M ⟨~en; ~en⟩ telégrafo *m*

Tele'grafenamt N *hist* oficina *f* de telégrafos; **Telegrafenleitung** F línea *f* telegráfica; **Telegrafenmast** M poste *m* telegráfico (*od* de telégrafos); **Telegrafennetz** N red *f* telegráfica; **Telegrafenstange** F → Telegrafenmast

Telegra'fie F ⟨~⟩ telegrafía *f*; **drahtlose ~** telegrafía *f* sin hilos; **telegra'fieren** V/T ⟨*ohne* ge-⟩ telegrafiar

tele'grafisch **A** ADJ telegráfico; **~e Postanweisung** giro *m* telegráfico **B** ADV por telégrafo, telegráficamente; **~ Geld anweisen** enviar dinero por telégrafo

Telegra'fist M ⟨~en; ~en⟩, **Telegrafistin** F ⟨~; ~nen⟩ telegrafista *m/f*

Tele'gramm N ⟨~s; ~e⟩ telegrama *m*; **ein ~ aufgeben** expedir (*od* poner) un telegrama; **Telegrammadresse** F dirección *f* telegráfica; **Telegrammannahme** F → Telegrammschalter; **Telegrammbote** M, **Telegrammbotin** F repartidor *m*, -a *f* de telegramas; **Telegrammformular** N impreso *m* (*od* formulario *m*) para telegramas; **Telegrammgebühr** F tarifa *f* telegráfica; **Telegrammschalter** M ventanilla *f* para (entrega de) telegramas; **Telegrammstil** M estilo *m* telegráfico; **im ~** telegráficamente

Tele'graph *etc* → Telegraf *etc*

Teleki'nese F ⟨~⟩ telecinesia *f*

'Telekom F ⟨~; ~s⟩ servicio *m* alemán de telecomunicaciones; **die (Deutsche) ~** *la compañía de teléfonos de Alemania*

'Telekommunikation F telecomunicación *f*

'Telekommunikationsdienst M servicio *m* de telecomunicaciones; **Telekommunikationsnetz** N red *f* de telecomunicaciones (*od* de telecomunicación); **Telekommunikationssystem** N sistema *m* de telecomunicación (*od* de telecomunicaciones); **Telekommunikationstechnik** N técnica *f* de la telecomunicación; ingeniería *f* de telecomunicaciones; **Telekommunikationsunternehmen** N empresa *f* de telecomunicaciones

Tele'matik F ⟨~⟩ IT, TEL telemática *f*

'Telemedizin F INTERNET telemedicina *f*; **Telenovela** ['te:lenovɛla] F TV telenovela *f*; **Teleobjektiv** N FOTO teleobjetivo *m*

Teleolo'gie F ⟨~⟩ PHIL teleología *f*; **teleo'logisch** ADJ teleológico

Telepa'thie F ⟨~⟩ telepatía *f*; **tele'pathisch** ADJ telepático

'Teleprompter® M ⟨~s; ~⟩ TV, TECH (sistema *m*) teleprompter® *m*; **Teleshopping** [-ʃɔpɪŋ] N teletienda *f*; telecompras *fpl*

Tele'skop N ⟨~s; ~e⟩ telescopio *m*; **Teleskopgabel** F *Motorrad*: horquilla *f* telescópica; **teleskopisch** ADJ telescópico; **Teleskopstange** F TV *usw* barra *f* telescópica; **Teleskopstock** M *zum Wandern* bastón *m* telescópico *od* de trekking

'Teletext M ⟨~(e)s⟩ teletexto *m*; *System*: sistema *m* teletexto; **Teleworking** [-vœrkɪŋ] N ⟨~(s)⟩ → Telearbeit

'Telex N ⟨~; ~ *od* ~e⟩ télex *m* (*a. Schreiben*)

'Teller M ⟨~s; ~⟩ **1** *Geschirr*: plato *m*; **flacher/tiefer ~** plato llano/hondo (*od* sopero); **ein ~ Nudeln** un plato de pasta; **den ~ herumgehen lassen** *zum Sammeln*: pasar la bandeja **2** TECH platillo *m*; (*Scheibe*) disco *m*; *am Skistock*: arandela *f*

'tellerförmig ADJ en forma de plato

'Tellergericht N GASTR plato *m* combinado; **Tellermine** F MIL mina *f* de plato; **Tellerschrank** M aparador *m*; **Tellerventil** N TECH válvula *f* de disco; **Tellerwärmer** M calientaplatos *m*; **Tellerwäscher** M, **Tellerwäscherin** F lavaplatos *m/f*, fregaplatos *m/f*

Tel'lur N ⟨~s⟩ CHEM teluro *m*; **tellurisch** ADJ GEOL telúrico

'Tempel M ⟨~s; ~⟩ REL, *Antike*: templo *m*; **Tempelherr** M HIST templario *m*, caballero *m* del Temple; **Tempelorden** M HIST orden *f* del Temple; **Tempelraub** M robo *m* sacrílego; sacrilegio *m*; **Tempelritter** M → Tempelherr; **Tempelschänder** M, **Tempelschänderin** F sacrílego *m*, -a *f*; **Tempelschändung** F sacrilegio *m*; profanación *f* del templo

'Tempera F ⟨~; ~s⟩, **Temperafarbe** F MAL color *m* al temple; **Temperamalerei** F pintura *f* al temple

Tempera'ment N ⟨~(e)s; ~e⟩ **1** (*Wesensart*) temperamento *m* **2** (*Schwung*) brío *m*; (*Lebhaftigkeit*) vivacidad *f*; genio *m* vivo; fogosidad *f*; **~ haben** tener brío; *umg* **sein ~ ist mit ihm durchgegangen** se dejó llevar por su temperamento

tempera'mentlos ADJ sin temperamento; indolente; **Temperamentlosigkeit** F ⟨~⟩ falta *f* de temperamento

tempera'mentvoll ADJ vivo; vivaz; de genio vivo; (*ungestüm*) impetuoso; fogoso; (*leidenschaftlich*) apasionado

Tempera'tur F ⟨~; ~en⟩ temperatura *f*; MED **(erhöhte) ~ haben** tener un poco de fiebre; tener décimas; **Temperaturanstieg** M elevación *f* (*od* aumento *m*) de temperatura; **Temperaturkurve** F curva *f* de temperatura; **Temperaturregler** M regulador *m* de temperatura; **Temperaturrückgang** M descenso *m* de temperatura; **Temperaturschwankung** F fluctuación *f* de temperatura; **Temperatursturz** M descenso *m* brusco de temperatura (*Klima*: de las temperaturas); **Temperaturunterschied** M diferencia *f* de temperatura

'Temperguss M METALL fundición *f* maleable

tempe'rieren VT ⟨ohne ge-⟩ templar (a. MUS); (a)temperar
'Templer M ⟨~s; ~⟩ HIST REL templario m, caballero m del Temple
'Tempo N ⟨~s; ~s⟩ 1 (Geschwindigkeit) velocidad f; (Gangart) marcha f; **mit hohem ~** fahren: a gran velocidad; **mit vollem ~** a toda marcha; **das ~ steigern** acelerar la marcha; beim Gehen: avivar el paso; **ein tolles ~ vorlegen** ir a una velocidad endiablada 2 (Rhythmus) ritmo m (a. SPORT u. fig); cadencia f; **das ~ angeben** marcar el ritmo 3 umg **(nun aber) ~!** ¡venga, de prisa! 4 MUS ⟨pl Tempi⟩ tiempo m
'Tempolimit N Verkehr: límite m de velocidad
tempo'ral ADJ GRAM temporal; **Tempo'ralsatz** M GRAM oración f de tiempo (od temporal); **tempo'rär** ADJ temporal; provisional; interino
'Temposünder M, **Temposünderin** F loco m, -a f del volante
'Tempotaschentuch® N umg pañuelo m de papel (de la marca Tempo®)
'Tempus N ⟨~; Tempora⟩ GRAM tiempo m
Ten'denz F ⟨~; ~en⟩ tendencia f **(zu** a); propensión f **(zu** a); Börse: **fallende** od **rückläufige/steigende ~** tendencia f a la baja/al alza (od alcista)
tendenzi'ös ADJ tendencioso
Ten'denzroman M novela f de tesis; **Tendenzstück** N THEAT drama m (bzw comedia f) de tesis; **Tendenzwende** F cambio m de signo
'Tender M ⟨~s; ~⟩ BAHN ténder m; SCHIFF aviso m; **Tendermaschine** F BAHN locomotora f ténder
ten'dieren VI ⟨ohne ge-⟩ tender, tener tendencia, inclinarse **(nach, zu** a)
Tene'riffa N ⟨~s⟩ Tenerife m; **aus ~** tinerfeño
'Tenne F ⟨~; ~n⟩ era f
'Tennis N ⟨~⟩ tenis m; **~ spielen** jugar al tenis; **Tennisball** M pelota f de tenis; **Tennishalle** F pista f (od bes Am cancha f) de tenis cubierta; **Tennisklub** M club m de tenis; **Tennislehrer** M, **Tennislehrerin** F monitor m, -a f de tenis; **Tennisplatz** M pista f (od bes Am cancha f) de tenis; **Tennisschläger** M raqueta f; **Tennisschuhe** MPL zapatos mpl de tenis; **Tennisspiel** N partido m (od match m) de tenis; SPORT tenis m; **Tennisspieler** M, **Tennisspielerin** F jugador m, -a f de tenis, tenista m/f; **Tennisturnier** N torneo m (bzw campeonato m) de tenis
'Tenor¹ ['te:nɔr] M ⟨~s⟩ (Wortlaut) tenor m; (Inhalt) contenido m
Te'nor² [te'no:r] M ⟨~s; ⸚e⟩ MUS tenor m; **~ singen** cantar de tenor; **Tenorstimme** F (voz f de) tenor m
Ten'sid N ⟨~(e)s; ~e⟩ CHEM agente m tens(i)oactivo
Ten'takel N ⟨~s; ~⟩ ZOOL tentáculo m
'Teppich M ⟨~s; ~e⟩ alfombra f; kleiner: alfombrilla f; (Wandteppich) tapiz m; umg fig **etw unter den ~ kehren** meter a/c debajo de la alfombra; disimular a/c; **bleib auf dem ~!** ¡menos cuento!
'Teppichboden M moqueta f; Am alfombrado m; **~ legen** poner moqueta; **mit ~ ausgelegen** enmoquetar; **Teppichhändler** M, **Teppichhändlerin** F alfombrista m/f; **Teppichkehrmaschine** F escoba f (od barredora f) mecánica; **Teppichklopfer** M sacudidor m (de alfombras); **Teppichstange** F barra f para sacudir alfombras; **Teppichweber** M alfombrero m; **Teppichweberei** F fábrica f de alfombras; **Teppichweberin** F alfombrera f
Ter'min M ⟨~s; ~e⟩ 1 (Datum) fecha f; (Fristende) término m; vencimiento m (del plazo); **äußerster ~** fecha f límite (od tope); **einen ~ absagen** anular una cita; **einen ~ (fest)setzen** fijar un término (od un plazo); **einen ~ einhalten** cumplir un término (od un plazo); **den ~ überschreiten** dejar pasar la fecha; **zum festgelegten ~** el día señalado; WIRTSCH a plazo fijo 2 beim Arzt, Direktor etc: cita f; **einen ~ beim Augenarzt haben** tener una cita con el oftalmólogo; **sich** (dat) **einen ~ geben lassen** pedir cita (od hora) 3 JUR señalamiento m; (Verhandlungstermin) vista f, juicio m oral; (Vorladung) citación f; **einen ~ haben** estar citado (para comparecer); **einen ~ anberaumen** adiar, señalar hora y día; **zum ~ laden** citar; emplazar
'Terminal ['tœrmɪnəl] ⟨~s; ~s⟩ A M, N FLUG terminal f (de salida/de llegada) B N IT terminal m; (Computerarbeitsplatz) puesto m de trabajo; **an ein ~ angeschlossen sein** estar conectado a un terminal
Ter'minbestätigung F confirmación f de cita od hecha; **Termindruck** M premura f de tiempo; agobio m por cumplir el plazo; **~ haben** tener poco tiempo, estar presionado por la fecha de entrega; **Termineinlage** F FIN depósito m (od imposición f) a plazo; **termingemäß, termingerecht** ADV en la fecha acordada; conforme al término fijado (od a la fecha fijada); **Termingeschäft** N WIRTSCH operación f a plazo (od a término)
termi'nieren VT ⟨ohne ge-⟩ fijar la fecha (od el plazo) de; **eine Sitzung ~** fijar la fecha de una reunión
Ter'minkalender M agenda f; calendario m; **Terminkauf** M HANDEL compra f a plazo (od a término); **Terminlieferung** F HANDEL entrega f a plazo; **Terminmarkt** M WIRTSCH mercado m a término
Terminolo'gie F ⟨~; ~n⟩ terminología f; **termino'logisch** ADJ terminológico
Ter'minplan M agenda f, calendario m
'Terminus M ⟨~; Termini⟩ término m; **~ technicus** término técnico
Ter'minvereinbarung F acuerdo m de cita od fecha; **Terminverkauf** M HANDEL venta f a plazo (od a término); **Terminverlängerung** F prórroga f de(l) término (od de(l) plazo); **Terminzahlung** F pago m a plazo
Ter'mite F ⟨~; ~n⟩ ZOOL termes m, termita f, comején m, bes Am hormiga f blanca; **Termitenhügel** M termitero m, comejenera f
Terpen'tin N ⟨~s; ~e⟩ CHEM trementina f; **Terpentinöl** N esencia f de trementina; aguarrás m
Ter'rain [tɛ'rɛ̃:] N ⟨~s; ~s⟩ terreno m (a. fig); (Bauterrain) solar m; fig **das ~ sondieren** tantear el terreno; **Terrainverhältnisse** NPL condiciones fpl topográficas (od del terreno)
Terra'kotta F ⟨~; Terrakotten⟩ barro m cocido, terracota f
Ter'rarium N ⟨~s; Terrarien⟩ terrario m
Ter'rasse F terraza f (a. AGR); (Dachterrasse) azotea f, terrado m
Ter'rassenanbau M AGR cultivo m en terrazas; **terrassenförmig** ADJ en forma de terraza
Ter'razzo M ⟨~s; Terrazzi⟩ terrazo m
'Terrier ['tɛriər] M ⟨~s; ~⟩ Hund: terrier m
Ter'rine [tɛ'ri:nə] F ⟨~; ~n⟩ sopera f
territori'al ADJ territorial; **Territorialgewässer** NPL aguas fpl territoriales; **Territorialhoheit** F soberanía f territorial
Territoriali'tät F territorialidad f; **Territoriali'tätsprinzip** N principio m de la territorialidad
Terri'torium N ⟨~s; Territorien⟩ territorio m
'Terror M ⟨~s⟩ 1 (Entsetzen, Schreckensherrschaft) terror m; (Ausübung von Terror) terrorismo m 2 umg fig drama m; **~ machen** umg montar un drama; **Terrorakt** M acto m (od acción f) terrorista; **Terroranschlag** M atentado m terrorista
terrori'sieren VT ⟨ohne ge-⟩ aterrorizar
Terro'rismus M ⟨~⟩ terrorismo m; **Terrorismusverdacht** M → Terrorverdacht
Terro'rist M ⟨~en; ~en⟩ terrorista m; **Terroristenbekämpfung** F lucha f antiterrorista; **Terroristin** F ⟨~; ~nen⟩ terrorista f; **terroristisch** ADJ terrorista
'Terrorkommando N comando m terrorista; **Terrorverdacht** M sospecha f de terrorismo; **unter ~** bajo sospecha de terrorismo; **Terrorwelle** F ola f de terror
terti'är ADJ terciario
Terti'är N ⟨~s⟩ GEOL terciario m, era f terciaria
Terz¹ F ⟨~; ~en⟩ MUS, Fechten: tercera f; MUS **große/kleine ~** tercera f mayor/menor
Terz² M ⟨~(e)s⟩ umg **(einen) ~ machen** umg armar jaleo
Ter'zett N ⟨~(e)s; ~e⟩ terceto m, trío m
Ter'zine F ⟨~; ~n⟩ LIT Vers: terceto m
'Tesaband® N ⟨~(e)s; ⸚er⟩, **Tesafilm®** M (papel m) celo m
Tes'sin ⟨~s⟩ A M (Fluss) Tesino m B N (Kanton) Tesino m
Test M ⟨~(e)s; ~s od ~e⟩ prueba f, test m
Testa'ment N ⟨~(e)s; ~e⟩ 1 (Letzter Wille) testamento m; última voluntad f; **(s)ein ~ machen** od **errichten** hacer testamento, testar; vor dem Notar: otorgar testamento (ante notario); **ohne ~ sterben** morir intestado (od sin hacer testamento) 2 Bibel: **Altes/Neues ~** Antiguo/Nuevo Testamento m
testamen'tarisch A ADJ testamentario B ADV por testamento; **~ verfügen** disponer por testamento
Testa'mentsbestimmung F disposición f testamentaria; **Testamentserbe** M, **Testamentserbin** F heredero m, -a f testamentario, -a; **Testamentseröffnung** F apertura f del testamento; **Testamentserrichtung** F otorgamiento m de testamento; **Testamentsnachtrag** M codicilo m; **Testamentsvollstrecker** M, **Testamentsvollstreckerin** F albacea m, (ejecutor m, -a f) testamentario m, -a f; **Testamentsvollstreckung** F ejecución f testamentaria, testamentaría f; **Testamentszusatz** M codicilo m
Tes'tat N ⟨~(e)s; ~e⟩ certificado m; **Tes'tator** M ⟨~s; -'toren⟩, **Testa'torin** F ⟨~; ~nen⟩ JUR testador m, -a f
'Testbild N TV carta f de ajuste; imagen f de prueba; imagen f piloto
'testen VT examinar; (ausprobieren) probar; ensayar; **etw auf Qualität ~** someter a/c a ensayos (od pruebas) de calidad
'Testergebnis N resultado m de la prueba od del test; **Testfahrer** M, **Testfahrerin** F AUTO piloto m/f de pruebas, probador m, -a f de coches; **Testflug** M vuelo m de prueba
tes'tieren VT & VI ⟨ohne ge-⟩ 1 JUR testar, hacer un testamento 2 (bescheinigen) certificar; **testierfähig** ADJ JUR capaz de testar; **Testierfähigkeit** F JUR capacidad f de testar
'Testlauf M operación f de prueba; ensayo m piloto; IT pasaje m de prueba
Testoste'ron N ⟨~s⟩ PHYSIOL testosterona f
'Testperson F persona f objeto de pruebas;

Testphase F fase *f* piloto (*od* de ensayos *od* de prueba); **Testpilot** M, **Testpilotin** F FLUG, AUTO piloto *m/f* de pruebas
'Tetanus M ⟨~⟩ MED tétanos *m*; **Tetanusschutzimpfung** F vacuna *f* antitetánica; **Tetanusserum** N suero *m* antitetánico
Tetrachlor'kohlenstoff M CHEM tetracloruro *m* de carbono; **Tetra'eder** N ⟨~s; ~⟩ GEOM tetraedro *m*; **Tetralo'gie** F ⟨~; ~n⟩ tetralogía *f*
'Tetrapak® M ⟨~s; ~s⟩ tetrabrik® *m*
'teuer A ADJ ⟨teurer; ~ste⟩ 1 (*kostspielig*) caro, costoso; *Preis*: elevado; (*wertvoll*) valioso; precioso; **furchtbar ~** terriblemente caro; **es ist ~** es caro; cuesta caro; **wie ~ ist das?** ¿cuánto cuesta?, ¿cuánto vale?; ¿qué precio tiene?; **teurer werden** subir de precio; encarecerse 2 *geh* (*geschätzt*) querido; **teure Freunde!** ¡queridos (amigos)!; *hum* **meine Teuerste!** querida mía! B ADV caro (*a. fig*); **~ bezahlen/kaufen/verkaufen** pagar/comprar/vender caro; *fig* **~ erkauft** *Sieg* pagado caro; *fig* **sein Leben ~ verkaufen** vender cara su vida; **j-n ~ zu stehen kommen** costar (*od* salir) caro a alg; *fig* **das wird ihn ~ zu stehen kommen** lo pagará caro
'Teuerung F ⟨~; ~en⟩ carestía *f*; encarecimiento *m*
'Teuerungsrate F tasa *f* de inflación; **Teuerungswelle** F ola *f* de carestía; **Teuerungszulage** F plus *m* por carestía (de vida); **Teuerungszuschlag** M suplemento *m* de carestía (de vida)
'Teufe F ⟨~; ~n⟩ BERGB profundidad *f*
'Teufel M ⟨~s; ~⟩ 1 *bes* REL diablo *m*, demonio *m* (*beide a. fig*); **der ~** el Diablo, el Demonio, Satanás; **j-m den ~ austreiben** exorcizar a alg; **er hat den ~ im Leib** *od* **ihn reitet der ~** tiene el diablo en el cuerpo; es el mismísimo demonio; **man soll den ~ nicht an die Wand malen** no hay que tentar al diablo; no llamemos la desgracia; **wenn man vom ~ spricht ...** hablando del rey (*od* ruin) de Roma ...; **das müsste mit dem ~ zugehen** a menos que el diablo lo enrede; *umg* **wie der ~** como un demonio, como un diablo 2 *fig umg* **der ~ ist los** *umg* hay un jaleo de miedo; el diablo anda suelto; *geh* **bist du des ~s?** ¿estás en tu juicio?; ¿estás loco?; *umg* **auf ~ komm raus** *arbeiten etc* a brazo partido; a más no poder; **in ~s Küche kommen** meterse en un gran lío; *umg* pasarlas moradas; **j-n in ~s Küche bringen** poner a alg en las astas del toro; **j-n zum ~ schicken** *od* **jagen** mandar al diablo (*od* a hacer gárgaras) a alg; **sein Vermögen ist zum ~** su fortuna se la ha llevado el diablo 3 *Ausrufe*: **pfui ~!** ¡qué asco!; **hol's der ~!** ¡que se lo lleve el diablo!; **hol dich der ~!, scher dich zum ~!** ¡vete al diablo (*od* al cuerno)!; **den ~ werd ich tun!** ¡y un jamón!; **zum ~!** ¡al diablo!; ¡demonio!, ¡diablo(s)!; **zum ~ mit ...!** ¡al diablo con ...!; **wer/wo/was zum ~ ...?** ¿quién/dónde/qué demonio(s) (*od* diablos) ...?; **weiß der ~!** ¡qué sé yo!; ¡quién sabe! 4 *umg* (*Kerl*) **armer ~** pobre diablo; infeliz *m*, desgraciado *m*
'Teufelchen N ⟨~s; ~⟩ diablillo *m*
Teufe'lei F ⟨~; ~en⟩ acción *f* diabólica; diablura *f*
'Teufelin F ⟨~; ~nen⟩ diabla *f*, *umg* diablesa
'Teufelsaustreibung F exorcismo *m*; **Teufelsbeschwörer** M, **Teufelsbeschwörerin** F exorcista *m/f*; **Teufelsbeschwörung** F exorcismo *m*
'Teufelsbrut F engendro *m* del diablo; ralea *f* infernal; **Teufelskerl** M *umg* tipo *m* de rompe y rasga; diablo *m* de hombre; **Teufelskreis** M *fig* círculo *m* vicioso; **Teufelsweib** N *umg* diabla *f*; demonio *m* de mujer; mujer *f* endemoniada; **Teufelswerk** N obra *f* diabólica
'teuflisch A ADJ 1 (*bösartig*) diabólico; infernal 2 *umg fig* (*groß*) inmenso B ADV *umg* diabólicamente, terriblemente; *fig* **es ist ~ kalt** hace un frío de mil demonios
'Teuro M ⟨~(s), ~s⟩ *umg hum subida de precios después de la entrada del euro*
Teu'tone M ⟨~n; ~n⟩, **Teutonin** F ⟨~; ~nen⟩ HIST teutón *m*, -ona *f*; **teutonisch** ADJ teutón, teutónico
Te'xaner M ⟨~s; ~⟩, **Texanerin** F ⟨~; ~nen⟩ tejano *m*, -a *f*; **texanisch** ADJ tejano
'Texas N Tejas *m*
'Text M ⟨~es; ~e⟩ texto *m* (*a. Bibeltext u.* TYPO); *zu e-r Abbildung*: leyenda *f*; (*Liedtext*) letra *f*; (*Operntext*) libreto *m*; IT **verborgener ~** texto *m* oculto; *fig* **aus dem ~ kommen** perder el hilo; desconcertarse; **j-n aus dem ~ bringen** confundir a alg; desconcertar a alg; *umg* **weiter im ~!** ¡continúe (*bzw* continuemos)!, ¡siga (*bzw* sigamos)!
'Textanalyse F análisis *m* de texto; **Textausdruck** M impresión *f* de texto; **Textausgabe** F texto *m* sin anotaciones; **Textbaustein** M módulo *m* de texto; **Textbuch** N THEAT libreto *m*; **Textdatei** F IT archivo *m* (*od* fichero *m*) de texto; **Textdichter** M, **Textdichterin** F *zu e-m Musikwerk*: libretista *m/f*
'texten V/T & V/I redactar
'Texter M ⟨~s; ~⟩ redactor *m* de textos (publicitarios); MUS letrista *m*; **Texterfassung** F IT introducción *f* de textos; **Texterin** F ⟨~; ~nen⟩ redactora *f* de textos (publicitarios); MUS letrista *f*; **textgemäß** A ADJ textual B ADV textualmente; al pie de la letra
Tex'tilarbeiter M, **Textilarbeiterin** F obrero *m*, -a *f* textil; **Textildruck** M estampación *f* textil; **Textilfabrik** F fábrica *f* textil; **Textilfaser** F fibra *f* textil
Tex'tilien PL tejidos *mpl*; (productos *mpl*) textiles *mpl*
Tex'tilindustrie F industria *f* textil; **Textilmesse** F feria *f* de textiles; **Textilpflanze** F planta *f* textil; **Textilwaren** FPL → Textilien
'Textkritik F crítica *f* de los textos; **textlich** ADJ textual; **Textmarker** M ⟨~s; ~⟩ rotulador *m* flourescente; **Textschreiber** M, **Textschreiberin** F THEAT libretista *m/f*; MUS letrista *m/f*; **Textstelle** F pasaje *m* (de un texto); **Texttreue** F fidelidad *f* al texto; **Textverarbeitung** F IT tratamiento *m* (*od* procesamiento *m*) de textos
'Textverarbeitungsprogramm N, **Textverarbeitungssoftware** F IT software *m* (*od* programa *m*) para tratamiento de textos, editor *m* de textos
TH F ABK (Technische Hochschule) Escuela *f* Superior Técnica
'Thailand N ⟨~s⟩ Tailandia *f*; **Thailänder** M ⟨~s; ~⟩, **Thailänderin** F ⟨~; ~nen⟩ tailandés *m*, -a *f*; **thailändisch** ADJ tailandés
Tha'lia F MYTH Talía *f*
The'ater N ⟨~s; ~⟩ 1 teatro *m* (*a. Gebäude*); *Vorstellung*: representación *f* teatral; **~ spielen** hacer teatro, actuar; *fig* hacer la comedia; **ins ~ gehen** ir al teatro; **zum ~ gehen** dedicarse al teatro; hacerse actor (*bzw* actriz) 2 *umg fig* (*Spektakel*) espectáculo *m*; farsa *f*; (*Getue*) afectación *f*; aspavientos *mpl*; **~ machen** hacer aspavientos; **ein großes ~ machen** armar mucho jaleo; **mach kein ~!** ¡déjate de comedias!; **so ein ~!** ¡vaya teatro!; **das ist doch alles ~!** ¡no son más que cuentos!; **es ist immer dasselbe ~** es el cuento de siempre; es la eterna canción
'Theaterabend M velada *f* teatral; **Theaterabonnement** N abono *m* al teatro; **Theateragentur** F agencia *f* de teatro; **Theateraufführung** F representación *f* teatral; **Theaterbesuch** M visita *f* al teatro; **Theaterbesucher** M, **Theaterbesucherin** F espectador *m*, -a *f*; **Theaterdichter** M, **Theaterdichterin** F autor *m*, -a *f* dramático, -a; dramaturgo *m*, -a *f*; **Theaterdirektor** M, **Theaterdirektorin** F director *m*, -a *f* de teatro; **Theaterkarte** F entrada *f* (para el teatro); localidad *f*; **Theaterkasse** F despacho *m* de localidades, taquilla *f*; **Theaterkritik** F crítica *f* teatral; **Theaterkritiker** M, **Theaterkritikerin** F crítico *m*, -a *f* teatral; **Theaterprobe** F ensayo *m* (de teatro); **Theatersaal** M sala *f* de espectáculos; **Theatersaison** F temporada *f* teatral; **Theaterstück** N pieza *f* teatral (*od* de teatro); **Theatervorstellung** F → Theateraufführung; **Theaterzettel** M cartel *m* de teatro
'Thea'tiner M ⟨~s; ~⟩ KATH teatino *m*
Thea'tralik F ⟨~⟩ teatralidad *f*; **theatralisch** ADJ teatral (*a. fig*)
'Theben N ⟨~s⟩ HIST Tebas *f*
The'ismus M ⟨~⟩ teísmo *m*
The'ist M ⟨~en; ~en⟩, **Theistin** F ⟨~; ~nen⟩ teísta *m/f*; **theistisch** ADJ teísta
'Theke F ⟨~; ~n⟩ (*Ladentheke*) mostrador *m*; (*Bartheke*) barra *f*; **an der ~** en la barra
'Thema N ⟨~s; Themen *od* ~ta⟩ tema *m* (*a.* MUS); asunto *m*; THEAT, FILM argumento *m*; **vom ~ abschweifen** desviarse (*od* apartarse) del tema; *umg* irse por las ramas; **beim ~ bleiben** no apartarse del tema; **das ~ wechseln** cambiar de tema
The'matik F ⟨~; ~en⟩ temática *f*; **thematisch** ADJ temático
'Themenkreis M temario *m*; **Themenpark** M parque *m* temático; **Themenschwerpunkt** M enfoque *m*; **Themenwechsel** M cambio *m* de tema
'Themse F **die ~** el Támesis
Theodo'lit M ⟨~(e)s; ~e⟩ *Vermessungsgerät*: teodolito *m*
Theo'krat M ⟨~en; ~en⟩, **Theo'kratin** F ⟨~; ~nen⟩ teócrata *m/f*; **Theokra'tie** F ⟨~; ~n⟩ teocracia *f*; **theo'kratisch** ADJ teocrático
Theo'loge M ⟨~n; ~n⟩ teólogo *m*; *Student*: estudiante *m* de teología; **Theolo'gie** F ⟨~; ~n⟩ teología *f*; **Theo'login** F ⟨~; ~nen⟩ teóloga *f*; *Studentin*: estudiante *f* de teología; **theo'logisch** ADJ teológico
Theo'rem N ⟨~s; ~e⟩ teorema *m*
Theo'retiker M ⟨~s; ~⟩, **Theoretikerin** F ⟨~; ~nen⟩ teórico *m*, -a *f*; **theoretisch** A ADJ teórico B ADV teóricamente; en teoría
theoreti'sieren V/I ⟨*ohne* ge-⟩ teorizar
Theo'rie F ⟨~; ~n⟩ teoría *f*; **~ und Praxis** teoría y práctica
Theo'soph M ⟨~en; ~en⟩ REL teósofo *m*; **Theoso'phie** F ⟨~; ~n⟩ teosofía *f*; **Theo'sophin** F ⟨~; ~nen⟩ teósofa *f*; **theo'sophisch** ADJ teosófico
Thera'peut M ⟨~en; ~en⟩ terapeuta *m*; **Thera'peutik** F ⟨~⟩ terapéutica *f*; **Thera'peutin** F ⟨~; ~nen⟩ terapeuta *f*; **thera'peutisch** ADJ terapéutico
Thera'pie F ⟨~; ~n⟩ terapia *f*, terapéutica *f*
Ther'malbad N baño *m* termal; *pl* caldas *fpl*; *Ort*: estación *f* termal; **Thermalquelle** F fuente *f* termal; aguas *fpl* termales; **Thermalschwimmbad** N piscina *f* termal

T

'Thermen FPL termas *fpl*; caldas *fpl*
'Thermik F ⟨~⟩ FLUG térmica *f*; **thermisch** ADJ térmico
'Thermochemie F termoquímica *f*; **thermochemisch** ADJ termoquímico; **Thermodrucker** M IT impresora *f* térmica; **Thermodynamik** F termodinámica *f*; **thermodynamisch** ADJ termodinámico; **thermoelektrisch** ADJ termoeléctrico; **Thermoelektrizität** F termoelectricidad *f*; **Thermoelement** N pila *f* termoeléctrica, elemento *m* termoeléctrico; **Thermohose** F pantalón *m* acolchado
Thermo'kauter M ⟨~s; ~⟩ MED termocauterio *m*
Thermo'meter N ⟨~s; ~⟩ termómetro *m*; **Thermometersäule** F columna *f* termométrica; **Thermometerstand** M altura *f* del termómetro
'thermonuklear ADJ termonuclear; **Thermopapier** N papel *m* termosensible (*od* térmico)
thermo'plastisch ADJ termoplástico
'Thermosflasche® F, **Thermoskanne®** F termo *m*
Thermo'stat M ⟨~(e)s; ~e *od* ~en⟩ termóstato *m*
'These F ⟨~; ~n⟩ tesis *f*
Thes'salien N ⟨~s⟩ HIST Tesalia *f*
'Thomas EIGENN M **1** *Vorname*: Tomás *m* **2** *fig* **ungläubiger ~** incrédulo *m*
'Thriller ['θrılər] M FILM película *f* de suspense; LIT novela *f* de suspense
Throm'bose F ⟨~; ~n⟩ MED trombosis *f*; **Thromboserisiko** N riesgo *m* de trombosis
'Thrombus M ⟨~; Thromben⟩ MED trombo *m*
Thron M ⟨~(e)s; ~e⟩ trono *m*; **den ~ besteigen** subir al trono; **auf den ~ erheben** elevar al trono, entronizar; **auf den ~ verzichten** abdicar; **vom ~ stoßen** destronar
'Thronanwärter M, **Thronanwärterin** F pretendiente *m*, -a *f* al trono; **Thronbesteigung** F subida *f* (*od* advenimiento *m*) al trono
'thronen VI ocupar el trono; (*herrschen*) reinar (*a. fig*); *fig* (*sitzen*) **auf etw** (*dat*) **~** estar sentado sobre a/c
'Thronerbe M, **Thronerbin** F heredero *m*, -a *f* del trono; **Thronerhebung** F entronización *f*; **Thronfolge** F sucesión *f* al trono; **Thronfolger** M, **Thronfolgerin** F sucesor *m*, -a *f* al trono; **Thronhimmel** M dosel *m*; baldaquín *m*; **Thronprätendent** M, **Thronprätendentin** F pretendiente *m/f* al trono; **Thronrede** F discurso *m* de la Corona; **Thronsessel** M sitial *m*; **Thronverzicht** M abdicación *f*
'Thunfisch M atún *m*
Thur F *río suizo*
'Thurgau M ⟨~s⟩ **der ~** Turgovia *f*
'Thüringen N ⟨~s⟩ Turingia *f*; **Thüringer**[1] ADJ turingense, de Turingia; **~ Wald** Selva *f* de Turingia; **Thüringer**[2] M ⟨~s; ~⟩, **Thüringerin** F ⟨~; ~nen⟩ turingense *m/f*; **thüringisch** ADJ turingense
'Thymian M ⟨~s; ~e⟩ BOT tomillo *m*
'Thymusdrüse F timo *m*
Ti'ara F ⟨~; Tiaren⟩ tiara *f*
'Tiber M ⟨~(s)⟩ Tíber *m*
'Tibet N ⟨~s⟩ Tíbet *m*
Tibe'taner M ⟨~s; ~⟩, **Tibetanerin** F ⟨~; ~nen⟩ tibetano *m*, -a *f*; **tibetanisch** ADJ tibetano
Ti'beter M ⟨~s; ~⟩, **Tibeterin** F ⟨~; ~nen⟩ tibetano *m*, -a *f*; **tibetisch** ADJ tibetano
Tic M ⟨~s; ~s⟩ MED tic *m* (nervioso)
Tick M ⟨~(e)s; ~s⟩ **1** MED → Tic **2** *fig* (*Schrulle*) chifladura *f*; *fig* **einen ~ haben** estar tocado de la cabeza; tener vena de loco **3** *umg* (*Nuance*) **einen ~ höher** una pizca más alto; **einen ~ schneller sein** ser un poquito (*od* un poquitín, *umg* un pelín) más rápido
'ticken VI **1** *Uhr* hacer tic tac **2** *umg fig* **du tickst wohl nicht richtig!** *umg* ¡no estás bien de la cabeza!
'Ticker M ⟨~s; ~⟩ (*Fernschreiber*) ticker *m*
'Ticket N ⟨~s; ~s⟩ billete *m* (de entrada *od* de transporte), ticket *m*; (*Fahrschein*) *Am a.* boleto *m*; (*Flugticket*) billete *m* (*od* pasaje *m*) de avión
'ticktack INT tic-tac
'Ticktack N ⟨~s⟩ tictac *m*
'Tie-Break ['taıbre:k] M, N ⟨~s; ~s⟩ *Tennis*: tie break *m*
tief **A** ADJ **1** *Ausdehnung*: hondo, profundo (*beide a. fig*); **wie ~ ist es?** ¿qué profundidad tiene?; **der Teich ist 6 Meter ~** el estanque tiene 6 metros de profundidad; **~er Schnee** nieve *f* alta; **~es Tal** valle *m* profundo; **~e Wunde** herida *f* profunda **2** *auf e-r Skala; Temperatur, Ton, Niveau* bajo; **~e Stimme** voz *f* grave **3** *fig Geheimnis* absoluto; **~es Schweigen** silencio *m* absoluto; **~er Schlaf** sueño *m* profundo; **in ~er Trauer** *Gefühl*: con profundo pesar **4** *intensivierend*: profundo; *fig* **aus ~stem Herzen** de todo corazón; **im ~sten Elend** en la extrema miseria; **im ~sten Winter/Afrika** en pleno invierno/África **B** ADV **1** (*weit unten*) **~ unten** muy abajo; **~ im Wasser** en el fondo del agua; **~ graben/hinunterreichen** cavar/descender profundamente; **sich ~ verbeugen** hacer una profunda reverencia **2** (*weit innen*) **~ im Landesinneren** en el interior del país; **~ im Wald** en lo más profundo del bosque; **~ eindringen** penetrar profundamente **3** **den Hut ~ ins Gesicht drücken** calar (*od umg* encasquetar) el sombrero **4** *zeitlich*: **~ in der Nacht** a altas horas de la noche; **bis ~ in die Nacht** hasta muy entrada (*od* avanzada) la noche; **bis ~ in den Winter** hasta pleno invierno **5** (*nicht hoch*) *Ort* **~ liegen** estar situado a baja altura; **~ fliegen** volar bajo (*od* a ras de suelo); **~er legen** rebajar **6** **~ klingen** *Glocke* tener un sonido grave; *Stimme* ser grave; *Saite etc* **~er stimmen** bajar el tono de; **einen Ton ~er singen** bajar un tono; **etwas ~er singen** cantar en un tono un poco más bajo **7** (*sehr*) **~ atmen** respirar profundamente; **~ beeindrucken** impresionar profundamente; **~ seufzen** dar un hondo suspiro; → *a.* tief ausgeschnitten, betrübt *etc*
Tief N ⟨~s; ~s⟩ **1** METEO depresión *f* (atmosférica); (*Tiefdruckgebiet*) zona *f* de baja presión **2** SCHIFF agua *f* profunda; profundidad *f* **3** *fig* depresión *f*
tief ausgeschnitten ADJ *Kleid* muy escotado
'Tiefbau M ⟨~(e)s⟩ construcción *f* de caminos, canales y puertos; obras *fpl* públicas; **Tiefbauingenieur** M ingeniero *m* de caminos, canales y puertos
tief betrübt ADJ profundamente afligido; **tief bewegt** ADJ hondamente (*od* profundamente) conmovido
'tiefblau ADJ azul oscuro; **Tiefblick** M penetración *f*; perspicacia *f*
tief blickend ADJ penetrante; perspicaz
'Tiefdruck M ⟨~(e)s⟩ **1** METEO baja presión *f* **2** ⟨*pl* ~e⟩ TYPO *Verfahren und Erzeugnis*: huecograbado *m*; **Tiefdruckgebiet** N METEO zona *f* de baja presión
'Tiefe F ⟨~; ~n⟩ **1** *nach unten, innen*: profundidad *f* (*a. fig*) **2** (*Innerstes, Hintergrund*) fondo *m* **3** MUS *e-s Tons*: gravedad *f* **4** (*Abgrund*) abismo *m* **5** SCHIFF *e-s Schiffes*: puntal *f*
'Tiefebene F llanura *f*
tief empfunden ADJ hondamente (*od* muy) sentido
'Tiefenausdehnung F extensión *f* en profundidad; **Tiefenfeuer** N MIL tiro *m* progresivo (*od* escalonado); **Tiefenmessung** F batimetría *f*; **Tiefenpsychologie** F (p)sicología *f* profunda; **Tiefenschärfe** F FOTO profundidad *f* de campo; **Tiefensteuer** N FLUG timón *m* de profundidad; **Tiefentherapie** F MED radioterapia *f* profunda
tief enttäuscht ADJ muy decepcionado
'Tiefenwirkung F efecto *m* en profundidad; MAL efecto *m* plástico
'tief'ernst ADJ muy grave
'Tiefflieger M avión *m* en vuelo rasante; **Tieffliegerangriff** M MIL ataque *m* en vuelo rasante; **Tiefflug** M vuelo *m* rasante (*od* a baja altura); **Tiefgang** M ⟨~(e)s⟩ **1** SCHIFF calado *m* **2** *fig* fondo *m*; **Tiefgarage** F garaje *m* (*od* aparcamiento *m*) subterráneo
tief gebeugt ADJ agobiado de pena
'tiefgefroren ADJ (ultra)congelado
tief gehend ADJ **1** SCHIFF de gran calado **2** *fig* hondo, profundo
tief gekränkt ADJ muy ofendido
'tiefgekühlt ADJ (ultra)congelado; **tiefgestellt** ADJ en subíndice; **~es Zeichen** subíndice *m*, índice *m* inferior
tief greifend ADJ profundo
'tiefgründig ADJ profundo; abismal; **tiefkühlen** VT congelar; refrigerar a baja temperatura
'Tiefkühlfach N congelador *m*; **Tiefkühlkost** F alimentos *mpl* congelados; **Tiefkühltruhe** F arca *f* congeladora, congelador *m* horizontal
'Tieflader M *Lkw*: remolque *m* de plataforma baja; **Tiefland** N ⟨~(e)s; ~er *od* ~e⟩ tierra(s) *f(pl)* baja(s)
tief liegend ADJ bajo; de bajo nivel; **~e Augen** ojos *mpl* hundidos
'Tieflot N SCHIFF sonda *f* de alta mar; **Tiefpunkt** M punto *m* más bajo; *fig* bache *m* (de moral); *fig* **auf dem ~ angekommen sein** tocar fondo; **Tiefschlag** M *Boxen u. fig* golpe *m* bajo
tief schürfend ADJ profundo; exhaustivo; (*gehaltvoll*) su(b)stancial
'tiefschwarz ADJ negro intenso; azabachado, negro como el azabache
'Tiefsee F mar *m* profundo; aguas *fpl* abisales; **Tiefseefauna** F fauna *f* abisal; **Tiefseeforschung** F investigación *f* oceanográfica (*od* abisal); **Tiefseekabel** N cable *m* de alta mar; **Tiefseetauchboot** N batiscafo *m*; **Tiefseetauchkugel** F batisfera *f*
'Tiefsinn M profundidad *f* de pensamiento; (*Schwermut*) melancolía *f*; **tiefsinnig** ADJ profundo, hondo; (*nachdenklich*) pensativo, meditabundo; (*schwermütig*) melancólico
'Tiefstand M bajo nivel *m*; nivel *m* más bajo; WIRTSCH depresión *f* (*a. des Barometers*)
Tiefstape'lei F ⟨~; ~en⟩ declaración *f* (*od* afirmación *f*) exageradamente modesta
'tiefstapeln VI ser demasiado modesto en sus afirmaciones
'Tiefstart M SPORT salida *f* agachada
tief stehend ADJ bajo; *fig a.* inferior
'Tiefstwert M valor *m* mínimo
tief verschneit ADJ con mucha nieve
tief wurzelnd ADJ profundamente arraigado
'tiefziehen VT TECH embutir a profundidad
'Tiegel M ⟨~s; ~⟩ (*Topf*) cacerola *f*; TECH (*Schmelztiegel*) crisol *m*; TYPO platina *f*; **Tiegelofen** M horno *m* de crisol; **Tiegelstahl** M acero *m* al crisol (*od* acrisolado)

T

Tier N ⟨~(e)s; ~e⟩ **1** animal *m*; *(Raubtier)* fiera *f*; *(Ungeziefer)* bicho *m* **2** *im Gegensatz zu Mensch:* bestia *f*; *lit, fig* bruto *m*; **zum ~ werden** *(gewalttätig werden, sich vergessen)* volverse loco de rabia, ponerse rabioso **3** *umg fig* **hohes** *od* **großes ~** *umg* pez *m* gordo; personaje *m* muy importante
'Tierart F especie *f* zoológica (*od* animal); **Tierarzt** M, **Tierärztin** F veterinario *m*, -a *f*; **tierärztlich** ADJ veterinario; **Tierärztliche Hochschule** Escuela *f* de Veterinaria; **Tierbändiger** M, **Tierbändigerin** F domador *m*, -a *f* de fieras; **Tierbestand** M población *f* animal
'Tierchen N ⟨~s; ~⟩ animalito *m*; bicho *m*; *umg* **jedem ~ sein Pläsierchen** cada loco con su tema
'Tierfett N grasa *f* animal; **Tierfreund** M, **Tierfreundin** F amigo *m*, -a *f* de los animales; **Tiergarten** M parque *m* (*od* jardín *m*) zoológico; **Tierhalter** M, **Tierhalterin** F dueño *m*, -a *f* de un animal; AGR ganadero *m*; **Tierhaltung** F tenencia *f* de animales; AGR ganadería *f*; **Tierhandlung** F tienda *f* de animales; **Tierheilkunde** F veterinaria *f*; **Tierheim** N hogar *m* de animales; *für Hunde:* perrera *f*
'tierisch A ADJ **1** *(vom Tier)* animal **2** *fig (tierhaft)* bestial, brutal **3** *umg (sehr groß)* bestial, monstruoso B ADV *umg (sehr) umg* bestialmente; **es tut ~ weh** *umg* duele una bestialidad; **sich ~ freuen** estar loco de alegría
'Tierkadaver M animal *m* muerto; **Tierkohle** F carbón *m* animal; **Tierkreis** M ASTROL zodíaco *m*; **Tierkreiszeichen** N ASTROL signo *m* del zodíaco; **Tierkunde** F zoología *f*
'tierlieb ADJ que ama a los animales; **~ sein** amar a los animales
'Tierliebe F amor *m* a los animales; **Tiermedizin** F → Tierheilkunde; **Tiermehl** N harina *f* animal (*od* cárnica); **Tierpark** M jardín *m* (*od* parque *m*) zoológico; **Tierpfleger** M, **Tierpflegerin** F cuidador *m*, -a *f* de animales; **Tierpsychologie** F (p)sicología *f* animal; **Tierquäler** M maltratador *m* (*od* atormentador *m*) de animales
Tierquäle'rei F maltrato *m* de los animales; crueldad *f* con los animales
'Tierquälerin F maltratadora *f* (*od* atormentadora *f*) de animales
'tierreich ADJ rico en animales
'Tierreich N reino *m* animal; **Tierreichtum** M riqueza *f* zoológica (*od* faunística); **Tierschau** F exposición *f* de fieras; AGR exposición *f* (*od* feria *f*) de ganado; **Tierschutz** M protección *f* de animales; **Tierschützer** M, **Tierschützerin** F protector *m*, -a *f* de animales; **Tierschutzgebiet** N reserva *f* zoológica; **Tierschutzverein** M sociedad *f* protectora de animales; **Tiertransport** M transporte *m* de animales (*od* de ganado); **Tierversuch** M experimento *m* en animales
'Tierversuchsgegner M, **Tierversuchsgegnerin** F oponente *m/f* a los experimentos con (*od* en) animales
'Tierwärter M, **Tierwärterin** F cuidador *m*, -a *f* de animales; **Tierwelt** F mundo *m* animal; *e-s bestimmten Gebietes:* fauna *f*; **Tierzucht** F zootecnia *f*; cría *f* de animales; **Tierzüchter** M, **Tierzüchterin** F zootécnico *m*, -a *f*; criador *m*, -a *f* de animales
'Tiger M ⟨~s; ~⟩ tigre *m*; **Tigerauge** N MINER *(Schmuckstein)* ojo *m* de tigre; **Tigerfell** N piel *f* de tigre; **Tigerin** F ⟨~; ~nen⟩ tigresa *f*; **Tigerkatze** F ZOOL gato *m* tigre
'tigern VI ⟨sn⟩ correr (de un lado a otro); **(ruhelos) durch die Wohnung ~** ir por el piso de un lado a otro inquieto
'Tilde F ⟨~; ~n⟩ tilde *m/f*; *(Wiederholungszeichen)* signo *m* de repetición
'tilgbar ADJ redimible; WIRTSCH amortizable; re(e)mbolsable; **nicht ~** irredimible
'tilgen VT **1** *(auslöschen)* borrar; extinguir; *(beseitigen)* suprimir; quitar; *(streichen)* tachar **2** FIN, WIRTSCH *Schuld* pagar; liquidar, saldar; redimir; *Anleihe etc* amortizar; re(e)mbolsar, reintegrar; *Hypothek* cancelar
'Tilgung F ⟨~; ~en⟩ **1** *(Löschung)* extinción *f*; supresión *f*; *(Streichung)* tachadura *f* **2** FIN, WIRTSCH pago *m*; liquidación *f*; *e-r Anleihe:* amortización *f*; re(e)mbolso *m*, reintegro *m*
'Tilgungsanleihe F FIN, WIRTSCH empréstito *m* amortizable; **Tilgungsfonds** M fondo *m* de amortización; **Tilgungskasse** F caja *f* de amortización; **Tilgungsplan** M plan *m* de amortización; **Tilgungsquote** F cuota *f* de amortización; **Tilgungsrate** F plazo *m* de amortización; **Tilgungszeichen** N TYPO dele *m*
'timen ['taɪmən] VT fijar (*od* calcular od coordinar) el tiempo; **gut getimt** bien sincronizado; en el tiempo preciso; con el tiempo bien coordinado
'Timesharing ['taɪmʃɛːrɪŋ] N ⟨~s; ~s⟩ multipropiedad *f*
'Timing ['taɪmɪŋ] N ⟨~s; ~s⟩ cálculo (*od* coordinación *f*) del tiempo; **perfektes ~** coordinación *f* perfecta
'Tingeltangel M, N ⟨~s; ~⟩ *obs* café *m* cantante
Tink'tur F ⟨~; ~en⟩ tintura *f*
'Tinnef M ⟨~s⟩ *umg (Schund)* pacotilla *f*; baratijas *fpl*; *(Unsinn)* bobadas *fpl*, sandeces *fpl*; *umg* chorradas *fpl*
Tinnitus M ⟨~⟩ MED acúfenos *mpl*; *fachspr a.* tinnitus *m*
'Tinte F ⟨~; ~n⟩ tinta *f*; *umg fig* **in der ~ sitzen** estar en un gran apuro (*od* en un atolladero); *umg* **das ist klar wie dicke ~** está más claro que el sol
'Tintenfass N tintero *m*; **Tintenfisch** M ZOOL sepia *f*; *kleiner:* chipirón *m*; *weitS.* calamar *m*; **Tintenfleck** M mancha *f* de tinta; **Tintenkiller®** M *umg* borratintas *m*; **Tintenklecks** M → Tintenfleck; **Tintenkleckser** M, **Tintenkleckserin** F *umg* escribidor *m*, -a *f*; chupatintas *m/f*; **Tintenlöscher** *(Löschstift)* borratintas *m*; **Tintenpatrone** F *im Drucker:* cartucho *m* de tinta; **Tintenroller** M roller *m*; **Tintenstift** M lápiz *m* de tinta; **Tintenstrahldrucker** M IT impresora *f* de chorro (*od* de inyección) de tinta
Tip → Tipp
Tipp M ⟨~s; ~s⟩ **1** *umg (Rat)* consejo *m*; sugerencia *f*; *(Hinweis)* indicación *f*; *umg* pista *f*; *(Wink)* aviso *m*, *umg* soplo *m*; **ein guter ~** un buen consejo; **j-m einen ~ geben** dar un soplo (*od* una pista) a alg **2** *beim Wetten:* pronóstico *m*
'Tippelbruder M *umg pej* vagabundo *m*
'tippeln VI ⟨sn⟩ trotar; *(kleine Schritte machen) umg* ir pasito a paso
'tippen VT & VI **1** **an** *od* **gegen etw** *(acus)* **~** tocar a/c ligeramente **2** *am PC etc: umg* teclear; **einen Brief ~** escribir una carta a máquina *bzw* al ordenador **3** *umg Lotto etc:* jugar; *(setzen auf)* apostar (**auf** *acus* por), hacer apuestas; *Fußballtoto:* hacer una quiniela **4** *(vermuten)* apostar (**auf** *acus* por); **richtig ~** acertar
'Tippfehler M errata *f*; **Tippschein** M → Tippzettel
'Tippse F *umg mst pej* taquimeca *f*
'tipp'topp A ADJ *umg* impecable, perfecto; *umg* de primera B ADV perfectamente; **~ angezogen** *umg* de punta en blanco
'Tippzettel M quiniela *f*, boleto *m*
TIR ABK (Transports Internationaux Routiers) TIR (Transporte Internacional en Ruta)
Ti'rade F ⟨~; ~n⟩ tirada *f*
tiri'lieren VI ⟨ohne ge-⟩ *Vogel* trinar, gorjear
Ti'rol N ⟨~s⟩ Tirol *m*; **Tiroler** M ⟨~s; ~⟩, **Tirolerin** F ⟨~; ~nen⟩ tirolés *m*, -esa *f*; **tirol(er)isch** ADJ tirolés
'Tisch M ⟨~es; ~e⟩ **1** mesa *f*; **den ~ decken/abdecken** poner/quitar la mesa; **vom ~ aufstehen** levantarse de la mesa; *fig* **am grünen ~** *od* **vom grünen ~ aus** burocráticamente, teóricamente; *fig* POL **runder ~** mesa *f* redonda; *fig* **reinen ~ machen** hacer tabla rasa (**mit etw** de a/c); *umg* **j-n über den ~ ziehen** engañar a alg; *fig* **unter den ~ fallen** pasar inadvertido; *umg fig* **etw unter den ~ fallen lassen** pasar a/c por alto; *fig* **j-n unter den ~ trinken** ganar a otro bebiendo; *umg fig Problem* **vom ~ sein** estar resuelto **2** *geh (Mahlzeit)* **bei ~** durante la comida; **nach ~** después de la comida; de sobremesa; **vor ~** antes de la comida; **zu ~ gehen** ir a comer (*od* almorzar); **zu ~ laden** *od* **bitten** invitar a comer; **zu ~ sein** estar comiendo; **sich zu ~ setzen** sentarse a la mesa; **(bitte) zu ~!** ¡a la mesa!
'Tischaufsatz M centro *m* de mesa; **Tischbein** N pata *f* de la mesa; **Tischbesen** M recogemigas *m*
'Tischchen N ⟨~s; ~⟩ mesita *f*
'Tischdame F compañera *f* (*od* vecina *f*) de mesa; **Tischdecke** F mantel *m*; **Tischende** N **das obere/untere ~** la cabecera/el extremo de la mesa; **tischfertig** ADJ listo para servir (*od* comer); **Tischfußball** M futbolín *m*; **Tischgast** M convidado *m*; comensal *m*; **Tischgebet** N bendición *f* de la mesa, benedícite *m*; **Tischgenosse** M, **Tischgenossin** F comensal *m*; **Tischgesellschaft** F convidados *mpl*, comensales *mpl*; **Tischgespräch** N conversación *f* de mesa; **Tischglocke** F campanilla *f* de mesa; **Tischherr** M compañero *m* (*od* vecino *m*) de mesa; **Tischkalender** M calendario *m* (*bzw* agenda *f*) de mesa; **Tischkante** F borde *m* (*od* canto *m*) de la mesa; **Tischkarte** F tarjeta *f* de mesa; **Tischklappe** F tablero *m* plegable (*od* articulado); **Tischlampe** F lámpara *f* de (sobre)mesa; **Tischläufer** M tapete *m*
'Tischler M ⟨~s; ~⟩ carpintero *m*; *(Möbeltischler)* ebanista *m*; **Tischlerarbeit** F obra *f* de carpintería (*bzw* de ebanistería)
Tischle'rei F ⟨~; ~en⟩ carpintería *f*; *(Möbeltischlerei)* ebanistería *f*
'Tischlergeselle M, **Tischlergesellin** F oficial *m/f* (de) carpintero (*bzw* ebanista); **Tischlerin** F ⟨~; ~nen⟩ carpintera *f*; *(Möbeltischlerin)* ebanista *f*; **Tischlerlehrling** M aprendiz *m*, -a *f* de carpintero (*bzw* de ebanista); **Tischlerleim** M cola *f* fuerte; **Tischlermeister** M maestro *m* carpintero (*bzw* ebanista)
'tischlern VI carpintear
'Tischlerwerkstatt F (taller *m* de) carpintería *f* (*bzw* ebanistería *f*)
'Tischlied N canción *f* de mesa; **Tischmesser** N cuchillo *m* de mesa; **Tischnachbar** M, **Tischnachbarin** F vecino *m*, -a *f* de mesa; **Tischordnung** F disposición *f* de asientos (a la mesa); **Tischplatte** F tabla *f* de la mesa; tablero *m* (de la mesa); *zur Verlängerung:* ala *f*; **Tischrede** F discurso *m* de sobremesa; *(Toast)* brindis *m*; **Tischrücken** N sesión *f* de espiritismo; mesa *f* parlante; **Tischsitten** FPL comportamiento *m* (*od* modales *mpl*) en la mesa; **Tischstaubsauger** M aspirador *m* portátil de mesa

T

'Tischtennis N tenis *m* de mesa, ping-pong *m*; **Tischtennisplatte** F mesa *f* de ping--pong; **Tischtennisschläger** M pala *f* de ping-pong; **Tischtennisspieler** M, **Tischtennisspielerin** F tenista *m/f* de mesa, jugador *m*, -a *f* de ping-pong

'Tischtuch N mantel *m*; **Tischtuchklammer** F sujetamanteles *m*; **Tischwein** M vino *m* de mesa; **Tischzeit** F hora *f* de comer (*od* de almorzar); **Tischzeug** N mantelería *f*

Ti'tan[1] N ⟨~s⟩ CHEM titanio *m*

Ti'tan[2] M ⟨~en; ~en⟩ MYTH titán *m*; **titanenhaft, titanisch** ADJ titánico; **Titansäure** F CHEM ácido *m* titánico

'Titel M ⟨~s; ~⟩ 1 *allg* título *m*; **das Buch trägt den ~ …** el libro se titula …, el título del libro es … 2 (*Anrede*) tratamiento *m*; **akademischer ~** título *m* universitario; **den ~ … führen** tener el título de …; **j-m einen ~ verleihen** conceder un título a alg 3 SPORT **einen ~ innehaben** ostentar un título

'Titelbewerber M, **Titelbewerberin** F SPORT aspirante *m/f* al título; **Titelbild** N (grabado *m* de la) portada *f*; **Titelblatt** N portada *f*

Tite'lei F ⟨~; ~en⟩ TYPO títulos *mpl*

'Titelhalter M, **Titelhalterin** F, **Titelinhaber** M, **Titelinhaberin** F *bes* SPORT poseedor *m*, -a *f* (*od* tenedor *m*, -a) del título; titular *m/f*; **Titelkampf** M SPORT lucha *f* por el título; **Titelrolle** F THEAT papel *m* principal (*od* de protagonista); **Titelschutz** M JUR *im Verlagsrecht etc*: protección *f* del título; **Titelseite** F primera plana *f*, portada *f*; **Titelstory** [-stɔri] F ⟨~; ~s⟩ *in Zeitschriften*: reportaje *m* de portada; **Titelsucht** F manía *f* de los títulos; **Titelverteidiger** M, **Titelverteidigerin** F SPORT defensor *m*, -a *f* del título

'Titer M ⟨~s; ~⟩ CHEM título *m*

Ti'trieranalyse F CHEM análisis *m* volumétrico; **titrieren** V/T ⟨*ohne* ge-⟩ titular; **Titrieren** N, ⟨~s⟩, **Titrierung** F ⟨~; ~en⟩ titulación *f*

'Titte F ⟨~; ~n⟩ *sl* teta *f*

titu'lieren V/T ⟨*ohne* ge-⟩ titular; poner título; intitular; (*anreden*) tratar de; *umg* (*bezeichnen*) calificar, tildar (**als** de); **Titulierung** F (*Anrede*) tratamiento *m*

tja INT ¡bueno!

TNT N ABK (Trinitrotoluol) ⟨~s⟩ CHEM TNT *m* (trinitrotolueno)

Toast [to:st] M ⟨~es; ~e *od* ~s⟩ 1 (*geröstetes Brot*) tostada *f* 2 (*Trinkspruch*) brindis *m*; **einen ~ auf j-n ausbringen** brindar por alg

'Toastbrot [to:st-] N pan *m* tostado (*bzw* para tostar)

'toasten ['to:stən] A V/I brindar (**auf** *acus* por) B V/T *Brot etc* tostar; **Toaster** M tostador *m* (de pan)

'Tobak M ⟨~(e)s; ~e⟩ *umg* → Tabak; *hum* **Anno ~** el año de la nana (*od* nanita); *umg fig* **das ist starker ~!** ¡eso es un poco fuerte!

'toben V/I 1 *vor Wut*: rabiar, estar furioso; *umg* echar chispas, darse a todos los diablos 2 (*lärmen*) alborotar; (*Zerstörungen anrichten*) hacer estragos 3 ⟨+*Richtungsangabe* sn⟩ *Kinder* retozar; **die Kinder sind durch den Garten getobt** los niños retozaban en el jardín 4 *Sturm etc*: desencadenarse (*a. Schlacht*); bramar; *Meer a.* encresparse

'tobend ADJ furioso, enfurecido; **~er Beifall** aplauso *m* frenético; *Elemente, Sturm* desencadenado; *See* embravecido

'Tobsucht F frenesí *m*; MED delirio *m* furioso; **tobsüchtig** ADJ frenético; furioso; rabioso; **Tobsuchtsanfall** M acceso *m* de rabia; MED ataque *m* de locura; acceso *m* furioso

'Tochter F ⟨~; Töchter⟩ hija *f*; **die ~ des Hauses** la señorita

'Töchterchen N ⟨~s; ~⟩ hijita *f*

'Tochterfirma F WIRTSCH filial *f*; **Tochtergesellschaft** F WIRTSCH (sociedad *f*) filial *f*; **Tochterkirche** F REL iglesia *f* filial

'töchterlich ADJ de hija; filial

'Tochtersprache F lengua *f* derivada; **Tochterunternehmen** N (empresa *f*) filial *f*

Tod M ⟨~(e)s; ~e⟩ 1 *allg* muerte *f* (*a. fig*); (*Sterben*) fallecimiento *m*; defunción *f*; *lit* óbito *m*; **plötzlicher/früher ~** muerte *f* repentina/prematura; **eines gewaltsamen/natürlichen ~es sterben** morir de muerte violenta/natural; **den ~ finden** hallar la muerte, perecer; **dem ~e nahe sein** estar a dos pasos de la muerte; **dem ~ ins Auge sehen** (*od* **schauen**) afrontar la muerte; *geh* **(ein Kind) des ~es sein** ser presa de la muerte; estar condenado a morir; **bis in den ~** hasta la muerte; *geh* **mit dem ~(e) ringen** agonizar, estar en la agonía; **nach j-s ~** *erscheinend, geboren etc*: póstumo; **j-n vom ~ erretten** salvar la vida a alg; librar de una muerte cierta a alg; **kurz vor seinem ~(e)** poco antes de morir; **zu ~e hetzen** *Wild* perseguir a muerte, acosar (*a. fig*); *Pferd* reventar; **zu ~e quälen** atormentar hasta la muerte; **zum ~(e) verurteilen** condenar (*od* sentenciar) a muerte; **zwischen ~ und Leben schweben** estar entre la vida y la muerte 2 *fig umg* **etw/j-n auf den ~ nicht leiden können** odiar a/c/a alg a (*od* de) muerte; tener un odio mortal a a/c/alg; **sich zu ~e arbeiten** matarse trabajando; **zu ~e betrübt** muy afligido; con el corazón destrozado; **zu ~e erschrecken** llevarse un susto mortal (*od* de muerte); **sich zu ~e schämen** morirse de vergüenza; **sich zu ~e langweilen** morirse de aburrimiento; *umg* aburrirse como una ostra

'todbringend ADJ mortal; fatal; mortífero

'tod'ernst A ADJ muy serio; **mit ~em Gesicht** con una cara muy seria B ADV muy en serio

'Todesahnung F presentimiento *m* de la muerte (próxima); **Todesangst** F angustia *f* mortal; *fig* **Todesängste ausstehen** pasar angustias mortales; estar con el alma en un hilo; **Todesanzeige** F esquela *f* de defunción (*od* mortuoria); **Todesart** F género *m* (*od* forma *f*) de muerte; **Todesblässe** F palidez *f* cadavérica; **Todesengel** M ángel *m* de la muerte; **Todeserklärung** F declaración *f* de muerte (*od* de fallecimiento); **Todesfall** M muerte *f*; defunción *f*, fallecimiento *m*; **im ~** en caso de muerte; **Todesfalle** F *Ort*: trampa *f* mortal; **Todesfallversicherung** F seguro *m* en caso de muerte; **Todesfurcht** F temor *m* a la muerte; **Todesgefahr** F peligro *m* de muerte; **j-n aus ~ retten** salvar la vida a alg; **Todeskampf** M agonía *f*; último trance *m*

'todesmutig ADJ desafiando la muerte

'Todesnachricht F noticia *f* de la muerte; **Todesopfer** N víctima *f* (mortal); muerto *m*, -a *f*; **Todespein** F *geh*, **Todesqualen** FPL angustias *fpl* mortales; *fig* **~ ausstehen** sufrir mil muertes; **Todesrate** F índice *m* de mortalidad; **Todesröcheln** N estertor *m* de la agonía; **Todesschrei** M grito *m* mortal; **Todesschwadron** F POL escuadrón *m* de la muerte; **Todesstoß** M golpe *m* mortal (*a. fig*); **j-m den ~ geben** dar la puntilla a alg (*a. fig*); **Todesstrafe** F pena *f* capital (*od* de muerte); **bei ~** bajo pena de muerte; **Todesstunde** F hora *f* de la muerte (*od* suprema); trance *m* mortal; **Todessturz** M caída *f* mortal; **Todestag** M día *m* de la muerte; (*Jahrestag*) aniversario *m* de la muerte; **Todesursache** F causa *f* de la muerte; **Todesurteil** N sentencia *f* de muerte; **Todesverachtung** F desprecio *m* de la muerte; **mit ~** con supremo valor, desdeñando la muerte; *umg fig* haciendo de tripas corazón; **Todeswunde** F herida *f* mortal; **Todeszeit** F tiempo *m* de morir; **Todeszelle** F celda *f* de la muerte; **Todeszone** F zona *f* de la muerte

'Todfeind M, **Todfeindin** F enemigo *m*, -a *f* mortal (*od* a muerte); **j-m ~ sein** estar a matar con alg; **Todfeindschaft** F odio *m* mortal

'todgeweiht ADJ *geh* señalado por la muerte

'tod'krank ADJ enfermo de muerte

'tödlich A ADJ mortal; (*todbringend*) mortífero; letal (*bes* MED); *Schlag, Unfall etc*: fatal; **~er Ausgang** desenlace *m* fatal (*od* mortal) B ADV 1 mortalmente; **~ verunglücken** perecer en un accidente; **~ verwunden** (*od* **verletzen**) herir mortalmente (*od* de muerte) 2 *fig* (*sehr*) **~ gekränkt sein** estar profundamente ofendido; **~ hassen** odiar a (*od* de) muerte (*od* mortalmente); **sich ~ langweilen** morirse de aburrimiento; aburrirse soberanamente (*od umg* como una ostra)

'tod'müde ADJ muerto de sueño; rendido de cansancio; *umg* hecho polvo; **tod'schick** ADJ *umg* muy elegante, muy chic; **tod'sicher** A ADJ segurísimo, absolutamente seguro; infalible B ADV sin falta; (*zweifellos*) sin duda alguna

'Todsünde F REL, *a. fig* pecado *m* mortal

'tod'unglücklich ADJ **~ sein** estar destrozado; **tod'wund** ADJ mortalmente herido

'Tofu M ⟨~(s)⟩ tofu *m*, queso *m* de soja

'Toga F ⟨~; Togen⟩ HIST toga *f*

'Togo N ⟨~s⟩ Togo *m*; **Togoer** M, **Togoerin** F togolés *m*, -esa *f*; **togoisch** ADJ togolés

Tohuwa'bohu N ⟨~ *od* ~s; ~s⟩ caos *m*; confusión *f*; *umg* cacao *m*; jaleo *m*, follón *m*

Toi'lette [toa'lɛtə] F ⟨~; ~n⟩ 1 (*Einzel-WC*) retrete *m*, excusado *m*, wáter *m*; (*Raum mit mehreren Toiletten*) servicios *mpl*; aseo(s) *m(pl)*; **auf die** (*od* **zur**) **~ gehen** ir al servicio 2 (*Körperpflege*) aseo *m* (personal); **~ machen** asearse; arreglarse 3 *obs* (*Kleidung*) atuendo *m*, atavío *m*; (*Kleid*) vestido *m*; **in großer ~** en traje *m* (*od* vestido *m*) de gala

Toi'lettenartikel MPL artículos *mpl* de tocador; **Toilettenfrau** F encargada *f* de los lavabos; **Toilettengarnitur** F juego *m* de tocador; **Toilettenmann** M encargado *m* de los lavabos; **Toilettenpapier** N papel *m* higiénico; **Toilettenseife** F jabón *m* de tocador; **Toilettenspiegel** M espejo *m* de tocador; **Toilettentisch** M tocador *m*

toi, toi, toi INT *umg* 1 (*alles Gute*) ¡suerte! 2 **(unberufen) ~!** ¡hay que tocar madera!

Tok'kata F ⟨~; Tokkaten⟩ MUS tocata *f*

tole'rant ADJ tolerante; **Tole'ranz** F ⟨~; ~en⟩ tolerancia *f* (*a.* TECH, MED); **tole'rieren** V/T ⟨*ohne* ge-⟩ tolerar

toll A ADJ 1 *umg* (*großartig*) *umg* fantástico, estupendo, genial; **ein ~er Bursche** *od* **Kerl** *umg* un gran tipo; un tío estupendo; **~er Einfall** idea *f* genial; **eine ~e Frau** una gran mujer; **das ist eine ~e Sache** *umg* es una cosa estupenda; es fantástico; **da ist etw Tolles passiert** ha sucedido algo gordo 2 *umg* (*unerhört*) increíble, alucinante; (*verrückt*) loco, descabellado; **eine ~e Geschichte** una historia increíble 3 *umg* (*stark*) *umg* terrible; **es herrschte ein ~es Gedränge** había muchísima gente; **ein ~er Lärm** un ruido infernal (*od* de mil demonios); **das ist zu ~** eso ya es demasiado; eso ya (se) pasa de la raya; **~er**

Streich locura *f*; trastada *f*; **die ~en Tage** ≈ los (últimos) días de carnaval **4** *obs (wahnsinnig)* loco, demente; *(rasend)* frenético; *(wütend)* furioso; **bist du ~?** ¿estás loco?; **das macht mich ~** me vuelve loco **B** ADV **1** *umg (großartig)* muy bien, genial; **das hast du ~ gemacht** *a. iron* lo has hecho estupendamente; **sich ~ amüsieren** *umg* pasarlo bomba **2** *umg (heftig)* terriblemente; **es zu ~ treiben** pasarse (de rosca), exagerar; *iron* **es kommt noch ~er** lo más bonito viene después **3** *obs (verrückt)* **wie ~** locamente, *umg* a lo loco

'tolldreist ADJ arrojado; atrevido; *(unverschämt)* descarado

'Tolle F ⟨~; ~n⟩ *(Haartolle)* tupé *m*, copete *m*

'tollen VI ⟨+*Richtungsangabe* sn⟩ alborotar; *Kinder* retozar, corretear; **die Kinder sind durch den Garten getollt** los niños retozaban en el jardín

'Tollhaus N **hier geht es zu wie im ~** parece una casa de locos (*od* de orates); **Tollheit** F ⟨~; ~en⟩ *obs* locura *f* (*a. fig*), demencia *f*; *fig* extravagancia *f*; insensatez *f*; **Tollkirsche** F BOT belladona *f*

'tollkühn ADJ temerario; **Tollkühnheit** F temeridad *f*

'Tollpatsch M ⟨~es; ~e⟩ torpe *m*, burdo *m*; **tollpatschig** ADJ torpe, burdo

'Tollwut F ⟨~⟩ VET, MED rabia *f*, hidrofobia *f*; **tollwütig** ADJ VET, MED rabioso, hidrófobo; **Tollwutimpfung** F vacuna *f* antirrábica; **Tollwutserum** N VET, MED suero *m* antirrábico

'Tolpatsch *etc* → Tollpatsch *etc*

'Tölpel M ⟨~s; ~⟩ patán *m*, paleto *m*; torpe *m*

Tölpe'lei F ⟨~; ~en⟩ torpeza *f*; grosería *f*

'tölpelhaft ADJ palurdo, paleto; *(ungeschickt)* torpe; *(grob)* grosero; **Tölpelhaftigkeit** F ⟨~⟩ → Tölpelei

To'mate F ⟨~; ~n⟩ BOT tomate *m*; *Mex a.* jitomate *m*

To'matencremesuppe F sopa *f* (*od* crema) de tomate; **Tomatenketchup** M, **Tomatenketschup** M ketchup *m*, catsup *m*; **Tomatenmark** N puré *m* de tomate; **Tomatensaft** M jugo *m* de tomate; **Tomatensalat** M ensalada *f* de tomate; **Tomatensoße** F salsa *f* de tomate; **Tomatensuppe** F sopa *f* de tomate

'Tombak M ⟨~s⟩ tumbaga *f*

'Tombola F ⟨~; ~s *od* Tombolen⟩ tómbola *f*; rifa *f*

'Tomograf M, **Tomograph** M ⟨~en; ~en⟩ tomógrafo *m*; aparato *m* tomográfico; **Tomografie** F, **Tomographie** ⟨~; ~n⟩ tomografía *f*

Ton[1] M ⟨~(e)s; Töne⟩ **1** *(Klang, Laut)* sonido *m* (*a.* FILM, TV, TECH); *(Klangfarbe)* timbre *m*; **hoher/tiefer ~** sonido *m* agudo/grave; **der ~ ist ausgefallen** se ha ido el sonido **2** MUS tono *m*; *(Note)* nota *f*; **halber ~** semitono *m*; **den ~ angeben** MUS dar el tono (*a. fig*), entonar; *fig* llevar la voz cantante; **den ~ nicht halten** desentonar, salirse de tono; **den ~ treffen** entonar bien **3** *(Benehmen, Umgangston)* tono *m*, formas *fpl*; **der gute ~** el buen tono; **es gehört zum guten ~** *(inf)* es de buen tono *(inf)*; **einen anderen ~ anschlagen** cambiar de tono; **j-n/etw in den höchsten Tönen loben** hacer grandes elogios de alg/a/c; *umg* poner por las nubes a alg/a/c; **wenn Sie in diesem ~ reden** si habla usted en ese tono; **ich verbitte mir diesen ~!** ¡no le admito ese tono! **4** *(Äußerung)* palabra *f*; **keinen ~ von sich geben** no decir palabra; *umg* no decir ni mu (*od* ni pío); **keinen ~ herausbringen** no soltar palabra, quedarse atónito **5** *umg* **große Töne spucken** darse importancia; *umg* **hat man** *od* **hast du Töne?** ¡habrase visto! **6** *(Farbton)* matiz *m*; **~ in ~** a tono **7** *(Betonung)* acento *m*

Ton[2] M ⟨~(e)s; ~e⟩ MINER arcilla *f*; *(Töpfererde)* barro *m*; **gebrannter ~** barro *m* cocido

'Tonabnehmer M fonocaptor *m*, pick-up *m*

to'nal ADJ MUS tonal

Tonali'tät F ⟨~; ~en⟩ MUS tonalidad *f*

'tonangebend ADJ *bes fig* que da el tono; que lleva la voz cantante; **~ sein** dar el tono; llevar la voz cantante; **Tonarchiv** N archivo *m* sonoro, fonoteca *f*; **Tonarm** M *des Plattenspielers*: brazo *m* del fonocaptor (*od* del pick-up)

'Tonart F MUS tono *m* (*a. fig*); tonalidad *f*; modo *m*; *fig* **in allen ~en** en todos los tonos; *fig* **eine andere ~ anschlagen** cambiar de tono

'Tonaufnahme F registro *m* del sonido (*od* sonoro); grabación *f* sonora

'Tonband N ⟨~(e)s; ¨er⟩ **1** cinta *f* magnetofónica; **auf ~ aufnehmen** grabar en cinta (magnetofónica) **2** → Tonbandgerät; **Tonbandaufnahme** F grabación *f* (en cinta) magnetofónica; **Tonbandgerät** N magnetófono *m*, magnetofón *m*; grabadora *f*

'Tonboden M terreno *m* (*od* suelo *m*) arcilloso

'Tondichter M, **Tondichterin** F MUS compositor *m*, -a *f*; **Tondichtung** F poema *m* sinfónico

'tönen **A** VI **1** *(erklingen)* sonar; *(widerhallen)* resonar; *dumpf*: retumbar **2** *umg fig (prahlen)* fanfarronear **B** VT colorear, matizar; FOTO virar; **das Haar ~** dar reflejos al pelo

'Toner M ⟨~s; ~⟩ tóner *m*; entintado *m*

'Tonerde F **1** tierra *f* arcillosa; arcilla *f* **2** CHEM alúmina *f*; **essigsaure ~** acetato *m* de alúmina

'Tonerkartusche F, **Tonerkassette** F cartucho *m* de tóner

'tönern ADJ de arcilla; de barro; *fig geh* **auf ~en Füßen stehen** estar sobre pies de barro

'Tonfall M cadencia *f*; *der Stimme*: entonación *f*; inflexión *f* (de la voz); acentuación *f*; dejo *m*; *Arg* tonada *f*; **Tonfarbe** F timbre *m*; **Tonfilm** M *einzelner*: película *f* sonora; *Gesamtheit*: cine *m* sonoro; **Tonfolge** F MUS serie *f* (*od* sucesión *f*) de tonos; **Tonfrequenz** F frecuencia *f* acústica, audiofrecuencia *f*; **Tonfülle** F sonoridad *f*

'Tongefäß N vasija *f* de barro; **Tongeschirr** N vajilla *f* de barro

'Tongeschlecht N MUS modo *m*

'Tongrube F gredal *m*; yacimiento *m* de tierra arcillosa

'tonhaltig ADJ, -ig *adj* arcilloso

'Tonhöhe F MUS altura *f* del tono

'Tonika F ⟨~; Toniken⟩ MUS tónica *f*

'Tonikum N ⟨~s; Tonika⟩ MED tónico *m*

'Toningenieur M, **Toningenieurin** F ingeniero *m*, -a *f* de sonido

'tonisch ADJ MUS, MED tónico

'Tonkamera F FILM cámara *f* sonora; **Tonkopf** M *Tontechnik*: cabeza *f* fonocaptora

'Tonkrug M cántaro *m*; *großer*: tinaja *f*

'Tonkunst F música *f*; arte *m* musical; **Tonkünstler** M, **Tonkünstlerin** F músico *m*, -a *f*; *(Komponist, -in)* compositor *m*, -a *f*; **Tonlage** F MUS registro *m*; **Tonleiter** F escala *f*; gama *f*; **~n üben** hacer escalas

'tonlos ADJ sin sonido; *(unbetont)* átono; sin acentuación; *Stimme* áfono; afónico

'Tonmalerei F MUS música *f* descriptiva; **Tonmeister** M, **Tonmeisterin** F THEAT, FILM ingeniero *m*, -a *f* de sonido; **Tonmischer** M, **Tonmischerin** F mezclador *m*, -a *f* de sonidos; **Tonmischpult** N pupitre *m* (*od* mesa *f*) de mezcla (de sonidos); **Tonmischung** F mezcla *f* de sonidos

Ton'nage [tɔ'na:ʒə] F ⟨~; ~n⟩ SCHIFF tonelaje *m*

'Tonne F ⟨~; ~n⟩ **1** *(Fass)* barril *m*; tonel *m* **2** *(Mülltonne)* cubo *m* **3** *Maß*: tonelada *f* (métrica) **4** SCHIFF *(Boje)* boya *f*; baliza *f* **5** *umg fig (dicke Person)* barrigón *m*, barrigona *f*

'Tonnendach N ARCH tejado *m* en forma de tonel; **Tonnengehalt** M SCHIFF tonelaje *m*; **Tonnengewölbe** N ARCH bóveda *f* en cañón; **tonnenweise** ADV por toneladas

'Tonpfeife F pipa *f* de barro

'Tonprojektor M FILM proyector *m* de películas sonoras

'Tonschiefer M MINER esquisto *m* arcilloso; arcilla *f* esquistosa

'Tonsetzer M, **Tonsetzerin** F MUS compositor *m*, -a *f*; **Tonsilbe** F LING sílaba *f* tónica; **Tonspur** F FILM pista *f* sonora; **Tonstärke** F intensidad *f* del sonido; RADIO volumen *m*; **Tonstörung** F interferencias *fpl*; **Tonstreifen** M FILM banda *f* sonora; **Tonstück** N pieza *f* musical (*od* de música); **Tonstudio** N estudio *m* de grabaciones; estudio *m* de sonido; **Tonstufe** F MUS intervalo *m*

Ton'sur F ⟨~; ~en⟩ REL tonsura *f*; corona *f*

'Tontaube F SPORT plato *m* (de tiro); **Tontaubenschießen** N SPORT tiro *m* al plato

'Tontechniker M, **Tontechnikerin** F técnico *m*, -a *f* del sonido; **Tonträger** M soporte *m* del sonido; **Tonumfang** M tesitura *f*

'Tönung F ⟨~; ~en⟩ *(Farbe)* colorido *m*; *(Schattierung)* matiz *m*; *v. Haaren*: reflejos *mpl*; FOTO viraje *m*

'Tonus M ⟨~⟩ MED tono *m*, tonicidad *f*

'Tonverstärker M amplificador *m* del sonido (*od* acústico)

'Tonwaren FPL (objetos *mpl* de) alfarería *f*; *(Steingut)* loza *f*

'Tonwiedergabe F reproducción *f* del sonido; **Tonzeichen** N MUS nota *f* (musical)

Tool [tu:l] N ⟨~s; ~s⟩ IT herramienta *f*; **Toolbox** F IT caja *f* (*od* cuadro) de herramientas

Top N ⟨~s; ~s⟩ MODE top *m*

TOP M ABK ⟨~⟩ → Tagesordnungspunkt

top..., Top... *umg* IN ZSSGN top; **topaktuell** ADJ muy actual

To'pas M ⟨~es; ~e⟩ topacio *m*

Topf M ⟨~(e)s; Töpfe⟩ **1** *(Kochtopf)* olla *f*; *mit Stiel*: cacerola *f*; *größerer*: marmita *f*; *fig* **alles in einen ~ werfen** meter todo en el mismo saco **2** *(tiefes Gefäß)* pote *m*, tarro *m*; *(Blumentopf)* maceta *f* **3** *(Nachttopf)* orinal *m*; *umg hum (Toilette)* lavabo *m*

'Töpfchen N ⟨~s; ~⟩ **1** ollita *f* **2** *fürs Baby*: orinal *m*

'Topfdeckel M tapa *f*, tapadera *f*

'Topfen M ⟨~s⟩ *österr* requesón *m*; **Topfenpalatschinken** FPL *tipo de crepe dulce relleno de requesón*

'Töpfer M ⟨~s; ~⟩ alfarero *m*; *(Kunsttöpfer)* ceramista *m*; **Töpferarbeit** F (obra *f* de) alfarería *f*

Töpfe'rei F ⟨~; ~en⟩ alfarería *f*

'Töpfererde F arcilla *f* (figulina); **Töpferhandwerk** N alfarería *f*; oficio *m* de alfarero; **Töpferin** F ⟨~; ~nen⟩ alfarera *f*; *(Kunsttöpferin)* ceramista *f*

'töpfern **A** VT **etw ~** hacer a/c (de barro) **B** VI hacer cerámica

'Töpferscheibe F torno *m* de alfarero; **Töpferton** M → Töpfererde; **Töpferware** F alfarería *f*; cacharrería *f*; loza *f*; *kunstgewerbliche*: cerámica *f*; **Töpferwerkstatt** F alfarería *f*

'top'fit ADJ **~ (sein)** (estar) en plena forma (*od* en excelentes condiciones físicas)

'Topflappen M agarrador *m*

'Topform F ⟨~⟩ plena forma *f*

'Topfpflanze F planta *f* de maceta

'Toplader M *Waschmaschine*: lavadora *f* de carga superior

'Topmanagement [-mɛnɪdʒ-] N alta dirección *f*; **Topmanager** [-mɛnɪdʒər] M, **Topmanagerin** F *bes* WIRTSCH alto, -a directivo *m*, -a *f*; alto, -a dirigente *m/f*; alto, -a ejecutivo *m*, -a *f*

'Topmodel N MODE top model *m/f*, supermodelo *m/f*

Topo'graf M, **Topo'graph** ⟨~en; ~en⟩ topógrafo *m*; **Topogra'fie** F, **Topogra'phie** F ⟨~; ~n⟩ topografía *f*; **Topo'grafin** F, **Topo'graphin** F ⟨~; ~nen⟩ topógrafa *f*; **topo'grafisch** ADJ, **topo'graphisch** ADJ topográfico

'Topos M ⟨~; Topoi⟩ LING, LIT tópico *m*, lugar *m* común

topp INT ¡trato hecho!; ¡chócala!

Topp M ⟨~s; ~e(n) *od* ~s⟩ SCHIFF tope *m*; **über die ~en flaggen** empavesar

'toppen V/T *umg* **etw ~** llevar a/c al tope

'Toppmast M SCHIFF mastelero *m*; **Toppsegel** N SCHIFF juanete *m*

Tor[1] N ⟨~(e)s; ~e⟩ **1** puerta *f*; portal *m* **2** SPORT; *erzieltes*: gol *m*, tanto *m*; *(Torrahmen)* portería *f*, meta *f*; **ein ~ schießen** marcar un tanto; *Fußball a.*: marcar (*od* meter) un gol

Tor[2] M ⟨~en; ~en⟩ *geh obs* tonto *m*; necio *m*, mentecato *m*, estúpido *m*

'Torbogen M arco *m*; **Torchance** F SPORT ocasión *f* de marcar (*od* de gol); **Tordifferenz** F SPORT diferencia *f* de goles; **Toreinfahrt** F puerta *f* cochera

Torf M ⟨~(e)s⟩ turba *f*; **~ stechen** extraer (*od* cortar) la turba

'Torfboden M tierra *f* turbosa; **Torfgewinnung** F extracción *f* de la turba; **Torfgrube** F turbera *f*

'Torflügel M hoja *f* de puerta

'Torfmoor N turbera *f*; **Torfmull** M serrín *m* de turba

'Torfrau F guardameta *f*; → *a.* Torwart

'Torfstechen N ⟨~s⟩ extracción *f* de turba; **Torfstecher** M ⟨~s; ~⟩, **Torfstecherin** F ⟨~; ~nen⟩ cortador *m*, -a *f* de turba; **Torfstich** M ⟨~(e)s⟩ → Torfstechen; **Torfstreu** F cama *f* de turba

'torgefährlich ADJ SPORT con (máximo) peligro para la portería

'Torhalle F ARCH porche *m*; pórtico *m*

'Torheit F ⟨~; ~en⟩ *geh* tontería *f*; necedad *f*; estupidez *f*; *(Unvernunft)* disparate *m*; insensatez *f*

'Torhüter M, **Torhüterin** F portero *m*, -a *f*; SPORT (guarda)meta *m/f*, *Am* arquero *m*, -a *f*

'töricht ADJ tonto; necio; estúpido; *(unvernünftig)* insensato, disparatado; **törichter'weise** ADV tontamente

'Törin F ⟨~; ~nen⟩ *geh obs* tonta *f*; necia *f*, estúpida *f*; insensata *f*

'Torjäger M, **Torjägerin** F SPORT goleador *m*, -a *f*

'torkeln V/I tambalearse; *Betrunkener* zigzaguear, *umg* ir haciendo eses

'Torlatte F SPORT larguero *m*; **Torlauf** M *Ski*: slálom *m*; **Torlinie** F SPORT línea *f* de meta (*od* de gol); **torlos** ADJ sin goles; **Tormann** M ⟨~(e)s; ¨er *od* -leute⟩ → Torwart

Törn M ⟨~s; ~s⟩ SCHIFF viaje *m* (*od* crucero *m*) en barco de vela (*od* en velero)

Tor'nado M ⟨~s; ~s⟩ tornado *m*

Tor'nister M MIL mochila *f*; *(Schultornister)* cartera *f* mochila

torpe'dieren V/T ⟨*ohne* ge-⟩ MIL torpedear; **Torpedieren** N ⟨~s⟩, **Torpedierung** F ⟨~; ~en⟩ torpedeo *m*

Tor'pedo M ⟨~s; ~s⟩ MIL torpedo *m*; **Torpedoboot** N torpedero *m*; **Torpedoflugzeug** N avión *m* torpedero; **Torpedokanone** F lanzatorpedos *m*; **Torpedorohr** N tubo *m* lanzatorpedos

'Torpfosten M SPORT poste *m* (de la portería); **Torraum** M *Fußball*: área *f* de gol; **Torschluss** M (hora *f* del) cierre *m*; *fig* **kurz vor ~** en el último momento; **Torschlusspanik** F *umg* pánico *m* del último minuto; *umg* angustia *f* de quedarse a la luna de Valencia; **Torschuss** M SPORT tiro *m* a puerta (*od* a gol); **Torschütze** M, **Torschützin** F SPORT goleador *m*, -a *f*; autor *m*, -a *f* del gol

Torsi'on F ⟨~; ~en⟩ TECH torsión *f*

Torsi'onsbeanspruchung F TECH esfuerzo *m* de torsión; **Torsionsfeder** F TECH resorte *m* de torsión; **Torsionsfestigkeit** F TECH resistencia *f* a la torsión; **Torsionsstab** M TECH barra *f* de torsión

'Torso M ⟨~s; ~s⟩ torso *m* (*a. fig*)

'Torstand M SPORT tanteo *m*; **Torsteher** M, **Torsteherin** F → Torwart

'Törtchen N ⟨~s; ~⟩ tartita *f*

'Torte F ⟨~; ~n⟩ tarta *f*; *(Obsttorte) a.* torta *f*

'Tortenboden M base *f* de tarta; **Tortendiagramm** N gráfico *m* sectorial, (diagrama *m* de) tarta *f*; **Tortenform** F molde *m* de tarta, tartera *f*; **Tortenheber** M paleta *f* para pasteles; **Tortenplatte** F plato *m* para tartas

Tor'tur F ⟨~; ~en⟩ tortura *f* (*a. fig*)

'Torverhältnis N SPORT gol average *m*

'Torwächter M, **Torwächterin** F portero *m*, -a *f*

'Torwart M ⟨~(e)s; ~e⟩, **Torwartin** F ⟨~; ~nen⟩ SPORT portero *m*, -a *f*, guardameta *m/f*, *bes Am* arquero *m*, -a *f*

'Torweg M puerta *f* cochera

'tosen V/I *Wind, Meer, Wildbach* bramar, rugir; **~der Beifall** aplausos *mpl* atronadores (*od* frenéticos), ovación *f* estruendosa

'Tosen N ⟨~s⟩ bramido *m*, rugido *m*; *(Lärm)* estrépito *m*; estruendo *m*; **das ~ der Brandung** el rugido del mar

Tos'kana F **die ~** Toscana *f*; **toskanisch** ADJ toscano

tot ADJ **1** *allg* muerto (*a. Sprache, Winkel etc*); *(verstorben) a.* fallecido; **das Tote Meer** el Mar Muerto; **klinisch ~** clínicamente muerto; **wie ~ daliegen** estar como muerto; **~ geboren** nacido muerto; **er war sofort ~** murió en el acto; **sich ~ stellen** hacerse el muerto; **~ umfallen** caer muerto; **mehr ~ als lebendig** más muerto que vivo; **den ~en Mann machen** *Schwimmen*: hacer la plancha; **für ~ erklären** declarar muerto **2** *Börse, Markt* desanimado; ELEK sin corriente **3** *(leblos)* sin vida, inanimado, inánime **4** *(abgestorben)* muerto; **~es Gewebe** *n* tejido *m* muerto **5** *fig* sin animación; *(glanzlos)* apagado; *(erloschen)* extinguido; **~er Punkt** punto *m* muerto; *fig* **an** (*od* **auf**) **einem ~en Punkt ankommen** llegar a un punto muerto; **den ~en Punkt überwinden** salir del punto muerto **6** *(öde)* desolado; desierto; abandonado; **die Gegend wirkt wie ~** la zona parece muerta **7** *(stillgelegt, nicht nutzbringend)* WIRTSCH inactivo, improductivo; BERGB **~es Gebirge** rocas *fpl* estériles; **~es Gewicht** peso *m* muerto; BAHN **~es Gleis** vía *f* muerta; **~es Kapital** capital *m* inactivo *od* improductivo; TECH **~er Raum** espacio *m* muerto; **~es Wissen** conocimientos *mpl* inútiles; RADIO **~e Zone** zona *f* de silencio **8** SPORT *(unentschieden)* **~es Rennen** carrera *f* empatada

to'tal **A** ADJ total; absoluto; entero, completo; *Nationalsozialismus*: **~er Krieg** guerra *f* total **B** ADV totalmente; completamente, por completo; **~ verrückt** loco de remate

To'talansicht F vista *f* total (*od* panorámica); **Totalausfall** M pérdida *f* total; **Totalausverkauf** M HANDEL liquidación *f* (*od* remate *m*) total

To'tale F ⟨~; ~n⟩ FILM, FOTO plano *m* total; **Totalfinsternis** F ASTRON eclipse *m* total

Totali'sator M ⟨~s; ~en⟩ totalizador *m*; SPORT marcador *m* simultáneo

totali'tär ADJ totalitario

Totalita'rismus M ⟨~⟩ totalitarismo *m*

Totali'tät F ⟨~⟩ totalidad *f*; **Totalitätsprinzip** N principio *m* totalitario

To'taloperation F MED extracción *f*; **Totalschaden** M daño *m* (*od* siniestro *m*) total; **Totalverlust** M pérdida *f* total

'totarbeiten V/R *umg* **sich ~** matarse trabajando; matarse a trabajar; **totärgern** V/R *umg* **sich ~** reventar de rabia

'Tote M/F ⟨~n; ~n; → A⟩ muerto *m*, -a *f*; *(Verstorbene)* difunto *m*, -a *f*; finado *m*, -a *f*; *sprichw* **die ~n soll man ruhen lassen** no hay que remover las cenizas (*od* profanar el sueño) de los muertos

'Totem N ⟨~s; ~s⟩ tótem *m*

Tote'mismus M ⟨~⟩ totemismo *m*; **totemistisch** ADJ totémico

'Totempfahl M mástil *m* totémico

'töten **A** V/T **1** matar, dar muerte a; *(ermorden)* asesinar; **getötet werden** morir; *Bibel*: **du sollst nicht ~** no matarás **2** MED *Nerv* desvitalizar **B** V/R **sich ~** matarse; quitarse la vida, suicidarse

'Töten N ⟨~s⟩ → Tötung

'Totenamt N KATH misa *f* de réquiem; oficio *m* de difuntos; **Totenbahre** F féretro *m*; **Totenbeschwörung** F nigromancia *f*; **Totenbett** N lecho *m* mortuorio (*od* de muerte)

'toten'blass, toten'bleich ADJ pálido como un muerto; de una palidez mortal; lívido; cadavérico

'Totenblässe F palidez *f* mortal (*od* cadavérica); **Totenfeier** F funerales *mpl*; exequias *fpl*; honras *fpl* fúnebres; **Totengeläut** N doble *m* (de las campanas), toque *m* a muerto; **Totengesang** M canto *m* fúnebre; **Totenglocke** F → Totengeläut; **die ~n läuten** doblar (*od* tocar) a muerto; **Totengräber** M **1** enterrador *m*, sepulturero *m* **2** ZOOL necróforo *m*; **Totengruft** F sepulcro *m*; tumba *f*; *in Kirchen*: cripta *f*; **Totenhemd** N mortaja *f*; **Totenklage** F llanto *m* fúnebre; plañido *m*; **Totenkopf** M calavera *f*; **Totenkranz** M corona *f* funeraria; **Totenliste** F lista *f* de defunciones; necrología *f*; MIL lista *f* de bajas; **Totenmaske** F mascarilla *f*; **Totenmesse** F misa *f* de réquiem (*od* de difuntos); **Totenregister** N obituario *m*; **Totenreich** N reino *m* de los muertos; **Totenschädel** M calavera *f*; **Totenschau** F necropsia *f*; **Totenschein** M *des Arztes*: certificado *m* de defunción; *standesamtlicher*: partida *f* de defunción; **Totensonntag** M REL día *m* de difuntos; **Totenstadt** F necrópolis *f*; **Totenstarre** F rigidez *f* cadavérica

'toten'still ADJ **es war ~** reinaba un silencio de muerte; **Toten'stille** F silencio *m* sepulcral (*od* de muerte)

'Totentanz M danza *f* macabra; **Totenurne** F urna *f* sepulcral; **Totenwache** F vela *f* de un difunto; velatorio *m*; **die ~ halten** velar a un difunto

'Toter M → Tote

'totfahren V/T ⟨*irr*⟩ atropellar mortalmente (*od* causando la muerte); causar la muerte por atropello

tot geboren ADJ nacido muerto (*od* sin vida), mortinato; muerto al nacer; *fig* abortado

'Totgeburt F niño *m* nacido muerto (*od* muerto al nacer); **Zahl der ~en** mortinatalidad *f*
'Totgeglaubte M/F, **Tot Geglaubte** ⟨~n; ~n; → A⟩ presunto, -a muerto *m*, -a *f*
'Totgesagte M/F ⟨~n; ~n; → A⟩ supuesto *m*, -a *f* muerto, -a
'totkriegen V/T *umg fig* **er ist nicht totzukriegen** no hay quien pueda con él
'totlachen V/R *umg* **sich ~** morirse de risa; **es ist zum Totlachen** es para morirse de risa
'Totlast F TECH peso *m* muerto
'totlaufen V/R *umg* **sich ~** *fig* acabar en nada;
totmachen V/T *umg* matar, dar muerte a
'Toto N & M ⟨~s; ~s⟩ *Rennsport*: totalizador *m*; (*Fußballtoto*) quinielas *fpl*; **Totogewinner** M, **Totogewinnerin** F acertante *m/f* en las quinielas; **Totoschein** M quiniela *f*; boleto *m*; **Totospieler** M, **Totospielerin** F quinielista *m/f*
'totprügeln V/T matar a palos; **Totpunkt** M TECH punto *m* muerto (*a. fig*); **totschießen** V/T ⟨irr⟩ *umg* matar de un tiro (*bzw* a tiros)
'Totschlag M ⟨~(e)s⟩ JUR homicidio *m*; **Totschlagargument** *umg* N *argumento que hace imposible continuar una discusión*
'totschlagen V/T ⟨irr⟩ matar, dar muerte a golpes; *fig* **die Zeit ~** matar el tiempo; **Totschläger** M 1 JUR *Person*: homicida *m* 2 *Waffe*: rompecabezas *m*; **totschweigen** V/T ⟨irr⟩ callar, silenciar, pasar en silencio; **totstechen** V/T ⟨irr⟩ acuchillar
tot stellen V/R **sich ~** hacerse el muerto
'tottreten V/T ⟨irr⟩ aplastar con los pies
'Tötung F ⟨~; ~en⟩ matanza *f*; JUR homicidio *m*
'Tötungsabsicht F JUR intención *f* de matar; **Tötungsversuch** M intento *f* de homicidio
Touch [tatʃ] M toque *m*; **'Touchpad** [-pɛt] N ⟨~s; ~s⟩ IT pantalla *f* táctil, touchpad *m*; **'Touchscreen** [-skri:n] M ⟨~s; ~s⟩ IT pantalla *f* táctil (*od* tactosensible)
Tou'pet [tu'pe:] N ⟨~s; ~s⟩ bisoñé *m*; peluquín *m*; **tou'pieren** V/T ⟨ohne ge-⟩ *Haare* cardar, crepar
Tour [tu:r] F ⟨~; ~en⟩ 1 (*Ausflug*) excursión *f*, gira *f*; (*Route*) itinerario *m*; SPORT vuelta *f* 2 TECH (*Umdrehung*) vuelta *f*, revolución *f*; **auf ~en kommen** tomar velocidad; *fig* (*angeregt werden*) embalarse; **auf vollen ~en laufen** ir a toda máquina (*a. fig*); *umg fig* **j-n auf ~en bringen** animar a alg, poner en marcha a alg; *umg* **in einer ~** sin parar, sin cesar 3 *umg fig* (*Methode*) truco *m*, maña *f*; **auf die feine** *od* **vornehme ~** finamente; **krumme ~en** caminos *mpl* tortuosos; **er hat mir die ~ vermasselt** *umg* me ha desbaratado los planes
'touren V/I *umg* **durch die Lande ~** ir de (*od* hacer una) gira por el país
'Tourenkarte F mapa *m* turístico; **Tourenrad** N bicicleta *f* de excursión; **Tourenwagen** M AUTO coche *m* de turismo; **Tourenzahl** F TECH número *m* de revoluciones (*bzw* de vueltas); **Tourenzähler** M contador *m* de revoluciones, cuentarrevoluciones *m*
Tou'rismus M ⟨~⟩ turismo *m*; **Tourismusgeschäft** N negocio *m* turístico; **Tourismusindustrie** F industria *f* turística; sector *m* del turismo
Tou'rist M ⟨~en; ~en⟩ turista *m*; **Touristenklasse** F clase *f* turista; **Touristenstrom** M flujo *m* turístico; afluencia *f* de turistas
Tou'ristik F ⟨~⟩ turismo *m*; industria *f* turística; **Touristikunternehmen** N empresa *f* turística (*od* del sector turístico)
Tou'ristin F ⟨~; ~nen⟩ turista *f*
tou'ristisch ADJ turístico
Tour'nee F ⟨~; ~n *od* ~s⟩ gira *f*; **auf ~ gehen** hacer una gira, salir en gira; ir de gira
Toxikolo'gie F ⟨~⟩ toxicología *f*; **toxiko'logisch** ADJ toxicológico
To'xin N ⟨~s; ~e⟩ toxina *f*
'toxisch ADJ tóxico
Trab M ⟨~(e)s⟩ trote *m*; **im ~** al trote; **~ reiten** trotar, ir (*od* cabalgar) al trote; **in ~ setzen** *Pferd* hacer ir al trote; *fig* **j-n auf ~ bringen** *umg* hacer trotar (*od* marchar) a alg; meter prisa a alg; *fig* **j-n in** (*od* **auf**) **~ halten** llevar al trote a alg
Tra'bant[1] M ⟨~en; ~en⟩ ASTRON satélite *m* (*a. fig*)
Tra'bant®[2] M ⟨~s; ~s⟩ *Automarke der ehemaligen DDR*: *marca de coche típico de la ex-RDA*
Tra'bantenstadt F ciudad *f* satélite
'Trabbi M ⟨~s,~s⟩, 'Trabi *m umg* → Trabant®[2]
'traben V/I ⟨sn⟩ trotar, ir al trote; **Traben** N ⟨~s⟩ trote *m*; **Traber** M ⟨~s; ~⟩ *Pferd*: (caballo *m*) trotón *m*; **Trabrennbahn** F pista *f* para carreras al trote; **Trabrennen** N carrera *f* al trote
Tra'chom N ⟨~s; ~e⟩ MED tracoma *m*
Tracht F ⟨~; ~en⟩ 1 (*Kleidung*) vestimenta *f*; indumentaria *f*; (*Schwesterntracht etc*) uniforme *m*; (*Volkstracht*) traje *m* regional 2 *fig* **~ Prügel** paliza *f*, *umg* tunda *f*
'trachten V/I *geh* **nach etw ~** aspirar a a/c; pretender a/c; anhelar a/c; **~ zu** (*inf*) tratar de (*inf*), procurar (*inf*); esforzarse por; **j-m nach dem Leben ~** atentar contra la vida de alg
'Trachten N ⟨~s⟩ *geh* aspiraciones *fpl*; esfuerzos *mpl*
'Trachtenfest N fiesta *f* regional (*bzw* folklórica); **Trachtengruppe** F grupo *m* folklórico
'trächtig ADJ ZOOL preñada, en gestación; **Trächtigkeit** F ⟨~⟩ ZOOL preñez *f*, gestación *f*
Track [trɛk] M ⟨~s; ~s⟩ *e-r CD*: pista *f*; **'Trackball** ['trɛkbɔ:l] M ⟨~s; ~s⟩ IT trackball *m*
Traditi'on F ⟨~; ~en⟩ tradición *f*
traditio'nell A ADJ tradicional B ADV tradicionalmente
traditi'onsbewusst ADJ tradicionalista; **Traditionsbewusstsein** N tradicionalismo *m*
traditi'onsgebunden ADJ tradicional; tradicionalista
traf → treffen
Tra'fik F ⟨~; ~en⟩ *österr* estanco *m*
'Trafo M ⟨~s; ~s⟩ *umg* transformador *m*
'Tragbahre F camilla *f*; parihuela *f*; **Tragbalken** M ARCH viga *f* maestra; **Tragband** N ⟨~(e)s; ¨er⟩ tirante *m*; MED cabestrillo *m*
'tragbar ADJ 1 *Gerät* portátil 2 *Kleid* llevable, ponible 3 *fig* (*annehmbar*) aceptable; razonable; (*erträglich*) soportable, llevadero; (*zulässig*) admisible
'Trage F ⟨~; ~n⟩ andas *fpl*; angarillas *fpl*; → *a.* Tragbahre
'träge ADJ (*lustlos*) apático; (*langsam*) lento; inerte (*a.* PHYS)
'tragen ⟨irr⟩ A V/T 1 (*transportieren*) llevar, portar, transportar; **(hin)~ zu** llevar a; **(her)~ zu** traer a; **bei sich** (*dat*) **~** llevar consigo (*od* encima); **am Körper ~** llevar puesto; **auf dem Arm/dem Rücken/der Schulter ~** llevar en brazos/a cuestas/al hombro; **in der Hand ~** llevar en la mano 2 *Kleidung, Schmuck, Brille, Frisur* llevar; **einen Bart ~** llevar barba *f*; **getragene Kleidung** ropa *f* usada 3 *Kosten, Risiko* cargar con; *Folgen* sufrir; **die Schuld an etw** (*dat*) **~** ser el culpable de a/c 4 *Namen, Datum, Unterschrift* llevar; *Titel* ostentar 5 (*ertragen*) sufrir, soportar, aguantar; **geduldig ~** sobrellevar; llevar con paciencia 6 (*stützen, belastbar sein*) sostener; soportar, apoyar 7 (*Ertrag bringen*) dar; *Zinsen etc* producir; **Blüten ~** florecer; **Frucht ~** BOT fructificar, dar fruto (*a. fig*); *fig* producir beneficio B V/I 1 *Eis* resistir 2 *Schusswaffe, Stimme*: alcanzar; **weit ~** *Stimme* llegar lejos 3 ZOOL (*trächtig sein*) estar preñada 4 *Baum* dar fruto, fructificar 5 *fig* **schwer an etw** (*dat*) **~** *od* **zu ~ haben** soportar una pesada carga con a/c C V/R 1 *Kleidung* **sich gut ~** llevarse bien, ser cómodo de llevar 2 **sich mit der Absicht ~, zu** (*inf*) proponerse, tener pensado (*inf*), tener la intención de (*inf*); **sich mit dem Gedanken ~, zu** (*inf*) acariciar (*od* abrigar) la idea de (*inf*); pensar en hacer (*inf*) 3 HANDEL **sich ~** (*sich selbst finanzieren*) llevarse sólo, financiarse a sí mismo
'Tragen N ⟨~s⟩ 1 porte *m*, transporte *m* 2 *v. Kleidung*: uso *m* 3 *fig* **(voll) zum ~ kommen** surtir efecto
'tragend ADJ 1 ZOOL → trächtig 2 *fig* sustentador; fundamental; THEAT **~e Rolle** papel *m* principal (*od* de protagonista); BAU **~e Wand** muro *m* soporte
'Träger ⟨~s; ~⟩ M 1 *Person*: portador *m* (*a.* MED); *e-s Titels*: titular *m*; (*Gepäckträger*) mozo *m*; *fig* exponente *m*; representante *m* 2 TECH, BAU soporte *m*, sostén *m*; (*Balken*) viga *f* 3 TEX *an Kleidung*: tirante *m* 4 CHEM vehículo *m* (*a. fig*) 5 ADMIN organismo *m* responsable; **Trägerfrequenz** F ELEK frecuencia *f* portadora
'Trägerin F ⟨~; ~nen⟩ portadora *f*; *e-s Titels*: titular *f*; **Trägerkleid** N TEX vestido *m* de tirantes; **Trägerlohn** M porte *m*; **trägerlos** ADJ TEX *Kleid* sin tirantes; **Trägerrakete** F cohete *m* portador (*od* lanzador); **Trägerrock** M TEX pichi *m*; **Trägerschürze** F TEX delantal *m* con tirantes; **Trägerwelle** F ELEK onda *f* portadora
'Tragetasche F bolsa de la compra *f*; *für Babys*: portabebés *m*; **Tragetüte** F bolsa *f* de la compra; **Tragezeit** F ZOOL período *m* de gestación
'tragfähig ADJ capaz de sostener; sólido, resistente; AGR productivo; *Kompromiss* firme; **Tragfähigkeit** F capacidad *f* de carga; SCHIFF desplazamiento *m* útil; FLUG capacidad *f* de transporte; AGR productividad *f*; (*Nutzlast*) carga *f* útil; *Baugrund*: resistencia *f* del suelo
'Tragfläche F, **Tragflügel** M FLUG plano *m* de sustentación, ala *f*; **Tragflügelboot** N hidroala *m*, hidrofoil *m*; **Traggestell** N andas *fpl*; **Traggurt** M tirante *m*
'Trägheit F ⟨~⟩ pereza *f*; lentitud *f*; indolencia *f*; desidia *f*; PHYS inercia *f* (*a. fig*); **Trägheitsgesetz** N PHYS ley *f* de la inercia; **Trägheitsmoment** N momento *m* de inercia
'Tragik F ⟨~⟩ **die ~** lo trágico (**an etw** *dat* de a/c)
'Tragiker M, **Tragikerin** F trágico *m*, -a *f*
tragi'komisch ADJ tragicómico
Tragiko'mödie F tragicomedia *f*
'tragisch A ADJ trágico; **eine ~e Wendung nehmen** tomar un rumbo trágico; *umg fig* **das ist (doch) nicht so ~** *umg* no es para tanto B ADV trágicamente; **etw ~ nehmen** tomar a/c por lo trágico (*od* por la tremenda)
'Tragkorb M cuévano *m*; capazo *m*; **Tragkraft** F → Tragfähigkeit; **Traglast** F carga *f*; **Traglufthalle** F carpa *f* hinchable
Tra'göde M ⟨~n; ~n⟩ (actor *m*) trágico *m*; actor *m* dramático
Tra'gödie [-diə] F ⟨~; ~n⟩ tragedia *f*

Tra'gödiendichter M, **Tragödiendichterin** F (autor *m*, -a *f*) trágico *m*, -a *f*, autor *m*, -a *f* de tragedias

Tra'gödin F ⟨~; ~nen⟩ (actriz *f*) trágica *f*; actriz *f* dramática

'Tragpfeiler M ARCH pilar *m*; columna *f*; soporte *m*; **Tragriemen** M correa *f* portadora; *am Gewehr:* portafusil *m*; **Tragsattel** M albarda *f*; **Tragschrauber** M FLUG autogiro *m*; **Tragseil** N cable *m* portador; **Tragsessel** M silla *f* de manos; *(Sänfte)* litera *f*; **Tragstein** M ARCH ménsula *f*; **Tragstuhl** M → Tragsessel; **Tragtasche** F → Tragetasche; **Tragtier** N animal *m* (*od* bestia *f*) de carga; **Tragweite** F alcance *m*; *fig a.* envergadura *f*; transcendencia *f*; gravedad *f*; **Tragwerk** N FLUG alas *fpl*, planos *mpl* de sustentación

'Trailer ['tre:lər] M ⟨~s; ~⟩ 1 FILM trailer *m*; avance *m* cinematográfico 2 AUTO remolque *m*

'Trainer ['trɛ:nər] M ⟨~s; ~⟩ SPORT entrenador *m*; **Trainerbank** F banquillo *m* (de entrenador); **Trainerin** F ⟨~; ~nen⟩ SPORT entrenadora *f*

trai'nieren ⟨*ohne* ge-⟩ A V/T **j-n ~** entrenar a alg; **Fußball ~** entrenar fútbol B V/I entrenarse

Trai'nieren N ⟨~s⟩ → Training

'Training ['trɛ:nɪŋ] N ⟨~s; ~s⟩ entrenamiento *m*; **körperliches ~** ejercicio *m*

'Trainingsanzug M chandal *m*; **Trainingslager** N campo *m* de entrenamiento; **Trainingsspiel** N partido *m* de entrenamiento

Trakt M *e-s Gebäudes:* ala *f*, sección *f*

Trak'tat M, N ⟨~(e)s; ~e⟩ *(Abhandlung)* tratado *m*; *(Flugschrift)* folleto *m*

trak'tieren V/T ⟨*ohne* ge-⟩ 1 **j-n mit Vorwürfen ~** cantar las cuarenta a alg, echarse encima de alg; **j-n mit Prügeln ~** dar una paliza a alg; **j-n mit Fußtritten ~** tratar a alg a patadas 2 *obs (bewirten)* obsequiar, agasajar

Trak'tionskontrolle F AUTO control *m* de tracción

'Traktor M ⟨~s; ~en⟩ tractor *m*

Trakto'rist M ⟨~en; ~en⟩, **Traktoristin** F ⟨~; ~nen⟩ *bes ehemalige DDR:* tractorista *m/f*

'trällern V/I tararear; canturrear

'Trällern N ⟨~s⟩ tarareo *m*; canturreo *m*

Tram F ⟨~; ~⟩ *schweiz* N ⟨~s; ~s⟩, **'Trambahn** F *südd, schweiz* tranvía *m*

'Trampel M, N ⟨~s; ~⟩ *umg* patán *m*, -ana *f*

'trampeln A V/T **j-n zu Tode ~** matar a alg a patadas B V/I 1 *(mit den Füßen treten)* patalear 2 ⟨+*Richtungsangabe* sn⟩ *(schwer auftreten)* andar pesadamente

'Trampeln N ⟨~s⟩ pateo *m*; pataleo *m*; **Trampelpfad** M sendero *m* trillado; **Trampeltier** N 1 ZOOL camello *m* bactriano 2 *umg fig* → Trampel

'trampen ['trɛmpən] V/I hacer (*od* viajar por) autostop; **Tramper** M ⟨~s; ~⟩, **Tramperin** F ⟨~; ~nen⟩ auto(e)stopista *m/f*

'Trampolin N ⟨~s; ~e⟩ SPORT cama *f* elástica; trampolín *m*; **Trampolinsprung** M salto *m* de trampolín

'Trampschiff N SCHIFF carguero *m* sin ruta fija; carguero *m* discrecional; **Trampschifffahrt** F SCHIFF navegación *f* sin ruta fija; navegación *f* en carguero discrecional

Tran M ⟨~(e)s; ~e⟩ 1 aceite *m* de pescado; *(Waltran)* aceite *m* de ballena 2 *umg fig* **im ~ sein** estar medio dormido

'Trance [trã:s(ə)] F ⟨~; ~n⟩ trance *m*; sueño *m* hipnótico; **in ~ fallen** entrar en trance; **Trancezustand** M estado *m* de trance

'Tranche ['trã:ʃ(ə)] F ⟨~; ~n⟩ WIRTSCH tramo *m*

Tran'chierbesteck N cubierto *m* de trinchar; **tranchieren** V/T ⟨*ohne* ge-⟩ trinchar; **Tranchiergabel** F trinchante *m*; **Tranchiermesser** N cuchillo *m* de trinchar; trinchante *m*

'Träne F ⟨~; ~n⟩ 1 *allg* lágrima *f*; **~n lachen** llorar de risa; **~n vergießen** derramar lágrimas; **den ~n nahe sein** estar a punto de llorar; contener las lágrimas; **ihr kamen die ~n** se le saltaron las lágrimas; **in ~n aufgelöst** anegado en lágrimas; **in ~n ausbrechen** romper a llorar; **in ~n zerfließen** deshacerse en lágrimas; **mit ~n in den Augen** *od* **unter ~n** con lágrimas en los ojos; **zu ~n rühren** mover a lágrimas; **zu ~n gerührt sein** estar muy conmovido 2 *fig iron* **j-m keine ~ nachweinen** no soltar una lágrima por alg; **mir kommen (gleich) die ~n** se me saltan las lágrimas

'tränen V/I lagrimear; **meine Augen ~** *od* **mir ~ die Augen** me lloran los ojos; **~de Augen** ojos *mpl* lagrimosos

'Tränen N ⟨~s⟩ MED lagrimeo *m*, epifora *f*; **Tränenbein** N ANAT hueso *m* lagrimal; **Tränendrüse** F ANAT glándula *f* lagrimal; *umg fig* **auf die ~n drücken** ser sentimental; mover a lágrimas

'tränenerstickt ADJ **mit ~er Stimme** con voz ahogada por las lágrimas

'Tränengas N gas *m* lacrimógeno; **Tränengasbombe** F bomba *f* lacrimógena; **Tränenkanal** M ANAT conducto *m* lagrimal

'tränenreich ADJ *Abschied* entre lágrimas

'Tränensack M ANAT saco *m* lagrimal; **Tränenschleier** M velo *m* de lágrimas; **Tränenstrom** M *geh* raudal *m* de lágrimas; **Tränental** N *fig* valle *m* de lágrimas; **tränenüberströmt** ADJ anegado en llanto (*od* en lágrimas); con los ojos bañados en lágrimas

'Tranfunzel F *umg* 1 *(trübes Licht)* lucecilla *f* 2 *fig Mensch: umg* soseras *m/f*, aburrido *m*, -a *f*

'tranig ADJ 1 aceitoso; *Geschmack:* con gusto a aceite de pescado 2 *umg fig (schwerfällig)* flemático, *umg* cachazudo; *(dösig)* soñoliento

trank → trinken

Trank M ⟨~(e)s; Tränke⟩ *geh* bebida *f*; MED poción *f*; *lit u. pej* brebaje *m*; *(Zaubertrank)* bebedizo *m*, filtro *m*

'Tränke F ⟨~; ~n⟩ abrevadero *m*

'tränken V/T 1 *(zu trinken geben)* dar de beber a; *Vieh a.* abrevar 2 *(durchtränken)* embeber; empapar; impregnar **(mit** de)

'Trankopfer N REL libación *f*

'Tranquilizer ['trɛŋkvilaɪzər] M ⟨~s;~⟩ MED tranquilizante *m*

trans..., Trans... IN ZSSGN trans...; tras...

Transakti'on F ⟨~; ~en⟩ FIN transacción *f*; operación *f* (financiera); **~en tätigen** realizar transacciones

transal'pin(isch) ADJ transalpino; **trans-at'lantisch** ADJ transatlántico

tran'schieren *etc* → tranchieren *etc*

Trans'fer M ⟨~s; ~s⟩ 1 WIRTSCH transferencia *f* 2 *(Beförderung)* traslado *m*; *v. Gütern:* transbordo *m*; rotura *f* de carga 3 SPORT traspaso *m*; **Transferabkommen** N acuerdo *m* sobre transferencias

transfe'rierbar ADJ WIRTSCH transferible; **transferieren** V/T ⟨*ohne* ge-⟩ transferir; **Transferierung** F ⟨~; ~en⟩ transferencia *f*

Trans'ferzahlung F WIRTSCH pago *m* por transferencia

Transformati'on F ⟨~; ~en⟩ transformación *f*; **Transfor'mator** M ⟨~s; -'toren⟩ ELEK transformador *m*; **Transforma'torenstation** F estación *f* transformadora; **transfor'mieren** V/T ⟨*ohne* ge-⟩ transformar

Transfusi'on F ⟨~; ~en⟩ MED transfusión *f*

trans'gen ADJ MED transgénico, genéticamente modificado

Tran'sistor M ⟨~s; ~en⟩ ELEK transistor *m* (*a. Gerät*); **Transistorradio** N transistor *m*

Tran'sit M ⟨~s; ~e⟩ tránsito *m*; **im ~** en (*od* de) tránsito; **Transitgut** N HANDEL mercancías *fpl* de tránsito; **Transithafen** M puerto *m* de tránsito; **Transithandel** M comercio *m* de tránsito

'transitiv ADJ GRAM transitivo

Tran'sitland N ⟨~es; ¨er⟩ país *m* de tránsito

transi'torisch ADJ transitorio

Tran'sitverkehr M tráfico *m* (*od* comercio *m*) de tránsito; **alpenüberquerender/innergemeinschaftlicher ~** tránsito *m* transalpino/intracomunitario

Tran'sitzoll M derechos *mpl* de tránsito

transkontinen'tal ADJ transcontinental

Transkripti'on F ⟨~; ~en⟩ transcripción *f*; **phonetische ~** transcripción *f* fonética

Transmissi'on F ⟨~; ~en⟩ transmisión *f*

Transmissi'onsriemen M TECH correa *f* de transmisión; **Transmissionswelle** F TECH árbol *m* de transmisión

transoze'anisch ADJ transoceánico

transpa'rent ADJ transparente (*a. fig*)

Transpa'rent N ⟨~(e)s; ~e⟩ transparente *m*; *(Spruchband)* pancarta *f*; **Transpa'renz** F ⟨~⟩ transparencia *f* (*a. fig*)

Transpirati'on F MED transpiración *f*; **transpi'rieren** V/I ⟨*ohne* ge-⟩ transpirar

Transplan'tat N ⟨~(e)s; ~e⟩ MED injerto *m*; **Transplantati'on** F ⟨~; ~en⟩ tra(n)splante *m*; injerto *m*; **transplan'tieren** V/T ⟨*ohne* ge-⟩ trasplantar; injertar

Trans'ponder M ⟨~s; ~⟩ TEL transpondedor *m*, transponder *m*

transpo'nieren V/T ⟨*ohne* ge-⟩ MUS transportar; **Transponieren** N ⟨~s⟩ MUS transporte *m*

Trans'port M ⟨~(e)s; ~e⟩ transporte *m*; conducción *f*; *mit Fuhrwerk:* acarreo *m*; MIL convoy *m*

transpor'tabel ADJ transportable; *(tragbar)* portátil

Trans'portarbeiter M, **Transportarbeiterin** F obrero *m*, -a *f* del ramo de transportes; **Transportband** N ⟨~(e)s; ¨er⟩ TECH cinta *f* transportadora

Trans'porter M ⟨~s; ~⟩ vehículo *m* de transporte; AUTO camioneta *f*; FLUG avión *m* de transporte; SCHIFF (buque *m*) transporte *m*

Transpor'teur [-tø:r] M ⟨~s; ~e⟩ transportista *m*; transportador *m* (*a.* TECH, MATH)

trans'portfähig ADJ transportable; *Kranke:* trasladable

Trans'portfirma F → Transportunternehmen; **Transportflugzeug** N avión *m* de transporte; **Transportführer** M MIL jefe *m* del convoy; **Transportgesellschaft** F compañía *f* de transportes; **Transportgewerbe** N WIRTSCH (ramo *m* de) transportes *mpl*

transpor'tierbar ADJ transportable; **transportieren** V/T ⟨*ohne* ge-⟩ transportar; conducir; *mit Fuhrwerk:* acarrear

Trans'portkosten PL gastos *mpl* de transporte; **Transportmittel** N medio *m* de transporte; **Transportschiff** N SCHIFF (buque *m*) transporte *m*; **Transportschnecke** F TECH tornillo *m* transportador; **Transportunternehmen** N empresa *f* (*bzw* agencia *f*) de transportes, *Am* mensajería *f*; **Transportunternehmer** M, **Transportunternehmerin** F transportista *m/f*;

Transportversicherung F seguro *m* de transporte; **Transportwesen** N ⟨~s⟩ transportes *mpl*
Transra'pid® M ⟨~(s)⟩ *tren maglev alemán*
transsi'birisch ADJ transiberiano
Transsubstantiati'on F ⟨~⟩ REL transubstanciación *f*
'Transuse F ⟨~; ~n⟩ *umg* tía *f* sosa
Transves'tismus M ⟨~⟩ travestismo *m*; **Transves'tit** M ⟨~en; ~en⟩ travesti *m*, travestí *m*
transzen'dent ADJ tra(n)scendente; **transzenden'tal** ADJ tra(n)scendental; **Transzen'denz** F ⟨~⟩ tra(n)scendencia *f*
'Trantüte F ⟨~; ~n⟩ *umg* tío *m* soso, tía *f* sosa
Tra'pez N ⟨~es; ~e⟩ GEOM, SPORT trapecio *m*; **trapezförmig** ADJ trapecial; **Trapezgewinde** N TECH rosca *f* trapezoidal; **Trapezkünstler** M **Trapezkünstlerin** F trapecista *m/f*
Trapezo'id N ⟨~(e)s; ~e⟩ GEOM trapezoide *m*
'Trappe F ⟨~; ~n⟩ ORN avutarda *f*
'trappeln V/I trotar; trapalear
'Trappeln N ⟨~s⟩ trápala *f*; tropel *m*
'trappen V/I → trapsen
'Trapper M ⟨~s; ~⟩ trampero *m*
Trap'pist M ⟨~en; ~en⟩ KATH trapense *m*; **Trappistenorden** M Trapa *f*
'trapsen V/I *umg* andar pesadamente; *umg hum* **Nachtigall, ick hör dir ~** se le ve el plumero
Tra'ra N ⟨~s⟩ **1** *(Trompetenklang)* tarará *m* **2** *umg fig* **viel ~ (um etw) machen** armar mucho jaleo (por a/c); **mit großem ~** con mucho bombo; a bombo y platillo
Trash [trɛʃ] M ⟨~s⟩ basura *f*; **'Trash-TV** [-tiviː] N ⟨~s⟩ telebasura *f*
Tras'sant M ⟨~en; ~en⟩, **Trassantin** F ⟨~; ~nen⟩ FIN girador *m*, -a *f*, librador *m*, -a *f*
Tras'sat M ⟨~en; ~en⟩ FIN girado *m*, librado *m*
'Trasse F BAU, *Verkehr*: trazado *m*
tras'sieren V/T ⟨*ohne* ge-⟩ **1** BAU, *Verkehr*: trazar **2** FIN girar, librar (**auf** *acus* contra); **Trassierung** F ⟨~; ~en⟩ **1** BAU, *Verkehr*: trazado *m* **2** FIN giro *m*, libranza *f*
trat → treten
Tratsch [-ã:-] M ⟨~es⟩ *umg* chismes *mpl*, chismorreo *m*; habladurías *fpl*; cotilleo *m*
'tratschen V/I *umg* chismorrear; cotillear
Tratsche'rei F ⟨~; ~en⟩ → Tratsch
'Tratte F ⟨~; ~n⟩ FIN giro *m*, letra *f* de cambio
'Trattenavis M FIN aviso *m* de giro
'Traualtar M altar *m* nupcial; **j-n zum ~ führen** llevar al altar a alg
'Traube F ⟨~; ~n⟩ BOT racimo *m* (*a. fig*); *(Weintraube)* uva *f*
'Traubenernte F vendimia *f*; **traubenförmig** ADJ uviforme; *fachspr* acinoso, aciniforme; **Traubenkern** M grano *m* de uva; **Traubenkur** F MED cura *f* de uvas; **Traubenlese** F vendimia *f*; **Traubenmost** M mosto *m* de uva; **Traubenpresse** F prensa *f* de uvas; **Traubensaft** M zumo *m* de uvas; **Traubensäure** F ácido *m* racémico; **Traubenzucker** M glucosa *f*
'traubig ADJ **1** → traubenförmig **2** **~er Geschmack** gusto a uva
'trauen[1] V/T *Brautpaar* casar; **sich (kirchlich) ~ lassen** casarse, contraer matrimonio (por la iglesia)
'trauen[2] **A** V/I **j-m/einer Sache ~** fiarse de alg/de a/c; confiar (*od* tener confianza) en alg/en a/c; **seinen Augen/Ohren nicht ~** no dar crédito a sus ojos/oídos; **ich traue der Sache nicht** me da mala espina; **ich traue ihm** confío en él; **ich traue ihr nicht** no me fío de ella **B** V/R **sich ~ zu** (*inf*) atreverse a (*inf*)
'Trauer F ⟨~⟩ **1** *(Traurigkeit)* tristeza *f*; *(Schmerz)* aflicción *f*; *um Tote*: luto *m*; duelo *m*; **tiefe ~** luto *m* riguroso; **in ~ sein** estar de luto; **in ~ versetzen** *bzw* **hüllen** enlutar **2** *Kleidung*: luto *m*; **~ tragen** llevar luto (**um** por); **~ anlegen** enlutarse, ponerse luto; vestirse de luto (**um** por); **die ~ ablegen** desenlutarse, quitarse el luto
'Traueranzeige F esquela *f* de defunción; **Trauerbinde** F brazal *m* de luto; **Trauerbirke** F BOT abedul *m* llorón; **Trauerbotschaft** F noticia *f* del fallecimiento de alg; *fig* triste noticia; triste nueva *f*; noticia *f* funesta; **Trauerfahne** F *mit Flor*: bandera *f* enlutada; *auf Halbmast*: bandera *f* a media asta
'Trauerfall M (caso *m* de) defunción *f*; **wegen ~ geschlossen** cerrado por defunción
'Trauerfeier F funerales *mpl*; honras *fpl* fúnebres; exequias *fpl*; ceremonia *f* fúnebre; **Trauerflor** M crespón *m* de luto; **Trauergefolge** N, **Trauergeleit** N comitiva *f* fúnebre; duelo *m*; **Trauergesang** M canto *m* fúnebre; **Trauergottesdienst** M KATH misa *f* de réquiem; PROT servicio *m* fúnebre; **Trauerhaus** N casa *f* mortuoria; **Trauerjahr** N año *m* de luto; **Trauerkleid** N vestido *m* de luto; **Trauerkleidung** F luto *m*; **Trauerkloß** M *umg Person*: melancólico *m*, -a *f*; **Trauermarsch** M MUS marcha *f* fúnebre; **Trauermiene** F cara *f* fúnebre; **Trauermusik** F música *f* fúnebre
'trauern V/I afligirse (**um** por); estar de luto; **um j-n ~** llorar la muerte de alg; llevar (*od* estar de) luto por alg; **um** *od* **über etw** (*acus*) **~** estar afligido por a/c
'Trauernachricht F → Trauerbotschaft
'trauernd ADJ de luto, afligido
'Trauerrand M orla *f* negra; **Briefpapier mit ~** papel de luto; *umg* **Trauerränder an den Fingernägeln haben** tener las uñas sucias
'Trauerrede F oración *f* fúnebre; **Trauerschleier** M velo *m* de luto; **Trauerspiel** N tragedia *f* (*a. fig*); *umg fig* **das ist ja ein ~!** ¡qué tragedia!; **Trauertag** M día *m* de luto; **trauervoll** ADJ luctuoso; **Trauerwagen** M coche *m* fúnebre; **Trauerweide** F BOT sauce *m* llorón; **Trauerzeit** F (duración *f* del) luto *m*; **Trauerzug** M cortejo *m* (*od* comitiva *f*) fúnebre; duelo *m*
'Traufe F ⟨~; ~n⟩ canalón *m*; *(Dachrinne)* gotera *f*; *umg fig* **vom Regen in die ~ kommen** ir de mal en peor; *umg* ir de Guatemala a Guatepeor
'träufeln **A** V/I gotear, caer gota a gota; *(rieseln)* manar **B** V/T echar (*od* verter) gota a gota; MED, PHARM instilar
'Trauformel F fórmula *f* de bendición nupcial; **Trauhandlung** F → Trauung
'traulich ADJ *lit* íntimo; familiar; *(gemütlich)* acogedor, confortable; **Traulichkeit** F ⟨~⟩ intimidad *f*; familiaridad *f*
Traum M ⟨~(e)s; ≃e⟩ **1** sueño *m* (*a. fig*); **quälender ~** pesadilla *f*; **einen ~ haben** *od* **träumen/deuten** tener/interpretar un sueño; **(wie) im ~(e)** (como) en sueños; *umg* **nicht im ~!** ¡ni soñarlo!; ¡ni en sueños!; *umg* **das fällt mir nicht im ~ ein** (no se me ocurre) ni en sueños; *sprichw* **Träume sind Schäume** los sueños, sueños son **2** *(Träumerei)* ensueño *m*; ilusión *f* **3** *umg fig* **ein ~ von einem Haus** una casa de ensueño; *umg* **der ~ ist aus!** ¡se acabó!; *umg* el gozo en el pozo
'Trauma N ⟨~s; Traumen *od* ~ta⟩ MED, PSYCH trauma *m*, traumatismo *m*
trau'matisch ADJ MED, PSYCH traumático
'Traumberuf M *umg* trabajo *m* ideal; **Traumbild** N **1** imagen *f* onírica **2** *(Erscheinung)* visión *f* (de ensueño); *(Einbildung)* ilusión *f*, fantasía *f*; **Traumbuch** N libro *m* de los sueños; **Traumdeuter** M **Traumdeuterin** F intérprete *m/f* de (los) sueños; **Traumdeutung** F interpretación *f* de los sueños, oniromancia *f*
'träumen **A** V/T & V/I **1** *im Schlaf, fig (Wünsche haben)* soñar (**dass** que); **(von) etw ~** soñar con a/c; **einen Traum ~** tener un sueño; **etwas Schönes träumen** soñar con algo bonito; **träum was Schönes!** ¡dulces sueños! **2** *(vor sich hin träumen)* soñar, imaginar; **mit offenen Augen ~** soñar despierto **B** V/R **sich** (*dat*) **etw ~ lassen** imaginarse; **das hätte ich mir nie ~ lassen!** ¡nunca me lo habría imaginado! **C** V/UNPERS *geh* **es träumte mir** *od* **mir träumte, dass ...** soñé que ...
'Träumen N ⟨~s⟩ sueños *mpl*; ensueños *mpl*; **Träumer** M ⟨~s; ~⟩ **1** *(Träumender)* soñador *m* **2** *(Fantast)* iluso *m*; visionario *m*
Träume'rei F ⟨~; ~en⟩ **1** *(Träume)* sueños *mpl* **2** *(Einbildung)* ensueño *m*, ilusión *f*; fantasía *f*
'Träumerin F ⟨~; ~nen⟩ **1** *(Träumende)* soñadora *f* **2** *(Fantastin)* ilusa *f*; visionaria *f*
'träumerisch ADJ soñador; *(versonnen)* meditabundo; ensimismado
'Traumfabrik F *umg hum* fábrica *f* de ilusiones; **Traumfrau** F *umg* mujer *f* de ensueño (*od* ideal); **Traumgebilde** N quimera *f*; **Traumgesicht** N *poet* visión *f*; **Traumgestalt** F *geh* fantasma *m*; **traumhaft** ADJ **1** *(wie im Traum)* como un sueño; onírico **2** *umg fig (sehr schön)* de ensueño, de película; **Traumhaus** N *fig* casa *f* de ensueño; **Traumland** N ⟨~(e)s; ≃er *od* ~e⟩ país *m* imaginario; **Traummann** M ⟨~(e)s; ≃er⟩ *umg* hombre *m* de ensueño (*od* ideal); **Traumtänzer** M, **Traumtänzerin** F *umg fig* iluso *m*, -a *f*; **traumverloren, traumversunken** ADJ sumido en sus sueños; soñador; **Traumwelt** F mundo *m* de los ensueños; *(Fantasiewelt)* mundo *m* imaginario (*od* fantástico); **Traumzustand** M trance *m*
'Traurede F plática *f* (*del sacerdote a los contrayentes*); **Trauregister** N registro *m* de casamientos (*od* matrimonios)
'traurig ADJ **1** *Person* triste (*a. fig*); afligido; *(schwermütig)* melancólico; **~ machen** *od* **stimmen** apenar, entristecer; **~ werden** entristecerse **2** *Gesicht, Geschichte etc* triste; *(düster)* lúgubre; *(beklagenswert)* lamentable; deplorable; trágico; *Pflicht etc* doloroso; **ein ~es Ende nehmen** acabar mal
'Traurigkeit F ⟨~⟩ tristeza *f*; aflicción *f*; *(Schwermut)* melancolía *f*; *hum* **kein Kind von ~ sein** ser muy alegre, tener un carácter alegre
'Trauring M anillo *m* de boda, alianza *f*; **Trauschein** M acta *f* (*od* partida *f*) de matrimonio
traut ADJ *geh* querido; íntimo
'Trauung F ⟨~; ~en⟩ celebración *f* del matrimonio; casamiento *m*; **kirchliche ~** bendición *f* nupcial; **Trauzeuge** M padrino *m* de boda; **Trauzeugin** F madrina *f* de boda
'Travellerscheck ['trɛvələr-] M cheque *m* de viaje (*od* de viajero)
Tra'verse F ⟨~; ~n⟩ ARCH travesaño *m*
Traves'tie F ⟨~; ~n⟩ parodia *f*; **travestieren** V/T ⟨*ohne* ge-⟩ parodiar; imitar ridiculizando
'Trawler ['trɔːlər] M ⟨~s; ~⟩ SCHIFF bou *m*
'Treber PL **1** *Brauereiwesen*: afrecho *m* **2** AGR, *Bibel (Trester)* orujo *m*
Treck M ⟨~s; ~s⟩ *(Auszug)* éxodo *m*; *(Wagenko-*

lonne) caravana *f*; convoy *m*; **'trecken** VI ir en caravana; SCHIFF halar; **'Trecker** M ⟨~s; ~⟩ tractor *m*
'Trecking N → Trekking
Treff¹ M ⟨~s; ~s⟩ *umg* cita *f*; → *a* Treffpunkt
Treff² N ⟨~s; ~s⟩ *Kartenspiel*: trébol *m*, *sp* ≈ bastos *mpl*
'treffen ⟨irr⟩ **A** VT **1** *Schuss, Ball etc* alcanzar; *Kugel* dar en; herir; *beim Boxen*: castigar; *beim Fechten*: tocar; *fig das Richtige* acertar; **j-n am** *od* **ins Bein ~** dar a alg en la pierna; **getroffen!** *(stimmt!)* ¡justo!, ¡eso es!; *beim Fechten*: ¡tocado! **2** *(begegnen)* encontrar, hallar; *zufällig*: encontrarse (*od* dar *od* tropezar) con **3** *Fluch, Schicksal, Unglück* **j-n ~** tocar a alg; **das Los traf ihn** le tocó a él; **wen trifft die Schuld?** ¿quién tiene la culpa?; ¿de quién es la culpa?; **dich trifft keine Schuld** no tienes la culpa **4** *Entscheidung, Maßnahmen, Vereinbarung* tomar; **Vorbereitungen ~** hacer preparativos; **eine Wahl ~** elegir **5** MAL, FOTO acertar el parecido; **er ist gut getroffen** *auf e-m Foto*: ha salido bien; MUS **den richtigen Ton ~** dar con (*od* encontrar) el tono adecuado; **es gut/schlecht ~** llegar en el momento oportuno/en mal momento; *(Glück/Pech haben)* tener suerte/mala suerte **6** *(betreffen)* concernir, referirse a; atañer; *gefühlsmäßig*: afectar; tocar; *(beleidigen)* ofender; **dieser Vorwurf trifft mich nicht** ese reproche no me atañe; **das trifft mich tief** me afecta mucho; *stärker*: me toca en lo (más) vivo; **sich getroffen fühlen** darse por aludido; sentirse ofendido **B** VI **1** ⟨h⟩ *Schuss* **ins Schwarze ~** dar (*od* acertar) el blanco; **nicht ~** *Schuss* errar el tiro, no hacer blanco; *fig* no acertar; *Schütze* **er hat getroffen!** ¡le ha dado! **2** MAL, FOTO **gut ~** acertar el parecido **3** ⟨sn⟩ **~ auf** *(acus)* dar con, tropezar con; *Licht* caer en **C** VR **sich ~** **1** *(sich begegnen)* encontrarse; *(sich versammeln)* reunirse; **sich mit j-m ~** encontrarse (*od* reunirse) con alg; citarse (*od* darse cita) con alg **2** *(geschehen)* suceder, ocurrir; **das trifft sich gut!** ¡esto es tener buena suerte!; ¡(eso) viene al pelo (*od* al dedillo)!; **es traf sich, dass ...** sucedió que ..., *zufällig*: dio la casualidad que ...; **wie es sich gerade trifft** a lo que salga; *umg* a trochemoche
'Treffen N ⟨~s⟩ encuentro *m* (*a.* POL, MIL *u.* SPORT); *(Verabredung)* cita *f*; *(Zusammenkunft)* reunión *f*; *fig geh* **ins ~ führen** aducir; alegar; hacer valer; esgrimir
'treffend **A** ADJ acertado; preciso; justo; *(angemessen)* pertinente; apropiado; adecuado **B** ADV **das ist ~ gesagt** está muy bien dicho
'Treffer M ⟨~s; ~⟩ **1** golpe *m* certero (*a. beim Boxen*); *beim Fechten*: tocado *m*; *beim Schießen*: impacto *m*; tiro *m* certero; blanco *m* **2** *Fußball*: tanto *m*, gol *m*; **einen ~ erzielen** marcar un tanto, marcar (*od* meter) un gol **3** *(Gewinnlos)* billete *m*; *Lotterie etc.*: acierto *m*; *(Toto*: boleto *m)* premiado **4** *fig* gran éxito *m*; *umg* exitazo *m*; *(Glückstreffer)* golpe *m* afortunado
'Trefferquote F índice *m* de aciertos
'Treffgenauigkeit F *beim Schießen*: precisión *f* de tiro
'trefflich *geh obs* **A** ADJ excelente; perfecto; muy bueno (*od* acertado) **B** ADV muy bien; con mucho acierto; **Trefflichkeit** F ⟨~⟩ excelencia *f*; perfección *f*
'Treffpunkt M punto *m* de encuentro; lugar *m* (*od* punto *m*) de reunión; lugar *m* de (la) cita; **treffsicher** ADJ certero; seguro; exacto; **Treffsicherheit** F **1** *beim Schießen etc*: precisión *f* del tiro **2** *fig* certeza *f*; *(Genauigkeit)* exactitud *f*; precisión *f*
'Treibanker M SCHIFF ancla *f* flotante; **Treibeis** N hielos *mpl* flotantes
'treiben ⟨irr⟩ **A** VT **1** *in e-e Richtung*: empujar, llevar; *vorwärts*: propulsar; hacer avanzar; *Vieh* llevar, conducir; *Ball* driblar; **~ aus** expulsar, arrojar, *umg* echar de; *Preis* **in die Höhe ~** hacer subir; *bei Auktionen*: pujar; *fig* **j-n in den Tod ~** llevar a alg a la muerte **2** *(antreiben)* TECH impulsar; hacer funcionar; *fig* dar impulso a; estimular **3** *(drängen)* apremiar; atosigar; **j-n zu etw ~** apremiar a alg para a/c; **j-n zum Äußersten ~** poner al límite a alg; **du treibst mich in den Wahnsinn!** ¡me vas a volver loco!; **es treibt mich dazu** me siento impulsado a ello **4** *(betreiben) Gewerbe* dedicarse a; *Geschäft* tener; *Sport, Hobby* practicar; *Beruf* ejercer; *Künste, Wissenschaften* cultivar; **was treibst du (so)?** ¿qué haces?; ¿qué tal te va? **5** *mit 'es'*: **es zu toll** (*od* **zu weit ~**) ir demasiado lejos; **treib es nicht zu weit!** ¡no te pases!; *umg pej* **es mit j-m ~** *umg* tener relaciones sexuales con alg **6** *Nagel* **in die Wand ~** clavar en la pared; *Pfahl* **in die Erde ~** enterrar; **einen Tunnel in den Berg ~** abrir un túnel en la montaña **7** BOT **Blüten ~** florecer, echar flor; **Knospen/Wurzeln ~** echar botones/raíces **8** JAGD batir; ojear **9** *Metalle* repujar; **getriebenes Silber** plata *f* repujada **B** VI ⟨sn⟩ **1** **auf dem** *od* **im Wasser ~** flotar; **ans Ufer ~** ser arrojado a la orilla; **das Eis treibt auf dem Fluss** el río lleva (témpanos de) hielo; **im Wind ~** ir a la deriva; *Schiff* **vor Anker ~** garr(e)ar **2** *fig* **die Dinge ~ lassen** dejar correr las cosas, *umg* dejar rodar la bola; **sich ~ lassen** ir a la deriva (*od* al garete); *Person a.*: dejarse llevar **3** BOT *(keimen)* germinar; *Knospen* brotar **4** JAGD batir; ojear **5** *selten (gären)* fermentar
'Treiben N ⟨~s⟩ **1** *Bewegung*: movimiento *m*; tráfico *m* **2** *(Tun)* actividad *f*; *(geschäftiges Treiben)* trajín *m*, tráfago *m*; *(Belebtheit)* animación *f*; ir *m* y venir **3** JAGD batida *f*; ojeo *m* **4** BOT *der Blätter, Blüten*: brote *m* **5** *v. Metallen*: repujado *m*
'treibend ADJ **1** *auf dem Wasser*: flotante **2** **~e Kraft** fuerza *f* motriz; *fig* impulsor *m*
'treibenlassen VR → treiben B 2
'Treiber M ⟨~s; ~⟩ **1** IT controlador *m*; driver *m* **2** JAGD ojeador *m* **3** *(Viehtreiber)* boyero *m*
Treibe'rei F ⟨~; ~en⟩ *(Hetze) oft pl* **~en** excitaciones *fpl*; instigaciones *fpl*
'Treibgas N (gas *m*) propelente *m*; **Treibgut** N → Strandgut
'Treibhaus N invernadero *m*, invernáculo *m*; **Treibhauseffekt** M ÖKOL efecto *m* (de) invernadero; **Treibhausgas** N ÖKOL gas *m* (de efecto) invernadero; **Treibhauspflanze** F planta *f* de invernadero
'Treibholz N madera *f* flotante; **Treibjagd** F batida *f*; caza *f* en ojeo; **Treibkraft** F fuerza *f* motriz; **Treibladung** F *e-r Rakete*: carga *f* propulsora; **Treibmine** F mina *f* flotante; **Treibmittel** N **1** propelente *m* **2** *zum Backen*: levadura *f*; **Treibrad** N rueda *f* motriz; **Treibriemen** M correa *f* de transmisión; **Treibsand** M arena *f* movediza; **Treibsatz** M *e-r Rakete*: carga *f* propulsora; **Treibschlag** M SPORT drive *m*
'Treibstoff M carburante *m*; combustible *m*; **Treibstofflager** N depósito *m* de carburantes; **Treibstofftank** M depósito *m* de combustible
'treideln *Schifffahrt*: **A** VT sirgar **B** VI navegar a la sirga; **Treidelpfad** M, **Treidelweg** M camino *m* de sirga
'Trekking N ⟨~s; ~s⟩ trekking *m*; **Trekkingrad** N bicicleta *f* de trekking; **Trekkingschuhe** MPL botas *fpl* de trekking
'Trema N ⟨~s; ~s *u.* ~ta⟩ LING diéresis *f*, crema *f*
'Tremolo N ⟨~s; ~s *u.* Tremoli⟩ MUS trémolo *m*
tremu'lieren VI ⟨ohne ge-⟩ MUS cantar con trémolo
'Trenchcoat ['trɛntʃko:t] M ⟨~s; ~s⟩ trinchera *f*
Trend M ⟨~s; ~s⟩ tendencia *f* (zu a); **Trendscout** [-skaʊt] M comunicólogo *m*; *umg* cazador *m* de tendencias
'trendy ['trɛndi] ADJ *(modisch)* trendy, de moda
'trennbar ADJ separable; **Trennbarkeit** F ⟨~⟩ separabilidad *f*; **Trennblatt** N hoja *f* separadora
'trennen **A** VT **1** *allg* separar (*a. Streitende*); *(entzweien)* desunir; *(entwirren)* desenredar; JUR *Ehe* separar, disolver; *(absondern)* **voneinander ~** apartar; segregar, aislar; **Müll ~** separar la basura **2** *(abtrennen)* desprender, disociar (*a.* CHEM); *(auflösen)* disolver; *Naht* deshacer, descoser (*a. Angenähtes*) **3** *fig (dazwischenliegen)* separar; *Begriffe* distinguir (**zwischen** entre); **uns ~ Welten** nos separa un mundo **4** TEL *Leitung* cortar **5** *Wort in Silben* dividir **B** VR **sich ~** separarse (**von j-m/etw** de alg/a/c) (*a. Eheleute*); *Wege a.* bifurcarse; **sich als Freunde ~** quedar como amigos; SPORT **sich unentschieden ~** quedar empatados
'trennend ADJ separador; **Trennkost** F GASTR alimentación *f* disociada; **trennscharf** ADJ RADIO selectivo; **Trennschärfe** F selectividad *f*; **Trennstrich** M guión *m*
'Trennung F ⟨~; ~en⟩ **1** separación *f* (*a. der Ehe*); desunión *f*; disolución *f* **2** *(Abtrennung)* desprendimiento *m*; CHEM disociación *f*; *(Absonderung)* segregación *f*, aislamiento *m* **3** TEL corte *m* **4** JUR *der Ehe*: separación *f*; **~ von Tisch und Bett** separación *f* de cuerpos (*od* de mesa y lecho)
'Trennungsentschädigung F *Arbeitsrecht*: compensación *f* por separación (de la familia); **Trennungslinie** F línea *f* divisoria; **Trennungsschmerz** M dolor *m* de la separación; **Trennungsstrich** M guión *m*; TYPO división *f*; **Trennungsunterhalt** M JUR pensión *f* alimenticia del cónyuge separado; **Trennungszeichen** N TYPO división *f*; *(Trema)* diéresis *f*
'Trennwand F tabique *m* (de separación); ELEK barrera *f* de aislamiento; **Trennzeichen** N IT delimitador *m*
'Trense F ⟨~; ~n⟩ bridón *m*
Trepanati'on F ⟨~; ~en⟩ MED trepanación *f*; **trepa'nieren** VT ⟨ohne ge-⟩ trepanar
trepp'ab ADV escaleras abajo; **trepp'auf** ADV escaleras arriba; **~, treppab** escaleras arriba y abajo
'Treppe F ⟨~; ~n⟩ **1** *allg* escalera *f*; SCHIFF escala *f*; **auf der ~** en la escalera; **eine ~ hinaufsteigen/hinuntergehen** subir/bajar una escalera; **eine ~ hoch** en el primer piso **2** *fig* **~n ins Haar schneiden** hacer escaleras en el pelo; *umg fig* **die ~ hinauffallen** ser ascendido
'Treppenabsatz M descansillo *m* (de la escalera), rellano *m*; **Treppenflur** M descansillo *m*; **treppenförmig** ADJ escalonado; en gradas; *fachspr* escalariforme; **Treppengeländer** N pasamanos *m*; **Treppenhaus** N caja *f* (*od* hueco *m*) de la escalera; **im ~** *a.* en las escaleras; **Treppenläufer** M alfombra *f* de la escalera; **Treppenstufe** F escalón *m*, peldaño *m*; **Treppenwitz** M majadería *f*; chiste *m* trasnochado
'Tresen M ⟨~; ~⟩ *im Laden*: mostrador *m*; *e-r Bar*: barra *f*
Tre'sor M ⟨~s; ~e⟩ caja *f* de caudales; caja *f* fuerte; *(Stahlkammer)* cámara *f* acorazada; **Tresorfach** N *(Safe)* caja *f* de seguridad
'Tresse F ⟨~; ~n⟩ galón *m*; **mit ~n besetzen**

T

galonear

'Trester PL AGR orujo *m*; **Tresterschnaps** M aguardiente *m* de orujo; **Tresterwein** M aguapié *m*, aguachirle *m*

'Tretanlasser M *Motorrad:* arranque *m* de pie; **Tretauto** N *Spielzeug:* auto *m* de pedales; **Tretboot** N patín *m* (acuático); **Treteimer** M cubo *m* (de basura) de pedal

'treten ⟨*irr*⟩ **A** VI ⟨sn⟩ **1** (*sich begeben*) caminar, andar; *mit präp:* **an etw** (*acus*) **~** aproximarse (*od* acercarse) a a/c; **ans Fenster ~** *a.* asomarse a la ventana; **aus etw ~** salir de a/c; **hinter/neben/vor etw ~** ponerse *od* colocarse detrás de/al lado de/delante de; **ins Zimmer** *etc* **~** entrar en la habitación, *etc; ins Zimmer:* ¡pase!; **j-m unter die Augen ~** presentarse ante alg; **vor j-n ~** comparecer (*od* presentarse) ante alg; **zu j-m ~** acercarse a alg; abordar a alg; **zur Seite ~** apartarse, hacerse a un lado **2** (*den Fuß setzen*) **auf etw** (*acus*) **~** pisar a/c; poner el pie sobre a/c; **j-m auf den Fuß ~** pisar a alg; **in eine Pfütze ~** pisar un charco **3** (*e-n Tritt geben*) **gegen etw** (*acus*) **~** dar una patada a a/c; **nach j-m ~** dar un puntapié a alg **4** *fig* **die Tränen traten ihm in die Augen** sus ojos se llenaron de lágrimas; **mit j-m in Briefwechsel ~** entablar correspondencia con alg **5** (*radeln*) **(in die Pedale) ~** pedalear **B** VT **1** pisar; (*e-n Tritt geben*) dar una patada a; *Pedal etc* accionar con el pie; **j-n ~** dar un puntapié (*od* una patada) a alg; *Pferd* cocear a alg; **auf die Bremse ~** pisar el freno; **sich** (*dat*) **einen Dorn in den Fuß ~** clavarse una espina en el pie **2** *umg fig* (*drängen*) **j-n ~** atosigar a alg **(zu etw** a hacer algo)

'Trethebel M pedal *m*; **Tretkurbel** F manivela *f* de pedal; **Tretmine** F MIL mina *f* de contacto; **Tretmühle** F *fig* tráfago *m*, trajín *m* cotidiano; **Tretrad** N calandria *f*; rueda *f* de pedal; **Tretschalter** M interruptor *m* de pedal

treu **A** ADJ **1** *Person* fiel; *Untergebene* leal; (*ergeben*) devoto; (*zuverlässig*) seguro; **sich/einer Sache** (*dat*) **~ bleiben** ser fiel a sí mismo/a a/c; **seinen Grundsätzen ~** fiel a sus principios **2** *Gedächtnis etc* fiel; (*beständig*) constante; (*genau*) exacto; **zu ~en Händen übergeben** poner en manos seguras **3** *fig* **eine ~e Seele** una excelente persona **B** ADV **j-m ~ ergeben sein** ser devoto a alg

'Treubruch M, **Treueid** *etc* → Treuebruch, Treueeid *etc*

'Treue F ⟨~⟩ **1** *zu e-r Person:* fidelidad *f*; lealtad *f*; **eheliche ~** fidelidad *f* conyugal; **j-m die ~ halten** seguir fiel a alg, guardar fidelidad a alg; **die ~ brechen** ser infiel **2** (*Aufrichtigkeit*) sinceridad *f*; (*Beständigkeit*) constancia *f*; (*Genauigkeit*) exactitud *f*; **auf Treu und Glauben** de buena fe

'Treuebruch M violación *f* de la fe jurada; (*Untreue*) infidelidad *f*, deslealtad *f*; (*Verrat*) traición *f*; **treuebrüchig** ADJ infiel, desleal; (*verräterisch*) traidor; **Treueeid** M juramento *m* de fidelidad; *der Beamten:* jura *f* del cargo; MIL (*Fahneneid*) jura *f* de la bandera; **Treuepflicht** F obligación *f* de fidelidad; **Treueprämie** F prima *f* de fidelidad

'Treuhand F ⟨~⟩ **1** (*treuhänderische Verwahrung*) administración *f* fiduciaria; depósito *m* fiduciario; custodia *f* fiduciaria **2** *Firma:* instituto *m* fiduciario; sociedad *f* fiduciaria; *umg* **die ~** → Treuhandanstalt; **Treuhandanstalt** F HIST BRD *organismo oficial que dirigía la (re)privatización de la economía en la antigua RDA*

'Treuhänder M ⟨~s; ~⟩, **Treuhänderin** F ⟨~; ~nen⟩ (agente *m/f*) fiduciario *m*, -a *f*; fideicomisario *m*, -a *f*; **einen ~ bestellen** nombrar un fideicomisario (*od* agente fiduciario); **als ~ tätig sein** actuar de (*od* ejercer como) agente fiduciario; **als ~ verwalten** → treuhänderisch

'treuhänderisch **A** ADJ fiduciario **B** ADV **~ verwalten** administrar a título (*od* con carácter) fiduciario

'Treuhandfonds [-fõː] M WIRTSCH fondo *m* fiduciario; **Treuhandgesellschaft** F WIRTSCH sociedad *f* fiduciaria; **Treuhandvertrag** M WIRTSCH contrato *m* fiduciario

'treuherzig ADJ (*offen*) sincero; (*naiv*) ingenuo; cándido; (*vertrauensvoll*) confiado; **Treuherzigkeit** F ⟨~⟩ sinceridad *f*; (*Naivität*) ingenuidad *f*; candor *m*

'treulich ADV fielmente, lealmente

'treulos ADJ infiel; desleal; (*heimtückisch*) pérfido; (*verräterisch*) traidor; traicionero; **Treulosigkeit** F ⟨~⟩ infidelidad *f*; deslealtad *f*; perfidia *f*; traición *f*

'Triangel ['triːaŋəl] M ⟨~s; ~⟩ MUS triángulo *m*

'Trias F ⟨~⟩ GEOL triásico *m*

'Triathlon M, N ⟨~s⟩ SPORT triatlón *m*

Tri'bun M ⟨~s *od* ~en; ~e(n)⟩ tribuno *m*

Tribu'nal N ⟨~s; ~e⟩ tribunal *m*

Tri'büne F ⟨~; ~n⟩ tribuna *f*; **auf der ~** en la tribuna

Tri'but M ⟨~(e)s; ~e⟩ HIST, *fig* tributo *m*; *fig geh* **einer Sache** (*dat*) **~ zollen** rendir tributo a a/c; **tributpflichtig** ADJ tributario

Tri'chine F ⟨~; ~n⟩ ZOOL triquina *f*; **trichi'nös** ADJ VET, MED triquinoso; **Trichi'nose** F ⟨~; ~n⟩ VET, MED triquinosis *f*

'Trichter M **1** *Gerät:* embudo *m*; (*Fülltrichter*) tolva *f* **2** MUS (*Schallbecher*) pabellón *m* **3** (*Vulkantrichter, Granattrichter*) cráter *m* **4** ANAT infundíbulo *m* **5** *umg fig* **auf den ~ kommen** caer en la cuenta

'trichterförmig ADJ en forma de embudo; GEOL crateriforme; BOT, ANAT infundibuliforme; **Trichterlautsprecher** M altavoz *m* de bocina; **Trichtermündung** F *Fluss:* estuario *m*

'trichtern VT tra(n)svasar con un embudo

Trick M ⟨~s; ~s *od* ~e⟩ **1** truco *m*; **faule ~s** artimañas *fpl*; **das ist der ganze ~ dabei** eso el todo el truco **2** FILM → Trickaufnahme

'Trickaufnahme F FILM trucaje *m*, efecto *m* especial; **Trickfilm** M (película *f* de) dibujos *mpl* animados

'trickreich ADJ ingenioso

'tricksen VT *umg* hacer trucos, engañar; (*hinbekommen*) arreglar

'Tricktrack N ⟨~s; ~s⟩ *Spiel:* chaquete *m*

trieb → treiben

Trieb M ⟨~(e)s; ~e⟩ **1** BIOL, PSYCH impulso *m*; *fachspr* pulsión *f*; *angeborener:* instinto *m* **2** (*Neigung*) inclinación *f*; tendencia *f*; propensión *f* **(zu** a; hacia) **3** BOT brote *m*, retoño *m*; *neuer:* renuevo *m*; **'Triebachse** F TECH eje *m* motor; **'Triebfeder** F TECH resorte *m*, muelle *m*; *fig* móvil *m*

'triebhaft ADJ PSYCH instintivo; impulsivo; **Triebhaftigkeit** F ⟨~⟩ PSYCH carácter *m* impulsivo, impulsividad *f*

'Triebhandlung F PSYCH acto *m* instintivo; **Triebkraft** F fuerza *f* motriz (*a. fig*); **Triebleben** N vida *f* instintiva (*bzw* sexual); **Triebrad** N TECH rueda *f* motriz; **Triebsand** M → Treibsand; **Triebtäter** M, **Triebverbrecher** M delincuente *m* sexual; **Triebwagen** M automotor *m*; **Triebwagenzug** M tren *m* automotor; **Triebwelle** F TECH árbol *m* de mando; **Triebwerk** N FLUG propulsor *m*, motor *m*

'Triefauge N ojo *m* lagrimoso (*od* pitarroso *od* legañoso); **triefäugig** ADJ pitarroso, legañoso

'triefen VI **1** chorrear, estar empapado; *Nase* moquear; *Auge* lagrimear **2** *umg fig pej* **von** *od* **vor etw** (*dat*) **~** rebosar de a/c; **vor Nässe ~** chorrear, estar empapado; *iron* **vor Weisheit ~** ser un pozo de ciencia

'triefend ADJ empapado (**von, vor** de); chorreando; **~ nass** calado, empapado

'Triefnase F nariz *f* mocosa; **triefnasig** ADJ mocoso

'trief'nass ADJ chorreando (agua); calado hasta los huesos

Triel M ⟨~s; ~e⟩ alcaraván *m* (común)

Tri'ent N Trento *m*

Trier N Tréveris *m*

'triezen VT *umg* **j-n ~** hostigar, *umg* hacer la pascua a alg

'Trift F ⟨~; ~en⟩ **1** (*Weide*) pasto *m*; pasturaje *m*; dehesa *f*; (*Weiderecht*) derecho *m* de pastoreo; (*Viehweg*) cañada *f*, vía *f* pecuaria **2** SCHIFF corriente *f* superficial

'triftig ADJ (*wohlbegründet*) bien fundado; sólido; (*überzeugend*) convincente; concluyente; (*einleuchtend*) plausible; **~er Grund** *a.* razón *f* fundada; **Triftigkeit** F ⟨~⟩ carácter *m* concluyente; plausibilidad *f*; acierto *m*

Trigonome'trie F ⟨~⟩ trigonometría *f*; **trigono'metrisch** ADJ trigonométrico

Triko'lore F ⟨~; ~n⟩ bandera *f* tricolor

Tri'kot[1] [-'koː] M, N ⟨~s; ~s⟩ *Gewebe:* tricot *m*

Tri'kot[2] N [-koː] ⟨~s; ~s⟩ *Kleidungsstück:* camiseta *f*; *im Radsport:* maillot *m*; **das Gelbe ~** el maillot amarillo

Triko'tagen [-'taːʒən] PL géneros *mpl* de punto

'Trikothemd [-koː-] N camiseta *f* de punto (*od* de malla)

'Triller M ⟨~s; ~⟩ **1** MUS trino *m*; quiebro *m* **2** *e-s Vogels:* gorjeo *m*

'trillern VI & VT trinar; *Vogel a.* gorjear; *umg* gorgoritear, hacer gorgoritos

'Trillern N ⟨~s⟩ gorgoritos *mpl*; **Trillerpfeife** F pito *m*

Trilli'on F ⟨~; ~en⟩ trillón *m*

Trilo'gie F ⟨~; ~n⟩ trilogía *f*

Tri'mester N ⟨~s; ~⟩ trimestre *m*

Trimm M ⟨~(e)s⟩ SCHIFF asiento *m* (del barco)

'Trimm-dich-Pfad M → Trimmpfad

'trimmen **A** VT **1** SPORT entrenar **2** *umg* (*zurechtmachen*) arreglar; **etw auf alt ~** envejecer artificialmente a/c **3** (*stutzen*) acortar; recortar; *Hund* asear **4** SCHIFF arrumar, lastrar; FLUG equilibrar; SCHIFF **Kohlen ~** llevar carbón **B** VR **sich ~** SPORT hacer ejercicio, ejercitarse

'Trimmer M TECH (*Rasentrimmer*) cortabordes *m*; **Trimmpfad** M SPORT circuito *m* natural de gimnasia

Trini'tät F ⟨~⟩ REL trinidad *f*; **Trini'tatis**: **Sonntag ~** (fiesta *f* de) la Trinidad

Trinitrotolu'ol N ⟨~s⟩ CHEM trinitrotolueno *m*

'trinkbar ADJ bebedizo, bebedero, *umg* beb(est)ible; *Wasser* potable; **Trinkbarkeit** F ⟨~⟩ potabilidad *f*

'Trinkbecher M vaso *m*

'trinken ⟨*irr*⟩ **A** VT beber; *Kaffee, Tee* tomar; **was möchten Sie ~?** ¿qué va a tomar (de bebida)?; **einen ~** tomar una copa; **gern einen ~** *umg* empinar el codo; ser aficionado al trago (*od* al trinquis); **sich ~ lassen** *Wein etc* beberse bien; **das Glas leer ~** apurar el vaso; beberlo todo **B** VI **1** beber; *Säugling* mamar; **aus der Flasche ~** beber (a pico) de botella; **aus einem Glas ~** beber del vaso; **in kleinen Schlucken/in langen Zügen ~** beber a sorbos/a grandes tragos **2** (*anstoßen*) **auf etw/j-n ~** brindar por a/c/alg; **auf j-s Wohl** *od* **Gesund-**

heit (*acus*) ~ beber a la salud de alg 3 (*alkoholsüchtig sein*) beber
'Trinken N ⟨~s⟩ bebida *f*; (*Trunksucht*) *a.* alcoholismo *m*; **sich** (*dat*) **das ~ angewöhnen** contraer el vicio de la bebida; darse a la bebida
'Trinker M ⟨~s; ~⟩ bebedor *m*; MED alcohólico *m*; **Trinkerin** F ⟨~; ~nen⟩ bebedora *f*; MED alcohólica *f*; **Trinkernase** F nariz *f* de bebedor (*od umg* de borrachín)
'trinkfest ADJ capaz de beber mucho; **sie ist sehr ~** resiste muy bien la bebida
'Trinkflasche F botella *f*; **Trinkgefäß** N vaso *m*; **Trinkgelage** N bacanal *m*; borrachera *f*; **Trinkgeld** N propina *f*; **~ inbegriffen** incluido el servicio; **Trinkglas** N vaso *m*; **Trinkhalle** F 1 *im Kurort*: galería *f* 2 *auf der Straße*: chiringuito *m*, kiosco *m* de bebidas; **Trinkhalm** M paja *f*, pajita *f* (para beber); **Trinkjoghurt** M, N yogur *m* bebible; **Trinkkur** F MED cura *f* de aguas (*od* de bebida); **eine ~ machen** tomar las aguas; **Trinklied** N canción *f* báquica; **Trinkmilch** F leche *f* de consumo; **Trinkspruch** M brindis *m*; **einen ~ auf j-n ausbringen** brindar por alg
'Trinkwasser N agua *f* potable
'Trinkwasseraufbereitung F preparación *f* de agua potable; **Trinkwasseraufbereitungsanlage** F planta *f* (*od* estación *f*) potabilizadora; planta *f* de tratamiento de aguas (potables)
'Trinkwasserschutz M protección *f* de agua(s) potable(s); **Trinkwasserschutzgebiet** N reserva *f* de agua potable
'Trinkwasserversorgung F abastecimiento *m* de agua potable; **Trinkwasserverunreinigung** F contaminación *f* del agua potable
'Trio N ⟨~s; ~s⟩ MUS, *fig* trío *m*
Tri'ode F ⟨~; ~n⟩ ELEK triodo *m*
Tri'ole F ⟨~; ~n⟩ MUS tresillo *m*
Trip M ⟨~s; ~s⟩ 1 *umg* (*Reise*) excursión *f*; escapada *f* 2 *umg* (*Drogentrip*) *umg* viaje *m*; *sl* pedal *m* 3 *umg* **auf dem religiösen** *etc* **~ sein** estar con la movida de la religión, *etc*
'Triphthong M ⟨~(e)s; ~e⟩ PHON triptongo *m*
'trippeln VI ⟨sn⟩ andar a pasitos cortos y rápidos
'Tripper M ⟨~s; ~⟩ MED gonorrea *f*; blenorragia *f*; *umg* purgaciones *fpl*
'Triptik → Triptyk
'Triptychon N ⟨~s; Triptychen *od* Triptycha⟩ MAL tríptico *m*
'Triptyk N ⟨~s; ~s⟩ tríptico *m*
trist ADJ triste
'Tritium M ⟨~s⟩ CHEM tritio *m*
tritt → treten
Tritt M ⟨~(e)s; ~e⟩ 1 (*Aufsetzen des Fußes*) paso *m* (*a. Gleichschritt*); **~ fassen** encontrar el rumbo; **~ halten** llevar el paso; **aus dem ~ kommen** *od* **geraten** perder el ritmo (*od* el paso); **den ~ wechseln** cambiar el paso; MIL **im ~!** ¡al paso! 2 (*Fußtritt*) puntapié *m*, patada *f*; **j-m einen ~ versetzen** dar un puntapié (*od* una patada) a alg 3 (*Spur*) huella *f*, pisada *f* 4 (*Stufe*) escalón *m* 5 TECH pedal *m* 6 → Trittleiter
'Trittbrett N estribo *m*; **Trittbrettfahrer** M aprovechado *m*
'Trittleiter F escalerilla *f*; taburete *m* escalera
Tri'umph M ⟨~(e)s; ~e⟩ triunfo *m*
trium'phal ADJ triunfal
Trium'phator M ⟨~s; -'toren⟩ triunfador *m*
Tri'umphbogen M arco *m* triunfal (*od* de triunfo)
trium'phieren VI ⟨*ohne* ge-⟩ triunfar (**über** *acus* de); (*frohlocken*) echar las campanas al vuelo; **triumphierend** ADJ triunfante; victorioso
Tri'umphmarsch M marcha *f* triunfal; **Triumphwagen** M carro *m* triunfal; **Triumphzug** M marcha *f* triunfal; (*Einzug*) entrada *f* triunfal
Triumvi'rat N ⟨~(e)s; ~e⟩ triunvirato *m*
trivi'al ADJ trivial, banal; **Triviali'tät** F ⟨~; ~en⟩ trivialidad *f*, banalidad *f*
'trocken A ADJ 1 (*nicht nass*) seco (*a. Haut, Haar*); **im Trockenen** en seco; *umg fig* **auf dem Trockenen sitzen** (*nichts zu trinken haben*) no tener para beber; (*kein Geld haben*) *umg* estar sin un duro (*od* sin blanca); **eine ~e Kehle haben** tener seco el gaznate; **~ werden** secarse; *fig* **~en Fußes** a pie enjuto; *umg fig* **~ sein** (*keinen Akohol mehr trinken*) estar abstemio 2 *Wetter, Klima* seco; *Boden* árido 3 **~es Brot** *ohne Beilage*: pan *m* a secas 4 *Wein, Sekt, Champagner* seco 5 *fig Stil* seco; (*langweilig*) soso, aburrido; *Thema a.* árido; **er hat einen ~en Humor** tiene un humor inglés B ADV **~ aufbewahren** guardar en sitio seco; **sich ~ rasieren** afeitarse en seco (*od* con maquinilla)
'Trockenanlage F secadero *m*; **Trockenapparat** M secador *m*; **Trockenbagger** M excavadora *f*; **Trockenbatterie** F ELEK pila *f* seca; **Trockenboden** M secadero *m*; *für Wäsche*: tendedero *m* de ropa; **Trockendock** N SCHIFF dique *m* seco; **Trockenei** N huevo *m* en polvo; **Trockeneis** N hielo *m* seco; ácido *m* carbónico sólido; **Trockenelement** N ELEK pila *f* seca; **Trockenfäule** F AGR podredumbre *f* seca; **Trockenfutter** N forraje *m* seco; pienso *m*; **Trockengebiet** N zona *f* árida; **Trockengehalt** M contenido *m* de materia seca; **Trockengemüse** N verduras *fpl* deshidratadas; hortalizas *fpl* secas; **Trockengestell** N secadero *m*; *für Wäsche*: tendedero *m* (de ropa); **Trockengewicht** N peso *m* seco; **Trockenhaube** F secador *m*; **Trockenhefe** F levadura *f* seca (*od* en polvo); **Trockenheit** F ⟨~; ~en⟩ 1 sequedad *f* (*a. fig*) 2 (*Dürreperiode*) sequía *f*; *der Landschaft a.*: aridez *f* (*a. fig*); **Trockenkost** F MED dieta *f* seca
'trockenlegen VT poner a secar; poner en seco; (*austrocknen*) desecar; *Gelände* desaguar; avenar; *Teich* vaciar, drenar; **das Baby ~** cambiar los pañales al bebé; **Trockenlegung** F ⟨~; ~en⟩ desecación *f*; *e-s Geländes*: desagüe *m*; avenamiento *m*; *e-s Teichs*: drenaje *m*
'Trockenmasse F materia *f* seca; **Trockenmilch** F leche *f* en polvo; **Trockenmittel** N MAL secante *m*; **Trockenobst** N fruta *f* seca; **Trockenofen** M estufa *f* (*od* horno *m*) de secar; **Trockenperiode** F período *m* de sequía; **Trockenpflaume** F ciruela *f* pasa; **Trockenplatz** M secadero *m*; *für Wäsche*: tendedero *m*; **Trockenrasierer** M máquina *f* de afeitar eléctrica, afeitadora *f*, rasuradora *f*; **Trockenraum** M secador *m*
'trockenreiben VT → reiben A 1
'trockenreinigen VT lavar (*od* limpiar) en seco; **Trockenreinigung** F lavado *m* (*od* limpieza *f*) en seco
'Trockenschleuder F secadora *f* centrífuga; **Trockenschliff** M TECH rectificado *m* en seco; **Trockenständer** M secadero *m*; FOTO *a.* escurridor *m*; *für Wäsche*: tendedero *m*; **Trockensubstanz** F → Trockenmasse; **Trockentrommel** F tambor *m* secador; **Trockenverfahren** N procedimiento *m* de secado (*bzw* de desecación); **Trockenzeit** F (estación *f* de) sequía *f*
'trocknen A VI ⟨sn⟩ secar(se); (*austrocknen*) desecarse B VT secar; (*austrocknen*) desecar; (*abwischen*) enjugar; *durch Wasserentzug*: deshidratar
'Trocknen N ⟨~s⟩ secado *m*; desecación *f*; **zum ~ aufhängen** *Wäsche* tender (a secar)
'trocknend ADJ secante; **schnell ~** de secado rápido
'Trockner M ⟨~s; ~⟩ secador *m*; **Trocknung** F ⟨~⟩ → Trocknen
'Troddel F ⟨~; ~n⟩ borla *f*; (*Franse*) fleco *m*
'Trödel M ⟨~s⟩ (*Kram*) trastos *mpl* viejos; cachivaches *mpl*; (*Schund*) baratijas *fpl*, chucherías *fpl*
Tröde'lei F ⟨~; ~en⟩ *umg* lentitud *f*; roncería *f*
'Trödelfritze M ⟨~n; ~n⟩ *umg* remolón *m*; **Trödelkram** M → Trödel; **Trödelladen** M baratillo *m*; prendería *f*; ropavejería *f*; *Arg* cambalache *m*; **Trödelliese** F ⟨~; ~n⟩ *umg* remolona *f*; **Trödelmarkt** M mercadillo *m* (de viejo); *in Madrid*: Rastro *m*
'trödeln VI *fig* perder el tiempo; roncear; *bei der Arbeit*: obrar con lentitud (*od* cachaza)
'Trödelware F → Trödel
'Trödler M ⟨~s; ~⟩, **Trödlerin** F ⟨~; ~nen⟩ 1 (*Händler, -in*) baratillero *m*, -a *f*; prendero *m*, -a *f*; ropavejero *m*, -a *f*; *Arg* cambalachero *m*, -a *f* 2 *fig* (*Bummler, -in*) remolón *m*, -ona *f*; cachazudo *m*, -a *f*
trog → trügen
Trog M ⟨~(e)s; Tröge⟩ artesa *f*; dornajo *m*; (*Wassertrog*) pila *f*, tina *f*; (*Brunnentrog*) pilón *m*; (*Fresstrog*) comedero *m*
'T-Rohr N TECH tubo *m* en T
'Troja N ⟨~s⟩ HIST Troya *f*
Tro'janer M ⟨~s; ~⟩ troyano *m* (*a.* IT); **Trojanerin** F ⟨~; ~nen⟩ troyana *f*; **trojanisch** ADJ troyano; HIST **der Trojanische Krieg** la guerra de Troya; **Trojanisches Pferd** troyano *m*, caballo *m* de Troya (*beide a.* IT)
Tro'kar M ⟨~s; ~e *od* ~s⟩ MED trocar *m*
'trollen V/R *umg* **sich ~** marcharse, irse; **troll dich!** *umg* ¡lárgate!
'Trolleybus M trolebús *m*
'Trommel F ⟨~; ~n⟩ 1 MUS tambor *m* (*a.* TECH, *der Waschmaschine*); *kleine*: caja *f*; *große*: bombo *m*; **die ~ schlagen** *od* **rühren** tocar el tambor; *fig* **die ~ für etw rühren** hacer propaganda de a/c 2 *des Revolvers*: barrilete *m*
'Trommelbremse F TECH freno *m* de tambor; **Trommelfell** N parche *m* (de tambor); ANAT tímpano *m*; **Trommelfeuer** N MIL fuego *m* nutrido (*od* graneado)
'trommeln A VI tocar el tambor; tamborilear; *fig* batir (*Regen, Wind etc*); **an die Tür ~** golpear a la puerta; **ans Fenster ~** *Regen* batir contra la ventana; **mit den Fingern ~** tambor(il)ear, tabalear (con los dedos) B VT 1 **den Rhythmus ~** marcar el ritmo con el tambor *od* tamborileando con los dedos 2 **j-n aus dem Schlaf ~** despertar a alg bruscamente
'Trommeln N ⟨~s⟩ redoble *m* de (los) tambores; tamborileo *m* (*a. fig*); *mit den Fingern*: tamboreo *m*, tabaleo *m*; **Trommelrevolver** M revólver *m* de barrilete; **Trommelschlag** M toque *m* de tambor; redoble *m* de tambor(es); **Trommelschlägel** M → Trommelstock; **Trommelschläger** M tambor *m*; **Trommelstock** M palillo *m* de tambor; baqueta *f*; **Trommelwirbel** M redoble *m* (de tambor); **unter ~** a tambor batiente
'Trommler M ⟨~s; ~⟩, **Trommlerin** F ⟨~; ~nen⟩ tambor *m/f*; tamborilero *m*, -a *f*
Trom'pete F ⟨~; ~n⟩ 1 MUS trompeta *f*; *helle*: MIL clarín *m*; corneta *f*; **die** *od* **auf der ~ blasen** tocar la trompeta 2 ANAT trompa *f*
trom'peten VI & VT tocar la trompeta (*bzw* el clarín *od* la corneta); *umg* trompetear; *fig* tronar
Trom'petenbläser M → Trompeter; **Trompetengeschmetter** N ⟨~s⟩ toque

T

m de trompetas (*bzw* de clarines); **Trompetenschall** M **bei ~** al son de las trompetas; **Trompetenstoß** M toque *m* de clarín; trompetazo *m*

Trom'peter M ⟨~s; ~⟩, **Trompeterin** F ⟨~; ~nen⟩ trompeta *m/f*, trompetista *m/f*

'Trope F ⟨~; ~n⟩ RHET tropo *m*

'Tropen PL trópicos *mpl*; países *mpl* tropicales; **Tropenanzug** M traje *m* colonial; **tropenbeständig, tropenfest** ADJ resistente al clima tropical; **Tropenhelm** M casco *m* colonial; salaco *m*; **Tropenhitze** F calor *m* tropical; **Tropenholz** N madera *m* tropical; **Tropenklima** N clima *m* tropical; **Tropenkoller** M MED delirio *m* de los trópicos; **Tropenkrankheit** F enfermedad *f* tropical; **Tropenmedizin** F medicina *f* tropical; **Tropenpflanze** F planta *f* tropical; **tropentauglich** ADJ apto para vivir en países tropicales; **Tropenwald** M bosque *m* (de lluvia) tropical

Tropf[1] M ⟨~(e)s; ~e⟩ MED gotero *m*; *umg* gota a gota *m*; **am ~ hängen** tener puesto el gotero

Tropf[2] M ⟨~(e)s; Tröpfe⟩ *Person*: bobo *m*, tonto *m*, necio *m*; **armer ~** pobre diablo *m*

'Tröpfchen N ⟨~s; ~⟩ gotita *f*; **Tröpfcheninfektion** F MED contagio *m* (*od* infección *f*) por gotitas (repiratorias); **tröpfchenweise** ADV a gotitas

'tröpfeln A VI gotear (*a. fig*); caer gota a gota B VT echar (*od* verter) gota a gota; (*einträufeln*) **~ in** (*acus*) instilar en C V/UNPERS **es tröpfelt** *Regen*: está goteando

'Tröpfeln N ⟨~s⟩ goteo *m*; instilación *f*

'tropfen VI gotear

'Tropfen M ⟨~s; ~⟩ 1 gota *f*; **es regnet dicke ~** llueve fuerte; **das ist ein ~ auf den heißen Stein** es una gota de agua en el mar; *sprichw* **steter ~ höhlt den Stein** la gotera cava la piedra 2 PL PHARM gotas *fpl* 3 *umg* (*Alkohol*) **ein guter/edler ~** un buen vino/un vino exquisito

'Tropfenfänger M recogegotas *m*; **tropfenweise** ADV gota a gota, a gotas, a cuentagotas; **Tropfenzähler** M cuentagotas *m*; instilador *m*

'Tropfflasche F (frasco *m*) cuentagotas *m*

'tropf'nass ADJ empapado; chorreando

'Tropföler M TECH engrasador *m* cuentagotas

'Tropfstein M *hängender*: estalactita *f*; *vom Boden aufsteigender*: estalagmita *f*; **Tropfsteinhöhle** F cueva *f* (de estalactitas)

Trophäe [tro'fɛːə] F ⟨~; ~n⟩ trofeo *m*

'tropisch ADJ tropical; **~er Regenwald** *m* selva *f* tropical

Tropo'sphäre F ⟨~⟩ troposfera *f*

Tross M ⟨~es; ~e⟩ 1 MIL impedimenta *f*; bagajes *mpl* 2 *fig* seguidores *mpl*, partidarios *mpl*

'Trosse F ⟨~; ~n⟩ SCHIFF cable *m*; amarra *f*

Trost [-oː-] M ⟨~es⟩ 1 consuelo *m*; consolación *f*; confortación *f*; **ein schlechter** *od* **schwacher ~** un pobre consuelo; **j-m ~ zusprechen** consolar a alg; **das ist mir ein ~** eso me consuela (*od* es un consuelo para mí) 2 *umg fig* **nicht (recht** *od* **ganz) bei ~ sein** no estar en su juicio (*od* en sus cabales); *umg* estar chiflado

'trostbedürftig ADJ necesitado de consuelo

'trostbringend, Trost bringend ADJ consolador

'trösten [-øː-] A VT consolar (**mit etw** con a/c); confortar B VR **sich ~** consolarse (**mit dem Gedanken, dass …** pensando que …)

'tröstend ADJ consolador; confortante; **~e Worte** palabras *fpl* de consuelo

'Tröster M ⟨~s; ~⟩, **Trösterin** F ⟨~; ~nen⟩ consolador *m*, -a *f*; confortador *m*, -a *f*; **tröstlich** ADJ consolador; confortador; (*beruhigend*) tranquilizador

'trostlos ADJ 1 *Person* desconsolado; inconsolable; desesperado; *Anblick, Zustand, Wetter* desolador, desesperante; (*öde*) monótono, aburrido; (*jämmerlich*) lamentable; *Kindheit* desgraciado 2 *Person*: desconsolado, inconsolable; **Trostlosigkeit** F ⟨~⟩ 1 *v. Sachen*: estado *m* desconsolador (*bzw* desesperante) 2 *e-r Person*: desconsuelo *m*, desolación *f*; desesperación *f*

'Trostpflaster N *hum* pequeño consuelo *m*; **Trostpreis** M premio *m* de consolación; accésit *m*; **trostreich** ADJ consolador; confortador; **Trostrennen** N SPORT carrera *f* de consolación; **Trostrunde** F SPORT ronda *f* de consolación

'Tröstung F ⟨~; ~en⟩ consuelo *m*; consolación *f*; confortación *f*

'trostvoll ADJ → trostreich; **Trostwort** N ⟨~(e)s; ~e⟩ palabra *f* consoladora (*od* de consuelo)

Trott M ⟨~(e)s; ~e⟩ 1 *Gangart*: trote *m* 2 *umg pej* (*Routine*) rutina *f*; **der tägliche ~** la rutina cotidiana; **in den alten ~ verfallen** caer (de nuevo) en la rutina

'Trottel M ⟨~s; ~⟩ *umg* imbécil *m*, idiota *m*, cretino *m*; **alter ~** viejo *m* chocho (*od* cretino)

'trottelig ADJ *umg* imbécil, estúpido; chocho

'trotteln VI ⟨sn⟩, **trotten** VI ⟨sn⟩ trotar

Trot'toir [trɔto'aːr] N ⟨~s; ~e *od* ~s⟩ acera *f*

trotz PRÄP (*gen od dat*) a pesar de, pese a; a despecho de; no obstante; **~ all(e)dem** *od* **~ allem** a pesar de todo; aun así; así y todo; con todo eso

Trotz M ⟨~es⟩ obstinación *f*, terquedad *f*; (*Widerspruchsgeist*) espíritu *m* de contradicción; **aus ~** por despecho; para fastidiar; **j-m/einer Sache zum ~** a pesar de alg/a/c; *geh* a despecho de alg/a/c; **j-m ~ bieten** desafiar a alg; hacer frente a alg, oponerse a alg; **einer Gefahr ~ bieten** arrostrar (*od* afrontar) un peligro

'trotzdem[1] ADV no obstante; a pesar de ello; sin embargo; con todo

trotz'dem[2] KONJ *umg* aunque, a pesar de que (*subj*)

'trotzen VI 1 **einer Sache** (*dat*) **~** desafiar a/c; hacer frente a a/c, afrontar a/c; (*Widerstand leisten*) oponerse, (*od* resistirse) a a/c; (*standhalten*) resistir a a/c; **j-m/einer Sache ~** resistirse a alg/a/c 2 (*schmollen*) *umg* estar (*od* ponerse) de morros

'trotzig ADJ (*eigensinnig*) obstinado, terco; porfiado; testarudo, *umg* cabezudo; (*widersetzlich*) rebelde; recalcitrante; (*unfolgsam*) desobediente; *Blick* altanero; retador

Trotz'kismus M ⟨~⟩ POL trotzkismo *m*; **Trotz'kist** M ⟨~en; ~en⟩, **Trotz'kistin** F ⟨~; ~nen⟩ trotzkista *m/f*; **trotzkistisch** ADJ trotzkista

'Trotzkopf M obstinado *m*, -a *f*; testarudo *m*, -a *f*, *umg* cabezota *m/f*; **trotzköpfig** ADJ obstinado, terco, testarudo

Trouba'dour [truba'duːr] M ⟨~s; ~e *od* ~s⟩ HIST, LIT trovador *m*

'trüb(e) ADJ 1 *Flüssigkeit* turbio; (*flockig*) borroso; *fig* **im Trüben fischen** pescar en río revuelto (*od* en aguas turbias) 2 (*glanzlos*) deslucido, apagado; *Licht* mortecino; *Glas, Spiegel* empañado 3 *Wetter* nuboso; *Himmel* nublado, cubierto; *Tag* gris; **es ist ~** hace un día gris 4 *fig Stimmung, Zeiten* gris, triste; *Gedanken, Aussichten* negro, sombrío; *fig* **es sieht ~ aus** las perspectivas no son nada halagüeñas

'Trubel M ⟨~s⟩ bulla *f*, batahola *f*; ajetreo *m*; *umg* barullo *m*, jaleo *m*

'trüben A VT 1 *Flüssigkeit* enturbiar (*a. fig*) 2 *Glas* empañar; (*glanzlos machen*) deslustrar; (*verdunkeln*) oscurecer 3 *fig Gemüt, Verstand* turbar; *Freude, Glück* nublar, empañar B VR **sich ~** 1 *Himmel* nublarse; encapotarse 2 *Flüssigkeit* enturbiarse 3 *Glas* empañarse; (*glanzlos werden*) deslustrarse; (*dunkel werden*) oscurecerse 4 *fig Beziehungen* enturbiarse; *Sicht, Sinn* nublarse

'Trübheit F ⟨~⟩ turbiedad *f*; **Trübsal** F ⟨~; ~e⟩ aflicción *f*; tribulación *f*; (*Elend*) miseria *f*; calamidad *f*; (*Schwermut*) melancolía *f*; *umg fig* **~ blasen** estar triste (*od* deprimido *od* melancólico); *umg* estar alicaído

'trübselig ADJ (*traurig*) triste; afligido; melancólico; (*trostlos*) desconsolado; (*armselig*) pobre; mísero; **Trübseligkeit** F ⟨~⟩ tristeza *f*; melancolía *f*; aflicción *f*

'Trübsinn M ⟨~(e)s⟩ melancolía *f*; tristeza *f*; **trübsinnig** ADJ melancólico; triste; sombrío

'Trübung F ⟨~; ~en⟩ enturbiamiento *m*; (*Zustand*) turbiedad *f*; *Röntgen*: opacidad *f*; *fig* ofuscación *f*, ofuscamiento *m* (*a. des Bewusstseins*)

'trudeln VI FLUG entrar (*bzw* caer) en barrena

'Trudeln N ⟨~s⟩ barrena *f*; **ins ~ geraten** entrar en barrena

'Trüffel F ⟨~; ~n⟩ BOT *u. Konfekt*: trufa *f*; **Trüffelleberpastete** F GASTR pasta *f* de hígado trufada

'trüffeln VT trufar; **Trüffelzucht** F truficultura *f*

trug → tragen

Trug M ⟨~(e)s⟩ *geh* engaño *m*; embuste *m*; fraude *m*; *der Sinne*: ilusión *f*; **'Trugbild** N visión *f*; fantasma *m*; espejismo *m*; alucinación *f*; **'Trugdolde** F BOT cima *f*

'trügen VT & VI ⟨*irr*⟩ engañar; ser engañoso; inducir a error; **wenn mich nicht alles trügt** si no me engaño

'trügerisch ADJ engañoso; engañador; falaz; traidor; (*imaginär*) ilusorio; *Grund* capcioso; *Wetter, Eis* inseguro; *Gedächtnis* infiel

'Truggebilde N → Trugbild; **Trugschluss** M conclusión *f* errónea; razonamiento *m* falso

'Truhe F ⟨~; ~n⟩ arca *f*, *große*: arcón *m*; cofre *m*

Trumm N ⟨~(e)s; Trümmer⟩ *reg* pedazo *m*

'Trümmer PL ruinas *fpl*; (*Schutt*) escombros *mpl*; **die ~ beseitigen** des(es)combrar; **in ~ gehen** caer en ruina; desmoronarse; **in ~n liegen** estar en ruinas; **in ~ schlagen** hacer pedazos (*od umg* trizas)

'Trümmerbeseitigung F des(es)combro *m*; **Trümmerbruch** M MED fractura *f* múltiple *od* conminuta; **Trümmerfeld** N campo *m* de ruinas; **Trümmergestein** N GEOL aglomerado *m*; **Trümmergrundstück** N inmueble *m* en ruinas; **Trümmerhaufen** M montón *m* de escombros; escombrera *f*; **Trümmerstätte** F (sitio *m od* lugar *m* de) ruinas *fpl*

Trumpf M ⟨~(e)s; Trümpfe⟩ 1 *Kartenspiel*: triunfo *m*; *fig a.* baza *f*; **was ist ~?** ¿qué palo es triunfo?; **einen ~ ausspielen** echar un triunfo (*a. fig*); *fig* **alle Trümpfe in der Hand haben** tener todos los triunfos (en la mano); llevar todas las de ganar; **seinen letzten ~ ausspielen** jugar el último triunfo (*od* su última baza) 2 *fig* **~ sein** (*gefragt sein*) ser demandado; (*Mode sein*) estar de moda

'trumpfen VT matar (*od* fallar) con un triunfo

'Trumpffarbe F palo *m* del triunfo; **Trumpfkarte** F triunfo *m*

Trunk M ⟨~(e)s; Trünke⟩ 1 *geh* (*Trank*) bebida *f*; MED poción *f* 2 (*Schluck*) trago *m*; (*Zug*) sorbo *m*; **einen ~ tun** echar un trago 3 *weitS.* (*Trunksucht*) alcoholismo *m*; **dem ~ ergeben** dado a la bebida; *umg* aficionado al trago

'trunken ADJ *geh obs* embriagado, ebrio (*beide a. fig*); **~ machen** emborrachar, embriagar; **~**

vor Freude ebrio de alegría

'Trunkenbold M ⟨~(e)s; ~e⟩ borracho *m*, beodo *m*, *umg* borrachín *m*; **Trunkenheit** F ⟨~⟩ embriaguez *f*, *umg* borrachera *f*; JUR **~ am Steuer** conducción *f* en estado de embriaguez

'Trunksucht F MED alcoholismo *m*; **trunksüchtig** ADJ dado a la bebida; MED alcohólico, alcoholizado; **Trunksüchtige** M/F MED alcohólico *m*, -a *f*

Trupp M ⟨~s; ~s⟩ *v. Menschen:* grupo *m*; tropel *m*; *(Arbeitstrupp)* brigada *f*; cuadrilla *f*; equipo *m*; MIL pelotón *m*; destacamento *m*; **ein ~ Arbeiter** un equipo de trabajadores

'Truppe F ⟨~; ~n⟩ 1 MIL *(militärischer Verband)* tropa *f*; *(Streitkräfte)* tropas *fpl*; **~n** *pl a.* fuerzas *fpl* 2 THEAT compañía *f* (teatral); *bes Am* elenco *m*

'Truppenansammlung F MIL concentración *f* de tropas; **Truppenarzt** M MIL médico *m* militar; **Truppenaushebung** F MIL reclutamiento *m*; **Truppenbewegung** F MIL movimiento *m* de tropas; **Truppeneinsatz** M MIL uso *m* de tropas; **Truppenentflechtung** F MIL separación *f* de fuerzas; **Truppengattung** F MIL arma *f*; **Truppenreduzierung** F reducción *f* de tropas (*od* fuerzas); **Truppenschau** F MIL revista *f* (de tropas); desfile *m*; **Truppenteil** M MIL unidad *f*; **Truppentransport** M MIL transporte *m* de tropas; **Truppentransporter** M SCHIFF (buque *m* de) transporte *m*; **Truppenübung** F MIL ejercicios *mpl* militares; maniobras *fpl*; **Truppenübungsplatz** M MIL campo *m* de maniobras (*bzw* de instrucción); **Truppenverband** M MIL formación *f*; **Truppenverschiebung** F MIL movimiento *m* de tropas

'truppweise ADV por (*od* en) grupos

Trust [trast] M ⟨~(e)s; ~e⟩ WIRTSCH trust *m*

'Truthahn M pavo *m*; **Truthenne** F pava *f*

Tsat'siki M,N ⟨~s; ~s⟩ GASTR tsatsiki *m* *(mezcla de yogur griego, ajo, pepino y un poco de aceite)*

Tschad M **der ~** el Chad *m*

'Tschador M ⟨~s; ~s⟩ REL chador *m*

'Tschako M ⟨~s; ~s⟩ MIL chacó *m*

'Tscheche M ⟨~n; ~n⟩ checo *m*; **Tschechien** N ⟨~s⟩ Chequia *f*; República *f* Checa; **Tschechin** F ⟨~; ~nen⟩ checa *f*; **tschechisch** ADJ checo; **Tschechische Republik** República *f* Checa

Tschechoslowa'kei F HIST **die ~** Checoslovaquia *f*

tschechoslo'wakisch ADJ HIST checoslovaco

Tscher'kesse M ⟨~n; ~n⟩, **Tscherkessin** F ⟨~; ~nen⟩ circasiano *m*, -a *f*

Tsche'tschene M ⟨~n; ~n⟩ checheno *m*; **Tschetschenien** N ⟨~s⟩ Chechenia *f*; **Tschetschenin** F ⟨~; ~nen⟩ chechena *f*; **tschetschenisch** ADJ checheno

tschüs(s) INT *umg*¡hasta luego!, ¡adiós!

Tsd. ABK (tausend) mil

'Tsetsefliege F mosca *f* tse-tsé

'T-Shirt ['ti:ʃœrt] N ⟨~s; ~s⟩ camiseta *f*

'Tsunami M ⟨~s; ~s⟩ tsunami *m*, maremoto *m*

TU F ABK (Technische Universität) Universidad *f* Técnica

'Tuba F ⟨~; Tuben⟩ MUS tuba *f*

'Tube F ⟨~; ~n⟩ 1 tubo *m*; *umg fig bes* AUTO **auf die ~ drücken** acelerar 2 ANAT trompa *f*

'Tubenligatur F MED ligamento *m* de trompas

Tu'berkel M ⟨~s; ~⟩, *österr zssgn* F ⟨~; ~n⟩ MED tubérculo *m*; **Tuberkelbazillus** M bacilo *m* de la tuberculosis

tuberku'lös ADJ MED tuberculoso

Tuberku'lose F ⟨~; ~n⟩ MED tuberculosis *f*; **Tuberkulosebekämpfung** F lucha *f* antituberculosa; **tuberkuloseverdächtig** ADJ sospechoso de (padecer) tuberculosis

Tube'rose F ⟨~; ~n⟩ BOT tuberosa *f*, nardo *m*

'Tübingen N ⟨~s⟩ Tubinga *f*

Tuch N ⟨~(e)s; Tücher⟩ 1 ⟨*pl* ~e⟩ *Stoff:* paño *m*; tela *f* 2 *(Taschentuch, Kopftuch, Halstuch)* pañuelo *m*; *(Umschlagtuch)* chal *m*; *(Schultertuch)* toquilla *f* 3 *(Wischtuch)* trapo *m*, gamuza *f* 4 *fig* **das wirkt wie ein rotes ~ auf ihn** eso le pone fuera de quicio; **er ist ein rotes ~ für mich** no puedo verle ni pintado

'Tuchballen M pieza *f* de paño

'tuchen ADJ de paño

'Tuchfabrik F fábrica *f* de paños; **Tuchfabrikant** M, **Tuchfabrikantin** F fabricante *m/f* de paños

'Tuchfühlung F *hum* (con)tacto *m* (*od* toque *m*) de codos; *weitS.* estrecho contacto *m*; *fig* **auf ~** codo con codo; **auf ~ gehen** pegarse a alg; **(mit j-m) auf ~ bleiben** seguir en estrecho contacto (con alg)

'Tuchhandel M comercio *m* de paños, pañería *f*; **Tuchhändler** M, **Tuchhändlerin** F comerciante *m/f* en paños, pañero *m*, -a *f*; **Tuchhandlung** F pañería *f*; **Tuchindustrie** F industria *f* pañera; **Tuchladen** M → Tuchhandlung; **Tuchmacher** M, **Tuchmacherin** F pañero *m*, -a *f*

'tüchtig A ADJ 1 *(fleißig)* eficiente, trabajador; *(fähig)* capaz, hábil; *(leistungsfähig)* bueno; eficaz; *(geübt, erfahren)* experimentado, versado, ducho **(in etw** *dat* en a/c) 2 *umg fig (beträchtlich, gehörig)* bueno; *Portion* considerable; enorme; **er ist ein ~er Esser** tiene buen saque; **eine ~e Tracht Prügel** una soberana paliza B ADV *(sehr)* muy; mucho; *(viel)* de lo lindo; *(mit Macht)* vigorosamente; *(wirkungsvoll)* eficazmente; **~ arbeiten** *umg* trabajar de firme; **~ essen** comer abundantemente; **~ schwitzen** *umg* sudar la gota gorda; **sich ~ blamieren** *umg* tirarse una plancha fenomenal; **j-n ~ verprügeln** *umg* propinar a alg una soberana paliza

'Tüchtigkeit F ⟨~⟩ eficiencia *f*; habilidad *f*; destreza *f*; capacidad *f*; aptitud *f*

'Tuchwaren FPL paños *mpl*, pañería *f*

'Tücke F ⟨~; ~n⟩ 1 *(Bosheit)* malicia *f*; *(Hinterlist)* perfidia *f*, insidia *f*; *(Heimtücke)* alevosía *f*; *(Verschlagenheit)* astucia *f*; malignidad *f* 2 ⟨*oft pl*⟩ *(verborgene Gefahr)* defecto *m*; **die ~ des Objekts** lo malo del asunto

'tuckern VI *Motor* hacer ruido

'tückisch ADJ malicioso; malintencionado; pérfido; *Krankheit* insidioso; *(verräterisch)* traicionero (*a. fig Eis etc*)

Tuff M ⟨~s; ~e⟩, **'Tuffstein** M toba *f*

Tüfte'lei F ⟨~; ~en⟩ sutileza *f*; sofisticación *f*

'tüftelig ADJ *umg* sutil; *Person* meticuloso

'tüfteln VI *umg* romperse la cabeza **(an etw** *dat* con a/c); **an einem Problem ~** da vueltas a un problema

'Tüftler M ⟨~s; ~⟩, **Tüftlerin** F ⟨~; ~nen⟩ sutilizador *m*, -a *f*; persona *f* meticulosa

'Tugend F ⟨~; ~en⟩ virtud *f*; **Tugendbold** M ⟨~(e)s; ~e⟩ *iron* dechado *m* de virtudes; **tugendhaft** ADJ virtuoso; **Tugendhaftigkeit** F ⟨~⟩ virtuosidad *f*; **tugendsam** ADJ virtuoso

Tüll M ⟨~s; ~e⟩ tul *m*

'Tülle F ⟨~; ~n⟩ pico *m*, pitorro *m*; TECH boquilla *f*

'Tulpe F ⟨~; ~n⟩ BOT tulipán *m*

'Tulpenbaum M BOT tulip(an)ero *m*; **Tulpenzwiebel** F bulbo *m* de tulipán

'tummeln V/R **sich ~** moverse; *Kinder* retozar; corretear; *(sich beeilen)* apresurarse, darse prisa

'Tummelplatz M lugar *m* de recreo; *fig* campo *m* de acción; palestra *f*

'Tümmler M ⟨~s; ~⟩ 1 ZOOL delfín *m* mular; **kleiner ~** marsopa *f* 2 ORN paloma *f* volteadora

'Tumor M ⟨~s; Tu'moren, *umg a.* Tu'more⟩ MED tumor *m*

'Tümpel M ⟨~s; ~⟩ charco *m*, *großer:* charca *f*

Tu'mult M ⟨~(e)s; ~e⟩ tumulto *m*; *(Lärm)* alboroto *m*; *umg* jaleo *m*; **tumultartig** ADJ tumultuoso

tumultu'arisch, tumultu'ös ADJ tumultuoso; tumultuario

tun A V/T 1 *(machen)* hacer; **nichts ~** no hacer nada; **das tut man nicht** eso no se hace; **er tut nichts als arbeiten** no hace más que trabajar; se pasa la vida trabajando; **was (ist zu) ~?** ¿qué hacer?; **was soll ich ~?** ¿qué voy a hacer?; ¡qué le vamos a hacer!; **das will getan sein** eso tendrá que hacerse; **das tut man nicht** eso no se hace; **noch zu ~ sein** estar por hacer; **damit ist es (noch) nicht getan** con eso no basta; **ich kann nichts dazu ~** no puedo hacer nada; **du tust** *bzw* **tätest gut daran zu** *(inf)* harías bien si *(subj)* *od* en *(inf)*; **er kann ~ und lassen, was er will** puede hacer lo que quiera 2 *(ausmachen)* **was tut das?** *umg* ¿qué importa eso?; **das tut nichts** *umg* no es nada; no importa; no tiene importancia 3 *(arbeiten)* trabajar, hacer; **(viel) zu ~ haben** tener (mucho) que hacer, estar (muy) ocupado; **nichts zu ~ haben** no tener nada que hacer; estar desocupado; **Sie haben hier nichts zu ~** aquí no tiene usted nada que hacer; *schroff abweisend:* aquí está usted de más 4 *(antun)* hacer; *(zufügen)* agregar, añadir; echar; **was hat er dir getan?** ¿qué te ha hecho?; **der Hund tut (dir) nichts** el perro no (te) hace nada 5 **etw (mit j-m/etw) zu ~ haben** *(Bezug haben)* tener que ver (con alg/a/c); **es mit j-m zu ~ bekommen** habérselas con alg; **ich will damit nichts zu ~ haben** no quiero mezclarme en ese asunto; en eso yo me lavo las manos; **damit habe ich nichts zu ~** no tengo nada que ver en eso; **das hat damit nichts zu ~** no tiene nada que ver con eso; eso no hace al caso; **er bekommt es mit mir zu ~!** tendrá que vérselas conmigo!; **es mit der Angst zu ~ bekommen** coger miedo 6 *umg (setzen, stellen, legen)* poner, meter 7 *(ausreichen)* bastar; **das tut es auch** eso también sirve 8 *umg (funktionieren)* **es (nicht mehr) ~** (ya no) ir (*od* funcionar) 9 *umg* **es ~** *(koitieren)* *umg* hacerlo B V/I **so ~, als ob ...** hacer como si ... *(subj)*, fingir que ... *(ind)*; **so ~, als hätte man nichts gesehen** *umg* hacer la vista gorda; **sie tut gelehrt** alardea de sabio; **er tut, als sei er krank** se hace el enfermo; **sie tut nur so** lo aparenta nada más; sólo es apariencia; **~ Sie doch nicht so!** ¡no (se) lo tome así! C V/UNPERS **es ist mir darum zu ~, dass ...** me importa (*bzw* interesa) que ... *(subj)*; **es ist mir sehr darum zu ~** me importa (*bzw* interesa) mucho; **es ist ihm nur um das Geld zu ~** lo único que le interesa es el dinero D V/R *umg* **es tut sich etwas** algo pasa, hay movimiento; **was tut sich da?** ¿qué pasa aquí?

Tun N ⟨~s⟩ 1 modo *m* de obrar 2 *(Beschäftigung)* ocupaciones *fpl*; actividades *fpl*; **sein ~ und Treiben** su conducta; sus acciones; su *umg* vida y milagros 3 *(Verhalten)* conducta *f*

'Tünche F ⟨~; ~n⟩ blanqueo *m*, jalbegue *m*; *fig* barniz *m*

'tünchen V/T blanquear, enjalbegar

'Tundra F ⟨~; Tundren⟩ tundra *f*

'tunen ['tju:nən] V/T AUTO trucar

'Tuner ['tju:nər] M ⟨~s; ~⟩ *Tontechnik:* sintonizador *m*

Tu'nesien N ⟨~s⟩ Túnez *m*; **Tunesier** M ⟨~s; ~⟩, **Tunesierin** F ⟨~; ~nen⟩ tunecino *m*, -a *f*; **tunesisch** ADJ tunecino

'Tunfisch M atún *m*

'Tunichtgut M ⟨~ *od* ~(e)s; ~e⟩ bribón *m*, tunante *m*; pillo *m*

'Tunika F ⟨~; Tuniken⟩ túnica *f*

'Tunis N Túnez *m*

'Tunke F ⟨~; ~n⟩ salsa *f*; *umg* moje *m*

'tunken VT mojar (en la salsa)

'tunlichst ADV **1** *(möglichst)* a ser posible; si las circunstancias lo permiten **2** *(unbedingt)* absolutamente

'Tunnel M ⟨~s; ~⟩ túnel *m*; **Tunnelblick** M *umg* PSYCH *fig* vista *f* limitada

'Tunte F ⟨~; ~n⟩ *sl* marica *m*; **tuntig** ADJ *sl pej* de marica

Tupf M ⟨~(e)s; ~e⟩ → Tupfen

'Tüpfel M, N ⟨~s; ~⟩ manchita *f*; puntito *m*; *(Stoffmuster)* lunar *m*; BOT punteadura *f*; **Tüpfelchen** N ⟨~s; ~⟩ **das ~ auf dem i** el punto sobre la i; **kein ~ fehlt** no falta ni un ápice

'tüpfeln VT puntear; salpicar; motear

'tupfen VT **1** tocar ligeramente; dar (unos ligeros) toques **2** → tüpfeln

'Tupfen M ⟨~s; ~⟩ mancha *f*; punto *m*; *auf Stoff:* lunar *m*

'Tupfer M ⟨~s; ~⟩ **1** MED apósito *m*, torunda *f* **2** *(Flecken)* mancha *f*; *(Punkt)* punto *m*

Tür F ⟨~; ~en⟩ **1** puerta *f*; *(Wagentür) a.* portezuela *f*; **~ an ~ wohnen** vivir puerta con puerta; **hinter** *od* **bei verschlossenen ~en** a puerta cerrada; **von ~ zu ~ gehen** andar de puerta en puerta; *geh* **j-m die ~ weisen** *od* **j-n vor die ~ setzen** enseña a alg la puerta (de la calle); echar a la calle a alg; **j-m die ~ vor der Nase zuschlagen** dar a alg con la puerta en las narices; **vor der ~ stehen** estar a (*od* ante) la puerta; *fig* estar inminente (*od* al caer *od* a la vuelta de la esquina); **vor verschlossenen ~en stehen** encontrar todas las puertas cerradas **2** *fig* **offene ~en einrennen** pretender demostrar lo evidente; **kehren Sie vor Ihrer eigenen ~(e)!** ¡no se meta donde no le llaman!; **einer Sache** *(dat)* **~ und Tor öffnen** abrir de par en par las puertas a a/c; favorecer a/c; **mit der ~ ins Haus fallen** ir (directamente) al grano; **Weihnachten steht vor der ~** las Navidades están al caer; **zwischen ~ und Angel** de prisa y corriendo

'Türangel F gozne *m*; **Türanschlag** M tope *m*

'Turban M ⟨~s; ~e⟩ turbante *m*

Tur'bine F ⟨~; ~n⟩ turbina *f*

Tur'binendampfer M vapor *m* de turbina(s); **turbinengetrieben** ADJ con turbopropulsor; **Turbinenhalle** F sala *f* de turbinas; **Turbinenrad** N rueda *f* de turbina; **Turbinenschaufel** F álabe *m* de turbina; **Turbinen(strahl)triebwerk** N turborreactor *m*

'Turbo M ⟨~s; ~s⟩ *(Turbolader)* turboalimentador *m*; AUTO turbo *m*; **Turboantrieb** M turbopropulsión *f*; **Turbogebläse** N turbosoplante *m*; **Turbogenerator** M turbogenerador *m*; **Turbokompressor** M turbocompresor *m*; **Turbolader** M turboalimentador *m*; turbocargador *m*; **Turbomotor** M turbomotor *m*; **Turbo-Prop-Triebwerk** N turbopropulsor *m*; **Turboventilator** M turboventilador *m*

turbu'lent ADJ turbulento

Turbu'lenz F ⟨~; ~en⟩ turbulencia *f*; **in ~en geraten** FLUG entrar en turbulencias *(a. fig)*

'Türdrücker M picaporte *m*; **Türflügel** M hoja *f* (*od* batiente *m*) de puerta; **Türfüllung** F entrepaño *m* (de puerta); **Türgarderobe** F sistema *m* de colgadores de puerta; **Türgriff** M tirador *m*, puño *m* (de puerta); **Türhüter** M, **Türhüterin** F portero *m*, -a *f*

'Türke M ⟨~n; ~n⟩ turco *m*

Tür'kei F **die ~** Turquía *f*

'türken VT *umg* falsificar; fingir

'Türkensäbel M cimitarra *f*

'Türkette F cadena *f* de seguridad

'Türkin F ⟨~; ~nen⟩ turca *f*

tür'kis ADJ turquesa; **Tür'kis** M ⟨~es; ~e⟩ MINER turquesa *f*

'türkisch ADJ turco; *(das) Türkische* el turco

'Türklingel F timbre *m* (*od* campanilla *f*) de la puerta; **Türklinke** F picaporte *m*; pestillo *m*; **Türklopfer** M aldaba *f*, llamador *m*; **Türknauf** M pomo *m*

Turm M ⟨~(e)s; Türme⟩ **1** ARCH torre *f* *(a. Schach)*; *(Glockenturm)* campanario *m*; *(Festungsturm)* torreón *m*; *(Wachtturm)* atalaya *f* **2** *(Sprungturm)* palanca *f* **3** SCHIFF *(Geschützturm)* cúpula *f*

Turma'lin M ⟨~s; ~e⟩ MINER turmalina *f*

'Türmatte F limpiabarros *m*; felpudo *m*

'Turmbau M ⟨~(e)s; ~ten⟩ construcción *f* de una torre; **der ~ zu Babel** la torre de Babel

'Türmchen N ⟨~s; ~⟩ torrecilla *f*

'türmen¹ **A** VT *(stapeln)* elevar; levantar a gran altura; *(anhäufen)* apilar, amontonar **B** V/R **sich ~** elevarse; amontonarse; *Wolken* cernerse, acumularse

'türmen² VI ⟨sn⟩ *umg (weglaufen)* largarse, pirarse

'Türmer M ⟨~s; ~⟩ *hist* torrero *m*; vigía *m*, atalaya *m*

'Turmfalke M ORN cernícalo *m*

'turmhoch **A** ADJ alto como una torre; *fig* gigantesco; altísimo **B** ADV *fig* **j-m ~ überlegen sein** ser muy superior a alg; lleva mucha ventaja a alg; **~ über etw** *(dat)* **stehen** estar muy por encima de a/c

'Turmspitze F aguja *f*, flecha *f*; **Turmspringen** N *Schwimmsport:* saltos *mpl* de palanca; **Turmuhr** F reloj *m* de torre; **Turmverlies** N mazmorra *f*; calabozo *m*; **Turmwächter** M → Türmer

'Turnanstalt F gimnasio *m*; **Turnanzug** M traje *m* de gimnasia

'turnen **A** VT *Übung* hacer **B** VI **1** hacer ejercicios (de gimnasia); **am Barren ~** hacer paralelas **2** *umg (klettern)* trepar (**über** *acus* por)

'Turnen N ⟨~s⟩ gimnasia *f*; ejercicios *mpl* gimnásticos; *Schule:* educación *f* física

'Turner M ⟨~s; ~⟩, **Turnerin** F ⟨~; ~nen⟩ gimnasta *m/f*; **turnerisch** ADJ gimnástico; **Turnerschaft** F gimnastas *mpl*

'Turnfest N festival *m* gimnástico; **Turngerät** N aparato *m* gimnástico (*od* de gimnasia); **Turnhalle** F sala *f* de gimnasia; gimnasio *m*; **Turnhemd** N camiseta *f* de gimnasia; **Turnhose** F calzón *m* de gimnasia

Tur'nier N ⟨~s; ~e⟩ torneo *m*; HIST *a.* justa *f*; **Turnierbahn** F pista *f* del torneo; **Turnierplatz** M lugar *m* (*od* escenario *m*) del torneo; HIST liza *f*, palenque *m*

'Turnlehrer M, **Turnlehrerin** F profesor *m*, -a *f* de gimnasia; monitor *m*, -a *f*; **Turnriege** F sección *f* (de gimnastas); **Turnschuh** M zapatilla *f* de deporte, tenis *m*; **Turnspiele** NPL juegos *mpl* gímnicos; **Turnstunde** F lección *f* de gimnasia; **Turnübung** F ejercicio *m* gimnástico; **Turnunterricht** M enseñanza *f* de (la) gimnasia; educación *f* física

'Turnus M ⟨~; ~se⟩ turno *m*; **im ~** → turnusmäßig; **turnusmäßig** ADJ & ADV por turno(s)

'Turnverein M club *m* gimnástico (*od* de gimnasia); **Turnwart** M monitor *m*; **Turnzeug** N ropa *f* deportiva

'Türöffner M TECH portero *m* automático (*od* electrónico); **Türöffnung** F ARCH vano *m* de la puerta; **Türpfosten** M jamba *f*; **Türrahmen** M jambaje *m*, marco *m* de la puerta; **Türriegel** M pasador *m*; *(Längsriegel)* falleba *f*; **Türschild** N placa *f* (de puerta); **Türschließer** M *Apparat:* cierre *m* (de puertas) automático; **Türschloss** N cerradura *f*; **Türschlüssel** M llave *f* de la puerta; **Türschwelle** F umbral *m*; **Türsprechanlage** F interfono *m*; **Türsteher** M, **Türsteherin** F portero *m*, -a *f*; *im Gericht:* ujier *m/f*; **Türsturz** M ARCH dintel *m* (de la puerta)

'turteln VI *Verliebte* amartelarse, acaramelarse

'Turteltaube F ORN tórtola *f*; *fig (Verliebte)* tortolito *m*

'Türvorleger M limpiabarros *m*, felpudo *m*; **Türzarge** F BAU marco *m* de la puerta

Tusch M ⟨~es; ~e⟩ toque *m* de fanfarria (para captar la atención del público); MIL toque *m* de clarines; **einen ~ spielen** dar un toque de fanfarria (para captar la atención del público)

'Tusche F ⟨~; ~n⟩ tinta *f* china

'tuscheln VI cuchichear

'Tuscheln N ⟨~s⟩ cuchicheo *m*

'tuschen **A** VI MAL pintar con tinta china **B** VT **sich** *(dat)* **die Wimpern ~** ponerse rímel

'Tuschfarben FPL colores *mpl* para aguada; **Tuschfeder** F plumilla *f*; **Tuschkasten** M caja *f* de pinturas (*od* de colores); **Tuschpinsel** M pincel *m*; **Tuschzeichnung** F aguatinta *f*

'Tusse F ⟨~; ~n⟩, **'Tussi** F ⟨~; ~s⟩ *umg pej* **1** *(Frau) umg* tía *f*; **dumme ~** tonta *f* **2** *(Freundin) umg* novieta *f*

'Tüte F ⟨~; ~n⟩ cucurucho *m*; bolsa *f* (de papel); *umg* **in die ~ blasen** *bei Verkehrskontrolle: umg* dar el soplo; soplar en el alcoholímetro; *umg* **(das) kommt nicht in die ~!** ¡ni hablar!; ¡narices!

'tuten VI **1** (hacer) sonar; tocar la sirena; *(hupen)* tocar la bocina (*od* el claxón), bocinar; MUS tocar el cuerno **2** *fig* **von Tuten und Blasen keine Ahnung haben** no saber ni jota (de a/c); no saber de la misa la media

'Tutor M ⟨~s; -'toren⟩, **Tutorin** F ⟨~; ~nen⟩ tutor *m*, -a *f* *(a.* UNIV*)*

'Tüttel M ⟨~s; ~⟩, **Tüttelchen** N ⟨~s; ~⟩ *reg* puntito *m*; **kein ~** ni jota; ni un ápice

TÜV M ABK (Technischer Überwachungsverein) AUTO *sp* ≈ ITV *f* (Inspección Técnica de Vehículos)

TÜV-geprüft ADJ examinado (*od* controlado) por la oficina de inspección técnica; **TÜV-Plakette** F placa *f* de la Inspección Técnica

TV¹ ABK M (Turnverein) club *m* gimnástico (*od* deportivo)

TV² ABK N (Television) TV *f* (televisión); **TV-Karte** F IT tarjeta *f* de TV; **TV-Trash** [-trɛʃ] M telebasura *f*

Tweed [tvi:t] M ⟨~s; ~s *od* ~e⟩ tweed *m*

'Twen M ⟨~(s); ~s⟩ adolescente *m/f*

'Twinset M, N ⟨~s; ~s⟩ TEX conjunto *m*

Twist¹ M ⟨~(e)s; ~e⟩ TEX hilo *m* de algodón

Twist² M ⟨~s; ~s⟩ *Tanz:* twist *m*

twittern VI INTERNET (≈ *den Internetdienst Twitter® nutzen)* usar Twitter

'Tympanon N ⟨~s; Tympana⟩ ARCH tímpano *m*

Typ M ⟨~s; ~en⟩ **1** *(Menschentyp)* tipo *m*; **er ist nicht mein ~** no es mi tipo; no es santo de mi devoción; **er ist nicht der ~ dafür** no da el tipo **2** *umg ⟨gen a.* ~en⟩ *(Kerl)* tipo *m*, *umg* tío *m* **3** TECH modelo *m*, tipo *m*

'Type F ⟨~; ~n⟩ **1** TYPO tipo *m* (de imprenta), letra *f* de molde **2** *umg (Kauz) umg* tipejo *m*, tío *m*; **eine komische ~** un tipo (*od* tío) raro

'Typendruck M ⟨~(e)s; ~e⟩ TYPO impresión *f* tipográfica; **Typenhebel** M *Schreibmaschine*: palanca *f* portatipos; **Typenlehre** F tipología *f*; **Typenrad** N *der Schreibmaschine*: margarita *f* (impresora); rueda *f* de impresión

ty'phös ADJ MED tifoideo, tífico

'Typhus M ⟨~⟩ MED tifus *m*, fiebre *f* tifoidea; **typhusartig** ADJ tifoideo; **Typhusbazillus** M, **Typhuserreger** M bacilo *m* tífico; **Typhusimpfung** F vacunación *f* antitífica

'typisch A ADJ típico (**für** de); característico (**für** de) B ADV **~ deutsch/Mann** típico alemán/de hombre

typi'sieren VT ⟨*ohne* ge-⟩ tipificar; **Typisierung** F ⟨~; ~en⟩ tipificación *f*

Typo'graf M, **Typo'graph** M ⟨~en; ~en⟩ tipógrafo *m*; **Typogra'fie** F, **Typogra'phie** F ⟨~; ~n⟩ tipografía *f*; **Typo'grafin** F, **Typo'graphin** F ⟨~; ~nen⟩ tipógrafa *f*; **typo'grafisch** ADJ, **typo'graphisch** ADJ tipográfico

Typolo'gie F ⟨~; ~n⟩ tipología *f*; **typo'logisch** ADJ tipológico

'Typus M ⟨~; Typen⟩ tipo *m*

Ty'rann M ⟨~en; ~en⟩ tirano *m* (*a. fig*)

Tyran'nei F ⟨~; ~en⟩ tiranía *f*

Ty'rannenherrschaft F tiranía *f*; despotismo *m*; **Tyrannenmord** M tiranicidio *m*; **Tyrannenmörder** M, **Tyrannenmörderin** F tiranicida *m/f*

Ty'rannin F ⟨~; ~nen⟩ tirana *f* (*a. fig*)

ty'rannisch ADJ tiránico; despótico

tyranni'sieren VT ⟨*ohne* ge-⟩ tiranizar

tyr'rhenisch ADJ **Tyrrhenisches Meer** Mar *m* Tirreno

U

U, u N ⟨~; ~⟩ U, u *f*

u. ABK 1 (*und*) y 2 → unten

u. a. ABK 1 (*unter anderem*) entre otras cosas 2 (*unter anderen*) entre otros 3 (*und andere, und anderes*) y otros

u. Ä. ABK (und Ähnliches) y cosas semejantes

u. a. m. ABK (und anderes *bzw* andere mehr) y otros más; etcétera

u. A. w. g. ABK (um Antwort wird gebeten) se ruega contestación

UBA ABK (Umweltbundesamt) *BRD* Oficina *f* Federal del Medio Ambiente

'U-Bahn F metro *m*, ferrocarril *m* metropolitano; *Arg umg* subte *m*; **U-Bahnhof** M estación *f* de metro; **U-Bahnnetz** N red *f* de metro; **U-Bahn-Station** F estación *f* de metro

'übel A ADJ ⟨übler, ~ste⟩ *geh* 1 (*schlecht*) malo; mal; **~ dran sein** estar mal; estar en una situación difícil (*od* delicada); **kein übler Gedanke** no es mala idea; **in eine üble Geschichte geraten** *umg* meterse en un buen lío, meterse en un berenjenal; **üble Laune haben** estar de mal humor; **ein übler Kerl** *od* **Bursche** un mal sujeto; *umg* un tipo de cuidado; **ich hätte nicht ~ Lust zu …** (*inf*) me gustaría … (*inf*); tengo muchas ganas de …; *umg* **(das ist) nicht ~!** ¡no está (nada) mal!; ¡está bastante bien! 2 **mir ist** *bzw* **wird ~** me siento mal; tengo náuseas; no me encuentro bien; *fig* **dabei kann einem ~ werden** es asqueroso; eso da ganas de vomitar B ADV (*schlecht*) mal; **~ riechen/schmecken** oler/saber mal; **es sieht ~ mit ihr aus** está en una situación difícil; las cosas se presentan mal para ella; **~ beleumdet sein** tener mala fama (*od* reputación); **~ behandeln** tratar mal; **es ist ihm ~ bekommen** le ha sentado mal; **j-n ~ zurichten** maltratar a alg *umg* hacer papilla a alg

'Übel N ⟨~s; ~⟩ mal *m*; (*Unglück*) desgracia *f*; calamidad *f*; infortunio *m*; (*Schädliches*) daño *m*, perjuicio *m*; (*Krankheit*) mal *m*; dolencia *f*; **notwendiges ~** mal *m* necesario; **das kleinere ~** el mal menor; **von zwei ~n das kleinere wählen** del mal, el menos; **von ~ sein** ser malo (*od* perjudicial); **zu allem ~** para colmo de males (*od* desgracias)

übel beraten ADJ **~ sein** estar mal aconsejado; **übel gelaunt** ADJ malhumorado, de mal humor; **übel gesinnt** ADJ malintencionado

'Übelkeit F ⟨~; ~en⟩ malestar *m*; náuseas *fpl*; **~ erregend** nauseabundo

'übellaunig ADJ malhumorado, de mal humor

'übelnehmen VT, **übel nehmen** VT ⟨*irr*⟩ tomar a mal, echar a mala parte; **j-m etw ~** tomar a/c a alg a mal; **nehmen Sie es mir nicht übel!** ¡no me lo tome a mal!; ¡con perdón de usted!

'übelnehmerisch ADJ susceptible; quisquilloso

übel riechend ADJ maloliente; fétido; hediondo

'Übelstand M ⟨~(e)s; ¨e⟩ mal *m*; inconveniente *m*; defecto *m*; **Übeltat** F mala acción *f*; fechoría *f*; **Übeltäter** M ⟨~s; ~⟩, **Übeltäterin** F ⟨~; ~nen⟩ malhechor *m*, -a *f*; maleante *m/f*

'übelwollen VI **j-m ~** querer mal a alg; tener mala voluntad a alg; **übelwollend** ADJ malintencionado; malévolo

'üben A VT 1 ejercitar; practicar; ejercer; MUS, THEAT estudiar, ensayar; SPORT entrenar 2 *geh* (*ausüben*) **Geduld ~** ser paciente; tener paciencia; **Gewalt ~** emplear la fuerza B VI hacer ejercicios (*od* prácticas); *bes* SPORT entrenarse; MUS, THEAT ensayar, estudiar; **mit geübter Hand** con mano experta C VR 1 **sich ~** ejercitarse (**in** *dat* en) 2 *geh* **sich in Geduld ~** ser paciente; tener paciencia; → *a.* geübt

'Üben N ⟨~s⟩ ejercicio *m*; práctica *f*; SPORT entrenamiento *m*

'über A PRÄP 1 *Lage* ⟨*dat*⟩: (*auf*) sobre, en, encima de; (*oberhalb*) por encima de; (*auf der anderen Seite*) **~ den Bergen** al otro lado de la montaña; tras la montaña; **Nebel liegt ~ dem Tal** niebla cubre el valle 2 *Richtung* ⟨*acus*⟩: (*oberhalb von*) encima de; (*auf*) sobre, en; **~ … (hinaus)** más allá de …; **~ etw (hinweg)** por encima de a/c; **~ die Straße gehen** atravesar (*od* cruzar) la calle 3 (*via*) ⟨*acus*⟩ por, vía; **~ München reisen** *od* **fahren** *od* **kommen** pasar por Munich 4 *Rangfolge* ⟨*dat*⟩: por encima de; **~ j-m sein** *od* **stehen** estar por encima de alg, ser superior a alg 5 *Ausdehnung* ⟨*acus*⟩: a lo largo de 6 *mit Abstrakta* ⟨*acus*⟩: **es geht nichts ~ …** no hay nada como …; **~ alles** por encima de todo; **das geht mir ~ alles** es lo que más me importa (*bzw* gusta); **das geht ~ meine Kräfte** eso sobrepasa mis fuerzas 7 *zeitlich* ⟨*acus*⟩: durante; **den ganzen Tag ~** (durante) todo el día; **~s Jahr** en un año; dentro de un año; **~ Nacht bleiben** quedarse por la noche; **~ Ostern** durante los días de Pascua 8 (*bei, während*) ⟨*dat*⟩ **~ der Arbeit einschlafen** dormirse en (*od* durante) el trabajo 9 (*betreffs*) ⟨*acus*⟩ **ein Buch/Vortrag ~ …** un libro/una ponencia sobre …; **ein Scheck ~ …** un cheque de (*od* por valor de) … 10 (*mittels*) ⟨*acus*⟩ por, a través de; **~ einen Bekannten** *von etw erfahren*: por un conocido; **etw ~ einen Freund bekommen** obtener a/c a través de un amigo 11 *Häufung* ⟨*acus*⟩: **Fehler ~ Fehler** error tras error; falta sobre falta; **einmal ~ das andere** repetidas (*od* reiteradas) veces; más de una vez; una y otra vez B ADV 1 (*mehr als*) más de; **~ dreißig Jahre alt sein** tener más de treinta años; haber pasado (*od* cumplido) los treinta (años); **es ist schon ~ eine Woche her** hace ya más de una semana; **es kostet ~ 20 Euro** cuesta más de veinte euros; **die Kosten betragen ~ 1000 Euro** los gastos pasan (*od* exceden) de mil euros 2 (*völlig*) **~ und ~** completamente, por completo, enteramente, del todo 3 *umg* **darin ist sie mir ~** en eso me supera

über'all ADV en (*od* por) todas partes; *poet* por doquier(a); **~ in Madrid** en todo Madrid; **von ~ her** de todas partes

überall'her ADV de todas partes; **überall'hin** ADV a todas partes; en todas las direcciones

über'altert ADJ demasiado viejo; envejecido; *fig* rancio; anticuado; **Überalterung** F ⟨~⟩ envejecimiento *m*

'Überangebot N HANDEL oferta *f* excesiva, exceso *m* de oferta; *negativ*: inundación *f* del mercado

'überängstlich ADJ demasiado preocupado

über'anstrengen ⟨*ohne* ge-⟩ A VT fatigar (*od* cansar) excesivamente; someter a un esfuerzo excesivo; *Stimme etc* forzar B VR **sich ~** abusar de sus fuerzas; **Überanstrengung** F sobreesfuerzo *m*; esfuerzo *m* (*bzw* trabajo *m*) excesivo; fatiga *f* excesiva

über'antworten VT ⟨*ohne* ge-⟩ entregar a; poner en manos de; **dem Gericht ~** poner a disposición judicial; **Überantwortung** F ⟨~⟩ entrega *f*

über'arbeiten ⟨*ohne* ge-⟩ A VT *Text* revisar; retocar B VR **sich ~** trabajar demasiado; *umg* matarse trabajando; abrumarse de trabajo; agotarse; **Überarbeitung** F ⟨~; ~en⟩ 1 *e-s Textes*: revisión *f*; retoque *m* 2 (*Überanstrengung*) exceso *m* de trabajo; trabajo *m* excesivo; (*Überarbeitetsein*) agotamiento *m*

'überaus ADV sumamente; sobremanera; (*äußerst*) extrema(da)mente, en extremo; **~ freundlich** de lo más cordial

über'backen[1] VT ⟨*irr*; *ohne* ge-⟩ gratinar

über'backen[2] ADJ gratinado, al gratín

'Überbau M ⟨~(e)s; ~e *od* ~ten⟩ superestructura *f* (*a. fig*); ARCH (*Vorsprung*) saledizo *m*

über'bauen VT ⟨*ohne* ge-⟩ sobreedificar

'überbeanspruchen VT ⟨*ohne* ge-⟩ TECH someter a un esfuerzo excesivo; sobrecargar (*a. fig Mensch*); **Überbeanspruchung** F ⟨~⟩ sobrecarga *f*

'überbehalten VT ⟨*irr*; *ohne* ge-⟩ 1 *Kleidungsstück* dejar puesto 2 (*übrig behalten*) tener de sobra

'Überbein N MED sobrehueso *m*, exostosis *f*; VET sobrecaña *f*

'überbekommen VT ⟨*irr*; *ohne* ge-⟩ 1 (*überdrüssig werden*) **etw ~** cansarse (*od* hartarse) de a/c 2 *umg* **eins ~** recibir una paliza

'überbelasten VT ⟨*ohne* ge-⟩ sobrecargar; cargar excesivamente; **Überbelastung** F sobrecarga *f*; exceso *m* de carga

'überbelegt ADJ *Raum, Haus* ocupado en exceso; **Überbelegung** F *Raum, Haus* ocupación *f* excesiva

'überbelichten VT ⟨*ohne* ge-⟩ FOTO sobreexponer; **Überbelichtung** F FOTO exceso *m* de exposición, sobreexposición *f*

'Überbeschäftigung F exceso *m* de empleo

'überbetonen VT ⟨*ohne* ge-⟩ exagerar la importancia de

'überbewerten VT ⟨*ohne* ge-⟩ **etw ~** exagerar el valor de a/c, sobrevalorar *od* supervalorar a/c; atribuir demasiado valor a a/c; **Überbewertung** F sobrevaloración *f*, supervaloración *f*

'überbezahlen VT ⟨*ohne* ge-⟩ pagar de más

über'bieten VT ⟨*irr; ohne* ge-⟩ 1 *bei Auktionen*: **etw ~** sobrepujar a/c; **j-n ~** hacer una oferta mayor que alg; **j-n um 100 Euro ~** ofrecer cien euros más que alg 2 *fig* superar; **einen Rekord ~** batir un récord; **sich gegenseitig ~** rivalizar (**in** *dat* en); **nicht zu ~ sein** *Personen* no tener rival; *Sachen* no tener competencia; **diese Frechheit ist nicht zu ~** no se puede ser más descarado 3 *Kartenspiel*: reenvidar

Über'bieter M ⟨~s; ~⟩, **Überbieterin** F ⟨~; ~nen⟩ pujador *m*, -a *f*; **Überbietung** F ⟨~; ~en⟩ sobrepujamiento *m*; *Kartenspiel*: reenvite *m*

'überbleiben VI *umg* → übrig bleiben; **Überbleibsel** N ⟨~s; ~⟩ resto *m*; residuo *m*; *e-r Kultur*: vestigio *m*; *e-r Mahlzeit*: sobras *fpl*

über'blenden VT ⟨*ohne* ge-⟩ FILM fundir; **ein Bild ~** superponer gradualmente una imagen a la siguiente; **Überblendung** F ⟨~; ~en⟩ FILM fundido *m*; transición *f* gradual de una imagen a otra

'Überblick M vista *f* general (*od* de conjunto) (*a. fig*); vista *f* panorámica; *fig* sinopsis *f*; (*Zusammenfassung*) resumen *m*; sumario *m*; **einen ~ gewinnen** *od* **sich** (*dat*) **einen ~ verschaffen** adquirir (*od* hacerse) una idea general (**über** *acus* de); **den ~ verlieren** perder el control

über'blicken VT ⟨*ohne* ge-⟩ abarcar (*od* abrazar) con la vista; dominar (*a. fig*); *fig* darse cuenta de; *Lage etc* controlar

über'borden VI ⟨*ohne* ge-⟩ desbordar (*a. fig*); **~de Fantasie** fantasía *f* desbordante

über'bringen VT ⟨*irr; ohne* ge-⟩ **j-m etw ~** transmitir (*od* entregar) a/c a alg

Über'bringer M ⟨~s; ~⟩, **Überbringerin** F ⟨~; ~nen⟩ *von Nachrichten*: mensajero *m*, -a *f*; *e-s Schecks*: portador *m*, -a *f*; **zahlbar an den Überbringer** pagadero al portador; **Überbringerscheck** M FIN cheque *m* al portador

Über'bringung F ⟨~; ~en⟩ entrega *f*; transmisión *f*

über'brückbar ADJ superable; franqueable; **über'brücken** VT ⟨*ohne* ge-⟩ 1 TECH tender (*od* echar) un puente (sobre) 2 *fig Schwierigkeiten* superar; zanjar; *Gegensätze* conciliar; *Entfernung* salvar; *Abgrund* franquear; **Über'brückung** F ⟨~; ~en⟩ 1 TECH construcción *f* de un puente (sobre) 2 *fig von Gegensätzen*: conciliación *f*, superación *f*; *e-s Zeitraums*: paso *m* 3 (*Zwischenlösung*) solución *f* de transición

Über'brückungshilfe F ayuda *f* transitoria; **Überbrückungskredit** M crédito *m* puente; crédito *m* transitorio (*od* para superar necesidades transitorias)

über'buchen VT ⟨*ohne* ge-⟩ *Hotel, Flug* sobrereservar; **Überbuchung** F ⟨~; ~en⟩ *e-s Hotels, v. Flügen*: contratación *f* excesiva, overbooking *m*, sobrereserva *f*

über'bürden VT ⟨*ohne* ge-⟩ *geh* recargar de trabajo; sobrecargar; **Überbürdung** F ⟨~; ~en⟩ *geh* exceso *m* de trabajo; sobrecarga *f*

'Überdach N alero *m*; sobradillo *m*

über'dachen VT ⟨*ohne* ge-⟩ techar; cubrir con un techo; **über'dacht** ADV cubierto (con techo); **über'dauern** VT ⟨*ohne* ge-⟩ **etw ~** durar más tiempo que a/c; sobrevivir a a/c

'Überdecke F sobrecubierta *f*; *auf Tischen*: sobremesa *f*

über'decken VT ⟨*ohne* ge-⟩ (re)cubrir (**mit** de); revestir; (*verbergen*) ocultar; **Überdeckung** F superposición *f*; TECH recubrimiento *m*; revestimiento *m*

über'dehnen VT ⟨*ohne* ge-⟩ extender en exceso; MED distender; **Überdehnung** F distensión *f*

über'denken VT ⟨*irr; ohne* ge-⟩ reflexionar (sobre); recapacitar; **etw (nochmals) ~** reconsiderar a/c

über'dies ADV además; aparte de eso; fuera de eso

'überdimensional ADJ gigantesco; **überdimensioniert** ADJ demasiado grande

'Überdosierung F MED dosificación *f* excesiva, exceso *m* de dosis; **Überdosis** F MED, *von Drogen etc*: sobredosis *f*

über'drehen VT ⟨*ohne* ge-⟩ *Gewinde etc* forzar; torcer; *Uhr* dar demasiada cuerda; **über'dreht** ADJ *umg fig Person* sobreexcitado

'Überdruck M ⟨~(e)s; ⸚e⟩ TECH sobrepresión *f*

über'drucken VT ⟨*ohne* ge-⟩ TYPO sobreimprimir

'Überdruckkabine F cabina *f* presurizada; **Überdruckventil** N válvula *f* de seguridad (*bzw* de alivio)

'Überdruss M ⟨~es⟩ fastidio *m*; hastío *m*; tedio *m*; **bis zum ~** hasta la saciedad

'überdrüssig ADJ harto (de); **einer Sache** (*gen*) **~ sein** estar harto de a/c; **einer Sache** (*gen*) **~ werden** hartarse (*od* cansarse) de a/c

'Überdüngung F AGR fertilización *f* excesiva; superfertilización *f*; sobreabonado *m*

'überdurchschnittlich A ADJ superior al promedio; extraordinario; fuera de lo normal B ADV extraordinariamente; **~ begabt sein** tener un talento extraordinario

über'eck ADV diagonalmente, en diagonal; de través

'Übereifer M exceso *m* de celo; **übereifrig** ADJ muy celoso; fanático

über'eignen VT ⟨*ohne* ge-⟩ **j-m etw ~** transferir *od* transmitir a/c a alg; *Geschäft* traspasar a/c a alg; **Übereignung** F ⟨~; ~en⟩ transferencia *f*; transmisión *f*; *e-s Geschäfts*: traspaso *m*

über'eilen ⟨*ohne* ge-⟩ A VT **etw ~** precipitar a/c B VR **sich ~** precipitarse; apresurarse demasiado

über'eilt A ADJ precipitado; atropellado; *fig a.* prematuro B ADV **~ handeln** obrar (*od* actuar) irreflexivamente

Über'eilung F ⟨~⟩ precipitación *f*; prisa *f* excesiva; **nur keine ~!** ¡sin precipitaciones!; ¡vamos por partes!

überei'nander ADV uno sobre otro; uno encima de otro; superpuestos

überei'nandergreifen VI cruzarse

überei'nanderlegen VT **übereinandersetzen** VT, **übereinanderstellen** VT poner uno sobre otro; superponer

überei'nanderschlagen VT ⟨*irr*⟩ **die Beine ~** cruzar las piernas

über'einkommen VI ⟨*irr; sn*⟩ ponerse de (*od* llegar a un) acuerdo (**über** *acus* sobre; acerca de); **mit j-m ~, dass** convenir con alg en; **man kam überein, dass** se acordó que

Über'einkommen N ⟨~s; ~⟩, **Übereinkunft** F ⟨~; -künfte⟩ acuerdo *m*; convenio *m*; arreglo *m*; compromiso *m*; (**über** *acus* acerca de; sobre); **ein ~** (*od* **eine Übereinkunft**) **treffen** hacer un convenio; concluir un acuerdo; **zu einem ~ gelangen** llegar a un acuerdo

über'einstimmen VI 1 (*sich gleichen*) coincidir; **mit etw ~** estar conforme con a/c; corresponder con a/c; concordar con a/c (*a.* GRAM); (*harmonisieren*) armonizar con a/c 2 (*e-r Meinung sein*) **mit j-m ~** estar de acuerdo con alg (**in** *dat* en); **alle stimmen darin überein** todos están de acuerdo en eso

über'einstimmend A ADJ correspondiente; concordante; (*gleich*) igual; idéntico; (*einstimmig*) unánime; **nach ~er Meinung** por acuerdo unánime B ADV unánimemente; **~ mit** de acuerdo con; conforme con

Über'einstimmung F ⟨~; ~en⟩ coincidencia *f*; concordancia *f* (*a.* GRAM); conformidad *f* (**mit** *dat* con); armonía *f*; **in ~ mit** de acuerdo con; de conformidad con; en armonía con; **mit etw in ~ bringen** poner de acuerdo con a/c; armonizar (*od* poner en armonía) con a/c

'überempfindlich ADJ hipersensible; excesivamente sensible; MED hiperestésico; (**gegen** *acus* a); **Überempfindlichkeit** F ⟨~; ~en⟩ hipersensibilidad *f*; sensibilidad *f* excesiva; hipersusceptibilidad *f*; MED hiperestesia *f*

'überentwickelt ADJ superdesarrollado; MED hipertrófico

'Überernährung F ⟨~⟩ sobrealimentación *f*

'übererregbar ADJ hiperexcitable; **Übererregbarkeit** F ⟨~⟩ hiperexcitabilidad *f*

über'essen VR ⟨*irr; pperf* übergessen⟩ **sich ~** comer demasiado; ahitarse, *umg* atiborrarse (**an** *dat*, **mit** de)

über'fahren[1] VT ⟨*irr; ohne* ge-⟩ 1 *Mensch, Tier* atropellar, arrollar (*a. fig*); **~ werden (von)** ser atropellado (por); *tödlich*: morir atropellado (por) 2 *Signal* pasar, saltar(se)

'überfahren[2] A VI ⟨*irr; sn*⟩ *Fluss* hacer la travesía B VT conducir (*od* transportar) al otro lado

'Überfahrt F travesía *f*; pasaje *m* (**über** *acus* por); trayecto *m*; *über e-n Fluss*: paso *m* (**über** *acus* por)

'Überfall M ⟨~(e)s; ⸚e⟩ 1 asalto *m* (imprevisto); ataque *m* (por sorpresa); (*Raubüberfall*) atraco *m*; MIL (*Einfall*) incursión *f*; **bewaffneter ~** agresión *f* a mano armada 2 *umg fig hum* asalto *m*

über'fallen VT ⟨*irr; ohne* ge-⟩ 1 atacar por sorpresa (*a.* MIL); asaltar; *räuberisch*: atracar (*a. Bank*); *gewalttätig*: agredir, atacar; acometer 2 *fig* (*überraschen*) sorprender; coger desprevenido (*od* de sorpresa); *Schrecken etc* invadir; *Krankheit* atacar; **der Schlaf überfiel mich** el sueño se apoderó de mí 3 *fig* **j-n mit (seinen) Fragen ~** acosar a alg con preguntas; **er überfiel mich mit der Frage ...** me espetó la pregunta ...; me acosó con la pregunta ... 4 *umg hum* **j-n ~** (*besuchen*) dejarse caer (por casa de alg)

'überfällig ADJ retrasado, atrasado, en atraso; HANDEL *Wechsel* vencido (y no pagado)

'Überfallkommando N MIL brigada *f* volante

'überfein ADJ superfino; *fig* demasiado refinado

über'fischen VT ⟨*ohne* ge-⟩ pescar excesivamente

'Überfischen N ⟨~s⟩, **Überfischung** F ⟨~; ~en⟩ sobrepesca *f*, exceso *m* de capturas, sobreexplotación *f* pesquera

über'fliegen VT ⟨*irr; ohne* ge-⟩ 1 sobrevolar; volar sobre (*bzw* por encima) de 2 *fig Text* recorrer (con la vista); leer por encima; echar una ojeada

'Überflieger M ⟨~s; ~⟩, **Überfliegerin** F ⟨~; ~nen⟩ *umg* superdotado *m*, -a *f*

'überfließen VI ⟨*irr; sn*⟩ desbordarse; derramarse, rebosar; *fig* rebosar (**von** de)

über'flügeln VT ⟨*ohne* ge-⟩ aventajar, sobrepujar; llevar la delantera; dejar atrás; **j-n ~** aventajar a alg

'Überfluss M ⟨~es⟩ abundancia *f* (**an** *dat* de); superabundancia *f*; (*Fülle*) exuberancia *f*; profusión *f*; plétora *f*; derroche *m*; **an etw** (*dat*) **~ haben** *od* **etw im ~ haben** (super)abundar en a/c; **im ~** en abundancia; de sobra; **im ~ vorhanden sein** abundar; **im ~ leben** vivir en la opulencia; **zum ~** a mayor abundamiento; **zu allem ~** para colmo (de desgracias), *umg* para más inri

'Überflussgesellschaft F sociedad *f* opulenta

'überflüssig ADJ superfluo; (*unnötig*) innecesario; inútil; *Bemerkung etc* gratuito; **~ sein** *Person* sobrar, estar de sobra, estar de más; **ich komme mir hier ~ vor** creo que aquí sobro; **es ist ~ zu sagen, dass** huelga decir que

überflüssiger'weise ADV sin motivo alguno; sin razón para ello; innecesariamente

'Überflüssigkeit F ⟨~⟩ superfluidad *f*

über'fluten VT ⟨*ohne* ge-⟩ inundar (*a. fig*); **Überflutung** F ⟨~; ~en⟩ inundación *f*

über'fordern VT ⟨*ohne* ge-⟩ **j-n ~** pedir (*od* exigir) demasiado de alg; **etw ~** exigir demasiado de a/c; **damit bin ich überfordert** no puedo con esto; esto es superior a mis fuerzas

Über'forderung F ⟨~; ~en⟩ esfuerzo *m* excesivo

'Überfracht F sobrecarga *f*; sobreflete *m*

über'frachten VT ⟨*ohne* ge-⟩ **~ mit** sobrecargar con

über'fragen VT ⟨*ohne* ge-⟩ **da bin ich überfragt** no lo sé; no se lo puedo decir

Über'fremdung F ⟨~⟩ *neg!* extranjerización *f*; infiltración *f* extranjera; WIRTSCH invasión *f* (*od* intrusión *f*) de capitales extranjeros

über'fressen VR ⟨*irr; ohne* ge-⟩ *sl* **sich ~** *umg* atracarse, atiborrarse; **über'frieren** VI ⟨*irr; ohne* ge-⟩ helarse; **~de Nässe** heladas *fpl*

über'führen VT ⟨*ohne* ge-⟩ **1** (*befördern*) trasladar, conducir, transportar (**nach** a); *Geldmittel* transferir **2** JUR **j-n (eines Verbrechens) ~** probar la culpabilidad de alg; convencer a alg; **über'führt** ADJ JUR convicto; **Über'führung** F ⟨~; ~en⟩ **1** (*Transport*) traslado *m*; transporte *m*; **~ der Leiche** conducción *f* del cadáver **2** JUR *e-s Verbrechers*: convicción *f* **3** BAHN paso *m* superior; *Straße*: (*Fußgängerüberführung*) paso *m* elevado

'Überfülle F sobreabundancia *f*, superabundancia *f*; profusión *f* (**an** *dat* de); (*Üppigkeit*) exuberancia *f*, plétora *f*

über'füllen VT ⟨*ohne* ge-⟩ llenar demasiado, sobrellenar; sobrecargar; (*vollstopfen*) abarrotar, atestar; *a. Magen*: atiborrar; **über'füllt** ADJ demasiado lleno; abarrotado, atestado, repleto; **der Saal ist ~** la sala está repleta de gente (*od umg* de bote en bote); **Über'füllung** F repleción *f*; *des Magens*: hartazgo *m*; *der Straße etc*: congestión *f*

'Überfunktion F MED hiperfunción *f*

über'füttern VT ⟨*ohne* ge-⟩ sobrealimentar; **Überfütterung** F ⟨~⟩ exceso *m* de alimentación; sobrealimentación *f*

'Übergabe F ⟨~⟩ **1** (*Auslieferung*) entrega *f* **2** *e-s Amts*: transmisión *f*; transferencia *f* **3** MIL rendición *f*; **Übergang** M ⟨~(e)s; ⸚e⟩ **1** *Ort*: paso *m*; cruce *m* **2** (*das Übergehen*) *in anderen Besitz*: traspaso *m*; *zum Gegner*: MIL deserción *f* **3** *fig* (*Wechsel, Wandel*) transición *f*

'Übergangsbestimmung F disposición *f* transitoria; **Übergangsgeld** N JUR, WIRTSCH subsidio *m* transitorio; **Übergangskleid** N vestido *m* de entretiempo

'übergangslos ADJ & ADV sin transición

'Übergangslösung F solución *f* provisional (*od* transitoria); **Übergangsmantel** M abrigo *m* de entretiempo; **Übergangsperiode** F periodo *m* de transición; **Übergangsphase** F fase *f* transitoria; periodo *m* de transición; **Übergangsregelung** F régimen *m* (*od* procedimiento *m*) transitorio; reglamento *m* provisional; **Übergangsstadium** N estado *m* transitorio; **Übergangsstelle** F paso *m*; pasaje *m*; (*Furt*) vado *m*; **Übergangszeit** F **1** *allg* período *m* transitorio (*od* de transición); época *f* de transición **2** *Jahreszeit*: entretiempo *m*, *Am* media estación *f*

über'geben ⟨*irr; ohne* ge-⟩ **A** VT **1** *allg* entregar; transmitir; remitir; *Amt* transferir; WIRTSCH *Geschäft* traspasar; MIL rendir **2** (*anvertrauen*) **j-m etw ~** confiar a/c a alg; encomendar (*od* dejar) a/c al cuidado de alg; **dem Verkehr ~** abrir a la circulación (*od* al tráfico) **B** VR **sich ~** (*erbrechen*) vomitar

'Übergebot N ⟨~(e)s; ~e⟩ *bei Auktionen*: puja *f* más alta

'übergehen[1] VI ⟨*irr*; sn⟩ **1** (*wechseln*) **~ zu** pasar a; proceder a; **dazu ~, etwas zu tun** ponerse a hacer algo; **zum Angriff ~** pasar al ataque; **zum Feind ~** pasarse al enemigo; desertar; **zur Gegenpartei ~** *od* **ins andere Lager** cambiar de partido; pasarse al otro bando, *umg* chaquetear, volver la casaca; **auf ein anderes Thema ~** cambiar de tema **2** (*sich übertragen*) transmitirse (**auf** *acus* a); *Besitz* **auf j-n ~** transmitirse a alg; **in andere Hände ~** pasar a otras manos; **in j-s Besitz** (*acus*) **~** pasar a (ser) propiedad de alg; pasar a poder de alg; *Erbschaft* recaer en alg; **in Privatbesitz ~** pasar a ser propiedad privada **3** (*sich verwandeln*) cambiarse, convertirse, transformarse (**in** *acus* en); **ineinander ~** confundirse; **in Fäulnis** *bzw* **in Verwesung ~** pudrirse **4** *fig* **die Augen gingen ihm über** sus ojos se llenaron de lágrimas

über'gehen[2] VT ⟨*irr; ohne* ge-⟩ **1** *Dinge* pasar por alto; (*auslassen*) omitir; hacer caso omiso de; preterir (*a.* JUR *Erben*); (*beiseitelassen*) dejar a un lado; no tener en cuenta; relegar; **etw mit Stillschweigen ~** pasar en silencio a/c; callar (*od* silenciar) a/c **2** *Personen* ignorar; *bei Beförderung*: postergar; *umg in e-r Hierarchie*: *umg* puentear

Über'gehung F ⟨~; ~en⟩ **1** (*Auslassung*) omisión *f*; preterición *f*; olvido *m* **2** *bei der Beförderung*: postergación *f*

'übergenug ADV de sobra, sobradamente; más que suficiente; **übergeordnet** ADJ superior; GRAM *Satz* principal; **Übergepäck** N *bes* FLUG exceso *m* de equipaje; **übergeschnappt** ADJ *umg* loco, *umg* chiflado; chalado; **total ~ sein** estar loco de remate; **bist du ~?** ¿te has vuelto loco?

'Übergewicht N **1** exceso *m* de peso, sobrepeso *m* **2** **~ bekommen** (*od umg* **kriegen**) (*kippen*) perder el equilibrio **3** *fig* superioridad *f* (**über** *acus* sobre); preponderancia *f*; supremacía *f*; *fig* **das ~ haben** llevar la ventaja; predominar

'übergießen[1] VT ⟨*irr*⟩ verter, derramar; (*umfüllen*) trasvasar, trasegar

über'gießen[2] VT ⟨*irr; ohne* ge-⟩ regar; rociar (**mit** con); *mit Zuckerguss*: escarchar; *fig* inundar; bañar

über'glasen VT ⟨*ohne* ge-⟩ acristalar

'überglücklich ADJ muy feliz; loco de alegría; contentísimo

'übergreifen VI ⟨*irr*⟩ traslapar; *fig* **~ auf** (*acus*) invadir; trascender a; *Epidemie, Feuer etc*: propagarse a, extenderse a

'Übergriff M **1** (*Einmischung*) intrusión *f*; MIL asalto *m*; **es gab ~e auf die Bevölkerung** hubo ataques contra la población **2** (*Missbrauch*) abuso *m*; extralimitación *f*; *auf fremde Rechte*: usurpación *f* (**auf** *acus* de)

'übergroß ADJ demasiado grande; MED hipertrófico; (*gewaltig*) enorme, descomunal; **Übergröße** F *Kleidung*: talla *f* grande

'überhaben VT ⟨*irr*⟩ **1** *Mantel etc* llevar puesto **2** *umg* (*übrig haben*) tener de sobra; **ich habe noch 5 Euro über** me sobran (*bzw* quedan) cinco euros **3** *umg* (*satthaben*) **etw ~** estar harto de a/c; estar hasta la coronilla de a/c

über'handnehmen VI ⟨*irr*⟩ aumentar demasiado; ir en aumento; llegar a ser excesivo; *Ungeziefer, Unkraut* proliferar

Über'handnehmen N ⟨~s⟩ aumento *m* excesivo; *v. Ungeziefer, Unkraut*: proliferación *f* (excesiva)

'Überhang M ⟨~(e)s; ⸚e⟩ **1** ARCH (*Vorsprung*) saledizo *m* (*a. v. Felsen*), voladizo *m*; (*Abweichung vom Lot*) desplome *m* **2** *fig* (*Überschuss*) *v. Waren*: excedente *m*; exceso *m* **3** (*Vorhang*) cortina *f*; colgadura *f*

'überhängen **A** VI ⟨*irr*⟩ **1** (*vorspringen*) pender (**über** *acus* sobre *bzw* de); estar colgado (**über** *acus* sobre *bzw* de); (*vorspringen*) sobresalir (**über** *acus* de) (*a. Felsen*) **2** (*aus dem Lot sein*) no estar a plomo, estar desplomado **B** VT **einen Mantel** *etc* **~** ponerse un abrigo, *etc* (sobre los hombros); **(j-m) etw ~** poner (a alg) a/c sobre los hombros; **überhängend** ADJ (*vorspringend*) sobresaliente; (*herabhängend*) colgante, pendiente (**über** *acus* de); ARCH desplomado

über'hasten ⟨*ohne* ge-⟩ **A** VT precipitar **B** VR **sich ~** precipitarse; apresurarse demasiado; atropellarse; **überhastet** **A** ADJ precipitado; apresurado **B** ADV precipitadamente; **Überhastung** F ⟨~⟩ precipitación *f*

über'häufen VT ⟨*ohne* ge-⟩ colmar (**mit** de); *mit Arbeit*: agobiar (**mit** de); *mit Vorwürfen*: abrumar (**mit** con, de); (*überladen*) sobrecargar, recargar; **Überhäufung** F exceso *m* (**mit Arbeit** de trabajo)

über'haupt ADV **1** (*eigentlich*) en realidad, por cierto; **was willst du ~?** en fin ¿qué es lo que quieres?; **darf man das ~?** ¿se puede hacer una cosa así?; **gibt es ~ eine Möglichkeit?** ¿existe alguna posibilidad siquiera? **2** (*im Allgemeinen*) generalmente, en general; (*im Ganzen*) en suma; resumiendo, en resumidas cuentas **3** (*schließlich*) después de todo; en fin **4** *verneint*: **~ nicht** de ningún modo, de ninguna manera; en absoluto; **~ nichts** absolutamente nada; nada en absoluto; nada de nada **5** **wenn ~ …** si es que …

über'heben ⟨*irr; ohne* ge-⟩ VR **sich ~** **1** *körperlich*: derrengarse (al levantar una carga) **2** *fig* (*anmaßend sein*) envanecerse; ensoberbecerse

über'heblich ADJ *fig* presuntuoso; presumido; arrogante; **Überheblichkeit** F ⟨~⟩ presunción *f*; arrogancia *f*

über'heizen VT ⟨*ohne* ge-⟩ calentar demasiado; **über'hitzen** VT ⟨*ohne* ge-⟩ calentar demasiado; TECH recalentar

Über'hitzer M ⟨~s; ~⟩ TECH recalentador *m*; **Überhitzung** F ⟨~; ~en⟩ sobrecalentamiento *m*; TECH recalentamiento *m*

über'höhen VT ⟨*ohne* ge-⟩ **1** ARCH peraltar (*a. Straßenkurve etc*) **2** *Preise* elevar excesivamente; **über'höht** ADJ **1** ARCH, *Kurve* peraltado **2** *Preise* excesivo; abusivo, prohibitivo; **~e Geschwindigkeit** *f* exceso *m* de velocidad; **Über'höhung** F ⟨~; ~en⟩ **1** ARCH peralte *m* **2** *der Preise*: aumento *m* excesivo

über'holen[1] VT ⟨*ohne* ge-⟩ **1** *Verkehr*: pasar, adelantar; tomar la delantera (*a. fig*); *fig* superar, aventajar; **j-n ~** adelantarse a alg; dejar atrás a alg; **~ wollen** pedir paso; **nicht ~!** ¡prohibido adelantar! **2** TECH revisar; repasar; poner a punto

'überholen[2] **A** VT llevar (*bzw* transportar) de un lado al otro **B** VI SCHIFF *Schiff* escorar,

recalcar
Über'holen N ⟨~s⟩ adelantamiento *m*; **Überholmanöver** N *Verkehr:* maniobra *f* de adelantamiento; **Überholspur** F *Verkehr:* carril *m* de adelantamiento (*od* para adelantar)
über'holt ADJ **1** (*obs*) anticuado; pasado de moda **2** (*gründlich überprüft*) revisado (a fondo); puesto a punto
Über'holung F ⟨~; ~en⟩ TECH revisión *f*; puesta *f* a punto; **Überholverbot** N prohibición *f* de adelantar
über'hören V/T ⟨*ohne* ge-⟩ (*nicht hören*) no oír; *absichtlich:* desoír; pasar por alto; **das will ich überhört haben** prefiero pasarlo por alto
'Über-Ich N PSYCH superyó *m*
'überirdisch ADJ **1** *bes* REL celestial; sobrenatural **2** TECH, ELEK aéreo; **überkandidelt** ADJ *umg* excéntrico; extravagante
'Überkapazität F supercapacidad *f*; exceso *m* de capacidad; **Überkapitalisierung** F ⟨~⟩ WIRTSCH sobrecapitalización *f*
'überkippen V/I *Wagen* volcar; *Person* perder el equilibrio
über'kleben V/T ⟨*ohne* ge-⟩ pegar encima; tapar; **etw mit etw ~** tapar a/c pegando encima a/c; **über'kleiden** V/T ⟨*ohne* ge-⟩ recubrir; revestir (**mit** con)
'Überkleidung F ropa *f* exterior
'überklug ADJ sabihondo; *pej* (*besserwisserisch*) petulante
'überkochen V/I ⟨sn⟩ rebosar al hervir; *Milch* salirse, desbordarse; *umg fig vor Wut:* echar chispas
über'kommen¹ V/T ⟨*irr; ohne* ge-⟩ *Gefühl:* sobrevenir; sobrecoger; **Furcht überkam ihn** cogió miedo
über'kommen² ADJ tradicional; convencional, consagrado por el uso
'überkonfessionell ADJ interconfesional
'überkriegen V/T *umg* → überbekommen
über'krusten V/T ⟨*ohne* ge-⟩ GASTR gratinar
über'laden¹ V/T ⟨*irr; ohne* ge-⟩ sobrecargar; *fig* recargar; **sich** (*dat*) **den Magen ~** comer excesivamente; darse un hartazgo
über'laden² ADJ sobrecargado; *fig* recargado; **Überladung** F ⟨~; ~en⟩ sobrecarga *f*; *des Magens:* repleción *f* del estómago; hartazgo *m*; *umg* empacho *m*
über'lagern ⟨*ohne* ge-⟩ **A** V/T superponer; PHYS interferir **B** V/R **sich (gegenseitig) ~** superponerse; *fig* sobreponerse; **Überlagerung** F ⟨~; ~en⟩ **1** superposición *f* **2** RADIO interferencia *f* **3** HANDEL *bei Lebensmitteln:* caducidad *f*
'Überlandbus M *Verkehr:* autobús *m* interurbano; autocar *m*; **Überlandleitung** F ELEK línea *f* de transmisión de larga distancia; **Überlandverkehr** M tráfico *m* interurbano; **Überlandzentrale** F ELEK central *f* (eléctrica) interurbana
'Überlänge F exceso *m* de longitud; FILM **mit ~** de duración extraordinaria
über'lappen V/T & V/R ⟨*ohne* ge-⟩ **(sich) ~** superponer(se); TECH solapar(se); **Überlappung** F ⟨~; ~en⟩ superposición *f*; TECH solapa(dura) *f*
über'lassen¹ ⟨*irr; ohne* ge-⟩ **A** V/T **1** (*anvertrauen*) confiar a; (*übertragen*) transmitir; (*abtreten*) dejar, ceder; *käuflich:* vender a; **~ Sie das mir** déjelo de mi cuenta; déjeme hacer; **das überlasse ich Ihnen** lo dejo a su criterio; usted dirá; **ich überlasse es Ihnen, ob …** puede Ud. mismo decidir si …; **es bleibt ihm ~, was er tun will** es muy dueño de hacer lo que le plazca **2** (*preisgeben*) abandonar; (*ausliefern*) entregar; **sich** (*dat*) **selbst ~ sein** estar abandonado a sí mismo **B** V/R **sich ~** *seinen Gefühlen etc:* entregarse a, abandonarse a
'überlassen² V/T ⟨*irr*⟩ *umg* → übrig lassen
Über'lassung F ⟨~; ~en⟩ JUR cesión *f*; entrega *f*; transmisión *f*
'Überlast F sobrecarga *f*
über'lasten V/T ⟨*ohne* ge-⟩ sobrecargar; *fig* abrumar, agobiar (**mit** de); **Überlastung** F ⟨~; ~en⟩ sobrecarga *f* (*a. fig*); exceso *m* de carga; *fig* agobio *m*; exceso *m* de trabajo
'Überlauf M TECH rebosadero *m*, rebose *m*
'überlaufen¹ V/I ⟨*irr;* sn⟩ **1** *Flüssigkeit* salirse; desbordarse; *Gefäß* derramarse, rebosar **2** MIL **zum Feind ~** pasarse al enemigo, desertar (al campo contrario)
über'laufen² V/T & V/UNPERS ⟨*irr; ohne* ge-⟩ *fig Gefühl* sobrecoger; **es überlief mich (heiß und) kalt** sentí escalofríos
über'laufen³ ADJ *Ort* muy frecuentado (*od* concurrido); *Arztpraxis, Beruf* muy solicitado; muy preferido
'Überlaufen N ⟨~s⟩ *e-r Flüssigkeit:* desbordamiento *m*; *e-s Gefäßes:* derrame *m*; rebosamiento *m*; **Überläufer** M, **Überläuferin** F POL tránsfuga *m/f*; MIL prófugo *m*, -a *f*; desertor *m*, -a *f*
'Überlaufrohr N tubo *m* de derrame; **Überlaufventil** N válvula *f* de paso
'überlaut ADJ muy alto; ruidoso; ensordecedor
über'leben ⟨*ohne* ge-⟩ **A** V/T ⟨*ohne* ge-⟩ **j-n/etw ~** sobrevivir a alg/a a/c; **das überlebe ich nicht** no pasaré de esto; **sie wird uns alle ~** nos enterrará (*od* nos sobrevivirá) a todos; *fig* **du wirst es ~** lo superarás **B** V/R **sich ~** pasar de moda; **sich überlebt haben** haber pasado de moda
Über'leben N supervivencia *f*; **Überlebende** M/F superviviente *m/f*; JUR supérstite *m/f*
Über'lebenschance F probabilidad *f* de sobrevivir; **überlebensgroß** ADJ de tamaño más que natural (*od* sobrenatural)
über'lebt ADJ anticuado; pasado de moda
über'legen¹ V/T ⟨*ohne* ge-⟩ **1** **etw ~** reflexionar sobre a/c; meditar (*od* pensar *od* considerar) a/c; **vorher ~** premeditar; **ohne zu ~** sin reflexionar; *umg* a ojos cerrados; **das wäre zu ~** habría que (*od* valdría la pena) pensarlo **2** *mit es:* **es sich** (*dat*) **genau** (*od* **gut** *od* **zweimal**) **~** pensarlo bien; **es sich** (*dat*) **anders ~** cambiar de idea (*od* de opinión); **es sich** (*dat*) **noch einmal ~** reconsiderar a/c; **~ Sie sich das gut** mire bien lo que hace; **wenn ich es mir recht überlege** pensándolo bien; **ich will** *od* **werde es mir ~** lo pensaré
'überlegen² V/T **j-m etw ~** poner a/c sobre (*bzw* encima de) alg
über'legen³ ADJ **j-m ~ sein** ser superior a alg (**an, in** *dat* en); aventajar (*od* llevar ventaja) a alg; **mit ~er Miene** con aire de superioridad
Über'legenheit F ⟨~⟩ superioridad *f* (**über** *acus* sobre; **an, in** *dat* en); supremacía *f*; **zahlenmäßige ~** superioridad *f* numérica
über'legt **A** ADJ considerado; bien meditado; (*absichtlich*) premeditado; deliberado; (*besonnen*) prudente, sensato; circunspecto **B** ADV prudentemente; **Überlegtheit** F ⟨~⟩ deliberación *f*; circunspección *f*
Über'legung F ⟨~; ~en⟩ reflexión *f*; meditación *f*; consideración *f*; deliberación *f*; *Gedankengang* pensamiento *m*; **mit ~** con premeditación; **ohne ~** sin reflexión; inconsideradamente
'überleiten **A** V/T conducir (*bzw* hacer pasar) de una parte a otra; (*übertragen*) transmitir **B** V/I *bei Reden etc:* formar la transición; **~ zu** pasar a; **Überleitung** F ⟨~; ~en⟩ transición *f*; (*Übertragung*) transmisón *f*
über'lesen V/T ⟨*irr; ohne* ge-⟩ **1** (*flüchtig lesen*) leer por encima; recorrer **2** (*übersehen*) omitir; saltar
über'liefern V/T ⟨*ohne* ge-⟩ transmitir; **der Nachwelt ~** legar a la posteridad; **überliefert** ADJ tradicional; **Überlieferung** F ⟨~; ~en⟩ transmisión *f*; tradición *f*
'Überliegegeld N WIRTSCH, SCHIFF (costo *m* de) sobre(e)stadía *f*; **Überliegezeit** F sobre(e)stadía *f*
über'listen V/T ⟨*ohne* ge-⟩ engañar; **j-n ~** *a.* ser más astuto que alg
'überm *umg* = **über dem**; → über
'Übermacht F superioridad *f*; MIL *a.* fuerzas *fpl* superiores; *fig* prepotencia *f*; preponderancia *f*; **der ~ weichen** ceder a la fuerza (*od* a la superioridad numérica)
'übermächtig ADJ *Gegner* prepotente; demasiado poderoso (*od* fuerte *od* potente); *Gefühl* demasiado fuerte, violento
über'malen V/T ⟨*ohne* ge-⟩ pintar encima; repintar; **Übermalung** F ⟨~; ~en⟩ repinte *m*
über'mannen V/T ⟨*ohne* ge-⟩ *obs* vencer; rendir; *fig* **vom Schlaf übermannt** vencido por el sueño
'Übermaß N ⟨~es⟩ exceso *m* (**an** *dat* de); (*Überfülle*) profusión *f*; **im ~** demasiado, en demasía; con exceso, excesivamente; **bis zum ~** hasta el exceso
'übermäßig **A** ADJ excesivo; exagerado; *bes Preis* exorbitante; (*unmäßig*) inmoderado, desmedido, desmesurado; MUS aumentado **B** ADV demasiado; excesivamente, con exceso; sobremanera; **~ trinken** beber con exceso; **~ rauchen** fumar demasiado
'Übermensch M superhombre *m*; **übermenschlich** ADJ sobrehumano; (*übernatürlich*) sobrenatural
über'mitteln V/T ⟨*ohne* ge-⟩ transmitir; enviar; *Nachricht etc* comunicar; **Übermitt(e)lung** F ⟨~; ~en⟩ transmisión *f*; envío *m*; *e-r Nachricht:* comunicación *f*
'übermorgen ADV pasado mañana
über'müden V/T ⟨*ohne* ge-⟩ cansar excesivamente; **übermüdet** ADJ rendido (de cansancio); agotado; **Übermüdung** F ⟨~; ~en⟩ exceso *m* de fatiga; cansancio *m* excesivo; agotamiento *m*
'Übermut M **1** (*Mutwille*) travesura *f*; (*Ausgelassenheit*) alegría *f* desbordante **2** (*Anmaßung*) arrogancia *f*; petulancia *f*; **übermütig** ADJ **1** (*mutwillig*) travieso; (*ausgelassen*) loco de alegría **2** (*anmaßend*) arrogante; petulante
'übern *umg* = **über den**; → über
'übernächste(r, -s) ADJ **1** *zeitlich:* **am ~n Tag** dos días después (*od* más tarde); **~s Jahr** dentro de dos años **2** *räumlich:* **die ~ Ecke** la segunda esquina; **an der ~n Haltestelle** dos paradas después
über'nachten V/I ⟨*ohne* ge-⟩ pasar la noche (**in** *dat* en); trasnochar; pernoctar, hacer noche (**in** *dat* en); dormir (**bei** en casa de)
über'nächtigt, *österr* **'übernächtig** ADJ trasnochado; fatigado por pasar la noche en vela; **~ aussehen** tener cara de no haber dormido; estar ojeroso (*od* trasojado); **~ sein** no haber dormido
Über'nachtung F ⟨~; ~en⟩ pernoctación *f*; **~ und Frühstück** habitación *f* y desayuno *m*; **Übernachtungsmöglichkeit** F alojamiento *m*
'Übernahme F ⟨~; ~n⟩ **1** *allg* toma *f*; (*Annahme*) recepción *f*; (*Inbesitznahme*) toma *f* de posesión; *von Verantwortung:* asunción *f* **2** *fig e-s Systems, e-r Idee etc:* adopción *f* **3** *e-r Firma:* absorción *f*, adquisición *f*; WIRTSCH **feindliche** *od* **unfreundliche ~** adquisición *f* (*od* compra *f*) hostil (de una empresa)

U

'Übernahmeangebot N WIRTSCH **öffentliches ~** oferta *f* pública de adquisición, OPA *f*; **feindliches** *od* **unfreundliches ~** OPA *f* hostil; **friedliches ~** OPA *f* amistosa
'übernational ADJ supranacional; **übernatürlich** ADJ sobrenatural; *fig a.* milagroso
über'nehmen[1] ‹*irr; ohne* ge-› **A** VT **1** (*annehmen*) tomar, recibir; *Lieferung etc a.* aceptar; *Amt, Besitz* tomar posesión de; hacerse cargo de (*a. Firma*) **2** *Verantwortung, Verpflichtung* asumir; *Arbeit, Aufgabe* encargarse de, tomar a su cargo; *Führung, Kommando* asumir, tomar; **einen Auftrag ~** encargarse de un pedido, aceptar un pedido; **eine Bürgschaft ~** constituirse en fiador; MIL **den Oberbefehl ~** asumir el mando **3** HANDEL **die Kosten ~** correr con los gastos **4** *Belegschaft* quedarse con **5** *System, Methode, Standpunkt etc* adoptar **6** *Radiosendung* retransmitir **B** VR **sich ~** excederse (**bei** en; **mit** con); *körperlich:* abusar de sus fuerzas; hacer un esfuerzo excesivo; **sich übernommen haben** haberse excedido; *körperlich:* haber hecho un esfuerzo excesivo
'übernehmen[2] VT ‹*irr*› *Mantel etc* ponerse; poner sobre los hombros; *Gewehr* terciar;
übernommen PPERF → übernehmen[1], übernehmen[2]; **überordnen** VT colocar sobre (*bzw* antes) de; anteponer; → *a.* übergeordnet; **überparteilich** ADJ *allg* independiente; *Zeitungen etc* imparcial
über'pflanzen VT ‹*ohne* ge-› **1** AGR → bepflanzen **2** MED trasplantar; **Über'pflanzung** F ‹~; ~en› **1** AGR → Bepflanzung **2** MED trasplante *m*; **über'pinseln** VT ‹*ohne* ge-› dar pinceladas; repintar
'Überpreis M HANDEL precio *m* excesivo (*od* abusivo); **Überproduktion** F WIRTSCH exceso *m* de producción, sobreproducción *f*, superproducción *f*
'überproportional **A** ADJ desproporcionado **B** ADV de forma desproporcionada
über'prüfbar ADJ controlable; **nicht ~** incontrolable; **überprüfen** VT ‹*ohne* ge-› examinar; revisar; (*nachprüfen*) comprobar; fiscalizar; (*kontrollieren*) controlar; inspeccionar; *Arbeit, regelmäßig:* supervisar; *Text* repasar; **Über'prüfung** F ‹~; ~en› examen *m*; revisión *f*; (*Nachprüfung*) comprobación *f*; fiscalización *f*; (*Kontrolle*) control *m*; inspección *f*; *e-s Texts:* repaso *m*
'überqualifiziert ADJ sobrec(u)alificado; **überquellen** VI ‹*irr;* sn› *a. fig* rebosar (**von** de); desbordar (**von** de)
über'quer ADV *bes österr* de través; en diagonal, diagonalmente
über'queren VT ‹*ohne* ge-› cruzar, atravesar, pasar de un lado a otro de; **Überquerung** F ‹~; ~en› cruce *m*; *e-s Gebirges, e-r Straße a.:* paso *m*
über'ragen VT ‹*ohne* ge-› **1** *an Größe:* **-n/etw ~** ser más alto que alg/a/c; **etw ~** *a.* sobresalir a a/c; **j-n um 10 cm ~** ser diez centímetros más alto que alg **2** (*beherrschen*) dominar; alzarse sobre **3** *fig* sobrepasar, sobrepujar a; ser superior a; **überragend** ADJ *Leistung, Intelligenz etc* sobresaliente (*a. fig*); (pre)dominante; *fig* eminente; destacado
über'raschen VT ‹*ohne* ge-› **1** (*erstaunen*) sorprender, asombrar; **ich bin angenehm überrascht** es para mí una agradable sorpresa; **das überrascht mich nicht** eso no me sorprende; **lassen wir uns ~!** ¡ya veremos! **2** (*unvorbereitet treffen*) sorprender (**bei etw** en a/c); coger de sorpresa (*od* de improviso); **j-n beim Stehlen ~** *umg* pillar a alg robando; **vom Regen überrascht werden** verse sorprendido por la lluvia
über'raschend **A** ADJ sorprendente; *Am* sorpresivo; (*erstaunlich*) asombroso; maravilloso; (*unerwartet*) inesperado **B** ADV de improviso; inesperadamente
Über'raschung F ‹~; ~en› sorpresa *f*
Über'raschungsangriff M MIL ataque *m* por sorpresa; **Überraschungsmoment** N factor *m* sorpresa
über'rechnen VT ‹*ohne* ge-› calcular; (*nachzählen*) recontar
über'reden VT ‹*ohne* ge-› persuadir; **j-n zu etw ~** persuadir a alg a hacer a/c; **Überredung** F ‹~; ~en› persuasión *f*; **viel ~ kosten** costar mucho convencer *od* persuadir
Über'redungsgabe F don *m* de persuasión; dotes *fpl* persuasivas; **Überredungskraft** F fuerza *f* persuasiva; **Überredungskunst** F arte *m* de la persuasión
'überregional ADJ suprarregional; **~e Presse** prensa *f* nacional; **überreich** **A** ADJ riquísimo; opulento; *lit* ubérrimo **B** ADV → überreichlich B
über'reichen VT ‹*ohne* ge-› dar, entregar, hacer entrega de; ofrecer; presentar; **etw feierlich ~** hacer entrega de algo; HANDEL **überreicht von …** cortesía de …; **vom Verfasser überreicht** obsequio del autor
'überreichlich **A** ADJ sobreabundante, superabundante, abundantísimo **B** ADV con sobreabundancia; con profusión, profusamente
Über'reichung F ‹~; ~en› entrega *f*; presentación *f*
'überreif ADJ demasiado maduro; *Obst* pasado; **Überreife** F madurez *f* excesiva
über'reizen VT ‹*ohne* ge-› sobreexcitar; **über'reizt** ADJ sobreexcitado; **Über'reiztheit** F ‹~›, **Über'reizung** F ‹~; ~en› sobreexcitación *f*
über'rennen VT ‹*irr; ohne* ge-› atropellar corriendo; arrollar (*a.* MIL *u. fig*); *fig* **j-n ~** dejar a alg fuera de combate
'überrepräsentiert ADJ **~ sein** estar sobrerrepresentado
'Überrest M resto *m*; CHEM residuo *m*; **~e** *pl v. Essen:* sobras *fpl*; HIST vestigios *mpl*; (*Trümmer*) ruinas *fpl*; *geh* **sterbliche ~e** restos *mpl* mortales
über'rieseln VT ‹*ohne* ge-› *fig* **ein Schauer überrieselte ihn** sintió escalofríos
'Überrock M sobretodo *m*; MIL capote *m*
'Überrollbügel M AUTO barra *f* antivuelco
über'rollen VT ‹*ohne* ge-› MIL arrollar (*a. fig*)
über'rumpeln VT ‹*ohne* ge-› sorprender; coger desprevenido (*bzw* de sorpresa); MIL atacar (*bzw* tomar) por sorpresa; **Überrumpelung** F ‹~; ~en› sorpresa *f*; MIL ataque *m* por sorpresa; golpe *m* de mano
über'runden VT ‹*ohne* ge-› SPORT sacar una vuelta de ventaja; *fig* **j-n ~** tomar la delantera a alg; dejar atrás a alg
'übers *umg* = **über das**; → über
über'sät ADJ sembrado (**mit** de); salpicado de; constelado de; **mit Sternen ~** estrellado
'übersatt ADJ repleto, ahíto
über'sättigen VT ‹*ohne* ge-› **1** *v. Essen:* hartar (*a. fig*) **2** CHEM sobresaturar; **übersättigt** ADJ **1** *v. Essen:* harto, ahíto (*a. fig* **von** de); *fig* **~ sein von** (*dat*) estar más que harto de **2** CHEM sobresaturado; **Übersättigung** F ‹~› **1** *v. Essen:* hartazgo *m*, repleción *f* **2** CHEM sobresaturación *f* **3** *fig* saciedad *f* **4** WIRTSCH **~ des Marktes** (sobre)saturación *f* del mercado
über'säuern VT ‹*ohne* ge-› CHEM hiperacidificar; **einen übersäuerten Magen haben** tener acidez de estómago
Über'säuerung F ‹~› CHEM hiperacidificación *f*; MED hiperacidez *f*; **künstliche ~** acidificación *f* artificial
'Überschall M ultrasonido *m*; **Überschallflugzeug** N avión *m* supersónico; **Überschallgeschwindigkeit** F velocidad *f* supersónica; **Überschallknall** M bang *m* (*od* estampido *m*) supersónico
über'schatten VT ‹*ohne* ge-› sombrear; cubrir de sombra; hacer sombra a (*a. fig*); *fig* eclipsar; (*trüben*) ensombrecer
über'schätzen VT ‹*ohne* ge-› sobre(e)stimar; sobrevalorar; **seine Kräfte ~** confiar demasiado en sus fuerzas; **Überschätzung** F ‹~; ~en› estimación *f* exagerada; sobre(e)stimación *f*; sobrevaloración *f*
über'schaubar → übersehbar; **über'schauen** VT ‹*ohne* ge-› → überblicken
'überschäumen VI rebosar (*a. fig* **vor** de); **überschäumend** ADJ *fig* exuberante; rebosante, desbordante (**vor** de)
'Überschicht F *v. Arbeitern:* turno *m* extraordinario
'überschießen[1] VI ‹*irr;* sn› **1** caer hacia adelante **2** (*überschüssig sein*) ser excedente
über'schießen[2] VT ‹*irr; ohne* ge-› *Ziel:* tirar demasiado alto; **über'schlafen** VT ‹*irr; ohne* ge-› **etw (noch einmal) ~** consultar a/c con la almohada
'Überschlag M ‹~(e)s; ⸚e› **1** (*Umkippen*) vuelco *m* **2** *beim Rechnen:* cálculo *m* aproximativo; tanteo *m* **3** *Turnen:* vuelta *f* de campana; paloma *f*; (*Purzelbaum*) voltereta *f*; FLUG rizo *m* **4** TEX (*Nähsaum*) dobladillo *m* **5** ELEK salto *m* de chispas
'überschlagen[1] ‹*irr*› **A** VT *Beine* cruzar **B** VI ‹sn› **1** *Funken* saltar **2** (*purzeln*) dar volteretas **3** *fig* convertirse (**in** *acus* en); *Stimmung etc* cambiar bruscamente
über'schlagen[2] ‹*irr; ohne* ge-› **A** VT **1** (*auslassen*) pasar por alto, omitir; *beim Lesen:* saltar(se) **2** (*grob berechnen*) calcular (aproximadamente); hacer un cálculo aproximado de; tantear **B** VR **sich ~** dar un vuelco, volcarse (*a. fig*); AUTO capotar; dar una vuelta de campana; FLUG hacer el rizo, *beim Landen:* capotar; *fig* **die Ereignisse ~ sich** los acontecimientos se precipitan; **seine Stimme überschlug sich** *umg* soltó un gallo
über'schlagen[3] ADJ *nordd* (*lauwarm*) tibio; templado
'Überschlaglaken N sábana *f* encimera
'überschnappen VI ‹sn› **1** *mit der Stimme: umg* soltar un gallo **2** *umg* (*verrückt werden*) *umg* chiflarse, chalarse, volverse loco; → *a.* übergeschnappt
über'schneiden VR ‹*irr; ohne* ge-› **sich ~** (**mit**) *örtlich:* cruzarse (con); *inhaltlich:* interferir (con); MATH cortarse (con); *fig zeitlich:* coincidir (con); **Überschneidung** F ‹~; ~en› *örtlich:* entrecruzamiento *m*; MATH intersección *f*; *inhaltlich:* interferencia *f*; *fig zeitlich:* coincidencia *f*
über'schreiben VT ‹*irr; ohne* ge-› **1** *Text* (*betiteln*) encabezar (**mit** con); titular, (**mit** con) **2** *Besitz* transferir; WIRTSCH *Auftrag* pasar; *Übertrag* trasladar, pasar (a cuenta nueva) **3** IT sobreescribir; **Überschreibung** F ‹~; ~en› transferencia *f*; WIRTSCH traslado *m*
über'schreien ‹*irr; ohne* ge-› **A** VT **j-n ~** gritar más fuerte que alg; acallar a alg a gritos **B** VR **sich (gegenseitig) ~** forzar la voz; desgañitarse
über'schreitbar ADJ franqueable
über'schreiten VT ‹*irr; ohne* ge-› **1** *Grenze, Schwelle etc* pasar, cruzar; *Grenzlinie* traspasar **2** *Anzahl, Maß, Kredit* exceder, sobrepasar, superar; **das überschreitet meine Kräfte** eso supera mis fuerzas *od* posibilidades, eso me supera **3** *fig Grenzen* exceder, rebasar; *Gesetz, Gebot* violar, infringir, transgredir; *Befugnisse* extralimitarse en; abusar de
Über'schreitung F ‹~; ~en› **1** *e-r Grenze*

etc: paso *m*, cruce *m* **2** *e-s Maßes, e-r Anzahl*: exceso *m* **3** *des Gesetzes*: violación *f*, infracción *f*, transgresión *f*; **~ der Amtsgewalt** extralimitación *f* (*od* abuso *m*) del poder público; **~ der Befugnisse** abuso *m* del poder

'Überschrift F título *m*; encabezamiento *m*; TYPO (*Kopfzeile*) titular *m*

'Überschuh M chanclo *m*

über'schuldet ADJ cargado de deudas; *Person umg* entrampado (hasta las cejas); **Über'schuldung** F ⟨~⟩ endeudamiento *m* (excesivo), exceso *m* de deudas

'Überschuss M ⟨~es; ~̈e⟩ excedente *m*; sobrante *m*; (*Restbetrag*) remanente *m*; (*Kassenüberschuss*) saldo *m* activo, superávit *m*; *fig* exceso *m* (**an Kraft** de fuerzas); **Überschussbeteiligung** F ⟨~; ~en⟩ WIRTSCH participación *f* en el superávit (*od* en el beneficio *od* en las ganancias)

'überschüssig ADJ excedente; sobrante; **~e Kaufkraft** exceso *m* de poder adquisitivo; **~e Kräfte** exceso *m* de fuerzas (*od* energías)

über'schütten[1] VT ⟨*ohne* ge-⟩ **~ mit** cubrir de; *fig* **j-n mit Geschenken ~** colmar de regalos a alg; *fig* **j-n mit Vorwürfen ~** llenar de reproches a alg

'überschütten[2] VT **j-m etw ~** derramar a/c sobre alg

'Überschwang M ⟨~(e)s⟩ exuberancia *f*; exaltación *f*; efusión *f*; (*Begeisterung*) entusiasmo *m*; **überschwänglich** ADJ excesivo, exaltado, desbordante; **Überschwänglichkeit** F ⟨~; ~en⟩ → Überschwang

'überschwappen VI *umg* derramarse

über'schwemmen VT ⟨*ohne* ge-⟩ inundar (*a. fig* **mit** de); **Überschwemmung** F ⟨~; ~en⟩ inundación *f* (*a. fig*); **Überschwemmungsgebiet** N región *f* inundada

'überschwenglich → überschwänglich

'Übersee F ultramar *m*; **in ~** en ultramar; **nach ~ gehen** emigrar a ultramar; **von** *od* **aus ~** de ultramar

'Überseedampfer M HIST transatlántico *m*; **Überseehafen** M puerto *m* de tra(n)satlánticos; **Überseehandel** M comercio *m* ultramarino (*od* de ultramar); **überseeisch** ADJ transatlántico; transoceánico; ultramarino, de ultramar; **Überseekabel** N cable *m* intercontinental (*bzw* transatlántico); **Überseestreitkräfte** FPL MIL fuerzas *fpl* de ultramar; **Überseeverkehr** M tráfico *m* de ultramar

über'sehbar ADJ *örtlich*: al alcance de la vista; *Zeitraum* delimitable; (*abschätzbar*) previsible; *Lage* calculable; **die Folgen sind nicht ~** las consecuencias no son calculables

über'sehen VT ⟨*irr; ohne* ge-⟩ **1** *Gelände* abarcar con la vista; dominar (con la vista) **2** *Lage etc* darse cuenta de; comprender; *Ausmaß* apreciar; calcular **3** (*nicht sehen*) no ver; (*nicht bemerken*) no advertir, no notar, no fijarse en; (*überlesen*) saltar(se); **~ werden** *Person* pasar inadvertido (*od* desapercibido); **das habe ich ~** se me ha escapado **4** *absichtlich*: pasar por alto; *umg* hacer la vista gorda a; (*nicht beachten*) no hacer caso de; hacer caso omiso de

über'senden VT ⟨*irr; ohne* ge-⟩ enviar, mandar, remitir; HANDEL *Ware* expedir, despachar; **Übersender** M, **Übersenderin** F remitente *m/f*; HANDEL expedidor *m*; **Übersendung** F envío *m*; HANDEL remesa *f*; expedición *f*, despacho *m*

über'setzbar ADJ traducible

über'setzen[1] VT ⟨*ohne* ge-⟩ traducir; **aus dem Spanischen ~** traducir del español; **ins Spanische ~** traducir al español; **frei/falsch ~** traducir libremente/mal

'übersetzen[2] **A** VI *über e-n Fluss*: pasar (a la otra orilla); cruzar, atravesar **B** VT **j-n ~** llevar (*od* conducir) a alg a la otra orilla

Über'setzer M ⟨~s; ~⟩ **1** *Person*: traductor *m*; **vereidigter** *od* **beeidigter Übersetzer** traductor *m* jurado **2** IT *Gerät*: **elektronischer ~** traductor *m* electrónico; **Übersetzerin** F ⟨~; ~nen⟩ traductora *f*

Über'setzung F ⟨~; ~en⟩ **1** traducción *f*; **~ aus dem Spanischen** traducción *f* del español; **~ ins Spanische** traducción *f* al español; **beglaubigte ~** traducción *f* certificada (*od* jurada) **2** TECH transmisión *f*; *am Fahrrad*: multiplicación *f*

Über'setzungsbüro N oficina *f* de traducción; agencia *f* de traducciones (*od* de traductores); **Übersetzungsdienst** M servicio *m* de traducciones; **Übersetzungsfehler** M error *m* de traducción; **Übersetzungsgetriebe** N TECH multiplicador *m*; **Übersetzungsprogramm** N, **Übersetzungssoftware** F IT programa *m* de traducción; **Übersetzungsverhältnis** N TECH relación *f* de transmisión

'Übersicht F ⟨~; ~en⟩ **1** vista *f* general (*od* de conjunto); cuadro *m* de conjunto; vista *f* panorámica *f*; **eine ~ bekommen** obtener una impresión general (**über** *acus* de); orientarse (**über** *acus* sobre); **die ~ verlieren** perder la orientación (*od* el control) (**über** *acus* sobre) **2** (*Zusammenfassung*) resumen *m*; extracto *m*; síntesis *f*; *des Inhalts*: sumario *m* **3** (*Tabelle*) sinopsis *f*; cuadro *m* sinóptico

'übersichtig ADJ MED hipermétrope; **Übersichtigkeit** F ⟨~⟩ MED hipermetropía *f*

'übersichtlich **A** ADJ fácil de abarcar; (*deutlich*) claro; (*zusammengefasst*) sinóptico; *Gelände* abierto **B** ADV **~ dargestellt** claramente dispuesto; **Übersichtlichkeit** F ⟨~⟩ claridad *f*; buena disposición *f*

'Übersichtskarte F mapa *m* sinóptico; **Übersichtsplan** M plan *m* de conjunto; *e-r Stadt*: plano *m* general; **Übersichtstabelle** F, **Übersichtstafel** F cuadro *m* sinóptico

'übersiedeln VI ⟨sn⟩ trasladarse (**nach** a); (*auswandern*) emigrar (**nach** a); **Übersied(e)lung** F ⟨~; ~en⟩ traslado *m*; (*Auswanderung*) emigración *f*

'übersinnlich ADJ PHIL transcendental; (*übernatürlich*) sobrenatural; extrasensorial

über'spannen VT ⟨*ohne* ge-⟩ **1** (*zu stark spannen*) estirar demasiado **2** *fig Forderungen etc* exagerar; *Nerven, Fantasie* sobreexcitar **3** (*bedecken*) cubrir, revestir (**mit** de); **über'spannt** ADJ **1** (*zu stark gespannt*) demasiado tenso (*od* tirante) **2** *fig Idee* exaltado; exagerado; (*überreizt*) sobreexcitado; (*verschroben*) extravagante; excéntrico; **Über'spanntheit** F ⟨~; ~en⟩ *fig* exaltación *f*; exageración *f*; (*Überreiztheit*) sobreexcitación *f*; (*Verschrobenheit*) extravagancia *f*; excentricidad *f*

'Überspannung F ELEK sobretensión *f*

über'spielen VT ⟨*ohne* ge-⟩ **1** *Kassette* regrabar **2** SPORT aventajar, dominar **3** *fig Schwächen* disimular

über'spitzen VT ⟨*ohne* ge-⟩ *fig* extremar, llevar al extremo; exagerar; *Stil* amanerar; **über'spitzt** **A** ADJ exagerado; amanerado **B** ADV **~ darstellen** presentar de forma exagerada; **Über'spitzung** F ⟨~; ~en⟩ exageración *f*

'überspringen[1] VI ⟨*irr;* sn⟩ *Funke* saltar; **~ auf** (*acus*) *Epidemie* extenderse a; *fig* pasar a

über'springen[2] VT ⟨*irr; ohne* ge-⟩ **1** saltar (*a. fig Klasse etc*); saltar por encima **2** (*weglassen*) omitir; *beim Lesen*: saltar(se); **j-n ~** *bei der Beförderung*: postergar a alg

'übersprudeln VI ⟨sn⟩ rebosar (*a. fig* **vor** de); **übersprudelnd** ADJ rebosante (*a. fig*);

Witz chispeante

'überstaatlich ADJ superestatal; supranacional

'überstehen[1] VI ⟨*irr*⟩ sobresalir (**über** *acus* de); resaltar

über'stehen[2] VT ⟨*irr; ohne* ge-⟩ (*durchstehen*) pasar (*a. Krankheit*); (*überwinden*) vencer; (*überleben*) sobrevivir; *Krise* superar; *Gefahr* escapar de, librarse de; **etw glücklich ~** *Prüfung etc* salir airoso de a/c; **die Operation gut ~** salir airoso de la operación; **sie hat es gut überstanden** ha salido bien librada; **er hat es überstanden** (*er ist tot*) ha pasado a mejor vida

über'steigen VT ⟨*irr; ohne* ge-⟩ **1** pasar por encima de; *Mauer* escalar; *Hindernis* salvar **2** *fig Erwartungen, Kräfte* exceder, sobrepasar, pasar de; desbordar; **das übersteigt meine Kräfte** esto es superior a mis fuerzas

über'steigern VT ⟨*ohne* ge-⟩ *Preis* encarecer, subir, aumentar (demasiado); *fig* exagerar; extremar; **übersteigert** ADJ excesivo; exagerado; **Übersteigerung** F *der Preise*: encarecimiento *m* excesivo; *fig* exageración *f*

über'stellen VT ⟨*ohne* ge-⟩ *Gefangene* trasladar (**nach** a); **Überstellung** F ⟨~; ~en⟩ traslado *m*, traslación *f*

über'steuern ⟨*ohne* ge-⟩ **A** VT *Tontechnik*: sobremodular **B** VI AUTO sobreexcitar; **über'stimmen** VT ⟨*ohne* ge-⟩ **j-n ~** vencer por mayoría de votos a alg; **überstimmt werden** quedar en la minoría; **über'strahlen** VT ⟨*ohne* ge-⟩ irradiar sobre; resplandecer sobre; *fig* eclipsar

'überstrapazieren VT ⟨*ohne* ge-⟩ *fig j-s Geduld etc*: abusar de

über'streichen VT ⟨*irr; ohne* ge-⟩ cubrir (**mit** de); *mit Farbe*: pintar (**mit** con); *mit Firnis*: barnizar

'überstreifen VT *Kleidungsstück* ponerse

über'strömen[1] VT ⟨*ohne* ge-⟩ inundar; **von** (*od* **mit**) **Blut überströmt** bañado en sangre

'überströmen[2] VI ⟨sn⟩ desbordarse (*a. fig*); *fig* rebosar (**von, vor** *dat* de); **vor Freude ~** no caber en sí de gozo; **überströmend** ADJ desbordante (*a. fig*); rebosante; *fig* exuberante (**vor** *dat* de)

'überstülpen VT poner encima (*bzw* sobre); **etw ~** tapar con a/c

'Überstunde F hora *f* extraordinaria, *umg* hora *f* extra; **~n abbauen/bezahlen** reducir/remunerar horas extraordinarias (*od umg* horas extras); **~n machen** trabajar (*od* hacer) horas extraordinarias (*od umg* horas extras)

'Überstundenabbau M ⟨~(e)s⟩ WIRTSCH reducción *f* de horas extraordinarias

über'stürzen ⟨*ohne* ge-⟩ **A** VT precipitar; hacer muy deprisa **B** VR **sich ~** precipitarse (*a. fig Ereignisse etc*); atropellarse

über'stürzt **A** ADJ precipitado **B** ADV precipitadamente; de prisa y corriendo; **~ abreisen** salir precipitadamente

Über'stürzung F ⟨~⟩ precipitación *f*; prisa(s) *f(pl)*; **nur keine ~!** ¡sin precipitarse!; ¡vamos por partes!

'übertariflich ADJ WIRTSCH extratarifario

über'täuben VT ⟨*ohne* ge-⟩ *Geräusche* ensordecer; (*unterdrücken*) acallar

über'teuern VT ⟨*ohne* ge-⟩ *Preise* encarecer (con exceso); **überteuert** excesivamente caro; *Preis a.* exorbitante; **Überteuerung** F ⟨~⟩ encarecimiento *m* excesivo

über'tölpeln VT ⟨*ohne* ge-⟩ **j-n ~** engañar (burdamente) a alg; *umg* dar el timo a alg; **über'tönen** VT ⟨*ohne* ge-⟩ dominar (con la voz); *Lärm* acallar, ahogar

'Übertopf M portamacetas *m*

'Übertrag M ⟨~(e)s; ~̈e⟩ **1** WIRTSCH transporte *m*; **~ (auf neue Rechnung)** saldo *m* (*od* traslado *m*) a cuenta nueva **2** *Buchhaltung*: su-

ma *f*; *v. der vorigen Seite*: suma *f* anterior; *auf die nächste Seite*: suma *f* y sigue
über'tragbar ADJ 1 *Besitz, Recht* transferible; JUR *a.* cesible (**auf** *acus* a); **nicht ~** intransferible 2 MED *Krankheit* contagioso; transmisible; **nicht ~** no transmisible 3 *fig (anwendbar)* aplicable; **Übertragbarkeit** F ⟨~⟩ 1 *von Besitz, e-s Rechts*: transferibilidad *f*; JUR cesibilidad *f* 2 MED transmisibilidad *f* (*a.* IT); contagiosidad *f* 3 *fig (Anwendbarkeit)* aplicabilidad *f*
über'tragen[1] ⟨*irr; ohne* ge-⟩ A VT 1 *(weitergeben)* transferir (**auf** *acus* a); *Besitz, Recht* transmitir (**auf** *acus* a); JUR *a.* ceder; *Geschäft* traspasar (**auf** *acus* a) 2 *Würde, Vollmachten, Recht* conferir; *Befugnis* delegar; *Amt, Aufgabe* confiar, encomendar, encargar 3 TECH, PHYS, *Daten* transmitir; RADIO, TV retransmitir; **im Fernsehen ~** *a.* televisar; **live ~** retransmitir en directo 4 *(neu schreiben)* transcribir (*a. Stenogramm*); *(übersetzen)* **ins Englische** *etc* **~** traducir al inglés, *etc* 5 *Methode* aplicar (**auf** *acus* a) 6 FIN, WIRTSCH *Summe* transferir; *(umbuchen)* pasar a otra cuenta; *Konto* trasladar; *Wechsel* endosar 7 *erblich*: transmitir; MED *Krankheit* contagiar 8 MED *Blut* transfundir; MED *Gewebe, Organe* trasplantar 9 MED **sie hat das Kind 2 Wochen ~** el niño nació dos semanas más tarde de lo previsto B VR **sich ~** 1 *allg* transmitirse (**auf** *acus* a); *Krankheit a.* contagiarse 2 *fig Erregung* propagarse (**auf** *acus* entre, por)
über'tragen[2] ADJ **in ~er Bedeutung** en sentido figurado
Über'tragung F ⟨~; ~en⟩ 1 *e-s Besitzes, Rechtes*: transferencia *f*; transmisión *f*; JUR *a.* cesión *f*; *e-s Kontos*: traslado *m*; *e-s Geschäfts*: traspaso *m* 2 *e-s Amts* asignación *f*; *v. Befugnissen*: delegación *f* 3 TECH, PHYS transmisión *f*; RADIO, TV retransmisión *f* 4 *(Umschrift)* transcripción *f* (*a. Kurzschriftübertragung*); *(Übersetzung)* traducción *f*; **~ ins Englische/aus dem Englischen** traducción *f* al/del inglés 5 FIN, WIRTSCH *(Umbuchung)* traslado *m* (a cuenta nueva); *v. Wechseln*: endoso *m* 6 BIOL, MED transmisión *f*; *e-r Krankheit a.*: contagio *m* 7 MED *(Blutübertragung)* transfusión *f*; MED *v. Geweben, Organen*: trasplante *m*
Über'tragungsfehler M IT error *m* (*od* anomalía *f*) de transmisión; **Übertragungsurkunde** F documento *m* de cesión; **Übertragungsvermerk** M WIRTSCH endoso *m*; **Übertragungswagen** M RADIO, TV unidad *f* móvil
'übertrainiert [-trɛː-] ADJ sobr(e)entrenado
über'treffen VT ⟨*irr; ohne* ge-⟩ exceder, superar, aventajar (**an, in** *dat* en); sobrepasar, sobrepujar; ser superior a, llevar ventaja a; **alle Erwartungen/Hoffnungen ~** superar (*od* desbordar) todas las previsiones/esperanzas; **sich selbst ~** superarse a sí mismo
über'treiben VT & VI ⟨*irr; ohne* ge-⟩ exagerar; *(überspitzen)* extremar, llevar al extremo; THEAT sobreactuar; **jetzt übertreibst du aber!** ¡no exageres!; **Übertreibung** F ⟨~; ~en⟩ exageración *f*; RHET hipérbole *f*; THEAT sobreactuación *f*
'übertreten[1] VI ⟨*irr;* sn⟩ 1 *Fluss* desbordarse 2 SPORT pisar la línea 3 *fig* pasar(se) (**zu** a); **zu j-m ~** tomar partido por alg; ponerse del lado de alg; **zum Feind ~** pasarse al enemigo; desertar; **zum Christentum/Islam ~** convertirse al cristianismo/islamismo
über'treten[2] VT ⟨*irr; ohne* ge-⟩ 1 *Gesetz, Vorschrift etc* contravenir a, infringir, transgredir; violar 2 **sich** *(dat)* **den Fuß ~** dislocarse el pie
Über'tretung F ⟨~; ~en⟩ contravención *f*; infracción *f*, transgresión *f*; violación *f*
über'trieben A ADJ exagerado; *Preis* excesivo; exorbitante; RHET hiperbólico B ADV excesivamente, en exceso
'Übertritt M ⟨~(e)s; ~e⟩ paso *m* (**zu** a); REL conversión *f* (**zu** a); POL adhesión *f*, incorporación *f* (*a. un partido*)
über'trumpfen VT ⟨*ohne* ge-⟩ 1 *Kartenspiel*: fallar con triunfo superior 2 *fig* superar, sobrepujar, aventajar; **über'tünchen** VT ⟨*ohne* ge-⟩ blanquear, enlucir; *fig* encubrir; disimular
'überversichern VT ⟨*ohne* ge-⟩ sobreasegurar; **überversichert** ADJ sobreasegurado; **Überversicherung** F sobreseguro *m*
über'völkern VT ⟨*ohne* ge-⟩ superpoblar; **übervölkert** ADJ superpoblado; **Übervölkerung** F ⟨~⟩ superpoblación *f*
'übervoll ADJ demasiado lleno; colmado; repleto; *Gefäß* desbordante; → *a.* überfüllt
über'vorteilen VT ⟨*ohne* ge-⟩ **j-n ~** *(betrügen)* engañar a alg; *umg* dar gato por liebre a alg; *beim Kauf*: cobrar demasiado a alg
über'wachen VT ⟨*ohne* ge-⟩ vigilar; supervisar; controlar; *heimlich*: espiar; TEL intervenir
über'wachsen VT ⟨*irr; ohne* ge-⟩ cubrir (de vegetación)
Über'wachung F ⟨~; ~en⟩ vigilancia *f*; inspección *f*; supervisión *f*; control *m*
Über'wachungsausschuss M comisión *f* de control; **Überwachungsdienst** M servicio *m* de vigilancia; **Überwachungsstelle** F oficina *f* de control; **Überwachungs-Verein** M **Technischer ~** ≈ Inspección *f* Técnica de Vehículos
'überwallen VI → überkochen; *fig* rebosar
über'wältigen VT ⟨*ohne* ge-⟩ 1 *(besiegen)* vencer; derrotar; domar; *(unterwerfen)* subyugar, someter, sojuzgar 2 *fig (beeindrucken)* fascinar, imponer; *Gefühl* sobrecoger; **vom Schlaf überwältigt** vencido por el sueño
über'wältigend ADJ *fig (großartig) Erfolg* grandioso; *Anblick* imponente; *Mehrheit* aplastante, abrumador; *Sieg* arrollador, aplastante; *Schönheit etc* fascinante; fascinador; *iron* **nicht gerade ~** regular; *umg* nada del otro mundo
Über'wasserfahrt F SCHIFF *U-Boot*: navegación *f* en superficie
'überwechseln VI pasar(se) (**von … zu …** de… a …); **zu j-m ~** ponerse del lado de alg
über'weisen VT ⟨*irr; ohne* ge-⟩ 1 WIRTSCH, FIN transferir; *Geldsumme a.* girar 2 MED **j-n zum Facharzt ~** mandar al especialista a alg
Über'weisung F ⟨~; ~en⟩ 1 WIRTSCH, FIN transferencia *f*; giro *m*; remesa *f*; **~ auf ein Konto** transferencia *f* a una cuenta; **eine ~ vornehmen** efectuar una transferencia (*od* un giro) 2 MED *e-s Patienten*: paso *m* (**zu** a)
Über'weisungsauftrag M WIRTSCH, FIN orden *f* de giro (*od* de transferencia); **Überweisungsformular** N impreso *m* para (el) giro (*od* la transferencia); **Überweisungsscheck** M cheque *m* cruzado; **Überweisungsschein** M 1 FIN resguardo *m* de transferencia 2 MED volante *m* (para el especialista); **Überweisungsverkehr** M WIRTSCH, FIN operaciones *fpl* de giro; **Überweisungsvordruck** M ⟨~(e)s; ~e⟩ FIN → Überweisungsformular
'überweltlich ADJ ultramundano
über'wendlich A ADJ **~e Naht** dobladillo *m* B ADV **~ nähen** hacer dobladillos
'überwerfen[1] VT ⟨*irr*⟩ *Mantel etc* echarse encima, ponerse sobre los hombros
über'werfen[2] VR ⟨*irr; ohne* ge-⟩ **sich mit j-m ~** enemistarse (*od* reñir) con alg
über'wiegen VI ⟨*irr; ohne* ge-⟩ preponderar; prevalecer (**über** *acus* sobre); *(vorherrschen)* predominar; **überwiegend** A ADJ preponderante; predominante; **~e Mehrheit** inmensa mayoría B ADV principalmente; por la mayor parte, en su mayoría
über'windbar ADJ superable
über'winden ⟨*irr; ohne* ge-⟩ A VT 1 *Hindernisse* allanar; salvar; *Schwierigkeiten etc* vencer; sobreponerse a; superar 2 *Gefühle* dominar, refrenar B VR **sich ~ (etw zu tun)** hacer de tripas corazón (para hacer algo); **Überwinder** M ⟨~s; ~⟩, **Überwinderin** F ⟨~; ~nen⟩ vencedor *m*, -a *f*
Über'windung F ⟨~⟩ superación *f*; **es kostete ihn ~ zu** *(inf)* le costó mucho (*od* un gran esfuerzo) *(inf)*; **nach ~ vieler Schwierigkeiten** tras vencer (*od* superar) muchas dificultades
über'wintern VI ⟨*ohne* ge-⟩ 1 *Truppen, Vieh* invernar; pasar el invierno 2 ZOOL *(Winterschlaf halten)* hibernar; **Überwinterung** F ⟨~⟩ invernación *f*, invernada *f*
über'wölben VT ⟨*ohne* ge-⟩ abovedar; **über'wuchern** VT ⟨*ohne* ge-⟩ invadir, cubrir enteramente; sofocar; **über'wunden** ADJ *(überholt)* anticuado
'Überwurf M ⟨~(e)s; ¨~e⟩ capa *f*; túnica *f*; mantón *m*; **Überwurfmutter** F ⟨~; ~n⟩ TECH tuerca *f* tapón
'Überzahl F superioridad *f* numérica; número *m* superior; **in der ~ sein** estar en mayoría
über'zahlen VI ⟨*ohne* ge-⟩ pagar demasiado
'überzählig ADJ sobrante; *Personal a.* excedente
über'zeichnen VT ⟨*ohne* ge-⟩ 1 WIRTSCH cubrir con exceso (una suscripción) 2 *Porträt* exagerar, caricaturizar
über'zeugen ⟨*ohne* ge-⟩ A VT ⟨*ohne* ge-⟩ convencer (**j-n von etw** a alg de a/c); *(überreden)* persuadir (**von** de); **Sie dürfen überzeugt sein, dass** puede usted estar seguro de que B VI convencer C VR **sich von etw ~** convencerse de a/c; cerciorarse de a/c, asegurarse de a/c
über'zeugend ADJ convincente; persuasivo; *Beweis* concluyente; contundente; **über'zeugt** ADJ convencido; **von sich selbst (sehr) ~ sein** estar (muy) seguro de sí mismo
'Überzeugung F ⟨~; ~en⟩ convencimiento *m*, convicción *f*; *(Überredung)* persuasión *f*; *(Gewissheit)* certeza *f*; seguridad *f*; *bes* POL convicciones *fpl*; **der (festen) ~ sein, dass …** estar (absolutamente *od* firmemente) convencido de que …; **zu der ~ gelangen, dass …** (llegar a) convencerse de que …
'Überzeugungskraft F ⟨~⟩ fuerza *f* persuasiva; capacidad *f* de persuasión; **Überzeugungstäter** M, **Überzeugungstäterin** F JUR delincuente *m/f* por convicción
'überziehen[1] VT ⟨*irr*⟩ 1 *Mantel etc* ponerse 2 *umg* **j-m eins ~** *umg* pegar un golpe a alg
über'ziehen[2] ⟨*irr; ohne* ge-⟩ A VT 1 *(verkleiden)* **~ mit** revestir con, recubrir con; guarnecer con; forrar de; *(bestreichen)* cubrir con una capa de; *Möbel* tapizar con; GASTR **mit Zuckerguss ~** confitar, bañar con azúcar 2 *Kissen* enfundar, poner una funda a; **das Bett (frisch) ~** mudar la ropa de la cama 3 FIN *Konto* dejar en descubierto; *Kredit* rebasar; **das Konto um 500 Euro ~** tener la cuenta en menos 500 euros 4 *zeitlich*: pasarse de; **5 Minuten ~** pasarse 5 minutos de la hora 5 MIL **ein Land mit Krieg ~** invadir un país; llevar la guerra a un país B VI **(um 5 Minuten) ~** pasarse (5 minutos) de la hora C VR **sich ~** *Himmel* encapotarse (**mit de**)
'Überzieher M ⟨~s; ~⟩ sobretodo *m*; gabán *m*
Über'ziehung F ⟨~⟩ FIN *e-s Kontos*: (giro *m* en) descubierto *m*; **Überziehungskredit** M FIN crédito *m* en descubierto; crédito *m* en cuenta corriente
über'zogen ADJ 1 FIN *Konto* en descubierto

2 *fig Kritik* exagerado; **über'züchtet** ADJ BIOL hipertrófico; *Motor* desarrollado en exceso

über'zuckern VT ‹ohne ge-› **1** (*mit Zucker bestreuen*) espolvorear con azúcar; (*mit Zuckerguss überziehen*) confitar; bañar con azúcar; (*kandieren*) escarchar; *Mandeln* garapiñar **2** (*zu stark zuckern*) azucarar demasiado

'Überzug M ‹~(e)s; ~̈e› **1** (*Abdeckung*) cubierta *f*, cobertura *f*; (*Überkleidung*) revestimiento *m*; guarnición *f* **2** (*Hülle*) envoltura *f*; forro *m*; (*Kissenüberzug, Möbelüberzug*) funda *f*; (*Bettüberzug*) colcha *f* **3** (*Schicht*) capa *f*; *dünner*: película *f*

'üblich ADJ usual; acostumbrado, habitual; (*gewöhnlich*) común, ordinario; normal; (*herkömmlich*) convencional; tradicional; **allgemein ~** de rigor; de uso general; **das ist so ~** es costumbre; se estila; **nicht mehr ~** caído en desuso; pasado de moda; **wie ~** como de costumbre

'U-Boot N SCHIFF submarino *m*; sumergible *m*; **U-Boot-Abwehr** F defensa *f* antisubmarina; **U-Boot-gestützt** ADJ *Raketen* basado en submarinos; **U-Boot-Jäger** M cazasubmarinos *m*; **U-Boot-Kapitän** M capitán *m* de un submarino; **U-Boot-Krieg** M guerra *f* submarina

'übrig ADJ sobrante, restante; (*überflüssig*) superfluo, de sobra; **im ~en Deutschland** en el resto de Alemania; **~ sein** sobrar; estar de más (*od* de sobra); **es ist nichts mehr ~** no queda nada; **ich habe Geld ~** me queda dinero; **das** *od* **alles Übrige** el resto, lo que queda; lo demás; **die Übrigen** los demás; **im Übrigen** por lo demás; **ein Übriges tun** hacer más de lo necesario

übrig behalten VT ‹irr; ohne ge-› tener de sobra

'übrigbleiben VI, **übrig bleiben** VI ‹irr; sn› **1** *als Rest*: sobrar, quedar (de sobra); (*zu viel sein*) estar de más **2** *fig* **es blieb mir nichts (weiter) übrig, als** no me quedó (*od* no tuve) más remedio que; **was bleibt mir anderes übrig?** ¡qué remedio!

'übrigens ADV por lo demás; por otra parte; (*außerdem*) además; (*beiläufig*) dicho sea de paso

'übrighaben VT ‹irr› *fig* **für j-n etwas ~** sentir simpatía por (*od* hacia) alg; **dafür habe ich nicht viel übrig** no me entusiasma

übrig haben VT ‹irr› tener de sobra

'übriglassen VT, **übrig lassen** VT ‹irr› dejar (de sobra); **(viel) zu wünschen ~** dejar (mucho) que desear

'Übung F ‹~; ~en› **1** *einzelne*: ejercicio *m* (*a. Turnen*, MUS); MIL maniobra *f*; (*Scheingefecht*) simulacro *m*; **praktische ~en** prácticas *fpl* **2** ‹ohne pl› (*Praxis*) práctica *f*; (*Training*) entrenamiento *m*; **aus der ~ kommen** perder la práctica (*bzw* la costumbre); **in der ~ bleiben** no perder la práctica; **~ haben** tener práctica (**in** *acus* en) **3** *bes* JUR (*Brauch*) uso *m*, costumbre *f*

'Übungsarbeit F, **Übungsaufgabe** F ejercicio *m*; **Übungsbuch** N manual *m* de ejercicios; **Übungsflug** M vuelo *m* de prácticas (*od* de entrenamiento); **Übungsflugzeug** N avión *m* de prácticas (*od* de entrenamiento); **Übungsgelände** N **1** AUTO pista *f* de práctica(s) **2** MIL campo *m* de maniobras; **Übungshang** M *für Skifahrer*: pendiente *f* de entrenamiento; **Übungsheft** N cuaderno *m* de ejercicios; **Übungslager** N campo *m* de entrenamiento; **Übungsmarsch** M MIL ejercicio *m* de marcha; **Übungsplatz** M **1** MIL campo *m* de instrucción **2** SPORT campo *m* de entrenamiento; **Übungsspiel** N SPORT partido *m* de entrenamiento; **Übungsstück** N MUS estudio *m*, ejercicio *m*

u. dgl. (m.) ABK (und dergleichen mehr) etcétera; y cosas análogas

u. d. M. ABK (unter dem Meeresspiegel) bajo el nivel del mar

ü. d. M. ABK (über dem Meeresspiegel) sobre el nivel del mar

UdSSR F ABK (Unión der Sozialistischen Sowjetrepubliken) HIST URSS *f* (Unión de Repúblicas Socialistas Soviéticas)

u. E. ABK (unseres Erachtens) a nuestro parecer

ÜF ABK (Übernachtung mit Frühstück) noche *f* con desayuno

'Ufer N ‹~s; ~› **1** GEOG orilla *f*; (*Flussufer*) *a.* ribera *f*; (*Meeresufer*) costa *f*; **am ~ des Meeres/des Rheins** a orillas del mar/del Rin; **über die ~ treten** desbordarse; salirse de madre **2** *umg fig* **vom anderen ~ sein** (*homosexuell*) *umg* ser de la otra acera (*od* de la acera de enfrente)

'Uferbewohner M, **Uferbewohnerin** F ribereño *m*, -a *f*; **Uferböschung** F terraplén *m* (a la orilla)

'uferlos ADJ *fig* desmesurado; ilimitado, sin límites; **das führt ins Uferlose** así no se llega a ninguna parte

'Ufermauer F dique *m*; (*Kaiwand*) pared *f* del muelle; **Uferpromenade** F paseo *m* marítimo; **Uferstaat** M Estado *m* ribereño; **Uferstraße** F carretera *f* ribereña (*od* del litoral); **Uferzone** F orilla *f*

Uffz. M ABK (Unteroffizier) MIL suboficial *m*

UFO, Ufo N ABK (unbekanntes Flugobjekt) OVNI *m* (objeto volante no identificado)

UG N ABK (Untergeschoss) S (sótano)

U'ganda N ‹~s› Uganda *f*; **Ugander** M ‹~s; ~›, **Uganderin** F ‹~; ~nen› ugandés *m*, -esa *f*; **ugandisch** ADJ ugandés

'U-Haft F *umg* JUR arresto *m* provisional, prisión *f* preventiva; **j-n in ~ nehmen** poner a alg en situación de detención preventiva, detener a alg preventivamente

Uhr F **1** ‹~; ~en› reloj *m*; **meine ~ geht richtig** mi reloj va bien; **auf die** (*od* **nach der**) **~ sehen** mirar la hora; **nach meiner ~ ist es vier** por mi reloj son las cuatro; *umg* **rund um die ~** con horario permanente; las veinticuatro horas del día; *umg* todo el santo día; **gegen die ~** SPORT contra reloj **2** ‹inv› *bei Zeitangaben*: hora *f*; **wie viel ~ ist es?** ¿qué hora es?; **es ist ein ~** es la una; **es ist Punkt zwei ~** son las dos en punto; **es ist halb zwei ~** es la una y media; **(es ist) acht ~ dreißig** (son) las ocho y media; **um wie viel ~?** ¿a qué hora?; **um 12 ~ mittags/nachts** a mediodía/medianoche

'Uhrarmband N pulsera *f* (*bzw* correa *f*) de reloj; **Uhrdeckel** M tapa *f* de reloj

'Uhrengeschäft N relojería *f*; **Uhrenindustrie** F industria *f* relojera

'Uhrfeder F muelle *m* de reloj; **Uhrgehäuse** N caja *f* de reloj; **Uhrgewicht** N pesa *f*; **Uhrglas** N cristal *m* de(l) reloj; **Uhrkette** F cadena *f* de reloj; **Uhrmacher** M ‹~s; ~› relojero *m*; **Uhrmacherei** F ‹~› relojería *f*; **Uhrmacherin** F ‹~; ~nen› relojera *f*; **Uhrpendel** N péndola *f*; **Uhrwerk** N ‹~(e)s; ~e› mecanismo *m* de reloj

'Uhrzeiger M manecilla *f* (*od* aguja *f*) de reloj; **Uhrzeigersinn** M ‹~(e)s› **im ~** en el sentido de las agujas del reloj; **gegen den** (*od* **entgegen dem**) **~** en sentido contrario a las agujas del reloj

'Uhrzeit F hora *f*; **gesetzliche ~** hora *f* oficial; **zu jeder ~** a cualquier hora

'Uhu[1] M ‹~s; ~s› ORN búho *m*

'Uhu®[2] M ‹~s› *tipo de pegamento*

U'kraine F ‹~› Ucrania *f*; **Ukrainer** M ‹~s; ~›, **Ukrainerin** F ‹~; ~nen› ucraniano *m*, -a *f*; **ukrainisch** ADJ ucraniano

UKW ABK (Ultrakurzwelle) onda *f* ultracorta, FM *f* (frecuencia modulada)

Ulk M ‹~(e)s; ~e› broma *f*, chanza *f*; *umg* guasa *f*; *sl* cachondeo *m*; **aus ~** en broma; *sl* de cachondeo; **~ machen** → ulken

'ulken VI bromear, chancear; **ulkig** ADJ cómico, gracioso; chusco; divertido; (*seltsam*) raro, curioso

'Ulme F ‹~› BOT olmo *m*, negrillo *m*

Ulti'matum N ‹~s; Ultimaten *od* ~s› ultimátum *m*; **(j-m) ein ~ stellen** dar un ultimátum (a alg)

'Ultimo M ‹~s; ~s› HANDEL fin *m* de mes; **per ~** a fines de (este) mes; **Ultimoabrechnung** F HANDEL liquidación *f* mensual (*od* de fin de mes); **Ultimowechsel** M HANDEL letra *f* con vencimiento a fin de mes

'Ultra M ‹~s; ~s› POL *umg* ultra *m/f*

Ultra'kurzwelle F onda *f* ultracorta; **Ultrakurzwellensender** M RADIO emisora *f* de onda ultracorta

'Ultralinke F POL ultraizquierda *f*

Ultrama'rin N ‹~s› azul *m* de ultramar; **ultramon'tan** ADJ ultramontano

'Ultrarechte F POL ultraderecha *f*; **ultrarot** ADJ ultrarrojo

'Ultraschall M ‹~(e)s› PHYS ultrasonido *m*; **Ultraschallaufnahme** F MED ecografía *f*, (ultra)sonografía *f*; **Ultraschallgerät** N MED ecógrafo *m*, sonógrafo *m*; **Ultraschalltherapie** F MED terapia *f* con ondas ultrasónicas; ultrasonoterapia *f*; **Ultraschalluntersuchung** F MED ecografía *f*; (ultra)sonografía *f*; **Ultraschallwelle** F onda *f* ultrasónica

'ultraviolett ADJ ultravioleta, ultraviolado; **~e Strahlen** rayos *mpl* ultravioletas

um **A** PRÄP (*acus*) **1** *örtlich*: **~ (… herum)** alrededor de; en torno a (*a. fig*); **ein Graben läuft ~ die Stadt** un foso rodea la ciudad; **~ sich schauen** mirar a su alrededor **2** *zeitlich*: a; (*ungefähr*) hacia, sobre, alrededor de, a eso de; **~ fünf Uhr** a las cinco; **~ die Mittagszeit (herum)** alrededor del mediodía; **genau ~ Mitternacht** al filo de medianoche **3** *Reihenfolge*: **einer ~ den andern** uno tras otro; (*abwechselnd*) alternando; **Tag ~ Tag** día por día **4** *Maß, Preis*: (*für*) **~ 10 Euro** por (*od* al precio de) diez euros; (*in etwa*) **um (die) 10 Euro** unos (*od* cerca de) diez euros; **~ sechs Euro billiger** por seis euros menos; **~ 10 Prozent steigen/sinken** subir/bajar en un diez por ciento; **~ ein Jahr älter als** un año mayor que; **~ die Hälfte größer/weniger** la mitad mayor/menos **5** *Grund, Umstand*: (*wegen*) por; a causa de; **~ etw wissen** tener conocimiento de a/c; estar enterado de a/c; **schade ~ das Geld!** ¡lástima de dinero!; **nicht ~ alles in der Welt** por nada del mundo; **wie steht es ~ ihn?** ¿cómo le va?; **wie steht es ~ die Sache?** *umg* ¿cómo anda (*od* está) el asunto?; **es ist etwas Schönes ~ das Leben** la vida es un placer **B** KONJ **~ zu** (*inf*) para (*inf*); a (*od* con el) fin de (*inf*); **~ zu arbeiten** para trabajar **C** ADV **1** **~ und ~** por todos lados; de todas partes; (*ganz und gar*) absolutamente; totalmente; (*ringsum*) alrededor **2** (*vorüber*) **~ sein** haber pasado; haber transcurrido; haber terminado; *Frist* haber expirado (*od* vencido)

'umackern VT AGR labrar; arar; **umadressieren** VT ‹ohne ge-› cambiar la dirección; **umändern** VT cambiar; modificar; transformar; *Kleid* arreglar; **Umänderung** F cambio *m*; modificación *f*; transformación *f*; *e-s Kleids*: arreglo *m*; **umarbeiten** VT transformar, re-

U

modelar; *(verbessern)* rehacer; retocar *(a. Kleid)*; *Buch* refundir; *für den Film etc*: adaptar; **Umarbeitung** F ⟨~; ~en⟩ transformación *f*, remodelación *f*; *für den Film*: adaptación *f*; *e-s Buchs*: refundición *f*

um'armen VT(VR) ⟨ohne ge-⟩ **(sich) ~** abrazar(se); dar(se) un abrazo; **Umarmung** F ⟨~; ~en⟩ abrazo *m*

'Umbau M ⟨~(e)s; ~e *od* ~ten⟩ 1 ARCH reformas *fpl*; reconstrucción *f*; *(Änderung)* modificación *f*; transformación *f*; **wegen ~ geschlossen** cerrado por reformas 2 THEAT cambio *m* de escena 3 *fig (Umgestaltung)* reorganización *f*; remodelación *f*

'umbauen[1] VT 1 ARCH reconstruir; reformar; *(verändern)* modificar; transformar 2 THEAT cambiar la escena 3 *fig (umgestalten)* reorganizar, remodelar

um'bauen[2] VT ⟨ohne ge-⟩ rodear, cercar **(mit** de); ARCH **umbauter Raum** volumen *m* de edificación

'umbehalten VT ⟨irr; ohne ge-⟩ *Kleidungsstück* dejarse puesto; no quitarse; **umbenennen** VT ⟨irr; ohne ge-⟩ cambiar el nombre (de); cambiar de nombre

'umbesetzen VT ⟨ohne ge-⟩ THEAT **die Rollen ~** cambiar el reparto (de papeles); **Umbesetzung** F ⟨~; ~en⟩ THEAT cambio *m* del reparto

'umbetten VT trasladar a otra cama; **umbiegen** VT ⟨irr⟩ doblar; *(krümmen)* encorvar

'umbilden VT transformar; reformar; *fig* reorganizar, remodelar; *Regierung a.* reajustar; **Umbildung** F transformación *f*; reforma *f*; *fig* reorganización *f*, remodelación *f*; POL *a.* reajuste *m*

'umbinden VT ⟨irr⟩ atar **(um** alrededor de); **sich** *(dat)* **etw ~** *Schürze, Krawatte etc* ponerse a/c; **umblasen** VT ⟨irr⟩ derribar de un soplo; **umblättern** A VT volver, dar vuelta a; **die Seite ~** volver la hoja B VI volver la hoja; dar vuelta a las páginas; **umblicken** VR **sich ~** 1 *(umherblicken)* mirar alrededor (*od* en torno suyo) 2 *(zurückblicken)* mirar hacia atrás; volver la cabeza

'umbrechen[1] ⟨irr⟩ A VT romper, quebrar; AGR roturar B VI ⟨sn⟩ romperse (bajo el peso de)

um'brechen[2] VT ⟨irr; ohne ge-⟩ TYPO compaginar

'Umbrechen N ⟨~s⟩ 1 rotura *f* 2 AGR roturación *f*

'umbringen ⟨irr⟩ A VT matar, quitar la vida a; asesinar B VR **sich ~** 1 suicidarse, quitarse la vida 2 *umg fig* desbordarse **(vor** de); volcarse; matarse **(für** por)

'Umbruch M ⟨~(e)s; ¨e⟩ 1 TYPO compaginación *f* 2 *fig* cambio *m* radical

'umbuchen VT 1 FIN pasar de una cuenta a otra 2 *Reise* cambiar la reserva de; **Umbuchung** F ⟨~; ~en⟩ 1 FIN cambio *m* de asiento; traslado *m* a otra cuenta 2 *e-r Reise*: cambio *m* de reserva

'umdenken VI ⟨irr⟩ orientar su pensamiento en otro sentido; **umdeuten** VT dar otra interpretación (*od* otro sentido) a; **umdisponieren** VI ⟨ohne ge-⟩ cambiar las disposiciones; disponer (las cosas) de otro modo

um'drängen VT ⟨ohne ge-⟩ **j-n/etw ~** apiñarse alrededor de alg/a/c

'umdrehen A VT volver; *Schlüssel etc* dar vuelta a B VI volver; *(kehrtmachen)* dar media vuelta C VR **sich ~** volverse, volver la cabeza **(nach** hacia)

Um'drehung F ⟨~; ~en⟩ vuelta *f*; *im Kreis*: giro *m*; *um e-e Achse*: rotación *f*; TECH revolución *f* *(a. Motor)*

Um'drehungsachse F eje *m* de rotación; **Umdrehungsgeschwindigkeit** F velocidad *f* de rotación; **Umdrehungszahl** F número *m* de revoluciones (*bzw* de vueltas); **Umdrehungszähler** M contador *m* de revoluciones, cuentarrevoluciones *m*

'Umdruck M ⟨~(e)s; ~e⟩ TYPO reimpresión *f*; **umdrucken** VT TYPO reimprimir

umei'nander ADV 1 *räumlich*: uno en torno a otro 2 *(gegenseitig)* mutuamente; **sich ~ kümmern** preocuparse el uno del otro

'umerziehen VT ⟨irr; ohne ge-⟩ reeducar; **Umerziehung** F ⟨~⟩ reeducación *f*

'umfahren[1] VT ⟨irr⟩ derribar; **j-n ~** atropellar a alg

um'fahren[2] VT ⟨irr; ohne ge-⟩ dar la vuelta a; dar una vuelta alrededor de; SCHIFF circunnavegar; *Kap* doblar; **Um'fahren** N ⟨~s⟩, **Um'fahrung** F ⟨~⟩ circunnavegación *f*

'Umfall M ⟨~(e)s⟩ *umg fig* cambio *m* (brusco) de opinión; *bes* POL chaqueteo *m*

'umfallen VI ⟨irr; sn⟩ 1 caer(se); desplomarse; *Wagen etc* volcar; **tot ~** caer muerto; **zum Umfallen müde sein** caerse de sueño; estar rendido 2 *umg fig (seine Meinung ändern)* cambiar de opinión; *umg* rajarse; *(nachgeben)* claudicar; POL *umg* chaquetear

'Umfang M ⟨~(e)s; ¨e⟩ 1 GEOM *(Kreisumfang)* circunferencia *f*; perímetro *m* 2 *(Ausdehnung, Größe)* extensión *f*; alcance *m*; envergadura *f*; *(Volumen)* volumen *m* (*a.* MUS *Stimmumfang)*; amplitud *f*; *e-s Buches*: tamaño *m* 3 *fig (Ausmaß)* dimensiones *fpl*; proporciones *fpl*; **in großem ~** en gran escala; en grandes proporciones; **in vollem ~** en su totalidad

um'fangen VT ⟨irr; ohne ge-⟩ 1 *(umgeben)* rodear 2 *geh (umarmen)* abrazar

'umfangreich ADJ voluminoso; abultado; *(ausgedehnt)* extenso *(a. fig)*; amplio; espacioso; vasto

'umfärben VT reteñir

um'fassen VT ⟨ohne ge-⟩ 1 *(umgeben)* rodear, cercar **(mit** de); MIL envolver 2 *(packen)* empuñar; *(umarmen)* abrazar *(a. fig)* 3 *fig (in sich schließen)* comprender, abarcar; contener; *(mit sich bringen)* entrañar; implicar; **umfassend** A ADJ amplio, extenso; vasto; *(vollständig)* completo B ADV **~ informieren** informar detalladamente; **Umfassung** F ⟨~; ~en⟩ *(Einfriedung)* cercado *m*, cerca *f*; vallado *m*

Um'fassungsbewegung F MIL movimiento *m* envolvente; **Umfassungsmauer** F muro *m* exterior; *e-r Stadt*: muralla *f*

'Umfeld N *allg* entorno *m*; ambiente *m*; IT **analoges/digitales ~** medio *m* analógico/digital; MED **psycho-soziales ~** ambiente *m* psico-social; PHYS **molekulares ~** ambiente *m* molecular; WIRTSCH **internationales wirtschaftliches ~** clima *m* internacional económico

um'flattern VT ⟨ohne ge-⟩ revolotear alrededor de; **um'fliegen**[1] VT ⟨irr; ohne ge-⟩ volar alrededor de

'umfliegen[2] VI ⟨irr⟩ *umg* → umfallen

um'fließen VT ⟨irr; ohne ge-⟩ rodear; correr alrededor de; *(bespülen)* bañar; **um'flort** ADJ velado *(a. fig)*; **um'fluten** VT ⟨ohne ge-⟩ → umfließen

'umformen VT 1 transformar; remodelar **(in** *acus*, **zu** *dat* en) 2 ELEK convertir **(in** *acus* en); **Umformer** M ⟨~s; ~⟩ ELEK convertidor *m*; **Umformung** F ⟨~; ~en⟩ transformación *f*; remodelación *f*; conversión *f* *(a. ELEK)*

'Umfrage F encuesta *f*; **eine ~ durchführen** hacer (*od* realizar) una encuesta, encuestar; **Umfrageergebnis** N resultado *m* de una encuesta

um'frieden VT ⟨ohne ge-⟩ cercar **(mit** de); **Umfriedung** F ⟨~; ~en⟩ cercado *m*

'umfüllen VT tra(n)svasar, trasegar; **Umfüllung** F ⟨~; ~en⟩ trasiego *m*; tra(n)svase *m*

'umfunktionieren VT ⟨ohne ge-⟩ transformar, convertir **(in** *acus*, **zu** *dat* en)

'Umgang M ⟨~(e)s⟩ 1 *mit Menschen*: trato *m* (social); relaciones *fpl*; **schlechter ~** malas compañías *fpl*; **wenig ~ haben** tener poco trato social; **mit j-m ~ haben** *od* **pflegen** tratar a alg; tener trato (*od* relaciones) con alg; codearse con alg 2 *mit Werkzeug, Geld*: manejo *m* **(mit** de) 3 ARCH galería *f*

'umgänglich ADJ tratable; de agradable trato, afable; sociable; **Umgänglichkeit** F ⟨~⟩ sociabilidad *f*; amabilidad *f* (en el trato)

'Umgangsformen FPL modales *mpl*; maneras *fpl*; **gute ~ haben** tener buenas maneras (*od* buenos modales); **Umgangsrecht** N JUR *nach Scheidungen*: derecho *m* de comunicación; **Umgangssprache** F lenguaje *m* familiar (*od* coloquial); **umgangssprachlich** ADJ coloquial

um'garnen VT ⟨ohne ge-⟩ *fig* **j-n ~** enredar a alg; engatusar a alg; **um'gaukeln** VT ⟨ohne ge-⟩ revolotear alrededor de; **um'geben** ⟨irr; ohne ge-⟩ A VT rodear, cercar, circundar **(mit** de) B VR **sich ~** rodearse **(mit** de)

Um'gebung F ⟨~; ~en⟩ 1 entorno *m*, medio *m*; *e-r Stadt*: alrededores *mpl*, afueras *fpl*; *(Nachbarschaft)* vecindad *f*; **unmittelbare ~** inmediaciones *fpl*, cercanías *fpl*; **in der ~** en los alrededores 2 *fig (Milieu)* ambiente *m*; entorno *m*; medio *m* 3 *(Gefolge)* séquito *m*; allegados *mpl*; **Um'gebungstemperatur** F TECH temperatura *f* ambiente

'Umgegend F ⟨~; ~en⟩ inmediaciones *fpl*, cercanías *fpl*; *e-r Stadt*: alrededores *mpl*; afueras *fpl*

'umgehen[1] VI ⟨irr; sn⟩ 1 *Gerücht etc* correr, circular 2 *Gespenst* andar; **in einem Haus ~** andar en una casa 3 *(handhaben)* **mit etw ~** manejar a/c; manipular a/c; *(behandeln)* tratar a/c; **er kann nicht mit Geld ~** no sabe manejar dinero; **mit etw sparsam ~** economizar a/c; escatimar a/c; **großzügig mit etw ~** prodigar a/c; no escatimar a/c; **mit dem Gedanken ~ zu** *(inf)* acariciar la idea de *(inf)* 4 **mit j-m ~** *(verkehren)* tratar a alg; tener trato con alg; **mit j-m hart ~** tratar con dureza a alg; **mit j-m umzugehen wissen** *od* **verstehen** saber cómo tratar a alg; **gut mit Menschen ~ können** tener don de gentes

um'gehen[2] VT ⟨irr; ohne ge-⟩ 1 *räumlich*: dar la vuelta alrededor de; contornear; MIL envolver 2 *fig (vermeiden)* evitar; esquivar; *Hindernis* sortear; *Gesetz, Schwierigkeit* eludir; *Verpflichtung* sustraerse a; rehuir

'umgehend A ADJ inmediato B ADV inmediatamente; sin demora; *(postwendend)* a vuelta de correo

Um'gehung F ⟨~; ~en⟩ 1 *räumlich*: contorneo *m*; MIL envolvimiento *m* 2 → Umgehungsstraße 3 *fig* evitación *f*; elusión *f*; **unter ~ von** dejando aparte; pasando por alto; evitando; eludiendo

Um'gehungsbewegung F MIL movimiento *m* envolvente; **Umgehungsstraße** F *Verkehr*: (carretera *f* de) circunvalación; *(Umleitung)* (carretera *f* de) desviación *f*

'umgekehrt A ADJ 1 *(verkehrt)* invertido, inverso; puesto al revés; **in ~er Richtung** en sentido inverso (*od* contrario); **im ~en Verhältnis zu** en proporción (MATH *a.* razón) inversa a 2 *(entgegengesetzt)* opuesto; contrario; **im ~en Fall(e)** en caso contrario; **mit ~em Vorzeichen** de signo contrario; **das ist genau ~** es todo lo contrario B ADV 1 *(verkehrt)* a la inversa; al revés 2 MATH **~ proportional** inversamente proporcional; **... und ~** ... y viceversa 3 *(im Gegenteil)* por el (*od* al) contrario; **~!**

¡al contrario!
'umgestalten VT ‹ohne ge-› remodelar; transformar; reformar; *fig* reorganizar; **Umgestaltung** F ‹~; ~en› 1 remodelación *f*; transformación *f*; reforma *f*; (*Neugestaltung*) renovación *f*; reconstrucción *f* 2 *fig* reorganización *f*; WIRTSCH **~ eines Betriebes** reorganización *f* (*od* reestructuración *f*) de una empresa 3 TECH (*Neukonfiguration*) reconfiguración *f*
'umgießen VT ‹*irr*› tra(n)svasar; trasegar; METALL refundir; **Umgießen** N ‹~s› trasiego *m*; tra(n)svase *m*; METALL refundición *f*; **umgraben** VT ‹*irr*› *Boden* cavar; *Acker* remover (la tierra)
um'grenzen VT ‹*ohne* ge-› limitar; (*einfrieden*) cercar; vallar; *fig* delimitar; circunscribir; **Umgrenzung** F ‹~; ~en› limitación *f*; cercado *m*; *fig* delimitación *f*; circunscripción *f*
'umgruppieren VT ‹*ohne* ge-› reagrupar; **Umgruppierung** F reagrupación *f*
'umgucken VR 1 *reg* → umsehen 2 *umg* **der wird sich noch ~!** ¡no sabe lo que le espera!
'umgürten, um'gürten VT ‹*ohne* ge-› ceñir
'umhaben ‹*irr*› *umg* tener (*od* llevar) puesto; **umhacken** VT cavar; (*fällen*) cortar con hacha
um'halsen VT ‹*ohne* ge-› *poet* abrazar
'Umhang M ‹~(e)s; ¨~e› capa *f*; mantón *m*
'umhängen VT 1 *Mantel etc* ponerse, echarse (sobre los hombros); *Gewehr* colgar; *über die Schulter*: poner en bandolera 2 *Bild etc* (*anders hängen*) colgar (*od* colocar) de otro modo; **Umhängetasche** F bolso *m* en bandolera; **Umhängetuch** N pañoleta *f*
'umhauen VT ‹*irr*› 1 derribar (a hachazos); *Baum* cortar, talar 2 *umg fig* **j-n ~** (*verblüffen*) dejar perplejo (*od* atónito) a alg; (*fertig machen*) *umg* dejar fuera de combate a alg
um'her ADV (*ringsumher*) alrededor; en derredor; (*im Kreis*) en torno; (*nach allen Seiten*) por todas partes; *in zssgn* → *a* herumfahren, herumgehen *etc*; **umherblicken** VI mirar en torno suyo; **umherfahren** VI ‹*irr*; sn› pasearse en coche; **umhergehen** VI ‹*irr*; sn› ir de acá para allá; deambular, vagar; pasear(se); **umherirren** VI ‹sn› errar; vagar (sin rumbo); **umherschleichen** VI ‹*irr*; sn› merodear; rondar (**in etw** *dat* a/c); **umherschlendern** VI ‹sn› pasear, callejear; **umherschweifen** VI, **umherstreichen** VI ‹*irr*; sn›, **umherstreifen** VI ‹sn› vagar; vagabundear; **umherziehen** VI ‹*irr*; sn› recorrer (**im Land** *etc* el país, *etc*); andar de un lugar a otro; **umherziehend** ADJ *Zirkus, Verkäufer* ambulante; *Tiere, Volk* nómada
um'hinkönnen VI ‹*irr*› **ich kann nicht umhin zu** (*inf*) no puedo menos de (*od* por menos que) (*inf*)
'umhören VR **sich ~** informarse, enterarse (nach de)
um'hüllen VT ‹*ohne* ge-› envolver (**mit** con, en); revestir, cubrir (**mit** de); (*verschleiern*) velar; **Umhüllung** F ‹~; ~en› envoltura *f*; envoltorio *m*; revestimiento *m*; *e-s Kabels*: armadura *f*
U/min ABK (Umdrehungen pro Minute) revoluciones *fpl* por minuto
um'jubeln VT ‹*ohne* ge-› ovacionar, aplaudir entusiásticamente
um'kämpft ADJ reñido (*a. fig*)
'Umkehr F ‹~› vuelta *f*; (*Rückkehr*) *a.* regreso *m*; TECH inversión *f* (de la marcha); *fig* conversión *f*; **umkehrbar** ADJ reversible; MATH convertible; **nicht ~** irreversible
'umkehren A VI ‹sn› 1 (*kehrtmachen*) dar media vuelta; volver sobre sus pasos; (*zurückkommen*) volver, regresar 2 *fig* comenzar una nueva vida; volver al buen camino B VT 1 (*umstülpen, wenden*) volver, dar vuelta a; (*umstürzen*) volcar; *Tasche etc* volver al revés; **alles ~** revolverlo (*od* desordenarlo) todo 2 TECH, ELEK, MATH invertir; **die Reihenfolge ~** invertir el orden; → *a.* umgekehrt
'Umkehrfilm M FOTO película *f* reversible; **Umkehrmotor** M TECH motor *m* reversible; **Umkehrschluss** M conclusión *f* inversa; **Umkehrung** F ‹~; ~en› reversión *f*; inversión *f* (*a.* TECH, ELEK, MUS)
'umkippen A VI ‹sn› 1 volcar; perder el equilibrio; SCHIFF zozobrar 2 *umg fig* (*ohnmächtig werden*) desmayarse 3 *umg fig* (*seine Meinung ändern*) chaquetear; *Stimmung* cambiar bruscamente 4 ÖKOL **der See ist umgekippt** se ha roto el equilibrio ecológico del lago B VT volcar, tumbar; derribar
um'klammern ‹*ohne* ge-› A VT 1 (*umarmen*) abrazar; estrechar (entre los brazos); *fest*: agarrar 2 MIL envolver B VR **sich ~** *Boxen*: tenerse agarrados; **Umklammerung** F ‹~; ~en› 1 (*Umarmung*) abrazo *m*; *Boxen*: clinch *m* 2 MIL envolvimiento *m*
'umklappbar ADJ abatible; *Lehne* reclinable; **umklappen** VT abatir; doblar
'Umkleidekabine F caseta *f* (de baños)
'umkleiden[1] A VT mudar la ropa a B VR **sich ~** cambiarse; mudarse de ropa; cambiar de traje (*bzw* de vestido)
um'kleiden[2] VT ‹*ohne* ge-› TECH revestir, forrar (**mit** de)
'Umkleideraum M cuarto *m* de vestir; SPORT vestuario *m*
Um'kleidung F ‹~› TECH revestimiento *m*
'umknicken A VT doblar; *Papier a.* plegar; (*brechen*) quebrar B VI ‹sn› **(mit dem Fuß) ~** torcerse el pie; dar un paso en falso
'umkommen VI ‹*irr*; sn› 1 (*sterben*) morir; resultar muerto; perecer; **bei etw ~** perecer (*od* morir) en a/c 2 *umg Lebensmittel* perderse; desperdiciarse; echarse a perder 3 *umg fig* **vor Hitze ~** *umg* morir(se) (*od* asfixiarse) de calor
um'kränzen VT ‹*ohne* ge-› coronar (**mit** de)
'Umkreis M 1 (*Bereich*) ámbito *m*; circuito *m*; periferia *f*, circunferencia *f*; **im ~** a la redonda; **in einem ~ von zehn Metern** en un radio de diez metros; en diez metros a la redonda 2 GEOM círculo *m* circunscrito
um'kreisen VT ‹*ohne* ge-› girar (*bzw* volar) alrededor de; ASTRON *a.* orbitar; (*umringen*) rodear
'umkrempeln VT 1 (*umwenden*) invertir; volver al revés 2 *Ärmel* arremangar 3 *fig* **(alles) ~** volver lo de arriba abajo; *Plan etc* **(völlig) ~** cambiar radicalmente (*od* totalmente)
'umladen VT ‹*irr*› tra(n)sbordar; **Umladen** N ‹~s›, **Umladung** F ‹~; ~en› tra(n)sbordo *m*
'Umlage F ‹~; ~n› (*Sonderbeitrag*) contribución *f*; cuota *f* extraordinaria; *v. Steuern, Kosten*: reparto *m*; derrama *f*; **umlagefähig** ADJ *Kosten* **~** ser repartible, poderse repartir
um'lagern[1] VT ‹*ohne* ge-› rodear; sitiar, cercar
'umlagern[2] VT HANDEL *Waren* trasladar a otro almacén (*od* depósito); **Umlagerung** F traslado *m* a otro almacen (*od* depósito)
'Umlauf M ‹~(e)s; ¨~e› 1 *v. Geld, Waren*: circulación *f*; **in** *od* **im ~ sein** circular (*a. Gerücht*), estar en circulación; **in ~ bringen** (*od* **setzen**) poner en circulación; hacer circular; *Gerücht*: propagar, hacer correr; **aus dem ~ ziehen** retirar de la circulación 2 TECH, ASTRON revolución *f*; TECH vuelta *f*; rotación *f* 3 VERW (*Rundschreiben*) circular *f* 4 MED (*Nagelgeschwür*) panadizo *m*, *umg* uñero *m*
'Umlaufbahn F ASTRON órbita *f*; **in eine ~ bringen** poner (*od* colocar) en órbita
'umlaufen[1] ‹*irr*› A VI ‹sn› circular (*a. Geld, Gerücht*); girar B VT **j-n ~** atropellar (al correr) a alg
um'laufen[2] VT ‹*irr*; *ohne* ge-› **etw ~** dar la vuelta a a/c; contornear a/c
'Umlaufgeschwindigkeit F velocidad *f* de circulación; TECH velocidad *f* de rotación; ASTRON velocidad *f* de revolución; **Umlaufgetriebe** N TECH engranaje *m* planetario; **Umlaufkapital** N WIRTSCH capital *m* circulante; **Umlaufschmierung** F TECH engrase *m* por circulación; **Umlaufschreiben** N circular *f*; **Umlaufvermögen** N → Umlaufkapital; **Umlaufzeit** F período *m* de revolución
'Umlaut M ‹~(e)s; ~e› LING metafonía *f* (vocálica); *Laut*: vocal *f* modificada
'Umlegekragen M cuello *m* vuelto
'umlegen VT 1 (*anders legen*) colocar (*od* disponer) de otro modo; cambiar de posición; *Hebel, Schalter* accionar; BAHN *Weiche* cambiar; AUTO **die Rücksitze ~** bajar los asientos traseros 2 (*verlegen*) trasladar; *Termin* cambiar; aplazar 3 (*falten*) *Kragen etc* doblar 4 *Decke, Kette, Schal etc* **sich** (*dat*) **etw ~** ponerse a/c 5 *Kosten etc* repartir (**auf** *acus* entre) 6 (*zum Liegen bringen*) derribar (*a. Boxen*); (*zu Boden werfen*) *a.* tumbar; (*fällen*) cortar, talar; *Getreide etc* acamar 7 *umg fig* **j-n ~** (*töten*) *umg* dejar tieso (*od* seco) a alg; *umg* enfriar a alg 8 *sl pej Frau* tumbar
'Umlegung F ‹~; ~en› 1 (*Verlegung*) traslado *m*; cambio *m* (de posición); *e-s Termins*: aplazamiento *m* 2 *v. Kosten etc*: reparto *m*
'umleiten VT *Verkehr* desviar; **Umleitung** F ‹~; ~en› desviación *f*; **eine ~ fahren** tomar una desviación
'umlenken VT volver; desviar; **umlernen** VI (re)adaptarse; reorientarse; *beruflich*: reciclarse; **~ müssen** tener que adaptarse (a hacer las cosas de otra manera); **umliegend** ADJ (circun)vecino; inmediato; **die ~e Gegend** los alrededores; **die ~en Dörfer** los pueblos vecinos
'Umluft F TECH convección *f*; **Umluftherd** M GASTR horno *m* convector (*od* de convección)
um'manteln VT ‹*ohne* ge-› TECH revestir; **Um'mantelung** F ‹~; ~en› TECH revestimiento *m*; **um'mauern** VT ‹*ohne* ge-› murar, cercar con muro
'ummodeln VT transformar, remodelar; modificar; **ummünzen** VT reacuñar
um'nachtet ADJ *fig geh* **(geistig) ~** demente; perturbado, trastornado; **Umnachtung** F ‹~› **geistige ~** enajenación *f* (*od* alienación *f*) mental
um'nähen VT ‹*ohne* ge-› (*einfassen*) orlar, ribetear
um'nebeln VT ‹*ohne* ge-› envolver en nieblas; *Geist* ofuscar; **vom Alkohol umnebelt sein** estar atontado (*od* ligeramente tocado) por el alcohol
'umnehmen VT ‹*irr*› *Decke* cubrirse de; *Mantel etc* ponerse; **umnieten** VT *umg fig* **j-n ~** (*töten*) *umg* dejar tieso (*od* seco) a alg
'Umorganisation F reorganización *f*, reestructuración *f*; **umorganisieren** VT ‹*ohne* ge-› reorganizar, reestructurar
'umpacken VT empaquetar de nuevo; *Koffer* rehacer, volver a hacer; HANDEL cambiar el embalaje (de); **umpflanzen** VT AGR trasplantar; replantar
um'pflanzen VT **etw mit Bäumen/Rosen** *etc* **~** plantar árboles/rosas *etc* alrededor de a/c
'Umpflanzen N trasplante *m*
'umpflügen VT labrar, arar; (*umbrechen*) rotu-

U

rar; **umpolen** VT ELEK invertir la polaridad; **umprägen** VT *Münzen* reacuñar; **Umprägung** F reacuñación *f*; **umquartieren** VT ⟨*ohne* ge-⟩ cambiar (*od* mudar) de alojamiento; (*evakuieren*) evacuar

um'rahmen VT ⟨*ohne* ge-⟩ encuadrar; *fig a.* flanquear; *fig* **etw musikalisch ~** acompañar con música a/c; **Um'rahmung** F ⟨~; ~en⟩ marco *m* (*a. fig*); **um'randen** VT ⟨*ohne* ge-⟩ perfilar, contornear; (*einfassen*) orlar; ribetear; **Um'randung** F ⟨~; ~en⟩ borde *m*; (*Saum*) orla *f*; **um'ranken** VT ⟨*ohne* ge-⟩ emparrar; *mit Laubwerk*: enramar; cubrir de ramas; *Efeu*: trepar por

'umräumen VT **1** *Zimmer etc* disponer de otro modo **2** *Sache* cambiar (de lugar)

'umrechnen VT *Währung, Maße* convertir, calcular (**in** *acus* en); **in Euro/Dollar ~** convertir en euros/dólares; **Umrechnung** F ⟨~; ~en⟩ conversión *f*

'Umrechnungskurs M FIN, WIRTSCH tipo *m* de cambio (*od* de conversión); **Umrechnungstabelle** F tabla *f* (*od* baremo *m*) de conversión

um'reisen VT ⟨*ohne* ge-⟩ **die Welt ~** viajar alrededor del mundo; dar la vuelta al mundo

'umreißen[1] VT ⟨*irr*⟩ derribar; demoler; *Person* atropellar

um'reißen[2] VT ⟨*irr; ohne* ge-⟩ perfilar; esbozar

'umreiten[1] VT ⟨*irr*⟩ atropellar con el caballo

um'reiten[2] VT ⟨*irr; ohne* ge-⟩ dar a caballo la vuelta a

'umrennen VT ⟨*irr*⟩ atropellar, derribar (al correr)

um'ringen VT ⟨*ohne* ge-⟩ rodear; MIL *a.* cercar

'Umriss M ⟨~es; ~e⟩ contorno *m*; silueta *f*; (*Skizze*) esbozo *m*, bosquejo *m*; croquis *m*; *fig* **etw in groben ~en schildern** mostrar a/c a grandes rasgos

'umrühren VT remover; agitar; **umrüsten** VI **1** TECH transformar (**auf** *acus* en) **2** MIL reorganizar el armamento; **Umrüstung** F **1** TECH transformación *m* **2** MIL reorganización *m* del armamento

ums *umg* = **um das**; → um

'umsatteln **A** VT *Pferd* mudar la silla a **B** VI *fig* cambiar de profesión (*bzw* de carrera) (**auf** *acus* a)

'Umsatz M ⟨~es; ⸚e⟩ **1** WIRTSCH volumen *m* (*od* cifra *f*) de negocios; (*Absatz*) (volumen *m* de) ventas *fpl*; **den ~ steigern** aumentar el volumen de ventas; **zwei Millionen Euro ~ machen** facturar dos millones de euros **2** *an der Börse*: transacciones *fpl* **3** PHYSIOL metabolismo *m*

'Umsatzanalyse F HANDEL análisis *m* (del volumen de) ventas; **Umsatzbeteiligung** F ⟨~; ~en⟩ participación *f* en las ventas; **Umsatzeinbußen** FPL disminución *f* del volumen de negocios (*od* de ventas); **Umsatzentwicklung** F desarrollo *m* del volumen de negocios (*od* de ventas); **Umsatzplus** N ⟨~⟩ aumento *m* del volumen de negocios (*od* de ventas); **Umsatzprovision** F comisión *f* sobre la cifra de negocios; **Umsatzrate** F **1** HANDEL índice *m* de rotación **2** BIOL índice *m* de metabolismo; **Umsatzrückgang** M HANDEL disminución *f* (*od* caída *f*) del volumen de negocios (*od* de ventas); **Umsatzsteigerung** F HANDEL aumento *m* del volumen de negocios (*od* de ventas)

'Umsatzsteuer F impuesto *m* sobre la cifra de negocios; *sp* impuesto *m* sobre el tráfico de empresas; **Umsatzsteuer-Identifikationsnummer** F ≈ número *m* de identificación fiscal

'Umsatzvolumen N volumen *m* de negocios (*od* de la cifra de ventas)

'umsäumen[1] VT hacer un dobladillo

um'säumen[2] VT ⟨*ohne* ge-⟩ orlar; *fig a.* rodear, flanquear (**mit** de)

'umschaltbar ADJ conmutable

'umschalten **A** VT ELEK conmutar **B** VI **1** *Ampel* cambiar; AUTO cambiar de velocidad **2** RADIO cambiar de emisora; TV cambiar de canal; **auf UKW ~** poner la FM; **wir schalten um nach Berlin** pasamos la conexión a Berlín **3** *umg fig* readaptarse

'Umschalter M ⟨~s; ~⟩ ELEK conmutador *m*; **Umschalthebel** M ELEK palanca *f* de conmutación; **Umschalttaste** F *Computer etc*: tecla *f* de mayúsculas; IT *a.* tecla *f* (de) SHIFT; **Umschaltung** F ⟨~; ~en⟩ ELEK conmutación *f*

um'schatten VT ⟨*ohne* ge-⟩ sombrear

'Umschau F ⟨~⟩ **1** panorama *m*; vista *f* (panorámica) **2** *fig* revista *f* (*a. Zeitschrift*) **3** **~ halten** mirar alrededor (*od* en torno suyo); *a. fig* pasar revista a; **~ nach etw halten** buscar a/c

'umschauen VR **sich ~** **1** (*zurückschauen*) volver la cabeza **2** (*umherschauen*) mirar alrededor (*od* en torno suyo); *fig* **sich in der Welt ~** ver mundo

'umschichten VT apilar de nuevo; *fig* reagrupar; alternar (*od* modificar) la disposición de; **umschichtig** ADV alternativamente; por turno; **Umschichtung** F ⟨~; ~en⟩ reagrupación *f*; **soziale ~** cambio *m* social

'umschießen VT ⟨*irr*⟩ derribar de un tiro

um'schiffen VT ⟨*ohne* ge-⟩ SCHIFF circunnavegar, navegar alrededor de; *Kap* doblar; **Umschiffung** F ⟨~; ~en⟩ circunnavegación *f*

'Umschlag M ⟨~(e)s; ⸚e⟩ **1** (*Briefumschlag*) sobre *m* **2** (*Hülle*) envoltura *f*; (*Buchumschlag*) cubierta *f*; tapa *f*; (*Schutzumschlag*) sobrecubierta *f*; (*Heftumschlag*) forro *m* **3** MED compresa *f*; **feuchter ~** cataplasma *f* **4** HANDEL *v. Waren*: movimiento *m*; (*Umladen*) tra(n)sbordo *m* **5** TEX *an der Hose*: vuelta *f*; (*Saum*) dobladillo *m* **6** *fig* (*Umschwung*) cambio *m* brusco (*od* repentino); **Umschlagbahnhof** M estación *f* de transbordo

'umschlagen ⟨*irr*⟩ **A** VI ⟨sn⟩ **1** (*umkippen*) caer; *Wagen etc* volcar; SCHIFF *a.* zozobrar **2** (*sich verändern*) *Wind, Wetter* cambiar (bruscamente) (*a. fig Stimmung, Glück etc*); **~ in** (*acus*) convertirse en; **ins Gegenteil ~** caer en el otro extremo; **in Gewalt ~** derivar en violencia **B** VT **1** (*umwenden*) dar vuelta a; *Buchseite* volver; pasar **2** *Kragen, Saum* doblar; *Ärmel* arremangar **3** (*umwerfen*) derribar **4** HANDEL (*umladen*) tra(n)sbordar

'Umschlagen N ⟨~s⟩ **1** (*Wechseln*) cambio *m* (brusco *od* repentino) **2** *e-s Wagens*: vuelco *m* **3** HANDEL (*Umladen*) tra(n)sbordo *m*; **Umschlaghafen** M puerto *m* de tra(n)sbordo; **Umschlagplatz** M, **Umschlagstelle** F lugar *m* (*od* plaza *f*) de tra(n)sbordo; centro *m* de carga y descarga (de mercancías); (*Handelsplatz*) emporio *m*; **Umschlagtuch** N chal *m*; mantón *m*

um'schleichen VT ⟨*irr; ohne* ge-⟩ rondar;

um'schließen VT ⟨*irr; ohne* ge-⟩ **1** *räumlich*: rodear; circundar; MIL cercar; poner cerco a **2** *fig* encerrar, abarcar

'Um'schließen N ⟨~s⟩, **Umschließung** F ⟨~; ~en⟩ MIL cerco *m*

um'schlingen VT ⟨*irr; ohne* ge-⟩ *geh* envolver; entrelazar; (*umarmen*) abrazar; estrechar entre los brazos; **Umschlingung** F ⟨~; ~en⟩ enlazamiento *m*; (*Umarmung*) abrazo *m*

um'schlungen ADJ **eng ~** abrazados estrechamente

'umschmeißen VT ⟨*irr*⟩ *sl* derribar; tumbar; → *a.* umwerfen; **umschmelzen** VT ⟨*irr*⟩ METALL refundir; **Umschmelzung** F ⟨~; ~en⟩ METALL refundición *f*; **umschnallen** VT ceñir; ponerse

um'schnüren VT ⟨*ohne* ge-⟩ atar

'umschreiben[1] VT ⟨*irr*⟩ **1** *Text* reescribir; (*nochmals schreiben*) escribir de nuevo; (*umarbeiten*) refundir **2** WIRTSCH, JUR *Besitz* transferir (**auf** *acus* a)

um'schreiben[2] VT ⟨*irr; ohne* ge-⟩ **1** *mit Worten*: parafrasear; perifrasear **2** GEOM circunscribir **3** *fig* (*abgrenzen*) delimitar; **umschreibend** ADJ LING perifrástico

Um'schreibung[1] F ⟨~; ~en⟩ **1** *mit Worten*: perífrasis *f*, circunlocución *f* **2** GEOM circunscripción *f*

'Umschreibung[2] F ⟨~; ~en⟩ **1** *e-s Texts*: refundición *f* **2** WIRTSCH, JUR transferencia *f* (**auf** *acus* a)

um'schrieben ADJ circunscrito; MED *a.* localizado

'Umschrift F ⟨~; ~en⟩ **1** LING (**phonetische**) **~** transcripción *f* (fonética) **2** *e-r Münze*: leyenda *f*

'umschulden VT WIRTSCH (re)convertir (*od* reestructurar) una (*bzw* la) deuda; **Umschuldung** F ⟨~; ~en⟩ (re)conversión *f* (*od* reestructuración *f*) de una (*bzw* de la) deuda

'umschulen VT **1** *beruflich*: readaptar (profesionalmente); reciclar; **sich ~ lassen** readaptarse (*od* reconvertirse *od* reciclarse) profesionalmente (**auf** *acus* a) **2** *Schulkind* enviar a otra escuela; cambiar de colegio

'Umschüler M, **Umschülerin** F alumno *m*, -a *f* (de un curso *od* de un centro) de reciclaje profesional

'Umschulung F ⟨~; ~en⟩ **1** *berufliche*: readaptación *f* (*od* reciclaje *m* *od* reconversión *f*) profesional; **sie hat eine ~ zur Web-Designerin gemacht** se recicló haciendo un curso de diseñadora de páginas Web **2** SCHULE cambio *m* de escuela

'Umschulungskurs M, **Umschulungsmaßnahme** F curso *m* de reciclaje (*od* de readaptación) profesional

'umschütteln VT agitar, sacudir; **umschütten** VT derramar; volcar; *in ein anderes Gefäß*: tra(n)svasar; trasegar

um'schwärmen VT ⟨*ohne* ge-⟩ **1** *Insekten* revolotear alrededor de; rondar **2** *fig* **j-n ~** ser un(a) gran admirador(a) den alg; cortejar a alg; **sehr umschwärmt sein** tener muchos admiradores

'Umschweife MPL rodeos *mpl*; (*Abschweifungen*) digresiones *fpl*; (**keine**) **~ machen** (no) andar con rodeos; (no) andarse por las ramas; **ohne ~** sin rodeos; sin ambages (ni rodeos); rotundamente

'umschwenken VI ⟨sn⟩ girar; SCHIFF virar; MIL hacer una conversión; *fig* cambiar de opinión (*bzw* de orientación)

um'schwirren VT ⟨*ohne* ge-⟩ revolotear alrededor de

'Umschwung M ⟨~(e)s; ⸚e⟩ **1** cambio *m* (brusco *od* repentino); revolución *f*; (*Schicksalswende*) peripecia *f* **2** *Turnen*: vuelta *f*

um'segeln VT ⟨*ohne* ge-⟩ SCHIFF circunnavegar, navegar alrededor de; *Kap* doblar; **die Welt ~** navegar alrededor del mundo, dar la vuelta al mundo en barco; **Um'seg(e)lung** F ⟨~; ~en⟩ SCHIFF circunnavegación *f*

'umsehen VR ⟨*irr*⟩ **sich ~** **1** *an e-m Ort*: mirar alrededor; **sich in der Stadt ~** dar una vuelta por la ciudad; **sich in der Welt ~** ver mundo; *im Geschäft*: **ich möchte mich nur ~** sólo quiero mirar **2** (*zurücksehen*) mirar (hacia) atrás, volver la cabeza; **sich nach j-m ~** volverse para mirar a alg **3** *suchend*: **sich nach etw ~** ir en busca de a/c; **sich nach Arbeit ~** buscar trabajo 4 *fig* **im Umsehen** en un abrir y cerrar los ojos; *umg* en un santiamén 5 *umg* **du wirst dich noch ~!** ¡no sabes lo que te espera!; ¡ya verás lo que es bueno!

'umseitig ADJ & ADV al dorso, a la vuelta; **umsetzbar** ADJ 1 HANDEL vendible; negociable 2 PHYSIOL metabolizable

'umsetzen A VT 1 *an e-e andere Stelle:* cambiar de sitio; trasladar; colocar en otro sitio; AGR trasplantar; *auf e-n anderen Arbeitsplatz:* cambiar (de puesto de trabajo) 2 *(anders setzen)* colocar de otra manera 3 *(umwandeln)* transformar, convertir (**in** *acus* en); MUS transportar; (**in die Tat**) **~** convertir en realidad, llevar a la práctica 4 HANDEL *(verkaufen)* vender; colocar 5 PHYSIOL metabolizar B VR **sich ~** *(den Platz wechseln)* cambiarse de sitio

'Umsetzung F ⟨~; ~en⟩ 1 cambio *m* (de sitio); traslado *m*; AGR trasplante *m* 2 *(Umwandlung)* transformación *f*, conversión *f* (**in** *acus* en) 3 MUS transporte *m*

'Umsichgreifen N ⟨~s⟩ propagación *f*; extensión *f*

'Umsicht F ⟨~⟩ circunspección *f*; *(Vorsicht)* precaución *f*, cautela *f*; **umsichtig** ADJ circunspecto; prudente; cauteloso

'umsiedeln A VT *Personen* reasentar B VI ⟨sn⟩ (**nach Spanien**) **~** reasentarse (en España), trasladarse (a España); **Umsiedler** M ⟨~s; ~⟩, **Umsiedlerin** F ⟨~; ~nen⟩ persona *f* reasentada; **Umsiedlung** F ⟨~; ~en⟩ reasentamiento *m*

'umsinken VI ⟨*irr;* sn⟩ caer (al suelo); desplomarse; *(ohnmächtig werden)* desvanecerse; **vor Müdigkeit ~** caerse de sueño

'umso KONJ tanto; **~ besser!** ¡tanto mejor!; **~ größer/schlimmer** tanto mayor/peor; **~ mehr** tanto más; *fig* razón de más; con mayor razón; **~ mehr als** tanto más cuanto que; **~ weniger** tanto menos; **je ..., ~ ...** cuanto más ..., (tanto) más ...

um'sonst ADV 1 *(kostenlos)* gratis, gratuitamente; **der Eintritt ist ~** la entrada es libre; **ich habe es ~ bekommen** me lo han regalado 2 *(vergebens)* en vano, en balde; para nada; inútil(mente); **alles war ~** todo fue inútil; **sich ~ bemühen** perder el tiempo; **nicht ~** *(aus gutem Grund)* por algo

um'sorgen VT ⟨*ohne* ge-⟩ **j-n ~** cuidar de alg con solicitud

'umspannen[1] VT 1 *Pferde* mudar de tiro 2 ELEK transformar

um'spannen[2] VT ⟨*ohne* ge-⟩ rodear; *fig* abarcar, comprender; abrazar

'Umspanner M ⟨~s; ~⟩ ELEK transformador *m*; **Umspannwerk** N ELEK central *f* transformadora; subestación *f* de transformación

um'spielen VT ⟨*ohne* ge-⟩ *Fußball:* regatear; **um'spinnen** VT ⟨*irr; ohne* ge-⟩ (re)cubrir, revestir (**mit** de); MUS *Saite* entorchar

'umspringen VI ⟨*irr;* sn⟩ 1 *Wind* cambiar (bruscamente) de dirección; saltar 2 *fig* **mit j-m grob ~** tratar mal a alg; **Umspringen** N ⟨~s⟩ *des Windes:* cambio *m* (brusco) de dirección; **umspulen** VT *Tonband, Kassette* rebobinar

um'spülen VT ⟨*ohne* ge-⟩ bañar (por todos los lados); **von den Wellen umspült** lamido por las olas

'Umstand M ⟨~(e)s; ⸚e⟩ 1 *(Gegebenheit)* circunstancia *f*; *(Tatsache)* hecho *m*; **der ~, dass ...** el hecho de que ... *(subj)* 2 *(Einzelheit)* detalle *m*, *besonderer:* particularidad *f*; **die näheren Umstände** los detalles 3 PL **die Umstände** *(die Lage)* la situación, las condiciones; **den Umständen entsprechend** circunstancial, de circunstancias; **infolge unvorhergesehener Unstände** debido a circunstancias imprevistas; **unter Umständen** si es posible; *(notfalls)* si las circunstancias lo requieren; si es necesario; *(vielleicht)* eventualmente; a lo mejor; **unter allen Umständen** en todo caso; sea como fuere; a toda costa; a todo trance; **unter diesen** *od* **solchen Umständen** en estas (*od* tales) circunstancias; en esas condiciones; **unter keinen Umständen** en ningún caso; de ningún modo; bajo ningún concepto 4 *mst* PL **Umstände** *(Förmlichkeiten)* ceremonias *fpl*; cumplidos *mpl*; **ohne Umstände** sin ceremonias (*od* cumplidos); **Umstände machen** *Person* hacer (*od* gastar) cumplidos; *Sache* causar molestia; **das macht keine Umstände** no es molestia; **machen Sie (sich** *dat***) keine Umstände!** ¡no se moleste usted!; *umg* ¡déjese de ceremonias (*od* de cumplidos)!; **nicht viel Umstände machen** *umg* no andarse con cumplidos 5 **in anderen Umständen sein** *(schwanger sein)* estar encinta (*od* embarazada)

'umständehalber ADV debido a (*od* a causa de) las circunstancias

'umständlich A ADJ 1 *(ausführlich)* circunstanciado; detallado; *(sehr genau)* minucioso; pedante 2 *(förmlich) Person* ceremonioso; formalista; *umg* cumplimentero 3 *(unpraktisch)* complicado, engorroso; *(beschwerlich, lästig)* molesto, incómodo B ADV detalladamente; con todo detalle; con todo lujo de detalles; **Umständlichkeit** F ⟨~⟩ prolijidad *f*; formalismo *m*; pedantería *f*

'Umstandsbestimmung F ⟨~; ~en⟩ GRAM complemento *m* circunstancial; **Umstandskleid** N vestido *m* premamá; **Umstandskleidung** F ropa *f* premamá *od* para embarazadas; **Umstandskrämer** M, **Umstandskrämerin** F *umg* formalista *m/f*; pedante *m/f*; **Umstandswort** N ⟨~(e)s; ⸚er⟩ GRAM adverbio *m*

um'stehen VT ⟨*irr; ohne* ge-⟩ rodear

'umstehend A ADJ 1 **auf der ~en Seite** en la página siguiente (*bzw* anterior) 2 **die Umstehenden** los circunstantes, los presentes B ADV al dorso, a la vuelta

'Umsteigebahnhof M estación *f* de tra(n)sbordo; **Umsteigefahrschein** M, **Umsteigekarte** F billete *m* de correspondencia (*od* combinado)

'umsteigen VI ⟨*irr;* sn⟩ 1 hacer tra(n)sbordo, cambiar (de autobús, de tren, *etc*) 2 *umg fig beim Studium etc:* pasarse (**auf** *acus* a); **~ von ... auf** *(acus)* cambiar de ... a

'Umsteigen N ⟨~s⟩ tra(n)sbordo *m*

'umstellen[1] A VT 1 *an e-n anderen Ort:* cambiar de lugar (*od* sitio); colocar en otro sitio 2 *(anders anordnen)* colocar (*od* disponer) de otro modo; invertir el orden (*a.* GRAM); MATH permutar; *fig* reagrupar 3 TECH *Hebel* cambiar de posición; *Laufrichtung* invertir la marcha; **die Uhr ~** cambiar la hora 4 *(anpassen)* readaptar; *(neu orientieren)* reajustar; reorientar; *Betrieb etc a.* reorganizar; **etw ~ auf** *(acus)* adaptar a/c a; **auf Computerbetrieb ~** computerizar B VI *(übergehen zu)* **~ auf** *(acus)* pasar a, cambiar a (*a.* WIRTSCH) C VR *fig* **sich ~** reajustarse; reorientarse; **sich ~ auf** *(acus)* (re)adaptarse a; acomodarse a

um'stellen[2] VT ⟨*ohne* ge-⟩ *(umzingeln)* rodear (**mit** de); cercar; MIL *a.* envolver

'Umstellhebel M TECH palanca *f* de cambio

'Umstellung F ⟨~; ~en⟩ 1 *(Ortswechsel)* cambio *m* (de lugar) 2 *(andere Anordnung)* inversión *f* del orden; MATH permutación *f*; *fig* reagrupación *f* 3 *(Anpassung)* (re)adaptación *f*; reconversión *f*; *(Neuorientierung)* reajuste *m*; reorientación *f* 4 *e-s Betriebs etc:* reorganización *f*; conversión *f* (**auf** *acus* en); **~ auf Computerbetrieb** computerización *f*, informatización *f*

'umsteuern VT TECH invertir la marcha; **Umsteuerung** F ⟨~; ~en⟩ TECH inversión *f* de (la) marcha

'umstimmen VT 1 MUS *Instrument* cambiar la afinación de 2 *fig* **j-n ~** hacer a alg cambiar de opinión (*od* de idea); persuadir a alg

'umstoßen VT ⟨*irr*⟩ 1 volcar; derribar 2 *fig (für ungültig erklären)* anular; invalidar; *Plan etc* cambiar; echar por tierra

um'strahlen VT ⟨*ohne* ge-⟩ brillar (*od* resplandecer) alrededor de; bañar en luz; REL nimbar

'umstricken VT *umg fig Text etc* reescribir; *(umarbeiten)* refundir

um'stricken VT ⟨*ohne* ge-⟩ *fig obs* **j-n ~** enredar a alg; embaucar a alg; **um'stritten** ADJ discutido, controvertido

'umstrukturieren VT ⟨*ohne* ge-⟩ reestructurar, reorganizar; **einen Betrieb ~** reconvertir (*od* reestructurar *od* reorganizar) una empresa; **Umstrukturierung** F ⟨~; ~en⟩ reestructuración *f*, reconversión *f*; *innerhalb e-r Firma:* reorganización *f*; **~ der Industrie** reconversión *f* (*od* reestructuración *f*) de la industria

'umstülpen VT 1 *Tasche* volver boca abajo; volver al revés 2 *Hose, Ärmel* arremangar

'Umsturz M ⟨~es; ⸚e⟩ POL subversión *f*; revolución *f*; derrocamiento *m*; **Umsturzbestrebungen** FPL tendencias *fpl* subversivas; **Umsturzbewegung** F movimiento *m* subversivo (*od* revolucionario)

'umstürzen A VT 1 *Wagen, Gefäß* volcar; *(niederreißen)* derribar, echar abajo 2 *fig* subvertir; revolucionar; *Regierung* derrocar, derribar B VI ⟨sn⟩ *Person* caer (de espaldas); *Sache* volcar; *Gebäude* venirse abajo; derrumbarse; **Umstürzler** M ⟨~s; ~⟩, **Umstürzlerin** F ⟨~; ~nen⟩ *pej* elemento *m* subversivo; revolucionario *m*, -a *f*; **umstürzlerisch** ADJ subversivo; revolucionario

'umtaufen REL, *a. fig* rebautizar

'Umtausch M ⟨~(e)s; ~e⟩ cambio *m* (*a. Geldumtausch*); trueque *m*; canje *m* (*a. v. Aktien*); WIRTSCH conversión *f*; **... sind vom ~ ausgeschlossen** ... no pueden cambiarse

'umtauschbar ADJ cambiable; canjeable; WIRTSCH convertible; **Umtauschbarkeit** F ⟨~⟩ convertibilidad *f*

'umtauschen VT canjear (**gegen** por); cambiar (**in** *acus* en) *(a. Geld)*

'Umtauschfrist F ⟨~; ~en⟩ *von Waren:* plazo *m* de devolución; **Umtauschrecht** N *von Waren:* derecho *m* de devolución

'umtopfen VT *Pflanzen* cambiar de maceta (*bzw* de tiesto)

'Umtriebe PL manejos *mpl*; intrigas *fpl*; maquinaciones *fpl*; **umtriebig** ADJ *Person* diligente

'Umtrunk M ⟨~(e)s; ⸚e⟩ juerga *f*; **zu einem ~ einladen** invitar a una copa

'umtun ⟨*irr*⟩ *umg* A VT *Tuch, Mantel etc* ponerse B VR **sich ~** *(sich erkundigen)* informarse (**nach** de); *(suchen)* buscar; **sich nach etw/j-m ~** ir en busca de a/c/alg

'Umverpackung F envase *m* (*od* embalaje *m*) exterior

'umverteilen VT redistribuir; hacer un nuevo reparto; **Umverteilung** F redistribución *f*; nuevo reparto *m*; POL **soziale ~** transferencias *fpl* sociales

'umwälzen VT revolver; *fig* revolucionar; **umwälzend** ADJ *Erfindung etc* revolucionario; **Umwälzpumpe** F TECH bomba *f* de circulación; **Umwälzung** F ⟨~; ~en⟩ 1 TECH circulación *f* 2 POL, *fig* **~en** *pl* revolución *f*

'umwandelbar ADJ transformable; convertible (*a.* WIRTSCH); *Strafe* conmutable; **Um-**

U

wandelbarkeit F 〈~〉 WIRTSCH convertibilidad *f*; *e-r Strafe*: conmutabilidad *f*
'umwandeln V/T transformar, cambiar (**in** *acus* **en**) (*a.* CHEM, PHYS, *fig*); convertir (*a.* WIRTSCH); *Strafe* conmutar; **er ist wie umgewandelt** parece otro; **Umwandler** M 〈~s; ~〉 ELEK transformador *m*; **Umwandlung** F 〈~; ~en〉 transformación *f*; cambio *m* (**in** *acus* **en**) (*a.* CHEM, PHYS, *fig*); conversión *f* (*a.* WIRTSCH); *e-r Strafe*: conmutación *f*
'umwechseln V/T *Geld* cambiar; **Umwechseln** N 〈~s〉 cambio *m*
'Umweg M 〈~(e)s; ~e〉 rodeo *m* (*a. fig*); **einen ~ machen** dar (*od* hacer) un rodeo; *fig* **auf ~en** indirectamente; **auf dem ~ über** (*acus*) por (vía de); **ohne ~e** directamente; sin rodeos
'umwehen[1] V/T derribar (de un soplo)
um'wehen[2] V/T 〈*ohne* ge-〉 soplar por (*od* alrededor de)
'Umwelt F 〈~〉 ÖKOL, SOZIOL (medio *m*) ambiente *m*, medioambiente *m*; (*Umgebung*) *a.* entorno *m*; (*Lebensraum*) *a.* medio *m*; **Umweltaspekt** M aspecto *m* (medio)ambiental; **Umweltauto** N coche *m* no contaminante; **Umweltbeauftragte** M/F 〈~n; ~n; → A〉 POL encargado *m*, -a *f* del medio ambiente
'umweltbedingt ADJ ambiental; **~e Krankheiten** enfermedades *fpl* provocadas por el medio ambiente; enfermedades *fpl* de origen (medio)ambiental
'Umweltbedingungen FPL condiciones *fpl* ambientales (*od* del medio ambiente)
'umweltbelastend ADJ contaminante; nocivo (*od* perjudicial) para el medio ambiente; **Umweltbelastung** F perjuicio *m* para el medio ambiente; *weitS.* contaminación *f* (medio)ambiental
'Umweltberater M, **Umweltberaterin** F asesor *m*, -a *f* de medio ambiente; ecoconsejero *m*, -a *f*
'Umweltbewegung F movimiento *m* ecologista (*od* de protección del medio ambiente)
'umweltbewusst ADJ con sentido ecológico, con sensibilidad para la ecología; concienciado ecológicamente; **~es Verhalten** comportamiento *m* ecológico; **Umweltbewusstsein** N conciencia *f* ecológica; sentido *m* ecológico; sensibilidad *f* ecológica
'Umweltbundesamt N → UBA; **Umweltdelikt** N delito *m* ambiental; **Umwelteinflüsse** MPL influencias *fpl* ambientales; impacto *m* ambiental; **Umweltengel** M → Umweltzeichen; **Umwelterziehung** F educación *f* (medio)ambiental; **Umweltfaktor** M agente *m* (*od* factor *m od* parámetro *m*) (medio)ambiental
'umweltfeindlich ADJ anti-ecológico; → *a* umweltschädlich
'Umweltforschung F investigación *f* sobre el (*od* del) medio ambiente
'umweltfreundlich ADJ ecológico; (*umweltverträglich*) compatible con el medio ambiente; (*nicht umweltschädlich*) no contaminante; *Person a.* respetuoso con el medio ambiente; **umweltgerecht** ADJ → umweltorientiert
'Umweltgesetzgebung F legislación *f* en materia (medio)ambiental (*od* ecológica); **Umweltgipfel** M POL cumbre *f* sobre el medio ambiente; **Umweltkatastrophe** F catástrofe *f* ecológica; desastre *m* ecológico; **Umweltkriminalität** F delincuencia *f* contra el medio ambiente; delincuencia *f* ecológica; **Umweltminister** M, **Umweltministerin** F ministro *m*, -a *f* del medio ambiente (*od* para asuntos medioambientales); **Umweltministerium** N Ministerio *m* del Medio Ambiente; **umweltorientiert** ADJ orientado hacia el medio ambiente; **Umweltpapier** N papel *m* reciclado
'Umweltpolitik F política *f* del medio ambiente (*od* medioambiental); ecopolítica *f*; **umweltpolitisch** ADJ político-ambiental, político-ecológico; **~e Maßnahmen** medidas *fpl* político-ambientales (*od* político-ecológicas)
'Umweltschaden M daño *m* ambiental (*od* al medio ambiente); daño *m* ecológico
'umweltschädlich ADJ nocivo (*od* perjudicial) para el medio ambiente; (*umweltverschmutzend*) contaminante; *fachspr* polucionante; **~ sein** *a.* dañar el medio ambiente; **umweltschonend** ADJ menos contaminante (*od* perjudicial) para el medio ambiente
'Umweltschutz M protección *f* (*od* conservación *f*) del medio ambiente; protección *f* ambiental; **Umweltschutzbewegung** F movimiento *m* ecologista, ecologismo *m*
'Umweltschützer M 〈~s; ~〉, **Umweltschützerin** F 〈~; ~nen〉 defensor *m*, -a *f* del medio ambiente; ecologista *m/f*
'Umweltschutzorganisation F organización *f* (*od* asociación *f*) ecológista (*od* de protección del medio ambiente); **Umweltschutzpapier** N papel *m* reciclado; **Umweltschutzverband** M → Umweltschutzorganisation
'Umweltskandal M escándalo *m* ecológico (*od* medioambiental); **Umweltsünder** M, **Umweltsünderin** F delincuente *m/f* ambiental; autor *m*, -a *f* de un delito ambiental; **Umwelttechnik** F, **Umwelttechnologie** F ingeniería *f* (medio)ambiental; técnica *f* (*od* tecnología *f*) del medio ambiente; **Umwelttheorie** F teoría *f* del medio
'Umweltverschmutzer M, **Umweltverschmutzerin** F contaminador *m*, -a *f*; → *a* Umweltsünder
'Umweltverschmutzung F 〈~〉 contaminación *f* ambiental (*od* del medio ambiente); polución *f*; **Verhütung** *f* **der ~** prevención *f* de la polución
'umweltverträglich ADJ compatible con el medio ambiente; no contaminante; **Umweltverträglichkeit** F 〈~〉 compatibilidad *f* con el medio ambiente
'Umweltverträglichkeitsprüfung F evaluación *f* del impacto ambiental; **Umweltverträglichkeitsstudie** F estudio *m* del impacto ambiental
'Umweltwissenschaft F ciencias *fpl* ambientales; ecociencia *f*; **Umweltzeichen** N etiqueta *f* ecológica; ecoetiqueta *f*; **Umweltzerstörung** F destrucción *f* del medio ambiente
'umwenden 〈*irr*〉 **A** V/T volver; dar (la) vuelta a **B** V/R **sich ~** volverse; volver la cabeza
um'werben V/T 〈*irr; ohne* ge-〉 cortejar, galantear, hacer la corte a; **sehr umworben sein** ser *bzw* estar muy solicitado
'umwerfen V/T 〈*irr*〉 **1** derribar; tumbar; hacer caer; *Wagen* volcar **2** *Mantel etc* ponerse (sobre los hombros) **3** *fig* trastornar; *Plan etc* echar por tierra; **umwerfend** ADJ *fig* arrollador; fabuloso, estupendo; *umg* fantástico; **sie sieht ~ aus** es *bzw* está guapísima; *umg* está como un tren
'umwerten V/T revalidar, revalorizar; **Umwertung** F 〈~; ~en〉 revalidación *f*, revalorización *f*; PHIL **~ der Werte** transmutación *f* de los valores
um'wickeln V/T 〈*ohne* ge-〉 envolver (**mit** en); ELEK recubrir (**mit** de); **um'winden** V/T 〈*irr; ohne* ge-〉 **1** → umwickeln **2** (*umkränzen*) coronar (**mit** de); **um'wittert** ADJ *fig* rodeado (**von** de); envuelto (**von** en); **um'wogen** V/T 〈*ohne* ge-〉 *poet* bañar con sus ondas
'umwohnend ADJ (circun)vecino; **Umwohner** MPL vecindario *m*
um'wölken V/R 〈*ohne* ge-〉 **1** *Berg, Himmel etc* **sich ~** (a)nublarse (*a. fig*), cubrirse de nubes; *Himmel a.* encapotarse **2** *fig* ofuscarse; **seine Stirn umwölkte sich** se puso ceñudo; frunció el ceño
'umwühlen V/T revolver
um'zäunen V/T 〈*ohne* ge-〉 cercar, vallar; **Umzäunung** F 〈~; ~en〉 cerca *f*; cercado *m*; vallado *m*
'umziehen 〈*irr*〉 **A** V/I 〈sn〉 mudarse (de casa); cambiar de domicilio; **~ nach** trasladarse a **B** V/T **j-n ~** mudar la ropa a alg **C** V/R **sich ~** cambiarse (de ropa); mudarse de ropa
um'zingeln V/T 〈*ohne* ge-〉 cercar (*a.* MIL); rodear; envolver; **Umzing(e)lung** F 〈~; ~en〉 MIL cerco *m*
'Umzug M 〈~(e)s; ¨e〉 **1** (*Wohnungswechsel*) mudanza *f*, traslado *m* (**nach** a); cambio *m* de domicilio **2** (*Festzug*) desfile *m*; REL procesión *f*; POL manifestación *f*
'Umzugskosten PL gastos *mpl* de mudanza (*od* de traslado); **Umzugsvergütung** F 〈~; ~en〉 compensación *f* por traslado de domicilio
UN PL ABK (United Nations, Vereinte Nationen) **die ~** las NU (las Naciones Unidas)
unab'änderlich ADJ invariable, inalterable, inmutable; (*unwiderruflich*) irrevocable; definitivo; (*unvermeidlich*) inevitable; **Unabänderlichkeit** F 〈~〉 invariabilidad *f*, inalterabilidad *f*, inmutabilidad *f*; (*Unwiderruflichkeit*) irrevocabilidad *f*
unab'dingbar ADJ indispensable; *Recht* inalienable; **Unabdingbarkeit** F 〈~〉 inalienabilidad *f*
'unabhängig ADJ independiente (**von** de); POL autónomo; **sich ~ machen** independizarse; **~ sein von** no depender de; **~ davon, ob** (**wann** *etc*) independientemente de si (de cuando, *etc*)
'Unabhängigkeit F 〈~〉 independencia *f*
'Unabhängigkeitserklärung F declaración *f* de independencia; **Unabhängigkeitskrieg** M guerra *f* de (la) independencia
unab'kömmlich ADJ insustituible; indispensable; **ich bin (gerade) ~** no puedo ausentarme; **Unabkömmlichkeit** F 〈~〉 indispensabilidad *f*
unab'lässig **A** ADJ incesante, continuo, constante **B** ADV sin cesar; sin parar; incesantemente; constantemente
unab'lösbar, unablöslich ADJ inseparable; WIRTSCH *Schuld* no amortizable
unab'sehbar ADJ **1** (*unvorhersehbar*) imprevisible, imposible de prever; (*unberechenbar*) incalculable **2** (*ungeheuer*) inmenso; **auf ~e Zeit** por un tiempo indefinido
Unab'sehbarkeit F 〈~〉 (*Unvorhersehbarkeit*) imprevisibilidad *f*; (*Unberechenbarkeit*) incalculabilidad *f*
unab'setzbar ADJ *fig* inamovible; **Unabsetzbarkeit** F 〈~〉 *fig* inamovilidad *f*
'unabsichtlich **A** ADJ impremeditado; involuntario; (*zufällig*) casual, fortuito **B** ADV sin querer(lo); sin intención; **Unabsichtlichkeit** F 〈~〉 impremeditación *f*; falta *f* de intención
unab'weisbar, unabweislich ADJ ineludible; irrecusable; indeclinable; (*dringend*) perentorio; *Grund* irrefutable
unab'wendbar ADJ inevitable; ineludible; fatal; **Unabwendbarkeit** F 〈~〉 necesidad *f* inevitable; fatalidad *f*

U

'unachtsam ADJ desatento; inadvertido; *(zerstreut)* distraído; *(nachlässig)* descuidado; **Unachtsamkeit** F ⟨~⟩ falta *f* de atención; distracción *f*; descuido *m*; inadvertencia *f*; **aus ~** por falta de atención; por inadvertencia

'unähnlich ADJ desemejante; poco parecido; **Unähnlichkeit** F ⟨~⟩ desemejanza *f*

unan'fechtbar ADJ incontestable; incontrovertible; indiscutible; *Urteil* inapelable

'unangebracht ADJ inoportuno; *(ungehörig)* inconveniente; improcedente; *(fehl am Platz)* fuera de lugar; **unangefochten** ADJ incontestado; indiscutido; **~ lassen** dejar en paz; **unangemeldet** ADV sin anunciarse; sin ser anunciado; sin previo aviso

'unangemessen ADJ inadecuado; inoportuno; *(ungehörig)* impropio; inconveniente; **Unangemessenheit** F ⟨~⟩ inoportunidad *f*; inconveniencia *f*

'unangenehm A ADJ desagradable; *(lästig)* molesto; engorroso; *(ärgerlich)* fastidioso; enojoso; **~ werden** volverse desagradable; *Person* ponerse desagradable; **es ist mir sehr ~, dass ...** me sabe mal que ... *(subj)*; **es wäre mir ~, wenn ...** me sabría mal que ... *(subj)* B ADV **~ auffallen** causar (una) mala impresión

'unangetastet ADJ intacto; *(ganz) a.* íntegro; **etw ~ lassen** dejar a/c intacto

unan'greifbar ADJ inatacable; *fig a.* intangible

unan'nehmbar ADJ inaceptable; inadmisible; **Unannehmbarkeit** F ⟨~⟩ inadmisibilidad *f*

'Unannehmlichkeit F ⟨~; ~en⟩ molestia *f*; contrariedad *f*; inconveniente *m*; **j-m ~en bereiten** causar molestias a alg; **~en bekommen** *od* **haben** tener molestias (*od* contrariedades)

'unansehnlich ADJ 1 *Sache* poco vistoso; de poca apariencia; *durch Abnutzung*: desgastado; *fig* insignificante; **~ werden** desgastarse 2 *Person* desgarbado; *(hässlich)* feo; **Unansehnlichkeit** F ⟨~⟩ poca vistosidad *f*, insignificancia *f*; mal aspecto *m*

'unanständig ADJ indecente; indecoroso; *stärker* obsceno; *Witz* verde; **~es Wort** *n* obscenidad *f*; **Unanständigkeit** F ⟨~; ~en⟩ indecencia *f*; *e-s Worts etc*: obscenidad *f*

unan'tastbar ADJ intangible; inviolable (*a.* JUR); *(geheiligt)* sagrado; **Unantastbarkeit** F ⟨~⟩ intangibilidad *f*; inviolabilidad *f*

'unanwendbar ADJ inaplicable

'unappetitlich ADJ *Essen* poco apetitoso; *(widerlich)* repugnante, asqueroso

'Unart F ⟨~; ~en⟩ mala costumbre *f*; vicio *m*; *v. Kindern*: travesura *f*; **~en** *pl a.* malas maneras *fpl*; **unartig** ADJ *Kind* travieso, malo; **Unartigkeit** F ⟨~; ~en⟩ → Unart

'unartikuliert ADJ inarticulado; **unästhetisch** ADJ poco estético; antiestético; **unaufdringlich** ADJ discreto; **unauffällig** A ADJ discreto; disimulado; poco llamativo B ADV **etw ~ tun** hacer a/c discretamente

unauf'findbar ADJ imposible de encontrar; ilocalizable; **~ sein** ser imposible de encontrar; estar ilocalizable

'unaufgefordert A ADJ espontáneo B ADV espontáneamente; sin ser llamado (*od* requerido); **unaufgeklärt** ADJ 1 *Geheimnis, Rätsel* no aclarado (*od* esclarecido); misterioso 2 *sexuell*: no instruido

unauf'haltbar, unaufhaltsam ADJ incontenible, irrefrenable, imparable; irresistible

unauf'hörlich A ADJ continuo, incesante; constante, perpetuo B ADV sin parar; sin cesar; continuamente

unauf'lösbar ADJ indisoluble (*a.* CHEM *u.* JUR); **Unauflösbarkeit** F ⟨~⟩ *bes* JUR indisolubilidad *f* (**der Ehe** matrimonial); **unauflöslich** ADJ → unauflösbar

'unaufmerksam ADJ desatento, sin atención; *(zerstreut)* distraído; **Unaufmerksamkeit** F ⟨~⟩ falta *f* de atención, desatención *f*; *(Zerstreutheit)* distracción *f*

'unaufrichtig ADJ insincero; falso; **Unaufrichtigkeit** F ⟨~⟩ insinceridad *f*; falta *f* de sinceridad

unauf'schiebbar ADJ inaplazable; urgente; **Unaufschiebbarkeit** F ⟨~⟩ urgencia *f*

unaus'bleiblich ADJ indefectible; infalible; inevitable; *(schicksalhaft)* fatal; **unaus'führbar** ADJ *Plan* irrealizable; imposible (de realizar); *Maßnahme etc* inviable

'unausgebildet ADJ 1 BOT, ZOOL poco desarrollado; *fachspr* rudimentario 2 *Person* sin formación; **unausgefüllt** ADJ sin llenar; *Formular etc* en blanco; *fig Leben etc* vacío

'unausgeglichen ADJ desequilibrado; **Unausgeglichenheit** F ⟨~⟩ desequilibrio *m*, falta *f* de equilibrio (*a. fig*)

'unausgegoren ADJ *fig* inmaduro; **unausgesetzt** ADJ & ADV → unaufhörlich

unaus'löschlich ADJ imborrable, inextinguible (*a. fig*); *Tinte* indeleble (*a. fig*); **unaus'rottbar** ADJ inextirpable; **unaus'sprechbar** ADJ impronunciable; **unaus'sprechlich** ADJ *fig* inexpresable; indecible; inefable; **unaus'stehlich** ADJ *(unerträglich)* insoportable; inaguantable, intolerable; *(widerwärtig)* detestable; **unaus'weichlich** ADJ inevitable, ineluctable; *(schicksalhaft)* fatal

'unbändig A ADJ indomable; indómito; desenfrenado; *Hass* implacable; *Zorn, Freude* incontenible B ADV **sich ~ freuen** estar loco de alegría

'unbar ADJ FIN, WIRTSCH sin movimiento numerario; sin (dinero en) efectivo

'unbarmherzig ADJ despiadado; sin compasión; sin piedad; desalmado; implacable; **Unbarmherzigkeit** F ⟨~⟩ falta *f* de compasión; crueldad *f*; inhumanidad *f*

'unbeabsichtigt A ADJ involuntario; impremeditado B ADV sin querer(lo); sin (mala) intención

'unbeachtet A ADJ inadvertido; **~ bleiben** pasar inadvertido (*od* desapercibido) B ADV **~ lassen** no hacer caso de; hacer caso omiso de; desatender

'unbeanstandet A ADJ **etw ~ lassen** no poner reparo a a/c B ADV sin objeción; sin reparo; **unbeantwortet** ADJ sin contestar; **~ bleiben** quedar sin respuesta; **unbearbeitet** ADJ TECH bruto, crudo; no trabajado; sin manufacturar; **unbeaufsichtigt** ADJ no vigilado, sin vigilancia; **unbebaubar** ADJ AGR incultivable; BAU no apto para la edificación; **unbebaut** ADJ 1 AGR no cultivado, inculto, yermo 2 *Grundstück* sin edificar

'unbedacht ADJ, **unbedachtsam** ADJ inconsiderado; irreflexivo; *(unklug)* imprudente; desatinado; falto de juicio; **Unbedachtheit** F ⟨~; ~en⟩, **Unbedachtsamkeit** F ⟨~; ~en⟩ irreflexión *f*; falta *f* de juicio; imprudencia *f*

'unbedarft ADJ *umg* ingenuo; torpe; **unbedeckt** ADJ descubierto (*a. Kopf*); *(nackt)* desnudo

'unbedenklich A ADJ inofensivo; *(unschädlich)* in(n)ocuo B ADV sin inconveniente; sin objeción; **Unbedenklichkeit** F ⟨~⟩ *von Produkten*: in(n)ocuidad *f*; **Unbedenklichkeitsbescheinigung** F certificado *m* de no objeción

'unbedeutend ADJ insignificante; sin importancia; *(geringfügig)* de poca importancia, de poca monta; fútil

'unbedingt A ADJ *(bedingungslos)* incondicional; *(völlig)* absoluto B ADV 1 *(ohne Bedingungen)* sin condición; sin restricción (alguna); absolutamente 2 *(auf jeden Fall)* en todo caso; a todo trance; sin falta; **~ nötig** absolutamente necesario; imprescindible; indispensable; **nicht ~** no necesariamente; **wenn es ~ sein muss** si no hay otro remedio; **~!** ¡claro que sí! 3 *schweiz* JUR *(ohne Bewährung)* **zwei Jahre ~** dos años sin libertad condicional

'unbeeinflusst ADJ no influido (**von** por); insensible (**von** a); JUR imparcial; **unbeeinträchtigt** A ADJ sin perjuicio de (*od* no afectado en) sus intereses B ADV sin ser molestado

unbe'fahrbar ADJ impracticable; intransitable; SCHIFF innavegable

'unbefangen A ADJ 1 *(unparteiisch)* imparcial; sin prejuicios 2 *(natürlich)* natural; *(ungehemmt)* *umg* sin complejos; *(arglos)* ingenuo; cándido; *(sorglos)* despreocupado B ADV 1 *(unvoreingenommen)* sin prejuicios; imparcialmente 2 *(natürlich)* natural; *umg* sin complejos; **Unbefangenheit** F ⟨~⟩ 1 *(Unvoreingenommenheit)* imparcialidad *f*; despreocupación *f* 2 *(Natürlichkeit)* ingenuidad *f*; naturalidad *f*

'unbefestigt ADJ MIL sin fortificar; **~e Straße** camino *m* de tierra; **unbefleckt** ADJ sin mancha; *fig* puro; sin mácula; *lit* impoluto; REL **die Unbefleckte Empfängnis** la Inmaculada Concepción

'unbefriedigend ADJ poco (*bzw* no) satisfactorio; insuficiente; **unbefriedigt** ADJ poco (*bzw* no) satisfecho; insatisfecho (*a. sexuell*); descontento; *(enttäuscht)* desengañado; desilusionado

'unbefristet ADJ sin plazo señalado; ilimitado; *Aufenthalts-, Arbeitserlaubnis* por tiempo indefinido; **~er Arbeitsvertrag** contrato *m* de trabajo indefinido

'unbefugt ADJ no autorizado; ilícito; **Zutritt für Unbefugte verboten** entrada prohibida a personas no autorizadas (*auf Baustellen*: a personas ajenas a la obra)

unbefugter'weise ADV sin autorización; sin permiso

'unbegabt ADJ poco inteligente; de poco (*bzw* sin) talento; poco apto (**für** para); **Unbegabtheit** F ⟨~⟩ falta *f* de inteligencia (*bzw* de talento)

'unbeglichen ADJ *Rechnung* no saldado; por liquidar; sin (*od* por) pagar

unbe'greiflich ADJ inconcebible, incomprensible; *(unerklärlich)* inexplicable; misterioso; **das ist mir ~** no me lo explico; **Unbegreiflichkeit** F ⟨~⟩ incomprensibilidad *f*, misterio *m*

'unbegrenzt A ADJ ilimitado B ADV sin límites, ilimitadamente; **Unbegrenztheit** F ⟨~⟩ inmensidad *f*

'unbegründet ADJ infundado, sin fundamento; *(ohne Motiv)* sin motivo, inmotivado; *(ungerechtfertigt)* injustificado; JUR improcedente; **unbehaart** ADJ sin pelo; *Kopf* calvo

'Unbehagen N ⟨~s⟩ malestar *m*; desazón *f*

'unbehaglich A ADJ desagradable; incómodo; molesto; *Zimmer* poco confortable; **~es Gefühl** (sensación *f* de) malestar *m* B ADV **sich ~ fühlen** estar incómodo (*bzw* violento)

'Unbehaglichkeit F ⟨~⟩ falta *f* de comodidad; incomodidad *f*

'unbehandelt ADJ *Obst, Holz* sin tratar; no tratado; **unbehauen** ADJ tosco; bruto, sin labrar; **unbehelligt** ADJ sin ser molestado; **~ lassen** dejar tranquilo (*od* en paz); no molestar

'unbeherrscht A ADJ 1 *Person* que no sabe dominarse 2 *Reaktion etc* incontrolado B ADV de manera incontrolada; **Unbeherrschtheit** F ⟨~⟩ falta *f* de dominio de sí mismo
'unbehindert ADJ sin trabas; libre
'unbeholfen ADJ torpe; desmañado, poco hábil; **Unbeholfenheit** F ⟨~⟩ torpeza *f*
unbe'irrbar ADJ imperturbable; firme en su propósito; **unbe'irrt** A ADJ impertérrito; firme B ADV sin turbarse, sin desconcertarse; sin intimidarse
'unbekannt A ADJ 1 *allg* desconocido (**j-m** para alg); *(unerforscht)* ignoto; incógnito; *(fremd)* extraño 2 *fig (ruhmlos)* oscuro; **ich bin hier ~** soy forastero (aquí); **sie ist mir ~** no la conozco; **das ist mir ~** lo ignoro; **es wird Ihnen nicht ~ sein, dass …** no ignorará usted que … 3 MATH **~e Größe** incógnita *f* 4 JUR **Anzeige gegen ~ (erstatten)** (poner una) denuncia *f* contra persona desconocida B ADV **~ verzogen** marchó sin dejar señas; *auf Briefen*: domicilio desconocido
'Unbekannte ⟨~n; ~n; → A⟩ A F MATH *u. fig* incógnita *f*; **Gleichung** *f* **mit zwei ~n** ecuación *f* de dos incógnitas B M/F *Person*: desconocido *m*, -a *f*; *hum* **der große ~** el famoso desconocido
unbekannter'weise ADV sin ser conocido; **grüßen Sie Ihren Bruder ~** salude usted a su hermano aunque no tengo el gusto de conocerle
'unbekleidet ADV sin vestir; desnudo
'unbekümmert ADJ descuidado; despreocupado; *(gleichgültig)* indiferente; **seien Sie ~** no se preocupe usted; pierda usted cuidado; **Unbekümmertheit** F ⟨~⟩ descuido *m*; despreocupación *f*; *(Gleichgültigkeit)* indiferencia *f*
'unbeladen ADJ no cargado; sin carga; **unbelastet** ADJ 1 WIRTSCH sin gravamen; *Grundstück* sin cargas hipotecarias 2 *fig (sorgenfrei)* sin preocupaciones; *von Gewissensbissen etc*: libre (**von** de); **unbelaubt** ADJ BOT sin hojas; **unbelebt** ADJ inanimado; sin vida; *Straße* poco frecuentado; *Börse* desanimado; **unbeleckt** ADJ *umg fig* **von der Kultur ~** sin vestigio de cultura; sin civilizar
unbe'lehrbar ADJ incorregible
'unbeleuchtet ADJ 1 *Straße, Haus etc* no iluminado 2 *Fahrzeug* con los faros apagados; **unbelichtet** ADJ FOTO sin impresionar
'unbeliebt ADJ poco popular, impopular (**bei** entre); *Person a.* que goza de pocas simpatías; **sich ~ machen** hacerse odiar (**bei** por); hacerse impopular (**bei** entre); **Unbeliebtheit** F ⟨~⟩ falta *f* de simpatías; impopularidad *f*
'unbelohnt ADJ sin recompensa; **unbemannt** SCHIFF, *Raumschiff*: sin tripulación, no tripulado
unbe'merkbar ADJ imperceptible
'unbemerkt ADJ inadvertido; sin ser visto; **~ bleiben** pasar inadvertido (*od* desapercibido); **unbemittelt** ADJ sin recursos; indigente; **unbenannt** ADJ sin nombre; innominado; anónimo
unbe'nommen ADV **es bleibt Ihnen ~, zu …** *(inf)* es usted muy dueño de … *(inf)*; **unbe'nutzbar** ADJ inutilizable
'unbenutzt ADJ no utilizado, sin utilizar; nuevo; **unbeobachtet** ADJ inobservado; inadvertido
'unbequem ADJ 1 *Sessel, Haltung* incómodo 2 *fig (lästig)* molesto; desagradable; *Mensch a.* difícil; *Frage a.* embarazoso, engorroso; **ein ~er Autor** un autor inconformista; **Unbequemlichkeit** F incomodidad *f*; *(Lästigkeit)* molestia *f*
unbe'rechenbar ADJ incalculable; *fig* imprevisible; *Person* desconcertante; veleidoso; caprichoso; **~e Umstände** imponderables *mpl*; **Unberechenbarkeit** F ⟨~⟩ incalculabilidad *f*; *(Unvorhersehbarkeit)* imprevisibilidad *f*
'unberechtigt ADJ *(ohne Berechtigung)* no autorizado; sin autorización; *Forderung* injustificado; *(unbegründet)* infundado; inmotivado
unberechtigter'weise ADV sin autorización; *(ohne Grund)* sin justificación; sin fundamento
'unberücksichtigt ADJ **~ lassen** desatender; no tomar en consideración; no tener en cuenta
'unberufen[1] ADJ sin autorización; *(nicht zuständig)* incompetente
unbe'rufen[2] INT **~!** ¡en buena hora lo diga(s)!; ¡hay que tocar madera!
unbe'rührbar ADJ intangible; intocable; **die Unberührbaren** *(Parias)* los intocables; **Unberührbarkeit** F ⟨~⟩ intangibilidad *f*
'unberührt ADJ intacto; íntegro; *(jungfräulich)* virgen (*a. fig*); **von einem Gesetz bleiben** no ser afectado por un ley; **~ lassen** no tocar; *fig a.* pasar por alto; **j-n ~ lassen** no afectar a alg
'unbeschadet PRÄP *(gen)* sin perjuicio de; sin menoscabo (*od* detrimento) de; **unbeschädigt** ADJ indemne; intacto; sin sufrir daño(s) (*od* desperfectos); HANDEL en buenas condiciones; no averiado; **unbeschäftigt** ADJ desocupado; sin ocupación
'unbescheiden ADJ inmodesto; *(anspruchsvoll)* exigente; *(frech)* impertinente; **Unbescheidenheit** F ⟨~⟩ inmodestia *f*; exigencia *f*; *(Frechheit)* impertinencia *f*
'unbescholten ADJ de buena reputación; irreprochable; sin tacha; JUR sin antecedentes penales; **Unbescholtenheit** F ⟨~⟩ buena reputación *f*; integridad *f*
'unbeschrankt ADJ BAHN **~er Bahnübergang** paso *m* a nivel sin barrera; **unbeschränkt** ADJ ilimitado, sin límite(s); sin restricción; *Gewalt etc* absoluto
unbe'schreiblich A ADJ indescriptible; indecible B ADV **~ schnell** *etc* extrema(da)mente rápido, *etc*
'unbeschrieben ADJ en blanco; **~ lassen** dejar en blanco; *fig* **er ist ein ~es Blatt** es bisoño; **sie ist kein ~es Blatt** ha visto muchas cosas
'unbeschwert ADJ *fig* despreocupado; libre (de toda preocupación); *Gewissen* limpio, puro; **Unbeschwertheit** F ⟨~⟩ despreocupación *f*
'unbeseelt ADJ inanimado; sin alma
unbe'sehen ADV sin haberlo visto; sin reparo
'unbesetzt ADJ *Platz* sin ocupar, desocupado, vacío; *Stelle* vacante
unbe'siegbar ADJ invencible, imbatible; **Unbesiegbarkeit** F ⟨~⟩ invencibilidad *f*
unbe'siegt ADJ invicto, imbatido; **unbe'soldet** ADJ no retribuido; sin sueldo
'unbesonnen ADJ irreflexivo; imprudente; *(leichtsinnig)* atolondrado; **Unbesonnenheit** F ⟨~⟩ irreflexión *f*; imprudencia *f*
'unbesorgt ADJ despreocupado, tranquilo; **seien Sie (ganz) ~!** ¡descuide!; ¡no se preocupe!; **unbespielt** ADJ *CD, Kassette* virgen, sin grabar
'unbeständig ADJ 1 inconstante; *(labil)* inestable; *(veränderlich)* variable; *Wetter a.* inseguro; PHYS inconsistente; *in der Leistung*: irregular 2 *Person* inconstante; versátil; veleidoso; **Unbeständigkeit** F ⟨~⟩ 1 *e-r Sache*: inconstancia *f*; inestabilidad *f*; *(Veränderlichkeit)* variabilidad *f* 2 *e-r Person*: inconstancia *f*; versatilidad *f*
'unbestätigt ADJ no confirmado; sin confirmar
unbe'stechlich ADJ incorruptible; insobornable; **Unbestechlichkeit** F ⟨~⟩ incorruptibilidad *f*; integridad *f*
unbe'steigbar ADJ inaccesible
'unbestellt ADJ AGR inculto; baldío; **unbesteuert** ADJ no gravado con impuestos
unbe'stimmbar ADJ indeterminable; indefinible; *(unklar)* vago
'unbestimmt ADJ 1 *(nicht festgelegt)* indeterminado (*a.* MATH); indefinido; *(unentschieden)* indeciso; **auf ~e Zeit** por tiempo indefinido 2 *(unklar)* vago; indistinto; *(ungenau)* impreciso 3 GRAM indefinido; **Unbestimmtheit** F ⟨~⟩ indeterminación *f*; *(Unentschiedenheit)* indecisión *f*; *(Unklarheit)* vaguedad *f*; *(Ungenauigkeit)* imprecisión *f*
'unbestraft ADJ impune
unbe'streitbar ADJ incontestable; indiscutible, incuestionable; **unbe'stritten** A ADJ indiscutido; incontestado B ADV indiscutiblemente; sin duda (alguna)
'unbeteiligt A ADJ 1 *(nicht beteiligt)* ajeno (**an** *dat* a); **an etw** *(dat)* **~ sein** no tener participación en a/c; **ein Unbeteiligter** una persona ajena 2 *(uninteressiert)* desinteresado (**bei** en); *(gleichgültig)* indiferente B ADV con indiferencia
'unbetont ADJ PHON no acentuado; átono; **unbeträchtlich** ADJ de poca importancia (*od* monta); insignificante; **nicht ~** considerable
un'beugsam ADJ inflexible; intransigente; inexorable; *Wille* inquebrantable; **Unbeugsamkeit** F ⟨~⟩ inflexibilidad *f*; inexorabilidad *f*; intransigencia *f*
'unbewacht ADJ no vigilado; sin guarda; **in einem ~en Augenblick** en un momento de descuido; **unbewaffnet** ADJ no armado, sin armas; **unbewaldet** ADJ sin bosques; **unbewältigt** ADJ no superado (*a. fig*); **unbewandert** ADJ poco versado (**in** *dat* en); poco ducho (**in** *dat* en); lego (**in** *dat* en)
'unbeweglich A ADJ 1 *(nicht zu bewegen)* inmóvil; inmovible; *Feiertag* fijo; JUR **~e Güter** bienes *mpl* inmuebles 2 *fig (steif)* rígido; *Gesicht* impasible; *geistig*: inflexible B ADV **~ dastehen** estar inmóvil; **Unbeweglichkeit** F ⟨~⟩ inmovilidad *f*; *fig* impasibilidad *f*; inflexibilidad *f*; rigidez *f*; **unbewegt** ADJ *fig* impasible; inmutable
'unbeweibt ADJ *umg hum* soltero; célibe
unbe'weisbar ADJ indemostrable
'unbewiesen ADJ no probado; no demostrado; **unbewirtschaftet** ADJ 1 AGR no cultivado, sin cultivar 2 WIRTSCH *(nicht rationiert)* no racionado; de venta libre
unbe'wohnbar ADJ inhabitable
'unbewohnt ADJ inhabitado; *Gebäude* deshabitado; desocupado; *Land* despoblado; desierto; **unbewölkt** ADJ sin nubes; despejado, sereno
'unbewusst A ADJ inconsciente; *(unwillkürlich)* involuntario; *(instinktiv)* instintivo; **mir ~** sin saberlo yo; sin darme cuenta B ADV inconscientemente; sin darse cuenta; **Unbewusste(s)** N ⟨~n; → A⟩ PSYCH **das ~** lo inconsciente
unbe'zahlbar ADJ 1 *(unerschwinglich)* impagable (*a. Preis*); **~ sein** no tener precio (*a. fig*) 2 *fig (unersetzlich)* inapreciable; *hum (komisch)* **du bist einfach ~!** ¡eres de lo que no hay!
'unbezahlt ADJ 1 *Rechnung* impagado, sin pagar 2 *Arbeit* no remunerado
unbe'zähmbar ADJ indomable; *fig* irresistible; **unbe'zwingbar, unbe'zwinglich** ADJ invencible; *Festung* inexpugnable; *Berg* inac-

U

cesible
'unbezwungen ADJ (unbesiegt) invicto; inexpugnado; (ungezähmt) indomado
'unbiegsam ADJ inflexible; rígido
'Unbilden PL geh **die ~ der Witterung** las inclemencias atmosféricas (od del tiempo); la intemperie
'Unbildung F incultura f
'Unbill F ⟨~⟩ geh injusticia f, iniquidad f; **unbillig** ADJ poco equitativo; injusto, inicuo; **nicht ~** a. justo; **Unbilligkeit** F ⟨~⟩ injusticia f, iniquidad f
'unblutig A ADJ incruento B ADV sin verter sangre; sin derramamiento de sangre
'unbotmäßig ADJ insubordinado; **Unbotmäßigkeit** F insubordinación f
'unbrauchbar ADJ inservible; inutilizable; no aprovechable; Person inútil; inepto, incapaz; Plan etc impracticable; **~ machen** inutilizar; **Unbrauchbarkeit** F ⟨~⟩ inutilidad f; ineptitud f, incapacidad f; **Unbrauchbarmachung** F ⟨~⟩ inutilización f
'unbürokratisch ADJ & ADV sin burocracia
'unbußfertig ADJ impenitente; **Unbußfertigkeit** F ⟨~⟩ impenitencia f
'unchristlich ADJ poco cristiano; indigno de un cristiano
und KONJ 1 y; vor „i" und nicht diphthongiertem „hi": e; **Kupfer und Eisen** cobre y hierro; **Spanien ~ England** España e Inglaterra; **Vater ~ Sohn** padre e hijo; **~ so weiter** etcétera; **(immer) größer ~ größer** cada vez más grande; **lauf hin ~ sag es ihm!** ¡vete a decírselo! 2 bei Verneinungen: ni; **kein Brot ~ kein Geld haben** no tener pan ni dinero 3 in Fragen: **~?** ¿y qué (más)?; **~ dann?** ¿y después? 4 umg **na ~?** (bueno,) ¿y qué?; umg **der ~ Angst haben!** ¿miedo ese?
'Undank M ⟨~(e)s⟩ geh ingratitud f; desagradecimiento m; sprichw **~ ist der Welt Lohn** de ingratos está el mundo lleno; umg si te he visto, no me acuerdo
'undankbar ADJ desagradecido; ingrato (**gegen** con, para con) (a. fig Arbeit etc)
'Undankbare M/F ⟨~n; ~n; → A⟩ desagradecido m, -a f, ingrato m, -a f; **Undankbarkeit** F ⟨~⟩ ingratitud f; desagradecimiento m
'undatiert ADJ sin fecha
undefi'nierbar ADJ indefinible; **undekli'nierbar** ADJ GRAM indeclinable; **un'denkbar** ADJ impensable, inimaginable; (unbegreiflich) incomprensible; inconcebible; **un'denklich** ADJ **seit ~en Zeiten** desde tiempos inmemoriales
'undeutlich A ADJ indistinto; vago; (unbestimmt) indefinido; impreciso; (schwer zu verstehen) ininteligible; Bild borroso; Laut inarticulado; Aussprache poco articulado; Schrift ilegible B ADV **~ sprechen** farfullar; **Undeutlichkeit** F ⟨~⟩ poca claridad f; vaguedad f; imprecisión f
'undicht ADJ permeable; no hermético; Fuge que junta mal; que no cierra; Ventil mal ajustado; (porös) poroso; **~e Stelle** escape m, fuga f; im Dach: gotera f; **~ sein** tener un escape; Dach tener goteras; Fenster no cerrar bien; Gefäß salirse; perder (agua, etc); **der Eimer ist ~** se sale el agua, etc del cubo
Un'dine F ⟨~; ~n⟩ MYTH ondina f
'Unding N ⟨~(e)s; ~e⟩ absurdo m; **das ist ein ~** vaya un absurdo
'undiplomatisch ADJ fig poco diplomático
'undiszipliniert ADJ indisciplinado; **Undiszipliniertheit** F ⟨~⟩ falta f de disciplina, indisciplina f
'unduldsam ADJ intolerante; **Unduldsamkeit** F ⟨~⟩ intolerancia f
undurch'dringlich ADJ impenetrable (a. fig); impermeable; **Undurchdringlichkeit** F ⟨~⟩ impenetrabilidad f; impermeabilidad f
undurch'führbar ADJ irrealizable, inviable; impracticable; **Undurchführbarkeit** F ⟨~⟩ inviabilidad f
'undurchlässig ADJ impermeable (**für** a); estanco; hermético; **Undurchlässigkeit** F ⟨~⟩ impermeabilidad f
undurch'schaubar ADJ inextricable; Person impenetrable; **Undurchschaubarkeit** F ⟨~⟩ e-r Person: impenetrabilidad f
'undurchsichtig ADJ 1 opaco 2 fig turbio; impenetrable; Lage confuso; Verhalten ambiguo; **Undurchsichtigkeit** F ⟨~⟩ 1 opacidad f 2 fig falta f de claridad; ambigüedad f
'uneben ADJ desigual; Weg áspero; Gelände accidentado, escabroso; umg fig **nicht ~** nada mal; **Unebenheit** F ⟨~⟩ desigualdad f; aspereza f; escabrosidad f; **~en pl des Geländes** accidentes mpl del terreno
'unecht ADJ 1 falso; (gefälscht) falsificado 2 (nachgemacht) imitado; Schmuck a. de imitación; Haar, Zähne postizo 3 (vorgetäuscht) simulado 4 MATH Bruch impropio
'unedel ADJ innoble; indigno; Metall común
'unehelich ADJ Kind etc ilegítimo; natural; **Unehelichkeit** F ⟨~⟩ ilegitimidad f
'Unehre F ⟨~⟩ deshonor m; deshonra f; **unehrenhaft** A ADJ deshonroso; indigno B ADV MIL **~ aus der Armee entlassen werden** ser expulsado del ejército
'unehrerbietig ADJ irrespetuoso; irreverente; **Unehrerbietigkeit** ⟨~⟩ F falta f de respeto; irreverencia f; desacato m
'unehrlich ADJ insincero; falso; **Unehrlichkeit** F ⟨~⟩ insinceridad f, falta f de sinceridad; falsedad f
'uneigennützig ADJ desinteresado, abnegado; altruista; **Uneigennützigkeit** F ⟨~⟩ desinterés m, abnegación f; altruismo m
unein'bringlich ADJ HANDEL incobrable
'uneingedenk PRÄP geh sin acordarse (gen de); sin pensar (en); **uneingeladen** ADV sin ser invitado (bzw llamado); **uneingelöst** ADJ HANDEL sin cobro; no re(e)mbolsado; sin pagar; **uneingeschränkt** ADJ ilimitado; absoluto; **uneingestanden** ADJ no confesado; **uneingeweiht** ADJ no iniciado; profano; **uneinheitlich** ADJ no uniforme; irregular
'uneinig ADJ desunido; desavenido (**mit** con); **mit j-m über etw** (acus) **~ sein** estar en desacuerdo con alg sobre a/c; (**sich** dat) **~ sein** estar desavenidos; **mit sich selbst ~ sein** estar indeciso; **~ werden** desavenirse
'Uneinigkeit F ⟨~⟩ desacuerdo m; desunión f; (Streit) disensión f; desavenencia f; (Zwietracht) discordia f
unein'nehmbar ADJ inconquistable; Festung inexpugnable
'uneins ADV → uneinig; **unelastisch** ADJ inelástico; **unelegant** ADJ poco elegante
'unempfänglich ADJ insensible (**für** a); poco susceptible (**für** de); MED inmune, no predispuesto (**für** a); **Unempfänglichkeit** F ⟨~⟩ insensibilidad f
'unempfindlich ADJ insensible (**gegen** a); impasible; (gleichgültig) indiferente (**gegen** hacia, a); MED anestesiado; **~ machen** insensibilizar, anestesiar; **Unempfindlichkeit** F ⟨~⟩ insensibilidad f; impasibilidad f; (Gleichgültigkeit) indiferencia f
un'endlich A ADJ infinito (a. MATH, OPT, FOTO); fig a. inmenso; FOTO **auf „~" einstellen** ajustar al infinito B ADV infinitamente; fig a. inmensamente; **~ viel** una infinidad de, un sinfín de; **~ klein** infinitamente pequeño, infinitesimal
Un'endliche(s) N ⟨~n; → A⟩ infinito m (a. MATH); **Unendlichkeit** F ⟨~⟩ 1 räumlich: infinidad f; fig inmensidad f 2 PHIL lo infinito 3 (Ewigkeit) eternidad f
unent'behrlich ADJ indispensable; imprescindible (**für j-n/etw** para alg/a/c); **Unentbehrlichkeit** F ⟨~⟩ necesidad f absoluta; indispensabilidad f
unent'geltlich A ADJ gratuito B ADV gratis, gratuitamente, a título gratuito; **Unentgeltlichkeit** F ⟨~⟩ gratuidad f
unent'rinnbar ADJ geh inevitable; **Unentrinnbarkeit** F ⟨~⟩ geh carácter m inevitable
'unentschieden A ADJ 1 Sache indeciso; (noch schwebend) pendiente; en suspenso; (zweifelhaft) dudoso; incierto; inseguro 2 Person indeciso, vacilante; **ich bin noch ~** aún estoy indeciso, aún no me he decidido 3 SPORT empatado B ADV SPORT **~ spielen** empatar; **~ stehen/enden** estar/quedar empatados
'Unentschieden N ⟨~s; ~⟩ SPORT empate m; **Unentschiedenheit** F ⟨~⟩ indecisión f; v. Personen a.: vacilación f
'unentschlossen ADJ irresoluto; indeciso; **Unentschlossenheit** F ⟨~⟩ irresolución f; indecisión f
unent'schuldbar ADJ inexcusable; indisculpable; imperdonable
'unentschuldigt ADJ & ADV sin excusarse
unent'wegt A ADJ firme; imperturbable; (unermüdlich) incansable B ADV sin parar, sin cesar
'unentwickelt ADJ poco desarrollado
unent'wirrbar ADJ inextricable; **unent'zifferbar** ADJ indescifrable; **unent'zündbar** ADJ ininflamable
uner'bittlich ADJ inexorable; implacable; (erbarmungslos) sin compasión; sin piedad; **Unerbittlichkeit** F ⟨~⟩ inexorabilidad f; (Unbarmherzigkeit) falta f de compasión
'unerfahren ADJ inexperto, sin experiencia; umg novato, novicio, bisoño; **Unerfahrenheit** F ⟨~⟩ inexperiencia f, falta f de experiencia; impericia f
uner'findlich ADJ geh incomprensible, inconcebible; (unerklärlich) inexplicable; **aus ~en Gründen** por razones inexplicables (od inescrutables); **es ist mir ~, wieso ...** no me explico cómo ...; **uner'forschlich** ADJ geh inexplorable; fig impenetrable; inescrutable; insondable; **Uner'forschlichkeit** F ⟨~⟩ fig impenetrabilidad f
'unerforscht ADJ inexplorado; **unerfreulich** ADJ desagradable; poco agradable
uner'füllbar ADJ irrealizable; imposible de cumplir
'unerfüllt ADJ no realizado; no cumplido
'unergiebig ADJ improductivo; poco lucrativo; **Unergiebigkeit** F ⟨~⟩ improductividad f
uner'gründlich ADJ insondable; fig a. impenetrable; inexcrutable; misterioso
'unerheblich ADJ insignificante; de poca monta; irrelevante; **Unerheblichkeit** F ⟨~⟩ insignificancia f
'unerhört[1] ADJ inaudito; Bitte desatendido
'uner'hört[2] ADJ 1 (unglaublich) inaudito, increíble; (fabelhaft) fabuloso 2 (empörend) indignante, escandaloso; **das ist ~!** ¡habráse visto!; ¡esto es indignante! 3 umg (sehr groß) inmenso
'unerkannt A ADJ desconocido; **~ bleiben** no ser reconocido B ADV sin ser reconocido; de incógnito
uner'kennbar ADJ difícil de reconocer; **uner'klärbar, uner'klärlich** ADJ inexplicable; (rätselhaft) misterioso; **uner'lässlich** ADJ indispensable; imprescindible

'unerlaubt ADJ ilícito; prohibido; **unerledigt** ADJ sin despachar; *Rechnung* sin pagar; *(noch schwebend)* pendiente, en suspenso
uner'messlich ADJ inmenso; infinito; inconmensurable; enorme; **Unermesslichkeit** F ⟨~⟩ inmensidad *f*; inconmensurabilidad *f*; enormidad *f*
uner'müdlich ADJ incansable, infatigable; **Unermüdlichkeit** F ⟨~⟩ esfuerzo *m* infatigable; laboriosidad *f* incansable
'unerörtert ADJ **~ bleiben** no ser discutido; quedar sobre el tapete; **~ lassen** no discutir; **unerprobt** ADJ no probado; no sometido a prueba; **unerquicklich** ADJ desagradable; poco edificante; *(lästig)* fastidioso; molesto
uner'reichbar ADJ inaccesible; inalcanzable; *fig* inasequible (**für** para); **Unerreichbarkeit** F ⟨~⟩ inaccesibilidad *f*
uner'reicht ADJ *fig* inigualado, sin igual, sin par
uner'sättlich ADJ insaciable *(a. fig)*; **Unersättlichkeit** F ⟨~⟩ insaciabilidad *f*
'unerschlossen ADJ inexplorado; inexplotado; **~es Gebiet** *n* región *f* inexplorada *(od* virgen); *(nicht bebaut)* región *f* no urbanizada *(od* no colonizada)
uner'schöpflich ADJ inagotable *(a. fig)*
'unerschrocken ADJ intrépido; impávido; **Unerschrockenheit** F ⟨~⟩ intrepidez *f*; impavidez *f*
uner'schütterlich ADJ impávido; imperturbable; *Wille* inquebrantable; firme; **Unerschütterlichkeit** F ⟨~⟩ imperturbabilidad *f*; firmeza *f* inquebrantable
uner'schwinglich ADJ *Preis* exorbitante; prohibitivo; **~ sein** *umg* estar por las nubes; **das ist ~ für mich** no está al alcance de mis medios
uner'setzbar ADJ, **unersetzlich** ADJ insustituible; irremplazable; *Verlust, Schaden* irreparable
'unersprießlich ADJ poco provechoso, de poco provecho; infructuoso; *(unangenehm)* desagradable
uner'träglich **A** ADJ *Lärm, Schmerzen etc* insoportable, inaguantable *(a. Person)*; insufrible; *Verhalten* intolerable **B** ADV **(es ist) ~ laut** (hace) un ruido insoportable
'unerwähnt ADJ no mencionado; **etw ~ lassen** no mencionar a/c; pasar por alto a/c
'unerwartet **A** ADJ inesperado; imprevisto; inopinado, impensado **B** ADV de improviso; de repente; cuando menos se esperaba; **~ eintreten** *Ereignis* sobrevenir; **das kommt für mich ~** no lo esperaba; me pilla *(od* coge) de sorpresa
'unerwidert ADJ *Besuch* no devuelto; *Brief* no contestado; *Liebe* no correspondido; **unerwünscht** ADJ no deseado; indeseable *(a. Person)*; mal visto; **unerzogen** ADJ mal educado; malcriado
UNESCO F ABK (United Nations Educational, Scientific and Cultural Organization, Organisation der Vereinten Nationen für Erziehung, Wissenschaft und Kultur) UNESCO *f*
'unfähig ADJ incapaz (**zu** de); *(untauglich)* inapto, no apto, inepto (**zu** para); **Unfähigkeit** F ⟨~⟩ incapacidad *f*; inaptitud *f*; ineptitud *f*
'unfair ['unfɛːr] ADJ injusto, desleal (**gegenüber** con); SPORT sucio
'Unfall M ⟨~(e)s; ~̈e⟩ accidente *m*; **einen ~ haben** sufrir un accidente; **bei einem ~** en un accidente
'Unfallanzeige F parte *f* de(l) accidente; aviso *m* de accidente; **Unfallbericht** M informe *m* del *(od* sobre) el accidente; **Unfallchirurg** M traumatólogo *m*; **Unfallchirurgie** F traumatología *f*; **Unfallchirurgin** F traumatóloga *f*; **Unfallflucht** F fuga *f (od* huida *f)* en caso de accidente; omisión *f* de socorro; **~ begehen** darse a la fuga tras un accidente; **Unfallfolgen** FPL consecuencias *fpl* del accidente; **unfallfrei** ADJ & ADV libre de accidentes; **Unfallhilfe** F auxilio *m* en caso de accidente; socorrismo *m*; **Unfallklinik** F, **Unfallkrankenhaus** N clínica *f* de urgencia; **Unfallmedizin** F traumatología *f*; **Unfallmeldung** F → Unfallanzeige; **Unfallopfer** N víctima *f* de un accidente; **Unfallort** M lugar *m* del accidente; **Unfallrente** F pensión *f* por accidente; **betriebliche ~** pensión *f* por accidente concedida por la empresa; **Unfallschutz** M protección *f* contra accidentes; **Unfallstation** F puesto *m* de socorro; **Unfallstatistik** F estadística *f* de accidentes; **Unfallstelle** F lugar *m* del accidente; **Unfalltod** M muerte *f* accidental; **Unfallursache** F causa *f* del accidente; **Unfallverhütung** F ⟨~⟩ prevención *f* de accidentes; **Unfallverletzte** M/F accidentado *m*, -a *f*; **Unfallversicherung** F seguro *m* de accidentes; **Unfallwagen** M **1** *(Krankenwagen)* ambulancia *f* **2** *am Unfall beteiligt*: coche *m* siniestrado *(od* accidentado)
un'fassbar, unfasslich ADJ incomprensible; inconcebible
un'fehlbar **A** ADJ **1** infalible **2** *(unausbleiblich)* indefectible **B** ADV **1** infaliblemente; con toda seguridad **2** *(unweigerlich)* irremisiblemente; sin falta; **Unfehlbarkeit** F ⟨~⟩ infalibilidad *f*
'unfein ADJ indelicado; poco delicado; grosero; **unfern** PRÄP *(gen)* no lejos de; a poca distancia de; **unfertig** ADJ **1** *Ding* inacabado; sin terminar; *(unvollständig)* incompleto **2** *fig (unreif)* inmaduro; demasiado joven
'Unflat M ⟨~(e)s⟩ *geh* suciedad *f*; porquería *f (a. fig)*; inmundicia *f (a. fig)*; obscenidad *f*; **unflätig** ADJ sucio; puerco; asqueroso; *Worte* obsceno, soez
'unfolgsam ADJ desobediente; indócil; **Unfolgsamkeit** F ⟨~⟩ desobediencia *f*; indocilidad *f*
'unförmig ADJ informe; deforme; *(unproportioniert)* desproporcionado; **Unförmigkeit** F ⟨~⟩ informidad *f*; deformidad *f*; **unförmlich** ADJ informal; sin formalidades *(od* ceremonias)
'unfrankiert ADJ no franqueado; sin franquear
'unfrei ADJ **1** que no es libre; *(behindert, gehemmt)* estorbado **2** *Postwesen*: (a) porte debido; **Unfreie** M/F esclavo *m*, -a *f*, siervo *m*, -a *f*
'unfreiwillig **A** ADJ involuntario; forzado; forzoso **B** ADV involuntariamente; contra su voluntad; a pesar suyo
'unfreundlich **A** ADJ **1** *Person, Verhalten* poco amable *(od* afable); inamistoso; *(ungefällig)* poco complaciente; poco agradable; *(unhöflich)* desatento, descortés **2** *Wetter* desapacible, destemplado; inclemente; **~es Gesicht** *umg* cara *f* de vinagre *(od* de pocos amigos) **3** WIRTSCH **~e Übernahme (eines Unternehmens)** compra *f (od* absorpción *f)* hostil (de una empresa) **B** ADV de forma poco amable; **~ antworten** contestar desabridamente; **j-n ~ empfangen** acoger mal a alg
'Unfreundlichkeit F ⟨~; ~en⟩ **1** *e-r Person*: falta *f* de amabilidad; *(Unhöflichkeit)* falta *f* de cortesía, desatención *f*; *(Grobheit)* grosería *f* **2** *des Wetters*: destemplanza *f*; inclemencia *f*; **unfreundschaftlich** ADJ poco amigable, poco amistoso
'Unfriede(n) M discordia *f*; disensión *f*; **~n stiften** sembrar discordia *(od* cizaña)
'unfrisiert ADJ sin peinar; **unfroh** ADJ descontento; desgraciado; triste
'unfruchtbar ADJ **1** MED estéril *(a. fig)*; infecundo; **~ machen** esterilizar **2** *Boden* infértil; árido; **Unfruchtbarkeit** F ⟨~⟩ **1** MED esterilidad *f*; infecundidad *f* **2** *des Bodens*: infertilidad *f*, aridez *f*
'Unfug M ⟨~(e)s⟩ **1** *(Streich)* travesura *f*; *(Unsinn)* bobadas *fpl*, tonterías *fpl*; **~ machen** hacer travesuras **2** JUR **grober ~** desorden *m* público *(od* grave)
'unfügsam ADJ indócil; indisciplinado
un'fühlbar ADJ impalpable; imperceptible
'unfundiert ADJ WIRTSCH no consolidado; flotante; **ungalant** ADJ poco galante; descortés; **ungangbar** ADJ *Weg* impracticable, intransitable
'Ungar M ⟨~n; ~n⟩ húngaro *m*; **Ungarin** F ⟨~; ~nen⟩ húngara *f*; **ungarisch** ADJ húngaro
'Ungarn N ⟨~s⟩ Hungría *f*
'ungastlich ADJ inhospitalario; **Ungastlichkeit** F ⟨~⟩ inhospitalidad *f*
'ungeachtet **A** ADJ poco apreciado *(od* respetado) **B** PRÄP *(gen)* a pesar de; no obstante; **ungeahndet** ADJ impune; **ungeahnt** ADJ inopinado, inesperado; *(unvermutet)* insospechado; imprevisto; **ungebärdig** ADJ rebelde; recalcitrante; **ungebeten** ADJ no invitado; sin ser invitado *(od* llamado); **~er Gast** intruso *m*; **ungebeugt** ADJ *fig* indómito; que no se doblega; **ungebildet** ADJ inculto, sin cultura, iletrado; *(mit schlechten Manieren)* mal educado; ineducado; **ungeboren** ADJ aún no nacido; por nacer; **ungebrannt** ADJ *Backsteine* sin cocer; *Kaffee* crudo; **ungebräuchlich** ADJ desusado; poco usado; *(ungewöhnlich)* inusitado; **ungebraucht** ADJ no usado; nuevo; **ungebrochen** ADJ *fig* inquebrantable; firme
'Ungebühr F ⟨~⟩ *geh* → Ungebührlichkeit; **ungebührlich** ADJ improcedente; inconveniente; *(respektlos)* irrespetuoso; *(ungehörig)* indecente, indecoroso; **Ungebührlichkeit** F ⟨~⟩ improcedencia *f*; inconveniencia *f*; *(Ungehörigkeit)* indecencia *f*
'ungebunden ADJ **1** *Buch* en rústica; no encuadernado **2** *fig* libre; independiente; *Person (nicht liiert)* sin compromiso **3** **in ~er Rede** en prosa; **Ungebundenheit** F ⟨~⟩ libertad *f*; independencia *f*
'ungedämpft ADJ no amortiguado; **ungedeckt** ADJ **1** *(offen)* descubierto; *(ohne Deckel)* destapado **2** FIN (en) descubierto; *Scheck a.* sin provisión **3** *Tisch* sin poner; **ungedruckt** ADJ inédito
'Ungeduld F ⟨~⟩ impaciencia *f*; **ungeduldig** **A** ADJ impaciente; **~ machen** impacientar; **~ werden** impacientarse; perder la paciencia **B** ADV impacientemente, con impaciencia
'ungeeignet ADJ impropio, poco apropiado, inadecuado (**zu, für** para); *Person* inepto, no apto; incompetente; *Zeit* inoportuno
'ungefähr **A** ADJ aproximado; aproximativo **B** ADV **1** aproximadamente; (poco) más o menos; alrededor de; **~ zwanzig Euro** unos veinte euros; **~ um 8 Uhr** hacia las ocho; **er ist ~ 40 (Jahre alt)** anda por los cuarenta; **so ~** más o menos **2** **von ~** por casualidad; **nicht von ~** por algo, no sin razón
'ungefährdet ADJ sin peligro; **ungefährlich** ADJ sin peligro; no peligroso (**für** para); *(harmlos)* inofensivo
'ungefällig ADJ **1** *Benehmen* poco complaciente; poco atento **2** *Aussehen etc* poco agradable; desagradable; **Ungefälligkeit** F

⟨~⟩ falta *f* de complacencia (*bzw* de atención), desatención *f*

'ungefärbt ADJ sin teñir, no teñido; de color natural; **ungefragt** ADV sin ser preguntado; espontáneamente; **ungefrühstückt** ADV *umg* sin desayunar; **ungefüge** ADJ *geh* voluminoso, abultado; **ungefügig** ADJ (*unfolgsam*) indócil; recalcitrante; **ungefüttert** ADJ *Kleidungsstück* sin forrar; **ungegerbt** ADJ sin curtir; **ungegoren** ADJ no fermentado

'ungehalten ADJ **~ sein** estar disgustado (*od* enfadado) (**über j-n** con alg; **über etw** por a/c); **~ werden** enfadarse; enojarse; indignarse

'Ungehaltenheit F ⟨~⟩ disgusto *m;* enfado *m*, enojo *m*

'ungehärtet ADJ TECH sin templar; **ungeheißen** ADV por su propia cuenta; **ungeheizt** ADJ no calentado; *Zimmer* sin calefacción; **ungehemmt** A ADJ libre; (*zügellos*) desenfrenado B ADV sin trabas (*od* cortapisas); libremente; **ungeheuchelt** ADJ sin hipocresía; (*aufrichtig*) sincero, franco

'ungeheuer A ADJ 1 monstruoso; (*riesig*) enorme (*a. fig*), colosal; inmenso 2 *umg* (*wunderbar*) prodigioso; (*toll*) fabuloso; tremendo, formidable B ADV enormemente; sobremanera

'Ungeheuer N ⟨~s; ~⟩ monstruo *m;* **ungeheuerlich** ADJ monstruoso; (*empörend*) indignante, escandaloso; (*furchtbar*) terrible, atroz; **Ungeheuerlichkeit** F ⟨~⟩ monstruosidad *f;* atrocidad *f;* barbaridad *f*

'ungehindert A ADJ libre B ADV libremente; sin trabas; sin impedimento; **ungehobelt** ADJ sin cepillar; en bruto; *fig* grosero, basto; rústico; tosco

'ungehörig ADJ indebido; indecente; impropio, inconveniente; (*frech*) impertinente, insolente; **Ungehörigkeit** F ⟨~⟩ inconveniencia *f;* impertinencia *f*, insolencia *f*

'ungehorsam ADJ desobediente (**gegenüber** a); insumiso; *bes* MIL insubordinado; **Ungehorsam** M desobediencia *f; bes* MIL insubordinación *f;* POL **ziviler ~** desobediencia *f* civil

'ungehört ADJ & ADV sin ser oído; **ungekämmt** ADJ sin peinar; (*zerzaust*) desgreñado; TECH *Wolle* sin cardar; **ungeklärt** ADJ no aclarado, sin aclarar; *Rätsel, Problem* no resuelto; (*in der Schwebe*) en suspenso; **~ sein** estar pendiente (de solución); estar en tela de juicio; **der Fall ist noch ~** el caso aún está abierto; **ungekocht** ADJ sin cocer; (*roh*) crudo; **ungekündigt** ADJ **in ~er Stellung sein** seguir en un puesto de trabajo; **ungekünstelt** ADJ sin afectación; sencillo; natural

'ungekürzt A ADJ *Text* completo; *Fassung, Ausgabe a.* íntegro; *Film* en versión íntegra B ADV íntegramente; **ungeladen** ADJ 1 *Gast* no invitado 2 ELEK, *Waffe* no cargado; **ungeläufig** ADJ poco usual; poco familiar; inusitado

'ungelegen A ADJ (*lästig*) importuno, molesto; (*unzeitig*) inoportuno; intempestivo; **zu ~er Stunde** a mala hora B ADV a destiempo, a deshora; **j-m ~ kommen** molestar a alg; no venir a propósito a alg; venir mal a alg

'Ungelegenheit F ⟨~; ~en⟩ importunidad *f;* contrariedad *f;* molestia *f;* **j-m ~en bereiten** *od* **machen** molestar (*od* causar molestias) a alg; importunar a alg

'ungelehrig ADJ indócil

'ungelenk ADJ, **ungelenkig** ADJ torpe, desmañado; **Ungelenkigkeit** F torpeza *f*

'ungelernt ADJ *Arbeiter* no c(u)alificado; **ungelogen** ADV de verdad; sin exagerar; **ungelöscht** ADJ no apagado, no extinguido; **~er Kalk** cal *f* viva

'Ungemach N ⟨~(e)s⟩ *lit* molestias *fpl;* males *mpl;* fatigas *fpl;* adversidades *fpl*

'ungemein A ADJ poco (*od* nada) común; enorme; extraordinario B ADV muy; extremadamente; altamente; sobremanera; **~ viel** muchísimo(s)

'ungemischt ADJ sin mezcla; puro

'ungemütlich ADJ 1 (*unangenehm*) desagradable; (*unbequem*) incómodo; poco confortable; *Wetter* desapacible 2 *Person* poco simpático; poco tratable; antipático; *umg* (*gefährlich*) peligroso; *umg* **~ werden** *Person* ponerse desagradable; **Ungemütlichkeit** F ⟨~⟩ falta *f* de comodidad (*od* de confort)

'ungenannt ADJ innominado; anónimo, sin nombrar; **~ bleiben** quedar en el anonimato

'ungenau ADJ inexacto; impreciso; **Ungenauigkeit** F ⟨~⟩ inexactitud *f;* imprecisión *f*

'ungeniert ['unʒeniːrt] ADJ & ADV desenfadado, desenvuelto; (*formlos*) sin cumplidos, sin ceremonias; **~ gähnen** bostezar sin reprimirse; **Ungeniertheit** F ⟨~⟩ desenfado *m*, desenvoltura *f;* falta *f* de cumplidos

'ungenießbar ADJ 1 *Speise* incomible; incomestible; *Getränk* imbebible 2 *fig Person* insoportable; de mal genio; intratable; **Ungenießbarkeit** F ⟨~⟩ 1 imposibilidad *f* de comer (*bzw* de beber) 2 *fig* carácter *m* desabrido (*bzw* insoportable)

'ungenügend A ADJ 1 insuficiente; (*nicht zufriedenstellend*) poco satisfactorio 2 *Schulnote* ≈ insuficiente B ADV no suficientemente; **ungenügsam** ADJ difícil de contentar; insaciable; (*anspruchsvoll*) exigente; **Ungenügsamkeit** F ⟨~⟩ insaciabilidad *f*

'ungenutzt, ungenützt ADJ no utilizado; no aprovechado; **etw ~ lassen** no sacar provecho de a/c; **die Gelegenheit ~ lassen** desaprovechar (*od* dejar pasar) la ocasión

'ungeordnet ADJ desordenado, en desorden, sin orden; **ungepflastert** ADJ sin pavimento; sin empedrado; **ungepflegt** ADJ descuidado; poco cuidado; *Person a.* desaseado; *in der Kleidung:* desaliñado; **ungerächt** ADJ impune, sin castigo; sin venganza; **ungerade** ADJ *Zahl* impar; **ungeraten** ADJ *Kind* avieso; descastado; **ungerechnet** ADJ sin contar; no incluido

'ungerecht A ADJ injusto; inicuo B ADV **j-n ~ behandeln** tratar injustamente a alg; **ungerechtfertigt** ADJ injustificado; **Ungerechtigkeit** F ⟨~⟩ injusticia *f;* iniquidad *f;* **so eine ~!** ¡qué injusticia!

'ungeregelt ADJ no arreglado; irregular; *Leben* desordenado

'ungereimt ADJ 1 LIT no rimado 2 *fig* absurdo; disparatado, desatinado; **~es Zeug reden** desatinar; **Ungereimtheit** F ⟨~; ~en⟩ *fig* absurdo *m;* disparate *m*, desatino *m*, despropósito *m*

'ungern ADV de mala gana; de mal grado; a disgusto; *umg* a regañadientes; **er sieht** *od* **hat es ~** no lo ve con buenos ojos; lo ve con malos ojos; **ich tue es** *od* **das (nur) ~** no me gusta hacerlo

'ungerufen ADV sin ser llamado; **ungerührt** A ADJ *fig* insensible; impasible; frío B ADV insensiblemente, impasiblemente, fríamente; **ungerupft** ADV *fig* **~ davonkommen** salir bien librado; **ungesagt** ADJ **~ bleiben** no ser mencionado; **~ lassen** silenciar, pasar en silencio; dejar en el tintero; **ungesalzen** ADJ sin sal, no salado; **ungesattelt** A ADJ sin silla; desensillado B ADV **~ reiten** montar en pelo; **ungesättigt** ADJ 1 no satisfecho; no saciado 2 CHEM no saturado, insaturado; **ungesäuert** ADJ *Brot* sin levadura; ázimo; **ungesäumt** A ADJ *Stoff* sin dobladillo B ADV *geh* (*sofort*) inmediatamente

'ungeschehen ADJ **als ~ betrachten** considerar como no hecho (*od* sin efecto); **~ machen** deshacer a/c; **es ~ machen** deshacer lo hecho; **das lässt sich nicht (mehr) ~ machen** lo hecho, hecho está; *umg* a lo hecho, pecho

'Ungeschick N ⟨~(e)s⟩, **Ungeschicklichkeit** F ⟨~; ~en⟩ falta *f* de habilidad; torpeza *f*

'ungeschickt A ADJ torpe, desmañado; poco hábil B ADV torpemente, con torpeza; con poca habilidad; **ungeschlacht** ADJ (*groß*) enorme; (*grob*) tosco, grosero; zafio; **ungeschlagen** ADJ imbatido; **ungeschlechtlich** ADJ asexual, asexuado

'ungeschliffen ADJ 1 *Messer etc* sin afilar, no afilado 2 *Edelstein* sin tallar; en bruto 3 *fig* descortés, mal educado; (*grob*) tosco, grosero, bruto; zafio; rústico; **Ungeschliffenheit** F ⟨~⟩ *fig* falta *f* de educación; (*Grobheit*) tosquedad *f*, grosería *f*

'ungeschmälert ADJ entero, íntegro; **ungeschminkt** ADJ 1 *Person, Gesicht* sin maquillaje, sin maquillar 2 *fig* sincero; *Bericht* verídico; auténtico; **die ~e Wahrheit** la pura verdad

'ungeschoren ADJ & ADV 1 *Schaf* sin esquilar 2 *fig* **j-n ~ lassen** dejar en paz a alg; no molestar a alg; **~ davonkommen** salir indemne

'ungeschrieben ADJ no escrito; *fig* **~es Gesetz** convenio *m* tácito; **ungeschult** ADJ no instruido; no adiestrado; **ungeschützt** ADJ no protegido; indefenso, sin protección; *gegen Wind u. Wetter:* expuesto a la intemperie; **ungeschwächt** ADJ no debilitado; **ungesehen** ADJ sin ser visto; inadvertido

'ungesellig ADJ insociable; poco sociable; (*scheu*) huraño, apartadizo; **Ungeselligkeit** F ⟨~⟩ insociabilidad *f*

'ungesetzlich ADJ ilegal; (*unrechtmäßig*) ilegítimo; **Ungesetzlichkeit** F ⟨~⟩ ilegalidad *f;* ilegitimidad *f*

'ungesichert ADJ 1 WIRTSCH no garantizado 2 *Nachricht etc* no confirmado

'ungesittet ADJ inculto; indecente; mal educado; **Ungesittetheit** F ⟨~⟩ incivilidad *f;* indecencia *f;* falta *f* de educación

'ungestalt ADJ informe; deforme; **ungestempelt** ADJ sin sello, no sellado; **ungestillt** ADJ *Schmerz* no calmado; *Hunger* no satisfecho; *Durst* sin apagar; **ungestört** ADJ & ADV tranquilo; sin ser molestado (*od* estorbado); en paz; **ungestraft** A ADJ impune B ADV impunemente; sin ser castigado; **~ davonkommen** salir impune

'ungestüm A ADJ impetuoso; fogoso, vehemente B ADV con ímpetu; con vehemencia

'Ungestüm N ⟨~(e)s⟩ ímpetu *m*, impetuosidad *f;* fogosidad *f*

'ungesund ADJ 1 (*schädlich*) perjudicial (para la salud); poco saludable; *Luft, Klima* insalubre; *Wohnung* malsano; **Rauchen ist ~** fumar perjuicia (*od* es perjudicial para) la salud; **allzu viel ist ~** todos los excesos son malos 2 *Aussehen* enfermizo

'ungesüßt ADJ no azucarado; sin azúcar

'ungetan ADJ **~ lassen** dejar sin hacer; **nichts ~ lassen** hacer todo lo posible

'ungeteilt ADJ no dividido; *bes* JUR indiviso; (*ganz*) entero; *fig* (*einstimmig*) unánime; **j-m seine ~e Aufmerksamkeit schenken** prestar a alg toda su atención

'ungetreu ADJ *geh* infiel; desleal; **ungetrübt** ADJ no turbado; *fig* inalterable; sereno; **~es Glück** pura suerte

'Ungetüm N ⟨~(e)s; ~e⟩ monstruo *m;* coloso *m; fig Möbel etc:* armatoste *m*

'ungeübt ADJ no ejercitado; no adiestrado;

U

que no tiene práctica; (*unerfahren*) inexperto, sin experiencia; **Ungeübtheit** F ⟨~⟩ falta *f* de ejercicio (*bzw* de práctica); inexperiencia *f*
'ungewandt ADJ poco ágil; torpe, desmañado; **ungewaschen** ADJ no lavado, sin lavar
'ungewiss ADJ incierto; dudoso; (*unsicher*) poco seguro, inseguro; (*noch fraglich*) problemático; **j-n (über etw** *acus*) **im Ungewissen lassen** dejar a alg en la incertidumbre (de *od* sobre a/c); **es ist ~, ob sie kommt** no se sabe si va a venir
'Ungewissheit F ⟨~; ~en⟩ incertidumbre *f*; duda *f*; indecisión *f*; inseguridad *f*
'ungewöhnlich A ADJ desacostumbrado; inusitado, insólito; (*außergewöhnlich*) extraordinario; fuera de lo común; poco común; (*seltsam*) raro, extraño B ADV extraordinariamente; **~ schön** de una belleza extraordinaria; **~ groß** de un tamaño extraordinario
'ungewohnt ADJ desacostumbrado, poco habitual; (*seltsam*) raro, extraño; **es ist mir ~** no estoy acostumbrado (a eso); **Ungewohntheit** F ⟨~⟩ falta *f* de costumbre
'ungewollt ADJ sin querer(lo); sin intención; **ein ~es Kind** un niño no deseado; **ungezählt** ADJ innumerable; **~e Dinge** un sinnúmero de cosas; **ungezähmt** ADJ indomado; indómito; *Vieh* cerril; *fig* desenfrenado
'Ungeziefer N ⟨~s⟩ bichos *mpl*; sabandijas *fpl*; **Ungezieferbekämpfung** F desinsectación *f*
'ungeziemend ADJ *geh* indebido; indecente; impropio, inconveniente; **ungeziert** ADJ sin afectación; natural
'ungezogen ADJ ineducado; mal educado; *Kind a.* malo; travieso; (*frech*) impertinente; insolente; **Ungezogenheit** F ⟨~; ~en⟩ ineducación *f*; (*Frechheit*) impertinencia *f*; insolencia *f*
'ungezügelt ADJ *fig* desenfrenado
'ungezwungen ADJ *fig* (*locker, zwanglos*) desenvuelto, desenfadado; informal; sin cumplidos; (*natürlich*) natural; sin afectación; **Ungezwungenheit** F ⟨~⟩ (*Lockerheit*) desenvoltura *f*, desenfado *m*; informalidad *f*; (*Natürlichkeit*) naturalidad *f*; espontaneidad *f*
'ungiftig ADJ no venenoso, no tóxico
'Unglaube M incredulidad *f*; REL *a.* falta *f* de fe; **unglaubhaft** ADJ → unglaubwürdig
'ungläubig A ADJ 1 incrédulo, descreído 2 REL no creyente; infiel B ADV con incredulidad
'Ungläubige M/F ⟨~n; ~n; → A⟩ REL infiel *m/f*; **Ungläubigkeit** F ⟨~⟩ incredulidad *f*
un'glaublich A ADJ increíble; inaudito (*beide a. fig*); **(das ist) ~!** ¡es increíble!, ¡parece mentira!; (*empörend*) ¡qué barbaridad! B ADV **~ schnell** *etc* increíblemente rápido, *etc*
'unglaubwürdig ADJ *Geschichte* inverosímil; increíble; *Person* de poco crédito; no digno de crédito
'ungleich A ADJ *Kampf, Bedingungen* desigual; (*verschieden*) diferente; desemejante; dispar; (*unproportioniert*) desproporcionado; (*unregelmäßig*) irregular; variable; **sie sind ein ~es Paar** son muy diferentes B ADV *vor komp*: infinitamente; incomparablemente; muy; **~ besser** muy superior (**als** a); mucho mejor (**als** que)
'ungleichartig ADJ diferente; heterogéneo; **Ungleichartigkeit** F heterogeneidad *f*
'ungleichförmig ADJ desigual; irregular; asimétrico; **Ungleichförmigkeit** F desigualdad *f*; irregularidad *f*; asimetría *f*
'Ungleichgewicht N desequilibrio *m*; **finanzielles ~** desequilibrio *m* financiero; **Ungleichheit** F ⟨~; ~en⟩ desigualdad *f*; disparidad *f*; diferencia *f*; (*Unähnlichkeit*) desemejanza *f*; (*Unregelmäßigkeit*) irregularidad *f*
'ungleichmäßig ADJ desigual; irregular; **Ungleichmäßigkeit** F desigualdad *f*; irregularidad *f*
'ungleichseitig ADJ GEOM de lados desiguales; *Dreieck* escaleno; **Ungleichung** F ⟨~; ~en⟩ MATH inecuación *f*
'Unglück N ⟨~(e)s; ~e⟩ 1 desgracia *f*; *schweres*: calamidad *f*; desastre *m*; siniestro *m*; **j-n ins ~ bringen** hacer desgraciado a alg; **j-n ins ~ stürzen** causar la ruina de alg; arruinar (*od* perder) a alg; **zum ~** por desgracia; **zu allem ~** para colmo de desgracia; *sprichw* **ein ~ kommt selten allein** una desgracia nunca viene sola; bien vengas mal, si vienes solo 2 (*Pech*) mala suerte *f*, *umg* mala pata *f*; (*Missgeschick*) infortunio *m*; desventura *f*; desdicha *f*; adversidad *f*; (*Unfall*) accidente *m*; **(j-m) ~ bringen** traer mala suerte (a alg); **zu meinem ~** para mi desdicha
'unglücklich A ADJ 1 *Person* (*traurig*) infeliz; (*vom Unglück verfolgt*) desgraciado; desdichado; desafortunado; **~er Mensch** infeliz *m*; desgraciado *m*; **(sich) ~ machen** hacer(se) desgraciado; **ein ~es Gesicht machen** poner cara triste 2 *Umstände* (*widrig*) adverso; (*verhängnisvoll*) fatal, funesto; **~e Liebe** amor *m* desgraciado (*bzw* no correspondido) B ADV mal; **~ enden** acabar mal; salir mal, fracasar; malograrse; **~ verliebt sein** no ser correspondido (al amor)
unglücklicher'weise ADV desgraciadamente, por desgracia; desafortunadamente
'Unglücksbote M, **Unglücksbotin** F portador *m*, -a *f* de malas nuevas; **Unglücksbringer** M ⟨~s; ~⟩, **Unglücksbringerin** F ⟨~; ~nen⟩ ave *f* de mal agüero; *umg* gafe *m/f*, cenizo *m*
'unglückselig ADJ desgraciado; *Sache* fatal, funesto; desastroso
'Unglücksfall M accidente *m*; siniestro *m*; **Unglücksmensch** M, **Unglücksrabe** M *umg* infeliz *m*, desgraciado *m*; **Unglücksstern** M mala estrella *f*; **Unglückstag** M día *m* aciago *od* infausto; **Unglücksvogel** M *umg* ave *f* agorera (*od* de mal agüero); **Unglückswurm** M *umg* → Unglücksmensch
'Ungnade F ⟨~⟩ desgracia *f*; malevolencia *f*; **(bei j-m) in ~ fallen** caer en desgracia (de alg); **sich** (*dat*) **j-s ~ zuziehen** perder el favor de alg
'ungnädig A ADJ poco amable (*od* simpático *od* complaciente); (*übellaunig*) malhumorado, de mal humor B ADV **etw ~ aufnehmen** tomar a mal a/c; acoger mal a/c
'ungraziös ADJ desgarbado
'ungültig ADJ no válido, sin validez; JUR *a.* inválido; *Geld* sin curso legal; *Pass etc* caducado; SPORT, *Stimme* nulo; **für ~ erklären** declarar nulo; anular; invalidar; **~ machen** anular; cancelar; invalidar; **~ werden** caducar
'Ungültigkeit F ⟨~⟩ invalidez *f*; nulidad *f*; caducidad *f*; **Ungültigkeitserklärung** F declaración *f* de nulidad; invalidación *f*; **Ungültigmachung** F ⟨~; ~en⟩ anulación *f*; invalidación *f*
'Ungunst F ⟨~⟩ disfavor *m*; desgracia *f*; *der Witterung*: inclemencia *f*; **zu j-s ~en** en perjuicio de alg; **zu j-s ~en ausfallen** redundar en perjuicio de alg; → *a.* zuungunsten
'ungünstig ADJ desfavorable (*a. Wetter, Bescheid, Urteil*); (*nachteilig*) desventajoso; *Geschick* adverso; *Aussicht* poco prometedor; *Gelegenheit, Augenblick* malo; **im ~sten Falle** en el peor de los casos
'ungut ADJ **~es Gefühl** mal presentimiento *m*; **ich habe ein ~es Gefühl dabei** me da mala espina; **nichts für ~!** ¡no lo tomes (*bzw* no lo tome usted) a mal!
'unhaltbar ADJ 1 *Zustand* insoportable 2 *Argument, Behauptung* insostenible; *Versprechen* imposible de cumplir 3 SPORT *Ball* imparable 4 MIL indefendible, imposible de defender; **Unhaltbarkeit** F ⟨~⟩ *e-s Zustands*: imposibilidad *f* de soportar; *e-r Behauptung*: insostenibilidad *f*
'unhandlich ADJ inmanejable; poco manejable; **unharmonisch** ADJ falto de armonía, inarmónico; *bes fig* discordante; **~e Ehe** matrimonio *m* mal avenido
'Unheil N ⟨~(e)s⟩ mal *m*; desgracia *f*; calamidad *f*; desastre *m*; **~ anrichten** *od* **stiften** causar una desgracia; causar graves daños (*od* mucho daño)
'unheilbar A ADJ incurable; *fig* irremediable; irreparable B ADV **~ krank sein** tener una enfermedad incurable; **Unheilbarkeit** F ⟨~⟩ incurabilidad *f*
Unheil bringend ADJ funesto; fatal; *Tag* aciago; infausto
'unheilschwanger ADJ preñado de desdichas
'Unheilstifter M ⟨~s; ~⟩, **Unheilstifterin** F ⟨~; ~nen⟩ causante *m/f* de muchas desgracias
Unheil verkündend ADJ de mal agüero (*od* augurio); ominoso; agorero; **mit ~er Stimme** con voz ominosa/siniestra
'unheilvoll ADJ funesto; fatal; aciago; siniestro
'unheimlich A ADJ 1 (*Angst einflößend*) inquietante, angustiante; *Aussehen* sospechoso; (*unheilvoll*) siniestro; (*düster*) lúgubre; **das ist mir ~** me resulta inquietante; **sie ist mir ~** no me fío de ella 2 *umg fig* enorme, tremendo; **ich hatte ~e Angst** tenía pánico B ADV *umg* (*sehr*) muy, enormemente; **~ viel** muchísimo, *umg* una barbaridad (de); **ich war ~ froh** me sentí muy aliviado
'unhöflich ADJ descortés; desatento; incorrecto; **Unhöflichkeit** F ⟨~; ~en⟩ descortesía *f*; desatención *f*; incorrección *f*
'Unhold M ⟨~(e)s; ~e⟩ monstruo *m*; ogro *m* (*a. fig*); *pej Mensch*: bárbaro *m*
un'hörbar ADJ inaudible, imperceptible (al oído)
'unhygienisch ADJ antihigiénico; no higiénico
u'ni [y'ni:, *umg* 'y:ni] ADJ ⟨*inv*⟩ HANDEL *Stoff* liso, unicolor
'Uni F ⟨~; ~s⟩ *umg* universidad *f*; **an der ~** *a.* en la facultad; → *a* Universität
uni'form ADJ uniforme
Uni'form F ⟨~; ~en⟩ uniforme *m*; **in großer ~** en uniforme de gala; **~ tragen** vestir de uniforme
unifor'mieren VT ⟨*ohne* ge-⟩ uniformar; (*vereinheitlichen*) *a.* uniformizar; **unifor'miert** ADJ de uniforme; (*einheitlich*) uniforme
Uniformi'tät F ⟨~; ~en⟩ uniformidad *f*
Uni'kat N ⟨~(e)s; ~e⟩ ejemplar *m* único
'Unikum N ⟨~s; Unika *od* ~s⟩ ejemplar *m* único; (*Einzigartigkeit*) singularidad *f*; *umg fig Person*: tipo *m* raro, original *m*
'uninteressant ADJ poco interesante; sin interés; **uninteressiert** ADJ desinteresado (**an** *dat* en); **Uninteressiertheit** F ⟨~⟩ desinterés *m*, falta *f* de interés
Uni'on F ⟨~; ~en⟩ 1 *allg* unión *f*; POL **Europäische ~** Unión *f* Europea 2 *BRD* **die ~** la Unión Cristiano-Demócrata/Cristiano-Social
uni'sono ADV MUS al unísono
Uni'sono N ⟨~s; ~s *od* Unisoni⟩ unísono *m*
Univ. ABK (Universität) univ. (universidad)
univer'sal ADJ universal
Univer'salerbe M, **Universalerbin** F heredero *m*, -a *f* universal; **Universalgenie**

N genio *m* universal
Universali'tät F ⟨~⟩ universalidad *f*
Univer'salmittel N remedio *m* universal; panacea *f* (*a. fig*); **Universalmotor** M motor *m* universal; **Universal(schrauben)-schlüssel** M TECH llave *f* universal; **Universalspender** M MED donante *m* universal
univer'sell A ADJ universal B ADV **~ gültig** universal
Universi'tät F ⟨~; ~en⟩ universidad *f*; **auf der ~ sein** estudiar en la universidad (*bzw* facultad); **sie will auf die ~** quiere estudiar una carrera
Universi'täts... IN ZSSGN universitario; **Universitätsdozent** M, **Universitätsdozentin** F profesor *m*, -a *f* universitario; **Universitätsklinik** F clínica *f* universitaria; **Universitätslaufbahn** F ⟨~; ~en⟩ carrera *f* universitaria; **Universitätsprofessor** M, **Universitätsprofessorin** F catedrático *m*, -a *f* de universidad; **Universitätsstadt** F ciudad *f* universitaria; **Universitätsstudium** N estudios *mpl* universitarios
Uni'versum N ⟨~s⟩ universo *m*
'unkameradschaftlich ADJ falto de compañerismo; **~es Verhalten** falta *f* de compañerismo
'Unke F ⟨~; ~n⟩ 1 ZOOL sapo *m* 2 *umg fig* agorero *m*
'unken VI *umg fig* agorar; presagiar (*od* profetizar) calamidades
'unkenntlich ADJ irreconocible, desconocido; (*entstellt*) desfigurado; (*verkleidet*) disfrazado; **~ machen** desfigurar; disfrazar; **Unkenntlichkeit** F ⟨~⟩ desfiguración *f*; **bis zur ~ entstellt** completamente desfigurado
'Unkenntnis F ⟨~⟩ ignorancia *f*; desconocimiento *m*; **in ~ der Gefahr** ignorando el peligro; JUR **~ schützt vor Strafe nicht** ignorancia no quita pecado
'unkeusch ADJ impúdico; deshonesto; impuro; **Unkeuschheit** F ⟨~⟩ impudicia *f*; deshonestidad *f*; impureza *f*
'unkindlich ADJ poco infantil; (*altklug*) precoz
'unklar A ADJ 1 (*unverständlich*) poco claro (*a. Geräusch*); oscuro; (*ungenau*) impreciso, vago; *Umrisse* borroso; (*ungewiss*) *a.* incierto; (*verworren*) confuso; **es ist ~, ob** no está claro si 2 **(sich** *dat***) im Unklaren sein** no ver claro **(über** *acus* en**)**; **j-n im Unklaren lassen über** (*acus*) no dejar a alg ver claro en B ADV **sich ~ ausdrücken** no expresarse con claridad
'Unklarheit F ⟨~; ~en⟩ (*Ungenauigkeit*) imprecisión *f*, falta *f* de precisión, vaguedad *f*; (*Unverständlichkeit*) falta *f* de claridad, oscuridad *f*; (*Ungewissheit*) incertidumbre *f*; **~en beseitigen** esclarecer (las cosas)
'unkleidsam ADJ que no sienta bien; que no favorece
'unklug ADJ poco inteligente; poco juicioso; (*unvorsichtig*) imprudente; **Unklugheit** F ⟨~; ~en⟩ imprudencia *f*
'unkollegial ADJ **~es Verhalten** falta *f* de compañerismo; **unkompliziert** ADJ poco complicado; **unkontrollierbar** ADJ incontrolable; **unkontrolliert** ADJ descontrolado; **unkonventionell** ADJ poco convencional; informal; **unkonvertierbar** ADJ no convertible, inconvertible; **unkonzentriert** ADJ distraído; *umg* despistado
'unkörperlich ADJ incorpóreo; inmaterial; **Unkörperlichkeit** F ⟨~⟩ incorporeidad *f*; inmaterialidad *f*
'unkorrekt ADJ incorrecto (*a. fig*); **Unkorrektheit** F ⟨~⟩ incorrección *f*; irregularidad *f*
'Unkosten PL gastos *mpl*; **laufende ~** gastos *mpl* corrientes; **die ~ decken** cubrir los gastos; *umg* **sich in ~ stürzen** meterse en gastos; *umg* gastarse un dineral
'Unkostenaufstellung F relación *f* de gastos; **Unkostenbeitrag** M contribución *f* a los gastos; **Unkostenkonto** N cuenta *f* de gastos; **Unkostenvergütung** F reintegro *m* (*od* reembolso *m*) de los gastos
'Unkraut N ⟨~(e)s; -kräuter⟩ mala hierba *f*; maleza *f*; *Am* yuyo *m*; *sprichw* **~ vergeht nicht** mala hierba nunca muere; **Unkrautbekämpfung** F lucha *f* contra las malas hierbas; control *m* de malezas; **Unkrautvernichtung** F destrucción *f* de la(s) mala(s) hierba(s); **Unkrautvernichtungsmittel** N, **Unkrautvertilgungsmittel** N herbicida *m*; **organisches/anorganisches ~** herbicida *m* orgánico/inorgánico
'unkritisch ADJ *Bericht, Person* poco crítico (**gegenüber** con)
'unkultiviert ADJ inculto; *fig a.* bárbaro; **Unkultur** F ⟨~⟩ incultura *f*, falta *f* de cultura
'unkündbar ADJ 1 WIRTSCH *Vertrag* irrevocable, irrescindible; *Stellung* permanente; *Schuld* consolidado 2 *Arbeitnehmer* que no puede ser despedido; *Mieter* que no puede ser desahuciado; **sie ist ~** no puede ser despedida *bzw* desahuciada
'unkundig ADJ *geh* ignorante; **einer Sache** (*gen*) **~ sein** ignorar (*od* no saber) a/c; **des Englischen ~ sein** no saber (el) inglés
'unkünstlerisch ADJ poco artístico
'unlängst ADV hace poco, recientemente; últimamente; *Am* recién
'unlauter ADJ impuro; *Geschäft* turbio; sucio; *Mittel* ilícito; **~er Wettbewerb** competencia *f* desleal; **unlegiert** ADJ *Metall* no aleado; **unleidlich** ADJ insoportable, inaguantable
'unlenksam ADJ indócil; intratable; **Unlenksamkeit** F ⟨~⟩ indocilidad *f*
'unleserlich A ADJ ilegible; indescifrable B ADV **~ schreiben** escribir de forma ilegible; **Unleserlichkeit** F ⟨~⟩ ilegibilidad *f*
'unleugbar ADJ innegable; incontestable
'unlieb ADJ desagradable; (*ungelegen*) inoportuno; **es ist mir nicht ~** no me viene mal; **unliebenswürdig** ADJ poco amable (*od* cortés); desabrido; poco complaciente; **unliebsam** ADJ desagradable; molesto
'unliniiert ADJ, *bes österr* **unliniert** ADJ sin rayar; **unlogisch** ADJ ilógico
un'lösbar ADJ *Problem etc* insoluble; sin solución; **Unlösbarkeit** F ⟨~⟩ insolubilidad *f*; **unlöslich** ADJ CHEM insoluble; **Unlöslichkeit** F ⟨~⟩ CHEM insolubilidad *f*
'Unlust F ⟨~⟩ desgana *f*; desagrado *m*; (*Unbehagen*) malestar *m*; (*Abneigung*) repugnancia *f*; aversión *f*; **mit ~** a disgusto; **unlustig** A ADJ desganado; sin ganas; desanimado B ADV de mala gana; con desgana
'unmanierlich ADJ mal educado; de modales groseros; **unmännlich** ADJ poco varonil; afeminado; (*feig*) cobarde
'Unmaß N ⟨~es⟩ exceso *m*
'Unmasse F *umg* → Unmenge
'unmaßgeblich ADJ de poca importancia, insignificante, irrelevante; **nach meiner ~en Meinung** en mi humilde opinión; a mi modesto entender
'unmäßig ADJ inmoderado; desmesurado; excesivo; *im Genuss*: intemperante; **Unmäßigkeit** F ⟨~⟩ inmoderación *f*; exceso *m*; *im Genuss*: intemperancia *f*
'Unmenge F ⟨~; ~n⟩ cantidad *f* enorme; **eine ~ von** un sinnúmero de, un montón de, *umg* la mar de
'Unmensch M monstruo *m*; bárbaro *m*; hombre *m* desalmado; **unmenschlich** ADJ (*grausam*) inhumano; bárbaro; (*übermenschlich*) sobrehumano; *umg fig* (*ungeheuer*) enorme, *umg* tremendo; **Unmenschlichkeit** F ⟨~⟩ inhumanidad *f*; barbarie *f*; crueldad *f*
un'merklich ADJ imperceptible; insensible; **un'messbar** ADJ inmensurable
'unmethodisch ADJ & ADV sin método; **unmilitärisch** ADJ poco militar; poco marcial; **unmissverständlich** A ADJ categórico; inequívoco B ADV categóricamente; rotundamente
'unmittelbar A ADJ *Nachfolger, Nähe* inmediato; *Kontakt, Vorgesetzter* directo B ADV 1 **~ vor/hinter** (*dat bzw acus*) *räumlich*: justo delante/detrás de; **~ bevorstehen** *zeitlich*: ser inminente; **~ bevorstehend** inminente 2 (*direkt*) directamente; **~ zum Ziel führen** llevar directamente a la meta
'Unmittelbarkeit F ⟨~⟩ carácter *m* inmediato; inmediatez *f*
'unmöbliert ADJ sin amueblar; sin muebles; **unmodern, unmodisch** ADJ pasado de moda; anticuado; **~ werden** pasar de moda; anticuarse
'unmöglich A ADJ imposible (*a. fig*); **~ machen** hacer imposible, imposibilitar; *fig* **sich ~ machen** hacerse (socialmente) inaceptable; hacerse imposible; **es ist mir ~, zu** (*inf*) me es imposible (*inf*); **zu einer ~en Stunde** a una hora intempestiva (*od* imposible) B ADV *umg* 1 **ich kann es ~ tun** no puedo hacerlo; me es imposible hacerlo 2 *umg pej* **sich ~ benehmen** comportarse de forma inaceptable *od* inadmisible; **du siehst ~ aus** *umg* estás fatal
Un'mögliche(s) N ⟨~n; → A⟩ lo imposible; **~s leisten** hacer lo imposible; **~s verlangen** pedir la luna
'Unmöglichkeit F ⟨~⟩ imposibilidad *f*; **ein Ding der ~** algo imposible
'unmoralisch ADJ inmoral; **unmotiviert** ADJ inmotivado, sin motivo
'unmündig ADJ menor de edad; **Unmündige** M/F ⟨~n; ~n; → A⟩ menor *m/f* (de edad); **Unmündigkeit** F ⟨~⟩ minoría *f* de edad
'unmusikalisch ADJ poco musical; *Person* **~ sein** no tener talento (*bzw* sentido musical)
'Unmut M ⟨~(e)s⟩ *geh* disgusto *m*; enfado *m*; (*üble Laune*) mal humor *m*; **unmutig** ADJ *geh* malhumorado, de mal humor; disgustado
'unnachahmlich ADJ inimitable
'unnachgiebig ADJ inflexible; intransigente; **Unnachgiebigkeit** F ⟨~⟩ inflexibilidad *f*; intransigencia *f*
'unnachsichtig ADJ severo; riguroso; **Unnachsichtigkeit** F ⟨~⟩ severidad *f*; rigor *m*
un'nahbar ADJ inaccesible; inabordable; **Unnahbarkeit** F ⟨~⟩ inaccesibilidad *f*
'unnatürlich A ADJ poco natural; desnaturalizado; (*künstlich*) artificial; (*gekünstelt*) afectado; amanerado; (*gezwungen*) forzado; (*widernatürlich*) contranatural, antinatural B ADV (*gekünstelt*) con afectación; **Unnatürlichkeit** F ⟨~⟩ falta *f* de naturalidad; afectación *f*; amaneramiento *m*
un'nennbar ADJ innominable; indecible
'unnormal ADJ anormal; **unnotiert** ADJ WIRTSCH *Börse*: no cotizado; **unnötig** ADJ innecesario; inútil; (*überflüssig*) superfluo; **das ist ~** no es necesario; no hace falta; **unnötiger'weise** ADV sin necesidad, innecesariamente; inútilmente; **unnütz** ADJ 1 inútil, que no sirve para nada; (*nutzlos*) ocioso; vano; (*überflüssig*) superfluo 2 (*unartig*) travieso
UNO F ABK (United Nations Organization, Organisation der Vereinten Nationen) **die ~** la ONU (Organización de las Naciones Unidas)
'unoperierbar ADJ MED inoperable

'unordentlich A ADJ desordenado; *Sache a.* en desorden; *(schlampig)* desaliñado; descuidado B ADV **~ herumliegen** estar tirado por ahí; **Unordentlichkeit** F ⟨~⟩ falta *f* de orden; desorden *m*

'Unordnung F ⟨~⟩ desorden *m*; desarreglo *m*; *(Verwirrung)* desconcierto *m*; desorganización *f*; confusión *f*; desbarajuste *m*; embrollo *m*; **in ~ bringen** desordenar; poner en desorden; *stärker:* desarreglar; embrollar; *Haare* desgreñar; **in ~ geraten** desordenarse; desarreglarse; desorganizarse

'unorganisch ADJ inorgánico; **unorthodox** ADJ poco ortodoxo; **unpaar(ig)** ADJ impar; **unpädagogisch** ADJ poco pedagógico; **unparfümiert** ADJ sin perfume; **unparlamentarisch** ADJ antiparlamentario

'unparteiisch A ADJ imparcial; desinteresado B ADV con imparcialidad, imparcialmente; **Unparteiische** M/F ⟨~n; ~n; → A⟩ árbitro *m/f* (*a.* SPORT); **Unparteilichkeit** F ⟨~⟩ imparcialidad *f*

'unpassend ADJ 1 *(unangebracht)* inconveniente, poco conveniente; improcedente; *(ungehörig)* impropio (**für** de); *Benehmen, Bemerkung a.* fuera de lugar 2 *Zeitpunkt* inoportuno; poco a propósito; *Zeit a.* intempestivo

'unpassierbar ADJ infranqueable; impracticable

'unpässlich ADJ indispuesto; **Unpässlichkeit** F ⟨~⟩ indisposición *f*

'unpatriotisch ADJ antipatriótico; **unpersönlich** ADJ impersonal (*a.* GRAM); **unpfändbar** ADJ inembargable; **unpolitisch** ADJ apolítico; *fig* poco político; impolítico

'unpopulär ADJ impopular; **unpraktisch** ADJ poco práctico; *Person* poco hábil

'unproduktiv ADJ improductivo; **Unproduktivität** [-v-] F ⟨~⟩ improductividad *f*

'unproportioniert ADJ desproporcionado

'unpünktlich ADJ poco puntual; **~ sein** *(verspätet sein)* tener retraso; **er ist immer ~** siempre llega tarde; **Unpünktlichkeit** F ⟨~⟩ falta *f* de puntualidad

'unqualifizierbar ADJ incalificable; **unqualifiziert** ADJ *Arbeit, Arbeitskraft* no cualificado

'unquittiert ADJ sin (firmar el) recibo; **unrasiert** ADJ sin afeitar

'Unrast F ⟨~⟩ *geh* agitación *f*; *innere:* inquietud *f*; desasosiego *m*

'Unrat M ⟨~(e)s⟩ *geh* inmundicias *fpl*, basura *f* (*beide a. fig*); *fig* **~ wittern** sospechar que hay gato encerrado

'unrationell ADJ ineficiente, poco rentable, poco económico; **unratsam** ADJ desaconsejable; poco recomendable; poco indicado; **unrealistisch** ADJ poco realista; sin sentido de la realidad

'unrecht A ADJ 1 *geh (ungerecht)* injusto; *(unrichtig)* equivocado; falso; *(übel)* malo; mal hecho; **er hat nichts Unrechtes getan** no ha hecho nada malo 2 *(ungeeignet)* impropio; *(ungelegen)* inoportuno; **an den Unrechten kommen** (*od* **geraten**) equivocarse de persona; **in ~e Hände fallen** caer en manos ajenas; **zur ~en Zeit** fuera de tiempo; a deshora; en un momento inoportuno B ADV 1 *(übel)* mal; *(ungerecht)* injustamente; **~ handeln** obrar (*od* actuar) mal; **~ tun** cometer una injusticia; hacer mal; **j-m ~ tun** ser injusto con alg 2 *(ungelegen)* inoportunamente

'Unrecht N ⟨~(e)s⟩ 1 **unrecht haben** *od* **im ~ sein** no tener razón; estar equivocado; **da hat er nicht ganz unrecht** no le falta cierta razón; **j-m unrecht geben** disentir de alg 2 *(Ungerechtigkeit)* injusticia *f*; *angetanes:* agravio *m*; **es geschieht ihm ~** no lo merece; no se le hace justicia; **~ leiden** ser víctima de una injusticia; sufrir agravios; **mit** *od* **zu ~** sin razón; injustamente; **nicht mit** *od* **zu ~** no sin razón

'unrechtmäßig ADJ ilegal; ilegítimo; **Unrechtmäßigkeit** F ⟨~⟩ ilegalidad *f*; ilegitimidad *f*

'Unrechtsbewusstsein N consciencia *f* de injusticia; **Unrechtsregime** [-ʒiːm] N, **Unrechtsstaat** M POL régimen *m* tiránico

'unredlich ADJ desleal; ímprobo; *Gewinn* fraudulento; **Unredlichkeit** F ⟨~; ~en⟩ deslealtad *f*; improbidad; mala fe *f*; fraudulencia *f*

'unreell ADJ de poca confianza; informal; *(betrügerisch)* fraudulento

'unregelmäßig A ADJ irregular; *Leben* desordenado B ADV **sie kommt (atmet** *etc***) ~** viene (respira, *etc*) con irregularidad; **Unregelmäßigkeit** F ⟨~; ~en⟩ irregularidad *f*

'unregierbar ADJ ingobernable; **Unregierbarkeit** F ⟨~⟩ ingobernabilidad *f*

'unreif ADJ no maduro; *Früchte a.* verde; inmaduro, inmaturo (*a. fig*); **Unreife** F falta *f* de madurez; inmadurez *f*

'unrein ADJ 1 *(schmutzig)* sucio; *Haut* con impurezas; *Wasser* impuro (*a. fig*, REL); *(trübe)* turbio 2 MUS desafinado 3 **ins Unreine schreiben** escribir en borrador; **Unreinheit** F ⟨~⟩ impureza *f* (*a. fig*, REL); suciedad *f*; **unreinlich** ADJ desaseado, sucio; **Unreinlichkeit** F ⟨~⟩ desaseo *m*; suciedad *f*

'unrentabel ADJ no rentable; poco lucrativo

un'rettbar ADJ & ADV que no tiene salvación, sin salvación; **~ verloren sein** estar perdido sin remedio; estar irremediablemente perdido

'unrhythmisch ADJ arrítmico

'unrichtig ADJ incorrecto; inexacto; falso; *(irrig)* erróneo; equivocado; **Unrichtigkeit** F ⟨~⟩ incorrección *f*; inexactitud *f*; falsedad *f*

'unritterlich ADJ poco caballeroso

'Unruh F ⟨~; ~en⟩ *der Uhr:* volante *m*

'Unruhe F ⟨~⟩ 1 inquietud *f*; intranquilidad *f*; *innere a.:* desasosiego *m*; ansiedad *f*; *(Besorgnis)* preocupación *f*; alarma *f*; **j-n in ~ versetzen** inquietar (*bzw* alarmar) a alg; **in ~ geraten** inquietarse, alarmarse (**wegen** por) 2 *(Trubel)* agitación *f* (*a. fig im Volk*); *(Lärm)* alboroto *m*; tumulto *m* 3 *bes* POL **~n** *pl* disturbios *mpl*, desórdenes *mpl*; **~ stiften** provocar disturbios

'Unruheherd M foco *m* de agitación; **Unruhestifter** M, **Unruhestifterin** F alborotador *m*, -a *f*; perturbador *m*, -a *f*; POL agitador *m*, -a *f*

'unruhig A ADJ 1 *Person (ruhelos)* intranquilo (*a. Schlaf*); *(nervös)* inquieto, desasosegado; *(besorgt)* preocupado; **~ werden** preocuparse; **langsam ~ werden** empezar a preocuparse 2 *(bewegt) Meer, Leben, Zeit* agitado 3 *(lärmend)* bullicioso; ruidoso; turbulento; *Kind* inquieto; revoltoso B ADV *(ruhelos)* agitadamente; *(besorgt)* inquietamente; **~ schlafen** dormir mal, tener un sueño intranquilo

'unrühmlich A ADJ poco honroso; deslucido B ADV sin gloria

uns PERS PR (*dat u. acus v.* **wir**) nos; *betont:* a nosotros/as; **ein Paket für ~** un paquete para nosotros/as; **es gehört ~** es nuestro; **ein Freund von ~** un amigo nuestro, uno de nuestros amigos; **unter ~** entre nosotros/as; **von ~ aus** por nuestra parte; en cuanto a nosotros/as

'unsachgemäß ADJ inadecuado; impropio; no apropiado; **unsachlich** ADJ subjetivo; parcial; que no viene al caso; **Unsachlichkeit** F ⟨~⟩ subjetividad *f*; parcialidad *f*

un'sagbar A ADJ *Leid, Freude* indecible; indescriptible; *(unermesslich)* inmenso B ADV **~ komisch** indescriptiblemente raro (*od* cómico)

un'säglich ADJ 1 *(sehr schlecht)* pésimo, malísimo 2 *(albern, sehr dumm)* muy tonto 3 indecible; indescriptible; → *a* unsagbar

'unsanft A ADJ poco suave; áspero, rudo B ADV con rudeza, con brusquedad; **~ geweckt werden** ser despertado con brusquedad

'unsauber ADJ poco limpio; desaseado; sucio (*a. Spiel*, SPORT); **Unsauberkeit** F ⟨~⟩ suciedad *f*; desaseo *m*

'unschädlich ADJ inofensivo, in(n)ocuo (*a.* MED); **~ machen** hacer inofensivo; *Gift* neutralizar; *Mine etc* desactivar; *fig* **j-n ~ machen** eliminar a alg; *Verbrecher* capturar a alg; **Unschädlichkeit** F ⟨~⟩ carácter *m* inofensivo; in(n)ocuidad *f*

'unscharf A ADJ *Bild* poco nítido, borroso; FOTO *a.* desenfocado B ADV **~ einstellen** desenfocar; **Unschärfe** F FOTO falta *f* de nitidez; borrosidad *f*

un'schätzbar ADJ inapreciable, inestimable; *Wert a.* incalculable; **Unschätzbarkeit** F ⟨~⟩ valor *m* inestimable

'unscheinbar ADJ *(unbedeutend)* insignificante; *(unauffällig)* poco vistoso; de poca apariencia; *(zurückhaltend)* discreto; sencillo; modesto; **Unscheinbarkeit** F ⟨~⟩ insignificancia *f*; sencillez *f*; modestia *f*

'unschicklich ADJ *obs* indecoroso, indecente; *(unpassend)* impropio; **Unschicklichkeit** F ⟨~⟩ indecencia *f*; impropiedad *f*

un'schlagbar ADJ imbatible; **Unschlagbarkeit** F ⟨~⟩ imbatibilidad *f*

'Unschlitt N ⟨~(e)s⟩ *reg, obs* sebo *m*

'unschlüssig ADJ irresoluto; indeciso; vacilante; (**sich** *dat*) **~ sein** vacilar; no saber a qué carta quedarse; **Unschlüssigkeit** F ⟨~⟩ irresolución *f*; indecisión *f*; vacilación *f*

'unschmackhaft ADJ sin sabor; *(schal)* soso, insípido; **unschön** ADJ poco bonito; feo (*a. fig*); desagradable

'Unschuld F ⟨~⟩ inocencia *f*; *(Arglosigkeit)* candor *m*; ingenuidad *f*; *geh (Jungfernschaft)* virginidad *f*; *fig* **seine Hände in ~ waschen** lavarse las manos; *umg fig* **~ vom Lande** moza *f* ingenua

'unschuldig A ADJ 1 *(schuldlos)* inocente (**an etw** *dat* de a/c); *(naiv)* cándido; ingenuo; **den Unschuldigen spielen** hacerse el inocente; *Am* poner cara de yo no fui 2 *(sexuell unberührt)* virgen B ADV **~ verurteilt werden** ser condenado siendo inocente; **tu nicht so ~!** ¡no te hagas el/la inocente!

'Unschuldsengel M *umg fig* **er** *bzw* **sie ist ein ~** parece que nunca ha roto un plato; **Unschuldsmiene** F cara *f* de inocente, aire *m* de inocencia; **mit ~** con cara de no haber roto un plato; **unschuldsvoll** A ADJ inocente B ADV inocentemente, con inocencia

'unschwer ADV fácilmente; sin (la menor) dificultad

'Unsegen M ⟨~s⟩ *(Fluch)* maldición *f*; *(Verhängnis)* fatalidad *f*

'unselbstständig ADJ dependiente; *fig (unbeholfen)* falto de iniciativa; VERW **~e Arbeit** trabajo *m* por cuenta ajena; **~ sein** no poder hacer nada (por sí) sólo; **Unselbstständigkeit** F ⟨~⟩ dependencia *f* (de otros); falta *f* de independencia (*bzw* de iniciativa)

'unselig ADJ funesto; fatal, fatídico; nefasto

'unser A PERS PR (*gen v.* **wir**) de nosotros/as; **wir waren ~ vier** éramos cuatro; **er gedenkt ~** *lit* se acuerda de nosotros; **in ~ aller Namen** en nombre de todos nosotros B POSS PR 1 nuestro(s); nuestra(s); *betont:* de nosotros/as; **das ist ~ Haus** es nuestra casa; **das ist ~e** *od* **unsre Sache** es asunto nuestro 2 *subst*

U

der Unsere *od* **Unsrige** el nuestro; **das Unsere** *od* **Unsrige** lo nuestro; **wir haben das Unsere getan** hemos hecho cuanto pudimos; **die Unser(e)n** *od* **Unsrigen** los nuestros; nuestra gente **B** *geh obs* **die Stadt ist ~** la ciudad es nuestra

'unsereiner, unsereins INDEF PR uno; nosotros; gente como nosotros

'unserer'seits ADV de nuestra parte

'unseres'gleichen INDEF PR nuestros semejantes; gente como nosotros

unseret'wegen ADV **1** *(wegen uns)* por nosotros/as, por nuestra culpa **2** *(uns zuliebe, von uns aus)* por nosotros/as; **unseret'willen** ADV **um ~** por nosotros/as

'unseriös ADJ poco serio

'unsert'halben ADV *lit* → unseretwegen

'unsicher **A** ADJ **1** *allg* inseguro, poco seguro; *(schwankend)* vacilante *(a. fig)*; *(unstet)* poco estable; inestable; **~ auf den Beinen sein** trastabillar **2** *(gefährlich)* peligroso; *Lage* precario; *umg fig hum* **Madrid ~ machen** *umg* pasárselo en grande en Madrid **3** *(nicht selbstsicher)* inseguro; *(verwirrt)* confuso; **j-n ~ machen** confundir a alg; **ich bin mir ~, ob** no estoy seguro si **4** *(ungewiss)* dudoso *(a. Quelle)*, incierto **5** *(unzuverlässig) Methode, Gedächtnis* no fiable **B** ADV **~ fahren** conducir inseguro; **~ lächeln** sonreír tímidamente

'Unsicherheit F ⟨~; ~en⟩ **1** *(Unsichersein)* inseguridad *f* **2** *(Gefährlichkeit)* peligro *m* **3** *(Ungewissheit)* dudas *fpl*; *der Existenz, Lage*: incertidumbre *f* **4** *(Unklarheit)* confusión *f*

'unsichtbar ADJ invisible **(für** a**)**; **~ werden** desaparecer; desvanecerse; *umg fig* **sich ~ machen** eclipsarse; **Unsichtbarkeit** F ⟨~⟩ invisibilidad *f*

'Unsinn M ⟨~(e)s⟩ **1** *(Unsinnigkeit)* absurdo *m*; desatino *m*; **das ist (blanker) ~** es totalmente absurdo; **~!** ¡qué tontería!; ¡eso es absurdo! **2** *(Unfug)* tontería *f*; disparate(s) *m(pl)*; sandeces *mpl*; *umg* chorrada *f*; **~ reden** disparatar; desatinar, desbarrar; **~ machen** hacer tonterías; hacer el tonto *(od* el payaso*)*

'unsinnig ADJ absurdo; insensato, desatinado; *(abwegig)* descabellado; *(verrückt)* disparatado; **Unsinnigkeit** F ⟨~⟩ absurdidad *f*; insensatez *f*

'Unsitte F ⟨~; ~n⟩ mala costumbre *f*; vicio *m*; **unsittlich** ADJ inmoral; deshonesto; **Unsittlichkeit** F ⟨~⟩ inmoralidad *f*

'unsolid(e) ADJ *Person* poco serio; informal; *Firma* de poca confianza; *Lebensweise* desarreglado; disipado; *Arbeit* mal hecho; chapucero; **unsozial** ADJ antisocial; **unsportlich** ADJ poco deportivo; antideportivo

unsre → unser B

'unsrer'seits → unsererseits

'unsres'gleichen → unseresgleichen

'unsrige → unser B

'unstarr ADJ FLUG no rígido; **unstatthaft** ADJ inadmisible; ilícito; JUR improcedente

un'sterblich **A** ADJ inmortal; **~ machen** inmortalizar **B** ADV *umg fig* **sich ~ blamieren** hacer el ridículo; **~ verliebt sein** estar locamente enamorado; **Unsterblichkeit** F ⟨~⟩ inmortalidad *f*

'Unstern M ⟨~(e)s⟩ *geh* mala estrella *f*

'unstet ADJ *geh* inestable; *(wankelmütig)* inconstante; *Charakter* versátil, voluble; *(ruhelos)* inquieto; *(umherziehend)* errante *(a. Blick)*; vagabundo; nómada; **Unstetigkeit** F ⟨~⟩ inestabilidad *f*; inconstancia *f*; *des Charakters*: versatilidad *f*, volubilidad *f*

un'stillbar ADJ incalmable; *Hunger* insaciable *(a. fig)*; *Durst* implacable

'unstimmig ADJ discorde; discrepante; en desacuerdo; **Unstimmigkeit** F ⟨~; ~en⟩ desacuerdo *m*; divergencia *f*; discrepancia *f*

'unsträflich ADJ *(untadelig)* irreprensible; irreprochable; **unstreitig** ADJ incontestable, indiscutible

'Unsumme F *umg* suma *f* *(od* cantidad *f)* enorme; *pl* **~n** *umg* un dineral

'unsymmetrisch ADJ asimétrico; **unsympathisch** ADJ antipático; **er ist mir ~** no me cae bien; **unsystematisch** **A** ADJ no sistemático **B** ADV sin sistema; **untadelig** ADJ irreprochable, impecable; irreprensible

'Untat F ⟨~; ~en⟩ crimen *m* (atroz); fechoría *f*

'untätig **A** ADJ inactivo; pasivo; *(müßig)* ocioso; *(unbeschäftigt)* desocupado, sin ocupación **B** ADV **~ zusehen** quedarse con los brazos cruzados; **Untätigkeit** F ⟨~⟩ inacción *f*; inactividad *f*; ociosidad *f*

'untauglich ADJ **1** *Werkzeug etc* inútil; *(nutzlos)* inservible **2** *Person* inepto, no apto, inhábil **(für** para**)**; incapaz **(für** de**)**; MIL no apto, inútil; **Untauglichkeit** F ⟨~⟩ inutilidad *f*; *v. Personen a.*: ineptitud *f*, inhabilidad *f* **(für** para**)**; incapacidad *f* **(für** de**)**

un'teilbar ADJ indivisible; **Unteilbarkeit** F ⟨~⟩ indivisibilidad *f*

'unten ADV **1** *allg* abajo; en la parte baja *(od* inferior*)*; **da ~** ahí abajo; **dort ~** allá abajo; **~ durch** (pasando) por debajo; **hier ~** aquí abajo; **links/rechts ~** abajo a la izquierda/derecha; **(ganz) ~ in** *(dat)* en el fondo de; **nach ~** hacia abajo; **von ~** de abajo; **von ~ nach oben** hacia arriba; de pies a cabeza; **von ~ auf** desde abajo; MIL **von ~ auf dienen** pasar por todos los grados; **ganz ~ anfangen** empezar desde abajo **2** *im Text*: **~ auf der Seite** al pie de la página; **auf Seite 10 ~** en la página 10, abajo; **siehe ~** véase más abajo *(od* más adelante*)*; **weiter ~** más abajo, más adelante; **wie ~ (angegeben)** como al pie se indica **3** *fig umg fig* **er ist bei mir ~ durch** ya no quiero saber nada de él

'unten'an ADV en el último extremo

unten erwähnt, unten genannt, unten stehend ADJ abajo mencionado, citado más abajo

'unter **A** PRÄP **1** *Lage (dat)*: debajo de, bajo; *(unterhalb)* por debajo de; **~ der Erde** bajo tierra; **~ dem Tisch** debajo de la mesa; **~ Wasser** bajo el agua; **~ … hervor** de *(od* por*)* debajo de …; **~ dem Schrank hervorkommen** salir de debajo del armario; **~ … hindurch** por debajo de …; *fig* **~ der Hand** bajo mano; en secreto; clandestinamente **2** *Richtung (acus)*: debajo de, bajo; **~ den Schrank kriechen** deslizarse debajo del armario **3** *Grenze, Mengenangabe*: *(dat od acus)*: por debajo de; **~ zehn** de diez para abajo; **Kinder ~ acht Jahren** niños menores de ocho años; **~ Preis (verkaufen)** (vender) bajo precio **4** *Unterordnung (dat od acus)*: **~ j-m stehen** estar por debajo de alg; **~ sich** *(dat)* **haben** *Betrieb etc* tener a su cargo; **~ Karl dem Großen** bajo *(od* durante*)* el reinado de Carlomagno **5** *Art u. Weise (dat)*: con; **~ dieser Bedingung** con *(od* bajo*)* esta condición; **~ dem heutigen Datum** con esta fecha; con fecha de hoy; **~ diesen Umständen** en estas circunstancias; **~ großem Gelächter** entre grandes carcajadas; **~ großen Schmerzen** con grandes dolores **6** *(zwischen) Lage (dat)*, *Richtung (acus)*: entre; **~ anderem** entre otras cosas; **~ Freunden** entre amigos; **~ uns (gesagt)** (dicho sea) entre nosotros; **wir sind ganz ~ uns** estamos en familia; *(allein)* estamos a solas; **einer ~ euch** uno de vosotros; **einer ~ Tausenden** uno entre miles; **~ den Zuschauern** entre el público **7** **~ der Woche** entre semana **8** **was verstehst du ~ …?** ¿qué entiendes bajo … **9** *mit Verbalsubstantiv (durch) (dat)* **~ Verwendung von …** usando … **B** ADV *(weniger als)* menos de; **~ 100 Euro** menos de cien euros; **nicht ~ 100 Euro** no inferior a cien euros; de cien euros arriba

'Unter M ⟨~s; ~⟩ *Kartenspiel*: sota *f*

'Unterabteilung F subdivisión *f* (*a.* BIOL); subsección *f*; **Unterarm** M ANAT antebrazo *m*; **Unterart** F BOT, ZOOL subespecie *f*; *allg* subclase *f*; **Unterausschuss** M VERW subcomisión *f*; **Unterbau** M ⟨~(e)s; ~ten⟩ ARCH fundamento *m*; BAHN *u. fig* infraestructura *f*; **Unterbauch** M ANAT hipogastrio *m*

unter'bauen V/T ⟨*ohne* ge-⟩ ARCH V/T *(abstützen)* recalzar; *fig* cimentar

'Unterbelegung F ⟨~⟩ infrautilización *f*

'unterbelichten ⟨*ohne* ge-⟩ FOTO V/T exponer insuficientemente, subexponer; **unterbelichtet** **1** FOTO subexpuesto; **das Foto ist ~** *a.* la foto ha salido oscura **2** *umg (dumm)* (un poco) tonto; **Unterbelichtung** F ⟨~⟩ FOTO subexposición *f*

'unterbeschäftigt ADJ *Person* sin mucho trabajo; WIRTSCH subempleado; **~ sein** no tener mucho trabajo; WIRTSCH estar subempleado; **Unterbeschäftigung** F ⟨~⟩ WIRTSCH subempleo *m*

'unterbesetzt ADJ **~ sein** no contar con *(od* no dispone de*)* personal suficiente

'Unterbett N colchoneta *f*

'unterbevölkert ADJ subpoblado

'unterbewerten V/T ⟨*ohne* ge-⟩ infravalorar, subvalorar; subestimar; **Unterbewertung** F ⟨~⟩ infravaloración *f*, subvaloración *f*, minusvaloración *f*; subestimación *f*

'unterbewusst ADJ subconsciente; **Unterbewusstsein** N ⟨~s⟩ subconsciencia *f*; subconsciente *m*

'unterbezahlt ADJ mal pagado; insuficientemente retribuido

unter'bieten V/T ⟨*irr; ohne* ge-⟩ **1** HANDEL **etw ~** ofrecer a/c a menor precio; vender a/c a precio más bajo; **das Angebot ~** *od* **den Preis ~** hacer una oferta mejor; mejorar la oferta *od* el precio **2** SPORT *Rekord* mejorar, batir

'Unterbilanz F WIRTSCH balance *m* pasivo *(od* deficitario*)*

unter'binden V/T ⟨*irr; ohne* ge-⟩ **1** *(verhindern)* prohibir, impedir; interrumpir; *(beenden)* terminar **2** MED ligar; **unter'bleiben** V/I ⟨*irr; ohne* ge-; sn⟩ no tener lugar; no realizarse; *(nicht wieder eintreten)* no repetirse; *(aufhören)* cesar, acabar; **das muss ~** esto tiene que acabar

'Unterbodenschutz M AUTO protección *f* anticorrosiva de los bajos

unter'brechen V/T ⟨*irr; ohne* ge-⟩ interrumpir; *zeitweilig*: suspender; ELEK, TEL cortar; **Unterbrecher** M ⟨~s; ~⟩ ELEK interruptor *m*; **Unterbrechung** F ⟨~; ~en⟩ interrupción *f*; *zeitweilige*: suspensión *f*; paréntesis *m*; ELEK corte *m*

unter'breiten V/T ⟨*ohne* ge-⟩ someter; *Gesuch a.* presentar

'unterbringen V/T ⟨*irr*⟩ **1** *(verstauen)* meter, colocar (*a.* WIRTSCH *Anleihe, Ware*); *(lagern)* almacenar **2** *Person (beherbergen)* alojar, hospedar; *in e-r Anstalt*: internar; *in e-m Krankenhaus*: hospitalizar; MIL acantonar; **j-n ~** *in e-r Stellung*: colocar a alg; **Unterbringung** F ⟨~; ~en⟩ **1** colocación *f*; acomodo *m*; *(Lagerung)* almacenamiento *m* **2** *(Unterkunft)* alojamiento *m*; *in e-r Anstalt*: internamiento *m*; *im Krankenhaus*: hospitalización *f*; MIL acantonamiento *m*

'unterbuttern V/T *umg* **sich nicht ~ lassen** no dejarse mangonear

'Unterdeck N ⟨~s; ~s⟩ SCHIFF cubierta *f* baja

unter'des(sen) ADV *(inzwischen)* entretanto,

mientras tanto; en esto; *(seitdem)* desde entonces

'Unterdruck M ⟨~(e)s; ⸚e⟩ TECH depresión *f*; MED hipotensión *f*

unter'drücken V/T ⟨ohne ge-⟩ **1** *Gefühl etc* reprimir, disimular; *Lachen, Tränen* contener; *Gähnen* disimular; *Schrei* sofocar **2** *(unterjochen)* someter, subyugar; *Aufstand* reprimir, sofocar; *Personengruppe* oprimir; *Nachricht* suprimir; JUR *(verheimlichen)* ocultar

Unter'drücker M ⟨~s; ~⟩, **Unterdrückerin** F ⟨~; ~nen⟩ opresor *m*, -a *f*

'Unterdruckkammer F cámara *f* de baja presión; **Unterdruckmesser** M vacuómetro *m*

Unter'drückung F ⟨~⟩ supresión *f*; *e-s Volkes* opresión *f*; *e-s Aufstands* represión *f* *(a. e-s Gefühls)*; contención *f*; JUR ocultación *f*

'unterdurchschnittlich ADJ inferior al promedio

'untere(r, -s) ADJ **1** inferior; bajo; de abajo; de debajo; *Beamter etc* subalterno; **der ~ Teil** la parte inferior; la parte baja; **die ~ Wohnung** el piso de abajo; **am ~n Ende der Straße** al final de la calle **2** SCHULE **die ~n Klassen** los primeros grados; SOZIOL **die ~n Schichten** las clases bajas

unterei'nander ADV **1** *räumlich:* uno debajo de otro → untereinanderlegen **2** *(miteinander)* entre sí; entre ellos *(bzw* ellas); entre nosotros/as *etc*; **das müsst ihr ~ ausmachen** eso lo tenéis que arreglar entre vosotros/as **3** *(gegenseitig)* mutuamente, recíprocamente; *oft unübersetzt:* **sie kennen sich ~** se conocen

unterei'nanderlegen V/T poner uno debajo de otro

'Untereinheit F ⟨~⟩ subunidad *f*

'unterentwickelt ADJ poco desarrollado; subdesarrollado; **Unterentwicklung** F ⟨~⟩ subdesarrollo *m*

'unterernährt ADJ subalimentado; insuficientemente alimentado; desnutrido; **Unterernährung** F ⟨~⟩ alimentación *f* insuficiente; subalimentación *f*; hipoalimentación *f*, desnutrición *f*

'Unterfamilie F BIOL subfamilia *f*

unter'fangen V/R ⟨irr; ohne ge-⟩ *geh* **sich ~ zu** atreverse a, osar *(inf)*; **Unter'fangen** N ⟨~s; ~⟩ *geh* empresa *f* (audaz)

'unterfassen V/T → unterhaken

unter'fertigen V/T ⟨ohne ge-⟩ VERW firmar; **Unterfertigte** M/F ⟨~n; ~n; → A⟩ abajo firmante *m/f*

'Unterführer M MIL subjefe *m*

Unter'führung F ⟨~; ~en⟩ *Verkehr:* paso *m* inferior *(od* subterráneo)

'Unterfunktion F ⟨~; ~en⟩ MED hipofunción *f*

'Untergang M ⟨~(e)s; ⸚e⟩ **1** ASTRON puesta *f*; ocaso *m* *(a. fig)* **2** SCHIFF *e-s Schiffs:* hundimiento *m* **3** *fig (Zugrundegehen)* ruina *f*; *e-s Reichs:* caída *f*; *e-r Kultur:* decadencia *f*, ocaso *m* **4** JUR *(Verlust)* pérdida *f*

'Untergattung F ⟨~; ~en⟩ subgénero *m* *(a.* BIOL)

unter'geben ADJ **j-m ~ sein** estar subordinado a alg; *bes* MIL estar a las órdenes de alg; **Untergebene** M/F ⟨~n; ~n; → A⟩ subordinado *m*, -a *f*; subalterno *m*, -a *f*

'untergehen V/I ⟨irr; sn⟩ **1** *Sonne, Mond etc* ponerse **2** *im Wasser:* sumergirse; SCHIFF *Schiff* hundirse, irse a pique *(a. fig)* **3** *fig (zugrunde gehen)* ir a la ruina; perecer; extinguirse **4** *(sich verlieren)* **im Lärm (in der Menge** *etc)* **~** perderse en el ruido (en la multitud, *etc)*

'untergeordnet ADJ subordinado; subalterno; *Bedeutung* secundario; inferior; **Untergeordnete** M/F ⟨~n; ~n; → A⟩ subordinado *m*, -a *f*; subalterno *m*, -a *f*

'Untergeschoss, *österr* **Untergeschoß** N piso *m* bajo, bajos *mpl*; **Untergestell** N *(Stütze)* soporte *m*; pie *m*; **Untergewicht** N ⟨~(e)s⟩ falta *f* de peso; **sie hat 2 Kilo ~** pesa dos kilos menos que su peso ideal

unter'gliedern V/T subdividir; desglosar; **Untergliederung** F ⟨~; ~en⟩ subdivisión *f*; desglose *m*

'untergraben[1] V/T ⟨irr⟩ AGR enterrar

unter'graben[2] V/T ⟨irr; ohne ge-⟩ socavar, minar *(beide a. fig)*; **Untergrabung** F ⟨~⟩ socavación *f*

'Untergriff M *Turnen:* presa *f* palmar

'Untergrund M ⟨~(e)s; -gründe⟩ **1** *Boden:* subsuelo *m* **2** MAL, TYPO fondo *m* **3** POL clandestinidad *f*, ilegalidad *f*; **im ~** en la clandestinidad; **Wirtschaft im ~** economía *f* sumergida *(od* subterránea)

'Untergrundbahn F ferrocarril *m* subterráneo; *in der Stadt:* metropolitano *m*, *umg* metro *m*; **Untergrundbewegung** F POL movimiento *m* clandestino; **Untergrundtätigkeit** F POL actividad *f* clandestina; **Untergrundwirtschaft** F economía *f* sumergida *(od* subterránea)

'Untergruppe F subgrupo *m*

'unterhaken V/T **j-n ~** coger a alg del brazo; **untergehakt gehen** ir (cogidos) del brazo, ir de bracete

'unterhalb **A** PRÄP *(gen)* (por) debajo de; *v. Flüssen:* más abajo de **B** ADV **~ von** (por) debajo de

'Unterhalt M ⟨~(e)s⟩ **1** TECH, *v. Gebäuden etc:* mantenimiento *m*; manutención *f* **2** *(Lebensunterhalt)* sustento *m*; subsistencia *f*; sostenimiento *m*; **seinen ~ bestreiten** ganarse el sustento *(od* la vida); mantenerse (**von** de); **für j-s ~ aufkommen** mantener a alg **3** JUR *(Unterhaltszahlung)* pensión *f* alimenticia, alimentos *mpl*; JUR **~ beziehen** percibir alimentos; **für j-n ~ bezahlen** pagar alimentos a alg; pagar la pensión alimenticia a alg

unter'halten[1] ⟨irr; ohne ge-⟩ **A** V/R **1** **sich ~** *(sprechen)* conversar (**über** *acus* sobre); hablar (**über** *acus* de); *(plaudern)* charlar, *bes Am* platicar; **sich mit j-m ~** conversar con alg; charlar con alg **2** *(sich vergnügen)* distraerse; divertirse; **wir haben uns gut ~** lo hemos pasado muy bien **B** V/T **1** *(versorgen)* mantener *(a. Beziehungen, Briefwechsel)*; sostener, sustentar **2** *(instand halten)* entretener, conservar, mantener; *Geschäft etc* llevar **3** *(vergnügen)* divertir; distraer; entretener **4** *(finanzieren)* financiar; costear; JUR **j-n ~** *(Unterhalt zahlen)* alimentar *(od* mantener) a alg, pagar alimentos a alg

'unterhalten[2] V/T ⟨irr⟩ poner *(bzw* sostener) debajo

unter'haltend, unterhaltsam ADJ entretenido; divertido; *Lektüre* ameno

Unter'halter M ⟨~s; ~⟩, **Unterhalterin** F ⟨~; ~nen⟩ **guter ~, gute ~in** conversador *m* ameno, -a *f* amena

'Unterhaltsanspruch M JUR derecho *m* de alimentos; **unterhaltsberechtigt** ADJ con derecho a alimentos; **Unterhaltsberechtigte** M/F alimentista *m/f*; **Unterhaltsklage** F demanda *f* de alimentos; **Unterhaltskosten** PL alimentos *mpl*; gastos *mpl* de manutención; **Unterhaltspflicht** F obligación *f* *(od* deuda *f)* alimenticia; **seiner ~ (nicht) nachkommen** (no) cumplir con su obligación alimenticia; **unterhaltspflichtig** ADJ obligado a dar *(od* prestar) alimentos; **~ sein** estar obligado a dar *(od* prestar) alimentos (**für** a); **Unterhaltsrente** F pensión *f* alimenticia; **Unterhaltszahlung** F pago *m* de alimentos

Unter'haltung F ⟨~; ~en⟩ **1** *(Gespräch)* conversación *f* **2** *(Vergnügen)* diversión *f*; distracción *f*, entretenimiento *m*; **gute ~!** ¡que se divierta! *bzw* ¡que te diviertas! *bzw* ¡que os divirtáis! **3** *(Instandhaltung)* mantenimiento *m*, entretenimiento *m*, conservación *f*

Unter'haltungsbeilage F suplemento *m* literario; folletín *m*; **Unterhaltungselektronik** F electrónica *f* de consumo; electrónica *f* recreativa; **Unterhaltungskosten** PL gastos *mpl* de conservación *(od* de mantenimiento); **Unterhaltungslektüre** F lectura *f* amena *(od* recreativa); **Unterhaltungsliteratur** F literatura *f* amena; **Unterhaltungsmusik** F ⟨~⟩ música *f* ligera; **Unterhaltungsprogramm** N programa *m* de entretenimiento; **Unterhaltungsroman** M novela *f* amena *(od* recreativa); **Unterhaltungsteil** M sección *f* de entretenimiento

unter'handeln V/I ⟨ohne ge-⟩ negociar (**über etw** *acus* a/c); MIL parlamentar

'Unterhändler M ⟨~s; ~⟩, **Unterhändlerin** F ⟨~; ~nen⟩ negociador *m*, -a *f*; POL *(Vermittler, -in)* mediador *m*, -a *f*; MIL parlamentario *m*

Unter'handlung F ⟨~; ~en⟩ negociación *f*; **in ~en treten** entrar en *(od* entablar) negociaciones

'Unterhaus N ⟨~es⟩ POL *in England:* Cámara *f* de los Comunes; **Unterhaut** F ANAT subcutis *m*; **Unterhautge'webe** N ANAT tejido *m* subcutáneo; **Unterhemd** N camiseta *f*

unter'höhlen V/T ⟨ohne ge-⟩ socavar, minar *(beide a. fig)*

'Unterholz N monte *m* bajo; **Unterhose** F calzoncillos *mpl*; *kurze a.:* slip *m*; **unterirdisch** **A** ADJ subterráneo **B** ADV bajo tierra; **Unteritalien** N Italia *f* meridional

unter'jochen V/T ⟨ohne ge-⟩ subyugar, sojuzgar; avasallar; esclavizar; **Unterjochung** F ⟨~; ~en⟩ sojuzgamiento *m*, subyugación *f*; avasallamiento *m*

'unterjubeln V/T *umg* **j-m etw ~** encajar a alg a/c

unter'kellert ADJ con sótano

'Unterkiefer M ⟨~s; ~⟩ ANAT maxilar *m* *(od* mandíbula *f)* inferior; **Unterkleid** N → Unterrock; **Unterkleidung** F ropa *f* interior

'unterkommen V/I ⟨irr; sn⟩ **1** *(Unterkunft finden)* hallar alojamiento; alojarse; hospedarse **2** *(Arbeit finden)* colocarse (**bei** en); **Unterkommen** N ⟨~s; ~⟩ alojamiento *m*; hospedaje *m*; *(Anstellung)* colocación *f*, empleo *m*; **unterkriechen** V/I ⟨irr⟩ refugiarse, cobijarse (**bei j-m** en casa de alg); **unterkriegen** V/T *umg* someter; doblegar; **sich nicht ~ lassen** mantenerse firme; no doblegarse; *umg* no dar el brazo a torcer

unter'kühlen V/T ⟨ohne ge-⟩ TECH subenfriar; subfundir; **unter'kühlt** ADJ **1** MED hipotérmico **2** *fig pej* frío, reservado; **Unter'kühlung** F ⟨~⟩ **1** TECH subfusión *f* **2** MED hipotermia *f*

'Unterkunft F ⟨~; -künfte⟩ alojamiento *m*, hospedaje *m*; MIL acantonamiento *m*; *(Obdach)* abrigo *m*, albergue *m*; **~ und Verpflegung** pensión y alojamiento; **Unterkunftsnachweis** M guía *f* de alojamiento

'Unterlage[1] F ⟨~; ~n⟩ **1** *allg* base *f* *(a. fig)*; TECH soporte *m*; descanso *m*; asiento *m* **2** *(Bettunterlage)* colchoneta *f*; *undurchlässige:* tela *f* impermeable; *(Schreibunterlage)* carpeta *f* **3** GEOL, BIOL substrato *m*

'Unterlage[2] F ⟨~; ~n⟩ *(Urkunde)* documento *m*; *(Beleg)* comprobante *m*; **~n** *pl* documentación *f*

'Unterland N ⟨~(e)s⟩ país *m* bajo; tierra *f* ba-

U

ja; **Unterlänge** F ⟨~; ~n⟩ TYPO *des Buchstabens:* palo *m* hacia abajo

'Unterlass M **ohne ~** sin parar, sin cesar, incesantemente

unter'lassen VT ⟨*irr; ohne* ge-⟩ omitir; descuidar; (*nicht tun*) abstenerse de; dejar; dejarse de; **Unterlassung** F ⟨~; ~en⟩ omisión *f*; abstención *f*; JUR **auf ~ klagen** demandar por omisión

Unter'lassungsdelikt N JUR delito *m* de omisión; **Unterlassungsklage** F JUR demanda *f* por omisión; **Unterlassungssünde** F REL pecado *m* de omisión

'Unterlauf M ⟨~(e)s; -läufe⟩ *e-s Flusses:* curso *m* inferior

unter'laufen¹ VI ⟨*irr; ohne* ge-; sn⟩ *Fehler etc:* deslizarse; ocurrir; introducirse; **mir ist ein Fehler ~** he hecho una falta

unter'laufen² ADJ **mit Blut ~** inyectado de sangre

'unterlegen¹ VT poner (*od* colocar) debajo

unter'legen² VT ⟨*ohne* ge-⟩ guarnecer, forrar (**mit** de); (**einen Text**) **mit Musik ~** poner música a (un texto)

unter'legen³ A PPERF → unterliegen B ADJ inferior (**an** *dat* en); **j-m** (**zahlenmäßig** *etc*) **~ sein** ser inferior (númericamente, *etc*) a alg

Unter'legene M/F ⟨~n; ~n; → A⟩ vencido *m*, -a *f*; derrotado *m*, -a *f*; **Unterlegenheit** F ⟨~⟩ inferioridad *f*

'Unterlegscheibe F TECH arandela *f*; **Unterleib** M ANAT bajo vientre *m*, hipogastrio *m*; abdomen *m*; **Unterlid** N ANAT párpado *m* inferior; **Unterlieferant** M subcontratista *m*

unter'liegen VI ⟨*irr; ohne* ge-⟩ 1 ⟨sn⟩ (*besiegt werden*) sucumbir; ser vencido (*od* derrotado); sufrir una derrota; **j-m ~** ser superado por alg 2 ⟨h⟩ *e-r Bestimmung, Steuer etc:* estar sujeto a; *e-r Schwankung:* sufrir; **keinem Zweifel ~** estar fuera de (toda) duda; no admitir (ninguna) duda; **es unterliegt keinem Zweifel, dass** no cabe duda que; es indudable que

'Unterlippe F ⟨~; ~n⟩ labio *m* inferior; **Unterlizenz** F sublicencia *f*

'unterm *umg* = **unter dem**; → unter

unter'malen VT ⟨*ohne* ge-⟩ 1 MAL poner fondo 2 **mit Musik ~** dar fondo musical a; FILM sonorizar; **Untermalung** F ⟨~⟩ 1 MAL color *m* (*bzw* capa *f*) de fondo 2 **musikalische ~** fondo *m* musical; FILM sonorización *f*; **Untermalungsmusik** F música *f* de fondo

'Untermann M ⟨~(e)s; ⸚er⟩ *Artistik:* portor *m*

unter'mauern VT ⟨*ohne* ge-⟩ cimentar; *fig a.* corroborar, fundamentar (**mit** con)

'untermengen¹ VT mezclar

unter'mengen² VT ⟨*ohne* ge-⟩ **etw ~** (entre)mezclar (**mit** con)

'Untermenü N ⟨~s; ~s⟩ IT submenú *m*; **Untermiete** F ⟨~⟩ subarriendo *m*; **in ~** realquilado; **bei j-m zur ~ wohnen** ser subinquilino de alg; **Untermieter** M, **Untermieterin** F subinquilino *m*, -a *f*, realquilado *m*, -a *f*

untermi'nieren VT ⟨*ohne* ge-⟩ socavar, minar (*beide a. fig*)

'untermischen VT ⟨*ohne* ge-⟩ → untermengen¹

'untern *umg* = **unter den**; → unter

unter'nehmen VT ⟨*irr; ohne* ge-⟩ emprender, hacer; **etwas ~** (*eingreifen*) tomar medidas, hacer algo; **er unternahm nichts** no hizo nada; **was ~ wir morgen?** ¿qué vamos a hacer mañana?

Unter'nehmen N ⟨~s; ~⟩ 1 (*Firma*) empresa *f*; **landwirtschaftliches ~** explotación *f* agrícola; **mittelständisches ~** mediana empresa *f*; **multinationales ~** empresa *f* multinacional; **kleinere und mittlere ~** *pl* pequeñas y medianas empresas *fpl*; pymes *fpl*; **ein ~ führen/gründen** dirigir/fundar una empresa 2 (*Vorhaben*) proyecto *m*, empresa *f*; MIL *a.* operación *f*

unter'nehmend ADJ emprendedor

Unter'nehmensberater M, **Unternehmensberaterin** F asesor *m*, -a *f* (*od* consultor *m*, -a *f*) de empresas; consejero *m*, -a *f* de gestión; **Unternehmensberatung** F 1 *Tätigkeit:* asesoramiento *m* (*od* consultoría *f*) de empresas; **eine ~ durchführen** realizar (*od* efectuar) una consultoría (*od* una asesoría) 2 *Firma:* (empresa *f*) consultora *f* (*od* asesora *f*)

Unter'nehmensform F forma *f* (*od* clase *f*) (jurídica) de la empresa; **Unternehmensführung** F 1 dirección *f* de la empresa; gestión *f* (empresarial) 2 *Wissenschaft:* ciencia *f* de la gestión; **Unternehmensgewinn** M beneficio *m* (od ganancias *fpl*) de la empresa; **Unternehmensgröße** F tamaño *m* de una empresa; **Unternehmensgründung** F *allg* creación *f* de empresas; *e-r konkreten Firma:* fundación *f* de la (*bzw* de una) empresa; **Unternehmenskommunikation** F comunicación *f* empresarial ; **Unternehmensleitung** F dirección *f* de la (*bzw* de una) empresa; **Unternehmenspolitik** F política *f* de gestión (*od* de la empresa); **Unternehmensschließung** F cierre *m* de la empresa; **Unternehmenssteuer** F WIRTSCH impuesto *m* empresarial (*od* a la empresas); **Unternehmensstrategie** F estrategia *f* de la empresa; **Unternehmensstruktur** F estructura *f* de la empresa, estructura *f* empresarial; **Unternehmenswert** M valor *m* de la empresa; **Unternehmenszusammenschluss** M fusión *f* de empresas

Unter'nehmer M ⟨~s; ~⟩, **Unternehmerin** F ⟨~; ~nen⟩ empresario *m*, -a *f*; *vertragliche(r):* contratista *m/f*; **unternehmerisch** ADJ *Entscheidung, Tätigkeit* empresarial; *Geist* emprendedor; **Unternehmertum** N ⟨~s⟩ empresariado *m*; **Unternehmerverband** M organización *f* empresarial

Unter'nehmung F ⟨~; ~en⟩ empresa *f*; MIL operación *f*; **Unternehmungsgeist** M ⟨~(e)s⟩ espíritu *m* emprendedor (*bzw* de iniciativa); **unternehmungslustig** ADJ emprendedor; activo

'Unteroffizier M MIL suboficial *m*; *Dienstgrad:* sargento *m*

'unterordnen A VT subordinar B VR **sich ~** subordinarse, someterse (**einer Sache/j-m** a a/c/a alg); → *a.* untergeordnet; **Unterordnung** F ⟨~; ~en⟩ 1 subordinación *f* 2 BIOL suborden *m*

'Unterpacht F subarriendo *m*; **Unterpächter** M **Unterpächterin** F subarrendatario *m*, -a *f*; **Unterpfand** N prenda *f* (*a. fig*)

'unterpflügen VT AGR enterrar con el arado

'Unterposition F WIRTSCH subpartida *f*; **unterprivilegiert** ADJ desvalido; **Unterproduktion** F producción *f* insuficiente (*od* deficitaria); **Unterprogramm** N IT subprograma *m*

unter'reden VR ⟨*ohne* ge-⟩ **sich mit j-m ~** conversar con alg; entrevistarse con alg; **Unterredung** F ⟨~; ~en⟩ conversación *f*; conferencia *f*; entrevista *f*

'Unterricht M ⟨~(e)s⟩ 1 (*Unterrichtsstunde*) clase *f*, lección *f*; **im ~** en clase; **am ~ teilnehmen** asistir a clase; **morgen ist kein ~** mañana no hay clase 2 **~ nehmen** tomar lecciones (**bei** con); **~ geben** *od* **erteilen** dar (*od* impartir) clases 3 *Tätigkeit:* enseñanza *f*; instrucción *f*

unter'richten ⟨*ohne* ge-⟩ A VT 1 (*lehren*) **etw ~** enseñar a/c, dar clase de a/c; **j-n in etw** (*dat*) **~** *a.* instruir a alg en a/c; **sie unterrichtet die 5. Klasse in Englisch** da clase de inglés al quinto curso 2 (*informieren*) **~ von** (*dat*) *od* **über** (*acus*) informar sobre (*od* de); poner al corriente de; **unterrichtet sein** estar informado (*od* enterado) (**über** *acus* de); **in (gut) unterrichteten Kreisen** en círculos (bien) informados B VI enseñar (**an** *dat* en) C VR **sich ~** (**über** *acus*) informarse (de, sobre), enterarse (de)

'Unterrichtsbriefe MPL lecciones *fpl* por correspondencia; **Unterrichtsfach** N asignatura *f*; **Unterrichtsfilm** M película *f* educativa; **unterrichtsfrei** ADJ **~er Tag** día *m* no lectivo; **Unterrichtsgegenstand** M materia *f* (de enseñanza); **Unterrichtsmaterial** N material *m* didáctico; **Unterrichtsmethode** F método *m* didáctico (*od* de enseñanza); **Unterrichtsraum** M (sala *f* de) clase *f*, aula *f*; **Unterrichtsstoff** M materia *f* (de enseñanza); **Unterrichtsstunde** F lección *f*, clase *f*; **Unterrichtswerk** N obra *f* didáctica; **Unterrichtswesen** N ⟨~s⟩ enseñanza *f*

Unter'richtung F ⟨~; ~en⟩ información *f*; instrucción *f*; **zu Ihrer ~** a título informativo; para su conocimiento

'Unterrock M combinación *f*, enaguas *fpl*

'unterrühren VT GASTR incorporar

'unters *umg* = **unter das**; → unter

unter'sagen VT ⟨*ohne* ge-⟩ vedar, prohibir; interdecir; **Untersagung** F ⟨~; ~en⟩ prohibición *f*; interdicción *f*

'Untersatz M ⟨~es; ⸚e⟩ 1 base *f*; pie *m*; (*Stütze*) soporte *m*, sostén *m* 2 *für Töpfe etc:* platillo *m*; salvamanteles *m*; *für Gläser:* posavasos *m* 3 ARCH zócalo *m*; pedestal *m* (*a. für Computer*) 4 *hum* **fahrbarer ~** coche *m* 5 *Logik:* menor *f*

'Unterschallgeschwindigkeit F PHYS velocidad *f* subsónica

unter'schätzen ⟨*ohne* ge-⟩ subestimar; infravalorar; *fig a.* tener en poco; menospreciar; **Unterschätzung** F ⟨~⟩ subestimación *f*; infravaloración *f*

unter'scheidbar ADJ distinguible; discernible

unter'scheiden ⟨*irr; ohne* ge-⟩ A VT diferenciar, distinguir B VI diferenciar, discernir (**zwischen** *dat* entre) C VR **sich ~** distinguirse, diferenciarse (**durch** en, por; **von** de)

unter'scheidend ADJ distintivo; característico; **Unterscheidung** F ⟨~; ~en⟩ 1 (*das Unterscheiden*) distinción *f*; discernimiento *m* 2 (*Unterschied*) diferencia *f*

Unter'scheidungsfähigkeit F ⟨~⟩ → Unterscheidungsvermögen; **Unterscheidungsmerkmal** N señal *f* distintiva; signo *m* (*od* rasgo *m*) distintivo; característica *f*; **Unterscheidungsvermögen** N discernimiento *m*; capacidad *f* de discriminación

'Unterschenkel M ANAT pierna *f*; **Unterschicht** F 1 SOZIOL clase *f* baja 2 TECH capa *f* inferior

'unterschieben VT ⟨*irr*⟩ poner (*od* meter) debajo; *Kind* su(b)stituir; *fig* **j-m etw ~** imputar a/c a alg; **Unterschiebung** F ⟨~; ~en⟩ su(b)stitución *f*; imputación *f*

'Unterschied M ⟨~(e)s; ~e⟩ diferencia *f*; (*Unterscheidung*) distinción *f*; **feiner ~** matiz *m*; **einen ~ machen** hacer una diferencia (**zwischen** *dat* entre); **im ~ zu** *od* **zum ~ von** a diferencia (*od* distinción) de; **ohne ~** sin distinción, indistintamente, indiferentemente; **ohne ~ der Rasse/des Geschlechts** *etc* sin distinción de raza/de sexo, *etc* '**unterschiedlich** A ADJ diferente; distinto; (*schwankend*) variable B ADV **~ behandeln** tratar diferentemente (*od* de modo distinto); (*diskriminieren*) discriminar; **unterschiedslos** ADV sin distinción, indistintamente; sin excepción

'**unterschlagen**[1] VT ⟨*irr*⟩ *Arme, Beine* cruzar

unter'schlagen[2] VT ⟨*irr; ohne* ge-⟩ 1 *Geld* desfalcar; malversar; defraudar 2 *Testament, Beweisstück* sustraer; hacer desaparecer; *Brief* interceptar; *Nachricht* ocultar; **Unterschlagung** F ⟨~; ~en⟩ 1 *v. Geld*: malversación *f* (de fondos); desfalco *m*; defraudación *f* 2 *v. Briefen*: interceptación *f*; *e-r Nachricht, e-s Beweisstücks*: ocultación *f*

'**Unterschlupf** M ⟨~(e)s; -schlüpfe⟩ (*Obdach*) abrigo *m*; (*Zuflucht*) refugio *m*; cobijo *m*; (*Versteck*) escondrijo *m*; guarida *f*; **unterschlupfen, unterschlüpfen** VI ⟨sn⟩ refugiarse, cobijarse (**bei j-m** en casa de alg); (*sich verbergen*) esconderse

unter'schreiben VT ⟨*irr; ohne* ge-⟩ firmar; *fig* suscribir; *fig* **das kann ich nicht ~** no estoy de acuerdo; **unter'schreiten** VT ⟨*irr; ohne* ge-⟩ quedar debajo de; **den Preis ~** ofrecer un precio más bajo (*od* más barato)

'**Unterschrift** F 1 firma *f*; **elektronische ~** firma *f* electrónica; **seine ~ setzen unter** (*acus*) poner (*od* estampar) su firma al pie de 2 (*Bildunterschrift*) leyenda *f*

'**Unterschriftenmappe** F portafirmas *m*; **Unterschriftensammlung** F recogida *f* de firmas

'**Unterschriftsbeglaubigung** F legalización *f* de la firma; **unterschriftsberechtigt** ADJ autorizado a firmar; **Unterschriftsmappe** F portafirmas *m*; **Unterschriftsprobe** F muestra *f* de la firma; **Unterschriftsstempel** M estampilla *f*

'**unterschwellig** ADJ subliminal

'**Untersee** M GEOG **der ~** *la parte occidental del Lago de Constanza*; **Unterseeboot** N submarino *m*; sumergible *m*; *in zssgn* → U-Boot-Abwehr *etc*; **unterseeisch** ADJ submarino; **Unterseekabel** N cable *m* submarino

'**Unterseite** F parte *f* (*bzw* lado *m*) inferior; **untersetzen** VT poner debajo; **Untersetzer** M ⟨~s; ~⟩ platillo *m*; *für Töpfe etc*: salvamanteles *m*; *für Gläser*: posavasos *m*

unter'setzt ADJ *Person* achaparrado, chato, *umg* regordete; **Unter'setzung** F ⟨~; ~en⟩ TECH reducción *f*, demultiplicación *f*

Unter'setzungsgetriebe N TECH engranaje *m* reductor; **Untersetzungsverhältnis** N TECH relación *f* de reducción

'**untersinken** VI ⟨*irr*; sn⟩ hundirse, sumergirse

'**Unterspannung** F ELEK subtensión *f*; subvoltaje *m*

unter'spülen VT ⟨*ohne* ge-⟩ derrubiar; socavar; **Unter'spülen** N derrubio *m*

Unter'staatssekretär M, **Unterstaatssekretärin** F subsecretario *m*, -a *f* (de Estado)

'**Unterstadt** F barrios *mpl* bajos; **Unterstand** M MIL abrigo *m*; refugio *m*

'**unterste(r, -s)** ADJ el más bajo; (*letzte*) último; **das ~ Fach** el último cajón; **das ~ Stockwerk** el piso bajo; **das Unterste zuoberst kehren** volver lo de arriba abajo

'**unterstehen**[1] VI ⟨*irr*⟩ refugiarse, ponerse al cubierto (*od* al abrigo)

unter'stehen[2] ⟨*irr; ohne* ge-⟩ A VI **j-m ~** estar subordinado a alg; depender de alg; *bes* MIL estar a (*od* bajo) las órdenes de alg B VR **sich ~, etw zu tun** atreverse a hacer a/c; tener el atrevimiento (*od* la audacia *od* la osadía) de hacer a/c; **was ~ Sie sich!** ¿cómo se atreve usted?; **untersteh dich!** ¡no te atrevas!

'**unterstellen**[1] A VT 1 poner (*od* colocar) debajo (**unter** *acus* de) 2 *zum Schutz*: poner al abrigo; poner a cubierto; *Wagen* encerrar (en el garaje) B VR **sich ~** ponerse al cubierto (*od* al abrigo); refugiarse (**in** *dat* en)

unter'stellen[2] VT ⟨*ohne* ge-⟩ 1 **j-m ~** subordinar a alg, poner bajo el mando (*od* las órdenes) de alg; **j-m unterstellt sein** → unterstehen[2] A 2 *fig* **etw ~** (*annehmen*) suponer a/c 3 *fig* (*zuschreiben*) **j-m etw ~** atribuir *od* imputar a/c a alg; **j-m böse Absichten ~** atribui a alg malas intenciones

Unter'stellung F ⟨~; ~en⟩ imputación *f*; suposición *f*; (*falsche Behauptung*) insinuación *f*

unter'streichen VT ⟨*irr; ohne* ge-⟩ subrayar; *fig a.* poner de relieve; acentuar; hacer resaltar; **Unterstreichung** F ⟨~; ~en⟩ subrayado *m*

'**Unterströmung** F ⟨~; ~en⟩ corriente *f* de fondo; *fig* tendencia *f* oculta; **Unterstufe** F SCHULE **die ~** *las tres primeros años de la enseñanza media*

unter'stützen VT ⟨*ohne* ge-⟩ *allg* apoyar; *Person a.* respaldar, ayudar; (*fördern*) fomentar; **etw/j-n finanziell ~** subvencionar a/c/a alg; **Unterstützung** F ⟨~; ~en⟩ *allg* apoyo *m*; *von Personen a.*: respaldo *m*; (*Förderung*) fomento *m*; (*Hilfe*) ayuda *f* (*a. finanzielle*); **finanzielle ~** subvención *f*; *sozial*: subsidio *m*

unter'stützungsbedürftig ADJ menesteroso, necesitado de socorro (*od* de asistencia)

Unter'stützungsempfänger M, **Unterstützungsempfängerin** F beneficiario *m*, -a *f* de un subsidio; subsidiado *m*, -a *f*; **Unterstützungsfonds** M fondo *m* de socorro (*od* de asistencia); **Unterstützungsgelder** NPL subsidios *mpl*; **Unterstützungskasse** F ≈ caja *f* de socorros; **Unterstützungsverein** M sociedad *f* de socorros mutuos

unter'suchen VT ⟨*ohne* ge-⟩ 1 *Beschaffenheit, Funktion*, MED reconocer, examinar; *wissenschaftlich*: investigar; (*erforschen*) explorar; CHEM analizar 2 *Ursachen, Fall* examinar, investigar; JUR indagar, pesquisar 3 (*überprüfen*) comprobar, verificar; inspeccionar 4 *Zoll*: registrar, revisar; **Untersuchung** F ⟨~; ~en⟩ 1 reconocimiento *m*, examen *m*; *wissenschaftliche*: investigación *f*; CHEM análisis *m* 2 *von Ursachen*: investigación *f*; JUR indagación *f*, pesquisa *f*; (*Umfrage*) encuesta *f* 3 (*Überprüfung*) inspección *f*; registro *m*

Unter'suchungsausschuss M POL comisión *f* investigadora; **Untersuchungsgefangene** M/F preso *m*, -a *f* preventivo, -a; **Untersuchungsgericht** N juzgado *m* de instrucción; **Untersuchungshaft** F prisión *f* preventiva (*od* provisional); **Untersuchungshäftling** M preso *m*, -a *f* preventivo, -a; **Untersuchungsrichter** M, **Untersuchungsrichterin** F juez *m*, -a *f* instructor, -a (*od* de instrucción)

Unter'tagearbeiter M BERGB minero *m* de fondo; **Untertagebau** M ⟨~(e)s⟩ BERGB explotación *f* subterránea

'**untertan** ADJ *obs* sumiso; sometido; *geh* **sich** (*dat*) **j-n ~ machen** someter a alg

'**Untertan** M ⟨~s *od* ~en; ~en⟩ súbdito *m*

'**untertänig** ADJ sumiso; humilde; **Untertänigkeit** F ⟨~⟩ sumisión *f*

'**Untertasse** F platillo *m*; **fliegende ~** platillo *m* volante

'**untertauchen** A VI ⟨sn⟩ 1 sumergirse; *beim Baden*: zambullirse, dar una zambullida 2 *fig* desaparecer; *in der Menge etc*: perderse; POL *a.* pasar a la clandestinidad; **untergetaucht sein** haber desaparecido; POL haber pasado a la clandestinidad B VT sumergir; zambullir

'**Untertauchen** N 1 *im Wasser etc*: sumersión *f*; zambullida *f* 2 *fig* desaparición *f*; POL clandestinidad *f*; **Unterteil** N & M parte *f* inferior (*od* baja)

unter'teilen VT ⟨*ohne* ge-⟩ subdividir; desglosar; **Unterteilung** F ⟨~; ~en⟩ subdivisión *f*; desglose *m*

'**Untertemperatur** F MED hipotermia *f*; **Untertitel** M *bes* FILM subtítulo *m*

unter'titeln VT ⟨*ohne* ge-⟩ *bes* FILM subtitular

'**Unterton** M 1 MUS tono *m* concomitante 2 *fig* matiz *m*; deje *m*

unter'treiben ⟨*irr; ohne* ge-⟩ A VT quitar importancia a B VI pecar de modesto; **unter'tunneln** VT ⟨*ohne* ge-⟩ **etw ~** construir (*od* abrir) un túnel debajo de a/c

'**untervermieten** VT ⟨*ohne* ge-⟩ subarrendar; realquilar; **Untervermieter** M, **Untervermieterin** F subarrendador *m*, -a *f*; **Untervermietung** F subarriendo *m*

'**unterversichern** VT ⟨*ohne* ge-⟩ asegurar insuficientemente; **unterversichert** ADJ insuficientemente asegurado; **Unterversicherung** F ⟨~⟩ seguro *m* insuficiente, infraseguro *m*

'**Unterversorgung** F ⟨~⟩ desabastecimiento *m*; **Untervertrag** M subcontrato *m*; **Untervertreter** M, **Untervertreterin** F HANDEL subagente *m/f*; **Unterverzeichnis** N IT subdirectorio *m*

'**unter'wandern** VT ⟨*ohne* ge-⟩ infiltrarse (en); **Unterwanderung** F infiltración *f*

'**Unterwäsche** F ⟨~⟩ ropa *f* interior

Unter'wasseraufnahme F toma *f* submarina; **Unterwasserbombe** F MIL bomba *f* submarina; carga *f* de profundidad; **Unterwasserfahrt** F *U-Boot*: marcha *f* en inmersión; **Unterwassergeschwindigkeit** F *U-Boot*: velocidad *f* en inmersión; **Unterwasserkamera** F tomavistas *m* submarino; **Unterwassermassage** F MED masaje *m* subacuático; **Unterwasserortungsgerät** N sonar *m*; **Unterwassersport** M submarinismo *m*

unter'wegs ADV 1 (*auf dem Weg*) en el camino; **~ nach** con rumbo a; camino de 2 (*während der Reise*) durante el viaje 3 (*außer Haus*) fuera; **vier Tage ~ sein** estar fuera cuatro días

unter'weisen VT ⟨*irr; ohne* ge-⟩ *geh* instruir (**in** *dat* en); aleccionar, enseñar; **Unterweisung** F ⟨~; ~en⟩ *geh* instrucción *f* (**in** *dat* en); aleccionamiento *m*, enseñanza *f*

'**Unterwelt** F ⟨~⟩ 1 MYTH infiernos *mpl* 2 *fig* (*Verbrecherwelt*) bajos fondos *mpl*; mundo *m* del hampa

unter'werfen ⟨*irr; ohne* ge-⟩ A VT someter; (*unterjochen*) subyugar; avasallar B VR **sich ~** someterse; *fig* sujetarse (**einer Sache** *dat* a a/c); **Unter'werfung** F ⟨~⟩ sumisión *f*; subyugación *f*; avasallamiento *m*; sujeción *f* (**unter** *acus* a); **unter'worfen** ADJ sometido (a); sujeto (a); **der Mode ~ sein** depender de la moda

unter'wühlen VT ⟨*ohne* ge-⟩ → untergraben[2]; **unter'würfig** ADJ sumiso; (*kriecherisch*) servil; **Unter'würfigkeit** F ⟨~⟩ sumisión *f*; servilismo *m*; **unter'zeichnen** VT ⟨*ohne* ge-⟩ firmar

Unter'zeichner M, **Unterzeichnerin** F firmante *m/f*; *bes* POL signatario *m*, -a *f*; **Unterzeichnerstaat** M Estado *m* signatario

Unter'zeichnete M/F ⟨~n; ~n; → A⟩ **der/die ~** el/la que suscribe; el/la abajo firmante; el

infrascrito/la infrascrita; **Unterzeichnung** F ⟨~; ~en⟩ firma *f*; *bes* POL signatura *f*
'Unterzeug N ⟨~(e)s⟩ ropa *f* interior
'unterziehen¹ V/T ⟨*irr*⟩ **1** *Kleidung* poner(se) debajo **2** GASTR incorporar
unter'ziehen ⟨*irr; ohne* ge-⟩ **A** V/T **j-n/etw einer Sache** (*dat*) **~** someter a alg/a/c a a/c **B** V/R **sich einer Sache** (*dat*) **~** someterse a a/c; **sich der Mühe ~ zu** (*inf*) tomarse la molestia de (*inf*)
'Unterzucker M *umg* bajada *f* (*od umg* bajón *m*) de azúcar; **~ haben** tener una bajada de azúcar
Unter'zuckerung F ⟨~⟩ MED hipoglucemia *f*; *umg* bajada *f* (*od umg* bajón) *m* de azúcar
'untief ADJ poco profundo
'Untiefe F ⟨~; ~n⟩ **1** SCHIFF bajo fondo *m*, bajo *m*, bajío *m* **2** (*Abgrund*) abismo *m*
'Untier N monstruo *m* (*a. fig*)
un'tilgbar ADJ inextinguible; imborrable; indeleble; *Schuld* no amortizable; *Hypothek* irredimible; **un'tragbar** ADJ insoportable; intolerable, inaguantable
'untrainiert ADJ no entrenado; desentrenado
un'trennbar **A** ADJ inseparable **B** ADV inseparablemente; **Untrennbarkeit** F ⟨~⟩ inseparabilidad *f*
'untreu ADJ infiel (**gegen** a); desleal; **j-m ~ werden** se infiel a alg; *fig* **einer Sache ~ werden** faltar a a/c; desertar de a/c; **seinen Prinzipien ~ werden** renegar de sus principios; **sich** (*dat*) **selbst ~ werden** apartarse de sus principios; renegar de sí mismo
'Untreue F **1** infidelidad *f*; deslealtad *f*; **eheliche ~** infidelidad *f* conyugal **2** JUR **~ im Amt** prevaricación *f*
un'tröstlich ADJ inconsolable; desconsolado; **Untröstlichkeit** F ⟨~⟩ desconsuelo *m*
un'trüglich ADJ infalible; (*sicher*) seguro, certero; **mit ~er Sicherheit** infaliblemente; *fig* sin remedio; **Untrüglichkeit** F ⟨~⟩ infalibilidad *f*; seguridad *f*, certeza *f*
'untüchtig ADJ incapaz; inútil; **Untüchtigkeit** F ⟨~⟩ incapacidad *f*; inutilidad *f*
'Untugend F ⟨~; ~en⟩ vicio *m*; mala costumbre *f*
'untypisch ADJ atípico, no típico
unüber'brückbar ADJ *fig* insuperable; *Gegensatz* inconciliable; **unüber'hörbar** ADJ alto, claro; *fig Warnung* inequívoco
'unüberlegt ADJ inconsiderado; irreflexivo; (*leichtsinnig*) atolondrado; **Unüberlegtheit** F ⟨~; ~en⟩ inconsideración *f*; irreflexión *f*; (*Leichtsinn*) ligereza *f*
unüber'prüfbar ADJ no comprobable; incontrolable; **unüber'schreitbar** ADJ infranqueable; **unüber'sehbar** ADJ inmenso; incalculable; **Unüber'sehbarkeit** F ⟨~⟩ inmensidad *f*; **unüber'setzbar** ADJ intraducible
'unübersichtlich ADJ **1** *Darstellung* poco claro; confuso; (*verworren*) complejo; intrincado **2** *Kurve* de visibilidad reducida; *Gelände* de difícil orientación
unüber'steigbar ADJ insuperable (*a. fig*); infranqueable; **unüber'tragbar** ADJ intransferible; intransmisible; **unüber'trefflich** ADJ insuperable; soberano; incomparable; **unüber'troffen** ADJ sin par; sin rival; inigualado
unüber'windlich ADJ invencible; *Schwierigkeit* insuperable; *Gegensatz* inconciliable; **Unüberwindlichkeit** F ⟨~⟩ invencibilidad *f*; *der Gegensätze*: inconciliabilidad *f*
'unüblich ADJ inusitado; **es ist ~** no es costumbre; no se estila
unum'gänglich ADJ indispensable, imprescindible; de rigor; ineludible; **unum'schränkt** ADJ ilimitado, sin límites; POL absoluto; **unum'stößlich** ADJ irrefutable; (*unbestreitbar*) indiscutible, incontestable; (*unwiderruflich*) irrevocable; **unum'stritten** ADJ indiscutido
'unumwunden **A** ADJ franco; categórico **B** ADV **etw ~ zugeben** admitir a/c abiertamente *od* categóricamente *od* sin reservas;
ununterbrochen **A** ADJ ininterrumpido; (*andauernd*) *a.* continuo; incesante **B** ADV sin interrupción; continuamente; sin descanso; sin tregua
'unveränderlich ADJ invariable (*a.* GRAM); inalterable; inmutable; (*beständig*) estable; constante; **Unveränderlichkeit** F ⟨~⟩ invariabilidad *f*; inalterabilidad *f*; inmutabilidad *f*
'unverändert **A** ADJ inalterado **B** ADV sin cambiar; como siempre; igual que antes; **etw ~ lassen** no cambiar nada de a/c
'unverantwortlich ADJ *Person* irresponsable; *Verhalten a.* imperdonable; inexcusable; **Unverantwortlichkeit** F ⟨~⟩ irresponsabilidad *f*
'unverarbeitet ADJ sin labrar; tosco; bruto; *fig* sin digerir; no asimilado
'unveräußerlich ADJ *bes* JUR inalienable; inajenable; **Unveräußerlichkeit** F ⟨~⟩ inalienabilidad *f*
'unverbesserlich ADJ incorregible; empedernido; **Unverbesserlichkeit** F ⟨~⟩ incorregibilidad *f*
'unverbildet ADJ sencillo; natural
'unverbindlich **A** ADJ **1** (*nicht verpflichtend*) no obligatorio; HANDEL *Preise* sujeto a variación **2** (*zurückhaltend*) reservado; (*nichtssagend*) vago **B** ADV **1** (*ohne Verpflichtung*) sin compromiso; sin obligación **2** (*zurückhaltend*) con reservas; (*nichtssagend*) vagamente
'unverbleit ADJ *Benzin* sin plomo; **unverblümt** **A** ADJ seco; crudo **B** ADV rotundamente; sin rodeos; **unverbraucht** ADJ *fig* bien conservado; fresco; **unverbrennbar** ADJ incombustible; **unverbrüchlich** ADJ inviolable; *Schweigen* absoluto; *Gehorsam, Glaube* ciego; **unverbürgt** ADJ no garantizado; *Nachricht* no confirmado; **unverdächtig** ADJ nada sospechoso
'unverdaulich ADJ indigesto (*a. fig*); indigestible; **Unverdaulichkeit** F ⟨~⟩ indigestibilidad *f*
'unverdaut ADJ mal digerido (*a. fig*); sin digerir; **unverderblich** ADJ incorruptible; **unverdient** **A** ADJ inmerecido **B** ADV sin merecerlo; injustamente
'unverdienter'maßen ADV, **unverdienter'weise** ADV sin merecerlo; injustamente
'unverdorben ADJ **1** *Ware* en buen estado; fresco **2** *fig* incorrupto; puro; inocente; **Unverdorbenheit** F ⟨~⟩ incorrupción *f* (*a. fig*); *fig* pureza *f*; inocencia *f*
'unverdrossen ADJ infatigable, incansable; perseverante; (*geduldig*) paciente; **Unverdrossenheit** F ⟨~⟩ perseverancia *f*
'unverdünnt ADJ no diluido, sin diluir; (*konzentriert*) concentrado; **unvereidigt** ADJ no jurado
unver'einbar ADJ incompatible (**mit** con); inconciliable; **Unvereinbarkeit** F ⟨~⟩ incompatibilidad *f*
'unverfälscht ADJ no falsificado; no adulterado; (*rein*) puro; (*echt*) verdadero; genuino; auténtico; **Unverfälschtheit** F ⟨~⟩ pureza *f*; (*Echtheit*) autenticidad *f*
'unverfänglich ADJ *Bemerkung etc* inofensivo; sin segunda intención
'unverfroren ADJ impertinente; insolente; descarado, desvergonzado, *umg* fresco; **Unverfrorenheit** F ⟨~⟩ insolencia *f*; descaro *m*, desvergüenza *f*; *umg* frescura *f*
'unvergänglich ADJ imperecedero; (*unsterblich*) inmortal; **Unvergänglichkeit** F ⟨~⟩ inmortalidad *f*
'unvergessen ADJ inolvidado
unver'gesslich ADJ inolvidable; **unver'gleichlich** ADJ incomparable; inigualable; sin par, sin igual; sin rival
'unverhältnismäßig **A** ADJ desproporcionado; excesivo **B** ADV despropocionadamente; **~ oft** con excesiva frecuencia; **unverheiratet** ADJ soltero; **unverhofft** **A** ADJ inesperado; (*unvorhergesehen*) imprevisto; (*plötzlich*) repentino; *sprichw* **~ kommt oft** donde menos se piensa salta la liebre **B** ADV inesperadamente; de improviso; cuando menos se esperaba; **unverhohlen** **A** ADJ sin disimulo; (*offen*) franco; abierto; sincero **B** ADV sin disimulo; sin tapujos; (*offen*) con toda franqueza; francamente; abiertamente; **unverhüllt** ADJ sin velo; *fig* → unverhohlen
'unverjährbar ADJ JUR imprescriptible; **Unverjährbarkeit** F ⟨~⟩ JUR imprescriptibilidad *f*
'unverkäuflich ADJ (*keinen Käufer findend*) invendible; (*nicht zu verkaufen*) no destinado a la venta; fuera de venta
unver'kennbar ADJ inconfundible; inequívoco; (*offensichtlich*) evidente, manifiesto, patente
'unverlangt ADJ no pedido; no solicitado
unver'letzbar, unverletzlich ADJ invulnerable; *fig* inviolable; **Unverletzlichkeit** F ⟨~⟩ invulnerabilidad *f*; *fig* inviolabilidad *f*
'unverletzt ADJ *Person* ileso; sano y salvo; *weitS.* intacto; indemne; **~ bleiben** salir ileso
unver'lierbar ADJ imperdible
'unvermählt ADJ *geh* soltero, célibe
unver'meidlich ADJ inevitable, ineludible, fatal
'unvermietet ADJ desalquilado; sin alquilar; **unvermindert** ADJ no disminuido, sin disminuir; constante; **unvermischt** ADJ puro, sin mezcla; **unvermittelt** **A** ADJ directo; (*plötzlich*) súbito, repentino; brusco; (*unerwartet*) inesperado **B** ADV de repente; cuando menos se esperaba
'Unvermögen N ⟨~s⟩ incapacidad *f*; impotencia *f*; **unvermögend** ADJ (*mittellos*) sin recursos; sin fortuna
'unvermutet ADJ & ADV → unverhofft
'Unvernunft F ⟨~⟩ falta *f* de juicio; insensatez *f*; (*Unklugheit*) imprudencia *f*; **unvernünftig** ADJ irrazonable; insensato; imprudente
'unveröffentlicht ADJ inédito; **unverpackt** ADJ sin embalar; HANDEL (*lose*) a granel; **unverrichtet** ADJ *fig* **~er Dinge** sin haber logrado su propósito; con las manos vacías
unver'rückbar **A** ADJ inmóvil; *fig* firme; fijo **B** ADV **das steht ~ fest** es definitivo
'unverschämt **A** ADJ **1** *Person, Benehmen* desvergonzado; impertinente; insolente; descarado, *umg* desfachatado, fresco; **~er Kerl** sinvergüenza *m* **2** *umg* (*zu groß, hoch etc*) inmenso, desmesurado, *umg* escandaloso; **~er Preis** precio *m* exorbitante; **ein ~es Glück** muchísima suerte *od* una suerte loca **B** ADV **1** con descaro, descaradamente; **~ grinsen** sonreír con descaro; **~ lügen** mentir descaradamente **2** *umg* (*sehr*) inmensamente; **sie sieht ~ gut aus** *umg* está buenísima; **das ist ~ teuer** es carísimo
'Unverschämtheit F ⟨~; ~en⟩ insolencia *f*; descaro *m*, *umg* desfachatez *f*
'unverschleiert ADJ sin velo; **unver-**

U

schlossen ADJ sin cerrar, no cerrado; **unverschuldet** A ADJ inmerecido; WIRTSCH libre de deudas B ADV sin culpa mía, tuya, *etc*; sin ser culpable; *(unverdient)* sin merecerlo; **unversehens** ADV de improviso; de repente; de sopetón
'unversehrt ADJ ileso; indemne; sano y salvo; *Sache* intacto; **Unversehrtheit** F ⟨~⟩ integridad *f* (*a. fig*)
'unversichert ADJ no asegurado
unver'siegbar, unversieglich ADJ inagotable
'unversiegelt ADJ sin sello; sin sellar
'unversöhnlich ADJ irreconciliable; implacable; intransigente; **Unversöhnlichkeit** F ⟨~⟩ implacabilidad *f*; intransigencia *f*
'unversorgt ADJ sin medios (de subsistencia); desamparado
'Unverstand M falta *f* de juicio; insensatez *f*; *(Dummheit)* estupidez *f*
'unverstanden ADJ incomprendido
'unverständig ADJ poco razonable; insensato; imprudente; **unverständlich** ADJ incomprensible; ininteligible; **es ist mir ~, wie ...** no puedo entender cómo ...; **das ist mir ~** no me lo explico; **Unverständlichkeit** F ⟨~⟩ incomprensibilidad *f*; **Unverständnis** N ⟨~ses⟩ falta *f* de comprensión
'unverstellbar ADJ TECH no ajustable; fijo; **unversteuert** ADJ libre de impuestos; sin pagar impuestos; **unversucht** ADJ **nichts ~ lassen, um zu** (*inf*) no omitir esfuerzos para (*inf*)
'unverträglich ADJ 1 *Person* insociable; intratable; *(streitsüchtig)* pendenciero 2 *(unvereinbar)* incompatible (**mit** con); **Unverträglichkeit** F ⟨~⟩ 1 *e-r Person*: insociabilidad *f*; carácter *m* intratable 2 *(Unvereinbarkeit)* incompatibilidad *f*; PHARM intolerancia *f*
'unverwandt A ADJ fijo; inmóvil B ADV **~ ansehen** mirar fijamente
unver'wechselbar ADJ inconfundible
'unverwelklich ADJ inmarchitable, inmarcesible (*a. fig Schönheit*); **unverwendbar** ADJ inservible; no utilizable; **unverweslich** ADJ incorruptible; imputrescible; **unverwischbar** ADJ imborrable; indeleble
'unverwundbar ADJ invulnerable; **Unverwundbarkeit** F ⟨~⟩ invulnerabilidad *f*
unver'wüstlich ADJ 1 *Material* indestructible; muy resistente; *Maschine* muy robusto 2 *fig* imperturbable; *Humor a.* inagotable; *Gesundheit* inalterable, inquebrantable, *umg* a prueba de bomba; *Mensch* duro
'unverzagt ADJ intrépido, impávido; denodado; **Unverzagtheit** F ⟨~⟩ intrepidez *f*, impavidez *f*; denuedo *m*
unver'zeihlich ADJ imperdonable; **unver'zichtbar** ADJ indispensable; **unver'zinslich** ADJ FIN sin interés
'unverzollt ADJ sin pagar derechos
unver'züglich A ADJ inmediato B ADV sin demora, sin tardar; inmediatamente; en el acto
'unvollendet ADJ inacabado; inconcluso; incompleto; **unvollkommen** ADJ imperfecto; defectuoso; **Unvollkommenheit** F ⟨~⟩ imperfección *f*; **unvollständig** ADJ incompleto; GRAM *Verb* defectivo; **Unvollständigkeit** F ⟨~⟩ estado *m* incompleto; **unvollzählig** ADJ incompleto
'unvorbereitet A ADJ no preparado; improvisado; *(ahnungslos)* desprevenido B ADV 1 *(ohne Vorbereitung)* improvisadamente; sin estar preparado, sin preparación; **~ sprechen** improvisar 2 *(unversehens)* de improviso
'unvordenklich ADJ *lit* **seit ~en Zeiten** desde tiempos inmemoriales
'unvoreingenommen ADJ imparcial; objetivo; no prevenido; libre de todo prejuicio; **Unvoreingenommenheit** F ⟨~⟩ imparcialidad *f*; objetividad *f*
'unvorhergesehen ADJ imprevisto; fortuito; inesperado; **~e Ausgaben** imprevistos *mpl*; **unvorhersehbar** ADJ imprevisible
'unvorschriftsmäßig ADJ contrario a las prescripciones (*bzw* al reglamento); irregular
'unvorsichtig ADJ imprudente; incauto; inconsiderado; **Unvorsichtigkeit** F ⟨~; ~en⟩ descuido *m*; imprudencia *f*; inconsideración *f*
unvor'stellbar ADJ inimaginable; inconcebible; *(unglaublich)* increíble
'unvorteilhaft ADJ poco ventajoso; desventajoso; desfavorable; *Kleid* nada favorecedor; **~ wirken** hacer mal efecto
un'wägbar ADJ imponderable; **~e Dinge** imponderables *mpl*; **Unwägbarkeit** F ⟨~⟩ imponderabilidad *f*
'unwahr ADJ falso; inexacto; **unwahrhaftig** ADJ insincero; mentiroso; mendaz; **Unwahrhaftigkeit** F falta *f* de veracidad; insinceridad *f*; **Unwahrheit** F falsedad *f*; mentira *f*; **die ~ sagen** mentir, faltar a la verdad
'unwahrscheinlich ADJ poco probable; improbable; inverosímil; *umg fig* fantástico; increíble; **Unwahrscheinlichkeit** F improbabilidad *f*; inverosimilitud *f*
un'wandelbar ADJ inmutable; invariable, constante; inalterable; **Unwandelbarkeit** F inmutabilidad *f*; invariabilidad *f*, constancia *f*; inalterabilidad *f*
'unwegsam ADJ impracticable; intransitable; sin caminos; **unweiblich** ADJ poco femenino; impropio de la mujer
un'weigerlich A ADJ inevitable; seguro; absoluto; fatal B ADV sin falta; infaliblemente
'unweise ADJ poco inteligente; imprudente; **unweit** PRÄP *(gen)* cerca de; a poca distancia de; no lejos de; *adv* **~ von** cerca de; **unwert** ADJ indigno (**einer Sache** *gen* de a/c)
'Unwesen N ⟨~s⟩ abusos *mpl*; excesos *mpl*; **sein ~ treiben** hacer de las suyas; *an e-m Ort*: infestar (un lugar)
'unwesentlich ADJ poco importante; irrelevante; insignificante; *(nebensächlich)* secundario, accesorio; **das ist ~** (eso) no tiene importancia; **Unwesentlichkeit** F ⟨~⟩ insignificancia *f*
'Unwetter N ⟨~s; ~⟩ temporal *m* (de viento y lluvia); *(Gewitter)* tormenta *f*
'unwichtig ADJ sin importancia; insignificante; **das ist ~** (eso) no tiene importancia; **Unwichtigkeit** F ⟨~; ~en⟩ poca importancia *f*; insignificancia *f*; **~en** *pl* futilidades *fpl*; bagatelas *fpl*
unwider'legbar ADJ irrefutable; *Beweis* concluyente; **Unwiderlegbarkeit** F ⟨~⟩ carácter *m* irrefutable; **unwiderleglich** ADJ → unwiderlegbar
unwider'ruflich ADJ irrevocable; *(endgültig)* definitivo; **Unwiderruflichkeit** F ⟨~⟩ irrevocabilidad *f*
unwider'sprochen ADJ no contradicho; **unwider'stehlich** ADJ irresistible
unwieder'bringlich A ADJ irrecuperable; *Verlust* irreparable B ADV **~ verloren sein** estar perdido para siempre
'Unwille M ⟨~ns⟩ indignación *f*; *(Ärger)* enojo *m*; irritación *f*
'unwillig A ADJ indignado (**über** *acus* de, por); enojado; **~ werden** indignarse; enojarse (**über j-n con alg**) B ADV de mala gana
'unwillkommen ADJ indeseable; *(ungelegen)* inoportuno; intempestivo; **unwillkürlich** A ADJ involuntario; espontáneo; instintivo B ADV involuntariamente; sin querer; instintivamente
'unwirklich ADJ irreal; **Unwirklichkeit** F ⟨~⟩ irrealidad *f*
'unwirksam ADJ ineficaz; inoperante; inactivo (*a.* MED); **Unwirksamkeit** F ⟨~⟩ ineficacia *f*; inoperancia *f*; inactividad *f*
'unwirsch ADJ malhumorado; *(schroff)* áspero, desabrido; brusco; hosco
'unwirtlich ADJ inhospitalario, inhóspito; **Unwirtlichkeit** F ⟨~⟩ inhospitalidad *f*
'unwirtschaftlich ADJ antieconómico; poco racional; no rentable; **Unwirtschaftlichkeit** F ⟨~⟩ no rentabilidad *f*
'unwissend ADJ ignorante; **Unwissenheit** F ⟨~⟩ ignorancia *f*; **unwissenschaftlich** ADJ poco científico; anticientífico
'unwissentlich ADV sin saberlo; sin querer(lo); inconscientemente
'unwohl ADJ & ADV indispuesto; **mir ist ~** *od* **ich fühle mich ~** no me siento bien; *(unbehaglich) a.* no estoy a gusto; **Unwohlsein** N indisposición *f*; malestar *m*
'unwohnlich ADJ poco confortable
'Unwort N palabra *f od* expresión *f* fea; **das ~ des Jahres** la palabra más fea del año
'unwürdig ADJ indigno; **Unwürdigkeit** F ⟨~⟩ indignidad *f*
'Unzahl F ⟨~⟩ sinnúmero *m*; sinfín *m*; infinidad *f*; **eine ~ von** una infinidad (*od* un sinnúmero *od* un sinfín) de
un'zählbar ADJ incontable; *fig* → unzählig
un'zählig ADJ innumerable, incontable; **~e Mal(e)** mil veces; infinidad de veces; **(es gibt) ~e Beispiele** (hay *od* existen) innumerables ejemplos
un'zähmbar ADJ indomable; *fig* indómito
'Unze F ⟨~; ~n⟩ onza *f*
'Unzeit F **zur ~** a destiempo, inoportunamente; a deshora; a mala hora; intempestivamente; **unzeitgemäß** ADJ *(unpassend)* inoportuno; *(altmodisch)* pasado de moda; anacrónico
'unzeitig A ADJ inoportuno; intempestivo B ADV a destiempo, inoportunamente; a mala hora
'unzerbrechlich ADJ irrompible; inquebrantable; **unzerlegbar** ADJ 1 CHEM que no puede descomponerse 2 TECH que no puede desmontarse; **unzerreißbar** ADJ irrompible
'unzerstörbar ADJ indestructible; **Unzerstörbarkeit** F ⟨~⟩ indestructibilidad *f*
'unzertrennlich ADJ inseparable; **Unzertrennlichkeit** F ⟨~⟩ inseparabilidad *f*
Unzi'ale F ⟨~; ~n⟩, **Unzialschrift** F TYPO (escritura *f*) uncial *f*
'unziemend, unziemlich ADJ *geh* *(ungehörig)* inconveniente; *(unanständig)* indecoroso; indecente; **Unziemlichkeit** F ⟨~⟩ *geh* inconveniencia *f*; indecencia *f*
'unzivilisiert ADJ no civilizado; bárbaro
'Unzucht F ⟨~⟩ *obs* impudicia *f*, deshonestidad *f*; fornicación *f*; JUR abusos *mpl* deshonestos; **gewerbsmäßige ~** prostitución *f*; **~ treiben** prostituirse; fornicar
'unzüchtig ADJ impúdico, deshonesto; *(obszön)* obsceno; *Schrift* pornográfico; **Unzüchtigkeit** F ⟨~⟩ impudicia *f*, deshonestidad *f*; obscenidad *f*
'unzufrieden ADJ descontento (**mit** de, con); poco satisfecho; insatisfecho; **Unzufriedenheit** F ⟨~⟩ descontento *m*; insatisfacción *f*
'unzugänglich ADJ inaccesible; inabordable; *fig Person* muy reservado; **Unzugäng-**

lichkeit F ⟨~⟩ inaccesibilidad *f*; *fig e-r Person:* gran reserva *f*

'unzulänglich ADJ insuficiente; deficiente; **Unzulänglichkeit** F ⟨~; ~en⟩ insuficiencia *f*; deficiencia *f*

'unzulässig ADJ inadmisible; ilícito; JUR improcedente; **Unzulässigkeit** F ⟨~⟩ ilicitud *f*; JUR improcedencia *f*

'unzumutbar ADJ que no puede ser exigido *(de alg)*; irrazonable; inaceptable

'unzurechnungsfähig ADJ irresponsable, no responsable de sus acciones; JUR inimputable; **Unzurechnungsfähigkeit** F ⟨~⟩ irresponsabilidad *f*; JUR inimputabilidad *f*

'unzureichend ADJ insuficiente; **unzusammenhängend** ADJ incoherente

'unzuständig ADJ incompetente; **Unzuständigkeit** F ⟨~⟩ incompetencia *f*

'unzustellbar ADJ *Postwesen:* de destinatario desconocido; **~er Brief** carta *f* devuelta; **falls ~, bitte zurück an den Absender** en caso de destinatario desconocido, devolver al remitente *od* a origen

'unzuträglich ADJ perjudicial (j-m a alg); *(ungesund) a.* malsano; **Unzuträglichkeit** F ⟨~⟩ inconveniente *m*

'unzutreffend ADJ inexacto; erróneo; **Unzutreffendes bitte streichen** tache lo que no proceda

'unzuverlässig ADJ poco seguro; inseguro *(a. Wetter)*; dudoso; *Person* de poca confianza; *(unseriös)* poco formal, informal; *Gedächtnis* infiel; **er ist ~** no es de fiar; **Unzuverlässigkeit** F ⟨~⟩ inseguridad *f*; falta *f* de seriedad *(od* formalidad); informalidad *f*

'unzweckmäßig ADJ inadecuado; no apropiado; poco conveniente; poco indicado; **Unzweckmäßigkeit** F ⟨~⟩ inconveniencia *f*; inoportunidad *f*

'unzweideutig ADJ inequívoco; claro; preciso; **unzweifelhaft** A ADJ indudable B ADV sin duda; indudablemente

'Update ['apde:t] N ⟨~s; ~s⟩ IT actualización *f*; puesta *f* al día; *Ergebnis a.:* versión *f* actualizada; **updaten** V/T IT actualizar, poner al día; **Upgrade** [-gre:t] N ⟨~s; ~s⟩ IT ≈ → Update; **uploaden** V/T ['aplo:dən] *(hochladen) Daten* subir, cargar, traspasar

'üppig A ADJ 1 BOT exuberante *(a. fig)*; lozano; *Vegetation a.* lujuriante 2 *(reichlich)* abundante *(a. Haarwuchs)*; *Essen* copioso; opulento 3 *(prächtig)* suntuoso, fastuoso; *(schwelgerisch)* voluptuoso; *Figur (füllig)* rollizo, voluptuoso B ADV **~ leben** vivir a cuerpo de rey; *Pflanzen* **~ wuchern** ser lujuriante *od* exuberante; **Üppigkeit** F ⟨~⟩ 1 BOT, *a. fig* exuberancia *f*; lozanía *f* 2 *(reichliches Vorhandensein)* abundancia *f*; *beim Essen:* copiosidad *f*; opulencia *f* 3 *(Pracht)* suntuosidad *f*; lujo *m*; *sinnlich:* voluptuosidad *f*

Ur M ⟨~(e)s; ~e⟩ ZOOL uro *m*

'Urabstimmung F ⟨~; ~en⟩ referéndum *m*

'Urahn M, **Urahne** M/F bisabuelo *m*, -a *f*; **die ~en** los antepasados

U'ral M **der ~** *Fluss:* Ural *m*; *Gebirge:* (los Montes) Urales *mpl*

'uralt ADJ viejísimo; vetusto; antiquísimo; **seit ~en Zeiten** desde tiempos inmemoriales

Urä'mie F ⟨~⟩ MED uremia *f*

u'rämisch ADJ MED urémico

U'ran N ⟨~s⟩ CHEM uranio *m*; **Urananreicherung** F ⟨~; ~en⟩ NUKL enriquecimiento *m* de uranio

'Uranfang M (primer) origen *m*

u'ranhaltig ADJ uranífero

U'ranpecherz N CHEM uranita *f*; **Uransalz** N CHEM sal *f* de uranio; **Uransäure** F CHEM ácido *m* uránico

'Uranus M ⟨~⟩ ASTRON Urano *m*

U'ranvorkommen N ⟨~s; ~⟩ yacimiento *m* uranífero

'uraufführen V/T THEAT estrenar; **Uraufführung** F ⟨~; ~en⟩ THEAT estreno *m* absoluto, riguroso estreno *m*

Urbanisati'on F ⟨~; ~en⟩ urbanización *f*; **urbani'sieren** V/T ⟨*ohne* ge-⟩ urbanizar; **Urbani'tät** F ⟨~⟩ urbanidad *f*

'urbar ADJ AGR cultivable; laborable; **~ machen** roturar; poner en cultivo; **Urbarmachung** F ⟨~; ~en⟩ roturación *f*; puesta *f* en cultivo

'Urbedeutung F significación *f* primitiva; sentido *m* original; **Urbeginn** M → Uranfang; **Urbevölkerung** F ⟨~⟩, **Urbewohner** MPL → Ureinwohner; **Urbild** N original *m*; prototipo *m*; arquetipo *m*

'urdeutsch ADJ muy alemán

'ur'eigen ADJ innato; inherente; **in Ihrem ~sten Interesse** en su propio interés

'Ureinwohner MPL indígenas *mpl* ; aborígenes *mpl*; población *f* autóctona; **Urenkel** M, **Urenkelin** F bisnieto *m*, -a *f*; **Urfassung** F versión *f* original; **Urform** F forma *f* primitiva

'urge'mütlich ADJ muy agradable; muy acogedor

'Urgeschichte F ⟨~⟩ prehistoria *f*; **urgeschichtlich** ADJ prehistórico

'Urgestein N GEOL roca *f* primitiva; *fig* **politisches ~** *(langjähriger und erfahrener Politiker)* dinosaurio *m* político

'Urgroßeltern PL bisabuelos *mpl*; **Urgroßmutter** F bisabuela *f*; **Urgroßvater** M bisabuelo *m*

'Urheber M ⟨~s; ~⟩, **Urheberin** F ⟨~; ~nen⟩ autor *m*, -a *f*; JUR *a.* causante *m/f*; *(Schöpfer)* creador *m*, -a *f*; artífice *m/f*; **Urheberrecht** N derecho *m* de autor; (derecho *m* de la) propiedad *f* intelectual; **Urheberschaft** F ⟨~⟩ autoría *f*; paternidad *f*; **Urheberschutz** M protección *f* de la propiedad intelectual, protección *f* del derecho de autor

'urig ADJ *Mensch* natural, (muy) original, castizo; *Lokal a.* auténtico

U'rin M ⟨~s; ~e⟩ orina *f*; **Uringlas** N orinal *m*

uri'nieren V/I ⟨*ohne* ge-⟩ orinar

u'rintreibend ADJ diurético; **~es Mittel** diurético *m*; **Urinuntersuchung** F uroscopia *f*; **Urinzucker** M MED glucosuria *f*

'Urkirche F REL Iglesia *f* primitiva

'ur'komisch ADJ muy cómico; muy divertido *(od* gracioso)

'Urkraft F fuerza *f* primitiva

'Urkunde F ⟨~; ~n⟩ documento *m*; escritura *f*; JUR título *m*; *bes* POL instrumento *m*; carta *f*; *(Diplom)* diploma *m*; *(Akte)* acta *f*; **notarielle ~** escritura *f* pública

'Urkundenbeweis M prueba *f* documental; **Urkundenfälscher** M, **Urkundenfälscherin** F falsificador *m*, -a *f* de documentos; **Urkundenfälschung** F JUR falsedad *f* en documentos; *Handlung:* falsificación *f* de documentos

'urkundlich A ADJ documental; documentado B ADV **~ belegen** documentar

'Urkundsbeamte(r) M, **Urkundsbeamtin** F (oficial *m*, -a *f*) fedatario *m*, -a *f*

'Urlaub M ⟨~(e)s; ~e⟩ *(Ferien)* vacaciones *fpl*; *(Freistellung von der Arbeit)* permiso *m*; MIL *a.* licencia *f*; **bezahlter ~** vacaciones *fpl* pagadas *(od* retribuidas); **unbezahlter ~** vacaciones *fpl* no pagadas; **~ beantragen** pedir vacaciones; *bes* MIL pedir permiso; **~ haben** *od* **auf ~ sein** estar de vacaciones; MIL estar con *(od* de) permiso *(od* de licencia); **~ nehmen** tomar vacaciones; pedir permiso; **in ~ gehen** ir de permiso; **in ~ fahren** ir de de vacaciones); **in** *od* **im ~ sein** estar de vacaciones

'Urlauber M ⟨~s; ~⟩, **Urlauberin** F ⟨~; ~nen⟩ turista *m/f*; vacacionista *m/f*

'Urlaubsanspruch M derecho *m* a vacaciones; **Urlaubsdauer** F duración *f* de las vacaciones; **Urlaubsgeld** N paga *f* de vacaciones; suplemento *m* por vacaciones; **Urlaubsgesuch** N petición *f* de permiso (MIL *a.* licencia); **Urlaubsland** N ⟨~(e)s; ⸚er⟩ país *m* turístico; **Urlaubsort** M lugar *m* de vacaciones

'urlaubsreif ADJ **~ sein** necesitar vacaciones

'Urlaubsreise F viaje *m* de vacaciones *(od* turístico); **Urlaubsreisende** M/F turista *m/f*; **Urlaubsschein** M MIL (hoja *f* de) permiso *m* *(bzw* licencia *f)*; **Urlaubssperre** F prohibición *f* de (tomar) vacaciones; bloqueo *m* de permiso; **Urlaubstag** M día *m* de vacaciones; **Urlaubsüberschreitung** F MIL ausencia *f* sin permiso; **Urlaubsvertretung** F sustitución *f* durante las vacaciones; **Urlaubszeit** F tiempo *m* *(od* periodo *m)* de vacaciones

'Urmensch M hombre *m* primitivo

'Urne F ⟨~; ~n⟩ *(Graburne, Wahlurne)* urna *f*

'Urnengang F elecciones *fpl*; **Urnenhalle** F columbario *m*

Uro'loge M ⟨~n; ~n⟩ MED urólogo *m*; **Urolo'gie** F ⟨~⟩ urología *f*; **Uro'login** F ⟨~; ~nen⟩ uróloga *f*

'Uroma F *umg* bisabuela *f*

Uro'meter N ⟨~s; ~⟩ MED urómetro *m*

'Uropa M *umg* bisabuelo *m*

Urosko'pie F ⟨~; ~n⟩ MED uroscopia *f*

ur'plötzlich A ADJ repentino, súbito B ADV de repente; de improviso; *umg* de sopetón

'Urquell M ⟨~(e)s; ~e⟩ *lit* fuente *f* primitiva; *fig* origen *m*

'Ursache F ⟨~; ~n⟩ causa *f*; *(Grund)* razón *f*; *(Beweggrund)* motivo *m*; **(keine) ~ haben zu** (no) tener motivo para; **alle ~ haben zu** tener sobrada razón para; **keine ~!** ¡de nada!; ¡no hay de qué!; *sprichw* **kleine ~, große Wirkung** *umg* con pequeña brasa se enciende una casa

'ursächlich ADJ causal; **~er Zusammenhang** nexo *m* causal; **Ursächlichkeit** F ⟨~⟩ causalidad *f*

'Urschrift F ⟨~; ~en⟩ original *m*; autógrafo *m*; **urschriftlich** ADJ & ADV en original

urspr. ABK (ursprünglich) originalmente

'Ursprache F lengua *f* primitiva *(od* original)

'Ursprung M ⟨~(e)s; -sprünge⟩ 1 *(Herkunft)* origen *m*; procedencia *f*; *(Quelle)* fuente *f*; **seinen ~ haben in** *(dat)* tener su origen en; proceder de; provenir de; **nordischen ~s** de origen nórdico; de procedencia nórdica 2 *(Entstehung)* nacimiento *m*; **der ~ allen Lebens** el origen de la vida

'ursprünglich A ADJ 1 *(anfänglich)* primitivo, original *(a. Bedeutung)*; inicial 2 *fig (echt, natürlich)* natural B ADV *(anfangs)* originalmente; primitivamente; *(zuerst)* al principio; **Ursprünglichkeit** F ⟨~⟩ originalidad *f*; *fig (Natürlichkeit)* naturalidad *f*

'Ursprungsbezeichnung F *v. Wein etc:* denominación *f* de origen; **Ursprungsland** N ⟨~(e)s; ⸚er⟩ país *m* de origen; **Ursprungsnachweis** M justificación *f* de origen; prueba *f* documental de origen; **Ursprungsvermerk** M indicación *f* de origen; **Ursprungszeugnis** N certificado *m* de origen

'Urstoff M materia *f* prima; CHEM elemento *m*

'Urteil N ⟨~s; ~e⟩ 1 *(Bewertung, Meinung)* juicio *m*, opinión *f*, parecer *m*; *(Gutachten)* dictamen *m* (pericial); **sein ~ abgeben** *od* **äußern** dar *(od*

manifestar) su opinión (**über** *acus* sobre); *Sachverständiger* dictaminar; **sich** (*dat*) **ein ~ (über etw/j-n) bilden** formarse una idea (de a/c/de alg); **kein ~ haben** no tener opinión propia; **meinem ~ nach** a mi juicio, en mi opinión, a mi parecer **2** JUR (*Urteilsspruch*) sentencia *f*; juicio *m*; *der Geschworenen*: veredicto *m*; *e-s Schiedsrichters*: laudo *m*; **das ~ ausführen** ejecutar la sentencia; **ein ~ fällen** emitir un juicio; **das ~ lautet auf** (*acus*) **...** sentenciado como ...; **das ~ sprechen** dictar sentencia **3** *fig* (*Entscheidung*) decisión *f*; **das ~ ist gefallen** está decidido

'urteilen VI *allg* juzgar; JUR sentenciar, (*meinen*) opinar; **über etw/j-n ~** juzgar sobre a/c/alg; formarse un juicio acerca de a/c/alg; **~ Sie selbst!** ¡juzgue usted por sí mismo!; **nach ihrer Miene zu ~** (a juzgar) por la cara; **nach seinen Worten zu ~** a juzgar por lo que dice

'Urteilsaufhebung F JUR revocación *f* de sentencia; casación *f* (*od* anulación *f*) de sentencia; **Urteilsbegründung** F JUR considerandos *mpl*; **Urteilseröffnung** F JUR publicación *f* de la sentencia

'urteilsfähig ADJ capaz de discernir; competente para juzgar; **Urteilsfähigkeit** F ⟨~⟩ juicio *m*; discernimiento *m*

'Urteilsfällung F ⟨~⟩ JUR pronunciamiento *m* de sentencia; **Urteilskraft** F → Urteilsfähigkeit; **Urteilsspruch** M JUR sentencia *f*; fallo *m*; *der Geschworenen*: veredicto *m*; **Urteilsverkündung** F JUR pronunciamiento *m* (*od* publicación *f*) de la sentencia; **Urteilsvermögen** N → Urteilsfähigkeit; **Urteilsvollstreckung** F JUR ejecución *f* de (la) sentencia

'Urtext M texto *m* original; **Urtierchen** NPL ZOOL protozoarios *mpl*; **urtümlich** ADJ primitivo; **Urtümlichkeit** F ⟨~⟩ primitivismo *m*; **Urtyp(us)** M arquetipo *m*

'Uruguay N ⟨~s⟩ Uruguay *m*

Urugu'ayer M ⟨~s; ~⟩, **Uruguayerin** F ⟨~; ~nen⟩ uruguayo *m*, -a *f*; **uruguayisch** ADJ uruguayo

'Ururenkel M, **Ururenkelin** F tataranieto *m*; -a *f*

'Urgroßmutter F tatarabuela *f*; **Urgroßvater** M tatarabuelo *m*

'Urvater M **~ Adam** nuestro primer padre

'urverwandt ADJ de común origen; **Urverwandtschaft** F comunidad *f* de origen

'Urvolk N pueblo *m* primitivo; aborígenes *mpl*; **Urwahl** F POL elección *f* primaria; **Urwald** M selva *f* virgen

'Urwelt F mundo *m* primitivo; **urweltlich** ADJ primitivo; antediluviano

'urwüchsig ADJ primitivo; original; (*bodenständig*) autóctono; nativo; (*kraftvoll*) robusto; *fig* natural; de pura cepa; ingenuo; **Urwüchsigkeit** F ⟨~⟩ robustez *f*; *fig* ingenuidad *f*

'Urzeit F tiempos *mpl* primitivos; **seit ~en** desde tiempos inmemoriales; desde que el mundo es mundo; **Urzelle** F célula *f* primitiva; **Urzeugung** F ⟨~⟩ BIOL generación *f* espontánea; **Urzustand** M estado *m* primitivo

US'A PL ABK (United States of America, Vereinigte Staaten von Nordamerika) EE.UU. *pl* (Estados Unidos de América)

U'sance ⟨~; ~n⟩ [y'zã:s] F WIRTSCH uso *m*, costumbre *f*

US'B-Adapter M IT adaptador *m* USB; **USB-Anschluss** M IT conexión *f* USB

Us'beke M ⟨~n; ~n⟩, **Usbekin** F ⟨~; ~nen⟩ uzbeco *m*, -a *f*; **usbekisch** ADJ uzbeco; **Usbekistan** N ⟨~s⟩ Uzbekistán *m*

US'B-Kabel N IT cable *m* USB; **USB-Schnittstelle** IT F puerto *m* USB; **USB-Stick** M IT stick *m* USB

'User ['ju:zər] M ⟨~s; ~⟩, **Userin** F ⟨~; ~nen⟩ IT usuario *f*, -a *f*

usf. ABK (und so fort) y así sucesivamente; etcétera

USP [ju?es'?pi] M ABK Unique Selling Point PUV *f* (Propuesta Única de Venta)

UST F ABK (Umsatzsteuer) impuesto *m* sobre la cifra (*od* el volumen) de negocio

UST-IdNr F ABK (Umsatzsteuer-Identifikationsnummer) NIF *m* (número de identificación fiscal)

Usurpati'on F ⟨~; ~en⟩ usurpación *f*; **Usur'pator** M ⟨~s; -'toren⟩, **Usurpa'torin** F ⟨~; ~nen⟩ usurpador *m*, -a *f*; **usurpa'torisch** ADJ usurpatorio; **usur'pieren** VT ⟨*ohne* ge-⟩ usurpar

'Usus M ⟨~⟩ uso *m*; costumbre *f*; **das ist hier so ~** es la costumbre aquí

usw. ABK (und so weiter) etc (etcétera)

Uten'silien PL utensilios *mpl*; útiles *mpl*; enseres *mpl*

'Uterus M ⟨~; Uteri⟩ ANAT útero *m*

Utilita'rismus M ⟨~⟩ utilitarismo *m*; **utilitaristisch** ADJ utilitario

Uto'pie F ⟨~; ~n⟩ utopía *f*

u'topisch ADJ utópico

Uto'pist M ⟨~en; ~en⟩, **Utopistin** F ⟨~; ~nen⟩ utopista *m/f*

u. U. ABK (unter Umständen) según las circunstancias

u. ü. V. ABK (unter üblichem Vorbehalt) salvo buen fin

UV ABK (ultraviolett) ultravioleta

u. v. a. m. ABK (und viele(s) andere mehr) y un largo etcétera

U'V-Lampe F lámpara *f* ultravioleta; **UV-Licht** N luz *f* ultravioleta

u. v. m. ABK (und vieles mehr) etc. (etcétera)

UV'P F ABK (Umweltverträglichkeitsprüfung) ÖKOL evaluación *f* del impacto ambiental

U'V-Strahlen MPL rayos *mpl* ultravioletas; **UV-Strahlung** F radiación *f* ultravioleta

u. W. ABK (unseres Wissens) a nuestro saber

'uzen VT *umg* embromar; *umg* tomar el pelo

Uze'rei F ⟨~; ~en⟩ bromas *fpl*

V

V, v N ⟨~; ~⟩ V, v *f*

v. ABK (von) de

V. ABK **1** (*Volt*) voltio **2** (*Volumen*) volumen **3** (*Vers*) verso

Va'banquespiel [va'bã:k-] N juego *m* de alto riesgo

'vag(e) [v-] **A** ADJ vago, impreciso; incierto **B** ADV vagamente

Vaga'bund [v-] M ⟨~en; ~en⟩ vagabundo *m*; *Arg* atorrante *m*; **Vagabundenleben** N vida *f* vagabunda

vagabun'dieren [v-] VI ⟨*ohne* ge-⟩ vagabundear; **Vagabun'dieren** N ⟨~s⟩ vagabundeo *m*

'Vagina [v-] F ⟨~; Vaginen⟩ ANAT vagina *f*

va'kant [v-] ADJ vacante

Va'kanz [v-] F ⟨~; ~en⟩ **1** (*plaza f*) vacante *f* **2** *obs* (*Ferien*) vacaciones *fpl*

'Vakuum ['va:kuːʊm] N ⟨~s; Vakua⟩ PHYS, *fig* vacío *m*; **Vakuumbremse** F TECH freno *m* de vacío; **Vakuumpumpe** F TECH bomba *f* de vacío; **Vakuumröhre** F tubo *m* de vacío; **vakuumverpackt** ADJ envasado al vacío

Va'lenz [v-] F ⟨~; ~en⟩ CHEM valencia *f*

Va'luta [v-] F ⟨~; ~ten⟩ FIN, WIRTSCH moneda *f* extranjera; divisa *f*; (*Wert*) valor *m*; **Valutageschäft** N FIN operaciones *fpl* de divisas; **Valutaklausel** F FIN cláusula *f* de reembolso en divisas; **Valutanotierung** F FIN cotización *f* de moneda extranjera

Vamp [vɛmp] M ⟨~s; ~s⟩ mujer *f* fatal; vampiresa *f*

Vam'pir [v-] M ⟨~s; ~e⟩, **Vam'pirin** F ⟨~; ~nen⟩ vampiro *m*, vampiresa *f*; **Vampi'rismus** M ⟨~⟩ vampirismo *m*

Van [vɛn] M ⟨~s; ~s⟩ monovolumen *m*

Van'dale [v-] M ⟨~n; ~n⟩, **Vandalin** F ⟨~; ~nen⟩ vándalo *m*, -a *f* (*a. fig*); **vandalisch** **A** ADJ vandálico **B** ADV como vándalos

Vanda'lismus [v-] M ⟨~⟩ vandalismo *m*

Va'nille [va'niljə] F ⟨~⟩ vainilla *f*; **Vanilleeis** N helado *m* de vainilla; **Vanillepudding** M ≈ flan *m* de vainilla; **Vanillestange** F rama *f* de vainilla, palo *m* (*od* palito *m*) de vainilla; **~n** *pl a.* vainilla *f* en rama; **Vanillezucker** M vainilla *f* azucarada

vari'abel [v-] ADJ variable

Variabili'tät [v-] F ⟨~⟩ variabilidad *f*; **Vari'able** F ⟨~n; ~n⟩ MATH variable *f*; **Vari'ante** F ⟨~; ~n⟩ variante *f*

Variati'on [v-] F ⟨~; ~en⟩ variación *f* (*a.* MUS) (**über** *acus* de; **zu** *dat* a); **variati'onsfähig** ADJ variable

Varie'tät [varie'tɛ:t] F ⟨~; ~en⟩ variedad *f*; **Varie'té, Varie'tee** N ⟨~s; ~s⟩ teatro *m* de variedades, music-hall *m*, *Am* vodevil *m*; *Aufführung*: variedades *fpl*

Varietékünstler [v-] M, **Varietékünstlerin** F artista *m/f* de variedades

vari'ieren [v-] VT & VI ⟨*ohne* ge-⟩ variar, cambiar; **Varo'meter** N ⟨~s; ~⟩ variómetro *m*

Va'sall [v-] M ⟨~en; ~en⟩ HIST vasallo *m*

Va'sallenstaat [v-] M Estado *m* vasallo; **Vasallentum** N ⟨~s⟩ HIST vasallaje *m*

'Vase [v-] F ⟨~; ~n⟩ florero *m*; *große*: jarrón *m*

Vasekto'mie [v-] F ⟨~; ~n⟩ vasectomía *f*

Vase'line® [v-] F ⟨~⟩ vaselina® *f*

'Vater M ⟨~s; Väter⟩ padre *m*; *hum* **~ Staat** el Estado; REL **der Heilige ~** el Santo Padre

'Vaterfreuden FPL alegría *f* de ser padre; **Vaterhaus** N casa *f* paterna; **Vaterland** N ⟨~(e)s; ⸚er⟩ patria *f*; país *m* natal; **vaterländisch** ADJ *geh* nacional, patrio; *Gesinnung* patriótico, patriota

'Vaterlandsliebe F amor *m* a la patria, patriotismo *m*; **vaterlandsliebend** ADJ patriótico; *Person* patriota; **vaterlandslos** ADJ *pej obs* sin patria; **Vaterlandsverräter** M, **Vaterlandsverräterin** F traidor *m*, -a *f* a la patria

'väterlich **A** ADJ paternal; paterno; JUR **~e Gewalt** patria potestad *f* **B** ADV como un padre; **väterlicherseits** ADV por parte de(l) padre; *Verwandte* paterno

'Vaterliebe F amor *m* paternal; **vaterlos** ADJ sin padre; huérfano de padre; **Vatermord** M parricidio *m*; **Vatermörder** M **1** parricida *m* **2** TEX *umg* (*hoher Kragen*) marquesota *f*; **Vaterschaft** F ⟨~⟩ paternidad *f*

'Vaterschaftsbeweis M JUR prueba *f* de la paternidad; **Vaterschaftsklage** F JUR acción *f* de filiación; **Vaterschaftstest** M prueba *f* de paternidad

'Vaterstadt F *geh* ciudad *f* natal; **Vaterstelle** F **bei j-m ~ vertreten** hacer las veces de padre con alg; **Vatertag** M día *m* del padre

Vater'unser N ⟨~s; ~⟩ REL Padrenuestro *m*

'Vati M *umg* ⟨~s; ~s⟩ *kindersprr* papá *m*; *umg* papi

m

Vati'kan [v-] M ⟨~s⟩ Vaticano *m*; **vatikanisch** ADJ vaticano; del Vaticano; **Vatikanstadt** F ⟨~⟩ Ciudad *f* del Vaticano

'V-Ausschnitt M *am Pullover*: escote *m* en pico

VB ABK (Verhandlungsbasis) base *f* de negociación; **~ 1500 Euro** 1500 euros negociables

v. Chr. ABK (vor Christus) a. (de) C. (antes de Cristo)

VDI M ABK (Verband Deutscher Ingenieure) Asociación *f* de Ingenieros Alemanes

VEB M ABK (Volkseigener Betrieb) HIST *DDR*: empresa *f* de propiedad colectiva

ve'gan [v-] ADJ vegano; **Veganer** M ⟨~s; ~⟩, **Veganerin** F ⟨~; ~nen⟩ vegano *m*, -a *f* (*que no come ningún tipo de producto animal*)

vegeta'bilisch [v-] ADJ vegetal

Vege'tarier [v-] M ⟨~s; ~⟩, **Vegetar'ierin** F ⟨~; ~nen⟩ vegetariano *m*, -a *f*; **vegetarisch** ADJ vegetariano; **~e Lebensweise** vegetarianismo *m*

Vegeta'rismus [v-] M ⟨~⟩ vegetarianismo *m*; **Vegetati'on** F ⟨~; ~en⟩ vegetación *f*; **vegeta'tiv** ADJ vegetativo; **~es Nervensystem** sistema *m* (nervioso) vegetativo

vege'tieren [v-] VI ⟨ohne ge-⟩ *fig* vegetar

vehe'ment [v-] ADJ vehemente; **Vehe'menz** F ⟨~⟩ vehemencia *f*

Ve'hikel [v-] N ⟨~s; ~⟩ AUTO vehículo *m* (*a. fig*); *pej* cacharro *m*

'Veilchen N ⟨~s; ~⟩ 1 BOT violeta *f* 2 *umg* (*blaues Auge*) ojo *m* morado; **veilchenblau** ADJ de color violeta, violado, violáceo

'Veitstanz M MED baile *m* de San Vito, corea *f*

'Vektor [v-] M ⟨~s; ~en⟩ MATH vector *m*

vektori'ell [v-] ADJ vectorial

'Vektorrechnung [v-] F cálculo *m* vectorial

Ve'lin [v-] N ⟨~s⟩, **Velinpapier** N papel *m* (de) vitela

'Velo [v-] N ⟨~s; ~s⟩ *schweiz* bicicleta *f*; **~ fahren** ir en bicicleta

Ve'lours [və'lu:r] M ⟨~; ~⟩ TEX terciopelo *m*; **Veloursleder** N velours *m*

'Vene [v-] F ⟨~; ~n⟩ ANAT vena *f*

Ve'nedig [v-] N Venecia *f*

'Venenentzündung [v-] F MED flebitis *f*

ve'nerisch [v-] ADJ MED venéreo

Venezi'aner [v-] M ⟨~s; ~⟩, **Venezianerin** F ⟨~; ~nen⟩ veneziano *m*, -a *f*; **venezianisch** ADJ veneciano

Venezo'laner [v-] M ⟨~s; ~⟩, **Venezolanerin** F ⟨~; ~nen⟩ venezolano *m*, -a *f*; **venezolanisch** ADJ venezolano

Venezu'ela [v-] N Venezuela *f*; **Venezueler** M ⟨~s; ~⟩, **Venezuelerin** F ⟨~; ~nen⟩ → Venezolaner *etc*

ve'nös [v-] ADJ MED venoso

Ven'til [v-] N ⟨~s; ~e⟩ válvula *f*; MUS pistón *m*; *fig* válvula *f* (*od* vía *f*) de escape

Ventilati'on [v-] F ⟨~⟩ ventilación *f*; **Venti'lator** M ⟨~s; ~en⟩ ventilador *m*; **venti'lieren** VT ⟨ohne ge-⟩ ventilar (*a. fig*); airear

Ven'tilklappe F chapaleta *f* de válvula; **Ventilkolben** M émbolo *m* de válvula; **Ventilposaune** F MUS trombón *m* de pistones; **Ventilspiel** N TECH juego *m* de la válvula; **Ventilteller** M TECH platillo *m* de la válvula

'Venus [v-] F ⟨~⟩ 1 ASTRON Venus *m* 2 MYTH Venus *f*; **Venusberg** M ANAT monte *m* de Venus; **Venusmuschel** F ZOOL almeja *f*

ver'abfolgen VT ⟨ohne ge-⟩ VERW → verabreichen

ver'abreden ⟨ohne ge-⟩ A VT convenir, concertar; *Termin etc* fijar; **wir haben verabredet, dass** hemos quedado en que (*subj*) B VR **sich mit j-m ~** citarse (*od* apalabrarse) con alg; quedar con alg

ver'abredet ADJ 1 (*vereinbart*) convenido; concertado; **zur ~en Zeit** a la hora convenida; **wie ~** como estaba convenido; según queda convenido 2 *Person* **mit j-m ~ sein** haber quedado con alg; tener una cita (*od* estar citado) con alg

Ver'abredung F ⟨~; ~en⟩ 1 (*Vereinbarung*) convenio *m*, acuerdo *m*; arreglo *m*; (*Verpflichtung*) compromiso *m* 2 (*Treffen*) cita *f*; **eine ~ haben** estar (*od* quedar) citado; **eine ~ mit j-m haben** haber quedado con alg, tener una cita con alg

ver'abreichen VT ⟨ohne ge-⟩ dar; MED administrar; *Schläge* asestar, *umg* propinar; **Verabreichung** F ⟨~; ~en⟩ MED administración *f*

ver'abscheuen VT ⟨ohne ge-⟩ detestar, aborrecer; *stärker*: execrar; abominar (*acus od* de); **verabscheuenswert** ADJ detestable, aborrecible; *stärker*: execrable; abominable; **Verabscheuung** F ⟨~⟩ detestación *f*, aborrecimiento *m*; *stärker*: execración *f*; abominación *f*

ver'abschieden ⟨ohne ge-⟩ A VR **sich ~** despedirse (**von** *od* **bei j-m** de alg) B VT 1 despedir (*a. entlassen*); MIL licenciar; *Beamte* cesar 2 POL *Gesetz, Haushalt* aprobar, votar; **Verabschiedung** F ⟨~; ~en⟩ 1 despedida *f*; MIL licenciamiento *m*; *e-s Beamten*: cese *m* 2 POL *e-s Gesetzes etc* aprobación *f*, votación *f*

ver'achten VT ⟨ohne ge-⟩ despreciar, menospreciar; desdeñar; *Gefahr etc* arrostrar; *umg* **nicht zu ~** nada despreciable; **verachtenswert** ADJ, **verachtenswürdig** ADJ despreciable; desdeñable

Ver'ächter M ⟨~s; ~⟩, **Verächterin** F ⟨~; ~nen⟩ despreciador *m*, -a *f*

ver'ächtlich A ADJ 1 (*Verachtung zeigend*) despectivo; desdeñoso 2 (*Verachtung verdienend*) menospreciable, despreciable, digno de desprecio; **~ machen** desprestigiar, desacreditar; envilecer B ADV despectivamente; **~ behandeln** tratar con desprecio (*od* desdén); vilipendiar

Ver'achtung F ⟨~⟩ desprecio *m*; menosprecio *m*; desdén *m*; **mit ~ strafen** despreciar, desdeñar

ver'albern VT ⟨ohne ge-⟩ *umg* **j-n ~** tomar el pelo a alg; poner en ridículo a alg

verallge'meinern VT ⟨ohne ge-⟩ generalizar; **Verallgemeinerung** F ⟨~; ~en⟩ generalización *f*

ver'alten VI ⟨ohne ge-; sn⟩ anticuarse; pasar de moda; caer en desuso; **veraltet** ADJ anticuado; (*überholt*) pasado (de moda); caído en desuso; **~er Ausdruck** arcaísmo *m*

Ve'randa [v-] F ⟨~; Veranden⟩ terraza *f* cerrada (*od* acristalada); veranda *f*; mirador *m*

ver'änderlich ADJ variable (*a.* MATH, GRAM, METEO); mudable; alterable; inconstante; *Charakter* voluble, versátil; **Veränderlichkeit** F ⟨~⟩ variabilidad *f*; alterabilidad *f*; inconstancia *f*; *des Charakters*: volubilidad *f*, versatilidad *f*

ver'ändern ⟨ohne ge-⟩ A VT cambiar; mudar; transformar; modificar; (*abwechseln*) variar; *nachteilig*: alterar B VR **sich ~** 1 cambiar, modificarse, transformarse 2 *umg* **sich (beruflich) ~** cambiar de empleo; **Veränderung** F ⟨~; ~en⟩ cambio *m* (*a. beruflich*); transformación *f*; *teilweise*: modificación *f*, variación *f*; *nachteilige*: alteración *f*

ver'ängstigen VT ⟨ohne ge-⟩ intimidar; asustar; amedrentar; azorar; **verängstigt** ADJ asustado; azorado

ver'ankern VT ⟨ohne ge-⟩ SCHIFF anclar (*a.* TECH), fondear; amarrar; *fig* cimentar; **Verankerung** F ⟨~; ~en⟩ 1 SCHIFF anclaje *m*, fondeo *m*; amarre *m* 2 (*Halterung*) fijación *f* 3 *fig* cimientos *mpl*

ver'anlagen VT ⟨ohne ge-⟩ WIRTSCH *Steuer* tasar, estimar; **j-n ~** imponer a alg

ver'anlagt ADJ predispuesto (**für, zu** a); MED *a.* propenso (**für, zu** a); **für etw ~ sein** tener talento (*od* dotes *od* aptitudes) para a/c; **praktisch ~ sein** ser práctico

Ver'anlagung F ⟨~; ~en⟩ 1 (*Talent, Begabung*) talento *m*, don *m*, dotes *fpl* (**für** para); (*Neigung, a.* MED) (pre)disposición *f* (**für** para), propensión *f* (**zu** a) 2 *fig* carácter *m* 3 WIRTSCH (*Steuerveranlagung*) tasación *f*; estimación *f*; **gemeinsame/getrennte ~** *der Ehegatten*: tasación *f* (*od* tributación *f*) conjunta/separada

ver'anlassen VT ⟨ohne ge-⟩ 1 **etw ~** (*anordnen*) disponer a/c, ordenar a/c; (*verursachen*) ocasionar a/c, motivar a/c; ser motivo de a/c; **das Nötige ~** tomar las medidas oportunas (*od* necesarias); **sich veranlasst fühlen** *od* **sehen zu** (*inf*) verse obligado (*od* en la necesidad) de (*inf*); **~, dass** hacer que (*subj*); disponer que (*subj*); **wir werden alles Weitere ~** (nosotros) nos ocuparemos del resto 2 **j-n zu etw ~** decidir (*od* inducir) a alg a hacer a/c; hacer a alg (*inf*)

Ver'anlassung F ⟨~; ~en⟩ 1 (*Grund*) razón *f*, causa *f*; (*Anlass*) motivo *m*; **~ geben zu** dar ocasión a; dar lugar a; dar margen a que (*subj*); **~ haben zu** tener motivo para; **er hat keine ~ zu** (*inf*) no tiene ninguna razón para (*inf*); **ohne jede ~** sin ningún motivo 2 (*Anregung*) iniciativa *f*; sugerencia *f*; (*Antrieb*) impulso *m*; instigación *f*; **auf j-s ~** (*acus*) **(hin)** por iniciativa de alg; (*Anweisung*) **auf ~ von** por indicación de; por orden de

ver'anschaulichen VT ⟨ohne ge-⟩ ilustrar; explicar; *mit Beispielen*: ejemplificar; **Veranschaulichung** F ⟨~; ~en⟩ ilustración *f*; *mit Beispielen*: ejemplificación *f*

ver'anschlagen VT ⟨ohne ge-⟩ evaluar, estimar, tasar (**auf** *acus* en); *Kosten a.* presupuestar; **Veranschlagung** F ⟨~; ~en⟩ evaluación *f*, estimación *f*; *v. Kosten*: presupuesto *m*

ver'anstalten VT ⟨ohne ge-⟩ *Ausstellung, Fest* organizar; dar; *Fest a.* celebrar; *Umfrage* hacer; **Veranstalter** M ⟨~s; ~⟩, **Veranstalterin** F ⟨~; ~nen⟩ organizador *m*, -a *f*

Ver'anstaltung F ⟨~; ~en⟩ 1 (*das Veranstalten*) organización *f* 2 *Ereignis* manifestación *f*; (*Kulturveranstaltung*) espectáculo *m*; *feierliche*: acto *m*, ceremonia *f*; SPORT encuentro *m*, prueba *f*, competición *f*, concurso *m*; **Veranstaltungskalender** M calendario *m* de actos; cartelera *f*

ver'antworten ⟨ohne ge-⟩ A VT **etw ~** responder de a/c; ser responsable (de a/c) B VR **sich für etw ~** justificarse por a/c (**vor j-m** ante alg)

ver'antwortlich ADJ responsable (**für** de); **~e Stellung** puesto *m* de responsabilidad; **j-n für etw ~ machen** hacer a alg responsable de a/c; responsabilizar a alg de a/c

Ver'antwortliche M/F ⟨~n; ~n; → A⟩ responsable *m/f*; **Verantwortlichkeit** F ⟨~⟩ responsabilidad *f*

Ver'antwortung F ⟨~⟩ responsabilidad *f*; **die ~ tragen** cargar con la responsabilidad, tener la responsabilidad, ser responsable (**für** de); **die ~ für etw übernehmen** asumir la responsabilidad de a/c, hacerse responsable (*od* responsabilizarse) de a/c; **auf meine ~** bajo mi responsabilidad; **etw auf eigene ~ tun** hacer a/c por su cuenta y riesgo; **j-n zur ~ ziehen** pedir cuentas a alg; llamar a alg a capítulo

ver'antwortungsbewusst ADJ conscien-

V

te de su responsabilidad; **Verantwortungsbewusstsein** N, **Verantwortungsgefühl** N sentido *m* de la responsabilidad; **verantwortungslos** ADJ irresponsable; **Verantwortungslosigkeit** F ⟨~⟩ irresponsabilidad *f*; **verantwortungsvoll** ADJ 1 *Aufgabe* de gran responsabilidad 2 *Person* muy responsable

ver'äppeln VT ⟨*ohne* ge-⟩ *umg* **j-n ~** *umg* tomar el pelo a alg

ver'arbeiten VT ⟨*ohne* ge-⟩ 1 (*als Material verwenden*) emplear, utilizar 2 TECH (*bearbeiten*) elaborar, trabajar, transformar (**zu etw** en a/c); IT tratar, procesar; **Daten ~** procesar datos; **gut/schlecht verarbeitet sein** estar bien/mal acabado (*od* elaborado) 3 *psychisch, geistig*: asimilar; digerir 4 (*verbrauchen*) consumir; *Nahrung a.* digerir

ver'arbeitend ADJ **~e Industrie** industria *f* transformadora

Ver'arbeitung F ⟨~⟩ 1 (*Verwendung*) empleo *m*, utilización *f* 2 (*Bearbeitung*) elaboración *f*; tratamiento *m*; transformación *f* 3 (*Verarbeitungsqualität, Ausführung*) acabado *m* 4 (*geistige Bewältigung*) asimilación *f* 5 *der Nahrung a.*: digestión *f*; **Verarbeitungsindustrie** F industria *f* transformadora

ver'argen VT ⟨*ohne* ge-⟩ *geh obs* **j-m etw nicht ~ können** no poder censura a alg por a/c; no pode tomar a mal a/c a alg

ver'ärgern VT ⟨*ohne* ge-⟩ disgustar, enfadar; irritar; crispar; **Verärgerung** F ⟨~⟩ disgusto *m*, enfado *m*; irritación *f*

ver'armen VI ⟨*ohne* ge-; sn⟩ empobrecer; venir a menos; **ver'armt** ADJ empobrecido; venido a menos; **Ver'armung** F ⟨~⟩ empobrecimiento *m*; depauperación *f*

ver'arschen VT ⟨*ohne* ge-⟩ *vulg* **j-n ~** *umg* tomar el pelo a alg; **ver'arzten** VT ⟨*ohne* ge-⟩ *umg* tratar; curar; *fig* cuidar

ver'ästeln VR ⟨*ohne* ge-⟩ **sich ~** ramificarse (*a. fig*); **Verästelung** F ⟨~; ~en⟩ ramificación *f*

ver'ätzen VT ⟨*ohne* ge-⟩ MED causticar; **Verätzung** F ⟨~; ~en⟩ causticación *f*

ver'ausgaben ⟨*ohne* ge-⟩ A VT VERW gastar B VR **sich ~** 1 *physisch*: agotar sus fuerzas; vaciarse 2 *finanziell*: gastar todo su dinero; agotar, apurar sus recursos; **verauslagen** VT ⟨*ohne* ge-⟩ VERW (*ausgeben*) desembolsar; (*vorstrecken*) adelantar (dinero)

ver'äußerlich ADJ enajenable, alienable; **veräußern** VT ⟨*ohne* ge-⟩ *bes* JUR ceder, enajenar, alienar; (*verkaufen*) vender; **Veräußerung** F ⟨~; ~en⟩ enajenación *f*, enajenamiento *m*, alienación *f*

Verb [v-] N ⟨~s; ~en⟩ GRAM verbo *m*; **transitives/intransitives/reflexives ~** verbo transitivo/intransitivo/reflexivo

ver'bal [v-] ADJ GRAM verbal

Ver'baladjektiv [v-] N GRAM adjetivo *m* verbal; **Verbalinjurie** [-riə] F ⟨~; ~n⟩ JUR injuria *f* de palabra

ver'ballhornen VT ⟨*ohne* ge-⟩ *Wort* desfigurar; mutilar; **Verballhornung** F LING desfiguración *f*, mutilación *f*

Ver'balnote [v-] F POL nota *f* verbal; **Verbalphrase** F LING frase *f* verbal; **Verbalsubstantiv** N GRAM sustantivo *m* verbal

Ver'band M ⟨~(e)s; Verbände⟩ 1 MED venda *f*, vendaje *m*; apósito *m* 2 (*Vereinigung*) asociación *f*; (con)federación *f*; unión *f* 3 MIL unidad *f*; FLUG formación *f*

Ver'band(s)kasten M MED botiquín *m*; **Verband(s)mull** M MED gasa *f* hidrófila; **Verband(s)päckchen** N MED compresa *f* aséptica; **Verband(s)platz** M MIL hospital *m* de sangre; **Verband(s)stoff** M MED material *m* para vendajes; **Verband(s)watte** F MED algodón *m* hidrófilo; **Verband(s)zeug** N MED apósitos *mpl*; vendajes *mpl*

ver'bannen VT ⟨*ohne* ge-⟩ desterrar (*a. fig*); proscribir; exiliar; **Verbannte** M/F ⟨~n; ~n; → A⟩ desterrado *m*, -a *f*; proscrito *m*, -a *f*; exiliado *m*, -a *f*; **Verbannung** F ⟨~; ~en⟩ destierro *m*; proscripción *f*; exilio *m*

verbarrika'dieren ⟨*ohne* ge-⟩ A VT levantar barricadas (en); *Zugang etc* obstruir, bloquear B VR **sich ~** atrincherarse, hacerse fuerte (en)

ver'bauen VT ⟨*ohne* ge-⟩ 1 (*versperren*) obstruir (con edificaciones); **j-m die Aussicht ~** quita la vista a alg; *fig* **sich** (*dat*) **die Zukunft ~** arruinarse el futuro; *fig* **sich** (*dat*) **den Weg ~** cerrarse el camino 2 *Material* construir con; emplear en construcciones; *Geld* gastar en edificar 3 (*falsch bauen*) construir (*od* edificar) mal

ver'bauern VI ⟨*ohne* ge-; sn⟩ *pej* enrudecerse; **verbe'amten** VT ⟨*ohne* ge-⟩ nombrar funcionario; **verbeamtet werden** ingresar en el funcionariado

ver'beißen ⟨*irr; ohne* ge-⟩ A VT (*verbergen*) ocultar; disimular; (*unterdrücken*) contener, reprimir; **sich** (*dat*) **das Lachen nicht ~ können** no poder contener la risa B VR **sich in etw** (*acus*) **~** *bes Hund* encarnizarse en a/c (*a. fig*); *fig* aferrarse a a/c; obstinarse en a/c

ver'bergen A VT ⟨*irr; ohne* ge-⟩ 1 esconder; ocultar; (*verhehlen*) disimular; encubrir; **j-n/etw vor j-m ~** esconder (*od* ocultar) a alg/a/c de alg 2 (*verheimlichen*) **j-m etw ~** disimular (*od* encubrir) a/c ante alg B VR **sich ~** esconderse; ocultarse; → *a.* verborgen[1]

Ver'besserer M ⟨~s; ~⟩, **Verbesserin** F ⟨~; ~nen⟩ reformador *m*, -a *f*; *v. Fehlern*: corrector *m*, -a *f*

ver'bessern ⟨*ohne* ge-⟩ A VT 1 *qualitativ*: mejorar; reformar; (*vervollkommnen*) perfeccionar 2 (*berichtigen*) rectificar; corregir; enmendar B VR **sich ~** 1 mejorar (su situación); (*sich vervollkommnen*) perfeccionarse; **sich (beruflich) ~** mejorar de posición 2 (*sich korrigieren*) corregirse

Ver'besserung F ⟨~; ~en⟩ 1 mejora *f*; mejoramiento *m*; (*Vervollkommnung*) perfeccionamiento *m*; reforma *f*; rectificación *f* 2 (*Korrektur*) corrección *f*; enmienda *f*; **verbesserungsfähig** ADJ 1 mejorable; reformable 2 (*korrigierbar*) corregible

ver'beugen VR ⟨*ohne* ge-⟩ **sich ~** hacer una reverencia, inclinarse (**vor j-m** ante alg); **Verbeugung** F ⟨~; ~en⟩ inclinación *f*, reverencia *f*

ver'beulen VT ⟨*ohne* ge-⟩ abollar; **ver'biegen** ⟨*irr; ohne* ge-⟩ A VT torcer; encorvar; deformar (*a. fig Person*) B VR **sich ~** torcerse; encorvarse; deformarse; **ver'biestert** ADJ *umg* (*verstört*) consternado; aturrullado; (*verärgert*) enfadado; irritado

ver'bieten VT ⟨*irr; ohne* ge-⟩ (*untersagen*) prohibir; *bes* POL desautorizar; **j-m den Mund ~** acallar (*od* hacer callar) a alg; → *a.* verboten

ver'bilden VT ⟨*ohne* ge-⟩ deformar; desfigurar; *fig* educar mal; **Verbildung** F ⟨~⟩ deformación *f*; *fig* falsa educación *f*

ver'billigen VT ⟨*ohne* ge-⟩ abaratar; reducir (*od* rebajar) el precio de; **verbilligt** rebajado; **Verbilligung** F ⟨~; ~en⟩ abaratamiento *m*; reducción *f* (*od* rebaja *f*) de precio

ver'bimsen VT ⟨*ohne* ge-⟩ *umg reg* (*verprügeln*) pegar; dar una paliza a

ver'binden ⟨*irr; ohne* ge-⟩ A VT 1 *Wunde* vendar; **j-m die Augen ~** tapar los ojos a alg 2 (*zusammenfügen*) unir, ligar (*a. fig*); (*vereinigen*) *a.* reunir, juntar (**mit** con); vincular; TECH *Einzelteile* ensamblar, acoplar; empalmar; CHEM combinar (**mit** con); ELEK conectar; **Drähte miteinander ~** empalmar alambres 3 *Verkehr: Orte* unir, enlazar 4 TEL comunicar, poner (en comunicación) (**mit** con); **~ Sie mich mit ...** póngame con ...; **ich verbinde (Sie)** le pongo; **Sie sind falsch verbunden!** se ha equivocado usted (de número); **verbunden sein mit** *Zimmer etc*: comunicar con 5 (*verknüpfen*) combinar (**mit** con); (*assoziieren*) asociar a; **was ~ Sie mit diesem Wort?** ¿qué asociaciones tiene para usted esa palabra? 6 *fig* **mit Gefahren verbunden sein** entrañar peligros; **mit Kosten verbunden sein** suponer (*od* acarrear) gastos 7 (*e-e Beziehung herstellen*) unir; (*in Einklang bringen*) compaginar (**mit** con) 8 *geh* **j-m sehr verbunden sein** estar muy agradecido (*od* reconocido *od* obligado) a alg; **ich bin Ihnen dafür sehr verbunden** le estoy muy agradecido por ello B VR **sich ~** 1 (*sich vermengen*) unirse, mezclarse (**mit** con); (*sich zusammenfügen*) reunirse, juntarse (**mit** con); CHEM combinarse (**mit** con) 2 POL (*ein Bündnis schließen*) aliarse, coligarse, confederarse 3 (*erinnern an*) **damit verbindet sich die Vorstellung an ...** (eso) recuerda a ..., (eso) evoca ...

ver'bindend ADJ GRAM copulativo

ver'bindlich A ADJ 1 (*bindend*) obligatorio; HANDEL *Angebot etc* en firme 2 (*liebenswürdig, gefällig*) complaciente; amable; servicial; cortés; *lit* **~sten Dank!** ¡muchísimas gracias! B ADV **etw ~ zusagen** comprometerse a a/c

Ver'bindlichkeit F ⟨~; ~en⟩ 1 (*das Verbindlichsein*) obligatoriedad *f*; (*Verpflichtung*) obligación *f* (*a. v. Gesetzen*); compromiso *m*; **eine ~ eingehen** contraer una obligación 2 (*Höflichkeit*) complacencia *f*; (*Gefälligkeit*) cortesía *f*; amabilidad *f* 3 HANDEL **~en** *pl* obligaciones *fpl*; (*Schulden*) pasivo *m*; débitos *mpl*; **seinen ~en nachkommen** cumplir sus obligaciones

Ver'bindung F ⟨~; ~en⟩ 1 (*Zusammenhang*) conexión *f*, relación *f*; **in ~ mit** en relación a; **in ~ bringen (mit)** relacionar (con) 2 *zwischen Personen*: contacto *m*; (*Beziehung*) relación *f* (*a.* HANDEL); **eheliche ~** unión *f* conyugal; enlace *m* (matrimonial); *fig* **gute ~en haben** tener buenas relaciones, estar bien relacionado; **mit j-m ~ aufnehmen** contactar con alg; **in ~ bleiben mit ...** mantener el contacto con ...; **sich in ~ setzen (mit)** ponerse en contacto (con); **in ~ stehen mit** estar en contacto con; (man)tener relaciones con; *brieflich*: corresponder (*od* mantener correspondencia) con; **in ~ treten mit** entrar en relaciones con; contactar con alg; *mündlich*: ponerse al habla con alg 3 *Verkehr: zwischen Orten*: comunicación *f*, enlace *f* (*a.* MIL); **eine direkte ~ nach ...** un enlace directo con ...; **in ~ stehen mit** *Zimmer etc*: comunicar con 4 TEL comunicación *f*; **die ~ herstellen/unterbrechen** establecer/cortar la comunicación; **die ~ ist unterbrochen** no hay comunicación 5 TECH, ELEK conexión *f*; (*Verbindungsstück*) empalme *m*; ensambladura *f*, ensamblaje *m*; acoplamiento *m* 6 CHEM combinación *f*; *Ergebnis a.*: compuesto *m* 7 (*Studentenverbindung*) corporación *f*, asociación *f*

Ver'bindungsbahn F BAHN ferrocarril *m* de empalme; **Verbindungsdraht** M ELEK hilo *m* de unión; **Verbindungsgang** M corredor *m*, pasillo *m*; **Verbindungskabel** N ELEK cable *m* de unión; **Verbindungsklemme** F ELEK borne *m* de unión; **Verbindungslinie** F línea *f* (de comunicación); **Verbindungsmann** M ⟨~(e)s; ~er *od* -leute⟩ enlace *m* (*a.* MIL); (*Mittelsmann*) mediador *m*; intermediario *m*; **Verbindungsoffizier** M MIL oficial *m* de enlace; **Verbin-**

dungsrohr N tubo *m* de comunicación (*od* de enlace); **Verbindungsschnur** F ELEK cordón *m* de enlace; **Verbindungsstecker** M ELEK clavija *f* de unión; **Verbindungsstelle** F punto *m* de unión; juntura *f*; (*Amt*) organismo *m* de enlace; **Verbindungsstraße** F carretera *f* de enlace; **Verbindungsstück** N TECH empalme *m*; pieza *f* de unión; **Verbindungsstudent** M → Korpsstudent; **Verbindungstür** F puerta *f* de comunicación; **Verbindungsweg** M vía *f* de comunicación

ver'bissen A ADJ 1 *Widerstand* encarnizado, enconado, ensañado, obstinado 2 **ein ~es Gesicht machen** poner cara de empeño B ADV encarnizadamente; con obstinación; **Verbissenheit** F ⟨~⟩ encarnizamiento *m*; encono *m*; ensañamiento *m*; obstinación *f*

ver'bitten V/T ⟨*irr; ohne* ge-⟩ **sich** (*dat*) **etw ~** no tolerar a/c, no consentir a/c, no admitir a/c; **das verbitte ich mir!** ¡no lo consiento!; **ich verbitte mir diesen Ton!** ¡no le consiento que me hable en ese tono!

ver'bittern ⟨*ohne* ge-⟩ A V/T *fig* amargar, acibarar; **j-m das Leben ~** amargar la vida a alg B V/I amargarse, avinagrarse; **verbittert** ADJ amargado; **Verbitterung** F ⟨~⟩ amargura *f*

ver'blassen V/I ⟨*ohne* ge-; sn⟩ 1 palidecer; *Stoff* desteñir; *Tinte, Schrift* perder color; *Farbe* apagarse 2 *fig Erinnerung* borrarse, desvanecerse

ver'blasst ADJ descolorido

ver'bläuen V/T ⟨*ohne* ge-⟩ *umg* (*verprügeln*) **j-n ~** *umg* moler a palos a alg, *umg* zurrar la badana a alg

Ver'bleib M ⟨~(e)s⟩ (*Aufenthaltsort*) paradero *m*; *e-r Sache*: lugar *m* (donde se encuentra)

ver'bleiben V/I ⟨*irr; ohne* ge-; sn⟩ 1 **sie waren so verblieben, dass** habían quedado en que; **wie ~ wir nun?** ¿en qué quedamos? 2 *geh od* VERW (*bleiben, übrig bleiben*) quedar (*a. übrig bleiben*); permanecer 3 *Briefschluss*: **mit besten Grüßen verbleibe ich Ihr …** un atento saludo …

ver'bleichen V/I ⟨*irr; ohne* ge-; sn⟩ palidecer, apagarse; **ver'bleien** V/T ⟨*ohne* ge-⟩ TECH emplomar; **verbleit** ADJ *Benzin* con plomo

ver'blenden V/T ⟨*ohne* ge-⟩ 1 (*irreführen*) deslumbrar; cegar; obcecar, ofuscar 2 ARCH revestir; **Verblendstein** M ARCH ladrillo *m* de paramento (*od* de revestimiento); **Verblendung** F ⟨~; ~en⟩ 1 (*Irreführung*) deslumbramiento *m*; ceguedad *f*, obcecación *f*, ofuscación *f* 2 ARCH revestimiento *m*

ver'bleuen → verbläuen

ver'blichen ADJ 1 *Farbe* descolorido 2 *geh* (*verstorben*) fallecido, fenecido, extinto; **Verblichene** M/F ⟨~n; ~n; → A⟩ difunto *m*, -a *f*; fenecido *m*, -a *f*

ver'blöden V/I ⟨*ohne* ge-⟩ atontarse, alelarse; embrutecer(se); entontecer(se); idiotizarse; **verblödet** ADJ atontado, lelo, alelado; imbécil; **Verblödung** F ⟨~⟩ alelamiento *m*; embrutecimiento *m*; idiotización *f*

ver'blüffen V/T ⟨*ohne* ge-⟩ **j-n ~** dejar perplejo (*od* estupefacto *od* atónito) a alg; sorprender a alg; (*verwirren*) aturdir a alg, desconcertar a alg; **sie verblüffte mit ihrer Leistung** sorprendió con sus logros

ver'blüffend A ADJ sorprendente; desconcertante; asombroso; chocante B ADV **~ ähnlich sein** ser de un parecido sorprendente (*od* asombroso); **ver'blüfft** ADJ perplejo; *stärker*: estupefacto, atónito; (*verwirrt*) aturdido, desconcertado; pasmado; **Ver'blüffung** F ⟨~⟩ perplejidad *f*; estupefacción *f*, estupor *m*

ver'blühen V/I ⟨*ohne* ge-; sn⟩ desflorecer; marchitarse (*a. fig*); **ver'blüht** ADJ marchito; ajado; *fig a.* talludo; **ver'blümt** ADJ *fig* disimulado; velado

ver'bluten V/I ⟨*ohne* ge-⟩ desangrarse (*a. fig*); morir de una hemorragia; **Verblutung** F ⟨~⟩ desangramiento *m*; hemorragia *f* mortal

ver'bocken V/T ⟨*ohne* ge-⟩ *umg* **etw ~** estropear a/c, echar a perder a/c

ver'bohren V/R ⟨*ohne* ge-⟩ *umg* **sich in etw** (*acus*) **~** obstinarse (*od* empeñarse) en a/c; aferrarse a a/c

ver'bohrt ADJ *umg* obstinado; testarudo; **Verbohrtheit** F ⟨~⟩ *umg* obstinación *f*; testarudez *f*

ver'bolzen V/T ⟨*ohne* ge-⟩ TECH empernar

ver'borgen[1] A PPERF → verbergen B ADJ escondido, oculto; (*geheim*) secreto; *Krankheit etc* latente; **~ halten** esconder, ocultar (**etw vor j-m** a/c a alg); **sich ~ halten** esconderse, ocultarse (**vor** *dat* a); **im Verborgenen** secretamente, en secreto; a escondidas; **es ist Ihnen sicher nicht ~ geblieben, dass** seguramente no se le oculta que

ver'borgen[2] V/T ⟨*ohne* ge-⟩ **etw ~** prestar a/c

Ver'borgenheit F ⟨~⟩ clandestinidad *f*; oscuridad *f*; (*Zurückgezogenheit*) retiro *m*; reclusión *f*

Ver'bot N ⟨~(e)s; ~e⟩ prohibición *f*; interdicción *f* (**von, zu** de)

ver'boten A PPERF → verbieten B ADJ prohibido; **Rauchen ~** prohibido fumar C ADV *umg* **~ aussehen** tener una pinta fatal, estar hecho una birria *umg*

Ver'botsschild N, **Verbotszeichen** N señal *f* de prohibido

ver'brämen V/T ⟨*ohne* ge-⟩ *fig* disimular; velar; **wissenschaftlich verbrämter Unsinn** disparate *m* con visos pseudocientíficos *od* (con ínfulas científicas); **Verbrämung** F ⟨~⟩ 1 TEX orla *f*, guarnición *f* 2 TEX, *obs* orlar, guarnecer (**mit** *dat* de)

Ver'brauch M ⟨~(e)s⟩ consumo *m* (**an** *dat* de); (*Ausgabe*) gasto *m*; (*Abnutzung*) desgaste *m*; **zum alsbaldigen ~ bestimmt** para el consumo inmediato

ver'brauchen V/T ⟨*ohne* ge-⟩ consumir; gastar; (*aufbrauchen*) agotar; (*abnutzen*) desgastar

Ver'braucher M ⟨~s; ~⟩ consumidor *m*; **bewusster ~** consumidor *m* consciente; **potenzieller ~** consumidor *m* potencial

Ver'braucherforschung F investigación *f* del comportamiento del consumidor; consumerismo *m*; **verbraucherfreundlich** ADJ amigable para el consumidor; **Verbrauchergenossenschaft** F cooperativa *f* de consumo; **Verbraucherin** F ⟨~; ~nen⟩ consumidora *f*; **Verbrauchermarkt** M hipermercado *m*; **Verbraucherpreis** M precio *m* al consumidor (*od* al consumo); precio *m* de venta al público

Ver'braucherschutz M protección *f* al (*od* defensa *f* del) consumidor; **Verbraucherschutzminister** M, **Verbraucherschutzministerin** F POL ministro *m*, -a *f* de Protección del Consumidor; **Verbraucherschutzministerium** N POL ministerio *m* de Protección del Consumidor; **Verbraucherschutzverband** M ≈ Unión *f* de Consumidores

Ver'braucherverband M asociación *f* de consumidores; **Verbraucherverhalten** N comportamiento *m* del consumidor; **Verbraucherzentrale** F central *f* de consumidores

Ver'brauchsartikel M artículo *m* de consumo

Ver'brauchsgüter NPL bienes *mpl* (*od* artículos *mpl od* productos *mpl*) de consumo; **dauerhafte** *od* **langlebige ~** bienes *mpl* de consumo duraderos; **kurzlebige ~** bienes *mpl* de consumo inmediato

Ver'brauchsland N ⟨~(e)s; ~̈er⟩ país *m* consumidor; **Verbrauchslenkung** F orientación *f* del consumo; **Verbrauchssteuer** F impuesto *m* sobre el consumo; **Verbrauchswirtschaft** F economía *f* del consumo

ver'braucht ADJ (des)gastado; *Luft* viciado; *fig Kräfte* agotado (*a. Mensch*)

ver'brechen V/T ⟨*irr; ohne* ge-⟩ 1 *umg* **ich habe nichts verbrochen** no he hecho nada malo; *hum* **was hat er denn schon wieder verbrochen?** ¿y ahora qué ha hecho?; ¿qué mal ha hecho (ahora)? 2 *hum Kunstwerk* hacer, fabricar; *Gedicht* escribir

Ver'brechen N ⟨~s; ~⟩ crimen *m* (*a. fig*) (**an** *dat*, **gegen** *acus* contra)

Ver'brecher M ⟨~s; ~⟩ criminal *m*; delincuente *m*; (*Übeltäter*) malhechor *m*; **Verbrecheralbum** N álbum *m* (*od* fichero *m*) de delincuentes; **Verbrecherbande** F banda *f* de criminales (*od* de delincuentes); cuadrilla *f* de malhechores; **Verbrechergesicht** N *pej* cara *f* patibularia

Ver'brecherin F ⟨~; ~nen⟩ (mujer *f*) criminal *f*; malhechora *f*; delincuente *f*; **verbrecherisch** ADJ criminal; criminoso; delictivo

Ver'brechertum N ⟨~s⟩ criminalidad *f*; delincuencia *f*

ver'breiten ⟨*ohne* ge-⟩ A V/T divulgar; *Nachricht a.* difundir; *Krankheit* propagar; *Kenntnisse* vulgarizar; *Geruch* despedir; *Gerücht* propagar, hacer circular, hacer correr; *Schrecken etc* sembrar B V/R **sich ~** 1 difundirse, extenderse (**über** *acus* sobre) 2 *fig in e-r Rede*: explayarse

Ver'breiter M ⟨~s; ~⟩, **Verbreiterin** F ⟨~; ~nen⟩ propagador *m*, -a *f*; divulgador *m*, -a *f*

ver'breitern ⟨*ohne* ge-⟩ A V/T ensanchar, extender, ampliar B V/R ensancharse, extenderse, ampliarse; **Verbreiterung** F ⟨~; ~en⟩ ensanche *m*; ampliación *f*

ver'breitet ADJ extendido; *Ansicht a.* general(izado); corriente; popular; *Zeitung* de gran circulación; **Verbreitung** F ⟨~⟩ divulgación *f*; vulgarización *f*; propagación *f*; difusión *f*; **Verbreitungsgebiet** N BIOL área *f* de distribución

ver'brennbar ADJ combustible; **Verbrennbarkeit** F ⟨~⟩ combustibilidad *f*

ver'brennen ⟨*irr; ohne* ge-⟩ A V/T 1 quemar; (*verbrühen*) escaldar; **sich** (*dat*) **die Hand verbrennen** quemarse la mano; **von der Sonne verbrannt** tostado por el sol 2 *Leichen, Müll* incinerar B V/I ⟨sn⟩ quemarse; abrasarse; consumirse (por el fuego); *Person* morir (*od* perecer) abrasado (*od* calcinado); **es riecht verbrannt** huele a quemado C V/R **sich ~** quemarse (**mit** con)

Ver'brennung F ⟨~; ~en⟩ 1 (*Verbrennen*) combustión *f* 2 (*Müllverbrennung, Leichenverbrennung*) cremación *f*, incineración *f* 3 MED *Verletzung*: quemadura *f*

Ver'brennungsgas N gas *m* de combustión; **Verbrennungshalle** F crematorio *m*; **Verbrennungskammer** F AUTO cámara *f* de combustión; **Verbrennungsmotor** M motor *m* de combustión (interna); **Verbrennungsofen** M 1 *für Leichen*: horno *m* crematorio (*od* de incineración) 2 *für Abfälle*: incineradora *f*; **Verbrennungswärme** F calor *m* de combustión

ver'briefen V/T ⟨*ohne* ge-⟩ garantizar por escrito (*od* documento); **ver'brieft** ADJ documentado

ver'bringen V/T ⟨*irr; ohne* ge-⟩ 1 *Zeit, Ferien* pa-

V

sar; **seine Zeit mit etw ~** entretenerse con a/c **2** VERW *(bringen)* transportar; *in e-e Anstalt:* internar
ver'brüdern VR *(ohne* ge-*)* **sich ~** hermanarse; **sich mit j-m ~** fraternizar con alg; **Verbrüderung** F ⟨~⟩ (con)fraternización *f*; confraternidad *f*
ver'brühen *(ohne* ge-*)* **A** VT escaldar **B** VR **sich ~** escaldarse; **Verbrühung** F ⟨~; ~en⟩ escaldadura *f*
ver'buchen VT *(ohne* ge-*)* HANDEL sentar (en los libros); contabilizar; **etw auf einem Konto ~** hacer un asiento de a/c en una cuenta; *fig* **einen Erfolg (für sich) ~** apuntar(se) un tanto
Ver'buchung F ⟨~⟩ HANDEL asiento *m*
'Verbum [v-] N ⟨~s; Verben *od* Verba⟩ GRAM → Verb
ver'bummeln VT *(ohne* ge-*) umg* **1** *Zeit* desperdiciar, perder **2** *(vergessen)* olvidar(se)
Ver'bund M ⟨~(e)s; ~e⟩ **1** *(Verbindung)* interconexión *f*; unión *f*; **im ~ mit** en unión con **2** *(Verkehrsverbund)* consorcio *m* de transportes, asociación *f* de empresas de transporte público; → *a* Verband
ver'bunden PPERF → verbinden
ver'bünden VR *(ohne* ge-*)* **sich ~** unirse, aliarse (**mit** con); confederarse
Ver'bundenheit F ⟨~⟩ *freundschaftliche:* lazos *mpl*, vínculos *mpl* (**mit** con); *(Solidarität)* solidaridad *f*; *(Übereinstimmung)* compenetración *f*; *(Zuneigung)* afecto *m*, apego *m*
Ver'bündete M/F ⟨~n; ~n; → A⟩ aliado *m*, -a *f*; confederado *m*, -a *f*; **die ~n** los aliados
Ver'bundglas N TECH vidrio *m* laminado; **Verbundsystem** N *Verkehr:* sistema *m* de billetes combinados *od* de coordinación tarifaria; **Verbundwirtschaft** F WIRTSCH economía *f* integrada
ver'bürgen VT *(ohne* ge-*)* garantizar; **sich ~ für j-n/etw** responder de alg/a/c; salir fiador (*od* garante) de (*od* por) alg/a/c
ver'bürgerlichen *(ohne* ge-*)* **A** VT aburguesar **B** VI ⟨sn⟩ aburguesarse; **verbürgerlicht** ADJ aburguesado; **Verbürgerlichung** F ⟨~⟩ aburguesamiento *m*
ver'bürgt ADJ **1** *Nachricht* seguro, de fuente fidedigna **2** *Recht* garantizado; **Verbürgung** F ⟨~⟩ garantía *f*
ver'büßen VT *(ohne* ge-*) Strafe* cumplir, purgar, expiar; **ver'buttern** VT *(ohne* ge-*) umg fig Geld* (mal)gastar; derrochar; **ver'chartern** [-'tʃartərn] VT *(ohne* ge-*) Schiff, Flugzeug* ofrecer para fletar
ver'chromen [-kro:-] VT *(ohne* ge-*)* TECH cromar; **ver'chromt** ADJ cromado; **Ver'chromung** F ⟨~⟩ TECH cromado *m*
Ver'dacht M ⟨~(e)s⟩ sospecha *f* (**auf** *acus* de); *(Misstrauen)* recelo *m*; **~ erregen** inspirar sospechas; hacerse sospechoso; **~ schöpfen** concebir (*od* entrar en) sospechas; recelar, *umg* escamarse, mosquearse; MED **es besteht ~ auf Meningitis** parece una meningitis; **j-n in ~ bringen** hacer sospechoso a alg; **in ~ geraten** incurrir en sospecha; hacerse sospechoso; **j-n wegen etw in** *od* **im ~ haben** sospechar de alg por a/c; **im ~ stehen zu …** estar bajo sospecha de …
ver'dächtig ADJ sospechoso; dudoso; **~ machen** hacer sospechoso; **sich ~ machen** levantar sospechas; **(dringend) ~ sein** estar bajo (fundada) sospecha; **das kommt mir ~ vor** me resulta sospechoso; *umg* me da mala espina
Ver'dächtige M/F ⟨~n; ~n; → A⟩ sospechoso *m*, -a *f*
ver'dächtigen VT *(ohne* ge-*)* **j-n ~** sospechar de alg; **j-n einer Sache** *(gen)* **~** imputar a/c a alg
Ver'dächtiger M → Verdächtige; **Verdächtigung** F ⟨~; ~en⟩ sospecha *f* (dirigida contra alg)
Ver'dachtsgründe MPL motivos *mpl* de sospecha; **Verdachtsmoment** N punto *m* sospechoso
ver'dammen VT *(ohne* ge-*)* condenar (**zu** a); REL *a.* anatematizar; *(verfluchen)* maldecir; *(verwerfen)* reprobar; **verdammenswert** ADJ condenable; reprobable; **Verdammnis** F ⟨~⟩ REL condenación *f*, perdición *f*
ver'dammt *sl* **A** PPERF → verdammen **B** ADJ **1** *(verflixt)* maldito *(vorangestellt)*; **dieser ~e Drucker** ¡esa maldita impresora! **2** *fig (groß)* inmenso, *umg* del copón; **(ein) ~es Glück** *sl* una suerte cojonuda (*od* de puta madre); **du hattest ~es Glück** *umg* tuviste mucha chorra **C** ADV *(sehr)* de verdad; muchísimo; **das schmeckt ~ gut** *umg* sabe sabe de maravilla (*od* de cine); *sl* sabe cojonudo (*od* de puta madre); **das tut ~ weh** *umg* duele una barbaridad; **das wird ~ schwierig sein** va a ser dificilísimo; **er interessiert sich ~ wenig dafür** *umg* le importa un pito **D** INT **~er Mist** *od* **~ (noch mal)!** *od* **~ und zugenäht!** *umg* ¡maldita sea!; ¡caramba!, ¡caray!; **~e Scheiße!** *vulg* ¡me cago en la mierda!
Ver'dammte M/F ⟨~n; ~n; → A⟩ REL condenado *m*, -a *f*, réprobo *m*, -a *f*; **Verdammung** F ⟨~; ~en⟩ REL condenación *f*
ver'dampfen *(ohne* ge-*)* **A** VI ⟨sn⟩ evaporarse; PHYS vaporizarse **B** VT evaporar; PHYS vaporizar; **Verdampfer** M ⟨~s; ~⟩ evaporador *m*, vaporizador *m*; **Verdampfung** F ⟨~; ~en⟩ evaporación *f*, vaporización *f*
ver'danken VT *(ohne* ge-*)* **j-m etw ~** deber a/c a alg; tener que agradecer a/c a alg
ver'dattert ADJ *umg* **~ sein** *umg* quedarse perplejo (*od* patidifuso *od* de una pieza)
ver'dauen VT *(ohne* ge-*)* digerir *(a. fig)*; **verdaulich** ADJ **(leicht) ~** digestible, digerible; *fig* fácil de digerir; **schwer ~** indigesto; *fig* de difícil digestión; que cuesta digerir (*umg* encajar); **Verdaulichkeit** F ⟨~⟩ digestibilidad *f*; **Verdauung** F ⟨~⟩ digestión *f*
Ver'dauungsapparat M ANAT aparato *m* digestivo; **Verdauungsbeschwerden** FPL MED trastornos *mpl* digestivos; indigestión *f*; **verdauungsfördernd** ADJ digestivo; **~es Mittel** digestivo *m*; **Verdauungskanal** M ANAT tubo *m* digestivo; **Verdauungsorgan** N ANAT órgano *m* de la digestión; **Verdauungssaft** M PHYSIOL jugo *m* digestivo; **Verdauungsspaziergang** M paseo *m* después de las comidas; **Verdauungsstörung** F MED trastorno *m* digestivo; indigestión *f*
Ver'deck N ⟨~(e)s; ~e⟩ AUTO capota *f*; *auf Omnibussen etc:* imperial *f*; SCHIFF puente *m*; cubierta *f*; *(Plane)* toldo *m*
ver'decken VT *(ohne* ge-*)* **1** *(zudecken)* cubrir; tapar **2** *(verbergen)* esconder, ocultar; *(verhüllen)* encubrir, velar; *(tarnen)* enmascarar; *fig* disimular; **ver'deckt** ADJ **1** *(zugedeckt)* cubierto, tapado **2** *fig* escondido, ocultado; disimulado; **mit ~en Karten spielen** ocultar su juego **3** *Polizei:* **~er Ermittler** investigador *m* (*od* agente *m*) encubierto
ver'denken VT *(irr; ohne* ge-*)* **j-m etw nicht ~ (können)** no (poder) censurar a alg por a/c
Ver'derb M ⟨~(e)s⟩ deterioro *m*; *fig* perdición *f*; ruina *f*; → Gedeih
ver'derben *(irr)* **A** VT **1** *Waren, Material* deteriorar; estropear; *Lebensmittel* echar a perder; *Luft* viciar **2** *moralisch:* corromper; pervertir; depravar; *(zugrunde richten)* perder; arruinar *(a. Gesundheit)* **3** *fig Plan* desbaratar; echar a rodar; **j-m die Freude ~** aguar la fiesta a alg **4** **sich** *(dat)* **die Augen ~** estropearse la vista; **sich** *(dat)* **den Magen ~** coger una indigestión **5** **es mit j-m ~** malquistarse (*od* enemistarse) con alg; perder las simpatías de alg; ganarse la enemiga de alg; **es mit niemandem ~ wollen** querer estar bien con todo el mundo, nadar entre dos aguas **B** VI ⟨sn⟩ **1** *Waren, Material* deteriorarse; estropearse; *Lebensmittel* echarse a perder; *(verfaulen)* pudrirse, descomponerse **2** *moralisch:* corromperse, depravarse
Ver'derben N ⟨~s⟩ *j-s:* perdición *f*; ruina *f*; **das wird sein ~ sein** (esto) será su ruina; **j-n ins ~ stürzen** perder a alg; ser la perdición de alg; arruinar a (*od* causar la ruina de) alg; **ins** *od* **in sein ~ rennen** ir hacia su perdición
ver'derbenbringend, Verderben bringend ADJ fatal, funesto; pernicioso
Ver'derber M, ⟨~s; ~⟩, **Verderberin** F ⟨~; ~nen⟩ *geh* corruptor *m*, -a *f*
ver'derblich ADJ **1** *(schädlich)* nocivo, dañino, pernicioso **2** *Waren, Material* perecedero; de fácil deterioro; corruptible **3** *(unheilvoll)* fatal, funesto; **Verderbnis** F ⟨~; ~se⟩ *geh* corrupción *f*; depravación *f*
ver'derbt ADJ *geh* corrompido, corrupto; depravado; *(pervers)* pervertido; **Verderbtheit** F ⟨~⟩ *geh* corrupción *f*; depravación *f*; *(Abartigkeit)* perversión *f*
ver'deutlichen VT *(ohne* ge-*)* explicitar; dilucidar, elucidar; *(erklären)* aclarar, poner en claro; ilustrar; **Verdeutlichung** F ⟨~; ~en⟩ dilucidación *f*, elucidación *f*; aclaración *f*
ver'deutschen VT *(ohne* ge-*)* traducir al alemán
ver.di ABK (Vereinte Dienstleitungsgewerkschaft) *sindicato alemán del sector de los servicios*
ver'dichtbar ADJ condensable; concentrable
ver'dichten **A** VT *(ohne* ge-*)* condensar; densificar; *(verdicken)* espesar; *(komprimieren)* comprimir *(a. Gas)*; compactar; *(konzentrieren)* concentrar *(a. fig)* **B** VR **sich ~** **1** PHYS concentrarse *(a. fig)* **2** *Nebel* condensarse **3** *fig* tomar cuerpo; *Verdacht* aumentar, reforzarse
Ver'dichter M ⟨~s; ~⟩ **1** *v. Dampf:* condensador *m* **2** AUTO compresor *m*; **Verdichtung** F ⟨~; ~en⟩ condensación *f*; compresión *f*; concentración *f*
ver'dicken VT *(ohne* ge-*)* espesar; engrosar; **Verdickung** F ⟨~; ~en⟩ **1** *(das Verdicken)* espesamiento *m*; engrosamiento *m* **2** *(verdickte Stelle)* nudo *m*, bulto *m*; *(Schwellung)* hinchazón *f*; **Verdickungsmittel** N espesante *m*
ver'dienen VT *(ohne* ge-*)* **1** *Geld* ganar (**bei** en); **gut ~** ganar mucho; tener (*od* ganar) un buen sueldo; **daran ist nichts zu ~** no hay nada de ganar con (*od* en) esto **2** *fig Lob, Strafe* merecer, ser digno de; **das hat er verdient** se lo merece; *negativ:* bien merecido lo tiene → *a.* verdient
Ver'dienst[1] M ⟨~es; ~e⟩ *(Einkommen)* sueldo *m*; salario *m*; *(Gewinn)* ganancia *f*; beneficio *m*
Ver'dienst[2] N ⟨~es; ~e⟩ *moralisch:* mérito *m*; **~e** *pl* **um den Staat** servicios *mpl* prestados al Estado; **es ist sein/ihr ~, dass …** gracias a él/ella …
Ver'dienstausfall M pérdida *f* de ganancias (*od* de beneficios); *(entgangener Gewinn)* lucro *m* cesante; beneficio *m* fallido; ganancia *m* fallida; **Verdienstkreuz** N ≈ Cruz *f* del Mérito; → *a* Bundesverdienstkreuz
ver'dienstlich ADJ meritorio
Ver'dienstmedaille F Medalla *f* al Mérito; **Verdienstmöglichkeit** F posibilidad *f* de ganancia; **Verdienstorden** M orden *f* de mérito; **Verdienstspanne** F HANDEL

margen *m* de ganancia (*od* de beneficio)
ver'dienstvoll ADJ 1 *Tat* meritorio, de mérito 2 *Person* benemérito
ver'dient ADJ 1 (*verdienstvoll*) meritorio; *Person* de gran mérito; benemérito; **sich um j-n/etwas ~ machen** hacer mucho por alg/a/c; prestar grandes servicios a alg/a/c 2 (*gerechtfertigt*) merecido; **seine ~e Strafe bekommen** llevar su merecido
verdienter'maßen ADV merecidamente
Ver'dikt [v-] N ⟨~(e)s; ~e⟩ JUR veredicto *m* (*a. fig*)
ver'dingen V/R ⟨*irr; ohne* ge-⟩ *geh obs* **sich bei j-m ~** entrar al servicio de alg
ver'dolmetschen V/T ⟨*ohne* ge-⟩ interpretar; (*übersetzen*) traducir
ver'donnern V/T ⟨*ohne* ge-⟩ *umg* condenar (**zu** a); **verdonnert** ADJ *umg fig* (*bestürzt*) perplejo; atónito
ver'doppeln ⟨*ohne* ge-⟩ A V/T doblar, duplicar; MATH *a.* multiplicar por dos; *fig Bemühungen a.* redoblar; *fig* **seine Schritte ~** avivar el paso B V/R **sich ~** doblarse, duplicarse
Ver'dopp(e)lung F ⟨~; ~en⟩ duplicación *f*; reduplicación *f*; *fig* redoblamiento *m*
ver'dorben A PPERF → verderben B ADJ 1 *Waren, Lebensmittel* estropeado; *stärker* podrido; *Luft* viciado 2 **einen ~en Magen haben** tener una indigestión 3 *moralisch*: corrompido, corrupto; depravado; (*abartig*) perverso; pervertido
Verdorbenheit F ⟨~⟩ corrupción *f*; depravación *f*
ver'dorren V/I ⟨*ohne* ge-; sn⟩ secarse; resecarse; *durch Sommerhitze*: agostarse
ver'drängen V/T ⟨*ohne* ge-⟩ 1 (*zur Seite schieben*) empujar (a un lado); SCHIFF *Wasser* desplazar 2 (*verjagen*) echar, expulsar (**aus** de); *aus e-r Wohnung etc*: desalojar; *aus e-r Stellung*: desbancar, suplantar 3 (*ersetzen*) sustituir 4 PSYCH reprimir
Ver'drängung F ⟨~; ~en⟩ 1 expulsión *f*; desalojamiento *m*; SCHIFF *v. Wasser*: desplazamiento *m* 2 *aus e-r Stellung*: desbancamiento *m* 3 (*Ersatz*) sustitución *f* 4 PSYCH represión *f*; **Verdrängungswettbewerb** M *bes* WIRTSCH competencia *f* sin tregua, competencia *f* salvaje; **finanzieller ~** competencia *f* financiera a ultranza
ver'drecken V/T ⟨*ohne* ge-⟩ *umg* ensuciar; **ver'dreckt** ADJ sucio, lleno de suciedad; cochambroso; *sl* puerco
ver'drehen V/T ⟨*ohne* ge-⟩ 1 torcer; retorcer (*a. Augen*); **sich** (*dat*) **den Arm ~** torcerse el brazo 2 *umg pej Wahrheit, Tatsachen* tergiversar, falsear; desfigurar; *Recht, Gesetz* torcer; *Sinn* interpretar torcidamente 3 *fig Sinne, Verstand* trastornar; **j-m den Kopf ~** hacer perder la cabeza a alg; traer (*od* volver) loco a alg
ver'dreht ADJ 1 torcido 2 *fig Ansicht* absurdo; descabellado, extravagante 3 *Person* extravagante, *umg* majareta, chiflado, chalado; **Verdrehtheit** F ⟨~⟩ *fig* absurdidad *f*; extravagancia *f*; *umg* chifladura *f*
Ver'drehung F ⟨~; ~en⟩ 1 torcedura *f*, torcimiento *m*; retorcimiento *m*; TECH torsión *f* 2 *fig v. Tatsachen etc*: tergiversación *f*, falseamiento *m*
ver'dreifachen ⟨*ohne* ge-⟩ A V/T triplicar; multiplicar por tres B V/R **sich ~** triplicarse, multiplicarse por tres; **Verdreifachung** F ⟨~; ~en⟩ triplicación *f*
ver'dreschen V/T ⟨*irr; ohne* ge-⟩ *umg* vapulear, dar (*od* propinar) una paliza
ver'drießen V/T ⟨*irr; ohne* ge-⟩ contrariar; disgustar, enfadar; **sich nicht ~ lassen** no desalentarse, no desanimarse; **verdrießlich** ADJ 1 *Person* disgustado; malhumorado, de mal humor; displicente; **ein ~es Gesicht machen** poner cara de vinagre 2 *Sache* fastidioso; enojoso; molesto; **Verdrießlichkeit** F ⟨~; ~en⟩ 1 *Person*: mal humor *m* 2 (*Unannehmlichkeit*) contrariedad *f*; fastidio *m*; (*Ärger*) disgusto *m*
ver'drossen A PPERF → verdrießen B ADJ (*mürrisch*) malhumorado, de mal humor; disgustado; mohíno C ADV con malos humos; de mala gana; **Verdrossenheit** F ⟨~⟩ (*Überdruss*) tedio *m*; aburrimiento *m*; (*Missmut*) mal humor *m*
ver'drucken V/T ⟨*ohne* ge-⟩ TYPO imprimir defectuosamente
ver'drücken ⟨*ohne* ge-⟩ A V/T 1 *Kleid etc* arrugar 2 *umg* (*essen*) tragar; *umg* zamparse B V/R *umg* **sich ~** escabullirse, evaporarse, eclipsarse; despedirse a la francesa
Ver'druss M ⟨~es; ~e⟩ disgusto *m*; contrariedad *f*; **j-m ~ bereiten** *od* **machen** contrariar (*od* disgustar) a alg; **j-m zum ~** a despecho de alg
ver'dübeln V/T ⟨*ohne* ge-⟩ TECH enclavijar, empernar; **ver'duften** V/I ⟨*ohne* ge-⟩ *umg* evaporarse; *umg* esfumarse; *sl* pirarse
ver'dummen ⟨*ohne* ge-⟩ A V/I ⟨sn⟩ entontecerse; volverse tonto; abobarse; embrutecerse B V/T entontecer; abobar; embrutecer; **Verdummung** F ⟨~⟩ entontecimiento *m*; embrutecimiento *m*
ver'dunkeln ⟨*ohne* ge-⟩ A V/T 1 (*dunkel machen*) oscurecer; hacer oscuro; *Glanz* deslucir 2 MIL *Luftschutz*: apagar (todas) las luces 3 ASTRON *u. fig* eclipsar; *Verstand* ofuscar 4 JUR encubrir B V/R **sich ~** oscurecerse (*a. fig Gesichtsausdruck*); **Verdunkelung** F ⟨~; ~en⟩ 1 oscurecimiento *m* 2 MIL *Luftschutz*: apagón *m* de luz 3 ASTRON *u. fig* eclipse *m* 4 JUR *von Tatbeständen*: encubrimiento *m*; colusión *f*; **Verdunkelungsgefahr** F JUR peligro *m* de entorpecimiento de la acción judicial; peligro *m* de colusión
ver'dünnen V/T ⟨*ohne* ge-⟩ diluir; *Wein* aguar, *umg* bautizar; *Soße* aclarar; *Gas, Luft* enrarecer, rarificar; CHEM *u. fig* atenuar; **Verdünner** M ⟨~s; ~⟩ CHEM diluyente *m*; **Verdünnung** F ⟨~; ~en⟩ dilución *f*; *Gas, Luft*: enrarecimiento *m*, rarefacción *f*; atenuación *f*; **Verdünnungsmittel** N diluyente *m*
ver'dunsten V/I ⟨*ohne* ge-; sn⟩ evaporarse; vaporizarse; volatilizarse; **Verdunstung** F ⟨~⟩ evaporación *f*; vaporización *f*; volatilización *f*
ver'dursten V/I ⟨*ohne* ge-; sn⟩ morir(se) de sed
ver'düstern ⟨*ohne* ge-⟩ A V/T oscurecer; ensombrecer (*a. fig*) B V/R **sich ~** oscurecerse; *Sonne* eclipsarse; *Himmel* nublarse (*a. fig*); **Verdüsterung** F ⟨~; ~en⟩ oscurecimiento *m*; eclipse *m*
ver'dutzen V/T ⟨*ohne* ge-⟩ desconcertar; dejar perplejo (*od* atónito); **ver'dutzt** ADJ desconcertado; perplejo; atónito; estupefacto; *umg* patidifuso
ver'ebben V/I ⟨*ohne* ge-⟩ *fig* disminuir; ir disminuyendo; extinguirse
ver'edeln V/T ⟨*ohne* ge-⟩ ennoblecer; AGR, *Gartenbau*: injertar; (*verbessern*) mejorar; perfeccionar; (*läutern*) purificar; TECH, METALL afinar; refinar (*a. fig*); *Rohstoffe, Güter* elaborar, transformar; **Veredelung** F ⟨~; ~en⟩ ennoblecimiento *m*; AGR injerto *m*; (*Verbesserung*) mejoramiento *m*, mejora *f*; perfeccionamiento *m*; (*Läuterung*) purificación *f*; TECH, METALL refinación *f*, refino *m*; *v. Rohstoffen, Gütern*: elaboración *f*, transformación *f*
Ver'edelungserzeugnis N producto *m* transformado (*od* refinado); **Veredelungsindustrie** F industria *f* manufacturera *od* transformadora; **Veredelungsverkehr** M WIRTSCH tráfico *m* de perfeccionamiento; comercio *m* de productos transformados *od* de perfeccionamiento
ver'ehelichen V/R ⟨*ohne* ge-⟩ *obs* **sich ~** casarse, contraer matrimonio; **Verehelichung** ⟨~; ~en⟩ F VERW matrimonio *m*
ver'ehren V/T ⟨*ohne* ge-⟩ 1 (*bewundern*) venerar; *geh od hum* **verehrte Anwesende!** ¡respetado público!; ¡Señoras y señores! 2 REL (*anbeten*) adorar (*a. fig*) 3 *hum* **j-m etw ~** obsequiar a alg con a/c
Ver'ehrer M ⟨~s; ~⟩ admirador *m*; adorador *m* (*a. fig*); *umg e-s Mädchens*: cortejador *m*, galán *m*; *e-s Stars*: *umg* fan *m*; **Verehrerin** F ⟨~; ~nen⟩ admiradora *f*; adoradora *f*; *e-s Stars*: *umg* fan *f*; **Verehrung** F ⟨~⟩ 1 (*Bewunderung*) veneración *f* 2 REL (*Anbetung*) adoración *f*; *der Heiligen*: culto *m*; **verehrungswürdig** ADJ venerable; adorable
ver'eidigen V/T ⟨*ohne* ge-⟩ JUR **j-n ~** tomar juramento a alg, juramentar a alg; **j-n auf etw** (*acus*) **~** hacer jurar a alg a/c
ver'eidigt ADJ jurado; **~er Übersetzer/Dolmetscher** traductor *m*/intérprete *m* jurado; **~ werden** MIL jurar bandera; *Beamter etc* jurar el cargo; **Vereidigung** F ⟨~; ~en⟩ prestación *f* (*bzw* toma *f*) de juramento; *e-s Beamten*: jura *f* del cargo
Ver'ein M ⟨~(e)s; ~e⟩ 1 (*Verband*) asociación *f*; sociedad *f*; *geselliger, kleinerer*: círculo *m*, centro *m*, club *m*; JUR **eingetragener ~** asociación *f* registrada; **gemeinnütziger ~** asociación *f* de utilidad pública; **Mitglied in einem ~ sein** ser miembro de una asociación 2 (*Zusammenschluss*) unión *f*; asociación *f* 3 **im ~ mit** con el concurso de; en cooperación (*od* colaboración) con; en unión de
ver'einbar ADJ compatible (**mit** con); conciliable (con); **nicht ~ mit** incompatible con
ver'einbaren V/T ⟨*ohne* ge-⟩ 1 (*übereinkommen*) convenir, concertar; *mündlich a.*: apalabrar; *vertraglich*: estipular; **etw (mit j-m) ~** ponerse de acuerdo (con alg) sobre a/c, acordar a/c (con alg); **mit j-m einen Termin ~** concertar una fecha (*od* una cita) con alg 2 (*in Einklang bringen*) compaginar (**mit** con) 3 **sich nicht mit etw ~ lassen** no ser compatible con a/c; ser incompatible con a/c; no dejarse conciliar con a/c
Ver'einbarkeit F ⟨~; ~en⟩ compatibilidad *f*
ver'einbart ADJ convenido; *vertraglich*: estipulado; **wie ~** según queda convenido; **wenn nichts anderes ~ ist** salvo acuerdo contrario
Ver'einbarung F ⟨~; ~en⟩ acuerdo *m*; convenio *m*; concierto *m*; arreglo *m*; **eine ~ treffen** llegar a un acuerdo *od* arreglo, ponerse de acuerdo (**über** *acus* sobre); **nach ~** previo acuerdo; *beim Arzt*: previa cita
ver'einen V/T ⟨*ohne* ge-⟩ → vereinigen; **Vereinte Nationen** Naciones *fpl* Unidas; **mit vereinten Kräften** todos juntos; todos a una
ver'einfachen V/T ⟨*ohne* ge-⟩ simplificar (*a.* MATH); **Vereinfachung** F ⟨~; ~en⟩ simplificación *f*
ver'einheitlichen V/T ⟨*ohne* ge-⟩ unificar, uniformar; (*normen*) estandarizar; **Vereinheitlichung** F ⟨~; ~en⟩ unificación *f*; estandarización *f*
ver'einigen ⟨*ohne* ge-⟩ A V/T 1 *allg, a.* POL unir (**mit** a), reunir (**mit** con); aunar; juntar, asociar (**mit** con) 2 (*verbinden*) juntar, ligar, enlazar, combinar 3 (*verbünden*) unir; aliar, confederar 4 (*fusionieren*) fusionar 5 *fig Gegensätze* conciliar; **auf sich** (*acus*) **~** *Ämter* acumular B V/R **sich ~** 1 (*sich zusammenschließen*) unirse (**mit** a); reunirse, juntarse, asociarse, ligarse

V

(**mit** con) 2 (*sich verbünden*) unirse, aliarse, confederarse 3 (*fusionieren*) fusionarse 4 *Flüsse* confluir

ver'einigt ADJ *bes* POL unido; **die Vereinigten Staaten (von Amerika)** los Estados Unidos (de América); **die Vereinigten Arabischen Emirate** los Emiratos Arabes Unidos; **das Vereinigte Königreich (von Großbritannien und Nordirland)** el Reino Unido (de Gran Bretaña e Irlanda del Norte)

Ver'einigung F ⟨~; ~en⟩ 1 (*das Vereinigen*) unión *f*; reunión *f*; (*Fusion*) fusión *f* 2 (*Bündnis*) unión *f*; alianza *f*; confederación *f* 3 (*Verein*) asociación *f*; sociedad *f*; unión *f* 4 *v. Flüssen*: confluencia *f*; **Vereinigungspunkt** M punto *m* de reunión

ver'einnahmen VT ⟨*ohne* ge-⟩ cobrar; *umg fig Person* acaparar; **vereinsamen** VI ⟨*ohne* ge-; sn⟩ quedar aislado (*od* solitario *od* muy solo); **vereinsamt** ADJ aislado; solitario; muy solo; **Vereinsamung** F ⟨~⟩ aislamiento *m*; soledad *f*

Ver'einsbruder M → Vereinskamerad; **Vereinsfreiheit** F libertad *f* de asociación; **Vereinshaus** N → Vereinslokal; **Vereinskamerad** M, **Vereinskameradin** F consocio *m*, -a *f*; **Vereinslokal** N local *m* social; **Vereinsmeierei** F ⟨~⟩ *umg pej* manía *f* de formar asociaciones; **Vereinsmitglied** N miembro *m* de una asociación; socio *m* de un club; **Vereinsrecht** N derecho *m* de asociación

ver'eint ADJ → vereinen

ver'einzeln VT ⟨*ohne* ge-⟩ aislar; separar; AGR aclar(e)ar; entresacar; **vereinzelt** ADJ 1 (*einzeln*) aislado, suelto 2 (*sporadisch*) esporádico; *Regen* disperso

ver'eisen ⟨*ohne* ge-⟩ A VT helar; MED insensibilizar (con frío) B VI ⟨sn⟩ helarse; *Straße* cubrirse de hielo

ver'eist ADJ helado; cubierto de hielo; **Vereisung** F ⟨~; ~en⟩ formación *f* de hielo; GEOL glaciación *f*; **Vereisungsgefahr** F FLUG peligro *m* de hielo

ver'eiteln ⟨*ohne* ge-⟩ hacer fracasar; frustrar, abortar; **Vereitelung** F ⟨~⟩ frustración *f*

ver'eitern VI ⟨*ohne* ge-; sn⟩ MED supurar; **Vereiterung** F ⟨~; ~en⟩ MED supuración *f*

ver'ekeln VT ⟨*ohne* ge-⟩ **j-m etw ~** quitar a alg el gusto (*od* las ganas) de a/c

ver'elenden VI ⟨*ohne* ge-; sn⟩ caer en (*od* verse reducido a) la miseria; **Verelendung** F ⟨~⟩ depauperación *f*; pauperismo *m*

ver'enden VI ⟨*ohne* ge-; sn⟩ *bes Tier* morir, perecer; *umg a.* reventar

ver'enge(r)n VT & VR ⟨*ohne* ge-⟩ **(sich) ~** estrechar(se), hacer(se) más estrecho; (*zusammenziehen*) encoger(se), contraer(se); MED constreñir; **Verengung** F ⟨~; ~en⟩ estrechamiento *m*; encogimiento *m*, contracción *f*; MED constricción *f*

ver'erben ⟨*ohne* ge-⟩ A VT 1 *Besitz* dejar (en herencia), legar (por herencia); **j-m etw ~** legar a/c a alg 2 BIOL tra(n)smitir B VR **sich ~** BIOL tra(n)smitirse (hereditariamente) (**auf j-n** a alg)

ver'erblich ADJ transmisible hereditariamente (*od* por herencia); **Vererblichkeit** F ⟨~⟩ heredabilidad *f*; **Vererbung** F ⟨~; ~en⟩ transmisión *f* hereditaria; herencia *f*; **durch ~** por herencia

Ver'erbungsgesetz N BIOL ley *f* de (la) herencia; **Vererbungslehre** F BIOL genética *f*

ver'estern VT ⟨*ohne* ge-⟩ CHEM esterificar; **Veresterung** F ⟨~; ~en⟩ CHEM esterificación *f*

ver'ewigen ⟨*ohne* ge-⟩ A VT perpetuar; eternizar; (*unsterblich machen*) inmortalizar B VR **sich ~** eternizarse, inmortalizarse; *umg* **sich ~ in** (*dat*) inscribir (*bzw* grabar) su nombre en

ver'ewigt ADJ (*verstorben*) difunto; **Verewigung** F ⟨~; ~en⟩ perpetuación *f*; inmortalización *f*

Verf. ABK (Verfasser) autor

ver'fahren¹ VI ⟨*irr*; *ohne* ge-⟩ (*vorgehen*) proceder, obrar, actuar; **mit j-m ~** tratar a alg; **mit j-m schlecht ~** portarse mal con alg; **mit etw schlecht ~** hacer mal uso de a/c, usar mal a/c

ver'fahren² ⟨*irr*; *ohne* ge-⟩ A VT *Benzin* gastar; *Geld* gastar en un viaje B VR **sich ~** errar el camino (*a. fig*), extraviarse, *umg* perderse

ver'fahren³ ADJ embrollado, intrincado; de difícil solución; **~e Situation** callejón *m* sin salida; **völlig ~ sein** estar completamente embrollado

Ver'fahren N ⟨~s; ~⟩ 1 (*Vorgehen*) modo *m* (*od* manera *f*) de obrar; proceder *m* 2 (*Arbeitsweise*) método *m*; sistema *m*; TECH, CHEM proceso *m* 3 JUR procedimiento *m*; **das ~ einstellen/aussetzen** declarar terminado/suspender el procedimiento; **das ~ eröffnen** abrir el juicio; **ein ~ einleiten gegen** proceder judicialmente contra; abrir expediente contra; expedientar a

Ver'fahrensfehler M JUR vicio *m* de procedimiento; **Verfahrensfrage** F cuestión *f* de orden *od* de procedimiento; **Verfahrenskosten** PL JUR costas *fpl* (procesales *od* judiciales); **Verfahrensmangel** M → Verfahrensfehler; **Verfahrensrecht** N JUR derecho *m* procesal; **Verfahrenstechnik** F TECH ingeniería *f* de procesos; **chemische ~** ingeniería *f* de procesos químicos; **Verfahrensweise** modo *m* de proceder, procedimiento *m*, modus *m* operandi

Ver'fall M ⟨~(e)s⟩ 1 *allg* decaimiento *m* (*a. fig*); (*Kräfteverfall*), MED *a.* marasmo *m*; *e-s Reiches, e-r Kultur a.*: decadencia *f*; (*Niedergang*) declinación *f*; *v. Gebäuden*: desmoronamiento *m* (*a. fig*); ruina *f*; **wirtschaftlicher ~** declive *m* económico; **in ~ geraten** decaer 2 *der Sitten*: corrupción *f* moral, depravación *f* 3 HANDEL *e-r Frist*: vencimiento *m*; expiración *f*; *der Gültigkeit*: caducidad *f*; **bei ~** al (*od* a su) vencimiento

ver'fallen¹ VI ⟨*irr*; *ohne* ge-; sn⟩ 1 *allg* decaer (*a.* MED, *körperlich*); *Gebäude* desmoronarse; *fig Reich, Kultur a.* declinar; *Sitten* corromperse 2 HANDEL (*fällig werden*) vencer; (*ungültig werden*) caducar (*a. Pass*); *Fahrkarte* expirar 3 **j-m ~** quedar a merced de alg; ser el esclavo de alg; **einer Sache** (*dat*) **~** entregarse a a/c; **dem Alkohol ~** darse al alcohol; darse a beber 4 **auf etw** (*acus*) **~** dar en a/c; **er verfiel darauf, zu** (*inf*) se le ocurrió (la idea de) (*inf*); **in etw** (*acus*) **~** caer en a/c; *in e-n Fehler etc* incurrir en a/c

ver'fallen² ADJ 1 *Gebäude* ruinoso; en ruinas 2 MED caduco, decaído 3 HANDEL (*fällig*) vencido; (*ungültig*) caducado, pasado de fecha; *Fahrkarte* expirado

Ver'fallsdatum N fecha *f* de vencimiento (*od* de caducidad); **Verfallserscheinung** F MED síntoma *m* de decadencia; **Verfallstag** M día *m* de vencimiento; **Verfallszeit** F plazo *m* de vencimiento

ver'fälschen VT ⟨*ohne* ge-⟩ 1 *Wahrheit* falsear; *Text, Banknoten* falsificar 2 (*abändern*) alterar; *Lebensmittel* adulterar; **Verfälscher** M ⟨~s; ~⟩, **Verfälscherin** F ⟨~; ~nen⟩ falsificador *m*, -a *f*; adulterador *m*, -a *f*; **Verfälschung** F ⟨~; ~en⟩ falsificación *f*; falseamiento *m*; *v. Lebensmitteln*: adulteración *f*; alteración *f*

ver'fangen ⟨*irr*; *ohne* ge-⟩ A VI hacer efecto; obrar; **das verfängt nicht (bei mir)** eso no pega B VR **sich ~** enredarse (**in** *dat* en) (*a. fig*); confundirse; *Wind* encajonarse (**in** *dat* en)

ver'fänglich ADJ *Frage* capcioso; insidioso; *Lage* embarazoso; *Brief* comprometido

ver'färben ⟨*ohne* ge-⟩ A VR **sich ~** *Stoff* desteñirse; *Person* cambiar de color; demudarse B VT descolorar C VI JAGD *Wild* mudar el pelaje

ver'fassen VT ⟨*ohne* ge-⟩ componer; redactar; *poet* escribir; **Verfassen** N ⟨~s⟩ composición *f*; redacción *f*

Ver'fasser M ⟨~s; ~⟩, **Verfasserin** F ⟨~; ~nen⟩ autor *m*, -a *f*; **Verfasserkatalog** M catálogo *m* de autores; **Verfasserschaft** F ⟨~⟩ paternidad *f* (literaria)

Ver'fassung F ⟨~; ~en⟩ 1 (*Zustand*) estado *m*; *körperliche*: condición *f*; *seelische*: disposición *f*, estado *m* de ánimo; *moralische*: moral *f*; **in guter ~ sein** estar en buena forma; **ich bin nicht in der ~ zu** (*inf*) no estoy con ánimos para (*inf*) 2 POL constitución *f*; **Europäische ~** *f* Constitución *f* Europea; *BRD*: → *a* Grundgesetz

ver'fassunggebend ADJ POL **~e Versammlung** asamblea *f* constituyente

Ver'fassungsänderung F enmienda *f* constitucional; enmienda *f* a la Constitución; revisión *f* de la Constitución; **Verfassungsbruch** M violación *f* de la Constitución; **Verfassungsentwurf** M proyecto *m* de Constitución; **verfassungsfeindlich** ADJ anticonstitucional; **Verfassungsgericht** N tribunal *m* constitucional; **Verfassungsklage** F JUR recurso *m* de inconstitucionalidad

ver'fassungsmäßig ADJ constitucional; **Verfassungsmäßigkeit** F constitucionalidad *f*

Ver'fassungsrecht N derecho *m* constitucional; **Verfassungsrechtler** M ⟨~s; ~⟩, **Verfassungsrechtlerin** F ⟨~; ~nen⟩ constitucionalista *m/f*

Ver'fassungsreform F reforma *f* constitucional; **Verfassungsschutz** M protección *f* de la Constitución; *BRD, Behörde*: (**Bundesamt** *n* **für**) **~** Oficina *f* Federal de Protección *f* de la Constitución; **Verfassungsschützer** M, **Verfassungsschützerin** F agente *m/f* de la Oficina Federal de Protección de la Constitución; **Verfassungsurkunde** F carta *f* constitucional

ver'fassungswidrig ADJ anticonstitucional; inconstitucional; **Verfassungswidrigkeit** F anticonstitucionalidad *f*; inconstitucionalidad *f*

ver'faulen VI ⟨*ohne* ge-; sn⟩ pudrirse; descomponerse; **Verfaulen** N ⟨~s⟩ putrefacción *f*; descomposición *f*

ver'fechten VT ⟨*irr*; *ohne* ge-⟩ propugnar; abogar por; *Ansicht, Meinung* sostener; *Recht* defender; **j-s Sache ~** defender la causa de alg; **Verfechter** M ⟨~s; ~⟩, **Verfechterin** F ⟨~; ~nen⟩ defensor *m*; **Verfechtung** F ⟨~⟩ defensa *f*

ver'fehlen ⟨*ohne* ge-⟩ A VT 1 **den Weg ~** equivocarse de camino; *beim Schießen*: **das Ziel ~** errar el tiro 2 *fig Thema etc* desacertar, no acertar; *Ziel, Zweck* no conseguir; **seine Wirkung ~** fallar; no producir efecto 3 (*verpassen*) *Zug* perder; *Person* no encontrar 4 **er hat seinen Beruf verfehlt** se ha equivocado de profesión B VR **sich ~** no encontrarse

ver'fehlt ADJ equivocado; errado; (*irrig*) erróneo; *Leben* fracasado; *Plan* fallido; malogrado; *Thema* desacertado; **~e Sache** desacierto *m*; **Verfehlung** F ⟨~; ~en⟩ 1 JUR falta *f*; delito *m* 2 REL (*Sünde*) pecado *m*

ver'feinden VR ⟨*ohne* ge-⟩ **sich ~** enemistarse, desavenirse; ponerse a mal (**mit** con); **verfeindet** ADJ enemistado; desavenido; reñido; **sie sind miteinander ~** son enemigos/as;

Verfeindung F ⟨~; ~en⟩ desavenencia *f*

ver'feinern ⟨*ohne* ge-⟩ A VT refinar, afinar, pulir (*alle a. fig*); (*verbessern*) mejorar; perfeccionar; **verfeinert** refinado B VR **sich ~** refinarse; (*sich verbessern*) *a.* mejorar; **Verfeinerung** F ⟨~; ~en⟩ refinación *f*; pulimento *m*; (*Verbesserung*) perfeccionamiento *m*

ver'femen VT ⟨*ohne* ge-⟩ *geh* proscribir; colocar fuera de la ley; **ver'femt** ADJ proscrito; **Ver'femung** F ⟨~; ~en⟩ proscripción *f*

ver'fertigen VT ⟨*ohne* ge-⟩ elaborar; manufacturar; confeccionar; **Verfertigung** F ⟨~; ~en⟩ elaboración *f*; confección *f*; composición *f*

ver'festigen ⟨*ohne* ge-⟩ A VT solidificar B VR **sich ~** solidificarse; → *a.* festigen; **Verfestigung** F ⟨~; ~en⟩ solidificación *f*

ver'fetten VI ⟨*ohne* ge-; sn⟩ echar grasas; **Verfettung** F ⟨~; ~en⟩ MED degeneración *f* adiposa; adiposis *f*

ver'feuern VT ⟨*ohne* ge-⟩ 1 *Holz* quemar 2 *Munition* gastar, agotar

ver'filmen VT ⟨*ohne* ge-⟩ *Roman* adaptar al cine, llevar a la pantalla; **Verfilmung** F ⟨~; ~en⟩ filmación *f*; adaptación *f* (*od* versión *f*) cinematográfica

ver'filzen VI ⟨*ohne* ge-; sn⟩ *Haare* enmarañarse; *fig a.* embrollarse; *Wolle* apelmazarse; **ver'filzt** ADJ *fig* enredado, intrincado

ver'finstern ⟨*ohne* ge-⟩ A VT oscurecer; ensombrecer (*a. fig Gesicht*); ASTRON eclipsar B VR **sich ~** oscurecerse; ensombrecerse; ASTRON eclipsarse; **Verfinsterung** F ⟨~; ~en⟩ oscurecimiento *m*; ASTRON eclipse *m*

ver'flachen ⟨*ohne* ge-⟩ A VI ⟨sn⟩ hacerse menos profundo; *fig Gespräch* perderse en trivialidades B VT aplanar; **Verflachung** F ⟨~; ~en⟩ aplanamiento *m*

ver'flechten VT ⟨*irr; ohne* ge-⟩ 1 *Bänder* entrelazar (*a. fig*); entretejer 2 *fig* intrincar, enmarañar; entreverar; (**eng**) **verflochten sein** estar muy relacionado entre sí

Ver'flechtung F ⟨~; ~en⟩ 1 (*Verknüpfung*) entrelazamiento *m*, enlace *m* 2 *fig bes* WIRTSCH interdependencia *f*; **wirtschaftliche ~** imbricación *f* (*od* interpenetración *f*) económica de los mercados

ver'fliegen ⟨*irr; ohne* ge-; sn⟩ A VI 1 (*sich verflüchtigen*) evaporarse; CHEM *a.* volatilizarse 2 *fig* (*verschwinden*) disiparse 3 *Zeit* pasar(se) volando; volar, huir B VR **sich ~** FLUG desorientarse, perder el rumbo

ver'fließen VI ⟨*irr; ohne* ge-; sn⟩ 1 *Farben* correrse; *fig Begriffe* (**ineinander**) **~** fundirse, mezclarse 2 *Zeit* pasar, transcurrir, correr; *Frist a.* vencer

ver'flixt *umg* A ADJ endiablado; maldito; *iron* dichoso; **das ist ja eine ~e Lage** esta situación sí que es jodida B INT **~!** ¡maldita sea!; **~ und zugenäht!** *sl* ¡jolín!, ¡jolines!

ver'flossen A PPERF → verfließen B ADJ 1 pasado; antiguo; **im ~en Jahr** el año pasado 2 *umg* **ihr ~er Freund** *umg* su ex novio; **meine Verflossene** mi ex novia *f*

ver'fluchen VT ⟨*ohne* ge-⟩ maldecir; renegar de; REL anatematizar; *fig* **ich werde diese Arbeit noch ~** acabaré arrepintiéndome de hacer este trabajo

ver'flucht ADJ & ADV maldito; → *a* verdammt; **Verfluchte** M/F ⟨~n; ~n; → A⟩ REL condenado *m*, -a *f*; réprobo *m*, -a *f*

ver'flüchtigen ⟨*ohne* ge-⟩ A VT CHEM volatilizar; evaporar B VR **sich ~** 1 CHEM volatilizarse 2 *Geruch etc* evaporarse (*a. fig*) 3 *fig* (*verschwinden*) desaparecer; eclipsarse; **Verflüchtigung** F ⟨~; ~en⟩ CHEM volatilización *f*; evaporación *f*

Ver'fluchung F ⟨~; ~en⟩ maldición *f*; imprecación *f*; REL anatema *m*

ver'flüssigen ⟨*ohne* ge-⟩ A VT liquidar, licuar, licuefacer B VR **sich ~** *Dampf* lucarse; **Verflüssigung** F ⟨~; ~en⟩ liquidación *f*, licuefacción *f*, licuación *f*; **Verflüssigungsmittel** N medio *m* licuefactivo

Ver'folg M ⟨~(e)s⟩ VERW curso *m*; prosecución *f*; **im ~** (*gen*) en el curso de

ver'folgen VT ⟨*ohne* ge-⟩ 1 *allg* perseguir (*a.* JUR); JAGD, *Verbrecher a.* dar caza a; **j-n auf Schritt und Tritt ~** no dejar a alg (ni) a sol ni a sombra; **gerichtlich ~** perseguir judicialmente; procesar (a); **politisch verfolgt werden** ser perseguido por motivos políticos 2 (*bedrängen*) asediar, acosar; (*belästigen*) molestar, fastidiar; **dieser Gedanke verfolgt mich** me persigue esa idea 3 *Spur, Weg* seguir (*a. fig Gedankengang, Ziel*) 4 (*fortführen*) proseguir, continuar; **eine Sache weiter ~** (pro)seguir a/c 5 (*aufmerksam beobachten*) observar; seguir de cerca; **mit den Augen ~** seguir con la vista

Ver'folger M ⟨~s; ~⟩, **Verfolgerin** F ⟨~; ~nen⟩ perseguidor *m*, -a *f*; **Verfolgte** M/F ⟨~n; ~n; → A⟩ perseguido *m*, -a *f*

Ver'folgung F ⟨~; ~en⟩ 1 persecución *f* (*a.* POL); *fig* continuación *f*, prosecución *f*; *hartnäckige*: acosamiento *m*, acoso *m*; asedio *m*; **die ~ aufnehmen** emprender la persecución 2 JUR **gerichtliche ~** procesamiento *m*; **strafrechtliche ~** enjuiciamiento *m*

Ver'folgungsjagd F persecución *f*; AUTO carrera *f*; **Verfolgungswahn** M PSYCH manía *f* persecutoria

ver'formbar ADJ TECH deformable; **warm ~** termoplástico

ver'formen ⟨*ohne* ge-⟩ A VT deformar B VR **sich ~** deformarse; **Verformung** F ⟨~; ~en⟩ deformación *f*

ver'frachten VT ⟨*ohne* ge-⟩ 1 HANDEL *Ware* expedir, despachar; *per Schiff*: fletar 2 *umg Gepäck, hum a. Person* meter; **Verfrachter** M ⟨~s; ~⟩ HANDEL expedidor *m*; SCHIFF fletante *m*; **Verfrachtung** F ⟨~; ~en⟩ HANDEL expedición *f*, despacho *m*; SCHIFF fletamento *m*

ver'franzen VR ⟨*ohne* ge-⟩ *umg* **sich ~** FLUG *u. fig* desorientarse; perderse

ver'fremden VT ⟨*ohne* ge-⟩ LIT, *Kunst*: distanciar; **Verfremdung** F ⟨~; ~en⟩ distanciación *f*

ver'fressen¹ ADJ *sl pej* glotón, *umg* tragón

ver'fressen² VT ⟨*irr; ohne* ge-⟩ gastarse en comida

ver'froren ADJ 1 (*leicht frierend*) friolero 2 (*durchgefroren*) *umg* pelado de frío

ver'frühen VR ⟨*ohne* ge-⟩ **sich ~** adelantarse, anticiparse; llegar antes de tiempo; **ver'früht** ADJ prematuro

ver'fügbar ADJ disponible; **Verfügbarkeit** F ⟨~⟩ disponibilidad *f*

ver'fügen ⟨*ohne* ge-⟩ A VT VERW (*anordnen*) disponer; ordenar; decretar B VI 1 (*bestimmen können*) **über j-n/etw** (*acus*) **~** disponer de alg/a/c; contar con alg/a/c 2 (*ausgestattet sein*) **über etw** (*acus*) **~** estar provisto de a/c C VR VERW *u. hum* **sich ~ nach** dirigirse a

Ver'fügung F ⟨~; ~en⟩ 1 VERW, JUR (*Anordnung*) orden *f*; decreto *m*; JUR **einstweilige ~** auto *m* (*od* resolución *f*) provisional; (*Verbot*) interdicto *m* provisorio; JUR **eine einstweilige ~ erlassen** decretar auto provisional; (*Verbot*) notificar un interdicto; JUR **eine einstweilige ~ erwirken** conseguir, obtener una resolución provisional; **gerichtliche ~** disposición *f* judicial 2 (*Verfügbarkeit*) disposición *f*; **zu Ihrer ~** a su disposición, a disposición de usted; **zur freien ~** de libre disposición; **zur ~ haben** tener a su disposición; **zur ~ stellen** facilitar; poner a disposición; **j-m zur ~ stehen** estar a la disposición de alg

ver'fügungsberechtigt ADJ autorizado a disponer (**über** *acus* de)

Ver'fügungsbeschränkung F limitación *f* del derecho de (libre) disposición; **Verfügungsgewalt** F poder *m* de disposición; **Verfügungsrecht** N derecho *m* de disposición

ver'führen VT ⟨*ohne* ge-⟩ seducir (*a. sexuell*); (*verlocken*) *a.* tentar; (*verderben*) corromper; (*verleiten*) inducir, incitar (**zu** a)

Ver'führer M ⟨~s; ~⟩, **Verführerin** F ⟨~; ~nen⟩ seductor *m*, -a *f*; **verführerisch** A ADJ (*sehr reizvoll*) seductor; (*verlockend*) tentador B ADV **~ lächeln** sonreír de forma seductora

Ver'führung F ⟨~; ~en⟩ seducción *f*; (*Verlockung*) tentación *f*; JUR estupro *m*; JUR **~ Minderjähriger** corrupción *f* de menores; **Verführungskunst** F arte *m* de seducir

ver'fünffachen VT ⟨*ohne* ge-⟩ quintuplicar, multiplicar por cinco

ver'füttern VT ⟨*ohne* ge-⟩ dar de comer (*bzw* como pienso) (**an** *acus* a)

Ver'gabe F ⟨~; ~n⟩ *e-s Auftrags*: adjudicación *f*; concesión *f*; *e-r Stelle, e-s Amtes*: provisión *f*

ver'gaffen VR ⟨*ohne* ge-⟩ *umg* **sich ~ in** (*acus*) encapricharse de (*od* por); *umg* chiflarse por;

ver'gällen VT ⟨*ohne* ge-⟩ CHEM *Alkohol* desnaturalizar; *fig Freude, Leben* amargar; aguar;

vergalop'pieren VR ⟨*ohne* ge-⟩ *umg fig* **sich ~** meter la pata *umg*; (*sich irren*) equivocarse; **ver'gammeln** VI ⟨*ohne* ge-; sn⟩ *umg Lebensmittel* pudrirse, echarse a perder; *Person a.* degradarse; descuidarse; **ver'gammelt** ADJ podrido; *Person* desaliñado, descuidado

ver'gangen A PPERF → vergehen B ADJ pasado; **~e Woche** la semana pasada; **~es Jahr** el año pasado

Ver'gangenheit F ⟨~; ~en⟩ pasado *m*; GRAM pretérito *m*; (*Vorleben*) antecedentes *mpl*; **der ~ angehören** haber pasado a la historia; **lassen wir die ~ ruhen** lo pasado, pasado

ver'gänglich ADJ efímero; caduco; perecedero; (*schnell vorübergehend*) pasajero; transitorio; (*flüchtig*) fugaz; **Vergänglichkeit** F ⟨~⟩ carácter *m* efímero (*od* pasajero); caducidad *f*; transitoriedad *f*

ver'gären ⟨*ohne* ge-⟩ A VT fermentar B VI ⟨*irr*⟩ fermentar

ver'gasen VT ⟨*ohne* ge-⟩ 1 CHEM gasificar; AUTO carburar 2 (*töten*) *Menschen* asfixiar con gas; *Ungeziefer* gasear, fumigar

Ver'gaser M ⟨~s; ~⟩ AUTO carburador *m*; CHEM gasificador *m*; **Vergasermotor** M motor *m* con carburador

ver'gaß → vergessen

Ver'gasung F ⟨~; ~en⟩ 1 CHEM gasificación *f*; AUTO carburación *f* 2 *v. Menschen*: gaseamiento *m*; *v. Ungeziefer*: fumigación *f* 3 *sl hist neg!* **bis zur ~** a más no poder

ver'geben VT ⟨*irr; ohne* ge-⟩ 1 (*geben*) **etw an j-n ~** dar a/c a alg; ceder a/c a alg; *Preis, Stelle* conceder a/c a alg, *Stelle a.* proveer a/c a alg; *Amt* conferir a/c a alg; *Auftrag* adjudicar a/c a alg; (*bewilligen*) otorgar a/c a alg; **nicht ~ werden** *Preis* quedar desierto; **etw zu ~ haben** disponer de a/c; **zu ~ sein** *Stelle* estar vacante; *hum* **ich bin schon ~** (*ich habe e-n Partner*) estoy casado (*bzw* tengo novio); (*ich habe schon e-e Verabredung*) tengo un compromiso 2 (*verzeihen*) perdonar (**j-m etw** a/c a alg); *Sünde a.* remitir 3 *bes* SPORT *Chance* desaprovechar, desperdiciar 4 **sich** (*dat*) **etwas/nichts ~** perder/no perder la cara; **du vergibst dir nichts, wenn ...** no te caerán los anillos si ... 5 *Karten* dar mal

V

ver'gebens A ADJ **es war ~** fue inútil (*od* en vano) B ADV en vano; en balde; inútilmente **ver'geblich** A ADJ vano; inútil; (*erfolglos*) infructuoso; estéril; **die Mühe war ~** *a.* fue una pérdida de tiempo B ADV → vergebens B; **Vergeblichkeit** F ⟨~⟩ inutilidad *f*; infructuosidad *f*

Ver'gebung F ⟨~⟩ 1 (*Verzeihung*) perdón *m*; REL *der Sünden a.*: remisión *f*; **j-n um ~ bitten** pedir perdón a alg 2 (*Vergabe*) distribución *f*; *e-r Stelle, e-s Amtes*: provisión *f*; *e-s Auftrags*: adjudicación *f*

ver'gegenständlichen VT ⟨*ohne* ge-⟩ objetivar; **Vergegenständlichung** F ⟨~⟩ objetivación *f*

vergegen'wärtigen VT ⟨*ohne* ge-⟩ traer a la memoria; rememorar; **sich** (*dat*) **etw ~** imaginarse (*od* figurarse *od* representarse) a/c; tener presente a/c

ver'gehen ⟨*irr; ohne* ge-⟩ A VI ⟨sn⟩ 1 *Zeit* pasar, transcurrir 2 (*nachlassen*) disminuir, ceder; (*verschwinden*) *Schmerz, Schönheit* desaparecer, desvanecerse; **die Lust dazu ist mir vergangen** se me han quitado las ganas; **der Appetit ist mir vergangen** he perdido el apetito; **davon ist mir der Appetit vergangen** *a.* me ha quitado el apetito 3 *fig* **~ vor** (*dat*) arder de; consumirse de; morirse de; **vor Sehnsucht** *etc* **~** morirse de nostalgia B VR **sich ~** 1 faltar (**gegen** a); pecar (contra); **sich gegen das Gesetz ~** infringir (*od* violar *od* transgredir) la ley 2 **sich an j-m ~** *tätlich*: maltratar a alg; *sexuell*: abusar de alg, violar a alg

Ver'gehen N ⟨~s; ~⟩ *bes* JUR falta *f*; *kriminelles*: delito *m*; *geringfügiges*: infracción *f*

ver'geistigen VT ⟨*ohne* ge-⟩ espiritualizar; **Vergeistigung** F ⟨~⟩ espiritualización *f*

ver'gelten VT ⟨*irr; ohne* ge-⟩ 1 **j-m etw ~** *Dienste etc* corresponder a alg con a/c; (*heimzahlen*) desquitarse de a/c con alg 2 **etw ~** (*belohnen*) recompensar; pagar; **vergelt's Gott!** ¡Dios se lo pague!; **Gleiches mit Gleichem ~** pagar con la misma moneda

Ver'geltung F ⟨~⟩ 1 (*Revanche*) desquite *m*, revancha *f*; (*Repressalien*) represalias *fpl*; **für etw ~ üben** desquitarse de a/c, tomar el desquite (*od* la revancha) de a/c; *bes* POL tomar represalias por a/c 2 (*Belohnung*) recompensa *f*, pago *m*

Ver'geltungsangriff M ataque *m* de represalia; **Vergeltungsmaßnahme** F (medida *f* de) represalia *f*; **Vergeltungsrecht** N ley *f* del talión

verge'sellschaften VT ⟨*ohne* ge-⟩ POL socializar; WIRTSCH **sich mit j-m ~** asociarse con alg; **Vergesellschaftung** F ⟨~⟩ POL socialización *f*; WIRTSCH asociación *f*

ver'gessen ⟨*irr; ohne* ge-⟩ A VT 1 *allg* olvidar; olvidarse (**zu** *inf* de); **ich habe es ~** se me ha olvidado; **ich habe ~, zu** (*inf*) se me olvidó (*inf*) 2 *fig* **j-m etw nie(mals) ~** (*böse sein*) no perdonar a/c a alg; (*dankbar sein*) estar a alg siempre agradecido 3 *umg* **vergiss es!** *od* **das kannst du ~!** ¡olvídate! B VR **sich ~** descomedirse; propasarse; *umg* perder la cabeza

Ver'gessenheit F ⟨~⟩ olvido *m*; **in ~ geraten** caer en (el) olvido, pasar al olvido

ver'gesslich ADJ olvidadizo; distraído, *umg* despistado; desmemoriado; **Vergesslichkeit** F ⟨~⟩ falta *f* de memoria; **aus ~** por olvido

ver'geuden VT ⟨*ohne* ge-⟩ despilfarrar; *bes Geld* derrochar; *Vermögen* dilapidar; *Zeit, Material a.* desperdiciar; *fig* **sie hat ihr Leben vergeudet** desperdició su vida; **Vergeuder** M ⟨~s; ~⟩, **Vergeuderin** F ⟨~; ~nen⟩ despilfarrador *m*, -a *f*, derrochador *m*, -a *f*; disipador *m*, -a *f*; **Vergeudung** F ⟨~⟩ despilfarro *m*; *bes v. Geld* derroche *m*, *seines Vermögens*: dilapidación *f*; *v. Zeit, Material a.*: desperdicio *m*

verge'waltigen VT ⟨*ohne* ge-⟩ violar, forzar, abusar de; *fig* violentar, hacer violencia a; **Vergewaltiger** M ⟨~s; ~⟩ violador *m*; **Vergewaltigung** F ⟨~; ~en⟩ violación *f*; *fig* abuso *m* (*gen* de, contra)

verge'wissern VR ⟨*ohne* ge-⟩ **sich einer Sache** (*gen*) **~** cerciorarse de a/c, asegurarse de a/c

ver'gießen VT ⟨*irr; ohne* ge-⟩ verter; derramar (*a. Blut, Tränen*)

ver'giften ⟨*ohne* ge-⟩ A VT envenenar, emponzoñar (*beide a. fig*); MED intoxicar B VR **sich ~** envenenarse, tomar veneno; intoxicarse; **Vergiftung** F ⟨~; ~en⟩ 1 (*das Vergiften*) envenenamiento *m* 2 (*Erkrankung*) intoxicación *f*; **Vergiftungserscheinung** F MED síntoma *m* de intoxicación

Ver'gil [v-] EIGENN M Virgilio *m*

ver'gilben VI ⟨*ohne* ge-; sn⟩ *Papier* amarillear, amarillecer; **ver'gilbt** ADJ amarillento

Ver'gissmeinnicht N ⟨~(e)s; ~ *od* ~e⟩ BOT miosota *f*, nomeolvides *f*

ver'gittern VT ⟨*ohne* ge-⟩ enrejar; *mit Draht*: alambrar; **vergittert** ADJ enrejado; *mit Draht*: alambrado

vergl. ABK (vergleiche) comp. (compárese)

ver'glasen ⟨*ohne* ge-⟩ A VT 1 *Fenster* poner cristales (*od* vidrios) a; acristalar 2 CHEM (*zu Glas verarbeiten*) vitrificar B VI ⟨sn⟩ CHEM vitrificarse; **Verglasung** F ⟨~; ~en⟩ 1 *v. Fenstern*: acristalamiento *m* 2 CHEM vitrificación *f*

Ver'gleich M ⟨~(e)s; ~e⟩ 1 comparación *f*; parangón *m*; (*Gegenüberstellung*) confrontación *f*; *v. Schriftstücken*: cotejo *m*; (*Wortvergleich*) símil *m*; **im ~ mit** *od* **zu** en comparación con (*od* a); comparado con; **einen ~ anstellen** *od* **ziehen** hacer una comparación; establecer un paralelismo (**zwischen** entre); **den ~ aushalten** poder compararse (**mit** con); resistir la comparación (**mit** con); **das ist kein ~ zu …** no se puede comparar con … 2 JUR arreglo *m*; acuerdo *m*; compromiso *m*; **außergerichtlicher ~** transacción *f* (*od* acuerdo *m od* avenencia *f*) extrajudicial; **gerichtlicher ~** transacción *f* (*od* acuerdo *m od* avenencia *f*) judicial; **einen ~ aushandeln** negociar un acuerdo (*od* una transacción *od* un compromiso); **einen ~ schließen** hacer un arreglo; llegar a un acuerdo; **zu einem ~ kommen** llegar a un arreglo, arreglarse; avenirse

ver'gleichbar ADJ comparable (**mit** con, a); parangonable (**mit** con, a)

ver'gleichen ⟨*irr; ohne* ge-⟩ A VT comparar (**mit** con, a); parangonar (*acus*), hacer un parangón de; (*gegenüberstellen*) confrontar; *Schriftstücke* cotejar (**mit** con); **das ist nicht zu ~** no se puede comparar; no tiene comparación; **vergleiche Seite 20** véase página 20 B VR **sich mit j-m ~** compararse con alg; JUR avenirse (*od* arreglarse) con alg; llegar a un acuerdo con alg

ver'gleichend ADJ comparativo; *Wissenschaft etc* comparado

Ver'gleichsjahr N año *m* de referencia; **Vergleichsmaßstab** M término *m* de comparación; **Vergleichsmöglichkeit** F elemento *m* de comparación; **Vergleichssumme** F JUR suma *f* pagadera en virtud de arreglo; **Vergleichstafel** F cuadro *m* comparativo; **Vergleichsverfahren** N JUR acto *m* (*od* procedimiento *m od* convenio *m*) de conciliación; **vergleichsweise** ADV comparativamente; en comparación; a título comparativo (*od* de comparación); **Vergleichswert** M valor *m* de comparación; **Vergleichszeitraum** M período *m* de referencia

ver'gletschern VI ⟨*ohne* ge-; sn⟩ cubrirse de glaciares; **Vergletscherung** F ⟨~; ~en⟩ glaciación *f*

ver'glichen A PPERF → vergleichen B ADJ **verglichen mit** comparado con, en comparación con; **ver'glimmen** VI ⟨*irr; ohne* ge-; sn⟩ *Feuer* ir extinguiéndose; **ver'glühen** VI ⟨*ohne* ge-; sn⟩ 1 → verglimmen 2 *Satellit* fundirse

ver'gnügen ⟨*ohne* ge-⟩ A VT (*unterhalten*) divertir; (*zerstreuen*) distraer; (*gefallen*) placer, gustar B VR **sich mit etw ~** divertirse (*od* distraerse) con a/c

Ver'gnügen N ⟨~s; ~⟩ 1 (*Unterhaltung*) diversión *f*, entretenimiento *m*; (*Zerstreuung*) distracción *f*, esparcimiento *m*, recreo *m*; **nur zum ~** sólo para divertirse; **es macht mir ~** me divierte (*bzw* gusta); **viel ~!** ¡que se divierta!, ¡que te diviertas!; ¡que lo pase(s) bien! (*a. iron*); *umg* **ein teures ~** un capricho caro 2 (*Gefallen*) placer *m*, gusto *m*; **~ an etw** (*dat*) **finden** hallar placer en a/c; **sich** (*dat*) **ein ~ machen aus** complacerse en; **aus ~** por gusto; **mit (dem größten) ~** con (muchísimo) gusto, (muy) gustosamente; **es ist ein ~, zu** (*inf*) da gusto (*inf*); **es war mir ein (wahres) ~** fue un (verdadero) placer para mí; **es war kein ~** no fue ningún placer; no fue nada agradable; **das ~ haben, zu** (*inf*) tener el gusto (*od* el placer) de (*inf*); **mit wem habe ich das ~ (zu sprechen)?** ¿con quién tengo el placer (de hablar)?

ver'gnüglich ADJ entretenido; divertido; **ver'gnügt** ADJ alegre, contento; divertido, de buen humor; **sich** (*dat*) **einen ~en Tag machen** *umg* pasar un buen día; *umg* ir de juerga; *umg* echar una cana al aire; *Arg* farrear; **Ver'gnügung** F ⟨~; ~en⟩ (*Unterhaltung*) diversión *f*; entretenimiento *m*; (*Zerstreuung*) distracción *f*; esparcimiento *m*

Ver'gnügungsausschuss M comisión *f* de fiestas; **Vergnügungsindustrie** F industria *f* del placer; **Vergnügungslokal** N local *m* de esparcimiento; sala *f* de fiestas; **Vergnügungspark** M parque *m* de atracciones; **Vergnügungsreise** F viaje *m* (SCHIFF crucero *m*) de placer; **Vergnügungsreisende** M/F turista *m/f*; **Vergnügungssteuer** F impuesto *m* sobre espectáculos; **Vergnügungssucht** F afán *m* de placeres; **vergnügungssüchtig** ADJ ávido de placeres; dado a los placeres; **Vergnügungsviertel** N barrio *m* de diversiones

ver'golden VT ⟨*ohne* ge-⟩ dorar (*a. fig*); **vergoldet** ADJ dorado; **Vergoldung** F ⟨~; ~en⟩ dorado *m*

ver'gönnen VT ⟨*ohne* ge-⟩ *geh* permitir; conceder; **es war mir vergönnt, zu** (*inf*) tuve el placer de (*inf*); **es war ihm nicht vergönnt, zu** (*inf*) no tuvo la oportunidad de (*inf*); no le fue dado (*inf*); no logró (*inf*)

ver'göttern VT ⟨*ohne* ge-⟩ 1 REL deificar 2 *fig* **j-n ~** idolatrar *od* adorar a alg; **Vergötterung** F ⟨~; ~en⟩ 1 REL deificación *f* 2 *fig* idolatría *f*, adoración *f*; amor *m* ciego

ver'graben A VT ⟨*irr; ohne* ge-⟩ enterrar, soterrar B VR **sich ~** 1 *Tiere* enterrarse (**in** en), esconderse bajo tierra 2 *fig* encerrarse; retirarse; **sich in etw** (*acus*) **~** engolfarse (*od* enfrascarse) en a/c; **sich in seine Bücher ~** encerrarse (*od* engolfarse) en sus libros

ver'grämen VT ⟨*ohne* ge-⟩ 1 *person* afligir, apenar 2 JAGD **das Wild ~** espantar el venado; **ver'grämt** ADJ acongojado, afligido, apenado; **ver'grätzen** VT ⟨*ohne* ge-⟩ *umg* → verärgern; **ver'graulen** VT *umg* **j-n ~** es-

V

pantar a alg

ver'greifen VR ⟨irr; ohne ge-⟩ **sich ~** 1 (fehlgreifen) equivocarse (a. MUS); **sich im Ausdruck ~** confundir las palabras; **sich im Ton ~** equivocarse (od salirse) de tono 2 **sich an etw** (dat) **~** robar a/c; an Heiligem: profanar; **sich an fremdem Eigentum ~** atentar contra la propiedad ajena; **sich an der Kasse ~** desfalcar; malversar fondos 3 **sich an j-m ~** poner la mano en alg; maltratar (de obra) a alg; sexuell: abusar de alg

ver'greisen VI ⟨ohne ge-⟩ ir envejeciendo; Gesellschaft envejecer; **ver'greist** ADJ envejecido; (senil) senil; **Ver'greisung** F ⟨~⟩ senescencia f

ver'griffen ADJ HANDEL Ware, Buch agotado

ver'gröbern VT ⟨ohne ge-⟩ hacer más grosero; Person enrudecer; Sprache etc avillanar

ver'größern ⟨ohne ge-⟩ A VT 1 FOTO, OPT ampliar, amplificar (a. PHYS); **(von DIN-A4) auf DIN-A3 ~** hacer ampliaciones (de DIN-A4) a DIN-A3 2 (erweitern) agrandar; ensanchar; engrandecer (a. fig); Geschäft ampliar; (vermehren) aumentar (a. OPT) 3 (verschlimmern) agravar B VR **sich ~** agrandarse; engrosar; tomar incremento; Kapital aumentar(se); Geschäft ampliarse

Ver'größerung F ⟨~; ~en⟩ 1 allg agrandamiento m; engrandecimiento m; (Erweiterung) ensanche m; e-s Geschäfts: ampliación f; mengenmäßig: incremento m; aumento m 2 FOTO, OPT ampliación f; amplificación f; aumento m; **in vergrößertem Maßstab** a escala aumentada 3 (Verschlimmerung) agravación f

Ver'größerungsapparat M FOTO aparato m de ampliación; (cámara f) ampliadora f; **vergrößerungsfähig** ADJ aumentable; **Vergrößerungsglas** N cristal m (od lente f) de aumento; (Lupe) lupa f

ver'gucken VR ⟨ohne ge-⟩ umg **sich ~** 1 equivocarse 2 → vergaffen

ver'günstigt ADJ Preis rebajado; **Vergünstigung** F ⟨~; ~en⟩ favor m; ventaja f; privilegio m; steuerlich: facilidades fpl, preferencia f; (Preisvergünstigung) rebaja f

ver'güten VT ⟨ohne ge-⟩ 1 (belohnen) recompensar; gratificar; Arbeit remunerar 2 (zurückerstatten) restituir; re(e)mbolsar, reintegrar; HANDEL abonar; bonificar; **j-m etw ~** Auslagen reembolsar a/c a alg; Verluste compensar a/c a alg 3 TECH Stahl mejorar; **Vergütung** F ⟨~; ~en⟩ 1 (Belohnung) recompensa f, (Bezahlung) remuneración f; gratificación f 2 (Erstattung) restitución f; re(e)mbolso m, reintegro m; reparación f; HANDEL abono m; bonificación f 3 TECH v. Stahl: mejora f

verh. ABK (verheiratet) casado

ver'haften VT ⟨ohne ge-⟩ detener; arrestar; **verhaftet** ADJ 1 (in Haft) detenido 2 fig **~ sein mit** Sache: estar arraigado en; Person: estar ligado a

Ver'haftete M/F ⟨~n; ~n; → A⟩ detenido m, -a f; **Verhaftung** F ⟨~; ~en⟩ detención f; arresto m; **Verhaftungsbefehl** M → Haftbefehl

ver'hageln VI ⟨ohne ge-; sn⟩ AGR apedrearse, quedar destruido por el granizo; fig **dem hat's die Petersilie verhagelt!** ! le ha salido todo mal od umg de pena

ver'hallen VI ⟨ohne ge-; sn⟩ Ton ir extinguiéndose; perderse a lo lejos

ver'halten[1] ⟨irr; ohne ge-⟩ A VR **sich ~** 1 (sich benehmen) comportarse (**gegen j-n** od **j-m gegenüber** frente od con alg); **sich ruhig ~** estar tranquilo; quedarse (od estarse) quieto; **ich weiß nicht, wie ich mich ~ soll** no sé cómo comportarme (od cómo proceder); no sé qué hacer 2 (beschaffen sein) ser; **sich anders ~** ser diferente; **wie verhält sich die Sache?** ¿cómo es la cosa?; **die Sache verhält sich so** la cosa es así; **wenn es sich so verhält** de ser así; siendo así; en este caso 3 MATH **A verhält sich zu B wie C zu D** A es a B como C es a D; fig **es verhält sich mit … ebenso wie mit …** lo mismo pasa con … que con … B VT (zurückhalten) contener (a. Atem); reprimir; MED Urin retener; Groll refrenar

ver'halten[2] ADJ 1 Freude contenido, reprimido; Groll guardado 2 **mit ~er Stimme** con voz queda 3 Fahrweise, Kritik moderado

Ver'halten N ⟨~s⟩ 1 (Benehmen) comportamiento m, conducta f (a. ZOOL, PSYCH) 2 (Haltung) actitud f 3 (Vorgehen) forma f de proceder 4 CHEM reacción f

ver'haltensauffällig ADJ Kind llamativo en su conducta; **Verhaltensauffälligkeit** F comportamiento m llamativo; conducta f fuera de la norma

Ver'haltensforscher M, **Verhaltensforscherin** F etólogo m, -a f; **Verhaltensforschung** F etología f

ver'haltensgestört ADJ inadaptado; que presenta problemas de comportamiento

Ver'haltensmaßregel F norma f de conducta; (Vorschrift) instrucción f, prescripción f; **Verhaltensmuster** N patrón m de comportamiento; pauta f de conducta; **Verhaltensweise** F ⟨~⟩ comportamiento m

Ver'hältnis N ⟨~ses; ~se⟩ 1 (Größenverhältnis) relación f; proporción f; **im ~ zu** en proporción (od relación) a; en comparación con; **im ~ 1 zu 3** en una relación de 1 a 3; **in keinem ~ stehen zu** ser desproporcionado; no guardar relación con; **im ~ stehend mit** proporcionado a; **nicht im ~ stehend mit** desproporcionado a 2 (Beziehung) relaciones fpl; **ein gutes ~ zu j-m haben** tener buenas relaciones con alg; **in freundlichem ~ stehen zu** mantener (od estar en) relaciones amistosas con 3 umg (Liebesverhältnis) lío m amoroso, umg ligue m; (Geliebte) querida f, umg ligue m; **ein ~ mit j-m haben** mantener relaciones con alg, umg tener un ligue con alg 4 PL **~se** (Umstände) condiciones fpl; circunstancias fpl; (Lage) situación f; **finanzielle ~se** situación f económica; e-r Person a.: medios mpl (od recursos mpl) económicos; **sich den ~sen anpassen** acomodarse a las circunstancias; **aus kleinen** od **einfachen** od **bescheidenen ~sen stammen** ser de origen humilde; **in guten ~sen leben** vivir desahogadamente (od con holgura); **über seine ~se leben** vivir por encima de sus posibilidades; gastar más de lo que se gana; **das geht über meine ~se** no puedo permitirme este lujo; **unter diesen ~sen** en estas circunstancias (od condiciones)

Ver'hältnisanteil M parte f proporcional; cuota f; **verhältnismäßig** A ADJ relativo; proporcional B ADV representativamente; relativamente; proporcionalmente; **Verhältniswahl** F POL elección f (od voto m) proporcional; **verhältniswidrig** ADJ desproporcionado (**zu** a); **Verhältniswort** N GRAM preposición f; **Verhältniszahl** F MATH coeficiente m; número m proporcional

Ver'haltung F ⟨~; ~en⟩ MED retención f

ver'handeln ⟨ohne ge-⟩ A VT JUR **einen Fall ~** strafrechtlich: juzgar una causa; zivilrechtlich: ver una causa B VI **über etw** (acus) **~** negociar a/c; gestionar a/c; (beraten) deliberar (od discutir) sobre a/c

Ver'handlung F ⟨~; ~en⟩ 1 POL, HANDEL negociación f; discusión f; debate m, deliberación f; **~en führen** negociar (**mit** con); **die ~en abbrechen/abschließen** romper/concluir las negociaciones; **die ~en wieder aufnehmen** reanudar las negociaciones; **in ~en eintreten** entablar negociaciones; **in ~(en) stehen** estar negociando; estar en tratos (**mit** con) 2 JUR strafrechtlich: juicio m; zivilrechtlich: vista f; **die ~ findet am 7. April statt** el juicio tendrá lugar el 7 de abril

Ver'handlungsbasis F base f de negociación; plataforma f negociadora; **~ 3000 Euro** 3000 euros negociables; **verhandlungsbereit** ADJ dispuesto a negociar; **Verhandlungsbericht** M acta f; **Verhandlungsgegenstand** M objeto m de las negociaciones; **Verhandlungsgeschick** N habilidad f (od capacidad f) en las negociaciones; **Verhandlungspartner** M, **Verhandlungspartnerin** F negociador m, -a f; parte f negociadora; **vollwertiger ~** negociador m al mismo nivel; **die ~** pl las partes negociadoras; **Verhandlungsraum** M sala f de sesiones; **Verhandlungsrunde** F ronda f de negociaciones (od negociadora); **Verhandlungsspielraum** M margen m de negociación; **Verhandlungstag** M JUR día m de la vista; **Verhandlungstermin** M JUR término m del señalamiento; **Verhandlungstisch** M **sich an den ~ setzen** sentarse en la mesa de negociaciones; **Verhandlungsweg** M **auf dem ~(e)** por vía de negociación

ver'hangen ADJ Himmel cubierto, encapotado

ver'hängen VT ⟨ohne ge-⟩ 1 Fenster etc cubrir, tapar (**mit** con); (verschleiern) velar 2 fig (anordnen) ordenar, decretar; Strafe imponer, infligir (**über j-n** a alg); Ausnahmezustand etc proclamar, declarar 3 Reiten: **mit verhängtem Zügel** a rienda suelta

Ver'hängnis N ⟨~ses; ~se⟩ destino m fatal; fatalidad f; perdición f; **das wurde ihm zum ~** eso fue su perdición; **verhängnisvoll** ADJ fatal; funesto; (katastrophal) desastroso

Ver'hängung F ⟨~⟩ e-r Strafe: imposición f; des Notstands etc: proclamación f, declaración f

ver'harmlosen VT ⟨ohne ge-⟩ minimizar; quitar importancia a; **ver'härmt** ADJ (ausgezehrt) consumido; (von Kummer gezeichnet) apesadumbrado; acongojado

ver'harren VI ⟨ohne ge-⟩ 1 (innehalten) detenerse, parar 2 (beibehalten) permanecer; persistir, perseverar (**bei, in** dat en); **in Schweigen ~** obstinarse en un mutismo absoluto; **bei seiner Meinung ~** aferrarse a su opinión

Ver'harren N ⟨~s⟩ persistencia f; perseverancia f

ver'harschen VI ⟨ohne ge-; sn⟩ 1 Schnee endurecerse 2 MED Wunde formar costra(s)

ver'härten ⟨ohne ge-⟩ A VT endurecer (a. fig) B VI endurecer(se)(a. fig); MED Geschwür indurarse C VR **sich ~** endurecerse (a. fig); MED indurarse; **Verhärtung** F ⟨~; ~en⟩ 1 (das Verhärten) endurecimiento m (a. fig); MED induración f 2 (Schwiele) callosidad f

ver'harzen VI ⟨ohne ge-⟩ resinificar

ver'haspeln VR ⟨ohne ge-⟩ umg fig **sich ~** atascarse, umg hacerse un ovillo

ver'hasst ADJ detestado; odioso; odiado (**bei** dat de); **sich bei j-m ~ machen** hacerse odiar por alg; hacerse odioso a alg; **er ist mir ~** le aborrezco; **das ist mir ~** lo detesto

ver'hätscheln VT ⟨ohne ge-⟩ mimar (demasiado); dar mimos a; Kind a. malcriar

Ver'hau M, N ⟨~(e)s; ~e⟩ 1 MIL estacada f; (Drahtverhau) alambrada f 2 umg fig desbarajuste m, barullo m, lío m

ver'hauen ⟨irr; ohne ge-⟩ A VT 1 (verprügeln) **j-n ~** pegar a alg, dar una paliza (od una zurra) a alg 2 umg Aufsatz, Arbeit hacer (muy) mal; **ich**

habe die Prüfung ~ me ha salido mal el examen **B** VR umg **sich ~** (sich irren) equivocarse; (sich blamieren) meter la pata; umg tirarse una plancha

ver'heben VR ‹irr; ohne ge-› **sich ~** hacerse daño (od lastimarse) al levantar un peso; fig (sich übernehmen) hacer un esfuerzo excesivo, excederse

ver'heddern VR ‹ohne ge-› umg **sich ~** **1** Fäden enredarse; **sich in etw** (dat) **~** enredarse en a/c **2** fig beim Sprechen: trabucarse, atascarse

ver'heeren VT ‹ohne ge-› asolar, desolar; devastar; **verheerend** ADJ **1** (zerstörend) asolador, desolador; devastador **2** fig Folgen desastroso; catastrófico; nefasto **3** umg (schrecklich) espantoso; **~ aussehen** umg estar fatal; **Verheerung** F ‹~; ~en› desolación f, asolamiento m; devastación f; estrago m (a. fig); **~en anrichten** hacer (od causar) estragos

ver'hehlen VT ‹ohne ge-› encubrir; disimular; ocultar; recatar; **man kann nicht ~, dass** ... no se puede ocultar que ...; **Verhehlung** F ‹~› disimulo m; ocultación f; encubrimiento m

ver'heilen VI ‹ohne ge-; sn› sanar; curarse; Wunde cerrarse; cicatrizarse

ver'heimlichen VT ‹ohne ge-› disimular, ocultar (**j-m etw** od **etw vor j-m** a/c a alg); **Verheimlichung** F ‹~; ~en› ocultación f; disimulo m

ver'heiraten ‹ohne ge-› **A** VT casar (**mit** con) **B** VR **sich ~** casarse (**mit** con), contraer matrimonio; **sich wieder ~** volver a casarse; contraer segundas nupcias; **verheiratet** ADJ casado; **Verheiratung** F ‹~; ~en› casamiento m, matrimonio m

ver'heißen VT ‹irr; ohne ge-› geh prometer; **Verheißung** F ‹~; ~en› geh promesa f; Bibel: **das Land der ~** la Tierra de Promisión; **verheißungsvoll** ADJ (muy) prometedor

ver'heizen VT ‹ohne ge-› quemar (a. umg fig Person)

ver'helfen VI ‹irr; ohne ge-› **j-m zu etw ~** ayudar a alg a conseguir a/c; proporcionar a/c a alg; **j-m zu seinem Recht ~** hacer justicia a alg

ver'herrlichen VT ‹ohne ge-› glorificar; enaltecer, ensalzar; **Verherrlichung** F ‹~; ~en› glorificación f; ensalzamiento m, enaltecimiento m

ver'hetzen VT ‹ohne ge-› incitar, instigar; soliviantar; **Verhetzung** F ‹~; ~en› incitación f, instigación f

ver'heult ADJ umg lloroso; → a. verweint

ver'hexen VT ‹ohne ge-› embrujar, hechizar; umg fig **es ist wie verhext!** umg ¡es cosa de brujas!; **Verhexung** F ‹~; ~en› embrujamiento m

ver'hindern VT ‹ohne ge-› impedir; imposibilitar; durch Vorbeugen: prevenir; Unglück evitar; **verhindert** ADJ impedido; **~ sein** no poder asistir; **Verhinderung** F ‹~; ~en› **1** impedimento m; obstáculo m; estorbo m **2** der Anwesenheit: impedimento m

ver'hohlen ADJ disimulado; encubierto

ver'höhnen VT ‹ohne ge-› burlarse, mofarse de; escarnecer a; **ver'hohnepipeln** VT ‹ohne ge-› umg hum burlarse de; poner en ridículo

Ver'höhnung F ‹~; ~en› burla f, mofa f; escarnio m; ofensa f

ver'hökern VT ‹ohne ge-› umg vender barato

ver'holen VT ‹ohne ge-› SCHIFF atoar; halar

Ver'hör N ‹~(e)s; ~e› JUR interrogatorio m; **j-n ins ~ nehmen** → verhören

ver'hören ‹ohne ge-› **A** VT **j-n ~** interrogar a alg; tomar declaración a alg **B** VR **sich ~** entender (od oír) mal

ver'hüllen VT ‹ohne ge-› cubrir; tapar; velar (a. fig); fig ocultar; disimular; **in verhüllten Worten** con palabras veladas; **Verhüllung** F ‹~; ~en› ocultación f; disimulo m

ver'hundertfachen ‹ohne ge-› **A** VT multiplicar por cien; centuplicar **B** VR **sich ~** centuplicarse, multiplicarse por cien

ver'hungern VI ‹ohne ge-; sn› morir(se) de hambre (MED de inanición); **~ lassen** dejar morir de hambre; **verhungert** ADJ hambriento; famélico; **ganz ~ aussehen** tener aspecto famélico, umg tener cara de (muerto de) hambre

ver'hunzen VT ‹ohne ge-› umg estropear, echar a perder; umg chafallar, chapucear

ver'huscht umg ADJ Person cortado; **~ aussehen** parecer cortado

ver'hüten **A** VT ‹ohne ge-› (verhindern) impedir; evitar; durch Vorbeugen: precaver; Unglück prevenir; **das verhüte Gott!** ¡no lo quiera Dios! **B** VI beim Sex: usar métodos anticonceptivos; **verhütend** ADJ preventivo; MED profiláctico

ver'hütten VT ‹ohne ge-› METALL fundir; **Verhüttung** F ‹~› fundición f

Ver'hütung F ‹~; ~en› **1** (Vorbeugung) prevención f; MED profilaxis f **2** (Empfängnisverhütung) contracepción f

Ver'hütungsmaßnahme F medida f preventiva; **Verhütungsmittel** N MED anticonceptivo m

ver'hutzelt ADJ umg Gestalt contrahecho; Gesicht avellanado, arrugado

ver'innerlichen VT ‹ohne ge-› interiorizar; **Verinnerlichung** F ‹~› introversión f

ver'irren VR ‹ohne ge-› **sich ~** extraviarse; perderse; despistarse; **ver'irrt** ADJ extraviado; perdido; **~es Schaf** oveja f descarriada; **~e Kugel** bala f perdida; **Ver'irrung** F ‹~; ~en› moralisch: extravío m; error m; aberración f

ver'jagen VT ‹ohne ge-› ahuyentar (a. fig); expulsar, echar; **Verjagung** F ‹~› expulsión f

ver'jährbar ADJ JUR prescriptible; **ver'jähren** VI ‹ohne ge-; sn› JUR prescribir; **ver'jährt** ADJ JUR prescrito

Ver'jährung F ‹~› JUR prescripción f; **Verjährungsfrist** F JUR plazo m de prescripción

ver'jubeln VT ‹ohne ge-› umg Geld despilfarrar, umg fumarse

ver'jüngen ‹ohne ge-› **A** VT rejuvenecer (a. MED); remozar; Personal renovar **B** VR **sich ~** ARCH disminuir, estrecharse; **Verjüngung** F ‹~; ~en› **1** rejuvenecimiento m; renovación f **2** ARCH disminución f, estrechamiento m; **Verjüngungskur** F MED cura f de rejuvenecimiento

ver'juxen VT ‹ohne ge-› umg → verjubeln

ver'kabeln VT ‹ohne ge-› cablear; conectar mediante cable; **verkabelt sein** tener conexión por cable; **Verkabelung** F ‹~; ~en› cableado m (a. TV); tendido m (od colocación f) de hilos

ver'kalken VI ‹ohne ge-; sn› **1** MED esclerorarse, calcificarse **2** umg fig (geistig altern) umg chochear; hacerse viejo **3** Waschmaschine etc cubrirse de cal; **ver'kalkt** ADJ **1** calcificado; MED escleroso, esclerótico **2** umg fig Person chocho; fosilizado

verkalku'lieren VR ‹ohne ge-› **sich ~** (falsch beurteilen) calcular mal, equivocarse en el cálculo

Ver'kalkung F ‹~; ~en› **1** calcificación f; MED esclerosis f **2** umg fig pej senilidad f

ver'kannt **A** PPERF → verkennen **B** ADJ (nicht geschätzt) no apreciado en su justo valor; (unbekannt, vergessen) despreciado, ignorado, desconocido

ver'kanten VT ‹ohne ge-› ladear

ver'kappen VT ‹ohne ge-› disfrazar; enmascarar, camuflar; **ver'kappt** ADJ disfrazado; enmascarado; fig a. encubierto

ver'kapseln ‹ohne ge-› **A** VT capsular **B** VR **sich ~** MED enquistarse; **Verkapselung** F ‹~; ~en› MED enquistamiento m; encapsulación f

ver'käsen VT ‹ohne ge-› caseificar; **Verkäsung** F ‹~› caseificación f (a. MED)

ver'katert ADJ umg trasnochado; **~ sein** umg tener resaca

Ver'kauf M ‹~(e)s; Verkäufe› venta f; colocación f; **den ~ fördern/steigern** promocionar/incrementar las ventas; **zum ~ anbieten** ofrecer (od poner) a la venta; **zum ~ stehen** estar a la venta

ver'kaufen ‹ohne ge-› **A** VT vender (a. fig); HANDEL realizar; colocar; **billig/teuer ~** vender barato/caro; **j-m etw ~** od **etw an j-n ~** vender a/c a alg; fig **sein Leben teuer ~** vender cara su vida; **zu ~** se vende, en venta **B** VR **sich ~** venderse (a. fig); **sich leicht/schwer ~** ser de venta fácil/difícil; **sich gut/schlecht ~** venderse bien/mal

Ver'käufer M ‹~s; ~›, **Verkäuferin** F ‹~; ~nen› vendedor m, -a f; in e-m Geschäft a.: dependiente m, -a f

ver'käuflich ADJ (zum Verkauf geeignet) vendible; (zum Verkauf bestimmt) en (od de) venta; **leicht/schwer ~** de venta fácil/difícil; fácil/difícil de vender

Ver'kaufsabteilung F departamento m de ventas; **Verkaufsauftrag** M orden f de venta; **Verkaufsautomat** M distribuidor m (od expendedor m) automático; **Verkaufsbedingungen** FPL condiciones fpl de venta; **Verkaufsbuch** N libro m de ventas; **Verkaufsbüro** N oficina f de ventas; **Verkaufserfolg** M éxito m de ventas; **Verkaufserlös** M HANDEL producto m de la venta; **Verkaufsfläche** F superficie f de venta

ver'kaufsfördernd ADJ **~e Maßnahmen** medidas fpl de promoción de ventas; **Verkaufsförderung** F promoción f de ventas

Ver'kaufsgespräch N entrevista f vendedor-comprador; entrevista f dirigida a vender un producto; **Verkaufsleiter** M, **Verkaufsleiterin** jefe m, -a f (del departamento) de ventas; **Verkaufsleitung** F dirección f (del departamento) de ventas

ver'kaufsoffen ADJ **~er Sonntag** *domingo en el que se abren las tiendas*

Ver'kaufsorganisation F organización f de ventas; **Verkaufspreis** M precio m de venta; **Verkaufsprognose** F previsión f de ventas; **Verkaufsraum** M sala f de ventas; **Verkaufsrecht** N derecho m de venta; **Verkaufsrückgang** M baja f (od caída f) de ventas; **Verkaufsschlager** M umg éxito m de venta; **Verkaufsstand** M puesto m de venta; **Verkaufsstelle** F punto m (od centro m) de venta; für Tabak: expendeduría f; **Verkaufstisch** M mostrador m; **Verkaufsurkunde** F JUR escritura f de venta; **Verkaufsvolumen** N volumen m de ventas; **Verkaufswerbung** F publicidad f de ventas; **Verkaufswert** M valor m de venta; **Verkaufszahlen** FPL cifras fpl de venta

Ver'kehr M ‹~s› **1** (Straßenverkehr) tráfico m; circulación f; (Durchgangsverkehr) tránsito m; **stockender ~** atasco m; **dem ~ übergeben** Straße: abrir al tráfico (od a la circulación); BAHN poner en servicio; Brücke etc: inaugurar **2** (Beförderung) transporte(s) m(pl); **öffentlicher ~** transportes mpl públicos **3** HANDEL

(*Geldverkehr, Güterverkehr*) movimiento *m*; (*Handelsverkehr*) operaciones *fpl*; **in ~ bringen** poner en circulación; **aus dem ~ ziehen** retirar del servicio; *Geld* retirar de la circulación; *umg* **j-n aus dem ~ ziehen** quitar a alg de en medio **4** (*Kontakt*) contacto *m* (**mit** con); (*Umgang*) trato *m*, relaciones *fpl* (**mit** con); **~ mit j-m haben** tratar (*od* tener trato) con alg; **keinen ~ haben** *od* **pflegen** no tener trato con nadie; no ver a nadie **5** (*Geschlechtsverkehr*) relaciones *fpl* sexuales; comercio *m* carnal

ver'kehren ⟨*ohne* ge-⟩ **A** VI ⟨h *od* sn⟩ **1** *Bahn, Bus* circular (**zwischen** entre) **2** **in der Gesellschaft ~** alternar en sociedad; **in einem Haus ~** frecuentar una casa **3** **mit j-m ~** tratarse (*od* tener trato) con alg; tener (*od* estar en) relaciones con alg; **mit niemandem ~** no tener trato con nadie; no ver a nadie **B** VT **1** (*umkehren*) invertir; poner al revés **2** (*umwandeln*) **~ in** (*acus*) convertir en, transformar en; *fig* (*verdrehen*) tergiversar, torcer **C** VR **sich ins Gegenteil ~** convertirse (*od* transformarse) en lo contrario

Ver'kehrsabwicklung F desarrollo *m* de la circulación; **Verkehrsader** F arteria *f* (de tráfico); **Verkehrsampel** F luces *fpl* de tráfico; semáforo *m*; **Verkehrsamt** N oficina *f* de turismo

ver'kehrsarm ADJ poco frecuentado (*od* de poco tráfico); **verkehrsberuhigt** ADJ **~e Zone** zona *f* de tráfico limitado; **Verkehrsberuhigung** F reducción *f* (*od* restricción *f*) del tráfico

Ver'kehrsbetriebe MPL (servicio *m* de) transportes *mpl* públicos; **Verkehrschaos** N caos *m* circulatorio; **Verkehrsdelikt** N delito *m* de la circulación; **Verkehrsdichte** F densidad *f* del tráfico; **Verkehrsdisziplin** F disciplina *f* en la circulación; **Verkehrserziehung** F educación *f* vial; **Verkehrsflugzeug** N avión *m* comercial

ver'kehrsfrei ADJ sin circulación

Ver'kehrsfunk M servicio *m* radiofónico de información sobre el tráfico; **Verkehrsgewerbe** N (ramo *m* de) transportes *mpl*; **verkehrsgünstig** ADJ *Lage* bien situado en cuanto a circulación y medios de transporte; **Verkehrshindernis** N obstáculo *m* a *od* para la circulación; **Verkehrsinsel** F isleta *f*; refugio *m* (de peatones), burladero *m*; **Verkehrsknotenpunkt** M nudo *m* de comunicaciones; **Verkehrskontrolle** F control *m* de la circulación; **Verkehrsleitsystem** N sistema *m* de regulación de(l) tráfico; BAHN sistema *m* de dirección de trenes; **Verkehrsminister** M, **Verkehrsministerin** F ministro *m*, -a *f* de Transportes; **Verkehrsministerium** N Ministerio *m* de Transportes; **Verkehrsmittel** N medio *m* de transporte; **öffentliche ~** *pl* transporte *m* colectivo, transportes *mpl* públicos; **Verkehrsnetz** N red *f* de comunicaciones; **Verkehrsopfer** N víctima *f* de la circulación; **Verkehrsordnung** F reglamento *m* de la circulación (*od* del tráfico); **Verkehrspolizei** F policía *f* de tráfico; **Verkehrspolizist** M, **Verkehrspolizistin** F agente *m/f* (*od* policía *m/f*) de tráfico; **Verkehrsregel** F norma *f* de circulación; **Verkehrsregelung** F regulación *f* del tráfico

ver'kehrsreich ADJ de mucho tráfico; muy frecuentado; *Straße* muy transitado

Ver'kehrsschild N señal *f* de circulación (*od* de tráfico)

ver'kehrsschwach ADJ poco frecuentado (*od* concurrido); *Straße* de poca circulación, poco transitado

Ver'kehrssicherheit F seguridad *f* vial; **Verkehrsspitze** F horas *fpl* punta

ver'kehrsstark ADJ **~e Zeit** horas *fpl* punta

Ver'kehrsstärke F intensidad *f* del tráfico; **Verkehrsstauung** F congestión *f* del tráfico; embotellamiento *m*, atasco *m*; **Verkehrssteuer** F WIRTSCH impuesto *m* sobre transacciones; **Verkehrsstockung** F → Verkehrsstauung; **Verkehrsstörung** F interrupción *f* del tráfico (*od* de la circulación); **Verkehrsstraße** F vía *f* de comunicación; **Verkehrssünder** M, **Verkehrssünderin** F infractor *m*, -a *f* de las normas de circulación; **Verkehrsteilnehmer** M, **Verkehrsteilnehmerin** F usuario *m*, -a *f* de la vía pública; **Verkehrstote** M/F muerto *m*, -a *f* en accidente de circulación; **Verkehrsüberwachung** F supervisión *f* (*od* control *m*) de tráfico; gestión *f* de tráfico; **Verkehrsunfall** M accidente *m* de circulación (*od* de tráfico); **Verkehrsunterricht** M enseñanza *f* de tráfico; **Verkehrsverbindung** F comunicación *f* (con los medios de transporte); **Verkehrsverbot** N circulación *f* prohibida; **Verkehrsverbund** M consorcio *m* de transportes, asociación *f* de empresas de transporte público; **Verkehrsverein** M oficina *f* de turismo; **Verkehrsverhältnisse** NPL condiciones *fpl* del tráfico; **Verkehrsvorschriften** FPL → Verkehrsordnung; **Verkehrsweg** M vía *f* de comunicación; **Verkehrswert** M HANDEL valor *m* comercial (*od* corriente); **Verkehrswesen** N ⟨~s⟩ (servicio *m* de) comunicaciones *fpl*; transportes *mpl*

ver'kehrswidrig ADJ antirreglamentario

Ver'kehrszählung F censo *m* del tráfico; **Verkehrszeichen** N señal *f* de tráfico (*od* de circulación)

ver'kehrt **A** ADJ **1** (*umgekehrt*) invertido, al revés; **die ~e Seite** el revés; **(die) ~e Welt** el mundo al revés **2** (*falsch*) equivocado, erróneo, falso; **der ~e Weg** el camino equivocado; (*unsinnig*) absurdo; *fig* trastornado **B** ADV al revés; **etw ~ machen** hacer a/c al revés (*bzw* mal); **etw ~ auffassen** entender a/c al revés; **es ~ anfangen** empezar mal; *umg* empezar la casa por el tejado; **etw ~ herum anziehen** ponerse a/c del revés

Ver'kehrtheit F ⟨~⟩ absurdidad *f*

Ver'kehrung F ⟨~; ~en⟩ inversión *f*; **~ ins Gegenteil** transformación *f* (*od* conversión *f*) en lo contrario

ver'keilen ⟨*ohne* ge-⟩ **A** VT **1** TECH acuñar, asegurar con cuñas, poner cuñas a **2** *umg reg* → verprügeln **B** VR **sich ~** atrancarse (**in** *acus* en)

ver'kennen VT ⟨*irr; ohne* ge-⟩ desconocer; (*falsch beurteilen*) juzgar mal; *Situation a.* no comprender, no apreciar (en su justo valor); (*unterschätzen*) *Person* menospreciar, subestimar; **es ist nicht zu ~, dass** salta a la vista que; **Verkennung** F ⟨~⟩ desconocimiento *m*; **in ~ der Tatsachen** juzgando mal los hechos

ver'ketten VT ⟨*ohne* ge-⟩ **1** encadenar; eslabonar **2** *fig* concadenar, concatenar; engarzar; **Verkettung** F ⟨~; ~en⟩ **1** encadenamiento *m* **2** *fig* concatenación *f*; **eine unglückliche ~ der Umstände** coincidencia *f* de circunstancias adversas

ver'ketzern VT ⟨*ohne* ge-⟩ *fig* difamar; calumniar; **Verketzerung** F ⟨~⟩ *fig* difamación *f*

ver'kitten VT ⟨*ohne* ge-⟩ enmasillar

ver'klagen VT ⟨*ohne* ge-⟩ JUR **j-n ~** demandar a alg, querellarse contra alg, poner un pleito a alg (**wegen etw** por a/c); **j-n auf Schadenersatz ~** reclamar a alg una indemnización

ver'klappen VT CHEM verter al mar; **Verklappung** F ⟨~; ~en⟩ vertido *m* al mar; derrame *m* (*od* eliminación *f*) en el mar (*de sustancias nocivas*)

ver'klären VT ⟨*ohne* ge-⟩ REL *u. fig* transfigurar; *fig* iluminar; *Vergangenheit* embellecer; *Gesicht* iluminarse; **ver'klärt** ADJ REL transfigurado; *fig a.* radiante; **Ver'klärung** F ⟨~; ~en⟩ REL *u. fig* transfiguración *f*

ver'klatschen VT ⟨*ohne* ge-⟩ *umg* denunciar, delatar; **verklausu'lieren** VT ⟨*ohne* ge-⟩ JUR restringir con cláusulas; *fig* expresar de manera incomprensible; **ver'kleben** ⟨*ohne* ge-⟩ **A** VT **1** tapar **2** (*zukleben*) pegar; empastar; *bes* MED conglutinar **B** VI ⟨sn⟩ (*aneinander kleben*) pegarse

ver'kleiden ⟨*ohne* ge-⟩ **A** VT **1** disfrazar; vestir (**als** de) **2** TECH, BAU revestir (**mit** de); *innen*: forrar; *mit Holz a.*: enmaderar **B** VR **sich ~ als** disfrazarse, vestirse de; **Verkleidung** F ⟨~; ~en⟩ **1** (*Kostüm*) disfraz *m* **2** TECH, BAU revestimiento *m*; forro *m*

ver'kleinern ⟨*ohne* ge-⟩ **A** VT **1** (*kleiner machen*) empequeñecer (*a. fig*), reducir (*a.* MATH); achicar; **(von DIN-A4) auf DIN-A5 ~** reducir (de DIN-A4) a DIN-A5 **2** (*verringern*) disminuir, rebajar **3** *fig Bedeutung* minimizar, quitar méritos a **B** VR **sich ~** **1** (*kleiner werden*) empequeñecerse, reducirse; (*sich verringern*) disminuir **2** *fig Bedeutung* minimizarse

ver'kleinernd ADJ GRAM diminutivo; **Verkleinerung** F ⟨~; ~en⟩ disminución *f*, empequeñecimiento *m*, reducción *f*

Ver'kleinerungsform F GRAM diminutivo *m*; **Verkleinerungsmaßstab** M escala *f* de reducción; **Verkleinerungssilbe** F GRAM desinencia *f* diminutiva; **Verkleinerungswort** N GRAM diminutivo *m*

ver'kleistern VT ⟨*ohne* ge-⟩ pegar con engrudo, engrudar

ver'klemmen VR ⟨*ohne* ge-⟩ **sich ~** atascarse; **ver'klemmt** ADJ **1** atascado **2** *fig* PSYCH inhibido; *umg* reprimido

ver'klingen VI ⟨*irr; ohne* ge-; sn⟩ ir extinguiéndose; perderse; **ver'kloppen** VT ⟨*ohne* ge-⟩ *umg* **1** → verprügeln **2** (*verkaufen*) vender; **ver'klumpen** VI ⟨*ohne* ge-; sn⟩ formar grumos

ver'knacken VT ⟨*ohne* ge-⟩ *umg* condenar; **zu einer Geldstrafe verknackt werden** ser condenado a una multa; **sie wurde zu drei Monaten verknackt** *umg* la metieron en chirona por tres meses

ver'knacksen VT ⟨*ohne* ge-⟩ *umg* **sich** (*dat*) **den Fuß ~** torcerse el tobillo

ver'knallen VR ⟨*ohne* ge-⟩ *umg* **sich in j-n ~** enamorarse locamente de alg; *umg* chalarse por alg; **ver'knallt** ADJ *umg* **in j-n (total) ~ sein** estar loco (*od umg* chalado) por alg

ver'knappen VI ⟨*ohne* ge-; sn⟩ escasear; **Verknappung** F ⟨~⟩ escasez *f* (**an** *dat* de)

ver'knautschen VT ⟨*ohne* ge-⟩ *umg* arrugar; estrujar

ver'kneifen VT ⟨*irr; ohne* ge-⟩ reprimir, contener; **sich** (*dat*) **etw ~** *Lachen* contener a/c; *Bemerkung* callarse a/c; **verkneif's dir!** ¡ni se te ocurra decirlo!; **sich** (*dat*) **~ etw zu tun** renunciar a hacer a/c

ver'kniffen **A** PPERF → verkneifen **B** ADJ *pej Miene* amargado; **verkniffenes Gesicht** *a.* gesto *m* forzado; **ein ~es Gesicht machen** poner cara de circunstancias; *umg* **das darfst du nicht so ~ sehen** *umg* no te lo tomes tan a pecho

ver'knittern VT ⟨*ohne* ge-⟩ → verknautschen

ver'knöchern VI ⟨*ohne* ge-; sn⟩ **1** PHYSIOL osificarse **2** *fig* anquilosarse; fosilizarse; **verknöchert** ADJ *fig* anquilosado; fosilizado;

Verknöcherung F ⟨~; ~en⟩ 1 PHYSIOL osificación *f* 2 *fig* fosilización *f*
ver'knorpeln VI ⟨*ohne* ge-; sn⟩ PHYSIOL condrificarse; **Verknorpelung** F ⟨~; ~en⟩ PHYSIOL condrificación *f*
ver'knoten ⟨*ohne* ge-⟩ A VT anudar B VR **sich ~** anudarse; (*sich verwirren*) enredarse
ver'knüpfen VT ⟨*ohne* ge-⟩ 1 *Fäden* atar, enlazar (**mit** con) 2 *fig* (*verbinden*) combinar, unir, vincular; relacionar; *Ideen* asociar (**mit** con); **mit Kosten verknüpft sein** suponer gastos
Ver'knüpfung F ⟨~; ~en⟩ 1 *v. Fäden*: atadura *f*; enlace *m* 2 *fig* unión *f*, nexo *m*, vinculación *f*; combinación *f*; *v. Ideen*: asociación *f* 3 IT enlace *m*; (*Vernetzung*) entrelazamiento *m*, vinculación *f*
ver'knusen VT ⟨*ohne* ge-⟩ *umg* **j-n nicht ~ können** no poder ver a alg ni pintado
ver'kochen VT ⟨*ohne* ge-⟩ cocer demasiado; recocer
ver'kohlen ⟨*ohne* ge-⟩ A VT 1 carbonizar, reducir a carbón 2 *umg fig* **j-n ~** tomar el pelo a alg, reírse de alg B VI ⟨sn⟩ carbonizarse; **Verkohlung** F ⟨~; ~en⟩ carbonización *f*
ver'koken VT ⟨*ohne* ge-⟩ TECH coquizar; **Verkokung** F ⟨~; ~en⟩ coquización *f*, coquefacción *f*
ver'kommen[1] VI ⟨*irr; ohne* ge-; sn⟩ 1 *Besitz* decaer, echarse a perder; degenerar; *Gebäude* venirse abajo 2 *Person* degradarse; depravarse, pervertirse; envilecerse, encanallarse
ver'kommen[2] ADJ 1 *Besitz* echado a perder; *Gebäude* desmoronado 2 *Person im Aussehen*: descuidado, venido a menos; degradado; *moralisch*: degenerado, degradado; depravado, pervertido; **Verkommenheit** F ⟨~⟩ *e-r Person im Aussehen*: descuido *m*, degradación *f*; *moralisch*: degeneración *f*; degradación *f*; depravación *f*, perversión *f*
verkonsu'mieren VT ⟨*ohne* ge-⟩ consumir; *umg* tragar(se), soplarse; **ver'koppeln** VT ⟨*ohne* ge-⟩ acoplar; **ver'korken** VT ⟨*ohne* ge-⟩ *Flasche* encorchar, taponar (con corcho)
ver'korksen VT ⟨*ohne* ge-⟩ *umg* echar a perder; estropear; **sich** (*dat*) **den Magen ~** *umg* fastidiarse el estómago; indigestarse
ver'körpern VT ⟨*ohne* ge-⟩ personificar; THEAT representar; encarnar; **Verkörperung** F ⟨~; ~en⟩ personificación *f*; THEAT representación *f*; encarnación *f*
ver'kosten VT ⟨*ohne* ge-⟩ probar; *bes Wein*: degustar
ver'köstigen VT ⟨*ohne* ge-⟩ alimentar; **Verköstigung** F ⟨~⟩ alimentación *f*; comida *f*
ver'krachen VR ⟨*ohne* ge-⟩ *umg* **sich mit j-m ~** pelearse con alg; enemistarse (*od* reñir) con alg; **ver'kracht** ADJ fracasado; *umg* tronado; WIRTSCH *Firma* quebrado, en quiebra; **~e Existenz** fracasado *m*
ver'kraften VT ⟨*ohne* ge-⟩ **etw ~** poder con a/c; resistir a/c; *seelisch*: digerir a/c
ver'kramen VT ⟨*ohne* ge-⟩ extraviar; *Papiere* traspapelar
ver'krampfen VR ⟨*ohne* ge-⟩ **sich ~** crisparse (*a. fig*); **ver'krampft** ADJ crispado (*a. fig*); *Muskel, Bein* contraído; *Lächeln* forzado; *seelisch*: tenso; **Ver'krampfung** F ⟨~; ~en⟩ crispación *f* (*a. fig*); *seelische a.*: tensión *f*
ver'kratzen VT ⟨*ohne* ge-⟩ rasgar, rayar
ver'kriechen VR ⟨*irr; ohne* ge-⟩ **sich ~** *Tiere, fig a. Menschen* esconderse, ocultarse (**in** *dat* en); **ver'krümeln** VR ⟨*ohne* ge-⟩ *umg* **sich ~** *umg* largarse, pirarse; eclipsarse; **ver'krümmen** ⟨*ohne* ge-⟩ A VT torcer; encorvar; deformar B VR **sich ~** deformarse; *Wirbelsäule* desviarse; *Holz* combarse
ver'krümmt ADJ deforme; *Wirbelsäule* desviado; **Verkrümmung** F ⟨~; ~en⟩ encorvadura *f*; combadura *f*; deformación *f*; *der Wirbelsäule*: desviación *f*
ver'krüppeln ⟨*ohne* ge-⟩ A VT deformar; *Mensch* lisiar B VI ⟨sn⟩ *Baum, Strauch* achaparrarse; **verkrüppelt** ADJ MED *Mensch, Körperteil* tullido; *Mensch a.* lisiado; *Baum, Strauch* achaparrado
ver'krusten VI ⟨*ohne* ge-; sn⟩ incrustarse; encostrar, formar costra(s); **verkrustet** ADJT **~e Strukturen** estructuras *fpl* anquilosadas; **Verkrustung** F ⟨~; ~en⟩ incrustación *f*; *v. Strukturen*: anquilosamiento *m*; MED anquilosis *f*
ver'kühlen VR ⟨*ohne* ge-⟩ *reg* **sich ~** resfriarse, coger un resfriado; **Verkühlung** F ⟨~; ~en⟩ resfriado *m*, enfriamiento *m*
ver'kümmern VI ⟨*ohne* ge-; sn⟩ 1 MED *Glieder, Organe* atrofiarse 2 BOT *Pflanzen* no crecer bien, atrofiarse 3 *fig* languidecer; *fig* **~ lassen** *Talent* desaprovechar; **verkümmert** ADJ MED atrofiado (*a. Pflanze*); **Verkümmerung** F ⟨~; ~en⟩ MED atrofia *f*
ver'künden VT ⟨*ohne* ge-⟩ 1 (*ankündigen*) anunciar; *öffentlich*: publicar, hacer saber; pregonar; *amtlich*: proclamar 2 *Gesetz* promulgar; JUR *Urteil* pronunciar 3 REL *Evangelium* predicar; **Verkünder** M ⟨~s; ~⟩ *fig* pregonero *m*; heraldo *m*
ver'kündigen VT 1 *geh* → verkünden 2 REL *Evangelium* predicar; **Verkündigung** F ⟨~; ~en⟩ 1 *geh* → Verkündung 2 REL **Mariä ~** la Anunciación de Nuestra Señora
Ver'kündung F ⟨~; ~en⟩ 1 (*Ankündigung*) anunciación *f*; (*Bekanntgabe*) comunicación *f*; *öffentliche*: publicación *f*; *amtliche*: proclamación *f* 2 *e-s Gesetzes*: promulgación *f*; JUR *des Urteils*: pronunciación *f*
ver'kupfern VT ⟨*ohne* ge-⟩ encobrar; **Verkupferung** F ⟨~; ~en⟩ encobrado *m*
ver'kuppeln VT ⟨*ohne* ge-⟩ 1 TECH acoplar 2 *zwei Personen* **miteinander ~** emparejar; *obs zu Heiratszwecken*: **j-n ~** alcahuetear (*od* servir de alcahuete) a alg
ver'kürzen ⟨*ohne* ge-⟩ A VT *Länge* acortar (**um** en); *Zeitdauer* reducir (**um** en); (*abkürzen*) abreviar; MAL escorzar; *fig* **sich** (*dat*) **die Zeit ~** distraerse; matar el tiempo; **verkürzte Arbeitszeit** jornada *f* reducida B VI SPORT **auf 2:3 ~** acercarse a 2:3 C VR **sich ~** *Länge, Zeit* reducirse (**um** en)
ver'kürzt A ADJ **~e Arbeitszeit** jornada *f* reducida B ADV **etw ~ darstellen** describir a/c de forma abreviada
Ver'kürzung F ⟨~; ~en⟩ 1 *der Länge*: acortamiento *m*; (*Abkürzung*) abreviación *f*; (*Verminderung*) reducción *f*, disminución *f* 2 MAL escorzo *m*
Verl. ABK (Verlag) editorial
ver'lachen VT ⟨*ohne* ge-⟩ reírse de; burlarse de
Ver'ladebahnhof M estación *f* de carga; **Verladebrücke** F puente *m* transbordador (*od* de carga); **Verladehafen** M puerto *m* de embarque (*od* de carga); **Verladekran** M grúa *f* de carga
ver'laden VT ⟨*irr; ohne* ge-⟩ 1 cargar (**auf** *acus* en); SCHIFF embarcar (**auf** *acus* en); (*verfrachten*) expedir 2 *umg* (*betrügen*) **j-n ~** estafar *od* embaucar *od* timar a alg
Ver'laden N ⟨~s⟩ → Verladung; **Ver'ladeplatz** M cargadero *m*; SCHIFF embarcadero *m*; muelle *m*; **Ver'lader** M ⟨~s; ~⟩ cargador *m*; SCHIFF embarcador *m*
Ver'laderampe F rampa *f* de carga; SCHIFF rampa *f* de embarque; **Verladestelle** F lugar *m* de carga; SCHIFF lugar *m* de embarque
Ver'ladung F ⟨~; ~en⟩ carga *f*; SCHIFF *v. Waren*: embarque *m*; *v. Passagieren*: embarco *m*; (*Verfrachtung*) expedición *f*
Ver'ladungskosten PL gastos *mpl* de carga; SCHIFF gastos *mpl* de embarque; **Verladungspapiere** NPL SCHIFF documentos *mpl* de embarque; **Verladungsschein** M recibo *m* de carga; SCHIFF recibo *m* de embarque
Ver'lag M ⟨~(e)s; ~e⟩ editorial *f*, casa *f* editora; **im ~ ... erschienen** publicado por ...; **dieses Buch erscheint im ~ ...** este libro lo publica la editorial ...
ver'lagern ⟨*ohne* ge-⟩ A VT cambiar (*a. fig*); cambiar de sitio; desplazar; GEOL dislocar; WIRTSCH *Produktion etc*: trasladar; transferir B VR **sich ~** desplazarse; **Verlagerung** F ⟨~; ~en⟩ desplazamiento *m*; cambio *m* (*a. fig*); GEOL dislocación *f*; *von Aktivitäten, der Produktion etc*: traslado *m*; transferencia *f*
Ver'lagsanstalt F editorial *f*, casa *f* editora; **Verlagsbranche** F sector *m* editorial
Ver'lagsbuchhändler M, **Verlagsbuchhändlerin** F librero *m* editor, librera *f* editora; **Verlagsbuchhandlung** F librería *f* editorial
Ver'lagshaus N → Verlagsanstalt; **Verlagskatalog** M catálogo *m* de libros publicados; **Verlagskauffrau** F, **Verlagskaufmann** M comercial *m/f* de la industria editorial; **Verlagskosten** PL gastos *mpl* de publicación; **Verlagsleiter** M, **Verlagsleiterin** F jefe *m*, jefa *f* de la editorial; **Verlagsprogramm** N programa *m* (de la) editorial; **Verlagsrecht** N derecho *m* editorial; **Verlagsvertrag** M contrato *m* editorial; **Verlagsvertreter** M, **Verlagsvertreterin** F representante *m/f* de la editorial; **Verlagswerk** N publicación *f*; **Verlagswesen** N ⟨~s⟩ sistema *m* editorial; industria *f* editora (*od* editorial)
ver'landen VI *See, Moor* secarse; **Verlandung** F ⟨~; ~en⟩ aterramiento *m*
ver'langen ⟨*ohne* ge-⟩ A VT 1 **etw von j-m ~** pedir a/c a alg; solicitar a/c a alg; **etw ~** *Recht* exigir a/c, reclamar a/c; (*wünschen*) desear a/c, querer a/c; **was ~ Sie dafür?** ¿cuánto pide usted?; **das ist zu viel verlangt** eso es pedir demasiado (*od* más de la cuenta) 2 (*erfordern*) requerir; **eine sofortige Lösung ~** requerir una solución inmediata 3 *Person*: **Sie werden am Telefon verlangt** le llaman al teléfono B VI *geh* **nach etw ~** desear a/c; (*sich sehnen*) ansiar a/c; anhelar a/c; **nach j-m ~** desear (*od* querer) ver a alg C V/UNPERS *geh* **mich verlangt nach etw** deseo *bzw* anhelo a/c
Ver'langen N ⟨~s; ~⟩ *geh* 1 (*Forderung*) petición *f*; exigencia *f*; demanda *f*; pretensión *f*; **auf ~ (von)** a petición (de), a requerimiento (de); **auf allgemeines ~** a petición general 2 (*Sehnsucht*) deseo *m*, anhelo *m* (**nach** de); **nach etw ~ haben** tener el deseo de a/c; apetecer a/c; anhelar a/c; **kein ~ haben, zu** (*inf*) no tener ganas (*od* deseos) de (*inf*)
ver'langend ADJ deseoso, anheloso
ver'längern ⟨*ohne* ge-⟩ A VT 1 alargar, extender; *Strecke, Zeitraum* prolongar (**um etw** a/c); **verlängertes Wochenende** fin *m* de semana largo 2 *Pass etc* renovar; *Vertrag, Frist* prorrogar (**um** por) 3 GASTR *Soße* alargar, hacer que cunda B VR **sich ~** (*länger werden*) alargarse; *Gültigkeit, Zeit* prolongarse (**um** por)
Ver'längerung F ⟨~; ~en⟩ 1 (*das Längermachen*) alargamiento *m* 2 *e-s Vertrags, e-r Frist etc*: prolongación *f*; prórroga *f* (*a.* SPORT *Spielverlängerung*); **stillschweigende ~** reconducción *f* tácita 3 *e-s Passes*: renovación *f* 4 (*Verlängerungsstück*) pieza *f* de prolongación
Ver'längerungsschnur F ELEK cable *m* de empalme; prolongador *m*, (cordón *m* de) pro-

longación *f*; **Verlängerungsstück** N TECH pieza *f* para alargar; pieza *f* de prolongación; **Verlängerungswoche** F semana *f* de prórroga

ver'langsamen ⟨*ohne* ge-⟩ A VT retardar; desacelerar; *Geschwindigkeit* reducir, aminorar B VR **sich ~** retardarse; *Geschwindigkeit* reducirse; **Verlangsamung** F ⟨~; ~en⟩ retardación *f*; desaceleración *f*

ver'läppern VT ⟨*ohne* ge-⟩ *umg* malgastar; desperdiciar; derrochar

Ver'lass M ⟨~es⟩ **es ist (kein) ~ auf ihn** (no) se puede contar con él; (no) puede uno fiarse de él

ver'lassen[1] ⟨*irr; ohne* ge-⟩ A VT 1 *Ort* dejar, salir de; *für immer*: abandonar; *Platz, Wohnung* desocupar; *Stadt, Land* ausentarse de 2 (*im Stich lassen*) abandonar; *umg* dejar plantado B VR **sich auf j-n/etw ~** contar con alg/a/c; fiarse de alg/a/c; confiar en alg/a/c; **auf ihn kann man sich nicht ~** no puede uno fiarse de él; **ich verlasse mich darauf** cuento con ello; *umg* **verlass dich drauf!** ¡tenlo por seguro!

ver'lassen[2] ADJ 1 *allg* abandonado; *Haus a.* deshabitado; *Wohnung* desocupado 2 (*einsam*) *Gegend* desierto; *bes Personen* desamparado, desvalido; (*vereinsamt*) aislado; **von Gott ~** dejado de la mano de Dios; **Verlassenheit** F ⟨~⟩ abandono *m*; (*Vereinsamung*) aislamiento *m*

ver'lässlich ADJ seguro; (digno) de confianza; fiable; formal; **Verlässlichkeit** F ⟨~⟩ seguridad *f*; fiabilidad *f*; formalidad *f*

Ver'laub M **mit ~** con su permiso, con permiso (*od* perdón) de usted; **mit ~ zu sagen** dicho sea con permiso (*od* salvando todos los respetos)

Ver'lauf M ⟨~(e)s; -läufe⟩ 1 (*Hergang, Ablauf*) curso *m*, transcurso *m*; *e-r Angelegenheit*: marcha *f*; rumbo *m*; **seinen (normalen) ~ nehmen** seguir su curso (normal); **einen guten/schlimmen ~ nehmen** tomar un rumbo favorable/desfavorable; **im ~ von** (*od gen*) en el (trans)curso de; **im weiteren ~** a continuación; más tarde; **nach ~ von** al cabo de; después de; transcurrido ... 2 (*Entwicklung*) desarrollo *m*; *e-r Krankheit*: proceso *m*; evolución *f*; curso *m*; **glücklicher ~** buen curso 3 *e-r Straße, Grenze*: trazado *m*

ver'laufen ⟨*irr; ohne* ge-⟩ A VI ⟨sn⟩ 1 (*vor sich gehen*) pasar, transcurrir; *Angelegenheit* tomar un rumbo 2 (*sich entwickeln*) desarrollarse; *Krankheit* **glücklich/harmlos ~** seguir un proceso favorable/benigno *od* evolucionar bien/de forma benigna 3 *Grenze etc* pasar, correr, extenderse 4 *Farben* **(ineinander) ~** correrse B VR **sich ~** 1 *Menge* dispersarse; *Gewässer* decrecer 2 (*sich verirren*) extraviarse, perderse, perder (*od* equivocar) el camino

ver'laust ADJ piojoso; lleno de piojos

ver'lautbaren VT ⟨*ohne* ge-⟩ VERW (*bekannt geben*) publicar, hacer saber; notificar, comunicar; **nichts ~ lassen** no publicar *od* comunicar nada; **Verlautbarung** F ⟨~; ~en⟩ VERW publicación *f*; notificación *f*; **amtliche ~** comunicado *m* oficial

ver'lauten VI ⟨*ohne* ge-⟩ **es verlautet, dass** se dice que; corre la voz que; se sabe que; **etw ~ lassen** manifestar a/c; hacer saber a/c; **nichts davon ~ lassen** guardar el secreto; no dejar traslucir a/c; **wie verlautet** según se dice (*od* se rumorea)

ver'leben VT ⟨*ohne* ge-⟩ *Zeit* pasar; **ver'lebt** ADJ *fig Gesicht* ajado, (des)gastado; decrépito

ver'legen[1] ⟨*ohne* ge-⟩ A VT 1 *an e-n anderen Ort*: trasladar (**nach** a) (*a. Patienten, Wohnsitz*); transferir (**nach** a); desplazar 2 *zeitlich*: aplazar, postergar (**auf** *acus* para, a); **um eine Woche verlegt werden** ser aplazado una semana 3 LIT *Handlung* situar (**nach** en; **in** *acus* en); *zeitlich*: **die Handlung ins Mittelalter ~** situar la acción en la Edad Media 4 *Fliesen, Teppich* poner; *Gleise, Leitungen* colocar; *Kabel* tender 5 *Bücher* editar, publicar 6 (*an die falsche Stelle legen*) extraviar; *Papiere* traspapelar 7 (*versperren*) **j-m den Weg ~** cortar, cerrar B VR **sich ~ auf** (*acus*) *Malerei, Musik* entregarse a, dedicarse a; **sich aufs Bitten ~** recurrir a ruegos/súplicas

ver'legen[2] ADJ 1 (*schüchtern*) cohibido, *umg* cortado; (*beschämt*) avergonzado, vergonzoso; (*verwirrt*) turbado, confuso; **~ machen** (*verunsichern*) turbar, confundir, dejar confuso; *umg* cortar; (*beschämen*) avergonzar; **~ werden** desconcertarse; turbarse; *umg* cortarse 2 **um etw ~ sein** necesitar a/c; **um Geld ~ sein** andar mal de dinero; **nie um eine Antwort ~ sein** tener una respuesta para todo; saber replicar

Ver'legenheit F ⟨~; ~en⟩ 1 (*Verunsicherung*) confusión *f*; turbación *f*, corte *m*; (*Schüchternheit*) timidez *f* 2 (*missliche Lage*) apuro *m*; aprieto *m*; **j-n in ~** (*acus*) **bringen** poner a alg en un apuro (*od* aprieto); **in ~ geraten** *od* **kommen** verse en un apuro; **in ~ sein** estar en un apuro; **j-m aus der ~ helfen** sacar a alg de apuros (*od* del atolladero *od* de un aprieto)

Ver'leger M ⟨~s; ~⟩, **Verlegerin** F ⟨~; ~nen⟩ editor *m*, -a *f*; **verlegerisch** ADJ editorial

Ver'legung F ⟨~; ~en⟩ 1 *an e-n anderen Ort*: traslado *m* (**nach** a); transferencia *f* (**nach** a); desplazamiento *m* 2 *zeitlich*: aplazamiento *m* 3 TECH, ELEK tendido *m*; *von Gleisen, Fliesen*: colocación *f*

ver'leiden VT ⟨*ohne* ge-⟩ **j-m etw ~** quitar a alg el gusto (*od* las ganas) de a/c

Ver'leih M ⟨~(e)s; ~e⟩ 1 alquiler *m* (*a. v. Autos etc*); (*Filmverleih*) distribución *f* 2 (*Verleihfirma*) distribuidora *f*

ver'leihen VT ⟨*irr; ohne* ge-⟩ 1 prestar (**j-m** *od* **an j-n** a alg); (*vermieten*) alquilar (**j-m** *od* **an j-n** a alg) 2 *Amt, Titel, Rechte, Preis, Orden* conceder; *Rechte a.* otorgar; *Titel a.* conferir 3 *fig Kraft, Würde, etc*: dar; **einer Sache** (*dat*) **Nachdruck ~** dar énfasis a a/c

Ver'leiher M ⟨~s; ~⟩, **Verleiherin** F ⟨~; ~nen⟩ prestador *m*, -a *f*; alquilador *m*, -a *f*; FILM distribuidor *m*, -a *f*; **Verleihfirma** F distribuidora *f*; **Verleihung** F ⟨~; ~en⟩ 1 (*das Verleihen*) préstamo *m*; (*Vermietung*) alquiler *m* 2 (*Gewährung*) *e-s Amts, Titels, Preises*: concesión *f*; *e-s Rechts*: otorgamiento *m*

ver'leiten VT ⟨*ohne* ge-⟩ inducir; (*verführen*) seducir; **j-n zu etw ~** inducir a alg a a/c; **Verleitung** F ⟨~; ~en⟩ inducción *f*; seducción *f*

ver'lernen VT ⟨*ohne* ge-⟩ **etw ~** olvidar a/c (*que se había aprendido*); perder la práctica de a/c

ver'lesen ⟨*irr; ohne* ge-⟩ A VT 1 *Text* leer, dar lectura a 2 (*aussondern*) *Früchte* escoger; *Gemüse* mondar, limpiar B VR **sich ~** equivocarse (al leer); **Verlesung** F ⟨~; ~en⟩ *e-s Texts*: lectura *f*

ver'letzbar ADJ vulnerable; (*empfindlich*) susceptible; **Verletzbarkeit** F ⟨~⟩ vulnerabilidad *f*; susceptibilidad *f*

ver'letzen ⟨*ohne* ge-⟩ A VT 1 (*Verletzung zufügen*) herir (*a. fig Gefühle*), lesionar (*a. Interessen*), lastimar; **leicht/schwer ~** herir levemente/gravemente; **tödlich ~** herir mortalmente (*od* de muerte) 2 *fig* (*kränken*) ofender, vulnerar 3 JUR violar, conculcar; *Gesetz a.* infringir; *Rechte a.* atentar contra 4 *Pflicht etc* faltar a; **seine Amtspflicht ~** prevaricar B VR **sich ~** herirse (**an** *dat* con); lesionarse, lastimarse, hacerse daño

ver'letzend ADJ hiriente, ofensivo; **verletzlich** ADJ → verletzbar

Ver'letzte M/F ⟨~n; ~n; → A⟩ herido *m*, -a *f*; lesionado *m*, -a *f*; **Verletzung** F ⟨~; ~en⟩ 1 MED lesión *f*; (*Wunde*) herida *f* 2 *fig* (*Kränkung*) ofensa *f* 3 JUR violación *f* (*a. der Grenzen*); *e-s Gesetzes*: infracción *f* 4 *der Pflicht*: falta *f* (*gen* a); **~ seiner Amtspflichten** prevaricación *f*

ver'leugnen ⟨*ohne* ge-⟩ A VT 1 *Sache* negar; desmentir; REL *Glauben* renegar de; **etw nicht ~ können** no poder disimular a/c; **das lässt sich nicht ~** no puede negarse 2 *Person* no reconocer, desconocer; **sich ~ lassen** hacer decir que no se está; negarse (a recibir visitas) B VR **sich (selbst) ~** desdecir de sí mismo; **sich nicht ~** mostrarse claramente

Ver'leugnung F ⟨~; ~en⟩ negación *f*; desmentida *f*

ver'leumden VT ⟨*ohne* ge-⟩ calumniar; difamar, denigrar

Ver'leumder M ⟨~s; ~⟩, **Verleumderin** F ⟨~; ~nen⟩ calumniador *m*, -a *f*; difamador *m*, -a *f*; detractor *m*, -a *f*; **verleumderisch** ADJ calumnioso; difamatorio, denigrante; **Verleumdung** F ⟨~; ~en⟩ calumnia *f*; difamación *f*, denigración *f*

Ver'leumdungsfeldzug M campaña *f* difamatoria; **Verleumdungsklage** F JUR querella *f* por calumnia

ver'lieben VR ⟨*ohne* ge-⟩ **sich in j-n ~** enamorarse de alg; *geh* prendarse de alg

ver'liebt ADJ enamorado (**in** *acus* de); *umg fig* **in etw** (*acus*) **~ sein** *umg* estar chiflado por a/c; **Verliebtheit** F ⟨~⟩ enamoramiento *m*; amor *m* (**in** *acus* a); pasión *f* (**in** *acus* por)

ver'lieren ⟨*irr; ohne* ge-⟩ A VT 1 *allg* perder; **Luft ~** *Reifen* perder aire; **nichts zu ~ haben** no tener nada que perder 2 *umg fig* **er hat hier nichts verloren** no se le ha perdido nada aquí; **was hast du hier verloren?** ¿qué se te ha perdido aquí?; **hier haben wir nichts verloren** aquí sobramos B VI **an Boden ~** perder terreno; **an Wert ~** perder valor C VR **sich ~** 1 perderse; **sich aus den Augen ~** perderse de vista; **sich in Einzelheiten ~** perderse en detalles 2 (*verschwinden*) desaparecer; *Menge* dispersarse

Ver'lierer M ⟨~s; ~⟩, **Verliererin** F ⟨~; ~nen⟩ perdedor *m*, -a *f*; **ein guter/schlechter ~** un buen/mal perdedor

Ver'lies N ⟨~es; ~e⟩ calabozo *m*; mazmorra *f*

ver'linken VT ⟨*ohne* ge-⟩ IT enlazar, vincular

ver'loben VR ⟨*ohne* ge-⟩ **sich ~** (com)prometerse (**mit** con)

Ver'löbnis N ⟨~ses; ~se⟩ → Verlobung

ver'lobt ADJ prometido

Ver'lobte M/F ⟨~n; ~n; → A⟩ prometido *m*, -a *f*; **Verlobung** F ⟨~; ~en⟩ esponsales *mpl*; compromiso *m* matrimonial

Ver'lobungsanzeige F anuncio *m* de esponsales; **Verlobungsring** M anillo *m* de compromiso (*od* de prometido)

ver'locken VT ⟨*ohne* ge-⟩ seducir; tentar (**zu etw** a a/c); **verlockend** ADJ seductor; tentador; **Verlockung** F ⟨~; ~en⟩ seducción *f*; tentación *f*

ver'logen ADJ *Person, Moral* mentiroso, falso, embustero; mendaz; *Sache* engañoso; falaz; **Verlogenheit** F ⟨~⟩ mendacidad *f*, falsedad *f*, carácter *m* mentiroso

ver'loren A PPERF → verlieren B ADJ 1 *fig* perdido; (*vergeblich*) inútil, vano; **noch ist nicht alles ~** no todo se ha perdido todavía; *geh* **~ geben** dar por perdido; **ich gebe das Spiel ~** me doy por vencido; **auf ~em Posten stehen** defender una causa perdida 2 *Bibel*: **der ~e Sohn** el hijo pródigo 3 WIRTSCH *Zuschuss etc* a fondo perdido 4 GASTR **~e Eier** huevos *mpl* escalfados

ver'lorengeben VT ⟨*irr*⟩ → verloren B 1,

V

Spiel 2
ver'lorengehen VI (irr; sn), **verloren gehen** VI (irr; sn) perderse, extraviarse; **meine Brieftasche ist verloren gegangen** se me ha perdido la cartera; *umg* **an ihm ist ein Maler verloren gegangen** tiene vena de pintor
ver'löschen VI (irr; *ohne* ge-; sn) irse extinguiendo, apagarse (lentamente)
ver'losen VT (*ohne* ge-) sortear; rifar; **Verlosung** F (~; ~en) sorteo *m*; rifa *f*; *Veranstaltung*: tómbola *f*
ver'löten VT (*ohne* ge-) soldar
ver'lottern VI (*ohne* ge-; sn) *Person* desmoralizarse; encanallarse; degradarse; *Sache* arruinarse (por abandono); echarse a perder; **verlottert** ADJ desmoralizado; encanallado; (*zerlumpt*) astroso, desastrado
Ver'lötung F (~; ~en) soldadura *f*
Ver'lust M (~es; ~e) **1** pérdida *f*; (*Schwund*) merma *f*; (*Defizit*) déficit *m*; (*Schaden*) daño *m*; **ein schwerer ~** una gran pérdida; **einen ~ erleiden** sufrir una pérdida; HANDEL **~e machen** producir pérdidas; **hohe ~e verzeichnen** cosechar fuertes pérdidas; **die ~e belaufen sich auf 3000 Euro** las pérdidas se cifran en 3000 euros; **mit ~ verkaufen** vender con pérdidas **2** MIL **~e** *pl* bajas *fpl*; **~e beibringen** MIL causar bajas; *umg* **ohne Rücksicht auf ~e** sin pararse en barras
Ver'lustanzeige F denuncia *f* de pérdida; **Verlustbetrieb** M empresa *f* deficitaria (*od* en pérdida); **Verlustbilanz** F WIRTSCH balance *m* deficitario
ver'lustbringend, Verlust bringend ADJ deficitario
Ver'lustgeschäft N WIRTSCH negocio *m* deficitario (*od* ruinoso); venta *f* con pérdida
Ver'lustjahr N WIRTSCH año *m* (*bzw* ejercicio *m*) deficitario; **Verlustkonto** N cuenta *f* de pérdidas; *fig* **auf das ~ setzen** dar por perdido; **Verlustliste** F MIL lista *f* de bajas; **Verlustmeldung** F aviso *m* de pérdidas; **Verlustrechnung** F → Verlustkonto
ver'lustreich ADJ **1** WIRTSCH deficitario **2** MIL *Schlacht, Angriff* sangriento
Ver'lustvortrag M WIRTSCH arrastre *m* a cuenta nueva de las pérdidas; **Verlustzone** F WIRTSCH **in die ~ geraten** *od* **kommen** incurrir en déficit
ver'machen VT (*ohne* ge-) **j-m etw ~** legar a/c a alg; *umg reg* (*schenken*) regalar, dar
Ver'mächtnis N (~ses; ~se) JUR legado *m* (*a. fig*); manda *f*; **Vermächtnisnehmer** M, **Vermächtnisnehmerin** F legatario *m*, -a *f*
ver'mahlen VT (*ohne* ge-) *Korn* moler, molturar
ver'mählen (*ohne* ge-) *geh* **A** VT casar, desposar **B** VR **sich mit j-m ~** casarse (*od* desposarse) con alg; **Vermählung** F (~; ~en) *geh* casamiento *m*, enlace *m*; boda *f*
ver'mahnen VT (*ohne* ge-) exhortar; **Vermahnung** F (~; ~en) exhortación *f*
vermale'deien VT (*ohne* ge-) *obs* maldecir; **vermale'deit** ADJ *umg* maldito
ver'männlichen VT (*ohne* ge-) masculinizar; **Vermännlichung** F (~; ~en) masculinización *f*
ver'manschen VT (*ohne* ge-) *umg* mezclar
ver'markten VT (*ohne* ge-) comercializar; **Vermarktung** F (~; ~en) comercialización *f*; (*Vertrieb*) distribución *f*; **Vermarktungsstrategie** F estrategia *f* de comercialización (*od* de marketing)
Ver'markung F (~; ~en) GEOG amojonamiento *m*
ver'masseln VT (*ohne* ge-) *umg* echar a perder (*od* a rodar); estropear; *Prüfung* hacer muy mal; **j-m etw ~** estropear a/c a alg
Ver'massung F (~) masificación *f*
ver'mauern VT (*ohne* ge-) tapiar; *Tür, Fenster a.* condenar, cegar
ver'mehren (*ohne* ge-) **A** VT aumentar, incrementar; acrecentar; *zahlenmäßig*: multiplicar **B** VR **sich ~ 1** aumentar; acrecentarse; crecer, tomar incremento; multiplicarse **2** BIOL (*sich fortpflanzen*) reproducirse, propagarse; **sich rasch ~** pulular
Ver'mehrung F (~; ~en) **1** aumento *m*, acrecentamiento *m*; incremento *m*; *zahlenmäßige*: multiplicación *f* **2** BIOL (*Fortpflanzung*) reproducción *f*, propagación *f*
ver'meidbar ADJ evitable
ver'meiden VT (irr; *ohne* ge-) evitar; huir de; (*umgehen*) eludir; esquivar; evadir; **das lässt sich nicht ~** es inevitable; **Vermeidung** F (~; ~en) evitación *f*
ver'meinen VT (*ohne* ge-) creer, suponer; imaginarse; **vermeintlich** ADJ supuesto, presunto; *Vater etc* putativo; (*eingebildet*) imaginario
ver'melden VT (*ohne* ge-) *umg fig* **nichts zu ~ haben** *umg* no pintar nada
ver'mengen VT (*ohne* ge-) mezclar (**mit** con); (*verwechseln*) confundir (**mit** con); **Vermengung** F (~; ~en) mezcla *f*
ver'menschlichen VT (*ohne* ge-) humanizar; **Vermenschlichung** F (~) antropomorfismo *m*; humanización *f*
Ver'merk M (~(e)s; ~e) nota *f*; VERW anotación *f*; mención *f*; apunte *m*
ver'merken VT (*ohne* ge-) anotar; apuntar; observar; tomar nota de; **im Protokoll ~** hacer constar en acta; **vermerkt sein in** (*dat*) constar en; **etw übel ~** tomar a mal a/c
ver'messen[1] (irr; *ohne* ge-) **A** VT medir; *Schiff* arquear; *Land* hacer el catastro de; apear **B** VR **sich ~ 1** (*falsch messen*) equivocarse (al medir) **2** **sich ~ zu** (*inf*) atreverse a (*inf*); tener el atrevimiento (*od* la osadía) de (*inf*)
ver'messen[2] ADJ *geh* (*tollkühn*) temerario; audaz, osado; (*anmaßend*) presuntuoso; presumido, vanidoso; (*unverschämt*) atrevido; descarado; **Vermessenheit** F (~; ~en) (*Tollkühnheit*) temeridad *f*; audacia *f*, osadía *f*; (*Anmaßung*) presunción *f*
Ver'messer M (~s; ~), **Vermesserin** F (~; ~nen) agrimensor *m*, -a *f*; **Vermessung** F (~; ~en) medición *f*; (*Landvermessung*) agrimensura *f*; SCHIFF arqueo *m*
Ver'messungsamt N oficina *f* topográfica; **Vermessungsingenieur** M, **Vermessungsingenieurin** F geodesta *m/f*; **Vermessungskunde** F geodesia *f*; **Vermessungstrupp** M MIL sección *f* topográfica
ver'miesen VT (*ohne* ge-) *umg* **j-m etw ~** estropear a alg a/c; *umg* aguar la fiesta a alg
ver'mietbar ADJ alquilable
ver'mieten VT (*ohne* ge-) alquilar, arrendar (**j-m** *od* **an j-n** a alg); SCHIFF fletar; *Schild*: **zu ~** se alquila; **Vermieter** M (~s; ~), **Vermieterin** F (~; ~nen) alquilador *m*, -a *f*; (*Hauswirt, -in*) dueño *m*, -a *f* de la casa, patrón *m*, -ona *f*; **Vermietung** F (~; ~en) alquiler *m*, arrendamiento *m*
ver'mindern (*ohne* ge-) **A** VT disminuir (*a.* MUS); reducir; (*einschränken*) restringir, limitar; *Preise* rebajar **B** VR **sich ~** disminuir; reducirse; decrecer; **Verminderung** F (~; ~en) disminución *f*; reducción *f*; restricción *f*
ver'minen VT (*ohne* ge-) minar
ver'mischen (*ohne* ge-) **A** VT mezclar (**mit** con); entremezclar **B** VR **sich ~** mezclarse (**mit** con)
ver'mischt ADJ mezclado; **~e Nachrichten** noticias *fpl* varias; **~e Schriften** miscelánea *f* literaria; **Vermischte(s)** N (~n; → A) miscelánea *f*; **Vermischung** F (~; ~en) mezcla *f*
ver'missen VT (*ohne* ge-) **1** (*das Fehlen bemerken*) no encontrar, echar en falta; *von Personen*: sentir la falta (*od* la ausencia) de; **ich vermisse ...** me falta ... **2** (*schmerzlich entbehren*) echar de menos; *Am* extrañar; **wir ~ dich sehr** te echamos mucho de menos
ver'misst ADJ desaparecido (*a.* MIL); **Vermisste** M/F (~n; ~n; → A) desaparecido *m*, -a *f*; **Vermisstenanzeige** F parte *m* de desaparición; denuncia *f* por desaparición; **Vermisster** M → Vermisste
ver'mitteln (*ohne* ge-) **A** VT **1** *Stelle, Geschäft* procurar, proporcionar, facilitar (**j-m** a alg); (*arrangieren*) *Treffen* arreglar **2** *Person* colocar; **schwer zu ~ sein** estar difícil de colocar **3** *Bild, Eindruck etc* dar; *Wissen* transmitir **4** TEL **ein Gespräch ~** establecer la comunicación **B** VI *in e-m Konflikt*: mediar, servir (*od* actuar) de mediador (*od* de intermediario) (**zwischen** *dat* entre); intervenir (**in** *dat* en)
ver'mittelnd ADJ mediador; intermediario; conciliador; **~ eingreifen** → vermitteln B;
vermittels(t) PRÄP (*gen*) mediante; por medio de
Ver'mittler M (~s; ~), **Vermittlerin** F (~; ~nen) **1** *zwischen Parteien*: mediador *m*, -a *f*; (*Schlichter*) árbitro *m/f*, conciliador *m*, -a *f*; JUR *a.* amigable componedor *m*, -a *f* **2** *bes* HANDEL *e-s Geschäfts*: intermediario *m*, -a *f*
Ver'mittlung F (~; ~en) **1** *in e-m Konflikt*: mediación *f*; intercesión *f*; intervención *f*; (*Schlichtung*) arbitraje *m*; conciliación *f*; arreglo *m*; **seine ~ anbieten** ofrecer sus buenos oficios; **durch ~ von** (*od gen*) por mediación de **2** (*Beschaffung*) facilitación *f*; *v. Wissen*: transmisión *f* **3** TEL central *f*
Ver'mittlungsamt N TEL central *f*; **Vermittlungsausschuss** M POL *sp, BRD*: comisión *f* mixta; **Vermittlungsbüro** N agencia *f* de colocaciones; **Vermittlungsgebühr** F, **Vermittlungsprovision** F HANDEL comisión *f*; corretaje *m*
ver'möbeln VT (*ohne* ge-) *umg* **j-n ~** apalear a alg; propinar una paliza a alg, *umg* sacudir el polvo a alg
ver'modern VI (*ohne* ge-; sn) pudrirse, corromperse, descomponerse; **vermodert** ADJ podrido; **Vermoderung** F (~) putrefacción *f*, descomposición *f*
ver'möge PRÄP (*gen*) *geh obs* en virtud de; mediante
ver'mögen VT (irr; *ohne* ge-) **etw zu tun ~** ser capaz de (*od* estar en condiciones de) hacer alg
Ver'mögen N (~s; ~) **1** (*Können*) poder *m*; facultad *f*; capacidad *f* **2** (*Besitz*) bienes *mpl*; fortuna *f*; patrimonio *m*; WIRTSCH capital *m*; **(un)bewegliches ~** bienes *mpl* (in)muebles; **~ haben** tener fortuna, tener bienes **3** *umg* **das kostet mich ein ~** me cuesta un dineral, *umg* me cuesta un riñón
ver'mögend ADJ acaudalado, adinerado, pudiente
Ver'mögensanlage F inversión *f* de fondos; **Vermögensaufnahme** F tasación *f* de bienes; **Vermögensbeschlagnahme** F incautación *f* de bienes; **Vermögensbestand** M estado *m* de fortuna; WIRTSCH activo *m*; **Vermögensbildung** F formación *f* de capital; **Vermögenseinkünfte** PL rentas *fpl* patrimoniales (*bzw* de capital); **Vermögenshaftung** F JUR responsabilidad *f* patrimonial; **Vermögenslage** F situación *f* económica (*od* financiera *od* patrimonial); **Vermögensmasse** F masa *f*

de los bienes

Ver'mögensrecht N derecho *m* patrimonial; **vermögensrechtlich** ADJ jurídico-patrimonial

Ver'mögensstand M → Vermögenslage; **Vermögenssteuer** F impuesto *m* sobre el patrimonio; **Vermögensübertragung** F transmisión *f* de bienes; **Vermögensverhältnisse** NPL → Vermögenslage; **Vermögensverwalter** M, **Vermögensverwalterin** F administrador *m*, -a *f* de bienes; **Vermögensverwaltung** F administración *f* de bienes; gestión *f* de patrimonios; **Vermögensverzeichnis** N inventario *m* total del patrimonio; **Vermögenswert** M valor *m* patrimonial; **~e** *pl* bienes *mpl*

ver'mögenswirksam ADJ **~e Leistungen** contribución *f* salarial a un fondo de capital

Ver'mögenszuwachs M aumento *m* del capital

ver'morschen VI ⟨*ohne* ge-; sn⟩ → vermodern; **ver'morscht** ADJ podrido; **ver'mottet** ADJ apolillado

ver'mummen ⟨*ohne* ge-⟩ VT(VR) **(sich)** ~ (*verkleiden*) disfrazar(se); enmascarar(se); (*warm anziehen*) abrigar(se); **ver'mummt** ADJ *Verbrecher* encapuchado

Ver'mummung F ⟨~; ~en⟩ disfraz *m*; *bei Demonstrationen*: capucha *f*; **Vermummungsverbot** N prohibición *f* de salir encapuchado (en manifestaciones)

ver'murksen VT ⟨*ohne* ge-⟩ *umg* echar a perder; estropear

ver'muten VT ⟨*ohne* ge-⟩ (*annehmen*) suponer; presumir; (*mutmaßen*) conjeturar; (*argwöhnen*) sospechar; **vermutlich** A ADJ presumible; presuntivo; (*wahrscheinlich*) probable; *Täter* presunto B ADV supuestamente, presuntamente, probablemente; *einleitend*: es de suponer que …

Ver'mutung F ⟨~; ~en⟩ suposición *f*, supuesto *m* (**über** *acus* de); *bes* JUR presunción *f*; (*Mutmaßung*) conjetura *f*; (*Verdacht*) sospecha *f*; **~en anstellen** conjeturar; hacer conjeturas (**über** *acus* sobre)

ver'nachlässigen ⟨*ohne* ge-⟩ A VT descuidar; desatender B VR **sich ~** abandonarse; **vernachlässigt** ADJ descuidado; desaliñado; **Vernachlässigung** F ⟨~⟩ descuido *m*; negligencia *f*; desaliño *m*

ver'nageln VT ⟨*ohne* ge-⟩ cerrar, tapar (**mit** con); clavar; **vernagelt** ADJ *fig* (*beschränkt, borniert*) obtuso, corto de alcances; **wie ~ sein** (*begriffsstutzig sein*) no comprender nada; *umg* ser corto de mollera

ver'nähen VT ⟨*ohne* ge-⟩ coser

ver'narben VI ⟨*ohne* ge-; sn⟩ cicatrizar(se); **Vernarbung** F ⟨~; ~en⟩ cicatrización *f*

ver'narrt ADJ **~ sein** (*od* **sich ~ haben**) **in** (*acus*) estar (*od* andar) loco por; *sl* estar chiflado (*od* chalado) por; **Vernarrtheit** F ⟨~⟩ locura *f* (de amor); *sl* chifladura *f*

ver'naschen VT ⟨*ohne* ge-⟩ 1 *Geld* gastar en golosinas 2 *umg sexuell*: **j-n ~** *sl* tirarse a alg

ver'nebeln VT ⟨*ohne* ge-⟩ 1 cubrir con niebla artificial (*a.* MIL) 2 *fig* ofuscar; *Tatsachen* encubrir; **Vernebelung** F ⟨~; ~en⟩ 1 cortina *f* de niebla (*bzw* de humo) 2 *fig* ofuscación *f*; *Tatsachen* encubrimiento *m*

V

ver'nehmbar ADJ audible, perceptible; **Vernehmbarkeit** F ⟨~⟩ audibilidad *f*, perceptibilidad *f*

ver'nehmen VT ⟨*irr; ohne* ge-⟩ 1 *geh* (*hören*) percibir, oír; (*erfahren*) oír, (llegar a) saber, enterarse de 2 JUR *Zeugen* interrogar; tomar declaración a

Ver'nehmen N ⟨~s⟩ **dem ~ nach** según (*od* a juzgar por) lo que dicen; según consta; **vernehmlich** ADJ perceptible; *Stimme a.* alto; (*deutlich*) claro, distinto; inteligible; **mit ~er Stimme** en voz alta; **Vernehmung** F ⟨~; ~en⟩ JUR *von Zeugen*: interrogatorio *m*; toma *f* de declaración

Ver'nehmungsbeamte(r) M, **Vernehmungsbeamtin** F interrogador *m*, -a *f*; **vernehmungsfähig** ADJ *Angeklagter* que puede ser interrogado; *Zeuge* que puede declarar

ver'neigen VR ⟨*ohne* ge-⟩ *geh* **sich ~** inclinarse (**vor** *dat* ante); hacer una reverencia; **sich tief ~** hacer una profunda reverencia; **Verneigung** F ⟨~; ~en⟩ *geh* inclinación *f*; reverencia *f*

ver'neinen ⟨*ohne* ge-⟩ A VI decir que no; contestar (*od* responder) negativamente B VT *Frage* contestar (*od* responder) negativamente a; *Behauptung* (*negieren, ablehnen*) negar; **verneinend** ADJ negativo; **Verneinung** F ⟨~; ~en⟩ (*Verweigerung*) negativa *f*; *e-r Frage*: respuesta *f* negativa; GRAM negación *f*

Ver'neinungsfall M **im ~** en caso de (respuesta) negativa; **Verneinungssatz** M GRAM oración *f* negativa; **Verneinungswort** N GRAM partícula *f* negativa, negación *f*

ver'netzen VT IT integrar a la red, conectar a una red; *fachspr* interconectar; constituir una red; *untereinander*: conectar en red; **ver'netzt** ADJ *fachspr* interconectado; IT *a.* conectado a una red; **Ver'netzung** F ⟨~; ~en⟩ interconexión *f*

ver'nichten VT ⟨*ohne* ge-⟩ (*zerstören*) destruir; *Feind* aniquilar; anonadar, reducir a la nada; (*ausrotten*) exterminar; **vernichtend** A ADJ 1 (*zerstörerisch*) aniquilador; destructor; exterminador 2 *fig Blick* fulminante; *Kritik* demoledor, destructivo; *Niederlage* aplastante B ADV SPORT **~ schlagen** derrotar de forma aplastante; **Vernichtung** F ⟨~; ~en⟩ (*Zerstörung*) destrucción *f*; aniquilación *f*, aniquilamiento *m*; anonadamiento *m*; (*Ausrottung*) exterminio *m* (*a. fig*)

Ver'nichtungskrieg M guerra *f* de exterminio; **Vernichtungslager** N campo *m* de exterminio; **Vernichtungsschlacht** F batalla *f* de aniquilamiento

ver'nickeln VT ⟨*ohne* ge-⟩ niquelar; **Vernickelung** F ⟨~; ~en⟩ niquelado *m*

ver'niedlichen VT ⟨*ohne* ge-⟩ minimizar

ver'nieten VT ⟨*ohne* ge-⟩ TECH remachar, roblonar; **Vernietung** F ⟨~; ~en⟩ TECH remachado *m*, roblonado *m*

Verni'ssage [vɛrnɪ'sa:ʒə] F ⟨~; ~n⟩ MAL, SKULP inauguración *f* de una exposición, vernissage *m*

Ver'nunft F ⟨~⟩ razón *f*; (*gesunder Menschenverstand*) sentido *m* común, buen sentido *m*; (*Urteilskraft*) juicio *m*; **~ annehmen** entrar en razón; sentar la cabeza; **nimm doch ~ an!** ¡sé razonable!; **j-n wieder zur ~ bringen** hacer entrar (de nuevo) en razón a alg; meter (de nuevo) en cintura a alg; **wieder zur ~ kommen** recobrar el juicio; volver a la razón

ver'nunftbegabt ADJ dotado de razón; racional; **Vernunftehe** F matrimonio *m* de conveniencia; **vernunftgemäß** ADJ racional; razonable; lógico

Ver'nunftglaube M racionalismo *m*; **Vernunftgrund** M argumentos *mpl* racionales; **Vernunftheirat** F → Vernunftehe

ver'nünftig A ADJ 1 razonable; (*überlegt*) sensato, cuerdo, prudente; (*auf Vernunft gegründet*) racional; (*verständig*) juicioso (*a. Kind*); **~ werden** sentar la cabeza 2 *umg* (*ordentlich*) aceptable B ADV 1 **~ argumentieren** razonar 2 (*ordentlich*) como es debido

ver'nünftiger'weise ADV con buen sentido; razonablemente; **Vernünftigkeit** F ⟨~⟩ buen sentido *m*; sensatez *f*

ver'nunftlos ADJ falto de razón; irrazonable; **Vernunftlosigkeit** F ⟨~⟩ falta *f* de razón; **vernunftmäßig** ADJ racional; **Vernunftmäßigkeit** F racionalidad *f*; **Vernunftwesen** N ser *m* racional; **vernunftwidrig** ADJ contrario a la razón (*bzw* al sentido común); irracional; absurdo; **Vernunftwidrigkeit** F ⟨~; ~en⟩ irracionalidad *f*; absurdidad *f*

ver'nuten VT ⟨*ohne* ge-⟩ TECH ranurar

ver'öden ⟨*ohne* ge-⟩ A VT 1 *Landschaft* dejar desierto 2 MED *Wunde* obliterar B VI ⟨sn⟩ *Landschaft* quedar desierto; *Städte, Häuser* despoblarse, quedar despoblado; **verödet** ADJ desierto; despoblado; **Verödung** F ⟨~; ~en⟩ 1 *e-r Landschaft*: devastación *f*; desolación *f*; despoblación *f* 2 MED *e-r Wunde*: obliteración *f*

ver'öffentlichen VT ⟨*ohne* ge-⟩ publicar; *Gesetz* promulgar; **Veröffentlichung** F ⟨~; ~en⟩ publicación *f*; promulgación *f*

Ve'ronika [v-] EIGENN F 1 *Vorname*: Verónica *f* 2 BOT verónica *f*

ver'ordnen VT ⟨*ohne* ge-⟩ 1 MED prescribir, recetar 2 VERW ordenar, decretar; disponer; **Verordnung** F ⟨~; ~en⟩ 1 MED prescripción *f*; receta *f*; **nach ärztlicher ~** según prescripción facultativa 2 VERW decreto *m*; ordenanza *f*, reglamento *m*

Ver'ordnungsweg M VERW **auf dem ~** por disposición oficial

ver'pachten VT ⟨*ohne* ge-⟩ arrendar, dar en arriendo; **Ver'pächter** M ⟨~s; ~⟩, **Ver'pächterin** F ⟨~; ~nen⟩ arrendador *m*, -a *f*; **Ver'pachtung** F ⟨~; ~en⟩ arrendamiento *m*

ver'packen VT ⟨*ohne* ge-⟩ empaquetar; *in Papier etc*: embalar, envolver; *in Gefäße*: envasar; *in Säcke*: ensacar; **verpackt** ADJ empaquetado, envuelto; *in Papier etc*: embalado; **Verpackung** F ⟨~; ~en⟩ embalaje *m*; (*Gefäß*) envase *m*; envoltorio *m*, *Am* empaque *m*

Ver'packungsabfall M desechos *mpl* de embalaje; residuos *mpl* de envases (*od* de embalaje); **Verpackungsgewicht** N tara *f*; **Verpackungsindustrie** F industria *f* de embalajes; **Verpackungskosten** PL gastos *mpl* de embalaje; **Verpackungsmaschine** F empaquetadora *f*; **Verpackungsmaterial** N material *m* de embalaje; **Verpackungsmüll** M embalajes *pl* desechados; **Verpackungsverordnung** F reglamento *m* de embalaje

ver'päppeln VT ⟨*ohne* ge-⟩ *umg pej* mimar (con exceso)

ver'passen VT ⟨*ohne* ge-⟩ 1 *Zug etc* perder 2 *Gelegenheit etc* desaprovechar, dejar escapar; desperdiciar; **da hast du was verpasst** te lo has perdido 3 *Person* no encontrar; **Sie haben ihn knapp verpasst** acaba de irse 4 *umg* (*geben*) dar, atizar, arrear; *umg* **j-m eins** *od* **eine ~** atizar (*od* arrear) un golpe a alg, pegar una bofetada a alg

ver'patzen VT ⟨*ohne* ge-⟩ *umg* echar a perder; estropear; **ver'pennen** ⟨*ohne* ge-⟩ *umg* A VT 1 *Tag* pasar durmiendo 2 (*vergessen*) olvidar; *Termin* dejar pasar B VI → verschlafen[1] B; **verpennt** ADJ *umg* adormilado

ver'pesten VT ⟨*ohne* ge-⟩ *Luft* apestar; infestar; **verpestend** ADJ apestoso; pestilente, pestífero; **Verpestung** F ⟨~; ~en⟩ infestación *f*; polución *f*

ver'petzen VT ⟨*ohne* ge-⟩ *umg* chivarse, soplar; **j-n ~** chivarse de alg (**bei** a)

ver'pfänden VT ⟨*ohne* ge-⟩ pignorar; empe-

ñar; *fig* **sein Wort ~** empeñar su palabra; **Verpfändung** F ⟨~; ~en⟩ empeño *m*, pignoración *f*
ver'pfeifen VT ⟨*irr; ohne* ge-⟩ *sl* delatar (**bei** *dat* a); *umg* dar el soplo; **j-n ~** chivarse de alg (**bei** *dat* a)
ver'pflanzen VT ⟨*ohne* ge-⟩ trasplantar (**in** *acus* a); MED *a.* injertar; **Verpflanzen** N, **Verpflanzung** F ⟨~; ~en⟩ trasplante *m;* MED *a.* injerto *m*
ver'pflegen VT ⟨*ohne* ge-⟩ abastecer (de alimentos); *mit Nahrung:* alimentar; *bes* MIL aprovisionar, avituallar; **Verpflegung** F ⟨~⟩ **1** (*Versorgung*) abastecimiento *m* (de alimentos); *bes* MIL aprovisionamiento *m*, avituallamiento *m; im Hotel etc:* **mit ~** con pensión **2** (*Nahrung*) alimentación *f*, comida *f;* (*Proviant*) provisiones *fpl; bes* MIL víveres *mpl*, vituallas *fpl*
Ver'pflegungskosten PL gastos *mpl* de manutención; **Verpflegungslager** N MIL depósito *m* de víveres; **Verpflegungssatz** M ración *f;* **Verpflegungsstation** F centro *m* (*bzw* puesto *m*) de avituallamiento
ver'pflichten **A** VT ⟨*ohne* ge-⟩ **1** obligar, comprometer; **j-n zu etw ~** obligar a alg a a/c **2** SPORT *e-n Spieler* fichar; THEAT contratar **B** VR **sich zu etw ~** obligarse a a/c; comprometerse a a/c
ver'pflichtend ADJ obligatorio
ver'pflichtet ADJ obligado (**zu** a); **j-m (zu Dank) ~ sein** deber agradecimiento a alg; estar obligado a alg; estar en deuda con alg; **ich bin ihm sehr ~** le estoy muy obligado; le debo mucho
Ver'pflichtung F ⟨~; ~en⟩ **1** (*Pflicht*) deber *m*, obligación *f; moralische:* compromiso *m;* **~en** *pl a.* atenciones *fpl;* **eine ~ eingehen** contraer un compromiso; **seinen ~en nachkommen** cumplir sus obligaciones; **seinen ~en nicht nachkommen** faltar a sus obligaciones **2** SPORT fichaje *m;* THEAT contratación *f* **3** WIRTSCH *mst pl* **~en** (*Schulden*) deudas *fpl;* **finanzielle ~en** obligaciones *fpl* financieras
ver'pfuschen VT ⟨*ohne* ge-⟩ *umg* **1** chapucear; estropear; echar a perder **2** *fig Leben, Karriere* destrozar; **ver'pfuscht** ADJ *fig* **ein ~es Leben** una vida fracasada (*od* mal empleada)
ver'planen VT ⟨*ohne* ge-⟩ **1** incluir en la planificación; *Zeit* programar; *Gelder* asignar **2** (*falsch planen*) planificar mal; **ver'plappern** VR ⟨*ohne* ge-⟩ *umg* **sich ~** irse de la lengua; enseñar la oreja; **ver'plaudern** VT ⟨*ohne* ge-⟩ **die Zeit ~** pasarse las horas charlando; **ver'plempern** VT ⟨*ohne* ge-⟩ *umg Geld* despilfarrar, desperdiciar, malgastar; *Zeit* perder; *reg* (*verschütten*) derramar
ver'plomben VT ⟨*ohne* ge-⟩ precintar; **ver'plombt** ADJ precintado
ver'pönen VT ⟨*ohne* ge-⟩ desaprobar; **ver'pönt** ADJ mal visto
ver'prassen VT ⟨*ohne* ge-⟩ disipar (en orgías); *Geld* derrochar; *Vermögen* dilapidar
verprovian'tieren [-v-] VT & VR ⟨*ohne* ge-⟩ (**sich**) ~ aprovisionar(se), abastecer(se), *a.* MIL avituallar(se), proveer(se) de víveres; **Verproviantierung** F ⟨~⟩ aprovisionamiento *m*, avituallamiento *m* (*a.* MIL); abastecimiento *m od* provisión *f* de víveres
ver'prügeln VT ⟨*ohne* ge-⟩ dar una paliza (*od* tunda) a; *umg* moler a palos, apalear
ver'puffen VI ⟨*ohne* ge-; sn⟩ **1** TECH deflagrar **2** *fig* irse en humo; *Wirkung* perderse; **Verpuffung** F ⟨~; ~en⟩ deflagración *f*
ver'pulvern VT ⟨*ohne* ge-⟩ *umg* malgastar, derrochar, *umg* gastar a lo loco; *Geld* tirar por la ventana
ver'puppen VR ⟨*ohne* ge-⟩ ZOOL **sich ~** transformarse en crisálida (*od* pupa); **Verpuppung** F ⟨~; ~en⟩ ZOOL pupación *f;* ninfosis *f*
ver'pusten [-u:-] VR ⟨*ohne* ge-⟩ *umg* **sich ~** tomar aliento
Ver'putz M ⟨~es⟩ ARCH enlucido *m*, revoque *m;* **ver'putzen** VT ⟨*ohne* ge-⟩ **1** ARCH *Fassade* enlucir, revocar **2** *umg* (*essen*) tragar(se); zamparse, soplarse
ver'qualmt ADJ lleno de humo
ver'quatschen ⟨*ohne* ge-⟩ *umg* **A** VT → verplaudern **B** VR **sich ~** irse de la lengua
ver'quer ADV de través; *umg* **es geht mir alles ~** todo me sale mal
ver'quicken VT ⟨*ohne* ge-⟩ (entre)mezclar; amalgamar; **Verquickung** F ⟨~; ~en⟩ mezcla *f;* amalgamamiento *m*
ver'quirlen VT GASTR batir
ver'quollen ADJ hinchado
ver'rammeln VT ⟨*ohne* ge-⟩ barrear; *Tür* atrancar; **verrammelt und verriegelt** cerrado a cal y canto
ver'ramschen VT ⟨*ohne* ge-⟩ *umg* vender muy barato, baratear, malvender
ver'rannt **A** PPERF → verrennen **B** ADJ **~ sein in** (*acus*) aferrarse a; obstinarse en; estar empeñado en
Ver'rat M ⟨~(e)s⟩ traición *f;* (*Treulosigkeit*) deslealtad *f;* **~ üben** *od* **begehen** cometer una traición; **~ an j-m/etw begehen** traicionar a alg/a/c
ver'raten ⟨*irr; ohne* ge-⟩ **A** VT **1** *Geheimnis* revelar, descubrir; (*denunzieren*) denunciar; *Komplizen* delatar; **nicht ~!** ¡no diga(s) nada!; *umg* **können Sie mir ~ …?** ¿puede usted decirme …?; *umg hum* **kannst du mir den Grund ~?** ¿puedes decirme por qué? **2** **j-n ~** traicionar a alg; **seine Ideale ~** traicionar sus ideales; *fig* **~ und verkauft sein** estar perdido; estar vendido **3** (*erkennen lassen*) denotar; delatar, acusar **B** VR **sich ~** *mit Worten:* irse de la lengua; enseñar la oreja; **sich (durch einen Blick) ~** delatarse (por la mirada)
Ver'räter M ⟨~s; ~⟩, **Verräterin** F ⟨~; ~nen⟩ traidor *m*, -a *f;* **verräterisch** ADJ **1** traidor; traicionero; (*treulos*) desleal **2** *fig* revelador
ver'rauchen ⟨*ohne* ge-⟩ **A** VI ⟨sn⟩ disiparse, evaporarse (*a. fig Zorn*) **B** VT *Geld* gastar en tabaco
ver'räuchern VT ⟨*ohne* ge-⟩ llenar de humo; **verräuchert** ADJ (*voll Rauch*) lleno de humo; ahumado; (*schwarz vor Rauch*) ennegrecido por el humo
ver'rauschen VI ⟨*ohne* ge-; sn⟩ *fig* pasar; disiparse; evaporarse; *Beifall* apagarse
ver'rechnen ⟨*ohne* ge-⟩ **A** VT **1** saldar; (*ausgleichen*) compensar; *Summe* liquidar (**mit etw** con a/c) **2** (*gutschreiben*) abonar en cuenta **B** VR **sich ~** **1** MATH equivocarse en el cálculo; descontarse; **sich um 10 Euro ~** equivocarse en diez euros **2** *fig* (*sich irren*) equivocarse; *umg* pillarse los dedos; **da hast du dich gewaltig verrechnet** en esto estás muy equivocado
Ver'rechnung F ⟨~; ~en⟩ (*Ausgleich*) compensación *f;* (*Gutschrift*) abono *m* en cuenta; *im Verrechnungsverkehr:* clearing *m;* HANDEL **nur zur ~** *Scheck* para abonar (*od* ingresar) en cuenta
Ver'rechnungsabkommen N acuerdo *m* de compensación; **Verrechnungskonto** N cuenta *f* de compensación; **Verrechnungskurs** M cambio *m* de cuenta; **Verrechnungsposten** M partida *f* de compensación; **Verrechnungsscheck** M cheque *m* cruzado (*od* barrado); cheque *m* para abonar en cuenta; **Verrechnungsstelle** F cámara *f* de compensación; **Verrechnungsverkehr** M operaciones *fpl* de compensación; clearing *m*
ver'recken VI ⟨*ohne* ge-; sn⟩ *sl* **1** (*entzweigehen*) *Gerät, Motor* reventar **2** (*sterben*) *sl* estirar la pata, diñarla; *fig* **nicht ums Verrecken** ni a tiros
ver'regnen VI ⟨*ohne* ge-; sn⟩ echarse a perder con la lluvia; *Fest* no celebrarse (*od* suspenderse) a causa de la lluvia; *umg* aguarse; **verregnet** ADJ lluvioso; *Fest* deslucido por la lluvia; **~er Sommer** verano *m* lluvioso (*od umg* pasado por agua)
ver'reiben VT ⟨*irr; ohne* ge-⟩ *Salbe* extender (frotando); (*zerreiben*) triturar; pulverizar; **ver'reisen** VI ⟨*ohne* ge-; sn⟩ irse (*od* salir) de viaje (**nach** a); ausentarse; **ver'reißen** VT ⟨*irr; ohne* ge-⟩ **1** *umg* (*kritisieren*) **etw ~** criticar duramente a/c; *umg* poner verde a a/c; no dejar hueso sano a a/c; despedazar **2** *reg* → zerreißen; **ver'reist** ADJ **~ sein** estar de viaje
ver'renken ⟨*ohne* ge-⟩ **A** VT MED torcer; (*ausrenken*) dislocar, luxar; **sich** (*dat*) **den Arm ~** dislocarse el brazo **B** VR *umg* **sich ~** contorcerse, contorsionarse; **Verrenkung** F ⟨~; ~en⟩ **1** MED torcedura *f;* (*Ausrenkung*) dislocación *f*, luxación *f* **2** (*Verbiegen des Körpers*) contorsión *f*
ver'rennen VR ⟨*irr; ohne* ge-⟩ **1** **sich in etw** (*acus*) **~** *in e-e Idee:* obsesionarse con a/c **2** (*starr festhalten*) aferrarse (**in** *acus* a); **sich in etw** (*acus*) **verrannt haben** *a.* obstinarse en a/c; estar empeñado en a/c
ver'richten VT ⟨*ohne* ge-⟩ *Arbeit, Aufgabe* hacer, ejecutar, cumplir; **Verrichtung** F ⟨~; ~en⟩ **1** (*das Verrichten*) ejecución *f*, cumplimiento *m*, operación *f* **2** (*Arbeit*) trabajo *m;* faena *f;* **häusliche ~en** quehaceres *mpl* domésticos
ver'riegeln VT ⟨*ohne* ge-⟩ cerrar con cerrojo; echar el cerrojo a; *mit Querriegel:* atrancar, trancar
ver'ringern ⟨*ohne* ge-⟩ **A** VT disminuir, aminorar, reducir; (*ermäßigen*) rebajar; **die Geschwindigkeit ~** reducir la velocidad; aminorar la marcha; **den Abstand ~** acortar distancias (*a. fig*) **B** VR **sich ~** disminuir, bajar
Ver'ringerung F ⟨~; ~en⟩ disminución *f*, aminoración *f; der Geschwindigkeit:* reducción *f;* (*Ermäßigung*) rebaja *f*
ver'rinnen VI ⟨*irr; ohne* ge-; sn⟩ correr; *Zeit a.* pasar, transcurrir
Ver'riss M ⟨~es; ~e⟩ *umg* crítica *f* (muy) dura
ver'rohen VI ⟨*ohne* ge-; sn⟩ enrudecerse; embrutecerse; **Verrohung** F ⟨~; ~en⟩ embrutecimiento *m*
ver'rosten VI ⟨*ohne* ge-; sn⟩ oxidarse (*a. fig*); corroerse; **verrostet** ADJ oxidado; herrumbroso; **Verrostung** F ⟨~; ~en⟩ oxidación *f;* corrosión *f*
ver'rotten VI ⟨*ohne* ge-; sn⟩ **1** (*verfaulen*) pudrirse **2** (*verfallen*) descomponerse; corromperse (*a. fig*); **verrottet** ADJ podrido; *fig* corrupto
ver'rucht [-u:-] ADJ infame; malvado; abyecto; impío; **Verruchtheit** F ⟨~⟩ infamia *f;* maldad *f*
ver'rücken VT ⟨*ohne* ge-⟩ cambiar de sitio; desplazar; remover; (*verschieben*) correr
ver'rückt ADJ **1** *Person* loco; *umg* chalado, *umg* chiflado; **wie ~** como (un) loco; **du bist wohl ~!** ¡estás loco!; *umg* ¡estás como una cabra!; **j-n ~ machen** volver loco a alg; sacar a alg de quicio; **~ werden** volverse loco, perder el juicio; *umg* **ich werd ~!** ¡qué locura!; → verrücktspielen **2** *Angelegenheit etc* loco; (*unsinnig*) disparatado, desatinado; *Einfall a.* absurdo; **~e Idee** locura *f;* idea *f* descabellada; **total** *od* **völlig ~** loco de remate **3** *fig* (*begierig*) **nach j-m/etw** *od* **auf etw** (*acus*) **ganz ~ sein** estar com-

pletamente loco por alg/a/c

Ver'rückte M/F ⟨~n; ~n; → A⟩ loco *m*, -a *f*; maniático *m*, -a *f*; **Verrücktheit** F ⟨~; ~en⟩ locura *f* (*a. fig*); *der Mode etc*: extravagancia *f*; **verrücktspielen** V/I *umg fig* ponerse tonto; **Verrücktwerden** N **es ist zum ~** es para volverse loco

Ver'ruf M ⟨~(e)s⟩ **in ~ kommen** quedar (*od* caer) en descrédito; **in ~ bringen** desacreditar, poner en descrédito

ver'rufen ADJ desacreditado; *Ort, Lokal* de mala reputación (*od* fama); sospechoso; **ver'rühren** V/T ⟨*ohne* ge-⟩ mezclar; revolver, remover; **ver'rußen** V/I ⟨*ohne* ge-; sn⟩ cubrirse de hollín; tiznarse; **ver'rußt** ADJ tiznado; **ver'rutschen** V/I ⟨*ohne* ge-; sn⟩ correrse

Vers M ⟨~es; ~e⟩ LIT **1** *Metrik*: verso *m*; *hum* **~e schmieden** hacer versos, versificar; **in ~e bringen** poner en verso; *fig* **ich kann mir keinen ~ darauf machen** no me lo explico; no acierto a comprenderlo **2** (*Strophe*) estrofa *f*; (*Bibelvers*) versículo *m*

ver'sachlichen V/T ⟨*ohne* ge-⟩ objetivar

ver'sacken V/I ⟨*ohne* ge-; sn⟩ **1** hundirse; SCHIFF *a.* irse a pique **2** *umg fig* → versumpfen 2

ver'sagen ⟨*ohne* ge-⟩ **A** V/T (*nicht gewähren*) rehusar; (de)negar; **j-m etw ~** negar a/c a alg; **die Beine versagten mir den Dienst** me flaquearon las piernas **B** V/I fallar (*a. Waffe*); TECH *a.* no funcionar; *Stimme, Kräfte, Gedächtnis* faltar, fallar; *Person* fracasar **C** V/R **sich** (*dat*) **etw ~** renunciar a a/c; **sich** (*dat*) **nichts ~** no privarse de nada; **ich kann es mir nicht ~, zu** (*inf*) no puedo menos de (*inf*)

Ver'sagen N ⟨~s⟩ fallo *m*; TECH *a.* avería *f*; **menschliches/technisches ~** fallo *m* humano/técnico; **Versager** M ⟨~s; ~⟩ **1** *Person*: fracasado *m* **2** (*Versagen*) fallo *m* (*a. beim Schießen*); *fig* (*Misserfolg*) fracaso *m*; **Versagerin** F ⟨~; ~nen⟩ fracasada *f*; **Versagung** F ⟨~⟩ denegación *f*; negativa *f*

Ver'salien [v-] MPL TYPO versales *fpl*

ver'salzen ⟨*ohne* ge-⟩ **A** V/T **1** GASTR salar demasiado **2** *fig* (*verderben*) turbar; aguar; estropear; **j-m die Suppe ~** aguar la fiesta a alg **B** V/I ⟨sn⟩ *Gewässer* salinizar **C** ADJ *Essen* demasiado salado, con mucha sal; **Versalzung** F ⟨~; ~en⟩ salinización *f*

ver'sammeln ⟨*ohne* ge-⟩ **A** V/T juntar; reunir; congregar; (*einberufen*) convocar **B** V/R **sich ~** reunirse, juntarse; **Versammlung** F ⟨~; ~en⟩ asamblea *f*; junta *f* (*a.* WIRTSCH); reunión *f*; POL mitin *m*

Ver'sammlungsfreiheit F libertad *f* de reunión; **Versammlungsort** M punto *m* de reunión; **Versammlungsraum** M sala *f* de reunión; **Versammlungsrecht** N derecho *m* de reunión

Ver'sand M ⟨~(e)s⟩ **1** (*das Versenden*) envío *m*; expedición *f*, despacho *m* **2** *Abteilung*: servicio *m* de expedición; **Versandabteilung** F (departamento *m od* servicio *m* de) expedición *f*; **Versandanzeige** F HANDEL aviso *m* de envío; **Versandartikel** M artículo *m* de exportación; **Versandauftrag** M orden *f* de envío; **Versandbedingungen** FPL condiciones *fpl* de envío; **versandbereit** ADJ listo para el envío (*bzw* embarque); **Versandbuchhandel** M venta *f* de libros por correo (*od* por catálogo)

ver'sanden V/I ⟨*ohne* ge-; sn⟩ **1** cubrirse de arena; *Brunnen etc* cegarse **2** *fig* empantanarse; quedar en nada

Ver'sanderklärung F nota *f* de envío; **versandfertig** ADJ → versandbereit; **Versandgebühren** FPL derechos *mpl* de expedición; **Versandgeschäft** N, **Versandhandel** M venta *f* por correspondencia (*od* correo)

Ver'sandhaus N empresa *f* de venta(s) por correspondencia (*od* correo); **Versandhauskatalog** M catálogo *m* de venta por correspondencia

Ver'sandkosten PL gastos *mpl* de envío; **Versandpapiere** NPL documentos *mpl* de expedición (*od* de transporte *od* de envío); **Versandrechnung** F factura *f* de expedición; **Versandschein** M talón *m* de envío

Ver'sandung F ⟨~; ~en⟩ GEOL enarenamiento *m*

Ver'sandwechsel M HANDEL letra *f* sobre otra plaza

Ver'satzamt N *bes österr* casa *f* de empeños; monte *m* de piedad; **Versatzstück** N THEAT decorado *m* (*od* trasto *m*) móvil

ver'sauen V/T ⟨*ohne* ge-⟩ *sl* **1** (*besudeln*) ensuciar, poner perdido **2** (*verderben*) echar a perder; estropear; **sie hat uns den ganzen Abend versaut** *sl* nos ha jodido toda la tarde

ver'sauern V/I ⟨*ohne* ge-; sn⟩ agriarse; *fig* vegetar, llevar una vida aburrida

ver'saufen V/T ⟨*irr; ohne* ge-⟩ *sl* gastar en bebidas; **sein Geld ~** gastar el dinero en bebida

ver'säumen V/T ⟨*ohne* ge-⟩ **1** *Zug etc* perder; *Gelegenheit* perder, desaprovechar, dejar escapar; **da hast du nichts versäumt** no te has perdido nada; **Versäumtes nachholen** recuperar lo perdido **2** *Pflicht, Unterricht* faltar a; **~ etw zu tun** dejar (*od* omitir) de hacer a/c; **nicht ~ zu** (*inf*) no dejar de (*inf*)

Ver'säumnis N ⟨~ses; ~se⟩ pérdida *f*; falta *f*; (*Unterlassung*) omisión *f*; negligencia *f*; SCHULE *etc*: inasistencia *f*, no asistencia *f* a; **Versäumnisurteil** N JUR sentencia *f* en rebeldía

Ver'säumung F ⟨~⟩ → Versäumnis

'Versbau M ⟨~(e)s⟩ LIT versificación *f*

ver'schachern V/T ⟨*ohne* ge-⟩ *umg* vender (caro)

ver'schachtelt ADJ *Satz* intrincado

ver'schaffen V/T ⟨*ohne* ge-⟩ procurar, proporcionar, facilitar; **j-m etw ~** proporcionar (*od* facilitar *od* procurar) a/c a alg; **sich** (*dat*) **etw ~** conseguir a/c; **sich** (*dat*) **Respekt/Recht ~** hacerse respetar/justicia; **sich** (*dat*) **einen Vorteil ~** conseguir una ventaja; *iron* **was verschafft mir die Ehre?** ¿a qué se debe el honor?

ver'schalen V/T ⟨*ohne* ge-⟩ encofrar; **Verschalung** F ⟨~; ~en⟩ encofrado *m*

ver'schämt ADJ vergonzoso; avergonzado; (*schüchtern*) tímido; *Am* penoso; **Verschämtheit** F ⟨~⟩ vergüenza *f*; timidez *f*

ver'schandeln V/T ⟨*ohne* ge-⟩ estropear; afear; deteriorar (*a. Landschaft*); degradar; *Sprache* maltratar; **Verschandelung** F ⟨~; ~en⟩ deterioro *m*; degradación *f*

ver'schanzen V/R ⟨*ohne* ge-⟩ **sich (hinter etw** *dat*) **~** MIL atrincherarse (tras a/c); *fig* escudarse (en a/c); **Verschanzung** F ⟨~; ~en⟩ atrincheramiento *m*; parapeto *m*

ver'schärfen ⟨*ohne* ge-⟩ **A** V/T *Strafe, Lage* agravar; agudizar; recrudecer; *Bestimmungen, Gegensätze, Kontrolle* intensificar; *Tempo* acelerar **B** V/R **sich ~** agravarse; agudizarse; *Gegensätze, Kontrolle* intensificarse; **Verschärfung** F ⟨~; ~en⟩ *der Lage, e-r Strafe*: agravación *f*; agudización *f*; recrudecimiento *m*; *des Tempos*: aceleración *f*

ver'scharren V/T ⟨*ohne* ge-⟩ soterrar; enterrar

ver'schätzen V/R ⟨*ohne* ge-⟩ **sich in etw** (*dat*) **~** equivocarse en (la estimación de) a/c; calcular mal (a/c)

ver'schaukeln V/T ⟨*ohne* ge-⟩ *umg* **j-n ~** engañar a alg, timar a alg; **ich fühle mich verschaukelt** me siento timado

ver'scheiden V/I ⟨*irr; ohne* ge-; sn⟩ *geh* fallecer, expirar; **Verscheiden** N ⟨~s⟩ *geh* fallecimiento *m*; óbito *m*

ver'schenken V/T ⟨*ohne* ge-⟩ dar; regalar, dar de regalo; **ver'scherbeln** V/T ⟨*ohne* ge-⟩ *umg* vender; *billig*: vender barato (*od* a precio regalado)

ver'scherzen V/T & V/R ⟨*ohne* ge-⟩ **sich** (*dat*) **etw ~** perder a/c (por ligereza); **(sich** *dat*) **j-s Gunst ~** perder las simpatías de alg

ver'scheuchen V/T ⟨*ohne* ge-⟩ **1** *Tiere* ahuyentar (*a. fig*); espantar **2** *fig Gedanken, schlechte Laune* disipar; **ver'scheuern** V/T ⟨*ohne* ge-⟩ *umg* vender; → verscherbeln

ver'schicken V/T ⟨*ohne* ge-⟩ **1** *Paket etc* enviar, mandar; HANDEL expedir **2** *Personen, strafweise*: deportar; (*evakuieren*) evacuar; **Verschickung** F ⟨~; ~en⟩ **1** *e-s Pakets etc*: envío *m*; HANDEL expedición *f* **2** *v. Personen*: deportación *f*; evacuación *f*

ver'schiebbar ADJ corredizo; deslizable; (*beweglich*) movible, móvil; *Termin* aplazable, prorrogable; **Verschiebebahnhof** M estación *f* de maniobras

ver'schieben ⟨*irr; ohne* ge-⟩ **A** V/T **1** *räumlich*: cambiar de sitio, desviar, desplazar (**um** de); *Möbel a.* correr; BAHN hacer maniobras **2** *zeitlich*: aplazar, dejar, posponer (**auf** *acus* para *od* hasta); **um eine Woche ~** aplazar una semana **3** *umg* (*heimlich verkaufen*) *Ware, Waffen* traficar *od* trapichear con; vender clandestinamente (*od* bajo mano) **B** V/R **sich ~** **1** *räumlich*: cambiarse de sitio, desplazarse, desviarse; (*verrutschen*) correrse **2** *zeitlich*: aplazarse; **sich um eine Woche ~** aplazarse (en) una semana

Ver'schiebung F ⟨~; ~en⟩ **1** *räumlich*: cambio *m* de sitio, desplazamiento *m*, desviación *f*; desfase *m* (*a. fig*) **2** *zeitlich*: aplazamiento *m* **3** HANDEL venta *f* clandestina

ver'schieden[1] **A** ADJ **1** diferente, distinto; (*unähnlich*) desigual; desemejante; *Meinungen a.* contrario; **~ sein** diferir; divergir; variar; ser distinto (*od* diferente); **das ist ~** *a.* eso depende **2** *nur im pl*: **~e** diversos, varios; **zu ~en Malen** varias veces; repetidas (*od* reiteradas) veces **B** ADV de forma diferente; **~ groß** de diferentes tamaños

ver'schieden[2] PPERF → verscheiden

ver'schiedenartig ADJ **1** (*unterschiedlich*) distinto; (*nicht zusammenpassend*) desigual; dispar **2** (*vielfältig*) variado; heterogéneo; **Verschiedenartigkeit** F ⟨~⟩ **1** (*Unterschiedlichkeit*) diferencia *f*; diversidad *f*; heterogeneidad *f*; (*Ungleichheit*) disparidad *f* **2** (*Vielfältigkeit*) variedad *f*

Ver'schiedene(s) N ⟨~n; → A⟩ varias cosas *fpl*; *Zeitungsrubrik*: varios *mpl*

ver'schiedener'lei ADJ de varias clases; **auf ~ Art** de diferentes maneras

ver'schiedenfarbig ADJ de varios colores; **Verschiedenheit** F ⟨~; ~en⟩ **1** (*Unterschiedlichkeit*) diferencia *f*; (*Unähnlichkeit*) desigualdad *f*; desemejanza *f*; disparidad *f*; *der Meinungen*: divergencia *f* **2** (*Vielfältigkeit*) variedad *f*, diversidad *f*; **verschiedentlich** **A** ADJ repetido, reiterado **B** ADV repetidas (*od* reiteradas) veces; más de una vez; en diferentes ocasiones

ver'schießen ⟨*irr; ohne* ge-⟩ **A** V/T **1** (*verbrauchen*) gastar; *Munition* agotar; *Pfeile* disparar **2** *Fußball*: **den Elfmeter ~** fallar el penalti **B** V/I ⟨sn⟩ *Stoff* perder el color; desteñirse **C** V/R *umg fig* **sich in j-n ~** *umg* chalarse por alg; → *a.* verschossen

ver'schiffen V/T ⟨*ohne* ge-⟩ embarcar; (**nach** para); **Verschiffung** F ⟨~; ~en⟩ embarque

V

m (**nach** para)
Ver'schiffungshafen M puerto m de embarque; **Verschiffungspapiere** NPL documentos *mpl* de embarque
ver'schimmeln VI ⟨*ohne* ge-; sn⟩ enmohecerse; **verschimmelt** ADJ enmohecido
ver'schlacken VI ⟨*ohne* ge-; sn⟩ escorificarse; **Verschlackung** F ⟨~⟩ escorificación *f*
ver'schlafen[1] ⟨*irr; ohne* ge-⟩ A VT 1 *Tag* pasar durmiendo 2 (*verpassen*) perder por dormir excesivamente 3 *umg fig* (*vergessen*) olvidar (completamente); *Termin* dejar pasar B VI despertarse tarde; **ich habe ~** me quedé dormido; *umg* se me han pegado las sábanas
ver'schlafen[2] ADJ (*schlaftrunken*) soñoliento; medio dormido; **Verschlafenheit** F ⟨~⟩ somnolencia *f*
Ver'schlag M ⟨~(e)s; ¨~e⟩ apartadizo *m*; cobertizo *m*
ver'schlagen[1] VT ⟨*irr; ohne* ge-⟩ 1 *mit Brettern etc*: revestir de (*bzw* cerrar con) tablas 2 *Buchseite, Ball* perder 3 (*rauben*) **j-m den Atem ~** dejar a alg boquiabierto; dejar a alg sin respiración; **es verschlug ihr die Sprache** se quedó con la boca abierta (*od umg* de una pieza) 4 **es hat ihn nach London ~** ha ido a parar a Londres
ver'schlagen[2] ADJ *pej* (*schlau*) astuto, taimado; solapado; *umg* zorro; **Verschlagenheit** F ⟨~⟩ *pej* astucia *f*
ver'schlammen VI ⟨*ohne* ge-; sn⟩ encenagarse; embarrarse; **Verschlammung** F ⟨~; ~en⟩ encenagamiento *m*
ver'schlampen ⟨*ohne* ge-⟩ *umg* A VT 1 (*verlieren*) **etw ~** perder a/c, extraviar a/c 2 (*vergessen*) olvidar; **ich habe es total verschlampt, es dir zu sagen** se me olvidó completamente decírtelo 3 *Zimmer etc* **~ lassen** descuidar B VI ⟨sn⟩ descuidarse; **ver'schlampt** ADJ descuidado; *Person a.* desaliñado
ver'schlanken VT *Produktion, Personal, Verwaltung* reducir; **Verschlankung** F ⟨~; ~en⟩ 1 *der Produktion*: relajación *f* (de la producción) 2 *des Personals*: reducción *f* (de plantilla)
ver'schlechtern ⟨*ohne* ge-⟩ A VT deteriorar; degradar; desmejorar; (*verschlimmern*) *Lage* empeorar; agravar B VR **sich ~** 1 deteriorarse; empeorar(se) (*a. Wetter*); *Lage a.* agravarse 2 *finanziell*: ir a peor; **Verschlechterung** F ⟨~; ~en⟩ deterioro *m*; degradación *f*; empeoramiento *m*; agravación *f*
ver'schleiern ⟨*ohne* ge-⟩ A VT velar (*a. fig*); *fig* encubrir, disimular; WIRTSCH *Bilanz* ocultar B VR **sich ~** velarse; **verschleiert** ADJ velado (*a. fig Blick, Stimme etc*); *Himmel* brumoso; **Verschleierung** F ⟨~; ~en⟩ *fig* encubrimiento *m*; disimulo *m*
ver'schleimen VT ⟨*ohne* ge-⟩ MED obstruir con pituita (*od* flema); **verschleimt** con flema; **Verschleimung** F ⟨~; ~en⟩ obstrucción *f* con pituita (*od* flema)
Ver'schleiß M ⟨~es; ~e⟩ desgaste *m*; TECH *a.* abrasión *f*; (*Verbrauch*) consumo *m*
ver'schleißen ⟨*irr; ohne* ge-⟩ A VT (des)gastar B VI ⟨sn⟩, VR ⟨h⟩ **(sich) ~** (des)gastarse (*a. fig Person*); **verschleißfest** ADJ resistente al desgaste; **Verschleißfestigkeit** F ⟨~⟩ resistencia *f* al desgaste; **verschleißfrei** ADJ sin desgaste (*od* gastadura)
ver'schlemmen VT ⟨*ohne* ge-⟩ disipar, gastar en orgías
ver'schleppen VT ⟨*ohne* ge-⟩ 1 *Menschen* deportar, desplazar; (*entführen*) secuestrar; *umg Sachen* extraviar 2 *Seuche* propagar, transmitir 3 *Krankheit* descuidar; curar mal 4 *zeitlich*: retardar, retrasar; dar largas a; POL, *Prozess* obstruir
Ver'schleppte M/F ⟨~n; ~n; → A⟩ persona *f* desplazada; **Verschleppung** F ⟨~; ~en⟩ 1 *von Menschen*: deportación *f*, desplazamiento *m* (colectivo); (*Entführung*) secuestro *m* 2 *e-r Seuche*: propagación *f*, transmisión *f* 3 *e-r Krankheit*: descuido *m* 4 *zeitliche*: retardo *m*, dilación *f*; POL obstrucción *f*; **Verschleppungstaktik** F POL táctica *f* dilatoria (*od* obstruccionista); obstruccionismo *m*
ver'schleudern VT ⟨*ohne* ge-⟩ 1 HANDEL (*billig verkaufen*) malvender, malbaratar, *umg* vender a precio tirado 2 (*verschwenden*) desperdiciar; dilapidar, malgastar; **Verschleuderung** F ⟨~; ~en⟩ 1 HANDEL venta *f* a precios ruinosos; *im Ausland*: dumping *m* 2 (*Verschwendung*) desperdicio *m*; dilapidación *f*
ver'schließbar ADJ con cerradura; cerradizo
ver'schließen A VT ⟨*irr; ohne* ge-⟩ 1 (*zumachen*) cerrar; *Öffnung* tapar; (*verkorken*) taponar; *fig* **die Augen vor etw** (*dat*) **~** cerrar los ojos a a/c 2 *mit e-m Schlüssel*: cerrar con llave 3 (*einschließen*) encerrar B VR *fig* **sich j-m/einer Sache ~** cerrarse a alg/a/c, no querer saber nada de alg/a/c
ver'schlimmern ⟨*ohne* ge-⟩ A VT empeorar; agravar B VR **sich ~** empeorarse; agravarse; recrudecerse; **Verschlimmerung** F ⟨~; ~en⟩ empeoramiento *m*; agravación *f*; recrudecimiento *m*
ver'schlingen ⟨*irr; ohne* ge-⟩ A VT 1 *Bänder etc* enlazar; **(ineinander) ~** entrelazar 2 (*schlucken*) tragar(se) (*a. fig Nacht, Erde*); *gierig*: devorar (*a. fig Buch*); engullir, zamparse; *fig* **mit den Augen ~** devorar (*od* comerse) con los ojos; *fig* **viel Geld ~** costar un dineral B VR **sich ineinander ~** entrelazarse, enredarse
Ver'schlingung F ⟨~; ~en⟩ enlace *m*; (*Verwicklung*) enredo *m*
ver'schlissen ADJ gastado (por el uso); desgastado; usado; raído
ver'schlossen A PPERF → verschließen B ADJ 1 *Tür, Brief etc* cerrado (*a. fig*); encerrado; **hinter ~en Türen** a puerta cerrada 2 *fig Person* reservado; poco comunicativo; **Verschlossenheit** F ⟨~⟩ *fig e-r Person*: reserva *f*; retraimiento *m*
ver'schlucken ⟨*ohne* ge-⟩ A VT tragar(se) (*a. fig*); *fig Wort etc* comerse B VR **sich ~** atragantarse (**an** *dat* con)
ver'schludern VT & VI ⟨*ohne* ge-⟩ *umg* → verschlampen
ver'schlungen A PPERF → verschlingen B ADJ 1 *Ornamente* enredado; en(tre)lazado 2 *fig* sinuoso, tortuoso (*a. Weg*)
Ver'schluss M ⟨~es; -schlüsse⟩ 1 (*das verschließen*) cierre *m*; MED oclusión *f*; **unter ~ halten** guardar bajo llave 2 (*Schloss*) cerradura *f*; (*Stöpsel*) tapón *m*; FOTO obturador *m*; *am Gewehr*: cerrojo *m*
ver'schlüsseln VT ⟨*ohne* ge-⟩ cifrar; codificar; IT *a.* encriptar; **Verschlüsselung** F ⟨~; ~en⟩ cifrado *m*; codificación *f*; IT *a.* encriptación *f*
Ver'schlusskappe F capuchón *m*; **Verschlusslaut** M LING (consonante *f*) oclusiva *f*; **Verschlusssache** F documento *m* confidencial; **Verschlusszeit** F FOTO velocidad *f* de obturación
ver'schmachten VI ⟨*ohne* ge-; sn⟩ *geh obs* languidecer; consumirse (**vor** de); **vor Durst ~** morir(se) de sed
ver'schmähen VT ⟨*ohne* ge-⟩ (*zurückweisen*) rechazar; rehusar; (*verachten*) desdeñar, despreciar; **Verschmähung** F ⟨~; ~en⟩ desdén *m*, desprecio *m*
ver'schmelzen ⟨*irr; ohne* ge-⟩ A VT TECH fundir; fusionar; *fig a.* amalgamar (**mit** con) B VI ⟨sn⟩ fundirse; fusionarse (*a.* WIRTSCH *u. fig*); amalgamarse; **Verschmelzung** F ⟨~; ~en⟩ fundición *f*; fusión *f* (*a.* WIRTSCH *u. fig*); *fig* amalgamamiento *m* (**mit** con)
ver'schmerzen VT ⟨*ohne* ge-⟩ **etw ~** consolarse de a/c; superar a/c; **du wirst den Verlust ~ können** podrás superar las pérdidas
ver'schmieren VT ⟨*ohne* ge-⟩ 1 *Öffnung, Loch* tapar; *Fugen* rellenar 2 (*beschmutzen*) ensuciar; engrasar; embadurnar; *Papier* emborronar 3 (*verwischen*) *Farbe* correrse
ver'schmitzt A ADJ pícaro; ladino; socarrón B ADV **~ lächeln** sonreír con picardía; **Verschmitztheit** F ⟨~⟩ picardía *f*; socarronería *f*
ver'schmoren VI ⟨*ohne* ge-; sn⟩ 1 *Essen* cocer demasiado 2 ELEK *Sicherung* fundirse; *Kabel* chamuscarse
ver'schmutzen ⟨*ohne* ge-⟩ A VT 1 *allg* ensuciar 2 ÖKOL *Umwelt* contaminar; *Luft a.* polucionar B VI ⟨sn⟩ ensuciarse; **ver'schmutzt** ADJ *allg* sucio; **Ver'schmutzung** F ⟨~; ~en⟩ 1 ensuciamiento *m* 2 ÖKOL *der Umwelt*: contaminación *f*; *Luft a.*: polución *f*
ver'schnaufen VI(VR) ⟨*ohne* ge-⟩ **(sich) ~** tomar aliento; descansar un poco; **Verschnaufpause** F respiro *m*
ver'schneiden VT ⟨*irr; ohne* ge-⟩ 1 (*schlecht schneiden*) *Stoff, Papier* cortar mal 2 *Wein* mezclar 3 AGR *Bäume etc* recortar, podar 4 *Tiere* castrar, capar
ver'schneit ADJ nevado, cubierto de nieve
Ver'schnitt M ⟨~(e)s; ~e⟩ 1 *v. Wein etc*: mezcla *f* 2 (*Abfall*) desperdicios *mpl*
ver'schnitten A PPERF → verschneiden B ADJ *Wein* mezclado; **Verschnittene(r)** M ⟨~n; ~n; → A⟩ *obs* castrado *m*, eunuco *m*
ver'schnörkeln VT ⟨*ohne* ge-⟩ adornar con arabescos; **verschnörkelt** ADJ florido (*a. Stil*)
ver'schnupfen VT ⟨*ohne* ge-⟩ **j-n ~** ofender a alg; **ver'schnupft** ADJ 1 MED (*erkältet*) resfriado, acatarrado, constipado 2 *umg fig* (*verärgert*) amoscado, picado
ver'schnüren VT ⟨*ohne* ge-⟩ *Paket* atar (con una cuerda); encordelar; **Verschnürung** F ⟨~; ~en⟩ atadura *f*
ver'schollen ADJ desaparecido; JUR ausente
Ver'schollene M/F ⟨~n; ~n; → A⟩ desaparecido *m*, -a *f*; **Verschollenheitserklärung** F JUR declaración *f* de ausencia
ver'schonen VT ⟨*ohne* ge-⟩ 1 (*in Ruhe lassen*) respetar, dejar en paz; **j-n ~** (*nicht töten*) perdonar la vida a alg 2 **j-n mit etw ~** ahorrar a alg a/c; no molestar a alg con a/c; **von etw verschont bleiben** quedar libre (*od* exento) de a/c; ahorrarse a/c; **verschone mich damit!** ¡déjame en paz con eso!, ¡ahórramelo!
ver'schönern VT ⟨*ohne* ge-⟩ embellecer, hermosear; *Fest etc* amenizar; **Verschönerung** F ⟨~; ~en⟩ embellecimiento *m*, hermoseamiento *m*
ver'schorfen VI ⟨*ohne* ge-; sn⟩ MED formar costra(s)
ver'schossen ADJ 1 *Stoff* descolorido, desteñido 2 *umg fig* **in j-n ~ sein** *umg* estar chalado por alg
ver'schränken VT ⟨*ohne* ge-⟩ *Arme* cruzar; *Säge* triscar; **ver'schränkt** ADJ **mit ~en Armen** cruzado de brazos; con los brazos cruzados
ver'schrauben VT ⟨*ohne* ge-⟩ atornillar; **Verschraubung** F ⟨~; ~en⟩ atornilladura *f*
ver'schreiben ⟨*irr; ohne* ge-⟩ A VT 1 MED prescribir, recetar (**j-m** a alg) 2 (*verbrauchen*) *Papier, Tinte* gastar 3 JUR (*vermachen*) legar B VR

1 **sich ~** ⟨*falsch schreiben*⟩ equivocarse (al escribir) 2 *fig* **sich einer Sache** ⟨*dat*⟩ **~** entregarse (*od* consagrarse) a a/c; **sich dem Teufel ~** vender su alma al diablo

Ver'schreibung F ⟨~; ~en⟩ MED prescripción *f* (facultativa); **verschreibungspflichtig** ADJ PHARM de prescripción médica obligatoria; **~ sein** venderse sólo con receta

ver'schrie(e)n ADJ desacreditado; mal reputado, de mala fama (**wegen** por); **als Geizhals ~ sein** tener fama de tacaño

ver'schroben ADJ excéntrico, extravagante; estrafalario; **Verschrobenheit** F ⟨~; ~en⟩ excentricidad *f*; extravagancia *f*

ver'schrotten VT ⟨*ohne* ge-⟩ AUTO, SCHIFF *etc* llevar al desguace; desguazar; *Am* achatarrar; **Verschrottung** F ⟨~; ~en⟩ desguace *m*

ver'schrumpeln VI ⟨*ohne* ge-; sn⟩ arrugarse, encogerse; *Haut* apergaminarse

ver'schüchtern VT ⟨*ohne* ge-⟩ intimidar; **verschüchtert** ADJ tímido; apocado

ver'schulden VT ⟨*ohne* ge-⟩ **etw ~** tener la culpa de a/c, ser culpable de a/c; ⟨*verursachen*⟩ causar a/c, ser causa (*od* el causante) de a/c

Ver'schulden N ⟨~s⟩ culpa *f*; falta *f*; **ohne mein ~** sin culpa mía; **verschuldet** ADJ lleno de deudas, endeudado; *umg* entrampado; **Verschuldung** F ⟨~; ~en⟩ endeudamiento *m*; deudas *fpl*

ver'schütten VT ⟨*ohne* ge-⟩ 1 *Flüssigkeit* verter, derramar 2 ⟨*zuschütten*⟩ llenar con tierra; *Brunnen* cegar; ⟨*begraben*⟩ soterrar, enterrar, sepultar; **verschüttet werden** quedar enterrado (*od* sepultado) 3 ⟨*versperren*⟩ obstruir

verschütt gehen VI ⟨*irr*; sn⟩ *umg* perderse; extraviarse

ver'schwägern VR ⟨*ohne* ge-⟩ **sich ~** emparentar (por matrimonio); entroncar (**mit** con); **verschwägert** ADJ **~ sein** estar emparentado (**mit** con); ser pariente por afinidad; **Verschwägerung** F ⟨~; ~en⟩ parentesco *m* por afinidad

ver'schwatzen VT ⟨*ohne* ge-⟩ **die Zeit ~** pasar el tiempo charlando

ver'schweigen VT ⟨*irr*; *ohne* ge-⟩ **etw ~** callar a/c; silenciar a/c, pasar en silencio a/c; **j-m etw ~** ocultar a/c a alg

Ver'schweigen N ⟨~s⟩, **Verschweigung** F ⟨~⟩ silencio *m*; reticencia *f*; ocultación *f*

ver'schweißen VT ⟨*ohne* ge-⟩ soldar

ver'schwenden VT ⟨*ohne* ge-⟩ malgastar, prodigar; derrochar (*a. Kräfte*); *Geld a.* dilapidar; despilfarrar; *Zeit* perder, desperdiciar; **Verschwender** M ⟨~s; ~⟩, **Verschwenderin** F ⟨~; ~nen⟩ pródigo *m*, -a *f*; derrochador *m*, -a *f*, dilapidador *m*, -a *f*; **verschwenderisch** A ADJ 1 pródigo (**mit** con); derrochador; dilapidador; disipador 2 ⟨*prachtvoll*⟩ suntuoso; lujoso; ⟨*üppig*⟩ **in ~er Fülle** con profusión B ADV pródigamente, profusamente; con profusión

Ver'schwendung F ⟨~; ~en⟩ 1 ⟨*Vergeudung*⟩ despilfarro *m*, derroche *m*; *v. Geld a.*: dilapidación *f* 2 ⟨*Überfluss*⟩ prodigalidad *f*; profusión *f* (**an** *dat* de); **Verschwendungssucht** F prodigalidad *f*

ver'schwiegen A PPERF → verschweigen B ADJ discreto, reservado; ⟨*schweigsam*⟩ callado, taciturno; *fig Ort* retirado, secreto, solitario; **Verschwiegenheit** F ⟨~⟩ discreción *f*; reserva *f*; sigilo *m*

ver'schwimmen VI ⟨*irr*; sn⟩ *Umrisse* desdibujarse; *vor den Augen*: nublarse

ver'schwinden VI ⟨*irr*; *ohne* ge-; sn⟩ 1 desaparecer; desvanecerse; **etw ~ lassen** hacer desaparecer a/c; escamotear a/c 2 *umg* ⟨*weggehen*⟩ *umg* esfumarse, eclipsarse; despedirse a la francesa; *umg* **verschwinde!** *umg* ¡lárgate!, ¡largo (de aquí)! 3 *umg fig* **ich muss mal ~** tengo que ir a un sitio

Ver'schwinden N ⟨~s⟩ desaparición *f*; **verschwindend** ADJ **~ klein** diminuto, microscópico, minúsculo

ver'schwistert ADJ **~ sein** ser hermanos

ver'schwitzen VT ⟨*ohne* ge-⟩ 1 *Kleidung* sudar, empapar de sudor 2 *umg fig* ⟨*vergessen*⟩ olvidar, olvidarse de

ver'schwollen ADJ hinchado; MED *a.* tumefacto

ver'schwommen A PPERF → verschwimmen B ADJ vago (*a. fig Vorstellungen*); impreciso, difuso; nebuloso; *Bild* borroso; *Umriss* difuminado; **Verschwommenheit** F ⟨~⟩ vaguedad *f*; nebulosidad *f*; *e-s Bildes*: borrosidad *f*

ver'schwören VR ⟨*irr*; *ohne* ge-⟩ **sich gegen j-n/etw ~** conjurarse (*od* confabularse *od* conspirar) contra alg; **alles hat sich gegen mich verschworen** todo se ha puesto en contra mío

Ver'schwörer M ⟨~s; ~⟩, **Verschwörerin** F ⟨~; ~nen⟩ conjurado *m*, -a *f*; conspirador *m*, -a *f*; **Verschwörung** F ⟨~; ~en⟩ conjuración *f*; conspiración *f*; complot *m*

ver'sehen ⟨*irr*; *ohne* ge-⟩ A VT 1 **j-n mit etw ~** proveer a alg de a/c; equipar a alg con a/c; *mit Vorräten*: abastecer; aprovisionar a alg con a/c; **etw mit etw ~** dotar a/c de a/c, proveer a/c de a/c; **mit dem Datum ~** fechar; **mit seiner Unterschrift ~** firmar; HANDEL **mit Akzept/mit einem Giro ~** aceptar/endosar 2 *Amt etc* ocupar; *Dienst a.* desempeñar, ejercer; *Haushalt, Geschäfte* tener a su cargo; cuidar de B VR **sich ~** 1 ⟨*versorgen*⟩ **sich mit etw ~** proveerse de a/c; abastecerse de a/c; aprovisionarse de a/c 2 ⟨*sich irren*⟩ equivocarse 3 **ehe man sich's versieht** cuando menos se piensa; ⟨*im Nu*⟩ en un santiamén, en un abrir y cerrar de ojos C PPERF **~ sein mit** estar provisto de; **ich bin mit allem ~** no me falta nada

Ver'sehen N ⟨~s; ~⟩ equivocación *f*; error *m*; ⟨*Unachtsamkeit*⟩ inadvertencia *f*; descuido *m*; **aus ~** → versehentlich

ver'sehentlich ADV por equivocación, por inadvertencia; por descuido; sin querer

ver'sehrt ADJ mutilado; inválido

Ver'sehrte M/F ⟨~n; ~n; → A⟩ mutilado *m*, -a *f*; inválido *m*, -a *f*; **Versehrtenrente** F pensión *f* de invalidez; **Versehrtheit** F ⟨~⟩ invalidez *f*

ver'seifen VT ⟨*ohne* ge-⟩ CHEM saponificar; **Verseifung** F ⟨~; ~en⟩ saponificación *f*

ver'selbstständigen VR ⟨*ohne* ge-⟩ **sich ~** independizarse, emanciparse

'Versemacher M, **Versemacherin** F *pej* versificador *m*, -a *f*; → *a* Verseschmied

ver'senden VT ⟨*irr*; *ohne* ge-⟩ enviar; remitir; expedir, despechar; **Versender** M ⟨~s; ~⟩, **Versenderin** F ⟨~; ~nen⟩ expedidor *m*, -a *f*; remitente *m/f*; **Versendung** F ⟨~; ~en⟩ envío *m*; expedición *f*

ver'sengen VT ⟨*ohne* ge-⟩ *Sonnenhitze* quemar; *beim Bügeln a.*: chamuscar; abrasar

ver'senkbar ADJ sumergible; TECH escamoteable

ver'senken ⟨*ohne* ge-⟩ A VT 1 *im Wasser*: sumergir; *Schiff* echar a pique, hundir 2 *in e-r Grube, in die Erde*: hundir 3 TECH *Niet etc* avellanar B VR *fig* **sich in etw** ⟨*acus*⟩ **~** enfrascarse, abismarse en a/c; **Versenkung** F ⟨~; ~en⟩ 1 *im Wasser*: sumersión *f*; inmersión *f* 2 *in e-r Vertiefung*: hundimiento *m* 3 THEAT ⟨*Boden*⟩ foso *m*; ⟨*Klappe*⟩ escotillón *m* 4 *fig* **in der ~ verschwinden** desaparecer (como si se lo hubiera tragado la tierra); caer en (el) olvido

'Verseschmied M *pej* poetastro *m*

ver'sessen ADJ **auf etw** ⟨*acus*⟩ **~ sein** estar empeñado por a/c; estar loco por a/c; **auf j-n ~ sein** estar loco por alg; **ganz darauf ~ sein, etw zu tun** estar obsesionado por hacer a/c

Ver'sessenheit F ⟨~⟩ manía *f*; obsesión *f*

ver'setzen ⟨*ohne* ge-⟩ A VT 1 *räumlich*: cambiar de sitio; desplazar; trasladar (*a. fig*); AGR trasplantar 2 MIL, *Beamte etc* destinar, trasladar (**nach** a); **in eine andere Abteilung versetzt werden** ser trasladado a otro departamento 3 SCHULE **versetzt werden** hacer pasar al curso siguiente; **nicht versetzt werden** tener que repetir el curso 4 *in e-n anderen Zustand*: poner; **j-n in Angst (und Schrecken) ~** dar miedo a alg 5 ⟨*geben*⟩ **j-m einen Schlag ~** asestar (*od* propinar) un golpe a alg 6 ⟨*verpfänden*⟩ **etw ~** empeñar a/c, pignorar a/c; *umg* ⟨*verkaufen*⟩ vender a/c 7 *umg fig* ⟨*vergeblich warten lassen*⟩ **j-n ~** *umg* dar esquinazo (*od* un plantón) a alg 8 ⟨*entgegnen*⟩ reponer; replicar 9 ⟨*vermischen*⟩ mezclar (**mit** con) B VR **sich in j-n** (*od* **in j-s Lage**) **~** ponerse en lugar de alg

Ver'setzung F ⟨~; ~en⟩ 1 *räumliche*: traslado *m* (*a. berufliche*); cambio *m* de lugar; desplazamiento *m*; AGR trasplante *m* 2 SCHULE paso *m* al curso siguiente 3 ⟨*Verpfändung*⟩ empeño *m*, pignoración *f* 4 ⟨*Vermischung*⟩ mezcla *f*; **Versetzungszeichen** N MUS accidente *m*

ver'seuchen VT ⟨*ohne* ge-⟩ infestar, contaminar (*a. radioaktiv u. fig*); **verseucht** ADJ contaminado, infestado; **Verseuchung** F ⟨~; ~en⟩ infestación *f*; contaminación *f*

'Versfuß M pie *m*

ver'sicherbar ADJ asegurable

Ver'sicherer M ⟨~s; ~⟩ asegurador *m*

ver'sichern ⟨*ohne* ge-⟩ A VT 1 ⟨*vertraglich absichern*⟩ asegurar; **sein Leben ~** asegurarse la vida 2 ⟨*beteuern*⟩ aseverar, asegurar, afirmar; **das versichere ich dir** te lo aseguro; *geh* **seien Sie dessen versichert** tenga usted la seguridad de ello 3 JUR **eidesstattlich ~** asegurar bajo juramento B VR **sich ~** 1 asegurarse (**gegen** contra, **bei** en); hacer (*od* contratar) un seguro 2 *geh* **sich einer Sache** ⟨*gen*⟩ **~** asegurarse (*od* cerciorarse) de a/c; **sich j-s ~** asegurarse de alg

ver'sichert ADJ asegurado; **gegen alle Gefahren ~ sein** ser asegurado a todo riesgo; **Versicherte** M/F ⟨~n; ~n; → A⟩ asegurado *m*, -a *f*

Ver'sicherung F ⟨~; ~en⟩ 1 HANDEL seguro *m* (**gegen** contra); **~ auf Gegenseitigkeit** seguro *m* mutuo; mutualidad *f*; **~ gegen jede Gefahr** seguro *m* a todo riesgo; **~ mit Gewinnbeteiligung** seguro *m* con participación en los beneficios; **eine ~ abschließen** contratar (*od* efectuar) un seguro 2 *Unternehmen*: aseguradora *f* 3 ⟨*Beteuerung*⟩ aseveración *f*, afirmación *f* 4 ⟨*Sicherheit*⟩ seguridad *f*; garantía *f*

Ver'sicherungsabschluss M contratación *f* de un seguro; **Versicherungsagent** M, **Versicherungsagentin** F agente *m/f* de seguros; **Versicherungsagentur** F agencia *f* de seguros; **Versicherungsanspruch** M reclamación *f* de seguro; **Versicherungsanstalt** F compañía *f* de seguros; **Versicherungsbedingungen** FPL condiciones *fpl* del seguro; **allgemeine ~** condiciones *fpl* generales de seguro; **Versicherungsbeitrag** M cuota *f* (de seguro); **Versicherungsbetrag** M suma *f* asegurada; **Versicherungsbetrug** M es-

V

tafa *f* (*od* fraude *m*) en seguros; **Versicherungsbranche** F ramo *m* asegurador; **Versicherungsdauer** F duración *f* del seguro
ver'sicherungsfähig ADJ asegurable
Ver'sicherungsfall M (caso *m* de) siniestro *m*; ocurrencia *f* del riesgo; **im ~** en caso de siniestro; **Versicherungsformular** N formulario *m* de aseguramiento; **Versicherungsgeber** M asegurador *m*; **Versicherungsgegenstand** M objeto *m* del seguro; **Versicherungsgesellschaft** F compañía *f* (*od* empresa *f*) de seguros; aseguradora *f*; **Versicherungshöhe** F importe *m* asegurado; **Versicherungsjahr** N anualidad *f* del seguro; **Versicherungskarte** F AUTO tarjeta *f* del seguro; **grüne ~** carta *f* verde
Ver'sicherungskauffrau F técnica *f* de gestión empresarial - especialidad seguros; **Versicherungskaufmann** M técnico *m* de gestión empresarial - especialidad seguros
Ver'sicherungsleistung F prestación *f* del seguro; **Versicherungsmakler** M, **Versicherungsmaklerin** F corredor *m*, -a *f* de seguros
Ver'sicherungsmathematik F ciencia *f* actuarial; **Versicherungsmathematiker** M, **Versicherungsmathematikerin** F actuario *m*, -a *f* de seguros
Versicherungsnehmer M, **Versicherungsnehmerin** F asegurado *m*, -a *f*; contratante *m/f* (del seguro)
Ver'sicherungspflicht F obligatoriedad *f* del seguro; **versicherungspflichtig** ADJ de seguro obligatorio; sujeto al seguro obligatorio
Ver'sicherungspolice F póliza *f* de seguro; **eine ~ ausstellen** extender una póliza de seguro; **Versicherungsprämie** F prima *f*; **Versicherungsschein** M → Versicherungspolice; **Versicherungsschutz** M cobertura *f* (*od* amparo *m*) de seguro; **Versicherungsstatistiker** M, **Versicherungsstatistikerin** F actuario *m*, -a *f* de seguros; **Versicherungssumme** F suma *f* asegurada; capital *m* asegurado; **Versicherungsträger** M asegurador *m*; aseguradora *f*; organismo *m* (*od* ente *m*) asegurador; **Versicherungsunternehmen** N (empresa *f*) aseguradora *f*; **Versicherungsvertrag** M contrato *m* de seguro; **Versicherungsvertreter** M, **Versicherungsvertreterin** F agente *m/f* de seguros, corredor *m*, -a *f* de seguros; **Versicherungswert** M valor *m* asegurado; **Versicherungswesen** N ⟨~s⟩ seguros *mpl*; **Versicherungszeit** F período *m* de seguro; **Versicherungszertifikat** N certificado *m* de seguros; **Versicherungszwang** M seguro *m* obligatorio
ver'sickern VI ⟨*ohne* ge-; sn⟩ rezumar(se) (**in** *dat* en); filtrarse
ver'sieben VT ⟨*ohne* ge-⟩ *umg* **1** (*vergessen*) **etw ~** olvidar a/c; olvidarse de hacer a/c **2** → vermasseln
ver'siegeln VT ⟨*ohne* ge-⟩ *Brief, Paket* sellar (*a.* TECH); *mit Lack*: lacrar; *Parkett* barnizar; JUR *gerichtlich*: precintar; **Versiegelung** F ⟨~; ~en⟩ selladura *f*, sellado *m*; JUR precintado *m*
ver'siegen VI ⟨*ohne* ge-; sn⟩ *Quelle* secarse; agotarse (*a. fig*)
ver'siert [v-] ADJ versado (**in** *dat* en)
ver'sifft ADJ *umg* (*schmutzig*) sucio, mugriento; **total ~** hecho una porquería
ver'silbern VT ⟨*ohne* ge-⟩ **1** platear **2** *umg fig zu Geld machen* vender, hacer dinero de; **Versilberung** F ⟨~; ~en⟩ plateado *m*, plateadura *f*
ver'sinken VI ⟨*irr*; *ohne* ge-; sn⟩ **1** hundirse (*a. in e-m Sessel*); sumergirse; SCHIFF *Schiff a.* irse a pique **2** *fig* abismarse, perderse (**in** *acus* en); **in Gedanken ~** ensimismarse, abstraerse; (**vor Verlegenheit) in den Boden ~ mögen** desear que le tragase a uno la tierra
ver'sinnbildlichen VT ⟨*ohne* ge-⟩ simbolizar; **Versinnbildlichung** F ⟨~; ~en⟩ simbolización *f*
Versi'on [v-] F ⟨~; ~en⟩ versión *f*
ver'sippt ADJ unido por parentesco; emparentado
ver'sklaven VT ⟨*ohne* ge-⟩ esclavizar (*a. fig*); **Versklavung** F ⟨~; ~en⟩ esclavización *f*
'Verskunst F ⟨~⟩ versificación *f*; **Verslehre** F métrica *f*
ver'slumen [-'slamən] VI deteriorarse; degradarse
'Versmaß N metro *m*
ver'snobt ADJ *umg* (e)snob
ver'soffen ADJ *sl* **A** PPERF → versaufen **B** *pej* **1** *Person* borracho, *umg* borrachín **2** **~e Stimme** voz *f* de borracho, voz *f* aguardentosa
ver'sohlen VT ⟨*ohne* ge-⟩ *umg fig* **j-m den Hintern ~** *umg* dar una paliza *od* una zurra a alg en el trasero *od* en el culo
ver'söhnen ⟨*ohne* ge-⟩ **A** VT **1** reconciliar (**mit** con) **2** (*beruhigen*) apaciguar; aplacar **B** VR **sich ~** reconciliarse; hacer las paces; **versöhnlich** ADJ **1** (*zur Versöhnung bereit*) conciliador; aplacable **2** (*tröstlich*) conciliante; **Versöhnlichkeit** F ⟨~⟩ espíritu *m* de conciliación; carácter *m* conciliable; **Versöhnung** F ⟨~; ~en⟩ (re)conciliación *f*
ver'sonnen ADJ meditabundo; ensimismado; soñador
ver'sorgen ⟨*ohne* ge-⟩ **A** VT **1** **j-n mit etw ~** proveer a alg de a/c; *mit Vorräten*: abastecer (*od* aprovisionar) a alg de a/c; (*beliefern*) suministrar a/c a alg **2** TECH, *Körper, Organe* alimentar (**mit** con); **mit Strom ~** alimentar con electricidad **3** (*sorgen für*) *Familie* mantener, sustentar; *Haushalt, Kranke* cuidar de, atender a, ocuparse de; **j-n zu ~ haben** tener a alg a su cargo **B** VR **sich ~ mit** proveerse de, abastecerse de; **sich selbst ~** cuidar de sí mismo; autoabastecerse
Ver'sorger M ⟨~s; ~⟩ **1** *der Familie*: sostén *m* (de la familia) **2** *Firma*: abastecedor *m*; abastecedora *f*; suministrador *m*; suministradora *f*; proveedor *m*; proveedora *f*; *öffentlicher*: → Versorgungsbetrieb; **Versorgerin** F ⟨~; ~nen⟩ *der Familie*: sostén *m* (de la familia)
ver'sorgt ADJ provisto (**mit** de); **gut ~ sein** tener el futuro asegurado
Ver'sorgung F ⟨~⟩ **1** provisión *f* (**mit** *dat* de); *mit Vorräten a.*: abastecimiento *m*, abasto *m*; (*Belieferung*) suministro *m* (**mit** *dat* de) **2** *mit Strom, Gas*: alimentación *f* **3** (*Unterhalt*) sostenimiento *m*; *e-r Familie*: sustento *m*, manutención *f*, mantenimiento *m*; *von Kranken, Kindern etc*: cuidado(s) *m(pl)*; **ärztliche ~** asistencia *f* (*od* atención *f*) médica
Ver'sorgungsamt N *sp* ≈ Instituto *m* de Previsión; **Versorgungsanspruch** M derecho *m* a manutención (*bzw* a pensión); **Versorgungsausgleich** M JUR *nach Ehescheidung*: pensión *f* compensatoria; **versorgungsberechtigt** ADJ con derecho a manutención (*bzw* a pensión); **Versorgungsbetrieb** M empresa *f* pública de abastecimiento; empresa *f* de servicios públicos; **Versorgungslage** F situación *f* del abastecimiento; **Versorgungslücke** F desabastecimiento *m*; **Versorgungsnetz** N red *f* de abastecimiento, ELEK red *f* de suministro; **Versorgungsschiff** N MIL buque *m* de abastecimiento (*bzw* de apoyo logístico); **Versorgungsstaat** M Estado-providencia *m*; **Versorgungsunternehmen** N → Versorgungsbetrieb; **Versorgungswesen** N ⟨~s⟩ MIL logística *f*
ver'spannen ⟨*ohne* ge-⟩ **A** VT TECH asegurar con cables tensores; arriostrar **B** VR **sich ~** MED contraerse; **ver'spannt** ADJ MED *Muskeln* rígido; tenso
Ver'spannung F ⟨~; ~en⟩ MED contractura *f*
ver'späten VR ⟨*ohne* ge-⟩ **sich ~** retrasarse, atrasarse; llegar tarde; *Zug* traer (*od* llevar) retraso; **verspätet** **A** ADJ retrasado; (*spätreif*) tardío **B** ADV con retraso
Ver'spätung F ⟨~; ~en⟩ retraso *m*; **~ haben** llevar retraso; **der Zug hat eine Stunde ~** el tren lleva una hora de retraso; **mit ~ ankommen** llegar con retraso
ver'speisen VT ⟨*ohne* ge-⟩ comer(se); consumir
verspeku'lieren VR ⟨*ohne* ge-⟩ **sich ~** WIRTSCH perder en especulaciones; *fig* equivocarse (en sus cálculos)
ver'sperren VT ⟨*ohne* ge-⟩ *Straße, Weg* obstruir; bloquear; cortar; (*verschließen*) cerrar (con llave); *Tür a.* atrancar; *Aussicht* quitar; **j-m die Aussicht ~** tapar la vista a alg; **j-m den Weg ~** cerrar el paso a alg
Ver'sperrung F ⟨~; ~en⟩ obstrucción *f*; bloqueo *m*
ver'spielen ⟨*ohne* ge-⟩ **A** VT **1** *Geld etc* perder en el juego **2** *fig Chance, Recht* perder **B** VI **1** perder (el juego) **2** *umg fig* **bei j-m verspielt haben** *umg* haber perdido todas las posibilidades con alg; **er hat bei mir verspielt** no quiero saber nada más de él
ver'spielt ADJ *Kind, Hund etc* juguetón
ver'sponnen ADJ meditabundo
ver'spotten VT ⟨*ohne* ge-⟩ burlarse, mofarse (de); *verletzend*: escarnecer, hacer escarnio de; (*lächerlich machen*) ridiculizar; **Verspottung** F ⟨~; ~en⟩ burla *f*, mofa *f*; escarnio *m*
ver'sprechen **A** VT ⟨*irr*; *ohne* ge-⟩ prometer (**j-m etw** a/c a alg); **j-m ~, etw zu tun** prometer a alg hacer a/c; **er hält nicht, was er verspricht** no da lo que promete; **sich** (*dat*) **viel ~ von** esperar mucho de; **das Wetter verspricht gut zu werden** el tiempo es prometedor **B** VR **sich ~** equivocarse (al hablar); cometer un lapsus linguae; *umg* trabucarse
Ver'sprechen N ⟨~s; ~⟩ promesa *f*; **sein ~ halten/nicht halten** cumplir/faltar a su promesa; **j-m ein ~ abnehmen** hacer a alg prometer a/c; **~ und Halten ist zweierlei** del dicho al hecho hay un gran trecho
Ver'sprecher M ⟨~s; ~⟩ lapsus *m* (linguae)
Ver'sprechung F ⟨~; ~en⟩ promesa *f*; **große ~en machen** prometer el oro y el moro
ver'sprengen VT ⟨*ohne* ge-⟩ dispersar (*a.* MIL); *Wasser* esparcir; **ver'sprengt** ADJ MIL desbandado, disperso; **Ver'sprengte** M/F ⟨~n; ~n; → A⟩ MIL disperso *m*, -a *f*
ver'spritzen VT ⟨*ohne* ge-⟩ *Gift* esparcir; *Wasser* salpicar; (*verschütten, vergießen*) derramar (*a. Blut*)
ver'sprochener'maßen ADV conforme a su promesa; como (lo) había prometido
ver'sprühen VT ⟨*ohne* ge-⟩ pulverizar, nebulizar; atomizar
ver'spüren VT ⟨*ohne* ge-⟩ sentir; experimentar; *Folgen* resentirse de
ver'staatlichen VT ⟨*ohne* ge-⟩ nacionalizar; estatalizar, estatificar; *bes Am* estatizar; **Verstaatlichung** F ⟨~; ~en⟩ nacionalización *f*; estatalización *f*, estatificación *f*; *bes Am* estatización *f*

ver'städtern VT ⟨*ohne* ge-⟩ urbanizar; **Verstädterung** F ⟨~; ~en⟩ urbanización *f*
ver'stählen VT ⟨*ohne* ge-⟩ TECH acerar; **Ver-**

stählung F ⟨~; ~en⟩ TECH aceración *f*, acerado *m*
Ver'stand M ⟨~(e)s⟩ 1 *(Denkvermögen)* inteligencia *f*; PHIL intelecto *m*; mente *f*; *(Begriffsvermögen)* entendimiento *m*; **scharfer ~** inteligencia *f* aguda; **einen klaren ~ haben** tener una mente clara 2 *(Vernunft)* razón *f*, sentido *m* común; *(Urteilsfähigkeit)* juicio *m*; discernimiento *m*; **den ~ verlieren** perder la razón (*od* el juicio), volverse loco; **seinen ganzen ~ zusammennehmen** poner sus cinco sentidos; *umg* **da steht einem der ~ still** se queda uno parado 3 *mit präp*: **bei (vollem) ~ sein** estar en su (cabal) juicio; **er ist nicht recht bei ~** no está en su sano juicio (*od* en sus cabales); MED **bei ~ bleiben** conservar sus facultades mentales; **mit ~** con sentido; *umg* **etw mit ~ essen** saborear a/c; **ohne ~ reden** disparatar; desvariar; desbarrar; **das geht über meinen ~** (eso) no lo entiendo; (eso) no me entra; **j-n um den ~ bringen** volver loco a alg; sacar de quicio a alg; **zu ~ kommen** llegar al uso de la razón; entrar en razón
Ver'standeskraft F facultad *f* intelectual; **verstandesmäßig** ADJ intelectual; racional; **Verstandesmensch** M hombre *m* cerebral; intelectual *m*; **Verstandesschärfe** F agudeza *f* intelectual; penetración *f*; perspicacia *f*; lucidez *f* (mental); sagacidad *f*
ver'ständig ADJ 1 *(vernünftig)* razonable, sensato, juicioso (*a. Kind*) 2 *(gescheit)* inteligente
ver'ständigen ⟨*ohne* ge-⟩ A VT **j-n ~** avisar a alg; **j-n von etw** *(acus)* **~** enterar, informar a alg de a/c; comunicar, *amtlich*: notificar a alg a/c B VR **sich ~** 1 *in e-r Sprache*: entenderse 2 **sich mit j-m (über etw** *acus*) **~** ponerse de acuerdo con alg (sobre a/c)
Ver'ständigkeit F ⟨~⟩ sensatez *f*; buen sentido *m*; discreción *f*; prudencia *f*; **Verständigung** F ⟨~; ~en⟩ 1 *(Benachrichtigung)* información *f*; notificación *f* 2 *(Einvernehmen)* inteligencia *f*; *(Übereinkunft)* acuerdo *m*; arreglo *m*; *(Aussöhnung)* reconciliación *f* 3 *sprachliche*: comprensión *f*; TEL *etc* comunicación *f*; *(Empfang)* (calidad *f* de la) recepción *f*; **Verständigungspolitik** F política *f* de acercamiento (*od* de aproximación)
ver'ständlich ADJ inteligible; *(begreiflich)* comprensible; *(klar)* claro; **leicht/schwer ~** fácil/difícil de comprender (*od* de entender); **j-m etw ~ machen** hacer entender a alg a/c; explicar a alg a/c; **sich ~ machen** hacerse entender; comunicarse
ver'ständlicherweise ADV con razón
Ver'ständlichkeit F ⟨~⟩ inteligibilidad *f*; comprensibilidad *f*; *(Klarheit)* claridad *f*
Ver'ständnis N ⟨~ses⟩ comprensión *f* (**für** *acus* por); sentido *m* (**für** *acus* por); inteligencia *f*; entendimiento *m*; **j-m ~ entgegenbringen** mostrar comprensión para alg; **für etw/j-n ~ haben** comprender a/c/a alg; **er hat kein ~ dafür** no lo comprende; no tiene comprensión para ello; **wir bitten um Ihr ~** le rogamos que nos disculpe; **zum besseren ~** para mejor comprensión
ver'ständnisinnig ADJ *Blick* de complicidad; de inteligencia; **verständnislos** ADJ incomprensivo, sin comprensión; sin comprender (nada); *(ohne Mitgefühl)* insensible (**für** a); **Verständnislosigkeit** F ⟨~⟩ falta *f* de comprensión; incomprensión *f*; **verständnisvoll** ADJ comprensivo; lleno de comprensión; **~er Blick** mirada *f* de inteligencia
ver'stänkern VT ⟨*ohne* ge-⟩ *umg* apestar
ver'stärken ⟨*ohne* ge-⟩ A VT 1 *Mauer etc* reforzar (*a.* TECH, MIL, FOTO); *(kräftigen)* fortalecer; fortificar (*a.* MIL *Stellung*) 2 *(steigern) zahlenmäßig*: aumentar, acrecentar, incrementar; *Druck* intensificar 3 *fig Eindruck, Verdacht* confirmar; *Zweifel a.* acentuar 4 ELEK *Tontechnik*: amplificar B VR **sich ~** 1 *Druck, Schmerzen* aumentar, intensificarse; *Wind* arreciar 2 *fig Zweifel* acentuarse, confirmarse
Ver'stärker M ⟨~s; ~⟩ ELEK, *Tontechnik*: amplificador *m*; FOTO reforzador *m*; **Verstärkerröhre** F ELEK válvula *f* amplificadora; **Verstärkerstufe** F *Tontechnik*: etapa *f* de amplificación
Ver'stärkung F ⟨~; ~en⟩ 1 *(Stabilisierung)* reforzamiento *m*; TECH *a.* refuerzo *m* 2 *zahlenmäßige*: aumento *m*, incremento *m*; *(hinzukommende Personen)* refuerzo *m* (*a.* MIL) 3 *(Intensivierung)* aumento *m*, intensificación *f* 4 ELEK, *Tontechnik*: amplificación *f*
ver'stauben VI ⟨*ohne* ge-; sn⟩ cubrirse de polvo, empolvarse; **ver'staubt** ADJ 1 cubierto de polvo, polvoriento; empolvado 2 *fig pej* anticuado
ver'stauchen VT ⟨*ohne* ge-⟩ **sich** *(dat)* **den Fuß ~** torcerse el pie; **Verstauchung** F ⟨~; ~en⟩ torcedura *f*, distorsión *f*; esguince *m*
ver'stauen VT ⟨*ohne* ge-⟩ colocar, poner, guardar (**in** *dat* en); SCHIFF estibar; arrumar; **Verstauen** N ⟨~s⟩, **Verstauung** F ⟨~; ~en⟩ SCHIFF estiba *f*
Ver'steck N ⟨~(e)s; ~e⟩ escondite *m*, escondrijo *m*; *v. Verbrechern*: guarida *f*; *(Hinterhalt)* emboscada *f*; **(mit j-m) ~ spielen** jugar al escondite (con alg) (*a. fig*)
ver'stecken ⟨*ohne* ge-⟩ A VT esconder (**vor** *dat* de); *(verbergen)* ocultar (**vor** *dat* a) B VR **sich ~** esconderse (**vor j-m** de alg); *fig* **sich hinter j-m/etw ~** escudarse en alg/a/c; *fig* **sich nicht vor j-m ~ müssen** *od* **können** poder compararse (*od* rivalizar) con alg
Ver'steckspiel N juego *m* del escondite
ver'steckt ADJ escondido; *(geheim)* oculto; *fig Drohung, Anspielung etc* velado
ver'stehen ⟨*irr; ohne* ge-⟩ A VT 1 *akustisch*: entender; **schlecht zu ~ sein** entenderse mal 2 *(begreifen)* entender, concebir, comprender (*a. Verständnis haben*); **Spanisch ~** entender (*od* comprender) español; **etw nicht ~ wollen** hacerse el desentendido (*od umg* el sueco); **jetzt verstehe ich** ahora comprendo; *umg* ahora caigo; **ich verstehe (schon)** (ya) comprendo (*od* entiendo); **j-m etw zu ~ geben** dar a entender a alg a/c; **(hast du) verstanden?** ¿(has) entendido?, ¿(has) comprendido?; ¿estamos?; ¿me explico? 3 *(deuten)* entender; interpretar; **falsch ~** entender (*od* comprender) mal; *fig* tomar a mal (*od* a mala parte); **~ Sie mich nicht falsch!** ¡no me malinterprete!; **wie ~ Sie diesen Satz?** ¿cómo interpreta usted esta frase?; **wie soll ich das ~?** ¿qué quiere (*bzw* quieres) decir con eso?; **wenn ich recht verstanden habe** si he entendido bien; si no estoy equivocado 4 *(gut können)* saber (*a. Sprache*); **seine Sache ~** saber lo que se trae entre manos; **nichts ~ von** no entender nada de, no tener idea de; **viel von etw ~** saber mucho (*umg* un rato largo) de a/c; **es ~, zu** *(inf)* saber *(inf)* B VR **sich ~** 1 *akustisch*: entenderse 2 *(gut auskommen)* **sich mit j-m gut ~** llevarse (*od* entenderse) bien con alg; *umg* hacer buenas migas con alg; **~ wir uns recht!** ¡entendámonos! 3 *(zu verstehen sein)* HANDEL **die Preise ~ sich …** los precios se entienden …; **(das) versteht sich!** ¡claro que sí!; ¡por supuesto!; *Am* ¿cómo no?; **das versteht sich von selbst** eso se sobrentiende; *umg* eso cae de su (propio) peso 4 *(können, beherrschen)* **sich ~ auf etw** *(acus)* entender de a/c; ser experto en a/c 5 *(sich einschätzen)* **sich ~ als Dichter** *etc* tenerse por poeta, *etc*
ver'steifen ⟨*ohne* ge-⟩ A VT atiesar; *Mode*, TECH reforzar; *Glieder* poner rígido; ARCH *a.* apuntalar B VI *Gelenke* ponerse rígido C VR **sich ~** 1 MED anquilosarse; *Gelenke* ponerse rígido 2 *fig* **sich auf etw** *(acus)* **~** obstinarse en a/c; aferrarse a a/c; empeñarse en a/c
Ver'steifung F ⟨~; ~en⟩ 1 TECH refuerzo *m* 2 MED anquilosis *f* 3 *fig* obstinación *f*; endurecimiento *m*; rigidez *f*
ver'steigen VR ⟨*irr; ohne* ge-⟩ **sich ~** 1 *Bergsteigen*: extraviarse en la montaña 2 *fig* **sich zu etw ~** atreverse a a/c, tener el atrevimiento de a/c; llegar incluso a a/c
Ver'steigerer M ⟨~s; ~⟩ subastador *m*, rematador *m*, *Am* licitador *m*, *Arg* martillero *m*;
versteigern VT ⟨*ohne* ge-⟩ subastar, vender en subasta pública; *Am* rematar, licitar; **Versteigerung** F ⟨~; ~en⟩ subasta *f*; *Am* remate *m*, licitación *f*; **öffentliche ~** subasta *f* pública; *Am* remate *m* público; **zur ~ bringen** sacar a subasta (*bzw* a remate)
ver'steinern ⟨*ohne* ge-⟩ A VT *Holz etc* petrificar B VI ⟨sn⟩ petrificarse (*a. fig*); *Pflanzen, Tiere* fosilizarse; **versteinert** ADJ petrificado (*a. fig*); *fig* **wie ~ dastehen** quedarse de piedra; **Versteinerung** F ⟨~; ~en⟩ 1 *(das Versteinern)* petrificación *f*; fosilización *f* 2 *Stein*: fósil *m*
ver'stellbar ADJ *(einstellbar)* ajustable; *(regulierbar)* regulable; *mittels e-r Skala*: variable, graduable; *(beweglich)* movedizo, movible, móvil; *in Längsrichtung*: corredizo
ver'stellen ⟨*ohne* ge-⟩ A VT 1 *(regulieren)* regular; *(einstellen)* ajustar (*a.* TECH), graduar 2 *(falsch stellen)* poner mal 3 *(von der Stelle rücken)* cambiar (de sitio); trasladar; remover 4 *(versperren)* cerrar, bloquear; obstruir; **j-m den Weg ~** cerrar a alg el paso 5 *Stimme, Handschrift* desfigurar B VR **sich ~** disimular; simular, fingir
Ver'stellung F ⟨~; ~en⟩ 1 *der Stimme, Schrift*: desfiguración *f*; *(Heuchelei)* disimulo *m*; simulación *f*, fingimiento *m* 2 TECH *(Regulierung)* ajuste *m*; regulación *f*; *auf e-r Skala*: graduación *f* 3 *räumlich*: cambio *m* de sitio, traslado *m*; **Verstellungskunst** F arte *m* de disimular; disimulo *m*
ver'steppen VI ⟨*ohne* ge-; sn⟩ transformarse en estepa; **Versteppung** F ⟨~; ~en⟩ transformación *f* en estepa, estepización *f*
ver'steuern VT ⟨*ohne* ge-⟩ **etw ~** pagar impuestos por a/c; **Versteuerung** F ⟨~; ~en⟩ pago *m* de impuestos; gravamen *m*
ver'stiegen ADJ *fig* extravagante, excéntrico; **Verstiegenheit** F ⟨~⟩ extravagancia *f*, excentricidad *f*
ver'stimmen VT ⟨*ohne* ge-⟩ 1 MUS desafinar, destemplar 2 *fig* **j-n ~** disgustar a alg, contrariar a alg, poner de mal humor a alg
ver'stimmt ADJ 1 MUS desafinado, destemplado; **das Klavier ist ~** el piano está desafinado 2 *fig* disgustado, malhumorado; **~ sein** estar de mal humor 3 **einen ~en Magen haben** tener una indigestión
Ver'stimmung F ⟨~; ~en⟩ 1 MUS desafinación *f* 2 *fig (schlechte Laune)* mal humor *m*; *zwischen Personen*: desavenencia *f*, disonancia *f*
ver'stockt ADJ *fig* obstinado; incorregible; *Sünder* empedernido; impenitente; **Verstocktheit** F ⟨~⟩ endurecimiento *m*; obstinación *f*; *e-s Sünders*: impenitencia *f*
ver'stofflichen VT ⟨*ohne* ge-⟩ materializar; **Verstofflichung** F materialización *f*
ver'stohlen A ADJ furtivo (*a. Blick*); subrepticio; clandestino; disimulado B ADV furtivamente, a hurtadillas; subrepticiamente; con disimulo; **~ ansehen** mirar de reojo
ver'stopfen ⟨*ohne* ge-⟩ A VT 1 *Durchfluss, Abfluss, Rohr etc* obstruir, atascar; *Straße* congestio-

V

nar, atascar **2** *(abdichten)* obturar; SCHIFF calafatear; *(verschließen)* cegar; *Loch a.* tapar, taponar; **sich** *(dat)* **die Ohren ~** taparse los oídos; **verstopfte Nase** nariz *f* taponada **3** MED estreñir **B** VI obstruirse; *Rohr a.* atascarse

Ver'stopfung F ⟨~; ~en⟩ **1** *des Ablusses, Durchflusses etc* obstrucción *f*, atascamiento *m*, atasco *m* **2** *(Abdichten)* obturación *f*; *(Verschließen)* taponamiento *m*; SCHIFF calafateo *m* **3** *Verkehr:* congestión *f*; embotellamiento *m*, atasco *m* **4** MED estreñimiento *m*; **~ haben** *od* **an ~ leiden** tener estreñimiento, ir estreñido

ver'storben ADJ fallecido; difunto, finado; **meine ~e Mutter** mi difunta madre; *pietätvoll:* mi madre, que en paz descanse

Ver'storbene M/F ⟨~n; ~n; → A⟩ difunto *m*, -a *f*, finado *m*, -a *f*

ver'stört ADJ alterado, conturbado, trastornado; *(bestürzt)* consternado; *Miene* turbado, descompuesto; **Verstörtheit** F ⟨~⟩ turbación *f*, conturbación *f*; alteración *f*; *(Bestürzung)* consternación *f*

Ver'stoß M ⟨~es; -stöße⟩ falta *f* (**gegen** a); *gegen ein Gesetz:* infracción *f* (**gegen** de); contravención *f* (**gegen** a *od* de); **~ gegen die guten Sitten** atentado *m* a las buenas costumbres

ver'stoßen ⟨*irr; ohne* ge-⟩ **A** VT rechazar; expulsar; echar; *Frau* repudiar **B** VI **gegen etw ~** faltar a a/c; REL pecar contra a/c; **gegen ein Gesetz ~** contravenir a una ley, infringir una ley; **gegen die guten Sitten ~** atentar contra las buenas costumbres

Ver'stoßung F ⟨~⟩ expulsión *f*; repudio *m*

ver'strahlen VT ⟨*ohne* ge-⟩ **(radioaktiv) ~** contaminar con radiación (*od* con radi(o)actividad); **ver'strahlt** ADJ contaminado con (*od* por) radiación; **Ver'strahlung** F ⟨~; ~en⟩ contaminación *f* radi(o)activa

ver'streben VT ⟨*ohne* ge-⟩ TECH apuntalar; **Verstrebung** F ⟨~; ~en⟩ apuntalamiento *m*

ver'streichen ⟨*irr; ohne* ge-⟩ **A** VT **1** *(verteilen) Farbe etc* extender; *Butter, Salbe a.* untar **2** *(zustreichen) Fugen etc* tapar **B** VI ⟨sn⟩ *Zeit* pasar, transcurrir; *Frist* vencer, expirar; *Termin, Datum* pasar; **die Frist ist verstrichen** ha vencido el plazo

ver'streuen VT ⟨*ohne* ge-⟩ dispersar (*a. fig*); diseminar; desparramar; esparcir; **ver'streut** ADJ disperso

ver'stricken ⟨*ohne* ge-⟩ **A** VT **1** *Wolle* gastar en labores de punto **2** *fig* **j-n in etw** *(acus)* **~** implicar a alg en a/c **B** VR **1** *fig* **sich in etw** *(acus)* **~** enredarse en a/c **2** *beim Stricken:* **sich ~** equivocarse al hacer punto

ver'strömen **A** VT *Duft* despedir, exhalar **B** VI derramarse, emanar; salir (*a. Dampf*); *Gas* escapar(se)

ver'stümmeln ⟨*ohne* ge-⟩ **A** VT mutilar (*a. fig*) **B** VR **sich ~** mutilarse; **Verstümmelung** F ⟨~; ~en⟩ mutilación *f*

ver'stummen VI ⟨*ohne* ge-; sn⟩ *Person* enmudecer; callar(se); *Lärm* cesar (de repente); *Protest* cesar

Ver'stummen N ⟨~s⟩ mutismo *m*

Ver'such M ⟨~(e)s; ~e⟩ **1** ensayo *m*; prueba *f*; *wissenschaftlicher a.:* experimento *m* (**mit**, **an** *dat* con); **einen ~ machen** hacer un ensayo (*bzw* una prueba *bzw* un experimento); **~e anstellen** hacer experimentos; experimentar; **machen Sie den ~!** ¡haga la prueba!, ¡pruebe a ver! **2** *(Absicht)* intento *m*, tentativa *f* (*a.* JUR); JUR conato *m*; **das käme auf einen ~ an** hay que intentarlo; habría que probarlo; **das ist einen ~ wert** vale la pena intentarlo (*od* probarlo)

ver'suchen ⟨*ohne* ge-⟩ **A** VT **1** probar, ensayar; **sein Glück ~** probar suerte; **sein Glück als Koch** *etc* **~** hacer sus pinitos de cocinero, *etc*; **alles (Mögliche) ~** hacer todo lo posible; poner todos los medios; **es mit j-m/etw ~** hacer una prueba con alg/a/c; **versuch's doch!** ¡inténtalo! **2** *(sich bemühen)* tratar de, intentar (*a.* JUR); **~ zu** *(inf)* intentar, probar a *(inf)*; tratar de *(inf)*; JUR **versuchter Diebstahl** tentativa *f* de robo **3** *zssgn* VI *beim Essen:* **(von) etw ~** probar a/c **4** *(verlocken)* tentar **B** VR **sich an etw** *(dat)* **~** ensayarse a/c, hacer ensayos en a/c; **sich als Schriftsteller** *etc* **~** hacer sus pinitos de escritor, *etc*

Ver'sucher M ⟨~s; ~⟩, **Versucherin** F ⟨~; ~nen⟩ tentador *m*, -a *f* (*a.* REL)

Ver'suchsanlage F planta *f* de experimentación; instalación *f* piloto; **Versuchsanordnung** F disposición *f* del ensayo; dispositivo *m* experimental; **Versuchsanstalt** F estación *f* experimental; **Versuchsballon** M globo *m* sonda (*a. fig*); *fig* **einen ~ loslassen** lanzar un globo sonda; **Versuchsbohrung** F sondeo *m* de exploración; **Versuchsergebnis** N resultado *m* experimental; **Versuchsfahrt** F AUTO viaje *m* de prueba; prueba *f* en carretera; **Versuchsfeld** N campo *m* experimental; **Versuchsgelände** N terreno *m* de experimentación; *Am a.* polígono *m* de pruebas; **Versuchskaninchen** N conejillo *m* de Indias (*a. fig*); **Versuchslabor(atorium)** N laboratorio *m* experimental; **Versuchsperson** F sujeto *m* (de experimentación); **Versuchsreaktor** M NUKL reactor *m* de experimentación; **Versuchsreihe** F serie *f* experimental (*od* de experimentos *od* de ensayos); **Versuchsstadium** N fase *f* experimental; período *m* de prueba; **Versuchsstand** M banco *m* de pruebas; **Versuchsstation** F estación *f* experimental; **Versuchsstrecke** F pista *f* de pruebas; **Versuchstier** N animal *m* de experimentación (*od* laboratorio)

ver'suchsweise ADV a modo (*od* título) de prueba; a título de ensayo; experimentalmente

Ver'suchszweck M **zu ~en** para (fines de) experimentación; para ensayos

Ver'suchung F ⟨~; ~en⟩ tentación *f*; **in ~ führen** tentar; *im Vaterunser:* **führe uns nicht in ~** no nos dejes caer en la tentación; **in ~ geraten** *od* **kommen zu** *(inf)* caer en la tentación de *(inf)*

ver'sumpfen VI ⟨*ohne* ge-; sn⟩ **1** *Gebiet* empantanarse **2** *umg fig* encenagarse; encanallarse; **wir sind letzte Nacht in der Disco versumpft** hemos estado toda la noche de juerga en la discoteca; **Versumpfung** F ⟨~; ~en⟩ empantanamiento *m*

ver'sündigen VR ⟨*ohne* ge-⟩ **sich an j-m/etw ~** pecar contra alg/a/c; **sich an Gott ~** ofender a Dios; **Versündigung** F ⟨~; ~en⟩ pecado *m* (**an** *dat* contra); **~ an Gott** ofensa *f* a Dios

ver'sunken **A** PPERF → versinken **B** ADJ *fig* **~ in** *(acus) Anblick, Gedanken* absorto en, abstraído en, abismado en; **in tiefen Schlaf ~** sumido en profundo sueño; **in sich** *(acus)* **~** ensimismado; **Versunkenheit** F ⟨~⟩ *fig* absorción *f*; ensimismamiento *m*

ver'süßen VT ⟨*ohne* ge-⟩ endulzar, dulcificar (*beide a. fig*); PHARM edulcorar; *fig* **j-m etw ~** hacer a/c apetecible a alg; endulzar a/c a alg; **sich** *(dat)* **das Leben ~** endulzarse la vida

ver'tagen ⟨*ohne* ge-⟩ **A** VT aplazar (**auf** *acus* hasta); POL *a.* prorrogar **B** VR **sich ~** aplazar la reunión; **Vertagung** F ⟨~; ~en⟩ aplazamiento *m*; prórroga *f*

ver'täuen VT ⟨*ohne* ge-⟩ SCHIFF amarrar

ver'tauschbar ADJ (inter)cambiable; permutable (*a.* MATH)

ver'tauschen VT **1** *(austauschen)* cambiar, trocar (**für**, **gegen**, **mit** por); canjear; **die Rollen ~** invertir los papeles **2** *(verwechseln)* confundir (**mit** con); **Vertauschung** F ⟨~; ~en⟩ **1** cambio *m*, trueque *m*, canje *m* **2** *(Verwechslung)* confusión *f*

ver'teidigen ⟨*ohne* ge-⟩ **A** VT defender (*a.* JUR *u.* SPORT); *These a.* sostener; **j-n ~** tomar la (*od* salir en) defensa de alg **B** VR **sich ~** defenderse (**gegen** contra, de); *(sich rechtfertigen)* justificarse; **Verteidiger** M ⟨~s; ~⟩, **Verteidigerin** F ⟨~; ~nen⟩ defensor *m*, -a *f*; JUR *a.* abogado *m*, -a *f* defensor *m*, -a *f*; *Fußball:* defensa *m*; *fig* propugnador *m*, -a *f*

Ver'teidigung F ⟨~; ~en⟩ defensa *f* (*a.* JUR, MIL, SPORT); *(Rechtfertigung)* justificación *f*; JUR **die ~ übernehmen** asumir la defensa (**von** de); **zur ~ von** (*od gen*) en defensa de; **zu seiner ~** en su defensa; MIL **in die ~ drängen** obligar a ponerse a la defensiva

Ver'teidigungsanlagen FPL MIL obras *fpl* de defensa; defensas *fpl*; **Verteidigungsausgaben** FPL gastos *mpl* militares (*od* para la defensa); **Verteidigungsbeitrag** M contribución *f* a la defensa; **Verteidigungsbündnis** N alianza *f* defensiva; **Verteidigungsgemeinschaft** F comunidad *f* de defensa; HIST **Europäische ~** Comunidad *f* Defensiva Europea; **Verteidigungskrieg** M guerra *f* defensiva; **Verteidigungsminister** M, **Verteidigungsministerin** F ministro *m*, -a *f* de Defensa; **Verteidigungsministerium** N ministerio *m* de Defensa; **Verteidigungspolitik** F política *f* de defensa; **Verteidigungsrede** F JUR informe *m* de la defensa; LIT apología *f*; **Verteidigungsschlacht** F batalla *f* defensiva; **Verteidigungsschrift** F defensorio *m*; LIT apología *f*; **Verteidigungsstellung** F MIL posición *f* defensiva; **in ~** a la defensiva; **Verteidigungssystem** N sistema *m* defensivo; **Verteidigungswaffe** F arma *f* defensiva

ver'teilbar ADJ repartible

ver'teilen ⟨*ohne* ge-⟩ **A** VT **1** *(austeilen)* distribuir (**an** *acus* entre) **2** *(aufteilen, zuweisen)* repartir (**auf** *acus*, **unter** *acus* entre) **3** *(zerstreuen)* dispersar **B** VR **sich ~** **1** *(sich aufteilen)* repartirse; distribuirse (**auf** *acus*, **unter** *acus* entre); quedar repartido (**über** *acus* entre) **2** *(sich verstreuen)* esparcirse; *Personen* dispersarse; MIL *im Gelände:* desplegarse **3** *(sich ausbreiten)* extenderse (**auf** *acus* sobre)

Ver'teiler M ⟨~s; ~⟩ **1** *Person:* repartidor *m*, HANDEL distribuidor *m* **2** TECH, ELEK distribuidor *m* **3** VERW *(Verteilerliste)* lista *f* de destinatarios; **Verteilerin** F ⟨~; ~nen⟩ repartidora *f*, HANDEL distribuidora *f*; **Verteilerkasten** M ELEK caja *f* de distribución; **Verteilerliste** F → Verteiler 3; **Verteilernetz** N ELEK red *f* de distribución; **Verteilerschlüssel** M VERW cuadro *m* de distribución

Ver'teilung F ⟨~; ~en⟩ **1** *(Ausgabe)* distribución *f* (**an** *acus* a) **2** *(Aufteilung)*, reparto *m* (*a.* THEAT *der Rollen*) (**auf** *acus*, **unter** *acus* entre); repartición *f* **3** *(Zerstreuung)* dispersión *f*; MIL despliegue *m*

ver'teuern ⟨*ohne* ge-⟩ **A** VT encarecer **B** VR **sich ~** encarecerse; **Verteuerung** F ⟨~; ~en⟩ encarecimiento *m*

ver'teufeln VT ⟨*ohne* ge-⟩ satanizar; *fig (ablehnen)* rechazar (enérgicamente); **verteufelt** **A** ADJ endemoniado, endiablado **B** ADV *umg (sehr)* de verdad, *umg* de espanto

ver'tiefen ⟨*ohne* ge-⟩ **A** VT ahondar, profundizar (**um etw** a/c) (*beide a. fig*); *fig a.* intensificar **B** V/R **1** **sich ~** ahondarse **2** *fig* **sich ~ in etw** (*acus*) abismarse *od* absorberse *od* enfrascarse en a/c; **ver'tieft** ADJ **~ in** (*acus*) sumido en; **Ver'tiefung** F ⟨~; ~en⟩ **1** *Handlung*: ahondamiento *m* **2** (*tiefere Stelle*) hoyo *m*; *im Gelände*: depresión *f*; (*Mulde*) hondonada *f*

ver'tieren V/I ⟨*ohne* ge-; sn⟩ embrutecerse; bestializarse; **ver'tiert** ADJ embrutecido; **Ver'tierung** F ⟨~⟩ embrutecimiento *m*

verti'kal [v-] **A** ADJ vertical **B** ADV en vertical; **Verti'kale** F ⟨~; ~n⟩ (línea *f*) vertical *f*

ver'tilgen V/T ⟨*ohne* ge-⟩ **1** (*vernichten*) exterminar (*a. Ungeziefer*); extirpar (*bes Unkraut*); extinguir **2** *umg* (*aufessen*) comerse, tragarse; **er vertilgt Unmengen an Schokolade** devora *od* se zampa cantidades industriales *od* enormes de chocolate; **Vertilgung** F ⟨~; ~en⟩ exterminio *m*, exterminación *f*; extirpación *f*; *bes v. Unkraut*: extinción *f*

ver'tippen V/R ⟨*ohne* ge-⟩ **sich ~** equivocarse al teclear

ver'tonen V/T ⟨*ohne* ge-⟩ **etw ~** poner en música a/c, poner música a a/c, musicar a/c; **Vertonung** F ⟨~; ~en⟩ *Handlung*: puesta *f* en música; *Musikstück*: versión *f* musical

ver'trackt ADJ *umg* **1** (*verwickelt*) complicado; embrollado **2** (*verwünscht*) condenado, maldito

Ver'trag M ⟨~(e)s; -träge⟩ **1** *allg* contrato *m*; **befristeter/unbefristeter ~** contrato *m* de duración determinada/indefinida; **mündlicher/schriftlicher ~** contrato *m* verbal (*od* de palabra)/(por) escrito; **einen ~ (ab)schließen** firmar (*od* concluir) un contrato; **einen ~ aufheben/auflösen/aushandeln** disolver/anular/negociar un contrato; **den ~ brechen/nicht einhalten** romper/incumplir el contrato; **den ~ kündigen** rescindir el contrato; **einen ~ unterschreiben** firmar un contrato; **den ~ verlängern** prorrogar un contrato; **etw in den ~ aufnehmen** incluir a/c en el contrato; **j-n unter ~ nehmen** contratar a alg; **bei j-m unter ~ stehen** estar contratado por alg **2** POL *zwischen Staaten*: tratado *m*; (*Abkommen*) acuerdo *m*, convenio *m*, pacto *m*; **~ von Maastricht** tratado *m* de Maastricht

ver'tragen ⟨*irr*; *ohne* ge-⟩ **A** V/T (*aushalten*) resistir, aguantar; (*erdulden*) soportar; (*geschehen lassen*) tolerar; **gut/schlecht ~** *Speisen* sentar bien/mal; **sie verträgt keinen Fisch** le sienta mal el pescado; **viel ~ können** tener mucho aguante; tener capacidad de encaje; *Wein etc* resistir bien la bebida; *umg fig* **ich könnte einen Schluck ~** no me vendría mal un trago **B** V/R **sich ~** **1** *Personen* llevarse bien, entenderse (bien); avenirse; (*harmonieren*) armonizar, vivir en armonía; **sich gut/schlecht mit j-m ~** llevarse bien/mal con alg; *umg* hacer buenas/malas migas con alg; **sich wieder ~** reconciliarse; hacer las paces; *umg* echar pelillos a la mar **2** *Sachen, Farben* armonizar, hacer juego (**mit** con); ser compatible (**mit** con); *umg* pegar (**mit** con)

ver'traglich **A** ADJ contractual **B** ADV contractualmente; por contrato; **~ festlegen** estipular; pactar (*od* convenir) contractualmente; **~ vereinbart** estipulado contractualmente; **sich ~ verpflichten** obligarse contractualmente (*od* por contrato)

ver'träglich ADJ **1** *Person* (*umgänglich*) tratable, sociable, complaciente; (*versöhnlich*) conciliador, conciliante **2** *Sache* compatible (**mit** con); *Speise* **leicht ~** digestible, digerible; PHARM **gut ~** que se tolera bien; bien tolerado

Ver'träglichkeit F ⟨~⟩ **1** *v. Personen*: trato *m* afable; sociabilidad *f* **2** *v. Sachen*: compatibilidad *f*; PHARM tolerancia *f*

Ver'tragsabschluss M cierre *m* (*od* conclusión *f*) de un contrato; POL firma *f* de un tratado; **Vertragsänderung** F modificación *f* del contrato; **Vertragsauflösung** F extinción *f* (*od* rescisión *f*) de un contrato; **Vertragsaussetzung** F suspensión *f* del contrato; **Vertragsbedingungen** FPL condiciones *fpl* contractuales; términos *mpl* de un contrato (*bzw* POL tratado); condicionado *m*; **Vertragsbestimmungen** FPL estipulaciones *fpl* (*od* disposiciones *fpl*) del contrato (*bzw* POL del tratado); **Vertragsbruch** M ruptura *f* (*od* violación *f*) de contrato (*bzw* POL tratado); *Nichterfüllung*: incumplimiento *m* del contrato (*bzw* POL del tratado)

ver'tragsbrüchig ADJ **~ werden** infringir (*od* romper *od* violar) un contrato (*bzw* POL tratado)

ver'tragschließend ADJ contratante; **Vertragschließende** M/F ⟨~n; ~n; → A⟩ contratante *m/f*; parte *f* contratante; **Vertragschließung** F cierre *m* (*od* conclusión *f*) de un contrato

Ver'tragsdauer F duración *f* del contrato; **Vertragsentwurf** M esbozo *m* (*od* proyecto *m*) de contrato; **Vertragsfähigkeit** F capacidad *f* contractual; **Vertragsform** F forma *f* del contrato; **in ~** en forma de contrato; **Vertragsfreiheit** F libertad *f* contractual; **Vertragsgegenstand** M objeto *m* del contrato

ver'tragsgemäß ADJ **1** (*vertragsmäßig*) contractual, convencional **2** (*vertraglich vereinbart*) de acuerdo con el (*od* conforme al) contrato (*bzw* tratado)

Ver'tragshändler M, **Vertragshändlerin** F concesionario *m*, -a *f* oficial; vendedor *m*, -a *f* (*od* agente *m/f*) autorizado, -a; distribuidor *m*, -a *f* oficial (*od* autorizado, -a); **Vertragshotel** N hotel *m* contratado; **Vertragsinhalt** M contenido *m* del contrato; **Vertragsklage** F JUR acción *f* contractual; **Vertragsleistung** F prestación *f* contractual

ver'tragsmäßig ADJ contractual, convencional

Ver'tragspartei F parte *f* contratante; **Vertragspartner** M, **Vertragspartnerin** F contratante *m/f*; parte *f* contratante; **Vertragspreis** M precio *m* contractual; **Vertragsrecht** N derecho *m* contractual; **Vertragsschließung** F contratación *f*, conclusión *f*; **Vertragsspieler** M *Fußball*: jugador *m* bajo contrato; **Vertragsstrafe** F pena *f* contractual (*od* convencional); multa *f* (*od* sanción *f*) convencional; **Vertragstreue** F fidelidad *f* al contrato; **Vertragsurkunde** F escritura *f*; **Vertragsverhältnis** N relación *f* contractual; **Vertragsverlängerung** F prórroga *f* del contrato; **Vertragsverletzung** F violación *f* (*od* ruptura *f*) del contrato; **Vertragswerkstatt** F AUTO taller *m* concertado

ver'tragswidrig ADJ contrario al contrato (*bzw* al tratado)

ver'trauen V/I ⟨*ohne* ge-⟩ **j-m ~** tener confianza en alg, fiarse de alg; **auf j-n/etw ~** confiar en alg/a/c, poner su confianza en alg/a/c, fiarse de alg/a/c

Ver'trauen N ⟨~s⟩ **1** *allg* confianza *f* (**auf** *acus* en); **~ einflößen** *od* **erwecken** inspirar confianza; **~ haben zu** tener confianza en, tener fe en, fiarse de; **j-s ~ genießen** gozar de la confianza de alg; **j-m sein ~ schenken** fiarse de alg; **j-s ~ gewinnen/verlieren** ganarse/perder la confianza de alg; **das ~ verlieren** perder la confianza (*od* la fe) (**zu** en); **im ~** en confianza, confidencialmente; **im ~ gesagt** dicho sea entre nosotros; dicho en confianza; **sein ~ setzen auf** *od* **in** (*acus*) poner su confianza en; **im ~ auf** (*acus*) confiando en; **j-n ins ~ ziehen** confiar a alg el (*bzw* un) secreto **2** POL **j-m das ~ aussprechen** votar la confianza a alg

ver'trauenerweckend, Vertrauen erweckend ADJ que inspira confianza; **wenig ~** sospechoso

Ver'trauensantrag M POL moción *f* de confianza; **Vertrauensarzt** M, **Vertrauensärztin** F ≈ inspector *m*, -a *f* médico, -a; **Vertrauensbeweis** M prueba *f* de confianza; **Vertrauensbruch** M abuso *m* de confianza; **Vertrauensfrage** F POL cuestión *f* de confianza; **die ~ stellen** plantear la cuestión de confianza; **Vertrauensfrau** F mujer *f* de confianza; *der Gewerkschaft*: enlace *f* sindical; **Vertrauensmann** M ⟨~(e)s; ~̈er *od* -leute⟩ hombre *m* de confianza; *der Gewerkschaft*: enlace *m* (sindical); delegado *m*; **Vertrauensperson** F persona *f* de confianza; **Vertrauensposten** M puesto *m* de confianza; **Vertrauenssache** F cuestión *f* de confianza; asunto *m* confidencial

ver'trauensselig ADJ demasiado confiado; crédulo; **Vertrauensseligkeit** F confianza *f* ciega; credulidad *f*

Ver'trauensstellung F → Vertrauensposten; **vertrauensvoll** **A** ADJ confiado; lleno de confianza **B** ADV con confianza; **Vertrauensvotum** N voto *m* de confianza; **vertrauenswürdig** ADJ (digno) de confianza

ver'trauern V/T ⟨*ohne* ge-⟩ pasar entre tristezas; pasar en pena

ver'traulich **A** ADJ **1** (*nicht öffentlich*) confidencial; **~e Mitteilung** confidencia *f*; **j-m ~e Mitteilungen machen** hacer confidencias a alg; **(streng) ~!** (estrictamente) confidencial; (altamente) reservado **2** (*vertraut*) familiar, íntimo **B** ADV confidencialmente; en confianza; **plump ~** con demasiada (*od* excesiva) confianza

Ver'traulichkeit F ⟨~; ~en⟩ **1** *e-r Mitteilung etc*: confidencialidad *f*; carácter *m* confidencial **2** *im Verhalten*: familiaridad *f*; intimidad *f*; **sich** (*dat*) **~en herausnehmen** permitirse familiaridades; *gegenüber Frauen*: permitirse intimidades

ver'träumen V/T ⟨*ohne* ge-⟩ **die Zeit ~** pasar(se) el tiempo soñando; **ver'träumt** ADJ *Person* soñador; *Ort* idílico, muy tranquilo

ver'traut ADJ **1** *Beziehung* familiar; íntimo; **mit j-m ~ sein** tener confianza con alg; **mit j-m ~ werden** intimar con alg; **mit j-m auf ~em Fuß stehen** ser íntimo amigo de alg; tener mucha confianza con alg **2** (*bekannt*) familiar, conocido; **das ist mir ~** me es familiar; **mit etw ~ sein** estar familiarizado con a/c; estar (bien) enterado de a/c; estar versado en a/c; **sich mit etw ~ machen** familiarizarse con a/c; ponerse al corriente de a/c; **sich mit dem Gedanken ~ machen, dass** hacerse a (*od* familiarizarse con) la idea de que

Ver'traute M/F ⟨~n; ~n; → A⟩ confidente *m/f*; **Vertrautheit** F ⟨~⟩ **1** familiaridad *f* (**mit** con); intimidad *f* **2** (*gute Kenntnis*) profundo conocimiento *m* (**mit** de)

ver'treiben V/T ⟨*irr*; *ohne* ge-⟩ **1** (*verscheuchen*) *Tiere* ahuyentar (*a. fig Sorgen, Kummer etc*), espantar; *Sorgen etc a.* quitar, hacer desaparecer; *Wolken* disipar (*a. fig Zweifel*) **2** (*aus dem Haus treiben*) desalojar; **aus etw ~** echar de a/c **3** *aus e-m Land*: expulsar (**aus** de); (*verbannen*) desterrar (*a. fig*); **j-n aus seiner Heimat ~** expulsar a alg de su tierra **4** **sich** (*dat*) **die Zeit mit etw ~** pasar el tiempo con a/c; entretenerse con a/c **5** HANDEL *Waren* vender; *bes Bücher* distribuir

V

Ver'treibung F ⟨~; ~en⟩ expulsión *f*; *aus e-m Haus:* desalojamiento *m*; POL destierro *m* (**aus** de); *Bibel, fig:* **die ~ aus dem Paradies** la expulsión del paraíso
ver'tretbar ADJ *Kosten, Risiko* razonable, justificable; *Standpunkt* defendible; JUR *Sachen* fungible
ver'treten[1] ⟨*irr; ohne* ge-⟩ **A** VT **1** *(vorübergehend ersetzen)* re(e)mplazar; suplir, hacer las veces de; VERW sustituir **2** *(repräsentieren)* representar (*a.* POL *u.* HANDEL) **3** *(eintreten für)* sostener, defender; *Interessen* velar por; JUR *als Anwalt:* **j-s Sache ~** defender la causa de alg; abogar por alg **4** *Meinung* sostener, sustentar; **die Ansicht ~, dass …** sostener que …, opinar que … *(ind)* **5** *(verantwortlich sein)* responder de; *bes* JUR **etw zu ~ haben** ser responsable de a/c **B** PPERF **~ sein** estar representado (**durch** por); **nicht ~ sein** *(fehlen)* faltar; no figurar en (*od* entre)
ver'treten[2] ⟨*irr; ohne* ge-⟩ **1** **j-m den Weg ~** cerrar el paso a alg; interponerse en el camino de alg **2** **sich** *(dat)* **die Beine ~** desentumecerse *(umg* estirar) las piernas **3** **sich** *(dat)* **den Fuß ~** torcerse el pie
Ver'treter M ⟨~s; ~⟩ **1** *(Interessenvertreter)* representante *m*; POL *gewählter:* delegado *m*; JUR **gesetzlicher ~** representante *m* legal **2** HANDEL *(Handelsvertreter)* representante *m*; agente *m* comercial **3** *(Stellvertreter)* sustituto *m*; suplente *m* **4** *(Verfechter)* defensor *m*; *fig* paladín *m*; exponente *m*; **Vertreterbesuch** M visita *f* del representante; **Vertreterin** F ⟨~; ~nen⟩ **1** *(Interessenvertreterin)* representante *f*; POL *gewählt:* delegada *f*; JUR **gesetzliche ~** representante *f* legal **2** HANDEL *(Handelsvertreterin)* representante *f*; agente *f* comercial **3** *(Stellvertreterin)* sustituta *f*; suplente *f* **4** *(Verfechter)* defensora *f*; *fig* exponente *f*; **Vertreterprovision** F comisión *f* del representante
Ver'tretung F ⟨~; ~en⟩ **1** *(Stellvertretung)* sustitución *f*; suplencia *f*; **in ~** en representación (**von** *od gen* de); POL *a.* por delegación **2** *Person:* sustituto *m*, -a *f* **3** *e-s Landes, e-r Firma:* representación *f*; HANDEL *a.* agencia *f*
Ver'tretungsbefugnis F poder *m* de representación; **vertretungsberechtigt** ADJ autorizado para representar; **vertretungsweise** ADV **~ (für)** en representación (de); como suplente (de); a título de suplente (de)
Ver'trieb M ⟨~(e)s; ~e⟩ HANDEL venta *f*; *bes v. Büchern:* distribución *f*
Ver'triebene M/F ⟨~n; ~n; → A⟩ expulsado *m*, -a *f*
Ver'triebsabteilung F sección *f* (*od* departamento *m*) de ventas; **Vertriebsgesellschaft** F compañía *f* (*od* sociedad *f*) distribuidora; **Vertriebskosten** PL gastos *mpl* de distribución; **Vertriebsleiter** M, **Vertriebsleiterin** F jefe *m*, -a *f* (de la sección) de ventas; director *m*, -a *f* de marketing; **Vertriebsnetz** N red *f* de distribución (*od* de comercialización); **Vertriebsrecht** N derecho *m* de venta; **Vertriebsstruktur** F estructura *f* de distribución (*od* de comercialización); **Vertriebssystem** N sistema *m* de distribución; **Vertriebswege** FPL circuitos *mpl* (*od* canales *mpl*) de distribución (*od* de comercialización)
ver'trimmen VT ⟨*ohne* ge-⟩ *umg* → verprügeln
ver'trinken VT ⟨*irr; ohne* ge-⟩ **sein Geld ~** gastarse el dinero en bebidas
ver'trocknen VI ⟨*ohne* ge-; sn⟩ secarse
ver'trödeln VT ⟨*ohne* ge-⟩ *umg* **die Zeit ~** perder el tiempo
ver'trösten VT ⟨*ohne* ge-⟩ **j-n ~** dar esperanzas a alg (**auf** *acus* con); *(hinhalten)* entretener a alg con (vanas) promesas; **Vertröstung** F ⟨~; ~en⟩ promesa *f* vana; buenas palabras *fpl*
ver'tun ⟨*irr; ohne* ge-⟩ **A** VT malgastar, disipar; desperdiciar **B** VR *umg* **sich ~** equivocarse
ver'tuschen VT ⟨*ohne* ge-⟩ *Fehler* disimular; *Skandal* encubrir, ocultar, tapar; *(beschönigen)* paliar; maquillar
ver'übeln VT ⟨*ohne* ge-⟩ **j-m etw ~** tomar a/c mal a alg
ver'üben VT ⟨*ohne* ge-⟩ *Verbrechen* cometer, JUR *a.* perpetrar; **Verübung** F ⟨~⟩ JUR comisión *f*, perpetración *f*
ver'ulken VT ⟨*ohne* ge-⟩ burlarse de, mofarse de, *umg* tomar el pelo a
ver'unglimpfen VT ⟨*ohne* ge-⟩ difamar, denigrar; calumniar; **Verunglimpfung** F ⟨~; ~en⟩ difamación *f*, denigración *f*; calumnia *f*
ver'unglücken VI ⟨*ohne* ge-; sn⟩ **1** **(tödlich) ~** tener (*od* sufrir) un accidente (mortal) **2** *umg (missglücken)* malograrse, fracasar, salir mal; **Verunglückte** M/F ⟨~n; ~n; → A⟩ víctima *m/f* (de un accidente), accidentado *m*, -a *f*
ver'unkrautet ADJ invadido por las malas hierbas
ver'unreinigen VT ⟨*ohne* ge-⟩ ensuciar; *Wasser, Luft, Umwelt* contaminar; *Luft a.* viciar; MED infectar; **Verunreinigung** F ⟨~; ~en⟩ suciedad *f*; ensuciamiento *m*; *bes der Umwelt, des Wassers, der Luft:* contaminación *f*; *der Luft a.* polución *f*; MED infección *f*
ver'unsichern VT ⟨*ohne* ge-⟩ confundir; *(verwirren)* desconcertar; **verunsichert** ADJ confundido; *(verwirrt)* desconcertado; **Verunsicherung** F ⟨~; ~en⟩ confusión *f*; *(Verwirrung)* desconcierto *m*
ver'unstalten VT ⟨*ohne* ge-⟩ desfigurar; deformar; *(hässlich machen)* afear; **verunstaltet** ADJ deforme, desfigurado; afeado; **Verunstaltung** F ⟨~; ~en⟩ deformación *f*; desfiguración *f*; afeamiento *m*
ver'untreuen VT ⟨*ohne* ge-⟩ *Gelder* desfalcar, malversar, defraudar; **Veruntreuung** F ⟨~; ~en⟩ desfalco *m*, malversación *f*, defraudación *f*
ver'unzieren VT ⟨*ohne* ge-⟩ afear; deslucir
ver'ursachen VT ⟨*ohne* ge-⟩ causar, motivar; ocasionar; *Schmerzen, Aufregung* producir, provocar; *Kosten* entrañar
Ver'ursacher M ⟨~s; ~⟩, **Verursacherin** F ⟨~; ~nen⟩ causante *m/f*; sujeto *m* causante; **Verursacherprinzip** N *Umweltschutz:* principio *m* del causante; principio *m* contaminador-pagador
ver'urteilen VT ⟨*ohne* ge-⟩ **1** JUR condenar, sentenciar (**zu** a) (*a. fig*) **2** *(missbilligen)* desaprobar; **Verurteilte** M/F ⟨~n; ~n; → A⟩ condenado *m*, -a *f*; **Verurteilung** F ⟨~; ~en⟩ condena *f*
'Verve ['vɛrv(ə)] F ⟨~⟩ *geh* brío *m*; entusiasmo *m*; **mit ~** con brío
ver'vielfachen ⟨*ohne* ge-⟩ **A** VT multiplicar **B** VR **sich ~** multiplicarse; **Vervielfachung** F ⟨~; ~en⟩ multiplicación *f*
ver'vielfältigen VT ⟨*ohne* ge-⟩ multiplicar; FOTO, TYPO reproducir; *durch Kopieren:* multicopiar, hectografiar; *Am* mimeografiar; **Vervielfältigung** F ⟨~; ~en⟩ multiplicación *f*; reproducción *f*; copia *f*
Ver'vielfältigungsrecht N derecho *m* de reproducción
ver'vierfachen ⟨*ohne* ge-⟩ **A** VT cuadruplicar **B** VR **sich ~** cuadruplicarse
ver'vollkommnen ⟨*ohne* ge-⟩ **A** VT perfeccionar **B** VR **sich ~** perfeccionarse; **Vervollkommnung** F ⟨~; ~en⟩ perfección *f*, perfeccionamiento *m*
ver'vollkommnungsfähig ADJ perfectible; **Vervollkommnungsfähigkeit** F ⟨~⟩ perfectibilidad *f*
ver'vollständigen VT ⟨*ohne* ge-⟩ completar; **Vervollständigung** F ⟨~; ~en⟩ completamiento *m*; *i. w. S* enriquecimiento *m*
verw. ABK (verwitwet) vdo., vda. (viudo, viuda)
ver'wachsen[1] VI ⟨*irr; ohne* ge-; sn⟩ **1** *Wunde* cerrarse, cicatrizarse; *Knochen* soldarse **2** *fig* **miteinander ~** compenetrarse; unirse estrechamente *od* íntimamente; **mit j-m/etw ~** compenetrarse con alg/a/c
ver'wachsen[2] ADJ **1** *(missgestaltet)* contrahecho, deforme; *(bucklig)* jorobado **2** *(dicht verwachsen) Wald etc* espeso; intrincado **3** **~ mit** MED adherente a; *fig* profundamente arraigado a; **mit j-m/etw ~ sein** estar estrechamente *od* íntimamente unido a alg/a/c; estar compenetrado con alg/a/c
Ver'wachsung F ⟨~; ~en⟩ **1** *(Missbildung)* deformidad *f* **2** MED adherencia *f*
ver'wackeln VI ⟨*ohne* ge-⟩ FOTO mover; **verwackelt** ADJ FOTO movido
ver'wählen VR ⟨*ohne* ge-⟩ **sich ~** TEL marcar mal, marcar un número equivocado
ver'wahren ⟨*ohne* ge-⟩ **A** VT guardar; custodiar; tener (*bzw* poner) a buen recaudo; *(wegschließen)* poner bajo llave **B** VR *(protestieren)* **sich gegen etw ~** protestar contra a/c
Ver'wahrer M ⟨~s; ~⟩, **Verwahrerin** F ⟨~; ~nen⟩ depositario *m*, -a *f*
ver'wahrlosen VI ⟨*ohne* ge-; sn⟩ deteriorarse; *moralisch:* degradarse; venir a menos; *Garten, Haus etc* quedar abandonado; *Kinder* quedar desatendido; **~ lassen** dejar abandonado; *Kind a.:* descuidar; **verwahrlost** ADJ **1** deteriorado; *moralisch:* degradado; *Garten, Haus etc* abandonado; *Gebäude* destartalado **2** *bes Kinder* descuidado; desastrado; *(zerlumpt)* harapiento, andrajoso; **Verwahrlosung** F ⟨~⟩ deterioro *m*; *v Kindern:* abandono *m*; descuido *m*, falta *f* de cuidado
Ver'wahrung F ⟨~⟩ **1** custodia *f*; depósito *m*; **in ~ haben** tener en depósito; guardar; tener bajo su custodia; **etw in ~ geben** dar a/c en depósito (*od* en custodia); depositar; **in ~ nehmen** tomar en depósito; poner a buen recaudo **2** *(Einspruch)* protesta *f*; **~ einlegen** protestar (**gegen** *acus* contra)
Ver'wahrungsort M depósito *m*; **Verwahrungsvertrag** M contrato *m* de depósito
ver'waisen VI ⟨*ohne* ge-; sn⟩ quedar huérfano; *fig* quedar abandonado
ver'waist ADJ huérfano; *fig Haus, Platz* abandonado; **Verwaisung** F ⟨~⟩ orfandad *f*; *fig* abandono *m*
ver'walten VT ⟨*ohne* ge-⟩ **1** *allg* administrar; IT *Daten* manejar, gestionar **2** *Amt* ejercer; desempeñar; **Verwalter** M ⟨~s; ~⟩, **Verwalterin** F ⟨~; ~nen⟩ administrador *m*, -a *f* (*a. Hausverwalter*); *(Geschäftsverwalter, Gutsverwalter)* gerente *m/f*
Ver'waltung F ⟨~; ~en⟩ **1** *allg* administración *f*; *e-r Firma* : gerencia *f*; gestión *f* (*a. Daten*) **2** *e-s Amtes:* ejercicio *m*; desempeño *m* **3** *Abteilung:* administración *f*; **in der ~ arbeiten** trabajar en la administración
Ver'waltungsabteilung F sección *f* administrativa; **Verwaltungsakt** M ⟨~(e)s; ~e⟩ acto *m* administrativo; **Verwaltungsangestellte** M/F (empleado *m*, -a *f*) administrativo *m*, -a *f*, empleado *m*, -a *f* público *m*, -a *f*; **Verwaltungsapparat** M aparato *m* ad-

V

ministrativo; **Verwaltungsaufgaben** FPL tareas *fpl* administrativas; **Verwaltungsaufwand** M gastos *mpl* administrativos; **Verwaltungsausgaben** FPL gastos *mpl* administrativos (*od* de administración); **Verwaltungsausschuss** M comité *m* administrativo; **Verwaltungsbeamte(r)** M, **Verwaltungsbeamtin** F funcionario *m*, -a *f* administrativo, -a; **Verwaltungsbehörde** F autoridad *f* administrativa; administración *f*; **Verwaltungsbezirk** M distrito *m*; circunscripción *f* (administrativa); **Verwaltungsdienst** M servicio *m* administrativo; **Verwaltungsdirektor** M, **Verwaltungsdirektorin** F director *m*, -a *f* administrativo, -a; **Verwaltungsgebäude** N (edificio *m* de la) administración *f*; **Verwaltungsgebühren** FPL derechos *mpl* administrativos; **Verwaltungsgericht** N JUR tribunal *m* (de lo) contencioso-administrativo; **Verwaltungskosten** PL → Verwaltungsausgaben; **Verwaltungsrat** M consejo *m* de administración

Ver'waltungsratsmitglied N consejero *m*; miembro *m* del consejo de administración; **Verwaltungsratsvorsitzende** M/F presidente *m*, -a *f* del consejo de administración

Ver'waltungsrecht N derecho *m* administrativo; **Verwaltungsrechtler** M ⟨~s; ~⟩, **Verwaltungsrechtlerin** F ⟨~; ~nen⟩ administrativista *m/f*; **verwaltungsrechtlich** ADJ jurídico-administrativo

Ver'waltungsreform F reforma *f* administrativa; **Verwaltungssoftware** [-sɔftvɛːr] F IT programa *m* de gestión; **Verwaltungsstrafrecht** N JUR derecho *m* penal administrativo; **Verwaltungsstreitverfahren** N JUR procedimiento *m* contencioso-administrativo; **verwaltungstechnisch** ADJ técnico-administrativo; **Verwaltungsweg** M **auf dem ~** por vía administrativa; **Verwaltungswesen** N ⟨~s⟩ administración *f*

ver'wandelbar ADJ transformable; convertible (*a.* MATH); transmutable

ver'wandeln ⟨*ohne* ge-⟩ **A** VT **1** transformar, convertir, transmutar (**in** *acus* en) **2** MYTH metamorfosear; transfigurar (*a.* REL); *fig* **sie ist wie verwandelt** parece otra **3** SPORT **einen Strafstoß ~** transformar un penalti; marcar un penalti **B** VI SPORT **zum 2:0 ~** cambiar el marcador a 2:0 **C** VR **sich ~** (**in** *acus*) transformarse (en); convertirse (en)

Ver'wandlung F ⟨~; ~en⟩ **1** transformación *f*, conversión *f*, transmutación *f* **2** MYTH, *fachspr* metamorfosis *f*; transfiguración *f*; REL transu(b)stanciación *f* **3** THEAT (*Szenenwechsel*) mutación *f*, cambio *m* de escena

Ver'wandlungskünstler M, **Verwandlungskünstlerin** F transformista *m/f*

ver'wandt[1] PPERF → verwenden

ver'wandt[2] ADJ **1** pariente (**mit** de); unido por parentesco; **er ist mit mir ~** es pariente mío; somos parientes **2** *fig* afín (*a.* CHEM); *Anschauung etc* similar; semejante (**mit** a); análogo (**mit** a)

Ver'wandte M/F ⟨~n; ~n; → A⟩ pariente *m*; parienta *f*; familiar *m/f*; **naher ~r** pariente *m* cercano *od* próximo; **eine entfernte ~** una pariente lejana

Ver'wandtenehe F matrimonio *m* entre parientes; **Verwandtenmord** M JUR parricidio *m*

Ver'wandter M → Verwandte

Ver'wandtschaft F ⟨~⟩ **1** (*Verwandtsein*) parentesco *m*; entronque *m* **2 die ~** (*die Verwandten*) la parentela, los parientes **3** *fig* semejanza *f*; analogía *f*; afinidad *f* (*a.* CHEM); **verwandtschaftlich** ADJ de pariente; **~e Beziehungen** *fpl* relaciones *fpl* de parentesco

Ver'wandtschaftsgrad M grado *m* de parentesco; **Verwandtschaftsverhältnis** N relación *f* de parentesco

ver'wanzt ADJ **1** (*v. Wanzen befallen*) lleno de chinches **2** *umg fig* (*abgehört*) *umg* pinchado

ver'warnen VT ⟨*ohne* ge-⟩ amonestar (*a.* SPORT); advertir; **Verwarnung** F ⟨~; ~en⟩ amonestación *f*, admonición *f*; advertencia *f*; JUR **gebührenpflichtige ~** multa *f*

ver'waschen ADJ **1** (*ausgewaschen*) deslavado **2** *Farben* descolorido **3** *fig* borroso, vago, desvaído; **ver'wässern** VT ⟨*ohne* ge-⟩ **1** aguar **2** *fig* diluir; **ver'weben** VT ⟨*ohne* ge-⟩ **1** TEX entretejer (**mit, in** *acus* en) **2** *fig* unir estrechamente

ver'wechseln VT ⟨*ohne* ge-⟩ confundir (**mit** con); **j-n mit einem anderen ~** tomar a alg por otro; **er hat sie miteinander verwechselt** los ha confundido; **sie sehen sich** (*dat*) **zum Verwechseln ähnlich** son como dos gotas de agua

Ver'wechs(e)lung F ⟨~; ~en⟩ confusión *f*; (*Irrtum*) equivocación *f*

ver'wegen ADJ temerario, atrevido; (*kühn*) audaz, osado; **Verwegenheit** F ⟨~⟩ temeridad *f*, atrevimiento *m*; (*Kühnheit*) audacia *f*, osadía *f*

ver'wehen ⟨*ohne* ge-⟩ **A** VT (*zerstreuen*) dispersar, disipar; llevarse (el viento); *Spuren* borrar; **mit Schnee ~** cubrir de nieve **B** VI ⟨sn⟩ dispersarse, disiparse; *Spur* borrarse; **vom Winde verweht** arrastrado (*od* llevado) por el viento; *Filmtitel*: "Lo que el viento se llevó"

ver'wehren VT ⟨*ohne* ge-⟩ **j-m etw ~** impedir (*od* prohibir) a/c a alg; **wer will es ihm ~?** ¿quién va a impedírselo?

Ver'wehung F ⟨~; ~en⟩ remolinos *mpl* (de nieve, *etc*)

ver'weichlichen ⟨*ohne* ge-⟩ **A** VT enervar; *Männer a.* afeminar; (*verzärteln*) mimar (con exceso) **B** VI ⟨sn⟩ enervarse; afeminarse; **verweichlicht** ADJ blando, blandengue; *Männer a.* afeminado; **Verweichlichung** F ⟨~⟩ debilitamiento *m*; molicie *f*; enervación *f*; *von Männern*: afeminamiento *m*, afeminación *f*

ver'weigern ⟨*ohne* ge-⟩ **A** VT rehusar (*a. Zahlung, Annahme*); no aceptar; (de)negar; **j-m etw ~** rehusar (*o* denegar) a/c a alg; **j-m den Gehorsam ~** desobedecer a alg; **den Wehrdienst ~** ≈ ser objetor de conciencia **B** VI *Pferd* rehusar

Ver'weigerung F ⟨~; ~en⟩ rehuso *m*; no aceptación *f*; (de)negación *f*; **~ des Wehrdienstes** ≈ objeción *f* de conciencia; **Verweigerungsfall** M **im ~** en caso negativo

Ver'weildauer F *im Krankenhaus*: estancia *f*

ver'weilen VI ⟨*ohne* ge-⟩ *geh* (*bleiben*) permanecer; quedarse; (*sich aufhalten*) detenerse (**bei** con, en); demorarse

Ver'weilen N ⟨~s⟩ permanencia *f*, estancia *f*

ver'weint ADJ lloroso; **~ aussehen** *od* **~e Augen haben** tener los ojos llorosos (*od* de haber llorado)

Ver'weis M ⟨~es; ~e⟩ **1** (*Rüge*) reprimenda *f*; reprensión *f*; (*Verwarnung*) amonestación *f*; advertencia *f*; **j-m einen ~ erteilen** reprender a alg (**wegen** por); amonestar a alg; dar una reprimenda a alg **2** (*Hinweis*) referencia *f*; *im Text*: remisión *f* (**auf** *acus* a)

ver'weisen ⟨*irr; ohne* ge-⟩ **A** VT **1** (*hinweisen*) **j-n ~ an** (*acus*) *od* **auf** (*acus*) remitir a alg a **2** (*ausweisen*) expulsar; **j-n des Landes/von der Schule ~** expulsar a alg del país/del colegio **3** SPORT **seine Gegner auf die Plätze ~** ganar ampliamente a sus adversarios **B** VI **~ auf** (*acus*) remitir a, indicar

Ver'weisung F ⟨~; ~en⟩ **1** (*Hinweis*) referencia *f* (**auf, an** a), *im Text*: remisión *f* **2** (*Ausweisung*) expulsión *f*

ver'welken VI ⟨*ohne* ge-; sn⟩ marchitarse; ajarse; **ver'welkt** ADJ marchito; ajado (*beide a. fig*)

ver'weltlichen VT ⟨*ohne* ge-⟩ secularizar; **Verweltlichung** F ⟨~⟩ secularización *f*

ver'wendbar ADJ utilizable, aprovechable (**für** *acus* para); aplicable (**für** *acus* a); **Verwendbarkeit** F ⟨~⟩ utilidad *f* (práctica); aplicabilidad *f*

ver'wenden ⟨*irr; ohne* ge-⟩ **A** VT **1** (*benutzen*) emplear (**für, zu** *acus* para; **als** de); *Methode, Technik a.* usar, aplicar; (*nützlich verwenden*) utilizar, aprovechar **2** (*aufwenden*) *Zeit, Mühe* gastar (**für, auf** *acus* en); *Summe* dedicar (**auf** *acus* a) **B** VR *geh* **sich (bei j-m) für j-n ~** interceder (ante alg) en favor de alg

Ver'wendung F ⟨~; ~en⟩ **1** empleo *m*; uso *m*; utilización *f*; *e-r Methode, Technik*: aplicación *f*; **für etw keine ~ haben** no tener empleo para a/c; no saber qué hacer con a/c **2** *geh* (*Fürsprache*) intercesión *f*

Ver'wendungsmöglichkeit F posibilidad *f* de uso; **Verwendungszweck** M uso *m* (previsto); *auf Schecks etc*: destino *m*

ver'werfen ⟨*irr; ohne* ge-⟩ **A** VT (*zurückweisen*) rechazar; desechar; recusar; (*missbilligen*) reprobar; REL condenar; JUR *Urteil* casar, anular; *Antrag, Klage etc* desestimar **B** VR **sich ~** *Holz* alabearse, combarse; GEOL dislocarse **C** VI VET abortar

ver'werflich ADJ *Tun* reprochable; reprobable; (*abscheulich*) abominable; vil; **Verwerflichkeit** F ⟨~⟩ bajeza *f*; vileza *f*

Ver'werfung F ⟨~; ~en⟩ **1** (*Zurückweisung*) rechazo *m*; reprobación *f*; condenación *f*; JUR recusación *f* **2** *des Holzes*: alabeo *m*; GEOL dislocación *f*; falla *f*

ver'wertbar ADJ utilizable, aprovechable; HANDEL realizable; explotable

ver'werten VT ⟨*ohne* ge-⟩ (*verwenden*) utilizar, emplear; servirse de; *nutzbringend*: aprovechar; sacar provecho de; *Erfindung, Patent etc* explotar; **Verwertung** F ⟨~; ~en⟩ utilización *f*, empleo *m*; *nutzbringend*: aprovechamiento *m*; *e-r Erfindung*: explotación *f*; **Verwertungsrechte** NPL derechos *mpl* de explotación (económica)

ver'wesen VI ⟨*ohne* ge-; sn⟩ pudrirse, descomponerse, corromperse; **stark verwest** *Leiche* en avanzado estado de descomposición

Ver'weser M ⟨~s; ~⟩ HIST administrador *m*; regente *m*

ver'weslich ADJ putrescible, corruptible; **Verwesung** F ⟨~⟩ putrefacción *f*, descomposición *f*; **in ~ übergehen** descomponerse

ver'wetten VT ⟨*ohne* ge-⟩ **1** (*einsetzen*) apostar (**für** por) **2** (*verlieren*) **Geld ~** perder dinero en apuestas; *fig* **dafür würde ich meinen Kopf ~** apostaría mi cabeza

ver'wichsen VT ⟨*ohne* ge-⟩ *umg* → verprügeln

ver'wickeln ⟨*ohne* ge-⟩ **A** VT enredar, enmarañar; embrollar, intrincar; *fig a.* complicar; **j-n in etw** (*acus*) **~** enredar (*od* envolver *od* implicar) a alg en a/c **B** VR **sich ~ 1** *Garn etc* enredarse; **sich in etw** (*acus*) **~** enredarse en a/c *od* liarse con a/c (*a. fig*) **2** *fig* **sich in Widersprüche ~** incurrir en contradicciones

ver'wickelt ADJ enredado, enmarañado; intrincado; confuso, embrollado; *fig Angelegenheit a.* complicado, complejo; **in etw** (*acus*) **~ sein** estar envuelto (*od* mezclado *od* implicado) en a/c; **Verwick(e)lung** F ⟨~; ~en⟩ **1** enredo *m* (*a.* LIT *im Drama etc*); *e-r Angelegenheit a.*: complicación *f*; (*Verwirrung*) confusión *f*, embrollo *m*

2 JUR implicación *f* (in *acus* en)

ver'wildern VI ‹*ohne* ge-; sn› 1 BOT, ZOOL volver al estado silvestre (*od* salvaje); *Haustier a.* volverse salvaje 2 (*verwahrlosen*) *Garten etc* cubrirse de maleza; *Person* embrutecerse; **~ lassen** abandonar, dejar abandonado; *Kinder* descuidar la educación de 3 *fig Sitten* degenerar; pervertirse; **verwildert** ADJ *Haustier* salvaje, *Am* cimarrón; *Garten* abandonado; *Kinder* indisciplinado; **Verwilderung** F ‹~› retorno *m* al estado silvestre(*od* salvaje), asilvestramiento *m*; *fig e-s Gartens*: abandono *m*

ver'winden VT ‹*irr; ohne* ge-› 1 *Kummer* olvidar, consolarse de; sobreponerse a; *Schaden* resarcirse de 2 TECH torcer; **Verwindung** F ‹~; ~en› TECH torsión *f*; retorcimiento *m*

ver'wirken VT ‹*ohne* ge-› *geh* **etw ~** *Recht* perder a/c; *moralisch*: hacerse indigno de a/c; LIT **sein Leben verwirkt haben** merecer la muerte

ver'wirklichen ‹*ohne* ge-› A VT *Idee, Traum* realizar; *Plan a.* poner en práctica; llevar a efecto (*od* a cabo) B VR **sich ~** 1 *Plan, Traum* realizarse, llegar a ser realidad (*od* a ser un hecho); *Wunsch a.* cumplirse 2 *Person* **sich (selbst) ~** realizarse (**im Beruf** en el trabajo)

Ver'wirklichung F ‹~; ~en› realización *f*; *e-s Wunsches a.*: cumplimiento *m*; (*Umsetzung*) puesta *f* en práctica

ver'wirren ‹*ohne* ge-› A VT 1 *Fäden, Haare* enredar, enmarañar; *fig a.* embrollar, complicar 2 **j-n ~** confundir a alg; desconcertar a alg; desorientar a alg B VR **sich ~** *Fäden, Haare* enredarse, enmarañarse; *fig a.* embrollarse; **verwirrend** ADJ desconcertante

ver'wirrt ADJ 1 *Fäden, Haare* enredado, enmarañado; embrollado; *fig* confuso, confundido 2 *Person* desconcertado, desorientado; (*benommen*) aturdido

Ver'wirrung F ‹~; ~en› 1 (*Verwicklung*) enredo *m*, maraña *f*; embrollo *m*; (*Durcheinander*) confusión *f*; **etw in ~ bringen** enredar (*od* embrollar) a/c; desordenar (*od* desarreglar) a/c; **~ stiften** provocar confusión 2 *fig Gefühl*: desconcierto *m*; desorientación *f*; confusión *f*; **j-n in ~ bringen** confundir, desconcertar a alg; **in ~ geraten** confundirse, desconcertarse; turbarse

ver'wischen ‹*ohne* ge-› A VT borrar (*a. fig Spuren etc*); MAL *u. fig Unterschiede* difuminar, esfum(in)ar; (*verschmieren*) emborronar B VR **sich ~** desdibujarse, difuminarse; **ver'wischt** ADJ borroso, confuso, desdibujado

ver'wittern VI ‹*ohne* ge-; sn› *Stein, Holz* corroerse; *Mauer* desmoronarse; **verwittert** ADJ corroído (por la intemperie); *Haut* curtido; *Gesicht* apergaminado; **Verwitterung** F ‹~; ~en› *v. Stein, Holz*: corrosión *f*; *e-r Mauer*: desmoronamiento *m*

ver'witwet ADJ *Mann*: viudo; *Frau*: viuda

ver'wöhnen VT ‹*ohne* ge-› mimar

ver'wohnt ADJ estropeado por el uso

ver'wöhnt ADJ 1 mimado; *Kind a.* consentido 2 (*anspruchsvoll*) exigente, difícil de contentar; *Geschmack* refinado; **Verwöhnung** F ‹~› mimo(s) *m(pl)*

ver'worfen ADJ 1 *moralisch*: abyecto, vil; *sittlich*: depravado; REL réprobo 2 GEOL dislocado; **Verworfenheit** F ‹~› *moralische*: abyección *f*, vileza *f*; *sittliche*: depravación *f*

ver'worren ADJ (*verwickelt*) enredado, embrollado; intrincado; (*unklar*) confuso; **Verworrenheit** F ‹~› embrollo *m*; confusión *f*

ver'wundbar ADJ vulnerable (*a. fig*); **Verwundbarkeit** F ‹~› vulnerabilidad *f*

ver'wunden VT ‹*ohne* ge-› herir; *fig a.* vulnerar; **schwer ~** malherir; **schwer verwundet** herido grave

ver'wunderlich ADJ sorprendente; extraño; **es ist ~, dass** es curioso que (*subj*); **es ist nicht ~, dass** no es de extrañar que (*subj*)

ver'wundern VT ‹*ohne* ge-› sorprender, extrañar; maravillar; **es verwundert mich, dass ...** me extraña que ... (*subj*); **verwundert** ADJ asombrado, sorprendido, maravillado; **Verwunderung** F ‹~› asombro *m*, sorpresa *f*; **in ~ geraten** asombrarse, maravillarse (**über** *acus* de); sorprenderse (**über** *acus* de)

Ver'wundete M/F ‹~n; ~n; → A› herido *m*, -a *f*; **Verwundung** F ‹~; ~en› herida *f*

ver'wunschen ADJ encantado

ver'wünschen VT ‹*ohne* ge-› 1 (*verfluchen*) maldecir, imprecar 2 (*verzaubern*) encantar, hechizar, embrujar; **ver'wünscht** ADJ maldito; **~!** ¡maldición!, ¡maldita sea!; **Ver'wünschung** F ‹~; ~en› maldición *f*, imprecación *f*; **~en ausstoßen gegen** lanzar maldiciones *od* imprecaciones contra; desatarse en improperios contra

ver'wursteln VT ‹*ohne* ge-› *umg* embrollar

ver'wurzeln VI ‹*ohne* ge-; sn› arraigar(se), echar raíces (*beide a. fig*); **verwurzelt** ADJ arraigado (*a. fig*); **in etw** (*dat*) **fest ~ sein** estar profundamente arraigado en a/c; tener honda raigambre en a/c; **Verwurzelung** F ‹~; ~en› arraigo *m*; *fig a.* raigambre *f*

ver'wüsten VT ‹*ohne* ge-› devastar; desolar, asolar; **Verwüstung** F ‹~; ~en› devastación *f*; desolación *f*, asolamiento *m*; estragos *mpl* (*a. fig*)

ver'zagen VI ‹*ohne* ge-; sn› desalentarse, desanimarse, perder el ánimo; acobardarse

Ver'zagen N ‹~s› desaliento *m*, desánimo *m*

ver'zagt ADJ desalentado; acobardado; apocado; pusilánime; **Verzagtheit** F ‹~› desaliento *m*, desánimo *m*; pusilanimidad *f*

ver'zählen VR ‹*ohne* ge-› **sich ~** contar mal, equivocarse al contar; descontarse; **sich um zwei ~** equivocarse en dos

ver'zahnen VT ‹*ohne* ge-› TECH (en)dentar; *miteinander*: engranar (*a. fig*); **ver'zahnt** ADJ TECH engranado (**mit** con); **Ver'zahnung** F ‹~; ~en› TECH engranaje *m* (*a. fig*); dentado *m*; *fig* interdependencia *f*

ver'zankt ADJ & EIGENN **sich ~ haben** *od* **~ sein** estar reñidos (*od* peleados)

ver'zapfen VT ‹*ohne* ge-› 1 *Getränke* expender, despachar 2 BAU *Balken etc* ensamblar; espigar 3 *umg fig* (*reden*) **Unsinn ~** decir tonterías; disparatar, desbarrar; **eine Rede ~** *umg* soltar un discurso

Ver'zapfung F ‹~; ~en› BAU ensamble *m* de espiga

ver'zärteln VT ‹*ohne* ge-› *Kind* mimar (con exceso); *umg* criar entre algodones; **verzärtelt** ADJ mimado (con exceso); **Verzärtelung** F ‹~; ~en› mimos *mpl*; exceso *m* de cuidados

ver'zaubern VT ‹*ohne* ge-› encantar, hechizar; embrujar; **~ in** (*acus*) transformar en; **verzaubert** ADJ encantado; **Verzauberung** F ‹~; ~en› hechizo *m*; embrujo *m*; encantamiento *m*; transformación *f* (**in** *acus* en)

ver'zehnfachen ‹*ohne* ge-› A VT multiplicar por diez, decupl(ic)ar B VR **sich ~** multiplicarse por diez, decuplicarse

Ver'zehr M ‹~(e)s› consumo *m*; gasto *m*; *im Restaurant etc*: consumición *f*

ver'zehren ‹*ohne* ge-› A VT consumir (*a. fig*); gastar; (*aufessen*) comer(se); **etwas ~** GASTR *a.* tomar una consumición B VR *geh* **sich ~ nach** suspirar por; **sich vor Gram ~** consumirse de pena

ver'zehrend ADJ *fig* ardiente; *Feuer* voraz, devorador; **Verzehrung** F → Verzehr

Ver'zehrzwang M JUR obligación *f* de tomar una consumición

ver'zeichnen VT ‹*ohne* ge-› 1 (*festhalten*) anotar, apuntar; VERW registrar; hacer constar; *in e-r Liste*: inscribir (**in** *dat* en); **im Einzelnen ~** especificar, detallar; **zu ~ haben** *od* **~ können** *e-n Erfolg, Sieg etc*: apuntarse, obtener 2 (*falsch zeichnen*) dibujar mal; *fig* (*entstellen*) desfigurar, deformar

'verzeichnet ADJ 1 *auf Listen etc*: **~ sein** (**in** *dat*) constar (en); figurar (en) 2 *Bild* mal dibujado, desdibujado

Ver'zeichnis N ‹~ses; ~se› (*Liste*) lista *f*; (*Register*) relación *f*, registro *m*, índice *m*; (*Inventar*) inventario *m*; *detailliertes*: especificación *f*; *namentliches*: nómina *f*; (*Katalog*) catálogo *m*, tabla *f* de materias; (*Übersicht*) cuadro *m*, sumario *m*; IT directorio *m*

Ver'zeichnung F ‹~; ~en› 1 *auf e-r Liste etc*: anotación *f* 2 (*Entstellung*) desfiguración *f*, deformación *f* 3 OPT distorsión *f*

ver'zeihen VT ‹*ohne* ge-› perdonar, disculpar (**j-m etw** a/c a alg); **~ Sie!** ¡perdone (usted)!, ¡disculpe!, ¡perdón!; **verzeihlich** ADJ perdonable; excusable; **Verzeihung** F ‹~› perdón *m*; **j-n um ~ bitten** pedir perdón a alg; **~!** ¡perdón!

ver'zerren ‹*ohne* ge-› A VT (*entstellen*) desfigurar, deformar; distorsionar (*a. Ton, Bild, Tatsachen*); *fig a.* caricaturizar; *Mund* torcer; **das Gesicht ~** hacer muecas B VR **sich ~** 1 *Gesichtszüge etc* desfigurarse; desencajarse; demudarse; **mit verzerrtem Gesicht** con el rostro descompuesto (*od* desencajado) 2 MED **sich** (*dat*) **den Knöchel** *etc* **~** distorsionarse el tobillo, *etc*

Ver'zerrung F ‹~; ~en› distorsión *f* (*a.* MED, *Ton u. fig*); desfiguración *f*, deformación *f*

ver'zetteln[1] ‹*ohne* ge-› A VT *Geld, Kräfte* dispersar, malgastar, desperdiciar B VR **sich ~** malgastar sus energías; dispersar (*od* disipar) sus fuerzas

ver'zetteln[2] VT ‹*ohne* ge-› (*auf Zettel schreiben*) poner en fichas

Ver'zicht M ‹~(e)s; ~e› renuncia *f* (**auf** *acus* a); abandono *m* (**auf** *acus* de); JUR desistimiento *m* (**auf** *acus* de); **unter ~ auf** (*acus*) bajo renuncia a, renunciando a; **~ leisten** → verzichten

ver'zichten VI ‹*ohne* ge-› **auf etw** (*acus*) **~** renunciar a a/c; hacer renuncia de a/c; desistir de a/c

Ver'zichtserklärung F declaración *f* de renuncia

ver'ziehen ‹*irr; ohne* ge-› A VT 1 (*verzerren*) desfigurar, deformar; torcer; **das Gesicht ~** hacer una mueca; **den Mund ~** fruncir los labios, torcer la boca 2 *Kind* mimar demasiado, malcriar, educar mal 3 AGR *Rüben etc* aclar(e)ar; entresacar B VI ‹sn› VERW (*umziehen*) mudarse (de casa); cambiar de domicilio; trasladarse (**nach** a); *Postwesen*: **unbekannt verzogen** destinatario desconocido C VR **sich ~** 1 (*sich verbiegen*) torcerse; *Holz* alabearse; *Gesicht* demudarse; *Kleidung* arrugarse 2 (*verschwinden*) *Nebel, Wolken* disiparse; *Sturm, Gewitter, Rauch* pasar 3 *umg Person* desaparecer; *umg* largarse, esfumarse

ver'zieren VT ‹*ohne* ge-› adornar; decorar; ornamentar; (*verschönern*) embellecer, engalanar; TEX *durch Besatz*: guarnecer (**mit** con, de); **Verzierung** F ‹~; ~en› 1 (*das Verzieren*) ornamentación *f* 2 (*Schmuck*) adorno *m*; decoración *f*; BAU, RHET ornamento *m*; TEX (*Besatz*) guarnición *f*; MUS floritura *f*

ver'zinken VT ‹*ohne* ge-› zincar, cincar; ELEK galvanizar; **Verzinken** N ‹~s›, **Verzinkung** F ‹~; ~en› zincado *m*, cincado *m*; ELEK galvanización *f*

ver'zinnen VT ‹*ohne* ge-› estañar; **Verzinnen** N ‹~s›, **Verzinnung** F ‹~; ~en› estañadura *f*, estañado *m*

V

ver'zinsbar ADJ → verzinslich
ver'zinsen ⟨*ohne* ge-⟩ **A** VT pagar intereses (**für** por) **B** VR **sich ~** devengar (*od* producir) intereses; **sich mit 3% ~** devengar (*od* producir) un interés del tres por ciento; **verzinslich** ADJ a interés; con devengo de interés; **~ mit 4%** con un interés del cuatro por ciento; **~ anlegen** poner a rédito; **Verzinsung** F ⟨~; ~en⟩ interés *m*; rédito *m*; intereses *mpl* devengados
ver'zocken VT ⟨*ohne* ge-⟩ **1** *im Spiel*: perder en el juego **2** *bei Geschäften*: perder por operaciones arriesgadas
ver'zogen ADJ **1** *Kind* mimado; maleducado, malcriado **2** *Postwesen*: **unbekannt ~** destinatario *m* desconocido
ver'zögern ⟨*ohne* ge-⟩ **A** VT **1** *(aufschieben)* demorar; retrasar; *(hinziehen)* dilatar; *umg* dar largas a **2** *(verlangsamen)* retardar, desacelerar (*a.* TECH) **B** VR **sich (um eine Woche) ~** retrasarse (una semana); **verzögernd** ADJ **1** dilatorio **2** TECH retardatario; **Verzögerung** F ⟨~; ~en⟩ **1** *(Aufschub)* aplazamiento *m*; demora *f*; retardo *m* **2** *(Verlangsamung)* retraso *m*; PHYS de(sa)celeración *f*; **in ~ geraten** retrasarse
Ver'zögerungsspur F *Verkehr*: carril *m* de deceleración; **Verzögerungstaktik** F táctica *f* dilatoria; **Verzögerungszünder** M MIL espoleta *f* de retardo
ver'zollbar ADJ HANDEL sujeto a (derechos de) aduana
ver'zollen VT ⟨*ohne* ge-⟩ aduanar; pagar aduana por; **haben Sie etwas zu ~?** ¿tiene usted algo que declarar?; **Verzollung** F ⟨~; ~en⟩ pago *m* de (los derechos de) aduana; despacho *m* en la aduana
ver'zücken VT ⟨*ohne* ge-⟩ arrobar; extasiar
ver'zuckern VT ⟨*ohne* ge-⟩ azucarar; CHEM sacarificar
ver'zückt ADJ extasiado, arrobado; extático; **Verzückung** F ⟨~; ~en⟩ arrobamiento *m*; embeleso *m*; éxtasis *m*; **in ~ geraten** arrobarse; embelesarse; extasiarse
Ver'zug M ⟨~(e)s⟩ retraso *m*; retardo *m*; demora *f*; tardanza *f*; JUR mora *f*; **in ~ sein** estar en retraso (**mit** *dat* con, en); **in ~ geraten** retrasarse (**mit** *dat* con, en); JUR constituirse (*od* incurrir) en mora; **ohne ~** sin demora; sin tardar; **ohne weiteren ~** sin más dilaciones
Ver'zugsstrafe F multa *f* de mora; **Verzugstage** MPL HANDEL días *mpl* de gracia (*od* de respiro); **Verzugszinsen** MPL *sp* intereses *mpl* de demora; *Am* intereses *mpl* moratorios; **~ zahlen** pagar intereses de demora (*bzw* moratorios)
ver'zweifeln VI ⟨*ohne* ge-; sn⟩ desesperar(se) (**an j-m** con alg; **an etw** *(dat)* de a/c, con a/c); **es ist zum Verzweifeln** es para desesperarse; es desesperante
ver'zweifelt **A** ADJ desesperado **B** ADV *(sehr)* extremadamente; **~ versuchen, etw zu tun** intentar desesperadamente hacer algo
Ver'zweiflung F ⟨~⟩ desesperación *f*; **in ~ geraten** desesperarse; **j-n zur ~ bringen** desesperar a alg; *umg* **du bringst mich zur ~!** me vuelves loco; me sacas de quicio
ver'zweigen VR ⟨*ohne* ge-⟩ **sich ~** ramificarse; bifurcarse; **Verzweigung** F ⟨~; ~en⟩ (punto *m* de) ramificación *f*; (punto *m* de) bifurcación *f*
ver'zwickt ADJ intrincado; complicado
'Vesper F ⟨~; ~n⟩ **1** KATH vísperas *fpl* **2** *südd* *(Imbiss)* tentempié *m*; *für Kinder*: merienda *f*; **Vesperbrot** N *südd* merienda *f*
'vespern VI *südd* merendar
Ves'talin [v-] F ⟨~; ~nen⟩ vestal *f*
Vesti'bül [v-] N ⟨~s; ~e⟩ vestíbulo *m*
Ve'suv [v-] M ⟨~s⟩ Vesubio *m*
Vete'ran [v-] M ⟨~en; ~en⟩, **Veteranin** F ⟨~; ~nen⟩ veterano *m*, -a *f* (*a. fig*)
Veteri'när [v-] M ⟨~s; ~e⟩, **Veterinärin** F ⟨~; ~nen⟩ veterinario *m*, -a *f*; **Veterinärmedizin** F (medicina *f*) veterinaria *f*
'Veto [v-] N ⟨~s; ~s⟩ veto *m*; **(s)ein ~ einlegen (gegen)** poner veto (a), vetar *(acus)*; **Vetorecht** N derecho *m* de veto
'Vettel F ⟨~; ~n⟩ *pej* **alte ~** bruja *f*, arpía *f*
'Vetter M ⟨~s; ~n⟩ primo *m*
'Vetternwirtschaft F ⟨~⟩ nepotismo *m*; *Cuba a.* sociolismo *m*
Ve'xierbild [v-] N dibujo *m* rompecabezas; acertijo *m* gráfico; **Vexierspiegel** M espejo *m* grotesco
Vf. ABK (Verfasser) autor *m*
vgl. ABK (vergleiche) compárese
v. H. ABK (vom Hundert) por ciento
VHS F ABK ⟨~; ~⟩ → Volkshochschule
'via ['vi:a] PRÄP *(acus)* vía, por; **~ Madrid** por Madrid
Via'dukt [v-] M ⟨~(e)s; ~e⟩ viaducto *m*
Vibra'fon [v-] N, **Vibra'phon** [v-] N ⟨~s; ~e⟩ MUS vibrafón *m*; **Vibrafo'nist** M, **Vibrapho'nist** M ⟨~en; ~en⟩, **Vibrafo'nistin** F, **Vibrapho'nistin** ⟨~; ~nen⟩ vibrafonista *m/f*
Vibrati'on [v-] F ⟨~; ~en⟩ vibración *f*; **Vibrationsalarm** M TEL alarma *f* de vibración; **Vibrationsmassage** F MED masaje *m* vibratorio
Vi'brato [v-] N ⟨~s; ~s⟩ MUS vibrato *m*; **Vibrator** M ⟨~s; -'toren⟩ TEL, TECH vibrador *m* (*a. Sexutensil*)
vi'brieren [v-] VI ⟨*ohne* ge-⟩ vibrar (*a. Stimme*); **Vibrieren** N ⟨~s⟩ vibración *f*
'Video [v-] N ⟨~s; ~s⟩ vídeo *m*, *Am* video *m*; **Videoanschluss** M conexión *f* de vídeo; **Videoaufnahme** F, **Videoaufzeichnung** F grabación *f* en vídeo, videograbación *f*; **Videoaufzeichnungsgerät** N → Videorekorder; **Videoband** N cinta *f* de vídeo; **Videoclip** M videoclip *m*; **Videofilm** M película *f* de vídeo; **Videogerät** N (aparato *m* de) vídeo *m*; **Videokamera** F videocámara *f*; cámara *f* de vídeo; **Videokassette** F cinta *f* (*od* casete *f*) de vídeo; videocasete *f*; **Videokonferenz** F videoconferencia *f*; **Videorekorder** M grabadora *f* (*od* aparato *m*) de vídeo *m*, videograbadora *f*; *umg* vídeo *m*; **Videospiel** N videojuego *m*, juego *m* de vídeo; **Videotext** M ⟨~(e)s⟩ teletexto *m*, videotexto *m*
Video'thek F ⟨~; ~en⟩ videoteca *f*
'Videoüberwachung F videovigilancia *f*, videocontrol *m*
Viech N ⟨~(e)s; ~er⟩ *umg* **1** *(Tier)* *umg* bicho *m*, *umg* bicharraco *m* **2** *fig* → Vieh 3
Vieche'rei F ⟨~; ~en⟩ *umg* **1** → Schinderei 2 **2** *(Gemeinheit)* infamia *f*; *vulg* cabronada *f*
Vieh N ⟨~(e)s⟩ **1** *Sammelbezeichnung*: ganado *m*; *Arg a.* hacienda *f*; **Stück** *n* **~** res *f*, cabeza *f* de ganado **2** *umg* *(Tier)* bicho *m* **3** *fig* *(roher Mensch)* bruto *m*, bestia *f*
'Viehausstellung F exposición *f* de ganado; feria *f* ganadera; **Viehbestand** M número *m* de reses; ganadería *f*; efectivo *m* pecuario; **Viehfutter** N forraje *m*; pasto *m*; pienso *m*; **Viehhandel** M comercio *m* de ganado; **Viehhändler** M, **Viehhändlerin** F tratante *m/f* de ganado; **Viehherde** F rebaño *m* (de ganado)
'viehisch ADJ brutal; bestial
'Viehmarkt M feria *f* (*od* mercado *m*) de ganado; **Viehsalz** N AGR ≈ sal *f* común bruta; **Viehseuche** F epizootia *f*; **Viehstall** M establo *m*; **Viehtränke** F abrevadero *m*; **Viehtransport** M transporte *m* de ganado; **Viehtreiber** M boyero *m*; *Arg* tropero *m*; **Viehversicherung** F seguro *m* pecuario; **Viehwagen** M BAHN vagón *m* para ganado; **Viehwirtschaft** F economía *f* pecuaria; **Viehzählung** F censo *m* de ganado; **Viehzeug** N *umg* bichos *mpl*
'Viehzucht F ganadería *f*, cría *f* de ganado; **~ treiben** dedicarse a la cría de ganado; **~ treibend** ganadero
'Viehzüchter M, **Viehzüchterin** F ganadero *m*, -a *f*; *Arg* estanciero *m*, -a *f*
viel **A** INDEF PR ADJ ⟨mehr, meiste⟩ **1** ⟨*sg*⟩ mucho; **~ Arbeit (Zeit** *etc*) mucho trabajo (tiempo, *etc*); **durch ~ Arbeit** *a.* a fuerza de trabajar; **~en Dank!** ¡muchas gracias!; **~ Glück!** ¡mucha suerte!; **gleich ~** la misma cantidad de; otro tanto de; **nicht ~** poco; no mucho; **recht ~** bastante; **sehr ~** muchísimo; **so ~** tanto; **ziemlich ~** bastante; **zu ~** demasiado **2** ⟨*pl*⟩ muchos; **~e andere** otros muchos; **sehr ~e ...** muchísimos ...; gran número de ...; **diese ~en Bücher** todos estos libros; **seine ~en Freunde** sus muchos (*od* numerosos) amigos; **~e Leute** mucha gente; **~e Male** muchas veces; **so ~e Male wie nötig** todas las veces que haga falta (*od* que sea necesario); **seit ~en Jahren** desde hace muchos años **3** ⟨*pl*⟩ *mit Zahlen*: **~e hundert/tausend ...** centenares/millares de ...; **~e Hundert Menschen** cientos de personas **4** *umg* **das ~e Geld** todo el dinero **B** INDEF PR *subst* ⟨mehr, meiste⟩ **1** ⟨*sg*⟩ **~es** mucho, muchas cosas *fpl*; **ich habe Ihnen ~ zu sagen** tengo que decirle muchas cosas (interesantes); **das will nicht ~ (be)sagen** eso no dice (*od* no significa) gran cosa; **~ zu tun haben** tener mucho que hacer; **in ~em** en muchos aspectos; **um ~es größer** mucho mayor; **so ~, dass ...** tanto que ... **2** *mit zu*: **zu ~** demasiado; **ein bisschen (zu) ~** un poco demasiado; un poco excesivo; **~ zu ~** demasiado; *umg* **ich krieg zu ~** me va a dar algo; **was zu ~ ist, ist zu ~!** ¡es el colmo! **3** ⟨*pl*⟩ muchos; **~e sind gekommen** han venido muchos; **einer von ~en** uno de tantos **C** ADV ⟨mehr, am meisten⟩ **1** *(vor komp)* mucho; **~ besser/schlimmer** mucho mejor/peor; **~ schöner (größer** *etc*) mucho más bonito (más grande, *etc*); **nicht ~ anders als** muy distinto a **2** *mit zu*: **~ zu groß (klein, wenig** *etc*) demasiado grande (pequeño, poco, *etc*); **du machst es dir ~ zu einfach** te haces la vida demasiado fácil; te lo tomas demasiado a la ligera **3** *(oft, häufig)* mucho, a menudo; **~ lesen/schlafen** leer/dormir mucho; **sie ist ~ bei ihrer Tante** está a menudo en casa de su tía **4** *(sehr)* muy; → *a* viel begehrt, viel beschäftigt *etc*
'vielbändig ADJ de muchos volúmenes (*od* tomos)
viel begehrt ADJ muy solicitado; **viel beschäftigt** ADJ muy ocupado (*od* atareado); **viel besprochen** ADJ muy comentado
'vieldeutig ADJ equívoco, ambiguo; **Vieldeutigkeit** F ⟨~⟩ ambigüedad *f*
'Vieleck N MATH polígono *m*; **vieleckig** ADJ MATH poligonal; **Vielehe** F poligamia *f*
'vielerlei ADJ diversos, varios, toda clase de; **auf ~ Art(en)** de diversas maneras; de distintos modos; **vielerorts** ADV en muchos sitios (*od* lugares)
'vielfach **A** ADJ múltiple; *(wiederholt)* repetido, reiterado; *(häufig)* frecuente; **~er Millionär** multimillonario *m* **B** ADV a menudo; con frecuencia, frecuentemente; muchas (*bzw* reiteradas) veces
'Vielfache(s) N ⟨~n; → A⟩ múltiplo *m*; **das**

kleinste gemeinsame ~ el mínimo común múltiplo; um ein ~s (mehr) muchas veces más
'Vielfachschalter M interruptor m múltiple; Vielfachschaltung F ELEK conexión f múltiple
'Vielfalt F ⟨~⟩ multiplicidad f; (Mannigfaltigkeit) diversidad f, variedad f; biologische ~ diversidad f biológica
'vielfältig ADJ múltiple; (mannigfaltig) variado; diverso; Vielfältigkeit F ⟨~⟩ multiplicidad f; variedad f; diversidad f
'vielfarbig ADJ policromo (od polícromo); multicolor; Vielfarbigkeit F policromía f
'vielflächig ADJ MATH poliédrico; Vielflächner M ⟨~s; ~⟩ MATH obs poliedro m
'Vielflieger M, Vielfliegerin F gran cliente m/f de las líneas aéreas
'Vielfraß M ⟨~es; ~e⟩ 1 ZOOL glotón m (a. fig) 2 umg fig Mensch comilón m, comilona f
viel geliebt ADJ queridísimo; viel genannt ADJ citado con frecuencia; (berühmt) renombrado; viel gepriesen ADJ iron die ~e Rechtschreibreform umg la tan cacareada reforma ortográfica; viel gereist ADJ que ha viajado mucho
'vielgestaltig ADJ multiforme; polimorfo; fig vario, variado; Vielgestaltigkeit F ⟨~⟩ polimorfismo m; fig variedad f
Vielgötte'rei F ⟨~⟩ politeísmo m
'Vielheit F ⟨~⟩ multiplicidad f; pluralidad f; (Menge) multitud f, gran número m (von de); (Fülle) profusión f (von de)
'vieljährig ADJ de muchos años; vielköpfig ADJ 1 de muchas cabezas; fachspr multicéfalo 2 fig numeroso
viel'leicht A ADV 1 quizá(s), tal vez; a lo mejor; ~ kommt sie noch? quizás aún venga 2 (ungefähr) aproximadamente, unos; ~ vier Stunden unas cuatro horas B PARTIKEL 1 (etwa, eventuell) acaso, por casualidad; glauben Sie ~ ...? ¿es que piensa ...?; hilfst du mir ~ einmal? ¿podrías ayudarme?; ärgerlich: ¿por qué no me ayudas, para variar?; pej ist er ~ der Chef? ¿acaso es él el jefe?; ~ ja puede que sí 2 (wirklich) umg das ist ~ eine Freude! ¡vaya una alegría!; das war ~ heiß! ¡menudo calor hacía!; die waren ~ überrascht! ¡vaya sorpresa que se llevaron!
'vielmalig ADJ repetido, reiterado; frecuente
'vielmals ADV muchas veces; danke ~! ¡muchísimas gracias!; ¡mil gracias!; ich bitte ~ um Entschuldigung le ruego que me disculpe (od que me perdone); er lässt Sie ~ grüßen le envía muchos recuerdos (od saludos); muchos saludos de su parte
'Vielmänne'rei F ⟨~⟩ poliandria f
'vielmehr, viel'mehr ADV & A. 1 (genauer gesagt) más bien; antes bien; mejor dicho 2 (im Gegenteil) por el contrario
'vielphasig ADJ ELEK polifásico; vielpolig ADJ ELEK multipolar; vielsagend, viel sagend ADJ expresivo; significativo; Blick elocuente; vielschichtig ADJ de muchas capas; fig complejo
'vielseitig A ADJ 1 (auf vielen Gebieten einsetzbar) polivalente (a. TECH); Person a. polifacético; ~er Schriftsteller polígrafo m 2 (umfassend) amplio; variado; vasto; universal; auf ~en Wunsch a petición general 3 MATH poligonal; multilátero B ADV ~ gebildet de vasta erudición; ~ verwendbar de múltiple uso
'Vielseitigkeit F ⟨~⟩ universalidad f; polifacetismo m; variedad f; bes TECH versatilidad f; Vielseitigkeitsprüfung F Reiten, Hundesport: prueba f combinada
'vielsilbig ADJ polisílabo; vielsprachig ADJ polígloto; vielstimmig ADJ MUS de varias voces; polifónico; Vielstimmigkeit F ⟨~⟩ MUS polifonía f
viel umworben ADJ muy solicitado
'vielversprechend, viel versprechend ADJ muy prometedor
'Vielvölkerstaat M Estado m multinacional
Vielweibe'rei F ⟨~⟩ poligamia f
'Vielzahl F ⟨~⟩ multitud f; gran número m (an dat, von de); vielzellig ADJ BIOL multicelular; Vielzweck... IN ZSSGN de múltiple uso; de múltiples aplicaciones
vier ADJ cuatro; unter ~ Augen a solas; umg auf allen ~en gehen andar a gatas (od a cuatro patas); umg alle ~e von sich strecken desperezarse; (sterben) umg estirar la pata
Vier F ⟨~; ~en⟩ 1 Zahl: cuatro m 2 Schulnote: ≈ suficiente m
Vier'augengespräch N conversación f a solas
'vierbasisch ADJ CHEM tetrabásico; Vierbeiner M ⟨~s; ~⟩ ZOOL cuadrúpedo m; vierbeinig ADJ de cuatro patas; ZOOL cuadrúpedo; vierblätt(e)rig ADJ de cuatro hojas; BOT cuadrifoli(ad)o; vierdimensional ADJ de cuatro dimensiones; Viereck N MATH cuadrilátero m; (Quadrat) cuadrado m; viereckig ADJ cuadrangular; umg (quadratisch) cuadrado
'Vierer M ⟨~s; ~⟩ 1 SPORT Rudern: bote m de cuatro remos 2 südd, österr, schweiz (Vier) cuatro m; Viererbob M SPORT bob(sleigh) m de cuatro (asientos); Viererkonferenz F conferencia f cuatripartia
'vierer'lei ADJ de cuatro especies (od clases) diferentes
'Viererreihe F in ~n en filas de a cuatro; Vierertakt M MUS compás m de cuatro tiempos
'vierfach A ADJ cuádruple, cuádruplo B ADV cuatro veces más; Vierfache(s) N ⟨~n; → A⟩ cuádruplo m
Vier'farbendruck M TYPO impresión f a cuatro colores, cuatricromía f
'vierfarbig ADJ de cuatro colores
Vier'felderwirtschaft F AGR rotación f cuadrienal
'vierflächig ADJ tetraédrico; vierfüßig ADJ cuadrúpedo
'Vierfüß(l)er M ⟨~s; ~⟩ cuadrúpedo m; Vierganggetriebe N AUTO caja f de cuatro velocidades; Viergespann N tiro m de cuatro caballos; HIST cuadriga f
'vierhändig ADJ & ADV bes MUS a cuatro manos; ~ spielen tocar a cuatro manos
'vier'hundert ADJ cuatrocientos
Vier'jahresplan M plan m cuatrienal (od cuadrienal)
'vierjährig ADJ 1 (vier Jahre alt) de cuatro años 2 (alle vier Jahre) cuadrienal, cuatrienal 3 (vier Jahre dauernd) de cuatro años de duración; Vierjährige M/F ⟨~n; ~n; → A⟩ niño m, niña f de cuatro años; Vierjähriger →Vierjährige
'Vierkant M ⟨~(e)s; ~e⟩ TECH cuadrado m; Vierkanteisen N hierro m cuadrado; Vierkantholz N madera f cuadrada (od escuadrada)
'vierkantig A ADJ cuadrangular; cuadrado B ADV ~ behauen bzw schneiden Holz escuadrar
'Vierkantschlüssel M llave f para cerraduras cuadradas; Vierkantstahl M acero m cuadrado
'Vierlinge MPL cuatrillizos mpl
Vier'mächtekonferenz F → Viererkonferenz
'viermal ADV cuatro veces; viermalig ADJ cuatro veces repetido; cuadruplicado; viermotorig ADJ cuatrimotor, tetramotor; vierpolig ADJ ELEK tetrapolar; vierprozentig ADJ al cuatro por ciento
'Vierradantrieb M AUTO tracción f a (od de) cuatro ruedas; Vierradbremse F AUTO freno m sobre las cuatro ruedas
'vierräd(e)rig ADJ de cuatro ruedas; viersaitig ADJ MUS de cuatro cuerdas; vierschrötig ADJ rechoncho; robusto; (plump) grosero; vierseitig ADJ de cuatro lados; MATH cuadrilátero; viersilbig ADJ cuatrisílabo, tetrasílabo
'Viersitzer M ⟨~s; ~⟩ coche m de cuatro plazas (od asientos); viersitzig ADJ de cuatro plazas (od asientos); Vierspänner M ⟨~s; ~⟩ coche m de cuatro caballos; vierspännig ADJ de (od tirado por) cuatro caballos
'viersprachig ADJ en cuatro idiomas, cuatrilingüe; vierspurig ADJ Verkehr: de cuatro carriles; vierstellig ADJ Zahl de cuatro cifras (od dígitos); vierstimmig ADJ MUS a cuatro voces; vierstöckig ADJ de cuatro pisos; vierstufig ADJ TECH de cuatro escalones
viert ADV zu ~ cuatro; zu ~ sein ser cuatro
'viertägig ADJ de cuatro días
'Viertakter M ⟨~s; ~⟩, Viertaktmotor M motor m de cuatro tiempos
vier'tausend ADJ cuatro mil
'vierte(r, -s) ADJ cuarto; am ~n Juni el cuatro de junio; Heinrich IV. od der Vierte Enrique IV, Enrique cuatro
'vierteilen V/T 1 dividir en cuatro partes, cuartear 2 HIST descuartizar
'viertel ADJ ⟨inv⟩ ein ~ Meter/Kilo un cuarto de metro/de kilo; ein ~ Wein un cuart(ill)o de vino
'Viertel N ⟨~s; ~⟩ 1 cuarto m (a. Mondviertel); cuarta parte f; drei ~ las tres cuartas partes; ~ nach eins la una y cuarto; ~ vor vier (reg drei viertel vier) las cuatro menos cuarto 2 (Stadtviertel) barrio m
'Viertelfinale N SPORT cuartos mpl de final
Viertel'jahr N tres meses mpl, trimestre m; Vierteljahresschrift F revista f trimestral
'vierteljährig ADJ de tres meses; vierteljährlich A ADJ trimestral B ADV cada tres meses; por trimestre(s)
'Viertelkreis M cuadrante m; Viertelliter M cuarto m de litro
'vierteln V/T dividir en cuatro partes
'Viertelnote F MUS semínima f, negra f; Viertelpause F MUS pausa f de semínima; Viertelpfund N cuarto m de libra
Viertel'stunde F cuarto m de hora; drei ~n tres cuartos de hora
'viertelstündig ADJ de un cuarto de hora; viertelstündlich ADV cada cuarto de hora
'Viertelton M MUS cuarto m de tono
'viertens ADV en cuarto lugar; bei Aufzählungen: cuarto; viertletzte(r, -s) ADJ el cuarto bzw la cuarta contando desde atrás; viertürig ADJ AUTO de cuatro puertas
Vierund'sechzigstel N ⟨~s; ~⟩, Vierundsechzigstelnote F MUS semifusa f
'Vierung F ⟨~; ~en⟩ ARCH intersección f de la nave; Vierungsturm M cimborrio m
Vier'vierteltakt M MUS compasillo m, compás m de cuatro por cuatro
Vier'waldstätter ADJ der ~ See el lago de los Cuatro Cantones
'vierwöchentlich ADV cada cuatro semanas; vierwöchig ADJ de cuatro semanas
'vierzehn ADJ catorce; ~ Tage quince días; etwa ~ Tage unos quince días, una quincena
'vierzehnjährig ADJ de catorce años; Vierzehnjährige M/F ⟨~n; ~n; → A⟩ joven m/f de catorce años; vierzehntägig ADJ cada

quince días; quincenal; de quince días
'vierzehnte(r, -s) ADJ decimocuarto; **der ~ April** *bzw* **den** *od* **am ~n April** el catorce de abril; **Ludwig XIV.** *od* **der Vierzehnte** Luis XIV, Luis Catorce
'Vierzehntel N **ein ~** la decimacuarta parte; *Bruch*: un catorceavo; **Vierzeiler** M ⟨~s; ~⟩ LIT cuarteta *f*; redondilla *f*
'vierzig ADJ cuarenta; **etwa ~** unos cuarenta, una cuarentena; **~er Jahre** → Vierzigerjahre
'Vierzig F ⟨~⟩ cuarenta *m*; **um die ~ sein** tener unos cuarenta años; *umg* ir por los cuarenta
'Vierziger M ⟨~s; ~⟩ hombre *m* de cuarenta años, cuarentón *m*; **in den ~n sein** haber pasado los cuarenta (años); **Vierzigerin** F ⟨~; ~nen⟩ mujer *f* de cuarenta años, cuarentona *f*; **Vierzigerjahre** NPL **die ~** los años cuarenta; **in den ~n** en los años cuarenta
'vierzigjährig ADJ de cuarenta años, cuadragenario; **Vierzigjährige** M/F ⟨~n; ~n; → A⟩ cuarentón *m*, -ona *f*
'vierzigste(r, -s) ADJ cuadragésimo; **Vierzigstel** N ⟨~s; ~⟩ **ein ~** un cuarentavo
Vierzig'stundenwoche F semana *f* laboral de cuarenta horas
'Vierzylinder M ⟨~s; ~⟩, **Vierzylindermotor** M TECH, AUTO motor *m* de cuatro cilindros
Viet'nam [viɛt'nam] N Vietnam *m*
Vietna'mese M ⟨~n; ~n⟩, **Vietnamesin** F vietnamita *m/f*; **vietnamesisch** ADJ vietnamita
Vi'gnette [vi'njɛtə] F ⟨~; ~n⟩ **1** *(Autobahnvignette)* pegatina *f* del peaje **2** TYPO viñeta *f*
Vi'kar [v-] M ⟨~s; ~e⟩ PROT vicario *m*
Vikari'at [v-] N ⟨~(e)s; ~e⟩ PROT vicariato *m*; vicaría *f*
Vi'karin [v-] F ⟨~; ~nen⟩ PROT vicaria *f*
'Villa [v-] F ⟨~; Villen⟩ villa *f*, mansión *f*
'Villenkolonie [v-] F ≈ ciudad *f* jardín; urbanización *f*; **Villenviertel** N barrio *m* residencial *(de la alta sociedad)*
Vinai'grette [vinɛ'grɛt(ə)] F ⟨~; ~n⟩ GASTR vinagreta *f*
Vi'ola [v-] F ⟨~; Violen⟩ MUS viola *f*
vio'lett [v-] ADJ violeta; morado; **Vio'lett** N ⟨~(e)s⟩ violeta *m*
Vio'line [v-] F ⟨~; ~n⟩ violín *m*
Violi'nist [v-] M ⟨~en; ~en⟩, **Violinistin** F ⟨~; ~nen⟩ violinista *m/f*
Vio'linkonzert [v-] N MUS **1** *Musikstück*: concierto *m* para violín **2** *Veranstaltung*: concierto *m* de violín; **Violinschlüssel** M MUS clave *f* de sol
Violoncel'list [violɔn'tʃɛ-] M ⟨~en; ~en⟩, **Violoncel'listin** F ⟨~; ~nen⟩ violoncelista *m/f*; **Violon'cello** N ⟨~s; ~s *od* Violoncelli⟩ violonchelo *m*
'Viper [v-] F ⟨~; ~n⟩ ZOOL víbora *f*
'Viren [v-] PL → Virus; **Vireninfektion** F infección *f* viral *od* vírica; **Virenprogramm** N, **Virenschutzprogramm** N IT programa *m* anti-virus; **Virensuchprogramm** N IT programa *m* buscador de virus
vi'ril [v-] ADJ viril
Virili'tät [v-] F ⟨~⟩ virilidad *f*
Viro'loge [v-] M ⟨~n; ~n⟩ virólogo *m*; **Viro-lo'gie** F ⟨~⟩ virología *f*; **Viro'login** F ⟨~; ~nen⟩ viróloga *f*
Virtuali'tät [v-] F ⟨~; ~en⟩ virtualidad *f*
virtu'ell [v-] ADJ virtual; **~e Realität** realidad *f* virtual
virtu'os [v-] ADJ virtuoso; **Virtu'ose** M ⟨~n; ~n⟩, **Virtu'osin** F ⟨~; ~nen⟩ virtuoso *m*, -a *f*; **Virtuosi'tät** F ⟨~⟩ virtuosismo *m*
viru'lent [v-] ADJ MED virulento; **Viru'lenz** F ⟨~⟩ virulencia *f*
'Virus [v-] N & M ⟨~; Viren⟩ MED, IT virus *m*; **Virusforscher** M, **Virusforscherin** F virólogo *m*, -a *f*; **Virusforschung** F virología *f*; **Virusgrippe** F gripe *f* viral; **Virusinfektion** F infección *f* viral *od* vírica; **Viruskrankheit** F enfermedad *f* vírica, virosis *f*
'Visa [v-] → Visum
Vi'sage [vi'za:ʒə] F ⟨~; ~n⟩ *umg pej* facha *f*, pinta *f*
Visa'gist M ⟨~en; ~en⟩, **Visagistin** F ⟨~; ~nen⟩ esteticista *m/f*
Vi'sier [vi'zi:r] N ⟨~s; ~e⟩ **1** *am Helm*: visera *f*; *fig* **mit offenem ~** con toda franqueza **2** *am Gewehr*: mira *f*; alza *f*; **Visiereinrichtung** F dispositivo *m* de mira
vi'sieren [v-] VT ⟨*ohne* ge-⟩ **1** *zssgn* VI *(zielen)* apuntar **2** VERW *Pass* visar *(a. fig)*
Vi'sierfernrohr [v-] N anteojo *m* de puntería; **Visierlinie** F línea *f* de mira
Visi'on [v-] F ⟨~; ~en⟩ visión *f*; **~en haben** ver *od* tener visiones
visio'när [v-] ADJ visionario; **Visio'när** M ⟨~s; ~e⟩, **Visio'närin** F ⟨~; ~nen⟩ visionario *m*, -a *f*
Visitati'on [v-] F ⟨~; ~en⟩ **1** *(Durchsuchung)* registro *m* **2** *(Besichtigung)* (visita *f* de) inspección *f*
Vi'site [v-] F ⟨~; ~n⟩ *bes* MED visita *f*
Vi'sitenkarte [v-] F tarjeta *f* (de visita)
visi'tieren [v-] VT ⟨*ohne* ge-⟩ **1** *(durchsuchen)* registrar **2** *(besichtigen)* inspeccionar; visitar
vis'kos [v-] ADJ viscoso; **Vis'kose** F ⟨~⟩ viscosa *f*; **Viskosi'tät** F ⟨~⟩ viscosidad *f*
visuali'sieren [v-] VT visualizar; **visu'ell** ADJ visual
'Visum ['vi:zʊm] N ⟨~s; Visa *od* Visen⟩ visado *m*, *Am* visa *f*; **ein ~ beantragen/ausstellen** solicitar/expedir un visado; **Visumantrag** M solicitud *f* de visado; **visumfrei** ADJ exento de visado
vi'tal [v-] ADJ vital
Vitali'tät [v-] F ⟨~⟩ vitalidad *f*
Vita'min [v-] N ⟨~s; ~e⟩ vitamina *f*; **mit ~en anreichern** vitaminar; **vitaminarm** ADJ pobre en vitaminas; **Vitamingehalt** M contenido *m* en vitaminas; **vitaminhaltig** ADJ que contiene vitaminas
vitami'nieren, vitamini'sieren [v-] VT ⟨*ohne* ge-⟩ vitaminar
Vita'minmangel [v-] M avitaminosis *f*; carencia *f* de vitaminas; deficiencia *f* vitamínica; **Vitaminmangelkrankheit** F avitaminosis *f*
Vita'minpräparat [v-] N preparado *m* vitamínico; **vitaminreich** ADJ rico en vitaminas; **Vitaminstoß** M aporte *m* masivo de vitaminas
Vi'trine [v-] F ⟨~; ~n⟩ vitrina *f*
Vitri'ol [v-] N ⟨~s⟩ vitriolo *m*, caparrosa *f*; **vitriolartig** ADJ vitriólico
'vivat [v-] INT ¡viva!
'Vivat [v-] N ⟨~s; ~s⟩ viva *m*; **ein ~ ausbringen auf** dar vivas a
Vivisekti'on [v-] F ⟨~; ~en⟩ vivisección *f*
'Vize... [v-] IN ZSSGN vice...; **Vizeadmiral** M vicealmirante *m*; **Vizekanzler** M vicecanciller *m*; **Vizekönig** M virrey *m*; **Vizekonsul** M, **Vizekonsulin** F vicecónsul *m/f*; **Vizepräsident** M, **Vizepräsidentin** F vicepresidente *m*, -a *f*
v. J. ABK (vorigen Jahres) del año pasado
Vlies N ⟨~es; ~e⟩ vellón *m*; MYTH **das Goldene ~** el vellocino de oro
v. M. ABK (vorigen Monats) del mes pasado
'V-Mann ['faʊ-] M ⟨~(e)s; V-Männer *od* V-Leute⟩ *des Geheimdienstes*: confidente *m*, informante *m*
v. o. ABK (von oben) de arriba
'Vogel M ⟨~s; Vögel⟩ **1** ave *f*; *kleinerer*: pájaro *m* **2** *umg Person*: **komischer ~** tipo *m* extraño; tipo *m* raro (*od* extravagante); **lockerer ~** calavera *m* **3** *fig iron* **den ~ abschießen** llevarse la palma; *umg* **einen ~ haben** estar tocado (*od* chiflado); *umg* estar como una cabra; *umg* **j-m den ~ zeigen** ≈ dar a alg un corte de mangas
'Vogelbauer N & M ⟨~s; ~⟩ jaula *f*; **Vogelbeerbaum** M BOT serbal *m*; **Vogelbeere** F BOT serba *f*; **Vogelfang** M ⟨~(e)s⟩ caza *f* de pájaros; **Vogelfänger** M, **Vogelfängerin** F pajarero *m*, -a *f*
'vogelfrei ADJ fuera de la ley; **j-n für ~ erklären** poner fuera de la ley a alg
'Vogelfutter N comida *f* para pájaros; *i. w. S* alpiste *m*; **Vogelgesang** M canto *m* de los pájaros; **Vogelgrippe** F gripe *f* aviar; **Vogelhändler** M, **Vogelhändlerin** F pajarero *m*, -a *f*; **Vogelhandlung** F pajarería *f*; **Vogelhaus** N pajarera *f*; **Vogelkäfig** M jaula *f*; **Vogelkirsche** F BOT *Frucht*: cereza *f* silvestre; *Baum*: cerezo *m* silvestre
'Vogelkunde F ⟨~⟩ ornitología *f*; **Vogelkundige** M/F ⟨~n; ~n; → A⟩ ornitólogo *m*, -a *f*
'Vogelleim M liga *f*; **Vogelmiere** F ⟨~; ~n⟩ BOT pamplina *f*, hierba *f* pajarera
'vögeln VT & VI *vulg* joder, *vulg* follar (**j-n** *od* **mit j-m** a alg)
'Vogelnest N nido *m* (de pájaro); **Vogelperspektive** F ⟨~⟩ **aus der ~** a vista de pájaro; **Vogelschau** F ⟨~⟩ → Vogelperspektive; **Vogelscheuche** F ⟨~; ~n⟩ espantajo *m* *(a. fig)*; espantapájaros *m*; **Vogelschutz** M protección *f* de los pájaros; **Vogelschutzgebiet** N reserva *f* ornitológica; zona *f* de especial protección para las aves; **Vogelspinne** F ZOOL araña *f* (avicular)
Vogel-'Strauß-Politik F política *f* de avestruz
'Vogelstrich M paso *m* de las aves; **Vogelwarte** F estación *f* ornitológica; **Vogelwelt** F avifauna *f*, *seltener*: ornitofauna *f*; **Vogelzucht** F cría *f* de pájaros; **Vogelzüchter** M, **Vogelzüchterin** F pajarero *m*, -a *f*; **Vogelzug** M migración *f* de las aves
'Vogerlsalat M *österr* *(Feldsalat)* (hierba *f* de) canónigos *mpl*
Vo'gesen [v-] PL **die ~** Vosgos *mpl*
'Vöglein N ⟨~s; ~⟩ pajarito *m*, pajarillo *m*
Vogt M ⟨~(e)s; ~̈e⟩ HIST corregidor *m*; baile *m*; *(Burgvogt)* alcaide *m*
Voile ['voal] M ⟨~; ~s⟩ TEX velo *m*
voipen ['vɔʏpən] VI TEL, *Internet*: voipear
Vo'kabel [v-] F ⟨~; ~n⟩ vocablo *m*; palabra *f*; voz *f*; **Vokabelheft** N cuaderno *m* de vocabulario
Vokabu'lar [v-] N ⟨~s; ~e⟩ vocabulario *m*
vo'kal [v-] ADJ MUS vocal
Vo'kal [v-] M ⟨~s; ~e⟩ LING vocal *f*; **offener/geschlossener ~** vocal *f* abierta/cerrada; **vokalisch** ADJ vocálico
vokali'sieren [v-] VT ⟨*ohne* ge-⟩ vocalizar; **Vokalisierung** F ⟨~; ~en⟩ vocalización *f*
Vo'kalmusik [v-] F ⟨~⟩ música *f* vocal
'Vokativ [v-] M ⟨~s; ~e⟩ GRAM vocativo *m*
Vo'lant [vo'lã:] M, *schweiz* N ⟨~s; ~s⟩ volante *m*
Volk N ⟨~(e)s; Völker⟩ **1** *(Volksstamm)* pueblo *m*; *e-s Landes a.*: nación *f*; **das ~ der Kurden** el pueblo curdo **2** *(Bevölkerung)* población *f*; **etw unters ~ bringen** divulgar a/c; popularizar a/c **3** *(einfache Leute)* **das einfache ~** la gente; **das gemeine ~** la plebe; la gente baja; *pej* el vulgo; **der Mann aus dem ~** el hombre de la calle; el ciudadano de a pie **4** *umg* *(Gruppe*

V

von Menschen) mundo *m*; *(Leute)* gente *f*; **viel ~** mucha gente **5** *v. Bienen*: colmena *f*; *v. Vögeln*: bandada *f*

'Völkerbund M HIST Sociedad *f* de Naciones; **Völkergemeinschaft** F comunidad *f* de naciones

'Völkerkunde F etnología *f*; **Völkerkundler** M ⟨~s; ~⟩, **Völkerkundlerin** F ⟨~; ~nen⟩ etnólogo *m*, -a *f*; **völkerkundlich** ADJ etnológico

'Völkermord M genocidio *m*

'Völkerrecht N derecho *m* internacional (público); derecho *m* de gentes; **Völkerrechtler** M ⟨~s; ~⟩, **Völkerrechtlerin** F ⟨~; ~nen⟩ internacionalista *m/f*; **völkerrechtlich** ADJ de(l) derecho internacional

'Völkerschaft F ⟨~⟩ pueblo *m*; *(Stamm)* tribu *f*; **Völkerschlacht** F ⟨~⟩ HIST batalla *f* de las Naciones; **Völkerverständigung** F entendimiento *m* entre los pueblos; **Völkerwanderung** F **1** migración *f* de (los) pueblos **2** HIST Invasión *f* de los Bárbaros

'völkisch ADJ *Nationalsozialismus*: nacional

'Volksabstimmung F plebiscito *m*; referéndum *m*; **Volksaktie** F acción *f* popular; **Volksaufstand** M levantamiento *m* (*od* insurrección *f*) popular; **Volksausgabe** F edición *f* popular; **Volksbank** F ⟨~; ~en⟩ banco *m* popular; **Volksbefragung** F POL encuesta *f* de la población; consulta *f* popular; **Volksbegehren** N ⟨~s; ~⟩ POL petición *f* de plebiscito; **Volksbelustigungen** FPL *obs* festejos *mpl* populares; **Volksbewegung** F movimiento *m* popular; **Volksbildung** F educación *f* nacional; **Volksbücherei** F biblioteca *f* popular; **Volkscharakter** M mentalidad *f* (*od* carácter *m*) nacional; **Volksdemokratie** F democracia *f* popular

'Volksdeutsche M/F *Nationalsozialismus*: *persona de origen alemán (residente fuera de Alemania)*

'Volksdichter M, **Volksdichterin** F poeta *m*, poetisa *f* popular

'volkseigen ADJ HIST *DDR*: del Estado; nacionalizado; **~er Betrieb** empresa *f* de propiedad colectiva; **Volkseigentum** N propiedad *f* nacional; **ins ~ überführen** nacionalizar

'Volkseinkommen N renta *f* nacional; **Volksentscheid** M plebiscito *m*, referéndum *m*; **Volkserhebung** F → Volksaufstand

'Volksfeind M enemigo *m* público (*od* del pueblo); **volksfeindlich** ADJ antipatriótico

'Volksfest N fiesta *f* popular; **Volksfront** F POL Frente *m* Popular; **Volksführer** M POL líder *m* popular; conductor *m* de masas; **Volksgemeinschaft** F comunidad *f* nacional

'Volksgericht N HIST tribunal *m* popular; **Volksgerichtshof** M *Nationalsozialismus*: Tribunal *m* del Pueblo

'Volksgesundheit F higiene *f* (*od* sanidad *f*) pública; **Volksglaube** M creencia *f* popular; **Volksgruppe** F grupo *m* étnico; etnia *f*; **Volksgunst** F popularidad *f*; **Volksheld** M, **Volksheldin** F héroe *m*, heroína *f* nacional; **Volksherrschaft** F democracia *f*; **Volkshochschule** F universidad *f* popular; **Volkskammer** F HIST *DDR*: Cámara *f* del Pueblo; **Volksküche** F comedor *m* popular

'Volkskunde F ⟨~⟩ folclore *m*, folklore *m*; *Am a.* folclor *m*; **Volkskundler** M ⟨~s; ~⟩, **Volkskundlerin** F ⟨~; ~nen⟩ folclorista *m/f*, folklorista *m/f*; **volkskundlich** ADJ folclórico, folklórico

'Volkskunst F ⟨~⟩ arte *m* popular; **Volkslied** N canción *f* popular; **volksmäßig** ADJ popular; **Volksmeinung** F opinión *f* pública; **Volksmenge** F multitud *f*, muchedumbre *f*; gentío *m*; *pej* populacho *m*, plebe *f*; **Volksmund** M ⟨~(e)s⟩ **im ~** en el lenguaje popular; *pej* vulgarmente; **Volksmusik** F música *f* tradicional (*od* folklórica *od* popular); **volksnah** ADJ popular, cercano al pueblo; **Volkspartei** F POL partido *m* popular

'Volkspolizei F HIST *DDR*: Policía *f* Popular; **Volkspolizist** M, **Volkspolizistin** F HIST *DDR*: policía *m/f* popular

'Volksredner M orador *m* popular; tribuno *m*; **Volksrepublik** F república *f* popular; **die ~ China** la República Popular de China; **Volkssage** F leyenda *f* popular; **Volksschicht** F SOZIOL capa *f* (*od* estrato *m*) social; POL *a.* clase *f* social; **Volksschule** F *etc* → Grundschule *etc*; **Volkssitte** F costumbre *f* nacional; **Volkssport** M deporte *m* popular; deporte *m* de masas; **Volkssprache** F lenguaje *m* popular; **Volksstaat** M Estado *m* popular; **Volksstamm** M tribu *f*; **Volksstimme** F voz *f* del pueblo; **Volksstück** N THEAT comedia *f* popular; **Volkstanz** M baile *m* folclórico (*od* folklórico); danza *f* popular; **Volkstracht** F traje *m* nacional (*bzw* regional); **Volkstrauertag** M ⟨~(e)s⟩ día *m* de luto nacional; **Volkstribun** M HIST tribuno *m* (del pueblo); **Volkstum** N ⟨~s⟩ nacionalidad *f*; características *fpl* nacionales; *i. w. S* folklore *m*

'volkstümlich ADJ popular; *Brauch, Lied, Tanz* folclórico, folklórico; **Volkstümlichkeit** F ⟨~⟩ popularidad *f*

'Volksverbundenheit F solidaridad *f* con el pueblo; **Volksverdummung** F engaño *m* (*od* entontecimiento *m*) del pueblo; **Volksvermögen** N patrimonio *m* nacional; bienes *mpl* nacionales; **Volksversammlung** F **1** POL *(Parlament)* asamblea *f* nacional **2** *(Kundgebung)* manifestación *f* popular

'Volksvertreter M, **Volksvertreterin** F representante *m/f* del pueblo; POL diputado *m*, -a *f*; **Volksvertretung** F representación *f* nacional; *sp* Cortes *fpl*

'Volksweise F MUS aire *m* popular; **Volkswirt** M, **Volkswirtin** F economista *m/f*

'Volkswirtschaft F **1** *(Wirtschaft e-s Landes)* economía *f* nacional **2** *(Volkswirtschaftslehre)* economía *f* política; **volkswirtschaftlich** ADJ (político-)económico; *weitS.* macroeconómico; **Volkswirtschaftslehre** F economía *f* política

'Volkswohl N ⟨~s⟩ bien *m* público; **Volkszählung** F censo *m* de población (*od* demográfico); empadronamiento *m*

voll **A** ADJ **1** *(gefüllt)* lleno (**von** de); *(beladen)* cargado (**mit** de); TECH *(massiv)* macizo; **~(er) Wasser** lleno de agua; **bis oben (hin) ~** repleto; a tope, hasta los topes; **war es sehr ~?** ¿estaba muy lleno?; *mit Menschen*: ¿había mucha gente?; **der Mond ist ~** hay luna llena; THEAT **ein ~es Haus haben** llenar la sala; **das Theater war ganz ~** hubo un lleno total; *fig* **ganz ~ von etw sein** no hablar de otra cosa; representarse a teatro lleno; **aus dem Vollen schöpfen** gastar a manos llenas **2** *umg (satt)* lleno, harto; **~ sein** *(satt)* estar lleno; *sl (betrunken)* estar borracho **3** *(bedeckt)* cubierto (**mit** de); **~(er) Flecken** lleno de manchas **4** *von Körperformen*: regordete; *(rundlich)* rollizo, *umg* llenito; *Backen, Brüste* lleno; *(üppig)* opulento **5** *Stimme* sonoro; *Aroma* intenso; *Haar* abundante **6** *(vollständig)* pleno; *(völlig)* completo; *(ganz)* total; **ein ~er Erfolg** un éxito completo; un acierto total; **die ~e Summe** la suma total; **die ~e Wahrheit** toda la verdad; **den ~en Fahrpreis bezahlen** pagar billete completo; **aus ~em Herzen** con toda el alma; de todo corazón; **bei ~er Besinnung** con todo el conocimiento; **in ~er Blüte** en plena flor; **in ~er Fahrt** en plena marcha; **mit ~em Recht** con todo (el) derecho **7** *zeitlich*: **~e acht Tage** ocho días con sus ocho noches; **~e zwei Wochen** dos semanas enteras; **ein ~es Jahr** un año entero; **~e 20 Jahre** veinte años cumplidos; **zur ~en Stunde** a la hora en punto; **jeweils zur ~en Stunde** (a) cada hora **B** ADV **1** **~ (und ganz)** enteramente, completamente; plenamente; WIRTSCH **~ bezahlen** pagar totalmente; **~ einbezahlt** *Aktie* totalmente liberado; **~ verantwortlich** plenamente responsable **2** *umg fig* **j-n (nicht) für ~ nehmen** (no) tomar en serio a alg **3** *Jugendspr* **~ gut** genial, super guay; **~ geil** *od* **~ cool** alucinante, flipante **4** → *a.* vollfressen, vollgießen *etc*

'Vollaktie WIRTSCH acción *f* totalmente liberada

'vollauf ADV completamente; en abundancia; **~ genug** más que suficiente

'vollautomatisch ADJ completamente (*od* totalmente) automático; **vollautomatisiert** ADJ completamente automatizado

'Vollbad N baño *m* (de cuerpo) entero, baño *m* completo; **Vollbart** M barba *f* corrida

'vollbelastet ADJ TECH a plena carga; **vollberechtigt** ADJ con pleno poder; de pleno derecho; **vollbeschäftigt** ADJ **~ sein** trabajar en jornada completa

'Vollbeschäftigung F ⟨~⟩ **1** pleno empleo *m*; plena ocupación *f* **2** *e-r Person*: dedicación *f* plena

'Vollbesitz M plenitud *f*; **im ~** *(gen)* en plena posesión (de); en pleno uso (de); **im ~ seiner geistigen Kräfte** en plena posesión de sus facultades mentales

'Vollbier N cerveza *f* fuerte; **Vollbild** N **1** OPT imagen *f* completa; grabado *m* lleno **2** IT máximo *m* de la ventana en pantalla; pantalla *f* completa; **Vollblut** N *Pferd*: (caballo *m* de) pura sangre *m*; **Vollblut...** IN ZSSGN de pura sangre; *fig* de cuerpo entero

'vollblütig ADJ de pura sangre; MED pletórico; **Vollblütigkeit** F ⟨~⟩ MED plétora *f*

'Vollblutpferd N → Vollblut

'Vollbremsung F AUTO frenazo *m* (en seco); **eine ~ machen** frenar en seco

voll'bringen VT ⟨irr; ohne ge-⟩ **1** *(ausführen)* realizar; llevar a cabo **2** *(beenden)* terminar, acabar, concluir; **Voll'bringung** F ⟨~⟩ cumplimiento *m*; conclusión *f*; realización *f*

'vollbusig ADJ *umg* tetuda, pechugona

'Volldampf M **mit ~ (voraus)** a todo vapor; a toda máquina; *fig a.* a todo gas, a toda marcha

'Völlegefühl N sensación *f* de plenitud

'Vollei N GASTR huevo *m* en polvo; **Volleigentum** N JUR plena propiedad *f*; **Volleinzahlung** F WIRTSCH desembolso *m* total; *Aktie*: liberación *f* total

voll'enden VT ⟨ohne ge-⟩ *(beenden)* terminar, acabar, concluir; *(vervollständigen)* completar; *(vervollkommnen)* perfeccionar; *Lebensjahr* cumplir; JUR, REL consumar

voll'endet ADJ acabado; cumplido; *(vollkommen)* perfecto; consumado (*a.* JUR); **j-n vor ~e Tatsachen stellen** poner a alg ante un hecho consumado

'vollends ADV completamente, por completo, enteramente; del todo; **das hat ihn ~ zugrunde gerichtet** esto acabó de arruinarle

Voll'endung F ⟨~⟩ **1** acabamiento *m*; conclusión *f*; consumación *f* (*a.* JUR); **mit** (*od* **nach**) **~ des 60. Lebensjahres** al cumplir (*od* cumplidos) los sesenta años **2** *(Vollkommenheit)* perfección *f*

'voller **A** *komp* → voll **B** ADJ ⟨inv⟩ *(voll von)* lleno de

Völle'rei F ⟨~⟩ gula *f*; glotonería *f*

'Volley ['vɔle:] M ⟨~s; ~s⟩ volea *f*, voleo *m*; *Tennis*: **gute ~s schlagen** tener un buen voleo; **Volleyball** M voleibol *m*, balonvolea *m*

'vollfressen V/R ⟨irr⟩ *sl* **sich ~** ahitarse, *umg* atracarse, darse un atracón, hincharse de comer

voll'führen V/T ⟨ohne ge-⟩ ejecutar; realizar; llevar a cabo

'vollfüllen V/T llenar (**mit** *dat* de)

'Vollgas N **mit ~** *a. fig* a todo gas, a toda marcha; **~ geben** pisar a fondo; **mit ~ fahren** ir a toda velocidad; **Vollgefühl** N **im ~** *(gen)* en plena conciencia de; plenamente consciente de; **Vollgenuss** M pleno goce *m*

voll gepfropft, voll gestopft ADJ repleto (**mit** de); atestado; abarrotado

'Vollgewicht N peso *m* exigido

'vollgießen V/T ⟨irr⟩ llenar hasta el borde

'vollgültig ADJ perfectamente válido

'Vollgummireifen M bandaje *m* macizo; **Vollidiot** M *umg*, **Vollidiotin** F *umg* tonto *m*, tonta *f* de remate; perfecto, -a idiota *m/f*

'völlig **A** ADJ *(gänzlich)* entero; total; íntegro; *(vollständig)* completo; absoluto **B** ADV *(gänzlich)* enteramente; totalmente; *(ganz und gar)* del todo; íntegramente; de medio a medio; *(vollständig)* completamente; *nachgestellt*: por completo; **~ unmöglich** *a.* de todo punto imposible; **das ist ~ ausreichend** es más que suficiente

'vollinhaltlich ADJ en todo su contenido

'Vollinvalide M, **Vollinvalidin** F inválido *m*, -a *f* total; **Vollinvalidität** F invalidez *f* total

'volljährig ADJ mayor de edad; **~ werden** alcanzar la mayoría de edad; **Volljährigkeit** F ⟨~⟩ mayoría *f* de edad; **Volljährigkeitserklärung** F JUR declaración *f* de mayoridad

'Vollkasko F ⟨~⟩ *umg*, **Vollkaskoversicherung** F seguro *m* contra (*od* a) todo riesgo

voll'kommen **A** ADJ *(perfekt)* perfecto; *(vollendet)* completo; consumado; *Macht etc* absoluto **B** ADV → völlig B; **Vollkommenheit** F ⟨~⟩ perfección *f*

'Vollkornbrot N pan *m* integral; **Vollkornernährung** F alimentación *f* integral; **Vollkorngebäck** N pasteles *mpl* (*od* galletas *fpl*) integrales; pastelería *f* integral; **Vollkornmehl** N harina *f* integral; **Vollkornnudeln** FPL fideos *mpl* integrales; pasta *f* integral

'vollkotzen V/T *sl* llenar de vómitos

'Vollkraft F ⟨~⟩ pleno vigor *m*; *geh* **in der ~ seiner Jahre** en la flor de sus años

'volllabern V/T *umg* **j-n ~** *umg* soltar el rollo a alg

'Volllast F ⟨~⟩ ELEK plena carga *f*

'volllaufen ⟨irr⟩ **A** V/I llenarse; **etw ~ lassen** llenar a/c **B** V/R *umg fig* **sich ~ lassen** *(sich betrinken)* emborracharse

'vollmachen **A** V/T **1** *(füllen) Gefäß* llenar (**mit** *dat* de); *Maß* colmar; *Summe* completar; **um das Maß vollzumachen** para rematar; **um das Unglück vollzumachen** para colmo de desgracias **2** *umg (beschmutzen)* ensuciar **B** V/R *umg* **sich ~** ensuciarse; *umg* hacerse encima

'Vollmacht F ⟨~; ~en⟩ poder *m* (*a. Urkunde*); autorización *f*; JUR plenos poderes *mpl*; **unbeschränkte ~** pleno poder *m*, poder *m* general; plenipotencia *f*; *fig* carta *f* blanca; **j-m ~ erteilen** dar (*od* conferir *od* otorgar) a alg plenos poderes; apoderar a alg

'Vollmachterteilung F otorgamiento *m* de poder(es); **Vollmachtgeber** M, **Vollmachtgeberin** F poderdante *m/f*, otorgante *m/f*

'Vollmatrose M marinero *m* de primera

'Vollmilch F leche *f* entera; **Vollmilchschokolade** F chocolate *m* con leche

'Vollmitglied N miembro *m* de pleno derecho; **Vollmitgliedschaft** F calidad *f* *od* condición *f* de miembro de pleno derecho

'Vollmond M luna *f* llena, plenilunio *m*; **wir haben ~** *od* **es ist ~** hay luna llena; **bei ~** con luna llena; **Vollmondgesicht** N *umg* cara *f* de luna llena

voll motorisiert ADJ totalmente motorizado

'vollmundig **A** ADJ **1** *Wein* de mucho cuerpo **2** *(prahlerisch)* fanfarrón **B** ADV **etw ~ ankündigen** anunciar a/c con fanfarronería

'Vollnarkose F MED anestesia *f* total (*od* general)

'vollpacken V/T **~ (mit)** llenar completamente (de); *Koffer a.* llenar hasta los topes (de); *Wagen* cargar hasta los topes (de)

'Vollpension F pensión *f* completa

'vollpfropfen V/T atestar (**mit** de); abarrotar (**mit** de)

'vollpumpen V/T **1** **den Reifen ~** inflar el neumático; TECH **etw mit Wasser ~** llenar a/c de agua **2** *umg fig* **j-n mit etw ~** atiborrar a alg de a/c

'Vollrausch M embriaguez *f* total (*od* plena); **im ~** en estado de embriaguez total

'vollreif ADJ bien maduro

'vollsaufen V/R ⟨irr⟩ *sl* **sich ~** (beber hasta) emborracharse; **vollsaugen** V/R **sich ~** empaparse (**mit** de); **vollschenken** V/T *Glas etc* llenar hasta el borde; **vollschlagen** V/T ⟨irr⟩ *umg* **sich** *(dat)* **den Bauch ~** *umg* atiborrarse, hincharse

'vollschlank ADJ metido en carnes; *umg* llenito; regordete

'vollschmieren *umg* **A** V/T embadurnar; *Papier* emborronar; *(beschmutzen)* ensuciar; poner perdido **B** V/R embadurnarse; **vollschreiben** V/T ⟨irr⟩ *Seite* llenar

'Vollsitzung F sesión *f* plenaria

'vollspritzen V/T salpicar entero *od* completamente

'Vollspur F BAHN vía *f* normal

'vollständig **A** ADJ completo; *(ganz)* entero; total; *(ungekürzt)* íntegro **B** ADV completamente, *nachgestellt*: por completo; *(völlig)* enteramente; totalmente; *(ganz und gar)* del todo; de medio a medio; **Vollständigkeit** F ⟨~⟩ integridad *f*; totalidad *f*; **der ~ halber** para completar ...

'vollstopfen **A** V/T atestar (**mit** *dat* de); abarrotar (**mit** *dat* de); *umg* llenar hasta los topes (**mit** *dat* de) **B** V/R **sich ~ (mit)** *umg* atiborrarse (de), atracarse (de)

voll'streckbar ADJ ejecutable; JUR ejecutorio; **Vollstreckbarkeit** F ⟨~⟩ JUR ejecutoriedad *f*

voll'strecken V/T JUR ejecutar; **Vollstrecker** M ⟨~s; ~⟩, **Vollstreckerin** F ⟨~; ~nen⟩ ejecutor *m*, -a *f*; **Vollstreckung** F ⟨~; ~en⟩ ejecución *f*

Voll'streckungsbeamte(r) M, **Vollstreckungsbeamtin** F agente *m/f* ejecutor; **Vollstreckungsbefehl** M JUR orden *f* de ejecución; ejecutoria *f*; **Vollstreckungsbescheid** M providencia *f* de ejecución

'volltanken V/T llenar el depósito; **das Auto ~** llenar el tanque (*od* el depósito) de gasolina; **bitte ~!** ¡lleno, por favor!

'Volltext M IT texto *m* completo; **Volltextsuche** F búsqueda *f* en el texto completo

'volltönend ADJ sonoro; **Volltreffer** M impacto *m* completo (*od* total) (*a. fig*)

'volltrunken ADJ completamente borracho; **Volltrunkenheit** F embriaguez *f* plena

'Vollversammlung F asamblea *f* general (*od* plenaria); pleno *m*; **Vollwaise** F huérfano *m*, -a *f* de padre y madre (*od* total); **Vollwaschmittel** N detergente *m* universal

'Vollwertgericht N comida *f* integral; **vollwertig** ADJ perfectamente válido; de valor integral; **Vollwertkost** F alimento *m* completo; **Vollwertküche** F cocina *f* integral

'vollzählig **A** ADJ completo; **~ machen** completar; **~ sein** estar todos; estar al completo **B** ADV **sie sind ~ erschienen** han venido todos

'Vollzähligkeit F ⟨~⟩ número *m* completo

'Vollzeit F ⟨~⟩ *umg* **(in) ~ arbeiten** trabajar a jornada completa; **Vollzeitbeschäftigung** F trabajo *m* (*od* empleo *m*) a jornada completa

voll'ziehen ⟨irr; ohne ge-⟩ **A** V/T *(verwirklichen)* ejecutar; *(ausführen)* efectuar; hacer efectivo; llevar a cabo; cumplir; *Ehe* consumar; **~de Gewalt** (poder *m*) ejecutivo *m* **B** V/R **sich ~** efectuarse; tener lugar; realizarse

Voll'ziehung F ⟨~⟩ ejecución *f*; cumplimiento *m*; *e-r Ehe*: consumación *f*; **Voll'zug** M ⟨~(e)s⟩ **1** VERW, JUR ejecución *f*; → *a* Vollziehung **2** *(Strafvollzug)* régimen *m* penitenciario

Voll'zugsanstalt F penitenciaría *f*, centro *m* penitenciario; **Vollzugsbeamte(r)** M, **Vollzugsbeamtin** F JUR funcionario *m*, -a *f* ejecutivo, -a; **Vollzugsgewalt** F poder *m* ejecutivo; **Vollzugsmeldung** F notificación *f* de ejecución

Volon'tär [v-] M ⟨~s; ~e⟩ practicante *m*; HANDEL meritorio *m*; **Volontari'at** N ⟨~es; ~e⟩ prácticas *fpl*; JUR pasantía *f*; **Volon'tärin** F ⟨~; ~nen⟩ practicante *f*; HANDEL meritorio a *f*; **volon'tieren** V/I ⟨ohne ge-⟩ trabajar de practicante

Volt [v-] N ⟨~ *od* ~(e)s; ~⟩ ELEK voltio *m*

vol'taisch [v-] ADJ ELEK voltaico

'Volte [v-] F ⟨~; ~n⟩ *Reiten*: vuelta *f*

volti'gieren [vɔlti'ʒi:-] V/I ⟨ohne ge-⟩ *Reiten*: voltear

'Voltmeter [v-] N ⟨~s; ~⟩ ELEK voltímetro *m*

Vo'lumen [v-] N ⟨~s; ~ *od* Volumina⟩ volumen *m*

Vo'lumgewicht [v-] N peso *m* específico

volumi'nös [v-] ADJ voluminoso

Vo'lute [v-] F ⟨~; ~n⟩ ARCH voluta *f*

vom = von dem; → von

von PRÄP *(dat)* **1** *räumlich*: de; **~ Berlin kommen** venir de Berlín; **ich komme ~ da** vengo de allí; **vom Land** del campo; **~ Ost nach West** del Este al Oeste; **~ Stadt zu Stadt** de ciudad en ciudad; **~ oben** de arriba; **~ oben nach unten** de arriba abajo; **~ links nach rechts** de izquierda a derecha **2** *zeitlich*: de; desde; a partir de; **~ ... ab** *od* **~ ... an** desde ...; **~ da an** desde entonces; **~ heute an** desde hoy, de hoy en adelante, a partir de hoy; **~ morgen (ab)** a partir de mañana; **~ nun** *od* **jetzt an** desde ahora; de ahora en adelante; **~ zehn Jahren an** de diez años arriba; **~ ... bis** de ... a, desde ... hasta; **~ Montag bis Freitag** de lunes a viernes; desde el lunes hasta el viernes **3** *Herkunft*: de; **ein Brief ~ Antje** una carta de Antje; **ein Gedicht ~ Rilke** un poema de Rilke; **ein Film ~ Buñuel** una película de Buñuel **4** *(vonseiten)* de parte de; **ich komme ~ meinem Vater** vengo de parte de mi padre; **das ist sehr freundlich ~ Ihnen** es muy ama-

V

ble de su parte; **was willst du ~ mir?** ¿qué quieres de mí? 5 *Ursache, a. Passiv*: por; **~ allein** por sí solo; **vom langen Warten** de tanto esperar; **~ Natur aus** por naturaleza; **sie wurde ~ ihrem Bruder gerufen** fue llamado por su hermano 6 *instrumental*: **~ Hand (gefertigt)** hecho a mano; producido a mano 7 *Eigenschaft, Maß, Stoff*: de; **~ Holz** de madera; **die Einfuhr ~ Weizen** la importación de trigo; **ein Kind ~ 5 Jahren** un niño de cinco años; **ein Betrag ~ 100 Euro** una suma de cien euros; **ein Mann ~ Bildung** un hombre de cultura 8 *Teil, statt gen*: de; **ein Freund ~ mir** un amigo mío, uno de mis amigos; **eine ~ uns** una de nosotros; **einer ~ vielen** uno entre muchos; **acht ~ zehn Kindern** ocho niños de diez 9 **~ mir aus** por mí; **~ wegen!** ¡eso te lo has creído tú! 10 *Adelsbezeichnung*: de; **Herr ~ Hahn** el señor de Hahn; **die Herzogin ~ Monaco** la duquesa de Mónaco

vonei'nander ADV uno(s) de otro(s); **sie/wir können ~ lernen** pueden/podemos aprender uno del otro (*od* unos de otros)

von'nöten ADJ **~ sein** ser necesario

von'seiten, von Seiten PRÄP (*gen*) de parte de

von'stattengehen VI ⟨*irr*; sn⟩ tener lugar; efectuarse; verificarse; **gut ~** marchar bien

Voo'doo N ⟨~(s)⟩ REL vudú *m*

vor A PRÄP 1 *Lage (dat), Richtung (acus)*: delante de; **~ der Tür** delante de la puerta; **~ die Tür gehen** salir de la habitación; **das letzte Haus ~ dem Wald** la última casa antes del bosque; **~ sich** (*dat*) **haben** tener delante (de sí) 2 (*dat*) (*in Gegenwart von*) ante; **~ mir** ante mí; en mi presencia; **~ dem Richter** ante el juez; **~ j-s Augen** ante sus ojos 3 (*dat*) *zeitlich vorhergehend*: antes de; con anterioridad a; **~ der Abreise** antes de partir; **~ Sonnenaufgang** antes del amanecer; **einen Tag ~** un día antes de; **am Tag(e) ~** la víspera de; **10 Minuten/Viertel ~ 12** las doce menos diez/menos cuarto; **etw noch ~ sich** (*dat*) **haben** tener a/c delante (de sí) 4 (*dat*) *Vergangenheit*: hace; **~ acht Tagen** hace ocho días; **~ Kurzem** hace poco 5 (*dat*) *Vorzug*: **~ allen Dingen** ante todo; antes que nada; **~ allem** sobre todo 6 (*dat*) *Ursache*: **~ Freude** de alegría; **aus Achtung ~** por respeto (*od* consideración) a B ADV **nach wie ~** ahora como antes; igual que antes; **~ und zurück** adelante y atrás

vor'ab ADV (*zuerst*) ante todo; (*im Voraus*) de antemano, primero

'Vorabdruck M ⟨~(e)s; ~e⟩ TYPO avance *m* editorial; **Vorabend** M víspera *f*; **am ~** (**von** *od gen*) en vísperas (de)

Vor'abinformation F información *f* previa (*od* de antemano)

'Vorabsprache F acuerdo *m* previo; **Vorahnung** F presentimiento *m*; premonición *f*; corazonada *f*; **Voralarm** M MIL prealerta *f*; **Voralpen** FPL Prealpes *mpl*

vo'ran ADV delante; adelante; (*an der Spitze*) **j-m ~** al frente de alg; a la cabeza de alg; *umg* **immer langsam ~!** ¡vayamos por partes!

vo'rangehen VI ⟨*irr*; sn⟩ 1 *räumlich*: **j-m ~** ir delante de alg, tomar la delantera a alg; **gehen Sie voran!** pase adelante; usted primero; *fig* **mit gutem Beispiel ~** predicar con el ejemplo, dar buen ejemplo 2 (*vorrücken*) adelantarse; *Arbeit* progresar, avanzar; **gut ~** hacer progresos, avanzar; **es geht voran** estamos progresando 3 *zeitlich*: **einer Sache** (*dat*) **~** preceder a a/c

vo'rangehend ADJ precedente; previo; **vorankommen** VI ⟨*irr*; sn⟩ adelantar; avanzar; *fig a.* hacer progresos; progresar; **gut/schlecht ~** avanzar bien/no avanzar nada

'Vorankündigung F aviso *m* previo; preaviso *m*; **Voranmeldung** F cita *f* previa; preinscripción *f*; TEL preaviso *m*; **ohne ~** sin aviso previo; sin cita previa; **Voranschlag** M (*Kostenvoranschlag*) presupuesto *m*; cálculo *m* de gastos estimativo

vo'ranschreiten VI ⟨*irr*; sn⟩ avanzar, progresar (*a. Projekt etc*); **voranstellen** VT 1 **etw einer Sache** (*dat*) **~** anteponer a/c a a/c, poner a/c delante de a/c 2 (*vorweg bemerken*) anticipar; **Voranstellung** F anteposición *f*; **vorantreiben** VT ⟨*irr*⟩ activar; llevar adelante; agilizar

'Voranzeige F previo aviso *m*; advertencia *f* previa (*od* preliminar); FILM, TV avance *m* (de programa); **Vorarbeit** F trabajo *m* preparatorio (*od* preliminar) (**zu** para); (*Vorbereitungen*) preparativos *mpl*

'vorarbeiten A VT 1 (*vorbereiten*) preparar 2 **einen (freien) Tag ~** trabajar por adelantado (para tener un día libre) B VI 1 (*vorbereiten*) hacer los trabajos preparatorios; *fig* preparar el terreno 2 (*im Voraus arbeiten*) hacer (un trabajo, *etc*) por adelantado C VR **sich ~** abrirse camino; ganar terreno

'Vorarbeiter M, **Vorarbeiterin** F capataz *m/f*

'Vorarlberg N GEOG Voralberg *m*

vo'raus A PRÄP hacia adelante; **j-m/seiner Zeit (weit) ~ sein** ir (muy) por delante de alg/de su tiempo; adelantarse a alg/a su tiempo B ADV **im Voraus** de antemano; con anticipación (*od* antelación); por adelantado; **vielen Dank im Voraus** con gracias anticipadas

Vo'rausabteilung F MIL → Vorauskommando

vo'rausahnen VT presentir; **vorausbedingen** VT ⟨*ohne* ge-⟩ estipular de antemano; **vorausberechnen** VT ⟨*ohne* ge-⟩ hacer un cálculo previo; calcular previamente (*od* de antemano); **Vorausberechnung** F cálculo *m* previo; **vorausbestellen** VT ⟨*ohne* ge-⟩ → vorbestellen; **vorausbestimmen** VT ⟨*ohne* ge-⟩ predestinar; predeterminar, determinar (*od* fijar) de antemano; **vorausbezahlen** VT ⟨*ohne* ge-⟩ pagar por adelantado (*od* por anticipado); **Vorausbezahlung** F pago *m* (por) adelantado (*od* anticipado); **vorausdatieren** VT ⟨*ohne* ge-⟩ → vordatieren; **vorauseilen** VI ⟨sn⟩ adelantarse; tomar la delantera; *Ruf etc* **j-m ~** preceder a alg; **vorausgehen** VI ⟨*irr*; sn⟩ 1 ir delante (j-m de alg); adelantarse; preceder (j-m a alg) 2 **einer Sache** (*dat*) **~** preceder a a/c; **voraushaben** VT ⟨*irr*⟩ **j-m etw ~** aventajar a alg en a/c; llevar ventaja a alg en a/c

Vo'rauskommando N MIL destacamento *m* precursor; **Vorauskritik** F antecrítica *f*

vo'rauslaufen VI ⟨*irr*; sn⟩ adelantarse corriendo; **j-m ~** correr delante de alg; **vorausplanen** VT planificar; **voraussagbar** ADJ predecible; **nicht ~** impredecible; **Voraussage** F predicción *f*; pronóstico *m* (*a. Wettervoraussage*); **voraussagen** VT predecir; pronosticar; augurar, vaticinar; **Vorausschau** F previsión *f*; proyección *f*; **vorausschauen** VI prever; **vorausschauend** ADJ previsor

vo'rausschicken VT 1 enviar (hacia) adelante; enviar con anticipación 2 *fig* **etw ~** hacer una observación previa; **eine Bemerkung ~** anticipar una observación; **ich muss ~, dass ...** primero he de manifestar que ...; debo anticipar que ...

vo'raussehbar ADJ previsible; **voraussehen** VT ⟨*irr*⟩ prever; *Gefühl*: presentir; **das war vorauszusehen** se veía venir; era de suponer (*od* prever)

vo'raussetzen VT 1 (*erfordern*) presuponer, requerir; **vorausgesetzt, dass** a condición de que ... (*subj*); supuesto que (*subj*); siempre que (*subj*), con tal que (*subj*) 2 (*annehmen*) suponer; **vorausgesetzt, dass** a supuesto (*od* suponiendo) que (*subj*)

Vo'raussetzung F ⟨~; ~en⟩ 1 (*Vorbedingung*) condición *f* previa; **notwendige ~** requisito *m* (indispensable); **die ~en erfüllen** cumplir con las condiciones; **unter der ~, dass** con (*od* bajo) la condición de que (*subj*); a condición de que ... (*subj*) 2 (*Annahme*) suposición *f*; presuposición *f*; supuesto *m*

Vo'raussicht F ⟨~⟩ previsión *f*; **aller ~ nach** según las previsiones; según todos los indicios; con toda probabilidad; *hum* **in weiser ~** por prudencia; **voraussichtlich** A ADJ previsto B ADV probablemente

Vo'rausvermächtnis N JUR prelegado *m*

'Vorauswahl F selección *f* previa, preselección *f*

vo'rauswissen VT ⟨*irr*⟩ saber de antemano; **vorauszahlen** VT pagar por adelantado (*od* por anticipado); **Vorauszahlung** F pago *m* (por) adelantado (*od* anticipado)

'Vorbau M ⟨~(e)s; ~ten⟩ ARCH saliente *m*, saledizo *m*; voladizo *m*

'vorbauen A VT ARCH edificar en saliente B VI *fig* tomar sus precauciones; curarse en salud; **einer Sache** (*dat*) **~** tomar precauciones sobre a/c

'vorbedacht ADJ premeditado

'Vorbedacht M premeditación *f*; **mit ~** con premeditación; deliberadamente; **Vorbedeutung** F presagio *m*; agüero *m*, augurio *m*; **Vorbedingung** F condición *f* previa; premisa *f*

'Vorbehalt M ⟨~(e)s; ~e⟩ reserva *f*, salvedad *f*; (*Einschränkung*) restricción *f*; **geistiger** *od* **geheimer ~** reserva *f* mental; **ohne ~** sin reservas; sin restricción; **unter** *od* **mit ~** con reserva; **nur unter ~** (sólo) con reservas; HANDEL **unter üblichem ~** salvo buen fin; **unter dem ~, dass** con la salvedad de que (*subj*); a reserva de que (*subj*)

'vorbehalten[1] VT ⟨*irr*; *ohne* ge-⟩ reservar; **sich** (*dat*) **das Recht ~ zu** (*inf*) reservarse el derecho (**zu** de, a)

'vorbehalten[2] ADJ **Änderungen ~** salvo posibles modificaciones; **Irrtum ~** salvo error u omisión; JUR **alle Rechte ~** derechos reservados; es propiedad

'vorbehaltlich PRÄP (*gen*) VERW salvo (*acus*); a (*od* bajo) reserva de; **vorbehaltlos** A ADJ sin reserva(s); incondicional B ADV incondicionalmente, sin reserva

'Vorbehaltsgut N JUR bienes *mpl* reservados; *der Frau*: bienes *mpl* parafernales; **Vorbehaltsklausel** F JUR cláusula *f* de reserva

'vorbehandeln VT ⟨*ohne* ge-⟩ tratar previamente; **Vorbehandlung** F tratamiento *m* previo, pretratamiento *m*

vor'bei ADV 1 *zeitlich*: pasado; (*beendet*) acabado, terminado; **es ist ~** ya pasó; **es ist alles ~** todo se acabó; **es ist ~ mit ihm** está acabado; **~ ist ~** lo pasado, pasado (está); **es ist drei Uhr ~** son las tres (horas) pasadas; ya han dado las tres; **alles war ~** todo se había acabado 2 *örtlich*: **an etw** (*dat*) **~** (por) delante de a/c; cerca de a/c; **ich kann nicht ~** no puedo pasar 3 (*gefehlt*) errado; **~!** (*daneben*) ¡fuera!

vor'beifahren VI ⟨*irr*; sn⟩ pasar (**an, vor** *dat* por delante de); (*ohne zu halten*) pasar de largo; **aneinander ~** cruzarse; **im Vorbeifahren** al pasar; **vorbeiflitzen** VI ⟨sn⟩ *umg* pasar como un bólido (*od* como un rayo)

vor'beigehen VI ⟨*irr*; sn⟩ 1 (*vorbeilaufen*) pa-

V

sar por delante (andando) (**an** *dat* de); *fig* **an etw** (*dat*) ~ pasar a/c por alto (*od* de largo); ~ **lassen** dejar pasar; *Gelegenheit*: desaprovechar, dejar escapar; **im Vorbeigehen** de pasada (*a. fig*) **2** *Schuss* errar el blanco **3** *umg* **kurz bei j-m ~** (*j-n besuchen*) pasar por casa de alg **4** (*vergehen*) pasar

vor'beikommen VI ‹*irr*; sn› **1** pasar por delante (**an etw/j-m** de a/c/alg) **2** *umg* (*besuchen*) **bei j-m ~** pasar (*umg* dejarse caer) por casa de alg **3** (*vorbeigehen können*) (poder) pasar

vor'beikönnen VI ‹*irr*› (poder) pasar (**an etw/j-m** a/c/alg); **vorbeilassen** VT ‹*irr*› **j-n/etw ~** dejar pasar a alg/a/c

Vor'beimarsch M desfile *m*; **vorbeimarschieren** VI ‹*ohne* ge-› desfilar (**an, vor** *dat* ante)

vor'beireden VI **sie reden aneinander vorbei** hablan sin entenderse; no hablan el mismo idioma; **an etw** (*dat*) ~ andarse por las ramas; **vorbeisausen** VI ‹sn› → vorbeiflitzen; **vorbeischießen** VI ‹*irr*› **1** errar el blanco (*od* el tiro) **2** → vorbeiflitzen; **vorbeiziehen** VI ‹*irr*; sn› pasar (**vor, an** *dat* delante de); desfilar (**vor, an** *dat* ante)

'vorbelastet ADJ ~ **sein** JUR tener antecedentes; **erblich ~ sein** tener una tara hereditaria

'Vorbemerkung F advertencia *f* (preliminar)

'vorbereiten ‹*ohne* ge-› **A** VT preparar; **auf etw** (*acus*) **vorbereitet sein** estar preparado para a/c **B** VR **sich ~** prepararse (**auf** *acus* a, para); **vorbereitend** ADJ preparatorio; **Vorbereitung** F ‹~; ~en› preparación *f*; **~en** *pl* preparativos *mpl*; **~en treffen** (**zu** *od* **für etw**) hacer preparativos (para a/c)

'Vorbereitungskurs M curso *m* preparatorio; **Vorbereitungsphase** F, **Vorbereitungszeit** F período *m* preparatorio

'Vorberge MPL estribaciones *fpl*; **Vorbericht** M informe *m* preliminar; **Vorbescheid** M decisión *f* preliminar; **Vorbesitzer** M, **Vorbesitzerin** F propietario *m*, -a *f* anterior; **Vorbesprechung** F conferencia *f* preliminar

'vorbestellen VT ‹*ohne* ge-› encargar con antelación (*od* anticipación); *Platz, Zimmer* reservar; **Vorbestellung** F encargo *m* anticipado; reserva *f*

'Vorbestimmung F → Vorherbestimmung

'vorbestraft ADJ con antecedentes penales; **nicht ~** sin antecedentes penales; **Vorbestrafte** M/F ‹~n; ~n; → A› persona *f* con antecedentes penales

'vorbeugen **A** VI **einer Sache** (*dat*) **~** prevenir a/c (*a.* MED); precaver a/c **B** VR **sich ~** inclinarse hacia adelante; **vorbeugend** ADJ preventivo; MED *a.* profiláctico; **Vorbeugung** F ‹~; ~en› prevención *f*; MED *a.* profilaxis *f*

'Vorbeugungshaft F JUR prisión *f* preventiva; **Vorbeugungsmaßnahme** F medida *f* preventiva (MED *a.* profiláctica); **Vorbeugungsmittel** N preventivo *m*; MED profiláctico *m*

'Vorbild N modelo *m*; ejemplo *m*; (*Urbild*) prototipo *m*; (*Ideal*) ideal *m*; **ein ~ sein** *od* **als ~ dienen** servir de modelo (**für** para); (**sich** *dat*) **j-n/etw zum ~ nehmen** tomar ejemplo de alg/a/c; tomar a alg/a/c por modelo; **nach dem ~ von** según (*od* siguiendo) el ejemplo de; imitando a

'vorbilden VT preformar; preparar

'vorbildlich ADJ ejemplar, modélico; ideal; **Vorbildlichkeit** F ‹~› ejemplaridad *f*

'Vorbildung F ‹~› formación *f* previa; preparación *f*; conocimientos *mpl* previos

'vorbinden VT ‹*irr*› **sich** (*dat*) **eine Schürze ~** ponerse un delantal

'Vorbörse F WIRTSCH antebolsa *f*; bolsín *m* (de la mañana); **vorbörslich** ADJ WIRTSCH cotizado antes de la hora oficial; de cotización extraoficial

'Vorbote M precursor *m*; *fig* (*Anzeichen*) presagio *m*; amago *m*

'vorbringen VT ‹*irr*› *Anliegen* decir, manifestar; exponer, expresar; *Argumente* formular; *Plan* proponer; *Gründe* aducir, alegar; *Beweise* presentar

'Vorbühne F THEAT proscenio *m*

'vorchristlich ADJ precristiano

'Vordach N marquesina *f*; alero *m*; ARCH colgadizo *m*

'vordatieren VT ‹*ohne* ge-› poner fecha posterior a

vor'dem ADV *geh* antiguamente; antaño

'Vorderachse F eje *m* delantero; **Vorderansicht** F vista *f* frontal (*od* de frente); **Vorderarm** M ANAT antebrazo *m*

Vorder'asien N el Próximo Oriente, el Oriente Próximo

'Vorderbein N ZOOL pata *f* delantera; **Vorderdeck** N SCHIFF cubierta *f* de proa

'vordere(r, -s) ADJ de delante; *bei Körperteilen*: anterior, delantero; **die ~n Reihen** las primeras filas; **~ Seite** parte *f* anterior

'Vorderfront F ARCH fachada *f*; **Vorderfuß** M ZOOL pata *f* delantera

'Vordergrund M primer plano *m* (*a. fig*), primer término *m*; *fig* **im ~ stehen** ocupar el primer plano (de la actualidad); estar en primer plano; *fig* **in den ~ stellen** hacer resaltar, poner de relieve; poner en primer plano; *fig* **in den ~ treten** ponerse en el primer plano

'vordergründig ADJ superficial; ostensible; exterior; **vorderhand** ADV por lo (*od* de) pronto; de momento, por el momento

'Vorderhand F ‹~› ZOOL *des Pferdes*: mano *f*; **Vorderlader** M ‹~s; ~› fusil *m* de baqueta; **vorderlastig** ADJ FLUG pesado de testa; SCHIFF pesado de proa; **Vorderlauf** M ZOOL, JAGD pata *f* delantera; **Vorderlicht** N *des Fahrrads*: faro *m* delantero

'Vordermann M ‹~(e)s; ¨er *od* -leute› el que precede (*od* está delante); MIL cabo *m* de fila; guía *m*; **mein ~** la persona que está delante de mí; *umg fig* **j-n auf ~ bringen** meter a alg en cintura

'Vordermast M SCHIFF (palo *m* de) trinquete *m*; **Vorderpfote** F ZOOL pata *f* delantera

'Vorderrad N rueda *f* delantera; **Vorderradantrieb** M AUTO tracción *f* delantera; mando *m* delantero; **Vorderradbremse** F freno *m* delantero

'Vorderreihe F primera fila *f*; THEAT delantera *f*; **Vordersatz** M *Logik*: premisa *f*; MUS primer movimiento *m*; **Vorderschinken** M GASTR jamón *m* de paletilla; **Vorderseite** F parte *f* anterior (*od* delantera); ARCH fachada *f* anterior, frente *m*; *e-r Münze*: cara *f*, anverso *m*; TYPO recto *m*; **Vordersitz** M asiento *m* delantero

'vorderste(r, -s) ADJ primero, más adelantado (*od* avanzado); MIL, *a. fig* **an ~r Front** en primera línea del frente; **in der ~n Reihe** en primera línea

'Vordersteven M SCHIFF estrave *m*, roda *f*; **Vorderteil** M, N (parte *f*) delantera *f*; parte *f* anterior; **Vordertür** F puerta *f* principal (*bzw* de entrada); **Vorderzahn** M diente *m* anterior; **Vorderzimmer** N habitación *f* exterior (*od* que da a la calle)

'vordränge(l)n VR **sich ~** abrirse paso a codazos; *umg* colarse; *fig* darse importancia (*od* tono)

'vordringen VI ‹*irr*; sn› avanzar; ganar terreno (*a.* MIL); *in ein Land*: penetrar (**in** *acus* en); internarse (**in** *acus* en); **zu j-m ~** llegar hasta alg; **Vordringen** N ‹~s› avance *m* (*a.* MIL *u. fig*); POL expansión *f*; penetración *f*

'vordringlich **A** ADJ urgente; de máxima urgencia; de alta prioridad; **~e Aufgabe** tarea *f* primordial **B** ADV con apremio; **etw ~ behandeln** dar prioridad a a/c

'Vordringlichkeit F ‹~; ~en› carácter *m* urgente; prioridad *f*; **Vordruck** M ‹~(e)s; ~e› **1** *zum Ausfüllen*: impreso *m*, formulario *m*, modelo *m*; *auf Briefbögen*: membrete *m* **2** TYPO primera tirada *f*; **vorehelich** ADJ prenupcial, prematrimonial

'voreilig **A** ADJ **1** (*überstürzt*) precipitado; (*verfrüht*) prematuro **2** (*unbedacht*) inconsiderado **B** ADV **1** (*überstürzt*) con precipitación, precipitadamente; prematuramente; **~ handeln** obrar precipitadamente (*od* sin reflexión) **2** (*unbedacht*) a la ligera; **~ (über j-n/etw) urteilen** juzgar (a alg/a/c) con ligereza (*od* a la ligera)

'Voreiligkeit F ‹~› precipitación *f*; inconsideración *f*

vorei'nander ADV uno de otro; uno ante otro; **sich ~ fürchten** tenerse miedo mutuo; **Geheimnisse ~ haben** tener secretos entre sí

'voreingenommen ADJ parcial, prevenido (**für** *acus* en favor de; **gegen** *acus* contra; **gegenüber** *dat* frente a); lleno de prejuicios; **Voreingenommenheit** F ‹~› prevención *f* (**gegen** *acus* contra); parcialidad *f*; prejuicio *m*

'vorenthalten VT ‹*irr*; *ohne* ge-› retener; **j-m etw ~** (*nicht geben*) privar a alg de a/c; (*verbergen*) ocultar a/c a alg; **Vorenthaltung** F ‹~› retención *f*; JUR detentación *f*

'Vorentscheidung F decisión *f* (*od* resolución *f*) previa; **Vorentwurf** M anteproyecto *m*; **Vorerbe** M primer heredero *m*, heredero *m* previo

'vorerst ADV por de (*od* por lo) pronto; por el momento, de momento; por ahora; **vorerwähnt** ADJ precitado, antedicho, susodicho; arriba mencionado

'Vorexamen N examen *m* previo; **Vorfahr** M ‹~en; ~en› antepasado *m*, antecesor *m*

'vorfahren VI ‹*irr*; sn› **1** **bei j-m ~** parar delante de la casa de alg **2** (*vorausfahren*) ir por delante; (*überholen*) pasar, adelantar; **j-n ~ lassen** ceder el paso (*od* dejar pasar) a alg **3** (*nach vorn fahren*) avanzar

'Vorfahrin F ‹~; ~nen› antepasada *f*, antecesora *f*

'Vorfahrt F ‹~› prioridad *f* (de paso); preferencia *f* (de paso); **~ haben** tener la preferencia (**vor** *dat* sobre); **j-m die ~ lassen** ceder el paso a alg; **~ beachten!** ceda el paso

'Vorfahrt(s)schild N señal *f* de prioridad de paso; **Vorfahrt(s)straße** F calle *f* con (*od* de) prioridad; **Vorfahrt(s)zeichen** N señal *f* de prioridad (*od* de preferencia) de paso

'Vorfall M ‹~(e)s; ¨e› **1** (*Ereignis*) suceso *m*; incidente *m* **2** MED prolapso *m*

'vorfallen VI ‹*irr*; sn› **1** (*sich ereignen*) ocurrir, suceder, pasar, acontecer **2** MED prolapsarse

'Vorfeier F preludio *m* de una fiesta; **Vorfeld** N **1** MIL glacis *m*; avanzadas *fpl* **2** *fig* (**schon**) **im ~** (ya) en la fase preliminar (*od* preparatoria); **im ~ von** (*od gen*) antes de

'vorfertigen VT TECH prefabricar; **Vorfertigung** F TECH prefabricación *f*

'Vorfilm M corto(metraje) *m* que precede a la película principal; **Vorfinanzierung** F prefinanciación *f*; financiación *f* por anticipado

'**vorfinden** VT ⟨irr⟩ encontrar (al llegar); **vorflunkern** VT *umg* **j-m etw ~** contar cuentos chinos a alg

'**Vorfluter** M *fachspr Wasserlauf*: emisario *m*, cauce *m* de desagüe; **Vorfrage** F cuestión *f* preliminar (*od* previa); JUR *a.* cuestión *f* prejudicial; **Vorfreude** F ilusión *f* (od alegría *f*) anticipada; **Vorfrühling** M comienzo *m* de (la) primavera

'**vorfühlen** VI *fig* tantear el terreno; **bei j-m ~** tantear a alg

'**Vorführeffekt** M *hum fenómeno en él que algo no funciona o no ocurre precisamente cuando se quiere mostrar a otros*

'**vorführen** VT 1 (*zeigen*) presentar; exhibir 2 (*demonstrieren*) hacer una demostración (j-m a alg); *Gerät, Versuch etc* demostrar 3 FILM exhibir, proyectar, pasar 4 (*lächerlich machen*) *fam* **j-n ~** poner a alg en ridículo 5 JUR **j-n dem Richter ~** llevar a alg ante el juez

'**Vorführer** M, **Vorführerin** F demostrador *m*, -a *f*; FILM operador *m*, -a *f*

'**Vorführgerät** N 1 (*Projektor*) proyector *m* 2 TECH (*Vorführmodell*) modelo *m* para demostraciones; **Vorführmodell** N TECH modelo *m* para demostraciones; **Vorführraum** M FILM sala *f* de proyecciones; *i. e. S* cabina *f* del operador

'**Vorführung** F ⟨~; ~en⟩ 1 (*Vorstellung*) exhibición *f*; presentación *f* 2 *e-s Versuchs, e-s Gerätes*: demostración *f* 3 FILM proyección *f*, exhibición *f* 4 JUR comparecencia *f*

'**Vorführungsbefehl** M MIL orden *f* de comparecencia; **Vorführungsraum** M FILM sala *f* de proyecciones; *i. e. S* cabina *f* de proyección

'**Vorführwagen** M coche *m* (*od* modelo *m*) de demostración

'**Vorgabe** F ⟨~; ~n⟩ 1 (*Richtlinie*) directriz *f*, norma *f*; IT especificación *f* 2 SPORT ventaja *f*, handicap *m*

'**Vorgang** M ⟨~(e)s; ¨~e⟩ 1 (*Hergang*) curso *m*; marcha *f*; (*Ereignis*) suceso *m*, acontecimiento *m*; (*Angelegenheit*) asunto *m*; hechos *mpl*; (*Transaktion*) transacción *f*; TECH, CHEM, MED proceso *m*; TECH *a.* procedimiento *m*, operación *f*; HANDEL *Rechnungswesen*: operación *f* contable; *Korrespondenz*: referencia *f* 2 VERW, JUR (*Akten*) expediente *m*; actas *mpl* (*Schriftstück, Beleg, Unterlage*) documento *m*; prueba *f* documental 3 (*Naturvorgang*) fenómeno *m*

'**Vorgänger** M ⟨~s; ~⟩, **Vorgängerin** F ⟨~; ~nen⟩ predecesor *m*, -a *f*; antecesor *m*, -a *f*; **Vorgarten** M jardín *m* delantero; antejardín *m*

'**vorgaukeln** VT **j-m etw ~** fingir (*od* simular) a/c frente a alg; engañar a alg con falsas apariencias

'**vorgeben** VT ⟨irr⟩ 1 (*behaupten*) pretender; (*vorschützen*) pretextar; (*heucheln, vortäuschen*) fingir, aparentar 2 (*im Voraus festlegen*) *Zeit etc* fijar, determinar 3 SPORT, *Punkte, Meter* dar (una) ventaja de; **drei Punkte ~** dar tres puntos de ventaja

'**Vorgebirge** N cabo *m*; promontorio *m*

'**vorgeblich** ADJ pretendido, presunto; supuesto; **vorgeburtlich** ADJ prenatal; **vorgefasst** ADJ preconcebido; **~e Meinung** opinión *f* preconcebida; prejuicio *m*; **vorgefertigt** ADJ prefabricado; *Nahrungsmittel* precocinado

'**Vorgefühl** N presentimiento *m*; premonición *f*; *fig* corazonada *f*

'**vorgehen** VI ⟨irr; sn⟩ 1 (*nach vorn gehen*) pasar adelante, tomar la delantera; (*vorangehen*) ir delante; (*vorausgehen*) adelantarse; (*vorwärtsgehen*) avanzar (*a.* MIL); *Uhr* adelantar, ir adelantado; **j-n ~ lassen** ceder el paso a alg; **bitte, gehen Sie vor!** ¡(pase) usted primero!; **geh schon vor!** ¡adelántate ya! 2 (*Vorrang haben*) tener preferencia, pasar primero; ser más urgente (*bzw* importante); **die Arbeit geht vor!** ¡lo primero, (es) el trabajo! 3 (*geschehen*) suceder, ocurrir, pasar; **was geht hier vor?** ¿Qué ocurre (*od* pasa) aquí? 4 (*handeln*) actuar; obrar; proceder; **wie können wir hier ~?** ¿cómo debemos proceder en este caso?; **gegen j-n/etw ~** adoptar medidas contra alg/a/c; JUR **gerichtlich ~ gegen** proceder judicialmente contra

'**Vorgehen** N ⟨~s⟩ 1 avance *m* 2 (*Handlungsweise*) (forma *f*, manera *f* de) proceder *m*; manera *f* de obrar; procedimiento *m*; acción *f*; **gemeinschaftliches ~** acción *f* concertada (*od* conjunta)

'**vorgelagert** ADJ situado delante

'**Vorgelände** N MIL → Vorfeld; **Vorgelege** N ⟨~s; ~⟩ TECH transmisión *f* intermedia; contramarcha *f*; **vorgenannt** ADJ → vorerwähnt; **Vorgericht** N GASTR entrada *f*; entremeses *mpl*; **vorgerückt** ADJ **in ~em Alter** de edad avanzada; entrado en años; **zu ~er Stunde** a altas horas de la noche

'**Vorgeschichte** F ⟨~⟩ 1 (*Urgeschichte*) prehistoria *f* 2 *fig* (*vorausgegangene Ereignisse*) antecedentes *mpl* 3 MED anamnesia *f*; **vorgeschichtlich** ADJ prehistórico

'**Vorgeschmack** M ⟨~(e)s⟩ *fig* anticipo *m*; idea *f*; muestra *f*, prueba *f*

'**vorgeschoben** ADJ MIL avanzado; **vorgeschrieben** ADJ **~ sein** ser de rigor; ser obligatorio; estar prescrito; **vorgesehen** ADJ previsto

'**Vorgesetzte** M/F ⟨~n; ~n; → A⟩ superior *m/f*; jefe *m*, -a *f*

'**vorgestern** ADV anteayer; **~ Abend** anteanoche; *fig* **von ~** anticuado; **vorgestrig** ADJ de anteayer

'**vorgreifen** VI ⟨irr⟩ *beim Erzählen*: (**auf** *acus* a) anticiparse, adelantarse (**j-m** *od* **einer Sache** a alg *od* a a/c)

'**Vorgriff** M anticipación *f* (**auf** *acus* a); **Vorgruppe** F MUS grupo *m* telonero *od* telonero(s) *m(pl)*

'**vorgucken** VI *umg Unterhose etc*: asomar, sobresalir

'**vorhaben** VT ⟨irr⟩ 1 (*beabsichtigen*) tener previsto; proponerse; pensar hacer; proyectar; tener la intención de; planear; **für den Abend etw ~** tener un compromiso para la noche; **was haben Sie heute vor?** ¿qué piensa hacer hoy?; ¿qué planes tiene para hoy? 2 *umg Schürze etc* tener puesto

'**Vorhaben** N ⟨~s; ~⟩ (*Absicht*) intención *f*, propósito *m*; plan *m*, proyecto *m*; **Vorhafen** M SCHIFF antepuerto *m*; **Vorhalle** F vestíbulo *m*; hall *m*; ARCH (*Säulenvorhalle*) pórtico *m*; (*Kirchenvorhalle*) atrio *m*; **Vorhalt** M 1 MUS retardo *m* 2 JUR interpelación *f*

'**vorhalten** ⟨irr⟩ A VT 1 **j-m etw ~** *Gegenstand* poner a/c ante alg 2 *fig* (*vorwerfen*) **j-m etw ~** reprochar a/c a alg B VI *Vorrat etc* llenar por mucho tiempo, durar; *Vorsätze* (**nicht**) **lange ~** (no) durar mucho tiempo

'**Vorhaltung** F ⟨~; ~en⟩ reproche *m*; reconvención *f*; **j-m ~en machen** hacer reproches a alg; **Vorhand** F ⟨~⟩ 1 *Tennis*: derecho *m*, golpe *m* de derecha 2 *Pferd*: tercio *m* anterior 3 *Kartenspiel*: **die ~ haben** ser mano 4 WIRTSCH primera opción *f*

vor'**handen** ADJ (*existent*) existente; presente; (*verfügbar*) disponible; **~ sein** existir; estar disponible; estar presente; HANDEL **davon ist nichts mehr ~** se ha agotado (*od* terminado)

Vor'**handensein** N ⟨~s⟩ (*Existenz*) existencia *f*; presencia *f*; (*Verfügbarkeit*) disponibilidad *f*

'**Vorhandschlag** M *Tennis*: golpe *m* de derecha

'**Vorhang** M ⟨~(e)s; ¨~e⟩ cortina *f*; THEAT telón *m*; **~ auf!** ¡que empiece el espectáculo!; **~ auf für ...!** ¡ahora, señoras y señores, les dejo con ...!

'**vorhängen** VT colgar delante; poner; **Vorhängeschloss** N candado *m*

'**Vorhangschiene** F carril *m* (de cortinaje); **Vorhaut** F ANAT prepucio *m*

'**vorher** ADV 1 (*zuvor*) antes; **kurz ~** poco antes; **lang(e) ~** mucho antes; **wie ~** como antes; **der** *bzw* **am Tag ~** la víspera, el día anterior 2 (*im Voraus*) de antemano; previamente; por adelantado; con antelación (*od* anticipación)

vor'**herbestimmen** VT ⟨*ohne* ge-⟩ determinar de antemano; predeterminar; (*bes* REL) predestinar; **Vorherbestimmung** F predeterminación *f*, (*bes* REL) predestinación *f*

vor'**hergehen** VI ⟨irr; sn⟩ preceder, anteceder; **vorhergehend** ADJ precedente; anterior

vor'**herig** ADJ anterior; precedente; previo; (*ehemalig*) antiguo

'**Vorherrschaft** F predominio *m*; preponderancia *f*; predominación *f*; supremacía *f*; *bes* POL hegemonía *f*

'**vorherrschen** VI (pre)dominar; prevalecer; **vorherrschend** ADJ preponderante; predominante; **die ~e Meinung** la opinión dominante

Vor'**hersage** F previsión *f*, pronóstico *m*; **vorhersagen** VT predecir, pronosticar; **vorhersehbar** ADJ previsible; **vorhersehen** VT ⟨irr⟩ prever

'**vorhin, vor'hin** ADV hace un momento (*od* un rato)

'**Vorhinein** NUR IN **im ~** de antemano

'**Vorhof** M 1 antepatio *m*; atrio *m* 2 ANAT *des Ohres*: vestíbulo *m*; *des Herzens*: aurícula *f*, atrio *m*; **Vorhölle** F limbo *m*; **Vorhut** F ⟨~; ~en⟩ MIL vanguardia *f* (*a. fig*); avanzada *f*; *fig* avanzadilla *f*

'**vorig** ADJ anterior, precedente; (*vergangen*) pasado; último; **~es Jahr** el año pasado; **das ~e Mal** la última vez

'**vorindustriell** ADJ preindustrial

'**Vorinstanz** F JUR instancia *f* inferior *od* anterior; **vorinstanzlich** ADJ en instancia inferior *od* anterior

'**Vorjahr** N año *m* anterior (*od* pasado *od* precedente); **Vorjahresmodell** N AUTO modelo *m* de la temporada pasada; **vorjährig** ADJ del año pasado

vorjammern VT **j-m etw ~** lamentarse delante de alg

'**Vorkalkulation** F cálculo *m* provisional (*od* aproximativo); presupuesto *m* de coste; **Vorkammer** F 1 ANAT aurícula *f*, atrio *m* 2 TECH *des Motors*: cámara *f* de precombustión; **Vorkämpfer** M, **Vorkämpferin** F pionero *m*, -a *f*, precursor *m*, -a *f* (**für etw** en a/c); **Vorkasse** F pago *m* adelantado *od* anticipado; **nur gegen ~** previo pago anticipado

'**vorkauen** VT *fig* **j-m etw ~** darlo mascado a alg

'**Vorkauf** M compra *f* anticipada; **Vorkäufer** M, **Vorkäuferin** F retrayente *m/f*; **Vorkaufsrecht** N JUR derecho *m* de preferencia (*od* de retracto); *Aktien*: derecho *m* preferente de suscripción

'**Vorkehrung** F ⟨~; ~en⟩ precaución *f*; medida *f*; disposición *f*; **~en treffen** tomar precauciones; tomar (*od* adoptar) medidas; hacer preparativos; **Vorkenntnisse** FPL conocimientos *mpl* (previos); nociones *fpl* prelimina-

res

'vorklassisch ADJ preclásico; **vorklinisch** ADJ preclínico; **vorknöpfen** VT *umg* **sich** *(dat)* **j-n ~** *umg* llamar a alg a capítulo; *umg* echar una bronca a alg

'Vorkommando N MIL destacamento *m* precursor

'vorkommen[1] VI ⟨*irr*; sn⟩ 1 *(sich ereignen)* pasar, ocurrir, suceder; **so etw kommt vor** son cosas que suelen ocurrir *(od* que pasan); **so etw ist mir noch nicht vorgekommen** no he visto *(od* no había visto) cosa igual; esto es algo inaudito; **das kommt bei ihm nicht vor** eso no le pasa a él; **das wird nicht wieder ~** no volverá a repetirse; **dass mir das nicht noch einmal vorkommt!** ¡que no vuelva a repetirse (esto)! 2 *(vorhanden sein)* existir; *Pflanzen a.* darse; *Tiere a.* encontrarse, habitar **(in** *acus* en); **selten ~** ser raro; no ser frecuente; **häufig ~** ser frecuente; abundar **(in** *acus* en); menudear 3 *(erscheinen)* aparecer; *in e-r Liste*: figurar **(in** *acus* en)

'vorkommen[2] ⟨*irr*; sn⟩ A VI 1 *(scheinen)* parecer **(j-m** a alg); **sie kommt mir bekannt vor** me parece que la conozco; **das kommt mir bekannt vor** *Name, Text etc* me suena (de algo); *Situation* esto ya lo he vivido; **das kommt mir komisch vor** me parece raro; **das kommt mir Spanisch vor** me suena a chino 2 **sich** *(dat)* **klug** *etc* **~** creerse inteligente, *etc*; **sich** *(dat)* **~ wie …** sentirse como …; **ich komme mir vor wie ein …** tengo la sensación de ser un … B V/UNPERS **es kommt mir merkwürdig vor** me parece muy extraño; **es kommt mir so vor, als ob …** me da la impresión de que *(ind)*; me parece que … *(ind)*; **das kommt dir nur so vor!** ¡sólo te lo parece!; ¡eso son figuraciones *od* imaginaciones tuyas!

'vorkommen[3] VI ⟨*irr*; sn⟩ *umg* 1 *(nach vorn kommen)* avanzar 2 *(hervorkommen)* salir **(hinter etw** *dat* tras a/c); **komm da vor!** ¡sal de ahí!

'Vorkommen N ⟨~s; ~⟩ 1 existencia *f*; presencia *f*; *(Auftreten)* incidencia *f* 2 GEOL, BERGB yacimiento *m*; recursos *mpl*; **Vorkommnis** N ⟨~ses; ~se⟩ suceso *m*; acontecimiento *m*, acaecimiento *m*; *(Zwischenfall)* incidente *m*

'Vorkriegs... IN ZSSGN de antes de la guerra, de (la) anteguerra; **Vorkriegszeit** F época *f* de preguerra; anteguerra *f*

'vorkühlen VT refrigerar previamente; **Vorkühlung** F refrigeración *f* previa

'vorladen VT ⟨*irr*⟩ convocar, emplazar; JUR *vor Gericht*: citar; **Vorladung** F JUR citación *f*; emplazamiento *m*

'Vorlage F 1 *(das Vorlegen)* presentación *f*; **bei/gegen ~** a la/contra presentación 2 *(Entwurf)* proyecto *m*; *(Gesetzesvorlage)* proyecto *m* de ley 3 *(Muster)* modelo *m*; muestra *f*; *(Schablone)* patrón *m* 4 SPORT *Fußball*: pase *m*; *Skifahren*: inclinación *f* del cuerpo hacia adelante

'vorlassen VT ⟨*irr*⟩ 1 *(vorbeigehen lassen)* dejar pasar; ceder el paso a 2 *(empfangen)* hacer pasar; recibir

'Vorlauf M 1 SPORT carrera *f* previa; carrera *f* eliminatoria 2 *bei e-m Rekorder*: marcha *f* hacia adelante 3 → Vorlaufphase

'vorlaufen VI ⟨*irr*; sn⟩ adelantarse, tomar la delantera

'Vorläufer M, **Vorläuferin** F precursor *m*, -a *f*

'vorläufig A ADJ provisional; temporal; *Person* interino B ADV provisionalmente; temporalmente; *(fürs Erste)* de momento, por el momento, por ahora, por de pronto

'Vorlaufphase F, **Vorlaufzeit** F fase *f* preliminar *(od* preparatoria); **wir rechnen mit einer dreijährigen ~** contamos con un periodo de rodaje de tres años **(für** para)

'vorlaut ADJ resabido, sabidillo; *umg (frech)* indiscreto, fresco

'vorleben VT **j-m etw ~** servir de ejemplo en a/c a alg

'Vorleben N vida *f* anterior; *kriminelles*: antecedentes *mpl*

'Vorlegebesteck N juego *m* de trinchantes; **Vorlegefrist** F HANDEL plazo *m* de presentación; **Vorlegegabel** F tenedor *m* de trinchar, trinchante *m*; **Vorlegelöffel** M cucharón *m*; **Vorlegemesser** N cuchillo *m* de trinchar, trinchante *m*

'vorlegen VT 1 *(davor legen) Klotz* colocar (delante); *Kette, Schloss* poner; *Riegel a.* correr, echar 2 *geh Speisen* servir 3 *(zeigen)* enseñar, mostrar; exhibir; *zur Prüfung*: someter; *Dokumente* presentar; *Frage* dirigir, plantear; **etw zur Unterschrift ~** presentar a/c para que sea firmada; **zur Zahlung ~** presentar al pago *(od* al cobro) 4 *bes Fußball*: pasar; hacer un pase adelantado 5 *Geld* prestar 6 *umg* **ein tolles Tempo ~** ir a toda marcha; ir a una velocidad endiablada

'Vorleger M ⟨~s; ~⟩ alfombrilla *f*; *(Matte)* esterilla *f*, felpudo *m*; **Vorlegeschloss** N candado *m*; **Vorlegung** F ⟨~; ~en⟩ VERW presentación *f*

'Vorleistung F HANDEL anticipo *m*, pago *m* adelantado; *fig* concesión *f* anticipada; VERW **in ~ treten** pagar por adelantado

'vorlesen ⟨*irr*⟩ A VT leer en voz alta; **j-m etw ~** leer a/c a alg B VI **j-m ~** leer a alg

'Vorlesen N lectura *f*; **Vorleser** M ⟨~s; ~⟩, **Vorleserin** F ⟨~; ~nen⟩ lector *m*, -a *f*

'Vorlesung F UNIV curso *m*; *einzelne*: lección *f* (académica); clase *f*; *(Vortrag)* conferencia *f*; **eine ~ halten** dar *(od* explicar) un curso *(bzw* una clase) **(über** *acus* de); **eine ~ besuchen** *od* **hören** asistir a un curso *(bzw* una clase); **eine ~ belegen** hacer un curso

'Vorlesungsverzeichnis N UNIV programa *m* (de cursos); guía *f* de la carrera (universitaria)

'vorletzte(r, -s) ADJ penúltimo; **~ Nacht** anteanoche

'Vorliebe F predilección *f*, preferencia *f* **(für** por) **mit ~** preferentemente

'vorliebnehmen VI ⟨*irr*⟩ **mit j-m/etw ~** contentarse *(od* conformarse) con alg/a/c; darse por contento *(od* por satisfecho) con alg/a/c

'vorliegen VI ⟨*irr*⟩ *(vorhanden sein)* existir; haber; *(sich vorfinden)* hallarse, encontrarse; **j-m ~** tener ante sí; tener a la vista; **mir liegt ein Bericht vor** tengo a la vista un informe; **ihr Schreiben liegt mir vor** me ha llegado su carta; **da muss ein Irrtum ~** aquí tiene que haber un error; **was liegt (gegen ihn) vor?** ¿qué hay (contra él)?; **es liegt nichts vor** no hay nada; **es liegt nichts gegen dich vor** no se te acusa de nada; **es liegen keine Gründe vor, um zu** *(inf)* no hay ningún motivo para *(inf)*

'vorliegend ADJ presente; en cuestión; **im ~en Fall(e)** en este caso; en el presente caso; **laut ~en Meldungen** según las noticias recibidas

'vorlügen VT **j-m etw ~** mentir a alg en a/c

vorm. ABK 1 *(vormals)* antes; antaño 2 *(vormittags)* por la mañana

'vormachen VT 1 *(zeigen)* **j-m ~, wie es gemacht wird** enseñarle a alg a hacerlo 2 *(täuschen)* **j-m etw ~** engañar a alg en a/c; **sich** *(dat)* **(selbst) etw ~** engañarse (a sí mismo); **machen wir uns nichts vor!** ¡no nos engañemos!; ¡no nos llamemos a engaño!; **mach dir doch nichts vor!** ¡desengáñate!

'Vormacht F ⟨~⟩, **Vormachtstellung** F POL preponderancia *f*; supremacía *f*; hegemonía *f*

'vormalig ADJ anterior; antiguo; **vormals** ADV antes; antiguamente

'Vormann M ⟨~(e)s; ⸚er⟩ 1 *(Vorgänger)* predecesor *m*, antecesor *m* 2 *(Vorarbeiter)* capataz *m* 3 *österr* JUR propietario *m* anterior; **Vormarsch** M avance *m*; **auf dem ~ sein** avanzar; **Vormast** M SCHIFF (palo *m* de) trinquete *m*; **Vormensch** M hombre *m* prehistórico

'vormerken VT anotar, apuntar, tomar nota de, asentar; **eine Bestellung ~** tomar nota de un pedido; **sich ~ lassen für** inscribirse *(od* apuntarse) para; hacer la reserva de

'Vormerkung F ⟨~; ~en⟩ nota *f*; inscripción *f*; reserva *f*

'vormilitärisch ADJ **~e Ausbildung** instrucción *f* premilitar

'Vormittag M mañana *f*; **am ~** por la mañana; **heute ~** hoy por la mañana; **gestern ~** ayer por la mañana; **morgen ~** mañana por la mañana; **eines ~s** una mañana

'vormittags ADV por la(s) mañana(s); **(um) 8 Uhr ~** (a) las ocho de la mañana

'Vormittagsunterricht M clases *fpl* matinales *(od* de la mañana); **Vormittagsvorstellung** F THEAT, FILM función *f* matinal

'Vormonat M mes *m* anterior

'Vormund M ⟨~(e)s; ~e *od* -münder⟩ tutor *m*, -a *f*; **einen ~ bestellen** nombrar tutor; **Vormundschaft** F ⟨~; ~en⟩ tutela *f*; **unter ~ stehen/stellen** estar/poner bajo tutela; **vormundschaftlich** ADJ tutelar

'Vormundschaftsgericht N tribunal *m* tutelar (de menores); tribunal *m* de tutelas; **Vormundschaftsrichter** M, **Vormundschaftsrichterin** F juez *m*, juez(a) *f* tutelar

vorn ADV 1 *räumlich*: delante; adelante; *(an der Vorderseite)* (por) delante; **~ und hinten** delante y detrás; **~ im Bild** en el primer plano de la foto; **~ sitzen** estar sentado en la primera fila *(od* en la parte delantera); **nach ~ kommen** ir adelante, avanzar; **nach ~ liegen** *od* **gehen** *Räume* dar a la calle; **von ~** por delante; de frente, de cara; **von ~ bis hinten** de un extremo al otro; de cabo a rabo; **weiter ~** más adelante 2 *(an der Spitze)* al principio, a la cabeza, al frente; **von ~** *(von Anfang an)* desde el principio; *(noch einmal)* de nuevo, otra vez; **von ~ anfangen** volver a empezar 3 → hinten 3

'Vornahme F ⟨~; ~n⟩ VERW ejecución *f*

'Vorname M nombre *m* (de pila)

vorn'an ADV en primer lugar; a la *(od* en) cabeza

'vorne *umg* → vorn; **vorne'an** → vornan

'vornehm A ADJ 1 *Person* distinguido, de alto rango; *(edel)* noble; **die ~en** *Leute* la gente fina; **die ~e Welt** la alta sociedad; el mundo elegante; el gran mundo 2 *Art* distinguido; *(elegant)* elegante; **~es Wesen** distinción *f*; aire *m* distinguido 3 *geh* **die ~ste Pflicht** el deber primordial B ADV **~ tun** *pej* darse aires de nobleza *(od* de gran señor/señora)

'vornehmen VT 1 *(beginnen)* proceder a; emprender; ponerse a; ocuparse en; dedicarse a; *(ausführen)* hacer, efectuar; practicar 2 *(planen)* **sich** *(dat)* **etw ~** planear a/c; proponerse a/c; **sich** *(dat)* **eine Arbeit ~** proponerse un trabajo 3 *umg fig* **sich** *(dat)* **j-n ~** reprender a alg; *umg* llamar a capítulo a alg

'Vornehmheit F ⟨~⟩ distinción *f*; señorío *m*; *der Gesinnung*: nobleza *f*; *der Erscheinung*: porte *m* *(od* aire *m)* distinguido; *(Eleganz)* elegancia *f*; **vornehmlich** ADV particularmente, en particular; sobre *(od* ante) todo

Vornehmtue'rei F ⟨~⟩ *pej* afectación *f*; cursilería *f*
'vornherein ADV **von ~** desde un principio, a priori
vorn'über ADV hacia adelante; **~ fallen** caer de bruces (*od* de cabeza); **vorn'weg** ADV delante; a la cabeza
'Vorort M ⟨~(e)s; ~e⟩ suburbio *m*, arrabal *m*; barrio *m* periférico; **Vorortbahn** F ferrocarril *m* suburbano; **Vorortverkehr** M tráfico *m* suburbano; **Vorortzug** M tren *m* local (*od* suburbano)
'Vorplatz M explanada *f*; entrada *f*; (*Flur*) vestíbulo *m*; **Vorposten** M MIL puesto *m* avanzado (*od* de avanzada); **Vorpostenkette** F línea *f* de avanzadas; **Vorprogramm** N programa *m* previo; MUS actuación *f* previa; grupo *m* telonero *od* telonero(s) *m(pl)*
'vorprogrammieren VT ⟨*ohne* ge-⟩ preprogramar; **vorprogrammiert** ADJ preprogramado; *umg fig* **~ sein** estar claro, ser previsible
'Vorprojekt N anteproyecto *m*; **Vorprüfung** F examen *m* previo
'vorquellen VI ⟨sn⟩ *Augen etc* salir; **~de Augen** ojos *mpl* saltones; **vorragen** VI ⟨*ohne* ge-⟩ resaltar, sobresalir
'Vorrang M ⟨~(e)s⟩ **1** (*Vorrecht*) primacía *f* (**vor** *dat* sobre); precedencia *f*; preferencia *f*; **den ~ vor j-m haben** tener preferencia sobre alg; **j-m den ~ geben** dar trato preferente a alg **2** (*Vordringlichkeit*) prioridad *f*; **den ~ vor etw** (*dat*) **haben** tener prioridad sobre a/c **3** *österr* (*Vorfahrt*) preferencia *f*
'vorrangig ADJ **~ sein** tener prioridad
'Vorrangstellung F primacía *f*; preeminencia *f*; precedencia *f*
'Vorrat M ⟨~(e)s; Vorräte⟩ provisión *f*, acopio *m*; reserva *f* (**an** *dat* de); HANDEL existencias *fpl*; stock *m*; **auf ~** en reserva; **auf ~ kaufen** comprar para almacenar; acaparar; **sich** (*dat*) **einen ~ von etw anlegen** hacer acopio de a/c; HANDEL almacenar a/c; **solange der ~ reicht** hasta que se agoten (*od* mientras duren) las existencias
'vorrätig ADJ disponible; HANDEL en almacén, en stock
'Vorratsbehälter M depósito *m*; **Vorratskammer** F despensa *f*; SCHIFF pañol *m* (de víveres); **Vorratslager** N, **Vorratsraum** M depósito *m*; almacén *m* (para provisiones); **Vorratsschrank** M despensa *f*
'Vorraum M antecámara *f*; *e-r Wohnung*: vestíbulo *m*
'vorrechnen VT **j-m etw ~** hacerle a alg el cálculo (*od* la cuenta) de a/c; *fig* reprochar a/c a alg
'Vorrecht N privilegio *m*; **ausschließliches ~** prerrogativa *f*; **Vorrede** F discurso *m* preliminar; palabras *fpl* introductorias; *Text*: introducción *f*; preámbulo *m*; proemio *m*; *in Büchern*: prólogo *m*; prefacio *m*; *fig* **sich nicht lange bei** *od* **mit der ~ aufhalten** ir al grano
'Vorredner M, **Vorrednerin** F orador *m*, -a *f* precedente; **Vorreiter** M, **Vorreiterin** F precursor *m*, -a *f*; *fig* pionero *m*, -a *f*
'vorrichten VT *reg* preparar; disponer; **Vorrichtung** F ⟨~; ~en⟩ dispositivo *m*; aparato *m*; mecanismo *m*
'vorrücken **A** VT *Stuhl etc* avanzar **B** VI ⟨sn⟩ **1** adelantarse; avanzar (*a.* MIL *u. Zeit*) **2** *im Rang*: ascender; **auf den zweiten Platz ~** ascender a segunda posición
'Vorrücken N ⟨~s⟩ avance *m*; **Vorruhestand** M prejubilación *f*; jubilación *f* anticipada; **Vorrunde** F SPORT primera vuelta *f*; eliminatoria *f*
'Vorrundengruppe F SPORT grupo *m* de clasificación; **Vorrundenspiel** N SPORT partido *m* de clasificación
vors *umg* = **vor das**; → vor
Vors. ABK (Vorsitzende) pres. (presidente)
'Vorsaal M antesala *f*, antecámara *f*; vestíbulo *m*; (*Wartesaal*) sala *f* de espera
'vorsagen VT **j-m etw ~** soplar a/c a alg
'Vorsaison F temporada *f* baja; pretemporada *f*; **Vorsänger** M, **Vorsängerin** F primer cantor *m*, primera cantora *f*; entonador *m*, -a *f*
'Vorsatz M ⟨~es; ¨~e⟩ **1** (*Absicht*) intención *f*, designio *m*, propósito *m*; **gute Vorsätze** buenas intenciones; **den ~ fassen, zu** (*inf*) proponerse (*inf*); **mit dem ~, zu** (*inf*) con la intención de (*inf*); con el propósito de (*inf*) **2** JUR (*Vorbedacht*) premeditación *f*; (*böswillige Absicht*) dolo *m*; **mit ~** premeditado; *böswillig*: doloso
'Vorsatzblatt N TYPO (hoja *f* de) guarda *f*; **Vorsatzgerät** N ELEK adaptador *m*
'vorsätzlich **A** ADJ premeditado, preconcebido; JUR doloso **B** ADV con intención; deliberadamente; a (*od* de) propósito; JUR con premeditación; *böswillig*: dolosamente; con (ánimo de) dolo
'Vorsatzlinse F OPT lente *f* adicional
'vorschalten VT ELEK intercalar; conectar en serie; **Vorschaltwiderstand** M ELEK resistencia *f* en serie
'Vorschau F previsión *f*; orientación *f* (**auf** *acus* sobre); FILM, TV avance *m* (de programa); trailer *m*; *Am* sinopsis *f*
'Vorschein M **zum ~ bringen** sacar a luz; poner de manifiesto; descubrir; **zum ~ kommen** salir a luz; aparecer; surgir; manifestarse
'vorschicken VT enviar (hacia) adelante; MIL hacer avanzar; **vorschieben** VT ⟨*irr*⟩ **1** (*nach vorn schieben*) empujar hacia adelante; *Riegel* echar **2** *fig als Entschuldigung, Grund etc*: pretextar; escudarse en; **j-n ~** tomar a alg de testaferro; **vorschießen** ⟨*irr*⟩ **A** VT *Geld* anticipar, adelantar (**j-m** a alg) **B** VI ⟨sn⟩ precipitarse *od* lanzarse hacia adelante; salir disparado
'Vorschiff N SCHIFF proa *f*
'Vorschlag M ⟨~(e)s; ¨~e⟩ **1** proposición *f*; propuesta *f*; (*Anregung*) sugerencia *f*; (*Empfehlung*) recomendación *f*; **einen ~ machen** hacer una proposición (*bzw* una propuesta); **auf ~ von** a propuesta (*bzw* a recomendación) de **2** MUS apoyatura *f*
'vorschlagen VT ⟨*irr*⟩ proponer (**j-m etw** a/c a alg); (*anregen*) sugerir; **j-n ~** *für ein Amt a.*: presentar a alg; (*empfehlen*) recomendar a alg
'Vorschlaghammer M martillo *m* a dos manos; macho *m* de fragua
'Vorschlagsliste F lista *f* de candidatos; **Vorschlagsrecht** N derecho *m* de presentación
'vorschleifen VT ⟨*irr*⟩ desbastar; **Vorschliff** M desbaste *m*
'Vorschlussrunde F SPORT semifinal *f*
'vorschmecken VI *im Essen* predominar; **vorschneiden** VT ⟨*irr*⟩ *Braten* trinchar; **vorschnell** ADJ → voreilig; **vorschnellen** VI ⟨sn⟩ precipitarse *od* lanzarse hacia adelante; salir disparado
'vorschreiben VT ⟨*irr*⟩ **1** (*anordnen*) **j-m etw ~** ordenar a/c a alg; prescribir a/c a alg; **ich lasse mir nichts ~** no tengo por qué recibir órdenes de nadie **2** (*festlegen*) *Preise* fijar; indicar; *Bedingungen* imponer **3** (*ins Unreine schreiben*) escribir en borrador
'vorschreiten VI ⟨*irr*; sn⟩ *geh* avanzar; *fig a.* adelantar, progresar
'Vorschrift F ⟨~; ~en⟩ **1** (*Anweisung*) instrucción *f*; (*Befehl*) orden *f* **2** (*Bestimmung*) directiva *f*; *gesetzliche*: disposición *f*; **~ sein** ser de rigor; **die ~en** *pl* el reglamento; **das sind die ~en** es el reglamento; **ich lasse mir keine ~en machen** no admito órdenes de nadie **3** MED prescripción *f*; **ärztliche ~** prescripción *f* facultativa
'vorschriftsmäßig **A** ADJ reglamentario, de reglamento; de rigor **B** ADV conforme a lo prescrito (*bzw* al reglamento); (*korrekt*) en (su) debida forma; en regla; **vorschriftswidrig** ADJ antirreglamentario, contrario a lo prescrito (*bzw* al reglamento)
'Vorschub M ⟨~(e)s; -schübe⟩ **1** TECH avance *m* **2** *fig* **j-m/einer Sache ~ leisten** apoyar *od* favorecer a alg/a/c
'Vorschulalter N edad *f* preescolar; **Vorschule** F (centro *m* de educación) preescolar *m*; **Vorschulerziehung** F educación *f* preescolar; **vorschulisch** ADJ preescolar
'Vorschuss M anticipo *m*; adelanto *m* (**auf** *acus* de *bzw* a); **~ auf den Lohn** anticipo *m* de sueldo; **Vorschussdividende** F WIRTSCH dividendo *m* a cuenta; **Vorschusslorbeeren** MPL alabanzas *fpl* anticipadas; **vorschussweise** ADV a título de anticipo; **Vorschusszahlung** F anticipo *m*
'vorschützen VT pretextar, dar por (*od* como) pretexto; escudarse en; alegar; **sein Alter ~** disculparse con la edad; **Unwissenheit ~** aparentar (*od* fingir) ignorancia
'vorschwärmen VT & VI **j-m von etw ~** hablar a alg entusiásticamente de a/c
'vorschweben VI **mir schwebt etw vor** tengo una vaga idea de a/c; **mir schwebt etwas ganz anderes vor** (yo) tengo una idea completamente distinta; **(so) wie es mir vorschwebt** tal como yo me lo imagino
'vorschwindeln VT **j-m etw ~** hacer creer a alg a/c; mentir a alg
'Vorsegel N SCHIFF (vela *f* de) trinquete *m*
'vorsehen ⟨*irr*⟩ **A** VT prever; **dieser Fall ist im Gesetz nicht vorgesehen** este caso no está contemplado por la ley; **das war so nicht vorgesehen** (*geplant, beabsichtigt*) eso no estaba previsto **B** V/R **sich ~** tener cuidado, precaverse, guardarse (**vor** *dat* de); ponerse en guardia (**vor** *dat* contra); tomar precauciones (**vor** *dat* contra)
'Vorsehung F ⟨~⟩ Providencia *f*; **die göttliche ~** la Divina Providencia
'vorsetzen VT **1** *Fuß, Stuhl* poner (*od* colocar) delante; anteponer **2** (*anbieten*) ofrecer; *Speisen a.* servir
'Vorsicht F ⟨~⟩ **1** precaución *f*; cautela *f*; (*Behutsamkeit*) cuidado *m*; (*Umsicht*) circunspección *f*; prudencia *f*; **aus/mit ~** por/con precaución; *umg* **er ist mit ~ zu genießen** hay que tratarle con guante blanco; es de cuidado **2** *Warnung*: **~!** ¡cuidado!, ¡atención!, *umg* ¡ojo!; **~ Stufe!** ¡atención al escalón! **3** *sprichw* **~ ist besser als Nachsicht** más vale prevenir que curar; **~ ist die Mutter der Weisheit** (*od umg* **der Porzellankiste**) hombre prevenido vale por dos
'vorsichtig **A** ADJ prudente; cauto; (*behutsam*) cuidadoso; (*umsichtig*) circunspecto; **~ sein** tener (*od* andar con) cuidado; proceder con cautela; **sei ~!** ¡ten cuidado!; **man kann nie ~ genug sein** toda precaución es poca **B** ADV con cuidado; **~ behandeln** tratar con cuidado; (*schüchtern*) **~ lächeln** sonreír tímidamente
'vorsichtshalber ADV por precaución; por si acaso; **Vorsichtsmaßnahme** F, **Vorsichtsmaßregel** F medida *f* de precaución, medida *f* precautoria; **~n treffen** tomar (sus) precauciones
'Vorsignal N BAHN señal *f* de aviso; **Vorsilbe** F GRAM prefijo *m*

'vorsingen ⟨irr⟩ A VT **j-m etw ~** cantar a/c a (*bzw* ante) alg B VI MUS pasar una audición

'vorsintflutlich ADJ antediluviano (*a. fig*)

'Vorsitz M presidencia *f*; **den ~ haben** presidir (**bei etw** *dat*, **über etw** *acus* a/c); **den ~ bei etw führen** presidir a/c; **den ~ übernehmen** ocupar (*od* hacerse cargo de) la presidencia; **unter dem ~ von** bajo la presidencia de

'vorsitzen VI ⟨irr⟩ **einer Versammlung** (*dat*) **etc ~** presidir a una reunión, *etc*

'Vorsitzende M/F ⟨~n; ~n; → A⟩ presidente *m*; presidenta *f*; **der/die stellvertretende ~** el vicepresidente/la vicepresidenta

'Vorsommer M principios *mpl* del verano; **vorsommerlich** ADJ preveraniego

'Vorsorge F ⟨~⟩ previsión *f*; (*Vorsicht*) precaución *f*; **~ treffen** tomar precauciones (**für** para); **Vorsorgemedizin** F medicina *f* preventiva

'vorsorgen VI tomar (sus) precauciones (*bzw* las medidas necesarias); prevenirse de lo necesario

'Vorsorgeuntersuchung F MED chequeo *m* preventivo; **vorsorglich** A ADJ preventivo, previsor B ADV por precaución

'Vorspann M ⟨~(e)s; ~e⟩ 1 FILM avance *m*; títulos *mpl* de crédito, genéricos *mpl* 2 (*Einleitung*) introducción *f*; **vorspannen** VT *Pferde* enganchar; **Vorspeise** F GASTR entrada *f*; entremeses *mpl*; entrante *m*

'vorspiegeln VT aparentar, fingir; simular; **j-m etw ~** hacer creer a/c a alg; engañar a alg con falsas apariencias; **Vorspiegelung** F 1 simulación *f*; fingimiento *m*; JUR **wegen ~ falscher Tatsachen** por falsedad 2 (*Trugbild*) ilusión *f*

'Vorspiel N 1 MUS preludio *m* (*a. fig*); *Oper*: obertura *f* 2 THEAT prólogo *m* 3 *sexuell*: juegos *mpl* eróticos previos

'vorspielen VT 1 MUS, THEAT **j-m etw ~** tocar a/c para alg 2 (*vortäuschen*) fingir, simular; **j-m etw ~** hacer creer a/c a alg, fingir a/c delante de alg

'Vorspielen N MUS, THEAT audición *f*; **Vorspielkabine** F cabina *f* de audición

'vorsprechen ⟨irr⟩ A VT 1 **einen Satz ~** decir una frase (para que la repita otro) 2 THEAT recitar B VI 1 **bei j-m ~** ir a hablar con alg; ir a visitar a alg 2 THEAT participar en una audición

'vorspringen VI ⟨irr; sn⟩ 1 lanzarse hacia adelante; **hinter einem Busch ~** saltar por detrás de un arbusto 2 (*herausragen*) sobresalir; ARCH *a.* resaltar, resalir; **über etw** (*acus*) **~** rebasar a/c, sobresalir de a/c

'vorspringend ADJ saliente; *Mauern, Felsen a.* saledizo; voladizo; *Kinn, Nase* prominente

'Vorsprung M 1 *bei Mauern, Felsen*: saliente *m*, resalto *m*; saledizo *m* 2 *fig u.* SPORT ventaja *f* (**vor** *dat* sobre *od* ante)); **einen ~ (vor j-m) gewinnen** sacar ventaja (a alg); adelantarse (a alg); **seinen ~ ausbauen** consolidar su ventaja; **einen ~ haben vor** llevar ventaja a (*od* sobre); **mit großem ~** con amplio margen

'vorspulen VT desbobinar

'Vorstadt F suburbio *m*; arrabal *m*; **Vorstädter** M ⟨~s; ~⟩, **Vorstädterin** F ⟨~; ~nen⟩ suburbano *m*, -a *f*, arrabalero *m*, -a *f*; **vorstädtisch** ADJ suburbano; arrabalero (*a. pej*); **Vorstadtkino** N cine *m* de barrio

'Vorstand M ⟨~(e)s; ⸚e⟩ 1 (junta) *f* directiva; comité *m* (*bzw* consejo *m*) de dirección; *i. w. S* dirección *f* 2 (*Parteivorstand*) ejecutiva *f* 3 *Person*: director *m*; jefe *m*

'Vorstandsbeschluss M decisión *f* de la junta directiva; **Vorstandsmitglied** N miembro *m* de la junta directiva (*bzw* de la ejecutiva); **Vorstandssitzung** F sesión *f* (*bzw* reunión *f*) de la junta directiva; **Vorstandstisch** M mesa *f* presidencial; **Vorstandsvorsitzende** M/F presidente *m*, -a *f* de la junta directiva (*bzw* de la ejecutiva); **Vorstandswahl** F elección *f* de la junta directiva (*bzw* de la ejecutiva)

'vorstecken VT 1 *Kopf* asomar 2 *fig* **das vorgesteckte Ziel** la meta fijada

'vorstehen VI ⟨irr⟩ 1 (*vorragen*) resaltar, resalir 2 *geh* (*leiten*) **einem Unternehmen ~** presidir (*od* dirigir) una empresa; ser director (*od* jefe) de una empresa; **dem Haushalt ~** llevar la casa

'vorstehend ADJ 1 (*vorspringend*) saliente, prominente 2 *im Text*: **das Vorstehende** lo susodicho, lo precedente; lo antes citado; **im Vorstehenden** dicho más arriba; **aus dem Vorstehenden ist zu ersehen** de lo que antecede resulta; **wie ~** como (más) arriba se indica (*bzw* se expresa)

'Vorsteher M ⟨~s; ~⟩ *obs* director *m*; presidente *m*; jefe *m*; REL superior *m*; **Vorsteherdrüse** F ANAT próstata *f*; **Vorsteherin** F ⟨~; ~nen⟩ *obs* directora *f*; presidenta *f*; jefa *f*; REL superiora *f*; **Vorstehhund** M JAGD perro *m* de muestra

'vorstellbar ADJ imaginable, concebible; **nicht ~** inimaginable, inconcebible

'vorstellen[1] A VT 1 (*bekannt machen*) presentar; **j-n j-m ~** presentar alg a alg; **darf ich Ihnen Herrn Jueres ~?** permítame (*od* tengo el gusto de) presentarle al señor Jueres 2 (*bedeuten*) significar; (*darstellen*) representar (*a.* THEAT); **was soll das ~?** ¿qué significa (*bzw* representa) esto?; *umg reg* **er stellt etw vor** (*sieht gut aus*) hace buena figura; (*gilt als Persönlichkeit*) es una personalidad; es un hombre que vale B VR **sich j-m ~** presentarse a alg

vorstellen[2] VT **sich** (*dat*) **etw ~** figurarse, imaginarse a/c; **das kann ich mir nicht ~** no lo concibo; no puedo creerlo; **das hätte ich mir nicht vorgestellt** no lo hubiera imaginado; **ich kann mir nicht ~, dass** no me puedo creer que (*ind od subj*); **stell dir (meine Überraschung) vor** ¡imagínate (mi sorpresa)!; **stell dir das nicht so leicht vor** no te creas que la cosa es tan fácil

'vorstellen[3] VT 1 (*nach vorn stellen*) *Gegenstand* poner (*od* colocar) delante 2 (*vorrücken*) avanzar; *Uhr* adelantar

'vorstellig ADJ **bei j-m ~ werden** dirigirse a alg; (*sich beschweren*) hacer una reclamación a alg; protestar (*od* reclamar) ante alg

'Vorstellung F ⟨~; ~en⟩ 1 (*Begriff*) idea *f*, noción *f*; concepto *m*; **falsche ~** idea *f* equivocada; **sich** (*dat*) **eine ~ machen** hacerse (*od* formarse) una idea (**von** *dat* de); **du machst dir keine ~!** ¡no tienes idea! 2 THEAT representación *f*, función *f*; FILM sesión *f*; **keine ~!** descanso 3 (*Vorstellungsvermögen*) imaginación *f*; **das geht über** *od* **übersteigt alle ~** esto supera todo lo imaginable 4 (*das Vorstellen*) presentación *f* 5 *geh* → Vorhaltung

'Vorstellungsgespräch N entrevista *f* de selección (*bzw* de presentación); **ein ~ vereinbaren** concertar una entrevista de selección (*bzw* de presentación); **Vorstellungskraft** F, **Vorstellungsvermögen** N imaginación *f*; imaginativa *f*

'Vorstopper M ⟨~s; ~⟩ *Fußball*: defensa *m* central

'Vorstoß M 1 (*Versuch*) intento *m*; iniciativa *f*; **einen ~ bei j-m machen** (*od* **unternehmen**) emprender un intento con alg 2 MIL avance *m* 3 SPORT ataque *m*, avance *m* 4 TEX pestaña *f*

'vorstoßen ⟨irr⟩ A VT empujar hacia adelante B VI ⟨sn⟩ (*angreifen*) atacar (*a.* SPORT); (*vorwärtsrücken*) avanzar (**in** *acus* hacia) (*a.* MIL); **~ in** (*acus*) *a.* penetrar en

'Vorstrafe F JUR antecedentes *mpl* penales; **Vorstrafenregister** N JUR registro *m* de antecedentes penales

'vorstrecken VT 1 *Arm etc* (ex)tender hacia adelante; *Kopf* asomar 2 *Geld* adelantar, anticipar (**j-m** a alg)

'Vorstudien FPL estudios *mpl* preparatorios (*bzw* preliminares); **Vorstufe** F primer grado *m* (**zu** de); (*Lehrgang*) curso *m* elemental

'vorstürmen VI ⟨sn⟩, **vorstürzen** VI ⟨sn⟩ avanzar impetuosamente; salir disparado

'Vortag M día *m* anterior; **am ~** el día anterior; **Vortänzer** M, **Vortänzerin** F primer bailarín *m*, primera bailarina *f*

'vortäuschen VT fingir, aparentar; simular; **Vortäuschung** F simulación *f*, fingimiento *m* (**von** de); JUR **~ einer Straftat** simulación *f* de (un) delito

'Vorteil M ⟨~(e)s; ~e⟩ ventaja *f* (*a.* SPORT); (*Nutzen*) provecho *m*, beneficio *m*; **einen ~ haben von** beneficiarse de; **seine Vor- und Nachteile haben** tener sus más y sus menos; **die Vor- und Nachteile einer Sache erwägen** considerar las ventajas y los inconvenientes (*od* el pro y el contra) de a/c; **~ aus etw ziehen** sacar ventaja (*od* provecho *od* partido) de a/c; **auf seinen ~ bedacht sein** *umg* barrer para (a)dentro; arrimar el ascua a su sardina; **im ~ sein** llevar (*od* tener) ventaja (**vor** *dat* sobre); **zum ~ von** en beneficio de; **zu j-s ~** en provecho de alg; en interés de alg; **sich zu seinem ~ verändern** cambiar a mejor

'vorteilhaft A ADJ ventajoso; provechoso, beneficioso; (*günstig*) favorable (**für** *acus* para); *Frisur etc* favorecedor B ADV con provecho; **~ wirken** producir buen efecto; **~ aussehen** hacer buena figura; **sie ist ~ gekleidet** le favorece la ropa que lleva; el vestido la favorece mucho

'Vortrag M ⟨~(e)s; -träge⟩ 1 (*Rede*) conferencia *f*; (*Referat*) exposición *f*; (*Abhandlung*) disertación *f*; (*Bericht*) informe *m*; **einen ~ halten** dar una conferencia (**über** *acus* sobre) 2 (*Darbietung*) *e-s Textes*: declamación *f*, recitación *f*; *e-s Musikstücks*: ejecución *f*; interpretación *f* 3 (*Vortragsweise*) dicción *f*, ejecución *f* 4 HANDEL *bei Rechnungen*: suma *f* anterior; **~ auf neue Rechnung** transporte *m* a cuenta nueva

'vortragen VT ⟨irr⟩ 1 (*darlegen*) exponer; **einen Bericht ~** presentar un informe (**über** *acus* sobre) 2 *Text, Gedicht* recitar; declamar; *Rede* pronunciar; *Musikstück* ejecutar; interpretar; *Lied* cantar, interpretar 3 (*nach vorn tragen*) llevar hacia delante; MIL *Angriff* lanzar 4 HANDEL **auf neue Rechnung ~** pasar a cuenta nueva

'Vortragende M/F ⟨~n; ~n; → A⟩ 1 conferenciante *m/f*, *Am* conferencista *m/f*; disertante *m/f* 2 MUS ejecutante *m/f*; (*Sänger, -in*) cantante *m/f*; (*Rezitator, -in*) recitador *m*, -a *f*

'Vortragsabend M velada *f* (artística); MUS recital *m*; **Vortragsart** F dicción *f*; elocución *f*; **Vortragsfolge** F programa *m*; **Vortragskunst** F arte *m* de recitar; **Vortragskünstler** M, **Vortragskünstlerin** F recitador *m*, -a *f*; **Vortragsreihe** F ciclo *m* de conferencias; **Vortragssaal** M sala *f* de conferencias; **Vortragszeichen** N MUS signo *m* de expresión

vor'trefflich A ADJ excelente; exquisito; superior; perfecto; inmejorable; magnífico B ADV perfectamente, a la perfección; maravillosamente; **Vortrefflichkeit** F ⟨~⟩ excelencia *f*; exquisitez *f*; perfección *f*; primor *m*

'vortreiben VT ⟨irr⟩ 1 empujar hacia adelante; hacer avanzar 2 BERGB *Stollen* abrir; **Vor-**

V

treppe F escalinata *f*; **vortreten** VI ⟨irr; sn⟩ adelantarse; MIL salir de la fila; **Vortritt** M ⟨~(e)s⟩ precedencia *f*; **den ~ vor j-m haben** preceder a alg; tener la precedencia sobre alg; **j-m den ~ lassen** ceder el paso a alg; **Vortrupp** M MIL avanzadilla *f*
'vorturnen VI enseñar los ejercicios gimnásticos (j-m a alg); **Vorturner** M, **Vorturnerin** F monitor *m*, -a *f*
vo'rüber ADV **1** *zeitlich*: terminado, acabado; pasado; **der Regen ist ~** ha cesado la lluvia **2** *räumlich*: **an j-m/etw ~** (por) delante de alg/a/c, cerca (*od* junto) a alg/a/c
vo'rübergehen VI ⟨irr; sn⟩ pasar (**an** *dat* delante); *achtlos*: pasar de lado (*a. fig*); **im Vorübergehen** al pasar; de paso (*a. fig*); **vorübergehend** ADJ (*von kurzer Dauer*) pasajero, momentáneo; (*provisorisch*) provisional; interino; (*für e-e Übergangszeit*) transitorio; temporal; **Vorübergehende** M/F ⟨~n; ~n; → A⟩ transeúnte *m/f*; **vorüberziehen** VI ⟨irr; sn⟩ pasar (**an** *dat* delante)
'Vorübung F ejercicio *m* preparatorio; **Voruntersuchung** F JUR instrucción *f* previa, preinstrucción *f*; sumario *m*
'Vorurteil N prejuicio *m*
'vorurteilsfrei, vorurteilslos ADJ sin prejuicios, libre de prejuicios; (*unvoreingenommen*) imparcial; **Vorurteilslosigkeit** F ⟨~⟩ objetividad *f*; imparcialidad *f*
'Vorväter MPL antepasados *mpl*; ancestros *mpl*; **Vorverbrennung** F TECH *Motor*: precombustión *f*; **vorverdichten** VT ⟨ohne ge-⟩ AUTO precomprimir; **Vorverfahren** N JUR procedimiento *m* previo; **Vorvergangenheit** F GRAM pluscuamperfecto *m*; pretérito *m* anterior; **Vorverhandlungen** FPL JUR preliminares *fpl*; **Vorverkauf** M THEAT, HANDEL venta *f* anticipada; **Vorverkaufskasse** F THEAT taquilla *f*
'vorverlegen VT **1** *Termin* anticipar, adelantar (**auf** *acus* a); **um eine Woche ~** adelantar (en) una semana **2** MIL **das Feuer ~** alargar el tiro
'Vorverstärker M *Tontechnik*: preamplificador *m*; **Vorvertrag** M precontrato *m*; contrato *m* provisional (*od* preliminar); contrato *m* preparatorio
'vorvorgestern ADV trasanteayer; hace tres días; **vorvorig, vorvorletzt** ADJ antepenúltimo
'vorwagen V/R **sich (zu weit) ~** avanzar (demasiado), aventurarse (demasiado) (*beide a. fig*)
'Vorwahl F **1** POL elección *f* preliminar **2** TEL prefijo *m* **3** ELEK preselección *f*; **Vorwähler** M ELEK, TECH preselector *m*; **Vorwahlnummer** F, **Vorwählnummer** F TEL prefijo *m*; código *m* territorial; **internationale ~** prefijo *m* internacional
'Vorwand M ⟨~(e)s; -wände⟩ pretexto *m*; subterfugio *m*; **unter dem ~ von** *od gen* con el pretexto (*od* la excusa) de; **unter dem ~ dass** con el pretexto de que; pretextando que; **etw zum ~ nehmen** tomar a/c como pretexto
'vorwärmen VT TECH precalentar; **Vorwärmen** N ⟨~s⟩ TECH calentamiento *m* previo, precalentamiento *m*; **Vorwärmer** M ⟨~s; ~⟩ TECH precalentador *m*
'vorwarnen VI prevenir; **Vorwarnung** F MIL alarma *f* preventiva; prealerta *f*; *fig* aviso *m* previo
'vorwärts ADV (hacia) adelante; **~!** ¡adelante!; ¡vamos!, ¡andando!; SCHIFF ¡avante!; **vorwärtsbewegen** V/R ⟨ohne ge-⟩ **sich ~ bewegen** avanzar; **Vorwärtsbewegung** F TECH marcha *f* adelante; MIL avance *m*
'vorwärtsbringen VT ⟨irr⟩ (*fördern*) llevar (*od* sacar) adelante
'Vorwärtsgang M TECH marcha *f* adelante
'vorwärtsgehen VI ⟨irr; sn⟩ marchar (*od* salir) adelante; *fig* seguir adelante; avanzar, adelantar, progresar; **vorwärtskommen** VI ⟨irr; sn⟩ salir adelante, avanzar; *fig a.* progresar, hacer progresos; *im Leben*: abrirse camino (*od* paso), hacer carrera
'Vorwärtskommen N ⟨~s⟩ avance *m*; *fig* progreso *m*; **Vorwäsche** F, **Vorwaschgang** M prelavado *m*
vor'weg ADV **1** (*zuvor*) antes **2** (*voraus*) anticipadamente, con anticipación, por anticipado; de antemano; **Vorwegnahme** F ⟨~⟩ antelación *f*; anticipación *f*; **vorwegnehmen** VT ⟨irr⟩ anticipar
'Vorwegweiser M *Verkehr*: señal *f* croquis (*od* de preseñalización); **Vorweihnachtszeit** F días *mpl* prenavideños
'vorweisen VT ⟨irr⟩ enseñar, exhibir; presentar; **etw ~ können** tener a/c
'Vorwelt F mundo *m* primitivo; (*vergangene Zeit*) tiempos *mpl* pasados; **vorweltlich** ADJ del mundo primitivo; *fig* antediluviano
'vorwerfen VT ⟨irr⟩ **1** (*zum Vorwurf machen*) **j-m etw ~** reprochar (*Am a.* enrostrar) a/c a alg; echar en cara (*od* afear) a/c a alg; **sich** (*dat*) **etw ~** echarse la culpa de a/c; **ich habe mir nichts vorzuwerfen** no tengo nada que reprocharme **2** (*hinwerfen*) echar (**einem Tier** a un animal)
'Vorwerk N ⟨~s; ~e⟩ MIL obra *f* avanzada
'vorwiegen VI ⟨irr⟩ predominar; preponderar; prevalecer; **vorwiegend** **A** ADJ predominante; preponderante **B** ADV (*hauptsächlich*) principalmente; (*überwiegend*) en su mayoría; en la mayor parte
'Vorwissen N conocimiento *m* previo; PHIL presciencia *f*; **Vorwitz** M ⟨~es⟩ indiscreción *f*; (*Frechheit*) impertinencia *f*; petulancia *f*; **vorwitzig** ADJ indiscreto; curioso; impertinente; petulante
'vorwölben V/R **sich ~** abombarse
'Vorwort N ⟨~(e)s; ~e⟩ prólogo *m*; prefacio *m*; **ein ~ zu etw schreiben** prologar a/c
'Vorwurf M reproche *m*; **j-m Vorwürfe machen** hacer reproches a alg; **sich Vorwürfe machen** hacerse reproches; **j-m etw zum ~ machen** reprochar a/c a alg; echar en cara a/c a alg
'vorwurfsvoll **A** ADJ lleno de reproches; **in ~em Ton** en tono de reproche **B** ADV con aire de reproche
'vorzählen VT contar (j-m delante de alg); (*aufzählen*) enumerar
'Vorzeichen N **1** (*Anzeichen*) señal *f*, indicio *m*; (*Omen*) presagio *m*; augurio *m* **2** MED síntoma *m* precursor; pródromo *m* **3** MATH signo *m*; **mit umgekehrtem ~** de signo contrario (*a. fig*) **4** MUS accidente *m*
'vorzeichnen VT dibujar; trazar; *fig Weg etc* indicar, señalar; trazar; **vorzeigbar** ADJ presentable; **vorzeigen** VT mostrar, enseñar; *Fahrkarte, Wechsel* presentar; *Urkunde etc* exhibir
'Vorzeigen N presentación *f*; exhibición *f*; **Vorzeigeprodukt** N producto *m* emblemático
'Vorzeit F pasado *m*; tiempos *mpl* pasados; antigüedad *f*; **in grauer ~** en la noche de los tiempos
vor'zeiten ADV antiguamente; en otros tiempos, antaño
'vorzeitig **A** ADJ anticipado; prematuro **B** ADV con anticipación (*od* antelación); prematuramente, antes de tiempo
'Vorzensur F censura *f* previa
'vorziehen VT ⟨irr⟩ **1** (*bevorzugen*) preferir; **es ist vorzuziehen** es preferible **2** (*zuziehen*) *Vorhänge* correr **3** *zeitlich: Wahlen, Ruhestand etc* anticipar, adelantar **4** (*nach vorn ziehen*) tirar hacia adelante; *Möbel* acercar
'Vorzimmer N antesala *f*; antedespacho *m*; recibidor *m*; *i. w. S* secretaría *f*; **im ~ warten** hacer antesala; **Vorzimmerdame** F *pej* secretaria *f* (de recepción), recepcionista *f*
'Vorzug[1] M **1** ⟨~(e)s; ¨e⟩ (*Vorteil*) ventaja *f*; (*gute Eigenschaft*) virtud *f*; mérito *m*; **den ~ haben, zu** tener la ventaja de (*inf*) **2** ⟨~(e)s⟩ (*Vorrang*) preferencia *f*; prioridad *f*; (*Vorrecht*) privilegio *m*; **einer Sache/j-m den ~ geben** dar (la) preferencia a a/c/alg; preferir a/c/a alg
'Vorzug[2] M ⟨~(e)s; ¨e⟩ BAHN tren *m* precedente (*bzw* suplementario)
vor'züglich ADJ excelente; superior; admirable; de primer orden; *Speisen* exquisito; **das schmeckt ~** está exquisito; **Vorzüglichkeit** F ⟨~⟩ excelencia *f*; calidad *f* superior; superioridad *f*; *von Speisen a.*: exquisitez *f*
'Vorzugsaktie F WIRTSCH acción *f* preferente; **Vorzugsbehandlung** F trato *m* preferente; **Vorzugsgläubiger** M acreedor *m* privilegiado; **Vorzugsmilch** F leche *f* certificada; **Vorzugspreis** M precio *m* de favor; precio *m* de amigo; **Vorzugsrabatt** M rebaja *f* de favor; **Vorzugsrecht** N derecho *m* de prelación (*od* de preferencia); prioridad *f*; **Vorzugstarif** M tarifa *f* preferencial; **vorzugsweise** ADV preferentemente; de (*od* con) preferencia; **Vorzugszölle** MPL aranceles *mpl* (*od* derechos *mpl*) preferenciales
'Vorzündung F AUTO avance *m* del encendido; preignición *f*
vo'tieren [v-] VI ⟨ohne ge-⟩ *geh* **~ für/gegen** votar a favor de/en contra de; **mit Ja ~** votar (con un) sí
Vo'tivbild [v-] N, **Votivtafel** F REL exvoto *m*
'Votum [v-] N ⟨~s; Voten *od* Vota⟩ voto *m*; **sein ~ abgeben** votar
Voy'eur [voa'jøːr] M ⟨~s; ~e⟩, **Voyeurin** F ⟨~; ~nen⟩ mirón *m*, -ona *f*
VP ABK (Vollpension) pensión *f* completa
v. T. ABK (vom Tausend) por mil
v. u. ABK (von unten) de abajo
vul'gär [v-] ADJ vulgar; ordinario; **Vulgärlatein** N LING HIST latín *m* vulgar; **Vulgärsprache** F lenguaje *m* vulgar
Vul'gata [v-] F ⟨~⟩ *Bibel*: Vulgata *f*
Vul'kan[1] [v-] M ⟨~s; ~e⟩ volcán *m* (*a. fig*)
Vul'kan[2] [v-] EIGENN M MYTH Vulcano *m*
Vul'kanausbruch M erupción *f* volcánica; **Vulkanfiber** F TECH fibra *f* vulcanizada; **vulkanisch** ADJ volcánico; GEOL *a.* eruptivo
vulkani'sieren [v-] VT ⟨ohne ge-⟩ TECH vulcanizar; **Vulkani'sierung** F ⟨~; ~en⟩ vulcanización *f*; **Vulka'nismus** M ⟨~⟩ GEOL volcanismo *m*
VW® M ABK (Volkswagen) Volkswagen *m*

W

W, w N ⟨~; ~⟩ W, w *f*
W ABK **1** (*Westen*) O (Oeste) **2** (*Watt*) W (vatio)
Waadt F ⟨~⟩ GEOG **die ~** Vaud *m*; **der Kanton ~** el cantón de Vaud
'Waage F ⟨~; ~n⟩ **1** balanza *f*; (*Brückenwaage*) báscula *f*; *fig* **sich** (*dat*) **die ~ halten** mantenerse en equilibrio; equilibrarse, igualarse **2** ASTRON Libra *f* **3** *Turnen*: plancha *f* (horizontal); **Waagebalken** M astil *m*; cruz

f de la balanza

'**waag(e)recht** ADJ horizontal; **Waag(e)rechte** F ⟨~n; ~n⟩ horizontal *f*

'**Waagschale** F platillo *m* (de la balanza); *fig geh* **sein ganzes Ansehen** *etc* **in die ~ werfen** hacer valer toda su autoridad, *etc*; *fig* **schwer in die ~ fallen** pesar mucho

'**wabb(e)lig** ADJ *umg* fofo; blanduzco

'**Wabe** F ⟨~; ~n⟩ panal *m*

'**Wabenhonig** M miel *f* en panales; **Wabenkühler** M AUTO radiador *m* de panal

wach ADJ despierto; *fig a.* (d)espabilado, *umg* vivo; *(wachend)* en vela; **~ sein** estar despierto; velar; **~ werden** despertarse; despabilarse *(a. fig)*; → *a.* wachhalten

'**Wachablösung** F MIL relevo *m* de la guardia; **Wachbataillon** N MIL batallón *m* de la guardia; **Wachboot** N patrullero *m*; **Wachdienst** M servicio *m* de vigilancia; MIL servicio *m* de guardia

'**Wache** F ⟨~; ~n⟩ **1** *Tätigkeit*: guardia *f* (*a. Wachzeit*); SCHIFF cuarto *m*; vigía *f*; *bei Kranken*: vela *f*; **~ haben** (*od* **stehen** *od umg* **schieben**) estar de guardia; MIL **auf ~ ziehen** montar la guardia; **bei j-m ~ halten** velar a alg **2** *Person*: guardia *m*; MIL *(Schildwache)* centinela *m*; *(Mannschaft)* cuerpo *m* de guardia; **~ raus!** ¡guardia, formar! **3** *(Wachlokal)* puesto *m* de guardia; *(Polizeiwache)* puesto *m* de policía; comisaría *f*; **auf der ~** en el puesto de policía, en la comisaría; **j-n auf die ~ bringen** llevar a alg a la comisaría

'**wachen** VI **1** *(wach sein)* estar despierto **2** *(Wache halten)* velar; **bei j-m ~** velar a alg; **über etw** *(dat)* **~** vigilar a/c; velar sobre (*od* por) a/c; cuidar de a/c

'**Wachen** N ⟨~s⟩ vela *f*; vigilia *f*

'**wachend** ADJ despierto; en vela

'**Wachfeuer** N MIL fuego *m* de campamento; **wachhabend** ADJ de guardia; **Wachhabende** M/F ⟨~n; ~n; → A⟩ cabo *m/f* de guardia

'**wachhalten, wach halten** VT ⟨irr⟩ **1** *(nicht schlafen lassen)* mantener despierto (*od* en vela); desvelar **2** *fig Interesse, Gedenken* conservar vivo

'**Wachhund** M perro *m* guardián; **Wachlokal** N puesto *m* de guardia; **Wachmann** M ⟨~(e)s; ⸚er *u.* -leute⟩ **1** *(Aufseher)* vigilante *m*; guarda *m* **2** *österr* agente *m* de policía; **Wachmannschaft** F cuerpo *m* de guardia

Wa'cholder M ⟨~s; ~⟩ BOT *Strauch*: enebro *m*; *Schnaps*: ginebra *f*; **Wacholderbeere** F enebrina *f*; **Wacholderbranntwein** M ginebra *f*; **Wacholderstrauch** M enebro *m*, junípero *m*

'**Wachparade** F MIL parada *f* de la guardia; **Wachposten** M guarda *m*; MIL centinela *m*

'**wachrufen** VT ⟨irr⟩ *fig Interesse, Gefühle* despertar; *Erinnerung etc* evocar; **wachrütteln** VT, **wach rütteln** VT *j-n, j-s Gewissen etc* despertar

Wachs [-ks-] N ⟨~es; ~e⟩ cera *f*; *fig* **~ in j-s Händen** *(dat)* **sein** ser un muñeco en las manos de alg; '**Wachsabdruck** M impresión *f* en cera

'**wachsam** ADJ vigilante; alerta; **~ sein** estar (ojo) alerta; **ein ~es Auge auf etw** *(acus)* **haben** vigilar a/c; velar por a/c; **Wachsamkeit** F ⟨~⟩ vigilancia *f*; atención *f*

'**Wachschiff** N → Wachtschiff

'**wachsen**[1] [-ks-] VI ⟨irr; sn⟩ **1** *(größer werden)* crecer **2** *fig (zunehmen)* aumentar; ir en aumento; acrecentarse; incrementarse **3** *(sich ausdehnen)* extenderse; *(expandieren)* expansionarse; → *a.* gewachsen

'**wachsen**[2] [-ks-] VT *(mit Wachs einreiben)* encerar *(a. Ski)*

'**Wachsen**[1] [-ks-] N → Wachstum

'**Wachsen**[2] [-ks-] N encerado *m*

'**wachsend** [-ks-] ADJ *Interesse, Nachfrage, Umsatz* creciente; *Branche* en expansión

'**wächsern** [-ks-] ADJ céreo; de cera

'**Wachsfigur** [-ks-] F figura *f* de cera; **Wachsfigurenkabinett** N museo *m* (*od* gabinete *m*) de figuras de cera

'**wachsgelb** [-ks-] ADJ amarillo céreo

'**Wachskerze** [-ks-] F vela *f* (de cera); *in Kirchen*: cirio *m*; **Wachsmalkreide** F, **Wachsmalstift** M lápiz *m* de cera; **Wachspapier** N papel *m* encerado; **Wachssalbe** F PHARM cerato *m*; **Wachsstock** M cerillo *m*

'**Wachstube** F puesto *m* de guardia

'**Wachstuch** [-ks-] N tela *f* encerada; hule *m*

'**Wachstum** [-ks-] N ⟨~s⟩ crecimiento *m* (*a. fig*, WIRTSCH); *fig* aumento *m*, incremento *m*; *i. w. S* desarrollo *m*; **geringes/hohes ~** pequeño/alto crecimiento *m*; **jährliches ~** crecimiento *m* anual; **negatives/reales ~** crecimiento *m* negativo/real; **das ~ fördern** fomentar *od* estimular el crecimiento

'**wachstumsfördernd** [-ks-] ADJ favorecedor del crecimiento; **~ wirken** favorecer el crecimiento; **wachstumshemmend** ADJ inhibidor del crecimiento; **~ wirken** inhibir el crecimiento

'**Wachstumshormon** [-ks-] N hormona *f* del crecimiento; **Wachstumsmarkt** M WIRTSCH mercado *m* en crecimiento; **Wachstumsrate** F tasa *f* (*od* índice *m*) de crecimiento (*a.* HANDEL); **Wachstumsstörung** F MED trastornos *mpl* del crecimiento

'**wachs'weich** [-ks-] ADJ blando como la cera; *fig* dúctil

Wacht F ⟨~; ~en⟩ *poet* guardia *f*

'**Wächte** → Wechte

'**Wachtel** F ⟨~; ~n⟩ ORN codorniz *f*; **Wachtelhund** M perro *m* perdiguero

'**Wächter** M ⟨~s; ~⟩ guarda *m*; vigilante *m*; guardián *m*; vigía *m*; **Wächterhäuschen** N garita *f*; **Wächterin** F ⟨~; ~nen⟩ guarda *f*; guardiana *f*; *bei Kranken etc*: veladora *f*

'**Wachtmeister** M MIL sargento *m* primero; *(Polizeiwachtmeister)* guardia *m*; agente *m* de policía; **Wachtparade** F MIL parada *f* de la guardia; **Wachtposten** M guarda *m*; MIL centinela *m*

'**Wachtraum** M *fig* sueño *m* diurno; **einen ~ haben** soñar despierto

'**Wachtschiff** N buque *m* de vigilancia; *(Küstenwachtschiff)* guardacostas *m*

'**Wach(t)turm** M atalaya *f*, vigía *f*

'**Wach- und 'Schließgesellschaft** F sociedad *f* de vigilancia de inmuebles

'**wachwerden** VI → wach

'**wackelig** A ADJ **1** *(nicht stabil)* que se tambalea; tambaleante; *Tisch, Stuhl* cojo; *alte Möbel etc* desvencijado; *Zahn* flojo, movedizo **2** *umg Person* débil, flojo **3** *umg fig Arbeitsplätze, Kompromiss, Frieden* poco seguro; inseguro, vacilante **4** ELEK *Kontakt* flojo, intermitente B ADV **~ stehen** *fig* ofrecer poca seguridad; SCHULE estar muy flojo

'**Wackelkandidat** M, **Wackelkandidatin** F *umg* SCHULE alumno *m*,-a *f* en la cuerda floja (*od* que corre peligro de suspender); **Wackelkontakt** M ELEK contacto *m* flojo (*od* intermitente)

'**wackeln** VI **1** *Dinge* tambalearse (*a. fig*); moverse (*a. Zahn*); *Möbel* cojear; *Tisch a.* bailar; *fig hum* **sein Stuhl wackelt** *(sein Posten ist gefährdet)* su puesto peligra **2** **mit dem Kopf ~** cabecear; **mit den Hüften ~** contonearse; **mit dem Stuhl ~** balancearse en la silla **3** *umg fig Stellung etc* estar inseguro, temblar(se) **4** ⟨sn⟩ *(unsicher gehen)* vacilar, titubear

'**wacker** ADJ *geh, oft iron* bueno; *(rechtschaffen)* honrado, honesto; *(tapfer)* valiente; esforzado; gallardo; **sich ~ halten** mantenerse firme; resistir bien

'**wacklig** ADJ → wackelig

'**Wade** F ⟨~; ~n⟩ ANAT pantorrilla *f*

'**Wadenbein** N ANAT peroné *m*; **Wadenbeißer** M **1** *(bissiger Hund)* perro *m* mordedor **2** *umg fig* agitador *m*, alborotador *m*; **Wadenkrampf** M MED calambre *m* en la pierna; **Wadenmuskeln** MPL ANAT músculos *mpl* gemelos; **Wadenwickel** M MED paños *mpl* para piernas y pantorrillas

'**Waffe** F ⟨~; ~n⟩ **1** arma *f* (*a. fig*); **eine ~ ziehen** sacar un arma; **mit der ~ in der Hand** arma en mano; *fig geh* **j-n mit seinen eigenen ~n schlagen** volver contra alg sus propios argumentos **2** *im Krieg, mst pl*: **die ~n ruhen** hay una tregua; *geh* **die ~n strecken** rendir (las) armas; **in ~n** en armas; MIL, *obs* **unter ~n stehen** estar en pie de guerra; estar sobre las armas; **zu den ~n greifen** tomar (*od* recurrir a) las armas; *Volk* alzarse en armas; *geh* **zu den ~n rufen** llamar a filas

'**Waffel** F ⟨~; ~n⟩ **1** gofre *m*; *kleine*: barquillo *m* **2** *umg pej* **einen** *od* **was an der ~ haben** *umg pej* estar chiflado; **Waffeleisen** N barquillero *m*; **Waffelmuster** N TEX piqué *m*

'**Waffenbesitz** M **(unerlaubter) ~** tenencia *f* (ilícita) de armas; **Waffenbruder** M MIL, HIST compañero *m* de armas; **Waffenfabrik** F fábrica *f* de armas; **Waffenfabrikant** M fabricante *m* de armas

'**waffenfähig** ADJ MIL **1** *Person* capaz de llevar armas; útil para el servicio (militar) **2** *Plutonium etc* para uso militar

'**Waffengattung** F MIL HIST ≈ cuerpo *m* (militar); **Waffengeklirr** N → Waffengetöse; **Waffengeschäft** → Waffenhandlung; **Waffengetöse** N fragor *m* de las armas; **Waffengewalt** F fuerza *f* de las armas; **mit ~** a mano armada; **Waffenglück** N fortuna *f* de las armas; **Waffenhandel** M comercio *m* (*illegal*: tráfico *m*) de armas; **Waffenhändler** M, **Waffenhändlerin** F armero *m*, -a *f*; *illegal*: traficante *m/f* de armas; **Waffenhandlung** F armería *f*; tienda *f* de armas; **Waffenkammer** F MIL armería *f*; **Waffenlager** N depósito *m* de armas

'**waffenlos** ADJ sin armas, desarmado; *poet* inerme

'**Waffenmeister** M MIL maestro *m* armero; **Waffenpflege** F cuidado *m* de las armas; **Waffenruhe** F tregua *f*; suspensión *f* de las hostilidades; alto *m* el fuego; **Waffenruhm** M gloria *f* militar; **Waffensammlung** F colección *f* de armas; panoplia *f*; **Waffenschein** M JUR licencia *f* (*od* permiso *m*) de armas; **Waffenschmied** M armero *m*; **Waffenschmiede** F armería *f*; **Waffenschmuggel** M contrabando *m* de armas; **Waffenstillstand** M armisticio *m*; tregua *f* (*a. fig*); **Waffenstillstandsvertrag** M tratado *m* de armisticio; **Waffentat** F *geh* hecho *m* de armas; **Waffenübung** F ejercicio *m* militar

'**wägbar** ADJ *geh* ponderable; **Wägbarkeit** F ⟨~; ~en⟩ ponderabilidad *f*

'**Wagehals** M temerario *m*; **Wagemut** M *(Kühnheit)* temeridad *f*, audacia *f*; *(Verwegenheit)* osadía *f*; **wagemutig** ADJ *(kühn)* temerario, audaz; *(verwegen)* osado

'**wagen** A VT **1** *(sich trauen)* **es ~ zu** *(inf)* atreverse a *(inf)*, osar a *(inf)*; aventurarse a *(inf)*; **es mit etw/j-m ~** hacer un ensayo con a/c/alg; **er wagte sich nicht aus dem Haus** no se atrevió

W

a salir de casa; **ich wag's** lo voy a intentar 2 (*sich erdreisten*) atreverse; **wagst du es, mir zu drohen?** ¿te atreves a amenazarme? 3 (*aufs Spiel setzen*) arriesgar, aventurar; **alles ~** jugar el todo por el todo; **wer nicht wagt, der nicht gewinnt** *umg* el que no se arriesga no pasa la mar (*od* el río) B V/R **sich an etw** (*acus*) **~** (atreverse a) emprender a/c; → *a.* gewagt

'Wagen M ⟨~s; ~⟩ 1 AUTO coche *m*, *Am* carro *m*; *Mex a.* auto *m* 2 BAHN coche *m*, vagón *m* 3 (*Karren*) carro *m*; (*Handwagen, Einkaufswagen*) carrito *m*; (*Kinderwagen*) cochecito *m* 4 ASTRON **der Große/Kleine ~** la Osa Mayor/Menor, el Carro Mayor/Menor

'Wagenaufbau M carrocería *f*; **Wagenbauer** M carrocero *m*; carretero *m*; **Wagenburg** F HIST barrera *f* de carros; **Wagenführer** M, **Wagenführerin** F conductor *m*, -a *f* (*bes Straßenbahn, U-Bahn*); **Wagengestell** N chasis *m*; **Wagenhalle** F cochera *f*; **Wagenheber** M gato *m*, cric *m*; **Wagenklasse** F AUTO tipo *m* de coche; **Wagenkolonne** F caravana *f* de coches; **Wagenladung** F carga *f*; carretada *f*; **Wagenlenker** M, **Wagenlenkerin** F conductor *m*, -a *f* del coche; HIST auriga *m*; **Wagenpark** M parque *m* móvil (*od* de vehículos); BAHN material *m* rodante; **Wagenplane** F toldo *m*; **Wagenreihe** F fila *f* de coches; **Wagenrennen** N HIST carrera *f* de carros; **Wagenschlag** M *e-r Kutsche*: portezuela *f*; **Wagenschlange** F caravana *f* de coches; **Wagenschmiere** F unto *m* para coches (*bzw* carros); **Wagenschuppen** M cochera *f*; **Wagenspur** F rodada *f*; **Wagentür** F portezuela *f*; **Wagenwaschanlage** F tren *m od* túnel *m* de lavado; **Wagenwäsche** F lavado *m* de coches; **Wagenwäscher** M lavacoches *m*

Wag'gon M ⟨~s; ~s, *österr a.* ~e⟩ vagón *m*; HANDEL **frei ~** puesto sobre vagón, franco (sobre) vagón; **Waggonladung** F HANDEL vagonada *f*

'waghalsig ADJ temerario; *Unternehmen a.* atrevido, arriesgado; **Waghalsigkeit** F ⟨~; ~en⟩ temeridad *f*; osadía *f*

Wagneri'aner M ⟨~s; ~⟩, **Wagnerianerin** F ⟨~; ~nen⟩ wagneriano *m*, -a *f*

'Wagnis N ⟨~ses; ~se⟩ riesgo *m*; (*Unternehmung*) empresa *f* aventurada (*od* arriesgada)

Wa'gon *etc* → Waggon *etc*

Wahl F ⟨~; ~en⟩ 1 *allg* elección *f*; **du hast die (freie) ~, die ~ steht dir frei** puedes elegir libremente (*od* a tu gusto); **j-m die ~ lassen** dejar la elección a voluntad de alg; **eine gute/schlechte ~ treffen** elegir bien/mal; **die ~ fiel auf sie** fue elegida; **das Mädchen seiner ~** la elegida de su corazón; **nach ~** a elección; a voluntad, a discreción; **etw steht zur ~** a/c puede elegirse; *sprichw* **wer die ~ hat, hat die Qual** el que elige, sufre 2 *zwischen zwei Möglichkeiten*: alternativa *f*; opción *f*; **keine ~ haben** no tener alternativa; **es bleibt keine (andere) ~** no hay otra solución; **mir bleibt keine andere ~** no tengo alternativa, no me queda otro remedio 3 (*Auslese*) selección *f*; **in die engere ~ kommen** pasar a la primera selección; **in der engeren ~ sein** estar en la última selección; HANDEL *Ware*: **erster/zweiter ~** de primera/segunda calidad *f* 4 POL **~(en)** *f(pl)* elecciones *fpl*; comicios *mpl*; (*Abstimmung*) votación *f*; **geheime ~** voto *m* secreto; **~en abhalten** celebrar elecciones; **zur ~ gehen** acudir a las urnas; **sich zur ~ stellen** proponerse como candidato

'Wahlakt M elección *f*; (*Abstimmung*) votación *f*; **Wahlalter** N edad *f* legal para participar en las elecciones; **Wahlausschuss** M comité *m* (*od* junta *f*) electoral

'wählbar ADJ elegible; **Wählbarkeit** F ⟨~⟩ elegibilidad *f*

'Wahlbeeinflussung F JUR coacción *f* electoral

'wahlberechtigt ADJ con derecho a votar; **~ sein** tener derecho de voto; **Wahlberechtigte** M/F ⟨~n; ~n; → A⟩ votante *m/f*; inscrito *m*, -a *f* en el censo electoral; **Wahlberechtigung** F derecho *m* de voto

'Wahlbeteiligung F participación *f* electoral, asistencia *f* a las urnas; **Wahlbezirk** M distrito *m* electoral; **Wahldebakel** N desastre *m* electoral

'wählen A V/T 1 (*auswählen*) escoger; seleccionar 2 TEL **(eine Nummer) ~** marcar (un número) 3 POL **j-n ~** elegir a alg; **zum Präsidenten** *etc* **~** elegir presidente, *etc*; **j-n in den Bundestag ~** elegir a alg para el parlamento (alemán); elegir diputado a alg; **etw ~** votar a (*od* por) a/c; optar por a/c B V/I 1 elegir **(zwischen** *dat* entre) 2 TEL marcar 3 POL (*abstimmen*) votar; **~ (gehen)** acudir a las urnas; → *a.* gewählt

'Wähler M ⟨~s; ~⟩ 1 POL elector *m*; votante *m* 2 ELEK *Gerät*: selector *m*

'Wahlergebnis N resultado *m* de las elecciones

'Wählerin F ⟨~; ~nen⟩ electora *f*; votante *f*

'wählerisch ADJ difícil de contentar, descontentadizo (**in** *dat* en); (*anspruchsvoll*) exigente; *im Essen*: delicado; *fig* **er ist in seinen Mitteln nicht gerade ~** no es muy escrupuloso en sus métodos

'Wählerliste F censo *m* electoral; **Wählerschaft** F ⟨~; ~en⟩ electorado *m*; **Wählerstimme** F voto *m*, sufragio *m*; **Wählervereinigung** F grupo *m* electoral; **Wählerverzeichnis** N → Wählerliste

'Wahlfach N SCHULE asignatura *f* facultativa; materia *f* optativa; **wahlfähig** ADJ con derecho de voto; (*wählbar*) elegible; **Wahlfälschung** F fraude *m* electoral

'wahlfrei ADJ SCHULE facultativo, optativo

'Wahlgang M escrutinio *m*; **erster/zweiter ~** primera/segunda vuelta *f*; **Wahlgeheimnis** N secreto *m* de voto; **Wahlgeschenk** N regalo *m* electoral(ista); **Wahlgesetz** N ley *f* electoral; **Wahlheimat** F patria *f* adoptiva; **Wahlhelfer** M, **Wahlhelferin** F escrutador *m*, -a *f*; **Wahljahr** N año *m* electoral; **Wahlkabine** F cabina *f* electoral; **Wahlkampagne** F campaña *f* electoral

'Wahlkampf M lucha *f* electoral; **Wahlkampfmanager** M, **Wahlkampfmanagerin** jefe *m/f* de campaña electoral; **Wahlkampfmanöver** N maniobra *f* electoral; **Wahlkampfrede** F discurso *m* electoral

'Wahlkreis M circunscripción *f* (*od* distrito *m*) electoral; **Wahlleiter** M, **Wahlleiterin** F presidente *m*, presidenta *f* de la mesa electoral; **Wahlliste** F censo *m* electoral; **Wahllokal** N colegio *m* electoral

'wahllos A ADJ confuso B ADV sin orden ni concierto; al azar, *umg* a la buena de Dios

'Wahlmann M ⟨~es; -männer⟩ *bes USA*: compromisario *m*; **Wahlmarathon** *umg* N *umg* maratón *m* electoral; **Wahlniederlage** F derrota *f* electoral; **Wahlordnung** F orden *m* electoral; **Wahlperiode** F período *m* electoral; **Wahlpflicht** F POL obligación *f* de votar; **Wahlpflichtfach** N SCHULE asignatura *f* optativa obligatoria; **Wahlplakat** N cartel *m* (de propaganda) electoral; **Wahlprogramm** N programa *m* electoral; **Wahlpropaganda** F propaganda *f* electoral

'Wahlprüfer M, **Wahlprüferin** F interventor *m*, -a *f*; **Wahlprüfung** F escrutinio *m*

'Wahlrecht N 1 *subjektives*: derecho *m* de sufragio (*od* de voto); **allgemeines ~** sufragio *m* universal; **aktives ~** derecho *m* de elegir; derecho *m* de voto activo; **passives ~** derecho *m* a ser elegido; derecho *m* de voto pasivo 2 *rechtliche Regelung der Wahlen*: **(objektives) ~** derecho *m* electoral

'Wahlrede F discurso *m* electoral; **Wahlredner** M, **Wahlrednerin** F orador *m*, -a *f* electoral; **Wahlreform** F reforma *f* electoral

'Wählscheibe F TEL dial *m*; disco *m* (de marcar)

'Wahlschein M → Wahlzettel; **Wahlschlacht** F batalla *f* electoral; **Wahlschlappe** F *umg* fracaso *m* electoral; **Wahlsieg** M victoria *f* electoral; **Wahlsieger** M, **Wahlsiegerin** F ganador *m*, -a *f* de las elecciones; **Wahlspende** F ayuda *f* electoral; **Wahlspruch** M lema *m*, divisa *f*; **Wahlstimme** F voto *m*; sufragio *m*; **Wahlsystem** N sistema *m* electoral; **Wahltag** M día *m* de las elecciones; jornada *f* electoral

'Wählton M TEL señal *f* de llamada, tono *m* de marcar

'Wahlurne F urna *f* electoral; **Wahlverfahren** N procedimiento *m* electoral; **Wahlversammlung** F mitin *m* electoral; **Wahlversprechungen** FPL promesas *fpl* electorales; **Wahlverwandtschaft** F CHEM afinidad *f* electiva (*a. fig*); **Wahlvorstand** M mesa *f* electoral; **Wahlvorsteher** M, **Wahlvorsteherin** F presidente *m*, presidenta *f* de la mesa electoral

'wahlweise A ADJ opcional B ADV opcionalmente, a elección

'Wahlwiederholung F TEL rellamada *f*, repetición *f* de marcación; **Wahlzelle** F POL cabina *f* electoral; **Wahlzettel** M papeleta *f* de votación; *Am* boleta *f*

Wahn M ⟨~(e)s⟩ ilusión *f*; (*Verblendung*) obcecación *f*; (*Wahnsinn*) locura *f*, demencia *f*; (*Besessenheit*) manía *f*; delirio *m*; **'Wahnbild** N quimera *f*; fantasma *m*; alucinación *f*

'wähnen V/T & V/I *geh* creer (erróneamente); pensar (**dass que**); (*sich einbilden*) imaginarse, figurarse; **sich in Sicherheit ~** creerse seguro

'Wahnidee F idea *f* fija; obsesión *f*; manía *f*; **Wahnsinn** M ⟨~(e)s⟩ locura *f* (*a. fig*); MED demencia *f*; enajenación *f* (*od* alienación *f*) mental; (*Manie*) manía *f*; **es wäre heller ~, zu** (*inf*) sería una locura (*inf*); *umg* **echt ~!** (*toll*) ¡genial!

'wahnsinnig A ADJ 1 loco (*a. fig*); MED demente, alienado; enajenado; (*manisch*) maníaco; **~ werden** volverse loco (*a. fig*), enloquecer; **~ machen** volver (*od* traer) loco (*a. fig*) 2 *umg fig* (*groß, schrecklich*) tremendo; de locura; *Hunger umg* de lobo; **~e Schmerzen** dolores *mpl* atroces B ADV (*sehr*) locamente; **~ verliebt** perdidamente (*od* locamente) enamorado; **~ teuer** carísimo; **~ viel zu tun haben** tener muchísimo (*od* una barbaridad) que hacer

'Wahnsinnige M/F ⟨~n; ~n; → A⟩ loco *m*, -a *f*; orate *m/f*; MED demente *m/f*, alienado *m*, -a *f*; **Wahnvorstellung** F alucinación *f*; idea *f* fija; **Wahnwitz** M desvarío *m*; locura *f*; **wahnwitzig** ADJ desvariado; descabellado; loco

wahr ADJ verdadero; (*wirklich*) real, efectivo, auténtico; (*echt*) auténtico; legítimo; genuino; *Tat, Bericht* verídico; (*getreu*) fiel; **ein ~er Freund** un verdadero amigo; **ein ~er Künstler** un auténtico artista; un artista de verdad; **~e Liebe**

amor *m* verdadero; **nicht ~?** ¿verdad?; ¿no (es así)?; **ist das ~?** ¿es verdad?, ¿es cierto eso?; **das ist (nicht) ~** eso (no) es cierto (*od* verdad); *umg fig* **das kann doch nicht ~ sein!** *umg* ¡no irá en serio!; **etw für ~ halten** dar por cierta a/c; **~ machen** realizar; cumplir; hacer bueno; **~ werden** realizarse; cumplirse; **es ist kein ~es Wort daran** no hay una sola verdad en todo ello; **was an der Sache ~ ist** lo que hay de cierto en ello; **etw Wahres wird schon daran sein** algo (*od* un grano) de verdad habrá en ello; *umg* cuando el río suena, agua lleva; *umg fig* **das ist auch nicht das Wahre** eso tampoco es ideal; **so ~ ich … heiße** como me llaman …

'wahren VT *geh* guardar; velar por, cuidar de; preservar; (*erhalten*) mantener, conservar; *Rechte, Interessen* defender, salvaguardar, mirar por; **den Anstand ~** guardar los buenos modales

'währen VI durar; continuar; prolongarse; *sprichw* **was lange währt, wird endlich gut** (*od* **wahr**) con el tiempo y una caña, a pescar; un buen final se hace esperar

'während A PRÄP (*gen, umg a. dat*) durante; en el (trans)curso de B KONJ 1 *zeitlich*: mientras (*ind*); en tanto que 2 *Gegensatz*: mientras que (*ind*)

während'dem, während'des, während'dessen ADV entretanto, mientras tanto

'wahrhaben VT ⟨*nur inf*⟩ **etw nicht ~ wollen** no querer reconocer (*od* admitir) a/c

'wahrhaft ADJ (*echt*) verdadero, auténtico; (*aufrichtig*) veraz; sincero; (*wahrheitsgetreu*) verídico

wahr'haftig A ADJ → wahrhaft B ADV verdaderamente; realmente; en verdad; **~!** ¡de veras!; ¡de verdad!; **~?** ¿de veras?; **ich verstehe es ~ nicht** francamente (*od* la verdad), no lo entiendo; **Wahrhaftigkeit** F ⟨~⟩ (*Echtheit*) autenticidad *f*; (*Aufrichtigkeit*) veracidad *f*; sinceridad *f*

'Wahrheit F ⟨~; ~en⟩ verdad *f*; **die (volle) ~ sagen** decir (toda) la verdad; *umg fig* **j-m die ~ sagen** decirle a alg cuatro verdades; **bei der ~ bleiben** no alterar la verdad; **in ~** en realidad; **um die ~ zu sagen** a decir verdad

'Wahrheitsbeweis M prueba *f* de la verdad; **Wahrheitsfindung** F ⟨~⟩ JUR esclarecimiento *m* de la verdad; **wahrheitsgemäß, wahrheitsgetreu** A ADJ veraz, verídico B ADV conforme a la verdad; **Wahrheitsliebe** F amor *m* a la verdad; veracidad *f*; **wahrheitsliebend** ADJ veraz; sincero

'wahrlich ADV *geh* realmente; ciertamente; en efecto; de veras; *Bibel*: **~, ich sage euch …** en verdad os digo …

'wahrmachen VT → wahr

'wahrnehmbar ADJ perceptible; (*hörbar*) audible; (*sichtbar*) visible; **Wahrnehmbarkeit** F ⟨~⟩ perceptibilidad *f*

'wahrnehmen VT ⟨*irr*⟩ 1 *sinnlich*: percibir, sentir; (*bemerken*) notar; observar; darse cuenta de 2 *Amt* desempeñar; ejercer; *Geschäfte* atender a 3 *Gelegenheit* aprovechar 4 *Interessen* defender, salvaguardar; cuidar de, velar por; *Rechte* hacer valer; **Wahrnehmung** F ⟨~; ~en⟩ 1 *sinnliche*: percepción *f*; observación *f* 2 *von Interessen*: salvaguardia *f*; defensa *f*; **Wahrnehmungsvermögen** N facultad *f* perceptiva (*od* de percepción), perceptibilidad *f*

'wahrsagen VT & VI decir la buenaventura; (*voraussagen*) **j-m etw ~** profetizar (*od* vaticinar) a/c a alg; **aus den Karten ~** echar las cartas; **aus der Hand ~** leer en las rayas de la mano; **sich** (*dat*) **~ lassen** hacer que le echen (a uno) la buenaventura

'Wahrsager M ⟨~s; ~⟩ adivino *m*; *aus den Karten*: cartomántico *m*, echador *m* de cartas; *aus der Hand*: quiromántico *m*

Wahrsage'rei F ⟨~; ~en⟩ adivinación *f*; sortilegio *m*; predicción *f*

'Wahrsagerin F ⟨~; ~nen⟩ adivina *f*; *aus den Karten*: cartomántica *f*, echadora *f* de cartas; *aus der Hand*: quiromántica *f*; **Wahrsagung** F ⟨~; ~en⟩ profecía *f*; vaticinio *m*; adivinación *f*

'währschaft ADJ *schweiz* 1 (*solide*) sólido, robusto 2 *Mahlzeit* nutritivo 3 (*tüchtig*) trabajador 4 (*verlässlich*) fiable

wahr'scheinlich A ADJ probable; verosímil B ADV probablemente; **er wird ~ (nicht) kommen** (no) es probable que venga; **Wahrscheinlichkeit** F ⟨~; ~en⟩ probabilidad *f*; verosimilitud *f*; **aller ~ nach** con toda (*od* con mucha) probabilidad; **Wahrscheinlichkeitsrechnung** F cálculo *m* de probabilidades

'Wahrspruch M *österr* JUR veredicto *m*

'Wahrung F ⟨~⟩ *geh* salvaguardia *f*; protección *f*; defensa *f*; **unter ~ ihrer Rechte** sin perjuicio de sus derechos; **zur ~ meiner Interessen** en salvaguardia de mis intereses

'Währung F ⟨~; ~en⟩ moneda *f*; **harte** *od* **starke/schwache** *od* **weiche ~** moneda *f* fuerte/débil; **(nicht) konvertierbare ~** moneda *f* (no) convertible; **stabile ~** moneda *f* estable; **die ~ abwerten/entwerten/aufwerten** devaluar/depreciar/revaluar la moneda; **in ausländischer ~** en moneda extranjera

'Währungsabkommen N acuerdo *m* monetario; **Währungsangleichung** F ajuste *m* monetario; **Währungsausgleich** M compensación *f* de cambios; **Währungseinheit** F unidad *f* monetaria; **Währungsfonds** M **Internationaler ~** Fondo *m* Monetario Internacional; **Währungsgebiet** N área *f* (*od* zona *f*) monetaria; **Währungsgesetz** N ley *f* monetaria; **Währungsinstitut** N **Europäisches ~** Instituto *m* Monetario Europeo; **Währungskrise** F crisis *f* monetaria; **Währungsparität** F paridad *f* monetaria; **Währungspolitik** F política *f* monetaria; **währungspolitisch** ADJ político-monetario; **Währungsreform** F reforma *f* monetaria; **Währungsreserve** F reserva *f* monetaria; **Währungsschlange** F serpiente *f* monetaria (*od* de flotación); **Währungsstabilisierung** F estabilización *f* monetaria; **Währungsstabilität** F estabilidad *f* monetaria; **Währungsstandard** M patrón *m* monetario

'währungsstark ADJ **~es Land** país *m* con moneda fuerte

'Währungssystem N sistema *m* monetario; **Europäisches ~** Sistema *m* Monetario Europeo; **Währungsumstellung** F conversión *f* de la moneda; reforma *f* monetaria; **Währungsunion** F unión *f* monetaria; **Europäische ~** Unión *f* Monetaria Europea; **Währungsverfall** M depreciación *f* monetaria; **Währungsvergehen** N delito *m* monetario

'Wahrzeichen N ⟨~s; ~⟩ marca *f* característica; símbolo *m*; emblema *m*; *Gebäude*: edificio *m* emblemático; *e-r Stadt*: monumento *m* característico

'Waise F ⟨~; ~n⟩ huérfano *m*, -a *f*

'Waisengeld N subsidio *m* de orfandad; **Waisenhaus** N orfanato *m*, orfelinato *m*, asilo *m* de huérfanos; **Waisenkind** N → Waise; **Waisenknabe** M huérfano *m*; *umg fig* **er ist ein ~ gegen dich** no puede compararse contigo, *umg* no te llega a la suela del zapato; **Waisenrente** F pensión *f* de orfandad

Wal M ⟨~(e)s; ~e⟩ ZOOL ballena *f*; **junger ~** ballenato *m*; ZOOL **~e** *fachspr* cetáceos *mpl*

Wala'chei F ⟨~⟩ GEOG Valaquia *f*

Wald M ⟨~(e)s; Wälder⟩ bosque *m* (*a. fig*); *kleiner*: monte *m*; *großer*: selva *f*; **tief im ~** en medio del bosque; *fig* **er sieht den ~ vor lauter Bäumen nicht** los árboles le impiden ver el bosque; *sprichw* **wie man in den ~ hineinruft, so schallt es heraus** cuál la pregunta, tal la respuesta

'Waldameise F hormiga *f* roja; **Waldarbeiter** M, **Waldarbeiterin** F obrero *m*, -a *f* forestal; **waldarm** ADJ poco boscoso; pobre en bosques; **Waldbau** M silvicultura *f*; **Waldbeere** F baya *f* silvestre; **Waldbestand** M masa *f* forestal; recursos *mpl* forestales; **Waldbrand** M incendio *m* forestal

'Wäldchen N ⟨~s; ~⟩ bosquecillo *m*; floresta *f*; soto *m*

'Walderdbeere F BOT fresa *f* de los bosques; **Waldfrevel** M delito *m* forestal; **Waldgebiet** N región *f* forestal; **Waldgott** M MYTH silvano *m*; **Waldgrenze** F límite *m* del bosque; **Waldhorn** N MUS cuerno *m* (*od* trompa *f*) de caza; **Waldhüter** M *obs* guardabosque *m*; guarda *m* forestal

'waldig ADJ boscoso; selvático

'Waldkauz M ORN cárabo *m* (común); **Waldland** N terreno *m* boscoso; **Waldlauf** M SPORT carrera *f* a través de bosque; cross-country *m*; **Waldlichtung** F claro *m*; **Waldmaus** F ZOOL ratón *m* de campo; **Waldmeister** M BOT aspérula *f*; **Waldnymphe** F MYTH ninfa *f* de los bosques, dríada *f*, dríade *f*

'Waldorfpädagogik F pedagogia *f* Waldorf; **Waldorfschule** F escuela *f* Waldorf

'Waldpflanze F planta *f* selvática; **Waldrand** M linde *m* del bosque; **waldreich** ADJ rico en bosques; boscoso; **Waldreichtum** M riqueza *f* forestal; **Waldschnepfe** F ORN becada *f* (común), chocha *f* (perdiz); **Waldsterben** N ÖKOL muerte *f* lenta de los bosques

'Waldung F ⟨~; ~en⟩ *geh* (región *f* de) bosques *mpl*

'Waldviertel N GEOG *región de Austria*; **Waldweg** M camino *m* (*od* pista *f*) forestal; **Waldwirtschaft** F 1 silvicultura *f*; economía *f* forestal 2 *Gaststätte*: restaurante *m* en el bosque

'Wales [veːls] N ⟨~⟩ GEOG (país *m* de) Gales *m*

'Walfang M caza *f* de ballenas; **Walfangboot** N (barco *m*) ballenero *m*; **Walfänger** M ballenero *m* (*a. Schiff*); **Walfisch** M ballena *f*

Wa'liser M ⟨~s; ~⟩, **Waliserin** F ⟨~; ~nen⟩ galés *m*, -esa *f*; **walisisch** ADJ galés, de Gales

'walken VT abatanar; *umg fig* batanear

'Walkie-'Talkie [ˈwɔːkiˈtɔːki] N ⟨~(s); ~s⟩ walkie-talkie *m*; **'Walking** [ˈwɔːkɪŋ] N SPORT caminata *f*; **Nordic ~** caminata *f* con bastones; **'Walkman®** [ˈwɔːkmən] M ⟨~s; Walkmen⟩ walkman® *m*

'Walkmühle F batán *m*

Wal'küre F ⟨~; ~n⟩ MYTH valquiria *f*

Wall M ⟨~(e)s; Wälle⟩ (*Mauer*) muralla *f*; MIL baluarte *m* (*a. fig*); (*Erdwall*) terraplén *m*

'Wallach M ⟨~(e)s; ~e⟩ caballo *m* capón (*od* castrado)

'wallen VI 1 (*flattern*) ondear, ondular; flotar 2 (*sieden*) hervir, bullir (*beide a. fig*)

'wallend ADJ *Kleider, Haar* ondulante; **~er Bart** barba *f* fluente

'wallfahren VI ⟨*ohne* ge-⟩ peregrinar, ir en peregrinación a; **Wallfahrer** M, **Wallfahrerin** F peregrino *m*, -a *f*, romero *m*, -a *f*

'Wallfahrt F peregrinación *f*; romería *f*
'wallfahrten VI → wallfahren
'Wallfahrtskirche F iglesia *f* de peregrinación; **Wallfahrtsort** M lugar *m* de peregrinación
'Wallgraben M foso *m*
'Wallis N ⟨~⟩ GEOG **das ~** el Valais
Wal'lone M ⟨~n; ~n⟩ valón *m*; **Wallonien** N ⟨~s⟩ Valonia *f*; **Wallonin** F ⟨~; ~nen⟩ valona *f*; **wallonisch** ADJ valón
'Wallung F ⟨~; ~en⟩ 1 *beim Kochen*: hervor *m*; ebullición *f*; efervescencia *f* (*a. fig*) 2 MED congestión *f*; sofoco *m*; acaloramiento *m* 3 *fig* efusión *f*; agitación *f*; *fig* **in ~ bringen** agitar; requemar; **in ~ kommen** *od* **geraten** acalorarse; emocionarse; agitarse
'Walmdach N ARCH tejado *m* de copete
'Walnuss F nuez *f* (de nogal); **Walnussbaum** M, **Walnussholz** N nogal *m*
Wal'purgisnacht F noche *f* de (los) Walpurgis (*la víspera del primero de mayo*)
'Walrat M/N ⟨~(e)s⟩ esperma *f* de ballena; **Walross** N ZOOL morsa *f*; **Walstatt** F ⟨~; -stätten⟩ *poet* campo *m* de batalla
'walten VI 1 (*wirken*) obrar; actuar; **unter den ~den Umständen** en las actuales circunstancias 2 *geh* **seines Amtes ~** cumplir con su deber; **Gnade ~ lassen** usar clemencia; ser clemente con; **das walte Gott!** ¡Dios lo quiera! 3 *obs* gobernar (**über etw** *acus* a/c); reinar
'Waltran M aceite *m* de ballena
Walz F **auf der ~ sein** → Walze 3
'Walzblech N chapa *f* laminada
'Walze F ⟨~; ~n⟩ 1 TECH rodillo *m* (*a.* TYPO), rollo *m*; (*Trommel*) tambor *m*; AGR *a.* rulo *m* 2 (*Straßenwalze*) apisonadora *f* 3 *umg fig, obs* **auf der ~ sein** rodar (por el) mundo; correr mundo
'Walzeisen N METALL hierro *m* laminado
'walzen A VT TECH cilindrar; aplanar, allanar; *Straße* apisonar; METALL laminar; AGR pasar el rodillo B VI ⟨sn⟩ (*tanzen*) valsar, bailar el vals
'Walzen N ⟨~s⟩ aplanamiento *m*; METALL laminación *f*, laminado *m*
'wälzen A VT 1 hacer rodar; arrollar; GASTR **in Mehl ~** cubrir de harina, enharinar 2 *umg fig Bücher* hojear; *Akten* manejar 3 *umg fig Gedanken, Probleme* dar vueltas a; rumiar 4 **etw von sich ~** quitarse de encima a/c; descargarse de a/c; **die Schuld auf j-n ~** cargar la culpa a alg; *umg* echar el muerto a alg B VR **sich ~** revolcarse (**in** *dat* en); **sich am Boden, im Schmutz ~** revolcarse por el suelo, en porquería; **sich (schlaflos) im Bett ~** dar vueltas en la cama; *umg* **sich vor Lachen ~** retorcerse de risa
'walzenförmig ADJ cilíndrico
'Walzer M ⟨~s; ~⟩ MUS, *Tanz*: vals *m*; **~ tanzen** valsar, bailar el vals
'Wälzer M ⟨~s; ~⟩ *umg Buch*: **(dicker) ~** libro *m* voluminoso; *umg* mamotreto *m*, *umg* ladrillo *m*; **Wälzlager** N TECH rodamiento *m*, cojinete *m* antifricción
'Walzmaschine F laminadora *f*; **Walzstahl** M acero *m* laminado; **Walzstraße** F tren *m* de laminación; **Walzwerk** N *Maschine*: laminador *m*; *Fabrik*: taller *m* de laminación; *große*: fábrica *f* (*od* planta *f*) de laminación
'Wamme F ⟨~; ~n⟩ 1 (*Kehlfalte des Rindes*) papada *f*; papo *m* 2 *reg* (*Bauchfleisch*) panceta *f*; *Speck*; tocino *m* 3 *reg* → Wampe
'Wammerl N ⟨~s; ~(n)⟩ *südd* (*Bauchfleisch*) panceta *f*; *Speck*; tocino *m*
'Wampe F ⟨~; ~n⟩ *umg pej* (*dicker Bauch*) panza *f*, barriga *f*, *sl* tripa *f*
Wams N ⟨~es; Wämser⟩ HIST jubón *m*
wand → winden
Wand F ⟨~; Wände⟩ 1 *bei Gebäuden*: pared *f* (*a. Felswand*); (*Mauer*) muro *m*; (*Lehmwand*) tapia *f*; **~ an ~ wohnen** vivir pared por medio; **in meinen vier Wänden** en mi casa; entre mis cuatro paredes; **die Wände haben Ohren** las paredes oyen; **weiß wie eine ~ werden** ponerse más blanco que la pared 2 *fig* **j-n an die ~ drücken** arrinconar a alg; eliminar a alg; THEAT **j-n an die ~ spielen** robar la escena a alg; **j-n an die ~ stellen** (*erschießen*) pasar a alg por las armas; poner (*od* llevar) al paredón a alg; **es ist, um an den Wänden hochzugehen** es como para subirse por las paredes 3 (*Trennwand*) tabique *m*; *fig* barrera *f*; **spanische ~** biombo *m*
Wan'dale M ⟨~n; ~n⟩, **Wan'dalin** F ⟨~; ~nen⟩ → Vandale; **Wanda'lismus** M ⟨~⟩ → Vandalismus
'Wandanstrich M pintura *f*; **Wandarm** M TECH brazo *m* mural; soporte *m* de pared; (*Leuchter*) brazo *m* (de luz); aplique *m*; **Wandbehang** M tapiz *m*; tapicería *f*; colgadura *f*; **Wandbild** N → Wandgemälde; **Wandbrett** N estante *m*; **Wanddekoration** F decoración *f* mural; **Wanddurchbruch** F BAU perforación *m* de la pared *od* del muro; **Wanddurchführung** F ELEK pasamuros *m*
'Wandel M ⟨~s⟩ 1 (*Änderung*) cambio *m*; transformación *f*; **tiefgreifender ~** cambio *m* profundo; **einem ~ unterliegen** estar sujeto a un cambio; **im ~ der Zeiten** con el paso del tiempo 2 *obs* (*Lebenswandel*) (modo *m* de) vida *f*; conducta *f*; **Handel und ~** *hum* el mundo comercial
'Wandelanleihe F HANDEL empréstito *m* convertible; **wandelbar** ADJ variable; (*unbeständig*) inconstante, voluble, versátil; **Wandelbarkeit** F ⟨~⟩ variabilidad *f*; carácter *m* variable; inconstancia *f*; carácter *m* voluble (*od* versátil); **Wandelgang** M, **Wandelhalle** F galería *f*; POL *etc* pasillo *m*; THEAT salón *m* de descanso; foyer *m*
'wandeln A VT cambiar (**in** *acus* en); convertir en; transformar B VR **sich ~** transformarse (**in** *acus* en) C VI ⟨sn⟩ *geh* (*gehen*) deambular; andar, caminar; **Wandelobligation** F HANDEL obligación *f* convertible
'Wanderarbeiter M, **Wanderarbeiterin** F trabajador *m*, -a *f* migratorio, -a; *Mex* bracero *m*, -a *f*; **Wanderausrüstung** F equipo *m* de excursionista; **Wanderausstellung** F exposición *f* ambulante; **Wanderbücherei** F biblioteca *f* itinerante (*od* circulante); **Wanderbühne** F teatro *m* ambulante (*od* itinerante); **Wanderdüne** F duna *f* movediza
'Wanderer M ⟨~s; ~⟩ caminante *m*; excursionista *m*
'Wanderfalke M ORN halcón *m* peregrino; **Wandergewerbe** N comercio *m* ambulante; **Wanderherde** F rebaño *m* trashumante; **Wanderheuschrecke** F ZOOL langosta *f* migratoria; **Wanderin** F ⟨~; ~nen⟩ caminante *f*; excursionista *f*; **Wanderjahre** NPL años *mpl* de peregrinaje; **Wanderkarte** F mapa *m* de turismo; **Wanderleben** N vida *f* nómada (*od* errante); **Wanderlied** N MUS marcha *f*; **Wanderlust** F afición *f* al excursionismo; deseo *m* de viajar
'wandern VI ⟨sn⟩ 1 (*e-e Wanderung machen*) caminar; hacer una marcha; hacer excursiones (a pie) 2 (*durchs Land ziehen*) *Völker, Tiere* migrar; *Herden* trashumar; (*pilgern*) peregrinar; **~ durch** recorrer a/c 3 (*sich fortbewegen*) *Sonne* moverse; *Dünen* ser movedizo; desplazarse 4 *fig* **in den Papierkorb (ins Gefängnis** *etc*) **~** ir a parar a la papelera (a la cárcel, *etc*); **seine Blicke ~ lassen** dejar vagar su mirada
'Wandern N ⟨~s⟩ excursionismo *m* a pie; turismo *m* pedestre; SPORT pedestrismo *m*; **wandernd** ADJ migratorio (*a.* ZOOL); *Herde* trashumante; (*umherziehend*) ambulante; (*nomadisch*) nómada
'Wanderniere F MED riñón *m* flotante; **Wanderpokal** M copa *f* ambulante; **Wanderprediger** M predicador *m* ambulante; **Wanderpreis** M SPORT trofeo *m* ambulante; **Wanderratte** F ZOOL rata *f* parda (*od* de alcantarilla)
'Wanderschaft F viaje *m* a pie; peregrinaje *m*; **auf (die) ~ gehen** ir a correr mundo; **auf ~ sein** estar de excursión (*bzw* de viaje *bzw* de peregrinación)
'Wanderschuh M bota *f* de excursionista
'Wandersfrau F → Wanderin; **Wandersmann** M ⟨~(e)s; -leute⟩ → Wanderer
'Wandersport M pedestrismo *m*; **Wanderstab** M bastón *m* (de viaje); *fig* **den ~ ergreifen** irse de viaje; **Wanderstiefel** M bota *f* de excursionista; **Wandertag** M SCHULE (día *m* de) excursión *f*; **Wandertrieb** M BIOL instinto *m* migratorio; **Wandertruppe** F THEAT → Wanderbühne
'Wanderung F ⟨~; ~en⟩ excursión *f* (a pie); caminata *f*; *von Völkern, Tieren*: migración *f*; **Wanderungsbewegung** F movimiento *m* migratorio
'Wanderverein M asociación *f* excursionista; **Wandervolk** N → Nomadenvolk; **Wanderweg** M camino *m* para excursiones; **Wanderwelle** F PHYS onda *f* progresiva; **Wanderzirkus** M circo *m* ambulante
'Wandfliese F azulejo *m*; **Wandgarderobe** F recibidor *m* mural; **Wandgemälde** N pintura *f* mural; (cuadro *m*) mural *m*; **Wandheizung** F calefacción *f* por radiadores murales; **Wandkalender** M calendario *m* de pared; **Wandkarte** F mapa *m* mural; **Wandlampe** F lámpara *f* de pared, aplique *m*
'Wandler M ⟨~s; ~⟩ ELEK convertidor *m*; transformador *m*
'Wandleuchter M → Wandlampe
'Wandlung F ⟨~; ~en⟩ cambio *m*; *grundlegende*: transformación *f*; metamorfosis *f*; REL transubstanciación *f*; JUR redhibición *f*
'wandlungsfähig ADJ transformable; *Künstler* versátil; **Wandlungsklage** F JUR acción *f* redhibitoria; **Wandlungsprozess** M proceso *m* de transformación
'Wandmalerei F pintura *f* al fresco, mural *m*; **Wandpfeiler** M pilastra *f*; **Wandschirm** M pantalla *f*; (*spanische Wand*) biombo *m*; **Wandschmiererei** F pintada *f*; **Wandschrank** M armario *m* empotrado; alacena *f*; **Wandspiegel** M espejo *m* de pared; **Wandtafel** F pizarra *f*
wandte → wenden
'Wandteller M plato *m* decorativo; **Wandteppich** M tapiz *m*; **Wanduhr** F reloj *m* de pared
'Wandung F ⟨~; ~en⟩ pared *f*
'Wandverkleidung F recubrimiento *m* (*od* revestimiento *m*) mural; **Wandzeitung** F periódico *m* mural
'Wange F ⟨~; ~n⟩ 1 ANAT mejilla *f* 2 TECH parte *f* lateral; ARCH *e-r Treppe*: alma *f*; **Wangenbein** N, **Wangenknochen** M ANAT hueso *m* malar
'Wankelmotor M TECH, AUTO motor *m* Wankel; **Wankelmut** M *geh pej* versatilidad *f*; (*Unbeständigkeit*) inconstancia *f*, veleidad *f*; **wankelmütig** ADJ *geh pej* versátil; (*unbeständig*) inconstante, veleidoso; tornadizo; **Wankelmütigkeit** F ⟨~⟩ → Wankelmut

'wanken VI 1 *beim Gehen*: vacilar; tambalearse (*alle a. fig*); (*schwankend gehen*) caminar con paso inseguro 2 (*zittern*) vacilar; *Knie u. fig* flaquear; **ihm wankten die Knie** le flaquearon las piernas; *fig* **der Boden wankt ihm unter den Füßen** su posición es insegura; **ins Wanken bringen** hacer vacilar (*od* tambalear); *bes* POL desestabilizar; **ins Wanken geraten** empezar a tambalearse 3 *fig* (*unentschieden sein*) vacilar, titubear; *geh* **nicht ~ und nicht weichen** mantenerse firme (como una roca); no cejar; no ceder (un ápice)

'wankend ADJ vacilante; (*unentschieden*) *a.* indeciso; (*unsicher*) *a.* poco seguro; **mit ~en Schritten** con pasos vacilantes

wann A INT PR **~?** ¿cuándo?; **seit ~?** ¿desde cuándo?; **bis ~?** ¿hasta cuándo?; **von ~ an?** ¿a partir de cuándo?; **von ~ bis ~?** ¿desde cuándo hasta cuándo?; **ich weiß nicht, ~ sie kommt** no sé cuándo llegará B ADV cuando; **~ du willst** cuando quieras; **dann und ~** de vez en cuando

'Wanne F ⟨~; ~n⟩ 1 tina *f*, cuba *f*; (*Badewanne*) bañera *f*; **in der ~ sitzen** estar tomando un baño 2 TECH pila *f*; **Wannenbad** N baño *m* en bañera (*od* de pila)

Wanst M ⟨~(e)s; Wänste⟩ *umg pej* panza *f*, barriga *f*, *sl* tripa *f*

Want F ⟨~; ~en⟩ SCHIFF obenque *m*

'Wanze F ⟨~; ~n⟩ 1 ZOOL chinche *f* 2 *umg* (*Abhörgerät*) micrófono *m* oculto; micro-espía *m*

'Wappen N ⟨~s; ~⟩ armas *fpl*; blasón *m*; (*Wappenschild*) escudo *m* (de armas); **im ~ führen** llevar en sus armas; **Wappenbild** N blasón *m*; **Wappenfeld** N cuartel *m*; **Wappenkunde** F heráldica *f*; **Wappenschild** M, N escudo *m* de armas; **Wappenspruch** M divisa *f*, lema *m*; **Wappentier** N animal *m* heráldico

'wappnen *geh* A VT armar B VR **sich ~** armarse (**mit** *dat* de); *a. fig* **sich gegen etw ~** armarse contra a/c; **gewappnet sein** *a.* estar preparado

warb → werben

'Ware F ⟨~; ~n⟩ 1 *allg* mercancía *f*, *Am* mercadería *f*; *einzelne a.*: artículo *m*; (*Produkt*) producto *m*, género *m*; **erstklassige ~** mercancía *f* de primera calidad; **fehlerhafte/frische ~** mercancía *f* defectuosa/nueva; **verderbliche ~** producto *m* perecedero, mercancía *f* perecedera; HANDEL **eine ~ führen** tener un artículo 2 PL **~n** mercancías *fpl*; *Buchhaltung a.*: mercaderías *fpl*; **~n ausliefern** entregar mercancías; **~n bestellen/liefern** pedir/suministrar mercancías

'Warenabsatz M salida *f* de mercancías; venta *f*; **Warenangebot** N oferta *f* de mercancías; **Warenannahme** F ⟨~⟩ recepción *f* de mercancías; **Warenaufzug** M montacargas *m*; **Warenausfuhr** F exportación *f* de mercancías; **Warenausgang** M salida *f* de mercancías; **Warenausgangsbuch** N registro *m* de salidas; **Warenaustausch** M intercambio *m* de mercancías; **Warenautomat** M expendedor *m* automático; **Warenbestand** M existencias *fpl*, stock *m*; **Warenbezeichnung** F designación *f* de la mercancía; **Warenbörse** F bolsa *f* de contratación (*od* de mercancías); lonja *f*; **Wareneinfuhr** F importación *f* de mercancías; **Wareneingang** M entrada *f* de mercancías; **Wareneingangsbuch** N registro *m* de entradas; **Warenempfänger** M consignatario *m*; **Warenforderungen** FPL créditos *mpl* sobre mercancías; **Warengattung** F clase *f* de mercancía; **Warenhaus** N grandes almacenes *mpl*; *Am* emporio *m*; **Warenkonto** N cuenta *f* de mercancías; **Warenkorb** M INTERNET, *a. Statistik*: cesta *f* de la compra; **Warenkredit** M crédito *m* comercial; **Warenkunde** F mercología *f*; **Warenlager** N depósito *m* de mercancías; almacén *m*; (*Bestände*) existencias *fpl*, stock *m*; **Warenlieferung** F suministro *m* de mercancías; **Warenmuster** N → Warenprobe; **Warenprobe** F muestra *f*; espécimen *m*; **Warenrechnung** F factura *f* comercial; **Warenschuld** F deuda *f* comercial; **Warenschutz** M JUR protección *f* de marcas (de fábrica); **Warensendung** F envío *m* (de mercancías)

'Warenterminbörse F WIRTSCH mercado *m* de futuros (*od* a plazo); **Warentermingeschäft** N WIRTSCH operación *f* en el mercado de futuros, futuros *mpl* sobre mercaderías

'Warenverkehr M circulación *f* de mercancías; *Transport*: tráfico *m* de mercancías; *Austausch*: intercambio *m* de mercancías; **freier ~** libre circulación *f* de mercancías; **Warenverzeichnis** N lista *f* (*od* especificación *f*) de las mercancías; **Warenvorrat** M existencias *fpl*, stock *m*; **Warenwechsel** M FIN efecto *m* de comercio, letra *f* comercial

'Warenzeichen N marca *f* (de fábrica); **eingetragenes ~** marca *f* registrada

warf → werfen

warm ⟨wärmer; wärmst⟩ A ADJ 1 *Temperatur*: caliente; *Wetter* caluroso (*a. fig*); *Klima, Farbe* cálido (*a. fig*); *Kleidung* de abrigo (*od* de invierno); **es ist ~** hace calor; **mir ist ~** tengo calor; **~ werden** calentarse; entrar en calor; acalorarse; *fig* animarse; tomar confianza; salir de su reserva; **etw Warmes trinken** tomar a/c caliente 2 *fig* (*herzlich*) cálido, caluroso; **~er Empfang** calurosa acogida *f*; recibimiento *m* caluroso; **~e Worte** palabras *fpl* sentidas; **mit j-m nicht ~ werden** no congeniar con alg; **mit ihr wird man nicht ~** es difícil ganarse su confianza B ADV 1 **sich ~ anziehen** abrigarse, ponerse ropa de abrigo; **~ baden** tomar un baño caliente; **~ essen** comer caliente; **die Sonne scheint ~** el sol calienta mucho; → *a.* warm halten, warm laufen *etc* 2 *fig* **~** *od* **wärmstens empfehlen** recomendar mucho *od* encarecidamente

'Warmbad N baño *m* caliente; **Warmblüter** M animal *m* de sangre caliente; **warmblütig** ADJ de sangre caliente

'Wärme F ⟨~⟩ calor *m* (*a.* PHYS, TECH, *fig*); *umg* **zehn Grad ~** diez grados sobre cero; *fig* **mit ~** (*herzlich*) calurosamente

'Wärmeabgabe F emisión *f* (*od* desprendimiento *m*) de calor; **Wärmeäquivalent** [-v-] N equivalente *m* térmico; **Wärmeaufnahme** F absorción *f* de calor; **Wärmeausdehnung** F dilatación *f* térmica; **Wärmeausstrahlung** F radiación *f* térmica; **Wärmeaustausch** M intercambio *m* de calor; **Wärmebehandlung** F tratamiento *m* térmico; MED termoterapia *f*

'wärmebeständig ADJ resistente al calor; termoestable; **Wärmebeständigkeit** F ⟨~⟩ resistencia *f* al calor; termoestabilidad *f*

'Wärmebildung F PHYSIOL termogénesis *f*

'wärmedämmend ADJ termoaislante; **Wärmedämmung** F aislamiento *m* térmico

'Wärmeeinheit F unidad *f* calorífica (*od* de calor); **Wärmeelektrizität** F termoelectricidad *f*; **wärmeerzeugend** ADJ calorífico; **Wärmeerzeugung** F producción *f* de calor; PHYSIOL calorificación *f*, termogénesis *f*; **Wärmegewitter** N METEO tormenta *f* de calor; **Wärmegrad** M grado *m* de calor (*bzw* de temperatura)

'wärmeisolierend ADJ calorífugo; termoaislante; **Wärmeisolierung** F aislamiento *m* térmico

'Wärmekapazität F capacidad *f* térmica; **Wärmekraftwerk** N central *f* térmica; **Wärmelehre** F termología *f*; **Wärmeleiter** M PHYS conductor *m* térmico; **Wärmeleitfähigkeit** F conductibilidad *f* calorífica, conductividad *f* térmica; **Wärmeleitung** F conducción *f* calorífica (*od* del calor); **Wärmemesser** M termómetro *m*; calorímetro *m*; **Wärmemessung** F calorimetría *f*

'wärmen A VT (*aufwärmen*) recalentar; *Essen* calentar; **sich** (*dat*) **die Füße ~** calentarse los pies B VI *Sonne, Feuer* calentar; *Kleidung a.* abrigar C VR **sich ~** calentarse

'Wärmeplatte F calientaplatos *m*; placa *f* calefactora; **Wärmepumpe** F TECH bomba *f* de calor (*od* térmica), termobomba *f*; **Wärmeregelung** F termorregulación *f*; **Wärmeregler** M termorregulador *m*; termóstato *m*; **Wärmerückgewinnung** F TECH recuperación *f* del calor; **Wärmeschutz** M aislamiento *m* térmico; **Wärmeschutzfenster** N acristalamiento *m* aislante; **Wärmespeicher** M acumulador *m* de calor, termoacumulador *m*; **Wärmetechnik** F termotécnica *f*; **Wärmeverlust** M pérdida *f* de calor; **Wärmewert** M valor *m* térmico; **Wärmewirkung** F efecto *m* calorífico

'Wärmflasche F calentador *m*; *aus Gummi*: bolsa *f* de agua caliente

'Warmfront F METEO frente *m* cálido

'warmhalten VT ⟨*irr*⟩ *umg fig* **sich** (*dat*) **j-n ~** conservar las simpatías de alg; cultivar la relación con alg

warm halten ⟨*irr*⟩ A VT **etw ~** conservar caliente a/c B VR **sich ~** abrigarse

'warmherzig ADJ caluroso; efusivo

warm laufen A VI TECH (re)calentarse; **den Motor ~ lassen** calentar el motor B VR **sich ~** SPORT calentarse (corriendo)

'Warmlaufen N TECH (re)calentamiento *m*; SPORT calentamiento *m*; **Warmluft** F aire *m* caliente; **Warmluftheizung** F calefacción *f* por aire caliente

'warmmachen VT, **warm machen** VT *Speisen* (poner a) calentar

'Warmmiete F *umg alquiler con gastos de calefacción y agua caliente*

'Wärmplatte F → Wärmeplatte

'warmstellen VT, **warm stellen** VT *Speisen etc* poner a calentar; mantener caliente

'Warm-up ['wɔrmʔap] N ⟨~s; ~s⟩ SPORT calentamiento *m*

Warm'wasserbereiter M calentador *m* de agua; termo(sifón) *m*; **Warmwasserheizung** F calefacción *f* por agua caliente; **Warmwasserleitung** F tubería *f* de agua caliente; **Warmwasserspeicher** M depósito *m* de agua caliente; **Warmwasserversorgung** F abastecimiento *m* de agua caliente

'warmwerden VI → warm A 1, 2

'Warnanlage F sistema *m* (*od* dispositivo *m*) de alarma; **Warnblinkanlage** F AUTO luces *fpl* de emergencia; **Warnboje** F SCHIFF boya *f* de aviso; **Warndienst** M servicio *m* de vigilancia; **Warndreieck** N AUTO triángulo *m* de emergencia

'warnen VT advertir; avisar (**vor** *dat* de); (*vorwarnen*) prevenir; **gewarnt sein** estar sobre aviso; estar prevenido; **j-n (vor einer Gefahr) ~** advertir (*od* prevenir) a alg (de un peligro); **vor j-m ~** prevenir contra alg; **ich warne Sie davor** se lo advierto; **vor Taschendieben wird gewarnt!** ¡cuidado con los rateros (*od* carteristas)!

W

'Warner M ⟨~s; ~⟩, **Warnerin** F ⟨~; ~nen⟩ amonestador m, -a f; monitor m, -a f

'Warnleuchte F, **Warnlicht** N luz f de advertencia (od de aviso); **Warnruf** M grito m de alarma; **Warnschild** N señal f (od rótulo m) de aviso; **Warnschuss** M tiro m de aviso al aire; tiro m intimidatorio; **Warnsignal** N señal f de aviso; **Warnstreik** M huelga f de advertencia (od de aviso)

'Warnung F ⟨~; ~en⟩ advertencia f; aviso m; *abschreckende:* escarmiento m; **ohne (vorherige) ~** sin previo aviso; **lassen Sie sich das eine ~ sein** (od **zur ~ dienen**) que esto le sirva de aviso (od de lección od de escarmiento)

'Warnweste F AUTO chaleco m reflectante; **Warnzeichen** N señal f de aviso; *Verkehr:* señal f de peligro

'Warschau N ⟨~s⟩ Varsovia f

'Warte F ⟨~; ~n⟩ *geh* puesto m de observación; observatorio m; (*Wachturm*) atalaya f; *fig* **von hoher ~ aus** desde un punto de vista elevado; **von seiner ~ aus gesehen** (visto) desde su punto de vista

'Wartehalle F BAHN sala f de espera; FLUG sala f de embarque; **Wartehäuschen** N marquesina f; **Warteliste** F lista f de espera

'warten A VI esperar (**auf j-n** a alg; **auf etw** a/c); aguardar (**auf etw** a/c); estar a la espera (**auf** *acus* de); **lange ~** esperar largo tiempo; **da kannst du lange ~** puedes esperar sentado; **j-n ~ lassen** hacer esperar a alg; **(nicht) auf sich** (*acus*) **~ lassen** (no) hacerse esperar; (no) tardar mucho (en llegar); **warte mal!** ¡espera un momento!; *Drohung:* **na, warte!** od **warte nur!** ¡ya verás! B VT *Maschine etc* entretener, mantener, conservar en buen estado; (*überprüfen*) inspeccionar

'Warten N ⟨~s⟩ espera f; **nach langem ~** después de larga espera (od de esperar mucho tiempo)

'Wärter M ⟨~s; ~⟩ guarda m; guardián m; (*Pfleger*) cuidador m; MED enfermero m

'Warteraum M sala f de espera

'Wärterhäuschen N BAHN garita f de guardabarrera

'Wärterin F ⟨~; ~nen⟩ guarda f; guardiana f; (*Pflegerin*) cuidadora f; MED enfermera f

'Wartesaal M sala f de espera; **Warteschlange** F cola f (de espera) (*auch Computer*); *Drucker:* cola f de impresión; **Warteschleife** F FLUG circuito m (od círculo m) de espera; IT a. bucle m de espera; **Wartestand** M ⟨~(e)s⟩ cesantía f; **in den ~ versetzen** dejar cesante (od en situación de disponible); **Wartezeit** F período m (od tiempo m) de espera; VERS período m de carencia; **Wartezimmer** N sala f de espera

'Wartung F ⟨~; ~en⟩ cuidado m; TECH entretenimiento m, mantenimiento f; conservación f

'Wartungsarbeiten FPL trabajos mpl de mantenimiento; labores fpl de conservación; **Wartungsdienst** M servicio m de mantenimiento; **Wartungskosten** PL gastos mpl de mantenimiento; **Wartungspersonal** N personal m de mantenimiento; **Wartungsservice** M TECH servicio m de mantenimiento; **Wartungsvertrag** M contrato m de mantenimiento

wa'rum ADV por qué; **~?** ¿por qué?; ¿por qué razón?, ¿por qué motivo?; (*wozu?*) ¿para qué?; ¿con qué objeto?, ¿con qué fin?; **~ nicht?** ¿por qué no?; **ich weiß nicht ~** no sé por qué

'Warze F ⟨~; ~n⟩ verruga f

'Warzenhof M ANAT aréola f (del pezón); **Warzenschwein** N ZOOL facóquero m; jabalí m verrugoso

'warzig ADJ verrugoso

was A INT PR 1 qué; *umg* **~?** *umg unhöflich* (*wie bitte?*) ¿qué?; (*nicht wahr?*) ¿eh?; ¿verdad?; **~ ist das?** ¿qué es esto?; **~ ist denn?** ¿qué pasa?; **~ ist (los)?** od **~ gibt es?** ¿qué pasa?; ¿qué hay?; **~ ist mit dir?** ¿qué te pasa?; **~ ist dein Vater (von Beruf)?** ¿qué es (od qué profesión tiene) tu padre?; **~ sagt er?** ¿qué dice?; **~ gibt es Besseres als ...?** ¿hay algo mejor que ...? 2 **~ für ein(e) ...** qué (tipo de) ...; **~ für einer?** ¿cuál?; **~ für ein Auto fährt er?** ¿qué coche tiene?; **~ für ein schöner Garten!** ¡qué jardín más hermoso!; **~ für ein Lärm!** ¡qué ruido!; **~ für Leute waren da?** ¿qué (clase de) gente había allí? B REL 1 *Nominativ:* que, lo que, lo cual; **das, ~** lo que; **ich weiß, ~ du willst** sé lo que quieres; **alles ~ du willst** todo lo que quieras; **er tut, ~ er kann** hace lo que puede; **sie lief, ~ sie konnte** corrió a más no poder 2 *mit auch:* **~ auch immer** por mucho que; por más que; **~ er auch immer tut** haga lo que quiera; **~ auch immer es ist** sea lo que sea; **~ auch das Ergebnis sein mag** sea cual fuere el resultado 3 *weiterführend:* **..., ~ ich bereue** ... lo que siento; **~ noch schlimmer ist** lo peor es; **..., ~ nicht wahr ist** ... lo cual no es verdad C INDEF PR *umg* (*etwas*) algo; **das ist ~ anderes** eso es otra cosa; **~ Neues?** ¿algo nuevo?; **ich will dir ~ sagen** voy a decirte una cosa; → *a.* **etwas** D ADV 1 (*wie sehr*) **~ haben wir gelacht!** ¡lo que nos hemos reído!; **~ hast du dich verändert!** ¡cómo has cambiado! 2 (*warum*) **~ lachst du?** ¿de qué te ríes?; *umg* **~ brauchte er zu lügen?** ¿por qué había de mentir?

'Waschanlage F TECH, BERGB lavadero m; AUTO tren m de lavado; **Waschanleitung** F instrucciones fpl para el lavado; **Waschanstalt** F lavandería f; **Waschautomat** M lavadora f automática; **waschbar** ADJ lavable; **Waschbär** M ZOOL mapache m, oso m lavador; **Waschbecken** N lavabo m; **Waschbenzin** N bencina f; **Waschbrett** N *hist* tabla f de lavar; **Waschbrettbauch** M *umg* abdominales mpl de hierro

'Wäsche F ⟨~; ~n⟩ 1 (*Waschen*) lavado m (a. TECH); **(große) ~** colada; **in die ~ geben** dar a lavar; **in der ~ sein** estar a lavar 2 (*Wäschestücke*) ropa f; **~ waschen** lavar la ropa; *fig* **seine schmutzige ~ in der Öffentlichkeit waschen** sacar los trapos sucios a relucir 3 (*Unterwäsche*) ropa f interior; **die ~ wechseln** mudarse de ropa; **saubere ~ anziehen** ponerse ropa limpia; **~ zum Wechseln** muda f (de recambio); *umg fig* **dumm aus der ~ gucken** *umg* mirar con cara de tonto

'Wäschebeutel M saco m para la ropa sucia

'waschecht ADJ 1 lavable; resistente al lavado; *Farbe* sólido 2 *fig* de pura cepa; castizo; por los cuatro costados; **ein ~er Spanier** un español de pura cepa

'Wäschefabrik F fábrica f de ropa blanca; **Wäschegeschäft** N lencería f; (*Herrenwäschegeschäft*) camisería f; **Wäscheklammer** F pinza f de (la) ropa; **Wäschekorb** M cesta f (od cesto m) de (la) ropa; **Wäscheleine** F cuerda f para tender ropa; cuerda f de la ropa; *Am* tendedera f; **Wäschemangel** F calandria f

'waschen ⟨*irr*⟩ A VT lavar (a. TECH, BERGB); *Teller etc a.* fregar; **sich** (*dat*) **die Hände ~** lavarse las manos; *fig* **eine Hand wäscht die andere** una mano con otra se lava; amor con amor se paga B VI (*Wäsche waschen*) lavar (la ropa) C VR **sich ~** 1 lavarse 2 *umg fig* **(eine Ohrfeige), die sich ge~ hat** *umg* (una bofetada) de padre y muy señor mío; **die Arbeit hat sich ge~** es un trabajo que se las trae

'Waschen N ⟨~s⟩ lavado m; lavadura f; TECH *Wolle:* lavaje m

Wäsche'rei F ⟨~; ~en⟩ lavandería f

'Wäscherin F ⟨~; ~nen⟩ *obs* lavandera f

'Wäscheschleuder F secadora f centrífuga; **Wäscheschrank** M armario m de las lencerías; **Wäschespinne** F tendedero m (de ropa); **Wäscheständer** M tendedero m; **Wäschetinte** F tinta f de marcar; **Wäschetrockner** M 1 *Gestell:* tendedero m 2 *Maschine:* secadora f; **Wäschetruhe** F arca f para ropa

'Waschfrau F *obs* lavandera f; **Waschgang** M *der Waschmaschine:* fase f de lavado; **Waschgelegenheit** F lavabo m; **Waschhandschuh** M manopla f para baño; **Waschkessel** M caldera f para hacer la colada; **Waschkleid** N vestido m lavable; **Waschkorb** M → Wäschekorb; **Waschküche** F 1 lavadero m 2 *umg fig* (*dichter Nebel*) niebla f densa; **Waschlappen** M 1 manopla f para baño 2 *umg fig* (*Feigling*) Juan Lanas m, cobardica m; **Waschlauge** F lejía f; colada f; **Waschleder** N gamuza f; **Waschmaschine** F lavadora f; **waschmaschinenfest** ADJ lavable en lavadora; **Waschmittel** → Waschpulver; **Waschprogramm** N programa m de lavado; **Waschpulver** N detergente m; **Waschraum** M (cuarto m de) aseo m; lavabo m; **Waschsalon** M lavandería f; **Waschschüssel** F jofaina f, palangana f; **Waschseide** F seda f lavable; **Waschstraße** F AUTO tren m (od túnel m) de lavado

wäscht → waschen

'Waschtag M día m de colada (od de lavado); **Waschtisch** M *obs od reg* palanganero m; lavabo m; **Waschtrockner** M lavadora-secadora f

'Waschung F ⟨~; ~en⟩ lavado m; REL lavatorio m; ablución f (a. MED)

'Waschwanne F artesa f; tina f; **Waschwasser** N agua f de lavar; **Waschweib** N *umg pej* comadre f; cotilla f; **Waschzettel** M *fig Buchhandel:* texto m (*bzw* solapa f) de presentación; **Waschzeug** N útiles pl de aseo; utensilios mpl de tocador (od de aseo); **Waschzuber** M *reg* → Waschwanne

'Wasser N ⟨~s; ~ *u.* Wässer⟩ 1 *allg* agua f; *Kosmetik a.:* loción f; **fließend(es) ~** agua corriente; SCHIFF *etc* **~ fassen** od **nehmen** hacer aguada; SCHIFF **~ ziehen** (*lecken*) hacer agua; *umg fig* **wie aus dem ~ gezogen** *umg* hecho una sopa; **ins ~ fallen** caer al agua; *fig* hacerse agua (de borrajas); irse al agua; *Unternehmen, Fest* no tener lugar; **ins ~ gehen** ir (od entrar) al agua; *fig* (*sich ertränken*) ahogarse; **ins ~ springen** lanzarse al agua; SCHIFF **zu ~ bringen** botar; FLUG **zu ~ gehen** amarar; **zu ~ und zu Lande** por mar y por tierra 2 (*Wasseroberfläche*) **unter ~** bajo el agua; **unter ~ setzen** inundar, anegar; sumergir; **unter ~ stehen** estar inundado; *a. fig* **sich über ~ halten** mantenerse a flote 3 (*Gewässer*) aguas fpl; **stehendes ~** aguas fpl estancadas 4 *Körperflüssigkeit:* **da läuft mir das ~ im Munde zusammen** se me hace la boca agua; MED **~ in den Beinen haben** tener edemas en las piernas 5 *verhüllend* (*Urin*) aguas fpl menores; **~ lassen** od **sein ~ abschlagen** orinar, hacer aguas 6 *fig* **reinsten ~s** de pura cepa; por los cuatro costados; **j-m das ~ abgraben** quitar a alg el pan; **j-m nicht das ~ reichen können** no llegar a alg a los talones (od a la suela del zapato); **mit allen ~n gewaschen sein** sabérselas todas; ser más corrido que un zorro viejo; **sie hat nahe am** (od **ans**) **~ gebaut** es muy llorona; **das ~ steht ihm bis zum Hals** está con el agua (*od* la soga) al cuello; **das ist ~ auf seine Mühle** eso es agua para su molino; **bei ~ und Brot sitzen** estar a pan y agua; *sprichw* **es wird überall (nur) mit ~ gekocht** en todas partes cuecen habas

'Wasserabfluss M desagüe *m*

'wasserabstoßend, Wasser abstoßend, 'wasserabweisend, Wasser abweisend ADJ hidrófugo

'Wasserader F vena *f* de agua; **Wasseranschluss** M acometida *f* (*od* toma *f*) de agua

'wasseranziehend, Wasser anziehend ADJ higroscópico; hidrófilo

'wasserarm ADJ falto de agua; árido

'Wasserarmut F falta *f* (*od* escasez *f*) de agua; aridez *f*; **Wasseraufbereitung** F tratamiento *m* de aguas; **Wasserbad** N TECH, CHEM, GASTR baño *m* María

'Wasserball A M ⟨~(e)s; -bälle⟩ (*Strandball*) balón *m* inflable B N ⟨~s⟩ SPORT → Wasserballspiel; **Wasserballspiel** N SPORT waterpolo *m*; **Wasserballspieler** M, **Wasserballspielerin** F waterpolista *m/f*

'Wasserbau M construcción *f* hidráulica; **Wasserbauingenieur** M, **Wasserbauingenieurin** F ingeniero *m*, -a *f* hidráulico, -a

'Wasserbecken N pila *f*, pilón *m*; *des Springbrunnens a.*: taza *f*; *im Garten*: estanque *m*; **Wasserbedarf** M necesidades *fpl* de agua; exigencias *fpl* hídricas; **Wasserbehälter** M depósito *m* de agua; tanque *m*; cisterna *f*; **Wasserbett** N cama *f* de agua; **wasserbewohnend** ADJ ZOOL acuático, acuícola; **Wasserblase** F burbuja *f*; MED ampolla *f*; **Wasserbombe** F MIL bomba *f* (*od* carga *f*) de profundidad; **Wasserbruch** M MED hidrocele *m*; **Wasserbüffel** M ZOOL búfalo *m* de agua (*od* indio); arni *m*

'Wässerchen N ⟨~s; ~⟩ *fig* **er sieht aus, als könnte er kein ~ trüben** parece una mosquita muerta; parece que nunca ha roto un plato

'Wasserdampf M vapor *m* de agua

'wasserdicht ADJ 1 *Kleidung* impermeable; SCHIFF, TECH resistente al agua; estanco 2 *Alibi, Vertrag umg* perfecto; **~ machen** impermeabilizar

'Wasserdruck M presión *f* hidráulica; **wasserdurchlässig** ADJ permeable al agua; **Wassereimer** M cubo *m*; **Wasserenthärter** M reblandecedor *m* de agua; **Wasserenthärtung** F ablandamiento *m* (*od* desendurecimiento *m*) del agua

'wasserentziehend, Wasser entziehend ADJ deshidratante

'Wasserentzug M deshidratación *f*; **Wasserfahrzeug** N embarcación *f*; **Wasserfall** M salto *m* de agua; cascada *f*; *großer*: catarata *f*; *umg fig* **wie ein ~ reden** hablar más que una cotorra; **Wasserfarbe** F (color *m* para) acuarela *f*; aguada *f*; **Wasserflasche** F garrafa *f* (de agua); **Wasserfloh** M ZOOL pulga *f* acuática (*od* de agua); **Wasserflughafen** M base *f* de hidroaviones; **Wasserflugzeug** N hidroavión *m*; **Wasserflut** F inundación *f*, *stärker*: diluvio *m*; avenida *f* (de las aguas); **Wasserfracht** F flete *m* marítimo (*bzw* fluvial)

'wasserfrei ADJ CHEM anhidro

'wasserführend, Wasser führend ADJ acuífero

'Wasserführung F *e-s Flusses*: caudal *m*; **Wassergehalt** M contenido *m* de agua (*od* hídrico); **wassergekühlt** ADJ refrigerado por agua; **Wasserglas** N 1 *Gefäß* vaso *m* para agua 2 CHEM vidrio *m* soluble; silicato *m* de sodio (*bzw* de potasio); **Wassergraben** M AGR acequia *f*; *Reiten* ría *f*; MIL cuneta *f*; *Befestigung*: foso *m*; **Wasserhahn** M grifo *m* (de agua); *Rpl* canilla *f*; *Cuba* llave *f*; **wasserhaltig** ADJ acuoso; **Wasserhaushalt** M economía *f* hídrica (*a.* PHYSIOL); **Wasserheilkunde** F hidroterapia *f*; **Wasserhose** F tromba *f*, manga *f* (de agua)

'wässerig ADJ 1 acuoso; MED seroso; *Geschmack* insípido 2 *fig* **j-m den Mund ~ machen** dar dentera a alg; poner los dientes largos a alg; **das macht mir den Mund ~** *a.* se me hace la boca agua

'Wasserjungfer F ZOOL libélula *f*; *umg* caballito *m* del diablo; **Wasserkanne** F, **Wasserkaraffe** F jarro *m* para agua; **Wasserkasten** M depósito *m* de agua; **Wasserkessel** M hervidor *m*; TECH caldera *f*; **Wasserklosett** N inodoro *m*, wáter *m*; **Wasserkocher** M termo *m*, hervidor *m* de agua; **Wasserkopf** M MED hidrocefalía *f*; *Person*: hidrocéfalo *m*; **wasserköpfig** ADJ MED hidrocéfalo; **Wasserkraft** F fuerza *f* (*od* energía *f*) hidráulica; **Wasserkraftwerk** N central *f* hidroeléctrica; **Wasserkran** M grúa *f* hidráulica; **Wasserkrug** M cántaro *m*; jarra *f*; **Wasserkühlung** F refrigeración *f* por agua; **Wasserkultur** F BOT cultivo *m* hidropónico; **Wasserkunde** F hidrología *f*; **Wasserkunst** F juego *m* de aguas; fuentes *fpl* artificiales; **Wasserkur** F MED tratamiento *m* hidroterápico; **Wasserlache** F charco *m*

'Wasser-Land-Flugzeug N avión *m* anfibio

'Wasserlandung F amaraje *m*, amerizaje *m*; **Wasserlassen** N ⟨~s⟩ PHYSIOL micción *f*; **Wasserlauf** M corriente *f* (*od* curso *m*) de agua; **Wasserläufer** M ZOOL zapatero *m*; **Wasserleiche** F (cadáver *m* de un) ahogado *m*; **Wasserleitung** F conducción *f* de agua; *im Haus*: tubería *f* (*od* cañería *f*) de agua; **Wasserlilie** F BOT nenúfar *m*; **Wasserlinie** F SCHIFF línea *f* de flotación; **Wasserlinse** F BOT lenteja *f* acuática (*od* de agua); **Wasserloch** N aguada *f*; **wasserlöslich** ADJ soluble en agua, hidrosoluble; **Wassermangel** M ⟨~s⟩ escasez *f* (*od* falta *f*) de agua

'Wassermann M ⟨~(e)s⟩ 1 ASTROL Acuario *m*; **er ist ein typischer ~** es un Acuario típico 2 ⟨~̈er *od* -leute⟩ MYTH genio *m* del agua 3 MED **wassermannsche Reaktion** reacción *f* de Wassermann

'Wassermantel M TECH camisa *f* de agua; **Wassermassage** F hidromasaje *m*; **Wassermasse** F aguas *fpl*; **Wassermelone** F BOT sandía *f*; **Wassermesser** M hidrómetro *m*; **Wassermühle** F molino *m* de agua; aceña *f*

'wassern VI FLUG amarar, amerizar

'Wassern N ⟨~s⟩ FLUG amaraje *m*, amerizaje *m*

'wässern VT 1 AGR (*bewässern*) regar 2 GASTR (*ins Wasser legen*) poner a (*od* en) remojo; *Hering a.* desalar 3 (*verwässern*) aguar 4 FOTO lavar

'Wässern N ⟨~s⟩ riego *m*; remojo *m*; FOTO lavado *m*

'Wassernixe F MYTH ondina *f*; **Wasseroberfläche** F superficie *f* del agua; **Wasserpfeife** F narguile *m*; **Wasserpflanze** F BOT planta *f* acuática; **Wasserpfütze** F charco *m*; **Wasserpistole** F pistola *f* de agua; **Wasserpolizei** F policía *f* (*od* brigada *f*) fluvial; **Wasserprobe** F muestra *f* de agua; **Wasserpumpe** F bomba *f* de agua; **Wasserrad** N TECH rueda *f* hidráulica; **Wasserratte** F 1 *fig* entusiasta *m/f* de la natación; *umg hum* pez *m* 2 ZOOL → Schermaus 1; **wasserreich** ADJ abundante en agua; *Fluss* caudaloso; **Wasserreinigung** F depuración *f* del agua; **Wasserreinigungsanlage** F (planta *f*) depuradora *f*; **Wasserreserven** FPL recursos *mpl* acuáticos; reserva *f* hídrica; **Wasserrinne** F canal *m*; reguero *m*; **Wasserrohr** N tubería *f* de agua; **Wasserrohrbruch** M rotura *f* de cañerías de agua; **Wassersäule** F columna *f* de agua; **Wasserschaden** M daño *m* (causado) por el agua; **Wasserschaufel** F SCHIFF achicador *m*; **Wasserscheide** F GEOG (línea *f*) divisoria *f* de las aguas

'wasserscheu ADJ que tiene miedo al agua; MED hidrófobo; **~ sein** tener miedo al agua

'Wasserscheu F ⟨~⟩ aversión *f* al agua; MED hidrofobia *f*; **Wasserschi** → Wasserski; **Wasserschlange** F 1 *Schlange*: serpiente *f* de agua 2 ASTRON Hidra *f*; **Wasserschlauch** M manga *f*; manguera *f*; **Wasserschloss** N castillo *m* en el agua; **Wasserschnecke** F TECH tornillo *m* de Arquímedes; **Wasserski** A N *Sportart*: esquí *m* acuático B M *Sportgerät*: esquí *m* acuático; **Wasserspeicher** M depósito *m* de agua; **Wasserspeier** M ARCH gárgola *f*; **Wasserspiegel** M nivel *m* (*bzw* superficie *f*) del agua; **Wasserspiele** NPL juegos *mpl* de agua

'Wassersport M, **Wassersportart** F deporte *m* náutico (*od* acuático); **Wassersportler** M, **Wassersportlerin** F deportista *m/f* náutico

'Wasserspülung F cisterna *f*; *Klosett*: sifón *m*; **Wasserstand** M nivel *m* del agua

'Wasserstandsanzeiger M indicador *m* de nivel (del agua); **Wasserstandsmeldung** F información *f* fluviométrica; **Wasserstandsmesser** M fluviómetro *m*

'Wasserstelle F aguada *f*

'Wasserstoff M CHEM hidrógeno *m*; **schwerer ~** hidrógeno *m* pesado, deuterio *m*; **wasserstoffblond** ADJ *Haar* oxigenado; **Wasserstoffbombe** F MIL bomba *f* de hidrógeno (*od* H); **wasserstoffhaltig** ADJ hidrogenado; **Wasserstoffperoxid** N CHEM agua *f* oxigenada

'Wasserstrahl M chorro *m* de agua; **Wasserstraße** F vía *f* fluvial (*od* navegable *od* de navegación); **Wasserstraßennetz** N red *f* de vías fluviales; **Wassersucht** F MED hidropesía *f*; **wassersüchtig** ADJ hidrópico; **Wassersuppe** F *pej* calducho *m*; **Wassertier** N animal *m* acuático; **Wasserträger** M, **Wasserträgerin** F aguador *m*, -a *f*; **Wassertransport** M transporte *m* por agua (*bzw* fluvial); **Wassertropfen** M gota *f* de agua; **Wasserturbine** F turbina *f* hidráulica; **Wasserturm** M torre *f* (*od* arca *f*) de agua; cambija *f*; **Wasseruhr** F contador *m* de agua

'wasserundurchlässig ADJ impermeable al agua

'Wasserung F ⟨~; ~en⟩ → Wasserlandung

'Wässerung F ⟨~; ~en⟩ → Wässern

'wasserunlöslich ADJ insoluble en agua

'Wasserverbrauch M consumo *m* de agua; **Wasserverdrängung** F SCHIFF desplazamiento *m*; **Wasserverschmutzung** F contaminación *f* del agua; **Wasserversorgung** F abastecimiento *m* (*od* suministro *m*) de agua; **Wasservogel** M ave *f* acuática; **Wasservorräte** MPL → Wasserreserven; **Wasserwaage** F TECH nivel *m* de agua; **Wasserweg** M vía *f* navegable; *Fluss a.*: vía *f* fluvial; **auf dem ~** por vía fluvial; **Wasserwelle** F *Frisur*: ondulación *f*; marcado *m*; **Wasserwerfer** M *Gerät*: cañón *m* de agua;

Fahrzeug: camión *m* cisterna; **Wasserwerk** N central *f* (*bzw* servicio *m*) de abastecimiento de aguas; **Wasserwirtschaft** F gestión *f* de aguas; **Wasserzähler** M → Wasseruhr; **Wasserzeichen** N filigrana *f*, marca *f* de agua; **Wasserzufuhr** F traída *f* de agua

'wässrig ADJ → wässerig

'waten VI ⟨sn⟩ vadear (**durch** a/c); caminar (**in** *dat* por)

'Watsche [-aː-] F ⟨~; ~n⟩ *südd* bofetada *f*

'Watschelgang M patoso andar *m*

'watschelig ADJ patoso

'watscheln VI ⟨sn⟩ andar patosamente; contonearse como un pato; anadear

'Watscheln N ⟨~s⟩ → Watschelgang

Watt¹ N ⟨~(e)s; ~en⟩ → Wattenmeer

Watt² N ⟨~s; ~⟩ ELEK vatio *m*

'Watte F ⟨~; ~n⟩ algodón *m* (hidrófilo); *umg fig* **j-n in ~ packen** tener a alg entre algodones; **watteartig** ADJ algodonoso; **Wattebausch** M bolita *f* (*od* torunda *f*) de algodón

'Wattenmeer N marisma *f*; aguas *fpl* bajas (de la costa)

'Wattepfropf M tapón *m* de algodón; **Wattestäbchen** N bastoncillo *m* de algodón

wat'tieren VT ⟨*ohne* ge-⟩ enguatar; acolchar

'Wattleistung F ELEK potencia *f* medida en vatios; **Wattmeter** N ELEK vatímetro *m*; **Wattstunde** F ELEK vatio-hora *m*

wau INT *Hund:* ¡guau!

'Wauwau, Wau'wau M ⟨~s; ~s⟩ *Kindersprache:* perrito *m*

WC N ABK (Wasserklosett) WC *m*; **WC-Mietservice** M servicio *m* de alquiler de WC

Wdh. ABK (Wiederholung) rep. (*repetición*)

WDR M ABK (Westdeutscher Rundfunk) Radio *m* de la Alemania del Oeste

Web N ⟨~(s)⟩ IT Web *m*, telaraña *f*

'Webart F TEX tejedura *f*

'Webcam® ['vɛpkɛm] F IT webcam *f*; **Webdesign** [-di'zaɪn] N diseño *m* de páginas Web

'weben VT tejer; **Weben** N ⟨~s⟩ tejedura *f*, tejido *m*; **Weber** M ⟨~s; ~⟩ tejedor *m*; **Weberbaum** M enjulio *m*, enjullo *m*

Webe'rei F ⟨~; ~en⟩ 1 *Tätigkeit:* tejeduría *f* (*a. Fabrik*) 2 (*Gewebe*) tejido *m*; **Webereierzeugnis** N producto *m* textil

'Weberin F ⟨~; ~nen⟩ tejedora *f*; **Weberkamm** M peine *m* para telares; **Weberknecht** M ZOOL segador *m*, falangio *m*; **Weberknoten** M nudo *m* de tejedor; **Weberschiffchen** N lanzadera *f* (de tejedor); **Webervogel** M ORN tejedor *m*

'Webfehler M TEX falla *f* en el tejido; **Webkante** F TEX orillo *m*

Weblog ['vɛplɔk] N & M ⟨~s; ~s⟩ INTERNET weblog *m*, blog *m*, bitácora *f*; **Webmaster** ['vɛpmaːstər] M ⟨~s; ~⟩ INTERNET administrador *m* de web (*od* de página)

'Webpelz M MODE ≈ piel *f* de imitación

'Webseite ['vɛp-] F IT página *f* web (*od* de Internet); **Webshop** [-ʃɔp] M ⟨~s; ~s⟩ tienda *f* virtual, cibertienda *f*; **Website** [-saɪt] F ⟨~; ~s⟩ IT sitio *m* web

'Webstuhl M TEX telar *m*; **Webwaren** FPL TEX tejidos *mpl*

'Wechsel¹ M ⟨~s; ~⟩ 1 (*Veränderung*) cambio *m* (*a. Geldwechsel, fig*); muda *f*; mudanza *f*; (*Schwankung, Abwandlung*) variación *f*; (*Schwankung*) *a.* fluctuación *f* 2 (*das Abwechseln*) alternación *f*; **im ~ mit** alternando con 3 SPORT (*Spielerwechsel*) relevo *m*; (*Seitenwechsel*) cambio *m* de campos 4 *Überwechseln,* JAGD paso *m*

'Wechsel² M ⟨~s; ~⟩ HANDEL *Dokument:* letra *f* de cambio; *obs* (*monatliche Zuwendung*) mensualidad *f*; **eigener ~** letra *f* al propio cargo, *sp* pagaré *m*; **gezogener ~** giro *m*; **offener ~** carta *f* de crédito; **zweiter ~** segunda *f* de cambio; **einen ~ ausstellen** girar (*od* librar) una letra (**auf j-n** contra alg); **einen ~ einlösen** honrar una letra (de cambio); **einen ~ zur Einlösung vorlegen** presentar una letra al cobro

'Wechselabrechnung F HANDEL liquidación *f* de una letra; **Wechselabteilung** F servicio *m* de cambio; **Wechselagent** M agente *m* de cambio; **Wechselagio** N FIN cambio *m*; agio *m*; **Wechselakzept** N HANDEL aceptación *f* de una letra (de cambio); letra *f* aceptada; **Wechselaussteller** M, **Wechselausstellerin** F HANDEL librador *m*, -a *f*, girador *m*, -a *f*; **Wechselausstellung** F 1 HANDEL libramiento *m* (*od* giro *m*) de una letra de cambio 2 *Kunst:* exposición *f* cambiante; **Wechselautomat** M máquina *f* cambia-monedas; máquina *f* para el cambio de monedas

'Wechselbad N 1 MED baño *m* alterno 2 *fig* **ein ~ der Gefühle** altibajos *mpl* en los sentimientos; *fig* **j-n einem ~ (der Gefühle) aussetzen** tratar una vez de una forma y otra vez, de otra

'Wechselbalg M *pej* niño *m* suplantado; (*Missgeburt*) monstruo *m*; **Wechselbank** F banco *m* de descuento; casa *f* de cambio; **Wechselbestand** M HANDEL efectos *mpl* en cartera; cartera *f* de efectos; **Wechselbewegung** F movimiento *m* recíproco; **Wechselbeziehung** F correlación *f*; relación *f* recíproca; reciprocidad *f*; **in ~ (zueinander) stehen** estar correlacionado; **Wechselbürge** M HANDEL avalista *m*; fiador *m* (de la letra); **Wechselbürgschaft** F HANDEL aval *m*; **eine ~ leisten** avalar; **Wechseldiskont** M HANDEL descuento *m* de una letra; **Wechseldomizil** N HANDEL domicilio *m* de una letra; **wechselfähig** ADJ HANDEL autorizado para librar una letra; **Wechselfälle** MPL vicisitudes *fpl*; altibajos *mpl*; reveses *mpl* de la fortuna; **die ~ des Lebens** los avatares *mpl* de la vida

'Wechselfälscher M, **Wechselfälscherin** F HANDEL falsificador *m*, -a *f* de letras (de cambio); **Wechselfälschung** F falsificación *f* de letras (de cambio)

'Wechselfieber N MED fiebre *f* intermitente; → *a* Malaria; **Wechselforderungen** FPL efectos *mpl* a cobrar; **Wechselfrist** F días *mpl* de gracia; **Wechselgeber** M, **Wechselgeberin** F → Wechselaussteller; **Wechselgeld** N vuelta *f*; cambio *m*; **Wechselgesang** M MUS canto *m* antifonal (*od* alterno); **Wechselgeschäft** N operaciones *fpl* cambiarias; negociación *f* de efectos; **Wechselgetriebe** N TECH, AUTO engranaje *m* de cambio de velocidades; **Wechselgläubiger** M, **Wechselgläubigerin** F HANDEL acreedor *m*, -a *f* cambiario, -a

'wechselhaft ADJ cambiante; *bes Wetter* inestable, variable; *fig* versátil, tornadizo

'Wechselinhaber M HANDEL portador *m* (*od* tenedor *m*) de una letra; **Wechselinkasso** N HANDEL cobro *m* de letras; **Wechseljahre** NPL PHYSIOL climaterio *m*, menopausia *f*; **Wechselklage** F JUR demanda *f* (judicial) en asunto de cambio; **Wechselkredit** M HANDEL crédito *m* cambiario

'Wechselkurs M FIN tipo *m* de cambio; **fester/flexibler ~** tipo *m* de cambio fijo/flexible; **offizieller ~** tipo *m* de cambio oficial; **stabiler/schwankender ~** tipo *m* de cambio estable/fluctuante

'Wechselkursschwankungen PL variaciones *fpl* del tipo de cambio

'Wechselmakler M, **Wechselmaklerin** F HANDEL corredor *m*, -a *f* de letras

'wechseln A VT 1 (*tauschen*) cambiar (*a. Geld u. fig*); *Worte, Blicke* intercambiar; **~ gegen** (*eintauschen für*) cambiar por, trocar por; **den Platz/die Stellung** *etc* **~** cambiar de sitio/de empleo, *etc*; **das Thema ~** cambiar de tema; **können Sie mir hundert Euro ~?** ¿puede cambiarme 100 euros? 2 *Wäsche, Farbe, Stimme a.* cambiar; **die Kleidung ~** cambiarse (de ropa); **die Wohnung ~** mudarse de casa, cambiar de domicilio 3 (*abwechseln*) alternar; (*variieren*) variar B VI 1 *allg* cambiar; **zu einem anderen Verein ~** cambiar de club; **zwischen A und B ~** cambiar de A a B; *regelmäßig:* alternar entre A y B 2 (*Geld wechseln*) **können Sie ~?** ¿tiene (usted) cambio?; **ich kann nicht ~** no tengo cambio

'wechselnd ADJ cambiante; variable; (*abwechselnd*) alternativo; alternando; **mit ~em Erfolg** *od* **Glück** con altibajos; con diversa fortuna, con suerte alterna

'Wechselnehmer M, **Wechselnehmerin** F HANDEL tomador *m*, -a *f* de una letra; **Wechselobjektiv** N FOTO objetivo *m* intercambiable; **Wechselpari** N ⟨~(s); ~s⟩ HANDEL cambio *m* a la par; **Wechselprotest** M HANDEL protesto *m* de una letra; **Wechselprovision** F HANDEL comisión *f* por negociación de letras; **Wechselprozess** M JUR proceso *m* cambiario; **Wechselrecht** N derecho *m* cambiario; **Wechselreim** M rima *f* alterna

'Wechselrichter M ELEK ondulador *m*; **Wechselschalter** M ELEK conmutador *m* inversor; **Wechselschuld** F HANDEL obligación *f* cambiaria; **Wechselschuldner** M, **Wechselschuldnerin** F HANDEL deudor *m*, -a *f* cambiario, -a

'wechselseitig ADJ mutuo, recíproco; **Wechselseitigkeit** F ⟨~⟩ mutualidad *f*, reciprocidad *f*; **wechselständig** ADJ BOT alterno

'Wechselsteuer F HIST impuesto *m* del timbre sobre letras

'Wechselstrom M ELEK corriente *f* alterna; **Wechselstromgenerator** M alternador *m*; **Wechselstrommotor** M motor *m* de corriente alterna

'Wechselstube F FIN oficina *f* (*od* casa *f*) de cambio; **Wechselsumme** F HANDEL valor *m* de la letra; **Wechselverbindlichkeit** F HANDEL obligación *f* cambiaria; *pl* **~en** efectos *mpl* a pagar; **Wechselverkehr** M HANDEL transacciones *fpl* cambiarias

'wechselvoll ADJ variable; variado; *Leben, Geschichte* lleno de vicisitudes; (*bewegt*) movido; accidentado; **wechselweise** ADV por turno; alternativamente; alternando

'Wechselwinkel M MATH ángulo *m* alterno; **Wechselwirkung** F acción *f* recíproca, interacción *f*; **Wechselwirtschaft** F AGR rotación *f* de cultivos; cultivo *m* alterno

'Wechsler M ⟨~s; ~⟩, **Wechslerin** F ⟨~; ~nen⟩ HANDEL agente *m/f* de cambio; cambista *m/f*

'Wechte F ⟨~; ~n⟩ cornisa *f* de nieve

Weck M ⟨~(e)s; ~e⟩ *südd* bollo *m*

'Weckdienst M TEL servicio *m* de despertador

'Wecke F ⟨~; ~n⟩ → Weck

'wecken VT 1 (*aufwecken*) despertar (*a. fig Interesse*); *umg* llamar; **wann möchten Sie geweckt werden?** ¿a qué hora quiere usted que le despierte (*bzw* le despertemos)? 2 *fig Erinnerungen etc* evocar

'Wecken¹ M ⟨~; ~⟩ 1 *südd, österr* → Weck 2 *reg* panecillo *m*

'Wecken² N ⟨~s⟩ MIL (toque *m* de) diana *f*

'Wecker M ⟨~s; ~⟩ 1 despertador *m*; **den ~ stellen** poner el despertador (**auf acht Uhr** a las ocho) 2 *umg fig* **j-m auf den ~ fallen** *od* **gehen** *umg* dar la lata a alg; crispar los nervios a alg

'Weckglas® N tarro *m*; **Weckruf** M MIL toque *m* de diana

'Wedel M ⟨~s; ~⟩ 1 BOT (*Palmwedel*) palma *f*; *Cuba* penca *f*; (*Farnwedel*) fronda *f*, fronde *f* 2 (*Fliegenwedel*) mosqueador *m*; (*Staubwedel*) plumero *m* 3 (*Schwanz*) cola *f*

'wedeln VT & VI agitar, menear (**mit etw** a/c); **mit dem Fächer ~** abanicar; **mit dem Schwanz ~** colear, mover (*od* menear) la cola

'weder KONJ **~ … noch** ni … ni; ni lo uno ni lo otro; **~ du noch ich** ni tú ni yo; **~ der eine noch der andere** ni uno ni otro

weg [vɛk] ADV 1 (*verschwunden*) desaparecido; (*abwesend*) ausente; fuera; **er ist ~** se ha ido (*od* marchado); ha salido; **der Fleck ist ~** la mancha ha desaparecido 2 (*verloren*) perdido; **mein Buch ist ~** he perdido (*bzw* extraviado) el libro 3 *in Ausrufen*: **~ da!** ¡fuera de aquí!, ¡quítate!, ¡fuera de aquí!, ¡largo (de ahí)!; **Hände ~!** ¡quita las manos!; **Kopf ~!** ¡cuidado con la cabeza!; **~ damit!** ¡fuera con eso!; **~ mit dir!** ¡vete al diablo!, ¡vete a la porra! 4 *umg fig geistig*: ido; **ich war sofort ~** (*eingeschlafen*) me dormí enseguida; (*bewusstlos*) de repente perdí el sentido; *umg* **ganz ~ sein** no caber en sí (**vor Freude** de alegría); (*verblüfft sein*) estar pasmado (*od umg* patidifuso); **ganz ~ sein von** (*begeistert sein*) estar completamente entusiasmado con 5 (*entfernt*) **weit ~ (von)** muy lejos (de); → *a.* hinweg

Weg [veːk] M ⟨~(e)s; ~e⟩ 1 *allg* camino *m* (*a. fig*); (*Pfad*) sendero *m*, senda *f* (*a. fig*); (*Durchgang*) paso *m*; *einzuschlagende Richtung*) *a.* ruta *f*; SCHIFF *a.* derrotero *m* (*a. fig*); (*Reiseweg*) *a.* itinerario *m*; (*Strecke*) trayecto *m*; recorrido *m*; **Stück** *n* **~** trecho *m* (de camino); *fig* **j-m den ~ ebnen** allanar el camino a alg; **seinen ~ gehen** seguir su camino (*a. fig*); *fig* **andere ~e gehen** ir por otros derroteros; *fig* **getrennte ~e gehen** ir por caminos separados; *fig* **neue ~e gehen** abrir nuevos caminos; *fig* **seinen ~ machen** abrirse camino (en la vida); **den kürzesten ~ nehmen** tomar el camino más corto; *a. fig* echar por el atajo; **der ~ nach …** el camino de …; **wohin des ~s?** ¿adónde vas (*bzw* va) usted? 2 *mit präp*: **am ~e** al borde (*od* al lado) del camino; **auf dem ~ nach Hause** camino de casa; **auf dem ~ von Madrid nach Paris** en camino desde Madrid a París; **auf halbem ~(e)** a medio camino (*a. fig*); **auf schnellstem ~e** lo más pronto (*od* rápido) posible (*a. fig*); **auf dem ~(e) sein** (*unterwegs sein*) estar en camino (*a. fig*); *fig* **auf dem besten ~e sein zu** (*inf*) estar a punto de (*inf*); *fig* **auf dem ~(e) der Besserung sein** ir mejorando; *fig* **auf den rechten ~ bringen** encauzar por buen camino; *fig* **auf dem richtigen/falschen ~(e) sein** ir por buen camino/ir descaminado (*od* por mal camino); **sich auf den ~ machen** ponerse en camino (**nach** para); **j-m aus dem ~(e) gehen** dejar paso a alg; dar paso a alg; hacerse a un lado; *fig* evitar a alg; **einer Frage aus dem ~(e) gehen** eludir una pregunta; **etw aus dem ~(e) räumen** *od* **schaffen** (*loswerden*) quitar a alg de en medio; (*töten*) eliminar a alg; **aus dem ~!** ¡fuera de mi camino!; *fig* **j-m Hindernisse** (*od* **Steine**) **in den ~ legen** poner trabas (*od* cortapisas *od* obstáculos) a alg; **j-m im ~(e) stehen** *od* **sein** estorbar a alg; ser un estorbo (*od* obstáculo) para alg; *fig* **sich** (*dat*) **selbst im ~(e) stehen** perjudicarse a sí mismo; **dem steht nichts im ~e** nada se opone a ello; no hay (ningún) inconveniente; **sich j-m in den ~ stellen** cerrar el paso a alg; *fig* interponerse en el camino de alg; **j-m über den ~ laufen** (*j-m begegnen*) tropezar(se) con alg; cruzarse en el camino con alg; *fig* **j-m nicht über den ~ trauen** no tener ninguna confianza en alg; no fiarse en absoluto de alg; **etw zu ~e bringen** → zuwege 3 *fig* (*Verfahren*) vía *f* (*a.* ANAT, CHEM); camino *m*; (*Art und Weise*) modo *m*, manera *f*; TECH carrera *f*; **ich sehe keinen anderen ~ zu** (*inf*) no veo otra manera de (*inf*), no veo otro remedio que (*inf*); *mit präp*: **auf diplomatischem/gesetzlichem/gerichtlichem ~e** por vía diplomática/legal/judicial; **auf gütlichem ~e** amistosamente, *umg* por las buenas; **auf dem ~(e) zu** en vías de; **etw in die ~e leiten** encauzar, encarrilar; *amtlich*: tramitar, gestionar 4 (*Besorgung*) **einen ~ machen** hacer un recado

'wegbekommen VT ⟨*irr; ohne* ge-⟩ **etw ~** conseguir quitar a/c; *Last* poder llevar

'Wegbereiter [-eː-] M ⟨~s; ~⟩, **Wegbereiterin** F ⟨~; ~nen⟩ precursor *m*, -a *f*; pionero *m*, -a *f*; **Wegbeschreibung** F indicaciones *fpl* del camino, ubicación *f*

'wegblasen VT ⟨*irr*⟩ soplar, quitar soplando; *umg* **wie weggeblasen sein** haber desaparecido como por arte de magia; **wegbleiben** VI ⟨*irr*; sn⟩ 1 no acudir; no venir; faltar; **lange ~** tardar (en volver) 2 *Sache* (*weggelassen werden*) ser omitido; **das kann ~** esto se puede suprimir 3 *Motor* fallar; *Strom* cortarse; **wegblicken** VI apartar la vista, mirar hacia otro lado; **wegbringen** VT ⟨*irr*⟩ 1 (*fortbringen*) llevar (a otra parte); trasladar; alejar; (*beiseiteschaffen*) apartar; quitar de en medio 2 *Flecken* poder quitar

'wegdenken VT ⟨*irr*⟩ (**sich** *dat*) **etw ~** hacer abstracción de a/c; abstraer de a/c, prescindir de a/c; **dies ist aus der Politik nicht wegzudenken** la política no es concebible (*od* imaginable) sin esto; **er ist aus meinem Leben nicht mehr wegzudenken** ya no podría vivir sin él

'wegdrängen VT repeler; empujar (a un lado); **wegdrücken** VT *Handy*: rechazar una llamada entrante (presionando una tecla); **wegdürfen** VI *umg* tener permiso para irse (*od* marcharse)

'Wegebau [-eː-] M construcción *f* de caminos; **Wegebaumeister** M ingeniero *m* de caminos; **Wegegeld** N gastos *mpl* de desplazamiento; **Wegelagerer** M ⟨~s; ~⟩, **Wegelagerin** F ⟨~; ~nen⟩ salteador *m*, -a *f* de caminos; bandolero *m*, -a *f*

'wegen PRÄP (*gen, umg dat*) 1 *Ursache*: por, a (*od* por) causa de; (*aus Anlass*) con motivo de; (*infolge*) a consecuencia de; debido a; **~ schlechten Wetters** por el mal tiempo 2 *Bezug*: respecto a (*od* de); en lo que se refiere a 3 *Zweck*: por; (*um … willen*) por amor de 4 *umg* **von ~!** ¡ni hablar!; *umg* ¡y un jamón!

'Wegenetz N red *f* de caminos; red *f* vial; **Wegerecht** N JUR servidumbre *f* de paso

'Wegerich M ⟨~s; ~e⟩ BOT llantén *m*

'wegessen VT ⟨*irr*⟩ comérselo todo; *umg* dejar el plato limpio

'wegfahren ⟨*irr*⟩ A VI ⟨sn⟩ irse, marcharse, salir (*en coche, etc*) (**nach** para); (*verreisen*) salir de viaje; **sie fahren oft weg** salen a menudo (de viaje) B VT llevar; transportar; **Wegfahrsperre** F AUTO (**elektronische**) **~** inmovilizador *m* antirrobo

'Wegfall M ⟨~(e)s⟩ VERW → Wegfallen

'wegfallen VI ⟨*irr*; sn⟩ 1 (*abgeschafft werden*) suprimirse, ser (*od* quedar) suprimido; ser (*od* quedar) abolido 2 (*aufhören, enden*) cesar, acabar; (*ausfallen*) no tener lugar; *Hindernisse, Vorteile* eliminarse 3 (*ausgelassen werden*) omitirse 4 **etw ~ lassen** suprimir *bzw* eliminar *bzw* omitir a/c

'Wegfallen N 1 (*Abschaffung*) abolición *f*; supresión *f* 2 (*Aufhören, Enden*) cesación *f*; *v. Problemen etc*: eliminación *f* 3 (*Auslassung*) omisión *f*

'wegfegen VT barrer; **wegfliegen** VI ⟨*irr*; sn⟩ levantar el vuelo; *Vogel* irse volando; *Person* partir en avión (**nach** a, hacia); *Sache* ser llevado por el viento; **wegfließen** VI ⟨*irr*; sn⟩ derramarse; **wegführen** VT llevar consigo

'Weggang M ⟨~(e)s⟩ partida *f*; salida *f*; **beim ~** al partir; al salir (**aus** de)

'weggeben VT ⟨*irr*⟩ dar; deshacerse de

'weggehen VI ⟨*irr*; sn⟩ 1 irse, marcharse; salir; **geh weg!** ¡lárgate!; ¡fuera!; *umg* **geh mir weg damit!** ¡ahórrame eso! 2 HANDEL *umg Ware* venderse 3 *umg* (*verschwinden*) desaparecer; *Fleck, Schmutz etc a.* irse 4 *umg fig* **über etw** (*acus*) **~** pasar por encima a/c

'Weggenosse [-eː-] M, **Weggenossin** F compañero *m*, -a *f* de camino (*od* de viaje)

'weggießen VT ⟨*irr*⟩ echar, verter; *Cuba* botar

'weghaben VT ⟨*irr*⟩ *umg* 1 haber recibido; **seine Strafe ~** haber recibido su merecido 2 *fig* **etw ~** saberse a/c al dedillo; *umg* captar a/c; *auf e-m bestimmten Gebiet*: estar muy puesto en a/c; **sie hat die Ruhe weg** tiene calma, no se altera por nada 3 **einen ~** (*betrunken sein*) haber bebido más de la cuenta; (*verrückt sein*) tener flojos los tornillos

'weghängen VT colgar en otro lugar; *Kleider* guardar; **weghelfen** VI ⟨*irr*⟩ **j-m ~** ayudar a alg a escaparse (*bzw* a salir) de un apuro; *umg fig* **j-m über etw** (*acus*) **~** ayudar a alg a superar a/c; **wegholen** VT ir (*bzw* venir) a buscar; (*wegschaffen*) llevar consigo; trasladar a otro lugar; *umg* **sich** (*dat*) **etw ~** *Krankheit* coger a/c, *umg* pillar a/c; **wegjagen** VT ahuyentar; (*hinauswerfen*) expulsar; echar a la calle; **wegkehren** VT barrer

'wegkommen VI ⟨*irr*; sn⟩ 1 (*sich entfernen können*)(poder) irse, marcharse; lograr salir; **mach, dass du wegkommst!** ¡lárgate!; ¡piérdete!; ¡fuera de aquí!; **ich komme nicht vor 7 Uhr weg** no puedo irme antes de las siete 2 (*verloren gehen*) perderse, extraviarse 3 *fig* **bei etw gut/schlecht ~** salir bien/mal librado de a/c 4 **über etw** (*acus*) **~** consolarse de a/c; superar a/c

'wegkönnen VI poder irse (*bzw* salir *bzw* ausentarse *bzw* marcharse); **ich kann hier nicht weg** no puedo ausentarme; **er kann nicht vor 7 Uhr weg** no puede irse antes de las siete

'wegkriechen VI ⟨*irr*; sn⟩ alejarse a rastras; **wegkriegen** VT *umg* → wegbekommen

'weglassen VT ⟨*irr*⟩ 1 (*weggehen lassen*) dejar salir *bzw* irse 2 (*auslassen*) omitir; (*wegstreichen*) suprimir; (*nicht verwenden*) quitar, no usar; **Weglassung** F ⟨~; ~en⟩ omisión *f*; supresión *f*

'weglaufen VI ⟨*irr*; sn⟩ irse corriendo; (*davonlaufen*) escaparse; marcharse; **von zu Hause ~** escaparse de casa; **vor j-m/etw ~** huir de alg/a/c; *fig* **das läuft mir nicht weg** eso no corre prisa; **weglegen** VT (*beiseitelegen*) poner aparte; poner a un lado; (*aus der Hand legen*) dejar; (*verwahren*) guardar; *Akten* archivar; **wegloben** VT *umg* **j-n ~** *alabar a alg para que ascienda y se marche*; **weglocken** VT atraer; **wegmachen** A VT quitar; hacer desaparecer B VR *umg* **sich ~** marcharse; escabullirse, eclipsarse

'Wegmarkierung [-eː-] F señalización *f* (de un itinerario); **Wegmesser** M odómetro *m*

'wegmüssen VI ⟨*irr*⟩ *umg* 1 *Person, Postsendung* tener que salir 2 (*entfernt werden müssen*) tener que desaparecer; (*weggeworfen werden*

W

müssen) **das muss weg** esto hay que quitarlo **B** *(verbraucht werden müssen)* tener que gastarse

'Wegnahme F ⟨~; ~n⟩ toma *f* (*a.* MIL); *(Beschlagnahme)* incautación *f*; aprehensión *f*; *(Diebstahl)* hurto *m*, sustracción *f*

'wegnehmen VT ⟨irr⟩ **1** *störenden Gegenstand* quitar; retirar **2** **(j-m) etw ~** quitar a/c (a alg); *mit Gewalt*: arrebatar a/c (a alg); **etw ~** *(entwenden)* hurtar a/c, sustraer a/c; *(beschlagnahmen)* incautarse de a/c; aprehender a/c **3** *Raum* ocupar; *Zeit* consumir; **viel Platz ~** ocupar mucho espacio (*od* sitio)

'wegpacken VT recoger; guardar; **wegputzen** VT limpiar, quitar (con un trapo); *umg fig* **alles ~** *(aufessen)* comérselo todo; **wegradieren** VT ⟨ohne ge-⟩ borrar; **wegraffen** VT *geh* arrebatar; llevarse (*a. fig*)

'Wegrand [-eː-] M **am ~** al borde del camino

'wegrationalisieren VT ⟨ohne ge-⟩ **Arbeitsplätze ~** suprimir puestos de trabajo (en un proceso de racionalización); **wegräumen** VT **1** *Schutt* descombrar, quitar; *Hindernis* remover, quitar (de en medio) **2** *Sachen (aufräumen)* recoger; guardar; **wegreisen** VI ⟨sn⟩ salir (*od* marchar) de viaje; **wegreißen** VT ⟨irr⟩ arrancar; quitar (por la fuerza); arrebatar; **wegrennen** VI ⟨irr; sn⟩ salir corriendo; huir (**vor** *dat* de); **wegrücken** **A** VT apartar; retirar, quitar; remover **B** VI ⟨sn⟩ hacer sitio; correrse; **wegrufen** VT ⟨irr⟩ llamar

'wegschaffen VT llevarse; apartar; quitar; → *a.* fortschaffen; **wegschauen** VT apartar la vista (*a. fig*); *umg* hacer la vista gorda; **wegschaufeln** VT quitar con la pala

'Wegscheide [-eː-] F cruce *m* de caminos; *(Gabelung)* bifurcación *f*

'wegschenken VT dar, regalar; **wegscheren** VR *umg* **sich ~** *umg* largarse, salir pitando; **scher dich weg!** ¡lárgate!; **wegscheuchen** VT ahuyentar; **wegschicken** VT *Brief, Paket* enviar; *Waren a.* expedir, despachar; *Person* despedir, *umg* echar; despachar; **wegschieben** VT ⟨irr⟩ empujar (a un lado); apartar; **wegschießen** VT ⟨irr⟩ derribar de un tiro; **wegschleichen** ⟨irr⟩ **A** VI ⟨sn⟩ marcharse a hurtadillas **B** VR **sich ~** escabullirse, marcharse a hurtadillas; **wegschleppen** VT arrastrar (consigo); llevar a rastras; *(mitnehmen)* llevarse; **wegschleudern** VT lanzar, arrojar; **wegschließen** VT ⟨irr⟩ encerrar, guardar bajo llave; **wegschmeißen** VT ⟨irr⟩ *umg* tirar, echar; *Cuba* botar

'wegschnappen VT quitar; **j-m etw (vor der Nase) ~** *umg* quitar a/c a alg delante de sus narices; mangar a/c a alg

'wegschneiden VT ⟨irr⟩ (re)cortar; **wegschütten** VT → weggießen; **wegschwemmen** VT llevarse, arrastrar; **wegschwimmen** VI ⟨irr; sn⟩ **1** *(weggetrieben werden)* ser arrastrado por la corriente **2** *Person* alejarse nadando; **wegsehen** VI ⟨irr⟩ **1** apartar la vista **2** *umg fig* **über etw** *(acus)* **~** no hacer caso de a/c; *umg* hacer la vista gorda a a/c; **wegsetzen** **A** VT apartar, poner aparte (*od* a un lado) **B** VR **sich ~** ponerse en otro sitio; → *a* hinwegsetzen; **wegspülen** VT arrastrar; llevarse; *Erdreich* derrubiar; **wegstecken** VT **1** quitar; *(verbergen)* esconder **2** *umg fig Schlag, Beleidigung umg* tragarse; **wegstehlen** VR **sich ~** marcharse a hurtadillas; **wegstellen** VT poner a un lado (*od* en otro lugar); **wegsterben** VI ⟨irr; sn⟩ morirse; **wegstoßen** VT ⟨irr⟩ apartar de un empujón

'Wegstrecke [-eː-] F recorrido *m*; trayecto *m*

'wegstreichen VT ⟨irr⟩ suprimir; *Geschriebenes* tachar, borrar

'Wegstunde [-eː-] F *obs* legua *f*

'wegstürzen VI ⟨sn⟩ salir (*od* marcharse) precipitadamente; **wegtragen** VT ⟨irr⟩ llevarse; **wegtreiben** ⟨irr⟩ **A** VT expulsar **B** VI ⟨sn⟩ ser arrastrado por la corriente

'wegtreten ⟨irr⟩ **A** VT dar una patada a **B** VI ⟨sn⟩ **1** retirarse; MIL romper filas; **weggetreten!** ¡rompan filas! **2** *umg fig* **(geistig) weggetreten sein** estar ido, estar en la luna

'wegtun VT ⟨irr⟩ *umg* **1** *an e-e andere Stelle*: quitar; retirar; *(beiseitetun)* poner a un lado; guardar **2** *(wegwerfen)* tirar, echar; **wegwehen** VT llevarse (el viento)

'Wegweiser [-eː-] M ⟨~s; ~⟩ indicador *m* (de camino); poste *m* indicador

'wegwenden VT ⟨irr⟩ desviar, apartar; volver; **den Blick ~** apartar la vista

'Wegwerf... IN ZSSGN de usar y tirar, desechable

'wegwerfen ⟨irr⟩ **A** VT tirar (*a. Geld*); *Cuba* botar **B** VR *fig* **sich ~** rebajarse, degradarse; envilecerse; prostituirse; **sich für j-n/etw ~** rebajarse por alg/a/c; **wegwerfend** **A** ADJ desdeñoso; despectivo **B** ADV con desdén

'Wegwerfflasche F botella *f* no recuperable (*od* sin retorno); **Wegwerfgesellschaft** F sociedad *f* del despilfarro; sociedad *f* consumista; **Wegwerfhandtuch** N toalla *f* desechable; **Wegwerfmentalität** F *pej* mentalidad *f* consumista

'wegwischen VT ⟨irr⟩ *Farbe, Schmutz* quitar (con un trapo); *Schrift etc* borrar; **wegwollen** VI querer irse; **wegzaubern** VT hacer desaparecer como por encanto; escamotear

'Wegzehrung [-eː-] F ⟨~; ~en⟩ *geh* provisiones *fpl* (para el viaje); REL **letzte ~** viático *m*; **Wegzeichen** N señal *f* indicadora (de camino)

'wegzerren VT llevar arrastrando (*od* a rastras); **wegziehen** ⟨irr⟩ **A** VT *Hand, Gegenstand* quitar, retirar; *Vorhang* descorrer; *Person* apartar **B** VI ⟨sn⟩ irse, marcharse; *(umziehen)* mudarse (**von, aus** de); **Wegzug** M partida *f*; marcha *f*; *aus der Wohnung*: mudanza *f*

weh **A** ADJ *reg* malo; dolorido; doloroso; **es ist mir ~ ums Herz** estoy muy apenado **B** INT **au ~!** ¡ay!; **o ~!** ¡ay, Dios mío!; → *a.* wehe, wehtun

Weh N ⟨~(e)s; ~e⟩ mal *m*; dolor *m*; *seelisch*: pena *f*, aflicción *f*; **mit ~ und Ach** a duras penas

'wehe INT **~ mir!** ¡ay de mí!; ¡pobre de mí!; **~ den Besiegten!** ¡ay de los vencidos!; **~ (dir), wenn du ...** *drohend*: ¡pobre de ti como ...!

'Wehe[1] F ⟨~; ~n⟩ *(Schneewehe)* duna *f* de nieve

'Wehe[2] F ⟨~; ~n⟩ MED contracción *f*; → *a* Wehen[2]

'wehen **A** VT hacer volar **B** VI **1** *Wind* soplar **2** *Fahne etc* ondear, flotar; **~ lassen** dejar flotar (en el aire)

'Wehen[1] N ⟨~s⟩ soplo *m*; ondeo *m*

'Wehen[2] FPL ⟨~⟩ MED dolores *mpl* de parto, contracciones *fpl* uterinas; **~ haben** *od* **in den ~ liegen** estar con dolores (de parto), tener contracciones (uterinas); **Wehenschreiber** M MED cardiotocógrafo *m*

'Wehgeschrei N lamentos *mpl*; gritos *mpl* de dolor; ayes *mpl*; **Wehklage** F *geh* lamento *m*; queja *f*; gemido *m*; **wehklagen** VI *geh* lamentarse; quejarse; gemir; **wehleidig** ADJ *pej umg* quejica; *Stimme, Miene* quejumbroso; **Wehmut** F *geh (Schwermut)* (dulce) melancolía *f*; *(Sehnsucht)* nostalgia *f*; **wehmütig** ADJ melancólico; nostálgico

Wehr[1] N ⟨~(e)s; ~e⟩ *(Stauwehr)* presa *f*; *(Damm)* dique *m*

Wehr[2] F ⟨~; ~en⟩ **1** *obs* MIL defensa *f*; resistencia *f* **2** *fig* **sich zur ~ setzen** defenderse; oponer resistencia

'Wehrbeauftragte M/F BRD: encargado *m*, -a *f* del Gobierno alemán en temas de las fuerzas armadas; **Wehrbereich** M región *f* militar; **Wehrbezirk** M distrito *m* militar

'Wehrdienst M servicio *m* militar; **den ~ verweigern** ser objetor de conciencia; **Wehrdienstleistende** M/F ⟨~n; ~n; → A⟩ recluta *m/f*; **wehrdiensttauglich** ADJ apto para el servicio militar; **wehrdienstuntauglich** ADJ no apto para el servicio militar; **Wehrdienstverweigerer** M objetor *m* de conciencia; **Wehrdienstverweigerung** F objeción *f* de conciencia

'wehren **A** VR **sich ~** **1** *a. fig* defenderse **(gegen** contra) **2** *(Widerstand leisten)* resistirse, oponerse **(gegen** a); prestar resistencia **(gegen** a); **sich (dagegen) ~, etw zu tun** negarse a hacer a/c **B** VI *geh obs* **einer Sache** *(dat)* **~** oponerse a a/c; *(e-e Sache abwehren)* evitar (*od* precaver) a/c; **wer will es ihm ~?** ¿quién va a impedírselo?; **wehret den Anfängen!** ¡hay que cortarlo de raíz!

'Wehrersatz M reemplazo *m*; **Wehrersatzamt** N caja *f* de recluta; **Wehrersatzdienst** M servicio *m* sustitutorio (del servicio militar)

'Wehretat M presupuesto *m* de defensa; **wehrfähig** ADJ → wehrdiensttauglich; **Wehrgang** M *e-r Burg*: adarve *m*

'wehrhaft ADJ capaz de defenderse (*od* de luchar); *(tapfer)* valiente, arrojado

'Wehrhoheit F soberanía *f* militar; **Wehrkraft** F fuerza *f* defensiva; **Wehrkraftzersetzung** F HIST desmoralización *f* de las tropas; **Wehrkreis** M región *f* militar

'wehrlos ADJ indefenso, sin defensa; inerme (*a. Tiere*); **~ machen** desarmar; **j-m/einer Sache ~ ausgeliefert sein** no poderse defender contra alg, a/c

'Wehrlosigkeit F ⟨~⟩ indefensión *f*; imposibilidad *f* de defenderse; **Wehrmacht** F ⟨~⟩ MIL HIST fuerzas *fpl* armadas alemanas *(1935–1945)*; **Wehrmeldeamt** N MIL HIST caja *f* de recluta; **Wehrpass** M MIL HIST cartilla *f* militar

'Wehrpflicht F ⟨~⟩ MIL servicio *m* militar obligatorio; **wehrpflichtig** ADJ sujeto al servicio militar; **~ sein** estar en caja; **im ~en Alter sein** tener edad (para hacer) el servicio militar; **Wehrpflichtige** M ⟨~n; ~n; → A⟩ recluta *m*

'Wehrsold M MIL HIST paga *f*, soldada *f*; **Wehrtechnik** F técnica *f* (*od* tecnología *f*) militar; ingeniería *f* militar

'wehtun VI ⟨irr⟩, **weh tun** VI ⟨irr⟩ **1** **j-m ~** hacer daño a alg; causar dolor a alg; *Körperteil* doler a alg; *seelisch*: apenar (*od* afligir *od* contristar) a alg; **der Hals/der Kopf tut mir weh** me duele la garganta/la cabeza; **wo tut es dir weh?** ¿qué te duele?, ¿dónde te duele? **2** **sich** *(dat)* **~** hacerse daño, lastimarse

'Wehweh N ⟨~s; ~s⟩, **Wehwehchen** N ⟨~s; ~⟩ *umg* pupa *f*

Weib N ⟨~(e)s; ~er⟩ **1** *poet, Bibel*: mujer *f* (*a. Ehefrau*) **2** *umg pej* hembra *f*; *umg* tía *f*; *pej* **altes ~** vieja *f*; **böses ~** *umg* arpía *f*; **ein tolles ~** *umg* una tía buena; *pl* **die ~er** *umg* las tías

'Weibchen N ⟨~s; ~⟩ ZOOL hembra *f*; *umg* mujercita *f*

'Weiberfeind M *pej* misógino *m*; **Weibergeschichten** FPL *pej* cosas *fpl* de faldas; **Weibergeschwätz** N *umg pej* comadreo *m*; cotorreo *m*; **Weiberheld** M *pej* hombre *m* mujeriego (*od* aficionado a las faldas); *umg* tenorio *m*; **Weiberherrschaft** F *pej* ginecocracia *f*, gobierno *m* de las mujeres; **Weiberlist** F *pej* astucia *f* femenina; **Weibervolk** N ⟨~s⟩ *pej* mujerío *m*

'weibisch ADJ *pej* afeminado; mujeril **'weiblich** ADJ femenino (*a.* GRAM); femenil; mujeril; **~es Tier** hembra *f*; *umg* **~es Wesen** *umg* fémina *f*; **Weiblichkeit** F ⟨~⟩ femin(e)idad *f*; *hum* **die holde ~** el bello sexo

'Weibsbild N hembra *f*; *pej* mujerzuela *f*; *umg* tía *f*; **Weibsleute** *pej* PL mujeres *fpl*; mujerío *m*; **Weibsperson** F → Weibsbild; **Weibsstück** N *umg pej* tía *f*; arpía *f*

weich A ADJ 1 *Stoff, Wolle, Haut, Fell* suave; *Haar* sedoso; *Wasser, Währung, Droge, a. fig* blando; *Polster, Kissen* mullido; (*weich gepolstert*) muelle; **sich ~ anfühlen** ser blando al tacto; **~ machen** ablandar; reblandecer; suavizar; **~ werden** ablandarse (*a. fig*); reblandecerse, ponerse blando → weichmachen 2 (*mürbe*) tierno (*a. Brot, Fleisch*) 3 GASTR **ein ~es Ei** un huevo pasado por agua 4 (*biegsam*) flexible (*a. Hut*); (*schlaff*) flác(c)ido; **die Knie wurden mir ~** me flaquearon las piernas 5 *fig* (*weichherzig*) sensible; impresionable; *Herz* blando; **~ werden** ablandarse, enternecerse; (*nachgeben*) ceder, claudicar 6 *Farbtöne, Stimme* suave; tenue B ADV **~ landen** aterrizar suavemente; → *a.* weich gekocht, weich kochen

'Weichbild N *obs* término *m* municipal

'Weiche F ⟨~; ~n⟩ 1 ANAT ijada *f*, flanco *m* 2 BAHN aguja *f*; **die ~n stellen** cambiar las agujas; *fig* encauzar (*a/c*)

'Weichei N *umg* blandengue *m/f*

'weichen[1] → einweichen

'weichen[2] VI ⟨*irr*; sn⟩ 1 (*Platz machen*) hacer sitio (*a. fig*); ceder (**vor** *dat* ante); retroceder; recular; retirarse (*a.* MIL); **von j-m ~** abandonar (*od* dejar solo) a alg; **j-m nicht von der Seite ~** pegarse a alg, no apartarse del lado de alg; **nicht von der Stelle ~** no moverse del sitio 2 *geh Angst etc* disiparse

'Weichensignal N BAHN señal *f* de cambio de vía; **Weichensteller** M ⟨~s; ~⟩, **Weichenstellerin** F ⟨~; ~nen⟩ *obs* guardagujas *m/f*; **Weichenstellung** F maniobra *f* (*bzw* cambio *m*) de agujas; *fig* **neue ~** colocación *f* de las bases; fijación *f* de los fines; **Weichenstellwerk** N puesto *m* de maniobra de agujas; **Weichenwärter** M, **Weichenwärterin** F → Weichensteller

weich gekocht ADJ *Ei* pasado por agua; *Fleisch, Gemüse* cocido hasta estar (*od* que esté) tierno

'Weichheit F ⟨~⟩ 1 *allg* blandura *f*; suavidad *f* 2 (*Nachgiebigkeit*) flexibilidad *f* 3 *a. fig* ternura *f*; *fig* delicadeza *f* 4 (*Empfindlichkeit*) sensibilidad *f*

'weichherzig ADJ blando (*od* tierno) de corazón; **Weichherzigkeit** F ⟨~⟩ ternura *f* de corazón

'Weichholz N madera *f* blanda; **Weichkäse** M queso *m* blando

'weichkochen VT *umg fig* **j-n ~** ablandar a alg (para que haga a/c)

weich kochen VT *Ei* pasar por agua; *Fleisch, Gemüse* cocer hasta que se ponga tierno

'weichlich ADJ (*etwas weich*) blando (*a. fig*); flojo; *umg* blanducho; *Person* (*zimperlich*) blandengue; muelle; (*weibisch*) afeminado; *fig* débil; **Weichlichkeit** F ⟨~⟩ blandura *f*; flojedad *f*

'Weichling M ⟨~s; ~e⟩ *pej* blando *m*; (*Schwächling*) blandengue *m*; **weichmachen** VT 1 *umg fig* **j-n ~** ablandar a alg; reblandecer a alg; suavizar a alg 2 → weich A 1; **Weichmacher** M TECH plastificante *m*; *für Wäsche*: suavizante *m*

'Weichsel[1] [-ks-] F ⟨~⟩ *Fluss*: Vistula *m*

'Weichsel[2] [-ks-] F ⟨~; ~n⟩, **Weichselkirsche** F BOT *Frucht*: guinda *f*; *Baum*: guindo *m*

'Weichspüler M suavizante *m*; **Weichteile** MPL ANAT partes *fpl* blandas; (*Genitalien*) partes *fpl*; **Weichtiere** NPL ZOOL moluscos *mpl*

'Weide[1] F ⟨~; ~n⟩ BOT *Baum*: sauce *m*; (*Korbweide*) mimbrera *f*

'Weide[2] F ⟨~; ~n⟩ AGR (*Viehweide*) pasto *m*; pastizal *m*; dehesa *f*; **auf die ~ führen** *od* **treiben** llevar a pastar (*od* a pacer); **Weideland** N pastos *mpl*; tierra *f* de pastoreo

'weiden A VI pacer, pastar B VT apacentar, pastar; pastorear; llevar a pacer C VR *fig geh* **sich an etw** (*dat*) **~** deleitarse en a/c; refocilarse con a/c; *schadenfroh*: regodearse en a/c

'Weiden N ⟨~s⟩ pastoreo *m*; apacentamiento *m*

'Weidenbaum M sauce *m*; **Weidengebüsch** N saucedal *m*; **Weidengeflecht** N tejido *m* de mimbre; **Weidenkätzchen** N BOT flor *f* del sauce; **Weidenkorb** M mimbrera *f*, cesta *f* de mimbre; **Weidenrute** F mimbre *m*

'Weideplatz M pasto *m*; pastizal *m*; dehesa *f*; **Weiderecht** N derecho *m* de pastoreo; **Weidewirtschaft** F pasticultura *f*

'weidgerecht ADJ JAGD de buen cazador; conforme a las reglas de la caza; **weidlich** ADV *obs* (*gehörig*) mucho; soberanamente

'Weidmann M ⟨~(e)s; ⸚er⟩ JAGD cazador *m*; montero *m*; **weidmännisch** JAGD A ADJ de (buen) cazador B ADV como un (buen) cazador; **Weidmanns'heil** N **~!** ¡buena caza!; **Weidmesser** N cuchillo *m* de monte; **Weidwerk** N ⟨~(e)s⟩ montería *f*; caza *f*; **weidwund** ADJ JAGD herido

'weigern VR **sich ~ (etw zu tun)** negarse (a hacer a/c); resistirse (a hacer a/c); **Weigerung** F ⟨~; ~en⟩ negativa *f*; **Weigerungsfall** M **im ~(e)** en caso de negativa

'Weihaltar M REL altar *m* consagrado; **Weihbecken** KATH N pila *f* de agua bendita; **Weihbischof** M KATH obispo *m* auxiliar

'Weihe[1] F ⟨~; ~n⟩ 1 REL consagración *f*; bendición *f*; *e-s Priesters*: ordenación *f*; **die ~n erteilen/empfangen** ordenar/ordenarse; **höhere/niedere ~n** órdenes *fpl* mayores/menores 2 *fig* solemnidad *f*; **einer Sache die rechte ~ verleihen** solemnizar un acto

'Weihe[2] F ⟨~; ~n⟩ ORN milano *m*

'weihen VT 1 REL bendecir; *bes* KATH *Brot* consagrar; **j-n zum Priester ~** ordenar sacerdote a alg, conferir las (sagradas) órdenes a alg 2 *fig* dedicar; consagrar; **sich einer Sache ~** consagrarse (*od* dedicarse) a a/c; **dem Tode geweiht sein** estar destinado a morir

'Weiher M ⟨~s; ~⟩ estanque *m*; (*Fischweiher*) vivero *m*

'Weihestätte F REL santuario *m*; **Weihestunde** F hora *f* (*bzw* acto *m*) solemne; **weihevoll** A ADJ solemne B ADV solemnemente, con solemnidad

'Weihgabe F, **Weihgeschenk** N ofrenda *f*; exvoto *m*; **Weihnacht** F ⟨~⟩ Navidad *f*; → *a* Weihnachten

'Weihnachten N ⟨~; ~⟩ Navidad *f*; navidades *fpl*; **frohe** (*od* **fröhliche**) **~!** ¡feliz Navidad!; ¡felices Pascuas!; ¡felices Navidades!; **zu** (*od südd* **an**) **~** en Navidad; **um ~** por Navidad

'weihnachtlich A ADJ navideño B ADV **~ geschmückt** con adornos navideños

'Weihnachtsabend M Nochebuena *f*; **Weihnachtsbaum** M árbol *m* de Navidad; **Weihnachtsbescherung** F distribución *f* de los regalos de Navidad; **Weihnachtsfeier** F celebración *f* de la Navidad

'Weihnachtsfeiertag M **der erste ~** el día de Navidad; **der zweite ~** el día de San Esteban; **die ~e** las Navidades

'Weihnachtsferien PL vacaciones *fpl* de Navidad; **Weihnachtsfest** N (fiesta *f* de) Navidad *f*; fiesta *f* navideña; **Weihnachtsgeld** N paga *f* de Navidad; **Weihnachtsgeschenk** N regalo *m* de Navidad; **Weihnachtsgratifikation** F gratificación *f* de Navidad; **Weihnachtslied** N canción *f* navideña; *sp* villancico *m*; **Weihnachtsmann** M ⟨~(e)s; ⸚er⟩ Papá *m* Noel; **Weihnachtsmarkt** M mercadillo *m* de Navidad; **Weihnachtsstern** M BOT pascua *f*, estrella *f* de navidad; poinsettia *f*; **Weihnachtstag** → Weihnachtsfeiertag; **Weihnachtszeit** F tiempo *m* de Navidad; época *f* navideña (*od* de Navidades)

'Weihrauch M incienso *m*; **Weihrauchfass** N incensario *m*

'Weihwasser N REL agua *f* bendita; **Weihwasserbecken** N pila *f* de agua bendita

'Weihwedel M REL hisopo *m*

weil KONJ porque; (*da ja*) como; ya que; puesto que

'Weilchen N ⟨~s⟩ *umg* momentito *m*; **ein ~** un ratito *m*

'Weile F ⟨~⟩ 1 *Zeitraum*: rato *m*; espacio *m* de tiempo; **eine ganze ~** un buen rato; **es ist schon eine (gute) ~ her, dass** hace ya un (buen) rato que; **nach einer ~** momentos después; al poco rato; al cabo de un rato; **vor einer ~** hace un rato; hace un(os) momento(s) 2 *fig* **damit hat es gute ~** no hay (*od* corre) prisa; *sprichw* **eile mit ~!** ¡tiempo al tiempo!; *sprichw* **gut Ding will ~ haben** todo necesita su tiempo

'weilen VI *poet* permanecer; estar; detenerse; **er weilt nicht mehr unter uns** ya no está entre nosotros; ha pasado a mejor vida

'Weiler M ⟨~s; ~⟩ caserío *m*; aldea *f*

Wein M ⟨~(e)s; ~e⟩ 1 *Getränk*: vino *m*; **~e** *mpl a.* caldos *mpl*; **ein Glas ~** un vaso (*od* una copa) de vino 2 BOT (*Weinrebe*) vid *f*; **wilder ~** vid *f* silvestre; **Wilder ~** (*Jungfernrebe*) viña *f* virgen 3 *fig* **j-m reinen ~ einschenken** decir a alg la cruda verdad

'Weinanbau M viticultura *f*; **weinartig** ADJ vinoso; **Weinausschank** M despacho *m* de vinos; **Weinbau** M ⟨~(e)s⟩ viticultura *f*; **Weinbauer** M, **Weinbäuerin** F → Winzer, Winzerin; **Weinbaugebiet** N región *f* vitícola (*od* vinícola); **Weinbeere** F (grano *m* de) uva *f*; **Weinbereitung** F vinificación *f*; **Weinberg** M viña *f*; viñedo *m*; **Weinbergschnecke** F ZOOL caracol *m* (de Borgoña); **Weinblatt** N hoja *f* de parra; **Weinbrand** M brandy *m*, brandi *m*

'weinen VI & VT llorar (**über** *acus* por; **vor** *dat* de; **um** *acus* por); **um j-n ~** llorar por alg; **heftig ~** llorar a lágrima viva; **bittere Tränen ~** llorar amargamente

'Weinen N ⟨~s⟩ llanto *m*; **dem ~ nahe sein** estar a punto de llorar; **j-n zum ~ bringen** hacer llorar a alg; **es ist zum ~** es para (echarse a) llorar

'weinerlich ADJ llorón; *Stimme, Ton* lloroso

'Weinernte F vendimia *f*; **Weinerzeuger** M, **Weinerzeugerin** F (viti)vinicultor *m*, -a *f*; **Weinerzeugung** F vinicultura *f*; producción *f* vitivinícola; **Weinessig** M vinagre *m* de vino; **Weinfass** N tonel *m*; pipa *f*; cuba *f*; **Weinflasche** F botella *f* de vino; **Weingarten** M viña *f*; viñedo *m*; **Weingärtner** M, **Weingärtnerin** F → Winzer, Winzerin; **Weingegend** F región *f* vitícola *od* vinícola; **Weingeist** M ⟨~(e)s⟩ espíritu *m* de vino; alcohol *m*; **Weinglas** N vaso *m* (*bzw* copa *f*) para vino; **Weingut** N explotación *f* vinícola; **Weinhandel** M comercio *m* de vinos; **Weinhändler** M, **Weinhändlerin** F negociante *m/f* en vinos; vinatero *m*, -a *f*; **Weinhandlung** F vinatería *f*; bodega *f*; vinoteca *f*; **Weinheber** M catavino *m*;

W

Weinhefe F heces *fpl* de vino; **Weinjahr** N **ein gutes/schlechtes ~** una buena/una mala añada (de vino); **Weinkanne** F jarro *m* para vino; **Weinkarte** F carta *f* (*od* lista *f*) de vinos; **Weinkeller** M bodega *f*; **Weinkellner** M, **Weinkellnerin** F sumiller *m*; **Weinkelter** F lagar *m*; **Weinkenner** M, **Weinkennerin** F conocedor *m*, -a *f* de vinos

'**Weinkrampf** M MED llanto *m* convulsivo

'**Weinkrug** M cántaro *m* para vino; **Weinkühler** M champañero *m*; **Weinlager** N depósito *m* (*od* almacén *m*) de vinos; bodega *f*; **Weinland** N país *m* vinícola; **Weinlaub** N hojas *fpl* de parra; **Weinlaube** F parral *m*, emparrado *m*; **Weinlese** F vendimia *f*; **Weinleser** M, **Weinleserin** F vendimiador *m*, -a *f*; **Weinlokal** N taberna *f*, *umg* tasca *f*; **Weinpresse** F prensa *f* de uvas; **Weinprobe** F degustación *f* (*od* cata *f*) de vinos; **Weinprüfer** M, **Weinprüferin** F catavinos *m/f*; **Weinranke** F pámpano *m*; **Weinrebe** F vid *f*

'**weinrot** ADJ rojo vino(so), burdeos

'**Weinsäure** F CHEM ácido *m* tartárico; **Weinschlauch** M *hist* odre *m*

'**weinselig** ADJ *umg* achispado

'**Weinstein** M ⟨~(e)s⟩ CHEM tártaro *m*; **Weinsteuer** F impuesto *m* sobre los vinos; **Weinstock** M cepa *f*; **Weinstube** F → Weinlokal; **Weintraube** F racimo *m* de uvas; *einzelne*: uva *f*; **Weintreber** MPL, **Weintrester** MPL orujo *m* (de la uva); **Weinzwang** M ⟨~(e)s⟩ obligación *f* de tomar vino

'**weise** ADJ sabio; (*vorsichtig*) prudente

'**Weise**[1] F ⟨~; ~n⟩ 1 (*Art*) manera *f*, modo *m*; método *m*; **auf diese ~** de este modo, de esta manera; **auf die eine oder andere ~** de uno u otro modo; **auf die gleiche ~** del mismo modo, de la misma manera; **auf jede ~** de todos modos, de todas (las) maneras; **auf keine ~** de ningún modo, de ninguna manera, en modo alguno, en manera alguna; **auf meine ~** a mi manera, a mi modo; **in gewohnter ~** como de costumbre; **in der ~, dass** de modo (*od* manera) que; **jeder nach seiner ~** cada cual a su manera (*od* a su gusto) 2 MUS aire *m*, melodía *f*

'**Weise**[2] M/F ⟨~n; ~n; → A⟩ *geh* sabio *m*, -a *f*; *Bibel*: **die ~n aus dem Morgenland** los Reyes Magos; **der Stein der ~n** la piedra filosofal

'**weisen** ⟨*irr*⟩ A VT *geh* 1 (*zeigen*) mostrar, enseñar; señalar, indicar; (*verweisen*) remitir (**an** *acus* a); *fig* **j-m die Tür ~** echar a alg a la calle 2 **etw von der Hand** *od* **von sich ~** rechazar a/c B VI **auf etw/j-n ~** señalar a/c/a alg

'**Weiser** M → Weise[2]

'**Weisheit** F ⟨~; ~en⟩ 1 sabiduría *f*; saber *m*; **der ~ letzter Schluss** el último recurso; *Bibel*: **das Buch der ~** (el Libro de) la Sapiencia, el Libro de la Sabiduría; **mit seiner ~ am Ende sein** ya no saber qué hacer; *umg* **die ~ mit Löffeln gegessen haben** ser un pozo de ciencia; **er hat die ~ nicht mit Löffeln gegessen** no ha inventado la pólvora 2 (*weiser Rat, Spruch*) sentencia *f*; **behalte deine ~(en) für dich!** ¡no te metas donde no te llaman!

'**Weisheitszahn** M ANAT muela *f* del juicio

'**weismachen** VT **j-m etw ~** hacer creer a/c a alg; **machen Sie das einem andern weis!** *umg* ¡a otro perro con ese hueso!; ¡cuénteselo a su abuela!; **sich** (*dat*) **etw ~ lassen** *umg* comulgar con ruedas de molino; **lass dir nichts ~!** ¡no te dejes engañar!

weiß ⟨~est⟩ A ADJ 1 blanco 2 (*bleich*) pálido; **~es Haar** cana *f*, cabello *m* blanco; **das Weiße Haus** la Casa Blanca; **Weißer Sport** (*Tennis*) deporte *m* blanco; **Weißer Sonntag** REL Domingo *m* de Cuasimodo; **~e Weihnachten** Navidades *fpl* blancas (*od* en la nieve); **Weiße Woche** *im Hotel*: *oferta especial para pasar una semana en la nieve*; **~ machen** blanquear, emblanquecer; **~ werden** ponerse blanco (*a. Person*); blanquear, emblanquecer; **er wurde ganz ~** *umg* se puso blanco como la pared B ADV **~ anstreichen/kleiden** pintar/vestir de blanco; **~ gekleidet** vestido de blanco

Weiß N ⟨~(es); ~⟩ blanco *m*, color *m* blanco; blancura *f*; **in ~ (gekleidet)** (vestido) de blanco; **das ~e im Auge** el blanco del ojo

'**weissagen** VT predecir; presagiar; profetizar

'**Weissager** M profeta *m*; adivino *m*; **Weissagerin** F profetisa *f*; adivina *f*; **Weissagung** F predicción *f*; presagio *m*; vaticinio *m*, augurio *m*; profecía *f*

'**Weißbier** N cerveza *f* de trigo; **Weißblech** N hojalata *f*; **weißblond** ADJ rubio blanco; **Weißbrot** N pan *m* blanco; **Weißbuch** N POL Libro *m* Blanco; **Weißbuche** F BOT ojaranzo *m*, carpe *m*; **Weißdorn** M BOT espino *m* blanco

'**Weiße**[1] F ⟨~⟩ blancura *f*; blancor *m*

'**Weiße**[2] M/F ⟨~n; ~n; → A⟩ blanco *m*, -a *f*; hombre *m* blanco, mujer *f* blanca (*od* de raza blanca)

'**Weiße-'Kragen-Kriminalität** F delincuencia *f* de cuello blanco

'**weißen**, *reg* **weißeln** VT (*tünchen*) blanquear; enjalbegar; *Wände* encalar

'**Weißen** N ⟨~s⟩ blanqueo *m*

'**Weißer** M → Weiße[2]; **Weißfisch** M albur *m*; **Weißfluss** M MED flujo *m* blanco, leucorrea *f*; **weißgelb** ADJ blanco amarillento; **Weißglas** N vidrio *m* claro

'**weißglühend, weiß glühend** ADJ candente, calentado al (rojo) blanco; incandescente

'**Weißglut** F ⟨~⟩ candencia *f* blanca; incandescencia *f*; rojo *m* blanco; **zur ~ bringen** poner al (rojo) blanco; *fig* sacar de quicio; **Weißgold** N oro *m* blanco; **weißgrau** ADJ gris pálido; **weißhaarig** ADJ de pelo blanco; cano(so); **Weißkäse** M (*Quark*) requesón *m*; **Weißkohl** M, *bes südd, österr* **Weißkraut** N repollo *m*

'**weißlich** ADJ blanquecino; blancuzco

'**Weißling** M ⟨~s; ~e⟩ 1 *Schmetterling*: mariposa *f* blanca 2 *Fisch*: merlán *m*

'**weißmachen** VT → weiß A 2

'**Weißmacher** M *im Waschmittel*: blanqueante *m*; **Weißmehl** N harina *f* blanca; **Weißmetall** N metal *m* blanco; **Weißpappel** F BOT álamo *m* blanco

'**Weißrusse** M bielorruso *m*; **Weißrussin** F bielorrusa *f*; **weißrussisch** ADJ bielorruso; **Weißrussland** N Bielorrusia *f*

'**Weißstorch** M ORN cigüeña *f*; **Weißtanne** F BOT abeto *m* blanco, pinabete *m*; **Weißwaren** FPL lencería *f*; **weißwaschen** VT *fig* **j-n ~** limpiar a alg de culpas; **Weißwein** M vino *m* blanco; **Weißzeug** N ropa *f* blanca; lencería *f*

'**Weisung** F ⟨~; ~en⟩ instrucción *f*; directiva *f*; orden *f*; **~en befolgen** seguir órdenes

'**Weisungsbefugnis** F poder *m* directivo; **weisungsbefugt** ADJ con poder directivo; **weisungsgemäß** ADV conforme a las instrucciones

weit

A Adjektiv B Adverb

— A Adjektiv —

1 (*entfernt*) lejano, alejado; distante; *Weg, Reise* largo; *Entfernung* grande; *fig* **das Weite suchen** esfumarse; tomar las de Villadiego; poner pies en polvorosa 2 (*ausgedehnt*) extenso, vasto; dilatado; (*geräumig*) espacioso, amplio, ancho 3 *fig* **~e Teile des Landes** una gran parte del país; **im ~esten Sinne des Wortes** en el más amplio sentido (*od* sentido más amplio) de la palabra; **ein ~er Unterschied** una gran diferencia 4 *Kleidung* ancho; holgado; *Mode* (*weit geschnitten*) amplio

— B Adverb —

1 (*ausgedehnt*) **~ verbreitet** muy extendido; **die Augen ~ aufmachen** *od* **aufreißen** poner los ojos como platos; **~ und breit** a la redonda; por todas partes, por doquier 2 (*entfernt*), *a. zeitlich*: lejos; **~ gehen** ir lejos (*a. fig*); **~ sehen** ver lejos; **~ entfernt** *od* **~ weg von** (muy) lejos de; **5 km ~ entfernt** a cinco kilómetros de distancia; *fig* **~ gefehlt!** ¡ni remotamente!; **~ zurückliegend** lejano; remoto; *zeitlich*: de hace mucho tiempo; alejado de, lejano de; **~ von hier** lejos de aquí; **von Weitem** de lejos, desde lejos; **ist es noch ~?** ¿falta mucho?; **ist es ~ (bis dahin)?** ¿queda lejos?; **wie ~?** ¿a qué distancia?; ¿hasta dónde?; **wie ~ ist es von hier nach ...?** ¿qué distancia hay de aquí a ...? 3 *in der Entwicklung, in e-m Prozess*: **~ fortgeschritten** muy avanzado (*a.* MED); **er ist ~ über 40** pasa con mucho de los cuarenta; ha cumplido ampliamente los cuarenta; **wie ~ bist du (mit deiner Arbeit)?** ¿hasta dónde has llegado (en *od* con el trabajo)?; *fig* **wie ~ will er gehen?** ¿a dónde (*od* hasta dónde) pretende llegar?; *fig* **sie ist ~ gekommen** *od* **sie hat es ~ gebracht** ha hecho fortuna (*bzw* carrera); ha triunfado en la vida; *fig* **er wird nicht sehr ~ damit kommen** con eso no llegará muy lejos 4 *mit so*: **so ~ ist es nun gekommen?** ¿hasta eso se ha llegado?; **so ~ ist es mit ihm gekommen** hasta ese extremo ha llegado; **so ~ ist es noch nicht** todavía no se ha llegado a eso; **so ~ bin ich noch nicht** todavía me falta algo; aún no he terminado; **so ~ gehen, dass** llegar hasta el extremo que; **so ~ wie möglich** lo más lejos posible; **so ~, so gut** hasta aquí todo va bien 5 *mit zu*: **zu ~ gehen** ir demasiado lejos (*a. fig*); *fig* (pro) pasarse, extralimitarse, excederse; **das geht zu ~** esto ya es demasiado; *umg* esto pasa de la raya (*od* de castaño oscuro) 6 (*weitaus*) mucho; **~ mehr/besser** mucho más/mejor; **j-m ~ überlegen sein** superar con mucho a alg; **~ übertreffen** superar en mucho; **bei Weitem (nicht)** (ni) con mucho; **bei Weitem nicht vollständig sein** estar lejos de ser completo; (no) estar ni mucho menos completo 7 *fig* **damit ist es nicht ~ her** no es (ninguna) cosa del otro mundo; *umg* no es para tanto; **es ist nicht ~ her mit ihm** no es ninguna lumbrera 8 → *a.* weitgehend, weit gereist *etc*

'**weit'ab** ADV muy lejos (**von** de); lejos de aquí

'**weit'aus** ADV con mucho; **~ besser** mucho mejor; *stärker*: infinitamente mejor

weit bekannt ADJ conocidísimo

'**Weitblick** M ⟨~(e)s⟩ amplitud *f* de miras; visión *f* de futuro; perspicacia *f*

'**weitblickend, weit blickend** ADJ perspicaz; (*voraussehend*) previsor

'**Weite** F ⟨~; ~n⟩ 1 (*Ausdehnung*) extensión *f*; (*Breite*) ancho *m*, anchura *f*; (*Spannweite*) envergadura *f*; (*Durchmesser*) diámetro *m*; TECH calibre *m*; ARCH **lichte ~** anchura *f* de luz, luz *f* libre 2 *e-s Kleidungsstücks*: amplitud *f* 3 (*weiter Raum*) espacio *m*, vastedad *f* 4 (*Länge*) *e-s Weges*: longitud *f* (*a.* SPORT); (*Entfernung*) distancia *f*; (*Ferne*) lejanía *f* 5 *fig* amplitud *f*; envergadura *f*; *der Kenntnisse*: vastedad *f*

'**weiten** A VT ensanchar; dilatar B VR **sich**

~ ensancharse; dilatarse

'weiter A ADJ *komp* más lejano, más extenso *etc*; **~ machen** *(erweitern)* ensanchar; **~ werden** ensancharse; dilatarse; hacerse más ancho; → *a* weitere(r, -s) B ADV 1 *Fortdauer od Fortsetzung*: **~ auf Seite drei** sigue en la página tres; **~ bestehen** continuar habiendo, seguir existiendo; **~ etw tun** continuar (*od* seguir) haciendo a/c (*od* con a/c); **(nur) ~!** *od* **~ so!** ¡siga!, (*bzw* ¡sigue!), ¡continue! (*bzw* ¡continua!); **nicht ~!** ¡basta!; **und so ~** y así sucesivamente; etcétera; *abk* etc 2 *(anschließend)* a continuación, luego, después; **was ~?** *od* **und ~?** ¿y qué más?; **was geschah ~?** ¿qué pasó después? 3 *(außerdem)* además; **~ niemand** nadie más; **~ nichts?** ¿nada más?; ¿eso es todo?; **nichts ~!** nada más; eso es todo; **wenn's ~ nichts ist** si no es más que eso; **das hat ~ nichts zu sagen** *od* **das ist ~ nichts** eso no tiene importancia; eso no es nada; **er hat ~ nichts zu tun als** *(inf)* no tiene más que *(inf)*; **was willst du noch ~?** ¿qué más quieres?; **das ist ~ kein Unglück** no es ninguna desgracia; no es nada 4 *zur Steigerung*: **~ vorn/hinten** más adelante/más atrás; **~ oben/unten** más arriba/más abajo; **~ oben erwähnt** anteriormente mencionado; **~ weg** más allá

'weiterarbeiten VI seguir (*od* continuar) trabajando; **weiterbefördern** VT *(ohne* ge-*)* reexpedir; **Weiterbeförderung** F reexpedición *f*

'weiterbehandeln, weiter behandeln VT *(ohne* ge-*)* MED continuar tratando (*od* el tratamiento)

'Weiterbehandlung F MED tratamiento *m* ulterior

'weiterbeschäftigen, weiter beschäftigen VT *(ohne* ge-*)* continuar empleando

'Weiterbestand M *(~(e)s)* subsistencia *f*; continuación *f*; continuidad *f*

'weiterbestehen, weiter bestehen VI *(irr; ohne* ge-*)* subsistir; continuar existiendo; mantenerse

'weiterbilden A VT perfeccionar B VR **sich ~** perfeccionarse; ampliar sus conocimientos; → *a.* fortbilden; **Weiterbildung** F *(~)* formación *f* (continua), perfeccionamiento *m*; **berufliche ~** perfeccionamiento *m* profesional; **Weiterbildungskurs** M curso *m* de perfeccionamiento *od* de formación continua

'weiterbringen VT *(irr)* hacer avanzar; **das bringt mich nicht weiter** con esto no gano nada; **weiterdenken** VI *(irr)* pensar en las consecuencias; pensar en el futuro

'weitere(r, -s) ADJ 1 *komp v. weiter*: **im ~n Sinn(e)** en sentido más amplio; LING por extensión 2 *(zusätzlich)* otro, adicional, suplementario; **ohne Weiteres** sin más (ni más); **das kann man ohne Weiteres tun** no hay inconveniente en hacerlo; **~ Fragen** otras cuestiones; **haben Sie noch ~ Fragen?** ¿tienen más preguntas? 3 *(anschließend)* ulterior; posterior; siguiente; **die ~ Entwicklung** el desarrollo posterior; **das ~ Vorgehen besprechen** hablar sobre los siguientes pasos; **zur ~n Behandlung** para continuar el tratamiento; **bis auf Weiteres** hasta nuevo aviso; hasta nueva orden; *(zunächst)* por ahora; de momento

'Weitere(s) N *(~n; → A)* **das ~** lo demás; el resto; **alles ~** todo lo demás; **des ~n** por lo además

'weiterempfehlen VT *(irr; ohne* ge-*)* recomendar; **weiterentwickeln** *(ohne* ge-*)* A VT desarrollar; *Erfindung a.* perfeccionar B VR **sich ~** desarrollarse; *Wissenschaft, Vorstellung etc* evolucionar; **Weiterentwicklung** F desarrollo *m* ulterior; perfeccionamiento *m*; *der Wissenschaft*: evolución *f*; **weitererzählen** VT *(ohne* ge-*)* 1 *(ausplaudern)* contar a otros; (hacer) correr la voz; propagar, divulgar 2 *(fortfahren zu erzählen)* seguir contando

'weiterfahren VI *(irr;* sn*)* seguir (*od* continuar) el viaje; continuar el camino; **Weiterfahrt** F continuación *f* del viaje; **Weiterflug** M continuación *f* del vuelo; **weiterführen** VT continuar; **~de Schule** escuela *f* secundaria; **Weiterführung** F *(~)* continuación *f*; **Weitergabe** F *(~)* transmisión *f*; **weitergeben** VT *(irr)* transmitir; *(herumreichen)* hacer circular; pasar (**an** *acus* a)

'weitergehen VI *(irr;* sn*)* 1 *(weiterlaufen)* avanzar; seguir su camino; **~!** ¡siga(n)! ¡circule(n)! 2 *fig (sich fortsetzen)* continuar, seguir (su curso), proseguir; **so kann es nicht ~** esto no puede seguir (*od* continuar) así

'weiterhelfen VI *(irr)* **j-m (mit etw) ~** ayudar a alg (en a/c)

'weiterhin ADV 1 *(außerdem, ferner)* además 2 *(in Zukunft)* de aquí en adelante; en el futuro; ulteriormente; *(noch immer)* aún; **etw ~ tun** continuar (*od* seguir) haciendo a/c (*od* con a/c)

'weiterkämpfen VI seguir luchando

'weiterkommen VI *(irr;* sn*)* 1 *auf seinem Weg*: continuar; **so kommen wir nicht weiter** así no vamos (*od* llegamos) a ninguna parte; *umg* **mach, dass du weiterkommst!** *umg* ¡lárgate! 2 *fig bei der Arbeit*: avanzar (**in** *dat*, **mit** en); *im Beruf a.*: progresar, adelantar; hacer progresos; **nicht ~** estacionarse; estancarse

'Weiterkommen N avance *m*

'weiterkönnen VI *(irr)* **nicht ~** no poder seguir (*od* continuar); **ich kann nicht mehr weiter** *(mit meinen Kräften)* ya no puedo más

'weiterleben VI seguir viviendo; sobrevivir; **Weiterleben** N *(~s)* supervivencia *f*; **weiterleiten** VT transmitir (**an** *acus* a); reexpedir; *Gesuch, Brief etc* cursar, dar curso a; **Weiterleitung** F *(~)* transmisión *f*; reexpedición *f*; **weiterlesen** VT *(irr)* seguir (*od* continuar) leyendo; **weitermachen** A VT seguir, continuar (**etw** haciendo a/c) B VI seguir, continuar (**mit etw** con a/c); **weiterreichen** VT → weitergeben; **Weiterreise** F *(~)* continuación *f* del viaje; **weiterreisen** VI *(sn)* continuar (*od* seguir) el viaje

'weitersagen VT divulgar; decir (*od* contar) a otros; (hacer) correr la voz; **nicht ~!** ¡no lo cuentes!; **bitte, sagen Sie es nicht weiter!** ¡por favor, no se lo diga usted a nadie!; **etw nicht ~** guardar discreción sobre a/c

'weitersenden VT *(irr)* (re)expedir; **weiterspielen** VI seguir jugando

'weiterverarbeiten VT transformar, manufacturar; **Weiterverarbeitung** F transformación *f*; tratamiento *m* (*od* elaboración *f*) ulterior

'weiterverbreiten VT *(ohne* ge-*)* difundir, propagar; *Nachrichten* divulgar; **Weiterverbreitung** F difusión *f*, propagación *f*; *v. Nachrichten*: divulgación *f*

'weitervererben A VT → vererben B VR **sich ~** transmitirse hereditariamente; **weiterverfolgen** VT perseguir; **Weiterverkauf** M reventa *f*; **weiterverkaufen** VT *(ohne* ge-*)* revender; **weitervermieten** VT *(ohne* ge-*)* subarrendar; **Weitervermietung** F subarriendo *m*; **weiterwissen** VI **nicht (mehr) ~ (ya)** no saber cómo seguir; **weiterziehen** VI *(irr;* sn*)* seguir su camino

'weitgehend[1] ADJ, **weit gehend** ADJ extenso; vasto; *(beträchtlich)* considerable; *(weitreichend)* de gran alcance (*od* trascendencia); *Vollmacht* amplio

'weitgehend[2] ADV en gran parte

weit gereist ADJ **~ sein** haber viajado mucho; ser un trotamundos

weit gesteckt ADJ **~e Ziele haben** tener grandes aspiraciones; *umg* picar muy alto

'weitgreifend, weit greifend ADJ trascendental; de gran alcance

'weit'her ADV **(von) ~** de(sde) lejos

'weitherzig ADJ generoso; liberal; **(zu) ~ sein** tener manga ancha; **Weitherzigkeit** F *(~)* generosidad *f*; liberalidad *f*

'weit'hin ADV a lo lejos; *fig* en gran medida, en gran parte

'weitläufig A ADJ 1 *Gebäude* amplio; extenso; vasto; espacioso 2 *(ausführlich)* detallado; circunstanciado; *(weitschweifig)* prolijo 3 *Verwandter* lejano B ADV 1 *(ausführlich)* detalladamente; con todo detalle 2 **~ verwandt mit** pariente lejano de; **Weitläufigkeit** F *(~)* amplitud *f*; extensión *f*; *(Weitschweifigkeit)* prolijidad *f*

'weitmaschig ADJ de grandes mallas

'weiträumig ADV **etw ~ umfahren** dar un gran rodeo a a/c

'weitreichend, weit reichend ADJ *räumlich* extenso; *Vollmacht a.* amplio; *(weittragend)* de gran alcance *(a.* MIL *Geschütz)*; *Einfluss* grande

'Weitschuss M tiro *m* largo

'weitschweifig ADJ *Schilderung* prolijo; verboso; **Weitschweifigkeit** F *(~)* prolijidad *f*; verbosidad *f*

'Weitsicht F → Weitblick; **weitsichtig** ADJ 1 MED *(übersichtig)* hipermétrope; *(altersweitsichtig)* présbita 2 *fig* → weitblickend; **Weitsichtigkeit** F *(~)* MED *(Übersichtigkeit)* hipermetropía *f*; *(Altersweitsichtigkeit)* presbicia *f*

'Weitsprung M SPORT salto *m* de longitud; **weitspurig** ADJ BAHN de vía *(Am* trocha*)* ancha

'weittragend, weit tragend ADJ de gran alcance *(a.* MIL *Geschütz)*; *fig a.* trascendental

'weitverbreitet, weit verbreitet ADJ muy extendido (*od* frecuente *od* generalizado); *Zeitung* de gran tirada

'weitverzweigt, weit verzweigt de vasta ramificación

'Weitwinkelobjektiv N FOTO objetivo *m* granangular

'Weizen M *(~s; ~)* trigo *m*; **Weizenbier** N cerveza *f* de trigo; **Weizenbrot** N pan *m* de trigo (*od* candeal); **Weizenfeld** N trigal *m*, campo *m* de trigo; **Weizenmehl** N harina *f* de trigo

welch INT PR *in Ausrufen*: **~ (ein) …!** ¡qué …!, *umg* ¡vaya (un) …!; **~ ein Glück!** ¡qué suerte!; **~ eine Überraschung!** ¡vaya sorpresa!

'welche(r, -s) A INT PR ¿qué?; ¿cuál?; **~r von beiden?** ¿cuál (de los dos)?; **~ Farbe hat …?** ¿de qué color es …?; **auf ~ Weise?** ¿de qué manera?; **um ~ Zeit?** ¿a qué hora? B REL el cual, la cual, lo cual; *Person a.* quien; **derjenige, ~r** el que; quien; **aus ~m** del que; del cual; **in ~m** en que; en el cual; **von ~m** del cual; del que; de quien; **~(r, ~s) auch immer** cualquiera que *(subj)*; *pl* cualesquiera que *(subj)* C INDEF PR 1 *(einige)* unos, algunos; **es gibt ~, die sagen** hay algunos que dicen; hay quienes dicen; **es sind noch ~ da** quedan algunos (*od* unos cuantos) 2 *vor subst*: **~ … auch immer** el, la … que sea; **~ Fehler du auch haben magst** cualesquiera que sean tus defectos 3 *unbestimmte Menge*: *haben Sie Geld?* **ja, ich habe ~s** sí, tengo (algo); *haben Sie Zigaretten?* **ich habe ~** sí, tengo

'welcher'art, welcherge'stalt ADV de qué manera; en qué forma; **~ sie auch seien** sean como sean; sean los que sean; **~ auch seine Gründe sein mögen** sean cuales sean sus motivos

'welcher'lei ADV qué clase de …; **in ~ Form**

W

es auch sei en cualquier forma; sea cual fuere la forma

'Welfe M ⟨~n; ~n⟩ HIST güelfo *m*; **Welfin** F ⟨~; ~nen⟩ güelfa *f*; **welfisch** ADJ güelfo

welk ADJ marchito; ajado; mustio (*alle a. fig*); (*schlaff*) flác(c)ido; **~e Schönheit** belleza *f* marchita; **~ werden** → welken

'welken VI ⟨sn⟩ marchitarse; ajarse

'Welken N ⟨~s⟩ marchitamiento *m*; **Welkheit** F ⟨~⟩ marchitez *f*

'Wellblech N chapa *f* ondulada; **Wellblechdach** N tejado *m* de chapa ondulada; **Wellblechhütte** F barraca *f od* caseta *f* (*armselige* chabola *f*) de chapa ondulada

'Welle F ⟨~; ~n⟩ **1** (*Woge*) ola *f* (*a. fig*); *hohe*: oleada *f* (*a. fig*); *Verkehr*: **grüne ~** semáforo *m* programado; *fig* **hohe ~n schlagen** causar sensación; levantar ampollas; *fig* **die neue ~** la nueva ola **2** PHYS, RADIO onda *f* **3** *im Haar*: rizos *pl*; ondulación *f* **4** TECH árbol *m*, eje *m* **5** SPORT *Turnen*: molinete *m*

'wellen **A** VT ondular **B** VR **sich ~** ondularse; **gewelltes Gelände/Haar** terreno *m*/pelo *m* ondulado

'Wellenanzeiger M RADIO detector *m* de ondas; **wellenartig** ADJ → wellenförmig; **Wellenbad** N piscina *f* de olas; **Wellenband** N RADIO banda *f* de ondas; **Wellenbereich** M RADIO banda *f* de frecuencias (*od* de ondas); **Wellenberg** M **1** cima *f* de una ola **2** PHYS cúspide *f* de onda; **Wellenbewegung** F movimiento *m* ondulatorio; ondulación *f*; **Wellenbrecher** M SCHIFF rompeolas *m*

'wellenförmig ADJ ondulatorio; ondulado, ondeado; **~e Bewegung** movimiento *m* ondulatorio; ondulación *f*

'Wellengang M SCHIFF oleaje *m*; **Wellenkamm** M cresta *f* de la ola; **Wellenkupplung** F TECH acoplamiento *m* axial; **Wellenlänge** F PHYS, RADIO longitud *f* de onda (*a. fig*); **Wellenlinie** F línea *f* ondulada; **Wellenmechanik** F mecánica *f* ondulatoria; **Wellenmesser** M ondímetro *m*; **Wellenreiten** N surf *m*; **Wellenschlag** M embate *m* de las olas; **Wellenschreiber** M ELEK ondógrafo *m*; **Wellensittich** M ORN periquito *m* (australiano); **Wellenstrom** M ELEK corriente *f* ondulatoria; **Wellental** N concavidad *f* de la onda; **Wellentheorie** F teoría *f* ondulatoria; **Wellenzapfen** M TECH pivote *m* del árbol

'Wellfleisch N carne *f* de cerdo cocida

'wellig ADJ ondulado (*a. Haar*); *Oberfläche a.* accidentado

'Wellness F bienestar *m*; **Wellnessbereich** M (zona *f*) spa *m*; **Wellnesshotel** N hotel *m* spa

'Wellpappe F cartón *m* ondulado

'Welpe M ⟨~n; ~n⟩ cachorro *m*

'Wels M ⟨~es; ~e⟩ *Fisch*: siluro *m*

welsch ADJ **1** *schweiz* suizo francófono **2** *pej obs* romano; latino

Welt F ⟨~; ~en⟩ **1** *allg* mundo *m* (*a. fig, Leute*); (*Weltall*) universo *m*; **alle ~** todo el mundo; **die ganze ~** todo el mundo, el mundo entero; *fig* **die ~ kennen** tener (mucho) mundo; **solange die ~ (be)steht** desde que el mundo es mundo; *sprichw* **die ~ ist klein** *od* **ein Dorf** *umg* el mundo es un pañuelo; **am Ende der ~ wohnen** vivir en el fin del mundo; *umg* vivir donde Cristo dio las tres voces; **bis ans Ende der ~** hasta el fin del mundo; **auf der ~** en el mundo; **auf die ~ kommen** venir al mundo; **etw aus der ~ schaffen** acabar con a/c; hacer desaparecer a/c; deshacerse (*od* desembarazarse) de a/c; **aus der ~ sein** (*entlegen sein*) estar muy lejos; *geh* **aus der ~ scheiden** morir; **durch die ~ ziehen** correr (por el) mundo; andar por esos mundos de Dios; **viel in der ~ herumkommen** correr mucho mundo; **in die ~ setzen** *Kind* echar al mundo (*a. fig*); *Gerücht* hacer correr; **in alle ~ zerstreut** disperso por todo el mundo; **um die ~ gehen** *Nachricht etc* dar la vuelta al mundo; **eine Reise um die ~ machen** hacer un viaje alrededor del mundo; dar una vuelta al mundo; **vor aller ~** delante de todos; a los ojos de todo el mundo; **zur ~ bringen** dar a luz **2** *fig* (*Bereich*) mundo *m*; mundillo *m*; **die große ~** el gran mundo; la alta sociedad; **die ~ des Theaters** el mundo del teatro; **ein Mann von ~** un hombre de mundo; **zwischen uns liegen ~en** vivimos en mundos diferentes **3** GEOG, POL **die Alte/Neue ~** el Viejo/Nuevo Mundo; POL **die freie ~** el mundo libre; **die Erste/Dritte ~** el Primer/Tercer Mundo **4** *in Ausrufen*: **was in aller ~ …!** ¡qué diablo …!; **um alles in der ~!** ¡por lo que más quieras!; **nicht um alles in der ~** *od* **um nichts in der ~** por nada del mundo; *fig* **das kann nicht die ~ kosten** no puede costar mucho (*od* tanto)

'Welt… IN ZSSGN mundial

'weltabgeschieden ADJ retirado, aislado; *Ort* remoto; **weltabgewandt** ADJ apartado del mundo

'Weltall N universo *m*; orbe *m*

'weltanschaulich ADJ ideológico; **Weltanschauung** F visión *f* (*od* concepción *f*) del mundo; cosmovisión *f*; (*Ideologie*) ideología *f*

'Weltatlas M atlas *m* del mundo; **Weltausstellung** F exposición *f* mundial (*od* universal); **Weltbank** F Banco *m* Mundial

'weltbekannt ADJ universalmente conocido; conocido en el mundo entero; **weltberühmt** ADJ mundialmente famoso; de fama mundial; de renombre universal

'Weltbestleistung F marca *f* (*od* récord *m*) mundial; **Weltbevölkerung** F población *f* mundial; **weltbewegend** ADJ revolucionario; **Weltbild** N concepto *m* (*od* visión *f*) del mundo; **Weltbund** M unión *f* internacional

'Weltbürger M, **Weltbürgerin** F ciudadano *m*, -a *f* del mundo; cosmopolita *m/f*; **weltbürgerlich** ADJ cosmopolita; **Weltbürgertum** N cosmopolitismo *m*

'Weltenbummler M trotamundos *m*

'weltentrückt ADJ abstraído, *umg* en las nubes; **Weltereignis** N acontecimiento *m* mundial; **welterfahren** ADJ conocedor del mundo; de mucho mundo; **Welterfahrung** F conocimiento *m* (*od* experiencia *f*) del mundo; *umg* mundología *f*; **Welterfolg** M éxito *m* mundial

'Weltergewicht N *Boxen*: peso *m* welter

'welterschütternd ADJ de repercusión (*od* trascendencia) mundial; *umg fig* **das ist nichts Welterschütterndes** no es nada del otro mundo

'Weltfirma F casa *f* de renombre mundial; **Weltflucht** F huida *f* del mundo; **weltfremd** ADJ ajeno al mundo, poco realista, de poco mundo, desconocedor del mundo; apartado de la realidad; **~ sein** *umg* andar por las nubes; **Weltfriede(n)** M paz *f* mundial; **Weltgebäude** N universo *m*; **Weltgeltung** F prestigio *m* internacional; influencia *f* mundial; **Weltgericht** N juicio *m* final

'Weltgeschichte F **1** historia *f* universal **2** *umg fig* **in der ~ herumfahren** *od* **herumreisen** ver mundo; andar por esos mundos de Dios; **weltgeschichtlich** ADJ de la historia universal; *Ereignis* de transcendencia mundial

'Weltgesundheitsorganisation F Organización *f* Mundial de la Salud

'weltgewandt ADJ mundano; de mundo; **Weltgewandtheit** F mundología *f*

'Weltgewerkschaftsbund M Federación *f* Sindical Mundial

'Welthandel M comercio *m* mundial (*od* internacional); **Welthandelskonferenz** F **~ der Vereinten Nationen** Conferencia *f* de las Naciones Unidas sobre el Comercio y el Desarrollo

'Weltherrschaft F hegemonía *f* mundial; dominio *m* del mundo; **nach der ~ streben** aspirar a *od* ambicionar la hegemonía mundial; **Weltkarte** F mapamundi *m*; **Weltkenntnis** F conocimiento *m* (*od* experiencia *f*) del mundo; *umg* mundología *f*; **Weltkirchenrat** M Consejo *m* Mundial de las Iglesias; **Weltklasse** F ⟨~⟩ SPORT clase *f* (*od* élite *f*) mundial; **Weltkongress** M congreso *m* mundial

'Weltkrieg M guerra *f* mundial; **der Erste/Zweite ~** la Primera/Segunda Guerra Mundial

'Weltkugel F globo *m* terrestre (*od* terráqueo); **Weltkulturerbe** N patrimonio *m* cultural de la humanidad; **Weltladen** M tienda *f* de comercio justo, tienda *f* solidaria; **Weltlage** F situación *f* mundial (*od* internacional); **Weltlauf** M curso *m* del mundo

'weltlich ADJ **1** del mundo; mundano; *geh* mundanal; (*irdisch*) terrenal; temporal **2** REL (*nicht kirchlich*) profano; seglar; *Priester* secular; *Schule etc* laico; **Weltlichkeit** F ⟨~⟩ mundanalidad *f*; *v. Priestern*: estado *m* secular; laicismo *m*

'Weltliteratur F literatura *f* universal (*od* mundial); **Weltmacht** F potencia *f* mundial; **Weltmachtpolitik** F política *f* imperialista; imperialismo *m*; **Weltmann** M ⟨~(e)s; ⸚er⟩ hombre *m* de mundo (*bzw* mundano); **weltmännisch** ADJ de hombre de mundo; distinguido; **Weltmarkt** M mercado *m* mundial (*od* internacional); **Weltmarktpreise** MPL precios *mpl* del mercado internacional; **Weltmeer** N océano *m*

'Weltmeister M, **Weltmeisterin** F campeón *m*, -ona *f* mundial (*od* del mundo); **Weltmeisterschaft** F campeonato *m* mundial (*od* del mundo)

'Weltnaturerbe N patrimonio *m* natural de la humanidad; **Weltniveau** N nivel *m* mundial; **auf ~** de nivel mundial; **Weltordnung** F orden *m* mundial; **Weltorganisation** F organización *f* mundial; **Weltpolitik** F política *f* mundial (*od* internacional); **Weltpolizist** M *fig* policía *m* mundial; **Weltpostverein** M Unión *f* Postal Universal; **Weltproduktion** F producción *f* mundial; **Weltrang** M nivel *m* internacional; **von ~** *a.* de categoría mundial

'Weltraum M espacio *m* interplanetario (*od* sideral *od* interestelar); *in zssgn* → *a* Raumanzug, Raumfahrer *etc*

'Weltraummüll M desechos *mpl* espaciales, basura *f* espacial; **Weltraumrakete** F cohete *m* interplanetario (*od* espacial); **Weltraumschrott** M chatarra *f* espacial

'Weltreich N imperio *m* (universal); **Weltreise** F vuelta *f* al mundo; viaje *m* alrededor del mundo; **eine ~ machen** dar la vuelta al mundo, hacer un viaje alrededor del mundo; **Weltreisende** M/F trotamundos *m/f*

'Weltrekord M (plus)marca *f* (*od* récord *m*) mundial; **Weltrekordinhaber** M, **Weltrekordler** M ⟨~s; ~⟩ plusmarquista *m* (*od* recordman *m*) mundial; **Weltrekordlerin** F ⟨~; ~nen⟩ plusmarquista *f* (*od* recordwoman *f*) mundial; **Weltrekordmann** M → Weltrekordinhaber

'Weltreligion F religión *f* mundial; **Welt-**

ruf M, **Weltruhm** M fama *f* (*od* renombre *m*) mundial; **Weltschmerz** M (melancolía *f* motivada por los) desengaños *mpl* de la vida; pesimismo *m* (romántico); **Weltspartag** M Día *m* Universal del Ahorro; **Weltsprache** F lengua *f* universal (*od* mundial)
'Weltstadt F metrópoli *f*; gran urbe *f*; **weltstädtisch** ADJ metropolitano; cosmopolita
'Weltstar M estrella *f* mundial; **Weltstellung** F posición *f* en el mundo; prestigio *m* internacional; **Weltteil** M 1 parte *f* del mundo 2 (*Erdteil*) continente *m*
'weltumfassend ADJ universal
'Weltumrundung F vuelta *f* al mundo; **Weltumseg(e)lung** F circunnavegación *f* del mundo; vuelta *f* al mundo; **Weltumsegler** M, **Weltumseglerin** F circunnavegador *m*, -a *f* del mundo
'weltumspannend ADJ universal
'Weltuntergang M fin *m* del mundo; **Weltuntergang(s)stimmung** F catastrofismo *m*
'Weltverbesserer M reformador *m* del mundo; **Weltweisheit** F filosofía *f*; **weltweit** ADJ universal
'Weltwirtschaft F economía *f* internacional (*od* mundial)
Welt'wirtschaftsgipfel M cumbre *f* de la economía mundial; **Weltwirtschaftskonferenz** F conferencia *f* económica internacional; **Weltwirtschaftskrise** F crisis *f* económica mundial
'Weltwunder N maravilla *f* del mundo; **Weltzeit** F tiempo *m* mundial; **Weltzeituhr** F reloj *m* universal
wem (*dat v.* **wer**) A INT PR ¿a quién?; *nach präp*: quién; **~ gehört das?** ¿de quién es esto?; **mit ~?** ¿con quién?; **von ~?** ¿de quién?; **bei ~?** ¿con quién?; ¿en casa de quién? B REL a quien
'Wemfall M GRAM dativo *m*
wen (*acus v.* **wer**) A INT PR ¿a quién?; *nach präp*: quién; **an ~ denkst du?** ¿en quién piensas? B REL a quien; **~ man auch immer wählt, ...** se vote a quien se vote ...
'Wende F ⟨~; ~n⟩ 1 (*das Wenden*) vuelta *f* (*a.* SPORT); SPORT *a.* viraje *m*; *Turnen*: vuelta *f* facial 2 (*Wendepunkt*) vuelta *f fig* momento *m* crucial 3 *zeitlich*: fin *m*; **an der ~ des Jahrhunderts** en las postrimerías del siglo; a fines de(l) siglo; **um die ~ des 20. Jahrhunderts** alrededor del fin del siglo XX 4 (*Änderung*) cambio *m* 5 BRD: POL **die ~** *los cambios políticos de 1989* (*en la antigua RDA*)
'Wendegetriebe N TECH mecanismo *m* de inversión (de marcha); **Wendehals** M 1 ORN torcecuello *m* 2 POL *umg pej* chaquetero *m*; veleta *m/f*; **ein ~ sein** *a.* ser un tránsfugo, cambiar de chaqueta; **Wendejacke** F chaqueta *f* reversible; **Wendekreis** M 1 ASTRON, GEOG trópico *m* **~ des Krebses/Steinbocks** trópico de Cáncer/Capricornio 2 AUTO radio *m* de giro
'Wendel F ⟨~; ~n⟩ hélice *f*; TECH *a.* caracol *m*; **Wendeltreppe** F ARCH escalera *f* de caracol
'Wendemantel M TEX abrigo *m* reversible
'wenden ⟨*irr*⟩ A V/T 1 (*umdrehen*) volver (*a. fig*); *Braten, Heu* dar (la) vuelta a; *Fahrzeug* dar media vuelta; ELEK invertir; (*umkehren*) poner al revés 2 (*richten*) **~ nach** *od* **auf** (*acus*) dirigir a 3 *fig Mühe, Zeit* **~ auf** (*acus*) *od* **an** (*acus*) emplear en; dedicar a B V/I (*umkehren*) dar la vuelta; SCHIFF, AUTO virar; **bitte ~!** véase al dorso C V/R **sich ~** 1 (*sich hinwenden, zuwenden*) dirigirse; **sich ~ gegen** volverse contra; **sich von j-m ~** apartarse de alg; **sich zur Tür ~** dirigirse a la puerta 2 (*sich ändern*) volverse; *fig* cambiar (*a. Wind, Wetter*); **sich zum Guten/Bösen ~** cambiar para bien/mal; tomar un giro favorable/desfavorable 3 **sich an j-n ~** dirigirse a alg; *Hilfe suchend*: acudir a alg; recurrir a alg; **sich mit** *od* **in einer Sache an j-n ~** dirigirse a alg con a/c
'Wendepol M ELEK polo *m* de conmutación; **Wendepunkt** M 1 MATH punto *m* de inflexión; ASTRON punto *m* solsticial 2 *fig* momento *m* crítico (*od* crucial); comienzo *m* de una nueva época; **Wendezeit** F época *f* de transición
'wendig ADJ 1 manejable; fácil de manejar; *Fahrzeug* de fácil manejo, maniobrable 2 *fig* (*geistig beweglich*) ágil; flexible; versátil; **Wendigkeit** F ⟨~⟩ manejabilidad *f*; maniobrabilidad *f*; *fig* agilidad *f*; versatilidad *f*
'Wendung F ⟨~; ~en⟩ 1 vuelta *f*; (*Drehung*) giro *m*; AUTO viraje *m*; SCHIFF virada *f* 2 *fig* (*Veränderung, Wechsel*) giro *m*; cambio *m*; **eine andere ~ nehmen** tomar otro rumbo (*od* cariz); **dem Gespräch eine andere ~ geben** dar otro rumbo a la conversación; **eine gute** *od* **günstige ~ nehmen** tomar un giro favorable; **eine schlechte ~ nehmen** tomar mal cariz; **eine unerwartete ~ nehmen** tomar un giro inesperado; **eine ~ zum Besseren/Schlechteren nehmen** cambiar para bien (*od* a mejor)/para mal (*od* a peor) 3 (*Redewendung*) giro *m*; locución *f*; modismo *m* 4 MIL conversión *f*
'Wenfall M GRAM acusativo
'wenig A INDEF PR 1 *allg* poco; (*spärlich*) escaso; (*selten*) raro; **das ~e Geld** el poco dinero; **~ Wasser** poca agua; **sei es auch noch so ~** por poco que sea 2 *mit zählbaren Mengen*: *pl* **~e ...** pocos ...; **~e Dinge** pocas cosas; **die ~en Menschen, die** las pocas personas que; **nur ~e Schritte von hier** a pocos pasos de aquí; **in ~en Minuten** en unos minutos; en pocos minutos; **in ~en Worten** en pocas palabras; **in ~en Tagen** en (*od* dentro de) pocos días 3 *subst* **das ~e** lo poco; *pl* **~e** pocos/as; *Personen a.*: poca gente; **einige ~e** algunos/as, unos pocos/unas pocas; **das wissen nur ~e** eso lo saben sólo pocos; **eine/einer der ~en(, die ...)** una/uno de los pocos que ...; **wie es nur ~e gibt** como hay pocos B ADV 1 (*nicht sehr*) poco, no mucho; **sich ~ um etw kümmern** ocuparse poco de a/c; **~ angenehm** poco agradable 2 (*unwesentlich*) poco; **nur ~ besser** sólo algo mejor 3 **ein ~** un poco; **ein ~ Geld** un poco de dinero; **ein klein ~** un poquito; **ein ~ schneller** un poco más de prisa, algo más rápido
'weniger A INDEF PR menos; **viel ~** mucho menos; **immer ~** cada vez menos; **nicht mehr und nicht ~** ni más ni menos; **je ~, desto besser** cuanto menos mejor; **je ~ ..., umso mehr ...** cuanto menos ... tanto más ...; **~ werden** disminuir; ir a menos; *umg* **er wird immer ~** está cada vez más delgado; *in Vergleichen*: **~ als** menos que (*bei Zahlen*: de); **~ als du denkst** menos de lo que crees; **nicht ~ als** no menos de; **nichts ~ als** nada menos que; **er ist nichts ~ als reich** no es rico ni mucho menos; **in ~ als 5 Minuten** en menos de cinco minutos; **umso ~, als ...** tanto menos cuanto que ...; **~ denn je** menos que nunca B ADV (*minus*) **10 ~ 4** diez menos cuatro
'Wenigkeit F ⟨~⟩ poquedad *f*; (*Kleinigkeit*) nimiedad *f*, pequeñez *f*; *umg hum* **meine ~** un servidor
'wenigste(r, -s) (*sup v.* **wenig**) INDEF PR 1 **die ~n** muy pocos; **die ~n wissen das** la mayoría no lo sabe 2 **das ~** o menos; **das ist das ~** eso es lo de menos; **das ist das ~ (was Sie tun können)** es lo menos (que usted puede hacer); **am ~n** lo menos; **als man es am ~n erwartete** cuando menos se esperaba
'wenigstens ADV por lo menos, al menos; *nachgestellt*: cuando menos
wenn KONJ 1 *zeitlich*: cuando; **sagen Sie es ihm, ~ er kommt** dígaselo cuando venga; **jedes Mal ~** *od* **immer ~** cada vez que; siempre que; todas las veces que; **~ du (erst) einmal dort bist** una vez que estés allí; **~ man ihn hört, sollte man glauben** oyéndole se creería que 2 *bedingend*: si; (*falls*) *a.* (en) caso de que (*subj*); (*vorausgesetzt*) siempre que; **~ Sie wollen** si quiere; **~ ich ehrlich sein soll** si le soy sincero; **~ ich das gewusst hätte** si lo hubiera sabido; **~ dem** *od* **es so ist** siendo así; **~ einmal** si jamás; **~ nur** con tal que (*subj*), siempre que (*subj*); *verneint*: **außer ~** excepto si; salvo que (*subj*); a no ser que (*subj*); **~ nicht** de no ser así; en otro caso; a menos que; **~ nicht ..., so doch ...** si no ..., al menos ...; **~ sie nicht gewesen wäre** si no hubiera sido por ella 3 *wünschend*: ¡ojalá!; ¡si!; **~ bloß** *od* **nur ...!** ¡si (al menos) ...!; **~ ich bloß wüsste ...!** ¡si yo supiera ...!; **~ er/sie doch käme!** ¡ojalá viniera!; **~ Sie doch früher gekommen wären!** ¡si hubiera venido usted antes! 4 *konzessiv*: **~ auch** *od* **auch ~** si bien, aunque (*subj*); **auch ~ es noch so weit ist** por muy lejos que esté; **~ er auch mein Freund ist** aun siendo (*od* aunque sea) mi amigo; **~ sie auch noch so reich ist** por (muy) rica que sea; **selbst ~** aun cuando (*subj*); aun (*ger*) 5 *vergleichend*: **als ~** *od umg* **wie ~** como si
Wenn N ⟨~s; ~ *umg* ~s⟩ **ohne ~ und Aber!** ¡no hay pero que valga!; **nach vielem ~ und Aber** después de poner muchos peros (*od* reparos)
wenn'gleich KONJ si bien; aunque (*subj*); (*selbst wenn*) aun cuando (*subj*)
'wennschon ADV *umg* **na, ~!** ¡y qué!
wer A INT PR **~?** ¿quién?; **~ von beiden?** ¿cuál de los dos?; **~ anders als er?** ¿quién sino él?; **~ ist da?** ¿quién está ahí?; MIL **~ da?** ¿quién vive? B REL quien; el que; **~ auch immer** quienquiera; **~ es auch sei** quienquiera que sea; sea quien sea; sea quien fuera
'Werbeabteilung F HANDEL sección *f* de publicidad (*od* de propaganda); **Werbeagent** M agente *m* de publicidad; **Werbeagentur** F agencia *f* de publicidad (*od* publicitaria); **Werbeaktion** F → Werbefeldzug; **Werbeantwort** F *Postwesen*: respuesta *f* comercial; **Werbeanzeige** F anuncio *m* publicitario; **Werbeartikel** M artículo *m* de propaganda; **Werbeaufwand** M despliegue *m* (*od* aparato *m*) publicitario; **Werbebeilage** F encarte *m*, suplemento *m* publicitario; **Werbeberater** M, **Werbeberaterin** F consejero *m*, -a *f* publicitario, -a; **Werbebrief** M circular *f* de propaganda; **Werbebüro** N → Werbeagentur; **Werbedienst** M servicio *m* de publicidad (*od* propaganda); **Werbedrucksache** F impreso *m* publicitario (*od* de propaganda); **Werbeeinblendung** F mensaje *m* publicitario; **Werbeetat** M presupuesto *m* de publicidad, presupuesto *m* publicitario; **Werbefachmann** M técnico *m* publicitario; especialista *m* en publicidad; **Werbefeldzug** M campaña *f* publicitaria (*od* de propaganda); **Werbefernsehen** N publicidad *f* televisiva; televisión *f* comercial; **Werbefilm** M película *f* publicitaria (*od* de propaganda); **Werbefläche** F espacio *m* publicitario; **wie viel kostet die ~?** ¿cuánto cuesta el espacio publicitario?; **Werbefunk** M guía *f* comercial; emisiones *fpl* publicitarias; **Werbegeschenk** N regalo *m* de promoción, regalo *m* publicitario (*od* promocional)
'Werbegrafik F dibujo *m* publicitario; grafis-

mo *m*; **Werbegrafiker** M, **Werbegrafikerin** F dibujante *m/f* (*od* grafista *m/f*) publicitario, -a

'Werbekampagne F campaña *f* publicitaria; **Werbekosten** PL gastos *mpl* de publicidad; **Werbeleiter** M, **Werbeleiterin** F jefe *m*, jefa *f* de publicidad; **Werbemaßnahme** F medida *f* publicitaria; **Werbematerial** N material *m* publicitario, (material *m* de) propaganda *f*; **Werbemittel** N medio *m* publicitario (*od* de propaganda)

'werben ‹*irr*› **A** VT *Mitglieder, Arbeiter* reclutar, *Am* enrolar; MIL *a.* enganchar, alistar; *Kunden* captar, atraer; *Anhänger* ganar **B** VI hacer publicidad (*od* propaganda) (**für** para); **um j-s Gunst** (*acus*) **~** tratar de ganarse el favor de alg; tratar de granjearse (*od* ganarse) las simpatías de alg; *umg* cortejar a alg; **um ein Mädchen ~** pretender (*bzw* cortejar) a una joven

'Werben N ‹~s› → Werbung

'Werbepause F TV pausa *f* comercial, corte *m* publicitario; interrupción *f* para publicidad; **Werbeplakat** N cartel *m* publicitario; valla *f* publicitaria; **Werbepreis** M precio *m* publicitario; **Werbeprospekt** M folleto *m* publicitario (*od* de propaganda); **einen ~ einlegen** intercalar un folleto publicitario

'Werber M ‹~s; ~› **1** HANDEL *umg* publicista *m* **2** (*Anwerber*) enganchador *m*; MIL *a.* reclutador *m* **3** *um ein Mädchen*: pretendiente *m*; **Werberin** F ‹~; ~nen› **1** HANDEL *umg* publicista *f* **2** (*Anwerberin*) enganchadora *f*

'Werbeschild N cartel *m* publicitario; **Werbeschrift** F folleto *m* de propaganda; **Werbesendung** F RADIO, TV emisión *f* publicitaria; **Werbeslogan** M eslogan *m* publicitario; **Werbespot** M TV anuncio *m* publicitario (*od* comercial); spot *m* publicitario, cuña *f* publicitaria; **Werbespruch** M slogan *m* (publicitario); **Werbestrategie** F estrategia *f* publicitaria; **Werbetexter** M, **Werbetexterin** F redactor *m*, -a *f* publicitario, -a; **Werbetrick** M truco *m*, camelo *m* publicitario; **Werbetrommel** F *fig* **die ~ rühren** hacer propaganda (**für** *acus* por); *umg* hacer mucho bombo; **Werbeunterbrechung** F TV → Werbepause; **Werbeverkauf** M venta *f* publicitaria

'werbewirksam ADJ de eficacia publicitaria; **Werbewirksamkeit** F eficacia *f* publicitaria

'Werbezeichner M, **Werbezeichnerin** F dibujante *m/f* publicitario, -a; **Werbezwecke** MPL fines *mpl* publicitarios (*od* de propaganda)

'Werbung F ‹~; ~en› **1** HANDEL (*Reklame*) propaganda *f*; publicidad *f* (*a.* POL); **gezielte/vergleichende ~** publicidad *f* selectiva/comparativa **2** *von Mitgliedern, Arbeitern*: reclutamiento *m*, MIL *a.* recluta *f* **3** *obs* (*Brautwerbung*) cortejo *m*; petición *f* de mano

'Werbungskosten PL **1** (*Werbekosten*) gastos *mpl* de publicidad **2** *steuerlich*: gastos *mpl* deducibles; cargas *fpl* profesionales (deducibles)

'Werdegang M **1** *e-s Menschen*: evolución *f*; **beruflicher ~** carrera *f*; historial *m* (profesional) **2** *e-r Sache*: desarrollo *m*; TECH proceso *m* de elaboración

'werden

‹*irr*; sn›

A Hilfsverb B intransitives Verb
C unpersönliches Verb

— **A** Hilfsverb —

1 *zur Bildung des Futurs*: **wir ~ ausgehen** saldremos; vamos a salir; **es wird (gleich) regnen** va a llover; **er wird es nicht gesehen haben** no lo habrá visto; **ich werde es ihm sagen** se lo diré; *sofort, unmittelbar*: se lo voy a decir **2** *zur Bildung des Passivs*: ser; *a.* quedar, resultar; **geliebt ~** ser amado; **er wurde zum Rektor ernannt** fue nombrado rector; **sie wurde verwundet** *a.* resultó herida; *unpersönlich*: **es wurde gelacht** hubo risas; **das Haus wurde zerstört** la casa fue (*od* quedó) destruida; **das wird kalt getrunken** (esto) se bebe (*od* se toma) frío; **es ist uns gesagt worden, dass** se nos ha dicho que, nos dijeron que **3** *Umschreibung des Konjunktivs*: **er würde kommen, wenn ...** vendría sí ...; **würden Sie bitte** (*inf*) podría usted, por favor ... (*inf*) **4** *Vermutung*: **er wird es nicht gehört haben** no lo habrá oído; **es wird ihm doch nichts passiert sein?** ¿le habrá pasado algo?

— **B** intransitives Verb —

1 *mit adj*: (llegar a) ser; *allmählich*: hacerse; *plötzlich*: ponerse, volverse; **sie wurde nachdenklich** se quedó pensativa; **er wurde rot** se puso colorado; **schwieriger ~** hacerse (cada vez) más difícil; **verrückt ~** volverse loco **2** *mit präp*: **was soll aus ihm ~?** ¿qué será (*od* va a ser) de él?; **was ist aus ihm geworden?** ¿qué ha sido de él?; **aus ihm wird etwas** hará carrera; llegará a ser algo (en la vida); **und was wird mit dir?** y tú ¿qué harás?; **~ zu** convertirse en; **zum Dieb/Verräter ~** convertirse en ladrón/traidor **3** *Alter*: **er wird morgen fünf (Jahre alt)** mañana cumplirá cinco años **4** *beruflich* hacerse; **Arzt ~** hacerse médico; **Abteilungsleiter ~** llegar a ser director de departamento; **was willst du (einmal) ~** ¿qué quieres ser de mayor?; **er will Rechtsanwalt ~** quiere ser abogado **5** *Sache* **was wird nun?** *od* **was soll nun ~?** ¿qué pasará ahora?; **das muss anders ~** esto tiene que cambiar; esto no puede seguir (*od* continuar) así; **was soll daraus ~?** ¿en qué acabará?; ¿cómo acabará esto?; ¿a dónde irá a parar esto?; **daraus wird nichts!** ¡de eso, ni hablar!; **es ist nichts daraus geworden** todo se quedó en nada; esto fracasó **6** *umg* **ist das Bild etwas geworden?** ¿ha salido bien la foto?; *umg* **er wird schon wieder ~** se pondrá bien

— **C** unpersönliches Verb —

es wird kalt empieza a hacer frío, está enfriando; **mir wird kalt** me estoy enfriando; **mir wird schlecht** me estoy poniendo malo; **es wird Sommer** llega el verano; *umg* **es wird schon ~!** ¡todo se andará!; ¡ya se arreglará!; **(na,) wird's bald?** ¿acabas ya?; ¡date prisa!; **es will nicht ~** no me sale

'Werden N ‹~s› desarrollo *m*; evolución *f*; (*Entstehen*) nacimiento *m*; formación *f*; PHIL devenir *m*; **(noch) im ~ sein** estar en pleno desarrollo; estar en gestación; estarse preparando

'werdend ADJ naciente; en cierne(s); **~e Mutter** madre *f* gestante, futura mamá *f*

'Werder M ‹~s; ~› islote *m* (en un río *etc*)

'Werfall M GRAM nominativo *m*

'werfen ‹*irr*› **A** VT **1** *Stein, Ball etc* tirar; echar; (*schleudern*) arrojar, lanzar (*a.* FLUG *Bomben*); *Blicke*, SPORT lanzar **2** (*durch Werfen erzielen*) SPORT **ein Tor ~** marcar un gol; (*würfeln*) **eine Sechs ~** tirar un seis **3** *Lichtbild, Schatten* proyectar **4** *mit Richtungsangabe*: **aufs Papier ~** esbozar; **etw aus dem Fenster ~** tirar a/c por la ventana; **j-n aus dem Haus ~** echar a alg de casa; MIL **aus einer Stellung ~** desalojar de una posición; **die Tür ins Schloss ~** dar un portazo; **etw ins Wasser ~** tirar a/c al agua; **etw nach j-m ~** tirar (*od* arrojar) a/c a alg **B** VI **1** **mit etw ~** lanzar a/c; **mit etw nach j-m/etw ~** tirar a/c a alg/a/c; *fig* **mit etw um sich ~** (*prahlen*) hacer alarde de a/c; **mit Geld um sich ~** tirar el dinero por la ventana **2** ZOOL *Junge* parir **C** V/R **sich ~** **1** tirarse, lanzarse; **sich auf den Boden ~** tirarse al suelo; **sich auf etw/j-n ~** abalanzarse (*od* precipitarse *od* echarse) sobre a/c/alg; **sich in seine Kleider ~** vestirse de prisa; **sich** (*dat*) **etw um die Schultern ~** echarse a/c sobre los hombros; **sich vor den Zug ~** tirarse al tren **2** *fig* **sich auf etw** (*acus*) **~** dedicarse (de lleno) a a/c **3** *Holz* alabearse, combarse

'Werfen N ‹~s› lanzamiento *m* (*a.* SPORT)

'Werfer M ‹~s; ~›, **Werferin** F ‹~; ~nen› lanzador *m*, -a *f* (*a.* SPORT)

'Werft F ‹~; ~en› SCHIFF astillero(s) *m(pl)*; **Werftarbeiter** M obrero *m* de un astillero (*od* de la construcción naval)

Werg N ‹~(e)s› estopa *f*

Werk N ‹~(e)s; ~e› **1** (*Tat, Resultat*) obra *f*; (*Arbeit*) *a.* trabajo *m*; (*Aufgabe*) tarea *f*; **ein gutes ~ tun** hacer una buena obra; **es war das ~ weniger Sekunden** fue cuestión de segundos; **ans ~!** ¡manos a la obra!; **ans ~ gehen** *od* **sich ans ~ machen** poner manos a la obra; ponerse a trabajar; **am ~ sein** estar trabajando; **ins ~ setzen** poner en obra (*bzw* en marcha); organizar; realizar; **vorsichtig zu ~e gehen** obrar con precaución; proceder con tino **2** LIT, MUS obra *f*; **gesammelte ~e** *npl* obras *fpl* completas **3** TECH (*Getriebe*) mecanismo *m* **4** (*Fabrik*) fábrica *f*, factoría *f*; talleres *mpl*; planta *f* (industrial); ELEK central *f*; HANDEL **ab ~** puesto en fábrica

'Werkanlage F planta *f* (industrial); **Werkarzt** M, **Werkärztin** F → Werksarzt; **Werkbahn** F ferrocarril *m* industrial; **Werkbank** F banco *m* de trabajo

'werkeigen ADJ de la empresa

'werkeln VI *reg umg* trapichear, trajinar

'werken VI trabajar; *eifrig*: afanarse; trajinar

'Werken N *Schulfach*: manualidades *fpl*

'Werkgelände N terreno m de la empresa; **Werkhalle** nave *f* (industrial); **Werkmeister** M capataz *m*; jefe *m* de taller

'Werksangehörige M/F ‹~n; ~n; → A› empleado *m*, -a *f* de la empresa; **Werksarzt** M, **Werksärztin** F médico *m*, -a *f* de empresa

'Werkschutz M servicio *m* de seguridad (de la empresa)

'werkseigen ADJ de la empresa

'Werksgelände N terreno m de la empresa; **Werkshalle** nave *f* (industrial); **Werkskantine** F cantina *f* de empresa; comedor *m* obrero

'Werkspionage F espionaje *m* industrial

'Werkstatt F ‹~; -stätten›, **Werkstätte** F ‹~; ~n› taller *m*; **Werkstattwagen** M BAHN vagón-taller *m*; **Werkstattzeichnung** F dibujo *m* de taller

'Werkstein M piedra *f* tallada

'Werkstoff M material *m*; (*Rohstoff*) materia *f* prima; **Werkstoffermüdung** F fatiga *f* del material; **Werkstoffprüfung** F prueba *f* de materiales

'Werkstück N pieza *f* (de trabajo); *bearbeitetes*: pieza *f* labrada; *rohes*: pieza *f* en bruto; **Werkstudent** M, **Werkstudentin** F estudiante *m/f* obrero *m*, -a *f*

'Werkswohnung F vivienda *f* de la empresa

'Werktag M día *m* laborable; JUR día *m* hábil; **an ~en** → werktags

'werktags ADV los (*od* en) días laborables (*od* de semana)

'werktätig ADJ trabajador; obrero; **die ~e Bevölkerung** la población activa

W

'Werktisch M mesa *f* de trabajo; **Werktreue** F fidelidad *f* al original; **Werkunterricht** M trabajos *mpl* manuales; **Werkvertrag** M contrato *m* de obra

'Werkzeug N ⟨~(e)s; ~e⟩ herramienta *f*; *(Gerät)* instrumento *m* (*a. fig*); PHYSIOL órgano *m*; *koll* utillaje *m*, herramientas *fpl*; **Werkzeughalter** M portaherramientas *m*; **Werkzeugkasten** M caja *f* de herramientas; **Werkzeugmacher** M, **Werkzeugmacherin** F obrero *m*, -a *f* que fabrica herramientas; **Werkzeugmaschine** F máquina-herramienta *f*; **Werkzeugsatz** M juego *m* de herramientas; **Werkzeugschrank** M armario *m* para herramientas; **Werkzeugstahl** M acero *m* para herramientas; **Werkzeugtasche** F estuche *m* de herramientas

'Wermut M ⟨~(e)s⟩ 1 BOT absintio *m*, ajenjo *m* 2 *Wein*: vermut *m*, vermú *m*

'Wermutstropfen M *fig* gota *f* de hiel (*od* de amargura); amargura *f*

wert ADJ 1 **(viel) ~ sein** valer (mucho); **300 Euro ~ sein** valer 300 euros; **das ist schon viel ~** eso ya es mucho; **das ist nichts** *od* **nicht viel ~** no vale nada, no vale gran cosa, no vale mucho 2 *(würdig)* digno; merecedor; **er ist es ~** se lo merece; **er ist (es) nicht ~, dass** no merece que *(subj)*; **das Buch ist ~, dass man es liest** el libro es digno de (*od* merece) ser leído 3 *umg* **ich bin heute nichts ~** estoy en baja forma 4 *(geehrt)* estimado; **~er Herr** muy señor mío; **Ihr ~es Schreiben** su atenta (*od* estimada) carta

Wert M ⟨~(e)s; ~e⟩ 1 *allg* valor *m* (*a.* MATH, TECH, HANDEL, PHYS); *(Preis)* precio *m*; **an ~ verlieren** depreciarse; **im ~(e) von** por valor de; **von geringem ~** de escaso valor; **im ~ sinken/steigen** disminuir/aumentar de valor; HANDEL **~ erhalten** valor recibido 2 *(Bedeutung)* valor *m*; importancia *f*; *(Verdienst)* mérito *m*; valía *f*; **innerer ~** valor *m* intrínseco; **(großen) ~ legen auf** dar (*od* atribuir) (gran) importancia a; **ich lege (keinen) ~ darauf, zu** (no) me interesa *(inf)* 3 PL **~e** PHIL, FIN valores *mpl*; *(Wertsachen)* objetos *mpl* de valor 4 *umg* **das hat keinen ~** no tiene sentido; no sirve de nada

'Wertangabe F *Postwesen*: declaración *f* de valor; **mit ~** como valor declarado; **Wertarbeit** F trabajo *m* de calidad; **Wertberechtigung** F HANDEL reajuste *m* de valor

'wertbeständig ADJ *Ware* (de valor) estable; *Währung* estable; **Wertbeständigkeit** F ⟨~⟩ estabilidad *f*

'Wertbestimmung F estimación *f*, evaluación *f*, valoración *f*; tasación *f*; **Wertbrief** M *Postwesen*: carta *f* con valor(es) declarado(s); **Werteinheit** F unidad *f* de valor

'werten V/T 1 *(einschätzen, bewerten)* estimar, evaluar, valorar; tasar; *nach Kategorien*: clasificar; **etw als Erfolg ~** considerar a/c como un éxito 2 SPORT calificar (**nach** por); **gewertet werden** contar; *Fußball*: **ein Tor nicht ~** anular un tanto

'Wertewandel M PHIL cambio *m* de valores

'wertfrei A ADJ imparcial, neutral B ADV de manera neutral

'Wertgegenstand M objeto *m* de valor

'werthalten V/T ⟨irr⟩ → wertschätzen

'Wertigkeit F ⟨~; ~en⟩ CHEM valencia *f*

'wertlos ADJ sin valor; *(nichtig)* nulo; *fig* fútil; **~ sein** carecer de (todo) valor; no tener ningún valor; *fig* no servir de nada; **Wertlosigkeit** F ⟨~⟩ falta *f* (*od* carencia *f*) de valor; poco valor *m*; nulidad *f*; *fig* futilidad *f*

'Wertmarke F bono *m*; vale *m*; **wertmäßig** ADJ en cuanto al valor; **Wertmaßstab** M, **Wertmesser** M pauta *f*; criterio *m*; **Wertminderung** F disminución *f* de valor; depreciación *f*; desvalorización *f*; minusvalía *f*; **Wertpaket** N *Postwesen*: envío *m* (*od* paquete *m*) con valor declarado

'Wertpapier N HANDEL valor *m*; efecto *m* (negociable); título *m*; **festverzinsliches ~** título *m* de renta fija; **Wertpapieranlage** F inversión *f* en valores; **Wertpapierbestand** M cartera *f* de valores; **Wertpapierbörse** F bolsa *f* de valores; **Wertpapierdepot** N cartera *f od* depósito *m* de valores; **Wertpapierhandel** M comercio *f* de valores; **Wertpapiermarkt** M mercado *m* de valores

'Wertsachen FPL objetos *mpl* de valor

'wertschätzen V/T apreciar, estimar; tener en gran aprecio (*od* estima); **Wertschätzung** F ⟨~⟩ aprecio *m*, estima *f*, estimación *f*

'Wertsendung F *Postwesen*: envío *m* con valor declarado; valores *mpl* declarados; **Wertsteigerung** F plusvalía *f*; aumento *m* (*od* incremento *m*) de valor

'Wertstoff M ÖKOL desecho *m* reciclable; **Wertstoffhof** M ÖKOL ecoparque *m* (*estación de selección de residuos reciclables*)

'Wertung F ⟨~; ~en⟩ 1 *(Einschätzung)* valoración *f*; evaluación *f*; tasación *f* 2 SPORT clasificación *f*, puntuación *f*

'Wertungstabelle F SPORT tabla *f* de puntuación

'Werturteil N juicio *m* de valor (*od* apreciativo); **Wertverlust** M pérdida *f* de valor; minusvalía *f*

'wertvoll ADJ valioso; precioso; *Person* que vale; **sehr ~** de gran (*od* mucho) valor

'Wertzeichen N *Postwesen*: sello *m* (de correo); **Wertzoll** M derecho *m* ad valorem; **Wertzuwachs** M plusvalía *f*; **Wertzuwachssteuer** F impuesto *m* de plusvalía

'Werwolf M MYTH hombre *m* lobo

...wesen IN ZSSGN *oft* régimen *m*, sistema *m* de ...

'Wesen N ⟨~s; ~⟩ 1 *(Geschöpf)* ser *m*; criatura *f*; PHIL ente *m*; *umg* **armes ~** pobre criatura *f*; **es war kein lebendes ~ zu sehen** no se veía alma viviente 2 *(Art, Charakter)* naturaleza *f*; carácter *m*; modo *m* (*od* manera *f*) de ser; genio *m*; *(Eigenart)* idiosincrasia *f*; mentalidad *f*; *(Benehmen)* modales *mpl*; **es gehört zum ~ des Menschen** es propio de la naturaleza humana; **ein freundliches ~ haben** ser de carácter amable 3 *e-r Sache*: su(b)stancia *f*; esencia *f*; **zum ~ einer Sache** *(gen)* **gehören** ser esencial de a/c; ser consu(b)stancial con a/c 4 *(Tun und Treiben) umg* **sein ~ treiben** hacer de las suyas; **viel ~(s) von etw machen** hacer mucho ruido (*od* aspavientos) a propósito de a/c; **nicht viel ~(s) mit j-m machen** *umg* no andarse con cumplidos con alg

'wesenhaft ADJ real; su(b)stancial; esencial; **Wesenheit** F ⟨~; ~en⟩ esencia *f*; PHIL entidad *f*; **wesenlos** ADJ sin realidad, irreal; insu(b)stancial; inmaterial; **Wesenlosigkeit** F ⟨~⟩ irrealidad *f*; insu(b)stancialidad *f*; inmaterialidad *f*

'Wesensart F carácter *m*; naturaleza *f*; mentalidad *f*; modo *m* (*od* manera *f*) de ser; **wesenseigen** ADJ característico; **wesensfremd** ADJ ajeno a la naturaleza (*od* al carácter) (de); incompatible (con); **wesensgleich** ADJ idéntico; **Wesensgleichheit** F identidad *f*; REL consu(b)stancialidad *f*; **Wesenszug** M rasgo *m* (característico); característica *f*

'wesentlich A ADJ 1 *(zentral)* esencial; su(b)stancial; *(wichtig)* importante; *(unerlässlich)* vital; *(grundlegend)* fundamental; **~er Bestandteil** parte *f* integrante *od* constitutiva; **~er Inhalt** su(b)stancia *f* 2 **das Wesentliche** lo esencial; lo principal; **nichts Wesentliches** nada importante (*od* de importancia); **im Wesentlichen** en esencia, en lo esencial, esencialmente 3 *(beträchtlich)* considerable; **~er Unterschied** diferencia *f* considerable; **kein ~er Unterschied** ninguna diferencia apreciable B ADV 1 esencialmente; **~ verschieden** muy diferente 2 *(beträchtlich)* **~ besser** mucho mejor; **~ größer** considerablemente mayor

'Wesfall M GRAM genitivo *m*

wes'halb A ADV *fragend*: ¿por qué? B KONJ por lo que, por lo cual

We'sir M ⟨~s; ~e⟩ HIST visir *m*

'Wespe F ⟨~; ~n⟩ ZOOL avispa *f*

'Wespenbussard M ORN halcón *m* abejero; **Wespennest** N avispero *m*; *fig* **in ein ~ stechen** meterse en un avispero; **Wespenstich** M picadura *f* de avispa; **Wespentaille** F talle *m* (*od* cintura *f*) de avispa

'wessen A INT PR 1 *(gen v.* **wer***)* **~ Sohn ist er?** ¿de quién es hijo?; **~ Mantel ist das?** ¿de quién es este abrigo?; **~ Schuld ist es?** ¿de quién es la culpa?; ¿quién tiene la culpa? 2 *(gen v.* **was***)* ¿de qué? **~ klagt man dich an?** ¿de qué se te acusa? B REL cuyo

'Wessi M ⟨~s; ~s⟩ *umg* persona *f* del Oeste de Alemania

West M ⟨~(e)s⟩ 1 → Westen 2 → Westwind

'Westberlin N Berlín *m* Oeste; **westdeutsch** ADJ de la Alemania Occidental, germano-occidental; **Westdeutschland** N Alemania *f* Occidental, Alemania *f* del Oeste

'Weste F ⟨~; ~n⟩ chaleco *m*; *fig* **eine weiße** *od* **reine ~ haben** tener las manos limpias

'Westen M ⟨~s⟩ oeste *m*; poniente *m*; *(Abendland)* Occidente *m*; **im ~ von** al oeste de; **von ~** del oeste; **der Wilde ~** el Salvaje (*od* Lejano) Oeste

'Westentasche F bolsillo *m* del chaleco; *fig* **wie seine ~ kennen** conocer como la palma de la mano

'Western M ⟨~ *od* ~s; ~⟩ FILM western *m*, película *f* del Oeste, película *f* de vaqueros

'Westeuropa N Europa *f* Occidental

'westeuro'päisch ADJ de (la) Europa Occidental

West'fale M ⟨~n; ~n⟩ westfaliano *m*; **West'falen** N ⟨~s⟩ Westfalia *f*; **West'fälin** F ⟨~; ~nen⟩ westfaliana *f*; **west'fälisch** ADJ westfaliano; HIST **der Westfälische Friede** la Paz de Westfalia, los Tratados de Westfalia

'Westgote M, **Westgotin** F visigodo *m*, -a *f*; **westgotisch** ADJ visigodo

West'indien N Indias *fpl* Occidentales

'westlich ADJ occidental; **~ von** al oeste de

'Westmächte FPL potencias *fpl* occidentales

Westnord'west M oesnoroeste *m*

'Westpreußen N Prusia *f* Occidental

'weströmisch ADJ HIST **das Weströmische Reich** el Imperio de Occidente

'Westseite F lado *m* oeste

Westsüd'west M oessudoeste *m*

'westwärts ADV hacia el oeste

'Westwind M viento *m* (del) oeste, oeste *m*, poniente *m*

wes'wegen → weshalb

'Wettannahme F despacho *m* de apuestas mutuas

'Wettbewerb M ⟨~(e)s; ~e⟩ 1 *(Wettkampf, Ausschreibung)* concurso *m*; SPORT competición *f*; prueba *f*; **harter ~** dura competición *f*; **einen ~ ausschreiben** convocar un concurso; **außer ~** fuera de concurso; **in ~ treten mit** competir con; **mit j-m in ~ stehen** competir con alg; HANDEL hacer la competencia a alg 2 HANDEL *(Konkurrenzkampf)* competencia *f*; **freier ~** libre competencia; **unlauterer ~**

competencia *f* desleal; **wachsender ~** competencia *f* creciente; **den ~ beschränken** limitar la competencia

'Wettbewerber M ⟨~s; ~⟩, **Wettbewerberin** F ⟨~; ~nen⟩ competidor *m*, -a *f*; concursante *m/f*

'Wettbewerbsbedingungen FPL condiciones *fpl* de competencia; bases *fpl* del concurso; **Wettbewerbsbeschränkung** F restricción *f* competitiva; **wettbewerbsfähig** ADJ capaz de competir, competitivo; **Wettbewerbsfähigkeit** F capacidad *f* de competir, competitividad *f*; **die ~ steigern** *od* **verbessern** ganar competitividad; **Wettbewerbsteilnehmer** M → Wettbewerber; **Wettbewerbsverbot** N prohibición *f* de competencia; **Wettbewerbsvorteil** M ventaja *f* competitiva *od* en la competencia; **wettbewerbswidrig** ADJ anticompetitivo

'Wettbüro N → Wettannahme

'Wette F ⟨~; ~n⟩ apuesta *f*; **eine ~ abschließen** *od* **eingehen** hacer una apuesta; **was gilt die ~?** ¿qué apostamos?; **ich gehe jede ~ ein, dass** apuesto cualquier cosa a que; **um die ~** a porfía; a cuál mejor (*od* más); **um die ~ laufen** competir a quién corre más; **die ~ gilt!** ¡apostado!

'Wetteifer M emulación *f*; rivalidad *f*; **wetteifern** VI emular; rivalizar, competir (**mit** *dat* con; **um** *acus* por); **mit j-m um etw ~** rivalizar con alg por a/c, competir con alg por a/c; **Wetteinsatz** M apuesta *f*

'wetten VI apostar (**auf** *acus* por; **dass** a que); **(wollen wir) ~?** ¿apostamos?, ¿te apuestas algo?; **um etw ~** apostar a/c; **mit j-m um etw ~** apostarse a/c con alg; **(um) 10 Mark ~** apostar diez marcos; **ich wette darauf!** ¡apuesto que sí!, *umg* ¡a que sí!; **~, dass er es nicht weiß?** ¡a que no lo sabe!; *fig* **so haben wir nicht gewettet** eso no es lo convenido

'Wetter[1] M ⟨~s; ~⟩ apostador *m*

'Wetter[2] N ⟨~s; ~⟩ 1 METEO tiempo *m*; (*Unwetter*) tempestad *f*; temporal *m*; **wie ist das ~?** ¿qué tiempo hace?; **es ist schönes/schlechtes ~** hace buen/mal tiempo; **bei schönem ~** con buen tiempo; haciendo buen tiempo; **bei günstigem ~** si el tiempo lo permite; **alle ~!** ¡caramba! 2 BERGB grisú *m*

'Wetteramt N instituto *m* meteorológico; **Wetteraussichten** FPL tiempo *m* probable; previsiones *fpl* meteorológicas; **Wetterbedingungen** FPL condiciones *fpl* meteorológicas; **Wetterbeobachtung** F observación *f* meteorológica; **Wetterbericht** M boletín *m* (*od* parte *m*) meteorológico; **Wetterbesserung** F mejoría *f* del tiempo

'wetterbeständig ADJ resistente a la intemperie (*od* a los agentes atmosféricos); **Wetterbeständigkeit** F resistencia *f* a la intemperie (*od* a los agentes atmosféricos)

'Wetterdach N sobradillo *m*; alero *m*; **Wetterdienst** M servicio *m* meteorológico; **Wetterfahne** F veleta *f* (*a. fig*)

'wetterfest ADJ a prueba de (*od* resistente a la) intemperie; *Kleidung* impermeable

'Wetterforschung F meteorología *f*; **Wetterfrosch** M *umg hum* hombre *m* del tiempo

'wetterfühlig ADJ sensible a los cambios del tiempo; **wettergeschützt** ADJ protegido (*od* al abrigo) de la intemperie

'Wetterhahn M veleta *f*; **Wetterhäuschen** N higroscopio *m*; **Wetterkarte** F mapa *m* meteorológico; **Wetterkunde** F meteorología *f*; **Wetterlage** F estado *m* del tiempo; situación *f* meteorológica

'wetterleuchten V/UNPERS **es wetterleuchtet** relampaguea

'Wetterleuchten N relámpagos *mpl*; relampagueo *m*; **Wettermantel** M impermeable *m*; trinchera *f*; chubasquero *m*; **Wettermeldung** F información *f* meteorológica

'wettern A V/UNPERS **es wettert** hay tormenta; hay temporal B VI (*schimpfen*) **(gegen etw/j-n) ~** tronar (contra alg/a/c); echar pestes (contra alg/a/c); desatarse en improperios (contra alg/a/c)

'Wetterprognose F → Wettervorhersage; **Wetterprophet** M, **Wetterprophetin** F pronosticador *m*, -a *f* del tiempo; **Wettersatellit** M satélite *m* meteorológico; **Wetterschacht** M BERGB pozo *m* de ventilación; **Wetterschaden** M daños *mpl* causados por el temporal (*bzw* por una tormenta); **Wetterscheide** F divisoria *f* meteorológica; **Wetterschutz** M protección *f* contra los agentes atmosféricos; **Wetterseite** F lado *m* del viento (*bzw* de la lluvia); **Wettersturz** M descenso *m* brusco de temperatura; **Wetterumschlag** M ⟨~s⟩, **Wetterumschwung** M cambio *m* (brusco) del tiempo; **Wetterverhältnisse** NPL condiciones *fpl* meteorológicas (*od* atmosféricas); **Wetterverschlechterung** F empeoramiento *m* del tiempo; **Wettervorhersage** F pronóstico *m* del tiempo; previsión *f* meteorológica; tiempo *m* probable; **Wetterwarte** F observatorio *m* meteorológico; estación *f* meteorológica; **Wetterwechsel** M cambio *m* de tiempo

'wetterwendisch ADJ *fig* voluble, veleidoso; versátil; tornadizo; **~ sein** ser una veleta

'Wetterwolke F nube *f* tormentosa; nubarrón *m*

'Wettfahrt F carrera *f*; SCHIFF regata *f*; **Wettgehen** N ⟨~s⟩ SPORT marcha *f* atlética; **Wettkampf** M lucha *f*, combate *m*; concurso *m*; SPORT competición *f*; *um die Meisterschaft*: campeonato *m*; (*Spiel*) encuentro *m*; **Wettkämpfer** M, **Wettkämpferin** F competidor *m*, -a *f*; atleta *m/f*; **Wettkampfsport** M deporte *m* competitivo; **Wettlauf** M carrera *f* (*a. fig*) **~ mit der Zeit** contrarreloj (*a. fig*); **Wettlaufen** N carrera *f*; **Wettläufer** M, **Wettläuferin** F corredor *m*, -a *f*

'wettmachen VT desquitar; reparar; compensar; *Verlust* resarcirse de; *Versäumnis* recuperar; *Mangel* suplir

'Wettrennen N carrera *f*; **Wettrudern** N regata *f* de remo; **Wettrüsten** N MIL carrera *f* de armamentos (*od* armamentística); **Wettschwimmen** N concurso *m* de natación; **Wettschwimmer** M, **Wettschwimmerin** F nadador *m*, -a *f* de competición; **Wettsegeln** N regata *f* (de balandros); **Wettspiel** N partido *m*, encuentro *m*; **Wettstreit** M lucha *f*; concurso *m*; competición *f*; *bes* LIT certamen *m*; *fig* emulación *f*; rivalidad *f*

'wetzen A VT aguzar; amolar; *Messer, Schnabel* afilar B VI *umg* (*rennen*) ir muy de prisa; correr

'Wetzen N ⟨~s⟩ aguzadura *f*; afiladura *f*; amoladura *f*

'Wetzstahl M afilador *m* (de acero); chaira *f*; **Wetzstein** M piedra *f* de afilar (*od* de amolar)

WEU F ABK (Westeuropäische Union) UEO *f* (Unión Europea Occidental)

WEZ F ABK (Westeuropäische Zeit) horario *m* de Europa Occidental

WG F *umg* ABK (Wohngemeinschaft) piso *m* compartido

WGB M ABK (Weltgewerkschaftsbund) Federación *f* Sindical Mundial

Whg. ABK → Wohnung

'Whirlpool ['vœrl'pu:l] M ⟨~s; ~s⟩ bañera *f* de hidromasaje

'Whisky ['vɪski] M ⟨~s; ~s⟩ whisky *m*, güisqui *m*

WH'O F ABK (World Health Organization) (*Weltgesundheitsorganisation der UNO*) OMS *f* (Organización Mundial de la Salud)

Wichs [vɪks] M ⟨~es; ~e⟩, *österr* F ⟨~; ~en⟩ *der Korpsstudenten*: uniforme *m* de gala; **in vollem ~** de (gran) gala

'Wichse [-ksə] F ⟨~; ~n⟩ 1 (*Schuhwichse*) betún *m* (*od* crema *f*) para el calzado 2 *umg* (*Prügel*) paliza *f*

'wichsen [-ks-] A VT *Schuhe* embetunar, lustrar; *Boden* encerar B VI *sl* (*onanieren*) masturbarse, *sl* hacerse la paja

'Wichser [-ks-] M ⟨~s; ~⟩ *sl pej* pajillero *m*; *sl* gilipollas *m*

Wicht M ⟨~(e)s; ~e⟩ duende *m*; *pej* sujeto *m*, individuo *m*, tipo *m*; **armer ~** infeliz *m*; pobre diablo *m*; **kleiner ~** hombrecillo *m*; (*Kind*) mocoso *m*, criatura *f*; **elender ~** miserable *m*; granuja *m*

'Wichtel M ⟨~s; ~⟩, **Wichtelmännchen** N duende *m*; gnomo *m*

'wichtig ADJ 1 importante; de importancia; (*erheblich*) considerable; (*wesentlich*) esencial; **höchst ~** de la mayor (*od* de suma) importancia; importantísimo; **das Wichtigste** lo más importante; lo esencial; **~ sein** importar, ser importante; **das ist mir sehr ~** me importa mucho; **etw ~ nehmen** tomar en serio a/c; dar importancia a a/c; **Wichtigeres zu tun haben** tener algo más importante que hacer 2 → wichtigmachen, wichtigtun

'Wichtigkeit F ⟨~; ~en⟩ importancia *f*; trascendencia *f*; alcance *m*; **wichtigmachen** V/R *pej* hacerse el importante, darse importancia, *umg* darse tono (*od* pisto); **Wichtigtuer** M ⟨~s; ~⟩ *pej* presumido *m*, presuntuoso *m*; jactancioso *m*; *umg* farolero *m*; **Wichtigtue'rei** F ⟨~⟩ *pej* presunción *f*; jactancia *f*; *umg* faroleo *m*; **Wichtigtuerin** F ⟨~; ~nen⟩ *pej* presumida *f*, presuntuosa *f*; jactanciosa *f*; *umg* farolera *f*; **wichtigtuerisch** ADJ *pej* presumido, *umg* farolero; **wichtigtun** V/R *pej* hacerse el importante, darse importancia, *umg* darse tono (*od* pisto)

'Wicke F ⟨~; ~n⟩ BOT (*Gartenwicke*) arveja *f*, veza *f*

'Wickel M ⟨~s; ~⟩ (*Knäuel*) ovillo *m*; (*Haarwickel*) rulo *m*; MED envoltura *f*; (*Umschlag*) compresa *f*; *umg* **j-n beim ~ kriegen** agarrar a alg por el cogote; (*tadeln*) llamar a alg a capítulo; **Wickelgamasche** F bandas *fpl*; **Wickelkind** N niño *m* de pecho, *umg* bebé *m*, nene *m*; **Wickelkommode** F vestidor *m*, envolvedor *m*, envolvedero *m*; **Wickelmaschine** F 1 ELEK bobinadora *f* 2 TEX *Spinnerei*: reunidora *f*

'wickeln A VT 1 (*rollen*) arrollar; enrollar (**um** *od* **auf etw** *acus* en a/c); *Wolle* hacer ovillos; *Garn* devanar, ovillar; *Haar* poner rulos; ELEK bobinar; **~ um** volver alrededor de 2 (*einwickeln*) envolver (**in** *acus* en); **etw in Papier ~** envolver a/c en papel (*od* con un papel) 3 *Säugling* poner el pañal, envolver en pañales; **ich habe das Kind gerade frisch gewickelt** acabo de cambiar (los pañales) al bebé 4 *Gliedmaßen* poner una venda a B V/R **sich ~** envolverse (**in** *acus* en)

'Wickelrock M falda *f* cruzada; **Wickeltisch** M vestidor *m*, cambiador *m*; **Wickeltuch** N pañal *m*; fajero *m*

'Wicklung F ⟨~; ~en⟩ ELEK bobinado *m*

'Widder M ⟨~s; ~⟩ 1 ZOOL carnero *m* (padre), morueco *m* 2 ASTRON Aries *m* 3 HIST, MIL (*Sturmbock*) ariete *m*

'wider PRÄP (*acus*) contra; **widerborstig** ADJ

recalcitrante
wider'fahren VI ⟨irr; ohne ge-; sn⟩ *geh* **j-m ~** pasarle a alg, ocurrirle a alg, sucederle a alg; **j-m Gerechtigkeit ~ lassen** hacer justicia a alg
'Widerhaken M garfio *m*; gancho *m*; **Widerhall** M eco *m*; resonancia *f* (*beide a. fig*); *fig* **keinen ~ finden** no tener repercusión; **widerhallen** VI resonar; *dröhnend*: retumbar; *fig* repercutir; **Widerhalt** M apoyo *m*; sostén *m*; **Widerkeit** F ⟨~; ~en⟩ contrariedad *f*; adversidad *f*; contratiempo *m*; percance *m*; **Widerklage** F JUR reconvención *f*; **Widerlager** N ARCH contrafuerte *m*; machón *m*; *e-r Brücke*: espolón *m*; SCHIFF apoyo *m*
wider'legbar ADJ refutable, rebatible; **wider'legen** VT refutar, rebatir; desvirtuar; desmentir; **Wider'legung** F ⟨~; ~en⟩ refutación *f*; desmentida *f*
'widerlich ADJ repugnante; repulsivo; asqueroso; *Geruch etc* nauseabundo; (*unangenehm*) desagradable; fastidioso; **ein ~er Kerl!** un tipo (*od* tío) asqueroso; **Widerlichkeit** F ⟨~; ~en⟩ **die ~ des ...** lo repugnante, lo repulsivo de ...; **widernatürlich** ADJ *pej* contranatural, antinatural; perverso; contra natura
'Widerpart M *geh* adversario *m*; contrario *m*
'widerrechtlich ADJ contrario a la ley; (*ungesetzlich*) ilegal, ilegítimo; ilícito; (*missbräuchlich*) abusivo; (*willkürlich*) arbitrario; **sich** (*dat*) **etw ~ aneignen** usurpar a/c; **Widerrechtlichkeit** F ⟨~; ~en⟩ ilegalidad *f*, carácter *m* ilegal
'Widerrede F contradicción *f*; réplica *f*; **ohne ~** sin protestar, *umg* sin rechistar; **keine ~!** ¡no protestes!, no hay pero que valga
'Widerrist M VET cruz *f*
'Widerruf M *e-r Verfügung*: revocación *f*; *e-r Behauptung*: retractación *f*; *e-r Nachricht*: desmentida *f*; *e-s Befehls etc*: anulación *f*; **bis auf ~** hasta nueva orden
wider'rufbar ADJ revocable; retractable; **Widerrufbarkeit** F ⟨~⟩ revocabilidad *f*
wider'rufen ⟨irr; ohne ge-⟩ A VT *Verfügung* revocar; *Behauptung* retractarse, desdecirse (**etw** de a/c); *Nachricht* desmentir; *Auftrag* anular; *Befehl* dar contraorden B VI retractarse de
wider'ruflich, 'widerruflich ADJ revocable; retractable; anulable; **Widerruflichkeit** F ⟨~⟩ revocabilidad *f*
'Widersacher M ⟨~s; ~⟩, **Widersacherin** F ⟨~; ~nen⟩ adversario *m*, -a *f*; antagonista *m/f*; rival *m/f*
'Widerschein M reflejo *m*; reflexión *f*; reverberación *f*; **widerscheinen** VI ⟨irr⟩ reflejar(se); reverberar
wider'setzen VR **sich ~** 1 **sich (j-m/einer Sache) ~** oponerse (a alg/a/c); resistir (a alg/a/c); resistirse (contra alg/a/c) 2 (*nicht gehorchen*) desobedecer (a alg)
wider'setzlich, 'widersetzlich ADJ insubordinado; recalcitrante; desobediente; **Widersetzlichkeit** F ⟨~, ~en⟩ insubordinación *f*; desobediencia *f*
'Widersinn M ⟨~(e)s⟩ absurdidad *f*; absurdo *m*; contrasentido *m*; paradoja *f*; **widersinnig** ADJ absurdo; paradójico; **Widersinnigkeit** F → Widersinn
'widerspenstig ADJ renitente, reacio; (*ungehorsam*) insubordinado, insumiso; díscolo; (*aufsässig*) rebelde (*a. Haar*); (*halsstarrig*) obstinado, terco; recalcitrante; **Widerspenstigkeit** F ⟨~⟩ renitencia *f*; (*Aufsässigkeit*) rebeldía *f*; obstinación *f*, terquedad *f*; (*Ungehorsamkeit*) desobediencia *f*; insubordinación *f*
'widerspiegeln VT(VR) OPT *u. fig* **(sich) ~** reflejar(se)
wider'sprechen VI ⟨irr; ohne ge-⟩ 1 contradecir a; *e-m Vorschlag* oponerse a; (*protestieren*) protestar contra; **j-m ~** llevar la contraria a alg, contradecir a alg; **e-r Behauptung ~** contradecir (*od* refutar) una afirmación 2 *fig* **~** (*dat*) (*im Widerspruch stehen*) estar en contradicción con, ir en contra de; **einander, sich** (*dat*) **~** contradecirse
wider'sprechend ADJ contradictorio; **einander ~e Aussagen** declaraciones *fpl* contradictorias
'Widerspruch M ⟨~(e)s; -sprüche⟩ 1 (*Einspruch*) oposición *f*, protesta (*a.* JUR); (*Entgegnung*) réplica *f*; **~ erheben** protestar; **ohne ~** sin protestar, *umg* sin rechistar 2 (*innerer Gegensatz*) contradicción *f*; *Logik*: antinomia *f*; **im ~ stehen zu** estar en contradicción con; estar en pugna con; ir en contra de; **sich in Widersprüche verwickeln** incurrir en contradicciones; **in offenem ~ zu** en flagrante (*od* abierta) contradicción con
'widersprüchlich ADJ contradictorio
'Widerspruchsgeist M 1 espíritu *m* de contradicción 2 *umg Person*: respondón *m*, contestón *m*; **widerspruchslos** ADV sin protestar, sin réplica; sin objeción; *umg* sin rechistar; **widerspruchsvoll** ADJ lleno de contradicciones; contradictorio
'Widerstand M ⟨~(e)s; ¨~e⟩ resistencia *f* (*a.* POL, PHYS, ELEK, MIL); oposición *f* (**gegen** *acus* a); ELEK **spezifischer ~** resistividad *f*; **~ leisten gegen** oponer (*od* hacer) resistencia a; resistir(se) a; hacer frente a; **~ finden** *od* **auf ~ stoßen** encontrar resistencia; **allen Widerständen zum Trotz** contra viento y marea; JUR **~ gegen die Staatsgewalt** resistencia *f* al poder estatal
'Widerstandsbewegung F (movimiento *m* de) resistencia *f*; **widerstandsfähig** ADJ resistente; sólido; robusto; **Widerstandsfähigkeit** F ⟨~⟩ (capacidad *f* de) resistencia *f*; **Widerstandskämpfer** M, **Widerstandskämpferin** F miembro *m* de la resistencia; **Widerstandskraft** F fuerza *f* de resistencia; **widerstandslos** ADV sin (oponer) resistencia; sin resistir; **Widerstandsmesser** M ELEK óhmetro *m*, ohmiómetro *m*; **Widerstandsnest** N MIL nido *m* de resistencia
wider'stehen VI ⟨irr; ohne ge-⟩ 1 **(einer Sache/j-m) ~** resistir (a a/c/a alg); oponerse (a a/c/a alg), oponer resistencia (a a/c/a alg) 2 (*zuwider sein*) repugnar
wider'streben VI ⟨ohne ge-⟩ resistirse a; oponerse a; (*zuwider sein*) repugnar; **es widerstrebt mir, zu** (*inf*) me repugna (*inf*); **Wider'streben** N resistencia *f*; oposición *f*; repugnancia *f*; **mit ~** → widerstrebend; **wider'strebend** ADV con repugnancia; de mala gana; a disgusto; *umg* a regañadientes
'Widerstreit M conflicto *m*; antagonismo *m*; (*Widerspruch*) contradicción *f*
wider'streiten VI ⟨irr; ohne ge-⟩ ser contrario a; oponerse a; estar en contradicción (*od* en pugna) con; **widerstreitend** ADJ opuesto; contradictorio; antagónico; divergente
'widerwärtig ADJ 1 (*unangenehm*) desagradable; enojoso, fastidioso; *Person* antipático; odioso 2 (*abstoßend*) repugnante; repulsivo; asqueroso
'Widerwille M ⟨~ns⟩ repugnancia *f*; (*Abneigung*) aversión *f*; antipatía *f*; (*Ekel*) asco *m*; **einen ~n gegen etw haben** tener aversión a a/c; **mit ~n** → widerwillig
'widerwillig ADV con repugnancia; a disgusto; de mala gana; *umg* a regañadientes
'widmen A VT 1 *Zeit, Leben* consagrar; **j-m/einer Sache etw ~** dedicar (*od* consagrar) a/c a alg/a a/c 2 *Buch etc* dedicar B VR **sich einer Sache/j-m ~** dedicarse (*od* consagrarse) a a/c/a alg
'Widmung F ⟨~; ~en⟩ dedicatoria *f*; **mit einer ~ versehen** *Buch* escribir una dedicatoria en
'widrig ADJ *Umstand* contrario; opuesto; *Geschick etc* adverso; **widrigenfalls** ADV VERW de lo contrario; en caso contrario; de no ser así; **Widrigkeit** F ⟨~; ~en⟩ (*Unannehmlichkeit*) contrariedad *f*; (*Missgeschick*) adversidad *f*; **allen ~en zum Trotz** pese a todas las adversidades
wie A ADV 1 *fragend*: cómo; de qué manera (*od* modo); *vor adj*: ¿qué...?; **wie war das Wetter?** ¿cómo hacía?; **~ geht es Ihnen?** ¿qué tal está (usted)?, ¿cómo está usted?; **~ alt sind Sie?** ¿qué edad tiene usted?; ¿cuántos años tiene usted?; **~ breit ist das?** ¿qué anchura (*od* ancho) tiene?; **für ~ lange?** ¿por cuánto tiempo?; **~ lange ist er hier?** ¿desde cuándo está aquí?; ¿cuánto (tiempo) hace que está aquí?; **~ lange sollen wir noch warten?** ¿cuánto hemos de esperar todavía?; **~ oft?** ¿cuántas veces?; **~ spät ist es?** ¿qué hora es?; **~ viel(e)?** ¿cuánto(s)?; **~ viel(e) Bücher?** ¿cuántos libros?; **~ viel(e) Personen?** ¿cuántas personas?; **~ viel Uhr ist es?** ¿qué hora es?; **~ wäre es, wenn ...?** ¿qué le (*bzw* te) parece si (*subj*)?; **~ (bitte)?** *od* **~ sagten Sie?** ¿cómo?; ¿cómo dice (*od* decía) (usted)? 2 *Ausruf*: **~!** ¡cómo!; ¡qué!; **und ~!** ¡y tanto!; ¡y cómo!; ¡ya lo creo!; **~ schön!** ¡qué bonito!; **~ freue ich mich!** ¡cuánto me alegro!; **~ glücklich ich bin!** ¡qué feliz soy!; **~ erstaunt war ich!** ¡cuál no sería mi asombro!; **~ gut, dass ...!** ¡menos mal que ...!; **~ sehr ...!** ¡cuánto ...!; **~ mancher ...!** ¡cuántos (hay que) ...!; **~ oft!** ¡cuántas veces!; **~ viel!** cuánto!; ¡qué de ...!; **~ viel(e) Bücher!** ¡cuántos (*od* qué de) libros! 3 *relativisch*: **~ man es auch macht, ...** se haga como se haga ... B KONJ 1 *Vergleich*: como; **er denkt ~ du** piensa como (*od* igual que) tú; **ein Mann ~ er** un hombre como él; **~ ein Freund** como un amigo; **~ neu** casi nuevo; *umg* **~ wenn** (*als ob*) como si; **schlau ~ er ist** con lo listo que es; **ich weiß, ~ das ist** ya sé lo que es eso; **~ ich glaube** según creo; como yo creo; **~ ich sehe** según veo; por lo que veo; **~ man mir gesagt hat** como (*od* según) me han dicho; **er sieht nicht ~ 60 (Jahre alt) aus** no aparenta tener sesenta años; *umg* **~ du mir, so ich dir** donde las dan las toman; **schnell ~ der Blitz** rápido como un rayo 2 *zeitlich*: cuando; **~ ich hinausging** cuando salía; al salir 3 *einräumend*: **~ dem auch sei** sea como fuere; sea como sea; **~ reich er auch sein mag** por (muy) rico que sea 4 (*in der Art von*) como; **Städte ~ Madrid oder Sevilla** ciudades como Madrid o Sevilla 5 *mit Verb der Wahrnehmung*: **ich sah, ~ er aufstand** le vi levantarse; **ich hörte, ~ er es sagte** le oí decirlo
Wie N ⟨~s⟩ **auf das ~ kommt es an** depende de cómo (*od* de la forma en que) se haga (*od* diga); **das ~ und Warum/Wann** el cómo y el porqué/cuándo
'Wiedehopf M ⟨~(e)s; ~e⟩ ORN abubilla *f*
'wieder ADV 1 (*noch einmal*) nuevamente, de nuevo; otra vez; *mit Verben oft Umschreibung durch*: volver a (*inf*); **~ aufmachen/einschlafen** *etc* volver a abrir/a dormirse, *etc*; **etw ~ tun** rehacer a/c; volver a hacer a/c; repetir a/c; **einmal ~** otra vez; **immer ~** *od* **~ und ~** una y otra vez; **nie ~** nunca más; **~ ist ein Tag vergangen** ya ha pasado otro día 2 *Rückkehr in den vorherigen Zustand*: **ich bin gleich ~ da** vuelvo enseguida; **da bin ich ~** aquí estoy; ya es-

toy de vuelta; **er ist ~ gesund** se ha recuperado 3 *(andererseits)* en cambio; **das ist auch ~ wahr** eso también es cierto; → *a.* wiederaufbauen, wieder aufblühen *etc*

'wieder... IN ZSSGN *oft* otra vez, re...

Wieder'abdruck M ⟨~(e)s; ~e⟩ TYPO reimpresión *f*; **Wieder'abtretung** F JUR retrocesión *f*

'Wiederanfang M → Wiederbeginn

wieder anknüpfen VT reanudar

'Wiederanlage F HANDEL reinversión *f*

Wieder'annäherung F POL aproximación *f*; **Wieder'anpassung** F readaptación *f*; **Wieder'aufarbeitung** F → Wiederaufbereitung; **Wieder'aufbau** M reconstrucción *f*; reedificación *f*

'wiederaufbauen, wieder aufbauen VT *Haus, Stadt* reconstruir; reedificar; *Wirtschaft* renovar

Wieder'aufbauprogramm N programa *m* de reconstrucción

'wiederaufbereiten VT ⟨*ohne* ge-⟩ reciclar; NUKL reprocesar

Wieder'aufbereitung F reciclado *m*, reciclaje *m*; NUKL reprocesamiento *m*; **Wiederaufbereitungsanlage** F NUKL planta *f* de reprocesamiento

wieder aufblühen VI ⟨sn⟩ volver a florecer; reflorecer; *fig* renacer; resurgir

Wieder'aufblühen N nuevo florecimiento *m*; *fig* renacimiento *m*; resurgimiento *m*

'wiederauferstehen VI ⟨*irr; ohne* ge-; sn⟩ resucitar; volver a la vida

Wieder'auferstehung F resurrección *f*

wieder aufflackern VI ⟨sn⟩ reavivarse; MED exacerbarse; reactivarse; **wieder aufforsten** VT repoblar, *bes Am* reforestar

Wieder'aufforstung F repoblación *f* forestal, *bes Am* reforestación *f*

'wiederaufführen, wieder aufführen VT THEAT reponer; reestrenar (*a.* FILM)

Wieder'aufführung F reposición *f*; reestreno *m*

wieder aufkommen VI ⟨*irr;* sn⟩ *Mode etc* volver; *Kranke* restablecerse; *fig* revivir; resucitar; reaparecer

'wiederaufladbar, wieder aufladbar ADJ *Batterie etc* recargable

wieder aufladen VT ⟨*irr; ohne* ge-⟩ *Batterie etc* recargar; **wieder aufleben** VI ⟨sn⟩ revivir (*a. fig*); renacer a la vida; resucitar; *fig* reanimarse; resurgir

Wieder'aufleben N renacimiento *m*; resurgimiento *m*

Wieder'aufnahme F *von Verhandlungen*: reanudación *f*; *als Mitglied*: readmisión *f*; JUR **~ (des Verfahrens)** revisión *f*; **Wiederaufnahmeantrag** M JUR recurso *m* de revisión; **Wiederaufnahmeverfahren** N JUR revisión *f* (de una causa)

'wiederaufnehmen VT, **wieder aufnehmen** VT ⟨*irr*⟩ reanudar; *als Mitglied*: readmitir; JUR *Verfahren* revisar

'wiederaufrichten VT, **wieder aufrichten** VT levantar; **wieder aufrüsten** VT rearmar

Wieder'aufrüstung F rearme *m*; **Wieder'aufstieg** M resurgimiento *m*

wiederauftauchen VI ⟨sn⟩, **wieder auftauchen** VI ⟨sn⟩ *Gerücht, Mensch* reaparecer; **wieder auftreten** VI ⟨*irr;* sn⟩ reaparecer

Wieder'auftreten N reaparición *f*

wieder aufwerten VT revalorizar

Wieder'aufwertung F revalorización *f*;

'Wiederausfuhr F HANDEL reexportación *f*

wieder ausführen VT HANDEL reexportar

Wieder'aussöhnung F reconciliación *f*

'Wiederbegegnung F reencuentro *m*;

Wiederbeginn M nuevo comienzo *m*; reanudación *f*; reapertura *f*

'wiederbekommen VT ⟨*irr; ohne* ge-⟩ recobrar; recuperar

'wiederbeleben VT ⟨*ohne* ge-⟩ reanimar, reavivar (*a. fig*); *fig Tradition* recuperar

wieder beleben VT ⟨*ohne* ge-⟩ *Wirtschaft* relanzar, reactivar

'Wiederbelebung F reanimación *f*; *der Wirtschaft*: relanzamiento *m*, reactivación *f* (económica); *fig von Traditionen*: recuperación *f*; **Wiederbelebungsversuch** M intento *m* de reanimación

'wiederbeschaffen VT ⟨*ohne* ge-⟩ recuperar; **Wiederbeschaffung** F recuperación *f*

'wiederbesetzen, wieder besetzen VT ⟨*ohne* ge-⟩ *Stelle* proveer de nuevo

'wiederbewaffnen, wieder bewaffnen VT ⟨*ohne* ge-⟩ rearmar

'Wiederbewaffnung F rearme *m*

'wiederbringen VT ⟨*irr*⟩ devolver; restituir

Wieder'einbürgerung F renacionalización *f*

wieder einfallen VI *Gedanke etc* volver a la memoria, acordarse (de nuevo)

Wieder'einfuhr F reimportación *f*

wieder'einführen VT, **wieder einführen** VT 1 restablecer; renovar 2 HANDEL reimportar

Wieder'einführung F 1 restablecimiento *m*; renovación *f* 2 HANDEL reimportación *f*

wieder'eingliedern VT, **wieder eingliedern** VT reintegrar; reincorporar

Wieder'eingliederung F reintegración *f*; reincorporación *f*

wieder einlösen VT *Pfand* desempeñar

Wieder'einlösung F desempeño *m*; **Wiedereinnahme** F MIL reconquista *f*

wieder einnehmen VT ⟨*irr*⟩ MIL volver a tomar; reconquistar

Wieder'einreiseerlaubnis F permiso *m* de reingreso

wieder einschiffen VT SCHIFF reembarcar; **wieder einsetzen** VT restablecer; reponer; *in ein Amt*: reinstalar; *in Rechte, Besitz*: restituir; rehabilitar

Wieder'einsetzung F restablecimiento *m*; reposición *f*; restitución *f*; rehabilitación *f*

wieder einstellen VT *Arbeiter* volver a emplear, reemplear, readmitir

Wieder'einstellung F readmisión *f*, reempleo *m*

wieder eintreten VI ⟨*irr;* sn⟩ reintegrarse; reincorporarse (*a.* MIL); reingresar

'Wiedereintritt M reincorporación *f*; reingreso *m*

'wiederentdecken VT ⟨*ohne* ge-⟩ redescubrir

'Wiederentdeckung F redescubrimiento *m*

wieder ergreifen VT ⟨*irr*⟩ *Flüchtige* (volver a) capturar

'wiedererhalten VT ⟨*irr; ohne* ge-⟩ recobrar, recuperar

'wiedererinnern, wieder erinnern VR ⟨*ohne* ge-⟩ **sich ~** acordarse (**an** *dat* de); recordar (a/c)

'wiedererkennen ⟨*irr; ohne* ge-⟩ A VT reconocer; **nicht wiederzuerkennen** irreconocible B VR **sich ~** reconocerse

'wiedererlangen VT ⟨*ohne* ge-⟩ recobrar; *Freiheit, Bewusstsein* recuperar; **Wiedererlangung** F recobro *m*, recuperación *f*

'wiedererobern VT ⟨*ohne* ge-⟩ (*zurückerobern*) reconquistar

wieder erobern VT ⟨*ohne* ge-⟩ (*erneut erobern*) volver a conquistar

'Wiedereroberung F reconquista *f*

'wiedereröffnen, wieder eröffnen VT ⟨*ohne* ge-⟩ reabrir; volver a abrir

'Wiedereröffnung F reapertura *f*

'wiedererscheinen, wieder erscheinen VI ⟨*irr; ohne* ge-; sn⟩ reaparecer

'Wiedererscheinen N reaparición *f*

'wiedererstatten VT ⟨*ohne* ge-⟩ restituir; reintegrar; *Geld* re(e)mbolsar; **Wiedererstattung** F restitución *f*; reintegro *m*; *von Geld*: re(e)mbolso *m*

'wiedererstehen, wieder erstehen VI ⟨*irr; ohne* ge-; sn⟩ *Stadt etc* reedificarse; *fig* renacer; revivir; resucitar

'wiedererwachen, wieder erwachen VI ⟨*ohne* ge-; sn⟩ despertar; *fig* reanimarse; resurgir

'Wiedererwachen N *fig* resurgimiento *m*

'wiedererwecken VT ⟨*ohne* ge-⟩ despertar; reanimar; reavivar; resucitar

'wiedererzählen VT ⟨*ohne* ge-⟩ repetir; contar a

'wiederfinden VT ⟨*irr*⟩ (volver a) encontrar, hallar, reencontrar; *fig* recobrar

wieder flottmachen VT SCHIFF poner a flote (*a. fig*)

'Wiedergabe F *Bericht*: relación *f*; *in Bild, Ton*: reproducción *f*; MUS interpretación *f*; ejecución *f*; **Wiedergabetreue** F fidelidad *f*

'wiedergeben VT ⟨*irr*⟩ 1 (*zurückgeben*) devolver; restituir 2 (*berichten*) relatar; (*zitieren*) citar 3 (*nachbilden*) reproducir; MUS interpretar; ejecutar; (*übersetzen*) traducir (*a. fig Gedanken etc*); (*widerspiegeln*) reflejar

'wiedergeboren ADJ **~ werden** renacer

'Wiedergeburt F renacimiento *m*; *fig a.* regeneración *f*; REL reencarnación *f*; **Wiedergenesung** F convalecencia *f*; restablecimiento *m*; **wiedergewinnen** VT ⟨*irr; ohne* ge-⟩ recobrar; recuperar (*a.* TECH); **Wiedergewinnung** F recuperación *f* (*a.* TECH); **wiedergrüßen** VT **j-n ~** devolver el saludo a alg

wieder'gutmachen VT reparar; *Fehler* subsanar; *finanziell* indemnizar; **es ist nicht wieder gutzumachen(d)** es irreparable

Wieder'gutmachung F ⟨~; ~en⟩ reparación *f* (*a.* POL); **finanzielle ~** indemnización *f*

'wiederhaben VT ⟨*irr*⟩ recobrar, recuperar; **er will das Buch ~** quiere que le devuelva el libro

wieder'herstellen VT (*in den alten Zustand bringen, gesunden*) restablecer (*a. Verbindung, Ordnung,* MED); restaurar (*a.* ARCH, *Gemälde, Kräfte u.* POL); reparar (*a. Kräfte u. fig*); reconstruir; restituir; *Kontakt* reanudar; MED **wiederhergestellt** restablecido

wieder herstellen VT (*erneut herstellen*) volver a producir

Wieder'herstellung F *der Ordnung, der Gesundheit*: restablecimiento *m*; *e-s Gebäudes*: restauración *f*; *e-s Kontakts*: reanudación *f*; (*Reparatur*) reparación *f*; reconstrucción *f*; JUR **~ der aufschiebenden Wirkung** restablecimiento *m* del efecto suspensivo

wieder'holbar ADJ repetible

'wiederholen[1] VT **sich** (*dat*) **etw ~** ir a buscar a/c; ir a recoger a/c; ir a recuperar a/c

wieder'holen[2] ⟨*ohne* ge-⟩ A VT 1 (*nochmals sagen*) repetir; *Forderungen* reiterar 2 *Gelerntes* repasar; recapitular 3 SPORT *Spiel* volver a jugar; RADIO, TV repetir; THEAT, MUS *als Zugabe*: bisar; **eine Klasse ~** repetir curso B VR **sich ~** repetirse; reiterarse

wieder'holend ADJ reiterativo; **wieder'holt** A ADJ repetido; reiterado B ADV repetidas (*od* reiteradas) veces; en reiteradas ocasiones; **Wieder'holung** F ⟨~; ~en⟩ **1** *von Gesagtem, von Vorgängen*: repetición *f*; *e-r Forderung*: reiteración *f* **2** *e-r Lektion etc*: repaso *m*; recapitulación *f* **3** THEAT, MUS, TV, RADIO repetición *f*

'Wieder'holungsfall M **im ~(e)** (en) caso que se repita; JUR en caso de reincidencia; **Wiederholungszeichen** N MUS signo *m* de repetición

'Wiederhören N **auf ~!** TEL ¡adiós!; ¡hasta luego!; **Wiederimpfung** F MED revacunación *f*

Wiederinbe'triebnahme F vuelta *f* al servicio; **Wiederin'gangsetzung** F nueva puesta *f* en marcha; **Wiederin'kraftsetzung** F restablecimiento *m*; **Wiederin'standsetzung** F reparación *f*, compostura *f*; restauración *f*

'wiederkäuen VT **1** ZOOL rumiar **2** *fig* repetir, *umg* machacar; **Wiederkäuen** N ⟨~s⟩ **1** ZOOL rumia *f* **2** *fig* repetición *f*, *umg* machaconería *f*; **Wiederkäuer** M ⟨~s; ~⟩ ZOOL rumiante *m*

'Wiederkauf M readquisición *f*; **wiederkaufen** VT readquirir; **Wiederkaufsrecht** N JUR derecho *m* de retracto

'Wiederkehr F ⟨~⟩ vuelta *f*; retorno *m*; regreso *m*; (*Jahrestag*) aniversario *m*; **regelmäßige ~** periodicidad *f*; **wiederkehren** VI ⟨sn⟩ **1** (*zurückkehren*) volver; retornar; regresar **2** (*sich wiederholen*) repetirse; reproducirse; **wiederkehrend** ADJ *regelmäßig*: periódico; MED recidivante

'wiederkommen VI ⟨*irr*; sn⟩ **1** (*zurückkommen*) volver; regresar **2** (*sich wiederholen*) repetirse; **wiederkriegen** VT *umg* → wiederbekommen; **Wiederkunft** F ⟨~⟩ vuelta *f*; regreso *m*; REL segunda venida *f*; **wiedersagen** VT **j-m etw ~** contar a/c a alg

'Wiederschauen N *südd, österr* **auf ~!** ¡adiós!; ¡hasta luego!, ¡hasta la vista!

'wiedersehen VR ⟨*irr*⟩ **sich ~** volver a verse

wieder sehen VT ⟨*irr*⟩ volver a ver

'Wiedersehen N ⟨~s; ~⟩ reencuentro *m*; **auf ~!** ¡adiós!; ¡hasta luego!, ¡hasta la vista!

'Wiedertäufer M REL anabaptista *m*

'wiederum ADV **1** (*nochmals*) otra vez; nuevamente, de nuevo **2** (*hingegen, andererseits*) por otra parte; en cambio

'wiedervereinigen VT ⟨*ohne* ge-⟩ POL reunificar

wieder vereinigen VT ⟨*ohne* ge-⟩ *Truppen etc* reunir

'Wiedervereinigung F reunión *f*; POL reunificación *f*

'wiedervergelten VT ⟨*irr*; *ohne* ge-⟩ recompensar; devolver; *neg!* pagar; **Wiedervergeltung** F recompensa *f*; pago *m*

'wiederverheiraten, wieder verheiraten VR ⟨*ohne* ge-⟩ **sich ~** volver a casarse; contraer segundas nupcias

'Wiederverheiratung F segundo matrimonio *m*; segundas nupcias *fpl*

'Wiederverkauf M reventa *f*

'wiederverkaufen, wieder verkaufen VT ⟨*ohne* ge-⟩ revender

'Wiederverkäufer M, **Wiederverkäuferin** F revendedor *m*, -a *f*; **Wiederverkaufswert** M valor *m* de reventa

'wiederverpflichten, wieder verpflichten VT ⟨*ohne* ge-⟩ MIL reenganchar; **sich ~** reengancharse

'Wiederverpflichtung F MIL reenganche *m*; **Wiederversöhnung** F reconciliación *f*

'wiederverwendbar ADJ reutilizable

'wiederverwenden, wieder verwenden VT ⟨*ohne* ge-⟩ reutilizar

'Wiederverwendung F nueva utilización *f*; reutilización *f*

'wiederverwertbar ADJ reciclable

'wiederverwerten, wieder verwerten VT ⟨*ohne* ge-⟩ recuperar, reutilizar; reciclar

'Wiederverwertung F reutilización *f*; recuperación *f*, reciclado *m*, reciclaje *m*; **der ~ zuführen** llevar a reciclaje

'Wiedervorlage F nueva presentación *f*; **Wiederwahl** F reelección *f*

'wiederwählbar, wieder wählbar ADJ reelegible

'Wiederwählbarkeit F reelegibilidad *f*

'wiederwählen, wieder wählen VT reelegir

wieder zulassen VT ⟨*irr*⟩ readmitir

Wieder'zulassung F readmisión *f*

wieder zusammentreten VI ⟨*irr*; sn⟩ reunirse

'Wiege F ⟨~; ~n⟩ cuna *f* (*a. fig*); **von der ~ an** desde la cuna; **von der ~ bis zur Bahre** desde la cuna hasta la sepultura; *hum* **das ist ihm nicht an der ~ gesungen worden** nadie hubiera esperado que llegase a eso

'Wiegemesser N tajadera *f*

'wiegen¹ VT & VI ⟨*irr*⟩ (*abwiegen*) pesar; **ich wiege 70 Kilo** peso 70 kilos; **schwer ~** pesar mucho; *fig* ser de (mucho) peso

'wiegen² **A** VT *Kind* mecer; (*schaukeln*) balancear; GASTR picar; **in den Schlaf ~** adormecer meciendo; **einen ~den Gang haben** contonearse; andar contoneándose **B** VR **sich ~** mecerse; balancearse (**im Wind** con el viento); *fig* **sich in Hoffnungen ~** alimentar vanas esperanzas; *fig* **sich in Sicherheit ~** creerse seguro

'Wiegen¹ N ⟨~s⟩ SPORT pesaje *m*

'Wiegen² N ⟨~s⟩ mecedura *f*; balanceo *m*

'Wiegendruck M ⟨~(e)s; ~e⟩ TYPO incunable *m*; **Wiegenfest** N natalicio *m*; cumpleaños *m*; **Wiegenkind** N niño *m* en la cuna; *umg* rorro *m*; **Wiegenlied** N canción *f* de cuna; *umg* nana *f*

'wiehern VI **1** *Pferd* relinchar **2** *umg fig* (*laut lachen*) carcajearse, reír a carcajadas; **~des Gelächter** carcajadas *fpl*; risotadas *fpl*

'Wiehern N ⟨~s⟩ relincho *m*

Wien N ⟨~s⟩ Viena *f*

'Wiener **A** ADJ vienés; **~ Schnitzel** escalopa *f* a la vienesa; **~ Würstchen** ≈ salchicha *f* de Frankfurt **B** M ⟨~s; ~⟩ vienés *m* **C** F ⟨~; ~⟩ *Wurst*: ≈ salchicha *f* de Frankfurt; **Wienerin** F ⟨~; ~nen⟩ vienesa *f*; **wienerisch** ADJ vienés

'wienern VT *umg* lustrar; sacar brillo

wies → weisen

'Wiese F ⟨~; ~n⟩ prado *m*; pradera *f*

'Wiesel N ⟨~s; ~⟩ ZOOL comadreja *f*

'Wiesenbau M praticultura *f*; **Wiesengrund** M pradería *f*; **Wiesenklee** M BOT trébol *m* común (*od* rojo); **Wiesenland** N pradería *f*; **Wiesenpflanze** F planta *f* pratense; **Wiesenschaumkraut** N BOT berro *m* de prado

wie'so ADV ¿por qué?; **~ denn?** ¿por qué?; ¿pues cómo?; **~ nicht?** ¿cómo que no?; **~ weißt du das?** ¿cómo lo sabes?

wie'viel(e) → wie A 1,2

wie'vielmal, 'wievielmal ADV cuántas veces

wie'vielte, 'wievielte: **der Wievielte?** ¿cuál?; **den Wievielten haben wir heute ?** ¿a qué día estamos hoy, ¿a cuántos estamos?; **der ~ Band?** ¿qué tomo?; **zum ~n Mal(e)** cuántas veces

wie'weit ADV → inwiefern

wie'wohl KONJ (*obwohl*) aunque; bien que; si bien

Wiki ['viki] N ⟨~s, ~s⟩ INTERNET wiki *m/f*

'Wiking M ⟨~s; ~er⟩, **Wikinger** M ⟨~s; ~⟩, vikingo *m*; **Wikingerin** F ⟨~; ~nen⟩ vikinga *f*

wild ⟨~est⟩ **A** ADJ **1** (*im Naturzustand*) salvaje; ZOOL, BOT *a.* silvestre; *bes Am* cimarrón; *Tier a.* montés; *Volk* primitivo; sin civilizar; bárbaro; AGR inculto; **~e Tiere** (*Raubtiere*) animales *mpl* feroces **2** (*heftig, ungestüm*) violento; impetuoso; tempestuoso; fogoso; (*wütend*) furioso; furibundo; (*grimmig*) feroz; *Stier, Meer* bravo; *Kinder* revoltoso, díscolo, travieso; **~es Geschrei** gritería *f*, griterío *m*; **~ machen** enfurecer, poner furioso; *Tier* espantar; **~ werden** enfurecerse, ponerse furioso; *umg* **den ~en Mann spielen** hacerse el loco; **seid nicht so ~!** ¡no hagáis tanto ruido! **3** (*turbulent*) turbulento; (*zügellos*) desenfrenado; desbocado; *Leben* agitado; *Spekulationen, Gerüchte* fantástico, increíble; **eine ~e Party feiern** celebrar *od* hacer una fiesta loca **4** (*wirr*) desordenado; *Haar* revuelto, desgreñado **5** (*unerlaubt*) *Handel* ilícito, clandestino; *Parken, Zelten* incontrolado **6** *fig* **~e Ehe** concubinato *m*; **~es Fleisch** bezo *m*; granulación *f* **7** *umg* **~ sein auf etw** estar loco por a/c; rabiar por a/c; *umg* **das ist halb so ~** no es para tanto; no es tan feo el diablo como le pintan **B** ADV **1** *in der Natur*: **~ leben** vivir en libertad; AGR **~ wachsen** crecer espontáneamente (*od* de manera silvestre) **2** (*heftig*) **~ um sich schlagen** dar golpes a diestro y siniestro **3** *fig* **~ entschlossen sein** estar completamente decidido; → *a.* wild lebend, wild wachsend

Wild N ⟨~(e)s⟩ JAGD caza *f* (*a.* GASTR); (*Rotwild*) venado *m*; **'Wildbach** M torrente *m*; **'Wildbahn** F ⟨~⟩ coto *m* de caza; **in freier ~** en libertad; **'Wildbraten** M asado *m* de venado; **'Wildbret** N ⟨~s⟩ GASTR carne *m* de venado; caza *f*; venado *m*; **'Wilddieb** M cazador *m* furtivo

'Wilde M/F ⟨~n; ~n; → A⟩ salvaje *m/f*; *fig* **wie ein ~r** como un loco

'Wildente F pato *m* salvaje (*od* silvestre)

'Wilder M → Wilde

Wilde'rei F ⟨~⟩ caza *f* furtiva

'Wilderer M ⟨~s; ~⟩ cazador *m* furtivo

Wilderin F ⟨~; ~nen⟩ cazadora *f* furtiva

'wildern VI cazar en vedado; hacer caza furtiva

'Wildern N ⟨~s⟩ → Wilderei

'Wildfang M ⟨~(e)s; ~fänge⟩ *fig* niño *m* travieso; diablillo *m*; **Wildfleisch** N caza *f*; venado *m*; **Wildform** F BOT forma *f* silvestre; **in ~** *a.* en estado silvestre

'wild'fremd ADJ completamente desconocido

'Wildgans F ORN ánsar *m* común; oca *f* silvestre; **Wildgehege** N coto *m* de caza; **Wildgeschmack** M sabor *m* a salvajina

'Wildheit F ⟨~; ~en⟩ **1** *der Natur* carácter *m* (*bzw* estado *m*) salvaje; braveza *f*; barbarie *f* **2** (*Ungestüm*) ferocidad *f*; impetuosidad *f*; fogosidad *f*; furor *m*; (*Heftigkeit*) violencia *f*

'Wildhüter M guardabosque(s) *m*; **Wildkatze** F ZOOL gato *m* montés

wild lebend ADJ salvaje

'Wildleder N (piel *f* de) gamuza *f*; ante *m*; **Wildlederschuh** M zapato *m* de ante

'Wildling M ⟨~s; ~e⟩ **1** AGR patrón *m* **2** *fig* → Wildfang

'wildmachen VT → wild A 2

'Wildnis F ⟨~; ~se⟩ naturaleza *f* virgen; desierto *m*; región *f* despoblada; selva *f*

'Wildpark M reserva *f* de caza; **wildreich** ADJ abundante en caza; **Wildreservat** N → Wildschutzgebiet; **wildromantisch**

W

ADJ *umg* muy romántico; **Wildsau** F jabalina *f*; **Wildschaden** M daños *mpl* causados por los animales de caza; **Wildschütz** M ⟨~en; ~en⟩ JAGD, HIST cazador *m* furtivo; **Wildschutzgebiet** N reserva *f* de caza (*od* cinegética); **Wildschwein** N jabalí *m*

wild wachsend ADJ BOT silvestre; de crecimiento espontáneo

'Wildwasser N aguas *fpl* bravas; **Wildwasserfahren** N piragüismo *m* en aguas bravas; **Wildwechsel** M paso *m*; *Verkehr:* cruce *m* de ganado

Wild'westfilm M película *f* del Oeste, western *m*

will → wollen[1]

'Wille M ⟨~ns; ~n⟩ **1** (*Wollen*) voluntad *f*; querer *m*; **seinen ~n durchsetzen** imponer su voluntad; *umg* salirse con la suya; **sie soll ihren ~n haben** que haga lo que quiera; **j-m seinen ~n lassen** dejar hacer a alg; dejar a alg obrar a su voluntad (*od* a su capricho); REL **sein ~ geschehe!** ¡hágase su voluntad!; **gegen meinen ~n** a pesar mío; contra mi voluntad; **wenn es nach seinem ~n ginge** si por su gusto fuera; **wider ~n** de mala gana; (*unabsichtlich*) sin querer(lo); *geh* **j-m zu ~n sein** cumplir la voluntad de alg; obedecer a alg; complacer a alg; *als Frau:* entregarse a alg; *sprichw* **wo ein ~ ist, ist auch ein Weg** querer es poder; donde hay gana, hay maña **2** (*Absicht*) voluntad *f*; intención *f*; designio *m*; **der ~ zur Macht** la voluntad de poder; **fester ~** (*Entschlossenheit*) determinación *f*; (firme) resolución *f*; **ich habe den festen ~n** tengo el firme propósito; **guter/böser ~** buena/mala voluntad *f*; **guten ~n zeigen** mostrar buena voluntad; **es war kein böser ~ von mir** no lo hice con mala intención; **den besten ~n haben** *od* **voll guten ~ns sein** estar animado de la mejor voluntad (*od* de los mejores deseos); **beim besten ~n** con la mejor de las intenciones; **ich kann es beim besten ~n nicht tun** me es de todo punto imposible **3** JUR **Letzter ~** última voluntad *f* **4** PHIL *etc* **freier ~** libre albedrío *m*; **aus freiem ~n** de buena gana; de (buen) grado; por propia voluntad; espontáneamente

'willen PRÄP (*gen*) **um j-s, einer Sache ~** por alg, a/c; en aras de alg, de a/c

'Willen M ⟨~s; ~⟩ → Wille

'willenlos **A** ADJ sin voluntad (propia); abúlico; (*schwach*) débil; sin energía; **~es Werkzeug** instrumento *m* dócil **B** ADV **j-m ~ ausgeliefert sein** estar a la merced de alg

'Willenlosigkeit F ⟨~⟩ falta *f* de voluntad; abulia *f*; (*Schwäche*) debilidad *f*, falta *f* de energía

'willens ADJ **~ sein zu** tener (la) intención de; estar dispuesto (*od* resuelto) a

'Willensakt M acto *m* de voluntad; PHIL volición *f*; **Willensanstrengung** F esfuerzo *m* de voluntad; **Willensäußerung** F manifestación *f* de la voluntad; volición *f*; **Willenserklärung** F JUR declaración *f* de voluntad; **Willensfreiheit** F libre voluntad *f*; libertad *f* volitiva; PHIL libre albedrío *m*; **Willenskraft** F fuerza *f* de voluntad; energía *f*; **Willenskundgebung** F manifestación *f* de la voluntad; **willensschwach** ADJ falto de voluntad (*bzw* energía); abúlico; **Willensschwäche** F falta *f* de voluntad; abulia *f*; **willensstark** ADJ voluntarioso; enérgico; **Willensstärke** F energía *f*; fuerza *f* de voluntad

'willentlich ADV a propósito; ex profeso; con intención, intencionadamente; aposta, adrede

will'fahren VI ⟨*irr; ohne* ge-⟩ *geh obs* **j-m ~** complacer a alg; **j-s Bitte** (*dat*) **~** acceder al ruego de alg

'willfährig ADJ complaciente, condescendiente, deferente; (*gefügig*) dócil; **Willfährigkeit** F ⟨~⟩ complacencia *f*; condescendencia *f*; deferencia *f*; docilidad *f*

'willig **A** ADJ obediente; dócil; dispuesto (a hacer lo que se le pide); servicial **B** ADV de buena voluntad; de buen grado

'willigen VI → einwilligen

Will'komm M ⟨~s; ~e⟩ → Willkommen

will'kommen ADJ bienvenido; bien visto; *Nachricht, Gelegenheit* bueno, agradable; *Abwechslung* oportuno; **seien Sie (mir) ~!** ¡sea usted bienvenido!; **j-n ~ heißen** dar la bienvenida a alg; **das ist mir sehr** *od* **hoch ~** me viene muy bien (*od* muy a propósito)

Will'kommen N ⟨~s; ~⟩ bienvenida *f*

'Willkür F ⟨~⟩ arbitrariedad *f*; **j-s ~ preisgegeben sein** estar a la merced de alg; **Willkürakt** M acto *m* arbitrario; **Willkürherrschaft** F régimen *m* arbitrario; despotismo *m*; tiranía *f*

'willkürlich ADJ arbitrario; **~ auswählen** escoger al azar; **Willkürlichkeit** F ⟨~⟩ arbitrariedad *f*; carácter *m* arbitrario

willst → wollen[1]

'wimmeln **A** VI hormiguear; pulular; **~ von** … *Sache, Ort* estar plagado de …; rebosar de … **B** V/UNPERS **es wimmelt von** … *umg* hay … a rebosar; **in diesem Text wimmelt es von Fehlern** este texto está plagado de errores

'wimmern VI gemir; lloriquear, gimotear

'Wimmern N ⟨~s⟩ gemidos *mpl*; lloriqueo *m*, gimoteo *m*

'Wimpel M ⟨~s; ~⟩ banderola *f*; banderín *m*; SCHIFF gallardete *m*, grímpola *f*

'Wimper F ⟨~; ~n⟩ ANAT pestaña *f*; ZOOL, BOT cilio *m*; **ohne mit der ~ zu zucken** sin pestañear; sin inmutarse

'Wimperntusche F rímel *m*, máscara *f*; **Wimpernzange** F rizador *m* (de pestañas)

'Wimpertierchen NPL BIOL ciliados *mpl*

Wind M ⟨~(e)s; ~e⟩ **1** *allg* viento *m*; **es geht** *od* **bläst ein starker ~** hay mucho viento; **den ~ gegen sich** (*acus*) **haben** tener viento de cara (*od* de frente); **den ~ im Rücken haben** tener viento de popa; **bei ~ und Wetter** por mal tiempo que haga; *fig* contra viento y marea; **im ~(e)** al viento; *sprichw* **wer ~ sät, wird Sturm ernten** quien siembra vientos, recoge tempestades **2** SCHIFF **am** *od* **beim ~(e) segeln** navegar de bolina; **gegen den ~ segeln** navegar contra el viento; SCHIFF orzar, navegar a orza; **mit dem ~ segeln** navegar según el viento; **vor dem ~ segeln** navegar viento en popa **3** *fig* **jetzt weht ein neuer ~** ahora soplan otros vientos; las cosas han cambiado radicalmente; **merken/wissen, woher der ~ weht** ver/saber por dónde van los tiros (*od* de dónde sopla el viento); **sich** (*dat*) **den ~ um die Nase wehen lassen** correr el mundo; **j-m den ~ aus den Segeln nehmen** quitar a alg el viento de las velas; abatir el pabellón a alg; **in den ~ reden** hablar al aire; **etw in den ~ schlagen** no hacer caso de a/c; desechar a/c; desoír los consejos de alg; **in alle (vier) ~e zerstreuen** dispersar a los cuatro vientos **4** *umg fig* **~ machen** hacer aspavientos; *umg* **viel ~ um etw machen** *umg* armar mucho escándalo por a/c **5** JAGD (*Witterung*) *a.* husmeo *m*; *fig* **von etw ~ bekommen** oír campanas de a/c; enterarse confidencialmente de a/c **6** (*Blähung*) flato *m*; ventosidad *f*

'Windbeutel M **1** GASTR *Gebäck:* buñuelo *m* de viento **2** *umg pej Person:* calavera *m*; casquivano *m*; **Windbö(e)** F ráfaga *f* (de viento); **Windbruch** M FORST ramas *fpl* derribadas por el viento

'Winde F ⟨~; ~n⟩ **1** BOT enredadera *f* **2** (*Garnwinde*) devanadera *f* **3** (*Seilwinde*) cabria *f*; (*Ankerwinde*) cabrestante *m*; TECH torno *m*; cric *m*; *Am* güinche *m*

'Windei N ⟨~(e)s; ~er⟩ **1** huevo *m* con cáscara blanda **2** *fig* **die Idee entpuppte sich als ~** su plan resultó inservible

'Windel F ⟨~; ~n⟩ pañal *m*; *umg fig* **noch in den ~n stecken** estar todavía en mantillas (*od* en pañales); **Windeleinlage** F pañal *m*; **Windelhöschen** N, **Windelhose** F pañal *m* braguita, bragapañal *m*

'windeln V/T envolver en pañales; fajar; **Windelslip** M pañal *m* braguita

'windel'weich ADJ *umg* **j-n ~ schlagen** moler a palos a alg

'winden ⟨*irr*⟩ **A** V/T **1** torcer; retorcer; *Garn* devanar; *in Spirale:* enroscar; *Kränze* hacer; tejer; **Blumen zu einem Kranz ~** tejer una corona de flores; *in die Höhe:* izar; guindar; **um die Stirn ~** ceñir la frente **2** (*entwinden*) **j-m etw aus den Händen ~** arrebatar (*od* arrancar) de las manos a/c a alg **B** V/R **sich ~** torcerse; retorcerse (**vor Schmerz** de dolor); *Schlange, Pflanze* enroscarse (**um** en); *Pflanze a.* enredarse (por); *Bach, Weg* serpentear; *fig* buscar pretextos (*bzw* una evasiva); **sich ~ durch** deslizarse por entre (*od* a través de); **sich wie ein Aal ~** ser escurridizo como una anguila **C** V/UNPERS **es windet** hace (mucho) viento; → *a.* gewunden

'Windenergie F energía *f* eólica

'Windeseile F **mit** *od* **in ~** como un rayo, con la rapidez del viento; de prisa y corriendo; **sich mit ~ ausbreiten** propagarse (*od* difundirse) como un reguero de pólvora

'Windfahne F veleta *f*; giraldilla *f*; SCHIFF catavíento *m*; **Windfang** M cancel *m*; **windgeschützt** ADJ al abrigo (*od* protegido) del viento; **Windharfe** F arpa *f* eólica; **Windhauch** M soplo *m* de viento; **Windhose** F METEO manga *f* de viento; **Windhund** M **1** ZOOL galgo *m*; lebrel *m* **2** *umg fig pej* calavera *m*; **Windhundrennen** N carrera *f* de galgos

'windig ADJ **1** ventoso; expuesto al viento; **es ist ~** hace viento *od* mucho aire **2** *umg fig* dudoso; *Ausrede* fútil

'Windjacke F cazadora *f*; anorak *m*; **Windjammer** M ⟨~s; ~⟩ SCHIFF velero *m*; **Windkanal** M túnel *m* aerodinámico (*od* de viento); **Windkasten** M *Orgel:* caja *f* de viento; **Windkraft** F energía *f* eólica; **Windkraftanlage** F planta *f* eólica; **Windlade** F *Orgel:* secreto *m*; **Windladen** M contraventana *f*; **Windlicht** N farol *m*; linterna *f*; *Kerze:* vela *f* inextinguible; **Windmacher** M *fig* fanfarrón *m*; **Windmesser** M anemómetro *m*; **Windmessung** F anemometría *f*; **Windmotor** M motor *m* eólico; **Windmühle** F molino *m* de viento; *Spielzeug:* molinete *m*; *fig* **gegen ~n kämpfen** luchar contra un enemigo imaginario; **Windmühlenflügel** M aspa *f*; **Windpark** M parque *m* eólico; **Windpocken** FPL MED varicela *f*; **Windrad** N aerogenerador *m*, rueda *f* eólica (*od* de viento); **Windrichtung** F dirección *f* (*od* rumbo *m*) del viento; **Windröschen** N BOT anémona *f*, anemone *f*; **Windrose** F SCHIFF rosa *f* náutica (*od* de los vientos); **Windsack** M FLUG manga *f* de aire

'Windsbraut F *poet*, SCHIFF borrasca *f*

'Windschäden MPL daños *mpl* (*stärker:* estragos *mpl*) causados por el viento; **Windschatten** M ⟨~s⟩ SCHIFF sotavento *m*

'windschief ADJ inclinado, ladeado; torcido; **windschlüpfig** ADJ, *a.* **windschlüpfrig** ADJ aerodinámico; **Windschlüpfigkeit** F ⟨~⟩ AUTO penetración *f* aerodinámica;

windschnittig ADJ aerodinámico
'Windschutz M protección *f* contra el viento; AGR cortavientos *m*; **Windschutzscheibe** F AUTO parabrisas *m*
'Windseite F lado *m* expuesto al viento; SCHIFF barlovento *m*; **Windspiel** N ZOOL *Hund*: lebrel *m*; **Windstärke** F fuerza *f* (*od* intensidad *f*) del viento; **windstill** ADJ en calma, tranquilo; **Windstille** F calma *f*; **völlige ~** calma *f* chicha; **Windstoß** M ráfaga *f* de viento; racha *f*; **Windsurfbrett** N tabla *f* a vela
'windsurfen VI ⟨*nur inf*⟩ practicar la velitabla (*od* el surf a vela)
'Windsurfen N surf *m* velitabla *f*, vela *f*, windsurf(ing) *m*; **Windsurfer** M, **Windsurferin** F practicante *m/f* del surf a vela, surfista *m/f* a vela; **Windsurfing** N → Windsurfen
'Windung F ⟨~; ~en⟩ **1** *allg* vuelta *f*; giro *m*; torsión *f*; (*Krümmung*) curva *f* **2** *e-s Weges*: sinuosidad *f*, tortuosidad *f*; *e-s Flusses a.*: meandro *m* **3** *e-r Spirale, Schraube, Schnecke*: espira *f* **4** ANAT (*Gehirnwindung*) circunvolución *f*; **Windungszahl** F TECH número *m* de espiras
Wink M ⟨~(e)s; ~e⟩ **1** (*Zeichen*) seña *f*; señal *f*; *mit den Augen*: guiño *m*; *fig* indicación *f*; *hum* **~ mit dem Zaunpfahl** indirecta *f*; **auf einen ~** a una señal **2** (*Warnung*) advertencia *f*; (*Hinweis*) aviso *m* (confidencial), *umg* soplo *m*; **j-m einen ~ geben** *fig* avisar, advertir, *umg* dar el soplo a alg
'Winkel M ⟨~s; ~⟩ **1** MATH ángulo *m*; **rechter ~** ángulo *m* recto; **toter ~** ángulo *m* muerto **2** (*Ecke*) rincón *m* (*a. fig stiller Winkel*); *umg* rinconcito *m* **3** TECH *Gerät*: cartabón *m*, escuadra *f* **4** MIL *Abzeichen*: galón *m*
'Winkelabstand M MATH distancia *f* angular; **Winkeladvokat** M, **Winkeladvokatin** F JUR *pej* abogadillo *m*, -a *f*; picapleitos *m/f*, leguleyo *m*, -a *f*; *Am* tinterillo *m*, -a *f*; **Winkeleisen** N TECH hierro *m* angular; escuadra *f* de hierro; **winkelförmig** ADJ angular; **Winkelfunktion** F MATH función *f* angular (*od* goniométrica); **Winkelhaken** M **1** TYPO componedor *m* **2** *reg umg* (*Riss*) siete *m*; **Winkelhalbierende** F ⟨~n; ~n⟩ MATH bisectriz *f*
'winkelig ADJ *Gasse* torcido; anguloso; (*gewunden*) sinuoso, tortuoso
'Winkelmaß N escuadra *f*; cartabón *m*; **Winkelmesser** M GEOM transportador *m*; *Landmessung*: grafómetro *m*; SCHIFF, FLUG goniómetro *m*; **Winkelmessung** F GEOM goniometría *f*; **Winkelprisma** N escuadra *f* prismática
'winkelrecht ADJ GEOM rectangular; en ángulo recto; en rectángulo
'Winkelschleifer M TECH amoladora *f* de ángulo; **Winkelzüge** MPL *pej* rodeos *mpl*; subterfugios *mpl*; tergiversaciones *fpl*; recovecos *mpl*; **~ machen** andar con rodeos; buscar pretextos; tergiversar; *umg* salirse por la tangente
'winken **A** VT **j-n zu sich ~** llamar a alg por señas, hacer seña a alg para que venga **B** VI **1** hacer señas (con la mano); MIL, SCHIFF hacer señales; **mit etw ~** agitar a/c **2** **j-m ~** *zum Näherkommen*: llamar a alg por señas; **j-m zum Abschied ~** despedirse de alg con un gesto de la mano; **j-m mit den Augen ~** guiñar un ojo (*od* hacer un guiño) a alg **3** *fig* **ihm winkt eine Belohnung** le espera una recompensa; **ihm winkt das Glück** la fortuna le sonríe; **den Gewinnern ~ tolle Preise** a los ganadores les esperan premios magníficos
'Winker M ⟨~s; ~⟩ **1** SCHIFF señalador *m* **2** AUTO *obs*: indicador *m* de dirección; flecha *f*;
Winkerflagge F bandera *f* de señales; **Winkerkrabbe** F ZOOL cangrejo *m* violinista
'winklig ADJ → winkelig
'Winkzeichen N señal *f* con banderas
'winseln VI gemir; gimotear; lloriquear; *Hund* ladrar lastimeramente
'Winseln N ⟨~s⟩ gemidos *mpl*; gimoteo *m*; lloriqueo *m*; *Hund*: ladridos *mpl* lastimeros
'Winter M ⟨~s; ~⟩ invierno *m*; **im ~** en invierno; **Winteranfang** M comienzo *m* del invierno; **Winteranzug** M traje *m* de invierno (*bzw* de abrigo); **Winteraufenthalt** M residencia *f* de invierno; **Winterbestellung** F AGR labores *fpl* invernales; **Winterfahrplan** M BAHN horario *m* de invierno; **Winterfeldzug** M MIL campaña *f* de invierno; **Winterfell** N ZOOL pelaje *m* de invierno
'winterfest ADJ **1** BOT *Pflanze* resistente al frío (invernal) **2** *Kleidung* de invierno
'Wintergarten M terraza-invernadero *f*; jardín *m* de invierno; invernadero *m*; **Wintergetreide** N cereales *mpl* de invierno (*bzw* de otoño); **Winterhafen** M puerto *m* de invernada; **Winterhalbjahr** N semestre *m* de invierno
'winterhart ADJ BOT → winterfest 1
'Winterkälte F frío *m* invernal (*od* del invierno); **Winterkleid** N vestido *m* de invierno; ZOOL plumaje *m* (*bzw* pelaje *m*) de invierno; **Winterkurgast** M invernante *m*; **Winterkurort** M estación *f* invernal; **Winterlandschaft** F paisaje *m* de invierno
'winterlich ADJ invernal; de invierno
'Wintermantel M abrigo *m* de invierno; **Wintermode** F moda *f* de invierno
'wintern V/UNPERS **es wintert** hace tiempo de invierno
'Winterobst N fruta *f* de invierno; **Winterolympiade** F olimpíada *f* de invierno (*od* blanca); **Winterquartier** N cuartel *m* de invierno (ZOOL *a.* de invernada); **Winterreifen** M AUTO neumáticos *mpl* de invierno; **Wintersaat** F AGR siembra *f* de otoño; **Wintersachen** FPL ropa *f* de invierno; **Winterschlaf** M hibernación *f*; **~ halten** hibernar; **Winterschläfer** M (animal *m*) hibernante *m*; **Winterschlussverkauf** M rebajas *fpl* de enero; **Wintersemester** N semestre *m* de invierno; **Wintersonnenwende** F solsticio *m* de invierno; **Winterspiele** NPL **Olympische ~** juegos *mpl* olímpicos de invierno; Olimpiada *f* de invierno; **Wintersport** M deporte *m* de invierno (*od* de nieve *od* blanco)
'Winterszeit F invierno *m*; estación *f* invernal; **Winterwetter** N tiempo *m* invernal (*od* de invierno); **Winterzeit** F **1** *Jahreszeit*: invierno *m*; estación *f* invernal **2** *Uhrzeit*: hora *f* de invierno
'Winzer M ⟨~s; ~⟩ viñador *m*, viticultor *m*, (viti)vinicultor *m*; *Arg* viñatero *m*; **Winzerfest** N fiesta *f* de la vendimia; **Winzergenossenschaft** F cooperativa *f* vinícola; **Winzerin** F ⟨~; ~nen⟩ viñadora *f*, viticultora *f*, (viti)vinicultora *f*; *Arg* viñatera *f*; **Winzermesser** N podadera *f*
'winzig ADJ diminuto; minúsculo; microscópico; *umg* chiquitín, chiquitito; (*unbedeutend*) insignificante; **Winzigkeit** F ⟨~; ~en⟩ pequeñez *f* (extrema); exigüidad *f*; (*Unbedeutendheit*) insignificancia *f*
'Wipfel M ⟨~s; ~⟩ cima *f*
'Wippe F ⟨~; ~n⟩ báscula *f*
'wippen **A** VT balancear **B** VI balancearse; **mit dem Fuß ~** balancear el pie; **mit dem Schwanz ~** menear la cola
'Wippen N ⟨~s⟩ balanceo *m*, meneo *m*; **Wippsäge** F sierra *f* de vaivén
wir PERS PR nosotros, -as; *vor Verb unübersetzt*: **~ gehen** vamos; *betont*: nosotros vamos; **~ sind** es somos nosotros; **~ Deutsche(n)** (nosotros) los alemanes
'Wirbel M ⟨~s; ~⟩ **1** PHYS torbellino *m* (*a. fig*); remolino *m*; vórtice *m* (*a. fig*) **2** *umg fig* (*Trubel*) *umg* jaleo *m*; **viel ~ um etw/j-n machen** armar mucho jaleo por alg/a/c; hacer muchos aspavientos por alg/a/c **3** ANAT vértebra *f*; **vom ~ bis zur Zehe** de pies a cabeza **4** (*Haarwirbel*) coronilla *f*, remolino *m* **5** *an Saiteninstrumenten*: clavija *f* **6** (*Trommelwirbel*) redoble *m*
'Wirbelbildung F ⟨~; ~en⟩ TECH turbulencia *f*
'wirbelig ADJ remolinante; turbulento (*a. fig*); *fig* (*schwindelig*) vertiginoso
'Wirbelkasten M MUS clavijero *m*
'wirbellos ADJ ZOOL invertebrado
'wirbeln **A** VT agitar, hacer revolotear; remolin(e)ar; *Trommel* redoblar **B** VI ⟨sn⟩ revolotear; *Person, Wasser* remolinear; arremolinarse; formar remolinos; girar vertiginosamente; *fig* **mir wirbelt der Kopf** la cabeza me da vueltas
'Wirbeln N ⟨~s⟩ torbellino *m*; remolino *m*; *auf der Trommel*: redoble *m*
'Wirbelsäule F ANAT columna *f* vertebral; *umg* espina *f* dorsal; **Wirbelsturm** M ciclón *m*; tornado *m*; **Wirbeltier** N ZOOL vertebrado *m*; **Wirbelwind** M torbellino *m* (*a. fig*)
wirbt → werben
wird → werden
wirft → werfen
'wirken **A** VI **1** (*wirksam sein*) ser eficaz; surtir (*od* producir *od* hacer) efecto (**auf** *acus* sobre); (*den Zweck erreichen*) tener éxito; **auf j-n/etw ~** *a.* influir en (*od* sobre) alg/a/c; **gegen etw ~** obrar contra a/c; contrarrestar a/c; **~ wie** hacer (*od* producir) el efecto de **2** (*e-e bestimmte Wirkung haben*) actuar, obrar (*a.* PHARM) (**auf** *acus* sobre); TECH accionar (**auf** *acus* sobre); **gut/schlecht ~** hacer buen/mal efecto; quedar bien/mal; **beruhigend ~** tener efectos calmantes (*od* sedantes); **schädlich ~** ser nocivo (*od* perjudicial) **3** (*Eindruck machen*) **auf j-n ~** causar (*od* hacer *od* producir) impresión a alg; impresionar a alg; **auf j-n ~ wie ...** ser para alg como; **alt ~** tener aspecto de viejo; parecer viejo; **jugendlich ~** tener (un) aspecto juvenil; **größer ~** parecer más grande **4** (*tätig sein*) obrar, actuar (**als** como, de); **als Arzt ~** ejercer la medicina; ser médico **B** VT **1** (*bewirken*) producir; obrar; hacer; **Gutes ~** hacer bien **2** TEX tejer
'Wirken N ⟨~s⟩ **1** actuación *f*; actividad *f* **2** TEX (*Weben*) tejedura *f*
'wirkend ADJ **1** (*Wirkung habend*) activo; operante; **sofort ~** de efecto inmediato; MED **stark ~** drástico **2** (*erscheinend*) **jugendlich ~** de aspecto juvenil
'Wirker M ⟨~s; ~⟩, **Wirkerin** F ⟨~; ~nen⟩ TEX tejedor *m*, -a *f*
Wirke'rei F ⟨~; ~en⟩ TEX tejeduría *f*
'Wirkleistung F ELEK potencia *f* activa
'wirklich **A** ADJ (*tatsächlich*) real; positivo; efectivo; (*echt*) auténtico; verdadero **B** ADV (*tatsächlich*) realmente; positivamente; (*wahrhaftig*) verdaderamente; de veras; efectivamente, en efecto; **~?** ¿de veras?; **~!** ¡de verdad!
'Wirklichkeit F ⟨~; ~en⟩ realidad *f*; **in ~** en realidad; **~ werden** realizarse, hacerse realidad
'Wirklichkeitsform F GRAM (modo *m*) indicativo *m*; **wirklichkeitsfremd** ADJ ajeno (*od* de espaldas) a la realidad; poco realista;

wirklichkeitsnah ADJ realista; **Wirklichkeitsnähe** F realismo *m*; **Wirklichkeitssinn** M ⟨~(e)s⟩ realismo *m*; sentido *m* de la realidad
'Wirkmaschine F TEX tricotosa *f*
'wirksam ADJ 1 eficaz (*a.* PHARM); eficiente; (*wirkend*) activo, operante 2 VERW, JUR (*in Kraft*) en vigor; vigente; **~ sein** ser eficaz; producir (*od* surtir) efecto; *Gesetz etc* estar en vigor; **~ werden** (empezar a) surtir efecto; *Gesetz* entrar en vigor 3 (*eindrucksvoll*) impresionante
'Wirksamkeit F ⟨~⟩ 1 eficacia *f*; eficiencia *f* 2 (*Gültigkeit*) vigencia *f*; validez *f*; **Wirkstoff** M su(b)stancia *f* activa, principio *m* activo
'Wirkung F ⟨~; ~en⟩ 1 *allg* efecto *m*, acción *f* (*beide a.* MED); (*Folge*) consecuencia *f*; (*Ergebnis*) resultado *m*; (*Reaktion*) reacción *f*; **gute ~ haben** dar buen resultado; **keine ~ haben** *od* **ohne ~ bleiben** no producir (*od* surtir) ningún efecto; **seine ~ tun** producir (*od* surtir) su efecto; **seine ~ verfehlen** no surtir el efecto deseado; **auf j-n/etw ~ ausüben** influir en alg/a/c; **nicht zur ~ kommen** no llegar a surtir efecto; **keine ~ ohne Ursache** no hay efecto sin causa 2 (*Eindruck*) impresión *f*; *stärker*: impacto *m*; (*Einfluss*) influjo *m*; influencia *f*; **auf ~ bedacht sein** ser efectista 3 VERW, JUR **mit ~ vom** con efectos (a partir) del; **mit sofortiger ~** con efecto inmediato
'Wirkungsbereich M esfera *f* (*od* radio *m*) de acción; MIL alcance *m*; **Wirkungsfeld** N campo *m* de acción (*od* de actividad); **Wirkungsgrad** M eficiencia *f*; TECH, ELEK rendimiento *m*; **Wirkungskraft** F eficacia *f*; eficiencia *f*; **Wirkungskreis** M esfera *f* de acción; campo *m* de acción (*od* de actividad)
'wirkungslos ADJ ineficaz; sin efecto; inoperante; **Wirkungslosigkeit** F ⟨~⟩ ineficacia *f*; inoperancia *f*; **wirkungsvoll** A ADJ eficaz; (*eindrucksvoll*) impresionante B ADV con eficacia, eficazmente
'Wirkungsweise F CHEM, PHARM modo *m* de acción; TECH modo *m* de funcionamiento
'Wirkwaren FPL TEX géneros *mpl* de punto; **Wirkzeit** F CHEM tiempo *m* de reacción
wirr ADJ (*verwirrt*) confuso; *geistig a.*: trastornado; (*verwickelt*) embrollado, (*unordentlich*) enredado, enmarañado; (*durcheinander*) desordenado; caótico; *Rede* incoherente; *Haar* revuelto; desgreñado; **~es Durcheinander** desbarajuste *m*; embrollo *m*; revoltijo *m*; caos *m*; **~ durcheinander** sin orden ni concierto; **mir ist ganz ~ im Kopf** la cabeza me da vueltas; **~es Zeug reden** desbarrar
'Wirren PL desórdenes *mpl* (*a.* POL), disturbios *mpl*; turbulencias *fpl*; confusión *f*; **Wirrkopf** M embrollador *m*; cabeza *f* de chorlito
'Wirrnis F ⟨~; ~se⟩, **Wirrsal** N ⟨~(e)s; ~e⟩ *u.* F ⟨~; ~e⟩ confusión *f*; embrollo *m*; enredo *m*
'Wirrwarr M ⟨~s⟩ desorden *m*; confusión *f*; desbarajuste *m*; caos *m*; *umg* babel *m/f*; barullo *m*; *umg* cacao *m*
'Wirsing M ⟨~s⟩, **Wirsingkohl** M BOT col *f* rizada; berza *f* de Saboya
Wirt M ⟨~(e)s; ~e⟩ 1 (*Gastwirt*) dueño *m* (*de un restaurante, etc*); tabernero *m*; hospedero *m* 2 (*Gastgeber*) anfitrión *m* 3 (*Hauswirt*) patrón *m*, casero *m*; dueño *m* (de la casa) 4 BIOL huésped *m*, hospedante *m*; **'Wirtin** F ⟨~; ~nen⟩ 1 (*Gastwirtin*) dueña *f*; tabernera *f* 2 (*Gastgeberin*) anfitriona *f* 3 (*Hauswirtin*) patrona *f*, casera *f*
'Wirtschaft F ⟨~; ~en⟩ 1 WIRTSCH economía *f*; **gelenkte/gewerbliche ~** economía *f* dirigida/industrial; **kapitalistische/sozialistische ~** economía *f* capitalista/socialista; **die ~ wieder ankurbeln** relanzar la economía 2 AGR explotación *f*; granja *f* 3 (*Gastwirtschaft*) restaurante *m*; *einfache*: taberna *f*; cervecería *f*; bar *m* 4 *obs* (*Hauswesen*) economía *f* doméstica; (*Haushaltung*) (gobierno *m* de la) casa *f*; **die ~ führen** llevar la casa 5 *umg pej* (*Durcheinander*) confusión *f*, desorden *m*; desbarajuste *m*; cacao *m umg*
'wirtschaften V/I 1 (*den Haushalt führen*) llevar (*od* gobernar) la casa 2 AGR *etc* explotar una finca, *etc*; **gut/schlecht ~** llevar (*od* administrar) bien/mal la casa (HANDEL los negocios) 3 (*sparen*) **sparsam ~** economizar; **zu ~ verstehen** ser económico 4 *reg* (*sich betätigen*) trabajar
'Wirtschafter M ⟨~s; ~⟩ administrador *m*; mayordomo *m*; **Wirtschafterin** ⟨~; ~nen⟩ F ama *f* de gobierno (*od* de casa *od* de llaves); **Wirtschaftler** M ⟨~s; ~⟩, **Wirtschaftlerin** F ⟨~; ~nen⟩ economista *m/f*
'wirtschaftlich ADJ 1 WIRTSCH económico; **~es Wachstum** crecimiento *m* económico 2 (*rentabel*) productivo; rentable 3 (*haushälterisch*) ahorrativo; economizador; (*sparsam*) económico; **Wirtschaftlichkeit** F ⟨~⟩ economía *f*; rentabilidad *f*; productividad *f*
'Wirtschafts... IN ZSSGN económico; **Wirtschaftsabkommen** N acuerdo *m* económico; **Wirtschaftsablauf** M proceso *m* económico; **Wirtschaftsaufschwung** M auge *m* económico; **Wirtschaftsausweitung** F expansión *f* económica, despliegue *m* económico; **Wirtschaftsbarometer** N barómetro *m* de la economía; **Wirtschaftsbelebung** F reactivación *f* económica; **Wirtschaftsberater** M, **Wirtschaftsberaterin** F asesor *m*, -a *f* económico, -a; **Wirtschaftsbereich** M sector *m* económico; **Wirtschaftsbeziehungen** FPL relaciones *fpl* económicas; **Wirtschaftsbuch** N libro *m* de gastos (de la casa); **Wirtschaftseinheit** F unidad *f* económica; **Wirtschaftsexperte** M, **Wirtschaftsexpertin** F experto *m*, -a *f* en asuntos económicos, economista *m/f*
'wirtschaftsfeindlich ADJ antieconómico
'Wirtschaftsflaute F estancamiento *m* económico, estagnación *f* económica; **Wirtschaftsflüchtling** M *oft neg!* refugiado *m* económico; **Wirtschaftsform** F sistema *m* económico (AGR de explotación); **Wirtschaftsfrage** F problema *m* económico; **Wirtschaftsführer** M gran industrial *m*; **Wirtschaftsgebäude** NPL dependencias *fpl*; AGR edificios *mpl* de explotación; **Wirtschaftsgefüge** N estructura *f* económica; **Wirtschaftsgeld** N dinero *m* para gastos de la casa; **Wirtschaftsgemeinschaft** F HIST **Europäische ~** Comunidad *f* Económica Europea; **Wirtschaftsgeografie** F, **Wirtschaftsgeographie** F geografía *f* económica; **Wirtschaftsgüter** NPL bienes *mpl* económicos; **Wirtschaftshilfe** F ayuda *f* económica; **Wirtschaftsjahr** N año *m* económico; ejercicio *m*; año *m* fiscal; **Wirtschaftskommission** F comisión *f* económica; **Wirtschaftskonferenz** F conferencia *f* económica; **Wirtschaftskontrolle** F control *m* económico; **Wirtschaftskörper** M organismo *m* económico
'Wirtschaftskorrespondent M, **Wirtschaftskorrespondentin** F corresponsal *m/f* económico, -a
'Wirtschaftskreise MPL círculos *mpl* económicos; **Wirtschaftskrieg** M guerra *f* económica; **Wirtschaftskriminalität** F delincuencia *f* económica (*umg* de cuello blanco); **Wirtschaftskrise** F crisis *f* económica; **Wirtschaftslage** F situación *f* económica; **Wirtschaftsleben** N vida *f* económica; **Wirtschaftslehre** F doctrina *f* económica; *als Wissenschaft*: ciencias *fpl* económicas; **Wirtschaftslenkung** F dirigismo *m* económico; **Wirtschaftsminister** M, **Wirtschaftsministerin** F ministro *m*, -a *f* de Economía; **Wirtschaftsministerium** N ministerio *m* de Economía; **Wirtschaftsordnung** F orden *m* económico; **Wirtschaftsorganisation** F organización *f* económica; **Wirtschaftsplan** M plan *m* económico; **Wirtschaftsplanung** F planificación *f* económica; **Wirtschaftspolitik** F política *f* económica; **wirtschaftspolitisch** ADJ político-económico; **Wirtschaftspotenzial** N potencial *m* económico
'Wirtschaftsprüfer M, **Wirtschaftsprüferin** F censor *m*, -a *f* (jurado, -a) de cuentas, revisor *m*, -a *f* (jurado, -a) de cuentas, interventor *m*, -a *f*; auditor *m*, -a *f*; *Am* contador *m*, -a *f* público, -a; **Wirtschaftsprüfung** F auditoría *f* de cuentas, revisoría *f*
'Wirtschaftsrat M consejo *m* económico; **Wirtschaftsraum** M 1 espacio *m* económico; **Europäischer ~** Espacio *m* Económico Europeo 2 PL **Wirtschaftsräume** dependencias *fpl* del servicio; **Wirtschaftsrecht** N derecho *m* económico; **Wirtschaftsreform** F reforma *f* económica; **Wirtschaftssachverständige** M/F → Wirtschaftsexperte; **Wirtschaftssanktionen** FPL sanciones *fpl* económicas; **Wirtschaftsstandort** M emplazamiento *m* económico; **Wirtschaftsstatistik** F estadística *f* económica; **Wirtschaftsstruktur** F estructura *f* económica; **Wirtschaftssystem** N sistema *m* (*od* régimen *m*) económico; **Wirtschaftstätigkeit** F actividad *f* económica; **Wirtschaftsteil** M *e-r Zeitung*: sección *f* económica (y financiera)
'Wirtschaftstheoretiker M, **Wirtschaftstheoretikerin** F teorizante *m/f* de la economía
'Wirtschaftstheorie F teoría *f* económica; **Wirtschaftsunion** F unión *f* económica; **Wirtschaftsunternehmen** N empresa *f* económica; **Wirtschaftsverband** M consorcio *m* económico; **Wirtschaftsvergehen** N delito *m* económico; **Wirtschaftswachstum** N crecimiento *m* económico; **Wirtschaftsweise** M/F Sabio *m*, Sabia *f* de la economía **die fünf ~n** los Cinco Sabios de la economía
'Wirtschaftswissenschaft F (ciencias *fpl*) económicas *fpl*; **Wirtschaftswissenschaftler** M **Wirtschaftswissenschaftlerin** F economista *m/f*
'Wirtschaftswunder N milagro *m* económico; **Wirtschaftszweig** M sector *m* económico
'Wirtshaus N restaurante *m*; *einfaches* taberna *f*; cervecería *f*; fonda *f*; **Wirtsleute** PL dueños *mpl*; **Wirtspflanze** F BOT planta *f* huésped; **Wirtstier** N BIOL animal *m* huésped
Wisch M ⟨~(e)s; ~e⟩ *pej* (*Zettel*) papelucho *m*, papelote *m*
'wischen V/T 1 (*putzen*) fregar; (*abwischen*) limpiar; **Staub ~** quitar el polvo 2 (*reiben*) frotar, (r)estregar; **mit der Hand über etw** (*acus*) **~** pasar la mano por a/c 3 MAL difuminar; (**sich** *dat*) **den Schweiß von der Stirn ~** limpiar (*od* secar) el sudor de la frente; **sich** (*dat*) **den Mund ~** secarse la boca; limpiarse los labios
'Wischer M ⟨~s; ~⟩ 1 AUTO (*Scheibenwischer*) limpiaparabrisas *m* 2 MAL esfumino *m*, difumino *m*; **Wischerblatt** N AUTO escobilla *f*

W

'Wischlappen M rodilla *f*; *zum Abwischen*: bayeta *f*; *(Putzlappen)* trapo *m*; **Wischtechnik** F MAL (técnica *f* de) difuminado *m*; **Wischtuch** N → Wischlappen
'Wisent M ⟨~s; ~e⟩ ZOOL bisonte *m* europeo
'Wismut N ⟨~(e)s⟩ CHEM bismuto *m*
'wispern V/I cuchichear, *poet* murmurar; **Wispern** N ⟨~s⟩ cuchicheo *m*; *poet* murmullo *m*
wiss. ABK → wissenschaftlich
'Wissbegier(de) F afán *m* de saber; deseo *m* de aprender; curiosidad *f* (intelectual); **wissbegierig** ADJ ávido de saber (*od* de aprender); *(neugierig)* curioso
'wissen A V/T ⟨irr⟩ 1 *allg* saber; **nicht ~** no saber, ignorar; desconocer; **nicht ~, woran man ist** no saber a qué atenerse; **ich weiß (es) nicht** no (lo) sé; **ich weiß nicht recht** no estoy muy seguro; **ich weiß schon** ya lo sé; **soviel ich weiß** que yo sepa; por (*od* a) lo que yo sé; **nicht, dass ich wüsste** (no) que yo sepa; **gut, dass ich es weiß** bueno es saberlo; **das weiß er am besten** nadie mejor que él puede saberlo; **das musst du selbst ~** es cosa tuya; allá tú; **das weiß ich sehr wohl** (*od* **nur zu gut**) lo sé muy bien (*od* perfectamente *od* de sobra); **Sie ~ doch wohl, dass …** usted no ignora que …; **Sie müssen ~, dass …** sepa usted que …; **weißt du noch als …?** ¿te acuerdas cuándo …?; **j-n etw ~ lassen** hacer saber a/c a alg; enterar (*od* informar) a alg de a/c; **ich möchte gern ~, ob …** desearía (*od* quisiera) saber si …; **so tun, als wüsste man nichts** hacerse el desentendido; aparentar no saber nada; *sprichw* **man kann nie ~** nunca se sabe; *umg sprichw* **was ich nicht weiß, macht mich nicht heiß** ojos que no ven, corazón que no siente 2 **etw von j-m** (*od* **durch j-n ~**) enterarse de a/c por alg; **ich will nichts davon ~** no quiero saber nada de eso; no me interesa eso; **ich weiß nichts davon** no sé nada de eso; *fig* **ich will nichts mehr von ihm ~** no quiero saber nada más de él; **woher weißt du das?** ¿cómo lo sabes?; ¿quién te lo ha dicho? 3 *(kennen)* conocer; **j-n ~, der …** conocer a alg que …; **ich wüsste niemand, der es besser machen könnte** no sé de nadie que pudiera hacerlo mejor 4 *intensivierend*: **wer weiß!** ¿quién sabe?; **wer soll das ~!** ¡vete a saber!; **was weiß ich!** ¡qué sé yo!; **was weißt du denn (davon)!** ¡qué sabes tú!; **dass du es nur weißt!** ¡para que lo sepas!; **das weiß ja jedes Kind** eso lo sabe todo el mundo; **wer weiß wo** quién sabe dónde; **als ob es wer weiß was gekostet hätte** como si hubiera costado una fortuna 5 **~ zu** *(inf)* saber cómo *(inf)*; saber *(inf)*; **sich zu benehmen ~** saber comportarse; **sich zu helfen ~** saber arreglárselas, defenderse B V/I **von** (*od geh* **um**) **etw ~** tener conocimiento de a/c
'Wissen N ⟨~s⟩ saber *m*; *(Kenntnisse)* conocimientos *mpl*; *(Weisheit)* sabiduría *f*; erudición *f*; **meines ~s** por lo que yo sé; que yo sepa; **mit meinem ~** con conocimiento mío; sabiéndolo yo; **nach bestem ~ und Gewissen** según mi leal saber y entender; de buena fe; **ohne mein ~** sin conocimiento mío; sin saberlo yo; **wider besseres ~** contra su propia convicción; *sprichw* **~ ist Macht** saber es poder
'wissend ADJ *Blick* de complicidad; **die Wissenden** los iniciados
'wissenlassen V/T → wissen A 1
'Wissenschaft F ⟨~; ~en⟩ ciencia *f*; *umg* **das ist eine ~ für sich** eso es bastante complicado; **Wissenschaftler** M ⟨~s; ~⟩, **Wissenschaftlerin** F ⟨~; ~nen⟩ hombre *m*, mujer *f* de ciencia; científico *m*, -a *f*; sabio *m*, -a *f*; erudito *m*, -a *f*; *(Forscher, -in)* investigador *m*, -a *f*; **wissenschaftlich** ADJ científico; **Wissenschaftlichkeit** F ⟨~⟩ carácter *m* científico
'Wissensdrang M, **Wissensdurst** M afán *m* de saber; deseo *m* de instruirse; **wissensdurstig** ADJ ávido de saber; deseoso de instruirse; **Wissensgebiet** N rama *f* del saber; disciplina *f* (científica); **wissenswert** ADJ digno de saberse; interesante; **Wissenszweig** M → Wissensgebiet
'wissentlich A ADJ premeditado; deliberado; *(absichtlich)* intencionado B ADV a sabiendas, a propósito; cdeliberadamente; *(absichtlich)* intencionadamente; adrede; a ciencia y conciencia
'wittern V/T husmear, olfatear (*a. fig*); JAGD *a.* ventear; *fig Gefahr etc* barruntar
'Witterung F ⟨~; ~en⟩ 1 METEO tiempo *m*; **bei jeder ~** con buen o mal tiempo 2 JAGD *(Geruch)* viento *m*; *(Geruchssinn)* olfato *m*; husmeo *m*; **~ aufnehmen** tomar el viento; *a. fig* **eine gute ~ haben** tener buen olfato
'Witterungseinflüsse MPL influencias *fpl* atmosféricas; agentes *mpl* atmosféricos; **Witterungsumschlag** M ⟨~s⟩ cambio *m* (brusco) de tiempo; **Witterungsverhältnisse** NPL condiciones *fpl* atmosféricas (*od* meteorológicas)
'Witwe F ⟨~; ~n⟩ viuda *f*
'Witwengeld N subsidio *m* de viudedad; **Witwenkasse** F caja *f* de viudedad; **Witwenrente** F (pensión *f* de) viudedad *f*; **Witwenstand** M viudez *f*, viudedad *f*
'Witwer M ⟨~s; ~⟩ viudo *m*
Witz M ⟨~es; ~e⟩ 1 *(Witzwort)* chiste *m*; *(Scherz)* broma *f*; chanza *f*; *(witziger Einfall)* salida *f*; ocurrencia *f*; **~e erzählen** *od* **reißen** decir (*od* contar) chistes; **~e machen** gastar bromas, bromear; **einen ~ machen** soltar una gracia; *umg* **mach keine ~e!** ¡no hagas bromas!, ¡no hablarás en serio! 2 *(Geistreichsein)* gracia *f*; donaire *m*; gracejo *m*; salero *m*; *(Geist)* ingenio *m* 3 *umg fig* **das ist der ~ der Sache** ése es el quid (del asunto); *umg* ahí está el busilis; *umg* **das ist der ganze ~** eso es todo; *umg* **ist das nicht ein ~?** ¿no es curioso?; *(lächerlich)* ¿no es ridículo?
'Witzblatt N revista *f* humorística; **Witzbold** M ⟨~(e)s; ~e⟩ bromista *m*; gracioso *m*; *umg* guasón *m*; dicharachero *m*
Witze'lei F broma *f*, chanza *f*; *umg* chunga *f*
'witzeln V/I bromear; dárselas de gracioso; **über j-n/etw ~** bromear (*od* burlarse) de alg/a/c *umg* chunguearse de alg/a/c
'Witzfigur F *pej* fantoche *m*, tipejo *m*,-a *f*; *umg* mamarracho *m*,-a *f*
'witzig ADJ chistoso; gracioso; divertido; ocurrente; **~ sein** tener gracia; **~er Einfall** salida *f*, ocurrencia *f*; *iron* **sehr ~!** ¡muy gracioso!; ¡vaya gracia!
'witzlos ADJ 1 *(geistlos)* sin gracia 2 *umg fig (sinnlos)* inútil; **das ist doch ~** no tiene sentido
'Witzseite F página *f* de humor
'WLAN N ⟨~(s); ~s⟩ ABK (Wireless Local Area Network) red *f* inalámbrica, WLAN *m*
WM F ABK ⟨~⟩ → Weltmeisterschaft
wo A ADV 1 *fragend*: ¿dónde?; **von ~?** ¿de dónde? 2 *relativisch*: donde; en donde; por donde; **von ~** de donde; **~ (auch) immer; überall ~** dondequiera que (*subj*) 3 *zeitlich*: que; **jetzt ~ …** ahora que …; **zu einer Zeit, ~** en un tiempo en que; **heute, ~ ich Zeit habe** hoy que tengo tiempo; **der Tag, ~** el día (en) que 4 *ausrufend*: **ach ~!** ¡qué va!; ¡tonterías!; **~ werd' ich (denn)!** ¡ni hablar!; ¡ni pensarlo! B KONJ 1 *(da)* **~ … (einmal) …** ya que … 2 *(obwohl)* **~ … doch …** mientras que …
w. o. ABK (wie oben) como arriba
wo'anders ADV en otro sitio; en otra parte; **woandershin** ADV a otro sitio; a otra parte
wob → weben
wo'bei ADV 1 *fragend*: **~ bist du gerade?** ¿qué es lo que estás haciendo?; **~ hast du dich verletzt?** ¿con qué te has hecho daño (*od* herido)? 2 *relativisch*: a lo cual; con lo cual; en lo cual; por lo cual; *Kanzleistil*: a cuyo efecto; **…, ~ mir einfällt …** lo que me sugiere …; **~ es unerlässlich ist, dass** siendo imprescindible que (*subj*)
'Woche F ⟨~; ~n⟩ semana *f*; **diese ~** esta semana; **zweimal die** *od* **in der ~** dos veces a la semana; **vor einigen ~n** hace algunas semanas; semanas atrás; **in einer ~** dentro de una semana; **heute in einer ~** de hoy en ocho días; *umg* **unter der ~** entre semana
'Wochenarbeitszeit F jornada *f* semanal; semana *f* laboral; **Wochenausweis** M HANDEL balance *m* semanal; **Wochenbericht** M informe *m* semanal; **Wochenbett** N sobreparto *m*; puerperio *m*; **Wochenbettdepression** F depresión *f* posparto; **Wochenbettfieber** N MED fiebre *f* puerperal; **Wochenblatt** N semanario *m*; revista *f* semanal
'Wochenendbeilage F *Zeitung*: suplemento *m* de fin de semana; **Wochenende** N fin *m* de semana; **am ~** el fin de semana; **schönes ~** ¡buen fin de semana!
'Wochenendhaus N casa *f* para pasar el fin de semana; **Wochenendseminar** N seminario *m* (*od* cursillo *m*) de fin de semana; **Wochenendticket** N BAHN billete *m* especial de fin de semana
'Wochenkarte F *Verkehr*: billete *m* (*od* abono *m*) semanal
'wochenlang A ADJ de muchas semanas; que dura semanas enteras B ADV semanas enteras; durante (muchas) semanas; *(seit Wochen)* desde hace semanas
'Wochenlohn M salario *m* semanal; semana *f*; **Wochenmarkt** M mercadillo *m*; mercado *m* semanal; **Wochenschau** F 1 FILM *hist*: actualidades *fpl*; noticiario *m* 2 TV crónica *f* de la semana; **Wochenschrift** F publicación *f* semanal; **Wochenstunden** FPL horas *fpl* a la semana; **Wochentag** M día *m* de (la) semana; *(Werktag)* día *m* laborable; **wochentags** ADV los días laborables
'wöchentlich A ADJ semanal; de cada semana B ADV semanalmente; cada semana, todas las semanas; **dreimal ~** tres veces por semana
'Wochenübersicht F resumen *m* semanal; **wochenweise** ADV por semanas; **Wochenzeitschrift** F revista *f* semanal; **Wochenzeitung** F semanario *m*; periódico *m* semanal
'Wöchnerin F ⟨~; ~nen⟩ parturienta *f*; (recién) parida *f*; puérpera *f*
'Wodka M ⟨~s; ~s⟩ vodka *m/f*
wo'durch ADV 1 *fragend*: **~?** ¿por qué medio?; ¿por medio de qué?; ¿cómo? 2 *relativisch*: por lo que; por el cual; por donde; por cuyo motivo
wo'fern *obs* → sofern
wo'für ADV 1 *fragend Zweck*: ¿para qué?; *Gegenleistung*: ¿por qué?; **~ ist das gut?** *od* **soll das gut sein?** ¿para qué sirve eso?; **~ halten Sie mich?** ¿por quién me toma usted?; **~ interessierst du dich?** ¿qué es lo que te interesa?, ¿por qué te interesas? 2 *relativisch*: contra lo cual, a cambio de lo cual; por (*bzw* para) lo cual; *Kanzleistil*: a cuyo efecto; **er ist nicht das, ~ er sich ausgibt** no es lo que pretende ser
wog → wiegen[1]
'Woge ⟨~; ~n⟩ F ola *f* (*a. fig*); onda *f*; *fig* **die ~n**

glätten calmar los ánimos; *fig* **die ~n haben sich geglättet** las aguas han vuelto a su cauce
wo'gegen A ADV 1 *fragend*: **~?** ¿contra qué?; **~ ist sie allergisch?** ¿a qué le tiene alergia? 2 *relativisch*: contra lo cual; a cambio de lo cual B KONJ mientras que
'wogen VI *geh* ondear; flotar; *Meer, Kornfeld* estar agitado; *Busen* palpitar; *Menschenmenge* agitarse; **Wogen** N ⟨~s⟩ ondulación *f*; agitación *f*; **wogend** ADJ ondulante; *Meer* agitado; proceloso
wo'her ADV 1 *fragend*: ¿de dónde?; ¿de qué lado?, ¿de qué parte?; **~ kommt es, dass ...?** ¿cómo es que ...? 2 *relativisch*: de donde 3 *umg* **ach ~ (denn)!** ¡qué va!
wo'hin ADV 1 *fragend*: ¿adónde?, ¿hacia (*od* para) dónde?; **~ willst du?** ¿adónde vas? 2 *relativisch*: adonde, donde; **ich weiß nicht, ~ damit** no sé dónde ponerlo; **~ auch (immer)** dondequiera
wohin'gegen KONJ mientras que
wohl[1] ADV 1 *(gesund)* bien; **mir ist nicht ~** no me siento bien; estoy mal (*od* indispuesto); me siento mal → wohlfühlen 2 *(behaglich)* **ich fühle mich sehr ~ hier** estoy muy bien aquí; **mir ist nicht ganz ~ dabei** eso me inquieta; **es sich** *(dat)* **~ sein lassen** regalarse, *umg* darse buena vida; **~ oder übel** de grado o por fuerza; por las buenas o por las malas; **wir müssen es ~ oder übel tun** no hay más remedio, tenemos que hacerlo 3 **~ dem, der ...!** ¡dichoso aquél que ...! 4 *(gut)* **~ aussehen** tener buen aspecto; **~ riechen** oler bien; **~ daran tun, zu** *(inf)* hacer bien en *(inf)*; → *a.* wohlbedacht, wohlbekannt *etc*
wohl[2] ADV 1 *vermutend, einräumend*: probablemente; **er kommt ~ morgen** probablemente vendrá mañana; **ob sie ~ kommen wird?** a ver si viene; **er könnte ~ noch kommen** aún podría venir; **sie ist ~ krank** parece estar enferma; **ob er ~ krank ist?** ¿estará enfermo?; **ich kann ~ schwimmen, aber ...** nadar sí que puedo, pero ...; **das ist ~ möglich** *od* **das kann ~ sein** es muy posible; **das ist ~ nicht möglich** no creo que sea posible; no me parece posible; **es ist ~ so** bien pudiera ser así; todo parece indicar que es así; **~ kaum** difícilmente; apenas 2 *(durchaus)* perfectamente **ich weiß ~, dass ...** sé perfectamente que ...; **ich bin mir dessen ~ bewusst** estoy perfectamente consciente de esto; **das habe ich mir ~ gedacht** me lo suponía 3 *(ungefähr)* cerca de, más o menos; **~ (an die) 1000 Zuschauer** unos mil espectadores; **~ 50 Jahre** unos cincuenta años; **~ hundertmal** lo menos cien veces 4 *verstärkend*: bien; **das kann man ~ sagen** puede bien decirse; **das lasse ich ~ bleiben** me guardaré bien de ello; **nun ~!** ¡pues bien!
Wohl N ⟨~(e)s⟩ bien *m*; *(Wohlergehen)* bienestar *m*; *(Gedeihen)* prosperidad *f*; *(Heil)* salud *f*; **das öffentliche ~** el bien público; **auf j-s ~** *(acus)* **trinken** beber por (*od* a la salud de) alg; **auf Ihr** *bzw* **dein ~!** *od* **zum ~!** ¡(a su) salud!
wohl'an INT *geh obs* ¡ea!; ¡adelante!; ¡pues bien!; ¡vamos (pues)!
'wohlangebracht ADJ *geh* muy oportuno; **wohlanständig** ADJ *geh* (muy) decente; decoroso
wohl'auf *geh* A ADV **~ sein** estar bien (de salud); **er ist ~** está bien de salud B INT **~!** → wohlan
'wohlbedacht ADJ, **wohl bedacht** ADJ *geh* bien pensado (*od* considerado), hecho con reflexión
'Wohlbefinden N bienestar *m*; buen estado *m* de salud
'wohlbegründet ADJ, **wohl begründet** ADJ bien fundado
'Wohlbehagen N bienestar *m*; comodidad *f*; **wohlbehalten** ADJ sano y salvo; *Sache* en buen estado; en buenas condiciones
'wohlbekannt ADJ, **wohl bekannt** ADJ bien conocido; *neg!* notorio; **wohl bekömmlich** ADJ saludable; que sienta (*od* prueba) bien
'wohlbeleibt ADJ *geh hum* (muy) gordo
'wohlberaten ADJ, **wohl beraten** ADJ *geh* bien aconsejado
'Wohlergehen N bienestar *m*; prosperidad *f*
'wohlerwogen ADJ bien meditado (*od* considerado); ponderado; **wohlerzogen** ADJ bien educado
'Wohlfahrt F ⟨~⟩ 1 *obs* **(öffentliche) ~** beneficencia *f* (pública); asistencia *f* social 2 *geh* *(Wohlergehen)* prosperidad *f*
'Wohlfahrtsamt N *obs* → Sozialamt; **Wohlfahrtseinrichtung** F institución *f* benéfica (*od* benéfico-social); **Wohlfahrtsfonds** M fondo *m* de asistencia benéfico-social (*bzw* de previsión social); **Wohlfahrtsmarke** F *Postwesen*: sello *m* de beneficencia; **Wohlfahrtsorganisation** F organización *f* benéfica; **Wohlfahrtspflege** F asistencia *f* social; **Wohlfahrtsstaat** M Estado *m* providencia, Estado *m* del bienestar
'wohlfeil ADJ *obs* barato, económico; **wohlfühlen** VR **sich ~** sentirse bien; *fig* estar a sus anchas; **ich fühle mich nicht wohl** no me encuentro bien; **wohlgeartet** ADJ de buen natural; bien dispuesto
'Wohlgefallen N ⟨~s⟩ placer *m*; agrado *m*, complacencia *f*; satisfacción *f*; **sein ~ an etw** *(dat)* **haben** complacerse en a/c; ver con agrado a/c; *hum* **sich in ~ auflösen** desvanecerse; evaporarse; quedar en nada; *(kaputtgehen)* romperse
'wohlgefällig A ADJ *geh* placentero; grato; *(zufrieden)* satisfecho B ADV con agrado; con placer; con satisfacción
'wohlgeformt ADJ bien formado; *Körper* bien proporcionado
'Wohlgefühl N ⟨~(e)s⟩ sensación *f* de bienestar
'wohlgelitten ADJ *geh* bien visto
'wohlgemeint ADJ bienintencionado; *Rat* amistoso
'wohlgemerkt ADV bien entendido; **wohlgemut** ADJ *geh* alegre; de buen humor
'wohlgenährt, wohl genährt ADJ bien alimentado (*od* nutrido)
'wohlgeordnet ADJ, **wohl geordnet** ADJ bien ordenado
'wohlgeraten ADJ *geh* bien educado; *Sache* bien hecho
'Wohlgeruch M *geh* olor *m* agradable; aroma *m*; fragancia *f*; perfume *m*; **Wohlgeschmack** M ⟨~(e)s⟩ *geh* sabor *m* (*od* gusto *m*) agradable
'wohlgesetzt ADJ, **wohl gesetzt** ADJ *geh* *Worte* bien elegido; *Rede* elegante; bien formulado; **wohlgesinnt** ADJ *geh* bienintencionado; **j-m ~ sein** estar bien dispuesto hacia alg; **wohlgestalt(et)** ADJ *geh* bien formado; bien proporcionado; de buen tipo
'wohlgetan ADJ, **wohl getan** ADJ *geh* bien hecho
'wohlhabend ADJ acomodado; pudiente; adinerado; acaudalado; **Wohlhabenheit** F ⟨~⟩ bienestar *m*; prosperidad *f*
'wohlig ADJ *Gefühl, Wärme* agradable; cómodo
'Wohlklang M *geh* armonía *f*; LING eufonía *f*; **wohlklingend** ADJ *geh* armonioso; melodioso; agradable al oído; LING eufónico; **Wohllaut** M *geh* → Wohlklang; **Wohlleben** N ⟨~s⟩ *geh* vida *f* regalada (*od* holgada); buena vida *f*; **wohlmeinend** ADJ *geh* bienintencionado; amistoso
'wohlproportioniert ADJ *geh* bien proporcionado
'wohlriechend ADJ aromático; perfumado; fragante; de olor agradable; oloroso; **wohlschmeckend** ADJ sabroso
'Wohlsein N ⟨~s⟩ *geh* bienestar *m*; **(zum) ~!** ¡salud!
'Wohlstand M ⟨~(e)s⟩ bienestar *m*; prosperidad *f*; opulencia *f*; **im ~ leben** vivir con desahogo (*od* en la opulencia)
'Wohlstandsgesellschaft F *pej* sociedad *f* del bienestar; **Wohlstandsmüll** M basura *f* producida (*od* desechos *mpl* producidos) por la sociedad del bienestar
'Wohltat F 1 *(gute Tat)* beneficio *m*; favor *m*; buena acción *f*; obra *f* de caridad 2 *fig* *(Annehmlichkeit)* alivio *m*; **das ist eine wahre ~** ¡qué alivio!; **Wohltäter** M, **Wohltäterin** F bienhechor *m*, -a *f*; **wohltätig** ADJ benéfico; caritativo; **Wohltätigkeit** F beneficencia *f*; caridad *f*
'Wohltätigkeits... IN ZSSGN benéfico, de beneficencia; **Wohltätigkeitsfest** N, **Wohltätigkeitsveranstaltung** F fiesta *f* (*bzw* función *f*) benéfica (*od* de beneficencia); **Wohltätigkeitsverein** M sociedad *f* benéfica (*od* de beneficencia)
'wohltuend ADJ que hace (*od* sienta) bien; bienhechor; benéfico; *(angenehm)* agradable; *(lindernd)* que alivia
'wohltun VI ⟨*irr*⟩ hacer bien; ser agradable; *(lindern)* aliviar; **du würdest wohl daran tun zu** *(inf)* harías bien en *(inf)*
'wohlüberlegt ADJ, **wohl überlegt** ADJ bien pensado (*od* considerado); ponderado; bien meditado; **'wohlunterrichtet** ADJ, **wohl unterrichtet** ADJ bien informado; bien enterado
'wohlverdient ADJ bien merecido
'Wohlverhalten N buena conducta *f*
'wohlverstanden ADJ, **wohl verstanden** ADJ bien entendido
'wohlverwahrt ADJ, **wohl verwahrt** ADJ bien guardado
'wohlweislich ADV prudentemente; con buen motivo
'wohlwollen VI ⟨*irr*⟩ **j-m ~** querer bien a alg; querer (*od* desear) el bien de alg
'Wohlwollen N ⟨~s⟩ benevolencia *f*; *(Zuneigung)* afecto *m*; *(Gunst)* favor *m*; **sich** *(dat)* **j-s ~ erwerben** granjearse las simpatías de alg; **wohlwollend** ADJ benévolo; favorable; amistoso; **einer Sache ~ gegenüberstehen** ver con buenos ojos a/c
'Wohnanhänger M AUTO caravana *f*; **Wohnanlage** F complejo *m* (*od* centro *m od* polígono *m*) residencial; **Wohnbevölkerung** F población *f* residente; **Wohnblock** M bloque *m* de viviendas
'wohnen VI vivir; habitar; VERW estar domiciliado **(in** *dat* en**)**; *vorübergehend*: estar alojado **(in** *dat* en**)**; hospedarse **(bei j-m** en casa de alg**)**
'Wohnfläche F superficie *f* habitable; **Wohngebäude** N edificio *m* para vivienda; casa *f* (de pisos); VERW finca *f* urbana; AGR edificio *m* de habitación; **Wohngebiet** N, **Wohngegend** F zona *f* residencial; **Wohngeld** N ⟨~(e)s⟩ subsidio *m* de vivienda; **Wohngelegenheit** F alojamiento *m*; **Wohngemeinschaft** F piso *m* compartido por varias personas; comunidad *f* de inquilinos; *(Kommune)* comuna *f*
'wohnhaft ADJ VERW domiciliado, residente **(in** *dat* en**)**
'Wohnhaus N → Wohngebäude; **Wohnheim** N residencia *f*; **Wohnküche** F cocina *f* comedor; **Wohnkultur** F ⟨~⟩ interio-

rismo *m*

'wohnlich ADJ cómodo; confortable; acogedor

'Wohnmobil N coche *m* caravana, vehículo vivienda *m*, autocaravana *f*; **Wohnort** M (lugar *m* de) residencia *f*; domicilio *m*

'Wohnraum M 1 *(Zimmer)* cuarto *m*, habitación *f* 2 *(Größe)* espacio *m* habitable 3 *(Wohnungen)* viviendas *fpl*; **Wohnraumbewirtschaftung** F control *m* de viviendas; **Wohnraumvermittlung** F servicio *m* de alojamiento

'Wohnrecht N ⟨~(e)s⟩ derecho *m* de habitación; **Wohnschlafzimmer** N sala *f* de estar-dormitorio; **Wohnsiedlung** F polígono *m* (*od* conjunto *m*) residencial; urbanización *f*; **Wohnsilo** M silo-viviendas *m*

'Wohnsitz M residencia *f*; domicilio *m*; **zweiter ~** segundo domicilio *m*; **mit ~ in** domiciliado (*od* con domicilio) en; **ohne festen ~** sin domicilio fijo; **mit ständigem ~** con domicilio fijo (*od* permanente)

'wohnsitzlos ADJ sin domicilio (fijo)

'Wohnsitzwechsel M cambio *m* de domicilio (*od* de residencia); **Wohnstätte** F vivienda *f*; hogar *m*, morada *f*; **Wohnstube** *obs* → Wohnzimmer

'Wohnung F ⟨~; ~en⟩ 1 *(Etagenwohnung)* piso *m*; apartamento *m* 2 *i. w. S* vivienda *f*, casa *f*; *(Unterkunft)* alojamiento *m*; *(Heim)* hogar *m*; morada *f*

'Wohnungsamt N oficina *f* de la vivienda

'Wohnungsbau M ⟨~(e)s⟩ construcción *f* de viviendas; **sozialer ~** construcción *f* de viviendas protegidas; **staatlich geförderter ~** construcción *f* de viviendas de protección oficial

'Wohnungsbaugesellschaft F constructora *f* de viviendas; **Wohnungseigentum** N propiedad *f* horizontal; **Wohnungseinbruch** M robo *m* en un piso; **Wohnungseinrichtung** F mobiliario *m*; **Wohnungsinhaber** M **Wohnungsinhaberin** F 1 dueño *m*, -a *f* de la vivienda 2 *weitS.* *(Mieter, -in)* inquilino *m*, -a *f*

'wohnungslos ADJ sin casa; sin domicilio

'Wohnungsmangel M ⟨~s⟩ → Wohnungsnot; **Wohnungsmarkt** M mercado *m* de la vivienda; **Wohnungsnachweis** M oficina *f* de alojamientos; **Wohnungsnot** F ⟨~⟩ escasez *f* de viviendas; **Wohnungssuche** F búsqueda *f* de alojamiento; busca *f* de piso; **Wohnungstausch** M permuta *f* de pisos (*od* de viviendas); **Wohnungswechsel** M cambio *m* de domicilio

'Wohnverhältnisse NPL condiciones *fpl* de vivienda (*bzw* de habitabilidad); **Wohnviertel** N barrio *m* residencial

'Wohnwagen M caravana *f*, roulotte *f*; **Wohnwagenfahrer** M, **Wohnwagenfahrerin** F caravanista *m/f*; **Wohnwagentourismus** M caraváning *m*

'Wohnzimmer N cuarto *m* de estar; salón *m*; living *m*

'wölben A VT ARCH abovedar; arquear; *(ausbauchen)* abombar; *(krümmen)* encorvar B VR **sich ~** arquearse; abombarse; *Rücken* doblarse, encorvarse; *Brücke* levantarse; **sich über den Fluss ~** extenderse sobre el río; **Wölbung** F ⟨~; ~en⟩ curvatura *f*; abombamiento *m*; ARCH *(Gewölbe)* bóveda *f*; *(Bogen)* arco *m*

Wolf M ⟨~(e)s; Wölfe⟩ 1 ZOOL lobo *m*; **junger ~** lobezno *m*; *fig* **ein ~ im Schafspelz** un demonio vestido de ángel; *fig* **hungrig wie ein ~ sein** tener un hambre canina; *fig* **mit den Wölfen heulen** bailar al son que le tocan 2 *(Fleischwolf)* picadora *f* de carne; **durch den ~ drehen** *Fleisch* picar 3 MED intertrigo *m* 4 ASTRON Lobo *m*

'Wölfin F ⟨~; ~nen⟩ ZOOL loba *f*

'Wolfram N ⟨~s⟩ CHEM volframio *m*, wolframio *m*, tungsteno *m*; **Wolframstahl** M acero *m* al tungsteno

'Wolfsbarsch M *Fisch*: lubina *f*, róbalo *m*; **Wolfshund** M perro *m* lobo; **Wolfshunger** M **einen ~ haben** tener un hambre canina; **Wolfsmilch** F BOT euforbia *f*; lechetrezna *f*; **Wolfsrachen** M MED paladar *m* hendido; **Wolfsrudel** N ZOOL manada *f* de lobos

'Wolga F ⟨~⟩ GEOG Volga *m*

'Wolke F ⟨~; ~n⟩ nube *f* (*a. fig*); *fig* **aus allen ~n fallen** caer del guindo; quedar(se) perplejo (*od* muy sorprendido); *fig* **in den ~n sein** *od* **schweben** estar en la luna (*od* en las nubes *od* en Babia)

'Wolkenbank F banco *m* de nubes; **Wolkenbildung** F formación *f* de nubes; **Wolkenbruch** M lluvia *f* torrencial, chaparrón *m*, aguacero *m*; **wolkenbruchartig** ADJ **~er Regen** lluvia *f* torrencial; **Wolkendecke** F ⟨~⟩ capa *f* de nubes; **Wolkenfetzen** MPL jirones *mpl* de nubes; **Wolkenhimmel** M ⟨~s⟩ cielo *m* nuboso (*od* nublado); **Wolkenhöhe** F FLUG techo *m* (de nubes); **Wolkenkratzer** M ARCH rascacielos *m*

Wolken'kuckucksheim N castillos *mpl* en el aire

'wolkenlos ADJ sin nubes; despejado

'Wolkenmeer N mar *m* de nubes; **Wolkenschicht** F capa *f* de nubes; **Wolkenwand** F cerrazón *f*; **Wolkenzug** M ⟨~(e)s⟩ paso *m* de las nubes

'wolkig ADJ nuboso; nublado; nublo; cubierto de nubes

'Wollabfälle MPL desperdicios *mpl* de lana; **Wollatlas** M TEX satén *m* de lana; **Wolldecke** F manta *f* de lana

'Wolle F ⟨~; ~n⟩ 1 lana *f*; **in der ~ gefärbt** teñido en la propia lana 2 *umg* *(Haare)* pelambrera *f*; *umg fig* **sich in die ~ kriegen** *od* **geraten** tirarse de los pelos; *umg* andar a la greña

'wollen[1] ⟨*irr*⟩ A V/MOD ⟨*pperf* wollen⟩ 1 *(wünschen)* querer; **etw tun ~** querer hacer a/c; pensar hacer a/c; *(bereit sein zu)* estar dispuesto a hacer a/c; **ich will Ihnen etwas sagen** voy a decirle una cosa; *höflich* permítame decirle (*od* que le diga) una cosa; **man will Sie sprechen** desean hablarle 2 *(im Begriff sein zu)* ir a; estar a punto de; **ich wollte gerade abreisen** iba a partir, estaba a punto de partir; **wir ~ gehen** vámonos; **wir ~ sehen** vamos a ver; ya veremos 3 *in Aufforderungen*: **~ Sie mir bitte folgen!** ¡sígame, por favor!; **wollt ihr (wohl) endlich Ruhe geben!** ¿queréis hacer el favor de estar quietos?; **~ Sie bitte …** haga el favor de … 4 *(behaupten)* pretender; **er will es gesehen haben** pretende (*bzw* afirma) haberlo visto 5 *umschreibend*: **das will nichts sagen** *od* **bedeuten** *od* **heißen** eso no quiere decir nada; eso no tiene importancia; **mir will scheinen, dass** me parece que; **ich will es nicht gehört haben** lo doy por no oído 6 *(müssen)* hay que, tener que; **das will vorsichtig gemacht werden** esto requiere mucho cuidado; **das will überlegt/getan sein** hay que pensarlo/hacerlo B VT ⟨*pperf* gewollt⟩ 1 *(wünschen)* querer, desear; **was ~ Sie von mir?** ¿qué quiere usted de mí?; **was willst du noch mehr?** ¿qué más quieres?; **er weiß nicht, was er will** no sabe lo que quiere; **mach was du willst** haz lo que quieras (*od* lo que te plazca *od* lo que te dé la gana) 2 *(beabsichtigen)* tener la intención de; proponerse; **du hast es so gewollt** así lo has querido; te lo has buscado; **das habe ich nicht gewollt** eso no era mi intención; **ohne es zu ~** sin querer(lo); sin intención 3 *in Wünschen*: **ich wollte, es wäre Sonntag** cómo me gustaría que fuera domingo!; **ich wollte, er wäre hier!** ¡ojalá estuviera aquí! 4 *(haben wollen)* querer; *(verlangen)* pedir; exigir; **willst du Tee oder Kaffee?** ¿quieres té o café?; **etw lieber ~** preferir a/c C VI ⟨*pperf* gewollt⟩ 1 *(den Willen haben)* querer; **man mag ~ oder nicht** quiérase o no; **ganz wie Sie ~** como usted quiera; como usted guste (*od* prefiera); *umg* **hier ist nichts zu ~** aquí no hay nada que hacer; de aquí no se saca nada; **dem sei, wie ihm wolle** sea como fuere 2 *mit weggelassenem inf*: **wo willst du hin?** ¿a dónde vas?; **zu wem ~ Sie?** ¿por quién pregunta?; ¿con quién desea usted hablar?; ¿a quién busca usted?; **er will nach Deutschland** quiere ir (*bzw* piensa irse) a Alemania; *umg* **meine Beine ~ nicht mehr** me fallan las piernas

'wollen[2] ADJ *(aus Wolle)* de lana

'Wollen N ⟨~s⟩ querer *m*; voluntad *f*; PHIL volición *f*

'Wollfaser fibra *f* de lana; **Wollfett** N grasa *f* de lana; suarda *f*; **Wollgarn** N estambre *m*; (hilo *m* de) lana *f*; **Wollgras** N BOT erióforo *m*; **Wollhaar** N cabello *m* crespo; *des Fetus*: lanugo *m*; **Wollhandel** M comercio *m* lanero (*od* de lanas); **Wollhändler** M, **Wollhändlerin** F lanero *m*, -a *f*; comerciante *m/f* en lanas

'wollig ADJ lanudo, lanoso; velloso; *Haar* crespo

'Wollindustrie F industria *f* lanera; **Wolljacke** F chaqueta *f* de punto (*bzw* de lana); **Wollkamm** M carda *f*; **Wollkämmer** M cardador *m*

Wollkämme'rei F cardería *f*

'Wollkleid N vestido *m* de lana; **Wollknäuel** N ovillo *m* de lana; **Wollmarkt** M mercado *m* lanero (*od* de lanas); **Wollproduktion** F producción *f* lanera; **Wollsachen** FPL prendas *fpl* (*od* ropa *f*) de lana; **Wollschweiß** M suarda *f*; **Wollsiegel** N HANDEL certificado *m* lana; **Wollsocken** FPL calcetines *mpl* de lana

Wollspinne'rei F 1 *Tätigkeit*: hilatura *f* de lana 2 *Fabrik*: hilandería *f* de lana

'Wollstaub M ⟨~(e)s⟩ borra *f*; **Wollstoff** M tejido *m* de lana; **Wollstrumpf** M medias *fpl* de lana

'Wollust F ⟨~⟩ *geh* voluptuosidad *f*; *(Geilheit)* lujuria *f*; lascivia *f*; **wollüstig** ADJ *geh* voluptuoso; lascivo; **Wollüstling** M *geh pej* libertino *m*

'Wollwaren FPL lanas *fpl*; artículos *mpl* (*od* géneros *mpl*) de lana; **Wollwarenhändler** M, **Wollwarenhändlerin** F lanero *m*, -a *f*; **Wollwarenhandlung** F lanería *f*

'Wollwäscherei F lavadero *m* de lanas; **Wollweste** F chaleco *m* de lana

wo'mit ADV 1 *fragend*: ¿con qué?; ¿en qué?; **~ kann ich Ihnen dienen?** ¿en qué puedo servirle?; **~ beschäftigt ihr euch?** ¿en qué os ocupáis? 2 *relativisch*: con (lo) que; con lo cual; VERW a cuyo efecto; **~ ich nicht sagen will …** con lo cual (*od* lo que) no quiero decir …

wo'möglich ADV si es posible, a ser posible, si cabe; *umg (vielleicht sogar)* a lo mejor

wo'nach ADV 1 *fragend*: ¿qué (es lo que)?; ¿por qué; ¿a qué?; *(gemäß)* ¿según qué?; **~ fragt er?** ¿qué (es lo que) pregunta?; **~ soll ich mich richten?** ¿a qué debo atenerme?; **~ schmeckt/riecht das?** ¿a qué sabe/huele esto? 2 *relativisch*: a lo que, a lo cual; por lo que, por lo cual; sobre lo cual; *zeitlich*: después de lo cual; *(gemäß)* según lo cual

'Wonne F ⟨~; ~n⟩ delicia(s) *f(pl)*; *(Genuss)* goce *m*, deleite *m*; *stärker*: gozada *f*; *(Vergnügen)* placer *m*, gozo *m*; alegría *f*; *(Entzücken)* embeleso *m*; encanto *m*; **mit ~** con gran placer; muy gozoso

'Wonnegefühl N sensación *f* deliciosa; **Wonnemonat** M, **Wonnemond** M *poet* (mes *m* de) mayo *m*; **Wonneproppen** M ⟨~s; ~⟩ *umg hum Baby*: monada *f*

'wonnetrunken ADJ *geh* ebrio de placer; extasiado; embelesado; **wonnevoll** ADJ *geh* lleno de delicias; deleitoso

'wonnig ADJ delicioso; deleitoso

wo'ran ADV **1** *fragend*: ¿en qué?; ¿a qué?; ¿de qué?; **~ liegt das?** ¿a qué se debe?; **~ denkst du?** ¿en qué piensas?; **~ ist er gestorben?** ¿de qué murió? **2** *relativisch*: a lo que, en lo que; a que; al que, al cual; donde, en donde; **ich weiß nicht, ~ ich (mit ihm) bin** no sé a qué atenerme (con él); **~ liegt es, dass ...?** ¿a qué se debe que ...?

wo'rauf ADV **1** *fragend*: ¿sobre qué?; ¿a qué?; **~ wartest du?** ¿a qué esperas? **2** *relativisch*: a lo que; sobre lo que, sobre lo cual; *zeitlich*: después de lo cual; hecho lo cual; **das Einzige, ~ es ankommt** lo único que importa

wo'raus ADV **1** *fragend*: *Material*: ¿de qué?; *Herkunft*: ¿de dónde? **2** *relativisch*: de lo cual; del cual; *Herkunft*: de donde

Word®-Dokument [vœrt-] N IT documento *m* Word®

'worden → werden A

wo'rein ADV **1** *fragend*: ¿en qué?; ¿en dónde?; ¿dónde? **2** *relativisch*: en que; en el cual, donde

'worfeln V/T AGR aventar, apalear

wo'rin ADV **1** *fragend*: ¿en qué?; ¿(en) dónde?; **~ besteht der Unterschied?** dónde está la diferencia? **2** *relativisch*: donde; en el que; en el (*od* lo) cual

Worka'ho'lic [vœrk-] M adicto *m*, -a *f* al trabajo, trabajólico *m*, -a *f*; **Work-Life-Balance** [vœrk'laɪfbɛləns] F ⟨~⟩ conciliación *f* del trabajo y la vida familiar; **Workshop** [-ʃɔp] M ⟨~s; ~s⟩ taller *m*

Wort N ⟨~es⟩ **1** ⟨*pl* Wörter⟩ LING, *einzelnes*: palabra *f*; *(Vokabel)* a. voz *f*; vocablo *m*; **~ für ~** *(nacheinander, wörtlich)* palabra por palabra; *(wortgetreu)* literalmente **2** ⟨*pl* ~e⟩ palabra *f*; *(Ausdruck)* expresión *f*, término *m*; *(Ausspruch)* sentencia *f*; dicho *m*; REL Verbo *m*; **geflügelte ~e** frases *fpl* célebres; *iron* **schöne** *(leere)* **~e** palabras vanas; *umg* música celestial; **ein paar ~e** dos (*od* cuatro) palabras; **nicht viele ~e machen** ser parco de palabras; ser de pocas palabras; **mir fehlen die ~e** me faltan palabras; **das ist mein letztes ~** es mi última palabra; **man kann sein eigenes ~ nicht verstehen** no se entiende ni (la) palabra (de uno); **das sind nur ~e!** ¡no son más que palabras!; **genug der ~e!** ¡basta (ya) de palabras!; *umg* **hat man ~e?** ¿habráse visto semejante cosa?; *umg* ¿será posible?; **ein gutes ~ für j-n einlegen** interceder en favor de alg; **j-m das ~ aus dem Mund nehmen** quitar a alg la palabra de la boca; **j-m das ~ im Munde (her)umdrehen** desfigurar las palabras de alg; **j-m/einer Sache das ~ reden** hablar en favor de alg/de a/c; **mit j-m ein ernstes ~ reden** decir a alg cuatro palabras; hablar seriamente con alg; **ein ~ gab das andere** una palabra dio otra; se trabó una disputa; se desencadenó una discusión **3** ⟨*pl* ~e⟩ *mit präp*: **auf ein ~!** ¡una palabra!; **aufs ~ gehorchen** obedecer ciegamente (*od umg* sin rechistar); **j-m aufs ~ glauben** creer a alg a pie juntillas; **bei diesen ~en** a esas palabras; **in ~en** *bei Zahlenangaben*: en letra; **in ~ und Bild** con texto e ilustraciones; **in ~ und Tat** con palabras y con hechos; **in ~e fassen** formular; **mit einem ~** en una palabra; en resumen; **mit anderen ~en** en (*od* con) otras palabras; dicho de otro modo; **mit diesen ~en** diciendo esto; con estas palabras; **mit wenigen ~en** en pocas palabras; **j-n mit seinen eigenen ~en schlagen** redargüir a alg; volver contra alg sus propios argumentos **4** ⟨*ohne pl*⟩ *verneint* **kein ~ sagen** no decir ni palabra; **ohne ein ~ zu sagen** sin decir palabra, sin decir nada, *umg* sin decir ni pío; **kein ~ über etw** *(acus)* **verlieren** no nombrar a/c; **darüber braucht man kein ~ zu verlieren** esto cae de su peso; **davon ist kein ~ wahr** ahí no hay ni una sola palabra de verdad; **ich verstehe kein ~ davon** no entiendo ni (una) palabra de esto; **glaub ihm kein ~!** ¡no le creas ni una (sola) a palabra!; **kein ~ mehr!** ¡ni una palabra más!, ¡no se hable más! **5** ⟨*pl* ~e⟩ *Redebeitrag*: palabra *f*; **das ~ ergreifen** tomar (*od* hacer uso de) la palabra; **j-m das ~ entziehen/erteilen** retirar/conceder la palabra a alg; **das ~ führen** llevar la palabra; *umg fig* **das große ~ führen** *umg* llevar la voz cantante; **das ~ haben** tener la palabra; **das ~ hat Herr/Frau ...** tiene la palabra el señor/la señora ...; *fig* **das letzte ~ haben** decir (*od* tener) la última palabra; **j-m ins ~ fallen** cortar la palabra a alg; interrumpir a alg; **ums ~ bitten** *od* **sich zu ~ melden** pedir la palabra; **nicht zu ~(e) kommen** no llegar a hablar; no tener ocasión de hablar; **j-n nicht zu ~ kommen lassen** no dejar hablar a alg **6** ⟨*ohne pl*⟩ *(Versprechen)* palabra; **sein ~ brechen** faltar a su palabra; **sein ~ geben** dar (*od* empeñar) su palabra; **sein ~ halten** *od* **zu seinem ~ stehen** cumplir su palabra; **j-s ~ haben** tener la palabra de alg; *geh* **auf mein ~!** ¡palabra de honor!; **bei seinem ~ bleiben** mantener su promesa; **j-n beim ~ nehmen** tomar (*od* coger) la palabra a alg; **(bei j-m) im ~ sein** haber prometido a/c (a alg); **ein Mann von ~ sein** ser hombre de palabra; *sprichw* **ein Mann, ein ~!** ¡palabra de honor!

'Wortakzent M LING acento *m* tónico; **Wortart** F GRAM clase *f* de palabra; **Wortbruch** M falta *f* de palabra; **wortbrüchig** ADJ que falta a su palabra; **~ werden** faltar a su palabra

'Wörtchen N ⟨~s; ~⟩ palabrita *f*, *umg* **da habe ich auch noch ein ~ mitzureden** no puedes *bzw* podéis decidir sin mí

'Wörterbuch N diccionario *m*; léxico *m*; **Wörterverzeichnis** N índice *m* de palabras, vocabulario *m*; glosario *m*

'Wortfamilie F LING familia *f* de palabras; **Wortfeld** N LING campo *m* semántico; **Wortfolge** F GRAM orden *m* de (las) palabras; **Wortführer** M, **Wortführerin** F portavoz *m/f bes Am* vocero *m*, -a *f*; **Wortfülle** F → Wortreichtum; **Wortgefecht** N disputa *f*; enfrentamiento *m* verbal; **Wortgeklingel** N ⟨~s⟩ *pej* hueca palabrería *f*

'wortgetreu A ADJ *Übersetzung* literal, fiel; *Zitat* textual B ADV literalmente; a la letra, al pie de la letra

'wortgewandt ADJ de palabra fácil; *(beredt)* diserto; elocuente; **Wortgewandtheit** F facilidad *f* de palabra; fluidez *f* verbal

'wortkarg ADJ *Mensch* lacónico; parco en palabras; *(schweigsam)* taciturno; **Wortkargheit** F parquedad *f* en palabras; taciturnidad *f*

'Wortklasse F GRAM → Wortart; **Wortklauber** M ⟨~s; ~⟩ *pej* verbalista *m*; ergotista *m*

Wortklaube'rei F ⟨~; ~en⟩ *pej* verbalismo *m*; ergotismo *m*

'Wortklauberin F ⟨~; ~nen⟩ *pej* verbalista *f*; ergotista *f*

'Wortlaut M ⟨~(e)s⟩ texto *m*; tenor *m*; **im (vollen) ~** textualmente; **eine Note folgenden ~s** una nota que dice (*od* reza) así; **nach dem ~** *(gen)* según los términos de

'wörtlich A ADJ literal; textual B ADV literalmente; textualmente; a (*od* al pie de) la letra; palabra por palabra; **etw ~ nehmen** tomar a/c al pie de la letra

'wortlos A ADJ mudo; *Einverständnis* silencioso B ADV en silencio; sin decir nada, sin decir (ni) una palabra

'Wortmeldung F intervención *f*; **es liegt keine ~ vor** nadie pide la palabra; **gibt es noch (weitere) ~en?** ¿alguien más quiere tomar la palabra?

'Worträtsel N logogrifo *m*

'wortreich ADJ verboso; elocuente; *Sprache* de rico léxico; *pej Stil* ampuloso; **Wortreichtum** M ⟨~s⟩ riqueza *f* de léxico; *(Beredtheit)* elocuencia *f*; verbosidad *f*; *pej* ampulosidad *f*

'Wortschatz M ⟨~es⟩ léxico *m*; vocabulario *m*; **Wortschwall** M ⟨~(e)s⟩ verbosidad *f*, *umg* verborrea *f*; redundancia *f*; cascada *f* de palabras; **Wortspiel** N juego *m* de palabras; retruécano *m*; **Wortstamm** M LING radical *m*; **Wortstellung** F LING orden *m* de (las) palabras; **Wortstreit** M → Wortgefecht; **Wortwechsel** M discusión *f* viva; disputa *f*; altercado *m*

'wort'wörtlich ADV al pie de la letra; palabra por palabra

wo'rüber ADV **1** *fragend*: ¿de qué?; sobre qué?; **~ lachst du?** ¿de qué te ríes? **2** *relativisch*: sobre el que; sobre lo cual; de que; de lo cual; de lo que

wo'rum ADV **1** *fragend*: ¿de qué?; ¿sobre qué?; **~ handelt es sich?** ¿de qué se trata? **2** *relativisch*: de (lo) que, sobre lo que; **alles, ~ es sich handelt** todo de lo que se trata

wo'runter ADV **1** *fragend*: ¿debajo de qué?; *Thema*: ¿bajo qué?; *Auswahl*: ¿entre qué?; **~ leidet er?** ¿qué le pasa? **2** *relativisch*: de lo que, de lo cual; *Thema*: bajo lo cual, bajo lo que; *Auswahl*: entre los que; entre los cuales; entre quienes

wo'selbst ADV *geh* (en) donde

wo'von ADV **1** *fragend*: ¿de qué? **2** *relativisch*: de (lo) que; de lo cual; de donde

wo'vor ADV **1** *fragend*: ¿(de) qué?; *örtlich* ¿delante de qué?; **~ fürchtest du dich?** ¿qué (es lo que) temes? **2** *relativisch*: de lo que; de lo cual; *räumlich*: ante el cual; delante del cual; **das Einzige, ~ er Angst hat** lo único de lo que tiene miedo

wo'zu ADV **1** *fragend*: ¿a qué?; ¿para qué?, ¿con qué fin?; ¿con qué objeto?; *(warum)* ¿por qué? **2** *relativisch*: a (lo) que; al que; a lo cual; para (lo) que; **~ kommt, dass** a lo cual hay que añadir que; **etw, ~ ich Ihnen nicht rate** cosa que no le aconsejo

'Wrack N ⟨~(e)s; ~s⟩ **1** SCHIFF barco *m* (*od* buque *m*) naufragado **2** *fig Person*: ruina *f*; piltrafa *f* humana; **Wrackgut** N derrelicto *m*; **Wrackteil** N SCHIFF pecio *m*; **~e** *pl e-s Flugzeugs*: escombros *mpl*

'wringen V/T ⟨*irr*⟩ *Wäsche* retorcer; escurrir

WS N ABK (Wintersemester) UNIV semestre *m* de invierno

WTO F ABK (Welthandelsorganisation) OMC *f* (Organización Mundial del Comercio)

'Wucher M ⟨~s⟩ usura *f*; **~ treiben** usur(e)ar; **Wucherer** M ⟨~s; ~⟩ usurero *m*; logrero *m*; **Wuchergesetz** N ley *f* contra la usura; **Wuchergewinn** M ganancia *f* usuraria; **Wucherhandel** M comercio *m* usurario; **Wucherin** F ⟨~; ~nen⟩ usuraria *f*; **wucherisch** ADJ usurario; **Wucherkredit**

M crédito *m* usurario; **Wuchermiete** F alquiler *m* usurario (*od* abusivo)
'wuchern VI 1 BOT crecer con exuberancia (*bzw* excesivamente); MED *u. fig* proliferar 2 HANDEL practicar la usura; usur(e)ar
'Wuchern N ⟨~s⟩ 1 BOT crecimiento *m* exuberante; MED *u. fig* proliferación *f* 2 HANDEL usura *f*
'Wucherpreis M precio *m* usurario (*od* abusivo); **Wucherung** F ⟨~; ~en⟩ 1 MED, BOT proliferación *f* 2 (*Geschwulst*) excrecencia *f*; *bes in Nase, Rachen*: vegetación *f*; **Wucherzins(en)** M(PL) interés *m* usurario (*od* de usura); **zu Wucherzinsen leihen** prestar a usura (*od* a interés usurario)
Wuchs [vu:ks] M ⟨~es⟩ 1 (*Wachstum*) crecimiento *m* 2 (*Gestalt*) talla *f*, estatura *f*
Wucht F ⟨~⟩ 1 (*Gewicht*) peso *m*; (*Schwung*) ímpetu *m*; pujanza *f*; empuje *m*; (*Kraft*) fuerza *f*; **mit voller ~** con toda fuerza; con todo su peso 2 *umg fig* **das ist eine ~** es estupendo (*od umg* fenomenal *od* bárbaro)
'wuchten A VI 1 pesar mucho (**auf** sobre) 2 *umg fig* (*schuften*) trabajar como un negro; bregar B VT (*heben*) levantar con gran esfuerzo; **wuchtig** ADJ (*schwer*) pesado; macizo (*a. Gestalt*); *Schlag* violento; (*kraftvoll*) fuerte
'Wühlarbeit F POL *pej* actividades *fpl* subversivas
'wühlen A VI excavar (la tierra); *Schwein* hozar; hurgar (**in** *dat* en) (*a. fig*); *Person in Papieren etc*: hurgar (en a/c), revolver (a/c); *Schmerz* roer; POL (*aufwiegeln*) agitar los ánimos; *umg fig* (*schuften*) trabajar como un negro; bregar B VR **sich in etw** (*acus*) **~** enterrarse en a/c
Wühle'rei F ⟨~⟩ POL → Wühlarbeit
'wühlerisch ADJ POL agitador; subversivo
'Wühlmaus F ZOOL 1 *Europa*: → Schermaus 2 *andere Arten*: ≈ campañol *m*
Wulst M ⟨~es; Wülste⟩ *od* F ⟨~; Wülste⟩ 1 (*Ausbauchung*) abombamiento *m*; (*Verdickung*) bulto *m*; abultamiento *m*; ARCH bocel *m*; toro *m*; MED protuberancia *f* 2 (*Haarwulst*) rodete *m*; moño *m* 3 AUTO (*Reifenwulst*) talón *m*
'wulstig ADJ abombado; abultado; hinchado; *Lippe* grueso; **Wulstlippen** FPL *pej* labios *mpl* gruesos; *Cuba* bemba *f*
'wummern VI *umg* retumbar; resonar
wund ADJ 1 (*verwundet*) herido (*a. fig*) 2 (*wund gerieben*) excoriado, desollado, escocido; (*wund gelaufen*) despeado; MED *durch Liegen*: decentado; **~e Stelle** excoriación *f*, desolladura *f*; **sich ~ reiben** excoriarse, desollarse; **sich** (*dat*) **die Füße ~ laufen** desollarse los pies; → *a.* wund liegen 3 *fig* **~er Punkt** punto *m* débil *od* flaco; **den ~en Punkt berühren** dar (*od* tocar) en la herida
'Wundarzt M HIST, MED cirujano *m*; **Wundbehandlung** F tratamiento *m* de una herida *bzw* de heridas; **Wundbenzin** N bencina *f*; **Wundbrand** M MED gangrena *f*
'Wunde F ⟨~; ~n⟩ herida *f* (*a. fig*); llaga *f* (*a. fig*); *fig* **tiefe ~n schlagen** causar grandes estragos; *fig* **alte ~n wieder aufreißen** abrir viejas heridas; reavivar viejos resentimientos; *fig* **in einer ~ wühlen** profundizar (*od* hurgar) en la herida; *sprichw* **die Zeit heilt alle ~n** el tiempo todo lo cura
'Wunder N ⟨~s; ~⟩ 1 *allg* milagro *m* (*a.* REL); *der Natur, Technik a.*: maravilla *f*; prodigio *m*, portento *m* (*a. Person*); **ein ~ an** (*dat*) un prodigio de; **ein ~ der Technik** una maravilla (de la) técnica; **~ wirken** *od* **tun** obrar (*od* hacer) milagros (*a.* REL); **~ wirkend** milagroso; **das grenzt an ein ~** parece un milagro; esto raya en lo milagroso, esto roza el milagro; **das ist kein ~** no tiene nada de particular (*od* de extraño); no es de extrañar; **wie durch ein ~** como por milagro (*od* por arte de magia), milagrosamente; **sein blaues ~ erleben** llevarse una gran sorpresa (*od* la sorpresa de su vida); *Enttäuschung* llevarse un chasco; **wenn nicht ein ~ geschieht, sind wir verloren** sólo un milagro puede salvarnos 2 **ich dachte ~ was das wäre** yo esperaba algo extraordinario; **er glaubt ~, was er getan hat** cree haber hecho un prodigio; *umg* **sich** (*dat*) **~ was einbilden** (**auf etw** *acus*) estar muy orgulloso (de a/c); **kein** *od* **was ~, dass** no es de extrañar que (*subj*)
'wunderbar A ADJ 1 (*übernatürlich*) milagroso, portentoso; prodigioso 2 (*herrlich*) maravilloso; (*großartig*) estupendo, *umg* fantástico 3 (*erstaunlich*) asombroso B ADV maravillosamente; a maravilla; a las mil maravillas
'wunderbarer'weise ADV como por milagro; milagrosamente
'Wunderding N prodigio *m*; **(wahre) ~e von j-m, etw erzählen** decir (verdaderas) maravillas de alg, a/c; **Wunderdoktor** M curandero *m*; **Wunderglaube** M creencia *f* en los milagros; **wundergläubig** ADJ creyente (*od* que cree) en los milagros; **Wunderheiler** M, **Wunderheilerin** F curandero *m*, -a *f*, sanador *m*, -a *f* (milagroso, -a); **Wunderheilung** F cura *f* milagrosa
'wunder'hübsch ADJ precioso, encantador; muy bonito
'Wunderkerze F bengala *f* (para el árbol de Navidad); **Wunderkind** N niño *m*, -a *f* prodigio; **Wunderknabe** M muchacho *m* maravilla; **Wunderlampe** F linterna *f* mágica; **Wunderland** N ⟨~(e)s⟩ país *m* de las maravillas
'wunderlich ADJ singular; raro; extravagante; estrafalario; extraño; curioso; **~er Kauz** tipo *m* raro (*od* original); **Wunderlichkeit** F ⟨~; ~en⟩ singularidad *f*; rareza *f*; extravagancia *f*; extrañeza *f*
'Wundermittel N remedio *m* milagroso; panacea *f*
'wundern A VT *Sache* **j-n ~** extrañar a alg; (*erstaunen*) sorprender a alg; asombrar a alg B VR **sich über etw/j-n ~** extrañarse de a/c/de alg; estar (*od* quedar) sorprendido de a/c/de alg; asombrarse de a/c/de alg; **du wirst dich (noch mal) ~!** ¡menuda sorpresa (que) te vas a llevar; ¡te llevarás una sorpresa!; *umg* **ich muss mich doch sehr ~!** ¡me sorprendes! *bzw* ¡me sorprende! C V/UNPERS **das wundert mich (sehr)** me extraña *od* me sorprende (mucho); **es wundert mich** *od* **mich wundert, dass ...** me extraña que ... (*subj*); **es sollte mich nicht ~, wenn** no me extrañaría nada que (*subj*)
'wundernehmen VT *geh* **es nimmt mich wunder, dass** me sorprende que (*subj*); **wundersam** ADJ *geh* maravilloso; (*seltsam*) extraño, raro
'wunder'schön A ADJ hermosísimo; encantador; maravilloso B ADV magníficamente; a maravilla
'Wundertat F milagro *m*; hecho *m* milagroso; **Wundertäter** M, **Wundertäterin** F taumaturgo *m*, -a *f*; **wundertätig** ADJ milagroso; **Wundertier** N *umg fig* prodigio *m*; fenómeno *m*
'wundervoll A ADJ maravilloso; magnífico; admirable B ADV → wunderbar B
'Wunderwelt F mundo *m* encantado; **Wunderwerk** N maravilla *f*
'Wundfieber N MED fiebre *f* traumática; **Wundheilung** F cicatrización *f*
'wundlaufen VR → wund 2
'wundliegen VR, **wund liegen** VR ⟨irr⟩ MED **sich ~** llagarse, decentarse
'Wundliegen N MED úlcera *f* por decúbito; **Wundmal** N ⟨~(e)s; ~e⟩ (*Narbe*) cicatriz *f*; REL estigma *m*; **Wundmittel** N MED vulnerario *m*; **Wundnaht** F sutura *f* de la herida; **Wundpflaster** N emplasto *m* adhesivo; **Wundrand** M borde *m* (*od* labio *m*) de la herida; **wundreiben** VR → wund 2; **Wundrose** F MED erisipela *f* traumática; **Wundsalbe** F ungüento *m* (vulnerario); **Wundstarrkrampf** M MED tétanos *m*
Wunsch M ⟨~(e)s; Wünsche⟩ 1 (*Begehren*) deseo *m*; *sehnsüchtiger*: anhelo *m*; (*Streben*) aspiración *f*; **j-m einen ~ erfüllen** cumplir un deseo a alg; **haben Sie noch einen ~?** ¿desea algo más?; *hum* **dein ~ ist mir Befehl!** ¡tus deseos son órdenes para mí!; **auf ~ von, auf j-s** (*acus*) **~** a petición de alg; a ruegos de alg; **auf allgemeinen ~** a petición general; **nach ~** a su gusto; según su deseo; a voluntad; **ihm geht alles nach ~** logra todo lo que desea; todo le sale bien (*od* a medida de sus deseos); **es ging alles nach ~** todo salió a pedir de boca; **von dem ~ beseelt, zu** animado por el deseo de; deseoso de 2 (*Glückwunsch*) felicitación *f*; **beste Wünsche** mejores deseos; **mit den besten Wünschen** con los mejores deseos
'Wunschbild N ideal *m*; **Wunschdenken** N **das ist ~ (bei ihm)** es su sueño (que cree realidad)
'Wünschelrute F varilla *f* adivinatoria (*od* de zahorí); **Wünschelrutengänger** M, **Wünschelrutengängerin** F zahorí *m/f*; radiestesista *m/f*
'wünschen VT 1 (**sich** *dat*) **etw ~** desear a/c; (*begehren*) anhelar a/c; (*wollen*) querer a/c; **ich wünsche mir ein Fahrrad** desearía (tener) una bicicleta; quisiera (tener) una bicicleta; **ich wünschte, ich ...** desearía (*od* quisiera) *inf*; daría cualquier cosa por (*inf*) 2 **j-m Glück** *od* **alles Gute ~** desear (buena) suerte a alg; **j-m frohe Ostern ~** desear felices pascuas a alg; **ich wünsche euch eine gute Reise** os deseo un buen viaje; **ich wünsche es Ihnen von ganzem Herzen** se lo deseo de todo corazón 3 *in höflichen Fragen etc*: **was ~ Sie?** *od* **Sie ~?** ¿qué desea?; ¿qué se le ofrece?; **~ Sie sonst noch etwas?** ¿desea algo más (*od* alguna otra cosa)?; **wie Sie ~** como usted quiera; *umg* usted manda; *hum* **ich wünsche, wohl geruht zu haben** espero que usted haya pasado una buena noche 4 *fig* **(viel) zu ~ übrig lassen** dejar (mucho) que desear; **es wäre zu ~** sería de desear
'wünschenswert ADJ deseable, de desear
'Wunschform F GRAM modo *m* optativo; **wunschgemäß** ADV conforme a (*od* de acuerdo con) mis, sus, *etc* deseos; **Wunschkind** N hijo *m* deseado; **Wunschkonzert** N RADIO concierto *m* a petición de los radioyentes
'wunschlos ADJ **~ glücklich sein** ser completamente feliz
'Wunschsatz M GRAM oración *f* optativa; **Wunschtraum** M ideal *m*; ilusión *f*; sueño *m* dorado; **Wunschzettel** M lista *f* de regalos deseados; desiderata *f*; *sp zu Weihnachten*: carta *f* a los Reyes (Magos)
wupp INT ¡zas!
'wurde → werden
'Würde F ⟨~; ~n⟩ 1 *allg* dignidad *f*; (*Hoheit*) majestad *f*; gravedad *f*; decoro *m*; **ich halte es für unter meiner ~** lo considero indigno de mí; es incompatible con mi dignidad; yo no me rebajo a eso; *fig* **unter aller ~** despreciable; malísimo 2 (*Titel*) dignidad *f*; título *m*; (*Rang*) categoría *f*, rango *m*; **akademische ~** título *m* académico; grado *m* universitario; **zu höchsten ~n gelangen** llegar a lo más alto;

llegar a las dignidades más altas

'würdelos ADJ sin dignidad, indigno; indecoroso; **Würdelosigkeit** F indignidad *f*, falta *f* de dignidad

'Würdenträger M, **Würdenträgerin** F dignatario *m*, -a *f*

'würdevoll A ADJ digno; majestuoso; grave; solemne B ADV con dignidad, dignamente

'würdig A ADJ 1 *(wert)* digno; *(verdient)* merecedor *(gen* de*)*; **j-s/einer Sache** *(gen)* **~ sein** ser digno de alg/a/c; **sich einer Sache ~** *(gen)* **erweisen** hacerse digno de a/c; merecer a/c; **für ~ erachten** juzgar digno 2 *(würdevoll)* digno; *(achtbar)* venerable; *(ehrwürdig)* respetable B ADV 1 *(angemessen)* como es debido 2 *(würdevoll)* dignamente

'würdigen VT 1 *(schätzen)* apreciar; *(anerkennen)* valorar; **er kann solche Dinge nicht recht ~** no sabe apreciar debidamente esas cosas 2 *(loben)* encomiar, ensalzar; **j-s Verdienste ~** encomiar los méritos de alg 3 **j-n keines Blickes/Wortes ~** no dignarse mirar/hablar a alg; **er würdigte mich keiner Antwort** no se dignó contestarme

'Würdigung F ⟨~; ~en⟩ apreciación *f*; valoración *f*; *(Anerkennung)* reconocimiento *m*; *geh* **in ~ seiner Verdienste** en reconocimiento de sus méritos

Wurf M ⟨~(e)s; Würfe⟩ 1 *(Werfen)* tiro *m*; PHYS, TECH proyección *f*; *(Speerwurf, Hammerwurf, Diskuswurf, Bombenwurf)* lanzamiento *m*; *Ringen*: volteo *m*; *beim Würfeln*: jugada *f*; lance *m*; **einen guten ~ tun** tener suerte; hacer una buena jugada 2 *fig* **ein großer ~** un gran éxito, *umg* un exitazo; un golpe maestro; **auf einen ~** de un tirón; **alles auf einen ~ setzen** jugar el todo por el todo; jugarlo todo a una carta 3 ZOOL camada *f*

'Wurfanker M anclote *m*; **Wurfbahn** F trayectoria *f*

'Würfel M ⟨~s; ~⟩ 1 *(Spielwürfel)* dado *m*; **~ spielen** jugar a los dados; *fig* **die ~ sind gefallen** la suerte está echada 2 MATH cubo *m* 3 *auf Stoffen*: cuadro *m* 4 GASTR *(Eiswürfel etc)* cubito *m*; *(Käsewürfel, Schinkenwürfel)* taco *m*, dado *m*; **in ~ schneiden** cortar en dados

'Würfelbecher M cubilete *m*; **Würfelform** F forma *f* cúbica; **würfelförmig** ADJ cúbico, en forma de cubo; **würfelig** ADJ cúbico; *Stoff* a cuadros; **Würfelmuster** N dibujo *m* de cuadros

'würfeln A VI jugar a los dados; echar los dados; **um etw ~** jugar (a los dados) por a/c; echarse a/c a los dados B VT 1 **eine Sechs ~** tirar un seis 2 GASTR *(in Würfel schneiden)* cortar en cuadritos (*od* en dados) 3 *Stoff* cuadricular; estampar a cuadros

'Würfeln N ⟨~s⟩ → Würfelspiel

'Würfelspiel N juego *m* de dados; **Würfelspieler** M, **Würfelspielerin** F jugador *m*, -a *f* de dados; **Würfelzucker** M azúcar *m* en terrones

'Wurfgeschoss, *österr* **Wurfgeschoß** N proyectil *m*; **Wurfgranate** F MIL granada *f* de mortero; **Wurfkreis** M SPORT círculo *m* de lanzamiento; **Wurfleine** F SCHIFF cabo *m* de amarre; **Wurflinie** F trayectoria *f*; **Wurfnetz** N esparavel *m*; **Wurfscheibe** F disco *m*; **Wurfsendung** F *Postwesen*: propaganda *f* por correo; envío *m* colectivo; **Wurfspeer** M jabalina *f (a.* SPORT*)*; **Wurfspieß** M venablo *m*; dardo *m*; **Wurftaube** F SPORT plato *m*; **Wurfwaffe** F arma *f* arrojadiza; **Wurfweite** F alcance *m*

'würgen A VT **j-n ~** ahogar (*od* sofocar *od* estrangular) a alg B VI 1 **an etw** *(dat)* **~** no poder tragar a/c, tragar con dificultad a/c 2 *vor dem Erbrechen*: **~ (müssen)** tener arcadas (*od* náuseas)

'Würgen N ⟨~s⟩ estrangulación *f*; *beim Erbrechen*: bascas *fpl*; *(Schlucken)* atragantamiento *m*; **Würg(e)engel** M *Bibel*: ángel *m* exterminador; **Würger** M ⟨~s; ~⟩ 1 *Person*: estrangulador *m* 2 ORN alcaudón *m*

Wurm[1] M ⟨~(e)s; Würmer⟩ 1 ZOOL gusano *m (a. fig,* IT*)*; *(Regenwurm)*, *a.* MED lombriz *f*; *(Made)* coco *m*; **Würmer** *pl fachspr* helmintos *mpl*; MED **Würmer haben** tener lombrices 2 *fig* **j-m die Würmer aus der Nase ziehen** tirar a alg de la lengua 3 *umg fig* **da ist der ~ drin** aquí (*od* ahí) hay gato encerrado

Wurm[2] N ⟨~(e)s; Würmer⟩ *(hilfloses Kind) umg fig* criatura *f*; **das arme ~!** ¡la pobre criatura!

'wurmartig ADJ vermicular

'Würmchen N ⟨~s; ~⟩ gusanillo *m*; *fig* → Wurm[2]

'wurmen VT *umg* **das wurmt mich** me sabe mal; me da rabia

'Wurmfarn M BOT doradilla *f*; **wurmförmig** ADJ vermiforme, vermicular; **Wurmfortsatz** M ANAT apéndice *m* vermiforme; **Wurmfraß** M *im Holz*: carcoma *f*

'wurmig ADJ *Obst* agusanado

'wurmkrank ADJ *umg* que tiene lombrices; MED que padece helmintiasis; **Wurmkrankheit** F MED helmintiasis *f*

'Wurmkur F MED cura *f* vermífuga; **Wurmmittel** N MED vermífugo *m*, antihelmíntico *m*; **Wurmstich** M *im Obst*: picadura *f* de gusano; *im Holz*: carcoma *f*

'wurmstichig ADJ *Obst* agusanado; *Holz* carcomido; **~ werden** *Obst* agusanarse; *Holz* carcomerse; **wurmtreibend** ADJ vermífugo

wurscht ADV *umg* **das ist mir (völlig) ~** *umg* me importa un rábano (*od* un pito *od* un pepino); **er ist mir ~** *umg* paso de él

Wurst F ⟨~; Würste⟩ 1 GASTR *(Dauerwurst)* salchichón *m*; *frische, dünne*: salchicha *f*; *(Aufschnitt)* embutido *m*, fiambre *m*; **drei Scheiben ~** tres lonchas de salchichón (*bzw* embutido *od* fiambre); *umg fig* **jetzt geht's um die ~** es el momento crucial; ha llegado el momento decisivo; *fig* **mit der ~ nach der Speckseite werfen** meter aguja y sacar reja 2 *umg fig* **das ist mir wurst** *umg* me importa un rábano (*od* un pito *od* un pepino)

'Wurstbrot N bocadillo *m* de embutido

'Würstchen N ⟨~s; ~⟩ 1 GASTR salchicha *f*; **heiße** *od* **warme ~** *npl* perros *mpl* calientes 2 *umg fig Person*: don nadie *m*, hombrecillo *m*; **armes ~** pobre diablo *m*, infeliz *m*; **Würstchenbude** F, **Würstchenstand** M puesto *m* de salchichas (asadas)

'Würstel N ⟨~s; ~⟩ *bes österr* salchicha *f* de Francfort

Wurste'lei F ⟨~; ~en⟩ *umg* chapucería *f*; *(Durcheinander)* desbarajuste *m*; embrollo *m*

'wursteln A VI *umg* chapucear; *(die Dinge laufen lassen) umg* dejar rodar la bola B VR *umg* **sich durchs Leben ~** ir tirando por la vida, arreglárselas en la vida

'wursten VI embutir, hacer embutidos

'Wurstfabrik F fábrica *f* de embutidos; **Wurstfinger** MPL *umg pej* dedos *mpl* gordos (*od* regordetes); **Wursthändler** M, **Wursthändlerin** F salchichero *m*, -a *f*; **Wursthaut** F pellejo *m* (*od* piel *f*) (del embutido)

'wurstig ADJ *umg* indiferente; indolente; despreocupado; **Wurstigkeit** F ⟨~; ~en⟩ *umg* indiferencia *f*; indolencia *f*

'Wurstpelle F pellejo *m* de salchicha; **Wurstsalat** M ≈ ensalada *f* de fiambre; **Wurstscheibe** F loncha *f* de salchichón; **Wurstwaren** FPL embutidos *mpl*; fiambres *mpl*; charcutería *f*; **Wurstzipfel** M punta *f* de salchicha (*bzw* de salchichón)

'Württemberg N Wurtemberg *m*; **Württemberger** M ⟨~s; ~⟩, **Württembergerin** F ⟨~; ~nen⟩ wurtembergués *m*, -esa *f*; **württembergisch** ADJ wurtembergués

'Würzburg N ⟨~s⟩ Wurzburgo *m*

'Würze F ⟨~; ~n⟩ 1 *Substanz*: condimento *m*; *(Gewürz)* especia *f*; aliño *m*; *(Bierwürze)* mosto *m* de cerveza 2 *(würziger Geschmack)* sabor *m (a. fig)*; *(Aroma)* aroma *m* 3 *fig* sal *f*; gracia *f*; salsa *f*

'Wurzel F ⟨~; ~n⟩ 1 BOT raíz *f (a.* ANAT, LING*)*; LING *a.* radical *m*; **~n schlagen** *Pflanze* echar raíces, arraigar *(beide a. fig)* 2 MATH raíz *f*; **die ~ ziehen aus** extraer (*od* sacar) la raíz de 3 *fig* **die ~ des Übels** la raíz del mal; *fig* **mit der ~ ausrotten** arrancar de raíz (*od* de cuajo); desarraigar 4 *reg umg (Möhre)* zanahoria *f*

'Wurzelbehandlung F MED tratamiento *m* de la raíz; **Wurzelbildung** F BOT radicación *f*; **Wurzelbürste** F cepillo *m* duro; **wurzelecht** ADJ BOT franco de pie; **Wurzelexponent** M MATH índice *m* de la raíz; **Wurzelfüllung** F MED empaste *m* radicular; **Wurzelfüßer** MPL ZOOL rizópodos *mpl*; **Wurzelhaar** N BOT pelo *m* radicular; **Wurzelhaut** F ANAT periodonto *m*; **Wurzelhautentzündung** F MED periodontitis *f*; **Wurzelkeim** M BOT radícula *f*; **Wurzelknolle** F tubérculo *m* radicular

'wurzellos ADJ 1 BOT sin raíz; *fachspr* arrizo 2 *fig (heimatlos)* desarraigado

'wurzeln VI radicar; BOT arraigar, echar raíces *(alle a. fig)*; *fig* **in etw** *(dat)* **~** *(seinen Ursprung haben)* radicar (*od* tener sus raíces) en a/c

'Wurzelschössling M BOT retoño *m*, vástago *m*, renuevo *m* de la raíz; **Wurzelstock** M BOT rizoma *m*; **Wurzeltrieb** M → Wurzelschössling; **Wurzelwerk** N raigambre *f*, raíces *fpl*; **Wurzelzahl** F MATH raíz *f*; **Wurzelzeichen** N MATH radical *m*; **Wurzelziehen** N MATH, MED extracción *f* de la raíz

'würzen VT 1 *Speisen* condimentar; sazonar; aliñar, aderezar; aromatizar (**mit** con) 2 *fig* salpicar (**mit** con); sazonar, dar interés a

'Würzen N ⟨~s⟩ condimentación *f*; aromatización *f*

'würzig ADJ *Geschmack* sabroso; bien condimentado; *Geruch* aromático

'Würzkräuter NPL hierbas *fpl* aromáticas; **würzlos** ADJ sin condimento; soso, insípido *(a. fig)*; **Würzstoff** M condimento *m*; **Würzwein** M vino *m* aromático

wusch → waschen

'wuschelig ADJ desgreñado; con el pelo revuelto; **Wuschelkopf** M cabellera *f* rizada; pelambrera *f*

'wusste → wissen

Wust [-u:-] M ⟨~(e)s⟩ fárrago *m*; mezcolanza *f*; *umg* lío *m*; **ein ~ von ...** un lío de ...

wüst [-y:-] ADJ 1 *(öde)* desierto; despoblado; desolado; yermo; inculto 2 *(unordentlich)* desordenado, desarreglado; caótico; **ein ~es Durcheinander** un completo caos, *umg* un verdadero follón *m* 3 *(grob)* grosero; rudo; zafio; *(wild)* salvaje; brutal; *(lärmend)* tumultuoso; escandaloso; *umg* **du siehst ja ~ aus!** *umg* ¡vaya pinta que tienes! 4 *obs (ausschweifend)* licencioso, disipado; libertino; **ein ~es Leben führen** llevar una vida licenciosa; vivir entregado a los vicios

'Wüste [-y:-] F ⟨~; ~n⟩ desierto *m*; **~n bewohnend** desertícola; *fig* **in die ~ schicken** poner a alg en la calle; privar a alg de toda influencia; *fig* **in der ~ predigen** predicar en desierto; **zur ~ machen** devastar, asolar

Wüste'nei [-y:-] F ⟨~; ~en⟩ *geh* desierto *m*

'Wüstenfuchs [-y:-] M fenec *m*, zorro *m* del desierto; **Wüstenlandschaft** F paisaje *m* desértico; **Wüstenregion** F zona *f* desértica; **Wüstensand** M arena *f* del desierto; **Wüstenschiff** N *fig (Kamel)* nave *f* del desierto

'Wüstling [-y:-] M ⟨~s; ~e⟩ libertino *m*, *umg* calavera *m*

Wut F ⟨~⟩ rabia *f*, furia *f*; enfurecimiento *m*; *(Zorn) a.* cólera *f*, ira *f*; *(Raserei) a.* furor *m*; **blinde ~** saña *f*; **seine ~ an j-m auslassen** desfogarse *(od* ensañarse) en *(od* con) alg; **in ~ geraten** enfurecerse, ponerse furioso *(od* rabioso); montar en cólera; **j-n in ~ bringen** enfurecer *(od* poner furioso) a alg; **vor ~ platzen** reventar de rabia; *umg* **er kocht vor ~** está que echa chispas; está que arde; **vor ~ schäumen** rabiar

'Wutanfall M acceso *m (od* ataque *m)* de rabia *(od* de cólera); *launischer:* rabieta *f*; *Esp reg* pronto *m*; **einen ~ kriegen** *umg* coger un berrinche; *Esp reg* dar a uno un pronto

'wüten VI **1** *Person* estar furioso; rabiar, estar rabioso; *(toben, rasen)* enfurecerse **2** *Sturm* desencadenarse (con furia); *Feuer, Seuche, Randalierer* causar estragos; **der Sturm wütet über der Insel** el temporal está asolando la isla

'wütend ADJ furioso, enfurecido; encolerizado; rabioso; **~ werden** enfurecerse; **j-n ~ machen** enfurecer, poner furioso, hacer rabiar a alg; **das macht mich ~** *a.* me da rabia; **auf j-n ~ sein** estar furioso con alg; **ich bin ~ auf ihn** le tengo rabia; estoy furioso con él

'wutentbrannt, wuterfüllt ADJ furibundo; furioso, enfurecido

'Wüterich M ⟨~s; ~e⟩ *pej* hombre *m* furioso *(bzw* feroz)

'Wutgeschrei N gritos *mpl* de rabia

'wütig ADJ *reg* → wütend

'wutschnaubend ADJ & ADV echando pestes; espumajeante de ira *(od* de rabia)

Wutz F ⟨~; ~en⟩ *reg* **1** *(Schwein)* cerda *f* puerca *f* **2** *sl pej Person* cerdo *m*, -a *f*; puerco *m*, -a *f*

Wwe. ABK (Witwe) viuda *f*

WWU F ABK (Wirtschafts- und Währungsunion) UEM *f* (Unión Económica y Monetaria)

WWW N ABK ⟨~(s)⟩ (World Wide Web) www *f*, web *f*

Wz F ABK (Warenzeichen) marca *f* registrada

WZ F ABK → Weltzeit

X

X, x N ⟨~; ~⟩ X, x, *f*; **j-m ein X für ein U vormachen** *umg* dar a alg gato por liebre; *umg* hacer a alg comulgar con ruedas de molino; **Herr X** fulano *m*

'x-Achse F MATH eje *m* de las x *(od* de abscisas)

Xanthä'mie F ⟨~; ~n⟩ MED xantemia *f*

Xanthe'lasma N ⟨~s; ~ta *od* Xanthelasmen⟩ MED xant(h)elasma *m*

Xan'thippe EIGENN F Jantipa *f*; *fig* arpía *f*

Xan'thom N ⟨~s; ~e⟩ MED xantoma *m*, xant(h)elasma *m*

XBase F IT Xbase *f*

'X-Beine NPL piernas *fpl* en X; *fachspr* genu valgum; **~ haben** ser (pati)zambo

'x-beinig ADJ (pati)zambo

'x-beliebig ADJ cualquier(a); **ein ~es Buch** un libro cualquiera, cualquier libro

'x-Beliebige M/F ⟨~n; ~n; → A⟩ **jeder ~** cualquiera, no importa quién

'X-Chromosom N BIOL cromosoma *m* X

Xe ABK → Xenon

'X-Einheit F PHYS unidad *f* X

Xenolo'gie F ⟨~⟩ xenología *f*

'Xenon N ⟨~s⟩ CHEM xenón *m*; **Xenon(blitz)lampe** F lámpara *f* de destellos xenón

xeno'phil ADJ *geh* xenófilo; **xenophob** ADJ *geh* xenófobo; **Xenopho'bie** F ⟨~⟩ *geh* xenofobia *f*

Xenotransplantati'on F MED xenotrasplante *m*

Xeroder'mie F ⟨~; ~n⟩ MED seroderma *m*

'Xerodruck M ⟨~(e)s; ~e⟩ xeroimpresión *f*; impresión *f* xerográfica; **mit ~ drucken** xerografiar; **Xerodrucker** M xeroimpresor *m*; impresor *m* xerográfico

Xerogra'fie F, **Xerogra'phie** F ⟨~; ~n⟩ xerografía *f*; **xerografieren** VT, **xerographieren** VT ⟨ohne ge-⟩ xerografiar; **Xeroko'pie** F xerocopia *f*; **Xerophthal'mie** F ⟨~; ~n⟩ MED xeroftalmia *f*; *umg* ojo seco *m*

'x-fach ADJ múltiple

'x-förmig ADJ en (forma de) X

'X-Kontakt M FOTO toma *f* de flash para X

'x-mal ADV *umg* infinidad de veces; *umg* mil veces; **ich habe es ihm ~ gesagt** se lo he dicho (al menos) mil veces

XM'L-Dokument N IT documento *m* XML

'X-Rahmen M AUTO bastidor *m* en X

'X-Strahlen FPL MED rayos *mpl* X

'X-Strahlung F MED radiación *f* X

'x-te(r, -s) ADJ enésimo; **zum ~n Mal(e)** por enésima vez

Xy'lan N ⟨~s; ~e⟩ CHEM xilano *m*

Xylo'fon N, **Xylo'phon** N ⟨~s; ~e⟩ MUS xilófono *m*, xilofón *m*

Xylo'graf M, **Xylo'graph** M ⟨~en; ~en⟩ xilógrafo *m*; **Xylogra'fie** F, **Xylogra'phie** F ⟨~; ~n⟩ xilografía *f*; **xylo'grafisch** ADJ, **xylo'graphisch** ADJ xilográfico

Xy'lose F ⟨~⟩ CHEM azúcar *m* de madera, xilosa *f*

Y

Y, y N ⟨~; ~⟩ Y, y *f*

Y ABK → Yttrium

'y-Achse F MATH eje *m* de y, eje *m* de ordenadas

Yacht F ⟨~; ~en⟩ SCHIFF yate *m*; **'Yachthafen** M SCHIFF puerto *m* náutico; **'Yachtklub** M SCHIFF club *m* náutico

Yak M ⟨~s; ~s⟩ ZOOL yac *m*, yak *m*

'Yamswurzel F BOT ñame *m*

'Yankee ['jɛŋki] M ⟨~s; ~s⟩ yanqui *m*

Yard [ja:rt] N ⟨~s; ~s⟩ yarda *f*; **'Yardmaß** N medida *f* de yarda

'Y-Chromosom N BIOL cromosoma *m* Y

Yen M ⟨~(s); ~(s)⟩ *Währung:* yen *m*

'Yeti M ⟨~s; ~s⟩ yeti *m*, (abominable) hombre *m* de las nieves

'Yoga M, N ⟨~(s)⟩ yoga *m*; **Yogasitz** M posición *f* de loto

'Yogi M ⟨~s; ~s⟩ yogui *m*

'Yorkshireterrier ['jɔ:rkʃirteriər] M ZOOL terrier *m* de Yorkshire

'Ypsilon N ⟨~(s); ~s⟩ i *f* griega; ípsilon *f*

'Y-Schaltung F TECH conexión *f* en estrella

'Ysop ['i:zɔp] M ⟨~s; ~e⟩ BOT hisopo *m*

'Yttrium N ⟨~s⟩ CHEM itrio *m*; **Yttriumoxid** N óxido *m* de itrio; **Yttriumsilikat** N silicato *m* de itrio

'Yucca F ⟨~; ~s⟩ BOT yuca *f*, guacamote *m*; **Yuccafaser** F fibra *f* de yuca; **Yuccapalme** F BOT yuca *f*

Yuka'tan N GEOG Yucatán *m*; **aus ~** yucateca *m/f*

'Yuppie ['jʊpi] M ⟨~s; ~s⟩ yuppie *m*

Z

Z, z N ⟨~; ~⟩ Z, z *f*

z. ABK *(zu, zum, zur)* → zu[1], zum, zur

Z. ABK (Zahl) cifra *f*

zack INT ¡zas!; **zack, zack!** ¡vamos, rápido!

Zack M *umg* **auf ~ sein** ser muy eficiente *(od* competente); *umg* **j-n auf ~ bringen** poner a alg a trabajar

'Zacke F ⟨~; ~n⟩ **1** *(Spitze)* punta *f* **2** *(Zahn, Felsenzacke), e-r Gabel:* diente *m (a.* TECH)

'zacken VT dentar; endentar; *Kleid* festonear

'Zacken M ⟨~s; ~⟩ → Zacke; *umg iron* **deswegen fällt dir kein ~ aus der Krone** (por eso) no se te van a caer los anillos

'Zackenbarsch M *Fisch:* mero *m*

'zackig ADJ **1** dentado *(a.* TECH *u. Wappen)*; dentellado; con púas; *Wappen:* endentado; BOT *Blatt* recortado **2** *umg fig (schneidig)* arrojado, gallardo, atrevido

'zagen VI *geh* tener miedo; acobardarse; amedrentarse; *(zaudern)* vacilar; titubear

'Zagen N ⟨~s⟩ *geh* miedo *m*; acobardamiento *m*; *(Zaudern)* vacilación *f*; titubeo *m*; **zaghaft** ADJ **1** *(zögernd)* vacilante; titubeante; *(vorsichtig)* cuidadoso **2** *(furchtsam)* temeroso; medroso; *(schüchtern)* tímido; **Zaghaftigkeit** F ⟨~⟩, **Zagheit** F ⟨~⟩ *geh (Ängstlichkeit)* miedo M; *(Schüchternheit)* timidez *f*

zäh **A** ADJ **1** tenaz *(a.* METALL); *(ausdauernd) a.* pertinaz; *(widerstandsfähig)* resistente; *(hartnäckig)* obstinado, terco **2** *Fleisch* duro, correoso **3** *(zähflüssig)* viscoso, espeso **4** *Unterhaltung* largo, pesado **5** *Gesundheit* fuerte, resistente **B** ADV *(langsam)* **~ vorankommen** avanzar lentamente

zäh fließend ADJ → zähflüssig

'zähflüssig ADJ viscoso, espeso; **~er Verkehr** circulación densa; **Zähflüssigkeit** F ⟨~⟩ viscosidad *f*; *Verkehr:* densidad *f* (del tráfico)

'Zähigkeit F ⟨~⟩ **1** tenacidad *f*; pertinacia *f*; *(alle a. fig)*; *(Widerstandsfähigkeit)* resistencia *f* **2** *(Zähflüssigkeit)* viscosidad *f* **3** *v. Fleisch f*; dureza *f*

Zahl F ⟨~; ~en⟩ **1** *allg* número *m*; *(Ziffer)* cifra *f*; **arabische/römische ~** número *m* arábigo/romano; **dreistellige ~** número *m* de tres dígitos *(od* cifras); **gerade/ungerade ~** número par/impar; *fig* **rote ~en (schreiben)** (incurrir en) déficit *m*; **eine große ~ von** gran número de; **in großer ~** en gran número; en gran cantidad; **ohne ~** sin número, innumerable (registrar) números *mpl* rojos; **schwarze ~en schreiben** lograr beneficios; **in den schwarzen ~en sein** obtener beneficios; **zehn an der ~** en número de diez **2** MATH **ganze ~** (número *m*) entero *m*; **natürliche ~** número natural; **rationale/reelle ~en** *pl* números *mpl* racionales/reales

'Zählapparat M contador *m* (automático)

'zahlbar **A** ADJ pagadero; abonable; **~ bei Lieferung** pagadero a la entrega; **~ in Monatsraten** pagadero en mensualidades; **~ innerhalb von 14 Tagen** pagadero dentro de 15 días **B** ADV **~ stellen** hacer pagadero; *Wech-*

sel domiciliar

'zählbar ADJ contadero; contable; computable; numerable

'Zahlbarstellung F ⟨~⟩ HANDEL *Wechsel*: domiciliación *f*

'zählebig ADJ *Tiere, Pflanzen* resistente; que tiene siete vidas (como los gatos); *fig Vorurteil* duradero, arraigado

'zahlen V/T pagar; *Rechnung, Schulden a.* liquidar; **bar ~** pagar al contado; **gut/schlecht ~** pagar bien/mal; **nicht ~ können** verse imposibilitado para pagar; **in Raten ~** pagar a plazos; **per Scheck ~** pagar con cheque; **(Herr Ober,) bitte ~!** ¡(camarero,) la cuenta, por favor!; **was habe ich zu ~?** ¿cuánto es?; ¿qué debo?; **wie viel hast du dafür gezahlt?** ¿cuánto *od* qué has pagado por eso?

'zählen **A** V/T **1** contar; *Bevölkerung* hacer el censo de; **die Stimmen ~** *bei Wahlen*: escrutar, hacer el escrutinio **2** *Alter*: **10 Jahre ~** tener (*od* contar) diez años (de edad) **3** **j-n zu seinen Freunden ~** contar a alg entre sus amigos **B** V/I **1** contar; *fig* **das zählt nicht** eso no cuenta **2** **~ zu** contar (*od* figurar) entre **3** *fig* **auf j-n ~** contar con alg

'Zahlenangaben FPL datos *mpl* numéricos; **Zahlenbeispiel** N ejemplo *m* numérico; **Zahlenfolge** F serie *f* numérica (*od* de números); **Zahlengedächtnis** N facilidad *f* para recordar números (*bzw* fechas); **Zahlengröße** F MATH cantidad *f* numérica; **Zahlenlotto** N lotería *f*

'zahlenmäßig **A** ADJ numérico **B** ADV **~ überlegen sein** ser superior en número; ser numéricamente superior

'Zahlenmaterial N → Zahlenangaben; **Zahlenreihe** F → Zahlenfolge; **Zahlenschloss** N candado *m* de combinación; **Zahlensystem** N sistema *m* aritmético; **Zahlenverhältnis** N proporción *f* (*od* relación *f*) numérica; **Zahlenwert** M valor *m* numérico

'Zahler M ⟨~s; ~⟩ pagador *m*; **pünktlicher/säumiger ~** pagador *m* puntual/moroso

'Zähler M ⟨~s; ~⟩ TECH, ELEK contador *m*; MATH numerador *m*; **Zählerablesung** F lectura *f* del contador

'Zahlerin F ⟨~; ~nen⟩ pagadora *f*; **Zahlgrenze** F *Verkehr*: límite *m* de zona (*bzw* de tarifa); **Zahlkarte** F *Postwesen*: impreso *m* para giro postal; **Zahlkellner** M, **Zahlkellnerin** F camarero *m*, -a *f* cobrador, -a

'zahllos ADJ incontable, innumerable, sin número

'Zahlmeister M pagador *m*; MIL (oficial *m*) contador *m*; habilitado *m*; SCHIFF sobrecargo *m*

Zahlmeiste'rei F ⟨~; ~en⟩ pagaduría *f*; habilitación *f*

'zahlreich **A** ADJ numeroso; cuantioso **B** ADV en gran número; en abundancia

'Zahlstelle F pagaduría *f*; contaduría *f*; (*Schalter*) ventanilla *f* de pagos; *Autobahn*: estación *f* de peaje; **Zahltag** M día *m* de pago (*bzw* de paga); HANDEL *Wechsel*: (fecha *f* de) vencimiento *m*

'Zahlung F ⟨~; ~en⟩ pago *m*; abono *m*; **eine ~ leisten** hacer (*od* efectuar) un pago; **die ~en einstellen** suspender los pagos; **die ~ verweigern** negarse a pagar; **an ~s statt** en (lugar de) pago; **gegen ~** contra (*bzw* previo) pago; **in ~ nehmen** tomar (*od* aceptar) en pago; **in ~ geben** dar en pago; **mangels ~** por falta de pago; **zur ~ auffordern** requerir el pago

'Zählung F ⟨~; ~en⟩ acto *m* de contar; numeración *f*; *v. Stimmen, Blutkörperchen etc*: recuento *m*; (*Volkszählung*) censo *m*

'Zahlungsabkommen N acuerdo *m* de pagos; **Zahlungsanweisung** F orden *f* de pago; **Zahlungsart** F forma *f* (*od* modo *m*) de pago; **Zahlungsaufforderung** F requerimiento *m* (*od* notificación *f*) de pago; **Zahlungsaufschub** M prórroga *f* (del pago); moratoria *f*; **einen ~ gewähren** conceder una moratoria; **Zahlungsauftrag** M orden *f* de pago; **Zahlungsausgleich** M compensación *f* de pagos; liquidación *f*; pago *m*; **Zahlungsbedingungen** FPL condiciones *fpl* de pago; **unsere ~ lauten ...** nuestras condiciones de pago son las siguientes ...; **Zahlungsbefehl** M JUR mandamiento *m* de pago; **Zahlungsbeleg** M justificante *m* del pago; **Zahlungsbestätigung** F confirmación *f* de pago

'Zahlungsbilanz F WIRTSCH balanza *f* de pagos; **aktive ~** balanza *f* de pagos activa (*od* excedentaria); **passive ~** balanza *f* de pagos pasiva (*od* deficitaria); **die ~ ausgleichen** equilibrar la balanza de pagos

'Zahlungsbilanzdefizit N déficit *m* (*od* saldo *m* deudor *od* saldo *m* pasivo) de la balanza de pagos; **Zahlungsbilanzüberschuss** M superávit *m* (*od* saldo *m* acreedor *od* saldo *m* activo) de la balanza de pagos

'Zahlungseingang M entrada *f* en caja; **Zahlungseinstellung** F suspensión *f* de pagos; **Zahlungsempfänger** M, **Zahlungsempfängerin** F beneficiario *m*, -a *f* del pago; **Zahlungserleichterungen** FPL facilidades *fpl* de pago

'zahlungsfähig ADJ solvente; **Zahlungsfähigkeit** F ⟨~⟩ solvencia *f*

'Zahlungsfrist F plazo *m* de pago

'zahlungskräftig ADJ pudiente, adinerado

'Zahlungsmittel N medio *m* de pago; **gesetzliches ~** moneda *f* legal; **Zahlungsmodus** M → Zahlungsart; **Zahlungsmoral** F **schlechte ~** poca puntualidad *f* en el pago; insatisfactoria moral *f* de pago; **Zahlungsort** M lugar *m* de pago; *bei Wechseln*: domicilio *m*; **Zahlungsplan** M plan *m* de pago; *Tilgung*: plan *m* de amortización; **Zahlungsrückstand** M retraso *m* en el pago; **Zahlungsrückstände** *pl a.* pagos *mpl* atrasados; **Zahlungsschwierigkeiten** FPL dificultades *fpl* de (*od* para el) pago; **Zahlungssperre** F bloqueo *m* (*od* congelación *f*) de pagos; **Zahlungssystem** N sistema *m* de pagos; **Zahlungstermin** M plazo *m* (*bzw* fecha *f*) de pago

'zahlungsunfähig ADJ insolvente; **sich für ~ erklären** declararse insolvente; declararse en quiebra; **Zahlungsunfähige** M/F ⟨~n; ~n; → A⟩ insolvente *m/f*; quebrado *m*, -a *f*; **Zahlungsunfähigkeit** F ⟨~⟩ insolvencia *f*; carencia *f* de medios de pago

'Zahlungsunion F **Europäische ~** Unión *f* Europea de Pagos

'Zahlungsverkehr M operaciones *fpl* de pago; transacciones *fpl* financieras; **bargeldloser ~** pago *m* sin movimiento de numerario; pago *m* por giro (*bzw* con cheque); **elektronischer ~** servicio *m* de pagos electrónico; movimiento *m* electrónico de pagos; **internationaler ~** servicio *m* de pagos internacionales; **im ~ zulassen** admitir para pago

'Zahlungsverpflichtung F obligación *f* (*od* compromiso *m*) de pago; **den ~en nicht nachkommen** incumplir las obligaciones de pago; **Zahlungsversprechen** N promesa *f* de pago; **Zahlungsverweigerung** F negativa *f* a pagar; negación *f* de (*od* rehuso *m* del) pago; **Zahlungsverzug** M demora *f* (*od* retraso *m*) en el pago; **Zahlungsweise** F forma *f* (*od* modo *m*) de pago; **Zahlungsziel** N HANDEL (*Zahlungsfrist*) plazo *m* de pago; plazo *m* de vencimiento

'Zählwerk N TECH (mecanismo *m*) contador *m*

'Zahlwort N ⟨~(e)s; ⸚er⟩ GRAM (adjetivo *m*) numeral *m*; **Zahlzeichen** N cifra *f*

zahm ADJ **1** *Tier* manso; *Haustier* doméstico; domesticado; **~ machen** → zähmen; **~ werden** amansarse **2** *fig Person* dócil, tratable; (*sanft*) apacible **3** *fig Kritik* suave

'zähmbar ADJ domesticable; domable

'zähmen **A** V/T **1** *Tier* amansar; (*bändigen*) domar (*a. fig*); (*zum Haustier machen*) domesticar **2** *fig* reprimir, contener, refrenar **B** V/R *geh* **sich ~** contenerse

'Zahmheit F ⟨~⟩ mansedumbre *f* (*a. fig*); domesticidad *f*

'Zähmung F ⟨~; ~en⟩ **1** *von Tieren*: amansamiento *m*; (*Bändigung*) doma *f*, domadura *f*; *zum Haustier*: domesticación *f* **2** *fig* represión *f*, refrenamiento *m*

Zahn M ⟨~(e)s; Zähne⟩ **1** ANAT diente *m* (*a.* TECH); (*Backenzahn*) muela *f*; **Zähne** *pl a.* dentadura *f*; **die dritten Zähne** la dentadura postiza; **Zähne bekommen** salir los dientes; *Kinder* estar con la dentición, *umg* echar (los) dientes; **schöne Zähne haben** tener una hermosa dentadura; **sich** (*dat*) **die Zähne putzen** lavarse los dientes; **sich** (*dat*) **die Zähne in Ordnung bringen lassen** arreglarse la dentadura (*od* la boca); **j-m die Zähne zeigen** *a. fig* enseñar los dientes a alg; **die Zähne zusammenbeißen** *a. fig* apretar los dientes; *fig* **bis an die Zähne bewaffnet** armado hasta los dientes; **mit den Zähnen klappern** castañetear (los dientes); **mit den Zähnen knirschen** rechinar los dientes **2** *umg fig* **der ~ der Zeit** los estragos del tiempo; **sich** (*dat*) **die Zähne an etw/j-m ausbeißen** dejarse la piel por a/c/alg; **j-m auf den ~ fühlen** tomar el pulso a alg; *umg fig* **das ist für den hohlen ~** con eso no hay para un diente **3** *umg* (*Tempo*) **einen (ganz schönen) ~ draufhaben** *umg* ir a toda pastilla **4** (*Zacke*) diente *f*

'Zahn... IN ZSSGN dentario, dental; **Zahnarzt** M odontólogo *m*, dentista *m*; **Zahnärztin** F odontóloga *f*, dentista *f*; **zahnärztlich** ADJ odontológico; dental; **Zahnarztpraxis** F consultorio *m* odontológico; *größere*: clínica *f* dental; **Zahnausfall** M ⟨~(e)s⟩ caída *f* de los dientes; **Zahnbehandlung** F tratamiento *m* odontológico; **Zahnbein** N ⟨~(e)s⟩ ANAT dentina *f*; **Zahnbelag** M placa *f* dental; **Zahnbildung** F ⟨~⟩ dentificación *f*; **Zahnbürste** F cepillo *m* de dientes; **Zahnchirurgie** F cirugía *f* dental; **Zahncreme** F crema *f* dental; pasta *f* dentífrica, dentífrico *m*; **Zahndurchbruch** M dentición *f*

'Zähnefletschen N *Hund*: regañamiento *m* de dientes; **Zähneklappern** N castañeteo *m* de los dientes; **Zähneknirschen** N rechinamiento *m* de (los) dientes; *fachspr im Schlaf*: bruxismo *m*; **zähneknirschend** ADV rechinando los dientes; *fig* a regañadientes

'zahnen **A** V/I endentecer, dentar, echar (los) dientes; estar con la dentición **B** V/T TECH (en)dentar

'Zahnen N ⟨~s⟩ dentición *f*

'zähnen V/T TECH (en)dentar

'Zahnersatz M dientes *mpl* artificiales; (*Prothese*) dentadura *f* postiza; prótesis *f* dental; **Zahnfach** N ANAT alvéolo *m* dentario; **Zahnfäule** F MED caries *f* (dental); **Zahnfistel** F MED fístula *f* dental

'Zahnfleisch N ANAT encía(s) *f(pl)*; *fig* **auf dem ~ daherkommen** (*erschöpft sein*) *umg* estar hecho polvo; (*pleite sein*) estar pelado; **Zahn-**

fleischbluten N sangrado *m* de las encías; *fachspr* gingivorragia *f*; **Zahnfleischentzündung** F gingivitis *f*, inflamación *f* de las encías

'**Zahnformel** F fórmula *f* dental; **Zahnfüllung** F empaste *m* (dental); obturación *f*; **Zahngeschwür** N absceso *m* dental; **Zahnhals** M cuello *m* del diente; **Zahnheilkunde** F odontología *f*; **Zahnkitt** M cemento *m* dentario; **Zahnklammer** F → Zahnspange; **Zahnklinik** F clínica *f* odontológica (*od* dental); **Zahnkranz** M TECH corona *f* dentada; **Zahnkrem(e)** F → Zahncreme; **Zahnkrone** F corona *f* dental; MED *a.* funda *f*; **Zahnlabor** N laboratorio *m* dental; **Zahnlaut** M GRAM (sonido *m*) dental *f*; **zahnlos** ADJ sin dientes, desdentado (*a.* ZOOL); **Zahnlücke** F mella *f* (en la dentadura); TECH intradente *m*; **Zahnmark** N ⟨~s⟩ ANAT pulpa *f* dentaria

'**Zahnmedizin** F odontología *f*; **Zahnmediziner** M, **Zahnmedizinerin** F odontólogo *m*, -a *f*; **zahnmedizinisch** ADJ odontológico

'**Zahnnerv** M ANAT nervio *m* dentario; **Zahnpasta** F, **Zahnpaste** F pasta *f* dentífrica, dentífrico *m*; **Zahnpflege** F higiene *f* dental; **Zahnpflegemittel** N dentífrico *m*; **Zahnplombe** F empaste *m*; **Zahnprothese** F prótesis *f* dental; dentadura *f* postiza; **Zahnpulver** N *obs* polvos *mpl* dentífricos

'**Zahnrad** N rueda *f* dentada; *kleines*: piñón *m*; **Zahnradantrieb** M accionamiento *m* por ruedas dentadas; **Zahnradbahn** F ferrocarril *m* de cremallera; **Zahnradgetriebe** N engranaje *m*; **Zahnradübersetzung** F transmisión *f* por engranaje

'**Zahnreihe** F hilera *f* de dientes; **zahnreinigend** ADJ dentífrico; **Zahnreinigungsmittel** N dentífrico *m*; **Zahnschmelz** M esmalte *m* dental; **Zahnschmerzen** MPL dolor *m* de muelas; MED odontalgia *f*; **~ haben** tener dolor de muelas; **Zahnschutz** M *Boxen*: protector *m* dental; **Zahnseide** F hilo *m* dental, seda *f* dental; **Zahnspange** F aparato *m* ortodóncico; **Zahnspiegel** M espejo *m* (*od* espéculo *m*) dental; **Zahnstange** F TECH cremallera *f*; **Zahnstangenlenkung** F AUTO dirección *f* de cremallera

'**Zahnstein** M MED sarro *m* (dental), toba *f*, tártaro *m* dental; **Zahnsteinentfernung** F MED tartrectomía *f*

'**Zahnstocher** M mondadientes *m*, palillo *m* de dientes; **Zahnstocherbehälter** M palillero *m*

'**Zahnstummel** M, **Zahnstumpf** M raíz *f*

'**Zahntechnik** F odontología *f*, técnica *f* odontológica; **Zahntechniker** M, **Zahntechnikerin** F protésico *m*, -a *f* dental; mecánico *m*, -a *f* dentista

'**Zähnung** F ⟨~; ~en⟩ TECH dentado *m*; engranaje *m*

'**Zahnwechsel** M segunda dentición *f*; **Zahnweh** N → Zahnschmerzen; **Zahnwerk** N TECH engranaje *m*; **Zahnwurzel** F raíz *f* dentaria, raigón *m*; **Zahnzange** F gatillo *m*; **Zahnziehen** N extracción *f* dental; **Zahnzwischenräume** MPL espacios *mpl* interdentales

Za'ire N HIST, GEOG (el) Zaire *m*; **Zairer** M ⟨~s; ~⟩, **Zairerin** F ⟨~; ~nen⟩ zaireño *m*, -a *f*; **zairisch** ADJ zaireño

'**Zander** M ⟨~s; ~⟩ *Fisch*: lucioperca *f*; **Zanderfilet** N filete *m* de lucioperca

'**Zange** F ⟨~; ~n⟩ 1 TECH (*Kneifzange*) tenazas *fpl*; (*Flachzange*) alicates *mpl*; *fig* **j-n in die ~ nehmen** apretar las clavijas a alg; poner a alg en un aprieto; coger a alg en tenaza 2 MED pinzas *fpl*; (*Geburtszange*) fórceps *m* 3 ZOOL pinzas *fpl*

'**Zangenbewegung** F MIL movimiento *m* tenaza; **Zangengeburt** F MED parto *m* con fórceps; parto *m* instrumental

Zank M ⟨~(e)s⟩ (*Wortwechsel*) disputa *f*; altercado *m*; (*Streiterei*) riña *f*; reyerta *f*; **~ suchen** *umg* buscar camorra

'**Zankapfel** M manzana *f* de la discordia

'**zanken** A VI disputar; altercar; (*streiten*) reñir, pelearse B VR **sich (mit j-m) ~** reñir, pelearse (con alg); **sich um etw ~** pelearse por a/c, disputarse a/c

'**Zänker** M ⟨~s; ~⟩ altercador *m*; pendenciero *m*; camorrista *m*

Zanke'rei F ⟨~; ~en⟩ peleas *fpl*

Zänke'rei F ⟨~; ~en⟩ querella *f*; rencilla *f*

'**Zänkerin** M ⟨~; ~nen⟩ altercadora *f*; pendenciera *f*; camorrista *f*; **zänkisch** ADJ altercador; pendenciero; camorrista

'**Zanksucht** F ⟨~⟩ carácter *m* pendenciero; afán *m* de reñir; **zanksüchtig** ADJ → zänkisch

'**Zäpfchen** N ⟨~s; ~⟩ 1 ANAT úvula *f*, *umg* campanilla *f* 2 PHARM supositorio *m*

'**zapfen** VT sacar (*vino, gasolina, etc*)

'**Zapfen** M ⟨~s; ~⟩ 1 BOT piña *f*; cono *m* (*a.* ANAT *Netzhautzapfen*) 2 TECH (*Bolzen*) perno *m*; (*Drehzapfen*) pivote *m*; (*Radzapfen*) gorrón *m*; (*Achszapfen*) muñón *m*; (*Splint*) pasador *m* 3 (*Fasszapfen*) espita *f*, canilla *f*; (*Stöpsel*) tapón *m* 4 (*Eiszapfen*) témpano *m*

'**Zapfenbohrer** M TECH broca *f* de punto; **zapfenförmig** ADJ coniforme; **Zapfenlager** N TECH soporte *m* de muñones; *für Achsen*: chumacera *f*; **Zapfenloch** N *Zimmerei*: mortaja *f*; **Zapfenstreich** M MIL retreta *f*; **den ~ blasen** tocar retreta

Zapfen tragend ADJ BOT conífero

'**Zapfer** M ⟨~s; ~⟩ *camarero detrás del mostrador que sirve cerveza o vino de barril*; **Zapfhahn** M espita *f*, canilla *f*; **Zapfloch** N *am Fass*: piquera *f*; **Zapfsäule** F AUTO surtidor *m* (de gasolina); **Zapfstelle** F *für Wasser*: toma *f* de agua; AUTO gasolinera *f*

'**zappelig** ADJ agitado; inquieto, desasosegado; (*nervös*) nervioso

'**zappeln** VI agitarse; *fig* **j-n ~ lassen** tener a alg en suspenso; mantener a alg en vilo; **Zappelphilipp** M ⟨~s; ~e⟩ *umg Kind*: azogue *m*, zarandillo *m*

'**zappen** ['zɛpən] VT TV zapear, hacer zapping, canalear

'**zappen'duster** ADJ *umg* (*ganz dunkel*) muy oscuro, oscuro como boca de lobo; *fig* **jetzt wird's ~!** *umg* ¡es el acabose!

'**zapplig** → zappelig

Zar M ⟨~en; ~en⟩ zar *m*; '**Zarentum** N ⟨~s⟩ zarismo *m*

Za'rewitsch M ⟨~(e)s; ~e⟩ zarevitz *m*

'**Zarge** F ⟨~; ~n⟩ 1 TECH cerco *m*; (*Türzarge*) bastidor *m*; marco *m* 2 MUS *e-s Saiteninstruments*: aro *m*, costado *m*

'**Zarin** F ⟨~; ~nen⟩ zarina *f*

za'ristisch ADJ zarista

zart ADJ 1 (*weich*) tierno (*a. Gemüse, Fleisch, Alter*); (*sanft*) suave; (*leicht*) ligero; *Gewebe a.* fino 2 (*empfindlich*) sensible; *Haut, Gesundheit* delicado; (*zerbrechlich*) frágil 3 *Stimme, Klang* fino, suave 4 *Farbe* suave, pálido 5 (*zärtlich*) tierno, cariñoso

'**zartbesaitet, zart besaitet** ADJ *fig* sensible, sensitivo; tierno de corazón

'**zartbitter** ADJ *Schokolade* semiamargo; **Zartbitterschokolade** F chocolate *m* semiamargo

'**zartfühlend, zart fühlend** ADJ delicado; de exquisito tacto

'**Zartgefühl** N ⟨~s⟩ delicadeza *f*; tacto *m*; **Zartheit** F ⟨~⟩ 1 (*Weichheit*) ternura *f* 2 (*Empfindlichkeit*) delicadeza *f*; fragilidad *f* 3 *e-s Gewebes* finura *f*; tenuidad *f* 4 *der Stimme* dulzura *f*

'**zärtlich** ADJ tierno; afectuoso; cariñoso; **Zärtlichkeit** F ⟨~; ~en⟩ ternura *f*; afectuosidad *f*; cariño *m*; (*Liebkosungen*) caricias *fpl*; **Zärtlichkeitsbedürfnis** N necesidad *f* (*od* sed *f*) de cariño

'**zartrosa** ADJ rosa pálido

'**Zaster** M ⟨~s⟩ *sl* (*Geld*) pasta *f*, pelas *fpl*, guita *f*

Zä'sur F ⟨~; ~en⟩ 1 LIT *Metrik*: cesura *f* 2 *fig* (*Einschnitt*) paréntesis *m*, inciso *m*

'**Zauber** M ⟨~s; ~⟩ 1 (*Zauberspruch, Zauberhandlung*) hechizo *m* (*a. fig*); (*Zaubertrick*) truco *m*; **böser ~** embrujo *m* 2 (*Zauberkunst, Zauberkraft*) magia *f*; sortilegio *m* 3 *fig* (*Reiz*) encanto *m*; (*Bezauberung*) encantamiento *m*; **den ~ lösen** romper el encanto 4 *pej* (*Getue*) *umg* pose *m*; *umg* **fauler ~** patraña *f*; embuste *m*, engaño *m*

'**Zauberbann** M encanto *m*; hechizo *m*; **Zauberbuch** N libro *m* de magia

Zaube'rei F ⟨~; ~en⟩ 1 (*Hexerei*) encantamiento *m*; hechicería *f*; (*Zauberkunst*) (arte *m* de) magia *f*; sortilegio *m*; **wie durch ~** como por arte de magia (*od* de birlibirloque); como por encanto 2 (*Taschenspielerei*) prestidigitación *f*; (*Zaubertrick*) truco *m*

'**Zauberer** M ⟨~s; ~⟩ 1 (*Hexenmeister*) mago *m* (*a. fig Könner*); hechicero *m*; encantador *m*; brujo *m* 2 *im Zirkus etc*: → Zauberkünstler

'**Zauberflöte** F **die ~** *Oper*: La Flauta Mágica; **Zauberformel** F fórmula *f* mágica; conjuro *m*, ensalmo *m*; **zauberhaft** ADJ encantador; hechicero (*beide a. fig*); mágico; *fig* **~ sein** ser un encanto; **Zauberhand** F **wie durch** *od* **von ~** como por arte de magia; como por encanto

'**Zauberin** F ⟨~; ~nen⟩ maga *f*; hechicera *f*; (*Hexe*) bruja *f*; **zauberisch** ADJ → zauberhaft

'**Zauberkasten** M *Spielzeug*: caja *f* de magia; **Zauberkraft** F magia *f*; poder *m* mágico; **Zauberkunst** F 1 (arte *m* de) magia *f* 2 (*Zauberkunststücke*) ilusionismo *m*; prestidigitación *f*; **Zauberkünstler** M, **Zauberkünstlerin** F mago *m*, -a *f*; prestidigitador *m*, -a *f*; ilusionista *m/f*; **Zauberkunststück** N juego *m* de manos; truco *m* de prestidigitación; **Zauberlehrling** M aprendiz *m* de brujo; **Zaubermittel** N hechizo *m*

'**zaubern** A VI practicar la magia; *vor Publikum*: hacer juegos de manos (*od* de prestidigitación); *umg fig* **ich kann doch nicht ~** no puedo hacer milagros B VT producir (*bzw* trasladar) por arte de magia; **etw aus der Tasche ~** sacarse a/c del bolsillo como por arte de magia

'**Zaubernuss** F BOT hamamelis *m*; **Zauberring** M anillo *m* mágico; **Zauberschloss** N castillo *m* encantado; **Zauberspiegel** M espejo *m* mágico; **Zauberspruch** M → Zauberformel; **Zauberstab** M varita *f* (*od* varilla *f*) mágica; **Zaubertrank** M filtro *m* (mágico); **Zaubertrick** M obra *f* de magia; juego *m* de manos; **Zauberwerk** N *geh* encantamiento *m*; hechicería *f*; **Zauberwort** N ⟨~(e)s; ~e⟩ palabra *f* mágica

'**Zauderer** M ⟨~s; ~⟩, **Zauderin** F ⟨~; ~nen⟩ (hombre *m*) irresoluto *m*, (mujer *f*) irresoluta *f*

'**zaudern** VI vacilar, titubear (**zu** *inf* en); permanecer indeciso; → *a* zögern

'**Zaudern** N ⟨~s⟩ vacilación *f*, titubeo *m*;

(*Unentschiedenheit*) irresolución *f*
Zaum M ⟨~(e)s; ~̈e⟩ **1** brida *f*; freno *m* (*a. fig*) **2** *geh fig* **im ~ halten** refrenar, contener, reprimir; **j-n im ~ halten** atar corto a alg; **sich im ~ halten** contenerse, refrenarse; **die Zunge im ~ halten** refrenar la lengua
'zäumen V/T embridar, poner la brida a; enfrenar
'Zaumzeug N brida *f*; arreos *mpl*
Zaun M ⟨~(e)s; ~̈e⟩ **1** (*Umzäunung*) cercado *m*; cerca *f*; *aus Pfählen*: valla *f*, vallado *m*; seto *m* **2** *fig* **einen Krieg vom ~ brechen** desencadenar una guerra; **einen Streit vom ~ brechen** *umg* buscar camorra
'zaundürr ADJ *österr umg* hecho un fideo
'Zauneidechse F ZOOL lagarto *m* (ágil); **Zaungast** M mirón *m*; espectador *m* de gorra; **~ sein** estar de mirón; **Zaunkönig** M ORN chochín *m*; **Zaunpfahl** M estaca *f*; *fig* **einen Wink mit dem ~ geben** echar una indirecta; **Zaunwinde** F BOT correhuela *f* mayor
'zausen V/T sacudir; *Haar* desgreñar; *fig* vapulear; **j-s Haare** *od* **j-n in den Haaren ~** tirar del pelo a alg
z. B. ABK (zum Beispiel) p .ej. (por ejemplo)
z. b. V. ABK (zur besonderen Verwendung) para fines especiales
z. d. A. ABK (zu den Akten) archívese
ZDF N ⟨~⟩ ABK (Zweites Deutsches Fernsehen) ZDF *f* (*segundo canal de la televisión alemana*)
'Zebra N ⟨~s; ~s⟩ ZOOL cebra *f*; **Zebrastreifen** M *Verkehr*: paso *m* cebra
'Zebu M, N ⟨~s; ~s⟩ ZOOL cebú *m*
'Zechbruder M *umg* compañero *m* de copeo; (*Trinker*) bebedor *m*, borrachín *m*
'Zeche F ⟨~; ~n⟩ **1** (*Rechnung*) cuenta *f*; (*Verzehr*) consumición *f*; *umg* **die ~ prellen** irse sin pagar; *umg fig* **die ~ bezahlen (müssen)** (tener que) pagar el pato; (tener que) pagar los vidrios (*od* platos) rotos **2** BERGB mina *f*
'zechen V/I *obs* beber (copiosamente); *umg* copear, empinar el codo
'Zecher M ⟨~s; ~⟩, **Zecherin** F ⟨~; ~nen⟩ bebedor *m*, -a *f*; borrachín *m*, -ina *f*
'Zechgelage N francachela *f*; bacanal *f*; **Zechkumpan** M, **Zechkumpanin** F compañero *m*, -a *f* de copeo; **Zechpreller** M *umg* cliente *m* que se va sin pagar
Zechprelle'rei F *umg* estafa *f* de consumición; *umg* gorronería *f*
'Zechprellerin F *umg* cliente *f od* clienta *f* que se va sin pagar
'Zecke F ⟨~; ~n⟩ ZOOL garrapata *f*
Ze'dent M ⟨~en; ~en⟩, **Zedentin** F ⟨~; ~nen⟩ JUR cedente *m/f*; HANDEL *e-s Wechsels*: endosante *m/f*
'Zeder F ⟨~; ~n⟩, **Zedernholz** N cedro *m*
ze'dieren V/T ⟨*ohne* ge-⟩ JUR ceder, hacer cesión de; HANDEL *Wechsel* endosar
Zeh M ⟨~(e)s; ~en⟩ → Zehe 1
'Zehe F ⟨~; ~n⟩ **1** ANAT dedo *m* del pie; **die große ~** *od* **der große Zeh** el dedo gordo (del pie); **die kleine ~** *od* **der kleine Zeh** el dedo meñique; **auf den ~n gehen** ir de puntillas; **sich auf die ~n stellen** ponerse de puntillas; *fig* **j-m auf die ~n treten** ofender a alg **2** (*Knoblauchzehe*) diente *m* (de ajo)
'Zehengänger MPL ZOOL digitígrados *mpl*; **Zehenglieder** NPL falanges *mpl*
'Zehenspitze F punta *f* del pie; **auf ~n gehen/stehen** ir/estar de puntillas; **sich auf die ~n stellen** ponerse de puntillas
zehn ADJ **1** diez; **etwa ~** unos diez; una decena; **~ Euro** diez euros; **die Nummer ~** el número diez; **sie ist ~ (Jahre alt)** tiene diez años **2** *Uhrzeit*: **(es ist) ~ Uhr** (son) las diez; **halb ~** las nueve y media

Zehn F ⟨~; ~en⟩ diez *m*; **die (Linie) ~** el diez, la línea diez
Zehn'centstück N moneda *f* de diez céntimos; **Zehndollarschein** M billete *m* de diez dólares
'Zehneck N ⟨~(e)s; ~e⟩ MATH decágono *m*; **zehneckig** ADJ MATH decagonal; **Zehnender** M ⟨~s; ~⟩ JAGD ciervo *m* de diez puntas
'Zehner M ⟨~s; ~⟩ **1** MATH decena *f* **2** *umg Geldschein*: billete *m* de diez **3** *reg* (*Zehn*) diez *m*
'zehner'lei ADJ de diez clases diferentes
'Zehnerstelle F decena *f*
Zehn'euroschein M billete *m* de diez euros
'zehnfach ADJ décuplo; *Vergrößerung, Betrag* diez veces más; **das Zehnfache** el décuplo
Zehn'fingersystem N *Maschinenschreiben*: escritura *f* con todos los dedos
'zehnflächig ADJ MATH decaédrico; **Zehnflächner** M ⟨~s; ~⟩ MATH decaedro *m*
Zehn'frankenschein M billete *m* de diez francos; **Zehn'jahresplan** M plan *m* decenal
'zehnjährig ADJ **1** (*zehn Jahre alt*) de diez años **2** (*zehn Jahre lang*) durante diez años; decenal; **Zehnjährige** M/F ⟨~n; ~n; → A⟩ niño *m*, -a *f* de diez años
'Zehnkampf M SPORT decatlón *m*; **Zehnkämpfer** M, **Zehnkämpferin** F SPORT decatleta *m/f*; decatloniano *m*, -a *f*
'zehnmal ADJ diez veces; **~ so viel** diez veces más; **zehnmalig** ADJ diez veces
Zehn'markschein M HIST billete *m* de diez marcos; **Zehn'pfennigstück** N HIST moneda *f* de diez pfennigs
'zehnprozentig ADJ al diez por ciento
'Zehnsilber M ⟨~s; ~⟩ LING decasílabo *m*; **zehnsilbig** ADJ decasílabo; **zehnstöckig** ADJ de diez pisos; **zehnstündig** ADJ de diez horas
zehnt ADV **zu ~** diez; **zu ~ sein** ser diez
Zehnt N ⟨~en; ~en⟩ HIST diezmo *m*
'zehntägig ADJ de diez días
zehn'tausend ADJ diez mil; *fig* **die oberen Zehntausend** la alta (*od* la crema de la) sociedad; *umg* la gente gorda; **zehntausendste(r, -s)** ADJ diezmilésimo; **Zehntausendstel** N diezmilésima parte *f*
'zehnte(r, -s) ADJ **1** décimo; **der ~ Dezember** el diez de diciembre; **den** *od* **am ~n Mai** el diez de mayo **2** *mit Namen*: **Alfons der Zehnte, Alfons X** Alfonso Décimo, Alfonso X **3** HIST **der Zehnte** → Zehnt
'Zehntel N ⟨~s; ~⟩ décima parte *f*; décimo *m*; **'zehntens** ADV en décimo lugar; *bei Aufzählungen*: décimo
'zehren V/I **1 von etw ~** alimentarse de a/c; *fig* vivir de a/c; *fig geh* **von seinem Ruhm(e) ~** dormirse sobre los laureles **2** *fig* (*nagen*) **~ an** (*dat*) consumir, minar, roer; **an j-m ~** *Sorge* consumir a alg **3** (*schwächen*) enflaquecer
'zehrend ADJ MED consuntivo
'Zeichen N ⟨~s; ~⟩ **1** *allg* signo *m*; (*Symbol*) símbolo *m*; *pl auf Landkarten etc*: signos *mpl* convencionales; LING **~ setzen** poner los signos de puntuación; *a.* ASTRON **im ~** (*gen*) bajo el signo de **2** (*Signal*) señal *f* (*a.* VERKEHR); (*Kennzeichen*) marca *f*; seña *f*; (*Warnung*) aviso *m*; **das ~ zur Abfahrt** la señal de salida; **das ist ein ~ der Zeit** es un signo de la época; **ein ~ geben** hacer una señal; **das ~ geben** dar la señal **(zu** de); **j-m ~** *pl* **geben** hacer señas a alg; **ein ~ an etw** (*dat*) **machen** marcar a/c; **auf ein ~ von** a una señal de; **sich durch ~** *pl* **verständigen** entenderse por señas **3** (*Anzeichen*) indicio *m*, *bes* MED síntoma *m*; (*Vorzeichen*) presagio *m*; **das ist ein gutes/**

schlechtes ~ es una buena/mala señal; es un buen/mal síntoma **4** (*Abzeichen*) insignia *f*; emblema *m* **5** HANDEL, VERW (*Aktenzeichen*) referencia *f*; (*Namenszeichen*) sigla *f*; **Ihr ~** su referencia **6** (*Beweis*) prueba *f*; testimonio *m*; **als** *od* **zum ~, dass …** (*gen*) en señal de; en prueba de; en testimonio de **7 seines ~s** (*von Beruf*) de oficio
'Zeichenblock M bloc *m* de dibujo; **Zeichenbrett** N tablero *m* de dibujo; **Zeichenbüro** N oficina *f* de dibujo; **Zeichencode** M código *m* de caracteres (*od* de señalización); **Zeichendeuter** M, **Zeichendeuterin** F adivino *m*, -a *f*; **Zeichendreieck** N escuadra *f*; **Zeichenerklärung** F explicación *f* de los signos; leyenda *f*; *auf Landkarten etc*: signos *mpl* convencionales; **Zeichenfeder** F pluma *f* de dibujo; **Zeichenformat** N IT formato *m* de caracteres; **Zeichengebung** F ⟨~; ~en⟩ señalización *f*; **Zeichenheft** N cuaderno *m* de dibujo; **Zeichenkarton** M cartoné *m*; **Zeichenkohle** F carboncillo *m*; **Zeichenkreide** F creta *f* (*od* tiza *f*) de dibujo; **Zeichenkunst** F arte *m* de dibujar; dibujo *m*; **Zeichenlehrer** M, **Zeichenlehrerin** F profesor *m*, -a *f* de dibujo; **Zeichenmappe** F carpeta *f* de dibujos; **Zeichenpapier** N papel *m* de dibujo; **Zeichensaal** M sala *f* de dibujo; **Zeichensatz** M IT conjunto *m* de caracteres; TYPO juego *m* de caracteres; fuente *f* tipográfica; **Zeichenschutz** M HANDEL protección *f* de las marcas; **Zeichensetzung** F LING puntuación *f*; **Zeichensprache** F lenguaje *m* (*od* lengua *f*) de signos; **Zeichenstift** M lapicero *m*; lápiz *m* de dibujo; **Zeichenstunde** F lección *f* (*od* clase *f*) de dibujo; **Zeichentisch** M mesa *f* de dibujo; **Zeichentrickfilm** M película *f* de animación (*od* de dibujos *mpl* animados); **Zeichenunterricht** M enseñanza *f* del dibujo; **Zeichenvorlage** F modelo *m* de dibujo
'zeichnen **A** V/T **1** (*malen*) dibujar (*a. fig*); *Linie etc* trazar; *flüchtig*: bosquejar, esbozar (*a. fig*); *Plan etc* delinear **2** *fig* (*kennzeichnen*), *Sorge, Krankheit* marcar **3** (*unterzeichnen*) firmar **4** HANDEL *Anleihe etc* suscribir; **einen Betrag von 1000 Euro ~** suscribirse con (una suma de) mil euros **B** V/I **1** (*malen*) dibujar **2** (*unterzeichnen*) firmar; *fig* **für etw verantwortlich ~** asumir la responsabilidad de a/c
'Zeichnen N ⟨~s⟩ dibujo *m*; **technisches ~** delineación *f*; dibujo *m* industrial
'Zeichner M ⟨~s; ~⟩, **Zeichnerin** F ⟨~; ~nen⟩ **1** dibujante *m/f*; (*Grafiker, -in*) grafista *m/f*; **technischer ~, technische ~in** delineante *m/f* **2** HANDEL *e-r Anleihe etc*: suscriptor *m*, -a *f*
'zeichnerisch **A** ADJ gráfico; **~e Begabung** dotes *fpl* para el dibujo; **~e Darstellung** representación *f* gráfica **B** ADV **sie ist ~ begabt** tiene talento para el dibujo; **~ darstellen** representar gráficamente
'Zeichnung F ⟨~; ~en⟩ **1** (*Bild, Muster*) dibujo *m*; (*Skizze*) croquis *m*, esquema *m*; (*Bauzeichnung*) plano *m*; *e-r Linie etc*: trazado *m* **2** (*Kennzeichnung*) marcación *f* **3** (*Unterzeichnung*) firma *f* **4** HANDEL *e-r Anleihe, e-s Beitrags etc*: suscripción *f*; **zur ~ auflegen** ofrecer a suscripción
'Zeichnungsangebot N HANDEL oferta *f* de suscripción; **zeichnungsberechtigt** ADJ autorizado para firmar (*od* para suscribir); **~ sein** tener autorización para firmar (*od* para suscribir); *umg* tener firma; **Zeichnungsbetrag** M cantidad *f* suscrita; **Zeichnungsfrist** F HANDEL plazo *m* de suscripción; **Zeichnungsliste** F lista *f* de suscriptores; **Zeichnungsvollmacht** F poder *m*

para firmar; **Zeichnungswert** M HANDEL valor *m* de emisión

'Zeigefinger M (dedo *m*) índice *m*

'zeigen A VT 1 mostrar, enseñar; *(zur Schau stellen)* exhibir; FILM poner, proyectar, pasar; **zeig mal!** ¡déjame ver!, ¡a ver! 2 *(anzeigen)* indicar, marcar 3 *(aufweisen)* acusar; manifestar; *(beweisen) Mut, Geduld etc* (de)mostrar, probar; evidenciar 4 **es j-m ~** enseñar a alg lo que es bueno; *umg drohend:* **dir werd' ich's ~!** ¡ya te enseñaré! B VI **auf j-n/etw ~** señalar a alg/a/c; **nach Norden ~** indicar el Norte; **auf 12 Uhr ~** *Uhrzeiger* marcar las 12 C VR **sich ~** 1 *(sich sehen lassen)* mostrarse, dejarse ver; *(erscheinen)* aparecer; *Person* presentarse, personarse; *offiziell:* hacer acto de presencia; **sich am Fenster ~** asomarse a la ventana 2 *(sich erweisen)* **sich freundlich ~** mostrarse amable; **sich mutig** *etc* **~** demostrar coraje *etc*; **sich ~ als** mostrar ser; mostrarse *(nom)*; **sich von seiner besten Seite ~** mostrar su mejor lado 3 *(zutage treten)* manifestarse, evidenciarse; **das wird sich bald ~** ya se verá pronto; **es zeigt sich, dass** se ve que; **es wird sich ja ~** eso ya se verá; ya veremos; el tiempo lo dirá

'Zeiger M ⟨~s; ~⟩ indicador *m*; *(Nadel, Uhrzeiger)* aguja *f*; *(Uhrzeiger) a.* manecilla *f*; TECH índice *m*; **Zeigerausschlag** M desviación *f* de la aguja

'Zeigestock M puntero *m*

'Zeile F ⟨~; ~n⟩ 1 línea *f* *(a.* TV*)*; renglón *m*; *beim Diktat:* **neue ~!** punto y aparte; **j-m ein paar ~n schreiben** dejar una nota a alg; poner a alg cuatro letras; **~n schinden** *umg* hinchar el perro; **nach ~n bezahlen** pagar por línea; *fig* **zwischen den ~n lesen** leer entre líneas; adivinar 2 *(Reihe)* fila *f*; hilera *f*; *(Häuserzeile)* hilera *f* de casas

'Zeilenabstand M: espacio *m* *(od* separación *f)* entre líneas, interlínea *f*; **mit einfachem/doppeltem ~** a un/a doble espacio; **Zeilenabtastung** F TV exploración *f* de líneas; **Zeilenanfang** M principio *m* *(od* comienzo *m od* inicio *m)* de (la) línea; **Zeilenbreite** F anchura *f* de línea; **Zeilendurchschuss** TYPO → Zeilenzwischenraum; **Zeilenende** N final *m* *(od* fin *m)* de (la) línea; **Zeilenhonorar** N remuneración *f* *(od* honorario *m)* por línea; **Zeilenlänge** F TYPO longitud *f* de la línea; **Zeilensprungverfahren** N TV entrelazamiento *m* de líneas; **Zeilenumbruch** M TYPO salto *m* de línea; **Zeilenvorschub** M TYPO avance *m* de línea; **zeilenweise** ADV por línea; **Zeilenzahl** F número *m* de líneas; **Zeilenzwischenraum** M espacio *m* entre líneas; interlínea *f*

'Zeisig M ⟨~s; ~e⟩ ORN lugano *m*; *umg fig* **lockerer ~** *umg* calavera *m*

Zeit F ⟨~; ~en⟩ 1 *allg* tiempo *m* *(a.* GRAM *u.* SPORT*)*; **eine Frage der ~** cuestión *f* de tiempo; **freie ~** tiempo *m* libre; (ratos *mpl* de) ocio *m*; **es ist genug ~** hay bastante tiempo; **~ gewinnen** ganar tiempo; **(keine) ~ haben** (no) tener tiempo **(zu** para; de *inf*); **wir haben genug ~** tenemos bastante tiempo *(od* tiempo de sobra); **das hat noch ~** (eso) no corre prisa; **das hat noch ~ bis morgen** eso puede dejarse *(od* quedar) para mañana; **viel ~ kosten** *od* **in Anspruch nehmen** llevar *(od* requerir) mucho tiempo; **j-m ~ lassen** *od* **geben** dar tiempo a alg; SPORT **eine gute ~ laufen** correr una buena marcha; **sich ~ lassen** *od* **nehmen** tomarse tiempo; no tener prisa; no precipitarse; *(abwarten)* dar tiempo al tiempo; *umg* **die ~ totschlagen** pasar *(umg* matar) el tiempo **(mit** con); **j-m die ~ verkürzen** entretener/distraer a alg; **(die) ~ verlieren** perder (el) tiempo; **es ist keine ~ zu verlieren** no hay tiempo que perder; **sich** *(dat)* **die ~ vertreiben** distraerse, entretenerse **(mit** con); SPORT **(von etw) die ~ nehmen** cronometrar a/c; *mit präp:* **auf ~ spielen** *allg* intentar ganar tiempo; SPORT jugar lentamente para mantener el resultado; **auf ~ fahren** ir contra reloj; **außer der ~** fuera de tiempo; a deshora; *fig* **du liebe ~!** ¡Dios mío!; *sprichw* **~ ist Geld** el tiempo es oro; *sprichw* **kommt ~, kommt Rat** con el tiempo maduran las uvas 2 *(Zeitraum)* tiempo *m*, período *m*; *(Zeitabschnitt)* espacio *m* (de tiempo); lapso *m*; *(Phase)* fase *f*, etapa *f*; *(Frist)* plazo *m*; *mit präp:* HANDEL **auf ~** a plazo; a término (fijo); **auf** *od* **für einige ~** por algún tiempo; **für kurze/längere ~** por poco/mucho tiempo; **in kurzer ~** en corto *(od* poco) tiempo; en breve; dentro de poco (tiempo); **in kürzester ~** a la mayor brevedad; **eine ~ lang** durante algún *(od* cierto) tiempo; por algún tiempo; **nach einiger ~** después *(od* al cabo) de algún tiempo; **seit einiger/längerer ~** desde hace algún/mucho tiempo; **seit der ~** *od* **von der ~ an** desde entonces; **die ganze ~ über** (durante) todo ese tiempo; **er hat es die ganze ~ (über) gewusst** lo ha sabido siempre *(od* desde el primer momento); **es sind zwei Tage über die ~** (se) han pasado dos días del plazo; **die ~ ist um** ya es la hora; *Termin:* ya ha expirado el plazo; **vor einiger ~** hace algún tiempo; **vor kurzer/langer ~** hace poco/mucho tiempo 3 *(Zeitalter)* tiempo *m*, época *f*, era *f*; *i. w. S* edad *f*; siglo *m*; **der Beste** *etc* **aller ~en** el mejor, *etc* de todos los tiempos; **bessere ~en** tiempos *mpl* mejores; **die gute alte ~** los buenos tiempos (pasados); **die neue ~** los tiempos modernos *(od* actuales); **schlechte ~en** malos tiempos; tiempos duros *(od* difíciles); **die vorgeschichtliche ~** la edad prehistórica; **für alle ~en** para siempre; **in früheren ~en** en otros tiempos; en tiempos pasados; **in unserer ~** en nuestros tiempos *(od* días); hoy (en) día; **mit der ~ gehen** ir con el tiempo; **vor ~en** en otros tiempos; antiguamente; en tiempos pasados; **zur ~** *(gen)* en tiempos de; en la época de; *(gegenwärtig)* → zurzeit; **zur ~ Ludwigs II.** en la época de Luis II; **zu allen ~en** en todos los tiempos; en todas las épocas; siempre; en todo tiempo; **zu jener ~** en aquella época; en aquellos tiempos; en aquel entonces; a la sazón; **zu meiner ~** *(als ich jung war)* en mis tiempos; cuando era joven 4 *(Zeitpunkt)* momento *m*, instante *m*; punto *m*; **es ist (höchste) ~** ya es hora **(zu** de *inf*; **dass** que *subj*); **es wird allmählich ~** ya va siendo hora; **es ist an der ~, zu** *(inf)* ha llegado la hora *(od* el momento) de *(inf)*; **von ~ zu ~** de vez *(od* de cuando) en cuando; de tiempo en tiempo; **vor der ~** antes de tiempo; prematuramente; MED *gebären:* antes del término; **zur festgesetzten ~** a la hora convenida *(od* fijada); **zu gegebener ~** en el momento oportuno; **zur gleichen ~** *(gleichzeitig)* al mismo tiempo; simultáneamente; a la misma hora; **zu jeder ~** en todo momento; a todas horas; a cualquier hora; **zur rechten ~** en el momento oportuno; **zu keiner ~** en ningún momento; nunca; *sprichw* **alles zu seiner ~** cada cosa a su tiempo 5 *(Uhrzeit)* hora *f*; *(Datum)* fecha *f*; *(Jahreszeit)* estación *f*; *(Saison)* tiempo *m*; temporada *f*; época *f*; **in der ~ von … bis …** desde … hasta …; en el tiempo comprendido entre … y …; **nächstes Jahr um diese ~** de hoy en un año; **um welche ~?** ¿a qué hora?; **um die ~ der Ernte** en el tiempo de la recolección

'Zeitablauf M (trans)curso *m* del tiempo; **Zeitabnahme** F SPORT cronometraje *m*; **Zeitabschnitt** M período *m*; época *f*; tiempo *m*; **Zeitabstand** M intervalo *m*; **in regelmäßigen Zeitabständen** periódicamente; a intervalos regulares; **Zeitadverb** N GRAM adverbio *m* de tiempo; **Zeitalter** N edad *f*; *(Epoche)* época *f*, era *f*; *i. w. S* siglo *m*; **Zeitangabe** F RADIO *etc* hora *f* (exacta); señal *f* horaria; **Zeitansage** F TEL información *f* horaria; **Zeitarbeit** F ⟨~⟩ WIRTSCH trabajo *m* temporal *(od* interino)

'Zeitarbeitsfirma F empresa *f* de trabajo temporal, *abk* ETT *f*; **Zeitarbeitskraft** F empleado *m*, -a *f* temporal, empleado *m* interino, empleada *f* interina; **Zeitarbeitsunternehmen** N, **Zeitarbeitsvermittlung** F → Zeitarbeitsfirma

'Zeitaufnahme F FOTO (fotografía *f* con) exposición *f*; **Zeitaufwand** M inversión *f* *(bzw* consumo *m)* de tiempo; tiempo *m* invertido; **zeitbedingt** ADJ debido a las circunstancias (actuales); **Zeitbegriff** M concepto *m* del tiempo; **zeitbezogen** ADJ en términos de tiempo; específicamente temporal; **Zeitbombe** F bomba *f* de relojería *(a. fig)*; **Zeitdauer** F duración *f*; tiempo *m*; **Zeitdifferenz** F diferencia *f* horaria; **Zeitdokument** N documento *m* de la época *(bzw* de nuestro tiempo); **Zeitdruck** M ⟨~(e)s⟩ premura *f* de tiempo; **unter ~ (stehen)** (estar) apremiado por el tiempo; (estar) bajo la presión del tiempo; **Zeiteinheit** F unidad *f* de tiempo

'Zeitenfolge F GRAM concordancia *f* de los tiempos; **Zeitenwende** F época *f* de transición

'Zeiterfassung F registro *m* cronológico

'Zeiterfassungsgerät N *(Stechuhr)* reloj *m* marcador *(od* de control); **Zeiterfassungssystem** N sistema *m* de registro de tiempo *(od* cronológico); *zur Anwesenheitskontrolle:* sistema *m* de control de presencia

'Zeitersparnis F ahorro *m* *(od* economía *f)* de tiempo; ganancia *f* de tiempo; **Zeitfahren** N SPORT carrera *f* contra reloj; **Zeitfaktor** M factor *m* tiempo; **Zeitfolge** F orden *m* cronológico; cronología *f*; **Zeitform** F GRAM tiempo *m*; **Zeitfrage** F cuestión *f* de tiempo; **Zeitgeber** M TECH sincronizador *m* del tiempo; **zeitgebunden** ADJ mudable con los tiempos; sujeto a la moda; **Zeitgefühl** N ⟨~s⟩ sentido *m* del tiempo; **Zeitgeist** M espíritu *m* de la época

'zeitgemäß ADJ conforme a la época; *(modern)* moderno; actual, de actualidad; **nicht mehr ~** obsoleto; pasado de moda

'Zeitgenosse M, **Zeitgenossin** F contemporáneo *m*, -a *f*; **zeitgenössisch** ADJ contemporáneo; coetáneo

'Zeitgeschäft N HANDEL operación *f* a plazo; **Zeitgeschehen** N actualidad *f*; actualidades *fpl*; **Zeitgeschichte** F ⟨~⟩ historia *f* contemporánea; **Zeitgeschmack** M ⟨~(e)s ⟩ gusto *m* de la época; **Zeitgewinn** M → Zeitersparnis

'zeitgleich ADV SPORT simultáneamente **(mit** con); **zeitig** A ADJ temprano B ADV a tiempo; con tiempo; *(frühzeitig)* temprano; **zeitigen** VT *geh (hervorbringen)* producir; originar; *Folgen* acarrear; **zeitintensiv** ADJ *Arbeit, Verfahren* que exige mucho tiempo

'Zeitkarte F *Verkehr:* abono *m*

'Zeitkarteninhaber M, **Zeitkarteninhaberin** F abonado *m*, -a *f*

'Zeitkonstante F constante *f* de tiempo; **zeitkritisch** ADJ crítico con la época actual; **Zeitlang** F → Zeit 2; **Zeitläufte** MPL *geh* **die ~** los tiempos que corren

zeit'lebens ADV durante toda mi (tu, *etc*) vida; para toda la vida

'zeitlich **A** ADJ **1** GRAM *etc* temporal; *(chronologisch)* cronológico; **~e Reihenfolge** orden *m* cronológico **2** *(vergänglich)* pasajero, transitorio; *(irdisch)* terrenal, de este mundo; *geh* **das Zeitliche segnen** entregar el alma (a Dios) **B** ADV **~ begrenzt** de tiempo limitado, temporal; **~ zusammenfallen** coincidir (mit con)
'Zeitlichkeit F ⟨~⟩ temporalidad *f*; *fig* vida *f* terrenal; **Zeitlohn** M salario *m* por (unidad de) tiempo
'zeitlos **A** ADJ intemporal, atemporal; independiente de la época (*bzw* de la moda) **B** ADV **~ elegant** de elegancia intemporal
'Zeitlupe F ⟨~⟩ FILM cámara *f* lenta; **in ~** a cámara lenta, al ralentí
'Zeitlupenaufnahme F secuencia *f* a cámara lenta; **Zeitlupentempo** N *fig* **im ~** a cámara lenta
'Zeitmanagement N gestión *f* del tiempo; **Zeitmangel** M ⟨~s⟩ falta *f* de tiempo; **aus ~** por falta de tiempo; **Zeitmaß** N MUS compás *m*, tiempo *m*; **Zeitmesser** M cronómetro *m*; **Zeitmessung** F medición *f* del tiempo, cronometría *f*; SPORT *a.* cronometraje *m*
'zeitnah **A** ADJ próximo, seguido **B** ADV *(zeitlich nahe daran)* de seguido
'Zeitnahme F ⟨~; ~n⟩ SPORT cronometraje *m*; **Zeitnehmer** M, **Zeitnehmerin** F SPORT cronometrador *m*, -a *f*; **Zeitnot** F falta *f* de tiempo; **in ~ sein** estar escaso de tiempo; **Zeitplan** M horario *m*; calendario *m*; **Zeitpunkt** M momento *m*, instante *m*; *(Datum)* fecha *f*; **zu diesem ~** a esta(s) altura(s)
'Zeitraffer M ⟨~s⟩ FILM acelerador *m*, cámara *f* rápida; **Zeitrafferaufnahme** F FILM toma *f* a cámara rápida
'zeitraubend, Zeit raubend ADJ largo, que requiere mucho tiempo; muy lento; *(lästig)* engorroso
'Zeitraum M período *m*; espacio *m* (*od* lapso *m*) de tiempo; **Zeitrechnung** F cronología *f*; **christliche ~** era *f* cristiana; **vor unserer ~** antes de Cristo, antes de nuestra era; **Zeitrelais** N ELEK relé *m* de acción diferida; **Zeitschalter** M ELEK interruptor *m* horario; **Zeitschaltuhr** F minutero *m* automático; **Zeitschrift** F revista *f*; **Zeitschriftenverlag** M editorial *f* de revistas; **Zeitsinn** M ⟨~(e)s⟩ sentido *m* del tiempo; **Zeitspanne** F lapso *m* de tiempo; período *m*
'zeitsparend, Zeit sparend ADJ que ahorra tiempo
'Zeitstempel M cronosellador *m* automático; **Zeitstil** M estilo *m* de época; **Zeitstudie** F estudio *m* de tiempos; **Zeittafel** F tabla *f* cronológica; **Zeitumstände** MPL circunstancias *fpl*; coyuntura *f*
'Zeitung F ⟨~; ~en⟩ periódico *m*; rotativo *m*; *(Tageszeitung)* diario *m*; **in die ~ setzen** insertar; **in der ~ stehen** salir en el periódico
'Zeitungsabonnement N suscripción *f* a un periódico; **Zeitungsanzeige** F anuncio *m* (en un periódico); **Zeitungsartikel** M artículo *m* periodístico (*od* de periódico); **Zeitungsausschnitt** M recorte *m* de periódico; **Zeitungsausträger** M, **Zeitungsausträgerin** F repartidor *m*, -a *f* de periódicos; **Zeitungsbeilage** F suplemento *m*
'Zeitungsbericht M reportaje *m* del periódico; **Zeitungsberichterstatter** M, **Zeitungsberichterstatterin** F reportero *m*, -a *f*; informador *m*, -a *f* de prensa
'Zeitungsente F bulo *m*; *Cuba* globo *m*; **Zeitungsfrau** F repartidora *f* (*bzw* vendedora *f*) de periódicos; **Zeitungshalter** M portaperiódicos *m*; **Zeitungshändler** M, **Zeitungshändlerin** F vendedor *m*, -a *f* de prensa; **Zeitungsinserat** N → Zeitungsanzeige; **Zeitungsjunge** M repartidor *m* de periódicos; **Zeitungskiosk** M kiosco *m* (*od* quiosco *m od* puesto *m*) de periódicos; **Zeitungskorrespondent** M, **Zeitungskorrespondentin** F corresponsal *m/f* (de prensa); **Zeitungsleser** M, **Zeitungsleserin** F lector *m*, -a *f* (de prensa); **Zeitungsmann** M ⟨~(e)s; ⸚er⟩ periodista *m*; *(Zeitungsverteiler)* repartidor *m* de periódicos; **Zeitungsmeldung** F, **Zeitungsnotiz** F nota *f* (*od* noticia *f*) de prensa; **Zeitungsnummer** F número *m* (*od* ejemplar *m*) de un periódico; **Zeitungspapier** N ⟨~s⟩ papel *m* de periódico; papel *m* prensa; **Zeitungsredakteur** M, **Zeitungsredakteurin** F redactor *m*, -a *f* de prensa (*od* de un periódico); **Zeitungsreklame** F propaganda *f* periodística; **Zeitungsroman** M novela *f* por entregas (en el periódico); **Zeitungsstand** M → Zeitungskiosk; **Zeitungsständer** M revistero *m*, porta-revistas *m*; **Zeitungsstil** M estilo *m* periodístico; **Zeitungsverkäufer** M, **Zeitungsverkäuferin** F vendedor *m*, -a *f* de periódicos (*od* de prensa); **Zeitungsverleger** M, **Zeitungsverlegerin** F editor *m*, -a *f* de un periódico; **Zeitungswerbung** F publicidad *f* periodística; **Zeitungswesen** N ⟨~s⟩ periodismo *m*; prensa *f*; **Zeitungswissenschaft** F ciencias *fpl* de la información; periodismo *m*
'Zeitunterschied M diferencia *f* horaria; diferencia *f* de hora; **Zeitvergeudung** F desperdicio *m* de tiempo; pérdida *f* de tiempo; **Zeitverlust** M pérdida *f* de tiempo; rémora *f*; **Zeitverschiebung** F diferencia *f* horaria; **Zeitverschwendung** F → Zeitvergeudung
'zeitversetzt **A** ADJ retrasado; RADIO, TV diferido **B** ADV **~ senden** (re)transmitir en diferido
'Zeitvertrag M contrato *m* temporal; **Zeitvertreib** M pasatiempo *m*; **zum ~** para pasar el rato; para distraerse
'zeitweilig **A** ADJ *(vorübergehend)* transitorio; interino; *(mit Unterbrechungen)* intermitente **B** ADV → zeitweise; **zeitweise** ADV **1** *(e-e Zeit lang)* por algún tiempo; por momentos **2** *(von Zeit zu Zeit)* a veces; de vez en cuando, de cuando en cuando; temporalmente
'Zeitwert M HANDEL valor *m* actual; **Zeitwort** N ⟨~(e)s; ⸚er⟩ GRAM verbo *m*; **Zeitzeichen** N RADIO señal *f* horaria; **Zeitzone** F huso *m* horario; **Zeitzünder** M MIL espoleta *f* retardada; detonador *m* de acción retardada
Zele'brant M ⟨~en; ~en⟩ KATH celebrante *m*; **zele'brieren** VT ⟨*ohne* ge-⟩ celebrar
'Zellatmung F respiración *f* celular
'Zelle F ⟨~; ~n⟩ **1** BIOL *etc* célula *f*; *der Bienenwabe*: celdilla *f*, alvéolo *m* **2** ELEK *(Batteriezelle)* elemento *m* **3** *(Raum)* celda *f*; *(Kabine)* cabina *f* (*a.* TEL) **4** TYPO, IT celda *f*
'Zellenbauweise F ARCH construcción *f* celular; **zellenförmig** ADJ celular, celulado; alveolar; **Zellengefängnis** N prisión *f* celular; **Zellengenosse** M, **Zellengenossin** F JUR compañero *m*, -a *f* de celda; **Zellenhaft** F JUR reclusión *f* celular; **Zellenlehre** F ⟨~⟩ BIOL citología *f*
'Zellgewebe N ANAT tejido *m* celular; **Zellgewebsentzündung** F flemón *m*; **Zellhaut** F ANAT → Zellmembran
'zellig ADJ celular
'Zellkern M ANAT núcleo *m* celular; **Zellmembran** F membrana *f* celular
Zello'phan N ⟨~s⟩ celofán *m*
'zellschädigend ADJ citotóxico
'Zellstoff M celulosa *f*; **Zellstoffwechsel** M BIOL metabolismo *m* celular; **Zelltätigkeit** F PHYSIOL actividad *f* celular; **Zellteilung** F BIOL división *f* celular
Zellu'litis F ⟨~; Zelluli'tiden⟩ MED celulitis *f*; **Zellu'loid** [-'lɔyt] N ⟨~(e)s⟩ celuloide *m*; **Zellu'lose** F ⟨~; ~n⟩ celulosa *f*
'Zellwand F ANAT pared *f* celular; **Zellwolle** F viscosilla *f*
Ze'lot M ⟨~en; ~en⟩, **Zelotin** F ⟨~; ~nen⟩ REL fanático *m*, -a *f*; **zelotisch** ADJ REL fanático
Zelo'tismus M ⟨~⟩ REL fanatismo *m* (religioso)
Zelt N ⟨~(e)s; ~e⟩ *kleines*: tienda *f* (de campaña); *(Zirkuszelt, Festzelt)* entoldado *m*, *bes Am* carpa *f*; *fig geh* **seine ~e abbrechen** marcharse
'Zeltausrüstung F equipo *m* de camping; **Zeltbahn** F hoja *f* de tienda; **Zeltdach** N toldo *m*
'zelten VI acampar; **~ (gehen)** ir de camping
'Zelten N ⟨~s⟩ acampamento *m*, camping *m*
'Zelter M ⟨~s; ~⟩ *Pferd*: palafrén *m*
'Zeltlager N campamento *m* (de tiendas); **Zeltleine** F cuerda *f* (para tienda); **Zeltler** M ⟨~s; ~⟩, **Zeltlerin** F ⟨~; ~nen⟩ *obs* acampador *m*, -a *f*, campista *m/f*; **Zeltpfahl** M, **Zeltpflock** M estaca *f*; **Zeltplane** F toldo *m*, lona *f*; **Zeltplatz** M campamento *m*; (terreno *m* de) camping *m*; **Zeltstadt** F ciudad-campamento *f*; **Zeltstange** F palo *m* de tienda; espárrago *m*
Ze'ment M ⟨~(e)s; ~e⟩ cemento *m*; **zementartig** ADJ cementoso; **Zementbeton** M hormigón *m* de cemento; **Zementfabrik** F fábrica *f* de cemento; **Zementfußboden** M suelo *m* cementado
zemen'tieren VT ⟨*ohne* ge-⟩ cementar (*a.* METALL); *fig* cimentar; **Zementierung** F ⟨~⟩ cementación *f* (*a.* METALL)
Ze'nit M ⟨~(e)s⟩ cenit *m* (*a. fig*); **im ~ stehen** estar en el cenit; *fig* **seinen ~ überschritten haben** haber pasado (ya) su mejor momento; no estar (ya) en el esplendor de su carrera
zen'sieren VT ⟨*ohne* ge-⟩ **1** *Presse, Film* someter a censura; *durch Streichungen*: censurar **2** SCHULE calificar
'Zensor M ⟨~s; Zen'soren⟩ censor *m*
Zen'sur F ⟨~; ~en⟩ censura *f*; SCHULE calificación *f*, nota *f*; **Zensurbehörde** F censura *f*; **Zensurvermerk** M visado *m* de la censura
Zen'taur M ⟨~en; ~en⟩ MYTH centauro *m*
zentesi'mal ADJ centesimal; **Zentesimalwaage** F balanza *f* (*od* báscula *f*) centesimal
Zenti'gramm N centigramo *m*; **Zenti'liter** M, N centilitro *m*
Zenti'meter M, N centímetro *m*; **Zentimetermaß** N cinta *f* métrica; **zentimeterweise** ADV por centímetros
'Zentner M ⟨~s; ~⟩ **1** *(50 kg)* quintal *m* **2** *österr, schweiz (100 kg)* quintal *m* métrico; **Zentnerlast** F *fig* peso *m* abrumador; **zentnerschwer** ADJ *fig* abrumador, agobiador
zen'tral **A** ADJ central **B** ADV **~ gelegen** céntrico
zen'tralafrikanisch ADJ centroafricano; **Zentralafrikanische Republik** República *f* Centroafricana; **Zentralamerika** N Centroamérica *f*, América *f* Central; **zentralamerikanisch** ADJ centroamericano; **Zentralamerikanischer Gemeinsamer Markt** Mercado *m* Común Centroamericano; **Zentralasien** N Asia *f* Central
Zen'tralbank F banco *m* central; **Spanische**

~ Banco *m* de España; **Europäische ~** Banco *m* Central Europeo; **Zentralbankensystem** N **europäisches ~** Sistema *m* Europeo de Bancos Centrales; **Zentralbankpräsident** M, **Zentralbankpräsidentin** F Presidente *m*, -a *f* del Banco Central

Zen'tralbehörde F autoridad *f* central; **Zentralcomputer** M IT ordenador *m* principal (*od* primario *od* central)

Zen'trale F ⟨~; ~n⟩ central *f* (*a.* TEL *u.* ELEK); oficina *f* central; **~ für Fremdenverkehr** oficina *f* central para turismo; TEL (*Hauszentrale*) centralita *f*

Zen'traleinheit F IT unidad *f* central (de procesamiento); **Zentralgewalt** F ⟨~⟩ POL poder *m* central; **Zentralheizung** F calefacción *f* central

zentrali'sieren VT ⟨*ohne* ge-⟩ centralizar; **die Verwaltung ~** centralizar la administración; **Zentrali'sierung** F ⟨~⟩ centralización *f*

Zentra'lismus M ⟨~⟩ POL centralismo *m*

Zen'tralkomitee N POL comité *m* central; **Zentrallager** N HANDEL almacén *m* (*od* depósito *m*) central; **Zentralmassiv** N GEOG macizo *m* central; **Zentralnervensystem** N ANAT sistema *m* nervioso central; **Zentralrechner** M IT ordenador *m* (*Am a.* computadora *f*) central; unidad *f* principal; **Zentralschmierung** F AUTO, TECH engrase *m* central; **Zentralschweiz** F *schweiz* Suiza *f* central; **Zentralstelle** F organismo *m* (*bzw* oficina *f*) central; centro *m*; **Zentralverband** M federación *f* (*od* asociación *f*) central; **Zentralverriegelung** F AUTO cierre *m* centralizado

zen'trieren VT ⟨*ohne* ge-⟩ TECH, TYPO centrar; **zentriert** ADJ TYPO centrado; **Zentrierung** F centrado *m*; TYPO alineación *f* centrada

zentrifu'gal ADJ centrífugo; **Zentrifugalkraft** F fuerza *f* centrífuga

Zentri'fuge F ⟨~; ~n⟩ centrifugadora *f*; centrífugo *m*; **zentrifu'gieren** VT ⟨*ohne* ge-⟩ centrifugar

zentripe'tal ADJ centrípeto; **Zentripetalkraft** F fuerza *f* centrípeta

'zentrisch ADJ céntrico; central

'Zentrum N ⟨~s; Zentren⟩ centro *m* (*a. fig*)

'Zephir ['tse:fɪr] M ⟨~s; ~e⟩ TEX *u. Wind*: céfiro *m*

'Zeppelin® M ⟨~s; ~e⟩ dirigible *m*

'Zepter N ⟨~s; ~⟩ cetro *m*; *fig geh* **das ~ führen** *od* **schwingen** llevar la voz cantante

zer'beißen VT ⟨*irr; ohne* ge-⟩ romper con los dientes; **zer'bersten** VI ⟨*irr; ohne* ge-; sn⟩ reventar; estallar

'Zerberus M ⟨~; ~se⟩ MYTH Cerbero *m*, Cancerbero *m* (*a. fig*)

zer'beulen VT ⟨*ohne* ge-⟩ abollar; **zer'bomben** VT bombardear; **zer'borsten** PPERF → zerbersten

zer'brechen ⟨*irr; ohne* ge-⟩ **A** VT romper; quebrar; quebrantar; *in Stücke*: hacer pedazos **B** VI ⟨sn⟩ romperse; quebrarse; deshacerse (*a. Ehe*); *fig* sucumbir; **zerbrechlich** ADJ quebradizo; frágil; **~!** ¡frágil!; **Zerbrechlichkeit** F ⟨~⟩ fragilidad *f*

zer'bröckeln ⟨*ohne* ge-⟩ **A** VT desmenuzar; *Brot* desmigajar **B** VI ⟨sn⟩ desmenuzarse; *Brot* desmigajarse; desmoronarse (*a. Mauer*)

Zer'bröckeln N desmoronamiento *m*

zer'deppern VT ⟨*ohne* ge-⟩ *umg* hacer añicos (*od* trizas); **zer'drücken** VT ⟨*ohne* ge-⟩ aplastar; machacar; chafar (*a. Kartoffeln etc*); *Kleider* arrugar

Zer'drücken N aplastamiento *m*

Zere'alien FPL *fachspr* BOT, GASTR cereales *mpl*

zere'bral ADJ MED cerebral

zerebrospi'nal ADJ MED cerebroespinal; **zerebrovasku'lär** ADJ MED cerebrovascular

Zeremo'nie F ⟨~; ~n⟩ ceremonia *f*; **zeremoni'ell** ADJ ceremonioso; **Zeremoni'ell** N ⟨~s; ~e⟩ ceremonial *m*; **Zere'monienmeister** M maestro *m* de ceremonias; **zeremoni'ös** ADJ ceremonioso

zer'fahren ADJ **1** *Weg* gastado; picado **2** *fig Person* (*verwirrt*) atolondrado; confuso; (*zerstreut*) distraído; *umg* despistado; **Zerfahrenheit** F ⟨~⟩ atolondramiento *m*; (*Zerstreutheit*) distracción *f*, *umg* despiste *m*; **Zer'fall** M ⟨~(e)s⟩ **1** *e-s Reiches*: ruina *f*; *e-s Gebäudes*: desmoronamiento *m* **2** *fig* (*Niedergang*) decadencia *f* **3** PHYS, NUKL desintegración *f*; CHEM descomposición *f*, disgregación *f*, disociación *f*

zer'fallen VI ⟨*irr; ohne* ge-; sn⟩ **1** arruinarse; *Gebäude, Mauer* desmoronarse; decaer (*a. fig*); *Reich a.* dividirse, hundirse; **~ in** (*acus*) dividirse en **2** *fig* **mit j-m ~** desavenirse con alg; enemistarse con alg; **mit sich selbst ~ sein** estar descontento de sí mismo **3** PHYS, NUKL desintegrarse, deshacerse; CHEM descomponerse, disgregarse, disociarse

Zer'fallserscheinung F síntoma *m* de decadencia; **Zerfallsprodukt** N NUKL producto *m* de desintegración

zer'fasert ADJ deshilachado; **zer'fetzen** VT ⟨*ohne* ge-⟩ desgarrar; despedazar; hacer jirones (*bzw* trizas); *schlitzend*: acuchillar; **zer'fetzt**, *umg* **zer'fleddert** ADJ *Buch* destrozado; desgarrado; hecho trizas; **zer'fleischen** VT ⟨*ohne* ge-⟩ dilacerar; despedazar (*a. fig*); **zer'fließen** VI ⟨*irr; ohne* ge-; sn⟩ **1** (*schmelzen*) fundirse; derretirse **2** *Konturen* deshacerse (*a. fig*); *Farbe, Tinte* correrse; **zer'fressen** VT ⟨*irr; ohne* ge-⟩ roer; CHEM corroer; *Würmer* carcomer; *umg* comerse; **zer'furcht** ADJ *Gesicht, Stirn* arrugado; surcado de arrugas; **zer'gehen** VI ⟨*irr; ohne* ge-; sn⟩ deshacerse; (*schmelzen*) derretirse, fundirse; *in Flüssigkeit*: desleírse; → *a* Zunge

zer'gliedern VT ⟨*ohne* ge-⟩ desmembrar; descomponer; *fig* analizar; desglosar; **Zergliederung** F desmembración *f*; descomposición *f*; *fig* análisis *m*; desglose *m*

zer'hacken VT cortar en trozos; despedazar, hacer pedazos; *ganz fein*: desmenuzar, picar; *Holz* partir, cortar; **zer'hauen** VT ⟨*irr; ohne* ge-⟩ cortar en trozos; despedazar, partir; **zer'kauen** VT ⟨*ohne* ge-⟩ masticar (bien); triturar

zer'kleinern VT ⟨*ohne* ge-⟩ desmenuzar; reducir a trocitos; (*zermahlen*) triturar, moler; *Holz* partir; hacer astillas; *Steine* machacar; **Zerkleinerung** F desmenuzamiento *m*; trituración *f*

zer'klopfen VT ⟨*ohne* ge-⟩ quebrantar; romper (*od* quebrar) a golpes; *Steine* picar, machacar; **zer'klüftet** ADJ *Gelände* quebrado, escabroso; (*gespalten*) hendido; **zer'knallen** VI ⟨*ohne* ge-; sn⟩ estallar, explotar; detonar; **zer'knautschen** VT ⟨*ohne* ge-⟩ *umg*→ zerknittern

zer'knirscht ADJ compungido; contrito; (*reuig*) arrepentido; **Zerknirschung** F ⟨~⟩ contrición *f*; compunción *f*

zer'knittern ⟨*ohne* ge-⟩ arrugar; chafar; **zer'knüllen** VT ⟨*ohne* ge-⟩ arrugar, estrujar; **zer'kochen** ⟨*ohne* ge-⟩ **A** VT (hacer) cocer demasiado **B** VI ⟨sn⟩ cocer demasiado; deshacerse cociendo; **zer'kocht** ADJ pasado; **zer'kratzen** VT ⟨*ohne* ge-⟩ *Haut* arañar; rasguñar; *Sachen a.* rascar, rayar; **zer'krümeln** VT ⟨*ohne* ge-⟩ desmigajar; **zer'lassen** VT ⟨*irr; ohne* ge-⟩ *Fett* derretir; **zer'laufen** VI ⟨*irr; ohne* ge-; sn⟩ derretirse; **zer'legbar** ADJ TECH desmontable; plegable; CHEM descomponible; MATH divisible

zer'legen VT ⟨*ohne* ge-⟩ **1** *in Einzelteile*: descomponer (*a.* CHEM *u.* MATH); TECH desmontar; desarmar; *Licht* dispersar; **etw in seine Bestandteile ~** desarmar a/c (por completo) **2** (*zerteilen*) fraccionar; partir en trozos **3** *Braten* trinchar; cortar; *Huhn* despedazar; *Schlachtvieh* descuartizar

Zer'legen N ⟨~s⟩, **Zerlegung** F ⟨~; ~en⟩ **1** TECH descomposición *f*; desmontaje *m* **2** (*Zerteilung*) división *f*; fraccionamiento *m* **3** *v. Schlachtvieh*: descuartizamiento *m*

zer'lesen ADJ *Buch* gastado, manoseado; **zer'löchern** VT ⟨*ohne* ge-⟩ agujerear; **zer'lumpt** ADJ andrajoso, harapiento, desharrapado; **zer'mahlen** VT ⟨*ohne* ge-⟩ moler; triturar; *zu Pulver*: pulverizar; **zer'malmen** VT ⟨*ohne* ge-⟩ (*zerdrücken*) aplastar (*a. fig*); (*zermahlen*) triturar; (*völlig zerstören*) aniquilar;

zer'manschen VT ⟨*ohne* ge-⟩ *umg* aplastar;

zer'martern VT ⟨*ohne* ge-⟩ *geh* atormentar; **sich** (*dat*) **den Kopf** (*od* **das Hirn**) **~** devanarse los sesos

zer'mürben VT ⟨*ohne* ge-⟩ cansar; fatigar; agotar; *seelisch*: desmoralizar; **zermürbend** ADJ agotador; **Zermürbung** F ⟨~; ~en⟩ fatiga *f*; agotamiento *m*; *seelische*: desmoralización *f*; MIL desgaste *m*; **Zermürbungskrieg** M guerra *f* de desgaste

zer'nagen VT ⟨*ohne* ge-⟩ roer; corroer; **zer'pflücken** VT ⟨*ohne* ge-⟩ **1** *Blume* deshojar **2** *fig Argumentation etc* desmenuzar; **zer'platzen** VI ⟨*ohne* ge-⟩ reventar; estallar; **zer'quetschen** VT ⟨*ohne* ge-⟩ aplastar; (*zerstampfen*) machacar, chafar; *umg fig* **80 Euro und ein paar Zerquetschte** ochenta euros y pico; **zer'raufen** VT ⟨*ohne* ge-⟩ *Haar* desgreñar

'Zerrbild N caricatura *f*

zer'reden VT **etw ~** hablar demasiado de a/c

zer'reiben VT ⟨*irr; ohne* ge-⟩ triturar; moler; *zu Pulver*: pulverizar; **Zerreibung** F ⟨~⟩ trituración *f*; pulverización *f*

zer'reißbar ADJ fácil de rasgar; poco consistente

zer'reißen ⟨*irr; ohne* ge-⟩ **A** VT romper; rasgar; desgarrar (*a. fig*); (*zerfetzen*) dilacerar; **in Stücke ~** romper en pedazos, despedazar; *umg fig* **j-n (in der Luft) ~** *umg* desollar a alg vivo; *umg fig* **sich für j-n ~** desvivirse por alg; *fig* **das zerreißt mir das Herz** esto me parte el alma (*od* me desgarra el corazón); *umg hum* **ich kann mich doch nicht ~** no puedo partirme **B** VI ⟨sn⟩ romperse; rasgarse; desgarrarse; **meine Nerven sind zum Zerreißen gespannt** mis nervios están a flor de piel; → *a.* zerrissen

Zer'reißfestigkeit F resistencia *f* a la rotura; **Zerreißprobe** F **1** TECH prueba *f* de rotura **2** *fig* dura prueba *f*; prueba *f* de nervios

'zerren VT & VI **1** (*ziehen*) tirar violentamente (**an** *dat* de), dar un tirón (**an** *dat* de a/c); (*schleppen*) arrastrar; **j-n aus dem Bett ~** sacar a alg de la cama; **j-n vor Gericht ~** llevar a alg a los tribunales **2** MED distender; **sich** (*dat*) **einen Muskel ~** distenderse un músculo

zer'rinnen VI ⟨*irr; ohne* ge-; sn⟩ deshacerse; (*schmelzen*) derretirse; fundirse; *fig* desvanecerse, disiparse; **in nichts ~** quedar en nada; **das Geld zerrinnt ihm zwischen den Fingern** (*od* **unter den Händen**) el dinero se le escapa (*od* se le va) entre los dedos; se le va el dinero de las manos

zer'rissen ADJ **1** *Stoff etc* desgarrado; (*entzwei*) roto; MED lacerado **2** *fig* dividido, desunido;

innerlich: descontento de sí mismo; **Zerrissenheit** F ‹~› *fig* desunión *f*, división *f*; discordia *f*; *innerliche*: descontento *m* de sí mismo

'Zerrspiegel M espejo *m* deformador (*od* grotesco *od* deformante)

'Zerrung F ‹~; ~en› MED distensión *f*

zer'rupfen VT ‹ohne ge-› → zerpflücken

zer'rütten VT ‹ohne ge-› descomponer, desarreglar; *Geist, Nerven* perturbar, *Nerven* a trastornar; *Gesundheit* quebrantar; *Finanzen a.* arruinar; *Ehe a.* desunir; **zerrüttet** ADJ *Ehe* deshecho, desunido, desavenido; *Nerven* perturbado; **Zerrüttung** F ‹~; ~en› 1 descomposición *f*, desarreglo *m* 2 *der Nerven*: trastorno *m*, perturbación *f*; *der Gesundheit a.*: quebrantamiento *m* 3 **~ einer Ehe** completa desavenencia *f* (*od* desunión *f*) de un matrimonio

zer'sägen VT ‹ohne ge-› serrar; cortar con la sierra; **zer'schellen** VI ‹ohne ge-; sn› *Schiff, Flugzeug* estrellarse (**an** *dat* contra)

zer'schlagen[1] ‹irr; ohne ge-› A VT romper (a golpes); hacer pedazos; *bes Glas, Porzellan* hacer añicos; *Spionagering etc* desarticular, desmantelar B VR **sich ~** *Plan* fracasar; quedar en nada; *Hoffnungen* perderse, desvanecerse

zer'schlagen[2] ADJ 1 (*entzwei*) roto; destrozado; hecho pedazos 2 *fig* **wie** *od* **ganz ~ sein** estar rendido de fatiga, *umg* estar molido (*od* hecho polvo); (*erschöpft sein*) estar agotado; **ich fühle mich wie ~** *umg* estoy hecho polvo

Zer'schlagenheit F ‹~› gran cansancio *m*; agotamiento *m* (físico)

zer'schleißen VT ‹irr; ohne ge-› desgastar; **zer'schlissen** ADJ desgastado; **zer'schmeißen** VT ‹irr; ohne ge-› *umg* hacer pedazos; **zer'schmelzen** VI ‹irr; ohne ge-; sn› derretirse, fundirse; **zer'schmettern** VT ‹ohne ge-› destrozar (*a. fig*); romper (con violencia); estrellar; *fig* aniquilar; **zer'schneiden** VT ‹irr; ohne ge-› cortar (en trozos *od* en pedazos); partir (en dos); *Fleisch* tajar; *Braten* trinchar; **zer'schollen** PPERF → zerschellen; **zer'schossen** ADJ destruido a cañonazos; acribillado a balazos; **zer'schrammen** VT ‹ohne ge-› arañar; rasguñar; *Möbel etc* rayar

zer'setzen ‹ohne ge-› A VT 1 CHEM descomponer; disociar; disgregar (*a. fig*) 2 *fig* minar; *moralisch*: desmoralizar B VR **sich ~** descomponerse; disociarse; disgregarse; **zersetzend** ADJ *fig* desmoralizador

Zer'setzung F ‹~; ~en› 1 CHEM descomposición *f*; disociación *f*; disgregación *f* 2 *fig* desmoralización *f*; **Zersetzungsprodukt** N producto *m* de descomposición

zer'spalten VT ‹ohne ge-› hender; partir

zer'splittern ‹ohne ge-› A VT hacer astillas (*bzw* pedazos); *fig* atomizar, fragmentar (*a. Grundbesitz*); *Truppen* dispersar B VI ‹sn› hacerse astillas; romperse (*od* saltar) en pedazos; *Glas, Porzellan a.* hacerse añicos; **zersplittert** ADJ *fig* desunido; MIL *Truppen* disperso; **Zersplitterung** F ‹~; ~en› dispersión *f*; *v. Glas etc*: rotura *f*; *v. Grundbesitz etc*: atomización *f*, fragmentación *f*

zer'sprengen VT ‹ohne ge-› hacer estallar; MIL, *Menge* dispersar, disipar; **zer'springen** VI ‹irr; ohne ge-; sn› reventar; (*zerplatzen*) estallar; *Glas* romperse; **zer'stampfen** VT ‹ohne ge-› triturar; machacar; *mit den Füßen*: pisar; pisotear

zer'stäuben VT ‹ohne ge-› pulverizar; vaporizar (*a. Parfum*); *Flüssigkeit* atomizar; **Zerstäuber** M ‹~s; ~› pulverizador *m*; *für Parfüm a.* vaporizador *m*; (*Spraygerät*) *a.*: atomizador *m*; nebulizador *m*; **Zerstäuberdüse** F TECH tobera *f* pulverizadora; **Zerstäubung** F ‹~; ~en› pulverización *f*; atomización *f*; *bes v. Parfüm*: vaporización *f*

zer'stechen VT ‹irr; ohne ge-› 1 *Autoreifen* pinchar 2 *Insekten* picar; **ganz zerstochen sein** estar lleno (*od* cubierto) de picaduras

zer'stieben VI ‹irr; ohne ge-; sn› deshacerse en polvo; *Menge* dispersarse; disiparse; **zer'störbar** ADJ destructible

zer'stören VT ‹ohne ge-› destruir, destrozar (*a. fig Glück*); estropear; *Gebautes* demoler, derribar; (*verwüsten*) asolar, devastar; *Gesundheit etc* arruinar; **zerstörend** ADJ destructor, destructivo; demoledor; **Zerstörer** M ‹~s; ~› *Mensch u.* SCHIFF *Schiff*: destructor *m*; **Zerstörerin** F ‹~; ~nen› destructora *f*

Zer'störung F ‹~; ~en› destrucción *f*; destrozo *m*; *v. Gebäuden*: demolición *f*, derribo *m*; (*Verwüstung*) asolamiento *m*; devastación *f*; (*Vernichtung*) aniquilamiento *m*

Zer'störungskraft F fuerza *f* destructiva; **Zerstörungstrieb** M impulso *m* de destrucción; **Zerstörungswerk** N obra *f* de destrucción; destrozos *mpl*; *a. fig* estragos *mpl*; **Zerstörungswut** F vandalismo *m*, salvajismo *m*; furia *f* destructora

zer'stoßen VT ‹irr; ohne ge-› triturar; machacar (*a. im Mörser*); *zu Pulver*: pulverizar

zer'streuen ‹ohne ge-› A VT 1 dispersar (*a.* MIL); (*ausstreuen*) *a.* esparcir, diseminar, desparramar; *fig Bedenken* desvanecer, disipar 2 (*unterhalten*) divertir; (*ablenken*) distraer B VR **sich ~** 1 *Menge* dispersarse; *fig* desvanecerse, disiparse 2 (*sich belustigen*) divertirse; distraerse

zer'streut ADJ 1 disperso; esparcido; diseminado; *Licht* difuso 2 *fig* (*unaufmerksam*) distraído, *umg* despistado; **Zerstreutheit** F ‹~› distracción *f*, *umg* despiste *m*

Zer'streuung F ‹~; ~en› 1 (*das Zerstreuen*) dispersión *f* (*a.* PHYS *u.* MIL); diseminación *f*; *des Lichts*: difusión *f* 2 *fig* disipación *f*; (*Ablenkung*) distracción *f*; esparcimiento *m*; (*Belustigung*) diversión *f*; **Zerstreuungslinse** F OPT lente *f* divergente

zer'stückeln VT ‹ohne ge-› despedazar, hacer pedazos; partir en trozos; desmenuzar; *Körper, Land* desmembrar; (*parzellieren*) parcelar; **Zerstückelung** F ‹~; ~en› despedazamiento *m*; desmembramiento *m*; (*Parzellierung*) parcelación *f* (excesiva)

zer'teilbar ADJ divisible, fragmentable

zer'teilen ‹ohne ge-› A VT dividir; partir; (*trennen*) separar; desunir; *Land* desmembrar; LIT *die Wogen* hender B VR **sich ~** 1 dividirse; partirse; *Nebel, Wolken* disiparse 2 (*sich trennen*) separarse; desunirse 3 (*sich verzweigen*) ramificarse; **Zerteilung** F ‹~; ~en› división *f*; (*Trennung*) separación *f*; desunión *f*; *v. Land*: desmembramiento *m*

Zertifi'kat N ‹~(e)s; ~e› *Bescheinigung*: certificado *m*; WIRTSCH *e-s Fonds etc a.*: título *m*; (*Zeugnis*) *a.* diploma *m*; **zertifi'zieren** VT ‹ohne ge-› certificar; **Zertifi'zierung** F certificación *f*

zer'trampeln VT ‹ohne ge-› pisotear; aplastar; **zer'trennen** VT ‹ohne ge-› separar; desunir; *Naht* descoser; **Zer'trennung** F ‹~› separación *f*; desunión *f*; **zer'treten** VT ‹irr; ohne ge-› pisar; aplastar (con el pie); pisotear; hollar (*a. fig*)

zer'trümmern VT ‹ohne ge-› destrozar; demoler; triturar; *Stadt* reducir a escombros (*od* ruinas); PHYS *Atom* desintegrar; **Zertrümmerung** F ‹~; ~en› destrozo *m*; demolición *f*; destrucción *f*; PHYS *Atom*: desintegración *f*

Zerve'latwurst [-v-] F ≈ salchichón *m* fino; longaniza *f*

zervi'kal [-v-] ADJ ANAT cervical

'Zervix [-v-] F ‹~; Zervices› ANAT cerviz *f*; cuello *m* uterino

zer'wühlen VT ‹ohne ge-› *Erdboden* revolver (*a. Haar*); remover; *Bett* desarreglar, desordenar

Zer'würfnis N ‹~ses; ~se› *geh* desavenencia *f*, disensión *f*; desacuerdo *m*

zer'zausen VT ‹ohne ge-› **j-m die Haare ~** desmelenar (*od* desgreñar) a alg; **zer'zaust** ADJ *Haar* desgreñado, desmelenado; despeinado; **zer'zupfen** VT ‹ohne ge-› deshilachar; deshilar

Zessi'on F ‹~; ~en› JUR cesión *f*

Zessio'nar M ‹~s; ~e›, **Zessionarin** F ‹~; ~nen› JUR cesionario *m*, -a *f*

'Zeter N **~ und Mordio schreien** dar grandes gritos; poner el grito en el cielo

'zetern VI clamar (al cielo); *umg* poner el grito en el cielo; (*schimpfen*) *umg* echar pestes

'Zettel M ‹~s; ~› 1 hoja *f*, papelillo *m*; (pedazo *m* de) papel *m*; papeleta *f*; (*Klebezettel, Anhängerzettel*) etiqueta *f*, rótulo *m* 2 (*kurze Mitteilung*) nota *f* volante *m*; (*Anschlagzettel*) cartel *m* 3 *e-r Kartei*: ficha *f*; **Zettelkasten** M fichero *m*; **Zettelkatalog** M catálogo *m* de fichas

Zeug N ‹~(e)s› 1 (*Sachen*) cosas *fpl*; (*Kram*) trastos *mpl*, *umg* chismes *mpl*; cachivaches *mpl* 2 (*Handwerkszeug*) útiles *mpl*; instrumentos *mpl*; (*Ausrüstung*) equipo *m*; (*Gerät*) utensilios *mpl*; enseres *mpl* 3 (*Stoff*) tejido *m*; tela *f*; paño *m*; (*Kleidung*) ropa *f*; vestidos *mpl*; *umg fig* **j-m etw am ~ flicken** enmendar la plana a alg 4 *fig* **das ~ zu etw haben** tener madera (*od* talla) de a/c; **sich ins ~ legen** arrimar el hombro; **sich für j-n ins ~ legen** *umg* volcarse por alg; *umg* **was das ~ hält** a más no poder 5 *fig* (*Unsinn*) **dummes ~** tonterías *fpl*; bobadas *fpl*

'Zeugamt N MIL HIST arsenal *m*

'Zeuge M ‹~n; ~n› 1 JUR testigo *m* (*a. fig*); **~ der Anklage** testigo *m* de la acusación; **als ~n anrufen** poner por testigo; **~ sein von** (*od gen*) ser testigo de; presenciar a/c; **vor ~n** ante testigos 2 REL **~n** *pl* **Jehovas** Testigos *mpl* de Jehová

'zeugen[1] VT BIOL procrear; engendrar, generar (*a. fig*)

'zeugen[2] VI 1 JUR deponer, declarar (como testigo); **für/gegen j-n ~** testimoniar (*od* dar testimonio) a favor/en contra de alg 2 *fig* **von etw ~** dar testimonio de a/c; evidenciar a/c, demostrar a/c; **das zeugt nicht gerade von Intelligenz** eso demuestra falta de inteligencia

'Zeugenablehnung F JUR tacha *f* de testigos; recusación *f* del testigo; **Zeugenaufruf** M JUR llamamiento *m* de los testigos; **Zeugenaussage** F JUR deposición *f* testifical, declaración *f* testimonial; **eine falsche ~ machen** cometer falso testimonio; **Zeugenbank** F JUR *im Gerichtssaal*: banco *m* de los testigos; **Zeugenbeeinflussung** F JUR presión *f* ejercida sobre los testigos; **Zeugenbeweis** M JUR prueba *f* testifical (*od* testimonial); **Zeugeneid** M JUR juramento *m* del testigo; **Zeugeneinvernahme** F *schweiz* → Zeugenverhör; **Zeugengebühren** FPL dietas *fpl* de testigos; **Zeugenschaft** F ‹~; ~en› calidad *f* de testigo; **Zeugenschutz** M protección *f* de testigos; **Zeugenschutzprogramm** N programa *m* de protección de testigos; **Zeugenstand** M JUR *im Gerichtssaal*: estrado *m* de testigos; **in den ~ treten** (*um auszusagen*) subirse al estrado; **Zeugenverhör** N, **Zeugenvernehmung** F JUR interrogatorio *m* (*od* audición *f*) de los testigos; información *f* testifical

'Zeughaus N MIL arsenal *m*; armería *f*

'Zeugin F ‹~; ~nen› testigo *f*

'Zeugnis N ‹~ses; ~se› 1 (*Bescheinigung, Arbeitszeugnis*) certificado *m*; certificación *f*; (*Schulzeugnis*) (boletín *m* de) notas *fpl*, calificaciones *fpl*; (*Diplom*) diploma *m*; título *m*; *für Hausangestellte etc*: referencias *fpl*; **j-m ein ~ ausstellen** (*umg* **schreiben**) dar un certificado a alg **2** *geh u.* JUR testimonio *m*; **von etw ~ ablegen** dar fe (*od* testimonio) de a/c; testimoniar a/c; testificar a/c; **zum ~ von** (*od gen*) en testimonio de; **zum ~ dessen** en testimonio (*od* en fe) de lo cual

'zeugnisfähig ADJ JUR testable

'Zeugnisheft N SCHULE boletín *m* (*od* cartilla *f*) de calificaciones; **Zeugniskopie** F copia *f* del certificado *bzw* diploma; **Zeugnispflicht** F JUR obligación *f* de testificar; **Zeugnisverweigerung** F JUR excusa *f* (*od* recusación *f*) de testimonio; **Zeugnisverweigerungsrecht** N JUR derecho *m* de excusa de testimonio

'Zeugung F ⟨~; ~en⟩ procreación *f*; engendramiento *m*, generación *f*

'Zeugungsakt M ⟨~(e)s; ~e⟩ acto *m* generador; **zeugungsfähig** ADJ capaz de engendrar; apto para la procreación; potente; **Zeugungsfähigkeit** F, **Zeugungskraft** F potencia *f* (generadora); fuerza *f* (*od* facultad *f*) procreadora; **Zeugungstrieb** M instinto *m* genésico; **zeugungsunfähig** ADJ estéril; impotente (para la procreación); **Zeugungsunfähigkeit** F esterilidad *f*; impotencia *f* (para la procreación)

z. H(d). ABK (zu Händen von) a la atención de

Zi. ABK (Zimmer) hab. (habitación)

'Zibet M ⟨~s⟩ algalia *f*; **Zibetkatze** F civeta *f*

Zi'borium N ⟨~s; Ziborien⟩ REL ciborio *m*

Zi'chorie [tsi'ço:riə] F ⟨~; ~n⟩ BOT achicoria *f*

'Zicke F ⟨~; ~n⟩ **1** ZOOL cabra *f* **2** *umg fig* **~n** *pl* tonterías *fpl*; caprichos *mpl*; **~n machen** *Person* estar como una cabra; *Motor* dar problemas; **mach keine ~n!** ¡déjate de tonterías! **3** *umg pej* (*freches Mädchen*) listilla *f*; **blöde ~!** ¡idiota!; *umg* **sie ist eine ganz schöne ~** ella es muy caprichosa

'zickig ADJ *umg pej* caprichoso; **~ sein** *umg* estar como una cabra

'Zicklein N ⟨~s; ~⟩ ZOOL cabrito *m*, chivo *m*

'Zickzack M ⟨~(e)s; ~e⟩ eses *mpl*, zigzag *m*; **im ~ gehen** zigzaguear, andar en zigzag; *Betrunkener a.* ir haciendo eses; **zickzackförmig** ADJ en zigzag; **Zickzackkurs** M POL política *f* en zigzag; **Zickzacklinie** F (línea *f* en) zigzag *m*

'Ziege F ⟨~; ~n⟩ **1** ZOOL cabra *f* **2** *umg pej* **alte ~** *umg* bruja *f*; **dumme ~** *umg* tía *f* idiota

'Ziegel M ⟨~s; ~⟩ ladrillo *m*; (*Dachziegel*) teja *f*; **Ziegelbau** M ⟨~(e)s; ~ten⟩ ARCH construcción *f* en ladrillo; **Ziegelbrenner** M ladrillero *m*; (*Dachziegelbrenner*) tejero *m*; **Ziegelbrennerei** F → Ziegelei; **Ziegeldach** N tejado *m*; techumbre *f* de tejas

Ziege'lei F ⟨~; ~en⟩ ladrillar *m*; fábrica *f* de tejas y ladrillos; (*Dachziegelei*) tejar *m*, tejer(í)a *f*

'Ziegelerde F ⟨~⟩ barro *m* (*od* arcilla *f*) para ladrillos; **Ziegelofen** M horno *m* de ladrillos (*bzw a.* de tejar); **ziegelrot** ADJ rojo de ladrillo; **Ziegelstein** M ladrillo *m*

'Ziegenbart M **1** barba *f* de macho cabrío **2** *umg* (*Spitzbart*) perilla *f*; barba(s) *f(pl)* de chivo; **Ziegenbock** M macho *m* cabrío, cabrón *m*; **Ziegenfell** N piel *f* de cabra; **Ziegenhirt** M, **Ziegenhirtin** F cabrero *m*, -a *f*; **Ziegenkäse** M queso *m* (de leche) de cabra; **Ziegenleder** N (piel *f* de) cabritilla *f*; **Ziegenmilch** F leche *f* de cabra; **Ziegenpeter** M ⟨~s⟩ MED paperas *fpl*; **Ziegenstall** M cabrería *f*; cabreriza *f*

'Ziehbrunnen M pozo *m* de garrucha; **Zieheltern** PL ≈ padres *mpl* de acogida

'ziehen ⟨*irr*⟩ **A** V/T **1** *allg* tirar; (*schleppen*) arrastrar, SCHIFF, AUTO remolcar, llevar a remolque; *bei Brettspielen*: mover; **j-n am Arm/an den Haaren/am Ohr ~** tirar del brazo/del pelo/de la oreja a alg; **etw an** *bzw* **auf sich** (*acus*) **~** atraer a/c; **j-n an sich** (*acus*) **~** estrechar a alg entre los brazos; **die Blicke auf sich** (*acus*) **~** atraer las miradas; **etw durch etw ~** pasar a/c por a/c; *fig* **nach sich ~** tener como consecuencia; acarrear; conllevar **2** (*herausziehen*) sacar (**aus** de) (*a. Zahn, Los*), extraer (*a.* MATH *Wurzel*); *Degen* desenvainar; **Geld (am Automaten) ~** sacar dinero (de la máquina); **etw aus der Tasche ~** sacar a/c del bolsillo; *fig* **eine Lehre aus etw** (*dat*) **~** sacar enseñanza de a/c **3 den Hut ~** quitarse el sombrero **4** *Linie* trazar; *Kreis* describir; *Scheitel* hacer **5** BAU *Graben* abrir; *Mauer* alzar, levantar; *Röhren, Seil, Draht* estirar; *Draht a.* tirar **6** *Pflanzen* cultivar; *Vieh* criar **7 ein Gesicht ~** hacer muecas, poner la cara larga **8** HANDEL *Wechsel* girar, librar (**auf** *acus* contra) **9** *Kerzen* hacer, fabricar **B** V/I **1** *allg* tirar; **an etw** (*dat*) **~** tirar de a/c **2** *Ofen, Pfeife, Zigarre, Auto* tirar; GASTR *Tee etc* **~ lassen** dejar reposar (*od* en reposo) **3** *umg* (*wirken*) *Maßnahme etc* surtir efecto; (*zugkräftig sein*) FILM *etc* atraer mucho público; *a. Ware* tener mucho éxito; **das zieht nicht** *umg* eso no pega; **das zieht bei mir nicht** eso no vale conmigo; eso no me impresiona **4** ⟨sn⟩ (*gehen, wandern*) caminar; marchar; ir (**nach** a); *Zugvögel* migrar; pasar (*a. Wolken*); **durch ein Dorf** *etc* **~** atravesar (*od* pasar por) un pueblo, *etc*; **übers Meer ~** cruzar la mar **5** ⟨sn⟩ (*umziehen*) **aufs Land/in die Stadt ~** ir(se) a vivir en el campo/la ciudad; **in eine Wohnung ~** mudarse a (*od* ir a vivir *od* instalarse en) una casa (*od* vivienda); **zu j-m ~** ir(se) a vivir en casa de alg; **ich bin hierher gezogen** (me) he venido a vivir aquí **6** *Schach etc* jugar; **mit etw ~** mover a/c **C** V/R **sich ~ 1** (*sich erstrecken*) extenderse (**über** *acus* sobre; **durch** a través de); **sich in die Länge ~** prolongarse, *umg pej* eternizarse **2** (*sich dehnen*) estirarse; *Holz* alabearse; *Flüssigkeit* ahilarse **D** V/UNPERS **1 es zieht** hay corriente, corre (mucho) aire **2 es zieht mich nach Hause** tengo ganas de volver a casa; **es zieht mich ans Meer** el mar me atrae

'Ziehen N ⟨~s⟩ **1** tracción *f*; SCHIFF, AUTO remolque *m* **2** *e-s Zahns*, MATH *e-r Wurzel*: extracción *f* **3** *v. Vögeln*: migración *f*; paso *m* **4** BOT cultivo *m*; *v. Vieh*: cría *f*, crianza *f* **5** MED (*Schmerz*) tirantez *f*

'Ziehharmonika F acordeón *m*; **Ziehkind** N ≈ niño *m* de acogida; **Ziehmutter** F ≈ madre *f* de acogida; **Ziehung** F ⟨~; ~en⟩ **1** *der Lottozahlen etc*: sorteo *m* **2** HANDEL *e-s Wechsels*: giro *m*; **Ziehvater** M ≈ padre *m* de acogida

Ziel N ⟨~(e)s; ~e⟩ **1** *e-r Person, Handlung*: meta *f* (*a.* SPORT, MIL *u. fig*); **das ~ erreichen** llegar a la meta; SPORT **durchs ~ gehen** atravesar, cruzar la meta; SPORT **als Erster durchs ~ gehen** ser el primero en llegar a la meta; cruzar vencedor la meta; **sich** (*dat*) **ein ~ setzen** *od* **stecken** ponerse una meta; **sich** (*dat*) **etw zum ~ setzen** proponerse a/c; fijarse a/c como meta; **sich** (*dat*) **ein hohes ~ stecken** poner el listón muy alto, *umg* picar muy alto; **ich bin am ~ meiner Wünsche** veo mis deseos cumplidos; he conseguido todo lo que quería **2** (*Zweck*) fin *m*; finalidad *f*; objeto *m*; objetivo *m* (*a.* MIL); MIL **das ~ ansprechen** fijar el objetivo; **sein ~ erreichen** conseguir su objetivo; **ein ~ verfolgen** perseguir un fin; **(direkt) aufs ~ lossteuern** ir derecho al fin propuesto; **zum ~ führen** tener éxito; **nicht zum ~ führen** fracasar; no tener éxito; no lograr su propósito; **zum ~ haben** tener por fin (*od* finalidad *od* objeto) **3** (*Bestimmungsort, Reiseziel*) destino *m* **4** HANDEL plazo *m*, término *m*; HANDEL **auf ~** a plazo; HANDEL **gegen drei Monate ~** a tres meses plazo **5** (*Zielscheibe*) blanco *m* (*a. fig*); **das ~ treffen** dar en el blanco, hacer blanco; **das ~ verfehlen** errar (*od* no dar en) el blanco; *fig* **über das ~ hinausschießen** pasarse; excederse, propasarse

'Zielansprache F MIL designación *f* del objetivo; **Zielband** N SPORT cinta *f* de llegada (a la meta)

'zielbewusst **A** ADJ consecuente; que sabe lo que quiere (*od* adonde va); que va derecho a su objetivo; (*entschlossen*) decidido; resuelto **B** ADV **~ vorgehen** proceder de forma consecuente *bzw* decidida

'zielen V/I apuntar (**auf** *acus* a); *fig* visar (**auf** a); (*tendieren*) tender (a); **auf den Kopf ~** apuntar a la cabeza; *fig* **auf j-n/etw ~** aludir (od referirse) a alg/a a/c; *fig* **das zielt auf dich** eso va por ti

'Zielen N ⟨~s⟩ puntería *f*

'Zielfehler M error *m* de puntería; **Zielfernrohr** N anteojo *m* de puntería; mira *f* telescópica; **Zielfoto** N SPORT foto *f* de llegada, foto *f* finish; **Zielgebiet** N MIL área *f* de destino; HANDEL zona *f* de destino; **Zielgenauigkeit** F precisión *f* de puntería; **Zielgerade** F SPORT recta *f* final; **Zielgerät** N aparato *m* de puntería

'zielgerichtet **A** ADJ metódico **B** ADV **~ vorgehen/handeln** proceder de forma metódica

'Zielgruppe F HANDEL *etc* grupo *m* objetivo (*od* de destino); **zielgruppenorientiert** ADJ orientado (*od* dirigido) hacia el grupo objetivo (*od* de destino); **Zielhafen** M SCHIFF puerto *m* de destino; **Zielkamera** F SPORT cámara *f* fotográfica de llegada; **Ziellandung** F FLUG aterrizaje *m* de precisión; **Ziellinie** F SPORT línea *f* de llegada (*od* meta)

'ziellos **A** ADJ indeciso, vago; sin rumbo fijo **B** ADV sin rumbo fijo

'Zielpunkt M punto *m* de mira; *in der Scheibe*: diana *f*; *fig* punto *m* final, destino *m*; **Zielrichter** M, **Zielrichterin** F SPORT juez *m/f* de llegada (*od* de meta); **Zielscheibe** F blanco *m* (*a. fig*); **Zielsetzung** F ⟨~; ~en⟩ fijación *f* de un fin (*od* objetivo); finalidad *f*

'zielsicher ADJ **1** *Schütze* seguro **2** *fig* firme; **zielstrebig** **A** ADJ perseverante; voluntarioso; → *a.* zielbewusst **B** ADV con perseverancia; **Zielstrebigkeit** F ⟨~⟩ perseverancia *f*; firmeza *f* de voluntad *f*; voluntad *f* firme

'Zielvorgabe F meta *f* a alcanzar; criterio *m* a cumplir; parámetro *m* obligatorio; **Zielvorrichtung** F → Zielgerät

'ziemen V/I, V/R *geh* → geziemen

'Ziemer M ⟨~s; ~⟩ **1** (*Wildrücken*) lomo *m* (*bzw* solomillo *m*) de ciervo **2** (*Peitsche*) vergajo *m*

'ziemlich **A** ADJ bastante grande; (*beträchtlich*) considerable; **eine ~e Weile** un buen rato **B** ADV **1** bastante; (*beträchtlich*) considerablemente; **~ gut** bastante bueno, bastante bien; **~ oft** bastante a menudo; con cierta (*od* relativa) frecuencia; **~ viel ...** bastante ...; **~ viel Geld** bastante dinero; no poco dinero; **~ viele Leute** bastante gente; un buen número de personas **2** *umg* (*ungefähr*) más o menos, casi; *umg* **so ~** casi casi; **so ~ dasselbe** más o menos la misma cosa

'ziepen V/I *umg* **1** *Vogel* piar **2** (*schmerzen*) hacer daño **3** (*zupfen*) tirar (**an den Haaren** de los cabellos)

Zier F ⟨~⟩ → Zierde

'Zieraffe M umg pej fatuo m; petimetre m, umg pollo m pera; Arg compadrito
'Zierde F ⟨~; ~n⟩ **1** (Verzierung) adorno m; ornamento m; decoración f; **zur ~ dienen** servir de adorno **2** fig honor m; gala f; gloria f
'zieren **A** VT adornar, ornar, decorar (**mit** con); (verschönern) embellecer; (garnieren) guarnecer **B** VR **sich ~** (zögern) hacer remilgos (od melindres od dengues); (Umstände machen) hacer cumplidos; → a. geziert
Ziere'rei F ⟨~; ~en⟩ pej **1** (Zögern, Getue) remilgos mpl, melindres mpl, dengues mpl **2** Benehmen: afectación f; maneras fpl afectadas
'Zierfisch M pez m de acuario; pez m ornamental (od de adorno); **Ziergarten** M jardín m de recreo; **Zierkappe** F AUTO embellecedor m; **Zierlampe** F lámpara f de adorno; **Zierleiste** F AUTO moldura f (decorativa); TYPO viñeta f
'zierlich ADJ grácil; (anmutig) gracioso; (zart) delicado, fino; (schlank) esbelto, delgado; **Zierlichkeit** F ⟨~; ~en⟩ gracilidad f; gracia f; (Zartheit) delicadeza f; finura f
'Ziernagel M tachón m; **Zierpflanze** F planta f ornamental (od de adorno); **Zierpuppe** F umg pej obs mujer f (bzw muchacha f) melindrosa (od remilgada)
'Zierrat M ⟨~(e)s; ~e⟩ adorno m; ornamento m; decoración f
'Zierschrift F TYPO letra f de adorno; **Zierstich** M TEX punto m fantasía; **Zierstrauch** M arbusto m ornamental (od de adorno)
Ziest M ⟨~(e)s; ~e⟩ BOT betónica f
'Ziffer F ⟨~; ~n⟩ cifra f, guarismo m; (Zahl) número m; (Aktenzeichen) rúbrica f; **in ~n (schreiben)** (escribir) en cifras; **Zifferblatt** N der Uhr: esfera f
'ziffernmäßig ADJ numérico
'Ziffer(n)schrift F escritura f cifrada; cifra f
zig ADJ ⟨inv⟩ umg infinidad de; umg tropecientos; **es waren ~ Leute da** había (allí) la mar de gente; **~ Jahre lang** durante tropecientos años
Ziga'rette F ⟨~; ~n⟩ cigarrillo m, umg pitillo m; cigarro m
Ziga'rettenautomat M máquina f expendedora de cigarrillos; **Zigarettenetui** N pitillera f, petaca f; **Zigarettenpackung** F cajetilla f; paquete m de cigarrillos; **Zigarettenpapier** N papel m de fumar; **Zigarettenpause** F pequeña pausa f (para fumar un cigarrillo); **Zigarettenschachtel** F cajetilla f (de cigarrillos); **Zigarettenspitze** F boquilla f; **Zigarettenstummel** M colilla f; Am pucho m; Costa Rica chinga f
Ziga'rillo [-'rɪ(l)jo] M,N ⟨~s; ~s⟩ purito m
Zi'garre F cigarro m, puro m; Cuba tabaco m
Zi'garrenabschneider M cortacigarros m, cortapuros m; **Zigarrenetui** N cigarrera f; petaca f; **Zigarrenkiste** F caja f de puros; **Zigarrenladen** M tienda f de tabacos, tabaquería f; **Zigarrenspitze** F boquilla f para cigarros; **Zigarrenstummel** M colilla f de cigarro
Zi'geuner M neg!, a. pej gitano m; bes mitteleuropäischer: cíngaro m; **zigeunerhaft** ADJ mst pej agitanado; **Zigeunerin** F neg!, a. pej gitana f; cíngara f; **zigeunerisch** ADJ neg!, a. pej gitano; gitanesco; **Zigeunerkapelle** F orquesta f de cíngaros; **Zigeunerlager** N campamento m de gitanos; **Zigeunerleben** N neg!, a. pej vida f de gitano(s); fig vida f bohemia (bzw nómada); **Zigeunermädchen** N neg!, a. pej gitanilla f; **Zigeunermusik** F música f cíngara; **Zigeunerprimas** M director m de una orquesta cíngara; **Zigeunerschnitzel** N GASTR escalope en una salsa de pimiento, tomate y cebolla; **Zigeunersprache** F caló m; **Zigeunerwagen** M carro-vivienda m; carromato m
'zigmal ADV umg mil veces; más de una vez; **zigste(r, -s)** ADJ umg enésimo; **zigtausend** umg ADJ miles mpl
Zi'kade F ⟨~; ~n⟩ cigarra f, chicharra f
'Zimbel F ⟨~; ~n⟩ MUS címbalo m
'Zimmer N ⟨~s; ~⟩ habitación f, cuarto m; pieza f; großes: sala f; **~ frei** habitación libre; **haben Sie ein ~ frei?** ¿tienen una habitación libre?; **ein ~ reservieren** reservar una habitación; **das ~ hüten** no salir de su habitación
'Zimmerantenne F antena f interior; **Zimmerarbeit** F (trabajo m de) carpintería f; **Zimmerbestellung** F reserva f de habitación; **Zimmerdecke** F techo m; cielo m raso; **Zimmereinrichtung** F mobiliario m, mueblaje m
'Zimmerer M ⟨~s; ~⟩ carpintero m
'Zimmerflucht F serie f de habitaciones; **Zimmergenosse** M, **Zimmergenossin** F compañero m, -a f de habitación; **Zimmergeselle** M oficial m (de) carpintero; **Zimmerhandwerk** N oficio m de carpintero; carpintería f; **Zimmerherr** M obs realquilado m; huésped de pensión particular; **Zimmerkellner** M, **Zimmerkellnerin** F camarero m, -a f (de piso); **Zimmerlautstärke** F RADIO **auf ~ stellen** bajar la radio; **Zimmermädchen** N camarera f (de piso); **Zimmermann** M ⟨~(e)s; -leute⟩ carpintero m
'zimmern **A** VT construir, hacer; carpintear; fig forjar **B** VI **an etw** (dat) **~** carpintear a/c
'Zimmern N ⟨~s⟩ carpintería f; **Zimmernachweis** M guía f de alojamiento; **Zimmerpflanze** F planta f de interior; **Zimmerreservierung** F reserva f de habitación (en un hotel, etc), reserva f hotelera; **Zimmerservice** M im Hotel: servicio m (de) habitación; **Zimmertemperatur** F temperatura f ambiente; **Zimmertheater** N teatro m de bolsillo; **Zimmervermittlung** F ⟨~⟩ servicio m de alquiler de habitaciones; **Zimmerwerkstatt** F (taller m de) carpintería f
'zimperlich ADJ **1** (wehleidig) quejumbroso, hipersensible **2** beim Essen: difícil (de contentar) **3** (zögerlich) melindroso; remilgado; **~ sein** andar con remilgos; umg **sei nicht so ~!** ¡déjate de remilgos!; **~ tun** hacer remilgos, hacer dengues
'Zimperlichkeit F ⟨~; ~en⟩ pej **1** (Wehleidigkeit) hipersensibilidad f **2** (Zögern, Getue) melindres mpl, remilgos mpl, dengues mpl
Zimt M ⟨~(e)s; ~e⟩ **1** Gewürz: canela f; **gemahlener ~** canela en polvo **2** umg fig **der ganze ~** todo el tinglado (od chisme); **'Zimtbaum** M BOT canelo m; **'Zimteis** N helado m de canela; **'zimtfarben** ADJ (a)canelado; de color canela; **'Zimtstange** F rama f de canela; **~n** pl a. canela f en rama
Zink N ⟨~(e)s⟩ cinc m, zinc m; **'Zinkätzung** F cincograbado m; **'Zinkblech** N chapa f de cinc; **'Zinkblende** F MINER blenda f de cinc; **'Zinkdruck** M cincografía f
'Zinke F ⟨~; ~n⟩ diente m; púa f
'zinken VT sl Karten marcar
'Zinken M ⟨~s; ~⟩ **1** → Zinke **2** umg (Nase) narizota f, napias fpl **3** sl (Zeichen) marca f (secreta)
'zinkhaltig ADJ cincífero; **Zinkhütte** F cinquería f
Zinkogra'fie, Zinkogra'phie F ⟨~; ~n⟩ cincografía f
'Zinksalbe F PHARM pomada f de (óxido de) cinc; **Zinkweiß** N blanco m (od óxido m) de cinc
Zinn N ⟨~(e)s⟩ estaño m
'Zinne F ⟨~; ~n⟩ ARCH almena f; pináculo m; **mit ~n besetzt** almenado
'zinne(r)n ADJ de estaño
'Zinnfolie F hoja f de estaño; **Zinngeschirr** N ⟨~s⟩ vajilla f de estaño (bzw de peltre) fundición f de estaño; **Zinngießer** M estañero m; **zinnhaltig** ADJ estañífero; **Zinnkrug** M pichel m
Zin'nober M **1** ⟨~s; ~⟩ MINER cinabrio m **2** ⟨~s⟩ Farbe: bermellón m **3** ⟨~s⟩ umg fig tonterías fpl, bobadas fpl; **der ganze ~** todo el chisme; **zinnoberrot** ADJ bermellón
'Zinnsoldat M soldado m de plomo; **Zinnteller** M plato m de estaño
Zins M ⟨~es; ~en⟩ **1** FIN interés m; mst pl **~en** intereses mpl; HANDEL a. rédito m; **fällige ~en** intereses mpl debidos; **fester/variabler ~** interés m fijo/variable; **auf ~en** a interés, a rédito; **(j-m) ~en berechnen** cargar intereses a alg; **~en bringen** od **tragen** producir (od devengar) intereses; dar rédito; Anleihen etc: **mit 4% ~en** al cuatro por ciento; fig **mit ~en** od **mit ~ und Zinseszins heimzahlen** pagar (od devolver) con creces; **von seinen ~en leben** vivir de sus rentas; **zu hohen ~en** a un (tipo de) interés elevado **2** südd, österr, schweiz (Mietzins) alquiler m; (Pachtzins) censo m **3** HIST (Abgabe) tributo m
'Zinsabschlag M interés m provisional (od a cuenta); **Zinsabschnitt** M cupón m (de intereses); **Zinsausfall** M pérdida f de intereses; **Zinsbesteuerung** F gravamen m (od imposición f od tributación) de los intereses; **Zinsbogen** M hoja f (od pliego m) de cupones; **zinsbringend** **A** ADJ que produce intereses **B** ADV **~ anlegen** poner a rédito
'Zinserhöhung F aumento m del tipo de interés; **Zinsermäßigung** F → Zinssenkung; **Zinsertrag** M rédito m; intereses mpl devengados; **Zinseszins** M ⟨~; ~en⟩ interés m compuesto
'zinsfrei ADJ libre de intereses; sin interés, exento del pago de intereses
'Zinsfuß M → Zinssatz; **Zinsgefälle** N diferencia f de intereses; **Zinsgutschrift** F abono m de intereses; **Zinskupon** M → Zinsabschnitt; **Zinslast** F cargo m de intereses
'zinslos **A** ADJ libre de intereses; **~es Darlehen** préstamo m sin intereses **B** ADV sin interés
'Zinsmarge [-ʒə] F margen m de intereses; **zinspflichtig** ADJ tributario; **Zinspolitik** F política f de tipos de interés; **Zinsrechnung** F cálculo m (od cómputo m) de intereses; **Zinsrückstände** MPL intereses mpl atrasados
'Zinssatz M tipo m de interés; **effektiver ~** tipo m de interés efectivo; **fester/variabler ~** tipo m de interés fijo/variable; **mit niedrigem ~** a interés bajo, a bajo (tipo de) interés
'Zinsschein M cupón m (de intereses); **Zinssenkung** F reducción f del tipo de interés; **Zinsspanne** F → Zinsmarge; **Zinstermin** M vencimiento m de intereses; **zinstragend** ADJ → zinsbringend; **Zinsverlust** M pérdida f de intereses; **Zinswucher** M interés m usurario; **Zinszahlung** F pago m de los intereses
Zio'nismus M ⟨~⟩ sionismo m; **Zionist** M ⟨~en; ~en⟩, **Zionistin** F ⟨~; ~nen⟩ sionista m/f; **zionistisch** ADJ sionista
'ZIP-Diskette® F, **ZIP-Disk®** F IT soporte m ZIP®
'Zipfel M ⟨~s; ~⟩ e-s Tuches, der Wurst: punta f, cabo m, extremo m (a. fig e-s Landes); e-s Rocks:

caída *f*; **zipfelig** ADJ *Rock etc* desigual; **Zipfelmütze** F gorro *m* con borla
'zipfeln VI *Rock* ser desigual
'ZIP-Laufwerk N IT disquetera *f* ZIP®
Zipp® M ⟨~s; ~s⟩ *österr* → Zippverschluss
'zippen VT IT zipear, comprimir
'Zipperlein N ⟨~s; ~⟩ MED *umg obs* gota *f*; *fig* (*Gebrechen*) achaque *m*; *umg* alifafe *m*
'Zippverschluss M *österr* cremallera *f*
'Zirbeldrüse F ANAT glándula *f* pineal, epífisis *f*; **Zirbelkiefer** F BOT pino *m* cembra (*od* de los Alpes)
'zirka ADV → circa
'Zirkel M ⟨~s; ~⟩ **1** *Instrument*: compás *m* **2** (*Kreis*) círculo *m* (*a. fig v. Personen*); **Zirkelkasten** M caja *f* de compases
'zirkeln VT **1** compasar, medir con precisión, medir con el compás **2** *umg* **den Ball (über die Mauer) ins Tor ~** lanzar el balón con efecto a la red (superando la barrera)
'Zirkelschluss M PHIL círculo *m* vicioso
Zir'kon M ⟨~s; ~e⟩ MINER circón *m*; **Zirkonium** N ⟨~s⟩ CHEM zirconio *m*, circonio *m*
Zirku'lar N ⟨~s; ~e⟩ circular *f*; **Zirkulati'on** F ⟨~; ~en⟩ circulación *f*; **zirku'lieren** VI ⟨*ohne* ge-⟩ circular; **~ lassen** hacer circular; poner en circulación
Zirkum'flex M ⟨~es; ~e⟩ LING (acento *m*) circunflejo *m*
'Zirkus M ⟨~; ~se⟩ **1** circo *m*; **im ~ auftreten** trabajar en el circo **2** *umg fig* (*Getue*) aspavientos *mpl* **3** *umg fig* (*Durcheinander*) *umg* circo *m*, follón *m*; **so ein ~!** ¡menudo circo!
'Zirkusartist M, **Zirkusartistin** F artista *m/f* de circo; **Zirkusdirektor** M, **Zirkusdirektorin** F director *m*, -a *f* de circo; **Zirkusreiter** M, **Zirkusreiterin** F caballista *m/f* de circo; **Zirkuszelt** N carpa *f*
'zirpen VI *Grillen* chirriar; *Zikaden* cantar; *fachspr* estridular
'Zirpen N ⟨~s⟩ *der Zikaden*: canto *m*; *der Grillen*: chirrido *m*; *fachspr* estridulación *f*
Zir'rhose F ⟨~; ~n⟩ MED cirrosis *f*
'Zirruswolke F cirro *m*
'zischeln VI cuchichear; secretear; **Zischeln** N ⟨~s⟩ cuchicheo *m*; secreteo *m*
'zischen **A** VI *Dampf, Tier, Person* silbar; THEAT *a.* sisear; *Fett* chisporrotear **B** VT *umg* **einen ~** echar un trago; *umg* empinar el codo
'Zischen N ⟨~s⟩ silbido *m*; silbo *m*; THEAT siseo *m*; *Fett*: chisporroteo *m*; **Zischlaut** M LING sibilante *f*
Zise'leur [-lø:r] M ⟨~s; ~e⟩, **Zise'leurin** F ⟨~; ~nen⟩ cincelador *m*, -a *f*; **Zise'lierarbeit** F, **Zise'lieren** N ⟨~s⟩ cincelado *m*, cinceladura *f*; **zise'lieren** VT ⟨*ohne* ge-⟩ cincelar
Zis'terne F ⟨~; ~n⟩ cisterna *f*
Zisterzi'enser M ⟨~s; ~⟩ KATH cisterciense *m*; **Zisterzienserorden** M orden *f* Cisterciense; (orden *f* del) Císter *m*
Zita'delle F ⟨~; ~n⟩ ciudadela *f*
Zi'tat N ⟨~(e)s; ~e⟩ cita *f* (**aus** de)
'Zither F ⟨~; ~n⟩ cítara *f*; **Zitherspieler** M, **Zitherspielerin** F citarista *m/f*
zi'tieren VT ⟨*ohne* ge-⟩ **1** *Autor, Worte* citar (*a.* JUR) **2** **j-n zu sich ~** llamar a alg
Zi'tieren N⟨~s⟩ citación *f* (*a.* JUR)
Zi'trat N ⟨~(e)s; ~e⟩ CHEM citrato *m*
Zitro'nat N ⟨~(e)s; ~e⟩ acitrón *m*, cidra *f* confitada; **Zitronatzitrone** F cidra *f*
Zi'trone F ⟨~; ~n⟩ limón *m*; **mit ~** con limón
Zi'tronenbaum M limonero *m*; **Zitroneneis** N helado *m* de limón; **Zitronenfalter** M ZOOL mariposa *f* limonera; **zitronengelb** ADJ amarillo limón; **Zitronengras** N GASTR, BOT hierba *f* limón, *bes Am* caña *f* santa; **Zitronenlimonade** F refresco *m* de limón; *selbstgemachte*: limonada *f*; **Zitronenmelisse** F BOT toronjil *m*; **Zitronenpresse** F exprimidor *m* (de limones); **Zitronensaft** M zumo *m* (*Am* jugo *m*) de limón; **Zitronensäure** F ⟨~⟩ CHEM ácido *m* cítrico; **Zitronenschale** F corteza *f* (*od* cáscara *f*) de limón; **Zitronensprudel** M gaseosa *f* de limón; **Zitronenwasser** N ⟨~⟩ limonada *f*
'Zitrusfrüchte FPL agrios *mpl*, cítricos *mpl*; **Zitruspresse** F exprimidor *m*
'Zitteraal M *Fisch*: gimnoto *m*, anguila *f* eléctrica; **Zittergras** N BOT cedacillo *m*, briza *f* media
'zitterig ADJ trémulo; temblón, temblequeante; *Schrift* tembloroso
'zittern VI temblar (*a. Erde*) (**vor** *dat* de); temblequear; (*flackern*) titilar (*a. Licht*); (*beben*) trepidar; (*vibrieren*) vibrar; **stark ~** trepidar; **vor j-m ~** tener miedo a alg; **vor Kälte ~** tiritar de frío
'Zittern N ⟨~s⟩ temblor *m* (*a. Erdstoß*); temblequeo *m*; (*Frösteln*) tiritón *m*; (*Flackern*) titilación *f*; (*Beben*) trepidación *f*; vibración *f*; **Zitterpappel** F BOT álamo *m* temblón; **Zitterrochen** M *Fisch*: torpedo *m*
'zittrig → zitterig
'Zitze F ⟨~; ~n⟩ teta *f*; pezón *m*
'Zivi [-v-] M ABK ⟨~s; ~s⟩ *umg* → Zivildienstleistende(r)
zi'vil [-v-] ADJ **1** civil; *Ggs zu militärisch: a.* de paisano, de civil **2** (*mäßig*) *Preis* módico, razonable
Zi'vil [-v-] N ⟨~s⟩ *Anzug*: traje *m* de paisano; **in ~** de paisano; **~ tragen** vestir de paisano (*od* de civil); **Zivilangestellte** M/F empleado *m*, -a *f* civil; **Zivilanzug** M traje *m* de paisano; **Zivilbehörde** F autoridad *f* civil; **Zivilberuf** M **im ~** en la vida civil (*od* ordinaria); **Zivilbevölkerung** F población *f* civil; **Zivilcourage** [-ku'ra:ʒə] F valor *m* cívico
Zi'vildienst [-v-] M prestación *f* civil sustitutoria; servicio *m* civil; **den ~ (ab)leisten** realizar la prestación civil sustitutoria; **Zivildienstleistende(r)** M ⟨~n; ~n⟩ objetor *m* de conciencia (cumpliendo la prestación civil sustitutoria); **Zivilehe** F matrimonio *m* civil; **Zivilgericht** N tribunal *m* civil; **Zivilgerichtsbarkeit** F jurisdicción *f* civil; **Zivilgesetzbuch** N código *m* civil
Zivilisati'on [-v-] F ⟨~; ~en⟩ civilización *f*
Zivilisati'onskrankheit [-v-] F enfermedad *f* de (la) civilización; **zivilisationsmüde** ADJ cansado de la civilización; **Zivilisationsmüdigkeit** F cansancio *m* de la civilización
zivilisa'torisch [-v-] ADJ civilizador; **zivili'sieren** VT ⟨*ohne* ge-⟩ civilizar; **zivili'siert** **A** ADJ civilizado **B** ADV **benimm dich ~!** ¡pórtate civilizadamente!
Zivi'list [-v-] M ⟨~en; ~en⟩, **Zivilistin** F ⟨~; ~nen⟩ paisano *m*, -a *f*; *bes Am* civil *m/f*
Zi'vilkammer [-v-] F JUR sala *f* de lo civil; **Zivilklage** F JUR acción *f* civil; **Zivilkleidung** F traje *m* de paisano (*od* civil); **Zivilluftfahrt** F aviación *f* civil; **Zivilperson** F → Zivilist
Zi'vilprozess [-v-] M JUR causa *f* civil; pleito *m*; **Zivilprozessordnung** F JUR ley *f* de enjuiciamiento civil; **Zivilprozessrecht** N JUR derecho *m* procesal civil
Zi'vilrecht [-v-] N JUR derecho *m* civil; **Zivilrechtler** M ⟨~s; ~⟩, **Zivilrechtlerin** F ⟨~; ~nen⟩ civilista *m/f*; **zivilrechtlich** **A** ADJ de(l) derecho civil **B** ADV **j-n ~ verfolgen** perseguir a alg civilmente
Zi'vilsache [-v-] F JUR causa *f* civil; **Zivilschutz** M protección *f* civil; **Ziviltrauung** F matrimonio *m* civil; **Zivilverteidigung** F defensa *f* civil; **Zivilverwaltung** F gobierno *m* civil
ZNS N (Zentralnervensystem) ANAT SNC *m* (sistema nervioso central)
'Znüni N & M ⟨~s; ~⟩ *schweiz* (*Vormittagsimbiss*) el almuerzo
'Zobel M ⟨~s; ~⟩ ZOOL (marta *f*) cibelina *f*; **Zobelpelz** M (piel *f* de) cibelina *f*
'zocken VI *umg* jugar (**um** *acus* por); **Zocker** M ⟨~s; ~⟩, **Zockerin** F ⟨~; ~nen⟩ *umg* jugador *m*, -a *f*
Zodia'kallicht N ASTRON luz *f* zodiacal
Zo'diakus M ⟨~⟩ ASTRON zodíaco *m*
'Zofe F ⟨~; ~n⟩ *hist* doncella *f*
Zoff M ⟨~s⟩ *umg* pelea *f*; **~ machen** armar pelea; (*Streit*) **mit j-m ~ haben** estar peleado con alg
zog → ziehen
'zögerlich ADJ titubeante, vacilante
'zögern VI (*schwanken*) vacilar, titubear (**zu** *inf* en); (*sich verspäten*) tardar (**mit** en); **~ etw zu tun** dudar en hacer a/c
'Zögern N ⟨~s⟩ vacilación *f*, titubeo *m*; tardanza *f*; **ohne ~** sin vacilar; sin demora; **nach anfänglichem ~** tras las dudas iniciales
'zögernd ADJ vacilante, titubeante; (*verspätet*) tardo
'Zögling M ⟨~s; ~e⟩ pupilo *m*, -a *f*; alumno *m*, -a *f*; educando *m*, -a *f*
Zölia'kie F ⟨~⟩ MED celiaquía *f*
Zöli'bat N & M ⟨~(e)s⟩ KATH celibato *m*; **im ~ lebend** célibe
Zoll¹ M ⟨~(e)s; ~⟩ *Maß*: pulgada *f*
Zoll² M ⟨~(e)s; Zölle⟩ **1** aduana *f* (*a. Behörde*) **2** *Abgabe*: derechos *mpl* (de aduana); **~ auf etw** (*acus*) **bezahlen/entrichten** pagar aduana sobre a/c **3** (*Straßenzoll*) peaje *m* **4** *fig* tributo *m*
'Zollabbau M desarme *m* arancelario; **Zollabfertigung** F trámites *mpl* aduaneros; despacho *m* aduanero; **Zollabfertigungsstelle** F aduana *f*; **Zollabkommen** N acuerdo *m* aduanero; **Zollagent** M, **Zollagentin** F agente *m/f* de aduanas; **Zollamt** N (oficina *f* de) aduana *f*
'zollamtlich **A** ADJ aduanero; **unter ~em Verschluss** bajo precinto (de aduana) **B** ADV **~ abfertigen** despachar en la aduana; **~ verschlossen** precintado; **~ versiegeln** precintar
'Zollanmeldung F declaración *f* de aduana; **Zollanschluss** M enclave *m* aduanero; **Zollaufsicht** F vigilancia *f* aduanera; **Zollbeamte(r)** M, **Zollbeamtin** F funcionario *m*, -a *f* de aduanas; aduanero *m*, -a *f*; **Zollbegleitschein** M guía *f* de tránsito (*od* de circulación); **Zollbehörde** F administración *f* de aduanas; **Zollbeschau** F registro *m* aduanero; **Zollbestimmungen** FPL disposiciones *fpl* aduaneras
'Zollbreit M, **Zoll breit** M ⟨~; ~⟩ *fig* **keinen ~ weichen** no retroceder un ápice
'Zolldeklaration F declaración *f* de aduanas; **Zolleinnahme** F recaudación *f* aduanera, ingresos *mpl* de aduana
'zollen VT *geh* tributar; **Achtung ~** rendir homenaje; **j-m Beifall ~** aplaudir a alg; **j-m Bewunderung ~** tributar admiración a alg; **j-m Dank ~** expresar su agradecimiento a alg
'Zollerhebung F recaudación *f* de aduana; **Zollerklärung** F declaración *f* de aduana; **Zollermäßigung** F reducción *f* de derechos aduaneros; **Zollfahnder** M, **Zollfahnderin** F policía *m/f* de aduanas; **Zollfahndung** F investigación *f* aduanera; **Zollformalitäten** FPL formalidades *fpl* aduaneras (*od* de aduana); trámites *mpl* aduaneros
'zollfrei ADJ & ADV exento de derechos (aduaneros); en franquicia aduanera; **Zoll-**

freiheit F franquicia *f* aduanera
'Zollgebiet N territorio *m* aduanero; **Zollgebühren** FPL derechos *mpl* de aduana, derechos *m* arancelarios, aranceles *m* aduaneros; **Zollgrenzbezirk** M zona *f* especial de vigilancia aduanera; **Zollgrenze** F frontera *f* aduanera; **Zollgut** N mercancía *f* sujeta a control aduanero; **Zollhaus** N aduana *f*; **Zollhinterziehung** F defraudación *f* de aduanas; **Zollhoheit** F ⟨~⟩ autoridad *f* aduanera; **Zollinhaltserklärung** F declaración *f* de aduana; **Zollinland** N territorio *m* aduanero interior; **Zollinspektor** M, **Zollinspektorin** F inspector *m*, -a *f* de aduanas; **Zollkontrolle** F control *m* aduanero; inspección *f* aduanera; **Zollkrieg** M guerra *f* de tarifas (*bzw* aduanera); **Zolllager** N depósito *m* (*od* almacén *m*) de aduana; **Zollmarke** F marchamo *m*, contramarca *f*
'Zöllner M ⟨~s; ~⟩ aduanero *m*, -a *f*; *Bibel*: publicano *m*; **Zöllnerin** F ⟨~; ~nen⟩ aduanera *f*
'Zollpapiere NPL documentos *mpl* de aduana; **zollpflichtig** ADJ & ADV sujeto a aduana; **Zollplombe** F precinto *m* de aduana; marchamo *m*; **Zollpolitik** F política *f* arancelaria; **Zollrecht** N derecho *m* arancelario; **Zollrevision** F revisión *f* aduanera; **Zollrückvergütung** F devolución *f* de derechos aduaneros; **Zollsatz** M tipo *m* arancelario (*od* de aduana); **Zollschein** M guía *m* (*od* certificado *m*) de aduana; **Zollschranke** F barrera *f* aduanera (*od* arancelaria); **Abbau** *m* **der ~n** desarme *m* (*od* descreste *m*) arancelario; **Zollschutz** M protección *f* aduanera; **Zollsenkung** F reducción *f* de aduana; rebaja *f* arancelaria; **Zollstelle** F aduana *f*; **Zollstock** M metro *m* plegable (*od* de carpintero); **Zolltarif** M tarifa *f* aduanera; arancel *m* (de aduana); **Zollüberwachung** F vigilancia *f* aduanera; **Zollunion** F, **Zollverein** M HIST unión *f* aduanera; **Zollvergehen** N delito *m* aduanero; **Zollverschluss** M **unter ~** bajo precinto de aduana; precintado; **Zollvertrag** M convenio *m* aduanero; **Zollvorschrift** F reglamento *m* de aduanas; **Zollwert** M valor *m* en aduana
'Zombie M ⟨~s; ~s⟩ *umg* zombi(e) *m*
'Zone F ⟨~; ~n⟩ **1** *allg* zona *f*; (*Gegend*) región *f* **2** *umg hist* → Besatzungszone
'Zonengrenze F **1** frontera *f* interzonal; *Verkehr*: límite *m* de una (*bzw* de la) zona **2** HIST *zur Ex-DDR*: frontera *f* interalemana; **Zonentarif** M *Verkehr*: tarifa *f* por zonas
'Zoo M ⟨~s; ~s⟩ zoo *m*; (parque *m od* jardín *m*) zoológico *m*; **Zoohandlung** F tienda *f* de animales
Zoo'loge [tsoo-] M ⟨~n; ~n⟩ zoólogo *m*; **Zoolo'gie** F ⟨~⟩ zoología *f*; **Zoo'login** F ⟨~; ~nen⟩ zoóloga *f*
zoo'logisch ADJ zoológico; **Zoologischer Garten** jardín *m* zoológico *m*
Zoom [zu:m] M ⟨~s; ~s⟩ zoom *m*; **zoomen** V/T enfocar con el zoom
'Zootier N animal *m* (de zoológico); **Zoowärter** M, **Zoowärterin** F guardián *m*, -ana *f* de jardín zoológico
Zopf M ⟨~(e)s; Zöpfe⟩ **1** trenza *f*; STIERK *a.* coleta *f*; **in Zöpfe flechten** trenzar, hacer trenzas **2** *fig* **alter ~** costumbre *f* anticuada (*od* rancia); **die alten Zöpfe abschneiden** romper con las viejas costumbres **3** GASTR *Gebäck*: bollo *m* trenzado
'Zopfband N cinta *f* de trenza; **zopfig** ADJ *fig* (*altmodisch*) rancio, anticuado; (*steif*) pedante(sco); **Zopfmuster** diseño *m* de ochos; **Zopfstil** M *Kunst*: estilo *m* rococó (tardío)

Zorn M ⟨~(e)s⟩ (*Wut*) cólera *f*; ira *f*; (*Ärger*) enojo *m*; **in ~ geraten** encolerizarse; enfurecerse; montar en cólera; **in ~ bringen** encolerizar; enfurecer
'Zornausbruch M ataque *m* de ira; acceso *m* de cólera; **zornentbrannt** ADJ encendido de ira; rojo de cólera
'zornig ADJ (*wütend*) encolerizado; furioso; colérico; (*ärgerlich*) enojado; **~ machen** encolerizar, enfurecer; **~ werden** enfurecerse; montar en cólera
'Zote F ⟨~; ~n⟩ *pej* obscenidad *f*; porquería *f*; *umg* dicharacho *m*; chiste *m* obsceno (*od* verde); **~n reißen** decir obscenidades; contar (*od* hacer) chistes verdes
'zotenhaft, zotig ADJ obsceno; soez
'Zotte F ⟨~; ~n⟩ ANAT vellosidad *f*
'Zottel F ⟨~; ~n⟩ **1** *mst pej* (*Haarbüschel*) **~n** *fpl* mechones *mpl*; greñas *fpl* **2** (*Troddel, Quaste*) borla *f*; **Zottelbart** M barba *f* hirsuta; **zottelig** ADJ → zottig
'zotteln V/I *umg* trotar; andar despacito; (*trödeln*) remolonear
'zottig ADJ *Haar* desgreñado; velloso, velludo; *Bart* (*struppig*) hirsuto
ZPO F ⟨~⟩ ABK (Zivilprozessordnung) Ley *f* de enjuiciamiento civil
z. S. ABK (zur See) de Marina
z. T. ABK (zum Teil) en parte
Ztg. ABK (Zeitung) periódico *m*
Ztr. ABK (Zentner) quintal *m*
zu[1] **A** PRÄP (*dat*) **1** *örtlich*: a; *Richtung a.*: hacia; (*in j-s Wohnung*) a casa de; (*in j-s Nähe*) junto a, al lado de; **~m Arzt gehen** ir al médico; **~ meinen Eltern** a casa de mis padres; **~r Stadt/Schule** a la ciudad/al colegio; **~r Tür hinaus** por la puerta; **die Tür ~m Garten** la puerta al jardín; **der Weg ~m Bahnhof** el camino de la estación; *geh* **der Dom ~ Köln** la catedral de Colonia; **sich ~ j-m setzen** sentarse junto a (*od* al lado de) alg; **~ Haus(e)** en casa **2** *zeitlich*: a, en, por; *vorausblickend*: para; **~ Anfang** al principio; **~ meinem Geburtstag** para mi cumpleaños; **~m ersten Mal** por primera vez; **~ Mittag** a mediodía; **~m Schluss** al final, finalmente; **von Tag ~ Tag** de día en día; **~r gleichen Zeit** al mismo tiempo; a la misma hora; **~ jener Zeit** en aquella época; **zur Zeit** → Zeit 3, zurzeit **3** *Art und Weise*: **~ meinem großen Erstaunen** con gran asombro mío; **mir ist nicht ~m Lachen** no estoy para bromas; **~ Fuß** a pie; **~ Pferd(e)** a caballo; **~ Schiff** en barco; **~r See** por mar; **~m Teil** en parte **4** *Preis, Zahl*: a; **~ 5 Euro das Stück/Dutzend** a cinco euros la pieza/docena; **sie kamen ~ Hunderten** vinieron a centenares (*od* a cientos); **~ dritt sein** ser tres **5** *Ziel, Zweck*: para; por; **~ deinem Besten** por tu bien; **Papier** *m* **~m Schreiben** papel *m* de escribir; **Wasser** *f* **~m Trinken/Waschen** agua *f* para beber/lavar; **~m Scherz** en broma; **~m Spaß** por diversión **6** *Verhältnis*: SPORT **fünf ~ drei gewinnen** ganar (por) cinco a tres; **2 ~ 3 Meter** dos por tres metros **7** *Verbindung*: con; **Weißwein ~m Fisch trinken** beber vino blanco con el pescado **8** *Ergebnis, mst unübersetzt*: **~ Eis werden** helarse, convertirse en hielo; **~ Pulver zerstoßen** pulverizar **9** *von Personen, mst unübersetzt*: **~m Dichter geboren sein** haber nacido (para) poeta; **~m Direktor ernennen** nombrar director; **~m König krönen** coronar rey; **~m Obersten befördern** ascender a coronel; **sie wurde ~r Präsidentin gewählt** fue elegido presidenta **B** ADV **1** (*allzu*) demasiado; **~ groß** demasiado grande; **~ sehr, ~ viel** demasiado; mucho; muy; **das ist ~ viel** eso es demasiado; **~ viel berechnen** pedir más de la cuenta; **einer ~ viel** uno de más; **viel ~ viel** un exceso de; *umg* **was ~ viel ist, ist ~ viel!** ¡esto ya es demasiado!; *umg* **es wird mir (alles) ~ viel** ya no puedo más; no doy abasto; **~ wenig** demasiado poco; **einer ~ wenig** uno de menos; **es sind 3 Euro ~ wenig** faltan tres euros **2** *Richtung*: a, hacia; **auf mich ~** hacia mí, a mí; **nach Süden ~** hacia el sur; **auf Berlin ~** en dirección a Berlín **3 nur ~!** ¡ánimo!; ¡adelante!
zu[2] KONJ **1** *vor inf*: **ich habe ~ arbeiten/tun** tengo que trabajar/hacer; **etwas ~ essen haben** tener algo para comer; **es ist ~ hoffen** es de esperar; **es ist leicht ~ übersetzen** es fácil de traducir; **ich wünsche ihn ~ sprechen** deseo hablarle; **es ist nicht ~ vermeiden** no se puede evitar **2 Haus ~ verkaufen** se vende casa; **ein Zimmer ~ vermieten haben** tener una habitación para alquilar **3** *mit Partizip Präsens*: **ein kaum ~ erfüllender Wunsch** un deseo difícil de cumplir
zu[3] ADV *umg* (*geschlossen*) cerrado; **der Laden/die Tür ist ~** la tienda/la puerta está cerrada; **Augen ~!** ¡cierra los ojos!; **Tür ~!** ¡cerrar la puerta!
zu'aller'erst ADV antes que nada; en primer lugar; ante todo; **zualler'letzt** ADV en último lugar
'zubauen V/T cerrar con muros (*bzw* con un edificio); (*die Aussicht versperren*) quitar la vista a
'Zubehör N & M ⟨~(e)s; ~e⟩ TECH accesorios *mpl*; **Zubehörteil** N TECH accesorio *m*
'zubeißen V/I ⟨*irr*⟩ morder; clavar (*od* hincar) los dientes
'zubekommen V/T ⟨*irr; ohne* ge-⟩ *Tür, Koffer etc* lograr cerrar
'Zuber M ⟨~s; ~⟩ tina *f*; cubeta *f*
'zubereiten ⟨*ohne* ge-⟩ preparar; *Speise a.* aderezar; **Zubereitung** F preparación *f*; *v. Speisen a.*: aderezo *m*
Zu'bettgehen N **beim** *od* **vor dem ~** al (antes de) acostarse
'zubilligen V/T **j-m etw ~** conceder a/c a alg; **Zubilligung** F concesión *f*
'zubinden V/T ⟨*irr*⟩ ligar; atar; *Augen* vendar; **zubleiben** V/I ⟨*irr; sn*⟩ quedar cerrado; **zublinzeln** V/I **j-m ~** guiñar un ojo a alg, hacer guiños a alg
'zubringen V/T ⟨*irr*⟩ **1** *Zeit* pasar (**mit** con) **2** *umg* (*schließen können*) lograr cerrar **3** (*bringen*) llevar; TECH alimentar; JUR aportar
'Zubringer M ⟨~s; ~⟩ **1** *Straße*: vía *f* de acceso **2** *Verkehrsmittel*: servicio *m* de enlace **3** TECH alimentador *m*; *e-r Feuerwaffe*: elevador *m*; **Zubringerbus** M autobús *m* para el servicio de enlace; **Zubringerdienst** M *Verkehrsmittel*: servicio *m* de enlace; *zum Flugplatz*: servicio *m* de autobuses (*bzw* autocares); **Zubringerstraße** F vía *f* de acceso
'zubuttern V/T *umg* pagar de su bolsillo
Zuc'chini [tsʊ'ki:ni] F ⟨~; ~⟩ calabacín *m*; *Am* zapallito *m*
Zucht F ⟨~; ~en⟩ **1** *v. Tieren*: cría *f*; *v. Pflanzen*: cultivo *m* (*a. v. Perlen*) **2** (*Rasse*) *Tiere*: raza *f*; *Pflanzen*: variedad *f* **3** *geh* **~ (und Ordnung)** disciplina *f*; **in ~ halten** hacer observar (*bzw* mantener) la disciplina
'Zuchtbuch N AGR libro *m* genealógico; registro *m* pecuario; **Zuchtbulle** M toro *m* semental; **Zuchteber** M verraco *m* (semental)
'züchten V/T *Tiere* criar; *Pflanzen* cultivar (*a. Bakterien, Perlen*); **Züchten** N ⟨~s⟩ *v. Tieren*: cría *f*; *v. Pflanzen*: cultivo *m*; **Züchter** M ⟨~s; ~⟩, **Züchterin** F ⟨~; ~nen⟩ *von Tieren*: criador *m*, -a *f*; *von Pflanzen*: cultivador *m*, -a *f*
'Zuchthaus N *obs* **1** (*Gefängnis*) presidio *m*; penitenciaría *f* **2** → Zuchthausstrafe; **Zuchthäusler** M ⟨~s; ~⟩, **Zuchthäuslerin** F ⟨~; ~nen⟩ *obs* presidiario *m*, -a *f*;

Zuchthausstrafe F *obs* (pena *f* de) presidio *m*; pena *f* de reclusión

'Zuchthengst M caballo *m* padre (*od* semental)

'züchtig ADJ *obs* honesto, recatado, púdico; casto; **züchtigen** VT *geh* azotar; castigar (corporalmente)

'Züchtigkeit F ⟨~⟩ *obs* pudor *m*; castidad *f*; **Züchtigung** F ⟨~; ~en⟩ *geh* castigo *m*; **körperliche ~** castigo *m* corporal (*od* físico)

'zuchtlos ADJ *obs* indisciplinado; **Zuchtlosigkeit** F ⟨~; ~en⟩ *obs* indisciplina *f*, falta *f* de disciplina

'Zuchtmittel N JUR (medio *m*) correctivo *m*; **Zuchtperle** F perla *f* cultivada (*od* de cultivo); **Zuchtrute** F *geh obs* férula *f* (*a. fig*); (*Geißel*) azote *m*; **Zuchtsau** F AGR cerda *f* de cría (*od* de reproducción); **Zuchtschaf** N AGR oveja *f* de reproducción; **Zuchtstier** M → Zuchtbulle; **Zuchtstute** AGR F yegua *f* de cría (*od* de vientre); **Zuchttier** N AGR animal *m* reproductor; *männliches*: semental *m*

'Züchtung F 1 ⟨~⟩ *v. Tieren*: cría *f*; *v. Pflanzen*: cultivo *m* (*a. v. Bakterien*); selección *f* 2 ⟨~; ~en⟩ *Tiere*: raza *f*; *Pflanzen*: variedad *f*

'Zuchtvieh N AGR ganado *m* de cría; **Zuchtwahl** F ⟨~⟩ AGR selección *f* (**natürliche** natural)

'zuckeln VI trotar; *umg* avanzar lentamente

'zucken VI 1 *Person, Glied* hacer un movimiento brusco; (*zusammenzucken*) sobresaltarse; *krampfhaft*: convulsionarse; contraerse (convulsivamente); tener convulsiones; *Herz* palpitar 2 *Blitz* caer; *Flamme* centellear, titilar

'Zucken N ⟨~s⟩ movimiento *m* brusco (*bzw* convulsivo); palpitación *f*; MED **nervöses ~** tic *m* nervioso

'zücken VT *Messer, hum a. Brieftasche* sacar; *Schwert a.* desenvainar

'zuckend ADJ palpitante; convulsivo

'Zucker M 1 ⟨~s; ~⟩ azúcar *m/f*; **zwei Stück ~** dos terrones de azúcar 2 ⟨~s⟩ MED *umg* **er hat ~** tiene diabetes; es diabético

'Zuckerbäcker M, **Zuckerbäckerin** F confitero *m*, -a *f*; pastelero *m*, -a *f*; **Zuckerbäckerei** F confitería *f*; pastelería *f*

'Zuckerbildung F CHEM sacarificación *f*; **Zuckerbrot** N *fig* **mit ~ und Peitsche** con una de cal y otra de arena; dar zanahoria y palo; **Zuckerdose** F azucarero *m*, azucarera *f*; **Zuckererbse** F tirabeque *m*, guisante *m* mollar; **Zuckerfabrik** F azucarera *f*; fábrica *f* de azúcar; **Zuckergehalt** M contenido *m* de azúcar; **Zuckerguss** M baño *m* de azúcar; **zuckerhaltig** ADJ que contiene azúcar; sacarífero; **Zuckerhut** M 1 pilón *m* (*od* pan *m*) de azúcar 2 BOT → Fleischkraut

'zuckerig ADJ azucarado

'Zuckerindustrie F industria *f* azucarera; **zuckerkrank** ADJ diabético; **Zuckerkranke** M/F ⟨~n; ~n⟩ → A diabético *m*, -a *f*; **Zuckerkrankheit** F MED diabetes *f* (mellitus)

'Zuckerl N ⟨~s; ~n⟩ *österr* 1 (*Bonbon*) caramelo *m* 2 *fig* **ein ~** algo muy especial

'Zuckerlecken N *umg* **das ist kein ~** *umg* no es (precisamente) un plato de buen gusto, no es ninguna ganga; **Zuckermandel** F peladilla *f*; **Zuckermesser** M *od* **Zuckermessgerät** N sacarímetro *m*; **Zuckermessung** F sacarimetría *f*

'zuckern VT azucarar

'Zuckerraffinerie F refinería *f* de azúcar; **Zuckerrohr** N BOT caña *f* de azúcar; **Zuckerrohrernte** F zafra *f*; **Zuckerrübe** F BOT remolacha *f* azucarera; **Zuckersäure** F CHEM ácido *m* sacárico; **Zuckerschlecken** → Zuckerlecken; **Zuckerschote** F *reg* → Zuckererbse; **Zuckerspiegel** M MED *des Blutes*: glucemia *f*, glicemia *f*; **Zuckerstoffwechsel** M metabolismo *m* de los azúcares, glucometabolismo *m*; **Zuckerstreuer** M azucarero *m*

'zucker'süß ADJ 1 azucarado; muy dulce 2 *fig pej* (*übertrieben liebenswürdig*) meloso; empalagoso

'Zuckerwaren FPL dulces *mpl*; **Zuckerwasser** N ⟨~s⟩ agua *f* azucarada; **Zuckerwatte** F algodón *m* dulce (*od* de azúcar); **Zuckerwerk** N ⟨~(e)s⟩ dulces *mpl*; **Zuckerzange** F tenacillas *fpl* para azúcar

'Zuckung F ⟨~; ~en⟩ movimiento *m* brusco; sacudida *f*; (*Zusammenziehung*) contracción *f*; *krampfhafte*: espasmo *m*; convulsión *f*; palpitación *f*

'Zudecke F *reg* manta *f*

'zudecken A VT cubrir (**mit** con); tapar B VR **sich ~** cubrirse; *im Bett*: abrigarse, arroparse

zu'dem ADV *geh* además; fuera (*od* aparte) de eso

'zudenken VT ⟨*irr*⟩ *geh* **j-m etw ~** destinar a/c a (*od* para) alg; reservar a/c para alg; → *a.* zugedacht; **zudiktieren** VT ⟨*ohne* ge-⟩ *Strafe* imponer; infligir; **zudrehen** VT 1 *Hahn etc* cerrar 2 (*zuwenden*) **j-m das Gesicht ~** volver la cara hacia alg; **j-m den Rücken ~** volver la espalda a alg

'zudringlich ADJ importuno; impertinente; *umg* pesado; **~ werden** importunar; *Frauen gegenüber*: propasarse; **Zudringlichkeit** F ⟨~; ~en⟩ importunidad *f*; impertinencia *f*; pesadez *f*; indiscreción *f*; entrometimiento *m*

'zudrücken VT cerrar

'zueignen A VT *geh* (*widmen*) dedicar B VR JUR **sich etw ~** apropiarse de a/c; **Zueignung** F ⟨~; ~en⟩ 1 (*Widmung*) dedicatoria *f* 2 JUR apropiación *f*

'zueilen VI ⟨sn⟩ **auf j-n ~** correr hacia alg

zuei'nander ADV uno(s) con otro(s); uno(s) a otro(s) **seid nett ~** ¡sed amables (el uno con el otro)!

zuei'nanderfinden VI encontrarse; **zueinanderkommen** VI ⟨*irr* sn⟩ (ir a) reunirse; juntarse; **zueinanderpassen** VI, **zueinander passen** pegar

'zuerkennen VT ⟨*irr; ohne* ge-⟩ atribuir; otorgar; reconocer; JUR adjudicar; *Preis* conceder; otorgar; *Würde* conferir; *Strafe* imponer; **Zuerkennung** F ⟨~⟩ atribución *f*; otorgamiento *m*; adjudicación *f*; *e-s Preises*: concesión *f*; *e-r Strafe*: imposición *f*

zu'erst ADV 1 (*als Erster*) el primero; **er kam ~ an** fue el primero en llegar; *fig* **wer ~ kommt, mahlt ~** el primer venido, primer servido 2 (*an erster Stelle*) primero, primeramente, en primer lugar; (*vor allem*) ante todo; **~ etw tun** hacer primero a/c; empezar por hacer a/c 3 (*anfangs*) al principio

'zuerteilen VT ⟨*ohne* ge-⟩ adjudicar; **Zuerteilung** F ⟨~⟩ adjudicación *f*

'zufächeln VT **sich Luft ~** abanicarse

'zufahren VI ⟨*irr;* sn⟩ **auf j-n/etw ~** dirigirse (*od* ir en dirección) hacia alg/a/c; (*beschleunigen*) **fahr zu!** *umg* ¡dale!; ¡no te duermas!

'Zufahrt F ⟨~; ~en⟩ acceso *m*

'Zufahrtsstraße F vía *f* de acceso

'Zufall M ⟨~(e)s; ⁼e⟩ casualidad *f*; azar *m*, acaso *m*; (*Zusammentreffen*) coincidencia *f*; **glücklicher/unglücklicher ~** feliz/trágica coincidencia *f*; **reiner ~** por pura casualidad; **dem ~ überlassen** dejar al azar; **durch ~** por (pura) casualidad; **der ~ wollte es, dass** dio la casualidad que

'zufallen VI ⟨*irr;* sn⟩ 1 *Tür, Deckel* cerrarse de golpe; **die Augen fallen ihm zu** está cayéndose de sueño 2 *fig* **j-m ~** (*j-s Aufgabe sein*) incumbir a alg; ser de la incumbencia de alg; *Pflicht* tocar a alg 3 *durch Zuteilung*: **j-m ~** ser adjudicado a alg (*a. Preis*); *Erbschaft* recaer en alg

'zufällig A ADJ casual; accidental; fortuito; ocasional; *fachspr* aleatorio B ADV por casualidad; casualmente; fortuitamente; **rein ~** por pura casualidad; **~ j-n treffen** tropezar con alg, encontrarse con alg por casualidad; **er ging ~ vorüber** pasó por allí por casualidad

'zufälliger'weise ADV → zufällig B; **wenn ~ …** si por acaso …

'Zufälligkeit F ⟨~; ~en⟩ casualidad *f*; contingencia *f*

'Zufallsauswahl F selección *f* aleatoria (*od* al azar); **zufallsbedingt** ADJ aleatorio; fortuito; **Zufallsbekanntschaft** F conocido *m*, -a *f* por casualidad; **Zufallsstichprobe** F muestra *f* al azar (*od* aleatoria); **Zufallstor** M gol *m* de suerte; **Zufallstreffer** M acierto *m* fortuito; *Fußball*: gol *m* de suerte

'zufassen VI coger, agarrar; (*helfen*) echar una mano; *fig* aprovechar la ocasión

'zufliegen VI ⟨*irr;* sn⟩ 1 *umg Tür* cerrarse bruscamente (*od* de golpe) 2 **auf j-n/etw ~** volar en dirección a alg/a/c 3 **j-m ~** *Vogel* meterse en casa de alg; *fig* **es fliegt ihm alles zu** todo es fácil para él; lo coge (*umg* pesca) todo al vuelo; **ihr fliegen alle Herzen zu** se gana todas las simpatías

'zufließen VI ⟨*irr;* sn⟩ 1 *Fluss etc* fluir (*od* correr) hacia 2 *fig Gewinn etc* ser destinado a; **j-m etw ~ lassen** destinar a/c a alg

'Zuflucht F ⟨~⟩ 1 refugio *m*; asilo *m*; *vor Unwetter*: abrigo *m*; **bei j-m ~ suchen** *bzw* **finden** refugiarse en casa de alg; *fig* acogerse a la protección de alg 2 *fig* recurso *m*; **seine ~ zu etw nehmen** recurrir a a/c; acogerse a a/c

'Zufluchtshafen M puerto *m* de salvación (*od* de refugio); **Zufluchtsort** M, **Zufluchtsstätte** F *geh* refugio *m*; asilo *m*

'Zufluss M ⟨~es; ⁼e⟩ 1 afluencia *f* (*a. fig*); aflujo *m*; TECH admisión *f*, entrada *f* 2 GEOG (*Nebenfluss*) afluente *m*

'zuflüstern VT **j-m etw ~** decir a alg a/c al oído

zu'folge PRÄP (*dat*; NACHGESTELLT) 1 (*gemäß*) según; conforme a, en conformidad con; **neuesten Erkenntnissen ~** según los últimos avances; **einem Gerücht ~** se rumorea 2 (*kraft*) en virtud de

zu'frieden ADJ contento; (*zufriedengestellt*) satisfecho (**mit** con; de); (*angenehm berührt*) complacido; **nicht ~** descontento; insatisfecho; **~ sein mit** estar contento de (*od* con); contentarse con; **ich bin damit ~** me conformo; estoy de acuerdo

zu'friedengeben VR ⟨*irr*⟩ **sich mit etw ~** darse por satisfecho (*od* contento) con a/c; contentarse con a/c

Zu'friedenheit F ⟨~⟩ contento *m*; (*Befriedigung*) satisfacción *f*; **zu meiner ~** para (*od* a) mi satisfacción; **zu meiner vollen ~** a mi entera satisfacción; **zur vollen ~** a plena satisfacción

zu'friedenlassen VT ⟨*irr*⟩ **j-n ~** dejar en paz (*od* tranquilo) a alg

zu'friedenstellen VT, **zufrieden stellen** VT satisfacer; contentar; dejar satisfecho (*od* contento); complacer; **leicht/schwer zufriedenzustellen** fácil/difícil de contentar; contentadizo/descontentadizo

zu'friedenstellend, zufrieden stellend ADJ satisfactorio

'zufrieren VI ⟨*irr;* sn⟩ helarse (completamente)

'zufügen VT 1 **j-m etw ~** *Schaden, Verluste* causar (*od* ocasionar) a/c a alg; *Niederlage* infligir a/c a alg 2 (*hinzufügen*) añadir, agregar

'Zufuhr F ⟨~; ~en⟩ **1** TECH entrada *f*, alimentación *f*; METEO afluencia *f* **2** HANDEL *(Lieferung)* abastecimiento *m*; suministro *m*; *von Waren:* entrada *f*; **die ~ abschneiden** cortar el abastecimiento (*od* suministro)

'zuführen **A** VT **1** *Luft etc* llevar, conducir; TECH, ELEK *(beschicken)* alimentar con **2** *(liefern)* suministrar (*a.* TECH); abastecer; **j-m Nahrung ~** alimentar (*od* proveer de alimentos) a alg **3** **j-m eine Person ~** presentar a alg a una persona **4** *fig geh* **seiner Bestimmung ~** llevar a su destino; **j-n seiner Bestrafung ~** castigar a alg **B** VI **auf etw** *(acus)* **~** *Straße etc* llevar (*od* conducir) a a/c

'zuführend ADJ TECH, ELEK conductor; ANAT aferente; **Zuführung** F ⟨~; ~en⟩ **1** TECH, ELEK alimentación *f*; *(Zuleitung)* conducción *f* **2** HANDEL abastecimiento *m*; suministro *m*

'Zuführungsdraht M ELEK hilo *m* conductor; **Zuführungskabel** N cable *m* de alimentación; **Zuführungsleitung** F tubería *f* de entrada; **Zuführungsrohr** N tubo *m* de alimentación (*od* conductor)

'zufüllen VT **1** *(hinzufügen)* añadir **2** *(zuschütten)* llenar, colmar

Zug[1] M ⟨~(e)s; Züge⟩ **1** BAHN tren *m*; **durchgehender ~** tren *m* directo; **zuschlagpflichtiger ~** tren *m* con suplemento (obligatorio); **der ~ aus Sevilla** el tren (proveniente) de Sevilla; **der ~ nach Toledo** el tren a Toledo; **mit dem ~ fahren** ir (*od* viajar) en tren; *umg fig* **der ~ ist abgefahren** ya pasó el momento; *umg fig* **im falschen ~ sitzen** estar equivocado **2** *von Personen:* fila *f*; MIL *(Einheit)* sección *f*, *kleiner:* pelotón *m*; *v. Fahrzeugen, Schiffen:* convoy *m*; *(Gruppe von Vögeln)* bandada *f* **3** *(Festzug)* cortejo *m*, REL procesión *f*; *(Umzug)* desfile *m*; *(Demonstrationszug)* manifestación *f* **4** *(Marsch)* marcha *f* (**durch** por; a través de); MIL *(Feldzug)* expedición *f*; *v. Zugvögeln:* migración *f*, paso *m*; *v. Wolken:* paso *m*; *(Luftzug)* corriente *f* (de aire) **5** *(Ziehen)* tirada *f*, tiro *m*; *im Ofen:* tiro *m*; TECH tracción *f*; *(Ruck)* tirón *m* (*a. Gewichtheben*); *beim Schwimmen:* brazada *f*; **der Kamin hat keinen ~** la chimenea no tira; *fig* **da ist kein ~** *(Schwung)* **drin** *umg* ahí falta nervio; **im besten ~e sein** estar en plena actividad; *umg* ir viento en popa; *adv* **im ~e** *(gen)* en el curso de; **im ~e der Neugestaltung** en el curso de la reorganización **6** *(Charakterzug)* rasgo *m* (característico); *(Gesichtszug)* rasgo *m*; *pl zssgn* facciones *konj*; *(Neigung, Hang)* inclinación *f* (**zu** a), tendencia *f* (**zu** a); **ein ~ unserer Zeit** una corriente de nuestra época; **das war kein schöner ~ von ihm** no fue muy amable de su parte; *fig* **in groben** *od* **großen Zügen** a grandes rasgos; en líneas generales **7** *beim Spiel:* jugada *f*, movimiento *m*; **jetzt sind Sie am ~** usted juega, *umg* le toca a usted; *fig* **~ um ~** sin interrupción; *(sofort)* en seguida, enseguida; *fig* **zum ~e kommen** entrar en acción (*od* en juego); *fig* **nicht zum ~e kommen** no tener ocasión de hacer a/c (*od* de intervenir en a/c); *fig* **j-n nicht zum ~e kommen lassen** no dejar a alg entrar en juego (*od* dar pie con bola *od* intervenir) **8** *(Schluck)* trago *m*; **einen (kräftigen) ~ tun** echar un (buen) trago; **einen guten ~ haben** *umg* tener buen saque; **in einem ~ leeren** terminar de un trago; *a. fig* **in einem ~** *od* **auf einen ~** de un tirón; de un golpe; **in langen Zügen trinken** beber a grandes tragos; *fig* **in kurzen Zügen** en pocas palabras **9** *(Atemzug)* aliento *m*; *beim Rauchen:* calada *f*, chupada *f*; **in den letzten Zügen liegen** *(sterben)* estar agonizando; *fig bei der Arbeit:* estar terminando; **in vollen Zügen (ein)atmen** respirar a pleno pulmón; *fig* **etw in vollen Zügen genießen** disfrutar a fondo (*od* plenamente) de a/c **10** *(Griff)* tirador *m*; MUS *(Posaunenzug)* vara *f*; *(Orgelzug)* registro *m*; *(Gummizug)* elástico *m*; *an Feuerwaffen:* rayado *m* **11** SCHULE *(Zweig)* sección *f*

Zug[2] N ⟨~s⟩ GEOG Zug *m*

'Zugabe F ⟨~; ~n⟩ **1** THEAT, MUS *etc:* bis *m*, adición *f* (*od* añadido *m*) al programa; **~!** ¡otra!; **eine ~ spielen** dar un bis **2** HANDEL prima *f*, regalo *m*; suplemento *m*; extra *m*, plus *m* **3** *(Hinzufügen)* añadidura *f*; aditamento *m*

'Zugang M ⟨~(e)s; ~̈e⟩ **1** *(Eingang, Eingangsweg, Zutritt)* acceso *m* (**zu** a) (*a. fig*); *(Tür)* entrada *f*; paso *m*; *(Weg)* camino *m* de acceso; **freier ~** libre acceso; **~ finden/haben** hallar/tener acceso (**zu** a); **~ zu j-m haben** tener acceso a alg **2** HANDEL entrada *f*; ingreso *m*; *(Warenzugang)* llegada *f*; *in e-r Bücherei:* libros *mpl* recibidos

'zugänglich ADJ accesible (**für** a) (*a. fig*); *Person* tratable; afable; abordable; *e-m Rat etc:* abierto a; **allgemein ~** asequible a todos; al alcance de todos; **der Allgemeinheit ~** abierto al público; **leicht/schwer ~** de fácil/difícil acceso (*a. fig*); **der breiten Öffentlichkeit ~ machen** poner al alcance de todos; vulgarizar; popularizar

'Zugänglichkeit F ⟨~⟩ accesibilidad *f*; asequibilidad *f*

'Zugangskontrolle F control *m* de acceso; **Zugangsweg** M (camino *m* de) acceso *m*

'Zugartikel M HANDEL artículo *m* de gran aceptación; **Zugbalken** M ARCH, **Zugband** N tirante *m*; **Zugbeanspruchung** F TECH esfuerzo *m* de tracción; **Zugbrücke** F puente *m* levadizo; **Zugdichte** F BAHN frecuencia *f* de (los) trenes; densidad *f* de tráfico ferroviario

'zugeben VT ⟨irr⟩ **1** *(eingestehen)* confesar; reconocer; *(einräumen)* conceder; admitir; **zugegeben, dass** hay que admitir que **2** *(hinzufügen)* añadir; agregar; HANDEL dar de más, dar encima, dar de añadidura (*od* de añadido) **3** THEAT, MUS **etwas ~** dar un bis

'zugedacht PPERF *geh* **j-m ~ sein** *Sache* estar destinado a (*od* para) alg

zu'gegen ADV *geh* **bei etw ~ sein** estar presente en a/c, asistir a a/c

'zugehen ⟨irr; sn⟩ **A** VI **1** *umg (sich schließen) Tür, Koffer, Knopf* cerrar(se) **2** *(sich nähern)* **auf j-n/etw ~** acercarse a alg/a a/c; dirigirse a alg/a a/c; ir hacia alg/a/c; **dem Ende ~** acercarse al fin; estar a punto de terminar; tocar a su fin **3** VERW *(zuschicken)* **j-m etw ~ lassen** enviar (*od* remitir) a/c a alg **B** V/UNPERS **1** **es geht dem** *od* **auf den Sommer zu** el verano está cerca **2** *(geschehen)* ocurrir, pasar, suceder; **wie ist das zugegangen?** ¿cómo ha sido eso?; ¿cómo ha ocurrido eso?; **wie geht es zu, dass ...?** ¿cómo es posible que *(subj)*? **3** *mit adv:* **hier geht es lebhaft zu** aquí hay mucha animación; **es ging sehr lustig zu** fue muy divertido

'Zugehfrau F *reg* mujer *f* de la limpieza (*od* de faenas); asistenta *f*

'zugehören VI ⟨irr⟩ **j-m/einer Sache ~** pertenecer a alg/a a/c; ser de alg/a/c; **einer Sache ~** *a.* formar parte de a/c

'zugehörig ADJ **~ (zu)** *(dat)* **1** *e-r Person:* que pertenece a; perteneciente a; POL afiliado a **2** *e-r Sache: (eigen)* inherente a; *(begleitend)* anejo a, anexo a; **Zugehörigkeit** F ⟨~; ~en⟩ pertinencia *f* (**zu** a); *zu e-m Verein, e-r Partei:* afiliación *f*

'zugeknöpft ADJ **1** → zuknöpfen **2** *fig* huraño; reservado; poco comunicativo; **~ sein** no soltar prenda

'Zügel M ⟨~s; ~⟩ rienda *f* (*a. fig*); brida *f*; freno *m* (*a. fig*); **die ~ anlegen** embridar, poner la brida (a); *fig* poner freno (a); *a. fig* **die ~ in der Hand haben** llevar (*od* tener) las riendas; *a. fig* **die ~ in die Hand nehmen** tomar (*od* coger) las riendas; *fig* **die ~ fest in der Hand haben** tener la sartén por el mango; **die ~ kurz halten** sujetar la rienda; *fig* atar corto; *a. fig* **die ~ lockern** (*od* **schleifen lassen**) aflojar las riendas *a. fig*; **die ~ schießen lassen** soltar las riendas; *fig a.* dar rienda suelta (a); **am ~ führen** llevar de la rienda; *fig* **j-m in die ~ fallen** poner freno a alg, refrenar a alg

'zügellos **A** ADJ **1** *Pferd* sin rienda(s) **2** *fig Leidenschaft, Leben* desenfrenado, desencadenado; *(ausschweifend)* licencioso, disoluto **B** ADV a rienda suelta; **Zügellosigkeit** F ⟨~; ~en⟩ **1** *Verhalten:* desenfreno *m* **2** *Zustand:* licencia *f*, libertinaje *m*

'zügeln **A** VT **1** *Pferd* tirar de las riendas, refrenar **2** *fig Gefühle* (re)frenar; contener; poner freno a **B** VI *schweiz (umziehen)* mudarse (de casa)

'Zugereiste M/F ⟨~n; ~n; → A⟩ advenedizo, -a *m/f*; forastero *m*, -a *f*

'zugesellen VR ⟨ohne ge-⟩ **sich ~** agregarse; **sich j-m ~** unirse a alg; juntarse a alg; *(sich zusammentun)* asociarse con alg

'zugestandener'maßen ADV manifiestamente; **wir hätten ~ schneller arbeiten müssen, aber...** hay que admitir que deberíamos haber trabajado más rápido, pero...

'Zugeständnis N ⟨~ses; ~se⟩ concesión *f*; **j-m ~se machen** hacer concesiones a alg

'zugestehen VT ⟨irr; ohne ge-⟩ *(bewilligen)* conceder; *(einräumen)* admitir; **j-m etw ~** conceder a/c a alg

'zugetan ADJ *geh* afecto a; adicto a; aficionado a; **j-m ~ sein** tener afecto (*od* cariño) a alg; sentir simpatía por alg

'Zugewinn M JUR bienes *mpl* gananciales; ganancias *fpl*; **Zugewinngemeinschaft** F JUR *in der Ehe:* régimen *m* de gananciales

'Zugfeder F TECH muelle *m* de tensión (*od* de tracción); **Zugfestigkeit** F TECH resistencia *f* a la tracción; **Zugfolge** F BAHN frecuencia *f* de los trenes; **Zugführer** M **1** BAHN jefe *m* de tren **2** MIL cabo *m* de sección; **Zuggriff** M tirador *m*; **Zughaken** M BAHN gancho *m* de tracción

'zugießen VT ⟨irr⟩ añadir, echar más

'zugig ADJ expuesto a las corrientes de aire

'zügig **A** ADJ *(schnell)* rápido; *(leicht, ungehindert)* fácil; *Stil, Verkehr* fluido; *(ununterbrochen)* ininterrumpido **B** ADV *(schnell)* a buen paso; *(leicht)* con soltura; *(ungehindert)* sin dificultad; *(ununterbrochen)* seguidamente, sin interrupción; **Zügigkeit** F ⟨~⟩ rapidez *f*; *des Verkehrs:* fluidez *f*

'Zugkette F TECH cadena *f* de tracción; **Zugklappe** F *am Schornstein:* registro *m*; **Zugkraft** F TECH fuerza *f* de tracción; *fig* fuerza *f* atractiva (*od* de atracción); atractivo *m*, *umg* gancho *m*, garra *f*; **zugkräftig** ADJ *fig* atractivo; que atrae al público; HANDEL de gran venta (*bzw* aceptación); THEAT, FILM de mucho éxito, taquillero

zu'gleich ADV al mismo tiempo; a la vez; simultáneamente; **alle ~** todos a la vez, todos a una; **~ mit mir** al mismo tiempo que yo

'Zugleine F cuerda *f* de tracción (*od* de tiro); *am Wagen:* tirante *m*; *(Schleppseil)* cable *m* de remolque; **Zugleistung** F potencia *f* de tracción; **Zugluft** F corriente *f* de aire; **Zugmaschine** F tractor *m*; **Zugmeldedienst** M BAHN servicio *m* de señalización; **Zugmeldewesen** N BAHN (sistema *m* de) señalización *f* ferroviaria; **Zugmittel** N *fig* atractivo *m*; aliciente *m*; reclamo *m*; *umg* gancho *m*; **Zugnummer** F **1** BAHN número *m* de tren **2** THEAT, *fig* atracción *f* (del programa); *umg* plato *m* fuerte; **Zugochse** M buey *m* de labor (*od* de tiro); **Zugpersonal** N BAHN personal *m* del tren; **Zugpferd** N caballo *m* de tiro; *fig* atracción *f*; **Zugpflaster** N MED vejigatorio *m*; emplasto *m* vesicante (*od* epispástico); **Zugposaune** F MUS trombón *m* de varas; **Zugregler** M TECH *für Feuerungen*: regulador *m* de tiro

'zugreifen VI ‹irr› **1** coger, *Am nur* agarrar; *helfend*: echar una mano **2** *bei Tisch*: servirse **3** *fig* (*die Gelegenheit ergreifen*) aprovechar la ocasión (*od* la oportunidad); **mit beiden Händen ~** no hacerse (de) rogar **4** IT **auf Daten** *etc* **~** acceder a datos, *etc* **5** *Polizei* intervenir; (*e-e Verhaftung vornehmen*) arrestar, detener

'Zugriemen M TECH correa *f* de tracción; *am Wagen*: tirante *m*

'Zugriff M ‹~(e)s; ~e› **1** (*Ergreifen*) toma *f*; asimiento *m* **2** (*Einschreiten*) intervención *f*; **sich dem ~ der Polizei entziehen** escapar a la detención; sustraerse a la captura **3** (*Zugang*), IT acceso *m* (**auf** *acus* a)

'zugriffsberechtigt ADJ IT con autorización (*od* con derecho) de acceso; **Zugriffsberechtigung** F IT autorización *f* de acceso

'Zugriffscode M IT código *m* de acceso; **Zugriffsgeschwindigkeit** F IT velocidad *f* de acceso; **Zugriffsmöglichkeit** F IT posibilidad *f* de acceso; **Zugriffszeit** F IT tiempo *m* (*od* duración *f*) de acceso, espera *f* (*od* ciclo *m*) de memoria

zu'grunde, zu Grunde ADV **1** **etw (einer Sache** *dat*) **~ legen** tomar a/c como base (de a/c); (**einer Sache** *dat*) **~ liegen** servir de base (a a/c); motivar (a a/c); **~ liegend** que sirve de base; que motiva **2** *fig* **~ gehen** *Mensch* perecer; arruinarse, ir a la ruina; *Kultur* perderse; **~ richten** echar a perder; arruinar; destruir; **sich ~ richten** arruinarse; ir a su ruina

Zu'grundelegung F **unter ~** (*gen od* **von**) tomando por base

'Zugsalbe F MED ungüento *m* vesicante

'Zugschaffner M, **Zugschaffnerin** F BAHN revisor *m*, -a *f*

'Zugschalter M ELEK interruptor *m* de cordón; **Zugseil** N cable *m* de tracción; **Zugstange** F TECH tirante *m*; BAHN barra *f* de tracción; **Zugstück** N THEAT éxito *m* de taquilla; pieza *f* taquillera; **Zugtier** N animal *m* de tiro (*od* bestia *f* de tracción)

'zugucken VI *umg* → zuschauen

'Zugunglück N accidente *m* ferroviario

zu'gunsten, zu Gunsten PRÄP (*gen*) *u.* ADV **~ von** a (*od* en) favor de; en beneficio de

zu'gutehalten VT ‹irr› **j-m etw ~** tener en cuenta a/c a alg; **zugutekommen** VI ‹irr sn› **j-m ~** servir a alg; favorecer (*od* beneficiar) a alg; **zugutetun** VR ‹irr› **sich etwas ~ auf** (*acus*) presumir (*od* hacer alarde) de a/c

'Zugverbindung F BAHN comunicación *f* ferroviaria; enlace *m* (de trenes); **Zugverkehr** M BAHN tráfico *m* ferroviario; servicio *m* de trenes; **Zugvogel** M ave *f* migratoria (*od* de paso); **Zugzwang** M **in ~ geraten** verse obligado a actuar

'zuhaben VI *Geschäft etc* tener cerrado; **zuhaken** VT abrochar

'zuhalten ‹irr› **A** VT *Tür* (man)tener cerrado (*od* tapado); cubrir (*od* tapar) con la mano; **j-m den Mund ~** tapar a alg la boca; **sich** (*dat*) **die Ohren/die Nase ~** taparse los oídos/la nariz **B** VI **~ auf** (*acus*) hacer rumbo a; dirigirse hacia

'Zuhälter M ‹~s; ~› proxeneta *m*; *umg* chulo *m*

Zuhälte'rei F ‹~› proxenetismo *m*

'Zuhälterin F ‹~; ~nen› proxeneta *f*

'Zuhaltung F ‹~; ~en› *am Schloss*: gacheta *f*

'zuhängen VT ‹irr› cubrir con una cortina; encortinar; **zuhauen** ‹irr› **A** VT (*behauen*) *Holz* desbastar; *Stein* labrar, tallar **B** VI (*schlagen*) pegar (fuerte); *blindlings*: dar palos de ciego

zu'hauf ADV a montones; en masa

zu'hause ADV, **zu Haus** ADV, **zu Hause** ADV **1** en casa; **~ bleiben** quedarse en casa; **~ sein** estar en casa; **viel ~ hocken** ser muy casero; **von ~ kommen** venir de casa; **bei mir ~** en mi casa; (*in meiner Heimat*) en mi país; en mi tierra; **tun Sie, als ob Sie ~ wären!** *od* **fühlen Sie sich wie ~!** está usted en su casa; *umg* ¡póngase cómodo! **2** (*wohnhaft*) **~ in** (*dat*) domiciliado en; **wo sind Sie ~?** ¿de dónde es usted? **3** *fig* **in etw** (*dat*) **~ sein** estar familiarizado con, ser versado en a/c; *fig* **er ist in dieser Sprache ~** ese idioma le es familiar

Zu'hause N ‹~› hogar *m*; casa *f*; **mein neues ~** mi nueva casa

'zuheilen VI ‹sn› MED curar(se); cerrarse; (*vernarben*) cicatrizarse

Zu'hilfenahme F ‹~› **unter ~ von** valiéndose de; con ayuda de; **ohne ~ von** sin valerse de; sin recurrir a

zu'hinterst ADV en último lugar; en el fondo

'zuhören VI escuchar (**j-m** a alg; **einer Sache** a/c); **~ können** saber escuchar; **hör mal zu!** ¡escucha!; *umg drohend*: **jetzt hör mir mal gut zu!** ¡escucha bien!, ¡escúchame!

'Zuhörer M ‹~s; ~›, **Zuhörerin** F ‹~; ~nen› oyente *m/f*; **Zuhörerraum** M auditorio *m*; **Zuhörerschaft** F ‹~› audiencia *f*

zu'innerst ADV en lo más hondo (*od* íntimo) de su ser

'zujauchzen VI, **zujubeln** VI aclamar, vitorear, ovacionar (**j-m** a alg); **zukaufen** VT comprar además (**zu** de)

'zukehren VT volver hacia; **j-m das Gesicht ~** volver la cara hacia alg; **j-m den Rücken ~** volver la espalda a alg

'zuklappen **A** VT *Deckel, Wagentür* cerrar de golpe **B** VI *Deckel, Wagentür* cerrarse de golpe; **zukleben** VT pegar; *Umschlag a.* cerrar; **zuklinken** VT cerrar con picaporte; **zuknallen** VT cerrar de golpe; *Tür a.* dar un portazo a; **zuknöpfen** VT abotonar, abrochar

'zukommen VI ‹irr; sn› **1** **auf j-n ~** ir hacia alg; ir al encuentro de alg; acercarse a alg; (*j-m bevorstehen*) esperar a alg; **etw auf sich** (*acus*) **~ lassen** esperar con calma a/c; **die Dinge auf sich** (*acus*) **~ lassen** dejar venir las cosas **2** *geh* **j-m etw ~ lassen** hacer llegar a/c a alg; procurar (*od* proporcionar) a/c a alg; (*zusenden*) enviar a/c a alg; (*schenken*) dar (*od* regalar) a/c a alg **3** **j-m ~** (*gebühren*) corresponder a alg; (*zuteil werden*) caer en suerte a alg, tocar a alg; **das kommt ihm nicht zu** no tiene derecho a eso; no es de su competencia (*bzw* incumbencia)

'zukorken VT encorchar; **zukriegen** VT *umg* → zubekommen

'Zukunft F ‹~› futuro *m* (*a.* GRAM), porvenir *m*; **die ~ wird es lehren** el tiempo lo dirá; **in ~** en el futuro; (*von jetzt ab*) en lo sucesivo; (de ahora) en adelante; **in naher/ferner ~** en un futuro próximo/lejano; **ein Mann mit ~** un hombre de porvenir (*od* que promete); **~ haben** tener porvenir; **Beruf** *m* **mit ~** profesión *f* con futuro

'zukünftig **A** ADJ futuro; venidero; *umg* **meine Zukünftige** mi futura (esposa); **mein Zukünftiger** mi futuro (esposo) **B** ADV → (*in*) Zukunft

'Zukunftsaussichten FPL perspectivas *fpl* del futuro; **Zukunftsbranche** F ramo *m*, sector *m* con futuro; **Zukunftsforscher** M, **Zukunftsforscherin** F futurólogo *m*, -a *f*; **Zukunftsforschung** F futurología *f*; **Zukunftsmarkt** M mercado *m* del (*od* con) futuro; **Zukunftsmusik** F ‹~› *fig* música *f* del futuro; **Zukunftspläne** MPL planes *mpl* para el futuro; **zukunftsreich** ADJ → zukunftsträchtig; **Zukunftsroman** M *obs* novela *f* de ciencia ficción; **zukunftsträchtig** ADJ de gran porvenir; prometedor; **~ sein** tener un buen futuro, ser prometedor

'zulächeln VI **j-m ~** sonreír a alg

'Zulage F ‹~; ~n› (*Erhöhung*) aumento *m*; (*Gefahrenzulage, Schmutzzulage*) suplemento *m*; plus *m*; extra *m* (**für** por)

'zulangen VI *umg* **1** *bei Tisch*: servirse; **tüchtig ~** hacer honor a la comida; *umg* tener buen saque **2** *reg* (*genügen*) bastar, ser suficiente; alcanzar

'zulänglich ADJ *geh* suficiente; **Zulänglichkeit** F ‹~; ~en› *geh* suficiencia *f*

'zulassen[1] VT ‹irr› **1** *Person* admitir (*a. Zweifel, Deutung etc*); **zu einer Prüfung (wieder) ~** (re)admitir a examen **2** (*gestatten*) permitir; (*dulden*) tolerar, consentir; **eine Ausnahme ~** permitir una excepción **3** VERW, *beruflich*: autorizar; **als Anwalt ~** autorizar a ejercer como abogado **4** AUTO autorizar la circulación; (*anmelden*) matricular; **auf j-s Namen** (*acus*) **zugelassen sein** estar matriculado a nombre de alg

'zulassen[2] VT ‹irr› *Tür etc* dejar cerrado

'zulässig ADJ **1** admisible, permisible; permitido; JUR lícito; (*erlaubt*) autorizado; (*duldbar*) tolerable **2** TECH **~e Belastung** carga *f* admisible; **~es Höchstgewicht** peso *m* máximo autorizado

'Zulässigkeit F ‹~› admisibilidad *f*; JUR licitud *f*

'Zulassung F ‹~; ~en› **1** admisión *f* (*a. zum Studium, zur Börse, zur Universität, etc*) **2** **~ als Anwalt** permiso *m* (*od* autorización *f*) para ejercer como abogado **3** VERW, AUTO permiso *m* de circulación; (*Anmeldung*) matriculación *f*

'Zulassungsantrag M solicitud *f* de admisión; **Zulassungsbedingungen** FPL condiciones *fpl* de admisión; **Zulassungsnummer** F AUTO (número *m* de) matrícula *f*; **Zulassungsprüfung** F examen *m* (*od* prueba *f*) de admisión; **Zulassungsschein** M AUTO permiso *m* de circulación; **Zulassungsstelle** F AUTO matriculación *f*; matriculaciones *fpl*

zu'lasten, zu Lasten PRÄP (*gen*) *u.* ADV **~ von** a cargo de; WIRTSCH a cuenta de; **~ j-s** *od* **von j-m gehen** ir a cargo (*bzw* a cuenta) de alg; correr por cuenta de alg

'Zulauf M ‹~(e)s› afluencia *f*; concurso *m*; concurrencia *f*; **großen ~ haben** *Arzt* tener muchos pacientes; *Anwalt* tener muchos mandantes (*od* clientes); tener numerosa clientela; *Veranstaltung* estar muy concurrido; tener mucho público; *Geschäft* tener mucha clientela; THEAT *etc* atraer al público; *Redner* tener gran auditorio

'zulaufen VI ‹irr; sn› **1** *Wasser in ein Becken*: afluir, correr **2** (*enden*) **spitz ~** acabar (*od* terminar *od* rematar) en punta **3** **auf j-n ~** correr hacia alg **4** **zugelaufener Hund** perro *m* extraviado; **uns ist ein Hund zugelaufen** se nos metió un perro en casa **5** *umg* **lauf zu!** ¡date prisa!

'zulegen **A** VT **1** *umg* (*hinzufügen*) agregar, añadir **2** *umg* **sich** (*dat*) **etw ~** comprarse a/c; **sich** (*dat*) **eine Geliebte/einen Geliebten ~** *umg* echarse una querida/un amante; **sich** (*dat*) **einen Bart ~** dejarse (la) barba **3** (*bedecken*) tapar; cubrir (**mit** con) **B** VI (*zunehmen*) WIRTSCH aumentar, incrementarse;

an Gewicht ~ engordar; an Tempo ~ pisar el acelerador, meter caña

zu'leide, zu Leide ADV j-m etw ~ tun hacer daño (*bzw* mal) a alg; j-m nichts ~ tun no hacer daño (*bzw* mal) a alg

'zuleiten V/T 1 *Wasser, Strom* llevar, conducir; TECH (*beschicken*) alimentar 2 (*zukommen lassen*) enviar, remitir; j-m etw ~ transmitir a/c a alg

'Zuleitung F ⟨~; ~en⟩ 1 TECH alimentación *f*; *von Wasser*: conducción *f* (*a.* TECH); envío *m*; transmisión *f* 2 (*Rohr*) tubo *m* (*bzw* tubería *f*) de alimentación

'Zuleitungsdraht M ELEK hilo *m* conductor; **Zuleitungskabel** N ELEK cable *m* de alimentación (*bzw* conductor); **Zuleitungsrohr** N tubo *m* conductor (*bzw* de alimentación)

'zulernen V/T *umg* aprender además (*bzw* algo nuevo)

zu'letzt ADV 1 (*als Letzter*) el último; er kommt immer ~ siempre llega el último 2 (*an letzter Stelle*) en último lugar, último; nicht ~ no en último término 3 (*zum Schluss*) finalmente, por último; por fin; al fin (y al cabo); bis ~ hasta el final; immer an sich selbst ~ denken pensar siempre en los demás antes que en uno mismo 4 *umg* (*zum letzten Mal*) por última vez; als ich ihn ~ sah cuando le vi la última vez

zu'liebe ADV j-m/einer Sache ~ por amor a alg/a a/c; por complacer a alg/a a/c; tun Sie es mir ~ hágalo por mí

'Zulieferbetrieb M proveedor *m*, suministrador *m*; **Zulieferer** M ⟨~s; ~⟩ abastecedor *m*; proveedor *m*; subcontratista *m*; **Zulieferindustrie** F industria *f* suministradora

'zuliefern V/T abastecer; proveer; **Zulieferung** F ⟨~; ~en⟩ abastecimiento *m*; provisión *f*

'Zulu M ⟨~(s); ~(s)⟩, F ⟨~; ~(s)⟩ zulú *m/f*

zum = zu dem → zu[1]

'zumachen A V/T cerrar; *Loch* tapar; *Jacke etc* abotonar, abrochar; kein Auge ~ no pegar ojo B V/I 1 *Geschäft* cerrar 2 *umg* (*sich beeilen*) darse prisa

zu'mal A ADV (*besonders*) sobre todo B KONJ (*vor allem weil*) especialmente, porque; ~ da cuanto más que

'zumauern V/T tapiar; *Tür, Fenster a.* condenar

zu'meist ADV la mayoría de las veces, las más (de las) veces; en la mayoría de los casos; casi siempre; en general

'zumessen V/T ⟨*irr*⟩ *geh* medir; *Frist* fijar, señalar; *Strafe* imponer, infligir; j-m seinen Teil ~ dar (*od* asignar) a alg lo que le corresponde

zu'mindest ADV por lo menos; al menos; cuando menos

'zumutbar ADJ razonable; que se puede exigir (perfectamente); **Zumutbarkeit** F ⟨~⟩ exigibilidad *f*; bis an die Grenzen der ~ hasta el límite de lo que es exigible (*od* de lo razonable); **Zumutbarkeitskriterium** N criterio *m* de exigibilidad

zu'mute, zu Mute ADV mir ist (nicht) wohl ~ (no) me siento muy bien; wie ist Ihnen ~? ¿cómo se siente usted?; mir ist nicht danach ~ no estoy de humor para eso; mir ist nicht zum Lachen ~ no estoy para bromas; ihr könnt euch denken, wie mir ~ war os podéis imaginar cómo me sentía

'zumuten V/T j-m etw ~ exigir a/c de alg; exigir a/c a alg; j-m zu viel ~ pedir demasiado a alg; sich zu viel ~ excederse; *umg* meterse en camisa once varas

'Zumutung F ⟨~; ~en⟩ exigencia *f* desconsiderada (*od* exagerada); (*Unverschämtheit*) atrevimiento *m*, *umg* frescura *f*; dieses Essen ist eine ~ esta comida es imposible *od* incomible

zu'nächst A PRÄP (*dat*) muy cerca de; ~ gelegen inmediato a; próximo a B ADV (*zuerst*) ante todo; primero; en primer lugar; (*vorläufig*) de momento, por el momento; por ahora

'zunageln V/T clavar; **zunähen** V/T coser; (*stopfen*) zurcir

'Zunahme F ⟨~; ~n⟩ aumento *m*; *Gewicht*: incremento *m*; crecimiento *m*; (*Anstieg*) subida *f*

'Zuname M ⟨~; ~n⟩ apellido *m*; (*Beiname*) sobrenombre *m*; (*Spitzname*) apodo *m*, mote *m*

'Zündblättchen N fulminante *m* de papel; **Zündeinstellung** F ajuste *m* del encendido

'zündeln V/I jugar con fuego

'zünden A V/I *Funke* prender; (*entflammen*) inflamarse, encenderse; *Motor* hacer explosión; *fig* enardecer, entusiasmar, electrizar B V/T encender; inflamar; *Bombe etc* hacer explotar; **zündend** ADJ *fig Rede, Worte, Idee* brillante; vibrante; enardecedor; *Rhythmus* excitante

'Zunder M ⟨~s; ~⟩ 1 yesca *f*; MIL *sl* fuego *m* cerrado; wie ~ brennen arder como la paja 2 *umg fig* es wird ~ geben! *umg* habrá hule (*od* leña); j-m ~ geben (*j-n verprügeln*) dar una paliza a alg; dar duro a alg; (*j-n antreiben*) *umg* meter prisa a alg

'Zünder M ⟨~s; ~⟩ (*Lunte*) mecha *f*; MIL espoleta *f*; *für Sprengstoff*: fulminante *m*; detonador *m*

'Zündflamme F piloto *m*; **Zündfolge** F orden *m* de encendido; **Zündfunke** M chispa *f* de encendido; **Zündholz** N, **Zündhölzchen** N cerilla *f*, fósforo *m*; **Zündholzschachtel** F caja *f* de cerillas; **Zündhütchen** N pistón *m*; fulminante *m*; **Zündkabel** N cable *m* de encendido; **Zündkapsel** F detonador *m*; (cápsula *f*) fulminante *m*; **Zündkerze** F AUTO bujía *f*; **Zündloch** N MIL fogón *m* (de cañón); **Zündmagnet** M magneto *f* (de encendido); **Zündpunkt** M → Zündzeitpunkt; **Zündschalter** M interruptor *m* de encendido; **Zündschloss** N AUTO contacto *m*; **Zündschlüssel** M AUTO llave *f* de contacto; den ~ abziehen quitar el contacto; **Zündschnur** F mecha *f*; **Zündspule** F AUTO bobina *f* de encendido; **Zündstoff** M 1 materia *f* inflamable 2 *fig* causa *f* de la discordia; motivo *m* de conflicto; **Zündung** F ⟨~; ~en⟩ encendido *m*; ignición *f*; **Zündverteiler** M AUTO distribuidor *m* de encendido; **Zündvorrichtung** F dispositivo *m* de encendido

'Zündzeitpunkt M AUTO punto *m* de encendido (*od* de ignición); **Zündzeitpunkteinstellung** F AUTO ajuste *m* del punto de encendido

'zunehmen ⟨*irr*⟩ A V/I 1 aumentar (an *acus* de); acrecentarse, ir en aumento, incrementarse; (*sich verstärken*) intensificarse (*a. Verkehr*); *Mond, Hochwasser* crecer; *Wind* arreciar; *Übel* agravarse; empeorar; die Tage/Nächte nehmen zu los días/las noches se van alargando; an Alter ~ avanzar en edad; an Wert ~ aumentar de valor; an Zahl ~ aumentar en número 2 (*dicker werden*) *Person* aumentar de peso; engordar B V/T 1 *an Gewicht*: drei Kilo ~ engordar tres kilos 2 *beim Stricken*: aumentar

'zunehmend A ADJ creciente; (*fortschreitend*) progresivo; ~er Mond luna *f* (*od* cuarto *m*) creciente; wir haben ~en Mond la luna está en creciente; in ~em Maße cada vez más; mit ~em Alter con los años; a medida que avanzan (*od* pasan) los años B ADV es wird ~ dunkler va oscureciendo (cada vez más); es wird ~ kälter hace cada vez más frío

'zuneigen A V/I einer Sache (*dat*) ~ inclinar hacia a/c; ich neige der Ansicht zu ... me inclinaría por creer ..., pensaría... B V/R sich ~ inclinarse hacia (*a. fig*); sich dem Ende ~ ir acabando; tocar a su fin; declinar; der Tag neigte sich dem Ende zu declinaba la tarde; sich j-m ~ inclinarse hacia alg

'Zuneigung F ⟨~; ~en⟩ afecto *m* (für por; zu a *od* hacia); simpatía *f*; cariño *m*; ~ zu j-m fassen tomar cariño a alg; sentir simpatía hacia alg

Zunft F ⟨~; Zünfte⟩ HIST gremio *m*; corporación *f* (de artesanos); *fig pej* pandilla *f*; von der ~ sein ser del oficio

'Zunftgeist M *obs* espíritu *m* de cuerpo; **zunftgemäß** ADJ HIST gremial, del gremio; **Zunftgenosse** M HIST gremial *m*

'zünftig A ADJ 1 *umg Lokal* bueno, auténtico; *Kleidung* adecuado; (*echt*) verdadero, castizo, *umg* como es debido; ein ~er Schluck un buen trago 2 *obs* (*kunstgerecht*) competente; experto B ADV *umg* ~ feiern celebrarlo por todo lo alto; *umg* j-n ~ verprügeln propinar a alg una soberana paliza

'Zunftwesen N ⟨~s⟩ HIST régimen *m* gremial

'Zunge F ⟨~; ~n⟩ 1 ANAT *u. fig* lengua *f*; eine feine ~ haben tener un paladar muy fino; j-m die ~ herausstrecken sacar la lengua a alg; sich auf die ~ beißen morderse la lengua (*a. fig*); es liegt mir auf der ~ lo tengo en la punta de la lengua; auf der ~ zergehen deshacerse en la boca; hacerse agua en la boca; sich die ~ verbrennen quemarse la lengua; *fig* er hat sich die ~ verbrannt se le fue la lengua, se ha ido de la lengua; *fig* mit hängender ~ con la lengua fuera 2 *fig* böse ~ (*Person*) lenguaraz *m*; eine böse ~ haben tener una lengua viperina; eine freche *od* lose ~ haben ser largo de lengua; ser un deslenguado; eine scharfe *od* spitze ~ haben tener la lengua afilada; ser mordaz; eine schwere ~ haben tener la lengua gorda; seine ~ hüten cuidar su lengua 3 *fig geh* (*Sprache*) lengua *f*, habla *f*; deutscher ~ de habla alemana 4 MUS, *am Schuh, an der Waage*: lengüeta *f*

'züngeln V/I 1 *Schlange* mover la lengua 2 *Feuer* llamear; echar llamaradas

'Zungenband N ANAT frenillo *m* de la lengua; **Zungenbein** N ANAT (hueso *m*) hioides *m*; **Zungenbelag** M MED saburra *f* lingual; **Zungenbrecher** M *fig* trabalenguas *m*

'zungenfertig ADJ de fácil palabra; *umg* de mucha labia; **Zungenfertigkeit** F ⟨~⟩ facilidad *f* de palabra; desparpajo *m*; *umg* labia *f*

'zungenförmig ADJ lingüiforme

'Zungenkrebs M MED cáncer *m* de la lengua; **Zungenkuss** M beso *m* de tornillo; **Zungenlaut** M LING (sonido *m*) lingual *f*

'Zungen-R N ⟨~⟩ LING r *f* apical

'Zungenschlag M lengüetada *f*; (*Sprachstörung*) tartamudeo *m*; **Zungenspitze** F punta *f* de la lengua

'Zünglein N ⟨~s; ~⟩ lengüeta *f*; *an der Waage a.*: fiel *m*; *fig* das ~ an der Waage sein ser el fiel de la balanza

zu'nichtemachen V/T aniquilar; destruir; *Pläne etc* desbaratar; echar por tierra (*od* por los suelos); *Hoffnungen* frustrar, desvanecer; **zunichtewerden** V/I ⟨*irr*; sn⟩ venirse abajo; desbaratarse; frustrarse

'zunicken V/I j-m ~ hacer seña (*bzw* saludar) a alg con la cabeza; *grüßend*: saludar con la cabeza a alg

zu'nutze, zu Nutze ADV sich (*dat*) etw ~ machen aprovecharse (*od* sacar provecho) de a/c; utilizar a/c

zu'oberst ADV en lo más alto; encima de todo; das Unterste ~ kehren volverlo todo patas arriba

'zuordnen VT clasificar; adjuntar; agregar; coordinar; **Zuordnung** F coordinación f; **zupacken** VI → zugreifen 1

zu'passkommen VI, **zupassekommen** VI ⟨irr; sn⟩ geh **(j-m) ~** venir muy bien (a alg)

'zupfen A VT tirar (**an** dat de); Unkraut arrancar; Fasern, Wolle deshila(cha)r; MUS, Saite puntear; MED separar con aguja; **j-n am Ärmel ~** tirar de la manga a alg B VI **an etw** (dat) **~** tirar de a/c

'Zupfen N ⟨~s⟩ deshiladura f; MUS punteo m; **Zupfinstrument** N MUS instrumento m punteado

'zupfropfen VT taponar; **zuprosten** VI **j-m ~** beber a la salud de alg; brindar por alg

zur = **zu der** → **zu**[1]

zu'rande, zu Rande ADV **mit etw ~ kommen** poder con a/c; llegar a realizar a/c; llevar a cabo a/c; **mit etw nicht ~ kommen** no poder con a/c

zu'rate, zu Rate ADV **j-n/etw ~ ziehen** consultar a alg/a/c; **mit sich ~ gehen** entrar en cuentas consigo; hacer examen de conciencia

'zuraten VT ⟨irr⟩ **j-m ~ etw zu tun** aconsejar (od recomendar) a alg hacer a/c; **Zuraten** N ⟨~s⟩ **auf mein ~** siguiendo mi consejo

zuraunen VT → zuflüstern

'Zürcher → Züricher[1,2]

'zurechnen VT 1 incluir en (od añadir a) la cuenta 2 fig (zuschreiben) atribuir; imputar; achacar 3 Künstler: **der Moderne zugerechnet werden** formar parte de (od incluirse entre) los modernos; **Zurechnung** F ⟨~; ~en⟩ inclusión f; fig atribución f; imputación f

'zurechnungsfähig ADJ responsable de sus actos; de espíritu sano; JUR **voll ~ sein** estar en pleno uso de sus facultades mentales; **Zurechnungsfähigkeit** F ⟨~⟩ JUR responsabilidad f sobre los actos; imputabilidad f (**verminderte** disminuida)

zu'rechtbiegen VT enderezar; umg fig Angelegenheit arreglar; **zurechtbringen** VT ⟨irr⟩ arreglar; poner en orden; (erreichen) lograr, conseguir; **zurechtfinden** VR ⟨irr⟩ **sich ~** orientarse (**in** dat en); hallar su camino; fig arreglárselas, componérselas; **sich nicht ~** perderse

zu'rechtkommen VI ⟨irr; sn⟩ llegar oportunamente (od a tiempo); fig arreglárselas (**mit j-m/etw** con alg/a/c); entenderse (**mit j-m** con alg); lograr hacer (**mit etw** a/c)

zu'rechtlegen VT arreglar, poner en orden; (vorbereiten) preparar; fig **sich** (dat) **etw ~** imaginarse a/c; (erklären) explicarse a/c; **sich** (dat) **eine Ausrede ~** tener preparada una excusa

zu'rechtmachen A VT preparar, aprestar; arreglar; Zimmer etc a. adecentar; Bett hacer B VR **sich ~** arreglarse; **zurechtrücken** VT poner bien; enderezar; arreglar; **zurechtsetzen** VT ordenar; disponer; arreglar; poner en su sitio; poner bien; fig **j-m den Kopf ~** hacer a alg entrar en razón; umg hacer a alg sentar la cabeza; **zurechtstellen** VT → zurechtsetzen; **zurechtstutzen** VT dar la forma conveniente a; Baum podar; Hecke recortar; **zurechtweisen** VT ⟨irr⟩ **j-n ~** reprender, sermonear, echar una reprimenda a alg; **Zurechtweisung** F ⟨~; ~en⟩ reprimenda f; reprensión f

'zureden VI **j-m ~** tratar de persuadir (od convencer) a alg; **j-m (gut) ~** animar (od alentar) a alg; **j-m ~ etw zu tun** tratar de persuadir a alg de hacer a/c

'Zureden N persuasión f; instancias fpl; **auf ~ von** a instancias de; **trotz allen ~s** a pesar de todas las exhortaciones

'zureichen A VI bastar, ser suficiente, alcanzar B VT alargar; bei Tisch: pasar; **zureichend** ADJ suficiente

'zureiten ⟨irr⟩ A VT Pferd desbravar, domar; amaestrar B VI ⟨sn⟩ **auf j-n/etw ~** cabalgar hacia alg/a/c

'Zureiten N doma f; **Zureiter** M, **Zureiterin** F desbravador m, -a f; picador m, -a f

'Zürich N Zúrich m; **Züricher**[1] ADJ zuriqués, -esa; **Züricher**[2] M ⟨~s; ~⟩, **Züricherin** F ⟨~; ~nen⟩ zuriqués m, -esa f; **Zürichsee** M lago m de Zúrich

'zurichten VT 1 preparar; aderezar; disponer; acondicionar; Holz, Stein labrar; TECH (einrichten) ajustar; Leder curtir; Stoff aprestar 2 (beschädigen) **etw (übel) ~** estropear (od echar a perder) a/c; **j-n schlimm** od **übel ~** maltratar; dejar maltrecho (od malparado od hecho una lástima) a alg

'Zurichter M, **Zurichterin** F TECH acabador m, -a f; ajustador m, -a f; **Zurichtung** F preparación f; v. Speisen a.: aderezo m; TECH acabado m; acondicionamiento m; ajuste m

'zuriegeln VT cerrar con cerrojo; echar el cerrojo a

'zürnen VI geh **j-m ~** estar enojado con alg (**wegen etw** por a/c); guardar rencor a alg; tener rabia a alg

'zurren VT amarrar, atar

Zur'schaustellung F ⟨~⟩ exhibición f; fig a. ostentación f; alarde m

zu'rück ADV 1 (hinten) atrás, detrás; (rückwärts) hacia atrás; **~!** ¡atrás! 2 (im Rückstand) atrasado, retrasado (a. geistig etc); **~ sein** ir retrasado; estar atrasado; umg **mit etw ~** (im Rückstand) **sein** estar atrasado con a/c 3 (zurückgekehrt) de vuelta; **~ von** od **aus** de regreso de; **~ sein** estar de regreso (od de vuelta); **ich bin bald** od **gleich (wieder) ~** vuelvo pronto (od en seguida); **ich will ~** quiero volver; **hier haben Sie zwei Euro ~** aquí tiene usted dos euros de vuelta; **~ an den Absender** devuélvase al remitente (od a su procedencia); fig **es gibt kein Zurück mehr** no hay vuelta atrás; no es posible retroceder (a. fig)

zu'rückbegeben VR ⟨irr; ohne ge-⟩ **sich ~** volver, regresar (**nach** a); **zurückbegleiten** VT ⟨ohne ge-⟩ acompañar (a casa, etc); **zurückbehalten** VT ⟨irr; ohne ge-⟩ retener; zu Unrecht: detentar; Schaden guardar

Zu'rückbehaltung F ⟨~⟩ retención f; detentación f; **Zurückbehaltungsrecht** N JUR derecho m de retención

zu'rückbekommen VT ⟨irr; ohne ge-⟩ recobrar, recuperar; Wechselgeld recibir de vuelta; **ich habe das Buch ~** me han devuelto el libro; **zurückberufen** VT ⟨irr; ohne ge-⟩ llamar (**nach** a); (absetzen) retirar (bzw separar) de su puesto; **Zurückberufung** F llamamiento m; orden f de regreso; llamada f; retirada f (bzw separación f) del puesto; **zurückbesinnen** VR **sich auf etw** (acus) **~** acordarse de a/c; **zurückbeugen** A VT doblar hacia atrás; Kopf reclinar B VR **sich ~** reclinarse (hacia atrás); **zurückbezahlen** VT ⟨ohne ge-⟩ re(e)mbolsar, reintegrar; devolver; **Zurückbezahlung** F re(e)mbolso m, reintegro m; devolución f; **zurückbiegen** VT ⟨irr⟩ doblar hacia atrás; **zurückbilden** VR **sich ~** atrofiarse

zu'rückbleiben VI ⟨irr; sn⟩ 1 (nicht Schritt halten) quedar(se) atrás; rezagarse; ir a la zaga (a. fig **hinter j-m** de alg); mit der Arbeit etc: quedar(se) retrasado; Schüler in seinen Leistungen: quedarse retrasado; **weit ~** quedarse muy atrás (od muy rezagado); **hinter j-s Erwartungen** (dat) **~** no corresponder a las expectativas de alg; defraudar las esperanzas de alg; fig **hinter seiner Zeit ~** no marchar con los tiempos 2 (übrig bleiben) quedar; (dableiben) quedarse

zu'rückblicken VI mirar atrás; volver la vista atrás (a. fig); **auf etw** (acus) **~** pasar revista a a/c; **zurückbringen** VT ⟨irr⟩ (zurückgeben) devolver; restituir; Person acompañar (od llevar) a casa; **zurückdatieren** VT ⟨ohne ge-⟩ antedatar; **zurückdenken** VI ⟨irr⟩ recordar el pasado; **an etw/j-n ~** recordar a/c/a alg; **zurückdrängen** VT hacer retroceder; fig contener; reprimir; **zurückdrehen** VT volver (hacia) atrás; TECH Regler bajar; **zurückdürfen** VI ⟨irr⟩ umg poder volver; tener permiso para regresar (od volver); **zurückeilen** VI ⟨sn⟩ volver rápidamente; correr (hacia) atrás; **zurückerbitten** VT ⟨irr; ohne ge-⟩ pedir la devolución de; **zurückerhalten** ⟨irr; ohne ge-⟩ → zurückbekommen; **zurückerinnern** VR ⟨ohne ge-⟩ **sich an etw/j-n ~** recordar a/c/a alg; **zurückerobern** VT ⟨ohne ge-⟩ reconquistar

zu'rückerstatten VT ⟨ohne ge-⟩ devolver; Auslagen restituir; re(e)mbolsar, reintegrar; **Zurückerstattung** F devolución f; restitución f; re(e)mbolso m, reintegro m

zu'rückfahren ⟨irr⟩ A VI ⟨sn⟩ volver, regresar; (rückwärtsfahren) hacer marcha atrás; fig vor Schreck: retroceder (asustado) B VT **j-n ~** llevar a alg a casa

zu'rückfallen VI ⟨irr; sn⟩ 1 (zurückbleiben) rezagarse; quedar atrás (a. fig); **auf den dritten Platz ~** descender al tercer puesto 2 fig Vorwurf **auf j-n ~** recaer sobre alg 3 Güter etc **an j-n ~** recaer en alg; **an den Staat ~** revertir al Estado 4 Strahlen reflejarse (**auf** acus en) 5 **~ in** (acus) Fehler etc recaer en, reincidir en 6 (nach hinten fallen) caer hacia atrás (bzw de espaldas)

zu'rückfinden VI ⟨irr⟩ encontrar el camino (de vuelta); **zurückfliegen** VI ⟨irr; sn⟩ 1 Flugzeug volver 2 Person volver (od regresar) en avión (**nach** a); **zurückfließen** VI ⟨irr; sn⟩, **zurückfluten** VI ⟨sn⟩ refluir

zu'rückfordern VT exigir la devolución de; reclamar; Recht reivindicar; **Zurückforderung** F reclamación f; reivindicación f

zu'rückführen A VT 1 (zurückbegleiten) acompañar (od llevar) de vuelta; in die Heimat: repatriar 2 fig **auf etw** (acus) **~** reducir a a/c; auf e-e Ursache: atribuir a a/c; **zurückzuführen auf** debido a B VI Weg **~ zu** od **auf** (acus) volver a

zu'rückgeben VT ⟨irr⟩ devolver; restituir; Wechselgeld dar la vuelta; **zurückgeblieben** ADJ geistig: retrasado

zu'rückgehen VI ⟨irr; sn⟩ 1 volver (al punto de partida); denselben Weg: volver a sus pasos; (rückwärtsgehen) ir hacia atrás; ir para atrás; (zurückweichen) retroceder 2 **~ lassen** Sendung devolver (**an** a) 3 (abnehmen) Handel, Geschäft disminuir, ir disminuyendo; reducirse; Preise, Kurse, Wasser bajar; Krankheit declinar; remitir; Fieber a. ceder 4 fig **~ auf** (acus) fundarse en, tener su origen en; ser debido a, ser motivado por; auf die Quellen, den Ursprung etc remontarse a; **auf j-n ~** atribuirse a alg

Zu'rückgehen N → Rückgang; **zurückgehend** ADJ (rückläufig) retrógrado

zu'rückgeleiten VT ⟨ohne ge-⟩ acompañar (bzw conducir) (a casa, etc); **zurückgetreten** ADJ vom Amt: dimisionario; **zurückgewinnen** VT ⟨irr; ohne ge-⟩ recuperar; recobrar

zu'rückgezogen A ADJ retirado; retraído; solitario; **ein ~es Leben führen** hacer vida retirada B ADV **~ leben** hacer vida retirada; **Zurückgezogenheit** F ⟨~⟩ vida f retirada; retraimiento m; retiro m, recogimiento m; soledad f

zu'rückgreifen VI ⟨irr⟩ recurrir (**auf** a); in e-r

Erzählung etc: remontarse a; **zurückhaben** VT ⟨irr⟩ *umg* volver a tener; **etw ~ wollen** reclamar a/c

zu'rückhalten ⟨irr⟩ A VT 1 *Person* retener; *zu Unrecht*: detentar; (*aufhalten*) detener; **j-n ~** contener a alg; mantener a raya a alg 2 *Gefühle, Tränen* contener; reprimir, refrenar; (*verbergen*) ocultar 3 (*reservieren*) **etw für j-n ~** reservar (*od* tener reservado) a/c para alg B VI **mit etw ~** disimular a/c; abstenerse de a/c; (*verheimlichen*) ocultar a/c; **mit Lob nicht ~** no escatimar elogios; **mit seiner Meinung ~** reservarse su opinión; **mit seiner Meinung nicht ~** *umg* no morderse la lengua; no tener pelos en la lengua C VR **sich ~** 1 (*sich zügeln*) contenerse; reprimirse; (*sich mäßigen*) reportarse, moderarse 2 (*reserviert sein*) mantenerse reservado

zu'rückhaltend A ADJ 1 (*reserviert*) reservado; (*schweigsam*) poco comunicativo, retraído 2 (*gemäßigt*) moderado; (*nüchtern*) sobrio 3 (*vorsichtig*) cauto; discreto; circunspecto B ADV **sich ~ äußern** mostrar reticencia; **Zurückhaltung** F ⟨~⟩ 1 (*Mäßigung*) retención f; moderación f 2 (*Reserviertheit*) reserva f; discreción f; (*Vorsicht*) recato m; cautela f

zu'rückholen VT ir a buscar; **zurückkämmen** VT *Haar* peinar para (*od* hacia) atrás; **zurückkaufen** VT volver a comprar; readquirir; *Pfand* rescatar; **zurückkehren** VI ⟨sn⟩ volver, regresar; retornar; **auf seinen Posten ~** reintegrarse a su puesto; **zurückklappen** VT replegar; abatir

zu'rückkommen VI ⟨irr; sn⟩ volver, regresar; *fig* **auf etw** (*acus*) **~** volver sobre a/c; **ich komme gerne darauf zurück** ya te (*bzw* se lo) recordaré; HANDEL **wir kommen zurück auf Ihr Schreiben** refiriéndonos a su carta

zu'rückkönnen VI ⟨irr⟩ (*zurückkehren können*) poder volver (*od* regresar); *fig* (*zurückweichen können*) poder retractarse (*od* echarse atrás); **nicht mehr ~** ya no poder volver; **zurückkriegen** VT *umg* → zurückbekommen; **zurücklassen** VT ⟨irr⟩ 1 (*hinterlassen*) dejar (*a. Angehörige*); dejar tras de sí; (*verlassen*) abandonar; (*überholen*) dejar atrás 2 **j-n (wieder) ~** (*j-m die Rückkehr erlauben*) permitir regresar a alg, dejar volver a alg; **zurücklaufen** VI ⟨irr; sn⟩ 1 *rennend*: volver corriendo; *gehend*: volver caminando 2 *Wasser* refluir

zu'rücklegen A VT 1 *Kopf* reclinar 2 (*beiseitelegen*) poner aparte (*od* a un lado); (*reservieren*) reservar; **Geld ~** ahorrar dinero 3 *Weg* andar, recorrer; *Entfernung a.* cubrir; **zurückgelegte Strecke** recorrido m 4 **etw (wieder) auf seinen Platz ~** volver a poner a/c en su sitio B VR **sich ~** recostarse

zu'rücklehnen VR **sich ~** reclinarse; recostarse; **zurückleiten** VT devolver; **zurücklenken** VT **seine Schritte ~** volver sobre sus pasos; **zurückliegen** VI ⟨irr⟩ 1 *zeitlich*: datar de; **einige Jahre ~** haber sucedido hace algunos años; **das liegt zehn Jahre zurück** han pasado diez años desde entonces 2 SPORT estar atrás; **zurückmelden** A VT **j-n ~** avisar el regreso de alg B VR **sich ~** avisar (de) su regreso; *bes* MIL presentarse a; **zurückmüssen** VI ⟨irr⟩ *umg* tener que volver (*od* regresar)

Zu'rücknahme F ⟨~; ~n⟩ 1 recogida f; HANDEL (*Abbestellung*) anulación f (del pedido) 2 *e-r Äußerung*: retractación f; JUR *der Klage*: desistimiento m; *e-r Verordnung*: revocación f 3 MIL repliegue m; retirada f

zu'rücknehmen VT ⟨irr⟩ 1 recoger; volver a tomar; HANDEL *Ware* admitir la devolución de 2 *Äußerung* retractarse (de); *Beleidigung, Versprechen, Kandidatur* retirar; *Geständnis* revocar; JUR *Klage* desistir (de); *Verordnung* revocar; **ein Versprechen** *od* **sein Wort ~** retirar su promesa, *umg* volverse atrás 3 MIL replegar; retirar

zu'rückprallen VI ⟨sn⟩ 1 *Ball, Geschoss* rebotar; resaltar 2 *fig* sobresaltarse; retroceder (**vor Schreck** de espanto, asustado) (**von** desde); **Zurückprallen** N rebote m; **zurückreichen** A VT devolver B VI *fig* remontarse a; **weit ~** remontarse muy lejos; **zurückreisen** VI ⟨sn⟩ volver, regresar (**nach** a)

zu'rückrufen ⟨irr⟩ A VT 1 (*auffordern zurückzukommen*) llamar; hacer volver; HANDEL *Wechsel* retirar 2 *fig* evocar; recordar (*a/c*); **ins Leben ~** volver a la vida 3 *als Antwort*: contestar 4 TEL devolver la llamada, llamar (de vuelta) B VI TEL volver a llamar, devolver la llamada, llamar (de vuelta)

zu'rückschaffen VT → zurückbringen; **zurückschallen** VI resonar; **zurückschalten** VT 1 AUTO cambiar a una marcha inferior; reducir marchas 2 RADIO **wir schalten zurück nach ...** devolvemos la conexión a ...; **zurückschaudern** VI ⟨sn⟩ retroceder de espanto; estremecerse de horror; **zurückschauen** VI → zurückblicken; **zurückscheuen** VI arredrarse, acobardarse (**vor** ante); **vor nichts ~** no asustarse de nada; **zurückschicken** VT *Person* hacer volver; *Sendung* devolver, mandar de vuelta; **zurückschieben** VT ⟨irr⟩ empujar hacia atrás; apartar; **zurückschlagen** ⟨irr⟩ A VT 1 *Feind, Angriff* rechazar, repeler 2 *Stoff* echar hacia atrás; *Decke* apartar; *Kragen* doblar; *Kapuze, Schleier* levantar; *Vorhang* abrir, descorrer 3 *Ball* devolver B VI devolver el golpe; contraatacar; **zurückschnellen** VI ⟨sn⟩ rebotar; *Feder* recobrar bruscamente su posición inicial; **zurückschrauben** VT *fig Ansprüche, Ausgaben* reducir; limitar

zu'rückschrecken A VT espantar; intimidar; asustar B VI ⟨sn⟩ **~ vor** retroceder ante; acobardarse (*od* arredrarse) ante; **vor nichts ~** no arredrarse ante nada; no dejarse intimidar por nada; no asustarse de nada

zu'rückschreiben VT & VI ⟨irr⟩ contestar (por escrito); **zurückschwimmen** VI ⟨irr; sn⟩ volver a nado; **zurücksehen** VI ⟨irr⟩ mirar atrás

zu'rücksehnen VR **sich zu j-m ~** extrañar (*od* añorar) a alg, echar de menos a alg; **sich nach Madrid ~** extrañar (*od* añorar) Madrid

zu'rücksenden VT ⟨irr⟩ → zurückschicken

zu'rücksetzen A VT 1 *an die gleiche Stelle*: volver a poner en su sitio 2 *nach hinten: Gegenstand* colocar hacia atrás; colocar (*od* poner) detrás; AUTO mover para atrás 3 (*senken*) *Preise* rebajar, reducir 4 *fig* **j-n ~** postergar a alg B VI AUTO ir hacia atrás; **Zurücksetzung** F ⟨~; ~en⟩ 1 *der Preise*: rebaja f, reducción f 2 *fig* (*Ungerechtigkeit*) injusticia f; *durch Bevorzugung e-s anderen*: postergación f

zu'rücksinken VI ⟨irr; sn⟩ caer (para) atrás; *fig* **~ in** (*acus*) recaer en; reincidir en; **zurückspiegeln** VT reflejar; **zurückspielen** VT *Fußball*: hacer un pase atrás; **zurückspringen** VI ⟨irr; sn⟩ 1 dar un salto atrás 2 (*abprallen*) *Ball etc* rebotar; **zurückspulen** VT rebobinar; **zurückstecken** A VT reponer B VI *umg fig* moderarse; bajar velas; **zurückstehen** VI ⟨irr⟩ 1 *Haus* estar detrás, quedar atrás, estar atrás 2 *fig* **hinter j-m ~** ser inferior a alg; **~ müssen** tener que renunciar (*bzw* ceder); *Sache* tener que esperar

zu'rückstellen VT 1 *an seinen Platz*: (volver a) poner en su sitio 2 (*nach hinten stellen*) poner (*od* colocar) atrás 3 *Uhr* atrasar; *Heizung* bajar; **die Uhr um eine Stunde ~** retrasar el reloj una hora 4 (*zurücklegen*) *Ware* reservar, poner aparte 5 (*aufschieben*) diferir, aplazar, dejar para más tarde 6 (*hintanstellen*) poner en segundo plano, postergar; *Interessen a.* posponer 7 MIL *Wehrpflichtigen* dar prórroga; **sich ~ lassen** pedir prórroga

Zu'rückstellung F MIL baja f provisional; prórroga f

zu'rückstoßen ⟨irr⟩ A VT 1 empujar hacia atrás 2 *fig* repeler; rechazar, repulsar B VI AUTO dar marcha atrás, echar para atrás; **zurückstrahlen** A VT reflejar; reverberar B VI reflejarse, ser reflejado; **zurückstreichen** VT ⟨irr⟩ *Haare* alisar; **zurückstreifen** VT *Ärmel etc* arremangar; **zurückströmen** VI ⟨sn⟩ refluir; **zurückstufen** VT degradar (**in** *acus* a); **zurücktaumeln** VI ⟨sn⟩ retroceder tambaleando; **zurücktelegrafieren** VT & VI ⟨*ohne* ge-⟩ contestar por telegrama; **zurücktragen** VT ⟨irr⟩ volver a poner en su lugar; **zurücktreiben** VT ⟨irr⟩ hacer retroceder; MIL repeler, rechazar

zu'rücktreten VI ⟨irr; sn⟩ 1 (*nach hinten treten*) retroceder; dar un paso atrás; **~!** ¡atrás!; **vor j-m ~** dejar pasar a alg 2 *Regierung etc* dimitir, presentar la dimisión; **von seinem Amt ~** dimitir de un cargo 3 **~ von** (*verzichten auf*) renunciar a (*a.* JUR); desistir de; **von einem Vertrag ~** rescindir un contrato 4 *fig* (*in den Hintergrund treten*) ser postergado, pasar a segundo plano; **~ müssen** *Pläne etc* tener que esperar 5 ARCH entrar 6 *Gewässer* ir bajando (*od* descendiendo), retroceder

zu'rücktun VT ⟨irr⟩ **einen Schritt ~** dar un paso atrás, retroceder un paso; **zurückübersetzen** VT ⟨*ohne* ge-⟩ retraducir; **zurückverfolgen** VT ⟨*ohne* ge-⟩ *Weg* desandar; *fig* remontar hasta los orígenes; **zurückvergüten** VT ⟨*ohne* ge-⟩ re(e)mbolsar; reintegrar; **zurückverlangen** VT ⟨*ohne* ge-⟩ **etw ~** reclamar la devolución de a/c; **zurückverlegen** VT ⟨*ohne* ge-⟩ postergar; MIL replegar; **zurückversetzen** A VT ⟨*ohne* ge-⟩ 1 *in die Vergangenheit*: trasladar, retrotraer 2 (*zurücklegen*) reponer 3 *Schüler* hacer repetir el curso B VR **sich ~ in** (*acus*) retrotraerse a; **zurückverweisen** VT ⟨*irr; ohne* ge-⟩ remitir (**an** a); **zurückweichen** VI ⟨irr; sn⟩ retroceder, recular; dar un paso atrás; (*sich zurückziehen*) retirarse (**vor etw/j-m** de a/c/de alg) (*a.* MIL); ceder terreno (*a. fig*); *fig* (*nachgeben*) ceder

Zu'rückweichen N ⟨~s⟩ retroceso m; retirada f

zu'rückweisen VT ⟨irr⟩ rechazar; *Geschenk etc* rehusar, no aceptar; *Einladung* declinar; JUR recusar; *Gesuch, Antrag* desestimar; *Bitte* denegar; HANDEL *Wechsel* no aceptar; MIL *Angriff* rechazar, repeler; *Vorwurf* rechazar; **Zurückweisung** F rechazo m; *e-r Bitte*: denegación f; JUR recusación f

zu'rückwenden VR ⟨irr⟩ **sich ~** volverse; **zurückwerfen** VT ⟨irr⟩ 1 echar (hacia) atrás; *Ball* devolver 2 *Licht* reflejar; reverberar; *Schall* reflejar; repercutir 3 MIL *Feind* rechazar, repeler 4 *fig in e-r Entwicklung, Arbeit etc* poner en retraso, atrasar; **zurückwirken** VI reaccionar (**auf** *acus* sobre); repercutir (en); **zurückwollen** VI ⟨irr⟩ querer regresar (*od* volver) (**nach** a); **zurückwünschen** A VT desear el regreso de B VR **sich ~ nach** desear volver (*od* regresar) a

zu'rückzahlen VT devolver; re(e)mbolsar; *Hypothek* redimir; *Schuld* pagar, saldar; **Zurückzahlung** F devolución f; pago m; re(e)mbolso m

zu'rückziehen ⟨irr⟩ A VT 1 *allg* retirar (*a. Angebot, Bewerbung, Beschwerde*); HANDEL *Auftrag* anular 2 (*widerrufen*) revocar (*a. Kündigung*); *Behauptung* retractarse; desdecirse (de) 3 JUR desistir (de) 4 *Vorhang* descorrer 5 MIL *Truppen a.* replegar B VR **sich ~** 1 retirarse (**von** de); *fig* **sich aus der Politik ~** retirarse de la política; **sich von etw ~** *(aufgeben)* retirarse, abandonar *(a.* SPORT); **sich vom Geschäft/zur Beratung ~** retirarse de los negocios/a deliberar 2 MIL retirarse, replegarse; *(weichen)* retroceder 3 *v. der Welt*: retraerse; recluirse; **sich in sich selbst ~** encerrarse en sí mismo; → *a.* zurückgezogen

Zu'rückziehung F ⟨~⟩ 1 *allg* retirada *f* 2 *(Widerruf)* revocación *f*; *e-r Behauptung*: retractación *f*

'Zuruf M ⟨~(e)s; ~e⟩ llamada *f*; voz *f*, grito *m*; *(Beifallszuruf)* aclamación *f (a.* POL); **durch ~ wählen** elegir por aclamación

'zurufen VT ⟨irr⟩ **j-m etw ~** gritar a/c a alg

'zurüsten VT *reg obs* preparar; aprestar; equipar

zur'zeit ADV por el *(od* de) momento, actualmente; → *a* Zeit 3

zus. ABK (zusammen) junto

'Zusage F ⟨~; ~n⟩ 1 *auf e-e Einladung etc*: aceptación *f*; *(bejahende Antwort)* contestación *f* afirmativa; *f* 2 *(Einwilligung)* consentimiento *m*; asentimiento *m* 3 *(Versprechen)* promesa *f*; palabra *f*

'zusagen A VT 1 **j-m etw ~** prometer a/c a alg 2 *Anschuldigung*: **j-m etw auf den Kopf ~** decir a/c a alg en la cara B VI 1 *(die Einladung annehmen)* aceptar (la invitación); *(das Angebot annehmen)* aceptar (la oferta); *(bejahen)* contestar afirmativamente 2 *(einwilligen)* dar su asentimiento; *(sich verpflichten)* comprometerse 3 *(gefallen)* **j-m ~** gustar a alg, ser del agrado de alg

'zusagend ADJ *Antwort* afirmativo; positivo

zu'sammen ADV 1 *allg* juntos/as; (con)juntamente; *(gemeinsam) a.* en común; **alle ~** todos juntos/todas juntas; **er besitzt mehr als alle ~** tiene más que todos (los demás) juntos; **~ sein** estar juntos; *(ein Paar sein)* salir juntos; **~ mit** junto con, conjuntamente con; *Begleitung*: en compañía *(od* acompañado) de; *Zusammenarbeit*: en colaboración con; **wir haben 20 Euro ~** tenemos veinte euros entre todos; **hallo ~!** ¡hola a todo el mundo! 2 *(im Ganzen)* todo junto; en conjunto; en suma, en total 3 *(gleichzeitig)* al mismo tiempo (**mit** que)

Zu'sammenarbeit F colaboración *f*; *bes v. Firmen*: cooperación *f*

zu'sammenarbeiten VI trabajar juntos; colaborar; *Firmen* cooperar (**mit j-m** con alg); **zusammenballen** A VT *Schnee, Papier* formar bolas; *Menschen, Tiere* aglomerar; apelotonar; concentrar; *Faust* apretar B VR **sich ~** aglomerarse; apelotonarse; concentrarse *(a.* MIL); PHYS conglomerarse; *Wolken* acumularse, concentrarse

Zu'sammenballung F aglomeración *f*; concentración *f*; PHYS conglomeración *f*; *Wolken* acumulación *f*; concentración *f*; **Zusammenbau** M ⟨~(e)s; ~e⟩ TECH montaje *m*; ensamblaje *m*

zu'sammenbauen VT TECH montar; ensamblar; **zusammenbeißen** VT ⟨irr⟩ **die Zähne ~** apretar los dientes; **zusammenbekommen** VT ⟨irr; ohne ge-⟩ 1 *Summe, Geld* (lograr) reunir 2 *fig im Gedächtnis*: (lograr) recordar; **zusammenbetteln** VT reunir mendigando; **zusammenbinden** VT ⟨irr⟩ atar (juntos), juntar; *zu e-m Bündel*: liar; *Haar* recoger; **zusammenbleiben** VI ⟨irr; sn⟩ permanecer (*bzw* quedar *bzw* seguir) unidos *(od* juntos); **mit j-m ~** *a.* permanecer con alg

zu'sammenbrauen A VT *umg Getränk* mezclar, *umg* hacer una mezcolanza B VR **sich ~** *Gewitter, etw Unangenehmes* cernerse; **da braut sich was zusammen** aquí se está tramando algo

zu'sammenbrechen VI ⟨irr; sn⟩ 1 *(einstürzen)* derrumbarse, venirse abajo, hundirse *(alle a. fig)* 2 *Firma* quebrar 3 *Verkehr* quedar colapsado; paralizarse; *Versorgungsnetz* sufrir un colapso 4 *Person, seelisch*: desplomarse, derrumbarse; MED sufrir un colapso 5 *fig* **für sie brach eine Welt zusammen** se le hundió el mundo; **zusammenbringen** VT ⟨irr⟩ 1 *Geld* acumular; reunir, juntar 2 *Personen* juntar, poner en contacto; *(näherbringen)* acercar; **j-n wieder ~** *(versöhnen)* reconciliar a alg, lograr la reconciliación de alg 3 *fig* **er bringt keinen Satz zusammen** no es capaz de formar una frase; **Zusammenbruch** M 1 *(Einsturz)* derrumbamiento *m*; hundimiento *m (beide a. fig)*; desplome *m* 2 HANDEL, WIRTSCH quiebra *f*, bancarrota *f* 3 MIL *u.* POL derrota *f*; *fig* ruina *f* 4 MED, *Verkehr, etc*: colapso *m*; PSYCH crisis *f* nerviosa; **zusammendrängen** A VT apretar; aglomerar; *(verdichten)* comprimir; condensar *(a. fig)*; concentrar; *Personen* apiñar B VR **sich ~** *Personen* aglomerarse, apiñarse; arremolinarse; *eng*: apretujarse; **zusammendrückbar** ADJ compresible, comprimible; **zusammendrücken** VT apretar; comprimir; aplastar; **zusammenfahren** ⟨irr⟩ A VI ⟨sn⟩ 1 *fig vor Schreck*: sobrecogerse; sobresaltarse; estremecerse 2 *(zusammenstoßen)* chocar (**mit** con) B VT *umg Auto etc* destrozar; *Ampel etc* derribar; *Person* atropellar; **zusammenfallen** VI ⟨irr; sn⟩ 1 *(einstürzen)* derrumbarse, hundirse, desmoronarse 2 *Aufgeblähtes* desinflarse 3 *zeitlich*: coincidir (**mit** con) 4 *Person* debilitarse 5 **in sich** *(acus)* **~** *Behauptung* caerse por sí mismo; **Zusammenfallen** N 1 *(Einstürzen)* derrumbamiento *m*, hundimiento *m (alle a. fig)* 2 *zeitliches*: coincidencia *f*; **zusammenfaltbar** ADJ plegable; **zusammenfalten** VT plegar, doblar

zu'sammenfassen VT 1 *(vereinigen)* reunir; aunar; agrupar 2 *Gesagtes* **(kurz) ~** resumir, hacer un resumen de; recapitular; *Texte* condensar; compendiar; **zusammenfassend** A ADJ sumario; resumido B ADV en resumen; resumiendo; sumariamente; **Zusammenfassung** F 1 *(Vereinigung)* unión *f*; agrupación *f* 2 *(Bericht)* sumario *m*; resumen *m*; recapitulación *f*; *(Synthese)* síntesis *f*

zu'sammenfegen VT recoger con la escoba; **zusammenfinden** VR ⟨irr⟩ **sich ~** reunirse, juntarse; **zusammenflicken** VT *umg* remendar; **zusammenfließen** VI ⟨irr; sn⟩ (re)unirse; *Flüsse* confluir; *Farben* confundirse; mezclarse

Zu'sammenfluss M confluencia *f*

zu'sammenfügen A VT unir; reunir, juntar; TECH *einzelne Teile a.* ensamblar, encajar B VR **sich ~** (re)unirse, juntarse; **Zusammenfügung** F (re)unión *f*; TECH ensambladura *f*, ensamblaje *m*; **zusammenführen** VT reunir; POL *Familie* reagrupar; **wieder ~** *(versöhnen)* reconciliar; **Zusammenführung** F reunión *f*; reagrupación *f*; reconciliación *f*; **zusammengehen** VI ⟨irr; sn⟩ 1 unirse, juntarse; *(sich zusammentun)* ir juntos; *fig* hacer causa común 2 *(schrumpfen)* encogerse

zu'sammengehören VI ⟨ohne ge-⟩ 1 ir juntos; formar un conjunto; pertenecer al *(od* ser del) mismo grupo 2 *(ein Paar bilden)* hacer pareja 3 *Sachen* hacer juego

zu'sammengehörig ADJ correspondiente; congénere; del mismo grupo; *(gleichartig)* homogéneo; **sich ~ fühlen** sentirse unidos; **Zusammengehörigkeit** F ⟨~⟩ correspondencia *f*; unión *f*; *(Gleichartigkeit)* homogeneidad *f*; **Zusammengehörigkeitsgefühl** N (espíritu *m* de) compañerismo *m*; solidaridad *f*; espíritu *m* de cuerpo

zu'sammengenommen ADV **alles ~** en total; **zusammengesetzt** ADJ compuesto; **zusammengewürfelt** ADJ *fig Gruppe* abigarrado; heterogéneo; **zusammengießen** VT ⟨irr⟩ mezclar; **zusammenhaben** VT *umg* tener (reunido)

Zu'sammenhalt M ⟨~(e)s⟩ 1 *v. Sachen*: consistencia *f*; cohesión *f (a. fig)*; coherencia *f (a.* PHYS) 2 *menschlicher*: solidaridad *f*; compañerismo *m*

zu'sammenhalten ⟨irr⟩ A VT 1 mantener juntos (*bzw* unidos) 2 *fig* **sein Geld ~** ahorrar; evitar gastos; **seine Gedanken ~** concentrarse 3 *vergleichend*: comparar; cotejar; confrontar B VI 1 *Sachen* pegar; mantenerse unidos 2 *fig Personen* mantenerse unidos; *(sich unterstützen)* ayudarse *od* apoyarse mutuamente; ser solidarios; *(gemeinsam handeln)* obrar de común acuerdo

Zu'sammenhang M ⟨~(e)s; ~̈e⟩ 1 *(Beziehung)* relación *f*; *(Verknüpfung)* conexión *f* (**mit** con), nexo *m*; *v. Ideen*: asociación *f (de ideas)*; *zwischen zwei abstrakten Dingen*: correlación *f*; coherencia *f*; **innerer ~ (von Ideen)** coherencia *f* (de ideas); **im ~ mit** en relación a *(od* con); **ohne ~** sin relación; sin conexión, incoherente; **in diesem ~** a este respecto; en este orden de ideas; **in anderem ~** en otro orden de cosas; **in welchem ~?** ¿en qué contexto?; **in ~ bringen mit** relacionar *(od* poner en relación) con; **etw mit etw in ~ bringen** relacionar a/c con a/c; **im** *od* **in ~ stehen mit** estar relacionado *(od* en relación) con 2 *e-s Textes*: contexto *m*; *beim Sprechen*: **aus dem ~ kommen** perder el hilo; **aus dem ~ reißen** separar del contexto; **aus dem ~ gerissen** fuera de contexto 3 PHYS cohesión *f*, coherencia *f*

zu'sammenhängen ⟨irr⟩ A VI 1 *(in Beziehung stehen)* estar relacionado *(od* en relación) con; guardar relación con; **das hängt damit nicht zusammen** no hay ninguna relación entre ambas cosas; *umg* eso no tiene nada que ver con ello 2 *konkret*: estar unido (**mit** a); tener comunicación 3 PHYS tener coherencia, ser coherente B VT colgar juntos; **zusammenhängend** ADJ coherente *(a. Gedanken, Rede)*; conexo; *(fortlaufend)* continuo, seguido; sin interrupción

zu'sammenhang(s)los ADJ incoherente; sin relación; **Zusammenhang(s)losigkeit** F ⟨~⟩ incoherencia *f*

zu'sammenhauen VT ⟨irr⟩ 1 hacer pedazos; destrozar; *umg* **j-n ~** moler a palos a alg 2 *umg fig Arbeit* hacer una chapuza; chapucear; *Text* escribir apresuradamente y de forma descuidada; **zusammenhäufen** VT acumular; amontonar; apilar; **zusammenheften** VT coser; TEX hilvanar; *Buch* encuadernar (en rústica); *Blätter* grapar; **zusammenheilen** VI ⟨sn⟩ *Wunde* cerrarse; cicatrizarse; **zusammenholen** VT recoger en todas partes; reunir; **zusammenkauern** VR **sich ~** acurrucarse; agazaparse; agacharse; **zusammenkaufen** VT comprar poco a poco; *(hamstern)* acaparar; **zusammenkehren** VT barrer; **zusammenketten** VT encadenar (juntos); **zusammenkitten** VT pegar

Zu'sammenklang M *(Gleichklang)* consonancia *f*; *(Einklang)* armonía *f*, concierto *m*

zu'sammenklappbar ADJ plegable; **zusammenklappen** A VT *Stuhl* plegar; *Buch, Messer* cerrar B VI ⟨sn⟩ *umg fig Person* desplomarse, desmayarse; sufrir un colapso; **zusammenkleben** A VT pegar B VI ⟨sn⟩

pegar(se); estar pegado; conglutinarse; **zusammenklingen** VI ‹irr› consonar; **zusammenknäueln** A VT apelotonar B VR **sich ~** apelotonarse; **zusammenkneifen** VT ‹irr› *Lippen, Mund* apretar; *Augen* (entre)cerrar, achicar; **zusammenknüllen** VT arrugar; estrujar

zu'sammenkommen VI ‹irr; sn› 1 *Personen* (re)unirse, juntarse; *(sich treffen)* encontrarse; verse; *zu e-r Besprechung*: entrevistarse; **mit j-m ~** reunirse con alg 2 *Dinge* acumularse, juntarse; *Geld* ser recaudado; **da kommt viel zusammen** se juntan muchas cosas 3 *zeitlich*: coincidir; *Umstände* concurrir

zu'sammenkoppeln VT acoplar; *Raumschiff a.* ensamblar; **zusammenkrachen** VI ‹sn› *umg (einstürzen)* derrumbarse *(a. fig)*; *(zusammenstoßen) Autos* chocar; **zusammenkrampfen** VR **sich ~** contraerse (convulsivamente); crisparse; **zusammenkratzen** VT *umg fig* reunir penosamente; **sein letztes Geld ~** sacar los últimos ahorros

Zu'sammenkunft F ‹~; -künfte› 1 *(Treffen)* cita *f*; encuentro *m*; *v. zwei Personen*: encuentro *m*, entrevista *f* 2 *v. vielen Personen*: reunión *f*; asamblea *f*; *(Konferenz)* conferencia *f*

zu'sammenläppern VR *umg* **sich ~** ir acumulándose (poco a poco); **zusammenlaufen** VI ‹irr; sn› 1 *Menge* acudir en masa; aglomerarse, apiñarse 2 *Straßen, Linien* converger 3 *Farben* confundirse 4 *reg Stoff* encogerse; **zusammenleben** VI vivir juntos; (con)vivir (**mit j-m** con alg); *unverheiratet*: vivir juntos sin estar casados; *(zusammenwohnen)* cohabitar (con alg)

Zu'sammenleben N ‹~s› vida *f* en común; convivencia *f*; cohabitación *f*

zu'sammenlegbar ADJ plegable; **zusammenlegen** A VT 1 *(aneinanderlegen)* poner juntos (*od* en común) 2 *(falten)* plegar, doblar 3 *(vereinigen)* (re)unir; combinar; agrupar; *Firmen* fusionar; *Truppen a.* concentrar 4 *Kranke* poner en una misma habitación B VI *(Geld zusammenlegen)* juntar dinero; hacer caja común; **Zusammenlegung** F ‹~; ~en› unión *f*; reunión *f*; *v. Firmen*: fusión *f*; *v. Truppen a.*: concentración *f*

zu'sammenleimen VT pegar (con cola); **zusammenlügen** VT ‹irr› *umg* **das lügt er sich alles zusammen** miente más que habla; **zusammennageln** VT clavar, unir con clavos; **zusammennähen** VT coser (**mit** a)

zu'sammennehmen ‹irr› A VT reunir, juntar; **seine Gedanken ~** concentrarse; **seine Kräfte ~** concentrar sus fuerzas; **seinen Mut ~** hacer acopio de valor; **alles zusammengenommen** en total, en suma; en conjunto; considerándolo todo B VR **sich ~** hacer un esfuerzo; *(sich beherrschen)* dominarse, controlarse; *(sich zurückhalten)* contenerse, moderarse; *(sich fassen)* serenarse, calmarse; *(aufpassen)* concentrarse

zu'sammenpacken A VT empaquetar; recoger; hacer un paquete con B VI recoger (sus cosas); **zusammenpassen** A VI armonizar, ir bien (**mit** con); *umg* pegar (**mit** con); *Personen* congeniar; *Brautpaar* hacer buena pareja; *Sachen a.* cuadrar, encajar (**mit** con); *zwei Teile*: hacer pareja (*od* juego) B VT ajustar; adaptar; **zusammenpferchen** VT *Vieh* acorralar; *Menschen* apelotonar, *fig* apiñar, hacinar

Zu'sammenprall M ‹~(e)s; ~e› colisión *f*; encontronazo *m*; choque *m*

zu'sammenprallen VI ‹sn› chocar, colisionar; **zusammenpressen** VT comprimir; apretar; prensar; **zusammenraffen** A VT acumular; acaparar; *pej Vermögen* amasar; *schnell*: recoger (*od* juntar) a toda prisa B VR *umg* **sich ~** hacer un esfuerzo supremo; animarse; **zusammenraufen** VR *umg* **sich ~** ponerse de acuerdo después de muchas peleas; **zusammenrechnen** VT sumar; totalizar; *umg* hacer números; **alles zusammengerechnet** en total; *fig* teniéndolo todo en cuenta

zu'sammenreimen A VT **sich** *(dat)* **etw ~** explicarse a/c deducir a/c, sacar el sentido a a/c B VR **wie reimt sich das zusammen?** ¿cómo se explica eso?

zu'sammenreißen VR ‹irr› *umg* **sich ~** hacer un esfuerzo; dominarse; **zusammenrollen** A VT enrollar, arrollar B VR **sich ~** enrollarse; apelotonarse

zu'sammenrotten VR **sich ~** agruparse; *(sich drängen)* aglomerarse, apiñarse; *Protestierende* amotinarse; **Zusammenrottung** F ‹~; ~en› agrupación *f*; amotinamiento *m*; motín *m*

zu'sammenrücken A VT aproximar, acercar B VI ‹sn› aproximarse, juntarse; hacer sitio; **eng ~** estrecharse; *fig* cerrar filas; **zusammenrufen** VT ‹irr› convocar; reunir; **zusammensacken** VI ‹sn› (**in sich** *acus*) **~** *Mensch* desplomarse, sufrir un colapso; *Gebäude etc a.* derrumbarse, hundirse, venirse abajo; **Zusammensacken** N desplome *m*; **zusammenscharen** VR **sich ~** agruparse; formar grupos; reunirse; **zusammenscharren** VT *fig* reunir (penosamente)

Zu'sammenschau F ‹~› visión *f* de conjunto; sinopsis *f*

zu'sammenschiebbar ADJ telescópico; **zusammenschieben** VT ‹irr› aproximar; juntar; TECH encajar; **zusammenschießen** VT ‹irr› derribar a tiros (*bzw* cañonazos); *Person* matar a tiros

zu'sammenschlagen ‹irr› A VT 1 *(falten)* replegar; doblar 2 *Hacken* chocar; **die Hände über dem Kopf ~** llevarse las manos a la cabeza 3 *(zerschlagen)* romper (a golpes); hacer pedazos; destrozar; **j-n ~** *umg* apalear a alg, medir las costillas a alg; moler a palos a alg B VI ‹sn› 1 *(aneinanderschlagen)* golpear contra; chocar con; entrechocar; **die Wellen schlugen über ihm zusammen** quedó sepultado bajo las olas; las olas se lo tragaron 2 *fig* **über j-m ~** *Verhängnis etc* abatirse sobre alg

zu'sammenschließen ‹irr› A VT unir; juntar; WIRTSCH, POL fusionar B VR **sich ~** unirse; agruparse; asociarse; WIRTSCH, POL fusionarse; *Gemeinden* mancomunarse; *im Bündnis*: aliarse; **Zusammenschluss** M (re)unión *f*; WIRTSCH, POL fusión *f*; *v. Parteien etc*: asociación *f*, federación *f*, agrupación *f*; **zusammenschmelzen** ‹irr› A VT fundir B VI ‹sn› fundirse; *fig* menguar, disminuir; ir disminuyendo; desvanecerse; **zusammenschmieden** VT *fig* soldar; **zusammenschmieren** VT *fig pej Buch etc* compilar atropelladamente; **zusammenschnüren** VT atar; *fig* **das Herz ~** oprimir el corazón; **die Kehle ~** → zuschnüren; **zusammenschrauben** VT atornillar; sujetar con tornillos; **zusammenschrecken** VI ‹sn› estremecerse

zu'sammenschreiben VT ‹irr› 1 *in e-m Wort*: escribir en una palabra 2 *(zusammenstellen)* compilar; recopilar 3 *pej Text* compilar atropelladamente; (**hastig**) **~** borronear 4 *pej* **sich ein Vermögen ~** enriquecerse escribiendo

zu'sammenschrumpfen VI ‹sn› 1 encogerse; contraerse; *(runzelig werden)* arrugarse; avellanarse; *Haut a.* apergaminarse 2 *fig* menguar, disminuir; venir a menos; **zusammenschustern** VT *umg fig pej* chapucear; hacer una chapuza; **zusammenschütten** VT juntar; mezclar; **zusammenschweißen** VT soldar; *fig a.* aglutinar

Zu'sammensein N ‹~s› *(Treffen)* reunión *f*, encuentro *m*; *(Zusammenleben)* convivencia *f*

zu'sammensetzen A VT 1 *an dieselbe Stelle*: poner (*od* colocar) juntos; *Personen* sentar juntos 2 *zu e-m Ganzen*: componer (**aus** de); *(aneinanderfügen)* juntar; (re)unir; TECH montar; armar; ensamblar 3 CHEM, MATH combinar B VR 1 **sich ~** sentarse juntos (*od* uno al lado del otro); *(zusammenkommen)* reunirse, juntarse 2 **sich aus etw ~** componerse (*od* constar) de a/c; estar integrado por a/c

Zu'sammensetzung F ‹~; ~en› 1 composición *f*; unión *f*; TECH montaje *m*; ensamblaje *m* 2 *(Struktur)* estructura *f* 3 CHEM, MATH combinación *f*; *bes* CHEM, PHARM compuesto 4 LING palabra *f* compuesta

zu'sammensinken VI ‹irr; sn› desplomarse *(a. Person)*; *(einstürzen)* hundirse; derrumbarse; venirse abajo; **zusammensitzen** VI ‹irr› estar sentados juntos; *fig* **sie sitzen oft zusammen** ellos pasan mucho tiempo juntos; **zusammensparen** VT reunir ahorrando; **zusammensperren** VT encerrar juntos

Zu'sammenspiel N ‹~(e)s› 1 *allg* juego *m* de conjunto; SPORT *a.* juego *m* de equipo; *Fußball*: combinación *f* 2 *fig* concierto *m*, cooperación *f*, interacción *f*

zu'sammenstauchen VT *umg* **j-n ~** *umg* echar una bronca (*od* un rapapolvo) a alg; **zusammenstecken** A VT 1 juntar, poner (*od* colocar) juntos; *mit Nadeln*: prender con alfileres 2 *fig* **die Köpfe ~** cuchichear, secretear B VI *umg fig* **immer ~** estar siempre juntos; ser inseparables; **zusammenstehen** VI ‹irr› 1 estar juntos; formar corro 2 *fig (zusammenhalten)* ayudarse mutuamente, ser solidarios

zu'sammenstellen VT 1 *räumlich*: *Sachen* colocar juntos 2 *(gemeinsam anordnen)* componer, disponer, arreglar; *in Gruppen*: agrupar; *nach Farben etc*: combinar 3 *(zusammenfügen, bilden) Truppen, Zug, Unterlagen* juntar, reunir; *Mannschaft*: seleccionar; *Menü* componer, combinar; *Daten, Texte etc* compilar; *Liste* hacer, confeccionar, elaborar; *Programm* organizar

Zu'sammenstellung F ‹~; ~en› 1 *e-s Menüs*: composición *f*; *e-r Liste*: elaboración *f*; *e-s Programms*: organización *f*; *von Daten, Texten a.*: compilación *f* 2 *(gemeinsame Anordnung)* disposición *f*; *in Gruppen*: agrupamiento *m*; *von Farben*: combinación *f* 3 *e-s Zugs*: formación *f* 4 *(Übersicht)* sinopsis *f*; cuadro *m* sinóptico; *(Liste)* lista *f*; relación *f*; *(Tabelle)* tabla *f*

zu'sammenstimmen VI concordar; armonizar; **nicht ~** desentonar; **zusammenstoppeln** VT *umg* reunir sin método; compilar atropelladamente

Zu'sammenstoß M 1 *(Aufprall)* colisión *f*, choque *m* (**mit** con) *(beide a. fig)*; atropello *m*; encontronazo *m*; MIL *a.* encuentro *m* 2 *fig (Wortwechsel)* altercado *m*, disputa *f*

zu'sammenstoßen VI ‹irr; sn› 1 *(zusammenprallen)* AUTO *etc* chocar *(a. fig)*; colisionar; entrechocarse; **~ mit** chocar contra; tropezar con(tra); dar contra 2 *(aneinandergrenzen)* estar contiguo(s); *(sich berühren)* tocarse 3 *fig* enfrentarse, pelearse; **mit j-m ~** tener un altercado con alg

zu'sammenstreichen VT ‹irr› abreviar; acortar; reducir; **zusammenströmen** VI ‹sn› *Flüsse* confluir; *Menschen* afluir; concurrir (*bzw* acudir) en masa

Zu'sammensturz M ‹~es› hundimiento *m*;

a. fig derrumbamiento *m*, desplome *m*

zu'sammenstürzen VI ⟨sn⟩ hundirse; venirse abajo; *a. fig* derrumbarse, desplomarse; **zusammensuchen** VT reunir, recoger de todas partes; rebuscar (*a. fig*); **zusammentragen** VT ⟨*irr*⟩ reunir; *Material, Daten etc a.* compilar, recopilar; **zusammentreffen** VI ⟨*irr*; sn⟩ 1 *Personen* encontrarse (**mit j-m** con alg); entrevistarse (*od* tener una entrevista) (con alg) 2 *zeitlich*: coincidir; *Umstände* concurrir

Zu'sammentreffen N 1 *v. Personen*: encuentro *m* (*a. feindliches*); entrevista *f* 2 *zeitlich*: coincidencia *f*; *von Umständen*: concurso *m*, concurrencia *f*

zu'sammentreiben VT ⟨*irr*⟩ recoger; reunir, juntar; JAGD batir; **zusammentreten** VI ⟨*irr*; sn⟩ *Ausschuss etc* reunirse

Zu'sammentritt M reunión *f*; junta *f*

zu'sammentrommeln VT *umg fig* llamar, reunir; convocar; **zusammentun** ⟨*irr*⟩ *umg* A VT juntar, poner juntos; (re)unir; (*verbinden*) asociar B VR **sich** ~ aunarse, unirse; (*sich verbünden*) asociarse, aliarse; **zusammenwachsen** VI ⟨*irr*; sn⟩ 1 BIOL crecer adheridos; MED coalescer; *Knochen* soldarse; *Wunde* cerrarse 2 *fig* amalgamarse; (*ineinander aufgehen*) fusionarse; **Zusammenwachsen** N adherencia *f*; BOT concrescencia *f*; **zusammenwehen** VT *Schnee* amontonar; **zusammenwerfen** VT ⟨*irr*⟩ amontonar desordenadamente; echar en un montón; **zusammenwickeln** VT enrollar; envolver; **zusammenwirken** VI *Umstände* concurrir, coincidir (con); **Zusammenwirken** N *v. Umständen*: concurrencia *f*, concurso *m*; *zeitlich*: coincidencia *f*; concomitancia *f*; PHYSIOL sinergia *f*; **zusammenwirkend** ADJ concurrente; *zeitlich*: coincidente; concomitante; **zusammenwohnen** VI vivir juntos; cohabitar; **zusammenwürfeln** VT *fig* reunir al azar; mezclar; → *a.* zusammengewürfelt; **zusammenzählen** VT sumar; **zusammenziehbar** ADJ contráctil

zu'sammenziehen ⟨*irr*⟩ A VT 1 *Muskeln etc*: contraer (*a.* PHYS *u.* LING); *Augenbrauen* fruncir 2 (*sammeln*) reunir (*a.* MIL *Truppen*); (*konzentrieren*) concentrar (*a.* MIL *Truppen*) 3 (*verengen*) estrechar; apretar; (*kürzen*) reducir, acortar; condensar (*a. Text*) 4 MED astringir B VI ⟨sn⟩ *in e-e Wohnung*: ir a vivir juntos C VR **sich** ~ 1 contraerse; *krampfhaft*: crisparse; (*kleiner werden*) encogerse (*a. Stoff*); reducirse, acortarse, estrecharse 2 *Wolken* acumularse; *Gewitter* cernerse (*a. fig*)

zu'sammenziehend ADJ MED astringente; **Zusammenziehung** F 1 *v. Muskeln etc*: contracción *f* (*a.* LING) 2 (*Sammlung*) reunión *f*; concentración *f* (*a.* MIL) 3 (*Verkürzung*) reducción *f*; acortamiento *m*; (*Verengerung*) estrechamiento *m* 4 MED astringencia *f*

zu'sammenzucken VI ⟨sn⟩ estremecerse; sobresaltarse (**vor** de)

'Zusatz M ⟨~es; Zusätze⟩ 1 *Vorgang*: adición *f*, aditamento *m*, añadidura *f* 2 (*Zusatzstoff*) aditivo *m* 3 *zu Texten*: (*Anmerkung*) nota *f* adicional; (*Nachtrag*) suplemento *m*; (*Nachschrift*) pos(t)data *f*; JUR *zu e-m Testament*: codicilo *m*

'Zusatz... IN ZSSGN adicional; suplementario; **Zusatzabkommen** N convenio *m* adicional; **Zusatzaggregat** N ELEK grupo *m* adicional; **Zusatzantrag** M POL enmienda *f*; **Zusatzausrüstung** F equipo *m* adicional; **Zusatzbatterie** F ELEK batería *f* auxiliar; **Zusatzbericht** M informe *m* suplementario; **Zusatzbestimmung** F disposición *f* suplementaria; **Zusatzbudget** [-by'dʒeː] N presupuesto *m* suplementario; **Zusatzgerät** N dispositivo *m* complementario; aparato *m* adicional (*od* suplementario); **Zusatzklausel** F JUR cláusula *f* adicional

'zusätzlich A ADJ adicional, suplementario, complementario B ADV además, por añadidura

'Zusatznahrung F alimentación *f* suplementaria; **Zusatzpatent** N patente *f* adicional (*od* complementaria); **Zusatzprämie** F prima *f* adicional, sobreprima *f*; **Zusatzqualifikation** F cualificación *f* adicional; **Zusatzstoff** M aditivo *m*; sustancia *f* aditiva; **Zusatzstrafe** F JUR pena *f* adicional; **Zusatzvereinbarung** F acuerdo *m* complementario (*bzw* adicional); **Zusatzverpflichtung** F obligación *f* accesoria; **Zusatzversicherung** F seguro *m* complementario; **Zusatzversorgung** F aprovisionamiento *m* suplementario; **Zusatzvertrag** M contrato *m* adicional

zu'schanden, zu Schanden ADV *geh* ~ **werden** frustrarse, quedar en nada; arruinarse; fracasar; ~ **machen** destruir (*a. Hoffnungen*); arruinar; echar a perder; *Plan* desbaratar; frustrar; *umg* echar a rodar; **ein Pferd ~ reiten** derrengar (*od* deslomar) un caballo

'zuschanzen VT *umg* **j-m etw ~** procurar *od* proporcionar *od* facilitar a/c a alg; **zuscharren** VT soterrar; enterrar; **zuschauen** VI *südd, österr, schweiz* → zusehen

'Zuschauer M ⟨~s; ~⟩, **Zuschauerin** F ⟨~; ~nen⟩ 1 espectador *m*, -a *f*; TV telespectador *m*, -a *f*; televidente *m/f*, **die** ~ *mpl* el público 2 *neugierige*: curioso *m*; -a *f*, *umg* mirón *m*, -ona *f*; **Zuschauerränge** MPL *im Stadion*: gradas *fpl*; graderías *fpl*; **Zuschauerraum** M sala *f* (de espectadores); **Zuschauerrekord** M récord *m* de asistencia; **Zuschauertribüne** F tribuna *f* (del público)

'zuschaufeln VT cubrir de tierra; **zuschicken** VT **j-m etw ~** enviar (*od* mandar *od* remitir) a/c a alg

'zuschieben VT ⟨*irr*⟩ 1 *Schublade etc* cerrar; *Riegel* correr, echar 2 *fig* **j-m etw ~** atribuir a/c a alg; *Arbeit etc* endosar a alg a/c; **j-m die Schuld an etw ~** imputar (*od* achacar *od* echar) a alg la culpa de a/c; **j-m die Verantwortung ~** cargar sobre alg la responsabilidad

'zuschießen ⟨*irr*⟩ A VT *Geld* contribuir (con dinero); dar dinero B VI ⟨sn⟩ ~ **auf** (*acus*) lanzarse (*od* abalanzarse) sobre

'Zuschlag M ⟨~(e)s; ¨e⟩ 1 *bei Preisen Bahnfahrkarten*: suplemento *m*; *beim Lohn, Gehalt*: plus *m*; recargo *m* 2 (*zusätzliche Gebühr*) sobretasa *f*, *Postwesen*: *a.* sobreporte *m* 3 *bei Ausschreibungen*: adjudicación *f*; *bei Auktionen a.*: remate *m*; **j-m den ~ für etw erteilen** *od* **geben** *bei Ausschreibungen*: adjudicar a/c a alg; *bei Auktionen*: rematar a/c a alg 4 METALL fundente *m*

'zuschlagen ⟨*irr*⟩ A VT 1 *Buch* cerrar; *Tür* cerrar de golpe (*od* con violencia); **die Tür ~** *a.* dar un portazo 2 *Ball* lanzar, tirar (**j-m** a alg) 3 (*hinzufügen*) adicionar; añadir 4 **j-m etw ~** *bei Ausschreibungen*: adjudicar a/c a alg; *bei Auktionen*: rematar a/c a alg B VI 1 (*drauflosschlagen*) dar golpes, golpear, pegar 2 *Tür etc* cerrarse violentamente (*od* de golpe)

'zuschlagfrei ADJ sin recargo; *bes* BAHN sin suplemento; **Zuschlagkarte** F BAHN billete *m* suplementario (*od* complementario); **zuschlagpflichtig** ADJ sujeto a sobretasa (*bzw* suplemento)

'Zuschlagsgebühr F recargo *m*; suplemento *m* (*a.* BAHN); sobretasa *f*; **Zuschlagsporto** N *Postwesen*: sobreporte *m*, sobretasa *f*; **Zuschlagsprämie** F HANDEL sobreprima *f*

'zuschließen VT ⟨*irr*⟩ *Tür etc* cerrar con llave; *Augen* cerrar; **zuschmeißen** VT ⟨*irr*⟩ *umg* → zuwerfen; **zuschmieren** VT tapar (con yeso, *etc*); **zuschnallen** VT enhebillar; abrochar; **zuschnappen** VI 1 *Schloss* cerrarse de golpe 2 *Hund* dar un mordisco; **zuschneiden** VT ⟨*irr*⟩ cortar (*a.* TEX); *Holz a.* escuadrar; *fig* adaptar; ajustar; **zugeschnitten auf** (*acus*) hecho a la medida de

'Zuschneiden N corte *m*; **Zuschneider** M, **Zuschneiderin** F cortador *m*, -a *f*

'zuschneien VI ⟨sn⟩ cubrirse de nieve

'Zuschnitt M TEX corte *m*, hechura *f* (*a. fig*)

zuschnüren VT atar (con cordones); **die Kehle ~** hacer a alg un nudo en la garganta; *fig* **die Kehle war ihm wie zugeschnürt** se le hizo un nudo en la garganta

'zuschrauben VT atornillar; *Gefäß* cerrar

'zuschreiben VT ⟨*irr*⟩ 1 **j-m etw ~** atribuir a/c a alg; *Negatives*: imputar a/c a alg; **er hat es sich** (*dat*) **selbst zuzuschreiben** es culpa suya 2 **es ist dem Umstand zuzuschreiben, dass** es debido a que 3 HANDEL **einem Konto ~** abonar en cuenta

'zuschreien VT ⟨*irr*⟩ **j-m etw ~** gritar a/c a alg; **zuschreiten** VI ⟨*irr*; sn⟩ ~ **auf** (*acus*) avanzar hacia

'Zuschrift F carta *f*; *amtliche*: comunicación *f*; ~ **auf eine Annonce** respuesta *f* a un anuncio

zu'schulden, zu Schulden ADV **sich** (*dat*) **etw ~ kommen lassen** incurrir en (*od* cometer una) falta; hacerse culpable de a/c; **sich** (*dat*) **nichts ~ kommen lassen** no incurrir en culpa alguna, no cometer falta alguna, no hacerse culpable de nada

'Zuschuss M ⟨~es; ¨e⟩ 1 *finanzieller*: subvención *f* (**zu** para); *staatlich*: subsidio *m* (**zu** para) 2 (*Zuschlag*) suplemento *m* 3 TYPO perdido *m*; **Zuschussbetrieb** M empresa *f* subvencionada (*bzw* deficitaria); **Zuschussbogen** M TYPO hoja *f* supernumeraria; **Zuschussgebiet** N región *f* deficitaria

'zuschustern VT *umg* → zuschanzen; **zuschütten** VT 1 rellenar; colmar; *Graben etc* cegar 2 (*hinzufügen*) añadir; echar más

'zusehen VI ⟨*irr*⟩ 1 estar mirando; ser espectador (*bzw* testigo) (**bei** de); **j-m bei etw ~** ver (*od* mirar *od* observar) cómo alg hace a/c; **j-m bei der Arbeit ~** mirar cómo trabaja alg; **bei genauerem Zusehen** mirando bien las cosas; *fig* **ich kann nicht länger ~** no puedo soportar (*od* aguantar) esto más tiempo; **ruhig ~, wie** tolerar (*od* permitir *od* consentir) que 2 *fig* (*sorgen für*) **~, dass** tener cuidado de que (*subj*); procurar que (*subj*); **sieh(e) zu, wo du bleibst!** ¡a ver dónde te quedas!; **soll er selbst ~!** él se las entienda; eso es asunto suyo

'zusehends ADV visiblemente; a ojos vista

'zusenden VT ⟨*irr*⟩ enviar, mandar, remitir; **Zusendung** F envío *m*

'zusetzen A VT (*hinzufügen*) añadir, agregar, adicionar; *Geld* perder; sacrificar; *umg* **etw zuzusetzen haben** disponer de reservas B VI **j-m ~** *drängend, mahnend*: apremiar (*od* atosigar) a alg; (*belästigen*) molestar (*od* fastidiar) a alg; *Hitze, Rauch a.* afectar a alg; *mit Bitten, Fragen*: acosar (*od* asediar) a alg (**mit** con); **j-m hart ~** *umg* apretar las clavijas a alg

'zusichern VT **j-m etw ~** asegurar (*od* garantizar *od* prometer) a/c a alg; **Zusicherung** F seguridad *f*; garantía *f*; (*Versprechen*) promesa *f*

Zu'spätkommende M/F ⟨~n; ~n; → A⟩ retrasado *m*, -a *f*; rezagado *m*, -a *f*

'zusperren VT *bes südd, österr* cerrar (con llave); barrear

'Zuspiel N SPORT pase *m*; **zuspielen** VT *Ball* pasar; *fig* **j-m etw ~** hacer llegar a/c a manos

de alg (*a. Informationen*)
'zuspitzen A VT afilar, aguzar, sacar punta a B VR *fig* **sich ~** hacerse crítico; agravarse, agudizarse; **Zuspitzung** F ⟨~; ~en⟩ *fig* agravamiento *m*, agravación *f*, agudización *f*
'zusprechen ⟨*irr*⟩ A VT 1 (*zuerkennen*) adjudicar; *Preis a.* conceder, otorgar; *bei Scheidung etc: Kind* dejar a la custodia de 2 **j-m Mut ~** animar (*od* dar ánimos *od* alentar) a alg; **j-m Trost ~** confortar (*od* consolar) a alg B VI 1 **j-m gut ~** animar (*bzw* consolar *bzw* tranquilizar) a alg 2 *geh* **dem Essen tüchtig ~** comer con mucho apetito; **dem Wein fleißig ~** beber mucho vino
'zuspringen VI ⟨*irr*; sn⟩ 1 *Tür etc* cerrarse de golpe 2 **auf j-n ~** lanzarse (*od* precipitarse) sobre alg
'Zuspruch M ⟨~(e)s⟩ 1 (*Beistand*) asistencia *f*; buenos consejos *mpl*; (*Ermunterung*) aliento *m*; (*Trost*) consuelo *m* 2 (*Zulauf*) afluencia *f*; **viel ~ haben** *od* **großen ~ finden** *Veranstaltung* estar muy concurrido; *Geschäft* estar muy acreditado; tener mucha parroquia; *geh* **sich (eines) großen ~s erfreuen** ser muy solicitado
'Zustand M ⟨~(e)s; ¨~e⟩ 1 (*Beschaffenheit, Verfassung*) estado *m*, condición *f*; status *m* (*a.* PHYS, MED); **in betrunkenem ~** en estado de ebriedad; **in flüssigem ~** en estado líquido; **in gutem/schlechtem ~** en buen/mal estado; en buenas/malas condiciones 2 (*Lage*) situación *f*; posición *f*; **das sind unhaltbare Zustände** es una situación insostenible; *umg* **das ist doch kein ~!** esto no puede continuar así 3 *umg* **Zustände kriegen** ponerse histérico; **da kann man ja Zustände kriegen!** es para volverse loco
zu'stande, zu Stande ADV **etw ~ bringen** lograr a/c, realizar a/c; llevar a cabo (*od* a efecto) a/c; **~ kommen** llevarse a cabo; realizarse; (*stattfinden*) tener lugar; **nicht ~ kommen** no llegar a realizarse; malograrse; quedar en nada; (*nicht stattfinden*) no tener lugar; (*scheitern*) fracasar; frustrarse
Zu'standebringen N, **Zustandekommen** N realización *f*; puesta *f* en práctica
'zuständig ADJ competente (**für** para); **dafür bin ich nicht ~** no es de mi competencia (*bzw* incumbencia); **dafür ist er ~** él es el responsable de esto; **Zuständigkeit** F ⟨~; ~en⟩ competencia *f*; incumbencia *f*; *bes* JUR jurisdicción *f*; **~en** *pl a.* atribuciones *fpl*; **in j-s ~** (*dat*) **liegen** ser de la competencia (*bzw* incumbencia) de alg
'Zuständigkeitsbereich M (*Befugnisse*) área *f* de responsabilidad; ámbito *m* de competencia (*od* de atribuciones); JUR jurisdicción *f*; **zuständigkeitshalber** ADV en razón (*od* en virtud) de competencia
zu'stattenkommen VI ⟨*irr*; sn⟩ **j-m ~** beneficiar a alg; redundar en beneficio de alg; (*gelegen kommen*) venir bien a alg
'zustechen VI dar una puñalada
'zustecken VT 1 *mit Nadeln*: cerrar con un alfiler (*bzw* con alfileres) 2 **j-m etw (heimlich) ~** pasar a/c a alg (*od* dar a/c a alg) disimuladamente (*od* a escondidas); *in die Hand*: deslizar a/c a alg en la mano
'zustehen VI ⟨*irr*⟩ **j-m ~** corresponder a alg; competer a alg; (*obliegen*) incumbir a alg; **das steht ihm nicht zu** eso no es de su incumbencia (*bzw* eso no le corresponde)
'zusteigen VI ⟨*irr*; sn⟩ montar(se); subir (*al tren, etc*)
'Zustellbezirk M *Postwesen*: zona *f* de reparto; distrito *m* postal; **Zustelldienst** M servicio *m* de reparto (a domicilio)
'zustellen VT 1 (*austragen*) entregar; hacer entrega de; (*zuschicken*) enviar, mandar, remitir; *Postwesen*: repartir; JUR notificar 2 (*versperren*) obstruir; barrear; bloquear
'Zusteller M, **Zustellerin** F repartidor *m*, -a *f*; **Zustellung** F ⟨~; ~en⟩ entrega *f*; envío *m*, HANDEL remesa *f*; *Postwesen*: reparto *m*; JUR notificación *f*
'Zustellungsgebühr F gastos *mpl* de entrega; **Zustellungsurkunde** F JUR acta *f* de notificación
'zusteuern A VT contribuir (**zu** a) B VI ⟨sn⟩ SCHIFF hacer rumbo (**auf** *acus* a); *fig* **auf etw/j-n ~** dirigirse a (*od* hacia) a/c/alg
'zustimmen VI asentir; **einer Sache** (*dat*) **~** aprobar a/c; asentir a a/c; consentir en a/c; **j-m ~** estar de acuerdo con alg, dar la razón a alg; **zustimmend** A ADJ aprobatorio, aprobativo; afirmativo B ADV afirmativamente; en sentido afirmativo; **~ nicken** asentir con la cabeza; **Zustimmung** F ⟨~; ~en⟩ asentimiento *m*; aquiescencia *f*; *zu etw*: aprobación *f*, consentimiento *m* (**zu** para)
'zustopfen VT *Loch* tapar; obturar; obstruir; **zustöpseln** VT taponar; **zustoßen** ⟨*irr*⟩ A VT *Tür* cerrar de un portazo; empujar B VI 1 (*zustechen*) dar una estocada (*bzw* puñalada) 2 ⟨sn⟩ (*widerfahren*) suceder, pasar, ocurrir; **ihm ist etw zugestoßen** ha tenido (*od* le ha sucedido) una desgracia; ha sufrido un accidente; **zustreben** VI ⟨sn⟩ dirigirse (**auf** *acus* a, hacia); *fig* aspirar (a); *Sache* tender (a); **dem Ausgang ~** dirigirse a la salida
'Zustrom M afluencia *f*; *fig a.* concurrencia *f*; METEO *v. Kaltluft etc*: invasión *f*; **zuströmen** VI ⟨sn⟩ afluir; *Menschen a.* acudir en masa; **zustürzen** VI ⟨sn⟩ **auf j-n ~** arrojarse (*od* precipitarse *od* abalanzarse) sobre alg
zu'tage, zu Tage ADV 1 *fig* **~ fördern** *od* **~ bringen** sacar a (la) luz; poner de manifiesto; revelar; hacer patente; **~ kommen** *od* **~ treten** salir a luz; revelarse; manifestarse, evidenciarse; **offen ~ liegen** ser evidente (*od* patente); estar de manifiesto 2 BERGB **~ fördern** extraer; **~ liegen** aflorar, estar a flor de tierra
'Zutat F ⟨~; ~en⟩ GASTR ingrediente *m*
'zuteilen VT 1 (*anweisen*) asignar; destinar; adjudicar; (*austeilen*) distribuir, repartir (*a. Aktien*); **j-m etw ~** asignar a/c a alg, adjudicar a/c a alg 2 *Beamte etc* adscribir; **zugeteilt** *Beamter* agregado, adscrito (**zu** a)
'Zuteilung F ⟨~; ~en⟩ 1 asignación *f*; adjudicación *f*; (*Verteilung*) distribución *f*, reparto *m* 2 (*Kontingent*) cupo *m*; contingente *m*; (*Ration*) ración *f*, cuota *f*
zu'teilwerden VI ⟨*irr*; sn⟩ *geh* caer (*od* tocar) en suerte; **~ lassen** deparar; **ihm wurde eine freundliche Aufnahme zuteil** se le dispensó una cordial acogida
'zutexten VT *umg* **j-n ~** (*j-m endlos viel erzählen*) *umg* soltar el rollo a alg
zu'tiefst ADV hondamente, profundamente, en lo más hondo; **j-n ~ treffen** llegarle a alg al alma
'zutragen ⟨*irr*⟩ A VT 1 (*bringen*) llevar; traer 2 *fig* (*erzählen*) contar; *pej* delatar; *umg* soplar B VR *geh* **sich ~** pasar, ocurrir, suceder; acaecer
'Zuträger M ⟨~s; ~⟩, **Zuträgerin** F ⟨~; ~nen⟩ *pej* delator *m*, -a *f*, *umg* soplón *m*, -ona *f*, chivato *m*, -a *f*
'zuträglich ADJ ventajoso; provechoso; beneficioso; (**der Gesundheit**) **~** saludable, salubre; **Zuträglichkeit** F ⟨~⟩ provecho *m*; utilidad *f*; (*Gesundheit*) salubridad *f*
'zutrauen VT **j-m etw ~** creer a alg capaz de (hacer) a/c; **j-m viel ~** tener un buen concepto de alg; **sich (nicht) viel ~** confiar en (desconfiar de) sus fuerzas; **sich zu viel ~** excederse; confiar excesivamente en sus fuerzas; **das ist ihr zuzutrauen!** ¡tiene cara de eso!
'Zutrauen N ⟨~s⟩ confianza *f* (**zu** en); **ich habe kein ~ zu ihm** no le tengo confianza
'zutraulich ADJ confiado; lleno de confianza; *Kind* cariñoso; *Tier a.* manso; **Zutraulichkeit** F ⟨~⟩ confianza *f*; *e-s Tiers a.*: mansedumbre *f*
'zutreffen VI ⟨*irr*⟩ 1 (*stimmen*) ser exacto; ser verdad; ser cierto; ser justo 2 (*gelten*) **~ auf** (*acus*) *od* **für** valer para; ser aplicable a; poder aplicarse a; **das trifft auf mich nicht zu** eso no vale para mí
'zutreffend ADJ 1 (*richtig*) justo, cierto; exacto; (*treffend*) acertado; atinado 2 (*anwendbar*) aplicable; **Zutreffendes bitte ankreuzen** por favor, márquese lo que corresponda
'zutreffenden'falls ADV en caso afirmativo
'zutreiben VI ⟨*irr*; sn⟩ SCHIFF ser llevado por la corriente (**auf** *acus* a); **zutrinken** VI ⟨*irr*⟩ **j-m ~** beber a la salud de alg; brindar por alg
'Zutritt M ⟨~(e)s⟩ acceso *m* (**zu** a); entrada *f*; admisión *f*; **freier ~** entrada libre (*od* gratuita); **freien ~ haben** tener libre acceso; **~ verboten!** *od* **kein ~!** ¡prohibido el paso!
'Zutrittskontrolle F control *m* de acceso
'zutun VT ⟨*irr*⟩ 1 (*schließen*) cerrar; **kein Auge ~** no pegar ojo 2 *umg* (*hinzufügen*) añadir, adicionar
'Zutun N ⟨~s⟩ **ohne mein ~** sin mi intervención; *umg* sin comerlo ni beberlo
zu'ungunsten, zu Ungunsten PRÄP (*gen*) *u.* ADV **~ von** en perjuicio de
zu'unterst ADV abajo del todo; debajo de todo; **das Oberste ~ kehren** revolverlo todo
'zuverlässig A ADJ 1 *Sache* seguro; *Nachricht* fidedigno, fiable; (*erprobt*) probado, a toda prueba; TECH fiable; **aus ~er Quelle** de fuente fidedigna *od* de buena fuente 2 *Person* de confianza, formal; (*loyal*) fiel, leal; *Freund* seguro; **sie ist absolut ~** es de plena confianza; **er ist nicht ~** no es de confianza (*od* de fiar), no puede uno fiarse de él 3 *Arbeit* concienzudo, hecho a conciencia; *Arbeiter* cumplidor 4 *Mittel* eficaz, de probada eficacia B ADV **~ arbeiten** ser muy formal trabajando
'Zuverlässigkeit F ⟨~⟩ 1 *e-r Sache, Information*: seguridad *f*; autenticidad *f*; TECH fiabilidad *f*; *e-r Quelle*: solvencia *f* 2 *e-r Person*: formalidad *f*; fiabilidad *f*; (*Loyalität*) fidelidad *f*; **Zuverlässigkeitsprüfung** F TECH prueba *f* de resistencia
'Zuversicht F ⟨~⟩ (absoluta) confianza *f*; optimismo *m*; (firme) esperanza *f*; **voller ~** lleno de optimismo *bzw* esperanza; **die ~ haben, dass** confiar en que (*subj*)
'zuversichtlich A ADJ confiado; esperanzado; lleno (*od* pleno) de confianza (*bzw* esperanza) B ADV con toda confianza; **Zuversichtlichkeit** F ⟨~⟩ confianza *f*; esperanza *f*
zu'viel → zu[1] B 1
Zu'viel N ⟨~s⟩ exceso *m* (**an** *dat* de)
zu'vor ADV antes; previamente; (*zunächst*) ante todo; primero; **kurz ~** poco antes; **wie ~** como antes; **zu'vorderst** ADV (*ganz vorn*) a la cabeza
zu'vorkommen VI ⟨*irr*; sn⟩ **j-m ~** adelantarse a alg, anticiparse a alg; tomar la delantera a alg; **einer Sache** (*dat*) **~** prevenir a/c; **zuvorkommend** A ADJ (*liebenswürdig*) amable, complaciente; (*höflich*) cortés; (*aufmerksam*) solícito; atento; obsequioso B ADV con mucha atención; solícitamente; **Zuvorkommenheit** F ⟨~⟩ (*Liebenswürdigkeit*) amabilidad *f*; (*Höflichkeit*) cortesía *f*; (*Aufmerksamkeit*) atención *f*
zu'vortun VT ⟨*irr*⟩ *geh* **es j-m ~** superar (*od* aventajar) a alg
'Zuwachs M ⟨~es; -wächse⟩ aumento *m*, incremento *m* (**an** *dat* de); (*Wachstum*) crecimiento

m; JUR accesión *f*; *umg* ~ **bekommen** estar esperando familia; **die Familie Maier hat ~ bekommen** los Maier han tenido un niño; **auf ~ berechnet** *Kleidung* crecedero

'zuwachsen VI ‹*irr*; sn› 1 cerrarse; *Wunde a.* cicatrizarse 2 *Beet* cubrirse de vegetación 3 *fig* **j-m ~** caer (*od* tocar) a alg en suerte

'Zuwachsrate F tasa *f* de incremento (*od* de crecimiento)

'Zuwanderer M, **Zuwanderin** F inmigrante *m/f*; **zuwandern** VI ‹sn› inmigrar; **Zuwanderung** F inmigración *f*; **Zuwanderungskommission** F POL Comisión *f* de Inmigración

'zuwarten VI *umg* esperar (pacientemente)

zu'wege, zu Wege ADV **etw ~ bringen** conseguir a/c; (lograr) realizar a/c; llevar a cabo a/c; **gut ~ sein** sentirse bien; disfrutar de buena salud

'zuwehen VT *mit Schnee, Sand etc*: bloquear

zu'weilen ADV a veces; de vez en cuando; de cuando en cuando

'zuweisen VT ‹*irr*› **j-m etw ~** asignar a/c a alg; destinar a alg a/c; (*zuteilen*) adjudicar a alg a/c; **Zuweisung** F asignación *f*; adjudicación *f*

'zuwenden ‹*irr*› A VT 1 (*hinwenden*) volver (*bzw* dirigir) hacia; **j-m das Gesicht ~** volver la cara hacia alg; **j-m den Rücken ~** volver la espalda a alg; **j-m/einer Sache seine Aufmerksamkeit ~** prestar atención a alg/a/c; centrar su atención en alg/a/c 2 *fig* (*schenken*) **j-m etw ~** dar a/c a alg; obsequiar a alg con a/c; *Geld etc* asignar (*bzw* donar) a/c a alg B VR **sich j-m ~** volverse a (*od* hacia) alg; **sich einer Sache** (*dat*) **~** *e-m Ort*: encaminarse (*od* dirigirse) hacia; *e-r Sache*: dedicarse (*od* consagrarse) a a/c; proceder a (hacer) a/c; interesarse por a/c

'Zuwendung F 1 (*Beihilfe*) ayuda *f*, subvención *f*; subsidio *m*; (*Gabe*) donativo *m*; obsequio *m*; JUR donación *f* 2 *fig emotionale*: afecto *m*, cariño *m*

zu'wenig → zu[1] B,1

'zuwerfen VT ‹*irr*› 1 tirar, lanzar (**j-m etw** a/c a alg); *Blicke a.* echar 2 *Tür* cerrar de golpe; **die Tür ~** *a.* dar un portazo 3 *Grube etc* cubrir; cerrar

zu'wider PRÄP ‹*dat, nachgestellt*› **j-m ~** contrario a alg; *Person* antipático a alg; **er ist mir ~** *a.* le tengo antipatía; **es ist mir ~** me repugna; lo detesto; **es ist mir ~, das zu tun** detesto hacer esto; me repugna hacer esto; **das Essen ist ihr ~** la comida le da náuseas

zu'widerhandeln VI *e-r Vorschrift*: contravenir, infringir; *e-m Gesetz a.*: violar; *e-m Vertrag, Befehl*: faltar a; **Zuwiderhandelnde** M/F JUR contraventor *m*, -a *f*; infractor *m*, -a *f*; **Zuwiderhandlung** F JUR contravención *f*, infracción *f*

zu'widerlaufen VI ‹*irr*; sn› **einer Sache ~** ser contrario a a/c; ir contra a/c

'zuwinken VI **j-m ~** hacer señas a alg (con la mano); **zuzahlen** VT pagar un recargo (*bzw* un suplemento); **zuzählen** VT (*hinzurechnen*) añadir, agregar; (*einbeziehen*) incluir

'Zuzahlung F pago *m* adicional (*bzw* suplementario); suplemento *m*

zu'zeiten ADV a veces

'zuzeln VT *bes österr* (*lutschen, saugen*) chupar

'zuziehen A VT 1 *Knoten* cerrar, apretar; *Vorhang* correr 2 *fig Person* llamar, hacer venir; *Arzt etc* consultar; **j-n zu etw ~** invitar a alg a tomar parte en (*od* asistir a) a/c 3 **sich** (*dat*) **etw ~** *Zuneigung, Zorn, Hass* atraerse (*od* atraer sobre sí) a/c; *Verletzung* producirse a/c; **sich** (*dat*) **eine Krankheit ~** contraer (*od umg* coger) una enfermedad B VI ‹sn› venir(se) a vivir; (*einwandern*) inmigrar

'Zuziehung F ‹~› **unter ~** (*gen*) *od* **von** (*dat*) asistido por, con la asistencia de; consultando; **Zuzug** M ‹~(e)s; ~̈e› llegada *f*; (*Einwanderung*) inmigración *f*; (*Zustrom*) afluencia *f*; MIL refuerzos *mpl*

'zuzüglich PRÄP (*gen*) más; **50 Euro ~ Porto** 50 euros más gastos de envío; **~ der Kosten** más (*od* no incluidos) los gastos

'Zuzugsgenehmigung F VERW permiso *m* de residencia

'zuzwinkern VI **j-m ~** guiñar un ojo (*od* hacer guiños) a alg

zw. ABK (zwischen) entre

'zwacken VT pellizcar; *fig* vejar; *umg* fastidiar

zwang → zwingen

Zwang M ‹~(e)s; Zwänge› 1 (*Gewalt*) fuerza *f*, violencia *f*; **~ anwenden** usar de la fuerza; **sich** (*dat*) **~ antun** violentarse; **sich** (*dat*) **keinen ~ antun** no tener reparos (en hacer a/c); no hacer (*od umg* no andarse con) cumplidos; *iron* **tun Sie sich keinen ~ an!** ¡haga usted como si estuviera en su casa! 2 (*Druck*) presión *f*; *bes moralischer*: obligación *f*; JUR coacción *f*, coerción *f*; **~ auf j-n ausüben** *od* **j-m ~ antun** presionar a alg; **aus ~** por obligación (*bzw* necesidad); **unter ~ handeln** actuar bajo presión; **unter dem ~ der Verhältnisse** obligado por las circunstancias

'zwängen A VT comprimir; apretar; **etw durch etw ~** hacer pasar a/c a la fuerza por a/c; **etw in etw** (*acus*) **~** meter (*od* hacer entrar) a/c en a/c por la fuerza B VR **sich durch eine Öffnung ~** pasar a la fuerza a través de un hueco

'zwanghaft ADJ forzoso, obligatorio

'zwanglos A ADJ (*ohne Anstrengung*) desembarazado; desenvuelto; *Benehmen* natural; *Party, Kleidung, Ton a.* informal; (*unverbindlich*) sin compromiso; (*lässig, locker*) con soltura; **~es Beisammensein** reunión *f* informal B ADV sin ceremonia; sin cumplidos; **Zwanglosigkeit** F ‹~› desembarazo *m*; desenvoltura *f*; *im Benehmen*: informalidad *f*, naturalidad *f*; (*Lässigkeit*) soltura *f*

'Zwangsaktion F acción *f* coercitiva; **Zwangsanleihe** F empréstito *m* forzoso; **Zwangsarbeit** F trabajos *mpl* forzados (*od* forzosos); **Zwangsarbeiter** M, **Zwangsarbeiterin** F trabajador *m* forzado, -a *f* forzada; **Zwangsaufenthalt** M JUR confinamiento *m*; **Zwangsbeitreibung** F cobro *m* ejecutivo; **Zwangsenteignung** F expropiación *f* forzosa; **zwangsernähren** VT alimentar por la fuerza; **Zwangsernährung** F alimentación *f* forzosa; **Zwangserziehung** F educación *f* correccional; **Zwangshandlung** F acto *m* obsesivo; **Zwangsherrschaft** F despotismo *m*; **Zwangsjacke** F camisa *f* de fuerza; **Zwangskauf** M compra *f* forzosa; **Zwangskurs** M WIRTSCH curso *m* forzoso

'Zwangslage F (*Notlage*) situación *f* embarazosa, aprieto *m*; **in der ~ sein zu** verse obligado a (*inf*); verse en la necesidad de (*inf*); **sich in einer ~ befinden** estar ante un dilema; *umg* estar entre la espada y la pared

'zwangsläufig A ADJ obligatorio; (*unvermeidlich*) inevitable; (*notwendig*) necesario, preciso B ADV inevitablemente; automáticamente; (*notwendigerweise*) necesariamente; **Zwangsläufigkeit** F ‹~; ~en› curso *m* inevitable de las cosas

'Zwangsliquidation F liquidación *f* forzosa; **Zwangsmaßnahme** F medida *f* coercitiva; **Zwangsmittel** N medio *m* coactivo (*od* de coacción *od* coercitivo); **Zwangsneurose** F MED neurosis *f* obsesiva; **Zwangspensionierung** F jubilación *f* forzosa; **Zwangsprostitution** F prostitución *f* por coacción; **Zwangsräumung** F JUR *e-r Wohnung*: desahucio *m*; **Zwangssparen** N ahorro *m* forzoso; **Zwangsumlauf** M circulación *f* forzosa; **Zwangsumtausch** M cambio *m* obligatorio (de divisas); **Zwangsunterbringung** F *in e-r Anstalt*: confinamiento *m*; **Zwangsverfahren** N JUR **im ~** por vía de apremio; **Zwangsvergleich** M JUR convenio *m* forzoso (*od* obligatorio); **Zwangsverkauf** M venta *f* forzosa; **Zwangsversetzung** F traslado *m* forzoso; **Zwangsversicherung** F seguro *m* obligatorio; **Zwangsversteigerung** F subasta *f* forzosa; **Zwangsverwalter** M, **Zwangsverwalterin** F JUR administrador *m*, -a *f* judicial; **Zwangsverwaltung** F JUR administración *f* (judicial) forzosa; **Zwangsvollstreckung** F JUR ejecución *f* forzosa; **Zwangsvorstellung** F MED obsesión *f*; idea *f* fija (*od* obsesiva)

'zwangsweise ADV forzosamente; a la fuerza; por (la) fuerza; JUR por vía de apremio

'zwanzig ADJ veinte; **etwa ~** una veintena; unos veinte; **~er Jahre** → Zwanzigerjahre

'Zwanzig F ‹~› veinte *m*

Zwanzig'centstück N moneda *f* de veinte céntimos

'Zwanzige M/F ‹~n; ~n; → A› joven *m/f* de veinte años, veinteañero *m*, -a *f*

'Zwanziger M ‹~s; ~› 1 *Person*: joven *m* de veinte años, veinteañero *m* 2 *umg Geldschein*: billete *m* de veinte; **Zwanzigerin** F ‹~; ~nen› joven *f* de veinte años, veinteañera *f*

Zwanzigerjahre NPL **die ~** los años veinte; **in den ~n** en los años veinte

Zwanzig'euroschein M billete *m* de veinte euros

'zwanzigfach ADV veinte veces más; **Zwanzig'frankenschein** M billete *m* de veinte francos; **zwanzigjährig** ADJ de veinte años; **zwanzigmal** ADV veinte veces

Zwanzig'markschein M HIST billete *m* de veinte marcos

'zwanzigste(r, -s) ADJ vigésimo; **der ~ April** el veinte de abril; **den** *od* **am ~n Januar** el veinte de enero; **Zwanzigstel** N ‹~s; ~› vigésimo *m*, vigésima parte *f*; veintavo *m*; **zwanzigstens** ADV en vigésimo lugar; *bei Aufzählungen*: vigésimo

zwar ADV 1 *einräumend*: si bien; aunque; en verdad, a decir verdad; por cierto; **der Anzug gefällt mir ~, aber …** el traje sí que me gusta, pero … 2 **und ~** y eso (que); es decir; o sea; *bei Aufzählungen*: a saber; **und ~ so** es decir, así

Zweck M ‹~(e)s; ~e› 1 (*Endzweck*) fin *m*; finalidad *f*; (*Verwendungszweck*) uso *m*, función *f*; **für einen guten ~** *Geld* para un buen fin; **zu diesem ~** con esta función; con este fin; con (*od* a) tal fin; **zu welchem ~?** ¿con qué fin?; ¿con qué objeto?; **zu friedlichen ~en** para fines pacíficos; **seinen ~ erfüllen** cumplir su finalidad (*od* su cometido) 2 (*Ziel*) fin *f*, objeto *m*; objetivo *m*; (*Absicht*) intención *f*; propósito *m*, designio *m*; **seinen ~ erreichen** lograr su propósito, *umg* salirse con la suya; **seinen ~ verfehlen** no lograr su objeto; **einen ~ verfolgen** perseguir un fin; **den ~ haben zu** (*inf*) tener por objeto (*inf*); servir para (*inf*); *sprichw* **der ~ heiligt die Mittel** el fin justifica los medios 3 (*Sinn*) sentido *m*; **das hat keinen ~** no tiene sentido; **das wird wenig ~ haben** eso servirá de poco; **welchen ~ hat es, zu** (*inf*)? ¿de qué sirve (*inf*)?

'Zweckbau M ‹~(e)s; ~ten› ARCH edificio *m* funcional; **zweckbestimmt** ADJ adecuado al fin propuesto; funcional; **Zweckbestim-**

mung F ⟨~⟩ finalidad *f*; aplicación *f*; asignación *f*; *v. Geldern a.*: afectación *f*; **zweckbetont** ADJ utilitario; funcional; **zweckdienlich** ADJ apropiado, adecuado; oportuno; JUR pertinente; **Zweckdienlichkeit** F ⟨~⟩ utilidad *f*; adecuación *f*; pertinencia *f*

'Zwecke F ⟨~; ~n⟩ (*Reißzwecke*) chincheta *f*; (*Nagel*) tachuela *f*

'zweckentfremden V/T desviar (de su destino primero); **Gelder ~** desviar fondos de su destino; utilizar fondos con fines extraños; **eine Wohnung ~** usar la vivienda para fines distintos a los previstos; usar la vivienda inapropiadamente; **zweckentfremdet** ADJ usado para fines extraños (*od* distintos a los previstos); **zweckentsprechend** ADJ → zweckdienlich; **zweckgebunden** ADJ para un determinado uso; para fines específicos; *Geldsumme a.* afectado

'zwecklos ADJ inútil; vano; **es ist ~, zu** (*inf*) es inútil (*inf*); no conduce a nada (*inf*); **Zwecklosigkeit** F ⟨~⟩ inutilidad *f*

'zweckmäßig ADJ (*angemessen*) apropiado, adecuado; conveniente; (*zweckentsprechend*) funcional (*a.* TECH); (*praktisch*) práctico; (*ratsam*) aconsejable; **Zweckmäßigkeit** F ⟨~⟩ conveniencia *f*; (*Nützlichkeit*) utilidad *f*; *bes* TECH funcionalidad *f*

'Zweckmöbel NPL muebles *mpl* funcionales

zwecks PRÄP (*gen*) con el fin de; con (el) objeto de; a fin de, para (*inf*)

'Zwecksparen N ahorro *m* para un fin determinado; **Zweckverband** M asociación *f* de intereses; mancomunidad *f*; **zweckvoll** ADJ → zweckmäßig; **zweckwidrig** ADJ no apropiado; contraproducente; inadecuado

zwei ADJ dos; **sie ist ~ Jahre alt** tiene dos años; **es ist ~ Uhr** son las dos; **um ~ Uhr** a las dos; **zu ~en** de dos en dos; dos a dos; **wir ~** los dos; **für ~ essen** comer por dos

Zwei F ⟨~; ~en⟩ **1** *Zahl*: dos *m* **2** *Schulnote*: ≈ notable

'Zweiachser M ⟨~s; ~⟩ AUTO vehículo *m* de dos ejes

'zweiachsig ADJ TECH biaxial; AUTO de cuatro ruedas; **zweiarmig** ADJ de dos brazos; **zweiatomig** ADJ CHEM biatómico; **zweibändig** ADJ *Buch* de (*od* en) dos tomos; **zweibasisch** ADJ CHEM bibásico; **zweibeinig** ADJ de dos pies (*bzw* patas); ZOOL bípedo

'Zweibettzimmer N habitación *f* de dos camas; habitación *f* doble

'zweiblättrig ADJ BOT de dos hojas, bifolio

Zwei'centstück N moneda *f* de dos céntimos

'zweideutig ADJ ambiguo; equívoco; de doble sentido; *Witz etc* atrevido; picante; **Zweideutigkeit** F ⟨~; ~en⟩ ambigüedad *f*; doble sentido *m*

'zweidimensional ADJ de dos dimensiones, bidimensional

Zwei'drittelmehrheit F mayoría *f* de dos tercios (*od* de las dos terceras partes)

'zweieiig ADJ BIOL dicigótico, biovular; *Zwillinge a.* fraternos

'Zweier M ⟨~s; ~⟩ **1** SCHIFF, SPORT bote *m* de dos (remeros) **2** *reg* → Zwei

'Zweierbeziehung F relación *f* de pareja; **Zweierbob** M SPORT bob(sleigh) *m* a dos

'zweierlei ADJ de dos especies (*od* clases) diferentes; **das ist ~** son dos cosas distintas; **auf ~ Art** de dos maneras diferentes

'Zweierreihe F fila *m* de (a) dos; **sich in ~n aufstellen** alinearse en filas de a dos; **'Zweiertakt** M MUS compás *m* binario (*od* de dos tiempos)

Zwei'eurostück N moneda *f* de dos euros

'zweifach ADJ doble; duplicado; **in ~er Ausfertigung** por duplicado

Zwei'fadenlampe F AUTO lámpara *f* de dos filamentos

'Zweifamilienhaus N casa *f* de dos viviendas, chalet *m* pareado

Zwei'farbendruck M TYPO bicromía *f*

'zweifarbig ADJ de dos colores, bicolor; TYPO a dos tintas

'Zweifel M ⟨~s; ~⟩ duda *f*; (*Bedenken*) escrúpulo *m*; **seine ~ haben** tener sus dudas; **mir kommen ~** me entra la duda; me vienen dudas; **keinen ~ zulassen** no dejar lugar a dudas; **j-s ~ beheben** sacar de dudas a alg; **es besteht kein ~** no hay (*od* no cabe) duda; **außer (allem) ~ stehen** estar fuera de (toda) duda; **im ~ lassen** dejar en la duda (*bzw* incertidumbre); **im ~ sein** dudar, tener dudas; **(sich** *dat*) **über etw** (*acus*) **im ~ sein** dudar de a/c; tener dudas sobre a/c; **in ~ ziehen** poner en duda (*od* en entredicho); **ohne ~** sin duda; indudablemente; **ohne jeden ~** sin duda alguna, sin ninguna duda; **das ist über jeden ~ erhaben** eso está fuera de toda duda

Zwei'felderwirtschaft F AGR rotación *f* bienal

'zweifelhaft ADJ (*ungewiss*) dudoso, incierto; (*fraglich*) problemático, discutible; (*verdächtig*) sospechoso; **zweifellos** **A** ADJ indudable **B** ADV indudablemente; sin duda (alguna)

'zweifeln V/I dudar (**an** *dat* de); **daran ist nicht zu ~** no hay duda de ello; **ich zweifle daran** lo dudo; **zweifelnd** ADJ escéptico; **Zweifelsfall** M caso *m* dudoso; **im ~** en caso de duda

zweifels'ohne ADV indudablemente; sin duda alguna

'Zweifler M ⟨~s; ~⟩, **Zweiflerin** F ⟨~; ~nen⟩ escéptico *m*, -a *f*; **zweiflerisch** ADJ escéptico

'zweiflügelig ADJ de dos alas; *Tür* de dos hojas; *Insekt* díptero; **Zweiflügler** M ⟨~s; ~⟩ ZOOL díptero *m*

Zwei'frontenkrieg M guerra *f* en dos frentes

'Zweifüßer M ⟨~s; ~⟩ bípedo *m*; **zweifüßig** ADJ bípedo

Zweig M ⟨~(e)s; ~e⟩ rama *f*; *dicker*: ramo *m* (*beide a. fig*); *umg fig* **auf keinen grünen ~ kommen** no salir adelante

'Zweiganggetriebe N caja *f* de dos velocidades; **zweigängig** ADJ *Gewinde* de dos pasos

'Zweiganstalt F sucursal *f*; **Zweigbahn** F BAHN ramal *m*; vía *f* secundaria; **Zweigbank** F sucursal *f*

'zweigeschlechtig ADJ bisexual; hermafrodita; **Zweigeschlechtigkeit** F ⟨~⟩ bisexualidad *f*

'Zweigespann N tiro *m* de dos caballos; *umg fig* (*Personen*) tándem *m*; **zweigeteilt** ADJ dividido en dos; bipartido

'Zweiggeschäft N sucursal *f*; **Zweiggesellschaft** F sociedad *f* afiliada

'zweigleisig **A** ADJ **1** BAHN de vía (*Am* de trocha) doble **2** *fig* de dos bandas **B** ADV *fig* **~ fahren** jugar a dos bandas

'Zweigleitung F ELEK derivación *f*; **Zweiglinie** F → Zweigbahn; **Zweigniederlassung** F sucursal *f*; **Zweigstelle** F HANDEL sucursal *f*; agencia *f* (urbana); *v. Behörden*: delegación *f*

'zweihändig **A** ADJ **1** MUS *Klavierstück* a dos manos **2** (*beidhändig*) ambidextro **3** ZOOL bímano **B** ADV MUS **~ spielen** tocar a dos manos; **zweihäusig** ADJ BOT dioico

'Zweiheit F ⟨~⟩ dualidad *f*

'Zweihufer M ⟨~s; ~⟩ ZOOL bisulco *m*; **zweihufig** ADJ bisulco

zwei'hundert ADJ doscientos

Zweihundert'euroschein M billete *m* de doscientos euros; **Zweihundert'jahrfeier** F bicentenario *m*

Zwei'jahresplan M plan *m* bienal

'zweijährig ADJ **1** (*zwei Jahre alt*) de dos años **2** (*zwei Jahre lang*) bienal (*a.* BOT, VERW *etc*); durante dos años; **Zweijährige** M/F ⟨~n; ~n; → A⟩ niño *m*, -a *f* de dos años; **zweijährlich** ADJ bienal

Zwei'kammersystem N POL sistema *m* bicameral, bicameralismo *m*

'Zweikampf M duelo *m* (*a. fig*)

Zweika'nalton M TV sonido *m* bicanal

'zweikeimblättrig ADJ BOT dicotiledóneo; **zweiklappig** ADJ ZOOL bivalvo

Zwei'klassensystem N POL sistema *m* de dos clases

'zweiköpfig ADJ bicéfalo (*a. fachspr*); **zweilappig** ADJ BOT bilobulado

Zwei'leiterkabel N ELEK cable *m* de dos conductores

'zweimal ADV dos veces; **~ monatlich/wöchentlich erscheinend** bimensual (*od* quincenal)/bisemanal; **~ täglich/jährlich** dos veces al día/al año; **es sich nicht ~ sagen lassen** no dejarse decir las cosas dos veces; no hacerse (de) rogar

'zweimalig ADJ doble; (dos veces) repetido

Zwei'markstück N HIST moneda *f* de dos marcos

'Zweimaster M ⟨~s; ~⟩ SCHIFF barco *m* (*bzw* velero *m*) de dos palos

'zweimonatig ADJ de dos meses; **zweimonatlich** ADJ bimestral; bimensual; **zweimotorig** ADJ bimotor

Zweipar'teiensystem N POL bipartidismo *m*

'zweiphasig ADJ ELEK bifásico; **zweipolig** ADJ ELEK bipolar

'Zweirad N bicicleta *f*; **zweiräd(e)rig** ADJ de dos ruedas

'Zweireiher M ⟨~s; ~⟩ TEX traje *m* cruzado, traje *m* con dos filas de botones; **zweireihig** ADJ **1** de dos filas **2** TEX *Anzug* cruzado

'zweischläf(e)rig ADJ *Bett* doble (*bzw* de matrimonio); **zweischneidig** ADJ de dos filos; *a. fig* **ein ~es Schwert** un arma de dos filos; **zweiseitig** ADJ **1** de dos caras; *Vertrag etc* bilateral; *Stoff* reversible, doble faz **2** *Schriftstück* de dos páginas; **zweisilbig** ADJ de dos sílabas, bisílabo; **Zweisitzer** M ⟨~s; ~⟩ coche *m* (*bzw* avión *m*) de dos plazas (*od* asientos), biplaza *m*; *Fahrrad*: tándem *m*; **zweisitzig** ADJ de dos plazas (*od* asientos); **zweispaltig** ADJ TYPO en (*od* a) dos columnas

'Zweispänner M ⟨~s; ~⟩ coche *m* de dos caballos; **Zweispitz** M ⟨~es; ~e⟩ *Hut*: sombrero *m* de dos picos, bicornio *m*

'zweisprachig ADJ bilingüe; *Text* en dos idiomas, en dos lenguas; **Zweisprachigkeit** F ⟨~⟩ bilingüismo *m*

'zweispurig ADJ de doble vía; *Straße* de dos carriles

Zwei'stärkenglas N OPT lente *f* bifocal

'zweistellig ADJ *Zahl* de dos dígitos (*od* cifras); **zweistimmig** ADJ MUS a (*bzw* de) dos voces; **zweistöckig** ADJ de dos pisos; **zweistufig** ADJ de dos escalones; **zweistündig** ADJ de dos horas; **zweistündlich** ADJ & ADV cada dos horas

zweit ADV **zu ~** dos a dos; de dos en dos; **wir sind zu ~** somos dos; → *a.* zweite(r, -s)

'zweitägig ADJ de dos días

'Zweitakter M ⟨~s; ~⟩ → Zweitaktmotor; **Zweitaktgemisch** N mezcla *f* para dos tiempos; **Zweitaktmotor** M motor *m* de dos tiempos; **Zweitaktöl** N aceite *m* para

dos tiempos
'zweitälteste(r, -s) ADJ segundo en edad
'zwei'tausend ADJ dos mil
'Zweitausfertigung F duplicado *m*; copia *f*
'zweitbeste(r, -s) ADJ segundo (mejor)
'zweite(r, -s) ADJ **1** *allg* segundo; **~r Direktor** subdirector *m*; **~r Vorsitzender** vicepresidente *m*; **am ~n April** el dos de Abril; **an ~r Stelle** en segundo lugar; **jeden ~n Tag** cada dos días; un día sí y otro no; **in ~r Linie** en segundo lugar; **im ~n Programm** en la segunda cadena, en el segundo canal; **zum Zweiten!** *bei Versteigerungen*: ¡a las dos! **2** *fig* **ein ~r Napoleon** un segundo (*od* otro Napoleón); **wie kein Zweiter** como nadie; **die ~ Geige spielen** hacer un papel secundario
'Zwei'teiler M **1** TV ≈ serie *m* en dos capítulos **2** MODE traje *m* de dos piezas; *Badeanzug*: bañador *m* de dos piezas, biquini *m*; **zweiteilig** ADJ de dos partes; *Kleid a.* de dos piezas; **~er Badeanzug** bañador *m* de dos piezas; **Zweiteilung** F bipartición *f*
'zweitens ADV en segundo lugar; *bei Aufzählungen*: segundo; **zweitgeboren** ADJ segundogénito; segundo
'zweit'größte(r, -s) ADJ segundo mayor (*od* más grande); **zweit'höchste(r, -s)** ADJ segundo más alto, segundo (en altura); **zweit'jüngste(r, -s)** ADJ penúltimo; segundo más joven
'zweitklassig ADJ de segunda categoría *od* clase); de clase inferior
'zweit'letzte(r, -s) ADJ penúltimo
'zweitrangig ADJ secundario; de menor importancia
'Zweitschrift F duplicado *m*; copia *f*
'zweitürig ADJ de dos puertas
'Zweitwagen M segundo coche *m*; **Zweitwohnung** F segundo domicilio *m*, segunda residencia *f* (*od* vivienda *f*)
Zweiund'dreißigstelnote F MUS fusa *f*
Zwei'vierteltakt M MUS compás *m* de dos por cuatro; **Zwei'wegehahn** M llave *f* de dos vías
'zweiwertig ADJ CHEM bivalente; **Zweiwertigkeit** F ⟨~⟩ CHEM bivalencia *f*; **Zweizack** M ⟨~s; ~e⟩ bidente *m*; **zweizackig, zweizinkig** ADJ de dos púas (*od* dientes); **Zweizeiler** M ⟨~s; ~⟩ *poet* dístico *m*; **zweizeilig** ADJ de dos líneas
Zwei'zimmerwohnung F vivienda *f* (*od* apartamento *m*) de dos habitaciones; *sp* apartamento *m* de un dormitorio
'Zweizylinder M *umg*, **Zweizylindermotor** M motor *m* de dos cilindros
'Zwerchfell N ⟨~(e)s; ~e⟩ ANAT diafragma *m*; **zwerchfellerschütternd** ADJ *fig* hilarante, descojonante; *umg* (que es) para mondarse de risa
Zwerg M ⟨~(e)s; ~e⟩ enano *m* (*a. fig*); pigmeo *m*, *im Märchen a.*: enanito *m*
'Zwergbaum M BOT árbol *m* enano; **Zwergbetrieb** M WIRTSCH empresa *f* minúscula; AGR minifundio *m*
'zwergenhaft ADJ enano, pigmeo (*a. fig*); **Zwergenvolk** N pueblo *m* de pigmeos
'Zwergin F ⟨~; ~nen⟩ enana *f*, pigmea *f*
'Zwergpalme F BOT palmera *f* enana; palmito *m*; **Zwergvolk** N → Zwergenvolk; **Zwergwuchs** M ANAT, BIOL (e)nanismo *m*
'Zwetsch(g)e F ⟨~; ~n⟩ BOT ciruela *f*
'Zwetsch(g)enbaum M ciruelo *m*; **Zwetsch(g)enkuchen** M tarta *f* de ciruela; **Zwetsch(g)enmus** N confitura *f* de ciruela; **Zwetsch(g)enschnaps** M, **Zwetsch(g)enwasser** N ⟨~s; ~⟩ aguardiente *m* de ciruelas
'Zwetschke F ⟨~; ~n⟩ *österr* ciruela *f*; *in zssgn a.* → Zwetsch(g)enbaum *etc*; **Zwetschkenknödel** M *österr* GASTR albóndiga *f* de patata rellena de ciruela
'Zwickel M ⟨~s; ~⟩ **1** TEX cuadradillo *m*, cuchillo *m*; (*Hosenzwickel*) entrepierna *f*; *an Strumpfhosen*: rombo *m* **2** ARCH pechina *f* **3** *reg umg* → Zweieurostück, Zweimarkstück
'zwicken **A** VT pellizcar; *fig Gewissen etc* remorder; **ins Bein ~** pellizcar en la pierna **B** VI *umg Kleidungsstück etc* apretar
'Zwicken N ⟨~s⟩ pellizco *m*; (*Schmerz*) punzada *f*
'Zwicker M ⟨~s; ~⟩ *obs Brille*: quevedos *mpl*, binóculo *m*
'Zwickmühle F **1** *Mühlespiel*: posición *f* de vaivén (en el juego de tres en raya) **2** *fig* apuro *m*; aprieto *m*; dilema *m*; **in einer ~ sein** estar ante un dilema (*od* en un aprieto); *umg* estar entre la espada y la pared
'Zwieback M ⟨~(e)s; Zwiebäcke *od* ~e⟩ bizcocho *m* (seco)
'Zwiebel F ⟨~; ~n⟩ **1** BOT cebolla *f* (*a.* GASTR); (*Blumenzwiebel*) bulbo *m* **2** *umg* (*Taschenuhr*) patata *f*; **zwiebelartig** ADJ BOT bulboso; **Zwiebelbeet** N, **Zwiebelfeld** N cebollar *m*; **Zwiebelfisch** M TYPO pastel *m*; **zwiebelförmig** ADJ bulbiforme; **Zwiebelgewächs** N BOT planta *f* bulbosa; **Zwiebelkuchen** M GASTR tarta *f* de cebolla; **Zwiebelmuster** N *auf Porzellan*: modelo *m* cebolla
'zwiebeln VT *umg fig* hacer sudar (tinta); fastidiar
'Zwiebelschale F cáscara *f* de cebolla; **Zwiebelsuppe** F GASTR sopa *f* de cebolla; **Zwiebelturm** M ARCH torre *f* bulbiforme (*od* en forma de cebolla)
'zwiefach, zwiefältig ADJ doble
'Zwiegespräch N diálogo *m*; coloquio *m*
'Zwielicht N ⟨~(e)s⟩ luz *f* crepuscular; media luz *f*; **im ~** entre dos luces; *fig* **ins ~ geraten** hacerse sospechoso; **zwielichtig** ADJ *fig* sospechoso, dudoso; turbio
'Zwiespalt M dilema *m*; conflicto *m*; **in einem ~ sein** estar en un dilema (*od* conflicto); **zwiespältig** ADJ discrepante; disonante; en desacuerdo; *Gefühl, Eindruck* contradictorio
'Zwiesprache F ⟨~⟩ diálogo *m*; **~ halten mit** dialogar con; **Zwietracht** F ⟨~⟩ discordia *f*; **~ säen** *od* **stiften** sembrar discordia (*od* cizaña)
Zwilch M ⟨~(e)s; ~e⟩, **'Zwillich** M ⟨~s; ~e⟩, TEX cotí *m*, cutí *m*
'Zwilling M ⟨~s; ~e⟩ **1** gemelo *m*, gemela *f*; mellizo *m*, melliza *f*; **eineiige ~e** *fachspr* gemelos *mpl* univitelinos *bzw* gemelas *fpl* univitelinas; **zweieiige ~e** mellizos *mpl* **2** ASTRON **~e** *pl* Géminis *m* **3** (*Doppelflinte*) escopeta *f* de dos cañones
'Zwillingsbereifung F AUTO neumáticos *mpl* gemelos; **Zwillingsbruder** M hermano *m* gemelo; **Zwillingsgeburt** F parto *m* gemelar; **Zwillingsgeschwister** PL hermanos *mpl* gemelos (*od* mellizos); **Zwillingspaar** N hermanos *mpl* gemelos (*od* mellizos) *bzw* hermanas *f* gemelas (*od* mellizas); **Zwillingsreifen** MPL → Zwillingsbereifung; **Zwillingsschwester** F hermana *f* gemela
'Zwingburg F castillo *m* feudal
'Zwinge F ⟨~; ~n⟩ TECH abrazadera *f*; virola *f*; casquillo *m* (*a. Stockzwinge*); (*Schraubzwinge*) prensatornillo *m*; *Tischlerei*: gatillo *m*, cárcel *f*
'zwingen ⟨*irr*⟩ **A** VT **1** **j-n zu etw ~** obligar a alg a (hacer) a/c; *mit Gewalt*: forzar a alg a (hacer) a/c; **j-n zur Umkehr ~** forzar a alg a volver **2** *reg* (*bewältigen*) poder con; conseguir **B** VR **sich ~ zu** obligarse a; forzarse a; hacer un esfuerzo para; **ich musste mich dazu ~** me costó un gran esfuerzo; **sich gezwungen sehen, etw zu tun** verse obligado a hacer a/c; → *a.* gezwungen
'zwingend ADJ obligatorio; forzoso; (*dringend*) apremiante; urgente; JUR coercitivo; *Grund* concluyente; *Beweis* irrefutable; *Notwendigkeit* absoluto, imperativo; **~e Umstände** fuerza *f* mayor
'Zwinger M ⟨~s; ~⟩ (*Käfig*) jaula *f*; (*Hundezwinger*) perrera *f*; (*Löwenzwinger*) leonera *f*; (*Bärenzwinger*) osera *f*; (*Hofzwinger*) ronda *f*
'Zwingherr M HIST déspota *m*; **Zwingherrschaft** F HIST despotismo *m*
'zwinkern VI parpadear, pestañear; **mit den Augen ~** hacer guiños, guiñar los ojos
'Zwinkern N ⟨~s⟩ pestañeo *m*; guiño(s) *m(pl)*
'zwirbeln VT retorcer
Zwirn M ⟨~(e)s; ~e⟩ hilo *m* (retorcido); (*Seidenzwirn*) torzal *m*
'zwirnen VT (re)torcer
'Zwirnhandschuh M guante *m* de hilo; **Zwirnmaschine** F (máquina *f*) retorcedora *f*
'Zwirnsfaden M hilo *m*
'zwischen PRÄP *Lage* (*dat*), *Richtung* (*acus*) entre; (**mitten**) **~** en medio de
'Zwischenabkommen N acuerdo *m* interino; **Zwischenablage** F IT portapapeles *m*; **Zwischenabschluss** M HANDEL, FIN balance *m* provisional; **Zwischenakt** M ⟨~(e)s; ~e⟩ THEAT entreacto *m*; intermedio *m*; **Zwischenaktmusik** F THEAT música *f* de entreacto; **Zwischenaufenthalt** M parada *f*; FLUG escala *f*; **Zwischenbemerkung** F observación *f* incidental; paréntesis *m*; **Zwischenbericht** M informe *m* provisional (*bzw* parcial); **Zwischenbescheid** M respuesta *f* provisional; JUR resolución *f* interlocutoria; **Zwischenbilanz** F → Zwischenabschluss; **Zwischenblutung** F MED metrorragia *f*; **Zwischendeck** N SCHIFF entrepuente *m*, entrecubierta *f*; **Zwischending** N cosa *f* intermedia; término *m* medio; (**zwischen** *dat* entre)
zwischen'drin ADV *umg* en medio
zwischen'durch ADV **1** *räumlich*: (*zwischen etw hindurch*) (por) en medio, al través; (*hier und da*) aquí y allá **2** *zeitlich*: (*inzwischen*) entretanto, en el ínterin, entremedias; (*gleichzeitig*) a la vez; (*ab und zu*) de vez en cuando; (**etw**) **~** essen comer entre horas
'Zwischeneiszeit F período *m* interglacial; **Zwischenentscheidung** F JUR auto *m* interlocutorio; **Zwischenergebnis** N resultado *m* provisional; **Zwischenfall** M incidente *m*; contratiempo *m*; MED incidente *m*, complicación *f*; **ohne Zwischenfälle** *a.* sin problemas; **Zwischenfarbe** F tono *m* intermedio; media tinta *f*; **Zwischenfinanzierung** F financiación *f* interina (*od* temporal); **Zwischenform** F forma *f* intermedia; **Zwischenfrage** F cuestión *f* (*od* pregunta *f*) incidental; interrupción *f*; **Zwischenfrequenz** F ELEK frecuencia *f* intermedia; **Zwischenfrucht** F AGR cultivo *m* intermedio (*od* intercalado); **Zwischenfutter** N entretela *f*; **Zwischengericht** N GASTR entremés *m*; **Zwischengeschoss**, *österr* **Zwischengeschoß** N ARCH entresuelo *m*; **Zwischenglied** N miembro *m* intermedio; pieza *f* intermedia; **Zwischengröße** F talla *f* intermedia; **Zwischenhafen** M SCHIFF puerto *m* de escala; **einen ~ anlaufen** hacer escala; **Zwischenhandel** M comercio *m* intermediario; **Zwischenhändler** M, **Zwischenhändlerin** F intermediario

m, -a *f*; depositario *m*, -a *f*; almacenista *m/f*; **Zwischenhandlung** F THEAT episodio *m*; **Zwischenhirn** N ANAT diencéfalo *m*, cerebro *m* intermedio; **Zwischenkiefer...** IN ZSSGN ANAT intermaxilar; **Zwischenkredit** M FIN crédito *m* interino (*od* temporal); **Zwischenlager** N HANDEL, NUKL almacén provisional (*od* temporal)

ˈzwischenlagern V/T almacenar provisionalmente; **Zwischenlagerung** F HANDEL, NUKL almacenamiento *m* temporal (*od* intermedio)

ˈzwischenlanden V/I ⟨sn⟩ FLUG hacer escala; **Zwischenlandung** F FLUG escala *f*

ˈzwischenliegend ADJ intermedio; interpuesto; intercalado

ˈZwischenlösung F solución *f* provisional; **Zwischenmahlzeit** F comida *f* entre horas; *am Nachmittag*: merienda *f*; **Zwischenmauer** F pared *f* medianera; medianería *f*; **zwischenmenschlich** ADJ **~e Beziehungen** relaciones *fpl* interpersonales; **Zwischenpause** F intervalo *m*; **Zwischenprodukt** N producto *m* intermedio; **Zwischenprüfung** F UNIV examen *m* parcial

ˈZwischenraum M **1** espacio *m* (*a. zwischen Zeilen u. Notenlinien*); espacio *m* intermedio; (*Lücke*) vacío *m*, mella *f*; (*Abstand*) distancia *f*; **eine Zeile ~ lassen** dejar una línea en blanco; **mit ~ schreiben/drucken** espaciar **2** *zeitlich*: intervalo *m*; HANDEL **in bestimmten Zwischenräumen zahlen** pagar a plazos **3** ANAT *zwischen den Rippen*: intersticio *m* costal; *zwischen den Augenbrauen*: entrecejo *m* **4** ARCH *zwischen zwei Säulen*: intercolumnio *m*

ˈZwischenregelung F regulación *f* provisional; **Zwischenrippen...** IN ZSSGN ANAT intercostal; **Zwischenruf** M interrupción *f*; grito *m* (espontáneo); **Zwischenrunde** F SPORT semifinal *f*; **Zwischensatz** M GRAM paréntesis *m*

ˈzwischenschalten V/T TECH, ELEK intercalar; **Zwischenschaltung** F intercalación *f*; interpolación *f*; interposición *f*

ˈZwischenschein M HANDEL resguardo *m* provisional; **Zwischenschicht** F capa *f* intermedia; **Zwischensender** M estación *f* repetidora; **Zwischenspeicher** M IT caché *m*, memoria *f* intermedia; **Zwischenspiel** N THEAT intermedio *m*; MUS interludio *m* (*beide a. fig*); **Zwischenspurt** M sprint *m*; **zwischenstaatlich** ADJ internacional; interestatal; intergubernamental; **Zwischenstadium** N fase *f* intermedia; **Zwischenstation** F BAHN estación *f* intermedia; **Zwischenstecker** M ELEK enchufe *m* intermedio; **Zwischenstock** M ARCH entresuelo *m*; **Zwischenstück** N pieza *f* intermedia; THEAT entremés *m*; **Zwischenstufe** F grado *m* intermedio; **Zwischensumme** F suma *f* parcial; subtotal *m*; **Zwischenton** M *fig* matiz *m*; **Zwischenträger** M → Zuträger; **Zwischenurteil** N JUR sentencia *f* interlocutoria; **Zwischenverkauf** M HANDEL **~ vorbehalten** salvo venta; **Zwischenvorhang** M THEAT telón *m* de foro; **Zwischenwand** F tabique *m*; **Zwischenwirbel...** IN ZSSGN ANAT intervertebral; **Zwischenwirt** M BIOL huésped *m* intermedio; **Zwischenzeile** F interlínea *f*; **zwischenzeilig** ADJ interlineal

ˈZwischenzeit F intervalo *m*; tiempo *m* intermedio; SPORT tiempo *m* parcial; **in der ~** entretanto; mientras tanto; **zwischenzeitlich** ADJ interino; provisional

ˈZwischenzeugnis N **1** *Arbeitszeugnis*: certificado *m* transitorio **2** *Schule* → Halbjahreszeugnis

ˈZwist M ⟨~es; ~e⟩, **Zwistigkeit** F ⟨~; ~en⟩ discordia *f*; desavenencia *f*; controversia *f*; (*Streit*) querella *f*; disputa *f*; (*Feindschaft*) enemistad *f*

ˈzwitschern **A** V/I *Vögel* gorjear, trinar **B** V/T *umg* **einen ~** echar un trago; empinar el codo; **Zwitschern** N ⟨~s⟩ gorjeo *m*, trinar *m*

ˈZwitter M ⟨~s; ~⟩ hermafrodita *m*; BOT, *fig* híbrido *m*; **Zwitterbildung** F hermafroditismo *m*; **Zwitterblüte** F BOT flor *f* hermafrodita; **Zwitterding** N producto *m* híbrido; **zwitterhaft, zwitterig** ADJ hermafrodita; **Zwitterhaftigkeit** F ⟨~⟩ *fig* carácter *m* híbrido; **Zwitterstellung** F *fig* posición *f* ambigua; **Zwittertum** N ⟨~s⟩ hermafroditismo *m*

zwo *umg* → zwei

zwölf ADJ doce; **um ~ (Uhr)** a las doce, *mittags*: a mediodía; *nachts*: a medianoche; *fig* **es ist fünf Minuten vor ~!** ¡ha llegado el momento (*od* la hora)!

Zwölf F ⟨~; ~en⟩ doce *m*

ˈZwölfeck N MATH dodecágono *m*; **zwölfeckig** ADJ dodecágono; **Zwölfender** M JAGD ciervo *m* de doce puntas

ˈzwölferˈlei ADJ de doce especies diferentes

ˈzwölffach ADJ & ADV doce veces tanto; **das Zwölffache** el duodécuplo

Zwölfˈfingerdarm M ANAT duodeno *m*; **Zwölffingerdarmentzündung** F MED duodenitis *f*; **Zwölffingerdarmgeschwür** N MED úlcera *f* duodenal

ˈzwölfflächig ADJ MATH dodecaédrico, de doce caras; **Zwölfflächner** M ⟨~s; ~⟩ MATH dodecaedro *m*; **zwölfjährig** ADJ de doce años; **zwölfmal** ADV doce veces; **zwölfmalig** ADJ doce veces repetido; **zwölfsilbig** ADJ dodecasílabo; **Zwölfsilbner** M ⟨~s; ~⟩ dodecasílabo *m*; **zwölfstündig** ADJ de doce horas; **zwölftägig** ADJ de doce días

ˈzwölfte(r, -s) ADJ duodécimo; *Datum, König, Papst, Jahrhundert*: doce

ˈZwölftel N ⟨~s; ~⟩ duodécimo *m*, dozavo *m*, duodécima parte *f*

ˈzwölftens ADV en duodécimo lugar; *bei Aufzählungen*: duodécimo

ˈZwölftonmusik F ⟨~⟩ MUS dodecafonía *f*, música *f* dodecafónica; **Zwölftonsystem** N MUS dodecafonismo *m*

Zyˈan N ⟨~s⟩ CHEM cianógeno *m*

Zyaˈnid N ⟨~s; ~e⟩ CHEM cianuro *m*

Zyanˈkali N ⟨~s⟩ CHEM cianuro *m* potásico

Zyaˈnose F ⟨~; ~n⟩ MED cianosis *f*

Zyˈgote F ⟨~; ~n⟩ BIOL cigoto *m*

ˈzyklisch ADJ cíclico

Zyˈklon M ⟨~s; ~e⟩ METEO ciclón *m*

Zyˈklop M ⟨~en; ~en⟩ MYTH cíclope *m*; **zyklopisch** ADJ ciclópeo

Zykloˈtron N ⟨~s; ~e⟩ ciclotrón *m*

ˈZyklus M ⟨~; Zyklen⟩ ciclo *m*; THEAT, MUS *a.* serie *f*

Zyˈlinder [tsi-] M ⟨~s; ~⟩ **1** GEOM, TECH cilindro *m* **2** (*Lampenzylinder*) tubo *m* **3** → Zylinderhut; **Zylinderblock** M TECH monobloque *m*, bloque *m* de culata; **Zylinderhut** M sombrero *m* de copa; *umg* chistera *f*; **Zylinderkopf** M TECH culata *f*

zyˈlindrisch ADJ cilíndrico

Zyˈmase F ⟨~⟩ CHEM zimasa *f*

ˈZyniker M ⟨~s; ~⟩, **Zynikerin** F ⟨~; ~nen⟩ cínico *m*, -a *f*

ˈzynisch ADJ cínico

Zyˈnismus M ⟨~; Zynismen⟩ cinismo *m*

ˈZypern N Chipre *m*

ˈZyprer M ⟨~s; ~⟩, **Zyprerin** F ⟨~; ~nen⟩ chipriota *m/f*

Zyˈpresse F ⟨~; ~n⟩ BOT ciprés *m*; **Zypressenhain** M cipresal *m*

Zypriˈot M/F ⟨~en; ~en⟩, **Zypriotin** ⟨~; ~nen⟩ chipriota *m/f*; **zypriotisch** ADJ chipriota

ˈZyste F ⟨~; ~n⟩ MED quiste *m*

ˈZystenentfernung F MED quistectomía *f*

Zystomeˈtrie F ⟨~⟩ MED cistometría *f*; **Zystoˈskop** N ⟨~s; ~e⟩ MED cistoscopio *m*, sonda *f* vesical; **Zystoskoˈpie** F ⟨~; ~n⟩ MED cistoscopia *f*, sondaje *m* vesical

Zytoloˈgie F ⟨~⟩ BIOL citología *f*; **zytoˈlogisch** ADJ citológico; **Zytoˈplasma** N BIOL citoplasma *m*

zz., zzt. ABK (zurzeit) actualmente, por el momento

z. Z., z. Zt. ABK (zur Zeit) (*gen*) en tiempos de; en la época de

zzgl. ABK → zuzüglich

Anhang

Zahlen | Numerales

Die spanischen Ordnungszahlen sowie die Grundzahlen **uno** und die Hunderte von **doscientos** ab haben für das weibliche Geschlecht eine besondere Form, die durch Verwandlung des auslautenden **-o** in **-a** (Mehrzahl **-as**) gebildet wird.
Wir geben im Folgenden nur die männliche Form ohne Artikel an.
Die spanischen Ordnungszahlen 13te bis 19te werden mit Hilfe von **décimo** und der Ordnungszahl des betreffenden Einers gebildet. Von 20ste ab haben alle Ordnungszahlen die Endung **-ésimo**.

Die Grundzahlen | Números cardinales

0 cero *null*
1 uno (*Kurzform: un*), una *eins*
2 dos *zwei*
3 tres *drei*
4 cuatro *vier*
5 cinco *fünf*
6 seis *sechs*
7 siete *sieben*
8 ocho *acht*
9 nueve *neun*
10 diez *zehn*
11 once *elf*
12 doce *zwölf*
13 trece *dreizehn*
14 catorce *vierzehn*
15 quince *fünfzehn*
16 dieciséis *sechzehn*
17 diecisiete *siebzehn*
18 dieciocho *achtzehn*
19 diecinueve *neunzehn*
20 veinte *zwanzig*
21 veintiuno (*Kurzform: veintiún*) *einundzwanzig*
22 veintidós *zweiundzwanzig*
30 treinta *dreißig*
31 treinta y un(o) *einunddreißig*
40 cuarenta *vierzig*
50 cincuenta *fünfzig*
60 sesenta *sechzig*
70 setenta *siebzig*
80 ochenta *achtzig*
90 noventa *neunzig*
100 ciento (*Kurzform: cien*) *hundert*
101 ciento un(o) (*ein*)*hunderteins*
102 ciento dos *hundertzwei*
200 doscientos, -as *zweihundert*
300 trescientos *dreihundert*
400 cuatrocientos *vierhundert*
500 quinientos *fünfhundert*
600 seiscientos *sechshundert*
700 setecientos *siebenhundert*
800 ochocientos *achthundert*
900 novecientos *neunhundert*
1000 mil *tausend*
1875 mil ochocientos setenta y cinco *eintausendachthundertfünfundsiebzig*
2011 dos mil once *zweitausendelf*
3000 tres mil *dreitausend*
5000 cinco mil *fünftausend*
10 000 diez mil *zehntausend*
100 000 cien mil *hunderttausend*
500 000 quinientos mil *fünfhunderttausend*
1 000 000 un millón (de) *eine Million*
2 000 000 dos millones (de)zwei Millionen

Die Ordnungszahlen | Números ordinales

Die spanischen Ordnungszahlen werden 1.º, 2.º, 3.º usw. geschrieben, die Kurzform 1.er, 3.er, die weibliche Form 1.ª, 2.ª usw.

1. primero (*Kurzform: primer*) *erste*
2. segundo *zweite*
3. tercero (*Kurzform: tercer*) *dritte*
4. cuarto *vierte*
5. quinto *fünfte*
6. sexto *sechste*
7. sé(p)timo *siebte, siebente*
8. octavo *achte*
9. noveno, nono *neunte*
10. décimo *zehnte*
11. undécimo *elfte*
12. duodécimo *zwölfte*
13. decimotercero, decimotercio *dreizehnte*
14. decimocuarto *vierzehnte*
15. decimoquinto *fünfzehnte*
16. decimosexto *sechzehnte*
17. decimosé(p)timo *siebzehnte*
18. decimoctavo *achtzehnte*
19. decimonono *neunzehnte*
20. vigésimo *zwanzigste*
21. vigésimo primero, vigésimo primo *einundzwanzigste*
22. vigésimo segundo *zweiundzwanzigste*
30. trigésimo *dreißigste*
31. trigésimo prim(er)o *einunddreißigste*
40. cuadragésimo *vierzigste*
50. quincuagésimo *fünfzigste*
60. sexagésimo *sechzigste*
70. septuagésimo *siebzigste*
80. octogésimo *achtzigste*
90. nonagésimo *neunzigste*
100. centésimo *hundertste*
101. centésimo primero *hunderterste*
200. ducentésimo *zweihundertste*
300. trecentésimo *dreihundertste*
400. cuadringentésimo *vierhundertste*
500. quingentésimo *fünfhundertste*
600. sexcentésimo *sechshundertste*
700. septingentésimo *siebenhundertste*
800. octingentésimo *achthundertste*
900. noningentésimo *neunhundertste*
1000. milésimo *tausendste*
1875. milésimo octingentésimo septuagésimo quinto *eintausendachthundertfünfundsiebzigste*
3000. tres milésimo *dreitausendste*
100 000. cien milésimo *hunderttausendste*
500 000. quinientos milésimo *fünfhunderttausendste*
1 000 000. millonésimo *millionste*
2 000 000. dos millonésimo *zweimillionste*

Bruchzahlen | Números quebrados

$^1/_2$ *ein halb* medio, media
$^1/_3$ *ein Drittel* un tercio
$^2/_3$ *zwei Drittel* dos tercios
$^1/_4$ *ein Viertel* un cuarto
$^3/_4$ *drei Viertel* tres cuartos
$^1/_5$ *ein Fünftel* un quinto
$^1/_8$ *ein Achtel* un octavo
$^1/_{11}$ *ein Elftel* un onzavo
$^5/_{12}$ *fünf Zwölftel* cinco dozavos
$^7/_{13}$ *sieben Dreizehntel* siete trezavos
$1\,^1/_2$ *eineinhalb* od. *anderthalb* uno y medio
$1\,^1/_4$ *eineinviertel* un(a) … y un cuarto
$2\,^1/_2$ *zweieinhalb* dos … y medio
$3\,^4/_5$ *drei vier Fünftel* tres y cuatro quintos

Konjugation der spanischen Verben

In den Tabellen sind die Stämme in normaler, die Endungen in *kursiver* Schrift gedruckt. Unregelmäßigkeiten des Stamms sind unterstrichen, Unregelmäßigkeiten der Endung sind *kursiv* unterstrichen.

Die Bildung der Zeiten

Aus den aufgeführten Grundformen lassen sich folgende Ableitungen bilden.

1. Aus dem *Indikativ Präsens*, und zwar der 3. Person Singular **manda, vende, recibe**: der *Imperativ* 2. Pers. Sg.: **¡manda!**, **¡vende!**, **¡recibe!**

2. Aus dem *Präsens des Subjuntivo* und zwar der 2. und 3. Person Singular sowie aus dem Plural **mandes, mande, mandemos** usw.; **vendas, venda, vendamos** usw.; **recibas, reciba, recibamos** usw.: der *Imperativ* 1. Pers. Pl., 3. Pers. Sg. und Pl. sowie die verneinte 2. Pers. Sg. und Pl.:
   no mandes, mande Ud., mandemos, no mandéis, manden Uds.;
   no vendas, venda Ud., vendamos, no vendáis, vendan Uds.;
   no recibas, reciba Ud., recibamos, no recibáis, reciban Uds.

3. Aus dem *Pretérito indefinido,* und zwar der 3. Person Plural: **mandaron, vendieron, recibieron**:
   - 3.1. der *Imperfecto de subjuntivo I* durch Wechsel von **-ron** zu **-ra**: **mandara, vendiera, recibiera** usw.
   - 3.2. der *Imperfecto de subjuntivo II* durch Wechsel von **-ron** zu **-se**: **mandase, vendiese, recibiese** usw.
   - 3.3. das *Futur des Subjuntivo* durch Wechsel von **-ron** zu **-re**: **mandare, vendiere, recibiere** usw.

4. Aus dem *Infinitiv* **mandar, vender, recibir**:
   - 4.1. der *Imperativ* 2. Person Plural durch Wechsel von **-r** zu **-d**: **mandad, vended, recibid**
   - 4.2. das *Gerundio* durch Wechsel von **-ar** zu **-ando**, von **-er** und **-ir** zu **-iendo** (bzw. nach Vokal **-yendo**): **mandando, vendiendo, recibiendo, oyendo**
   - 4.3. das *Futur* durch Anhängen der Präsensendungen von **haber**: **mandaré, mandarás, venderé, venderás, recibiré, recibirás** usw.
   - 4.4. der *Konditional* durch Anhängen der Imperfecto-Endungen von **haber**: **mandaría, vendería, recibiría** usw.

5. Aus dem *Partizip* **mandado, vendido, recibido**:
   alle zusammengesetzten Zeiten mit den Formen der Hilfsverben **haber** und **ser**: **he mandado, había vendido, fue recibido** usw.

1 Erste Konjugation

⟨1 a⟩ **mandar** Der Stamm bleibt in Schrift und Aussprache unverändert.

1. Einfache Zeiten

Indicativo

	Presente	*Imperfecto*	*Pretérito indef.*	*Futuro*
Sg.	mando	mand*aba*	mand*é*	mandar*é*
	mand*as*	mand*abas*	mand*aste*	mandar*ás*
	mand*a*	mand*aba*	mand*ó*	mandar*á*
Pl.	mand*amos*	mand*ábamos*	mand*amos*	mandar*emos*
	mand*áis*	mand*abais*	mand*asteis*	mandar*éis*
	mand*an*	mand*aban*	mand*aron*	mandar*án*

Subjuntivo

	Presente	*Imperfecto I*	*Imperfecto II*	*Futuro*
Sg.	mand*e*	mand*ara*	mand*ase*	mand*are*
	mand*es*	mand*aras*	mand*ases*	mand*ares*
	mand*e*	mand*ara*	mand*ase*	mand*are*
Pl.	mand*emos*	mand*áramos*	mand*ásemos*	mand*áremos*
	mand*éis*	mand*arais*	mand*aseis*	mand*areis*
	mand*en*	mand*aran*	mand*asen*	mand*aren*

	Condicional	**Imperativo**	
Sg.	mandar*ía*	–	**Gerundio**
	mandar*ías*	mand*a* (*no* mandes)	mand*ando*
	mandar*ía*	mande *Ud.*	
Pl.	mandar*íamos*	mand*emos*	**Participio**
	mandar*íais*	mand*ad* (*no* mand*éis*)	mand*ado*
	mandar*ían*	mand*en* *Uds.*	

2. Zusammengesetzte Zeiten

» **Aktiv** (**haber** + unveränderliches Partizip)

	Indicativo	**Subjuntivo**
Pretérito perfecto:	*he* mandado	*haya* mandado
Pluscuamperfecto:	*había* mandado	*hubiera/hubiese* mandado
Pretérito anterior:	*hube* mandado	
Futuro perfecto:	*habré* mandado	*hubiere* mandado
Condicional perfecto:	*habría* mandado	

» **Passiv** (**ser** + veränderliches Partizip)

Indicativo

Presente:	*soy* mandado	*Pluscuamperf.:*	*había sido* mandado
Imperfecto:	*era* mandado	*Pretérito ant.:*	*hube sido* mandado
Pretérito indef.:	*fui* mandado	*Futuro:*	*seré* mandado
Pretérito perf.:	*he sido* mandado	*Futuro perf.:*	*habré sido* mandado

Subjuntivo

Presente:	*sea* mandado	*Pretérito perf.:*	*haya sido* mandado
Imperfecto	*fuera/fuese* mandado	*Pluscuamperf.:*	*hubiera/hubiese sido* mandado
Futuro:	*fuere* mandado	*Futuro perfecto:*	*hubiere sido* mandado

Condicional

	sería mandado	*Cond. perfecto*	*habría sido* mandado

Presente de indicativo	**Presente de subjuntivo**	**Pretérito indefinido**
⟨1b⟩ cambiar Verben auf **-iar**, soweit sie nicht wie **variar** gebildet werden.		
camb*io*	camb*ie*	camb*ié*
camb*ias*	camb*ies*	camb*iaste*
camb*ia*	camb*ie*	camb*ió*
camb*iamos*	camb*iemos*	camb*iamos*
camb*iáis*	camb*iéis*	camb*iasteis*
camb*ian*	camb*ien*	camb*iaron*

Presente de indicativo	Presente de subjuntivo	Pretérito indefinido
⟨1c⟩ variar Das **i** der stammbetonten Formen trägt einen Akzent.		
var*ío*	var*íe*	var*ié*
var*ías*	var*íes*	var*iaste*
var*ía*	var*íe*	var*ió*
var*iamos*	var*iemos*	var*iamos*
var*iáis*	var*iéis*	var*iasteis*
var*ían*	var*íen*	var*iaron*
⟨1d⟩ evacuar Verben auf **-uar**, soweit sie nicht wie **acentuar** gebildet werden.		
evac*uo*	evac*ue*	evac*ué*
evac*uas*	evac*ues*	evac*uaste*
evac*ua*	evac*ue*	evac*uó*
evac*uamos*	evac*uemos*	evac*uamos*
evac*uáis*	evac*uéis*	evac*uasteis*
evac*uan*	evac*uen*	evac*uaron*
⟨1e⟩ acentuar Das **u** der stammbetonten Formen trägt einen Akzent.		
acent*úo*	acent*úe*	acent*ué*
acent*úas*	acent*úes*	acent*uaste*
acent*úa*	acent*úe*	acent*uó*
acent*uamos*	acent*uemos*	acent*uamos*
acent*uáis*	acent*uéis*	acent*uasteis*
acent*úan*	acent*úen*	acent*uaron*
⟨1f⟩ cruzar Vor **e** wird **z** zu **c**.		
cruz*o*	cruc*e*	cruc*é*
cruz*as*	cruc*es*	cruz*aste*
cruz*a*	cruc*e*	cruz*ó*
cruz*amos*	cruc*emos*	cruz*amos*
cruz*áis*	cruc*éis*	cruz*asteis*
cruz*an*	cruc*en*	cruz*aron*
⟨1g⟩ tocar Vor **e** wird **c** zu **qu**.		
toc*o*	toqu*e*	toqu*é*
toc*as*	toqu*es*	toc*aste*
toc*a*	toqu*e*	toc*ó*
toc*amos*	toqu*emos*	toc*amos*
toc*áis*	toqu*éis*	toc*asteis*
toc*an*	toqu*en*	toc*aron*

Presente de indicativo	Presente de subjuntivo	Pretérito indefinido
⟨1 h⟩ pagar Vor **e** wird **g** zu **gu**. Das 'u' wird nicht gesprochen.		
pag*o*	pag*ue*	pag*ué*
pag*as*	pag*ues*	pag*aste*
pag*a*	pag*ue*	pag*ó*
pag*amos*	pag*uemos*	pag*amos*
pag*áis*	pag*uéis*	pag*asteis*
pag*an*	pag*uen*	pag*aron*
⟨1 i⟩ fraguar Vor **e** wird **gu** zu **gü** ('gu' ausgesprochen).		
fragu*o*	frag*üe*	frag*üé*
fragu*as*	frag*ües*	fragu*aste*
fragu*a*	frag*üe*	fragu*ó*
fragu*amos*	frag*üemos*	fragu*amos*
fragu*áis*	frag*üéis*	fragu*asteis*
fragu*an*	frag*üen*	fragu*aron*
⟨1 k⟩ pensar Betontes Stamm-**e** wird **ie**.		
piens*o*	piens*e*	pens*é*
piens*as*	piens*es*	pens*aste*
piens*a*	piens*e*	pens*ó*
pens*amos*	pens*emos*	pens*amos*
pens*áis*	pens*éis*	pens*asteis*
piens*an*	piens*en*	pens*aron*
⟨1 l⟩ errar Betontes **e** am Anfang des Wortes wird zu **ye-**.		
yerr*o*	yerr*e*	err*é*
yerr*as*	yerr*es*	err*aste*
yerr*a*	yerr*e*	err*ó*
err*amos*	err*emos*	err*amos*
err*áis*	err*éis*	err*asteis*
yerr*an*	yerr*en*	err*aron*
⟨1 m⟩ contar Betontes Stamm-**o** wird **ue**. Das 'u' wird ausgesprochen.		
cuent*o*	cuent*e*	cont*é*
cuent*as*	cuent*es*	cont*aste*
cuent*a*	cuent*e*	cont*ó*
cont*amos*	cont*emos*	cont*amos*
cont*áis*	cont*éis*	cont*asteis*
cuent*an*	cuent*en*	cont*aron*

Presente de indicativo	Presente de subjuntivo	Pretérito indefinido

⟨1 n⟩ agorar Betontes Stamm-**o** wird zu **üe** (**ü** wird 'u' gesprochen).

agüer*o*	agüer*e*	agor*é*
agüer*as*	agüer*es*	agor*aste*
agüer*a*	agüer*e*	agor*ó*
agor*amos*	agor*emos*	agor*amos*
agor*áis*	agor*éis*	agor*asteis*
agüer*an*	agüer*en*	agor*aron*

⟨1 o⟩ jugar Betontes Stamm-**u** wird zu **ue**. Vor **e** wird **g** zu **gu**.
Achtung! **conjugar** und **enjugar(se)** sind regelmäßig.

jueg*o*	juegu*e*	jugu*é*
jueg*as*	juegu*es*	jug*aste*
jueg*a*	juegu*e*	jug*ó*
jug*amos*	jugu*emos*	jug*amos*
jug*áis*	jugu*éis*	jug*asteis*
jueg*an*	juegu*en*	jug*aron*

⟨1 p⟩ estar Die übrigen Formen sind regelmäßig.

esto*y*	est*é*	estuv*e*
est*ás*	est*és*	estuv*iste*
est*á*	est*é*	estuv*o*
est*amos*	est*emos*	estuv*imos*
est*áis*	est*éis*	estuv*isteis*
est*án*	est*én*	estuv*ieron*

⟨1 q⟩ andar Ähnlich wie **estar**; die übrigen Formen sind regelmäßig.

and*o*	and*e*	anduv*e*
and*as*	and*es*	anduv*iste*
and*a*	and*e*	anduv*o*
and*amos*	and*emos*	anduv*imos*
and*áis*	and*éis*	anduv*isteis*
and*an*	and*en*	anduv*ieron*

⟨1 r⟩ dar Die übrigen Formen sind regelmäßig.

do*y*	d*é*	d*i*
d*as*	d*es*	d*iste*
d*a*	d*é*	d*io*
d*amos*	d*emos*	d*imos*
d*ais*	d*eis*	d*isteis*
d*an*	d*en*	d*ieron*

2 Zweite Konjugation

⟨2 a⟩ vender Der Stamm bleibt in Schrift und Aussprache unverändert.

1. Einfache Zeiten

Indicativo

	Presente	*Imperfecto*	*Pretérito indef.*	*Futuro*
Sg.	vend*o*	vend*ía*	vend*í*	vender*é*
	vend*es*	vend*ías*	vend*iste*	vender*ás*
	vend*e*	vend*ía*	vend*ió*	vender*á*
Pl.	vend*emos*	vend*íamos*	vend*imos*	vender*emos*
	vend*éis*	vend*íais*	vend*isteis*	vender*éis*
	vend*en*	vend*ían*	vend*ieron*	vender*án*

Subjuntivo

	Presente	*Imperfecto I*	*Imperfecto II*	*Futuro*
Sg.	vend*a*	vend*iera*	vend*iese*	vend*iere*
	vend*as*	vend*ieras*	vend*ieses*	vend*ieres*
	vend*a*	vend*iera*	vend*iese*	vend*iere*
Pl.	vend*amos*	vend*iéramos*	vend*iésemos*	vend*iéremos*
	vend*áis*	vend*ierais*	vend*ieseis*	vend*iereis*
	vend*an*	vend*ieran*	vend*iesen*	vend*ieren*

	Condicional	**Imperativo**		
Sg.	vender*ía*	–		
	vender*ías*	vend*e* (*no* vend*as*)		**Gerundio**
	vender*ía*	vend*a* *Ud.*		vend*iendo*
Pl.	vender*íamos*	vend*amos*		
	vender*íais*	vend*ed* (*no* vend*áis*)		**Participio**
	vender*ían*	vend*an* *Uds.*		vend*ido*

2. Zusammengesetzte Zeiten

Vom Partizip mithilfe von **haber** und **ser**; siehe ⟨1a⟩.

⟨2b⟩ vencer Vor **a** und **o** wird **c** zu **z**.

Presente de indicativo	Presente de subjuntivo	Pretérito indefinido
venz*o*	venz*a*	venc*í*
venc*es*	venz*as*	venc*iste*
venc*e*	venz*a*	venc*ió*
venc*emos*	venz*amos*	venc*imos*
venc*éis*	venz*áis*	venc*isteis*
venc*en*	venz*an*	venc*ieron*

⟨2c⟩ coger Vor **a** und **o** wird **g** zu **j**.

Presente de indicativo	Presente de subjuntivo	Pretérito indefinido
coj*o*	coj*a*	cog*í*
cog*es*	coj*as*	cog*iste*
cog*e*	coj*a*	cog*ió*
cog*emos*	coj*amos*	cog*imos*
cog*éis*	coj*áis*	cog*isteis*
cog*en*	coj*an*	cog*ieron*

⟨2d⟩ merecer Vor **a** und **o** wird **c** zu **zc**.

Presente de indicativo	Presente de subjuntivo	Pretérito indefinido
merezc*o*	merezc*a*	merec*í*
merec*es*	merezc*as*	merec*iste*
merec*e*	merezc*a*	merec*ió*
merec*emos*	merezc*amos*	merec*imos*
merec*éis*	merezc*áis*	merec*isteis*
merec*en*	merezc*an*	merec*ieron*

⟨2e⟩ creer Unbetontes **i** zwischen Vokalen wird **y**. Part.: *creído*, Ger.: *creyendo*.

Presente de indicativo	Presente de subjuntivo	Pretérito indefinido
cre*o*	cre*a*	cre*í*
cre*es*	cre*as*	cre*íste*
cre*e*	cre*a*	cre*yó*
cre*emos*	cre*amos*	cre*ímos*
cre*éis*	cre*áis*	cre*ísteis*
cre*en*	cre*an*	cre*yeron*

Presente de indicativo	Presente de subjuntivo	Pretérito indefinido

⟨2f⟩ tañer Unbetontes **i** nach **ñ** fällt aus. Ger.: *tañendo*.

tañ*o*	tañ*a*	tañ*í*
tañ*es*	tañ*as*	tañ*iste*
tañ*e*	tañ*a*	tañ*ó*
tañ*emos*	tañ*amos*	tañ*imos*
tañ*éis*	tañ*áis*	tañ*isteis*
tañ*en*	tañ*an*	tañ*eron*

⟨2g⟩ perder Betontes Stamm-**e** wird **ie**.

pierd*o*	pierd*a*	perd*í*
pierd*es*	pierd*as*	perd*iste*
pierd*e*	pierd*a*	perd*ió*
perd*emos*	perd*amos*	perd*imos*
perd*éis*	perd*áis*	perd*isteis*
pierd*en*	pierd*an*	perd*ieron*

⟨2h⟩ mover Betontes Stamm-**o** wird **ue**. Die Verben auf **-olver** haben im Part. **-uelto.**

muev*o*	muev*a*	mov*í*
muev*es*	muev*as*	mov*iste*
muev*e*	muev*a*	mov*ió*
mov*emos*	mov*amos*	mov*imos*
mov*éis*	mov*áis*	mov*isteis*
muev*en*	muev*an*	mov*ieron*

⟨2i⟩ oler Betontes **o** wird am Anfang des Wortes zu **hue-**.

huel*o*	huel*a*	ol*í*
huel*es*	huel*as*	ol*iste*
huel*e*	huel*a*	ol*ió*
ol*emos*	ol*amos*	ol*imos*
ol*éis*	ol*áis*	ol*isteis*
huel*en*	huel*an*	ol*ieron*

⟨2k⟩ haber Unregelmäßig in vielen Formen. Fut.: *habré*, Cond.: *habría*. Imper. 2. Sg. *¡he!*.

he	hay*a*	hub*e*
h*as*	hay*as*	hub*iste*
h*a*	hay*a*	hub*o*
h*emos*	hay*amos*	hub*imos*
hab*éis*	hay*áis*	hub*isteis*
h*an*	hay*an*	hub*ieron*

Presente de indicativo	**Presente de subjuntivo**	**Pretérito indefinido**
⟨2l⟩ **tener** Unregelmäßig in vielen Formen. Fut.: *tendré*, Cond.: *tendría*. Imper. 2. Sg. *¡ten!*.		
teng*o*	teng*a*	tuv*e*
tien*es*	teng*as*	tuv*iste*
tien*e*	teng*a*	tuv*o*
ten*emos*	teng*amos*	tuv*imos*
ten*éis*	teng*áis*	tuv*isteis*
tien*en*	teng*an*	tuv*ieron*
⟨2m⟩ **caber** Unregelmäßig in vielen Formen. Fut.: *cabré*, Cond. *cabría*.		
quep*o*	quep*a*	cup*e*
cab*es*	quep*as*	cup*iste*
cab*e*	quep*a*	cup*o*
cab*emos*	quep*amos*	cup*imos*
cab*éis*	quep*áis*	cup*isteis*
cab*en*	quep*an*	cup*ieron*
⟨2n⟩ **saber** Unregelmäßig in vielen Formen. Fut.: *sabré*, Cond. *sabría*.		
sé	sep*a*	sup*e*
sab*es*	sep*as*	sup*iste*
sab*e*	sep*a*	sup*o*
sab*emos*	sep*amos*	sup*imos*
sab*éis*	sep*áis*	sup*isteis*
sab*en*	sep*an*	sup*ieron*
⟨2o⟩ **caer** Unbetontes **i** zwischen Vokalen wird zu **y**. Part.: *caído*, Ger.: *cayendo*.		
caig*o*	caig*a*	ca*í*
ca*es*	caig*as*	ca*íste*
ca*e*	caig*a*	cay*ó*
ca*emos*	caig*amos*	ca*ímos*
ca*éis*	caig*áis*	ca*ísteis*
ca*en*	caig*an*	cay*eron*

Presente de indicativo	Presente de subjuntivo	Pretérito indefinido

⟨2 p⟩ **traer** Einschub von **-ig-** vor **o** und **a.**
Pret. indef. mit **traj-**. Part.: *traído*, Ger.: *trayendo.*

traig*o*	traig*a*	traj*e*
tra*es*	traig*as*	traj*iste*
tra*e*	traig*a*	traj*o*
tra*emos*	traig*amos*	traj*imos*
tra*éis*	traig*áis*	traj*isteis*
tra*en*	traig*an*	traj*eron*

⟨2 q⟩ **valer** Einschub von **-g-** vor **o** und **a.** Fut.: *valdré*, Cond.: *valdría.*

valg*o*	valg*a*	val*í*
val*es*	valg*as*	val*iste*
val*e*	valg*a*	val*ió*
val*emos*	valg*amos*	val*imos*
val*éis*	valg*áis*	val*isteis*
val*en*	valg*an*	val*ieron*

⟨2 r⟩ **poner** Einschub von **-g-** vor **a** und **o.**
Fut.: *pondré*, Cond.: *pondría*, Imper. 2. Sg.: *¡pon!*; Part.: *puesto.*

pong*o*	pong*a*	pus*e*
pon*es*	pong*as*	pus*iste*
pon*e*	pong*a*	pus*o*
pon*emos*	pong*amos*	pus*imos*
pon*éis*	pong*áis*	pus*isteis*
pon*en*	pong*an*	pus*ieron*

⟨2 s⟩ **hacer** Vor **o** und **a** wird **c** zu **g.** Viele unregelmäßige Formen.
Fut.: *haré*, Cond.: *haría*, Imper. 2. Sg.: *¡haz!*, Part.: *hecho.*

hag*o*	hag*a*	hic*e*
hac*es*	hag*as*	hic*iste*
hac*e*	hag*a*	hiz*o*
hac*emos*	hag*amos*	hic*imos*
hac*éis*	hag*áis*	hic*isteis*
hac*en*	hag*an*	hic*ieron*

Presente de indicativo	Presente de subjuntivo	Pretérito indefinido
⟨2t⟩ poder Betontes Stamm-**o** wird zu **-ue-**. Fut.: *podré*, Cond.: *podría*. Ger.: *pudiendo*.		
pu*e*do	pu*e*d*a*	pud*e*
pu*e*d*es*	pu*e*d*as*	pud*iste*
pu*e*d*e*	pu*e*d*a*	pud*o*
pod*emos*	pod*amos*	pud*imos*
pod*éis*	pod*áis*	pud*isteis*
pu*e*d*en*	pu*e*d*an*	pud*ieron*
⟨2u⟩ querer Betontes Stamm-**e** wird zu **ie**. Fut.: *querré*, Cond.: *querría*.		
qui*e*r*o*	qui*e*r*a*	quis*e*
qui*e*r*es*	qui*e*r*as*	quis*iste*
qui*e*r*e*	qui*e*r*a*	quis*o*
quer*emos*	quer*amos*	quis*imos*
quer*éis*	quer*áis*	quis*isteis*
qui*e*r*en*	qui*e*r*an*	quis*ieron*
⟨2v⟩ ver Zahlreiche Formen mit verkürztem Stamm **v-**. Part.: *visto*.		
ve*o*	ve*a*	*vi*
ves	ve*as*	*viste*
ve	ve*a*	*vio*
vemos	ve*amos*	*vimos*
veis	ve*áis*	*visteis*
ven	ve*an*	*vieron*

Presente de indicativo	Presente de subjuntivo	Imperfecto de indicativo	Pretérito indefinido
⟨2w⟩ ser Verschiedene Stämme! Part.: *sido*, Imper. 2. Sg.: *¡sé!*, 2. Pl.:*¡sed!*.			
so*y*	se*a*	er*a*	fu*i*
eres	se*as*	er*as*	fu*iste*
es	se*a*	er*a*	fue
somos	se*amos*	ér*amos*	fu*imos*
so*is*	se*áis*	er*ais*	fu*isteis*
son	se*an*	er*an*	fu*eron*

⟨**2x**⟩ **placer** Fast nur in der 3. Person Sg. gebräuchlich.
Presente de subj.: *plega* und *plegue* neben *plazca*; Pretérito indef.: *plugo* (oder *plació*), *pluguieron* (oder *placieron*); Imperfecto de subj.: *pluguiera*/
-iese (oder *placiera*/*-iese*); Futuro de subj.: *pluguiere* (oder *placiere*).

⟨**2y**⟩ **yacer** Namentlich auf Grabschriften, daher meist in der 3. Person.
Presente de ind.: *yazco*/*yazgo*/*yago, yaces, yace* usw.; Presente de subj.: *yazca*/*yazga*/*yaga, yagas* usw.; Imperativo: *¡yace!, ¡yaz!*.

⟨2z⟩ **raer** Presente de ind./subj.: 1. Pers. Sg. häufig mit **-ig-**: *raigo, raiga*; seltener regelmäßiges *rayo, raya*. Sonst regelmäßig wie ⟨**2o**⟩.

⟨**2za**⟩ **roer** Presente de ind./subj.: 1. Pers. Sg. haben neben den regelmäßigen Formen *royo, roya* auch die selteneren mit **-ig-**: *roigo, roiga*.

3 Dritte Konjugation

⟨3 a⟩ **recibir** Der Stamm bleibt in Schrift und Aussprache unverändert.

1. Einfache Zeiten

Indicativo

	Presente	*Imperfecto*	*Pretérito indef.*	*Futuro*
Sg.	recibo	recib*ía*	recib*í*	recib*iré*
	recibes	recib*ías*	recib*iste*	recib*irás*
	recibe	recib*ía*	recib*ió*	recib*irá*
Pl.	recib*imos*	recib*íamos*	recib*imos*	recib*iremos*
	recib*ís*	recib*íais*	recib*isteis*	recib*iréis*
	reciben	recib*ían*	recib*ieron*	recib*irán*

Subjuntivo

	Presente	*Imperfecto I*	*Imperfecto II*	*Futuro*
Sg.	recib*a*	recib*iera*	recib*iese*	recib*iere*
	recib*as*	recib*ieras*	recib*ieses*	recib*ieres*
	recib*a*	recib*iera*	recib*iese*	recib*iere*
Pl.	recib*amos*	recib*iéramos*	recib*iésemos*	recib*iéremos*
	recib*áis*	recib*ierais*	recib*ieseis*	recib*iereis*
	recib*an*	recib*ieran*	recib*iesen*	recib*ieren*

	Condicional	Imperativo	
Sg.	recib*iría*	–	**Gerundio**
	recib*irías*	recibe (*no* recib*as*)	recib*iendo*
	recib*iría*	recib*a Ud.*	
Pl.	recib*iríamos*	recib*amos*	**Participio**
	recib*iríais*	recib*id* (*no* recib*áis*)	recib*ido*
	recib*irían*	recib*an Uds.*	

2. Zusammengesetzte Zeiten

Vom Partizip mithilfe von **haber** und **ser**; siehe ⟨**1a**⟩.

Presente de indicativo	Presente de subjuntivo	Pretérito indefinido
⟨**3 b**⟩ **esparcir** Vor **a** und **o** wird **c** zu **z**.		
esparzo	esparz*a*	esparc*í*
esparc*es*	esparz*as*	esparc*iste*
esparc*e*	esparz*a*	esparc*ió*
esparc*imos*	esparz*amos*	esparc*imos*
esparc*ís*	esparz*áis*	esparc*isteis*
esparc*en*	esparz*an*	esparc*ieron*
⟨**3 c**⟩ **dirigir** Vor **a** und **o** wird **g** zu **j**.		
dirijo	dirij*a*	dirig*í*
dirig*es*	dirij*as*	dirig*iste*
dirig*e*	dirij*a*	dirig*ió*
dirig*imos*	dirij*amos*	dirig*imos*
dirig*ís*	dirij*áis*	dirig*isteis*
dirig*en*	dirij*an*	dirig*ieron*
⟨**3 d**⟩ **distinguir** Vor **a** und **o** wird **gu** zu **g**.		
distingo	disting*a*	distingu*í*
distingu*es*	disting*as*	distingu*iste*
distingu*e*	disting*a*	distingu*ió*
distingu*imos*	disting*amos*	distingu*imos*
distingu*ís*	disting*áis*	distingu*isteis*
distingu*en*	disting*an*	distingu*ieron*

Presente de indicativo	Presente de subjuntivo	Pretérito indefinido
⟨3 e⟩ delinquir Vor a und **o** wird **qu** zu **c**.		
delinc*o*	delinc*a*	delinqu*í*
delinqu*es*	delinc*as*	delinqu*iste*
delinqu*e*	delinc*a*	delinqu*ió*
delinqu*imos*	delinc*amos*	delinqu*imos*
delinqu*ís*	delinc*áis*	delinqu*isteis*
delinqu*en*	delinc*an*	delinqu*ieron*
⟨3 f⟩ lucir Vor a und **o** wird **c** zu **zc**.		
luzc*o*	luzc*a*	luc*í*
luc*es*	luzc*as*	luc*iste*
luc*e*	luzc*a*	luc*ió*
luc*imos*	luzc*amos*	luc*imos*
luc*ís*	luzc*áis*	luc*isteis*
luc*en*	luzc*an*	luc*ieron*
⟨3 g⟩ concluir Beginnt die Endung nicht mit silbenbildendem **i**, steht **y** hinter dem Stamm. Ger.: *concluyendo*.		
concluy*o*	concluy*a*	conclu*í*
concluy*es*	concluy*as*	conclu*iste*
concluy*e*	concluy*a*	concluy*ó*
conclu*imos*	concluy*amos*	conclu*imos*
conclu*ís*	concluy*áis*	conclu*isteis*
concluy*en*	concluy*an*	concluy*eron*
⟨3 h⟩ gruñir Unbetontes **i** nach **ñ**, **ll** und **ch** fällt aus. Ger.: *gruñendo*.		
gruñ*o*	gruñ*a*	gruñ*í*
gruñ*es*	gruñ*as*	gruñ*iste*
gruñ*e*	gruñ*a*	gruñ*ó*
gruñ*imos*	gruñ*amos*	gruñ*imos*
gruñ*ís*	gruñ*áis*	gruñ*isteis*
gruñ*en*	gruñ*an*	gruñ*eron*

Entsprechend **mullir** und **henchir**:

mull*ó*, mull*eron*, mull*endo*
hinch*ó*, hinch*eron*, hinch*endo*

Presente de indicativo	Presente de subjuntivo	Pretérito indefinido

⟨3 i⟩ sentir Betontes Stamm-**e** wird **ie**; unbetontes **e** bleibt vor silbenbildendem **i** der Endung, sonst wird es zu **-i-**.

sient*o*	sient*a*	sent*í*
sient*es*	sient*as*	sent*iste*
sient*e*	sient*a*	sint*ió*
sent*imos*	sint*amos*	sent*imos*
sent*ís*	sint*áis*	sent*isteis*
sient*en*	sient*an*	sint*ieron*

Ähnlich ist **adquirir**: adquiero, adquir*ió* usw.

⟨3 k⟩ dormir Betontes Stamm-**o** wird **ue**; unbetontes **o** bleibt vor silbenbildendem **i**; sonst wird es zu **-u-**. Ger.: *durmiendo*.

duerm*o*	duerm*a*	dorm*í*
duerm*es*	duerm*as*	dorm*iste*
duerm*e*	duerm*a*	durm*ió*
dorm*imos*	durm*amos*	dorm*imos*
dorm*ís*	durm*áis*	dorm*isteis*
duerm*en*	duerm*an*	durm*ieron*

⟨3 l⟩ medir Das Stamm-**e** bleibt, wenn die Endung mit silbenbildendem **i** beginnt, sonst wird es zu **i**. Ger.: *midiendo*.

mid*o*	mid*a*	med*í*
mid*es*	mid*as*	med*iste*
mid*e*	mid*a*	mid*ió*
med*imos*	mid*amos*	med*imos*
med*ís*	mid*áis*	med*isteis*
mid*en*	mid*an*	mid*ieron*

⟨3 m⟩ reír Geht wie **medir** ⟨3l⟩; zwei **i** werden zu einfachem **i**, z. B. im Ger.: *riendo*. Part.: *reído*.

rí*o*	rí*a*	re*í*
rí*es*	rí*as*	re*íste*
rí*e*	rí*a*	r*ió*
re*ímos*	ri*amos*	re*ímos*
re*ís*	ri*áis*	re*ísteis*
rí*en*	rí*an*	r*ieron*

⟨3 n⟩ erguir Geht wie **medir** ⟨3l⟩; Nebenformen nach **sentir** ⟨3i⟩, wobei anlautendes **ie-** zu **ye-** wird. Ger.: *irguiendo*, Imper. 2. Sg.: *¡irgue/yergue!*.

Presente de indicativo	Presente de subjuntivo	Pretérito indefinido
irgo, yergo	irg*a*, yerg*a*	ergu*í*
irgu*es*, yergu*es*	irg*as*, yerg*as*	ergu*iste*
irgu*e*, yergu*e*	irg*a*, yerg*a*	irgu*ió*
ergu*imos*	irg*amos*, yerg*amos*	ergu*imos*
ergu*ís*	irg*áis*, yerg*áis*	ergu*isteis*
irgu*en*, yergu*en*	irg*an*, yerg*an*	irgu*ieron*

⟨3 o⟩ conducir Wie bei **lucir** ⟨3f⟩ wird **c** zu **zc** vor **a** und **o**. Pretér. indef. mit **-j-**.

Presente de indicativo	Presente de subjuntivo	Pretérito indefinido
conduzc*o*	conduzc*a*	conduj*e*
conduc*es*	conduzc*as*	conduj*iste*
conduc*e*	conduzc*a*	conduj*o*
conduc*imos*	conduzc*amos*	conduj*imos*
conduc*ís*	conduzc*áis*	conduj*isteis*
conduc*en*	conduzc*an*	conduj*eron*

⟨3 p⟩ decir Im Präsens und Imper. wie **medir**. Im Präsens wird **c** zu **g** vor **a** und **o**. Pret. indef. mit **-j-**. Fut.: *diré*, Cond.: *diría*. Part.: *dicho*, Ger.: *diciendo*. Imper. 2. Sg.: *¡di!*.

Presente de indicativo	Presente de subjuntivo	Pretérito indefinido
dig*o*	dig*a*	dij*e*
dic*es*	dig*as*	dij*iste*
dic*e*	dig*a*	dij*o*
dec*imos*	dig*amos*	dij*imos*
dec*ís*	dig*áis*	dij*isteis*
dic*en*	dig*an*	dij*eron*

⟨3 q⟩ oír Einschub von **-ig-** vor **o** und **a** im Präsens. Unbetontes **i** geht zwischen Vokalen in **y** über. Part.: *oído*, Ger.: *oyendo*.

Presente de indicativo	Presente de subjuntivo	Pretérito indefinido
oig*o*	oig*a*	o*í*
oy*es*	oig*as*	o*íste*
oy*e*	oig*a*	oy*ó*
o*ímos*	oig*amos*	o*ímos*
o*ís*	oig*áis*	o*ísteis*
oy*en*	oig*an*	oy*eron*

Presente de indicativo	Presente de subjuntivo	Pretérito indefinido

⟨3 r⟩ salir Im Futur und Cond. wird **i** durch **d** ersetzt: *saldré* bzw. *saldría*. Imper. 2. Sg.: *¡sal!*.

salg*o*	salg*a*	sal*í*
sal*es*	salg*as*	sal*iste*
sal*e*	salg*a*	sal*ió*
sal*imos*	salg*amos*	sal*imos*
sal*ís*	salg*áis*	sal*isteis*
sal*en*	salg*an*	sal*ieron*

Presente de indicativo	Presente de subjuntivo	Imperfecto de indicativo	Pretérito indefinido

⟨3 s⟩ venir Einschub von **-g-** vor **a** und **o** im Präsens. Wechsel von **e/ie/i** wie bei **sentir**. Im Futur und Cond. steht statt **-i-** ein **-d-**: *vendré* bzw. *vendría*; Ger.: *viniendo*, Imp. 2. Sg.: *¡ven!*.

veng*o*	veng*a*	ven*ía*	vin*e*
vien*es*	veng*as*	ven*ías*	vin*iste*
vien*e*	veng*a*	ven*ía*	vin*o*
ven*imos*	veng*amos*	ven*íamos*	vin*imos*
ven*ís*	veng*áis*	ven*íais*	vin*isteis*
vien*en*	veng*an*	ven*ían*	vin*ieron*

⟨3 t⟩ ir Sehr unregelmäßig, da verschiedene Stämme! Futur und Cond. regelmäßig. Part.: *ido*, Ger.: *yendo*.

voy	vay*a*	ib*a*	fu*i*
vas	vay*as*	ib*as*	fu*iste*
va	vay*a*	ib*a*	fu*e*
vamos	vay*amos*	íb*amos*	fu*imos*
vais	vay*áis*	ib*ais*	fu*isteis*
van	vay*an*	ib*an*	fu*eron*

Imperativ:
¡ve! (*¡no vayas!*), *¡vaya Ud.!*, *¡vamos!*, *¡id!* (*¡no vayáis!*), *¡vayan Uds.!*

Declinación y conjugación alemanas

En el vocabulario alemán-español aparecen entre paréntesis agudos algunas indicaciones gramaticales útiles para la declinación y conjugación.

1 Los sustantivos

Para los sustantivos se indican en el diccionario el genitivo singular y el nominativo plural. Las otras formas pueden deducirse fácilmente de éstas dos.

Ejemplos:

	Bild *n* ⟨~(e)s; ~er⟩		**Blume** *f* ⟨~; ~n⟩	
	singular	*plural*	*singular*	*plural*
nom.	das Bild	die Bilder	die Blume	die Blumen
gen.	des Bildes	der Bilder	der Blume	der Blumen
dat.	dem Bild(e)	den Bildern	der Blume	den Blumen
acus.	das Bild	die Bilder	die Blume	die Blumen

	Maler *m* ⟨~s; ~⟩		**Bauer** *m* ⟨~n; ~n⟩	
	singular	*plural*	*singular*	*plural*
nom.	der Maler	die Maler	der Bauer	die Bauern
gen.	des Malers	der Maler	des Bauern	der Bauern
dat.	dem Maler	den Malern	dem Bauern	den Bauern
acus.	den Maler	die Maler	den Bauern	die Bauern

	Tal *n* ⟨~(e)s; ~̈er⟩		**Zebra** *n* ⟨~s; ~s⟩	
	singular	*plural*	*singular*	*plural*
nom.	das Tal	die Täler	das Zebra	die Zebras
gen.	des Tal(e)s	der Täler	des Zebras	der Zebras
dat.	dem Tal(e)	den Tälern	dem Zebra	den Zebras
acus.	das Tal	die Täler	das Zebra	die Zebras

	Student *m* ⟨~en; ~en⟩		**Studentin** *f* ⟨~; ~nen⟩	
	singular	*plural*	*singular*	*plural*
nom.	der Student	die Studenten	die Studentin	die Studentinnen
gen.	des Studenten	der Studenten	der Studentin	der Studentinnen
dat.	dem Studenten	den Studenten	der Studentin	den Studentinnen
acus.	den Studenten	die Studenten	die Studentin	die Studentinnen

Los sustantivos compuestos se declinan como el último vocablo que lo componen (así, **Erdbeere** se declina como **Beere**, **Ausgang** como **Gang**, etc.); por eso no llevan una indicación gramatical.

Tampoco no llevan una indicación gramatical las palabras con sufijos muy frecuentes y de declinación regular que se encuentran en la lista siguiente:

1. Los femeninos en **-anz** ⟨*Gen Sg* **~**; *Nom Pl* **~en**⟩
   (p. ej. **Brillanz**, **Dominanz**)
2. Los femeninos terminando en **-e** ⟨*Gen Sg* **~**; *Nom Pl* **~n**⟩
   Incluye también **-ade**, **-ee**, **-euse**, **-ie**, **-ive**
   (p. ej. **Beere**, **Parade**, **Idee**, **Friseuse**, **Chemie**, **Direktive**)
3. Los femeninos en **-ei** ⟨*Gen Sg* **~**; *Nom Pl* **~en**⟩
   (p. ej. **Liebelei**, **Kinderei**)
4. Los femeninos en **-enz** ⟨*Gen Sg* **~**; *Nom Pl* **~en**⟩
   (p. ej. **Intelligenz**, **Differenz**)
5. Los masculinos en **-er** ⟨*Gen Sg* **~s**; *Nom Pl* **~**⟩
   (p. ej. **Manager**, **Keller**, **Schraubenzieher**)
6. Los femeninos en **-heit** ⟨*Gen Sg* **~**; *Nom Pl* **~en**⟩
   (p. ej. **Schönheit**, **Verliebtheit**)
7. Los femeninos en **-ion** ⟨*Gen Sg* **~**; *Nom Pl* **~en**⟩
   (p. ej. **Aggression**, **Nation**)
8. Los femeninos en **-ik** ⟨*Gen Sg* **~**; *Nom Pl* **~en**⟩
   (p. ej. **Politik**, **Tragik**)
9. Los femeninos en **-in** ⟨*Gen Sg* **~**; *Nom Pl* **~nen**⟩
   Incluye también **-erin**, **-istin**, etc.
   (p. ej. **Beamtin**, **Französin**, **Managerin**, **Polizistin**)
10. Los masculinos en **-ist** ⟨*Gen Sg* **~en**; *Nom Pl* **~en**⟩
    (p. ej. **Christ**, **Marxist**, **Polizist**)
11. Los femeninos en **-ität** ⟨*Gen Sg* **~**; *Nom Pl* **~en**⟩
    (p. ej. **Normalität**, **Universität**)
12. Los femeninos en **-keit** ⟨*Gen Sg* **~**; *Nom Pl* **~en**⟩
    (p. ej. **Heiterkeit**, **Gerechtigkeit**)
13. Los femeninos en **-schaft** ⟨*Gen Sg* **~**; *Nom Pl* **~en**⟩
    (p. ej. **Landschaft**, **Wissenschaft**)
14. Los femeninos en **-ur** ⟨*Gen Sg* **~**; *Nom Pl* **~en**⟩
    (p. ej. **Statur**, **Tastatur**)
15. Los femeninos en **-ung** ⟨*Gen Sg* **~**; *Nom Pl* **~en**⟩
    (p. ej. **Änderung**, **Wertung**)

2 Los adjetivos y participios sustantivados

Los adjetivos sustantivados se declinan como un adjetivo. En estos casos tenemos que distinguir dos formas del nominativo masculino o neutro, del acusativo plural y del genitivo plural dependiendo del artículo definido o indefinido.

con artículo definido			**con artículo indefinido**		
nominativo			*nominativo*		
sg	*m*	der alte Bekannte	*sg*	*m*	ein alter Bekannter
	f	die alte Bekannte		*f*	eine alte Bekannte
pl		die alten Bekannten	*pl*		alte Bekannte
acusativo			*acusativo*		
sg	*m*	den alten Bekannten	*sg*	*m*	einen alten Bekannten
	f	die alte Bekannte		*f*	eine alte Bekannte
pl		die alten Bekannten	*pl*		alte Bekannte
dativo			*dativo*		
sg	*m*	dem alten Bekannten	*sg*	*m*	einem alten Bekannten
	f	der alten Bekannten		*f*	einer alten Bekannten
pl		den alten Bekannten	*pl*		alten Bekannten
genitivo			*genitivo*		
sg	*m*	des alten Bekannten	*sg*	*m*	eines alten Bekannten
	f	der alten Bekannten		*f*	einer alten Bekannten
pl		der alten Bekannten	*pl*		alter Bekannter

Los adjetivos y participios sustantivados en neutro, califican conceptos abstractos (*das Schöne, das Richtige, das Ganze, das Gesagte*). Cuando estos adjetivos y participios van junto a un pronombre indefinido, existen dos posibilidades dependiendo si éste se declina o no.

	primera posibilidad:	*segunda posibilidad:*
nom.	alles / einiges *etc.* Wichtige	etwas / nichts *etc.* Wichtiges
ac.	alles / einiges *etc.* Wichtige	etwas / nichts *etc.* Wichtiges
dat.	allem / einigem *etc.* Wichtigen	etwas / nichts *etc.* Wichtigem

Para la forma del genitivo se utiliza normalmente una construcción con *von: von etwas Wichtigem; von allem Wichtigen*

3 Los adjetivos

		Declinación Tipo A			Declinación Tipo B			Declinación Tipo C		
nominativo										
sg	*m*	jener	junge	Mann		frischer	Wind	kein	junger	Mann
	f	jene	junge	Frau		frische	Luft	keine	junge	Frau
	n	jenes	junge	Mädchen		frisches	Wasser	kein	junges	Mädchen
pl		jene	jungen	Leute	(einige)	junge	Leute	keine	jungen	Leute
acusativo										
sg	*m*	jenen	jungen	Mann	(für)	frischen	Wind	keinen	jungen	Mann
	f	jene	junge	Frau	(für)	frische	Luft	keine	junge	Frau
	n	jenes	junge	Mädchen	(für)	frisches	Wasser	kein	junges	Mädchen
pl		jene	jungen	Leute	(einige)	junge	Leute	keine	jungen	Leute
dativo										
sg	*m*	jenem	jungen	Mann	(mit)	frischem	Wind	keinem	jungen	Mann
	f	jener	jungen	Frau	(mit)	frischer	Luft	keiner	jungen	Frau
	n	jenem	jungen	Mädchen	(mit)	frischem	Wasser	keinem	jungen	Mädchen
pl		jenen	jungen	Leuten	(einigen)	jungen	Leuten	keinen	jungen	Leuten
genitivo										
sg	*m*	jenes	jungen	Mannes	(trotz)	frischen	Windes	keines	jungen	Mannes
	f	jener	jungen	Frau	(trotz)	frischer	Luft	keiner	jungen	Frau
	n	jenes	jungen	Mädchens	(trotz)	frischen	Wassers	keines	jungen	Mädchens
pl		jener	jungen	Leute	(einiger)	junger	Leute	keiner	jungen	Leute

Declinación Tipo A: Bajo este tipo de declinación se declinan también los adjetivos situados detrás del artículo determinado *der, die, das* así como los que van detrás de las formas *derjenige, derselbe, dieser* (→ tabla **Los pronombres demostrativos**), *jeder, mancher* y *welcher*. Este tipo de declinación también se denomina como „schwache Deklination" ("declinación débil").

Declinación Tipo B: Bajo este tipo de declinación se declinan también los adjetivos situados detrás de los pronombres indefinidos *manch, solch, viel, welch* y *irgendein*. Los adjetivos situados detrás de *ein paar, einzelne, etliche, gewisse, lauter, mehrere, viele* y tras cifras a partir de *zwei* (dos) se declinan bajo el modelo que sigue a *einige*. Este tipo de declinación también se denomina como „starke Deklination" ("declinación fuerte").

Declinación Tipo C: Bajo este tipo se declinan los adjetivos precedidos por un pronombre posesivo (→ tabla **Los pronombres posesivos** y **Declinación del pronombre posesivo**). Este tipo de declinación también se denomina como „gemischte Deklination" ("declinación mixta").

4 Los verbos

Para los verbos se indica lo siguiente en el diccionario:

1. El uso transitivo, intransitivo, reflexivo, modal o impersonal:

   biegen ['bi:gən] ⟨bog, gebogen⟩ **A** V/T ⟨h.⟩ torcer, doblar **B** V/I ⟨s.⟩ torcer, doblar; **um die Ecke ~biegen** doblar la esquina **C** V/R ⟨h.⟩ **sich ~biegen** torcerse, doblarse (...)

2. La formación irregular:

   finden ['fındən] ⟨findet, fand, gefunden⟩

   sein[1]

   [zaın]⟨bin, bist, ist, sind, seid, sind; sei, seist, sei; war; wäre; gewesen; sei!, seid!; s.⟩

3. La omisión de *ge-* o *-ge-* en la formación del participio pasado:

   entfärben V/T ⟨*ohne* ge⟩
   → es wurde entfärbt
   ris'kieren V/T ⟨*ohne* ge⟩
   → sie hat riskiert

4. El verbo auxiliar *sein* (⟨s.⟩) necesario para la formación del perfecto (considerando el verbo *haben* como el auxiliar normal); pero también el verbo *haben* (⟨h.⟩), si los dos verbos auxiliares pueden aparecer con el mismo verbo.

   rennen V/I ⟨rannte, gerannt, s.⟩
   herausschlagen ⟨*irr, sep*⟩ **A** V/T ⟨h.⟩ (...) **B** V/I ⟨s.⟩ (...)

5 Conjugación de los verbos alemanes

1. Modelo de la conjugación regular (o débil)

legen *v/t* ⟨h⟩

Presente

indicativo		*subjuntivo*		*condicional*	
ich	lege	ich	lege*	ich	würde legen
du	legst	du	legest*	du	würdest legen
er, sie, es	legt	er, sie, es	lege	er, sie, es	würde legen
wir	legen	wir	legen*	wir	würden legen
ihr	legt	ihr	leget*	ihr	würdet legen
sie	legen	sie	legen*	sie	würden legen

Pretérito

indicativo		*subjuntivo*		*condicional*
ich	legte	ich	legte*	ich würde gelegt haben
du	legtest	du	legtest*	du würdest gelegt haben
er, sie, es	legte	er, sie, es	legte*	*etc*
wir	legten	wir	legten*	
ihr	legtet	ihr	legtet*	
sie	legten	sie	legten*	

Tiempos compuestos

perfecto	*perfecto de subjuntivo*	*futuro*
ich habe gelegt	ich habe gelegt	ich werde legen
du hast gelegt	du habest gelegt	du wirst legen
er, sie, es hat gelegt	er, sie, es habe gelegt	er, sie, es wird legen
wir haben gelegt	wir haben gelegt	wir werden legen
etc	*etc*	*etc*

pluscuamperfecto	*plusc. de subjuntivo*	*futuro de subjuntivo*
ich hatte gelegt	ich hätte gelegt	–
du hattest gelegt	du hättest gelegt	–
er, sie, es hatte gelegt	er, sie, es hätte gelegt	er, sie, es werde legen
etc	*etc*	–

Imperativo: leg(e)!, legen wir!, legt!, legen Sie!
Participio presente: legend
Pasiva: ich werde gelegt, ich wurde gelegt, ich bin gelegt worden, *etc.*

* Las formas del presente y pretérito de subjuntivo se utilizan raramente, siendo sustituidas en general por el condicional presente.

2. Ejemplo de la conjugación irregular (o fuerte)

tragen *v/t* ⟨h⟩

Presente

indicativo		*subjuntivo*		*condicional*	
ich	trage	ich	trage*	ich	würde tragen
du	trägst	du	tragest*	du	würdest tragen
er, sie, es	trägt	er, sie, es	trage	er, sie, es	würde tragen
wir	tragen	wir	tragen*	wir	würden tragen
ihr	tragt	ihr	traget*	ihr	würdet tragen
sie	tragen	sie	tragen*	sie	würden tragen

Pretérito

indicativo		*subjuntivo*		*condicional*
ich	trug	ich	trüge*	ich würde getragen haben
du	trugst	du	trügest*	du würdest getragen haben
er, sie, es	trug	er, sie, es	trüge*	*etc*
wir	trugen	wir	trügen*	
ihr	trugt	ihr	trüg(e)t*	
sie	trugen	sie	trügen*	

Tiempos compuestos

perfecto	*perfecto de subjuntivo*	*futuro*
ich habe getragen	ich habe getragen	ich werde tragen
du hast getragen	du habest getragen	du wirst tragen
er, sie, es hat getragen	er, sie, es habe getragen	er, sie, es wird tragen
wir haben getragen	wir haben getragen	wir werden tragen
etc	*etc*	*etc*

pluscuamperfecto	*plusc. de subjuntivo*	*futuro de subjuntivo*
ich hatte getragen	ich hätte getragen	–
du hattest getragen	du hättest getragen	–
er, sie, es hatte getragen	er, sie, es hätte getragen	er, sie, es werde tragen
etc	*etc*	–

Imperativo: trag(e)!, tragen wir!, tragt!, tragen Sie!
Participio presente: tragend
Pasiva: ich werde getragen, ich wurde getragen, ich bin getragen worden, *etc.*

* Las formas del presente y pretérito de subjuntivo se utilizan raramente, siendo sustituidas en general por el condicional presente.

3. Los verbos auxiliares haben y sein

haben se utiliza para formar los tiempos compuestos del pasado

a) de los verbos transitivos y reflexivos, como por ejemplo **bearbeiten, erkennen, sich drehen, sich befinden,**
b) de los verbos intransitivos que indican un estado o una condición invariable, como **blühen, liegen,**
c) de los verbos impersonales, como **regnen.**

sein se utiliza para formar los tiempos compuestos del pasado

a) de los verbos intransitivos de movimiento, como **gehen, schwimmen,**
b) de los verbos intransitivos que indican un cambio de estado, como **schmelzen, verblühen,**
c) del mismo verbo **sein.**

haben *v/t* ⟨h⟩

Presente				**Pretérito**			
indicativo		*subjuntivo*		*indicativo*		*subjuntivo*	
ich	habe	ich	habe	ich	hatte	ich	hätte
du	hast	du	habest	du	hattest	du	hättest
er, sie, es	hat	er, sie, es	habe	er, sie, es	hatte	er, sie, es	hätte
wir	haben	wir	haben	wir	hatten	wir	hätten
ihr	habt	ihr	habet	ihr	hattet	ihr	hättet
sie	haben	sie	haben	sie	hatten	sie	hätten

Imperativo: habe!, haben wir!, habet!, haben Sie!
Participio pasado: ich habe gehabt, *condicional* ich hätte gehabt *etc.*

sein *v/i* ⟨sn⟩

Presente				**Pretérito**			
indicativo		*subjuntivo*		*indicativo*		*subjuntivo*	
ich	bin	ich	sei	ich	war	ich	wäre
du	bist	du	seist*	du	warst	du	wärest
er, sie, es	ist	er, sie, es	sei	er, sie, es	war	er, sie, es	wäre
wir	sind	wir	seien	wir	waren	wir	wären
ihr	seid	ihr	seiet	ihr	wart	ihr	wäret
sie	sind	sie	seien	sie	waren	sie	wären

Imperativo: sei!, seien wir!, seid!, seien Sie!
Participio presente: seiend
Participio pasado: ich bin gewesen, *subj.* ich sei gewesen *etc.*

4. Los verbos irregulares más importantes

Infinitivo	Presente (3ª pers. sg.)	Pretérito (3ª pers. sg.)	Perfecto (3ª pers. sg.)
backen	bäckt / backt	backte	hat gebacken
bedürfen	bedarf	bedurfte	hat bedurft
befehlen	befiehlt	befahl	hat befohlen
beginnen	beginnt	begann	hat begonnen
beißen	beißt	biss	hat gebissen
bergen	birgt	barg	hat geborgen
bersten	birst	barst	ist geborsten
betrügen	betrügt	betrog	hat betrogen
bewegen*	bewegt	bewog	hat bewogen
biegen	biegt	bog	hat / ist gebogen
bieten	bietet	bot	hat geboten
binden	bindet	band	hat gebunden
bitten	bittet	bat	hat gebeten
blasen	bläst	blies	hat geblasen
bleiben	bleibt	blieb	ist geblieben
braten	brät	briet	hat gebraten
brechen	bricht	brach	hat / ist gebrochen
brennen	brennt	brannte	hat gebrannt
bringen	bringt	brachte	hat gebracht
denken	denkt	dachte	hat gedacht
dreschen	drischt	drosch	hat gedroschen
dringen	dringt	drang	ist gedrungen
dürfen	darf	durfte	hat gedurft
empfangen	empfängt	empfing	hat empfangen
empfehlen	empfiehlt	empfahl	hat empfohlen
empfinden	empfindet	empfand	hat empfunden
erklimmen	erklimmt	erklomm	hat erklommen
erlöschen	erlischt	erlosch	ist erloschen
erschallen	erschallt	erscholl	ist erschollen
erschrecken*	erschrickt	erschrak	ist erschrocken
erwägen	erwägt	erwog	hat erwogen
essen	isst	aß	hat gegessen
fahren	fährt	fuhr	hat / ist gefahren
fallen	fällt	fiel	ist gefallen
fangen	fängt	fing	hat gefangen
fechten	ficht	focht	hat gefochten
finden	findet	fand	hat gefunden

Infinitivo	Presente (3ª pers. sg.)	Pretérito (3ª pers. sg.)	Perfecto (3ª pers. sg.)
flechten	flicht	flocht	hat geflochten
fliegen	fliegt	flog	hat / ist geflogen
fliehen	flieht	floh	ist geflohen
fließen	fließt	floss	ist geflossen
fressen	frisst	fraß	hat gefressen
frieren	friert	fror	hat gefroren
gären	gärt	gärte / (gor)	hat / ist gegoren
gebären	gebärt	gebar	hat geboren
geben	gibt	gab	hat gegeben
gedeihen	gedeiht	gedieh	ist gediehen
gehen	geht	ging	ist gegangen
gelingen	gelingt	gelang	ist gelungen
gelten	gilt	galt	hat gegolten
genesen	genest	genas	ist genesen
genießen	genießt	genoss	hat genossen
geraten	gerät	geriet	ist geraten
geschehen	geschieht	geschah	ist geschehen
gewinnen	gewinnt	gewann	hat gewonnen
gießen	gießt	goss	hat gegossen
gleichen	gleicht	glich	hat geglichen
gleiten	gleitet	glitt	ist geglitten
glimmen	glimmt	glomm / glimmte	hat geglommen / geglimmt
graben	gräbt	grub	hat gegraben
greifen	greift	griff	hat gegriffen
haben	hat	hatte	hat gehabt
halten	hält	hielt	hat gehalten
hängen*	hängt	hing	hat gehangen
hauen	haut	haute / (hieb)	hat gehauen
heben	hebt	hob	hat gehoben
heißen	heißt	hieß	hat geheißen
helfen	hilft	half	hat geholfen
kennen	kennt	kannte	hat gekannt
klingen	klingt	klang	hat geklungen
kneifen	kneift	kniff	hat gekniffen
kommen	kommt	kam	ist gekommen
können	kann	konnte	hat gekonnt
kriechen	kriecht	kroch	ist gekrochen
laden	lädt	lud	hat geladen
lassen	lässt	ließ	hat gelassen

Infinitivo	Presente (3ª pers. sg.)	Pretérito (3ª pers. sg.)	Perfecto (3ª pers. sg.)
laufen	läuft	lief	ist gelaufen
leiden	leidet	litt	hat gelitten
leihen	leiht	lieh	hat geliehen
lesen	liest	las	hat gelesen
liegen	liegt	lag	hat gelegen
lügen	lügt	log	hat gelogen
mahlen	mahlt	mahlte	hat gemahlen
meiden	meidet	mied	hat gemieden
melken	milkt / melkt	melkte / (molk)	hat gemelkt / gemolken
messen	misst	maß	hat gemessen
misslingen	misslingt	misslang	ist misslungen
mögen	mag	mochte	hat gemocht
müssen	muss	musste	hat gemusst
nehmen	nimmt	nahm	hat genommen
nennen	nennt	nannte	hat genannt
pfeifen	pfeift	pfiff	hat gepfiffen
preisen	preist	pries	hat gepriesen
quellen	quillt	quoll	ist gequollen
raten	rät	riet	hat geraten
reiben	reibt	rieb	hat gerieben
reißen	reißt	riss	hat / ist gerissen
reiten	reitet	ritt	hat / ist geritten
rennen	rennt	rannte	ist gerannt
riechen	riecht	roch	hat gerochen
ringen	ringt	rang	hat gerungen
rinnen	rinnt	rann	ist geronnen
rufen	ruft	rief	hat gerufen
salzen	salzt	salzte	hat gesalzen
saufen	säuft	soff	hat gesoffen
saugen	saugt	sog / saugte	hat gesogen / gesaugt
schaffen	schafft	schuf	hat geschaffen
scheiden	scheidet	schied	hat / ist geschieden
scheinen	scheint	schien	hat geschienen
schelten	schilt	schalt	hat gescholten
schieben	schiebt	schob	hat geschoben
schießen	schießt	schoss	hat / ist geschossen
schinden	schindet	schindete	hat geschunden
schlafen	schläft	schlief	hat geschlafen
schlagen	schlägt	schlug	hat geschlagen

Infinitivo	Presente (3ª pers. sg.)	Pretérito (3ª pers. sg.)	Perfecto (3ª pers. sg.)
schleichen	schleicht	schlich	ist geschlichen
schleifen*	schleift	schliff	hat geschliffen
schließen	schließt	schloss	hat geschlossen
schlingen	schlingt	schlang	hat geschlungen
schmeißen	schmeißt	schmiss	hat geschmissen
schmelzen	schmilzt	schmolz	ist geschmolzen
schneiden	schneidet	schnitt	hat geschnitten
schreiben	schreibt	schrieb	hat geschrieben
schreien	schreit	schrie	hat geschrien
schreiten	schreitet	schritt	ist geschritten
schweigen	schweigt	schwieg	hat geschwiegen
schwellen	schwillt	schwoll	ist geschwollen
schwimmen	schwimmt	schwamm	hat / ist geschwommen
schwinden	schwindet	schwand	ist geschwunden
schwingen	schwingt	schwang	hat geschwungen
schwören	schwört	schwor	hat geschworen
sehen	sieht	sah	hat gesehen
sein	ist	war	ist gewesen
senden	sendet	sandte / sendete	hat gesandt / gesendet
singen	singt	sang	hat gesungen
sinken	sinkt	sank	ist gesunken
sinnen	sinnt	sann	hat gesonnen
sitzen	sitzt	saß	hat gesessen
sollen	soll	sollte	hat gesollt
spalten	spaltet	spaltete	hat gespalten
speien	speit	spie	hat gespien
spinnen	spinnt	spann	hat gesponnen
sprechen	spricht	sprach	hat gesprochen
sprießen	sprießt	spross	ist gesprossen
springen	springt	sprang	ist gesprungen
stechen	sticht	stach	hat gestochen
stecken	steckt	steckte / (stak)	hat gesteckt
stehen	steht	stand	hat gestanden
stehlen	stiehlt	stahl	hat gestohlen
steigen	steigt	stieg	ist gestiegen
sterben	stirbt	starb	ist gestorben
stinken	stinkt	stank	hat gestunken
stoßen	stößt	stieß	hat / ist gestoßen
streichen	streicht	strich	hat gestrichen

Infinitivo	Presente (3ª pers. sg.)	Pretérito (3ª pers. sg.)	Perfecto (3ª pers. sg.)
streiten	streitet	stritt	hat gestritten
tragen	trägt	trug	hat getragen
treffen	trifft	traf	hat getroffen
treiben	treibt	trieb	hat getrieben
treten	tritt	trat	hat / ist getreten
trinken	trinkt	trank	hat getrunken
trügen	trügt	trog	hat getrogen
tun	tut	tat	hat getan
verderben	verdirbt	verdarb	hat / ist verdorben
verdrießen	verdrießt	verdross	hat verdrossen
vergessen	vergisst	vergaß	hat vergessen
verlieren	verliert	verlor	hat verloren
verlöschen	verlischt	verlosch	ist verloschen
verzeihen	verzeiht	verzieh	hat verziehen
wachsen	wächst	wuchs	ist gewachsen
wägen	wägt	wog	hat gewogen
waschen	wäscht	wusch	hat gewaschen
weben	webt	wob	hat gewoben
weichen	weicht	wich	ist gewichen
weisen	weist	wies	hat gewiesen
wenden	wendet	wandte / wendete	hat gewandt / gewendet
werben	wirbt	warb	hat geworben
werden	wird	wurde	ist geworden
werfen	wirft	warf	hat geworfen
wiegen	wiegt	wog	hat gewogen
winden	windet	wand	hat gewunden
wissen	weiß	wusste	hat gewusst
wollen	will	wollte	hat gewollt
ziehen	zieht	zog	hat / ist gezogen
zwingen	zwingt	zwang	hat gezwungen

* Estos verbos también tienen una conjugación regular. Véase la entrada correspondiente en la parte principal del diccionario.

Los verbos compuestos con prefijo se conjugan de la misma manera que el verbo sin prefijo:

abschneiden	schneidet **ab**	schnitt **ab**	hat **ab**geschnitten
anschwellen	schwillt **an**	schwoll **an**	ist **an**geschwollen
aufwachsen	wächst **auf**	wuchs **auf**	ist **auf**gewachsen

6 Pronombres

1. Los pronombres interrogativos

Para preguntas referidas a una persona: **wer**

nom.	**Wer** hat das getan?
ac.	**Wen** hast du gesehen?
dat.	**Wem** schenkst du die Blumen?
gen.	**Wessen** Bücher sind das?

Para preguntas referidas a una cosa y un hecho: **was**

nom.	**Was** ist das da auf dem Bild?
ac.	**Was** schenkst du ihr zum Geburtstag?

Junto a una preposición en vez de *was*, se utiliza normalmente *wo(r)-* + preposición: *womit, wonach, worüber* etc.
En el lenguaje hablado también se utiliza *was*:
Um was (= worum) *geht es?*; *Mit was* (= womit) *fängt man Fische?*
Como pronombre interrogativo junto a un sustantivo se utiliza frecuentemente *welch-*:
Welcher Wagen?; Welche Frau?; Welches Buch?

2. Los pronombres reflexivos

en acusativo		*en dativo*	
1a pers. sg.	**ich** verspäte **mich**	*1a pers. sg.*	**ich** gebe **mir** viel Mühe
2a pers. sg.	**du** verspätest **dich**	*2a pers. sg.*	**du** gibst **dir** viel Mühe
	Sie verspäten **sich**		**Sie** geben **sich** viel Mühe
3a pers. sg.	**er / sie / es** verspätet **sich**	*3a pers. sg.*	**er / sie / es** gibt **sich** viel Mühe
1a pers. pl.	**wir** verspäten **uns**	*1a pers. pl.*	**wir** geben **uns** viel Mühe
2a pers. pl.	**ihr** verspätet **euch**	*2a pers. pl.*	**ihr** gebt **euch** viel Mühe
	Sie verspäten **sich**		**Sie** geben **sich** viel Mühe
3a pers. pl.	**sie** verspäten **sich**	*3a pers. pl.*	**sie** geben **sich** viel Mühe

3. Los pronombres relativos

	sg			*pl*
	m	*f*	*n*	
nom.	der	die	das	die
ac.	den	die	das	die
dat.	dem	der	dem	denen
gen.	dessen	deren	dessen	deren/derer

Derer en genitivo plural se utiliza en el lenguaje coloquial.

4. Los pronombres personales

En alemán, y a diferencia del español, se utilizan siempre los pronombres personales en la función de sujeto de la oración:

Ich habe dir schon alles erzählt. Te lo he contado ya todo.

El pronombre personal de cortesía tiene la misma forma en singular que en plural (**Sie** = usted, ustedes). En el caso nominativo también coinciden las formas del pronombre femenino de tercera persona singular con las del plural (**sie** = ella, ellos, ellas).

nominativo	*acusativo*	*dativo*	*genitivo*
ich (yo)	**mich**	**mir**	**meiner**
du (tú)	**dich**	**dir**	**deiner**
er (él)	**ihn**	**ihm**	**seiner**
sie (ella)	**sie**	**ihr**	**ihrer**
es (pronombre neutro)	**es**	**ihm**	**seiner**
Sie (usted)	**Sie**	**Ihnen**	**Ihrer**
wir (nosotros)	**uns**	**uns**	**unser**
ihr (vosotros)	**euch**	**euch**	**euer**
sie (ellos y ellas)	**sie**	**ihnen**	**ihrer**
Sie (ustedes)	**Sie**	**Ihnen**	**Ihrer**

5. Los pronombres demostrativos

nominativo				
sg	*m*	dieser	junge	Hund
	f	diese	junge	Katze
	n	dieses	junge	Pferd
pl		diese	jungen	Tiere
acusativo				
sg	*m*	diesen	jungen	Hund
	f	diese	junge	Katze
	n	dieses	junge	Pferd
pl		diese	jungen	Tiere
dativo				
sg	*m*	diesem	jungen	Hund
	f	dieser	jungen	Katze
	n	diesem	jungen	Pferd
pl		diesen	jungen	Tieren

genitivo				
sg	*m*	dieses	jungen	Hundes
	f	dieser	jungen	Katze
	n	dieses	jungen	Pferdes
pl		dieser	jungen	Tiere

Bajo este tipo de declinación se declinan también los otros pronombres demostrativos (*jener, derjenige, derselbe*) y los pronombres indefinidos (→ tabla **Los adjetivos**).

6. Los pronombres posesivos

Personas en singular						*Personas en plural*					
ich	*sg*	*m*	mein	junger	Hund	**wir**	*sg*	*m*	unser	junger	Hund
		f	meine	junge	Katze			*f*	unsere	junge	Katze
		n	mein	junges	Pferd			*n*	unser	junges	Pferd
	pl		meine	jungen	Tiere		*pl*		unsere	jungen	Tiere
du	*sg*	*m*	dein	junger	Hund	**ihr**	*sg*	*m*	euer	junger	Hund
		f	deine	junge	Katze			*f*	eure	junge	Katze
		n	dein	junges	Pferd			*n*	euer	junges	Pferd
	pl		deine	jungen	Tiere		*pl*		eure	jungen	Tiere
Sie	*sg*	*m*	Ihr	junger	Hund	**Sie**	*sg*	*m*	Ihr	junger	Hund
		f	Ihre	junge	Katze			*f*	Ihre	junge	Katze
		n	Ihr	junges	Pferd			*n*	Ihr	junges	Pferd
	pl		Ihre	jungen	Tiere		*pl*		Ihre	jungen	Tiere
er/es	*sg*	*m*	sein	junger	Hund	**sie**	*sg*	*m*	ihr	junger	Hund
		f	seine	junge	Katze			*f*	ihre	junge	Katze
		n	sein	junges	Pferd			*n*	ihr	junges	Pferd
	pl		seine	jungen	Tiere		*pl*		ihre	jungen	Tiere
sie	*sg*	*m*	ihr	junger	Hund						
		f	ihre	junge	Katze						
sie		*n*	ihr	junges	Pferd						
	pl		ihre	jungen	Tiere						

7. Declinación del pronombre posesivo

nominativo

sg	*m*	mein	junger	Hund
	f	meine	junge	Katze
	n	mein	junges	Pferd
pl		meine	jungen	Tiere

acusativo

sg	*m*	meinen	jungen	Hund
	f	meine	junge	Katze
	n	mein	junges	Pferd
pl		meine	jungen	Tiere

dativo

sg	*m*	meinem	jungen	Hund
	f	meiner	jungen	Katze
	n	meinem	jungen	Pferd
pl		meinen	jungen	Tieren

genitivo

sg	*m*	meines	jungen	Hundes
	f	meiner	jungen	Katze
	n	meines	jungen	Pferdes
pl		meiner	jungen	Tiere

Bajo este tipo de declinación se declinan también los otros pronombres posesivos (*dein, sein* etc.).

Silbentrennung im Spanischen

Für die Silbentrennung gelten im Spanischen folgende Regeln:

1. Ein einfacher Konsonant zwischen zwei Vokalen gehört zur folgenden Silbe:
   can-di-da-tu-ra, di-ne-ro, ma-yor, ve-ra-no.

2. Zwei Konsonanten werden getrennt: **dis-cur-so, men-tir, vis-ta.**
   Ist der zweite Konsonant jedoch ein **l** oder **r**, so gehören beide zur folgenden Silbe:
   ca-bra, nie-bla, re-gla, su-pri-mir.
   Auch **ch**, **ll** und **rr** gehören beide zur folgenden Silbe:
   ca-lle, e-char, Ma-llor-ca, pe-rro, te-cho.

3. Bei drei Konsonanten gehören die beiden letzten (meist **l** oder **r**) zur folgenden Silbe:
   e-jem-plo, hem-bra, pos-tre, ren-glón.
   Ist der zweite Konsonant jedoch ein **s**, so wird hinter dem **s** getrennt: **cons-tan-te, ins-pec-ción.**

4. Bei vier Konsonanten (der zweite ist meist ein **s**) wird in der Mitte getrennt:
   abs-trac-to, ins-tru-men-to.

5. Diphthonge (Doppellaute) und Triphthonge (Dreilaute) dürfen nicht getrennt werden:
   a-guan-tar, buey, gai-ta, se-cuen-cia.
   Getrennt werden aber Vokale, die verschiedenen Silben angehören:
   a-cre-e-dor, to-alla.

6. Zusammengesetzte Wörter – auch mit Vorsilben gebildete – werden entsprechend ihrer Herkunft getrennt:
   nos-otros, des-aliño, des-interés.
   Aber auch die Abtrennung nach dem auf **s** folgenden Vokal ist üblich: **noso-tros, desa-liño.**

Groß- und Kleinschreibung im Spanischen

Grundsätzlich werden im Spanischen alle Wörter, auch Substantive, mit kleinen Anfangsbuchstaben geschrieben. Mit großen Anfangsbuchstaben werden geschrieben:

1. das erste Wort eines Satzes:
   Conocí a Javier en 1983. Fue el 4 de junio.

2. Eigennamen und ihnen vorangestellte Titel:
   Jorge, Isabel Allende, el Rey Juan Carlos, Asia (Asien), **Bélgica** (Belgien), **Ebro**, **Pirineos** (Pyrenäen), **Tierra del Fuego**

3. Bezeichnungen von Institutionen, öffentlichen Gebäuden, Plätzen usw.:
   Biblioteca Nacional, Moncloa, El Escorial, Avenida Menéndez Pelayo, La Puerta del Sol

4. Bezeichnungen für Gott und verwandte Begriffe:
   Dios (Gott), **la Virgen** (die Jungfrau Maria), **la Providencia** (die Vorsehung)

5. Studienfächer:
   Derecho (Jura), **Matemáticas** (Mathematik)

6. Haupt- und Eigenschaftswörter in Überschriften und Buchtiteln:
   el Diccionario Grande Alemán

7. Abkürzungen aus Anfangsbuchstaben:
   AVE, BOE, ONCE, RDSI, UE

Separación de sílabas en alemán

1. Regla general: una consonante sola o la última consonante de un grupo pasan a la línea siguiente:
   Ga-be, nä-hen, Fü-ße, brin-gen, Hal-le, mur-ren, kämp-fen, nächs-ter
   (pero los prefijos acabados en consonante la mantienen en su sílaba:
   ab-ändern, ent-erben, er-klären, Ver-ein, Ver-steck)

2. Los grupos **ch, ck** y **sch** no pueden dividirse:
   Ler-che, Mi-schung, wün-schen, za-ckig
   (pero el sufijo **-chen** se separa de una **-s-** anterior: **biss-chen, Mäus-chen, Vers-chen**)

3. No pueden dividirse los diptongos, dos vocales iguales ni la combinación **-ie-**:
   sau-ber, Rei-se, gräu-lich, Scheu-ne, See-le, Waa-ge, Bie-ne, schlie-ßen
   pero es posible dividir dos o tres vocales entre sí, sobre todo si no pertenecen a la misma sílaba:
   Na-ti-on, Va-ri-an-te, Mau-er, Be-frei-ung, be-eilen

4. Las palabras compuestas se dividen en sus componentes:
   Aus-zeit, Haus-bau, Schiff-fahrt, Herz-still-stand, Bau-amt, Wein-glas

5. Los extranjerismos se dividen en general como las palabras alemanas:
   Akus-tik, ext-ra, In-te-res-se, Mag-net, Pub-li-kum, Rhyth-mus, Va-ri-e-tee
   pero también es posible dividirlos teniendo en cuenta sus componentes etimológicos:
   ab-strakt o **abs-trakt, ex-tra, Pu-bli-kum, Ma-gnet, Inter-esse, Syn-ergie**

Uso de las mayúsculas en alemán

A diferencia del español, se escriben con mayúscula inicial:

1. todos los sustantivos:
   der Wald, die Karotte, das Zeugnis

2. todas las palabras sustantivadas, como

   – adjetivos y participios:
   das Schöne, der/die Abgeordnete, jedes Mal, allerlei Nettes
   Gutes und Böses, im Großen und Ganzen, Jung und Alt
   etwas ins Lächerliche ziehen, alles in seiner Macht Stehende tun
   (pero: **am besten, am klügsten,** etc.)

   – numerales y pronombres:
   eine Fünf, viele Hunderte von Menschen, als Erster durchs Ziel gehen
   ein gewisser Jemand, das höfliche Sie, (pero: **ein anderer, die ersten drei,** etc.)

   – adverbios, preposiciones, conjunciones:
   das Ja, mit Nein stimmen
   das Auf und Ab, ohne Wenn und Aber

   – los infinitivos:
   das Lesen und Schreiben, im Sitzen, lautes Schnarchen
   das In-den-Tag-hinein-Leben, zum Verwechseln ähnlich sein

   – el pronombre de cortesía **Sie**:
   Wie geht es Ihnen?, Kommen Sie herein!, Vielen Dank für Ihre Mithilfe!

Spanischsprachige Länder: Hauptstädte, Vorwahlen und Währungen

Land	Hauptstadt	Vorwahl	Währung
Argentina	Buenos Aires	0054	el peso; 100 centavos
Bolivia	Sucre	00591	el boliviano; 100 centavos
Colombia	Santa Fe de Bogotá	0057	el peso; 100 centavos
Costa Rica	San José	00506	el colón; 100 céntimos
Cuba	La Habana	0053	el peso; 100 centavos
Chile	Santiago de Chile	0056	el peso; 100 centavos
República Dominicana	Santo Domingo	001809	el peso; 100 centavos
Ecuador	Quito	00593	el dólar; 100 cents
España	Madrid	0034	el euro; 100 céntimos
Guatemala	Ciudad de Guatemala	00502	el quetzal; 100 centavos
Honduras	Tegucigalpa	00504	el lempira; 100 centavos
México	Ciudad de México	0052	el peso; 100 centavos
Nicaragua	Managua	00505	el córdoba; 100 centavos
Panamá	Ciudad de Panamá	00507	el balboa; 100 centésimos
Paraguay	Asunción	00595	el guaraní; 100 céntimos
Perú	Lima	0051	el nuevo sol; 100 céntimos
Puerto Rico	San Juan	001787 y 001939	el dólar; 100 cents
El Salvador	San Salvador	00503	el colón; 100 centavos / el dólar; 100 cents
Uruguay	Montevideo	00598	el peso; 100 centésimos
Venezuela	Caracas	0058	el bolívar fuerte; 100 céntimos

Los países de lengua alemana: Capitales, prefijos y monedas

País	Capital	Prefijo	Moneda
Deutschland	Berlin (hasta 1990: Bonn)	0049	der Euro, 100 Cent
Schweiz	Bern	0041	Schweizer Franken; 100 Rappen
Österreich	Wien	0043	der Euro, 100 Cent

Die Regionen Spaniens

Spanien gliedert sich in 17 autonome Regionen (**Comunidades Autónomas**, abgekürzt: **CC.AA.**; im Singular **CA**) mit eigenen Regierungen und Parlamenten:

Andalucía	Andalusien	**Galicia**	Galicien
Aragón	Aragonien	**Islas Canarias**	Kanarische Inseln
Asturias	Asturien	**Madrid**	Madrid
Baleares	Balearen	**Murcia**	Murcia
Cantabria	Kantabrien	**Navarra**	Navarra
Castilla-La Mancha	Kastilien-La Mancha	**País Vasco/Euskadi**	Baskenland
Castilla y León	Kastilien-Leon	**La Rioja**	Rioja
Cataluña	Katalonien	**Valencia**	Valencia
Extremadura	Estremadura		

Hinzu kommen noch die zu Spanien gehörenden Territorien in Nordafrika **Ceuta** und **Melilla**.

Los estados federales y los cantones

Alemania: Estados federales

Baden-Württemberg	Baden Wurtemberg	**Niedersachsen**	Baja Sajonia
Bayern	Baviera	**Nordrhein-Westfalen**	Renania del Norte-Westfalia
Berlin	Berlín	**Rheinland-Pfalz**	Renania-Palatinado
Brandenburg	Brande(n)burgo	**Saarland**	Sarre
Bremen	Brema	**Sachsen**	Sajonia
Hamburg	Hamburgo	**Sachsen-Anhalt**	Sajonia-Anhalt
Hessen	Hesse	**Schleswig-Holstein**	Schleswig-Holstein
Mecklenburg-Vorpommern	Mecklemburgo-Pomerania Occidental	**Thüringen**	Turingia

Austria: Estados federales

Burgenland	Burgenland	**Steiermark**	Estiria
Kärnten	Carintia	**Tirol**	Tirol
Niederösterreich	Baja Austria	**Vorarlberg**	Vorarlberg
Oberösterreich	Alta Austria	**Wien**	Viena
Salzburg	Salzburgo		

Suiza: Cantones

(entre paréntesis los llamados "Halbkantone")

Aargau	Argovia	**Sankt Gallen**	Saint-Gall
Appenzell (Inner-Rhoden; Außer-Rhoden)	Appenzell (Inner-Rhoden; Außer-Rhoden)	**Schaffhausen**	Schaffhausen
Basel	Basilea	**Schwyz**	Schwyz
Bern	Berna	**Solothurn**	Solothurn
Freiburg	Friburgo	**Tessin**	Tesino
Genf	Ginebra	**Thurgau**	Turgovia
Glarus	Glarus	**Unterwalden (Obwalden; Nidwalden)**	Unterwald (Obwald; Nidwald)
Graubünden	Grisones	**Uri**	Uri
Jura	Jura	**Waadt**	Vaud
Luzern	Lucerna	**Wallis**	Valais
Neuenburg	Neuchatel	**Zug**	Zug
		Zürich	Zúrich

Lebenslauf

Persönliche Daten

Vorname	Lisa
Name	Sommerer
Geburtsdatum	04.12.1984
Geburtsort	Bremen
Staatsangehörigkeit	deutsch
Anschrift	Klenzestraße 38 I 22769 Hamburg
Telefon	040 / 03 08 69 37
Mobil	0150 / 78 71 48 37
E-Mail	ls@sommerer.de

Ausbildung

05/2008 – 01/2010	**Universität Karlsruhe (TH)** Germanistik Master of Arts „mit Auszeichnung" (1,0)
10/2004 – 11/2007	**Universität Karlsruhe (TH)** Germanistik (HF) / Multimedia (NF), Bachelor of Arts „sehr gut" (1,3)
09/1994 – 06/2004	**Theodor-Heuss-Gymnasium Bremen** Allgemeine Hochschulreife (1,9)

Berufserfahrung

07/2009 – 08/2009	**Kulturzeitung „Neue Räume", Baden-Baden** Verfassen und Korrekturlesen von Artikeln für die wöchentliche Zeitschrift Recherche von Fotos und Bildern Aktualisierung und Ausbau der Webseite

Currículum Vítae

Datos personales

Nombre	Lisa
Apellido	Sommerer
Fecha de nacimiento	04.12.1984
Lugar de nacimiento	Bremen, Alemania
Nacionalidad	Alemana
Dirección	Klenzestraße 38, 22769; Hamburgo, Alemania
Número de teléfono	+49 (0) 40 030 869 37
Número de teléfono móvil	+49 (0) 150 787 148 37
Correo electrónico	ls@sommerer.de

Formación académica

05/2008 – 01/2010	**Universidad de Karlsruhe, Alemania** Master of Arts (equivalente a licenciatura) en Estudios de Filología Alemana (Germanistik). Nota final: 1,0 (aprox. equivalente a sobresaliente con mención de honor)
10/2004 – 11/2007	**Universidad de Karlsruhe, Alemania** Bachelor of Arts (equivalente a diplomatura) en Estudios de Filología Alemana (Germanistik), combinados con Multimedia. Nota final: 1,3 (aprox. equivalente a sobresaliente)
09/1994 – 06/2004	**Instituto Theodor-Heuss-Gymnasium (Bremen, Alemania)** Enseñanza secundaria. Allgemeine Hochschulreife (prueba de acceso a la Universidad) con nota 1,9 (aprox. equivalente a notable alto)

Experiencia laboral

07/2009 – 08/2009	**Revista cultural „Neue Räume“, Baden-Baden** Redacción y corrección de artículos para la revista de aparición semanal, búsqueda de fotos e imágenes. Actualización y ampliación de la página web.

05/2008 – 06/2009	**Institut für Literaturwissenschaft (TH Karlsruhe)** Tätigkeit als wissenschaftliche Hilfskraft. Tutorienbetreuung, Korrigieren von Klausuren, etc. Pflege der Webseite, technische Unterstützung
12/2007 – 05/2008	**ABC Event AG, Hamburg** Praktikum in der Abteilung Content Management. Daten- und Bildbearbeitung, Pflege der Webseite, Verfassen von Newslettern und anderen Texten. Unterstützung der Personalabteilung
08/2004 – 10/2004	**IntelZeugma AG, München** Praktikum in der Abteilung Qualitätskontrolle

Sprachkenntnisse

Deutsch	Muttersprache
Englisch	Sehr gute Kenntnisse in Wort und Schrift (Niveaustufe C1 des Gemeinsamen Europäischen Referenzrahmens, GER)
Spanisch	Gute Kenntnisse in Wort und Schrift (Niveaustufe B2 des GER)
Französisch	Grundkenntnisse (Niveaustufe A1 des GER)

EDV-Kenntnisse

Microsoft Office, HTML, digitale Bild- und Videobearbeitung

Interessen, Hobbys

Sport: Wandern, Volleyball
Kultur: Europäisches Kino, moderne Kunst
Reisen

Hamburg, den 3.3.2010

Lisa Sommerer

05/2008 – 06/2009	**Departamento de Literatura Alemana (Universidad de Karlsruhe)** Tareas de apoyo al departamento. Encargada de cursos de apoyo, corrección de exámenes, etc. Mantenimiento de la página web, apoyo técnico.
12/2007 – 05/2008	**ABC Event AG, Hamburgo** Prácticas en el Departamento de Gestión de Contenidos (Content Management). Procesamiento de datos e imágenes, mantenimiento de la página web, redacción de boletines y otros textos. Apoyo al departamento de recursos humanos.
08/2004 – 10/2004	**IntelZeugma AG, Múnich** Prácticas en el Departamento de Control de Calidad.

Idiomas

Alemán	Lengua materna
Inglés	Muy buen dominio en la expresión oral y escrita (nivel C1 del Marco Común Europeo de Referencia, MCER)
Español	Buen dominio en la expresión oral y escrita (nivel B2 del MCER)
Francés	Conocimientos básicos (nivel A1 del MCER)

Informática

Microsoft Office, HTML, procesamiento digital de imágenes y vídeos.

Intereses, aficiones

Deporte: senderismo, voleibol
Cultura: cine europeo, arte moderno.
Viajar

Hamburgo, 3 de marzo de 2010

Lisa Sommerer

E-Mails | E-mails

Hotelbuchung für eine Tagung

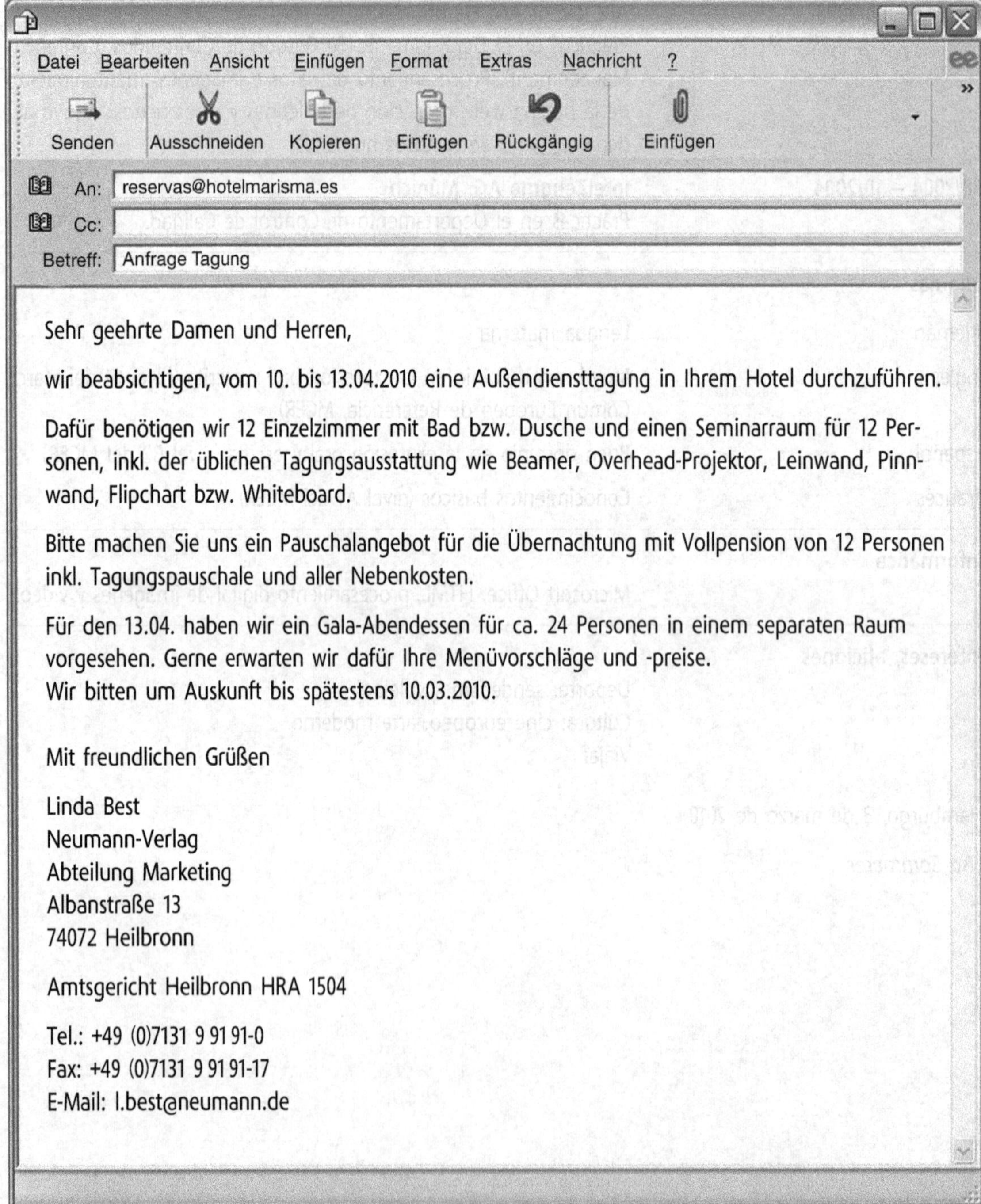

Sehr geehrte Damen und Herren,

wir beabsichtigen, vom 10. bis 13.04.2010 eine Außendiensttagung in Ihrem Hotel durchzuführen.

Dafür benötigen wir 12 Einzelzimmer mit Bad bzw. Dusche und einen Seminarraum für 12 Personen, inkl. der üblichen Tagungsausstattung wie Beamer, Overhead-Projektor, Leinwand, Pinnwand, Flipchart bzw. Whiteboard.

Bitte machen Sie uns ein Pauschalangebot für die Übernachtung mit Vollpension von 12 Personen inkl. Tagungspauschale und aller Nebenkosten.

Für den 13.04. haben wir ein Gala-Abendessen für ca. 24 Personen in einem separaten Raum vorgesehen. Gerne erwarten wir dafür Ihre Menüvorschläge und -preise.
Wir bitten um Auskunft bis spätestens 10.03.2010.

Mit freundlichen Grüßen

Linda Best
Neumann-Verlag
Abteilung Marketing
Albanstraße 13
74072 Heilbronn

Amtsgericht Heilbronn HRA 1504

Tel.: +49 (0)7131 9 91 91-0
Fax: +49 (0)7131 9 91 91-17
E-Mail: l.best@neumann.de

Reservar un hotel para una reunión o un congreso

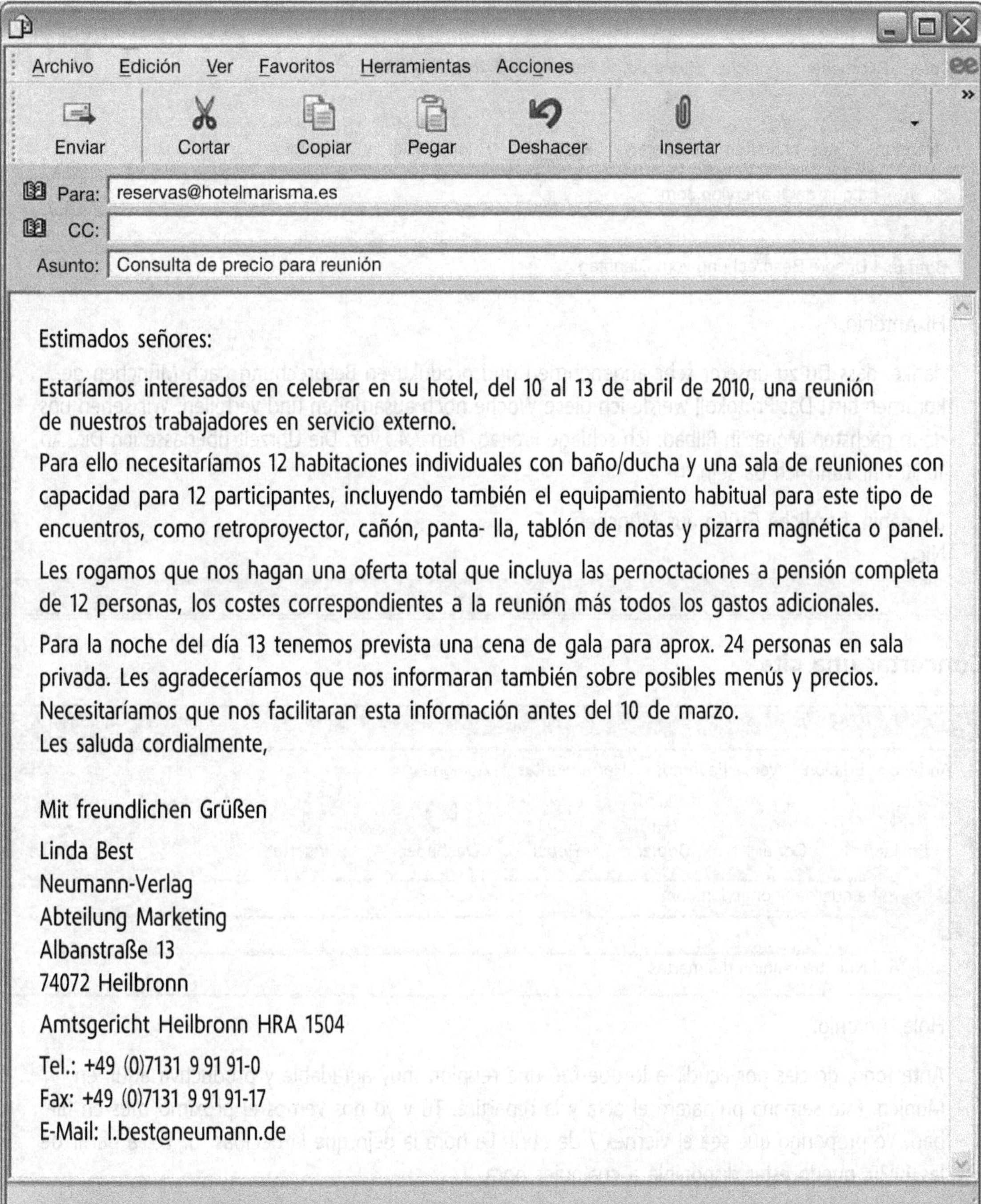

Estimados señores:

Estaríamos interesados en celebrar en su hotel, del 10 al 13 de abril de 2010, una reunión de nuestros trabajadores en servicio externo.

Para ello necesitaríamos 12 habitaciones individuales con baño/ducha y una sala de reuniones con capacidad para 12 participantes, incluyendo también el equipamiento habitual para este tipo de encuentros, como retroproyector, cañón, panta- lla, tablón de notas y pizarra magnética o panel.

Les rogamos que nos hagan una oferta total que incluya las pernoctaciones a pensión completa de 12 personas, los costes correspondientes a la reunión más todos los gastos adicionales.

Para la noche del día 13 tenemos prevista una cena de gala para aprox. 24 personas en sala privada. Les agradeceríamos que nos informaran también sobre posibles menús y precios.
Necesitaríamos que nos facilitaran esta información antes del 10 de marzo.
Les saluda cordialmente,

Mit freundlichen Grüßen

Linda Best
Neumann-Verlag
Abteilung Marketing
Albanstraße 13
74072 Heilbronn

Amtsgericht Heilbronn HRA 1504

Tel.: +49 (0)7131 9 91 91-0
Fax: +49 (0)7131 9 91 91-17
E-Mail: l.best@neumann.de

Terminabsprache

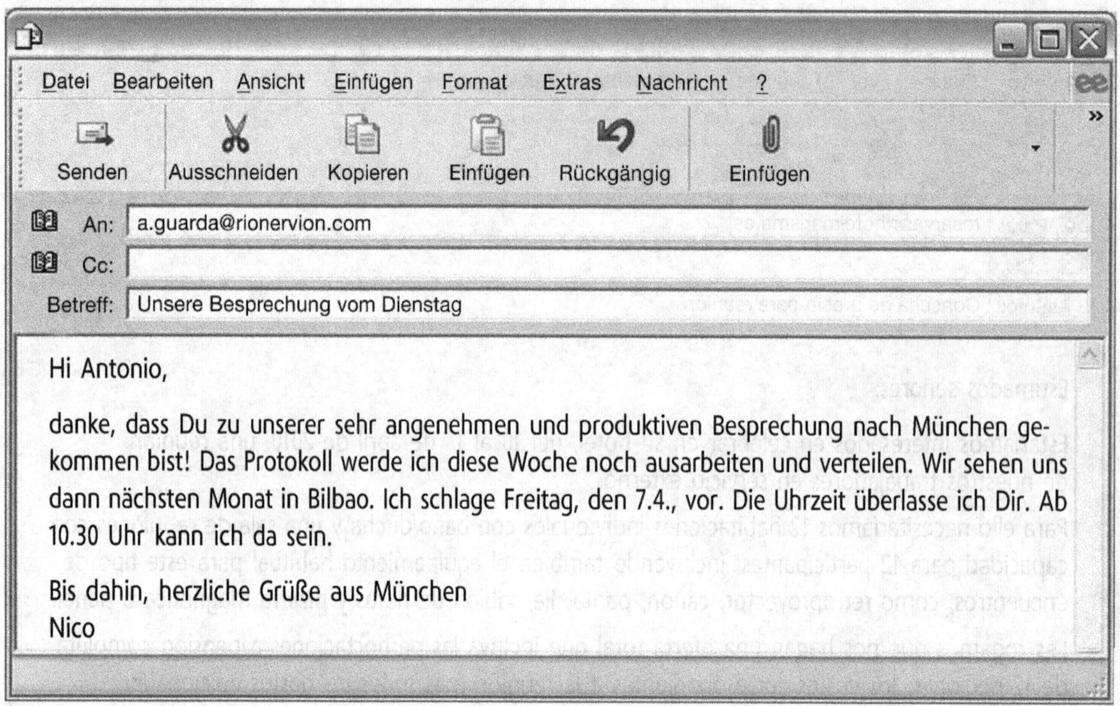

Datei Bearbeiten Ansicht Einfügen Format Extras Nachricht ?

Senden Ausschneiden Kopieren Einfügen Rückgängig Einfügen

An: a.guarda@rionervion.com

Cc:

Betreff: Unsere Besprechung vom Dienstag

Hi Antonio,

danke, dass Du zu unserer sehr angenehmen und produktiven Besprechung nach München gekommen bist! Das Protokoll werde ich diese Woche noch ausarbeiten und verteilen. Wir sehen uns dann nächsten Monat in Bilbao. Ich schlage Freitag, den 7.4., vor. Die Uhrzeit überlasse ich Dir. Ab 10.30 Uhr kann ich da sein.

Bis dahin, herzliche Grüße aus München
Nico

Concertar una cita

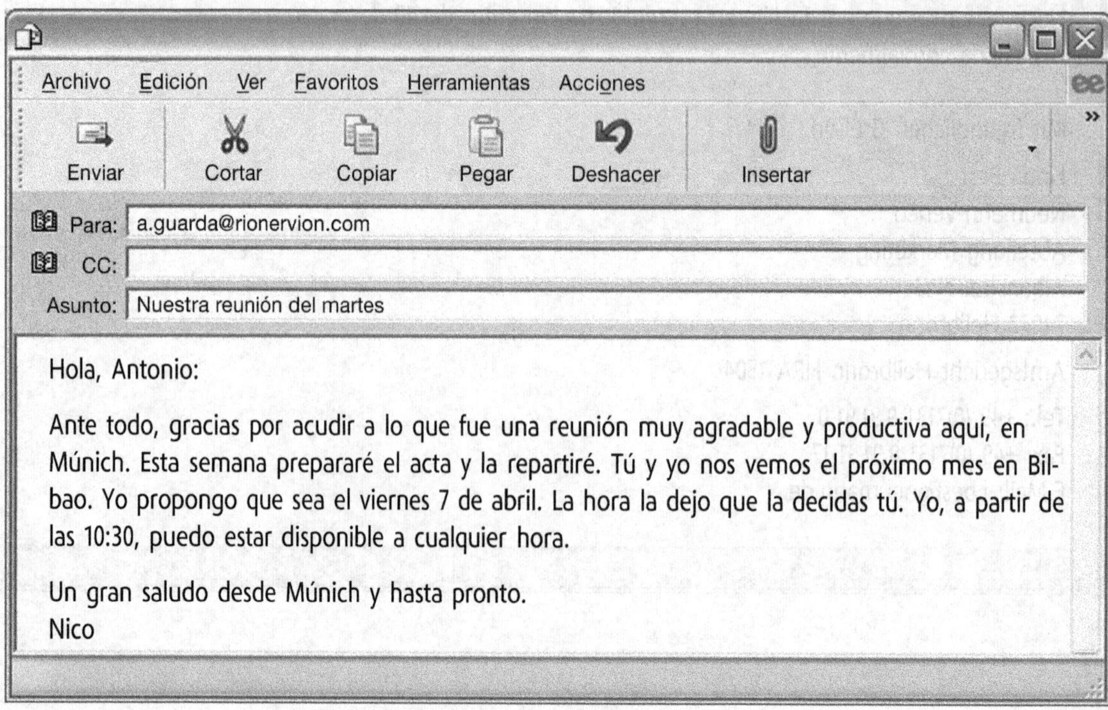

Archivo Edición Ver Favoritos Herramientas Acciones

Enviar Cortar Copiar Pegar Deshacer Insertar

Para: a.guarda@rionervion.com

CC:

Asunto: Nuestra reunión del martes

Hola, Antonio:

Ante todo, gracias por acudir a lo que fue una reunión muy agradable y productiva aquí, en Múnich. Esta semana prepararé el acta y la repartiré. Tú y yo nos vemos el próximo mes en Bilbao. Yo propongo que sea el viernes 7 de abril. La hora la dejo que la decidas tú. Yo, a partir de las 10:30, puedo estar disponible a cualquier hora.

Un gran saludo desde Múnich y hasta pronto.
Nico

Terminbestätigung

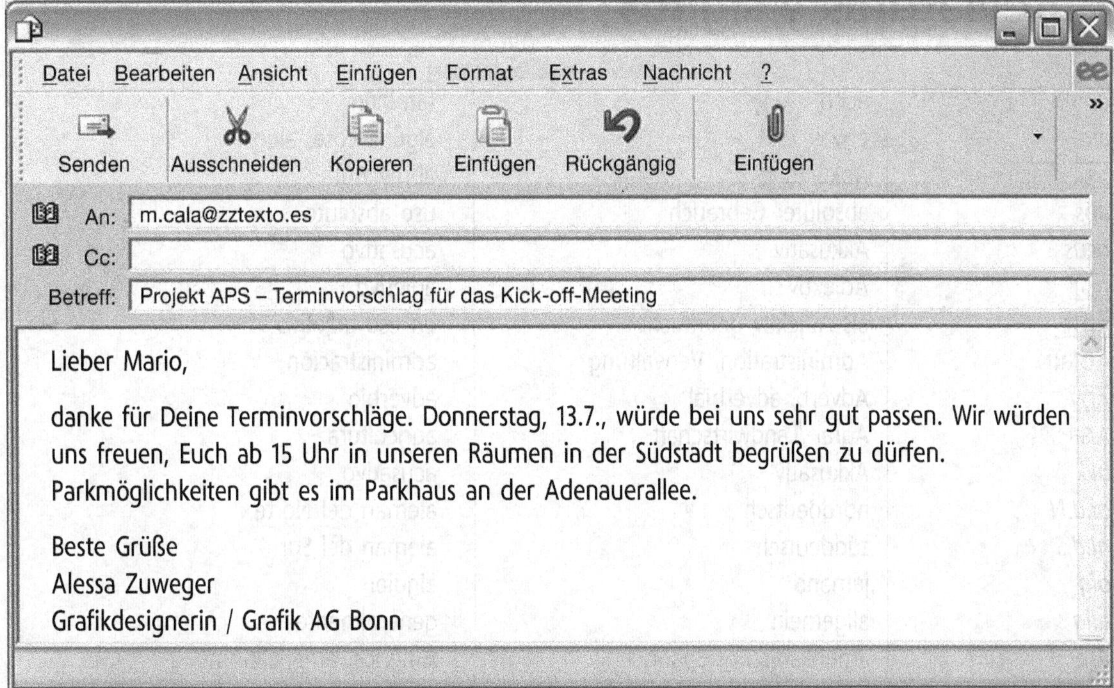
Datei Bearbeiten Ansicht Einfügen Format Extras Nachricht ?

Senden | Ausschneiden | Kopieren | Einfügen | Rückgängig | Einfügen

An: m.cala@zztexto.es

Cc:

Betreff: Projekt APS – Terminvorschlag für das Kick-off-Meeting

Lieber Mario,

danke für Deine Terminvorschläge. Donnerstag, 13.7., würde bei uns sehr gut passen. Wir würden uns freuen, Euch ab 15 Uhr in unseren Räumen in der Südstadt begrüßen zu dürfen. Parkmöglichkeiten gibt es im Parkhaus an der Adenauerallee.

Beste Grüße
Alessa Zuweger
Grafikdesignerin / Grafik AG Bonn

Confirmar una cita

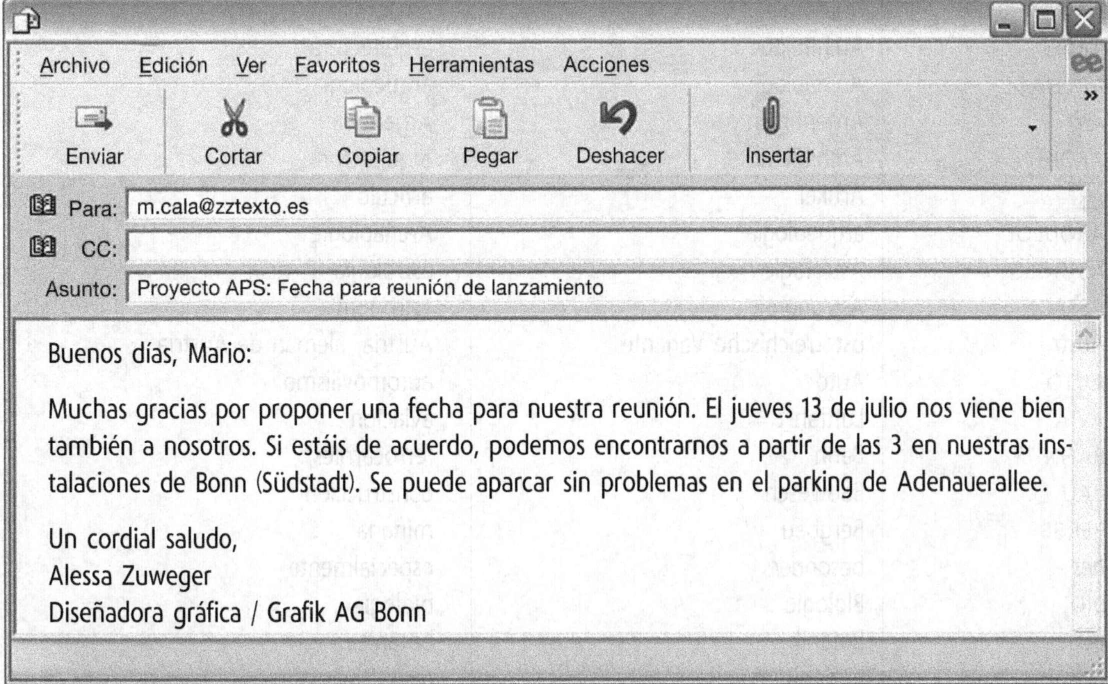
Archivo Edición Ver Favoritos Herramientas Acciones

Enviar | Cortar | Copiar | Pegar | Deshacer | Insertar

Para: m.cala@zztexto.es

CC:

Asunto: Proyecto APS: Fecha para reunión de lanzamiento

Buenos días, Mario:

Muchas gracias por proponer una fecha para nuestra reunión. El jueves 13 de julio nos viene bien también a nosotros. Si estáis de acuerdo, podemos encontrarnos a partir de las 3 en nuestras instalaciones de Bonn (Südstadt). Se puede aparcar sin problemas en el parking de Adenauerallee.

Un cordial saludo,
Alessa Zuweger
Diseñadora gráfica / Grafik AG Bonn

Abkürzungen und Symbole | Abreviaturas y signos

a.	auch	también
a/c	etwas	alguna cosa, algo
ABK, ABR	Abkürzung	abreviatura
abs	absoluter Gebrauch	uso absoluto
acus	Akkusativ	acusativo
ADJ	Adjektiv	adjetivo
ADJT	als Adjektiv gebraucht	en uso adjetivo
ADMIN	Administration, Verwaltung	administración
ADV	Adverb, adverbial	adverbio
AGR	Agrar-/Landwirtschaft	agricultura
akk	Akkusativ	acusativo
al.d.N	norddeutsch	alemán del Norte
al.d.S	süddeutsch	alemán del Sur
alg	jemand	alguien
allg	allgemein	generalmente
Am	amerikanisches Spanisch	América, americanismo
Am Centr	Zentralamerika	América Central
Am Mer	Südamerika	América Meridional
Am reg	Amerika, nur regional	América, regional
ANAT	Anatomie	anatomía
ARCH	Architektur	arquitectura
ARCHÄOL	Archäologie	arqueología
Arg	Argentinien	Argentina
ARQUIT	Architektur	arquitectura
ART	Artikel	artículo
ARQUEOL	arqueología	Archäologie
ASTROL	Astrologie	astrología
ASTRON	Astronomie	astronomía
Austr	österreichische Variante	Austria, alemán de Austria
AUTO	Auto	automovilismo
AVIA	Luftfahrt	aviación
BAHN	Bahn	ferrocarriles
BAU	Bauwesen	construcción
BERGB	Bergbau	minería
bes	besonders	especialmente
BIOL	Biologie	biología
BOT	Botanik	botánica
bzw	beziehungsweise	respectivamente

CAT	Katholizismus	catolicismo
CAZA	Jagd	caza, montería
C. Rica	Costa Rica	Costa Rica
CHEM	Chemie	química
CJ	Konjunktion	conjunción
col	Kollektivum, Sammelwort	colectivo
COM	Handel	comercio
COMPAR, *compar*	Komparativ	comparativo
CONSTR	Bauwesen	construcción
cult	gehobener Sprachgebrauch	cultismo, estilo culto
dat	Dativ	dativo
DEM PR	Demonstrativpronomen	pronombre demostrativo
DEP	Sport	deporte
desp	pejorativ, abwertend	despectivo
ECOL	Ökologie, Umweltschutz	ecología
ECON	Wirtschaft/Volkswirtschaft	economía
e-e	eine	una
Eigenn	Eigenname	nombre propio
ELEK, ELEC	Elektrotechnik	electrotecnia
e-m	einem	a un(o)
e-n	einen	un(o)
e-r	einer	de (od a) una
e-s	eines	de un(o)
Esp	Spanien	España
espec	besonders	especialmente
etc	etc., und so weiter	etcétera
etw	etwas	alguna cosa, algo
F, *f*	Femininum	femenino
F/M, *f/m*	Femininum und Maskulinum	femenino y masculino
F/N, *f/n*	Femininum und Neutrum	femenino y neutro
fachspr	fachsprachlich	término técnico
fam	umgangssprachlich	uso familiar
FARM	Pharmazie	farmacia
FERR	Bahn	ferrocarriles
fig	figurativ, in übertragenem Sinn	en sentido figurado
FIL	Philosophie	filosofía
FILM	Film, Kino	cine
FIN	Finanzen und Bankwesen	banca
FÍS	Physik	física
FISIOL	Physiologie	fisiología
FLUG	Luftfahrt	aviación
FON	Phonetik	fonética

FORST	Forstwesen	silvicultura
FOTO, FOT	Fotografie	fotografía
FPL, *fpl*	Femininum Plural	femenino plural
frec	meist, oft	frecuentemente
FSG, *fsg*	Femininum Singular	femenino singular
GASTR	Kochkunst und Gastronomie	arte culinario y gastronomía
geh	gehobener Sprachgebrauch	estilo culto
gen	Genitiv	genitivo
gener	allgemein	generalmente
GEOG	Geografie	geografía
GEOL	Geologie	geología
GEOM	Geometrie	geometría
GER, *ger*	Gerundium	gerundio
GRAM	Grammatik	gramática
h.	(mit) Hilfsverb haben	(con) verbo auxiliar haben
HANDEL	Handel	comercio
hist	historisch	histórico
hum	humorvoll, scherzhaft	humorístico
impers	unpersönlich	impersonal
Imperf	Imperfekt	imperfecto
impf	Imperfekt	imperfecto
ind, Ind	Indikativ	indicativo
indef	unbestimmt	indefinido
INDEF PR	Indefinitpronomen	pronombre indefinido
inf	Infinitiv	infinitivo
INFORM	Informationstechnologie	infomática
insep	untrennbar	inseparable
INT	Interjektion, Ausruf	interjección
INT PR	Interrogativpronomen	pronombre interrogativo
INTERNET	Internet	internet
inv	invariabel, unveränderlich	invariable
iron, irón	ironisch	irónico
irr	unregelmäßig	irregular
IT	Informationstechnologie	informática
JAGD	Jagd	caza, montería
j-m	jemandem	a alguien
j-n	jemanden	(a) alguien
j-s	jemandes	de alguien
Jugendspr	Jugendsprache	lenguaje juvenil
JUR	Rechtswesen	jurisprudencia
KATH	Katholizismus	catolicismo
Kinderspr	Kindersprache	lenguaje infantil

koll	Kollektivum, Sammelwort	collectivo
komp	Komparativ	comparativo
KONJ	Konjunktion	conjunción
KUNST	Kunst, Kunstgeschichte	arte, historia del arte
leng inf	Kindersprache	lenguaje infantil
leng juv	Jugendsprache	lenguaje juvenil
LING	Sprachwissenschaft, Linguistik	lingüística
LIT	Literatur	literatura
liter	literarisch	literario
M, *m*	Maskulinum	masculino
M/F, *m/f*	Maskulinum und Femininum	masculino y femenino
MAL	Malerei	pintura
MAR	Nautik, Schifffahrt	marina, navegación
MATH, MAT	Mathematik	matemática
MED	Medizin	medicina
METAL, METALL	Metallurgie	siderurgía
METEO	Meteorologie	meteorología
Mex, Méx	Mexiko	México
MIL	Militär	milicia
MIN	Bergbau	minería
MINER	Mineralogie	mineralogía
MIT	Mythologie	mitología
M/N, *m/n*	Maskulinum und Neutrum	masculino y neutro
MODE	Mode	moda
MPL, *mpl*	Maskulinum Plural	masculino plural
MSG, *msg*	Maskulinum Singular	masculino singular
mst	meist, oft	frecuentemente
MUS, MÚS	Musik	música
MYTH	Mythologie	mitología
N, *n*	Neutrum	neutro
neg!	wird oft als beleidigend empfunden	está frecuentemente considerado como negativo
N/M, *n/m*	Neutrum und Maskulinum	neutro y masculino
nom	Nominativ	nominativo
nordd	Norddeutschland	Alemania del Norte
NPL, *npl*	Neutrum Plural	neutro plural
NSG, *nsg*	Neutrum Singular	neutro singular
NUCL, NUKL	Nukleartechnik	técnología nuclear
NUM	Zahlwort, Numerale	numeral
o	oder	o
obs	obsolet, begrifflich veraltet	obsoleto
od	oder	o

ODONT	Zahnmedizin	odontología
ÖKOL	Ökologie, Umweltschutz	ecología
OPT, ÓPT	Optik	óptica
ORN	Ornithologie/Vogelkunde	ornitología
österr	österreichische Variante	Austria, alemán de Austria
p. ej.	zum Beispiel	por ejemplo
PART, *part*	Partizip	participio
PARTIKEL	Partikel	partícula
pej	pejorativ, abwertend	despectivo
PERS PR	Personalpronomen	pronombre personal
PHARM	Pharmazie	farmacia
PHIL	Philosophie	filosofía
PHYS	Physik	física
PHYSIOL	Physiologie	fisiología
PINT	Malerei	pintura
PL, *pl*	Plural	plural
poet, poét	poetisch	poético
POL	Politik	política
pop	Slang, saloppe Umgangssprache	lenguaje popular, jerga
por ext	im weiteren Sinn	por extensión
POSS PR	Possessivpronomen	pronombre posesivo
pp, pperf	Partizip Perfekt	participio pasado
PR DEM	Demonstrativpronomen	pronombre demostrativo
PR INDEF	Indefinitpronomen	pronombre indefinido
PR INT	Interrogativpronomen	pronombre interrogativo
PR PERS	Personalpronomen	pronombre personal
PR POS	Possessivpronomen	pronombre posesivo
PR REL	Relativpronomen	pronombre relativo
PRÄP	Präposition	preposición
PREF	Präfix, Vorsilbe	prefijo
PREP	Präposition	preposición
pres	Präsens, Gegenwart	presente
pret	Präteritum, Vergangenheit	pretérito
PRON	Pronomen	pronombre
PROT	Protestantismus	protestantismo
prov	Sprichwort, sprichwörtlich	proverbio
PRP	Präposition	preposición
PSIC, PSYCH	Psychologie	psicología
QUÍM	Chemie	química
®	eingetragene Marke	marca registrada
RADIO	Radio, Rundfunk	radio
refl	reflexiv	reflexivo

reg	regional	regionalismo
REL	Religion	religión
REL PR	Relativpronomen	pronombre relativo
RET, RHET	Rhetorik	retórica
RPl	Río-de-la-Plata-Staaten	rioplatense
SCHIFF	Nautik, Schifffahrt	marina, navegación
SCHULE	Schule	ensenanza
schweiz	schweizerische Variante	Suiza, alemán de Suiza
S.Dgo	Santo Domingo	Santo Domingo
s-e	seine	su, sus
SG, *sg*	Singular	singular
SILV	Forstwesen	silvicultura
SKULP	Bildhauerei	escultura
sl	Slang, saloppe Umgangssprache	lenguaje popular, jerga
s-m	seinem	a su (DAT)
sn	(mit) Hilfsverb sein	(con) verbo auxiliar sein
s-n	seinen	(a) su (ACUS), a sus (DAT)
SOCIOL, SOZIOL	Soziologie	sociología
sp	Spanien	España
SPORT	Sport	deporte
sprichw	sprichwörtlich	proverbio
s-r	seiner	de su, de sus
s-s	seines	de su
STIERK	Stierkampf	tauromaquia
subj	spanischer Subjuntivo	subjuntivo
subst	substantivischer Gebrauch, Substantiv	uso sustantivo
südd	Süddeutschland	Alemania del Sur
Suiza	schweizerische Variante	Suiza, alemán de Suiza
SUP, *sup*	Superlativ	superlativo
sust	Substantiv, substantivischer Gebrauch	(uso) sustantivo
t/t	fachsprachlich	término técnico
TAUR	Stierkampf	tauromaquia
tb	auch	también
TEAT	Theater	teatro
TEC, TECH	Technik	tecnología
TEL	Telefon, Telekommunikation	telecomunicación
TEX	Textilindustrie	textiles
THEAT	Theater	teatro
TIPO	Buchdruck, Typografie	tipografía
TV	Fernsehen	televisión
TYPO	Buchdruck, Typografie	tipografía, imprenta

u.	und	y, e
umg	umgangssprachlich	uso familiar
UNIV	Hochschulwesen, Universität	universidad
v.	von	de
V/AUX	Hilfsverb	verbo auxiliar
V/I	intransitives Verb	verbo intransitivo
V/IMP	unpersönliches Verb	verbo impersonal
V/MOD	Modalverb	verbo modal
V/R	reflexives Verb	verbo reflexivo
V/T	transitives Verb	verbo transitivo
V/UNPERS	unpersönliches Verb	verbo impersonal
vulg	vulgär	vulgar
weitS.	im weiteren Sinne	por extensíon
WIRTSCH	Wirtschaft/Volkswirtschaft	economía
y	und	y
z. B.	zum Beispiel	por ejemplo
ZAHN	Zahnmedizin	odontología
ZOOL	Zoologie	zoología
ZSSGN, *zssgn*	(in) Zusammensetzungen	(en) palabras compuestas
→	siehe	veáse
=	gleich	igual a
≈	etwa, ist in etwa gleich	corresponde a